LE ROBERT
ILLUSTRÉ
D'AUJOURD'HUI

LE ROBERT
ILLUSTRÉ
D'AUJOURD'HUI

France Loisirs
123, boulevard de Grenelle, Paris

Édition du Club France Loisirs, Paris
avec l'autorisation des dictionnaires Le Robert

ISBN 2-7441-0298-9

Direction éditoriale

Dictionnaires Le Robert
Michel Legrain, vice-président directeur général

Rédaction

Langue française
Direction de la rédaction : Danièle Morvan
Rédaction : Danièle Morvan, Françoise Gérardin, Annick Lanz-Dehais, Brigitte Vienne, Aliette Lucot-Sarir (phonétique) ;
avec le concours d'Alain Rey

Noms propres
Direction de la rédaction : Thieri Foulc
Conseiller : Claude Dubois
Rédaction : Carl Aderhold, Catherine Bruguière-Čolovič, Anne Feffer, Michèle Lancina, Kathleen Micham, Nadine Noyelle, Jean-Baptiste Rendu

Édition

Christine Ehm, Roselyne Messager, Marie-Hélène Tournadre

Iconographie

Édith Garraud,
Laure Bacchetta, Véronique Cardineau, Véronique Foz

Informatique éditoriale

Karol Goskrzynski,
Monique Hébrard, Kamal Loudiyi

Correction

Élisabeth Huault,
Michel Heron, Raymond Leroi, Françoise Maréchal, Anne-Marie Lentaigne, Nadine Noël-Lefort, Brigitte Orcel, Méryem Puill-Châtillon, Chantal Rieu-Labourdette, Muriel Zarka-Richard

Maquette

Gonzague Raynaud ; Jean Castel (planches)

AVANT-PROPOS

Le Robert illustré d'aujourd'hui propose dans un même ouvrage — fait nouveau dans l'histoire des dictionnaires Le Robert — mots de la langue et noms propres classés alphabétiquement.

Le Petit Robert, dont la première édition a été publiée en 1967, recense près de 60000 mots de la langue française et décrit minutieusement leurs origines, leurs sens, les conditions particulières de leurs emplois mais ne comporte pas de noms propres.

Lorsqu'il s'est agi de proposer aux lecteurs un dictionnaire de culture générale faisant l'inventaire des noms importants de l'histoire mondiale, de la géographie, des sciences, de la littérature et des arts, a été publié en 1974 un *Petit Robert 2,* appelé aujourd'hui *Petit Robert des noms propres.*

Les deux volumes se complètent mais chacun a une mission propre. Le premier se détourne du monde pour décrire les faits de langue et les idées. Le second se tourne résolument vers le monde et son histoire pour identifier les hommes, les lieux, les faits, les institutions qui constituent notre patrimoine et fondent notre culture. *Le Petit Robert* **définit** et a pour champ d'observation le lexique. *Le Petit Robert des noms propres* **décrit** et a pour champ d'observation les individus et les réalités individuelles qui échappent à la généralisation.

Nous avons ici rompu avec cette doctrine de séparation des genres pour rendre service au lecteur qui, plutôt que de manipuler deux volumes complémentaires, peut avoir besoin pour l'usage quotidien d'un volume unique où il puisse aisément trouver dans l'ordre alphabétique les mots, communs ou propres, en usage dans sa langue.

Nous sommes toutefois restés fidèles aux principes qui ont toujours guidé la réalisation des dictionnaires Le Robert :

— Nous avons adopté une typographie différente pour les entrées consacrées aux mots de la langue et celles consacrées aux noms propres, toute confusion étant donc impossible.

— Nous donnons, comme dans tous les dictionnaires Le Robert depuis le *Grand Robert,* des renvois analogiques. Ceux-ci permettent de trouver ou retrouver, en s'intéressant à un mot, d'autres mots inconnus ou oubliés, mots de la langue ou noms propres. Ils peuvent aussi renvoyer à un complément d'information dans des articles consacrés à d'autres mots.

— Ce dictionnaire n'est pas une encyclopédie. Lorsque nous traitons, par exemple, une plante, un animal ou une technique, nous nous limitons à sa définition et aux faits de langue et n'avons donc pas jugé utile de proposer des développements de botanique, de zoologie, de technologie, qui ressortissent à des ouvrages spécialisés systématiques et développés, aisément consultables. Nous voulions éviter la confusion assez répandue entre définition et description, maîtrise de la langue et acquis des savoirs spécialisés. Nous avons cependant proposé de courts développements historiques ou encyclopédiques, repérables par un signe en couleur, après le traitement de certains termes concernant notamment les périodes historiques, les mouvements religieux, les idéologies, les genres artistiques, les genres littéraires, l'histoire des idées, façon d'en savoir plus et de donner le goût d'autres lectures dès lors qu'un terme recouvre une réalité complexe rebelle à la définition simple et ne se dévoilant que par le truchement de la description ou de la narration.

— Il s'agit donc d'un **dictionnaire** au sens strict du terme, qui définit les mots de la langue et indique pour les noms propres ce dont il s'agit, où et quand. La rigueur et la concision ont certes pour prix la frustration du lecteur qui souhaiterait en savoir plus. Mais — il faut s'en réjouir — la maîtrise toujours plus grande des mots ouvre, si l'on y consent, les portes de tous les savoirs, de tous les rêves et de tous les dialogues.

Le Robert illustré d'aujourd'hui est donc un vrai dictionnaire de la langue française. Il donne pour environ 40000 mots de la langue classique et moderne 100000 sens clairement définis. C'est plus qu'il n'en faut pour l'homme ou la femme d'aujourd'hui qui veut comprendre et utiliser la langue de son temps. Pour chaque mot sont indiqués l'orthographe et ses pièges, les fonctions et les difficultés grammaticales, des exemples du bon usage. Nous mettons en évidence les éléments d'origine grecque ou latine pour comprendre la formation des mots savants, ainsi que la prononciation des mots difficiles. Nous proposons enfin locutions et expressions, synonymes, analogies, contraires, clés d'un enrichissement du vocabulaire par la découverte progressive de ses nuances.

Le Robert illustré d'aujourd'hui est aussi un dictionnaire de noms propres. Il s'agit d'un choix très sélectif. Aucun dictionnaire ne peut épuiser l'histoire du monde ni l'étendue des terres et des mers. Il s'agissait donc de repérer ce qui fait la trame de notre patrimoine culturel : écrivains, artistes, savants, religieux, personnages historiques, événements de l'histoire mondiale, peuples, pays, régions, villes, divisions administratives. Un soin particulier a été apporté à proposer l'orthographe dont l'usage est le plus répandu ou aujourd'hui recommandé, notamment pour la traduction ou la transcription des noms étrangers.

Le Robert illustré d'aujourd'hui est enfin un dictionnaire tout en couleur comportant 2200 illustrations, dont 200 cartes géographiques; certaines de ces illustrations sont regroupées en planches thématiques. Il est complété par des annexes : alphabet phonétique, tableaux de conjugaison, dictionnaire des suffixes du français, liste de noms d'habitants correspondant aux noms propres de lieux.

Nous souhaitons que cet ouvrage, comme ses aînés, réponde aux curiosités de ceux et celles qui se l'approprieront et en suscite de nouvelles, qu'il permette de naviguer avec bonheur dans une langue complexe, rebelle, insolente qui continuera à vivre si elle est tout à la fois honorée et maltraitée, visitée et enrichie par le plus grand nombre. Si elle est partagée.

L'Éditeur

TABLEAU DES SIGNES CONVENTIONNELS ET ABRÉVIATIONS

Ce tableau présente les abréviations utilisées dans le dictionnaire, ainsi que certains des signes conventionnels et symboles. Les termes qui ne sont pas abrégés dans le dictionnaire n'ont pas été repris dans cette liste.

Les informations sur l'usage

Dans le dictionnaire, le marquage d'un mot par un terme en petites capitales (par exemple FAM. « familier ») indique que le mot n'appartient pas à l'usage courant, mais à un usage socialement marqué ; en particulier, les noms de domaines (BIOL. par exemple) indiquent que le terme dont ils précèdent la définition appartient au vocabulaire des spécialistes de ce domaine. L'absence de tout marquage de cette nature indique que l'emploi du mot est normal dans la langue courante.

Les informations sur la langue

Les informations sur la langue (métalangue) sont présentées par deux types de caractères :
1) un caractère « bâton » pour les informations grammaticales au sens large ; le même caractère, plus gras, pour les catégories grammaticales ;
2) un caractère plus étroit pour les autres informations sur la langue (remarques, explicitation des sens, attitudes de discours...).

I, II... numéros généraux correspondant à un regroupement de sens apparentés ou de formes semblables

1, 2... numéros correspondant à un sens, et éventuellement à un emploi ou un type d'emploi (parfois regroupés sous **I, II...**)

♦ signe de subdivision qui introduit les nuances de sens ou d'emploi à l'intérieur d'un sens, notamment un sens numéroté

- signe de subdivision qui introduit les nuances déterminées par le contexte, les emplois ou expressions à l'intérieur d'un même sens ou d'une même valeur

▪ signe de séparation qui suit la rubrique consacrée à l'entrée et l'isole du développement de l'article

◇ signe de séparation qui isole les informations dont la mention ne s'inscrit pas dans l'analyse des sens du mot (remarques, présentation d'abréviations, etc.)

► signe de séparation qui introduit les sous-articles d'un article

▪ signe de séparation qui introduit les articles consacrés à des noms propres que l'on rattache à un mot de la langue (ex. *l'Académie des beaux-arts* à *Académie*)

■ signe de séparation qui introduit un texte historique ou encyclopédique se rapportant à une notion, une idéologie, une doctrine, un mouvement, etc.

① avant une entrée, signale qu'il s'agit d'une forme homographe d'une autre (ex. ① **BOUCHER** et ② **BOUCHER**)

[1] pour les verbes, donne le numéro de conjugaison, qui renvoie aux tableaux placés en annexe

[] après une entrée, contient la transcription phonétique d'un mot de la langue, quand il ne se prononce pas selon les règles générales de la correspondance entre l'écriture et la prononciation (voir tableau p. XII)

[01] [02] numéros de départements

* placé avant un mot de la langue (notamment un mot commençant par un *h*), signale que ce mot se prononce sans liaison et sans élision

* placé après un mot, signale qu'on trouvera une information à l'article consacré à ce mot

⇒ suivi d'un mot en gras, présente un mot qui a un grand rapport de sens : 1) avec le mot traité ; 2) avec l'exemple ou l'expression qui précède

→ présente un mot de sens comparable, une expression, une locution de même sens, etc.

→ suivi d'un nom en gras, renvoie à l'article traitant de ce nom, pour un complément d'information

≠ présente un mot dont l'orthographe, la prononciation ou le sens peuvent prêter à confusion avec le mot qui fait l'objet de l'article

\+ présente les constructions (ex. + subj., + adj.)

abrév. abréviation
absolt absolument (en construction absolue : sans le complément attendu)
abusivt abusivement (emploi très critiquable, parfois faux sens ou solécisme)
Acad. Académie
acoust. acoustique
adj. adjectif
adjectivt adjectivement
admin. administratif
adv. adverbe ; adverbial
aéron. aéronautique
agric. agriculture
alchim. alchimie
alg. algèbre
allus. allusion
alphab. alphabétique
alpin. alpinisme
alt. altitude
amér. américain (variété d'anglais parlé et écrit en Amérique du Nord, notamment aux États-Unis)
anat. anatomie
anc. ancien
anciennt anciennement (présente un mot ou un sens vivant qui désigne une chose du passé disparue)
angl. anglais
anglic. anglicisme
anthropol. anthropologie
Antiq. Antiquité
apic. apiculture
appos. apposition ; apposé
apr. après
arbor. arboriculture
archéol. archéologie
archit. architecture
arithm. arithmétique
art. article
astrol. astrologie
astron. astronomie
autom. automobilisme

av.	avant
aviat.	aviation
biochim.	biochimie
biol.	biologie
bot.	botanique
c.-à-d.	c'est-à-dire
cathol.	catholique
cf.	confer (« comparez »)
chap.	chapitre
chim.	chimie
chir.	chirurgie
chorégr.	chorégraphie
chrét.	chrétien
cin.	cinéma
cit.	citation
class.	classique
comm.	commerce
compar.	comparatif ; comparaison
compl.	complément
comptab.	comptabilité
cond.	conditionnel
confis.	confiserie
conj.	conjonction ; conjonctif
conjug.	conjugaison
contr.	contraire
coord.	coordination
cour.	courant
cout.	couture
cuis.	cuisine
déf.	défini
dém.	démonstratif
démogr.	démographie
dial.	dialecte ; dialectal
dict.	dictionnaire
didact.	didactique
dimin.	diminutif
dir.	direct (dans tr. dir. « transitif direct »)
dr.	droit
ecclés.	ecclésiastique
écol.	écologie
écon.	économie
électr.	électricité
électron.	électronique
ellipt	elliptiquement
embryol.	embryologie
empr.	emprunt
entomol.	entomologie
env.	environ
équit.	équitation
escr.	escrime
ethnogr.	ethnographie
ethnol.	ethnologie
éthol.	éthologie
étym.	étymologie ; étymologique
ex.	exemple
exagér.	exagération
exclam.	exclamation ; exclamatif
expr.	expression
ext.	extension (par ext. : présente une acception ou une valeur plus large, plus étendue que celle qui vient d'être traitée ; s'oppose à spécialt)
f.	féminin
fam.	familier
fém.	féminin
fig.	figure ; figuré
fin.	finance
forest.	foresterie
franç.	français
généralt	généralement
géogr.	géographie
géol.	géologie
géom.	géométrie
germ.	germanique
gramm.	grammaire ; grammatical
hab.	habitant
haut.	hauteur
hippol.	hippologie
hispano-amér.	hispano-américain (espagnol d'Amérique latine)
hist.	histoire
histol.	histologie
hom.	homonyme
horlog.	horlogerie
hortic.	horticulture
hydrogr.	hydrographie
ill.	illustration
imp.	imparfait
impér.	impératif
impers.	impersonnel
imprim.	imprimerie
improprt	improprement
ind.	indirect (dans tr. ind. « transitif indirect »)
indéf.	indéfini
indic.	indicatif
indir.	indirect
inf.	infinitif
infl.	influence
inform.	informatique
interj.	interjection ; interjectif
interrog.	interrogation ; interrogatif
intr.	intransitif
intrans.	intransitif ; intransitivement
invar.	invariable
iron.	ironique ; ironiquement
irrég.	irrégulier
ital.	italien
J.-C.	Jésus-Christ
journal.	journalisme
jurid.	juridique
lang.	langage
ling.	linguistique
littér.	littéraire
littéralt	littéralement (« mot pour mot »)
loc.	locution
loc. adj.	locution adjective
loc. adv.	locution adverbiale
loc. conj.	locution conjonctive
loc. prép.	locution prépositive
loc. verb.	locution verbale
log.	logique
long.	longueur
m.	masculin
maçonn.	maçonnerie
maj.	majuscule
mar.	marine
masc.	masculin
math.	mathématique
mécan.	mécanique
méd.	médecine ; médical
menuis.	menuiserie
météorol.	météorologie
milit.	militaire
minér.	minéralogie
mod.	moderne
mus.	musique

mythol. mythologie ; mythologique
n. nom
n. f. nom féminin
n. m. nom masculin
nat. naturel (dans sc. nat. « sciences naturelles »)
néerl. néerlandais
n. pr. nom propre
océanogr. océanographie
œnol. œnologie
off. officiel (dans recomm. off. « recommandation officielle ») ; officiellement
onomat. onomatopée ; onomatopéique
oppos. opposition
opt. optique
orig. origine (d'un mot)
orth. orthographe ; orthographique
p. page
p. participe (dans p. p. « participe passé » ; p. prés. « participe présent »)
p. passé (dans p. p. « participe passé »)
p.-ê. peut-être
paléont. paléontologie
pathol. pathologie
peint. peinture
péj. péjoratif
pers. personne ; personnel
pharm. pharmacie
philos. philosophie
phonét. phonétique
photogr. photographie
phys. physique
physiol. physiologie
pl. pluriel
plais. plaisanterie ; plaisant
plur. pluriel
poét. poétique
polit. politique
pop. populaire
poss. possessif
posth. posthume
pr. propre (dans n. pr. « nom propre »)
prép. préposition ; prépositif
prés. présent (temps de l'indicatif, du subjonctif... ; et dans p. prés. « participe présent »)
probablt probablement
pron. pronom ; pronominal
pronom. pronominal ; pronominalement
prononc. prononciation
proprt proprement (« au sens propre »)
prov. proverbe ; proverbial
psych. psychiatrie ; psychologie ; psychanalyse
qqch. quelque chose
qqn quelqu'un
rad. radical
récipr. réciproque
recomm. recommandation (dans recomm. off. « recommandation officielle » ; terme conforme à la loi française de 1994 sur la langue)
réfl. réfléchi
rel. relatif
relig. religion ; religieux
rem. remarque
rhét. rhétorique
s. siècle
sc. science ; sciences ; scientifique
sc. nat. sciences naturelles
scol. scolaire
sing. singulier
sociol. sociologie
spécialt spécialement (présente une acception ou une valeur plus étroite, moins étendue que celle qui vient d'être traitée ; s'oppose à par ext.)
statist. statistique
subj. subjonctif
subst. substantif ; substantivement
suff. suffixe
suiv. suivant
superl. superlatif
sylvic. sylviculture
symb. symbole
syn. synonyme
techn. technique
télécomm. télécommunication
télév. télévision
théol. théologie
tr. transitif
trad. traduction (de telle langue ; de tel auteur)
trans. transitif ; transitivement
typogr. typographie
v. verbe ; (suivi d'une date) vers
v. intr. verbe intransitif
v. pron. verbe pronominal
v. tr. verbe transitif
var. variante
vén. vénerie
verb. verbal
vétér. vétérinaire
vitic. viticulture
vulg. vulgaire
vx vieux (mot, sens ou emploi de l'ancienne langue, peu compréhensible de nos jours)
zool. zoologie

Alphabet phonétique et valeur des signes

VOYELLES

[i]	**i**l, ép**i**, l**y**re
[e]	bl**é**, all**er**, ch**ez**, **é**p**ée**
[ɛ]	l**ai**t, m**e**rci, f**ê**te
[a]	**a**mi, p**a**tte
[ɑ]	p**a**s, p**â**te
[ɔ]	f**o**rt, d**o**nner, s**o**l
[o]	m**o**t, d**ô**me, **eau**, s**au**le, z**o**ne
[u]	gen**ou**, r**ou**e
[y]	r**u**e, vêt**u**
[ø]	p**eu**, d**eu**x
[œ]	p**eu**r, m**eu**ble
[ə]	pr**e**mier
[ɛ̃]	br**in**, pl**ein**, b**ain**, th**ym**
[ɑ̃]	s**an**s, v**en**t
[ɔ̃]	t**on**, **om**bre, b**on**té
[œ̃]	l**un**di, br**un**, parf**um**

SEMI-CONSONNES

[j]	**y**eux, pa**ill**e, p**i**ed, pan**i**er
[w]	**ou**i, f**ou**et, j**ou**a (et joie)
[ɥ]	h**u**ile, l**u**i

CONSONNES

[p]	**p**ère, sou**p**e
[t]	**t**erre, vi**t**e
[k]	**c**ou, **qu**i, sa**c**, **k**épi
[b]	**b**on, ro**b**e
[d]	**d**ans, ai**d**e
[g]	**g**are, ba**gu**e, **gu**i
[f]	**f**eu, neu**f**, **ph**oto
[s]	**s**ale, **c**elui, **ç**a, de**ss**ous, ta**ss**e, mi**ss**, na**t**ion
[ʃ]	**ch**at, ta**ch**e, **sch**éma, **sh**ort
[v]	**v**ous, rê**v**e
[z]	**z**éro, mai**s**on, ro**s**e
[ʒ]	**j**e, **g**ilet, **ge**ôle
[l]	**l**ent, so**l**, va**ll**ée
[ʀ]	**r**ue, veni**r**
[m]	**m**ot, fla**mm**e
[n]	**n**ous, to**nn**e, a**n**imal
[ɲ]	a**gn**eau, vi**gn**e

---

[h]	**h**op ! (exclamatif)

[ŋ]	mots empr. anglais, campi**ng**
[x]	mots empr. espagnol, **j**ota ; arabe, **kh**amsin, etc.

REM. 1. La distinction entre [ɑ] et [a] tend à disparaître au profit d'une voyelle centrale intermédiaire (nous avons choisi de la noter [a]).
2. La distinction entre [ɛ̃] et [œ̃] tend à disparaître au profit de [ɛ̃].
3. Le [ə] note une voyelle inaccentuée *(premier)* ou caduque *(petit)*, proche dans sa prononciation de [œ] *(peur)*, qui a tendance à se fermer en syllabe ouverte (*le* dans *fais-le*).
4. Le [x], son étranger au système français, est parfois remplacé par [ʀ].
5. Un mot qui se prononce sans liaison et sans élision est précédé du signe * *(*haricot)*.

A

A [ɑ] **n. m. invar.** ▪ Première lettre, première voyelle de l'alphabet. ‑ loc. *De A à Z, depuis A jusqu'à Z,* du commencement à la fin. *Prouver qqch. par a + b,* de façon certaine, indiscutable.

① **A-** Élément qui marque la direction, le but à atteindre, ou le passage d'un état à un autre (ex. *amener, alunir, adoucir*).

② **A-, AN-** Élément qui exprime la négation (« pas »), ou la privation (« sans ») (ex. *anormal, apolitique*).

À prép. ▪ REM. contraction de *à le* en *au,* de *à les* en *aux* **I.** introduisant un complément d'objet indirect ‑ (d'un verbe) *Nuire à qqn.* ‑ (d'un nom) *Le recours à la force.* ‑ (d'un adj.) *Fidèle à sa parole.* ♦ *À CE QUE* (+ subj.). *Je tiens à ce qu'il vienne.* **II.** rapports de direction **1.** Lieu de destination. *Aller à Strasbourg.* ⇒ **y** (y aller). *À la porte !* ‑ *DE... À... Du Nord au Sud.* **2.** *(De... à...)* Progression dans une série. *Du premier au dernier. De A à Z.* ‑ (temps) *J'irai de 4 à 6* (heures). ‑ (entre deux numéraux, marque l'approximation) ⇒ **environ.** *Un groupe de quatre à dix personnes.* **3.** Jusqu'à (un point extrême). *Il court à perdre haleine.* **4.** Destination, but. ⇒ **pour.** *Donner une lettre à poster. Un verre à bière. Il n'est bon à rien.* ‑ *Avoir à manger,* de quoi* manger. **5.** Destination de personnes, attribution. *Donner de l'argent à qqn. Salut à tous !* ‑ (en dédicace) *À mes amis.* **III.** rapports de position **1.** Position dans un lieu. ⇒ **dans, en.** *Il vit à Lyon. Un séjour à la mer.* **2.** Activité, situation. *Se mettre au travail.* ‑ *Être à* (+ inf.) : en train* de. *Il est toujours à travailler.* ‑ (en tête de phrase, devant un inf.) « *À vaincre sans péril, on triomphe sans gloire* » (Corneille). **3.** Position dans le temps. *Le train part à midi. À ces mots, il se fâcha.* **4.** Appartenance. *Ceci est à moi. À qui sont ces gants ?* ‑ *À nous la liberté !* ‑ *C'EST À... DE* (+ inf.) : il appartient à... de. *C'est à moi de l'aider,* c'est mon devoir, ou c'est mon tour de l'aider. ‑ *C'EST* (+ adj.) *À... C'est gentil à vous d'accepter,* vous êtes gentil d'accepter. **IV.** manière d'être ou d'agir **1.** Moyen, instrument. ⇒ **avec, par.** *Aller à pied. Bateau à voiles.* **2.** Manière. *Acheter à crédit. Tissu à fleurs.* ‑ *À LA...* (+ adj., n., loc.). *Filer à l'anglaise. Fermer à clé. À cor et à cri.* **3.** Prix. *Je vous le vends à dix francs.* ⇒ **pour.** *Un bonbon à deux francs.* ⇒ **de. 4.** Accompagnement. ⇒ **avec.** *Un pain aux raisins.* **5.** (avec des nombres) *Ils sont venus à dix, à plusieurs,* en étant dix, plusieurs à la fois. ‑ *Deux à deux,* deux à la fois. ⇒ **par.**

AALST en français ***ALOST*** ▪ Ville de Belgique (Région flamande). 76 382 hab. Beffroi du XIIIe s.

Alvar **AALTO** (1898 ‑ 1976) ▪ Architecte et urbaniste finlandais. Un des pionniers de l'architecture contemporaine. Il a adhéré à l'architecture fonctionnelle et utilisé des éléments standardisés.

AAR ou **AARE n. m.** ▪ Rivière de Suisse, affluent du Rhin. 295 km. Elle prend sa source dans le massif de l'*Aar.*

AARAU ▪ Ville de Suisse. Chef-lieu du canton d'Argovie. 16 034 hab.

AARON ▪ Frère de Moïse, et premier grand prêtre des Hébreux dans la Bible.

ABADĀN ▪ Ville et port d'Iran, dans une île du Chatt al-Arab. Peut-être 100 000 hab. Raffinerie de pétrole. Détruite lors de la guerre irano-irakienne (1980-1988), la ville est en reconstruction.

ABAISSEMENT n. m. ▪ **1.** Action d'abaisser. *L'abaissement d'un store.* **2.** Action de diminuer (une grandeur). ⇒ **diminution.** *L'abaissement de la température ; d'un prix.* **3.** VIEILLI État d'une personne qui a perdu sa dignité. ⇒ **avilissement, dégradation.**

ABAISSER v. tr. [1] ▪ **1.** Faire descendre à un niveau plus bas. ⇒ **baisser.** *Abaisser une vitre.* **2.** Diminuer la quantité, faire baisser. **3.** *Abaisser qqn,* l'humilier. ⇒ **rabaisser.** ► **S'ABAISSER v. pron. 1.** Descendre à un niveau plus bas. *Le terrain s'abaisse vers la rivière.* ⇒ **descendre. 2.** Perdre sa dignité, sa fierté. *S'abaisser devant qqn. S'abaisser à des compromissions.* ⇒ **s'avilir.**

ABANDON n. m. ▪ **1.** Action d'abandonner, de renoncer à (qqch.) ou de laisser (qqch., qqn). *L'abandon d'un bien par qqn.* ⇒ **cession, don.** *L'abandon d'un projet.* ‑ *À L'ABANDON* loc. adv. et adj. : dans un état d'abandon. *Le jardin est à l'abandon.* **2.** Fait de se laisser aller, de se détendre. *Une pose pleine d'abandon.* ⇒ **nonchalance.** ♦ Calme confiant. *S'épancher avec abandon.* ⇒ **confiance. 3.** SPORTS Action d'abandonner (4). *Il y a eu deux abandons pendant la course.*

ABANDONNER v. tr. [1] ▪ **1.** Renoncer à, ne plus vouloir de. *Abandonner sa fortune à qqn.* ⇒ **donner, léguer.** *Abandonner à qqn le soin de faire qqch.* ‑ *Abandonner ses prétentions.* **2.** Quitter, laisser définitivement (qqn dont on doit s'occuper, envers qui on est lié). *Abandonner femme et enfants.* ⇒ **délaisser ;** FAM. **plaquer.** ‑ au p. p. *Chiens abandonnés.* **3.** Quitter définitivement (un lieu). *Les paysans abandonnent la campagne.* ⇒ **déserter.** ‑ au p. p. *Villages abandonnés.* **4.** Renoncer à (une action difficile, pénible). *Abandonner la lutte.* ⇒ **capituler.** ‑ absolt *J'abandonne !* ⇒ **démissionner.** *Athlète qui abandonne* (en cours d'épreuve, de

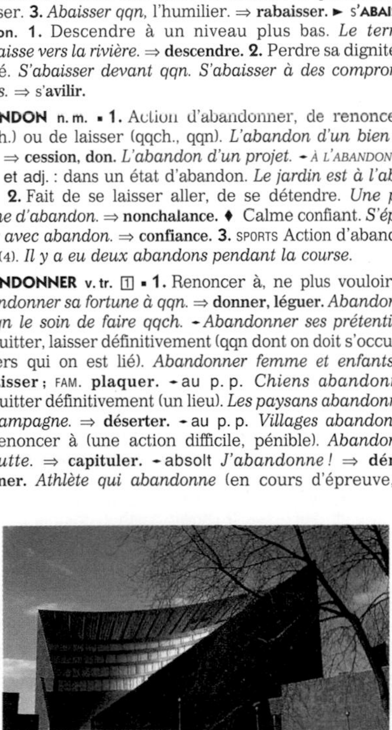

Alvar **Aalto.** L'école polytechnique à Otaniemi, près d'Helsinki.
Phot. © Charles Lénars

compétition). **5.** Cesser d'utiliser. *Abandonner une hypothèse.* ► **s'ABANDONNER** v. pron. **1.** Se laisser aller (à un état, un sentiment). *S'abandonner au désespoir.* **2.** Se laisser aller physiquement. – au p. p. *Une pose abandonnée.* **3.** Se livrer avec confiance. ⇒ s'**épancher.**

ABAQUE n. m. ▪ Boulier.

ABASOURDIR v. tr. [2] ▪ **1.** Assourdir, étourdir par un grand bruit. **2.** Étourdir de surprise. ⇒ **hébéter, sidérer, stupéfier.** *Cette nouvelle m'a abasourdi.* – au p. p. *Un air abasourdi.* ⇒ **ahuri.** ► adj. ABASOURDISSANT, ANTE

ABÂTARDIR v. tr. [2] ▪ LITTÉR. Faire perdre ses qualités à (qqn, qqch., une œuvre). ⇒ **avilir, dégrader.** ► n. m. ABÂTARDISSEMENT

ABAT-JOUR n. m. invar. ▪ Réflecteur qui rabat la lumière d'une lampe. *Des abat-jour.*

ABATS n. m. pl. ▪ Parties comestibles d'animaux, autres que leur chair (cœur, foie, mou, rognons, tripes, langue...). *Abats de volailles.* ⇒ **abattis.** *Marchand d'abats.* ⇒ **tripier.**

ABATTAGE n. m. ▪ **I.** Action d'abattre, de tuer (un animal de boucherie). *L'abattage d'un bœuf au merlin.* **II.** fig. *AVOIR DE L'ABATTAGE :* avoir du brio, de l'entrain, tenir le public en haleine.

ABATTEMENT n. m. ▪ **I.** Diminution d'une somme à payer. ⇒ **déduction.** *Abattement fiscal.* **II. 1.** Grande diminution des forces physiques. ⇒ **épuisement, faiblesse, fatigue. 2.** Dépression morale, désespoir calme. ⇒ **découragement.** *Être dans un profond abattement.*

ABATTIS n. m. ▪ **1.** *Les abattis :* abats de volaille (tête, cou, ailerons, pattes, foie, gésier). **2.** FAM. Bras et jambes. – loc. (menace) *Tu peux numéroter tes abattis !*

ABATTOIR n. m. ▪ Lieu où l'on abat les animaux de boucherie. ⇒ **abattage.** ♦ fig. *Envoyer des soldats à l'abattoir,* au massacre.

ABATTRE v. tr. [41] ▪ **I.** Faire tomber. **1.** Faire tomber (ce qui est vertical), jeter à bas. *Abattre un arbre. Abattre un mur.* ⇒ **démolir. 2.** Faire tomber (un être vivant) en donnant un coup mortel. ⇒ **tuer.** *Abattre un cheval blessé. Abattre qqn,* l'assassiner avec une arme à feu. ⇒ FAM. **descendre.** ♦ Détruire (un avion) en vol. **3.** *ABATTRE SON JEU :* étaler (mettre à plat) ses cartes avant la fin du jeu. – fig. Dévoiler ses desseins et passer à l'action. **4.** *Abattre de la besogne,* en faire beaucoup ; travailler beaucoup et efficacement. **II. 1.** Rendre faible, ôter les forces de (qqn). *Cette fièvre l'a abattu.* ⇒ **épuiser, fatiguer. 2.** Ôter l'énergie, l'espoir, la joie à (qqn). ⇒ **décourager, démoraliser, déprimer.** *Ne pas se laisser abattre.* ► **s'ABATTRE** v. pron. **1.** Tomber tout d'un coup. ⇒ s'**affaisser,** s'**écrouler,** s'**effondrer.** *Le grand mât s'abattit sur le pont.* **2.** Se laisser tomber (sur qqch.), en volant. *Les sauterelles s'abattent sur les récoltes.* ♦ fig. Se jeter sur (pour piller).

ABATTU, UE adj. ▪ **1.** Qui n'a plus de force, est très fatigué. ⇒ **faible.** *Le convalescent est encore très abattu.* **2.** Triste et découragé. *Depuis la mort de son frère, il est très abattu.*

Claudio ABBADO (né en 1933) ▪ Chef d'orchestre italien. Il dirige depuis 1990, à la suite de Karajan, la Philharmonie de Berlin.

'ABBĀS (mort v. 652) ▪ Oncle de Mahomet. L'un de ses descendants fonda la dynastie des Abbassides.

ABBAS Ier LE GRAND (1571 - 1629) ▪ Chah de Perse de 1587 à sa mort, le plus célèbre des Safavides. Il vainquit les Ouzbeks et les Ottomans, et rétablit la suprématie iranienne sur le golfe Persique. Il choisit Ispahan comme capitale (v. 1598).

Ferhat ABBAS (1899 - 1985) ▪ Homme politique algérien. Partisan de l'intégration de l'Algérie à la France, il fonda l'Union populaire algérienne (1938) mais, déçu, il rédigea dès 1943 un violent réquisitoire contre la colonisation française *("Manifeste du peuple algérien").* Il fut le premier président du Gouvernement provisoire de la République algérienne, de 1958 à 1961.

les ABBASSIDES n. m. pl. ▪ Dynastie de 37 califes arabes, dont Haroun al-Rachid. Elle détrôna les Omeyyades en 750, et régna sur un empire s'étendant du nord de l'Afrique à l'Afghanistan, faisant de Bagdad sa capitale (762). Elle fut vaincue par les Mongols en 1258.

ABBATIAL, ALE, AUX adj. ▪ Qui appartient à l'abbaye, ou à l'abbé. *Église abbatiale* ou n. f. *une abbatiale.*

ABBAYE [abei] n. f. ▪ Monastère autonome, dirigé par un abbé ou une abbesse. – Bâtiment de cette communauté. *Abbaye gothique.*

ABBÉ n. m. ▪ **1.** Supérieur d'une abbaye. **2.** Titre donné à un prêtre séculier. *Bonjour, monsieur l'abbé. L'abbé X.*

ABBESSE n. f. ▪ Supérieure d'une abbaye.

ABBEVILLE ▪ Chef-lieu d'arrondissement de la Somme. 23 787 hab. *(les Abbevillois).* Église gothique. Musée Boucher-de-Perthes.

ABC n. m. invar. ▪ **1.** Petit livre pour apprendre l'alphabet. ⇒ **abécédaire. 2.** Rudiments (d'un métier, d'un art). *C'est l'abc du métier.*

ABCÈS n. m. ▪ **1.** Amas de pus dans une cavité du corps. – *Abcès de fixation :* abcès créé pour fixer une infection ; fig. mal, phénomène néfaste localisé, arrêté. **2.** fig. *Crever, vider l'abcès,* extirper un mal.

'ABD AL-RAHMĀN III ▪ Calife omeyyade d'Espagne. Il régna de 912 à 961 et porta l'émirat de Cordoue à son apogée.

ABD EL-KADER (1807 - 1883) ▪ Émir arabe d'Algérie. Dès 1832, il organisa la résistance à la conquête française. Vaincu après trois ans de guerre (prise de sa smala par le duc d'Aumale en 1843), il se rendit en 1847, puis fut libéré par Napoléon III (1852). Il vécut alors à Damas, où il composa des œuvres mystiques.

ABD EL-KRIM (1882 - 1963) ▪ Nationaliste marocain. Il dirigea la lutte contre les Espagnols et les Français (guerre du Rif*).

ABDICATION n. f. ▪ Action de renoncer, spécialt au pouvoir suprême, à la couronne.

ABDIQUER v. tr. [1] ▪ **1.** LITTÉR. Renoncer à (une chose). *Abdiquer toute ambition.* **2.** absolt Renoncer à agir, se déclarer vaincu. ⇒ **abandonner, céder, démissionner.** *J'abdique, c'est trop difficile !* **3.** spécialt *Abdiquer le pouvoir, la couronne.* – absolt Renoncer au pouvoir suprême. *Le roi abdiqua en faveur de son fils.*

ABDOMEN [-ɛn] n. m. ▪ Cavité qui renferme les organes de la digestion, les viscères, à la partie inférieure du tronc. ⇒ **ventre.**

ABDOMINAL, ALE, AUX adj. ▪ De l'abdomen. *Muscles abdominaux* ou n. m. pl. *les abdominaux.* – n. m. pl. Exercice de développement des muscles abdominaux. *Faire des abdominaux.*

ABDUCTION n. f. ▪ DIDACT. Mouvement qui écarte (opposé à *adduction*).

ABDÜLHAMID II (1842 - 1918) ▪ Sultan ottoman (1876-1909). Il ne put enrayer le déclin de l'Empire ottoman, persécuta les minorités (massacre des Arméniens) et dut abdiquer.

ABE Kobo (1924 - 1993) ▪ Écrivain japonais. Ses romans allient écriture moderne, influencée par l'Occident, et traditions ancestrales japonaises. *"La Femme des sables"* (1962).

ABÉCÉDAIRE n. m. ▪ Livre pour apprendre l'alphabet. ⇒ **abc, alphabet.**

ABEILLE n. f. ▪ Insecte (hyménoptère) vivant en colonie et produisant la cire et le miel. *Un essaim d'abeilles. Élevage d'abeilles.* ⇒ **apiculture, ruche.**

abeille. *Apis mellifera,* reine et ouvrières.
Phot. © Camazine/Jacana

ABEL ▪ Fils d'Adam et d'Ève, dans la Bible, tué par son frère aîné Caïn.

Niels ABEL (1802 - 1829) ▪ Mathématicien norvégien. Il devança les travaux de Galois en algèbre et ceux de Gauss, Cauchy et Jacobi en analyse (intégrales *abéliennes*).

Pierre ABÉLARD (1079-1142) ▪ Philosophe et théologien français. Chanoine de Notre-Dame de Paris, il vécut avec Héloïse* une passion tragique et fut finalement émasculé. Dans la querelle des Universaux il adopta une position « conceptualiste » et fut l'adversaire de saint Bernard*. Son œuvre porte notamment sur la logique du langage.

ABEOKUTA ▪ Ville du Nigeria. 374 843 hab.

ABER [abɛʀ] n. m. ▪ en Bretagne Vallée envahie par la mer, formant un estuaire enfoncé dans les terres. ⇒ **ria.**

ABERDEEN ▪ Premier port d'Écosse, chef-lieu du Grampian. 220 000 hab. Université. Exploitation d'hydrocarbures de la mer du Nord.

ABERRANT, ANTE adj. ▪ **1.** Qui s'écarte du type normal. *Forme aberrante.* **2.** Qui s'écarte de la règle, est contraire à la raison. *Une idée aberrante.* ⇒ **absurde, insensé.**

ABERRATION n. f. ▪ **1.** Déviation du jugement, du bon sens. ⇒ **égarement, folie.** *Un moment d'aberration.* **2.** Idée, conduite aberrante. **3.** BIOL. Écart par rapport à un type. *Aberration chromosomique.*

ABÊTIR v. tr. 2 ▪ Rendre bête, stupide. ⇒ **abrutir, crétiniser.** *Ces lectures idiotes l'abêtissent.* - pronom. *Il s'abêtit dans ce milieu.*

ABÊTISSANT, ANTE adj. ▪ Qui abêtit.

ABÊTISSEMENT n. m. ▪ **1.** Action d'abêtir. **2.** État d'une personne abêtie.

ABHORRER v. tr. 1 ▪ LITTÉR. Avoir en horreur (qqn, qqch.). ⇒ **abominer, exécrer, haïr.** - au p. p. Haï.

ABIDJAN ▪ Métropole économique et culturelle de la Côte-d'Ivoire. 2 000 000 hab. Port. Université. Capitale du pays jusqu'en 1983.

Abidjan. Vue générale.
Phot. © Loubat/Gamma

ABÎME n. m. ▪ **I. 1.** concret Gouffre très profond. ⇒ **précipice. 2.** fig. Immensité effrayante. - Grande séparation, grande différence (entre). - *Un abîme de... Être plongé dans un abîme de perplexité,* une très grande perplexité. **3.** Situation morale ou matérielle très mauvaise, dangereuse. ⇒ **perte, ruine.** *Être au bord de l'abîme, toucher le fond de l'abîme.* **II.** loc. *EN ABÎME.* ⇒ **abyme.**

ABÎMER v. tr. 1 ▪ **1.** Mettre (qqch.) en mauvais état. ⇒ **casser, détériorer, endommager, salir.** *Abîmer un meuble.* - au p. p. *Un livre tout abîmé.* **2.** FAM. Meurtrir, blesser (qqn) par des coups. ⇒ FAM. **amocher.** - *Se faire abîmer.* ► **S'ABÎMER** v. pron. Se détériorer, se salir. *Range ces photos, elles vont s'abîmer.*

ABITIBI ▪ Lac du Canada entre le Québec et l'Ontario, donnant naissance à la rivière *Abitibi.*

ABJECT, ECTE adj. ▪ Qui mérite le mépris, inspire un dégoût moral. ⇒ **ignoble, infâme, répugnant, vil.** *Un procédé, un être abject. Il a été abject envers elle.*

ABJECTION n. f. ▪ Caractère de ce qui est abject, ignoble. ⇒ **indignité, infamie.** *Abjection morale. Vivre dans l'abjection.*

ABJURATION n. f. ▪ Action d'abjurer.

ABJURER v. intr. 1 ▪ Renoncer solennellement à sa religion.

l'ABKHAZIE n. f. ▪ République autonome de Géorgie. 8 600 km^2. 538 000 hab. *(les Abkhazes).* Capitale : Soukhoumi. Tabac. Stations balnéaires. Depuis 1993, les séparatistes contrôlent le territoire.

ABLATIF n. m. ▪ Cas de la déclinaison latine, indiquant qu'un substantif sert de point de départ ou d'instrument à l'action.

ABLATION n. f. ▪ CHIR. Action d'enlever. ⇒ **-ectomie.** *Ablation d'un rein.*

ABLETTE n. f. ▪ Petit poisson à écailles claires, qui vit en troupes dans les eaux douces.

ABLUTIONS n. f. pl. ▪ **1.** Lavage du corps, comme purification religieuse. **2.** Fait de se laver. *Faire ses ablutions,* sa toilette.

ABNÉGATION n. f. ▪ Sacrifice volontaire de soi-même, de son intérêt. ⇒ **désintéressement, dévouement, sacrifice.** *Un acte d'abnégation.*

ABOIEMENT n. m. ▪ Action d'aboyer, cri du chien.

AUX **ABOIS** loc. adj. ▪ concret Se dit d'une bête chassée entourée par les chiens. *Un cerf aux abois.* - fig. Dans une situation matérielle désespérée. *Être aux abois.*

ABOLIR v. tr. 2 ▪ **1.** Annuler, supprimer (ce qui a un effet juridique). *Abolir une loi* (⇒ **abroger**), une peine (⇒ **annuler**). - au p. p. *Loi abolie.* **2.** Faire disparaître, cesser.

ABOLITION n. f. ▪ Action d'abolir. ⇒ **suppression.** *L'abolition de l'esclavage, de la peine de mort.*

ABOLITIONNISME n. m. ▪ Doctrine des personnes qui demandent l'abolition de qqch.

ABOLITIONNISTE n. ▪ Partisan de l'abolitionnisme. - adj. *Une campagne abolitionniste.*

ABOMEY ▪ Ville du Bénin. 55 000 hab. ► **le royaume d'ABOMEY**, fondé en 1625, résista à la pénétration française jusqu'en 1892 avec le roi Glélé (1854-1889), puis son fils Behanzin*.

ABOMINABLE adj. ▪ **1.** Qui inspire l'horreur. ⇒ **affreux, atroce, horrible, monstrueux.** *Un crime abominable.* - *L'abominable homme des neiges* (le yéti). **2.** Très mauvais. ⇒ **affreux, détestable, exécrable, infect.** *Il fait un temps abominable.* - *Il est abominable dans ce rôle.* ► adv. ABOMINABLEMENT

ABOMINATION n. f. ▪ **1.** *Avoir qqch. en abomination,* en horreur. **2.** Acte, chose abominable. *Ce chantage est une abomination.*

ABOMINER v. tr. 1 ▪ LITTÉR. Détester, haïr.

ABONDAMMENT adv. ▪ En grande quantité. *Saler abondamment.* ⇒ **beaucoup.** *Servez-vous abondamment.* ⇒ **largement.**

ABONDANCE n. f. ▪ **1.** Grande quantité, quantité supérieure aux besoins. ⇒ **profusion.** *L'abondance des légumes sur le marché.* prov. *Abondance de biens ne nuit pas.* - loc. *CORNE D'ABONDANCE,* d'où s'échappent des fruits, des fleurs (emblème de l'abondance). - *EN ABONDANCE* loc. adv. : abondamment. ⇒ **à foison.** *Il y a des fruits en abondance.* **2.** absolt Ressources supérieures aux besoins. *Vivre dans l'abondance.* ⇒ **aisance, opulence. 3.** loc. *Parler d'abondance,* avec aisance.

ABONDANT, ANTE adj. ▪ Qui abonde, est en grande quantité. *Une abondante nourriture.* ⇒ **copieux.** *D'abondantes lectures.* ⇒ **nombreux.**

ABONDER v. intr. 1 ▪ **1.** Être en grande quantité. *Les marchandises abondent. Les fautes abondent dans ce texte.* ⇒ **foisonner. 2.** *ABONDER EN :* avoir ou produire (qqch.) en abondance. **3.** (personnes) loc. *Abonder dans le sens de qqn,* être tout à fait de son avis.

ABONNEMENT n. m. ▪ Contrat par lequel on acquiert le bénéfice d'un service régulier moyennant un prix forfaitaire pour une durée déterminée. *Souscrire un abonnement à un journal. Abonnement au téléphone. Tarif, carte d'abonnement.*

ABONNER v. tr. 1 ▪ Prendre un abonnement pour (qqn). *Abonner qqn à un journal.* - pronom. *S'abonner à un théâtre.* ► **ABONNÉ, ÉE** p. p. **1.** Qui a pris un abonnement. *Lecteurs abonnés.* - n. *Liste des abonnés du téléphone.* **2.** FAM. *ÊTRE ABONNÉ À :* être coutumier de.

ABORD n. m. ▪ **I.** au plur. *Les abords d'un lieu :* ce qui y donne accès, l'entoure. ⇒ **alentours, environs.** *Aux abords du lac.* **II. 1.** Action d'aborder qqn. *Être d'un abord facile, agréable.* ⇒ **accessible.** - *AU PREMIER ABORD, DE PRIME ABORD :* dès la première rencontre ; tout de suite. *Au premier abord, je le trouve assez timide.* **2.** *D'ABORD* loc. adv. : en premier lieu ; au préalable. ⇒ d'**emblée.** *Demandons-lui d'abord son avis, nous déciderons ensuite. Tout d'abord :* avant toute chose. - Avant tout. *L'homme est d'abord un animal.* - FAM. (pour renforcer une affirmation) *J'irai pas, d'abord !*

ABORDABLE adj. ▪ **1.** (prix) Modéré, pas trop cher. - D'un prix raisonnable. *C'est abordable.* **2.** (personnes) Que l'on peut aborder (II, 3).

ABORDAGE n. m. ▪ **1.** Manœuvre consistant à s'amarrer bord à bord avec un navire, à monter à son bord pour s'en rendre maître. *À l'abordage !* **2.** Collision de deux navires.

ABORDER v. 1 ▪ **I.** v. intr. Arriver au rivage. *Aborder dans une île, au port.* **II.** v. tr. **1.** Heurter (un navire). ⇒ **abordage.**

2. Arriver à (un lieu inconnu ou qui présente des difficultés). *Le pilote aborde avec prudence le virage.* 3. *Aborder qqn,* aller près de qqn (qu'on ne connaît pas ou peu) pour lui adresser la parole. ⇒ **accoster.** *Être abordé par un inconnu.* 4. En venir à..., pour en parler, en débattre. ⇒ **entamer.** *Aborder un sujet, un problème.*

ABORIGÈNE n. ▪ Autochtone dont les ancêtres sont à l'origine du peuplement. ⇒ **indigène.** *Les aborigènes d'Australie.* – adj. *Population aborigène* (opposé à *allogène*).

ABORTIF, IVE adj. ▪ Qui fait avorter. *Pilule abortive.*

ABOUCHER v. tr. 1 ▪ 1. VIEILLI Mettre en rapport (des personnes). 2. Faire communiquer (deux conduits). ► **S'ABOUCHER** v. pron. *S'ABOUCHER AVEC qqn :* se mettre en rapport avec lui.

ABOU DHABI ▪ Le plus vaste et le plus peuplé des Émirats arabes unis. 67 600 km^2. 700 000 hab. Grande richesse grâce au pétrole. ► **ABOU DHABI**, sa capitale (243 000 hab.), est aussi le siège du gouvernement fédéral des Émirats arabes unis.

ABOUKIR ▪ Localité égyptienne sur la presqu'île d'Aboukir, dans le delta du Nil, où Nelson vainquit une escadre française en 1798. Bonaparte y défit les Turcs l'année suivante.

ABOULER v. tr. 1 ▪ ARGOT Donner. *Aboule le fric !*

ABOULIE n. f. ▪ MÉD. Diminution pathologique de la volonté.

ABOULIQUE adj. ▪ Atteint d'aboulie. – n. *Un, une aboulique.*

ABOU SIMBEL ▪ Site archéologique d'Égypte, au sud d'Assouan : temples funéraires creusés dans les falaises, construits par Ramsès II au XIIIe s. av. J.-C. Menacés d'être submergés par les eaux du barrage d'Assouan, ils ont été déplacés 64 m plus haut (1963-1968).

Abou Simbel. Le grand temple.
Phot. © Carlo Bevilacqua/Ricciarini

ABOUTIR v. 2 ▪ I. v. tr. ind. 1. Arriver par un bout ; se terminer dans. *Le couloir aboutit dans, à une chambre.* 2. fig. *ABOUTIR À... :* conduire à..., en s'achevant dans. ⇒ **mener** à. *Tes projets n'aboutiront à rien.* II. v. intr. Avoir finalement un résultat. ⇒ **réussir.** *Les recherches ont abouti. L'enquête n'a pas abouti,* a échoué.

ABOUTISSANTS n. m. pl. ▪ *Les tenants et les aboutissants* (d'une affaire), tout ce à quoi elle tient et se rapporte.

ABOUTISSEMENT n. m. ▪ 1. Fait d'aboutir (II), d'avoir un résultat. *L'aboutissement de ses efforts.* 2. Ce à quoi une chose aboutit. ⇒ **résultat.** *L'aboutissement de plusieurs années de privations.*

ABOYER v. intr. 8 ▪ 1. Pousser un aboiement. *Le chien aboie quand un visiteur arrive.* 2. (sujet personne) Crier (contre qqn). *Aboyer contre, après qqn.*

ABOYEUR n. m. ▪ 1. Chien qui aboie. 2. Crieur ; celui qui annonce en criant.

ABRACADABRANT, ANTE adj. ▪ Extraordinaire et incohérent. *Une histoire abracadabrante.*

ABRAHAM ▪ Patriarche de la Bible (*Genèse*, XI, 26 - XXV, 11). Nomade, originaire d'Ur, il émigre au pays de Canaan. Par ses fils, Ismaël et Isaac, il est l'ancêtre des Arabes et des Juifs ; les chrétiens se réclament aussi de lui. Dieu lui ayant demandé d'immoler Isaac, il s'apprête à le faire, mais l'intervention divine l'en empêche au dernier moment (un bélier est substitué à son fils).

les plaines d'ABRAHAM n. f. pl. ▪ Plateau dominant le Saint-Laurent, à proximité de Québec. La victoire des Anglais sur les Français, dirigés par Montcalm, en 1759, marqua la fin de la domination française sur le Canada.

Madame d'ABRANTÈS → **Junot**

ABRASIF, IVE ▪ 1. n. m. Matière qui use, nettoie, polit (une surface dure). *Les poudres à récurer sont des abrasifs.* 2. adj. *Matière abrasive. Instruments abrasifs.*

ABRASION n. f. ▪ Action d'user par frottement (*abraser* v. tr.).

ABRÉACTION n. f. ▪ PSYCH. Brusque libération émotionnelle.

ABRÉGÉ n. m. ▪ Discours ou écrit réduit aux points essentiels. ⇒ **résumé.** *L'abrégé d'une conférence, d'un livre.* – *EN ABRÉGÉ* loc. adv. : en résumé, en passant sur les détails.

ABRÈGEMENT n. m. ▪ Action d'abréger. ⇒ **abréviation.**

ABRÉGER v. tr. 3 et 6 ▪ 1. Diminuer la durée de. *Abréger une visite, un voyage.* ⇒ **écourter.** 2. Diminuer la matière de (un discours, un écrit). ⇒ **raccourcir, résumer, tronquer.** *Abréger un texte.* – *Abrégeons ! au fait !* 3. *Abréger un mot,* supprimer une partie des lettres. – au p. p. *Mot abrégé.* ⇒ **abréviation.**

ABREUVER v. tr. 1 ▪ 1. Faire boire abondamment (un animal). *Abreuver un troupeau.* 2. fig. POÉT. Arroser, inonder. « *Qu'un sang impur abreuve nos sillons* » ("La Marseillaise"). 3. Donner beaucoup (de qqch.) à (qqn). *Abreuver qqn de compliments.* ⇒ **combler.** *Abreuver qqn d'injures.* ⇒ **accabler.** ► **S'ABREUVER** v. pron. Boire abondamment (animaux ; personnes).

ABREUVOIR n. m. ▪ Lieu, récipient aménagé pour faire boire les animaux.

ABRÉVIATION n. f. ▪ 1. Action d'abréger (spécialt un mot). ⇒ **abrègement.** 2. Mot abrégé. *Liste des abréviations.*

ABRI n. m. ▪ 1. Endroit où l'on est protégé (du mauvais temps, du danger). *Chercher un abri sous un arbre.* 2. Construction rudimentaire destinée à protéger. ⇒ **couvert, refuge.** – MILIT. *Un abri blindé, souterrain.* 3. *À L'ABRI* loc. adv. : à couvert des intempéries, des dangers. *Se mettre à l'abri,* s'abriter. *Les papiers sont à l'abri,* en lieu sûr. ♦ *À L'ABRI DE* loc. prép. : à couvert contre (qqch.). *Se mettre à l'abri du vent.* – fig. *Être à l'abri du besoin. Il est à l'abri de tout soupçon.*

ABRIBUS [-bys] n. m. (n. déposé) ▪ Arrêt d'autobus équipé d'un abri pour les usagers. ◇ recomm. off. ⇒ **aubette.**

ABRICOT n. m. ▪ Fruit comestible à noyau, à chair et peau jaune orangé. *Tarte aux abricots.*

ABRICOTIER n. m. ▪ Arbre fruitier qui produit l'abricot.

ABRITÉ, ÉE adj. ▪ Qui est à l'abri des intempéries. *Une terrasse bien abritée.*

ABRITER v. tr. 1 ▪ 1. (sujet personne) Mettre à l'abri. *Abriter qqn sous son parapluie.* 2. (chose) Protéger. 3. (lieu couvert) Recevoir (des occupants). ⇒ **héberger.** *Cet hôtel peut abriter deux cents personnes.* ► **S'ABRITER** v. pron. 1. Se mettre à l'abri (des intempéries, du danger). ⇒ se **garantir,** se **préserver,** se **protéger.** 2. fig. *S'abriter derrière qqn,* faire assumer par une personne plus puissante un acte, une responsabilité, etc., qu'elle a partagé.

ABROGATION n. f. ▪ Action d'abroger.

ABROGER v. tr. 3 ▪ Déclarer nul (ce qui avait été établi, institué). ⇒ **abolir, annuler.** *Abroger une loi.*

ABRUPT, UPTE adj. ▪ 1. Dont la pente est presque verticale. ⇒ **escarpé,** à **pic.** *Un sentier abrupt.* ⇒ **raide.** – n. m. *Un abrupt.* ⇒ **à-pic.** 2. (personnes) Qui est brusque, très direct. *Il a été un peu abrupt avec nous.* ► adv. ABRUPTEMENT

ABRUTI, IE adj. ▪ 1. *Abruti de, par,* hébété. *Être abruti de fatigue.* 2. FAM. Sans intelligence. *Ce type est complètement abruti.* ⇒ **idiot, stupide.** – n. Personne stupide. *Espèce d'abruti !*

ABRUTIR v. tr. 2 ▪ 1. LITTÉR. Dégrader l'esprit, la raison de (qqn). ♦ Rendre stupide. ⇒ **abêtir, hébéter.** 2. Fatiguer l'esprit de (qqn). *Abrutir un enfant de travail.* ⇒ **surmener.** – pronom. *S'abrutir de travail.* ♦ (sujet chose) *Ce vacarme m'abrutit.* ⇒ **assourdir, étourdir.**

ABRUTISSANT, ANTE adj. ▪ Qui abrutit (2). ⇒ **fatigant.**

ABRUTISSEMENT n. m. ▪ Action d'abrutir, de rendre stupide ; état d'une personne abrutie.

les ABRUZZES n. f. pl. ▪ Montagnes calcaires d'Italie centrale dans l'Apennin culminant au Gran Sasso (2 914 m). ► **les ABRUZZES** Région d'Italie. 10 794 km². 1,26 million d'hab. Chef-lieu : L'Aquila (65 600 hab.). Industries. Le Parc national des Abruzzes (40 000 ha) est essentiellement recouvert de forêts.

ABSALON ▪ Fils de David et de Maakah dans la Bible, il fait tuer son demi-frère pour venger le viol de sa sœur Thamar, puis se révolte contre son père. Vaincu, la chevelure prise dans les branches d'un chêne, il est tué par Joab en dépit de l'ordre de David.

ABSCISSE n. f. ▪ MATH. Coordonnée horizontale qui sert avec l'ordonnée à définir la position d'un point dans un plan.

ABSCONS, ONSE adj. ▪ DIDACT. Difficile à comprendre. *Un langage abscons.*

ABSENCE n. f. ▪ **I. 1.** Fait de n'être pas dans un lieu où l'on pourrait, où l'on devrait être. *Nous avons regretté votre absence.* – *Briller par son absence.* **2.** Fait de ne pas se trouver là où l'on devrait. *Les absences répétées d'un employé* (⇒ **absentéisme**). **3.** (choses) Fait de ne pas être là. ⇒ **défaut, manque** ; ② a-, ① dé-, ② in-, non-. **4.** *EN L'ABSENCE DE*, lorsque (qqn) est absent. *Il est plus expansif en l'absence de ses parents.* – À défaut (de qqn qui est absent). *En l'absence du directeur, voyez son adjoint.* **II.** *(Une, des absences)* Fait de ne plus se rappeler (qqch.). ⇒ **trou** de mémoire. *Avoir une absence.*

ABSENT, ENTE adj. ▪ **I. 1.** *ABSENT DE*, qui n'est pas (dans le lieu où il, elle pourrait, devrait être). *Il est absent de son bureau.* **2.** Qui n'est pas là où l'on s'attendrait à le trouver. *Le chef est absent aujourd'hui.* – n. *Dire du mal des absents.* prov. *Les absents ont toujours tort.* **3.** (choses) *Être absent quelque part, dans un endroit, de qqch.* ⇒ **manquer.** *Un texte où la ponctuation est absente.* **II.** (personnes) Qui n'a pas l'esprit à ce qu'il devrait faire. ⇒ **distrait.** *Il était un peu absent.* – *Un air absent.* ⇒ **rêveur.**

ABSENTÉISME n. m. ▪ Comportement d'une personne (*absentéiste* n.) qui est souvent absente alors qu'elle devrait être présente.

S'ABSENTER v. pron. [1] ▪ S'éloigner momentanément (du lieu où l'on doit être, où les autres pensent vous trouver). *Elle s'est absentée quelques instants.*

ABSIDE n. f. ▪ Extrémité en demi-cercle d'un édifice, notamment d'une église, derrière le chœur (⇒ **chevet**).

ABSINTHE n. f. ▪ **1.** Plante aromatique, appelée *armoise*. **2.** Liqueur alcoolique verte, nocive, tirée de cette plante.

ABSOLU, UE ▪ **I.** adj. **1.** Qui ne comporte aucune restriction ni réserve. ⇒ **intégral, total.** *J'ai en lui une confiance absolue.* → **complet.** *Pouvoir absolu.* ⇒ **absolutisme.** *Monarchie absolue.* **2.** (personnes) Qui ne supporte ni la critique ni la contradiction. ⇒ **autoritaire, entier. 3.** (opposé à *relatif*) *Majorité absolue.* **4.** GRAMM. Sans complément. *Verbe en emploi absolu.* **II.** n. m. **1.** Ce qui existe indépendamment de toute condition ou de tout rapport avec autre chose. **2.** *DANS L'ABSOLU* : sans comparer, sans tenir compte des conditions, des circonstances. *On ne peut juger de cela dans l'absolu.*

ABSOLUMENT adv. ▪ **1.** D'une manière absolue. *Il veut absolument vous voir.* ⇒ à tout **prix. 2.** (avec un adj.) Tout à fait. ⇒ **totalement.** *C'est absolument faux.* **3.** GRAMM. *Verbe employé absolument* (⇒ **absolu** (I,4)).

ABSOLUTION n. f. ▪ Effacement d'une faute par le pardon. *Donner l'absolution à un pécheur.* ⇒ **absoudre.**

ABSOLUTISME n. m. ▪ Système de gouvernement où le pouvoir du souverain est absolu. ⇒ **autocratie, despotisme, dictature, tyrannie.** ► adj. ABSOLUTISTE

ABSORBANT, ANTE adj. ▪ **1.** Qui absorbe les fluides. *Papier absorbant.* **2.** fig. Qui occupe (qqn) tout entier. *Un travail absorbant.*

ABSORBER v. tr. [1] ▪ **1.** Laisser pénétrer et retenir (un fluide) dans sa substance. *Le buvard absorbe l'encre.* ⇒ **boire. 2.** (êtres vivants) Boire, manger. *Il n'a rien absorbé depuis hier.* ⇒ **prendre. 3.** Faire disparaître en soi. *Cette dépense a absorbé ses économies.* ⇒ **engloutir.** *Ce groupe a absorbé plusieurs sociétés.* **4.** Occuper (qqn) complètement. *Ce travail l'absorbe.* – pronom. *S'absorber dans son travail.* – passif *Être absorbé dans sa lecture.*

ABSORPTION n. f. ▪ **1.** Action d'absorber. *L'absorption de l'eau par le sable.* **2.** Action de boire, de manger, d'avaler, de respirer (qqch. d'inhabituel ou de nuisible). *Suicide par absorption d'un poison.* ⇒ **ingestion. 3.** Fusion de sociétés, d'entreprises au bénéfice d'une seule.

ABSOUDRE v. tr. [51] ▪ **1.** Remettre les péchés de (un catholique). *Absoudre un pénitent.* ⇒ **absolution. 2.** plais. Pardonner à (qqn). *Je vous absous !* **3.** passif et p. p. *Absous, absoute.*

ABSTÈME adj. ▪ DIDACT. Qui s'abstient de boire de l'alcool.

S'ABSTENIR v. pron. [22] ▪ **1.** *S'abstenir de faire qqch.*, ne pas faire, volontairement. ⇒ s'**empêcher, éviter,** se **garder.** *Il s'est abstenu de me questionner.* **2.** absolt *S'abstenir* : ne pas agir, ne rien faire. prov. *Dans le doute, abstiens-toi.* – Ne pas voter. ⇒ **abstention. 3.** *S'abstenir d'une chose,* s'en passer volontairement ou ne pas la faire. *S'abstenir de vin. Les journaux s'abstiennent de tout commentaire.*

ABSTENTION n. f. ▪ Absence de vote d'un électeur. *La motion a été adoptée par vingt voix et deux abstentions.*

ABSTENTIONNISME n. m. ▪ Attitude de ceux qui décident de ne pas voter.

ABSTENTIONNISTE n. ▪ Personne qui ne vote pas.

ABSTINENCE n. f. ▪ **1.** Privation de nourriture, de boissons (pour des raisons religieuses ou médicales). *Faire abstinence.* **2.** Continence sexuelle. ⇒ **chasteté.**

ABSTRACTION n. f. ▪ **1.** Fait de considérer à part une qualité, une relation, indépendamment des objets qu'on perçoit ou qu'on imagine. *L'être humain est capable d'abstraction et de généralisation.* ♦ Qualité ou relation isolée par l'esprit. ⇒ **notion.** *La couleur, la forme sont des abstractions.* **2.** Idée abstraite (opposée à la réalité vécue). *La vieillesse est encore pour elle une abstraction.* **3.** *FAIRE ABSTRACTION DE qqch.* : ne pas tenir compte de. *Abstraction faite de son âge.* **4.** Art abstrait (4). *L'abstraction lyrique.*

ABSTRAIRE v. tr. [50] ▪ **1.** DIDACT. Considérer à part, par abstraction (un caractère, une qualité). *Abstraire une qualité d'un objet.* **2.** *S'ABSTRAIRE* v. pron. : s'isoler mentalement du milieu extérieur pour mieux réfléchir. *Avec ce bruit, il est difficile de s'abstraire.*

ABSTRAIT, AITE adj. ▪ **1.** Considéré par abstraction, à part des objets, de ce qu'on perçoit. *La blancheur est une idée abstraite* (opposé à *concret*). **2.** Qui utilise l'abstraction, n'opère pas sur la réalité. *La pensée abstraite* (→ théorie). *Sciences abstraites.* ⇒ **pur. 3.** Qui est difficile à comprendre, ne comporte pas d'exemples concrets. *Un texte, un auteur très abstrait.* **4.** *ART ABSTRAIT*, qui ne représente pas le monde visible, sensible (réel ou imaginaire) ; qui utilise la matière, la ligne, la couleur pour elles-mêmes (opposé à *figuratif*). *Peinture abstraite. Un peintre abstrait.* – n. *Les abstraits.* Voir ill. p. suiv. **5.** (n. m.) *DANS L'ABSTRAIT* : sans référence à la réalité concrète. ⇒ **abstraitement.**

ABSTRAITEMENT adv. ▪ **1.** D'une manière abstraite. *S'exprimer trop abstraitement.* **2.** Dans l'abstrait.

ABSURDE ▪ **I. 1.** adj. (choses) Contraire à la raison, au bon sens, à la logique. ⇒ **déraisonnable, inepte, insensé.** *Réponse absurde.* ♦ (personnes) Qui agit, parle sans bon sens. **2.** n. m. Ce qui est absurde. *Raisonnement, démonstration par l'absurde,* qui s'appuie sur le fait que le contraire de la proposition ne peut être vrai. **II.** PHILOS. adj. Dont l'existence est gratuite, non justifiée par une fin. *La vie est absurde.* ♦ n. m. *Les philosophes de l'absurde.*

ABSURDEMENT adv. ▪ De manière absurde.

ABSURDITÉ n. f. ▪ **1.** Caractère absurde. **2.** Chose absurde. ⇒ **ineptie, sottise, stupidité.** *Dire des absurdités.*

ABŪ BAKR (v. 573 - 634) ▪ Premier calife musulman, beau-père de Mahomet. La conquête islamique commença sous son règne.

ABŪ FIRĀS AL-HAMDĀNĪ (932 - 968) ▪ Prince et poète arabe. *"Rūmiyat"*, poème de l'exil.

ABUJA ▪ Capitale fédérale du Nigeria depuis 1982, située dans un territoire fédéral de 7 315 km². Le siège du gouvernement fédéral n'y a été installé qu'en 1991.

ABŪ NUWĀS (v. 726 - v. 813) ▪ Poète arabe. Favori de Haroun al-Rachid, il célébra le plaisir de manière lyrique.

Kandinsky, *Première Aquarelle abstraite,* 1910. MNAMGP, Paris. *Phot. © MNAMGP*

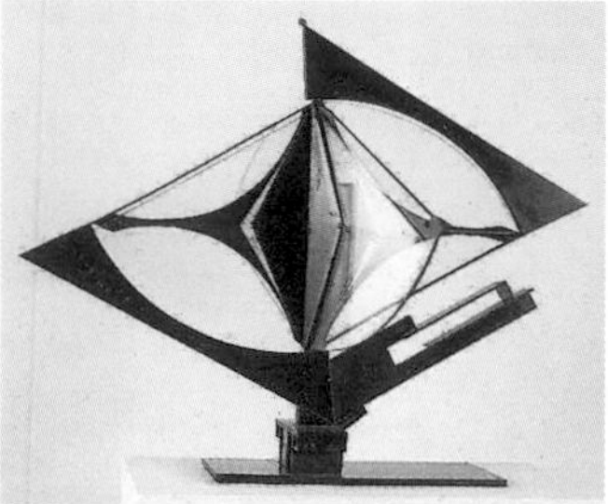

Pevsner, *Construction dans l'espace,* 1923-1925, bronze et cristal. MNAMGP, Paris. *Phot. © MNAMGP*

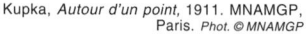

Kupka, *Autour d'un point,* 1911. MNAMGP, Paris. *Phot. © MNAMGP*

Pollock, *Hors du réseau.* Staatsgalerie, Stuttgart. *Phot. © Arch. Smeets*

art **abstrait.**

ABUS n. m. ▪ **1.** Action d'abuser d'une chose ; usage mauvais, excessif. *L'abus d'alcool.* ⇒ **excès.** ▪ FAM. *(Il) y a de l'abus,* de l'exagération ; les choses vont trop loin. **2.** *ABUS DE CONFIANCE :* délit par lequel on abuse de la confiance de qqn. ▪ *ABUS DE BIENS SOCIAUX :* délit consistant, pour un actionnaire ou un responsable d'entreprise, à détourner à son profit les biens, l'argent, les services de sa société. **3.** Coutume mauvaise. *Les abus d'un régime.* ⇒ **injustice.**

ABUSER v. tr. [1] ▪ **1.** *ABUSER DE... :* user mal, avec excès. *User* d'une chose sans en abuser. Abuser de la patience de qqn.* ▪ absolt *Vraiment, il abuse,* il exagère. **2.** LITTÉR. Tromper. ⇒ **duper, leurrer, mystifier.** *Se laisser abuser par les apparences.* ► S'**ABUSER** v. pron. Se tromper, se méprendre. loc. *Si je ne m'abuse :* sauf erreur.

ABUSIF, IVE adj. ▪ **1.** Qui constitue un abus. *L'usage abusif d'un médicament.* ⇒ **excessif, mauvais. 2.** (personnes) Qui abuse de son pouvoir. ⇒ **possessif.** *Mère abusive.* ► adv. ABUSIVEMENT

ABYDOS ▪ Ancienne ville d'Égypte, près de Thèbes, dédiée au culte d'Osiris à partir de la Ve dynastie. On y retrouvera les *Tables d'Abydos,* liste des 76 prédécesseurs de Séthi Ier.

ABYME n. m. ▪ loc. *EN ABYME,* se dit d'une œuvre contenue dans une autre de même nature (récit dans le récit, tableau dans le tableau, film dans le film).

Les ABYMES ▪ Commune de la Guadeloupe. 62 809 hab. *(les Abymiens).*

ABYSSAL, ALE, AUX adj. ▪ **1.** Des abysses. **2.** Très profond. ⇒ **insondable.** *Des profondeurs abyssales.*

ABYSSE n. m. ▪ **1.** surtout au plur. Fosse sous-marine très profonde. **2.** LITTÉR. Gouffre. ⇒ **abîme.** *Un abysse.*

l'ABYSSINIE n. f. ▪ Ancien nom de l'Éthiopie.

ACABIT n. m. ▪ péj. *De cet acabit ; du même acabit,* de cette nature, de même nature.

ACACIA n. m. ▪ **1.** Arbre à branches épineuses, à fleurs en grappes (syn. *robinier, faux acacia*). *Une avenue bordée d'acacias.* **2.** BOT. Plante de la famille des mimosas.

ACADÉMICIEN, IENNE n. ▪ Membre d'une Académie (spécialt de l'Académie française). *L'habit vert et l'épée des académiciens.*

Abydos. Le temple de Séthi Ier, portique à piliers rectangulaires. *Phot. © Dagli Orti*

ACADÉMIE n. f. ▪ **1.** Société de gens de lettres, savants, artistes. *Académie de musique, de médecine.* ◆ *L'ACADÉMIE :* l'Académie française (voir ci-dessous). **2.** École où l'on enseigne un art. *Académie de peinture, de danse.* **3.** Circonscription de l'enseignement. *Les lycées et collèges de l'académie de Strasbourg.*

▪ **l'ACADÉMIE DES BEAUX-ARTS** ▪ Elle est issue de la réunion, en 1816, de l'Académie de peinture et de sculpture, fondée par Mazarin en 1648, et de l'Académie d'architecture, fondée par Colbert en 1671. Elle se compose de 50 membres.

▪ **l'ACADÉMIE DES INSCRIPTIONS ET BELLES-LETTRES** ▪ Fondée en 1663 par Colbert, elle se consacre à des travaux historiques, archéologiques et philologiques.

▪ **l'ACADÉMIE DES SCIENCES** ▪ Fondée en 1666 par Colbert, elle regroupe deux divisions : sciences mathématiques et physiques, sciences chimiques, biologiques et médicales.

▪ **l'ACADÉMIE DES SCIENCES MORALES ET POLITIQUES** ▪ Fondée en 1795 par la Convention nationale, elle comprend six sections : philosophie ; morale et sociologie ; législation, droit public et jurisprudence ; économie politique, statistiques et finances ; histoire et géographie, plus une section générale.

▪ **l'ACADÉMIE FRANÇAISE** ▪ La plus célèbre des cinq académies qui forment aujourd'hui l'Institut de France. Créée en 1635 par Richelieu, elle compte 40 membres, les « immortels », chargés de veiller sur les lettres et la langue françaises.

▪ **l'ACADÉMIE ROYALE DE BELGIQUE** ▪ Fondée par Marie-Thérèse d'Autriche en 1772, elle compte trois sections : lettres, beaux-arts, sciences.

l'ACADÉMIE n. f. ▪ École philosophique créée vers 387 av. J.-C. par Platon*, et dont l'enseignement avait lieu dans les jardins d'Akadêmos (héros attique), près d'Athènes. Lui succéda la *Nouvelle Académie,* fondée par Arcésilas, qui professait le scepticisme à l'égard de toute vérité absolue (philosophie dite « probabiliste »).

ACADÉMIQUE adj. ▪ **1.** D'une académie, ou de l'Académie française. *Discours académique.* **2.** Qui suit étroitement les règles conventionnelles, avec froideur ou prétention. Conventionnel. *Un style académique.* **3.** Relatif à l'administration d'une académie (2). ◆ *Palmes académiques* (distinction honorifique).

ACADÉMISME n. m. ▪ Observation étroite des traditions académiques ; classicisme étroit.

l'ACADIE n. f. ▪ Ancienne province du Canada français correspondant approximativement à la Nouvelle-Écosse. Cédée à l'Angleterre au traité d'Utrecht (1713), l'Acadie vit sa population francophone *(les Acadiens)* déportée en 1755. Les Acadiens sont aujourd'hui dispersés en Nouvelle-Écosse, au Nouveau-Brunswick, en Louisiane (→ **cajun**) et au Québec.

ACADIEN, IENNE adj. et n. ▪ De l'Acadie. ◆ n. *Les Acadiens.*

ACAJOU n. m. ▪ **1.** Arbre d'Amérique tropicale à bois rougeâtre, très dur, facile à polir ; ce bois. *Un mobilier en acajou.* **2.** Couleur brun rougeâtre. ◆ adj. invar. *Cheveux acajou.*

ACANTHE n. f. ▪ Plante à feuilles très découpées. ◆ *FEUILLE D'ACANTHE :* ornement architectural.

A CAPPELLA loc. adv. et adj. ▪ *Chanter a cappella,* sans accompagnement instrumental. *Chœur a cappella.*

ACAPULCO ▪ Ville et port du Mexique, sur le Pacifique. 592 000 hab. Station balnéaire.

ACARIÂTRE adj. ▪ D'un caractère désagréable, difficile. ⇒ **grincheux, hargneux.** ◆ *Humeur, réponse acariâtre.*

ACARIEN n. m. ▪ Arachnide souvent parasite et pathogène (ordre des *Acariens*).

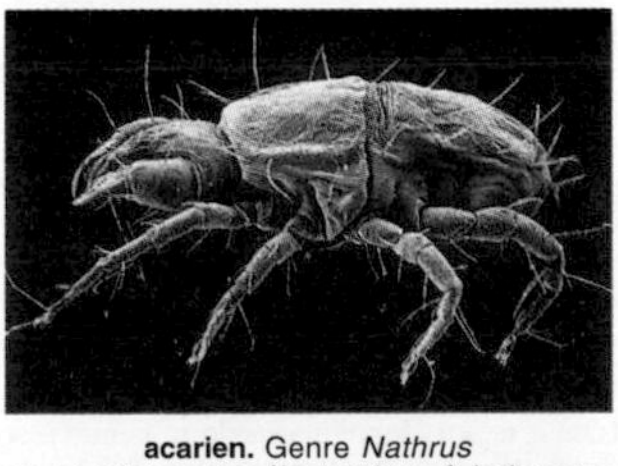

acarien. Genre *Nathrus* vu au microscope électronique à balayage.
Phot. © Georgeon Rossi/Gamma

ACCABLANT, ANTE adj. ▪ Qui accable, fatigue. *Charge, chaleur accablante.* ⇒ **écrasant.** ◆ *Un témoignage accablant.* ⇒ **accusateur.** *Une nouvelle accablante.* ⇒ **triste.**

ACCABLEMENT n. m. ▪ État d'une personne qui supporte une situation très pénible. ⇒ **abattement.**

ACCABLER v. tr. [1] ▪ **1.** Faire supporter à (qqn) une chose pénible. *Accabler qqn de travail.* ⇒ **surcharger.** ◆ *Cette triste nouvelle nous accable. Être accablé par les soucis.* **2.** Faire subir à (qqn), par la parole. *Accabler qqn d'injures, de reproches.* ⇒ **abreuver.**

ACCALMIE n. f. ▪ Calme, après l'agitation. ⇒ **apaisement.**

ACCAPARER v. tr. [1] ▪ **1.** Prendre, retenir en entier. *Accaparer le pouvoir.* ◆ *Le travail l'accapare tout entier.* ⇒ **occuper.** ◆ Garder, occuper pour soi tout seul. **2.** *Accaparer qqn,* le retenir. ▶ n. m. ACCAPAREMENT

ACCAPAREUR, EUSE n. ▪ Personne qui accapare, spécialt des marchandises pour spéculer.

ACCÉDER v. tr. ind. [6] ▪ *ACCÉDER À* ▪ **1.** Pouvoir entrer, pénétrer ; avoir accès. *On accède au grenier par une échelle.* **2.** fig. Parvenir (à un état, une situation). *Accéder à une haute fonction.* ◆ *Accéder à la propriété :* devenir propriétaire (⇒ **accession**). **3.** Donner satisfaction à. ⇒ **acquiescer, consentir, souscrire.** *Accéder aux désirs de qqn.*

ACCÉLÉRATEUR n. m. ▪ **1.** Organe qui commande l'admission du mélange gazeux au moteur (l'admission accrue augmente la vitesse). *Appuyer sur l'accélérateur* (sur la pédale). ⇒ FAM. **champignon.** **2.** PHYS. Appareil qui communique à des particules chargées (électrons, etc.) des énergies très élevées. ⇒ **cyclotron.**

ACCÉLÉRATION n. f. ▪ Augmentation de la vitesse. *L'accélération d'un mouvement, d'un véhicule.* ◆ *Cette voiture a des accélérations foudroyantes.*

ACCÉLÉRÉ n. m. ▪ au cinéma Procédé qui accélère les mouvements. *Poursuite en accéléré.*

ACCÉLÉRER v. tr. [6] ▪ **1.** Rendre plus rapide. *Accélérer l'allure, le mouvement.* ⇒ **hâter, presser** ; opposé à *ralentir.* **2.** Rendre plus prompt. ⇒ **activer, avancer.** *Il faut accélérer les travaux.* ◆ au p. p. *Formation accélérée.* **3.** intrans. Augmenter la vitesse d'une voiture, la vitesse du moteur avec l'accélérateur. *Accélérez doucement et changez de vitesse.*

ACCENT n. m. ▪ **1.** Élévation ou augmentation d'intensité de la voix sur une syllabe. *Accent d'intensité.* **2.** Signe graphique qui sert (en français) à noter des différences dans la prononciation des voyelles ou à distinguer deux mots. *Accent grave (à, è), aigu (é), circonflexe (â, ê...).* **3.** Inflexions de la voix (timbre, intensité) exprimant un sentiment. ⇒ **inflexion, intonation.** *Un accent plaintif.* ◆ *Des accents de sincérité.* **4.** Ensemble des caractères phonétiques considérés comme un écart par rapport à la norme (dans une langue donnée). *Il n'a aucun accent. L'accent du Midi. Avoir l'accent anglais.* **5.** *METTRE L'ACCENT SUR :* insister sur. *Le ministre a mis l'accent sur les problèmes sociaux.*

ACCENTUATION n. f. ▪ **1.** Fait, manière de placer les accents (2). *Fautes d'accentuation.* **2.** Fait d'augmenter, de s'accentuer. *L'accentuation de cette évolution.*

ACCENTUER v. tr. [1] ▪ **1.** Élever ou intensifier la voix sur (un son). *On accentue la voyelle finale, en français.* **2.** Mettre un accent (2) sur (une lettre). **3.** Augmenter, intensifier (qqch.). *Accentuer son effort, son action.*

ACCEPTABLE adj. ▪ **1.** Qui mérite d'être accepté. *Une offre acceptable.* **2.** Assez bon, qui peut convenir. *Des notes acceptables.*

ACCEPTATION n. f. ▪ Fait d'accepter. ⇒ **consentement.**

ACCEPTER v. tr. [1] ▪ **I.** *ACCEPTER qqn, qqch.* **1.** Recevoir, prendre volontiers (ce qui est offert, proposé). *Accepter un cadeau, une invitation.* ◆ Consentir à. *Accepter le combat,* se montrer prêt à se battre. **2.** Donner son accord à. *Accepter un contrat.* **3.** *Accepter qqn,* l'admettre auprès de soi ou dans tel rôle. *Accepter qqn pour époux.* ◆ pronom. *S'accepter tel qu'on est.* **4.** Se soumettre à une épreuve ; ne pas refuser. ⇒ **se résigner, subir, supporter.** *Il ne peut accepter son échec. Accepter la mort.* **II. 1.** *ACCEPTER DE* (+ inf.), bien vouloir. *Il a accepté de venir, de nous aider.* **2.** *ACCEPTER QUE* (+ subj.), supporter. *Je n'accepte pas qu'on me parle sur ce ton.*

ACCEPTION n. f. ▪ Sens particulier (d'un mot). ⇒ **signification.** loc. *Dans toute l'acception du terme.*

ACCÈS n. m. ▪ **I. 1.** Possibilité d'aller dans (un lieu). ⇒ **entrée.** *Accès interdit au public ; accès libre, gratuit. Une voie d'accès.* **2.** Voie qui permet d'entrer. *Les accès de Paris sont insuffisants.* **3.** Possibilité d'approcher (qqn). *Avoir accès auprès de qqn. Il est d'un accès difficile.* **4.** *DONNER ACCÈS À :* permettre d'obtenir. *Diplôme qui donne accès à un emploi.* ⇒ **accéder. II.** (Entrée, arrivée brusque) **1.** Arrivée ou retour d'un phénomène pathologique. *Accès de fièvre.* ⇒ **poussée.** *Accès de folie.* ⇒ **crise. 2.** Émotion vive et passagère. *Des accès de colère, de tristesse.*

ACCESSIBILITÉ n. f. ▪ Possibilité d'accéder, d'arriver à. *L'accessibilité à un emploi.*

ACCESSIBLE adj. ▪ **1.** Où l'on peut accéder, arriver, entrer. *Une région difficilement accessible.* **2.** Que l'on peut payer, acheter. *Des prix accessibles.* ⇒ **abordable.** ➝ *ACCESSIBLE À QQN :* qui peut être compris par. ⇒ **compréhensible.** *Science accessible aux initiés.* **3.** (personnes) Que l'on peut approcher, voir, rencontrer. *Il est très accessible.* **4.** Sensible à (qqch.). *Il n'est pas accessible à la flatterie.*

ACCESSION n. f. ▪ Fait d'accéder à (un état, une situation). *L'accession d'un État à l'indépendance. Accession (des locataires) à la propriété.*

ACCESSIT [-it] n. m. ▪ Distinction, récompense accordée à ceux qui, sans avoir obtenu de prix, s'en sont approchés. *Un premier accessit de musique.*

ACCESSOIRE ▪ **I.** adj. Qui vient avec ou après ce qui est principal, essentiel. ⇒ **annexe, secondaire.** *Une question accessoire. C'est tout à fait accessoire.* ⇒ **négligeable.** ➝ n. m. *Distinguer l'essentiel de l'accessoire.* **II.** n. m. **1.** Objet nécessaire à une représentation théâtrale, un déguisement. *Les décors, les costumes et les accessoires* (⇒ **accessoiriste**). **2.** Pièce non indispensable (d'une machine, d'un instrument, etc.). *Pièces et accessoires d'automobile.* ➝ Élément associé à une toilette (sac, ceinture, etc.).

ACCESSOIREMENT adv. ▪ D'une manière accessoire ; en plus d'un motif principal.

ACCESSOIRISTE n. ▪ Personne qui dispose les accessoires au théâtre, au cinéma, à la télévision.

ACCIDENT n. m. ▪ **1.** PHILOS. Ce qui n'est pas essentiel ; fait accessoire. ➝ loc. *PAR ACCIDENT :* par hasard. ⇒ **fortuitement. 2.** Événement fâcheux, malheureux. ⇒ **contretemps, ennui, mésaventure.** *Un petit accident.* ⇒ **incident. 3.** Événement imprévu et soudain qui entraîne des dégâts, met en danger. *Accident d'avion. Les accidents de la route.* **4.** *Accident de terrain :* déformation du terrain.

ACCIDENTÉ, ÉE adj. ▪ **1.** Qui présente des inégalités, des accidents (4) de terrain. *Terrain accidenté.* **2.** FAM. Qui a subi un accident. *Voiture accidentée.* ➝ n. *Les accidentés de la route.*

ACCIDENTEL, ELLE adj. ▪ **1.** Qui est dû au hasard. ⇒ **fortuit, imprévu.** *Une erreur accidentelle.* **2.** *Mort accidentelle,* du fait d'un accident. ► adv. ACCIDENTELLEMENT

ACCLAMATION n. f. ▪ Cri collectif d'enthousiasme pour saluer (qqn) ou approuver (qqch.). ⇒ **applaudissement, hourra, ovation, vivat.** *Être accueilli par des acclamations.*

ACCLAMER v. tr. [1] ▪ Saluer par des acclamations. *Le chanteur s'est fait acclamer.*

ACCLIMATATION n. f. ▪ **1.** Action d'acclimater (un animal, une plante). **2.** *JARDIN D'ACCLIMATATION :* jardin zoologique (⇒ **zoo**) et botanique où vivent des espèces exotiques.

ACCLIMATEMENT n. m. ▪ Fait d'habituer ou de s'habituer à un autre milieu. *L'acclimatement d'une espèce animale.*

ACCLIMATER v. tr. [1] ▪ **1.** Habituer (un animal, une plante) à un milieu géographique différent. *Acclimater une plante tropicale dans un pays tempéré.* ♦ (compl. personne) Habituer à un nouveau pays, à de nouvelles habitudes. ➝ pronom. *S'acclimater à un nouveau milieu.* **2.** fig. Introduire quelque part (une idée, un usage).

ACCOINTANCES n. f. pl. ▪ *Avoir des accointances* (dans un milieu) : avoir des relations, des amis.

ACCOLADE n. f. ▪ **1.** Fait de mettre les bras autour du cou. ⇒ **embrassade.** *Donner, recevoir l'accolade.* **2.** Signe à double courbure ({), qui sert à réunir plusieurs lignes.

ACCOLER v. tr. [1] ▪ **1.** VX Mettre les bras autour du cou de (qqn), pour l'embrasser. **2.** Réunir, rendre contigu. ➝ au p. p. *Maisons accolées.*

ACCOMMODANT, ANTE adj. ▪ Qui s'accommode facilement des personnes, des circonstances. ⇒ **conciliant, sociable.** *Être accommodant, d'une humeur accommodante.*

ACCOMMODATION n. f. ▪ **1.** VX Action de rendre conforme, d'accommoder (1). **2.** PHYSIOL. Mise au point faite par l'œil, dans la fonction visuelle.

ACCOMMODEMENT n. m. ▪ Accord ou compromis à l'amiable. ⇒ **conciliation.** *Obtenir un accommodement.*

ACCOMMODER v. tr. [1] ▪ **1.** *ACCOMMODER QQCH. À QQCH. :* disposer ou modifier de manière à faire convenir à. ⇒ **adapter, ajuster. 2.** Préparer (des aliments) pour la consommation. ⇒ **apprêter, assaisonner, cuisiner.** ► **S'ACCOMMODER** v. pron. **1.** *S'ACCOMMODER À :* s'adapter à (choses abstraites ; personnes). *Je m'accommode à ma nouvelle vie.* **2.** *S'ACCOMMODER DE :* accepter comme pouvant convenir. *Il s'accommode de tout* (⇒ **accommodant**). *S'accommoder d'un mauvais lit.* ⇒ se **contenter.**

ACCOMPAGNATEUR, TRICE n. ▪ **1.** MUS. Personne qui accompagne la partie principale. *Cette pianiste est l'accompagnatrice d'un violoniste.* **2.** Personne qui accompagne et guide un groupe. ⇒ **guide.**

ACCOMPAGNEMENT n. m. ▪ **1.** Ce qui est servi avec une viande, un poisson. **2.** Action de jouer une partie musicale de soutien à la partie principale ; cette partie. *Accompagnement de piano. Chanter sans accompagnement* (→ a cappella).

ACCOMPAGNER v. tr. [1] ▪ **1.** Se joindre à (qqn) pour aller où il va en même temps que lui. *Accompagner un ami à la gare.* ➝ au p. p. *Enfants seuls ou accompagnés.* **2.** (choses) S'ajouter à, aller avec. *Les légumes qui accompagnent une viande.* **3.** Jouer avec (un musicien, un chanteur) une partie pour soutenir sa mélodie. ⇒ **accompagnement.** ► **S'ACCOMPAGNER** v. pron. (sujet chose) *S'ACCOMPAGNER DE :* se produire en même temps que.

ACCOMPLI, IE adj. ▪ **1.** Qui est parfait en son genre. ⇒ **consommé, incomparable, parfait.** *Un homme du monde accompli.* **2.** Terminé. ➝ *LE FAIT ACCOMPLI :* ce qui est fait, ce sur quoi on ne peut revenir. *Il a dû s'incliner devant le fait accompli. Mettre qqn devant le fait accompli.*

ACCOMPLIR v. tr. [2] ▪ **1.** Faire (qqch.) jusqu'au bout. ⇒ **achever.** *Accomplir une tâche.* ➝ au p. p. *Mission accomplie !* **2.** Faire effectivement (ce qui était préparé, projeté). ⇒ **effectuer, exécuter, réaliser. 3.** Faire (ce qui est demandé, ordonné, proposé). ⇒ **remplir, satisfaire** à. *Accomplir un vœu. Accomplir son devoir.* ⇒ **observer.** ► **S'ACCOMPLIR** v. pron. **1.** (choses) Se réaliser, avoir lieu. ⇒ **arriver.** *Son souhait s'est accompli.* **2.** (personnes) Se réaliser pleinement. *Il s'accomplit dans le travail.*

ACCOMPLISSEMENT n. m. ▪ Fait d'accomplir, de s'accomplir. ⇒ **exécution, réalisation.**

ACCONIER ⇒ ACONIER

ACCORD n. m. ▪ **I. 1.** État qui résulte d'une communauté ou d'une conformité de pensées, de sentiments. ⇒ **entente.** *L'accord est unanime, général ; partiel.* loc. *D'un commun accord. Ils vivent en parfait accord.* **2.** *D'ACCORD. Être d'accord,* avoir la même opinion ou la même intention. ⇒ s'**entendre.** *Elles se sont mises d'accord. Je suis d'accord avec vous. « Viendrez-vous demain ? — D'accord. »* ⇒ **oui** ; FAM. **O.K.** ◇ abrév. POP. D'AC. **3.** *UN ACCORD :* arrangement entre ceux qui se mettent d'accord. ⇒ **compromis, convention, pacte, traité.** *Négocier, conclure un accord. Arriver, parvenir à un accord. Un accord de principe,* qui ne mentionne pas les détails d'application. **4.** *Donner, refuser son accord.* ⇒ **autorisation, permission. 5.** (choses) *En accord avec :* adapté à, qui correspond à. *Ses opinions ne sont pas en accord avec ses actes.* ⇒ **cadrer. II. 1.** Association de plusieurs sons (au moins trois) simultanés ayant des rapports de fréquence codifiés par les lois de l'harmonie. *Accord parfait. Frapper, plaquer un accord au piano.* **2.** Action d'accorder (III, 1) un instrument. ➝ État d'un récepteur (tuner) accordé sur une fréquence d'émission. **3.** Correspondance entre des formes dont l'une est subordonnée à l'autre. *L'accord des participes. Faute d'accord.*

ACCORDÉON n. m. ▪ **1.** Instrument de musique à soufflet et à anches métalliques. **2.** *Chaussettes EN ACCORDÉON,* qui tombent en formant des plis.

ACCORDÉONISTE n. ▪ Personne qui joue de l'accordéon. *Une excellente accordéoniste.*

ACCORDER v. tr. 1 ▪ **I. 1.** Consentir à donner, à laisser ou à permettre. *Accorder un crédit, un délai.* ⇒ **allouer.** *Accorder une faveur.* ⇒ **satisfaire. 2.** Attribuer. *Vous accordez trop d'importance à cet échec.* ⇒ **attacher. 3.** pronom. (réfl.) Se donner. *Il ne s'accorde aucun répit.* **II.** VX Mettre d'accord (des personnes). – pronom. (récipr.) S'entendre. *Ils ne s'accordent pas. S'accorder pour faire qqch.* **III. 1.** Mettre (un ou plusieurs instruments) au même diapason. *Accorder un piano.* ⇒ **accordeur.** – loc. *Accordez vos violons :* mettez-vous d'accord. **2.** Donner à (un élément du discours) un aspect formel en rapport avec sa fonction ou avec la forme d'un élément dominant. – pronom. (passif) *Le verbe s'accorde avec son sujet.*

ACCORDEUR n. m. ▪ Professionnel qui accorde les pianos, les orgues, etc. *Elle est accordeur.*

ACCORT, ACCORTE adj. ▪ VX Gracieux et vif. ♦ LITTÉR. (au fém.) *Une accorte servante,* gracieuse et vive.

ACCOSTAGE n. m. ▪ Fait d'accoster. ♦ Opération précédant l'amarrage de deux engins lors d'un rendez-vous spatial.

ACCOSTER v. tr. 1 ▪ **1.** Aborder (qqn) de façon cavalière. *Être accosté par un inconnu.* **2.** (bateau) Se mettre bord à bord avec (le quai, un autre bateau). *Le navire accoste le quai.* – absolt *Le navire vient d'accoster.*

ACCOTEMENT n. m. ▪ Espace aménagé entre la chaussée et le fossé. *Stationner sur l'accotement.* ⇒ **bas-côté.**

S'ACCOTER v. pron. 1 ▪ S'appuyer d'un côté (à qqch).

ACCOTOIR n. m. ▪ Saillie d'un dossier où l'on peut appuyer sa tête.

ACCOUCHÉE n. f. ▪ Femme qui vient d'accoucher. ⇒ **mère, parturiente.**

ACCOUCHEMENT n. m. ▪ **1.** Fait d'accoucher ; sortie de l'enfant du corps de sa mère. ⇒ **couche(s), enfantement.** *Accouchement à terme, avant terme.* **2.** Opération médicale par laquelle on assiste la femme qui accouche (⇒ **obstétrique**). – loc. *Accouchement sans douleur,* entraînement pour diminuer les douleurs de l'accouchement.

ACCOUCHER v. 1 ▪ **I.** v. tr. ind. **1.** *ACCOUCHER DE :* mettre au monde. ⇒ **engendrer.** *Elle a accouché d'un garçon.* – fig. loc. *La montagne qui accouche d'une souris.* ♦ absolt Donner naissance à un enfant. ⇒ **enfanter.** *Elle a accouché cette nuit. Accoucher avant terme.* **2.** péj. Élaborer difficilement. *Il a accouché d'un roman peu lisible.* – absolt FAM. S'expliquer, parler. *Alors, tu accouches ?* **II.** v. tr. dir. Aider (une femme) à mettre au monde. *La sage-femme l'a accouchée.*

ACCOUCHEUR, EUSE n. ▪ Personne qui fait des accouchements. ⇒ **gynécologue, obstétricien, sage-femme.** – appos. *Médecin accoucheur.*

S'ACCOUDER v. pron. 1 ▪ S'appuyer sur le coude, les coudes. *S'accouder à sa fenêtre.*

ACCOUDOIR n. m. ▪ Appui pour s'accouder. *Les accoudoirs d'un fauteuil.* ⇒ **bras.**

ACCOUPLEMENT n. m. ▪ **1.** Fait d'accoupler (1). *Barre, bielle d'accouplement.* **2.** Union sexuelle du mâle et de la femelle d'une espèce animale.

ACCOUPLER v. tr. 1 ▪ **1.** Joindre, réunir par deux. *Accoupler des générateurs électriques.* – au p. p. *Bobines accouplées.* ♦ fig. *Accoupler deux mots.* **2.** Procéder à l'accouplement de (deux animaux). ► **S'ACCOUPLER** v. pron. S'unir sexuellement (animaux). *Le bélier s'accouple à la brebis.*

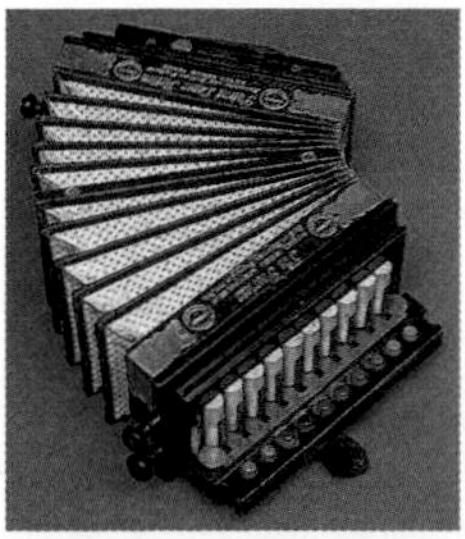

accordéon.
Phot. © Nimatallah/ Ricciarini

ACCOURIR v. intr. 11 ▪ Venir en courant, en se pressant. *Quand il a crié, je suis vite accouru* (ou VIEILLI *j'ai vite accouru*).

ACCOUTREMENT n. m. ▪ Habillement étrange, ridicule.

ACCOUTRER v. tr. 1 ▪ Habiller ridiculement. ⇒ **affubler.** – pronom. *S'accoutrer d'une manière grotesque.* – au p. p. *Mal accoutré.*

ACCOUTUMANCE n. f. ▪ **1.** Fait de se familiariser, de s'habituer (à qqch). ⇒ **adaptation, habitude. 2.** Processus par lequel un organisme tolère de mieux en mieux un agent extérieur. ⇒ **immunité.** – État dû à l'usage prolongé d'une drogue (désir de continuer, etc.). ⇒ **dépendance.**

ACCOUTUMÉ, ÉE adj. ▪ **1.** Ordinaire, habituel. *À l'heure accoutumée.* – LITTÉR. *Avoir accoutumé de* (+ inf.) : avoir l'habitude de. **2.** *À L'ACCOUTUMÉE* loc. adv. : d'ordinaire, habituellement.

ACCOUTUMER v. tr. 1 ▪ Faire prendre l'habitude de. ⇒ **habituer.** *On ne l'a pas accoutumé à travailler.* – *Être accoutumé au climat,* en avoir pris l'habitude. ► **S'ACCOUTUMER** (À) v. pron. *On s'accoutume à tout.*

ACCRA ▪ Capitale et port du Ghana. 1 000 000 hab.

ACCRÉDITER v. tr. 1 ▪ **1.** Donner à (qqn) l'autorité nécessaire pour agir en qualité de. *Accréditer un ambassadeur auprès d'un chef d'État.* ► n. f. ACCRÉDITATION **2.** Rendre (qqch.) croyable, plausible. *Accréditer une légende.*

ACCROC n. m. ▪ **1.** Déchirure faite par ce qui accroche. *Faire un accroc à sa veste.* **2.** Difficulté qui arrête. ⇒ **anicroche, contretemps, obstacle.** *L'opération s'est déroulée sans accroc.*

ACCROCHAGE n. m. ▪ **1.** Action d'accrocher. *L'accrochage des tableaux* (d'une exposition). **2.** Petit accident, léger choc entre deux véhicules. **3.** MILIT. Bref combat, engagement. *Accrochage entre deux patrouilles.* **4.** FAM. Dispute légère.

ACCROCHE n. f. ▪ **1.** VX Difficulté. ⇒ **accroc. 2.** Ce qui accroche l'attention.

ACCROCHE-CŒUR n. m. ▪ Mèche de cheveux en croc, collée sur la tempe. *Des accroche-cœurs.*

ACCROCHER v. 1 ▪ **I.** v. tr. **1.** Retenir, arrêter par un crochet, une chose pointue. *Des épines accrochaient sa jupe.* – FAM. *Tu peux te l'accrocher :* tu ne l'auras pas. ♦ Heurter (un véhicule). *Le camion a accroché mon aile.* **2.** Suspendre à un crochet. *Accrocher son manteau.* ⇒ **pendre.** *Accrocher une pancarte au mur.* – loc. *Avoir le cœur bien accroché :* ne pas être sujet aux maux de cœur ; fig. n'être pas facilement dégoûté. **3.** Arrêter, retenir. *Accrocher un reflet, la lumière.* **4.** Retenir l'attention de (qqn). – absolt *Un slogan qui accroche* (⇒ **accroche, accrocheur**). **5.** au p. p. *Être accroché à une drogue,* en être dépendant (abrév. FAM. ACCRO). **II.** v. intr. **1.** Présenter des difficultés. *La négociation a accroché sur plusieurs points.* **2.** *Ça a bien accroché avec lui,* le contact s'est bien établi. ► **S'ACCROCHER** v. pron. **1.** Se tenir avec force. ⇒ se **cramponner.** *Accrochez-vous à la rampe.* – fig. *S'accrocher à ses illusions.* – FAM. *S'accrocher à qqn,* l'importuner. **2.** Ne pas céder, se montrer tenace. **3.** *S'accrocher (avec qqn),* se heurter par la parole. ⇒ se **disputer.**

ACCROCHEUR, EUSE adj. et n. ▪ **1.** (personnes) Très tenace. *Un bon vendeur, très accrocheur.* – n. *Un accrocheur.* **2.** Qui retient l'attention. *Une publicité accrocheuse.*

ACCROIRE v. tr. seulement inf. ▪ LITTÉR. *Faire accroire qqch. à qqn,* faire croire ce qui n'est pas vrai ; tromper. ♦ *En faire accroire à qqn,* le tromper, lui mentir. ⇒ **abuser.**

ACCROISSEMENT n. m. ▪ Fait de croître, d'augmenter. ⇒ **augmentation.** *L'accroissement de la production.*

ACCROÎTRE v. tr. 55 sauf p. p. *accru* ▪ Rendre plus grand, plus important. ⇒ **augmenter, développer, étendre.** – au p. p. *Avoir des responsabilités accrues.* – pronom. Aller en augmentant.

S'ACCROUPIR v. pron. 2 ▪ S'asseoir les jambes repliées, sur ses talons. *S'accroupir derrière un buisson.* – au p. p. *En position accroupie.*

ACCROUPISSEMENT n. m. ▪ Action de s'accroupir. – Position d'une personne accroupie.

ACCUEIL [akœj] n. m. ▪ **1.** Manière de recevoir qqn. *Je vous remercie de votre aimable accueil. Faire bon accueil à qqn.* ♦ Manière dont qqn accepte (une idée, une œuvre). *Ce film a reçu un accueil enthousiaste.* **2.** *D'ACCUEIL :* organisé pour accueillir. *Centre d'accueil,* chargé de recevoir des voyageurs, des réfugiés, etc. *Hôtesse d'accueil.* **3.** Lieu, service où l'on accueille des visiteurs. *Adressez-vous à l'accueil.*

ACCUEILLANT, ANTE adj. ▪ **1.** Qui fait bon accueil. ⇒ **hospitalier.** *Un hôte accueillant.* ♦ *Un esprit accueillant,* ouvert. **2.** (choses) Où l'on est bien accueilli.

ACCUEILLIR v. tr. [12] ▪ **1.** Se comporter d'une certaine manière avec (une personne qui se présente). *Accueillir qqn avec amabilité.* **2.** (choses) Recevoir bien ou mal. *Ce projet a été bien accueilli.* **3.** Donner l'hospitalité à. *Pays qui accueille des réfugiés.*

ACCULER v. tr. [1] ▪ **1.** Pousser dans un endroit où tout recul est impossible. *Acculer l'ennemi à la mer.* **2.** fig. *Acculer qqn à une chose, à faire qqch.,* l'y contraindre. ‑ au p. p. *Être acculé à la faillite.*

ACCULTURATION n. f. ▪ DIDACT. Processus par lequel un groupe humain assimile une culture étrangère à la sienne. ► adj. et n. ACCULTURÉ, ÉE

ACCUMULATEUR n. m. ▪ Appareil qui emmagasine l'énergie électrique fournie par une réaction chimique et la restitue sous forme de courant. *Batterie d'accumulateurs d'un véhicule.* ♦ abrév. FAM. ACCUS n. m. pl. ‑ loc. fig. *Recharger ses accus :* reconstituer ses forces.

ACCUMULATION n. f. ▪ **1.** Action d'accumuler ; fait d'être accumulé. *L'accumulation des stocks. Une accumulation de preuves.* ⇒ **quantité. 2.** Emmagasinage d'énergie électrique. *Radiateur à accumulation.*

ACCUMULER v. tr. [1] ▪ **1.** Mettre ensemble en grand nombre. ⇒ **amasser, entasser.** *Accumuler des biens, des richesses.* **2.** fig. Réunir en grand nombre. *Accumuler des preuves.* ► S'ACCUMULER v. pron. Augmenter en nombre, en volume dans un même endroit. *Obstacles qui s'accumulent.*

ACCUS ⇒ ACCUMULATEUR

ACCUSATEUR, TRICE ▪ **1.** n. Personne qui accuse. *L'accusateur public* (pendant la Révolution). **2.** adj. Qui constitue ou dénote une accusation. *Documents accusateurs. Un regard accusateur.*

ACCUSATIF n. m. ▪ Dans certaines langues à déclinaisons, cas marquant le complément d'objet ou certains compléments précédés d'une préposition. *Mettre un nom à l'accusatif.*

ACCUSATION n. f. ▪ **1.** Action en justice par laquelle on désigne comme coupable, devant un tribunal. ⇒ **plainte, poursuite. 2.** Action de signaler (qqn) comme coupable ou (qqch.) comme répréhensible.

ACCUSÉ, ÉE ▪ **1.** n. Personne à qui on impute un délit. ⇒ **inculpé, prévenu.** *Accusé interrogé par le juge d'instruction.* **2.** n. m. *ACCUSÉ DE RÉCEPTION :* avis informant qu'une chose a été reçue. *Lettres recommandées avec accusés de réception.*

ACCUSER v. tr. [1] ▪ **I. 1.** Signaler ou présenter (qqn) comme coupable. ⇒ **attaquer, charger, incriminer.** *Accuser qqn sans preuves.* ‑ pronom. *S'accuser :* s'avouer coupable. **2.** (choses) *Accuser le sort, les événements,* les rendre responsables (d'un mal). **II. 1.** Faire ressortir, faire sentir avec force. ⇒ **accentuer, marquer.** *Vêtement qui accuse les lignes du corps.* ‑ au p. p. *Des traits accusés.* ♦ loc. FAM. *Accuser le coup,* montrer par ses réactions qu'on est affecté, moralement ou physiquement. **2.** *ACCUSER RÉCEPTION DE :* donner avis qu'on a reçu (une lettre, un colis...).

-ACÉ, -ACÉS, -ACÉES Éléments entrant dans la formation de mots savants, notamment des noms de classes d'animaux et de familles de plantes.

ACÉPHALE adj. ▪ Sans tête.

ACERBE adj. ▪ Qui cherche à blesser ; qui critique avec méchanceté. ⇒ **caustique, sarcastique.** *Des critiques acerbes.*

ACÉRÉ, ÉE adj. ▪ **1.** Dur, tranchant et pointu. *Griffes acérées.* **2.** fig. Intentionnellement blessant. ⇒ **acerbe.**

ACÉTATE n. m. ▪ CHIM. Sel ou ester de l'acide acétique. spécialt Acétate de cellulose.

ACÉTIQUE adj. ▪ CHIM. *Acide acétique :* acide du vinaigre, liquide corrosif, incolore, d'odeur suffocante.

ACÉTONE n. f. ▪ CHIM. Liquide incolore, volatil, inflammable, d'odeur pénétrante, utilisé comme solvant.

ACÉTYLÈNE n. m. ▪ Gaz incolore, inflammable et toxique, produit par action de l'eau sur le carbure de calcium. *Chalumeau à acétylène.*

ACÉTYLSALICYLIQUE adj. ▪ CHIM. et PHARM. *Acide acétylsalicylique :* aspirine.

ACHAB ▪ Roi d'Israël de 873 à 853 av. J.-C. Il épousa Jézabel et introduisit à Samarie un culte idôlatrique suscitant l'hostilité du prophète Élie*.

l'ACHAÏE n. f. ▪ Région du nord-ouest de la Grèce. Chef-lieu : Patras.

ACHALANDÉ, ÉE adj. ▪ **1.** RARE Qui a de nombreux clients (⇒ ② **chaland**). **2.** COUR. (mais critiqué) Approvisionné en marchandises, en produits assortis. *Épicerie bien achalandée.*

les ACHANTIS n. m. pl. ▪ Peuple du sud-ouest du Ghana constitué en royaume guerrier. Il opposa une vive résistance à la colonisation britannique. Art de la fonte de l'or.

Abū Burda Amīr al-ACH'ARĪ (v. 873 ‑ v. 935) ▪ Théologien arabe. Défenseur de l'orthodoxie sunnite contre le mutazilisme.

ACHARNÉ, ÉE adj. ▪ Qui fait preuve d'acharnement. ⇒ **enragé.** *Un travailleur acharné. Des ennemis acharnés à se détruire.* ‑ (choses) *Un combat acharné.* ⇒ **furieux.**

ACHARNEMENT n. m. ▪ Ardeur furieuse et opiniâtre dans la lutte, la poursuite, l'effort. ⇒ **opiniâtreté.** *Travailler avec acharnement.* ♦ *Acharnement thérapeutique :* emploi systématique de tous les moyens pour maintenir en vie un malade condamné.

S'ACHARNER v. pron. [1] ▪ Combattre ou poursuivre avec fureur. *S'acharner contre qqn.* ‑ *S'acharner à* (+ inf.), lutter avec ténacité, persévérer. *S'acharner à convaincre qqn.*

ACHAT n. m. ▪ **1.** Action d'acheter. ⇒ **acquisition.** *Faire l'achat de,* acheter. *Achat au comptant, à crédit.* **2.** Ce qu'on a acheté. *Montrez-moi vos achats.*

les ACHÉENS n. m. pl. ▪ Peuple installé en Grèce au début du IIe millénaire (civilisation de Mycènes). Les Doriens les repoussèrent dans le nord du Péloponnèse (→ **Achaïe**) ou vers l'Asie mineure. Homère appelle Achéens tous les Grecs participant à la guerre de Troie.

les ACHÉMÉNIDES n. m. pl. ▪ Dynastie perse qui régna à partir de 700 av. J.-C. sur un immense empire s'étendant de la Mésopotamie aux îles grecques. Sous Cyrus* II le Grand, Darios et Xerxès Ier se développa une remarquable civilisation (→ **Persépolis**). La conquête d'Alexandre* le Grand (-330) mit fin à la dynastie.

les **Achéménides.** Bas-relief des archers à Persépolis.
Phot. © Hétier

ACHEMINEMENT n. m. ▪ Action d'acheminer. *L'acheminement du courrier, des colis.* ⇒ **expédition.**

ACHEMINER v. tr. [1] ▪ Diriger vers un lieu déterminé. *Acheminer le courrier.* ♦ fig. Mettre dans la voie qui mène à un but. ► S'ACHEMINER v. pron. Se diriger, avancer.

ACHÈRES ▪ Commune des Yvelines. 15 039 hab. *(les Achérois).*

l'ACHÉRON n. m. ▪ Fleuve des Enfers, dans la mythologie grecque. Les morts le traversaient sur la barque de Charon.

ACHETER v. tr. [5] ▪ **1.** Acquérir (un bien, un droit) contre paiement. *Acheter qqch. à qqn ; acheter à (un vendeur) qqch. pour qqn.* ‑ pronom. (passif) *Cela s'achète dans une crémerie,* peut être acheté. **2.** péj. Obtenir à prix d'argent (qqch. qui ne doit pas se vendre). *Acheter la complicité de qqn.* ‑ Corrompre (qqn). *Acheter un fonctionnaire.* **3.** Obtenir (un avantage) au prix d'un sacrifice. *Acheter bien cher sa tranquillité.* ⇒ **payer.**

ACHETEUR, EUSE n. ▪ **1.** Personne qui achète. ⇒ **acquéreur, client.** *Je suis acheteur :* je me propose d'acheter. **2.** Agent chargé d'effectuer les achats pour le compte d'un employeur. *Les acheteurs d'un grand magasin.*

ACHEVÉ, ÉE adj. ▪ LITTÉR. Parfait en son genre. ⇒ **accompli.** ▪ péj. *D'un ridicule achevé.*

ACHÈVEMENT n. m. ▪ Action d'achever (un ouvrage) ; fin. *L'achèvement des travaux.*

ACHEVER v. tr. [5] ▪ **1.** Finir en menant à bonne fin. ⇒ **finir, terminer.** *Achever le travail commencé. Achever son œuvre, un travail. Laissez-le achever son repas, achever de manger.* ♦ (sujet chose) *Achever de,* faire complètement. *Ses reproches achevèrent de nous décourager.* **2.** Porter le coup de grâce à (qqn). *Achever un blessé.* ⇒ **tuer.** ♦ fig. Ruiner définitivement la santé, la fortune, le moral de (qqn). ▪ iron. Fatiguer excessivement. ⇒ **anéantir.** ► **S'ACHEVER** v. pron. (choses) Se terminer, prendre fin.

ACHGABAT anc. ***ACHKHABAD*** ▪ Capitale du Turkménistan. 407 000 hab.

ACHICOURT ▪ Commune du Pas-de-Calais. 7 959 hab. *(les Achicouriens).*

ACHILLE ▪ Roi des Myrmidons et l'un des principaux héros de l'*"Iliade*"*. Pour le rendre immortel, sa mère le plonge dans le Styx en le tenant par le talon qui reste son seul point vulnérable *(talon d'Achille).* Furieux contre Agamemnon qui lui a ravi sa captive Briséis, il abandonne le siège de Troie (« la colère d'Achille »). Il tue Hector pour venger Patrocle mais il est lui-même atteint par une flèche au talon.

ACHOPPEMENT n. m. ▪ loc. fig. *Pierre d'achoppement :* obstacle, écueil.

ACHOPPER v. intr. [1] ▪ Se trouver arrêté par une difficulté. *Achopper à un problème.*

ACIDE ▪ **I.** n. m. **1.** CHIM. Tout corps capable de libérer des ions hydrogène (H^+), qui donne un sel avec une base et dont le pH est inférieur à 7. *Acide acétique, chlorhydrique. Le calcaire est attaqué par les acides.* ▪ *Acide (organique) :* corps possédant une ou plusieurs fois dans sa molécule le radical – COOH. *Acide gras. Acides nucléiques.* ⇒ **A.D.N., A.R.N.** ▪ *Acides-alcools, acides-phénols.* **2.** ARGOT Drogue hallucinogène. ⇒ **L.S.D. II.** adj. **1.** Qui est piquant au goût. ⇒ **aigre.** *Fruit acide.* **2.** Acerbe, désagréable. *Une voix acide. Des réflexions acides.* **3.** CHIM. Qui possède les propriétés des acides, est propre aux acides. *Solution acide* (opposé à *basique*). ▪ *Pluies acides.*

ACIDIFIER v. tr. [7] ▪ Rendre acide, transformer en acide.

ACIDITÉ n. f. ▪ **1.** Saveur acide. *Acidité du citron.* **2.** Caractère mordant, causticité. *L'acidité de sa remarque.* **3.** Qualité acide (II, 3) d'un corps.

ACIDULÉ, ÉE adj. ▪ Légèrement acide. *Bonbons acidulés.*

ACIER n. m. ▪ **1.** Alliage de fer et de carbone, auquel on donne, par traitement mécanique ou thermique, des propriétés variées (malléabilité, résistance). *Acier inoxydable.* **2.** L'industrie, le commerce de l'acier. ⇒ **sidérurgie. 3.** appos. De la couleur gris-bleu de l'acier. *Bleu acier, gris acier. Des jupes bleu acier.* **4.** fig. *D'ACIER. Des muscles d'acier,* durs et solides. *Un moral d'acier,* à toute épreuve.

ACIÉRIE n. f. ▪ Usine où l'on fabrique l'acier.

ACMÉ n. f. ▪ DIDACT. Moment le plus intense.

ACNÉ n. f. ▪ Maladie de la peau due à une inflammation des glandes sébacées. *Acné juvénile,* boutons apparaissant à la puberté.

ACOLYTE n. ▪ **1.** RELIG. Clerc du quatrième ordre mineur. **2.** péj. Compagnon, complice. *Le gangster et ses acolytes.*

ACOMPTE [akɔ̃t] n. m. ▪ **1.** Paiement partiel à valoir sur le montant d'une somme due. ⇒ **arrhes, avance, provision. 2.** fig. FAM. Petit avantage, petit plaisir qu'on reçoit ou prend en attendant mieux.

l'**Aconcagua.** Vue générale.
Phot. © Carde/Explorer

l'ACONCAGUA n. m. ▪ Volcan des Andes (Argentine), le plus haut sommet d'Amérique : 6 959 m.

ACONIER ou **ACCONIER** n. m. ▪ MAR. Professionnel chargé de l'embarquement et du débarquement des marchandises, de leur arrimage ou de leur entreposage.

ACONIT [-it] n. m. ▪ Plante vénéneuse à fleurs en forme de casque.

A CONTRARIO loc. adj. et adv. ▪ DIDACT. Se dit d'un raisonnement qui, partant d'hypothèses opposées, aboutit à des conséquences opposées. ♦ loc. adv. COUR. Dans l'hypothèse du contraire.

S'ACOQUINER v. pron. [1] ▪ Se lier (à une personne peu recommandable).

les AÇORES n. f. pl. ▪ Archipel de l'océan Atlantique, région autonome du Portugal. 2 247 km^2. 241 000 hab. Capitale : Ponta Delgada (île de São Miguel). Les Açores sont le lieu d'une intense activité volcanique. *Anticyclone des Açores :* zone de hautes pressions centrée sur les Açores. C'est un anticyclone chaud qui se maintient toute l'année. En été son influence se prolonge sur l'Europe occidentale, parfois jusqu'à la Scandinavie.

À-CÔTÉ n. m. ▪ **1.** Point, problème accessoire. *Ce n'est qu'un à-côté de la question.* **2.** Gain d'appoint. *Un salaire convenable, sans compter les à-côtés.*

À-COUP n. m. ▪ **1.** Secousse, discontinuité dans un mouvement. ⇒ **saccade. 2.** *PAR À-COUPS :* de façon irrégulière, intermittente. *Travailler par à-coups.*

ACOUSTICIEN, IENNE n. ▪ Spécialiste de l'acoustique.

ACOUSTIQUE ▪ **I.** adj. **1.** Qui sert à la perception des sons. *Nerf acoustique.* ⇒ **auditif.** *Prothèse acoustique.* **2.** Relatif au son, du domaine de l'acoustique. ⇒ **sonore.** *Les phénomènes acoustiques.* **II.** n. f. **1.** Partie de la physique qui traite des sons et des ondes sonores. **2.** Qualité d'un local au point de vue de la propagation du son. *Cette salle a une bonne, une mauvaise acoustique.*

ACQUÉREUR n. m. ▪ Personne qui acquiert (un bien). ⇒ **acheteur.** *Ce tableau n'a pas trouvé acquéreur. Se porter acquéreur de qqch. Elle est acquéreur.*

ACQUÉRIR v. tr. [21] ▪ **1.** Devenir propriétaire de (un bien, un droit), par achat, échange, succession (⇒ **acquisition**). *Acquérir un immeuble, un bien. Il a acquis sa fortune honnêtement.* ⇒ **acheter.** prov. *Bien mal acquis ne profite jamais.* **2.** Parvenir à posséder (un avantage). ⇒ **gagner, obtenir.** *Acquérir de la notoriété, des connaissances.* ▪ au p. p. *L'expérience acquise* (⇒ **acquis**). ♦ (sujet chose) Arriver à avoir (une qualité). ⇒ **prendre. 3.** (sujet chose) Procurer la possession, la disposition de. ⇒ **valoir.** *Sa gentillesse lui a acquis la sympathie de ses collègues.* ▪ pronom. *Il s'est acquis leur sympathie.*

ACQUÊT n. m. ▪ DR. Bien acquis par l'un des époux au cours de la vie conjugale, et qui fait partie des biens communs (par oppos. aux *biens propres*). *Communauté réduite aux acquêts.*

ACQUIESCEMENT n. m. ▪ Action d'acquiescer, par la parole ou autrement. ⇒ **acceptation, consentement.**

ACQUIESCER v. tr. ind. [3] ▪ Donner son entier consentement (à). ⇒ **accepter.** *Acquiescer à une demande.* ▪ absolt Marquer son approbation (par la parole, un geste). ⇒ **approuver.** *Acquiescer d'un signe de tête.*

ACQUIS, ISE ▪ **I.** adj. **1.** Qui a été acquis par l'individu (s'oppose à *inné, naturel, transmis*). ▪ BIOL. *Caractères acquis,* qui n'appartiennent pas au patrimoine génétique d'un individu mais apparaissent par adaptation au milieu. **2.** *Acquis à qqn,* dont il peut disposer de façon définitive et sûre. *Droit acquis* *à qqn. Mon soutien vous est acquis.* **3.** Reconnu sans contestation. *Nous pouvons considérer ce point comme acquis. C'est un* FAIT ACQUIS. **4.** (personnes) *Acquis à* (une idée, un parti), définitivement partisan de. *Il est acquis à notre projet.* **II.** n. m. **1.** Savoir acquis, expérience acquise, constituant une sorte de capital. **2.** *Les acquis sociaux :* les avantages matériels ou moraux acquis par les travailleurs.

ACQUISITION n. f. ▪ **1.** Action d'acquérir. *Faire l'acquisition d'un terrain.* ⇒ **achat. 2.** Bien acquis. *Je vais te montrer ma dernière acquisition.* **3.** Fait d'arriver à posséder. *L'acquisition des connaissances.*

ACQUIT n. m. ▪ **1.** Reconnaissance écrite d'un paiement (⇒ **acquitter**). – *Pour acquit :* mention portée sur un document, attestant un paiement. **2.** PAR ACQUIT DE CONSCIENCE *:* pour se garantir de tout risque d'avoir qqch. à se reprocher.

ACQUITTEMENT n. m. ▪ **I.** Action d'acquitter (qqch.). ⇒ **paiement** (plus cour.). **II.** Action d'acquitter (un accusé). *Verdict d'acquittement.*

ACQUITTER v. tr. [1] ▪ **I.** *Acquitter qqn* **1.** Libérer (d'une obligation, d'une dette). *Ce dernier versement m'acquitte envers vous.* **2.** Déclarer (par jugement) un accusé non coupable. *Son avocat l'a fait acquitter.* **II.** *Acquitter qqch.* **1.** Payer (ce qu'on doit). ⇒ **régler.** *Acquitter des taxes, ses impôts.* **2.** Revêtir de la mention « pour acquit » et de sa signature. *Acquitter une facture.* ► **s'ACQUITTER** v. pron. *S'acquitter de :* se libérer de (une obligation juridique ou morale). *S'acquitter d'une dette ; d'une promesse.*

ACRA n. m. ▪ Dans la cuisine créole, beignet de poisson (morue) ou de légumes. ◇ var. AKRA.

ACRE n. f. ▪ **1.** Ancienne mesure agraire (en moyenne 52 ares). **2.** Mesure agraire dans les pays anglo-saxons (40,47 ares).

ACRE ou **AKKO** ▪ Ville d'Israël. 45 000 hab. Port important au Moyen Âge. Elle fut baptisée Saint-Jean-d'Acre par les croisés qui y construisirent une forteresse au XIIIe siècle.

Acre ou **Akko.** Vue du port.
Phot. © Amsel/Schuster/Explorer

l'ACRE n. m. ▪ État du nord-ouest du Brésil. 152 589 km². 417 000 hab. Capitale : Rio Branco (87 500 hab.). Caoutchouc.

ÂCRE adj. ▪ **1.** Très irritant au goût ou à l'odorat. *Odeur âcre qui prend à la gorge.* **2.** fig. Irritant, cuisant, douloureux.

ÂCRETÉ n. f. ▪ **1.** Qualité de ce qui est âcre. *L'âcreté de la fumée.* **2.** fig. Acrimonie, amertume. *L'âcreté de son ironie.*

ACRIMONIE n. f. ▪ Mauvaise humeur qui s'exprime par des propos acerbes ou hargneux. ⇒ **aigreur.** *Réclamer qqch. avec acrimonie.* ► adj. ACRIMONIEUX, EUSE

ACROBATE n. ▪ **1.** Artiste de cirque, de music-hall, exécutant des exercices d'équilibre et de gymnastique plus ou moins périlleux. ⇒ **équilibriste, funambule, trapéziste. 2.** fig., péj. Spécialiste très adroit, virtuose qui « jongle » avec les difficultés. *Un acrobate de la finance.*

ACROBATIE n. f. ▪ **1.** Exercice, tour d'acrobate (saut périlleux, voltige, etc.). *Faire des acrobaties.* – *Acrobatie aérienne,* manœuvres d'adresse exécutées en avion. **2.** fig. Exercice de virtuosité déconcertante. *Ce n'est plus du piano, c'est de l'acrobatie.*

ACROBATIQUE adj. ▪ Qui appartient à l'acrobatie, tient de l'acrobatie. *Exercice acrobatique.*

ACRONYME n. m. ▪ Sigle qui se prononce comme un mot ordinaire. *« Ovni » et « sida » sont des acronymes.*

ACROPOLE n. f. ▪ Ville haute, souvent fortifiée, des anciennes cités grecques. *L'acropole de Mycènes. L'Acropole :* l'acropole d'Athènes (voir ci-dessous).

l'ACROPOLE D'ATHÈNES ▪ Citadelle sur une colline d'Athènes, ensemble de monuments antiques, dont le Parthénon, les Propylées, l'Érechthéion.

l'**acropole d'Athènes.** *Phot. © Lénars/Explorer*

ACROSTICHE n. m. ▪ Poème ou strophe où les initiales de chaque vers, lues dans le sens vertical composent un nom ou un mot-clé.

ACRYLIQUE adj. ▪ **1.** *Acide acrylique :* acide gras de l'éthylène. **2.** Se dit de produits obtenus à partir de composés de cet acide. *Résine, peinture acrylique.* – n. m. Tissu de fibres acryliques.

① **ACTE** n. m. ▪ **I. 1.** Pièce écrite qui constate un fait, une convention, une obligation. *Acte de vente. Acte d'état civil,* constatant une naissance, un mariage, un décès... ♦ PRENDRE ACTE *d'une chose :* la faire constater légalement ; en prendre bonne note (en vue d'une utilisation ultérieure). *Je prends acte de votre promesse.* – DONT ACTE *:* en prenant note de ce qui s'est passé. **2.** au plur. Recueil de procès-verbaux, de communications. *Les actes d'un colloque.* **II. 1.** Action humaine considérée dans son aspect objectif plutôt que subjectif ; fait d'agir*. ⇒ **action.** *Être responsable de ses actes. Un acte de courage,* inspiré par le courage. – *Acte gratuit*.* – *Passer aux actes,* agir. ♦ spécialt *Acte médical.* – *Acte sexuel.* **2.** FAIRE ACTE DE *:* manifester, donner une preuve de. *Faire acte de bonne volonté.*

② **ACTE** n. m. ▪ **1.** Chacune des grandes divisions d'une pièce de théâtre. *Tragédie classique en cinq actes. Acte II, scène 3.* **2.** Phase d'une action comportant des péripéties. *Dernier acte d'une prise d'otages.*

ACTES DES APÔTRES ▪ Livre du Nouveau Testament, attribué à saint Luc (vers 80). Il relate les débuts de la première communauté chrétienne de Jérusalem et les voyages missionnaires de saint Paul.

ACTEUR, TRICE n. ▪ **1.** Artiste* dont la profession est de jouer un rôle à la scène ou à l'écran. ⇒ **comédien, interprète.** *Actrice célèbre.* ⇒ **star, vedette. 2.** Personne qui prend une part active, joue un rôle important. ⇒ **protagoniste.** *Les acteurs et les témoins d'un drame.*

① **ACTIF, IVE** adj. ▪ **1.** Qui agit (personnes), implique une activité (choses). *Membre actif d'une association. Mener une vie active.* ♦ *Armée active* ou n. f. *l'active* (opposé à *la réserve*). ♦ *Méthode active,* faisant appel à l'activité et à l'initiative de l'élève. ♦ *Population active :* partie de la population d'un pays qui est apte à une activité professionnelle (ayant un emploi, en apprentissage, sous les drapeaux ou à la recherche d'un emploi). ♦ GRAMM. *Voix active d'un verbe,* qui exprime que le sujet est considéré comme agissant. – n. m. *L'actif et le passif.* **2.** Qui agit avec force. ⇒ **énergique.** *Un remède actif.* **3.** Qui aime à agir, à se dépenser en travaux, en entreprises. ⇒ **dynamique, entreprenant, travailleur.** *Elle est plus active que son frère.*

② **ACTIF** n. m. ▪ **1.** L'ensemble des biens ou droits constituant un patrimoine. *L'actif d'une succession. Sommes portées à l'actif d'un bilan.* **2.** fig. AVOIR À SON ACTIF *:* compter au nombre des choses qu'on a réalisées avec succès. – plais. *Avoir plusieurs méfaits à son actif.*

ACTINIE n. f. ▪ ZOOL. Anémone de mer.

① **ACTION** n. f. ▪ **I. 1.** Ce que fait qqn et par quoi il réalise une intention ou une impulsion. ⇒ **acte, fait.** *Bonne action.* ⇒ **B.A.** *Une action d'éclat.* ⇒ **exploit. 2.** Fait de produire un effet, manière d'agir sur qqn ou qqch. *L'action personnelle d'un ministre.* ⇒ **influence.** *Moyens d'action. Sous l'action de l'humidité.* ⇒ **effet.** - *En action,* en train d'agir, de produire son effet. **3.** Exercice de la faculté d'agir (opposé à la pensée, aux paroles). ⇒ **activité, effort, travail.** *Il est temps de passer à l'action. Un homme, une femme d'action.* ♦ *Mettre en action,* faire agir. **4.** Combat, lutte. *Dans le feu de l'action. L'action syndicale. Action directe* (violence terroriste). **II.** Exercice d'un droit en justice. ⇒ **demande, poursuite, recours.** *Intenter une action en diffamation contre qqn.* **III. 1.** Suite de faits et d'actes constituant le sujet (d'une œuvre). ⇒ **intrigue.** *L'action de la pièce, du film, du roman se passe en Italie.* **2.** Animation tenant aux aventures représentées ou racontées. *Film d'action.*

② **ACTION** n. f. ▪ **1.** Titre cessible et négociable représentant une fraction du capital social de certaines sociétés (⇒ **actionnaire**). *Actions et obligations. Cote des actions en Bourse.* **2.** fig. FAM. *Ses actions montent, baissent,* il a plus, moins de crédit, de chances de réussir.

l'ACTION FRANÇAISE n. f. ▪ Mouvement politique et journal français d'extrême droite, nationaliste, monarchiste (antiparlementaire) et catholique ; né des idées de Charles Maurras au moment de l'affaire Dreyfus, condamné par Pie XI en 1926, il fut interdit à la Libération.

ACTIONNAIRE n. ▪ Propriétaire d'une ou plusieurs actions ②. *Les actionnaires touchent des dividendes.* ► n. m. ACTIONNARIAT

ACTIONNER v. tr. 1 ▪ Mettre en mouvement, faire fonctionner (un mécanisme). *Actionner le démarreur d'une voiture.*

ACTIUM ▪ Promontoire du nord de la Grèce, au large duquel Octave (Auguste*) remporta une victoire complète sur la flotte d'Antoine et de Cléopâtre (31 av. J.-C.).

ACTIVEMENT adv. ▪ En déployant une grande activité, avec ardeur. *Il s'en occupe activement.*

ACTIVER v. tr. 1 ▪ **1.** Rendre plus prompt (en augmentant l'activité). ⇒ **accélérer.** *Activer les travaux.* - absolt FAM. *Allons, activons !,* pressons ! **2.** Rendre plus vif, plus agissant. *Le vent activait l'incendie.* ⇒ **stimuler.** ► **s'ACTIVER** v. pron. Déployer une grande activité, s'affairer. *Elle s'active à préparer le repas.*

ACTIVISME n. m. ▪ Attitude politique qui favorise l'action directe, voire violente (⇒ **extrémisme**) et la propagande active.

ACTIVISTE n. ▪ Partisan de l'activisme.

ACTIVITÉ n. f. ▪ **1.** (choses) Faculté ou fait d'agir. *L'activité d'un médicament, d'un virus.* - *Volcan en activité.* ⇒ **action. 2.** Actes coordonnés et travaux d'origine humaine. *Activité physique, intellectuelle. L'activité industrielle d'une région.* - au plur. *Les activités de qqn.* ⇒ **occupation. 3.** Qualité d'une personne active. *Déployer une, faire preuve d'une grande activité.* **4.** Situation d'une personne (spécialt d'un militaire) qui exerce son emploi (s'oppose à *retraite,* à *disponibilité*).

ACTUAIRE n. ▪ Spécialiste de la statistique et du calcul des probabilités appliqués aux problèmes d'assurances, de prévoyance, d'amortissement.

ACTUALISER v. tr. 1 ▪ **1.** PHILOS. Faire passer de l'état virtuel à l'état réel. **2.** Moderniser. *Actualiser ses méthodes de travail.* ♦ Mettre à jour (un ouvrage de référence). ► n. f. ACTUALISATION

ACTUALITÉ n. f. ▪ **1.** PHILOS. Caractère de ce qui est actuel (opposé à *virtualité*). **2.** Caractère de ce qui se rapporte à l'époque actuelle. *L'actualité d'un problème. Ce livre n'est plus D'ACTUALITÉ,* il est dépassé. **3.** Ensemble des événements actuels, des faits tout récents. *L'actualité politique, sportive.* **4.** *LES ACTUALITÉS,* informations, nouvelles du moment (presse, télévision). *Actualités télévisées.* ⇒ **journal.**

ACTUARIEL, ELLE adj. ▪ Relatif aux méthodes mathématiques des actuaires. *Taux actuariel,* par versements échelonnés.

ACTUEL, ELLE adj. ▪ **1.** PHILOS. Qui est effectif, réalisé (opposé à *virtuel, potentiel*). **2.** Qui existe, se passe au moment où l'on parle. ⇒ **présent.** *À l'heure actuelle. Le monde actuel.* ⇒ **contemporain.** *L'actuel Premier ministre.* **3.** Qui intéresse notre époque. ⇒ **moderne.** *Une grande œuvre toujours actuelle.*

ACTUELLEMENT adv. ▪ **1.** PHILOS. Effectivement. **2.** Dans les circonstances actuelles, à l'heure actuelle. ⇒ **aujourd'hui, maintenant, à présent.**

ACUITÉ n. f. ▪ **1.** Caractère aigu, intense. ⇒ **intensité.** *L'acuité d'une douleur.* - *L'acuité d'un son.* **2.** Degré de sensibilité (d'un sens). *L'acuité visuelle.* **3.** Finesse des facultés de l'esprit. *L'acuité d'une observation.* **4.** Gravité (d'un conflit, d'une crise).

ACUPUNCTEUR, TRICE n. ▪ Spécialiste de l'acupuncture. ◇ var. ACUPONCTEUR, TRICE.

ACUPUNCTURE n. f. ▪ Thérapeutique consistant dans l'introduction d'aiguilles très fines en des points précis des tissus ou des organes. ◇ var. ACUPONCTURE.

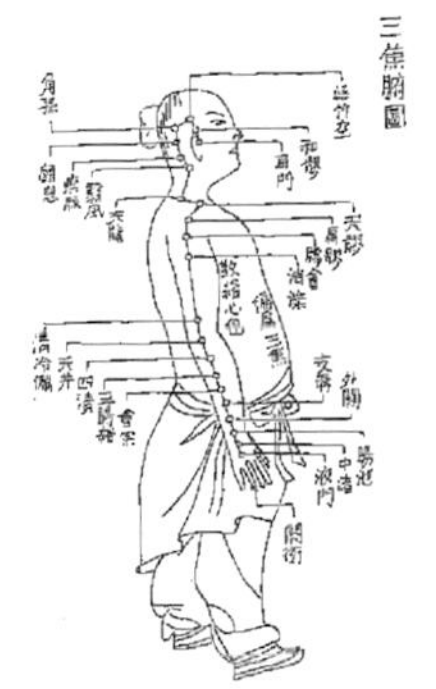

acupuncture.
Méridien des trois réchauffeurs,
planche de Chou Chaosang, 1679.
Phot. © Selva/Tapabor

ADAGE n. m. ▪ Maxime ancienne et populaire (pratique, juridique...).

ADAGIO [ada(d)ʒjo] adv. ▪ MUS. Indication de mouvement lent. - n. m. Morceau ou pièce musicale à exécuter dans ce tempo. *Des adagios.*

ADAM ▪ Dans la Bible et les religions du Livre, le premier homme, chassé par Dieu du Paradis terrestre pour avoir mangé, à l'instigation d'Ève, le fruit, interdit, de l'arbre de la science du bien et du mal (« péché originel »).

les ADAM ▪ Sculpteurs et ornemanistes français. ► **Lambert Sigisbert**, dit **ADAM L'AÎNÉ** (1700 - 1759), fut influencé par le baroque romain. Son groupe *"Neptune et Amphitrite"* (parc de Versailles) témoigne de son élégance et de la vivacité qu'il prête aux volumes. ► **Nicolas Sébastien**, dit **ADAM LE JEUNE** (1705 - 1778), fut le collaborateur de son frère aîné et l'un des représentants caractéristiques du style rocaille (hôtel Soubise à Paris). ► **François Gaspard ADAM** (1710 - 1761) dirigea l'atelier de décoration de Frédéric II de Prusse et exécuta de nombreuses statues mythologiques et allégoriques pour les jardins de Potsdam et de Sans-Souci (*"La Musique"*).

Robert ADAM (1728 - 1792) et son frère **James** (1730 - 1794) ▪ Architectes, décorateurs et théoriciens néoclassiques écossais.

ADAMANTIN, INE adj. ▪ LITTÉR. Qui a la dureté ou l'éclat du diamant.

ADAM DE LA HALLE ou **ADAM LE BOSSU** (v. 1240 - v. 1285) ▪ Trouvère et musicien français. Son œuvre raille les mœurs bourgeoises (*"Le Jeu de la feuillée"*) ou idéalise les mœurs paysannes (*"Le Jeu de Robin et Marion"*). Il est le plus ancien musicien réellement connu.

Arthur ADAMOV (1908 - 1970) ▪ Auteur dramatique français d'origine russe, influencé par les surréalistes et par le théâtre de Brecht. *"Le Ping-Pong"* (1955), *"Off Limits"* (1969).

John ADAMS (1735 - 1826) ▪ Deuxième président des États-Unis, de 1797 à 1801. ► **John Quincy ADAMS** (1767 - 1848), son fils, collaborateur de Monroe, antiesclavagiste. Sixième président des États-Unis, de 1825 à 1829. ► **Henry Brooks ADAMS** (1838 - 1918), petit-fils du précédent, historien et écrivain américain.

Ansel ADAMS (1902 - 1984) ▪ Photographe américain. Fondateur, avec Weston, du groupe f/64. Paysages de l'Ouest américain.

ADANA ▪ Ville de Turquie, en Cilicie. 917 000 hab. Industries.

ADAPTABLE adj. ▪ Qui peut s'adapter, qu'on peut adapter (1). *Embout adaptable à un tuyau.* ► n. f. ADAPTABILITÉ

ADAPTATEUR, TRICE ▪ **1.** n. Auteur d'une adaptation (au théâtre, au cinéma). **2.** n. m. Dispositif permettant d'adapter un appareil à un nouvel usage.

ADAPTATION n. f. ▪ **1.** Action d'adapter ou de s'adapter ; modification qui en résulte. *Adaptation d'un équipement aux besoins des usagers.* **2.** Appropriation d'un organisme aux conditions internes et externes de l'existence, permettant à cet organisme de durer et de se reproduire. ⇒ **acclimatation.** **3.** Transformation (d'une œuvre narrative) qui ne conserve que la substance du récit. *"Les Possédés", roman de Dostoïevski, adaptation au théâtre de A. Camus.* ♦ Arrangement ou transcription musicale.

ADAPTER v. tr. [1] ▪ **1.** *Adapter qqch. à qqch.*, réunir, appliquer après ajustement. *Adapter des roulettes aux pieds d'une table.* – pronom. *L'embout s'adapte au tuyau.* **2.** *Adapter* (qqn, qqch.) *à* (qqn, qqch.), approprier, mettre en harmonie avec. *Adapter ses projets aux circonstances.* ⇒ **accorder.** **3.** Faire l'adaptation (3) de. *Adapter un roman pour la télévision.* ► S'ADAPTER v. pron. **1.** Se mettre en harmonie avec (les circonstances, le milieu), réaliser son adaptation biologique. ⇒ s'**acclimater,** s'**habituer.** *L'organisme s'adapte aux microbes.* **2.** (personnes) *Savoir s'adapter,* être souple, s'accommoder des circonstances.

ADDENDA [adɛ̃da] n. m. invar. ▪ Ensemble de notes additionnelles à la fin d'un ouvrage. *Un, des addenda.*

ADDIS-ABEBA ▪ Capitale de l'Éthiopie. 1 700 000 hab. Pôle économique relié à Djibouti par chemin de fer. Siège de l'Organisation de l'unité africaine (O.U.A.).

Joseph **ADDISON** (1672 - 1719) ▪ Poète, dramaturge, journaliste et homme politique (whig) anglais. Fondateur avec Steele du journal le *Spectator* (1711).

ADDITIF n. m. ▪ **1.** Supplément, article additionnel. *Un additif au budget.* **2.** Substance ajoutée à un produit (pour l'améliorer, le conserver, etc.). *Additifs alimentaires.*

ADDITION n. f. ▪ **1.** Action d'ajouter en incorporant. ⇒ **adjonction.** *L'addition d'un sirop à une eau-de-vie.* **2.** Écrit ajouté. ⇒ **addenda, annexe.** *Notes et additions.* **3.** Opération consistant à réunir en un seul nombre toutes les unités ou fractions d'unité contenues dans plusieurs autres. ⇒ **somme.** *Faire une addition.* **4.** Note présentant le total des dépenses, au restaurant, au café. ⇒ aussi **note.** *Régler l'addition.*

ADDITIONNEL, ELLE adj. ▪ Qui s'ajoute ou doit s'ajouter. *Article additionnel à une loi.* ⇒ **additif.**

ADDITIONNER v. tr. [1] ▪ **1.** Modifier, enrichir par addition d'un élément. *Additionner son vin d'un peu d'eau.* – au p. p. *Jus de fruits additionné de sucre.* **2.** Faire l'addition de. *Additionner trois nombres.* ► S'ADDITIONNER v. pron. S'ajouter. *Dépenses qui s'additionnent.*

ADDUCTEUR adj. m. et n. m. ▪ **1.** *(Canal) adducteur :* canal d'adduction des eaux. **2.** ANAT. *(Muscle) adducteur.* ⇒ **adduction.**

ADDUCTION n. f. ▪ **1.** Action de dériver les eaux d'un lieu pour les amener dans un autre. *Travaux d'adduction d'eau.* **2.** DIDACT. Mouvement qui rapproche de l'axe du corps (opposé à *abduction*).

ADÉLAÏDE en anglais ***ADELAIDE*** ▪ Ville du sud de l'Australie, capitale de l'État d'Australie-Méridionale. 1 023 700 hab.

la terre ADÉLIE ▪ Secteur de l'Antarctique oriental. 432 000 km². Découverte par Dumont d'Urville en 1840, elle fait partie des terres Australes et Antarctiques françaises. Bases scientifiques.

la terre **Adélie.**
Phot. © Bougaeff/Explorer

ADEN ▪ Ville du Yémen, ancienne capitale du Yémen du Sud. 600 000 hab. ► **le golfe d'ADEN,** dans le nord de l'océan Indien, communique avec la mer Rouge par le détroit du Bāb al-Mandab.

Konrad **ADENAUER** (1876 - 1967) ▪ Homme politique allemand. Démocrate-chrétien, premier chancelier de la R.F.A., de 1949 à 1963, il œuvra pour la création de la Communauté économique européenne, et fut un des artisans de la réconciliation franco-allemande.

ADÉNOÏDE adj. ▪ MÉD. Qui a rapport au tissu ganglionnaire et à ses affections. *Végétations* adénoïdes.*

ADÉNOME n. m. ▪ MÉD. Tumeur bénigne qui se développe sur une glande. *Adénome de la prostate.*

ADEPTE n. ▪ Fidèle (d'une religion), partisan (d'une doctrine). *Faire des adeptes :* rallier des personnes à son point de vue.

ADÉQUAT, ATE [-kwa(t)] adj. ▪ Exactement proportionné à son objet, adapté à son but. ⇒ **approprié, convenable, juste.** *La réponse adéquate. Trouver l'endroit adéquat.* ► adv. ADÉQUATEMENT

ADÉQUATION [-kwa-] n. f. ▪ Rapport de convenance parfaite. ⇒ **équivalence.** *Une parfaite adéquation entre ses paroles et ses actes.* ♦ Fait de rendre adéquat.

Clément **ADER** (1841 - 1925) ▪ Ingénieur français, pionnier de l'aviation. Il réalisa le premier appareil volant plus lourd que l'air (l'*Éole*) qui parcourut une distance de 50 m le 9 oct. 1890. Il baptisa *Avion* plusieurs de ses machines, inventant ainsi ce mot.

ADHÉRENCE n. f. ▪ **1.** État d'une chose qui adhère à une autre. *L'adhérence des pneus au sol.* **2.** Union accidentelle de tissus contigus, dans l'organisme. *Adhérence pleurale.*

ADHÉRENT, ENTE ▪ **I.** adj. Qui adhère, tient fortement à autre chose. *Des coquillages adhérents au rocher.* **II.** n. Personne qui adhère (à un parti, une association). ⇒ **membre.** *Recruter des adhérents.*

ADHÉRER v. tr. ind. [6] ▪ **I.** Tenir fortement par un contact étroit de la totalité ou de la plus grande partie de la surface. ⇒ **coller.** *L'écorce adhère au bois.* **II.** (personnes) **1.** Se déclarer d'accord avec, partisan de. *J'adhère à votre point de vue.* **2.** S'inscrire (à une association, un parti dont on partage les vues). ⇒ **adhérent** (II), **adhésion.**

ADHÉSIF, IVE adj. ▪ Qui reste collé après application. ⇒ **collant.** *Ruban adhésif.* – n. m. Tissu, papier adhésif ; substance permettant de coller.

ADHÉSION n. f. ▪ **1.** Approbation réfléchie. ⇒ **accord, assentiment.** *Je lui apporte mon adhésion complète.* **2.** Action d'adhérer (II), **de s'inscrire (à une association, un parti).** *Adhésion à un parti. Bulletin d'adhésion* (⇒ **adhérent**).

AD HOC loc. adj. invar. ▪ Destiné expressément à un usage. *Trouver l'instrument ad hoc.*

ADIABATIQUE adj. ▪ SC. Qui s'effectue sans échange de chaleur.

ADIEU ▪ **I.** interj. **1.** Formule dont on se sert en prenant congé de qqn qu'on ne doit pas revoir de quelque temps (opposé à *au revoir*) ou qu'on ne doit plus revoir. – *Dire adieu à qqn,* prendre congé de lui. **2.** (choses) *Adieu, la belle vie !* – *Il peut* DIRE ADIEU *à sa tranquillité,* y renoncer. **3.** RÉGIONAL (Midi) Bonjour. ♦ Au revoir. **II.** n. m. Fait de prendre congé, de se séparer de qqn. *Le moment des adieux. Faire ses adieux à qqn.*

À-DIEU-VA loc. interj. ▪ À la grâce de Dieu ; advienne que pourra. ◇ var. À-DIEU-VAT ; ADIEU VA.

l'ADIGE n. m. ▪ Fleuve d'Italie du Nord qui se jette dans l'Adriatique. 410 km.

ADIPEUX, EUSE adj. ▪ **1.** ANAT. Fait de graisse. *Tissu adipeux.* **2.** COUR. Très gras. *Un visage adipeux.* ► n. f. ADIPOSITÉ

les monts ADIRONDAKS n. m. pl. ▪ Massif au nord-est des États-Unis (1 628 m).

ADJACENT, ENTE adj. ▪ **1.** Qui se trouve dans le voisinage immédiat. ⇒ **contigu, voisin.** *Les rues adjacentes.* **2.** GÉOM. *Angles adjacents,* qui ont le même sommet et sont situés de part et d'autre d'un côté commun.

l'ADJARIE n. f. ▪ République autonome de Géorgie. 3 000 km². 382 000 hab. Capitale : Batoumi. Cultures subtropicales.

ADJECTIF n. m. ▪ **1.** Mot susceptible d'accompagner un substantif avec lequel il s'accorde en genre et en nombre, et qui n'est pas un article. *Adjectifs démonstratifs, indéfinis, interrogatifs, numéraux, possessifs, relatifs.* ‑ *Adjectif qualificatif.* ⇒ **attribut, épithète.** ‑ *Adjectif verbal,* participe présent devenu adjectif. **2.** adj. Qui a une valeur d'adjectif. *Locution adjective.*

ADJECTIVEMENT adv. ▪ En fonction d'adjectif.

ADJOINDRE v. tr. [49] ▪ **1.** Associer (une personne à une autre) pour aider, contrôler. ‑ *Elle s'est adjoint deux collaborateurs.* **2.** Joindre, ajouter (une chose) à une autre.

ADJOINT, OINTE n. ▪ Personne associée à une autre pour l'aider dans ses fonctions. ⇒ **aide, assistant.** *Adjoint (au maire) :* conseiller municipal élu pour assister et suppléer le maire. ‑ appos. *Directeur, maire adjoint.*

ADJONCTION n. f. ▪ **1.** Action d'adjoindre (une personne, une chose). *L'adjonction d'une aile à un bâtiment.* **2.** Chose adjointe.

ADJUDANT n. m. ▪ **1.** en France Sous-officier qui, dans la hiérarchie des grades, vient au-dessus du sergent-chef. *Adjudant-chef,* grade le plus élevé des sous-officiers. **2.** péj. Chef autoritaire et borné.

ADJUDICATAIRE n. ▪ DR. Bénéficiaire d'une adjudication.

ADJUDICATION n. f. ▪ Acte juridique par lequel on met des acquéreurs ou des entrepreneurs en libre concurrence. *Vente par adjudication,* aux enchères. ⇒ **adjuger.** *Adjudication de travaux.*

ADJUGER v. tr. [3] ▪ **1.** Décerner. *Adjuger un prix.* ‑ *S'adjuger la meilleure part.* ⇒ s'**attribuer.** **2.** DR. Attribuer par adjudication. ‑ au p. p. *Une fois, deux fois, trois fois, adjugé !* (vendu !).

ADJURATION n. f. ▪ Prière instante, supplication. *Il s'entêtait, malgré les adjurations de sa famille.*

ADJURER v. tr. [1] ▪ Commander ou demander à (qqn) en adressant une adjuration. *Je vous adjure de dire la vérité.* ⇒ **implorer, supplier.**

ADJUVANT n. m. ▪ **1.** Médicament, produit ajouté à un autre pour renforcer ou compléter son action. **2.** LITTÉR. Auxiliaire, stimulant.

Victor ADLER (1852‑1918) ▪ Homme politique autrichien. Fondateur et dirigeant réformiste du Parti social-démocrate, il joua un rôle important dans la IIe Internationale.

Alfred ADLER (1870‑1937) ▪ Médecin autrichien. Disciple de Freud, il s'en sépara pour constituer sa propre psychologie (analyse de la personnalité globale du sujet).

AD LIBITUM [‑ɔm] loc. adv. ▪ À volonté, au choix.

ADMETTRE v. tr. [56] ▪ **1.** Accepter de recevoir (qqn). ⇒ **accueillir, agréer.** *Être admis à l'Académie. Admettre qqn à siéger,* lui en reconnaître le droit. ⇒ **autoriser.** ‑ au p. p. *Candidat admis à l'oral.* ‑ *Les chiens ne sont pas admis dans cet hôtel.* **2.** Considérer comme acceptable par l'esprit. ‑ *ADMETTRE QUE* (+ subj. ou indic.). *J'admets que tu as* (ou *tu aies*) *raison.* ‑ *ADMETTONS, EN ADMETTANT QUE* (+ subj.), en acceptant comme hypothèse que. ⇒ **supposer.** **3.** (surtout en phrase négative) Accepter, permettre. *Il n'admet pas de discussion.* ⇒ **tolérer.** ‑ *Ne pas admettre que* (+ subj.). ♦ (sujet chose) Autoriser, permettre. ⇒ **souffrir.** *C'est une règle qui n'admet aucune exception.* **4.** Laisser entrer. *Les gaz sont admis dans le cylindre* (⇒ **admission** (2)).

ADMINISTRATEUR, TRICE n. ▪ **1.** Personne chargée de l'administration d'un bien, d'un patrimoine. ♦ Membre d'un conseil d'administration. **2.** Personne qui a les qualités requises pour les tâches d'administration.

ADMINISTRATIF, IVE adj. ▪ **1.** Relatif à l'Administration. *Les autorités administratives.* **2.** Chargé de tâches d'administration. *Directeur administratif.* ► adv. ADMINISTRATIVEMENT

ADMINISTRATION n. f. ▪ **1.** Action de gérer un bien, un ensemble de biens. ⇒ **gestion.** *L'administration d'une société* (par un *conseil d'administration*). ♦ Fonction consistant à assurer l'application des lois et la marche des services publics conformément aux directives gouvernementales. **2.** Ensemble des services et agents chargés de cette fonction *(l'Administration). Entrer dans l'Administration* (→ la fonction* publique). (en France) *École nationale d'administration* (E. N. A.). **3.** *(Une administration)* Service public.

ADMINISTRÉ, ÉE n. ▪ Personne soumise à une autorité administrative.

ADMINISTRER v. tr. [1] ▪ **I. 1.** Gérer en faisant valoir, en défendant les intérêts. *Administrer les biens d'un mineur*.* **2.** Assurer l'administration de (un pays, une circonscription). *Le maire administre la commune.* **II. 1.** RELIG. Conférer (un sacrement, notamment l'extrême-onction). **2.** Faire prendre (un remède). *Le médecin lui administra un antidote.* **3.** FAM. Donner (une série de coups).

ADMIRABLE adj. ▪ Digne d'admiration. *Un portrait admirable.* ⇒ **beau, merveilleux.** *Un homme admirable.* ⇒ **remarquable.**

ADMIRABLEMENT adv. ▪ **1.** D'une manière admirable. ⇒ **merveilleusement.** **2.** Très bien. *Ils s'entendent admirablement.*

ADMIRATEUR, TRICE n. ▪ Personne qui admire (qqn, une œuvre).

ADMIRATIF, IVE adj. ▪ Qui est en admiration (devant qqn, un spectacle). *Une assistance admirative. Regard admiratif.* ► adv. ADMIRATIVEMENT

ADMIRATION n. f. ▪ Sentiment de joie et d'épanouissement devant ce qu'on juge supérieurement beau ou grand. ⇒ **émerveillement, ravissement.** *Son courage fait l'admiration de tous. Être en admiration devant un tableau.*

ADMIRER v. tr. [1] ▪ Considérer avec plaisir (ce qu'on juge supérieur) ; avoir de l'admiration pour. *On admire son talent.* ♦ iron. *J'admire votre confiance :* je ne suis pas si confiant.

ADMISSIBILITÉ n. f. ▪ Fait d'être admissible.

ADMISSIBLE adj. ▪ **1.** (surtout négatif) Qu'on peut admettre. *Cette explication est admissible.* ⇒ **acceptable.** ♦ Tolérable, supportable. *Cela n'est pas admissible.* ⇒ **inadmissible.** **2.** Qui peut être admis (à un emploi). **3.** Admis à subir les épreuves définitives d'un examen. *Candidat admissible (à l'oral).*

ADMISSION n. f. ▪ **1.** Action d'admettre (qqn) ; fait d'être admis. *Conditions d'admission dans une école.* **2.** Fait de laisser entrer (un gaz). *Régler l'admission de la vapeur.*

ADMONESTATION n. f. ▪ LITTÉR. Avertissement, remontrance sévère. ⇒ **réprimande.**

ADMONESTER v. tr. [1] ▪ LITTÉR. Réprimander sévèrement en avertissant de ne pas recommencer.

A. D. N. [adeɛn] n. m. (sigle de *acide désoxyribonucléique*) ▪ BIOL. Acide du noyau des cellules vivantes, constituant essentiel des chromosomes et porteur de caractères génétiques. *Structure en double hélice de l'A. D. N.* ◇ On écrit aussi ADN.

A.D.N.
Représentation de la molécule.
Phot. © Kermani/Liaison/Gamma

ADOBE n. m. ▪ Brique de terre crue comprimée et séchée au soleil.

ADOLESCENCE n. f. ▪ Âge qui suit la puberté et précède l'âge adulte.

ADOLESCENT, ENTE n. ▪ Jeune garçon, jeune fille à l'âge de l'adolescence. ◇ abrév. FAM. ADO.

ADONAÏ ▪ Une des appellations données à Dieu dans l'Ancien Testament (en hébreu « mon Seigneur »).

ADONIS [‑is] n. m. ▪ Jeune homme d'une grande beauté.

ADONIS ▪ Dans la mythologie phénicienne, puis grecque, dieu de la Végétation, aimé par Aphrodite*.

ADONIS (né en 1930) ▪ Poète et essayiste libanais de langue arabe. *"Chants de Mihyar le Damascène"* (1961).

S'ADONNER v. pron. [1] ▪ S'appliquer avec constance (à une activité, une pratique). *Elle s'adonne entièrement à l'étude.* ‑ péj. *S'adonner à la boisson, au jeu.* ⇒ se **livrer.**

ADOPTANT, ANTE adj. ▪ Qui adopte légalement qqn. – n. *Les adoptants.*

ADOPTER v. tr. [1] ▪ **1.** Prendre légalement pour fils ou pour fille. *Adopter un orphelin.* – au p. p. *Un enfant adopté.* – n. *Un adopté.* **2.** Traiter comme qqn de la famille. **3.** Faire sien en choisissant, en décidant de suivre. ⇒ **embrasser.** *Adopter une position, une attitude.* **4.** Approuver par un vote. *L'Assemblée a adopté le projet de loi.*

ADOPTIF, IVE adj. ▪ **1.** Qui est tel par adoption. *Père adoptif.* **2.** D'adoption. *Sa patrie adoptive.*

ADOPTION n. f. ▪ **1.** Action d'adopter (qqn) ; acte juridique établissant entre deux personnes (l'*adoptant* et l'*adopté*) des relations de droit analogues à celles qui résultent de la filiation. **2.** *D'ADOPTION :* qu'on a adopté, qu'on reconnaît pour sien. *Sa patrie d'adoption.* **3.** Action d'adopter (3). *L'adoption de nouvelles techniques.* **4.** Action d'adopter (4). *L'adoption d'un projet de loi.*

ADORABLE adj. ▪ **1.** VIEILLI Digne d'être adoré (1). **2.** Digne d'être aimé. ♦ Extrêmement joli, touchant, gracieux. ⇒ **charmant, exquis.** *Une adorable petite fille.*

ADORABLEMENT adv. ▪ D'une manière adorable, exquise.

ADORATEUR, TRICE n. ▪ **1.** Personne qui adore, rend un culte à (une divinité). **2.** Admirateur ; amoureux empressé.

ADORATION n. f. ▪ **1.** Culte rendu à un dieu, à des choses sacrées. *L'adoration des reliques.* **2.** Amour fervent, culte passionné. – *Il est en adoration devant elle.*

ADORER v. tr. [1] ▪ **1.** Rendre un culte à (un dieu). – loc. *Brûler ce qu'on a adoré :* se montrer inconstant dans ses attachements, les renier. **2.** Aimer (qqn) d'un amour ou d'une affection passionnée. *Il adore sa fille.* ⇒ **aduler.** – pronom. *Ils s'adorent.* **3.** FAM. Avoir un goût très vif pour (qqch.). *Elle adore le théâtre.*

Theodor ADORNO (1903 - 1969) ▪ Philosophe et musicologue allemand. Membre de l'école de Francfort. Il fit une étude sociologique de la personnalité autoritaire. *"Dialectique négative"* (1966).

ADOSSER v. tr. [1] ▪ Appuyer en mettant le dos, la face postérieure contre. *Adosser un piano au mur.* ► **S'ADOSSER** v. pron. S'appuyer en mettant le dos (contre). *Elle s'adossait à la porte.* ► **ADOSSÉ, ÉE** p. p. *Adossé à un arbre. Grange adossée à la ferme.*

ADOUBER v. tr. [1] ▪ HIST. Au Moyen Âge, armer (qqn) chevalier. ► n. m. ADOUBEMENT

ADOUCIR v. tr. [2] ▪ **1.** Rendre plus doux, plus agréable aux sens. *Adoucir sa voix. Adoucir l'eau,* la rendre moins calcaire. – pronom. *Le temps s'adoucit,* devient moins froid. ⇒ se **radoucir.** **2.** fig. Rendre moins rude, moins violent. – prov. *La musique adoucit les mœurs.*

ADOUCISSANT, ANTE ▪ **1.** adj. Qui diminue l'irritation. *Crème adoucissante.* **2.** n. m. Produit utilisé au rinçage pour adoucir le linge.

ADOUCISSEMENT n. m. ▪ **1.** Action d'adoucir, fait de s'adoucir. *Un adoucissement de la température.* **2.** fig. Soulagement, atténuation. *Trouver dans l'étude un adoucissement à son chagrin.*

ADOUCISSEUR n. m. ▪ Appareil servant à adoucir l'eau.

l'ADOUR n. m. ▪ Fleuve français qui se jette dans l'Atlantique à Bayonne. 335 km.

AD PATRES [adpatʀɛs] loc. adv. ▪ FAM. *Envoyer qqn ad patres,* le tuer.

ADRÉNALINE n. f. ▪ MÉD. Hormone sécrétée par les glandes surrénales, qui accélère le rythme cardiaque, augmente la pression artérielle et dilate les bronches. *Décharge d'adrénaline provoquée par une émotion.*

ADRESSAGE n. m. ▪ INFORM. Procédé par lequel est définie l'adresse d'une donnée sur un support.

① **ADRESSE** n. f. ▪ **I. 1.** Indication du nom et du domicile (d'une personne). *Écrire l'adresse (du destinataire) sur l'enveloppe. Partir sans laisser d'adresse.* – *Une bonne adresse,* l'adresse d'un bon restaurant, d'un bon fournisseur, etc. ♦ fig. *Se tromper d'adresse :* ne pas s'adresser à qui il faudrait. **2.** *À L'ADRESSE DE :* à l'intention de. *Une remarque à votre adresse.* **3.** Signe (mot, formule) sous lequel est classée une information. – INFORM. Expression représentant un emplacement de mémoire dans un ordinateur. *Mettre une donnée en adresse.* **II.** Expression des vœux et des sentiments d'une assemblée politique, adressée au souverain.

② **ADRESSE** n. f. ▪ **1.** Qualité physique d'une personne qui fait les mouvements les mieux adaptés, les plus efficaces (jeu, travail, exercice). ⇒ **dextérité, habileté ; adroit.** *Jeux d'adresse.* **2.** Qualité d'une personne qui sait s'y prendre, manœuvrer comme il faut pour obtenir un résultat. ⇒ **diplomatie, doigté, finesse, ruse.**

ADRESSER v. tr. [1] ▪ **1.** Émettre (des paroles) en direction de qqn. *Adresser un compliment à qqn.* – *Adresser la parole à qqn,* lui parler. **2.** Faire parvenir à l'adresse de qqn. *Adresser une lettre, un colis à qqn.* **3.** Diriger (qqn) vers la personne qui convient. *Le médecin m'a adressé à un spécialiste.* **4.** INFORM. Pourvoir une information d'une adresse. ► **S'ADRESSER** v. pron. **1.** *S'ADRESSER À qqn,* lui parler ; aller le trouver, avoir recours à lui. **2.** (sujet chose) Être destiné. *Le public auquel ce livre s'adresse.*

ADRET n. m. ▪ GÉOGR. Versant exposé au soleil, en montagne (opposé à *ubac*).

François de Beaumont, baron des ADRETS (1513 - 1586) ▪ Capitaine dauphinois. Pendant les guerres de Religion, il oscilla entre le catholicisme et la Réforme, qu'il combattit successivement avec un égal acharnement.

l'ADRIATIQUE n. f. ▪ Mer formée par la Méditerranée, entre l'Italie, la Slovénie, la Croatie, la Bosnie-Herzégovine, le Monténégro et l'Albanie.

ADRIEN → **Hadrien**

ADROIT, OITE adj. ▪ **1.** Qui a de l'adresse, dans ses activités physiques. *Tireur adroit. Être adroit de ses mains* (opposé à *maladroit*). **2.** Qui se conduit, manœuvre avec adresse. ⇒ **habile, rusé.** *Un négociateur adroit.* – (choses) *Une manœuvre adroite.*

ADROITEMENT adv. ▪ Avec adresse (②).

ADSORBER v. tr. [1] ▪ SC. Retenir, fixer à la surface. ► n. f. ADSORPTION

ADULATION n. f. ▪ LITTÉR. Louange, admiration excessive. – Adoration.

ADULER v. tr. [1] ▪ LITTÉR. Combler de louanges, de témoignages d'admiration. ⇒ **choyer, fêter.** *Aduler ses enfants.* – ⇒ **adorer.** *Un chanteur adulé du public.*

ADULTE ▪ **1.** adj. (êtres vivants) Qui est parvenu au terme de sa croissance. *Animal, plante adulte.* – *Âge adulte,* de la fin de l'adolescence au commencement de la vieillesse. ⇒ **mûr.** **2.** n. Homme, femme adulte. – *Aborder la vie en adulte,* avec maturité. – *Film pour adultes.*

ADULTÈRE ▪ **1.** n. m. Fait d'avoir volontairement des rapports sexuels avec une personne autre que son conjoint. ⇒ **infidélité.** *Demander le divorce pour cause d'adultère.* **2.** adj. Qui commet un adultère. ⇒ **infidèle.** *Un époux adultère.*

ADULTÉRER v. tr. [6] ▪ RARE Altérer la pureté de (qqch.). ⇒ **falsifier.**

ADULTÉRIN, INE adj. ▪ Né d'un adultère. *Enfant adultérin.*

ADVENIR v. intr. impers. [22] ▪ Arriver, survenir. *Quoi qu'il advienne, elle partira.* – loc. prov. *Advienne que pourra,* quoi qu'il en résulte, peu importe.

ADVENTICE adj. ▪ Qui ne fait pas naturellement partie de la chose. ⇒ **accessoire.** *Des problèmes adventices.*

ADVERBE n. m. ▪ Mot invariable ajoutant une détermination à un verbe (ex. marcher *lentement*), un adjectif (ex. *très* agréable), un adverbe (ex. *trop* rapidement) ou à une phrase entière (ex. *évidemment,* il ne se presse pas). *Adverbes de lieu, de négation.*

ADVERBIAL, IALE, IAUX adj. ▪ Qui a fonction d'adverbe. *Locution adverbiale* (ex. côte à côte).

ADVERSAIRE n. ▪ **1.** Personne qui est opposée à une autre dans un combat, un conflit, une compétition. ⇒ **ennemi, rival.** *L'emporter sur son adversaire.* **2.** Personne hostile à (une doctrine, une pratique). *Les adversaires du libéralisme.*

ADVERSE adj. ▪ LITTÉR. Opposé, contraire. *Le pays est divisé en deux blocs adverses.*

ADVERSITÉ n. f. ▪ LITTÉR. Sort contraire ; situation malheureuse de celui qui a éprouvé des revers. ⇒ **malheur.** *Garder sa bonne humeur dans l'adversité.*

Endre ADY (1877 - 1919) ▪ Poète hongrois. Il rénova les idées et les formes de la poésie hongroise. *"À la tête des morts"* (1918).

République des ADYGUÉS ou **ADYGHÉENS** ▪ Une des républiques de la fédération de la Russie, au nord du Caucase occidental. 7 600 km, 449 000 hab. Capitale : Maïkop.

AÈDE n. m. ▪ DIDACT. Poète épique et récitant, dans la Grèce ancienne.

l'A.-É.F. ou **A-ÉF**, **Afrique-Équatoriale française** ▪ Fédération qui groupa, de 1910 à 1958, les territoires français du Tchad, de l'Oubangui-Chari, du Moyen-Congo et du Gabon.

ÆGYPAN [eʒipɑ̃] n. m. ▪ DIDACT. Divinité antique analogue au faune, au satyre. ◇ var. ÆGIPAN, ÉGYPAN.

l'A.E.L.E. ou **AELE**, **Association européenne de libre-échange** ▪ Créée en 1960, elle regroupe aujourd'hui 4 membres (depuis l'entrée, en 1995, de l'Autriche, la Finlande et la Suède dans l'Union européenne) : Islande, Liechtenstein, Norvège, Suisse. Elle a pour but l'abolition des obstacles aux échanges en Europe occidentale et a signé en 1991 avec la C.E.E., un accord sur la création, le 1er janvier 1993, d'une zone de libre-échange appelée Espace Économique Européen.

AÉRATEUR n. m. ▪ Appareil servant à l'aération. ⇒ **climatiseur, ventilateur.**

AÉRATION n. f. ▪ Action d'aérer ; son résultat. *Conduit d'aération.*

AÉRER v. tr. [6] ▪ **1.** Faire entrer de l'air dans (un lieu clos), mettre à l'air. *Aérer une chambre. Aérer la literie,* l'exposer à l'air. **2.** fig. Rendre moins dense, plus léger. *Aérer un exposé.* ► **S'AÉRER** v. pron. Prendre l'air. *Il faut vous aérer un peu.* ► **AÉRÉ, ÉE** adj. *Pièce bien aérée.* ♦ *Centre aéré,* qui propose aux enfants des activités de plein air.

AÉRIEN, IENNE adj. ▪ **1.** De l'air, de l'atmosphère. *Les courants aériens.* **2.** Relatif à l'aviation, assuré par l'aviation. *Transports aériens.* **3.** Qui est à l'air libre. *Métro aérien. Racines aériennes d'une plante.* **4.** fig. Léger comme l'air. ⇒ **immatériel.** *Une grâce aérienne.*

AÉRO- Élément savant (du grec *aêr, aeros* « air ») désignant soit l'atmosphère, l'air (ex. *aérolithe*), soit l'aviation (ex. *aérodrome*).

AÉROBIE adj. ▪ Qui ne peut se développer qu'en présence d'air ou d'oxygène (micro-organisme). – Qui a besoin de l'oxygène de l'air pour fonctionner. *Propulseur aérobie.* ◇ contr. *anaérobie.*

AÉRODROME n. m. ▪ Terrain aménagé pour le décollage et l'atterrissage des avions (→ aéroport).

AÉRODYNAMIQUE ▪ **1.** n. f. Partie de la physique qui étudie les phénomènes accompagnant tout mouvement relatif entre un corps et l'air où il baigne. **2.** adj. Relatif à l'aérodynamique. ♦ Conforme aux lois de l'aérodynamique. *Profil aérodynamique d'un véhicule,* conçu pour réduire le plus possible la résistance de l'air.

AÉROFREIN n. m. ▪ Dispositif de freinage utilisant la résistance de l'air.

AÉROGARE n. f. ▪ Ensemble des bâtiments d'un aéroport réservés aux voyageurs et aux marchandises.

AÉROGLISSEUR n. m. ▪ Véhicule qui avance sur l'eau ou sur terre au moyen d'un coussin d'air (équivalent franç. de l'anglic. *hovercraft*).

aéroglisseur.
Phot. © Quidu/Gamma

AÉROGRAPHE n. m. ▪ Pulvérisateur à air comprimé.

AÉROLITHE n. m. ▪ Météorite.

AÉROMODÉLISME n. m. ▪ Technique de la construction et du vol de modèles réduits d'avions.

AÉRONAUTIQUE ▪ **1.** adj. Relatif à la navigation aérienne. *Constructions aéronautiques.* **2.** n. f. Science de la navigation aérienne ; technique de la construction des appareils volants. ⇒ **aviation.**

AÉRONAVAL, ALE, ALS adj. ▪ Qui appartient à la fois à l'aviation et à la marine. *Forces aéronavales ;* n. f. *l'Aéronavale.*

AÉRONEF n. m. ▪ DIDACT. Appareil capable de se déplacer dans les airs (avion, hélicoptère, aérostat...).

AÉROPHAGIE n. f. ▪ Trouble caractérisé par la pénétration d'air dans l'œsophage et l'estomac.

AÉROPLANE n. m. ▪ VX Avion.

AÉROPORT n. m. ▪ Ensemble d'installations (aérodrome, aérogare, ateliers) nécessaires au trafic aérien.

AÉROPORTÉ, ÉE adj. ▪ Transporté par voie aérienne. *Troupes aéroportées.*

AÉROSOL [-sɔl] n. m. ▪ **1.** Suspension de particules dans un gaz. ♦ Projection d'un brouillard en aérosol. **2.** Appareil qui disperse un tel brouillard. – appos. *Bombe aérosol.* ⇒ **atomiseur.**

AÉROSPATIAL, ALE, AUX adj. ▪ Qui concerne à la fois l'aéronautique, l'aviation, et l'astronautique. *Véhicules aérospatiaux.*

AÉROSTAT n. m. ▪ Appareil dont la sustentation est due à un gaz plus léger que l'air. ⇒ **ballon, dirigeable.**

AÉROTRAIN n. m. (n. déposé) ▪ Véhicule sur rail unique, circulant sur coussin d'air.

les AFARS n. m. pl. ▪ Groupe ethnique de religion musulmane teintée d'animisme, vivant entre la mer Rouge et le plateau d'Éthiopie. Ce sont surtout des nomades, appelés aussi Danakils. ► **le territoire des AFARS ET DES ISSAS**, ancien territoire français devenu (en 1977) la république de Djibouti*.

AFFABILITÉ n. f. ▪ Caractère, manières affables. ⇒ **courtoisie, politesse.**

AFFABLE adj. ▪ Qui accueille et écoute de bonne grâce ceux qui s'adressent à lui (elle). ⇒ **accueillant, aimable.** *Un homme affable.* – *Des paroles affables.*

AFFABULATION n. f. ▪ **1.** DIDACT. Arrangement de faits constituant la trame d'une œuvre d'imagination. ⇒ **narration.** **2.** Récit inventé d'un menteur. ⇒ **fabulation.** *Il s'embrouillait dans ses affabulations.* ► AFFABULER v. [1] ⇒ **fabuler.**

AFFADIR v. tr. [2] ▪ **1.** Rendre fade. **2.** fig. Priver de saveur, de force. *La traduction affadit l'original.* ► **S'AFFADIR** v. pron.

AFFADISSEMENT n. m. ▪ Perte de saveur, de force.

AFFAIBLIR v. tr. [2] ▪ **1.** Rendre physiquement ou moralement moins fort. – au p. p. *Être affaibli par les privations.* **2.** Priver de son efficacité, d'une partie de sa valeur expressive. ⇒ **atténuer, édulcorer.** ► **S'AFFAIBLIR** v. pron. **1.** *Le malade s'affaiblit.* ⇒ **décliner, dépérir.** **2.** *Le sens de cette expression s'est affaibli.*

AFFAIBLISSEMENT n. m. ▪ Perte de force, d'intensité. *L'affaiblissement de la vue.* ⇒ **baisse.** *L'affaiblissement de l'autorité.* ⇒ **déclin, dépérissement.**

AFFAIRE n. f. ▪ **I.** *(Une, des affaires)* **1.** Ce que qqn a à faire, ce qui l'occupe ou le concerne. *Occupez-vous, mêlez-vous de vos affaires. J'en fais mon affaire,* je m'en charge. ♦ Ce qui intéresse particulièrement qqn, lui convient. *J'ai votre affaire. Cela doit faire l'affaire,* cela doit vous convenir, aller. ♦ FAM. *Faire son affaire à qqn,* le tuer ; le punir. **2.** *AFFAIRE DE,* affaire où (qqch.) est en jeu. ⇒ **question.** *Une affaire de cœur, de gros sous.* – « *Le temps ne fait rien à l'affaire* » (Molière). *C'est une autre affaire :* un problème tout différent. **3.** Ce qui occupe de façon embarrassante. ⇒ **difficulté, ennui.** *Ce n'est pas une affaire. Une sale affaire.* – *Se tirer d'affaire,* du danger. **4.** Ensemble de faits créant une situation où divers intérêts sont aux prises. *Une affaire compliquée, délicate. L'affaire Dreyfus. On a voulu étouffer l'affaire.* ⇒ **scandale.** – *Les affaires* (en politique, dans la gestion, l'économie...). ♦ Événement, crime posant une énigme policière. **5.** Procès, objet d'un débat judiciaire. *Instruire, juger une affaire.* **6.** Marché conclu ou à conclure avec qqn. *Faire une bonne affaire. Faire affaire avec qqn.* ⇒ **traiter.** ♦ Bonne affaire. *Achetez-le, vous ferez une affaire.* **7.** Entreprise commerciale ou industrielle. *Être à la tête d'une grosse affaire.* **II.** VX *Avoir* *affaire* : à faire. ♦ loc. AVOIR AFFAIRE À *qqn* : avoir à traiter, à discuter avec lui. - *Vous aurez affaire à moi !* (menace). **III.** au plur. *(Les affaires)* **1.** Ensemble des occupations et activités d'intérêt public. *Les affaires publiques. Le ministère des Affaires étrangères.* **2.** Situation matérielle d'un particulier. *Régler ses affaires.* ♦ FAM. État dans le développement d'une intrigue, d'une aventure amoureuse. *Où en sont tes affaires ?* **3.** Activités économiques (commerciales et financières). - loc. *Les affaires sont les affaires* : il ne faut pas faire de sentiment. - *Homme, femme, gens d'affaires. Voyage, repas d'affaires.* **4.** Objets ou effets personnels. *Ranger ses affaires.*

AFFAIRÉ, ÉE adj. ▪ Très occupé. *Il semble toujours affairé.* - *Un air affairé.*

AFFAIREMENT n. m. ▪ État, comportement d'une personne affairée.

S'AFFAIRER v. pron. [1] ▪ Se montrer actif, empressé ; s'occuper activement. ⇒ s'**agiter.**

AFFAIRISME n. m. ▪ Tendance à s'occuper sans scrupule d'affaires d'argent, de spéculations.

AFFAIRISTE n. ▪ Homme ou femme d'affaires peu scrupuleux(euse). ⇒ **spéculateur.** - adj. *Un milieu affairiste.*

AFFAISSEMENT n. m. ▪ Fait de s'affaisser, état de ce qui est affaissé. ⇒ **effondrement, tassement.** *Affaissement de terrain.*

S'AFFAISSER v. pron. [1] ▪ **1.** Plier, baisser de niveau sous un poids ou une pression. *Le sol s'est affaissé par endroits.* ⇒ s'**effondrer. 2.** (personnes) Tomber en pliant sur les jambes. *Elle perdit connaissance et s'affaissa.* ⇒ s'**abattre,** s'**écrouler.** ► **AFFAISSÉ, ÉE** adj. *Toiture affaissée.*

AFFALER v. tr. [1] ▪ MAR. Faire descendre (un cordage, une voile). ► **S'AFFALER** v. pron. Se laisser tomber. *S'affaler sur un divan.* ⇒ s'**avachir,** se **vautrer.** - au p. p. *Affalé dans un fauteuil.*

AFFAMER v. tr. [1] ▪ Faire souffrir de la faim en privant de vivres ou d'argent. *Affamer la population par un blocus.* ► **AFFAMÉ, ÉE** p. p. **1.** Qui a très faim. *Un loup affamé.* - n. *Des affamés.* **2.** fig. Avide, passionné (de). ⇒ **assoiffé.** *Affamé de gloire.*

AFFAMEUR n. m. ▪ Celui qui affame (le peuple).

AFFECT [afɛkt] n. m. ▪ PSYCH. État affectif élémentaire. ⇒ **émotion, sentiment.**

① **AFFECTATION** n. f. ▪ **1.** Action d'affecter (un comportement). ⇒ **comédie, simulation. 2.** Manque de sincérité et de naturel (dans le comportement, le style). ⇒ **pose.**

② **AFFECTATION** n. f. ▪ **1.** Destination (d'une chose) à un usage déterminé. *L'affectation d'une somme à une réparation.* **2.** Désignation (de qqn) à une unité militaire, à un poste, à une fonction ; ce lieu. *Rejoindre sa nouvelle affectation.*

① **AFFECTER** v. tr. [1] ▪ **1.** Prendre, adopter (une manière d'être, un comportement) de façon ostentatoire, sans que l'intérieur réponde à l'extérieur. ⇒ **feindre, simuler.** *Affecter la froideur. Affecter de* (+ inf.). **2.** (choses) Revêtir volontiers, habituellement (une forme). ► **AFFECTÉ, ÉE** p. p. Qui manque de sincérité ou de naturel. ⇒ **étudié, feint.** *Des manières affectées.* ⇒ **maniéré.**

② **AFFECTER** v. tr. [1] ▪ **1.** Destiner, réserver à un usage ou à un usager déterminé. *Affecter des crédits à...* **2.** Procéder à l'affectation de (qqn). ⇒ **désigner, nommer.** *Il s'est fait affecter à Lyon.* - au passif *Être affecté au contrôle.*

③ **AFFECTER** v. tr. [1] ▪ Toucher en faisant une impression pénible. ⇒ **émouvoir, frapper.** *Son échec l'a beaucoup affecté.* - pronom. S'affliger, souffrir. *Il s'affecte de votre silence.* - passif et p. p. *Personne affectée par un deuil.*

AFFECTIF, IVE adj. ▪ Qui concerne les affects, les sentiments. *États affectifs. La vie affective,* les sentiments, les plaisirs et les douleurs d'ordre moral. ► adv. AFFECTIVEMENT

AFFECTION n. f. ▪ **1.** LITTÉR. État affectif. ⇒ **affect. 2.** Sentiment tendre qui attache à qqn. ⇒ **attachement, tendresse.** *J'ai de l'affection pour elle. Montrer de l'affection.* ⇒ **affectueux.** *Prendre qqn en affection. Affection fraternelle.* ⇒ **amour. 3.** Maladie considérée dans ses manifestations actuelles. *Affection aiguë des poumons.*

AFFECTIONNER v. tr. [1] ▪ **1.** Être attaché à, aimer (qqn). ⇒ **chérir. 2.** Avoir une prédilection pour (qqch.). *Elle affectionne ce genre de robe.* ► **AFFECTIONNÉ, ÉE** adj. VIEILLI Plein d'affection, dévoué. *Votre fille affectionnée.*

AFFECTIVITÉ n. f. ▪ **1.** Ensemble des phénomènes de la vie affective. ⇒ **sensibilité. 2.** Aptitude à être affecté de plaisir ou de douleur. *Il est d'une affectivité excessive.*

AFFECTUEUSEMENT adv. ▪ D'une manière affectueuse. *Embrasser affectueusement qqn.* ⇒ **tendrement.**

AFFECTUEUX, EUSE adj. ▪ Qui montre de l'affection. ⇒ **tendre.** *Un enfant affectueux.* - *Des paroles affectueuses.*

AFFÉRENT, ENTE adj. ▪ **1.** DIDACT. Qui se rapporte à. *Renseignements afférents à une affaire.* **2.** DR. Qui revient à. *La part afférente à cet héritier.*

AFFERMER v. tr. [1] ▪ Louer à ferme. ► n. m. AFFERMAGE

AFFERMIR v. tr. [2] ▪ **1.** Rendre plus ferme. ⇒ **raffermir. 2.** fig. Rendre plus assuré, plus fort. ⇒ **fortifier, renforcer.** *Affermir son pouvoir. Affermir qqn dans sa résolution.* ► **S'AFFERMIR** v. pron. Devenir plus ferme, plus stable (au propre et au fig.). ► n. m. AFFERMISSEMENT

AFFÉTERIE n. f. ▪ LITTÉR. Abus du gracieux, du maniéré dans l'attitude ou le langage. ⇒ **affectation, préciosité.**

AFFICHAGE n. m. ▪ **1.** Action d'afficher, de poser des affiches. *Panneaux d'affichage.* **2.** INFORM. Présentation de données, de résultats.

AFFICHE n. f. ▪ Feuille imprimée destinée à porter qqch. à la connaissance du public et placardée sur les murs ou des emplacements réservés. *Affiches publicitaires. Coller une affiche.* ♦ *Spectacle qui reste à l'affiche, tient l'affiche,* qu'on continue de jouer.

AFFICHER v. tr. [1] ▪ **1.** Faire connaître par voie d'affiches. *Afficher une vente aux enchères.* **2.** Poser des affiches. *Défense d'afficher.* **3.** Montrer publiquement, faire étalage de. ⇒ **affecter.** *Il affiche son mépris pour l'argent.* ► **S'AFFICHER** v. pron. *S'afficher avec qqn,* se montrer en public accompagné de qqn.

AFFICHETTE n. f. ▪ Petite affiche.

AFFICHEUR n. m. ▪ Personne qui pose des affiches.

AFFICHISTE n. ▪ Créateur d'affiches.

AFFIDÉ, ÉE n. ▪ LITTÉR. péj. Agent, complice prêt à tout. ⇒ **acolyte.** ≠ *affilié.*

D'AFFILÉE loc. adv. ▪ À la file, sans interruption. ⇒ de **suite.** *Attendre trois heures d'affilée.*

AFFILER v. tr. [1] ▪ Rendre parfaitement tranchant (un instrument). ⇒ **affûter, aiguiser.** ► **AFFILÉ, ÉE** p. p. *Un couteau bien affilé.* ♦ loc. *Avoir la langue bien affilée* : être très bavard.

AFFILIATION n. f. ▪ Action de s'affilier. ⇒ **adhésion.** *Affiliation à un club.*

AFFILIÉ, ÉE n. ▪ Personne qui appartient à une organisation. ⇒ **adhérent, membre.** ≠ *affidé.*

S'AFFILIER v. pron. [7] ▪ Adhérer, s'inscrire (à une association). *À quel parti s'est-il affilié ?* - passif et p. p. *Être affilié à une mutuelle. Club sportif affilié à une fédération.*

AFFINAGE n. m. ▪ Action d'affiner (1 et 2). *L'affinage de la fonte.*

AFFINE adj. ▪ MATH. Qui conserve invariantes les transformations dans le plan ou dans l'espace (par correspondances linéaires). *Espace, plan, droite affine.*

AFFINEMENT n. m. ▪ Fait de s'affiner (3). *L'affinement du goût.*

AFFINER v. tr. [1] ▪ **1.** Purifier, procéder à l'affinage de (un métal, le verre). **2.** *Affiner les fromages,* en achever la maturation. - *Affiner des huîtres,* les faire séjourner en bassin (⇒ **claire**) pour en améliorer le goût. **3.** Rendre plus fin, plus délicat. - pronom. *Son goût s'est affiné.*

AFFINITÉ n. f. ▪ **1.** Rapport de conformité, de ressemblance ; lien plus ou moins sensible. *Il y a entre eux des affinités de goût.* **2.** CHIM. Action physique responsable de la combinaison des corps entre eux. - fig. *"Les Affinités électives"* (roman de Goethe).

AFFIRMATIF, IVE ▪ **1.** adj. (personnes) Qui affirme, ne laisse planer aucun doute. ⇒ **net.** *Je vous trouve bien affirmatif !* ♦ (choses) Qui constitue, exprime une affirmation dans la forme. *Faire un signe affirmatif. Proposition affirmative.* **2.** n. f. *Répondre par l'affirmative,* répondre oui. **3.** adv. (dans les transmissions) Oui. « *M'entendez-vous ? — Affirmatif.* »

AFFIRMATION n. f. ▪ **1.** Action d'affirmer, de donner pour vrai un jugement (qu'il soit affirmatif ou négatif) ; le jugement ainsi énoncé. ⇒ **assertion.** « *Il ne viendra pas demain* » *est une affirmation.* **2.** Action, manière de manifester de façon indiscutable (une qualité). ⇒ **expression, manifestation.** *L'affirmation de sa personnalité.*

Affiche anonyme, vers 1793. Musée de l'Affiche, Paris.
Phot. © Dagli Orti

Cappiello, *La Victoria arduino*, 1922. Coll. part.
Phot. © Dagli Orti

Paul Colin (1892-1985), *Le clown Grock*. Musée de la Publicité, Paris.
Phot. © Musée de la Publicité

Affiche de l'atelier des Beaux-Arts en mai 1968 : *La lutte continue*. Coll. part., Paris. *Phot. © Lauros/Giraudon*

affiche.

AFFIRMATIVEMENT adv. ▪ Par l'affirmative, en disant oui. *Répondre affirmativement.*

AFFIRMER v. tr. [1] ▪ **1.** Donner (une chose) pour vraie, énoncer (un jugement) comme vrai. ⇒ **assurer, avancer, certifier, soutenir.** *J'affirme que je l'ai vue ; j'affirme l'avoir vue.* **2.** Manifester de façon indiscutable. *Affirmer sa personnalité.* ‑ pronom. *Son talent s'affirme.* ► **AFFIRMÉ, ÉE** adj. *Personnalité affirmée.*

AFFIXE n. m. ▪ Élément susceptible d'être incorporé à un mot, avant, dans ou après le radical, pour en modifier le sens ou la fonction. ⇒ **préfixe, suffixe.**

AFFLEUREMENT n. m. ▪ Fait d'affleurer.

AFFLEURER v. intr. [1] ▪ **1.** Apparaître à la surface du sol. *Le roc affleure.* **2.** fig. Émerger, transparaître. *Des souvenirs affleurent à ma mémoire.*

AFFLICTIF, IVE adj. ▪ DR. Qui punit physiquement. *Peines afflictives et peines infamantes.*

AFFLICTION n. f. ▪ LITTÉR. Peine profonde, abattement à la suite d'un grave revers. ⇒ **détresse.** *Être dans l'affliction.*

AFFLIGEANT, ANTE adj. ▪ **1.** Qui afflige, frappe douloureusement. ⇒ **désolant.** *Une situation affligeante.* **2.** Pénible en raison de sa faible valeur. ⇒ **lamentable.** *Un film affligeant.*

AFFLIGER v. tr. [3] ▪ **1.** VX Atteindre, frapper. ♦ passif *ÊTRE AFFLIGÉ DE qqch., qqn,* devoir le supporter. *Être affligé d'une bronchite chronique.* **2.** Attrister profondément. ⇒ **chagriner, peiner.** *Cette nouvelle m'afflige.* ‑ au p. p. *Une femme affligée.* ‑ n. *Consoler les affligés.* ► **S'AFFLIGER** v. pron. Être triste à cause de. *Il s'afflige de votre départ.*

AFFLUENCE n. f. ▪ **1.** VX Écoulement abondant ; afflux. Réunion d'une foule de personnes qui vont au même endroit. **2.** MOD. *L'affluence des voyageurs. Heures d'affluence.*

AFFLUENT n. m. ▪ Cours d'eau qui se jette dans un autre. *Les affluents du Saint-Laurent.*

AFFLUER v. intr. [1] ▪ **1.** (liquide organique) Couler en abondance vers. *Le sang afflue au cerveau.* ♦ *Les capitaux affluent ; l'argent afflue.* **2.** Se porter en foule vers, arriver en grand nombre. *Les visiteurs affluent, la foule afflue à l'exposition.*

AFFLUX n. m. ▪ **1.** Fait d'affluer (1). *Un afflux de sang.* **2.** Arrivée massive. ⇒ **affluence.** *Un soudain afflux de visiteurs, de voyageurs.*

AFFOLANT, ANTE adj. ▪ **1.** Qui affole, trouble énormément. ⇒ **troublant.** **2.** Très inquiétant. *Des prix affolants,* excessifs.

AFFOLEMENT n. m. ▪ État d'une personne affolée ; inquiétude, peur. *Pas d'affolement !* ⇒ **panique.**

AFFOLER v. tr. [1] ▪ **1.** Rendre comme fou, sous l'effet d'une émotion violente. ⇒ **bouleverser.** *Ce genre de beauté l'affole.* **2.** Rendre fou d'inquiétude, plonger dans l'affolement. ⇒ **effrayer.** *L'absence de nouvelles finissait par l'affoler.* ► **S'AFFOLER** v. pron. Perdre la tête par affolement. *Ne vous affolez pas.* ► **AFFOLÉ, ÉE** adj. Qui perd son calme, son sang-froid. ⇒ **effaré, épouvanté.** *La foule affolée se mit à courir.*

AFFRANCHI, IE ▪ **1.** n. Esclave rendu libre. **2.** adj. Qui s'est intellectuellement libéré des préjugés, des traditions. *Une femme affranchie.* **3.** n. FAM. Personne qui mène une vie libre, hors de la morale courante.

AFFRANCHIR v. tr. [2] ▪ **I. 1.** Rendre libre (un esclave, un serf). ⇒ **libérer.** **2.** *S'AFFRANCHIR DE* v. pron. : se délivrer de (tout ce qui gêne). *S'affranchir des préjugés.* ⇒ s'**émanciper**, se **libérer**. **3.** FAM. Éclairer, mettre au courant (en fournissant des renseignements). *Il a affranchi son copain.* **II.** Mettre les timbres nécessaires sur (une lettre, un envoi). *Affranchir un colis.*

AFFRANCHISSEMENT n. m. ▪ **I. 1.** Action d'affranchir (un esclave, un serf). **2.** Délivrance, libération. *L'affranchissement des esprits.* **II.** Action d'affranchir (une lettre, un envoi).

AFFRES n. f. pl. ▪ LITTÉR. Angoisse accompagnant la peur, la douleur. ⇒ **tourment.** *Les affres de la mort, de la faim.*

AFFRÉTER v. tr. [6] ▪ Prendre (un navire, un avion) en location. ⇒ **noliser.** ► n. m. AFFRÈTEMENT ► n. m. AFFRÉTEUR

AFFREUSEMENT adv. ▪ **1.** D'une manière affreuse. ⇒ **atrocement, horriblement.** *Il a été affreusement torturé.* **2.** Extrêmement, terriblement. *Je suis affreusement en retard.*

AFFREUX, EUSE adj. ▪ **I. 1.** Qui provoque une réaction d'effroi et de dégoût. ⇒ **abominable, atroce, effrayant, horrible, monstrueux.** *Un affreux cauchemar.* **2.** Extrêmement laid. ⇒ **hideux, repoussant.** *Son chien est un affreux bâtard.* – Déplaisant à voir. *Elle est affreuse avec ce chapeau.* **3.** Tout à fait désagréable. ⇒ **détestable.** *Il fait un temps affreux. C'est un affreux malentendu.* **II.** n. m. Soldat mercenaire, en Afrique.

AFFRIOLANT, ANTE adj. ▪ Qui excite l'intérêt, le désir. ⇒ **excitant, séduisant.** *Un déshabillé affriolant. Le programme n'a rien d'affriolant.*

AFFRONT n. m. ▪ Offense faite publiquement avec la volonté de marquer son mépris et de déshonorer ou d'humilier. ⇒ **outrage.** ♦ Échec humiliant.

AFFRONTEMENT n. m. ▪ Action d'affronter, fait de s'affronter. *Affrontements entre policiers et manifestants.*

AFFRONTER v. tr. [1] ▪ Aller hardiment au-devant de (un adversaire, un danger). ⇒ **braver.** *Affronter une difficulté.* ► **S'AFFRONTER** v. pron. Se heurter dans un combat. – fig. S'opposer. *Deux thèses s'affrontaient.*

AFFUBLER v. tr. [1] ▪ Habiller bizarrement, ridiculement. – pronom. *Il faut voir comment elle s'affuble !* ⇒ s'**accoutrer.**

AFFÛT n. m. ▪ **I.** Bâti servant à supporter, pointer et déplacer une arme lourde. *Un affût de canon.* **II. 1.** Endroit où l'on s'embusque pour attendre le gibier. **2.** L'attente elle-même. ♦ loc. *À L'AFFÛT DE :* en guettant l'occasion de saisir ou de faire. *Il est à l'affût d'une affaire intéressante.*

AFFÛTAGE n. m. ▪ Action d'affûter.

AFFÛTER v. tr. [1] ▪ Aiguiser (un outil tranchant). *Affûter des couteaux. Une meule à affûter.*

AFGHAN, ANE adj et n. ▪ De l'Afghanistan. – n. *Les Afghans.* ♦ n. m. Langue du groupe iranien oriental.

l'AFGHANISTAN n. m. ▪ Pays (État islamique) d'Asie centrale. 652 088 km². Env. 16 000 000 hab. *(les Afghans).* Capitale : Kaboul. Langues officielles : pashtu, dari (persan oriental). Religion officielle : islam. Monnaie : afghani. Pays montagneux et aride au climat continental. Agriculture, élevage et artisanat dominants. □ HISTOIRE Carrefour de l'Asie, l'Afghanistan a toujours représenté pour ses puissants voisins (l'Inde, le Pakistan, l'Iran, l'Union soviétique et la Chine) un enjeu stratégique. Envahi par les Perses sassanides et les Huns (Vᵉ s.), sous influence musulmane depuis le VIIIᵉ s., il a été l'objet de rivalités, depuis le XVIIIᵉ s., entre Russes et Anglais, ces derniers voulant protéger leur empire des Indes. En 1919, la troisième guerre anglo-afghane aboutit à la reconnaissance de l'indépendance du royaume afghan. La république fut instaurée en 1973 à la suite d'un coup d'État militaire. En 1978, un nouveau coup d'État, organisé par le parti communiste afghan, amena au pouvoir un gouvernement prosoviétique contre lequel se soulevèrent de nombreuses fractions de la population encadrées par divers mouvements islamistes. Des milliers d'Afghans se réfugièrent au Pakistan. L'U.R.S.S. intervint militairement en 1979. Après dix ans de guérilla et sous la pression internationale, les Soviétiques se retirèrent du pays en 1989. Les troupes islamistes prirent Kaboul en 1992, entraînant la chute du régime communiste et instituant la troisième république afghane, d'obédience islamiste, qui reste marquée par des luttes ethno-religieuses pour le pouvoir.

AFICIONADO n. m. ▪ Amateur passionné (d'abord de corridas).

AFIN DE loc. prép., **AFIN QUE** loc. conj. ▪ Marquent l'intention, le but. ⇒ **pour.** – *AFIN DE* (+ inf.). *Il prit son carnet afin d'y noter une adresse.* – *AFIN QUE* (+ subj.). *Écrivez-lui afin qu'elle soit au courant.*

A FORTIORI loc. adv. ▪ À plus forte raison.

AFRICAIN, AINE adj. ▪ De l'Afrique ; spécialt de l'Afrique noire. *Le continent africain.* – n. *Les Africains,* les Noirs d'Afrique.

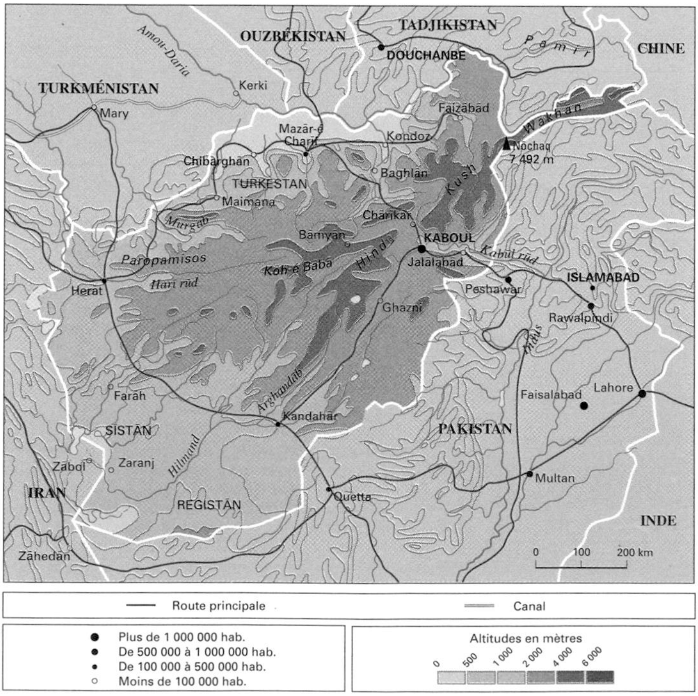

Afghanistan.

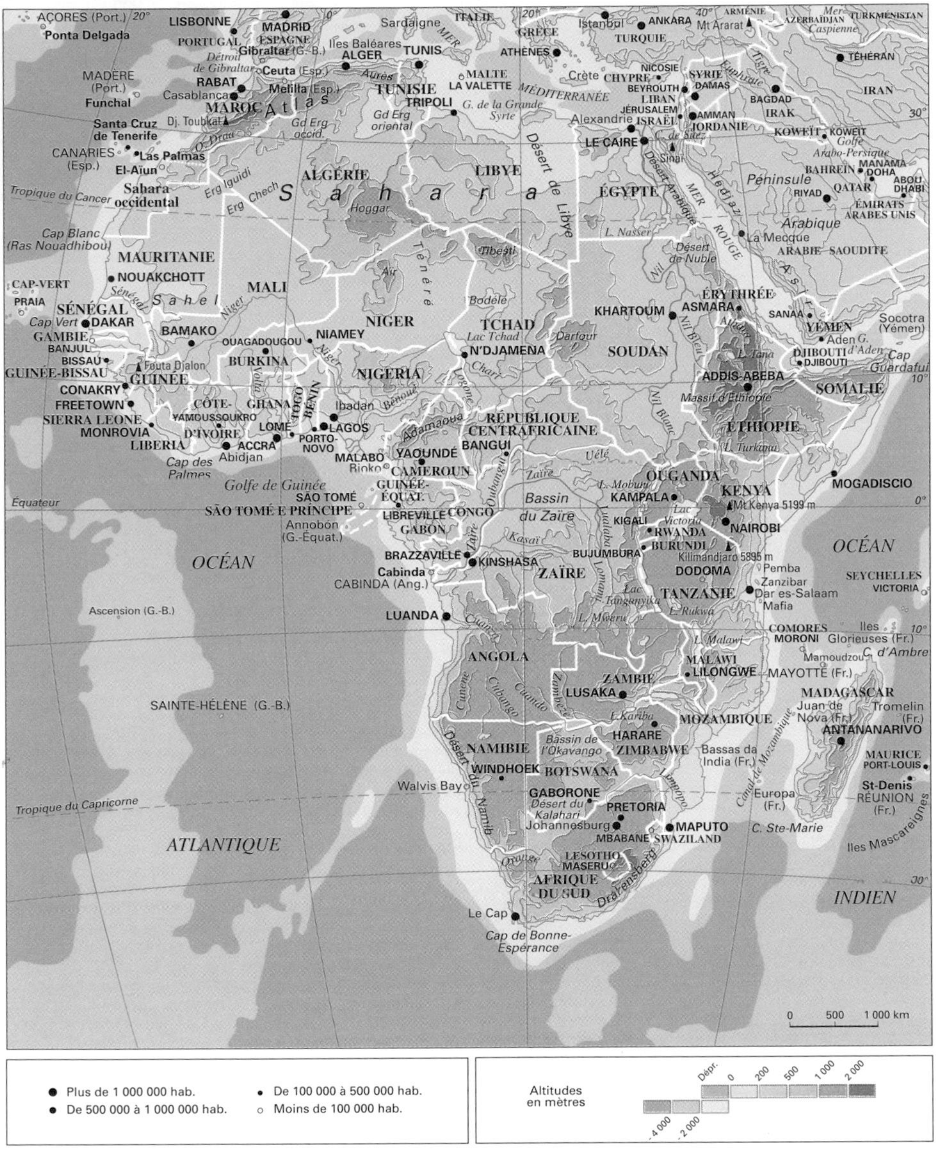

Afrique.

AFRICANISME n. m. ▪ Tournure, expression propre au français d'Afrique.

AFRICANISTE n. ▪ Spécialiste des langues et civilisations africaines.

AFRIKAANS [-kɑ̃s] n. m. ▪ Variété de néerlandais d'Afrique du Sud, langue officielle avec l'anglais.

les AFRIKANERS → les Boers

l'AFRIQUE n. f. ▪ Vaste continent de 30,3 millions de km^2 (y compris les îles voisines), l'Afrique est bordée à l'ouest par l'océan Atlantique, au nord par la mer Méditerranée, à l'est par l'océan Indien et la mer Rouge. Elle est séparée de l'Europe par le détroit de Gibraltar au nord-ouest et rattachée à l'Asie par l'isthme de Suez au nord-est. À l'exception de deux chaînes plissées (au nord-ouest l'Atlas, au sud-est le Drakensberg), l'Afrique, continent massif et ancien, est constituée de plateaux et de plaines. De la mer Rouge aux côtes du Mozambique s'étend une vaste fracture, le rift africain, présentant une suite de plaines d'effondrement (où se trouvent les grands lacs Victoria, Tanganyika et Malawi) et de massifs volcaniques (le Kilimandjaro). Les fleuves (Niger, Zaïre, Nil, Zambèze...), qui prennent naissance dans les zones de fortes pluies, parviennent difficilement à la mer en raison de la faible déclivité du terrain. Située entre les deux tropiques, l'Afrique est un continent chaud où le régime des pluies détermine les saisons. Les zones climatiques se succèdent de part et d'autre de l'équateur, symétriquement dans les deux hémisphères : équatoriale, tropicale, désertique (le Sahara, le Kalahari), tempérée (climat méditerranéen). Le peuplement (environ 612 millions d'hab.), en forte croissance mais de densité inégale, se répartit en deux zones principales : population blanche, de langues chamito-sémitiques, de la Méditerranée au sud du Sahara (Berbères, Arabes); population noire et métissée au-delà, regroupée en trois familles de langues : soudanaise (Bambaras, Baoulés, Dogons, Haoussas, Ouolofs, Peuls); bantoue (Pygmées, Zoulous); nilotique (Massaïs). Il faut y ajouter une minorité d'origine anglo-néerlandaise à l'extrême sud (les Afrikaners). Près de 40 % de la population se

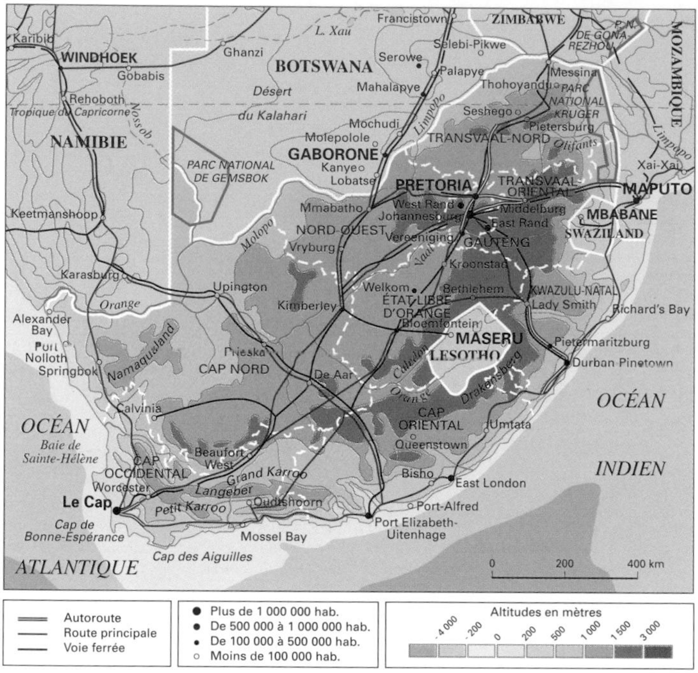

Afrique du Sud.

réclament du christianisme ou de l'islam (en expansion), avec une forte minorité animiste. Les pays africains, avec une économie dite « en développement », sont confrontés au problème du manque de capitaux, ce qui explique l'endettement, et à une forte croissance de la population. Aussi tentent-ils d'exploiter les richesses du continent — richesses pétrolifères (Algérie, Gabon, Libye...), minières (Mauritanie...), touristiques (Kenya, Tanzanie...) ou agricoles — par de vastes plantations en monocultures (arachide, cacao, fruits tropicaux...). Mais les fluctuations des cours mondiaux mettent ces économies en équilibre fragile et conduisent les pays essentiellement agricoles à un retour aux cultures vivrières. Face à ces difficultés, les pays africains ont conclu des accords économiques avec les pays industrialisés, notamment l'U.E. (→ **conventions de Lomé**). □ HISTOIRE Une série de découvertes ont fait de l'Afrique le berceau de l'humanité. Elles eurent essentiellement pour cadre la Rift Valley : vallée de l'Omo au sud de l'Éthiopie, gorge d'Olduvai* en Tanzanie, région de l'Afar en Éthiopie (*Australopithecus afarensis* dit « Lucy* »)... L'Afrique connut plusieurs grandes civilisations méditerranéennes : l'Égypte pharaonique, le rayonnement de Carthage d'abord phénicienne, la conquête romaine et l'influence de Byzance. À partir du VIIe siècle, les Arabes envahirent progressivement le continent par le nord-est, islamisant le Maghreb, le Niger puis une partie de l'Afrique noire (sauf l'Éthiopie notamment). Le développement du commerce transsaharien fut à l'origine des grands empires du Ghana, du Mali et songhaï. Au XVe s., les Portugais s'implantèrent sur le littoral atlantique : ce fut le début de la pénétration européenne et, avec elle, des transferts de population noire (esclavage) vers les Amériques. Terre de conquêtes coloniales, l'Afrique fut découpée, à la fin du XIXe s., en territoires artificiels que se partagèrent les pays européens, principalement la France (A.-É.F., A.-O.F., Maghreb, Madagascar, Djibouti [ex-Côte française des Somalis]) et la Grande-Bretagne (tous les territoires allant de l'Égypte au Cap — à l'exception de l'Afrique-Orientale allemande —, le Nigeria, le Ghana [ancienne Côte-de-l'Or], la Sierra Leone, la Somalie britannique). La Belgique annexa le Zaïre (ex-Congo-Kinshasa) ; l'Espagne, l'actuelle Guinée-Équatoriale, le rio de Oro (Sahara occidental) et le nord du Maroc ; le Portugal, l'actuelle Guinée-Bissau, l'Angola et le Mozambique ; l'Italie, la Somalie, la Libye et l'Érythrée qui, avec l'Éthiopie (annexée en 1936), formèrent jusqu'en 1945 l'Afrique-Orientale italienne. Seul le Liberia, créé en 1847, restait indépendant. Après 1918, Britanniques, Belges et Français se partagèrent les possessions allemandes (Togo, Cameroun, Afrique-Orientale allemande). Depuis 1945, les pays africains ont acquis leur indépendance, à l'exception des présides espagnols (Ceuta et Melilla), de Mayotte et de la Réunion (îles restées françaises), et tentent, avec l'O.U.A.*, de préserver l'unité politique du continent. En 1990, sous la pression populaire, plusieurs pays, jusque-là à régime de parti unique (Bénin, Cameroun, Côte-d'Ivoire, Gabon, Zambie, etc.), engagent un processus de démocratisation en instaurant, notamment, le multipartisme. L'Afrique du Sud, longtemps gouvernée par une minorité d'origine anglo-néerlandaise, a opté pour un régime multiracial en 1994. Plusieurs pays ont été ravagés par de sanglantes guerres ethniques et les pouvoirs se sont effondrés (Liberia, Somalie, Burundi, Rwanda).

la province romaine d'AFRIQUE ou **AFRICA** ▪ Province créée en 146 av. J.-C. et correspondant à la Tunisie et à la Tripolitaine actuelles. Très intégrée à la civilisation romaine, elle a donné au Bas-Empire plusieurs des grands écrivains latins : Apulée, Tertullien, saint Augustin.

l'AFRIQUE DU NORD n. f. ▪ Nom donné aux pays du Maghreb et que l'on étend parfois à la Libye.

l'AFRIQUE DU SUD n. f. ▪ État constitué de 9 provinces (Le Cap-Occidental, Le Cap-Nord, Le Cap-Oriental, État libre d'Orange, Kwazulu-Natal, Transvaal-Oriental, Nord-Transvaal, Gauteng, Nord-Ouest). 1 221 037 km^2. 36 100 000 hab. *(les Sud-Africains)*. Capitales : Pretoria (administrative), Le Cap (législative). Langues : anglais, afrikaans (officielles) ; langues bantoues (xhosa, zoulou) et khoisan. Monnaie : rand. Vaste plateau, relevé à l'est (le Drakensberg), où s'est développée une économie agropastorale, et qui tient sa richesse de son sous-sol (premier producteur mondial d'or et de diamants ; platine, amiante, chrome, cuivre, charbon). Industries chimique et alimentaire. □ HISTOIRE Après trois siècles d'implantation d'origine hollandaise (les Boers*) et de violentes guerres contre l'Angleterre, un pouvoir nationaliste blanc, celui des Afrikaners, s'est imposé aux populations noires d'Afrique australe (Bochimans, Hottentots, Zoulous puis Bantous) par des mesures ségrégationnistes, étendant son influence sur les territoires voisins (→ **Namibie**). Indépendante depuis

1910, république d'Afrique du Sud (hors du Commonwealth) depuis 1961, l'Afrique du Sud a été le seul État d'Afrique noire dirigé par une minorité blanche (15 %). Cette dernière pratiqua à l'égard d'une majorité de métis, d'Indiens et de Noirs une politique d'« apartheid » (séparation des races) civique, économique et territorial : création de dix bantoustans dont quatre (Bophuthatswana, Ciskei, Transkei et Venda) auxquels fut accordée une indépendance jamais reconnue par la communauté internationale. Dès 1989, sous la pression internationale, le gouvernement du président F. de Klerk* fit des concessions sur les droits politiques et sociaux des Noirs (légalisation des partis politiques anti-apartheid, dont l'A.N.C. et libération de son président, Nelson Mandela*). L'apartheid fut finalement aboli en 1991, et le programme de réformes du président F. de Klerk fut approuvé par la minorité blanche en 1992. Une nouvelle Constitution entra en vigueur après les élections démocratiques et multiraciales de 1994, à la suite desquelles N. Mandela devint président de la République.

AFRO- Élément (du latin *afer, afri* « africain ») qui signifie « de l'Afrique » (ex. *afro-asiatique* « de l'Afrique et de l'Asie »).

AFTER-SHAVE [aftœʀʃɛv] **n. m. invar.** ▪ anglic. Après-rasage. *Flacon d'after-shave.*

AGAÇANT, ANTE adj. ▪ Qui agace, énerve. ⇒ **énervant, irritant.**

AGACEMENT n. m. ▪ **1.** Énervement mêlé d'impatience. *Il eut un geste d'agacement.* **2.** Irritation, légère douleur.

AGACER v. tr. 3 ▪ **1.** Mettre dans un état d'agacement. ⇒ **énerver.** *Ce bruit m'agace ! Vous m'agacez avec vos bavardages.* ‣ passif et p. p. *Être agacé.* **2.** Causer une légère irritation à. *Le citron agace les dents.* **3.** Causer une légère excitation. ⇒ **agaceries.**

AGACERIES n. f. pl. ▪ Mines ou paroles inspirées par une coquetterie légèrement provocante. ⇒ **avance, minauderie.**

AGADÉ → **Akkad**

AGADIR ▪ Ville et port du Maroc, sur l'Atlantique. 136 000 hab. Elle fut reconstruite après un terrible séisme (1960). Tourisme. Pêche.

AGAMEMNON ▪ Roi légendaire de Mycènes et d'Argos, chef des Grecs pendant la guerre de Troie (→ l'**Iliade**) Fils d'Atrée (→ **Atrides**). Il sacrifie sa fille, Iphigénie*, pour obtenir la faveur des dieux et est tué par sa femme, Clytemnestre*. Oreste, son fils, le venge.

AGAPES n. f. pl. ▪ plais. Festin. *Faire des agapes.*

AGARIC n. m. ▪ Champignon à chapeau et à lamelles (nom générique).

AGATE n. f. ▪ **1.** Pierre semi-précieuse dont on fait des camées. **2.** Bille en verre marbré (imitant l'agate).

AGAVE n. m. ▪ Plante d'origine mexicaine, décorative, dont on tire des fibres textiles et un suc fermenté (⇒ **pulque**).

AGDE ▪ Commune de l'Hérault. 17 583 hab. *(les Agathois).* Anc. cathédrale construite en lave noire, fortifiée (XIIe s.). ► **le cap d'AGDE**, complexe de communes touristiques, au bord de la Méditerranée.

ÂGE n. m. ▪ **1.** Temps écoulé depuis qu'une personne est en vie. *Quel âge a-t-il ? Dix-huit mois ; trente ans. Ils ont le même âge. Une personne d'un certain âge,* qui n'est plus toute jeune. *J'ai passé l'âge de...* ♦ *L'âge,* la vieillesse. **2.** (êtres vivants) *L'âge d'un arbre.* ‣ (choses naturelles) *L'âge d'un vin. L'âge des roches.* **3.** Période de la vie : enfance, adolescence, jeunesse, maturité, vieillesse. *Chaque âge a ses plaisirs.* ‣ loc. *Enfant en bas âge,* bébé. *Âge tendre. Le bel âge,* la jeunesse. *L'âge mûr,* la maturité. *Âge avancé, grand âge. Troisième âge* (de la retraite), *quatrième âge.* ‣ *Une personne entre deux âges,* ni jeune ni vieille. **4.** Grande période de l'histoire. *Le Moyen Âge* (ou *moyen âge*). *Il faut être de son âge,* de son temps. ‣ Grande division de la préhistoire. *L'âge du bronze.* **5.** *L'ÂGE D'OR* : époque prospère, favorable. *C'était l'âge d'or du cinéma.*

ÂGÉ, ÉE adj. ▪ **1.** Qui est d'un âge avancé. *Les personnes âgées :* les vieillards. **2.** Qui a tel ou tel âge. *Le moins âgé des deux enfants. Âgé de dix ans,* qui a dix ans.

AGEN ▪ Chef-lieu du Lot-et-Garonne. 30 533 hab. *(les Agenais).* Important marché agricole. Industries alimentaires (pruneaux).

AGENCE n. f. ▪ **1.** Organisme chargé de coordonner des moyens. (en France) *Agence nationale pour l'emploi* (A.N.P.E.). **2.** Établissement commercial servant essentiellement d'intermédiaire. ⇒ **bureau.** *Agence de voyages. Agence immobilière.* **3.** Succursale bancaire. **4.** Organisme qui centralise des informations. *Agence de presse.*

AGENCEMENT n. m. ▪ Action, manière d'agencer ; arrangement résultant d'une combinaison. ⇒ **aménagement, disposition, organisation.** *L'agencement d'un appartement.* ‣ *L'agencement d'un récit.*

AGENCER v. tr. 3 ▪ Disposer en combinant (des éléments), organiser (un ensemble) par une combinaison d'éléments. ⇒ **arranger, ordonner.** ‣ au p. p. *Un appartement bien agencé.*

AGENDA [aʒɛ̃da] **n. m.** ▪ Carnet où l'on inscrit jour par jour ce que l'on doit faire, ses rendez-vous, etc. *Des agendas. Consulter son agenda.*

AGENOUILLEMENT n. m. ▪ Action de s'agenouiller.

S'AGENOUILLER v. pron. 1 ▪ Se mettre à genoux (pour prier...).

AGENT n. m. ▪ **I.** DIDACT. **1.** La personne ou l'entité qui agit (opposé au *patient* qui subit l'action). *Complément d'agent,* complément d'un verbe passif, introduit par *par* ou *de,* désignant l'auteur de l'action. **2.** Force, corps, substance intervenant dans la production de phénomènes. ⇒ **cause, facteur, principe.** *Les agents atmosphériques.* **II. 1.** Personne chargée des affaires et des intérêts d'un individu, d'un groupe ou d'un pays, pour le compte desquels elle agit. ⇒ **émissaire, représentant.** ‣ *Agent secret.* ⇒ **espion. 2.** Personne employée par un service public ou une entreprise privée, servant d'intermédiaire entre la direction et les usagers. ⇒ **commis, courtier, employé, gérant, mandataire.** *Agents de change, d'assurances. Agent de liaison, de transmission.* **3.** *AGENT DE POLICE,* ou ellipt, *AGENT.* ⇒ **gardien** de la paix ; FAM. **flic.** *Deux agents l'ont emmené au commissariat.*

AGGLOMÉRAT n. m. ▪ Ensemble naturel d'éléments agglomérés. ⇒ **agrégat, conglomérat.**

AGGLOMÉRATION n. f. ▪ **1.** Action d'agglomérer (diverses matières) à l'aide d'un liant. **2.** Union, association intime (d'individus). ♦ Amas, entassement (d'objets). **3.** Concentration d'habitations, ville ou village. *Une grande agglomération. L'agglomération bruxelloise.*

AGGLOMÉRÉ n. m. ▪ Matériau obtenu par un mélange de matières diverses agglomérées (particules de bois, par exemple). *Panneau d'aggloméré.*

AGGLOMÉRER v. tr. 6 ▪ Unir en un tout, en un bloc cohérent (par exemple, des matières à l'état de fragments ou de poudre ⇒ **agglutiner**). ‣ au p. p. *Éléments, matériaux agglomérés.* ⇒ **agglomérat, aggloméré.**

AGGLUTINANT, ANTE adj. ▪ **1.** Propre à agglutiner, à recoller. *Substances agglutinantes.* ⇒ **adhésif. 2.** *Langues agglutinantes,* où des affixes s'ajoutent aux bases, exprimant les rapports grammaticaux.

AGGLUTINATION n. f. ▪ Action d'agglutiner, fait de s'agglutiner.

AGGLUTINER v. tr. 1 ▪ Coller ensemble, réunir de manière à former une masse compacte. ⇒ **agglomérer.** ‣ pronom. *Les passants s'agglutinaient devant la vitrine.* ‣ au p. p. *Particules agglutinées.*

AGGRAVANT, ANTE adj. ▪ Qui rend plus grave. *Circonstance aggravante* (opposé à *atténuant*).

AGGRAVATION n. f. ▪ Fait de s'aggraver, d'empirer. *L'aggravation du mal.* ⇒ **recrudescence, redoublement.** *L'aggravation d'un conflit.* ♦ DR. Augmentation de peine.

AGGRAVER v. tr. 1 ▪ **1.** Rendre plus grave, plus condamnable. *N'aggrave pas ton cas.* **2.** Rendre plus douloureux, plus dangereux. *Aggraver un mal, des souffrances.* ‣ pronom. *L'état du malade s'est aggravé.* ⇒ **empirer. 3.** Rendre plus violent, plus profond. ⇒ **redoubler.** *Ces mesures ont aggravé le mécontentement.*

AGILE adj. ▪ **1.** Qui a de la facilité et de la rapidité dans l'exécution de ses mouvements. ⇒ **leste, vif.** *Les doigts agiles du pianiste.* **2.** fig. Prompt dans les opérations intellectuelles. *Un esprit agile.* ⇒ **vif.** ► **adv.** AGILEMENT

AGILITÉ n. f. ▪ Qualité de ce qui est agile. ⇒ **souplesse, vivacité.** ♦ fig. *Grimper avec agilité.*

AGIO n. m. ▪ Intérêt, commission.

AGIOTEUR n. m. ▪ Spéculateur qui manœuvre pour faire varier les cours de la Bourse.

AGIR v. intr. 2 ▪ **1.** Faire qqch., avoir une activité qui transforme plus ou moins ce qui est. *C'est le moment d'agir.* **2.** Se comporter dans l'action de telle ou telle manière. *Agir à la légère. Il a bien, mal agi envers eux. Agir au nom de qqn* (⇒ **agent**). **3.** (choses) Produire un effet sensible, exercer une action, une influence réelle. ⇒ **influer, opérer.** *Le remède n'agit plus.* **4.** trans. LITTÉR. (passif) *Être agi :* subir des influences qui dictent le comportement. ► **S'AGIR** v. pron. impers. *IL S'AGIT DE* **1.** Marquant ce qui (telle chose) est en question, en cause, ce qui (tel sujet) est traité, intéresse. ⇒ il est **question.** *C'est de vous qu'il s'agit. Il ne s'agit pas de ça* (→ la question, le problème n'est pas là). *S'agissant de :* à propos de. - *Quand il s'agit de se mettre à table, il est toujours le premier.* **2.** *Il s'agit de* (+ inf.) : le point important, ce qui importe (à un moment donné) est de. *Il s'agit maintenant d'être sérieux. Il ne s'agit plus de discourir, il faut agir.*

AGISSANT, ANTE adj. ▪ LITTÉR. Qui agit effectivement, se manifeste par des effets tangibles. ⇒ **actif, effectif, efficace.**

AGISSEMENTS n. m. pl. ▪ péj. Suite de procédés et de manœuvres. ⇒ **machination, manœuvre, menées.**

AGITATEUR, TRICE ▪ **1.** n. Personne qui crée ou entretient l'agitation politique ou sociale. ⇒ **factieux, meneur. 2.** n. m. TECHN. Ce qui sert à agiter, remuer (un liquide, une substance).

AGITATION n. f. ▪ **1.** État de ce qui est agité. *L'agitation de la rue.* ⇒ **animation, grouillement, remue-ménage. 2.** État d'une personne en proie à des émotions et à des impulsions et qui ne peut rester en repos. ⇒ **fièvre, nervosité.** *Être dans un état d'agitation indescriptible.* **3.** Mécontentement politique ou social. *L'agitation sociale, paysanne.* ⇒ **manifestation, trouble.**

AGITÉ, ÉE adj. ▪ En proie à une agitation ; troublé. ⇒ **agiter.** *Une mer agitée.* ⇒ **houleux.** *Une vie agitée.* ⇒ **mouvementé.** - *Les esprits étaient agités,* en effervescence. ♦ n. *Un, une agité(e).*

AGITER v. tr. 1 ▪ **1.** Remuer vivement en divers sens, en déterminant des mouvements irréguliers. *Agiter son mouchoir en signe d'adieu.* **2.** Remuer pour mélanger un liquide. *Agiter avant de s'en servir* (indication sur un flacon, etc.). **3.** Troubler (qqn) en déterminant un état d'agitation. ⇒ **émouvoir, inquiéter. 4.** Examiner et débattre (à plusieurs). ⇒ **discuter.** ► **S'AGITER** v. pron. Se mouvoir, aller et venir en tous sens. ⇒ se **démener.** ♦ Agir avec excitation.

AGNEAU, AGNELLE n. ▪ **1.** Petit de la brebis (⇒ **mouton**). *Des agneaux.* - *Doux comme un agneau,* d'un caractère doux et pacifique. **2.** Viande d'agneau. *Côtelettes d'agneau.* **3.** Fourrure d'agneau. *Manteau d'agneau.* **4.** RELIG. *L'agneau de Dieu :* Jésus-Christ. ⇒ **Agnus Dei.**

Samuel Joseph AGNON (1888 - 1970) ▪ Écrivain israélien d'origine polonaise. Très attaché aux thèmes essentiels du judaïsme et à la création d'Israël. *"Au cœur des mers"* (1935). Prix Nobel de littérature 1966.

AGNOSIE [agn-] n. f. ▪ MÉD. Trouble de la reconnaissance des objets.

AGNOSTIQUE [agn-] n. ▪ Personne qui professe que ce qui n'est pas expérimental, que l'absolu, est inconnaissable ; sceptique en matière de métaphysique et de religion. ► n. m. AGNOSTICISME

AGNUS DEI [aɲysdei ; agnys-] n. m. invar. ▪ Prière de la messe, commençant par ces mots.

-AGOGUE, -AGOGIE Éléments savants, du grec *agôgos* « qui conduit ».

AGONIE n. f. ▪ **1.** VX Angoisse morale. **2.** Moments, heures précédant immédiatement la mort. *Une agonie douloureuse, paisible. Être à l'agonie.* **3.** LITTÉR. Déclin précédant la fin. *L'agonie d'un règne.*

AGONIR v. tr. 2 ▪ Injurier, insulter. *Elle s'est fait agonir d'injures.* ≠ *agoniser.*

AGONISANT, ANTE adj. ▪ Qui agonise. ♦ n. Moribond. *La prière des agonisants.*

AGONISER v. intr. 1 ▪ **1.** (personnes) Être à l'agonie. ⇒ s'**éteindre. 2.** (choses) Être près de sa fin. ⇒ **décliner,** s'**effondrer.**

AGORA n. f. ▪ Grande place publique (dans la Grèce antique).

AGORAPHOBIE n. f. ▪ Phobie des espaces libres et des lieux publics.

la comtesse Marie d'AGOULT (1805 - 1876) ▪ Écrivain français, sous le pseudonyme de **Daniel Stern.** Elle fut la compagne de Liszt. *"Lettres républicaines"* (1848).

AGRA ▪ Ville du nord de l'Inde (Uttar Pradesh). 955 700 hab. Capitale de l'empire des Moghols au XVIIᵉ s. Le Tāj Mahal en fait un centre touristique d'importance mondiale.

Agra. Le palais du fort Rouge.
Phot. © Naegelen/Explorer

AGRAFE n. f. ▪ **1.** Attache formée d'un crochet qu'on passe dans une boucle. **2.** Fil ou lamelle métallique recourbé(e) servant notamment à assembler des papiers. **3.** CHIR. Petite lame servant à fermer une plaie ou une incision. **4.** TECHN. Pièce métallique (crampon, etc.) qui retient.

AGRAFER v. tr. 1 ▪ **1.** Attacher avec des agrafes ; assembler, fixer en posant des agrafes. *Agrafer un collier, un soutien-gorge.* **2.** FAM. Prendre au collet, arrêter. *Il s'est fait agrafer par les flics.*

AGRAFEUSE n. f. ▪ Instrument servant à agrafer (des feuilles de papier, etc.).

AGRAIRE adj. ▪ Qui concerne la surface, le partage, la propriété des terres. *Réforme agraire.*

AGRANDIR v. tr. 2 ▪ **1.** Rendre plus grand, plus spacieux, en augmentant les dimensions. ⇒ **allonger, élargir, étendre, grossir.** *Agrandir une ouverture.* - *Agrandir une photographie.* ♦ fig. *Agrandir son savoir.* **2.** Faire paraître plus grand. *Ce miroir agrandit la pièce.* **3.** Rendre plus important, plus considérable. ⇒ **développer.** *Agrandir son entreprise.* ► **S'AGRANDIR** v. pron. Devenir plus grand ; étendre son domaine. - fig. Se développer, intellectuellement ou moralement.

AGRANDISSEMENT n. m. ▪ **1.** Action d'agrandir, fait de s'agrandir. ⇒ **élargissement, extension.** ♦ fig. Augmentation d'importance. **2.** Opération photographique consistant à tirer d'un cliché une épreuve agrandie (à l'aide d'un *agrandisseur* n. m.). - La photo ainsi obtenue. *Un bel agrandissement.*

AGRÉABLE adj. ▪ **1.** Qui fait plaisir (à qqn), qui agrée*. *Il me serait agréable de vous rencontrer.* **2.** Qui procure un sentiment de plaisir. *Une maison très agréable. Un séjour agréable. Une musique agréable à entendre. C'est agréable de ne rien faire.* - (personnes) *Ce sont des gens agréables.* ⇒ **charmant, gentil, sympathique.** ♦ n. m. *Joindre l'utile à l'agréable.*

AGRÉABLEMENT adv. ▪ D'une manière agréable. *J'en ai été agréablement surpris.*

AGRÉER v. tr. 1 ▪ **1.** v. tr. ind. LITTÉR. *AGRÉER À qqn,* être au gré de. ⇒ **convenir, plaire.** *Si cela vous agrée.* **2.** v. tr. dir. Accueillir avec faveur (qqch.). *Faire agréer une demande. Veuillez agréer mes salutations distinguées.* **3.** Admettre (qqn) en donnant son agrément. ► **AGRÉÉ, ÉE** adj. *Fournisseur agréé.*

AGRÉGAT n. m. ▪ Assemblage hétérogène de substances ou éléments qui adhèrent solidement entre eux. ⇒ **agglomérat.** *Les roches sont des agrégats de minéraux.*

AGRÉGATIF, IVE n. ▪ Étudiant(e) préparant l'agrégation.

AGRÉGATION n. f. ▪ **1.** RARE Fait d'agréger ; son résultat. ⇒ **agrégat. 2.** Admission sur concours au titre d'agrégé ; ce concours, ce titre. ◇ abrév. FAM. AGRÉG ou AGRÈG.

AGRÉGÉ, ÉE n. ▪ Personne déclarée apte, après avoir passé l'agrégation (2), à être titulaire d'un poste de professeur de lycée ou de certaines facultés. *Une agrégée de grammaire.* - adj. *Un professeur agrégé.*

AGRÉGER v. tr. ③ et ⑥ ▪ **1.** surtout pronom. et p. p. Unir en un tout (des particules solides). **2.** Adjoindre, rattacher (qqn à une compagnie, une société). ⇒ **admettre, incorporer.** pronom. *S'agréger à un parti.*

AGRÉMENT n. m. ▪ **I.** Permission, approbation (d'une personne qui agrée (2)). ⇒ **consentement.** *Sous-louer avec l'agrément du propriétaire. Soumettre une décision à l'agrément de qqn.* **II. 1.** Qualité d'une chose, d'un être, qui les rend agréables. ⇒ **attrait, charme, grâce.** *L'agrément d'un appartement. Les agréments de la vie, du voyage.* ⇒ **plaisir. 2.** dans certaines expr. Plaisir. *Jardin d'agrément* (opposé à *potager*). *Voyage d'agrément* (opposé à *d'affaires*).

AGRÉMENTER v. tr. ① ▪ Améliorer en donnant de l'agrément, par l'addition d'ornements ou d'éléments de variété. ⇒ **orner.** *Agrémenter un exposé de petites anecdotes.*

AGRÈS n. m. pl. ▪ **1.** MAR. VIEILLI Éléments du gréement (d'un navire). **2.** Appareils utilisés en gymnastique (barre fixe, barres parallèles, anneaux, corde, poutre, trapèze, etc.), en acrobatie. *Exercices aux agrès.*

AGRESSER v. tr. ① ▪ Commettre une agression sur. ⇒ **assaillir.** *Deux individus l'ont agressé.* - (Agression morale) passif et p. p. *Elle s'est sentie agressée.*

AGRESSEUR n. m. ▪ **1.** Personne, groupe qui attaque le premier. *On ne sait, dans ce conflit, qui a été l'agresseur.* **2.** Personne qui commet une agression sur qqn. *Son agresseur était une femme.*

AGRESSIF, IVE adj. ▪ **1.** Qui a tendance à attaquer (surtout en paroles). *Un garçon agressif.* n. *C'est un agressif.* - *Attitude agressive.* ⇒ **menaçant.** ♦ par ext. *Un vendeur agressif* : combatif. **2.** Qui agresse la sensibilité. *Une couleur agressive.* ⇒ **violent.** ► adv. AGRESSIVEMENT

AGRESSION n. f. ▪ **1.** Attaque armée d'un État contre un autre, non justifiée par la légitime défense. *L'agression hitlérienne contre la Pologne.* **2.** Attaque violente contre une personne. *Agression nocturne. Être victime d'une agression.* **3.** Attaque morale contre qqn. **4.** Attaque des fonctions physiques ou mentales par un agent externe. *Agression microbienne.*

AGRESSIVITÉ n. f. ▪ Caractère agressif (d'un être vivant).

AGRESTE adj. ▪ LITTÉR. Champêtre. *Un site agreste.*

Cnaeus Julius AGRICOLA (40 - 93) ▪ Général romain. Il accomplit la première circumnavigation de la Grande-Bretagne. Tacite écrivit son éloge *("Vie d'Agricola")*.

Mikael AGRICOLA (v. 1510 - 1557) ▪ Introducteur de la Réforme en Finlande et éditeur du premier livre en finnois.

AGRICOLE adj. ▪ **1.** (pays, peuple) Qui se livre à l'agriculture. *La Chine est un pays agricole. Exploitation agricole.* **2.** Relatif, propre à l'agriculture. ⇒ **rural.** *Ouvrier agricole. Travaux agricoles.* - *Industries agricoles.* ⇒ **agroalimentaire.**

AGRICULTEUR, TRICE n. ▪ Personne exerçant une des activités de l'agriculture. ⇒ **cultivateur ; éleveur, fermier, paysan, planteur.**

AGRICULTURE n. f. ▪ Culture du sol ; ensemble des travaux transformant le milieu naturel pour la production des végétaux et des animaux utiles à l'homme. ⇒ **culture, élevage.**

AGRIGENTE en italien ***AGRIGENTO*** ▪ Ville d'Italie, en Sicile. 56 372 hab. Principale colonie grecque de Sicile après Syracuse : temples doriques des VIe et Ve s. av. J.-C.

Agrigente. Le temple de la Concorde.
Phot. © Charles Lénars

Marcus Vipsanius AGRIPPA (v. 63 - 12 av. J.-C.) ▪ Général romain et proche conseiller d'Auguste, il rénova Rome et fit construire notamment le Panthéon, et en Gaule, dont il fut l'administrateur, le pont du Gard.

AGRIPPER v. tr. ① ▪ Saisir en serrant (pour s'accrocher). *Agripper la rampe. Agripper qqn par la main.* - pronom. S'accrocher en serrant les doigts. *S'agripper à qqch., à qqn.* ► n. m. AGRIPPEMENT

AGRIPPINE L'AÎNÉE (v. 14 av. J.-C. - 33) ▪ Princesse romaine, fille d'Agrippa et épouse de Germanicus. ► **AGRIPPINE LA JEUNE** (16 - 59), sa fille, sœur de Caligula, mère de Néron, qu'elle imposa comme successeur à son second époux, l'empereur Claude, au détriment de Britannicus. Néron la fit assassiner.

AGRO- Élément savant (du grec *agros* « champ ») qui signifie « de l'agriculture » (ex. *agrobiologie*).

AGROALIMENTAIRE adj. ▪ Relatif à la transformation par l'industrie des produits agricoles destinés à l'alimentation. *Produits agroalimentaires.* - n. m. *L'agroalimentaire* : cette industrie. ◇ var. AGRO-ALIMENTAIRE.

AGRONOME n. ▪ Spécialiste en agronomie. *Ingénieur agronome.*

AGRONOMIE n. f. ▪ Étude scientifique des problèmes (physiques, chimiques, biologiques) que pose la pratique de l'agriculture. ► adj. AGRONOMIQUE

AGRUMES n. m. pl. ▪ Nom collectif des oranges, citrons, mandarines, pamplemousses (fruits du genre *Citrus*).

AGUASCALIENTES ▪ Ville du Mexique. 506 000 hab.

AGUERRIR v. tr. ② ▪ **1.** Habituer aux dangers de la guerre. *Aguerrir des troupes.* - au p. p. *Des troupes aguerries.* **2.** Habituer à des choses pénibles, difficiles. ⇒ **endurcir.** - pronom. *Il s'est aguerri au froid.*

le chancelier Henri François d'AGUESSEAU (1668 - 1751) ▪ Juriste et écrivain français, il contribua, par ses grandes ordonnances, à codifier et à unifier la législation.

AUX **AGUETS** loc. adv. ▪ En position de guetteur, d'observateur en éveil et sur ses gardes. ⇒ à l'**affût**, aux **écoutes.** *Être, rester aux aguets.*

AGUICHANT, ANTE adj. ▪ Qui aguiche. ⇒ **provocant.**

AGUICHER v. tr. ① ▪ (sujet le plus souvent féminin) Exciter, attirer par des manières provocantes. ► adj. et n. AGUICHEUR, EUSE

Emilio AGUINALDO (1869 - 1964) ▪ Homme politique philippin. Il organisa la révolte contre les Espagnols (1896) et devint le héros de l'indépendance des Philippines.

***AH** interj. ▪ **1.** Marque un sentiment vif (plaisir, douleur, admiration, impatience, etc.). ♦ Interjection d'insistance, de renforcement. **2.** Sert à transcrire le rire. *Ah ! Ah ! Elle est bien bonne !* ⇒ **hi. 3.** (en loc. exclam.) *Ah bon !*, très bien, je comprends. *Ah ! mais !*, je vais me fâcher. *Ah oui ?*, vraiment ? *Ah non alors !*, certainement pas.

AHAN n. m. ▪ VX Effort pénible, souffrance. *Faire qqch. d'ahan, à grand ahan.*

AHANER v. intr. ① ▪ Peiner ; spécialt respirer bruyamment sous l'effort.

Ahmadou AHIDJO (1924 - 1989) ▪ Président de la République du Cameroun de 1960 à 1982.

AHMEDABAD ou **AHMADABAD** ▪ Ville de l'Inde (Gujarat). 3 200 000 hab. Industries.

Juhani AHO (1861 - 1921) ▪ Écrivain finnois d'inspiration réaliste. *"Copeaux"* (1891-1921), huit volumes de courtes proses.

AHURI, IE ▪ **1.** adj. Surpris au point de paraître stupide. *Rester ahuri.* - *Un air ahuri.* ⇒ **stupéfait. 2.** n. ⇒ **abruti.**

AHURIR v. tr. ② ▪ Déconcerter complètement en étonnant ou en faisant perdre la tête. - *Être ahuri par...* ⇒ **ahuri.** ► n. m. AHURISSEMENT

AHURISSANT, ANTE adj. ▪ **1.** Qui ahurit. ⇒ **étonnant, stupéfiant.** *Une nouvelle ahurissante.* **2.** Scandaleux, excessif. *Il a un culot ahurissant.*

AHWAZ ▪ Ville du sud de l'Iran (Khouzistan). 578 826 hab. Centre industriel.

AÏ n. m. ▪ Mammifère des forêts d'Amérique du Sud (appelé communément *paresseux*).

AÏCHA (v. 614 - 678) ▪ Épouse favorite de Mahomet. Elle s'opposa à Ali lorsqu'il fut choisi comme calife.

① **AIDE** n. f. ▪ **1.** Action d'intervenir en faveur d'une personne en joignant ses efforts aux siens. ⇒ **appui, assistance, collaboration, concours, coopération, secours, soutien.** *J'ai besoin de votre aide. Faire qqch. avec l'aide de qqn. Venir en aide à qqn. Demander, recevoir de l'aide.* ➝ *À l'aide !*, au secours ! **2.** Secours financier (à des personnes sans ressources, des pays, etc.). *Aide sociale. Aide au développement.* **3.** *À L'AIDE DE* loc. prép. : en se servant de, au moyen de. *Marcher à l'aide d'une canne.* ⇒ **avec.**

② **AIDE** n. ▪ Personne qui en aide une autre dans une opération et travaille sous ses ordres. ⇒ **adjoint, assistant, auxiliaire, second.** *Un, une aide de laboratoire.* ➝ devant un nom (appos.) *Aide-ménagère. Aide-comptable. Aide-soignante,* qui donne des soins aux malades. ➝ anciennt *Aide de camp,* officier d'ordonnance.

AIDE-MÉMOIRE n. m. invar. ▪ Abrégé destiné à soulager la mémoire et ne présentant que l'essentiel des connaissances à assimiler.

AIDER v. tr. 1 ▪ **1.** v. tr. dir. Appuyer (qqn) en apportant son aide. ⇒ **assister, seconder, secourir, soulager, soutenir.** *Aider qqn à se relever. Sa femme l'a aidé dans ses travaux.* ➝ (sujet chose) *Cela m'a beaucoup aidé.* ⇒ **servir.** *Le temps aidant,* le temps y contribuant. ♦ spécialt *Aider qqn financièrement,* lui donner, lui prêter de l'argent. **2.** v. tr. ind. *AIDER À* (qqch.). Faciliter ; contribuer à. *Ces mesures pourront aider au rétablissement de l'économie.* ⇒ **contribuer.** ► **S'AIDER** v. pron. **1.** réfl. *S'aider.* prov. *Aide-toi, le ciel t'aidera.* ♦ *S'aider de :* se servir de (qqch.). *S'aider d'un dictionnaire pour traduire un texte.* **2.** récipr. S'entraider.

AÏE [aj] interj. ▪ Exclamation exprimant la douleur. ⇒ **ouille.**

AÏEUL, AÏEULE n. ▪ **1.** (plur. *aïeuls, aïeules*) VX Grand-père, grand-mère. **2.** (plur. *aïeux*) LITTÉR. Ancêtres (→ bisaïeul, trisaïeul). ➝ FAM. *Mes aïeux !,* s'emploie pour souligner l'importance de qqch., pour insister.

AIGLE ▪ **I.** n. m. **1.** Grand oiseau de proie diurne, au bec crochu, aux serres puissantes. *Nid d'aigle.* ⇒ ② **aire.** ➝ *Des yeux d'aigle,* très perçants. *Nez en bec d'aigle :* aquilin*. **2.** FAM. *Ce n'est pas un aigle,* il, elle n'est pas très intelligent(e). **II.** n. f. **1.** Femelle de l'aigle. *Une aigle et ses aiglons.* **2.** Figure héraldique. *L'aigle à deux têtes,* emblème de l'Empire austro-hongrois.

aigle. *Aquila chrysaetos,* aigle royal, femelle en vol. *Phot. © Varin/Jacana*

L'AIGLE ▪ Commune de l'Orne. 9 466 hab. Église (XIIe-XVIe siècles), restes d'un château du XVIIe siècle.

AIGLEFIN n. m. ⇒ ÉGLEFIN

AIGLON n. m. ▪ Petit de l'aigle.

L'AIGLON n. m. ▪ Surnom donné au fils de Napoléon Ier.

le mont AIGOUAL ▪ Point culminant des Cévennes : 1 567 m. Observatoire de la Météorologie nationale.

AIGRE adj. ▪ **1.** Qui est d'une acidité désagréable au goût ou à l'odorat. ⇒ **acide.** *Saveur, odeur aigre. Vin aigre* (⇒ **vinaigre**). ♦ *Vent aigre,* froid et piquant. ♦ *Une voix aigre,* criarde, perçante. **2.** Plein d'aigreur (II). ⇒ **acerbe, mordant.** *Des paroles un peu aigres.* ➝ n. m. *La discussion tourne à l'aigre,* s'envenime, dégénère en propos blessants.

AIGRE-DOUX, DOUCE adj. ▪ **1.** Dont la saveur est à la fois acide et sucrée. *Porc à la sauce aigre-douce.* **2.** Où l'aigreur perce sous la douceur. *Un échange de propos aigres-doux.*

AIGREFIN n. m. ▪ Homme qui vit d'escroqueries, de procédés indélicats. ⇒ **escroc, filou.**

AIGRELET, ETTE adj. ▪ Légèrement aigre. *Un petit vin blanc aigrelet.* ♦ fig. *Des propos aigrelets.*

AIGREMENT adv. ▪ Avec aigreur.

AIGRETTE n. f. ▪ **1.** Héron blanc, remarquable par ses plumes effilées. **2.** Faisceau de plumes surmontant la tête de certains oiseaux. *L'aigrette du paon.* **3.** Bouquet (de plumes, etc.) ; faisceau.

aigrette. *Egretia garzettia,* plumage nuptial. *Phot. © Le Moigne/Jacana*

AIGREUR n. f. ▪ **I. 1.** Saveur aigre. ⇒ **acidité. 2.** au plur. *DES AIGREURS :* sensation d'acidité. *Avoir des aigreurs (d'estomac).* **II.** Mauvaise humeur se traduisant par des remarques désobligeantes ou fielleuses. ⇒ **acrimonie, amertume, animosité.** *Répliquer avec aigreur.*

AIGRIR v. 2 ▪ **I.** v. tr. **1.** Rendre aigre. ➝ pronom. *S'aigrir :* devenir aigre. *Le vin s'aigrit à l'air.* **2.** Remplir d'aigreur. *Les échecs l'ont aigri.* ➝ *Il s'est aigri.* ➝ *Il est aigri.* **II.** v. intr. Devenir aigre. *Le lait aigrit facilement.*

AIGUADE n. f. ▪ anciennt Approvisionnement en eau douce (d'un navire).

AIGUE-MARINE n. f. ▪ Pierre semi-précieuse, transparente et bleue. *Des aigues-marines.*

AIGUES-MORTES ▪ Commune du Gard entourée de remparts. 4 999 hab. *(les Aigues-Mortais).* Production de sel. Ancien port, aujourd'hui dans les terres, d'où Saint Louis (Louis IX) s'embarqua pour la septième croisade (1248).

Aigues-Mortes. Vue aérienne. *Phot. © Jourdan/Explorer*

AIGUIÈRE n. f. ▪ Ancien vase à eau, muni d'une anse et d'un bec.

AIGUILLAGE [-gɥi-] n. m. ▪ **1.** Manœuvre des aiguilles (5) des voies ferrées. *Poste d'aiguillage.* **2.** Appareil permettant les changements de voie. **3.** fig. Orientation d'une voie qu'on suit. *Une erreur d'aiguillage :* erreur de jugement, d'orientation, etc.

AIGUILLE [egɥij] n. f. ▪ **1.** Fine tige d'acier pointue à une extrémité et percée à l'autre d'un trou (⇒ **chas**) où passe le fil. *Enfiler une aiguille. Aiguille à coudre, à repriser. Tirer l'aiguille :* coudre. ➝ loc. *Chercher une aiguille dans une botte de foin,* une chose impossible à trouver. *De fil* en aiguille.* **2.** *Aiguille à tricoter :* tige pour faire du tricot. **3.** MÉD. Tige effilée servant aux injections, piqûres, sutures, à l'acupuncture... **4.** Tige terminée en pointe qui sert à indiquer une mesure, etc. *Les aiguilles d'une pendule. Aiguille aimantée* (d'une boussole*). anciennt *Aiguille de phono.* **5.** Portion de rail mobile servant à opérer les changements de voie. ⇒ **aiguillage ; aiguiller.** 6. Sommet effilé d'une montagne. ⇒ **dent, pic.** *L'aiguille Verte du massif du Mont-Blanc.* 7. Feuille des conifères. *Aiguilles de pin.* 8. appos. *Talon* aiguille.*

AIGUILLER [-gɥi-] v. tr. 1 ▪ 1. Diriger (un train) d'une voie sur une autre par un système d'aiguillage. 2. fig. Diriger, orienter. *Aiguiller un jeune vers une profession.*

AIGUILLETTE [-gɥi-] n. f. ▪ 1. Cordon à bout de métal, pour attacher. - loc. VX *Nouer l'aiguillette* (des culottes) : rendre impuissant. ♦ Ornement militaire fait de cordons tressés. 2. Tranche de filet (de canard). ♦ Partie du romsteck.

AIGUILLEUR [-gɥi-] n. m. ▪ Agent chargé du service et de l'entretien d'un poste d'aiguillage. - *Aiguilleur du ciel* : contrôleur de la navigation aérienne.

AIGUILLON [-gɥi-] n. m. ▪ 1. Long bâton muni d'une pointe de métal, pour piquer les bœufs. 2. Dard à venin de certains insectes. *Aiguillon de la guêpe.* ⇒ **dard.** 3. fig. Stimulant. *L'ambition est le principal aiguillon de ses activités.*

le duc d'AIGUILLON (1720-1788) ▪ Ministre de Louis XV. Chargé des Affaires étrangères, il ne put éviter le partage de la Pologne (1772).

AIGUILLONNER [-gɥi-] v. tr. 1 ▪ 1. Piquer (un animal). 2. fig. Stimuler. *Aiguillonner qqn pour le faire agir.*

AIGUISER v. tr. 1 ▪ 1. Rendre tranchant ou pointu. ⇒ **affiler, affûter.** *Aiguiser un couteau.* 2. Rendre plus vif, plus pénétrant. *Aiguiser l'appétit.* 3. LITTÉR. Affiner, polir. *Aiguiser son style, ses phrases.* ► AIGUISAGE n. m. (sens 1) ► AIGUISEMENT n. m. (sens 1, 2 et 3).

AIGU, UË [egy] adj. ▪ 1. Terminé en pointe ou en tranchant. ⇒ **acéré, coupant, pointu.** *Oiseau au bec aigu.* - *Angle aigu,* plus petit que l'angle droit (opposé à *obtus*). 2. D'une fréquence élevée, en haut de l'échelle des sons (opposé à *grave*). *Une note aiguë. Des voix aiguës.* ⇒ **perçant.** - n. m. *L'aigu.* 3. *Douleur aiguë,* intense et pénétrante. ⇒ **vif, violent.** 4. *Maladie aiguë,* à apparition brusque et évolution rapide (opposé à *chronique*). 5. Vif et pénétrant, dans le domaine de l'esprit. ⇒ **incisif, perçant, subtil.** *Une intelligence aiguë. Il a un sens aigu des réalités.*

AÏKIDO n. m. ▪ Art martial où l'on neutralise la force adverse par des mouvements de rotation du corps, et l'utilisation de clés aux articulations.

AIL n. m. [aj] ▪ Plante dont le bulbe (tête) à odeur forte et saveur piquante est utilisé comme condiment. *Gousse d'ail. Mettre de l'ail dans un gigot.* ⇒ **ailler.** *Des aulx, des ails.*

AILE n. f. ▪ I. 1. Chacun des organes du vol chez les oiseaux, les chauves-souris, les insectes. *L'oiseau bat des ailes.* - loc. *Avoir des ailes,* courir très vite. *Avoir du plomb dans l'aile* : être compromis (choses). *Battre de l'aile,* ne pas bien marcher (choses abstraites). *Voler de ses propres ailes,* être indépendant. - *À tire* d'aile.* ♦ fig. POÉT. *Les ailes du vent, du temps* (vitesse) ; *l'aile de la nuit.* 2. Partie charnue d'une volaille comprenant tout le membre qui porte l'aile. *L'aile ou la cuisse ?* 3. Chacun des plans de sustentation (d'un avion). ♦ *Aile libre, aile delta.* ⇒ **deltaplane.** ♦ fig. *Les ailes françaises.* ⇒ **aviation.** 4. Chacun des châssis garnis de toile d'un moulin à vent. II. 1. Partie latérale (côté) d'un bâtiment. *L'aile droite du château.* 2. Partie latérale d'une armée en ordre de bataille. ⇒ **flanc.** - Gauche et droite de l'attaque d'une équipe (opposé à *centre*). 3. Partie de la carrosserie enveloppant les roues d'une automobile. 4. *Ailes du nez* : moitiés inférieures des faces latérales du nez.

AILÉ, ÉE adj. ▪ Pourvu d'ailes. *Insectes ailés.* - *Pégase, le cheval ailé.*

AILERON n. m. ▪ 1. Extrémité de l'aile (d'un oiseau). 2. *Ailerons de requin,* ses nageoires. 3. Volet articulé placé à l'arrière de l'aile d'un avion.

AILETTE n. f. ▪ 1. VX Petite aile. 2. Lame métallique (pour stabiliser, augmenter la surface d'un dispositif).

AILIER n. m. ▪ football Chacun des deux avants situés à l'extrême droite et à l'extrême gauche du terrain.

AILLER v. tr. 1 ▪ Piquer d'ail (un gigot), frotter d'ail (du pain). - au p. p. *Croûton aillé.*

AILLEURS adv. ▪ 1. Dans un autre lieu (que celui où l'on est ou dont on parle). *Allons ailleurs, nous sommes mal ici. Nulle part ailleurs,* en aucun autre endroit. *Des gens, des produits venus d'ailleurs,* d'un endroit lointain. 2. loc. adv. D'AILLEURS. ⇒ d'autre **part,** du **reste.** *Un très bon film, d'ailleurs plusieurs fois primé.* - PAR AILLEURS : à un autre point de vue. *Je la trouve jolie ; elle m'est par ailleurs indifférente.* 3. *Être ailleurs* : penser à autre chose, être distrait. ⇒ **absent.**

AILLOLI n. m. ▪ Mayonnaise à l'ail.

AIMABLE adj. ▪ 1. VX Digne d'être aimé. 2. Qui cherche à faire plaisir (par la parole, le sourire). ⇒ **affable, gentil, sociable.** *Je vous remercie, vous êtes très aimable.* - loc. *Aimable comme une porte de prison*.* - *Un mot aimable.*

AIMABLEMENT adv. ▪ Avec amabilité.

① **AIMANT, ANTE** adj. ▪ Naturellement porté à aimer. ⇒ **affectueux, tendre.** *Une personne aimante.*

② **AIMANT** n. m. ▪ Corps ou substance qui a reçu la propriété d'attirer le fer.

AIMANTATION n. f. ▪ Action d'aimanter ; état de ce qui est aimanté.

AIMANTER v. tr. 1 ▪ Communiquer à un métal la propriété de l'aimant. ⇒ **magnétiser.** - au p. p. *Aiguille aimantée de la boussole.*

AIMER v. tr. 1 ▪ I. 1. Avoir un sentiment passionné qui pousse à respecter, à vouloir le bien de (qqn, une entité). *Aimer Dieu. Aimer sa patrie, son pays.* 2. Éprouver de l'affection, de l'amitié*, de la sympathie pour (qqn). *Aimer ses parents, son frère. Il n'aime pas ses collègues.* - (avec un adv., pour distinguer du sens 3) *Un ami que j'aime beaucoup. Je l'aime bien.* 3. Éprouver de l'amour*, de la passion pour (qqn). *Elle a aimé deux hommes dans sa vie.* ♦ passif *Être aimé.* - au p. p. *L'être aimé.* II. 1. Avoir du goût pour (qqch.). ⇒ **goûter,** s'**intéresser** à. *Aimer la musique, le sport.* 2. Trouver bon au goût, être friand de. *Il aime beaucoup les radis.* 3. (+ inf.) Trouver agréable, être content de, se plaire à. *J'aimais sortir avec elle.* - LITTÉR. AIMER À. *J'aime à croire que,* je veux croire, espérer que. - AIMER QUE (+ subj.). *J'aimerais que vous me jouiez quelque chose,* je désire que. ♦ AIMER MIEUX : préférer. *Il aime mieux jouer que travailler. J'aime mieux ne pas y penser.* ► **S'AIMER** v. pron. 1. (réfl.) Se plaire, se trouver bien. *Je ne m'aime pas dans cette robe.* 2. Être mutuellement attachés par l'affection, l'amour. *Nous nous aimons beaucoup, lui et moi.* 3. LITTÉR. Faire l'amour. *Ils se sont aimés toute la nuit.*

l'AIN n. m. ▪ Rivière du Jura. Affluent du Rhône. 200 km.

l'AIN [01] n. m. ▪ Département français de la région Rhône-Alpes. 5 785 km^2. 471 019 hab. Chef-lieu : Bourg-en-Bresse. Chefs-lieux d'arrondissement : Belley, Gex, Nantua.

AINE n. f. ▪ Partie du corps entre le haut de la cuisse et le bas-ventre. *De l'aine.* ⇒ **inguinal.**

AÎNÉ, ÉE ▪ 1. adj. Qui est né le premier (par rapport aux enfants, aux frères et sœurs). *C'est leur fils aîné.* - n. *L'aîné et le cadet.* 2. n. Personne plus âgée que telle autre. *Elle est mon aînée de deux ans.*

AÎNESSE n. f. ▪ HIST. DROIT D'AÎNESSE : droit avantageant considérablement l'aîné dans une succession.

AINSI adv. ▪ 1. (manière) De cette façon (comme il a été dit ou comme on va dire). *C'est ainsi qu'il faut agir.* - loc. *Ainsi soit-il,* formule terminant une prière. *S'il en est ainsi,* si les choses sont comme cela. *Pour ainsi dire* (atténue l'expression employée). - *Et ainsi de suite.* 2. (conclusion) Comme vous venez de le voir, de le dire. *Ainsi rien n'a changé depuis mon départ.* 3. (comparaison) De même. *Comme, de même..., ainsi...* - *Les garçons, ainsi que les filles,* tout comme. ⇒ **et.**

les AÏNUS ou **AÏNOUS** ▪ Peuple vivant dans les îles de Sakhaline, de Hokkaidō et des Kouriles. Les Aïnus ne connaissent pas l'écriture, mais ils ont une tradition orale très riche. Env. 10 000 individus, menacés de disparition.

① **AIR** n. m. ▪ 1. Fluide gazeux formant l'atmosphère, que respirent les êtres vivants, constitué essentiellement d'oxygène et d'azote (⇒ **aérien ; aéro-**). *La température, la pollution de l'air. Air pur.* loc. *Courant* d'air. Prendre l'air* : sortir de chez soi, aller se promener. *Le médecin lui a recommandé de changer d'air.* ⇒ **climat.** ♦ Air pur, bon à respirer. *On manque d'air, ici.* loc. fig. *Il ne manque pas d'air !,* il a du culot. 2. AIR CONDITIONNÉ : amené à une température et un degré hygrométrique déterminés. - Installation qui fournit cet air. 3. Ce fluide en mouvement. ⇒ **vent.** *Il y a de l'air aujourd'hui.* loc. *En* PLEIN AIR : dans le vent, au-dehors. *Le plein air,* activités qui se pratiquent dehors. *Jeux de plein air.* - LIBRE COMME L'AIR : libre de ses mouvements. 4. Espace au-dessus de la terre. ⇒ **ciel.** *S'élever dans l'air, dans les airs.*

Transports par air, par voie aérienne. *Armée de l'air,* forces aériennes militaires. **5.** *EN L'AIR* loc. adv. *Regarder en l'air.* en **haut**. *Paroles, promesses en l'air,* pas sérieuses. *C'est une tête en l'air,* un étourdi. – *Envoyer, flanquer, mettre... en l'air :* jeter. **6.** Atmosphère, ambiance. *Prendre l'air du bureau,* s'informer de l'état d'esprit qui y règne. *Ces idées étaient dans l'air,* appartenaient à l'atmosphère intellectuelle.

② **AIR** n. m. ▪ **1.** Apparence générale habituelle à une personne. ⇒ **allure**. *Avoir l'air, un air froid, indifférent. Il a un drôle d'air,* inquiétant. *Un faux air de,* une vague ressemblance avec. – VX *Le bel air, les gens du bel air,* de bon ton. **2.** Apparence expressive manifestée par le visage, la voix, les gestes, à un moment donné. ⇒ **expression, mine**. *Prendre un air moqueur.* **3.** *AVOIR L'AIR :* présenter telle apparence, physique ou morale. *Il a l'air d'une fille.* – (accord) *Elle avait l'air soucieuse* (ou *l'air soucieux*). ⇒ **paraître**. *Avoir l'air de* (+ inf.). ⇒ **sembler**. *Il a l'air de me détester. Ça n'a pas l'air d'aller.* – *N'AVOIR L'AIR DE RIEN :* avoir l'air insignifiant (mais être réellement tout autre chose). – (personnes) *Sans avoir l'air de rien, sans avoir l'air d'y toucher,* discrètement.

③ **AIR** n. m. ▪ Mélodie d'une chanson, d'un morceau de musique. *Siffler un air à la mode.* – loc. *L'air et la chanson,* l'apparence et la réalité.

AIRAIN n. m. ▪ VX Bronze.

① **AIRE** n. f. ▪ **1.** Surface plane (d'abord, où l'on battait le grain). *Aire d'atterrissage.* **2.** GÉOM. Portion limitée de surface, nombre qui la mesure. ⇒ **superficie**. **3.** Région plus ou moins étendue occupée par certains êtres, lieu de certaines activités, certains phénomènes. ⇒ **domaine, zone**. *Aire linguistique. Aire de répartition d'une espèce animale (aire spécifique).* **4.** *Aire de repos* (le long d'une autoroute). **5.** *Les aires du vent :* les 32 parties de la rose des vents.

② **AIRE** n. f. ▪ DIDACT. Nid (d'un rapace).

AIRELLE n. f. ▪ Arbrisseau à baies (myrtilles* et baies semblables) ; cette baie. *Confiture d'airelles.*

AIRE-SUR-LA-LYS ▪ Commune du Pas-de-Calais. 9 529 hab. *(les Airois).*

AISANCE n. f. ▪ **I.** *CABINETS, LIEUX D'AISANCES :* cabinets, toilettes. – *Fosse d'aisances.* **II. 1.** Situation de fortune qui assure une vie facile. *Vivre dans l'aisance sans être vraiment riche.* ⇒ **aisé** (1). **2.** Facilité naturelle qui ne donne aucune impression d'effort. ⇒ **grâce, naturel**. *S'exprimer avec aisance.*

AISE n. f. ▪ **I. 1.** *Être à l'aise :* être bien, confortablement installé. *Je suis à l'aise (à mon aise) dans ce costume.* – Être content, détendu. *Se mettre à l'aise,* se débarrasser des vêtements, des objets qui gênent. *Mettre qqn à l'aise, à son aise,* lui épargner toute gêne. *Être mal à l'aise, mal à son aise,* contraint, embarrassé, gêné. *En prendre à son aise avec qqch. :* ne pas se gêner. *Vous en parlez à votre aise,* sans connaître les difficultés que d'autres éprouvent. *À votre aise !,* comme vous voudrez. – Dans l'aisance. *Ne vous plaignez pas, vous vivez à l'aise.* – FAM. *À l'aise,* facilement, sans effort. *À l'aise, Blaise !* **2.** au plur. *SES AISES :* son bien-être. *Il aime ses aises. Il prend ses aises,* il ne se gêne pas. **II.** adj. LITTÉR. *(Être) BIEN AISE DE* (+ inf.) : très content de. « — *Vous chantiez ? j'en suis fort aise* » (La Fontaine).

AISÉ, ÉE adj. ▪ **1.** Qui vit dans l'aisance. *Une famille aisée.* **2.** LITTÉR. Qui se fait sans peine. ⇒ **facile**. *Un travail aisé.* – prov. *La critique* est aisée...*

AISÉMENT adv. ▪ Facilement.

l'AISNE n. f. ▪ Rivière du Bassin parisien. Affluent de l'Oise. 300 km.

l'AISNE [02] n. f. ▪ Département français de la région Picardie. 7 420 km². 537 259 hab. Chef-lieu : Laon. Chefs-lieux d'arrondissement : Château-Thierry, Saint-Quentin, Soissons, Vervins.

AISSELLE n. f. ▪ Cavité qui se trouve au-dessous de la jonction du bras avec l'épaule. *Les poils des aisselles.*

AÎTRES ou **ÊTRES** n. m. pl. ▪ LITTÉR. Disposition des parties (d'une habitation).

l'île d'AIX ▪ Île de la Charente-Maritime. 200 hab.

AIX-EN-PROVENCE ▪ Chef-lieu d'arrondissement des Bouches-du-Rhône, inclus dans l'agglomération de Marseille. 123 842 hab. *(les Aixois).* Ancienne capitale de la Provence. Ville universitaire, ville d'art (festival musical), station thermale. Cathédrale (XIe-XVe s., triptyque du *"Buisson ardent"*). Palais de l'évêché, musée Granet.

AIX-LA-CHAPELLE en allemand ***AACHEN*** ▪ Ville d'Allemagne (Rhénanie-du-Nord-Westphalie), aux frontières belge et hollandaise. 239 200 hab. Chapelle palatine carolingienne et cathédrale gothique. Station thermale. C'est un haut-lieu historique : résidence privilégiée de Charlemagne, traités de 1668 (fin de la guerre de Dévolution) et 1748 (fin de la guerre de Succession d'Autriche), congrès de 1818 (fin de l'occupation de la France par les armées de la Sainte-Alliance).

AIX-LES-BAINS ▪ Commune de Savoie, au bord du lac du Bourget. 24 683 hab. *(les Aixois).* Station thermale. Vestiges romains.

AJACCIO ▪ Chef-lieu de la Corse-du-Sud et centre administratif de l'île. 58 315 hab. *(les Ajacciens).* Maison Bonaparte (XVIIe s.) où naquit Napoléon Ier. Musée.

AJANTA ▪ Site archéologique de l'Inde occidentale, près d'Hyderabad. 29 grottes bouddhiques creusées dans le roc, ornées de sculptures et de peintures murales (du IIe s. av. J.-C. au VIIe s.), célèbres pour leur beauté.

Ajanta. *Couple de figures divines,* milieu du Ve s.
Phot. © Arch. Smeets

Émile AJAR → Romain **Gary**

AJAX ▪ Nom de deux héros homériques. ► **Ajax** Roi légendaire de Salamine dans l'*"Iliade"*. Il devient fou et se donne la mort. ► **Ajax** Roi des Locriens. Ayant violenté la prêtresse Cassandre dans le temple d'Athéna, il périt dans un naufrage.

AJMER ▪ Ville de l'Inde (Rajasthan). 401 930 hab. Grande Mosquée (XIIIe s.).

AJONC [-ʒ] n. m. ▪ Arbrisseau épineux des landes atlantiques, à fleurs jaunes. *Les ajoncs et les genêts.*

AJOURÉ, ÉE adj. ▪ Percé, orné de jours. *Draps ajourés.*

AJOURER v. tr. [1] ▪ Percer de jours (ornementaux).

AJOURNEMENT n. m. ▪ Renvoi à une date ultérieure ou indéterminée. *L'ajournement d'un procès.*

AJOURNER v. tr. [1] ▪ Renvoyer à une date indéterminée. ⇒ **différer, remettre**. *Ajourner des élections.* – au p. p. *Une décision ajournée.*

AJOUT n. m. ▪ Élément ajouté à l'original. ⇒ **addition ; rajout**. *Épreuves surchargées d'ajouts.*

AJOUTER v. [1] ▪ **I.** v. tr. **1.** Mettre en plus ou à côté. ⇒ **joindre**. *Ajoutez du sel et du poivre. Sans rien ajouter ni retrancher.* – Dire en plus. *Permettez-moi d'ajouter un mot. Ajouter que* (+ indic.). **2.** LITTÉR. *AJOUTER FOI À :* croire. *N'ajoutez aucune foi à ces mensonges.* **II.** v. tr. ind. Augmenter, accroître. *En intervenant, il ne fait qu'ajouter à la pagaille.* ► **S'AJOUTER** v. pron. Se joindre, en grossissant, en aggravant. *Au salaire s'ajoutent, viennent s'ajouter diverses primes.*

AJUSTÉ, ÉE adj. ▪ (vêtements) Qui serre le corps de près. *Veste ajustée.*

AJUSTEMENT n. m. ▪ **1.** Action d'ajuster ; degré de serrage ou de jeu entre deux pièces assemblées. **2.** Adaptation, mise en rapport. *Le choix et l'ajustement des termes.*

AJUSTER v. tr. [1] ▪ **1.** Mettre aux dimensions convenables, rendre conforme à un étalon. *Ajuster une pièce mécanique.* **2.** Viser. *Le chasseur ajuste les canards.* **3.** AJUSTER À : mettre en état d'être joint à (par adaptation, par ajustage). *Ajuster un manche à un outil.* – pronom. *Couvercle qui s'ajuste mal au récipient.* **4.** Mettre en conformité, adapter. *Il veut ajuster les faits à sa théorie.*

AJUSTEUR n. m. ▪ Ouvrier qui trace et façonne des métaux d'après un plan, réalise des pièces mécaniques.

AKABA ou **AQABA** ▪ Port de Jordanie. Env. 10 000 hab. ► **le golfe d'AKABA** est à l'extrême nord-est de la mer Rouge. Il sépare l'Arabie Saoudite de la presqu'île du Sinaï.

AKADEMGOROD (« cité des savants ») ▪ Ville de Russie, près de Novossibirsk, créée en 1958 pour qu'y soit développée la recherche scientifique. Env. 35 000 hab.

Muhammad **AKBAR** (1542 - 1605) ▪ Le plus grand empereur moghol de l'Inde. Auteur de réformes sociales et fiscales. Partisan de la tolérance, il fonda une religion syncrétiste, mêlant l'islam, le christianisme et l'hindouisme. Il inaugura en Inde l'art de la miniature.

Anna **AKHMATOVA** (1889 - 1966) ▪ Poétesse russe réhabilitée après la mort de Staline. *"Le Poème sans héros"* (1960), recueil de vers introspectifs.

AKHNATON ou **AKHENATON** (« serviteur d'Aton ») ▪ Nom que se donna Aménophis IV, roi d'Égypte de 1375 à 1354 av. J.-C., en instituant le culte solaire (monothéiste) d'Aton. Il suscita un art nouveau et abandonna Thèbes pour une nouvelle capitale : Akhetaton (→ **Tell el-Amarna**). Mais il avait fragilisé l'empire et le culte d'Aton fut aboli après sa mort. Époux de Néfertiti.

Akhnaton. Aménophis IV (Akhnaton), la reine Néfertiti et leurs enfants. Staatliches Museum, Berlin. *Phot. © Arch. Smeets*

AKIBA BEN JOSEPH (v. 50 - v. 135) ▪ Savant exégète juif. Il développa une exégèse mystique et contribua à fixer le canon biblique.

AKIHITO (né en 1933) ▪ 125e empereur du Japon. Il a succédé à son père, Hirohito, en 1989.

Akihito. *Phot. © Mitsuhiro/ Gamma*

AKKAD ou **AGADÉ** ▪ Puissante cité de Mésopotamie, capitale de l'Empire *akkadien*, fondé au IIIe millénaire av. J.-C. par Sargon l'Ancien.

AKOSOMBO ▪ Barrage du Ghana sur la Volta. Il a formé le plus grand lac artificiel du monde (lac Volta). Centrale électrique.

AKRA ⇒ ACRA

AKRON ▪ Ville des États-Unis (Ohio). 223 000 hab. Industrie pneumatique.

AKSOUM ▪ Ville d'Éthiopie. 14 000 hab. ► **le royaume d'AKSOUM**, à son apogée vers le ve siècle, fut la première puissance politique en Éthiopie et joua un rôle fondamental dans la fondation de l'Église éthiopienne (chrétiens monophysites).

AKUTAGAWA Ryūnosuke (1892 - 1927) ▪ Écrivain japonais. Ses œuvres mêlent le fantastique et le merveilleux. *"Rashōmon"* (1915).

AKVAVIT ⇒ AQUAVIT

l'ALABAMA n. m. ▪ État du sud-est des États-Unis, du nom du fleuve qui le traverse. 105 145 km². 4 040 000 hab. Capitale : Montgomery. Coton et élevage. Marbre blanc.

ALACRITÉ n. f. ▪ LITTÉR. Vivacité et enjouement.

ALADIN ▪ Dans *"les Mille et Une Nuits"*, fils d'un modeste tailleur qui trouve la fortune grâce à une lampe magique.

l'ALAGOAS n. m. ▪ État du nord-est du Brésil. 27 731 km². 2 513 000 hab. Capitale : Maceió. Canne à sucre, coton.

Émile Chartier dit **ALAIN** (1868 - 1951) ▪ Essayiste et philosophe français. *"Propos"* (1908-1919). Radical-socialiste et rationaliste, il affirma la nécessité pour l'homme de rester libre de ses pensées.

Henri Fournier dit **ALAIN-FOURNIER** (1886 - 1914) ▪ Écrivain français. Auteur d'un unique roman, *"Le Grand Meaulnes"* (1913), et d'une *"Correspondance"* avec son beau-frère, Jacques Rivière.

ALAISE ou **ALÈSE** n. f. ▪ Tissu imperméable que l'on place sur ou sous le drap de dessous d'un lit pour protéger le matelas.

les ALAMANS ou **ALÉMANS** n. m. pl. ▪ Tribus germaniques établies à l'est du Rhin (IIIe siècle), dont le nom a donné *Allemagne* et *Suisse alémanique*.

ALAMBIC n. m. ▪ Appareil servant à la distillation. *Des alambics.*

ALAMBIQUÉ, ÉE adj. ▪ Exagérément compliqué et contourné. *Un esprit alambiqué.*

Fort ALAMO ▪ Ancien fort du Texas. Davy Crockett y fut tué lors d'une bataille remportée par les Mexicains sur les Texans en 1836.

ALANGUI, IE adj. ▪ Languissant, langoureux. *Des regards alanguis.*

ALANGUIR v. tr. [2] ▪ Rendre languissant. *La chaleur l'alanguissait.* – pronom. *S'alanguir* : tomber dans un état de langueur.

ALANGUISSEMENT n. m. ▪ État d'une personne qui s'alanguit.

les ALAOUITES ou **ALAWITES** n. m. pl. ▪ Dynastie régnant au Maroc depuis le XVIIe s.

les ALAOUITES ou **ALAWITES** n. m. pl. ▪ Secte chiite de Syrie, qui constitua un État lors du mandat français (1920-1941).

Pedro Antonio de ALARCÓN Y ARIZA (1833 - 1891) ▪ Écrivain espagnol. *"Le Tricorne"* (1874) a inspiré un ballet à Manuel de Falla.

ALARIC Ier (v. 370 - 410) ▪ Roi des Wisigoths à partir de 395. Il envahit l'Italie et pilla Rome en 410.

ALARMANT, ANTE adj. ▪ Qui alarme, inquiète en avertissant d'un danger. ⇒ **inquiétant.** *Une nouvelle alarmante.*

ALARME n. f. ▪ **1.** Signal pour annoncer l'approche de l'ennemi, pour avertir d'un danger. ⇒ **alerte.** *Le chien a donné l'alarme. Sonnette d'alarme. Signal d'alarme,* qui provoque l'arrêt (d'un véhicule public). – *Donner, sonner l'alarme,* avertir d'un danger menaçant. **2.** Vive inquiétude en présence d'un danger prévu. – *Fausse alarme.* ⇒ **alerte.**

ALARMER v. tr. [1] ▪ Inquiéter en faisant pressentir un danger. *Il a eu une rechute qui a alarmé son entourage. Alarmer l'opinion.* ► **S'ALARMER** v. pron. S'inquiéter vivement. *Elle s'alarme pour un rien.* ⇒ **effrayer.** *S'alarmer de qqch.*

ALARMISTE n. et adj. ▪ Personne qui répand intentionnellement des bruits alarmants. ⇒ **défaitiste, pessimiste.** ➝ adj. (personnes, choses) *Article alarmiste.*

l'ALASKA n. m. ▪ État des États-Unis, au nord-ouest du Canada. 1 518 700 km². 550 000 hab. Capitale : Juneau. Richesses minières (pétrole, fer, or). Industries de la pêche et du bois. Fourrures. → **Anchorage.** □ HISTOIRE Le territoire fut abordé par Behring en 1741 pour le compte des Russes. Il leur fut racheté par les Américains en 1867 et devint le 49ᵉ État des États-Unis en 1959.

l'**Alaska.** Pêche au trou dans la mer de Béring gelée.
Phot. © Charles Lénars

l'ÁLAVA n. m. ▪ Province du Pays basque espagnol. 3 047 km². 274 720 hab. Chef-lieu : Vitoria.

les ALAWITES → les **Alaouites**

ALBACETE ▪ Ville du sud-est de l'Espagne (Castilla-la-Mancha). 134 584 hab.

l'ALBANIE n. f. ▪ État (république) des Balkans. 28 748 km². 3 256 000 hab. *(les Albanais).* Capitale : Tirana. Langue officielle : albanais. Monnaie : lek. Région essentiellement montagneuse, pour un tiers couverte de forêts, l'Albanie est traditionnellement vouée à l'agriculture (blé). La collectivisation des terres et des entreprises intervint à partir de 1946. Le retour à l'économie de marché, dans les années 90, entraîna de graves difficultés économiques. □ HISTOIRE Colonisée par les Grecs (VIIᵉ s. av. J.-C.), province de Rome (IIᵉ s. av. J.-C.) puis de Byzance (IVᵉ s.), l'Albanie fut conquise par la Serbie au XIVᵉ s. et intégrée comme elle à l'empire ottoman (XVᵉ s.). Autonome en 1912, le pays dut attendre 1921 pour que son indépendance soit reconnue. Pendant la Deuxième Guerre mondiale, la résistance à l'annexion par l'Italie fasciste s'organisa autour du parti communiste d'Enver Hoxha. La république populaire fut proclamée en 1946. Le régime, intransigeant sur la doctrine marxiste, interdit la religion traditionnelle (islam) et rompit avec l'U.R.S.S. « révisionniste » de Khrouchtchev en 1961. Il obtint l'aide de la Chine jusqu'à la mort de Mao et rompit avec celle-ci en 1978, considérant qu'elle s'éloignait du maoïsme. La pression populaire et les changements dans les pays de l'Est ont entraîné, après la fuite de milliers d'Albanais vers l'Italie (1991), la chute du régime communiste en 1992 et la reconnaissance du multipartisme.

ALBANY ▪ Ville des États-Unis, capitale de l'État de New York. 113 000 hab.

ALBÂTRE n. m. ▪ Minéral formé de gypse ou de calcite très blanc. *Des vases d'albâtre.* ➝ POÉT. *D'albâtre,* d'une blancheur éclatante.

ALBATROS [-os] n. m. ▪ Grand oiseau de mer, au plumage blanc et gris, au bec crochu. *"L'Albatros"* (poème de Baudelaire).

le duc d'ALBE (1507 - 1582) ▪ Général et homme d'État espagnol. Gouverneur des Pays-Bas de 1567 à 1573, il y exerça une répression terrible.

ALBE LA LONGUE ▪ D'après la légende, ville fondée par Ascagne, le fils d'Énée, au pied des *monts Albains,* dans le Latium, et détruite par Rome en 665 av. J.-C. (→ **Horaces**).

Edward ALBEE (né en 1928) ▪ Auteur dramatique américain. Il évolua vers le « théâtre de l'absurde ». *"Qui a peur de Virginia Woolf ?"* (1962).

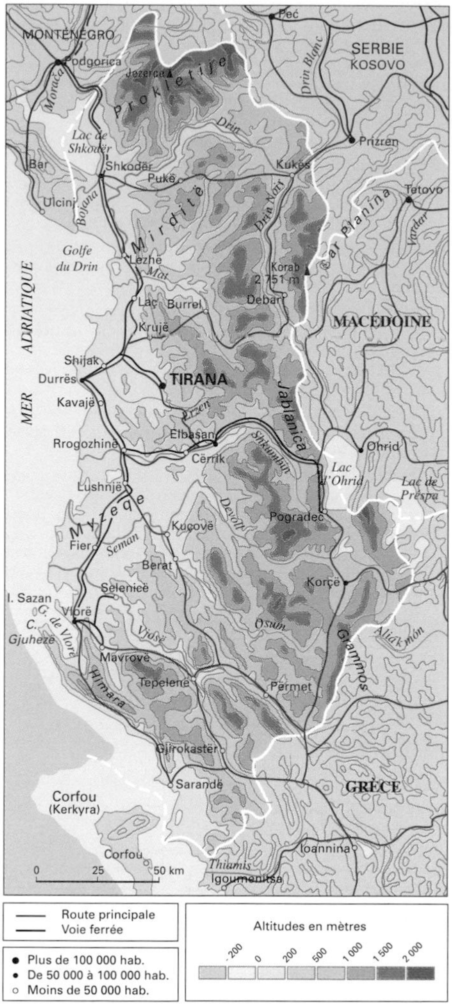

Albanie.

Isaac ALBÉNIZ (1860 - 1909) ▪ Compositeur espagnol. Il a surtout écrit pour le piano. *"Iberia"* (1905-1908).

Giulio ALBERONI (1664 - 1752) ▪ Cardinal italien. Chef de la politique espagnole de 1716 à 1719, il voulut restaurer l'hégémonie de l'Espagne entamée par la paix d'Utrecht.

ALBERT ▪ Commune de la Somme. 10 010 hab. *(les Albertins).*

albatros. *Diomedea exulans,*
albatros hurleur. *Phot. © Ferrero/Jacana*

ALBERT, prince de Saxe-Cobourg-Gotha (1819 - 1861) ▪ Prince consort du Royaume-Uni, époux de la reine Victoria.

ALBERT Ier (1875 - 1934) ▪ Roi des Belges de 1909 à sa mort. Il eut un rôle militaire et diplomatique actif durant la Première Guerre mondiale.

ALBERT II (né en 1934) ▪ Roi des Belges depuis la mort de son frère Baudouin Ier, en 1993.

Albert II.
Phot. © News Belo/Gamma

ALBERT Ier DE BALLENSTÄDT dit **ALBERT L'OURS** (v. 1100 - 1170) ▪ Margrave de Brandebourg. Il fonda la dynastie des Ascaniens.

saint ALBERT LE GRAND (v. 1193 - 1280) ▪ Dominicain allemand, savant et théologien. Maître de saint Thomas d'Aquin à Paris. Il fit connaître les penseurs arabes commentateurs d'Aristote.

l'ALBERTA n. f. ▪ Province (État fédéré) du nord-ouest du Canada, dans la Prairie. 661 188 km². 2 545 553 hab. Capitale : Edmonton. Ville principale : Calgary. Charbon, pétrole. Céréales.

Leon Battista ALBERTI (1404 - 1472) ▪ Architecte italien. Grand théoricien et humaniste, il exposa la théorie de la perspective géométrique.

Rafael ALBERTI (né en 1902) ▪ Écrivain espagnol. Poèmes d'inspiration surréaliste et louant la révolte. *"Le marin à terre"* (1925).

ALBERTVILLE ▪ Chef-lieu d'arrondissement de la Savoie. 17 411 hab. *(les Albertvillois).*

ALBI ▪ Chef-lieu du Tarn. 46 579 hab. *(les Albigeois).* Cathédrale en brique rouge (XIIIe s.). Musée Toulouse-Lautrec. Centre actif de l'« hérésie » cathare aux XIIe et XIIIe siècles.

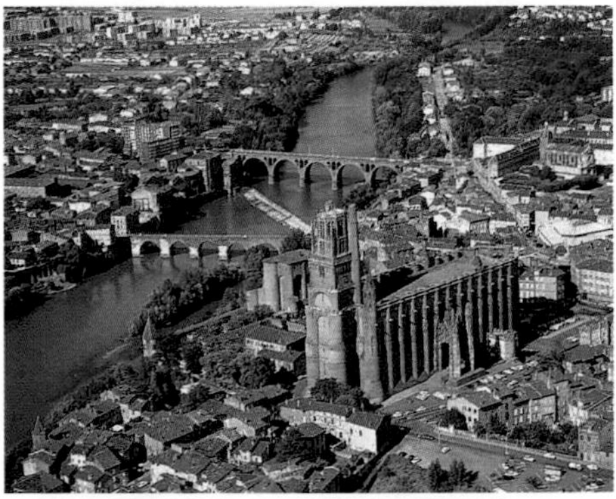

Albi. Vue aérienne de la cathédrale. *Phot. © Pix-Apa*

la guerre des ALBIGEOIS ▪ Elle opposa les cathares, soutenus par Raymond VI, comte de Toulouse, au pape Innocent III et au roi de France ; d'abord dirigée par Simon de Montfort, elle se solda par la réunion du comté de Toulouse au domaine royal et l'écrasement des « hérétiques » avec la prise du château de Montségur (1208-1244).

ALBINISME n. m. ▪ Anomalie congénitale des albinos.

Tomaso ALBINONI (1671 - 1750) ▪ Compositeur italien, auteur d'une cinquantaine d'opéras et de sonates, redécouvertes au XXe s. Son célèbre *"Adagio"* a été en fait écrit au XXe s. par le musicologue Giazotto à partir d'ébauches.

ALBINOS [-os] adj. ▪ Dépourvu de pigmentation (peau, système pileux, yeux). *Un enfant albinos. Lapin albinos.* ♦ n. Personne albinos. *Une albinos.*

ALBION n. f. ▪ Un des noms de l'Angleterre dans l'Antiquité. L'expression « perfide Albion » semble venir de la « perfide Angleterre » à qui Bossuet reprochait d'avoir adopté le protestantisme.

ÅLBORG ▪ Ville du Danemark, chef-lieu du Jutland-du-Nord. 147 215 hab. Port. *Ålborghallen* (centre culturel).

l'ALBRET n. m. ▪ Ancienne seigneurie de Gascogne, réunie à la Couronne par Henri IV (1607), fils de Jeanne d'Albret.

ALBUM [-ɔm] n. m. ▪ **1.** VX Livre à pages blanches. *Écrire ses impressions sur son album.* **2.** Cahier ou classeur destiné à recevoir des dessins, des photos, des imprimés, etc. *Un album de timbres.* **3.** Livre où prédominent les illustrations. *Un album de bandes dessinées.* **4.** Enregistrement d'un ou plusieurs disques vendus ensemble.

ALBUMINE n. f. ▪ **1.** Protéine naturelle. **2.** Albuminurie. *Avoir de l'albumine.* ► adj. ALBUMINEUX, EUSE

ALBUMINURIE n. f. ▪ MÉD. Présence d'albumine dans les urines. ► adj. et n. ALBUMINURIQUE

ALBUQUERQUE ▪ Ville des États-Unis (Nouveau-Mexique). 335 000 hab. Centre de recherches atomiques.

Alfonso de ALBUQUERQUE (1453 - 1515) ▪ Navigateur et conquérant portugais. Vice-roi des Indes en 1508, il contribua à l'extension de l'empire colonial portugais.

Alfonso de **Albuquerque.** Enluminure d'un manuscrit portugais du XVe s. Bibliothèque nationale de France, Paris. *Phot. © Giraudon*

ALCALÁ DE HENARES ▪ Ville d'Espagne (Communauté autonome de Madrid). 162 780 hab. Université.

ALCALI n. m. ▪ **1.** Nom générique des bases et des sels basiques que donnent avec l'oxygène certains métaux dits alcalins (potassium, sodium, etc.). *Des alcalis.* **2.** COMM. *Alcali (volatil),* ammoniaque.

ALCALIN, INE adj. ▪ Qui appartient, a rapport aux alcalis (1). *Solution alcaline. Propriétés alcalines :* basiques. ► n. f. ALCALINITÉ

ALCALOÏDE n. m. ▪ Substance organique d'origine végétale, contenant au moins un atome d'azote dans la molécule. *Les alcaloïdes ont une puissante action toxique ou thérapeutique* (caféine, morphine, quinine, etc.).

ALCAMÈNE (Ve s. av. J.-C.) ▪ Sculpteur grec, disciple de Phidias.

ALCANE n. m. ▪ CHIM. Hydrocarbure saturé, appelé autrefois paraffine.

ALCARAZAS [-as] n. m. ▪ Récipient de terre poreuse.

ALCAZAR n. m. ▪ **1.** Palais arabe fortifié. **2.** Nom de cafés-concerts décorés en style mauresque.

ALCÉE (v. 630 - v. 580 av. J.-C.) ▪ Poète grec, à qui l'on doit le vers dit *alcaïque.*

Alechinsky. *Sous le feu.* MNAMGP, Paris.
Phot. © MNAMGP

ALCESTE ▪ Héroïne de la mythologie grecque, épouse d'Admète, symbole du dévouement conjugal.

ALCESTE ▪ Personnage principal du *"Misanthrope"* (1666), comédie de Molière.

ALCHIMIE n. f. ▪ Science occulte en vogue au Moyen Âge, née de la fusion de techniques chimiques gardées secrètes et de spéculations mystiques. ⇒ **hermétisme.** ♦ fig. Transformation, transmutation mystérieuse. « *L'alchimie du verbe* » (Rimbaud).

ALCHIMISTE n. ▪ Personne qui pratique l'alchimie.

André **ALCIAT** (1492 - 1550) ▪ Juriste et écrivain italien. Fondateur de l'école historique de droit.

ALCIBIADE (v. 450 - 404 av. J.-C.) ▪ Général et homme d'État athénien. Il pratiqua une politique expansionniste (expédition en Sicile en 415 av. J.-C.). Accusé de sacrilège, il déserta et intrigua contre sa patrie.

ALCMÈNE → **Amphitryon**

ALCOBAÇA ▪ Ville du centre du Portugal (district de Leiria). Abbaye cistercienne (XIIe-XIIIe s.) renfermant les tombeaux de Pierre Ier et d'Inès de Castro.

ALCOOL [alkɔl] n. m. ▪ **I. 1.** Liquide incolore et inflammable obtenu par distillation du vin et des jus sucrés fermentés (syn. CHIM. *alcool éthylique*). ⇒ **éthanol.** *Alcool à 60, à 95 degrés.* **2.** *UN ALCOOL :* eau-de-vie, spiritueux. *Un alcool de fruit.* - *L'alcool. Boire trop d'alcool.* **II.** CHIM. Corps organique possédant un groupement hydrogène-oxygène et pouvant être considéré comme un dérivé d'hydrocarbure. *Alcool éthylique :* l'alcool, au sens I. *Alcool méthylique.* ⇒ **méthanol.** ♦ COUR. *Alcool à brûler,* alcool méthylique utilisé comme combustible. *Réchaud à alcool.*

ALCOOLÉMIE n. f. ▪ Taux d'alcool (I) dans le sang. *Mesure de l'alcoolémie par l'alcootest.*

ALCOOLIQUE adj. ▪ **I. 1.** Qui contient de l'alcool. *Les boissons alcooliques.* ⇒ **alcoolisé. 2.** Qui boit trop d'alcool. *Il est devenu alcoolique.* - n. Personne atteinte d'alcoolisme. *Un, une alcoolique.* ◇ abrév. FAM. ALCOOLO. **II.** Relatif aux alcools (II).

ALCOOLISER v. tr. [1] ▪ Additionner d'alcool. *Alcooliser un vin.* - au p. p. *Boisson alcoolisée,* contenant de l'alcool. ► **S'ALCOOLISER** v. pron. Abuser des boissons alcooliques, s'enivrer.

ALCOOLISME n. m. ▪ Abus des boissons alcooliques, déterminant un ensemble de troubles ; ces troubles. *La lutte contre l'alcoolisme.*

ALCOOTEST [alkɔtɛst] n. m. (n. déposé) ▪ Épreuve permettant d'estimer la présence d'alcool dans l'air expiré par une personne.

ALCÔVE n. f. ▪ **1.** Enfoncement ménagé dans une chambre pour un ou des lits. **2.** abstrait Lieu des rapports amoureux. *Les secrets d'alcôve. Des histoires d'alcôve.*

ALCUIN (v. 735 - 804) ▪ Religieux anglo-saxon. Conseiller de Charlemagne. Il fut l'un des principaux promoteurs de la renaissance carolingienne, notamment dans le domaine scolaire.

ALCYON n. m. ▪ Oiseau mythique, d'heureux présage en mer (où il annonçait le calme des *jours alcyoniens*).

ALDÉHYDE n. m. ▪ CHIM. Corps formé en enlevant l'hydrogène d'un alcool.

AL DENTE [aldɛnte] adv. ▪ *Pâtes cuites al dente,* peu cuites et qui restent fermes sous la dent.

Robert **ALDRICH** (1918 - 1983) ▪ Cinéaste américain. Westerns, policiers et films de guerre d'une grande puissance de style. *"Vera Cruz"* (1954); *"En quatrième vitesse"* (1955); *"Les Douze Salopards"* (1967).

ALE [ɛl] n. f. ▪ Bière anglaise blonde (en angl. *pale ale*).

ALÉA n. m. ▪ LITTÉR. surtout plur. Événement imprévisible. ⇒ **hasard.** *Les aléas du métier.*

ALÉATOIRE adj. ▪ **1.** Que rend incertain, dans l'avenir, l'intervention du hasard. ⇒ **problématique.** *Son succès est bien aléatoire.* **2.** MATH. Qui dépend d'une loi de probabilité. *Fonction, nombre, valeur aléatoire.*

Pierre **ALECHINSKY** (né en 1927) ▪ Peintre et poète belge. Membre du groupe Cobra.

Vasile **ALECSANDRI** (1821 - 1890) ▪ Poète et homme politique roumain. *"Romances et Fleurs de muguet"* (1853).

Antonio Francisco Lisboa dit **l'ALEIJADINHO** (1738 - 1814) ▪ Sculpteur et architecte brésilien. Un des représentants les plus originaux du baroque brésilien. Statues en pierre des *Prophètes* de l'église du Bóm Jesu de Matosinhos, à Congonhas.

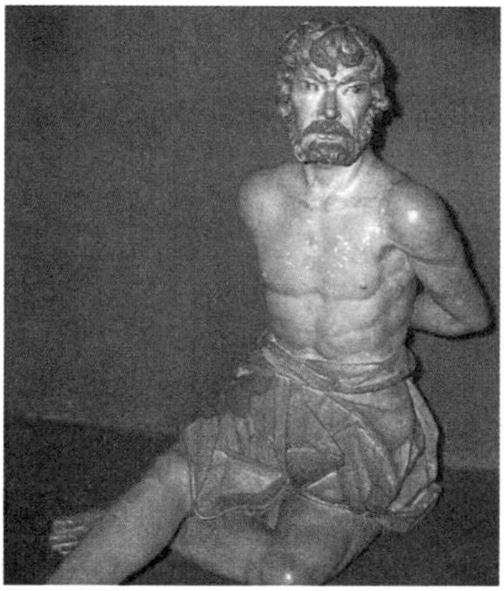

l'Aleijadinho. *Le Mauvais Larron,* bois polychrome. Sanctuaire de Congonhas, Brésil. *Phot. © Arch. Smeets*

Vicente **ALEIXANDRE** (1898 - 1984) ▪ Poète espagnol. *"Ombre du Paradis"* (1944). Prix Nobel de littérature 1977.

Mateo **ALEMÁN** (1547 - 1614) ▪ Écrivain espagnol. Auteur de *"Guzmán de Alfarache"* (1599), roman picaresque, une des sources du roman moderne.

ALÉMANIQUE adj. ▪ Propre à la Suisse de langue allemande (dite *Suisse alémanique*).

les **ALÉMANS** → les Alamans

Jean Le Rond d'**ALEMBERT** (1717 - 1783) ▪ Mathématicien et philosophe français. Premier directeur, avec Diderot, de l'*"Encyclopédie*"*, dont il rédigea le *"Discours prélimi-*

naire" (1751) et des articles scientifiques. Il est l'auteur d'un *"Traité de dynamique"* (1743) et de travaux sur le calcul différentiel.

l'ALENA (Accord de libre-échange nord-américain), en anglais ***NAFTA*** (North American Free Trade Agreement) ▪ Accord de libre-échange conclu en 1992 entre les États-Unis, le Canada et le Mexique.

ALENÇON ▪ Chef-lieu de l'Orne. 29 988 hab. *(les Alençonnais).* Industries mécanique, électrique et textile. Dentelles.

ALÊNE n. f. ▪ Poinçon servant à percer le cuir. *Alêne de cordonnier.* ◇ var. ALÈNE.

ALENTEJO ▪ Province du sud du Portugal. 26 997 km². 550 500 hab. Capitale : Evora. Blé, riz, tomates ; chêne-liège.

ALENTIR v. tr. [2] ▪ VX Rendre plus lent. ⇒ **ralentir.** *Des gestes alentis par la fatigue.*

ALENTOUR adv. ▪ LITTÉR. Dans l'espace environnant, tout autour. *Je ne voyais rien alentour.*

ALENTOURS n. m. pl. ▪ Lieux voisins, environs. *Les alentours de la ville. Il n'y a personne aux alentours.* ♦ *Aux alentours de* (marque l'approximation). *Je viendrai aux alentours du 1er juin.* ⇒ **vers.**

les îles ALÉOUTIENNES ▪ Archipel dépendant de l'Alaska, séparant la mer de Béring et le Pacifique. 12 000 hab. Découvert par Behring pour le compte de la Russie (1741).

ALEP ▪ Ville du nord-ouest de la Syrie. 1 308 000 hab. Important centre commercial, industriel et culturel. Ville au passé millénaire. Mosquées anciennes, citadelle.

① **ALERTE** adj. ▪ Vif et leste (malgré l'âge, l'embonpoint, etc.). - abstrait Éveillé, vif. *Avoir l'esprit alerte.*

② **ALERTE** n. f. ▪ **1.** Signal prévenant d'un danger et appelant à prendre toutes mesures de sécurité utiles. *Donner l'alerte.* ⇒ **alarme.** - *Troupes en état d'alerte,* prêtes à intervenir. **2.** Indice d'un danger imminent. *À la moindre alerte, n'hésitez pas à consulter le médecin. Une fausse alerte,* qui ne correspond à aucun danger réel.

ALERTER v. tr. [1] ▪ **1.** Avertir en cas de danger, de difficulté pour que des mesures soient prises. *Il faut alerter les responsables.* **2.** (choses) Faire pressentir un danger à (qqn). *Le bruit nous a alertés.*

ALÈS ▪ Chef-lieu d'arrondissement du Gard. 41 037 hab. *(les Alésiens).* La *paix de grâce d'Alais* mit fin aux guerres de Richelieu contre les protestants (1629).

ALÉSAGE n. m. ▪ **1.** Calibrage exact des dimensions, des trous (d'une pièce mécanique). **2.** Diamètre intérieur d'un cylindre (spécialt, dans un moteur à explosion). *L'alésage et la course* (du piston) *donnent la cylindrée.*

ALÈSE n. f. ⇒ ALAISE

ALÉSER v. tr. [6] ▪ Procéder à l'alésage de (qqch.).

ALÉSEUR n. m. ▪ Ouvrier spécialiste de l'alésage.

ALÉSIA ▪ Site gallo-romain sur le mont Auxois, en Côte-d'Or (près d'Alise-Sainte-Reine). Victoire décisive de César sur Vercingétorix* (52 av. J.-C.).

ALESSANDRIA en français ***ALEXANDRIE*** ▪ Ville d'Italie (Piémont). 44 261 hab. Centre commercial et industriel.

le glacier d'ALETSCH ▪ Le plus grand glacier d'Europe (24 km), situé dans les Alpes suisses.

ALEVIN n. m. ▪ Jeune poisson destiné au peuplement des rivières et des étangs.

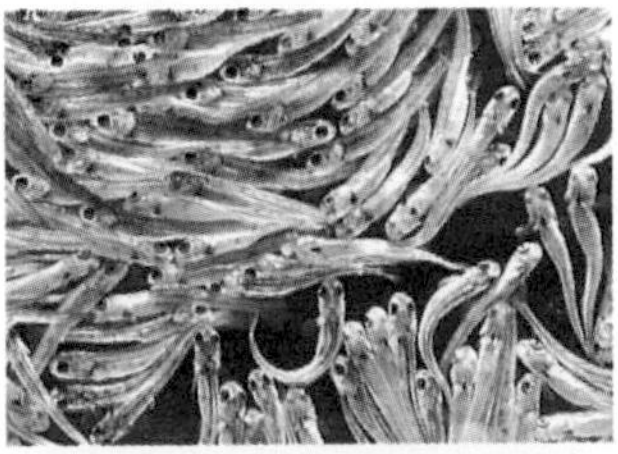

alevin. Alevins d'ombles chevaliers.
Phot. © Le Toquin/Jacana

ALEVINER v. tr. [1] ▪ Peupler d'alevins. *Aleviner des étangs.* ▸ n. m. ALEVINAGE

ALEXANDRE III (v. 1105 - 1181) ▪ Pape de 1159 à sa mort. Il lutta contre l'empereur germanique Frédéric Ier Barberousse.

ALEXANDRE VI (1431 - 1503) ▪ Pape de 1492 à sa mort, né Borgia. Célèbre pour ses intrigues et sa vie dissolue, père de César et de Lucrèce Borgia. Il arbitra le partage des Amériques entre l'Espagne et le Portugal (1493).

ALEXANDRE Ier (1777 - 1825) ▪ Tsar de Russie de 1801 à sa mort. Adversaire, allié, puis vainqueur de Napoléon Ier.

ALEXANDRE II (1818 - 1881) ▪ Tsar de Russie de 1855 à sa mort. Il abolit le servage (1861) mais revint à une politique absolutiste qui fut la cause de son assassinat.

ALEXANDRE III (1845 - 1894) ▪ Tsar de Russie de 1881 à sa mort. Il mena une politique de russification des pays baltes et signa, en 1892, une convention militaire avec la France, prémices de la Triple-Entente.

ALEXANDRE Ier KARAGEORGÉVITCH (1888 - 1934) ▪ Roi de Yougoslavie. Il instaura une dictature (1929) qui favorisait les Serbes et fut assassiné, lors d'une visite officielle en France, par des Oustachis.

ALEXANDRE FARNÈSE (1545 - 1592) ▪ Duc de Parme, régent des Pays-Bas de 1578 à sa mort, pour Philippe II d'Espagne. Il soutint la Ligue.

ALEXANDRE LE GRAND (356 - 323 av. J.-C.) ▪ Roi de Macédoine. Élève d'Aristote, il succéda à son père Philippe II en -336. Après avoir réprimé la révolte des villes grecques, il se lança à la conquête de l'Asie. Vainqueur de Darios III au Granique (-334), à Issos (-332) et à Gaugamèles, près d'Arbèles (-331), il pénétra en Égypte, fonda Alexandrie, puis s'empara de Suse, de Babylone, dont il fit sa capitale, détruisit Persépolis et atteignit l'Indus. Maître de l'Empire perse, il mena une politique de fusion entre les vainqueurs et les vaincus. Mais son empire ne survécut pas à sa mort et fut partagé entre ses généraux, les Diadoques, qui ne tardèrent pas à se combattre, comme le firent leurs fils, les Épigones.

Alexandre le Grand. Buste, copie romaine d'une statue de Lysippe. Musée du Louvre, Paris.
Phot. © Arch. Smeets

ALEXANDRE NEVSKI (v. 1220 - 1263) ▪ Grand-prince de Russie, canonisé par l'Église russe. Il battit les Suédois (1240) et arrêta la progression vers l'est des chevaliers Teutoniques (1242). Il a inspiré un film d'Eisenstein en 1938.

ALEXANDRIE → **Alessandria**

ALEXANDRIE ▪ Deuxième ville et principal port d'Égypte. 5 000 000 hab. Rôle stratégique et économique (industries chimiques, constructions navales, coton). Fondée par Alexandre le Grand (332 av. J.-C.), centre de la civilisation hellénistique (bibliothèque de 700 000 volumes incendiée en 47 av. J.-C. puis en 390) sous les Ptolémées* (→ **Pharos**), berceau de la philosophie néo-platonicienne et de la théologie chrétienne (IIIe s.). L'arrivée des Arabes (642) marqua son déclin ; alors disparurent les vestiges de la bibliothèque. Bonaparte s'empara de la ville en 1798. Lors de la révolte d'Arabi Pacha en 1881, elle fut occupée par les Britanniques.

ALEXANDRIN n. m. ▪ Vers français de douze syllabes. *Une tragédie en alexandrins.*

ALEZAN, ANE adj. ▪ (cheval, mulet) Dont la robe est brun rougeâtre. *Jument alezane.* - n. *Un alezan.*

ALFA n. m. ▪ **1.** Plante herbacée dont les feuilles servent de matière première à la fabrication de la vannerie et de

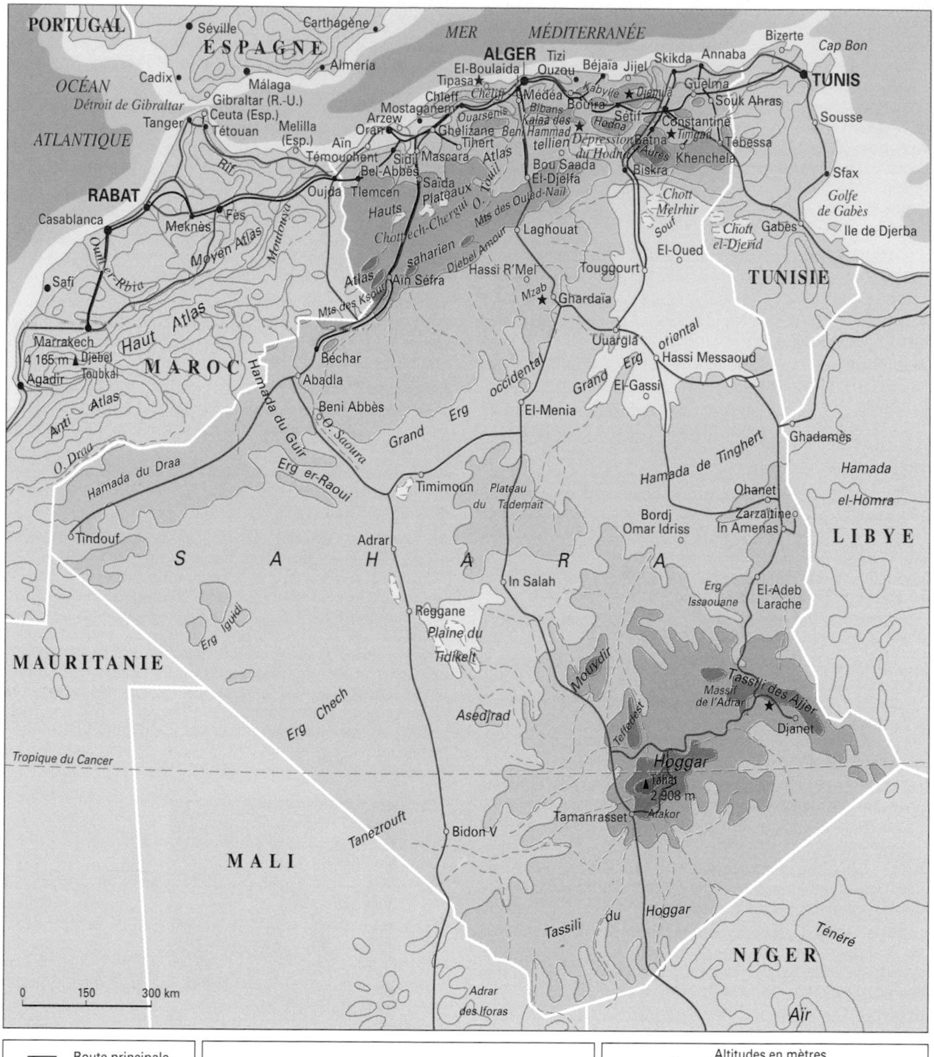

Algérie.

certains papiers. *Tapis, panier d'alfa.* **2.** Papier d'alfa. *Exemplaire numéroté sur alfa.*

Vittorio ALFIERI (1749 - 1803) ▪ Auteur dramatique italien. Dans ses tragédies, il analyse la tyrannie. *"Saül"* (1782); *"Oreste"*; *"Agamemnon"*; *"Myrrha"*.

ALFORTVILLE ▪ Commune du Val-de-Marne. 36 119 hab. *(les Alfortvillais).* Centrale gazière.

saint ALFRED LE GRAND (849 - 899) ▪ Roi anglo-saxon. Il favorisa l'essor culturel de l'Église d'Angleterre.

Hannes ALFVÉN (né en 1908) ▪ Astrophysicien suédois. Auteur de travaux sur la physique des plasmas. Prix Nobel de physique 1970.

ALGARADE **n. f.** ▪ **1.** VIEILLI Violente réprimande (contre qqn). **2.** Dispute, échange de propos violents.

ALGÈBRE **n. f.** ▪ **1.** Ensemble d'opérations, de résolutions d'équations avec substitution de lettres aux valeurs numériques et de la formule générale au calcul numérique particulier ; par ext. étude des structures abstraites définies sur des ensembles et des lois de composition. - *Algèbre de Boole,* application de l'algèbre aux relations logiques. ♦ Ouvrage traitant de cette science. **2.** Chose difficile à comprendre, domaine inaccessible à l'esprit. *C'est de l'algèbre pour moi.* ⇒ **chinois, hébreu.**

ALGÉBRIQUE **adj.** ▪ De l'algèbre. *Calcul numérique et calcul algébrique.* ► **adv.** ALGÉBRIQUEMENT ► **n.** ALGÉBRISTE

ALGER ▪ Capitale de l'Algérie et port de la Méditerranée. 1 483 000 hab. *(les Algérois).* Anc. cité romaine (Icosium). Capitale des corsaires sous domination turque (XVIe s.), siège du gouvernement colonial français (1830-1962), pôle de la lutte des Alliés contre l'Allemagne de 1942 à 1944 (→ **Giraud**). La ville fut le théâtre des événements de la guerre d'Algérie : bataille d'Alger, 1957; putsch des généraux, 1961.

l'ALGÉRIE **n. f.** ▪ État (République démocratique et populaire) d'Afrique du Nord, sur la Méditerranée. 2 381 741 km². 26 000 000 hab. *(les Algériens)* : 45 % ont moins de 15 ans. Capitale : Alger. Langues : arabe (officielle), berbère, français. Religion : islam. Monnaie : dinar algérien. Le désert saharien occupe sept huitièmes du territoire, coupé du littoral par les montagnes. Le pétrole (gisement de Hassi Messaoud) et le gaz naturel fournissent des ressources importantes. Le pays donne, dans le cadre d'une économie planifiée, la priorité à l'industrialisation, mais cette orientation est rééquilibrée en faveur de l'agriculture, reprivatisée à partir de 1990. □ HISTOIRE Comme l'ensemble du monde méditerranéen, la région fut romanisée, puis christianisée : saint Augustin était évêque d'Hippone, près de l'actuelle Annaba. Après les invasions vandales (ve s.) et byzantines (VIe s.), les Arabes conquirent le territoire et répandirent l'islam (VIIIe s.), mais ils se heurtèrent à la résistance berbère qui se manifestait dans l'adhésion au kharidjisme (royaume de Tlemcen). Le pays fut morcelé entre les émirats indépendants et les principautés kharidjites. À partir du XIe s., l'ensemble du Maghreb fut réuni sous l'autorité des dynasties berbères islamisées : Almoravides puis (1147) Almohades (→ **Maroc**). Leur empire, divisé dès le XIIIe s., ne résista pas à l'offensive des Espagnols puis surtout des Ottomans (1554), qui firent de l'Algérie une régence. La domination turque cessa avec la prise d'Alger par Bourmont (1830). Les Français occupèrent le pays, au terme d'une guerre difficile (→ **Bugeaud, Abd el-Kader**). La colonisation, amorcée dès 1840, connut un essor remarquable (organisation administrative, viticulture) ; mais elle ne réussit pas à assimiler les élites algériennes, ni culturellement (malgré l'œuvre du cardinal Lavigerie), ni politiquement. Les mouvements nationalistes, nés pendant l'entre-deux-guerres (→ Fehrat **Abbas, Messali Hadj**), jugèrent la politique coloniale insuffisante (retard de l'agriculture, de l'industrie, de la scolarisation). Le 1er novembre 1954, une insurrection déclencha la guerre d'Algérie (voir ci-dessous) qui aboutit en 1962 à l'indépendance. Le président de la jeune République algérienne, Ben Bella, fut renversé en 1965 par un coup d'État dirigé par Boumédiène qui lui succéda et lança (1966) un programme de nationalisations. Le président Chadli (élu en 1979, démissionnaire en 1992) libéra Ben Bella (1981) et fit approuver une nouvelle Constitution (1989). Mais la montée de l'intégrisme musulman entraîna l'arrêt du processus démocratique (interdiction du Front islamique du salut après la victoire de celui-ci aux élections) et la création d'un Haut Comité d'État dont le président, Boudiaf, fut assassiné (1992). Depuis lors, la radicalisation des islamistes, qui ont lancé une vague d'attentats, et l'intensification de la répression ont plongé le pays dans l'instabilité et la violence. En 1995, le général Zéroual fut élu président.

la guerre d'ALGÉRIE (1954 - 1962) ▪ Guerre d'indépendance des nationalistes algériens contre l'autorité française. Elle commença par une série d'attentats, qui firent connaître le Front de libération nationale (F.L.N.). Après l'échec d'une politique de conciliation et de répression, le général Massu fut chargé du maintien de l'ordre par la force (bataille d'Alger, 1957). Craignant un revirement de l'opinion internationale et des Français de métropole, la population européenne envahit le gouvernement général (13 mai 1958) et obtint des militaires la constitution d'un Comité de salut public. La crise politique qui en résulta entraîna la fin de la IVe République et le retour du général de Gaulle au pouvoir. Ce dernier engagea des négociations avec le Gouvernement provisoire de la République algérienne (G.P.R.A.) qui aboutirent aux accords d'Évian (mars 1962) : cessez-le-feu, reconnaissance de l'indépendance. Plus d'un million de Français d'Algérie regagnèrent précipitamment la métropole. Certains s'étaient opposés violemment à cette évolution : tentative de putsch des généraux Challe, Salan, Jouhaud et Zeller, à Alger (avril 1961) ; création et action terroriste de l'O.A.S.

ALGÉRIEN, ENNE adj. ▪ D'Algérie (≠ *algérois* « d'Alger »). - n. *Les Algériens.* ♦ n. m. *L'algérien,* l'arabe d'Algérie.

ALGÉSIRAS en espagnol *ALGECIRAS* ▪ Ville et port d'Espagne (Andalousie). 101 365 hab.

-ALGIE Élément savant, du grec *algos* « douleur ».

ALGONQUIN, INE adj. ▪ Des Algonquins*. ♦ n. m. Famille de langues parlées par ces ethnies.

les ALGONQUINS ou **ALGONKINS** n. m. pl. ▪ Indiens d'Amérique du Nord qui, avec les Hurons et les Iroquois, formaient les trois « nations » dominantes avant l'arrivée des Européens (les Algonquins sont aujourd'hui 40 000, au nord-ouest du Saint-Laurent).

ALGORITHME n. m. ▪ Ensemble des règles opératoires propres à un calcul ; suite de règles formelles. ► adj. ALGORITHMIQUE

ALGUAZIL [-ga-] n. m. ▪ HIST. Agent de police ou de justice, en Espagne.

ALGUE n. f. ▪ **1.** Plante aquatique à chlorophylle des eaux douces ou salées. *Algues marines.* ⇒ **goémon, varech. 2.** BOT. Classe de plantes (comprenant les algues au sens courant).

l'ALHAMBRA ▪ Palais des XIIIe et XIVe siècles, ancienne résidence des princes arabes de Grenade. Charles Quint fit construire en 1526 un palais à l'italienne auprès des édifices arabes. Jardins du Generalife.

l'**Alhambra.** Le patio des Myrtes. *Phot. © de Gregorio/Ricciarini*

ALI (v. 600 - 661) ▪ Quatrième calife musulman, époux de Fātima, la fille de Mahomet. Son règne est à l'origine des grands schismes de l'islam : évincé par les Omeyyades (les chiites lui refusèrent le titre de calife), il fut assassiné par un kharidjite.

ALIAS [aljas] adv. ▪ Autrement appelé (de tel ou tel nom). *Jean-Baptiste Poquelin, alias Molière.*

ALI BABA ▪ Héros des *"Mille* et Une Nuits".* Artisan pauvre qui ouvre la caverne des quarante voleurs en prononçant « Sésame, ouvre-toi » et s'empare des richesses qui s'y trouvent entassées.

ALIBI n. m. ▪ **1.** Moyen de défense tiré du fait qu'on se trouvait, au moment d'une infraction, dans un lieu autre que celui où elle a été commise. *Avoir un bon alibi.* **2.** Circonstance, activité qui cache et justifie autre chose. ⇒ **justification, prétexte.**

ALIBORON n. m. ▪ VX Âne. ♦ Ignorant.

ALICANTE ▪ Ville d'Espagne (communauté autonome de Valence) sur la côte méditerranéenne. 270 000 hab.

ALIDADE n. f. ▪ Règle portant un instrument de visée, pour déterminer les directions, mesurer les angles.

ALIÉNATION n. f. ▪ **I. 1.** DR. Transmission qu'une personne fait d'une propriété ou d'un droit. **2.** Fait de céder ou de perdre (un droit, un bien naturel). *Ce serait une aliénation de ma liberté.* ♦ (dans le marxisme) État de l'individu qui, par suite des conditions extérieures (économiques, politiques, religieuses), cesse de s'appartenir, devient esclave des choses. **II.** Trouble mental grave (qui prive qqn de sa raison). ⇒ **démence, folie.**

ALIÉNÉ, ÉE n. ▪ Personne atteinte d'aliénation mentale. anciennt *Asile d'aliénés.*

ALIÉNER v. tr. 6 ▪ **1.** Céder (un bien) par aliénation (I, 1). **2.** Perdre (un droit naturel). *Aliéner sa liberté.* **3.** (sujet chose) Éloigner, rendre hostile. *Ses médisances lui ont aliéné ses amis.* - *S'aliéner qqn,* agir de sorte qu'il devienne hostile. **4.** Transformer par l'aliénation (I, 2). - au p. p. *Prolétaires aliénés.*

ALIÉNISTE n. ▪ anciennt Médecin spécialisé dans le traitement des aliénés. ⇒ **psychiatre.**

ALIÉNOR D'AQUITAINE (v. 1122 - 1204) ▪ Reine de France puis d'Angleterre. Répudiée par son époux Louis VII, elle se remaria avec Henri Plantagenêt (→ **Henri II**) en 1152, faisant ainsi passer l'Aquitaine sous domination anglaise et provoquant une rivalité entre les rois de France et les Plantagenêts. Elle eut plusieurs enfants dont Richard Cœur de Lion et Jean sans Terre et vécut entourée d'artistes et de troubadours.

Aliénor d'Aquitaine. *Jean sans Terre suivi de son épouse et de sa mère Aliénor d'Aquitaine,* détail d'une fresque des XIIe-XIIIe s. Chapelle Sainte-Radegonde, Chinon.
Phot. © Dagli Orti

ALIGNÉ, ÉE adj. ▪ **1.** Disposé, rangé en lignes droites. *Des chaises alignées contre un mur.* **2.** (⇒ s'**aligner**) *Les pays non alignés.* ⇒ **non-aligné.**

ALIGNEMENT n. m. ▪ **1.** Fait d'aligner, d'être aligné. *La façade est juste à l'alignement de la rue.* ♦ Rangée (de choses alignées). spécialt *Les alignements* (de menhirs) *de Carnac.* **2.** ADMIN. Limite de la voie publique et des propriétés des riverains fixée par l'Administration. **3.** fig. Fait de s'aligner, d'aligner (sa politique, sa conduite). *L'alignement d'un parti sur la politique d'un État. Alignement monétaire.*

ALIGNER v. tr. 1 ▪ **I. 1.** Ranger sur une ligne droite. *Aligner des chaises.* **2.** Inscrire ou prononcer à la suite. *Aligner des chiffres, des phrases.* **3.** fig. *ALIGNER sa politique, sa conduite SUR une autre,* la calquer sur elle. ► **S'ALIGNER** v. pron. **1.** Se mettre sur la même ligne. *Alignez-vous !* **2.** fig. Se conformer (à). *S'aligner sur qqn, qqch., une politique.* **3.** spécialt Se mettre en ligne (pour combattre). - loc. FAM. *Tu peux toujours t'aligner,* tu n'es pas de taille, tu seras battu.

ALIGOTÉ n. m. ▪ Cépage de Bourgogne. - Vin blanc qu'il produit.

ALIMENT n. m. ▪ **1.** Substance susceptible d'être digérée, de servir à la nutrition d'un être vivant. ⇒ **denrée, nourriture, vivres.** *Cuisiner, conserver des aliments. Aliments surgelés.* **2.** fig. Ce qui nourrit l'âme, l'esprit. *L'inspiration s'étiole, faute d'aliments.* **3.** DR. *Aliments :* frais d'entretien (d'une personne).

ALIMENTAIRE adj. ▪ **1.** Qui peut servir d'aliment. *Denrées, produits alimentaires* (⇒ **diététique**). **2.** Relatif à l'alimentation. *Régime alimentaire. Intoxication alimentaire. - Industries alimentaires.* ⇒ **agroalimentaire. 3.** DR. Qui a rapport aux aliments (3). *Pension alimentaire.* **4.** Qui n'a d'autre rôle que de fournir de quoi vivre. *Une besogne alimentaire.*

ALIMENTATION n. f. ▪ **1.** Action ou manière d'alimenter, de s'alimenter. *Il faut varier votre alimentation.* **2.** Commerce, industrie des denrées alimentaires. *Magasin d'alimentation.* **3.** Action de fournir à la consommation de. *L'alimentation d'une chaudière* (en eau), *d'un moteur* (en combustible). ⇒ **approvisionnement.**

ALIMENTER v. tr. 1 ▪ **1.** Fournir en alimentation. ⇒ **nourrir.** *Vous pouvez alimenter légèrement le malade.* - pronom. *Il recommence à s'alimenter.* **2.** Approvisionner en fournissant ce qu'il faut pour fonctionner. *Alimenter une chaudière. Alimenter une ville en eau.* **3.** fig. Entretenir, nourrir. *Ce sujet a suffi à alimenter la conversation.*

ALINÉA n. m. ▪ **1.** Renfoncement de la première ligne d'un paragraphe. **2.** Passage compris entre deux de ces lignes en retrait. ⇒ **paragraphe.** *Le texte comporte quatre alinéas.*

ALIQUOTE adj. f. ▪ MATH. *Partie aliquote,* qui est contenue un nombre exact de fois dans un tout (contr. ALIQUANTE adj.).

ALISIER n. m. ▪ Arbre, variété de sorbier.

ALITER v. tr. 1 ▪ Faire prendre le lit à (un malade). - pronom. *Il a dû s'aliter hier.* - au p. p. *Infirme alité depuis des années.* ► n. m. ALITEMENT

ALIZÉ n. m. ▪ Vent régulier soufflant toute l'année de l'est, sur la partie orientale du Pacifique et de l'Atlantique comprise entre les parallèles 30° N. et 30° S. - appos. *Les vents alizés.*

ALLAH ▪ Nom du dieu unique dans le Coran. → **islam.**

ALLAHABAD ▪ Ville de l'Inde (Uttar Pradesh). 858 000 hab.

Alphonse ALLAIS (1854 - 1905) ▪ Écrivain humoriste français. *"Le Captain Cap"* (1902).

Maurice ALLAIS (né en 1911) ▪ Économiste français de tendance néolibérale. Prix Nobel d'économie 1988.

ALLAITEMENT n. m. ▪ Action d'allaiter, alimentation en lait du nourrisson. *Allaitement mixte,* au sein et au biberon.

ALLAITER v. tr. 1 ▪ Nourrir de son lait (un nourrisson, un petit) ; donner le sein à. *Elle allaite son enfant.*

ALLANT, ANTE ▪ **I. 1.** adj. LITTÉR. Qui fait preuve d'activité, d'entrain. ⇒ **actif, alerte. 2.** (n. m.) *Les allants et venants :* les passants qui vont et viennent. **II.** n. m. Ardeur d'une personne qui va de l'avant, ose entreprendre. ⇒ **entrain.** *Il est plein d'allant.*

ALLAUCH ▪ Commune des Bouches-du-Rhône. 16 092 hab. *(les Allaudiens).*

ALLÉCHANT, ANTE adj. ▪ Qui allèche, fait espérer quelque plaisir. *Une odeur alléchante.* ⇒ **appétissant.** - *Une proposition alléchante,* séduisante, tentante.

ALLÉCHER v. tr. 6 ▪ Attirer par la promesse d'un plaisir. ⇒ **appâter.** *Il a choisi ce titre pour allécher les lecteurs.* ► n. m. ALLÈCHEMENT

ALLÉE n. f. ▪ **I.** VX Action d'aller. ♦ MOD. *ALLÉE ET VENUE :* fait d'aller et de venir ; plur. déplacement de personnes qui vont et viennent. **II.** Chemin bordé d'arbres, de massifs, de verdure. *Tracer des allées dans un parc. Allées et contre-allées.* ♦ (dans un édifice) Espace pour le passage. *Les allées d'un cinéma.*

ALLÉGATION n. f. ▪ Affirmation ; ce qu'on allègue*. *Il faudra prouver vos allégations.*

ALLÈGE n. f. ▪ Embarcation (qui peut alléger, décharger un navire).

ALLÉGEANCE n. f. ▪ Obligation de fidélité. - Soumission fidèle. *Serment d'allégeance. Faire allégeance à (qqn, un parti).*

ALLÉGEMENT n. m. ▪ Fait ou moyen d'alléger (ce qui constitue une charge trop lourde). *Demander l'allégement des programmes scolaires.* ◇ var. ALLÈGEMENT.

ALLÉGER v. tr. 6 et 3 ▪ **1.** Rendre moins lourd, plus léger. *Alléger un chargement.* ♦ Rendre plus léger (un aliment). - au p. p. *Fromage allégé.* **2.** Rendre moins pénible (une charge, une peine).

ALLÉGORIE n. f. ▪ **1.** Suite d'éléments descriptifs ou narratifs concrets dont chacun correspond à une abstraction qu'ils symbolisent. *Les allégories du* "Roman de la rose". **2.** Œuvre (peinture, sculpture, film...) dont chaque élément évoque les aspects d'une idée. ► ALLÉGORIQUE adj. *Roman, peinture allégorique.*

ALLÈGRE adj. ▪ Plein d'entrain, vif. *Marcher d'un pas allègre.* ⇒ ① **alerte.**

ALLÉGREMENT adv. ▪ **1.** Avec entrain. ⇒ **vivement.** *Il part allégrement au travail.* **2.** iron. Avec légèreté ou inconscience. *Il nous a allégrement ruinés.* ◇ var. ALLÈGREMENT.

ALLÉGRESSE n. f. ▪ Joie très vive qui se manifeste publiquement. ⇒ **enthousiasme, liesse.** *Au milieu de l'allégresse générale.*

Marc ALLÉGRET (1900 - 1973) ▪ Cinéaste français, il dirigea de jeunes acteurs célèbres par la suite : Michèle Morgan, Gérard Philipe, etc. *"Entrée des artistes"* (1938). ► **Yves ALLÉGRET** (1907 - 1987), son frère, également cinéaste, a surtout réalisé des « films noirs ». *"Les Orgueilleux"* (1953).

Gregorio ALLEGRI (1582 - 1652) ▪ Compositeur italien. Auteur d'un célèbre *"Miserere"* pour neuf voix.

ALLÉGRO ou **ALLEGRO** [a(l)legRo] n. m. et adv. ▪ Morceau de musique exécuté dans un tempo assez rapide (plus vif qu'*allegretto*). *Des allégros.* - adv. *Jouer allegro.*

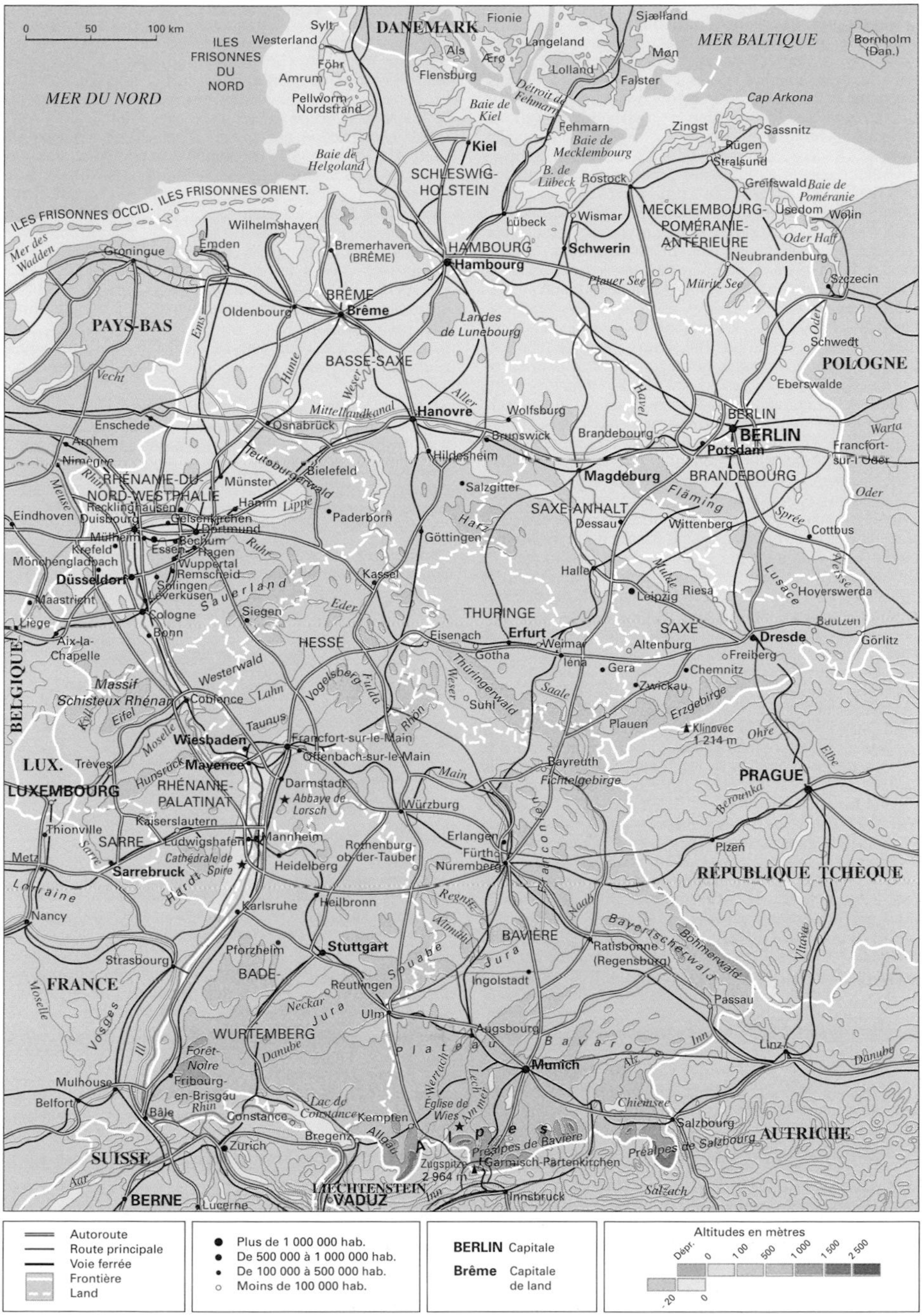

Allemagne.

ALLÉGUER v. tr. [6] ▪ **1.** Citer comme autorité, pour sa justification. *Alléguer un texte de loi, un auteur.* **2.** Mettre en avant, invoquer. ⇒ **prétexter.** *Il allégua un mal de tête.*

ALLÉLUIA [a(l)leluja] ▪ **1.** interj. Cri de louange et d'allégresse (fréquent dans les psaumes). **2.** n. m. Chant liturgique chrétien d'allégresse.

République fédérale d'ALLEMAGNE ou **R.F.A.** en allemand ***BUNDESREPUBLIK DEUTSCHLAND*** ou ***B.R.D*** ▪ État d'Europe centrale, bordé par la Baltique et la mer du Nord, et constitué de seize États (Länder) fédérés (Bade-Wurtemberg, Basse-Saxe, Bavière, Berlin, Brandebourg, Brême, Hambourg, Hesse, Mecklembourg-Poméranie-Antérieure, Rhénanie-du-Nord-Westphalie, Rhénanie-Palatinat, Sarre, Saxe, Saxe-Anhalt, Schleswig-Holstein, Thuringe). 356 854 km². 80 975 000 hab. *(les Allemands).* Capitale : Berlin. Siège du gouvernement : Bonn. Langue : allemand. Monnaie : deutsche Mark. La R.F.A. est une république parlementaire comprenant deux assemblées (Bundestag, Bundesrat), un président de la République — représentant de l'unité nationale — et un chancelier qui dirige le gouvernement. □ Le relief est formé d'une vaste plaine au nord, de montagnes moyennes et de bassins au centre, d'une zone alpine et subalpine au sud, traversée par le Danube. L'Allemagne bénéficie d'un climat de transition (influences océaniques et alpines), continental modéré. Première puissance économique européenne, la R.F.A. est active dans de nombreux domaines : sidérurgie — localisée dans la Ruhr — industries mécanique et électrique, électronique, automobile, chimie; c'est aussi une grande puissance commerciale. Elle a dû surmonter l'absorption de la R.D.A. dont l'industrie vétuste a exigé de nombreux investissements et qui pose des problèmes d'emploi. □ **HISTOIRE** Issu de la Germanie*, le Saint Empire romain germanique, créé en 962, était morcelé en féodalités; tourné vers l'Italie, il avait l'ambition d'une monarchie universelle placée sous le double gouvernement du pape et de l'empereur. À la suite de la querelle des Investitures et de la mort de Frédéric II (1250), cet idéal fut abandonné au profit de l'expansion vers l'est et le nord. Après un demi-siècle de rivalités entre les princes, la dynastie du Luxembourg (1308) puis celle des Habsbourg (1438) redéfinirent l'empire : renoncement à Rome, autorité renforcée de l'empereur. Lieu de naissance de la Réforme (1517) (→ **Luther**), l'Allemagne fut déchirée par les luttes religieuses et le conflit entre la maison d'Autriche et la maison de France (→ guerre de **Trente Ans**). Le traité de Westphalie (1648) ruina tout espoir d'unification en morcelant l'Allemagne qui ne reprit que grâce à Frédéric-Guillaume, roi de Prusse, au XVIIIe s. La guerre de Succession d'Autriche puis les guerres révolutionnaires et napoléoniennes consacrèrent la prépondérance de la Prusse sur les autres États allemands. À l'instigation de Napoléon Ier, qui voulait faire disparaître définitivement le Saint Empire romain germanique, une Confédération du Rhin fut créée en 1806, remplacée en 1815, au congrès de Vienne, par une Confédération germanique. Encore renforcée par l'échec de l'idéologie révolutionnaire répandue en Europe en 1848, la monarchie prussienne s'enhardit : Guillaume Ier et Bismarck, après avoir remporté la victoire de Sadowa sur l'Autriche, bâtirent la Confédération de l'Allemagne du Nord inspirée de la Confédération germanique (1866); la victoire sur la France (1870) permit l'unification du Nord et du Sud (de part et d'autre du Main), sous l'autorité de Guillaume Ier, qui se fit proclamer empereur d'Allemagne à Versailles (1871); ce fut le « IIe Reich », le « Ier Reich » désignant le Saint Empire. L'Allemagne s'engagea avec toute sa puissance dans la Première Guerre* mondiale (1914-1918), mais sa défaite marqua la fin du IIe Reich et — à la suite de l'échec de la révolution spartakiste (→ **Spartakus**) — l'instauration de la « république de Weimar » (1919-1933), qui fut fragilisée par les exigences des vainqueurs et surtout par la crise économique de 1929; la misère et le chômage facilitèrent l'essor du parti national-socialiste. Hitler, chef du parti, appelé au pouvoir en 1933, instaura le IIIe Reich, dictature expansionniste (→ **Anschluss**) nationaliste, fondée notamment sur l'antisémitisme et l'anticommunisme, qui mena le pays à la Deuxième Guerre* mondiale. D'abord invincibles, l'Allemagne nazie et ses alliés ne purent résister à la pression des Soviétiques (Stalingrad, 1943) et des Alliés; vaincu (1945), le pays fut partagé en quatre zones d'occupation (soviétique, américaine, britannique et française). L'évolution des rapports entre les Soviétiques et les Occidentaux aboutit (1949) à la constitution de deux États, la R.D.A. et la R.F.A. ► **la RÉPUBLIQUE DÉMOCRATIQUE ALLEMANDE** ou **ALLEMAGNE DE L'EST** La socialisation, dès 1945, de la zone d'occupation soviétique en Allemagne aboutit à la création d'un État socialiste en 1949. En 1961, le mur de Berlin fut construit pour arrêter l'hémorragie de la population active vers l'Ouest, et une nouvelle planification permit un essor relatif. Dans le cadre d'une économie socialiste, où les trois quarts des échanges commerciaux s'effectuaient avec les pays de l'Est, l'agriculture (Charte de la révolution agraire en 1970) et l'industrie (chimique, mécanique de précision) étaient entièrement planifiées. En 1972, le pays rétablit des relations diplomatiques et commerciales régulières avec la R.F.A. En 1989, les bouleversements dans les pays d'Europe orientale, mais surtout l'émigration massive de population vers la R.F.A. et la pression populaire obligèrent les dirigeants à de profondes réformes visant à la démocratisation du régime (rétablissement du multipartisme...) puis à l'ouverture de la frontière interallemande (→ **Berlin**). ► **la RÉPUBLIQUE FÉDÉRALE D'ALLEMAGNE** ou **ALLEMAGNE DE L'OUEST** Formée à la suite de la division de l'Allemagne en deux États (1949), elle regroupait les Länder de l'Ouest, avec Bonn pour capitale. Les dirigeants chrétiens-démocrates (Adenauer, Erhard) entreprirent de reconstruire le pays avec l'aide américaine (plan Marshall), reconstruction qui fut un grand succès. Ce « miracle » économique s'accompagna de l'intégration de la R.F.A. à l'Europe occidentale : adhésion à l'O.T.A.N. (1955), construction européenne (Conseil de l'Europe en 1950, C.E.E. en 1957), réconciliation franco-allemande (1963). Puis le chancelier social-démocrate Willy Brandt amorça une politique de détente vers l'Est (Ostpolitik) qui aboutit à la reconnaissance *de facto* de la R.D.A. en 1972. Au cours des années suivantes, la R.F.A. dut affronter des attentats révolutionnaires (Fraction armée rouge), puis donna naissance à un important mouvement écologiste (les Verts). Les événements survenus en R.D.A. (1989) entraînèrent la réunification allemande (1990). Le chrétien-démocrate H. Kohl, au pouvoir depuis 1982, fut reconduit dans ses fonctions de chancelier de l'Allemagne réunifiée (oct. 1990) à l'issue des élections de 1990 et de 1994.

ALLEMAND, ANDE adj. et n. ▪ **1.** De l'Allemagne. ⇒ **germanique, teuton.** ▸ n. *Les Allemands.* ♦ n. m. *L'allemand,* la langue allemande. **2.** n. f. Danse ancienne à quatre temps.

Jean **ALLEMANE** (1843 - 1935) ▪ Homme politique français. Député, il créa le parti ouvrier socialiste révolutionnaire, faisant de la grève générale le moyen essentiel de la lutte du prolétariat.

Woody **ALLEN** (né en 1935) ▪ Cinéaste et acteur américain. Son œuvre mêle l'humour juif, la satire des intellectuels, la tendresse et la gravité. *"Manhattan"* (1979), *"La Rose pourpre du Caire"* (1985), *"Maris et femmes"* (1992).

Woody **Allen**. Avec Mariel Hemingway dans *Manhattan*.
Phot. © Coll. Christophe L.

Salvador **ALLENDE** (1908 - 1973) ▪ Homme politique chilien. Élu président de la République (socialiste) en 1970, il se suicida lors du coup d'État du général Pinochet.

① **ALLER** v. intr. 9 ▪ **I.** (mouvement, locomotion) **1.** (êtres vivants, véhicules) Se déplacer. *Allons à pied.* ⇒ **marcher.** *Ce train va vite.* ⇒ **filer.** *Laissons-le aller.* ⇒ **partir.** ▸ *Aller et venir* : marcher dans des directions indéterminées. ⇒ **allée** et venue. ▸ (objets, messages) *Les nouvelles vont vite.* ⇒ se **propager. 2.** (avec un compl. de lieu) ⇒ se **rendre.** *Nous irons en Suisse, à Lausanne. L'avion qui va à Rome. Aller chez le coiffeur. Aller au cinéma. Allez devant, je vous rejoindrai. J'irai à sa rencontre. Où vas-tu ?* **3.** (avec un compl. de but) *Je vais à mon travail, à la chasse, aux nouvelles.* ▸ (+ inf.) *Je suis allé me promener. Allez donc le voir.* **II.** (sans déplacement) **1.** (progression dans l'action) *J'ai fait la moitié du travail, mais je vais très lentement. Nous irons jusqu'au bout. Ce garçon ira loin.* ⇒ **réussir.** *Vous allez trop loin !* ⇒ **exagérer.** ▸ *Les choses vont trop vite.* **2.** Y ALLER (en parlant d'un comportement). *Vous y allez fort !,* vous exagérez. *Il n'y va pas par quatre chemins*. Vas-y !,* cri d'encouragement. **3.** (suivi d'un inf. ; auxiliaire du futur) Être sur le point de. *Il va arriver. Je vais y aller. Nous allions commencer sans toi.* ▸ (éventualité) *Si elle allait ne pas venir !* **4.** interj. pour exhorter ALLONS !, ALLEZ ! *Allez, un peu de courage ! Allons, allons, vous dites des bêtises !* ▸ (exprimant la résignation) VA ! ALLEZ ! *Je te connais bien, va !* **III.** (évolution, fonctionnement) **1.** (êtres vivants) Être dans tel état de santé. ⇒ se **porter.** *Comment allez-vous ? Comment ça va ? Je vais bien, mieux. Ça va,* je vais bien. FAM. *Ça va pas, la tête ?,* tu es fou ? **2.** (choses) Être porté dans tel état, tel stade d'une évolution. *Les affaires vont bien !* ♦ loc. *Cela va de soi,* c'est évident. ▸ impers. *Il n'en va pas de même pour moi,* le cas n'est pas le même. *Il y va de notre vie,* ce qui est en jeu, c'est notre vie. – *Laisser aller,* laisser évoluer sans intervenir. *Se laisser aller,* s'abandonner, se décourager. **3.** (mécanismes, appareils) Fonctionner. ⇒ **marcher.** – fig. *Ça va tout seul.* **4.** Être adapté, convenir à (qqn, qqch.). *Ce costume lui va bien. Ils vont bien ensemble.* **5.** Convenir. *Ça me va. Est-ce que ça va ?,* est-ce satisfaisant ? *Ça va comme ça,* cela suffit. **6.** (auxiliaire d'aspect, suivi d'un p. prés.) *L'inquiétude allait croissant,* croissait progressivement. *Son mal va en empirant.* **IV.** *S'EN ALLER* **v. pron. 1.** Partir du lieu où l'on est. ⇒ **partir.** *Je m'en vais. Il veut s'en aller. Elle s'en est allée toute triste.* – *Je m'en vais au travail, travailler.* **2.** (choses) Disparaître. *Les taches d'encre s'en vont avec ce produit.* **3.** (+ inf.) Se mettre en mesure de. *Va-t'en voir un peu ce que fait ma fille.* **4.** (auxiliaire de temps, futur ; seulement à la 1re pers. du prés.) *Je m'en vais tout vous raconter.*

② **ALLER** **n. m. ▪ 1.** Trajet fait en allant à un endroit déterminé (opposé à *retour*). *J'ai pris à l'aller le train du matin.* **2.** Billet de chemin de fer valable pour l'aller. *Je voudrais deux allers pour Marseille.* ♦ loc. *Un aller (et) retour,* billet valable pour l'aller et le retour. – fig. FAM. *Un aller et retour :* une paire de gifles. **3.** *Match aller et match retour*.* **4.** *Pis aller.* ⇒ **pis.**

ALLERGIE **n. f. ▪ 1.** Modification des réactions d'un organisme à un agent pathogène lorsque cet organisme a été l'objet d'une atteinte antérieure par le même agent. *Allergie aux pollens,* provoquée par les pollens. **2.** Réaction hostile, fait de ne pas supporter.

ALLERGIQUE **adj. ▪ 1.** Propre à l'allergie. **2.** Qui réagit en manifestant une allergie (à une substance). *Être allergique au pollen.* **3.** fig. *Il est allergique au jazz, aux jeux vidéo,* il ne peut pas les supporter.

ALLERGOLOGIE **n. f. ▪** Médecine des allergies. ► **n.** ALLERGOLOGUE

ALLIAGE **n. m. ▪ 1.** Produit métallique obtenu en incorporant à un métal un ou plusieurs éléments. *L'acier est un alliage.* **2.** fig. Mélange.

ALLIANCE **n. f. ▪ I. 1.** Union contractée par engagement mutuel. *Une alliance avec lui est difficile.* **2.** Pacte avec Dieu, dans la religion juive. *L'arche d'alliance.* **3.** Union de puissances qui s'engagent par un traité à se porter mutuellement secours en cas de guerre. ⇒ **coalition, entente, ligue, pacte.** **4.** Lien juridique établi par le mariage entre les familles de l'un et de l'autre conjoint. ⇒ **parenté.** *Neveu par alliance.* **5.** Combinaison d'éléments divers. *Une alliance de couleurs, de mots.* **II.** Anneau de mariage. *Choisir des alliances en or.*

▪ **la Sainte-ALLIANCE** ▪ Pacte signé en septembre 1815, fondé sur un idéal chrétien commun entre le tsar Alexandre Ier (orthodoxe), l'empereur d'Autriche François Ier (catholique) et le roi de Prusse Frédéric-Guillaume III (protestant). ► **la Quadruple-ALLIANCE**, traité prolongeant la Sainte-Alliance, entre la Grande-Bretagne, l'Autriche, la Prusse et la Russie (novembre 1815), et lui donnant sa dimension politique d'union contre la France.

▪ **la Triple-ALLIANCE** ou **la TRIPLICE** ▪ Traité d'alliance défensive (1882) entre l'Autriche-Hongrie, l'Allemagne et l'Italie. Il cessa en 1915, lorsque l'Italie se joignit aux Alliés.

ALLIÉ, ÉE **adj.** et **n. ▪ 1.** Personne qui apporte à une autre son appui, prend son parti. ⇒ **ami.** *J'ai trouvé en lui un allié.* **2.** Uni par un traité d'alliance. *Les pays alliés.* – **n.** *Soutenir ses alliés.* – HIST. *Les Alliés,* les pays alliés contre l'Allemagne au cours des guerres mondiales de 1914-1918 et 1939-1945. **3.** *Les alliés,* les personnes unies par alliance. *Les parents et alliés.*

ALLIER **v. tr.** [7] ▪ **1.** Associer (des éléments dissemblables). *Elle allie la beauté à l'intelligence.* **2.** *S'ALLIER :* s'unir par alliance. (personnes) *S'allier avec qqn, à qqn contre un adversaire.* – *S'allier à une famille* (par un mariage). ⇒ **allié,** 3. *Ces deux pays se sont alliés.* – (choses) Se combiner.

l'ALLIER **n. m. ▪** Rivière du Massif central. Affluent de la Loire. 410 km.

l'ALLIER [03] **n. m. ▪** Département français de la région Auvergne. 7 381 km². 357 710 hab. Chef-lieu : Moulins. Chefs-lieux d'arrondissement : Montluçon, Vichy.

alligator. *Alligator mississippiensis.*
Phot. © Varin/Jacana

ALLIGATOR **n. m. ▪** Reptile de l'Amérique, voisin du crocodile, au museau large et court. *Des alligators.*

ALLITÉRATION **n. f. ▪** Répétition des consonnes dans une suite de mots rapprochés.

ALLO ou **ALLÔ** **interj. ▪** Terme d'appel dans les communications téléphoniques.

ALLO- Élément, du grec *allos* « autre ».

ALLOCATAIRE **n. ▪** Bénéficiaire d'une allocation.

ALLOCATION **n. f. ▪** Fait d'allouer ; somme allouée. *Allocations familiales. Allocation de chômage.*

ALLOCUTION **n. f. ▪** Discours familier et bref adressé par une personnalité. *Prononcer, faire une allocution. Une allocution télévisée du chef de l'État.*

ALLOGÈNE **adj. ▪** D'une origine différente de celle de la population autochtone.

ALLOMORPHE **adj. ▪** SC. Qui se présente sous des formes très différentes (*allomorphie* **n. f.**).

ALLONGE **n. f. ▪ 1.** Pièce servant à allonger. ⇒ **rallonge.** **2.** Longueur des bras (d'un boxeur). *Il a une bonne allonge.*

ALLONGÉ, ÉE **adj. ▪ 1.** Étendu en longueur. *Un crâne allongé* (opposé à *aplati*). ♦ Étendu de tout son long. *Rester allongé.* – **n.** Mort. loc. FAM. *Le boulevard des allongés :* le cimetière. **2.** *Café allongé,* auquel on ajoute de l'eau.

ALLONGEMENT **n. m. ▪** Fait d'allonger, de s'allonger. *L'allongement des vacances.*

ALLONGER **v.** [3] ▪ **I. v. tr. 1.** Rendre plus long. ⇒ **rallonger** ; opposé à *raccourcir. Allonger une jupe de quelques centimètres.* **2.** *Allonger une sauce,* la rendre plus liquide. – loc. FAM. *Allonger la sauce,* délayer (un texte, un discours). **3.** Étendre (un membre). *Allonger le bras.* – *Allonger le pas,* marcher plus vite en faisant des pas plus longs. **4.** Étendre qqn (sur un lit, etc.). *On allongea le blessé.* – *Allonger (qqn) au tapis,* l'envoyer à terre. **5.** FAM. Donner (un coup) en étendant la main, la jambe. *Je vais t'allonger une gifle.* **6.** FAM. Tendre, verser (de l'argent). *Il lui a allongé mille francs.* **II. v. intr.** Devenir plus long (dans le temps). *Les jours commencent à allonger.* ⇒ **rallonger.** ► **S'ALLONGER** **v. pron. 1.** Devenir plus long (dans l'espace ou dans le temps). **2.** S'étendre de tout son long. *Je vais m'allonger un peu (sur le lit).* ⇒ se **coucher.** ♦ FAM. Avouer.

ALLONNES ▪ Commune de la Sarthe. 13 561 hab.

ALLOPATHIE **n. f. ▪** La médecine classique, quand on l'oppose à l'*homéopathie.* ► **n.** et **adj.** ALLOPATHE ► **adj.** ALLOPATHIQUE

ALLOUER **v. tr.** [1] ▪ **1.** Attribuer (une somme d'argent). *Allouer un crédit à qqn.* ⇒ **allocation.** **2.** Accorder (des moyens, un temps déterminé). – au p. p. *Le temps alloué est insuffisant.*

ALLUMAGE **n. m. ▪ 1.** Action d'allumer (un feu, un éclairage). **2.** Inflammation du mélange gazeux provenant du carburateur d'un moteur. *Bougies d'allumage. Allumage électronique.*

ALLUME-CIGARE **n. m. ▪** Instrument à résistance électrique pour allumer les cigarettes, etc.

ALLUME-GAZ [-gɑz] **n. m. ▪** Instrument pour allumer une cuisinière à gaz.

ALLUMER **v. tr.** [1] ▪ **1.** Enflammer ; mettre le feu à. *Allumer une cigarette. Allumer le poêle.* – *Allumer le feu.* **2.** Exciter, éveiller de façon soudaine (une passion). ♦ FAM. Séduire, aguicher (qqn). **3.** Rendre lumineux en enflammant ou par un autre moyen. ⇒ **éclairer.** *Allumer une lampe.* FAM. *Allumer l'électricité, la radio.* ► **S'ALLUMER** **v. pron. 1.** S'enflammer. *Ce bois humide s'allume mal.* **2.** Devenir lumineux, briller. *Les fenêtres s'allumaient.* – *Ses yeux s'allument.* **3.** fig. *Les querelles qui s'allument. Les passions s'allument.* ► **ALLUMÉ, ÉE** **adj. 1.** *Lampe allumée.* **2.** *Passions allumées.* ♦ FAM. Agité et exalté. – **n.** *Ce sont des allumés.*

ALLUMETTE n. f. ▪ **1.** Brin (de bois, carton, etc.) imprégné à une extrémité d'un produit susceptible de s'enflammer par friction. *Gratter, frotter, allumer une allumette. Boîte d'allumettes.* **2.** appos. *Pommes allumettes,* frites coupées très finement.

ALLUMEUR, EUSE ▪ **I.** n. m. Boîtier rassemblant les dispositifs d'avance à l'allumage, de rupture et de distribution du courant aux bougies dans un moteur. **II.** n. f. Femme qui allume, excite le désir des hommes sans vouloir le satisfaire.

ALLURE n. f. ▪ **1.** Vitesse de déplacement. *Accélérer, ralentir l'allure. Rouler à toute allure.* **2.** Manière de se déplacer, de se tenir, de se comporter. *Il a une allure toujours jeune.* - *Avoir de l'allure,* de la distinction dans le maintien. **3.** Apparence générale. *Elle a une drôle d'allure, cette maison.* - *Votre bouquet a beaucoup d'allure.* ► **ALLURÉ, ÉE** adj. FAM. Qui a de l'allure, du chic.

ALLUSIF, IVE adj. ▪ Qui contient une allusion, procède par allusions. ► adv. ALLUSIVEMENT

ALLUSION n. f. ▪ Manière d'éveiller l'idée d'une personne ou d'une chose sans en faire expressément mention. ⇒ **insinuation, sous-entendu.** *L'allusion m'échappe.* ♦ *Allusion célèbre, littéraire, historique :* passage auquel on fait allusion, et qui correspond à un énoncé, à des mots connus dans le groupe social (→ citation).

ALLUVIAL, ALE, AUX adj. ▪ Fait d'alluvions.

ALLUVION n. f. ▪ au plur. Dépôts (cailloux, sables, boues) provenant d'un transport par les eaux courantes. ⇒ **limon, lœss, sédiment.** *Alluvions récentes.*

ALMANACH [-na] n. m. ▪ Annuaire, publication ayant plus ou moins pour base le calendrier.

ALMATY anc. *ALMA-ATA* ▪ Capitale du Kazakhstan. 1 100 000 hab. Centre scientifique et industriel. Le traité d'Alma-Ata, sur la formation de la C.É.I. y fut signé en déc. 1991.

ALMÉE n. f. ▪ LITTÉR. Danseuse égyptienne.

João Baptista de **ALMEIDA GARRETT** (1799 - 1854) ▪ Écrivain et homme politique portugais. Initiateur du romantisme dans son pays, il est l'auteur de romans, de poèmes et de drames romantiques.

ALMERÍA ▪ Ville et port d'Espagne (Andalousie). 157 763 hab.

les **ALMOHADES** ▪ Souverains berbères qui régnèrent sur la moitié de l'Espagne et la totalité du Maghreb de 1147 à 1269.

les **ALMORAVIDES** ▪ Souverains berbères qui régnèrent sur l'ouest de l'Afrique du Nord et l'Espagne musulmane (fin XIe-déb. XIIe s.).

Carl **ALMQUIST** (1793 - 1866) ▪ Poète et romancier suédois. Il fut à la fois un romantique et l'un des premiers romanciers réalistes. *"Le Livre de l'églantine"* (recueil).

ALOÈS [alɔɛs] n. m. ▪ Plante grasse, aux feuilles charnues et épineuses, contenant un suc amer.

ALOI n. m. ▪ **1.** DIDACT. Titre légal (d'une monnaie). **2.** *De bon, de mauvais aloi* loc. adj. : de bonne, de mauvaise qualité ; qui mérite, ne mérite pas l'estime. *Gaieté de bon aloi.*

la baie d'**ALONG** ▪ Baie du golfe du Tonkin au Viêtnam, célèbre par ses rochers calcaires. Tourisme.

la baie d'**Along.** Vue générale.
Phot. © Franken/Explorer

ALOPÉCIE n. f. ▪ Chute temporaire des cheveux ou des poils, partielle ou totale. ⇒ **calvitie.**

ALORS adv. ▪ **I. 1.** À ce moment-là ; à cette époque-là. *Il comprit alors son erreur.* - *Les gens d'alors,* de ce temps. *Jusqu'alors,* jusqu'à cette époque. **2.** Dans ce cas ; en conséquence. *Alors, n'en parlons plus.* - *Il était tard, alors j'ai pris un taxi.* - (pour réfuter une objection) *Et alors ?* ⇒ et **puis.** **3.** (renforçant une exclamation, une interrogation) *Alors, qu'en penses-tu ?* ♦ FAM. *Ça alors !* - *Non, mais alors !,* exprime l'indignation. **II.** *ALORS QUE* loc. conj. (+ indic.) ▪ **1.** VIEILLI Lorsque. **2.** À un moment où au contraire, tandis que. *Il fait bon chez vous, alors que chez moi on gèle.*

ALOSE n. f. ▪ Poisson marin voisin du hareng.

ALOUETTE n. f. ▪ Petit passereau des champs, au plumage grisâtre ou brunâtre. - loc. prov. *Il attend que les alouettes lui tombent toutes rôties :* il ne veut pas se donner la moindre peine.

alouette.
Alauda arvensis.
Phot. © Varin/Visage/ Jacana

ALOURDIR v. tr. [2] ▪ **1.** Rendre lourd, plus lourd. - fig. *Alourdir les impôts.* **2.** Rendre pesant, moins alerte. - fig. *Cette tournure alourdit la phrase.* ► n. m. ALOURDISSEMENT

ALOYAU n. m. ▪ Morceau de viande de bœuf, renfermant le filet, le romsteck et le contre-filet.

ALPAGA n. m. ▪ **1.** Mammifère d'Amérique du Sud, voisin du lama. **2.** Tissu de laine (à l'origine laine d'alpaga) et de soie.

ALPAGE n. m. ▪ Pâturage de haute montagne. ◇ syn. ALPE n. f.

ALPAGUER v. tr. [1] ▪ ARGOT Arrêter. ⇒ FAM. **épingler.** - S'emparer de, saisir (qqn).

l'**ALPE D'HUEZ** ▪ Station de sports d'hiver de l'Isère (commune d'Huez), aux confins des massifs de l'Oisans et des Grandes Rousses (1 860-3 350 m).

les **ALPES** n. f. pl. ▪ Le plus important massif montagneux d'Europe (1 000 km, de la Slovénie à la France), datant de l'époque tertiaire. Point culminant : le mont Blanc, 4 807 m. Profondes vallées élargies au quaternaire. L'économie, fondée sur l'élevage et la forêt, a été rénovée par l'hydroélectricité et le tourisme (sports d'hiver).

les **Alpes.** Vue du mont Rose. *Phot. © Nino Cirani/Ricciarini*

les **ALPES-DE-HAUTE-PROVENCE** [04] ▪ Département français de la région Provence-Alpes-Côte d'Azur, frontalier des Alpes italiennes. 6 925 km². 139 883 hab. Chef-lieu : Digne. Chefs-lieux d'arrondissement : Barcelonnette, Castellane, Forcalquier.

les **ALPES-MARITIMES** [06] ▪ Département français de la région Provence-Alpes-Côte d'Azur, sur la Méditerranée. 4 298 km². 971 829 hab. Chef-lieu : Nice. Chef-lieu d'arrondissement : Grasse.

ALPESTRE adj. ▪ Propre aux Alpes. *Les paysages alpestres.* ⇒ **alpin.**

ALPHA n. m. ▪ Première lettre (α) de l'alphabet grec. ▸ loc. *L'alpha et l'oméga :* le commencement et la fin.

ALPHABET n. m. ▪ **1.** Système de signes graphiques (lettres) servant à la transcription des sons (consonnes, voyelles) d'une langue ; série des lettres, rangées dans un ordre traditionnel. *L'alphabet phénicien, arabe, grec, latin.* ▸ *Alphabet phonétique :* système de signes conventionnels servant à noter d'une manière uniforme les phonèmes des diverses langues. **2.** Livre contenant les premiers éléments de la lecture (lettres, syllabes, mots). ⇒ **abc, abécédaire, syllabaire.**

ALPHABÉTIQUE adj. ▪ **1.** Propre à l'alphabet. *Ordre alphabétique.* **2.** Qui est dans l'ordre alphabétique. *Index, table alphabétique.* ► adv. ALPHABÉTIQUEMENT

ALPHABÉTISER v. tr. 1 ▪ Apprendre à lire et à écrire à (un groupe social qui ignore une écriture). ► ALPHABÉTISATION n. f. *L'alphabétisation de travailleurs immigrés.*

Jean-Charles **ALPHAND** (1817 - 1891) ▪ Ingénieur français. Collaborateur d'Haussmann, il aménagea de nombreux parcs parisiens (bois de Boulogne).

ALPHANUMÉRIQUE adj. ▪ DIDACT. Qui recourt à la fois à des lettres et à des chiffres. *Code alphanumérique.*

l'**ALPHÉE** n. m. ▪ Fleuve de Grèce (Péloponnèse). Dieu-fleuve de l'Oubli, dans la mythologie.

ALPHONSE ▪ NOM DE PLUSIEURS SOUVERAINS ESPAGNOLS ► **ALPHONSE V LE GRAND** (1396 - 1458), roi d'Aragón, premier roi des Deux-Siciles (Naples et Sicile), en 1442. ► **ALPHONSE VI LE VAILLANT** (v. 1040 - 1109), roi de León et de Castille, il reprit Tolède aux Maures (1085). ► **ALPHONSE X LE SAGE** (1221 - 1284), roi de León et de Castille, « empereur » germanique pendant le Grand Interrègne (1257-1272), juriste, astronome, écrivain, considéré comme le fondateur de la langue nationale, le castillan. ► **ALPHONSE XIII** (1886 - 1941), roi d'Espagne de 1886 à 1931, il monta sur le trône en 1902, après la régence de sa mère. Contraint à l'exil par la victoire électorale des républicains.

ALPHONSE Ier ENRIQUEZ (1109 - 1185) ▪ Roi du Portugal de 1143 à 1185. Fils d'Henri de Bourgogne et d'une fille naturelle d'Alphonse VI de Castille. Il s'affranchit de la suzeraineté de la Castille, étendit et organisa fortement son royaume.

les **ALPILLES** n. f. pl. ▪ Massif calcaire de Provence, situé entre Avignon et Arles ; site des Baux-de-Provence.

ALPIN, INE adj. ▪ **1.** Des Alpes. *La chaîne alpine.* ▸ *Chasseurs alpins :* troupes spécialisées dans la guerre de montagne. **2.** D'alpinisme. *Club alpin.* ▸ *Ski alpin* (descente et slalom).

ALPINISME n. m. ▪ Sport des ascensions en montagne. ⇒ **escalade.**

ALPINISTE n. ▪ Personne qui pratique l'alpinisme. *Cordée d'alpinistes.*

l'**ALSACE** n. f. ▪ Région administrative de l'est de la France, formée de deux départements : le Bas-Rhin et le Haut-Rhin. 8 280 km². 1 624 372 hab. *(les Alsaciens).* Chef-lieu : Strasbourg. Région fortement urbanisée (Mulhouse, Colmar). Le textile, à l'origine de l'essor économique, est aujourd'hui en crise. Industries mécanique, automobile, chimique, raffinage du pétrole, électricité hydraulique et thermique. Mines de potasse. Vignobles, céréales, tabac, élevage laitier. Région carrefour au cœur de l'U.E. grâce à l'axe formé par le Rhin et le grand canal d'Alsace, elle développe un secteur tertiaire lié notamment à sa fonction européenne. Elle reçoit de nombreux investissements étrangers. □ HISTOIRE La région administrative coïncide avec l'ancienne province d'Alsace, conquise par les Romains (58 av. J.-C.), territoire alaman au VIe s., pris par les Carolingiens en 744-746, puis intégré à la Lotharingie (843) et à la Germanie (dès 870). L'Alsace fut un foyer de la Renaissance allemande et de la Réforme. Le traité de Münster-Westphalie (1648) et la création, sous la Révolution, des départements du Bas-Rhin et du Haut-Rhin intégrèrent la région à la France. Annexée à l'Allemagne après la défaite française de 1870 (traité de Francfort), libérée en 1918, occupée à nouveau de 1940 à 1945 (→ **Alsace-Lorraine**), l'Alsace fut au cœur des guerres franco-allemandes. Sa capitale, Strasbourg, est le symbole d'une reconstruction européenne (siège du Conseil de l'Europe et de l'Assemblée européenne).

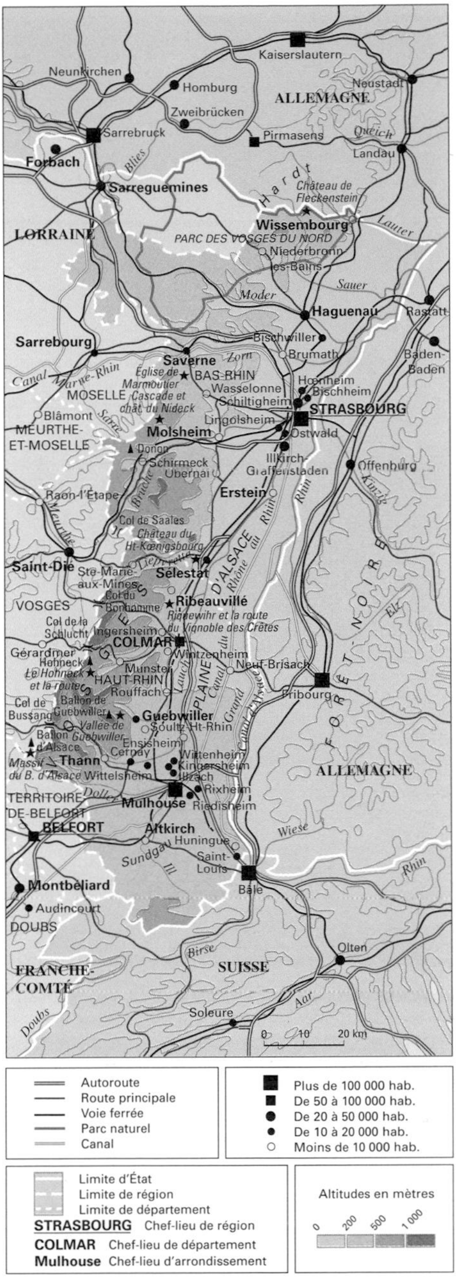

Alsace.

le **ballon d'ALSACE** ▪ Sommet des Vosges. 1 250 m.

le **grand canal d'ALSACE** ▪ Canal latéral au Rhin (entre Bâle et Strasbourg) dont les eaux déviées par le barrage de Kembs alimentent huit centrales hydroélectriques.

l'**ALSACE-LORRAINE** ▪ Territoires annexés à l'Empire allemand en 1871, retournés à la France en 1918, réoccupés en 1940 : Bas-Rhin, Haut-Rhin (moins le Territoire de Belfort), Moselle (moins le bassin de Briey), Sarrebourg et Château-Salins. La Libération de l'hiver 1944-1945 les rendit à la France.

Altdorfer.
La Bataille d'Alexandre.
Alte Pinacothek, Munich.
Phot. © Lauros/Giraudon

ALSACIEN, IENNE adj. et n. ▪ De l'Alsace. ▸ n. *Les Alsaciens.* ♦ n. m. Ensemble des parlers germaniques d'Alsace.

l'ALTAÏ n. m. ▪ Ensemble montagneux, à la frontière de la Russie, de la Mongolie et de la Chine. ► **la RÉPUBLIQUE DE L'ALTAÏ** est une des républiques de la fédération de Russie. 92 600 km². 198 000 hab. Capitale : Gorno-Altaïsk.

les grottes d'ALTAMIRA ▪ Site préhistorique d'Espagne (Cantabrie), célèbre pour ses peintures (bisons, biches...) du magdalénien (-12 000).

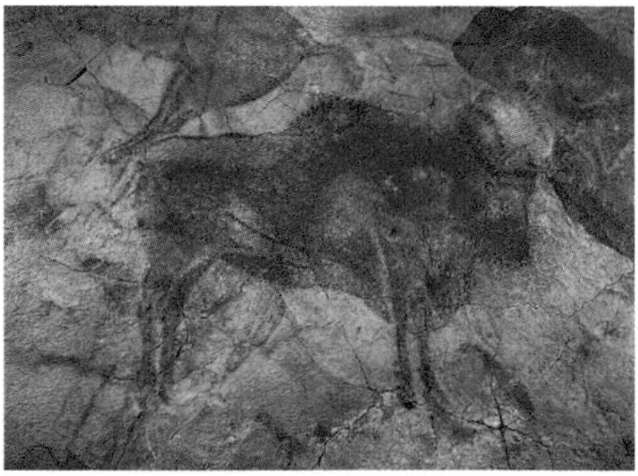

Altamira. Bisons, peinture rupestre du magdalénien moyen.
Phot. © Dagli Orti

ALTDORF ▪ Ville de Suisse, chef-lieu du canton d'Uri. 8 200 hab.

Albrecht ALTDORFER (v. 1480 - 1538) ▪ Peintre et graveur allemand, parfois considéré comme le principal initiateur de l'école du Danube. Dans ses scènes historiques et religieuses, il donna une place prépondérante au paysage. *"La Bataille d'Alexandre"* (1529).

ALTÉRABLE adj. ▪ Qui peut être altéré. ► n. f. ALTÉRABILITÉ

ALTÉRATION n. f. ▪ **I.** Changement en mal par rapport à l'état normal. ⇒ **dégradation, détérioration.** *L'altération des traits du visage. Ce texte ancien a subi de nombreuses altérations.* **II.** Signe de musique modifiant la hauteur de la note (dièse, bémol, bécarre).

ALTERCATION n. f. ▪ Échange bref et brutal de propos vifs, de répliques désobligeantes. ⇒ **dispute, prise** de bec. *Avoir une légère, une vive altercation avec qqn.*

ALTER EGO [altɛʀego] n. m. invar. ▪ Personne de confiance qu'on peut charger de tout faire à sa place. ⇒ **bras** droit. ▸ *Mon alter ego* : un autre moi-même, un ami inséparable.

ALTÉRER v. tr. [6] ▪ **I. 1.** Changer en mal. ⇒ **détériorer, gâter.** *Le soleil altère les couleurs. Rien ne peut altérer notre amitié.* ▸ pronom. *Son visage s'altéra.* ▸ au p. p. *D'une voix altérée,* troublée, émue. **2.** Falsifier, fausser. *Altérer la vérité.* ⇒ **mentir. II.** (surtout passif et p. p.) ▪ **1.** Exciter la soif de (qqn). **2.** fig. *Être altéré de,* avide de. ⇒ **assoiffé.** *Être altéré de gloire.*

ALTÉRITÉ n. f. ▪ DIDACT. Caractère de ce qui est autre.

ALTERNANCE n. f. ▪ **1.** Succession répétée, dans l'espace ou dans le temps, qui fait réapparaître dans un ordre régulier, chaque élément d'une série. *L'alternance des saisons. Alternance des cultures.* ⇒ **assolement. 2.** Variation subie par un phonème ou un groupe de phonèmes. *Alternance vocalique* (ex. *je meurs, nous mourons*). **3.** Succession au pouvoir de deux tendances politiques par le jeu des suffrages.

ALTERNANT, ANTE adj. ▪ Qui alterne.

ALTERNATIF, IVE adj. ▪ **1.** Qui présente une alternance. ⇒ **périodique.** *Mouvement alternatif,* mouvement régulier de va-et-vient (piston, pendule, etc.). *Courant alternatif,* dont l'intensité varie selon une sinusoïde (opposé à *continu*). **2.** (emploi critiqué) Qui constitue une alternative (3). *Médecines alternatives.* ⇒ **doux, parallèle.**

ALTERNATIVE n. f. ▪ **1.** au plur. Phénomènes ou états opposés se succédant régulièrement. *Des alternatives d'exaltation et d'abattement.* **2.** Situation dans laquelle il n'est que deux partis possibles. *Placer qqn devant une alternative.* **3.** (emploi critiqué) Solution de remplacement. *Les alternatives écologiques à l'énergie nucléaire.*

ALTERNATIVEMENT adv. ▪ En alternant ; tour à tour. ⇒ **successivement** ; → à tour de rôle.

ALTERNE adj. ▪ DIDACT. Qui présente une alternance d'ordre spatial. BOT. *Feuilles alternes,* placées alternativement et non face à face.

ALTERNER v. [1] ▪ **1.** v. intr. Se succéder en alternance. *Faire alterner deux spectacles.* **2.** v. tr. Faire succéder (les cultures) par alternance. ► **ALTERNÉ, ÉE** adj. Qui se fait selon une alternance. *Rimes alternées,* croisées. - *Stationnement unilatéral alterné.*

ALTESSE n. f. ▪ Titre d'honneur donné aux princes et princesses du sang. *Son Altesse Royale le prince de...* ♦ *Une altesse :* personne portant ce titre.

Louis **ALTHUSSER** (1918 - 1990) ▪ Philosophe marxiste et épistémologue français. *"Lire le Capital"* (en collab. 1965-1968) ; *"Pour Marx"* (1965).

ALTIER, IÈRE adj. ▪ Qui a ou marque la hauteur, l'orgueil du noble. ⇒ **hautain.** *Un air altier et impérieux.*

ALTIMÈTRE n. m. ▪ Appareil indiquant l'altitude du lieu où l'on se trouve. *L'altimètre d'un avion.*

ALTIMÉTRIE n. f. ▪ DIDACT. ▪ **1.** Méthode géométrique de mesure des altitudes. **2.** Ensemble des signes qui représentent le relief, sur une carte.

l'**ALTIPLANO** ▪ Haute plaine (point culminant : 4 000 m) des Andes, située principalement en Bolivie. Richesses minérales et pétrole peu exploités.

l'**Altiplano.** *Phot. © Mattes/Explorer*

ALTISTE n. ▪ Joueur, joueuse d'alto (2).

ALTITUDE n. f. ▪ **1.** Élévation verticale (d'un point, d'un lieu) par rapport au niveau de la mer. *L'altitude d'une plaine, d'une montagne.* **2.** Grande altitude. *En altitude :* à une altitude élevée.

ALTKIRCH ▪ Chef-lieu d'arrondissement du Haut-Rhin. 5 090 hab. *(les Altkirchois).*

Robert **ALTMAN** (né en 1925) ▪ Cinéaste américain. Critique de la société américaine conformiste et puritaine. *"M.A.S.H."* (1970) ; *"Le Privé"* (1973) ; *"Trois femmes"* (1977) ; *"Short Cuts"* (1993).

ALTO n. m. ▪ **1.** Voix de contralto. ♦ n. Chanteur (contreténor) ou chanteuse (contralto) qui a cette voix. **2.** Instrument de la famille des violons, d'une quinte plus grave et un peu plus grand (⇒ **altiste**). **3.** appos. *Saxophone alto.*

ALTRUISME n. m. ▪ Disposition à s'intéresser et à se dévouer à autrui (opposé à *égoïsme*).

ALTRUISTE adj. ▪ Caractérisé par l'altruisme. *Des sentiments altruistes.* - n. *C'est une altruiste.*

ALU n. m. ⇒ ALUMINIUM

ALUMINE n. f. ▪ Oxyde ou hydroxyde d'aluminium.

ALUMINIUM [-jɔm] n. m. ▪ Métal blanc, léger, malléable, bon conducteur de l'électricité. ◇ abrév. FAM. ALU. *Du papier (d')alu.*

ALUN n. m. ▪ Sulfate double de potassium et d'aluminium hydraté, utilisé en teinture, en médecine.

ALUNIR v. intr. [2] ▪ Aborder sur la Lune, prendre contact avec la Lune. *Les astronautes ont aluni en 1969.* ► n. m. ALUNISSAGE

ALVÉOLAIRE adj. ▪ ANAT. Qui appartient à une alvéole, aux alvéoles.

ALVÉOLE n. m. (VIEILLI) ou f. ▪ **1.** Cellule de cire que fabrique l'abeille. **2.** ANAT. *Alvéoles dentaires :* cavités au bord des maxillaires où sont implantées les racines des dents. *Alvéoles pulmonaires :* culs-de-sac terminaux des ramifications des bronches. **3.** Cavité ayant plus ou moins la forme d'une alvéole (1).

ALVÉOLÉ, ÉE adj. ▪ Qui présente des alvéoles.

Alois **ALZHEIMER** (1864 - 1917) ▪ Neurologue allemand. Il identifia une maladie évolutive, liée à une dégénérescence des neurones du cerveau *(maladie d'Alzheimer).*

AMABILITÉ n. f. ▪ Qualité d'une personne aimable ; manifestation de cette qualité. ⇒ **affabilité, gentillesse, obligeance.** *Auriez-vous l'amabilité de venir dîner ?* - *Dire des amabilités à qqn,* des paroles aimables.

Jorge **AMADO** (né en 1912) ▪ Romancier brésilien. Il évoque surtout des scènes de la vie populaire et s'élève contre l'injustice sociale. *"Bahia de tous les saints"* (1935).

AMADOU n. m. ▪ Substance spongieuse provenant d'un champignon (*l'amadouvier* n. m.), préparée pour être inflammable.

AMADOUER v. tr. [1] ▪ Amener à ses fins ou apaiser (qqn qui était hostile ou réservé) par de petites flatteries, des attentions adroites.

AMAIGRIR v. tr. [2] ▪ Rendre maigre, plus maigre. - pronom. *Elle s'est amaigrie.* ► **AMAIGRI, IE** adj. *Visage amaigri.* ⇒ **émacié.**

AMAIGRISSANT, ANTE ▪ **1.** adj. Qui fait maigrir. *Régime amaigrissant.* **2.** n. m. Médicament utilisé pour faire maigrir.

AMAIGRISSEMENT n. m. ▪ Fait de maigrir, d'avoir maigri. *Cure d'amaigrissement.* ⇒ **régime.**

AMALFI ▪ Ville d'Italie méridionale (prov. de Salerne), sur la mer Tyrrhénienne. 5 880 hab. Cathédrale du XIe s., remaniée au XVIIIe s. en style baroque. Importante station balnéaire.

AMALGAME n. m. ▪ **1.** Mélange métallique servant à l'obturation des dents. **2.** fig. Mélange d'éléments hétérogènes. ⇒ **assemblage.** *Un curieux amalgame de timidité et d'audace.* **3.** Fait d'englober artificiellement, en exploitant un point commun, diverses formations politiques, pour les discréditer.

AMALGAMER v. tr. [1] ▪ Unir dans un mélange. ⇒ **mélanger.** *Amalgamer des œufs et de la farine.* - fig. Mêler (des éléments différents). ► **S'AMALGAMER** v. pron. *S'amalgamer à* (ou *avec*) : se combiner, s'associer à.

AMAN n. m. ▪ (contexte musulman) Octroi de la vie sauve. *Demander l'aman :* demander grâce*, faire sa soumission.

AMAN ▪ Personnage biblique du Livre d'Esther. Ministre à la cour des Perses, il veut exterminer les Juifs et est pendu.

AMANDE n. f. ▪ **1.** Fruit de l'amandier, dont la graine comestible est riche en huile. *Pâte d'amandes.* ♦ EN AMANDE : en forme d'amande. *Des yeux en amande.* ♦ appos. invar. *Vert amande* : vert clair. **2.** Graine d'un fruit à noyau. *L'amande de l'abricot.* **3.** *Amande de mer,* gros coquillage comestible.

AMANDIER n. m. ▪ Arbre dont le fruit est l'amande. *Les amandiers en fleurs.*

AMANITE n. f. ▪ Champignon à lames dont certaines espèces sont vénéneuses *(amanite tue-mouche)* ou même mortelles *(amanite phalloïde).*

AMANT, ANTE n. ▪ **1.** VX OU LITTÉR. Personne qui aime d'amour et qui est aimée. ⇒ **amoureux, soupirant. 2.** n. m. Homme qui a des relations sexuelles avec une femme sans être son mari. *Elle a pris un amant.* - *Les amants* : l'amant et sa maîtresse.

AMAPÁ ▪ État (depuis 1990) côtier de l'extrême nord du Brésil. 140 276 km^2. 289 000 hab. Capitale : Macapá (89 000 hab.).

AMARANTE n. f. ▪ **1.** Plante ornementale, aux nombreuses fleurs rouges en grappes ; fleur de cette plante. **2.** adj. invar. Rouge pourpre.

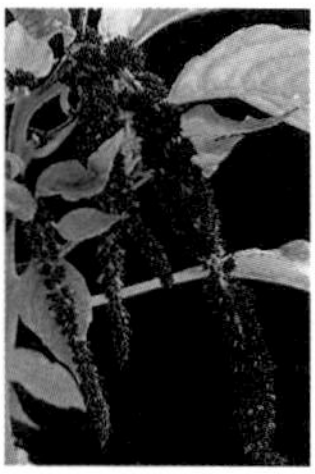

amarante. *Amarantus caudalus,* amarante queue de renard. *Phot. © Viard/Jacana*

AMARĀVATĪ ▪ Ville de l'Inde (Andhra Pradesh), située sur la rivière Krishna. Grand centre bouddhique jusqu'au IXe s.

AMARILLO ▪ Ville des États-Unis (Texas). 158 000 hab. Région agricole.

AMARRAGE n. m. ▪ Action, manière d'amarrer. - Position de ce qui est amarré.

AMARRE n. f. ▪ Câble, cordage servant à retenir un navire, un ballon en l'attachant à un point fixe. *Larguer les amarres.*

AMARRER v. tr. [1] ▪ **1.** Maintenir, retenir avec des amarres. - au p. p. *Barque amarrée.* **2.** Attacher avec des cordages. *Amarrer des caisses sur un camion.* ⇒ **arrimer.**

AMARYLLIS [-lis] n. f. ▪ Plante bulbeuse ornementale, aux fleurs de couleurs éclatantes.

AMAS n. m. ▪ Réunion d'objets venus de divers côtés, généralement par apports successifs. ⇒ **amoncellement, entassement, tas.** *Un amas de paperasses.* ♦ ASTRON. *Amas (d'étoiles).*

AMASSER v. tr. [1] ▪ Réunir en quantité considérable, par additions successives. ⇒ **accumuler, amonceler, entasser.** *Amasser des provisions. Amasser de l'argent.* ⇒ **capitaliser, thésauriser.** - *Amasser des preuves.* ⇒ **réunir.** ► **S'AMASSER** v. pron. S'entasser, se rassembler. *La foule s'est amassée sur la place.*

AMATEUR n. m. ▪ **1.** Personne qui aime, cultive, recherche (certaines choses). *Un amateur de musique. La collection d'un amateur* (d'art). ♦ Acheteur éventuel. - FAM. *Je ne suis pas amateur.* ⇒ **preneur.** - *Avis aux amateurs* : avis à ceux que cela intéresse. **2.** Personne qui cultive un art, une science pour son seul plaisir (et non par profession). *Un talent d'amateur.* - (emploi adj.) *Des peintres amateurs.* **3.** SPORT Athlète, joueur qui pratique un sport sans recevoir de rémunération directe (opposé à *professionnel*). **4.** péj. Personne qui exerce une activité de façon négligente ou fantaisiste. ⇒ **dilettante.** *C'est du travail d'amateur.*

AMATEURISME n. m. ▪ **1.** Condition de l'amateur, en sport. **2.** péj. Caractère d'un travail d'amateur (4) (négligé, non fini, incomplet, etc.).

AMAZONAS ▪ État du nord-ouest du Brésil. 1 567 125 km^2. 2 080 000 hab. Capitale : Manaus. Forêt dense.

AMAZONE n. f. ▪ **1.** Femme qui monte à cheval. - loc. *Monter en amazone,* les deux jambes du même côté de la selle. **2.** Longue jupe pour monter à cheval. **3.** FAM. Prostituée qui racole en voiture.

l'AMAZONE n. f. ▪ Fleuve d'Amérique du Sud, le premier du monde par la superficie de son bassin, son débit et sa longueur, 6 762 km. Né dans les Andes, il traverse le Pérou, le Brésil et se jette dans l'Atlantique.

les AMAZONES n. f. pl. ▪ Peuple de femmes guerrières, dans la mythologie grecque, souvent représentées à cheval. Elles se brûlaient un sein pour ne pas être gênées dans le tir à l'arc.

l'AMAZONIE n. f. ▪ Bassin de l'Amazone (plus de 7 millions de km^2) couvert de forêts tropicales. Les Indiens d'Amazonie sont l'une des dernières sociétés primitives, peu à peu chassées par la construction des routes « transamazoniennes » et le déboisement. Les richesses du sous-sol sont immenses : or, fer, manganèse, pétrole, étain.

AMBAGES n. f. pl. ▪ *Sans ambages* loc. adv. : sans détour, sans s'embarrasser de circonlocutions. *Il aborda la question sans ambages.*

AMBARÈS-ET-LAGRAVE ▪ Commune de la Gironde. 10 195 hab. *(les Ambarésiens).*

Viktor Amazaspovitch **AMBARTZOUMIAN** (né en 1908) ▪ Astrophysicien arménien, auteur de découvertes relatives aux amas d'étoiles et à leur évolution.

AMBASSADE n. f. ▪ **1.** Représentation permanente d'un État auprès d'un État étranger. *Attaché, secrétaire d'ambassade.* - Ensemble du personnel assurant cette mission ; bureaux, locaux de cette représentation diplomatique*. **2.** Mission délicate auprès d'un particulier. *Ils sont allés en ambassade chez le directeur.*

AMBASSADEUR, DRICE n. ▪ **1.** Représentant(e) permanent(e) d'un État auprès d'un État étranger, le plus élevé dans la hiérarchie diplomatique. **2.** Personne chargée d'une mission. *Soyez mon ambassadeur auprès de lui.* - Personne qui représente à l'étranger une activité de son pays. *Les ambassadrices de la mode française.*

AMBATO ▪ Ville de l'Équateur. 125 000 hab.

AMBÉRIEU-EN-BUGEY ▪ Commune de l'Ain. 10 455 hab. *(les Ambarrois).*

AMBERT ▪ Chef-lieu d'arrondissement du Puy-de-Dôme. 7 420 hab. *(les Ambertois).* Fromage *(fourme d'Ambert).*

AMBI- Élément savant, du latin *ambo* « tous les deux ».

AMBIANCE n. f. ▪ **1.** Atmosphère matérielle ou morale qui environne une personne, une réunion de personnes. ⇒ **climat, milieu.** *Une bonne ambiance de travail.* - *Musique d'ambiance,* discrète et agréable. **2.** FAM. *Il y a de l'ambiance ici,* une atmosphère gaie, pleine d'entrain. - loc. *Mettre qqn dans l'ambiance.*

AMBIANT, ANTE adj. ▪ Qui entoure de tous côtés, constitue le milieu où on se trouve. *L'air ambiant. La température ambiante.*

AMBIDEXTRE adj. et n. ▪ Qui possède la même adresse, la même aisance de la main droite et de la main gauche.

AMBIGUÏTÉ [-gɥi-] n. f. ▪ Caractère de ce qui est ambigu. ⇒ **ambivalence, équivoque.** *L'ambiguïté d'une phrase* (⇒ **amphibologie**), d'une situation. *Lever une ambiguïté.* - Expression ambiguë ; comportement ambigu.

AMBIGU, UË [-gy] adj. ▪ Qui présente deux ou plusieurs sens possibles ; dont l'interprétation est incertaine. ⇒ **ambivalent, équivoque.** *Réponse ambiguë.* - *Sourire ambigu.* - Dont la nature est équivoque. *Personnage ambigu.* ► adv. AMBIGUMENT

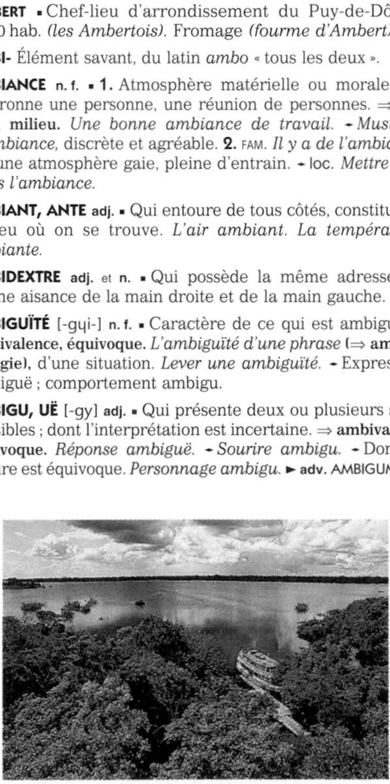

l'**Amazone.** *Phot. © Reynard/Gamma*

AMBITIEUX, EUSE adj. ▪ **1.** Qui a de l'ambition, désire passionnément réussir. ‑ n. *Un ambitieux.* **2.** Qui marque de l'ambition, ou péj. trop d'ambition. ⇒ **présomptueux, prétentieux.** *Projet ambitieux.* ► adv. AMBITIEUSEMENT

AMBITION n. f. ▪ **1.** Désir ardent d'obtenir les biens qui peuvent flatter l'amour-propre : pouvoir, honneurs, réussite. *Avoir de l'ambition ; l'ambition de réussir.* ‑ *Ambition littéraire.* **2.** (sens affaibli) Désir, souhait. *Borner son ambition à vivre en paix.*

AMBITIONNER v. tr. [1] ▪ Rechercher par ambition. *Ambitionner la première place.* ⇒ **briguer.** ‑ (avec *de* + inf.) Souhaiter vivement. *Ambitionner de plaire.*

AMBIVALENCE n. f. ▪ Caractère de ce qui comporte deux composantes de sens contraire, ou de ce qui se présente sous deux aspects.

AMBIVALENT, ENTE adj. ▪ Qui présente une ambivalence. ⇒ **ambigu.** *Sentiment ambivalent.*

AMBLE n. m. ▪ Allure d'un cheval, etc., qui se déplace en levant en même temps les deux jambes du même côté. *Chameau qui va l'amble.*

AMBLYOPE adj. et n. ▪ MÉD. Atteint d'amblyopie.

AMBLYOPIE n. f. ▪ DIDACT. Grave affaiblissement de la vue, sans lésion organique apparente.

AMBOISE ▪ Commune d'Indre-et-Loire. 10 982 hab. *(les Amboisiens).* Le château (fin XVe s.) était une résidence royale pendant la Renaissance.

Amboise. Le château. *Phot. © Hétier*

AMBON anciennt en français ***AMBOINE*** ▪ Île indonésienne des Moluques, en Indonésie. 205 193 hab.

AMBRE n. m. ▪ **1.** *Ambre gris* : substance parfumée provenant des concrétions intestinales du cachalot ; parfum qui en est extrait. **2.** *Ambre jaune* : résine fossilisée, dure et transparente. *Collier d'ambre.*

AMBRÉ, ÉE adj. ▪ **1.** Parfumé à l'ambre gris. **2.** Qui a un reflet jaune.

saint AMBROISE (v. 339 ‑ 397) ▪ Haut fonctionnaire romain, évêque de Milan, Père et docteur de l'Église. Il baptisa saint Augustin (386).

AMBROISIE n. f. ▪ Nourriture des dieux de l'Olympe, source d'immortalité. *Le nectar et l'ambroisie.*

AMBULANCE n. f. ▪ Véhicule automobile aménagé pour le transport des malades ou des blessés. *Être transporté en ambulance à l'hôpital.*

AMBULANCIER, IÈRE n. ▪ Personne qui conduit une ambulance.

AMBULANT, ANTE adj. ▪ Qui se déplace pour exercer à divers endroits son activité professionnelle. *Marchand de glaces ambulant.* ‑ loc. FAM. *C'est un cadavre* ambulant.*

AMBULATOIRE adj. ▪ MÉD. Qui peut s'accompagner de déambulation. ‑ *Traitement ambulatoire,* qui laisse au malade la possibilité de mener une vie active.

ÂME n. f. ▪ **I. 1.** Principe spirituel de l'être humain, conçu dans la religion comme séparable du corps, immortel et jugé par Dieu. *Sauver, perdre son âme. Dieu ait son âme !* ‑ *Les âmes des morts. Attribuer une âme aux choses.* ⇒ **animisme.** ‑ *Rendre l'âme* : mourir. **2.** Principe de la sensibilité et de la pensée (opposé au corps). loc. *Se donner corps* et âme. De toute son âme* (→ de tout son cœur). *Être musicien dans l'âme,* profondément. ♦ Conscience, esprit. *État d'âme.* ‑ *La paix de l'âme. Grandeur d'âme.* **3.** Être vivant, personne. *Un village de cinq cents âmes.* ⇒ **habitant.** ‑ loc. *Ne pas trouver ÂME QUI VIVE* : ne trouver personne. *Avoir charge d'âme.* ‑ *Rencontrer L'ÂME SŒUR,* une personne avec laquelle on a beaucoup d'affinités sentimentales. **4.** Personne qui anime une entreprise collective. *Il était l'âme de la conjuration.* **5.** *ÂME DAMNÉE* : personne dévouée à qqn jusqu'à « encourir la damnation ». **II. 1.** Évidement intérieur d'une bouche à feu. *L'âme d'un canon.* **2.** MUS. Petit cylindre de bois qui réunit la table et le fond d'un instrument à cordes. *L'âme d'un violon.*

AMÉLIE-LES-BAINS-PALALDA ▪ Commune des Pyrénées-Orientales, dans le Vallespir. 3 239 hab. *(les Améliens* ou *les Palaldéens).* Station thermale.

AMÉLIORATION n. f. ▪ Action de rendre meilleur, de changer en mieux ; fait de devenir meilleur, plus satisfaisant. ⇒ **progrès.** *L'amélioration de son état de santé. Nette amélioration du temps en perspective.*

AMÉLIORER v. tr. [1] ▪ Rendre meilleur, plus satisfaisant, changer en mieux. ⇒ **perfectionner.** *Améliorer sa situation. Améliorer un texte.* ► **S'AMÉLIORER** v. pron. Devenir meilleur. *Ce vin va s'améliorer avec l'âge.* ⇒ se **bonifier.** ‑ FAM. (personnes) *Il ne s'améliore pas.* ⇒ s'**arranger.** ► adj. AMÉLIORABLE

AMEN [amɛn] interj. ▪ RELIG. CHRÉT. Mot par lequel se terminent les prières (généralement traduit par « ainsi soit-il »). ‑ loc. fig. *Dire, répondre amen à ce que dit, ce que fait qqn,* acquiescer sans discuter.

AMÉNAGEMENT n. m. ▪ **1.** Action, manière d'aménager (1). ⇒ **agencement, disposition, distribution, organisation.** *L'aménagement d'une maison.* ‑ *Aménagement du territoire*.* **2.** Action d'aménager (2). *L'aménagement des horaires de travail.*

AMÉNAGER v. tr. [3] ▪ **1.** Disposer et préparer méthodiquement en vue d'un usage déterminé. ⇒ **agencer, arranger.** *Aménager un hangar pour en faire un atelier.* **2.** Adapter pour rendre plus efficace. *Aménager l'enseignement.* ► adj. AMÉNAGEABLE

AMENDE n. f. ▪ **1.** Peine pécuniaire prononcée en matière civile, pénale, ou fiscale. ⇒ **contravention.** *Encourir une amende. Mettre qqn à l'amende. Sous peine d'amende.* **2.** loc. *Faire amende honorable* : reconnaître ses torts, demander pardon.

AMENDEMENT n. m. ▪ **1.** AGRIC. Opération visant à améliorer les propriétés physiques d'un sol ; substance incorporée au sol à cet effet. ⇒ **engrais, fumure.** **2.** POLIT. Modification proposée à un texte soumis à une assemblée délibérante. *Voter un amendement.*

AMENDER v. tr. [1] ▪ **1.** LITTÉR. Améliorer. **2.** AGRIC. Rendre plus fertile (une terre). **3.** POLIT. Modifier par amendement (2). *Amender un projet.* ► **S'AMENDER** v. pron. S'améliorer, se corriger. *Il s'est amendé en vieillissant.*

AMÈNE adj. ▪ LITTÉR. Agréable, avenant. ⇒ **aimable ; aménité.** *Des propos amènes.*

AMENÉE n. f. ▪ Action d'amener l'eau, un fluide. *Tuyaux d'amenée.*

AMENER v. tr. [5] ▪ **1.** Mener (qqn) à un endroit ou auprès d'une personne. *Amener qqn à, chez qqn.* ♦ loc. *Quel bon vent* vous amène ?* ‑ *Mandat d'amener* : ordre de comparaître devant un juge. **2.** fig. *Amener qqn à* : conduire, entraîner petit à petit (à un état, à faire qqch.). *Je l'amènerai à nos idées, à partager notre point de vue.* **3.** Faire venir à une destination. *Le taxi qui nous a amenés.* ♦ fig. *N'amenons pas la conversation sur ce sujet.* ‑ au p. p. *Conclusion bien amenée.* **4.** Avoir pour suite assez proche. ⇒ **occasionner.** *Cela pourrait vous amener des ennuis.* **5.** Tirer à soi. *Le pêcheur amène son filet. Amener les voiles,* les abaisser. ► **S'AMENER** v. pron. FAM. Arriver, venir. *Amène-toi un peu par ici !*

AMÉNITÉ n. f. ▪ Amabilité pleine de charme. *Traiter qqn sans aménité,* durement.

AMÉNOPHIS III (v. –1410 à –1370) ▪ Pharaon égyptien. Il permit l'apogée artistique de l'Égypte. ► **AMÉNOPHIS IV**, son fils, connu sous le nom d'Akhnaton*.

AMÉNORRHÉE n. f. ▪ MÉD. Absence de flux menstruel chez une femme en âge d'être réglée.

AMENUISER v. tr. [1] ▪ **1.** Rendre plus mince, plus fin. ⇒ **amincir.** **2.** fig. Rendre moins important. ► **S'AMENUISER** v. pron. Devenir plus petit. ⇒ **diminuer.** *Son visage s'est amenuisé.* ‑ *Revenus qui s'amenuisent.* ► AMENUISEMENT n. m. *L'amenuisement des ressources.* ⇒ **diminution.**

① **AMER, ÈRE** adj. ▪ **1.** Qui produit au goût une sensation âpre, désagréable (ex. la bile) ou stimulante. *Confiture d'oranges amères.* ‑ *Avoir la bouche amère.* ♦ n. m. *Un*

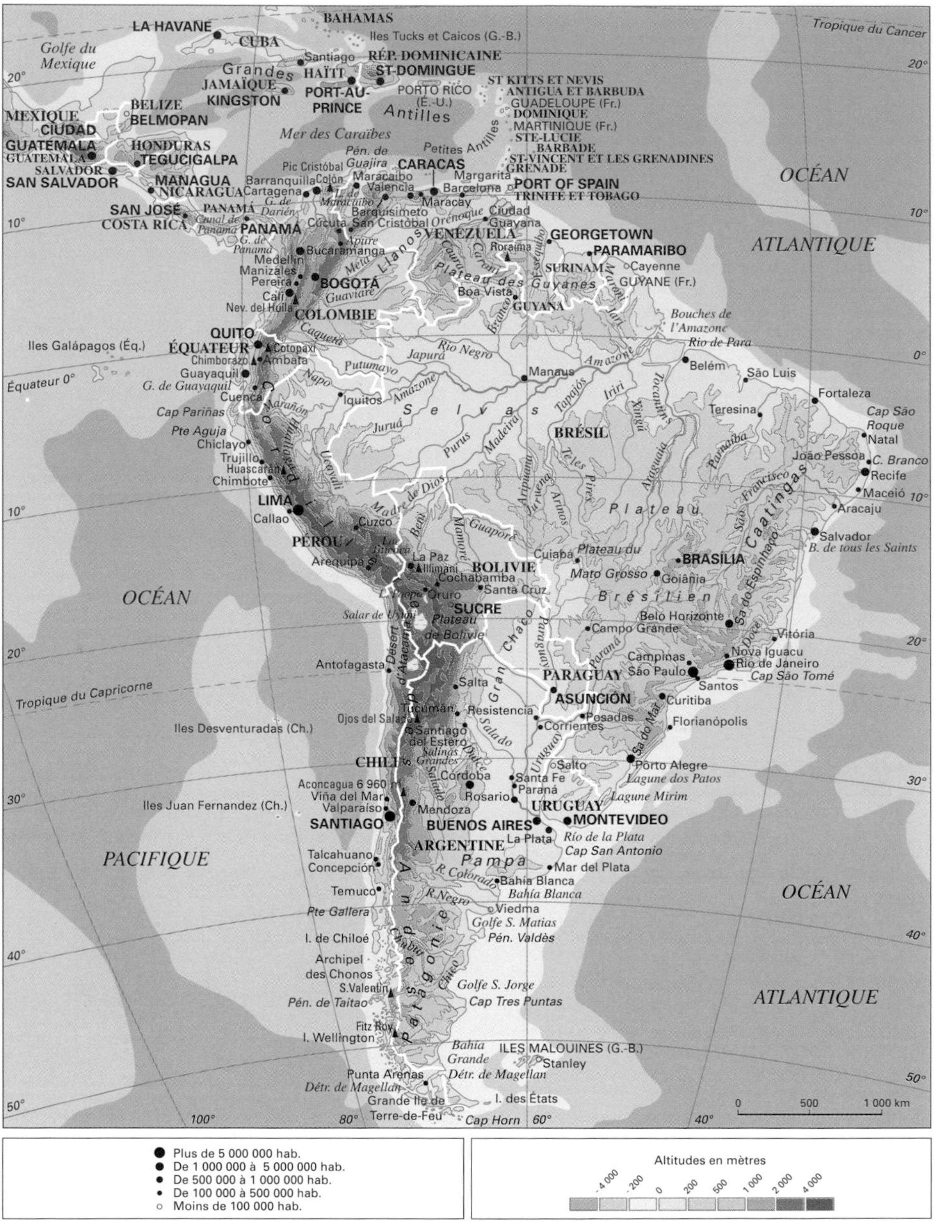

Amérique latine.

amer : liqueur tonique et apéritive au goût amer. **2.** fig. Qui engendre, marque l'amertume. ⇒ **douloureux, pénible, triste.** *Une amère déception. Il m'a fait d'amers reproches.* ➝ *Il est très amer,* triste, plein de ressentiment.

② **AMER** [amɛʀ] n. m. ▪ MAR. Objet fixe et visible servant de point de repère pour la navigation.

AMÈREMENT adv. ▪ De manière amère. *Il se plaint amèrement de votre silence.*

AMÉRICAIN, AINE adj. ▪ **1.** De l'Amérique. *Le continent américain. Les Indiens américains.* ⇒ **amérindien.** ➝ loc. *Avoir l'œil américain,* perçant. **2.** Des États-Unis d'Amérique. *La politique américaine. Cigarette ; voiture américaine* (subst. : *une américaine*). ➝ n. *Les Américains ;* FAM. *Ricains.* ➝ n. m. *L'américain,* la langue anglaise des États-Unis.

AMÉRICANISER v. tr. ① ▪ Faire ressembler aux États-Unis, à leur civilisation. ➝ pronom. *Un monde qui s'américanise.* ► n. f. AMÉRICANISATION

AMÉRICANISME n. m. ▪ **1.** Idiotisme américain (en anglais). ♦ Emprunt à l'américain. **2.** Ensemble des études consacrées au continent américain, aux Indiens, etc. ► n. AMÉRICANISTE

AMÉRINDIEN, IENNE adj. et n. ▪ Relatif aux Indiens d'Amérique (continent). *Langues amérindiennes.* ➝ n. *Les Amérindiens.*

l'AMÉRIQUE n. f. ▪ Ensemble de deux masses continentales (l'Amérique du Nord et l'Amérique du Sud) reliées par un isthme (l'Amérique centrale). 42 millions de km^2, entre l'Atlantique et le Pacifique, étirés sur 18 000 km entre les deux pôles. C'est, d'ouest en est, la succession de montagnes jeunes, de vastes plaines sédimentaires et de montagnes anciennes. L'extension en latitude explique la diversité des climats; si les climats froids et tempérés dominent en Amérique du Nord, en revanche l'Amérique du Sud et centrale se caractérise principalement par un climat tropical ou équatorial. La population (750 millions d'hab.) très mélangée en raison des vagues successives d'immigration est à dominante européenne dans le Nord. L'économie de l'Amérique du Nord repose sur une agriculture à haute productivité et d'énormes ressources naturelles alimentant une puissante industrie (→ **Canada**, **États-Unis**). Au sud, le développement de l'Amérique latine est beaucoup plus difficile : emprise des États-Unis, endettement, faiblesse de l'infrastructure, démographie « galopante » (→ **Argentine**, **Brésil**, **Chili**, **Mexique**, etc.). □ HISTOIRE Avant la « découverte » de ce continent par Christophe Colomb*, en 1492, de grands empires (Mayas, Toltèques, Aztèques, Incas) se succédèrent en Amérique centrale et dans les Andes, le reste du continent étant moins peuplé (tribus indiennes en Amérique du Nord et dans l'Amazonie). L'Espagne et le Portugal colonisèrent le Sud et le Centre (l'Amérique latine, très catholique aujourd'hui) (→ **Cortés** et **Pizarro**). La France (Québec, Louisiane) et surtout la Grande-Bretagne s'approprièrent le Nord, repoussant ou exterminant les Amérindiens et amenant des esclaves noirs. Les colonies anglaises se révoltèrent, menant la guerre d'Indépendance* des États-Unis (1776-1783). Au XIXe s., l'Amérique latine se fractionna en une vingtaine d'États groupés depuis 1948 dans l'O.E.A. (Organisation des États américains) pour le maintien de l'équilibre sur le continent. Les États-Unis, qui y exercent une grande influence, ont pratiqué des interventions économiques, politiques et militaires dans plusieurs républiques du Centre et du Sud depuis un siècle (Cuba, Panamá, Chili, Salvador, Honduras, Haïti...).

AMERRIR v. intr. [2] ▪ (hydravion, cabine spatiale) Se poser à la surface de l'eau. ► n. m. AMERRISSAGE

AMERTUME n. f. ▪ **1.** Saveur amère. *L'amertume des endives.* **2.** fig. Sentiment durable de tristesse mêlée de rancœur, lié à une humiliation, une déception, une injustice du sort. ⇒ **découragement, dégoût, ressentiment.**

AMÉTHYSTE n. f. ▪ Pierre fine violette, variété de quartz.

AMEUBLEMENT n. m. ▪ Ensemble des meubles d'un logement, considéré dans son agencement. ⇒ **décoration, mobilier.** *Tissu d'ameublement.* ♦ Industrie, commerce des objets destinés à meubler.

AMEUBLIR v. tr. [2] ▪ Rendre meuble (le sol). ► n. m. AMEUBLISSEMENT

AMEUTER v. tr. [1] ▪ Attrouper dans une intention de soulèvement ou de manifestation hostile. *Ameuter la foule.* ‑ Alerter, inquiéter (un groupe de personnes). *Ses cris ont ameuté tout le quartier.* ♦ pronom. S'attrouper dans une intention hostile.

les AMHARAS n. m. pl. ▪ Peuple de l'ouest de l'Éthiopie. Il perdit son influence politique au profit de celle des Tigréens quand la royauté prit fin, en 1974.

le baron AMHERST (1717-1797) ▪ Maréchal anglais qui acheva la conquête du Canada (1760).

AMI, IE ▪ **I.** n. **1.** Personne avec laquelle on est lié d'amitié. *C'est mon meilleur ami. Un ami d'enfance. Il lui a parlé en ami.* ‑ *Faire ami-ami avec qqn,* lui faire des démonstrations d'amitié. ‑ *Prix* d'ami.* ‑ *Mon cher ami, ma chère amie,* termes d'affection ou de politesse. **2.** par euphémisme Amant, maîtresse. ⇒ **compagne, compagnon.** ‑ (même sens) *PETIT(E) AMI(E).* **3.** Personne qui est bien disposée, a de la sympathie envers une autre ou une collectivité. *Je viens en ami et non en ennemi. Ses amis politiques,* les gens de même tendance. *Les amis du livre,* les bibliophiles. *La société des amis de... :* l'amicale*. **4.** *FAUX AMI :* mot qui, dans une langue étrangère, présente une similitude trompeuse avec un mot de sa propre langue (ex. *actually* « effectivement » en anglais, et *actuellement*). **II.** adj. **1.** Lié d'amitié. *Il est très ami avec elle.* ‑ *Les pays amis,* alliés. ‑ *Être ami de l'ordre,* y être attaché. **2.** D'un ami ; digne d'amis. ⇒ **amical.** *Une main amie.* ‑ *Une maison amie.* ⇒ **accueillant.**

AMIABLE adj. ▪ Qui est fait par voie de conciliation. *Constat amiable.* ♦ *À L'AMIABLE* loc. adv. : par voie de conciliation. *Divorcer à l'amiable.*

AMIANTE n. m. ▪ Variété de silicate pouvant être travaillée en fibres ; ces fibres, résistantes à l'action du feu. *Combinaison en amiante.* ‑ *Amiante-ciment.*

AMIBE n. f. ▪ Protozoaire des eaux douces et salées, à forme changeante, qui se déplace à l'aide de pseudopodes. *Certaines amibes sont parasites de l'homme.* ‑ *Avoir des amibes,* de l'amibiase. ► AMIBIEN, IENNE adj. *Dysenterie amibienne.*

AMIBIASE n. f. ▪ MÉD. Maladie parasitaire due à des amibes.

AMICAL, ALE, AUX adj. ▪ **1.** Qui manifeste, traduit de l'amitié. *Relations amicales. Un geste amical.* ♦ *Association amicale* ou *AMICALE* n. f. : association de personnes ayant une même profession, une même activité. *L'amicale des anciens élèves de l'école.* **2.** (rencontre sportive) Qui ne compte pas pour un championnat. *Match amical.*

AMICALEMENT adv. ▪ En amis. *Nous avons causé amicalement.* ‑ *Amicalement vôtre.*

AMIDE n. m. ▪ BIOCHIM. Composé organique dérivant de l'ammoniac ou d'une amine par substitution de radicaux acides à l'hydrogène.

AMIDON n. m. ▪ Glucide emmagasiné par les végétaux sous forme de granules, qui, broyés, fournissent un empois (⇒ **amylacé**).

AMIDONNER v. tr. [1] ▪ Empeser à l'amidon. ‑ au p. p. *Col amidonné.* ► n. m. AMIDONNAGE

Henri Frédéric AMIEL (1821-1881) ▪ Écrivain suisse d'expression française, moraliste. "*Journal intime*" (1847-1881).

AMIENS ▪ Chef-lieu de la Somme et de la région Picardie. 131 872 hab. *(les Amiénois).* Vaste cathédrale gothique (XIIIe s.). Activités tertiaires. Industries automobile et chimique. Réunie à la couronne avec *l'Amiénois* (l'Oise et la Somme actuelles) en 1185. La *paix d'Amiens* (1802) marqua une trêve dans les guerres entre Napoléon et l'Angleterre.

Amiens. La cathédrale. *Phot. © Danese/Rapho*

AMILCAR → **Hamilcar Barca**

AMILLY ▪ Commune du Loiret. 11 029 hab.

AMINCIR v. [2] ▪ **1.** v. tr. Rendre plus mince. ♦ Faire paraître plus mince. *Sa robe noire l'amincissait.* **2.** v. intr. FAM. ⇒ **mincir.** ► S'AMINCIR v. pron. Devenir plus mince. ► n. m. AMINCISSEMENT

AMINCISSANT, ANTE adj. ▪ Qui amincit. ‑ Qui fait maigrir. ⇒ **amaigrissant.**

Idi AMIN DADA (né en 1925) ▪ Officier et homme politique ougandais. Chef de l'État de 1971 à 1979, il instaura un régime de terreur et fut renversé.

AMINE n. f. ▪ BIOCHIM. Composé organique dérivé de l'ammoniac, où l'hydrogène est remplacé par un ou plusieurs radicaux hydrocarbonés. ‑ *Fonction amine* (spécifique à ces composés).

AMINÉ, ÉE adj. ▪ *Acide aminé :* substance organique possédant les fonctions amine et acide, constituant essentiel de la matière vivante.

AMIRAL, ALE, AUX ▪ **1.** n. m. Officier du grade le plus élevé dans la marine. ‑ adj. *Vaisseau amiral,* ayant à son bord un amiral, le chef d'une formation navale. **2.** n. f. Femme d'un amiral.

AMIRAUTÉ n. f. ▪ Corps des amiraux, haut commandement de la marine ; siège de ce commandement.

les îles de l'AMIRAUTÉ ▪ Îles mélanésiennes (découvertes en 1616) de l'archipel Bismarck appartenant à la Papouasie-Nouvelle-Guinée. 27 000 hab.

Kingsley AMIS (1922-1995) ▪ Écrivain anglais. Il exprima, de façon souvent humoristique et satirique, ses idées conservatrices. *"Jim la Chance"* (1954).

AMITIÉ [-tje] n. f. ▪ **1.** Sentiment réciproque d'affection ou de sympathie qui ne se fonde ni sur la parenté ni sur l'attrait sexuel. *Se lier d'amitié avec qqn.* - VIEILLI *Amitié particulière :* liaison homosexuelle. **2.** Marque d'affection, témoignage de bienveillance. *Nous ferez-vous l'amitié de venir ?* - *Faites-lui toutes mes amitiés.*

AMMAN ▪ Capitale de la Jordanie, dans le nord ouest du pays. 1 213 300 hab. Ruines romaines.

AMMONIAC n. m. ▪ Combinaison gazeuse d'azote et d'hydrogène, gaz à odeur piquante. ► adj. AMMONIACAL, ALE, AUX

AMMONIAQUE n. f. ▪ Solution aqueuse d'ammoniac. ⇒ **alcali.**

AMMONITE n. f. ▪ Mollusque céphalopode fossile de l'ère secondaire, à coquille enroulée.

AMNÉSIE n. f. ▪ Perte totale ou partielle de la mémoire (s'oppose à *anamnèse, mémoire, souvenir*).

AMNÉSIQUE adj. et n. ▪ Atteint d'amnésie.

AMNESTY INTERNATIONAL ▪ Organisation de défense des droits de l'homme, fondée en 1961. Prix Nobel de la paix 1977.

AMNÉVILLE ▪ Commune de la Moselle. 8 926 hab. *(les Amnévillois).*

AMNIOCENTÈSE [-sɛ̃-] n. f. ▪ Prélèvement, par ponction, de liquide amniotique.

AMNIOS [amnjos] n. m. ▪ DIDACT. Annexe embryonnaire enveloppant l'embryon de certains vertébrés (mammifères, oiseaux, reptiles).

AMNIOTIQUE adj. ▪ DIDACT. Qui appartient à l'amnios. *Prélèvement de liquide amniotique.* ⇒ **amniocentèse.**

AMNISTIE n. f. ▪ Acte du pouvoir législatif par lequel sont suspendues des sanctions. *Loi d'amnistie.*

AMNISTIER v. tr. [7] ▪ Faire bénéficier d'une amnistie (des délinquants ou des délits).

AMOCHER v. tr. [1] ▪ FAM. Blesser par des coups. *Il s'est fait amocher.* - Abîmer, détériorer. - pronom. *Elle s'est bien amochée.*

AMOINDRIR v. tr. [2] ▪ Diminuer (la force, la valeur, l'importance) ; diminuer l'importance de (qqch.). ⇒ **réduire.** *L'excuse amoindrit l'offense.* ► **S'AMOINDRIR** v. pron. *Ses forces s'amoindrissent.* ⇒ **décroître, diminuer.**

AMOINDRISSEMENT n. m. ▪ Diminution, réduction.

AMOK n. m. ▪ Forme de folie homicide observée chez les Malais ; individu qui en est atteint.

AMOLLIR v. tr. [2] ▪ Rendre mou, moins ferme. ⇒ **ramollir.** - absolt fig. *La paresse amollit.* ► **S'AMOLLIR** v. pron. *La cire s'amollit à la chaleur.* - fig. *Il s'amollit dans l'oisiveté.*

AMOLLISSANT, ANTE adj. ▪ Qui amollit, ôte l'énergie. ⇒ **débilitant.**

AMOLLISSEMENT n. m. ▪ Action d'amollir ; état de ce qui est amolli (surtout fig.).

AMON ▪ Dieu de l'Égypte antique. Son ascension fut liée à celle de Thèbes (Karnak) et déclina au profit d'Osiris après la domination assyrienne (VIIe s. av. J.-C.). Identifié à Rê sous le nom d'*Amon-Rê.*

Amon. Sculpture égyptienne, fin du Nouvel Empire ou basse époque. Musée du Louvre, Paris.
Phot. © Dagli Orti

AMONCELER v. tr. [4] ▪ **1.** Réunir en monceau. ⇒ **entasser.** **2.** fig. Accumuler. *Amonceler des informations, des preuves.* ► **S'AMONCELER** v. pron. ⇒ s'**amasser.** *Les nuages s'amoncellent. La neige s'amoncelait sur le toit.*

AMONCELLEMENT n. m. ▪ Entassement, accumulation. *Un amoncellement de rocs.*

AMONT n. m. ▪ **1.** Partie d'un cours d'eau comprise entre un point considéré et sa source. *D'amont en aval*.* - *EN AMONT DE* loc. prép. : au-dessus de (tel point d'un cours d'eau). *Tours est en amont d'Angers.* **2.** fig. Ce qui vient avant (dans une chaîne d'opérations). *Les produits d'amont.*

AMORAL, ALE, AUX adj. ▪ Qui est étranger au domaine de la moralité (≠ *immoral*). *Les lois de la nature sont amorales.*

AMORÇAGE n. m. ▪ Action ou manière d'amorcer.

AMORCE n. f. ▪ **I.** Produit jeté dans l'eau pour amorcer le poisson. *Le pain, les vers blancs servent d'amorces.* **II. 1.** Petite masse de matière détonante servant à provoquer l'explosion d'une charge de poudre ou d'explosif ; dispositif de mise à feu. ⇒ **détonateur.** **2.** Élément qui sert de début, qui amorce (3) qqch. - fig. Manière d'entamer, de commencer. ⇒ **commencement, début, ébauche.** *Cette rencontre pourrait être l'amorce d'une négociation véritable.*

AMORCER v. tr. [3] ▪ **I.** Garnir d'un appât. ⇒ **appâter.** *Amorcer l'hameçon.* - Attirer (le poisson) en répandant des amorces (I). **II. 1.** Garnir d'une amorce (une charge explosive, une arme). *Amorcer un pistolet.* **2.** *Amorcer une pompe,* la mettre en état de fonctionner en remplissant d'eau le corps. **3.** Mettre en route (un processus, un fonctionnement) ; entamer, ébaucher. *Amorcer un virage.* - fig. *Amorcer une discussion.*

les AMORITES ou **AMORRHÉENS** n. m. pl. ▪ Peuple sémitique qui, au IIe millénaire av. J.-C., fonda une dynastie à Babylone dont le roi le plus célèbre fut Hammourabi.

AMORPHE adj. ▪ **1.** (roche) Qui n'a pas de forme cristallisée. *État amorphe* (opposé à *état cristallin*). ♦ fig. Qui n'est pas structuré. **2.** Sans réaction, sans énergie. ⇒ **apathique, inconsistant, inerte, mou.** *Un garçon amorphe.*

AMORTIR v. tr. [2] ▪ **1.** Rendre moins violent, atténuer l'effet de. ⇒ **affaiblir.** *Des buissons ont amorti sa chute.* - au p. p. *Bruit de pas amorti par la neige.* - fig. Atténuer. **2.** Éteindre (une dette) par remboursement. *Amortir un emprunt.* **3.** Reconstituer peu à peu le capital employé à l'achat d'un bien grâce aux bénéfices tirés de ce bien. - au p. p. *Sa voiture n'est pas encore amortie.* ► adj. AMORTISSABLE

AMORTISSEMENT n. m. ▪ **1.** Action d'amortir. *L'amortissement d'un choc.* **2.** *Amortissement financier :* extinction graduelle d'une dette. **3.** Action d'amortir (3).

AMORTISSEUR n. m. ▪ Dispositif qui amortit (1) les chocs, les trépidations. *Les amortisseurs d'une automobile.*

AMOS (VIIIe s. av. J.-C.) ▪ Prophète juif. Il s'éleva contre l'injustice sociale et le formalisme religieux. ► **LIVRE D'AMOS**, recueil biblique placé sous son nom.

l'AMOU-DARIA n. m. ▪ Fleuve d'Asie né en Afghanistan, traversant le Turkménistan et l'Ouzbékistan. 2 540 km. Il se jetait dans la mer d'Aral mais il se perd actuellement dans une zone marécageuse en raison des importants prélèvements effectués pour l'irrigation du coton.

AMOUR n. m. ▪ **1.** Sentiment vif qui pousse à aimer (qqn), à vouloir du bien, à aider en s'identifiant plus ou moins. ⇒ **aimer ; affection.** *L'amour et l'amitié. L'amour du prochain, des humains.* ⇒ **altruisme, philanthropie.** ♦ spécialt *L'amour de Dieu.* loc. *Pour l'amour de Dieu !* je vous en prie ! ♦ Ce sentiment, considéré comme naturel entre les membres d'une même famille. *L'amour maternel, paternel ; filial. L'amour qu'elle porte à, qu'elle a pour ses enfants.* **2.** (souvent en emploi absolu) Inclination envers une personne, le plus souvent à caractère passionnel, fondée sur l'instinct sexuel, mais entraînant des comportements variés. *Un mariage d'amour. Aimer qqn d'amour. L'amour fou. Amour-passion.* ⇒ **passion.** *Amour physique.* ⇒ **érotisme, sexe, sexualité.** - au plur. Liaison, aventure amoureuse. *Comment vont tes amours ? À vos amours !* (formule de souhait). - LITTÉR. au fém. *De brèves amours.* ⇒ **amourette, aventure, béguin, passade.** ♦ *FAIRE L'AMOUR :* avoir des relations sexuelles. ⇒ vulg. **baiser.** **3.** Personne aimée. *Mon amour, écris-moi.* - FAM. *Vous seriez un amour si :* vous seriez très gentil de. **4.** Personnification mythologique de l'amour. *Peindre des Amours.* **5.** FAM. *Un amour de petit chapeau,* un très joli petit chapeau. **6.** Attachement désintéressé et profond à une valeur. *L'amour de la* *vérité. Avoir l'amour de son métier.* - *Faire une chose avec amour,* avec le soin, le souci de perfection de qui aime ce qu'il fait. **7.** Goût très vif pour qqch. qui procure du plaisir. ⇒ **passion.** *L'amour de la nature. Pour l'amour de l'art.*

l'AMOUR en chinois ***HEILONJIANG*** **n. m.** ▪ Fleuve frontière entre la Russie et la Chine qui se jette dans la mer d'Okhotsk. 4 354 km.

s'AMOURACHER v. pron. 1 ▪ péj. *S'amouracher de qqn,* en tomber amoureux. ⇒ s'**enticher,** se **toquer.**

AMOURETTE n. f. ▪ Amour passager, sans conséquence. ⇒ **béguin, toquade.**

AMOUREUSEMENT adv. ▪ **1.** Avec amour (2), tendrement. **2.** Avec un soin tout particulier. *Classer amoureusement ses timbres.*

AMOUREUX, EUSE adj. ▪ **1.** Qui éprouve de l'amour (2), qui aime. ⇒ **épris.** *Tomber amoureux de qqn.* - **n.** *Un amoureux transi.* **2.** Propre à l'amour, qui marque de l'amour. *La vie amoureuse de Victor Hugo.* - *Regard amoureux.* **3.** Qui a un goût très vif pour (qqch.). ⇒ **fervent, fou, passionné.**

AMOUR-PROPRE n. m. ▪ Sentiment vif qu'un être a de sa dignité et de sa valeur personnelle. ⇒ **fierté.** *Blessures, satisfactions d'amour-propre. Des amours-propres.*

AMOVIBLE adj. ▪ **1.** (fonctionnaire, magistrat) Qui peut être déplacé, changé d'emploi, révoqué. **2.** Qu'on peut enlever ou remettre à volonté. *Doublure amovible.* ► **n. f.** AMOVIBILITÉ

AMOY → Xiamen

AMPÉLOPSIS [-sis] **n. m.** ▪ Plante grimpante communément appelée *vigne vierge.*

AMPÉRAGE n. m. ▪ Intensité de courant électrique (incorrect en sc.).

AMPÈRE n. m. ▪ Unité d'intensité des courants électriques (symb. A).

André Marie AMPÈRE (1775 - 1836) ▪ Physicien et mathématicien français. Il fonda la théorie électromagnétique et inventa le galvanomètre et l'électroaimant. La *règle d'Ampère* donne le sens de l'action magnétique produite par un courant électrique (règle du *bonhomme d'Ampère*). Le *théorème d'Ampère* permet de calculer le champ magnétique créé par les courants électriques continus.

AMPHÉTAMINE n. f. ▪ Médicament employé comme excitant du système nerveux central. *Dopage aux amphétamines.*

AMPHI n. m. ⇒ AMPHITHÉÂTRE

AMPH(I)- Élément (du grec *amphi-*) signifiant « des deux côtés, en double », ou « autour ».

AMPHIBIE adj. ▪ **1.** Capable de vivre à l'air ou dans l'eau, entièrement émergé ou immergé. *La grenouille est amphibie.* **2.** Qui peut être utilisé sur terre ou dans l'eau. *Char amphibie.*

AMPHIBIEN n. m. ▪ Animal amphibie dont la peau est criblée de glandes à sécrétion visqueuse, dont la respiration est surtout cutanée, et qui subit une métamorphose (syn. *batracien*). *La classe des amphibiens.*

AMPHIBOLOGIE n. f. ▪ DIDACT. Double sens présenté par une proposition (ex. *louer un appartement*). ⇒ **ambiguïté, équivoque.** ► **adj.** AMPHIBOLOGIQUE

AMPHIGOURI n. m. ▪ Discours embrouillé.

AMPHIGOURIQUE adj. ▪ (discours) Compliqué et confus. ⇒ **embrouillé, incompréhensible.**

AMPHITHÉÂTRE n. m. ▪ **1.** Vaste édifice circulaire antique, à gradins étagés, occupé au centre par une arène. - *Ville en amphithéâtre,* qui s'étage sur une pente. **2.** Salle de cours en gradins dans une université. ⊂ abrév. FAM. AMPHI. *Des amphis.*

amphithéâtre. Vue d'ensemble de l'amphithéâtre de Pompéi, art romain, Ier s. av. J.-C. *Phot. © Alinari/Giraudon*

Amphitrite. *Maison de Neptune et d'Amphitrite,* peinture murale, détail. Herculanum. *Phot. © Dagli Orti*

AMPHITRITE ▪ Déesse de la Mer, dans la mythologie grecque, épouse de Poséidon, et mère de Triton.

AMPHITRYON n. m. ▪ LITTÉR. Hôte qui offre à dîner.

AMPHITRYON ▪ Roi de la mythologie grecque. Zeus prit son apparence pour séduire son épouse Alcmène, qui donna naissance à Héraclès. Plaute, Molière et Giraudoux en ont tiré des comédies.

AMPHORE n. f. ▪ Vase antique à deux anses, pansu, à pied étroit.

AMPLE adj. ▪ **1.** Qui a de l'ampleur. ⇒ **large.** *Manteau ample* (opposé à *cintré, ajusté*). - *Mouvement ample.* **2.** fig. Abondant, qui se développe largement. *Pour de plus amples renseignements...*

AMPLEMENT adv. ▪ D'une manière large, plus que suffisante. - Copieusement. ⇒ **abondamment, largement.**

AMPLEUR n. f. ▪ **1.** Largeur importante, au-delà du nécessaire. *Donner de l'ampleur à une jupe.* **2.** Importance dans l'espace. *L'ampleur de ses gestes.* **3.** Caractère de ce qui est abondant, qui a une grande extension ou importance. *Prendre de l'ampleur. Devant l'ampleur du désastre.*

AMPLIFICATEUR, TRICE ▪ **1. n. m.** Appareil destiné à augmenter l'amplitude d'un phénomène (oscillations électriques en particulier). ♦ spécialt Élément d'une chaîne acoustique qui précède les haut-parleurs. ⊂ abrév. FAM. AMPLI. *Des amplis.* **2. adj.** Qui amplifie.

AMPLIFICATION n. f. ▪ Fait d'amplifier. *L'amplification d'un son. L'amplification d'un scandale.*

AMPLIFIER v. tr. 7 ▪ **1.** Augmenter les dimensions, l'intensité de. *Amplifier un son.* **2.** Développer en ajoutant des détails. - péj. Embellir, exagérer. ► **s'AMPLIFIER v. pron.** Prendre de l'ampleur, de l'amplitude. *La musique s'amplifiait.* - *Détails qui s'amplifient.*

AMPLITUDE n. f. ▪ **1.** Grandeur, étendue importante. ⇒ **ampleur.** *L'amplitude des problèmes mondiaux.* **2.** Différence entre les valeurs extrêmes d'une grandeur. *L'amplitude d'une onde, d'une vague.*

AMPOULE n. f. ▪ **I. 1.** Petite fiole. **2.** Tube de verre effilé et fermé destiné à la conservation d'une dose déterminée de médicament liquide ; son contenu. *Ampoule buvable, injectable.* **3.** Globe de verre contenant le filament des lampes à incandescence. *Changer une ampoule (électrique) grillée.* **II.** Cloque de la peau formée par une accumulation de sérosité. *Avoir des ampoules aux mains, aux pieds.*

AMPOULÉ, ÉE adj. ▪ (style, expression) Emphatique, boursouflé. *Un discours ampoulé.*

AMPUTATION n. f. ▪ **1.** Opération chirurgicale consistant à couper un membre, un segment de membre, une partie saillante. **2.** fig. Retranchement, perte importante.

AMPUTER v. tr. 1 ▪ **1.** Faire l'amputation de (un membre, etc.). ⇒ **couper.** - *Amputer qqn,* lui enlever un membre. *On l'a amputé d'un bras.* **2.** fig. Couper, retrancher. ⇒ **diminuer, mutiler.** *La pièce a été amputée de plusieurs scènes.* ► **AMPUTÉ, ÉE adj.** *Membre amputé.* - *Blessé amputé.* - **n.** *Un amputé du bras.*

AMR IBN AL-AS (v. 580 - 664) ▪ Conquérant arabe, compagnon de Mahomet, il envahit la Palestine, prit Alexandrie et fonda Fustāt (Le Caire), capitale de la province d'Égypte qu'il gouverna jusqu'à sa mort.

AMRITSAR ▪ Ville sainte des sikhs en Inde (Pendjab). 710 000 hab. Temple d'or des XVIe-XVIIIe s. Depuis 1970, troubles dus aux nationalistes sikhs.

AMSTERDAM ▪ Capitale et port des Pays-Bas, en Hollande-Septentrionale. 713 407 hab. *(les Amstellodamiens)*. Centre financier, intellectuel (université, édition) et touristique : nombreux canaux, monuments, quartiers anciens, musées (Rijksmuseum, musée Van Gogh). Taille de diamants. Industries mécanique, chimique et alimentaire (brasseries). □ **HISTOIRE** Elle adhéra à la Hanse (XIVe s.), devint un centre de commerce important au XVe s., de dimension mondiale au XVIIe s. (fondation de la Compagnie des Indes orientales en 1602 et de la banque d'Amsterdam en 1609).

Amsterdam. Un canal.
Phot. © de Selva/Tapabor

AMULETTE n. f. ▪ Petit objet qu'on porte sur soi par superstition, pour préserver de dangers, etc. ⇒ **fétiche.**

Roald **AMUNDSEN** (1872 - 1928) ▪ Explorateur norvégien. Il franchit le premier le passage du Nord-Ouest (1906), et mena la première expédition au pôle Sud (1911).

AMURE n. f. ▪ MAR. *Point d'amure :* fixation inférieure de la voile, du côté du vent. ♦ Côté d'un bateau qui reçoit le vent. (au plur.) *Bâbord amures.*

AMUSANT, ANTE adj. ▪ Qui amuse, est propre à distraire, à divertir. ⇒ **divertissant, drôle, réjouissant** ; FAM. **marrant, rigolo.** *Un jeu amusant.* - *Tu n'es pas amusant.* - n. m. *L'amusant de l'affaire, c'est que...*

AMUSE-GUEULE n. m. ▪ FAM. Petit sandwich, biscuit salé, etc., servi avec l'apéritif ou au cours d'une réception. *Des amuse-gueule(s).* ◇ syn. (dans les restaurants) AMUSE-BOUCHE.

AMUSEMENT n. m. ▪ **1.** Caractère de ce qui amuse. *Faire qqch. par amusement.* **2.** Distraction agréable, divertissement.

AMUSER v. tr. ⊡ ▪ **1.** VX Occuper, distraire (qqn) en trompant. ⇒ **duper, leurrer.** MOD. Détourner l'attention de (qqn). **2.** Distraire agréablement ; faire rire ou sourire. ⇒ **divertir.** *Un rien l'amuse.* - loc. FAM. *Amuser la galerie :* faire rire l'assistance. ► **S'AMUSER** v. pron. Se distraire agréablement. ⇒ se **divertir, jouer.** *"Le roi s'amuse"* (pièce de Victor Hugo). - *S'amuser à des bêtises. S'amuser à taquiner qqn.* ► **AMUSÉ, ÉE** adj. Qui exprime l'amusement ; empreint d'amusement. *Regard amusé.* - *Étonnement amusé.*

AMUSETTE n. f. ▪ Passe-temps qu'on ne prend pas au sérieux.

AMUSEUR, EUSE n. ▪ Personne qui amuse, distrait (une société, un public).

Gilbert **AMY** (né en 1936) ▪ Chef d'orchestre et compositeur français. Élève de Messiaen et de Boulez. *"Une saison en enfer"*, d'après Rimbaud (1980).

AMYGDALE [-idal] n. f. ▪ Chacun des deux organes situés sur la paroi latérale du larynx, producteur de lymphocytes. *Se faire opérer des amygdales.*

AMYLACÉ, ÉE adj. ▪ DIDACT. De la nature de l'amidon.

Jacques **AMYOT** (1513 - 1593) ▪ Humaniste français. Traducteur des *"Vies des hommes illustres"* de Plutarque, et de Longus.

AN n. m. ▪ **1.** Durée conventionnelle, voisine de celle d'une révolution de la Terre autour du Soleil ; cet espace de temps (12 mois consécutifs), utilisé pour mesurer la durée ou l'âge (⇒ **année ; annuel**). *Il a vécu (pendant) cinq ans en Italie. Elle vient nous voir trois fois par an, trois fois l'an. Il a vingt ans.* ⇒ FAM. **balai, berge, pige.** *De quarante, cinquante ans* (quadra-, quinquagénaire). - LITTÉR. *Être chargé d'ans,* très âgé. - loc. *BON AN, MAL AN :* en faisant la moyenne entre les bonnes et les mauvaises années. **2.** Année en tant que point du temps. *L'an dernier, l'an prochain.* - *Le jour de l'an, le premier de l'an :* le 1er janvier. - *L'an 350 avant Jésus-Christ. En l'an de grâce*...* - loc. *S'en moquer comme de l'an quarante,* complètement.

AN → **Enlil**

AN- ⇒ A-

ANA- Élément (du grec *ana-*) signifiant « de bas en haut » (ex. *anaglyphe*), « en arrière » (ex. *anachronisme*), « en sens contraire » (ex. *anagramme*), ou « de nouveau » (ex. *anamorphose*).

ANABAPTISME n. m. ▪ Doctrine des anabaptistes.

ANABAPTISTE n et adj. ▪ Membre d'une secte protestante qui soumettait ses adeptes à un second baptême à l'âge de raison. ▪ Un courant anabaptiste révolutionnaire, prônant la communauté des biens, fut actif en Allemagne entre 1521 et 1535 (→ **Th. Münzer**). Plusieurs tentatives de soulèvement (« guerre des paysans ») se heurtèrent à l'opposition de Luther et furent violemment réprimées.

ANABOLISANT, ANTE n. m. et adj. ▪ Substance qui entraîne un accroissement du système musculaire.

ANACARDE n. m. ▪ Fruit d'un arbre tropical (l'*anacardier* n. m.), communément appelé *noix de cajou.*

ANACHORÈTE [-kɔ-] n. m. ▪ DIDACT. Religieux contemplatif qui se retire dans la solitude. ⇒ **ermite.** - *Mener une vie d'anachorète :* vivre en solitaire.

ANACHRONIQUE [-kʀɔ-] adj. ▪ **1.** Entaché d'anachronisme. **2.** Qui est déplacé à son époque, qui est d'un autre âge. *Équipement anachronique.* ⇒ **désuet, périmé.**

ANACHRONISME [-kʀɔ-] n. m. ▪ **1.** Confusion de dates, attribution à une époque de ce qui appartient à une autre. **2.** Caractère de ce qui est anachronique, périmé ; chose, usage, institution anachronique. ⇒ **survivance.**

ANACOLUTHE n. f. ▪ DIDACT. Rupture ou discontinuité dans la construction d'une phrase (ex. « Et pleurés du vieillard, il grava sur leur marbre » [La Fontaine]).

ANACONDA n. m. ▪ Grand boa constricteur d'Amérique du Sud.

anaconda. *Eunectus murinus.*
Phot. © Wild/Jacana

ANACRÉON (v. 570 - v. 455 av. J.-C.) ▪ Poète grec, inspirateur d'une poésie gracieuse dite *anacréontique.*

ANAÉROBIE adj. ▪ Qui peut vivre dans un milieu privé d'air (micro-organisme). - Capable de fonctionner sans air (propulseur). *Fusée anaérobie.* ◇ contr. *aérobie.*

ANAGLYPHE n. m. ▪ Ouvrage (spécialt inscription ornementale) sculpté en bas-relief.

ANAGLYPTIQUE adj. ▪ Se dit d'une écriture ou d'une impression en relief à l'usage des aveugles.

ananas.
Phot. © Haines/Jacana

ANAGRAMME n. f. ▪ Mot obtenu par transposition des lettres d'un autre mot (ex. Marie-aimer).

ANAHEIM ▪ Ville des États-Unis (Californie). 266 000 hab. Parc d'attractions de Disneyland.

ANAL, ALE, AUX adj. ▪ De l'anus. *Coït anal.* ⇒ **sodomie.** - PSYCH. *Stade anal,* stade de la libido antérieur au stade génital, selon Freud. *Érotisme anal.* ► n. f. ANALITÉ

ANALGÉSIE n. f. ▪ Suppression de la douleur.

ANALGÉSIQUE adj. ▪ Qui supprime ou atténue la sensibilité à la douleur. - n. m. *La morphine est un analgésique.*

ANALLERGIQUE adj. ▪ Qui ne provoque pas d'allergie.

ANALOGIE n. f. ▪ Ressemblance établie par l'esprit (association d'idées) entre deux ou plusieurs objets de pensée essentiellement différents. ⇒ **correspondance, rapport.** *Analogie entre deux comportements.* - *Raisonnement par analogie,* qui conclut d'une ressemblance partielle à une autre ressemblance plus générale. ⇒ **induction.** ♦ (dans le langage) « *Vous disez* » *(incorrect) est formé par analogie avec* « *vous lisez* ». *Faute par analogie.*

ANALOGIQUE adj. ▪ Fondé sur l'analogie. ► adv. ANALOGIQUEMENT

ANALOGUE adj. ▪ Qui présente une analogie. ⇒ **comparable, voisin.** *J'ai suivi un raisonnement analogue (au vôtre).* - n. m. ⇒ **correspondant, équivalent.** *Ce terme n'a pas d'analogue en français.*

ANALPHABÈTE adj. et n. ▪ Qui n'a pas appris à lire et à écrire (≠ *illettré*).

ANALPHABÉTISME n. m. ▪ DIDACT. État de l'analphabète, des analphabètes d'un pays (≠ *illettrisme*).

ANALYSABLE adj. ▪ Qui peut être analysé. *Une sensation trop vive pour être analysable.*

ANALYSE n. f. ▪ **1.** Opération intellectuelle consistant à décomposer un tout en ses éléments constituants et d'en établir les relations. - GRAMM. Division d'une phrase en mots *(analyse grammaticale),* en propositions *(analyse logique).* ♦ Examen qui tente de dégager les éléments propres à expliquer une situation, un sentiment, etc. *Analyse psychologique. L'analyse de la situation politique.* - loc. *En dernière analyse :* au terme de l'analyse, au fond. **2.** Séparation d'un composé pour identification ou dosage de ses composants. *Analyse chimique. Analyse du sang, des urines. Laboratoire d'analyses.* **3.** Psychanalyse. *Être en analyse.* **4.** Opération de logique consistant à remonter d'une proposition à d'autres propositions reconnues pour vraies d'où on puisse ensuite la déduire. **5.** MATH. anciennt Algèbre. - MOD. Étude de fonctions, d'ensembles, et des liens entre les objets mathématiques.

ANALYSER v. tr. [1] ▪ **1.** Faire l'analyse (1) de. *Tenter d'analyser ce que l'on éprouve.* ⇒ **disséquer, étudier, examiner.** - pronom. *Il s'analyse trop.* ⇒ s'**étudier. 2.** (→ analyse, 2) *Faire analyser son sang, l'eau d'une source.* **3.** Psychanalyser.

ANALYSTE n. ▪ **1.** Spécialiste d'un type d'analyse. *Analyste financier.* **2.** Personne habile en matière d'analyse psychologique. **3.** Psychanalyste.

ANALYSTE-PROGRAMMEUR, EUSE n. ▪ Informaticien chargé des problèmes d'analyse et de la programmation correspondante.

ANALYTIQUE adj. ▪ **1.** MATH. Qui appartient à l'analyse. **2.** Qui procède par analyse. *Raisonnement analytique.* - *Esprit analytique,* qui considère les choses dans leurs éléments plutôt que dans leur ensemble. **3.** Qui constitue une analyse, un sommaire. *Table analytique.* **4.** Psychanalytique.

ANAMNÈSE n. f. ▪ DIDACT. Retour à la mémoire du passé vécu et oublié ou refoulé (s'oppose à *amnésie*).

ANAMORPHOSE n. f. ▪ Déformation d'une image par un procédé optique ou mathématique (perspective, miroirs courbes, lentille, etc.). - Représentation picturale de cette déformation.

ANANAS [-a(s)] n. m. ▪ Gros fruit oblong, écailleux, qui porte une touffe de feuilles à son sommet, et dont la pulpe est sucrée et très parfumée ; la plante qui le porte.

ANAPESTE n. m. ▪ (métrique anc.) Pied composé de deux brèves et une longue. - Poème qui contient des anapestes.

ANAPHORE n. f. ▪ DIDACT. Répétition d'un mot en tête de plusieurs membres de phrase, pour obtenir un effet de renforcement ou de symétrie.

ANARCHIE n. f. ▪ **1.** Désordre résultant d'une absence ou d'une carence d'autorité. *Pays en proie à l'anarchie.* ♦ Attitude de refus d'autorité. **2.** Confusion due à l'absence de règles ou d'ordres précis. **3.** Anarchisme.

ANARCHIQUE adj. ▪ Caractérisé par l'anarchie. ► ANARCHIQUEMENT adv. *La ville s'est développée anarchiquement.*

ANARCHISANT, ANTE adj. ▪ Qui tend à l'anarchisme, a des sympathies pour l'anarchisme.

ANARCHISME n. m. ▪ **1.** Conception politique qui tend à supprimer l'État, à éliminer de la société tout pouvoir disposant d'un droit de contrainte. **2.** Refus de toute autorité, de toute règle. ▪ Théorisé au XIXe siècle (→ **Proudhon, Bakounine, Kropotkine**), l'anarchisme se divisa en de nombreux courants : individualiste à la suite de Stirner, collectiviste, terroriste (Ravachol), anarchosyndicaliste (Pelloutier, CGT). Jouant un grand rôle lors de la Révolution russe (Makhno) et de la guerre d'Espagne en 1936-1939 (Durruti), il connut un regain d'intérêt en mai 68.

ANARCHISTE n. et adj. ▪ **1.** Partisan de l'anarchisme (1). ⇒ **libertaire.** - adj. *Parti anarchiste.* ◇ abrév. FAM. ANAR. **2.** Personne qui rejette toute autorité, toute règle.

ANARCHOSYNDICALISME [anaʀkos-] n. m. ▪ Syndicalisme révolutionnaire et antiétatiste. ► adj. et n. ANARCHOSYNDICALISTE

ANASTIGMAT [-stigmat] adj. m. ▪ Dépourvu d'astigmatisme (objectif). ◇ var. ANASTIGMATIQUE.

ANASTOMOSE n. f. ▪ Communication entre deux organes, deux vaisseaux, deux conduits de même nature ou deux nerfs.

ANASTOMOSER v. tr. [1] ▪ Réunir par anastomose.

ANATHÉMATISER v. tr. [1] ▪ DIDACT. Frapper d'anathème. ⇒ **excommunier.** - fig. LITTÉR. Condamner avec force, maudire.

ANATHÈME ▪ **1.** n. m. Excommunication majeure prononcée contre les hérétiques ou les ennemis de la foi catholique. - fig. Condamnation totale. *Jeter l'anathème sur qqn.* ⇒ **malédiction. 2.** n. Personne frappée de cette excommunication.

ANATIFE n. m. ▪ ZOOL. Crustacé marin muni d'un pédoncule, qui s'attache aux objets flottants (coques de navires, etc.).

l'ANATOLIE n. f. ▪ Ancien nom de l'Asie Mineure, donné aujourd'hui à la Turquie d'Asie (Arménie et Kurdistan compris).

l'**Anatolie.** Région d'Ürgüp.
Phot. © Carlo Bevilacqua/Ricciarini

ANATOMIE n. f. ▪ **1.** Étude de la structure et de la forme des êtres organisés ainsi que des rapports entre leurs différents organes. ⇒ **morphologie.** *Anatomie humaine, animale, végétale. Anatomie comparée.* – *Anatomie artistique,* étude des formes extérieures du corps en vue de la représentation par l'art. ♦ Ces formes ; le corps. *Dévoiler, montrer son anatomie.* **2.** Structure de l'organisme ainsi étudié. *Caractères généraux de l'anatomie d'un crustacé.*

ANATOMIQUE adj. ▪ Relatif à l'anatomie.

ANATOMISTE n. ▪ Spécialiste de l'anatomie.

ANATOMO- Élément tiré de *anatomie,* qui signifie « de l'anatomie et de... » (ex. *anatomopathologie*).

ANATOXINE n. f. ▪ DIDACT. Toxine bactérienne traitée, aux propriétés immunisantes.

ANAXAGORE (v. 500 - v. 428 av. J.-C.) ▪ Philosophe grec. Il introduisit l'idée d'une intelligence ordonnatrice de la nature tout en restant matérialiste.

ANCENIS ▪ Chef-lieu d'arrondissement de la Loire-Atlantique. 6 896 hab. *(les Anceniens).* Viticulture.

ANCESTRAL, ALE, AUX adj. ▪ **1.** Qui a appartenu aux ancêtres, qu'on tient des ancêtres. **2.** Qui remonte très loin. ⇒ **immémorial.**

ANCÊTRE n. m. ▪ **1.** Personne qui est à l'origine d'une famille, dont on descend. ⇒ **aïeul. 2.** Se dit d'une espèce dont une autre provient. *Le mammouth est l'ancêtre de l'éléphant.* **3.** Initiateur lointain, devancier. ⇒ **précurseur.** *Un ancêtre du surréalisme.* **4.** au plur. Ceux qui ont vécu avant nous, les hommes des siècles passés. *Nos ancêtres les Gaulois.*

ANCHE n. f. ▪ Languette vibrante qui s'adapte au bec des instruments dits *à anche* (clarinette, saxophone, etc.).

ANCHOIS n. m. ▪ Petit poisson de mer commun en Méditerranée, qu'on consomme surtout mariné et salé.

ANCHORAGE ▪ Ville des États-Unis (Alaska). 235 000 hab. Aéroport. Université.

Anchorage. Vue générale avec le Wechester Lagoon. *Phot. © Lénars/Explorer*

ANCIEN, IENNE adj. ▪ **1.** Qui existe depuis longtemps, qui date d'une époque bien antérieure. ⇒ **antique, vieux.** *Une coutume ancienne. Acheter un meuble ancien chez un antiquaire.* ♦ n. *Aimer l'ancien,* les objets anciens. – *À l'ancienne* loc. adv. : à la manière d'autrefois. **2.** Qui est du passé et n'existe plus. – *L'Ancien Régime* (voir ci-dessous). ♦ (devant le nom) Qui a été autrefois tel et ne l'est plus. ⇒ ② **ex-.** *Ancien ministre. Son ancienne femme.* **3.** Qui a existé il y a longtemps. ⇒ **antique, passé.** *Les peuples anciens,* de l'Antiquité. *Dans des temps très anciens.* – loc. FAM. *C'est de l'histoire ancienne,* c'est du passé. ♦ n. *Les Anciens :* les peuples et les écrivains de l'Antiquité. **4.** Qui a un certain âge ou de l'ancienneté. *Il est plus ancien que moi dans le métier.*

▪ **l'ANCIEN RÉGIME** ▪ Régime politique (monarchie absolue), économique et social de la France, qui se mit progressivement en place à la fin du régime féodal, à partir du XIVe s., et fut aboli en 1789 (→ la **Révolution française**).

▪ **le Conseil des ANCIENS** ▪ L'une des deux assemblées législatives du Directoire*.

▪ **la querelle des ANCIENS ET DES MODERNES** ▪ Polémique littéraire (1670-1715) pendant laquelle les écrivains français discutèrent de la prééminence des écrivains modernes (avis de Perrault, Fontenelle) ou des auteurs de l'Antiquité (opinion de Boileau, Racine, La Fontaine, La Bruyère). Elle s'acheva en faveur des Modernes, porteurs de l'esprit des Lumières.

ANCIENNEMENT adv. ▪ Dans les temps anciens, autrefois.

ANCIENNETÉ n. f. ▪ **1.** Caractère de ce qui existe depuis longtemps. *L'ancienneté d'un monument, d'une coutume.* **2.** Temps passé dans une fonction à compter de la date de la nomination. *Avancement à l'ancienneté.*

ANCILLAIRE [-sil-] adj. ▪ LITTÉR. *Amours ancillaires,* avec des servantes.

ANCOLIE n. f. ▪ Plante ornementale, dont les fleurs bleues, blanches ou roses ont des pétales terminés en éperon.

ancolie. *Aquilegia. Phot. © Rouxaime/Jacana*

ANCÔNE en italien ***ANCONA*** ▪ Ville et port d'Italie, capitale des Marches. 103 454 hab. Cathédrale (XIe-XIIIe s.).

ANCRAGE n. m. ▪ Action, manière d'ancrer, d'attacher à un point fixe. ⇒ **fixation.** – fig. *L'ancrage d'un parti dans une société.*

ANCRE n. f. ▪ Pièce d'acier suspendue à une chaîne, que l'on jette au fond de l'eau pour qu'elle s'y fixe et retienne le navire. *Tige, verge, organeau d'une ancre. Jeter, lever l'ancre.*

ANCRER v. tr. [1] ▪ **1.** Fixer solidement (comme avec une ancre). **2.** fig. Enraciner. – pronom. *Laisser une idée s'ancrer dans l'opinion.* – au p. p. *Préjugés ancrés dans l'esprit.*

ANCYRE ▪ Nom d'Ankara* dans l'Antiquité.

ANDAIN n. m. ▪ Rangée d'herbe fauchée.

l'ANDALOUSIE n. f. en espagnol ***ANDALUCÍA*** ▪ Région historique et communauté autonome du sud de l'Espagne. 87 268 km². 9 600 000 hab. *(les Andalous).* Capitale : Séville. Tourisme, agriculture, pêche (chantiers navals de Cadix). Riche province carthaginoise puis romaine, royaume barbare, cœur de l'Espagne maure (califat de Cordoue, royaume de Grenade), elle fut la dernière province rattachée au royaume catholique, en 1492.

l'Andalousie. Un potier à Guadix. *Phot. © Hétier*

les îles ANDAMAN ET NICOBAR ▪ Îles indiennes, dans le golfe du Bengale, formant un territoire de l'Union. 8 249 km². 279 000 hab. Chef-lieu : Port Blair.

ANDANTE [ɑ̃dɑ̃t ; andante] adv. ▪ Indication d'un mouvement modéré, plus vif que l'adagio. – n. m. *L'andante d'une sonate.*

Les ANDELYS ▪ Chef-lieu d'arrondissement de l'Eure. 8 455 hab. *(les Andelisiens)*. Ruines du Château-Gaillard (construit par Richard Cœur de Lion).

ANDERLECHT ▪ Commune de Belgique (Région de Bruxelles-Capitale), dans l'agglomération de Bruxelles. 87 884 hab. Maison d'Érasme.

ANDERMATT ▪ Ville de Suisse (Uri), au pied du Saint-Gothard. 1 334 hab. Importante station d'été et de sports d'hiver (1 500-2 386 m).

ANDERNOS-LES-BAINS ▪ Commune de la Gironde, sur le bassin d'Arcachon. 7 176 hab. *(les Andernosiens)*. Station balnéaire.

Hans Christian ANDERSEN (1805 - 1875) ▪ Écrivain danois. Il acquit une célébrité universelle par ses *"Contes"*, imaginatifs et mélancoliques, (*"La Petite sirène"*, *"Le Vilain petit canard"*, *"Le Costume neuf de l'empereur"*, *"La Petite Marchande d'allumettes"*...). Sa production comprend aussi des pièces de théâtre, des romans romantiques et des récits de sa vie.

Martin ANDERSEN-NEXØ (1869 - 1954) ▪ Romancier danois. Ouvrier et autodidacte, il fut attiré par le communisme. *"Pellé le Conquérant"* (1906-1910); *"Martin le Rouge"* (1945); *"Autobiographie"* (4 vol.).

Sherwood ANDERSON (1876 - 1941) ▪ Écrivain américain, auteur de nouvelles et de romans. *"Winesburg, Ohio"* (1919) est un recueil de nouvelles critiquant les préjugés de la société américaine. *"Pauvre blanc"* (1920) évoque la transformation d'une région agricole en centre industriel. Il fut très lié avec Faulkner.

Carl David ANDERSON (1905 - 1991) ▪ Physicien américain. Il découvrit le positon et le muon dans le rayonnement cosmique. Prix Nobel de physique 1936, avec V. Hess.

Lindsay ANDERSON (1923 - 1994) ▪ Réalisateur et critique de cinéma britannique. Principal animateur du mouvement *Free Cinema*, il illustra une certaine contestation tant dans le documentaire que dans la fiction. *"If..."* (1968).

Poul ANDERSON (né en 1926) ▪ Romancier américain. Ses romans de science-fiction sont des classiques du genre. *"La Patrouille du temps"* (1955-1959).

les ANDES n. f. pl. ▪ Chaîne montagneuse couvrant le tiers occidental de l'Amérique du Sud (8 000 km de long). Point culminant (de l'Amérique) : l'Aconcagua. Agriculture vivrière.

ANDHRA ▪ Dynastie indienne du Dekkan qui contrôla le sud-est de l'Inde du Ier s. av. J.-C. jusque vers 225.

l'ANDHRA PRADESH n. m. ▪ État du sud-est de l'Inde. 276 814 km². 66 304 000 hab. Capitale : Hyderabad. Culture du riz.

l'ANDORRE n. f. ▪ Principauté des Pyrénées, au Sud de Foix. 465 km². 42 712 hab. *(les Andorrans.)* Langue officielle : catalan. Religion officielle : catholicisme. Monnaies : franc français et peseta espagnole. Tourisme, commerce. Depuis 1993 Andorre est un État indépendant, doté d'une constitution et membre de l'O.N.U. Il est dirigé par deux coprinces, le président de la République française et l'évêque d'Urgel, en Espagne. De 1278 à 1993 Andorre était sous la *suzeraineté* de ses coprinces. ► **ANDORRE-LA-VIEILLE**, capitale. 17 000 hab.

ANDOUILLE n. f. ▪ **1.** Charcuterie faite de boyaux de porc ou de veau, coupés en lanières et enserrés dans une partie du gros intestin. *Andouille fumée.* **2.** FAM. Niais, imbécile. *Quelle andouille. Faire l'andouille.*

ANDOUILLER n. m. ▪ Ramification des bois des cervidés (permettant de déterminer l'âge de l'animal).

ANDOUILLETTE n. f. ▪ Petite andouille fraîche qui se mange grillée.

Gyula ANDRÁSSY l'Aîné (1823 - 1890) ▪ Homme politique hongrois. Ministre des Affaires étrangères de l'Empire austro-hongrois de 1871 à 1879, il réalisa l'alliance de l'Autriche-Hongrie et de l'Allemagne (1879).

saint ANDRÉ ▪ Un des apôtres du Christ, il aurait été crucifié sur une croix en X *(croix de Saint-André)*.

Andrea di Bartolo dit ANDREA DEL CASTAGNO (1419 - 1457) ▪ Peintre italien. Il se fixa en 1444 à Florence, où il peignit des fresques monumentales (réfectoire de Sant'Apollonia). Puissance plastique et austérité du style marquent également la série des *Hommes* et *Femmes illustres* (villa Carducci à Legnaia) et l'effigie équestre de *Nicollò da Tolentino*.

ANDREA DEL SARTO (1486 - 1530) ▪ Peintre italien. Représentant du classicisme florentin et de la peinture narrative, influencé par Raphaël et Léonard de Vinci. Il décora l'entrée de l'église de l'Annunziata à Florence, puis ouvrit la voie au maniérisme florentin en insistant sur l'expression des sentiments et en déployant un décor monumental. *"Annonciation"* (palais Pitti, Florence); *"Sainte Famille"* (Louvre).

Andrea del Sarto. *La Charité.* Musée du Louvre, Paris.
Phot. © Nino Cirani/Ricciarini

Andrea da Pontedera dit ANDREA PISANO (v. 1290 - v. 1349) ▪ Orfèvre, sculpteur et architecte italien. Il exécuta, s'inspirant de Giotto, la première des trois portes en bronze du baptistère de Florence. Il collabora ensuite avec celui-ci aux travaux du Campanile, qu'il dirigea après la mort de ce dernier.

Lou ANDREAS-SALOMÉ (1861 - 1937) ▪ Femme de lettres allemande. Amie de Nietzsche, Rilke et disciple de Freud. *"Lettre ouverte à Freud"* (1931).

Leonid Nikolaïevitch ANDREÏEV (1871 - 1919) ▪ Écrivain russe. Symboliste, il traita dans ses nouvelles du ridicule absurde de la vie. *"Le Gouffre"* (1902).

Giulio ANDREOTTI (né en 1919) ▪ Homme politique italien. Plusieurs fois Premier ministre (démocrate-chrétien) entre 1972 et 1992. Il fut mis en accusation pour association avec la Mafia en 1995.

ANDRÉSY ▪ Commune des Yvelines. 12 548 hab. *(les Andrésiens)*.

ANDRÉZIEUX-BOUTHÉON ▪ Commune de la Loire. 9 407 hab. *(les Andréziens-Bouthéonais)*. Aéroport de Saint-Étienne.

Ivo ANDRIĆ (1892 - 1975) ▪ Écrivain serbe. Son œuvre, à l'écriture très sobre, narre l'histoire de la Bosnie. *"Il est un pont sur la Drina"* (1945). Prix Nobel de littérature 1961.

ANDRINOPLE → Edirne

ANDRO-, -ANDRE, -ANDRIE Éléments, du grec *anêr, andros* « homme, mâle » (ex. *polyandre, scaphandre*).

ANDROCLÈS (Ier s.) ▪ Esclave romain. Selon l'écrivain latin Aulu-Gelle, il aurait soigné un lion qui le reconnut et l'épargna dans l'arène.

ANDROGÈNE adj. ▪ MÉD. *Hormones androgènes*, qui provoquent l'apparition des caractères sexuels masculins (ex. la testostérone).

ANDROGYNE adj. et n. m. ▪ Individu qui présente certains des caractères sexuels du sexe opposé. ⇒ **hermaphrodite.**

ANDROÏDE adj. ▪ Qui ressemble à l'homme. *Robots androïdes.* ♦ n. *Les androïdes des romans de science-fiction.*

ANDROMAQUE ▪ Héroïne de l'*"Iliade"*, femme du prince troyen Hector, mère d'Astyanax, captive puis épouse du roi grec Pyrrhos. Elle a inspiré Euripide et Racine.

ANDROMÈDE ▪ Princesse de la mythologie grecque, délivrée d'un monstre par Persée.

ANDROMÈDE ▪ Constellation de l'hémisphère boréal, qui comprend la *nébuleuse d'Andromède,* la seule galaxie visible à l'œil nu.

Andromède. La nébuleuse.
Phot. © Y. Watabe/Ciel et Espace

ANDROPAUSE n. f. ▪ Cessation naturelle de la fonction sexuelle chez l'homme âgé.

Iouri ANDROPOV (1914-1984) ▪ Homme d'État soviétique. Secrétaire général du parti communiste de l'U.R.S.S. de novembre 1982 à sa mort et président du Præsidium du Soviet suprême à partir de juin 1983.

les ANDROUET DU CERCEAU ▪ FAMILLE D'ARCHITECTES FRANÇAIS ► **Baptiste** (1545-1590), architecte d'Henri III (plans du Pont-Neuf à Paris). ► **Jacques II** (v. 1550-1614), architecte d'Henri IV (grande galerie du Louvre). ► **Jean Ier** (1585-1649), architecte de Louis XIII (terrasse de Fontainebleau).

Jerzy ANDRZEJEWSKI (1909-1983) ▪ Écrivain polonais. Écrits empreints d'une grande recherche formelle, quasi nihilistes, faisant la critique d'un communisme déshumanisé. *"Cendre et Diamant"* (1948); *"Les Portes du Paradis"* (1960); *"L'Appel"* (1968).

ANDUZE ▪ Commune du Gard. 2 913 hab. *(les Anduziens).* Ancien foyer du protestantisme des Cévennes.

-ANE Élément de mots de chimie servant à former des noms d'hydrocarbures saturés (opposé à *-ène*).

âne. *Equus asinus asinus.*
Phot. © Carrara/Jacana

ÂNE n. m. ▪ **1.** Mammifère domestique, plus petit que le cheval, à longues oreilles, à robe généralement grise. ⇒ **ânesse, ânon ; baudet, bourricot.** *L'âne brait.* - loc. *Têtu comme un âne.* **2.** fig. Individu à l'esprit borné. ⇒ **bête, ignorant.** *Passer pour un âne.* **3.** loc. *Bonnet d'âne :* bonnet de papier figurant une tête d'âne dont on affublait les cancres. - *Dos* d'âne.*

ANÉANTIR v. tr. [2] ▪ **1.** Détruire totalement, réduire à néant. ⇒ **exterminer, ruiner.** *Anéantir une ville.* **2.** Plonger dans un abattement total. ⇒ **abattre.** *L'émotion l'a anéanti.* - passif et p. p. *Être anéanti,* stupéfait et consterné. ► **S'ANÉANTIR** v. pron. Disparaître complètement. ⇒ **s'écrouler, sombrer.**

ANÉANTISSEMENT n. m. ▪ **1.** Destruction complète. **2.** Abattement total. ⇒ **accablement, prostration.**

ANECDOTE n. f. ▪ **1.** Récit d'un détail historique, d'un petit fait curieux. **2.** Détail ou aspect secondaire, sans généralisation et sans portée. *Ce peintre ne s'élève pas au-dessus de l'anecdote.*

ANECDOTIQUE adj. ▪ **1.** Qui contient des anecdotes. **2.** Qui constitue une anecdote, ne présente pas d'intérêt général. *Détail anecdotique.*

ANÉMIANT, ANTE adj. ▪ Qui anémie.

ANÉMIE n. f. ▪ **1.** Appauvrissement du sang, caractérisé par la diminution des globules rouges et provoquant un état de faiblesse. **2.** fig. Dépérissement, faiblesse. *L'anémie de la production.*

ANÉMIER v. tr. [7] ▪ **1.** Rendre anémique. ⇒ **affaiblir, épuiser.** *Ce régime l'a beaucoup anémiée.* **2.** fig. *Un pays anémié par les difficultés économiques.*

ANÉMIQUE adj. ▪ **1.** Atteint d'anémie. **2.** Dépourvu de fermeté, de force. *Un style anémique.*

ANÉMOMÈTRE n. m. ▪ Instrument servant à mesurer la vitesse du vent.

ANÉMONE n. f. ▪ Plante herbacée vivace, aux fleurs diversement colorées.

ÂNERIE n. f. ▪ Propos ou acte stupide. ⇒ **bêtise, sottise.** *Faire, dire des âneries.*

ANÉROÏDE adj. ▪ DIDACT. *Baromètre anéroïde,* formé d'une boîte où l'on a fait le vide, et fonctionnant par l'élasticité des métaux.

ÂNESSE n. f. ▪ Femelle de l'âne. *Du lait d'ânesse.*

ANESTHÉSIE n. f. ▪ Suppression de la sensibilité et, spécialt de la sensibilité à la douleur. ⇒ **insensibilisation.** *Anesthésie générale, locale. Réanimation après anesthésie.*

ANESTHÉSIER v. tr. [7] ▪ **1.** Provoquer l'anesthésie de (un organisme, un organe), en soumettant à l'action d'une substance. ⇒ **endormir, insensibiliser.** **2.** fig. LITTÉR. Apaiser, endormir. *L'opinion était anesthésiée.*

ANESTHÉSIQUE adj. ▪ Se dit d'une substance médicamenteuse qui provoque l'anesthésie. - n. m. *Un anesthésique* (ex. l'éther).

ANESTHÉSISTE n. ▪ Médecin spécialiste de l'anesthésie. *Anesthésiste-réanimateur.* - appos. *Infirmière anesthésiste.*

ANET ▪ Commune de l'Eure-et-Loir. 2 696 hab. *(les Anetais).* Vestiges du château Renaissance de Diane de Poitiers.

ANETH [anɛt] n. m. ▪ Plante aromatique dont une variété est utilisée comme condiment. *Saumon à l'aneth.*

pic d'ANETO ▪ Point culminant des Pyrénées espagnoles, dans le massif de la Maladetta (3 404 m).

ANÉVRISME n. m. ▪ Poche résultant de l'altération de la paroi d'une artère. *Une rupture d'anévrisme.*

ANFRACTUOSITÉ n. f. ▪ surtout au plur. Cavité profonde et irrégulière. ⇒ **creux, enfoncement.** *Les anfractuosités d'une côte rocheuse.*

l'ANGARA n. f. ▪ Rivière de Sibérie, affluent de l'Iénisseï. 1 779 km. Hydroélectricité.

ANGE n. m. ▪ **1.** RELIG. CHRÉT. Être spirituel, intermédiaire entre Dieu et l'homme, messager des volontés divines. ⇒ **archange.** *L'ange de l'Annonciation. L'ange et la bête, en l'homme.* - *Ange déchu :* démon. ♦ loc. *ANGE GARDIEN,* appelé à protéger chacun des humains ; fig. personne qui veille sur qqn, le guide et le protège. - *Le bon, le mauvais ange de qqn,* la personne qui exerce une bonne, une mauvaise influence sur qqn. - *Une patience d'ange,* exemplaire, infinie. - *Être aux anges,* dans le ravissement. - *Un ange passe,* un silence gêné et prolongé se produit. **2.** Personne parfaite. *Sa femme est un ange.* ♦ *Mon ange,* terme d'affection.

Fra ANGELICO (v. 1400 - 1455) ▪ Peintre italien, dominicain. Sa peinture se caractérise par son symbolisme religieux, son système chromatique original et la fraîcheur et la vivacité de ses tons. Fresques du couvent de San Marco à Florence. *"Couronnement de la Vierge"* (v. 1432).

Fra **Angelico.** *Le Couronnement de la Vierge.* Musée du Louvre, Paris. *Phot. © CFL/Giraudon*

① **ANGÉLIQUE** adj. ▪ **1.** Propre aux anges. **2.** Digne d'un ange, qui évoque la perfection, l'innocence. ⇒ **céleste, parfait, séraphique.** *Un sourire angélique.*

② **ANGÉLIQUE** n. f. ▪ Tige confite d'une plante ombellifère, utilisée en pâtisserie.

ANGÉLISME n. m. ▪ Désir de pureté, de perfection, par refus des réalités.

Theo ANGELOPOULOS (né en 1935) ▪ Cinéaste grec. Vastes épopées sous le double signe du tragique des Grecs et du théâtre de Brecht. *"Le Voyage des Comédiens"* (1975); *"Le Pas suspendu de la cigogne"* (1991).

ANGELOT n. m. ▪ Petit ange.

ANGÉLUS [-ys] n. m. ▪ Prière qui se dit le matin, à midi et le soir; son de la cloche qui l'annonce aux fidèles. *Sonner l'angélus.*

ANGELUS SILESIUS (1624 - 1677) ▪ Écrivain mystique et théologien allemand. *"Le Pèlerin chérubinique"* (1674).

ANGERS ▪ Chef-lieu du Maine-et-Loire. 141 404 hab. *(les Angevins).* Centre de commerce et de services. Petites industries. Capitale historique de l'Anjou. Château-forteresse du XIIIe s. (musée des Tapisseries, *Apocalypse*). Cathédrale et églises gothiques.

la baie des ANGES ▪ Baie de la Méditerranée, au fond de laquelle se trouve Nice.

ANGINE n. f. ▪ **1.** Inflammation de la gorge. **2.** *Angine de poitrine :* douleurs dans la région du cœur (infarctus, etc.), accompagnées d'angoisse.

ANGIO- Élément savant (du grec *angeion* « capsule ; vaisseau ») signifiant « vaisseau sanguin » (ex. *angiographie* n. f. « radiographie des vaisseaux sanguins »), parfois « récipient ».

ANGIOME n. m. ▪ Agglomération de vaisseaux sanguins ou lymphatiques formant une tumeur bénigne.

ANGIOSPERMES n. f. pl. ▪ Sous-embranchement des plantes phanérogames, comprenant les plantes à ovules enclos et à graines enfermées dans des fruits.

ANGKOR ▪ Site monumental et archéologique du Cambodge, ancienne capitale des Khmers* du IXe au XVe s. Temple d'*Angkor Vat* (« la ville-temple ») (1113-1152), inachevé (nombreuses sculptures), et cité d'*Angkor Thom* (où se trouve le Bayon).

ANGLAIS, AISE adj. et n. ▪ **1.** De l'Angleterre. - abusivt De Grande-Bretagne. ⇒ **britannique.** ♦ n. *Les Anglais.* **2.** n. m. Langue du groupe germanique, parlée notamment en Grande-Bretagne, aux États-Unis (⇒ **américain**), et dans l'ancien Empire britannique. **3.** *À L'ANGLAISE. Filer à l'anglaise,* partir discrètement, sans prendre congé. *Pommes de terre à l'anglaise,* cuites à la vapeur. **4.** n. f. pl. *ANGLAISES :* longues boucles de cheveux verticales roulées en spirale.

ANGLE n. m. ▪ **1.** Coin saillant ou rentrant (d'un meuble, d'une construction, d'une rue, etc.). ⇒ **arête, coin, encoignure ; anguleux. 2.** GÉOM. Figure formée par deux lignes ou deux surfaces qui se coupent, mesurée en degrés (⇒ **-gone ; angulaire**). *Le sommet et les côtés d'un angle. Angle droit* (90°), *aigu, obtus.* ♦ *Angle mort :* zone sans visibilité. **3.** *Sous un certain angle,* d'un certain point de vue. ⇒ **aspect.**

les ANGLES n. m. pl. ▪ Peuple germanique qui envahit la Grande-Bretagne au Ve s. (d'où le nom d'*Angleterre*).

ANGLESEY en gallois ***MÔN*** ▪ Île du pays de Galles (comté de Gwynned), en mer d'Irlande, reliée par un pont à la Grande-Bretagne. 715 km². 60 000 hab. Élevage laitier et tourisme estival.

ANGLET ▪ Commune des Pyrénées-Atlantiques. 33 041 hab. *(les Angloys).* Station balnéaire.

l'ANGLETERRE n. f. ▪ Partie centrale et méridionale de l'île de Grande-Bretagne, le plus grand des pays du Royaume-Uni (131 760 km²) et le plus peuplé. 47 450 000 hab. *(les Anglais).* Limité au nord par l'Écosse et à l'ouest par le pays de Galles, il est constitué de 46 comtés. Bassin sédimentaire bordé de massifs anciens (chaîne Pennine, plateau de Cornouailles). Bénéficiant d'un climat océanique, le pays est favorable à l'agriculture et, surtout, à l'élevage laitier. Les ressources en fer et en charbon sont aujourd'hui en déclin alors que leur importance avait fait du pays la première puissance industrielle du XIXe siècle. □ HISTOIRE À partir du Ve s., la province romaine de *Britannia* fut morcelée en royaumes barbares (Angles et Saxons). Après les invasions scandinaves (du IXe au XIe s.), le conflit entre princes danois et saxons domina l'histoire de l'Angleterre, jusqu'à sa conquête par Guillaume* le Conquérant, duc de Normandie (1066). En 1154, commença le règne des Plantagenêts : il fut marqué par un long conflit avec les rois de France qui débuta sous Richard Ier Cœur de Lion, en lutte contre Philippe Auguste, se poursuivit sous Jean sans Terre et culmina pendant la guerre de Cent* Ans. Parallèlement, le pouvoir royal eut à se défendre contre l'Église et les barons féodaux. La guerre des Deux-Roses* conduisit à la restauration d'un pouvoir monarchique fort par les Tudors

Angkor.
Vue générale d'Angkor Vat.
Phot. © Hétier

(1485). Le XVIe s. fut l'une des périodes les plus fastes de l'histoire du pays, qui devint une des premières puissances européennes, ravissant à l'Espagne la suprématie maritime (→ l'Invincible **Armada**). Henri VIII substitua la religion anglicane (→ **anglicanisme**) au catholicisme (1534); le long règne d'Élisabeth* Ire fut une riche période artistique (→ **Shakespeare**). En 1707, l'acte d'Union remplaça les royaumes d'Angleterre et d'Écosse par un royaume de Grande-Bretagne. → **Grande-Bretagne.**

ANGLICAN, ANE adj. ▪ Qui appartient à l'Église d'Angleterre. *Pasteur anglican.* – n. *Un anglican,* un adepte de l'anglicanisme.

ANGLICANISME n. m. ▪ Religion officielle de l'Angleterre. ▪ Établi au XVIe s., après la rupture d'Henri VIII avec le pape Clément VII qui s'opposait à son divorce, l'anglicanisme professe une doctrine proche du calvinisme; sa liturgie s'apparente à celle du catholicisme. Le roi ou la reine est le chef suprême de l'Église anglicane.

ANGLICISER v. tr. 1 ▪ Rendre anglais d'aspect. ► **S'ANGLICISER** v. pron. Prendre un air, un caractère anglais. *La mode s'anglicise.*

ANGLICISME n. m. ▪ **1.** Tournure propre à la langue anglaise. **2.** Emprunt à la langue anglaise (y compris les américanismes*).

ANGLICISTE n. ▪ Spécialiste de la langue, de la littérature et de la civilisation anglaises.

ANGLO- Élément qui signifie « anglais et... ».

ANGLO-ARABE n. m. et adj. ▪ Cheval issu du croisement de pur-sang anglais et arabe.

ANGLOMANIE n. f. ▪ Goût incontrôlé pour tout ce qui est anglais.

ANGLO-NORMAND, ANDE ▪ **1.** adj. Qui réunit des éléments anglais et normands. **2.** n. m. Dialecte français (langue d'oïl) parlé des deux côtés de la Manche au Moyen Âge.

les îles ANGLO-NORMANDES en anglais ***CHANNEL ISLANDS*** ▪ Archipel de la Manche, dépendant de la Couronne britannique, divisé en deux bailliages (Jersey et Guernesey). 194 km². 250 000 hab. Chefs-lieux : Saint-Hélier (sur Jersey), Saint-Pierre-Port (sur Guernesey). Langue officielle : anglais, le français disparaît, sauf à Sercq. Autre île habitée : Aurigny.

les îles **Anglo-Normandes.** La pointe Icart et la baie Petit-Bot à Guernesey. *Phot. © Roy/Explorer*

ANGLOPHILE adj. ▪ Qui a ou marque de la sympathie pour les Anglais, les Britanniques. *Politique anglophile.* ► n. f. ANGLOPHILIE

ANGLOPHOBE adj. ▪ Qui déteste les Anglais. *Sentiments anglophobes.* ► n. f. ANGLOPHOBIE

ANGLOPHONE adj. et n. ▪ Qui est de langue anglaise. *L'Afrique anglophone.* – n. *Un, une anglophone.*

ANGLO-SAXON, ONNE adj. ▪ Relatif aux Anglo*-Saxons. ♦ n. m. Groupe des anciens parlers germaniques de Grande-Bretagne (saxon, langue des Angles et kentien des Jutes du Danemark), ancêtre de l'anglais.

les ANGLO-SAXONS n. m. pl. ▪ Nom donné aux peuples germaniques (Angles, Jutes, Saxons) qui envahirent l'Angleterre au Ve s.

ANGOISSANT, ANTE adj. ▪ Qui cause de l'angoisse. *La situation est angoissante.*

ANGOISSE n. f. ▪ Malaise psychique et physique, né du sentiment de l'imminence d'un danger. ⇒ **anxiété, inquiétude, peur.** *L'angoisse de la mort.*

ANGOISSER v. tr. 1 ▪ Inquiéter au point de faire naître l'angoisse. ► **S'ANGOISSER** v. pron. Être saisi d'angoisse. ► **ANGOISSÉ, ÉE** adj. Qui éprouve ou exprime de l'angoisse. *Un regard angoissé.* – n. *Un, une angoissé(e).* ⇒ **anxieux.**

l'ANGOLA n. m. ▪ État (république) de l'Afrique équatoriale, sur l'Atlantique. 1 246 000 km² (18 provinces, y compris la province de Cabinda [7 107 km²], enclave en territoire zaïrois). 10 000 000 hab. (*les Angolais,* bantous en majorité). Capitale : Luanda. Langue officielle : portugais. Monnaie : kwanza reajustado. Mise à part une étroite bande côtière fertile, le pays est essentiellement montagneux, de climat tropical. La population, aux trois quarts rurale, se consacre aux cultures vivrières (maïs, patate douce, haricots) ou d'exportation (café, coton, canne à sucre). Pétrole, diamants. L'économie est désorganisée par la guerre civile et les collectivisations. L'Angola est une ancienne colonie portugaise. Une guerre civile éclata dès l'indépendance, en 1975, opposant le pouvoir marxiste, appuyé par Cuba, aux forces soutenues par l'Afrique du Sud. Malgré le retrait des forces étrangères (1989) et la signature d'un accord entre le régime et ses opposants (1991), la reprise des affrontements de 1992 à 1994 révèle l'instabilité de la situation.

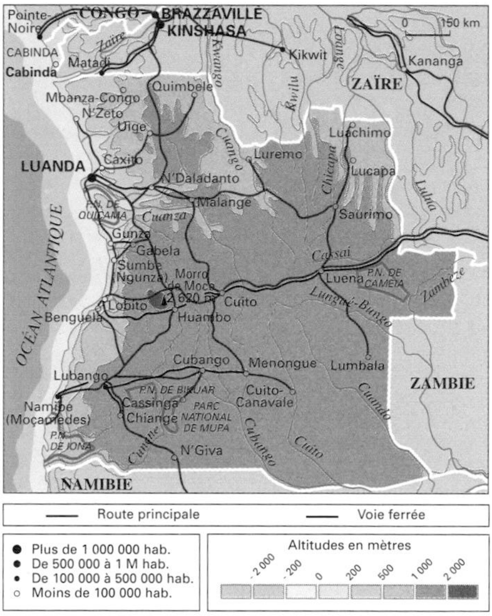

Angola.

ANGON n. m. ▪ HIST. Javelot des Francs.

ANGORA adj. et n. ▪ **1.** Se dit de races d'animaux (chèvres, chats, lapins) aux poils longs et soyeux. *Des chattes angoras.* – n. *Un, une angora.* **2.** *Laine angora,* textile fait de ces poils. – n. m. *Pull-over en angora.*

ANGOULÊME ▪ Chef-lieu de la Charente. 42 876 hab. (*les Angoumoisins*). Cathédrale du XIIe s. Activités tertiaires et industrie traditionnelle. Salon international et centre d'études de la bande dessinée. Capitale de l'*Angoumois* (la Charente actuelle), qui fut définitivement intégré au domaine royal en 1531.

Louis-Antoine de Bourbon, duc d'ANGOULÊME (1775-1844) ▪ Fils de Charles X, dernier dauphin de France. Il dut laisser le trône à Louis-Philippe. ► **Marie-Thérèse Charlotte d'ANGOULÊME** (1778-1851), son épouse, fille de Louis XVI, dite « Madame Royale ».

ANGSTRÖM [ɑ̃gstʀøm] n. m. ▪ PHYS. Unité de longueur de 1/10 000 de micron. ◇ var. VIEILLI ANGSTRŒM.

Anders Jonas ÅNGSTRÖM (1814-1874) ▪ Physicien suédois. Il détermina le domaine des radiations visibles.

les frères ANGUIER ▪ Sculpteurs français. ► **François** (1604-1669) sculpta la statue agenouillée de *Gaspard de Montmorency* (tombeau de J.A. de Thou). ► **Michel** (1612-1686) exécuta des statues religieuses, des décorations du château du Louvre, des reliefs de la porte Saint-Denis à Paris.

ANGUILLA n. f. ▪ Île des Petites Antilles (îles Sous-le-Vent) formant, avec les îlots environnants, un territoire dépendant du Royaume-Uni. 91 km². 7 200 hab. *(les Anguillais)*. Capitale : The Valley.

ANGUILLE n. f. ▪ Poisson d'eau douce de forme très allongée, à peau visqueuse et glissante. ♦ loc. *Il y a anguille sous roche*, il y a une chose qu'on nous cache et que nous soupçonnons.

ANGULAIRE adj. ▪ **1.** Qui forme un angle. *Secteur* angulaire.* **2.** Situé à, dans un angle. **3.** loc. *Pierre angulaire :* élément fondamental. **4.** Mesurable par un angle. *Distance angulaire.*

ANGULEUX, EUSE adj. ▪ Qui présente des angles, des arêtes vives. *Un visage anguleux.*

ANHALT → Saxe-Anhalt

ANHUI ou **NGAN-HOUEI** ▪ Province de l'est de la Chine. 139 700 km². 58 900 000 hab. Capitale : Hefei. Grand centre agricole et industriel.

ANHYDRIDE n. m. ▪ CHIM. *Anhydride d'un acide*, corps qui, une fois combiné avec l'eau, donne cet acide.

ANICHE ▪ Commune du Nord. 9 672 hab. *(les Anichois)*.

ANICROCHE n. f. ▪ Petite difficulté qui accroche, arrête. ⇒ **incident.** *Arriver sans anicroche(s).*

ÂNIER, IÈRE n. ▪ Personne qui mène un, des ânes.

ANILINE n. f. ▪ CHIM. Produit dérivé du nitrobenzène, servant à fabriquer des colorants.

① **ANIMAL, AUX** n. m. ▪ **1.** Être vivant organisé, doué de sensibilité et qui (en général) peut se mouvoir (opposé aux végétaux). - *L'homme, animal social, politique* (selon Aristote). - spécialt (excluant les êtres humains) *Animaux inférieurs, supérieurs* (dans l'évolution des espèces*). *Animaux sauvages, domestiques. Animaux de compagnie. Étude des animaux.* ⇒ **zoologie. 2.** injure (faible) Personne grossière, stupide. *Rien à faire avec cet animal-là !*

② **ANIMAL, ALE, AUX** adj. ▪ **1.** Qui a rapport à l'animal (opposé au végétal). *Le règne animal.* - *Chaleur animale.* **2.** Qui, en l'homme, est propre à l'animal. ⇒ **physique.** ♦ péj. Bestial. **3.** Qui est propre à l'animal (à l'exclusion de l'homme).

ANIMALCULE n. m. ▪ VX Animal microscopique.

ANIMALERIE n. f. ▪ Élevage d'animaux de laboratoire.

ANIMALIER, IÈRE ▪ **1.** n. m. Peintre, sculpteur d'animaux. - appos. *Un peintre animalier.* **2.** adj. Qui concerne les animaux. ♦ *Parc animalier*, où les animaux vivent en liberté.

ANIMALITÉ n. f. ▪ **1.** Caractère propre à l'animal. **2.** La partie animale de l'homme. ⇒ **bestialité.**

ANIMATEUR, TRICE n. ▪ **1.** Personne qui anime une collectivité par son allant, son activité. *C'est un animateur, un entraîneur d'hommes.* **2.** Personne qui présente et commente un spectacle, une émission (radio, télévision). **3.** Personne qui dirige certaines activités (notamment culturelles, sportives, commerciales). *L'animateur d'une maison de jeunes, d'une équipe sportive. Animateur des ventes*, qui coordonne les équipes de vendeurs.

ANIMATION n. f. ▪ **I. 1.** Action, fait d'animer ; développement, essor. **2.** spécialt Technique cinématographique permettant de donner l'impression du mouvement par une suite d'images fixes (dessins* animés, films de poupées, etc.). *Faire de l'animation. Cinéma, film, studio d'animation.* **3.** Méthodes qui favorisent la participation dynamique à la vie collective, dans un groupe. *S'occuper de l'animation dans un lycée, une troupe de théâtre.* ⇒ **animateur** (3). **II. 1.** Caractère de ce qui est animé (2), plein de vie. *Mettre de l'animation dans une réunion.* ⇒ **entrain. 2.** (personnes) *Discuter avec animation.* ⇒ **fougue, vie.**

ANIMÉ, ÉE adj. ▪ **1.** Doué de vie. ⇒ **vivant.** *Les êtres animés.* ♦ Doué de mouvement. - loc. *Dessins* animés.* **2.** Qui

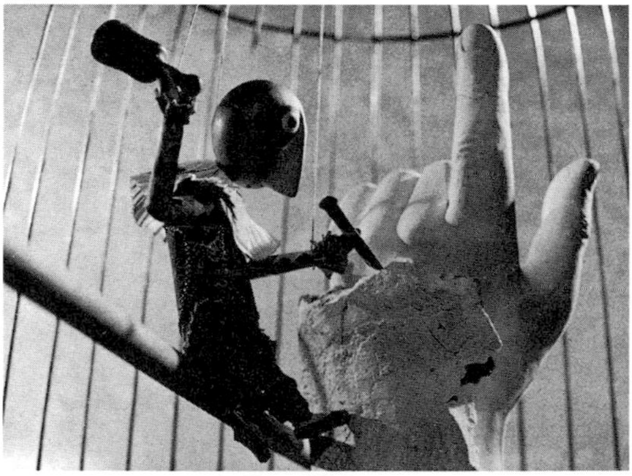

Trnka : une scène du film *La Main*, 1965.
Phot. © Coll. Rui Nogueira

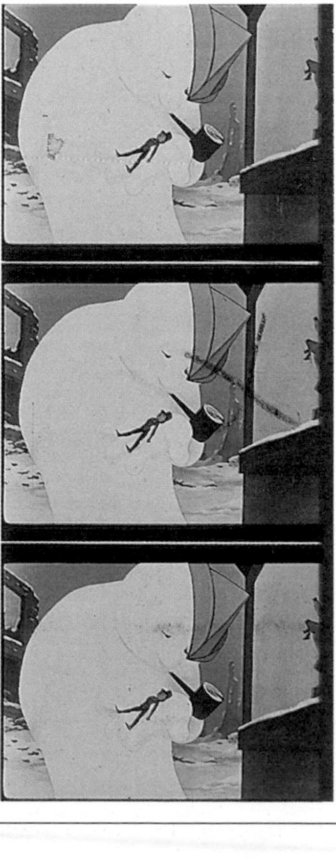

Paul Grimault : une scène du film *Le Petit Soldat*, 1947.
Phot. © Films Paul Grimault

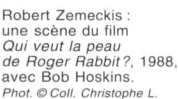

Robert Zemeckis : une scène du film *Qui veut la peau de Roger Rabbit ?*, 1988, avec Bob Hoskins.
Phot. © Coll. Christophe L.

animation (cinéma).

donne l'impression de la vie, est plein de mouvement. ⇒ **agité.** *Des rues très animées.* **3.** Plein de vivacité, d'éclat. *Une conversation animée.*

ANIMER v. tr. 1 ▪ **1.** Douer (qqch., un lieu) de vie ou de mouvement. – pronom. *La rue s'anime.* **2.** Donner l'impulsion à (une entreprise), être responsable de (une activité collective). ⇒ **animateur** (3), **animation.** *Animer un spectacle.* **3.** (sujet chose) Donner de l'éclat, de la vivacité à. ⇒ **aviver.** *La joie animait son regard.* – pronom. *La conversation s'anime.* **4.** (sentiments) Inspirer, mener (qqn). *L'espérance qui l'anime.* – passif et p. p. *Il est animé des meilleures intentions.*

ANIMISME n. m. ▪ Attitude consistant à attribuer aux choses une âme analogue à l'âme humaine. ► ANIMISTE adj. et n. *Religion animiste.* – *Les animistes.*

ANIMOSITÉ n. f. ▪ Sentiment persistant de malveillance. ⇒ **antipathie, malveillance.** *Avoir de l'animosité contre, envers qqn.*

ANIS [-i(s)] n. m. ▪ **1.** Plante ombellifère cultivée pour ses propriétés aromatiques et médicinales. **2.** Boisson alcoolisée à l'anis (dite boisson *anisée*). **3.** Bonbon à l'anis.

ANISETTE n. f. ▪ Liqueur préparée avec des graines d'anis.

l'ANJOU n. m. ▪ Région historique de l'ouest de la France correspondant aux départements de Maine-et-Loire (→ **Angers**), Mayenne, Sarthe, Indre-et-Loire et Vienne. □ HISTOIRE La **première maison d'Anjou** est le berceau de plusieurs rois de Jérusalem (Foulques et ses successeurs) et des Plantagenêts, rois d'Angleterre. La **deuxième maison d'Anjou,** fondée en apanage par Louis IX (1246) contre les prétentions anglaises, régna sur la Provence, Naples et la Sicile (Charles* d'Anjou), la Hongrie (Carobert, → **Charles-Robert**), la Pologne (Louis Ier) et Constantinople ; elle s'éteignit avec l'accession d'un des siens au trône de France, Philippe VI de Valois (1328) qui la rattacha à la Couronne. La **troisième maison d'Anjou,** créée en apanage par Jean le Bon (1360), anima une cour extrêmement brillante, notamment à Angers et Aix-en-Provence sous René* le Bon. L'Anjou fut rattaché définitivement à la Couronne en 1482, et le titre de duc d'Anjou porté par la famille du roi : François, frère d'Henri III, d'abord duc d'Alençon, chef protestant, signataire (1576) de la paix de Monsieur ; Philippe, petit-fils de Louis XIV, roi d'Espagne sous le nom de Philippe V.

ANKARA autrefois ***ANCYRE*** ▪ Capitale de la Turquie. 2 590 000 hab. Cité importante sous l'Empire hittite (XVIe s. au XIIIe s. av. J.-C.), capitale de la province romaine de Galatie, christianisée, islamisée, Ancyre, appelée Angora (XIXe s.) puis Ankara, prit son importance moderne en devenant le siège du gouvernement de Mustafa Kemal (1919) puis la capitale de la Turquie en 1923.

ANKYLOSE n. f. ▪ Diminution ou impossibilité des mouvements d'une articulation (du corps) naturellement mobile.

ANKYLOSER v. tr. 1 ▪ Paralyser par ankylose. ► **S'ANKYLOSER** v. pron. Être atteint d'ankylose. *Les jambes s'ankylosent à rester longtemps fléchies.* ♦ fig. Perdre de sa rapidité de réaction, de mouvement, par suite d'une inaction prolongée. *Son esprit s'ankylose.* ► **ANKYLOSÉ, ÉE** adj. ⇒ **raide.**

ANKYLOSTOME n. m. ▪ ZOOL. Ver parasite de l'intestin grêle provoquant une anémie pernicieuse (l'*ankylostomiase* n. f.).

ANNABA autrefois ***BÔNE*** ▪ 2e port d'Algérie. 228 385 hab. Près de l'ancienne Hippone.

ANNA IVANOVNA (1693 - 1740) ▪ Impératrice de Russie de 1730 à 1740. Fille d'Ivan V et nièce de Pierre le Grand. Son règne fut marqué par la guerre de Succession de Pologne (1733-1735) et une guerre contre les Turcs.

ANNALES n. f. pl. ▪ **1.** Ouvrage rapportant les événements dans l'ordre chronologique, année par année. ⇒ **chronique.** **2.** Histoire. *Un assassin célèbre dans les annales du crime.* **3.** Revue, recueil périodique (en principe annuel). *Annales de géographie.*

l'ANNAM n. m. ▪ Partie centrale du Viêtnam, plaine côtière entre la mer de Chine et la cordillère *Annamitique.* Ville principale : Huê. Empire qui unifia le Viêtnam au début du XIXe s. Ancienne colonie française (→ **Indochine**). Agriculture, pêche.

ANNAPOLIS ▪ Ville des États-Unis, capitale de l'État du Maryland. 33 000 hab.

Annapurna. La face nord et le sommet.
Phot. © Georges/Explorer

ANNAPURNA n. m. ▪ Un des principaux sommets de l'Himalaya. 8 078 m. Il fut gravi par Maurice Herzog en 1950.

sainte ANNE ▪ D'après la tradition, épouse de saint Joachim et mère de la Vierge Marie.

ANNE BOLEYN (1507 - 1536) ▪ Reine d'Angleterre. Mère d'Élisabeth Ire et deuxième épouse d'Henri VIII qui la fit exécuter.

ANNE D'AUTRICHE (1601 - 1666) ▪ Reine de France, fille de Philippe III d'Espagne. Épouse de Louis XIII en 1615, régente durant la minorité de son fils Louis XIV, de 1643 à 1661, avec l'appui de Mazarin.

ANNE DE BRETAGNE (1477 - 1514) ▪ Duchesse de Bretagne à la mort de François II (1488), reine de France. Elle épousa Charles VIII en 1491 et Louis XII en 1499.

ANNE DE FRANCE dite **LA DAME DE BEAUJEU** (1462 - 1522) ▪ Fille de Louis XI, régente du royaume de France de 1483 à 1491, pendant la minorité de son frère Charles VIII.

ANNE STUART (1665 - 1714) ▪ Reine d'Angleterre, d'Écosse (dont elle réalisa l'union en 1707) et d'Irlande de 1702 à sa mort.

ANNEAU n. m. ▪ **1.** Cercle de matière dure qui sert à attacher ou retenir. ⇒ **boucle.** *Anneaux de rideau. L'anneau d'un porte-clés.* – par métaphore *Les anneaux d'une chaîne.* ⇒ **maillon.** **2.** au plur. Cercles métalliques, agrès fixés à l'extrémité de deux cordes suspendues au portique. *Exercices aux anneaux.* **3.** Petit cercle (souvent de métal précieux) que l'on met au doigt. ⇒ **annulaire.** *Anneau de mariage.* ⇒ **alliance, bague.** **4.** GÉOM. Surface comprise entre deux cercles concentriques. **5.** ZOOL. Chacun des segments d'un annélide.

ANNECY ▪ Chef-lieu de la Haute-Savoie, au nord du *lac d'Annecy.* 49 644 hab. *(les Annéciens).* Constructions mécaniques et électriques. Centre touristique, au pied des Alpes. Château (XIIe-XVIe s.). Cathédrale (XVIe s.).

ANNECY-LE-VIEUX ▪ Commune de Haute-Savoie. 17 520 hab. *(les Annéciens).*

ANNÉE n. f. ▪ **1.** Temps d'une révolution de la Terre autour du Soleil (365 jours 1/4). **2.** Période de douze mois qui se succèdent à partir de n'importe quel moment. *Une année* (et : dix, cent ans*). *Partir quelques années, plusieurs années. Il revient chaque année. Année sabbatique*.* – (en comptant à partir de la date de naissance de qqn) *Elle est dans sa vingtième année* (entre 19 et 20 ans). ⇒ **anniversaire.** – *Les années de la vie.* **3.** Période de douze mois qui commence le 1er janvier (appelée *année civile*). *L'année en cours. L'année prochaine, l'année dernière.* – *Souhaiter à qqn la (une) bonne année le 1er janvier.* ⇒ **vœu(x).** *Bonne année !* ♦ Sert à indiquer une date. *L'année 1900. Les années 20, 30,* entre 1920 et 1929, 1930 et 1939. **4.** Période d'activité, d'une durée inférieure à une année, mais considérée d'année en année. *Année scolaire, théâtrale.* – *Être en première année de droit.*

ANNÉE-LUMIÈRE n. f. ▪ Unité astronomique correspondant à la distance parcourue par la lumière en une année (9 461 milliards de km). *Des années-lumière.* ◇ On dit mieux *année de lumière.*

ANNELÉ, ÉE adj. ▪ Disposé en anneaux. ♦ ZOOL. *Vers annelés.* ⇒ **annélides.**

ANNÉLIDE n. m. ▪ ZOOL. Animal à corps segmenté, ver porteur de soies (embranchement des *Annélides* ; ex. sangsues, lombrics).

ANNEMASSE ▪ Commune de Haute-Savoie. 27 669 hab. *(les Annemassiens).*

ANNEXE ▪ **I.** adj. Qui est rattaché à qqch. de plus important, à l'objet principal. ⇒ **accessoire, secondaire.** *Les pièces annexes* *d'un dossier.* **II.** n. f. **1.** Bâtiment annexe. *L'annexe d'un hôtel.* **2.** MAR. Embarcation auxiliaire. ⇒ **canot.** **3.** Pièce, document annexe.

ANNEXER v. tr. 1 ▪ **1.** Joindre à un objet principal (une chose qui en devient la dépendance). ⇒ **incorporer, rattacher.** *Annexer des pièces à un dossier.* **2.** Faire passer sous sa souveraineté. *État qui annexe un territoire.* – au p. p. *Provinces annexées.* **3.** fig. S'approprier (qqch.).

ANNEXION n. f. ▪ Action d'annexer (un territoire). ⇒ **rattachement.** ♦ Prise de possession, mainmise.

ANNEXIONNISTE adj. ▪ Qui vise à l'annexion d'un territoire. *Politique annexionniste.* ► n. m. ANNEXIONNISME

ANNIBAL → **Hannibal**

ANNIHILER v. tr. 1 ▪ **1.** Réduire à rien, rendre sans effet. ⇒ **anéantir, annuler, détruire.** *Une difficulté inattendue a annihilé ses efforts.* **2.** Briser, paralyser la volonté de (qqn). *L'émotion l'annihile.* ► n. f. ANNIHILATION

ANNIVERSAIRE n. m. ▪ Jour qui ramène le souvenir d'un événement arrivé à pareil jour une ou plusieurs années auparavant (donnant lieu généralement à une fête). *Aujourd'hui, c'est mon anniversaire* (de naissance). *Bon, joyeux anniversaire ! Le cinquantième anniversaire de leur mariage, d'un événement.* – adj. *Jour anniversaire.*

ANNŒULLIN ▪ Commune du Nord. 8 767 hab. *(les Annœullinois).*

ANNONAY ▪ Commune de l'Ardèche. 18 525 hab. *(les Annonéens).* Principale ville industrielle du département.

ANNONCE n. f. ▪ **1.** Avis par lequel on fait savoir qqch. au public, verbalement ou par écrit. ⇒ **communication, nouvelle.** *L'annonce d'un événement. "L'Annonce faite à Marie"* (de Claudel) : l'Annonciation. – *À l'annonce de l'événement,* au moment où on l'apprend. ♦ Déclaration par un joueur de certaines cartes ou du contrat qu'il veut réaliser. **2.** Texte, publication qui annonce qqch. *Insérer une annonce.* – *Les petites annonces,* textes brefs insérés dans un journal, offres et demandes (d'emploi, d'appartement, etc.). **3.** Ce qui annonce une chose. ⇒ **indice, présage, signe.** *Ce ciel noir est l'annonce de la pluie.*

ANNONCER v. tr. 3 ▪ **1.** Faire savoir, connaître. ⇒ **apprendre, communiquer.** *Annoncer une bonne nouvelle à qqn. Annoncer à qqn que* (+ indic.). **2.** Signaler (qqn) comme arrivant, se présentant. *Huissier qui annonce les invités.* **3.** Prédire. *Les prophètes annonçaient la venue du Messie.* **4.** (sujet chose) Indiquer comme devant prochainement arriver ou se produire. *Ce début n'annonce rien de bon.* ► **S'ANNONCER** v. pron. Apparaître comme devant prochainement se produire. ♦ Se présenter comme un bon ou un mauvais début. *L'année s'annonce mal !*

ANNONCEUR, EUSE ▪ **1.** n. RARE ⇒ **annonciateur.** **2.** n. m. Personne qui paie l'insertion d'une annonce (2) dans un journal ou fait faire une émission publicitaire.

ANNONCIATEUR, TRICE adj. ▪ Qui présage (qqch.). *Signes annonciateurs d'une révolution.* – n. *L'annonciateur d'une bonne nouvelle.*

ANNONCIATION n. f. ▪ RELIG. CATHOL. Annonce faite par l'ange Gabriel à la Vierge Marie de sa conception miraculeuse. – Fête commémorant ce message.

Annonciation. Tableau d'Andrea del Sarto. Palais Pitti, Florence.
Phot. © Alinari/Giraudon

ANNOTATION n. f. ▪ Note critique ou explicative qu'on inscrit sur un texte, un livre.

ANNOTER v. tr. 1 ▪ Accompagner (un texte) de notes critiques ; écrire sur (un livre) des notes personnelles. *Annoter une copie.* – au p. p. *Exemplaire annoté par l'auteur.*

ANNUAIRE n. m. ▪ Recueil publié annuellement et qui contient des renseignements variables d'une année à l'autre. *L'annuaire du téléphone.* ⇒ **bottin.**

ANNUALISER v. tr. 1 ▪ Rendre annuel.

ANNUEL, ELLE adj. ▪ **1.** Qui a lieu, revient chaque année. *Fête annuelle.* **2.** Qui dure un an seulement. *Plantes annuelles* (opposé à *plantes vivaces*).

ANNUELLEMENT adv. ▪ Par an, chaque année.

ANNUITÉ n. f. ▪ souvent au plur. Paiement annuel d'une partie du capital emprunté et des intérêts. *Rembourser par annuités.*

ANNULAIRE n. m. ▪ Quatrième doigt à partir du pouce.

ANNULATION n. f. ▪ Décision par laquelle on annule un acte comme entaché de nullité ou inopportun. *Annulation d'un contrat.* ⇒ **abrogation, invalidation, révocation.** *L'annulation d'une commande.*

ANNULER v. tr. 1 ▪ Déclarer ou rendre nul, sans effet. *La cour a annulé le premier jugement. Annuler un rendez-vous.* ► **S'ANNULER** v. pron. Produire un résultat nul en s'opposant (comme un positif et un négatif). *Ces deux forces s'annulent.* ⇒ se **neutraliser.**

ANOBLIR v. tr. 2 ▪ Conférer un titre de noblesse à (qqn) (≠ *ennoblir*). ► n. m. ANOBLISSEMENT

ANODE n. f. ▪ Électrode positive (opposé à *cathode*). ► adj. ANODIQUE

ANODIN, INE adj. ▪ **1.** VX Qui calme sans guérir (remède). **2.** (choses) Inoffensif, sans danger. *Une plaisanterie anodine.* **3.** COUR. Sans importance, insignifiant. *Des propos anodins.*

ANODISER v. tr. 1 ▪ TECHN. Faire subir une oxydation à (un métal) par un procédé électrique. – au p. p. *Aluminium anodisé.*

ANOMAL, ALE, AUX adj. ▪ DIDACT. Irrégulier (≠ *anormal*).

ANOMALIE n. f. ▪ **1.** Déviation du type normal. ⇒ **difformité, monstruosité.** **2.** DIDACT. Écart par rapport à la normale ou à la valeur théorique ; caractère anomal*. **3.** Bizarrerie, singularité ; exception à la règle (⇒ **anormal**). *L'anomalie d'un comportement.*

ÂNON n. m. ▪ Petit de l'âne ; petit âne.

ÂNONNER v. intr. 1 ▪ Lire, parler, réciter d'une manière pénible et hésitante. ♦ trans. *Ânonner un poème.* ► n. m. ÂNONNEMENT

ANONYMAT n. m. ▪ État d'une personne, d'une chose anonyme. *Garder l'anonymat.*

ANONYME adj. ▪ **1.** (personnes) Qui ne fait pas connaître son nom. *Le maître anonyme qui a peint ce tableau.* **2.** (choses) Où l'auteur n'a pas laissé son nom, l'a caché. *Œuvre anonyme.* – *Des lettres de dénonciation anonymes.* ♦ *Société anonyme :* société par actions qui n'est désignée par le nom d'aucun des associés. **3.** fig. Impersonnel, neutre.

ANONYMEMENT adv. ▪ En gardant l'anonymat.

ANOPHÈLE n. m. ▪ Moustique dont la femelle transmet le paludisme.

ANORAK n. m. ▪ Veste de sport courte à capuchon, imperméable.

ANOREXIE n. f. ▪ MÉD. Refus passif ou actif de s'alimenter. *Anorexie mentale.* ► adj. et n. ANOREXIQUE

ANORMAL, ALE, AUX adj. ▪ **1.** Qui n'est pas normal, conforme aux règles ou aux lois reconnues ; qui ne se produit pas habituellement. ⇒ **irrégulier ; bizarre, étrange, extraordinaire.** *L'évolution de la maladie est anormale. Des bruits anormaux.* **2.** (personnes) Dont l'état mental, le développement est différent, inférieur à la norme. – n. *Un anormal.* ► adv. ANORMALEMENT

Jean ANOUILH (1910 - 1987) ▪ Auteur dramatique français. Il distingue, dans son œuvre, des « pièces noires » (*"Antigone"*, 1944), des « pièces roses » (*"Le Bal des voleurs"*, 1938), des « pièces brillantes » (*"L'Invitation au château"*, 1947), des « pièces grinçantes » (*"Pauvre Bitos"*, 1956). L'ensemble forme un réquisitoire entre la société et les illusions humaines.

ANOURE adj. ▪ ZOOL. Dépourvu de queue. – n. m. pl. Ordre d'animaux amphibies dépourvus de queue à l'âge adulte (crapauds, grenouilles).

Jacques ANQUETIL (1934 - 1987) ▪ Coureur cycliste français. Vainqueur du Tour de France en 1957, 1961, 1962, 1963 et 1964, le premier à avoir remporté cinq fois l'épreuve.

l'ANSCHLUSS n. m. ▪ Rattachement de l'Autriche à l'Allemagne, imposé par Hitler, proclamé le 15 mars 1938.

ANSE n. f. ▪ **1.** Poignée recourbée et saillante de certains ustensiles. *L'anse d'un panier, d'une tasse.* **2.** Petite baie peu profonde. ⇒ **crique.**

saint ANSELME (v. 1033 - 1109) ▪ Théologien d'origine lombarde, archevêque de Canterbury. Auteur de la preuve ontologique de l'existence de Dieu, reprise par Descartes et critiquée par Kant.

Ernest ANSERMET (1883 - 1969) ▪ Chef d'orchestre suisse. Fondateur de l'orchestre de la Suisse Romande (1918).

ANSHAN ou **NGAN-CHAN** ▪ Ville de Chine (Liaoning), dans l'ancienne Mandchourie. 1 387 000 d'hab. Grand centre sidérurgique.

ANTAGONIQUE adj. ▪ Qui est en antagonisme. *Intérêts antagoniques.* ⇒ **opposé.**

ANTAGONISME n. m. ▪ État d'opposition de deux forces, de deux principes. ⇒ **conflit, opposition, rivalité.** *Antagonisme entre deux personnes. Un antagonisme d'intérêts.*

ANTAGONISTE adj. ▪ LITTÉR. Opposé, rival. *Des partis antagonistes.* - n. Adversaire, concurrent.

ANTALCIDAS ▪ Général spartiate (mort apr. -367). Il signa avec les Perses la *paix d'Antalcidas* (386 av. J.-C.), dirigée contre Athènes.

ANTALGIQUE adj. ▪ MÉD. Qui calme la douleur. ⇒ **analgésique.** - n. m. *Prendre un antalgique.*

D'ANTAN loc. adj. ▪ LITTÉR. D'autrefois, du temps passé.

ANTANANARIVO anciennt *TANANARIVE* ▪ Capitale de Madagascar. 1 274 000 hab.

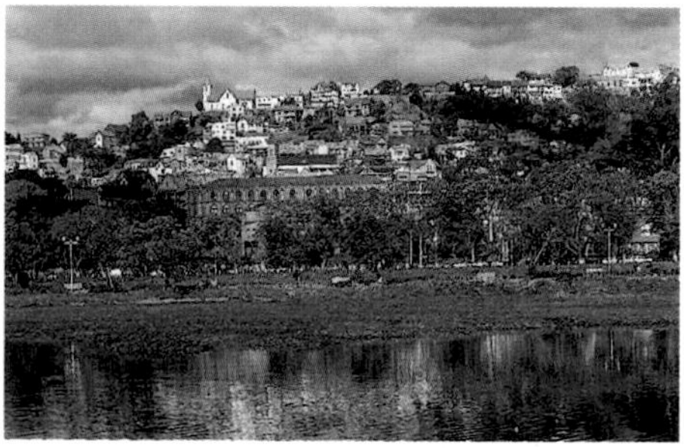

Antananarivo. Le lac Anosy. *Phot. © Brun/Explorer*

ANTARCTIQUE adj. ▪ Relatif au pôle Sud et aux régions qui l'environnent (opposé à *arctique*).

l'ANTARCTIQUE n. m. ou **ANTARCTIDE** n. f. ▪ Continent centré sur le pôle Sud. 14,2 millions de km². Presque entièrement couvert de glaces, il n'a pour habitants que quelques géophysiciens. Le traité de l'Antarctique, signé par une quarantaine de pays, a démilitarisé le continent et est destiné à favoriser les bases de recherche ; il interdit l'exploitation du sous-sol.

l'océan Glacial ANTARCTIQUE ou **océan AUSTRAL** ▪ Océan qui réunit les océans Atlantique, Indien et Pacifique entre le cercle polaire austral et le continent antarctique.

ANTÉ- Élément (du latin *ante* « avant ») qui indique l'antériorité. ⇒ ② **anti-.**

ANTÉCÉDENT n. m. ▪ **1.** GRAMM. Mot représenté par le pronom qui le reprend. *Antécédent du pronom relatif* (ex. *le train* que je prends). **2.** MÉD. souvent plur. Faits antérieurs à une maladie, concernant la santé du sujet examiné, de sa famille. **3.** plur. Actes, faits appartenant au passé de qqn, en relation avec un aspect de sa vie actuelle.

ANTÉCHRIST [-kʀist] n. m. ▪ Ennemi du Christ qui, selon l'Apocalypse, viendra prêcher une religion hostile à la sienne un peu avant la fin du monde.

ANTÉDILUVIEN, IENNE adj. ▪ **1.** Antérieur au déluge. **2.** FAM. Très ancien, tout à fait démodé. *Des idées antédiluviennes.*

ANTÉE ▪ Géant de la mythologie grecque, fils de la Terre (Gaïa) et de Poséidon, étouffé par Héraclès.

ANTENNE n. f. ▪ **I.** VIEILLI Vergue d'une voile latine. **II. 1.** Appendice sensoriel à l'avant de la tête de certains arthropodes (insectes, crustacés). ♦ loc. (personnes) *Avoir des antennes,* une sensibilité très aiguë, de l'intuition. - *Avoir une antenne quelque part,* une source de renseignements. **2.** Poste avancé en liaison avec un centre. *Antenne chirurgicale.* **III.** Conducteur aérien destiné à diffuser ou à capter les ondes électromagnétiques. *Antenne de télévision. Antenne parabolique.* - Émission par ondes. *Être à l'antenne. Nous rendons l'antenne à notre studio.*

ANTÉPÉNULTIÈME adj. ▪ Qui précède l'avant-dernier.

ANTÉPOSER v. tr. ① ▪ LING. Placer avant, devant. - au p. p. *Adjectif antéposé.*

ANTÉRIEUR, EURE adj. ▪ **1.** Qui est avant, qui précède dans le temps (opposé à *ultérieur*). ⇒ **précédent.** *Rétablir l'état de choses antérieur.* ♦ GRAMM. *Passé, futur antérieur.* **2.** Qui est placé en avant, devant (opposé à *postérieur*). *La face antérieure de l'omoplate.*

ANTÉRIEUREMENT adv. ▪ À une époque antérieure ; avant.

ANTÉRIORITÉ n. f. ▪ Caractère de ce qui est antérieur (dans le temps).

ANTHÉMIS [-is] n. f. ▪ BOT. Plante herbacée aux fleurs blanches à cœur jaune, dont certaines espèces sont appelées *camomille.*

ANTHÈRE n. f. ▪ BOT. Partie terminale de l'étamine.

ANTHOLOGIE n. f. ▪ Recueil de morceaux choisis en prose ou en vers. - *Morceau d'anthologie :* page brillante digne de figurer dans une anthologie.

ANTHRACITE n. m. ▪ **1.** Charbon (houille) à combustion lente qui dégage beaucoup de chaleur. **2.** adj. invar. Gris foncé. *Des jupes anthracite.*

ANTHRAX [-aks] n. m. ▪ Tumeur inflammatoire, due à un staphylocoque, et qui affecte le tissu sous-cutané.

-ANTHROPE, ANTHROPO- Éléments savants, du grec *anthropos* « homme, être humain » (ex. *misanthrope, philanthrope, pithécanthrope*).

ANTHROPOCENTRIQUE adj. ▪ Qui fait de l'homme le centre du monde (≠ *anthropomorphique*). ► n. m. ANTHROPOCENTRISME

ANTHROPOÏDE adj. ▪ Qui ressemble à l'homme. *Singe anthropoïde.* - n. m. Singe de grande taille, le plus proche de l'homme (ex. gorille, orang-outan, chimpanzé).

ANTHROPOLOGIE n. f. ▪ **1.** VIEILLI Science physique des variétés humaines. **2.** Ensemble des sciences qui étudient l'homme en société. - *Anthropologie culturelle,* qui étudie les

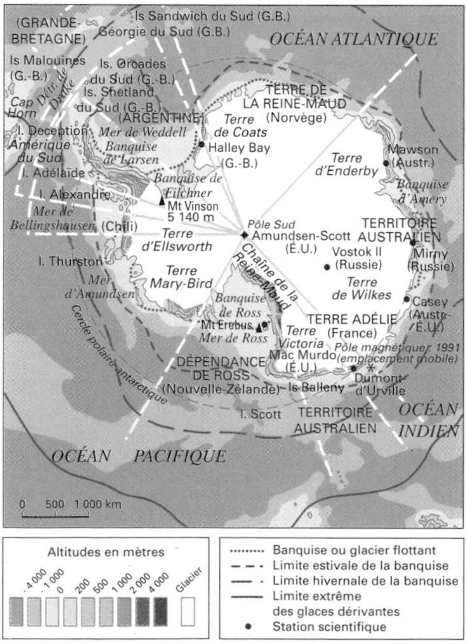

Antarctique.

croyances, les techniques, les institutions, les structures sociales. ► adj. ANTHROPOLOGIQUE

ANTHROPOLOGUE n. ▪ Spécialiste de l'anthropologie.

ANTHROPOMÉTRIE n. f. ▪ Technique de mensuration du corps humain et de ses différentes parties. ► ANTHROPOMÉTRIQUE adj. *Fichiers de police anthropométriques.*

ANTHROPOMORPHE adj. ▪ DIDACT. Qui a la forme, l'apparence d'un être humain. *Divinités anthropomorphes et zoomorphes de l'Égypte ancienne.*

ANTHROPOMORPHISME n. m. ▪ Tendance à concevoir la divinité à l'image de l'homme, et à attribuer aux animaux et aux choses des réactions humaines. ► ANTHROPOMORPHIQUE adj. (≠ *anthropocentrique*).

ANTHROPOPHAGE adj. ▪ (êtres humains) Qui mange de la chair humaine. *Tribu anthropophage.* ‑ n. *Des anthropophages.* ⇒ **cannibale.**

ANTHROPOPHAGIE n. f. ▪ Pratique des anthropophages. ⇒ **cannibalisme.** ► adj. ANTHROPOPHAGIQUE

① **ANTI-** [ɑ̃ti-] Élément (du grec *anti* « contre ») exprimant l'opposition.

② **ANTI-** [ɑ̃ti-] Élément, du latin *anti-*, variante de *ante* « avant » (ex. *antichambre, anticiper, antidater*). ⇒ **anté-.**

ANTIAÉRIEN, IENNE adj. ▪ Qui s'oppose aux attaques aériennes. *Défense antiaérienne.* ⇒ **D.C.A.**

ANTIALCOOLIQUE [ɑ̃tialkɔlik] adj. ▪ Qui combat l'alcoolisme. *Ligue antialcoolique.*

ANTIALLERGIQUE adj. ▪ Qui prévient ou traite les allergies. ‑ n. m. *Un antiallergique.*

l'ANTI-ATLAS n. m. ▪ Chaîne montagneuse du Maroc méridional.

ANTIATOMIQUE adj. ▪ Qui s'oppose aux effets nocifs des radiations atomiques. *Abri antiatomique.*

ANTIBES ▪ Commune des Alpes-Maritimes. 70 005 hab. *(les Antibois).* Ancienne colonie grecque (Antipolis). Port fortifié par Vauban. ► **le cap d'ANTIBES** Presqu'île de la Méditerranée où se trouve Antibes. Centre touristique et culturel (festival de jazz).

Antibes. Vue générale. *Phot. © Jalain/Explorer*

ANTIBIOGRAMME n. m. ▪ MÉD. Analyse permettant de déterminer la sensibilité d'une bactérie à divers antibiotiques.

ANTIBIOTIQUE adj. et n. m. ▪ Qui s'oppose à la vie de certains micro-organismes. *Propriétés antibiotiques de la pénicilline.* ‑ n. m. Médicament pour lutter contre les infections microbiennes. *Être sous antibiotiques.*

ANTIBROUILLARD adj. ▪ *Phares antibrouillard(s)*, qui éclairent par temps de brouillard. ‑ n. m. *Des antibrouillards.*

ANTIBRUIT adj. invar. ▪ Qui protège du bruit.

ANTICHAMBRE n. f. ▪ Pièce d'attente placée à l'entrée d'un grand appartement, d'un bureau ministériel. ⇒ **vestibule.** ‑ loc. *Faire antichambre*, attendre d'être reçu.

ANTICHAR adj. ▪ Qui s'oppose à l'action des blindés. *Mines antichars.*

ANTICHOC adj. ▪ Qui protège des chocs. *Casques antichoc(s).*

ANTICIPATION n. f. ▪ 1. Exécution anticipée d'un acte. *Régler une dette par anticipation.* ⇒ d'**avance.** 2. Mouvement de la pensée qui imagine ou vit d'avance un événement. ⇒ **prévision.** *Roman, film d'anticipation*, dont le fantastique est emprunté aux réalités supposées de l'avenir. ⇒ **science-fiction.**

ANTICIPER v. [1] ▪ I. v. tr. 1. Exécuter avant le temps déterminé. *Anticiper un paiement.* 2. Imaginer, éprouver à l'avance. *Anticiper les réactions d'autrui.* II. v. intr. *Anticiper sur* : empiéter sur, en entamant à l'avance. *Sans vouloir anticiper sur ce qui va suivre...* ‑ absolt *N'anticipons pas* : respectons l'ordre de succession des faits. ► **ANTICIPÉ, ÉE** adj. Qui se fait avant la date prévue ou sans attendre l'événement. *Retraite anticipée.*

ANTICLÉRICAL, ALE, AUX adj. ▪ Opposé à l'influence et à l'intervention du clergé dans la vie publique. ‑ n. *Un anticlérical.* ► n. m. ANTICLÉRICALISME

ANTICLINAL, ALE, AUX ▪ GÉOL. ▪ 1. n. m. Pli* convexe vers le haut (opposé à *synclinal*). 2. adj. D'un anticlinal. *Voûte anticlinale.*

ANTICOAGULANT, ANTE adj. ▪ Qui empêche ou retarde la coagulation du sang. ‑ n. m. *Un anticoagulant.*

ANTICOLONIALISME n. m. ▪ Opposition au colonialisme. ► adj. et n. ANTICOLONIALISTE

ANTICOMMUNISME n. m. ▪ Hostilité, opposition au communisme. ► adj. et n. ANTICOMMUNISTE

ANTICONCEPTIONNEL, ELLE adj. ▪ Qui empêche la conception d'un enfant. *Pilule anticonceptionnelle.* ⇒ **contraceptif.**

ANTICONFORMISME n. m. ▪ Attitude opposée au conformisme. ⇒ **non-conformisme.** ► adj. et n. ANTICONFORMISTE

ANTICONSTITUTIONNEL, ELLE adj. ▪ Contraire à la Constitution. *Mesure anticonstitutionnelle.* ► ANTICONSTITUTIONNELLEMENT adv. (réputé le mot le plus long de la langue française).

ANTICORPS [-kɔʀ] n. m. ▪ BIOL. Substance défensive engendrée par l'organisme en présence d'un antigène dont elle neutralise l'effet toxique. ⇒ **antitoxine.**

l'île d'ANTICOSTI n. f. ▪ Île du Canada (Québec), située à l'entrée du golfe du Saint-Laurent. 8 400 km². 300 hab.

ANTICYCLONE n. m. ▪ Centre de hautes pressions atmosphériques (opposé à *dépression*). *L'anticyclone des Açores*.* ► adj. ANTICYCLONIQUE ou ANTICYCLONAL, ALE, AUX

ANTIDATER v. tr. [1] ▪ Affecter d'une date antérieure à la date réelle. *Antidater une lettre.*

ANTIDÉMOCRATIQUE adj. ▪ Opposé à la démocratie ou à l'esprit démocratique.

ANTIDÉPRESSEUR n. m. ▪ Médicament destiné à combattre les états dépressifs.

ANTIDÉRAPANT, ANTE adj. ▪ Propre à empêcher le dérapage des véhicules. *Pneus antidérapants.*

ANTIDIPHTÉRIQUE adj. ▪ Propre à combattre la diphtérie.

ANTIDOTE n. m. ▪ 1. Contrepoison. 2. fig. Remède (contre un mal moral). *Un antidote à, contre l'ennui.*

ANTIDROGUE adj. invar. ▪ Destiné à lutter contre le trafic et l'usage de la drogue.

ANTIENNE [ɑ̃tjɛn] n. f. ▪ 1. Refrain liturgique repris par le chœur entre chaque verset d'un psaume. 2. Chose que l'on répète. ⇒ **refrain.**

ANTIESCLAVAGISTE adj. ▪ Opposé à l'esclavage, aux esclavagistes.

ANTIÉTATISTE adj. et n. ▪ (Personne) qui s'oppose à l'étatisme. ► n. m. ANTIÉTATISME

ANTIFASCISTE [-faʃist] adj. ▪ Opposé au fascisme. *Déclarations antifascistes.* ‑ n. *Les antifascistes.*

le cap d'ANTIFER ▪ Promontoire de la côte du pays de Caux, près d'Étretat. Avant-port pétrolier du Havre.

ANTIFONGIQUE adj. ▪ DIDACT. Qui détruit les champignons microscopiques (moisissures) ou empêche leur développement. ⇒ **fongicide.**

ANTIGANG [-gɑ̃g] adj. ▪ *Brigade antigang* : brigade de recherche et d'intervention de la police judiciaire.

ANTIGEL n. m. ▪ Produit qui abaisse le point de congélation de l'eau. *Antigel pour radiateurs d'automobiles.*

ANTIGÈNE n. m. ▪ BIOL. Substance qui peut engendrer des anticorps. *Antigènes microbiens.*

ANTIGONE ▪ Dans la légende de Thèbes, fille d'Œdipe et de Jocaste. Elle rend les honneurs funéraires à son frère Polynice, malgré l'interdiction du roi Créon, qui la condamne à être enterrée vivante. Elle exprime la supé-

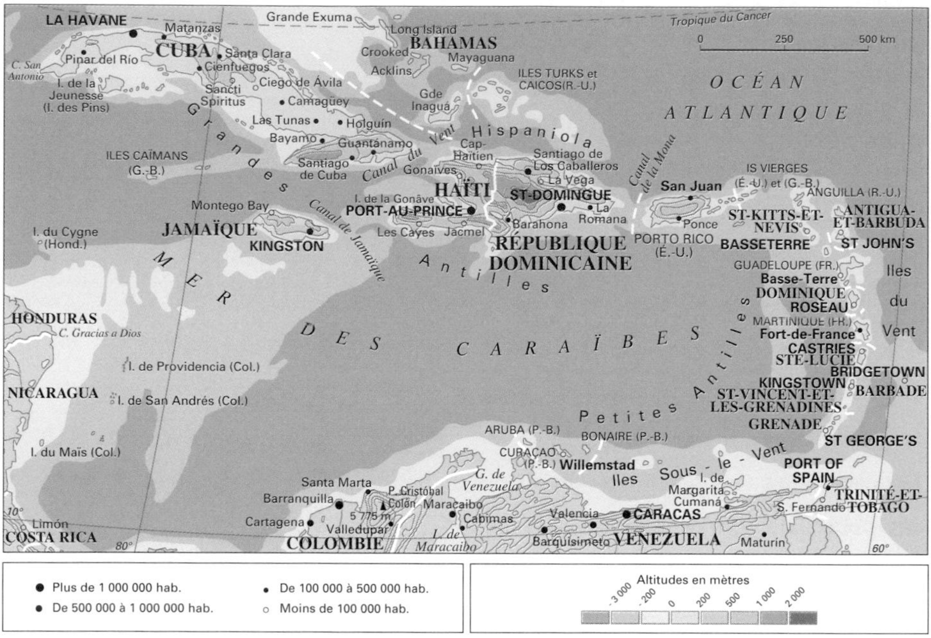

Antilles.

riorité des lois non écrites (morales) sur les lois écrites et a inspiré Sophocle, Cocteau, Anouilh et Brecht.

ANTIGONOS MONOPHTALMOS (« le Borgne ») (382-301 av. J.-C.) ▪ Général macédonien, l'un des principaux diadoques. Il tenta de reconstituer à son profit l'empire d'Alexandre, régnant sur la Grèce, l'Asie mineure, la Syrie, après 323 av. J.-C.

ANTIGOUVERNEMENTAL, ALE, AUX adj. ▪ Qui est contre le gouvernement, dans l'opposition.

ANTIGUA ET BARBUDA n. f. ▪ État des Petites Antilles, comprenant trois îles : Antigua, Barbuda et Redonda. 442 km². 79 000 hab. *(les Antiguais)*. Capitale : Saint John's (sur Antigua). Langues : anglais (officielle), créole. Monnaie : dollar des Caraïbes de l'Est. Ancienne colonie britannique (depuis 1632), indépendante depuis 1981.

ANTI-HÉROS ⇒ HÉROS

ANTIHISTAMINIQUE adj. et n. m. ▪ MÉD. (Médicament) qui combat les effets de l'histamine.

ANTI-LIBAN n. m. ▪ Chaîne montagneuse du Liban, à l'est du pays. Sa ligne de faîte marque la frontière libano-syrienne.

ANTILLAIS, AISE adj. et n. ▪ Relatif au pays, aux habitants des Antilles. *Les créoles antillais.* ➝ n. *Une Antillaise.*

les **ANTILLES** n. f. pl. ▪ Archipel qui s'étend sur 2 000 km, de l'entrée du golfe du Mexique aux côtes du Venezuela, et qui sépare la *mer des Antilles* (ou mer des Caraïbes) de l'océan Atlantique. 236 500 km². 33 000 000 hab. Ces îles sont groupées en *Grandes Antilles* au Nord (Cuba, Haïti, Jamaïque, Porto Rico) et *Petites Antilles* au Sud et à l'Est (Guadeloupe, Martinique, îles du Vent et îles Sous-le-Vent).

les **Antilles.** Pêcheurs dans une île des Saintes. *Phot. © de Selva/Tapabor*

les **ANTILLES NÉERLANDAISES** n. f. pl. ▪ Partie autonome des Pays-Bas constituée de plusieurs îles situées dans les îles du Vent et dans les îles Sous-le-Vent (Aruba, Bonaire, Curaçao, Saba, Saint-Eustache et Saint-Martin). 800 km². 183 000 hab. Capitale : Willemstad (sur Curaçao). Langue : néerlandais.

ANTILOPE n. f. ▪ Mammifère ruminant, au corps svelte, aux hautes pattes grêles, à cornes en spirale (chez le mâle).

ANTIMATIÈRE n. f. ▪ Matière constituée d'antiparticules.

ANTIMILITARISME n. m. ▪ Opposition au militarisme. ► adj. et n. ANTIMILITARISTE

ANTIMISSILE adj. ▪ Qui peut détruire les missiles.

ANTIMITE adj. ▪ Qui protège contre les mites. *Des produits antimites.* ➝ n. m. *Un antimite.*

ANTIMOINE n. m. ▪ Corps simple intermédiaire entre les métaux et les métalloïdes, cassant, argenté.

ANTINOMIE n. f. ▪ Contradiction, opposition totale. *Antinomie entre deux façons de voir.*

ANTINOMIQUE adj. ▪ Absolument opposé. ⇒ **contradictoire, contraire.**

ANTIOCHE en turc *ANTAKYA* ▪ Ville de Turquie. 123 871 hab. Une des principales cités grecques d'Orient dans l'Antiquité. Évangélisée par saint Barnabé et saint Paul, elle devint une métropole chrétienne, siège d'un patriarchat. Conquise par les musulmans en 1268, elle fait partie de la Turquie moderne depuis 1939.

ANTIOCHOS ▪ NOM DE 13 ROIS SÉLEUCIDES DE SYRIE ► **ANTIOCHOS III MÉGAS** (242-187 av. J.-C.), allié d'Hannibal contre les Romains, maître de l'Asie Mineure, vaincu par les frères Scipion).

ANTIOPE ▪ Fille du roi de Thèbes, Nyctée, séduite dans son sommeil par Zeus.

ANTIPAPE n. m. ▪ HIST. Pape élu irrégulièrement, et non reconnu par l'Église romaine.

ANTIPARASITE adj. ▪ Qui s'oppose à la production et à la propagation des parasites. *Dispositif antiparasite d'une radio.*

ANTIPARLEMENTARISME n. m. ▪ Opposition au régime parlementaire. ► adj. ANTIPARLEMENTAIRE

ANTIPARTICULE n. f. ▪ PHYS. Particule élémentaire (antineutron, antiproton, positon) opposée par la charge électrique et le moment magnétique à celle à laquelle elle est associée, et qui peut l'annihiler en la rencontrant.

ANTIPATHIE n. f. ▪ Aversion instinctive, irraisonnée (opposé à *sympathie*). ⇒ **éloignement, prévention.**

ANTIPATHIQUE adj. ▪ Qui inspire de l'antipathie. ⇒ **désagréable ; déplaisant.** *Elle m'est antipathique.*

ANTIPATROS ou **ANTIPATER** (v. 397 - 319 av. J.-C.) ▪ Général macédonien. Régent de Macédoine pendant l'expédition d'Alexandre le Grand en Asie.

ANTIPELLICULAIRE adj. ▪ Qui combat la chute des pellicules capillaires. *Shampooing, lotion antipelliculaire.*

ANTIPHONAIRE n. m. ▪ anciennt Grand recueil de chants liturgiques utilisant la notation grégorienne.

ANTIPHRASE n. f. ▪ Utilisation d'un mot, d'une locution dans un sens contraire au sens véritable par ironie ou euphémisme (ex. c'est du joli ! ; charmante soirée !).

ANTIPODE n. m. ▪ **1.** Lieu de la terre diamétralement opposé à un autre. ♦ (au plur.) Lieu très éloigné. *Vivre aux antipodes.* - fig. *Vous raisonnez aux antipdes du bon sens.* **2.** LITTÉR. Chose, personne exactement opposée. *Aux antipodes de,* à l'opposé de. *Deux êtres aux antipodes l'un de l'autre.*

les **ANTIPODES** n. f. pl. ▪ Îles inhabitées de Nouvelle-Zélande, considérées comme le point le plus éloigné de la France.

ANTIPOLLUTION adj. invar. ▪ Opposé à la pollution de l'environnement. *Des produits antipollution.*

ANTIPYRÉTIQUE adj. et n. m. ▪ MÉD. (Remède) qui combat la fièvre. ⇒ **fébrifuge.**

ANTIQUAILLE n. f. ▪ Objet ancien sans valeur. ⇒ **vieillerie.**

ANTIQUAIRE n. ▪ **1.** VX Archéologue. **2.** Marchand d'objets d'art, d'ameublement et de décoration anciens.

ANTIQUE adj. ▪ **1.** LITTÉR. Qui appartient à une époque reculée, à un lointain passé. ⇒ **ancien, archaïque.** *Une antique tradition.* ♦ Très vieux. *Une antique guimbarde.* ⇒ **vétuste. 2.** Qui appartient à l'Antiquité (3). *Les civilisations antiques. La Grèce, l'Italie antique.* ♦ n. m. LITTÉR. *L'antique :* l'art, les œuvres d'art antiques.

ANTIQUITÉ n. f. ▪ **1.** VIEILLI Caractère de ce qui est très ancien. ⇒ **ancienneté. 2.** LITTÉR. Temps très ancien, très reculé. **3.** Les plus anciennes civilisations à écritures. *L'antiquité égyptienne, chinoise.* - Les civilisations qui sont à la source des cultures occidentales (jusqu'aux premiers siècles de l'ère chrétienne). *L'antiquité grecque.* ♦ spécialt (avec maj.) L'antiquité gréco-romaine. *Les écrivains du XVIIe siècle s'inspirent de l'Antiquité* (→ les Anciens). **4.** au plur. *LES ANTIQUITÉS :* les monuments, les œuvres d'art qui restent de l'Antiquité ♦ Objets d'art, meubles anciens (⇒ **antiquaire**).

ANTIRABIQUE adj. ▪ Employé contre la rage. *Vaccination antirabique.*

ANTIRACISTE adj. et n. ▪ Opposé au racisme. *Une campagne antiraciste.* ► n. m. ANTIRACISME

ANTIREFLET adj. ▪ Qui diminue les reflets. *Verre antireflet.*

ANTIREJET adj. invar. ▪ MÉD. Qui s'oppose au rejet d'une greffe.

ANTIRELIGIEUX, EUSE adj. ▪ Opposé à la religion.

ANTIRIDES adj. ▪ Qui prévient ou combat les rides. *Crème antirides.*

ANTIROUILLE adj. invar. ▪ Qui protège contre la rouille.

ANTISCIENTIFIQUE adj. ▪ Contraire à l'esprit scientifique. *Une explication antiscientifique.*

ANTISÉMITE [ɑ̃tis-] adj. ▪ Inspiré par la haine des Juifs. *Propagande antisémite.* - n. *Les antisémites.*

ANTISÉMITISME [ɑ̃tis-] n. m. ▪ Hostilité contre les Juifs ; racisme dirigé contre les Juifs.

ANTISEPSIE [ɑ̃tis-] n. f. ▪ Méthodes destinées à prévenir ou à combattre l'infection en détruisant des microbes.

ANTISEPTIQUE [ɑ̃tis-] adj. ▪ Propre à l'antisepsie, qui emploie l'antisepsie. *Pansement antiseptique.* - n. m. *L'eau oxygénée est un antiseptique.*

ANTISIONISME [ɑ̃tis-] n. m. ▪ Hostilité contre l'État d'Israël (≠ *antisémitisme*). ► adj. et n. ANTISIONISTE

ANTISOCIAL, ALE, AUX [ɑ̃tis-] adj. ▪ **1.** Contraire à la société, à l'ordre social. *Principes antisociaux.* **2.** Qui va contre les intérêts des travailleurs. *Mesure antisociale.*

ANTISPASMODIQUE adj. ▪ MÉD. Destiné à empêcher les spasmes, les convulsions.

ANTISPORTIF, IVE adj. ▪ Hostile au sport ; contraire à l'esprit du sport.

ANTISTATIQUE adj. ▪ Qui empêche ou limite la formation de l'électricité statique.

ANTISTROPHE n. f. ▪ DIDACT. Seconde stance d'un chœur antique, avant l'épode.

ANTITERRORISTE adj. ▪ Qui lutte contre le terrorisme, est relatif à cette lutte. *Des mesures antiterroristes.*

ANTITÉTANIQUE adj. ▪ Qui agit contre le tétanos. *Sérum antitétanique.*

ANTITHÈSE n. f. ▪ **1.** Opposition de deux pensées, de deux expressions que l'on rapproche dans le discours pour en faire mieux ressortir le contraste. **2.** Chose, personne entièrement opposée à une autre ; contraste absolu. **3.** PHILOS. Deuxième moment d'une dialectique* (→ thèse ; synthèse).

ANTITHÉTIQUE adj. ▪ **1.** Qui emploie l'antithèse. **2.** Opposé, contraire. *Les aspects antithétiques d'un caractère.*

ANTITOXINE n. f. ▪ Anticorps élaboré par l'organisme qui réagit contre les toxines.

ANTITUBERCULEUX, EUSE adj. ▪ Qui combat la tuberculose. *Vaccin antituberculeux.*

ANTITUSSIF, IVE adj. ▪ Qui combat la toux. *Sirop antitussif.*

ANTIVIRAL, ALE, AUX adj. et n. ▪ MÉD. Se dit d'une substance active contre les virus.

ANTIVOL n. m. ▪ Dispositif de sécurité destiné à empêcher le vol (des véhicules).

ANTOFAGASTA ▪ Ville et port du Chili. 218 000 hab. Nitrate et cuivre.

Marc **ANTOINE** en latin ***MARCUS ANTONIUS*** (v. 82 - 30 av. J.-C.) ▪ Homme politique romain. Maître de Rome après l'assassinat de César, puis triumvir d'Orient, il voulut fonder avec Cléopâtre un grand empire oriental. Vaincu par son rival Octave à Actium, en 31 av. J.-C, il se donna la mort à l'annonce, fausse, du suicide de Cléopâtre.

Jacques Denis **ANTOINE** (1733 - 1801) ▪ Architecte néo-classique français. Hôtel de la Monnaie à Paris (1771-1777).

André **ANTOINE** (1858 - 1943) ▪ Homme de théâtre français. Fondateur du Théâtre-Libre (1887), il introduisit le naturalisme au théâtre.

saint **ANTOINE DE PADOUE** (1195 - 1231) ▪ Un des premiers franciscains. Il prêcha en Afrique, en Italie et en France.

saint **ANTOINE LE GRAND** (251 - 356) ▪ Ermite chrétien d'Égypte, fondateur du monachisme. Ses visions, rapportées par saint Athanase, ont inspiré les écrivains (Flaubert) et les peintres (Bosch).

ANTONELLO DA MESSINA ou **DE MESSINE** (v. 1430 - 1479) ▪ Peintre italien. Influencé par l'art flamand, il diffusa la technique de la peinture à l'huile en Italie. *"Salvator mundi", "Crucifixion"* (v. 1456) et portraits d'hommes.

Antonello da Messina. *Crucifixion.*
Musée des Beaux-Arts, Anvers. *Phot. ©Arch. Smeets*

Ion ANTONESCU ou **ANTONESCO** (1882 - 1946) ▪ Maréchal roumain. Chef de l'État fasciste de 1940 à 1944. Exécuté après l'arrivée des Russes.

ANTONIN LE PIEUX (86 - 161) ▪ Empereur romain, fils adoptif d'Hadrien. Son règne, de 138 à sa mort, marque l'apogée de l'empire. Il est le symbole de la « paix romaine ».

les ANTONINS ▪ Dynastie des empereurs romains de 96 à 192 (→ Trajan, Hadrien, Antonin le Pieux, Marc Aurèle).

ANTONIO DEL POLLAIOLO ou **POLLAIUOLO** (v. 1431 - 1498) ▪ Orfèvre, sculpteur, peintre et graveur italien. Il travailla à la représentation du corps humain dans le mouvement ou dans l'effort, en peinture (*"Les Travaux d'Hercule"*), en sculpture ou en gravure (*"Bataille de nus"*, v. 1470).

Michelangelo ANTONIONI (né en 1912) ▪ Cinéaste italien dont l'œuvre dresse le constat de l'incommunicabilité entre les êtres. *"L'Avventura"* (1960); *"Blow Up"* (1967).

ANTONOMASE n. f. ▪ DIDACT. Désignation d'une personne par un nom ou une périphrase qui la caractérise, ou par le nom d'un personnage typique (ex. un harpagon).

ANTONY ▪ Chef-lieu d'arrondissement des Hauts-de-Seine, dans la banlieue sud de Paris. 57 771 hab. *(les Antoniens)*.

ANTONYME n. m. ▪ DIDACT. Mot qui, par le sens, s'oppose directement à un autre. ⇒ **contraire.** *« Chaud » et « froid » sont des antonymes.*

ANTRE n. m. ▪ LITTÉR. Caverne, grotte (spécialt servant de repaire à une bête fauve). *L'antre du lion.* ♦ Lieu inquiétant et mystérieux.

ANUBIS ▪ Dieu funéraire de l'ancienne Égypte, représenté avec un corps d'homme et une tête de chacal, assimilé par les Grecs à Hermès qui en firent l'hybride Hermanubis.

ANUS [anys] n. m. ▪ Orifice du rectum qui donne passage aux matières fécales. ⇒ **fondement.**

ANVERS en néerlandais ***ANTWERPEN*** ▪ Ville de Belgique (Région flamande). 467 518 hab. *(les Anversois)*. Banlieues : Berchem, Borgerhout. Premier centre industriel de Belgique, 3e port d'Europe (quatre cinquièmes du commerce national). Anvers était le plus grand centre économique européen au XVIe s., et connut son apogée artistique au XVIIe s. (résidence de Rubens). Cathédrale gothique, musées. ► **la province d'ANVERS**, l'une des dix provinces de Belgique, dans la Région flamande. 2 867 km². 1 605 167 hab. Chef-lieu : Anvers.

Anvers. Le Grote Markt. *Phot. © Hétier*

ANXIÉTÉ n. f. ▪ État d'angoisse (considéré surtout dans son aspect psychique). *Être en proie à l'anxiété.* ♦ Inquiétude angoissée.

ANXIEUX, EUSE adj. ▪ **1.** Qui s'accompagne d'anxiété. *Une attente anxieuse.* **2.** Qui éprouve de l'anxiété. ⇒ **angoissé, inquiet, tourmenté.** - n. *C'est un anxieux.* ♦ ANXIEUX DE. *Je suis anxieux du résultat.* - Impatient de. *Il est anxieux de réussir.* ► adv. ANXIEUSEMENT

ANXIOGÈNE adj. ▪ MÉD. Qui produit l'anxiété, l'angoisse.

ANXIOLYTIQUE adj. ▪ MÉD. Qui combat l'anxiété. - n. m. *Un anxiolytique.*

ANZIN ▪ Commune du Nord. 14 264 hab. *(les Anzinois)*.

l'A.-O.F. ou **A-OF**, **Afrique-Occidentale française** ▪ Fédération des colonies françaises de l'Ouest africain qui groupa, de 1895 à 1958, le Sénégal, la Guinée, la Côte-d'Ivoire, le Soudan, le Dahomey, la Haute-Volta, la Mauritanie et le Niger.

AORISTE n. m. ▪ LING. Temps du verbe grec qui correspond à un passé indéterminé.

AORTE n. f. ▪ Artère qui prend naissance à la base du ventricule gauche du cœur. ► adj. AORTIQUE

AOSTE en italien ***AOSTA*** ▪ Ville d'Italie, capitale du Val-d'Aoste. 36 369 hab. ► **le Val-d'AOSTE** → **Val-d'Aoste.**

AOÛT [u(t)] n. m. ▪ Huitième mois de l'année. *Partir en vacances en août. Le 15 août* (⇒ **Assomption**).

la nuit du 4 AOÛT 1789 ▪ Date de l'abolition des privilèges par l'Assemblée constituante.

la nuit du 4 **août 1789.** Caricature.
Musée Carnavalet, Paris. *Phot. © Musée de la ville de Paris, musée Carnavalet/Dagli Orti*

journée du 10 AOÛT 1792 ▪ Journée révolutionnaire qui marqua la chute de la royauté en France. Les fédérés y donnèrent l'assaut au palais des Tuileries.

AOÛTAT [auta] n. m. ▪ Larve d'un insecte (le trombidion) qui peut se loger sous la peau.

AOÛTIEN, IENNE [ausjɛ̃, jɛn] n. ▪ **1.** Personne qui prend ses vacances en août. **2.** Personne qui reste à Paris, dans une grande ville, en août.

APACHE n. m. ▪ Malfaiteur, voyou de grande ville (vers 1900).

les APACHES n. m. pl. ▪ Indiens du sud-ouest des États-Unis, qui, menés par Cochise puis Geronimo, luttèrent contre les colons américains (v. 1850-1880).

APAISANT, ANTE adj. ▪ Qui apporte l'apaisement, donne des apaisements. *Des paroles apaisantes.* ⇒ **lénifiant, rassurant.**

APAISEMENT n. m. ▪ **1.** Retour à la paix, au calme. *L'apaisement des flots. Éprouver un grand apaisement.* **2.** surtout plur. Déclaration ou promesse destinée à rassurer. *Donner des apaisements à qqn.*

APAISER v. tr. [1] ▪ **1.** Amener (qqn) à des dispositions plus paisibles. ⇒ **calmer.** *Apaiser les esprits.* **2.** Rendre (qqch.) moins violent. ⇒ **adoucir, assoupir, endormir.** *Apaiser les rancœurs.* ► **S'APAISER** v. pron. Devenir paisible, calme. *Sa douleur s'apaise.*

APANAGE n. m. ▪ **1.** HIST. Partie du domaine royal accordée à un prince qui renonçait au pouvoir. **2.** Ce qui est le propre de qqn ou de qqch. ; bien exclusif, privilège. ⇒ **lot.** *Avoir l'apanage de qqch. L'art n'est plus l'apanage d'une élite.*

APARTÉ n. m. ▪ **1.** Parole(s) que l'acteur dit à part soi (et que les spectateurs seuls sont censés entendre). *Des apartés.* **2.** Entretien particulier, dans une réunion. *S'entretenir avec qqn en aparté.*

APARTHEID [-tɛd] **n. m.** ▪ Régime de ségrégation systématique qui existait, en Afrique* du Sud, entre Blancs et Noirs. ⇒ **ségrégation.**

APATHIE n. f. ▪ Incapacité d'être ému ou de réagir (par mollesse, indifférence, état dépressif, etc.). ⇒ **indolence, inertie.** *Secouer son apathie.* ♦ *L'apathie d'une société.*

APATHIQUE adj. et **n.** ▪ Sans ressort, sans activité. *Il est complètement apathique.* - **n.** *Un, une apathique.*

APATRIDE n. ▪ Personne sans nationalité légale, qu'aucun État ne considère comme son ressortissant. *Un réfugié apatride.*

APELDOORN ▪ Ville des Pays-Bas (Gueldre). 148 745 hab.

APELLE (IVe s. av. J.-C.) ▪ Peintre grec, le plus célèbre de l'Antiquité, portraitiste d'Alexandre le Grand. Ses œuvres, aujourd'hui perdues, ne sont connues que par les descriptions des Anciens.

l'APENNIN n. m. ou **les APENNINS n. m. pl.** ▪ Chaîne montagneuse formant l'arête principale de l'Italie, des Alpes à la Calabre, en passant par la Toscane. Env. 1 300 km.

APERCEPTION n. f. ▪ PSYCH. Prise de conscience claire.

APERCEVOIR v. tr. [28] ▪ **1.** Entrevoir un instant. ⇒ **découvrir, remarquer.** *On apercevait au loin le village.* **2.** Saisir par l'esprit. *J'aperçois bien ses intentions.* ⇒ **comprendre, deviner.** ► **S'APERCEVOIR v. pron. 1.** Prendre conscience, se rendre compte (d'un état ou d'un processus). ⇒ **remarquer.** *Il s'apercevait bien de leur manège, il s'en est aperçu.* **2.** (récipr.) Se voir mutuellement. *Elles se sont aperçues de loin.* **3.** (passif) *Un détail qui s'aperçoit à peine.*

APERÇU n. m. ▪ **1.** Première idée que l'on peut avoir d'une chose vue rapidement. *Donner un aperçu de la situation,* en faire un exposé sommaire. **2.** Remarque, observation qui jette un jour nouveau. *Des aperçus d'une grande sagacité.*

APÉRITIF, IVE ▪ **1. adj.** LITTÉR. Qui ouvre l'appétit. *Une promenade apéritive.* **2. n. m.** Boisson à base de vin ou d'alcool, supposée apéritive, que l'on prend avant le repas. *Offrir, prendre l'apéritif.*

APÉRO n. m. ▪ FAM. Apéritif. *Des apéros.*

APESANTEUR n. f. ▪ Absence de pesanteur (dans l'espace, par exemple). *Astronautes en état d'apesanteur.*

À-PEU-PRÈS n. m. invar. ▪ Approximation grossière, donnée imprécise. *Se contenter d'à-peu-près.* ≠ *à peu près* loc. adv. ⇒ **près.**

APEURER v. tr. [1] ▪ LITTÉR. Effrayer. - surtout au p. p. *Un animal apeuré. Des regards apeurés.*

APEX [-ɛks] **n. m.** ▪ ASTRON. Point du ciel vers lequel le système solaire semble se diriger.

APHASIE n. f. ▪ MÉD. Perte totale ou partielle de la capacité de parler ou de comprendre le langage parlé ou écrit, due à une lésion cérébrale. ► **adj.** et **n.** APHASIQUE

APHÉLIE n. m. ▪ ASTRON. Point de l'orbite d'une planète où elle se trouve à la plus grande distance du Soleil (opposé à *périhélie*).

APHÉRÈSE n. f. ▪ LING. Chute d'un ou plusieurs phonèmes au début d'un mot (opposé à *apocope*) (ex. *car* pour *autocar*).

APHONE adj. ▪ Qui n'a plus de voix. *L'orateur, grippé, était aphone.* ► **n. f.** APHONIE

APHORISME n. m. ▪ DIDACT. Bref énoncé résumant un point de science, de morale. ⇒ **adage, maxime, précepte, sentence.**

APHRODISIAQUE adj. ▪ Qui excite (ou est censé exciter) le désir sexuel. *Une substance aphrodisiaque.* - **n. m.** *Un aphrodisiaque.*

APHRODITE ▪ Déesse grecque de la Beauté et de l'Amour, assimilée à la Vénus romaine. Sa naissance depuis l'écume de la mer, son union avec Héphaïstos (Vulcain), ses amours avec Adonis ou Anchise, berger troyen, le jugement de Pâris ont inspiré les artistes et les poètes. Elle est mère d'Harmonie, d'Éros, de Priape, d'Hermaphrodite et d'Énée.

Aphrodite. *Aphrodite accroupie,* marbre de l'école d'Alexandrie, IIe s. av. J.-C. Musée de Rhodes. *Phot. © Dagli Orti*

APHTE n. m. ▪ Petite ulcération qui se développe sur la muqueuse de la bouche ou du pharynx.

APHTEUX, EUSE adj. ▪ De l'aphte. *Virus aphteux.* - *Fièvre aphteuse,* maladie éruptive, épidémique et contagieuse, atteignant surtout les bovidés.

API n. m. ▪ *Pomme d'api :* variété de pomme croquante, d'un rouge vif sur un côté.

APIA ▪ Capitale des Samoa-Occidentales. 32 200 hab. R.L. Stevenson est enterré à proximité.

À-PIC n. m. ▪ Escarpement vertical. *Des à-pics vertigineux.*

APICAL, ALE, AUX adj. ▪ DIDACT. Du sommet, de la pointe. *Consonne apicale,* prononcée avec la pointe de la langue.

APICOLE adj. ▪ De l'apiculture. *Matériel apicole.*

APICULTEUR, TRICE n. ▪ Personne qui élève des abeilles.

APICULTURE n. f. ▪ Technique de l'élevage des abeilles pour obtenir le miel et la cire.

APIS ▪ Dieu funéraire d'Égypte, honoré à Memphis sous la forme d'un taureau sacré.

Apis. Peinture murale. Musée égyptien, Le Caire. *Phot. © Hétier*

APITOIEMENT n. m. ▪ Fait de s'apitoyer. ⇒ **pitié.**

APITOYER v. tr. [8] ▪ Toucher de pitié. ⇒ **attendrir.** *Il cherche à m'apitoyer.* ► **S'APITOYER v. pron.** Être touché de pitié. ⇒ **compatir.** *S'apitoyer sur qqn, sur son sort.*

APLANIR v. tr. [2] ▪ **1.** Rendre plan ou uni. ⇒ **égaliser, niveler.** *Aplanir un chemin.* **2.** fig. Faire disparaître (ce qui fait obstacle). *Aplanir les difficultés d'une affaire.*

APLAT n. m. ▪ PEINT. Surface de couleur uniforme.

APLATI, IE adj. ▪ Dont la courbure ou la saillie est moins accentuée que dans l'état premier ou habituel. *La Terre est aplatie aux pôles.*

APLATIR v. tr. [2] ▪ Rendre plat. *Aplatir de la pâte avec un rouleau.* ► **S'APLATIR** v. pron. **1.** Devenir plus plat. **2.** Tomber à plat ventre. ⇒ s'**étaler.** ♦ fig. *S'aplatir devant qqn*, s'humilier. ⇒ **ramper. 3.** S'écraser. *Sa voiture s'est aplatie contre un arbre.* ► n. m. APLATISSEMENT

APLOMB [aplɔ̃] n. m. ▪ **1.** État d'équilibre d'un corps, d'un objet vertical. *Le mur a perdu son aplomb.* **2.** fig. Confiance en soi. *Retrouver son aplomb.* ⇒ **sang-froid.** - péj. Assurance qui va jusqu'à l'effronterie. ⇒ **culot, toupet. 3.** *D'APLOMB* loc. adv. : en équilibre stable. *Bien d'aplomb sur ses jambes.* ♦ fig. En bon état physique et moral. *Ce mois de détente me remit d'aplomb.*

APNÉE n. f. ▪ Suspension momentanée de la respiration. *Plonger en apnée.*

APOCALYPSE n. f. ▪ Fin du monde. *Une vision d'apocalypse.*

l'APOCALYPSE n. f. ▪ Le dernier livre du Nouveau Testament (→ **Bible**), décrivant les fins dernières du monde. Son auteur est Jean, traditionnellement identifié avec l'évangéliste. Elle inspira de nombreuses œuvres d'art (tapisseries d'Angers, gravures de Dürer).

APOCALYPTIQUE adj. ▪ Qui évoque la fin du monde, de terribles catastrophes. *Un paysage apocalyptique.*

APOCOPE n. f. ▪ Chute d'un ou plusieurs phonèmes à la fin d'un mot (opposé à *aphérèse*) (ex. *télé* pour *télévision*).

APOCRYPHE adj. ▪ Dont l'authenticité est douteuse ou niée. ⇒ **controuvé, faux, inauthentique.** *Une lettre apocryphe de Napoléon.*

les APOCRYPHES n. m. pl. → Bible.

APOGÉE n. m. ▪ **1.** ASTRON. Point où un astre (Lune, Soleil, etc.) est le plus éloigné de la Terre (opposé à *périgée*). **2.** fig. Point le plus élevé, plus haut degré. ⇒ **comble, faîte, sommet, zénith.** *Atteindre son apogée.*

APOLITIQUE adj. ▪ Qui se tient en dehors de la lutte politique (opposé à *politisé*).

Guillaume APOLLINAIRE (1880 - 1918) ▪ Poète français. Transformant l'anecdote quotidienne en mythe, il fonde son lyrisme sur un sentiment poignant de l'amour enfui, sur un sens très personnel de la « voix », et sur une esthétique de la surprise. Il fut un des initiateurs de la poésie moderne et soutint les peintres cubistes. Il fut l'ami d'Alfred Jarry, de Marie Laurencin, de Picasso et du Douanier Rousseau. *"Alcools"* (1913), *"Calligrammes"* (1918).

Apollinaire. Portrait par Max Jacob.
Phot. © Arch. Smeets

APOLLO ▪ Programme spatial américain (1961-1972) dont l'objectif fut l'alunissage d'astronautes, ce qui fut réussi le 21 juillet 1969 (→ N. **Armstrong**).

APOLLON n. m. ▪ plais. Homme d'une grande beauté. ⇒ **adonis, éphèbe.** *Ce n'est pas un apollon !*

APOLLON ou **PHÉBUS** ▪ Dieu grec de la Lumière, de la Musique et de la Poésie, fils de Zeus et de Léto, jumeau d'Artémis. Incarnation de la beauté masculine, dieu de la musique et de la poésie, il a inspiré de nombreuses statues antiques. Son plus célèbre sanctuaire était à Delphes.

APOLLONIOS DE RHODES (v. 295 - 230 av. J.-C.) ▪ Poète et grammairien grec. Son poème *"Les Argonautiques"* raconte l'histoire des Argonautes.

Apollon. *L'Apollon du Belvédère*, copie romaine d'une statue en bronze attribuée à Léocharès, marbre, fin IVe s. av. J.-C. Musée du Vatican, Rome.
Phot. © Arch. Smeets

APOLOGÉTIQUE n. f. ▪ DIDACT. Partie de la théologie ayant pour objet d'établir, par des arguments historiques et rationnels, le fait de la révélation chrétienne.

APOLOGIE n. f. ▪ Discours, écrit visant à défendre, à justifier et par ext. à louer une personne, une doctrine. *Le directeur a fait l'apologie de son prédécesseur.* ⇒ **éloge.** ► n. APOLOGISTE

APOLOGUE n. m. ▪ Petit récit visant essentiellement à illustrer une leçon morale.

APONÉVROSE n. f. ▪ ANAT. Membrane fibreuse qui enveloppe un muscle. ► adj. APONÉVROTIQUE

APOPHTEGME n. m. ▪ DIDACT. Parole mémorable ayant une valeur de maxime. ⇒ **aphorisme.**

APOPHYSE n. f. ▪ ANAT. Éminence à la surface d'un os.

APOPLECTIQUE adj. ▪ Qui a ou annonce une prédisposition à l'apoplexie. *Un teint apoplectique.* ⇒ **congestionné.**

APOPLEXIE n. f. ▪ VIEILLI Perte de connaissance brutale ; congestion cérébrale (→ hémorragie* cérébrale). *Attaque d'apoplexie.*

APORIE n. f. ▪ DIDACT. Difficulté logique insoluble.

APOSTASIE n. f. ▪ Reniement de la foi chrétienne.

APOSTAT, ATE n. ▪ Personne qui a renié la foi chrétienne. *Julien l'Apostat* (empereur romain).

A POSTERIORI [-te-] ▪ **1.** loc. adj. invar. Postérieur à l'expérience. *Notion a posteriori*, acquise grâce à l'expérience. **2.** loc. adv. Postérieurement à l'expérience. *Il a reconnu a posteriori ses torts.*

APOSTILLE n. f. ▪ VX Note en addition (à un texte).

APOSTOLAT n. m. ▪ **1.** Prédication, propagation de la foi. **2.** Mission qui requiert de l'énergie et du désintéressement.

APOSTOLIQUE adj. ▪ **1.** Relatif aux apôtres ; qui vient d'eux. *L'Église catholique, apostolique et romaine.* **2.** Qui émane ou dépend du Saint-Siège. *Nonce apostolique.*

APOSTROPHE n. f. ▪ **I. 1.** Figure de rhétorique par laquelle un orateur interpelle tout à coup une personne ou une chose personnifiée. **2.** Interpellation brusque, sans politesse (⇒ **apostropher**). **3.** GRAMM. *Mot (mis) en apostrophe*, en apposition et qui interpelle (ex. *Jean* dans *Jean, tais-toi !*). **II.** Signe (') qui marque l'élision d'une voyelle.

APOSTROPHER v. tr. ① ▪ Adresser brusquement la parole à (qqn), sans politesse. – pronom. *Conducteurs qui s'apostrophent.*

APOTHÉOSE n. f. ▪ **1.** DIDACT. Déification des empereurs romains, des héros après leur mort. **2.** Honneurs extraordinaires rendus à qqn. **3.** fig. Épanouissement sublime. *L'apothéose de toute une vie.* ♦ Partie la plus brillante (d'une manifestation). *Ce concert a été l'apothéose du festival.*

APOTHICAIRE n. m. ▪ VX Pharmacien. ♦ fig. *COMPTE D'APOTHICAIRE,* très long et compliqué.

APÔTRE n. m. ▪ **1.** Chacun des douze disciples que Jésus-Christ choisit pour prêcher l'Évangile. **2.** Celui qui propage la foi chrétienne (⇒ **prédicateur**), fait des conversions. **3.** Personne qui propage, défend une doctrine, une opinion. *Elle se fit l'apôtre de cette idée. Avoir une âme d'apôtre.* **4.** *BON APÔTRE :* personne de mauvaise foi dans ses promesses.

les APPALACHES n. m. pl. ▪ Montagnes de l'est de l'Amérique du Nord, depuis l'Alabama jusqu'à Terre-Neuve. Sommet au mont Mitchell aux États-Unis (2 037 m).

les **Appalaches.** *Phot. © Acosta/Hoa-Qui*

APPARAÎTRE v. intr. 57 ▪ **1.** Devenir visible, distinct ; se montrer soudain. ⇒ se **manifester**, se **montrer**, se **présenter**, **surgir** ; **apparence**, **apparition**. *La lune apparut entre les nuages.* **2.** Commencer d'exister. *Les mammifères sont apparus sur la Terre pendant l'ère tertiaire.* ♦ fig. Se révéler à l'esprit par une manifestation apparente. *Tôt ou tard, la vérité apparaît.* ⇒ se **dévoiler**, **jaillir**. **3.** *APPARAÎTRE À qqn :* se présenter à l'esprit (sous un aspect). *Tout cela m'apparaît comme une plaisanterie.* – (suivi d'un adj. attribut) ⇒ **paraître**, **sembler**. *Cela apparaît très difficile.* **4.** impers. *IL APPARAÎT QUE* (+ indic.) : il ressort de ces constatations que ; il est clair, manifeste que.

APPARAT n. m. ▪ **1.** Éclat solennel (d'une cérémonie). *Une réception sans apparat.* – *D'APPARAT :* de cérémonie. *Costume d'apparat.* **2.** DIDACT. *APPARAT CRITIQUE :* notes et variantes d'un texte.

APPARAUX n. m. pl. ▪ MAR. Ensemble des appareils de manœuvre, sur un bateau.

APPAREIL n. m. ▪ **I. 1.** VX Déroulement d'un cérémonial. ⇒ **apparat.** ♦ loc. *Dans le plus simple appareil :* peu habillé, en négligé ; tout nu. **2.** Ensemble d'éléments qui concourent au même but en formant un tout. *L'appareil des lois.* ♦ Ensemble des organismes et institutions permanents. *L'appareil d'un parti. L'appareil d'État. Un homme d'appareil, dans un parti* (cf. le russe *apparatchik*). **3.** Ensemble des organes remplissant une même fonction physiologique. ⇒ **système.** *L'appareil digestif.* **4.** Agencement des matériaux (d'une maçonnerie). **II. 1.** Assemblage de pièces ou d'organes (plus complexe que l'outil*, l'ustensile, moins que la machine*) réunis en un tout pour une fonction. ⇒ **instrument** ; **engin.** *Appareils ménagers. Appareil photographique.* ♦ (absolt) Téléphone. *Allô ! Qui est à l'appareil ?* – Avion. *L'appareil décolle.* **2.** Dispositif corrigeant les défauts fonctionnels du corps. *Appareil orthopédique ; de prothèse.* – spécialt Dentier ; tiges métalliques pour redresser les dents. *Porter un appareil.*

① **APPAREILLAGE** n. m. ▪ Ensemble d'appareils (II) et d'accessoires divers disposés pour un certain usage. *Appareillage électrique.*

② **APPAREILLAGE** n. m. ▪ Action d'appareiller, de quitter le port. ⇒ **départ.**

① **APPAREILLER** v. ① ▪ **I.** v. tr. **1.** VX Préparer. **2.** MAR. Préparer (des filets, le gréement d'un navire). **II.** v. intr. (bateaux) Se disposer au départ, quitter le mouillage, le port (→ lever l'ancre). *Le yacht a appareillé ce matin.*

② **APPAREILLER** v. tr. ① ▪ Réunir (des choses semblables ou qui s'accordent). ⇒ **assortir.**

③ **APPAREILLER** v. tr. ① ▪ Munir d'un appareil de prothèse.

APPAREMMENT [-amɑ̃] adv. ▪ Selon toute apparence. *Apparemment, il n'a pas changé.*

APPARENCE n. f. ▪ **1.** Ce qu'on voit (de qqch., qqn), manière dont qqch. se montre, est visible. ⇒ **air**, **aspect**, **mine**, **tournure.** *Présenter, offrir une belle apparence.* **2.** Aspect extérieur, considéré comme différent de la réalité. ⇒ **dehors**, **façade.** *Ne pas se fier aux apparences. Un caractère dur sous une apparence de douceur.* ♦ au plur. *Garder, ménager, sauver les apparences :* ne laisser rien apercevoir de ce qui pourrait être mal interprété. ⇒ **bienséance**, **convenance.** ♦ *EN APPARENCE* loc. adv. : autant qu'on peut en juger d'après ce qu'on voit. ♦ *CONTRE TOUTE APPARENCE* loc. adv. : en dépit de ce qui paraît.

APPARENTÉ, ÉE adj. ▪ **1.** *Il est apparenté à mon mari,* de la même famille que lui. **2.** Allié par l'apparentement électoral. **3.** Qui ressemble à, est en rapport avec. *Deux styles apparentés.*

APPARENTEMENT n. m. ▪ Alliance électorale entre deux listes de candidats qui peuvent grouper leurs voix.

APPARENT, ENTE adj. ▪ **1.** Qui apparaît, se montre clairement aux yeux. ⇒ **ostensible**, **visible.** *Un caractère très apparent. Poutres apparentes d'un plafond.* ♦ fig. Évident, manifeste. *Sans cause apparente.* **2.** Qui n'est pas tel qu'il paraît être ; qui n'est qu'une apparence. *Le mouvement apparent du Soleil autour de la Terre. Contradictions apparentes.*

S'APPARENTER v. pron. ① ▪ *S'APPARENTER À* ▪ **1.** RARE S'allier par mariage avec. *S'apparenter à une famille.* **2.** (choses) Avoir une ressemblance avec, être de même nature que. *Le goût de l'orange s'apparente à celui de la mandarine.*

APPARIER v. tr. ⑦ ▪ Unir par paire, par couple.

APPARITEUR n. m. ▪ Huissier ; spécialt huissier de faculté.

APPARITION n. f. ▪ **I. 1.** Action, fait d'apparaître, de se montrer aux yeux. ⇒ **manifestation.** *L'apparition d'une comète.* ♦ (personnes) Fait d'arriver, d'apparaître dans une compagnie. *Ne faire qu'une courte apparition.* **2.** Venue à l'existence (d'une chose nouvelle). *L'apparition d'une technique, de l'informatique.* **II. 1.** Manifestation (d'un être invisible qui se montre sous une forme visible). *L'apparition de Jésus-Christ aux apôtres.* ♦ Vision de cette forme. *Avoir des apparitions.* ⇒ **vision.** **2.** Être imaginaire que l'on croit apercevoir. ⇒ **fantôme**, **revenant**, **spectre.**

APPARTEMENT n. m. ▪ **1.** anciennt Ensemble de pièces affectées à un usage particulier. *Les appartements d'un palais.* **2.** MOD. Partie d'une maison, d'un immeuble composée de plusieurs pièces qui servent d'habitation. ⇒ **logement.** *Louer un appartement.* ◇ abrév. FAM. APPART.

APPARTENANCE n. f. ▪ **1.** Fait d'appartenir. *L'appartenance d'une personne à une communauté.* **2.** MATH. Propriété d'être un élément d'un ensemble. *Relation d'appartenance.*

APPARTENIR v. tr. ind. 22 ▪ *APPARTENIR À* **1.** Être à (qqn) en vertu d'un droit, d'un titre. *Ce terrain lui appartient.* **2.** (personnes) Être entièrement soumis à (qqn). *Il lui appartenait corps et âme.* – pronom. *S'appartenir :* être libre, ne dépendre que de soi-même. *Avec tous ces invités, je ne m'appartiens plus.* **3.** Être propre à (qqn). *Pour des raisons qui m'appartiennent...* – impers. *Il appartient aux parents d'élever leurs enfants,* c'est leur rôle. **4.** Faire partie de (qqch.). *Appartenir à un milieu défavorisé.* – *Cette question appartient à la philosophie,* en relève. – MATH. *Élément qui appartient à un ensemble* (⇒ **appartenance**).

APPAS n. m. pl. ▪ VX Attraits, charmes (spécialt d'une femme).

APPÂT n. m. ▪ **1.** Produit qui sert à attirer des animaux pour les prendre. ⇒ **amorce.** *Poisson qui mord à l'appât.* **2.** Ce qui attire, pousse à faire qqch. *L'appât du gain.*

APPÂTER v. tr. ① ▪ **1.** Garnir d'un appât (1). *Appâter l'hameçon.* ⇒ **amorcer.** **2.** Attirer (qqn) par l'appât d'un gain, d'une récompense. ⇒ **séduire.** *Appâter qqn par de belles promesses.*

APPAUVRIR v. tr. ② ▪ **1.** Rendre pauvre. *Des guerres continuelles ont appauvri ce pays.* **2.** Faire perdre sa qualité, sa fécondité à (qqch.). *Ces cultures appauvrissent le sol.* ► **S'APPAUVRIR** v. pron. Perdre sa richesse. *La langue risque de s'appauvrir.* ► n. m. APPAUVRISSEMENT

APPEAU n. m. ▪ CHASSE Instrument avec lequel on imite le cri des oiseaux pour les attirer ; oiseau dressé à appeler les autres.

APPEL n. m. ▪ **I. 1.** Action d'appeler pour faire venir à soi, pour obtenir une réponse. *Répondre à un appel. Un appel au secours.* – *Appel téléphonique.* **2.** Action d'appeler des personnes par leur nom afin de s'assurer de leur présence. *Faire l'appel.* **3.** MILIT. Action d'appeler sous les drapeaux. *L'appel du contingent.* ⇒ **recrutement ; incorporation.** – *Devancer l'appel,* s'engager dans l'armée avant l'âge légal. – loc. *Appel aux armes.* ⇒ **mobilisation. 4.** *Faire un* APPEL DE FONDS : demander un nouveau versement de fonds à des actionnaires, des associés, etc. **5.** Discours ou écrit dans lequel on s'adresse au public pour l'exhorter. ⇒ **exhortation, proclamation.** *Appel à l'insurrection.* **6.** FAIRE APPEL À : demander, requérir comme une aide. *Faire appel à qqn. Faire appel à ses souvenirs,* les évoquer. ♦ loc. fig. APPEL DU PIED : paroles, allusion constituant une demande. **7.** fig. Incitation, invitation. *L'appel de l'aventure.* **II. 1.** FAIRE APPEL : recourir à une juridiction supérieure en vue d'obtenir la modification d'un jugement. – *Cour d'appel.* **2.** SANS APPEL loc. adj. : irrévocable ; loc. adv. : irrémédiablement. **III.** (mouvement) **1.** APPEL D'AIR : tirage qui facilite la combustion dans un foyer. **2.** SPORTS Appui du pied sur le sol qui donne l'élan nécessaire au sauteur. *Prendre son appel.*

Karel APPEL (né en 1921) ▪ Peintre néerlandais. Se dégageant des contraintes et des conventions, il fit prévaloir le geste impulsif et travailla la couleur en pleine pâte. Il adhéra au groupe Cobra.

Appel. *Jeune garçon au ballon.*
Galerie d'Art moderne, Rome.
Phot. © Giraudon

APPELÉ, ÉE ▪ **I.** adj. **1.** Nommé. **2.** Qui reçoit un appel. – n. « *Il y a beaucoup d'appelés et peu d'élus* » (Évangile) : beaucoup voudraient y parvenir mais peu seront choisis. ♦ APPELÉ À (+ inf.) : dans la nécessité de. *Si nous étions appelés à partir.* **II.** n. m. Jeune homme incorporé dans l'armée pour faire son service militaire. ⇒ **conscrit.**

APPELER v. tr. [4] ▪ **I. 1.** S'adresser à (qqn) pour l'inviter à venir, à répondre. ⇒ **apostropher, interpeller ; appel.** *Appeler la vendeuse. Appeler qqn au secours.* – absolt *Appeler* (à l'aide, etc.). **2.** Joindre (qqn) par téléphone. *Je vous appellerai mardi.* **3.** Inviter (qqn) à venir. ⇒ **convoquer, demander.** *Il faut appeler le médecin.* **4.** *Appeler qqn à une fonction, un poste,* le choisir, le désigner pour. **5.** (choses) Demander, exiger, entraîner. ⇒ **réclamer.** *Ce sujet appelle toute votre attention.* ♦ *Appeler l'attention de qqn sur qqch.* ⇒ **attirer. 6.** EN APPELER À : s'en remettre à. *J'en appelle à votre bon cœur.* **II.** Donner un nom à (qqn ou qqch.). *Ils ont appelé leur fille Hélène.* ⇒ **nommer ; appellation.** *C'est ce qu'on appelle une idiotie !* – loc. *Appeler les choses par leur nom,* ne pas atténuer la vérité en parlant. *Appeler un chat* un chat.* ► **S'APPELER** v. pron. Avoir pour nom. *Je m'appelle Paul.* – FAM. *Cela s'appelle parler,* voilà un langage ferme et franc.

APPELLATION n. f. ▪ **1.** Action, façon d'appeler (II). ⇒ **dénomination, désignation. 2.** Nom donné à qqch., à qqn. *Une appellation injurieuse.* ⇒ **qualificatif.** – *Appellation d'origine,* désignation d'un produit par le nom de sa provenance. *Appellation d'origine contrôlée* (sigle A. O. C.).

APPENDICE [-pɛ̃-] n. m ▪ **1.** Partie qui prolonge une partie principale, semble ajoutée. **2.** Petite cavité en doigt de gant qui prolonge le cæcum. *Inflammation de l'appendice.* ⇒ **appendicite. 3.** Supplément placé à la fin d'un livre et qui contient des notes, des documents.

APPENDICECTOMIE [-pɛ̃-] n. f. ▪ CHIR. Ablation de l'appendice.

APPENDICITE [apɛ̃disit] n. f. ▪ Inflammation de l'appendice (2). *Crise d'appendicite.*

APPENTIS n. m. ▪ Petit bâtiment à toit en auvent à une seule pente, adossé à un mur et soutenu par des poteaux ou des piliers. *Ranger du bois sous l'appentis.*

l'APPENZELL n. m. ▪ Ancien canton de Suisse enclavé dans le canton de Saint-Gall. Élevage (fromage). Depuis la Réforme, il est divisé pour des raisons religieuses en deux demi-cantons. ► **APPENZELL-RHODES-EXTÉRIEURES** 243 km². 52 047 hab. (en majeure partie protestants). Chef-lieu : Herisau. ► **APPENZELL-RHODES-INTÉRIEURES** 172 km². 13 795 hab. (en majeure partie catholiques). Chef-lieu : Appenzell.

l'**Appenzell.** Une ferme au pied de l'Apstein.
Phot. © Rapa/Explorer

IL **APPERT** v. impers. ne s'emploie qu'au présent ▪ DR. *Il appert que* (+ indic.) : il est évident que.

Nicolas APPERT (v. 1750 – 1841) ▪ Inventeur français. Il découvrit un procédé de conservation des aliments par la chaleur, *l'appertisation,* à l'origine de l'industrie des conserves.

APPESANTIR v. tr. [2] ▪ LITTÉR. Rendre plus lourd, moins actif, moins agile. *L'âge appesantit sa démarche.* ► **s'APPESANTIR** v. pron. **1.** Devenir plus pesant, moins agile. *Ses yeux s'appesantissaient de sommeil.* **2.** *S'appesantir sur un sujet,* s'y arrêter, en parler trop longuement. ⇒ **insister.** ► n. m. APPESANTISSEMENT

APPÉTENCE n. f. ▪ LITTÉR. Tendance qui porte vers ce qui peut satisfaire les penchants naturels. ⇒ **envie.** *Son appétence de nouveauté.*

APPÉTISSANT, ANTE adj. ▪ **1.** Dont l'aspect, l'odeur met en appétit ; qu'on a envie de manger. *Un plat appétissant.* **2.** fig. Qui met en goût, plaît. ⇒ **affriolant, attirant, engageant.**

APPÉTIT n. m. ▪ **1.** Désir de nourriture, plaisir que l'on trouve à manger. *Avoir de l'appétit. Ouvrir l'appétit* (⇒ **apéritif**). *Bon appétit ! Excès maladif d'appétit.* ⇒ **boulimie.** – prov. « *L'appétit vient en mangeant* [...] *la soif s'en va en buvant* » (Rabelais) ; fig. plus on a, plus on veut avoir. **2.** *Appétit de,* désir pressant de (qqch.). ⇒ **soif.** *Un insatiable appétit de bonheur.* **3.** au plur. Mouvement qui porte à rechercher ce qui peut satisfaire un besoin organique, un instinct. ⇒ **pulsion.** *Appétits sexuels.*

Adolphe APPIA (1862 – 1928) ▪ Homme de théâtre suisse. Un des précurseurs du théâtre moderne. *"La Musique et l'Art de la scène"* (1899).

voie APPIENNE en latin *VIA APPIA* ▪ Voie romaine (commencée en 312 av. J.-C.) qui allait de Rome à Brindisi en passant par Capoue. Elle était bordée de tombeaux dont il reste des vestiges.

APPLAUDIR v. [2] ▪ **1.** v. intr. Battre des mains en signe d'approbation, d'admiration ou d'enthousiasme. *Le public applaudit.* **2.** v. tr. ind. LITTÉR. APPLAUDIR À *qqch.* : donner son complet assentiment à. *J'applaudis à votre initiative.* ⇒ **approuver. 3.** v. tr. APPLAUDIR *qqn, qqch.* Accueillir, saluer par des applaudissements. *Applaudir un acteur.* ⇒ **acclamer.**

- au p. p. *Discours très applaudi.* ► s'**APPLAUDIR** v. pron. S'admirer, s'estimer, être content de soi. *S'APPLAUDIR DE qqch.* ⇒ se **féliciter.**

APPLAUDISSEMENT n. m. ▪ Battement des mains en signe d'approbation, d'admiration ou d'enthousiasme. ⇒ **bravo.** *Une tempête d'applaudissements.*

sir **Edward Victor APPLETON** (1892-1965) ▪ Physicien britannique. Avec Barnett, il prouva l'existence de l'ionosphère. Prix Nobel de physique 1947.

APPLICABLE adj. ▪ Qui peut être appliqué (à qqn, qqch.).

APPLICATEUR, TRICE adj. ▪ Qui sert à appliquer, à mettre en place. *Tampon applicateur.*

APPLICATION n. f. ▪ **I. 1.** Action de mettre une chose sur une autre de manière qu'elle la recouvre et y adhère. *L'application d'un papier sur un mur. Pommade à utiliser en applications locales.* **2.** fig. Action de faire porter sur qqch. *Point d'application d'une force.* - MATH. Relation établie sur deux ensembles, telle qu'à tout élément du premier corresponde un seul élément du second (→ fonction). ♦ Utilisation. *L'application des sciences à l'industrie.* ♦ souvent au plur. Utilisation possible, cas d'utilisation. *Les applications d'une découverte scientifique.* **3.** Mise en pratique. *Mettre une idée, une théorie en application. Le décret entrera en application le mois prochain.* **II.** Action d'appliquer son esprit, de s'appliquer ; qualité d'une personne appliquée. ⇒ **attention, concentration, soin.** *Travailler avec application.* - *Application à faire qqch.*

APPLIQUE n. f. ▪ **1.** Ce qui est appliqué, fixé, plaqué sur un objet (pour l'orner ou le rendre solide). **2.** Appareil d'éclairage fixé au mur.

APPLIQUER v. tr. [1] ▪ **1.** Mettre (une chose) sur une autre de manière à recouvrir, adhérer ou laisser une empreinte. *Appliquer une couche de peinture sur une surface.* ⇒ **étendre.** - *Il lui appliqua un baiser sur la joue.* **2.** fig. Faire servir (pour telle ou telle chose). ⇒ **employer, utiliser.** *Appliquer un traitement à une maladie.* ♦ *Appliquer un nom à qqn.* ⇒ **attribuer, donner.** ♦ LITTÉR. *Appliquer son esprit à l'étude* (→ appliqué, II). **3.** Mettre en pratique. *Appliquer une peine, un règlement, une recette.* ► s'**APPLIQUER** v. pron. **1.** Se placer, être appliqué. *Peinture qui s'applique au rouleau.* **2.** fig. Être adapté, applicable (à). ⇒ **convenir.** *Cette remarque s'applique à tout le monde.* ⇒ **concerner. 3.** Apporter une attention soutenue (à qqch.), prendre soin (de faire qqch.). *S'appliquer à la tâche.* - absolt Travailler avec zèle, application. *Enfant qui s'applique.* ► **APPLIQUÉ, ÉE** adj. **I. 1.** Placé (sur, contre). *Un coup bien appliqué.* **2.** Mis en pratique. *Sciences appliquées* (opposé à *pur*). *Recherche appliquée* (opposé à *fondamental*). *Les arts appliqués,* à vocation utilitaire. **II.** Qui s'applique. *Élève appliqué.* ⇒ **studieux, travailleur.**

APPOGGIATURE [-(d)ʒja-] n. f. ▪ MUS. Note d'agrément placée devant une note principale pour la mettre en valeur. ◇ var. APPOGIATURE.

APPOINT n. m. ▪ **1.** Complément d'une somme en petite monnaie. *Faire l'appoint. Avoir l'appoint,* la somme exacte. **2.** fig. Ce qu'on ajoute à qqch. pour compléter. ⇒ **complément, supplément.** - *D'APPOINT* loc. adj. *Salaire d'appoint. Chauffage d'appoint.*

APPOINTEMENTS n. m. pl. ▪ Rétribution fixe attachée à un emploi régulier (surtout pour les employés). ⇒ **salaire.**

APPOINTER v. tr. [1] ▪ Donner des appointements à (qqn). ⇒ **payer, rétribuer.**

APPONTEMENT n. m. ▪ Plate-forme sur pilotis le long de laquelle un navire vient s'amarrer.

APPORT n. m. ▪ **1.** Action d'apporter. *Apport de capitaux.* **2.** Ce qu'on apporte ; bien apporté. DR. *Apports en communauté :* biens que chacun des époux apporte à la communauté. **3.** fig. Contribution positive.

APPORTER v. tr. [1] ▪ **I.** concret **1.** *Apporter qqch. à qqn,* porter (qqch.) au lieu où est qqn. *Allez chercher ce livre et apportez-le-moi. Apporter qqch. et amener* qqn.* - Porter avec soi en venant. *Le facteur apporte le courrier.* **2.** Fournir pour sa part. *Apporter son écot.* **II.** abstrait **1.** Employer, mettre. *Il y apporte tout son enthousiasme.* **2.** Donner, fournir un élément de connaissance. *Apporter une bonne nouvelle.* ⇒ **apprendre.** *Son intervention n'apporte rien.* **3.** Fournir (ce qu'on a produit, ce qu'on a fait naître). *Apporter un soulagement à une douleur.* **4.** (choses) Être la cause de (qqch.). *Les changements que l'automobile a apportés dans la vie quotidienne.* ⇒ **amener, entraîner, produire.**

APPOSER v. tr. [1] ▪ DR. Poser, mettre. *Apposer sa signature :* signer. *Apposer les scellés.*

APPOSITION n. f. ▪ **1.** Action d'apposer. **2.** GRAMM. Procédé par lequel deux termes (noms, pronoms ; propositions) sont juxtaposés sans lien (ex. vert olive). *L'apposition sert de qualification.*

APPRÉCIABLE adj. ▪ **1.** Qui peut être perçu, évalué. *La différence est à peine appréciable.* ⇒ **perceptible, sensible, visible. 2.** Assez considérable. ⇒ **important, notable.** *Changement appréciable.* **3.** Qui a une valeur notable, qui a son prix. ⇒ **intéressant, précieux.** *Avantages appréciables.*

APPRÉCIATEUR, TRICE adj. et n. ▪ Qui est capable d'apprécier, d'évaluer.

APPRÉCIATION n. f. ▪ **1.** Action d'apprécier, de déterminer le prix, la valeur (de qqch.). ⇒ **estimation, évaluation. 2.** Fait de juger. ⇒ **jugement.** *Soumettre une décision à l'appréciation de qqn.* ♦ Opinion. *Noter ses appréciations dans la marge.* ⇒ **note, observation.** *Une appréciation favorable.*

APPRÉCIER v. tr. [7] ▪ **1.** DIDACT. Déterminer le prix, la valeur de (qqch.). ⇒ **estimer, évaluer.** *L'expert a apprécié le mobilier à tel prix.* **2.** Déterminer approximativement, par les sens. *Apprécier une distance, une vitesse.* ♦ Sentir, percevoir en jugeant. *Savoir apprécier les nuances.* **3.** Porter un jugement favorable sur ; aimer, goûter. *Apprécier un plat. Je n'apprécie pas beaucoup ses façons.* - *Il sait se faire apprécier.*

APPRÉHENDER v. tr. [1] ▪ **I. 1.** Saisir au corps. ⇒ **arrêter.** *La police a appréhendé le malfaiteur.* **2.** PHILOS. Saisir par l'esprit. **II.** Envisager (qqch.) avec crainte, s'en inquiéter par avance. ⇒ **craindre, redouter ; appréhension.** *Il appréhende cet examen.*

APPRÉHENSION n. f. ▪ **I.** DIDACT. Fait de saisir par l'esprit. **II.** Action d'envisager qqch. avec crainte ; crainte vague, mal définie. ⇒ **anxiété, inquiétude.**

APPRENANT, ANTE n. ▪ Personne qui apprend (une langue).

APPRENDRE v. tr. [58] ▪ **I.** (sens subjectif) **1.** Être avisé, informé de (qqch.). *Apprendre une nouvelle par la radio. Je l'ai appris de sa bouche.* **2.** Chercher à acquérir (un ensemble de connaissances) par un travail intellectuel ou par l'expérience. *Apprendre un texte par cœur. Il a appris le métier. Apprendre l'italien.* - absolt *Apprendre facilement.* **3.** *APPRENDRE À* (+ inf.) : se rendre capable de. *Apprendre à lire, à écrire, à conduire.* **II.** (sens objectif) **1.** *Apprendre qqch. à qqn,* porter à sa connaissance. ⇒ **avertir** de. *Je viens vous apprendre son arrivée, qu'il est arrivé.* ⇒ **informer. 2.** Donner la connaissance, le savoir, la pratique de (qqch.). ⇒ **enseigner.** *Apprendre le français à un ami étranger. Il m'apprend à faire du ski, à jouer au bridge.* - *Ce livre m'a beaucoup appris.* - loc. *Cela lui apprendra à vivre :* cela lui servira de leçon.

APPRENTI, IE n. ▪ **1.** Personne qui est en apprentissage. - *Apprenti maçon.* **2.** Personne qui s'instruit auprès d'un maître ; débutant, novice. **3.** loc. *APPRENTI SORCIER :* personne qui déchaîne des événements dont elle n'est pas capable d'arrêter le cours.

APPRENTISSAGE n. m. ▪ **1.** Fait d'apprendre un métier manuel ou technique. *Elle est en apprentissage chez un encadreur. Centre d'apprentissage.* **2.** LITTÉR. Premières leçons, premiers essais. ⇒ **initiation.** *L'apprentissage de la patience.* - *Faire l'apprentissage de qqch.,* s'y initier.

APPRÊT n. m. ▪ **I. 1.** VIEILLI Action, manière d'apprêter. **2.** TECHN. Opération que l'on fait subir aux matières premières (cuirs, textiles) avant de les travailler ou de les présenter. **3.** Substance qui sert à apprêter (colle, empois, gomme, enduit). **II.** fig. Manière affectée d'agir ou de s'exprimer. ⇒ **affectation.** *Sans apprêt :* naturellement.

APPRÊTÉ, ÉE adj. ▪ Qui est trop étudié, peu naturel. ⇒ **affecté.** *Style apprêté.*

APPRÊTER v. tr. [1] ▪ **1.** VX ou LITTÉR. Rendre prêt, préparer. ⇒ **accommoder. 2.** TECHN. Soumettre à un apprêt. *Apprêter des étoffes, des cuirs, des peaux, du papier,* pour leur donner l'apparence, la consistance voulue. ► s'**APPRÊTER** v. pron. **1.** Se préparer (à). *S'apprêter au départ.* ⇒ se **disposer.** *Je m'apprêtais à vous téléphoner.* **2.** Se préparer, préparer sa toilette. *S'apprêter pour sortir.*

APPRIVOISER v. tr. [1] ▪ **1.** Rendre moins craintif ou moins dangereux (un animal), rendre familier. *Apprivoiser un* *oiseau de proie.* ‑ au p. p. *Ours apprivoisé.* **2.** Rendre (qqn) plus docile, plus sociable. ⇒ **adoucir, amadouer.** *Apprivoiser un enfant. Il ne se laisse pas apprivoiser facilement.* ► **S'APPRIVOISER v. pron. 1.** (animaux) Devenir moins sauvage ; (personnes) devenir moins farouche, plus sociable. **2.** fig. LITTÉR. *S'apprivoiser à.* ⇒ s'**accoutumer,** se **familiariser.** *Je commence à m'apprivoiser à cette idée.* ► **adj.** APPRIVOISABLE ► **n. m.** APPRIVOISEMENT

APPROBATEUR, TRICE ▪ **1. n.** LITTÉR. Personne qui approuve. **2. adj.** *Geste, sourire approbateur.* ⇒ **favorable.** *Un silence approbateur.*

APPROBATIF, IVE adj. ▪ Qui marque l'approbation. *Un signe approbatif.* ⇒ **approbateur.**

APPROBATION n. f. ▪ **1.** Fait d'approuver ; accord que l'on donne. ⇒ **acceptation, acquiescement, adhésion, agrément, assentiment, autorisation, consentement.** *Le préfet a donné son approbation à la délibération du conseil.* **2.** Jugement favorable ; témoignage d'estime ou de satisfaction. *Manifester son approbation.*

APPROCHANT, ANTE adj. ▪ VIEILLI Qui se rapproche de. ⇒ **proche, voisin** de. ♦ MOD. *Je crois qu'il est ingénieur, ou quelque chose d'approchant.*

APPROCHE n. f. ▪ **1.** Fait de s'approcher. *À L'APPROCHE DE :* en approchant de. *Le chat s'enfuit à mon approche.* **2.** *D'APPROCHE :* par lequel on s'approche. loc. *Travaux d'approche,* démarches intéressées, manœuvres pour arriver à un but. *Lunette d'approche,* qui fait paraître les objets plus proches. **3.** au plur. Ce qui est près de. ⇒ **abord.** *Les approches d'une ville.* **4.** Fait d'approcher, d'être sur le point de se produire. *L'approche de la nuit. À l'approche, aux approches de la trentaine.* **5.** fig. Manière d'aborder un sujet ; démarche, point de vue. *Ils n'ont pas la même approche de la question.*

APPROCHER v. [1] ▪ **I. v. tr. dir. 1.** Mettre près, plus près. *Approcher une chaise de la table.* **2.** Venir près, s'avancer auprès de (qqn). *Ne m'approchez pas !* ‑ Avoir libre accès auprès de (qqn), le voir habituellement. ⇒ **côtoyer, fréquenter.** *Une personne qu'on ne peut approcher,* dont l'accès ou fig. la fréquentation est difficile. **II.** *APPROCHER DE* **v. tr. ind. 1.** Venir près, plus près de (qqn, qqch.). *N'approche pas du feu.* **2.** Être près de, sur le point d'atteindre. ⇒ **toucher** à. *Approcher du but, du résultat. Approcher de la trentaine.* ⇒ **friser.** ‑ fig. *Approcher de la vérité.* **3.** intrans. Être imminent, proche. *La nuit approche.* ⇒ **venir.** ► **S'APPROCHER** (DE) **v. pron.** Venir près, aller se mettre auprès de (qqn, qqch.). *Le navire s'approche de la terre. Approchez-vous (de moi).* ‑ fig. *S'approcher de la perfection.* ► **APPROCHÉ, ÉE adj.** Approximatif. *Résultat approché.*

APPROFONDIR v. tr. [2] ▪ **1.** Rendre plus profond, creuser plus avant. *Approfondir un fossé.* **2.** fig. Pénétrer plus avant dans une connaissance ; étudier à fond. ⇒ **creuser, fouiller.** *Approfondir son sujet.* ► **S'APPROFONDIR v. pron.** Devenir plus profond. ‑ fig. *Le silence s'approfondit.* ► **APPROFONDI, IE adj.** *Se livrer à un examen approfondi.*

APPROFONDISSEMENT n. m. ▪ **1.** Action d'approfondir. **2.** fig. *L'approfondissement d'un sujet, d'un problème.* ⇒ **analyse, étude, examen.** ‑ Fait de s'approfondir. *L'approfondissement d'un sentiment avec le temps.*

APPROPRIATION n. f. ▪ Action de s'approprier une chose.

APPROPRIER v. tr. [7] ▪ DIDACT. Rendre propre à un usage, une destination. *Approprier son style au sujet.* ⇒ **adapter.** ► **S'APPROPRIER v. pron.** Faire sien ; s'attribuer la propriété de (qqch.), spécialt de manière illicite. *S'approprier le bien d'autrui.* ⇒ **s'emparer** de. *S'approprier une invention,* s'en attribuer la paternité. ► **APPROPRIÉ, ÉE adj.** Qui convient. ⇒ **adéquat, idoine.** *La méthode appropriée.*

APPROUVER v. tr. [1] ▪ **1.** Donner son accord à (qqch.). *Le conseil a approuvé l'ordre du jour.* ⇒ **accepter, entériner, ratifier ; approbation.** ‑ au p. p. (invar.) *Lu et approuvé* (formule au bas d'un acte). **2.** Juger bon, trouver louable. *Approuver l'attitude de qqn.* ‑ *J'approuve qu'il prenne des initiatives.* ♦ *Approuver qqn,* être de son opinion ; le louer. ‑ au p. p. *Elle se sentait approuvée dans son opinion.*

APPROVISIONNEMENT n. m. ▪ **1.** Action d'approvisionner. ⇒ **ravitaillement. 2.** Ensemble des provisions rassemblées.

APPROVISIONNER v. tr. [1] ▪ Fournir de provisions. ⇒ **ravitailler.** *Approvisionner la ville en eau.* ‑ au p. p. *Magasin bien, mal approvisionné.* ‑ *Approvisionner un compte en banque,* y déposer de l'argent. ► **S'APPROVISIONNER v. pron.** Se munir de provisions. *S'approvisionner en carburant.* ‑ absolt *S'approvisionner chez l'épicier du quartier.* ⇒ se **fournir.**

APPROXIMATIF, IVE adj. ▪ **1.** Qui est fait par approximation. *Calcul approximatif.* ‑ *Donnez-moi un prix approximatif.* **2.** Imprécis, vague. *Je n'en ai qu'une idée approximative.*

APPROXIMATION n. f. ▪ **1.** Détermination approchée ; estimation par à-peu-près. ⇒ **évaluation. 2.** Valeur approchée. *Ce n'est qu'une approximation.*

APPROXIMATIVEMENT adv. ▪ *Cela fait approximativement 5 %.* ⇒ **environ,** à peu **près.**

APPUI n. m. ▪ **I. 1.** Action d'appuyer, de s'appuyer sur qqch. ⇒ **soutien.** *Prendre appui sur :* s'appuyer sur. ‑ *HAUTEUR D'APPUI :* hauteur suffisante pour s'appuyer sur le coude. *Une fenêtre à hauteur d'appui.* ♦ *POINT D'APPUI :* point sur lequel une chose s'appuie. *Le point d'appui d'une poutre.* **2.** *À L'APPUI DE* loc. prép. : pour appuyer, confirmer. *À l'appui de cette hypothèse il cite plusieurs auteurs.* ‑ *Avec preuves à l'appui.* **II.** (Ce qui sert à soutenir) **1.** ⇒ **soutien, support.** *Appui pour le coude* (⇒ **accoudoir**), *la tête* (⇒ **appuie-tête**). *L'appui d'une fenêtre,* partie où l'on peut s'accouder. **2.** fig. Soutien moral ou aide matérielle. ⇒ **aide, assistance, protection.** *Vous pouvez compter sur mon appui. C'est un appui sérieux.*

APPUIE-BRAS n. m. invar. ▪ Support pour appuyer le bras, dans une voiture. ⇒ **accoudoir.**

APPUIE-TÊTE n. m. ▪ Dispositif destiné à soutenir la tête. *Des appuie-tête(s).*

APPUYER v. [8] ▪ **I. v. tr. 1.** Soutenir ou faire soutenir, supporter. *Appuyer* (une chose) *contre, à,* la placer contre une autre. *Appuyer une échelle contre un mur.* ⇒ **adosser.** ‑ *Appuyer qqch. sur...* ⇒ **mettre, poser.** *Appuyer ses coudes sur la table.* **2.** fig. Soutenir, rendre plus ferme, plus sûr. *Il appuie ses assertions sur des preuves solides.* **3.** Fournir un moyen d'action, une protection, un soutien à (qqn). ⇒ **aider, patronner, protéger, recommander.** *Appuyer un candidat à une élection.* ⇒ **soutenir.** ‑ *Appuyer la demande de qqn.* **4.** Appliquer, presser (une chose sur, contre une autre). *Appuyer le pied sur la pédale.* **II. v. intr. 1.** Être soutenu ; être posé sur. *La voûte appuie sur les arcs-boutants.* ⇒ **reposer. 2.** Peser plus ou moins fortement sur. ⇒ **presser.** *Appuyez sur le bouton.* **3.** Mettre l'accent sur. *Appuyer sur un mot en parlant.* ‑ fig. ⇒ **insister.** *Il a appuyé sur le caractère primordial de cette question.* **4.** Prendre une direction. *Appuyez sur la droite, à droite.* ⇒ se **diriger.** ► **S'APPUYER v. pron. 1.** S'aider, se servir comme d'un appui, d'un soutien. *Appuyez-vous sur mon bras. S'appuyer contre un arbre.* **2.** fig. Faire fond sur qqn, sur qqch. *Vous pouvez vous appuyer entièrement sur lui.* ⇒ **compter.** ‑ *S'appuyer sur son expérience.* ⇒ se **fonder,** se **référer. 3.** (faux pronom.) FAM. *S'appuyer une corvée,* la faire contre son gré. ‑ *S'appuyer qqn,* devoir le supporter. *Elle se l'est appuyé toute la journée.* ► **APPUYÉ, ÉE adj. 1.** *Regard appuyé,* insistant. **2.** Qui est exprimé en appuyant (II, 3). *Plaisanterie appuyée.*

APRAXIE n. f. ▪ DIDACT. Incapacité d'exécuter des mouvements volontaires adaptés à un but, sans lésion motrice ou sensorielle.

ÂPRE adj. ▪ **1.** LITTÉR. Qui a une rudesse désagréable. *Un froid, un vent âpre.* ♦ COUR. *Goût, saveur âpre,* rude, qui racle la gorge. ‑ *Vin âpre.* ⇒ **râpeux.** ‑ *Voix âpre.* **2.** fig. Dur, pénible. *Une lutte âpre.* **3.** loc. *Âpre au gain,* avide.

ÂPREMENT adv. ▪ Avec une énergie dure. *Une victoire âprement disputée.* ⇒ **farouchement.**

APRÈS ▪ **I. prép. 1.** (postériorité dans le temps) (opposé à *avant*) *Le printemps vient après l'hiver. Ils président l'un après l'autre.* ‑ *Après vous, je vous en prie,* formule de politesse. ‑ *Après ce que j'ai fait pour lui, il pourrait être plus aimable !* ‑ *Déjeunons, après quoi nous nous mettrons en route.* ‑ *APRÈS QUE* (+ indic.) loc. conj. « *Il faut bonne mémoire après qu'on a menti* » (Corneille). ‑ *APRÈS* (+ inf. passé). *Après avoir dîné, nous sommes sortis.* ‑ *APRÈS COUP* loc. adv. : après l'événement. ⇒ **a posteriori.** *Je n'ai compris qu'après coup.* **2.** (postériorité dans l'espace) *Tournez à gauche après le pont.* ♦ Derrière (qqn qui se déplace). *Traîner qqch. après soi.* ‑ *Le chien aboie après les passants.* ⇒ **contre.** ♦ *Courir après qqn,* pour le rejoindre, le rattraper. **3.** (mouvement de recherche) *Soupirer après qqch., qqn.* ‑ *ÊTRE APRÈS qqn,* le suivre partout, le harceler. ⇒ **importuner.** ‑ *Elle s'acharne après lui.* **4.** (subordination dans un ordre, une hiérarchie) *Après le lieutenant vient le sous-lieutenant.* ⇒ **sous. 5.** *APRÈS TOUT* loc. adv. : après avoir tout considéré, envisagé. *Après tout, cela m'est égal.* ⇒ en **définitive**, au **fond**. **6.** *D'APRÈS* loc. prép. : à l'imitation de. ⇒ **selon, suivant.** *Peindre d'après nature.* ◆ En se référant à. *D'après (ce que disent) les journaux, il se serait enfui. D'après moi,...* **II. adv.** *Vingt ans après.* ⇒ plus **tard.** *Ce qui se passa après.* ⇒ **ensuite.** *Aussitôt après. Peu de temps, longtemps après.* ◆ *La page d'après* (⇒ **suivant**). ◆ *CI-APRÈS* loc. adv. : plus loin (dans un texte). ⇒ ci-**dessous, infra.** ◆ *ET APRÈS ?* (pour engager qqn à poursuivre ; pour marquer l'indifférence ou le défi). *Ça ne vous convient pas ? et après ?*

APRÈS-DEMAIN **adv.** ▪ Au jour qui suivra demain (⇒ **surlendemain**). *Revenez après-demain. À après-demain !*

APRÈS-GUERRE **n. m.** ▪ Période qui suit une guerre. *Des après-guerres.*

APRÈS-MIDI **n. m.** ou **f. invar.** ▪ Partie de la journée comprise entre le déjeuner et le dîner. *Passez cet après-midi.* ⇒ **tantôt.** ◆ appos. *Lundi après-midi.*

APRÈS-RASAGE **n. m.** ▪ Lotion rafraîchissante. ⇒ **after-shave.** *Des après-rasages.* ◆ **adj. invar.** *Lotions après-rasage.*

APRÈS-SKI **n. m.** ▪ Bottillon chaud que l'on chausse lorsqu'on ne skie pas, aux sports d'hiver. *Des après-ski(s).*

APRÈS-VENTE **adj. invar.** ▪ *Service après-vente* (S. A. V.) : services d'entretien assurés par un commerçant, une firme, après la vente d'un appareil. ⇒ **maintenance.**

ÂPRETÉ **n. f.** ▪ **1.** LITTÉR. Rudesse désagréable de ce qui est âpre. *L'âpreté de l'hiver.* ◆ *L'âpreté d'un vin.* **2.** fig. Caractère dur, pénible, rude ou violent. *L'âpreté d'un combat, d'un reproche.*

A PRIORI ▪ **1.** loc.adj. invar. En partant de données antérieures à l'expérience. *Argument a priori*, non fondé sur les faits (contr. *a posteriori*). ◆ **n. m. invar.** *Se fonder sur des a priori.* **2.** loc. adv. Au premier abord, avant toute expérience. *A priori, c'est une bonne idée.*

APRIORISME **n. m.** ▪ DIDACT. Idée a priori. ▶ **adj.** APRIORISTE

À-PROPOS **n. m.** ▪ Ce qui vient à propos, opportunément. ◆ loc. *Esprit d'à-propos* : présence d'esprit.

APSARA **n. f.** ▪ Nymphe de la mythologie hindouiste.

apsara. Apsaras dansant. Art khmer, fin XIIe s. Musée Guimet, Paris. *Phot. © Arch. Smeets*

APT ▪ Chef-lieu d'arrondissement du Vaucluse. 11 506 hab. (*les Aptésiens* ou *Aptois*).

APTE **adj.** ▪ **1.** DR. Qui détient une capacité, un droit (⇒ **aptitude,** 1). **2.** Qui a des dispositions (pour faire qqch.). *Être apte à faire de bonnes études.* ⇒ **capable.** *Être apte au service militaire.*

APTÈRE **adj.** ▪ DIDACT. Sans ailes. *Insecte aptère.*

APTITUDE **n. f.** ▪ **1.** DR. Capacité légale, juridique. **2.** Disposition naturelle. ⇒ **penchant, prédisposition.** *Aptitude à* (ou *pour*) *qqch., faire qqch.* **3.** Capacité acquise et reconnue. *Avoir les aptitudes requises pour exercer un métier.* ⇒ **capacité, qualification.** *Certificat d'aptitude professionnelle* (C. A. P.).

APULÉE (v. 125 - apr. 170) ▪ Écrivain latin d'Afrique. *"Les Métamorphoses"* (anc. *"L'Âne d'or"*), roman satirique et mystique, a influencé de nombreux écrivains (Rabelais, Cervantès, La Fontaine).

APURER **v. tr.** [1] ▪ FIN. Reconnaître (un compte) exact. ▶ **n. m.** APUREMENT

AQABA → Akaba

AQUA- [akwa] Élément, du latin *aqua* « eau ».

AQUACULTURE **n. f.** ▪ Élevage commercial d'espèces aquatiques. ◇ var. AQUICULTURE. ▶ **n.** AQUACULTEUR, TRICE ◇ var. AQUICULTEUR, TRICE.

AQUAFORTISTE **n.** ▪ Graveur à l'eau-forte.

AQUARELLE **n. f.** ▪ Peinture légère sur papier avec des couleurs transparentes délayées dans de l'eau. *Faire de l'aquarelle.* ◆ *Une aquarelle de Klee.*

AQUARELLISTE **n.** ▪ Peintre à l'aquarelle.

AQUARIOPHILIE **n. f.** ▪ Élevage en aquarium des poissons d'ornement.

AQUARIUM [-jɔm] **n. m.** ▪ Réservoir à parois de verre dans lequel on entretient des plantes et des animaux aquatiques (poissons, etc.). *Des aquariums.*

AQUATINTE **n. f.** ▪ Gravure à l'eau-forte imitant le lavis.

AQUATIQUE **adj.** ▪ **1.** Qui croît, vit dans l'eau ou au bord de l'eau. **2.** *Centre, parc aquatique*, qui propose des activités en relation avec l'eau. ⇒ **nautique.**

AQUAVIT [akwavit] **n. m.** ▪ Eau-de-vie scandinave parfumée d'épices. ◇ var. AKVAVIT.

AQUEDUC **n. m.** ▪ Canal destiné à capter et à conduire l'eau d'un lieu à un autre. *L'aqueduc romain du pont du Gard.*

AQUEUX, EUSE **adj.** ▪ SC. De la nature de l'eau ; qui contient de l'eau. *Fruit aqueux.* ◆ *Solution aqueuse.*

AQUICULTEUR, TRICE ; AQUICULTURE ⇒ AQUACULTURE

AQUILIN **adj. m.** ▪ *Nez aquilin*, fin et busqué.

AQUILON **n. m.** ▪ POÉT. Vent du nord, froid et violent.

Louis Claude d'AQUIN ou **DAQUIN** (1694 - 1772) ▪ Organiste et compositeur français. Auteur de musique vocale et de pièces pour orgue et clavecin.

Hubert AQUIN (1929 - 1977) ▪ Écrivain québécois. Indépendantiste, il fait exprimer par ses personnages une « névrose ethnique » et des aspirations à la révolution québécoise. *"Prochain épisode"* (1965), *"Neige noire"* (1974).

Cory AQUINO (née en 1932) ▪ Présidente de la République philippine de 1986 à 1992, elle lutta contre les communistes et les indépendantistes musulmans.

aquarelle. Ci-contre, aquarelle d'Albrecht Dürer (1471-1528), *Étude de lys gris.* Musée Bonnat, Bayonne. *Phot. © Lauros/Giraudon.* Ci-dessus, aquarelle de David Roberts (1796-1864), *Le Lac de Tibériade.* *Phot. © Arch. Nathan*

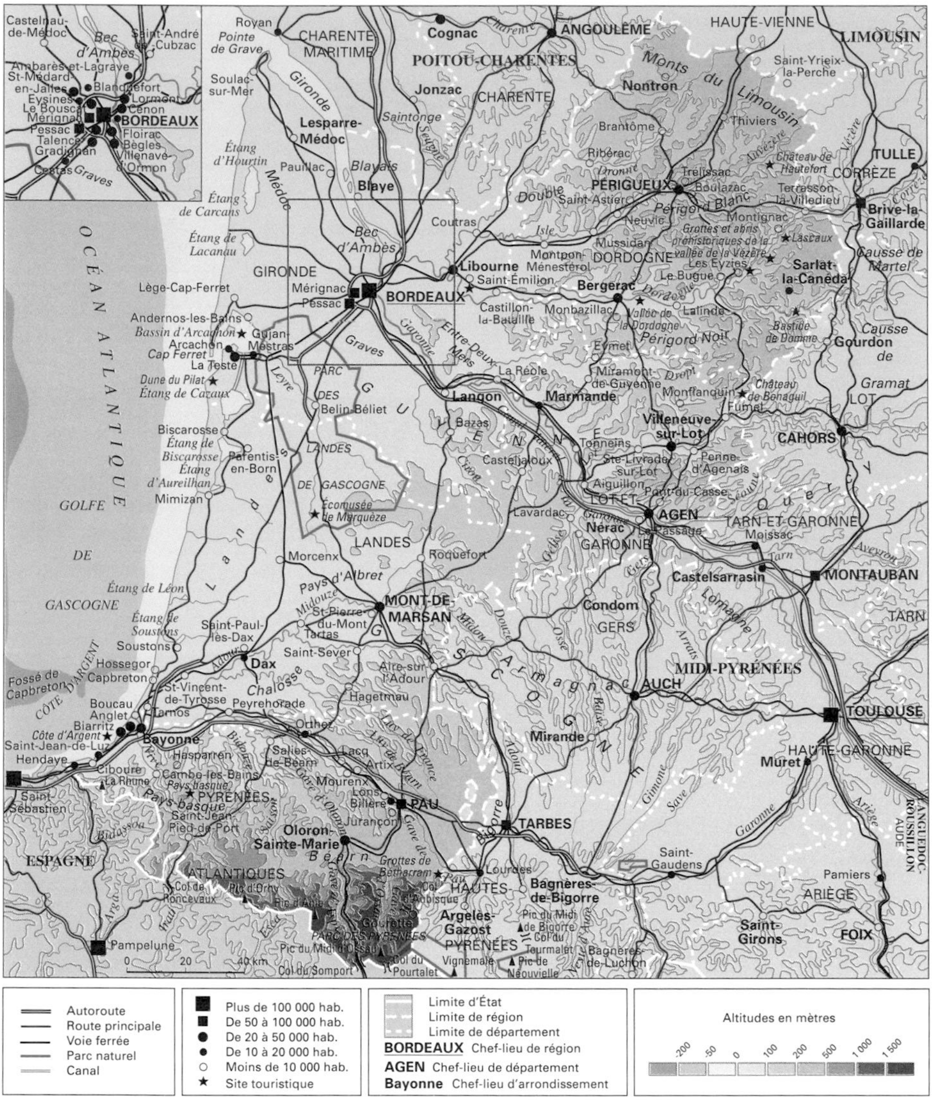

Aquitaine.

l'AQUITAINE n. f. ▪ Région administrative du sud-ouest de la France, comprenant cinq départements : Dordogne, Gironde, Landes, Lot-et-Garonne, Pyrénées-Atlantiques. 41 407 km². 2 795 830 hab. Chef-lieu : Bordeaux. L'agriculture domine (vins prestigieux, maïs, élevage), le développement du tertiaire restant limité à Bordeaux, Bayonne et Pau. Le tourisme et l'industrie, notamment dans les secteurs de pointe, sont encouragés. □ HISTOIRE L'Aquitaine romaine désignait un vaste territoire : une des quatre provinces de la Gaule, tout le Sud-Ouest, Bourges (Avaricum) compris. Le royaume wisigoth d'Aquitaine (vᵉ s.) avait sa capitale à Toulouse. Pris par les Francs, séparé de la Gascogne en 768, il devint royaume carolingien. L'Aquitaine médiévale, comprenant à nouveau la Gascogne (1058), retrouva sous l'autorité des comtes de Poitiers sa dimension ancienne ; le remariage d'Aliénor* (1154) en fit un enjeu de la guerre franco-anglaise, les Français ne l'ayant définitivement reconquise qu'en 1453.

ARA n. m. ▪ Grand perroquet d'Amérique centrale et méridionale.

ara. *Ara ararauna*, aras bleu et jaune.
Phot. © Layer/Jacana

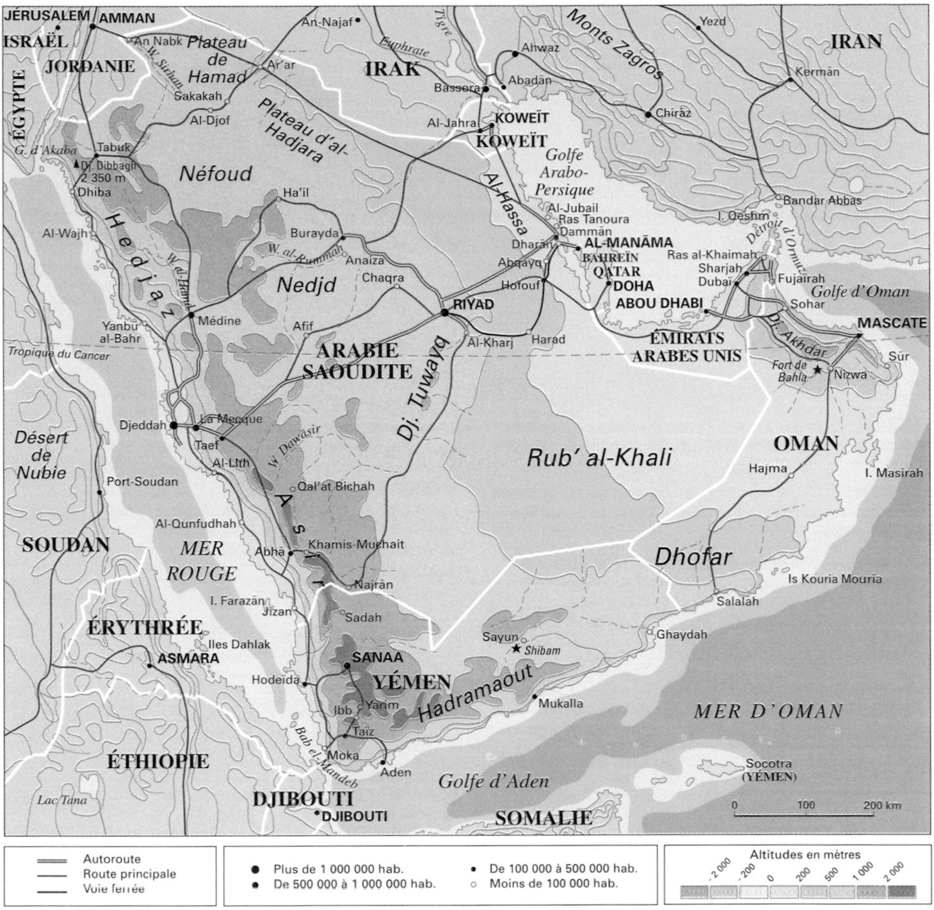

Arabie.

ARABE adj. et n. ▪ **1.** Des peuples originaires de l'Arabie qui se sont répandus avec l'islam autour du bassin méditerranéen. ‑ n. *Arabe musulman. Arabe chrétien.* ‑ spécialt Maghrébin. ♦ n. m. *L'arabe* (langue sémitique). **2.** Issu de la civilisation arabe. *Poésie, musique, calligraphie arabe.* ‑ *Chiffres arabes,* ceux de notre numération (opposé à *romain*).

les ARABES n. m. pl. ▪ Peuple sémitique originaire de la péninsule d'Arabie et, par extension, populations arabophones d'Asie occidentale et d'Afrique du Nord. C'est l'usage d'une même langue, l'arabe, aux nombreuses variantes locales, qui les caractérise; l'unité culturelle se fit autour de la religion (→ **Coran, islam**). Au VIIe s., à partir du Croissant fertile, les Arabes se lancèrent à la conquête du Proche-Orient et de l'Égypte. L'Empire arabe s'étendit, à son apogée (VIIIe-IXe s.), du Sud de l'Espagne à l'Inde occidentale (→ **Omeyades, Abbassides, Fatimides**). Une brillante civilisation se développa alors (→ **Averroès, Ibn Khaldoun**), qui se perpétua sous les Seldjoukides et l'Empire ottoman tandis que le refus de la domination turque (XVIe-XIXe s.) et du colonialisme européen contribuèrent à l'essor des sentiments nationalistes dans les pays arabes.

la Ligue ARABE ▪ Association fondée sur la solidarité des pays arabes. Elle fut constituée en 1945 par l'Arabie Saoudite, l'Égypte, l'Irak, la Jordanie, le Liban, la Syrie et le Yémen-du-Nord, auxquels se joignirent ensuite la Libye, le Soudan, la Tunisie, le Maroc, le Koweït, l'Algérie, les Émirats arabes unis, Bahreïn, Oman, la Mauritanie, la Somalie et Djibouti plus l'O.L.P.

ARABESQUE n. f. ▪ **1.** Ornement formé de lettres, de lignes, de feuillages entrelacés. **2.** Ligne sinueuse de forme élégante. ⇒ **volute.** ♦ fig. *"Deux arabesques"* (pièces pour piano de Debussy).

l'ARABIE n. f. ▪ Vaste péninsule désertique de l'extrémité sud-ouest de l'Asie (3 millions de km^2), partagée entre l'Arabie Saoudite, le Yémen, les Émirats arabes unis, le Bahreïn, le Koweït, le Qatar et le sultanat d'Oman. 15 000 000 hab. Elle renferme 40 % des réserves mondiales de pétrole.

l'ARABIE SAOUDITE n. f. ▪ Le plus important État d'Arabie, royaume qui comprend les deux villes saintes de l'islam (Médine et La Mecque). 2,2 millions de km^2. 16 000 000 hab. *(les Saoudiens).* Capitale : Riyad. Langue officielle : arabe. Religion officielle : islam. Monnaie : riyal saoudien. Fondé en 1932 par l'émir Ibn Saoud (d'où son nom), le royaume vit de ses immenses ressources pétrolières (troisième producteur et premier exportateur mondial) et joue un rôle de médiateur à l'O.P.E.P. Le pays a mis en place un gigantesque programme d'irrigation.

ARABI PACHA (1839 ‑ 1911) ▪ Officier et homme politique égyptien. Il dirigea un soulèvement contre le Royaume-Uni (1881), mais échoua.

ARABIQUE adj. ▪ D'Arabie. *Péninsule arabique. Gomme* arabique.*

ARABISANT, ANTE n. ▪ Spécialiste de la langue, de la littérature arabes.

ARABISER v. tr. ① ▪ Donner un caractère (social, culturel) arabe à. ⇒ **islamiser.** ► n. f. ARABISATION

ARABLE adj. ▪ Qui peut être labouré. *Terres arables.*

le golfe ARABO-PERSIQUE ▪ Bras de mer entre l'Iran et l'Arabie. Il communique avec l'océan Indien par le détroit d'Ormuz. Énormes gisements de pétrole, surtout sur la rive arabe.

ARABOPHONE adj. et n. ▪ Qui parle arabe.

ARACAJU ▪ Ville et port du Brésil, capitale de l'État de Sergipe. 401 000 hab.

ARACHIDE n. f. ▪ Graine d'une plante tropicale ; cette plante. *Huile d'arachide. Arachides torréfiées.* ⇒ **cacahouète.**

arachide. *Arachis hypogea, germination.* *Phot. © Konig/Jacana*

ARACHNÉ ▪ Jeune fille de la mythologie grecque, experte en l'art du tissage. Elle fut changée en araignée.

ARACHNÉEN, ENNE [-k-] adj. ▪ **1.** DIDACT. Propre à l'araignée. **2.** LITTÉR. Qui a la légèreté de la toile d'araignée. *Voile arachnéen.*

ARACHNIDE [-k-] n. m. ▪ Arthropode sans pattes abdominales (classe des *Arachnides ;* ex. acariens, araignées, scorpions).

ARACK ⇒ ARAK

ARAD ▪ Ville de Roumanie occidentale. 190 088 hab. Centre commercial et industriel.

Yasser **ARAFAT** (né en 1929) ▪ Dirigeant palestinien, chef de l'O.L.P. Il signa un accord de reconnaissance mutuelle avec Israël en 1993 et devint en 1994 président de l'Autorité palestinienne dirigeant les territoires de Gaza et Jéricho devenus autonomes. Prix Nobel de la paix 1994 avec S. Peres et Y. Rabin.

Arafat. *Phot. © Catherine Leroy/Gamma*

François **ARAGO** (1786 - 1853) ▪ Astronome, physicien et homme politique français. Il découvrit l'aimantation du fer par courant électrique et participa à l'invention de la photographie. Député de gauche sous la monarchie de Juillet, il eut un rôle actif pendant la IIe République comme ministre puis comme député.

Louis **ARAGON** (1897 - 1982) ▪ Écrivain français. Il fut un des fondateurs du mouvement surréaliste (*"Le Paysan de Paris"*, 1926), avant de rejoindre le parti communiste. Poète de la Résistance et de l'amour lyrique (*"Le Crève-Cœur"*, 1941 ; *"Le Fou d'Elsa"*, 1963), romancier (*"Les Beaux Quartiers"*, 1936 ; *"Aurélien"*, 1945 ; *"La Semaine sainte"*, 1958), il est aussi l'auteur d'essais sur l'art. Elsa Triolet fut sa compagne.

l'**ARAGON** n. m. ▪ Communauté autonome du nord-est de l'Espagne. 47 669 km^2. 1 212 025 hab. Capitale : Saragosse. Cultures arbustives. Ferdinand II, en épousant Isabelle de Castille en 1469, scella l'unité espagnole avec la réunion des royaumes d'Aragon et de Castille.

ARAIGNÉE n. f. ▪ **1.** Arachnide muni de crochets à venin et de glandes productrices de soie. *Toile d'araignée,* réseau que l'animal tisse pour capturer ses proies. **2.** loc. FAM. *Avoir une araignée dans le* (ou *au*) *plafond :* avoir l'esprit quelque peu dérangé. **3.** *ARAIGNÉE DE MER :* grand crabe à longues pattes. **4.** Morceau prisé de viande de bœuf. *Un bifteck dans l'araignée.*

ARAIRE n. m. ▪ Charrue simple sans avant-train.

ARAK n. m. ▪ Alcool de riz ou de canne à sucre. ◇ var. ARACK.

la mer d'**ARAL** ▪ Mer intérieure partagée entre le Kazakhstan et l'Ouzbékistan, à l'ouest de la mer Caspienne. 68 000 km^2 en 1959, 40 000 km^2 en 1990. La surexploitation des eaux du Syr-Daria et de l'Amou-Daria* l'assèche et cause une pollution qui met en danger l'équilibre naturel et les populations environnantes.

ARAMÉEN, ENNE adj. ▪ HIST. Des Araméens*. ◆ n. m. Ensemble de dialectes sémitiques (entre le IVe siècle avant J.-C. et le VIIe siècle après J.-C.).

les **ARAMÉENS** n. m. pl. ▪ Peuple sémitique. Ils fondèrent d'importants royaumes (XIe-VIIIe s. av. J.-C.) en **Aram** (Syrie actuelle).

le comte d'**ARANDA** (1718 - 1798) ▪ Diplomate et ministre espagnol. Il introduisit les Lumières en Espagne.

ARANJUEZ ▪ Ville d'Espagne (communauté autonome de Madrid). 35 872 hab. Palais de Philippe II, reconstruit au XVIIIe s.

János **ARANY** (1817 - 1882) ▪ Poète hongrois, l'un des chefs de la révolution nationale de 1848-1849. *"Toldi"* (1847), épopée.

le mont **ARARAT** ▪ Massif volcanique de Turquie, près de l'Arménie et de l'Iran (5 165 m au *Grand Ararat*). Selon la Bible, l'arche de Noé s'y serait échouée.

ARASER v. tr. [1] ▪ TECHN. Mettre de niveau, mettre à ras. ► n. m. ARASEMENT

ARATOIRE adj. ▪ Qui sert à travailler la terre. *Instruments aratoires.*

les **ARAUCANS** n. m. pl. → Mapuches

ARAUCARIA n. m. ▪ Grand conifère d'origine andine.

Chaîne des **ARAVIS** ▪ Chaîne calcaire des Alpes limitant à l'est le massif des Bornes. 2 752 m à la Pointe-Percée. Le *col des Aravis* la franchit à 1 498 m.

les **ARAWAKS** n. m. pl. ▪ Amérindiens, premiers habitants des Antilles, supplantés par les Caraïbes, puis par les Espagnols.

l'**ARAXE** ou **ARAKS** n. m. ▪ Rivière d'Asie occidentale. 994 km. Née en Turquie, elle sert de frontière entre l'Arménie et la Turquie, puis entre l'Azerbaïdjan et l'Iran avant de se jeter dans la Koura.

ARBALÈTE n. f. ▪ Ancienne arme de trait, arc d'acier monté sur un fût et dont la corde se tendait avec un ressort.

ARBITRAGE n. m. ▪ **1.** Règlement d'un différend par une ou plusieurs personnes (⇒ **arbitre**), auxquelles les parties ont décidé de s'en remettre. *Soumettre un différend à l'arbitrage.* **2.** Fonction d'arbitre, en sport ; exercice de ces fonctions.

ARBITRAIRE adj. ▪ **1.** Qui dépend de la seule volonté (⇒ **libre arbitre**), n'est pas lié par l'observation de règles (⇒ **gratuit, libre**). *Choix arbitraire.* - péj. Qui ne tient pas compte de la réalité, des exigences de la science. *Interprétation, classification arbitraire.* **2.** Qui dépend du bon plaisir, du caprice de qqn. *Sentence arbitraire.* ⇒ **injuste.** *Détention arbitraire.* ⇒ **illégal.** - n. m. *Lutter contre l'arbitraire.* ⇒ **despotisme, injustice. 3.** Dont la forme et le sens ne sont pas logiquement liés. - n. m. *L'arbitraire du signe* (opposé à *motivation*). ► adv. ARBITRAIREMENT

① **ARBITRE** n. ▪ **1.** DR. Personne désignée par les parties pour trancher un différend. - COUR. Personne prise pour juge dans un débat, une dispute. **2.** Personne apte à juger en une matière. - *Être l'arbitre des élégances.* **3.** Personne désignée pour veiller à la régularité d'une compétition, d'une épreuve sportive. *L'arbitre a sifflé un arrêt de jeu.*

② **ARBITRE** n. m. ▪ VX Volonté. - MOD. ⇒ **libre arbitre.**

ARBITRER v. tr. [1] ▪ **1.** Intervenir, juger en qualité d'arbitre. *Arbitrer un litige.* ⇒ **juger, trancher. 2.** Contrôler la régularité de (une compétition, une épreuve sportive). *Arbitrer un match de boxe.*

ARBOIS ▪ Commune du Jura. 3 900 hab. Église Saint-Just (XIIe s.). Vignoble. Maison de Pasteur. Musée de la Vigne et du Vin.

ARBORER v. tr. [1] ▪ **1.** Dresser, élever. *Arborer un drapeau.* **2.** Porter ostensiblement. *Arborer un insigne.* - fig. *Arborer un air de mépris.*

ARBORESCENCE n. f. ▪ Partie arborescente d'une plante. - Forme ramifiée.

ARBORESCENT, ENTE adj. ▪ Qui prend la forme ramifiée, l'aspect d'un arbre. *Fougères arborescentes.*

ARBORETUM [-etɔm] n. m. ▪ Plantation d'arbres d'essences variées.

ARBOR(I)- Élément savant, du latin *arbor* « arbre ».

ARBORICOLE adj. ▪ DIDACT. **1.** Qui vit sur les arbres. **2.** Relatif à l'arboriculture.

ARBORICULTEUR, TRICE n. ▪ Personne qui pratique l'arboriculture.

ARBORICULTURE n. f. ▪ Culture des arbres (⇒ **arboricole**). *Arboriculture forestière* (⇒ **sylviculture**), *fruitière*.

ARBORISATION n. f. ▪ Dessin naturel ressemblant à des végétations, à des ramifications. *Les arborisations du givre sur les vitres.*

ARBOUSE n. f. ▪ Fruit rouge et aigrelet, en forme de fraise, d'un arbre méditerranéen (l'*arbousier* n. m.).

ARBRE n. m. ▪ **I. 1.** Végétal dont la tige ligneuse se ramifie à partir d'une certaine hauteur au-dessus du sol. *Racines, tronc, branches, feuillage d'un arbre. Arbres fruitiers, forestiers.* - *Monter dans un arbre ; grimper aux arbres.* - loc. prov. *Les arbres cachent la forêt :* les détails empêchent de voir l'ensemble. **2.** *ARBRE DE NOËL :* épicéa auquel on suspend des décorations, à Noël. **II.** Axe qui reçoit ou transmet un mouvement de rotation. *Arbre moteur. Arbre à cames.* **III.** (Ce qui a l'apparence d'un arbre) **1.** *ARBRE GÉNÉALOGIQUE :* figure représentant un arbre dont les ramifications montrent la filiation des diverses branches d'une même famille. **2.** DIDACT. Schéma représentant des trajets et des bifurcations.

ARBRISSEAU n. m. ▪ Petit végétal ligneux ramifié dès la base.

Diane ARBUS (1923-1971) ▪ Photographe américaine. Portraits d'un réalisme cru de marginaux et de malades mentaux.

ARBUSTE n. m. ▪ Petit arbre au tronc bien différencié. ► adj. ARBUSTIF, IVE

ARC n. m. ▪ **I.** Arme formée d'une tige souple que l'on courbe au moyen d'une corde attachée aux deux extrémités pour lancer des flèches. *Bander, tendre un arc. Tir à l'arc* (⇒ **archer**). - loc. *Avoir plus d'une corde, plusieurs cordes à son arc,* plus d'une ressource pour parvenir à ses fins. **II. 1.** MATH. Portion de courbe limitée par deux points. *Arc de parabole. Arc de cercle.* ♦ spécialt Arc de cercle. *Arc de 45°.* - *En arc de cercle :* courbe, cintré. **2.** Ce qui a la forme d'un arc (⇒ **arqué, courbé**). *L'arc des sourcils.* ♦ PHYS. *Arc électrique :* bande lumineuse qui jaillit entre deux électrodes au passage d'un courant. **3.** Courbe décrite par une voûte (⇒ **arcade, arche**). *Arc en plein cintre :* demi-cercle régulier. *Arc en ogive.* ♦ *ARC DE TRIOMPHE :* arcade monumentale sous laquelle passait le général romain triomphateur ; monument commémoratif élevé sur ce modèle.

l'ARC DE TRIOMPHE DE L'ÉTOILE ▪ Monument de Paris construit sur l'ordre de Napoléon Ier après Austerlitz (1806), abritant depuis 1921 la pierre tombale du Soldat inconnu.

ARC ▪ Rivière de Savoie, affluent de l'Isère, dominant la vallée industrialisée de la Maurienne. 150 km. Nombreuses centrales hydroélectriques.

ARCACHON ▪ Commune et station balnéaire de la Gironde, sur le *bassin d'Arcachon.* 11 770 hab. *(les Arcachonnais).* Ostréiculture.

ARCADE n. f. ▪ **1.** Ouverture en arc ; ensemble formé d'un arc et de ses montants (souvent au plur.). *Les arcades d'un cloître.* **2.** Ce qui a une forme arquée. *Arcade sourcilière*.*

l'ARCADIE n. f. ▪ Région de Grèce, dans le Péloponnèse. Elle était présentée dans la mythologie et la poésie antique comme le pays du bonheur. Cette fiction fut renouvelée par les artistes de la Renaissance et de l'époque classique.

Flavius ARCADIUS (v. 377-408) ▪ Premier empereur romain d'Orient, de 395 à sa mort.

ARCANE n. m. ▪ ALCHIM. Préparation mystérieuse, réservée aux adeptes. ♦ LITTÉR. au plur. *Les arcanes de la science, de la politique.* ⇒ **mystère, secret.**

ARC-BOUTANT n. m. ▪ Maçonnerie en forme d'arc qui soutient un mur de l'extérieur. *Les arcs-boutants d'une cathédrale gothique.*

S'ARC-BOUTER v. pron. [1] ▪ Prendre appui pour exercer une poussée, un effort de résistance. *S'arc-bouter à, contre un mur.*

ARCEAU n. m. ▪ Partie cintrée d'une voûte. - Objet en forme de petite arche. *Les arceaux du jeu de croquet. Les arceaux d'une tonnelle.*

ARC-EN-CIEL n. m. ▪ Phénomène météorologique lumineux en forme d'arc, présentant les couleurs du prisme. *Des arcs-en-ciel. Toutes les couleurs de l'arc-en-ciel.*

ARC-ET-SENANS ▪ Commune du Doubs. 1 277 hab. *(les Arc-Sénantais).* Saline royale construite par Ledoux (1774-1779).

ARCHAÏQUE [aʀkaik] adj. ▪ **1.** (mot, coutume...) Qui est très ancien. *Tournure archaïque.* ⇒ **archaïsme.** ♦ Désuet, périmé. *Une méthode archaïque.* **2.** ARTS Antérieur aux époques classiques. *La période archaïque de l'art grec.* ⇒ **primitif.**

ARCHAÏSANT, ANTE [ark-] adj. et n. ▪ LITTÉR. Qui fait usage d'archaïsmes. *Écrivain, style archaïsant.*

ARCHAÏSME [ark-] n. m. ▪ **1.** Caractère d'ancienneté. **2.** Mot, expression, tour ancien qu'on emploie alors qu'il n'est plus en usage. « *Partir* » *au sens de* « *partager* » *est un archaïsme.* **3.** Caractère de ce qui est périmé.

ARCHAL [aʀʃal] n. m. ▪ *Fil d'archal,* de laiton.

ARCHANGE [aʀk-] n. m. ▪ RELIG. CATHOL. Ange d'un ordre supérieur. *Saint Michel archange.*

① **ARCHE** n. f. ▪ **1.** *Arche (de Noé) :* vaisseau fermé qui permit à Noé d'échapper aux eaux du Déluge. **2.** *L'arche d'alliance :* coffre où les Hébreux gardaient les tables de la Loi.

② **ARCHE** n. f. ▪ **1.** Voûte arquée qui s'appuie sur les culées ou les piles d'un pont. **2.** Monument en forme d'arc, de grand portail. *L'arche de la Défense*, près de Paris.*

ARCHÉO- [aʀkeo] Élément savant, du grec *arkhaios* « ancien ».

ARCHÉOLOGIE n. f. ▪ Étude scientifique des civilisations disparues à partir de leurs vestiges. - par ext. Recherche des origines (de connaissances). *"L'Archéologie du savoir"* (de M. Foucault). ► ARCHÉOLOGIQUE adj. *Fouilles archéologiques.*

ARCHÉOLOGUE n. ▪ Spécialiste d'archéologie.

ARCHÉOPTÉRYX [-iks] n. m. ▪ Oiseau fossile du jurassique, le premier connu, encore très proche des reptiles.

ARCHER, ÈRE ▪ **1.** n. m. Soldat armé de l'arc. **2.** n. m. Agent de police, sous l'Ancien Régime. **3.** n. Tireur à l'arc (rare au fém.).

ARCHES ▪ Commune des Vosges, célèbre pour sa papeterie fondée au XVe s. 1 737 hab. *(les Archéens).*

ARCHET n. m. ▪ Baguette droite sur laquelle sont tendus des crins qui servent à faire vibrer les cordes de divers instruments de musique. *Archet de violon.*

ARCHÉTYPE [ark-] n. m. ▪ DIDACT. Type primitif ou idéal ; original qui sert de modèle. ⇒ **modèle, prototype.** ► adj. ARCHÉTYPAL, ALE, AUX

ARCHEVÊCHÉ n. m. ▪ **1.** Territoire sous la juridiction d'un archevêque. **2.** Siège, palais archiépiscopal.

ARCHEVÊQUE n. m. ▪ Évêque placé à la tête d'une province ecclésiastique (⇒ **archiépiscopal**).

ARCHI- [aʀʃi] Élément (du grec → -archie) **1.** Exprime la prééminence (ex. *archiduc*). **2.** Exprime le degré extrême ou l'excès, et s'emploie librement pour former des adjectifs. ⇒ **extrêmement, très.** *L'autobus est archiplein. C'est archiconnu, archifaux.*

ARCHIDUC, ARCHIDUCHESSE n. ▪ Titre des princes et princesses de l'ancienne maison d'Autriche.

-ARCHIE [aʀʃi)], **-ARQUE** [aʀk] Éléments savants (du grec *arkhein* « commander ») de mots désignant des gouvernements, des gouvernants (ex. *monarchie, monarque*).

ARCHIÉPISCOPAL, ALE, AUX adj. ▪ Qui appartient à l'archevêque. *Dignité archiépiscopale.*

ARCHILOQUE (VIIe s. av. J.-C.) ▪ Poète grec, le plus ancien représentant connu du lyrisme personnel. Célèbre pour ses *"Iambes"* satiriques.

ARCHIMANDRITE n. m. ▪ Supérieur de certains monastères, dans l'Église grecque.

ARCHIMÈDE (v. 287-v. 212 av. J.-C.) ▪ Savant grec. Mathématicien, géomètre, physicien, ingénieur. Le *théorème d'Archimède* est le principe fondamental de l'hydrostatique : tout corps plongé dans un liquide reçoit une poussée égale au poids du fluide déplacé.

ARCHIPEL n. m. ▪ Groupe d'îles. *L'archipel des Açores.*

Alexander ARCHIPENKO (1887-1964) ▪ Peintre et sculpteur américain d'origine russe, formé en Europe. *"Archipeintures"*, toiles animées par un moteur.

Archipenko. *Danseuse,* 1912. MNAMGP, Paris. *Phot. © MNAMGP*

ARCHITECTE n. ▪ **1.** Personne diplômée, dont le métier est de concevoir le plan d'un édifice et d'en diriger l'exécution. **2.** fig. LITTÉR. Personne ou entité qui élabore qqch. ⇒ **créateur.** *Cette réforme dont il fut l'architecte.*

ARCHITECTONIQUE adj. ▪ DIDACT. Qui est conforme à la technique de l'architecture. - n. f. Art, technique de la construction.

ARCHITECTURAL, ALE, AUX adj. ▪ Qui a rapport à l'architecture, qui en a le caractère. *Motif, ensemble architectural.*

ARCHITECTURE n. f. ▪ **1.** Art de construire les édifices. *Architecture et urbanisme.* **2.** Disposition, caractère architectural. *La sobre architecture d'une église.* **3.** fig. Principe d'organisation, structure. *L'architecture d'un roman.*

ARCHITECTURER v. tr. 1 ▪ Construire avec rigueur. ⇒ **structurer.** - au p. p. *Roman bien architecturé.*

ARCHITRAVE n. f. ▪ Partie inférieure de l'entablement qui porte directement sur le chapiteau de colonnes.

ARCHIVER v. tr. 1 ▪ Classer (un document) dans les archives. ► n. m. ARCHIVAGE

ARCHIVES n. f. pl. ▪ **1.** Collection de documents anciens, classés à des fins historiques. *Archives départementales.* **2.** Lieu où les archives sont conservées.

Arcimboldo. *Le Printemps.* Musée du Louvre, Paris. *Phot. © Lauros/Giraudon*

ARCHIVISTE n. ▪ Spécialiste préposé à la garde, à la conservation des archives.

ARCHONTE [aʀkɔ̃t] n. m. ▪ ANTIQ. Magistrat qui gouvernait une cité grecque.

Giuseppe ARCIMBOLDO (v. 1527-1593) ▪ Peintre italien. Ses « figures composées » sont des portraits formés d'éléments de natures mortes habilement agencés. *"Le Printemps", "L'Été", "L'Automne", "L'Hiver", "Le Bibliothécaire".*

l'ARCOAT ou **ARGOAT** ▪ Mot celtique (« pays des bois ») désignant l'intérieur de la Bretagne, par opposition à l'Armor.

ARCOLE ▪ Village d'Italie, en Vénétie, près de Vérone. 4 580 hab. Bonaparte y remporta une victoire (1796) sur les Autrichiens.

ARÇON n. m. ▪ L'une des deux parties arquées qui forment le corps de la selle. loc. *Vider les arçons :* tomber de cheval (⇒ **désarçonner**). - *Cheval* d'arçons.*

Les ARCS ▪ Station de sports d'hiver de Savoie (alt. 1 600 à 3 000 m), commune de Bourg-Saint-Maurice.

ARCTIQUE adj. ▪ Relatif au pôle Nord et aux régions qui l'environnent (opposé à *antarctique*). ⇒ **hyperboréen.**

l'**Arctique.** La course de l'Iditarod en 1993. *Phot. © Rotolo/Liaison/Gamma*

l'ARCTIQUE n. m. ▪ Région centrée sur le pôle Nord, joignant l'Amérique à l'Europe et l'Asie (Sibérie). ► **l'océan Glacial ARCTIQUE**, 1 400 000 km², recouvert en grande partie par la banquise, a, par la situation géographique de l'Arctique, un important rôle stratégique. ▪ Voir carte p. suiv.

ARCUEIL ▪ Commune du Val-de-Marne, dans la banlieue sud de Paris. 20 334 hab. *(les Arcueillais).*

l'ARDÈCHE n. f. ▪ Rivière du département de l'Ardèche, affluent du Rhône. 120 km.

l'ARDÈCHE [07] n. f. ▪ Département français de la région Rhône-Alpes. 5 511 km². 277 581 hab. Chef-lieu : Privas. Chefs-lieux d'arrondissement : Largentière, Tournon.

ARDEMMENT [-amɑ̃] adv. ▪ Avec ardeur (fig.).

John ARDEN (né en 1930) ▪ Auteur dramatique britannique. L'influence de Brecht domine son œuvre, vouée, sur un mode à la fois épique et poétique, à la critique impitoyable de la société. *"La Danse du sergent Musgrave"* (1959).

l'ARDENNE n. f. ▪ Région partagée entre la Belgique, la France et le Luxembourg, entaillée de profondes vallées, couverte de forêts et de tourbières. Ce fut le théâtre d'importantes batailles durant les deux guerres mondiales. ► **les ARDENNES** [08] Département français de la région Champagne-Ardenne. 5 234 km². 296 357 hab. Chef-lieu : Charleville-Mézières. Chefs-lieux d'arrondissement : Rethel, Sedan, Vouziers.

ARDENT, ENTE adj. ▪ **1.** LITTÉR. Qui est en feu, en combustion ; qui brûle. *Tisons ardents.* ⇒ **incandescent ; braise.** - loc. COUR. *Être sur des charbons* ardents.* **2.** *CHAPELLE ARDENTE :* salle mortuaire éclairée de nombreux cierges. **3.** Qui a la couleur ou l'éclat du feu. *Cheveux d'un roux ardent.* - fig. *Regard ardent.* **4.** LITTÉR. Qui dégage une forte chaleur. *Un soleil ardent.* ⇒ **brûlant, torride. 5.** Qui a de l'ardeur, est prompt à s'enflammer. ⇒ **enthousiaste, fervent, fougueux, passionné.** - *Tempérament ardent,* porté à l'amour. ⇒ **amoureux. 6.** Très vif (sentiments) ; violent. *Une ardente conviction.* ⇒ **profond.**

ARDEUR n. f. ▪ **1.** LITTÉR. Chaleur vive. *L'ardeur du soleil.* **2.** fig. Énergie pleine de vivacité. *Ardeur juvénile.* - *Ardeur au travail.* ⇒ **cœur, énergie, entrain, fougue, zèle.** *Soutenir une opinion avec ardeur.* ⇒ **exaltation, ferveur.** - FAM. *Modérez vos ardeurs !* ♦ VIEILLI Désir amoureux.

océan Glacial **Arctique.**

ARDILLON n. m. ▪ Pointe de métal d'une boucle de courroie, de ceinture.

ARDOISE n. f. ▪ **1.** Pierre tendre et feuilletée (⇒ **schiste**) d'un gris bleuâtre, qui sert principalement à la couverture des maisons ; plaque de cette pierre. *Toit d'ardoises.* **2.** Plaque d'ardoise ou de carton enduit sur laquelle on écrit, et qu'on nettoie après usage. **3.** fig. Compte de marchandises, de consommations prises à crédit. ⇒ **dette.** *Il a des ardoises partout.*

ARDU, UE adj. ▪ Qui présente de grandes difficultés. ⇒ **difficile.** *Entreprise ardue.*

ARE n. m. ▪ Unité de mesure agraire de superficie (symb. a) valant cent mètres carrés. *Cent ares.* ⇒ **hectare.**

AREC n. m. ▪ Aréquier. *Noix d'arec :* fruit de cet arbre, qui contient du cachou et entre dans la composition du bétel.

ARELIGIEUX, EUSE adj. ▪ Qui n'a aucune religion (⇒ **athée, irréligieux**), repousse ce qui la concerne.

Hannah ARENDT (1906 - 1975) ▪ Philosophe américaine d'origine allemande. Élève de Heidegger et de Jaspers. Juive, elle quitta l'Allemagne nazie pour les États-Unis où elle enseigna la philosophie politique. *"Les Origines du totalitarisme"* comportant : *"Sur l'antisémitisme"*; *"L'Impérialisme"*; *"Le Système totalitaire"* (1951).

ARÈNE n. f. ▪ **1.** vx Sable. **2.** Aire sablée d'un amphithéâtre où les gladiateurs combattaient ; où ont lieu les courses de taureaux. - loc. *Descendre dans l'arène :* accepter un défi, s'engager dans un combat. - *L'arène politique.* **3.** au plur. Amphithéâtre romain. *Les arènes de Nîmes.* ♦ Amphithéâtre où se déroulent des corridas.

ARÉNICOLE ▪ **1.** adj. Qui vit dans le sable. **2.** n. f. Ver qui vit dans le sable où il creuse un tube en U.

ARÉOLE n. f. ▪ **1.** Cercle pigmenté qui entoure le mamelon du sein. **2.** MÉD. Aire rougeâtre qui entoure un point enflammé.

ARÉOMÈTRE n. m. ▪ Instrument qui sert à mesurer la densité d'un liquide.

ARÉOPAGE n. m. ▪ **1.** ANTIQ. Tribunal d'Athènes. **2.** fig. Assemblée de juges, de savants, d'hommes de lettres très compétents.

ARÉQUIER n. m. ▪ Palmier d'Asie équatoriale (⇒ **arec**), dont le bourgeon terminal (cœur de palmier) est comestible.

AREQUIPA ▪ 2e ville du Pérou, située à 2 400 m d'altitude. 750 000 hab. Centre commercial. Industries textiles et alimentaires.

ARÈS ▪ Dieu grec de la Guerre, fils de Zeus et d'Héra, aimé d'Aphrodite, identifié à Mars par les Romains.

ARÊTE n. f. ▪ **1.** Tige du squelette des poissons osseux. *S'étrangler avec une arête.* **2.** Ligne d'intersection de deux plans. *Les arêtes d'un cube.* - *L'arête du nez. L'arête d'une chaîne de montagnes.* ⇒ **crête.**

Pietro Bacci dit **L'ARÉTIN** (« d'Arezzo ») (1492 - 1556) ▪ Écrivain italien, satirique et licencieux, observateur impitoyable de la société de son temps, il fut surnommé « le fléau des princes ». Auteur de comédies : *"La Courtisane"* (1525), *"L'Hypocrite"* (1542), source probable du *"Tartuffe"* de Molière, et des *"Ragionamenti"*, dialogues souvent obscènes.

AREZZO ▪ Ville d'Italie (Toscane). 91 527 hab. *(les Arétins).* Nombreux monuments médiévaux. Fresques de Piero della Francesca.

Arezzo. Le portique de l'église Sainte-Marie-des-Grâces, par Benedetto da Maiano, XVe s.
Phot. © Carlo Bevilacqua/Ricciarini

ARGELÈS-GAZOST ▪ Chef-lieu des Hautes-Pyrénées. 3 229 hab. *(les Argelésiens).*

ARGELÈS-SUR-MER ▪ Commune des Pyrénées-Orientales. 7 188 hab. Station balnéaire.

Marc-René de Voyer, marquis d'ARGENSON (1652 - 1721) ▪ Homme d'État français. Lieutenant-général de police (1697), garde des Sceaux de 1718 à 1720. ▸ **René-Louis de Voyer d'ARGENSON** (1694 - 1757), fils du précédent. Ministre des Affaires étrangères de 1744 à 1747, auteur de *"Mémoires"*. ▸ **Marc-Pierre de Voyer d'ARGENSON** (1696 - 1764), frère du précédent. Ministre de la Guerre (1742), fondateur de l'École militaire (1751).

ARGENT n. m. ▪ **I. 1.** Métal blanc, très ductile et malléable (symb. Ag). *Vaisselle d'argent. Argent doré.* ⇒ **vermeil.** **2.** *D'ARGENT* loc. adj. : de la couleur, de la blancheur, de l'éclat de l'argent. **II. 1.** Monnaie métallique, papier-monnaie et ce qui représente cette monnaie. ⇒ **capital, fonds, fortune, richesse ;** FAM. **blé, fric, galette, oseille, pèze, pognon, thune.** *Somme d'argent. Argent liquide***. - *Gagner de l'argent. Avancer, prêter ; emprunter, devoir de l'argent à qqn. Être à court d'argent* (⇒ FAM. **fauché**). **2.** loc. *Jeter l'argent par les fenêtres :* gaspiller. *En vouloir pour son argent ; en avoir pour son argent,* en proportion de ce qu'on a donné. *Prendre* (qqch.) *pour argent comptant :* croire naïvement. - prov. *L'argent n'a pas d'odeur,* ne garde pas la marque de sa provenance (malhonnête). *Le temps c'est de l'argent,* il ne faut pas perdre de temps. *L'argent ne fait pas le bonheur.*

ARGENTAN n. m. ▪ Alliage de cuivre, zinc et nickel imitant l'argent. ⇒ **maillechort.**

ARGENTAN ▪ Chef-lieu d'arrondissement de l'Orne. 16 413 hab. *(les Argentanais).*

① **ARGENTÉ, ÉE** adj. ▪ FAM. *Il n'est pas très argenté :* il n'a pas beaucoup d'argent.

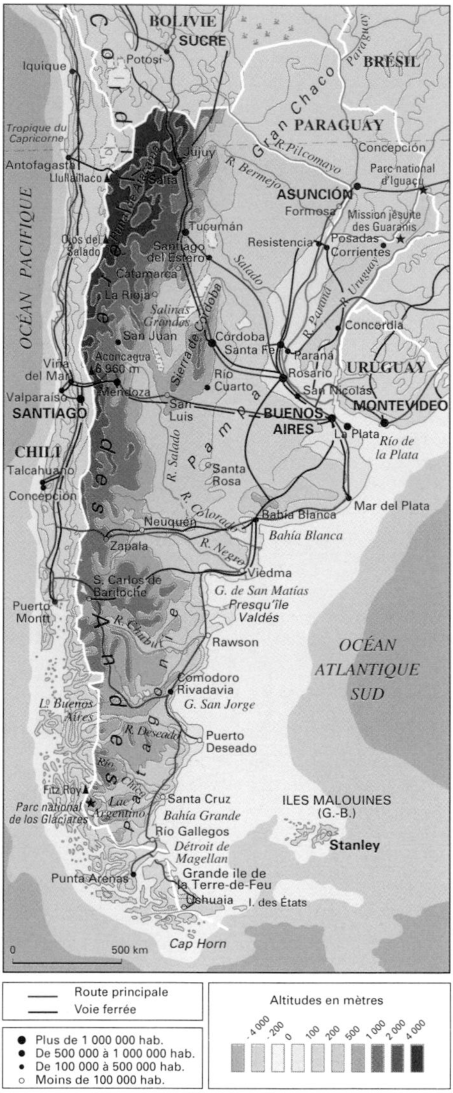

Argentine.

ARGENTER v. tr. 1 ▪ **1.** Recouvrir d'une feuille d'argent. **2.** fig. Donner la couleur de l'argent à (qqch.). ► ② **ARGENTÉ, ÉE** adj. *Métal argenté.* - *Tempes argentées.*

ARGENTERIE n. f. ▪ Vaisselle, couverts, ustensiles d'argent ou de métal argenté.

ARGENTEUIL ▪ Chef-lieu d'arrondissement du Val-d'Oise. 93 096 hab. *(les Argenteuillais).* Héloïse fut l'abbesse du monastère de femmes créé au VIIe siècle.

ARGENTIER n. m. ▪ HIST. *Le grand argentier :* le surintendant des finances ; MOD. plais. le ministre des Finances ; FAM. le trésorier.

le col de l'ARGENTIÈRE → le col de **Larche**

ARGENTIFÈRE adj. ▪ Qui contient de l'argent (minerai).

l'ARGENTINE n. f. ▪ État (république fédérale) d'Amérique du Sud constitué de 22 provinces fédérées, d'un territoire national et d'un district fédéral. 2 778 417 km². 32 600 000 hab. *(les Argentins),* en majorité d'origine européenne. Capitale : Buenos Aires. Langue : espagnol. Religion officielle : catholicisme. Monnaie : peso. Montagneux à l'ouest (Andes) et aux deux tiers aride, le pays n'en est pas moins fondamentalement agricole : élevage, céréales, oléagineux (principales productions de la Pampa, plaine du nord et du centre) et vin au sud. Hydroélectricité, pétrole, gaz, uranium (centrales nucléaires), industries de transformation (alimentaire et textile). Lourd endettement extérieur. □ HISTOIRE Peu habitées avant la colonisation espagnole (XVIe s.), les *Provinces du Río de La Plata* se proclamèrent indépendantes en 1816. Sous la dictature de Rosas (1835-1852), elles furent unifiées en un État argentin, ratifié par la Constitution fédérale de 1853. Si la dictature populaire (1946-1955) de Perón affirma l'indépendance du pays, elle ne put surmonter la crise économique et fut renversée. Après deux décennies d'instabilité politique, le pouvoir militaire instauré en 1976 se signala par son mépris des droits de l'homme ; son échec dans la guerre des Malouines (1982) permit le retour du pouvoir civil en 1983.

① **ARGENTIN, INE** adj. ▪ Qui résonne clair comme l'argent. *Le son argentin d'une clochette. Voix argentine.*

② **ARGENTIN, INE** adj. et n. ▪ D'Argentine. *Le tango argentin.* - n. *Les Argentins.*

ARGENTURE n. f. ▪ Application d'une couche d'argent ; son résultat.

Ion N. Teodorescu dit **Tudor ARGHEZI** (1880-1967) ▪ Poète roumain. Son inspiration est lyrique et mystique. *"Cantique à l'homme"* (1956).

ARGILE n. f. ▪ Roche terreuse, avide d'eau, imperméable et plastique, dite *terre glaise. Argile rouge, jaune.* ⇒ **ocre.** - loc. *Colosse aux pieds d'argile :* personne, puissance fragile malgré les apparences.

ARGILEUX, EUSE adj. ▪ De la nature de l'argile.

l'ARGOLIDE n. f. ▪ Ancienne région de Grèce (Péloponnèse), comprenant les villes d'Argos, Mycènes et Épidaure.

ARGON n. m. ▪ Gaz incolore et inodore (symb. Ar), de la famille des gaz rares.

ARGONAUTE n. m. ▪ Mollusque céphalopode des mers chaudes, appelé aussi *nautile.*

les ARGONAUTES ▪ Héros de la mythologie grecque. À bord du navire *Argo,* Jason, Admète, Atalante, Augias, Castor et Pollux, Héraclès, Lyncée, Méléagre, Orphée, Pélée, Thésée et Télamon partent à la conquête de la Toison d'or.

l'ARGONNE n. f. ▪ Région de collines boisées entre la Champagne et la Lorraine. Lieu de la bataille de Valmy et de combats durant la Première Guerre mondiale.

ARGOS ▪ Ville de Grèce, en Argolide (Péloponnèse). 22 256 hab. D'après la mythologie, la plus ancienne cité grecque, supplantée par Sparte au VIIe s. av. J.-C.

Argos. Vue du théâtre taillé dans la colline de Larissa. IVe-IIIe s. av. J.-C. *Phot. © Dagli Orti*

ARGOT n. m. ▪ Vocabulaire et habitudes de langage propres à un milieu fermé, dont certains mots passent dans la langue commune. *L'argot du milieu* (des malfaiteurs). - *Argot scolaire. L'argot des typographes.* ⇒ **jargon.** ► ARGOTIQUE adj. *Termes argotiques.*

ARGOUSIN n. m. ▪ **1.** anciennt Bas officier des galères. **2.** péj. VIEILLI Agent de police.

le canton d'ARGOVIE en allemand ***AARGAU*** ▪ Canton du nord de la Suisse. 1 404 km². 506 674 hab. *(les Argoviens)*. Chef-lieu : Aarau.

ARGUER [aʀgɥe] v. 1 ▪ **1.** v. tr. dir. LITTÉR. *Arguer qqch. de qqch.*, tirer argument, conséquence. *Vous ne pouvez rien arguer de ce fait.* ⇒ **conclure, inférer. 2.** v. tr. ind. *Arguer de qqch.* : mettre qqch. en avant, en tirer argument ou prétexte. ⇒ **alléguer.**

ARGUMENT n. m. ▪ **1.** Preuve à l'appui ou à l'encontre d'une proposition. *Fournir, invoquer des arguments à l'appui d'une thèse. Arguments frappants* (et FAM. coups). *Argument massue. Être à court d'arguments. Tirer argument de.* ⇒ **arguer.** - *Arguments de vente.* **2.** Exposé sommaire. *L'argument d'un récit, d'un film.*

ARGUMENTAIRE n. m. ▪ Documentation réunissant des arguments de vente.

ARGUMENTATEUR, TRICE n. ▪ Personne qui se plaît à argumenter. ⇒ **raisonneur.**

ARGUMENTATION n. f. ▪ Ensemble d'arguments tendant à une même conclusion. *Une argumentation serrée.*

ARGUMENTER v. intr. 1 ▪ Présenter des arguments ; prouver par arguments. *Argumenter contre qqn. Argumenter de qqch.*, en tirer des conséquences. - au p. p. *Thèse bien argumentée.*

ARGUS [-ys] n. m. ▪ **1.** LITTÉR. Surveillant, espion vigilant. **2.** (avec maj.) Publication qui fournit des renseignements spécialisés. *Voiture qui n'est plus cotée à l'Argus* (de l'automobile).

ARGUS ▪ Prince de la mythologie grecque, géant doté de cent yeux.

ARGUTIE [-si] n. f. ▪ péj. (généralt au plur.) Raisonnement pointilleux, subtilité du langage. *Se perdre en arguties.*

ARGYR(O)- Élément savant, du grec *arguros* « argent » (ex. *argyrisme* n. m. « intoxication par les sels d'argent »).

ÅRHUS ▪ Ville et port du Danemark, capitale du Jutland. 249 039 hab. Cathédrale (XIIe s.). Université.

① **ARIA** n. m. ▪ FAM. VX Embarras ; tracas.

② **ARIA** n. f. ▪ MUS. Mélodie chantée par une seule voix accompagnée.

ARIANE ▪ Fille de Minos et de Pasiphaé, sœur de Phèdre, dans la mythologie grecque. Au moyen d'un fil, elle aide Thésée à sortir du Labyrinthe* ; mais il l'abandonne à Naxos et elle épouse Dionysos.

ARIANE ▪ Fusée spatiale européenne, dont le premier lancement eut lieu en 1979 (Ariane I), à Kourou.

Ariane. Lancement d'*Ariane* au centre de tir de Kourou.
Phot. © Rabaud/Gamma

ARIANISME n. m. ▪ Hérésie chrétienne issue de la doctrine d'Arius*. ▪ Niant la consubstantialité du Fils avec le Père, l'arianisme fut condamné au concile de Nicée (325) mais se répandit en Orient et en Occident aux IVe et Ve s.

Óscar ARIAS SÁNCHEZ (né en 1941) ▪ Président de la République du Costa Rica (1986-1990). Ses initiatives en faveur de la paix en Amérique centrale lui valurent le prix Nobel de la paix en 1987.

ARIDE adj. ▪ **1.** Sec, desséché. *Climat aride.* - Qui ne porte aucun végétal, faute d'humidité. ⇒ **stérile.** *Sol aride.* **2.** fig. Dépourvu d'intérêt, d'agrément, d'attrait. *Sujet aride.* ⇒ **ingrat, rébarbatif, sévère.**

ARIDITÉ n. f. ▪ **1.** Sécheresse. - *L'aridité du sol.* ⇒ **stérilité. 2.** fig. *Aridité d'un sujet.* ⇒ **sévérité.**

l'ARIÈGE n. f. ▪ Rivière des Pyrénées-Orientales, affluent de la Garonne. 170 km.

l'ARIÈGE [09] n. f. ▪ Département français de la région Midi-Pyrénées. 4 920 km². 136 455 hab. Chef-lieu : Foix. Chefs-lieux d'arrondissement : Pamiers, Saint-Girons.

Philippe ARIÈS (1914 - 1984) ▪ Historien français. Études des mentalités et de « l'inconscient collectif » : *"L'Enfant et la Vie familiale sous l'Ancien Régime"* (1960) ; *"L'Homme devant la mort"* (1977).

ARIETTE n. f. ▪ MUS. Air léger qui s'adapte à des paroles.

L'ARIOSTE (1474 - 1533) ▪ Poète italien. Son *"Roland furieux"* (1503-1532), immense poème chevaleresque, narre la passion déçue de Roland pour Angélique, et sa folie.

l'Arioste. Portrait anonyme du XVIe s. Musée des Offices, Florence.
Phot. © Carlo Bevilacqua/Ricciarini

ARISTARQUE DE SAMOS (v. 310 - 230 av. J.-C.) ▪ Astronome grec, précurseur de Copernic. Il conçut l'idée de la rotation de la Terre, ce qui le fit accuser d'impiété.

ARISTARQUE DE SAMOTHRACE (v. 220 - 143 av. J.-C.) ▪ Grammairien et critique grec. Célèbre pour sa recension des poèmes d'Homère. On dit *un aristarque* pour « un critique sévère ».

ARISTIDE (v. 550 - v. 467 av. J.-C.) ▪ Général et homme politique athénien. Surnommé « le Juste » pour son intégrité. Il fut un des stratèges de la bataille de Marathon et combattit à Salamine.

Jean-Bertrand ARISTIDE (né en 1953) ▪ Élu président de la République d'Haïti en 1990, il fut déposé par un coup d'État en 1991 et dut s'exiler. Il revint à la tête du pays de 1994 à 1995. Ancien prêtre catholique et opposant à J.-C. Duvalier, il montra une volonté de démocratisation appuyée et contrôlée par les États-Unis.

ARISTOCRATE n. ▪ **1.** Partisan de l'aristocratie (1). - péj. pendant la Révolution Partisan des privilèges de la noblesse. *Les aristocrates à la lanterne !* (pour être pendus). **2.** Membre de l'aristocratie (2). ⇒ **noble.** ◇ abrév. FAM. ARISTO.

ARISTOCRATIE n. f. ▪ **1.** Forme de gouvernement où le pouvoir souverain appartient à la noblesse. **2.** La noblesse. **3.** fig. LITTÉR. ⇒ **élite.** *L'aristocratie intellectuelle.*

ARISTOCRATIQUE adj. ▪ **1.** Qui appartient à l'aristocratie. **2.** Qui est digne d'un aristocrate. ⇒ **distingué, élégant, raffiné.** *Manières aristocratiques.*

ARISTOLOCHE n. f. ▪ Plante grimpante, aux fleurs jaunes à corolle tubulaire.

ARISTOPHANE (v. 450 - 386 av. J.-C.) ▪ Écrivain grec. Auteur des premières comédies : *"Les Oiseaux"* (-414) ; *"Les*

Grenouilles" (-405) ; *"L'Assemblée des femmes"* (-392). Il tire ses sujets de l'actualité et se sert de situations burlesques et de jeux de mots pour railler ses ennemis politiques.

ARISTOTE dit **LE STAGIRITE** (« de Stagire » [Macédoine]) (384 - 322 av. J.-C.) ▪ Savant et philosophe grec. Alors que son maître Platon privilégiait les mathématiques et les *Idées*, il réhabilita la connaissance de la nature, suspendue au « premier moteur » qu'étudie la *Métaphysique*. Il créa la logique (analyse du discours et théorie du syllogisme) et aborda dans une œuvre encyclopédique tous les domaines du savoir. Il fut le précepteur d'Alexandre le Grand. *"Organon"*, *"Éthique à Nicomaque"*, *"La Poétique"*.

ARISTOTÉLICIEN, IENNE adj. et n. ▪ DIDACT. Relatif à Aristote, à sa philosophie.

ARISTOTÉLISME n. m. ▪ Doctrine, philosophie d'Aristote. ▪ L'aristotélisme privilégie le rationalisme et l'empirisme, qui veulent que notre connaissance vienne d'abord des sens et que la raison nous permette de penser le vrai. Son influence est au moins comparable à celle du platonisme. Redécouvert par l'islam (→ **Averroès**), dominant la pensée chrétienne avec saint Thomas d'Aquin, il fut éclipsé par le succès de la physique mathématique au XVIIe s. L'intérêt pour l'œuvre d'Aristote porte aujourd'hui sur les rapports entre logique, langue et création esthétique.

ARITHMÉTIQUE ▪ **I.** adj. Relatif à l'arithmétique (II), fondé sur la science des nombres rationnels. - *Progression arithmétique* (opposé à *géométrique*), où la différence entre les termes consécutifs est constante (1, 4, 7, 10, 13...). **II.** n. f. Partie des mathématiques qui étudie les propriétés élémentaires des nombres rationnels. - Art, méthode du calcul. ⇒ **calcul.**

ARIUS (v. 256 - v. 336) ▪ Prêtre d'Alexandrie, fondateur de l'arianisme*.

l'ARIZONA n. m. ▪ État du sud-ouest des États-Unis, à la frontière du Mexique. 295 014 km². 3 665 000 hab. Capitale : Phoenix. Plateau du Colorado au climat aride. Ressources minérales très importantes (cuivre, zinc, plomb).

l'**Arizona.** Monument Valley. *Phot. © Alain Rey*

l'ARKANSAS n. m. ▪ Rivière des États-Unis, née dans les montagnes Rocheuses. 2 334 km. Elle se jette dans le Mississippi.

l'ARKANSAS n. m. ▪ État du centre sud des États-Unis. 137 539 km². 2 351 000 hab. Capitale : Little Rock. Agriculture (soja, volailles). Richesses minérales (bauxite).

ARKHANGELSK ▪ Ville de Russie, sur la mer Blanche. 421 000 hab.

sir Richard ARKWRIGHT (1732 - 1792) ▪ Mécanicien britannique, il mit au point une machine à filer hydraulique qui contribua à fonder l'industrie anglaise du coton.

Marcel ARLAND (1899 - 1986) ▪ Écrivain français. Ses œuvres analysent les complexités de l'âme. *"L'Ordre"*, prix Goncourt 1929.

ARLBERG ▪ Col des Alpes autrichiennes (1 802 m), reliant le Vorarlberg au Tyrol. Deux tunnels, ferroviaire et routier.

ARLEQUIN, INE ▪ **1.** n. m. Acteur tenant le rôle d'Arlequin. *Des arlequins.* **2.** n. f. Femme déguisée en arlequin.

ARLEQUIN ▪ Personnage de la commedia dell'arte vêtu d'un habit polychrome et portant un masque. Il s'est progressivement modifié chez Goldoni, Marivaux, etc., devenant un type de valet sensible, naïf et turbulent.

ARLES ▪ Chef-lieu d'arrondissement des Bouches-du-Rhône. 52 058 hab. *(les Arlésiens).* Ville d'art au riche passé romain (arènes, théâtre, nécropole des Aliscamps) et médiéval (église romane Saint-Trophime). Musée Réattu (peintures de l'école provençale). Capitale du royaume de Bourgogne-Provence ou *royaume d'Arles*, de 934 à 1032. Van Gogh y vécut en 1888-1889.

Arles. Les arènes. *Phot. © Christian Vioujard/Gamma*

ARLÉSIEN, IENNE adj. et n. ▪ D'Arles. - loc. *Jouer l'Arlésienne, les Arlésiennes :* ne pas se montrer (allus. à l'opéra de Bizet).

Ariette-Léonie Bathiat dite **ARLETTY** (1898 - 1992) ▪ Actrice française, qui joue des personnages populaires dans plusieurs films de Marcel Carné, *"Hôtel du Nord"* (1938) ; *"Les Enfants du paradis"* (1945).

ARLINGTON ▪ Ville des États-Unis (Virginie). 171 000 hab. Important cimetière militaire.

ARLON ▪ Ville de Belgique (Région wallonne), chef-lieu de la province du Luxembourg. 23 422 hab.

ARMADA n. f. ▪ Grande quantité. *Une armada de bombardiers. Une armada de photographes.*

▪ **l'Invincible ARMADA** ▪ Nom donné à la flotte de Philippe II d'Espagne, envoyée contre l'Angleterre en 1588 et qui fut détruite par les marins anglais de Francis Drake* et la tempête.

ARMAGH ▪ Capitale religieuse de l'Irlande du Nord, depuis la fondation d'un évêché par saint Patrick (445). 12 000 hab.

ARMAGNAC n. m. ▪ Eau-de-vie de raisin que l'on fabrique en Armagnac. *Des armagnacs.*

l'ARMAGNAC n. m. ▪ Région d'Aquitaine (Gascogne) ► **le comté d'ARMAGNAC** (le Gers actuel) connut son apogée lors de la guerre de Cent Ans*, quand les Armagnacs se firent les champions des Orléans contre les Bourguignons et les Anglais.

Armand Fernandez dit **ARMAN** (né en 1928) ▪ Artiste américain d'origine française. Membre fondateur du Nouveau Réalisme en 1960, il utilise les objets du quotidien qu'il entasse ou inclut dans du polyester ou du béton (« accumulations »).

aven ARMAND ▪ Gouffre du causse Méjean, en Lozère. 400 stalagmites.

ARMATEUR n. m. ▪ Personne qui s'occupe de l'exploitation commerciale d'un navire.

ARMATURE n. f. ▪ **1.** Assemblage de pièces qui sert à maintenir les parties d'un ouvrage, qui consolide. ⇒ **charpente ; carcasse.** *L'armature d'un vitrail.* - *Soutien-gorge à armature.* **2.** fig. Ce qui sert à maintenir, à soutenir. *L'armature économique d'un pays.* ⇒ **structure. 3.** MUS. Ensemble des dièses ou des bémols placés à la clef pour indiquer la tonalité d'un morceau.

ARME n. f. ▪ **I. 1.** Instrument ou dispositif servant à tuer, blesser ou réduire un ennemi. *Armes blanches* (couteaux, épées...). *Armes à feu* (pistolets, fusils, carabines...). *Braquer une arme sur qqn. L'arme du crime.* - loc. *Passer l'arme à gauche :* mourir. ♦ Dispositif ou ensemble de moyens offensifs pour faire la guerre. *Arme chimique. L'arme atomique* ou *nucléaire.* **2.** au plur. loc. *Être sous les armes :* être soldat. *Prendre les armes :* s'apprêter au combat. - VX *Courir aux armes* (⇒ **alarme**). - *Un peuple en armes,* prêt à combattre. - *Déposer les armes :* se rendre. - *Passer qqn par les armes,* le fusiller. **3.** spécialt *Salle d'armes, maître d'armes,* d'escrime. **II. 1.** Corps de l'armée. *L'arme de l'infanterie, de l'artillerie. Dans quelle arme sert-il ?* **2.** LITTÉR. *LES ARMES :* le métier militaire. VX *Homme d'armes :* homme de guerre. - *Compagnons, frères d'armes.* **3.** Combat, guerre. *Régler un différend par les armes.* - loc. *Faire ses premières armes,* sa première campagne ; fig. débuter dans une carrière. **III.** fig. Ce qui peut agir contre un adversaire. ⇒ **argument** ; → moyen d'action. *Donner des armes contre soi-même. Une arme à double tranchant*.* **IV.** *ARMES :* signes héraldiques. ⇒ **armoiries.** *Les armes d'une famille, d'une ville.*

ARMÉE n. f. ▪ **1.** Réunion importante de troupes. *Lever une armée. Armée d'occupation, de libération.* **2.** Ensemble des forces militaires d'un État. ⇒ **défense** nationale. *Armée de terre, de l'air. Armée active ; de réserve. Être dans l'armée* (⇒ **militaire**). *Être à l'armée :* effectuer son service national. **3.** Grande unité militaire réunissant plusieurs divisions (éventuellement réunies en *corps d'armée*). **4.** fig. Grande quantité (avec une idée d'ordre ou de combat). ⇒ **foule, multitude.** *Une armée de sauterelles.*

ARMEMENT n. m. ▪ **I. 1.** Action d'armer, de pourvoir d'armes. **2.** Ensemble de moyens d'attaque ou de défense. *L'armement d'un soldat.* **3.** au plur. Préparatifs de guerre, moyens offensifs ou défensifs d'un pays. *La course aux armements.* **4.** Étude et technique des armes. *Ingénieur de l'armement.* **II.** Action d'armer* un navire. **III.** Action d'armer (une arme à feu, un appareil).

l'ARMÉNIE n. f. ▪ Région d'Asie partagée entre l'Iran, la Turquie et la république d'Arménie. Ses habitants ont été dispersés : on évalue à 5 millions le nombre d'Arméniens aujourd'hui dans le monde. □ **HISTOIRE** Malgré les occupations et annexions successives (Assyriens, Mèdes, Perses, Romains, Arabes), l'Arménie, chrétienne depuis le IVe siècle, jouit d'une certaine autonomie jusqu'à son partage, au XVIe s., entre les Turcs et les Perses. La Russie s'empara en 1828 de la région d'Erevan. Entre 1890 et 1924, la région de Kars fut progressivement annexée par les Turcs, qui procédèrent à un véritable génocide (1894-1895, 1915-1916 : près de 2 millions de morts). Le traité de Sèvres (août 1920) prévoyait une Arménie indépendante qui devint en fait, après la prise du pouvoir par les bolcheviks, la république socialiste soviétique d'Arménie (29 novembre 1920).

la république d'ARMÉNIE ▪ État de Transcaucasie. 29 800 km². 3 400 000 hab. *(les Arméniens).* Capitale : Erevan. Langues : arménien (off.), russe. Monnaie : dram. Agriculture, ovins, minerais. L'industrie, privée d'énergie, est paralysée (blocus de l'Azerbaïdjan depuis 1989). Ancienne république socialiste soviétique, elle proclama son indépendance en 1991. La population du Haut-Karabagh, région d'Azerbaïdjan*, en majorité arménienne, demanda, en 1988, son rattachement à l'Arménie. Les tensions nationalistes avec l'Azerbaïdjan ont débouché depuis 1993 sur un conflit armé entre Arméniens et Azéris.

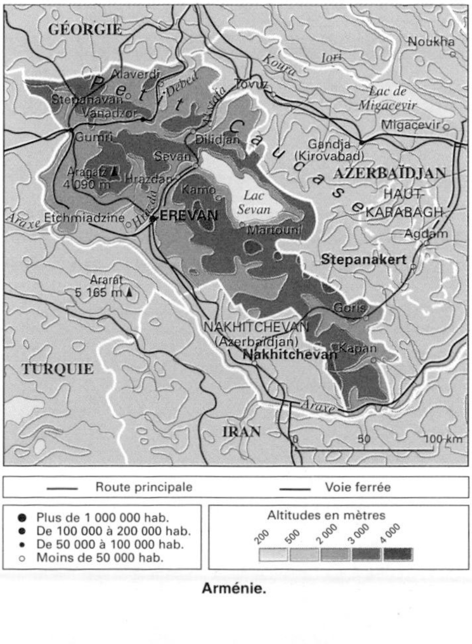

Arménie.

ARMÉNIEN, ENNE adj. et n. ▪ De l'Arménie. *La diaspora arménienne* ♦ n. m. Groupe de parlers indo-européens du Caucase.

ARMENTIÈRES ▪ Commune du Nord. 25 219 hab. *(les Armentiérois).*

ARMER v. tr. [1] ▪ **I. 1.** Pourvoir d'armes. *Armer les recrues.* - Armer un pays. **2.** Garnir d'une sorte d'armure ou d'armature. *Armer le béton.* **II.** MAR. *Armer un navire,* l'équiper, le pourvoir de tout ce qu'il faut pour prendre la mer (⇒ **armateur ; armement, gréement**). **III. 1.** Rendre (une arme à feu) prête à tirer. **2.** Tendre le ressort de (un mécanisme de déclenchement). *Armer un appareil photo* (l'obturateur). ▶ **S'ARMER** v. pron. Se munir d'armes. - fig. *S'armer de patience, de courage.* ▶ **ARMÉ, ÉE** p. p. **1.** Muni d'armes. *Troupes armées. Armé jusqu'aux dents :* très bien armé. *Vol, attaque à main armée.* ⇒ **hold-up.** - *Conflit armé.* ⇒ **guerre.** **2.** *ARMÉ DE :* garni, pourvu de (ce qui est comparé à une arme). *Plante armée de piquants.* **3.** fig. Pourvu de moyens de défense. *Il est bien armé dans la lutte pour la vie.* **4.** Renforcé de métal. *Béton armé.*

ARMILLAIRE [-ilɛʀ] adj. ▪ *Sphère armillaire :* globe formé de cercles représentant le ciel et les astres, selon l'ancienne astronomie.

Jakob Hermannszoon latinisé en **Jacobus ARMINIUS** (1560 - 1609) ▪ Théologien protestant hollandais. Il fonda *l'arminianisme,* critique du dogme calviniste de la prédestination.

ARMISTICE n. m. ▪ Convention conclue entre les belligérants afin de suspendre les hostilités. *Signer un armistice.* - (en France) *L'Armistice :* l'anniversaire de l'armistice de 1918, fêté le 11 novembre.

ARMOIRE n. f. ▪ **1.** Haut meuble de rangement fermé par des battants. *Armoire à linge.* - *Armoire à glace,* dont la porte est un miroir ; fig. FAM. personne de carrure impressionnante. **2.** *Armoire à pharmacie,* petit meuble fixé au mur.

ARMOIRIES n. f. pl. ▪ Ensemble des emblèmes symboliques qui distinguent une famille noble ou une collectivité. ⇒ **arme(s), blason ; héraldique ; armorier.**

ARMOISE n. f. ▪ Plante aromatique à usages médicaux.

l'ARMOR ou **ARVOR** n. m. ▪ Mot celtique (« pays près de la mer ») désignant la Bretagne maritime par opposition à la Bretagne de l'intérieur ou Arcoat (« pays du bois »).

ARMORIAL n. m. ▪ Recueil d'armoiries.

le Massif ARMORICAIN ▪ Massif ancien à l'ouest de la France, très érodé, rajeuni au tertiaire. Il descend de la Bretagne vers les bocages de Vendée et de Normandie.

ARMORIER v. tr. [7] ▪ Orner d'armoiries. ▶ **ARMORIÉ, ÉE** adj. *Chevalière armoriée.*

l'ARMORIQUE n. f. ▪ Nom ancien de la Bretagne.

Louis ARMSTRONG dit **SATCHMO** (1901 - 1971) ▪ Trompettiste et chanteur de jazz noir américain. Formé à la Nouvelle-Orléans, il renouvela le jazz à la tête de ses Hot Five (puis Hot Seven) à Chicago à partir de 1925. Il fit ensuite une carrière mondiale. *"West End Blocs"* (1928), album *"The Good Book"* (1958).

Louis **Armstrong.**
Phot. © Pic

Neil **Armstrong.** Premiers pas sur la Lune. *Phot. © Salaber/Gamma*

Neil ARMSTRONG (né en 1930) ▪ Astronaute américain. Il fut le premier homme à marcher sur la Lune, en 1969, au cours de la mission Apollo XI.

ARMURE n. f. ▪ **I. 1.** Harnais protecteur, fait d'un assemblage de plaques, que revêtait l'homme d'armes. **2.** fig. Ce qui couvre, défend, protège. ⇒ **défense, protection. II.** Mode d'entrecroisement des fils de chaîne et de trame d'un tissu. *Armure toile.*

ARMURERIE n. f. ▪ **1.** Profession d'armurier. **2.** Fabrication, commerce, dépôt d'armes.

ARMURIER n. m. ▪ Celui qui vend ou fabrique des armes.

A. R. N. [aɛʀɛn] n. m. (sigle de *acide ribonucléique*) ▪ BIOL. Acide nucléique essentiel dans le transport du message génétique et la synthèse des protéines. *A.R.N. messager*.* ◇ On écrit aussi ARN.

ARNAQUE n. f. ▪ FAM. Escroquerie, vol ; tromperie. *C'est de l'arnaque !*

ARNAQUER v. tr. 1 ▪ FAM. **1.** Escroquer, voler. *Tu t'es fait arnaquer.* **2.** Arrêter, prendre. ⇒ **alpaguer.** ► n. ARNAQUEUR, EUSE

ARNAUD DE BRESCIA (v. 1090 - v. 1155) ▪ Religieux italien, il chassa le pape Eugène III, instaura une république romaine (1145-1155) mais fut vaincu et brûlé par Frédéric Ier Barberousse.

les ARNAULD ▪ Famille française, très liée au jansénisme. ► **Antoine ARNAULD** (1560 - 1619), conseiller d'État, restaura l'abbaye janséniste de Port-Royal. Ses filles en furent abbesses sous le nom de *mère Angélique* (1591 - 1661) et de *mère Agnès* (1593 - 1671). ► **Robert ARNAULD D'ANDILLY** (1589 - 1674), son fils, écrivain. ► **Antoine** dit **le GRAND ARNAULD** (1612 - 1694), frère du précédent, théologien, chef du parti janséniste, auteur avec Pierre Nicole de la *"Logique de Port-Royal"*.

Ernst Moritz ARNDT (1769 - 1860) ▪ Poète et historien allemand. Ce fut un patriote, hostile à Napoléon. *"L'Esprit du temps"* (1806). *"Chants de guerre"* (1813).

ARNHEM ▪ Ville des Pays-Bas, chef-lieu de la Gueldre. 132 928 hab. Chimie.

ARNICA n. f. ▪ **1.** Plante de montagne à fleurs jaunes, toxique violent du système nerveux. **2.** Teinture qui en est extraite, utilisée contre les contusions, les foulures.

Achim von ARNIM (1781 - 1831) ▪ Écrivain romantique allemand. *"Le Cor enchanté de l'enfant"* (1806-1808), recueil de chants populaires écrit avec Brentano.

l'ARNO n. m. ▪ Fleuve d'Italie qui traverse Florence et Pise. 241 km. Il se jette dans la Méditerranée.

Matthew ARNOLD (1822 - 1888) ▪ Poète et critique anglais. Ses *"Poèmes"* (1853) le rapprochent des romantiques mais il est surtout célèbre pour ses *"Essais critiques"* (1865 et 1888).

ARNOLD DE MELCHTAL (fin XIIIe s.) ▪ Personnage légendaire suisse, à l'origine de la révolte suisse contre l'Autriche.

ARNOLFO DI CAMBIO (v. 1245 - 1302) ▪ Architecte italien. Il dirigea les premiers travaux du Dôme (cathédrale) de Florence et ceux du Palazzo Vecchio.

ARNOUVILLE-LÈS-GONESSE ▪ Commune du Val-d'Oise. 12 223 hab. *(les Arnouvillois).*

AROMATE n. m. ▪ Substance végétale odoriférante ; épice, condiment.

AROMATIQUE adj. ▪ **1.** De la nature des aromates. *Plante, herbe, essence, huile aromatique.* **2.** CHIM. Se dit de la série de composés dont la molécule contient un ou plusieurs noyaux benzéniques.

AROMATISER v. tr. 1 ▪ Parfumer avec une substance aromatique.

ARÔME ou **AROME** n. m. ▪ **1.** Odeur agréable qui émane de certaines substances. ⇒ **parfum.** *Un délicieux arôme de café.* - *L'arôme d'un vin.* ⇒ **bouquet. 2.** *Arôme naturel, artificiel* (additif alimentaire).

Raymond ARON (1905 - 1983) ▪ Philosophe et sociologue français. Critique du marxisme, théoricien de la pensée libérale et observateur attentif de la société contemporaine. *"Introduction à la philosophie de l'histoire"* (1938) ; *"L'Opium des intellectuels"* (1957) ; *"Les Étapes de la pensée sociologique"* (1967).

ARONDE n. f. ▪ VX ou LITTÉR. Hirondelle.

AROUET ▪ Nom de famille de Voltaire.

Jean ou **Hans ARP** (1887 - 1966) ▪ Sculpteur et peintre français, poète de langues allemande et française. Il fut l'un des créateurs du mouvement Dada. En peinture et en sculpture, il affectionna les formes arrondies, volontiers abstraites. *"Concrétions humaines"* (1933-1935). ► **Sophie TAEUBER-ARP** (1889 - 1943), son épouse. Peintre et sculpteur suisse. Elle participa avec lui et Van Doesburg à la décoration de l'Aubette à Strasbourg (1926-1928).

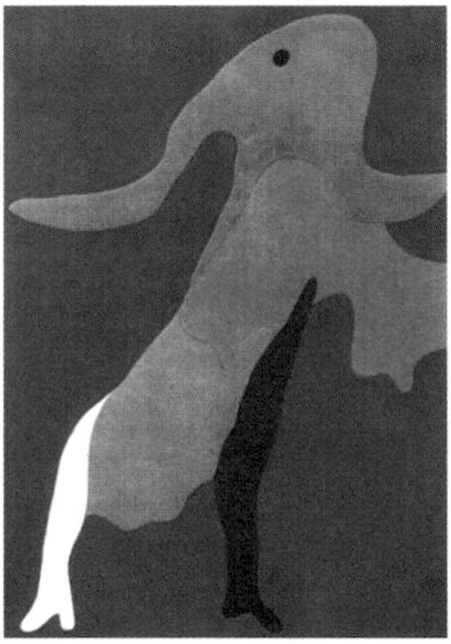

Arp. *Le Danseur.* Coll. part. *Phot. © Arch. Smeets*

ÁRPÁD (mort en 907) ▪ Grand prince de Hongrie. Il fonda la dynastie des *Arpadiens* qui régna jusqu'en 1301.

ARPAJON ▪ Commune de l'Essonne. 8 713 hab. *(les Arpajonnais).* Foire aux haricots.

ARPÈGE n. m. ▪ MUS. Accord exécuté sur un instrument en égrenant rapidement les notes.

ARPÉGER v. tr. 3 et 6 ▪ MUS. Exécuter (un passage) en arpèges.

ARPENT n. m. ▪ Ancienne mesure agraire (de 20 à 50 ares).

ARPENTAGE n. m. ▪ Mesure de la superficie d'un terrain ; techniques de l'arpenteur. ⇒ **géodésie.**

ARPENTER v. tr. 1 ▪ **1.** Mesurer la superficie de (un terrain). **2.** Parcourir à grands pas (un lieu délimité).

ARPENTEUR n. m. ▪ Professionnel des techniques géométriques de mesure des surfaces et des relèvements de terrains. *Chaîne d'arpenteur.*

ARPENTEUSE n. f. ▪ Chenille de la phalène (qui semble mesurer, « arpenter » le sol).

ARPETTE n. f. ▪ Jeune apprentie (surtout modiste, couturière).

ARPION n. m. ▪ FAM. Pied.

ARQUEBUSE n. f. ▪ ancienn\t Arme à feu qu'on faisait partir au moyen d'une mèche. ► n. m. ARQUEBUSIER

ARQUER v. tr. [1] ▪ Courber en arc. ► s'**ARQUER** v. pron. ► **ARQUÉ, ÉE** adj. *Des jambes arquées.*

ARQUES ▪ Commune du Pas-de-Calais. 9 014 hab. *(les Arquois).* Verrerie.

ARQUES-LA-BATAILLE ▪ Commune de la Seine-Maritime. 2 546 hab. *(les Arquois).* Ruine d'un château du XIe et XIIe s. Victoire d'Henri IV sur le duc de Mayenne en 1589.

Fernando **ARRABAL** (né en 1932) ▪ Dramaturge et cinéaste espagnol d'expression française. Un sentiment de révolte et le goût de la profanation caractérisent son théâtre *("Le Cimetière des voitures")* et son cinéma *("¡ Viva la Muerte !").*

ARRACHAGE n. m. ▪ Action d'arracher. *L'arrachage des carottes. L'arrachage d'une dent.* ⇒ **extraction.**

À L'**ARRACHÉ** loc. adv. ▪ Par un effort violent. *Gagner une course à l'arraché.*

ARRACHEMENT n. m. ▪ **1.** Action d'arracher. **2.** Affliction, peine que cause une séparation, un sacrifice. ⇒ **déchirement.** *L'arrachement des adieux.*

D'**ARRACHE-PIED** loc. adv. ▪ Sans désemparer, en soutenant un effort pénible. *Lutter d'arrache-pied.*

ARRACHER v. tr. [1] ▪ **1.** Enlever de terre (une plante qui y tient par ses racines). ⇒ **déraciner.** *Arracher les mauvaises herbes.* ⇒ **désherber. 2.** Détacher avec effort (une chose qui tient ou adhère). ⇒ **enlever, extirper.** *Arracher un clou avec des tenailles.* ♦ loc. *S'arracher les cheveux :* être désespéré. **3.** Enlever de force à une personne ou à une bête (ce qu'elle retient). ⇒ **prendre, ravir.** *Arracher un oiseau des griffes d'un chat.* **4.** Obtenir (qqch.) de qqn avec peine, malgré une résistance. ⇒ **extorquer.** *Impossible de lui arracher son secret.* ♦ *Arracher des plaintes, des larmes à qqn.* ⇒ **tirer. 5.** *Arracher qqn de* (un lieu), le lui faire quitter par force, malgré lui. ⇒ **chasser, tirer.** *Arracher qqn de sa maison.* ♦ fig. *Arracher qqn à un état, à une situation,* l'en faire sortir malgré les difficultés ou malgré sa résistance. *Arracher qqn au sommeil ; à ses habitudes. Arracher qqn à la misère.* ⇒ **tirer** de. ► s'**ARRACHER** v. pron. **1.** Arracher l'un à l'autre. **2.** Se disputer (une chose) pour se l'approprier. *On s'arrachait les vêtements soldés.* ♦ *S'arracher qqn,* se disputer sa présence. *On se l'arrache.* **3.** *S'ARRACHER DE, S'ARRACHER À :* se détacher avec effort, difficulté, peine ou regret de. *S'arracher des bras d'une personne. S'arracher au passé.* **4.** absolt FAM. Partir. ♦ Accomplir un gros effort.

ARRACHEUR, EUSE n. ▪ **1.** Personne qui arrache. ♦ loc. *Mentir comme un arracheur de dents* (qui promettait de ne pas faire souffrir) : mentir effrontément. **2.** n. f. AGRIC. Machine servant à arracher (des tubercules, racines, graines, etc.).

ARRAISONNER v. tr. [1] ▪ *Arraisonner un navire, un avion,* procéder à un interrogatoire ou à une visite pour vérifier son chargement, sa destination, etc. ► n. m. ARRAISONNEMENT

ARRANGEANT, ANTE adj. ▪ (personnes) Qui est disposé à aplanir toute difficulté. ⇒ **accommodant, conciliant.**

ARRANGEMENT n. m. ▪ **1.** Action de disposer (une chose, ses éléments) dans un certain ordre. ⇒ **disposition.** *L'arrangement d'une maison, d'un mobilier.* ⇒ **agencement, installation. 2.** MUS. Adaptation d'une composition à d'autres instruments (⇒ **arrangeur**). *Un arrangement pour piano.* **3.** Convention tendant à régler une situation juridique. ⇒ **accord, compromis.**

ARRANGER v. tr. [3] ▪ **1.** Disposer de manière correcte ou préférée. *Arranger des fleurs dans un vase.* **2.** Mettre sur pied, organiser. ⇒ **combiner, organiser, préparer.** *Arranger une entrevue.* **3.** Améliorer l'apparence, l'état de (qqn, qqch.). - *Faire arranger sa voiture.* ⇒ **réparer.** ♦ FAM. Donner mauvaise apparence à (qqn). *Le coiffeur t'a bien arrangé !* ♦ FAM. Maltraiter (qqn), en dire du mal. **4.** Régler par un accord mutuel. *Arranger une affaire.* **5.** Être utile, pratique pour (qqn). ⇒ **convenir.** *Venez plutôt ce soir, cela m'arrange.* ► s'**ARRANGER** v. pron. **1.** Ajuster sa toilette. *Elle est allée s'arranger.* ♦ FAM. *Il ne s'est pas arrangé :* il a enlaidi ; ses défauts ont empiré. **2.** (choses) Être remis en état. ⇒ se **réparer.** ♦ Aller mieux. *Le temps va s'arranger.* ⇒ s'**améliorer. 3.** Prendre ses dispositions, ses mesures (en vue d'un résultat). *Arrangez-vous comme vous voulez.* ⇒ **faire.** *S'arranger pour,* faire en sorte de. **4.** Se mettre d'accord. ⇒ s'**entendre.** *Avec elle, je m'arrangerai toujours.* **5.** *S'ARRANGER DE qqch.* ⇒ s'**accommoder** de.

ARRANGEUR n. m. ▪ Personne qui fait un arrangement (2) pour d'autres instruments, ou qui écrit de la musique pour orchestre d'après un thème (jazz, rock, variétés).

ARRAS ▪ Chef-lieu du Pas-de-Calais. 39 000 hab. *(les Arrageois).* Grand-Place et place des Héros (XIe s.). Hôtel de ville et beffroi (XVIe s.). Palais Saint-Vaast (XVIIIe s.). □ HISTOIRE Centre de tapisserie de renommée mondiale au Moyen Âge. Très disputée en raison de sa situation stratégique, cédée à la France au traité des Pyrénées (1659). ► **traités d'Arras** En 1435 : les Bourguignons renoncent à l'alliance anglaise. En 1482 : délimitation des frontières du nord de la France moderne. En 1579 : traité signé entre les provinces catholiques des Pays-Bas qui reconnaissaient l'autorité espagnole ; il provoqua l'union d'Utrecht.

les monts d'**ARRÉE** n. m. pl. ▪ Chaîne granitique comprenant le signal de Toussaines, point culminant de la Bretagne (384 m).

ARRÉRAGES n. m. pl. ▪ Montant échu d'une rente, d'une pension.

ARRESTATION n. f. ▪ Action d'arrêter (une personne) pour l'emprisonner. *Arrestation préventive. Mettre qqn en état d'arrestation.*

ARRÊT n. m. ▪ **1.** Action de s'arrêter (dans sa marche, son mouvement) ; état de ce qui n'est plus en mouvement. *Arrêt d'un train en gare. Signal d'arrêt.* ⇒ **stop.** *Faire plusieurs arrêts.* ⇒ **halte.** - *Voitures à l'arrêt* (⇒ en **stationnement**). ♦ *Chien d'arrêt,* qui s'immobilise quand il sent le gibier. - fig. *Tomber EN ARRÊT :* s'immobiliser, l'attention en éveil. ♦ Fin d'un fonctionnement, d'une activité. *Arrêt d'un moteur. Arrêt du cœur :* syncope. *Arrêt des hostilités.* ⇒ **cessation.** - *Un arrêt de travail* (pour cause médicale). ♦ loc. *SANS ARRÊT :* sans interruption. ⇒ sans **cesse. 2.** Endroit où doit s'arrêter un véhicule. **3.** DR. *Mandat d'arrêt :* ordre d'incarcération délivré par le juge d'instruction (→ arrestation). - *Maison d'arrêt,* prison. **4.** Décision d'une cour souveraine ou d'une haute juridiction. ⇒ **jugement.** *Un arrêt du Conseil d'État.* ♦ LITTÉR. *Des arrêts du destin.* ⇒ **décret.**

① **ARRÊTÉ** n. m. ▪ **1.** Règlement définitif. *Arrêté de compte.* **2.** Décision écrite d'une autorité administrative. *Des arrêtés préfectoraux.*

② **ARRÊTÉ, ÉE** adj. ▪ **1.** Convenu, décidé. *C'est une chose arrêtée.* **2.** (idées, projets) Inébranlable, irrévocable. ⇒ **ferme.** *Il a la volonté bien arrêtée de refuser.*

ARRÊTE-BŒUF n. m. invar. ▪ Plante épineuse dont les racines sont longues et résistantes (elles pourraient arrêter la charrue).

ARRÊTER v. [1] ▪ **I.** v. tr. **1.** Empêcher (qqn ou qqch.) d'avancer, d'aller plus loin. ⇒ **immobiliser, retenir.** *Arrêter un passant. Arrêter sa voiture.* **2.** Interrompre ou faire finir (une activité, un processus). prov. *On n'arrête pas le progrès.* **3.** Empêcher (qqn) d'agir ou de poursuivre une action. ⇒ **entraver.** *Rien ne l'arrête quand il a choisi. Ici, je vous arrête* (dans la conversation). **4.** Faire prisonnier. ⇒ **appréhender ; arrestation.** *Arrêter un escroc. Se faire arrêter.* → FAM. agrafer, cueillir, emballer, épingler, pincer, sauter. **5.** Fixer par un choix. *Arrêter le lieu d'un rendez-vous.* ⇒ **fixer, régler. 6.** Prendre un arrêté. *Le ministre arrête que...* **II.** v. intr. **1.** Cesser d'avancer. *Dites au chauffeur d'arrêter.* **2.** Cesser de parler ou d'agir. *Ça suffit, arrête ! - Il n'arrête pas de gesticuler.* ► s'**ARRÊTER** v. pron. **1.** Interrompre sa marche, ne pas aller plus loin. *S'arrêter pour se reposer* (→ faire halte*). *Passer sans s'arrêter.* **2.** (mécanisme) Ne plus fonctionner. *Ma montre s'est arrêtée.* **3.** (processus, action) S'interrompre ou finir. *L'hémorragie s'arrête.* ♦ (personnes) Cesser d'agir, d'exercer une action. ⇒ **cesser.** *S'arrêter de fumer.* **4.** *S'ARRÊTER À :* fixer son attention sur, faire attention à. *S'arrêter aux apparences.*

Svante **ARRHENIUS** (1859 - 1927) ▪ Physicien et chimiste suédois. Prix Nobel de chimie 1903 pour ses travaux sur les électrolytes.

ARRHES n. f. pl. ▪ Somme d'argent que l'on donne au moment de la conclusion d'un contrat, d'un marché. *Verser des arrhes à la commande.*

ARRIEN (v. 95 - v. 175) ▪ Historien et philosophe grec. Disciple d'Épictète, il rédigea et publia l'enseignement stoïcien de son maître : *"Entretiens"* et *"Manuel".*

ARRIÉRATION n. f. ▪ PSYCH. *Arriération mentale :* état d'un sujet dont l'âge mental est inférieur à l'âge réel.

① **ARRIÈRE** ▪ **I.** adv. **1.** VX Derrière, en reculant. - interj. *Arrière ! :* allez-vous-en ! **2.** (après un nom) *Vent arrière :* en poupe. *Faire machine arrière,* fig. reculer. *Marche* arrière.* **II. 1.** *EN ARRIÈRE* loc. adv. : vers le lieu, le côté situé derrière.

Aller, marcher, rouler en arrière (⇒ **reculer**). *Renverser la tête en arrière. Cheveux tirés en arrière.* ♦ À une certaine distance derrière. *Rester en arrière.* **2.** EN ARRIÈRE DE loc. prép. *Se tenir en arrière de qqn ou de qqch.*, derrière.

② **ARRIÈRE** ▪ **I.** n. m. **1.** Partie postérieure (d'une chose). ⇒ **derrière, dos.** *L'avant et l'arrière d'une voiture. À l'arrière du train.* ⇒ **queue. 2.** *L'ARRIÈRE :* le territoire qui se trouve en dehors de la zone des opérations (opposé à *front*). **3.** au plur. *Les arrières d'une armée,* les lignes de communication. ♦ loc. *Assurer ses arrières :* avoir une solution de rechange en cas de difficulté. **4.** Joueur qui est placé derrière tous les autres (rugby) ou derrière la ligne des demis (football). **II.** adj. invar. Qui est à l'arrière. *Les feux arrière d'un camion. Sièges arrière et sièges avant.*

ARRIÈRE- Élément de noms, signifiant « qui est derrière » (ex. *arrière-cuisine, arrière-fond, arrière-salle*) ou « qui est plus loin dans le temps » (ex. *arrière-grand-oncle*).

ARRIÈRE-BAN ⇒ BAN

ARRIÈRE-BOUTIQUE n. f. ▪ Pièce de plain-pied située derrière une boutique. *Des arrière-boutiques.*

ARRIÈRE-COUR n. f. ▪ Petite cour aménagée à l'arrière d'une maison. *Des arrière-cours.*

ARRIÉRÉ, ÉE ▪ **I.** adj. **1.** péj. Qui appartient au temps passé, n'est pas moderne. ⇒ **rétrograde.** *Idées arriérées,* en retard. **2.** Qui est en retard dans son développement mental. ⇒ **attardé.** *Un enfant arriéré* (⇒ **arriération**). ➛ n. *Un arriéré.* **II.** n. m. **1.** Dette échue et qui reste due. **2.** fig. Ce qui est en retard. *Un arriéré de sommeil.*

ARRIÈRE-GARDE n. f. ▪ **1.** Partie d'un corps d'armée qui ferme la marche. *Des arrière-gardes. Un combat d'arrière-garde,* fig. que l'on continue alors que l'on est déjà sûr de l'échec. **2.** fig. Ce qui est en arrière, en retard dans une évolution.

ARRIÈRE-GORGE n. f. ▪ Fond de la gorge. *Des arrière-gorges.*

ARRIÈRE-GOÛT n. m. ▪ **1.** Goût qui reste dans la bouche après l'absorption. *Des arrière-goûts désagréables.* **2.** fig. État affectif qui subsiste après le fait qui l'a provoqué. ⇒ **souvenir.** *Un arrière-goût de tristesse.*

ARRIÈRE-GRAND-MÈRE n. f. ▪ Mère du grand-père ou de la grand-mère. *Des arrière-grand(s)-mères.*

ARRIÈRE-GRAND-PÈRE n. m. ▪ Père du grand-père ou de la grand-mère. *Des arrière-grand(s)-pères.*

ARRIÈRE-GRANDS-PARENTS n. m. pl. ▪ Parents des grands-parents. ⇒ **bisaïeul.**

ARRIÈRE-PAYS [-pei] n. m. invar. ▪ Région située en arrière d'une région côtière. *Résider dans l'arrière-pays.*

ARRIÈRE-PENSÉE n. f. ▪ Pensée, intention que l'on dissimule. ⇒ **réserve, réticence.** *Des arrière-pensées malveillantes. Je le dis sans arrière-pensée.*

ARRIÈRE-PETIT-FILS [-fis] n. m., **ARRIÈRE-PETITE-FILLE** n. f. ▪ Fils, fille du petit-fils, de la petite-fille. *Des arrière-petits-fils et des arrière-petites-filles.*

ARRIÈRE-PETITS-ENFANTS [-pətizɑ̃fɑ̃] n. m. pl. ▪ Enfants des petits-enfants.

ARRIÈRE-PLAN n. m. ▪ **1.** Plan le plus éloigné de l'œil du spectateur (opposé à *premier plan*). *Des arrière-plans.* **2.** fig. *Être à l'arrière-plan,* dans une position secondaire.

ARRIÈRE-SAISON n. f. ▪ Dernière saison de l'année, automne, fin de l'automne. *Des arrière-saisons.*

ARRIÈRE-SALLE n. f. ▪ Salle derrière une autre. *L'arrière-salle d'un café. Des arrière-salles.*

ARRIÈRE-TRAIN n. m. ▪ Partie postérieure du corps (d'un quadrupède). *Des arrière-trains.* ♦ FAM. Fesses (d'une personne). ⇒ **postérieur.**

ARRIMER v. tr. ① ▪ **1.** Caler, fixer avec des liens (un chargement, des colis). ➛ au p. p. *Chargement solidement arrimé.* **2.** Fixer deux choses l'une à l'autre (dont l'une ou toutes deux sont mobiles). *Arrimer deux engins dans l'espace.* ► n. m. ARRIMAGE

ARRIVAGE n. m. ▪ Arrivée de marchandises ; ces marchandises. *Un arrivage de fruits aux halles.* ♦ iron. *Un arrivage de touristes.*

ARRIVANT, ANTE n. ▪ Personne qui arrive quelque part. *Les nouveaux, les derniers arrivants.*

ARRIVÉ, ÉE ▪ **1.** n. *Premier, dernier arrivé,* personne qui est arrivée la première, la dernière. **2.** adj. Qui a réussi (socialement, professionnellement). *Un homme arrivé.*

ARRIVÉE n. f. ▪ **1.** Action, fait d'arriver. *Annoncer son arrivée. Heure d'arrivée du courrier. La ligne d'arrivée* (d'une course). ♦ Moment où l'on arrive. *Je vous verrai à mon arrivée.* **2.** Passage (d'un fluide) qui arrive quelque part. *Arrivée d'essence.* **3.** fig. *L'arrivée du printemps.* ⇒ **apparition, début. 4.** Lieu où arrivent des voyageurs, des coureurs, etc. (s'oppose à *départ*). *Où se trouve l'arrivée ?*

ARRIVER v. intr. ① ▪ **I. 1.** MAR. Toucher au port, à terre. **2.** Toucher au terme d'un trajet ; parvenir au lieu où l'on voulait aller (⇒ **arrivée**). *Nous arriverons à Sydney vers midi. Le train, l'avion qui arrive de Londres.* ⇒ **venir** de. ➛ impers. *Il est arrivé une visiteuse inattendue.* **3.** Approcher vers qqn. *Le voici qui arrive.* ⇒ **venir** ; FAM. s'**amener, rappliquer.** *Arriver en courant.* **4.** Atteindre le niveau de, par la taille. ➛ fig. *Il ne lui arrive pas à la cheville.* **5.** ARRIVER À (+ nom) : atteindre, parvenir à (un état). *Arriver à un certain âge. Arriver au terme de son existence.* ⇒ **atteindre, parvenir, toucher.** *Arriver à ses fins.* ♦ ARRIVER À (+ inf.) : réussir à ; finir par. *Il n'arrive pas à faire des économies.* **6.** Réussir (dans la société). *Elle veut à tout prix arriver* (⇒ **arriviste**). **7.** Aborder (un sujet). *Arriver à la conclusion de son discours. J'y arrive.* **8.** EN ARRIVER À : en venir à. *J'en arrive à la dernière question.* ➛ Être sur le point de, après une évolution (souvent malgré soi). *Il faudra bien en arriver là.* **II.** (choses) **1.** Parvenir à destination (⇒ **arrivage**). *Un colis est arrivé pour vous.* ➛ impers. *Il est arrivé une lettre.* **2.** Parvenir (jusqu'à qqn). *Le bruit est arrivé jusqu'à ses oreilles.* **3.** Atteindre un certain niveau. ⇒ **atteindre,** s'**élever, monter.** *L'eau arrive à tel niveau, lui arrive à la ceinture.* **4.** Venir, être sur le point d'être. *Le jour, la nuit arrive,* se lève ; tombe. *Un jour arrivera où...* ⇒ **venir. 5.** (fait, événement...) Se produire. ⇒ **advenir,** avoir **lieu, survenir.** *Un accident est vite arrivé.* ♦ *Cela ne m'est jamais arrivé. Cela peut arriver à tout le monde,* tout le monde est exposé à pareil accident. *Ça n'arrive qu'aux autres,* on a l'illusion que ça ne peut pas arriver à soi. ➛ *Qu'est-ce qui vous arrive ?* ♦ impers. *Il est arrivé un accident. Quoi qu'il arrive,* en tout cas. *Il lui arrive de mentir.*

ARRIVISTE n. ▪ Personne dénuée de scrupules qui veut arriver, réussir par n'importe quel moyen. ► n. m. ARRIVISME

ARROGANCE n. f. ▪ Insolence méprisante ou agressive. ⇒ **hauteur, morgue.**

ARROGANT, ANTE adj. ▪ Qui manifeste de l'arrogance. *Une personne arrogante. Air, ton arrogant.* ⇒ **orgueilleux ; impudent, insolent, suffisant.**

S'ARROGER v. pron. ③ ▪ S'attribuer (un droit, une qualité) sans y avoir droit. ⇒ s'**approprier,** s'**attribuer, usurper.** *Elle s'est arrogé tous les pouvoirs.*

ARROI n. m. ▪ LITTÉR. *En grand arroi :* avec une suite nombreuse et un brillant équipage.

ARROMANCHES-LES-BAINS ▪ Commune du Calvados. 409 hab. *(les Arromanchais).* Port artificiel lors du débarquement allié en Normandie, le 6 juin 1944.

ARRONDI, IE ▪ **1.** adj. À peu près rond. *Un visage arrondi.* **2.** n. m. *L'arrondi,* le contour arrondi. ⇒ **courbe.** *L'arrondi d'une jupe* (en bas).

ARRONDIR v. tr. ② ▪ **1.** Rendre rond. *Le frottement arrondit les galets.* ♦ Donner une forme courbe à. *Arrondir le bras.* **2.** fig. loc. *Arrondir les angles :* atténuer les oppositions, les dissentiments. **3.** Rendre plus importante (une propriété, sa fortune). *Arrondir sa fortune.* ⇒ **augmenter.** ♦ *Arrondir un total, un chiffre,* lui substituer le chiffre rond inférieur ou supérieur. ► **S'ARRONDIR** v. pron. Devenir rond. *Son ventre s'arrondit.*

ARRONDISSEMENT n. m. ▪ **I.** VX Action d'arrondir (3). **II.** Division territoriale ; spécialt en France, circonscription administrative. *Le département est divisé en arrondissements. Chef-lieu d'arrondissement.* ⇒ **sous-préfecture.** ♦ Subdivision administrative dans certaines grandes villes (Paris, Lyon, Marseille). *Le Ve, le XVIe arrondissement.*

ARROSAGE n. m. ▪ Action d'arroser. *L'arrosage d'un jardin. Tuyau d'arrosage.*

ARROSÉ, ÉE adj. ▪ **1.** Qui reçoit des précipitations, des pluies. **2.** À travers quoi coule un cours d'eau. **3.** *Un repas bien arrosé,* où l'on a bu du vin, de l'alcool. *Un café arrosé,* dans lequel on a versé de l'alcool.

ARROSER v. tr. 1 ▪ **1.** Mouiller en versant un liquide, de l'eau sur. *Arroser des plantes.* ➝ FAM. *Se faire arroser,* mouiller par la pluie. ♦ LITTÉR. *Arroser de larmes,* pleurer sur. **2.** Couler à travers. ⇒ **traverser.** *La Seine arrose le Bassin parisien.* **3.** fig. *Arroser son repas d'un bon vin,* l'accompagner d'un bon vin. *Arroser son café,* y verser de l'alcool. ♦ FAM. Fêter un événement en buvant. *Il faut arroser ça !* **4.** fig. FAM. *Arroser qqn,* lui donner de l'argent (pour obtenir un avantage). ⇒ **soudoyer.** **5.** ARGOT MILIT. Bombarder, mitrailler méthodiquement. **6.** Diffuser des informations sur un secteur. *Cette radio arrose toute la région.* ⇒ **couvrir.**

ARROSEUR, EUSE n. ▪ **I.** Personne qui arrose (qqch., qqn). *L'arroseur arrosé.* **II.** n. f. Véhicule destiné à l'arrosage des voies publiques.

ARROSOIR n. m. ▪ Ustensile destiné à l'arrosage, récipient muni d'une anse et d'un long col terminé par une pomme* d'arrosoir.

ARROW-ROOT [aRORut] n. m. ▪ Plante d'Amérique tropicale ; fécule comestible tirée du rhizome de cette plante et de diverses autres.

le curé d'ARS → saint **Jean-Baptiste Marie Vianney**

ARSACIDES ▪ Dynastie de souverains parthes descendants d'Arsace qui régna sur la Perse de – 250 environ à la victoire des Sassanides (224).

ARSENAL, AUX n. m. ▪ **1.** Centre de construction, de réparation et d'armement des navires de guerre. **2.** Dépôt d'armes et de munitions. **3.** fig. Moyens de lutte, d'action. *L'arsenal des lois.* **4.** FAM. Matériel compliqué. *L'arsenal d'un photographe.*

ARSÈNE LUPIN ▪ Personnage principal (« gentleman cambrioleur ») des romans policiers de Maurice Leblanc.

ARSENIC n. m. ▪ Élément chimique (symb. As), substance cassante de couleur gris acier dont un composé est un poison violent. ► adj. ARSENICAL, ALE, AUX

Arsène d'ARSONVAL (1851 - 1940) ▪ Physicien et médecin français, connu pour ses applications en médecine des courants de haute fréquence *(darsonvalisation).*

ARSOUILLE n. ▪ VIEILLI Voyou. *Un, une arsouille.* ➝ adj. *Il a un genre arsouille,* vulgaire et canaille.

ART n. m. ▪ **I. 1.** VX Moyen d'obtenir un résultat (par l'effet d'aptitudes naturelles) ; ces aptitudes (adresse, habileté). *L'art de faire qqch.* ⇒ **façon, manière.** *Avoir l'art de plaire.* ➝ *Faire qqch. avec art.* ⇒ **adresse, habileté, savoir-faire.** *L'art et la manière.* **2.** Ensemble de connaissances et de règles d'action, dans un domaine particulier. ⇒ **technique ; artisan.** *L'art vétérinaire.* ➝ MOD. *Les arts ménagers. École des arts et métiers, des arts et manufactures.* ➝ loc. *Dans toutes les règles de l'art,* en utilisant la manière la plus correcte de procéder. ➝ (avec *de* + inf.) *"L'art d'aimer"* (d'Ovide). *L'art de vivre.* ➝ loc. *Art poétique*.* ♦ Métier. spécialt *Un homme de l'art :* un médecin. **3.** loc. *Le grand art :* l'alchimie. ♦ *Le noble art :* la boxe. *Les arts martiaux.* **II.** ▪ **1.** Expression, par les œuvres de l'homme, d'un idéal esthétique ; ensemble des activités humaines créatrices visant à cette expression (⇒ **artiste**). *Œuvre d'art, objet d'art. Critique d'art. Histoire de l'art.* **2.** Chacun des modes d'expression de la beauté. ⇒ **beaux-arts.** *Les arts plastiques. Le septième art :* le cinéma. *Les arts décoratifs.* **3.** Création des œuvres d'art ; ensemble des œuvres (à une époque ; dans un lieu particulier). *L'art égyptien. Musée d'art moderne.* ➝ *Le style Art déco; le style Art nouveau* (voir ci-dessous). ➝ en peinture, en sculpture *Art abstrait ; art figuratif.*

▪ **ART DÉCO** ▪ Style des années 1920 et 1930 caractérisé par une recherche de stylisation et d'épuration des formes,

Pendule en métal argenté
et marbre de Puiforcat. Coll. part.
Phot. © Dagli Orti

Le pavillon *Studium* des magasins du Louvre par A. Laprode, exposition des Arts décoratifs à Paris, 1925.
Phot. © de Selva/Tapabor

Fauteuil en palissandre sculpté et soie de Paul Iribe. Coll. part. *Phot. © Dagli Orti*

Tamara de Lempicka, *Kizette en rose,* 1926. Musée des Beaux-Arts, Nantes. *Phot. © Giraudon*

Art déco.

George Auriol, couverture pour les *Bucoliques* de Jules Renard, éd. Ollendorf, Paris, 1898.
Phot. © B.N.F.

Le parc Güell à Barcelone, aménagé par A. Gaudí. *Phot. © Melba Levick /Explorer*

Salle à manger de la villa du banquier Adrien Bénard à Champrosay, vers 1900, conçue par Alexandre Charpentier. Musée d'Orsay, Paris.
Phot. © Lauros/Giraudon

Art nouveau.

l'utilisation de lignes sobres et géométriques. Il s'affirma en 1925 à Paris lors de l'Exposition internationale des arts décoratifs et industriels ; il se manifesta dans l'architecture (Le Corbusier, Mallet-Stevens), les arts graphiques (affiches de Cassandre, de Colin), le mobilier, la mode (Poiret), l'orfèvrerie, la verrerie (Lalique).

▪ **ART NOUVEAU** ▪ Mouvement artistique apparu en Europe à la fin du XIXᵉ s. Créant une nouvelle esthétique fondée sur l'utilisation de courbes et de volutes d'inspiration végétale, l'Art nouveau ou *modern style* toucha en particulier l'architecture et les arts décoratifs. → **Gallé, Guimard, Horta, Mackintosh, Majorelle, Mucha, Prouvé, Van de Velde.**

ARTABAN ▪ Nom de plusieurs rois parthes arsacides.

Artaud.
Autoportrait, 1946. Bibliothèque nationale de France, Paris. *Phot. © B.N.F.*

ARTABAN ▪ Héros d'un roman de La Calprenède (*"Cléopâtre"*), célèbre pour sa fierté.

Charles de Batz, comte de Montesquiou, seigneur d'ARTAGNAN (1611 - 1673) ▪ Mousquetaire français. Immortalisé par Alexandre Dumas dans *"Les Trois Mousquetaires"* (1844).

Antonin ARTAUD (1896 - 1948) ▪ Poète et homme de théâtre français. Son œuvre pousse à l'extrême l'expression de la douleur psychique (*"Correspondance avec Jacques Rivière"*, 1927 ; *"Lettres de Rodez"*, 1946). Sa conception d'un « théâtre de la cruauté » (symbolique) et ses manifestes et essais réunis dans *"Le Théâtre et son double"* (1938) eurent une influence décisive sur la mise en scène moderne.

ARTAXERXÈS II ▪ Roi achéménide de Perse de 404 à 358 av. J.-C. Par la paix d'Antalcidas, il imposa aux Grecs l'abandon et l'autonomie des villes d'Asie Mineure.

ARTEFACT [aʀtefakt] **n. m.** ▪ anglic. ▪ **1.** Phénomène d'origine humaine, artificielle, intervenant dans l'étude de faits naturels. **2.** Produit de l'art ou de l'industrie humaine.

ARTÉMIS ▪ Déesse chasseresse de la Grèce, jumelle d'Apollon, identifiée à la Diane des Romains. Vierge, chaste et cruelle, elle a inspiré de nombreux artistes. ► **le temple d'ARTÉMIS** L'une des Sept Merveilles du monde. Construit à Éphèse par Crésus vers 550 av. J.-C., il fut détruit par les Goths en 262.

ARTÈRE **n. f.** ▪ **1.** ANAT. Un des vaisseaux à ramifications divergentes qui, partant des ventricules du cœur, distribuent le sang à tout le corps. *Les artères communiquent avec les veines* par les capillaires.* - appos. *Trachée* artère.* **2.** fig. Rue importante (d'une ville).

Artaxerxès. Le tombeau d'Artaxerxès II à Persépolis.
Phot. © Nino Cirani/Ricciarini

ARTÉRIEL, IELLE adj. ▪ Qui a rapport aux artères. *Tension artérielle.*

ARTÉRIOSCLÉROSE n. f. ▪ État pathologique caractérisé par un durcissement progressif des artères. ⇒ **athérosclérose.**

ARTÉRITE n. f. ▪ MÉD. Affection artérielle d'origine inflammatoire.

ARTÉSIEN, IENNE adj. ▪ De l'Artois ♦ *PUITS ARTÉSIEN*, foré jusqu'à une nappe d'eau souterraine jaillissante.

ARTHRITE n. f. ▪ Affection articulaire d'origine inflammatoire.

ARTHRITIQUE adj. ▪ **1.** MÉD. De l'arthrite. **2.** adj. et n. Qui souffre d'arthrite. – n. *Les arthritiques.*

ARTHRITISME n. m. ▪ MÉD. Arthrite accompagnée de divers troubles.

ARTHRO- Élément (du grec *arthron* « articulation ») qui signifie « des articulations ».

ARTHROPODES n. m. pl. ▪ ZOOL. Embranchement d'invertébrés au corps formé de segments articulés (crustacés, insectes, arachnides...). – au sing. *Un arthropode.*

ARTHROSE n. f. ▪ MÉD. Inflammation chronique des articulations due à la détérioration des cartilages.

ARTHUR → Artus

Chester **ARTHUR** (1830 - 1886) ▪ 21e président des États-Unis, de 1881 à 1885. Un des fondateurs du parti républicain.

ARTICHAUT n. m. ▪ Plante potagère cultivée pour ses capitules comestibles *(tête d'artichaut). Fond d'artichaut,* le réceptacle central, charnu, qui porte les « feuilles » d'artichaut (en réalité, des bractées). – Partie comestible de la plante. *Cœurs d'artichauts.* ♦ loc. FAM. *Un cœur d'artichaut :* une personne inconstante en amour.

ARTICLE n. m. ▪ **I. 1.** Partie (numérotée ou non) qui forme une division d'un texte officiel (loi, contrat, traité, etc.). *Article de loi.* ♦ RELIG. *Article de foi :* point essentiel de croyance. ⇒ **dogme. 2.** Partie d'un écrit, du point de vue du contenu. ⇒ **point.** *Sur cet article,* sur ce point, sur ce sujet. ⇒ **chapitre. 3.** loc. *À L'ARTICLE DE LA MORT :* sur le point de mourir. **4.** Écrit formant un tout, mais faisant partie d'une publication. *Les articles d'un dictionnaire. Un article de journal, de revue.* **II.** (Élément d'une liste) **1.** Objet de commerce. *Nous n'avons pas cet article en magasin. Articles de voyage.* **2.** loc. *FAIRE L'ARTICLE :* vanter sa marchandise pour la vendre. – fig. Faire valoir (qqch., qqn) pour un motif intéressé. **III.** Mot qui, placé devant un nom, sert à le déterminer plus ou moins précisément (→ déterminant), tout en marquant le genre et le nombre. *Article défini* (⇒ **le**), *indéfini* (⇒ **un,** ② **des**), *partitif* (⇒ ② **de, du**).

ARTICULAIRE adj. ▪ Qui a rapport aux articulations. *Rhumatisme articulaire chronique.* ⇒ **arthrose.**

ARTICULATION n. f. ▪ **I. 1.** Ensemble des parties molles et dures par lesquelles s'unissent deux ou plusieurs os voisins (⇒ **arthro-**). *L'articulation du coude, du genou.* **2.** Assemblage de plusieurs pièces mobiles les unes sur les autres (cardan, charnière, rotule...). **3.** Manière dont un tout complexe est articulé. ♦ Liaison entre des parties. **II.** Action de prononcer distinctement les différents sons d'une langue à l'aide des mouvements des lèvres et de la langue. ⇒ **prononciation.** *Une articulation nette.*

ARTICULÉ, ÉE adj. ▪ **I.** Construit de manière à s'articuler. *Support articulé.* **II.** Formé de sons différents reconnaissables. *Langage articulé* (opposé à *inarticulé*).

ARTICULER v. tr. ① ▪ **I.** Assembler par une articulation*. **II.** Émettre, faire entendre les sons vocaux à l'aide de mouvements des lèvres et de la langue. ⇒ **prononcer.** – absolt Prononcer distinctement. ► **s'ARTICULER** v. pron. **I. 1.** (os) Former une articulation. ♦ Être assemblé par des jointures qui permettent le mouvement. **2.** Se succéder comme éléments distincts d'un tout. *Les chapitres de ce livre s'articulent bien.* **II.** Être articulé (II).

ARTIFICE n. m. ▪ **I. 1.** Moyen habile, ingénieux (⇒ **art,** I). *Un artifice de calcul.* **2.** Moyen habile pour déguiser la vérité. ⇒ **ruse, subterfuge, tromperie. II.** *FEU D'ARTIFICE :* explosifs à effet lumineux qu'on fait brûler pour une fête en plein air. ⇒ **pyrotechnie.** *Les feux d'artifice du 14 Juillet.* – fig. Ce qui éblouit par le nombre et la rapidité des images ou des traits brillants.

ARTIFICIEL, ELLE adj. ▪ **1.** Qui est le produit de l'activité, de l'habileté humaine (opposé à *naturel*). *Lac artificiel. Fécondation artificielle. Fleurs artificielles.* ⇒ **factice, faux.** – fig. *Les paradis* artificiels. Intelligence* artificielle.* **2.** Créé par la vie sociale, la civilisation. ⇒ **culturel.** *Des besoins artificiels.* **3.** Qui ne tient pas compte des caractères naturels, des faits réels. *Classification artificielle.* ⇒ **arbitraire. 4.** Qui manque de naturel. ⇒ **affecté, feint.** *Une gaieté artificielle,* forcée. ► adv. ARTIFICIELLEMENT

ARTIFICIER n. m. ▪ Celui qui fabrique, organise ou tire des feux d'artifice.

ARTIFICIEUX, EUSE adj. ▪ LITTÉR. Plein d'artifices, de ruse. *Un diplomate artificieux.* ⇒ **rusé, retors.** *Des paroles artificieuses.*

ARTILLERIE n. f. ▪ **1.** Matériel de guerre comprenant les canons, obusiers, etc. *Artillerie légère, lourde. Tir d'artillerie.* **2.** Arme chargée du service de ce matériel, dans l'armée.

ARTILLEUR n. m. ▪ Militaire appartenant à l'artillerie.

ARTIMON n. m. ▪ MAR. Mât le plus en arrière d'un navire à plusieurs mâts. ♦ Voile gréée sur ce mât.

Emil **ARTIN** (1898 - 1962) ▪ Mathématicien allemand. Un des pères de l'algèbre moderne.

ARTISAN, ANE n. ▪ rare au fém. **1.** Personne qui fait un travail manuel, qui exerce une technique traditionnelle (⇒ **art,** I) à son propre compte, aidée souvent de sa famille et d'apprentis (ex. serrurier, plombier). *Artisan d'art.* **2.** fig. Auteur, cause d'une chose. *Elle a été l'artisan de sa fortune.* prov. *À l'œuvre on connaît l'artisan :* on juge qqn sur ce qu'il a fait.

ARTISANAL, ALE, AUX adj. ▪ **1.** Relatif à l'artisan. *Métier artisanal.* **2.** Qui n'est pas industrialisé. *Fabrication restée au stade artisanal.* ► adv. ARTISANALEMENT

ARTISANAT n. m. ▪ **1.** Métier, condition d'artisan. **2.** Ensemble des artisans.

ARTISTE ▪ **I.** n. **1.** VX Artisan, technicien (dans les artisanats élaborés) (⇒ **art,** I). **2.** Personne qui se voue à l'expression du beau, pratique l'art (II). *L'inspiration d'un artiste.* **3.** Personne qui crée une œuvre d'art, surtout une œuvre plastique. *L'artiste et l'artisan*. La signature de l'artiste.* **4.** Professionnel qui interprète une œuvre musicale ou théâtrale. *Cette pianiste est une grande artiste.* ⇒ **interprète.** *Entrée des artistes.* – spécialt ⇒ **acteur, comédien. 5.** Personne fantaisiste. *Salut, l'artiste !* **II.** adj. Qui aime l'art. *Il, elle est très artiste.* – LITTÉR. *Le style artiste* (les frères Goncourt, etc.).

ARTISTEMENT adv. ▪ Avec goût ; avec sens esthétique. *Des fleurs artistement disposées.*

ARTISTIQUE adj. ▪ **1.** Qui a rapport à l'art ou aux productions de l'art. *Les richesses artistiques d'un pays.* **2.** Qui est fait, présenté avec art. *L'arrangement artistique d'une vitrine. Patinage artistique.* ► adv. ARTISTIQUEMENT

Arthur ou **Artus.** *Le Roi au milieu de ses conseillers,* enluminure extraite du *Roman du roi Arthur* de Chrétien de Troyes, manuscrit français du XIVe s. Bibliothèque nationale, Turin. *Phot. © Dagli Orti*

l'ARTOIS n. m. ▪ Province historique de la France correspondant à l'actuel Pas-de-Calais. Capitale : Arras. Elle revint définitivement à la France par le traité des Pyrénées (1659). ► **le comte d'ARTOIS** Titre porté pour la dernière fois par le futur Charles X.

Mikhaïl ARTSYBACHEV (1878 - 1927) ▪ Écrivain russe *"Sanine"* (1907). Il fut censuré par les bolcheviks et expulsé en 1923.

ARTUS ou **ARTHUR** (VIe s.) ▪ Roi celte légendaire qui, avec l'aide des chevaliers de la Table ronde, est le héros de la résistance aux Saxons en Grande-Bretagne. Sa geste fut développée dans un ensemble de romans de chevalerie, notamment par Chrétien de Troyes (XIIe s.).

ARUBA ▪ Île la plus occidentale des îles Sous-le-Vent. 193 km². 66 700 hab. Capitale : Oranjestad (20 000 hab.). Tourisme. En 1986, l'île a été dotée par les Pays-Bas d'un statut spécial distinct de celui des Antilles néerlandaises.

ARUM [aʀɔm] n. m. ▪ Plante dont l'inflorescence est entourée d'un long cornet blanc. *Des arums.*

arum. *Arum maculatum.* *Phot. © Thomas/Jacana*

ARUNACHAL PRADESH n. m. ▪ État du nord-est de l'Inde. 83 000 km². 858 000 hab. Capitale : Itanagar. Ancien territoire de l'Union, il accéda au statut d'État en 1972.

ARUSPICE n. m. ▪ ANTIQ. ROMAINE Devin qui examinait les entrailles des victimes pour en tirer des présages.

ARVE ▪ Rivière torrentielle des Alpes. Née au col de la Balme, elle draine le massif du Mont-Blanc, pénètre en Suisse et se jette dans le Rhône. 100 km. Aménagements hydroélectriques.

les ARVERNES ▪ Gaulois d'Auvergne. Vercingétorix* était leur chef.

ARYEN, ENNE ▪ **1.** adj. Des Aryens*. **2.** n. Individu représentant l'élément pur et supérieur de la race blanche, selon les théories racistes. - adj. *Race aryenne.*

les ARYENS ou **ARYAS** n. m. pl. ▪ Peuple nomade de l'Antiquité qui envahit le nord de l'Inde, venant de Perse, et considéré comme l'origine ethnique des peuples indo-européens (pour des raisons essentiellement linguistiques).

ARYTHMIE n. f. ▪ MÉD. Irrégularité du rythme cardiaque.

AS [ɑs] n. m. ▪ **1.** ANTIQ. Unité monétaire romaine. **2.** Côté du dé à jouer (ou moitié de domino) marqué d'un seul point ou signe. ♦ Carte à jouer, marquée d'un seul signe, la carte maîtresse dans de nombreux jeux. ♦ loc. FAM. *Être ficelé, fichu comme l'as de pique,* être mal habillé ou mal fait. - FAM. *Être plein aux as,* avoir beaucoup d'argent. ♦ FAM. *Passer qqch. à l'as,* l'escamoter. **3.** Personne qui réussit excellemment dans une activité. *Un as de l'aviation.* ⇒ **champion, crack.**

les frères ASAM [**Cosmas Damian** (1686 - 1739) et **Egid Quirin** (1692 - 1750)] ▪ Architectes et décorateurs allemands, représentants de l'art baroque en Allemagne méridionale.

les ASCANIENS ▪ Nom d'une dynastie de l'Allemagne du Nord, fondée par Albert Ier, qui régna sur le Brandebourg jusqu'en 1319, sur la Saxe électorale jusqu'en 1423, sur la Saxe-Lauenberg jusqu'en 1689 et sur l'Anhalt jusqu'en 1918.

ASCENDANCE n. f. ▪ Ligne généalogique par laquelle on remonte de l'enfant aux parents, aux grands-parents ; ensemble des générations dont est issu qqn. *Ascendance paternelle. Il est d'ascendance bretonne.* ⇒ **famille.**

① **ASCENDANT, ANTE** adj. ▪ Qui va en montant. *Mouvement ascendant.* ⇒ **ascension** (3).

② **ASCENDANT** n. m. ▪ **1.** ASTROL. Point de l'écliptique qui se lève à l'horizon au moment de la naissance de qqn (⇒ **zodiaque**). *Il est Lion, ascendant Bélier.* **2.** Influence dominante. ⇒ **autorité, empire, pouvoir.** *Avoir de l'ascendant sur qqn.* **3.** Parent dont on descend. ⇒ **ascendance.** *Des ascendants normands.*

ASCENSEUR n. m. ▪ Appareil servant au transport vertical des personnes aux différents étages d'un immeuble. *Prendre l'ascenseur.* ♦ loc. FAM. *Renvoyer l'ascenseur :* rendre la pareille à qqn (après un service rendu, etc.).

ASCENSION n. f. ▪ **1.** (avec maj.) dans la religion chrétienne Élévation miraculeuse de Jésus-Christ dans le ciel ; fête commémorant ce miracle (≠ *assomption*). *Le jeudi de l'Ascension.* **2.** Action de gravir (une montagne). *L'ascension du Cervin.* **3.** Action de s'élever dans les airs. *L'ascension d'une fusée.* **4.** Montée vers un idéal ou une réussite sociale. ⇒ **montée, progrès.** *L'ascension de Bonaparte.*

Ascension. *L'Ascension du Christ,* par Giotto, fresque. Chapelle des Scrovegni, Padoue. *Phot. © Dagli Orti*

île de l'ASCENSION ▪ Île britannique de l'Atlantique sud, dépendant administrativement de Sainte-Hélène, dont elle est distante de 1 300 km. 88 km². 300 hab.

ASCENSIONNEL, ELLE adj. ▪ Qui tend à monter ou à faire monter dans les airs. *Parachute ascensionnel.*

ASCENSIONNER v. tr. [1] ▪ Escalader (un sommet) par une ascension.

ASCENSIONNISTE n. ▪ Personne qui fait une ascension en montagne. ⇒ **alpiniste.**

ASCÈSE n. f. ▪ **1.** Ensemble d'exercices physiques et moraux destinés à libérer l'esprit par le mépris du corps en vue d'un perfectionnement spirituel ou moral. **2.** Privation voulue et héroïque.

ASCÈTE n. ▪ **1.** Personne qui s'impose, par piété, des exercices de pénitence, des privations, des mortifications (⇒ **ascèse**). **2.** Personne qui mène une vie austère.

ASCÉTIQUE adj. ▪ D'ascète. *Une vie ascétique.* ► adv. ASCÉTIQUEMENT

ASCÉTISME n. m. ▪ **1.** Genre de vie religieuse des ascètes. ♦ Doctrine de perfectionnement par l'ascèse. **2.** Vie austère, frugale, rigoriste.

Shalom ASCH (1880 - 1957) ▪ Écrivain d'expression yiddish et allemande, né en Pologne. Il vécut à New York et son œuvre témoigne à la fois de l'émigration et du monde juif traditionnel. *"Les Enfants d'Abraham"* (1931); *"Trois villes"*, trilogie romanesque (1938); nombreuses pièces de théâtre en yiddish.

ASCII [aski] n. (sigle) ▪ anglic. INFORM. *Code ASCII,* utilisé dans les échanges entre un ordinateur central et un périphérique, ou pour le codage interne des données.

ASCLÉPIOS ▪ Dieu grec de la médecine, adopté par les Romains sous le nom d'Esculape. Sa fille Hygie était la déesse de la santé.

ASCOMYCÈTES n. m. pl. ▪ BOT. Ordre de champignons au thalle cloisonné (morilles, truffes).

ASCORBIQUE adj. ▪ CHIM. *Acide ascorbique,* acide de la vitamine C, qui combat le scorbut.

-ASE Élément savant (→ diastase) servant à désigner certains enzymes. - n. f. pl. *LES ASES :* les enzymes.

ASEPSIE [-s-] n. f. ▪ MÉD. Méthode préventive, qui s'oppose aux maladies infectieuses en empêchant l'introduction de microbes dans l'organisme. ⇒ **antisepsie, désinfection, pasteurisation, stérilisation.**

ASEPTIQUE [-s-] adj. ▪ Exempt de tout germe infectieux. *Pansement aseptique.* ► adv. ASEPTIQUEMENT

ASEPTISER [-s-] v. tr. [1] ▪ Rendre aseptique. *Aseptiser une plaie.* ⇒ **désinfecter.** ► **ASEPTISÉ, ÉE** p. p. adj. *Pansement aseptisé.* ♦ fig. Débarrassé de tout contact ou élément dangereux. - péj. Neutre, sans originalité.

les ASES n. m. pl. ▪ Dieux guerriers de la mythologie scandinave, parmi lesquels Odin et Thor.

ASEXUÉ, ÉE [-s-] adj. ▪ **1.** Qui n'a pas de sexe. *Fleur asexuée.* - *Reproduction asexuée,* sans intervention de gamètes. **2.** fig. Qui ne semble pas appartenir à un sexe déterminé. *Une voix asexuée.*

William Ross ASHBY (1903 - 1972) ▪ Neurologue anglais, cybernéticien. Il étudia les analogies entre le fonctionnement du cerveau et celui des machines.

les ASHIKAGA ▪ Famille de guerriers du Japon, qui compta 15 shoguns, de 1336 à 1573.

ASHKÉNAZE n. et adj. ▪ Juif d'Europe centrale (s'oppose à *séfarade*).

ASHOKA ou **ÁSOKA** (v. 273 - v. 237 av. J.-C.) ▪ Empereur indien. Unificateur de l'Inde. Il contribua au développement du bouddhisme et entretint des relations avec le monde hellénistique.

ASHRAM [aʃʀam] n. m. ▪ DIDACT. En Inde, lieu où des disciples se groupent autour d'un gourou pour recevoir son enseignement.

ASHTART ou **ASTARTÉ** ▪ Déesse phénicienne de la fécondité correspondant à l'Ishtar babylonienne.

sir Frederick William Mallandaine ASHTON (1906 - 1988) ▪ Danseur et chorégraphe britannique. Il dirigea le Royal Ballet de 1963 à 1970.

ASIATIQUE adj. et n. ▪ Qui appartient à l'Asie ou qui en est originaire. - n. *Les Asiatiques et les Africains.*

l'ASIE n. f. ▪ La plus grande et la plus peuplée des parties du globe. 44 millions de km². Séparée de l'Europe par l'Oural, de l'Afrique par la mer Rouge et de l'Amérique par le détroit de Béring, elle est située dans l'hémisphère Nord (sauf une part de l'Insulinde). Le relief est marqué au nord-ouest par la grande plaine sibérienne qui se poursuit par un plateau (où naissent de grands fleuves) vers le nord-est. Cet ensemble est bordé au sud-ouest par les plateaux du Moyen-Orient et, au sud, par des chaînes montagneuses (Himalaya, Hindu Kush...) et des plateaux (Tibet) de formation récente qui dominent la plaine du Gange. L'Asie est entourée dans sa partie orientale d'une ceinture d'îles d'origine volcanique (Japon, Insulinde...). L'immensité du continent explique la diversité des climats : continental (Sibérie, Asie centrale), mousson (péninsule indienne), tropical (Asie du Sud-Est), équatorial (Insulinde). Les populations, très concentrées dans les régions chaudes (plaines côtières fluviales de l'Inde et de la Chine), plus dispersées dans l'intérieur des terres, comprennent les Indo-Européens (Inde, Asie centrale), les Turco-Mongols (Chine, Mongolie), les Indonésiens (Asie du Sud-Est), les Paléo-Sibériens (Sibérie), les Japonais, des groupes mélanésiens, etc. L'Asie, continent essentiellement rural, connaît une économie dite « en développement » à l'exception de la Sibérie (Russie), des pays producteurs de pétrole et, surtout, du Japon et des « quatre dragons » (Hong-Kong, Singapour, Taiwan et Corée du Sud), en concurrence avec les puissances occidentales. □ **HISTOIRE** L'*Asie Mineure,* avancée de l'Asie dans le monde méditerranéen (Turquie actuelle), et plus généralement l'*Asie antérieure* (de l'Asie Mineure au golfe de Suez) furent le lieu de la civilisation suméro-akkadienne (→ **Sumer, Mésopotamie**) vers 3300 av. J.-C., de la naissance d'Israël (XIIe s. av. J.-C.), des empires du « croissant fertile » (Hittites, Babylonie, Assyrie et Phénicie), de l'extension de l'empire des Mèdes et des Perses (→ **Achéménides**), des empires grec (→ **Alexandre le Grand**) et romain d'Orient (→ **Byzance**). Parallèlement, une brillante civilisation se développa en Chine entre le XVIIIe et le VIIe s. av. J.-C. De grandes écoles de pensée, le confucianisme et le taoïsme, apparurent au VIe s. av. J.-C. Une nouvelle religion, le bouddhisme, naquit au Ve siècle av. J.-C. en Inde, en réaction à la domination de la caste des brahmanes, et se déplaça progressivement jusqu'en Chine (IIe s. apr. J.-C.) tandis qu'elle disparaissait presque totalement de la péninsule indienne laissant place à l'hindouisme. L'Asie connut à partir de la fin de l'Antiquité de profonds bouleversements : grandes migrations (Huns), chute des dynasties gupta (en Inde) et sassanide (en Perse), victimes de l'expansion des Arabes (VIIe s.). Ces derniers, sous l'impulsion des Omeyades et des Abbassides, fondèrent un immense empire en Asie occidentale, où ils propagèrent l'islam, mais succombèrent au XIIIe s. aux attaques des Mongols, qui, souverains en Chine, étendirent leur domination jusqu'à la Perse. L'empire mongol se heurta, dans sa partie occidentale, aux Turcs ottomans. L'Asie se fractionna en plusieurs puissances : Chine, Japon, Tibet, Inde, Perse, Empire ottoman... La présence chrétienne, anéantie par les Ottomans en Orient (prise de Constantinople, 1453), réapparut en Extrême-Orient avec les missions des jésuites au XVIe s. Conjointement se développa la colonisation européenne. Les Portugais, à partir du XVIe s., puis les Anglais, au XIXe s., étaient maîtres des Indes, les Français de l'Indochine, les Russes de toute l'Asie du Nord, les Hollandais de l'Indonésie. L'émancipation du continent de la tutelle occidentale commença par le Japon, jeune puissance industrielle et expansionniste qui s'opposa à la Russie (1904-1905), puis elle s'intensifia au cours des années trente notamment en Inde (→ **Gandhi**). Au lendemain de la Deuxième Guerre mondiale, le mouvement de décolonisation s'acheva mais l'Asie devint un des principaux théâtres de la guerre froide (Corée, Viêtnam) avec notamment l'arrivée au pouvoir de Mao Zédong en Chine. Depuis 1989, la fin du monde communiste et l'ouverture des pays socialistes à l'économie de marché ont redonné à ce continent un rôle économique important mais des zones d'instabilité demeurent (Proche-Orient, Transcaucasie...). Voir carte p. suiv.

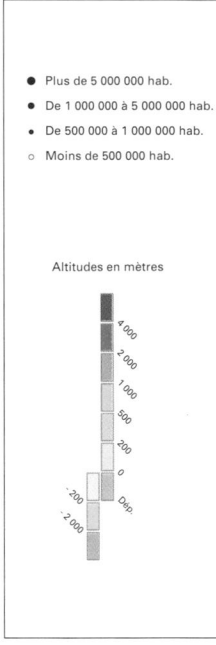

- Plus de 5 000 000 hab.
- De 1 000 000 à 5 000 000 hab.
- De 500 000 à 1 000 000 hab.
- Moins de 500 000 hab.

Altitudes en mètres

4 000
2 000
1 000
500
200
0
Dép.
-200
-2 000

1 BEYROUTH
2 JÉRUSALEM
3 BAGDAD
4 AL-MANĀMA
5 DOHA
6 ABOU DHABI
7 KATMANDOU
8 TIMPHU
9 TBILISSI
10 EREVAN
11 TACHKENT
12 DOUCHANBE
13 BICHKEK

EST.	Estonie
LET.	Lettonie
LIT.	Lituanie
ALL.	Allemagne
H.	Hongrie
R.	Russie
G.	Grèce
TAD.	Tadjikistan
AZ.	Azerbaïdjan
MOL.	Moldavie
TCH.	Rép. tchèque
SLO.	Slovaquie
É.A.U.	Émirats arabes unis
OUZBÉK.	Ouzbékistan
AFGH.	Afghanistan
PAKIS.	Pakistan
M.	Macédoine
DAN.	Danemark
S.	Serbie

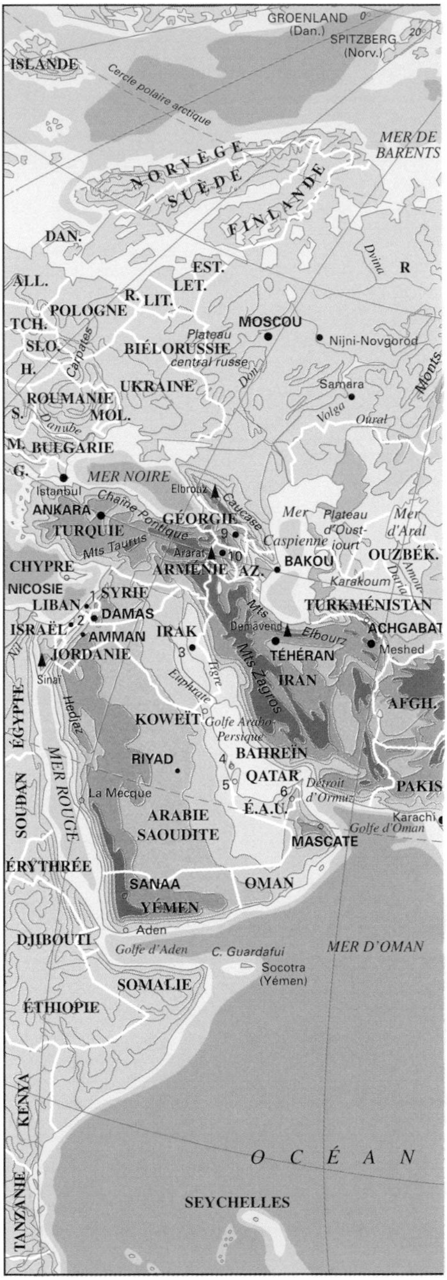

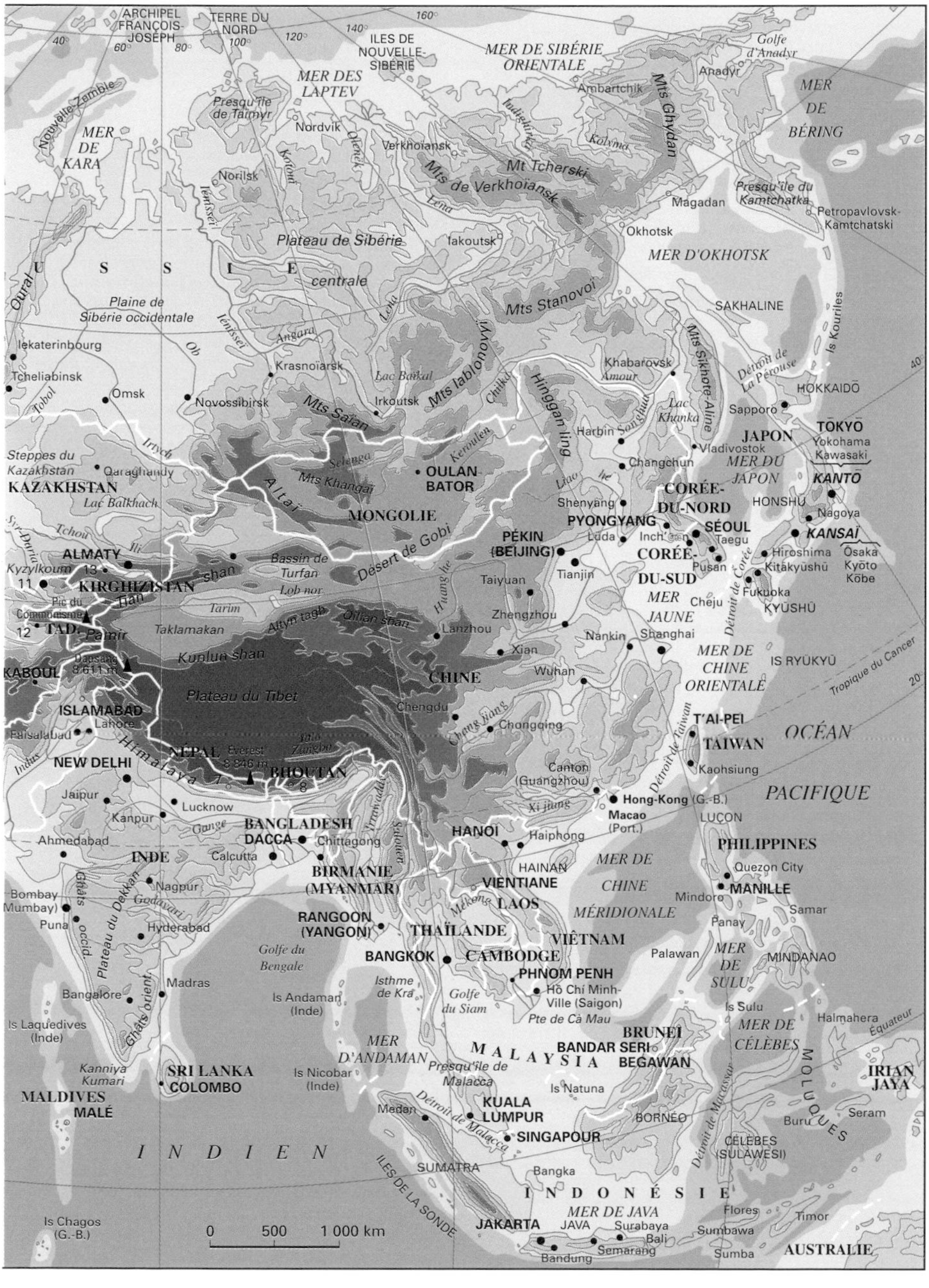
ARCHIPEL FRANÇOIS-JOSEPH
TERRE DU NORD
ILES DE NOUVELLE-SIBÉRIE
MER DE SIBÉRIE ORIENTALE
Golfe d'Anadyr
MER DES LAPTEV
Anadyr
Ambartchik
Mts Ghydan
MER DE BÉRING
Nouvelle-Zemble
MER DE KARA
Presqu'île de Taïmyr
Nordvik
Verkhoïansk
Kolyma
Mt Tcherski
Mts de Verkhoïansk
Norilsk
Lena
Magadan
Presqu'île du Kamtchatka
Petropavlovsk-Kamtchatski
Plateau de Sibérie centrale
Iakoutsk
Okhotsk
MER D'OKHOTSK
U S S I E
Oural
Plaine de Sibérie occidentale
Mts Stanovoï
SAKHALINE
Is Kouriles
Iekaterinbourg
Tcheliabinsk
Ob
Angara
Krasnoïarsk
Khabarovsk
Amour
Détroit de La Pérouse
Tobol
Omsk
Novossibirsk
Lac Baïkal
Mts Iablonovyï
Irkoutsk
Mts Saïan
Hinggan ling
Mts Sikhote-Aline
Lac Khanka
HOKKAIDŌ
Sapporo
TŌKYŌ
Yokohama
Kawasaki
Harbin
JAPON
Vladivostok
Steppes du Kazakhstan
Qaraghandy
Irtych
OULAN BATOR
Changchun
MER DU JAPON
KANTŌ
KAZAKHSTAN
Mts Khangaï
Altaï
CORÉE-DU-NORD
HONSHŪ
Lac Balkhach
MONGOLIE
Shenyang
Nagoya
PYONGYANG
SÉOUL
KANSAÏ
Tchou
ALMATY
Ili
Désert de Gobi
PÉKIN (BEIJING)
Lüda
Inch'ŏn
Taegu
Hiroshima
Ōsaka
Kyōto
Kōbe
Kyzylkoum
Bassin de Turfan
Tianjin
CORÉE-DU-SUD
Pusan
Kitakyūshū
KIRGHIZISTAN
Lob nor
Taiyuan
Fukuoka
Pic du Communisme
Tarim
MER JAUNE
Cheju
Détroit de Corée
KYŪSHŪ
TAD.
Pamir
Taklamakan
Altyn tagh
Qilian shan
Zhengzhou
Lanzhou
Nankin
Shanghai
Xian
MER DE CHINE ORIENTALE
IS RYŪKYŪ
Tropique du Cancer
KABOUL
Dapsang 8 611 m
Kunlun shan
Wuhan
CHINE
Plateau du Tibet
ISLAMABAD
Lahore
Chengdu
Chang jiang
Chongqing
T'AI-PEI
TAIWAN
OCÉAN
Faisalabad
Himalaya
NÉPAL
Everest 8 846 m
BHOUTAN
Détroit de Taïwan
Indus
NEW DELHI
Canton (Guangzhou)
Kaohsiung
PACIFIQUE
Jaipur
Lucknow
Xi jiang
Hong-Kong (G.-B.)
Macao (Port.)
Kanpur
Gange
BANGLADESH
DACCA
Chittagong
HANOÏ
Haiphong
LUÇON
Ahmedabad
INDE
Calcutta
HAINAN
MER DE CHINE MÉRIDIONALE
PHILIPPINES
Quezon City
BIRMANIE (MYANMAR)
VIENTIANE
MANILLE
Bombay (Mumbay)
Nagpur
Plateau du Dekkan
Ghâts occid.
LAOS
Mindoro
Samar
Puna
Hyderabad
RANGOON (YANGON)
Mékong
THAÏLANDE
Panay
VIÊTNAM
Golfe du Bengale
BANGKOK
CAMBODGE
Palawan
MER DE SULU
MINDANAO
Madras
Isthme de Kra
PHNOM PENH
Hô Chi Minh-Ville (Saigon)
Bangalore
Is Andaman (Inde)
Golfe du Siam
Pte de Cà Mau
Is Sulu
Halmahera
Ghâts orient.
Is Laquedives (Inde)
MER D'ANDAMAN
BRUNEI
BANDAR SERI BEGAWAN
MER DE CÉLÈBES
Équateur
M A L A Y S I A
MOLUQUES
Kanniya Kumari
SRI LANKA
COLOMBO
Is Nicobar (Inde)
Presqu'île de Malacca
IRIAN JAYA
MALDIVES
MALÉ
Is Natuna
Détroit de Macassar
Medan
Détroit de Malacca
KUALA LUMPUR
SINGAPOUR
BORNÉO
Buru
Seram
CÉLÈBES (SULAWESI)
I N D I E N
SUMATRA
ILES DE LA SONDE
Bangka
I N D O N É S I E
MER DE JAVA
Flores
Timor
Is Chagos (G.-B.)
0 500 1 000 km
JAKARTA
JAVA
Surabaya
Bali
Sumbawa
Semarang
Bandung
Sumba
AUSTRALIE

Asie.

ASILE n. m. ▪ **1.** HIST. Lieu inviolable où pouvait se réfugier une personne poursuivie. ♦ *Droit d'asile,* accordé aux réfugiés politiques. **2.** Lieu où l'on se met à l'abri, en sûreté contre un danger. ⇒ **abri, refuge. 3.** LITTÉR. Lieu où l'on trouve la paix, le calme. ⇒ **retraite. 4.** VX *Asile de vieillards.* ⇒ **hospice.** *Asile d'aliénés* ou ellipt *asile :* hôpital psychiatrique. ► adj. ASILAIRE

Isaac **ASIMOV** (1920 - 1992) ▪ Écrivain de science-fiction et biochimiste américain. *"Fondation"* (à partir de 1951).

ASMARA ▪ Capitale de l'Érythrée, située à 2 400 m d'alt. Ind. textiles et alimentaires. Peut-être 320 000 hab.

les **ASMONÉENS** ▪ Dynastie sacerdotale et royale juive issue des Maccabées, qui dirigea, à partir de 167 av. J.-C., la résistance contre les Séleucides.

el-**ASNAM** → el-Chleff

ASNIÈRES-SUR-SEINE ▪ Commune des Hauts-de-Seine, dans la banlieue nord ouest de Paris. 71 050 hab. *(les Asniérois).*

ASOCIAL, ALE, AUX [-s-] adj. ▪ Qui n'est pas adapté à la vie sociale, s'y oppose. *Un individu asocial.* - Comportement asocial. ♦ n. *Des asociaux.* ⇒ **marginal.**

ASPARAGUS [-ys] n. m. ▪ Plante ornementale au feuillage très fin.

ASPASIE (Ve s. av. J.-C.) ▪ Compagne de Périclès, célèbre par sa beauté et son esprit.

vallée d'**ASPE** ▪ Vallée pittoresque des Pyrénées-Atlantiques, formée par le *gave d'Aspe.*

ASPECT [-pɛ] n. m. ▪ **I. 1.** VX ou LITTÉR. Fait de s'offrir aux yeux, à la vue. ⇒ **spectacle, vue.** ♦ *À L'ASPECT DE :* à la vue de, en voyant. *Il se trouve mal à l'aspect du sang.* **2.** Manière dont qqn, qqch. se présente aux yeux. ⇒ **apparence ; air, allure.** *Un homme d'aspect misérable. Cette maison, cette ville a un aspect riant, des aspects agréables.* **3.** fig. Manière dont un objet se présente à l'esprit. ⇒ **angle, côté, face.** *Envisager un problème sous tous ses aspects.* **II.** LING. Manière dont l'action exprimée par le verbe est envisagée dans son développement, sa durée, son achèvement. *L'aspect a une forme particulière dans les langues slaves.*

ASPERGE n. f. ▪ **1.** Plante vivace à tige souterraine d'où naissent des bourgeons qui s'allongent en tiges charnues comestibles ; cette tige. *Une botte d'asperges.* - *L'asperge du pauvre :* le poireau. **2.** fig. FAM. Personne grande et maigre.

ASPERGER v. tr. ③ ▪ *Asperger (qqn, qqch.) de :* répandre (un liquide) sur..., sous forme de gouttes ou de jet. - *Voiture qui asperge un passant d'eau sale.* ► S'ASPERGER v. pron. *Elle s'est aspergée de parfum.*

ASPÉRITÉ n. f. ▪ Partie saillante d'une surface inégale. ⇒ **rugosité, saillie.** *Les aspérités du sol.*

ASPERSION n. f. ▪ Action d'asperger. *Baptême par aspersion* (opposé à *par immersion*).

ASPHALTE n. m. ▪ **1.** SC. Mélange noirâtre naturel de calcaire, de silice et de bitume. **2.** TECHN. Préparation destinée au revêtement des chaussées, à base de goudron et de gravillons. ⇒ **bitume.** ♦ Chaussée, trottoir asphalté.

ASPHALTER v. tr. ① ▪ Revêtir d'asphalte. - au p. p. *Chaussée asphaltée.* ► n. m. ASPHALTAGE

ASPHODÈLE n. m. ▪ Plante vivace dont la hampe florale se termine par une grappe de grandes fleurs étoilées, blanches ou jaunes.

ASPHYXIANT, ANTE adj. ▪ **1.** Qui asphyxie. ⇒ **suffocant. 2.** fig. Qui empêche tout épanouissement moral et intellectuel. ⇒ **étouffant.**

ASPHYXIE n. f. ▪ **1.** État pathologique déterminé par le ralentissement ou l'arrêt de la respiration. *Mort par asphyxie.* **2.** fig. Étouffement de facultés intellectuelles, morales, dû à une contrainte. *Asphyxie morale.* ♦ Arrêt du développement (d'un secteur économique).

ASPHYXIÉ, ÉE adj. et n. ▪ **1.** Qu'on a, qui s'est asphyxié. - n. *Soins à donner aux asphyxiés.* **2.** fig. Étouffé par une contrainte. *Des libertés asphyxiées.*

ASPHYXIER v. tr. ⑦ ▪ **1.** Causer l'asphyxie de. *La fumée l'a asphyxiée.* **2.** fig. Étouffer par une contrainte ou la suppression d'un élément vital. ► S'ASPHYXIER v. pron. **1.** Causer sa propre asphyxie. *S'asphyxier au gaz.* **2.** fig. *Industrie qui s'asphyxie par manque de crédits.*

① **ASPIC** n. m. ▪ Variété de vipère.

aspic. *Vipera aspis.* *Phot. © Colas/Jacana*

② **ASPIC** n. m. ▪ Plat froid en gelée. *Des aspics de foie gras.*

ASPIRANT, ANTE ▪ **I.** adj. Qui aspire (I). *Pompe aspirante.* **II.** n. m. Grade d'un élève officier qui n'est pas encore sous-lieutenant (abrév. ARGOT ASPI).

ASPIRATEUR n. m. ▪ Appareil qui aspire l'air, les liquides, et spécialt les poussières. *Passer l'aspirateur.*

ASPIRATION n. f. ▪ **I. 1.** Action d'attirer l'air dans ses poumons. ⇒ **inspiration.** *L'aspiration et l'expiration.* **2.** Action d'aspirer des gaz, des liquides, des poussières, etc. *Le tuyau d'aspiration d'une pompe.* **II.** Action de porter ses désirs vers un idéal. *Avoir de nobles aspirations.* ⇒ **désir, souhait.**

ASPIRÉ, ÉE adj. ▪ **1.** *H aspiré,* émis en soufflant de l'air (ex. *le* h *anglais*). **2.** Se dit abusivement du *h* français qui ne permet pas la liaison (ex. *le* h *de haie*).

ASPIRER ① **I.** v. tr. **1.** Attirer (l'air) dans ses poumons. ⇒ **inspirer. 2.** Attirer (un fluide) dans le nez, la bouche. ⇒ **avaler, humer, renifler.** *Aspirer une boisson avec une paille.* **3.** Attirer (un fluide) en faisant le vide. ⇒ **pomper. II.** v. tr. ind. *ASPIRER À :* porter ses désirs vers (un objet). *Aspirer à un titre.* ⇒ **souhaiter ; prétendre** à. *Je n'aspire plus qu'à me reposer.*

ASPIRINE n. f. ▪ Acide acétylsalicylique, remède contre la douleur et la fièvre. *Comprimé d'aspirine.* ♦ Ce comprimé. *Prendre deux aspirines.*

Erik Gunnar **ASPLUND** (1885 - 1940) ▪ Architecte suédois. Chef de file du fonctionnalisme.

ASQUE n. m. ou f. ▪ BOT. Cellule allongée productrice de spores (*ascospores* n. f.) [algues, lichens, champignons].

Herbert Henry **ASQUITH** (1852 - 1928) ▪ Homme politique britannique. Chef du parti libéral, Premier ministre de 1908 à 1916. Il fit voter le *Home Rule* et, en 1914, fit résolument entrer la Grande-Bretagne dans la guerre.

Hafez al-**Assad.** *Phot. © Simon/ Gamma*

Hafez **AL-ASSAD** (né en 1928) ▪ Général et homme d'État syrien. Secrétaire du Baas et président de la République depuis 1971.

ASSAGIR v. tr. ② ▪ (sujet chose) Rendre plus sage, plus calme. *Le temps assagit les passions.* ⇒ **calmer, modérer.** ► S'ASSAGIR v. pron. Devenir sage. *Elle s'est assagie depuis son entrée au lycée.* ⇒ se **ranger.** - (choses) *Son style s'est assagi.* ► n. m. ASSAGISSEMENT

ASSAILLANT, ANTE ▪ **1.** adj. Qui assaille. *L'armée assaillante.* **2.** n. m. Personne qui assaille, attaque. ⇒ **agresseur, attaquant.** *Se défendre contre ses assaillants.*

ASSAILLIR v. tr. ⑬ ▪ **1.** Se jeter sur (qqn) pour l'attaquer. ⇒ **fondre** sur ; **assaut.** *Assaillir le camp ennemi. Être assailli par*

des malfaiteurs. **2.** Se précipiter en masse sur (qqn). *Le ministre était assailli par des journalistes.* - *Assaillir qqn de questions.* ⇒ **accabler, harceler. 3.** (sujet chose) Attaquer brusquement. ⇒ **tourmenter.** *Les difficultés qui l'assaillent.*

ASSAINIR v. tr. [2] ▪ **1.** Rendre sain ou plus sain. *Assainir une région marécageuse.* **2.** ÉCON. *Assainir un marché, une monnaie.* ⇒ **équilibrer, stabiliser.**

ASSAINISSEMENT n. m. ▪ Action d'assainir. *Travaux d'assainissement.*

ASSAISONNEMENT n. m. ▪ **1.** Action, manière d'assaisonner (1). **2.** Ingrédient non sucré utilisé en cuisine pour relever le goût des aliments (ex. sel, poivre, piment, huile, vinaigre...).

ASSAISONNER v. tr. [1] ▪ **1.** Accommoder (un mets) avec des ingrédients qui en relèvent le goût. *Assaisonner la salade.* **2.** LITTÉR. Ajouter de l'agrément, du piquant à (un discours, un acte). ⇒ **agrémenter, pimenter, rehausser, relever.** - au p. p. *Un article louangeur assaisonné de quelques perfidies.* **3.** FAM. Réprimander, rudoyer (qqn). *Il s'est fait assaisonner par son chef.*

l'ASSAM n. m. ▪ État du nord-est de l'Inde. 78 438 km². 22 200 000 hab. Capitale : Dispur. C'est la région la plus arrosée du monde. Riziculture. Plantations de thé.

ASSASSIN ▪ **I.** n. m. **1.** Personne qui commet un meurtre avec préméditation ou guet-apens. ⇒ **meurtrier ; homicide.** *L'assassin était une femme.* **2.** Personne qui est cause de la mort (de qqn). *Ce médecin est un assassin.* **II.** adj. ASSASSIN, INE **1.** LITTÉR. Qui tue. *Une main assassine.* **2.** fig. Provocant. *Des œillades assassines.*

ASSASSINAT n. m. ▪ **1.** Meurtre commis avec préméditation. ⇒ **crime, homicide.** ♦ Exécution (d'un innocent). *L'assassinat du duc d'Enghien.* **2.** fig. Acte qui détruit. *L'assassinat des libertés.*

ASSASSINER v. tr. [1] ▪ **1.** Tuer par assassinat. - au p. p. *Il est mort assassiné.* ♦ Tuer légalement (un innocent). **2.** fig. Causer un grave préjudice à (qqch.). *Assassiner la démocratie,* la détruire. **3.** *Assassiner qqn de reproches, de plaintes.* ⇒ **harceler, importuner.** ♦ FAM. Demander un prix excessif à (qqn).

les ASSASSINS ou **Haschischins** ▪ Nom donné par les croisés, d'après une appellation locale, aux nizarites de Syrie, dont le chef était le « Vieux de la montagne ». Par extension on l'a appliqué à l'ensemble des nizarites (partisans de Nizār comme imam), secte chiite ismaïlienne fondée en Perse par Hassan as-Sabbah (1090) et anéantie par les Mongols (1256). Résistant au pouvoir des Seldjoukides, les Assassins furent célèbres pour leur pratique du meurtre politique (d'où le sens courant du mot).

ASSAUT n. m. ▪ **1.** Action d'assaillir, d'attaquer de vive force. ⇒ **attaque, offensive.** *L'assaut d'une position ennemie. Char d'assaut. Prendre d'assaut.* **2.** Attaque brutale, impérieuse. ♦ loc. *Prendre d'assaut* (un lieu), s'y précipiter nombreux. **3.** Combat d'escrimeurs (au fleuret, à l'épée). **4.** Compétition, lutte d'émulation. *Faire assaut d'élégance.*

ASSÈCHEMENT n. m. ▪ Action d'assécher ; son résultat. *L'assèchement d'une rivière.*

ASSÉCHER v. tr. [6] ▪ **1.** Enlever l'eau, l'humidité de (un sol). *Assécher un marécage.* ⇒ **assainir, drainer. 2.** Mettre à sec (un réservoir). *Assécher une citerne.* ⇒ **vider.**

ASSEMBLAGE n. m. ▪ **1.** Action d'assembler (des éléments) pour former un tout. *L'assemblage des pièces d'une machine. Assemblage par emboîtement.* ♦ Opération logique pour former un code (⇒ **assembleur**). **2.** Réunion (de choses assemblées). *Un cahier est un assemblage de feuilles.* ⇒ **ensemble, réunion.** *Un assemblage confus, cohérent d'idées.*

ASSEMBLÉE n. f. ▪ **1.** Personnes réunies en un même lieu pour un motif commun. *En présence d'une nombreuse assemblée.* ⇒ **assistance, auditoire.** - *Assemblée politique* (→ le sens 2). **2.** Réunion des membres d'un corps constitué ou d'un groupe de personnes, régulièrement convoqués pour délibérer en commun d'affaires déterminées. *L'association a tenu son assemblée générale.* ⇒ aussi **conseil.** ♦ Les membres de ce corps. *Convoquer une assemblée. Les délibérations d'une assemblée.* ♦ *L'Assemblée nationale* ou absolt *l'Assemblée* (voir ci-dessous).

▪ **l'ASSEMBLÉE LÉGISLATIVE** ▪ Assemblée française élue au suffrage censitaire en 1791. Elle dut faire face aux difficultés économiques, aux progrès de la contre-révolution (entrée en guerre des pays étrangers) et à ses propres divisions entre une majorité encore attachée à la monarchie constitutionnelle et une minorité républicaine. L'insurrection du 10 août 1792 provoqua la suspension du roi et l'élection de la Convention.

▪ **l'ASSEMBLÉE NATIONALE** ▪ Terme qui désigna, sous la IIIe République française, l'assemblée élue en 1871 puis, à partir de 1876, la réunion de la Chambre des députés et du Sénat. Sous la IVe République (Constitution de 1946) et la Ve République (Constitution de 1958), ce nom remplaça celui de Chambre des députés. L'Assemblée nationale, qui avec le Sénat constitue le Parlement, comprend aujourd'hui 577 députés ; élus pour cinq ans au suffrage universel direct, ils siègent au palais Bourbon.

l'Assemblée nationale. L'hémicycle. *Phot. © Apesteguy/Gamma*

▪ **l'ASSEMBLÉE (NATIONALE) CONSTITUANTE** ▪ Première Assemblée nationale de la Révolution française, issue des États généraux de 1789. Elle avait pour but d'instaurer la monarchie constitutionnelle : après avoir rédigé la Constitution de 1791, elle laissa la place à l'Assemblée législative. Elle avait engagé de profondes réformes d'inspiration bourgeoise, voté l'abolition des privilèges (nuit du 4 août 1789), la Déclaration des droits de l'homme et du citoyen (26 août 1789), provoqué par la *Constitution civile du clergé* (1790) l'opposition du pape, des prêtres réfractaires et de plusieurs provinces. Le roi, par sa fuite (manquée) du 20 juin 1791, révéla la fragilité de son accord avec le nouveau régime.

ASSEMBLER v. tr. [1] ▪ **1.** Mettre (des choses) ensemble. *Assembler des idées.* ⇒ **réunir. 2.** Faire tenir ensemble. *Assembler les pièces d'une charpente.* **3.** VIEILLI Réunir (des personnes). ⇒ **rassembler.** ► **S'ASSEMBLER** v. pron. Se réunir (en parlant d'un groupe). *La foule s'assemble sur la place.* ⇒ se **rassembler.** - au p. p. *Devant les chambres assemblées.*

ASSEMBLEUR n. m. ▪ INFORM. Programme destiné à traduire les instructions d'un langage informatique en langage machine propre à un ordinateur déterminé.

ASSENER ou **ASSÉNER** [-se-] v. tr. [5] et [6] ▪ **1.** Donner (un coup violent, bien appliqué). *Il lui a assené un coup sur la tête.* **2.** Dire avec brutalité (qqch. à qqn). *Assener une réplique, une vérité.*

ASSENTIMENT n. m. ▪ Acte par lequel on acquiesce (expressément ou tacitement) à une opinion, une proposition. ⇒ **accord, approbation, consentement.** *Obtenir l'assentiment de qqn.*

ASSEOIR [aswaʀ] v. tr. [26] ▪ **1.** Mettre (qqn) dans la posture d'appui sur le derrière (sur un siège, etc.). *Ils l'ont assise sur une chaise.* ♦ fig. FAM. Déconcerter. **2.** Fonder sur une base solide ; rendre plus assuré, plus stable. ⇒ **affermir ; assiette,** I. *Asseoir son autorité.* ► **S'ASSEOIR** v. pron. Se mettre sur son séant, sur un siège, etc. *Asseyez-vous. S'asseoir à une table,* s'attabler. (ellipse de *se*) *Faire asseoir qqn.* - loc. FAM. *Ton avis, je m'assois dessus,* je n'en fais aucun cas.

ASSERMENTÉ, ÉE adj. ▪ Qui a prêté serment avant d'exercer une fonction publique, une profession, ou devant un tribunal. *Fonctionnaire assermenté. Témoin assermenté.*

ASSERTION n. f. ▪ Proposition que l'on avance et que l'on soutient comme vraie. ⇒ **affirmation.** *Les faits ont vérifié ses assertions.*

ASSERVIR v. tr. [2] ▪ **1.** Réduire à la servitude, à l'esclavage. ⇒ **assujettir.** *Asservir des hommes, un pays.* **2.** Maîtriser.

Asservir les forces de la nature. **3.** SC. Relier par un dispositif d'asservissement.

ASSERVISSEMENT n. m. ▪ **1.** Action d'asservir ou état de ce qui est asservi. *Tenir des hommes dans l'asservissement.* ⇒ **oppression, servitude. 2.** SC. Relation entre deux grandeurs physiques dont l'une impose ses variations à l'autre sans être influencée par elle ; dispositif fondé sur cette relation.

ASSESSEUR n. m. ▪ Personne qui assiste qqn dans ses fonctions. *Elle est assesseur du bureau de vote.* - Magistrat adjoint à un juge, à un président de tribunal.

ASSEZ adv. ▪ **1.** En suffisance. ⇒ **suffisamment.** *L'appartement est assez grand pour eux. Elle ne dort pas assez. Je l'ai assez vu.* - *En voilà assez !,* arrêtez-vous, nous n'en supporterons pas plus. **2.** *ASSEZ DE* (+ n.) : suffisamment de. *Il y a assez de place. AVOIR ASSEZ DE qqch.,* suffisamment. *Je n'ai pas assez d'argent sur moi.* - Être fatigué de. *J'en ai assez de ce roman,* j'en suis fatigué (→ FAM. j'en ai marre, ras le bol). **3.** Moyennement. ⇒ **passablement, plutôt.** *Elle est assez jolie.*

ASSIDU, UE adj. ▪ **1.** Qui est régulièrement présent là où il doit être. *Employé assidu à son bureau.* ⇒ **exact, ponctuel, régulier. 2.** Qui est continuellement, fréquemment auprès de qqn. **3.** (choses) Soutenu, régulier. *Travail assidu.*

ASSIDUITÉ n. f. ▪ **1.** Présence régulière en un lieu où l'on s'acquitte de ses obligations. *L'assiduité d'un élève.* **2.** Présence continuelle, fréquente auprès de qqn. *Fréquenter qqn avec assiduité.* ♦ au plur. VIEILLI Manifestation d'empressement auprès d'une femme. *Poursuivre une femme de ses assiduités.*

ASSIDÛMENT adv. ▪ D'une manière assidue.

ASSIÉGEANT, ANTE n. ▪ Personne qui assiège. ⇒ **assaillant.** *Repousser les assiégeants.*

ASSIÉGÉ, ÉE n. ▪ Personne qui subit un siège. *Les assiégés ne veulent pas se rendre.*

ASSIÉGER v. tr. [3] et [6] ▪ **1.** Mettre le siège devant. *Assiéger une ville.* ⇒ **encercler, investir. 2.** Entourer ; tenir enfermé dans. ⇒ **encercler.** *Les flammes les assiégeaient de toutes parts.* ⇒ **assaillir.** ♦ (personnes) Entourer ; essayer de pénétrer dans. *Une foule assiégeait les guichets.* **3.** fig. LITTÉR. Fatiguer (qqn) de ses assiduités, de ses sollicitations. - au passif *Être assiégé par des créanciers.* ♦ (choses) Assaillir, obséder. *Les souvenirs qui m'assiègent.*

① **ASSIETTE** n. f. ▪ **1.** Équilibre, tenue du cavalier assis sur sa selle. **2.** *Ne pas être DANS SON ASSIETTE :* ne pas se sentir bien (physiquement ou moralement). **3.** Base sur laquelle porte un droit. *Assiette d'un impôt :* matière assujettie à l'impôt, déterminée en quantité et qualité.

② **ASSIETTE** n. f. ▪ **1.** Pièce de vaisselle individuelle servant à contenir des aliments. *Assiette plate, creuse* (ou *à soupe*). *Assiette à dessert. Assiettes et soucoupes.* **2.** Contenu d'une assiette. ⇒ **assiettée.** *Une assiette de potage.* ♦ *ASSIETTE ANGLAISE :* assortiment de viandes froides, de charcuteries.

ASSIETTÉE n. f. ▪ Ce que contient ou peut contenir une assiette.

ASSIGNAT n. m. ▪ HIST. Papier-monnaie émis en France sous la Révolution.

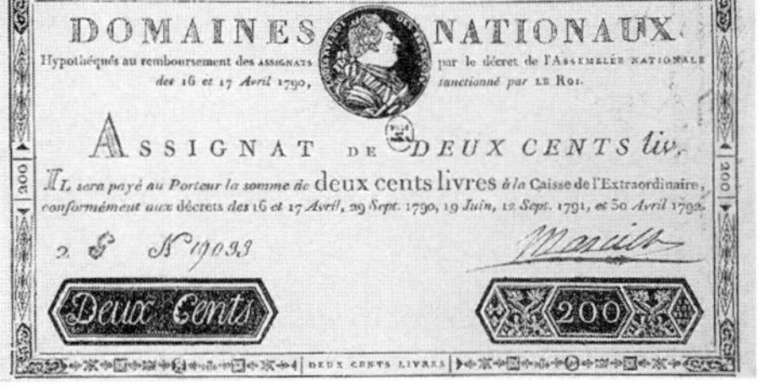

assignat. Assignat de 200 livres créé le 30 avril 1790. Musée Carnavalet, Paris. *Phot. © Musée de la ville de Paris, musée Carnavalet/Lauros/Giraudon*

ASSIGNATION n. f. ▪ Action d'assigner à comparaître. *Assignation de qqn comme témoin.* ⇒ **citation.**

ASSIGNER v. tr. [1] ▪ **1.** *ASSIGNER qqch. À qqn :* attribuer (un bien) à qqn pour sa part ; destiner ou donner à qqn. *Assigner une tâche à qqn.* ⇒ **affecter. 2.** *ASSIGNER qqch. À qqch. :* déterminer, fixer. *Assigner un terme à une durée, des limites à une activité.* ♦ fig. *Assigner une valeur à qqch., un terme, une limite à une opération.* **3.** *ASSIGNER qqn :* appeler (qqn) à comparaître en justice. ♦ *Assigner qqn à résidence,* l'obliger à résider en un lieu déterminé.

ASSIMILABLE adj. ▪ **1.** Que l'on peut assimiler (à qqch.), traiter comme semblable. ⇒ **comparable, semblable.** *Deux cas assimilables.* **2.** (choses) Susceptible d'assimilation (II). *Nourriture assimilable.* ♦ fig. *Des connaissances assimilables.* **3.** (personnes) Qui peut s'assimiler, s'intégrer.

ASSIMILATEUR, TRICE adj. ▪ Qui est capable d'assimiler. *Une intelligence assimilatrice.*

ASSIMILATION n. f. ▪ **I.** Acte de l'esprit qui considère (une chose) comme semblable (à une autre). ⇒ **identification ; comparaison. II. 1.** Processus par lequel les êtres organisés transforment en leur propre substance les matières qu'ils absorbent. *Assimilation des aliments. Assimilation chlorophyllienne.* ⇒ **photosynthèse. 2.** Acte de l'esprit qui s'approprie les connaissances qu'il acquiert. **3.** Processus par lequel des hommes, des peuples s'assimilent. *L'assimilation progressive des immigrants.* ⇒ **absorption, intégration.**

ASSIMILÉ, ÉE adj. ▪ Considéré comme semblable. *Les farines et les produits assimilés.*

ASSIMILER v. tr. [1] ▪ **I.** *ASSIMILER qqch., qqn À :* considérer comme semblable à. *Assimiler une indemnité à un salaire* (⇒ **confondre**). **II. 1.** Transformer, convertir en sa propre substance. *Il assimile mal les graisses.* **2.** abstrait Faire sien, intégrer des éléments acquis à sa vie intellectuelle. *Bien assimiler ce qu'on apprend.* **3.** Rendre semblable (des personnes) au reste de la communauté. *Assimiler des immigrants.* ⇒ **intégrer.** ▸ **S'ASSIMILER** v. pron. **1.** Devenir semblable ; se considérer comme semblable. **2.** Être assimilé, devenir semblable aux citoyens d'un pays.

ASSIOUT, ASSIUT ou **ASYŪT** ▪ Ville d'Égypte centrale. 300 000 hab. Barrage sur le Nil.

ASSIS, ISE adj. ▪ **1.** Appuyé sur son séant. *Être assis sur ses talons.* ⇒ **accroupi.** - FAM. *Il en est resté assis,* déconcerté. ♦ *Personnes debout et assises.* - n. m. fig. *"Les Assis"* (poème de Rimbaud), les conformistes passifs. **2.** *Place assise,* où l'on peut s'asseoir. **3.** fig. Assuré, stable. *Une coutume bien assise.*

ASSISE n. f. ▪ **1.** Rangée de pierres qu'on pose horizontalement pour construire une muraille. **2.** fig. Base. *Les assises d'une doctrine.* ⇒ **fondation, fondement.**

ASSISE en italien **ASSISI** ▪ Ville d'Italie (Ombrie). 24 669 hab. Basilique. Nombreux édifices anciens. Fresques attribuées à Giotto. Pèlerinage sur les lieux où vécut saint François d'Assise.

Assise. La basilique Saint-François, XIIIe s.
Phot. © Dagli Orti

ASSISES n. f. pl. ▪ **1.** Session de la juridiction appelée *COUR D'ASSISES,* qui juge les crimes et certains délits ; cette cour. *Président d'assises.* - *Être envoyé aux assises,* jugé pour un crime. **2.** Réunion d'un parti politique, d'un syndicat. ⇒ **congrès.** *Le parti a tenu ses assises à Paris.*

ASSISTANAT n. m. ▪ Fonction d'assistant.

ASSISTANCE n. f. ▪ **I.** Personnes réunies pour assister à qqch. ⇒ **auditoire, public. II. 1.** Secours donné ou reçu. *Il a promis son assistance.* **2.** anciennt En France, Institution ou administration qui est chargée de l'aide sociale. *Les enfants de* *l'Assistance* (remplacée par la D.D.A.S.S. : direction départementale de l'action sanitaire et sociale). - *L'Assistance publique,* chargée de gérer les hôpitaux publics. - *Assistance technique,* aide technique apportée à un pays en voie de développement.

ASSISTANT, ANTE n. ▪ **I.** le plus souvent au masc. plur. Personne qui assiste à qqch. ⇒ **auditeur, spectateur, témoin.** *L'un des assistants posa une question.* **II.** Personne qui assiste qqn pour le seconder. ⇒ **adjoint, aide, auxiliaire.** *L'assistant du metteur en scène.* ♦ n. f. *ASSISTANTE SOCIALE,* chargée de remplir un rôle social (aide matérielle, médicale et morale). ♦ à l'Université Enseignant chargé d'assurer les travaux dirigés.

ASSISTÉ, ÉE adj. et n. ▪ **1.** (personnes) Qui reçoit une aide. *Des populations assistées.* - n. *Refuser le statut d'assisté.* **2.** (choses) Pourvu d'un système pour amplifier ou répartir l'effort exercé par l'utilisateur. *Voiture à direction assistée.* - *Dessin, enseignement assisté par ordinateur.*

ASSISTER v. [1] ▪ **I.** v. tr. ind. *ASSISTER À qqch.,* être présent pour voir, entendre (⇒ **assistance,** I). *Assister à une conférence, à un match.* **II.** v. tr. *ASSISTER QQN* (⇒ **assistance,** II). **1.** Se tenir auprès de (qqn) pour le seconder. *Assister qqn dans son travail.* **2.** VIEILLI Aider, secourir. *Dieu vous assiste !* ♦ Être aux côtés de (un mourant).

ASSOCIATIF, IVE adj. ▪ **1.** Qui procède par association. *Mémoire associative.* **2.** MATH. *Opération associative,* dans laquelle le résultat de trois termes s'obtient indifféremment en groupant les deux premiers ou les deux derniers. **3.** Qui concerne les associations (3). *La vie associative.*

ASSOCIATION n. f. ▪ **1.** Action d'associer qqn à qqch. ⇒ **participation. 2.** Réunion durable. *Leur association est ancienne.* ⇒ **alliance. 3.** Groupement de personnes qui s'unissent en vue d'un but déterminé. *Une association de consommateurs. Une association professionnelle, sportive. Le droit des associations* (≠ *société*). ♦ DR. *Association de malfaiteurs.* **4.** Réunion (d'espèces). *Association végétale, microbienne.* **5.** Fait psychologique par lequel les représentations et les concepts sont susceptibles de s'évoquer mutuellement. *L'association des idées, des images.* ⇒ **enchaînement ; analogie, rapport.** - par ext. *Une association d'idées.*

ASSOCIATIVITÉ n. f. ▪ MATH. Caractère d'une opération associative.

ASSOCIÉ, ÉE n. ▪ Personne qui est unie à une ou plusieurs autres par une communauté d'intérêt (⇒ **collaborateur, partenaire**) et notamment qui a apporté de l'argent dans une entreprise.

ASSOCIER v. tr. [7] ▪ **1.** Mettre ensemble. *Associer des mots, des idées.* - *Associer ses efforts.* **2.** Réunir (des personnes) par une communauté de travail, d'intérêt, de sentiment. *Associer des ouvriers en un syndicat.* - *Être associés* (⇒ **associé**). **3.** *ASSOCIER qqn À qqch.,* le faire participer à (une activité commune, un bien commun). *Associer qqn à ses affaires.* ⇒ **s'adjoindre. 4.** *ASSOCIER* (une chose) À (une autre). ⇒ **allier, unir.** *Associer le courage à la prudence :* être à la fois courageux et prudent. ► **S'ASSOCIER** v. pron. **1.** (choses) S'allier avec. ⇒ **s'accorder. 2.** *S'associer avec qqn pour une entreprise.* ⇒ **s'allier. 3.** Participer à ; faire sien. *Je m'associe à ses revendications.* ⇒ **adhérer. 4.** Former société. ⇒ se **grouper,** se **réunir.** *Plusieurs États se sont associés pour conquérir l'espace.*

ASSOIFFER v. tr. [1] ▪ Donner soif à (qqn). ► **ASSOIFFÉ, ÉE** p. p. **1.** Qui a soif. *Des enfants assoiffés.* - n. *Boire comme un assoiffé.* ♦ LITTÉR. *Assoiffé de sang.* ⇒ **altéré. 2.** fig. *Être assoiffé d'argent, de pouvoir.* ⇒ **affamé, avide.**

ASSOLEMENT n. m. ▪ AGRIC. Procédé de culture par succession et alternance sur un même terrain pour conserver la fertilité du sol.

ASSOMBRIR v. tr. [2] ▪ **1.** Rendre sombre. *Arbre qui assombrit une pièce.* - pronom. *Le ciel s'assombrit.* **2.** fig. Rendre triste, soucieux. *Cette nouvelle a assombri les assistants.* - pronom. *Son visage s'assombrit.* ⇒ se **rembrunir.** ► n. m. ASSOMBRISSEMENT

ASSOMMANT, ANTE adj. ▪ FAM. Qui ennuie. *Un discours assommant.* ⇒ **ennuyeux.** *Il est assommant avec ses manies.* ⇒ **fatigant.**

ASSOMMER v. tr. [1] ▪ **1.** Tuer à l'aide d'un coup violent sur la tête ; frapper sur (qqn) de manière à étourdir. *Le voleur a assommé le gardien de nuit.* **2.** Accabler sous le poids de l'ennui. ⇒ **ennuyer, fatiguer, raser ; assommant.** *Il m'assomme avec ses histoires.*

ASSOMMOIR n. m. ▪ **1.** VX Instrument pour assommer. **2.** VX Cabaret populaire (où les buveurs s'assommaient). *"L'Assommoir"* (de Zola).

ASSOMPTION n. f. ▪ **I.** (avec maj.) dans la religion catholique Enlèvement miraculeux de la Sainte Vierge au ciel par les anges, célébré le 15 août (≠ *ascension*). **II.** DIDACT. Fait d'assumer.

Assomption. *L'Assomption de la Vierge,* tableau de Giambattista Tiepolo. Musée des Beaux-Arts André Malraux, Le Havre. *Phot. © Giraudon*

ASSONANCE n. f. ▪ Répétition de la voyelle accentuée à la fin de chaque vers (ex. *belle* et *rêve*). *Rimes et assonances.* ► ASSONANCÉ, ÉE adj. *Vers assonancés.*

ASSONANT, ANTE adj. ▪ DIDACT. Qui fait assonance.

ASSORTI, IE adj. ▪ **1.** Qui est en harmonie avec autre chose. *Pochette et cravate assorties.* - (personnes) *Ils sont bien assortis.* - *Un châtiment assorti à sa faute.* **2.** VIEILLI *Magasin bien assorti,* bien approvisionné. **3.** au plur. (aliments) Variés. *Fromages assortis.*

ASSORTIMENT n. m. ▪ **1.** Manière dont sont assemblées des choses qui produisent un effet d'ensemble. *Un bel assortiment de couleurs.* **2.** Assemblage complet de choses qui vont ensemble. *Assortiment de linge de table.* ⇒ **service. 3.** Collection de marchandises de même sorte. *Un assortiment de boutons.* - Plat composé d'aliments variés de même sorte. *Un assortiment de charcuterie.*

ASSORTIR v. tr. [2] ▪ **1.** Mettre ensemble (des choses qui se conviennent). ⇒ **harmoniser.** *Assortir une cravate à un costume, une cravate et une pochette.* **2.** *Assortir un contrat d'une clause spéciale,* la lui ajouter. ► **S'ASSORTIR** v. pron. **1.** Être en harmonie. ♦ Être orné, enrichi. *Le texte s'assortit de belles enluminures.* **2.** Être complété par (qqch.).

ASSOUAN ▪ Ville d'Égypte, sur le Nil. 182 700 hab. Barrage gigantesque édifié par les Soviétiques à la demande de Nasser. Tourisme; point de départ pour le site d'Abou Simbel.

Assouan. Vue du mausolée de l'Aja tenau. *Phot. © Girard/Explorer*

ASSOUPIR v. tr. [2] ▪ **1.** Porter à un demi-sommeil. ⇒ **endormir.** *La chaleur l'assoupissait.* **2.** fig. (compl. chose abstraite) Affaiblir ou suspendre momentanément. ⇒ **engourdir.** *Assoupir un remords.* ► s'**ASSOUPIR** v. pron. réfl. **1.** S'endormir à demi. ⇒ **somnoler.** *Elle s'est assoupie quelques instants.* **2.** fig. *Sa douleur s'est assoupie.* ⇒ se **calmer.**

ASSOUPISSEMENT n. m. ▪ Le fait d'assoupir, de s'assoupir. ◆ spécialt État voisin du sommeil. ⇒ **somnolence.**

ASSOUPLIR v. tr. [2] ▪ **1.** Rendre souple, plus souple. *Assouplir du cuir.* **2.** Rendre plus malléable, maniable. ⇒ **adoucir.** ♦ *Assouplir des règles trop strictes.* ► s'**ASSOUPLIR** v. pron. *Le cuir s'assouplit. Son caractère s'est assoupli.* ► ASSOUPLISSANT, ANTE adj. ◆ n. ⇒ **assouplisseur.**

ASSOUPLISSEMENT n. m. ▪ **1.** Action d'assouplir. *Exercices d'assouplissement.* ⇒ **gymnastique.** **2.** *L'assouplissement d'un système trop rigide.*

ASSOUPLISSEUR n. m. ▪ Produit ajouté à l'eau de rinçage pour assouplir le linge.

ASSOURDIR v. tr. [2] ▪ **1.** Causer une surdité passagère ; rendre comme sourd. ⇒ **assourdissant ;** → casser les oreilles. **2.** fig. Fatiguer par trop de bruit, de paroles. **3.** Rendre moins sonore. ⇒ **amortir.** *Un tapis assourdit les pas.* ◆ au p. p. *Des sons assourdis.* ⇒ **sourdine.**

ASSOURDISSANT, ANTE adj. ▪ Qui assourdit. *Un vacarme assourdissant,* très intense.

ASSOURDISSEMENT n. m. ▪ Action d'assourdir, de s'assourdir. ♦ État d'une personne assourdie.

ASSOUVIR v. tr. [2] ▪ **1.** LITTÉR. Calmer complètement (un violent appétit). ⇒ **apaiser, satisfaire.** *Assouvir sa faim.* ⇒ **rassasier.** **2.** fig. Satisfaire pleinement (un désir, une passion). *Assouvir sa curiosité.* ◆ au p. p. *Passions assouvies* (s'oppose à *inassouvi*). ◆ pronom. (réfl.). LITTÉR. *Sa haine s'est assouvie.* ► n. m. ASSOUVISSEMENT

ASSUJETTIR v. tr. [2] ▪ **1.** VX Maintenir (qqn) sous sa domination. ⇒ **asservir, soumettre.** *Les peuples que les Romains avaient assujettis.* **2.** *ASSUJETTIR À :* soumettre à. *Assujettir qqn à des règles.* ◆ au passif. *Être assujetti à l'impôt.* ◆ adj. *Les contribuables assujettis ;* n. *les assujettis à une taxe.* ♦ pronom. *S'assujettir à une règle.* **3.** Rendre (qqch.) fixe, immobile, stable. ⇒ **attacher, fixer, maintenir.** *Assujettir un cordage.*

ASSUJETTISSANT, ANTE adj. ▪ (travail) Qui exige beaucoup d'assiduité. ⇒ **astreignant.**

ASSUJETTISSEMENT n. m. ▪ Action d'assujettir ; son résultat. *L'assujettissement d'une personne à l'impôt.* ♦ LITTÉR. Soumission pénible. *Suivre la mode peut être un assujettissement.* ⇒ **esclavage.**

ASSUMER v. tr. [1] ▪ **1.** Prendre à son compte ; se charger de. *Assumer une responsabilité.* **2.** Accepter consciemment (une situation, un état psychique). *Assumer une situation difficile* (⇒ **assomption** (II)). ► s'**ASSUMER** v. pron. Se prendre en charge. *Elle s'assume pleinement.*

ASSUR ▪ Ancienne capitale de l'Assyrie. Site archéologique, aujourd'hui en Irak.

ASSURANCE n. f. ▪ **1.** Confiance en soi-même. ⇒ **aisance, aplomb, audace.** *Parler avec assurance.* **2.** Promesse ou garantie qui assure qqn de qqch. *Il m'a donné des assurances sur ce point. Veuillez agréer l'assurance de ma considération distinguée* (formule épistolaire). **3.** Contrat par lequel un assureur garantit à l'assuré, moyennant une prime ou une cotisation, le paiement d'une somme convenue en cas de réalisation d'un risque déterminé. *Police d'assurances. Assurance contre l'incendie. Assurance maladie ; assurance chômage. Assurance sur la vie.* ◆ *Les* ASSURANCES, organisme qui assure les personnes et les biens. ◆ anciennt *Assurances sociales.* ⇒ **Sécurité** sociale.

ASSURBANIPAL ▪ Dernier grand roi d'Assyrie, de 669 à 631 ? av. J.-C. Le légendaire Sardanapale lui emprunterait certains traits, ainsi qu'à son demi-frère, roi de Babylone, qu'il accula au suicide en brûlant la ville.

ASSURÉ, ÉE ▪ **I.** adj. **1.** (choses) Certain. ⇒ **évident, sûr.** *Le succès est assuré. Tenir pour assuré que...* **2.** (personnes) Qui a de l'assurance. *Un air assuré,* sûr de soi. **3.** Ferme, stable. *Une démarche assurée.* **II.** n. Personne garantie par un contrat d'assurance. ◆ *Les assurés sociaux,* les assurés affiliés à la Sécurité sociale.

ASSURÉMENT adv. ▪ D'une manière certaine. ⇒ **certainement, sûrement.**

ASSURER v. tr. [1] ▪ **I. 1.** *ASSURER À qqn QUE,* lui affirmer, lui garantir que. ⇒ **certifier.** *Il m'a assuré qu'il m'écrirait.* ◆ sans compl. dir. *C'est vrai, je vous assure.* **2.** *ASSURER qqn DE qqch.,* le prier de n'en pas douter. *Assurer qqn de sa bonne foi.* **II. 1.** VIEILLI Rendre sûr, solide, stable. *Assurer les fondements d'un édifice.* **2.** Rendre sûr, certain, durable ; mettre à l'abri des accidents, des risques. *Ce traité doit assurer la sécurité du pays.* ◆ *ASSURER qqch. À qqn. L'État assure une retraite aux travailleurs* (⇒ **assurance**). ♦ *S'assurer qqch.,* en prendre et en garder l'usage, la maîtrise. *S'assurer la protection, la faveur de qqn.* **3.** Faire qu'une chose fonctionne, ne s'arrête pas. *Assurer l'entretien des routes.* **4.** Garantir par un contrat d'assurance. *La Compagnie qui assure l'immeuble contre l'incendie. Assurer qqn,* garantir ses biens, sa vie, etc. **5.** ALPIN. Dans une cordée, garantir la sécurité de qqn, l'empêcher de tomber. ♦ fig. FAM. absolt *Il assure :* il réagit bien à la situation (→ tenir le coup). ► s'**ASSURER** v. pron. réfl. **1.** *S'ASSURER DE, QUE, SI :* devenir sûr (de, que). ⇒ **vérifier, voir.** *Assurez-vous que la porte est bien fermée.* **2.** *S'ASSURER CONTRE :* contracter une assurance contre. *Ils se sont assurés contre les accidents.*

ASSUREUR n. m. ▪ Personne, compagnie qui assure par contrat d'assurance. *L'assureur et l'assuré. Elle est assureur.*

l'**ASSYRIE** n. f. ▪ Empire de l'Antiquité, fondé au XIVe s. av. J.-C. autour d'Assur. Organisés en une puissante nation militaire, les **Assyriens** ont dominé épisodiquement l'Asie occidentale : conquête de Babylone (729 av. J.-C.) et de la Syrie. L'empire atteignit son apogée avec les rois Téglath-Phalasar III, Sargon II (70 provinces dont Israël) et Assourbanipal, aux VIIIe et VIIe s. av. J.-C. Vaincue par les Mèdes, l'Assyrie laissa la place (610 av. J.-C.) à l'Empire néo-babylonien (→ **Babylone**). Art monumental, bas-reliefs. Principaux sites : → **Khorsabad, Ninive**

Frederick Austerlitz, dit Fred **ASTAIRE** (1899-1987) ▪ Acteur, danseur et chorégraphe américain. À la scène et au cinéma, il interpréta des comédies musicales et dansa en duo avec Ginger Rogers, Judy Garland, Cyd Charisse. *"La Joyeuse Divorcée"; "Easter Parade"; "Tous en scène".*

ASTARTÉ → **Ashtart**

ASTER [-ɛʀ] n. m. ▪ BOT. Plante à petites fleurs en forme d'étoile.

ASTÉRIE n. f. ▪ ZOOL. Étoile* de mer.

Assyrie. *Assurnazirpal II chassant,* bas-relief, IXe s. British Museum, Londres. *Phot. © Arch. Smeets*

ASTÉRISQUE n. m. ▪ Signe typographique en forme d'étoile (*) qui indique un renvoi, une note explicative, etc.

ASTÉRIX ▪ Personnage de bande dessinée créé en 1959 par Albert Uderzo (dessinateur) et René Goscinny (scénariste). Guerrier gaulois, petit et malin.

ASTÉROÏDE n. m. ▪ ASTRON. Petite planète (invisible à l'œil nu) ; météorite.

ASTHÉNIE n. f. ▪ Fatigue générale, état de dépression, de faiblesse. ⇒ **neurasthénie.** ► adj. et n. ASTHÉNIQUE

ASTHMATIQUE [asm-] adj. et n. ▪ Qui a de l'asthme. - n. *Un asthmatique.*

ASTHME [asm] n. m. ▪ Affection caractérisée par une gêne respiratoire et une suffocation intermittente. *Asthme bronchique. Elle a de l'asthme. Crise d'asthme.*

ASTI ▪ Ville d'Italie (Piémont). 74 649 hab. La région produit un célèbre vin blanc mousseux, l'*asti spumante.*

ASTICOT n. m. ▪ **1.** Larve de la mouche à viande utilisée comme appât pour la pêche. ⇒ **ver** blanc. **2.** FAM. Bonhomme, type. *C'est un drôle d'asticot.*

ASTICOTER v. tr. [1] ▪ FAM. Agacer, harceler (qqn) pour de petites choses.

ASTIGMATE adj. et n. ▪ (Personne) qui souffre d'un trouble de la vision dû à un défaut de la courbure des milieux réfringents de l'œil (*astigmatisme* n. m.).

ASTIQUER v. tr. [1] ▪ Faire briller en frottant. *Astiquer les cuivres.* ⇒ **frotter, polir.** - au p. p. *Un parquet bien astiqué.* ► n. m. ASTIQUAGE

Francis William **ASTON** (1877 - 1945) ▪ Physicien britannique. Il établit que, si l'on prend pour référence l'oxygène 16, les masses de tous les atomes sont des nombres entiers. Prix Nobel de chimie 1922.

ASTRAGALE n. m. ▪ **I.** Os du pied, de la rangée postérieure du tarse. **II.** (métaphore en latin, d'après les osselets) Moulure, ornement à formes arrondies.

ASTRAKAN n. m. ▪ Fourrure d'agneau à poils bouclés. *Bonnet d'astrakan.*

ASTRAKHAN ▪ Ville de Russie. Port dans le delta de la Volga. 512 000 hab. Tanneries (astrakan). Pêche (esturgeon).

ASTRAL, ALE, AUX adj. ▪ ASTROL. Des astres. *Thème astral.* ⇒ **horoscope.**

ASTRE n. m. ▪ **1.** Corps céleste naturel visible. ⇒ **étoile, planète ; astéroïde, comète, satellite.** *Étude des astres.* ⇒ **astronomie.** - POÉT. *L'astre du jour,* le soleil. - loc. *Il est beau comme un astre,* resplendissant, superbe (souvent iron.). **2.** Corps céleste considéré par rapport à son influence sur les êtres humains (⇒ **étoile ; astrologie**). *Consulter les astres.*

ASTREIGNANT, ANTE adj. ▪ Qui constitue une contrainte. *Une tâche astreignante.*

ASTREINDRE v. tr. [52] ▪ Obliger strictement (qqn à qqch.). ⇒ **contraindre, forcer, obliger.** *Astreindre qqn à un régime.* - pronom. (réfl.). *S'astreindre à se lever tôt.*

ASTREINTE n. f. ▪ **1.** Obligation rigoureuse, contrainte. **2.** Obligation de payer une certaine somme pour chaque jour de retard dans l'exécution d'un contrat.

ASTRID (1905 - 1935) ▪ Reine des Belges de 1934 à sa mort, par son mariage avec Léopold III. Elle fut très populaire.

ASTRINGENT, ENTE adj. et n. m. ▪ Qui resserre les tissus vivants. *Lotion astringente.* - n. m. *Un astringent.*

ASTRO- Élément savant, du grec *astron* « astre ».

ASTROLABE n. m. ▪ anciennt Instrument de navigation dont on se servait pour mesurer la hauteur des astres au-dessus de l'horizon.

ASTROLOGIE n. f. ▪ Art de déterminer le caractère et de prévoir le destin des hommes par l'étude des influences supposées des astres. ⇒ **horoscope.** ► adj. ASTROLOGIQUE

ASTROLOGUE n. ▪ Spécialiste de l'astrologie. ⇒ **devin, mage.** *Consulter un astrologue.*

ASTRONAUTE n. ▪ Personne qui se déplace dans un véhicule spatial, hors de l'atmosphère terrestre. ⇒ **cosmonaute.**

ASTRONAUTIQUE n. f. ▪ Science qui a pour objet l'étude de la navigation spatiale ; cette navigation.

astrolabe. Observation astronomique lors du voyage de M. Chabert. Bibliothèque du musée de la Marine, Pau.
Phot. © Dagli Orti

ASTRONEF n. m. ▪ Vaisseau spatial.

ASTRONOME n. ▪ Spécialiste d'astronomie. *Les astronomes d'un observatoire. Astronome amateur.*

ASTRONOMIE n. f. ▪ Science des astres, des corps célestes (y compris la Terre) et de la structure de l'univers. *Astronomie physique.* ⇒ **astrophysique.**

ASTRONOMIQUE adj. ▪ **1.** De l'astronomie. *Lunette astronomique.* **2.** *Chiffres, prix astronomiques,* très élevés, très grands.

ASTROPHYSICIEN, IENNE n. ▪ Spécialiste de l'astrophysique.

ASTROPHYSIQUE n. f. ▪ Partie de l'astronomie qui étudie les astres, les milieux spatiaux du point de vue physique. - adj. *Études astrophysiques.*

ASTUCE n. f. ▪ **1.** VIEILLI Ruse. **2.** *Une astuce,* petite invention qui suppose de l'ingéniosité. ⇒ **artifice, ficelle, finesse.** *Les astuces du métier.* **3.** Qualité d'une personne habile et inventive. *Elle a beaucoup d'astuce.* **4.** Plaisanterie. *Faire des astuces.*

ASTUCIEUSEMENT adv. ▪ Avec astuce.

ASTUCIEUX, IEUSE adj. ▪ **1.** VX Rusé et perfide. **2.** Qui a ou dénote une habileté fine. ⇒ **adroit, malin.** *Réponse astucieuse.*

Miguel Ángel **ASTURIAS** (1899 - 1974) ▪ Écrivain guatémaltèque. Il puise son inspiration dans les traditions indiennes et dans la réalité politique et sociale de son pays. *"Monsieur le Président"* (1946). Prix Nobel 1967.

Asturias.
Phot. © Gamma

les **ASTURIES** n. f. pl. en espagnol *ASTURIAS* ▪ Région historique et communauté autonome de l'Espagne. 10 565 km². 1 000 000 hab. Capitale : Oviedo. Houille, sidérurgie. Le royaume fut le point de départ, au IXe s., de la Reconquista.

ASUNCIÓN en français *ASSOMPTION* ▪ Capitale du Paraguay. 1 000 000 hab. Port fluvial.

ASYMÉTRIE [-s-] n. f. ▪ Absence de symétrie. *L'asymétrie d'un bâtiment.*

ASYMÉTRIQUE [-s-] adj. ▪ Qui n'est pas symétrique. *Barres* asymétriques.*

ASYMPTOTE [-sɛ̃p-] n. f. ▪ Droite dont une courbe s'approche de plus en plus, sans jamais l'atteindre. *L'asymptote à une ellipse.* ♦ fig. Ce qui tend à, vers (qqch.) sans l'atteindre.

ATAHUALPA ▪ Treizième et dernier empereur inca, mis à mort par Pizarro en 1533.

ATARAXIE n. f. ▪ DIDACT. Tranquillité, impassibilité totale (≠ *ataxie*).

ATATÜRK ▪ « Père des Turcs », surnom donné à Mustafa Kemal.

ATAVIQUE adj. ▪ De l'atavisme. *Caractères ataviques.* ⇒ **héréditaire.**

ATAVISME n. m. ▪ **1.** Hérédité des caractères physiques ou psychologiques. *Son atavisme protestant.* **2.** SC. Réapparition d'un caractère primitif après un nombre indéterminé de générations.

ATAXIE n. f. ▪ DIDACT. Désordre physiologique (spécialt dans la coordination des mouvements). ► adj. et n. ATAXIQUE

ATCHOUM [atʃum] interj. ▪ Bruit produit par un éternuement. – n. m. *Des atchoums sonores.*

ATELIER n. m. ▪ **1.** Lieu où des artisans, des ouvriers travaillent en commun. *L'atelier d'un menuisier.* **2.** Section d'une usine où des ouvriers travaillent à un même ouvrage ; ces ouvriers. *Atelier de réparations. Chef d'atelier.* **3.** Lieu où travaille un artiste (peintre, sculpteur). *Un grand atelier avec verrière. "L'Atelier"* (tableau de Courbet). ♦ Ensemble d'artistes travaillant sous la direction d'un maître. *Tableau de l'atelier de Rembrandt.*

ATERMOIEMENT n. m. ▪ Action d'atermoyer, de remettre à un autre temps. ⇒ **ajournement, délai.** *Accepter après bien des atermoiements.*

ATERMOYER v. intr. [8] ▪ LITTÉR. Différer de délai en délai, chercher à gagner du temps. *Inutile d'atermoyer, il faut agir.* ⇒ **attendre, tergiverser.**

Eugène **ATGET** (1857-1927) ▪ Photographe français. Les monuments et les métiers de Paris furent sa principale source d'inspiration.

Atget. *Métiers, étalages et boutiques de Paris,* « 25, rue Charlemagne », photographie.
Phot. © Atget/B.N.F.

ATH ▪ Ville de Belgique (Région wallonne). 24 080 hab.

l'**ATHABASKA** ou **ATHABASCA** n. m. ▪ Rivière du nord du Canada (Alberta) qui se jette dans le *lac d'Athabasca* (11 500 km²). 1 231 km.

ATHALIE ▪ Reine tyrannique de Juda de 842 ou 841 à 834 av. J.-C. Elle fut massacrée par le peuple. Elle a inspiré une tragédie à Racine.

saint **ATHANASE** (295-373) ▪ Patriarche et docteur de l'Église. Il participa au concile de Nicée et devint évêque d'Alexandrie. Son intransigeance à l'égard des ariens (→ **arianisme**) provoqua par cinq fois son exil. Il est l'auteur de la *"Vie de saint Antoine".*

ATHÉE n. ▪ Personne qui ne croit pas en Dieu. ⇒ **incroyant.** – adj. *Il est athée.*

ATHÉISME n. m. ▪ Attitude ou doctrine de l'athée.

ATHÉNA ▪ Déesse grecque identifiée à Minerve par les Romains. Née, tout armée, du crâne de Zeus, elle personnifie l'intelligence, protège les arts, les sciences, les techniques et surtout la ville d'Athènes.

ATHÉNÉE n. m. ▪ En Belgique Établissement public d'enseignement secondaire.

Athènes. Vue d'Athènes et de la colline du Lycabette.
Phot. © Carlo Bevilacqua/Ricciarini

ATHÈNES ▪ Capitale de la Grèce. 748 110 hab. *(les Athéniens).* Chef-lieu du *Grand Athènes* (60 communes ; 433 km² ; 3 000 000 hab.). Célèbres monuments de l'Antiquité (Acropole), églises byzantines. Principal centre industriel grec avec son port (Le Pirée). □ HISTOIRE Prospère dès le xe s. av. J.-C., Athènes domina les cités grecques et constitua un empire maritime, grâce à ses victoires sur les Perses (guerres médiques) à Marathon et à Salamine (490 et 480 av. J.-C.). L'Athènes de Périclès (ve s. av. J.-C.), ayant inventé les institutions démocratiques, devint « l'école de la Grèce », le foyer de la civilisation classique : sciences, philosophie, histoire, théâtre. Mais elle commença à décliner, v. 420 av. J.-C., dans sa lutte contre Sparte (guerre du Péloponnèse) et Thèbes, puis fut vaincue par Philippe II de Macédoine, qui devint le maître de la Grèce en 338 av. J.-C. Athènes garda cependant son prestige culturel, connut même une renaissance sous la domination romaine, mais ne joua aucun rôle sous l'Empire byzantin et pendant l'occupation turque (1456-1832). Elle devint en 1833 la capitale de la Grèce indépendante.

ATHÉROME n. m. ▪ Lésion de la surface interne des artères. ► adj. ATHÉROMATEUX, EUSE

ATHÉROSCLÉROSE n. f. ▪ Affection des artères associant athérome et artériosclérose.

ATHIS-MONS ▪ Commune de l'Essonne. 29 123 hab. *(les Athégiens).*

ATHLÈTE ▪ **1.** n. m. ANTIQ. Celui qui combattait dans les jeux publics ; gymnaste. **2.** n. Personne qui pratique l'athlétisme. *Les athlètes françaises. Un corps d'athlète.* ♦ par ext. Personne bien musclée.

ATHLÉTIQUE adj. ▪ Fort et musclé.

ATHLÉTISME n. m. ▪ Ensemble d'exercices physiques, de sports individuels : course, gymnastique, lancer (du disque, du poids, du javelot), saut. *Épreuves d'athlétisme combinées* (triathlon, pentathlon, décathlon).

le mont **ATHOS** ▪ « Montagne sainte » de Grèce où s'est fixée une république semi-autonome de 1 400 moines (interdite aux femmes), le plus important foyer de l'Église orthodoxe.

Atlan. *Samba zapothèque,* 1957. Coll. part.
Phot. © Arch. Smeets

Jean-Michel ATLAN (1913 - 1960) ▪ Peintre français. Devenue abstraite vers 1950, sa peinture, aux formes puissamment cernées de noir, porte la marque de ses préoccupations (magie, arts primitifs, érotisme).

ATLANTA ▪ Ville des États-Unis, capitale de la Géorgie. 894 000 hab. (2 millions dans la zone urbaine). Principal centre des États du Sud. Universités. Site des jeux Olympiques d'été de 1996.

ATLANTE **n. m.** ▪ ARCHIT. Figure d'homme soutenant un entablement.

ATLANTIC CITY ▪ Ville des États-Unis (New Jersey). 38 000 hab. Station balnéaire. Casinos.

l'ATLANTIDE **n. f.** ▪ Île fabuleuse, civilisation engloutie, d'après Platon. Sa légende a inspiré artistes et écrivains, notamment le chancelier Bacon et Pierre Benoit.

ATLANTIQUE **adj.** et **n. m.** ▪ **1.** *L'océan Atlantique* et **n. m.** *l'Atlantique,* l'océan qui sépare l'Europe et l'Afrique de l'Amérique. *Traversée de l'Atlantique.* ⇒ **transatlantique. 2.** De l'océan Atlantique. *La côte atlantique.* **3.** Relatif aux pays ayant adhéré au pacte Atlantique, à leur politique et à leur économie. *Les nations atlantiques.* ▪ L'Atlantique est le 2e océan par la superficie (100 millions de km²). Les nombreux courants, froids ou chauds (Gulf Stream), expliquent les différences de climat sur les côtes. Le trafic maritime entre les grands ports (Rotterdam, New York, Londres...) en fait le plus fréquenté des océans et lui confère un rôle économique considérable. Le *pacte Atlantique,* signé à Washington le 4 avril 1949, rassemblait les pays riverains en vue de l'organisation d'une défense commune (→ **O.T.A.N.**).

le mont **Athos.** La cour intérieure et l'église du monastère Saint-Grégoire. *Phot. © L'Esperto/Ricciarini*

ATLAS [-ɑs] **n. m.** ▪ **I.** Recueil de cartes géographiques. **II.** (idée de soutien) ANAT. Première vertèbre cervicale.

ATLAS ▪ Dans la mythologie grecque, Géant condamné par Zeus à porter la voûte du ciel sur ses épaules. Ses filles sont les Pléiades.

l'ATLAS **n. m.** ▪ Barrière montagneuse entre la Méditerranée et le Sahara. On distingue le *Haut-Atlas,* la chaîne la plus importante, le *Moyen-Atlas* et l'*Anti-Atlas* (Maroc) de l'*Atlas tellien* et de l'*Atlas saharien* (Algérie). Point culminant : djebel Toubkal (4 165 m), dans le *Haut-Atlas.*

ATMOSPHÈRE **n. f.** ▪ **1.** Couche gazeuse qui entoure le globe terrestre, un astre. **2.** Partie de l'atmosphère terrestre la plus proche du sol où apparaissent les nuages, la pluie, la neige. *Étude de l'atmosphère.* ⇒ **météorologie.** *Un orage avait un peu rafraîchi l'atmosphère.* **3.** Air qu'on respire dans un lieu. *Une atmosphère surchauffée.* **4.** Milieu où l'on vit, influence qu'il exerce. ⇒ **ambiance, climat.** *Une atmosphère de travail.* FAM. *Changer d'atmosphère.* **5.** SC. Unité de mesure de la pression des gaz.

ATMOSPHÉRIQUE **adj.** ▪ De l'atmosphère. *Mesurer la pression atmosphérique* (⇒ **baromètre**). *Conditions atmosphériques* (⇒ **météorologie, temps**).

ATOLL **n. m.** ▪ Île en forme d'anneau constituée de récifs coralliens. *Des atolls.*

atoll. Ihuru Island dans l'archipel des Maldives.
Phot. © Nacivet/Explorer

ATOME **n. m.** ▪ **1.** HIST. SC. Élément constitutif de la matière, indivisible et homogène (⇒ **atomisme**). ♦ *Des atomes crochus,* des affinités. **2.** SC. Particule d'un élément chimique qui forme la plus petite quantité susceptible de se combiner. *La molécule d'eau* (H_2O) *contient deux atomes d'hydrogène. L'atome est formé d'un noyau (protons, neutrons) et d'électrons. Énergie produite par la fission du noyau de l'atome* (⇒ **atomique, nucléaire**). **3.** Très petite quantité (⇒ **atomiser**). - loc. *Il n'a pas un atome de bon sens,* il en est tout à fait dépourvu. ⇒ **brin, grain, once.** ♦ *L'atome :* l'infiniment petit.

ATOMICITÉ **n. f.** ▪ CHIM. Nombre d'atomes constituant la molécule d'un corps.

ATOMIQUE **adj.** ▪ **1.** Qui a rapport aux atomes. *Le poids atomique, la masse atomique d'une substance.* **2.** Qui concerne le noyau de l'atome et sa désintégration. ⇒ **nucléaire.** *Bombe atomique.* - *La physique atomique.* **3.** Qui utilise les engins atomiques. *L'ère atomique. Les puissances atomiques.*

ATOMISÉ, ÉE **adj.** ▪ Qui a subi les effets des radiations atomiques. - **n.** *Les atomisés d'Hiroshima.*

ATOMISER **v. tr.** [1] ▪ **I.** Détruire par un engin atomique. **II.** Réduire (un corps) en particules extrêmement ténues, en fines gouttelettes. ⇒ **pulvériser, vaporiser.**

ATOMISEUR **n. m.** ▪ Petit flacon, petit bidon qui atomise le liquide qu'il contient lorsqu'on presse sur le bouchon. *Atomiseur de laque.* ⇒ **nébuliseur, vaporisateur.**

ATOMISME **n. m.** ▪ DIDACT. Doctrine philosophique des Grecs (Démocrite*, Épicure*) qui considère l'univers comme formé d'atomes associés en combinaisons fortuites.

ATOMISTE **n.** ▪ Spécialiste de la physique atomique (ou nucléaire).

ATON ▪ Dieu solaire égyptien. Sans mythe ni statue, son culte fut sans doute la première manifestation du monothéisme dans la haute Antiquité, sous l'action d'Akhenaton* (XIVe s. av. J.-C.). → **Tell el-Amarna**

ATONAL, ALE, AUX adj. ▪ MUS. Qui n'est pas organisé selon les tons. *Musique atonale*, reposant sur des séries de douze sons (sériel ; dodécaphonique). ► n. f. ATONALITÉ

ATONE adj. ▪ I. 1. (tissus vivants) Qui manque de tonicité. *Un intestin atone.* ⇒ **paresseux.** 2. Qui manque de vitalité, d'énergie. *Un être atone.* ⇒ **amorphe, éteint.** II. Qui n'est pas accentué. *Voyelle, syllabe atone.*

ATONIE n. f. ▪ Manque de vitalité, de vigueur. *Atonie musculaire.* – *Atonie intellectuelle.*

ATOUM ▪ Divinité égyptienne primitive identifiée à Rê sous la forme d'Atoum-Rê.

Atoum. *Taperet prie Atoum.* Autour : la déesse du ciel, Nout. Stèle de la dame Taperet, peinture, Égypte, XXIIIe dynastie. Musée du Louvre, Paris. *Phot. © Dagli Orti*

ATOURS n. m. pl. ▪ VX ou plais. Toilette et parure féminine. *Parée de ses plus beaux atours.*

ATOUT n. m. ▪ 1. aux cartes Couleur qui l'emporte sur les autres ; carte de cette couleur. *Jouer atout. Atout trèfle.* 2. Moyen de réussir. ⇒ **chance.** *Mettre, avoir tous les atouts dans son jeu. Il a des atouts.*

ATRABILAIRE adj. ▪ VIEILLI Coléreux, bilieux. *Caractère, humeur atrabilaire.* – n. *Un atrabilaire.*

ÂTRE n. m. ▪ Partie dallée de la cheminée où l'on fait le feu ; la cheminée elle-même. ⇒ **foyer.**

ATRÉE ▪ Roi légendaire de Mycènes, père d'Agamemnon.

les **ATRIDES** ▪ Descendants d'Atrée. Sur eux pèse une malédiction, cause de déchirements et de crimes qu'illustrent les tragédies d'Eschyle, de Sophocle, de Sénèque. → **Atrée, Agamemnon, Ménélas, Oreste, Égisthe.**

ATRIUM [atʀijɔm] n. m. ▪ Cour intérieure de la maison romaine antique, généralement entourée d'un portique couvert. *Des atriums.*

ATROCE adj. ▪ 1. Horrible, d'une grande cruauté. ⇒ **abominable, affreux, effroyable, épouvantable, monstrueux.** *Crime, supplice atroce.* 2. Insupportable. *Des souffrances atroces. Une peur atroce.* 3. FAM. Très désagréable. *Le temps est atroce.* ⇒ **horrible, infect.** ► adv. ATROCEMENT

ATROCITÉ n. f. ▪ 1. Caractère de ce qui est atroce. *L'atrocité d'un crime.* ⇒ **cruauté.** 2. Action atroce, affreusement cruelle. ⇒ **crime, torture.** *Les atrocités nazies.* 3. Propos blessant, accusation calomnieuse. ⇒ **horreur.**

ATROPHIE n. f. ▪ Diminution du volume d'un organe ou d'un tissu, par défaut de nutrition, manque d'usage, etc. *Atrophie musculaire.*

ATROPHIÉ, ÉE adj. ▪ Dont le volume est anormalement petit par atrophie. *La jambe atrophiée d'un polio.*

s'**ATROPHIER** v. pron. [7] ▪ 1. Dépérir par atrophie. *Les membres immobilisés s'atrophient.* 2. S'arrêter dans son développement. *Cette qualité s'est atrophiée chez lui.* ⇒ se **dégrader, diminuer.**

ATROPINE n. f. ▪ CHIM. Alcaloïde toxique des feuilles de belladone, utilisé en médecine.

s'**ATTABLER** v. pron. [1] ▪ S'asseoir à table pour manger, boire ou jouer. *S'attabler devant une bonne bouteille.* – au p. p. *Bridgeurs attablés.*

ATTACHANT, ANTE adj. ▪ Qui attache, retient en touchant la sensibilité. *Elle a une personnalité attachante.*

ATTACHE n. f. ▪ 1. dans des loc. Action d'attacher, de retenir par un lien. *À L'ATTACHE, D'ATTACHE. Point d'attache d'un muscle. Chien à l'attache. Le port d'attache d'un bateau.* 2. Objet servant à attacher. *Réunir deux lettres par une attache* (une agrafe, une épingle...). 3. au plur. Le poignet et la cheville. *Avoir des attaches fines.* 4. fig. *ATTACHES* : rapports affectifs ou relations d'habitude qui attachent une personne à qqn ou à qqch. *Conserver des attaches avec son pays natal.* ⇒ **lien.**

ATTACHÉ-CASE [-kɛz] n. m. ▪ anglic. Mallette rectangulaire plate qui sert de porte-documents. *Des attachés-cases.*

ATTACHÉ, ÉE ▪ I. adj. 1. Fixé, lié. *Prisonnier attaché.* ♦ Fermé par une attache. 2. *ATTACHÉ À.* – (choses) Qui fait corps avec, associé, joint à. ⇒ **inhérent.** *Les avantages attachés à cette situation.* ♦ (personnes) Lié par un sentiment d'amitié, une habitude, un besoin, un goût. *Elle lui est très attachée.* ⇒ **dévoué, fidèle.** II. n. Personne attachée à un service. *Attaché d'ambassade. Une excellente attachée de presse.*

ATTACHEMENT n. m. ▪ Sentiment d'affection durable (⇒ **lien**) qui unit aux personnes ou aux choses. ⇒ **affection, amitié, amour.** *Montrer de l'attachement pour qqn. Une preuve d'attachement.*

ATTACHER v. tr. [1] ▪ I. 1. Faire tenir (à une chose) au moyen d'une attache, d'un lien. ⇒ **fixer, lier, maintenir.** *Attacher une chèvre à un arbre avec une chaîne.* 2. Joindre ou fermer par une attache. ⇒ **assembler, réunir.** *Attacher les mains d'un prisonnier. Attacher sa veste.* ⇒ **boutonner.** 3. Faire tenir, joindre ou fermer (en parlant de l'attache). *La ficelle qui attache le paquet.* 4. Unir par un lien moral (volonté, sentiment, obligation). ⇒ **lier.** *Des souvenirs l'attachent à sa maison.* 5. *S'attacher qqn*, s'en faire aimer. *Ce professeur a su s'attacher ses élèves.* 6. Mettre (une personne) au service d'une autre. ⇒ **prendre.** *Attacher deux adjoints à son service.* II. 1. Adjoindre par l'esprit. *Attacher un sens à un mot.* ⇒ **associer.** 2. Attribuer (une qualité à qqch.). *Attacher du prix, de la valeur à qqch.* ⇒ **accorder.** *Il ne faut pas y attacher trop d'importance.* III. intrans. Coller au fond d'un récipient, en cuisine. ► s'ATTACHER v. pron. 1. Se fixer, être fixé (à qqch. ou qqn). *Le lierre s'attachait au mur.* – Se fermer, s'ajuster. *Jupe qui s'attache derrière.* 2. (choses) Être uni à, accompagner. *Les avantages qui s'attachent à ce poste.* 3. Prendre de l'attachement pour (qqn, qqch.). *S'attacher à qqn, à un animal, à un lieu. On s'y attache, on finit par s'y attacher.* 4. S'appliquer avec constance (à une chose). *S'attacher à son travail.* – (+ inf.) *S'attacher à rendre qqn heureux.* ⇒ s'**appliquer, chercher** à, s'**efforcer.**

ATTAQUANT, ANTE n. ▪ Personne qui attaque, engage l'offensive. ⇒ **agresseur, assaillant.** *Les attaquants furent repoussés.*

atrium. Atrium de la maison samnite. Herculanum. *Phot. © Dagli Orti*

ATTAQUE n. f. ▪ **1.** Action d'attaquer, de commencer le combat. ⇒ **offensive.** *Déclencher, repousser une attaque. Passer à l'attaque. À l'attaque !* **2.** Les joueurs d'équipe qui attaquent. *L'attaque et la défense.* **3.** Acte de violence. *Attaque à main armée.* ⇒ **agression, attentat.** *L'attaque d'une banque.* ⇒ **hold-up. 4.** surtout plur. Paroles qui critiquent durement. ⇒ **accusation, critique, insulte.** *Subir les attaques de l'opinion.* **5.** Accès subit, brutal (d'une maladie). ⇒ **crise.** *Avoir une attaque d'apoplexie* ou absolt *une attaque.* **6.** *D'ATTAQUE* loc. adv. FAM. *Être d'attaque,* prêt à affronter les fatigues.

ATTAQUER v. tr. 1 ▪ **I. 1.** Porter les premiers coups à (l'adversaire), commencer le combat. *Attaquer un poste, une armée.* absolt *L'ennemi a attaqué à l'aube.* - SPORTS Faire une attaque. **2.** Se porter, se jeter sur (qqn) en maltraitant, tuant ou volant par force. ⇒ **assaillir.** *Attaquer qqn à main armée. Se faire attaquer.* - au p. p. *Passant attaqué par un malfaiteur.* **3.** Intenter une action judiciaire contre. *Attaquer qqn en justice.* **4.** Émettre des jugements qui nuisent à (qqn ou qqch.). ⇒ **accuser, combattre, critiquer, dénigrer.** *Attaquer la réputation de qqn.* - *Cet article attaque le ministre.* **5.** S'adresser avec vivacité à (qqn) pour obtenir une réponse. *Attaquer qqn sur un sujet.* **II.** Détruire la substance de (une matière). ⇒ **entamer, ronger.** *La rouille attaque le fer.* **III.** (Commencer) ▪ **1.** Aborder sans hésitation. *Attaquer un sujet, un discours.* ⇒ **commencer ; aborder, entamer. 2.** FAM. Commencer à manger. *Si on attaquait le pâté ?* ⇒ **entamer. 3.** *Attaquer un morceau de musique,* en commencer l'exécution. ► **S'ATTAQUER** (À) **v. pron. 1.** Diriger une attaque contre qqn (matériellement ou moralement). ⇒ **combattre, critiquer.** *Il est dangereux de s'attaquer à lui.* ⇒ s'en **prendre** à. **2.** Chercher à résoudre. *Les plus grands penseurs se sont attaqués à ce problème.*

Farīd al-Dīn 'ATTĀR (v. 1142 - v. 1220) ▪ Poète mystique persan. *"Le Colloque des oiseaux".*

ATTARDÉ, ÉE adj. ▪ **1.** Qui est en retard. *Quelques passants attardés* (hors de chez eux, le soir, la nuit). **2.** Qui est en retard dans sa croissance, son développement, son évolution. *Un enfant attardé.* ⇒ **arriéré.** - n. *Un attardé.* **3.** Qui est en retard sur son époque. *Des conceptions attardées.* ⇒ **rétrograde.**

S'ATTARDER v. pron. 1 ▪ **1.** Se mettre en retard. ⇒ se **retarder.** *Ne nous attardons pas. S'attarder dans un lieu, chez qqn. S'attarder à parler avec qqn.* **2.** fig. Ne pas avancer, ne pas progresser normalement. *S'attarder sur un sujet.* ⇒ s'**appesantir,** s'**arrêter,** s'**étendre, insister.**

ATTEINDRE v. tr. 49 ▪ **I.** (Parvenir au niveau de) **1.** Parvenir à (un lieu). ⇒ **arriver** à, **gagner.** *Nous atteindrons la frontière avant la nuit.* **2.** Parvenir à toucher, à prendre (qqch.). *Pouvez-vous atteindre ce livre là-haut ?* **3.** Parvenir à (un état, une situation). *Atteindre un but, un objectif.* **4.** (choses) Parvenir à (un lieu, une hauteur, une grandeur). *Ce sommet atteint 1 000 mètres.* ⇒ s'**élever** à. - *Atteindre une limite, un maximum. Atteindre un âge, cinquante ans.* **II.** (Parvenir à frapper) **1.** Toucher, blesser (qqn) au moyen d'une arme, d'un projectile. *Il l'a atteint au front d'un coup de pierre.* - (compl. chose) *Atteindre l'objectif.* - *La balle l'atteignit au genou.* **2.** Faire du mal à (qqn). ⇒ **attaquer, toucher.** *Rien ne l'atteint,* il est indifférent. ⇒ **émouvoir, troubler.** *Vos méchancetés ne l'atteignent pas.*

ATTEINT, EINTE adj. ▪ **1.** Touché par un mal. *Le poumon est atteint.* **2.** FAM. Troublé mentalement. *Il est bien atteint.*

ATTEINTE n. f. ▪ **1.** (après *hors de*) Possibilité d'atteindre. *Les fuyards sont hors de son atteinte.* ⇒ **portée.** *Sa réputation est hors d'atteinte,* inattaquable. **2.** Dommage matériel ou moral. *C'est une atteinte à la vie privée.* ⇒ **injure, outrage.** - loc. *Porter atteinte à la réputation de qqn.* ♦ VX *Les atteintes du sort.* - spécialt Effets d'une maladie. ⇒ **accès, attaque.** *Il sent les premières atteintes de son mal.*

ATTELAGE n. m. ▪ **1.** Action ou manière d'atteler. **2.** Bêtes attelées ensemble. *Un attelage de chevaux.*

ATTELER v. tr. 4 ▪ **1.** Attacher (une ou plusieurs bêtes) à une voiture, une charrue. *Atteler des bœufs à une charrette.* - *Atteler une locomotive à un wagon.* **2.** *Atteler une voiture,* y atteler le cheval. ► **S'ATTELER** v. pron. *S'atteler à* (un travail), s'y mettre sérieusement. *La tâche à laquelle il s'attelle.*

ATTELLE n. f. ▪ Planchette, plaque destinée à maintenir immobile un membre fracturé. ⇒ **éclisse.**

ATTENANT, ANTE adj. ▪ Qui tient, touche à (un autre terrain, une autre construction, etc.). *La maison et le hangar attenant.* ⇒ **contigu.** *Le cimetière attenant à l'église.*

ATTENDRE v. tr. 41 ▪ **I.** v. tr. **1.** Se tenir, rester en un lieu (jusqu'à l'arrivée de qqn, de qqch.). *Je vous attendrai chez moi jusqu'à midi. Attendre le train. Attendre sous un abri la fin de l'orage. On n'attend plus que vous pour partir. On ne nous attendait plus.* - *"En attendant Godot"* (pièce de Beckett). **2.** *Attendre qqch.,* ne rien faire avant que cette chose ne se produise. *Attendre le moment d'agir. Attendre l'occasion. Qu'attendez-vous pour accepter ?* - *ATTENDRE QUE* (+ subj.). *J'attends que ça soit fini.* - *ATTENDRE DE* (+ inf.). *Attendez de voir le résultat.* **3.** (femmes) *Attendre un enfant :* être enceinte. **4.** absolt Rester dans un lieu pour attendre (1) qqn ou qqch. *Je suis resté deux heures à attendre ; j'ai attendu (pendant) deux heures. Tu m'as fait attendre.* - (sujet personne) *Faire attendre qqn, se faire attendre,* tarder. - interj. *Attendez ! Attends, je n'ai pas fini.* - (menace) *Attends un peu !* **5.** (choses) Être prêt pour qqn. *La voiture vous attend.* ⇒ **prêt ; préparé.** *Le sort qui nous attend,* qui nous est réservé. **6.** Compter sur (qqn ou qqch.) ; prévoir (un événement). ⇒ **escompter, prévoir.** *On attend un invité d'honneur. On ne vous attendait plus,* on ne comptait plus sur vous. - *ATTENDRE qqch. DE qqn.* ⇒ **compter, espérer. 7.** trans. indir. *Attendre après qqn,* l'attendre avec impatience. - *Attendre après qqch.,* en avoir besoin. *Je n'attends pas après ça.* **II.** *EN ATTENDANT* loc. adv. : jusqu'au moment attendu. *Le train part dans une heure ; prenons un verre en attendant.* - Toujours est-il que... *C'est nécessaire, mais en attendant, c'est très désagréable.* - *En attendant de* (+ inf.) loc. prép. ; *en attendant que* (+ subj.) loc. conj. ► **S'ATTENDRE** v. pron. *S'attendre à* (qqch.), penser que cette chose arrivera. ⇒ **escompter, prévoir.** *Au moment où il s'y attend le moins. On ne s'y attendait plus.* - *S'ATTENDRE À* (+ inf.). *Je m'attendais un peu à vous voir.* - *S'ATTENDRE À CE QUE* (+ subj.). *On s'attend à ce qu'il soit élu ; on s'y attend.*

ATTENDRIR v. tr. 2 ▪ **I.** Rendre plus tendre, moins dur. *Attendrir une viande.* **II.** Rendre (qqn) plus sensible. ⇒ **émouvoir, toucher.** *Elle m'attendrit, ses larmes m'attendrissent.* - au p. p. *Un air attendri.* ⇒ **ému.** ► **S'ATTENDRIR** v. pron. *S'attendrir sur le sort de qqn.*

ATTENDRISSANT, ANTE adj. ▪ Qui porte à une indulgence attendrie. *Une naïveté attendrissante.*

ATTENDRISSEMENT n. m. ▪ Fait de s'attendrir, état d'une personne attendrie. ⇒ **émotion ; compassion.** *Des larmes d'attendrissement. Allons ! Pas d'attendrissement !*

ATTENDRISSEUR n. m. ▪ Appareil de boucherie pour attendrir la viande.

① **ATTENDU, UE** ▪ **I.** adj. Qu'on attend, qu'on a attendu. *Un roman très attendu.* **II. 1.** prép. Étant donné ; étant considéré. ⇒ **vu. 2.** loc. conj. *ATTENDU QUE,* étant donné que. ⇒ **comme, parce que, puisque.** *Attendu que vous n'êtes pas venus...* - DR. *Attendu que...* (⇒ ② **attendu**).

② **ATTENDU** n. m. ▪ DR. *Les attendus d'un jugement :* les motifs.

ATTENTAT n. m. ▪ **1.** Tentative criminelle contre une personne (surtout dans un contexte politique). ⇒ **agression.** *Préparer un attentat contre un homme politique.* ♦ Agression violente. *L'attentat terroriste a fait cinq morts. Revendiquer un attentat.* **2.** Tentative criminelle contre qqch. *Attentat à la liberté. Attentat à la pudeur.* ⇒ **outrage.** *Attentat aux mœurs.*

ATTENTATOIRE adj. ▪ Qui porte atteinte. *Mesures attentatoires à la liberté.*

ATTENTE n. f. ▪ **1.** Fait d'attendre ; temps pendant lequel on attend. *L'attente n'a pas été longue. Dans l'attente de vous voir.* - *Salle d'attente,* aménagée pour ceux qui attendent. *En attente. Voyageurs en attente. Dossiers en attente.* **2.** État de conscience d'une personne qui attend. *Une attente insupportable.* **3.** Fait de compter sur qqch. ou sur qqn. ⇒ **désir, espoir.** *Répondre à l'attente de qqn.* - *Contre toute attente,* contrairement à ce qu'on attendait.

ATTENTER v. tr. ind. 1 ▪ *ATTENTER À :* faire une tentative criminelle contre (quel qu'en soit le résultat). ⇒ **attentat.** *Attenter à la vie de qqn. Attenter à ses jours :* tenter de se suicider.

ATTENTIF, IVE adj. ▪ **1.** Qui écoute, regarde, agit avec attention. *Auditeur, spectateur, élève attentif.* **2.** LITTÉR. *ATTENTIF À :* qui se préoccupe avec soin (de). *Être attentif à son travail.* **3.** Qui marque de la prévenance, des attentions. *Soins attentifs.* ⇒ **assidu, zélé.**

ATTENTION n. f. ▪ **1.** au sing. Concentration de l'activité mentale sur un objet. *Faire un effort d'attention. Examiner avec* *attention. Capter, détourner l'attention de qqn. Fixer son attention sur... Attirer l'attention de qqn sur... Votre attention, s'il vous plaît !* ◆ *À l'attention de M. Untel* (mention sur un courrier). ◆ *Prêter attention à...* (→ tenir compte de). ◆ FAIRE ATTENTION À qqch., l'observer, s'en occuper ; en avoir conscience. *Faites bien attention, très attention à ma question.* ◆ *Elle ne fait pas attention à lui.* ◆ FAIRE ATTENTION QUE (+ subj.). *Fais attention que personne ne te voie.* ♦ interj. *Attention ! danger.* **2.** au plur. Soins attentifs. ⇒ **égard(s), prévenance(s).** *Avoir des attentions délicates pour qqn.*

ATTENTIONNÉ, ÉE adj. ▪ Qui est plein d'attentions pour qqn. ⇒ **aimable, empressé, prévenant.**

ATTENTISME n. m. ▪ Attitude politique consistant à attendre que les événements s'annoncent pour prendre une décision. ▶ adj. et n. ATTENTISTE

ATTENTIVEMENT adv. ▪ D'une manière attentive. *Lire attentivement le mode d'emploi.*

ATTÉNUANT, ANTE adj. ▪ DR. *Circonstances atténuantes :* faits qui atténuent la gravité d'une infraction, d'une mauvaise action.

ATTÉNUATION n. f. ▪ Action d'atténuer. ⇒ **diminution.**

ATTÉNUER v. tr. [1] ▪ Rendre moins grave, moins vif, moins violent. ⇒ **diminuer.** *Les calmants atténuent la douleur. Atténuer les termes d'une déclaration.* ⇒ **adoucir, modérer.** ◆ pronom. (réfl.). *Les désaccords se sont atténués.*

ATTERRAGE n. m. ▪ **1.** Espace marin proche de la terre. **2.** Lieu où les navires peuvent aborder.

ATTERRANT, ANTE adj. ▪ Qui atterre.

ATTERRER v. tr. [1] ▪ Jeter dans l'abattement, la consternation. ⇒ **consterner, stupéfier.** ◆ au passif *Je suis atterré par cette nouvelle.*

ATTERRIR v. intr. [2] ▪ **1.** MAR., VIEILLI Approcher de la terre, toucher terre. ⇒ **atterrage. 2.** (avion, engin, passagers) Se poser à terre, au sol. *L'avion vient d'atterrir.* ◆ *Atterrir sur l'eau* (⇒ **amerrir**), sur la Lune (⇒ **alunir**). **3.** FAM. Arriver finalement. *Nous avons fini par atterrir dans un petit hôtel.*

ATTERRISSAGE n. m. ▪ Action d'atterrir. *Terrain, piste ; train* d'atterrissage.*

ATTERRISSEMENT n. m. ▪ DR. Terres apportées par la mer ou un cours d'eau.

ATTESTATION n. f. ▪ Acte, écrit ou pièce qui atteste qqch. ⇒ **certificat.** *Une attestation de bonne conduite.*

ATTESTER v. tr. [1] ▪ **1.** Rendre témoignage de (qqch.). ⇒ **certifier, garantir, témoigner.** *J'atteste la vérité de ce fait. J'atteste que cet homme est innocent.* **2.** Servir de témoignage. ⇒ **prouver, témoigner** de. *Ces documents attestent son innocence.* ◆ au p. p. *C'est un fait (bien) attesté.*

ATTICISME n. m. ▪ Qualité des écrivains attiques ; fig. style pur, élégant.

ATTIÉDIR v. tr. [2] ▪ **1.** LITTÉR. Rendre tiède. *Attiédir une boisson.* **2.** fig. Rendre moins vif. *Le temps attiédit les passions.* ⇒ **affaiblir.** ▶ n. m. ATTIÉDISSEMENT

ATTIFER v. tr. [1] ▪ FAM. Habiller, parer d'une manière ridicule. ⇒ **accoutrer.** ▶ **S'ATTIFER** v. pron. *Tu as vu comment elle s'attife ?* ▶ n. m. ATTIFAGE ou ATTIFEMENT

ATTIGER v. intr. [3] ▪ FAM. Exagérer. *Il attige, celui-là !*

ATTILA (v. 395 - 453) ▪ Roi des Huns. Il unifia leurs différentes tribus, lutta contre les empires romains d'Orient et d'Occident, et constitua un État, de la mer Noire à la Gaule, (il évita Lutèce, où sainte Geneviève encourageait la résistance, et fut vaincu en 451 aux champs Catalauniques, près de Troyes).

ATTIQUE ▪ **I.** adj. Qui a rapport à l'Attique, à Athènes, aux Athéniens. *Littérature attique.* **II.** n. m. Étage surélevé.

l'ATTIQUE n. f. ▪ Région de Grèce autour d'Athènes. 3 522 769 hab.

ATTIRAIL, AILS n. m. ▪ FAM. Équipement compliqué, encombrant ou ridicule. *L'attirail du campeur, du photographe.* ⇒ **barda, fourbi.** ◆ fig. *L'attirail intellectuel des technocrates.*

ATTIRANCE n. f. ▪ Force qui attire vers qqn ou vers qqch. *Éprouver de l'attirance, une certaine attirance pour qqn, qqch.* ⇒ **attrait.**

ATTIRANT, ANTE adj. ▪ Qui attire, exerce un attrait, une séduction. ⇒ **attachant, attrayant, séduisant.** *Une femme très attirante.*

ATTIRER v. tr. [1] ▪ **1.** Tirer, faire venir à soi par une action matérielle. *L'aimant attire le fer* (⇒ **attraction**). **2.** Inciter, inviter, déterminer (un être vivant) à venir. *La lumière attire les papillons. Ce spectacle attire tout Paris.* **3.** Capter, solliciter (le regard, l'attention). *J'attire votre attention sur ce point.* **4.** Inspirer à (qqn) un sentiment agréable qui l'incite à vouloir qqch., à se rapprocher de qqn (⇒ **attrait**). *Ce projet l'attire.* ⇒ **tenter. 5.** ATTIRER *qqch.* À, SUR *qqn,* lui faire avoir qqch. d'heureux ou de fâcheux. *Sa bonne humeur lui attira la sympathie du public.* ⇒ **procurer, valoir.** *Ça va lui attirer des ennuis.* ⇒ **causer.** ◆ S'ATTIRER *qqch.,* l'attirer à soi, sur soi. *Elle s'est attiré des reproches.* ⇒ **encourir.**

ATTISER v. tr. [1] ▪ **1.** Aviver, ranimer (un feu). **2.** Rendre plus vif. *Attiser les désirs, les haines.* ⇒ **exciter, enflammer.** *Attiser une querelle.* ⇒ **envenimer.**

ATTITRÉ, ÉE adj. ▪ **1.** Qui est chargé par un titre de telle ou telle fonction. *Représentant attitré.* **2.** Habituel. *Marchand attitré,* celui chez qui l'on a l'habitude de se servir.

ATTITUDE n. f. ▪ **1.** Manière de tenir son corps. ⇒ **contenance, maintien, port, pose, position, posture.** *Attitude gracieuse, nonchalante, gauche.* **2.** Manière de se tenir, comportement qui correspond à une disposition psychologique. ⇒ **air, allure, aspect, expression, manière.** *L'attitude du commandement.* ♦ Affectation de ce qu'on n'éprouve pas. **3.** Disposition à l'égard de qqn ou qqch. ; jugements, tendances provoquant un comportement. ⇒ **disposition, position.** *Quelle est son attitude à l'égard de ce problème ? Il a changé d'attitude.*

Clement Richard ATTLEE (1883 - 1967) ▪ Homme politique britannique. Chef du parti travailliste, Premier ministre de 1945 à 1951, il procéda à de nombreuses réformes à caractère social.

ATTORNEY n. m. ▪ Homme d'affaires (Grande-Bretagne), homme de loi (États-Unis) dont les fonctions correspondent à celles du notaire et de l'avocat français. *Attorney général* (ministre de la Justice aux États-Unis).

ATTOUCHEMENT n. m. ▪ Action de toucher. ◆ Caresse légère.

ATTRACTIF, IVE adj. ▪ Qui a la propriété d'attirer (1). *La force attractive de l'aimant.*

ATTRACTION n. f. ▪ **I. 1.** Force qui attire. *Attraction magnétique. La loi de l'attraction universelle.* ⇒ **gravitation. 2.** Force qui tend à attirer les êtres vers qqn ou vers qqch. ⇒ **attirance, attrait.** *L'attraction qu'exerce un parti, une idéologie.* **II. 1.** Ce qui attire le public ; centre d'intérêt. *Cette église est une attraction pour les touristes.* **2.** au plur. Élément d'un spectacle de variétés. ♦ Distractions mises à la disposition du public. *Parc d'attractions.*

ATTRAIT n. m. ▪ **1.** Ce qui attire agréablement, charme, séduit. ⇒ **charme, séduction ; attrayant.** *L'attrait de la nouveauté.* **2.** au plur. LITTÉR. *Les attraits d'une femme,* ce qui attire en elle. ⇒ **appas. 3.** Fait d'être attiré, de se sentir attiré. ⇒ **attirance.** *Éprouver un vif attrait pour qqn, qqch.*

ATTRAPADE n. f. ▪ FAM. Réprimande. ⇒ FAM. **engueulade, savon.**

ATTRAPE n. f. ▪ surtout au plur. Objet destiné à tromper qqn pour s'amuser. *Marchand de farces et attrapes.*

ATTRAPE-NIGAUD n. m. ▪ Ruse grossière (qui ne peut attraper qu'un nigaud). *Des publicités qui ne sont que des attrape-nigauds.* ▷ syn. ATTRAPE-GOGO ; vulg. ATTRAPE-COUILLON..

ATTRAPER v. tr. [1] ▪ **I. 1.** Rejoindre (qqn) et s'en saisir. ⇒ **prendre.** ♦ Surprendre. *Je l'ai attrapé sur le fait, à fouiller dans mes papiers.* **2.** Tromper par une ruse. ⇒ **abuser, duper.** *Il m'a bien attrapé* (→ FAM. il m'a eu). ◆ passif et p. p. *Être attrapé, bien attrapé,* avoir subi une déception (qu'on ait été trompé ou non). **3.** Faire des reproches à. ⇒ **gronder, réprimander ; attrapade.** *Elle s'est fait attraper par ses parents.* **II. 1.** Arriver à prendre, à saisir (une chose, un animal). *Attraper une balle à la volée.* ◆ fig. *Attraper des bribes d'une conversation.* ⇒ **saisir. 2.** *Attraper un coup.* ⇒ **recevoir.** *Attraper une maladie.* ⇒ **contracter, gagner.** ◆ pronom. (passif) *Une maladie qui s'attrape.* ⇒ **contagieux. 3.** *Attraper le train, l'autobus,* réussir à le prendre. ⇒ **avoir. 4.** Arriver à saisir par l'esprit, l'imitation. *Attraper un style, un genre.* ⇒ **imiter.**

ATTRAYANT, ANTE adj. ▪ (spectacle, situation) Qui a de l'attrait. *Cet endroit n'a rien d'attrayant.* ⇒ **agréable, attirant, plaisant.**

ATTRIBUABLE adj. ▪ Qui peut être attribué (à).

ATTRIBUER v. tr. [1] ▪ **1.** Allouer (qqch. à qqn ou à qqch.). *Les avantages qui lui ont été attribués.* ⇒ **octroyer. 2.** Considérer comme propre (à qqn). ⇒ **prêter.** *N'attribuez pas aux autres vos propres défauts.* **3.** Rapporter (qqch.) à un auteur, à une cause ; mettre sur le compte de. *À quoi attribuer ce changement ? Attribuer une toile anonyme à tel peintre.* ► **S'ATTRIBUER** v. pron. Se donner (qqch.) en partage. ⇒ s'**adjuger.** *S'attribuer un titre auquel on n'a pas droit.* ⇒ s'**approprier.** *S'attribuer tout le mérite de qqch.*

ATTRIBUT n. m. ▪ **1.** Ce qui est propre, appartient particulièrement à un être, à une chose. ⇒ **caractère, qualité.** *La raison, le langage, attributs essentiels de l'être humain.* **2.** Emblème, symbole d'une figure mythologique, une chose personnifiée, un personnage. *Le sceptre est l'attribut de la royauté.* **3.** GRAMM. Terme relié au sujet ou au complément d'objet par un verbe d'état (ex. il est *médecin* ; elle est *intelligente*). ‑ *Adjectif attribut ou épithète.*

ATTRIBUTION n. f. ▪ **1.** Action d'attribuer. *Concours pour l'attribution d'un prix.* ⇒ **distribution, remise.** ♦ Fait d'attribuer (une œuvre) à un auteur. **2.** au plur. Pouvoirs attribués au titulaire d'une fonction, à un organisme. ⇒ **pouvoir, prérogative.** *Définir les attributions d'un employé. Cela n'entre pas dans ses attributions.*

ATTRISTANT, ANTE adj. ▪ Qui attriste. ⇒ **affligeant, désolant, navrant.** *Un spectacle attristant.* ⇒ **pénible, triste.**

ATTRISTER v. tr. [1] ▪ Rendre triste. ⇒ **chagriner, désoler.** *Son départ nous a attristés.* ‑ au p. p. *Un air attristé.*

ATTRITION n. f. ▪ **1.** Usure (par frottement). **2.** RELIG. Contrition.

ATTROUPEMENT n. m. ▪ Réunion de personnes sur la voie publique, spécialt troublant l'ordre public. ⇒ **manifestation, rassemblement.** *Former, faire un attroupement. Le service d'ordre a dispersé l'attroupement.*

ATTROUPER v. tr. [1] ▪ Assembler en troupe, spécialt de manière à troubler l'ordre public. ⇒ **ameuter, rassembler.** *Ses cris attroupèrent les passants.* ‑ pronom. (réfl.) *Les manifestants commencèrent à s'attrouper.*

George ATWOOD (1746 ‑ 1807) ▪ Physicien britannique. Il inventa une machine pour l'étude de la chute des corps dite *machine d'Atwood.*

ATYPIQUE adj. ▪ Qui ne répond pas au type habituel. *Maladie atypique.*

AU, AUX ⇒ À et ① LE

AUBADE n. f. ▪ Air chanté ou joué, à l'aube ou le matin, sous les fenêtres de qqn (s'oppose à *sérénade*).

AUBAGNE ▪ Commune des Bouches-du-Rhône. 41 100 hab. *(les Aubagnais).* Siège des unités de la Légion étrangère.

AUBAINE n. f. ▪ Avantage, profit inattendu, inespéré. *Profiter de l'aubaine. Quelle (bonne) aubaine !* ⇒ **chance, occasion.**

Théodore AUBANEL (1829 ‑ 1886) ▪ Poète français de langue d'oc. Un des fondateurs du Félibrige. Auteur de *"La Grenade entrouverte"* (1860) et des *"Filles d'Avignon"* (1885).

① **AUBE** n. f. ▪ **I. 1.** Première lueur du soleil levant qui commence à blanchir l'horizon ; moment de cette lueur. *L'aube précède l'aurore.* ⇒ **aurore. 2.** LITTÉR. Commencement. *À l'aube de la Révolution.* **II.** Vêtement de lin blanc que le prêtre met pour célébrer la messe.

② **AUBE** n. f. ▪ Palette (d'une roue hydraulique, d'une turbine). *Les aubes d'une roue de moulin. Roue à aubes.*

l'AUBE n. f. ▪ Rivière du Bassin parisien, affluent de la Seine. 248 km.

l'AUBE [10] n. f. ▪ Département français de la région Champagne-Ardenne. 6 010 km². 289 207 hab. Chef-lieu : Troyes. Chefs-lieux d'arrondissement : Bar-sur-Aube, Nogent-sur-Seine.

AUBENAS ▪ Commune de l'Ardèche. 11 105 hab. *(les Albenassiens).*

AUBÉPINE n. f. ▪ Arbuste épineux à fleurs odorantes blanches ou roses, à floraison précoce. *Une haie d'aubépine.*

Esprit AUBER (1782 ‑ 1871) ▪ Compositeur français d'opéras qui travailla avec Scribe. *"La Muette de Portici"* (1828).

AUBERGE n. f ▪ **1.** anciennt Maison où l'on trouvait à loger et manger en payant. ‑ loc. *Auberge espagnole :* lieu où l'on ne trouve que ce qu'on a apporté. *On n'est pas sorti de l'auberge,* les difficultés augmentent, vont nous retarder, nous retenir. ♦ MOD. Hôtel-restaurant d'apparence rustique. **2.** *Auberge de jeunesse :* centre d'accueil hébergeant les jeunes pour une somme modique.

AUBERGENVILLE ▪ Commune des Yvelines. 11 776 hab. *(les Aubergenvillois).*

AUBERGINE n. f. ▪ **1.** Fruit oblong et violet d'une plante potagère, consommé comme légume. **2.** adj. invar. De la couleur violet foncé de l'aubergine. *Des costumes aubergine.*

aubergine. *Solanum melongera,* fruit et fleur.
Phot. © Nief/Jacana

AUBERGISTE n. ▪ Personne qui tient une auberge.

René AUBERJONOIS (1872 ‑ 1957) ▪ Peintre suisse. Il peignit des paysages et des portraits aux volumes denses d'abord influencés par le cubisme.

Jean AUBERT (mort en 1741) ▪ Architecte français. Grandes écuries de Chantilly (1719-1735).

AUBERVILLIERS ▪ Commune de Seine-Saint-Denis. 67 557 hab. *(les Albertivillariens).*

AUBETTE n. f. ▪ RÉGIONAL (Belgique) Abri public ; kiosque. ◇ recomm. off. pour *abribus.*

AUBIER n. m. ▪ Partie tendre et blanchâtre qui se forme chaque année entre le bois dur et l'écorce d'un arbre.

AUBIÈRE ▪ Commune du Puy-de-Dôme, banlieue de Clermont-Ferrand. 9 106 hab. *(les Aubiérois).*

l'abbé d'AUBIGNAC (1604 ‑ 1676) ▪ Théoricien français du théâtre. Il fit prévaloir la « règle des trois unités ».

Agrippa d'AUBIGNÉ (1552 ‑ 1630) ▪ Soldat et écrivain français. Grand poète baroque (*"Les Tragiques"* entrepris en 1577, publié en 1616), il fut un des chefs militaires du parti protestant dans les guerres de Religion.

col d'AUBISQUE ▪ Col des Pyrénées-Atlantiques (1 709 m), entre Eaux-Bonnes (val d'Ossau) et Argelès-Gazost (val d'Azun).

les monts d'AUBRAC ▪ Plateau du Massif central, au sud de l'Auvergne. Point culminant : Signal de Mailhebiau (1 469 m).

AUBURN [obœʀn] adj. invar. ▪ Se dit d'une couleur de cheveux châtain roux. *Des cheveux auburn.*

AUBUSSON ▪ Chef-lieu d'arrondissement de la Creuse. 5 097 hab. *(les Aubussonais).* Ateliers de tapisseries (manufacture royale au XVIIe s.).

AUBY ▪ Commune du Nord. 8 442 hab. *(les Aubygeois).*

AUCH ▪ Chef-lieu du Gers. 23 136 hab. *(les Auscitains).* Cathédrale (XVe-XVIIe s.). Capitale de la Gascogne sous l'Ancien Régime. Industries alimentaires (foie gras, armagnac).

aubépine. *Crataegus oxycantha.*
Phot. © Layer/Jacana

AUCHEL ▪ Commune du Pas-de-Calais. 11 813 hab. *(les Auchellois).* Textile.

AUCKLAND ▪ 1er port et centre économique de la Nouvelle-Zélande. 953 085 hab.

AUCUBA n. m. ▪ BOT. Arbuste ornemental à feuilles persistantes, originaire du Japon.

AUCUN, UNE ▪ **I.** adj. **1.** LITTÉR. (positif) Quelque ; quelque... que ce soit, qu'il soit (dans les phrases comparatives, dubitatives ou hypothétiques). *Il l'aime plus qu'aucune autre.* **2.** (négatif) *Ne... aucun, aucun... ne ; sans aucun.* ⇒ **pas** un. *Il n'a plus aucun ami. Sans aucun doute. Sans aucun amis* (pluriel rare, sauf devant un nom sans singulier : *sans aucuns frais*). **II.** pron. **1.** (positif) *Aucun de,* quiconque parmi. *Il travaille plus qu'aucun de ses condisciples.* ‣ VX ou LITTÉR. *D'AUCUNS :* certains, plusieurs. *D'aucuns diront que...* **2.** (négatif ; avec *ne* ou *sans*) *Je ne connais aucun de ses amis, aucun d'eux. Il n'en est venu aucun.* ‣ (dans une réponse) Pas un.

AUCUNEMENT adv. ▪ En aucune façon, pas du tout. ⇒ **nullement.**

AUDACE n. f. ▪ **1.** Disposition qui porte à des actions difficiles, dangereuses, au mépris des obstacles. *La confiance en soi donne de l'audace.* ⇒ **hardiesse.** *Une folle audace.* **2.** *UNE, DES AUDACES :* action, procédé qui brave les habitudes, les goûts dominants. ⇒ **innovation, originalité.** *Les audaces de la mode.* **3.** péj. Hardiesse insolente. ⇒ **aplomb, culot.** *Il n'aura pas l'audace de réclamer. Quelle audace !*

AUDACIEUX, IEUSE adj. ▪ **1.** (personnes) Qui a de l'audace (1). ⇒ **courageux, hardi.** *Trop audacieux.* ⇒ **téméraire.** ‣ n. prov. *La fortune sourit aux audacieux.* **2.** (choses) Qui dénote de l'audace (1). *Un audacieux cambriolage. Conceptions audacieuses.* ⇒ **hardi, novateur.** ► adv. AUDACIEUSEMENT

l'AUDE n. m. ▪ Fleuve de France, qui prend sa source dans les Pyrénées-Orientales et se jette dans la Méditerranée. 220 km.

l'AUDE [11] n. m. ▪ Département français de la région Languedoc-Roussillon. 6 289 km². 298 712 hab. Chef-lieu : Carcassonne. Chefs-lieux d'arrondissement : Limoux, Narbonne.

AU-DELÀ n. m. ▪ Ce qui est au-delà de la mort (selon les religions...). *Dans l'au-delà. Les au-delàs des diverses religions.*

Wystan Hugh AUDEN (1907-1973) ▪ Écrivain britannique naturalisé américain. Poèmes d'inspiration philosophique et religieuse. *"L'Âge de l'anxiété"* (1947).

Jacques AUDIBERTI (1899-1965) ▪ Écrivain français. Poète (*"Des tonnes de semence"*, 1941), romancier (*"Abraxas"*, 1938), auteur dramatique (*"L'Effet Glapion"*, 1959). Son œuvre est marquée par la passion du langage et l'angoisse du néant.

AUDIBLE adj. ▪ Qui est perceptible par l'oreille. *Sons à peine audibles.*

AUDIENCE n. f. ▪ **1.** LITTÉR. Intérêt porté à qqch. par le public. *Cet ouvrage a l'audience des lecteurs les plus exigeants.* **2.** Réception où l'on admet qqn pour l'écouter. ⇒ **entretien.** *Demander une audience. Donner audience à qqn.* **3.** Séance d'un tribunal. *Audience publique, à huis clos.* **4.** Public touché par un média. ⇒ **auditoire.** *Mesure de l'audience d'une chaîne de télévision* (⇒ **audimat, audimètre**).

AUDIERNE ▪ Commune du Finistère, sur le Goyen. 2 746 hab. *(les Audiernais).* Station balnéaire et port de pêche (crustacés, thon) sur la *baie d'Audierne.* Conserveries.

AUDIMAT [-mat] n. m. invar. (n. déposé) ▪ Nom d'un audimètre permettant de mesurer l'audience des chaînes de télévision. ♦ L'audience (4). *Les champions de l'audimat.*

AUDIMÈTRE n. m. ▪ Appareil qui permet de mesurer l'audience des émissions de radio ou de télévision. ⇒ **audimat.**

AUDINCOURT ▪ Commune du Doubs. 16 361 hab. *(les Audincourtois).* Église construite en 1949 et décorée par des artistes modernes (Bazaine, Léger...). Mécanique.

AUDIO- Élément savant (du latin *audire* « entendre ») qui signifie « sonore ».

AUDIOGRAMME n. m. ▪ Représentation graphique (obtenue à partir d'un appareil, l'*audiomètre* n. m.) traduisant le degré d'acuité auditive.

AUDIONUMÉRIQUE adj. ▪ Dont le son est enregistré sous forme de signaux numériques. *Disque audionumérique* (disque compact).

AUDIOVISUEL, ELLE adj. ▪ Se dit d'une méthode pédagogique qui joint le son à l'image (notamment dans l'apprentissage des langues). *Méthodes audiovisuelles.* ♦ n. m Les moyens de communication, d'apprentissage audiovisuels.

AUDIT [odit] n. m. ▪ **1.** Procédure de contrôle de la comptabilité et de la gestion d'une entreprise. **2.** Personne qui pratique l'audit. ⇒ **auditeur.**

AUDITEUR, TRICE n. ▪ **1.** Personne qui écoute. *Les auditeurs d'un conférencier.* ⇒ **auditoire.** *Les auditeurs d'une émission de radio.* **2.** Fonctionnaire qui n'est pas encore conseiller (conseil d'État, Cour des comptes). **3.** Personne chargée d'un audit.

AUDITIF, IVE adj. ▪ Qui appartient à l'organe de l'ouïe. *Appareil auditif. Mémoire auditive,* des sons.

AUDITION n. f. ▪ **1.** Perception des sons par l'ouïe. *Troubles de l'audition.* **2.** Action d'entendre ou d'être entendu. *Procéder à l'audition des témoins.* **3.** Séance d'essai donnée par un artiste. ⇒ **essai.** *Passer une audition.* ⇒ **auditionner.** **4.** Séance musicale où l'on entend une œuvre. *La première audition mondiale d'une œuvre.*

AUDITIONNER v. [1] ▪ **1.** v. intr. Donner une audition (3) pour obtenir un engagement. **2.** v. tr. Écouter (un artiste) qui donne une audition.

AUDITOIRE n. m. ▪ L'ensemble des personnes qui écoutent. ⇒ **auditeur** (1) ; **audience** (4), **assistance, public.** *Il a joué devant un auditoire nombreux.*

AUDITORIUM [-jɔm] n. m. ▪ Salle aménagée pour les auditions, les émissions de radio ou de télévision. *Les auditoriums.*

AUDRAN ▪ FAMILLE D'ARTISTES FRANÇAIS ► **Gérard II AUDRAN** (1640-1703), illustre graveur. ► **Claude III AUDRAN** (1657-1734), son neveu, peintre décorateur, un des créateurs du style rocaille.

John James AUDUBON (1785-1851) ▪ Naturaliste et peintre américain d'origine française. Il représenta toutes les espèces d'oiseaux d'Amérique du Nord connues au XIXe s.

l'AUFKLÄRUNG n. f. ▪ Mot allemand, équivalent des Lumières en France, caractérisant la pensée et la culture allemandes du XVIIIe s.

AU FUR ET À MESURE ⇒ AU FUR ET À MESURE

AUGE n. f. ▪ **1.** Mangeoire (surtout du porc). **2.** GÉOGR. *Auge glaciaire :* vallée à fond plat.

le pays d'AUGE ▪ Région du nord-est de la Normandie. Fromages réputés (camembert, pont-l'évêque, livarot). Bovins.

Pierre AUGEREAU (1757-1816) ▪ Général français. Il servit la Révolution, l'Empire (qui le fit maréchal) et la Restauration.

AUGIAS ▪ Roi légendaire d'Élide, dont Héraclès nettoie les immenses écuries en détournant les eaux de l'Alphée.

AUGMENTATION n. f. ▪ **1.** Action d'augmenter ; son résultat. ⇒ **accroissement.** *Augmentation de volume, de longueur, de durée. Augmentation de prix.* ⇒ **hausse.** **2.** absolt Accroissement d'appointements. *Demander une augmentation.*

AUGMENTER v. [1] ▪ **I.** v. tr. **1.** Rendre plus grand, plus considérable par addition d'une chose de même nature. ⇒ **accroître, agrandir.** *Augmenter les salaires.* ‣ au p. p. *Édition revue et augmentée.* **2.** *Augmenter qqn,* augmenter son salaire. **II.** v. intr. **1.** Devenir plus grand, plus considérable. ⇒ **croître.** *La population augmente chaque année. Aller en augmentant. Augmenter de volume.* **2.** Devenir plus cher. *Le café a* *augmenté.* ► **s'AUGMENTER v. pron.** Devenir plus grand, plus considérable. *S'augmenter de qqch. L'équipe s'est augmentée de cinq personnes.*

AUGSBOURG en allemand ***AUGSBURG*** ▪ Ville d'Allemagne (Bavière). 254 300 hab. Centre de la Souabe. Cathédrale (xe-xve s.). Elle joua un grand rôle dans l'histoire de la Réforme. ► **la Confession d'AUGSBOURG**, profession de foi des protestants, rejetée par les théologiens catholiques à la *diète d'Augsbourg* (1530). ► **la paix d'AUGSBOURG** (1555) instaura le principe *cujus regio, ejus religio* (chaque État de l'Empire germanique était tenu d'adopter la religion de son prince, protestant ou catholique). ► **la ligue d'AUGSBOURG** réunit de 1686 à 1697 les opposants à Louis XIV (Angleterre, Hollande, Suède, Espagne, certaines principautés allemandes) et arrêta après dix ans de guerre l'expansionnisme français (traités de Ryswick).

AUGURE n. m. ▪ **I.** Prêtre de l'Antiquité chargé d'observer certains signes afin d'en tirer des présages. **II.** (→ augurer) **1.** Ce qui semble présager qqch. ; signe par lequel on juge de l'avenir. *Tout cela n'est pas* DE BON AUGURE, ne me dit rien de bon. *J'en accepte l'augure.* **2.** loc. *Oiseau de bon, de mauvais augure* : personne qui annonce de bonnes, de mauvaises nouvelles. ► **adj.** AUGURAL, ALE, AUX

AUGURER v. tr. [1] ▪ LITTÉR. *Augurer une chose d'une autre*, en tirer une conjecture, un présage. ⇒ **présager.** *Que faut-il augurer de tout cela ?*

AUGUSTA ▪ L'une des plus anciennes villes des États-Unis (Géorgie). 46 000 hab.

AUGUSTA ▪ Ville des États-Unis, capitale du Maine. 21 000 hab.

AUGUSTE adj. ▪ **I.** ANTIQ. Qualifie le nom d'un empereur romain. – **n. m.** *Un Auguste et un César* (titres impériaux). **II.** LITTÉR. ou plais. Qui inspire de la vénération. ⇒ **vénérable ; sacré.** *Une auguste assemblée.* **III. n. m.** Personnage comique de cirque, grimé (⇒ **clown**).

Octave dit **AUGUSTE** en latin *Caius Julius Caesar Octavianus* ***AUGUSTUS*** (63 av. J.-C. – 14) ▪ Empereur romain. À la mort de son père adoptif César (44 av. J.-C.), Octave eut pour rival Antoine. Après avoir partagé un temps le pouvoir, il devint, après sa victoire d'Actium (31 av. J.-C.), le maître incontesté de l'État, et prit le nom d'*Augustus* (27 av. J.-C.), consacrant sa mission divine : réorganisation politique (→ **Rome**), protection des arts et des lettres. Le « siècle d'Auguste » est l'âge d'or du classicisme romain.

Auguste. *Auguste en grand pontife,* marbre. Musée national romain, Rome. *Phot. © Arch. Smeets*

AUGUSTE II ou **FRÉDÉRIC-AUGUSTE Ier** (1670 – 1733) ▪ Électeur de Saxe, roi de Pologne. ► **AUGUSTE III** ou **FRÉDÉRIC-AUGUSTE II** (1696 – 1763) Fils du précédent, roi de Pologne après la guerre de Succession qui l'opposa à Stanisław Leszczyński (1738).

saint AUGUSTIN (354 – 430) ▪ Évêque d'Hippone en Afrique du Nord, écrivain latin, docteur et Père de l'Église. Converti tardivement au christianisme (386), il combattit les manichéens (→ **Mani**) et les pélagiens (→ **Pélage**) et devint le théologien majeur de son époque. Ses écrits influencèrent la pensée religieuse et philosophique occidentale jusqu'au XIIIe s., puis de nouveau aux XVIe et XVIIe s. *"De Magistro"* (389) ; *"Les Confessions"* (397-401) ; *"De Trinitate"* (399-419) ; *"La Cité de Dieu"* (413-427). ► **les AUGUSTINS** Religieux (ordre de Saint-Augustin) suivant la règle de vie monastique dite « de saint Augustin ». Les chevaliers Teutoniques et les chevaliers de Malte sont apparentés aux Augustins.

saint **Augustin.** Peinture par Juste de Gand. Musée du Louvre, Paris. *Phot. © Giraudon*

AUJOURD'HUI adv. ▪ **1.** Ce jour même, au jour où l'on est. *Il part aujourd'hui, dès aujourd'hui. C'est tout pour aujourd'hui. Jusqu'aujourd'hui, jusqu'à aujourd'hui.* **2.** Le temps où l'on est ; la période actuelle. ⇒ **maintenant, à présent.** *Les jeunes d'aujourd'hui.*

AULIS ▪ Ancien port de Grèce (Béotie). Lieu d'embarquement des Grecs pour la guerre de Troie. Selon la légende, Iphigénie y fut sacrifiée.

AULNAY-SOUS-BOIS ▪ Commune de Seine-Saint-Denis. 82 314 hab. *(les Aulnaisiens).*

AULNE [o(l)n] ou **AUNE n. m.** ▪ Arbre d'Europe qui croît dans les lieux humides. – *"Le Roi des aulnes"* (légende allemande ; ballade de Goethe ; roman de M. Tournier).

la comtesse d'AULNOY (v. 1650 – 1705) ▪ Écrivain français. Ses *"Contes de fées"* (ou *"Les Fées à la mode"*, 1697) comportent notamment *"L'Oiseau bleu"*.

AULNOYE-AYMERIES ▪ Commune du Nord. 9 882 hab. *(les Aulnésiens).*

AULNOY-LEZ-VALENCIENNES ▪ Commune du Nord. 8 029 hab. *(les Aulnésiens).*

Henri d'Orléans, duc d'AUMALE (1822 – 1897) ▪ Général, historien et homme politique français. Quatrième fils de Louis-Philippe. Il participa à la campagne d'Algérie et aurait enlevé la smala d'Abd el-Kader en mai 1843. → **Chantilly**

AUMÔNE n. f. ▪ VIEILLI Don charitable fait aux pauvres. ⇒ **bienfait, charité, obole.** *La misère l'a réduit à vivre d'aumône. Demander l'aumône* : mendier. *Faire l'aumône à un mendiant.*

AUMÔNIER n. m ▪ Ecclésiastique chargé de l'instruction religieuse, de la direction spirituelle dans un établissement, un corps. *Aumônier militaire.* ► **n. f.** AUMÔNERIE

AUMÔNIÈRE n. f. ▪ Petit sac de femme.

AUNE n. f. ▪ Ancienne mesure de longueur (1,18 m) supprimée en 1840. *Long d'une aune* : très long.

AUNG SAN (1915 - 1947) ▪ Héros de l'indépendance de la Birmanie, mort assassiné. ► **AUNG SAN Suu Kyi** (née en 1945) sa fille. Fondatrice de la Ligue nationale pour la démocratie. Prix Nobel de la paix 1991.

l'AUNIS n. m. ▪ Ancienne province, dans la région de La Rochelle, intégrée à la France en 1373. Important foyer calviniste aux XVIe et XVIIe s.

AUPARAVANT adv. ▪ Avant tel événement, telle action (priorité dans le temps). ⇒ **avant,** au **préalable.** *Vous me raconterez cela, mais auparavant asseyez-vous. Un mois auparavant.*

AUPRÈS DE loc. prép. ▪ **1.** Tout près de (qqn). ⇒ à **côté, près** de. *Venez vous asseoir auprès de moi.* - *Auprès du feu.* **2.** fig. En s'adressant à. *S'enquérir de qqch. auprès de qqn.* **3.** *Il passe pour un impoli auprès d'elle,* à ses yeux, dans son esprit. **4.** En comparaison de. *Ce service n'est rien auprès de ce qu'il a fait pour moi.*

AUQUEL pron. rel. ⇒ LEQUEL

AURA n. f. ▪ LITTÉR. Atmosphère qui entoure ou semble entourer un être. ⇒ **émanation.** *Une aura de mystère. Des auras.*

AURANGABAD ▪ Ville de l'Inde (Maharashtra). 592 000 hab. Monuments bouddhiques et islamiques.

AURANGZEB (1618 - 1707) ▪ Empereur moghol de l'Inde. Ses conquêtes marquèrent l'apogée de l'empire, sa tyrannie en amorça le déclin. Il donna son nom à Aurangabad.

AURAY ▪ Commune du Morbihan. 10 323 hab. *(les Alréens).* Belles maisons, église XVIIe s.

vallée d'AURE ▪ Vallée des Hautes-Pyrénées, constituée par le cours de la Neste d'Aure. Station de sports d'hiver à Saint-Lary-Soulan. Aménagements hydroélectriques.

AUREILHAN ▪ Commune des Hautes-Pyrénées. 7 454 hab. *(les Aureilhanais).*

AURÉLIEN (v. 215 - 275) ▪ Empereur romain de 270 à sa mort. Il restaura un pouvoir fort, refoula les Vandales et les Alamans, triompha de la reine de Palmyre, Zénobie, et instaura le culte solaire.

AURÉOLE n. f. ▪ **1.** Cercle qui entoure la tête de Jésus-Christ, de la Vierge et des saints dans les images. ⇒ **nimbe. 2.** Degré de gloire qui distingue qqn. *L'auréole des martyrs.* ⇒ **couronne. 3.** Trace circulaire laissée sur le papier, le tissu par une tache qui a été nettoyée.

AURÉOLER v. tr. [1] ▪ **1.** Entourer d'une auréole. **2.** Donner de l'éclat, du prestige. ⇒ **glorifier.** *Un grand nom que la légende auréole.* - au p. p. *Auréolé de gloire.*

les AURÈS n. m. pl. ▪ Massif montagneux de l'Algérie orientale (point culminant : djebel Chelia 2 328 m).

les **Aurès.** Oued el-Abiod. *Phot. © Bordes/Explorer*

Georges AURIC (1899 - 1983) ▪ Compositeur français, membre du groupe des Six*. Auteur de ballets (*"Phèdre"*, 1950) et de musiques de films.

AURICULAIRE ▪ **1.** adj. Qui a rapport à l'oreille. *Pavillon auriculaire.* **2.** n. m. *L'auriculaire,* le petit doigt de la main (sa petitesse permet de l'introduire dans l'oreille).

AURIFÈRE adj. ▪ Qui contient de l'or. *Rivière aurifère.*

AURIFIER v. tr. [7] ▪ Obturer (une dent avec de l'or). - au p. p. *Dents aurifiées.*

AURIGE n. m. ▪ ANTIQ. Conducteur de char, dans les courses.

AURIGNAC ▪ Commune de Haute-Garonne. 983 hab. *(les Aurignacais).* Site préhistorique. ► **L'AURIGNACIEN** est une culture du début du Paléolithique supérieur caractérisée par l'apparition d'œuvres d'art gravées, peintes ou sculptées (33 000-26 000 av. J.-C.).

AURIGNY en anglais ***ALDERNEY*** ▪ L'une des îles Anglo-Normandes. 8 km². 1 800 hab. Chef-lieu : Sainte-Anne. Tourisme.

AURILLAC ▪ Préfecture du Cantal. 30 773 hab. *(les Aurillacois).* Activités commerciales.

Vincent AURIOL (1884 - 1966) ▪ Homme politique français. Premier président (socialiste) de la IVe République, de 1947 à 1954.

AURIQUE adj. ▪ MAR. *Voile aurique,* en quadrilatère irrégulier.

AUROBINDO GHOSE, SHRĪ AUROBINDO ou **ŚRĪ AUROBINDO** (1872 - 1950) ▪ Penseur indien, fondateur d'un ashram à Pondichéry.

AUROCHS [-ɔk] n. m. ▪ Bœuf sauvage de grande taille dont la race est éteinte. *L'aurochs ressemble au bison.*

AURORE n. f. ▪ **1.** Lueur brillante et rosée qui suit l'aube et précède le lever du soleil ; moment où le soleil va se lever. *Se lever à l'aurore.* **2.** fig. Aube, commencement. *L'aurore des Temps modernes.* **3.** *AURORE BORÉALE* : arc lumineux (jet d'électrons solaires) qui apparaît dans les régions polaires de l'atmosphère. ► adj. AURORAL, ALE, AUX

AUSCHWITZ ▪ Camp de concentration et d'extermination nazi en Pologne, près de Cracovie : 3 à 4 millions de morts, dont 1 million de Juifs, de 1940 à 1945.

AUSCULTATION n. f. ▪ Action d'écouter les bruits qui se produisent à l'intérieur de l'organisme pour faire un diagnostic. *Auscultation au stéthoscope.*

AUSCULTER v. tr. [1] ▪ Explorer les bruits de l'organisme par l'auscultation. *Ausculter un malade.*

AUSONE (v. 310 - v. 395) ▪ Poète latin, originaire de Bordeaux. *"La Moselle"*, récit en vers de son voyage de Trèves au Rhin.

AUSPICES n. m. pl. ▪ **1.** ANTIQ. Présage tiré du comportement des oiseaux. **2.** Circonstances permettant d'envisager l'avenir. *De favorables, d'heureux auspices.* ⇒ **influence, présage.** - *SOUS LES AUSPICES de qqn,* avec son appui. ⇒ **égide, patronage.**

AUSSI ▪ **I.** adv. **1.** De la même manière. (+ adj.) *Il est aussi grand que vous ; aussi grand que beau.* (+ adv.) *Aussi vite que vous (le) pourrez, que possible.* ♦ D'une manière si importante ⇒ **si.** *Je n'ai jamais rien vu d'aussi joli. Je ne pensais pas qu'il était aussi âgé.* - (avant le v.) ⇒ **pour, quelque, si.** *Aussi invraisemblable que cela paraisse. Aussi riche soit-il.* ◇ *Aussi* et *autant** peuvent exprimer la même idée, mais n'ont pas les mêmes fonctions. **2.** De la même façon. ⇒ **pareillement.** *C'est aussi mon avis.* ⇒ **également.** *Dormez bien. —Vous aussi.* ⇒ de **même.** - *AUSSI BIEN QUE* : de même que. ⇒ **autant** que, **comme. 3.** Pareillement et de plus. ⇒ **encore,** en **outre.** *Il parle l'anglais et aussi l'allemand. Non seulement... mais aussi.* **II.** conj. En conséquence de quoi. *Ces étoffes sont belles, aussi coûtent-elles cher.* ⇒ c'est **pourquoi.**

AUSSILLON ▪ Commune du Tarn. 7 673 hab. (*les Aussillonnais*).

AUSSITÔT adv. ▪ **1.** Dans le moment même, au même instant. ⇒ **immédiatement ;** tout de **suite.** *J'ai compris aussitôt ce qu'il voulait. Aussitôt après son départ.* **2.** *AUSSITÔT QUE* loc. conj. *Il le reconnut aussitôt qu'il le vit.* ⇒ **dès, sitôt.** loc. *Aussitôt dit*, aussitôt fait.*

Jane AUSTEN (1775 - 1817) ▪ Romancière britannique. Elle décrivit avec ironie les mœurs provinciales. *"Orgueil et Préjugé"* (1813).

AUSTÈRE adj. ▪ **1.** Qui se montre sévère pour soi, se prive. ⇒ **ascète, puritain. 2.** Dur, rigoureux, sans plaisirs. *Une vie, une morale austère.* **3.** (choses) Sans ornement. ⇒ **sévère.** *Cette robe est un peu austère.*

AUSTÉRITÉ n. f. ▪ **1.** Caractère de ce qui est austère. *Une austérité puritaine, sévère, stricte.* ⇒ **rigueur. 2.** Gestion stricte de l'économie d'un pays, avec des mesures restreignant la consommation. *Une politique d'austérité* (s'oppose à *abondance*).

AUSTERLITZ ▪ Localité de Moravie (République tchèque). Napoléon Ier y remporta, contre l'armée austro-russe de

François II et d'Alexandre Ier, la « bataille des Trois Empereurs », le 2 décembre 1805, qui mit fin au Saint Empire germanique.

AUSTIN ▪ Ville des États-Unis, capitale du Texas. 466 000 hab. Universités.

John **AUSTIN** (1911 - 1960) ▪ Philosophe britannique. Il étudia la logique du langage. *"Quand dire, c'est faire"* (1962).

AUSTRAL, ALE adj. ▪ Qui est au sud du globe terrestre (opposé à *boréal*). *Hémisphère austral.*

les terres AUSTRALES ou **SUBANTARCTIQUES** ▪ Îles au large de l'Antarctique, dont les archipels Crozet et Kerguelen et les îles de la Nouvelle-Amsterdam et Saint-Paul constituent, avec la terre Adélie, le territoire d'outre-mer des *Terres Australes et Antarctiques françaises.* ► **l'océan AUSTRAL** → L'océan Antarctique.

l'AUSTRALIE n. f. ▪ État fédéral d'Océanie formant le *Commonwealth of Australia.* 7 682 300 km². 17 200 000 hab. *(les Australiens)* d'origine anglaise et, plus récemment, d'autres provenances (Europe centrale, Italie, etc.). Il comprend l'Australie proprement dite (7 614 500 km², la plus grande île du monde), divisée en six États et deux territoires : l'Australie-Méridionale (984 377 km² ; 1 440 000 hab. ; capitale : Adélaïde), l'Australie-Occidentale (2 525 500 km² ; 1 640 000 hab. ; capitale : Perth), la Nouvelle-Galles* du Sud, le Queensland*, la Tasmanie*, le Victoria*, le Territoire de la capitale australienne (2 432 km² ; 284 300 hab. ; capitale : Canberra), le Territoire-du-Nord (1 346 200 km² ; 157 304 hab. ; capitale : Darwin). Capitale : Canberra. Langue officielle : anglais. Monnaie : dollar australien. Continent massif et peu élevé, l'Australie est, pour une grande part, aride. Malgré le rapide essor de la métallurgie (Newcastle, Wollongong) et des industries de transformation, l'économie est avant tout fondée sur l'élevage (ovins, surtout des mérinos). Les principales villes sont des ports, où le commerce est très actif. Membre du Commonwealth*, l'Australie entretient également des relations commerciales privilégiées avec l'Asie du Sud-Est. □ HISTOIRE La population aborigène, dont la culture est extrêmement riche (récits mythiques, peintures), est réduite à environ 160 000 personnes. Découverte par les Hollandais au XVIIe s., l'Australie fut colonisée par les Anglais, qui en firent leur pénitencier (1788-1840). La création du Commonwealth d'Australie fut approuvée par le Parlement britannique en 1901. Le nouvel État fut l'allié du Royaume-Uni, pendant les deux guerres mondiales, et soutint les États-Unis dans la guerre du Pacifique.

AUTRALIEN, ENNE adj. et n. ▪ **1.** Originaire d'Australie. *Les aborigènes australiens. Les cultures australiennes.* - n. *Les Australiens.* **2.** D'Australie. - n. *Un Australien d'origine italienne.*

l'AUSTRASIE n. f. ▪ Royaume mérovingien (VIe-VIIIe s.) de l'est de la Gaule, avec Metz pour capitale, constitué à la mort de Clovis. Les Carolingiens en sont issus.

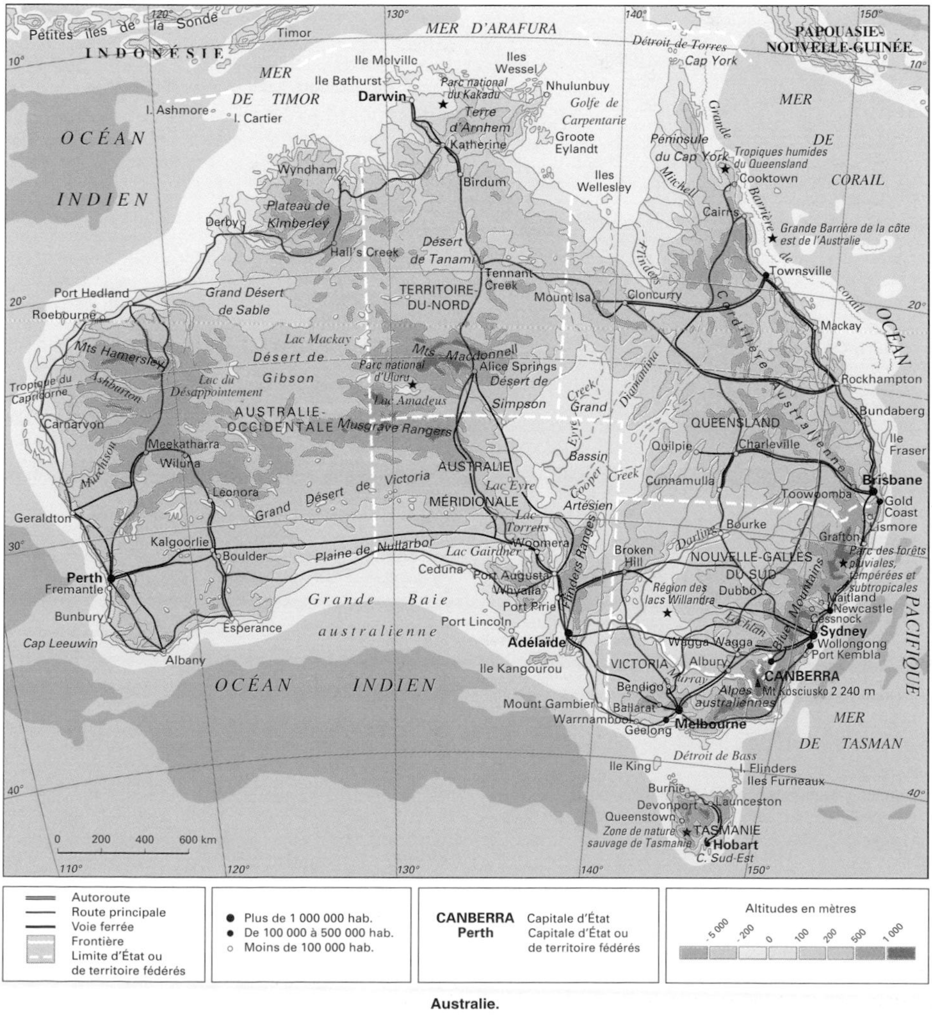

Australie.

AUTAN n. m. ▪ Vent d'orage qui souffle du sud.

AUTANT adv. ▪ **1.** *AUTANT QUE :* en même quantité, au même degré, de la même façon. *Il travaille autant que vous* (opposé à *moins, plus*). *Rien ne plaît autant que la nouveauté.* ⇒ **comme, tant.** ellipt *Autant dire la vérité,* il est aussi avantageux de. – loc. FAM. *Autant pour moi :* je reconnais m'être trompé. *Autant que possible,* dans la mesure du possible. *Autant que je sache,* dans la mesure où je suis au courant. **2.** *AUTANT DE* (suivi d'un nom) : la même quantité, le même nombre de. *Il est né autant de garçons que de filles.* – (avec *en*) La même chose. *Tâchez d'en faire autant.* – *Pour autant,* pour, malgré cela. *Il a fait un effort, mais il n'a pas progressé pour autant.* **3.** Une telle quantité, un tel nombre de. ⇒ **tant.** *Je ne pensais pas qu'il aurait autant de patience.* **4.** *AUTANT... AUTANT... Autant il est charmant avec elle, autant il est désagréable avec nous.* **5.** *D'AUTANT* loc. adv. : à proportion. *Cela augmente d'autant son profit.* – *D'AUTANT QUE* loc. conj. : vu, attendu que. *Je n'y suis pas allé, d'autant qu'il était déjà tard.* – *D'AUTANT PLUS (MOINS) QUE :* encore plus (moins) pour la raison que. *La chaleur est accablante, d'autant plus que le vent est tombé. D'AUTANT PLUS !* loc. adv., à plus forte raison. – *D'AUTANT MIEUX QUE :* encore mieux pour la raison que.

Claude **AUTANT-LARA** (né en 1903) ▪ Cinéaste français. *"Le Diable au corps"* (1947), d'après le roman de Radiguet ; *"La Traversée de Paris"* (1956).

AUTARCIE n. f. ▪ État d'un pays qui se suffit à lui-même ; économie fermée. *Vivre en autarcie.* ► adj. AUTARCIQUE

AUTEL n. m. ▪ **1.** Tertre ou table de pierre à l'usage des sacrifices offerts aux dieux. *Autel consacré à Jupiter.* **2.** Table où l'on célèbre la messe. *Le maître-autel* (principal). **3.** *L'AUTEL :* la religion, l'Église. *Le trône et l'autel.*

AUTEUR n. m. ▪ **1.** DIDACT. Personne qui est à l'origine (de qqch.). ⇒ **créateur.** *L'auteur d'une découverte.* ⇒ **inventeur.** *Il nie être l'auteur du crime.* **2.** Personne qui écrit un livre, qui fait une œuvre d'art. *L'auteur d'un livre, d'un tableau, d'un film.* – absolt Écrivain (→ homme, femme de lettres). *Colette est un auteur célèbre.* – Œuvre d'un auteur. *Étudier, citer un auteur.* ♦ DR. Bénéficiaire de droits exclusifs, dits *droits d'auteur,* sur l'exploitation d'une œuvre (dont l'auteur effectif peut être caché → nègre). – *Droits d'auteur* (⇒ **copyright**), profits pécuniaires résultant de cette exploitation. *Toucher des droits d'auteur.* **3.** Personne qui écrit des textes de chanson. ⇒ **parolier.**

AUTHENTICITÉ n. f. ▪ **1.** Qualité d'un écrit, d'une œuvre authentique (2). *Vérifier l'authenticité d'un document.* **2.** Qualité d'un fait conforme à la vérité. *L'authenticité d'un événement historique.* ⇒ **véracité.** **3.** Qualité d'une personne, d'un sentiment authentique (4). ⇒ **sincérité.**

AUTHENTIFIER v. tr. 7 ▪ **1.** Rendre authentique. *Un sceau authentifie cette pièce.* **2.** Reconnaître comme authentique. *L'expert hésite à authentifier ce tableau.* ► n. f. AUTHENTIFICATION

AUTHENTIQUE adj. ▪ **1.** DR. *Acte authentique* (opposé à *acte sous seing privé*), qui fait foi par lui-même en raison des formes légales dont il est revêtu. ⇒ **notarié.** **2.** Qui est véritablement de l'auteur auquel on l'attribue. *Un Rembrandt authentique.* **3.** Dont l'autorité, la réalité, la vérité ne peut être contestée. ⇒ **indéniable, réel, véridique, véritable, vrai.** *Les faits authentiques et la légende.* **4.** Qui exprime une vérité profonde de l'individu et non des habitudes superficielles, des conventions. ⇒ **sincère ; naturel.** *Une personnalité authentique.*

AUTHENTIQUEMENT adv. ▪ D'une manière authentique.

AUTISME n. m. ▪ PSYCH. Détachement de la réalité extérieure accompagnée de repliement sur soi-même. ⇒ **égocentrisme, introversion.**

AUTISTE adj. ▪ Atteint d'autisme. *Un enfant autiste.* – n. *Un, une autiste.*

AUTO n. f. ▪ **1.** VIEILLI Voiture* automobile. *Une grosse auto.* – *Aimer l'auto.* **2.** appos. *Assurance auto.* **3.** *Petites autos* (jouets). – *Autos tamponneuses*.*

① **AUTO-** Élément savant, du grec *autos* « soi-même, lui-même » (contr. *hétéro-*).

② **AUTO-** Élément tiré de *automobile* (ex. *auto-école*).

AUTO-ACCUSATION n. f. ▪ Fait de s'accuser soi-même.

AUTO-ALLUMAGE n. m. ▪ Allumage spontané anormal du mélange carburant dans un cylindre de moteur à explosion.

AUTOBERGE n. f. ▪ Voie sur berge pour les automobiles.

AUTOBIOGRAPHIE n. f. ▪ Biographie d'un auteur faite par lui-même. ► adj. AUTOBIOGRAPHIQUE

AUTOBUS [-bys] n. m. ▪ Véhicule automobile pour le transport en commun des voyageurs, dans les villes (à la différence de l'autocar). ⇒ **bus.** *Arrêt, ligne d'autobus.*

AUTOCAR n. m. ▪ Grand véhicule automobile pour le transport collectif des personnes (hors des villes). *Autocar d'excursion.* ⇒ **car.**

AUTOCENSURE n. f. ▪ DIDACT. Censure exercée sur soi-même.

AUTOCHTONE [-ktɔn ; -kton] adj. ▪ Qui est issu du sol même où il habite. ⇒ **aborigène, indigène.** *Peuple, race autochtone.* – n. *Les autochtones.*

AUTOCLAVE n. m. ▪ Récipient métallique à fermeture extérieure hermétique, résistant à des pressions élevées. ⇒ **étuve.**

AUTOCOLLANT, ANTE adj. ▪ Qui adhère sans être humecté. *Enveloppes autocollantes.* – n. m. Image, vignette autocollante. *Un autocollant publicitaire.*

AUTOCRATE n. m. ▪ Souverain dont la puissance n'est soumise à aucun contrôle. ⇒ **despote, dictateur, tyran.**

AUTOCRATIE n. f. ▪ Forme de gouvernement où le souverain exerce lui-même une autorité sans limites. ⇒ **absolutisme, despotisme, dictature, tyrannie.** ► adj. AUTOCRATIQUE

AUTOCRITIQUE n. f. ▪ Critique de son propre comportement. *Faire son autocritique.*

AUTOCUISEUR n. m. ▪ Appareil pour cuire les aliments sous pression, plus rapidement.

AUTODAFÉ n. m. ▪ **1.** Cérémonie où des hérétiques étaient condamnés au supplice du feu par l'Inquisition. *Des autodafés.* **2.** Action de détruire par le feu. *Un autodafé de livres.*

AUTODÉFENSE n. f. ▪ Le fait de se défendre sans recourir aux institutions (armée, police). *Groupe, milices d'autodéfense.*

AUTODESTRUCTION n. f. ▪ Destruction de soi (matérielle ou morale) par soi-même. ► adj. AUTODESTRUCTEUR, TRICE ou AUTODESTRUCTIF, IVE

AUTODÉTERMINATION n. f. ▪ Détermination du statut politique d'un pays par ses habitants.

AUTODIDACTE adj. ▪ Qui s'est instruit lui-même, sans maître. *Un écrivain autodidacte.* – n. *Un, une autodidacte.*

AUTODISCIPLINE n. f. ▪ Discipline que s'impose un individu, un groupe, sans intervention extérieure.

AUTODROME n. m. ▪ Piste fermée pour courses automobiles. ⇒ **circuit.** *L'autodrome de Montlhéry.*

AUTO-ÉCOLE n. f. ▪ École de conduite des automobiles, qui prépare les candidats au permis de conduire. *Des auto-écoles.*

AUTOÉROTIQUE adj. ▪ Dont l'érotisme est centré sur le sujet même. ► n. m. AUTOÉROTISME

AUTOFÉCONDATION n. f. ▪ BOT. Fécondation par les propres organes (mâles et femelles) de la plante. *L'autofécondation des plantes autogames* (*autogamie* n. f.).

AUTOFINANCEMENT n. m. ▪ Financement d'une entreprise par ses propres capitaux.

AUTOGÉRÉ, ÉE adj. ▪ Géré par son personnel. *Entreprise autogérée.*

AUTOGESTION n. f. ▪ Gestion d'une entreprise par le personnel.

AUTOGRAPHE ▪ **1.** adj. Qui est écrit de la propre main de qqn. *Lettre autographe.* **2.** n. m. Texte écrit à la main par une personne célèbre.

AUTOLYSE n. f. ▪ Destruction des tissus par leurs enzymes.

AUTOMATE n. m. ▪ **1.** Appareil mû par un mécanisme intérieur et imitant les mouvements d'un être vivant. **2.** Homme qui agit comme une machine. ⇒ **robot.** *Agir comme un automate.*

automate. J.E. Robert-Houdin, *La Leçon de musique*, 1844. Musée Paul-Dupuy, Toulouse. *Phot. © Lauros/Giraudon*

AUTOMATION n. f. ▪ Fonctionnement automatique d'un ensemble productif, sous le contrôle d'un programme unique (≠ *automatisation*).

AUTOMATIQUE adj. et n. ▪ **I.** adj. **1.** Qui s'accomplit sans la participation de la volonté. *Réflexe automatique.* ⇒ **inconscient, involontaire.** ➝ LITTÉR. *L'écriture automatique des surréalistes.* **2.** Qui, une fois mis en mouvement, fonctionne de lui-même, opère par des moyens mécaniques. *Distributeur automatique. Boîte de vitesses automatique. Arme automatique,* dans laquelle la pression des gaz de combustion est utilisée pour réarmer. ➝ n. m. *Un automatique,* un pistolet automatique. **3.** Qui s'accomplit avec une régularité déterminée. *Prélèvement automatique sur un compte bancaire.* **4.** FAM. Qui doit forcément se produire. ⇒ **forcé, sûr.** **II.** n. f. Ensemble des sciences et des techniques consacrées aux dispositifs qui fonctionnent sans intervention du travail humain. ⇒ **cybernétique, informatique, robotique.**

AUTOMATIQUEMENT adv. ▪ D'une manière automatique. ➝ FAM. *Si vous l'en empêchez, automatiquement il en aura bien plus envie.* ⇒ **forcément.**

AUTOMATISATION n. f. ▪ Emploi de machines, d'automatismes (≠ *automation*).

AUTOMATISER v. tr. [1] ▪ Rendre automatique (2). *Automatiser la production.*

AUTOMATISME n. m. ▪ **1.** Accomplissement de mouvements, d'actes, sans participation de la volonté. *L'automatisme cardiaque.* ➝ Acte, geste rendu automatique par habitude. **2.** Fonctionnement automatique d'une machine. **3.** Régularité dans l'accomplissement de certains actes, le déroulement d'événements.

AUTOMITRAILLEUSE n. f. ▪ Automobile blindée armée de mitrailleuses.

AUTOMNAL, ALE, AUX [ɔtɔn-] adj. ▪ D'automne. *Les brumes automnales.*

AUTOMNE [ɔtɔn] n. m. ▪ **1.** Saison qui succède à l'été et précède l'hiver dans l'hémisphère Nord : du 22 ou 23 septembre *(équinoxe d'automne)* au 21 ou 22 décembre, caractérisée par le déclin des jours, la chute des feuilles. ⇒ **arrière-saison.** ◇ REM. parfois fém. (LITTÉR.). **2.** *L'automne de la vie,* le début de la vieillesse.

AUTOMOBILE ▪ **I.** adj. (véhicule) Mû par un moteur. *Voiture automobile. Canot automobile.* **II. 1.** n. f. Véhicule automobile à quatre roues (ou plus), à l'exclusion des camions, autobus, autocars. ⇒ **auto, voiture** (plus cour.) ; FAM. **bagnole, caisse, tire.** *Conduire une automobile.* ♦ *L'automobile,* la conduite des automobiles, le sport ; les activités économiques liées à la construction, à la vente des automobiles. **2.** adj. Relatif aux véhicules automobiles. *L'industrie automobile. Assurances automobiles. Sport, course, coureur automobile.*

AUTOMOBILISME n. m. ▪ Tout ce qui concerne l'automobile ; le sport automobile.

AUTOMOBILISTE n. ▪ Personne qui conduit une voiture, une automobile, qui s'en sert. *Les automobilistes et les piétons.*

AUTOMOTEUR, TRICE ▪ **1.** adj. Qui se déplace à l'aide d'un moteur (d'un objet habituellement sans moteur). **2.** n. f. Autorail.

AUTOMUTILATION n. f. ▪ Mutilation qu'on s'inflige à soi-même.

AUTONETTOYANT, ANTE adj. ▪ *Four autonettoyant :* four qui brûle les dépôts graisseux après usage, et ne nécessite pas de nettoyage.

AUTONOME adj. ▪ **1.** Qui s'administre lui-même. *Gouvernement autonome. Les régions autonomes d'un État.* ♦ Administré par une collectivité autonome. *Budget autonome.* **2.** Qui ne dépend de personne. ⇒ **indépendant, libre.** *Il travaille pour être autonome.* **3.** INFORM. Qui est indépendant des autres éléments d'un système. *Calculateur autonome.*

AUTONOMIE n. f. ▪ **1.** Droit de se gouverner par ses propres lois, à l'intérieur d'un État (≠ *indépendance*). **2.** Faculté d'agir librement, indépendance. *Tenir à son autonomie.* **3.** Distance que peut parcourir un véhicule sans être ravitaillé en carburant. *Autonomie de vol.*

AUTONOMISTE n. et adj. ▪ Partisan de l'autonomie politique. ⇒ **nationaliste, séparatiste.** *Les autonomistes corses.*

AUTOPOMPE n. f. ▪ Camion automobile équipé d'une pompe à incendie actionnée par le moteur.

AUTOPORTRAIT n. m. ▪ Portrait d'un peintre exécuté par lui-même. *Un autoportrait de Rembrandt, de Van Gogh.*

AUTOPROPULSÉ, ÉE adj. ▪ Qui est propulsé par ses propres moyens, se dirige sans pilote. ► n. f. AUTOPROPULSION

AUTOPSIE n. f. ▪ Examen de toutes les parties d'un cadavre (notamment pour étudier les causes de la mort). *Pratiquer une autopsie.*

AUTORADIO n. m. ▪ Poste de radio conçu pour être fixé sur le tableau de bord d'une automobile.

AUTORAIL n. m. ▪ Véhicule automoteur sur rails. ⇒ **automotrice, micheline.** *Des autorails.*

AUTORISATION n. f. ▪ **1.** Action d'autoriser, droit accordé par la personne qui autorise. *Autorisation de bâtir.* ⇒ **permis.** *J'ai l'autorisation de sortir.* ⇒ **permission.** *Obtenir, donner une autorisation.* **2.** Acte, écrit par lequel on autorise. ⇒ **permis.** *Autorisation de sortie du territoire* (pour un mineur non accom- pagné de ses parents).

AUTORISÉ, ÉE adj. ▪ **1.** Qui est permis. ⇒ **toléré.** *Stationnement autorisé.* **2.** Qui a reçu autorité ou autorisation. *Association autorisée. Je me crois autorisé à dire que...* ⇒ **fondé** à. **3.** Digne de créance. *Un critique autorisé. Les milieux autorisés démentent la nouvelle.*

AUTORISER v. tr. [1] ▪ **1.** *AUTORISER qqn À* (+ inf.) : accorder à (qqn) un droit, une permission. *Autoriser qqn à faire qqch. Je vous autorise à ne pas y aller.* ⇒ **dispenser, exempter.** ➝ (sujet chose) ⇒ **permettre.** *Rien ne vous autorise à dire que...* **2.** *AUTORISER qqch.,* rendre licite. *Autoriser les sorties.* ⇒ **permettre.**

AUTORITAIRE adj. ▪ **1.** Qui aime l'autorité ; qui en use ou en abuse. *Un régime autoritaire.* **2.** Qui aime à être obéi. *Homme autoritaire. Un air, un ton autoritaire,* qui exprime le commandement, n'admet pas la contradiction. ⇒ **impératif, impérieux.** ► adv. AUTORITAIREMENT

AUTORITARISME n. m. ▪ **1.** Caractère d'un régime politique, d'un gouvernement autoritaire. **2.** Comportement d'une personne autoritaire. ► adj. et n. AUTORITARISTE

AUTORITÉ n. f. ▪ **1.** Droit de commander, pouvoir d'imposer l'obéissance. *L'autorité du supérieur sur ses subordonnés.* ⇒ **hiérarchie.** *Autorité reconnue, contestée. Crise d'autorité.* ➝ *De sa propre autorité,* sans autorisation. ➝ *D'AUTORITÉ :* sans tolérer de discussion ; sans consulter personne. **2.** Les organes du pouvoir. *Les représentants de l'autorité.* ➝ au plur. *LES AUTORITÉS :* les personnes qui exercent l'autorité. *Les autorités militaires.* **3.** Pouvoir de se faire obéir. *Ce professeur a de l'autorité.* **4.** Supériorité de mérite ou de séduction qui impose l'obéissance, le respect, la confiance. ⇒ **ascendant, empire, influence, prestige.** *Avoir, prendre de l'autorité sur qqn.* ➝ *FAIRE AUTORITÉ :* s'imposer auprès de tous comme incontestable, servir de règle. *Un savant, un ouvrage qui fait autorité.* **5.** Personne qui fait autorité. *Invoquer une autorité à l'appui de sa thèse.*

AUTOROUTE n. f. ▪ Large route à double chaussée réservée aux véhicules automobiles, protégée, sans croisements ni passages à niveau. *Une autoroute à quatre voies. Des autoroutes à péage.* ➝ par métaphore *Autoroute de l'information :* système de télécommunication assurant la transmission de très nombreuses données numérisées (textes, images, sons...). ► adj. AUTOROUTIER, IÈRE

AUTOSATISFACTION [-s-] n. f. ▪ Satisfaction de soi-même. ⇒ **vanité.**

AUTOS-COUCHETTES adj. ▪ *Train autos-couchettes :* train de nuit transportant à la fois des voyageurs et leur voiture.

AUTO-STOP n. m. ▪ Le fait d'arrêter une voiture pour se faire transporter gratuitement. ⇒ **stop.** *Faire de l'auto-stop.*

AUTO-STOPPEUR, EUSE n. ▪ Personne qui fait de l'auto-stop.

AUTOSUGGESTION [-sygʒɛstjɔ̃] n. f. ▪ Action de se suggestionner soi-même, volontairement ou non.

AUTOTROPHE adj. ▪ BIOL. (organisme) Capable d'élaborer sa propre substance à partir des minéraux (ex. les végétaux chlorophylliens).

① **AUTOUR** adv. ▪ Dans l'espace qui environne qqn, qqch. ➝ *AUTOUR DE* loc. prép. *Faire cercle autour de qqn, de qqch.* ⇒ **entourer.** *Les planètes gravitent autour du Soleil. Regarder tout autour de soi.* ➝ abstrait *Vous tournez autour du sujet, autour du pot*. Il a autour de quarante ans,* environ, à peu près. ♦ En entourant. *Mettez du papier autour.*

② **AUTOUR** n. m. ▪ Oiseau rapace voisin de l'épervier.

AUTRANS ▪ Commune de l'Isère, dans le Vercors. 1 600 hab. Station de sports d'hiver (ski de fond). Alt. 1 050 à 1 610 m.

AUTRE adj. et pron. ▪ **I.** adj. (épithète, avant le nom) **1.** Qui n'est pas le même. ⇒ **allo-, hétér(o)-.** *J'ai une autre idée. Bien d'autres choses encore. Sans autre indication. Je ne vois aucun autre moyen.* ➝ *Une autre fois, un autre jour. À un autre moment,* un peu plus tard. ➝ *L'autre fois, l'autre jour,* dans le passé. ⇒ **autrefois.** *L'autre monde,* l'au-delà. ➝ loc. prov. *Autres temps, autres mœurs.* **2.** Différent par une supériorité. *C'est un tout autre écrivain.* **3.** *AUTRE CHOSE* (sans art.) : quelque chose de différent. *C'est autre chose, c'est tout autre chose,* c'est différent. *Parlons d'autre chose.* ➝ FAM. *Ah bon, voilà (vlà) autre chose !,* encore qqch. de désagréable. **4.** *AUTRE PART* loc. adv. : ailleurs. ➝ *D'AUTRE PART :* par ailleurs. **II.** adj. (après le n. ou le pron.) Qui est différent de ce qu'il était. *Il est devenu autre.* ➝ au plur. FAM. ou RÉGIONAL Pour opposer le groupe désigné au reste. *Nous autres, nous partons. Eux autres.* **III.** pron. (nominal ou représentant un nom) **1.** *Un, une autre,* personne, chose différente. *Prendre qqn pour un autre* (une autre personne), *une chose pour une autre. De l'un à l'autre. Je n'en veux pas d'autre. Il faut penser aux autres.* ⇒ **autrui.** ➝ *Quelqu'un, personne d'autre (que...).* ➝ loc. *Il n'en fait jamais d'autres* (erreurs, bêtises). *J'en ai vu d'autres* (choses étonnantes). *À d'autres !,* allez dire cela à des gens plus crédules. ➝ *ENTRE AUTRES :* parmi plusieurs (personnes, choses). ➝ *RIEN D'AUTRE :* rien de plus. **2.** *L'UN... L'AUTRE ; LES UNS... LES AUTRES.* *"L'une chante, l'autre pas"* (film d'Agnès Varda). *L'un et l'autre,* les deux ou l'un aussi bien que l'autre. *L'un et l'autre sont venus, est venu. C'est tout l'un ou tout l'autre,* il n'y a pas de milieu. *Ni l'une ni l'autre.* ➝ *Aimez-vous les uns les autres.* ➝ (avec une prép.) *Il nous a présentés l'un à l'autre. Marcher l'un à côté de l'autre, l'un derrière l'autre.* ➝ loc. *L'un dans l'autre :* tout compte fait. **3.** PHILOS. *L'Autre :* autrui.

AUTREFOIS adv. ▪ Dans un temps passé. ⇒ **anciennement, jadis.** *Les mœurs d'autrefois.* ⇒ d'**antan.** *Autrefois, il en était ainsi.*

AUTREMENT adv. ▪ **1.** D'une manière différente. ⇒ **différemment.** *Il faut agir autrement. Je n'ai pas pu faire autrement que d'y aller.* ➝ *AUTREMENT DIT :* en d'autres termes. **2.** Dans un autre cas, dans le cas contraire. ⇒ **sinon. 3.** *PAS AUTREMENT :* pas beaucoup. ⇒ **guère.** *Je ne m'en étonne pas autrement.* **4.** (comparatif de supériorité) ⇒ **plus ; beaucoup.** *Elle est autrement mieux que sa sœur.*

l'AUTRICHE n. f. en allemand ***ÖSTERREICH*** ▪ État (république fédérale) d'Europe centrale. 83 859 km². 7 800 000 hab. *(les Autrichiens).* Capitale : Vienne. Langue officielle : allemand. Monnaie : schilling. Il comprend neuf États (Land, plur. : Länder) : Vienne*, la Basse-Autriche (19 174 km² ; 1 480 000 hab. ; capitale : Sankt Pölten), la Haute-Autriche (11 980 km² ; 1,3 million d'hab. ; capitale : Linz), le Burgenland*, la Carinthie*, Salzbourg*, la Styrie*, le Tyrol*, le Vorarlberg*. Pays alpestre, recouvert pour un tiers de forêts, au climat continental. L'économie est diversifiée : élevage, exploitation de la forêt, sidérurgie, métallurgie, électrochimie, hydroélectricité, mais le secteur tertiaire domine (tourisme, sports d'hiver). Forte dépendance à l'égard de l'Allemagne pour le commerce extérieur. L'ouverture des pays de l'Est en 1990 et l'adhésion à l'Union européenne apportent une nouvelle dynamique. ☐**HISTOIRE** La marche d'Autriche (*Österreich* signifie « royaume de l'Est ») devint duché héréditaire en 1156 et passa aux mains des Habsbourg en 1278. Aux XVIe et XVIIe s., elle constituait le noyau dur de l'Empire germanique et se fit le champion du catholicisme contre les princes

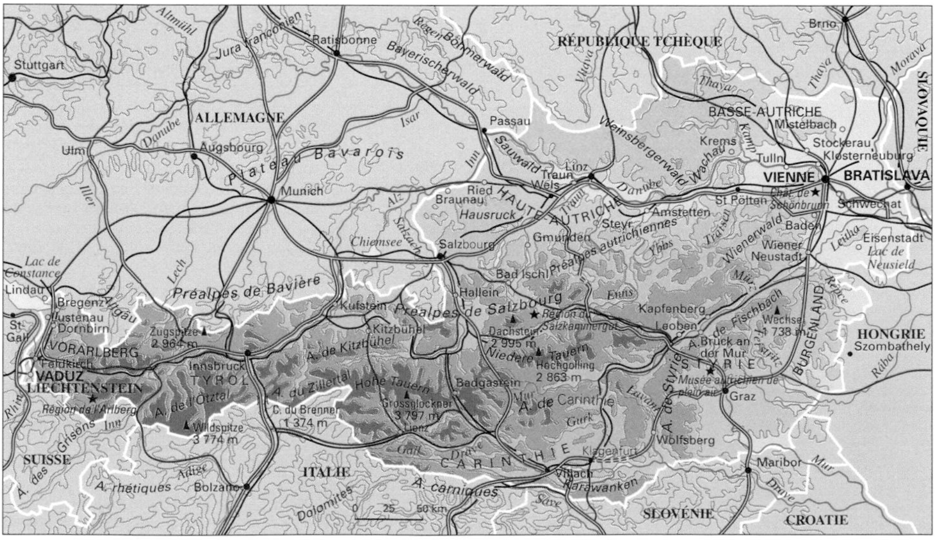

Autriche.

allemands réformés, les Tchèques (guerre de Trente Ans) et les Turcs. Tandis que sur le plan intérieur les règnes de Marie-Thérèse puis de Joseph II renforcèrent et modernisèrent l'État, sur le plan extérieur les défaites causées par la guerre de Succession (1740-1748) puis par les guerres napoléoniennes diminuèrent son territoire. Mais le congrès de Vienne (1815) et le rôle diplomatique de Metternich lui redonnèrent une place prépondérante en Europe. À l'intérieur, la politique absolutiste se heurta aux revendications nationalistes des peuples non allemands (Hongrois, Tchèques, Slaves du Sud) qui aboutirent aux révolutions de 1848. Vaincue par la Prusse en 1866 (bataille de Sadowa), exclue alors de l'Allemagne et de l'Italie, l'Autriche dut reconnaître l'existence du royaume de Hongrie, dont François-Joseph se fit couronner roi en 1867 donnant naissance à l'empire d'Autriche-Hongrie. L'annexion de la Bosnie-Herzégovine (1908) puis le conflit avec la Serbie (→ **François-Ferdinand de Habsbourg**) déclenchèrent la Première Guerre mondiale, qui provoqua la ruine de la monarchie austro-hongroise et l'institution d'une république fédérale (1920) dans les limites territoriales actuelles. Devenue une province allemande après l'annexion (l'Anschluss) par Hitler, occupée par les Alliés après 1945, l'Autriche retrouva son indépendance en 1955 et affirma sa souveraineté (traité de paix avec l'URSS, admission à l'ONU). Le chancelier (socialiste) Bruno Kreisky (1911 - 1990) dirigea le pays de 1970 à 1983. K. Waldheim, ancien officier de la Wehrmacht, fut élu président de la République en 1986. Le populiste T. Krestil lui succéda en 1992. La chute des régimes communistes en Europe de l'Est a transformé la situation géopolitique de l'Autriche qui occupait jusqu'alors une position charnière entre l'Est et l'Ouest et a favorisé son entrée dans l'Union européenne (1995).

autruche. *Struthio camelus.*
Phot. © Shah/Jacana

AUTRUCHE n. f. ▪ **1.** Oiseau coureur de grande taille, à ailes rudimentaires. *Plume d'autruche.* - *Un estomac d'autruche,* qui digère tout. **2.** loc. *Pratiquer la politique de l'autruche, faire l'autruche,* refuser de voir le danger (comme l'autruche qui se cache la tête pour échapper au péril).

AUTRUI pron. ▪ Un autre, les autres hommes (en complément). ⇒ **prochain.** *Agir pour le compte d'autrui. L'amour d'autrui.* ⇒ **altruisme.**

AUTUN ▪ Chef-lieu d'arrondissement de la Saône-et-Loire. 17 906 hab. *(les Autunois).* Remarquable cathédrale romane (XIIe s.).

Autun. Linteau du portail nord de la cathédrale : *Ève,* sculpture attribuée à Gislebert. Musée Rolin, Autun.
Phot. © Arch. Smeets

AUVENT n. m. ▪ Petit toit en saillie pour garantir de la pluie.

l'AUVERGNE n. f. ▪ Région administrative française comprenant quatre départements du Massif central : Allier, Cantal, Haute-Loire, Puy-de-Dôme. 26 013 km². 1 320 000 hab. *(les Auvergnats).* Chef-lieu : Clermont-Ferrand. Le peuplement industriel et urbain se concentre dans les vallées, près de Clermont-Ferrand (industries automobile et pneumatique). Les hauts plateaux et massifs volcaniques se dépeuplent, bien que l'agriculture occupe encore un quart de la population active (élevage laitier, fromages). Tourisme thermal (Vichy). La région correspond à peu près à l'ancienne province d'Auvergne (l'ancien territoire des Arvernes), divisée au Moyen Âge en *comté d'Auvergne* (rattaché à la Couronne en 1610), *Dauphiné d'Auvergne* et *terre d'Auvergne* (réunis à la Couronne en 1532). ■ Voir carte p. suiv.

Antoine d'AUVERGNE ou **DAUVERGNE** (1713 - 1797) ▪ Violoniste et compositeur français.

AUVERS-SUR-OISE ▪ Commune du Val-d'Oise. 6 129 hab. *(les Auversois).* Séjour de nombreux peintres impressionnistes. Van Gogh y est enterré.

AUXERRE ▪ Chef-lieu de l'Yonne. 38 819 hab. *(les Auxerrois).* Monuments médiévaux.

AUXILIAIRE adj. et n. ▪ **1.** Qui aide par son concours (sans être indispensable). *Moyen auxiliaire.* ⇒ **accessoire, annexe, complémentaire.** *Moteur auxiliaire.* **2.** n. Personne qui aide en apportant son concours. ⇒ **adjoint, aide, assistant, collaborateur.** *Faire de qqn son auxiliaire.* **3.** Employé recruté à titre provisoire par l'Administration (non fonctionnaire, non titulaire). **4.** *Verbe auxiliaire* ou n. m. *un auxiliaire,* verbe qui est réduit à la fonction grammaticale de former les temps composés des verbes. *« Avoir » et "être" sont des auxiliaires ; « faire » peut être auxiliaire.*

AUXINE n. f. ▪ BIOL. Hormone végétale, facteur de croissance.

l'AUXOIS n. m. ▪ Région au nord-est du Morvan, en Bourgogne.

le mont AUXOIS ▪ Butte calcaire (418 m) dans la plaine de l'Auxois. Site probable d'Alésia.

AUXONNE ▪ Commune de la Côte-d'Or. 6 781 hab. *(les Auxonnais).* Église gothique.

Adrien AUZOUT (1622 - 1691) ▪ Astronome français. Il perfectionna les instruments de mesure et d'observation.

AVACHI, IE adj. ▪ **1.** Déformé et flasque. **2.** (personnes) Sans aucune énergie, sans fermeté.

S'AVACHIR v. pron. [2] ▪ **1.** Devenir mou, flasque. *Ces souliers commencent à s'avachir.* **2.** (personnes) Se laisser aller. ⇒ **se relâcher.** ► n. m. AVACHISSEMENT

① **AVAL** n. m. sing. ▪ **1.** Le côté vers lequel descend un cours d'eau (s'oppose à *amont*). *La rivière est plus belle vers l'aval.* - *EN AVAL DE* loc. prép. : au-delà, dans le sens de la pente, du courant. *Valence est en aval de Lyon.* **2.** abstrait Ce qui vient après, dans un processus. *Si la production s'arrête, cela créera des problèmes en aval.*

② **AVAL, ALS** n. m. ▪ Engagement de payer à la place de qqn, s'il ne peut le faire (⇒ **avaliser**). - fig. *Donner son aval à une politique,* son soutien. *Des avals.*

AVALANCHE n. f. ▪ **1.** Masse de neige qui se détache et dévale en entraînant des pierres, des boues. *Skieur entraîné par une avalanche.* - *Couloir d'avalanche.* **2.** Grande quantité de. *Une avalanche de coups.* ⇒ **pluie.** *J'ai reçu une avalanche de lettres.*

AVALER v. tr. [1] ▪ **1.** Faire descendre par le gosier. ⇒ **absorber, boire, ingérer, ingurgiter, manger.** *Avaler une gorgée d'eau. Avaler qqch. d'un seul coup, sans mâcher.* ⇒ **engloutir, gober.** *Avaler de travers,* l'épiglotte ayant laissé passer des particules alimentaires dans la trachée. ♦ loc. fig. *Avoir avalé sa langue,* garder le silence. *Avaler des couleuvres*. Avaler la pilule*.* **2.** fig. *Avaler un livre, un roman,* le lire avec avidité. **3.** Supporter sans réagir. *Vous n'allez pas avaler ça sans réagir ?* ♦ Croire ; accepter sans critique. *C'est une histoire difficile à avaler.*

AVALEUR, EUSE n. ▪ Personne qui avale (qqch.). - loc. *Avaleur de sabres,* saltimbanque qui introduit une lame dans son tube digestif.

AVALISER v. tr. [1] ▪ Donner son aval à. *Avaliser une traite.*

AVALLON ▪ Chef-lieu d'arrondissement de l'Yonne. 8 617 hab. *(les Avallonnais).* Centre industriel.

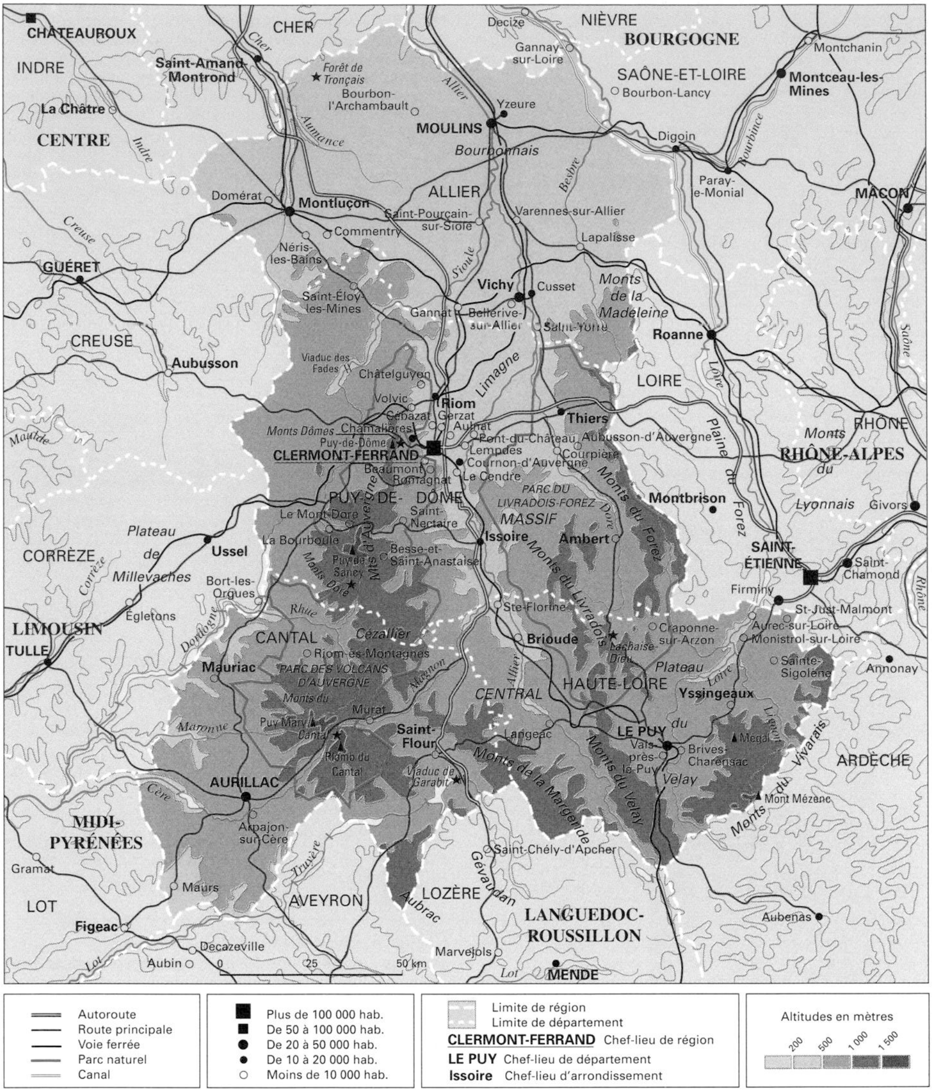

Auvergne.

AVALOKITEŚVARA ▪ Dans la religion bouddhiste, le bodhisattva le plus vénéré, spécialement en Chine (sous le nom de Guanyin), au Tibet et au Japon (sous le nom de Kannon).

AVANCE n. f. ▪ **1.** Action, fait d'avancer. *L'avance d'une armée.* ⇒ **marche, progression. 2.** Espace parcouru avant qqn, distance qui en sépare. *Prendre de l'avance sur qqn. Garder, perdre son avance.* **3.** Anticipation sur un moment prévu. *Avoir une heure d'avance* (s'oppose à *retard*). **4.** *À L'AVANCE* loc. adv. : avant le moment fixé. *Tout a été préparé à l'avance. Deux jours à l'avance.* ➛ *D'AVANCE :* avant le temps, avant un moment quelconque. *Payer d'avance. Merci d'avance.* ➛ *EN AVANCE* (en attribut) : avant le temps fixé, l'horaire prévu. *Il est en avance, en avance d'une heure* (opposé à *en retard*). ➛ Avancé dans son développement. *Il est en avance pour son âge.* ♦ LITTÉR. *PAR AVANCE :* à l'avance ; d'avance. **5.** *Une avance :* somme versée par anticipation. *Faire une avance sur salaire.* ⇒ **acompte, provision. 6.** au plur. Premières démarches auprès d'une personne pour nouer ou renouer des relations (en général des relations amoureuses) avec elle. *Il lui a fait des avances.*

AVANCÉ, ÉE adj. ▪ **1.** Qui est en avant. *Poste avancé.* **2.** (temps) Dont une grande partie est écoulée. *La nuit, la saison est déjà bien avancée. À une heure avancée de la nuit.* ⇒ **tardif.** ♦ Qui s'approche du terme. *Le travail est bien avancé.* ♦ Qui commence à se gâter. *Ce poisson est un peu avancé.* **3.** Qui est en avance (sur les autres), qui a fait des progrès. *Un enfant avancé pour son âge.* ⇒ **précoce.** *Opinions, idées avancées,* en avance sur les idées dominantes ; favorables au progrès. **4.** (personnes) (iron.) *Être (bien) avancé :* avoir obtenu des avantages. *Vous voilà bien avancé !,* ce que vous avez fait ne vous a servi à rien.

AVANCÉE n. f. ▪ **I.** Action d'avancer. ⇒ **avance.** ♦ fig. Progrès important. *Une avancée technique décisive.* ⇒ **progrès. II.** Ce qui avance, forme saillie.

AVANCEMENT n. m. ▪ **I. 1.** État de ce qui avance, progresse. ⇒ **progression.** *L'avancement des travaux.* **2.** (personnes) Le fait de s'élever dans une hiérarchie. ⇒ **promotion.** *Avoir, recevoir ; demander de l'avancement.*

AVANCER v. [3] ▪ **I.** v. tr. **1.** Pousser, porter en avant. *Avancer une chaise.* – passif *Votre voiture est avancée.* **2.** Mettre en avant, dans le discours. *Avancer une thèse, une idée. Il faut prouver ce que vous avancez.* ⇒ **affirmer, alléguer, prétendre. 3.** Faire arriver avant le temps prévu ou normal. *Il a avancé son retour, la date de son retour.* **4.** Faire progresser qqch. *Avancer son travail.* – (sujet chose) *Ce retard n'avance pas mes affaires.* ♦ *À quoi cela vous avancera-t-il ?,* quel avantage en aurez-vous ? ⇒ **avancé** (4). **5.** (→ à l'avance) Prêter (de l'argent). *Il lui a avancé mille francs.* **II.** v. intr. **1.** Aller, se porter en avant. *Avancer lentement, rapidement.* **2.** Être placé en avant, faire saillie (⇒ **avancée**). *Ce cap avance dans la mer. La lèvre inférieure avançait légèrement.* **3.** Avoir déjà fait beaucoup. ⇒ **progresser.** *Avancer dans son travail.* **4.** (choses) Aller vers son achèvement. *Les travaux n'avancent pas.* **5.** S'écouler, être en train de passer (temps) ; approcher de sa fin (durée). *La nuit avance, il est déjà bien tard.* ♦ (personnes) *Avancer en âge.* **6.** (pendules) Être en avance. *Ma montre avance* (opposé à *retarder*). ► **S'AVANCER** v. pron. **1.** Aller en avant. *Il s'avance vers nous.* ⇒ **approcher, venir. 2.** Prendre de l'avance. *Il s'est avancé pour partir plus tôt.* **3.** fig. Émettre des idées peu sûres, ou compromettantes. *Tu t'avances un peu en disant cela. S'avancer jusqu'à dire... Il s'avance trop.* **4.** (temps) S'écouler. *La nuit s'avance.*

AVANIE n. f. ▪ plus cour. au plur. Traitement humiliant, affront public. ⇒ **affront, humiliation, insulte.** *Infliger des avanies à qqn.*

① **AVANT** ▪ **I.** prép. **1.** (priorité de temps, antériorité) ⇒ **anté-, pré-** ; s'oppose à *après. Il est debout avant le lever du soleil. Il est arrivé avant moi* (→ plus tôt*). *C'était un peu avant deux heures.* – *AVANT DE* (+ inf.). *Réfléchissez bien avant de vous décider.* – *AVANT QUE* (+ subj.). *Ne parlez pas avant qu'il ait fini, qu'il n'ait fini.* **2.** (antériorité dans l'espace) *C'est la maison juste avant l'église.* **3.** (priorité dans un ordre) *Faire passer qqn avant les autres.* – *AVANT TOUT.* ⇒ d'**abord, surtout.** *Avant tout, il faut éviter la guerre.* **II.** adv. **1.** (temps) Plus tôt. *Quelques jours avant.* ⇒ **auparavant.** *Le jour, la nuit d'avant,* précédente. *Réfléchissez avant.* ⇒ d'**abord** (s'oppose à *après*). **2.** (espace ; ordre ou situation) *Lequel des deux doit-on mettre avant ?* ⇒ **devant** (s'oppose à *derrière*). ♦ après le nom *Marche* avant* (s'oppose à *arrière*). **3.** LITTÉR. (précédé de *assez, bien, plus, si, trop...*) Marque un éloignement du point de départ (s'oppose à *en arrière*). *S'enfoncer trop avant dans la forêt.* ⇒ **loin, profondément.** *Je n'irai pas plus avant.* **III. 1.** *EN AVANT* loc. adv. : vers le lieu, le côté qui est devant, devant soi (s'oppose à *en arrière*). *En avant, marche ! Se pencher en avant. Marcher en avant.* ⇒ en **tête.** – fig. *Regarder en avant,* vers l'avenir. ♦ *Mettre qqch. en avant,* l'affirmer, s'en servir comme argument. – *Mettre qqn en avant,* s'abriter derrière son autorité. *Se mettre en avant,* se faire valoir par ses propos, son comportement. **2.** *EN AVANT DE* loc. prép. *L'éclaireur marche en avant de la troupe.* ⇒ **devant.**

② **AVANT** ▪ (s'oppose à *arrière*) ▪ **I.** n. m. **1.** Partie antérieure. *L'avant d'une voiture. Vous serez mieux à l'avant. Vers l'avant du train.* **2.** *Aller de l'avant,* faire du chemin en avançant ; fig. s'engager dans une affaire. **II.** au football, etc. Joueur placé devant les autres. *La ligne des avants.* **III.** adj. invar. Qui est à l'avant. *Les roues avant et les roues arrière.*

AVANTAGE n. m. ▪ **I. 1.** Ce par quoi on est supérieur (qualité ou biens) ; supériorité. *Avantage naturel. L'avantage de l'expérience.* – *À l'avantage de qqn,* de manière à lui donner une supériorité. *La situation a tourné à son avantage.* – *Être à son avantage,* être momentanément supérieur à ce qu'on est d'habitude. **2.** (dans un combat, une lutte) *Avoir, prendre, perdre l'avantage.* ⇒ **dessus ; succès, victoire.** *Tirer avantage de qqch.* **3.** Point marqué au tennis par un joueur, lorsque la marque est à 40 partout. *Avantage, jeu !* **II.** Ce qui est utile, profitable (opposé à *désavantage*). ⇒ **intérêt.** *Cette solution offre de grands avantages.* – *Avoir avantage à* (faire qqch.). *Il aurait avantage à se taire* (→ il ferait mieux de).

Avalokiteśvara. Art cinghalais du XIIe s. Monastère de Jetavana, Polonnāruwa, Sri Lanka. *Phot. © Arch. Smeets*

AVANTAGER v. tr. [3] ▪ **1.** Accorder un avantage à (qqn) ; rendre supérieur. ⇒ **doter, douer.** *Je ne veux pas l'avantager au détriment des autres.* **2.** (sujet chose) Faire valoir les avantages naturels de. *Cette coiffure l'avantage.*

AVANTAGEUSEMENT adv. ▪ D'une manière avantageuse.

AVANTAGEUX, EUSE adj. ▪ **1.** Qui offre, procure un avantage. ⇒ **fructueux, profitable.** *Une offre avantageuse. Prix avantageux.* **2.** Qui est à l'avantage de qqn, propre à lui faire honneur. ⇒ **favorable, flatteur.** *Présenter qqn sous un jour avantageux.* **3.** Prétentieux. ⇒ **fat, présomptueux.** *Un air, un ton avantageux.*

AVANT-BRAS n. m. invar. ▪ Partie du bras qui va du coude au poignet. *Os de l'avant-bras.* ⇒ **cubitus, radius.**

AVANT-CENTRE n. m. ▪ Joueur (de football) placé le plus près du centre du terrain. *Des avants-centres.*

AVANT-COUREUR adj. m. ▪ Annonciateur, précurseur. *Les signes avant-coureurs du changement.*

AVANT-COURRIER, IÈRE n. ▪ LITTÉR. Chose qui précède et annonce. ♦ adj. ⇒ **avant-coureur.**

AVANT-DERNIER, IÈRE adj. ▪ Qui est avant le dernier. *L'avant-dernier jour. L'avant-dernière syllabe,* la pénultième. – n. *Il est l'avant-dernier de sa classe.*

AVANT-GARDE n. f. ▪ **1.** Partie d'une armée qui marche en avant du gros des troupes. *Des avant-gardes.* **2.** fig. *À L'AVANT-GARDE DE :* devant, à la pointe de. *Être à l'avant-garde du progrès.* – *D'AVANT-GARDE :* qui joue un rôle de précurseur. *Littérature d'avant-garde.* ► n. m. AVANT-GARDISME ► adj. et n. AVANT-GARDISTE

AVANT-GOÛT n. m. ▪ Sensation que procure l'idée d'un bien, d'un mal futur. *Un avant-goût des vacances. Des avant-goûts.*

AVANT-GUERRE n. m. ou f. ▪ Période qui a précédé une guerre.

AVANT-HIER [avɑ̃tjɛʀ] adv. ▪ Le jour qui a précédé hier (⇒ **avant-veille**). *Il est parti avant-hier.*

AVANT-POSTE n. m. ▪ MILIT. Poste avancé. *Des avant-postes.*

AVANT-PREMIÈRE n. f. ▪ **1.** Réunion d'information pour présenter un spectacle, une exposition avant la présentation au public. *Des avant-premières.* **2.** *En avant-première,* avant la présentation officielle, publique.

AVANT-PROJET n. m. ▪ Rédaction provisoire d'un projet. – Maquette ou esquisse d'une construction, d'une œuvre d'art. *Des avant-projets.*

AVANT-PROPOS n. m. invar. ▪ Courte introduction (présentation, avis au lecteur, etc.). ⇒ **avertissement, introduction, préface.**

AVANT-SCÈNE n. f. ▪ Loge placée près de la scène. *Une avant-scène. De belles avant-scènes.* – *L'avant-scène,* le devant de la scène.

AVANT-TRAIN n. m. ▪ Partie antérieure du corps (d'un quadrupède) (opposé à *arrière-train*). *Des avant-trains.*

AVANT-VEILLE n. f. ▪ Jour qui précède la veille (⇒ **avant-hier**). *L'avant-veille de son arrivée. Des avant-veilles.*

AVARE adj. et n. ▪ **1.** Qui a de l'argent et refuse de le dépenser, quitte à se priver. ⇒ **avaricieux, chiche, pingre, radin ;** FAM. **rapiat, regardant.** *Économe sans être avare. Être avide et avare.* – prov. *À père avare, fils prodigue.* **2.** n. *Un vieil avare. "L'Avare"* (pièce de Molière, dont le héros est Harpagon). **3.** LITTÉR. *AVARE DE qqch. :* qui ne prodigue pas. *Il est avare de compliments.*

AVARICE n. f. ▪ Comportement de l'avare. ⇒ **pingrerie.** *Il est d'une avarice sordide.*

AVARICIEUX, IEUSE adj. ▪ VX ou plais. Qui se montre d'une avarice mesquine. ⇒ **avare.** – n. « *La peste soit de l'avarice et des avaricieux !* » (Molière).

AVARIE n. f. ▪ Dommage survenu à un navire ou aux marchandises qu'il transporte. *La cargaison a subi des avaries.* ◆ Dommage survenu au cours d'un transport (terrestre ou aérien).

AVARIÉ, ÉE adj. ▪ (choses périssables) Détérioré. ⇒ **gâté, pourri.** *Marchandises avariées, produits avariés.*

les AVARS n. m. pl. ▪ Tribu asiatique qui constitua du VIe au IXe s. un empire en Europe centrale. Vaincus par les armées de Charlemagne (791-796).

AVATAR n. m. ▪ **1.** Dans la religion hindouiste, Chacune des incarnations du dieu Vishnou. **2.** fig. Métamorphose, transformation. **3.** abusivt Mésaventure, malheur.

À VAU-L'EAU loc. adv. ⇒ À VAU-L'EAU

AVE ou **AVE MARIA** [ave-] n. m. invar. ▪ Salutation angélique, prière à la Sainte Vierge. *Dire des Ave.*

AVEC prép. ▪ **I. 1.** En compagnie de (qqn). *Se promener avec qqn.* ◆ En ayant (qqch.) avec soi. ◆ (accord, association) *Être d'accord avec qqn. Il s'est marié avec elle.* ◆ (conformité) *Je pense avec cet auteur que...* ⇒ **comme. 2.** (relations entre personnes) *Faire connaissance avec qqn. Comment se comporte-t-il avec vous ?* ⇒ **envers, vis-à-vis** de. *Être bien avec qqn,* en bonnes relations avec lui. **3.** (opposition) ⇒ **contre.** *Se battre avec qqn, avec la maladie.* **4.** (en tête de phrase) *Avec lui, il n'y a que l'argent qui compte,* à l'entendre, selon lui. ◆ En ce qui concerne (qqn). *Avec elle, on peut s'attendre à tout.* **II. 1.** En même temps que. *Se lever avec le jour.* **2.** En plus. ⇒ **ainsi** que, **et.** ◆ FAM. *Avec ça, avec cela :* en plus, en outre. **3.** Malgré. *Avec tant de qualités, il n'a pas réussi.* **4.** (en tête de phrase) Étant donné la présence de. *Avec tous ces touristes, le village est bien agité.* ⇒ à **cause** de. **5.** Garni de. *Servir le poisson avec du riz. Une robe avec des dentelles.* ⇒ **à.** ◆ Qui comporte. *Une chambre avec vue sur la mer.* **III. 1.** (moyen) À l'aide de, grâce à, au moyen de. *Avec cent francs, vous pouvez l'acquérir.* ⇒ **moyennant.** *Tout s'arrange avec le temps,* grâce à lui. **2.** (manière) *J'accepte avec plaisir.* **IV.** adv. FAM. (choses) *Il a pris son manteau et il est parti avec.* ◆ loc. *Il faudra bien FAIRE AVEC,* s'en arranger.

AVELINE n. f. ▪ Noisette oblongue. ► n. m. AVELINIER

AVE MARIA ⇒ AVE

AVEMPACE → **Ibn Bājā**

AVEN [avɛn] n. m. ▪ Gouffre naturel creusé par les eaux dans un terrain calcaire. *Des avens.*

AVENANT, ANTE ▪ **I.** adj. Qui plaît par son bon air, sa bonne grâce. ⇒ **agréable, aimable, gracieux.** *Manières avenantes.* **II. 1.** n. m. VX Ce qui convient. ♦ DR. Clause ajoutée (à une police d'assurance). **2.** *À L'AVENANT* loc. adv. : en accord, en conformité, en rapport. *Le jardin est en friche, et la maison est à l'avenant.*

AVÈNEMENT n. m. ▪ **1.** Accession au trône. *L'avènement de Louis XIV.* **2.** fig. Début du règne (de qqch.). *L'avènement d'un nouvel ordre social.*

AVENIR n. m. ▪ **1.** Temps à venir (opposé à *passé*). *Penser à l'avenir.* ◆ *Projets d'avenir. Dans un avenir proche, lointain. Expression de l'avenir en grammaire.* ⇒ **futur.** ◆ *À L'AVENIR* loc. adv. : à partir de maintenant. ⇒ **désormais, dorénavant.** *À l'avenir, soyez plus prudent.* **2.** État, situation future (de qqn). ⇒ **destinée.** *Assurer son avenir et celui de ses enfants. Un jeune médecin D'AVENIR,* qui réussira. ◆ (choses) *Ce projet n'a aucun avenir.*

AVENT n. m. ▪ RELIG. CATHOL. Temps liturgique de préparation à la fête de Noël.

le mont AVENTIN ▪ Une des sept collines de Rome. La plèbe, révoltée contre le patriciat, s'y retira en 494 et en 450 av. J.-C.

AVENTURE n. f. ▪ **I.** VX Destin. ♦ loc. *Dire la BONNE AVENTURE à qqn,* lui prédire son avenir par la divination. **II. 1.** *UNE, DES AVENTURES :* ce qui arrive d'imprévu, de surprenant ; ensemble d'événements qui concernent qqn. *Une fâcheuse aventure.* ⇒ **accident, affaire, mésaventure.** *Raconter les aventures d'un héros. Roman d'aventures.* ♦ (en amour) *Avoir une aventure.* ⇒ **intrigue, liaison. 2.** *L'AVENTURE :* ensemble d'activités, d'expériences qui comportent du risque et de l'imprévu. *L'attrait de l'aventure. L'aventure sportive.* ♦ loc. adv. *À L'AVENTURE :* au hasard, sans dessein arrêté. *Marcher à l'aventure.* ◆ LITTÉR. *D'AVENTURE, PAR AVENTURE :* par hasard.

AVENTURER v. tr. [1] ▪ Exposer avec un certain risque. ⇒ **hasarder, risquer.** *Aventurer une grosse somme dans une affaire.* ► **S'AVENTURER** v. pron. Se risquer, aller avec un certain risque. *S'aventurer la nuit sur une route peu sûre.* ► **AVENTURÉ, ÉE** adj. (choses) Exposé avec risque. *Des affirmations aventurées.* ⇒ **hasardeux.**

AVENTUREUX, EUSE adj. ▪ **1.** Qui aime l'aventure, se lance volontiers dans les aventures. ⇒ **audacieux, hardi, téméraire.** *Homme, esprit aventureux.* **2.** Qui est plein d'aventures. *Une vie aventureuse.* **3.** Plein de risques. ⇒ **hasardeux, risqué.** *Un projet aventureux.* ► adv. AVENTUREUSEMENT

AVENTURIER, IÈRE n. ▪ **1.** (parfois péj.) Personne qui cherche l'aventure, par curiosité et goût du risque. **2.** péj. Personne qui vit d'intrigues, d'expédients. ⇒ **intrigant.** *Une belle aventurière.*

AVENTURISME n. m. ▪ POLIT. Tendance à prendre des décisions hâtives, dangereuses. ► adj. et n. AVENTURISTE

AVENU, UE adj. ▪ loc. *NUL ET NON AVENU :* inexistant, sans effet. *Je considère cette déclaration comme nulle et non avenue.*

AVENUE n. f. ▪ Voie plantée d'arbres qui conduit à une habitation (⇒ **allée**), ou large voie urbaine (⇒ **boulevard, cours**). ◆ fig. Voie d'accès. *Les avenues du pouvoir.*

Hendrik AVERCAMP (1585-1634) ▪ Peintre et dessinateur hollandais. Il peignit des petits personnages dans des paysages glacés.

AVÉRÉ, ÉE adj. ▪ Reconnu vrai. ⇒ **certain.** *C'est un fait avéré.*

S'AVÉRER v. pron. [6] ▪ LITTÉR. Être reconnu comme vrai (affirmation). *La nouvelle s'est avérée.* ♦ COUR. (+ adj.) ⇒ **apparaître,** se **montrer,** se **révéler.** *Ce médicament s'avère dangereux. Ce raisonnement s'est avéré juste.* ◆ abusivt *S'avérer faux.*

le lac d'AVERNE ▪ Lac d'Italie, en Campanie, décrit par Virgile comme l'entrée des Enfers.

Ibn Ruchd dit **AVERROÈS** (1126-1198) ▪ Philosophe arabe et musulman d'Espagne. Sa pensée, exprimée à travers ses commentaires d'Aristote et d'orientation rationaliste, lui valut l'hostilité de théologiens musulmans. Un *averroïsme* chrétien se développa à Paris au XIIIe s. mais fut critiqué par saint Thomas d'Aquin et condamné par l'Église.

AVERS n. m. ▪ Face avant (d'une pièce, d'une médaille) (opposé à *revers,* à *pile*). ⇒ **recto.**

AVERSE n. f. ▪ Pluie soudaine et abondante. ⇒ **grain, ondée ;** FAM. **saucée.**

AVERSION n. f. ▪ Vive répulsion. ⇒ **dégoût, haine, horreur, répugnance.** *Avoir de l'aversion pour, contre qqn. Son aversion pour le mensonge.*

AVERTI, IE adj. ▪ Qui connaît bien, qui est au courant. ⇒ **expérimenté, instruit ; avisé.** *Un public averti.*

AVERTIR v. tr. [2] ▪ **1.** Informer (qqn) de (qqch.) afin qu'il y prenne garde. ⇒ **prévenir, renseigner.** *Nous l'avons averti du risque, qu'il y avait un risque. Son instinct l'avertissait de se méfier.* ◆ passif et p. p. *Être averti de qqch.,* informé, prévenu. **2.** par menace ou réprimande ⇒ **avertissement.** *Je vous avertis qu'il faudra changer de conduite.*

AVERTISSEMENT n. m. ▪ **1.** Action d'avertir ; appel à l'attention, à la prudence. *Négliger un avertissement.* ⇒ **avis, conseil, recommandation. 2.** Petite préface pour attirer l'attention du lecteur. ⇒ **introduction. 3.** Avis adressé au contribuable, lui faisant connaître le montant de ses impôts. **4.** Réprimande. ◆ Mesure disciplinaire.

AVERTISSEUR, EUSE ▪ **I.** n. m. Appareil destiné à avertir, à donner un signal. *Avertisseur d'incendie.* ◆ spécialt ⇒ **klaxon. II.** adj. Qui avertit. *Panneau avertisseur.*

Tex AVERY (1907-1980) ▪ Réalisateur américain de dessins animés. Créateur de Bugs Bunny et de Daffy Duck. Son humour repose sur une logique de l'absurde.

AVESNES-SUR-HELPE ▪ Chef-lieu d'arrondissement du Nord. 5 108 hab. *(les Avesnois).*

l'AVESTA n. m. ▪ Recueil des textes sacrés du mazdéisme, en langue avestique ou zend. → **Zarathoustra**

AVEU n. m. ▪ **I.** VX Fait de reconnaître (avouer) pour seigneur. ◆ loc. *Homme SANS AVEU,* celui qui n'était protégé par aucun seigneur ; MOD. personne sans répondant, sans garantie sociale, ou sans scrupule. **II. 1.** Action d'avouer (II), de reconnaître des faits difficiles ou pénibles à révéler ; ce que l'on avoue. ⇒ **confession, déclaration.** *Un aveu sincère. Faire l'aveu d'un secret.* **2.** au plur. Reconnaissance de sa culpabi-

Avercamp. *Scène d'hiver.* Wallraf-Richartz-Museum, Cologne. *Phot. © Arch. Smeets*

lité. *Arracher des aveux à un suspect.* **3.** loc. DE L'AVEU DE : au témoignage de.

AVEUGLANT, ANTE adj. ▪ Qui éblouit. *Un soleil aveuglant.* ⇒ **éblouissant.** ‑ fig. *Une vérité aveuglante,* qui éclate avec force.

AVEUGLE ▪ **I.** adj. **1.** Qui est privé du sens de la vue. *Devenir aveugle.* **2.** fig. Dont le jugement est incapable de rien discerner. *Être aveugle à qqch. La passion le rend aveugle.* ♦ (sentiments, passions) Qui ne permet ni réflexion, ni jugement. ⇒ **absolu, total.** *Une confiance aveugle. Une colère aveugle.* ♦ *Attentat aveugle,* qui frappe au hasard. **3.** Qui ne laisse pas passer le jour. *Fenêtre aveugle.* **II.** n. **1.** Personne privée de la vue. ⇒ **non-voyant.** *Une jeune aveugle. Un aveugle-né.* ‑ prov. *Au royaume des aveugles, les borgnes sont rois :* les médiocres brillent lorsqu'ils se trouvent parmi les sots. **2.** loc. adv. *EN AVEUGLE :* sans discernement. ⇒ à l'**aveuglette, aveuglément.** ‑ *Test effectué en aveugle,* sans connaître les hypothèses de départ. ♦ *À L'AVEUGLE* LITTÉR. : sans voir. ‑ fig. Sans discernement. ⇒ à **l'aveuglette.**

AVEUGLEMENT n. m. ▪ État d'une personne dont la raison est obscurcie, le discernement troublé. ⇒ **égarement, erreur, illusion.** *Dans l'aveuglement de la colère. Son indulgence va jusqu'à l'aveuglement.*

AVEUGLÉMENT adv. ▪ Sans réflexion. *Se lancer aveuglément dans une entreprise.*

AVEUGLER v. tr. [1] ▪ **I. 1.** Rendre aveugle. *On l'aveugla en lui crevant les yeux.* **2.** Gêner la vue, éblouir. *Le soleil m'aveugle.* **3.** Priver du jugement. *Vos préjugés vous aveuglent.* ⇒ **égarer, troubler.** ‑ pronom. fig. Se cacher la vérité. *S'aveugler sur qqn, qqch.* **II.** Boucher (une ouverture). *Aveugler une voie d'eau.*

Tex **Avery.** Personnage extrait de la parodie du *Petit Chaperon rouge* (1943). *Phot. © Démons et Merveilles/1996 Turner Entertainment Co. All right reserved licensed by A.P.M.*

À L'**AVEUGLETTE** loc. adv. ▪ **1.** Sans y voir clair. *Chercher qqch. à l'aveuglette.* ⇒ à **tâtons. 2.** fig. Au hasard, sans prendre de précautions. ⇒ **aveuglément.** *Agir à l'aveuglette.*

AVEULIR v. tr. [2] ▪ LITTÉR. Rendre veule. ‑ au p. p. *Aveuli par des lâchetés.* ◇ ≠ *avilir.*

l'**AVEYRON** n. m. ▪ Rivière de France. Née dans l'Aveyron, elle traverse le Tarn-et-Garonne ; affluent du Tarn. 250 km.

l'**AVEYRON** [12] n. m. ▪ Département français de la région Midi-Pyrénées. 8 749 km². 270 000 hab. Chef-lieu : Rodez. Chefs-lieux d'arrondissement : Millau, Villefranche-de-Rouergue.

AVIATEUR, TRICE n. ▪ Personne qui pilote un avion (⇒ **pilote**) ou appartient au personnel navigant de l'aviation.

AVIATION n. f. ▪ **1.** Navigation aérienne par les engins plus lourds que l'air. ⇒ **aéronautique, air.** ‑ Ensemble des techniques et des activités relatives au transport aérien. *Aviation civile, commerciale. Compagnie d'aviation. Terrain d'aviation.* ⇒ **aérodrome, aéroport. 2.** MILIT. Armée de l'air. ♦ Ensemble d'avions militaires. *Aviation de chasse, de bombardement.* **3.** Industrie de la fabrication des avions.

Salomon ibn Gabirol dit **AVICEBRON** (1020 ‑ 1058) ▪ Philosophe juif d'Espagne, auteur de la *"Source de vie"*, ouvrage mystique d'inspiration néoplatonicienne.

Ibn Sīnā dit **AVICENNE** (980 ‑ 1037) ▪ Médecin, philosophe et mystique musulman d'origine perse. Sa doctrine, à la rencontre de la philosophie grecque et de la mystique iranienne, eut une grande influence en Orient comme en Occident.

AVICOLE adj. ▪ De l'élevage des oiseaux, des volailles. *Ferme avicole.*

AVICULTEUR, TRICE n. ▪ Personne qui pratique l'aviculture.

AVICULTURE n. f. ▪ Élevage des oiseaux, des volailles.

AVIDE adj. ▪ **1.** Qui a un désir immodéré de nourriture. ⇒ **glouton, vorace.** ‑ LITTÉR. *Être avide de sang :* se plaire à répandre le sang. ⇒ **altéré, assoiffé. 2.** Qui désire (qqch.) avec violence. *Un héritier avide. Il est plus avide qu'avare.* ♦ *AVIDE DE. Être avide de richesses ; de plaisirs.* ‑ (+ inf.) *Avide d'apprendre.* ⇒ **anxieux, désireux. 3.** Qui exprime l'avidité. *Des regards avides.*

AVIDEMENT adv. ▪ Avec avidité.

AVIDITÉ n. f. ▪ Désir ardent, immodéré de qqch. ; vivacité avec laquelle on le satisfait. *Manger avec avidité.* ⇒ **gloutonnerie, voracité.** *Son avidité pour l'argent.*

AVIGNON ▪ Chef-lieu du Vaucluse. 86 939 hab. *(les Avignonnais).* Résidence des papes de 1309 à 1377, puis des antipapes du Grand Schisme*. Cathédrale romane, pont Saint-Bénézet (XIIe s.), palais des Papes (XIVe s.), vieux hôtels. Grand centre commercial et touristique (festival de théâtre fondé en 1947 par Jean Vilar).

Avignon. Le palais des Papes. *Phot. ©J.P. Lozouet/Ana*

ÁVILA ▪ Ville d'Espagne (Castilla-León). 49 868 hab. « Ville des saints et des pierres » : nombreux couvents et églises, enceinte du XIIe s. Sainte Thérèse d'Ávila y vécut.

AVILIR v. tr. [2] ▪ **1.** Rendre vil, méprisable. ⇒ **abaisser, dégrader, déshonorer, rabaisser.** *On cherche à l'avilir par des calomnies.* - pronom. *Il s'avilit par sa lâcheté.* **2.** Abaisser la valeur de. ⇒ **déprécier.** *L'inflation avilit la monnaie.*

AVILISSANT, ANTE adj. ▪ Qui avilit (1). *Une dépendance avilissante.* ⇒ **dégradant, déshonorant.**

AVILISSEMENT n. m. ▪ **1.** LITTÉR. Action d'avilir ; état d'une personne avilie. ⇒ **abaissement, abjection.** *Tomber dans l'avilissement.* **2.** DIDACT. (valeurs, monnaies) Fait de se déprécier. ⇒ **baisse.**

AVINÉ, ÉE adj. ▪ Qui a trop bu de vin. ⇒ **ivre.** - *Une haleine avinée,* qui sent le vin.

AVION n. m. ▪ Appareil capable de se déplacer en l'air, plus lourd que l'air, muni d'ailes et d'un organe propulseur. ⇒ **appareil** ; VX **aéroplane.** *Vieil avion.* ⇒ FAM. **coucou.** *Avion à hélices, à turbines. Avion à réaction.* ⇒ ② **jet.** *Piloter un avion de ligne, de transport. Avions de chasse, de bombardement.* ⇒ **bombardier, chasseur.** *Avions-cargos. Avions-citernes* (pour le ravitaillement en vol). - *Voyager en avion ; prendre l'avion.* - *PAR AVION. Lettre par avion.*

AVION ▪ Commune du Pas-de-Calais. 18 534 hab. *(les Avionnais).*

AVIRON n. m. ▪ **1.** Rame (on n'emploie que *aviron* en marine). - Rame légère, à long manche, des embarcations sportives. **2.** Sport du canotage. *Faire de l'aviron. Épreuves d'aviron.*

AVIS n. m. ▪ **1.** Ce que l'on pense, ce que l'on exprime sur un sujet. ⇒ **jugement, opinion, point de vue.** *Donner son avis. Les avis sont partagés :* tout le monde n'est pas du même avis. *Changer d'avis.* - *Être du même avis, d'un autre avis* (que qqn). *Être d'avis de faire, qu'on fasse qqch.* - *À mon avis,* selon moi. **2.** Opinion exprimée dans une délibération. ⇒ **voix, vote.** *Avis du Conseil d'État.* **3.** Opinion donnée à qqn sur une conduite à tenir. *Demander l'avis d'un expert.* **4.** Ce que l'on porte à la connaissance de qqn. ⇒ **annonce, information ; aviser.** *Avis au public. Sauf avis contraire.* ♦ Écrit qui avertit. *Avis de décès.*

AVISÉ, ÉE adj. ▪ Qui agit avec à-propos et réflexion. *Un homme avisé. Vous avez été bien avisé de venir.*

① **AVISER** v. tr. [1] ▪ **1.** Apercevoir inopinément (qqch.) pour prendre, utiliser. *Il avise une pièce sur le trottoir, il la ramasse.* **2.** trans. indir. *AVISER À :* réfléchir, songer à (qqch.). *J'aviserai à la situation, à ce qu'il faut faire.* - absolt *On avisera le moment venu.* ► **S'AVISER** v. pron. **1.** Faire attention à qqch. que l'on n'avait pas remarqué tout d'abord. *Elle s'est alors avisée de ma présence, que j'étais là.* ⇒ **s'apercevoir.** **2.** *S'aviser de* (+ inf.) : être assez audacieux pour. *Ne t'avise pas de répliquer !* ⇒ **essayer.**

② **AVISER** v. tr. [1] ▪ LITTÉR. ou ADMIN. Avertir (qqn de qqch.) par un avis. ⇒ **avertir, informer.** *Elle avait été avisée du mariage de son frère.*

AVISO n. m. ▪ MAR. Petit bâtiment de guerre employé comme escorteur.

AVITAMINOSE n. f. ▪ Maladie déterminée par une carence en vitamines (ex. scorbut, rachitisme).

AVIVER v. tr. [1] ▪ **1.** Rendre plus vif, plus éclatant. ⇒ **animer.** *Aviver le feu.* ⇒ **activer.** *L'émotion avivait son teint.* **2.** fig. Rendre plus fort. ⇒ **exciter, raviver.** *Aviver des regrets.* ⇒ **augmenter.** - *Douleur avivée.* **3.** MÉD. Mettre à vif. *Aviver une plaie.* ► n. m. AVIVEMENT

① **AVOCAT, ATE** n. ▪ **1.** Personne régulièrement inscrite à un barreau*, qui conseille en matière juridique, assiste ou représente ses clients en justice (il est le défenseur* du client) (en parlant d'une femme : *Elle est avocat* ou *avocate*). *Un avocat d'affaires. L'Ordre des avocats.* **2.** *AVOCAT GÉNÉRAL :* membre du ministère public qui supplée le procureur général (accusateur). **3.** fig. Personne qui défend (une cause, une personne). ⇒ **défenseur.** *Se faire l'avocat d'une cause.* - loc. *L'avocat du diable,* personne qui défend volontairement une mauvaise cause (pour prouver qqch.).

② **AVOCAT** n. m. ▪ Fruit en forme de poire, à peau verte et à gros noyau, dont le goût rappelle celui de l'artichaut.

AVOCATIER [-tje] n. m. ▪ Arbre dont le fruit est l'avocat.

AVOCETTE n. f. ▪ ZOOL. Petit échassier au bec recourbé vers le haut.

Amedeo de Quaregna, comte d' AVOGADRO (1776-1856) ▪ Chimiste italien. Le *nombre d'Avogadro :* nombre constant de molécules dans une mole ($6{,}0225.10^{23}$).

AVOINE n. f. ▪ Plante graminée (céréale) dont le grain sert surtout à l'alimentation des chevaux et des volailles. *Folle avoine* (avoine stérile).

① **AVOIR** v. tr. [34] ▪ **I.** (possession) **1.** *Avoir qqch.,* posséder, disposer de. *Avoir une maison, de l'argent. Il n'a rien (à lui). Auriez-vous un stylo ?* (pour me l'offrir, me le prêter). ♦ Bénéficier de. *Nous avons eu du soleil. Avoir le temps, le droit de faire qqch.* - (choses négatives) *Il a des ennuis.* ⇒ **subir.** **2.** Être parent de (qqn) ; avoir une relation stable avec (qqn). *Avoir des enfants. Il a encore son père,* son père est vivant. - *Elle a un amant. Il a vingt employés.* **3.** Entrer en possession de. ⇒ **obtenir,** se **procurer.** *J'ai eu ce livre pour presque rien.* ⇒ **acheter.** *Il a eu son bac,* il a été reçu. *Avoir son train,* l'attraper. ♦ *EN AVOIR POUR :* obtenir d'une chose moyennant (une somme). *Il en a eu pour cent francs :* il a payé cent francs. *En avoir pour son argent :* faire un marché avantageux. **4.** Mettre (un certain temps) à une action. *J'en ai pour cinq minutes.* **5.** *Avoir une personne,* avoir des relations sexuelles avec elle. ♦ FAM. *Avoir qqn,* le tromper, le vaincre. *Il nous a bien eus.* ⇒ **posséder, rouler** ; FAM. **baiser.** *Se faire avoir.* **II.** (manière d'être) **1.** Présenter en soi (une partie, un aspect de soi-même). *Il a de grandes jambes, des cheveux blancs. Quel âge avez-vous ? Avoir du courage. Avoir bonne allure.* - (choses) *Ce mur a deux mètres de haut.* ⇒ **mesurer.** **2.** Éprouver dans son corps, sa conscience. ⇒ **ressentir, sentir.** *Avoir mal à la tête. Avoir faim, soif. Avoir de la peine. Qu'est-ce qu'il a ? Il n'a rien.* **3.** (présentant l'attribut, le complément ou l'adverbe qui détermine un substantif) *Avoir les yeux bleus. Avoir la tête qui tourne.* **4.** *EN AVOIR À, APRÈS* (FAM.), *CONTRE qqn,* lui en vouloir. **III.** (verbe auxiliaire) **1.** *AVOIR À* (+ inf.) : être dans l'obligation de. ⇒ **devoir.** *Avoir des lettres à écrire.* - (sans compl. direct) *J'ai à lui parler.* - *N'AVOIR QU'À :* avoir seulement à. *Vous n'avez qu'à tourner le bouton. Vous n'avez plus qu'à donner votre accord.* **2.** auxiliaire des temps composés pour les verbes transitifs, la plupart des intransitifs (pour les autres ⇒ **être**), les verbes *avoir* [il a eu...] et *être* [il a été...] *J'ai écrit. Quand il eut terminé. Vous l'aurez voulu. Quand il a eu fini.* **IV.** *IL Y A* loc. impers. : (telle chose) existe. *Il y a du pain sur la table. Il n'y en a pas. Où y a-t-il une pharmacie ? Il y en a encore,* il en reste. - loc. *Quand (il n')y en a plus, (il) y en a encore :* c'est inépuisable. - *Il n'y a que cela de vrai. Il n'y a pas que lui,* il n'est pas le seul. ♦ *Qu'est-ce qu'il y a ? :* que se passe-t-il ? ♦ *Il y a... et...* (s'emploie pour exprimer des différences de qualité). *Il y a champagne et champagne,* il en est de bon et de mauvais. ♦ *IL N'Y A QU'À* (+ inf.) : il suffit de. *Il n'y a qu'à attendre.* FAM. *N'y a qu'à, y a qu'à :* il faudrait (solutions faciles, imaginaires). ♦ *IL N'Y EN A QUE POUR lui* : il prend beaucoup de place, on ne s'occupe, on ne parle que de lui. ♦ (+ adv. de temps) *Il y a longtemps. Il y a peu.* VX *Il n'y a guère* ⇒ **naguère.**

② **AVOIR** n. m. ▪ **1.** Ce que l'on possède. ⇒ **argent, fortune.** *Il dilapide son avoir. Des avoirs.* **2.** Partie d'un compte où l'on porte les sommes dues. ⇒ **actif, crédit.**

AVOISINANT, ANTE adj. ▪ Qui est dans le voisinage. ⇒ **proche, voisin.** *Dans les rues avoisinantes.*

AVOISINER v. tr. [1] ▪ **1.** Être dans le voisinage, à proximité (d'un lieu). *Les villages qui avoisinent la forêt.* **2.** fig. Être proche de. *Un prix qui avoisine les mille francs.*

AVON ▪ Commune de Seine-et-Marne. 13 873 hab. *(les Avonnais).*

l'AVON n. m. ▪ Comté du sud-ouest de l'Angleterre. 1 338 km². 955 000 hab. Chef-lieu : Bristol.

AVORIAZ ▪ Station française de sports d'hiver, dans les Alpes (Haute-Savoie) → **Morzine**. Festival du film français, qui a remplacé le festival du film fantastique.

Avoriaz. *Phot. © Roy/Explorer*

AVORTEMENT n. m. ▪ **1.** Interruption d'une grossesse, naturelle (→ fausse couche) ou provoquée. ♦ Interruption volontaire de la grossesse (⇒ **I. V. G.**). **2.** AGRIC. Arrêt du développement (d'une plante). **3.** fig. Échec (d'une entreprise, d'un projet).

AVORTER v. intr. [1] ▪ **1.** Accoucher avant terme (naturellement ou par intervention) d'un fœtus ou d'un enfant mort. – trans. *Avorter une femme,* provoquer chez elle un avortement. **2.** (fruits, fleurs) Ne pas arriver à son plein développement. **3.** fig. (projet, entreprise) Ne pas réussir. ⇒ **échouer.** *Faire avorter un projet.*

AVORTEUR, EUSE n. ▪ Personne qui provoque un avortement (1) illégal.

AVORTON n. m. ▪ Être petit, chétif, mal conformé. ⇒ **gringalet, nabot, nain.**

AVOUABLE adj. ▪ Qui peut être avoué sans honte (s'oppose à *inavouable*). *Des motifs avouables.* ⇒ **honnête.**

AVOUÉ n. m. ▪ anciennt Officier ministériel chargé de représenter les parties devant certains tribunaux, de faire les actes de procédure (en France). *Les avocats assument aujourd'hui les fonctions de l'ancien avoué.*

AVOUER v. tr. [1] ▪ **I.** VX Reconnaître (qqn) pour seigneur. ⇒ **aveu** (I). **II. 1.** Reconnaître qu'une chose est ou n'est pas ; reconnaître pour vrai (des choses difficiles à révéler, par honte, pudeur). ⇒ **admettre, reconnaître ; aveu.** *Avouer ses erreurs, ses fautes, qu'on s'est trompé.* **2.** Faire des aveux. *L'assassin a avoué.* **3.** pronom. *S'AVOUER* (+ adj.) : reconnaître qu'on est. *S'avouer coupable.* ⇒ **s'accuser.**

AVRANCHES ▪ Chef-lieu d'arrondissement de la Manche. 8 638 hab. *(les Avranchinais). La percée d'Avranches* marqua le début de la grande offensive alliée sur Paris (31 juillet 1944).

AVRIL n. m. ▪ Quatrième mois de l'année. – *Poisson d'avril,* plaisanterie, mystification traditionnelle du 1er avril.

AVRILLÉ ▪ Commune du Maine-et-Loire. 12 878 hab.

AVULSION n. f. ▪ DIDACT. Arrachement, extraction.

AVUNCULAIRE [avɔ̃-] adj. ▪ DIDACT. Qui a rapport à un oncle ou à une tante.

AVVAKOUM (v. 1620 - 1682) ▪ Réformateur orthodoxe et écrivain russe. Chef des « vieux-croyants ».

AWAJI ▪ La plus grande île de la mer Intérieure du Japon. 593 km². 200 000 hab.

AXE n. m. ▪ **1.** Ligne idéale autour de laquelle s'effectue une rotation. *L'axe de la Terre.* – GÉOM. Droite autour de laquelle tourne une figure plane de manière à engendrer un solide de révolution. *L'axe d'un cylindre.* – *Axe de symétrie.* **2.** MATH. Droite sur laquelle un sens a été défini. *Axe des x, des y.* ⇒ **coordonnées. 3.** Pièce allongée qui sert à faire tourner un objet sur lui-même ou à assembler plusieurs pièces. ⇒ **arbre, essieu, pivot. 4.** Ligne qui passe par le centre, dans la plus grande dimension. *L'axe du corps.* ♦ Voie routière importante. **5.** fig. Direction générale. *Les grands axes d'une politique.*

l'AXE n. m. ▪ Nom donné à l'alliance entre Mussolini et Hitler (1936), confirmée par le pacte d'Acier signé en mai 1939.

AXEL n. m. ▪ En patinage artistique, Saut au cours duquel le patineur tourne une fois et demie sur lui-même. *Double, triple axel.*

AXER v. tr. [1] ▪ **1.** Diriger, orienter suivant un axe. **2.** fig. Orienter. *Axer sa vie sur. Il est axé sur,* son esprit est dirigé vers.

AXIAL, IALE, IAUX adj. ▪ De l'axe, qui est dans l'axe. *Éclairage axial d'une route.*

AXIOMATIQUE ▪ **1.** adj. Relatif aux axiomes ; qui sert de base à un système de déductions. **2.** n. f. Branche de la logique qui recherche et organise en système l'ensemble des axiomes d'une science.

AXIOME n. m. ▪ SC. Proposition considérée comme évidente, admise sans démonstration. ⇒ aussi **postulat.** ▶ v. tr. AXIOMATISER ▶ n. f. AXIOMATISATION

AXOLOTL [aksɔlɔtl] n. m. ▪ ZOOL. Larve d'un reptile (salamandre) du Mexique.

AXONE n. m. ▪ ANAT. Prolongement de la cellule nerveuse.

AYACUCHO ▪ Ville du Pérou, au sud-est de Lima. 102 000 hab. Plomb, argent. En 1824, le général Sucre y remporta sur les Espagnols une victoire, qui libéra le Pérou.

AYANT ▪ Participe présent du verbe *avoir.*

AYANT CAUSE n. m. ▪ DR. Personne qui a acquis d'une autre un droit ou une obligation. *Les ayants cause.*

AYANT DROIT n. m. ▪ Personne qui a des droits à qqch. *Les ayants droit à une prestation.*

AYATOLLAH [ajatɔla] n. m. ▪ Religieux musulman chiite d'un rang élevé. *Des ayatollahs.*

AYE-AYE [ajaj] n. m. ▪ ZOOL. Mammifère lémurien de Madagascar.

sir Alfred Jules AYER (né en 1910) ▪ Philosophe britannique. Ses travaux portent sur l'empirisme et la philosophie analytique.

les AYMARA(S) n. m. pl. ▪ Indiens du Pérou et de Bolivie. Ils ont conservé leur langue et des traditions antérieures à la colonisation espagnole.

Marcel AYMÉ (1902 - 1967) ▪ Écrivain français. Son œuvre (contes, récits, nouvelles, théâtre) instaure des rapports familiers entre le réel et l'imaginaire. *"Contes du chat perché"; "La Jument verte"* (1933); *"Clérambard"* (1950).

AYTRÉ ▪ Commune de la Charente-Maritime. 7 786 hab. *(les Aytrésiens).*

Āyuthyā. Un temple. *Phot. © Simion/Ricciarini*

AYUTHYĀ ▪ Ville de Thaïlande. 47 189 hab. Capitale de 1350 à 1767 d'un royaume thaï, puis du Siam. Nombreux monuments.

les AYYUBIDES ▪ Dynastie musulmane fondée par Saladin. Sa branche principale régna en Égypte de 1171 à 1250.

AZALÉE **n. f.** ▪ Arbuste cultivé pour ses fleurs colorées ; ces fleurs. *Un buisson d'azalées.*

AZAY-LE-RIDEAU ▪ Commune d'Indre-et-Loire. 3 053 hab. *(les Ridellois).* Célèbre château Renaissance.

Azay-le-Rideau. *Phot. © Dagli Orti*

le marquis d'AZEGLIO (1798 - 1866) ▪ Écrivain et homme politique italien. Chef du gouvernement du Piémont de 1849 à 1852.

l'AZERBAÏDJAN **n. m.** ▪ Région de l'Asie occidentale, divisée entre l'Iran (deux provinces s'étendant sur 105 952 km^2) et la république d'Azerbaïdjan.

la république d'AZERBAÏDJAN ▪ État de Transcaucasie. 86 600 km^2. 7 200 000 hab. *(les Azéris* ou *Azerbaïdjanais).* Capitale : Bakou. Langues : turc (off.), russe. Monnaie : mannat. Industrie pétrolière. Cultures irriguées (coton, tabac). Exode de la main-d'œuvre arménienne et russe. Les tensions nationalistes avec l'Arménie, liées aux revendications de la population en majorité arménienne de la région autonome azerbaïdjanaise du Haut-Karabagh (→ **Arménie**) et de celle — en majorité azérie — du Nakhitchevan (république autonome faisant partie de l'Azerbaïdjan mais séparée de lui par l'Arménie), débouchèrent sur de violents affrontements provoquant l'intervention de l'armée soviétique en 1990, puis en 1993 et 1994 sur un conflit armé avec l'Arménie qui occupe toujours un quart du territoire.

al-AZHAR ▪ Mosquée-université du Caire, fondée en 973, et dont les opinions en matière religieuse font autorité dans le monde musulman.

AZIMUT [-yt] **n. m.** ▪ **1.** ASTRON. Angle formé par le plan vertical d'un astre et le plan méridien du point d'observation. **2.** FAM. *Dans tous les azimuts,* dans toutes les directions, dans tous les sens. ♦ *TOUS AZIMUTS :* capable d'intervenir dans toutes les directions ; fig. qui utilise tous les moyens et a des objectifs très variés.

AZIMUTÉ, ÉE **adj.** ▪ FAM. Un peu fou.

AZINCOURT ▪ Commune du Pas-de-Calais. 250 hab. *(les Azincourtois).* Importante victoire anglaise durant la guerre de Cent Ans (1415).

Varenagh Aznaourian devenu **Charles AZNAVOUR** (né en 1924) ▪ Auteur-compositeur-interprète de chansons, français d'origine arménienne. Il s'imposa dans un style à la fois réaliste et sentimental *("La Mamma", "Tu t'laisses aller")* et joua au cinéma *("Tirez sur le pianiste").*

José Martínez Ruiz dit **AZORÍN** (1873 - 1967) ▪ Romancier espagnol. Il essaya de saisir la vie profonde de son peuple. *"Espagne"* (1909).

AZOTATE **n. m.** ▪ CHIM. Sel de l'acide azotique. ⇒ **nitrate.**

AZOTE **n. m.** ▪ CHIM. Corps simple (symb. N), gaz incolore, inodore, qui entre (pour 4/5) dans la composition de l'atmosphère et des tissus vivants. *L'azote est impropre à la respiration. Cycle de l'azote :* circulation des composés de l'azote dans la nature, par l'intermédiaire des organismes végétaux et animaux.

AZOTÉ, ÉE **adj.** ▪ Qui contient de l'azote. *Engrais azotés.*

AZOV ▪ Port sur la mer d'Azov (Russie). 81 000 hab. Ancienne colonie grecque (Tanaïs) puis ville génoise, ottomane et russe.

la mer d'AZOV ▪ Mer bordière de la mer Noire, entre l'Ukraine et la Russie. 38 000 km^2.

AZTÈQUE **adj.** ▪ Relatif aux Aztèques*. ♦ **n. m.** Langue aztèque.

les AZTÈQUES **n. m. pl.** ▪ Ancien peuple indien qui fonda un empire au Mexique (xve s.). Leur capitale était Tenochtitlán (actuelle Mexico). Militaires et conquérants, dotés d'une solide organisation politique et sociale avec des croyances religieuses fortes (Quetzalcóatl, Tlaloc), ils soumirent et assimilèrent la culture d'autres peuples dont les Toltèques. Par sa victoire sur l'empereur Moctezuma, l'Espagnol Cortés mit fin à leur pouvoir (→ **Cuauhtémoc**)

AZULEJO [asulexo] **n. m.** ▪ Carreau de faïence émaillée et décorée (d'abord bleu).

AZUR **n. m.** ▪ LITTÉR. Couleur bleue du ciel, des flots. *Un ciel d'azur.* - *La Côte* d'Azur.* ♦ POÉT. Le ciel, l'infini.

AZURÉ, ÉE **adj.** ▪ Couleur d'azur. *Une teinte azurée.*

AZURER **v. tr.** [1] ▪ Teindre, colorer d'un bleu d'azur.

AZYME **adj.** ▪ *Pain azyme,* pain sans levain (dont on fait les hosties).

Aztèques. Bouclier de plumes. Württembergisches Landsmuseum, Stuttgart. *Phot. © Arch. Smeets*

Aztèques. Statue de Coatlicue, déesse de la Terre, trouvée à Tehuacán. Musée national d'anthropologie, Mexico. *Phot. © Dagli Orti*

B

B [be] **n. m. invar.** ▪ Deuxième lettre, première consonne de l'alphabet.

B.A. [bea] **n. f. invar.** ▪ Abréviation de *bonne action,* dans le langage des scouts. *Faire une B. A., sa B. A.*

BAAL ▪ Nom de plusieurs divinités de l'Orient méditerranéen, associées depuis la Bible à tout culte idolâtrique, et spécialement aux sacrifices humains.

Baal. Le temple de Baal à Palmyre.
Phot. © Nino Cirani/Ricciarini

BAALBEK ou **BALBEK** ▪ Ville du Liban. 14 000 hab. Haut lieu archéologique : elle abrita le culte des divinités grecques puis romaines liées au Soleil, d'où son nom d'*Héliopolis.*

le BAAS, BAATH ou **BA'TH** ▪ Parti nationaliste panarabe et socialiste, né en 1952, dominant en Syrie et en Irak.

Mīrzā 'Alī Muḥammad dit **le BĀB** (1819 - 1850) ▪ Chef religieux de Perse. Il fut à l'origine d'une doctrine (le *babisme*) visant à réformer l'islam, en opposition avec certaines interprétations fanatiques de la loi coranique.

B.A.-BA [beaba] **n. m.** ▪ Premiers rudiments. ⇒ **abc.** *C'est le b.a.-ba du métier.*

① **BABA** **n. m.** ▪ Gâteau à pâte légère arrosé d'un sirop alcoolisé. *Des babas au rhum.*

② **BABA** **adj. invar.** ▪ FAM. Frappé d'étonnement. ⇒ **ébahi, stupéfait.** *Elles en sont restées baba.*

③ **BABA** **n.** ▪ Personne marginale non violente, plus ou moins écologiste et nomade, vivant parfois en communauté. *Des babas.*

Charles BABBAGE (1792 - 1871) ▪ Mathématicien et logicien britannique. Il imagina, sans la réaliser, la première calculatrice à programme (« machine analytique »).

BABEL ▪ Nom hébreu de Babylone. ► **la tour de BABEL**, dont la construction devait permettre d'atteindre le ciel, symbolise, dans la Bible, l'orgueil des hommes; la diversité des langues, qui fait échouer l'entreprise, est le châtiment que Dieu leur inflige.

Issaak Emmanouilovitch BABEL (1894 - 1941) ▪ Écrivain soviétique. Il décrivit avec sensibilité son enfance, marquée par les pogroms, et la vie de son époque. Accusé de trotskisme, il fut arrêté en 1939 et exécuté. *"Cavalerie rouge",* 1926.

BAB EL-MANDEB ou **BĀB AL-MANDAB** ▪ Détroit qui fait communiquer la mer Rouge et le golfe d'Aden (30 km de large).

François Noël dit **Gracchus BABEUF** (1760 - 1797) ▪ Révolutionnaire français. Sa doctrine, le *babouvisme,* préconise un égalitarisme absolu, et annonce le communisme.

BABEURRE **n. m.** ▪ Liquide blanc qui reste du lait après le barattage de la crème dans la préparation du beurre.

BABIL **n. m.** ▪ LITTÉR. Babillage. - Bruit rappelant une voix qui babille.

BABILLAGE **n. m.** ▪ Action de babiller.

BABILLARD, ARDE **adj. et n.** ▪ LITTÉR. Bavard.

BABILLER **v. intr.** ⊡1 ▪ Parler beaucoup d'une manière futile, enfantine. ⇒ **bavarder.** *Les jeunes enfants babillent.* ⇒ **gazouiller.**

BABINES **n. f. pl.** ▪ **1.** Lèvres pendantes (de certains animaux). **2.** FAM. Lèvres. *S'en lécher les babines :* se réjouir à la pensée d'une chose agréable.

Joseph BABINSKI (1857 - 1932) ▪ Médecin français d'origine polonaise. Il étudia les maladies de la moelle épinière, du cerveau et du cervelet.

BABIOLE **n. f.** ▪ **1.** Petit objet de peu de valeur. ⇒ **bibelot. 2.** Chose sans importance. ⇒ **bagatelle, broutille.**

BABIROUSSA **n. m.** ▪ ZOOL. Sanglier de Malaisie.

Mihály BABITS (1883 - 1941) ▪ Poète hongrois. Humaniste et pacifiste, il anima la revue *"Occident".*

BÂBORD **n. m.** ▪ Le côté gauche d'un navire, en se tournant vers l'avant (s'oppose à *tribord*). *Terre à bâbord !*

BABOUCHE **n. f.** ▪ Pantoufle laissant libre le talon du pied.

BABOUIN **n. m.** ▪ Singe d'Afrique à museau allongé (cynocéphale), vivant en société.

babouin. *Papio cynocephalus.*
Phot. © Ferrero/ Labat/Jacana

Jean-Sébastien **Bach.** Portrait par E. G. Haussmann, détail. Stadtgeschichte Museum, Leipzig. *Phot. © Gloria Lunel/Ricciarini*

BĀBUR (1483 - 1530) ▪ Souverain turc. Il conquit l'Inde du Nord et fonda l'Empire moghol.

BABY-BOOM [babibum ; bebi-] **n. m.** ▪ anglic. Forte augmentation de la natalité. *Des baby-booms.*

BABY-FOOT [babifut] **n. m. invar.** ▪ anglic. Football de table. *Jouer au baby-foot ; une partie de baby-foot.* - La table de jeu.

BABYLONE ▪ Ancienne ville de Mésopotamie (160 km au sud de Bagdad), cœur de la principale civilisation de l'Asie antérieure. □ **HISTOIRE** Fondée par les Akkadiens, elle assimila ses envahisseurs successifs (Hittites, Kassites, Élamites, Assyriens) et fut le centre de la civilisation *assyro-babylonienne*). Un premier empire babylonien fut fondé par Hammourabi* (v. 1792 av. J.-C.), restauré par Nabuchodonosor Ier (v. 1137 av. J.-C.). L'empire néobabylonien (625-539 av. J.-C.) fut fondé par Nabopolassar auquel succéda Nabuchodonosor* II ; les ruines actuelles témoignent de cette époque, où l'on édifia les fameux jardins suspendus (→ **Sémiramis**), une des Sept Merveilles du monde, et la tour à étages (ziggourat) qui inspira le mythe de Babel. Conquise par les Perses (539 av. J.-C.), qui en firent leur capitale, puis par Alexandre, qui y mourut (323 av. J.-C.), Babylone fut ensuite délaissée.

BABY-SITTER [babisitœʀ ; bebi-] **n.** ▪ anglic. Personne qui, moyennant rétribution, garde de jeunes enfants en l'absence de leurs parents. *Des baby-sitters.* ► **n. m.** BABY-SITTING

① **BAC n. m.** ▪ **I.** Bateau à fond plat servant à passer un cours d'eau, un lac. *Le passeur du bac.* **II.** Grand récipient. ⇒ **baquet, bassin, cuve.** *Évier à deux bacs. Bac à fleurs.* ⇒ **jardinière.** *Bac à sable.*

② **BAC n. m.** ▪ Baccalauréat. ⇒ FAM. ① **bachot.** *Passer le bac.* - *Boîte à bac* : école privée qui prépare au bac.

BACCALAURÉAT n. m. ▪ Grade universitaire et examen qui terminent les études secondaires (en France). ⇒ ② **bac** ; FAM. ① **bachot.**

BACCARA n. m. ▪ Jeu de cartes (où le dix, appelé *baccara*, équivaut à zéro), qui se joue surtout dans les casinos. ⇒ **chemin de fer.**

BACCARAT n. m. ▪ Cristal de la manufacture de Baccarat. *Verres en baccarat.*

BACCARAT ▪ Commune de Meurthe-et-Moselle. 5 022 hab. *(les Bachamois)*. Célèbre cristallerie fondée en 1764.

BACCHANALE [-k-] **n. f.** ▪ **1.** ANTIQ. *Les Bacchanales,* fêtes débridées que les Romains célébraient en l'honneur de Bacchus, dieu du vin. **2.** LITTÉR. Orgie.

① **BACCHANTE** [-k-] **n. f.** ▪ **1.** ANTIQ. Prêtresse de Bacchus. **2.** LITTÉR. Femme débauchée.

② **BACCHANTE** ou **BACANTE n. f.** ▪ FAM. Moustache. *De belles bacchantes.*

Riccardo BACCHELLI (1891 - 1985) ▪ Écrivain italien. *"Les Moulins du Pô"* (1938-1940), fresque historique.

BACCHUS ▪ Nom latin de Dionysos*.

les BACH ▪ FAMILLE DE MUSICIENS ALLEMANDS ► **Johann Sebastian** en français **Jean-Sébastien BACH** (1685 - 1750), le plus illustre, luthérien fervent, a laissé une œuvre immense (le *"Clavier bien tempéré"* ; *"Concertos brandebourgeois"* ; *"Passions"* ; *"Cantates"* ; *"L'Art de la fugue"*) dont les qualités d'inspiration et de composition sont aujourd'hui universellement admirées. Il a fixé les règles de la musique tonale. Ses fils furent des compositeurs réputés, notamment pour leurs concertos et leurs sonates, annonçant parfois Mozart. ► **Wilhelm Friedemann BACH** (1710 - 1784) ► **Carl Philipp Emanuel BACH** (1714 - 1788) ► **Johann Christoph Friedrich BACH** (1732 - 1795) ► **Johann Christian BACH** (1735 - 1782)

Alexander von BACH (1813 - 1893) ▪ Homme politique autrichien. De 1849 à 1859, il institua une germanisation forcée à l'aide d'un système centralisé et autoritaire.

BÂCHAGE n. m. ▪ Action de bâcher.

BÂCHE n. f. ▪ Pièce de forte toile imperméabilisée qui sert à préserver qqch. des intempéries. *Couvrir un étal, un camion d'une bâche.*

Gaston BACHELARD (1884 - 1962) ▪ Philosophe français. Épistémologue, il a également étudié l'imaginaire poétique : *"La Psychanalyse du feu"* (1937), *"L'Eau et les Rêves"* (1942).

BACHELIER, IÈRE n. ▪ Titulaire du baccalauréat.

BÂCHER v. tr. [1] ▪ Couvrir d'une bâche. - au p. p. *Un camion bâché.*

BACHI-BOUZOUK n. m. ▪ HIST. Cavalier mercenaire de l'armée turque.

BACHIQUE adj. ▪ LITTÉR. Qui a rapport à Bacchus. *Fêtes bachiques.* ⇒ **bacchanale.** *Chansons bachiques.*

la BACHKIRIE ▪ Une des républiques autonomes de la fédération de Russie. 143 600 km². 3 900 000 hab. *(les Bachkirs)*. Capitale : Oufa. Région pétrolière également riche en minerais qui fait partie du second Bakou.

① **BACHOT n. m.** ▪ FAM. VIEILLI Baccalauréat. ⇒ ② **bac.**

② **BACHOT n. m.** ▪ Petit bateau à fond plat.

BACHOTER v. intr. [1] ▪ Préparer hâtivement un examen en vue du seul succès pratique. ► **n. m.** BACHOTAGE

BACICCIA ou **BACICCIO** (1639 - 1709) ▪ Peintre et décorateur baroque italien. Fresques de Sainte-Agnès et du Gesù à Rome.

BACILLAIRE [-il-] **adj.** ▪ (maladie) Dont la cause est un bacille. ♦ **n.** Tuberculeux contagieux.

BACILLE [-il] **n. m.** ▪ Bactérie en forme de bâtonnet. ♦ Toute bactérie pathogène. *Bacille de Koch* (de la tuberculose).

BÂCLER v. tr. [1] ▪ Expédier (un travail) sans soin. *Ils ont bâclé ça en dix minutes.* - au p. p. *C'est du travail bâclé.* ► **n. m.** BÂCLAGE

BACOLOD CITY ▪ Ville des Philippines. 364 180 hab. Sucre.

BACON [bekɔn] **n. m.** ▪ **1.** anglic. Lard fumé, assez maigre. *Œufs au bacon.* **2.** Filet de porc fumé et maigre.

Roger BACON (1214 - 1292) ▪ Franciscain et philosophe anglais. Il fut un des premiers à s'affranchir de la scolastique. Ses thèses, qui furent condamnées par l'Église, font de lui un précurseur de la méthode expérimentale.

le chancelier Francis BACON (1561 - 1626) ▪ Philosophe et homme politique anglais. Défenseur du progrès et de la science expérimentale, il établit une classification méthodique des sciences. *"Novum Organum"* (1620).

Francis BACON (1909 - 1992) ▪ Peintre britannique. Sa déformation de l'image humaine crée une esthétique de l'angoisse et de l'isolement. *"Crucifixions"*, séries de papes, de juges, portraits. Triptyques.

BACTÉRICIDE adj. ▪ Qui tue les bactéries.

BACTÉRIE n. f. ▪ Micro-organisme formé d'une seule cellule, sans noyau, à structure très simple, considéré comme ni animal ni végétal. ⇒ **bacille, -coque, vibrion.** ► **adj.** BACTÉRIEN, IENNE

BACTÉRIOLOGIE n. f. ▪ Partie de la microbiologie qui étudie les bactéries.

BACTÉRIOLOGIQUE adj. ▪ Qui se rapporte à la bactériologie. *Guerre bactériologique,* où les bactéries seraient utilisées comme arme.

BACTÉRIOLOGISTE n. ▪ Spécialiste en bactériologie.

la BACTRIANE ▪ Ancienne région de l'Asie centrale, entre l'Hindū Kush et l'Amou-Daria, correspondant au nord de l'Afghanistan actuel.

BADABOUM [-bum] interj. ▪ Onomatopée exprimant le bruit d'un corps qui roule avec fracas. *Badaboum ! tout a dégringolé.*

BADAJOZ ▪ Ville d'Espagne (Estrémadure). 129 737 hab.

BADALONA ▪ Ville d'Espagne (Catalogne). 206 120 hab.

BADAUD, AUDE n. et adj. ▪ rare au fém. **1.** VX Nigaud. **2.** Personne qui s'attarde à regarder le spectacle de la rue. ⇒ **curieux, flâneur.** *Les badauds s'attroupèrent autour de l'orateur.*

le **BADE** ▪ Ancien État allemand réuni aujourd'hui au Wurtemberg (→ **Bade-Wurtemberg**).

BADEN-BADEN ▪ Ville d'Allemagne (Bade-Wurtemberg). 51 500 hab. Station thermale. Bains romains du IIIe s. Elle fut après 1945 le siège de l'état-major des troupes françaises en Allemagne.

Robert **BADEN-POWELL** (1857 - 1941) ▪ Général britannique. Il fonda le scoutisme en 1908.

BADERNE n. f. ▪ *Vieille baderne :* homme (souvent militaire) âgé et borné.

le **BADE-WURTEMBERG** en allemand ***BADEN-WÜRTTEMBERG*** ▪ État (Land) d'Allemagne. 37 751 km^2. 10 149 000 hab. *(les Badois)*. Capitale : Stuttgart. Importantes activités agricoles, industrielles (automobile) et touristiques (lac de Constance, Forêt-Noire, thermes de Baden-Baden). Il fut formé, en 1952, par la réunion du Bade et du Wurtemberg.

BADGE n. m. ▪ **1.** anglic. Insigne comportant des inscriptions (humoristiques, subversives, informatives...). ⇒ **macaron. 2.** INFORM. Document d'identité à piste magnétique permettant l'accès à certains locaux, le pointage.

BADIANE n. f. ▪ Arbuste d'Asie dont les graines aromatiques (anis étoilé) ont des propriétés pharmaceutiques.

BADIGEON n. m. ▪ Couleur en détrempe à base de lait de chaux, avec laquelle on peint les murs, l'intérieur d'un bâtiment, etc.

BADIGEONNAGE n. m. ▪ Action de badigeonner.

BADIGEONNER v. tr. [1] ▪ **1.** Enduire d'un badigeon. **2.** Enduire d'une préparation pharmaceutique. *Badigeonner une plaie. Elle s'est badigeonné la gorge.*

BADIN, INE adj. ▪ LITTÉR. Qui aime à rire, à plaisanter. - *Être d'humeur badine.*

Francis **Bacon**. *Autoportrait.* Coll. part. *Phot. © Arch. Smeets*

BADINAGE n. m. ▪ Action de badiner. ⇒ **jeu, plaisanterie.** *Un ton de badinage.*

BADINE n. f. ▪ Baguette mince et souple qu'on tient à la main.

BADINER v. intr. [1] ▪ Plaisanter avec enjouement. ⇒ s'**amuser.** *"On ne badine pas avec l'amour"* (pièce de Musset). *C'est un homme qui ne badine pas,* sévère.

Robert **BADINTER** (né en 1928) ▪ Avocat et homme politique français. Garde des Sceaux et ministre de la Justice (1981-1986), il fit voter l'abolition de la peine de mort, puis fut président du Conseil constitutionnel (1986-1995).

BADMINTON [badmintɔn] n. m. ▪ anglic. Jeu de volant apparenté au tennis.

Karl Ernst von **BAER** (1792 - 1876) ▪ Anatomiste estonien d'origine allemande. Pionnier de l'embryologie.

BAFFE n. f. ▪ FAM. Gifle.

William **BAFFIN** (v. 1584 - 1622) ▪ Navigateur anglais. Il explora les régions arctiques et découvrit la mer polaire qui porte son nom.

la terre de **BAFFIN** ▪ Île canadienne (476 066 km^2, 2 000 hab.) séparée du Groenland par la mer de Baffin.

BAFFLE n. m. ▪ anglic. Boîte qui entoure un haut-parleur, améliorant la sonorité (syn. franç. *enceinte*). *Les baffles d'une chaîne.*

BAFOUER v. tr. [1] ▪ LITTÉR. Traiter (qqn, qqch.) avec un mépris outrageant. *Bafouer les droits de l'homme.* ♦ Tourner en dérision. ⇒ se **moquer, ridiculiser.** *Se laisser bafouer.*

BAFOUILLAGE n. m. ▪ Action de bafouiller. ♦ Propos incohérents.

BAFOUILLER v. intr. [1] ▪ Parler d'une façon embarrassée, parfois incohérente. ► n. et adj. BAFOUILLEUR, EUSE

BÂFRER v. intr. [1] ▪ FAM. Manger gloutonnement et avec excès. ⇒ **bouffer,** s'**empiffrer.** ► n. BÂFREUR, EUSE

BAGAGE n. m. ▪ **1.** Effets, objets que l'on emporte en déplacement, en voyage. *Elle avait pour tout bagage un sac et un parapluie.* loc. *Plier bagage :* partir. - plus cour. au plur. *Les bagages :* les malles, valises, sacs... que l'on emporte en voyage. *Bagages à main,* que l'on peut porter facilement, que l'on garde avec soi (dans un avion...). **2.** Ensemble des connaissances acquises. *Son bagage scientifique est insuffisant.*

BAGAGISTE n. m. ▪ Employé chargé de la manutention des bagages dans un hôtel, une gare ou un aéroport.

BAGARRE n. f. ▪ **1.** Mêlée de gens qui se battent. ⇒ **échauffourée, rixe.** *Se trouver pris dans une bagarre.* **2.** FAM. Échange de coups ; fait de se battre. ⇒ **bataille, querelle.** *Chercher la bagarre.* ♦ Lutte violente. *La bagarre pour le pouvoir.*

BAGARRER v. [1] ▪ **1.** *SE BAGARRER* v. pron. Se battre, se quereller. *Ils se sont bagarrés.* **2.** v. intr. FAM. Lutter (pour). *Il va falloir bagarrer pour l'obtenir.*

BAGARREUR, EUSE n. et adj. ▪ Personne qui aime la bagarre. ⇒ **batailleur.**

BAGASSE n. f. ▪ Résidu des tiges de canne à sucre dont on a extrait le jus.

BAGATELLE n. f. ▪ **1.** Chose sans importance. ⇒ **babiole, futilité, rien.** *Perdre son temps à des bagatelles.* **2.** Somme d'argent peu importante. **3.** plais. *La bagatelle :* l'amour physique.

BAGDAD ou **BAGHDĀD** ▪ Capitale de l'Irak. 500 000 hab. Fondée en 762 par les Abbassides, sur le Tigre, métropole de l'islam jusqu'à sa destruction par les Mongols (1258). Haroun al-Rachid y réunit à la fin du VIIIe s. les plus grands savants.

BAGNARD n. m. ▪ Forçat interné dans un bagne.

BAGNE n. m. ▪ **1.** anciennt Établissement pénitentiaire où étaient internés les forçats après la suppression des galères ; lieu où se purgeait la peine des travaux forcés. *Le bagne de Cayenne.* **2.** Séjour où l'on est astreint à un travail pénible. ⇒ **enfer.** *Quel bagne !* ⇒ **galère.**

BAGNÈRES-DE-BIGORRE ▪ Chef-lieu d'arrondissement des Hautes-Pyrénées. 8 424 hab. *(les Bagnérais).* Station thermale. Matériel électrique.

BAGNÈRES-DE-LUCHON ou **LUCHON** ▪ Commune de la Haute-Garonne. 3 094 hab. *(les Luchonnais).* Station thermale, climatique et de sports d'hiver (Superbagnères).

BAGNEUX ▪ Commune des Hauts-de-Seine, dans la banlieue sud de Paris. 36 364 hab. *(les Balnéolais).*

BAGNOLE n. f. ▪ FAM. Automobile. ⇒ **voiture.** *Une belle bagnole.*

BAGNOLES-DE-L'ORNE ▪ Commune de l'Orne. 875 hab. *(les Bagnolais).* Station thermale (avec Tessé-la-Madeleine).

BAGNOLET ▪ Commune de la Seine-Saint-Denis, dans la banlieue est de Paris. 32 600 hab. *(les Bagnoletais).*

BAGNOLS-SUR-CÈZE ▪ Commune du Gard. 17 872 hab. *(les Bagnolais).*

BAGOUT n. m. ▪ Disposition à parler beaucoup, souvent en essayant de faire illusion ou de tromper. *Avoir du bagout.* ◇ var. BAGOU.

Petr Ivanovitch, prince BAGRATION (1765 - 1812) ▪ Général russe. Il prit part à la campagne contre la France, s'illustrant à Austerlitz, Eylau et Friedland. Il fut mortellement blessé à la bataille de la Moskova.

BAGUAGE n. m. ▪ Action de baguer ; son résultat. *Le baguage d'un pigeon.*

BAGUE n. f. ▪ **1.** Anneau que l'on met au doigt. ⇒ **chevalière.** *Bague de fiançailles. Une main chargée de bagues.* - loc. *Avoir la bague au doigt :* être marié. ⇒ **alliance. 2.** Objet de forme annulaire (anneau de papier qui entoure un cigare, cercle métallique servant à accoupler deux pièces d'une machine...). ⇒ **collier, manchon.**

BAGUENAUDER v. intr. [1] ▪ FAM. Se promener en flânant. ⇒ **se balader.** - pronom. *Se baguenauder.*

BAGUER v. tr. [1] ▪ **1.** Garnir d'une bague, de bagues. *On bague les pigeons voyageurs pour les distinguer.* - au p. p. *Mains baguées.* **2.** Inciser (un arbre) en enlevant un anneau d'écorce.

BAGUETTE n. f. ▪ **1.** Petit bâton mince et flexible. ⇒ **badine.** ♦ *Commander, mener les gens à la baguette,* avec autorité et rigueur. ♦ *Baguette magique,* servant aux fées, enchanteurs, magiciens pour accomplir leurs prodiges. - fig. *D'un coup de baguette magique,* comme par enchantement. ♦ *Baguette (de chef d'orchestre),* avec laquelle il dirige. ♦ *BAGUETTES DE TAMBOUR :* les deux petits bâtons avec lesquels on bat la caisse ; fig. cheveux très raides. ♦ Chacun des deux petits bâtons utilisés pour manger en Extrême-Orient. **2.** Petite moulure arrondie ou plate. *Poser des baguettes décoratives sur une porte.* **3.** Ligne verticale. **4.** Pain long et mince. *Une demi-baguette pas trop cuite.*

BAH interj. ▪ Exclamation exprimant l'insouciance, l'indifférence. *Bah ! j'en ai vu bien d'autres.*

le Commonwealth des BAHAMAS ▪ État insulaire d'Amérique centrale, composé de 700 îles. 13 935 km^2. 244 000 hab. Capitale : Nassau (sur l'île de New Providence). Langues : anglais (officielle), créole. Monnaie : dollar des Bahamas. Ancienne colonie britannique. Indépendant en 1973 et membre du Commonwealth, l'archipel est aujourd'hui un « paradis fiscal » qui vit essentiellement du tourisme.

Mīrzā Taqī BAHĀR (1885 ou 1886 - 1951) ▪ Poète et critique iranien. Ouvert à des thèmes, à des formes, à une langue modernes, il est considéré comme le principal poète iranien du XXe s.

BAHIA ▪ État du Brésil. 566 978 km^2. 12 230 000 hab. Capitale : Salvador (ancien nom : *Bahia*). Principale mine de cuivre du Brésil.

BAHÍA BLANCA ▪ Ville et port d'Argentine. 255 000 hab. Centre industriel.

BAHREÏN n. m. ▪ Archipel et État (émirat) du golfe Persique. 691 km^2. 518 243 hab. *(les Bahreïnis).* Capitale : Al-Manama. Langue : arabe. Religion officielle : islam. Monnaie : dinar bahreïni. Place financière du Golfe. Production d'hydrocarbures. Ancien protectorat britannique, indépendant depuis 1971.

BAHUT n. m. ▪ **1.** Buffet rustique large et bas. **2.** FAM. Lycée, collège. ⇒ **boîte** (4). **3.** ARGOT Taxi, voiture.

BAI, BAIE adj. ▪ *Une jument baie, des étalons bais,* à la robe d'un brun rouge.

① **BAIE** n. f. ▪ Échancrure d'une côte, dont l'entrée est resserrée ; petit golfe. ⇒ **anse, calanque, crique.**

② **BAIE** n. f. ▪ Ouverture pratiquée dans un mur, dans un assemblage de charpente pour faire une porte, une fenêtre. *Une large baie vitrée.*

③ **BAIE** n. f. ▪ Petit fruit charnu qui renferme des graines ou pépins.

BAIE-MAHAULT ▪ Commune de la Guadeloupe. 15 788 hab. Port important.

Jean Antoine de BAÏF (1532 - 1589) ▪ Écrivain français. Poète de la Pléiade, érudit. Il proposa une réforme hardie de l'orthographe et une prosodie fondée, comme dans la poésie antique, sur la longueur des syllabes. *"Les Amours de Francine"* (1555).

BAIGNADE n. f. ▪ **1.** Action de se baigner (2). ⇒ **bain. 2.** Endroit d'un cours d'eau, d'un lac où l'on peut se baigner. *Baignade surveillée.*

BAIGNER v. [1] ▪ **I.** v. tr. **1.** Mettre et maintenir (un corps, un objet) dans l'eau, un liquide pour laver, imbiber. ⇒ **plonger, tremper.** *Il baigne ses pieds dans l'eau.* ♦ Faire prendre un bain à (qqn) pour le laver. **2.** (mer) Entourer, toucher. *La mer qui baigne cette côte.* ♦ LITTÉR. Envelopper complètement. *La lumière qui baignait son visage.* **3.** Mouiller. ⇒ **inonder.** *Il était baigné de sueur.* **II.** v. intr. **1.** Être plongé entièrement (dans un liquide, ou fig. dans une ambiance). **2.** FAM. *Ça baigne (dans l'huile),* ça marche, ça va très bien. ► **SE BAIGNER** v. pron. plus cour. **1.** Prendre un bain (dans une baignoire). **2.** Prendre un bain pour le plaisir, pour nager (dans la mer, dans une piscine...). *Tu viens te baigner ?*

BAIGNEUR, EUSE n. ▪ **1.** Personne qui se baigne (2). *"Les Baigneuses"* (titre de tableaux : Fragonard, Cézanne, etc.). **2.** n. m. Petite poupée figurant un bébé.

BAIGNOIRE n. f. ▪ **I.** Grand récipient allongé, recevant l'eau courante, où une personne peut se baigner (1). *Baignoire encastrée. Baignoire sabot,* courte, où l'on se baigne assis. **II.** Loge de rez-de-chaussée, dans une salle de spectacle.

le lac BAÏKAL ▪ Lac le plus profond du globe (1 741 m), en Russie. 636 km de long. 23 000 km^2.

BAÏKONOUR ▪ Base aérospatiale située au Kazakhstan.

Baïkonour. Lancement de Soyouz *TM-14* le 14 mars 1992.
Phot. © Novosti/Gamma

BAIL, plur. **BAUX** n. m. ▪ **1.** Contrat par lequel une personne (⇒ **bailleur**) laisse à une autre (⇒ **locataire, fermier**) le droit de se servir d'une chose pendant un certain temps moyennant un certain prix (⇒ **loyer**). *Résilier le bail d'une maison. Donner, céder ; prendre À BAIL :* louer (dans les deux sens du mot). **2.** loc. FAM. *C'est un bail !,* c'est bien long ! *Ça fait un bail,* voilà bien longtemps.

BÂILLEMENT n. m. ▪ **1.** Action de bâiller (1). *Un bâillement d'ennui.* **2.** État de ce qui bâille (2).

BAILLER v. tr. [1] ▪ VX Donner. - loc. *Vous me la baillez belle :* vous vous moquez de moi.

BÂILLER v. intr. [1] ▪ **1.** Ouvrir involontairement la bouche en aspirant. *Bâiller de sommeil, de faim, d'ennui. Bâiller à se décrocher la mâchoire. Bâiller aux corneilles.* ⇒ **bayer. 2.** (choses) Être entrouvert, mal fermé. *Son col bâille* (⇒ **entrebâiller**).

BAILLEUL ▪ Commune du Nord. 13 847 hab. *(les Bailleulois).*

BAILLEUR, BAILLERESSE n. ▪ **1.** DR. Personne qui donne une chose à bail. **2.** *BAILLEUR DE FONDS :* personne qui fournit des fonds pour une entreprise déterminée. ⇒ **commanditaire.**

BAILLI n. m. ▪ **1.** HIST. Officier qui rendait la justice au nom du roi ou d'un seigneur. *Les baillis et les sénéchaux.* **2.** Dignité dans l'ordre de Malte. *Le bailli de Suffren.*

BAILLIAGE n. m. ▪ HIST. Circonscription d'un bailli.

BÂILLON n. m. ▪ Ce que l'on met contre la bouche de qqn pour l'empêcher de parler, de crier.

BÂILLONNER v. tr. ① ▪ **1.** Mettre un bâillon à (une personne). **2.** Empêcher la liberté d'expression, réduire au silence. *Gouvernement qui veut bâillonner la presse.* ⇒ **museler.**

Jean-Sylvain **BAILLY** (1736 - 1793) ▪ Astronome et révolutionnaire français. Président de l'Assemblée nationale et maire de Paris en 1789, il fut le premier à prêter le serment du Jeu de paume. Proche des Feuillants, il fut exécuté sous la Terreur.

BAIN n. m. ▪ **I. 1.** Action de plonger le corps (d'une personne, d'un animal) ou une partie du corps dans l'eau ou un autre liquide (pour laver, soigner). *Prendre un bain,* se baigner. *Faire prendre un bain, donner le bain à... Bain de pieds. Bain de vapeur* (hammam, sauna). *Peignoir de bain.* - *SALLE DE BAINS :* pièce réservée aux soins de toilette et contenant une baignoire (→ cabinet de toilette). **2.** L'eau, le liquide dans lequel on (se) baigne. *Faire couler un bain.* ♦ loc. *ÊTRE DANS LE BAIN :* participer à une affaire, être compromis, ou être pleinement engagé dans une entreprise et bien au courant. - *ÊTRE DANS LE MÊME BAIN,* dans la même situation (mauvaise). **3.** Action d'entrer dans l'eau pour le plaisir, pour nager. ⇒ **baignade.** *Prendre un bain de mer, de rivière. Maillot, slip de bain.* ♦ Partie d'une piscine. *Petit bain* (où l'on a pied), *grand bain* (plus profond). **4.** fig. *BAIN DE SOLEIL :* exposition volontaire au soleil, pour bronzer, pour se soigner. **5.** fig. Action de se plonger dans, de s'imprégner de. *Bain de foule,* fait de se mêler à la foule. **II.** au plur. **1.** Établissement public où l'on prend des bains. ⇒ **hammam, thermes. 2.** VIEILLI *Aller aux bains de mer* (⇒ **balnéaire**). **III.** Préparation liquide dans laquelle on plonge un corps, une pellicule photographique...

BAIN-MARIE n. m. ▪ Liquide chaud dans lequel on met un récipient contenant ce que l'on veut faire chauffer. *Sauce réchauffée au bain-marie.* - Le récipient qui contient ce liquide. *Des bains-marie.*

BAÏONNETTE n. f. ▪ **1.** Arme pointue qui s'ajuste au canon d'un fusil. *Une sentinelle, baïonnette au canon.* **2.** *À BAÏONNETTE,* dont le mode de fixation rappelle celui de cette arme. *Douille à baïonnette d'une ampoule électrique.*

BAISABLE adj. ▪ FAM. Désirable (sexuellement).

BAISE n. f. ▪ vulg. Action de baiser (①, II, 1).

la **BAÏSE** ▪ Rivière de Gascogne, affluent de la Garonne. 190 km.

BAISEMAIN n. m. ▪ Le fait de baiser la main d'une dame (politesse masculine). *Faire le baisemain.*

① **BAISER** v. tr. ① ▪ **I.** LITTÉR. et VX Donner un baiser à. ⇒ **embrasser ; baisemain.** *Baiser les mains, le front de qqn.* **II.** FAM. **1.** Faire l'amour à (qqn). - absolt *Elle baise bien.* **2.** FAM. Duper, attraper. ⇒ **avoir, posséder.** *Se faire baiser.*

② **BAISER** n. m. ▪ Action de poser sa bouche sur une personne, une chose, en signe d'affection, de respect. *Donner un baiser à qqn.* ⇒ FAM. **bécot, bise, bisou.** *Baiser d'adieu.* - *Baiser de paix,* de réconciliation. - *Baiser de Judas,* perfide.

BAISSE n. f. ▪ **1.** Le fait de baisser de niveau, de descendre à un niveau plus bas. ⇒ **diminution.** *Baisse de température.* ♦ fig. Affaiblissement. *Baisse d'influence.* **2.** Diminution de prix, de valeur. *La baisse des actions.* ⇒ **chute, effondrement.** - *Jouer à la baisse,* spéculer sur la baisse des marchandises ou des valeurs. *Spéculer à la baisse.* - *EN BAISSE :* en train de baisser. *Le cours de l'or est en baisse.*

BAISSER v. ① ▪ **I.** v. tr. **1.** Mettre plus bas. ⇒ **descendre.** *Baisser les stores.* ♦ Diminuer la hauteur de. *Baisser une clôture.* **2.** Incliner vers la terre (une partie du corps). *Baisser la tête.* ⇒ **courber, pencher.** - *Baisser le nez :* être confus, honteux. - *Baisser les yeux,* les diriger vers la terre. - *Baisser les bras :* s'avouer battu, ne plus lutter. **3.** Diminuer la force, l'intensité de. *Baisser la voix. Baisser la radio,* diminuer l'intensité du son. ♦ fig. *Baisser le ton :* être moins arrogant. **4.** Diminuer (un prix). *Les commerçants ont baissé leurs prix.* **II.** v. intr. **1.** Diminuer de hauteur. ⇒ **descendre.** *Le niveau de l'eau a baissé.* ♦ fig. *Il a baissé dans mon estime,* je le juge moins bien. **2.** Diminuer d'intensité. *Le jour baisse :* il fait plus sombre. *Sa vue baisse :* il y voit moins bien. **3.** (personnes) Perdre sa vigueur et ses moyens intellectuels. *Il a beaucoup baissé depuis cinq ans.* ⇒ **décliner. 4.** Diminuer de valeur, de prix. *Le vin a baissé.* ► SE **BAISSER** v. pron. ⇒ se **courber,** s'**incliner,** se **pencher.** *Se baisser pour passer sous une voûte.* - loc. *Il n'y a qu'à se baisser (pour les ramasser) :* il y en a en grande quantité.

Li Feigan dit **BA JIN** ou **PA KIN** (né en 1904) ▪ Écrivain chinois. Influencée par la pensée de Bakounine, son œuvre, humaniste et marquée par l'utopie, lui valut d'être condamné au silence pendant la révolution culturelle. *"Famille"* (1931).

BAJOUE n. f. ▪ **1.** Partie latérale inférieure de la tête (de certains animaux), de l'œil à la mâchoire. *Les bajoues du porc.* **2.** Joue pendante (d'une personne).

BAKCHICH [bakʃiʃ] n. m. ▪ Pourboire, pot-de-vin. *Des bakchichs.*

BAKÉLITE n. f. ▪ Matière plastique obtenue en traitant le formol par le phénol.

Joséphine **BAKER** (1906 - 1975) ▪ Artiste de music-hall américaine. C'est à Paris qu'elle devint célèbre, comme meneuse de revues et chanteuse.

BAKHTARĀN autrefois ***KERMANCHĀH*** ▪ Ville d'Iran (Kurdistan). 560 514 hab.

BAKLAVA n. m. ▪ Gâteau oriental à pâte feuilletée avec du miel et des amandes. *Des baklavas.*

BAKOU ▪ Capitale de l'Azerbaïdjan, sur la mer Caspienne. 1 780 000 hab. Grand centre pétrolier.

le second **BAKOU** ▪ Nom donné à la grande région pétrolière entre l'Oural et la Volga.

Mikhaïl **BAKOUNINE** (1814 - 1876) ▪ Révolutionnaire et théoricien anarchiste russe. Il participa à la révolution de 1848 à Paris. Rival de Marx au sein de la Ire Internationale, il fut exclu en 1872. *"L'État et l'Anarchie"* (1873).

BAL n. m. ▪ **1.** Réunion où l'on danse. *Ouvrir le bal,* y danser le premier. *Les bals populaires du 14 Juillet. Bal masqué,* où l'on porte des masques. *Bal costumé. Robe de bal.* - fig. *Conduire, mener le bal :* être l'élément moteur d'une action collective. ♦ *Le bal,* la danse mondaine. **2.** Lieu où se donnent des bals. *Un petit bal musette.* ⇒ **dancing, guinguette ;** FAM. **bastringue.**

BALADE n. f. ▪ FAM. Action de se promener (≠ *ballade*). *Être en balade.* ⇒ **promenade.** - Excursion, sortie, voyage. *Une belle balade en montagne.*

BALADER v. tr. ① ▪ FAM. **1.** Promener sans but précis. **2.** Emmener avec soi. **3.** intrans. FAM. *Envoyer balader* (qqn, qqch.) : envoyer promener. ► SE **BALADER** v. pron. **1.** Se promener sans but. ⇒ **baguenauder, errer, flâner. 2.** Excursionner, voir du pays.

BALADEUR, EUSE ▪ **I.** adj. *Avoir l'humeur baladeuse,* aimer se promener. ♦ FAM. *Main baladeuse,* qui s'égare en caresses indiscrètes. **II.** n. m. Petit récepteur radio ou lecteur de cassettes portatif, muni d'écouteurs. ⇒ **walkman. III.** n. f. **1.** Voiture accrochée à la motrice d'un tramway. ⇒ **remorque. 2.** Lampe électrique portative munie d'un long fil.

BALADIN n. m. ▪ LITTÉR. Comédien ambulant. ⇒ **saltimbanque.**

BALAFON n. m. ▪ Instrument de musique (xylophone) africain.

BALAFRE n. f. ▪ Longue entaille faite par une arme tranchante, particulièrement au visage. ⇒ **coupure, estafilade.** ♦ Cicatrice de cette blessure.

BALAFRER v. tr. ① ▪ Blesser par une balafre. - au p. p. *Un visage balafré.*

① **BALAI** n. m. ▪ **1.** Ustensile ménager formé d'un long manche et d'une brosse, servant à enlever la poussière, les détritus. *Donner un coup de balai,* balayer rapidement. ♦ loc. *COUP DE BALAI :* fait de se débarrasser de personnes (licenciement, etc.). - *Du balai ! :* allez-vous-en ! **2.** *Balai mécanique,* appareil à brosses roulantes, monté sur un petit chariot. **3.** Frottoir en charbon établissant le contact dans une dynamo. **4.** *Balai d'essuie-glace :* lame de caoutchouc qui nettoie le pare-brise d'un véhicule. **5.** *Voiture balai,* chargée de ramasser les coureurs cyclistes qui abandonnent la course. **6.** MUS. Accessoire de percussionniste formé d'un manche court et d'un faisceau métallique.

② **BALAI** n. m. ▪ FAM. An (dans un âge). *Il a cinquante balais.*

BALAI-BROSSE n. m. ▪ Brosse de chiendent montée sur un manche à balai, pour frotter le sol. *Des balais-brosses.*

Mili **BALAKIREV** (1837 - 1910) ▪ Compositeur russe. Maître de Borodine, Cui, Moussorgski, Rimski-Korsakov, avec lesquels il formait le groupe des Cinq.

BALALAÏKA n. f. ▪ Instrument de musique russe à cordes pincées, comprenant un manche et une caisse triangulaire. *Des balalaïkas.*

BALANCE n. f. ▪ **I. 1.** Instrument qui sert à peser, formé d'une tige mobile (le fléau) et de plateaux dont l'un porte la chose à peser, l'autre les poids marqués. *Balance de précision. Balance électronique à un plateau. Balance à bascule.* ⇒ **bascule.** - *Balance romaine,* à poids constant et qui est mobile par rapport au point de suspension. *Se peser sur une balance.* ⇒ **pèse-personne. 2.** Petit filet en forme de poche pour la pêche aux écrevisses. **3.** Septième signe du zodiaque (23 septembre-22 octobre). *Être du signe de la Balance.* - ellipt invar. *Ils sont Balance.* **II. 1.** loc. fig. *Mettre dans la balance,* examiner en comparant. *Mettre en balance* (deux choses), opposer le pour et le contre. ⇒ **peser.** - *Faire pencher la balance du côté de, en faveur de :* favoriser, avantager. **2.** État d'équilibre. *La balance des forces.* **3.** COMM. *La balance de l'actif et du passif d'un compte.* ⇒ **bilan.** ♦ ÉCON. *La balance commerciale,* la comparaison entre les importations et les exportations d'un pays.

BALANCÉ, ÉE adj. ▪ FAM. *Une fille bien balancée,* bien bâtie.

BALANCELLE n. f. ▪ Fauteuil balançoire de jardin à plusieurs places, avec un toit en tissu.

BALANCEMENT n. m. ▪ **1.** Mouvement alternatif et lent d'un corps, de part et d'autre de son centre d'équilibre. ⇒ **oscillation. 2.** fig. État d'équilibre. - Disposition symétrique (⇒ **balancer** (I, 3)).

BALANCER v. [3] ▪ **I.** v. tr. **1.** Mouvoir lentement (qqch.) tantôt d'un côté, tantôt d'un autre. *Il balance les bras en marchant.* **2.** FAM. Jeter (en balançant le bras). *Balancer (qqch.) par la fenêtre.* ⇒ **envoyer.** ♦ FAM. Se débarrasser de (qqch., qqn). ⇒ **jeter.** *Balancer un employé.* ⇒ **renvoyer.** ♦ FAM. Trahir, dénoncer (à la police). **3.** Équilibrer. *Balancer ses phrases,* en soigner la symétrie, le rythme. **4.** LITTÉR. Comparer, peser. *Balancer le pour et le contre.* **II.** v. intr. LITTÉR. Être incertain. *Sans balancer :* sans hésiter. ► **SE BALANCER** v. pron. **1.** Se mouvoir alternativement d'un côté et de l'autre. *Se balancer sur sa chaise.* ♦ Être sur une balançoire en marche. **2.** FAM. *S'en balancer :* s'en moquer, s'en ficher.

Baldung Grien. *Les Trois Âges de la femme et la Mort.* Musée du Prado, Madrid.
Phot. © Carlo Bevilacqua/Ricciarini

George BALANCHINE (1904 - 1983) ▪ Chorégraphe américain d'origine géorgienne. Il fut engagé par Diaghilev dans les Ballets russes et créa le New York City Ballet (1948).

BALANCIER n. m. ▪ **1.** Pièce dont les oscillations régularisent le mouvement d'une machine. *Le balancier d'une horloge.* **2.** Long bâton utilisé par les danseurs de corde pour maintenir leur équilibre. **3.** Flotteur de bois stabilisant une embarcation. *Pirogue à balancier.*

BALANÇOIRE n. f. ▪ **1.** Bascule sur laquelle deux personnes peuvent se balancer. **2.** Planche ou nacelle suspendue entre deux cordes et sur laquelle on se balance. ⇒ **escarpolette. 3.** fig. VX Propos en l'air, baliverne.

le lac BALATON ▪ Le plus grand lac d'Europe centrale, en Hongrie. 596 km^2.

BALAYAGE n. m. ▪ **1.** Action de balayer. ⇒ **nettoyage. 2.** TECHN. Action de parcourir une étendue donnée avec un faisceau d'ondes ou de particules.

BALAYER v. tr. [8] ▪ **I. 1.** Pousser, enlever avec un balai (la poussière, les ordures...). **2.** Entraîner avec soi. *Le vent balaye les nuages.* ⇒ **chasser.** *Le torrent balayait tout sur son passage.* ⇒ **emporter. 3.** fig. Faire disparaître. ⇒ **rejeter, repousser, supprimer.** *Balayer les préjugés, les soucis.* **II. 1.** Nettoyer avec un balai (un lieu). *Balayer le trottoir.* **2.** Passer sur (comme le fait un balai). *Les faisceaux lumineux des projecteurs balayaient la piste.*

BALAYETTE n. f. ▪ Petit balai à manche court.

BALAYEUR, EUSE ▪ **1.** n. Personne qui balaie (notamment les rues, les lieux publics). **2.** n. f. Véhicule destiné au balayage des voies publiques.

BALAYURES n. f. pl. ▪ Ce que l'on enlève avec un balai. ⇒ **ordure ; détritus.**

Vasco Núñez de BALBOA (1475 - 1517) ▪ Navigateur espagnol. Il découvrit l'océan Pacifique en 1513.

BALBUTIANT, ANTE adj. ▪ Qui balbutie. *Une voix balbutiante.*

BALBUTIEMENT n. m. ▪ **1.** Action de balbutier, manière de parler de celui qui balbutie. *Le balbutiement d'une personne émue.* **2.** fig. au plur. Débuts maladroits (dans un domaine). *Les balbutiements de l'aviation.*

BALBUTIER v. [7] ▪ **1.** v. intr. Articuler d'une manière hésitante et imparfaite les mots que l'on veut prononcer. ⇒ **bafouiller, bégayer, bredouiller. 2.** v. tr. Dire en balbutiant. *Balbutier des excuses.*

BALBUZARD n. m. ▪ Rapace diurne qui vit au bord de l'eau.

balbuzard. *Pandion haliaetus,* balbuzard pêcheur. *Phot. © Pölking/Jacana*

BALCON n. m. ▪ **1.** Plate-forme en saillie sur la façade d'un bâtiment et qui communique avec une pièce. *Sortir sur le balcon.* **2.** Balustrade d'un balcon. *Balcon en fer forgé.* **3.** Galerie d'une salle de spectacle s'étendant d'une avant-scène à l'autre. *Fauteuils de balcon.*

BALDAQUIN n. m. ▪ **1.** Dais garni de rideaux, placé au-dessus d'un lit, d'un trône. *Lit à baldaquin.* **2.** ARCHIT. Ouvrage à colonnes couronnant un autel, un trône.

Hans BALDUNG GRIEN (« le Vert ») (v. 1484 - 1545) ▪ Peintre et graveur allemand. Il fut l'élève de Dürer. Ses sujets, où dominent les tons vifs, sont chargés de symbolisme et mêlent érotisme et mythologie.

Robert BALDWIN (1804-1858) ▪ Homme politique canadien. Chef des libéraux, il fut associé à L. Lafontaine dans le « grand ministère » qui réforma le pays (1848-1851).

Stanley BALDWIN (1867-1947) ▪ Homme politique britannique. Premier ministre conservateur en 1923, 1924-1929, 1935-1937.

James BALDWIN (1924-1987) ▪ Romancier noir américain : *"Les Élus du Seigneur"* (1953). Il traite de la discrimination raciale dans les essais de *"La prochaine fois le feu"* (1963).

BÂLE en allemand ***BASEL*** ▪ Ville de Suisse, sur le Rhin, aux frontières de la France et de l'Allemagne. 171 888 hab. *(les Bâlois)*. Université (fondée en 1460, elle abrita Érasme et fit de la ville un foyer du protestantisme). Musées. Centre industriel : chimie, métallurgie.

le canton de BÂLE ▪ Canton du nord-ouest de la Suisse divisé en deux demi-cantons : **Bâle-Ville** (en allemand : Basel-Stadt ; 37 km^2 ; 201 596 hab. ; chef-lieu : Bâle) et **Bâle-Campagne** (en allemand : Basel-Land ; 428 km^2 ; 233 294 hab. ; chef-lieu : Liestal).

les BALÉARES n. f. pl. ▪ Archipel méditerranéen ; communauté autonome de l'Espagne dont les principales îles sont Majorque, Minorque, Ibiza, Formentera, Cabrera. Capitale : Palma de Majorque. 5 014 km^2. 739 501 hab. Les Baléares sont de culture catalane. Tourisme.

BALEINE n. f. ▪ **I.** Mammifère cétacé de très grande taille (jusqu'à 20 m de long), dont la bouche est garnie de lames cornées (les fanons). *Pêche à la baleine.* **II.** Fanon dont on se servait pour la garniture des corsets. - Lame flexible (d'acier, de plastique...). *Baleines de parapluie.*

baleine. *Megaptera novaeangliae,* baleine à bosse. *Phot. © Gohier/Jacana*

BALEINÉ, ÉE adj. ▪ Maintenu par des baleines (II). *Bustier baleiné.*

BALEINEAU n. m. ▪ Petit de la baleine.

BALEINIER, IÈRE ▪ **1.** adj. Relatif à la pêche à la baleine. *Port baleinier.* **2.** n. m. Navire équipé pour la pêche à la baleine. **3.** n. f. anciennt Embarcation longue et légère pour la pêche à la baleine. ♦ Canot de bord, de forme identique.

BALÈZE adj. ▪ FAM. ▪ **1.** Grand et fort. - n. m. *Un gros balèze.* **2.** Qui a de grandes connaissances dans un domaine. *Il est balèze en maths.* ◇ var. BALÈSE.

Arthur James, 1er comte de BALFOUR (1848-1930) ▪ Homme politique britannique. Premier ministre (conservateur), puis ministre des Affaires étrangères. ► **la déclaration BALFOUR**, le 2 novembre 1917, engageait la Grande-Bretagne à favoriser « l'établissement en Palestine d'un foyer national pour le peuple juif ».

BALI ▪ Île d'Indonésie, à l'est de Java. 5 621 km^2. 2 778 000 hab. Capitale : Denpasar. Rizières en terrasses. Nombreux temples. Tourisme.

BALISAGE n. m. ▪ Pose de balises, de signaux pour indiquer les dangers à éviter ou la route à suivre ; ces signaux. *Le balisage d'un port, d'un aérodrome, d'une piste de ski.*

BALISE n. f. ▪ **1.** Objet, dispositif destiné à guider un navigateur, un pilote. ⇒ **bouée, feu, signal. 2.** Émetteur radioélectrique permettant au pilote d'un navire ou d'un avion de se diriger ou d'être repéré. *Balise radio* (ou *radiobalise* n. f.).

BALISER v. [1] ▪ **I.** v. tr. Garnir, jalonner (un lieu) de balises. ⇒ **balisage II.** v. intr. FAM. Avoir peur.

BALISTE n. f. ▪ HIST. Ancienne machine de guerre qui servait à lancer des projectiles.

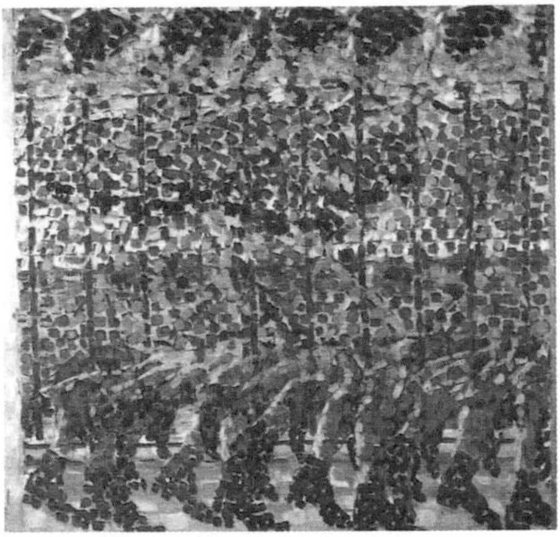

Balla. *Petite fille courant sur un balcon.* Galerie d'Art moderne, Milan. *Phot. © Arch. Smeets*

BALISTIQUE ▪ **1.** adj. Qui est relatif aux projectiles. *Engin balistique* : fusée, missile. **2.** n. f. Science du mouvement des projectiles.

BALIVEAU n. m. ▪ Arbre réservé dans la coupe des taillis pour qu'il puisse croître en futaie.

BALIVERNE n. f. ▪ Propos sans intérêt, sans vérité. ⇒ **calembredaine, faribole, sornette.** *Débiter des balivernes.*

le mont BALKAN ▪ Chaîne montagneuse de la Bulgarie centrale.

BALKANIQUE adj. ▪ Des Balkans*.

BALKANISATION n. f. ▪ Morcellement politique d'un État, d'un pays. ► BALKANISER v. tr. [1]

les BALKANS n. m. pl. ou **PÉNINSULE BALKANIQUE** ▪ La plus orientale des trois péninsules du sud de l'Europe, comprenant la Slovénie, la Croatie, la Bosnie-Herzégovine, la Macédoine, la Serbie, le Monténégro, l'Albanie, la Bulgarie, la Grèce et la Turquie d'Europe. Théâtre des *guerres balkaniques* (démembrement de l'Empire ottoman, 1912-1913) et d'autres violents conflits (→ Grèce, Yougoslavie).

le lac BALKHACH ▪ Lac du Kazakhstan. 17 000 à 22 000 km^2. Gisements de cuivre sur la rive nord.

Giacomo BALLA (1871-1958) ▪ Peintre et théoricien futuriste italien. Il chercha à exprimer le mouvement en en représentant les phases successives. *"Chien en laisse"* (1912).

BALLADE n. f. ▪ **1.** Petit poème de forme régulière, composé de trois couplets ou plus, avec un refrain et un envoi. *"La Ballade des pendus"* (de Villon). **2.** Poème de forme libre, d'un genre familier ou légendaire. *"Odes et Ballades"* (de Victor Hugo). **3.** MUS. Composition sur le texte d'une ballade. *Les ballades de Chopin.* ◇ ≠ *balade.*

Édouard BALLADUR (né en 1929) ▪ Homme politique français, membre du R.P.R. Secrétaire général de la présidence de la République sous Pompidou, il fut ministre de l'Économie et des Finances (1986-1988) et privatisa plusieurs grandes entreprises publiques. Premier ministre de 1993 à 1995, il dut affronter une période de dépression économique et de chômage.

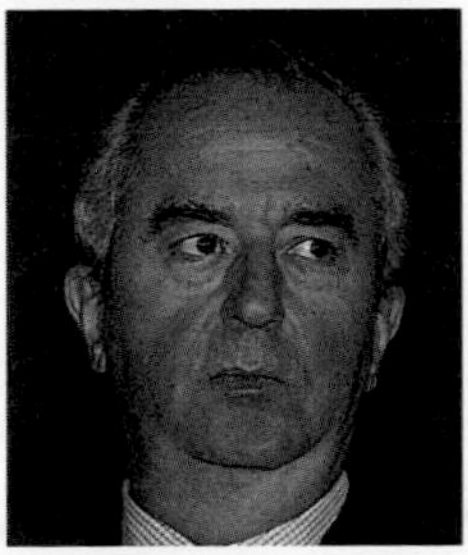

Balladur. *Phot. © Vioujard/Gamma*

BALLANT, ANTE ▪ **1.** adj. Qui remue, se balance (faute d'être appuyé, fixé). *Rester les bras ballants.* **2.** n. m. Mouvement d'oscillation. *Voiture chargée en hauteur, qui a du ballant.*

James Graham BALLARD (né en 1930) ▪ Écrivain britannique. Il met en scène, dans un monde apocalyptique, une humanité menacée. *"Empire du soleil"* (porté à l'écran par Spielberg).

BALLAST [-ast] n. m. ▪ **1.** Réservoir d'eau de mer sur un navire. ♦ Réservoir de plongée d'un sous-marin. ⇒ **water-ballast.** **2.** Pierres concassées que l'on tasse sous les traverses d'une voie ferrée.

BALLASTER v. tr. [1] ▪ **1.** MAR. Équilibrer (un navire) en remplissant ou en vidant les ballasts. **2.** Garnir de ballast (une voie ferrée). ► n. m. BALLASTAGE

① **BALLE** n. f. ▪ **I. 1.** Petite sphère, boule élastique dont on se sert pour divers jeux. ⇒ **ballon, pelote.** *Balle de ping-pong, de tennis. Jouer à la balle.* **2.** Le fait de lancer une balle. - loc. (au tennis) *Faire des balles :* jouer sans compter les points. *Balle de set, de match,* le coup qui décide du set, du match. **3.** loc. fig. *Saisir la balle au bond :* saisir avec à-propos une occasion favorable. - *Renvoyer la balle :* répliquer. - *La balle est dans votre camp,* c'est à vous d'agir, de « jouer ». **4.** fig. VIEILLI Tête, face. *Il a une bonne balle.* ⇒ **bille.** ♦ Testicule. loc. *Peau de balle.* **5.** au plur. FAM. Franc. *Prête-moi cent balles.* **II.** Petit projectile métallique dont on charge les armes à feu. *Balle de revolver, de mitrailleuse. Blessure par balle.* - FAM. *Recevoir douze balles dans la peau :* être exécuté (par le peloton). - loc. FAM. *Trou* de balle.* **III.** loc. *Enfant de la balle :* comédien, artiste élevé dans le métier.

② **BALLE** n. f. ▪ Gros paquet de marchandises. ⇒ **ballot.** *Une balle de coton.*

③ **BALLE** n. f. ▪ Enveloppe des graines (de céréales). *Balle d'avoine.* ◇ var. BALE.

BALLER v. intr. [1] ▪ **1.** VX Danser. **2.** Osciller, être ballant*. *Laisser baller ses bras.*

BALLERINE n. f. ▪ **1.** Danseuse de ballet. *Les ballerines de l'Opéra.* **2.** Chaussure de femme rappelant un chausson de danse.

BALLET n. m. ▪ Danse classique exécutée par plusieurs personnes. *Le corps de ballet de l'Opéra,* l'ensemble des danseurs de ballets. *Un maître de ballet.* ♦ Ce spectacle de danse. ♦ Musique de cette danse.

① **BALLON** n. m. ▪ **I. 1.** Grosse balle dont on se sert pour jouer. ⇒ ① **balle.** *Jouer au ballon.* - SPORTS *Le ballon rond* (du football), *ovale* (du rugby). ♦ Jouet d'enfant formé d'une pellicule de caoutchouc très mince gonflée de gaz. ⇒ **baudruche.** *Un lâcher de ballons.* **2.** Jeu de ballon. *Le ballon ovale,* le rugby. **3.** appos. *Manches ballon,* gonflantes. **II.** Aérostat gonflé d'un gaz plus léger que l'air. *Les premières ascensions en ballon.* ⇒ **montgolfière.** *"Cinq semaines en ballon"* (de Jules Verne). ♦ *BALLON D'ESSAI :* petit ballon qu'on lance pour connaître la direction du vent ; fig. expérience que l'on tente pour sonder les dispositions des gens. ♦ *BALLON CAPTIF,* retenu à terre par des cordes. ♦ *BALLON-SONDE,* servant à l'étude de la haute atmosphère. *Des ballons-sondes.* **III. 1.** Récipient en verre de forme sphérique. **2.** en appos. *Verre ballon :* verre à boire, à pied, de forme sphérique. *Un ballon de rouge.* **3.** Récipient, bouteille, réservoir (de forme quelconque). dans des loc. *BALLON D'OXYGÈNE :* récipient contenant de l'oxygène à usage thérapeutique (aide à la respiration, réanimation) ; fig. ce qui ranime, maintient en vie, en activité. ♦ *Ballon d'alcootest*.* ♦ Chauffe-eau électrique à réservoir sphérique ou cylindrique.

② **BALLON** n. m. ▪ Nom donné aux montagnes des Vosges. *Le ballon d'Alsace.*

BALLONNÉ, ÉE adj. ▪ Gonflé comme un ballon. - (intestin) Distendu par les gaz. *Ventre ballonné.*

BALLONNEMENT n. m. ▪ Gonflement de l'abdomen dû à l'accumulation des gaz intestinaux.

Le Ballet comique de la reine, gravure du livret par Jacques Patin, auteur des décors et des costumes (1582). Bibliothèque nationale de France, Paris. *Phot. © B.N.F.*

Marie Taglioni dans *La Sylphide* (1832), ballet romantique, lithographie d'après A.E. Chalon. Bibliothèque de l'Opéra, Paris. *Phot. © B.N.F.*

Graph, ballet d'Alwin Nikolais au Théâtre de la Ville à Paris. *Phot. © Bernand*

ballet.

Balthus. *Katia lisant,*
Coll. part.
Phot. © Documentation du MNAMGP, Paris

BALLONNET n. m. ▪ Petit ballon.

BALLOT n. m. ▪ **I. 1.** Petite balle (②) de marchandises. **2.** Paquet. **II.** FAM. Imbécile, idiot.

BALLOTTAGE n. m. ▪ (dans une élection au scrutin majoritaire) Résultat négatif d'un premier tour, aucun des candidats n'ayant recueilli le nombre de voix nécessaire pour être élu. *Il y a ballottage. Deux candidats sont en ballottage.*

BALLOTTEMENT n. m. ▪ Mouvement d'un corps qui ballotte.

BALLOTTER v. [1] ▪ **I.** v. tr. **1.** Faire aller alternativement dans un sens et dans l'autre. ⇒ **agiter, balancer, remuer, secouer.** *Un navire ballotté par la tempête.* **2.** fig. passif *Être ballotté entre des sentiments contraires,* tiraillé. **II.** v. intr. Être agité, secoué en tous sens. *Poitrine qui ballotte.*

BALLOTTINE n. f. ▪ Préparation de viande désossée et roulée. *Ballottine de volaille.*

BALL-TRAP [baltʀap] n. m. ▪ anglic. Appareil qui lance une cible (plateau d'argile, etc.) simulant un oiseau en plein vol, et que le tireur doit toucher. *Des ball-traps.*

BALLUCHON ou **BALUCHON** n. m. ▪ Petit paquet d'effets maintenus dans un carré d'étoffe noué aux quatre coins. ▸ *Faire son balluchon,* partir.

BALMA ▪ Commune de Haute-Garonne. 9 506 hab.

Jacques BALMAT (1762 ▸ 1834) ▪ Guide français. Il réalisa en 1786 la première ascension du mont Blanc, dont il atteignit le sommet l'année suivante avec H. B. de Saussure.

le col de BALME ▪ Passage des Alpes faisant communiquer la France (Haute-Savoie) et la Suisse (Valais).

Konstantine Dmitrievitch BALMONT (1867 ▸ 1942) ▪ Poète russe. Sa poésie, empreinte d'une grande recherche de la musicalité, l'apparente aux symbolistes. *"Sonnets au soleil, au miel et à la lune"* (1917); *"Aurore boréale".*

le château de BALMORAL ▪ Résidence d'été des souverains britanniques, en Écosse.

BALNÉAIRE adj. ▪ Relatif aux bains de mer. *Station balnéaire.*

BALOURD, OURDE adj. ▪ Maladroit et sans délicatesse. ⇒ **lourdaud.** *Il est un peu balourd.* ▸ n. *Un gros balourd.*

BALOURDISE n. f. ▪ **1.** Propos ou action de balourd. ⇒ **gaffe, maladresse, stupidité. 2.** Caractère balourd. *Il est d'une balourdise étonnante.*

BALSA [-z-] n. m. ▪ Bois très léger utilisé pour les maquettes.

BALSAMINE [-z-] n. f. ▪ Plante annuelle aux fleurs à quatre pétales, dont la capsule éclate dès qu'on la touche.

BALSAMIQUE adj. ▪ Qui a des propriétés comparables à celles du baume.

Victor BALTARD (1805 ▸ 1874) ▪ Architecte français. Halles de Paris (charpente métallique), démontées en 1972. Église Saint-Augustin (1860-1871).

BALTE adj. et n. ▪ *Les pays baltes :* Estonie, Lettonie, Lituanie (voir ci-dessous). ♦ Originaire de ces pays. ▸ n. *Les Baltes.*

les pays BALTES ▪ Les trois républiques d'Estonie, Lettonie et Lituanie, sur la mer Baltique. Région autrefois conquise par les chevaliers Teutoniques, disputée ensuite entre la Pologne, la Suède et la Russie, puis l'Allemagne durant les deux guerres mondiales, indépendante de 1920 à 1940. Les pays baltes furent annexés par l'U.R.S.S. en 1940 (→ **pacte germano-soviétique**). La résistance passive à l'emprise soviétique se transforma, à partir de 1987, en mouvement revendiquant l'indépendance nationale. Celle-ci fut reconnue par le pouvoir central en 1991.

BALTHAZAR ▪ D'après la légende chrétienne, un des Rois mages, noir de peau.

Balthazar Klossowski dit **BALTHUS** (né en 1908) ▪ Peintre français d'origine polonaise. Frère de l'écrivain P. Klossowski. Il a peint une œuvre réaliste dans sa forme. Scènes d'intérieur, teintées d'érotisme, avec des adolescentes. Paysages.

BALTIMORE ▪ Ville des États-Unis (Maryland). 736 000 hab. Port de la baie de Chesapeake. Industries. Université Johns Hopkins.

la mer BALTIQUE ▪ Mer qui baigne les côtes d'Europe du Nord : Danemark, Suède, Finlande, pays baltes, Pologne, Allemagne.

le BALUCHISTAN ou **BÉLOUCHISTAN** ▪ Région aride s'étendant sur le Pakistan et l'Iran. Divisée en deux provinces, l'une pakistanaise (capitale : Quetta), l'autre iranienne (capitale : Zahedan).

BALUCHON ⇒ BALLUCHON

BALUSTRADE n. f. ▪ **1.** Rangée de balustres portant une tablette d'appui. *La balustrade d'une terrasse.* **2.** Clôture à hauteur d'appui et à jour. *La balustrade d'un pont.* ⇒ **garde-fou, parapet, rambarde.**

BALUSTRE n. m. ▪ **1.** Petite colonne renflée supportant un appui. **2.** Colonnette ornant le dos d'un siège.

Jean-Louis Guez de BALZAC (1597 ▸ 1654) ▪ Écrivain français. Il contribua pour la prose à l'avènement du classicisme. Ses *"Lettres"* (1624-1654) connurent un succès prodigieux et montrent un jugement littéraire très sûr.

Honoré de BALZAC (1799 ▸ 1850) ▪ Écrivain français. Il conçut, sous le titre général de *"La Comédie humaine"*, un ensemble de 95 romans (*"La Peau de chagrin"*, 1831 ; *"Eugénie Grandet"*, 1833; *"Le Père Goriot"*, 1834-1835; *"Le Lys dans la vallée"*, 1835; *"Illusions perdues"*, 1837-1843; *"Splendeurs et Misères des courtisanes"*, 1838-1847; *"La Cousine Bette"*, 1846, etc.). Cette œuvre immense brosse un tableau de la société française de 1789 à 1848. D'une esthétique réaliste, elle se caractérise notamment par des descriptions et des portraits minutieux, par le retour des personnages d'un roman à l'autre (comme Rastignac* ou Vautrin, l'ancien forçat qui devient chef de la sûreté), et par la volonté de mettre en évidence les « principes naturels » qui régissent les rapports entre les individus et la société.

BALZANE n. f. ▪ Tache blanche aux pieds d'un cheval.

BAMAKO ▪ Capitale du Mali. 646 000 hab.

les BAMBARAS ou **BANAMAS** n. m. pl. ▪ Peuple d'Afrique de l'Ouest, habitant la vallée du Niger dans la région de Bamako. Environ un million d'individus, agriculteurs et sédentaires. Ils constituèrent, entre 1766 et 1861, un puissant royaume dont Ségou était la capitale.

BAMBERG ▪ Ville d'Allemagne (Bavière). 70 200 hab. Cathédrale du XIIIe s.

BAMBIN n. m. ▪ Petit garçon. ⇒ **enfant.**

BAMBOCHE n. f. ▪ FAM. et VX Bombance, ripaille.

BAMBOCHER v. intr. [1] ▪ VX Faire la noce, faire la fête. ► n. BAMBOCHEUR, EUSE

BAMBOU n. m. ▪ **1.** Plante à tige cylindrique ligneuse, souvent creuse et cloisonnée au niveau des nœuds. *Une canne de bambou. Des pousses de bambou,* les bourgeons comestibles. **2.** FAM. *COUP DE BAMBOU :* insolation ; accès de folie ; crise de fatigue (→ coup de barre). *C'est le coup de bambou :* c'est trop cher (→ coup de barre).

BAMBOULA ▪ **I.** n. m. VX Tam-tam. **II.** n. f. **1.** VX Danse africaine. **2.** VIEILLI *Faire la bamboula,* la fête, la noce.

BĀMYĀN ▪ Site archéologique d'Afghanistan, ancien sanctuaire bouddhique (deux statues colossales de Bouddha datées des IIIe-IVe s.).

BAN n. m. ▪ **1.** HIST. Convocation des vassaux par le suzerain ; les vassaux convoqués. - loc. *Convoquer le ban et l'arrière-ban (de...),* tout le monde. **2.** RÉGIONAL (Suisse) au plur. Proclamation, interdiction. **3.** au plur. Proclamation solennelle d'un futur mariage à l'église ou à la mairie. *Publier les bans.* **4.** Roulement de tambour précédant la proclamation d'un ordre, la remise d'une décoration. ♦ FAM. Applaudissements rythmés. *Un ban pour le vainqueur !* **5.** HIST. Mesure d'exil proclamée. *Mettre qqn au ban.* ⇒ **bannir.** ♦ fig. *Être en rupture de ban,* affranchi des contraintes de son état. - *Mettre qqn AU BAN DE la société, un pays AU BAN DES nations,* le rejeter, le déclarer indigne, le dénoncer au mépris public.

Stefan BANACH (1892 - 1945) ▪ Mathématicien polonais. Un des pères de l'analyse fonctionnelle.

BANAL, ALE adj. ▪ **I.** (plur. *banaux*) HIST. Appartenant à la circonscription d'un seigneur. *Four, moulin banal.* ⇒ **communal. II.** (plur. *banals*) Extrêmement commun, sans originalité. ⇒ **ordinaire, courant.** *Un cas assez banal.* ► adv. BANALEMENT

BANALISER v. tr. [1] ▪ Rendre banal, ordinaire. - au p. p. *Voiture de police banalisée,* dépourvue de signes distinctifs. - pronom. *Cette comparaison a fini par se banaliser.*

BANALITÉ n. f. ▪ **1.** Caractère de ce qui est banal. *La banalité d'une remarque.* **2.** Propos, écrit banal. ⇒ **cliché, lieu** commun, **poncif.**

BANANE n. f. ▪ **I.** Fruit oblong à pulpe farineuse, à épaisse peau jaune, que produit la grappe de fleurs du bananier. *Un régime de bananes. Peau de banane ;* fig. procédé déloyal, piège. *Banane à cuire* (⇒ **plantain**). **II.** fig. **1.** Hélicoptère allongé. **2.** Élément vertical d'un pare-chocs. **3.** Grosse mèche enroulée au-dessus du front. **4.** Sac formant ceinture.

BANANERAIE n. f. ▪ Plantation de bananiers.

BANANIER n. m. ▪ **1.** Plante arborescente dont le fruit est la banane. **2.** Cargo équipé pour le transport des bananes.

BANC [bɑ̃] n. m. ▪ **I. 1.** Long siège, avec ou sans dossier, sur lequel plusieurs personnes peuvent s'asseoir à la fois. *Banc de pierre, de bois. Sur les bancs de l'école. Bancs publics.* - *Char* à bancs.* **2.** Ce siège, réservé, dans une assemblée. *Le banc des accusés au tribunal.* **II. 1.** TECHN. Assemblage de montants et de traverses. ⇒ **bâti.** *Un banc de tourneur.* **2.** *BANC D'ESSAI :* bâti sur lequel on monte les moteurs pour les éprouver, les tester ; fig. ce par quoi on éprouve les capacités d'une personne, d'une chose. **III. 1.** Amas de matières formant une couche plus ou moins horizontale. *Banc de sable. Banc de glace.* ⇒ **banquise.** *Banc de coraux.* ⇒ **récif.** - (Canada) *Banc de neige :* congère. **2.** Grande quantité de poissons d'une espèce, se déplaçant ensemble. *Un banc de sardines.*

BANCAIRE adj. ▪ Qui a rapport aux banques, aux opérations de banque. *Chèque bancaire.*

BANCAL, ALE, ALS adj. ▪ **1.** (personnes) Qui a une jambe ou les jambes torses et dont la marche est inégale. ⇒ **boiteux. 2.** (meuble) Qui a des pieds inégaux, et qui n'est pas d'aplomb. *Une table bancale.*

BANCO n. m. ▪ au jeu *Faire banco :* tenir seul l'enjeu contre la banque. *Des bancos de 10 000 francs.* ♦ interj. *Banco !,* formule par laquelle on relève un défi.

BANCROCHE adj. ▪ FAM. Bancal.

BANC-TITRE [bɑ̃-] n. m. ▪ TECHN. Dispositif servant à filmer image par image (titres, génériques, trucages). *Des bancs-titres.*

BANDAGE n. m. ▪ **1.** Bandes de tissu appliquées sur une partie du corps, pour un pansement, pour maintenir un organe, etc. ⇒ **bande, écharpe.** *Bandage herniaire. Enrouler un bandage.* **2.** Bande de métal ou de caoutchouc qui entoure la jante d'une roue.

BANDANA n. m. ▪ Petit foulard carré de coton imprimé.

BANDAR SERI BEGAWAN anc. *BRUNEI* ▪ Capitale du Brunei. 63 868 hab.

① **BANDE** n. f. ▪ **1.** Pièce souple plus longue que large, qui sert à lier, maintenir, recouvrir, border ou orner qqch. ⇒ **lanière, lien, ruban.** *Bande de papier, de tissu. Bande Velpeau,* servant à maintenir un pansement. ♦ *Bande de journal,* dont on entoure un journal plié, pour l'expédier. ♦ Pellicule d'un film. - *Bande-annonce :* sélection d'extraits d'un film présentée pour sa publicité. ♦ *La bande magnétique d'un magnétophone, d'un ordinateur. Enregistrer une bande. La bande son d'un film.* **2.** Partie étroite et allongée de qqch. *Chaussée à trois bandes.* ⇒ **voie.** ♦ Large rayure. *Les bandes d'un drapeau.* ♦ PHYS. *Bande de fréquence :* ensemble des fréquences comprises entre deux limites. **3.** *BANDE DESSINÉE :* suite horizontale de dessins qui racontent une histoire, et où les paroles et les pensées des personnages sont inscrites dans des bulles. - Le genre de narration dessinée (en bandes, pages, livres [angl. *comic books*] et albums) ; œuvre de ce genre. *Festival de la bande dessinée. Scénariste, dessinateur, dialoguiste de bandes dessinées.* ⇒ **B.D. 4.** Rebord élastique qui entoure le tapis d'un billard. ♦ loc. *PAR LA BANDE :* par des moyens indirects.

② **BANDE** n. f. ▪ **1.** Groupe de personnes (notamment de rebelles ou de malfaiteurs) qui combattent ensemble sous un même chef. *Des bandes armées.* ⇒ **horde, troupe.** *Bande de voleurs.* ⇒ **gang.** ♦ Groupe associé. *Je ne suis pas de leur bande.* ⇒ **clan, clique, coterie.** - *Des bandes de jeunes.* ♦ loc. *Faire BANDE À PART :* se mettre à l'écart d'un groupe. ♦ (insulte collective) *Bande d'incapables !* ⇒ **tas. 2.** Groupe d'animaux. ⇒ **harde, meute.**

③ **BANDE** n. f. ▪ (navire) *Donner de la bande :* pencher sur un bord.

BANDÉ, ÉE adj. ▪ **1.** Couvert d'un bandeau. *Les yeux bandés.* **2.** Entouré d'un bandage. *Main bandée.*

BANDEAU n. m. ▪ **1.** Bande qui sert à entourer le front, la tête. ⇒ **serre-tête.** *Bandeaux de joueurs de tennis.* **2.** Cheveux appliqués contre les tempes, dans une coiffure féminine à cheveux longs. **3.** Morceau d'étoffe que l'on met sur les yeux de qqn pour l'empêcher de voir.

BANDELETTE n. f. ▪ Petite bande de tissu. *Les bandelettes des momies égyptiennes.*

Matteo BANDELLO (1485 - 1561) ▪ Conteur italien. Célèbre pour ses *"Nouvelles"* (1554-1577) qui inspirèrent Shakespeare puis les romantiques.

BANDER v. [1] ▪ **I.** v. tr. **1.** Entourer d'une bande que l'on serre. *Bander le bras d'un blessé.* **2.** Couvrir (les yeux) d'un bandeau. **3.** Tendre avec effort. *Le tireur bande son arc.* - *Bander ses muscles.* **II.** v. intr. FAM. Être en érection.

BANDERILLE n. f. ▪ Pique ornée de bandes (de tissu, papier) multicolores que les toreros (*banderillero* n. m.) plantent sur le garrot du taureau pendant la corrida.

BANDEROLE n. f. ▪ Petite bannière. ♦ Longue bande de tissu portant une inscription, portée dans les défilés, lors des manifestations.

BANDIT n. m. ▪ **1.** Malfaiteur vivant hors la loi. ⇒ **brigand** (VX), **criminel, gangster. 2.** Homme avide et sans scrupules. ⇒ **filou, forban, pirate.** ♦ Fripon, enfant turbulent.

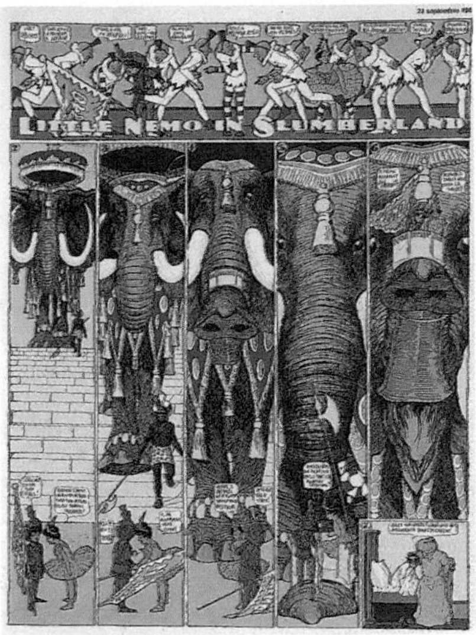

Bécassine, texte de Caumery, dessin de J.P. Pinchon. *Phot. © de Selva/Tapabor © Hachette livre/Gautier-Languereau*

Little Nemo in Slumberland, texte et dessin de Winsor McCay. Éditions Pierre Horay. *Phot. © de Selva/Tapabor*

Superman, texte de J. Siegel, dessin de J. Shuster. *Phot. © de Selva/Tapabor © DC Comics, 1989*

Lucky Luke, texte et dessin de Morris, extrait de *L'Héritage de Rantanplan*, 1973. *Phot. © de Selva/Tapabor © Dargaud Éditeur de Morris & Goscinny, Paris, 1974.*

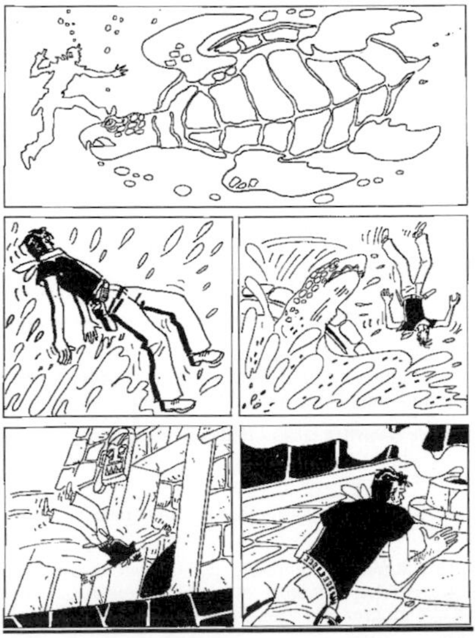

Corto Maltese, dessin et texte de Hugo Pratt, extrait de *Mû*. Éditions Casterman. *Phot. © de Selva/Tapabor © Casterman*

Le chien Snoopy, texte et dessin de C.M. Schulz, extrait de *Peanuts, les Chipies*. Éditions Hachette. *Phot. © de Selva/Tapabor*

bande dessinée.

BANDITISME n. m. ▪ Activités des bandits. *Acte de banditisme. Le grand banditisme,* les crimes graves.

BANDOL ▪ Commune du Var. 7 431 hab. *(les Bandolais).* Station balnéaire. Vignobles.

BANDONÉON n. m. ▪ Petit accordéon à touches des orchestres de tango.

BANDOULIÈRE n. f. ▪ Bande de cuir ou d'étoffe qui passe d'une épaule au côté opposé du corps pour soutenir qqch. *Bandoulière d'un fusil.* ‑ *Porter un sac* EN BANDOULIÈRE.

BANDUNG ▪ Ville d'Indonésie (Java). 2 000 000 hab. La *conférence de Bandung* (1955), réunissant des dirigeants de 29 pays dont Nasser, Nehru, Zhou Enlai et Sukarno, marqua, par la réunion des pays non alignés, l'acte de naissance politique du tiers monde.

le parc de BANFF ▪ Premier parc national du Canada (Alberta), créé en 1887. 6 641 km².

BANG [bɑ̃g] interj. ▪ Bruit d'explosion. ⇒ **boum.** ‑ n. m. *Les bangs des avions à réaction.* ◇ ⇒ aussi **big bang.**

BANGALORE ▪ Ville de l'Inde, capitale de l'État du Karnataka. 4 000 000 hab.

BANGKOK ou **KRUNG THEP** ▪ Capitale de la Thaïlande. 5 800 000 hab. Centre culturel et économique du pays, et seul port important. Forte croissance liée à l'exode rural. Palais royal (XVIIIe s.).

Bangkok. Le palais royal. *Phot. © Mirella Prato/Ricciarini*

le BANGLADESH ▪ État (république) d'Asie du Sud. 144 000 km². 112 000 000 hab. *(les Bangladais).* Capitale : Dacca. Langue officielle : bengali. Religion officielle : islam. Monnaie : taka. Économie essentiellement agricole (riz, jute). Graves problèmes dus à la surpopulation et à de fréquentes inondations. □ **HISTOIRE** Lors de l'indépendance de l'Inde en 1947, la forte majorité musulmane du Bengale (oriental) lui valut d'être intégré au Pakistan dont il forma la partie orientale. Le Bangladesh est devenu indépendant en 1971.

BANGUI ▪ Capitale de la République centrafricaine. 725 000 hab.

BANIAN n. m. ▪ Figuier de l'Inde, aux racines aériennes.

BANJO [bɑ̃(d)ʒo] n. m. ▪ Instrument de musique à cordes, dont la caisse de résonance est formée d'une membrane tendue sur un cercle de bois. *Jouer du banjo.*

BANJUL anc. ***BATHURST*** ▪ Capitale de la Gambie, port de commerce sur l'Atlantique. 200 000 hab.

la terre de BANKS ▪ Île de l'archipel arctique canadien. 66 408 km².

BANLIEUE n. f. ▪ Ensemble des agglomérations qui entourent une grande ville. ⇒ **environs.** *La banlieue de Bruxelles, de Marseille. La grande banlieue,* la plus éloignée. *Habiter en banlieue* (⇒ **banlieusard**). *Pavillon de banlieue. Train de banlieue.* ♦ *Les banlieues,* villes satellites près des grandes villes, à grands immeubles collectifs et population pauvre. *Les problèmes sociaux des banlieues.*

BANLIEUSARD, ARDE n. ▪ Habitant de la banlieue.

BANNE n. f. ▪ **1.** Grand panier de vannerie (dimin. BANNEAU n. m ; BANNETTE n. f.). **2.** Bâche protégeant les marchandises d'un éventaire.

BANNI, IE adj. et n. ▪ **1.** Qui est banni de son pays. ⇒ **exilé.** ‑ n. *Les bannis.* **2.** Écarté, supprimé. *C'est un sujet banni.*

BANNIÈRE n. f. ▪ **1.** Enseigne guerrière des anciens seigneurs féodaux. ♦ loc. *Se ranger sous la bannière de qqn,* avec lui, dans son parti. **2.** *La bannière étoilée,* drapeau des États-Unis. **3.** Étendard que l'on porte aux processions. ‑ loc. *La croix* et la bannière.* **4.** MAR. *Voile en bannière,* dont les coins inférieurs ne sont pas fixés et qui flotte au vent. **5.** FAM. Pan de chemise. *Se promener en bannière.*

BANNIR v. tr. [2] ▪ **1.** Condamner (qqn) à quitter un pays, avec interdiction d'y rentrer. ⇒ **exiler, expulser, proscrire, refouler** ; mettre au **ban.** ♦ LITTÉR. Éloigner en chassant. *Bannir qqn de sa maison.* **2.** (compl. chose) Écarter, supprimer. *Bannir un sujet de la conversation.* ⇒ **chasser, rejeter.**

BANNISSEMENT n. m. ▪ DR. Peine criminelle qui consiste à interdire à qqn le séjour dans son pays.

BANQUE n. f. ▪ **I. 1.** FIN. Commerce de l'argent et des titres, effets de commerce et valeurs de Bourse. *Les opérations de banque.* **2.** Établissement où se fait ce commerce. *Avoir un compte en banque. La salle des coffres d'une banque.* **3.** JEU Somme que l'un des joueurs tient devant lui pour payer ceux qui jouent contre la banque (pontes) lorsqu'ils gagnent. *Faire sauter la banque,* gagner tout l'argent en jeu. **II. 1.** MÉD. *Banque du sang, d'organes :* service qui recueille du sang, des organes pour les transfusions, les greffes. **2.** INFORM. *Banque de données :* ensemble d'informations sur un sujet, organisées en base de données.

BANQUEROUTE n. f. ▪ Faillite accompagnée d'infractions à la loi. ⇒ **déconfiture.** *Faire banqueroute. Banqueroute d'État.* ► n. BANQUEROUTIER, IÈRE

BANQUET n. m. ▪ Grand repas, repas officiel où sont conviées de nombreuses personnes. *Donner un banquet en l'honneur de qqn.*

BANQUETER v. intr. [4] ▪ **1.** Participer à un banquet. **2.** Faire un bon repas à plusieurs. ⇒ **festoyer.**

BANQUETTE n. f. ▪ **1.** Banc rembourré ou canné avec ou sans dossier. **2.** Plate-forme située derrière un parapet, derrière le revers d'une tranchée. ♦ Talus, plate-forme. *Une banquette rocheuse.*

BANQUIER, IÈRE n. ▪ **1.** Personne qui fait le commerce de la banque, dirige une banque. ⇒ **financier.** ♦ Personne qui fournit de l'argent. **2.** Personne qui tient la banque à certains jeux.

BANQUISE n. f. ▪ Amas de glaces flottantes formant un immense banc (III). *Icebergs détachés de la banquise.*

sir Frederik Grant BANTING (1891 ‑ 1941) ▪ Médecin canadien. Il isola l'insuline, dont il découvrit le rôle dans le traitement du diabète. Prix Nobel de médecine, avec Macleod et Best, en 1923.

BANTOU, OUE adj. ▪ Des Bantous*. ♦ n. m. Famille de langues parlées par ces ethnies.

les BANTOUS n. m. pl. ▪ Peuples d'Afrique noire, vivant au sud d'une ligne joignant Douala (Cameroun) et le fleuve Djouba (Somalie). 60 millions de personnes environ.

Théodore de BANVILLE (1823 ‑ 1891) ▪ Poète français. Il prôna le culte de la perfection formelle, annonçant ainsi le Parnasse. *"Odes funambulesques"* (1857).

BANYULS [banjyls ; banjuls] n. m. ▪ Vin doux naturel du Roussillon.

BANYULS-SUR-MER ▪ Commune des Pyrénées-Orientales. 4 662 hab. Station balnéaire et port de plaisance. Laboratoire d'océanographie. Vins liquoreux.

BAOBAB [baɔbab] n. m. ▪ Arbre d'Afrique tropicale, à tronc énorme. *Des baobabs.*

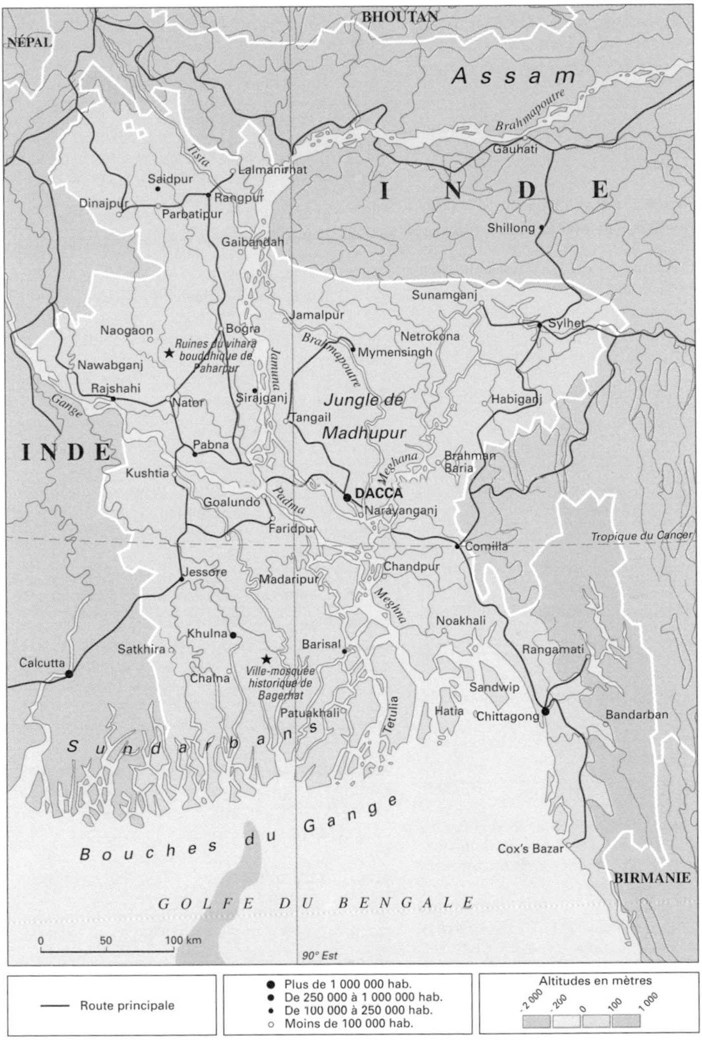

Bangladesh.

BAOTOU ou **PAO-T'OU** ▪ Ville de Chine (Mongolie-Intérieure). 1 200 000 hab. Centre sidérurgique.

BAOU n. m. ▪ RÉGIONAL (Provence) Mont escarpé.

BAPTÊME [batɛm] n. m. ▪ 1. RELIG. Sacrement destiné à laver le péché originel et à faire chrétienne la personne qui le reçoit. *Recevoir le baptême. Nom de baptême* : prénom chrétien. 2. Bénédiction (d'un navire, d'une cloche...). 3. loc. fig. *Baptême du feu* : premier combat. *Baptême de l'air* : premier vol en avion.

baobab.
Adansonia digitata.
Phot. © Brun/Jacana

BAPTISER [bat-] v. tr. ⟦1⟧ ▪ 1. RELIG. CHRÉT. Administrer le baptême à (qqn). 2. *Baptiser une cloche, un navire.* 3. *Baptiser du vin, du lait,* y mettre de l'eau. 4. Donner un surnom à (qqn), une appellation à (qqch.). ⇒ **appeler.** – au p. p. *Une modeste pièce baptisée salon.*

BAPTISMAL, ALE, AUX [bat-] adj. ▪ LITTÉR. Qui a rapport au baptême. *Les fonts* baptismaux.*

BAPTISME [bat-] n. m. ▪ DIDACT. Doctrine selon laquelle le baptême doit être administré aux adultes. ♦ spécialt Doctrine des baptistes (2).

BAPTISTE [bat-] adj. ▪ 1. Relatif au baptisme. 2. adj. et n. Membre d'un mouvement protestant caractérisé par l'attachement à l'Écriture, et pratiquant le baptême par immersion ⇒ aussi **anabaptiste.** *Communautés baptistes.* ■ Les baptistes refusent toute autre autorité que celles de la Bible (suivie dans sa lettre) et du Christ. Le principal courant historique est le baptisme anglais, né en 1609 de la prédication de John Smyth. Organisés en communautés autonomes, les baptistes forment la première confession aux États-Unis et sont nombreux en Russie.

BAPTISTÈRE [bat-] n. m. ▪ Lieu où l'on administre le baptême (édifice séparé ou chapelle d'une église).

BAQUET n. m. ▪ 1. Récipient de bois, à bords bas, servant à divers usages domestiques. ⇒ **cuve.** 2. Siège de voiture bas et très emboîtant. - appos. *Des sièges baquets.*

① **BAR** n. m. ▪ Poisson marin appelé aussi *loup,* à chair très estimée.

② **BAR** n. m. ▪ 1. Débit de boissons où l'on consomme debout, ou assis sur de hauts tabourets, devant un long comptoir. 2. Comptoir (de bar, de café). ♦ Meuble, comptoir analogue.

③ **BAR** n. m. ▪ Unité de pression atmosphérique valant 10^5 pascals. *Le millième du bar.* ⇒ **millibar.**

BARABBAS ▪ Dans le Nouveau Testament, voleur condamné à mort et gracié sur la demande de la foule, alors que Pilate proposait de libérer Jésus.

BARACALDO ▪ Ville d'Espagne (Biscaye). 105 171 hab.

BARAGOUIN n. m. ▪ Langage incorrect et inintelligible. ♦ Langue que l'on ne comprend pas et qui paraît barbare. ⇒ **jargon ; charabia.**

BARAGOUINER v. tr. [1] ▪ Parler mal (une langue).

BARAKA n. f. ▪ FAM. Chance. *Il a vraiment la baraka.*

BARAQUE n. f. ▪ 1. Construction provisoire en planches. ⇒ **cabane.** *Des baraques foraines.* 2. FAM. Maison mal bâtie, peu solide. ⇒ **bicoque, masure.** 3. fig. Maison où l'on ne se trouve pas bien. ⇒ FAM. **boîte, boutique.** *On gèle dans cette baraque.* ♦ FAM. Maison. *Une belle baraque.* 4. loc. FAM. *Casser la baraque :* ruiner les projets (de qqn).

BARAQUÉ, ÉE adj. ▪ FAM. (personnes) Bien fait, bien bâti. ⇒ **balèze.** *Il est bien baraqué,* grand et fort.

BARAQUEMENT n. m. ▪ Ensemble de baraques (surtout militaires).

BARATIN n. m. ▪ Discours abondant (d'abord pour tromper, séduire). ⇒ **boniment.**

BARATINER v. tr. [1] ▪ Essayer d'abuser (qqn) par un baratin. ► n. et adj. BARATINEUR, EUSE

BARATTE n. f. ▪ Instrument ou machine à battre le lait pour faire du beurre. *Baratte électrique.*

BARATTER v. tr. [1] ▪ Battre (la crème) dans une baratte pour obtenir le beurre. ► n. m. BARATTAGE

BARBACANE n. f. ▪ 1. au Moyen Âge Ouvrage avancé percé de meurtrières. ♦ Meurtrière pratiquée dans le mur d'une forteresse. 2. Ouverture haute et étroite dans le mur d'une terrasse pour l'écoulement des eaux.

la **BARBADE** en anglais ***BARBADOS*** ▪ Île et État des Petites Antilles (îles du Vent). 431 km². 254 000 hab. *(les Barbadiens).* Capitale : Bridgetown. Langue officielle : anglais. Monnaie : dollar de la Barbade. Ancienne colonie britannique devenue indépendante en 1966. Membre du Commonwealth. Tourisme.

BARBANT, ANTE adj. ▪ FAM. Qui barbe, ennuie.

BARBAQUE n. f. ▪ FAM. Viande. ⇒ FAM. **bidoche.**

BARBARE adj. et n. ▪ 1. Étranger, pour les Grecs et les Romains et, plus tard, pour la chrétienté. *Les invasions barbares. Les peuples barbares.* - n. « *Rome, devenue la proie des barbares* » (Bossuet). 2. VIEILLI Qui n'est pas civilisé. ⇒ **primitif, sauvage.** ♦ n. *Des coutumes de barbares.* - fig. Personne inculte. ⇒ **béotien.** 3. Qui choque, qui est contraire aux règles, au goût, à l'usage. ⇒ **grossier.** *Musique, terme barbare.* 4. LITTÉR. Cruel, sauvage. *Un crime barbare.*

BARBARESQUE adj. et n. ▪ HIST. Qui a rapport aux pays autrefois désignés sous le nom de *Barbarie**. *Les pirates barbaresques.*

BARBARIE n. f. ▪ 1. VX État d'un peuple considéré comme non civilisé (s'oppose à *civilisation*). 2. Absence de goût, grossièreté de barbare. 3. Cruauté de barbare. ⇒ **sauvagerie.**

la **BARBARIE** ou **LES ÉTATS BARBARESQUES** ▪ Nom donné aux pays d'Afrique du Nord avant la colonisation (v. 1830), par déformation du mot *berbère.* Soumis au sultan ottoman à partir du XVIe s., les Barbaresques et leurs corsaires disputèrent aux Européens le contrôle de la Méditerranée (→ **Barberousse**).

BARBARISME n. m. ▪ Faute grossière de langage, emploi de mots forgés ou déformés. *Solutionner une question* (pour *résoudre*) *est un barbarisme. Barbarismes et solécismes.*

① **BARBE** n. f. ▪ I. 1. Poils du menton, des joues et de la lèvre supérieure. *Visage sans barbe.* ⇒ **glabre, imberbe.** *Se faire faire la barbe.* ⇒ **raser.** *Une barbe de huit jours,* pas rasée depuis huit jours. ♦ loc. fig. *Rire dans sa barbe,* en se cachant. *Parler dans sa barbe,* de manière inaudible. - *À la barbe de qqn,* devant lui, malgré sa présence. - *Une vieille barbe :* un vieil homme sérieux et ennuyeux. ⇒ **barbon, birbe.** - *La femme à barbe.* ♦ *BARBE À PAPA :* confiserie formée de filaments de sucre. 2. spécialt Poils que les hommes laissent pousser sur le menton et les joues (à l'exclusion de la moustache et des favoris). 3. Longs poils que certains animaux ont à la mâchoire, au museau. *Barbe de chèvre.* 4. Cartilages servant de nageoires aux poissons plats (ex. la barbue). 5. Pointe effilée de certains épis. ♦ *BARBE-DE-CAPUCIN :* chicorée sauvage. ♦ Chacun des filaments serrés formant la plume d'un oiseau. 6. *Barbes :* petites irrégularités au bord d'une chose coupée. II. interj. *La barbe !, quelle barbe !,* quel ennui ! ⇒ **barbant, barber.**

② **BARBE** adj. et n. m. ▪ Cheval d'Afrique du Nord. *Un cheval barbe ; un barbe.*

sainte **BARBE** ▪ Vierge et martyre légendaire, patronne des pompiers et des mineurs.

BARBEAU n. m. ▪ I. Poisson d'eau douce, à barbillons, à chair estimée. II. FAM. Souteneur. ⇒ **maquereau.**

BARBECUE [baʀbəkju ; baʀbəky] n. m. ▪ 1. Appareil au charbon de bois, pour faire des grillades en plein air. 2. Pique-nique où l'on mange de la viande ainsi grillée.

BARBELÉ, ÉE adj. et n. m. ▪ Garni de pointes. *Fil de fer barbelé* ou n. m. *du barbelé,* utilisé pour les clôtures ou pour les lignes de défense militaire. - loc. *Derrière les barbelés :* dans un camp de prisonniers.

BARBER v. tr. [1] ▪ FAM. Ennuyer. ⇒ **barbifier, raser.** *Ça me barbe d'y aller.* - pronom. *Se barber à une conférence.*

Frédéric Ier **BARBEROUSSE** → **Frédéric Ier**

BARBEROUSSE ▪ Nom donné en Europe à deux frères turcs d'origine sicilienne : Arudj (v. 1474 - 1518) et Khayr al-Dîn (v. 1476 - 1546). Tous deux corsaires, ils fondèrent la régence d'Alger au XVIe s. Khayr al-Dîn, vassal du sultan ottoman Sélim Ier, fut l'allié de la France contre Charles Quint.

Armand **BARBÈS** (1809 - 1870). ▪ Révolutionnaire français. Député d'extrême gauche (1848), emprisonné en 1849, il s'exila en 1854.

BARBET, ETTE n. ▪ rare au fém. Chien d'arrêt. - adj. *Chien barbet.*

Jules **BARBEY D'AUREVILLY** (1808 - 1889) ▪ Écrivain français. Dandy méprisant l'esprit bourgeois de son siècle, critique et polémiste catholique virulent, il est l'auteur de récits célèbres pour leur caractère tragique et satanique. *"Les Diaboliques"* (1874).

BARBICHE n. f. ▪ Petite barbe (I, 2).

BARBICHETTE n. f. ▪ Petite barbiche. « *Je te tiens, tu me tiens par la barbichette* » (chanson enfantine).

BARBIER n. m. ▪ anciennt Celui dont le métier était notamment de faire la barbe au rasoir à main. *La corporation des barbiers-chirurgiens. "Le Barbier de Séville"* (pièce de Beaumarchais).

BARBIFIER v. tr. [7] ▪ FAM. VX Raser. ♦ fig. Ennuyer. ⇒ **barber.**

BARBILLON n. m. ▪ Filament charnu aux bords de la bouche de certains poissons, tel le barbeau.

BARBITURIQUE n. m. ▪ Médicament dérivé de l'*acide barbiturique* et utilisé comme sédatif, somnifère. ⇒ **gardénal, véronal.** *Prendre un, des barbituriques.*

BARBIZON ▪ Commune de Seine-et-Marne. 1 047 hab. *(les Barbizonnais).* Séjour, au XIXe s., de peintres paysagistes (Millet, Daubigny, Th. Rousseau) groupés sous le nom d'*école de Barbizon* et qui précédèrent l'impressionnisme.

BARBON n. m. ▪ VX ou plais. Homme d'âge plus que mûr. ⇒ **birbe.**

BARBOTAGE n. m. ▪ 1. Action de barboter dans l'eau. 2. Passage d'un gaz dans un liquide.

BARBOTAN-LES-THERMES ▪ Station thermale du Gers (commune de Cazaubon), dans l'Armagnac. Eaux-de-vie.

BARBOTER v. [1] ▪ I. v. intr. 1. S'agiter, remuer dans l'eau, la boue. *Les canards barbotent dans la mare.* ⇒ **patauger.** 2. (gaz) Traverser un liquide. II. v. tr. FAM. Voler. ⇒ FAM. **faucher, piquer.** *Il s'est fait barboter son portefeuille.*

BARBOTEUSE n. f. ▪ Vêtement de jeune enfant, qui laisse nus les bras et les jambes.

Th. Rousseau. *Groupe de chênes, Apremont.* Musée du Louvre, Paris.
Phot. © Lauros/Giraudon

J.-F. Millet. *Le Printemps,* suite des *Quatre saisons* (1868-1873). Musée d'Orsay, Paris. *Phot. © R.M.N.*

école de **Barbizon.**

BARBOUILLAGE n. m. ▪ **1.** Action de barbouiller ; son résultat. ⇒ **gribouillage. 2.** spécialt Mauvaise peinture.

BARBOUILLER v. tr. [1] ▪ **I. 1.** Couvrir d'une substance salissante. ⇒ **salir, tacher.** ‑ au p. p. *Visage barbouillé de confiture.* **2.** Étaler grossièrement une couleur sur (qqch.) ; par ext. peindre grossièrement. *Barbouiller des toiles.* ⇒ **peinturlurer. 3.** Couvrir de gribouillages. **II.** *Barbouiller l'estomac, le cœur,* donner la nausée. ‑ au p. p. *Avoir l'estomac barbouillé.* ‑ *Je me sentais tout barbouillé.*

BARBOUILLEUR, EUSE n. ▪ Personne qui barbouille. FAM. *Barbouilleur de papier,* mauvais écrivain. ♦ spécialt Mauvais peintre.

BARBOUZE ▪ FAM. **1.** n. f. Barbe. **2.** n. m. ou f. Agent secret (police, espionnage).

BARBU, UE adj. et n. ▪ Qui a de la barbe, porte la barbe. ♦ n. *Le barbu :* le père Noël. ‑ *Les barbus :* personnages barbus (intégristes musulmans, etc.).

BARBUDA → **Antigua et Barbuda**

BARBUE n. f. ▪ Poisson de mer plat voisin du turbot.

Henri BARBUSSE (1873‑1935) ▪ Écrivain français. *"Le Feu"* (1916), document sur la vie des soldats dans les tranchées, exprimait des convictions pacifistes, et souleva de nombreuses protestations. Après 1920, Barbusse milita en faveur du communisme.

BARCAROLLE n. f. ▪ Chanson des gondoliers vénitiens. ‑ Air, musique sur un rythme berceur à trois temps.

BARCASSE n. f. ▪ Grosse barque.

BARCELONE en espagnol ***BARCELONA*** ▪ Ville d'Espagne, capitale de la Catalogne. 1 653 175 hab. *(les Barcelonais).* 1re ville industrielle (textile) du pays. Monuments médiévaux ; édifices dus à Gaudí (Sagrada Familia). Jeux Olympiques d'été en 1992.

BARCELONNETTE ▪ Chef-lieu d'arrondissement des Alpes-de-Haute-Provence. 2 976 hab. *(les Barcelonnettes).* Station de sports d'hiver à Sauze.

BARD n. m. ▪ **1.** Civière sans pieds, pour le transport d'objets. **2.** Chariot bas.

BARDA n. m. FAM. **1.** Équipement du soldat. **2.** Bagage, chargement. *Prenez tout votre barda.* ⇒ **attirail.**

BARDANE n. f. ▪ Plante dont les capitules s'accrochent aux vêtements, et dont la racine a des vertus thérapeutiques.

① **BARDE** n. m. ▪ Poète celtique qui célébrait les héros et leurs exploits.

② **BARDE** n. f. ▪ *Barde (de lard) :* fine tranche de lard dont on entoure les viandes à rôtir.

BARDEAU n. m. ▪ Petite planche clouée sur volige. *Chalet au toit de bardeaux.*

John BARDEEN (1908‑1991) ▪ Physicien américain. Prix Nobel en 1956 (mise au point du transistor à pointes), puis en 1972 (théorie des supraconducteurs).

① **BARDER** v. tr. [1] ▪ **1.** Couvrir d'une armure. ‑ au p. p. *Un chevalier bardé de fer,* recouvert d'une armure. ⇒ **cuirassé.** ‑ fig. *Être bardé de décorations.* **2.** Entourer de bardes. *Barder une volaille.*

② **BARDER** v. intr. impers. [1] ▪ FAM. Prendre une tournure violente. *Ça va barder !* ⇒ FAM. **chauffer.**

Le BARDO ▪ Ville de Tunisie, dans la banlieue de Tunis. 16 000 hab. Ancien palais des beys où fut signé en 1881 le *traité du Bardo,* par lequel Muḥammad al-Ṣadūq, bey de Tunis, concédait à la France un protectorat sur la Tunisie. Musée archéologique.

BARDOT n. m. ▪ Animal né de l'accouplement du cheval et de l'ânesse. ⇒ **mulet.**

Brigitte BARDOT dite ***B. B.*** (née en 1934) ▪ Actrice française, vedette de cinéma. *"Et Dieu créa la femme"* (1956). Ses rôles de femme sensuelle et libre la rendirent célèbre dans le monde entier.

BAREILLY ▪ Ville de l'Inde (Uttar Pradesh). 607 000 hab.

BARÈME n. m. ▪ Tableaux numériques donnant le résultat de certains calculs. *Le barème des impôts.*

Daniel BARENBOÏM (né en 1942) ▪ Chef d'orchestre et pianiste israélien d'origine russe. Il a dirigé l'Orchestre de Paris (1975-1989) et a été directeur artistique de l'Opéra de Paris-Bastille (1987-1989). Depuis 1991, il est à la tête de l'Orchestre de Chicago et, depuis 1992, du Deutsche Oper de Berlin.

BARENTIN ▪ Commune de Seine-Maritime. 12 721 hab. *(les Barentinois).*

Willem BARENTS ou **BARENTSZ** (v. 1550‑1597) ▪ Navigateur néerlandais, qui découvrit la Nouvelle-Zemble puis le Spitzberg.

la mer de BARENTS ▪ Partie de l'océan Arctique baignant les côtes de Norvège et de Russie. Importantes pêcheries.

BARGE n. f. ▪ **1.** Bateau à fond plat et à voile. **2.** Grande péniche plate.

BARGUIGNER v. intr. [1] ▪ **1.** VX Marchander. **2.** VIEILLI Hésiter. ‑ loc. *Sans barguigner :* sans hésiter.

Barcelone. La Plaza Real. *Phot. © Benazet/Pix*

BARI ▪ Ville et port d'Italie, capitale des Pouilles. 355 352 hab. Nombreux monuments médiévaux.

BARIGOULE n. f. ▪ *Artichauts à la barigoule,* farcis et cuits dans l'huile d'olive.

BARIL [-ʀi(l)] n. m. ▪ **1.** Petit tonneau. *Baril de poudre.* - *Baril de lessive.* **2.** Unité anglo-saxonne de mesure de capacité réservée au commerce du pétrole. *Le prix du baril.*

BARILLET [-ijɛ ; -ilɛ] n. m. ▪ **1.** VX Petit baril. **2.** Dispositif de forme cylindrique. TECHN. *Barillet de serrure.* - COUR. *Revolver à barillet,* muni d'un cylindre tournant où sont logées les cartouches.

BARIOLÉ, ÉE adj. ▪ Coloré de tons vifs et variés. ⇒ **bigarré, multicolore.** *Tissu bariolé.*

BARIOLER v. tr. [1] ▪ Peindre de diverses couleurs peu harmonieuses. ► n. m. BARIOLAGE

BARJO adj. et n. ▪ FAM. Fou. *Elles sont un peu barjos.*

BAR KOCHEBA ou **BAR KOKHEBA** ▪ Surnom (« fils de l'étoile ») donné à Simon, chef de la dernière révolte des juifs contre Rome (132-135).

Ernst **BARLACH** (1870 - 1938) ▪ Sculpteur, peintre, dessinateur et écrivain expressionniste allemand.

Barlach. *L'Extatique,* bois.
Musée des Beaux-Arts, Zurich.
Phot. © Arch. Smeets

BAR-LE-DUC ▪ Chef-lieu de la Meuse. 17 545 hab. *(les Barisiens).* Monuments anciens.

BARLIN ▪ Commune du Pas-de-Calais. 7 948 hab. *(les Barlinois).*

BARLONG, ONGUE [baʀlɔ̃, ɔ̃g] adj. ▪ ARCHIT. Dont le plus grand côté se présente de face.

Peter **BARLOW** (1776 - 1862) ▪ Mathématicien et physicien britannique. Il inventa un appareil dit *roue de Barlow* considéré comme le prototype du moteur électrique.

BARMAID [-mɛd] n. f. ▪ anglic. Serveuse d'un bar. *Des barmaids.*

BARMAN [-man] n. m. ▪ anglic. Serveur d'un bar. *Des barmans* ou *des barmen.*

saint **BARNABÉ** ▪ Apôtre de l'Église primitive, compagnon de saint Paul.

BARNAOUL ▪ Ville de Russie sur l'Ob. 606 000 hab. Centre industriel.

Edward Emerson **BARNARD** (1857 - 1923) ▪ Astronome américain. Il fut le premier à étudier systématiquement la nature des nébuleuses obscures. Il découvrit le 5e satellite de Jupiter, Amalthée.

Christian **BARNARD** (né en 1922) ▪ Médecin et chirurgien sud-africain qui réalisa, en 1967, la première greffe du cœur.

Antoine **BARNAVE** (1761 - 1793) ▪ Révolutionnaire français. Un des chefs de la Constituante, rallié aux Feuillants, guillotiné.

BARNEVILLE-CARTERET ▪ Commune de la Manche. 2 222 hab. *(les Barnevillais* et *Carterétais).* Station balnéaire.

Phineas Taylor **BARNUM** (1810 - 1891) ▪ Fondateur (américain) du cirque qui porta son nom.

BARO- Élément savant (du grec *baros* « pesanteur ») signifiant « pesanteur, pression » (⇒ **bary-**).

BARODA → **Vadodara**

Pío **BAROJA** (1872 - 1956) ▪ Écrivain espagnol. Il s'interrogea sur le destin de l'Espagne. Sa série romanesque des *“Mémoires d'un homme d'action”* (1911-1935) relève de la tradition picaresque.

BAROMÈTRE n. m. ▪ Instrument qui sert à mesurer la pression atmosphérique. *Le baromètre est au beau fixe.* ♦ fig. Ce qui est sensible à des variations et permet de les apprécier. *Les sondages, baromètres politiques.*

BAROMÉTRIQUE adj. ▪ *Hauteur barométrique :* hauteur de la colonne de mercure.

① **BARON, ONNE** ▪ **1.** n. m. Grand seigneur féodal. **2.** n. Possesseur du titre de noblesse entre celui de chevalier et celui de vicomte. **3.** n. m. FAM. Personnage important. *Les barons du gaullisme, de la presse.*

② **BARON** n. m. ▪ *BARON D'AGNEAU,* les deux gigots et les lombes.

BARONNET n. m. ▪ En Angleterre, titre héréditaire d'un ordre de chevalerie.

BARONNIE n. f. ▪ HIST. Seigneurie et terre d'un baron.

BAROQUE adj. et n. m. ▪ **1.** Qui est d'une irrégularité bizarre. ⇒ **biscornu, étrange, excentrique.** *Idée baroque.* **2.** ARCHIT. Se dit d'un style qui s'est développé de la fin du XVIe au XVIIIe siècle, caractérisé par la liberté des formes et la profusion des ornements. *Les églises baroques de Bavière.* - n. m. *Le baroque,* ce style. ♦ ARTS Qui est à l'opposé du classicisme, laisse libre cours à la sensibilité, la fantaisie. ♦ spécialt *Musique baroque* (occidentale ; XVIIe et XVIIIe siècles). *Musicien baroque* (FAM. BAROQUEUX). - n. m. *Aimer le baroque.* **3.** De l'époque où ces styles prédominaient. ▪ L'architecture baroque, apparue d'abord en Italie (le Bernin, Borromini), s'étendit rapidement en Espagne (les Churriguera) et dans les pays germaniques. Cet art triomphal, dont l'essor est lié au développement de la Contre-Réforme, renouvela également la peinture (Pierre de Cortone, Rubens), la littérature (Scève, d'Aubigné, Calderón de la Barca) et la musique (Pachelbel, Vivaldi, Purcell, Haendel, Bach, Lully, Rameau).

BAROUD [baʀud] n. m. ▪ ARGOT MILIT. Combat. - loc. *Baroud d'honneur :* dernier combat d'une guerre perdue, pour sauver l'honneur.

BAROUDEUR, EUSE ▪ FAM. **1.** n. m. Celui qui aime le baroud. **2.** n. Grand reporter.

BAROUF n. m. ▪ FAM. Grand bruit. ⇒ FAM. **boucan.**

BARQUE n. f. ▪ Petit bateau ponté ou non. ⇒ **embarcation.** *Des barques de pêche.* - loc. fig. *Mener, conduire la barque :* diriger, être le maître. *Bien mener sa barque :* bien conduire son entreprise.

BARQUETTE n. f. ▪ **1.** Tartelette de forme allongée. **2.** Petit récipient rigide et léger pour les denrées alimentaires.

BARQUISIMETO ▪ Ville du Venezuela. 764 000 hab. Produits tropicaux.

BARRACUDA [-kyda ; -kuda] n. m. ▪ Gros poisson carnivore des mers chaudes.

BARRAGE n. m. ▪ **1.** Action de barrer (un passage). ♦ plus cour. Ce qui barre le passage. ⇒ **barrière.** *Établir un barrage à l'entrée d'une rue. Barrage de police.* - loc. *Faire barrage à (qqn, qqch.),* fig. empêcher d'agir. ⇒ faire **obstacle.** **2.** fig. Obstacle ; opposition. *Il y a eu un barrage à la direction.* **3.** Ouvrage hydraulique qui a pour objet de relever le plan d'eau, d'accumuler ou de dériver l'eau d'une rivière. *Lac de retenue d'un barrage. Barrage d'une usine hydroélectrique.*

BARRANQUILLA ▪ Port de Colombie. 1 200 000 hab. Important centre industriel.

Jean **BARRAQUÉ** (1928 - 1973) ▪ Compositeur français. Il fut un des tenants du sérialisme. *“Sonate pour piano”* (1950-1952).

Paul, vicomte de **BARRAS** (1755 - 1829) ▪ Révolutionnaire français. Il fut l'un des responsables de la chute de Robespierre et devint le membre le plus influent du Directoire.

Pierre de Cortone. *L'Enlèvement des Sabines.*
Musée du Capitole, Rome. *Phot. © Nimatallah/Ricciarini*

Le Bernin. *Apollon et Daphné*, détail, marbre. Galerie Borghèse, Rome.
Phot. © Dagli Orti

Borromini. Église Sant'Agnese in Agone, piazza Navona, Rome. *Phot. © Lipnitzki/Explorer*

Retable de l'Immaculée Conception, sculpture, influence des Churriguera. Musée national, Valladolid.
Phot. © Dagli Orti

art **baroque.**

Jean-Louis BARRAULT (1910 - 1994) ▪ Homme de théâtre français. Fondateur d'une compagnie théâtrale avec sa femme Madeleine Renaud, il monta de grands auteurs modernes (Claudel, Beckett, Genet) et classiques. Il fut également mime et acteur de cinéma *("Les Enfants du paradis")*.

BARRE n. f. ▪ **1.** Pièce longue et rigide. *Assommer qqn à coups de barre de fer.* - loc. FAM. *C'est le coup de barre :* c'est trop cher. ⇒ **bambou.** *Avoir un* (ou *le*) *coup de barre :* se sentir soudain épuisé. ♦ *Une barre d'or.* ⇒ **lingot.** - loc. *C'est de l'or en barre,* une valeur, un placement sûr. **2.** *Barre d'appui,* qui sert d'appui à une fenêtre. - Traverse horizontale scellée au mur et qui sert d'appui aux danseurs pour leurs exercices. *Exercices à la barre.* - SPORTS *BARRE FIXE :* traverse horizontale sur deux montants. *Barres parallèles,* horizontales, de même hauteur sur des montants. *Barre de saut.* - loc. fig. *Placer la barre trop haut, trop bas :* exiger trop, pas assez. **3.** Dispositif au moyen duquel on actionne le gouvernail d'un navire. *Être à la barre.* ⇒ **barrer.** *L'homme de barre.* ⇒ **barreur.** - loc. fig. *Prendre, tenir la barre :* prendre, avoir la direction. **4.** Lieu où comparaissent les témoins, où plaident les avocats à l'audience. **5.** Amas de sable qui barre l'entrée d'un port, d'un fleuve. - Déferlement violent de la houle. ⇒ **mascaret.** **6.** *Barres du cheval,* espace vide de sa mâchoire. **7.** Trait droit. *La barre du t.* - MUS. *Barre de mesure :* trait vertical qui sépare les mesures musicales. ♦ *Code-barre, code à barres.* ⇒ **code. 8.** *BARRES :* jeu de course entre deux camps limités chacun par une barre tracée sur le sol. ♦ loc. *AVOIR BARRE SUR QQN :* être en position de force.

Raymond BARRE (né en 1924) ▪ Homme politique et économiste français. Premier ministre de 1976 à 1981. Maire de Lyon (1995).

BARREAU n. m. ▪ **1.** Barre servant de clôture ou de support. *Les barreaux d'une cage, d'une fenêtre.* - *Les barreaux d'une échelle, d'une chaise* (entre les montants). **2.** Espace, autrefois fermé par une barrière, qui est réservé au banc des avocats dans les salles d'audience. ♦ Profession, ordre des avocats. *Être inscrit au barreau.*

① **BARRER** v. tr. 1 ▪ **1.** Fermer (une voie). ⇒ **boucher, couper, obstruer.** *Barrer une rue.* ‑ *Des rochers nous barraient la route.* ‑ loc. *Barrer le passage, la route à qqn,* l'empêcher de passer ; fig. lui faire obstacle. ⇒ faire **barrage. 2.** Tenir la barre de (une embarcation). *Barrer un voilier.* ‑ absolt *Il barre bien, mal.* **3.** Marquer d'une ou de plusieurs barres. *Barrer un t.* **4.** Annuler au moyen d'une barre. ⇒ **biffer, rayer.** *Barrer une phrase.* ► **BARRÉ, ÉE adj. 1.** Fermé par une barrière, une barre... *Rue barrée.* **2.** SPORTS Se dit d'un équipage dirigé par un barreur. **3.** Marqué, rayé d'une ou de plusieurs barres. *Chèque barré.*

② **BARRER** v. 1 ▪ **1.** ARGOT **v. intr.** Partir, filer. **2.** FAM. *SE BARRER* **v. pron.** (même sens). *Barrez-vous !* ⇒ se **tirer. 3.** loc. FAM. *Être mal barré :* être mal parti, commencer mal.

Maurice BARRÈS (1862 ‑ 1923) ▪ Écrivain et homme politique français. Chantre de l'égotisme, il exalta ensuite les valeurs traditionnelles et le nationalisme. *"Les Déracinés"* (1897); *"La Colline inspirée"* (1913).

① **BARRETTE** n. f. ▪ **1.** Ornement en forme de petite barre. *La barrette de la Légion d'honneur.* **2.** Pince à cheveux, souvent munie d'un système de fermeture.

② **BARRETTE** n. f. ▪ Toque carrée des ecclésiastiques. ‑ Calotte de cardinal.

BARREUR, EUSE n. ▪ Personne qui tient la barre du gouvernail dans une embarcation.

BARRICADE n. f. ▪ Obstacle fait de l'amoncellement d'objets divers pour se protéger dans un combat de rues. *Dresser, élever des barricades.* ‑ loc. fig. *Être de l'autre côté de la barricade,* dans le camp opposé.

BARRICADER v. tr. 1 ▪ **1.** Fermer par une barricade. **2.** Fermer solidement. *Barricader une porte avec une barre de fer.* ► **SE BARRICADER** v. pron. **1.** Se retrancher derrière une barricade. **2.** S'enfermer soigneusement ; spécialt pour ne voir personne. ‑ fig. *Se barricader dans le mutisme.*

sir James Matthew BARRIE (1860 ‑ 1937) ▪ Écrivain écossais. Auteur de *"Peter Pan ou le petit garçon qui ne voulait pas grandir"* (1904).

BARRIÈRE n. f. ▪ **1.** Assemblage de pièces de bois, de métal qui ferme un passage, sert de clôture. ⇒ **clôture, palissade.** *Les barrières d'un passage à niveau* (⇒ **garde-barrière). 2.** Obstacle naturel. *Barrière de corail.* ⇒ **récif. 3.** fig. Ce qui sépare, fait obstacle. *Barrières douanières.* ‑ loc. fig. *Être de l'autre côté de la barrière.* ⇒ **barricade.**

la Grande BARRIÈRE ▪ Chaîne de récifs coralliens de la mer de Corail, qui borde la côte nord-est de l'Australie (environ 2 400 km).

BARRIQUE n. f. ▪ Tonneau d'environ 200 litres. ‑ loc. FAM. *Être plein comme une barrique,* pour avoir trop mangé, trop bu.

BARRIR v. intr. 2 ▪ (éléphant) Pousser un cri. *Les éléphants barrissent.* ► **n. m.** BARRISSEMENT

Odilon BARROT (1791 ‑ 1873) ▪ Homme politique français. Organisateur de la Campagne républicaine des banquets (1847), il contribua à la chute de la monarchie de Juillet.

Isaac BARROW (1630 ‑ 1677) ▪ Mathématicien et théologien anglais. Maître de Newton, il fut l'un des précurseurs du calcul différentiel.

Jeanne Bécu, comtesse du BARRY (1743 ‑ 1793) ▪ Favorite de Louis XV. Elle fut guillotinée.

sir Charles BARRY (1795 ‑ 1860) ▪ Architecte anglais. Palais de Westminster, à Londres.

BAR-SUR-AUBE ▪ Chef-lieu d'arrondissement de l'Aube. 6 707 hab. (*les Baralbins* ou *Barsuraubois*).

Jean BART (1650 ‑ 1702) ▪ Corsaire français. Il força le blocus anglais devant Dunkerque (1694).

BARTAVELLE n. f. ▪ Perdrix rouge du Midi.

Heinrich BARTH (1821 ‑ 1865) ▪ Explorateur et géographe allemand. Il parcourut le Sahara, parvint jusqu'à Tombouctou et explora le centre de l'Afrique.

Karl BARTH (1886 ‑ 1968) ▪ Théologien calviniste suisse. Il a exprimé sa « théologie dialectique » dans un ouvrage monumental, *"Dogmatique"* (1927-1951).

saint BARTHÉLEMY ▪ L'un des douze apôtres. Mort écorché vif.

Roland BARTHES (1915 ‑ 1980) ▪ Écrivain et essayiste français. Un des créateurs de la « nouvelle critique », marquée par la psychanalyse, la linguistique structurale, et la sémiologie. *"Le Degré zéro de l'écriture"* (1953), *"Fragments d'un discours amoureux"* (1977).

Frédéric Auguste BARTHOLDI (1834 ‑ 1904) ▪ Sculpteur français. *"Le Lion de Belfort"*; *"La Liberté éclairant le monde"* dans le port de New York (armature due à Gustave Eiffel).

Béla BARTÓK (1881 ‑ 1945) ▪ Compositeur hongrois Très attaché, comme Kodály, au folklore, et puissamment original. *"Concerto pour orchestre"*; *"Le Château du prince Barbe-Bleue"*, opéra; *"Mikrokosmos"*, pièces pour piano.

BARTOLO (1314 ‑ 1357) ▪ Jurisconsulte italien. Il voulut concilier le droit romain, le droit féodal et le droit canonique.

Fra BARTOLOMEO ou **BARTOLOMMEO** (1472 ‑ 1517) ▪ Peintre italien. Représentant du classicisme florentin, avec Andrea del Sarto. Tableaux religieux (*"Le Mariage mystique de Sainte Catherine"*).

BARUCH ▪ Personnage biblique, secrétaire et « éditeur » de Jérémie qui lui aurait dicté ses prophéties. ► **le Livre de BARUCH** Livre deutérocanonique de l'Ancien Testament.

BARY- Élément (⇒ **baro-**) signifiant « poids, pression ».

BARYCENTRE n. m. ▪ SC. Centre de gravité.

Mikhaïl BARYCHNIKOV (né en 1948) ▪ Danseur et chorégraphe américain d'origine soviétique.

Barychnikov.
Phot. © Le Bot/Gamma

Antoine-Louis BARYE (1796 ‑ 1875) ▪ Sculpteur et aquarelliste français. Ce fut un artiste animalier d'une grande force expressive.

BARYTE n. f. ▪ CHIM. Oxyde de baryum.

BARYTON n. m. ▪ Voix d'homme qui tient le milieu entre le ténor et la basse. ‑ Chanteur qui a cette voix.

BARYUM [baʀjɔm] n. m. ▪ Métal d'un blanc argenté, qui décompose l'eau à la température ordinaire.

BARZOÏ [-zɔj] n. m. ▪ Lévrier russe à poil long. *Des barzoïs.*

① **BAS, BASSE** ▪ **I. adj. 1.** Qui a peu de hauteur. *Un mur bas. Un appartement bas de plafond.* ‑ loc. *Être bas sur pattes :* avoir les pattes, les jambes courtes. **2.** Qui se trouve à une faible hauteur. *Les nuages sont bas.* ‑ *CE BAS MONDE**. ‑ *COUP* BAS.* **3.** Dont le niveau, l'altitude est faible. *Les basses eaux.* ⇒ **étiage.** *Marée basse. Le bas Rhin,* la région où le Rhin coule à faible altitude. *Les bas quartiers d'une ville.* **4.** dans des loc. Baissé. *Marcher la tête* basse.* ‑ fig. *S'en aller l'oreille basse,* confus, mortifié. ‑ *Faire MAIN BASSE sur qqch.,* s'en emparer. ‑ *Avoir la vue basse,* une vue courte (aussi fig.). **5.** Peu élevé. *Basse pression.* ⇒ **faible.** ‑ (dans l'échelle des sons) ⇒ **grave.** *Les notes basses.* ‑ (dans un compte, une évaluation) *Enfant en bas âge,* très jeune. *À bas prix.* ⇒ **vil.** ‑ *AU BAS MOT :* en faisant l'évaluation la plus faible. ‑ *Bas morceaux,* en boucherie les morceaux de qualité inférieure, de prix moindre. ‑ (dans le rang, la hiérarchie) ⇒ **inférieur, subalterne.** *Le bas clergé. De bas étage*.* **6.** Moralement méprisable. ⇒ **abject, ignoble, infâme, vil.** *Une âme basse.* ‑ *Basse vengeance.* **7.** (temporel) De la partie d'une période historique qui est la plus proche de nous. *Le Bas-Empire* (voir ci-après). ‑ *Le BAS LATIN,* qui succède au latin impérial et se pratique pendant tout le Moyen Âge. **II. 1. n. m.** *LE BAS :* la partie inférieure. *Le bas du visage.*

Aller de bas en haut. Le haut et le bas (d'un maillot, d'un vêtement). – anciennt *Haut et bas de chausse* (⇒ **haut-de-chausses** ; ② **bas**). ♦ *AU BAS DE* loc. prép. *Signer au bas de la page.* **2.** fig. *Avoir des hauts* et des bas.* **III.** adv. **1.** À faible hauteur, à un niveau inférieur. *Les hirondelles volent bas. Mettre plus bas.* ⇒ **baisser.** *Il habite deux étages plus bas.* ⇒ au-**dessous.** ♦ loc. fig. *Ça vole bas :* c'est d'un faible niveau. – *Mettre qqn plus bas que terre,* le rabaisser, le maltraiter. – *TOMBER* BAS.* – *Être bas,* en mauvais état physique ou moral. *Elle est au plus bas.* – *Le moral est bas.* ♦ VIEILLI *METTRE BAS :* poser à terre (ce qu'on portait). – *Mettre bas les armes,* les déposer ; fig. s'avouer vaincu. – absolt *Mettre bas :* accoucher (animaux supérieurs). – FAM. *Bas les pattes ! :* n'y touchez pas ! **2.** *Plus bas :* plus loin, dans un écrit. ⇒ ci-**dessous. 3.** En dessous, dans l'échelle des sons. – À voix basse. *Parler tout bas.* ⇒ **murmurer.** – *TOUT BAS :* intérieurement, à part soi. **4.** *À BAS* loc. adv. *Jeter qqch. à bas.* ⇒ **abattre, détruire.** – exclamation hostile *À bas le fascisme !* **5.** *EN BAS* loc. adv. : vers le bas, vers la terre. *La tête en bas.* – En dessous. *Il loge en bas.* – *EN BAS DE* loc. prép. *En bas de la côte.*

② **BAS** n. m. ▪ **1.** Vêtement souple qui sert à couvrir le pied et la jambe. *Bas de laine.* – spécialt Vêtement féminin qui couvre le pied et la jambe jusqu'au haut des cuisses (⇒ aussi **collant**). *Bas de soie, de nylon ; bas nylon. Bas attachés par un porte-jarretelles.* **2.** fig. *BAS DE LAINE :* argent économisé (d'après la coutume de garder ses économies dans un bas de laine).

BASALTE n. m. ▪ Roche éruptive compacte et noire. *Une coulée de basalte.* ► BASALTIQUE adj. *Orgues* basaltiques.*

BASANE n. f. ▪ Peau de mouton tannée. *Livre relié en basane.*

BASANÉ, ÉE adj. ▪ Se dit d'une peau brune (naturellement ou par bronzage). ⇒ **bistré ; bronzé.** *Un teint basané. Visage basané.*

BAS-BLEU n. m. ▪ péj. Femme à prétentions littéraires ; intellectuelle pédante. *Des bas-bleus.*

BAS-CÔTÉ n. m. ▪ **1.** Nef latérale d'une église, à voûte plus basse que la nef principale. **2.** Côté d'une voie où les piétons peuvent marcher. ⇒ **accotement.** *Des bas-côtés.*

BASCULANT, ANTE adj. ▪ Qui peut basculer. *Benne basculante.*

BASCULE n. f. ▪ **1.** Pièce ou machine mobile sur un pivot dont une extrémité se lève quand on abaisse l'autre. – *Jeu de bascule.* ⇒ **balançoire.** – *À BASCULE. Fauteuil à bascule,* monté sur des arcs de cercle. ⇒ **rocking-chair. 2.** fig. *Politique de la bascule,* qui consiste à s'appuyer alternativement sur des partis opposés. **3.** Instrument ou appareil à plate-forme qui sert à peser les objets lourds, les personnes. *La bascule du pharmacien.*

BASCULER v. [1] ▪ **1.** v. intr. Faire un mouvement de bascule. – Se renverser, tomber la tête la première. ⇒ **culbuter.** *Basculer dans le vide.* **2.** fig. Passer brusquement d'une position à une autre. *Basculer dans l'opposition.* **3.** v. tr. Faire basculer (qqn, qqch.). ► n. m. BASCULEMENT

BASE n. f. ▪ **I. 1.** Partie inférieure sur laquelle une chose porte, repose. ⇒ **assise, fondement.** *La base d'une colonne.* ♦ (sans idée d'appui) Partie inférieure. *La base d'une montagne.* ⇒ **bas, pied.** – *La base du crâne.* **2.** MATH. Droite ou plan à partir duquel on mesure perpendiculairement la hauteur d'un corps ou d'une figure plane. *La base d'une pyramide, d'un triangle.* **3.** Point d'appui, de ravitaillement d'une armée en campagne. *Base d'opérations.* – Lieu équipé pour le stationnement et l'entretien du matériel et du personnel. *Base navale, aérienne.* **4.** Principal ingrédient d'un mélange. *Poison à base d'arsenic.* **II. 1.** MATH. Nombre qui sert à définir un système de numération, de référence, etc. *La base du système décimal est dix.* **2.** CHIM. Substance susceptible de réagir avec les acides pour former des sels. **3.** *BASE DE DONNÉES :* ensemble de données informatiques accessibles au moyen d'un logiciel. **III.** fig. **1.** Principe fondamental sur lequel repose un raisonnement, un système, une institution. ⇒ **assise, fondement.** *Jeter les bases de qqch. Être À LA BASE de qqch.,* à l'origine, à la source. – *DE BASE. Vocabulaire de base.* ⇒ **basique.** *Salaire de base,* le plus bas, qui sert de référence. **2.** *La base :* ensemble des militants d'un parti, d'un syndicat, par rapport aux dirigeants. *Militant de (la) base.* – Masse des travailleurs. *Mouvement de grève déclenché par la base.*

BASE-BALL [bɛzbol] n. m. ▪ Jeu de balle dérivé du cricket.

le **BAS-EMPIRE** ▪ Terme utilisé pour désigner soit l'histoire de Byzance soit la « décadence » de l'Empire romain.

BASER v. tr. [1] ▪ **I.** abstrait Faire reposer sur une base. *Baser une théorie sur des faits.* ⇒ **fonder.** – pronom. *Se baser sur :* s'appuyer sur. *Sur quoi vous basez-vous pour dire cela ?* **II.** *Être basé quelque part,* avoir pour base (militaire). – au p. p. *Navire basé à Brest.*

BAS-FOND n. m. ▪ **1.** Partie du fond de la mer, d'un fleuve, où l'eau est peu profonde mais où la navigation est praticable. **2.** Terrain bas et enfoncé. *Un bas-fond marécageux.* **3.** fig. au plur. Couches misérables de la société. *"Les Bas-Fonds"* (drame de Gorki).

BASHŌ (1644 - 1694) ▪ Moine et poète japonais. Créateur et plus grand maître du *haiku.*

BASIC n. m. (sigle) ▪ anglic. Langage informatique bien adapté au mode conversationnel sur micro-ordinateur.

BASIDIOMYCÈTES n. m. pl. ▪ Classe de champignons supérieurs.

Count **BASIE** (1904 - 1984) ▪ Compositeur de jazz, pianiste et chef d'orchestre noir américain. Son orchestre, au jeu précis et percutant, fut typique du « middle jazz ».

Count **Basie.**
Phot. © Redfern/Stills

saint **BASILE LE GRAND** (v. 330 - 379) ▪ Docteur et Père de l'Église, évêque de Césarée, il lutta contre l'arianisme.

BASILE ▪ NOM DE PLUSIEURS EMPEREURS BYZANTINS ► **BASILE Ier LE MACÉDONIEN** (v. 813 - 886) fit rédiger le recueil de lois appelé les « Basiliques ». ► **BASILE II LE BULGAROCTONE** (958 - 1025) anéantit la puissance bulgare et porta Byzance à son apogée.

① **BASILIC** n. m. ▪ Grand lézard d'Amérique, à crête dorsale, voisin de l'iguane.

② **BASILIC** n. m. ▪ Plante à feuilles aromatiques employée comme condiment.

la **BASILICATE** en italien ***BASILICATA*** ▪ Région du sud (Mezzogiorno) de l'Italie. 9 992 km^2. 623 175 hab. Capitale : Potenza (64 800 hab.). Élevage ovin et caprin.

BASILIQUE n. f. ▪ **1.** Église chrétienne divisée en plusieurs nefs parallèles (plan *basilical,* adj.). **2.** Église privilégiée ; sanctuaire.

BASIQUE adj. ▪ **1.** CHIM. Qui se rapporte à une base, qui en a les propriétés. – *Roche basique.* ⇒ **alcalin. 2.** anglic. De base, fondamental. *Vocabulaire basique.*

① **BASKET** [-ɛt] ou **BASKET-BALL** [baskɛtbol] n. m. ▪ Jeu entre deux équipes de cinq joueurs qui doivent lancer un ballon dans le panier du camp adverse. ► n. BASKETTEUR, EUSE

② **BASKET** [-ɛt] n. f. ▪ Chaussure de sport assez souple, à semelle et rebords de caoutchouc. ⇒ **tennis.** ♦ loc. FAM. *Être à l'aise dans ses baskets :* être décontracté. *Lâche-moi les baskets :* laisse-moi tranquille.

BASOCHE n. f. ▪ FAM. et péj. Ensemble des gens de justice.

BASQUAISE adj. f. et n. f. ▪ Du Pays basque. – *À la basquaise :* avec des tomates, des poivrons et du jambon cru. *Poulet basquaise,* cuit avec des tomates et des poivrons.

① **BASQUE** n. f. ▪ Partie rapportée d'une veste qui part de la taille et descend plus ou moins bas sur les hanches. *Les basques d'une jaquette.* – loc. FAM. *Être toujours pendu aux basques de qqn,* ne pas le quitter d'un pas.

Basse-Normandie.

② **BASQUE** adj. et n. ▪ Du Pays basque. *Béret basque.* - n. *Les Basques.* ♦ n. m. *Le basque,* langue antérieure à celles des Celtes, non indo-européenne (la plus ancienne d'Europe occidentale).

le Pays BASQUE ▪ Région s'étendant de part et d'autre des Pyrénées occidentales. Elle regroupe, en Espagne, les *Provincias Vascongadas :* l'Álava, la Biscaye, le Guipúzcoa et la communauté autonome de Navarre et, en France, le Labourd, la Basse-Navarre et la Soule. Son unité est principalement linguistique (voir ② **basque**). Le nationalisme basque s'est surtout développé en Espagne, s'exprimant parfois par le terrorisme (E.T.A. militaire). Les *Provincias Vascongadas* forment une communauté autonome depuis 1979. 7 261 km². 2 100 000 hab. Capitale : Vitoria.

BAS-RELIEF n. m. ▪ Ouvrage de sculpture en faible saillie sur un fond uni. *Des bas-reliefs* (s'oppose à *haut-relief*).

le BAS-RHIN [67] ▪ Département français de la région Alsace. 4 786 km². 953 053 hab. Chef-lieu : Strasbourg. Chefs-lieux d'arrondissement : Haguenau, Molsheim, Saverne, Sélestat-Erstein, Wissembourg.

le détroit de BASS ▪ Bras de mer qui sépare l'Australie de la Tasmanie (200 km de large).

BASSAE ▪ Site archéologique grec dans le Péloponnèse. Temple d'Apollon Épicourios (Vᵉ s. av. J.-C.).

Jacopo BASSANO (v. 1515 - 1592) ▪ Peintre vénitien. Scènes bibliques et pastorales aux violents effets d'ombre et de lumière. ► **Francesco BASSANO** (1549 - 1592), son fils, peintre et décorateur.

BASSE n. f. ▪ **1.** Partie faisant entendre les sons les plus graves des accords de l'harmonie. *Basse continue,* accompagnant tout le morceau (en musique ancienne). **2.** *Voix de basse :* voix d'homme la plus grave. - *La basse* (⇒ **basse-taille**). ♦ Chanteur qui a cette voix. *Une basse de l'Opéra.* **3.** (jazz) Contrebasse (⇒ **bassiste**).

BASSE-COUR n. f. ▪ **1.** Cour de ferme réservée à l'élevage de la volaille et des petits animaux domestiques. *Animaux de basse-cour. Des basses-cours.* **2.** L'ensemble de ces animaux.

BASSE-FOSSE ⇒ CUL-DE-BASSE-FOSSE

BASSEMENT adv. ▪ D'une manière basse, indigne, vile.

la BASSE-NORMANDIE ▪ Région administrative de l'ouest de la France, regroupant trois départements : Calvados, Manche, Orne. 17 583 km². 1 390 000 hab. Chef-lieu : Caen. Paysage de champs et de bocages. Climat doux et pluvieux. Région essentiellement agricole : élevage bovin, produits laitiers (beurre, fromages), pommiers. Tourisme sur le littoral : Deauville, Trouville, Cabourg.

la BASSE-SAXE en allemand ***NIEDERSACHSEN*** ▪ État (Land) d'Allemagne. 47 351 km². 7 578 000 hab. Capitale : Hanovre. Sous-sol riche (fer, lignite, pétrole), favorisant l'industrie (sidérurgie, mécanique, chimie).

BASSESSE n. f. ▪ **1.** État d'infériorité morale. **2.** Manque d'élévation dans les sentiments, les pensées ; absence de dignité, de fierté. ⇒ **petitesse ; servilité. 3.** Action basse, qui fait honte. ⇒ **lâcheté.** - Action servile. *Il ferait des bassesses pour réussir.*

BASSET n. m. ▪ Chien courant très bas sur pattes.

BASSE-TAILLE n. f. ▪ MUS. ANC. Voix d'homme plus grave que la voix de baryton. ⇒ **basse.** *Des basses-tailles.*

BASSE-TERRE ▪ Chef-lieu de la Guadeloupe. 14 107 hab. *(les Basse-Terriens).* ► **BASSE-TERRE**, partie orientale de l'île de la Guadeloupe, est, malgré son nom, la plus élevée du département (volcan de la Soufrière).

BASSIN n. m. ▪ **I. 1.** Récipient portatif souvent rond ou ovale. ⇒ **bac, bassine, cuvette ; bassinoire.** – *Bassin (hygiénique),* dans lequel les malades alités font leurs besoins. **2.** Construction destinée à recevoir de l'eau. *Le grand bassin d'un parc. Grand, petit bassin d'une piscine.* **3.** Enceinte, partie d'un port où les navires sont à flot. *Bassin de radoub,* que l'on assèche pour réparer ou construire des navires. **II. 1.** Territoire arrosé (par un fleuve et ses affluents). *Le bassin d'un fleuve.* **2.** Vaste dépression naturelle. *Le Bassin parisien*.* **3.** Groupement de gisements. **III.** Ceinture osseuse qui forme la base du tronc et sert de point d'attache aux membres inférieurs. *Du bassin.* ⇒ **pelvien.**

BASSINE n. f. ▪ Bassin (I, 1) large et profond. *Bassine à confitures.*

BASSINER v. tr. [1] ▪ **I.** Chauffer avec une bassinoire. **II.** FAM. Ennuyer, importuner de manière lassante.

BASSINET n. m. ▪ VX Petit bassin où l'on met de l'argent. – loc. FAM. *Cracher au bassinet :* donner de l'argent à la requête de quelqu'un (souvent à contrecœur).

BASSINOIRE n. f. ▪ Bassin emmanché à couvercle percé, dans lequel on met de la braise et qu'on promène dans un lit pour le chauffer.

BASSISTE n. m. ▪ (jazz) Contrebassiste.

BASSON n. m. ▪ **1.** Instrument à vent en bois, à anche double, formant dans l'orchestre la basse de la série des bois. **2.** Musicien qui joue de cet instrument (syn. BASSONISTE **n.**).

BASSORA en arabe ***BASRA*** ▪ 2e ville d'Irak. 1 000 000 hab. Grand port, à 150 km de la mer (sur le Chatt al-Arab) et du terminal pétrolier de al-Faw.

BASTA interj. ▪ FAM. Ça suffit ! Assez !

BASTIA ▪ Chef-lieu et port de la Haute-Corse. 37 845 hab. *(les Bastiais).* Principal centre commercial de l'île.

BASTIDE n. f. ▪ **1.** dans le Midi Village fortifié. **2.** en Provence Maison de campagne.

BASTIDON n. m. ▪ Petite bastide (2).

Maryse **BASTIÉ** (1898 - 1952) ▪ Aviatrice française. Elle fit seule la traversée de l'Atlantique Sud, de Dakar à Natal (1936).

BASTILLE n. f. ▪ au Moyen Âge Ouvrage de fortification, château fort.

la **BASTILLE** ▪ Forteresse construite à Paris sous Charles V (1370), et devenue prison d'État sous Richelieu. La *prise de la Bastille,* le 14 juillet 1789, marqua l'entrée du peuple de Paris dans la Révolution française. La citadelle, symbole de la monarchie absolue, fut rasée en 1790.

BASTINGAGE n. m. ▪ Parapet bordant le pont d'un navire. *S'appuyer au bastingage.*

BASTION n. m. ▪ **1.** Ouvrage de fortification faisant saillie sur l'enceinte d'une place forte. **2.** fig. Ce qui soutient, défend efficacement. *L'Espagne, bastion du catholicisme.*

BASTOGNE en néerlandais ***BASTENAKEN*** ▪ Ville de Belgique (Région wallonne, province du Luxembourg), dans l'Ardenne. 12 187 hab. Lieu d'une offensive allemande en décembre 1944.

BASTON n. m. ou f. ▪ ARGOT Bagarre. *Il y a eu du baston.*

BASTONNADE n. f. ▪ Volée de coups de bâton.

BASTRINGUE n. m. ▪ FAM. ▪ **1.** Bal de guinguette. **2.** Orchestre tapageur. – appos. *Piano bastringue,* volontairement désaccordé. Tapage, vacarme. **3.** Choses, affaires. *Emporter tout son bastringue.* ⇒ **attirail, fourbi.**

BAS-VENTRE n. m. ▪ Partie inférieure du ventre, au-dessous du nombril. – par euphémisme Parties génitales.

BÂT n. m. ▪ Dispositif que l'on place sur le dos des bêtes de somme pour le transport de leur charge (⇒ **bâter**). – loc. *C'est là que le bât blesse :* c'est là le point sensible ; là réside la difficulté.

BATACLAN n. m. ▪ FAM. Attirail, équipage embarrassant. – loc. *Et tout le bataclan :* et tout le reste.

BATAILLE n. f. ▪ **1.** Combat entre deux armées. *La bataille de la Marne.* – *Livrer bataille.* – *BATAILLE RANGÉE,* où les troupes manœuvrent en rangs ; fig. mêlée générale. – *Champ* de bataille. Ordre de bataille. Cheval* de bataille. Plan de bataille* (aussi fig.). **2.** Échange de coups. ♦ fig. Lutte. ⇒ **bagarre, combat, rixe.** – *Bataille électorale.* **3.** *EN BATAILLE. Chapeau en bataille,* mis de travers, n'importe comment. *Avoir les cheveux, la barbe en bataille,* en désordre. **4.** Jeu de cartes très simple. – *Bataille navale* (jeu de société pour deux joueurs).

Georges **BATAILLE** (1897 - 1962) ▪ Écrivain français. L'érotisme et la mort sont au centre de son œuvre. *"Le Bleu du ciel"* (écrit en 1935, publié en 1957).

BATAILLER v. intr. [1] ▪ Lutter pour surmonter une difficulté, un obstacle. *Il m'a fallu batailler pour réussir.* ⇒ se **battre.**

BATAILLEUR, EUSE adj. et n. ▪ Qui aime à se battre ; qui recherche les querelles. ⇒ **belliqueux, querelleur.**

BATAILLON n. m. ▪ **1.** VX Troupe, armée. **2.** Unité militaire de l'infanterie groupant plusieurs compagnies. *Bataillon d'Afrique* (ARGOT BAT' D'AF'), ancien bataillon disciplinaire. ♦ loc. FAM. *Inconnu au bataillon :* totalement inconnu. **3.** *Un bataillon de :* un grand nombre de. ⇒ **légion, troupe.**

BATALHA ▪ Ville du Portugal. 13 000 hab. Monastère (XIVe-XVIe s.).

BÂTARD, ARDE adj. et n. ▪ **1.** Né hors mariage. ⇒ **naturel ; illégitime.** – n. *Les bâtards de Louis XIV.* **2.** Qui n'est pas de race pure. ⇒ **croisé.** *Chien bâtard* ou n. m. *un bâtard.* **3.** fig. Qui tient de deux genres différents ou qui n'a pas de caractère nettement déterminé. *Une solution bâtarde.* – *Pain bâtard* ou n. m *un bâtard :* pain de fantaisie pesant une demi-livre.

BATARDEAU n. m. ▪ Digue, barrage provisoire établi sur un cours d'eau.

BÂTARDISE n. f. ▪ État de bâtard.

la République **BATAVE** ▪ État constitué aux Pays-Bas de 1795 à 1806 et transformé alors en royaume de Hollande.

les **BATAVES** n. m. pl. ▪ Peuple germain qui habitait les Pays-Bas au Ier s. av. J.-C.

BATAVIA n. f. ▪ Variété de laitue à feuilles ondulées et croquantes.

BATEAU n. m. ▪ **1.** Construction flottante destinée à la navigation. ⇒ **navire ; barque, bâtiment, embarcation, paquebot, vaisseau.** *Bateau à voiles* (⇒ **voilier**), *à vapeur, à moteur. "Le Bateau ivre"* (poème de Rimbaud). – *Bateau de pêche.* – *BATEAU-CITERNE,* pour le transport des liquides. ⇒ **tanker.** *Des bateaux-citernes.* – *BATEAU-MOUCHE :* bateau qui circule sur la Seine pour faire visiter Paris. *Des bateaux-mouches.* **2.** *Le bateau :* la navigation de plaisance. *Faire du bateau.* **3.** appos. En forme de bateau. *Lit bateau. Décolleté bateau,* droit et dégageant les épaules. **4.** Dépression du trottoir devant une porte cochère. **5.** FAM. *Monter un bateau à qqn,* inventer une plaisanterie, une histoire pour le tromper, le mystifier. **6.** adj. invar. Banal, rebattu. *Des sujets bateau.*

le **BATEAU-LAVOIR** ▪ Ateliers parisiens, à Montmartre, habités par de nombreux peintres et poètes, dont Picasso et les initiateurs du cubisme, de 1904 à 1909.

BATELEUR, EUSE n. ▪ VIEILLI Personne qui fait des tours d'acrobatie, d'escamotage, sur les places publiques, dans les foires. ⇒ **saltimbanque.**

BATELIER, IÈRE n. ▪ Personne dont le métier est de conduire un bateau sur les rivières et canaux. ⇒ **marinier.** – Passeur (1).

BATELLERIE n. f. ▪ **1.** Industrie du transport fluvial. **2.** Ensemble des bateaux de rivière.

BÂTER v. tr. [1] ▪ Mettre un bât à (une bête de somme). ♦ loc. fig. *ÂNE BÂTÉ :* ignorant, imbécile.

BAT-FLANC n. m. invar. ▪ **1.** Pièce de bois qui sépare les chevaux dans une écurie. **2.** Lit de planche le long d'un mur. *Les bat-flanc d'un refuge.*

Bath. Le Circus (en haut) et le Royal Crescent (en bas) par les architectes John Wood père et fils. *Phot. © Gester/Rapho.*

BATH ▪ Ville d'Angleterre (Avon). 80 000 hab. Station thermale, bains de l'époque romaine.

BATHY- Élément savant, du grec *bathus* profond (ex. *bathymétrie* **n. f.** DIDACT. « mesure des profondeurs marines »).

BATHYSCAPHE n. m. ▪ Appareil destiné à conduire des observateurs dans les grandes profondeurs sous-marines.

① **BÂTI n. m.** ▪ **1.** Assemblage de montants et de traverses ; charpente qui supporte les pièces d'une machine. ⇒ **châssis.** **2.** Couture provisoire à grands points. *Faire un bâti.* ⇒ **faufiler.**

② **BÂTI, IE** ⇒ BÂTIR

BATIFOLER v. intr. [1] ▪ S'amuser à des jeux folâtres. ⇒ **folâtrer.** ► **n. m.** BATIFOLAGE ► **n.** BATIFOLEUR, EUSE

BATIK n. m. ▪ Technique artisanale de décoration des tissus à base de réserves à la cire. - par ext. *Foulard en batik.*

BÂTIMENT n. m. ▪ **1.** Ensemble des industries et métiers qui concourent à la construction des édifices. *Entrepreneur de* (ou *en*) *bâtiment. Ouvrier du bâtiment.* - prov. *Quand le bâtiment va, tout va* (dans les affaires). **2.** Construction. ⇒ **bâtisse, édifice, immeuble, maison.** *Les bâtiments d'une ferme.* **3.** Gros bateau.

BÂTIR v. tr. [2] ▪ **1.** Élever sur le sol, à l'aide de matériaux assemblés. ⇒ **construire, édifier.** *Bâtir une maison. Bâtir une ville.* - absolt *Terrain à bâtir,* destiné à la construction. - loc. fig. *Bâtir sur le sable :* entreprendre sur des bases peu solides. - Faire bâtir. **2.** fig. *Bâtir une théorie.* ⇒ **fonder.** **3.** Assembler provisoirement (les pièces d'un vêtement) à grands points. ⇒ **faufiler.** ► **BÂTI, IE adj.** **1.** Sur lequel est construit un bâtiment. *Propriété bâtie, non bâtie.* **2.** (personnes) Fait. *Bien, mal bâti.* ⇒ FAM. **balancé, baraqué.**

BÂTISSE n. f. ▪ Bâtiment de grandes dimensions (parfois avec l'idée de laideur).

BÂTISSEUR, EUSE n. ▪ Personne qui bâtit, fait beaucoup bâtir. ⇒ **architecte, constructeur.** - fig. *Un bâtisseur d'empire.*

Fulgencio **BATISTA** (1901 - 1973) ▪ Officier et homme politique cubain. Chef d'état-major, il devint président de la république (1940-1944). Il revint au pouvoir en 1952 après un coup d'État et fut renversé par Fidel Castro en 1959.

BATISTE n. f. ▪ Toile de lin très fine. ⇒ **linon.**

BATNA ▪ Ville d'Algérie, au pied de l'Aurès. 184 069 hab.

BÂTON n. m. ▪ **1.** Long morceau de bois rond que l'on peut tenir à la main. ♦ (servant d'appui) *Bâton de berger. Bâton d'aveugle, de pèlerin.* - *Bâton de vieillesse ;* fig. soutien d'un vieillard. - *Bâton de ski,* tige d'acier munie d'une rondelle à la base. ♦ (servant à frapper) ⇒ **gourdin, matraque, trique ; bastonnade.** - *RETOUR* DE BÂTON.* **2.** Symbole d'autorité. *Bâton de commandement.* - loc. *C'est son bâton de maréchal,* le couronnement de sa carrière. **3.** *Mener une vie de bâton de chaise* , une vie agitée, déréglée. - *Mettre des bâtons dans les roues :* susciter des difficultés, des obstacles. - *Parler À BÂTONS ROMPUS,* de manière peu suivie, en changeant de sujet. **4.** Objet en forme de bâton. *Bâton de craie, de rouge à lèvres.* **5.** Trait vertical. **6.** FAM. Somme de un million de centimes (ou ancienn, de francs). ⇒ **brique.**

BÂTONNER v. tr. [1] ▪ Frapper à coups de bâton.

BÂTONNET n. m. ▪ **1.** Petit bâton. **2.** PHYSIOL. Cellule nerveuse de la rétine fonctionnant en lumière faible. *Cônes et bâtonnets.*

BÂTONNIER n. m. ▪ Avocat élu par ses confrères pour être le chef et le représentant de l'Ordre.

BATON ROUGE ▪ Ville des États-Unis, capitale de la Louisiane. 220 000 hab. Pétrole.

BATOUMI ou **BATOUM** ▪ Ville de Géorgie, capitale de l'Adjarie. 137 000 hab. Port pétrolier sur la mer Noire.

BATRACIEN n. m. ▪ **1.** ⇒ **amphibien.** **2.** COUR. Crapaud, grenouille.

BATTAGE n. m. ▪ **I.** Action de battre. - Opération agricole qui consiste à séparer les grains de l'épi ou de la tige. **II.** fig. Publicité tapageuse, exagérée. ⇒ **bruit, réclame.** *On a fait beaucoup de battage autour de ce film.*

① **BATTANT n. m.** ▪ **1.** Pièce métallique suspendue à l'intérieur d'une cloche contre les parois de laquelle elle vient frapper. **2.** Partie d'un panneau double mobile sur ses gonds. ⇒ **vantail.** *Ouvrir une porte à deux battants.* **3.** TECHN. Pièce mobile qui vient battre sur une autre.

② **BATTANT, ANTE adj.** ▪ dans des expr. Qui bat. *Pluie battante,* très violente. *Porte battante,* qui se referme d'elle-même. - *Le cœur battant :* avec une grande émotion. - *Tambour battant* loc. adv. : au son du tambour ; fig. rapidement, rondement. - VX *Battant neuf :* tout neuf.

③ **BATTANT, ANTE n.** ▪ Personne très combative.

BATTE n. f. ▪ Instrument pour battre, fouler, tasser. ⇒ **battoir.** - *Batte de cricket,* large bâton pour renvoyer la balle.

BATTEMENT n. m. ▪ **1.** Choc ou mouvement de ce qui bat ; bruit qui en résulte. ⇒ **coup, heurt, martèlement.** *Le battement de la pluie contre les vitres.* - *Battement de mains.* ⇒ **applaudissement.** *Battements d'ailes. Un battement de cils.* **2.** (mouvement alternatif) *Le battement du cœur,* mouvement alternatif de contraction et de dilatation. *Avoir des battements de cœur :* sentir son cœur battre plus fort. ⇒ **palpitation.** *Battement du pouls.* ⇒ **pulsation.** **3.** Intervalle de temps. *Nous avons vingt minutes de battement pour changer de train.*

BATTERIE n. f. ▪ **I. 1.** Réunion de pièces d'artillerie et du matériel nécessaire à leur service ; emplacement destiné à les recevoir. *Batterie de D. C. A. Mettre EN BATTERIE,* en position de tir. - Unité d'un régiment d'artillerie. - au plur. loc. *Dresser ses batteries,* ses plans. *Dévoiler ses batteries,* ses plans, ses intentions cachées. **II. 1.** *BATTERIE DE CUISINE :* ensemble des ustensiles de métal servant à faire la cuisine. **2.** Réunion d'éléments générateurs de courant électrique. *Recharger une batterie de voiture à plat.* **3.** *Élevage en batterie,* en logeant les animaux en grand nombre dans des cages. **III. 1.** Manière de battre le tambour ; roulement particulier. **2.** Ensemble des instruments à percussion d'un orchestre. ⇒ **batteur.**

BATTEUR n. m. ▪ **I.** Personne qui tient la batterie dans un orchestre. *Un grand batteur de jazz.* **II.** Ustensile ménager pour battre, mêler. *Batteur à œufs.*

BATTEUSE n. f. ▪ Machine qui sert à égrener des céréales, des plantes fourragères (⇒ **battage**).

BATTOIR n. m. ▪ **1.** Instrument qui sert à battre (le linge, les tapis...). **2.** fig. FAM. Main large et forte.

BATTRE v. [41] ▪ **I. v. tr. dir. 1.** Frapper à plusieurs reprises (un être vivant). ⇒ **maltraiter, rosser.** *Battre qqn comme plâtre. Il*

a été battu à mort. ⇒ **lyncher.** ♦ loc. fig. (faux pronom.) *Se battre les flancs :* faire des efforts inutiles. – FAM. *Je m'en bats l'œil :* je m'en moque. **2.** fig. Avoir le dessus sur (un adversaire). ⇒ **vaincre.** *Se faire battre :* perdre. **3.** Frapper (qqch.) avec un instrument. *Battre un tapis. Battre le blé* (⇒ **battage ; batteuse**). *Battre le tambour.* – *Battre l'or, l'argent, le cuivre,* pour le réduire en feuilles très minces. ♦ loc. *Battre le fer pendant qu'il est chaud :* profiter sans tarder d'une occasion favorable. *BATTRE FROID à qqn,* le traiter avec froideur. ♦ *BATTRE MONNAIE :* fabriquer de la monnaie. **4.** Frapper sur ou dans (qqch.) pour remuer, agiter. *Battre le beurre.* ⇒ **baratter.** – *Battre les cartes* (avant de les distribuer). ⇒ **mêler. 5.** Parcourir pour rechercher, explorer. *Battre les buissons, des taillis* (⇒ **battue**). – fig. *BATTRE LA CAMPAGNE.* ⇒ **déraisonner, divaguer.** – *BATTRE LE PAVÉ :* errer par les rues. – *Battre la semelle :* frapper le sol avec ses pieds pour les réchauffer. **6.** *BATTRE LA MESURE :* marquer la mesure, indiquer le rythme. **7.** Heurter. *Les vagues battent la falaise.* ♦ *BATTRE EN BRÈCHE*.* **8.** loc. *BATTRE PAVILLON :* naviguer sous un pavillon. *Un navire battant pavillon britannique.* **9.** *BATTRE SON PLEIN*.* **II. v. tr. indir.** et **intr. 1.** *BATTRE EN RETRAITE*.* **2.** Produire des mouvements répétés. *Battre des mains.* ⇒ **applaudir, claquer.** *Battre des ailes.* **3.** Être animé de mouvements répétés. *Son pouls bat vite.* – *Le cœur lui bat :* l'émotion lui fait battre le cœur plus vite. **4.** *BATTRE CONTRE.* ⇒ **frapper, heurter.** *La pluie bat contre la vitre. Une porte qui bat.* ► **SE BATTRE v. pron. 1.** récipr. Lutter, se donner des coups. loc. *Se battre comme des chiffonniers.* – *Se battre en duel. Les troupes se sont bien battues.* **2.** réfl. Combattre contre un adversaire. *Se battre avec, contre qqn au pistolet.* – fig. *Voilà une heure qu'il se bat avec cette serrure.* ⇒ se **débattre. 3.** fig. *Se battre pour un idéal.* ► **BATTU, UE adj. 1.** Qui a reçu des coups. loc. *Avoir l'air d'un chien battu.* **2.** Vaincu. loc. *Ne pas se tenir pour battu :* ne pas se résigner à la défaite. **3.** fig. *Avoir les yeux battus,* cernés. **4.** Frappé avec un instrument. *Blancs d'œufs battus* (en neige). *Fromage blanc battu* (pour qu'il soit lisse). – *Sol en terre battue.*

BATTUE n. f. ▪ Action de battre les taillis, les bois pour en faire sortir le gibier.

l'île de BATZ ▪ Île de la Manche et commune du Finistère *(L'Île-de-Batz).* 746 hab. *(les Batziens).*

BAUCIS → **Philémon**

Baudelaire. Portrait par Courbet.
Musée Fabre, Montpellier.
Phot. © Telarci/Giraudon

Charles BAUDELAIRE (1821 - 1867) ▪ Écrivain français. Critique (*"L'Art romantique"*, 1868), traducteur (de Poe et De Quincey) et surtout poète, en vers et en prose. Il eut une influence capitale sur l'art et la littérature modernes : *"Les Fleurs du mal"* (1857), *"Petits poëmes en prose"* appelé aussi *Le Spleen de Paris* (1869). Son œuvre, jugée scandaleuse à l'époque (six poèmes des *"Fleurs du mal"* furent condamnés par la justice), traduit un « spleen » profond, le désir de s'évader de la réalité et la recherche d'un monde idéal.

Jean-Louis BAUDELOCQUE (1745 - 1810) ▪ Médecin accoucheur français. ► **Louis-Auguste BAUDELOCQUE** (v. 1800 - v. 1864), son neveu, chirurgien. Il mit au point un nouveau procédé de césarienne.

BAUDET n. m. ▪ FAM. Âne. – loc. *Être chargé comme un baudet,* très chargé. *Crier haro* sur le baudet.*

BAUDOUIN ▪ NOM DE CINQ ROIS DE JÉRUSALEM ► **BAUDOUIN Ier** (1058 - 1118), roi après la mort de son frère, Godefroy de Bouillon.

BAUDOUIN II DE COURTENAY (1217 - 1273) ▪ Dernier empereur latin de Constantinople, de 1240 à 1261. → **Byzance.**

BAUDOUIN Ier (1931 - 1993) ▪ Roi des Belges après l'abdication de son père, Léopold III, en 1951.

BAUDRIER n. m. ▪ Bande de cuir ou d'étoffe qui se porte en bandoulière et soutient un sabre, une épée.

BAUDROIE n. f. ▪ Grand poisson de mer à grosse tête surmontée de tentacules. ⇒ **lotte.**

BAUDRUCHE n. f. ▪ **1.** Pellicule provenant de l'intestin de bœuf ou de mouton. **2.** Fine pellicule de caoutchouc. *Ballon de baudruche.* ♦ *Une baudruche :* ce ballon ; fig. personne sans consistance.

BAUGE n. f. ▪ Gîte fangeux (de mammifères, notamment porcins). *La bauge du sanglier.*

le BAUHAUS ▪ École d'architecture et d'art appliqué fondée par Gropius (Weimar 1919, Dessau 1925, Berlin 1932-1933) dans le but d'intégrer l'art à la civilisation industrielle. Les artistes qui y enseignèrent (Klee, Kandinsky, Moholy-Nagy) exercèrent une influence capitale sur l'art contemporain.

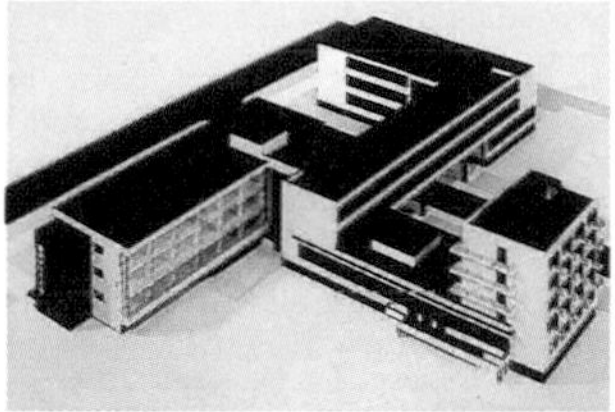

le **Bauhaus.** Maquette de l'école
du Bauhaus à Dessau, par Gropius.
Phot. © Archives Darmstaal © D.R.

La BAULE-ESCOUBLAC ▪ Commune de Loire-Atlantique. 14 845 hab. *(les Baulois).* Station balnéaire.

BAUME n. m. ▪ **1.** Se dit de plantes odoriférantes (notamment les menthes). **2.** Résine odoriférante (⇒ **balsamique**). **3.** Préparation médicamenteuse employée comme calmant et cicatrisant. ⇒ **liniment.** ♦ fig. Ce qui apaise, réconforte. *La nouvelle me mit du baume au cœur.*

Antoine BAUMÉ (1728 - 1804) ▪ Pharmacien et chimiste français. Il inventa l'aréomètre qui porte son nom et une échelle de mesure de densité *(degré Baumé).*

Willi BAUMEISTER (1889 - 1955) ▪ Peintre allemand. Il oscilla entre l'abstraction géométrique et l'invention de signes plus libres.

BAUME-LES-DAMES ▪ Commune du Doubs. 5 237 hab. Église de l'ancienne abbaye des Dames de Baume (XVIe-XVIIe s.).

Pina BAUSCH (née en 1940) ▪ Danseuse et chorégraphe allemande. Elle s'est imposée par la violence expressionniste d'une danse proche du théâtre. Elle est depuis 1974 directrice du Ballet de Wuppertal.

Les BAUX-DE-PROVENCE ▪ Commune des Bouches-du-Rhône, sur un piton des Alpilles. 457 hab. Tourisme : ruines médiévales. Exploitation de bauxite.

Pina **Bausch.** Ballet *Palermo Palermo.* *Phot. © Bernand*

BAUXITE n. f. ▪ Roche siliceuse, principal minerai d'aluminium.

BAVARD, ARDE adj. et n. ▪ **1.** Qui aime à parler, parle avec abondance. ⇒ **loquace, volubile.** *Bavard comme une pie.* – n. *Un intarissable bavard.* **2.** Qui ne sait pas tenir un secret, parle quand il convient de se taire. ⇒ **cancanier, indiscret.**

BAVARDAGE n. m. ▪ **1.** Action de bavarder. – Fait d'être prolixe et futile (par écrit). ⇒ **verbiage. 2.** Propos de bavard. – spécialt Discours calomnieux. ⇒ **cancan, ragot.**

BAVARDER v. intr. 1 ▪ **1.** Parler beaucoup, de choses et d'autres. *Perdre son temps à bavarder.* ♦ *Nous bavardions amicalement.* ⇒ **causer. 2.** Divulguer des choses qu'on devrait taire. *Quelqu'un aura bavardé.* ⇒ **jaser.**

BAVAROIS, OISE ▪ **1.** adj. et n. De Bavière. **2.** *Bavarois* n. m. ou *bavaroise* n. f. : entremets froid en gelée. *Bavaroise au cassis.*

BAVAY ▪ Commune du Nord. 3 751 hab. Vestiges d'une cité romaine qui fut l'une des plus importantes de Belgique.

BAVE n. f. ▪ **1.** Salive qui s'écoule de la bouche, ou de la gueule de certains animaux. **2.** Sécrétion visqueuse de certains mollusques. **3.** fig. Propos venimeux. – prov. (iron.) *La bave du crapaud n'atteint pas la blanche colombe.*

BAVER v. intr. 1 ▪ **1.** Laisser couler de la bave. – fig. FAM. *Il en bave d'envie.* **2.** FAM. *EN BAVER :* peiner, souffrir. *Il va vous en faire baver.* **3.** *Baver sur qqn,* salir par des médisances. *Baver sur la réputation de qqn.* **4.** Se répandre, s'étaler. *L'encre a bavé.* – par ext. *Stylo qui bave.*

BAVETTE n. f. ▪ **I. 1.** Bavoir. **2.** Haut d'un tablier, d'une salopette, qui couvre la poitrine. **3.** Partie inférieure de l'aloyau. *Un bifteck dans la bavette.* **II.** loc. FAM. *Tailler une bavette :* bavarder (avec qqn).

BAVEUX, EUSE adj. ▪ **1.** Qui bave (1). **2.** *Omelette baveuse,* dont l'intérieur, peu cuit, reste liquide.

la **BAVIÈRE** en allemand ***BAYERN*** ▪ État (Land) le plus étendu d'Allemagne, à caractère rural et touristique. 70 554 km². 11 700 000 hab. Capitale : Munich. Industries dans les grandes villes, raffineries à Ingolstadt. Royaume carolingien, principauté importante du Saint Empire, royaume de 1806 à 1918.

BAVOIR n. m. ▪ Pièce de lingerie qui protège la poitrine des bébés. ⇒ **bavette.**

BAVOLET n. m. ▪ Ancienne coiffure de paysanne couvrant les côtés et le derrière de la tête. *Bonnet à bavolet.*

BAVURE n. f. ▪ **1.** Trace de métal, relief laissé par les joints d'un moule. **2.** Trace d'encre empâtant une écriture, un dessin, une épreuve d'imprimerie. – loc. FAM. *Sans bavure(s) :* parfaitement exécuté ; impeccablement. **3.** Erreur, abus aux conséquences fâcheuses. *Bavure policière.*

BAYADÈRE [-aj-] n. f. ▪ Danseuse sacrée de l'Inde.

Pierre Terrail, seigneur de BAYARD (v. 1475 - 1524) ▪ Homme de guerre français, surnommé « le chevalier sans peur et sans reproche ». Il accompagna François Ier en Italie et prit une part décisive à la victoire de Marignan (1515).

Hippolyte BAYARD (1801 - 1887) ▪ Photographe français. Il réalisa la première image positive sur papier, le « dessin photogéné », en 1839.

BAYBARS Ier (1223 - 1277) ▪ Sultan mamelouk d'Égypte. Chef de guerre, il combattit les Mongols, les Assassins et les croisés tout en modernisant le pays. Figure légendaire, objet de récits populaires.

BAYER [baje] v. intr. 1 ▪ loc. *Bayer aux corneilles :* perdre son temps en regardant en l'air niaisement.

Johann BAYER (1572 - 1625) ▪ Astronome allemand. Il est l'auteur de la première représentation complète de la sphère céleste. Sa notation des étoiles dans chaque constellation par des lettres grecques est toujours en vigueur.

BAYEUX ▪ Chef-lieu d'arrondissement du Calvados. 14 704 hab. (*les Bayeusains* ou *Bajocasses*). Célèbre broderie dite « de la reine Mathilde » ou *"Tapisserie de Bayeux"*, représentant la conquête de l'Angleterre par les Normands (v. 1077). Nombreux monuments.

Bayeux. Détail de la broderie dite « de la reine Mathilde ». Centre Guillaume-le-Conquérant, Bayeux.
Phot. © Giraudon

Pierre BAYLE (1647 - 1706) ▪ Écrivain français. Son *"Dictionnaire historique et critique"* (1695-1697) fait de lui un précurseur des philosophes des Lumières et de la critique historique moderne.

François BAYLE (né en 1932) ▪ Compositeur français. Il fut l'un des animateurs du groupe de recherches musicales de l'ORTF. Son œuvre s'appuie sur la technique électroacoustique.

le **BAYON** ▪ Immense temple central de la cité d'Angkor Thom, au Cambodge, construit à la fin du XIIe s.

BAYONNE ▪ Chef-lieu d'arrondissement des Pyrénées-Atlantiques. 40 051 hab. (*les Bayonnais*). Port sur l'Adour (exportation de soufre de Lacq).

BAYOU [baju] n. m. ▪ (Louisiane, bas Mississippi) Eaux peu profondes à faible courant, ou stagnantes. *Traverser des bayous.*

BAYREUTH ▪ Ville d'Allemagne (Bavière). 72 000 hab. Wagner y installa un théâtre (1876). Festival Wagner depuis 1882.

Achille BAZAINE (1811 - 1888) ▪ Maréchal de France. En 1870 il chercha à négocier avec Bismarck puis capitula à Metz. Il fut condamné pour trahison (1873) mais se réfugia en Espagne.

Jean BAZAINE (né en 1904) ▪ Peintre français. Non figuratives, ses œuvres transposent toutefois une émotion devant la nature. Auteur de *"Notes sur la peinture d'aujourd'hui"* (1948).

BAZAR n. m. ▪ **1.** Marché public en Orient. ⇒ **souk. 2.** Lieu, magasin où l'on vend toutes sortes d'objets, d'ustensiles. **3.** fig. FAM. Lieu en désordre. *Quel bazar !* – FAM. Objets en désordre ; affaires, attirail. fig. *Et tout le bazar.*

BAZARDER v. tr. 1 ▪ FAM. Se débarrasser, se défaire rapidement de (qqch.). ⇒ **abandonner, liquider.**

Frédéric BAZILLE (1841 - 1870) ▪ Peintre français, lié aux impressionnistes. *"La Réunion de famille"* (1867).

Hervé BAZIN (1911 - 1996) ▪ Écrivain français. Son œuvre est un réquisitoire contre la société bourgeoise. *"Vipère au poing"* (1948); *"Au nom du fils"* (1961); *"Madame Ex"* (1975).

André BAZIN (1918 - 1958) ▪ Critique français de cinéma. Cofondateur des *Cahiers du cinéma* (1952) dont l'histoire est liée à celle des cinéastes de la « nouvelle vague ».

BAZOOKA [-zu-] n. m. ▪ Lance-roquettes antichar.

B. C. B. G. [besebeʒe] adj. (sigle) ▪ Bon chic bon genre*. *Elles sont très B. C. B. G.*

B. C. G. [beseʒe] n. m. (nom déposé) ▪ Vaccin antituberculeux. *Cet enfant a eu le B. C. G.*

B. D. [bede] n. f. (sigle) ▪ FAM. Bande dessinée. *Il est amateur de B. D.* ◇ var. BÉDÉ. *Des bédés.*

BEAGLE [bigl] n. m. ▪ Chien courant, basset à jambes droites.

BÉANCE n. f. ▪ LITTÉR. État de ce qui est béant (1). ▬ fig. Ouverture, vide impossible à combler.

BÉANT, ANTE adj. ▪ LITTÉR. ▪ **1.** Grand ouvert. *Une blessure béante.* **2.** Qui ouvre grand la bouche. *Béant d'étonnement, d'admiration.*

Aubrey Vincent **BEARDSLEY** (1872 - 1898) ▪ Dessinateur et écrivain britannique. Illustrateur et affichiste, il avait un sens de la composition (en noir et blanc notamment) qui influença l'Art nouveau.

le **BÉARN** ▪ Ancienne province du sud-ouest de la France (partie est de l'actuel département des Pyrénées-Atlantiques). Capitale : Pau. Patrie d'Henri IV dit *le Béarnais;* son fils Louis XIII réunit le Béarn à la France (1620).

BÉARNAIS, AISE adj. et n. ▪ **1.** Du Béarn. **2.** *Sauce béarnaise* ou n. f. *une béarnaise :* sauce épaisse au beurre, aux œufs et à l'échalote.

BÉAT, ATE adj. ▪ Exagérément satisfait et tranquille. *Sourire béat. Optimisme béat.* ► adv. BÉATEMENT

BÉATIFICATION n. f. ▪ Acte pontifical par lequel une personne défunte est mise au rang des bienheureux. ► BÉATIFIER v. tr. 7

BÉATITUDE n. f. ▪ **1.** THÉOL. Félicité parfaite des élus au paradis. **2.** Bonheur parfait. ⇒ **euphorie, extase.** *Plongé dans une douce béatitude.* **3.** *Les Béatitudes :* les huit vertus que Jésus-Christ a exaltées dans le Sermon sur la montagne.

les **Beatles.**
Phot. © Retna Photofest/Stills

les **BEATLES** n. m. pl. ▪ Groupe anglais de musique pop actif de 1962 à 1970, avec George Harrison (1943), John Lennon (1940 - 1980), Paul McCartney (1942) et Ringo Starr (1940). Il symbolisa le plaisir de vivre, dans les années 60.

les **BEATNIKS** ▪ Membres d'un mouvement spontané de révolte contre le mode de vie américain, né en Californie après 1950. Les écrivains de cette *beat generation* (« génération épuisée ») furent notamment Jack Kerouac, Allen Ginsberg, William Burroughs.

sir Cecil **BEATON** (1904 - 1980) ▪ Photographe britannique. Portraits de style glamour.

Bazille. *La Négresse aux pivoines.* Musée Fabre, Montpellier. *Phot. © Lauros/Giraudon*

BÉATRICE (v. 1265 - 1290) ▪ Inspiratrice de Dante. Elle s'appelait Beatrice Portinari et vécut à Florence.

BEATRIX Ire (née en 1938) ▪ Reine des Pays-Bas depuis 1980.

① **BEAU** (ou **BEL** devant un nom commençant par une voyelle ou un *h* muet et dans quelques locutions), **BELLE** adj. ▪ **I.** Qui fait éprouver une émotion esthétique ; qui plaît à l'œil. ⇒ **joli, magnifique, ravissant, splendide, superbe ;** s'oppose à *laid. Un beau paysage.* ▬ *Un bel homme, une belle femme. Beau, belle comme un astre, un ange, comme le jour.* ♦ Bien habillé, apprêté. *Se faire beau, belle.* ♦ loc. *Pour les beaux yeux** *de qqn.* ▬ FAM. *Cela me fait une belle jambe**. **II.** Qui fait naître un sentiment d'admiration ou de satisfaction (opposé à *mauvais, médiocre*). **1.** Admirable. *Un beau talent.* ⇒ **supérieur.** ▬ *Un beau geste, une belle action.* ⇒ **bon, généreux, grand, noble, sublime.** ▬ FAM. lang. enfantin *C'est* (ce n'est) *pas beau de mentir.* **2.** Très satisfaisant, très réussi dans son genre. *Un beau gâteau. Un beau match. Un beau voyage. Une belle situation. Un beau coup :* bien exécuté. ♦ *UN BEAU JOUR**. ▬ *À la belle étoile**. ♦ (temps) Clair, ensoleillé. *Quel beau temps ! Il fait beau.* ▬ n. m. *Le baromètre est au beau, au beau fixe**. **3.** Qui est grand, nombreux ou important. *Un beau poulet.* ⇒ **gros.** *Une belle somme.* ⇒ **considérable, grand.** ▬ *Il y a beau temps de cela :* il y a longtemps. **4.** par antiphrase Mauvais, vilain. *Une belle bronchite.* ⇒ **bon.** *C'est du beau travail !* ▬ n. f. *En faire, en dire de belles* (des sottises). *J'en apprends de belles.* ▬ n. m. FAM. *C'est du beau !,* se dit à un enfant qui se conduit mal. ▬ *Un bel égoïste.* **5.** *AVOIR BEAU* (+ inf.) loc. verbale : s'efforcer en vain de. *J'ai beau crier, il n'entend rien,* quoique je crie... *On a beau dire, ça ne va pas si mal.* **6.** *BEL ET BIEN* loc. adv. : réellement, véritablement. *Il s'est bel et bien trompé.* ▬ *DE PLUS BELLE :* de nouveau et encore plus fort. *Il pleut de plus belle.* **III.** n. ⇒ ② **beau ; belle.**

② **BEAU** n. m. ▪ **I.** (Beauté) **1.** Ce qui fait éprouver une émotion esthétique, un sentiment d'admiration. ⇒ **beauté.** *Le culte du beau.* **2.** FAM. Choses de belle qualité. *Elle n'aime que le beau.* **II. 1.** *Un vieux beau :* un vieil homme trop coquet, qui cherche encore à plaire. **2.** loc. *Faire le beau,* se tenir debout sur ses pattes postérieures (chien).

le plateau **BEAUBOURG** ▪ Espace situé dans le quartier des Halles à Paris, où est édifié le Centre national d'art et de culture Georges-Pompidou (1977).

BEAUCAIRE ▪ Commune du Gard. 13 400 hab. *(les Beaucairois).* Château sur le Rhône, face à Tarascon.

la **BEAUCE** ▪ Région du Bassin parisien, plateau limoneux voué à la culture des céréales et de la betterave. Les habitants sont les *Beaucerons.*

la **BEAUCE** ▪ Région au sud du Québec. Ancien comté dont les premiers colons venaient de la Beauce orléanaise.

BEAUCHAMP ▪ Commune du Val-d'Oise. 8 934 hab. *(les Beauchampois).*

BEAUCOUP adv. ▪ **1.** devant un nom *Beaucoup de :* un grand nombre de, une grande quantité de, un haut degré de. *Avoir beaucoup de choses à faire.* ▬ *Beaucoup d'argent.* ⇒ **plein.** *Beaucoup de monde.* ▬ *Beaucoup de chance.* **2.** nominal De nombreuses choses, personnes. *Parmi ces objets, beaucoup sont rares. Beaucoup sont de mon avis.* ▬ *C'est déjà beaucoup :* c'est déjà un beau résultat. *DE BEAUCOUP :* avec une grande différence. *Il s'en faut de beaucoup* (→ loin s'en faut). *Il est de beaucoup son aîné.* **3.** avec un verbe *Il travaille beaucoup. Il a beaucoup changé.* ⇒ FAM. **drôlement, rudement.** **4.** avec un compar. *C'est beaucoup plus rapide. Beaucoup mieux. Beaucoup trop.*

Alphonse **BEAU DE ROCHAS** (1815 - 1893) ▪ Ingénieur français. Inventeur du cycle à quatre temps (1862) (→ **Otto**).

BEAUF n. m. ▪ FAM. **1.** Beau-frère. **2.** Petit-bourgeois étroit d'esprit et phallocrate.

BEAU-FILS [-fis] n. m. ▪ **1.** Pour un conjoint, Fils que l'autre conjoint a eu précédemment. *Des beaux-fils.* **2.** Gendre.

l'échelle de **BEAUFORT** ▪ Graduation (de 0 à 12) servant à la mesure du vent définie par l'amiral britannique sir Francis Beaufort (1774 - 1857) en 1805.

le **BEAUFORTIN** ou massif de **BEAUFORT** ▪ Massif cristallin des Alpes du Nord (2 889 m à l'aiguille du Grand Fond). Sylviculture. Fromage de Beaufort.

BEAU-FRÈRE n. m. ▪ **1.** Frère du conjoint, pour l'autre conjoint. ⇒ FAM. **beauf. 2.** Mari de la sœur ou de la belle-sœur d'une personne. *Des beaux-frères.*

BEAUGENCY ▪ Commune du Loiret. 6 917 hab. *(les Balgentiens).* Nombreux monuments des XIe-XVIe s.

Alexandre, vicomte de BEAUHARNAIS (1760 - 1794) ▪ Général français. Premier mari de Joséphine. Il fut guillotiné. ► **Eugène de BEAUHARNAIS** (1781 - 1824), leur fils, vice-roi d'Italie (1805). ► **Hortense de BEAUHARNAIS** (1783 - 1837), leur fille, épouse de Louis Bonaparte, reine de Hollande (1806), mère de Napoléon III et de Morny.

Anne de BEAUJEU → Anne de France

BEAUJOLAIS n. m. ▪ Vin du Beaujolais. *Le beaujolais nouveau est arrivé.*

le BEAUJOLAIS ▪ Région entre la Loire et la Saône, à l'est du Massif central. La côte est célèbre pour ses vins (moulin-à-vent, juliénas, fleurie, brouilly, morgon, etc.).

Pierre Auguste Caron de BEAUMARCHAIS (1732 - 1799) ▪ Auteur dramatique français. Ses comédies sont célèbres pour leur verve, leurs rebondissements et leur ambiguïté entre libertinage, morale et critique sociale. Le valet Figaro est le héros de sa trilogie : *"Le Barbier de Séville"* (1774-1775), *"Le Mariage de Figaro"* (1784), *"L'Autre Tartuffe ou la Mère coupable"* (1792). À travers ce personnage, la revendication du peuple était formulée pour la première fois à la veille de la Révolution.

Francis BEAUMONT (1584 - 1616) ▪ Auteur dramatique anglais. Il écrivit avec Fletcher de nombreux mélodrames caractérisés par l'ingéniosité de l'intrigue, la fantaisie romanesque et la finesse de la psychologie. *"Un roi sans être roi"*; *"La Belle dédaigneuse"*.

BEAUMONT ▪ Commune du Puy-de-Dôme. 9 465 hab. *(les Beaumontois).*

BEAUMONT-SUR-OISE ▪ Commune du Val-d'Oise. 8 151 hab. *(les Beaumontois).*

BEAUNE ▪ Chef-lieu d'arrondissement de la Côte-d'Or. 21 289 hab. *(les Beaunois).* Hôtel-Dieu (Hospices de Beaune) (XVe s.), un des chefs-d'œuvre du gothique bourguignon. Capitale viticole de la Bourgogne.

André BEAUNEVEU (v. 1330 - v. 1410) ▪ Miniaturiste et sculpteur français. Il exécuta plusieurs gisants royaux à Saint-Denis et orna de miniatures le psautier de Jean de Berry (v. 1384).

BEAU-PÈRE n. m. ▪ **1.** Père du conjoint, pour l'autre conjoint. **2.** Le second mari de leur mère, pour les enfants d'un premier lit. *Des beaux-pères.*

BEAUPRÉ n. m. ▪ *(Mât de) beaupré :* mât plus ou moins oblique à l'avant du navire. *Voile du beaupré.* ⇒ **foc.**

la côte de BEAUPRÉ ▪ Nom donné au Québec à la région située sur la rive nord du fleuve Saint-Laurent.

BEAUSOLEIL ▪ Commune des Alpes-Maritimes. 12 236 hab. *(les Beausoleillais).*

BEAUTÉ n. f. ▪ **I. 1.** Caractère de ce qui est beau (I). *Étude de la beauté.* ⇒ **esthétique.** - *DE TOUTE BEAUTÉ :* très beau. - *EN BEAUTÉ* loc. adv. : magnifiquement. *Terminer une course en beauté.* **2.** Qualité d'une personne belle. *Être dans tout l'éclat de sa beauté.* - *Un institut, des produits de beauté.* - *La beauté du diable :* la beauté que confère la jeunesse à une personne sans beauté réelle. - *ÊTRE EN BEAUTÉ :* paraître plus beau, plus belle que d'habitude. - FAM. *Se faire, se refaire une beauté :* se coiffer, se farder. **3.** *Une beauté :* une femme très belle. ⇒ **belle** n. f. **4.** au plur. *LES BEAUTÉS.* Les belles choses, les beaux détails (d'un lieu, d'une œuvre...). *Les beautés d'un musée.* **II.** Caractère de ce qui est moralement admirable. *Pour la beauté du geste :* dans un esprit désintéressé.

BEAUVAIS ▪ Chef-lieu de l'Oise. 54 000 hab. *(les Beauvaisiens).* Cathédrale gothique (XIIIe-XVIe s.). Industries. Manufacture nationale de la Tapisserie, transférée aux Gobelins après 1940, réaménagée en 1990. La région du *Beauvaisis,* entre la Picardie et l'Île-de-France, fut réunie à la Couronne sous Louis XI.

Simone de BEAUVOIR (1908 - 1986) ▪ Écrivain français. Compagne de Jean-Paul Sartre. Son essai, *"Le Deuxième Sexe"* (1949), fut une étape essentielle dans le mouvement féministe. Ses romans [*"Les Mandarins"* (1954)] ont pour thème la recherche d'une morale authentique. Récits autobiographiques : *"Mémoires d'une jeune fille rangée"* (1958), *"La Force de l'âge"* (1960).

BEAUX-ARTS [boz-] n. m. pl. ▪ Arts* (techniques) qui ont pour objet la représentation du beau et, spécialt, du beau plastique. ⇒ **architecture, gravure, peinture, sculpture.** *L'École des beaux-arts ;* ellipt *faire les Beaux-Arts.*

BEAUX-PARENTS n. m. pl. ▪ Le père et la mère de son conjoint. ⇒ **beau-père, belle-mère.**

BÉBÉ n. m. ▪ **1.** Enfant en bas âge. ⇒ **nourrisson, nouveau-né, poupon, tout-petit.** - *Attendre un bébé :* être enceinte. - *Un bébé-éprouvette,* conçu par fécondation in vitro. - loc. *Jeter le bébé avec l'eau du bain :* supprimer, rejeter en bloc qqch., sans tenir compte d'éventuels aspects positifs. **2.** *Bébé en celluloïd,* poupée. ⇒ **baigneur. 3.** Très jeune animal (avec un nom en appos.). *Des bébés phoques.*

August BEBEL (1840 - 1913) ▪ Socialiste allemand. Fondateur du parti ouvrier social-démocrate avec W. Liebknecht en 1869.

BÉBÊTE ▪ **1.** adj. Un peu bête ; niais. ⇒ **nigaud. 2.** n. f. Petite bête.

BEC n. m. ▪ **1.** Bouche cornée et saillante des oiseaux, démunie de dents. *Le bec crochu de l'aigle.* - Bouche cornée (des tortues, céphalopodes...). **2.** loc. FAM. *Être LE BEC DANS L'EAU,* en suspens, dans l'incertitude. - *Se défendre bec et ongles,* par tous les moyens. ♦ (dans des loc.) Bouche de l'homme. *Ouvrir, fermer le bec* (parole). - loc. *PRISE DE BEC :* une altercation. ⇒ **dispute. 3.** Extrémité (d'un objet terminé en pointe). *Le bec d'une plume.* ♦ Petite avancée en pointe d'un récipient, pour verser le liquide. *Casserole à bec verseur.* ♦ Embouchure d'un instrument à vent. *Le bec d'une clarinette.* **4.** Brûleur. *Bec Bunsen.* - *BEC DE GAZ :* réverbère (autrefois à gaz). - FAM. *Tomber sur un bec :* rencontrer un obstacle imprévu, insurmontable.

BÉCANE n. f. ▪ FAM. **1.** Machine. *Il travaille sur sa bécane.* **2.** Bicyclette ou moto. *Il va au lycée en bécane.*

BÉCARRE n. m. ▪ Signe de musique (♮) placé devant une note haussée par un dièse ou baissée par un bémol, pour la rétablir dans un ton naturel. - appos. *Un mi bécarre.*

BÉCASSE n. f. ▪ **1.** Oiseau échassier migrateur, au long bec, à chair très estimée. **2.** FAM. Femme sotte. *Quelle bécasse !*

bécasse. *Scolopax rusticola.*
Phot. © Hellio Van Ingen/Jacana

bécassine. *Gallinago gallinago,* bécassine des marais.
Phot. © Le Moigne/Jacana

BÉCASSINE n. f. ▪ **1.** Oiseau échassier migrateur de petite taille, au bec long, aux pattes dénudées. **2.** FAM. Jeune fille niaise.

Domenico BECCAFUMI (v. 1486 - 1551) ▪ Peintre maniériste italien (siennois).

Cesare Bonesana, marquis de BECCARIA (1738 - 1794) ▪ Juriste italien. Son traité *Des délits et des peines,* qui dénonce la torture et la peine de mort, en a fait un précurseur du droit pénal moderne.

BEC-DE-CANE n. m. ▪ Pêne d'une serrure qui rentre lorsqu'on manœuvre le bouton, la poignée. - Cette poignée. *Des becs-de-cane.*

BEC-DE-LIÈVRE n. m. ▪ Malformation congénitale de la face, fissure de la lèvre supérieure. *Des becs-de-lièvre.*

BECFIGUE n. m. ▪ Passereau, fauvette.

BÉCHAMEL n. f. ▪ Sauce blanche à base de lait. *Endives à la béchamel.* - *Sauce béchamel.*

BÉCHAR anciennt **COLOMB-BÉCHAR** ▪ Ville d'Algérie, au nord-ouest du Sahara. 108 376 hab.

BÊCHE n. f. ▪ Outil de jardinage composé d'un fer large, plat et tranchant, adapté à un manche.

Le BEC-HELLOUIN ▪ Commune de l'Eure. 434 hab. (*les Bexiens* ou *Bec-Hellouinais*). Ancienne abbaye bénédictine, construite en 1034, qui devint un important foyer intellectuel au Moyen Âge.

BÊCHER v. tr. [1] ▪ Fendre, retourner (la terre) avec une bêche.

Sidney **BECHET** (1897 - 1959) ▪ Musicien de jazz noir américain (clarinette et saxophone soprano), de style Nouvelle-Orléans.

BÊCHEUR, EUSE n. ▪ Personne prétentieuse et snob. *Une petite bêcheuse.*

Vladimir Mikhaïlovitch **BECHTEREV** (1857 - 1927) ▪ Psychophysiologiste russe. Il tenta d'expliquer l'ensemble des comportements humains par les réflexes conditionnés, qu'il étudia avec Pavlov. *"La Psychologie objective"* (1913).

Jacques **BECKER** (1906 - 1960) ▪ Metteur en scène français de cinéma. *"Casque d'or"* (1952); *"Touchez pas au grisbi"* (1954).

saint Thomas **BECKET** → saint Thomas Becket

Samuel **BECKETT** (1906 - 1989) ▪ Écrivain irlandais. Il écrivit en anglais et en français. Son œuvre, qui mêle bouffonnerie et musicalité, donne une vision dérisoire de l'humanité. *"Molloy"* (roman, 1951); *"En attendant Godot"*, (théâtre, 1953); *"Oh les beaux jours"* (théâtre, angl. 1961, franç. 1963). Prix Nobel 1969.

BÉCOT n. m. ▪ FAM. Baiser affectueux.

BÉCOTER v. tr. [1] ▪ FAM. Donner des bécots. - pronom. S'embrasser. *Des amoureux qui se bécotent.* ◇ var. BÉCOTTER.

Henry **BECQUE** (1837 - 1899) ▪ Auteur français de pièces réalistes, souvent cruelles. *"Les Corbeaux"* (1882); *"La Parisienne"* (1885).

BECQUÉE ou **BÉQUÉE** n. f. ▪ Ce qu'un oiseau prend dans son bec pour se nourrir ou nourrir ses petits. *Donner la becquée.*

BECQUEREL n. m. ▪ PHYS. Unité d'activité radioactive (une transition spontanée par seconde).

Henri **BECQUEREL** (1852 - 1908) ▪ Physicien français. Il découvrit la radioactivité. Prix Nobel 1903.

BECQUET n. m. ⇒ BÉQUET

BECQUETANCE ou **BECTANCE** n. f. ▪ FAM. Nourriture.

BECQUETER ou **BÉQUETER** v. tr. [4] ▪ **1.** Piquer avec le bec. ⇒ **picorer. 2.** FAM. Manger. *Il n'y a rien à becqueter ici.* ◇ var. BECTER [1]

BEDAINE n. f. ▪ FAM. Gros ventre. ⇒ FAM. **bedon, bide.** *Il a une bonne bedaine.*

BEDEAU n. m. ▪ Employé laïque préposé au service matériel et à l'ordre dans une église. ⇒ **sacristain.** *Des bedeaux.*

saint **BÈDE LE VÉNÉRABLE** (v. 673 - 735) ▪ Clerc anglo-saxon. *"Histoire ecclésiastique des Angles"* (731).

le **BEDFORDSHIRE** ▪ Comté du sud-est de l'Angleterre. 1 234 km^2. 515 000 hab. Chef-lieu : Bedford (75 000 hab.).

BEDON n. m. ▪ FAM. Ventre rebondi.

BEDONNANT, ANTE adj. ▪ FAM. Qui a un gros ventre. ⇒ **ventripotent.**

BEDONNER v. intr. [1] ▪ FAM. Avoir du ventre.

BÉDOUIN, INE adj. ▪ Des Bédouins*. *Une tribu bédouine.*

les **BÉDOUINS** ▪ Arabes nomades répandus dans le Sahara et le Proche-Orient.

BÉE adj. ▪ (seul emploi) *BOUCHE BÉE* : la bouche ouverte d'admiration, d'étonnement. *J'en suis resté bouche bée.*

sir Thomas **BEECHAM** (1879 - 1961) ▪ Chef d'orchestre britannique. Il fonda le London Philharmonic Orchestra et le Royal Philharmonic Orchestra.

Harriet **BEECHER-STOWE** (1811 - 1896) ▪ Romancière américaine. *"La Case de l'oncle Tom"* (1851), roman antiesclavagiste, suscita des controverses passionnées à la veille de la guerre civile américaine.

BÉER v. intr. ▪ LITTÉR. Ouvrir tout grand (la bouche). ⇒ **béant, bée.**

Auguste **BEERNAERT** (1829 - 1912) ▪ Homme politique belge. Président du Conseil (1884-1894), il fit voter la reconnaissance de l'État indépendant du Congo et la souveraineté africaine du roi Léopold II. Prix Nobel de la paix 1909.

BEERSHEBA ou **BE'ER SHEVA** ▪ Ville du sud d'Israël, dans le Néguev. 141 000 hab.

Ludwig van **BEETHOVEN** (1770 - 1827) ▪ Compositeur allemand. Son œuvre est immense : neuf symphonies (la *"Troisième Symphonie"* dite *"Héroïque"*, 1802; la *"Sixième Symphonie"* dite *"Pastorale"*, 1808; la *"Neuvième Symphonie"*, 1824, avec chœurs [*"L'Hymne à la joie"*]); 32 sonates pour piano, 17 quatuors, un opéra (*"Fidelio"*, 1805-1814). Il incarna le mythe du génie romantique, idéaliste. Frappé de surdité, il ne cessa pas de composer. Se dégageant de l'influence de Mozart et de Haydn, il renouvela l'écriture pianistique et instrumentale. Ses dernières œuvres préparaient l'évolution musicale du XIXe s.

BEFFROI n. m. ▪ RÉGIONAL Tour, clocher. *Des beffrois.*

BÉGAIEMENT n. m. ▪ **1.** Trouble de la parole qui se manifeste par la répétition saccadée d'une syllabe et l'arrêt involontaire du débit des mots. **2.** Balbutiement.

BÉGAYER v. intr. [8] ▪ **1.** Souffrir de bégaiement. **2.** S'exprimer d'une manière maladroite, hésitante, confuse. - trans. *Bégayer une excuse.* ⇒ **balbutier.** ► adj. BÉGAYANT, ANTE

Menahem **BEGIN** (1913 - 1992) ▪ Homme politique israélien. Chef du Likoud (parti de droite). Premier ministre de 1977 à 1983. Il négocia la paix avec l'Égypte. Prix Nobel de la paix 1978 avec Sadate.

Begin.
Phot. © Neumann/Gamma

BÈGLES ▪ Commune industrielle de la Gironde. 22 604 hab. *(les Béglais).*

BÉGONIA n. m. ▪ Plante originaire d'Amérique tropicale, ornementale, cultivée pour ses fleurs. - loc. *Charrier* (cherrer) dans les bégonias.*

BEGRĀM anc. **KĀPISSĀ** ▪ Site archéologique afghan (IIe s.).

BÈGUE adj. ▪ Qui bégaie. - n. *Un, une bègue.*

BÉGUEULE n. f. ▪ Femme qui manifeste une pruderie affectée. - adj. (aussi masc.) *Il est un peu bégueule.*

BÉGUIN n. m. ▪ **I.** VX Coiffe (d'abord, de béguine). **II. 1.** Amour vif et passager. *Avoir le béguin pour qqn.* **2.** Personne qui en est l'objet. ⇒ **amoureux.** *C'est son béguin.*

BÉGUINAGE n. m. ▪ Couvent de béguines.

BÉGUINE n. f. ▪ Religieuse de Belgique ou des Pays-Bas soumise à la vie conventuelle sans avoir prononcé de vœux.

BÉGUM [-ɔm] n. f. ▪ dans l'Hindoustan Titre équivalant à celui de princesse. *"Les Cinq Cents Millions de la Bégum"* (roman de Jules Verne).

Brendan **BEHAN** (1923 - 1964) ▪ Auteur dramatique irlandais. Militant de l'IRA, emprisonné durant onze ans, il écrivit notamment, en gaélique, des farces dramatiques, témoignages de la révolte irlandaise. *"Gibier de potence"* (1956); *"Deux otages"* (1959).

BEHANZIN (1844 - 1906) ▪ Dernier roi du royaume d'Abomey. Il s'opposa fortement à la pénétration française, mais son royaume fut annexé en 1894. Il mourut en exil à Alger.

BEHAVIORISME [bievjɔʀism ; beavjɔʀism] n. m. ▪ DIDACT. Théorie qui limite la psychologie à l'observation du comportement. ► adj. et n. BEHAVIORISTE [bievjɔʀist ; beavjɔʀist]

BÉHISTUN, **BISITUN** ou **BISOTUN** ▪ Site archéologique d'Iran, dans le Kurdistan (v. 500 av. J.-C.). Un bas-relief rédigé en trois langues a fourni la base essentielle à l'étude des civilisations babyloniennes.

BEHREN-LÈS-FORBACH ▪ Commune de la Moselle. 10 291 hab. *(les Behrinois).*

Peter **BEHRENS** (1868 - 1940) ▪ Architecte allemand. Un des pionniers du modernisme (formes dépouillées et fonctionnelles).

Vitus **BEHRING** (1681 - 1741) ▪ Explorateur danois. Il découvrit le détroit qui porte son nom et aborda l'Alaska en 1741.

Emil von **BEHRING** (1854 - 1917) ▪ Médecin et bactériologiste allemand. Il mit au point le sérum antidiphtérique. Prix Nobel de médecine 1901.

BEIGE adj. ▪ De la couleur de la laine naturelle, d'un brun très clair. *Des étoffes beiges. Des tissus beige clair.*

BEIGNE n. f. ▪ FAM. Coup, gifle. ⇒ FAM. **baffe, tarte.**

BEIGNET n. m. ▪ Pâte frite enveloppant un aliment. *Beignets aux pommes. Beignet soufflé.* ⇒ **pet-de-nonne.**

BEIJING → **Pékin**

la **BEIRA** ▪ Ancienne province du Portugal central, entre le Douro et le Tage.

BÉJA ▪ Ville du nord-ouest de la Tunisie. 54 000 hab. Sucrerie.

BÉJAÏA ▪ Ville d'Algérie. 120 104 hab. Port pétrolier au débouché de l'oléoduc d'Hassi Messaoud.

les **BÉJART** ▪ Famille de comédiens qui travailla avec Molière, notamment Madeleine (1618 - 1672) et Armande (1642 ? - 1700) qui épousa Molière.

Maurice Berger dit **BÉJART** (né en 1927) ▪ Danseur et chorégraphe français. Il renouvelle la danse classique en puisant dans les interprétations de grands mythes occidentaux ou dans des sources orientales.

la **BEKAA** ▪ Haute plaine du Liban, région de Baalbek, à population chiite.

BÉKÉ n. ▪ Créole né aux Antilles françaises. *De riches békés.*

BEL adj. et adv. ⇒ ① BEAU

BÉLA ▪ NOM DE QUATRE ROIS DE HONGRIE ▶ **BÉLA IV** (1206 - 1270) régna de 1235 à 1270 mais subit l'invasion mongole (1241).

la **BELAÏA** ou **BIELAÏA** ▪ Rivière de Russie. 1 430 km. Née dans l'Oural, elle se jette dans la Kama.

François Joseph **BÉLANGER** (1745 - 1818) ▪ Architecte français. Influencé par le palladianisme, il construisit des « folies » (pavillon de Bagatelle). Il fit les premières charpentes métalliques (Halle au blé à Paris).

BÊLANT, ANTE adj. ▪ **1.** Qui bêle. **2.** fig. Plaintif et niais. *Un orateur bêlant.*

la république de **BELAU** ou **PALAU** ▪ État du Pacifique constitué d'une partie des îles Carolines (26 îles et 300 îlots). Sous tutelle américaine depuis 1947, il a signé en 1994 un contrat de libre association avec les États-Unis et est devenu membre de l'ONU. 488 km². 14 208 hab. Capitale : Koror (9 442 hab.).

BEL CANTO n. m. invar. ▪ L'art du chant selon les traditions de l'opéra italien. *Il est amateur de bel canto.*

BELÉM ▪ Ville et port du Brésil, capitale de l'État de Pará. 1 246 430 hab. Commerce (caoutchouc).

BELÉM ▪ Ville du Portugal, faubourg de Lisbonne. Monastère hiéronymite de style manuélin (XVIe s.), fondé par Manuel Ier et où se trouvent plusieurs tombeaux de rois et de princes du Portugal. Tour du XVIe s. sur le Tage.

BÊLEMENT n. m. ▪ **1.** Cri du mouton, de la chèvre. **2.** Plainte niaise. ⇒ **jérémiade.**

BÊLER v. intr. [1] ▪ **1.** Pousser un bêlement. **2.** Se plaindre sur un ton niais.

BELETTE n. f. ▪ Petit mammifère carnassier, bas sur pattes, de forme effilée, de couleur fauve.

belette.
Mustela nivalis.
Phot. © Danegger/Jacana

BELFAST ▪ Capitale de l'Irlande du Nord (Royaume-Uni). 325 000 hab. Port important et centre industriel (textile, constructions navales). Déchirée par la guerre civile entre « protestants » favorables au maintien du territoire dans le Royaume-Uni (70 % de la population) et « catholiques » partisans de l'indépendance (30 %).

BELFORT ▪ Chef-lieu du Territoire de Belfort. 50 125 hab. *(les Belfortains).* L'héroïque résistance du colonel Denfert-Rochereau (1823 - 1878), en 1870-1871, permit au territoire de rester français ; elle inspira *"Le Lion de Belfort"*, monument de Bartholdi. ▶ **la trouée de BELFORT** Couloir séparant les Vosges du Jura, traversé par le canal du Rhône au Rhin.

le Territoire de **BELFORT** [90] ▪ Département français de la région de Franche-Comté, créé en 1922. 549 km². 134 097 hab. Chef-lieu : Belfort.

BELGE adj. ▪ De Belgique. ⇒ **flamand, wallon.** - n. *Les Belges.*

BELGICISME n. m. ▪ Particularité du français de Belgique.

la **BELGIQUE** ▪ État d'Europe occidentale. 30 527 km². 9 978 681 hab. *(les Belges).* Capitale : Bruxelles. Langues : français, néerlandais, allemand. Monnaie : franc belge. Trois régions et dix provinces : Région flamande (Anvers, Brabant flamand, Flandre-Occidentale, Flandre-Orientale, Limbourg), Bruxelles-Capitale, Région wallonne (Brabant wallon, Hainaut, Luxembourg, Namur, Liège). Pays plat dont 20 % de la superficie sont recouverts de forêts, la Belgique bénéficie d'une forte productivité dans le secteur agricole (céréales, betterave sucrière, houblon, élevage). Toutefois, l'économie repose sur l'industrie et sur le secteur tertiaire (environ 70 % de la population active), principalement le commerce (ports d'Anvers, Bruges, Gand). L'économie belge est liée à celle de l'Union économique belgo-luxembourgeoise (U.E.B.L.) depuis 1922, à celle du Benelux depuis 1960 et à celle de l'Union européenne, dont certains organismes ont leur siège à Bruxelles. ▫ **HISTOIRE** L'opposition actuelle (notamment linguistique) entre Wallonie et Flandre s'explique historiquement. Dès les invasions barbares (IVe s.), la région abrita des Germains et des peuples romanisés de culture latine. L'opposition réapparut lors du partage de l'Empire carolingien (843), entre la Lotharingie et la France occidentale, qui comprenait la Flandre. Au Moyen Âge, les villes acquirent leur autonomie grâce aux richesses du commerce, mais l'ensemble des provinces s'étendant entre la France et les États allemands fut progressivement dominé par les ducs de Bourgogne. En 1477, les possessions bourguignonnes passèrent aux Habsbourg et formèrent les Pays-Bas, devenus territoire espagnol à la mort de Charles Quint. La Réforme provoqua la scission des Provinces-Unies (union d'Utrecht, 1579). Les provinces catholiques (union d'Arras) furent prises dans les conflits entre la France, l'Espagne et la Hollande. Cédées à l'Autriche en 1713 (traité d'Utrecht), elles furent annexées par la France révolutionnaire en 1795. En 1815 fut constitué un royaume hollando-belge (royaume des Pays-Bas). En 1830, la Belgique fit sécession et devint une monarchie constitutionnelle (Léopold Ier). Dans les années 1890-1914, le renouveau artistique alla de pair avec la prospérité économique et le colonialisme (le Congo belge, aujourd'hui le Zaïre). Une monarchie libérale et éclairée s'établit avec Albert Ier, qui régna de 1909 à 1934. Le pays rompit avec la neutralité en 1919 mais l'attitude ambiguë de Léopold III en 1940 et la montée du nationalisme flamand le divisèrent. Il s'engagea dans une politique résolument européenne après 1945, le ministre Spaak étant l'un des pères de la C.E.E. Depuis 1960, date de l'indépendance du Congo, le pays subit les tensions nées de l'existence des deux communautés linguistiques et culturelles (Flamands et Wallons), devenues autonomes par un accord de 1977. Ces tensions aboutirent en 1993 à une réforme constitutionnelle dotant la Flandre et la Wallonie de leur propre gouvernement, au sein d'un État fédéral.

BELGRADE ▪ Capitale de la Serbie et de la République fédérale de Yougoslavie (non reconnue) que celle-ci a formée en 1992 avec le Monténégro. 1 130 000 hab. *(les Belgradois).* Port fluvial actif, centre industriel et commercial. Belgrade a été la capitale des deux premières Yougoslavies : le royaume (1918-1941) et la république socialiste fédérative (1945-1991).

BÉLIER n. m. ▪ **I. 1.** Mâle non châtré de la brebis (⇒ **mouton**). **2.** HIST. Machine de guerre servant à enfoncer les murailles

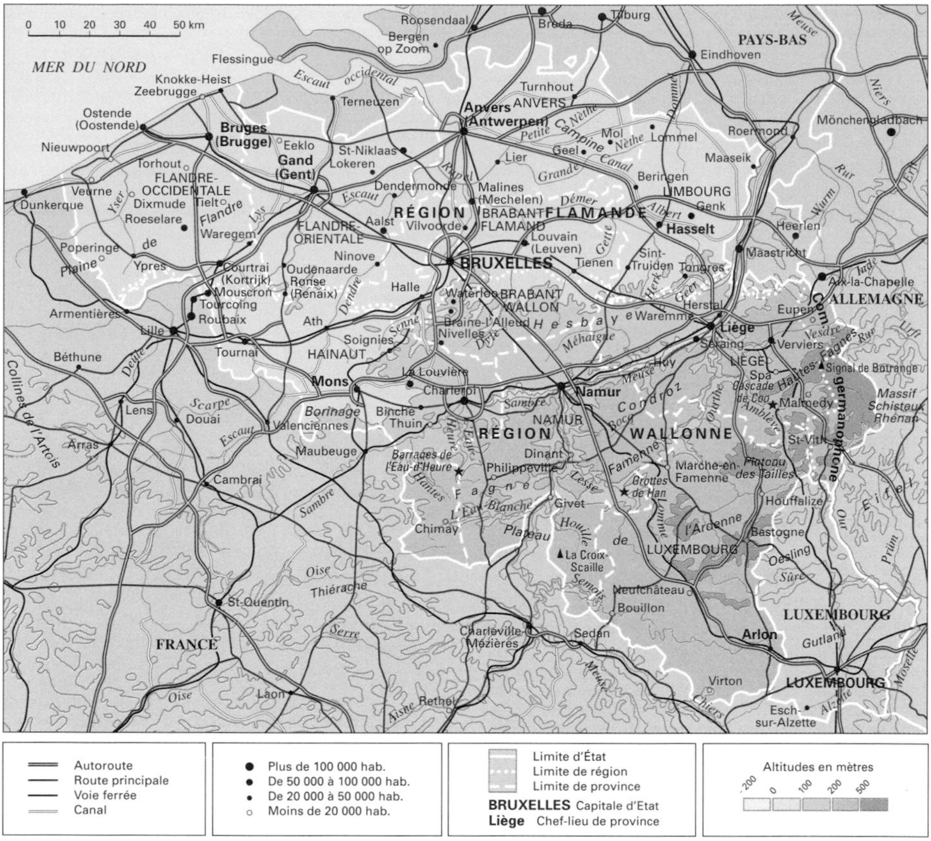

Belgique.

des villes assiégées. **3.** TECHN. Machine à enfoncer les pieux. ⇒ **mouton.** ~ Machine hydraulique. **II.** (avec maj.) Premier signe du zodiaque (21 mars-20 avril). ~ *Être Bélier,* de ce signe.

BÉLISAIRE (v. 500 ~ 565) ▪ Général byzantin, originaire de Thrace ou d'Illyrie. Il battit les Vandales près de Carthage et reconquit l'Afrique du Nord. Il vainquit les Ostrogoths en Italie. Ces succès militaires provoquèrent la jalousie de l'empereur Justinien et Bélisaire tomba en disgrâce.

BÉLÎTRE n. m. ▪ VX Mendiant ; vaurien (terme d'injure).

le BELIZE ▪ État d'Amérique centrale. 22 965 km². 200 000 hab. *(les Bélizais).* Capitale : Belmopan. Langues : anglais (officielle), espagnol, créole, maya. Monnaie : dollar de Belize. Agriculture et pêche. Ancien Honduras britannique, indépendant depuis 1981. Membre du Commonwealth.

BELIZE CITY ▪ Ville principale et ancienne capitale du Belize, sur la mer des Antilles. 60 000 hab. Endommagée par de nombreux cyclones. La capitale fut transférée à Belmopan en 1970.

sir Charles BELL (1774 ~ 1842) ▪ Physiologiste écossais. Il découvrit le rôle des nerfs rachidiens.

Alexander Graham BELL (1847 ~ 1922) ▪ Physicien américain d'origine écossaise. Inventeur du téléphone (1876) et de procédés d'enregistrement du son.

BELLAC ▪ Chef-lieu d'arrondissement de la Haute-Vienne. 4 924 hab. *(les Bellachons).* L'Église a deux nefs, l'une romane, l'autre gothique.

BELLADONE n. f. ▪ Plante vénéneuse à baies noires, utilisée en médecine.

Jacques de BELLANGE (v. 1575 ~ 1616) ▪ Peintre, graveur, dessinateur lorrain. Proche du maniérisme.

BELLARMIN → saint **Robert Bellarmin**

BELLÂTRE n. m. ▪ Bel homme fat et niais.

Joachim du BELLAY (1522 ~ 1560) ▪ Poète français. Rédacteur du manifeste de la Pléiade*, *"Défense et illustration de la langue française"* (1549). Il passa quatre années à Rome comme secrétaire de son oncle, le cardinal Jean du Bellay. Ce séjour lui inspira deux recueils poétiques, *"Les Regrets"* (1558) et *"Les Antiquités de Rome"* (1558).

BELLE n. f. ▪ **I.** Belle femme, fille. ~ *"La Belle et la Bête"* (conte de Mme Leprince de Beaumont ; film de J. Cocteau). ~ affectueux ou iron. *Il est avec sa belle,* son amie. *Ma belle.* **II.** Partie qui doit départager deux joueurs à égalité. *Jouer la revanche et la belle.* **III.** loc. FAM. *SE FAIRE LA BELLE :* s'évader.

Remi BELLEAU (1528 ~ 1577) ▪ Érudit et poète français. Membre de la Pléiade. *"La Bergerie"* (1565 ; augmentée en 1572).

BELLE-DE-JOUR n. f. ▪ Le liseron, dont les fleurs s'ouvrent pendant la journée. *Des belles-de-jour.*

BELLE-DE-NUIT n. f. ▪ Plante ornementale à grandes fleurs qui s'ouvrent le soir. *Des belles-de-nuit.*

le massif de BELLEDONNE ▪ Chaîne cristalline des Alpes (Isère), qui s'étend de la vallée de la Romanche jusqu'au-delà d'Allevard. 2 981 m au grand pic de Belledonne.

BELLE-FAMILLE n. f. ▪ Famille du conjoint. *Des belles-familles.*

BELLE-FILLE n. f. ▪ **1.** Épouse du fils. ⇒ **bru.** *Des belles-filles.* **2.** Fille que l'autre conjoint a eue précédemment.

BELLEGARDE-SUR-VALSERINE ▪ Commune de l'Ain. 11 153 hab. *(les Bellegardiens).* Barrage de Génissiat.

BELLE-ÎLE ou **BELLE-ÎLE-EN-MER** ▪ La plus grande des îles bretonnes, dans l'océan Atlantique (Morbihan). 8 461 ha.

4 489 hab. *(les Bellilois)*. Communes : Le Palais, Sauzon, Bangor, Locmaria.

le détroit de BELLE-ISLE ▪ Détroit qui relie le golfe du Saint-Laurent à l'Atlantique, entre le Labrador et Terre-Neuve.

BELLE-MÈRE **n. f.** ▪ **1.** Mère de l'autre conjoint. *Des belles-mères.* **2.** Pour les enfants d'un premier mariage, la seconde femme de leur père. ⇒ **marâtre** (VX).

BELLERIVE-SUR-ALLIER ▪ Commune de l'Allier. 8 543 hab. *(les Bellerivois)*.

BELLÉROPHON ▪ Héros de la mythologie grecque. Il dompta le cheval Pégase, tua la Chimère et vainquit les Amazones.

BELLES-LETTRES **n. f. pl.** ▪ VIEILLI La littérature (du point de vue esthétique).

BELLE-SŒUR **n. f.** ▪ **1.** Sœur du conjoint (pour l'autre). **2.** Femme du frère ou du beau-frère d'une personne. *Des belles-sœurs.*

BELLEVILLE ▪ Quartier de Paris (XXe arrondissement), symbole du Paris populaire.

BELLEY ▪ Chef-lieu d'arrondissement de l'Ain. 7 807 hab. *(les Belleysans)*.

BELLICISME **n. m.** ▪ Amour de la guerre ; attitude des bellicistes.

BELLICISTE **adj.** ▪ Qui pousse à la guerre. ➛ **n.** *Un, une belliciste.*

BELLIGÉRANCE **n. f.** ▪ État de belligérant.

BELLIGÉRANT, ANTE **adj.** et **n. m.** ▪ (État) Qui prend part à une guerre. ♦ **n. m.** État en guerre. *Les belligérants.*

les BELLINI ▪ FAMILLE DE PEINTRES ITALIENS ► **Giovanni BELLINI** (v. 1433 - 1516), fils de **Jacopo Bellini** (v. 1400-v. 1470) et frère de **Gentile Bellini** (1431-1507), fut un maître de la peinture vénitienne du XVe s. Ses préoccupations principales furent le traitement de la lumière et l'harmonie des couleurs. Influencé par son beau-frère Mantegna. Giorgione fut son élève.

Vincenzo BELLINI (1801 - 1835) ▪ Compositeur italien. Un des maîtres de l'opéra romantique. *"Norma"* (1831).

BELLINZONA ▪ Ville de Suisse, chef-lieu du Tessin. 17 170 hab.

BELLIQUEUX, EUSE **adj.** ▪ **1.** Qui aime la guerre, est empreint d'esprit guerrier. **2.** Agressif. *Être d'humeur belliqueuse.*

Hans BELLMER (1902 - 1975) ▪ Sculpteur et dessinateur français d'origine allemande. Surréaliste, il réalisa des poupées désarticulées dans des poses érotiques.

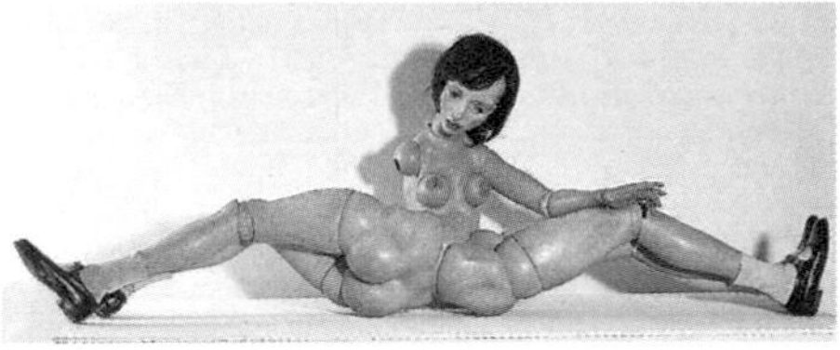

Bellmer. *La Poupée,* bois peint, cheveux, chaussettes et chaussures. MNAMGP, Paris. *Phot. © MNAMGP*

Andrés BELLO (1781 - 1864) ▪ Poète, philosophe, juriste et grammairien vénézuélien. Ami de Bolívar, il travailla au développement culturel du Chili et fut l'un des maîtres à penser du continent hispano-américain.

BELLONE ▪ Déesse romaine de la Guerre.

Maurice BELLONTE (1896 - 1984) ▪ Aviateur français. Il accomplit, avec Dieudonné Costes*, la première liaison aérienne sans escale Paris-New York en 1930.

Bernardo BELLOTTO dit **CANALETTO LE JEUNE** (1721 - 1780) ▪ Peintre italien. Il fut l'élève de Canaletto, dont il imita le style en le durcissant.

Saul BELLOW (né en 1915) ▪ Romancier américain. Il s'interroge sur la place des minorités, notamment la minorité juive, dans la société américaine. *"Herzog"* (1964). Prix Nobel de littérature 1976.

BELLUAIRE **n. m.** ▪ HIST. Gladiateur qui combattait des fauves. ⇒ ① **bestiaire.**

Jean-Paul BELMONDO (né en 1933) ▪ Acteur français. Il devint dans les années 60 un des acteurs favoris de la Nouvelle Vague (*"À bout de souffle"*, 1960 ; *"Pierrot le Fou"*, 1965), et connut ensuite un succès populaire dans des rôles de mauvais garçon ou de fantaisiste.

Belmondo dans *Pierrot le Fou* de Jean-Luc Godard. *Phot. © Coll. Kipa Interpress*

BELMOPAN ▪ Capitale du Belize. 4 350 hab.

BELO HORIZONTE ▪ Ville du Brésil, capitale du Minas Gerais. 2 050 000 hab. Métallurgie, industries. Université.

BELON **n. m.** ▪ Huître plate et arrondie, à chair brune, très savoureuse.

BELOTE **n. f.** ▪ Jeu de cartes. *Faire une belote.* ➛ *Belote et rebelote* (figure de ce jeu).

le Grand BELT ▪ Bras de mer séparant les îles danoises Fionie et Sjælland. ► **le Petit BELT** sépare la Fionie de la péninsule danoise.

BELVÉDÈRE **n. m.** ▪ Construction ou terrasse établie en un lieu élevé, et d'où la vue s'étend au loin.

le BELVÉDÈRE ▪ Villa de la cité du Vatican construite à la fin du XVe s. Musée.

Boris Nikolaïevitch Bougaïev dit **André BÉLY** ou **BIELY** (1880 - 1934) ▪ Écrivain symboliste russe. Ami de Blok. *"Le Pigeon d'argent"* (1905) ; *"Pétersbourg"* (1913).

BELZÉBUTH ▪ Un des noms du diable.

Pietro BEMBO (1470 - 1547) ▪ Cardinal et humaniste italien. Il a fixé l'usage littéraire de la langue italienne et inauguré la mode du pétrarquisme.

BÉMOL **n. m.** ▪ Signe musical (♭) abaissant d'un demi-ton la note devant laquelle il est placé (qu'il *bémolise*). ➛ appos. *Un mi bémol.*

BEN [bɛ̃] ▪ **1. adv.** rural Bien. *P'têt ben qu'oui,* peut-être bien que oui. **2. interj.** FAM. Eh bien ! *Ben quoi ? Ben oui.*

Zine el-Abidine BEN ALI (né en 1936) ▪ Président de la République tunisienne depuis la destitution de Bourguiba en 1987.

BÉNARÈS ou **VARANASI** ▪ Ville de l'Inde (Uttar Pradesh), sur le Gange. 1 026 000 hab. Ville sacrée, lieu de pèlerinage des Hindous.

Bénarès. Les bords du Gange et (en haut) la grande mosquée Alamgir.
Phot. © Géopress/Explorer

Jacinto **BENAVENTE Y MARTINEZ** (1866-1954) ▪ Auteur dramatique espagnol. Il traita tous les genres, pièces fantastiques, fantaisistes ou drames paysans. *"Los intereses creados"* (1909) (« Les affaires sont les affaires »). Prix Nobel de littérature 1922.

El Mehdi **BEN BARKA** (1920-1965) ▪ Homme politique marocain. Opposant au régime, enlevé à Paris en 1965, sans doute par deux agents français, et probablement assassiné peu après.

Ahmed **BEN BELLA** (né en 1916) ▪ Homme politique algérien. L'un des chefs de l'insurrection algérienne. Président de la République de 1963 à 1965. Renversé par Boumédiène.

Julien **BENDA** (1867-1956) ▪ Écrivain français. Polémiste. *"La Trahison des clercs"* (1927) dénonçait la démission des intellectuels, trop soumis aux pouvoirs temporels ou spirituels.

BÉNÉDICITÉ n. m. ▪ Prière catholique prononcée avant le repas. *Des bénédicités.*

BÉNÉDICTIN, INE n. ▪ **I.** Religieux, religieuse de l'ordre de saint Benoît. - adj. *Abbaye bénédictine.* ♦ loc. *Un travail de bénédictin,* qui exige beaucoup d'érudition, de patience et de soins. **II.** n. f. (marque déposée) Liqueur fabriquée à l'origine dans un couvent de bénédictins. ▪ Religieux suivant la règle de saint Benoît* de Nursie, codifiée en 817, les bénédictins jouèrent un rôle considérable dans la vie politique et culturelle du Moyen Âge (→ **Cluny**). Les religieuses de l'ordre reconnaissent comme patronne sainte Scholastique, sœur de saint Benoît.

BÉNÉDICTION n. f. ▪ **1.** Grâce, faveur accordée par Dieu. - FAM. *C'est une bénédiction,* une grande chance. **2.** Action du prêtre qui bénit (qqn, qqch.). *Donner, recevoir la bénédiction.* **3.** Expression d'un assentiment, d'un souhait. *Il y est allé avec la bénédiction de la direction.*

BÉNÉFICE n. m. ▪ **I. 1.** Avantage. *Tirer un bénéfice moral d'une action.* - *AU BÉNÉFICE DE :* au profit de. *Donner un spectacle au bénéfice d'une œuvre.* - loc. *Le bénéfice du doute* (quand on doute de la culpabilité). **II.** HIST. Patrimoine et revenus attachés à une dignité ecclésiastique (abbé, etc.). **III. 1.** DR. Faveur, privilège que la loi accorde à (qqn). *Le bénéfice des circonstances atténuantes.* ♦ Gain réalisé dans une opération ou une entreprise (abrév. FAM. BÉNEF). ⇒ **profit.** *Bénéfice net,* tous frais déduits. *Être intéressé aux bénéfices.* **2.** COMPTAB. Différence entre le prix de vente et le prix de revient.

BÉNÉFICIAIRE ▪ **1.** n. Personne qui bénéficie d'un avantage, d'un droit, d'un privilège. **2.** adj. Qui a rapport au bénéfice commercial. *La marge bénéficiaire du commerçant.*

BÉNÉFICIER v. 7 ▪ *BÉNÉFICIER DE* v. tr. ind. : profiter de (un avantage). *Bénéficier d'un traitement de faveur.*

BÉNÉFIQUE adj. ▪ Qui fait du bien. *Ce séjour lui a été bénéfique.* ⇒ **favorable, salutaire.**

le **BENELUX** [BElgique-NEderland-LUXembourg] ▪ Union douanière (1944) puis économique (1948) de la Belgique, des Pays-Bas et du Luxembourg, tous membres de l'Union européenne.

Edvard **BENEŠ** (1884-1948) ▪ Président de la République tchécoslovaque de 1935 à 1938 et de 1945 à 1948.

BENÊT n. m. ▪ Homme, garçon niais. ⇒ **nigaud.** *Un grand benêt.*

BÉNÉVOLAT n. m. ▪ Situation d'une personne qui accomplit un travail gratuitement, sans y être obligée.

BÉNÉVOLE adj. ▪ **1.** Qui fait (qqch.) sans obligation et gratuitement. *Une infirmière bénévole.* **2.** Fait gratuitement et sans obligation. *Une assistance bénévole.* ⇒ **désintéressé, gratuit.**
► adv. BÉNÉVOLEMENT

le **BENGALE** ▪ Région des Indes orientales. En 1947, elle fut partagée entre l'Inde (État du *Bengale-Occidental :* 87 853 km²; 67 900 000 hab. *[les Bengalis] ;* capitale : Calcutta) et le Pakistan (Pakistan oriental, devenu l'État indépendant du Bangladesh en 1971).

BENGALI [bɛ̃-] ▪ **I.** n. m. Petit oiseau passereau au plumage bleu et brun, originaire des Indes. *Des bengalis.* **II.** adj. et n. Du Bengale. - n. m. Langue indo-européenne parlée au Bengale.

BENGHAZI ou **BENGAZI** ▪ Port de Libye, capitale de la Cyrénaïque. 800 000 hab.

David **BEN GOURION** (1886-1973) ▪ Homme politique israélien. Né en Pologne, il émigra en Palestine en 1906, devint rapidement le porte-parole du sionisme, et proclama l'établissement de l'État d'Israël en mai 1948. Premier chef du gouvernement (travailliste) de 1948 à 1953 puis de 1955 à 1963.

BÉNIGNITÉ n. f. ▪ LITTÉR. ▪ **1.** Caractère de ce qui est bénin, sans gravité. *La bénignité d'une maladie.* **2.** Qualité d'une personne bienveillante et douce. ⇒ **bonté.**

BÉNI, IE adj. ▪ Qui a été béni (I, 1). *Des jours bénis. Être béni des Dieux.* ≠ *bénit.*

BÉNIN, IGNE adj. ▪ **1.** Sans conséquence grave. *Accident bénin. Tumeur bénigne* (opposé à *maligne*). **2.** VIEILLI Bienveillant, indulgent. ⇒ **doux.** *Une humeur, une critique bénigne.*

le royaume du **BÉNIN** ▪ Ancien royaume africain (XIIᵉ-XIXᵉ s.) correspondant au sud-ouest du Nigeria actuel.

le **BÉNIN** ▪ État (république) d'Afrique occidentale, sur l'Atlantique *(golfe du Bénin).* 112 622 km². 4 850 000 hab. *(les Béninois).* Capitale : Porto-Novo. Ville principale : Cotonou. Langues : français (officielle), fon, haoussa, yorouba. Monnaie : franc CFA. Cultures tropicales exportées du port de Cotonou. ▫ HISTOIRE Le territoire actuel du Bénin correspondait avant la colonisation à plusieurs royaumes (→ **Abomey**). Sous le nom de **Dahomey,** il fut rattaché à l'Afrique-Occidentale française en 1904. République indépendante en 1960, le Dahomey (qui prit le nom de Bénin en 1975) connut une grande instabilité politique, qui aboutit à la mise en place, en 1972, par le colonel Kérékou, d'un régime marxiste-léniniste. Celui-ci prit fin avec

Bénin. Bronze du XVIᵉ s. Musée de Bâle. *Phot. © Charles Lénars*

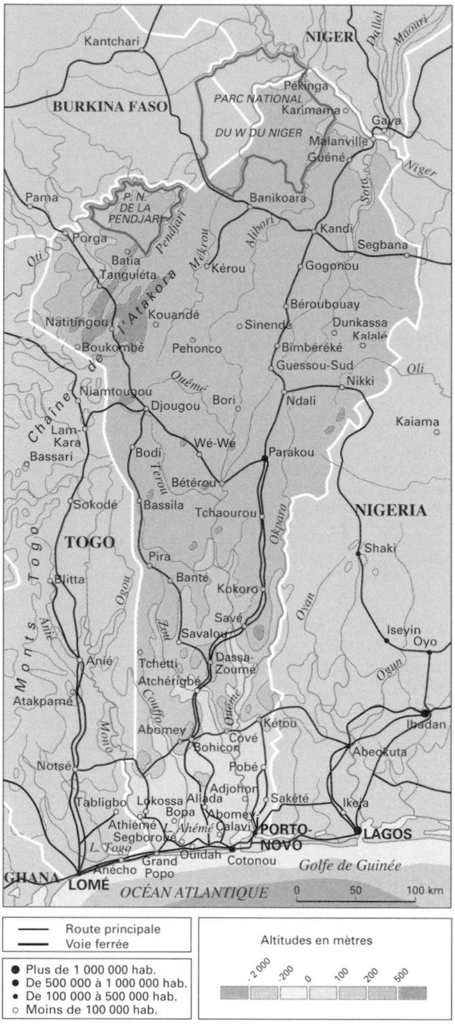

Bénin.

l'instauration du multipartisme, la promulgation d'une nouvelle Constitution en 1990 et l'élection en 1991 à la présidence de N. Soglo auquel succéda M. Kérékou en 1996.

BENIN CITY ▪ Ville du Nigeria, capitale de l'ancien royaume du Bénin. 780 976 hab.

BÉNIR v. tr. [2] ▪ **I. 1.** (Dieu) Répandre sa bénédiction* sur. ⇒ **protéger.** – FAM. *Dieu vous bénisse,* souhait adressé à qqn qui éternue. **2.** Appeler la bénédiction de Dieu sur les hommes. *Bénir les fidèles. Le prêtre qui a béni leur union.* ♦ Consacrer (un objet) par des cérémonies rituelles. *Bénir un bateau.* ⇒ **baptiser. 3.** Souhaiter solennellement bonheur et prospérité à (qqn) en invoquant l'intervention de Dieu. – au p. p. *Soyez béni !* **II. 1.** Glorifier, remercier (qqn, qqch.). *Je bénis le médecin qui m'a sauvé. Vous pouvez bénir ce concours de circonstances.* **2.** Louer, glorifier Dieu. *Béni soit le Seigneur.*

BÉNIT, ITE adj. ▪ (choses) Qui a reçu la bénédiction du prêtre avec les cérémonies prescrites (≠ *béni*). *Eau bénite.* – loc. *C'est pain bénit :* c'est bien mérité.

BÉNITIER n. m. ▪ Vasque destinée à contenir l'eau bénite. ♦ loc. FAM. *Grenouille de bénitier :* bigote.

BENJAMIN, INE [bɛ̃-] n. ▪ Le, la plus jeune d'une famille, d'un groupe.

BENJAMIN ▪ Personnage biblique (Genèse, XXXV, 16-20). Dernier fils de Jacob et de Rachel, il est l'ancêtre d'une tribu d'Israël qui porte son nom et qui resta fidèle à Roboam, roi de Judas, après la mort de Salomon.

Walter BENJAMIN (1892 - 1940) ▪ Philosophe et essayiste allemand. Proche de l'école de Francfort, qui cherchait à unir philosophie et sciences sociales, il mêla dans son œuvre esthétisme moderne, marxisme et messianisme et fut l'un des théoriciens majeurs de la traduction. *"Paris, capitale du XIXe s.", "Le Livre des passages"* (1936).

BENJOIN [bɛ̃-] n. m. ▪ Résine aromatique utilisée en parfumerie, en médecine.

BEN JONSON → Ben Jonson

Gottfried BENN (1886 - 1956) ▪ Écrivain allemand. Disciple de Nietzsche, il tenta de dépasser le nihilisme. *"Morgue"* (1912); *"Poèmes statiques"* (1948).

BENNE n. f. ▪ **1.** Caisse servant au transport de matériaux dans les mines, les chantiers. *Benne de charbon.* ⇒ **berline. 2.** Partie basculante d'un camion, pour décharger des matériaux. Le camion. *Benne à ordures.* **3.** Cabine de téléphérique.

Arnold BENNETT (1867 - 1931) ▪ Journaliste et romancier régionaliste anglais (*"Anna des cinq villes",* 1902). Il fut un critique pénétrant qui soutint Joyce et D.H. Lawrence.

le BEN NEVIS ▪ Point culminant de la Grande-Bretagne, en Écosse. 1 343 m.

BÉNODET ▪ Commune du Finistère. 2 436 hab. *(les Bénodétois).* Port de plaisance. Station balnéaire.

Pierre BENOIT (1886 - 1962) ▪ Romancier français. Ses romans sont riches en péripéties. *"Kœnigsmark"* (1918); *"L'Atlantide"* (1919).

BENOÎT, OÎTE adj. ▪ VX Bon et doux. ♦ VIEILLI Doucereux. ► adv. BENOÎTEMENT

BENOÎT XIV *[PROSPERO LAMBERTINI]* (1675 - 1758) ▪ Pape de 1740 à sa mort. Libéral et érudit, il fut réputé pour sa tolérance.

BENOÎT XV *[GIACOMO DELLA CHIESA]* (1854 - 1922) ▪ Pape de 1914 à sa mort. Il tenta une action diplomatique et humanitaire durant la Première Guerre mondiale.

saint BENOÎT D'ANIANE (v. 750 - 821) ▪ Bénédictin français, fondateur de l'abbaye d'Aniane. Il codifia la règle de saint Benoît de Nursie et réforma les monastères de l'empire carolingien (817).

saint BENOÎT DE NURSIE (v. 480 - v. 547) ▪ Fondateur (italien) de l'ordre bénédictin au mont Cassin. La *"Règle"* de saint Benoît, qui insiste sur la prière, l'étude et le travail manuel, est à la base de la vie monastique en Occident.

la BÉNOUÉ ▪ Rivière d'Afrique occidentale. 1 400 km. Elle naît dans l'Adamaoua (Cameroun), principal affluent du Niger.

Isaac de BENSERADE (v. 1613 - 1691) ▪ Poète français, homme de cour. *"Sonnet de Job"* (1648).

Jeremy BENTHAM (1748 - 1832) ▪ Philosophe et jurisconsulte anglais. Pour lui, l'utilité est le principe de la vie sociale (*utilitarisme,* doctrine développée par J.S. Mill).

BENTHIQUE [bɛ̃-] adj. ▪ DIDACT. Relatif au fond des eaux ; qui vit au fond des eaux. *La faune et la flore benthiques.*

BENTHOS [bɛ̃tos] n. m. ▪ DIDACT. Fond marin.

Émile BENVENISTE (1902 - 1976) ▪ Linguiste français. Études structuralistes sur les langues indo-européennes. *"Problèmes de linguistique générale"* (1966 ; 1974).

Eliezer Perelman, devenu **BEN YEHUDA** (1858 - 1922) ▪ Écrivain et lexicographe de la langue hébraïque. Arrivé de Lituanie à Jérusalem en 1881, il s'employa à adapter la langue hébraïque aux besoins nouveaux de la vie quotidienne. Il prépara un grand dictionnaire historique de l'hébreu (16 vol.).

Carl BENZ (1844 - 1929) ▪ Ingénieur allemand. Pionnier de l'industrie automobile.

BENZÈNE [bɛ̃-] n. m. ▪ Carbure d'hydrogène, liquide incolore, inflammable, dissolvant les corps gras, extrait des goudrons de houille. ► adj. BENZÉNIQUE [bɛ̃-]

BENZINE [bɛ̃-] n. f. ▪ Mélange d'hydrocarbures (benzol rectifié) vendu dans le commerce, employé notamment comme détachant.

BENZOL [bɛ̃-] n. m. ▪ Mélange de carbures composé de benzène, de toluène et de xylène.

la BÉOTIE ▪ Région de Grèce centrale. Son rôle historique se confond avec celui de sa ville principale, Thèbes, alliée des Perses puis de Sparte contre Athènes (ve s. av. J.-C.). Cette dernière fit à ses habitants, les *Béotiens,* une réputation de sottise et d'ignorance.

BÉOTIEN, ENNE n. ▪ **I.** De Béotie. **II.** Lourd, peu ouvert aux lettres et aux arts, qui a des goûts grossiers.

le lai de BEOWULF ▪ Poème du VIIIe s., la plus ancienne épopée anglo-saxonne.

BÉQUÉE n. f. ⇒ BECQUÉE

BÉQUET ou **BECQUET** n. m. ▪ IMPRIM. Petit morceau de papier écrit qu'on ajoute à une épreuve pour signaler une correction, etc.

BÉQUILLE n. f. ▪ **1.** Bâton surmonté d'une traverse sur laquelle on appuie l'aisselle ou la main pour se soutenir. *Marcher avec des béquilles.* **2.** Instrument, dispositif de soutien, de support. ⇒ **cale, étai.** *La béquille d'une moto.*

BER [bɛʀ] n. m. ▪ MAR. Charpente soutenant un bateau en construction.

Jean BERAIN (1639 - 1711) ▪ Dessinateur, graveur et ornemaniste français. Il est l'auteur des décors et costumes des spectacles de Louis XIV.

Pierre Jean de BÉRANGER (1780 - 1857) ▪ Poète et chansonnier français, aux œuvres souvent patriotiques et anticléricales.

La BÉRARDE ▪ Hameau de la commune de Saint-Christophe-en-Oisans (Isère). Station de sports d'hiver et centre d'alpinisme (1 740 m).

BERBÈRE adj. ▪ Des Berbères*. ♦ n. m. Langue sémitique des Berbères.

les BERBÈRES ▪ Populations autochtones d'Afrique du Nord : Marocains, Algériens (Kabyles, Mozabites), Touaregs... Après quinze siècles d'arabisation, l'élément berbère s'est maintenu dans les montagnes et les déserts avec une culture originale (poésie, légendes, artisanat). Les grandes dynasties berbères furent les Almoravides, les Almohades, les Mérinides et les Abdelwadides.

Nina BERBEROVA (1901 - 1993) ▪ Romancière américaine d'origine russe. *"L'Accompagnatrice"* (1935); *"C'est moi qui souligne"* (1972).

BERCAIL n. m. sing. ▪ plais. Famille, foyer, pays (natal). *Rentrer au bercail.*

BERCEAU n. m. ▪ **I. 1.** Petit lit de bébé (que l'on peut balancer). - LITTÉR. La petite enfance. *Du berceau à la tombe.* **2.** Lieu de naissance, d'origine (d'une personne, d'une institution...). *Le berceau de la civilisation.* **II. 1.** ARCHIT. Voûte en plein cintre. ♦ Voûte de feuillage. ⇒ **tonnelle. 2.** Partie où s'appuie un moteur.

BERCEMENT n. m. ▪ Action de bercer, balancement.

BERCER v. tr. [3] ▪ **1.** Balancer dans un berceau. - Balancer, agiter doucement. *Bercer un enfant dans ses bras.* **2.** passif et p. p. LITTÉR. *ÊTRE BERCÉ, ÉE DE,* accompagné de façon continue par qqch., imprégné de qqch. *Ma jeunesse a été bercée de, par cette musique.* **3.** LITTÉR. Apaiser, consoler. **4.** LITTÉR. Leurrer. *Bercer qqn de vaines promesses.* ⇒ **tromper.** - pronom. *Se bercer d'illusions.* ⇒ s'**illusionner.**

BERCEUSE n. f. ▪ Chanson pour endormir un enfant. - Musique analogue.

Nicolaes Pietersz BERCHEM ou **BERGHEM** (1620 - 1683) ▪ Peintre hollandais. Paysages.

Giovanni BERCHET (1783 - 1851) ▪ Poète romantique italien. Il créa une mythologie patriotique.

BERCHTESGADEN ▪ Ville d'Allemagne (Bavière), dans les Alpes bavaroises. 8 200 hab. Station de sports d'hiver. Au sommet d'une des montagnes entourant la ville, Hitler avait installé son « nid d'aigle ».

BERCK ▪ Commune du Pas-de-Calais. 14 167 hab. *(les Berckois).* Station balnéaire *(Berck-Plage)* et médicale.

BERCY ▪ Quartier de l'est de Paris (XIIe arrondissement). Anciens entrepôts de vin. Palais omnisports (1984), ministère des Finances (1989).

Nikolaï BERDIAEV ou **BERDIAEFF** (1874 - 1948) ▪ Philosophe russe. Chrétien proche de l'existentialisme.

Pierre BÉRÉGOVOY (1925 - 1993) ▪ Homme politique français. Ministre (socialiste) de 1982 à 1992. Premier ministre de 1992 à 1993. Il se donna la mort.

BÉRÉNICE (v. 28 - 79) ▪ Princesse juive, fille d'Hérode Agrippa Ier. L'amour qu'elle inspira à Titus (v. 70) est le sujet de tragédies de Racine et de Corneille.

Bernhard BERENSON (1865 - 1959) ▪ Amateur et critique d'art américain d'origine lituanienne. Spécialiste de la Renaissance italienne.

BÉRET n. m. ▪ Coiffure de laine souple, ronde et plate. *Un béret basque. Un béret de marin.*

la BÉRÉZINA ou **BEREZINA** ▪ Affluent du Dniepr, en Biélorussie (613 km). Sa traversée par les armées napoléoniennes est restée le symbole de la difficile « retraite de Russie » (1812).

Alban BERG (1885 - 1935) ▪ Compositeur autrichien. Opéras : *"Wozzeck"*, 1925 (d'après Büchner); *"Lulu"* (inachevé). Élève de Schoenberg, il fut, notamment dans la *"Suite lyrique pour quatuor à cordes"* (1926), un des initiateurs de la technique sérielle dodécaphonique.

BERGAME en italien ***BERGAMO*** ▪ Ville d'Italie du Nord (Lombardie). 117 584 hab. Monuments et musées.

José BERGAMÍN (1895 - 1983) ▪ Écrivain espagnol. *"L'Étoile et la Fusée"* (1923).

BERGAMOTE n. f. ▪ **1.** Variété de poire fondante. **2.** Fruit acide (agrume) d'un arbre (*bergamotier* n. m.). *Essence de bergamote.* **3.** Bonbon à la bergamote.

① **BERGE** n. f. ▪ **1.** Bord relevé d'un cours d'eau, d'un canal. *La berge du fleuve.* ⇒ **rive. 2.** Bord relevé d'un chemin, d'un fossé. ⇒ **talus.**

② **BERGE** n. f. ▪ FAM. Année (d'âge). *Un type de cinquante berges.* ⇒ FAM. ② **balai.**

BERGEN ▪ Ville et port de Norvège. 189 964 hab. Importante université. Industries.

BERGER, ÈRE n. ▪ **1.** Personne qui garde les moutons. *Chien de berger,* dressé pour garder les troupeaux. *La bergère de Domrémy,* Jeanne d'Arc. *L'étoile du Berger :* la planète Vénus*. ♦ Personnage des pastorales et des chansons (XVIIe-XVIIIe siècles). « *Il pleut, il pleut, bergère...* » (chanson de Fabre d'Églantine) - loc. *La réponse du berger à la bergère. L'heure du berger* (favorable à l'amoureux). **2.** n. m. Chien de berger. *Un berger allemand.*

BERGERAC ▪ Chef-lieu d'arrondissement de la Dordogne. 26 889 hab. *(les Bergeracois).* Vignobles.

BERGÈRE n. f. ▪ Fauteuil large et profond dont le siège est garni d'un coussin.

BERGERIE n. f. ▪ Lieu, bâtiment où l'on abrite les moutons. ⇒ **parc.** - *Enfermer le loup dans la bergerie,* introduire qqn dans un lieu où il peut faire du mal. ♦ Poème mettant en scène les amours de bergers* et bergères.

BERGERONNETTE n. f. ▪ Oiseau passereau qui vit au bord de l'eau.

Bercy. Le Palais omnisports. *Phot. © Nacivet/Explorer*

Ingrid BERGMAN (1915 - 1982) ▪ Actrice suédoise. Après avoir connu la consécration à Hollywood (*"Casablanca"*, 1943 ; *"Les Enchaînés"*, 1946), elle épousa le cinéaste Roberto Rossellini dont elle interpréta plusieurs films. *"Voyage en Italie"* (1954) ; *"Sonate d'automne"* (1978).

Ingmar BERGMAN (né en 1918) ▪ Cinéaste suédois. Dans ses films transparaît une vision du monde dominée tantôt par une espérance métaphysique, tantôt par un amer scepticisme. *"Le Septième Sceau"*, 1957 ; *"Cris et Chuchotements"*, 1972.

Henri BERGSON (1859 - 1941) ▪ Philosophe français. Son « retour conscient et réfléchi aux données de l'intuition » influença notamment Péguy et Proust. *"Matière et Mémoire"* (1896) ; *"Le Rire"* (1900) ; *"L'Évolution créatrice"* (1907) ; *"Les Deux Sources de la morale et de la religion"* (1932). Prix Nobel de littérature 1927.

Lavrenti Pavlovitch BERIA (1899 - 1953) ▪ Homme politique soviétique. Chef redouté de la police politique, maréchal (1945), il fut éliminé après la mort de Staline.

BÉRIBÉRI n. m. ▪ Maladie due au manque de vitamine B, causée par la consommation exclusive de riz décortiqué.

le détroit de BÉRING ou **BEHRING** ▪ Passage entre les océans Arctique (mer des Tchouktches) et Pacifique *(mer de Béring)*, découvert par Behring en 1728.

Luciano BERIO (né en 1925) ▪ Compositeur italien. Un des chefs de file de la musique contemporaine (sérialisme, musique électroacoustique). Il consacra une grande part de ses recherches à l'utilisation de la voix humaine.

George BERKELEY (1685 - 1753) ▪ Évêque irlandais, philosophe de l'*immatérialisme*. Niant toute réalité extérieure à la pensée, il affirme qu'« être c'est être perçu ou percevoir ».

BERKELEY ▪ Ville des États-Unis (Californie), près de San Francisco. 103 000 hab. Célèbre université.

le BERKSHIRE ▪ Comté du sud de l'Angleterre. 1 256 km². 780 000 hab. Chef-lieu : Reading.

Hendrik Petrus BERLAGE (1856 - 1934) ▪ Architecte et théoricien fonctionnaliste néerlandais.

BERLIN ▪ Capitale de l'Allemagne, constituant un État (Land). 889 km². 3 400 000 hab. *(les Berlinois)*. □ HISTOIRE Ancienne capitale du Brandebourg (1486), de la Prusse (1701), des IIe et IIIe Reich et de la république de Weimar (1919-1933). Siège d'une prestigieuse université et symbole de la puissance allemande au XIXe s. La ville, grand centre industriel et culturel, a été divisée après 1945 en quatre zones d'occupation (soviétique, américaine, française, britannique) puis en deux parties, en 1961, par le *mur de Berlin*. La partie est de la ville *(Berlin-Est)* fut la capitale de la R.D.A. de 1949 à 1990. La partie ouest *(Berlin-Ouest)* était un État (Land) de l'ancienne R.F.A. enclavé en R.D.A. La chute du mur, en 1989, et la réunification des deux États (1990) firent de Berlin la capitale de l'Allemagne.

Berlin. La chute du mur en 1989. *Phot. © Christopher Morris/Rapho*

BERLINE n. f. ▪ **1.** Automobile à quatre portes et quatre glaces latérales. **2.** Benne roulante, chariot pour le transport de la houille dans les mines.

BERLINGOT n. m. ▪ **1.** Bonbon aux fruits, à la menthe en forme de tétraèdre (⇒ **bêtise**). **2.** Emballage pour le lait, qui a la forme de ce bonbon.

Hector BERLIOZ (1803 - 1869) ▪ Compositeur romantique français. Rénovateur de l'harmonie, il est aussi l'inventeur d'un style polyphonique remarquable. *"La Symphonie fantastique"* (1830) ; *"Requiem"* (1837) ; *"La Damnation de Faust"* (1846).

BERLUE n. f. ▪ *Avoir la berlue* : avoir des visions.

Silvio BERLUSCONI (né en 1936) ▪ Industriel et homme politique italien. Ayant formé une coalition avec les partis de droite et d'extrême-droite, il fut Premier ministre de mai à décembre 1994.

BERME n. f. ▪ Chemin laissé entre une levée et le bord d'un canal ou d'un fossé.

BERMUDA n. m. ▪ Short descendant jusqu'aux genoux. *Des bermudas à fleurs.*

les BERMUDES n. f. pl., en anglais ***BERMUDA*** ▪ Ensemble de 150 petites îles situées à l'est des côtes américaines dans l'océan Atlantique, formant un territoire dépendant du Royaume-Uni. 53 km². 59 300 hab. Capitale : Hamilton, sur la Grande Bermude (Main Island). Tourisme. Découvertes par les Espagnols vers 1505, elles devinrent anglaises en 1612. Elles possèdent une autonomie interne depuis 1968. ► **le triangle des BERMUDES** Zone comprise entre les Bermudes, la côte américaine et les Bahamas où navires et avions sont censés avoir disparu mystérieusement.

BERNACHE ou **BERNACLE** n. f. ▪ **1.** Petite oie sauvage. **2.** Crustacé marin (appelé aussi *anatife* n. m.).

sainte BERNADETTE SOUBIROUS (1844 - 1879) ▪ Paysanne française. Ses visions de la Vierge (1858) sont à l'origine du pèlerinage de Lourdes.

BERNADOTTE → **Charles XIV de Suède**

Georges BERNANOS (1888 - 1948) ▪ Écrivain catholique français. Son œuvre, qui dépeint le « combat des âmes » contre les entreprises du démon, est l'expression de sa foi. Essais polémiques (*"Les Grands Cimetières sous la lune"*, 1938). Romans (*"Journal d'un curé de campagne"*, 1936). Théâtre (*"Dialogues des carmélites"*, posth. 1949).

BERNARD ou **BERNART DE VENTADOUR** (v. 1150 - v. 1200) ▪ Troubadour à la cour de Poitiers, poète de l'amour. *"Chansons"*.

Claude BERNARD (1813 - 1878) ▪ Physiologiste français. *"Introduction à l'étude de la médecine expérimentale"* (1865).

Paul dit Tristan BERNARD (1866 - 1947) ▪ Écrivain humoriste et auteur dramatique français. *"L'Anglais tel qu'on le parle"* (1899).

Émile BERNARD (1868 - 1941) ▪ Peintre et théoricien français. Animateur, avec Gauguin, de l'école de Pont-Aven.

Jean BERNARD (né en 1907) ▪ Médecin hématologiste français. Il montra la nature cancéreuse de la leucémie.

saint BERNARD DE CLAIRVAUX (1091 - 1153) ▪ Moine cistercien français, fondateur de l'abbaye de Clairvaux. Conseiller des papes et des rois, il s'opposa au rationalisme d'Abélard, qu'il fit condamner, et il prêcha la IIe croisade. Docteur de l'Église.

BERNARDIN DE SAINT-PIERRE → Bernardin de **Saint-Pierre**

BERNARD-L'HERMITE ou **BERNARD-L'ERMITE** n. m. invar. ▪ Crustacé qui loge dans une coquille vide de mollusque.

BERNAY ▪ Chef-lieu d'arrondissement de l'Eure. 10 582 hab. *(les Bernayens)*. « Trésor de Bernay » (objets d'argent du Ier s. av. J.-C.). Abbaye.

EN BERNE loc. adj. ▪ *Pavillon en berne*, hissé à mi-mât en signe de deuil ou de détresse. - *Drapeaux en berne*, non déployés, roulés.

BERNE en allemand ***BERN*** ▪ Capitale fédérale de la Suisse et chef-lieu du canton de Berne. 135 543 hab. *(les Bernois)*. Bel ensemble médiéval. Activités industrielles. Siège d'organismes internationaux.

le canton de BERNE ▪ Canton suisse. 6 051 km². 953 996 hab. Chef-lieu : Berne. Il comprend deux régions géographiques — l'Oberland au sud, le Mittelland au nord — auxquelles s'ajoutait, avant 1979, le canton du Jura.

BERNER v. tr. [1] ▪ Tromper en ridiculisant. ⇒ **duper, jouer.**

Thomas BERNHARD (1931 - 1989) ▪ Écrivain autrichien. Son œuvre, souvent autobiographique, et inspirée par des techniques musicales, exprime le désespoir. *"Le Neveu de Wittgenstein"* (1982), roman. *"Heldenplatz"* (1988), théâtre.

Rosine Bernard dite **Sarah BERNHARDT** (1844 - 1923) ▪ Célèbre tragédienne française. Elle créa *"Lorenzaccio"* de Musset (1896) et *"L'Aiglon"* d'Edmond Rostand (1900).

Sarah **Bernhardt** dans le rôle de Marion Delorme. Photographie par Nadar. Musée Carnavalet, Paris. *Phot. © Lauros/Giraudon*

Francesco BERNI (v. 1497 - 1535) ▪ Poète italien. Il fut le rival de l'Arétin. Œuvres parodiques.

BERNICLE ou **BERNIQUE** **n. f.** ▪ Patelle*.

François BERNIER (1620 - 1688) ▪ Médecin français. Il soigna Aurangzeb, en Inde; ses *"Voyages"* eurent un grand succès.

la BERNINA ▪ Massif des Alpes suisses (Grisons) culminant au *pic Bernina* (4 049 m). ► **le col de la BERNINA** fait communiquer la Suisse et l'Italie.

Gian Lorenzo BERNINI en français **le BERNIN** (1598 - 1680) ▪ Artiste baroque italien. Surtout connu comme architecte, (colonnade et baldaquin de Saint-Pierre de Rome) et comme sculpteur (*"Sainte Thérèse en extase"*).

BERNIQUE **interj.** ▪ VIEILLI Rien à faire. *Pour en savoir plus, bernique!*

François Joachim de Pierre de BERNIS (1715 - 1794) ▪ Prélat et diplomate français. Ministre de Louis XV.

les BERNOULLI ou **BERNOUILLI** ▪ FAMILLE DE MATHÉMATICIENS ET PHYSICIENS SUISSES ► **Jacques BERNOULLI** (1654 - 1705) établit la loi des grands nombres en calcul des probabilités. ► **Jean BERNOULLI** (1667 - 1748), son frère, développa le calcul exponentiel. ► **Daniel BERNOULLI** (1700 - 1782), fils de Jean, contribua à créer l'hydrodynamique et la cinétique des gaz.

Eduard BERNSTEIN (1850 - 1932) ▪ Homme politique allemand. Théoricien du socialisme réformiste. *"Socialisme théorique et social-démocratie pratique"* (1899).

Henry BERNSTEIN (1876 - 1953) ▪ Auteur dramatique français. *"Mélo"* (1929), *"La Soif"* (1949).

Leonard BERNSTEIN (1918 - 1990) ▪ Chef d'orchestre et compositeur américain. *"West Side Story"* (1957), comédie musicale.

l'étang de BERRE **n. m.** ▪ Étang des Bouches-du-Rhône. Sur ses rives, complexe pétrolier comprenant la Mède, Lavéra (golfe de Fos) et *Berre-l'Étang*. 12 672 hab. *(les Berrois)*. Oléoduc sud-européen.

Pedro BERRUGUETE (v. 1450 - v. 1504) ▪ Peintre espagnol. ► **Alonso BERRUGUETE** (v. 1490 - 1561), son fils, sculpteur et peintre.

Jean de France, duc de BERRY (1340 - 1416) ▪ Prince capétien. Frère de Charles V, tuteur de Charles VI. Grand mécène (→ **Beauneveu, Limbourg**). ► **Charles-Ferdinand, duc de BERRY** (1778 - 1820) Fils du futur roi de France Charles X. Chef des ultras. Son assassinat provoqua un durcissement du régime (chute de Decazes). ► **Marie-Caroline de Bourbon-Sicile, duchesse de BERRY** (1798 - 1870), sa femme, tenta en vain de soulever la Provence puis la Vendée (1832) contre Louis-Philippe.

le BERRY ▪ Ancienne province de France, dans la région de Bourges (approximativement l'Indre et le Cher actuels). Ses habitants sont les *Berrichons*. Englobée dans l'Aquitaine romaine, elle devint duché des princes capétiens (1360).

Paul BERT (1833 - 1886) ▪ Physiologiste et homme politique français. Ministre de l'Instruction publique dans le gouvernement Gambetta, où il instaura la gratuité et l'obligation de l'instruction primaire.

BERTE, **BERTHE** ou **BERTRADE** (v. 730 - 783) ▪ Reine de France. Épouse de Pépin le Bref, mère de Charlemagne. Son surnom, Berthe aux grands pieds, lui vient d'un poème du XIIIe s.

Marcellin BERTHELOT (1827 - 1907) ▪ Chimiste et homme politique français. Il réussit plusieurs synthèses de corps organiques, dont celle de l'acétylène (1860), et développa la thermochimie. Ministre de l'Instruction publique (1886-1887), puis des Affaires étrangères (1895-1896).

Louis Alexandre BERTHIER (1753 - 1815) ▪ Chef d'état-major de Napoléon, maréchal d'Empire, prince de Wagram. Rallié à Louis XVIII, il se réfugia en Bavière pendant les Cent-Jours.

Claude Louis, comte BERTHOLLET (1748 - 1822) ▪ Chimiste français. Les *lois de Berthollet* expliquent les réactions de précipitation des sels. Il découvrit en 1789 les propriétés décolorantes du chlore.

Alphonse BERTILLON (1853 - 1914) ▪ Administrateur français. Chef du service de l'identité judiciaire à la préfecture de police de Paris, il fut le créateur de l'anthropométrie qu'il utilisa pour l'identification des criminels.

Bernardo BERTOLUCCI (né en 1941) ▪ Cinéaste italien. *"Le Dernier Tango à Paris"* (1972); *"1900"* (1976); *"Le Dernier Empereur"* (1987).

Aloysius BERTRAND (1807 - 1841) ▪ Poète français. *"Gaspard de la nuit"* (posth. 1842) inaugura le genre du poème en prose. Les surréalistes l'ont reconnu comme l'un de leurs précurseurs.

BERTRAN DE BORN (v. 1140 - v. 1215) ▪ Seigneur et troubadour du Périgord.

Pierre de BÉRULLE (1575 - 1629) ▪ Prélat français. Il fonda l'Oratoire de France, qui eut une grande influence sur la spiritualité du XVIIe s.

Le **Bernin.** Le baldaquin de la basilique Saint-Pierre de Rome. *Phot. © Arch. Smeets*

James Stuart Fitz-James, duc de BERWICK (1670-1734) ▪ Maréchal de France, fils naturel de Jacques II d'Angleterre. Il sauva la couronne de Philippe V d'Espagne en remportant sur les Anglais la victoire d'Almansa (1707).

BÉRYL n. m. ▪ Pierre précieuse, silicate d'aluminium et de béryllium. *Béryl vert* (⇒ **émeraude**), *béryl bleu* (⇒ **aigue-marine**).

BÉRYLLIUM [beriljɔm] n. m. ▪ CHIM. Métal gris, dur et léger. *Alliage au béryllium.*

Jöns Jacob, baron BERZELIUS (1779-1848) ▪ Chimiste suédois. On lui doit la notation symbolique moderne, les notions d'isomère et de polymère, et l'obtention de nombreux corps simples (calcium, silicium).

BESACE n. f. ▪ Sac long, ouvert par le milieu et dont les extrémités forment deux poches. *Besace de mendiant, de pèlerin* (anciennt).

BESANÇON ▪ Chef-lieu du Doubs. 113 828 hab. *(les Bisontins).* Rattachée à la France en 1678, fortifiée par Vauban, la ville a de nombreux monuments des XVIe-XVIIIe s. Premier centre français de l'horlogerie.

BESANT n. m. ▪ **1.** Ancienne monnaie byzantine. **2.** Ornement architectural, de style roman, en forme de disque saillant.

les frères BESCHERELLE ▪ Grammairiens et lexicographes français. **Louis-Nicolas** (1802-1883) et **Henri** (1804-1852). *"Dictionnaire national ou Dictionnaire universel de la langue française"* (1843-1846).

BÉSEF ou **BÉZEF** adv. ▪ (surtout en emploi négatif) FAM. Beaucoup. *Il n'en a pas bésef.*

BESICLES [bezikl ; bəzikl] n. f. pl. ▪ VX ou plais. Lunettes. ◇ var. BÉSICLES.

BESOGNE n. f. ▪ **1.** VX Ce qui fait besoin, est nécessaire. ♦ Acte sexuel. **2.** MOD. Travail imposé (par la profession, etc.). ⇒ **ouvrage, tâche.** *Une rude besogne.* - *Aller vite en besogne,* travailler rapidement ; brûler les étapes, précipiter les choses.

BESOGNER v. intr. ▪ LITTÉR. Travailler péniblement.

BESOGNEUX, EUSE adj. ▪ **1.** VX Miséreux (dans le besoin). **2.** Qui fait une médiocre besogne mal rétribuée. *Un gratte-papier besogneux.*

BESOIN n. m. ▪ **I. 1.** Exigence pour l'être humain ou l'animal, provenant de la nature ou de la vie sociale. ⇒ **appétit, envie.** *La satisfaction d'un besoin. Le besoin de nourriture. Éprouver un besoin de changement.* - au plur. *Les besoins de qqn,* les choses considérées comme nécessaires à l'existence. *Subvenir aux besoins de qqn. Il a de grands besoins.* - *Les besoins naturels,* la nécessité d'uriner, d'aller à la selle. FAM. *Ses petits besoins. Aller faire ses besoins.* **2.** *Le besoin de la cause,* ce qui soutient la cause qu'on défend. loc. *Pour les besoins de la cause.* **3.** *AVOIR BESOIN DE qqn, qqch.* loc. verb. : ressentir la nécessité de. ⇒ **désirer,** avoir **envie, vouloir.** - Manquer (d'une chose objectivement nécessaire). *Il a besoin de repos.* ⇒ **falloir.** *Je n'ai besoin de rien, de personne.* - (+ inf.) Éprouver la nécessité, l'utilité de. *Il a besoin de gagner sa vie. Je n'ai pas besoin d'ajouter que,* inutile d'ajouter que. - (*que* + subj.) *Il a besoin qu'on le conseille,* il faut que. **4.** impers. *Point n'est besoin de* (+ inf.), il n'est pas nécessaire de. *S'il en est besoin, si besoin est,* si cela est nécessaire. **5.** *AU BESOIN* loc. adv. : en cas de nécessité, s'il le faut. *Au besoin, je vous téléphonerai.* **II.** État de privation. ⇒ **dénuement, gêne, indigence, pauvreté.** *Mes parents ont toujours été dans le besoin.*

la BESSARABIE ▪ Région d'Europe orientale aujourd'hui partagée entre les républiques d'Ukraine et de Moldavie.

Jean BESSARION (1403-1472) ▪ Humaniste et théologien byzantin. Fixé à Rome, il contribua à la renaissance du platonisme.

Friedrich BESSEL (1784-1846) ▪ Astronome et mathématicien allemand. Il étudia plusieurs milliers d'étoiles, et travailla sur la constante de précession et sur la parallaxe.

sir Henry BESSEMER (1813-1898) ▪ Ingénieur anglais. Inventeur d'un nouveau procédé de production de l'acier *(convertisseur Bessemer).*

le BESSIN ▪ Petite région de Normandie qui s'étend autour de Bayeux, au nord-ouest du Calvados. Produits laitiers (beurre d'Isigny).

BESSON, ONNE n. ▪ RÉGIONAL Jumeau, jumelle.

① **BESTIAIRE** n. m. ▪ HIST. Gladiateur qui combattait les bêtes féroces, à Rome. ⇒ **belluaire.**

② **BESTIAIRE** n. m. ▪ Recueil de fables, de textes sur les bêtes.

BESTIAL, ALE, AUX adj. ▪ Qui tient de la bête, qui assimile l'homme à la bête. ⇒ **animal, brutal.** *Une fureur bestiale.* ▸ adv. BESTIALEMENT

BESTIALITÉ n. f. ▪ **1.** Caractère bestial. **2.** Relations sexuelles avec des animaux (perversion).

BESTIAUX n. m. pl. ▪ Ensemble des animaux qu'on élève pour la production agricole dans une ferme (à l'exclusion des animaux de basse-cour). ⇒ **bétail.** - *Wagon à bestiaux.*

BESTIOLE n. f. ▪ Petite bête. - spécialt Insecte.

BEST-SELLER [bɛstsɛlœʀ] n. m. ▪ anglic. Livre qui a obtenu un grand succès de librairie. *Des best-sellers.*

① **BÊTA** n. m. invar. ▪ Deuxième lettre de l'alphabet grec (β). « *Alphabet* » *vient de alpha et bêta.* ♦ SC. *Particules bêta.*

② **BÊTA, ASSE** n. et adj. ▪ FAM. Personne bête, niaise. *C'est un gros bêta.*

BÉTAIL n. m. sing. ▪ Ensemble des animaux élevés pour la production agricole. ⇒ **bestiaux, cheptel.** *Le gros bétail,* les bovins, les chevaux. *Le petit bétail,* les ovins, les porcins. *Cent têtes de bétail.*

BÉTAILLÈRE n. f. ▪ Véhicule servant à transporter le bétail.

Rómulo BETANCOURT (1908-1981) ▪ Homme politique vénézuélien. Président de la République (réformiste) de 1958 à 1964.

BÊTE n. f. et adj. ▪ **I.** n. f. **1.** Tout être animé, à l'exception de l'homme*. ⇒ **animal.** *Les bêtes à cornes. Bête de somme. Bêtes féroces.* - *Les bêtes.* ⇒ **bestiaux, bétail.** - loc. *Bête à bon Dieu* : coccinelle. - *La belle* et la bête.* **2.** loc. *Regarder qqn comme une bête curieuse,* avec une insistance déplacée. - *Chercher la petite bête,* être extrêmement méticuleux dans la recherche des erreurs, dans la critique. - *C'est sa bête noire,* il déteste cette personne, cette chose. - *Comme une bête :* avec acharnement, intensément. *Foncer, s'éclater comme une bête.* **3.** Personne dominée par ses instincts. *La sale bête ! "La Bête humaine"* (roman de Zola). ♦ Personne inintelligente (⇒ **abêtir**). loc. *Faire la bête,* jouer l'ignorant. ♦ (affectueux) *Grosse bête, grande bête !* ⇒ FAM. ② **bêta. II.** adj. **1.** Qui manque d'intelligence, de jugement. ⇒ **idiot, imbécile ;** FAM. **con, débile, nul.** *Bête comme un pied, ses pieds. Il n'est pas bête, il est loin d'être bête.* - *Pas si bête,* pas assez sot pour se laisser tromper. **2.** Qui manque d'attention, d'à-propos. *Suis-je bête ! cela m'avait échappé.* ♦ (choses) Stupide. *C'est bête, je ne m'en souviens pas.*

BÉTEL n. m. ▪ Mélange de feuilles d'un poivrier exotique, de tabac, de noix d'arec, utilisé dans les régions tropicales. *Mâcher du bétel.*

BÊTEMENT adv. ▪ D'une manière bête, stupide. *Agir bêtement.* ♦ loc. *Tout bêtement :* tout simplement. ⇒ **bonnement.**

Hans Albrecht BETHE (né en 1906) ▪ Physicien américain d'origine allemande. Il a étudié les rayons cosmiques et découvert le cycle de réactions thermonucléaires de fusion à l'origine de l'énergie des étoiles chaudes. Prix Nobel 1967.

BETHLÉEM ▪ Ville de Cisjordanie occupée par Israël (1967-1995), sous autogouvernement palestinien (1995). 25 000 hab. D'après les Évangiles, Jésus y naquit. Basilique de la Nativité, monastères.

BETHLEHEM ▪ Ville des États-Unis (Pennsylvanie). 71 000 hab. Centre sidérurgique.

Theobald von BETHMANN-HOLLWEG (1856-1921) ▪ Homme politique allemand. Chancelier de l'empire de 1909 à 1917.

BÉTHONCOURT ▪ Commune du Doubs. 7 448 hab. *(les Béthoncourtois).*

BETHSABÉE ▪ Dans la Bible, épouse du roi David, qui a fait périr Urie, son premier mari. Mère de Salomon.

BÉTHUNE ▪ Chef-lieu d'arrondissement du Pas-de-Calais. 24 556 hab. *(les Béthunois).*

Mongo BETI (né en 1932) ▪ Écrivain camerounais naturalisé français. Il décrit les ravages de la vie à l'occidentale sur la société africaine traditionnelle. *"Main basse sur le Cameroun"* (1972).

BÊTIFIER v. intr. [7] ▪ Faire l'enfant, dire des bêtises. ▸ adj. BÊTIFIANT, ANTE la chaîne **BÉTIQUE** ▪ Massif montagneux du sud-est de l'Espagne (3 481 m au Mulhacén).

BÊTISE n. f. ▪ **I.** **1.** Manque d'intelligence et de jugement. ⇒ **sottise, idiotie, imbécillité, stupidité** ; FAM. **connerie.** *Il est d'une rare bêtise.* **2.** Action ou parole sotte ou maladroite. *Faire, dire des bêtises.* ♦ Action, parole, chose sans valeur ou sans importance. ⇒ **bagatelle, broutille, enfantillage.** *Se brouiller pour une bêtise,* pour un motif futile. **3.** Action déraisonnable, imprudente. ⇒ **folie.** *Il faut l'empêcher de faire des bêtises.* **II.** *Bêtise de Cambrai :* berlingot à la menthe.

BÊTISIER n. m. ▪ Recueil plaisant de bêtises. ⇒ **sottisier.**

BÉTON n. m. ▪ Matériau de construction issu du mélange d'un mortier et de gravier. *Béton armé,* coulé autour d'une armature métallique. *Un immeuble en béton.* - *Un alibi en béton,* solide.

BÉTONNER v. tr. [1] ▪ Construire en béton. ♦ fig. Rendre solide et sûr. ► **BÉTONNÉ, ÉE** adj. *Un abri bétonné.*

BÉTONNIÈRE ou **BÉTONNEUSE** n. f. ▪ Machine comprenant une cuve tournante, pour fabriquer le béton.

BETTE ou **BLETTE** n. f. ▪ Plante voisine de la betterave, dont on mange cuites les feuilles et les côtes.

Bruno **BETTELHEIM** (1903 - 1990) ▪ Psychiatre et psychanalyste autrichien naturalisé américain. *"La Forteresse vide"* (1967) (sur l'autisme) ; *"Psychanalyse des contes de fées"* (1973).

Bettelheim.
Phot. © Bouali/Liaison/ Gamma

BETTERAVE n. f. ▪ Plante cultivée à racine épaisse. *Betterave fourragère,* cultivée pour l'alimentation du bétail. - *Betterave potagère,* à petite racine ronde, rouge et sucrée. *Salade de betteraves.* - *Betterave sucrière,* dont on extrait le sucre.

BETTERAVIER, IÈRE ▪ **1.** adj. De la betterave. **2.** n. m. Producteur de betteraves sucrières.

Ugo **BETTI** (1892 - 1953) ▪ Écrivain italien et auteur dramatique. *"L'Île des chèvres"* (1950).

BÉTYLE n. m. ▪ DIDACT. Pierre sacrée à valeur symbolique.

BEUGLEMENT n. m. ▪ **1.** Cri des bovins. ⇒ **meuglement. 2.** Son puissant, prolongé et désagréable. *Le beuglement d'une radio.*

BEUGLER v. intr. [1] ▪ **1.** (bovins) Pousser des cris, des beuglements. ⇒ **meugler. 2.** Hurler, gueuler.

BEUR n. ▪ FAM. Personne née en France de parents immigrés maghrébins.

BEURRE n. m. ▪ **1.** Corps gras alimentaire onctueux qu'on obtient en battant la crème du lait. *Beurre salé, pasteurisé, demi-sel. Cuisine au beurre. Gâteau au beurre* (⇒ **petit-beurre**). - *BEURRE NOIR :* beurre fondu qu'on laisse noircir à la cuisson. *Beurre blond. Raie au beurre noir.* - loc. *Œil au beurre noir,* poché. ♦ loc. FAM. *Ça entre comme dans du beurre,* facilement. *Mettre du beurre dans les épinards,* améliorer sa situation financière. - *Faire son beurre,* s'enrichir. - *Vouloir le beurre et l'argent du beurre.* **2.** *Beurre de...,* pâte formée d'une substance écrasée dans du beurre. *Beurre d'anchois.* **3.** Substance grasse extraite de certains végétaux. *Beurre de cacao.*

BEURRER v. tr. [1] ▪ Recouvrir ou enduire de beurre. *Beurrer un moule.* ► **BEURRÉ, ÉE** adj. **1.** *Tartine beurrée* (une *beurrée* n. f.). **2.** FAM. Ivre, soûl. *Il est complètement beurré.*

BEURRIER n. m. ▪ Récipient dans lequel on conserve, on sert le beurre.

Hubert **BEUVE-MÉRY** (1902 - 1989) ▪ Journaliste français. Fondateur et directeur (1944-1969) du quotidien *Le Monde.*

BEUVERIE n. f. ▪ Réunion où l'on s'enivre. ⇒ **orgie, soûlerie.**

BEUVRAGES ▪ Commune du Nord. 8 042 hab.

BEUVRY ▪ Commune du Pas-de-Calais. 8 744 hab.

Joseph **BEUYS** (1921 - 1986) ▪ Artiste allemand. Il a utilisé pour ses sculptures et ses « installations » des matériaux tels que le feutre ou la graisse, et a produit des psychodrames morbides et provocants.

Beuys. *La Peau.* MNAMGP, Paris.
Phot. © MNAMGP

lord William Henry **BEVERIDGE** (1879 - 1963) ▪ Économiste britannique. Théoricien des dépenses sociales (emploi, santé, instruction).

BEVERLY HILLS ▪ Ville enclavée dans Los Angeles (Californie). 32 000 hab. Résidence de personnalités de l'industrie du cinéma.

BÉVUE n. f. ▪ Méprise, erreur grossière due à l'ignorance ou à l'inadvertance. ⇒ **étourderie, gaffe, impair.**

BEY n. m. ▪ Titre porté par les souverains vassaux du sultan ou par certains hauts fonctionnaires turcs. ► adj. BEYLICAL, ALE, AUX

BEYNES ▪ Commune des Yvelines. 7 445 hab. *(les Beynois).*

BEYROUTH ▪ Capitale du Liban. 1 500 000 hab. Grand centre culturel et financier, l'un des plus anciens ports méditerranéens (phénicien, puis romain et ottoman). Ravagée par la guerre à partir de 1975, la ville est en reconstruction.

Théodore de **BÈZE** (1519 - 1605) ▪ Réformateur français, successeur de Calvin à Genève. Il est l'auteur d'*"Abraham sacrifiant"* (1550), première tragédie française.

BÉZEF adv. ⇒ BÉSEF

BÉZIERS ▪ Chef-lieu d'arrondissement de l'Hérault. 70 996 hab. *(les Biterrois).* Églises (plusieurs conciles contre les albigeois) et monuments. Marché viticole.

BEZONS ▪ Commune du Val-d'Oise. 25 680 hab. *(les Bezonnais).*

le **BHAGAVAD-GĪTĀ** ▪ Poème philosophique sanskrit, texte capital de la pensée hindoue, inclus dans le *"Mahābhārata".*

BHĀRAT ▪ Nom officiel (hindi) de l'Inde.

BHILAI NAGAR → **Durg Bhilainagar**

BHOPAL ▪ Ville de l'Inde, capitale du Madhya Pradesh. 1 063 000 hab. Catastrophe écologique en 1984 (plus de mille morts, victimes de gaz toxiques).

le royaume du **BHOUTAN** ou **BHŪTĀN** ▪ État entre la Chine et l'Inde, dans l'Himalaya. 46 500 km². 1 500 000 hab. *(les*

Bhoutanais). Capitale : Timphu. Langue : dzonkha (dialecte tibétain). Religion officielle : bouddhisme. Monnaie : ngultrum. Pays essentiellement agricole, longtemps fermé à toute influence extérieure. □ HISTOIRE En 1845, le Bhoutan signa un traité avec le Royaume-Uni, celui-ci le « conseillant » pour les affaires étrangères. En 1949, il signa un traité similaire avec l'Inde.

BHUBANESHWAR ▪ Ville de l'Inde, capitale de l'Orissa. 411 000 hab. Ancien centre du culte de Shiva : nombreux temples.

Bhubaneshwar. Le temple Mukteswar. *Phot. © Prato/Ricciarini*

Zulfikar Ali BHUTTO (1928 - 1979) ▪ Homme politique pakistanais. Premier ministre (1973-1977), renversé et exécuté. ► **Benazir BHUTTO** (née en 1953), sa fille, Premier ministre du Pakistan de 1988 à 1990 et depuis 1993. Son ministère est un exemple unique de direction politique par une femme dans un pays musulman.

BI- Élément, du latin *bis*, signifiant « deux ; deux fois ». ⇒ **bis-**, **di-**.

la république du BIAFRA ▪ Nom pris par la région orientale du Nigeria quand elle fit sécession (1967). Divisée par une guerre civile, elle disparut en 1970.

BIAIS n. m. ▪ **1.** Ligne, direction oblique. - (dans un tissu) Sens de la diagonale par rapport au droit fil. *Tailler dans le biais.* ♦ *DE BIAIS, EN BIAIS* loc. adv. : obliquement, de travers. **2.** fig. Côté, aspect. *C'est par ce biais qu'il faut considérer le problème.* ♦ Moyen détourné. ⇒ **détour.**

BIAISER v. intr. [1] ▪ Employer des moyens détournés, artificieux. *Avec lui, inutile de biaiser.* ► n. m. BIAISEMENT

Haïm Nahman BIALIK (1873 - 1934) ▪ Écrivain de langue hébraïque. Porte-parole d'une génération imprégnée de culture juive et prise entre tradition et modernité, exposée à la misère et aux pogroms, il est considéré en Israël comme le poète national.

la forêt de BIAŁOWIEZA ▪ Grande forêt d'Europe centrale, de part et d'autre de la frontière entre la Pologne et la Biélorussie. Réserve de bisons d'Europe.

BIAŁYSTOK ▪ Ville de Pologne orientale. 268 000 hab. Textile.

BIARRITZ ▪ Commune des Pyrénées-Atlantiques. 28 742 hab. *(les Biarrots)*. Station balnéaire.

BIBELOT n. m. ▪ Petit objet décoratif. ⇒ **babiole, souvenir.** *Une étagère encombrée de bibelots.*

BIBERON n. m. ▪ **I.** Petite bouteille munie d'une tétine, servant à nourrir, abreuver un bébé. *Stériliser un biberon.* **II.** VIEILLI Buveur, ivrogne.

BIBERONNER v. intr. [1] ▪ Boire (du vin, de l'alcool) avec excès.

① **BIBI** n. m. ▪ FAM. Petit chapeau de femme. *Des bibis.*

② **BIBI** pron. ▪ POP. Moi.

les BIBIENA ▪ Famille d'artistes italiens, scénographes et architectes de théâtre. ► **Ferdinando BIBIENA** (1657 - 1743 ?) a publié d'importants traités de scénographie.

BIBINE n. f. ▪ Mauvaise boisson. - Bière de qualité inférieure.

BIBLE n. f. ▪ **1.** (avec maj.) Recueil des textes de l'Ancien et du Nouveau Testament. ⇒ **écriture.** *La sainte Bible.* **2.** Le livre lui-même. *Une bible de poche.* **3.** Ouvrage faisant autorité. *Ce dictionnaire est ma bible.* ■ La Bible juive est écrite en hébreu (avec quelques passages en araméen). Elle comporte trois parties : la Loi ou *Torah** (Genèse, Exode, Lévitique, Nombres, Deutéronome), les Prophètes ou *Nebî'îm*, les Écrits ou *Ketoubim* ; sa version grecque (et augmentée) est dite des *Septante*. La Bible chrétienne se compose de l'Ancien Testament (la Bible juive) et du Nouveau Testament (les Évangiles, les Actes des Apôtres, les Épîtres, l'Apocalypse — tous en grec) ; sa principale traduction latine est la *Vulgate*. La Bible se présente comme une véritable bibliothèque, avec des genres littéraires très variés, depuis le récit historique jusqu'à la vision apocalyptique. L'Ancien Testament rassemble des textes datés traditionnellement du XIe au IIe s. av. J.-C. Les livres du Nouveau Testament furent écrits entre 50 et 150. L'invention de l'imprimerie, la Réforme et la Contre-Réforme ont suscité de nombreuses éditions dans toutes les langues. Les livres juifs et chrétiens non canoniques sont dits *apocryphes*. Les livres repris des Septante par les catholiques, mais qui ne figurent pas dans la Bible hébraïque, sont dits *deutérocanoniques* (généralement exclus des bibles protestantes). Une traduction française dite *œcuménique* (catholique et protestante) est parue en 1972-1975.

BIBLIO- Élément, du grec *biblion* « livre ».

BIBLIOBUS [-bys] n. m. ▪ Véhicule aménagé en bibliothèque de prêt.

BIBLIOGRAPHE n. ▪ Spécialiste de bibliographie.

BIBLIOGRAPHIE n. f. ▪ **1.** Liste des écrits relatifs à un sujet donné ou servant de référence. **2.** Science des documents écrits, des livres. ► BIBLIOGRAPHIQUE adj. *Notice, revue bibliographique.*

BIBLIOPHILE n. ▪ Personne qui aime, recherche et conserve avec soin les livres rares, précieux.

BIBLIOPHILIE n. f. ▪ Passion et science du bibliophile.

BIBLIOTHÉCAIRE n. ▪ Personne préposée à une bibliothèque.

BIBLIOTHÉCONOMIE n. f. ▪ Organisation et gestion des bibliothèques.

BIBLIOTHÈQUE n. f. ▪ **1.** Meuble permettant de ranger et de classer des livres. ⇒ aussi **rayonnage.** *Une bibliothèque vitrée.* **2.** Salle, édifice où sont classés des livres, pour la lecture ou pour le prêt. *Bibliothèque de prêt, de consultation. Bibliothèque municipale.* - *La bibliothèque d'Alexandrie*. La Bibliothèque de France.* **3.** Collection de livres. *Un ouvrage de sa bibliothèque personnelle.*

BIBLIQUE adj. ▪ Relatif à la Bible. *Études bibliques.* - FAM. *D'une simplicité biblique* (comme les mœurs patriarcales).

BICARBONATE n. m. ▪ Carbonate acide. *Bicarbonate de soude* (de sodium), employé contre les maux d'estomac.

BICENTENAIRE ▪ **1.** adj. Qui a deux cents ans. **2.** n. m. Deux centième anniversaire. *Le bicentenaire de la Révolution française.*

BICÉPHALE adj. ▪ Qui a deux têtes, fig. deux directions.

BICEPS [-ɛps] n. m. ▪ Muscle du bras qui gonfle quand on fléchit celui-ci. ⇒ FAM. **biscoteau.** - FAM. *Avoir des biceps*, être musclé, fort.

Biarritz. *Phot. © Hétier*

François Marie Xavier BICHAT (1771 - 1802) ▪ Anatomiste et physiologiste français. Il fut le fondateur de l'anatomie générale qui devint l'histologie. Il définit la vie comme un « ensemble des fonctions qui résistent à la mort ». ► **les entretiens de BICHAT** Colloque international de médecine qui se tient annuellement depuis 1947 à l'hôpital Bichat, à Paris.

BICHE n. f. ▪ Femelle du cerf.

BICHER v. intr. [1] ▪ **1.** impers. FAM. Aller bien. *Ça biche.* **2.** FAM. Se réjouir. *Il biche !*

BICHKEK, de 1926 à 1990 ***FROUNZE*** ▪ Capitale du Kirghizstan. 625 000 hab.

BICHON, ONNE n. ▪ Petit chien d'appartement, au nez court, au poil long et soyeux.

BICHONNER v. [1] ▪ **1.** v. tr. Arranger avec soin et coquetterie. ⇒ **pomponner.** - pronom. *Passer des heures à se bichonner.* **2.** Être aux petits soins pour (qqn). ⇒ **soigner.**

BICOLORE adj. ▪ Qui présente deux couleurs. *Une écharpe bicolore.*

BICONCAVE adj. ▪ Qui a deux surfaces concaves. *Lentille biconcave.*

BICONVEXE adj. ▪ Qui a deux surfaces convexes.

BICOQUE n. f. ▪ Petite maison de médiocre apparence. *Une vieille bicoque.* ⇒ **baraque, cabane.** - Habitation. *Une chouette bicoque.*

BICORNE n. m. ▪ Chapeau à deux pointes. *Un bicorne d'académicien.*

BICYCLETTE n. f. ▪ Véhicule à deux roues mû par un système de pédalier qui entraîne la roue arrière. ⇒ **vélo** ; FAM. **bécane.** *Aller à bicyclette. Promenade à, en bicyclette.*

BIDASSE n. m. ▪ FAM. Soldat.

la BIDASSOA ▪ Rivière des Pyrénées-Atlantiques, qui se jette dans le golfe de Gascogne. 70 km. Sur une partie de son cours elle sert de frontière entre la France et l'Espagne.

Georges BIDAULT (1899 - 1983) ▪ Homme politique français. Dirigeant du Conseil national de la Résistance, un des fondateurs du M.R.P., président du Conseil (1949-1950) et ministre des Affaires étrangères, puis partisan de l'Algérie française.

BIDE n. m. ▪ FAM. **I.** Ventre. *Avoir du bide.* **II.** Échec total. *Ç'a été un bide. Faire un bide.* ⇒ ② **four.**

BIDET n. m. ▪ **1.** Petit cheval de selle. - plais. Cheval. **2.** Cuvette oblongue et basse, sur pied, servant à la toilette intime.

BIDOCHE n. f. ▪ FAM. Viande. ⇒ FAM. **barbaque.**

BIDON n. m. ▪ **I. 1.** Récipient portatif pour les liquides qui se ferme avec un bouchon ou un couvercle. *Un bidon de lait. Un bidon d'essence.* ⇒ **jerrycan. 2.** FAM. Ventre. ⇒ FAM. **bedaine, bide. II. 1.** n. m. FAM. *C'est du bidon,* du bluff, des mensonges. *Ce n'est pas du bidon,* c'est vrai. **2.** adj. invar. Faux, simulé. *Des élections bidon.*

SE **BIDONNER** v. pron. [1] ▪ FAM. Rire beaucoup. ⇒ FAM. se **marrer,** se **poiler.**

BIDONVILLE [-vil] n. m. ▪ Agglomération de baraques sans hygiène où vit la population la plus misérable.

BIDULE n. m. ▪ FAM. Objet quelconque. ⇒ **machin, truc.**

-BIE Élément savant qui signifie « qui vit, être qui vit » (ex. *aérobie, anaérobie*). ⇒ **bio-.**

BIEF n. m. ▪ **1.** Portion d'un cours d'eau, d'un canal entre deux chutes, deux écluses. **2.** Canal de dérivation qui conduit les eaux. *Le bief d'un moulin.*

BIELEFELD ▪ Ville d'Allemagne (Rhénanie-du-Nord-Westphalie). 317 000 hab.

Vissarion BIELINSKI ou **BELINSKI** (1811 - 1848) ▪ Philosophe et critique littéraire russe. Il fut le chef de file des occidentalistes et prôna, en littérature, le réalisme ; en philosophie, le matérialisme ; en politique, un socialisme utopique.

BIELLE n. f. ▪ Tige rigide, articulée à ses extrémités et destinée à la transmission du mouvement entre deux pièces mobiles. *Les bielles d'un moteur.* - *Couler* une bielle.*

la BIÉLORUSSIE ▪ État d'Europe orientale. 207 600 km². 10 300 000 hab. *(les Biélorusses).* Capitale : Minsk. Langues : biélorusse, ukrainien, russe, polonais. Monnaie :

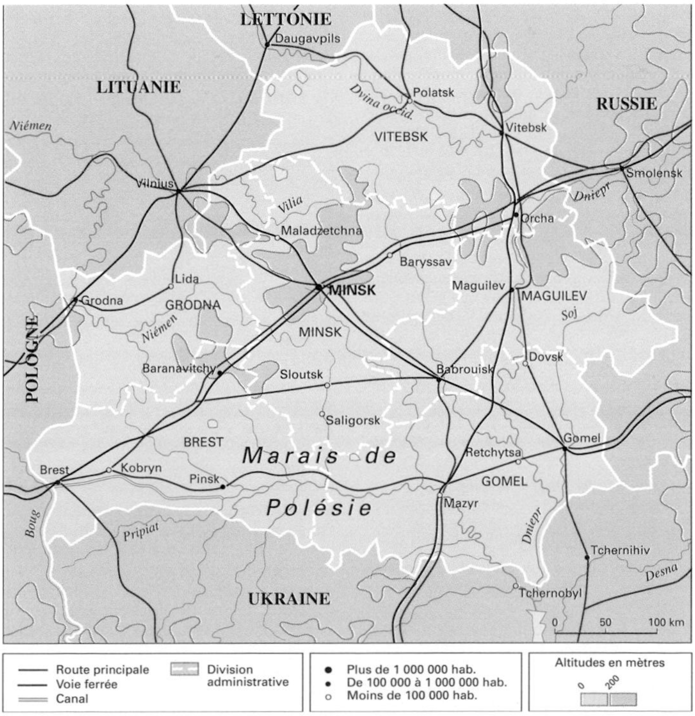

Biélorussie.

rouble. Cultures industrielles, bois, élevage bovin, industries mécaniques. Une grande partie du territoire a été contaminée à la suite de la catastrophe de Tchernobyl. Longtemps disputée entre la Lituanie, la Pologne et la Russie, la Biélorussie ou « Russie blanche » appartint à l'URSS (excepté la région de Białystok) jusqu'à son indépendance (1991).

① **BIEN** ▪ compar. *mieux* **I. adv. 1.** D'une manière satisfaisante. *Elle danse bien. Il a très bien réussi.* ⇒ **admirablement.** *Comment vas-tu ? Bien. Un roman bien écrit.* ‑ loc. *Tant bien que mal ; ni bien ni mal.* ⇒ **passablement. 2.** D'une manière conforme à la raison, à la morale. *Il s'est bien conduit.* ⇒ **honnêtement.** ‑ loc. *C'est bien fait ! bien fait pour lui !*, ce qui lui arrive est mérité. ‑ *Vous feriez bien de* (+ inf.), vous devriez. **3.** Avec force, intensité. ⇒ **tout** à fait, **très.** *Nous sommes bien contents. Bien souvent. Bien sûr, bien entendu*, c'est évident, cela va de soi. *Il est bien jeune pour cet emploi.* ⇒ **trop.** *Nous avons bien ri.* ⇒ **beaucoup.** ‑ *BIEN DE, DES* : beaucoup de. *Depuis bien des années.* **4.** Au moins. *Cela vaut bien le double.* ⇒ **largement. 5.** (renforçant l'affirmation) *Nous le savons bien. C'est bien lui.* ⇒ **vraiment.** ‑ iron. *C'était bien la peine !* **6.** En fait et en dépit des difficultés (quoi qu'on dise, pense, fasse ; quoi qu'il arrive). *Cela finira bien un jour. J'irais bien avec vous, mais...* **7.** *EH BIEN !*, interjection marquant l'interrogation, l'étonnement. ⇒ FAM. **ben. 8.** *BIEN QUE* loc. conj. (marquant la concession) Quoique. ‑ (+ subj.) *J'accepte, bien que je ne sois pas convaincu.* ‑ (+ p. prés.) *Bien que sachant nager, il n'osait pas plonger.* ‑ (avec ellipse du verbe) *Bien que malade, il continue de travailler.* **II. adj. invar. 1.** Satisfaisant. *Ce sera très bien ainsi.* ⇒ **parfait.** ‑ prov. *Tout est bien qui finit bien*, se dit quand qqch. connaît une issue heureuse. **2.** Juste, moral. *Ce n'est pas bien, ce qu'il a fait.* ⇒ **correct.** ‑ (personnes) *Un garçon très bien.* ⇒ FAM. **chic, épatant. 3.** En bonne santé, en bonne forme. *Il est très bien en ce moment.* **4.** Capable de faire ce qu'il faut. *Elle est bien dans ce rôle.* ♦ FAM. Convenable, distingué (→ comme il faut). *Des gens très bien.* **5.** À l'aise, content. *Qu'on est bien !* ‑ *ÊTRE BIEN AVEC qqn*, être en bons termes avec lui. *Il est bien avec ses voisins.*

② **BIEN n. m.** ▪ **I. 1.** Ce qui est avantageux, agréable, utile. *Ce remède lui a fait (le plus) grand bien. Le bien commun.* ⇒ **intérêt.** *C'est pour son bien. Un ami qui vous veut du bien. La santé est le plus précieux des biens.* ‑ iron. *Grand bien vous fasse !* ‑ *Dire du bien de qqn, de qqch.* **2.** Chose matérielle que l'on peut posséder. ⇒ **capital, fortune, propriété, richesse.** *Avoir du bien.* ‑ prov. *Bien mal acquis ne profite jamais.* ‑ DR. *Biens meubles, immeubles, publics, privés.* ⇒ **propriété.** ♦ Produits de l'économie. *Les biens de consommation.* **II.** Ce qui possède une valeur morale, ce qui est juste, honnête. *Discerner le bien du mal.* ‑ *Un homme de bien*, qui pratique le bien, honnête, intègre. ⇒ **devoir.** ‑ FAM. *En tout bien tout honneur*, sans mauvaise intention ; spécialt chastement.

BIEN-AIMÉ, ÉE [bjɛ̃n-] ▪ **1. adj.** Qui est aimé d'une affection particulière. *Un fils bien-aimé.* **2. n.** LITTÉR. Personne aimée d'amour. *Ma bien-aimée.*

BIEN-ÊTRE [bjɛ̃n-] **n. m. invar.** ▪ **1.** Sensation agréable procurée par la satisfaction de besoins physiques, l'absence de soucis. ⇒ **bonheur, plaisir. 2.** Situation matérielle qui permet de satisfaire les besoins de l'existence. ⇒ **aisance, confort.** *Jouir d'un certain bien-être.*

BIENFAISANCE [-fə-] **n. f.** ▪ Action de faire du bien dans un intérêt social. ⇒ **assistance.** *Une association, une œuvre de bienfaisance.*

BIENFAISANT, ANTE [-fə-] **adj.** ▪ (choses) Qui fait du bien, apporte un mieux, un soulagement. ⇒ **salutaire.** *L'action bienfaisante d'une cure.*

BIENFAIT n. m. ▪ **1.** LITTÉR. Acte de générosité, bien que l'on fait à qqn. ⇒ **faveur, largesse, service.** *Combler qqn de bienfaits.* **2.** (choses) Avantage procuré, action bienfaisante. *Les bienfaits de la civilisation, d'un traitement médical.*

BIENFAITEUR, TRICE n. ▪ Personne qui a fait du bien, apporté une aide. *La bienfaitrice d'un orphelinat. Membre bienfaiteur d'une association.* ⇒ **donateur.**

BIEN-FONDÉ n. m. sing. ▪ **1.** DR. Conformité au droit. ⇒ **légitimité.** *Le bien-fondé d'une réclamation.* **2.** Conformité à la raison. *Le bien-fondé d'une opinion.*

BIEN-FONDS n. m. ▪ DR. Bien immeuble (terre, bâtiment).

BIENHEUREUX, EUSE [bjɛ̃n-] **adj. et n.** ▪ **1.** LITTÉR. Heureux. **2.** Personne dont l'Église reconnaît, par la béatification*, la perfection chrétienne. *Les saints et les bienheureux.*

BIENNAL, ALE, AUX ▪ **1. adj.** Qui dure deux ans. ‑ Qui a lieu tous les deux ans. ⇒ **bisannuel. 2. n. f.** Manifestation, exposition qui a lieu tous les deux ans. *La Biennale de Venise.*

BIENNE en allemand ***BIEL*** ▪ Ville de Suisse (canton de Berne), au nord du *lac de Bienne*. 52 736 hab. Maisons médiévales. Horlogerie, métallurgie, mécanique.

BIEN-PENSANT, ANTE adj. ▪ Dont les idées sont conformistes. *Des gens bien-pensants.* ‑ **n.** *"La Grande Peur des bien-pensants"* (de Bernanos).

BIENSÉANCE n. f. ▪ LITTÉR. Conduite sociale en accord avec les usages, respect de certaines formes. ⇒ **correction, savoir-vivre.** ‑ au plur. Usages à respecter. ⇒ **convenance.** *Respecter les bienséances.*

BIENSÉANT, ANTE adj. ▪ VX Qu'il est séant (convenable) de dire, de faire (opposé à *malséant*). ⇒ **correct.**

BIENTÔT adv. ▪ **1.** Dans peu de temps, dans un proche futur. ⇒ **incessamment, prochainement.** *Nous reviendrons bientôt.* ‑ FAM. *C'est pour bientôt*, cela arrivera dans peu de temps. ‑ *À BIENTÔT* loc. adv. *Au revoir et à bientôt !* **2.** En un court espace de temps. ⇒ **rapidement, tôt, vite.** *Ce sera bientôt fait.*

BIENVEILLANCE n. f. ▪ Disposition favorable envers une personne inférieure (en âge, en mérite). ⇒ **bonté, indulgence.** *Je vous remercie de votre bienveillance.*

BIENVEILLANT, ANTE adj. ▪ Qui a ou marque de la bienveillance (opposé à *malveillant*). ⇒ **indulgent.** *Se montrer bienveillant à l'égard de qqn.* ‑ *Une critique bienveillante.*

BIENVENU, UE ▪ **1. adj.** LITTÉR. Qui arrive à propos. ⇒ **opportun.** *Une remarque bienvenue.* **2. n.** Personne, chose accueillie avec plaisir. *Soyez la bienvenue. Votre offre est la bienvenue.*

BIENVENUE n. f. ▪ (dans un souhait) Heureuse arrivée de qqn. *Souhaiter la bienvenue à qqn*, lui faire bon accueil. *Bienvenue à nos invités !* ♦ Canada Terme de politesse en réponse à *merci ! Merci. — Bienvenue !*

Fulgence BIENVENÜE (1852-1936) ▪ Ingénieur français. Il dressa les plans et dirigea les premiers travaux du métro de Paris.

Ambrose BIERCE (1842-1914) ▪ Écrivain américain. Nouvelles fantastiques et macabres, d'un humour caustique. *"Le Dictionnaire du Diable"* (1906).

① **BIÈRE n. f.** ▪ Boisson alcoolique fermentée, faite avec de l'orge germée et aromatisée avec des fleurs de houblon. *Bière brune, blonde. Verre de bière.* ⇒ **bock** (VIEILLI), **demi.** *Chope à bière. Bière en bouteille ; bière pression*.*

② **BIÈRE n. f.** ▪ Caisse oblongue où l'on enferme un mort. ⇒ **cercueil.** *Mise en bière.*

Bolesław BIERUT (1892-1956) ▪ Homme politique polonais. Communiste de stricte orthodoxie, président de la République de 1947 à 1952.

BIFACE n. m. ▪ DIDACT. Silex taillé sur deux faces ; coup-de-poing préhistorique.

BIFFER v. tr. [1] ▪ Supprimer, rayer (ce qui est écrit). ⇒ **barrer.** *Biffer un mot.*

BIFFIN n. m. ▪ **1.** VX Chiffonnier. **2.** VIEILLI Fantassin.

BIFIDE adj. ▪ SC. NAT. Fendu en deux. *La langue bifide du serpent.*

BIFIDUS [-ys] **n. m.** ▪ Bactérie utilisée dans l'industrie alimentaire comme ferment. *Lait fermenté au bifidus*, abusivt *yaourt au bifidus.*

BIFTECK n. m. ▪ Tranche de bœuf grillée ou destinée à l'être. ⇒ **chateaubriand, steak, tournedos.** *Un bifteck bleu, saignant, à point, bien cuit.* ‑ loc. FAM. *Gagner son bifteck*, sa vie. *Défendre son bifteck*, ses intérêts.

BIFURCATION n. f. ▪ **1.** Division en deux branches. ⇒ **embranchement, fourche. 2.** fig. Possibilité d'option entre plusieurs voies. *La bifurcation des études après le baccalauréat.*

BIFURQUER v. intr. [1] ▪ **1.** Se diviser en deux, en forme de fourche. *La route bifurque ici.* **2.** Abandonner une voie pour en suivre une autre. *Le train a bifurqué sur une voie de garage.* **3.** fig. Prendre une autre orientation. *Bifurquer vers les sciences.*

BIGAME adj. et n. ▪ Personne ayant contracté un second mariage sans qu'il y ait dissolution du premier. ► **n. f. BIGAMIE**

BIGARRÉ, ÉE adj. ▪ **1.** Qui a des couleurs variées. ⇒ **bariolé.** *Des tissus bigarrés.* **2.** Formé d'éléments disparates. ⇒ **hétéroclite, mêlé.** *Une population bigarrée.*

BIGARREAU n. m. ▪ Cerise rouge et blanche, à la chair ferme. *Des bigarreaux.*

BIGARRURE n. f. ▪ Aspect bigarré.

BIG BANG [bigbɑ̃g] n. m. ▪ anglic. *Théorie du big bang,* selon laquelle l'Univers a débuté son expansion il y a environ 15 milliards d'années, à partir d'un état de densité d'énergie extrêmement élevée.

BIGLE adj. et n. ▪ VX (Personne) qui louche.

BIGLER v. ① ▪ FAM. **1.** v. intr. Loucher. **2.** v. tr. Regarder du coin de l'œil. ⇒ FAM. **zieuter.**

BIGLEUX, EUSE adj. et n. ▪ FAM. **1.** Qui louche. **2.** Qui voit mal.

BIGNONIA n. m. ▪ Plante grimpante ornementale.

bignonia. *Bignonia ignea.* *Phot. © Roguenant/ Jacana*

BIGOPHONE n. m. ▪ FAM. Téléphone. *Passer un coup de bigophone* (*bigophoner* v. intr. ①).

BIGORNEAU n. m. ▪ Petit coquillage comestible à coquille grise en spirale. *Des bigorneaux.*

la **BIGORRE** ▪ Région des Hautes-Pyrénées.

BIGOT, OTE adj. et n. ▪ Qui manifeste une dévotion outrée et étroite. *Une vieille bigote* (→ grenouille de bénitier).

BIGOTERIE n. f. ▪ Dévotion étroite du bigot.

BIGOUDI n. m. ▪ Petit rouleau autour duquel on enroule une mèche de cheveux pour la friser. *Mettre des bigoudis. Une femme en bigoudis.*

BIGRE interj. ▪ FAM. Exclamation exprimant la colère, le dépit, l'étonnement. ⇒ FAM. **bougre.** *Bigre ! quelle aventure !*

BIGREMENT adv. ▪ FAM. Très. ⇒ FAM. **bougrement.** *Il fait bigrement chaud.*

BIGUINE n. f. ▪ Danse des Antilles.

le **BIHAR** ▪ État du nord-est de l'Inde. 173 876 km^2. 86 300 000 hab. Capitale : Patna. Région où vécut et prêcha Bouddha.

BIHOREL ▪ Commune de la Seine-Maritime, dans la banlieue de Rouen. 9 358 hab. *(les Bihorellais).*

BIJECTION n. f. ▪ MATH. Application qui établit entre deux ensembles une relation telle que tout élément de l'un soit l'image d'un seul élément de l'autre. ▸ adj. BIJECTIF, IVE

BIJOU n. m. ▪ **1.** Petit objet ouvragé, précieux par la matière ou par le travail et servant à la parure. ⇒ **joyau.** *Bijou en or. Une femme couverte de bijoux.* **2.** Ouvrage d'une grande beauté de détails. *Un bijou d'architecture.*

BIJOUTERIE n. f. ▪ **1.** Fabrication, commerce des bijoux. *Il travaille dans la bijouterie.* **2.** Magasin où l'on vend, où l'on expose des bijoux. *Cambrioler une bijouterie.*

BIJOUTIER, IÈRE n. ▪ Personne qui fabrique, qui vend des bijoux. ⇒ **joaillier, orfèvre.**

BIKINI n. m. (marque déposée) ▪ VIEILLI Maillot de bain formé d'un slip et d'un soutien-gorge. ⇒ **deux-pièces.** *Des bikinis.*

BIKINI ▪ Atoll du Pacifique (archipel Marshall). Les États-Unis y firent des expériences atomiques de 1946 à 1956.

BILAN n. m. ▪ **1.** Tableau résumé de l'inventaire ou de la comptabilité (d'une entreprise). ⇒ **balance.** *L'actif et le passif d'un bilan.* - *Déposer son bilan,* être en faillite. **2.** Inventaire chiffré (d'un événement). *Bilan : cent morts.* **3.** État, résultat global. *Faire le bilan de la situation.* ♦ loc. *Bilan de santé :* ensemble d'examens médicaux. → check-up (anglic.).

BILATÉRAL, ALE, AUX adj. ▪ **1.** Qui a deux côtés, qui se rapporte à deux côtés. *Stationnement bilatéral,* des deux côtés de la voie. **2.** Qui engage les parties contractantes l'une envers l'autre. ⇒ **réciproque.** *Contrat bilatéral.*

BILBAO ▪ Ville et port d'Espagne, capitale de la province de Biscaye (Pays basque). 408 673 hab.

BILBOQUET n. m. ▪ Jouet formé d'un bâton sur lequel on doit enfiler une boule percée qui lui est reliée par une cordelette.

BILE n. f. ▪ **1.** Liquide visqueux et amer sécrété par le foie. ⇒ **fiel.** **2.** loc. *Se faire de la bile,* s'inquiéter, se tourmenter. ⇒ FAM. se **biler.**

-SE **BILER** v. pron. ① ▪ FAM. S'inquiéter. ⇒ s'en **faire.** *Ne vous bilez pas !*

BILEUX, EUSE adj. ▪ FAM. Soucieux. *Il n'est pas bileux.*

BILIAIRE adj. ▪ Qui a rapport à la bile. *Sécrétion biliaire.* - *La vésicule* biliaire.*

BILIEUX, IEUSE adj. ▪ **1.** Qui abonde en bile ; qui résulte de l'abondance de bile. *Un teint bilieux.* **2.** LITTÉR. Enclin à la colère, rancunier.

BILINGUE adj. ▪ Qui est en deux langues. *Édition, enseignement, dictionnaire bilingue.* ♦ Où l'on parle deux langues. *Une région bilingue.* - Qui parle deux langues. *Secrétaire bilingue.* - n. *Un, une bilingue.*

BILINGUISME [-gyi-] n. m. ▪ **1.** Caractère bilingue (d'un pays, d'une région, de ses habitants). *Le bilinguisme en Belgique, au Québec. Le bilinguisme des Catalans.* **2.** (personnes) Qualité de bilingue. *Le bilinguisme parfait est rare.*

Max **BILL** (1908 - 1994) ▪ Architecte, peintre, sculpteur et essayiste suisse. Sculptures géométriques.

Bill. *Unendliche Schleife, version IV.* MNAMGP, Paris. *Phot. © MNAMGP*

BILLARD n. m. ▪ **1.** Jeu où les joueurs font rouler sur une table spéciale des billes lancées au moyen d'un bâton *(queue de billard). Boule de billard.* ⇒ ① **bille.** - *Billard américain, japonais, russe* (jeux analogues). - *Billard électrique.* ⇒ anglic. **flipper.** ♦ Partie de billard. *Faire un billard.* **2.** Table recouverte d'un tapis vert collé, sur laquelle on joue au billard. **3.** FAM. Table d'opération chirurgicale. *Passer sur le billard,* subir une opération.

Jean-Nicolas **BILLAUD-VARENNE** (1756 - 1819) ▪ Révolutionnaire français. Membre du Comité de salut public, déporté en Guyane (1795), puis réfugié à Haïti.

① **BILLE** n. f. ▪ **1.** Boule avec laquelle on joue au billard. - loc. fig. *Bille en tête,* directement et avec force. *Toucher sa bille :* être compétent. **2.** Petite boule de pierre, d'argile, de verre servant à des jeux d'enfants. *Une bille d'agate.* ⇒ **agate.** *Grosse bille.* ⇒ ② **calot.** - loc. *Placer ses billes,* se mettre en bonne position pour obtenir qqch. *Reprendre ses billes,* se retirer d'une association. ♦ *Les billes,* ce jeu. *Jouer aux billes. Une partie de billes.* **3.** TECHN. Petite sphère d'acier. *Roulement à billes.* - *Stylo à bille.* **4.** FAM. Figure. *Bille de clown,* figure comique, ridicule.

② **BILLE** n. f. ▪ Pièce de bois prise dans la grosseur du tronc ou de grosses branches, destinée à être débitée en planches. *Une bille de chêne.*

BILLÈRE ▪ Commune des Pyrénées-Atlantiques, dans la banlieue de Pau. 12 570 hab. *(les Billérois).*

BILLET n. m. ▪ **1.** LITTÉR. Courte lettre. ⇒ **mot.** *Écrire, envoyer un billet.* – loc. *Billet doux,* lettre d'amour. **2.** Promesse écrite, engagement de payer. ⇒ **effet, traite.** *Billet au porteur,* payable au détenteur à l'échéance. *Billet à ordre* ⇒ **lettre** de change. **3.** *Billet (de banque),* papier-monnaie. ⇒ **coupure.** *Le billet vert :* le dollar des États-Unis. *Un billet de cent francs.* **4.** Petit imprimé donnant entrée, accès quelque part. ⇒ aussi **ticket.** *Il est entré sans billet. Billet d'avion, de train. Billet de loterie.* **5.** loc. *Je vous donne, je vous fiche mon billet que...,* je vous certifie que...

François **BILLETDOUX** (1927 - 1991) ▪ Auteur dramatique français. Il traita avec ironie de l'incommunicabilité entre les hommes. *"Tchin-Tchin"* (1959).

BILLETTE n. f. ▪ **1.** BLASON Petit rectangle. **2.** *Billettes :* moulure interrompue.

BILLETTERIE n. f. ▪ Distributeur de billets fonctionnant avec une carte magnétique.

BILLEVESÉE [bilvəze] n. f. ▪ LITTÉR. Parole vide de sens, idée creuse. ⇒ **baliverne, sornette.**

BILLOT n. m. ▪ **1.** Bloc de bois sur lequel on appuyait la tête d'un condamné à la décapitation. **2.** Masse de bois ou de métal à hauteur d'appui sur laquelle on fait un ouvrage. ⇒ **bloc.** *Billot de boucher.*

BILLY-MONTIGNY ▪ Commune du Pas-de-Calais. 8 126 hab. *(les Billysiens).*

BIMANE adj. ▪ Qui a deux mains. – n. *L'homme est un bimane.*

BIMBELOTERIE n. f. ▪ Fabrication ou commerce de bibelots ; ensemble de bibelots.

BIMENSUEL, ELLE adj. ▪ Qui a lieu, paraît deux fois par mois. *Revue bimensuelle.*

BIMESTRIEL, ELLE adj. ▪ Qui a lieu, paraît tous les deux mois. *Une publication bimestrielle.*

BIMOTEUR adj. ▪ (avion) Muni de deux moteurs. ⇒ aussi **biréacteur.**

BINAGE n. m. ▪ Action de biner.

BINAIRE adj. ▪ Composé de deux unités, deux éléments. – INFORM. Qui ne comporte que deux états. *Codage binaire. Élément binaire.* ⇒ **bit ; booléen.**

BINCHE ▪ Ville de Belgique (Région wallonne, province de Hainaut). 32 837 hab. *(les Binchois).* Tradition du « carnaval binchois » (mardi gras). Musée.

Gilles **BINCHOIS** (v. 1400 - 1460) ▪ Compositeur franco-flamand à la cour de Bourgogne.

BINER v. tr. 1 ▪ Remuer (la terre) pour l'ameublir, l'aérer, désherber en employant un outil (*binette* n. f.), une machine (*bineuse* n. f.).

Alfred **BINET** (1857 - 1911) ▪ Psychologue français. Il travailla sur la mesure du développement de l'intelligence chez les jeunes enfants.

① **BINETTE** ⇒ BINER

② **BINETTE** n. f. ▪ FAM. Visage. *Une drôle de binette.*

BING [biŋ] interj. ▪ Onomatopée évoquant un bruit de choc, de heurt.

BINIOU n. m. ▪ Cornemuse bretonne. *Binious et bombardes.*

BINOCLE n. m. ▪ VX Lunettes sans branches se fixant sur le nez. ⇒ **lorgnon, pince-nez.**

BINOCULAIRE adj. ▪ **1.** Qui se fait par les deux yeux. *Vision binoculaire.* **2.** (appareil) Muni de deux oculaires. *Microscope binoculaire.* **3.** n. f. Jumelle à prisme employée pour l'observation, dans l'armée.

BINÔME n. m. ▪ MATH. Polynôme composé de deux termes (somme algébrique de deux monômes*). *Le binôme* $5x^3 - 2x$.

BINTJE [bintʃ] n. f. ▪ Pomme de terre d'une variété à chair jaune.

BIO- Élément savant, du grec *bios* « vie » ⇒ **-bie.**

BIOCHIMIE n. f. ▪ Partie de la chimie qui traite des phénomènes vitaux.

BIODÉGRADABLE adj. ▪ Susceptible d'être décomposé par des organismes vivants. *Détergent biodégradable.*

BIOÉTHIQUE n. f. ▪ DIDACT. Étude des problèmes moraux que soulèvent la recherche et les techniques biologiques, génétiques. *La bioéthique médicale.* – adj. *Problèmes bioéthiques.*

BIOGRAPHE n. ▪ Personne qui compose une, des biographie(s).

BIOGRAPHIE n. f. ▪ **1.** Ouvrage qui a pour objet l'histoire de la vie (d'une personne). *Écrire sa propre biographie.* ⇒ **autobiographie. 2.** Événements de la vie (d'une personne).

BIOLOGIE n. f. ▪ Science qui a pour objet l'étude de la matière vivante et des êtres vivants : reproduction (embryologie, génétique), habitat, environnement (écologie), comportement (éthologie). *Biologie animale* (zoologie), *végétale* (botanique) ; *cellulaire* (cytologie, histologie). *Biologie moléculaire. Biologie des micro-organismes* (microbiologie).

BIOLOGIQUE adj. ▪ **1.** Relatif à la biologie. *Études biologiques.* **2.** Qui a rapport à la vie, aux organismes vivants. **3.** *Arme biologique,* constituée d'organismes vivants (virus, bactéries). *Guerre biologique.* ⇒ **bactériologique. 4.** COUR. De la vie spontanée, naturelle. *Culture biologique,* sans substances chimiques artificielles.

BIOLOGISTE n. ▪ Spécialiste de la biologie.

BIONIQUE n. f. ▪ anglic. Discipline qui cherche à utiliser dans l'électronique les dispositifs imités du monde vivant (notamment le fonctionnement du cerveau). ⇒ **cybernétique.**

BIOPHYSIQUE n. f. ▪ Partie de la physique qui traite des phénomènes vitaux.

BIOPSIE n. f. ▪ Prélèvement d'un fragment de tissu sur un être vivant en vue d'un examen microscopique.

BIORYTHME n. m. ▪ Rythme biologique (d'un individu) déterminé par les variations de son organisme.

BIOSPHÈRE n. f. ▪ Ensemble des êtres vivants qui vivent sur la Terre.

Jean-Baptiste **BIOT** (1774 - 1862) ▪ Physicien français. Il reconnut l'origine céleste des météorites et fit de nombreuses recherches sur l'électromagnétisme.

BIOT ▪ Commune des Alpes-Maritimes. 5 575 hab. Musée Fernand-Léger.

BIOTECHNOLOGIE [-tɛk-] n. f. ▪ anglic. Technique qui met en œuvre des organismes vivants pour l'industrie (notamment agroalimentaire).

BIOTOPE n. m. ▪ BIOL. Milieu biologique présentant des conditions de vie homogènes. *Les biotopes marins.*

BIOXYDE n. m. ⇒ DIOXYDE

Adolfo **BIOY CASARES** (né en 1914) ▪ Écrivain argentin. Collaborateur de Borges et auteur de romans d'inspiration fantastique (*"L'invention de Morel"*, 1940).

BIP [bip] n. m. ▪ **1.** Signal sonore émis à intervalles réguliers. *Laissez votre message après le bip sonore* (sur un répondeur). **2.** FAM. Dispositif (d'alarme, d'alerte) émettant ce signal. *Le bip du médecin de garde.*

BIPARTITE adj. ▪ Qui est composé de deux éléments, de deux groupes. *Un gouvernement bipartite. Accord bipartite,* entre deux partis.

BIPÈDE adj. ▪ Qui marche sur deux pieds. *Les oiseaux sont bipèdes.* – n. m. *Un bipède.*

BIPLAN n. m. ▪ Avion à deux plans de sustentation (opposé à *monoplan*).

BIPOLAIRE adj. ▪ PHYS. Qui a deux pôles. *Aimant bipolaire.* – MATH. *Coordonnées bipolaires d'un point,* distance de ce point à deux autres points du plan.

BIPOLARISATION n. f. ▪ Tendance au regroupement en deux blocs des diverses forces politiques d'une nation.

BIQUE n. f. ▪ FAM. **1.** Chèvre. *Une peau de bique.* – FAM. *Crotte* de bique !* **2.** péj. *Vieille bique,* vieille femme méchante. *Grande bique,* grande fille.

BIQUET, ETTE n. ▪ Petit de la bique. ⇒ **chevreau.**

BIRBE n. m. ▪ péj. *Un vieux birbe,* un vieux.

BIRÉACTEUR n. m. ▪ Avion à deux réacteurs. ⇒ **bimoteur.**

BIRGER (v. 1210 - 1266) ▪ Homme d'État suédois. Régent de 1248 à sa mort, il renforça le pouvoir royal, et traita avec la Hanse.

BIR HAKEIM ▪ Localité de Libye (Cyrénaïque) où des troupes de la France libre (→ la **Résistance**) résistèrent aux Allemands en 1942.

la BIRMANIE off. ***MYANMAR*** ▪ État d'Asie du Sud-Est, au bord du golfe du Bengale. 676 579 km². 44 600 000 hab. *(les Birmans).* Capitale : Rangoon. Langue officielle : birman. Monnaie : kyat. Économie essentiellement agricole (riz, bois de teck). Production d'opium dans les montagnes (→ **Triangle d'or**). ☐ HISTOIRE Ancienne colonie britannique, indépendante en 1948. Depuis le coup d'État de 1988, le pays est dirigé par des militaires. L'histoire de la Birmanie fut dominée, jusqu'au XIXᵉ s., par les rivalités opposant de nombreux petits royaumes (Puy, Môn, Pagan). Devenue colonie britannique, la Birmanie accéda à l'indépendance en 1948, sous l'impulsion d'U Nu. De 1962 à 1988, le général Ne Win instaura un régime autoritaire, s'engagea sur la « voie birmane du socialisme » qui entraîna une catastrophe économique. Depuis le coup d'État de 1988, le pays est dirigé par les militaires qui ont rejeté le résultat des élections de 1992 marquées par la victoire de l'opposition dirigée par Aung* San Suu Kyi.

BIRMINGHAM ▪ Ville d'Angleterre. 1 000 000 hab. Chef-lieu du comté des Midlands de l'Ouest. Grand centre industriel : houille, fer. → **Black Country.**

BIRMINGHAM ▪ Ville des États-Unis (Alabama). 266 000 hab. Nombreuses industries (minerais).

BIROBIDJAN ▪ Ville de Russie. 86 000 hab. Chef-lieu de la région autonome juive, mise en 1934 « à la disposition » des Juifs chassés de Russie ou apatrides.

al-BĪRŪNĪ (973 - 1048) ▪ Savant iranien de langue arabe. Un des grands esprits encyclopédiques de l'islam.

① **BIS, BISE** [bi, biz] adj. ▪ D'un gris tirant sur le brun. *Du pain bis,* renfermant du son.

② **BIS** [bis] ▪ **1.** interj. Cri par lequel le public demande la répétition de ce qu'il vient de voir ou d'entendre (⇒ **bisser**). - n. m. *Un, des bis.* ⇒ **rappel. 2.** adv. MUS. Indication d'avoir à répéter une phrase, un refrain. **3.** adv. Indique la répétition du numéro (sur une maison, devant un paragraphe, etc.).

BIS- Élément, du latin *bis* « deux fois », qui indique le redoublement. ⇒ **bi-.**

BISAÏEUL, EULE n. ▪ LITTÉR. Arrière-grand-père, arrière-grand-mère. *Des bisaïeuls.*

BISANNUEL, ELLE adj. ▪ **1.** Qui revient tous les deux ans. ⇒ **biennal. 2.** (plante) Qui vit deux ans.

BISBILLE n. f. ▪ FAM. Petite querelle pour un motif futile. *Être en bisbille avec qqn.*

BISCARROSSE ▪ Commune des Landes, au nord de l'*étang de Biscarrosse.* 9 054 hab. *(les Biscarrossais).*

la BISCAYE, en basque ***BISKAIA***, en espagnol ***VIZCAYA*** ▪ Une des provinces du Pays basque espagnol. 2 217 km². 1 500 000 hab. Capitale : Bilbao. Fief républicain pendant la guerre civile (→ **Guernica**).

BISCHHEIM ▪ Commune du Bas-Rhin, dans la banlieue de Strasbourg. 16 308 hab. *(les Bischheimois).*

BISCHWILLER ▪ Commune du Bas-Rhin. 10 969 hab. *(les Bischwillerois).*

BISCORNU, UE adj. ▪ **1.** Qui a une forme irrégulière, présentant des saillies. **2.** FAM. Compliqué et bizarre. *Une idée biscornue.* ⇒ **extravagant, saugrenu.**

BISCOTEAU ou **BISCOTO** n. m. ▪ FAM. Biceps. *De gros biscoteaux.*

BISCOTTE n. f. ▪ Tranche de pain de mie séchée au four. *Un paquet de biscottes.*

BISCUIT n. m. ▪ **I.** Gâteau sec (galette, petit-beurre, sablé...). **II.** Porcelaine blanche non émaillée, qui imite le grain du marbre. - Ouvrage fait en cette matière. *Un biscuit de Saxe.*

① **BISE** n. f. ▪ Vent sec et froid soufflant du nord ou du nord-est.

② **BISE** n. f. ▪ FAM. Baiser. ⇒ **bisou.** *Se faire la bise :* s'embrasser sur les joues.

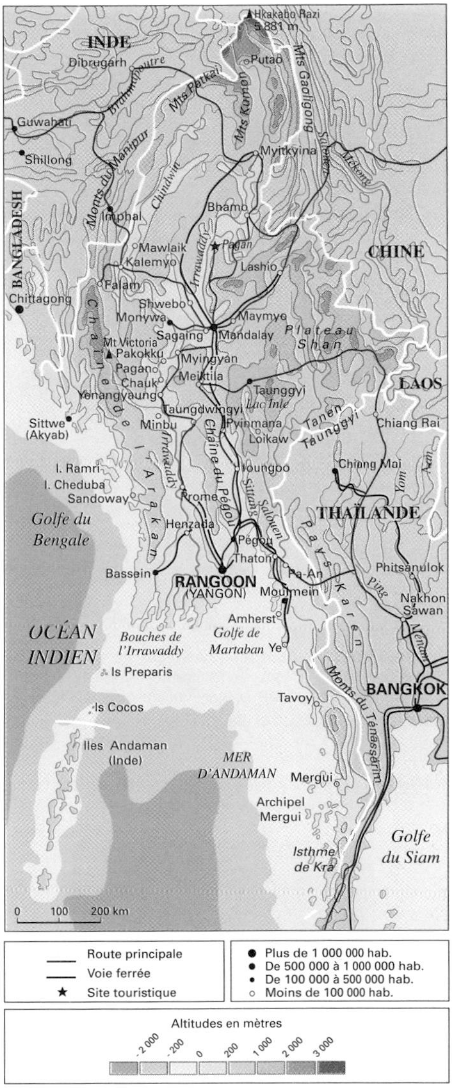

Birmanie.

BISEAU n. m. ▪ **1.** Bord taillé obliquement. ⇒ **biais.** *Le biseau d'une vitre. Sifflet en biseau.* **2.** Outil acéré dont le tranchant est ainsi taillé. *Des biseaux.*

BISEAUTER v. tr. ① ▪ **1.** Tailler en biseau. - au p. p. *Une glace biseautée.* **2.** Marquer (des cartes à jouer) d'un signe sur la tranche, pour tricher au jeu.

BISEXUÉ, ÉE [-s-] adj. ▪ BIOL. Qui porte les organes des deux sexes. ⇒ **hermaphrodite.**

BISEXUEL, ELLE [-s-] adj. ▪ **1.** Qui concerne les deux sexes dans l'individu humain. *Tendances bisexuelles.* **2.** À la fois homosexuel et hétérosexuel. - n. *Un bisexuel, une bisexuelle.* ▸ n. f. BISEXUALITÉ

BISKRA ▪ Ville d'Algérie, au pied des Aurès. 129 611 hab. Commercialisation des dattes.

BISMARCK (1815 - 1898) ▪ Homme politique allemand. Ministre de Guillaume Iᵉʳ. Après avoir organisé l'armée, il permit à la Prusse* de battre les Autrichiens (Sadowa, 1866) et les Français (Sedan, 1870, → guerre **franco-allemande de 1870**). Chancelier du IIᵉ Reich (de 1871 à 1890), il donna à l'Allemagne son unité et sa puissance. En 1872,

Eh bien, Bismarck! quelle victoire venez vous m'annoncer? Sire, vos troupes mettent partout la crosse en l'air devant les Français!.... mille tonnerre! pourquoi? Elles disent qu'elles ne veulent plus travailler pour le roi de Prusse.....

Bismarck (à gauche) avec Guillaume Ier. Image d'Épinal.
Phot. © Lauros-Giraudon

il mit en place l'Entente des trois empereurs (Allemagne, Autriche-Hongrie, Russie).

BISMARCK ▪ Ville des États-Unis, capitale du Dakota-du-Nord. 84 000 hab. Agriculture.

l'archipel BISMARCK ▪ Îles mélanésiennes de la Papouasie-Nouvelle-Guinée (Nouvelle-Bretagne, Nouvelle-Irlande, îles de l'Amirauté), dans la *mer de Bismarck*.

BISMUTH n. m. ▪ **1.** Métal brillant à reflets rouges, très cassant (symb. Bi). **2.** Sel ou composé du bismuth utilisé comme médicament.

BISON n. m. ▪ Bœuf sauvage grand et massif, armé de cornes courtes et possédant une bosse entre les épaules.

bison. *Bison bison,* bison d'Amérique.
Phot. © Varin/Jacana

BISOU n. m. ▪ FAM. Bise, baiser. *Gros bisous.*

BISQUE n. f. ▪ Potage fait avec un coulis de crustacés. *Une bisque de homard.*

BISQUER v. intr. 1 ▪ FAM. Éprouver du dépit, de la mauvaise humeur. ⇒ **rager, râler.** *Faire bisquer qqn. Bisque, bisque rage !* (formule enfantine pour narguer qqn).

BISSAC n. m. ▪ Sac à deux poches et ouverture centrale. ⇒ **besace.**

BISSAU ▪ Capitale de la Guinée-Bissau. 197 610 hab.

BISSECTEUR, TRICE ▪ GÉOM. **1.** adj. Qui divise en deux secteurs. **2.** n. f. *BISSECTRICE :* droite qui coupe un angle en deux parties égales. *Tracer la bissectrice d'un angle.*

BISSER v. tr. 1 ▪ Répéter (ce qu'on vient d'exécuter), à la demande du public. ⇒ ② **bis.**

BISSEXTILE adj. fém. ▪ *Année bissextile :* année de 366 jours qui revient tous les quatre ans, le jour supplémentaire étant le 29 février.

BISTOURI n. m. ▪ Instrument de chirurgie en forme de couteau, à lame courte, qui sert à faire des incisions. *Donner un coup de bistouri.*

BISTRE n. m. ▪ Couleur d'un brun noirâtre.

BISTRÉ, ÉE adj. ▪ D'un brun noirâtre. *Un teint bistré.*

BISTRO ou **BISTROT** n. m. ▪ FAM. **1.** Tenancier de café (fém. BISTROTE). **2.** Café (②), débit de boissons (généralement petit et modeste). ⇒ **troquet.**

BIT [bit] n. m. ▪ INFORM. Unité élémentaire d'information pouvant prendre deux valeurs distinctes, notées 0 et 1 (⇒ **binaire**).

BITE ou ① **BITTE** n. f. ▪ FAM. vulg. Pénis.

la BITHYNIE ▪ Royaume d'Asie Mineure (Turquie) légué par Nicomède III à Rome en 74 av. J.-C., et annexé par les Ottomans au XIIIe s.

② **BITTE** n. f. ▪ *Bitte (d'amarrage) :* borne sur un quai à laquelle on amarre les câbles.

BITUME n. m. ▪ Mélange d'hydrocarbures utilisé comme revêtement des chaussées et des trottoirs. ⇒ **asphalte, goudron.**

BITURE ou **BITTURE** n. f. ▪ FAM. *Prendre une biture* (ou v. pron. FAM. *SE BITURER* 1), s'enivrer.

BIVALVE adj. ▪ Qui a deux valves. *Coquillage bivalve.* - n. m. pl. *Les bivalves :* classe des mollusques bivalves.

BIVOUAC n. m. ▪ Campement provisoire en plein air d'une troupe, d'une expédition. - Lieu du campement.

BIVOUAQUER v. intr. 1 ▪ Installer un, son bivouac. ⇒ **camper.**

BIZARRE adj. ▪ **1.** Qui est inhabituel, qu'on s'explique mal. ⇒ **curieux, insolite, saugrenu.** *Il a des idées bizarres. Il n'écrit pas, c'est bizarre.* ⇒ **anormal, étrange. 2.** (personnes) D'un caractère difficile à comprendre, fantasque. *Il, elle est un peu bizarre.* ⇒ **excentrique, original.** ► adv. BIZARREMENT

BIZARRERIE n. f. ▪ **1.** Caractère de ce qui est bizarre, d'une personne bizarre. ⇒ **étrangeté, excentricité. 2.** Chose, élément, action bizarre. *Les bizarreries de la langue française.*

BIZARROÏDE adj. ▪ FAM. Bizarre.

BIZERTE ▪ Ville et port du nord-est de la Tunisie. 105 000 hab. Ancienne base navale française.

Georges BIZET (1838 - 1875) ▪ Compositeur français. Auteur de *"Carmen"* (1875), chef-d'œuvre de l'opéra-comique français. *"L'Arlésienne"* (1872).

BIZNESS n. m. ⇒ BUSINESS

BIZUT ou **BIZUTH** [-y(t)] n. m. ▪ FAM. Élève de première année. ⇒ **bleu, nouveau.**

BIZUTAGE n. m. ▪ Cérémonie d'initiation des bizuts, comportant des brimades.

Bjørnstjerne BJØRNSON (1832 - 1910) ▪ Écrivain et auteur dramatique norvégien. Il puisa son inspiration dans les contes et l'histoire de son pays. *"La Faillite"* (1875); *"Au-delà des forces humaines"* (1883, remanié en 1895). Prix Nobel 1903.

BLABLA n. m. sing. ▪ FAM. Bavardage, verbiage sans intérêt. *C'est du blabla.* ◇ var. BLABLABLA.

BLACK n. ▪ anglic. FAM. Personne de race noire (souvent jeune, en France). *Les beurs et les blacks.* - adj. *Musique black.*

Joseph BLACK (1728 - 1799) ▪ Chimiste et physicien écossais. Fondateur de la calorimétrie, il fut le premier à distinguer température et quantité de chaleur. Il découvrit la présence de gaz carbonique dans l'atmosphère.

BLACKBOULER v. tr. 1 ▪ **1.** Mettre en minorité dans un vote. *Se faire blackbouler aux élections.* **2.** FAM. Refuser à un examen. ⇒ **coller.**

BLACKBURN ▪ Ville d'Angleterre (Lancashire). 135 000 hab. Centre cotonnier.

BLACK COUNTRY ▪ Zone industrielle de Birmingham, appelée en anglais le « pays noir » à cause du charbon.

BLACK-OUT [-aut] n. m. invar. ▪ **1.** Obscurité totale commandée par la défense passive. **2.** fig. Silence gardé (sur une nouvelle, une décision officielle).

BLACKPOOL ▪ Ville d'Angleterre (Lancashire). 145 000 hab. Station balnéaire sur la mer d'Irlande.

le BLACK POWER → **Panthères noires**

BLAFARD, ARDE adj. ▪ D'une teinte pâle et sans éclat. ⇒ **blême.** *Un teint blafard.* ⇒ **livide.** - *Une lumière blafarde.*

BLAGNAC ▪ Commune de Haute-Garonne. Banlieue et aéroport de Toulouse. 17 209 hab. *(les Blagnacais).*

① **BLAGUE** n. f. ▪ Petit sac souple dans lequel les fumeurs mettent leur tabac. *Blague à tabac.*

② **BLAGUE** n. f. ▪ **1.** Histoire inventée à laquelle on essaie de faire croire. ⇒ FAM. **bobard.** *Raconter des blagues.* - FAM. *Blague à part, blague dans le coin,* pour parler sérieusement. - *Sans blague !,* interjection de doute, étonnement, ironie. **2.** Farce, plaisanterie. *Faire une bonne blague à qqn.* **3.** Erreur, maladresse. *Il faut réparer cette blague.* ⇒ FAM. **boulette.**

BLAGUER v. [1] ▪ **1.** v. intr. FAM. Dire des blagues. ⇒ **plaisanter.** *Vous blaguez !* **2.** v. tr. Railler sans méchanceté. ⇒ **taquiner.**

BLAGUEUR, EUSE n. ▪ FAM. Personne qui a l'habitude de dire des blagues.

BLAIN ▪ Commune de Loire-Atlantique. 7 434 hab. *(les Blinois).* Vestiges d'un château fort des XIVe-XVIe s.

Henri Ducrotay de **BLAINVILLE** (1777 - 1850) ▪ Zoologiste français. Élève de Cuvier dont il combattit les théories fixistes.

BLAIR n. m. ▪ FAM. Nez.

BLAIREAU n. m. ▪ **I.** Petit mammifère carnivore, bas sur pattes, au pelage épais et raide, plus foncé sous le ventre. *Des blaireaux.* **II.** Brosse pour la barbe (à l'origine en poil de blaireau) utilisée pour faire mousser le savon. **III.** FAM. Personnage ridicule.

blaireau. *Meles meles.*
Phot. © Arthus-Bertrand/Jacana

BLAIRER v. tr. [1] ▪ FAM. Aimer (surtout négatif). *Je ne peux pas le blairer,* je le déteste. ⇒ **sentir ;** FAM. **encadrer, encaisser, pifer.**

Marie-Claire **BLAIS** (née en 1939) ▪ Écrivain québécois. Romans oniriques et grinçants. *"Une Saison dans la vie d'Emmanuel"* (1964).

William **BLAKE** (1757 - 1827) ▪ Poète, peintre et graveur anglais. Thèmes bibliques traités avec un esprit visionnaire. Dans *"Chants d'innocence"* (1793) et *"Chants d'expérience"* (1794), il proclamait son idéal révolutionnaire et son refus du dogmatisme religieux.

BLÂMABLE adj. ▪ Qui mérite le blâme. ⇒ **condamnable, répréhensible.** *Une action blâmable.*

BLÂME n. m. ▪ **1.** Jugement par lequel on blâme (qqn, qqch.). ⇒ **condamnation, critique, réprobation, reproche.** *S'attirer, encourir le, les blâme(s) de qqn.* **2.** Sanction disciplinaire (élèves, fonctionnaires...).

BLÂMER v. tr. [1] ▪ **1.** Former un jugement moral défavorable sur (qqn ou qqch.). ⇒ **condamner, critiquer, désapprouver.** *Il est plus à plaindre qu'à blâmer.* **2.** Réprimander officiellement.

① **BLANC, BLANCHE** [blɑ̃, blɑ̃ʃ] ▪ **I.** adj. **1.** D'une clarté neutre, sans couleur (résultant du mélange de toutes les couleurs du spectre solaire). *Blanc comme (la) neige, le lait, le lis. Fromage blanc, drapeau blanc.* **2.** D'une couleur pâle voisine du blanc. *Peau blanche, cheveux blancs.* - De la race humaine la moins pigmentée (opposé à *noir, jaune, de couleur*). ♦ Se dit des choses claires, par opposition à celles de même espèce qui sont d'une autre couleur. *Vin blanc.* **3.** Qui n'est pas écrit. *Page blanche.* ⇒ **vierge.** *Bulletin (de vote) blanc.* **4.** fig. Qui n'a pas les effets habituels. *Nuit blanche,* sans sommeil. *Mariage blanc,* sans relations sexuelles. **5.** Innocent. *Il n'est pas tout blanc.* **II.** n. *BLANC, BLANCHE :* personne de la race dite blanche.

② **BLANC** [blɑ̃] n. m. ▪ **I. 1.** Couleur blanche. *Un blanc éclatant, mat.* ⇒ **blancheur.** *Être vêtu de blanc,* de vêtements blancs. *Le blanc, symbole de pureté.* **2.** Matière colorante, qui sert à peindre. *Blanc de zinc,* oxyde de zinc. **3.** *EN BLANC :* avec la couleur blanche. *Peint en blanc. Photo en noir et blanc.* ♦ Sans écriture. *Chèque en blanc.* **4.** *À BLANC :* de manière à devenir blanc. *Métal chauffé à blanc.* - *Tirer à blanc,* avec des projectiles inoffensifs. **II. 1.** Se dit d'une partie blanche. *Blanc de poulet,* la chair de la poitrine. *Blanc d'œuf,* partie visqueuse formée d'albumine. - *Le blanc de l'œil. Regarder qqn dans le blanc des yeux,* bien en face. ♦ Intervalle, espace libre qu'on laisse dans un écrit. ⇒ **interligne.** *Laissez ici un blanc.* **2.** Linge blanc. *Une exposition de blanc* (dans un magasin). **3.** Vin blanc (fait avec des raisins sans peau). *Un petit blanc sec. Blanc de blancs,* vin blanc fait avec du raisin blanc.

Louis **BLANC** (1811 - 1882) ▪ Socialiste et historien français. Membre du gouvernement provisoire de 1848, il émigra sous le Second Empire, puis fut député d'extrême gauche.

le cap **BLANC** ▪ Nom de plusieurs caps en Afrique du Nord, notamment en Tunisie au nord de Bizerte.

le mont **BLANC** ▪ Point culminant des Alpes (4 807 m). ► le massif du **MONT-BLANC** domine Chamonix. ► le tunnel du **MONT-BLANC**, percé de 1959 à 1965, relie la vallée de Chamonix au val d'Aoste (Italie).

LE BLANC ▪ Chef-lieu d'arrondissement de l'Indre. 7 361 hab. *(les Blancois).*

BLANC-BEC [blɑ̃bɛk] n. m. ▪ Jeune homme sans expérience et sûr de soi. *Des blancs-becs.*

BLANCHÂTRE adj. ▪ D'une teinte tirant sur le blanc.

BLANCHE n. f. ▪ Note de musique qui vaut deux noires.

la mer **BLANCHE** ▪ Mer de l'océan Arctique, au nord-ouest de la Russie. 90 000 km².

BLANCHE DE CASTILLE (1188 - 1252) ▪ Reine de France. Régente du royaume à la mort de son époux Louis VIII (1226) et pendant la croisade de son fils Louis IX (de 1248 à 1252).

BLANCHE-NEIGE ▪ Personnage d'un conte de Grimm. Princesse victime de la jalousie de sa belle-mère qui l'empoisonne, elle est veillée par sept nains et revient à la vie grâce au baiser d'un prince.

BLANCHEUR n. f. ▪ Couleur blanche ; qualité de ce qui est blanc. *Linge d'une blancheur éclatante.*

BLANCHIMENT n. m. ▪ Action de blanchir (I). *Le blanchiment d'un mur au lait de chaux.* - fig. *Le blanchiment de l'argent.*

BLANCHIR v. [2] ▪ **I.** v. tr. **1.** Rendre blanc. ⇒ **éclaircir.** ♦ *Blanchir des légumes,* les passer à l'eau bouillante. **2.** Couvrir d'une couche blanche ; enduire de blanc. *La neige blanchit les sommets.* - au p. p. *Un mur blanchi à la chaux.* **3.** Laver, nettoyer (le linge blanc). - au p. p. *Un pensionnaire logé et blanchi,* et dont on lave le linge. **4.** fig. Disculper, innocenter (qqn). *Il fut blanchi lors de son procès.* ♦ (choses) Donner une existence légale à (des fonds dont l'origine est frauduleuse ou illicite). *Blanchir l'argent de la drogue.* - au p. p. *Argent blanchi.* **II.** v. intr. Devenir blanc. *Ses cheveux blanchissent.*

BLANCHISSAGE n. m. ▪ Action de blanchir le linge. ⇒ **lessive.** *Envoyer du linge au blanchissage.*

BLANCHISSEMENT n. m. ▪ Fait de blanchir (II).

BLANCHISSERIE n. f. ▪ Établissement où l'on fait le blanchissage et le repassage du linge. ⇒ **laverie, pressing.**

le massif du **Mont-Blanc.** *Phot. © Jahan/Explorer*

BLANCHISSEUR, EUSE n. ▪ Personne dont le métier est de blanchir le linge et de le repasser.

Maurice **BLANCHOT** (né en 1907) ▪ Écrivain français. Un des initiateurs du roman et de la critique modernes en France. Thèmes de la mort et de l'absence. *"L'Arrêt de mort"* (1948), récit ; *"Le Livre à venir"* (1959), essai.

LE BLANC-MESNIL ▪ Commune de la Seine-Saint-Denis, dans la banlieue nord-est de Paris. 46 956 hab. *(les Blanc-Mesnilois).*

BLANDICE n. f. ▪ LITTÉR. surtout au plur. Ce qui séduit. ⇒ ① **charme, délice.**

BLANKENBERGE ▪ Ville de Belgique (Région flamande, province de Flandre-Occidentale). 16 602 hab. Station balnéaire et port de pêche.

BLANQUEFORT ▪ Commune de la Gironde. 12 843 hab. *(les Blanquefortais).*

BLANQUETTE n. f. ▪ **1.** Vin blanc mousseux. *Une blanquette de Limoux.* **2.** Ragoût de viande blanche, dont la sauce est liée avec un jaune d'œuf. *Une blanquette de veau.*

Louis Auguste **BLANQUI** (1805-1881) ▪ Socialiste français, théoricien révolutionnaire. Il passa de longues années en prison pour avoir fomenté des conspirations d'inspiration républicaine et socialiste, ce qui l'empêcha de participer à la Commune. Le « blanquisme » constitue le lien entre la pensée socialiste française et le marxisme.

BLANTYRE-LIMBE ▪ Ville du sud du Malawi. 400 000 hab.

BLANZY ▪ Commune de la Saône-et-Loire. 7 642 hab. *(les Blanzynois).* Houillères en déclin. Chimie.

Vicente **BLASCO IBÁÑEZ** (1867-1928) ▪ Romancier espagnol anticlérical et républicain. *"Arènes sanglantes"* (1908).

BLASE ou **BLAZE** n. m. ▪ ARGOT Nom.

BLASÉ, ÉE adj. ▪ (personnes) Dont les sensations, les émotions sont émoussées, qui n'éprouve plus de plaisir à rien. ⇒ **indifférent, insensible.** *Après tant de succès, il est blasé.*

BLASER v. tr. [1] ▪ LITTÉR. Émousser, atténuer (les sens, les sensations). ► SE **BLASER** v. pron. Devenir blasé. *Finir par se blaser (de qqch.).*

Carlo **BLASIS** (1797-1878) ▪ Danseur italien, chorégraphe et théoricien de la danse.

BLASON n. m. ▪ Ensemble des signes distinctifs et emblèmes d'une famille noble, d'une collectivité. ⇒ **arme(s), armoiries, écu ; héraldique.** - loc. *Redorer son blason* : rétablir son prestige par une réussite.

BLASPHÉMATEUR, TRICE n. ▪ Personne qui blasphème.

BLASPHÉMATOIRE adj. ▪ Qui contient ou constitue un blasphème. ⇒ **impie, sacrilège.** *Propos blasphématoires.*

BLASPHÈME n. m. ▪ Parole qui outrage la divinité, la religion, le sacré.

BLASPHÉMER v. intr. [6] ▪ Proférer des blasphèmes, des imprécations.

-BLASTE, BLASTO- Éléments savants, du grec *blastos* « germe ; bourgeon » (ex. *blastomère* n. m. BIOL. « cellule provenant des premières divisions de l'œuf fécondé »).

BLATÉRER v. intr. [6] ▪ Pousser son cri (chameau, bélier).

BLATTE n. f. ▪ Insecte nocturne au corps aplati. ⇒ **cafard, cancrelat.**

der **BLAUE REITER** → le **Cavalier bleu**

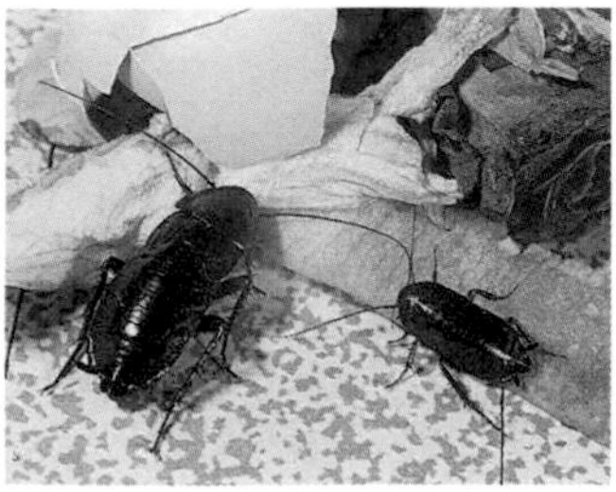

blatte. *Blatta orientalis.* Phot. © Moiton/Jacana

le **BLAVET** ▪ Fleuve de Bretagne (140 km) qui se jette dans l'océan Atlantique.

BLAYE ▪ Chef-lieu d'arrondissement de la Gironde. 4 286 hab. *(les Blayais).* Vins des côtes de Blaye.

BLAZER [blazɛʀ ; blazœʀ] n. m. ▪ Veste de sport (d'abord à rayures de couleur vive, puis unie).

BLÉ n. m. ▪ **I. 1.** Céréale dont le grain sert à l'alimentation (farine, pain). ⇒ **froment.** *Semer du blé. Un champ de blé.* loc. *Blond comme les blés.* **2.** Le grain seul. *Moudre le blé. Un silo à blé.* **3.** *Blé noir.* ⇒ **sarrasin. II.** FAM. Argent. ⇒ **fric.**

blé.
Triticum sativum.
Phot. © Nief/Jacana

BLED [blɛd] n. m. ▪ **1.** en Afrique, au Maghreb L'intérieur des terres, la campagne. **2.** FAM. Lieu, village isolé, offrant peu de ressources. ⇒ FAM. **patelin, trou.** *On s'ennuie dans ce bled. Des bleds.*

BLÊME adj. ▪ (visage) D'une blancheur maladive. ⇒ **blafard, livide.** *Blême de colère.* ⇒ **pâle.** - (jour, lueur) Très pâle. *Un petit matin blême.*

BLÊMIR v. intr. [2] ▪ Devenir blême.

BLENNO- Élément savant, du grec *blennos* « mucus ».

BLENNORRAGIE n. f. ▪ Maladie vénérienne caractérisée par une inflammation des voies génito-urinaires.

BLÉPHAR(O)- Élément savant, du grec *blepharon* « paupière ».

Louis **BLÉRIOT** (1872-1936) ▪ Aviateur et constructeur d'avions français. Première traversée de la Manche, en 1909.

BLESSANT, ANTE adj. ▪ Qui blesse, offense. ⇒ **désobligeant.** *Des paroles blessantes.*

BLESSÉ, ÉE ▪ **1.** adj. Qui a reçu une blessure. *Un genou blessé.* **2.** n. Personne blessée. *Deux morts et dix blessés. Des blessés de guerre.*

BLESSER v. tr. [1] ▪ **1.** Frapper d'un coup qui cause une blessure. ⇒ **contusionner, meurtrir.** *Blesser grièvement, mortellement qqn.* - pronom. *Se blesser en tombant.* ♦ choses Occasionner une blessure à (qqn). *Ce clou m'a blessé.* - (vêtements) Causer une douleur, faire mal. *Ces souliers me blessent.* **2.** Causer une impression désagréable, pénible à. *Des sons discordants qui blessent l'oreille.* ⇒ **déchirer, écorcher.** - *Blesser les yeux, la vue.* **3.** Porter un coup pénible à (qqn), toucher ou impressionner désagréablement. ⇒ **offenser, ulcérer.** *Blesser l'amour-propre de qqn,* le froisser, le vexer.

BLESSURE n. f. ▪ **1.** Lésion faite, involontairement ou pour nuire, aux tissus vivants par une pression, un choc, un coup, une arme ou la chaleur. ⇒ **plaie.** *Recevoir une blessure. Soigner, panser ses blessures.* **2.** Atteinte morale. ⇒ **offense.** *Blessure d'amour-propre.*

BLET, BLETTE adj. ▪ (fruits) Qui est trop mûr, dont la chair s'est ramollie. *Une poire blette. Les nèfles se mangent blettes.*

BLETTE n. f. ⇒ BETTE

BLEU, BLEUE ▪ **I.** adj. **1.** De la couleur du ciel pur, sans nuages, de la mer où le ciel se reflète, etc. *Des yeux bleus. Une robe bleue.* ➝ *Bifteck bleu,* très saignant. ♦ *Étoffe bleue, vêtement bleu.* ➝ *Carte bleue* (nom d'une carte de crédit). **2.** (peau) D'une couleur livide. ⇒ **cyanosé.** *Œdème bleu.* ➝ *Être bleu de froid.* ➝ loc. *Il en est resté bleu* (de peur). ➝ *Une peur* bleue.* ♦ *Maladie bleue* (par malformation congénitale du cœur). **3.** loc. (métaphore) *Sang bleu,* noble. **II.** n. m. **1.** La couleur bleue. *Bleu horizon, lavande, marine, ardoise. Des manteaux bleu-vert.* ➝ *Le grand bleu* (de la mer). ♦ Matière colorante bleue. ⇒ **indigo, pastel, tournesol.** *Bleu de Prusse,* cyanure de fer. ➝ Teinture bleue. *Bleu de lessive. Passer le linge au bleu.* **2.** (personne vêtue de bleu) *Les Bleus :* les soldats républicains (pour les royalistes vendéens). ♦ Jeune recrue. *L'arrivée des bleus à la caserne.* ⇒ **conscrit, nouveau.** ➝ Nouvel élève. ⇒ FAM. **bizut. 3.** Marque livide sur la peau résultant d'un coup. ⇒ **ecchymose, meurtrissure.** *Être couvert de bleus. Se faire un bleu au bras.* **4.** *AU BLEU :* façon de préparer certains poissons au court-bouillon vinaigré. *Truite au bleu.* **5.** Fromage de vache à pâte parsemée de moisissures (quand il n'a pas un nom spécifique : roquefort, gorgonzola, etc.). *Bleu de Bresse.* **6.** *Bleu de méthylène :* antiseptique. **7.** Combinaison d'ouvrier, généralement en toile bleue. *Des bleus de travail.*

BLEUÂTRE adj. ▪ Qui tire sur le bleu, n'est pas franchement bleu.

BLEUET n. m. ▪ **I.** Centaurée à fleur bleue. **II.** (Québec) Variété d'airelle à grosses baies. *Tarte aux bleuets.* ◇ var. VIEILLI BLUET.

BLEUIR v. [2] ▪ **1.** v. tr. Rendre bleu. **2.** v. intr. Devenir bleu. *Son visage a bleui.*

BLEUTÉ, ÉE adj. ▪ Qui a une nuance bleue. *Des reflets bleutés.*

BLIAUD n. m. ▪ HIST. Longue tunique (au Moyen Âge). ◇ var. BLIAUT.

BLIDA → El-Boulaida

Bertrand **BLIER** (né en 1939) ▪ Cinéaste français. Il cultive l'art de la provocation et du cynisme. *"Les Valseuses"* (1974); *"Merci la vie"* (1991).

Roger **BLIN** (1907 - 1984) ▪ Acteur et metteur en scène français. Ami d'Artaud, Adamov, Beckett et Genet dont il monta les œuvres.

BLINDAGE n. m. ▪ Protection (d'un navire, d'un abri, d'un véhicule, d'une porte) par des plaques de métal ; ces plaques.

BLINDÉ, ÉE adj. ▪ **1.** Protégé par un blindage. *Porte blindée. Voiture blindée. Régiment blindé,* composé de véhicules blindés. **2.** FAM. Endurci. ⇒ **immunisé.** *Il en a vu d'autres, il est blindé.*

BLINDER v. tr. [1] ▪ **1.** Protéger par un blindage. *Blinder une porte.* **2.** FAM. Endurcir, armer. *L'adversité l'a blindé.*

BLINIS [-is] n. m. ▪ Petite crêpe de sarrasin très épaisse, souvent servie avec du saumon fumé ou du caviar.

BLITZ [blits] n. m. ▪ HIST. Attaques aériennes allemandes contre la Grande-Bretagne.

Karen **BLIXEN** (1885 - 1962) ▪ Écrivain danois. *"La Ferme africaine"* (1937) narre les épreuves de sa vie de colon au Kenya.

BLIZZARD n. m. ▪ Vent accompagné de tourmentes de neige, dans le Grand Nord.

BLOC n. m. ▪ **I. 1.** Masse solide et pesante constituée d'un seul morceau. *Un bloc de marbre, de bois. Colonne d'un seul bloc* (monolithe). *Un bloc de rocher.* **2.** *Bloc de papier à lettres, bloc-notes,* feuillets collés ensemble sur un seul côté et facilement détachables. *Des blocs-notes.* **3.** Éléments groupés en une masse compacte, homogène. *BLOC MOTEUR,* formé par le moteur, l'embrayage, la boîte de vitesses d'une automobile. ➝ Ensemble d'appareils (sanitaires, ménagers...) groupés pour occuper le moins de place possible. *Bloc-cuisine.* ➝ *Bloc opératoire*.* **4.** Coalition politique. HIST. *Le Bloc des gauches* (voir ci-dessous). ➝ loc. *Faire bloc (avec...),* former un ensemble solide, s'unir. *Faire bloc contre l'agresseur.* **5.** *EN BLOC* loc. adv. : en totalité, sans partage. ⇒ en **masse.** *Admettre en bloc un système.* **II.** (→ bloquer) *À BLOC* loc. adv. : en forçant, coinçant. *Serrer, visser à bloc avec une clé. Gonflé* à bloc.* **III.** FAM. Prison. *Mettre qqn au bloc.*

▪ le **BLOC DES GAUCHES** ou **BLOC RÉPUBLICAIN** ▪ Alliance électorale et gouvernementale des forces de gauche, notamment des radicaux et des socialistes après l'affaire Dreyfus (1899).

le **BLOC NATIONAL** ▪ Alliance de gouvernement entre les modérés et les conservateurs (1919-1924), battue par le Cartel des gauches.

BLOCAGE n. m. ▪ **1.** Action de bloquer (II). *Le blocage des freins, du ballon.* ➝ *Blocage des prix,* action de fixer les prix. **2.** Réaction négative d'adaptation d'un être vivant confronté à une situation nouvelle. *Faire un blocage psychologique.*

Ernst **BLOCH** (1885 - 1977) ▪ Philosophe marxiste allemand. Théoricien de l'utopie *"Le Principe espérance"* (1954-1959).

Marc **BLOCH** (1886 - 1944) ▪ Médiéviste français. Fondateur avec Lucien Febvre des *Annales d'histoire économique et sociale* (1929). Résistant, il mourut fusillé par les Allemands. *"La Société féodale"* (1939).

Felix **BLOCH** (1905 - 1983) ▪ Physicien suisse naturalisé américain. Travaux sur la physique des solides. Prix Nobel 1952.

BLOCKHAUS [blɔkos] n. m. ▪ Ouvrage militaire défensif, fortifié de béton. ⇒ **fortin.** *Des blockhaus.*

BLOCUS [-ys] n. m. ▪ Investissement (d'une ville ou d'un port, d'un littoral, d'un pays) pour isoler, couper les communications avec l'extérieur. ⇒ aussi **embargo.** *Lever un blocus.* ➝ *Blocus économique,* mesures d'isolement économique contre un pays.

▪ le **BLOCUS CONTINENTAL** ▪ Ensemble de mesures prises par Napoléon Ier à partir de 1806 pour tenter de bloquer l'économie britannique, en l'empêchant d'écouler ses produits industriels et ceux de ses colonies vers l'Europe.

Abraham **BLOEMAERT** (1564 - 1651) ▪ Peintre et graveur hollandais. Paysages.

BLOEMFONTEIN ▪ Ville d'Afrique du Sud, capitale de l'État libre d'Orange. 256 000 hab. Siège de la Cour suprême de la République.

BLOIS ▪ Chef-lieu du Loir-et-Cher. 49 313 hab. *(les Blésois).* Château médiéval profondément remanié du XVe au XVIIe s., résidence de Louis XII. Industries variées.

Blois. Le château : l'aile François Ier vue de la cour intérieure. *Phot. © Dagli Orti*

Alexandre **BLOK** (1880 - 1921) ▪ Poète symboliste russe. Il célébra la Révolution russe : *"Les Douze"* (1918).

BLOND, ONDE ▪ **I. 1.** adj. (poil, cheveux) De la couleur la plus claire, proche du jaune (opposé à *brun*). *Les cheveux blonds des Nordiques.* ➝ (personnes) Qui a les cheveux blonds. *Il est blond comme les blés.* ♦ n. *Un blond, une blonde.* **2.** n. m. La couleur blonde. *Blond cendré, doré, vénitien.* **II.** adj. D'un jaune très doux. *Un sable blond. Bière blonde.* ➝ *Tabac blond. Cigarette blonde* ou n. f. *une blonde.*

BLONDASSE adj. ▪ D'un vilain blond. *Des cheveux blondasses.*

François **BLONDEL** (1618 - 1686) ▪ Architecte français. Théoricien, premier directeur de l'Académie royale d'architecture (1671). Porte Saint-Denis à Paris.

Jacques François **BLONDEL** (1705 - 1774) ▪ Architecte français dans la tradition classique du siècle précédent. Il élabora le style Louis XVI.

boa. *Boa constrictor.*
Phot. © Gohier/Jacana

Maurice **BLONDEL** (1861 - 1949) ▪ Philosophe catholique français. *"L'Action"* (1893).

BLONDEUR n. f. ▪ Qualité de ce qui est blond. *La blondeur des cheveux.*

BLONDINET, ETTE n. ▪ Enfant blond. *Une petite blondinette.*

BLONDIR v. intr. [2] ▪ Devenir blond. *Ses cheveux blondissent au soleil.*

Leonard **BLOOMFIELD** (1887 - 1949) ▪ Linguiste américain. Fondateur de l'analyse distributionnelle, à l'origine (avec Sapir) de l'essor de la linguistique aux États-Unis (*"Le Langage"*, 1933).

BLOQUER v. tr. [1] ▪ **I.** Réunir, mettre en bloc. ⇒ **grouper, masser.** *Bloquer deux paragraphes. J'ai bloqué mes jours de congé.* **II. 1.** Empêcher de se mouvoir. ⇒ **immobiliser.** *Un navire bloqué par les glaces.* - *Bloquer le ballon.* ♦ *Bloquer un compte en banque.* - *Bloquer les prix, les salaires,* en interdire l'augmentation. **2.** Boucher, obstruer. *La route est bloquée.* **3.** fig. Inhiber par un blocage (2).

BLOT n. m. ▪ ARGOT loc. *Le même blot,* la même chose. - *Ça fait mon blot,* mon affaire.

SE **BLOTTIR** v. pron. [2] ▪ **1.** Se ramasser sur soi-même, de manière à occuper le moins de place possible. ⇒ se **lover,** se **pelotonner,** se **recroqueviller,** se **tapir.** *Se blottir sous les couvertures.* **2.** Se mettre à l'abri, en sûreté. ⇒ se **réfugier.** *L'enfant est venu se blottir contre sa mère.*

BLOUSANT, ANTE adj. ▪ Qui blouse (②).

BLOUSE n. f. ▪ **1.** Vêtement de travail que l'on met par-dessus les autres pour les protéger. *Blouse blanche de chirurgien.* **2.** Chemisier de femme, large du bas.

① **BLOUSER** v. tr. [1] ▪ FAM. Tromper (qqn). *Il s'est fait blouser,* il s'est fait avoir.

② **BLOUSER** v. intr. [1] ▪ (vêtements) Bouffer à la taille.

BLOUSON n. m. ▪ Veste courte resserrée aux hanches. *Blouson de cuir.* - *(UN) BLOUSON NOIR :* jeune homme vêtu d'un blouson de cuir noir. *Une bande de blousons noirs.*

John **BLOW** (1649 - 1708) ▪ Organiste et compositeur anglais. Il fut maître de musique de la Chapelle royale et eut Purcell pour élève. Il écrivit surtout de la musique religieuse (motets, psaumes, odes).

Léon **BLOY** (1846 - 1917) ▪ Écrivain français. Catholique ardent, il fut un polémiste vigoureux au style puissant et baroque. *"La Femme pauvre"* (1897).

Gebhard Leberecht von **BLÜCHER** (1742 - 1819) ▪ Général prussien. Il joua un rôle décisif dans la défaite de Napoléon Ier à Waterloo.

BLUE-JEAN [bludʒin] n. m. ▪ anglic. Pantalon de toile solide. ⇒ **jean.** *Des blue-jeans.*

BLUES [bluz] n. m. ▪ **I.** Forme musicale élaborée par les Noirs des États-Unis d'Amérique, caractérisée par une formule harmonique constante, un rythme à quatre temps. *Un chanteur de blues.* **II.** Mélancolie, cafard. *Un coup de blues.*

BLUET n. m. ⇒ BLEUET

BLUFF [blœf] n. m. ▪ Attitude destinée à impressionner, intimider un adversaire. *C'est du bluff, ne vous y laissez pas prendre. Il nous a eus au bluff.*

BLUFFER [blœfe] v. [1] ▪ **1.** v. intr. Pratiquer le bluff. *Bluffer au poker.* **2.** v. tr. *Bluffer qqn,* l'abuser. ♦ Impressionner (qqn).

BLUFFEUR, EUSE [blœfœʀ, øz] n. et adj. ▪ Personne qui bluffe.

Léon **BLUM** (1872 - 1950) ▪ Homme politique français. Chef de la S.F.I.O., il présida deux gouvernements de Front populaire : (1936-1937 et 1938). Interné sous le régime de Vichy, il écrivit *"À l'échelle humaine"* (1941, publié en 1945) puis fut déporté à Buchenwald. Après la guerre, il constitua un gouvernement socialiste homogène (1946-1947).

BLUTAGE n. m. ▪ Séparation du son et de la farine.

BLUTER v. tr. [1] ▪ Tamiser (la farine) pour la séparer du son (avec un tamis appelé *BLUTOIR* n. m.).

BOA n. m. ▪ **1.** Gros serpent carnassier des zones tropicales, non venimeux, qui étouffe sa proie dans ses anneaux. *Boa constricteur* (ou *constrictor*). **2.** Long tour de cou en plumes.

Franz **BOAS** (1858 - 1942) ▪ Anthropologue et ethnologue américain d'orgine allemande. Il analysa les cultures des Inuits et des Indiens d'Amérique.

BOAT PEOPLE [botpipœl] n. invar. ▪ anglic. (surtout au plur.) Personne fuyant son pays sur un bateau (en Asie). *Des boat people.*

BOBARD n. m. ▪ FAM. Propos, récit fantaisiste et mensonger. ⇒ **blague, boniment.** *Raconter des bobards. Les bobards de la presse.* ⇒ **canard.**

BOBÈCHE n. f. ▪ Disque adapté aux chandeliers et destiné à recueillir la cire qui coule.

Louis dit Louison **BOBET** (1925 - 1983) ▪ Coureur cycliste français. Très populaire, il fut champion du monde sur route (1954), et gagna trois fois le Tour de France (1953, 1954, 1955).

BOBIGNY ▪ Chef-lieu de la Seine-Saint-Denis, dans la banlieue nord-est de Paris. 44 659 hab. *(les Balbyniens).* Centre industriel : mécanique, électricité, chimie.

BOBINAGE n. m. ▪ **1.** Enroulement du fil (avant tissage). **2.** ÉLECTR. Fils conducteurs enroulés autour d'un noyau.

BOBINE n. f. ▪ **I. 1.** Petit cylindre à rebords (pour enrouler du fil, du ruban, un film...). *Bobine de fil. Les bobines d'un métier à tisser. Changer de bobine lors d'une projection.* **2.** *Bobine électrique.* **II.** FAM. Figure, tête. *Tu fais une drôle de bobine !*

BOBINEAU n. m. ▪ Petite bobine (spécialt de magnétophone).

BOBINER v. tr. [1] ▪ Dévider (un fil) et l'enrouler sur une bobine.

BOBINETTE n. f. ▪ VX Loquet cylindrique en bois. « *Tire la chevillette, la bobinette cherra* [tombera] » (Perrault, *Le Petit Chaperon rouge*).

BOBO n. m. ▪ **1.** lang. enfantin Douleur physique. *Avoir bobo.* ♦ (plainte) *Maman, bobo ! :* j'ai mal. **2.** Petite plaie insignifiante. - fig. *Il n'y a pas de bobo.*

BOBO-DIOULASSO ▪ Ville du sud-ouest du Burkina Faso. 235 000 hab.

BOBSLEIGH [bɔbslɛg] n. m. ▪ Traîneau articulé à plusieurs places muni d'un volant de direction, pour descendre à grande vitesse sur des pistes de neige aménagées. ◇ abrév. BOB.

BOCAGE n. m. ▪ **1.** Type de paysage formé de prés clos par des levées de terre plantées d'arbres. *Le bocage vendéen.* **2.** LITTÉR. Petit bois ; lieu ombragé. ▸ adj. BOCAGER, ÈRE

BOCAL, AUX n. m. ▪ Récipient à col très court et à large ouverture. *Fruits conservés en bocaux.* - *Un bocal à poissons rouges.*

BOCARD n. m. ▪ TECHN. Appareil pour broyer le minerai de fer.

BOCCACE (1313 - 1375) ▪ Écrivain italien. Il contribua avec Pétrarque à l'essor de l'humanisme à Florence. *"Le Déca-*

méron" (1349-1353), recueil de nouvelles aux intrigues spirituelles ou licencieuses, reposant pour la plupart sur un ressort amoureux.

Giovanni **BOCCATI** ▪ Peintre italien connu entre 1445 et 1480. Madones.

Luigi **BOCCHERINI** (1743 - 1805) ▪ Compositeur italien, établi à Madrid. Musique de chambre.

Umberto **BOCCIONI** (1882 - 1916) ▪ Peintre, sculpteur et théoricien futuriste italien.

BOCHE n. et adj. ▪ péj. VIEILLI (injure xénophobe) Allemand.

les **BOCHIMANS** en anglais *BUSHMEN* ▪ Peuple nomade du Sud-Ouest africain (environ 30 000 personnes).

BOCHUM ▪ Ville d'Allemagne (Rhénanie-du-Nord-Westphalie). 395 100 hab. Grand centre industriel, université de la Ruhr.

BOCK n. m. ▪ VIEILLI au café Verre de bière (d'une contenance équivalant à environ la moitié d'un *demi*).

Arnold **BÖCKLIN** (1827 - 1901) ▪ Peintre suisse. Paysages mythologiques d'une grande puissance onirique. *"L'Île des morts"* (1880).

LE BODENSEE → lac de **Constance**

BODH GAYA ou **BODDH GAYĀ** ▪ Bourgade de l'Inde (Bihar) où Bouddha devint l'« Éveillé ».

Jean **BODIN** (1529 ou 1530 - 1596) ▪ Juriste français, économiste, auteur du traité de philosophie politique *"La République"* en faveur de la monarchie absolue.

Johann Jakob **BODMER** (1698 - 1783) ▪ Écrivain et critique suisse de langue allemande. Il publia *"Le Chant des Nibelungen"*, épopée du XIIIe s.

BODY n. m. ▪ anglic. Sous-vêtement féminin, collant, d'une seule pièce, couvrant le tronc. ⇒ **justaucorps.** *Des bodys* ou *des bodies.*

BODY-BUILDING [bɔdibildiŋ] n. m. ▪ anglic. Musculation destinée à « remodeler » le corps. ⇒ **culturisme.**

BOÈCE (480 - 524) ▪ Philosophe et homme politique latin. Commentateur d'Aristote. *"De la consolation de la philosophie".*

les **BOERS** n. m. pl. ▪ Colons néerlandais, qui s'installèrent en Afrique du Sud dès 1652. Leurs descendants, les *Afrikaners* ou *Afrikaanders,* forment la majorité de la population blanche. ► **la guerre des BOERS** opposa les Boers aux Anglais de 1899 à 1902. Elle s'acheva sur la victoire de ces derniers et aboutit à la création de l'Union sud-africaine.

BŒUF [bœf], plur. **BŒUFS** [bø] n. m. ▪ **I. 1.** Mammifère ruminant domestique (bovin), lorsqu'il est mâle (opposé à *vache*), castré (opposé à *taureau*) et adulte (opposé à *veau*). *Bœuf de boucherie,* élevé pour l'alimentation. - FAM. *Être fort comme un bœuf,* très fort. - loc. *Mettre la charrue* avant les bœufs.* - *"On n'est pas des bœufs"* (œuvre d'Alphonse Allais). **2.** *Bœuf sauvage,* bison, aurochs. **3.** *(Le, du bœuf).* Viande de bœuf ou de vache. *Un rôti de bœuf. Bœuf bouilli, braisé. Pièce, côte de bœuf.* ⇒ aussi **bifteck, steak.** *Bœuf à la mode* ou *bœuf mode :* pièce de bœuf cuite à l'étouffée, avec des carottes. **4.** adj. invar. FAM. *Un effet, un succès bœuf,* très grand et étonnant. **II.** ARGOT (jazz) Improvisation collective.

BOF interj. ▪ Exclamation exprimant le mépris, la lassitude, l'indifférence. *Bof ! Faire ça ou autre chose !*

Boccace. Fresque d'Andrea del Castagno. Sant'Apollonia, Florence. *Phot. © Carlo Bevilacqua/Ricciarini*

Bofill. La place de Séoul dans le quartier Montparnasse à Paris. *Phot. © Dagli Orti*

Germain **BOFFRAND** (1667 - 1754) ▪ Architecte et décorateur rococo français. Château de Lunéville. Décors de l'hôtel de Soubise (Paris).

Ricardo **BOFILL** (né en 1939) ▪ Architecte espagnol. Représentant du postmodernisme classique, il orne ses façades monumentales de colonnades et de frontons (place de Catalogne à Paris, quartier Antigone à Montpellier).

Humphrey **BOGART** (1899 - 1957) ▪ Acteur de cinéma américain. Il interpréta généralement des rôles d'aventurier et de détective privé. *"Le Faucon maltais"* (1941).

Bogart. *Phot. © LTD Retna/Stills*

BOGIE ou **BOGGIE** [bɔgi] n. m. ▪ Chariot sur lequel est articulé le châssis d'un wagon pour lui permettre de prendre les courbes. *Des bogies.*

BOGOTÁ ▪ Capitale de la Colombie, à 2 600 m d'altitude. 4 350 000 hab. Métropole administrative et culturelle. Marché d'une région agricole.

① **BOGUE** n. f. ▪ Enveloppe piquante de la châtaigne, du marron.

② **BOGUE** n. m. ▪ anglic. INFORM. Défaut d'un logiciel entraînant des anomalies de fonctionnement.

BOHÈME adj. ▪ **1.** VX Bohémien. **2.** fig. Qui mène une vie vagabonde, sans règles ni souci du lendemain. *Il est un peu bohème.* - *Des mœurs bohèmes.* - n. *Un, une bohème,* personne qui mène cette vie. *Une vie de bohème ; la, une bohème.*

la **BOHÊME** ▪ Partie occidentale de la République tchèque. 52 770 km². 6 290 000 hab. La *forêt de Bohême* s'étend le long de la frontière avec l'Allemagne. □ HISTOIRE Le duché de Bohême, érigé en royaume au XIe s., est à l'origine de l'État tchèque. Il connut son apogée lorsque les Luxembourg en furent rois tout en étant empereurs germaniques (XIVe s.). Au XVe s., la réforme religieuse de Jan Hus provoqua la guerre civile. Les Jagellons unirent la Bohême à la Hongrie en 1490. À partir de 1526, la Bohême subit la domination des Habsbourg contre laquelle elle se rebella, en 1618, provoquant ainsi le début de la guerre de Trente Ans, puis une nouvelle fois en 1848. La création de la Tchécoslovaquie en 1918 lui donna son indépendance. De 1939 à 1945, elle devint, avec la Moravie, un protectorat du IIIe Reich. En 1968, la Bohême et la Moravie furent réunies pour former l'un des deux États de la Tchécoslovaquie, la République tchèque, qui devint indépendante en 1993.

BOHÉMIEN, IENNE n. ▪ Tsigane nomade.

BOHÉMOND Ier (v. 1057 - 1111) ▪ Un des chefs de la 1re croisade, prince d'Antioche de 1098 à 1111.

Karl **BÖHM** (1894 - 1981) ▪ Chef d'orchestre autrichien. Il dirigea les plus grands orchestres européens et l'Opéra de Vienne (1944-1945 et 1954-1955), se consacrant surtout aux œuvres de Mozart, Wagner et Strauss.

Eugen von **BÖHM-BAWERK** (1851 - 1914) ▪ Homme politique et économiste autrichien. Trois fois ministre des Finances. L'un des représentants de l'école marginaliste de Vienne avec Menger.

Jakob **BÖHME** ou **BOEHME** (1575 - 1624) ▪ Mystique allemand. Ses écrits ont influencé les romantiques. *"De la triple vie de l'homme"*.

Niels **BOHR** (1883 - 1962) ▪ Physicien danois. Il introduisit les quanta dans la description de l'atome et énonça le « principe de complémentarité » entre les deux aspects de la réalité atomique, ondes et corpuscules (→ **Broglie, Schrödinger**). Prix Nobel 1922.

Matteo Maria **BOIARDO** (v. 1441 - 1494) ▪ Poète italien. *"Roland amoureux"* (inachevé).

François Adrien **BOIELDIEU** (1775 - 1834) ▪ Compositeur français. Opéras-comiques : *"Le Calife de Bagdad"* (1800) ; *"La Dame blanche"* (1825).

Nicolas **BOILEAU** dit **BOILEAU-DESPRÉAUX** (1636 - 1711) ▪ Écrivain français. Poète et critique exigeant, partisan des Anciens. Il défendit Molière, la Fontaine et Racine. *"Satires"* ; *"Épîtres"* ; *"Le Lutrin"* ; *"L'Art poétique"*, manifeste du classicisme français (1674).

Louis Léopold **BOILLY** (1761 - 1845) ▪ Peintre et graveur français. Scènes de mœurs.

① **BOIRE** v. tr. 53 ▪ **1.** Avaler (un liquide). ⇒ **absorber, ingurgiter, prendre.** *Boire de l'eau, du vin.* - pronom. (passif) *Un vin qui se boit au dessert,* qu'on boit. - (vin, alcool) *Boire un coup, un verre. Payer à boire, un coup à boire à qqn. Boire à la santé de qqn.* - loc. *Il y a à boire et à manger,* de bonnes et de mauvaises choses. - *Boire la tasse*.* - *Boire du lait*, du petit-lait.* - fig. *Boire les paroles de qqn,* les écouter avec attention et admiration. **2.** absolt Prendre des boissons alcoolisées avec excès. ⇒ FAM. **picoler.** *Un homme qui boit.* ⇒ **alcoolique, ivrogne.** *Boire comme un trou, comme une éponge ; boire sans soif.* - *Qui a bu boira :* on ne se corrige pas de ses vieux défauts. **3.** (corps poreux, perméable) Absorber. *Ce papier boit l'encre ;* absolt *il boit.*

② **BOIRE** n. m. ▪ loc. *Le boire et le manger :* l'action de boire et de manger. - loc. *En perdre, en oublier le boire et le manger,* être entièrement absorbé.

BOIS n. m. ▪ **I.** Espace de terrain couvert d'arbres (en principe plus petit que la forêt*). *Un bois de hêtres. Se promener dans les bois.* **II.** *LE BOIS, DU BOIS.* Matière ligneuse et compacte des arbres. ⇒ **ligni-, xylo-.** *Bois vert. Bois mort, sec.* - *Bois de chauffage. Feu de bois.* - loc. *Montrer de quel bois on se chauffe,* de quoi l'on est capable (menace). - *Bois de charpente, de menuiserie. Bois blanc,* sapin, bois léger. - *DE BOIS, EN BOIS :* dont la matière est le bois. *Cheval de bois.* loc. *N'être pas de bois,* ne pas manquer de sensualité. loc. FAM. *Avoir la gueule* de bois.* - *Langue* de bois.* **III. 1.** *Bois de lit,* cadre en bois qui supporte le sommier. **2.** Gravure sur bois. **3.** *LES BOIS :* les instruments à vent, munis de trous, en bois (parfois en métal). **4.** *Les bois d'un cerf,* ses cornes.

BOIS-COLOMBES ▪ Commune des Hauts-de-Seine, dans la banlieue de Paris. 24 415 hab. *(les Bois-Colombiens).*

BOIS-D'ARCY ▪ Commune des Yvelines. 12 693 hab. *(les Arcysiens).*

BOISE ou **BOISE CITY** ▪ Ville des États-Unis, capitale de l'Idaho. 126 000 hab. Industrie du bois.

BOISÉ, ÉE adj. ▪ Couvert de bois (I) (opposé à *déboisé*). *Une région boisée.*

BOISEMENT n. m. ▪ Action de garnir d'arbres un terrain.

BOISER v. tr. 1 ▪ **1.** Garnir de charpentes en bois. *Boiser une galerie de mines.* ▸ n. m. BOISAGE **2.** Planter d'arbres (→ déboiser, reboiser).

BOISERIE n. f. ▪ **1.** Revêtement en bois de menuiserie. **2.** au plur. Éléments de menuiserie d'une maison (à l'exclusion des parquets). *Boiseries peintes.*

Pierre Le Pesant, sieur de **BOISGUILBERT** ou **BOISGUILLEBERT** (1646 - 1714) ▪ Économiste français. Ses tentatives de réformes (fiscalité, liberté du commerce) causèrent sa disgrâce en 1707.

BOIS-GUILLAUME ▪ Commune de Seine-Maritime, dans la banlieue de Rouen. 10 159 hab. *(les Boisguillaumais).*

BOIS-LE-DUC en néerlandais ***'S-HERTOGENBOSCH*** ▪ Ville des Pays-Bas, chef-lieu du Brabant-Septentrional. 93 171 hab. Cathédrale gothique.

Joseph Bodin de **BOISMORTIER** (1689 - 1755) ▪ Compositeur français. Il fut le rival de Rameau.

BOISSEAU n. m. ▪ Ancienne mesure de capacité utilisée pour les matières sèches. - loc. *Mettre, laisser, garder qqch. sous le boisseau* (Évangile), le tenir secret.

BOISSON n. f. ▪ **1.** Liquide qui se boit. ⇒ **breuvage.** *Boisson froide, chaude. Boisson gazeuse. Boissons alcoolisées.* **2.** Boisson alcoolique. *Un débit de boissons,* un café, un bar. **3.** Habitude de boire de l'alcool. *S'adonner à la boisson.*

François Antoine, comte de **BOISSY D'ANGLAS** (1756 - 1826) ▪ Homme politique français. Président de la Convention thermidorienne, notable sous l'Empire et la Restauration.

BOISSY-SAINT-LÉGER ▪ Commune du Val-de-Marne. 15 120 hab. *(les Boisséens).*

BOÎTE n. f. ▪ **1.** Récipient de matière rigide, facilement transportable, souvent muni d'un couvercle. *Boîte en bois, en carton. Boîte de conserve. Boîte à,* destinée à recevoir (une chose). *Boîte à bijoux. Boîte à ouvrage,* pour ranger les objets de couture. *Boîte de,* contenant (qqch.). *Boîte d'allumettes.* - *EN BOÎTE :* dans une boîte. - loc. FAM. *METTRE qqn EN BOÎTE,* se moquer de lui, le faire marcher. **2.** loc. *BOÎTE À MUSIQUE,* dont le mécanisme reproduit quelques mélodies. - *BOÎTE AUX LETTRES,* réceptacle sur la voie publique pour poster les lettres ; boîte privée d'une maison où le facteur dépose le courrier. *BOÎTE POSTALE,* boîte aux lettres réservée à un particulier ou à une entreprise dans un bureau de poste (abrév. B. P.). - *Boîte à gants d'une voiture.* - fig. *Boîte à malice.* - *BOÎTE NOIRE,* contenant un dispositif d'enregistrement ; ce dispositif (avions, camions...). **3.** Cavité, organe creux qui protège et contient un organe, un mécanisme. *Boîte crânienne,* partie du crâne qui renferme le cerveau. ♦ *Boîte de vitesses,* organe renfermant les engrenages des changements de vitesse. **4.** FAM. Maison, lieu de travail. *Il veut changer de boîte.* - ARGOT SCOL. Lycée. ⇒ FAM. **bahut. 5.** *BOÎTE (DE NUIT) :* lieu ouvert la nuit où l'on boit, danse. ⇒ **discothèque.** *Aller en boîte.*

BOITER v. intr. 1 ▪ **1.** Marcher en inclinant le corps d'un côté plus que de l'autre, ou alternativement de l'un et de l'autre. ⇒ **boitiller.** *En boitant.* ⇒ **clopin-clopant. 2.** fig. *Un raisonnement qui boite,* défectueux, imparfait. ⇒ ② **clocher.**

BOITERIE n. f. ▪ Infirmité, mouvement d'une personne qui boite. ⇒ **claudication.**

BOITEUX, EUSE adj. ▪ **1.** Qui boite. - n. *Un boiteux, une boiteuse.* **2.** (choses) Qui n'est pas d'aplomb sur ses pieds. ⇒ **bancal, branlant.** *Une chaise boiteuse.* **3.** Qui manque d'équilibre, de solidité. *Un projet boiteux.* - Qui présente une irrégularité. *Vers boiteux,* qui n'a pas le nombre de syllabes voulu.

BOÎTIER n. m. ▪ Boîte à compartiments destinés à recevoir différents objets. - *Boîtier de montre,* où s'emboîtent le cadran et le mécanisme. *Boîtier d'appareil photo :* corps de l'appareil.

BOITILLER v. intr. 1 ▪ Boiter légèrement.

Arrigo **BOITO** (1842 - 1918) ▪ Compositeur italien et auteur de livrets d'opéra, notamment pour Verdi (*"Otello", Falstaff"*).

Jean-Bedel **BOKASSA** (né en 1921) ▪ Officier et homme politique centrafricain. Chef de l'armée, il s'empara du pouvoir en 1966. Il se nomma président à vie, puis empereur, et instaura un régime répressif (massacres) avant d'être renversé en 1979.

① **BOL** n. m. ▪ **I.** Pièce de vaisselle, récipient individuel hémisphérique. *Un bol de porcelaine.* - Son contenu. ⇒ **bolée.** *Manger un bol de riz.* - loc. *Prendre un bol d'air,* aller au grand air. **II. 1.** loc. FAM. *RAS LE BOL. En avoir ras le bol,* en avoir assez. *J'en ai vraiment ras le bol.* **2.** Chance. *Avoir du bol.* ⇒ FAM. **pot** (II, 2). *Manque de bol !*

② **BOL** n. m. ▪ *Bol alimentaire,* masse d'aliments déglutis en une seule fois.

BOLBEC ▪ Commune de la Seine-Maritime. 12 372 hab. *(les Bolbécais).*

BOLCHEVIK n. ▪ **1.** Partisan du bolchevisme, pendant la révolution russe. **2.** Russe communiste. - péj. Communiste.

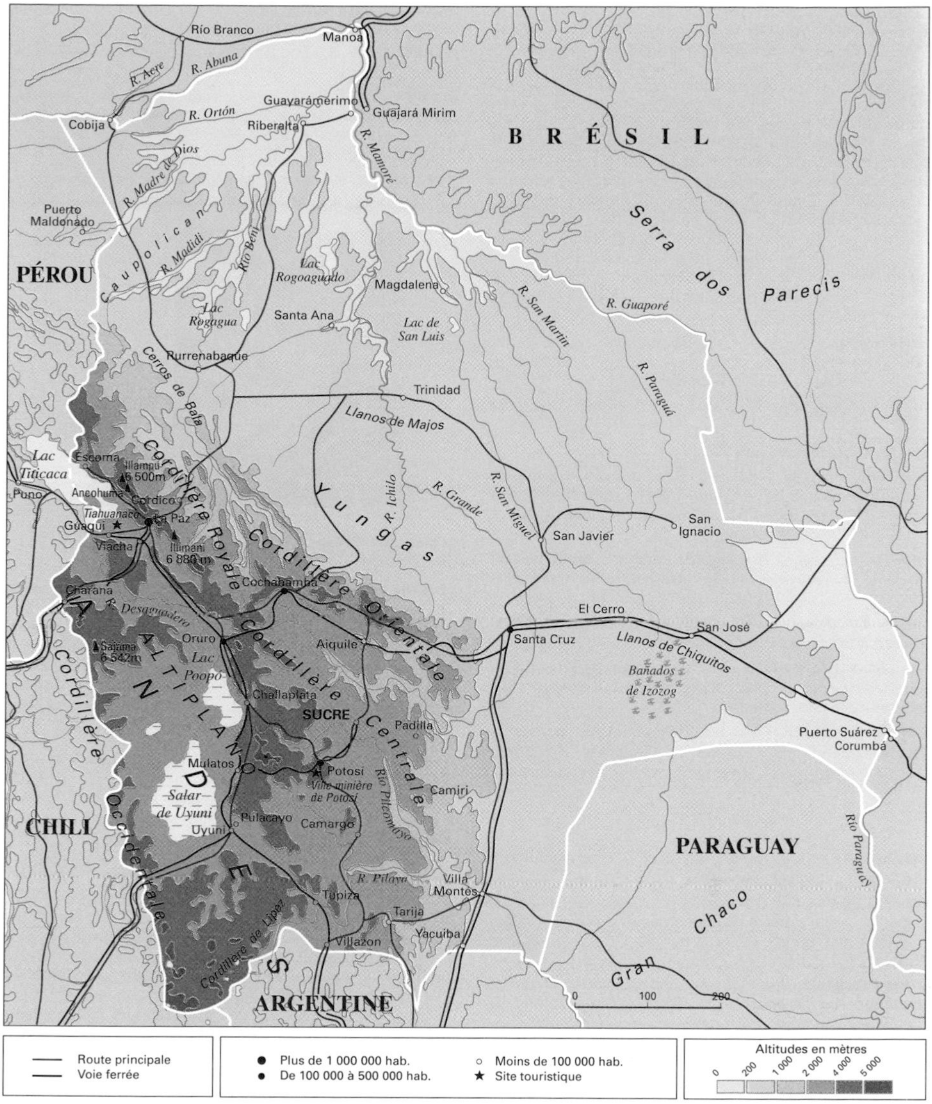

Bolivie.

Partisans de Lénine, les bolcheviks (« majoritaires ») s'opposèrent aux mencheviks (« minoritaires ») au congrès du Parti ouvrier social-démocrate russe en 1903. Après leur prise du pouvoir lors de la révolution russe (octobre 1917), leur parti prit le nom de parti communiste bolchevik (1918).

BOLCHEVISME n. m. ▪ Doctrine adoptée en 1917, en Russie, par les partisans du collectivisme marxiste.

BOLDUC n. m. ▪ Ruban plat pour ficeler les petits paquets, les cadeaux.

BOLÉE n. f. ▪ Contenu d'un bol, quand il s'agit d'un liquide. *Une bolée de cidre.*

BOLÉRO n. m. ▪ **1.** Danse espagnole à trois temps, de rythme lent ; air sur lequel on la danse. – Composition musicale inspirée de cette danse. *"Le Boléro" de Ravel.* **2.** Petite veste de femme, courte et sans manches.

BOLESLAS en polonais ***BOLESŁAW*** ▪ NOM DE PLUSIEURS SOUVERAINS DE POLOGNE DE LA DYNASTIE DES PIAST ► **BOLESLAS Ier** dit **LE VAILLANT** (v. 966 - 1025) agrandit le territoire et devint le premier roi de Pologne en 1025.

BOLESLAV Ier ▪ Prince de Bohême de 929 (après qu'il eut assassiné son frère aîné) à sa mort en 967. Considéré comme le fondateur de l'État tchèque.

BOLET n. m. ▪ Champignon charnu, à pied central. ⇒ **cèpe.**

BOLIDE n. m. ▪ **1.** loc. *Comme un bolide,* très vite, très brusquement. *Passer, filer comme un bolide.* **2.** Véhicule très rapide. *Un bolide de course.*

Henry Saint John, vicomte BOLINGBROKE (1678 - 1751) ▪ Homme politique et écrivain anglais. Correspondant de Pope.

Simón José Antonio BOLÍVAR (1783 - 1830) ▪ Général et héros de l'indépendance sud-américaine. Il libéra la Nouvelle-Grenade (Colombie), le Venezuela puis l'Équateur qu'il fédéra à partir de 1819 en une *république de Grande-Colombie.* Il en devint le premier président, mais elle ne devait pas lui survivre. Il se retira en 1830. La scission du haut Pérou donna naissance à une république qui prit le nom de *Bolivie* en son honneur (1825).

la BOLIVIE ▪ État (république) d'Amérique du Sud. 1 098 581 km². 7 600 000 hab. *(les Boliviens).* Capitale :

Sucre. Siège du gouvernement : La Paz. Langues : espagnol (officielle), aymara et quechua. Monnaie : boliviano. L'économie repose essentiellement sur l'exploitation des ressources minières (étain, or, argent). Difficultés économiques liées aux cours mondiaux, à la faible productivité de l'agriculture (culture de la coca), et au manque de communications. □ HISTOIRE Rattachée à l'Empire inca, elle devint espagnole en 1538. Après l'indépendance (1825), plusieurs conflits frontaliers réduisirent progressivement son territoire, la privant d'un accès à la mer. Les réformes engagées par le gouvernement révolutionnaire de V. Paz Estenssoro, de 1952 à 1956 et de 1960 à 1964, furent interrompues par une junte militaire, déclenchant une guérilla (mort de « Che » Guevara en 1967). Le pouvoir civil fut rétabli en 1982, V. Paz Estenssoro revenant au pouvoir de 1985 à 1989. J. Paz Zamora, président de 1989 à 1993, poursuivit une politique d'ajustement structurel.

Heinrich BÖLL (1917 - 1985) ▪ Romancier allemand. Catholique et socialiste, membre du Groupe 47. *"Portrait de groupe avec dame"* (1971). Prix Nobel 1972.

BOLLÈNE ▪ Commune du Vaucluse. 13 907 hab. *(les Bollénois).*

Jean de BOLOGNE → **Giambologna**

BOLOGNE en italien ***BOLOGNA*** ▪ Ville d'Italie, capitale de l'Émilie-Romagne. 417 410 hab. Centre industriel (mécanique). Monuments du Moyen Âge et de la Renaissance. Université (fondée en 1119).

BOLTON ▪ Ville d'Angleterre (Grand Manchester). 265 000 hab. Constructions mécaniques, matières plastiques.

Ludwig BOLTZMANN (1844 - 1906) ▪ Physicien autrichien. Créateur avec Maxwell de la théorie cinétique des gaz.

János BOLYAI (1802 - 1860) ▪ Mathématicien hongrois. Considéré avec Gauss et Lobatchevski comme l'inventeur de la géométrie non euclidienne.

Bernhard BOLZANO (1781 - 1848) ▪ Mathématicien, logicien et philosophe tchèque de langue allemande. Précurseur des recherches sur la théorie des ensembles et la notion d'infini.

BOLZANO ▪ Ville d'Italie (Trentin-Haut-Adige), dans les Dolomites. 100 707 hab.

BOMBANCE n. f. ▪ *Faire bombance :* faire un repas excellent et abondant. ⇒ **festoyer ;** FAM. faire **ripaille.**

BOMBARDE n. f. ▪ **I.** au Moyen Âge Machine de guerre qui servait à lancer de grosses pierres. **II.** RÉGIONAL (Bretagne) Instrument à vent, à anche, au son très puissant. *Binious et bombardes.*

BOMBARDEMENT n. m. ▪ **1.** Action de bombarder, de lancer des bombes ou des obus. *Un bombardement aérien. Un bombardement atomique.* **2.** PHYS. Projection de particules.

BOMBARDER v. tr. [1] ▪ **1.** Attaquer, endommager en lançant des bombes, des obus. - au p. p. *Des villes bombardées par l'aviation.* **2.** Lancer de nombreux projectiles sur (qqn ou qqch.). *Bombarder de tomates.* - FAM. Harceler de. *On le bombardait de télégrammes.* **3.** FAM. Nommer brusquement, élever avec précipitation (qqn), à un poste, un emploi, une dignité. *On l'a bombardé inspecteur général.*

BOMBARDIER n. m. ▪ **1.** Avion de bombardement. **2.** Aviateur chargé du lancement des bombes.

BOMBAY, depuis 1995 **MUMBAY** ▪ Ville de l'Inde, port sur l'océan Indien et capitale du Maharashtra. 9 900 000 hab. Grand centre industriel.

① **BOMBE** n. f. ▪ **1.** Projectile creux rempli d'explosif, lancé autrefois par des canons, de nos jours lâché par des avions. *Bombe explosive, incendiaire, au napalm. Lâcher, larguer des bombes sur une ville.* ⇒ **bombarder.** - *Bombe atomique,* utilisant l'énergie de la transmutation nucléaire. *Bombe H,* à hydrogène. - Tout appareil explosible. *Bombe à retardement.* **2.** FAM. *Tomber, arriver comme une bombe,* brusquement. - *La nouvelle a éclaté comme une bombe.* **3.** *Bombe glacée,* glace en forme de pyramide. **4.** *Bombe au cobalt,* appareil de traitement médical du cancer. **5.** Casquette hémisphérique renforcée des cavaliers. **6.** Atomiseur de grande dimension. *Une bombe insecticide. Bombe de peinture* (⇒ **bomber, II**).

② **BOMBE** n. f. ▪ FAM. *Faire la bombe :* faire bombance*, faire la noce.

BOMBÉ, ÉE adj. ▪ Qui est ou qui est devenu convexe. ⇒ **renflé.** *Un front bombé. Une route bombée.*

BOMBEMENT n. m. ▪ État de ce qui est bombé. ♦ Partie bombée.

BOMBER v. [1] ▪ **I. 1.** v. tr. Rendre convexe. *Bomber la poitrine. Bomber le torse,* faire le fier. **2.** v. intr. Devenir convexe, gonfler. *Ce mur bombe.* **II.** FAM. Peindre, inscrire à la bombe. ⇒ **graffiter, taguer.** ► n. BOMBEUR, EUSE

BOMBYX [-iks] n. m. ▪ Papillon dont le principal type, le *bombyx du mûrier,* a pour chenille le ver à soie.

bombyx.
Bombyx mori,
bombyx du mûrier.
Phot. © Moiton/Jacana

la presqu'île du Cap-BON ▪ Péninsule du nord-est de la Tunisie. 3 000 km².

① **BON, BONNE** adj. - REM. Le compar. de *bon* est *meilleur ; plus... bon* peut s'employer lorsque les deux mots ne se suivent pas : *Plus ou moins bon ; plus il est bon...* ▪ **I.** Qui convient, a une valeur. **1.** Qui a les qualités utiles qu'on en attend ; qui fonctionne bien. ⇒ **satisfaisant.** *Un bon outil. Un bon lit. Une bonne vue. De bonnes raisons.* - en attribut *Il est bon de* (+ inf.), *que* (+ subj.), souhaitable, salutaire. *Trouver bon de* (+ inf.), *que* (+ subj.). **2.** (personnes) Qui fait bien son travail ; tient bien son rôle. *Un bon acteur.* ♦ *ÊTRE BON EN :* réussir dans (un domaine). *Il est bon en latin.* **3.** Qui convient bien, est utile. *Ce ticket est encore bon.* ⇒ **valable, valide.** ♦ *BON POUR :* adapté, approprié à qqch. *Remède bon pour la gorge. Conscrit bon pour le service,* déclaré apte à faire son service militaire. - FAM. *Être bon (pour...) :* ne pas échapper à... ♦ *BON À. Chose bonne à manger. C'est bon à savoir.* ⇒ **utile.** - (personnes) *Il n'est bon à rien :* il ne sait rien faire. - *À QUOI BON ? :* à quoi cela sert-il ? ⇒ **pourquoi.** *À quoi bon continuer ?* **4.** Qui est bien fait, mérite l'estime. *C'est du très bon travail.* ⇒ **excellent.** *Un bon livre, un bon film.* **5.** Qui répond aux exigences de la morale. ⇒ **convenable, honorable.** *Une bonne conduite.* ⇒ **vertueux. 6.** Agréable au goût ou à l'odorat. *Un très bon plat.* ⇒ **délicieux, succulent. 7.** Qui donne du plaisir. ⇒ **agréable.** *De bonnes vacances. Passer un bon moment, avoir du bon temps. Une bonne histoire,* qui amuse. ⇒ **drôle.** - attribut *L'eau est bonne,* agréable pour le bain. - FAM. *En avoir de bonnes,* plaisanter. ♦ (en souhait) *Bonne année !* ⇒ **heureux, joyeux. 8.** *LE BON* (+ n.) : celui qui convient. *C'est la bonne route.* **9.** *Arriver au bon moment.* ⇒ **opportun. II.** (personnes ; actes) **1.** Qui veut du bien, fait du bien à autrui. ⇒ **charitable, généreux ; bonté.** *Il était bon avec, pour les malheureux.* loc. *Être bon comme le pain.* - *Le bon Dieu.* - *Avoir*

Bombay. La Porte de l'Inde. *Phot. © McIntyre/Resear/Explorer*

*bon cœur**. *Il, elle a une bonne tête.* **2.** Qui entretient avec autrui des relations agréables ; qui a de la bonhomie. ⇒ **brave, gentil.** *Une bonne fille. Être bon public,* être indulgent, ne pas faire le difficile. - ⇒ **bon enfant.** - *Merci, vous êtes bien bon.* ⇒ **aimable, obligeant.** - (pour souligner la difficulté) *Demain ? Vous êtes bon ! C'est impossible !* **3.** Qui témoigne de bonté. *Une bonne action.* **III. 1.** Qui atteint largement la mesure exprimée. ⇒ **grand, gros.** *Trois bons kilomètres.* **2.** Intense, violent. *Une bonne gifle.* **3.** Définitif, total. *Finissons-en une bonne fois.* **IV.** n. m. **1.** Ce qui est bon. *Il y a du bon et du moins bon, et du mauvais.* - loc. *AVOIR DU BON :* présenter des avantages. ♦ loc. adv. *POUR DE BON :* réellement, vérita- blement. - LITTÉR. *TOUT DE BON.* **2.** (*BON À... :* chose, personne bonne à...) - *BON À TIRER :* épreuve d'imprimerie bonne à tirer. - *Un BON À RIEN :* une personne bonne à rien. **3.** *LES BONS :* ceux qui sont bons. *Les bons et les méchants.* - FAM. au sing. *C'est un bon !,* il est bon (dans tel domaine). **V. 1.** adv. (loc.) *Sentir bon :* avoir une bonne odeur. - *Il fait bon :* le temps est doux, agréable. → être bien (on est bien). - *Tenir bon :* ne pas céder. **2.** interj. *Bon !,* marque la satisfaction (*bon ! c'est fini, on peut partir* ⇒ **bien**), la surprise (*ah, bon ?*), le mécontentement (*bon, ça recommence !*). ♦ loc. *ALLONS BON !* (étonnement ou mécontentement).

② **BON** n. m. ▪ Écrit constatant le droit d'exiger une prestation, de toucher une somme d'argent, etc. *Bon d'essence. Bons du Trésor,* émis par l'État.

BONACE n. f. ▪ MAR. État d'une mer très tranquille.

le vicomte Louis de BONALD (1754 - 1840) ▪ Écrivain politique français, monarchiste et catholique.

les BONAPARTE ou **BUONAPARTE** ▪ Famille française d'origine italienne, établie en Corse au XVIe s., dont est issu *Napoléon* (→ **Napoléon Ier**). ► **Charles Marie** (1746 - 1785), père de Napoléon. ► **Marie Letizia**, née Ramolino (1750 - 1836) , dité « Madame Mère », son épouse, mère de Napoléon. ► **Joseph** (1768 - 1844), fils de Charles Marie, roi de Naples puis roi d'Espagne. ► **Lucien** (1775 - 1840), président du Conseil des Cinq-Cents, prince de Canino, devint opposant à Napoléon. ► **Louis** (1778 - 1846), roi de Hollande opposé au Blocus continental, père de Napoléon III. ► **Jérôme** (1784 - 1860), roi de Westphalie, dignitaire du second Empire, père de la **princesse Mathilde**, dont le salon littéraire est resté célèbre, et du **prince Jérôme.** ► **Maria-Anna** dite **Élisa** (1777 - 1820), princesse de Lucques et de Piombino, grande-duchesse de Toscane. ► **Marie-Paulette** dite **Pauline** (1780 - 1825), princesse Borghèse, célèbre pour sa beauté. ► **Marie-Annonciade** dite **Caroline** (1782 - 1839), épouse de Murat, reine de Naples.

BONAPARTISME n. m. ▪ Attachement à la dynastie des Bonaparte ou à leur système politique, l'Empire. ► n. et adj. BONAPARTISTE

BONASSE adj. ▪ D'une bonté excessive. ⇒ **faible, mou.**

saint BONAVENTURE (1221 - 1274) ▪ Théologien italien. Il enseigna à Paris et fut général des Franciscains. Docteur de l'Église.

BONBON n. m. ▪ Petite friandise faite de sirop aromatisé et parfois coloré. *Bonbons fondants, acidulés, fourrés.*

BONBONNE n. f. ▪ Gros récipient à col étroit et court. ⇒ **dame-jeanne.** *Une bonbonne de vin.*

BONBONNIÈRE n. f. ▪ **1.** Petite boîte à bonbons. **2.** fig. Petit appartement ravissant.

BOND n. m. ▪ **1.** (personnes, animaux) Action de bondir. ⇒ **saut.** *Franchir un obstacle d'un bond.* - loc. *Ne faire qu'un bond :* se précipiter. - (choses) *Faire un bond :* progresser, augmenter subitement de façon notable. *Les prix ont fait un bond.* - *Bond en avant,* progrès soudain et rapide. **2.** loc. *Faire FAUX BOND à qqn,* ne pas venir à un rendez-vous ; ne pas faire ce qu'on a promis à qqn.

BONDE n. f. ▪ **1.** Ouverture de fond, destinée à vider l'eau d'un réservoir, d'une baignoire... - Le système de fermeture. *Lâcher, lever la bonde,* l'ouvrir pour faire écouler l'eau. **2.** Trou percé dans un tonneau (pour le remplir ou le vider).

BONDÉ, ÉE adj. ▪ (espace clos) Qui contient le maximum de personnes. ⇒ **comble, plein.** *Trains bondés.*

BONDIEUSERIE n. f. ▪ Objet de piété de mauvais goût.

BONDIR v. intr. [2] ▪ **1.** S'élever brusquement en l'air par un saut. ⇒ **sauter.** *Le tigre bondit sur sa proie.* ♦ fig. *Cela me fait bondir* (d'indignation, de colère). **2.** S'élancer précipitamment. ⇒ **courir.** *Il bondit à la porte.* ► adj. BONDISSANT, ANTE ► n. m. BONDISSEMENT

BONDOUFLE ▪ Commune de l'Essonne. 7 719 hab.

BONDUES ▪ Commune du Nord. 10 281 hab.

BONDY ▪ Commune de la Seine-Saint-Denis, banlieue de Paris. 46 676 hab. *(les Bondynois).*

BÔNE → **Annaba**

BON ENFANT [bɔn-] adj. invar. ▪ Qui a une gentillesse simple et naïve. *Des manières bon enfant.*

Omar BONGO (né en 1935) ▪ Président de la République du Gabon depuis 1967.

BONHEUR [bɔn-] n. m. ▪ **I.** Chance. *Porter bonheur* (⇒ **porte-bonheur**). - *AU PETIT BONHEUR* loc. adv. : au hasard. - *PAR BONHEUR :* heureusement. **II.** (opposé à *malheur*) **1.** État de pleine satisfaction. ⇒ **béatitude, félicité, plaisir.** *"Propos sur le bonheur"* (d'Alain). *Le bonheur d'aimer. Faire le bonheur de qqn,* le rendre heureux. FAM. *Si ce crayon peut faire votre bonheur,* vous être utile. - prov. *L'argent ne fait pas le bonheur.* **2.** *UN BONHEUR :* ce qui rend heureux. *C'est un grand bonheur pour moi.*

BONHEUR-DU-JOUR n. m. ▪ Petit bureau ouvragé.

Dietrich BONHOEFFER (1906 - 1945) ▪ Pasteur et théologien allemand, martyr de la résistance au nazisme.

BONHOMIE [bɔn-] n. f. ▪ Simplicité dans les manières, unie à la bonté du cœur. ⇒ **bonté, simplicité.**

BONHOMME [bɔnɔm], plur. **BONSHOMMES** [bɔ̃zɔm] n. m. ▪ **1.** FAM. Homme, monsieur. ⇒ FAM. **mec, type.** *Un drôle de bonhomme.* **2.** Jeune garçon (souvent *petit bonhomme*). *Ce petit bonhomme a déjà cinq ans.* - appellatif *Alors bonhomme !, mon bonhomme !* **3.** Figure humaine dessinée ou façonnée grossièrement. *Bonhomme de neige.* **4.** loc. *Aller son petit bonhomme de chemin :* poursuivre ses entreprises sans hâte, sans bruit, mais sûrement.

le col du BONHOMME ▪ Col des Alpes, en Haute-Savoie, reliant les vallées de l'Arve et de l'Isère. 2 329 m. ► **le col des VOSGES**, entre Saint-Dié et Colmar. 949 m.

BONI n. m. ▪ **1.** FIN. Excédent des recettes sur les dépenses ; économie de dépense par rapport aux prévisions. **2.** Bénéfice ; gratification.

BONICHE ou **BONNICHE** n. f. ▪ péj. VIEILLI Bonne (I).

BONIFACE VIII (1235 - 1303) ▪ Pape de 1294 à sa mort. Adversaire décidé de Philippe le Bel, qu'il excommunia. Celui-ci organisa un attentat à Anagni à la suite duquel le pape succomba.

BONIFACIO ▪ Commune de Corse-du-Sud. 2 683 hab. *(les Bonifaciens).* Enceinte, ville haute médiévale. Les *bouches de Bonifacio* séparent la Corse de la Sardaigne.

BONIFICATION n. f. ▪ **1.** Amélioration. **2.** Avantage accordé par l'État sur le taux d'intérêt d'un emprunt. **3.** SPORTS Avantage accordé à un concurrent lors d'une épreuve, en fonction de performances particulières.

BONIFIER v. tr. [7] ▪ **1.** Rendre meilleur, améliorer le rendement de (qqch.). *Bonifier les terres par l'assolement.* - pronom. S'améliorer. *Le vin se bonifie en vieillissant.* **2.** spécialt *Bonifier un prêt.* - au p. p. *Taux bonifié,* allégé par une prise en charge partielle de l'État. *Prêt bonifié.*

BONIMENT n. m. ▪ **1.** Propos débité pour convaincre et attirer la clientèle. *Le boniment d'un camelot* (⇒ **bonimenter**). **2.** FAM. Propos mensonger. ⇒ **blague ;** FAM. **baratin, bobard.** *Raconter des boniments. C'est du boniment.*

BONIMENTER v. tr. [1] ▪ Faire du boniment. *Bonimenter la clientèle.* ► adj. et n. BONIMENTEUR, EUSE

Richard BONINGTON (1802 - 1828) ▪ Peintre et aquarelliste anglais. Paysages.

François de BONIVARD ou **BONNIVARD** (v. 1496 - 1570) ▪ Patriote suisse. Il inspira Byron pour son poème *"Le Prisonnier de Chillon".*

BONJOUR n. m. ▪ Souhait de bonne journée (adressé en arrivant, en rencontrant). ⇒ FAM. **salut.** - sans article *Dire bonjour. Bonjour, Monsieur.* loc. *C'est simple, facile comme bonjour,* très simple, très facile. - (saluant l'arrivée, le début de qqch.) *"Bonjour tristesse"* (Eluard ; titre d'un roman de F. Sagan). loc. *Bonjour les dégâts !* ♦ (avec article) *Je vous souhaite le bonjour.* FAM. *Bien le bonjour !*

Bonnard. *Nu de dos à la toilette.*
MNAMGP, Paris. *Phot. © Dagli Orti*

BON MARCHÉ adj. invar. ▪ Qui n'est pas cher. *Des articles bon marché.* ◇ au compar. : *meilleur marché*.*

BONN ▪ Ville d'Allemagne (Rhénanie-du-Nord-Westphalie), siège du gouvernement. 289 500 hab. Centre d'activités tertiaires. Célèbre université. Collégiale romane. Capitale de la R.F.A. de 1949 à 1990.

Pierre **BONNARD** (1867 - 1947) ▪ Peintre et graveur français. Il fut membre du groupe nabi, ami de Vuillard. Grand coloriste, *"Nu à la baignoire"*.

Léon **BONNAT** (1833 - 1922) ▪ Peintre et collectionneur français. Portraits académiques.

BONNE n. f. ▪ **I. 1.** VIEILLI Servante. ⇒ **domestique.** *Bonne d'enfants.* **2.** *Bonne (à tout faire)* : employée de maison à plein temps, qui vit chez ses patrons. **II.** loc. *AVOIR* (qqn) *À LA BONNE*, avoir de la sympathie pour lui.

le cap de **BONNE-ESPÉRANCE** ▪ Pointe extrême sud de l'Afrique, découverte par B. Dias en 1488.

BONNE FEMME n. f. ▪ **1.** FAM. Femme. *Je ne connais pas ces bonnes femmes.* - péj. Épouse. **2.** *Petite bonne femme*, petite fille. **3.** *Remèdes de bonne femme*, transmis par tradition populaire.

Yves **BONNEFOY** (né en 1923) ▪ Écrivain français, poète, essayiste et critique d'art. *"L'Arrière-Pays"* (1972).

BONNE-MAMAN n. f. ▪ Grand-mère (surtout en appellatif). ⇒ **mamie, mémé.** *Des bonnes-mamans.*

BONNEMENT adv. ▪ **1.** VX Avec bonté. ♦ VX Vraiment. **2.** MOD. *TOUT BONNEMENT*, franchement, simplement. - *C'est tout bonnement impossible*, vraiment impossible.

BONNET n. m. ▪ **1.** Coiffure souple sans bord. *Bonnet pointu. Bonnet de laine, de fourrure. Bonnet de bain*, pour protéger les cheveux. *Bonnet phrygien* : bonnet rouge des révolutionnaires (1789), devenu l'emblème de la République. - *Bonnet d'âne* : bonnet de papier dont on affublait les cancres. - *Bonnet de nuit*, qu'on portait pour dormir. fig. n. m. et adj. Personne triste, ennuyeuse. - loc. *Avoir la tête près du bonnet*, être colérique, prompt à s'emporter. - *Prendre qqch. sous son bonnet*, faire qqch. de sa propre autorité, en prendre la responsabilité. - *Jeter son bonnet par-dessus les moulins* : braver la bienséance, l'opinion ; se dévergonder (femme). - *C'est blanc bonnet et bonnet blanc*, cela revient au même. - VX *Parler à son bonnet* : se parler à soi-même. ♦ *Un gros bonnet*, un personnage éminent, influent. ⇒ **huile. 2.** Chacune des deux poches d'un soutien-gorge. **3.** Second estomac d'un ruminant.

BONNETEAU n. m. ▪ Jeu de trois cartes que le *bonneteur* mélange après les avoir retournées, le joueur devant deviner où se trouve une de ces cartes.

BONNETERIE [bɔn(ə)tʀi ; bɔnɛtʀi] n. f. ▪ Industrie, commerce d'articles d'habillement en tissu à mailles. - Ces articles (bas, chaussettes, collants, lingerie).

BONNETIER, IÈRE n. ▪ **1.** Personne qui fabrique ou vend de la bonneterie. **2.** n. f. Petite armoire à une porte.

BONNEUIL-SUR-MARNE ▪ Commune du Val-de-Marne. 13 626 hab. *(les Bonneuillois).*

BONNEVILLE ▪ Chef-lieu d'arrondissement de Haute-Savoie. 9 998 hab. *(les Bonnevillois).*

BONNICHE n. f. ⇒ BONICHE

Jules Joseph **BONNOT** (1876 - 1912) ▪ Criminel français. Chef de la « bande à Bonnot », qui se réclamait de l'anarchisme, il fut abattu lors de son arrestation.

Giovanni Battista **BONONCINI** (1670 - 1747) ▪ Compositeur italien. Musique religieuse, musique de chambre.

BON-PAPA n. m. ▪ VIEILLI Grand-père. ⇒ **papi, pépé.** *Des bons-papas.*

BONSAÏ [bɔ̃(d)zaj] n. m. ▪ Arbre nain cultivé en pot (obtenu par coupe des racines, ligature).

BONSOIR n. m. ▪ Salutation du soir (qu'on emploie lorsqu'on rencontre qqn, ou, plus souvent, lorsqu'on le quitte). *Bonsoir, Madame.* ♦ fig. FAM. *Bonsoir !*, se dit pour marquer qu'une affaire est finie, qu'on s'en désintéresse. *S'il refuse, bonsoir !* ⇒ **adieu !**

BONTÉ n. f. ▪ **1.** Qualité morale qui porte à faire le bien, à être bon pour les autres. ⇒ **altruisme, bienveillance, humanité.** *Il est d'une grande bonté.* - interj. *Bonté divine !* **2.** Amabilité, gentillesse. *Voulez-vous avoir la bonté de...* **3.** au plur. VIEILLI ou LITTÉR. Acte de bonté, d'amabilité. *Avoir des bontés pour qqn.*

Massimo **BONTEMPELLI** (1878 - 1960) ▪ Écrivain et auteur dramatique italien. Œuvres fantastiques.

BONUS [-ys] n. m. ▪ Avantage consenti par un assureur au conducteur qui n'a pas d'accidents.

BON VIVANT adj. m. et n. m. ▪ Qui est d'humeur joviale et facile, qui aime les plaisirs. - n. m. *Des bons vivants.*

BONZE n. m. ▪ **1.** Prêtre de la religion bouddhique. **2.** fig. FAM. Personnage en vue, quelque peu prétentieux. ⇒ **ponte.** *Les bonzes d'un parti. Vieux bonze.*

BOOKMAKER [bukmɛkœʀ] n. m. ▪ Celui qui, dans les courses de chevaux, prend des paris et les inscrit. *Des bookmakers.* ◇ abrév. BOOK.

George **BOOLE** (1815 - 1864) ▪ Logicien et mathématicien anglais. Pour donner une structure mathématique à la logique, il créa une algèbre binaire dite « algèbre de Boole ».

BOOLÉEN, ENNE [buleɛ̃, ɛn] adj. ▪ DIDACT. Relatif à l'algèbre* de Boole.

Bonn. La collégiale romane.
Phot. © de Selva/Tapabor

BOOM [bum] n. m. ▪ 1. Brusque hausse des valeurs, en Bourse. 2. ÉCON. Croissance soudaine et peu stable. *Des booms.*

BOOMERANG [bumʀɑ̃g] n. m. ▪ 1. Arme de jet des indigènes australiens, formée d'une pièce de bois dur courbée, qui revient à son point de départ si le but est manqué. 2. fig. Acte dont les effets se retournent contre l'auteur. ‑ appos. *Des effets boomerangs.* ‑ loc. *Faire boomerang.*

William BOOTH (1829‑1912) ▪ Réformateur religieux britannique. Il fonda l'Armée du Salut (1878).

BOOTS [buts] n. f. pl. ▪ anglic. Bottes courtes s'arrêtant au-dessus de la cheville.

BOOZ en hébreu ***BO'AZ*** ▪ Personnage de la Bible, époux de Ruth. Il a inspiré un célèbre poème de V. Hugo dans *"La Légende des siècles",* « Booz endormi » (1859).

le BOPHUTHATSWANA ▪ Ancien bantoustan sud-africain déclaré indépendant de 1977 à 1994, aujourd'hui englobé dans la province du Nord-Ouest. Mines de platine et de chrome.

Franz BOPP (1791‑1867) ▪ Linguiste allemand. Un des fondateurs de la grammaire comparée des langues indo-européennes et par conséquent de la linguistique moderne.

BOQUETEAU n. m. ▪ Petit bois ; bouquet d'arbres. ⇒ **bosquet.**

BORA BORA ▪ Île volcanique de l'archipel de la Société (Polynésie française). 2 500 hab.

Bora Bora. Vue générale. *Phot. © Frances/Explorer*

BORATE n. m. ▪ CHIM. Sel de l'acide borique.

BORAX [-aks] n. m. ▪ Borate de sodium (cristaux solubles dans l'eau).

BORBORYGME n. m. ▪ Bruit produit par le déplacement des gaz dans l'intestin ou l'estomac. ⇒ **gargouillement.**

BORD n. m. ▪ I. MAR. 1. Extrémité supérieure des bordages, de chaque côté d'un navire (→ bâbord, tribord). *Navire de haut bord,* haut sur l'eau. *Jeter qqn par-dessus bord,* à la mer. 2. *Monter À BORD,* sur le navire. *Journal DE BORD,* compte rendu de la vie à bord. ‑ loc. *Les moyens du bord,* ce qu'on a sous la main. ♦ *À bord d'une voiture, d'un avion.* ‑ *Tableau* de bord.* 3. *Être du bord de qqn, du même bord que qqn,* de son parti. II. 1. Contour, limite, extrémité (d'une surface). ⇒ **bordure.** *Le bord d'une assiette* (⇒ **bordure, rebord**). *Le bord de la mer. Le bord d'une rivière* (⇒ **berge, rive**), *d'un bois* (⇒ **lisière, orée**), *de la route* (⇒ **bas-côté**). *Du centre, du fond jusqu'au bord.* ‑ *Verre plein jusqu'au bord, à ras bord* (⇒ **déborder**). ♦ *BORD À BORD* loc. adv. : en mettant un bord contre l'autre, sans les croiser. 2. Partie circulaire (d'un chapeau), perpendiculaire à la calotte. ⇒ **rebord.** *Chapeau à bord relevé, roulé.* 3. *ÊTRE AU BORD DE qqch.,* en être tout près. ‑ (temporel) *Au bord des larmes,* près de pleurer. ♦ FAM. *SUR LES BORDS :* légèrement, à l'occasion. *Il est un peu escroc sur les bords.*

BORDAGES n. m. pl. ▪ Planches épaisses ou tôles recouvrant la membrure d'un navire.

BORDE n. f. ▪ RÉGIONAL (Sud-Ouest) Métairie.

BORDEAUX n. m. ▪ 1. Vin des vignobles du département de la Gironde. 2. n. m. et adj. Couleur rouge foncé ; de cette couleur. *Des vestes bordeaux.*

le duc de BORDEAUX → comte de **Chambord**

BORDEAUX ▪ Chef-lieu de la Gironde et de la région Aquitaine. 213 336 hab. *(les Bordelais).* Nombreux monuments, notamment médiévaux (cathédrale, églises) et du XVIIIe s. (place de la Bourse, Grand-Théâtre, hôtel de ville, beaux hôtels). La prospérité du port fut liée au commerce avec les Antilles et à la traite des Noirs. Capitale des girondins pendant la Révolution. Métropole historique (gauloise, romaine, médiévale...) et économique.

BORDÉE n. f. ▪ 1. VX Ligne de canons rangés sur chaque bord d'un vaisseau. ‑ Salve de l'artillerie du bord. *Tirer une bordée.* ♦ fig. *Une bordée d'injures.* 2. Partie de l'équipage de service à bord. 3. Route parcourue par un navire qui louvoie sans virer de bord. ♦ loc. FAM. *Marins EN BORDÉE,* qui courent les cabarets, les lieux de plaisir. *Courir des bordées.*

BORDEL n. m. ▪ 1. vulg. Maison de prostitution. 2. fig. FAM. Grand désordre. *Quel bordel dans sa chambre !* ♦ *Tout le bordel :* tout le reste. 3. exclam. vulg. → nom de Dieu, bon sang.

le BORDELAIS ▪ Région des environs de Bordeaux, célèbre pour ses vignobles.

BORDÉLIQUE adj. ▪ FAM. ▪ 1. Où il y a du désordre. 2. (personnes) Qui crée du désordre.

BORDER v. tr. [1] ▪ 1. Occuper le bord de (qqch.). ‑ au p. p. *Route bordée d'arbres.* 2. Garnir (un vêtement) d'un bord, d'une bordure. *Border une nappe d'un galon.* 3. *Border un lit :* replier le bord des draps, des couvertures sous le matelas. ‑ *Border qqn dans son lit.* 4. MAR. *Border une voile,* tendre les écoutes pour la raidir.

BORDEREAU n. m. ▪ Relevé détaillé énumérant les articles ou pièces d'un compte, d'un dossier... ⇒ **état.** *Des bordereaux d'achat.*

BORDERS ▪ Région administrative du sud-est de l'Écosse. 4 662 km^2. 105 000 hab. Chef-lieu : Newton Saint Boswell's.

BORDIER, IÈRE adj. ▪ Situé en bordure. *Mer bordière.*

Paul Émile BORDUAS (1905‑1960) ▪ Peintre canadien. Il travailla d'abord à la décoration d'église, avant de s'orienter vers la peinture surréaliste, regroupant autour de lui les « Automatistes ». Il subit ensuite l'influence des expressionnistes américains. Principal auteur du manifeste *"Refus global"* (1948).

BORDURE n. f. ▪ Ce qui borde en servant d'ornement. *La bordure d'un massif.* ‑ *EN BORDURE :* sur le bord, le long du bord. *Jardin en bordure de la rivière.*

BORE n. m. ▪ CHIM. Corps simple, métalloïde, voisin du carbone.

BORÉAL, ALE, AUX adj. ▪ Qui est au nord du globe terrestre (s'oppose à *austral*). *Hémisphère boréal.* ‑ Voisin du pôle Nord. ⇒ **arctique ; hyperboréen.** *Aurore boréale.*

BORÉE ▪ Dieu grec du Vent du nord.

Petrus BOREL (1809‑1859) ▪ Écrivain romantique français. Un des maîtres de l'humour noir. *"Rhapsodies",* poèmes (1832); *"Champavert, contes immoraux"* (1833), nouvelles; *"Madame Putiphar"* (1839), roman.

Émile BOREL (1871‑1956) ▪ Mathématicien et homme politique français. Calcul infinitésimal. Théorie des probabilités.

Jorge Luis BORGES (1899‑1986) ▪ Écrivain argentin. Une très vaste culture littéraire nourrit son œuvre, qui comporte de la poésie, de la critique et surtout des contes fantastiques, fondés sur une métaphysique non dénuée d'humour : *"Fictions"* (1941-1944), *"L'Aleph"* (1949).

Borges.
Phot. © Harris/Liaison/Gamma

les BORGHÈSE ▪ Famille noble d'Italie. ► **le palais BORGHÈSE**, construit entre 1590 et 1607, à Rome, abrite un musée de peinture et de sculpture. ► **la princesse BORGHÈSE** → Pauline **Bonaparte.**

les BORGIA ▪ Famille romaine ► **César BORGIA** (1476 - 1507), prélat et homme d'État italien, fils du pape Alexandre VI. Capitaine général de l'Église, il fit des États du pape la principale puissance d'Italie. Il fut le modèle du *"Prince"* de Machiavel. ► **Lucrèce BORGIA** (1480 - 1519), sa sœur, protectrice des lettres et des arts, fut l'instrument de sa politique.

BORGNE adj. ▪ **1.** Qui a perdu un œil ou ne voit que d'un œil. *Un accident l'a rendu borgne.* - n. *Un, une borgne.* prov. *Au royaume des aveugles, les borgnes sont rois.* **2.** *Hôtel borgne,* mal famé.

le BORINAGE ▪ Région industrielle de Belgique (Hainaut). Bassin houiller.

BORIQUE adj. ▪ Formé d'hydrogène et de bore.

BORIS GODOUNOV (v. 1551 - 1605) ▪ Tsar de Russie. Il émancipa l'Église russe de la tutelle de Constantinople en 1589. Son histoire a inspiré Pouchkine et Moussorgski.

Max BORN (1882 - 1970) ▪ Physicien britannique d'origine allemande. Il est à l'origine de l'interprétation probabiliste de la théorie quantique. Prix Nobel 1954.

BORNAGE n. m. ▪ Opération consistant à délimiter deux propriétés contiguës par la pose de bornes.

BORNE n. f. ▪ **1.** Pierre ou autre marque servant à délimiter un champ, une propriété foncière, et qui sert de repère. - *Borne-fontaine.* ⇒ **fontaine.** - *Borne kilométrique,* plantée à chaque kilomètre d'une route. FAM. Kilomètre. **2.** Pièce correspondant à l'un des pôles d'un circuit électrique. *Les bornes d'une batterie de voiture.* **3.** au plur. fig. Frontières, limites. *Ma patience a des bornes.* - Limite permise. *Vous dépassez les bornes !* ⇒ **mesure.** - *Sans bornes,* illimité. ⇒ **infini. 4.** MATH. *Borne inférieure, supérieure d'un ensemble ordonné :* élément extrême, inférieur ou supérieur, de cet ensemble.

BORNÉ, ÉE adj. ▪ **1.** (choses) Qui a des bornes. - Limité par un obstacle. *Un horizon borné.* **2.** (personnes) Dont les capacités intellectuelles sont limitées. ⇒ **bouché, obtus.** *Esprit borné,* étroit, limité.

BORNÉO ▪ Grande île du Sud-Est asiatique (Insulinde), partagée entre l'Indonésie (Kalimantan), la Malaysia (Sabah, Sarawak) et le Brunei. 736 561 km². 12 331 400 hab. Île très montagneuse, couverte de forêts, où vivent de nombreuses tribus (notamment les Dayaks), avec une densité très faible (moins de 10 hab./km²). Café, hévéa, huile de palme. Bois, rotin.

BORNER v. tr. [1] ▪ **1.** Délimiter. *Les montagnes qui bornent l'horizon.* **2.** fig. Mettre des bornes à ; renfermer, resserrer dans des limites précises. ⇒ **limiter, réduire.** *Savoir borner ses désirs.* ► SE **BORNER** (À) v. pron. S'en tenir à. ⇒ se **contenter** de. *Les critiques se sont bornés à résumer la pièce.* - (choses) Se limiter à. *L'examen s'est borné à deux questions.*

le massif des BORNES ▪ Massif des Alpes, en Haute-Savoie, entre l'Arve au nord et le lac d'Annecy au sud. 2 437 m à la pointe Blanche. Au centre du massif se trouve le plateau des Glières.

BORNHOLM ▪ Île du Danemark, dans la mer Baltique. 588 km². 46 528 hab.

BORNOU ▪ Empire musulman africain qui s'étendait autour du lac Tchad et qui connut son apogée au XVIᵉ s. Reconstitué au XIXᵉ s., il fut vaincu par la France (1900) et partagé entre les puissances coloniales.

BOROBUDUR ▪ Immense monument bouddhique de Java (VIIIᵉ s.). Statues et bas-reliefs.

Alexandre BORODINE (1833 - 1887) ▪ Compositeur russe. Il s'inspira du folklore. *"Le Prince Igor",* opéra inachevé ; *"Dans les steppes de l'Asie centrale"* (1880), poème symphonique.

Jean BOROTRA (1898 - 1994) ▪ Joueur de tennis français. Surnommé le « Basque bondissant », il fut l'un des *Mousquetaires* qui remportèrent six fois la coupe Davis (1927-1932).

saint Charles BORROMÉE → saint **Charles Borromée**

les îles BORROMÉES ▪ Groupe de quatre îles situées dans la partie italienne du lac Majeur (Piémont).

Francesco BORROMINI (1599 - 1667) ▪ Architecte italien. Un des artistes les plus inventifs du baroque. *"Saint-Yves-de-la-Sapience"* (1642-1661).

Luís BORROSSÀ (v. 1360 - v. 1424) ▪ Peintre catalan. Maître de la tendance catalane du style gothique international, il produisit de nombreux retables pleins de détails pittoresques, aux tons éclatants.

BORT-LES-ORGUES ▪ Commune de la Corrèze. 4 208 hab. *(les Bortois).*

BORTSCH [bɔʀtʃ] n. m. ▪ Soupe aux betteraves et à la viande, avec de la crème (plat ukrainien) ; abusivt soupe russe analogue, aux choux *(chtchi).*

Jérôme BOSCH (v. 1450 - 1516) ▪ Peintre flamand. Visions fantastiques, peuplées d'êtres hybrides, dans des coloris clairs. *"Le Jardin des délices terrestres"; "La Tentation de saint Antoine"; "La Nef des fous"; "Le Jugement dernier".*

Bosch. *Le Jardin des délices terrestres,* triptyque, détail du volet droit. Musée du Prado, Madrid. *Phot. © Dagli Orti*

BOSCO n. m. ▪ MAR. Maître de manœuvre sur un navire.

Henri BOSCO (1888 - 1976) ▪ Écrivain français. Dans ses romans, les paysages provençaux sont imprégnés de mystère et de surnaturel. *"Le Mas Théotime"* (1946).

Satyendranath BOSE (1894 - 1974) ▪ Physicien indien. La *statistique de Bose-Einstein* décrit les systèmes quantiques.

BOSKOOP [bɔskɔp] n. f. ▪ Variété de pomme à peau rugueuse gris-vert et rouge.

la BOSNIE ▪ Région des Balkans, située dans le Nord de la Bosnie-Herzégovine.

la BOSNIE-HERZÉGOVINE ▪ État (république) d'Europe méridionale. 51 129 km². 4 365 639 hab. *(les Bosniaques).* Capitale : Sarajevo. Langue : serbo-croate. □ **HISTOIRE** Incluse au XVᵉ s. dans l'Empire ottoman, la Bosnie-Herzégovine devint un foyer d'opposition nationaliste au pouvoir austro-hongrois, de 1878 à 1918. L'assassinat de l'archiduc François-Ferdinand d'Autriche à Sarajevo fut la cause directe de la Première Guerre mondiale. Intégrée à la Yougoslavie* en 1918, elle en devint l'une des six républiques fédérées en 1946. La proclamation de son indépendance (1991), voulue par les Croates et les Musulmans, se heurta à l'hostilité des Serbes qui déclenchèrent une guerre civile assortie de massacres et de l'expulsion massive des non-Serbes, pratique dite *purification ethnique.* Un accord de paix a été signé en 1995, sous l'égide des États-Unis, qui prévoit un État de Bosnie-Herzégovine comprenant deux entités, la Fédération croato-musulmane (51 % du territoire, dont Sarajevo) et la République serbe (49 %).

le BOSPHORE ▪ Passage entre la mer Noire et, par la mer de Marmara, la mer Égée. Position stratégique dès l'Anti-

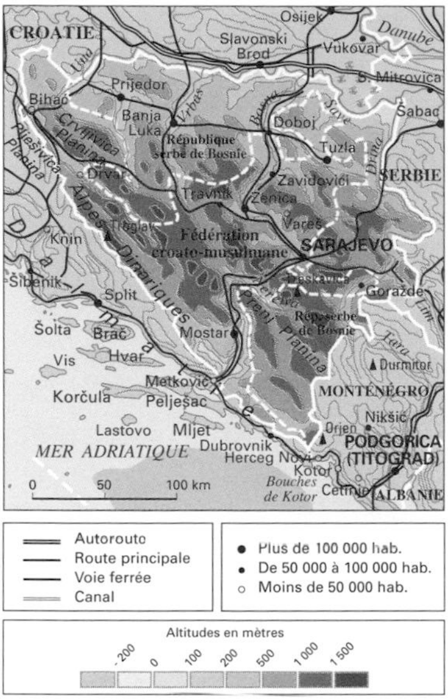

Bosnie-Herzégovine.

quité, le Bosphore, avec les Dardanelles, a été un enjeu des guerres du XIXe et du XXe s. Il sépare l'Europe de l'Asie.

le BOSPHORE CIMMÉRIEN ▪ Nom antique du détroit de Kertch* (Crimée). Le royaume du Bosphore (V^{e}-Ier s. av. J.-C.) s'étendait dans cette région (capitale : Panticapée).

BOSQUET n. m. ▪ Petit bois ; groupe d'arbres plantés pour l'agrément. ⇒ **boqueteau, bouquet.**

BOSS [bɔs] n. m. ▪ anglic. FAM. Patron, chef. *Le big boss :* le grand patron.

BOSSAGE n. m. ▪ ARCHIT. Saillie laissée comme ornement (à la surface d'un mur, d'une porte, etc.).

BOSSA NOVA n. f. ▪ Musique de danse brésilienne.

① **BOSSE** n. f. ▪ **1.** Enflure due à un choc sur une région osseuse. *Une bosse au front.* **2.** Grosseur dorsale, difformité de la colonne vertébrale (⇒ **bossu**). **3.** *Bosse du crâne,* protubérance du crâne considérée autrefois (dans la phrénologie) comme le signe d'une aptitude. ▸ FAM. *Avoir la bosse du commerce.* ⇒ **don. 4.** Protubérance naturelle sur le dos (d'animaux). *Les deux bosses d'un chameau.* **5.** Partie renflée et arrondie. *Les bosses d'une piste de ski. Creux et bosses.* ♦ ⇒ **ronde-bosse.**

② **BOSSE** n. f. ▪ MAR. Cordage fin.

Abraham BOSSE (1602-1676) ▪ Graveur et théoricien d'art français. Sa production constitue un document exceptionnel sur les mœurs de son époque.

BOSSELER v. tr. [4] ▪ Déformer (qqch.) par des bosses. ⇒ **cabosser.** ▸ au p. p. *Un terrain bosselé.* ▸ n. f. BOSSELURE

BOSSER v. [1] ▪ FAM. ▪ **1.** v. intr. Travailler. ⇒ **boulonner. 2.** v. tr. *Bosser un examen,* le préparer activement. ⇒ **bûcher.**

BOSSEUR, EUSE n. et adj. ▪ FAM. Personne qui travaille beaucoup. ▸ adj. *Elle est très bosseuse.*

BOSSOIR n. m. ▪ MAR. Dispositif de levage à bord d'un navire, pour lever l'ancre, descendre les canots, etc.

BOSSU, UE adj. ▪ Qui a une ou plusieurs bosses (2) par un vice de conformation. *Elle est bossue.* ♦ n. *Une bossue. "Le Bossu"* (roman de Paul Féval). ▸ loc. FAM. *Rire comme un bossu,* à gorge déployée (→ être plié de rire).

BOSSUÉ, ÉE adj. ▪ Qui présente des bosses. *Un crâne bossué.*

Jacques Bénigne BOSSUET (1627-1704) ▪ Prélat, théologien et écrivain français, précepteur du Grand Dauphin pour lequel il écrivit le *"Discours sur l'histoire universelle"* (1681). Évêque de Meaux, il combattit dans ses écrits théologiques les protestants, puis le quiétisme que soutenait Fénelon. Il fut un orateur célèbre pour ses *"Sermons"* et ses *"Oraisons funèbres"*.

BOSTON n. m. ▪ Valse lente.

Boston. L'hôtel Harbor et les tours. *Phot. © Boutin/Explorer*

BOSTON ▪ Ville des États-Unis, capitale du Massachusetts. 574 000 hab. Recherche, commerce, industries. Port sur l'Atlantique. La zone urbaine comprend notamment Cambridge.

BOT adj. ▪ *Pied bot,* rendu difforme par la rétraction de certains muscles.

BOTANIQUE ▪ **1.** adj. Relatif à l'étude des végétaux. *Jardin botanique.* **2.** n. f. Science qui a pour objet l'étude des végétaux.

BOTANISTE n. ▪ Spécialiste de botanique.

Kristo BOTEV (1849-1876) ▪ Écrivain et patriote bulgare. Héros national.

la BOTNIE ▪ Région du nord de l'Europe, partagée entre le nord-est de la Suède et le nord-ouest de la Finlande.

le signal de BOTRANGE ▪ Point culminant de la Belgique, en Ardenne. 694 m.

Théodore BOTREL (1868-1925) ▪ Chansonnier français. *"La Paimpolaise"*.

le BOTSWANA ▪ État d'Afrique australe, entre la Namibie, le Zimbabwe et l'Afrique du Sud. 600 372 km^{2}. 1 347 000 hab. *(les Botswanais* ou *Botswanéens).* Capitale : Gaborone. Langues : anglais (officielle), tswana (nationale), khoïsan. Monnaie : pula. Pays en majeure partie désertique (Kalahari), à l'économie agro-pastorale, doté de richesses minières. État indépendant associé au Commonwealth depuis 1966, multiracial, il dépend pour ses débouchés du Zimbabwe et de l'Afrique du Sud (80 % des échanges).

① **BOTTE** n. f. ▪ Chaussure qui enferme le pied et la jambe. *Des bottes de cuir. Petites bottes* (⇒ aussi **boots, bottine**). ♦ loc. *Être à la botte de qqn,* lui obéir servilement. ▸ FAM. *En avoir plein les bottes :* être très fatigué, excédé. ▸ *Bruits de bottes :* rumeurs de guerre, d'invasion. ▸ *Les bottes de sept lieues* (du Petit Poucet, dans le conte de Perrault).

② **BOTTE** n. f. ▪ **1.** Réunion de tiges de végétaux attachés ensemble. *Une botte de paille, de radis, d'asperges.* ▸ loc. *Il n'y en a pas des bottes,* pas beaucoup. **2.** ARGOT Groupe des

Bossuet. Portrait par Hyacinthe Rigaud. Musée des Offices, Florence. *Phot. © Giraudon*

Botticelli.
La Naissance de Vénus.
Musée des Offices, Florence.
Phot. © Alinari/Giraudon

élèves de Polytechnique sortis dans les premiers rangs. *Sortir dans la botte.*

③ **BOTTE** n. f. ▪ Coup d'épée, de fleuret, porté à l'adversaire selon les règles. *Une botte secrète.*

BOTTELER v. tr. 4 ▪ Attacher en botte(s). *Botteler de la paille.*

BOTTER v. tr. 1 ▪ **I. 1.** Chausser de bottes. – au p. p. *Des motards bottés et casqués.* **2.** Donner un coup de pied à. *Il lui a botté les fesses.* ♦ SPORTS Frapper du pied (le ballon). ⇒ **shooter.** – absolt *Botter en touche.* **II.** FAM. Convenir, plaire à (qqn).

Sandro **BOTTICELLI** (1445 - 1510) ▪ Peintre italien, un des principaux représentants de l'art florentin. Il peignit des madones, des scènes religieuses, des allégories d'inspiration païenne. *"Le Printemps"* (v. 1478) et *"La Naissance de Vénus"* (v. 1485) sont parmi les chefs-d'œuvre de la Renaissance.

BOTTIER n. m. ▪ Artisan qui fabrique des chaussures, des bottes sur mesure. ⇒ **chausseur.**

BOTTILLON n. m. ▪ Chaussure montante confortable. ⇒ **boots.**

BOTTIN n. m. ▪ Annuaire* des téléphones. – *Le Bottin mondain :* répertoire des personnalités de la haute société.

Sébastien **BOTTIN** (1764 - 1853) ▪ Éditeur des premiers annuaires statistiques français.

BOTTINE n. f. ▪ Chaussure montante qui serre la cheville.

BOTTROP ▪ Ville d'Allemagne (Rhénanie-du-Nord-Westphalie). 118 200 hab.

BOTULISME n. m. ▪ Intoxication alimentaire causée par un microbe contenu dans la charcuterie, les conserves avariées.

Markos **BOTZARIS** ou **BÓTSARIS** (v. 1789 - 1823) ▪ Patriote grec, il fut tué en combattant les Turcs.

BOUAKÉ ▪ Ville du centre de la Côte-d'Ivoire. 200 000 hab.

BOUBOU n. m. ▪ Longue tunique ample, vêtement traditionnel africain. *Des boubous.*

BOUC n. m. ▪ **1.** Mâle de la chèvre. – loc. *BOUC ÉMISSAIRE :* bouc que le prêtre, dans la religion hébraïque, chargeait symboliquement des péchés d'Israël ; fig. personne sur laquelle on fait retomber les torts des autres. *Des boucs émissaires.* **2.** Barbiche. *Porter le bouc.*

① **BOUCAN** n. m. ▪ FAM. Grand bruit. ⇒ **tapage, vacarme.**

② **BOUCAN** n. m. ▪ Gril de bois pour fumer viandes et poissons (aux Caraïbes). ⇒ **boucaner.**

BOUCANER v. tr. 1 ▪ **1.** Faire sécher à la fumée (de la viande, du poisson). ► n. m. BOUCANAGE **2.** Dessécher et colorer (la peau). ⇒ **tanner.** – au p. p. *Teint boucané.*

BOUCANIER n. m. ▪ Aventurier, pirate des Antilles, des Caraïbes.

BOUC-BEL-AIR ▪ Commune des Bouches-du-Rhône. 11 512 hab.

BOUCHAGE n. m. ▪ Action de boucher.

Lucien **BOUCHARD** (né en 1938) ▪ Homme politique canadien. Il succéda à J. Parizeau à la tête du Parti québécois et comme Premier ministre du Québec (1996).

BOUCHARDE n. f. ▪ TECHN. Marteau, rouleau à aspérités. ► BOUCHARDER v. tr. 1

Edme **BOUCHARDON** (1698 - 1762) ▪ Sculpteur et dessinateur français de tendance néo-classique. *"Bassin de Neptune à Versailles".*

BOUCHE n. f. ▪ **1.** Cavité située au bas du visage humain, communiquant avec l'appareil digestif et avec les voies respiratoires. ⇒ FAM. **bec, gueule ; buccal.** *Ouvrir, fermer la bouche. Un baiser sur la bouche.* ♦ Les lèvres et leur expression. – loc. *Faire la fine bouche,* le difficile. *La bouche en cœur,* en minaudant. ♦ (servant à manger) *Avoir la bouche pleine,* en mangeant. – loc. *Garder qqch. pour la bonne bouche,* le manger en dernier pour en conserver le goût agréable ; fig. garder pour la fin. – *Une fine bouche :* un gourmet. – *Une bouche inutile,* une personne que l'on doit nourrir et qui ne rapporte rien. ♦ (servant à parler) *De bouche à oreille :* en confidence. – *Le bouche à oreille :* ce qui se transmet seulement par la parole. *Bouche cousue !,* gardez le secret. ⇒ **motus. 2.** Cavité buccale (d'animaux). ⇒ **gueule. 3.** Ouverture, orifice. *Une bouche de métro,* l'entrée d'une station de métro. *Bouche d'égout. Bouche de chaleur.* – *Bouche à feu :* canon.

BOUCHÉ, ÉE adj. ▪ **1.** Fermé, obstrué. *Avoir le nez bouché* (par des mucosités). *Un temps bouché,* couvert. *Du cidre bouché,* en bouteille bouchée. **2.** (personnes) Borné, imbécile. *Il est bouché (à l'émeri).* ⇒ **obtus.**

BOUCHE-À-BOUCHE n. m. invar. ▪ Procédé de respiration artificielle par lequel une personne insuffle avec sa bouche de l'air dans la bouche de l'asphyxié. *Faire du bouche-à-bouche à un noyé.*

BOUCHÉE n. f. ▪ **1.** Quantité d'aliment qu'on met dans la bouche en une seule fois. *Une bouchée de pain.* – loc. *Pour une bouchée de pain :* pour presque rien. *Ne faire qu'une bouchée de qqn,* en triompher aisément. – *Mettre les bouchées doubles :* aller plus vite (dans un travail, etc.). **2.** *BOUCHÉE À LA REINE :* croûte feuilletée garnie de viandes blanches en sauce. ⇒ **vol-au-vent. 3.** Morceau de chocolat fin fourré.

① **BOUCHER** v. tr. 1 ▪ **1.** Fermer (une ouverture, un trou, un récipient...). *Boucher une bouteille* (⇒ **bouchon, capsule**). – *Se boucher le nez* (en le pinçant), pour ne pas sentir une odeur. – *Se boucher les yeux, les oreilles,* refuser de voir, d'entendre. **2.** Obstruer (un passage, une porte...). ⇒ **barrer.** *Ce mur bouche la vue.* ♦ FAM. *En boucher un coin à qqn,* le rendre muet d'étonnement.

② **BOUCHER** n. m. ▪ **1.** Commerçant qui prépare et vend la viande. *Acheter un gigot chez le boucher.* **2.** Homme cruel et sanguinaire. **3.** Chirurgien maladroit. – Général peu économe de la vie de ses hommes.

François **Boucher** (1703 - 1770) ▪ Peintre et décorateur français. Il fut le protégé de Madame de Pompadour. Sujets galants dans l'esprit libertin du XVIIIe s. *"Diane sortant du bain"*.

Hélène **Boucher** (1908 - 1934) ▪ Aviatrice française. Elle accomplit seule le raid Paris-Saïgon (1929).

Boucher de Crèvecœur de Perthes, plus connu sous le nom de **Jacques Boucher de Perthes** (1788 - 1868) ▪ Préhistorien français. Il découvrit dans les alluvions de la Somme des instruments de silex, ce qui l'amena à affirmer l'existence de l'homme antédiluvien, fondant ainsi la science préhistorique.

BOUCHÈRE n. f. ▪ Femme de boucher ; femme qui tient une boucherie.

BOUCHERIE n. f. ▪ **1.** Commerce de la viande crue de bœuf (et veau), de mouton (et agneau), de porc, de cheval. *Animaux de boucherie,* élevés pour leur chair. **2.** Magasin du boucher. **3.** fig. Tuerie, carnage.

les **Bouches-du-Rhône** [13] ▪ Département français de la région Provence-Alpes-Côte d'Azur. 5 247 km². 1 759 000 hab. Chef-lieu : Marseille. Chefs-lieux d'arrondissement : Aix-en-Provence, Arles, Istres.

BOUCHE-TROU n. m. ▪ Personne, objet n'ayant pas d'autre utilité que de combler une place vide. *Des bouche-trous.*

BOUCHON n. m. ▪ **I. 1.** VX Poignée de paille tordue (pour frotter, nettoyer ⇒ **bouchonner**). **2.** Cabaret, petit restaurant. *Les bouchons lyonnais.* **3.** VIEILLI Terme d'affection. *Mon petit bouchon.* **II. 1.** Pièce qui sert à boucher, fermer les bouteilles, flacons. *Le bouchon d'une carafe.* ♦ spécialt Pièce cylindrique de liège obturant les bouteilles. *Ce vin sent le bouchon* (⇒ **bouchonné**). *Bouchon de champagne* (retenu par une armature métallique). **2.** Flotteur de ligne de pêche (qui permet de surveiller le fil). **3.** Pièce cylindrique vissée, servant à boucher (flacons, tubes...). **4.** fig. Ce qui bouche accidentellement un conduit, un passage. ♦ Encombrement qui arrête ou ralentit fortement la circulation. ⇒ **embouteillage. 5.** Ancien jeu où on lançait des bouchons de liège. - loc. *C'est plus fort que de jouer au bouchon ! Envoyer le bouchon un peu loin :* exagérer.

BOUCHONNÉ, ÉE adj. ▪ *Vin bouchonné,* qui a un goût, une odeur de bouchon.

BOUCHONNER v. tr. [1] ▪ Frotter vigoureusement, frictionner. - *Bouchonner un cheval,* frotter le poil de l'animal avec un bouchon de paille ou de foin.

BOUCHOT n. m. ▪ Parc à moules (et autres coquillages), en bois. *Moules de bouchot.*

BOUCLAGE n. m. ▪ **1.** Mise sous clé. **2.** Opération militaire, policière par laquelle on boucle une région, un quartier. **3.** (presse, journalisme) Action de boucler (I, 2).

BOUCLE n. f. ▪ **1.** Anneau ou rectangle métallique muni d'une ou plusieurs pointes (⇒ **ardillon**) pour tendre une courroie, une ceinture. **2.** Objet en forme d'anneau. - *Boucles d'oreilles :* petits bijoux qu'on fixe aux oreilles. **3.** Ligne courbe qui s'enroule, se recoupe. *Faire une boucle avec un lacet.* - *Boucles de cheveux.* - Courbe très accentuée (d'un fleuve). *Les boucles de la Seine.* ⇒ **méandre. 4.** INFORM. Partie d'un programme qui revient à son point de départ.

BOUCLÉ, ÉE adj. ▪ Disposé en boucle. *Cheveux bouclés.*

BOUCLER v. [1] ▪ **I.** v. tr. **1.** Attacher, serrer au moyen d'une boucle. *Boucler sa ceinture.* - *Boucler sa valise, sa malle,* les fermer ; fig. s'apprêter à partir. **2.** (presse, journalisme) Finir de rassembler les articles et les tenir prêts à partir en composition. *Il faut boucler ce numéro avant le 15.* **3.** FAM. ⇒ **fermer.** ♦ *La boucler,* se taire. ♦ Enfermer, emprisonner (qqn). **4.** Parcourir entièrement (une boucle qu'on décrit, un circuit). *Il a bouclé le second tour en 8 minutes.* - fig. *Boucler son budget,* le mettre en équilibre (→ joindre* les deux bouts). **5.** Entourer complètement par des troupes ou des forces de police. ⇒ **cerner, encercler.** *La police a bouclé le quartier.* **II.** v. intr. Avoir, prendre la forme de boucles. *Ses cheveux bouclent naturellement.* ⇒ **friser.**

BOUCLETTE n. f. ▪ Petite boucle. ⇒ **frisette.** - appos. *Laine bouclette,* qui présente de petites boucles.

BOUCLIER n. m. ▪ **1.** Ancienne arme défensive, épaisse plaque portée par les gens de guerre pour se protéger. ⇒ **écu.** - loc.

Boucher. *La Marquise de Pompadour.*
Musée du Louvre, Paris. *Phot. © Dagli Orti*

Levée de boucliers : démonstration d'opposition. **2.** Plaque de blindage ; appareil étanche (creusement, etc.). *Bouclier thermique.* **3.** fig. LITTÉR. Ce qui constitue un moyen de défense, de protection. ⇒ **rempart.** *Faire un bouclier de son corps à qqn,* se mettre devant lui pour le protéger. **4.** ZOOL. Carapace (de certains crustacés). **5.** GÉOL. Plate-forme étendue de roches primitives.

le **Bouclier canadien** ▪ Vaste zone de terrains du nord-est du Canada datant du précambrien, s'étendant du cercle polaire aux Grands Lacs au sud et au Labrador à l'est. Richesses minières.

André **Boucourechliev** (né en 1925) ▪ Compositeur français d'origine bulgare. D'abord pianiste, il est surtout connu pour ses compositions de séquences musicales aléatoires. *"Archipels"* (1967-1973).

le **Bouddha** (v. 536 - v. 480 av. J.-C.) ▪ En sanskrit « l'Éveillé », surnom d'un prince indien, Siddhārta Gautama. À 29 ans, il quitta le palais royal pour mener une vie ascétique. Un jour, assis sous un figuier, il reçut l'Éveil *(bodhi)* et devint *Bouddha.* Il commença à prêcher sa doctrine *(dharma)* et une méthode pour se libérer des illusions, de la douleur et atteindre la sérénité totale, le *nirvāna,* et l'assurance de ne plus renaître.

BOUDDHISME n. m. ▪ Doctrine religieuse fondée dans l'Inde, qui succéda au brahmanisme et se répandit en Asie. ► adj. BOUDDHIQUE ▪ Le bouddhisme exerce une influence profonde dans toute l'Asie, sous différentes formes : Hīnayāna et Mahāyāna (petit et grand véhicules) en Inde, tantrisme au Tibet, zen au Japon, ch'an en Chine.

BOUDDHISTE n. et adj. ▪ Adepte du bouddhisme. *Prêtre bouddhiste.* ⇒ **bonze.**

BOUDER v. [1] ▪ **1.** v. intr. Montrer du mécontentement par une attitude renfrognée, maussade. *Un enfant qui boude.* - loc. *Bouder contre son ventre :* refuser de manger, alors qu'on a faim. **2.** v. tr. Montrer de l'hostilité à (qqn) par cette attitude. *J'ai l'impression qu'elle me boude.* ♦ FAM. Ne plus rechercher (qqch.). *Bouder les distractions.* ⇒ **ignorer.**

BOUDERIE n. f. ▪ Action de bouder ; état de la personne qui boude.

BOUDEUR, EUSE adj. ▪ Qui boude fréquemment. ⇒ **grognon, maussade.** - n. *Un vilain boudeur. Une boudeuse.* ♦ Qui marque la bouderie. *Visage boudeur.*

BOUDIN n. m. ▪ **1.** Boyau rempli de sang et de graisse de porc assaisonnés. *Boudin grillé.* - *Boudin blanc :* charcuterie de forme semblable faite avec du lait et des viandes blanches. - loc. FAM. *S'en aller, tourner en eau de boudin,* se dit d'une affaire qui échoue progressivement. **2.** Objet cylindrique. ♦ Bourrelet. **3.** FAM. Fille mal faite, petite et grosse. ○ abrév. FAM. BOUDE.

Boudin. *La Plage de Trouville.* Musée des Beaux-Arts, Reims.
Phot. © de Gregorio/Ricciarini

Eugène BOUDIN (1824 - 1898) ▪ Peintre français. Précurseur des impressionnistes. Paysages marins. *"La Plage de Trouville"* (1863).

BOUDINÉ, ÉE adj. ▪ **1.** Serré dans un vêtement étroit. **2.** En forme de boudin. *Des doigts boudinés.*

BOUDINER v. tr. [1] ▪ **1.** Tordre en écheveau, en spirale. **2.** Serrer (qqn) dans des vêtements trop étroits.

Rachid BOUDJEDRA (né en 1941) ▪ Écrivain algérien d'expression française. Critique de la société algérienne *"La Répudiation"* (1969).

BOUDOIR n. m. ▪ **1.** Petit salon élégant de dame. *"La Philosophie dans le boudoir"* (de Sade). **2.** Biscuit oblong recouvert de sucre cristallisé.

BOUE n. f. ▪ **1.** Terre, poussière détrempée (dans les rues, les chemins). ⇒ **gadoue.** *Patauger dans la boue.* - loc. *Traîner qqn dans la boue, le couvrir de boue,* l'accabler de propos infamants. **2.** Limon imprégné d'éléments minéraux. *Le médecin lui a prescrit des bains de boue.* **3.** Déchets, résidus liquides (⇒ **boueux, éboueur**). *Des boues industrielles.*

BOUÉE n. f. ▪ Corps flottant qui signale l'emplacement d'un mouillage, d'un écueil, d'un obstacle ou qui délimite une passe, un chenal. ⇒ **balise, flotteur.** - *Bouée (de sauvetage),* anneau d'une matière insubmersible. *Apprendre à nager avec une bouée.*

① **BOUEUX, EUSE** adj. ▪ **1.** Plein de boue. *Chemin boueux.* ⇒ **bourbeux.** *Chaussures boueuses.* **2.** Qui a la consistance, l'aspect de la boue.

② **BOUEUX** n. m. ▪ Employé chargé d'enlever les ordures ménagères des voies publiques. ⇒ **éboueur.**

BOUFFANT, ANTE adj. ▪ Qui bouffe. *Manches bouffantes.* ⇒ ① **ballon.**

BOUFFARDE n. f. ▪ FAM. Grosse pipe à tuyau court.

① **BOUFFE** adj. ▪ *Opéra bouffe,* du genre lyrique léger.

② **BOUFFE** n. f. ▪ FAM. Action de bouffer, de manger. - Nourriture. ⇒ **boustifaille.** - *Faire la bouffe,* la cuisine.

BOUFFÉE n. f. ▪ **1.** Souffle qui sort par intermittence de la bouche. *Tirer des bouffées de sa pipe.* **2.** Souffle d'air qui arrive par intermittence. *Une bouffée de parfum.* ♦ Sensation brusque et passagère. *Bouffée de chaleur.* **3.** fig. Manifestation, mouvement subit, passager. ⇒ **accès.** *Des bouffées de colère, d'orgueil. Par bouffées,* par intervalles. - PSYCH. *Bouffée délirante.*

BOUFFER v. [1] ▪ **I.** v. intr. (matière souple, légère) Se gonfler et augmenter de volume. *Des cheveux qui bouffent.* **II.** v. tr. **1.** FAM. Manger. ⇒ **becqueter, boulotter.** absolt. *À quelle heure on bouffe ?* - loc. *Bouffer des briques,* n'avoir rien à manger. - *Se bouffer le nez,* se disputer. **2.** (choses) Consommer. *Voiture qui bouffe de l'huile.*

BOUFFETANCE n. f. ▪ FAM. Nourriture.

BOUFFI, IE adj. ▪ **1.** Gonflé, enflé de manière disgracieuse. ⇒ **boursouflé, soufflé.** *Un visage bouffi. Yeux bouffis,* aux paupières gonflées. **2.** fig., péj. *Bouffi d'orgueil,* rempli d'un orgueil démesuré. *Un style bouffi.*

BOUFFIR v. tr. [2] ▪ Déformer par une enflure morbide, disgracieuse. ⇒ **enfler, gonfler.** ► n. m. BOUFFISSAGE

BOUFFISSURE n. f. ▪ **1.** Enflure des chairs bouffies. **2.** fig. Caractère de ce qui est bouffi (2).

BOUFFON, ONNE ▪ **I. 1.** n. m. Personnage qui était chargé de divertir un prince par ses plaisanteries. ⇒ **fou.** ♦ Celui qui amuse. ⇒ **clown, farceur, pitre. 2.** n. FAM. (injure) Personne sans intérêt, niaise, ridicule. **II.** adj. Qui excite le gros rire, a quelque chose de grotesque et d'un peu fou. ⇒ **comique, ridicule.** *Une scène bouffonne.*

▪ **la querelle des BOUFFONS** ▪ Polémique qui opposa en 1752, à Paris, les partisans de l'opéra italien (→ **Pergolèse**) et ceux de l'opéra français (→ **Gluck**).

BOUFFONNERIE n. f. ▪ **1.** Caractère bouffon. *La bouffonnerie de la situation.* **2.** Action ou parole bouffonne. ⇒ **farce.**

le BOUG ▪ Rivière d'Europe centrale (803 km), affluent de la Vistule.

Louis Antoine, comte de BOUGAINVILLE (1729 - 1811) ▪ Navigateur français. Il dirigea une importante expédition scientifique autour du monde (1766-1769). La relation de son *"Voyage autour du monde"* (1771) fut, pour Diderot, le point de départ du *"Supplément au voyage de Bougainville"* (publ. 1796).

l'île de BOUGAINVILLE ▪ La plus grande des îles de la province des Salomon septentrionales de la Papouasie-Nouvelle-Guinée. Forêt, volcans.

BOUGAINVILLÉE [-vile] n. f. ▪ Arbrisseau grimpant à feuilles persistantes, aux bractées violettes, roses ou orangées. ◇ syn. BOUGAINVILLIER n. m.

bougainvillée. *Phot. © D'Hotel/Jacana*

BOUGE n. m. ▪ Café, cabaret sordide, sale, mal fréquenté.

BOUGEOIR n. m. ▪ Support bas pour les bougies.

BOUGEOTTE n. f. ▪ FAM. Manie de bouger ; de voyager. *Avoir la bougeotte.*

BOUGER v. [3] ▪ **I.** v. intr. **1.** Faire un mouvement. ⇒ **remuer.** - Se déplacer. *Je ne bouge pas de chez moi,* je ne sors pas. **2.** FAM. Changer. *Les prix n'ont pas bougé.* **3.** (groupe de personnes) S'agiter sous l'effet du mécontentement. ⇒ se **soulever. II.** v. tr. FAM. Remuer, déplacer. *Bouger un meuble.* - pronom. *Bouge-toi de là.*

BOUGIE n. f. ▪ **1.** Appareil d'éclairage formé d'une mèche tressée enveloppée de cire. *Bougies, chandelles et cierges. Souffler les bougies d'un gâteau d'anniversaire.* **2.** Appareil d'allumage (d'un moteur à explosion). *Bougies encrassées.*

BOUGIVAL ▪ Commune des Yvelines. 8 552 hab. *(les Bougivalais).*

BOUGLIONE ▪ Famille de dompteurs, d'écuyers et de directeurs de cirque, française d'origine italienne et gitane. ► **Émilien Bouglione** fut un écuyer célèbre à la fin du siècle dernier. ► Ses quatre fils, **Alexandre** (1900 - 1954), **Joseph** (1904 - 1987), **Firmin** (1905 - 1980) et **Sampion** (1910 - 1967), montèrent un cirque connu pour sa ménagerie.

BOUGNAT n. m. ▪ FAM. et VIEILLI Marchand de charbon, qui tenait souvent un café.

BOUGON, ONNE adj. et n. ▪ FAM. Qui a l'habitude de bougonner. ⇒ **grognon** ; FAM. **ronchon.** *Il est un peu bougon.* - *Un air bougon.*

BOUGONNER v. intr. [1] ▪ FAM. Exprimer pour soi seul, souvent entre les dents, son mécontentement. ⇒ **grogner, grommeler** ; FAM. **râler.** ► n. m BOUGONNEMENT

BOUGRE, BOUGRESSE n. ▪ **1.** VX Homosexuel. **2.** FAM. Gaillard. *Il n'a pas froid au yeux, le bougre !* ♦ Individu. ⇒ **type.** *Un bon bougre,* un brave type. **3.** *Bougre d'idiot !* ⇒ **espèce. 4.** interj. ⇒ **bigre, foutre !**

BOUGREMENT adv. ▪ FAM. Très. ⇒ **bigrement, rudement.** *C'est bougrement cher.*

BOUGUENAIS ▪ Commune de Loire-Atlantique. 15 099 hab. *(les Bouguenaisiens).*

William **BOUGUEREAU** (1825-1905) ▪ Peintre académique français.

BOUI-BOUI n. m. ▪ FAM. Café, restaurant de dernier ordre. *Des bouis-bouis.*

BOUILLABAISSE n. f. ▪ Plat provençal de poissons, fortement épicé, que l'on sert dans son bouillon avec des tranches de pain.

BOUILLANT, ANTE adj. ▪ 1. Qui bout. *Eau bouillante* (⇒ **ébouillanter**). 2. Très chaud, brûlant. 3. fig. Ardent, emporté. *Un bouillant jeune homme.*

Jean **BOUILLAUD** (1796-1881) ▪ Médecin français. Il a décrit le rhumatisme articulaire aigu ou *maladie de Bouillaud.*

BOUILLE n. f. ▪ FAM. Figure, tête. *Il a une bonne bouille.*

BOUILLEUR n. m. ▪ Distillateur. - *BOUILLEUR DE CRU :* propriétaire qui distille chez lui ses récoltes de fruits.

BOUILLI n. m. ▪ Viande bouillie. ⇒ **pot-au-feu.** *Bouilli de bœuf.*

BOUILLIE n. f. ▪ 1. Aliment fait de lait et de farine bouillis ensemble, destiné surtout aux bébés. - loc. *C'est de la bouillie pour les chats,* un texte confus, incompréhensible. 2. *EN BOUILLIE :* écrasé. *Réduire qqch. en bouillie.* - par exagér. *Réduire son adversaire en bouillie.* ⇒ FAM. **écrabouiller.** 3. Liquide pâteux.

BOUILLIR v. intr. [15] ▪ 1. (liquides) S'agiter en formant des bulles, par ébullition. *L'eau bout à 100 degrés. Faire bouillir du lait.* - au p. p. *Eau bouillie.* 2. Faire cuire dans un liquide qui bout (de la viande, des légumes...). - au p. p. *Bœuf bouilli.* ⇒ **bouilli.** ♦ Stériliser ou nettoyer dans l'eau qui bout. 3. fig. (personnes) *Bouillir de colère, d'impatience,* être emporté par la colère, l'impatience. - sans compl. S'impatienter, s'emporter. *Ça me fait bouillir.* 4. trans. (sujet personne) FAM. Faire bouillir. *Bouillir le linge.*

BOUILLOIRE n. f. ▪ Récipient métallique à bec destiné à faire bouillir de l'eau.

BOUILLON n. m. ▪ 1. Bulles qui se forment au sein d'un liquide en ébullition. *Retirer au premier bouillon,* dès l'ébullition. *Bouillir À GROS BOUILLONS,* très fort. ⇒ **bouillonnement.** 2. Liquide dans lequel ont bouilli des substances comestibles (⇒ **court-bouillon**). *Bouillon gras. Bouillon de légumes.* 3. *Boire un bouillon,* avaler de l'eau en nageant (→ boire la tasse) ; fig. FAM. subir une perte considérable. 4. *Bouillon de culture :* liquide destiné à la culture des microbes ; fig. milieu favorable.

BOUILLONNANT, ANTE adj. ▪ 1. Qui bouillonne. *L'eau bouillonnante d'un torrent.* 2. fig. En effervescence.

BOUILLONNEMENT n. m. ▪ 1. Agitation, mouvement d'un liquide qui bouillonne. 2. LITTÉR. Effervescence. *Un bouillonnement d'idées nouvelles.*

BOUILLONNER v. intr. [1] ▪ 1. (liquides) Être agité en formant des bouillons. *La source bouillonne.* 2. LITTÉR. Être en effervescence, s'agiter. *Les idées bouillonnent dans sa tête.*

① **BOUILLOTTE** n. f. ▪ 1. VX Bouilloire. 2. Récipient que l'on remplit d'eau bouillante pour se chauffer (dans un lit, etc.). 3. FAM. VIEILLI Tête (ronde). ⇒ **bouille.**

② **BOUILLOTTE** n. f. ▪ Ancien jeu de cartes.

Jean **BOUIN** (1888-1914) ▪ Athlète français. Champion de course à pied (10 000 m), il fut tué au front lors de la Première Guerre mondiale.

BOUKHARA ▪ Ville d'Ouzbékistan. 228 000 hab. Ancienne capitale de principautés musulmanes (mosquées des Xe-XIIe s.). Textile, cuir.

Nikolaï Ivanovitch **BOUKHARINE** (1888-1938) ▪ Révolutionnaire russe. Bolchevik, il soutint la N.E.P. puis fut condamné à mort sous Staline comme opposant et théoricien de droite. Il fut réhabilité en 1988.

El-**BOULAIDA** anciennt **BLIDA** ▪ Ville d'Algérie, au sud-ouest d'Alger. 131 615 hab.

BOULANGER, ÈRE n. ▪ Personne qui fait et vend du pain. *Garçon boulanger.* ⇒ **mitron.** ♦ loc. *Pommes (à la) boulangère,* cuites au four avec des oignons.

Georges **BOULANGER** (1837-1891) ▪ Général français. Ministre de la Guerre en 1886, il cristallisa autour de lui les oppositions au régime parlementaire mais recula au moment de prendre le pouvoir (1889). Son suicide mit fin au *boulangisme.*

Nadia **BOULANGER** (1887-1979) ▪ Professeur de musique et organiste française. ► Lily **BOULANGER** (1893-1918), sa sœur, fut compositeur.

BOULANGERIE n. f. ▪ 1. Fabrication et commerce du pain. 2. Magasin du boulanger. *Boulangerie-pâtisserie,* où l'on fait et vend aussi des gâteaux.

BOULAY-MOSELLE ▪ Chef-lieu d'arrondissement de la Moselle. 4 422 hab. *(les Boulageois).* Fabrique d'orgues d'église.

BOULE n. f. ▪ 1. Objet sphérique. *Rond comme une boule.* ♦ *BOULE DE NEIGE. Une bataille de boules de neige.* loc. *Faire boule de neige :* augmenter de volume en roulant ; fig. grossir. ♦ *BOULE DE GOMME :* bonbon de gomme. - loc. FAM. *Mystère et boule de gomme !,* je n'en sais rien ! 2. *EN BOULE :* en forme de boule. *Arbres taillés en boule. Le hérisson se met en boule.* - FAM. *Se mettre en boule,* en colère. 3. Corps plein sphérique que l'on fait rouler (dans certains jeux). ⇒ **bille.** *Boule de bowling, de croquet. Jeux de boules* (boule lyonnaise, pétanque). *Le cochonnet et les boules.* ♦ Jeu de casino proche de la roulette. 4. FAM. Tête. *Coup de boule.* - *Perdre la boule,* devenir fou, s'affoler, déraisonner. 5. loc. FAM. *Avoir les boules,* être en colère, énervé ou anxieux. *Ça me fout les boules !*

BOULEAU n. m. ▪ Arbre des régions froides et tempérées, à écorce blanche, à petites feuilles. *Un bois de bouleaux.*

bouleau. *Betula pendula,* bouleaux blancs.
Phot. © Nacivet/Explorer

BOULEDOGUE n. m. ▪ Petit dogue à mâchoires saillantes.

BOULER v. intr. [1] ▪ 1. Rouler comme une boule. 2. fig. FAM. *Envoyer bouler qqn,* le repousser, l'éconduire.

BOULET n. m. ▪ 1. Projectile sphérique de métal dont on chargeait les canons. - loc. FAM. *Arriver comme un boulet de canon,* en trombe. ♦ *Boulet rouge,* que l'on faisait rougir au feu. - loc. *Tirer à boulets rouges sur qqn,* l'attaquer violemment. 2. Boule de métal qu'on attachait aux pieds de condamnés (bagnards, etc.). - fig. *C'est un boulet à traîner,* une obligation pénible, une charge dont on ne peut se délivrer.

BOULETTE n. f. ▪ 1. Petite boule façonnée à la main. *Boulette de pain, de papier.* - Petite boule de viande hachée, de pâte. ⇒ **croquette.** 2. FAM. *Faire une boulette,* une bévue, une gaffe.

BOULEVARD n. m. ▪ 1. anciennt Rempart. - fig. VX Défense. 2. MOD. Rue très large, généralement plantée d'arbres. - *Les grands boulevards,* à Paris (entre la Madeleine et la Bastille). 3. *Théâtre, pièce de boulevard,* d'un comique léger, traditionnel. - *Le boulevard,* ce genre de théâtre.

BOULEVARDIER, IÈRE adj. ▪ Qui a les caractères du théâtre, de l'esprit de boulevard.

BOULEVERSANT, ANTE adj. ▪ Très émouvant. *Un récit bouleversant.*

BOULEVERSEMENT n. m. ▪ Action de bouleverser ; son résultat. ⇒ **changement.** *Bouleversements politiques, économiques.* ⇒ **révolution.**

BOULEVERSER v. tr. [1] ▪ 1. Mettre en grand désordre, par une action violente. ⇒ **chambouler, déranger.** 2. Apporter des changements brutaux dans. ⇒ **troubler.** *Cet événement a bouleversé sa vie.* 3. (choses) Causer une émotion violente et pénible, un grand trouble à (qqn). ⇒ **émouvoir, secouer.**

La nouvelle de sa mort nous a bouleversés. ‑ au p. p. *Un visage bouleversé.*

Pierre **BOULEZ** (né en 1925) ▪ Compositeur et chef d'orchestre français. Chef de l'école dodécaphonique française, son influence sur la musique contemporaine est déterminante. *"Le Marteau sans maître"* (1955); *"Répons"* (1981-1984).

Mikhaïl **BOULGAKOV** (1891 ‑ 1940) ▪ Écrivain soviétique. Le thème central de son œuvre est le destin d'un artiste face à un État despotique. *"La Garde blanche"* (1925); *"Le Maître et Marguerite"* (1929-1940), roman fantastique sur la vie à Moscou dans les années 1920-1930.

BOULIER n. m. ▪ Cadre portant des tringles sur lesquelles sont enfilées des boules et qui sert à compter. ⇒ **abaque.**

BOULIMIE n. f. ▪ **1.** Faim excessive pathologique. ‑ Grande faim. **2.** fig. *Une boulimie de lecture.*

BOULIMIQUE adj. ▪ **1.** Relatif à la boulimie. *Comportement boulimique.* **2.** Atteint de boulimie. ‑ n. *Un, une boulimique.*

BOULIN n. m. ▪ Trou dans un mur, spécialt pour les pigeons d'un colombier.

BOULINGRIN n. m. ▪ Parterre de gazon généralement entouré de bordures, de talus.

BOULISTE n. ▪ Personne qui joue aux boules.

André Charles **BOULLE** (1642 ‑ 1732) ▪ Ébéniste français. Son nom est attaché au type de meuble en marqueterie qu'il créa et à une école d'ébénisterie fondée en 1886.

Pierre **BOULLE** (1912 ‑ 1994) ▪ Écrivain français. *"Le Pont de la rivière Kwaï"* (1952); *"La Planète des singes"* (1963).

Étienne Louis **BOULLÉE** (1728 ‑ 1799) ▪ Architecte français. Il édifia hôtels particuliers et châteaux, mais imagina aussi des projets utopiques (cénotaphe de Newton).

BOULOCHER v. intr. [1] ▪ (lainage) Former de petites boules pelucheuses à l'usage. *Pull qui bouloche.*

BOULODROME n. m. ▪ Terrain aménagé pour le jeu de boules.

le bois de **BOULOGNE** ▪ Parc de l'ouest de Paris (850 ha) aménagé par Alphand.

BOULOGNE-BILLANCOURT ou **BOULOGNE-SUR-SEINE** ▪ Commune des Hauts-de-Seine. 107 743 hab. *(les Boulonnais).* Banlieue industrielle et résidentielle (bois de Boulogne) de Paris.

BOULOGNE-SUR-MER ▪ Chef-lieu d'arrondissement du Pas-de-Calais. 43 678 hab. *(les Boulonnais).* 1er port de pêche de France, site pittoresque (nombreux monuments).

BOULON n. m. ▪ Ensemble constitué par une vis et l'écrou qui s'y adapte. ‑ loc. fig. *Serrer les boulons :* réorganiser avec plus de rigueur.

le **BOULONNAIS** ▪ Région d'élevage de chevaux et de bœufs dans le Pas-de-Calais.

BOULONNER v. [1] ▪ **1.** v. tr. Fixer au moyen de boulons. **2.** v. intr. FAM. Travailler. *Il boulonne dur.* ⇒ FAM. **bosser.** ► n. m. BOULONNAGE

① **BOULOT, OTTE** adj. et n. ▪ Gros et court. *Une femme boulotte.* ‑ n. *Une petite boulotte.*

② **BOULOT** n. m. ▪ FAM. Travail. *Chercher du boulot.* ⇒ **emploi.**

BOULOTTER v. intr. [1] ▪ FAM. Manger. ⇒ **bouffer.** ‑ trans. *Il n'y a rien à boulotter.*

BOUM [bum] ▪ **1.** interj. Bruit de ce qui tombe, explose. ⇒ **bang.** *Ça a fait boum !* **2.** n. m. *Un grand boum !* ♦ loc. *En plein boum,* en pleine activité. **3.** n. f. Surprise-partie.

Houari **BOUMÉDIÈNE** (1932 ‑ 1978) ▪ Officier et homme politique algérien. Président de la République de 1965 à sa mort. Il soutint une industrialisation accélérée et les nationalisations.

BOUMER v. intr. impers. [1] ▪ FAM. *Ça boume,* ça va bien.

Ivan **BOUNINE** (1870 ‑ 1953) ▪ Écrivain russe. Il émigra en 1920 et mourut à Paris. *"Sombres allées"* (1943). Prix Nobel de littérature 1933.

① **BOUQUET** n. m. ▪ **1.** Groupe serré (d'arbres). ⇒ **bosquet.** **2.** Assemblage de fleurs, de feuillages coupés dont les tiges sont disposées dans le même sens. ⇒ **botte, gerbe.** *Un bouquet de violettes.* ‑ *Bouquet garni,* thym, laurier, persil. ♦ Ensemble (de choses groupées) évoquant un bouquet de fleurs. **3.** *Le bouquet d'un feu d'artifice,* les plus belles fusées. ‑ iron. *C'est le bouquet.* ⇒ **comble.** **4.** Parfum (d'un vin, d'une liqueur). ⇒ **arôme.** *Ce vin a du bouquet.*

② **BOUQUET** n. m. ▪ Grosse crevette rose qui rougit à la cuisson.

BOUQUETIÈRE n. f. ▪ Celle qui fait et vend des bouquets de fleurs dans les lieux publics.

BOUQUETIN n. m. ▪ Mammifère ruminant à longues cornes annelées, vivant à l'état sauvage dans les montagnes d'Europe.

BOUQUIN n. m. ▪ FAM. Livre, ouvrage. *Son bouquin va paraître.*

BOUQUINER v. [1] ▪ FAM. **1.** v. intr. Fouiller dans de vieux livres. **2.** v. tr. Lire. *Bouquiner des polars.* ‑ absolt *Chercher un coin tranquille pour bouquiner.*

BOUQUINISTE n. ▪ Personne qui vend des livres d'occasion. *Les bouquinistes des quais de la Seine, à Paris.*

Henri **BOURASSA** (1868 ‑ 1952) ▪ Journaliste et homme politique québécois. Fondateur du quotidien *Le Devoir* (1910), consacré à la défense des Canadiens français.

Robert **BOURASSA** (né en 1933) ▪ Homme politique québécois. Premier ministre (libéral) du Québec de 1970 à 1976 et de 1985 à 1993.

Nicolas **BOURBAKI** ▪ Pseudonyme d'un groupe de mathématiciens français, formé en 1933, qui chercha à redéfinir l'axiomatique et le langage mathématique. *"Éléments de mathématiques".*

BOURBE n. f. ▪ Dépôt qui s'accumule au fond des eaux stagnantes. ⇒ **boue.** *La bourbe d'un marais.*

BOURBEUX, EUSE adj. ▪ Qui est plein de bourbe. ⇒ **boueux.** *Eau bourbeuse.*

BOURBIER n. m. ▪ **1.** Lieu creux plein de bourbe. *S'enfoncer dans un bourbier* (⇒ s'**embourber**). **2.** fig. Situation très embarrassante. *Comment sortir de ce bourbier ?*

BOURBON n. m. ▪ Alcool analogue au whisky, à base de maïs, fabriqué aux États-Unis.

les maisons de **BOURBON** ▪ Famille de seigneurs du *Bourbonnais* (Allier), parents des Capétiens à partir du XIIIe s. La branche cadette parvint au trône de Navarre avec Antoine de Bourbon en 1548 (son frère Louis fondant la maison de Condé), puis au trône de France avec Henri IV en 1589; elle le conserva jusqu'à Charles X. ► les **BOURBONS-ORLÉANS**, descendants du second fils de Louis XIII, branche dont sont issus Louis-Philippe et l'actuel prétendant, comte de Paris (→ maison d'**Orléans**). D'autres branches de la famille régnèrent sur Naples (1759-1860) et sur Parme (1748-1859). ► les **BOURBONS-ANJOU** régnèrent en Espagne à partir de 1700 (Philippe V).

le connétable de **BOURBON** (1490 ‑ 1527) ▪ Charles III, huitième duc de Bourbon, dernier représentant de la branche aînée des Bourbons. Il passa au service de Charles Quint. Ses terres furent réunies à la Couronne.

l'île **BOURBON** ▪ Ancien nom de la Réunion.

le palais **BOURBON** ▪ Monument de Paris érigé de 1722 à 1728, achevé par J. Gabriel. Siège de l'Assemblée nationale *(Palais-Bourbon).*

BOURBONIEN, IENNE adj. ▪ Qui a rapport à la famille des Bourbons. ‑ *Nez bourbonien,* long et un peu busqué.

LA **BOURBOULE** ▪ Commune du Puy-de-Dôme. 2 134 hab. Station hydrominérale. Tourisme.

BOURDAINE n. f. ▪ Arbuste à écorce laxative. *Une tisane de bourdaine.* ‑ Cette tisane.

Boumédiène.
Phot. © Abbas/Gamma

Louis BOURDALOUE (1632 - 1704) ▪ Jésuite et prédicateur français. Il prêcha souvent devant la cour de Louis XIV. Ses sermons étaient célèbres pour leur morale exigeante et austère.

BOURDE n. f. ▪ Faute lourde, grossière. *Faire, dire une bourde.* ⇒ **bêtise** ; FAM. **gaffe.**

Antoine BOURDELLE (1861 - 1929) ▪ Sculpteur français. Élève de Rodin. Il se caractérise par le goût des volumes massifs. *"Héraclès archer"* (1900).

Bourdelle. *Héraclès archer,* sculpture.
MNAMGP, Paris. *Phot. © Nimatallah/Ricciarini*

Pierre BOURDIEU (né en 1930) ▪ Sociologue français. Il s'est intéressé à la sociologie de la culture. *"Les Héritiers"* (1966, en collaboration avec Passeron); *"La Distinction, critique sociale du jugement"* (1979).

① **BOURDON** n. m. ▪ **I. 1.** Insecte hyménoptère au corps lourd et velu, qui butine comme l'abeille. **2.** *Faux bourdon :* mâle de l'abeille. **II. 1.** Ton qui sert de basse continue dans certains instruments. - *Bourdon d'orgue,* jeu de l'orgue qui fait la basse. **2.** Grosse cloche à son grave. *Le bourdon d'une cathédrale.* **III.** FAM. *Avoir le bourdon,* être mélancolique, avoir le cafard.

② **BOURDON** n. m. ▪ Long bâton de pèlerin, orné d'une boule. *Le bourdon des pèlerins de Saint-Jacques.*

Sébastien BOURDON (1616 - 1671) ▪ Peintre et décorateur français. Il travailla dans le style du Lorrain et de Poussin.

BOURDONNANT, ANTE adj. ▪ Qui bourdonne. *Guêpes bourdonnantes.*

BOURDONNEMENT n. m. ▪ **1.** Bruit sourd et continu que font en volant certains insectes (bourdon, mouche). *Le bourdonnement de la ruche.* **2.** Murmure sourd, confus. *Un bourdonnement de voix.* - *Bourdonnement d'oreilles.*

BOURDONNER v. intr. ⓘ ▪ **1.** Faire entendre un bourdonnement. *Abeille qui bourdonne.* ♦ Émettre un son grave et continu, vibrant. - fig. *Usine qui bourdonne d'activité.* **2.** Percevoir un bruit sourd et confus (oreilles).

BOURG [bur] n. m. ▪ **1.** HIST. Petite ville fortifiée. **2.** Agglomération relativement importante ; centre commercial en milieu rural. *Le marché du bourg.*

BOURGADE n. f. ▪ Petit bourg.

BOURG-DE-PÉAGE ▪ Commune de la Drôme. 9 248 hab. *(les Péageois).*

BOURG-EN-BRESSE ▪ Chef-lieu de l'Ain. 40 972 hab. *(les Burgiens).* Important marché agricole. Monastère de Brou (église de style gothique flamboyant).

BOURGEOIS, OISE n. et adj. ▪ **1.** au Moyen Âge Citoyen d'une ville, bénéficiant d'un statut privilégié. *Les bourgeois de Calais.* **2.** sous l'Ancien Régime Membre du tiers état qui ne travaillait pas de ses mains et possédait des biens. ⇒ **roturier.** *"Le Bourgeois gentilhomme"* (pièce de Molière). **3.** MOD. Personne de la classe moyenne et dirigeante, qui ne travaille pas manuellement. *Bourgeois, ouvriers et paysans. Un grand bourgeois.* ♦ adj. Propre à cette classe. *Une éducation bourgeoise. Un quartier bourgeois. Les valeurs bourgeoises.* ⇒ **petit-bourgeois. 4.** péj. Qui a un goût excessif de la sécurité et respecte les convenances sociales. *Ce qu'il peut être bourgeois !* **5.** n. f. POP. Femme, épouse.

Léon BOURGEOIS (1851 - 1925) ▪ Homme politique français. Théoricien du radicalisme.

BOURGEOISEMENT adv. ▪ D'une manière bourgeoise, avec un esprit bourgeois. *Il vit bourgeoisement.*

BOURGEOISIE n. f. ▪ **1.** HIST. État de bourgeois (1). *Droit de bourgeoisie.* - (Suisse) Droit de cité. **2.** Ensemble des bourgeois (2). *La noblesse et la bourgeoisie.* **3.** Ensemble des bourgeois (3). - (marxisme) Classe dominante en régime capitaliste, qui possède les moyens de production. *La bourgeoisie et le prolétariat.*

BOURGEON n. m. ▪ Excroissance qui apparaît sur la tige ou la branche d'un arbre, et qui contient en germe les tiges, branches, feuilles, fleurs ou fruits. *Un arbre en bourgeons.* ⇒ **bouton, œil.**

BOURGEONNEMENT n. m. ▪ Action de bourgeonner ; naissance de bourgeons.

BOURGEONNER v. intr. ⓘ ▪ **1.** Pousser des bourgeons. *Les arbres bourgeonnent au printemps.* **2.** *Son visage bourgeonne,* il y vient des boutons. ► adj. BOURGEONNANT, ANTE

BOURGERON n. m. ▪ anciennt Blouse en grosse toile.

BOURGES ▪ Chef-lieu du Cher. 75 609 hab. *(les Berruyers).* Cathédrale gothique. Palais Jacques-Cœur (XVe s.), témoignage de l'essor de la ville sous Charles VII et Louis XI. Centre industriel et artisanal.

Bourges. La cathédrale Saint-Étienne.
Phot. © Charles Lénars

Paul BOURGET (1852 - 1935) ▪ Romancier français. Hostile au naturalisme de Zola, il écrivit des romans psychologiques sur la société fortunée de son époque. *"Le Disciple"* (1889).

le lac du BOURGET ▪ Lac des Alpes françaises, en Savoie (44 km²). Aix-les-Bains et Le Bourget-du-Lac sont sur ses rives.

LE BOURGET ▪ Commune de la Seine-Saint-Denis, où se trouve le plus ancien des trois aéroports de Paris, créé en 1914. 11 699 hab. *(les Bourgetins).*

BOURG-LA-REINE ▪ Commune des Hauts-de-Seine, dans la banlieue sud de Paris. 18 499 hab. *(les Réginaburgiens).*

BOURG-LÈS-VALENCE ▪ Commune de la Drôme. 18 230 hab. *(les Bourcains).*

BOURGMESTRE [burgmɛstr] n. m. ▪ (Belgique, Suisse) Premier magistrat (équivalant au maire). *Bourgmestre et échevins.* - Homologue du maire, aux Pays-Bas, en Allemagne.

BOURGOGNE n. m. ▪ Vin des vignobles de Bourgogne.

la BOURGOGNE ▪ Région administrative française, comprenant les départements de la Côte-d'Or, de la Nièvre, de la Saône-et-Loire, de l'Yonne. 31 582 km². 1 609 653 hab. *(les Bourguignons).* Chef-lieu : Dijon. Relief diversifié qui fait alterner les régions d'élevage, de forêt et de vignobles (vins renommés de la Côte-d'Or : côte de Nuits et côte de Beaune dont le commerce est une activité importante pour la région). Deux pôles d'industrialisation : autour du Creusot et de Montceau-les-Mines (charbon, sidérurgie aujourd'hui en crise), autour de Dijon et d'Auxerre (constructions mécaniques et électriques). □ HISTOIRE Occupée par les Éduens, puis par les Burgondes qui lui donnèrent son nom (Burgondie), la Bourgogne fut un royaume indépendant puis un duché prospère (à partir du IXe s.), enfin un État (aux XIVe et XVe s.), allié des Anglais

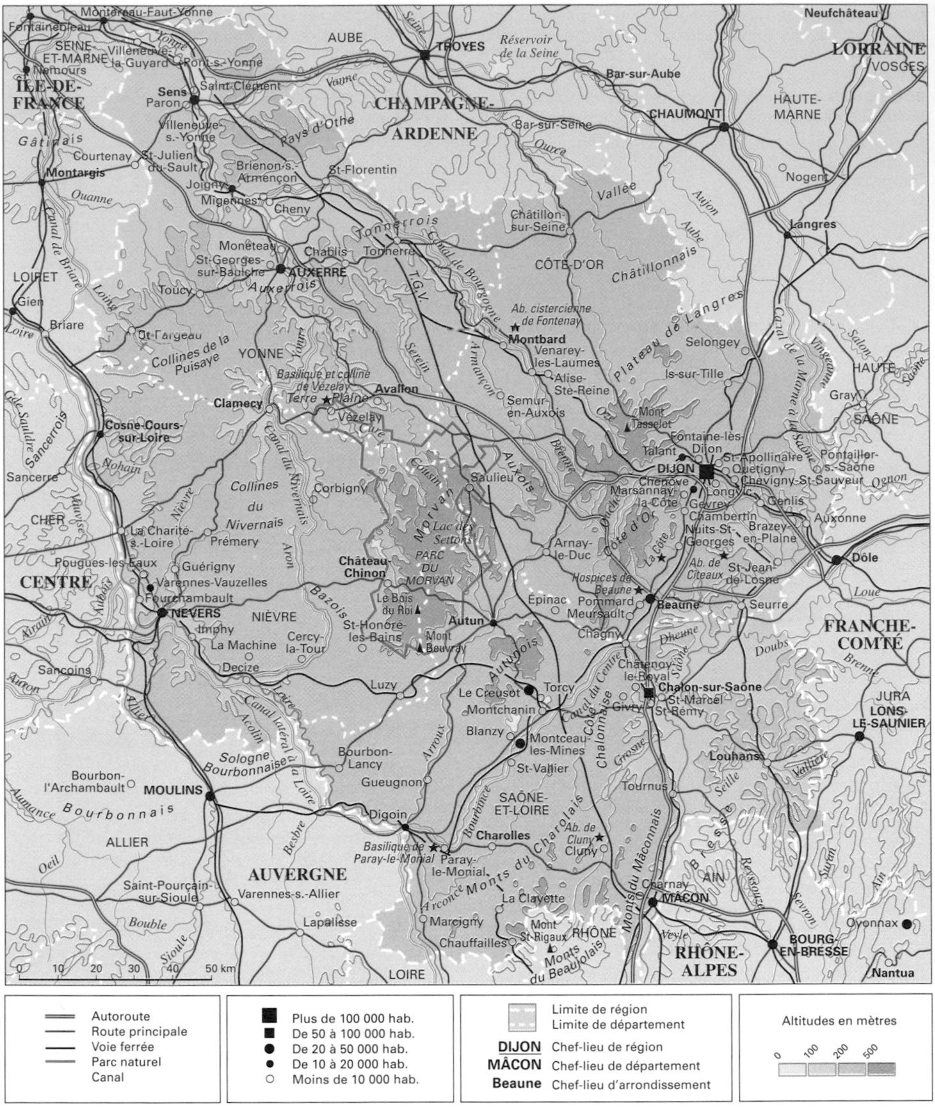

Bourgogne.

contre les Armagnacs pendant la guerre de Cent Ans (parti des *bourguignons*). La lutte contre les rois de France s'acheva à la mort de Charles le Téméraire : la Bourgogne fut peu à peu annexée à la couronne de France, alors que le reste des États bourguignons (Belgique et Pays-Bas actuels) passait aux Habsbourg. ► **le canal de BOURGOGNE** relie, par l'Yonne et la Saône, les bassins de la Seine et du Rhône.

BOURGOIN-JALLIEU ▪ Commune de l'Isère. 22 392 hab. *(les Berjalliens).*

BOURG-SAINT-ANDÉOL ▪ Commune de l'Ardèche. 7 795 hab. *(les Bourguésans).*

BOURG-SAINT-MAURICE ▪ Commune de la Savoie. 6 056 hab. *(les Borains).* Station d'été et de sports d'hiver.

BOURGUEIL ▪ Commune d'Indre-et-Loire. 4 001 hab. Vins rouges réputés.

Habib BOURGUIBA (né en 1903) ▪ Homme d'État tunisien. Chef du parti anticolonialiste Néo-Destour dès 1934, il négocia avec le gouvernement de Pierre Mendès France l'indépendance de la Tunisie en 1955. Président de la République à partir de 1957, il fut déposé, pour raison de santé, par son gouvernement en 1987.

BOURGUIGNON, ONNE adj. et n. ▪ De la Bourgogne. ← n. *Les Bourguignons.* ♦ *Bœuf bourguignon* et absolt *bourguignon,* bœuf accommodé au vin rouge et aux oignons.

Bourguiba.
Phot. © Schreiber/Gamma

la BOURIATIE ▪ Une des républiques de la fédération de Russie, à la frontière de la Mongolie. 351 300 km². 1 049 000 hab. *(les Bouriates)*. Capitale : Oulan-Oude. Élevage, forêts. Fer et industries dérivées.

BOURLINGUER v. intr. 1 ▪ **1.** (navire) Avancer péniblement contre le vent et la mer. ⇒ **rouler. 2.** Naviguer beaucoup. *Il a bourlingué dans toutes les mers.* – FAM. Voyager beaucoup ; avoir une vie aventureuse. *"Bourlinguer"* (récit de Cendrars). ► n. BOURLINGUEUR, EUSE

Louis, comte de Ghaisnes de BOURMONT (1773 - 1846) ▪ Un des chefs de la chouannerie puis des ultras, ministre de Charles X et maréchal de France.

BOURNEMOUTH ▪ Ville et station balnéaire d'Angleterre (Dorset), sur la Manche. 155 000 hab.

BOURRACHE n. f. ▪ Plante à grandes fleurs bleues, employée en tisane comme médicament.

BOURRADE n. f. ▪ Brusque poussée que l'on donne à qqn. *Une bourrade amicale.*

BOURRAGE n. m. ▪ **I. 1.** Action de bourrer. ⇒ **bourre. 2.** fig. FAM. *BOURRAGE DE CRÂNE* : action insistante pour persuader. – Propagande intensive. **II.** Matière servant à bourrer. *Le bourrage d'une paillasse.*

BOURRASQUE n. f. ▪ Coup de vent violent et de courte durée. ⇒ **tornade.** *Des bourrasques de pluie, de neige* (⇒ **tempête**).

BOURRATIF, IVE adj. ▪ FAM. (aliment) Qui bourre.

① **BOURRE** n. f. ▪ **1.** Amas de poils, détachés avant le tannage de la peau de certains animaux. **2.** Déchets du peignage ou du dévidage de matières textiles servant à emplir des coussins, des matelas... – loc. fig. *De première bourre* : de première qualité. **3.** Duvet qui recouvre les bourgeons de certains arbres.

② **BOURRE** n. ▪ **I.** n. f. FAM. Fait de se presser. – loc. *À LA BOURRE* : en retard. *Je suis désolé, je suis encore à la bourre.* **II.** n. m. ARGOT Policier. ⇒ FAM. **flic.**

BOURRÉ, ÉE adj. ▪ **1.** Rempli, plein (de qqch.). *Texte bourré d'erreurs.* ⇒ **farci. 2.** Très plein. *La salle est bourrée.* ⇒ **bondé, comble. 3.** FAM. Ivre.

BOURREAU n. m. ▪ **1.** Celui qui exécute les peines corporelles ordonnées par une cour de justice, et spécialt la peine de mort. **2.** Personne qui martyrise (qqn), physiquement ou moralement. *Des bourreaux d'enfants.* – plais. *Un bourreau des cœurs* : homme qui a du succès auprès des femmes. ⇒ **don Juan, séducteur. 3.** *Bourreau de travail*, personne qui abat beaucoup de travail.

BOURRÉE n. f. ▪ **I.** Petites branches (avec lesquelles on bourre un fagot). **II.** Danse du folklore auvergnat ; air sur lequel on l'exécute.

BOURRELÉ, ÉE adj. ▪ *Bourrelé de remords* : tourmenté par le remords.

BOURRELET n. m. ▪ **1.** Bande que l'on fixe au bord des battants des portes et des fenêtres pour calfeutrer. **2.** Renflement allongé. – spécialt Pli de chair, de graisse. *Avoir des bourrelets.*

BOURRELIER n. m. ▪ Artisan qui fait et vend des harnais, des sacs, des courroies. ⇒ **sellier.**

BOURRELLERIE n. f. ▪ Métier et commerce du bourrelier.

BOURRER v. tr. 1 ▪ **I. 1.** Emplir de bourre. ⇒ **rembourrer.** *Bourrer un coussin.* **2.** Remplir complètement en tassant. *Bourrer sa valise. Bourrer une pipe.* **3.** Gaver (qqn) de nourriture. – pronom. *Elle s'est bourrée de gâteaux.* ⇒ FAM. se **goinfrer.** ♦ intrans. FAM. *Un aliment qui bourre*, qui cale l'estomac. ⇒ **bourratif. 4.** *BOURRER LE CRÂNE À QQN*, lui raconter des histoires, essayer de lui en faire accroire ; FAM. *bourrer le mou à qqn* (même sens). **II.** VX Maltraiter (→ bourreau). – MOD. *Bourrer qqn de coups*, le frapper à coups redoublés.

BOURRICHE n. f. ▪ Panier sans anse. *Une bourriche d'huîtres.*

BOURRICHON n. m. ▪ FAM. Tête. *Se monter le bourrichon* : se faire des illusions.

BOURRICOT n. m. ▪ Petit âne. – loc. FAM. *C'est kif-kif* bourricot.*

BOURRIDE n. f. ▪ Plat de poissons bouillis, analogue à la bouillabaisse.

BOURRIN n. m. ▪ FAM. Cheval. ⇒ **canasson.**

BOURRIQUE n. f. ▪ **1.** Âne ou ânesse. – loc. *Faire tourner qqn en bourrique*, l'abêtir à force d'exigences, de taquineries. **2.** fig. FAM. Personne bête et têtue.

BOURRU, UE adj. ▪ **1.** (choses) Qui a la rudesse, la grossièreté de la bourre. *Fil bourru.* – *Vin bourru*, vin nouveau, non fermenté. **2.** (personnes) Rude, peu aimable. ⇒ **renfrogné.** *Un homme bourru.* – Grogner d'un air bourru.

① **BOURSE** n. f. ▪ **I. 1.** Petit sac arrondi destiné à contenir des pièces de monnaie. ⇒ **porte-monnaie.** – loc. *Tenir les cordons de la bourse*, disposer des finances. *Sans bourse délier*, sans qu'il en coûte rien, sans rien débourser. – *La bourse ou la vie !* ♦ L'argent dont qqn dispose. *À la portée de toutes les bourses*, bon marché. **2.** *Bourse (d'études)*, pension accordée à un élève, à un étudiant pour la durée de ses études. **II.** au plur. Enveloppe des testicules. ⇒ **scrotum.**

② **BOURSE** ou **BOURSE** n. f. ▪ **1.** Réunion périodique de personnes qui effectuent des opérations sur les valeurs mobilières ou sur des marchandises ; lieu où elles se réunissent. *Bourse du commerce.* – spécialt Bourse des valeurs. *Les agents de change travaillent à la Bourse.* **2.** Ensemble des opérations traitées à la Bourse (des valeurs). *Jouer à la Bourse.* ⇒ **spéculer.** *Valeurs cotées en Bourse.* – Les cours de la Bourse. *La Bourse a monté.* **3.** *BOURSE DU TRAVAIL* : réunion des adhérents des syndicats ouvriers d'une ville ou d'une région. **4.** Lieu où l'on échange certaines marchandises. *Bourse aux livres.*

BOURSICOTER v. intr. 1 ▪ Faire de petites opérations en Bourse. ⇒ **spéculer.** ► n. m. BOURSICOTAGE ► n. BOURSICOTEUR, EUSE

① **BOURSIER, IÈRE** n. et adj. ▪ Élève ou étudiant qui a obtenu une bourse d'études.

② **BOURSIER, IÈRE** ▪ **1.** n. Personne qui exerce sa profession à la Bourse (fém. rare). **2.** adj. De la Bourse. *Opérations boursières.*

BOURSOUFLÉ, ÉE adj. ▪ Qui présente des gonflements disgracieux. *Un visage boursouflé.* ⇒ **bouffi, enflé.**

BOURSOUFLER v. tr. 1 ▪ Faire enfler, gonfler.

BOURSOUFLURE n. f. ▪ Gonflement que présente par endroits une surface unie. *Boursouflure d'un enduit sur un mur.* – Enflure disgracieuse des chairs.

André Raimbourg dit BOURVIL (1917 - 1970) ▪ Chanteur et acteur français. Rôles comiques (*"La Grande Vadrouille"*, 1967) et dramatiques (*"Le Cercle rouge"*, 1970).

Bourvil.
Phot. © Ales/Stills

LE BOUSCAT ▪ Commune de la Gironde, dans la banlieue de Bordeaux. 21 538 hab. *(les Bouscatais)*.

BOUSCULADE n. f. ▪ **1.** Remous de foule. ⇒ **cohue.** *Bousculade au guichet.* **2.** Grande agitation, précipitation. *La bousculade du départ.*

BOUSCULER v. tr. 1 ▪ **1.** Pousser, heurter brutalement par inadvertance. *Les voyageurs pressés le bousculaient.* – pronom. *Les idées se bousculent dans sa tête.* **2.** Modifier avec brusquerie. ⇒ **culbuter.** *Bousculer les traditions.* **3.** Faire se dépêcher (qqn). ⇒ **presser.** *Il n'aime pas qu'on le bouscule. Être très bousculé*, très occupé de choses urgentes.

BOUSE n. f. ▪ Fiente des bovins. *Bouse de vache.*

BOUSEUX n. m. ▪ FAM. et péj. Paysan.

BOUSIER n. m. ▪ Scarabée vivant dans les excréments de mammifères, qu'il roule en boulettes.

BOUSILLAGE n. m. ▪ **1.** Torchis. **2.** Action de bousiller ; gâchis.

BOUSILLER v. tr. 1 ▪ **1.** VX Construire en torchis. **2.** fig. Mal faire (qqch.). *Bousiller son travail.* – FAM. Rendre inutilisable. ⇒ **abîmer, casser, détraquer.** *Il a bousillé son moteur.* **3.** FAM. Tuer. ⇒ **massacrer.** ► n. BOUSILLEUR, EUSE

BOUSINGOT n. m. ▪ HIST. Jeune républicain (après 1830). ♦ Son chapeau.

Joë Bousquet (1897 - 1950) ▪ Poète français. Il vécut immobilisé par une blessure de guerre. Son œuvre est nourrie par la solitude et la contemplation. *"Traduit du silence"* (1936).

BOUSSOLE n. f. ▪ Appareil composé d'un cadran et d'une aiguille aimantée mobile, dont la pointe marque la direction du nord. *Naviguer à la boussole.* ⇒ **compas.** - FAM. *Perdre la boussole,* être troublé, affolé (→ perdre* le nord ⇒ **déboussoler**).

BOUSTIFAILLE n. f. ▪ FAM. Nourriture, repas.

BOUSTROPHÉDON n. m. ▪ DIDACT. Écriture ancienne où l'on traçait les lettres de gauche à droite, puis de droite à gauche.

BOUT n. m. ▪ **I. 1.** Partie qui termine (un objet) dans le sens de la longueur. ⇒ **extrémité.** *Le bout d'une canne. Le bout du nez.* fig. *Avoir un mot sur le bout de la langue*.* - loc. *À bout de bras :* au bout du bras tendu. *Bout à bout :* l'extrémité d'un objet touchant l'extrémité d'un autre. *Tirer à bout portant,* de très près. - loc. *On ne sait (pas) par quel bout le prendre,* il est d'une humeur difficile. *Tenir le bon bout,* être en passe de réussir. - *Joindre* les deux bouts.* **2.** Extrémité (d'un espace). *Le bout de la route.* ⇒ **fin.** - *De bout en bout :* d'une extrémité à l'autre. *D'un bout à l'autre :* dans toute son étendue. - fig. *À tout bout de champ :* à chaque instant, à tout propos. **3.** Fin d'une durée, de ce qui se termine, s'épuise. ⇒ **terme ; aboutir.** *Jusqu'au bout :* jusqu'à la fin ; complètement. *Être au bout de,* à la fin de. *Arriver au bout de sa carrière. Au bout d'un moment.* - *Au bout du compte,* finalement. ♦ *ÊTRE À BOUT DE,* ne plus avoir de. *Être à bout de forces, d'arguments. Être à bout,* n'en pouvoir plus, être épuisé. *Il me pousse à bout,* il m'exaspère. - *VENIR À BOUT d'un travail,* l'achever ; *d'un adversaire,* le vaincre. **II. 1.** Partie, fragment. ⇒ **morceau.** *Un bout de papier. Un petit bout de bois.* - loc. FAM. *En connaître un bout,* être compétent. ♦ *Un bout de,* peu de. *Un bout de lettre,* une lettre courte, rapide. *Jouer un bout de rôle,* un rôle sans importance. - Partie d'une étendue, d'un espace. *Faire un bout de chemin.* - Partie d'une durée. *Un bon bout de temps,* longtemps. **2.** loc. FAM. *METTRE LES BOUTS :* partir. **III.** MAR. [but] Cordage.

BOUTADE n. f. ▪ Trait d'esprit, propos plaisant. ⇒ **plaisanterie.**

BOUT-DEHORS n. m. ▪ MAR. Espar horizontal à l'avant d'un voilier, pour fixer une voile.

BOUTE-EN-TRAIN n. m. invar. ▪ Personne qui met en train, en gaieté. *Elle est le boute-en-train de la bande.*

BOUTEILLE n. f. ▪ **I. 1.** Récipient à goulot étroit, destiné à contenir un liquide. *Une bouteille de vin, de bière, d'huile... Le fond (cul) d'une bouteille. Mettre du vin en bouteilles.* **2.** Récipient contenant à peu près 75 cl de vin. *Des bouteilles et des litres. Une bouteille vide.* ⇒ FAM. **cadavre.** - loc. (personnes) *Prendre de la bouteille :* vieillir. ♦ Son contenu. *Une bonne bouteille.* - *La bouteille :* le vin. *Être porté sur la bouteille :* s'adonner à la boisson. **3.** Récipient métallique destiné à contenir un gaz sous pression, de l'air liquide... *Bouteille d'air comprimé.* ♦ *Bouteille thermos,* isolante. **4.** *La bouteille à la mer* (contenant un message de détresse) [titre d'un poème de Vigny]. **II.** appos. *Vert bouteille.*

Bouts. *Adoration des Mages.*
Musée du Prado, Madrid.
Phot. © Carlo Bevilacqua/Ricciarini

BOUTER v. tr. 1 ▪ VX Pousser, chasser. *Jeanne d'Arc bouta l'ennemi hors de France.*

BOUTEROLLE n. f. ▪ **1.** Outil à tête arrondie ; garniture métallique ronde. **2.** Garde de serrure.

BOUTE-SELLE n. m. invar. ▪ anciennt Sonnerie de trompette annonçant le départ à des cavaliers.

BOUTEUR ⇒ BULLDOZER

BOUTIQUE n. f. ▪ **1.** Petit local où un commerçant, un artisan expose, vend sa marchandise. ⇒ aussi **magasin.** *Tenir boutique.* - *Fermer boutique,* cesser son commerce. ♦ Magasin de confection d'un grand couturier. appos. *Des robes boutique.* **2.** FAM. *Parler boutique,* des activités professionnelles. **3.** FAM. péj. Maison, lieu de travail. ⇒ **baraque, boîte.**

BOUTIQUIER, IÈRE n. ▪ péj. Commerçant, marchand.

BOUTOIR n. m. ▪ Extrémité du groin avec lequel le sanglier, le porc fouissent la terre. - loc. *Coup de boutoir :* vive attaque, propos dur et blessant.

BOUTON n. m. ▪ **I.** Bourgeon, notamment bourgeon à fleur. *Un bouton de rose.* **II.** Petite tumeur à la surface de la peau. ⇒ **pustule.** *Bouton d'acné. Avoir des boutons.* - loc. fig. *Donner des boutons à qqn,* lui répugner, le rendre malade. **III. 1.** Petite pièce, généralement ronde, cousue sur les vêtements pour les fermer. *Boutons de chemise. Boutons de manchettes. Un bouton et sa boutonnière. Des boutons-pression.* ⇒ **pression. 2.** Petite commande (d'un mécanisme, d'un appareil) que l'on tourne ou sur laquelle on appuie (⇒ **touche**). *Un bouton de porte.* ⇒ **poignée.** *Tourner le bouton d'un poste de radio. Appuyer sur le bouton. Bouton électrique.* ⇒ **interrupteur.**

BOUTON-D'OR n. m. ▪ Renoncule sauvage, à fleurs jaune doré. *Des boutons-d'or.* - adj. invar. De la couleur de cette fleur.

bouton d'or. *Ranonculus acris.*
Phot. © Pilloud/Jacana

BOUTONNAGE n. m. ▪ Manière dont un vêtement se boutonne. *Manteau à double boutonnage.*

BOUTONNER v. tr. 1 ▪ Fermer, attacher (un vêtement) au moyen de boutons (s'oppose à *déboutonner*). *Boutonner sa veste.* ► SE BOUTONNER v. pron. **1.** passif *Cette robe se boutonne par-derrière.* **2.** réfl. Boutonner ses vêtements. *Tu t'es boutonné de travers.*

BOUTONNEUX, EUSE adj. ▪ Qui a des boutons (II) sur la peau. *Un adolescent boutonneux.*

BOUTONNIÈRE n. f. ▪ **1.** Petite fente faite à un vêtement pour y passer un bouton. - *Avoir une fleur, une décoration à la boutonnière* (du revers de veste). **2.** Incision longue et étroite dans les chairs.

BOUTRE n. m. ▪ Petit voilier à la poupe élevée (mer Rouge, etc.).

BOUT-RIMÉ n. m. ▪ Petite pièce de vers à rimes imposées.

Boutros Boutros Ghali (né en 1922) ▪ Homme politique égyptien. Secrétaire général de l'O.N.U. depuis 1992.

Dierick ou **Thierry Bouts** (v. 1415 - 1475) ▪ Peintre hollandais. *"Adoration des Mages"* (après 1457).

BOUTURAGE n. m. ▪ Action de multiplier des végétaux par boutures.

BOUTURE n. f. ▪ Jeune pousse coupée, plantée en terre pour former une nouvelle plante.

BOUTURER v. tr. [1] ▪ Reproduire (une plante) par boutures. *Bouturer des géraniums.*

BOUVIER, IÈRE n. ▪ **1.** Personne qui garde et conduit les bœufs (→ anglic. cow-boy). *Les bouviers et les bergers.* **2.** n. m. *Bouvier des Flandres :* chien de bouvier.

BOUVINES ▪ Site (près de Lille) d'une victoire décisive de Philippe Auguste (1214) contre les armées anglaise, germanique et flamande. Église néo-gothique (21 vitraux représentant des scènes de la bataille).

BOUVREUIL n. m. ▪ Oiseau passereau au plumage gris et noir, rouge sur la poitrine.

bouvreuil.
Pyrrhula pyrrhula.
Phot. © Danegger/Jacana

BOVARYSME n. m. ▪ (de *Emma Bovary,* personnage de Flaubert). Tendance à s'imaginer autre que l'on est, à rêver un autre destin (pour une personne insatisfaite).

BOVIDÉS n. m. pl. ▪ Famille de mammifères ongulés ruminants comprenant les bovins, les ovins (moutons), les chèvres, antilopes, gazelles et chamois.

BOVIN, INE ▪ **1.** adj. Qui a rapport au bœuf (espèce). *Races bovines. L'élevage bovin.* ← (personnes) FAM. *Regard bovin,* morne et sans intelligence. **2.** n. m. pl. *Les bovins :* les bœufs, vaches, taureaux et veaux. *Les bovins sont des bovidés.*

BOWLING [buliŋ] n. m. ▪ anglic. Jeu de quilles et de boules (grosses boules à trois trous) aménagé en couloirs (avec un dispositif pour les quilles). ♦ Salle où l'on y joue. ⇒ **boulodrome.**

BOW-WINDOW [bowindo] n. m. ▪ anglic. Fenêtre en saillie, en façade. *Des bow-windows.*

① **BOX,** plur. **BOXES** [bɔks] n. m. ▪ anglic. **1.** Stalle d'écurie servant à loger un seul cheval. **2.** Compartiment cloisonné (d'un garage, d'un dortoir, d'une salle). *Boxes à louer.* ♦ *Le box des accusés,* au tribunal.

② **BOX** [bɔks] n. m. ▪ anglic. Cuir fait de peaux de veau tannées au chrome. *Un sac en box noir.*

BOXE n. f. ▪ Sport de combat opposant deux adversaires (de la même catégorie de poids) qui se frappent à coups de poing, en portant des gants spéciaux (syn. *le noble art*). *Gants de boxe. Match, combat de boxe.*

① **BOXER** v. [1] ▪ **1.** v. intr. Livrer un combat de boxe, pratiquer la boxe. **2.** v. tr. FAM. Frapper (qqn) à coups de poing.

② **BOXER** [-ɛʀ] n. m. ▪ Chien de garde, voisin du dogue allemand, à robe fauve ou tachetée. *Des boxers.*

les BOXERS ou **« Poings de justice »** ▪ Secte chinoise. Ses membres déclenchèrent un mouvement d'hostilité envers les Européens qui aboutit à la *révolte des Boxers* et au massacre des missions à Pékin (1898-1900).

BOXEUR, EUSE n. ▪ Personne qui pratique la boxe. ⇒ **pugiliste.** *Boxeurs amateurs, professionnels.*

BOX-OFFICE n. m. ▪ anglic. (dans les milieux du spectacle) Échelle de succès d'après le montant des recettes.

BOXON n. m. ▪ FAM. **1.** Maison de prostitution. ⇒ **bordel.** **2.** Désordre ; chahut.

BOY [bɔj] n. m. ▪ Jeune domestique indigène en Extrême-Orient, en Afrique, etc. ◇ fém. BOYESSE.

BOYARD [bɔjaʀ] n. m. ▪ anciennt Noble, en Russie. *Le boyard et ses moujiks.*

BOYAU n. m. ▪ **I. 1.** Intestin d'un animal (ou, au plur., FAM. de l'homme). ⇒ **entrailles, tripe, viscère.** *Boyaux utilisés en charcuterie.* ← loc. *Rendre tripes et boyaux :* vomir. **2.** Mince corde faite avec la membrane intestinale de certains animaux, servant à garnir des instruments de musique, à corder des raquettes. **II.** MILIT. Fossé en zigzag reliant des tranchées, etc. ♦ Galerie de mine étroite. **III.** Pneu à une seule enveloppe pour bicyclette de course.

SE **BOYAUTER** v. pron. [1] ▪ FAM. Rire très fort. ⇒ se **bidonner,** se **tordre.**

BOYCOTT [bɔjkɔt] n. m. ▪ Cessation volontaire de toute relation avec un individu, un groupe, un pays et refus des biens qu'il met en circulation. *Le boycott d'un produit. Des boycotts.*

BOYCOTTER [bɔj-] v. tr. [1] ▪ Pratiquer le boycott vis-à-vis de (qqn, qqch.) (→ mettre à l'index, en quarantaine). *Boycotter un spectacle, un produit, une entreprise.* ► n. m. BOYCOTTAGE

Charles BOYER (1897 - 1978) ▪ Acteur américain d'origine française. Interprète au théâtre de Guitry et de Bernstein, il tourna en France et aux États-Unis. *"Mayerling"* (1936); *"Madame de..."* (1953).

sir Robert BOYLE (1627 - 1691) ▪ Physicien et chimiste irlandais. Son œuvre annonce la chimie expérimentale moderne. *Loi de Boyle-Mariotte :* loi de compressibilité des gaz.

BOY-SCOUT [bɔjskut] n. m. ▪ **1.** VX Scout. **2.** FAM. Idéaliste naïf. *Une mentalité de boy-scout. Des boy-scouts.*

le BRABANT ▪ Région historique située entre la Meuse et l'Escaut. Duché au XIIe s., il passa à la Bourgogne puis aux Habsbourg. Il est aujourd'hui partagé entre la Belgique (Brabant flamand et Brabant wallon) et les Pays-Bas (Brabant-Septentrional).

le BRABANT FLAMAND ▪ Province du centre de la Belgique (Région flamande). 2 106 km^2. 960 701 hab. Chef-lieu : Louvain.

le BRABANT-SEPTENTRIONAL ▪ Province méridionale des Pays-Bas. 4 957 km^2. 2 225 331 hab. Chef-lieu : Bois-le-Duc.

le BRABANT WALLON ▪ Province du centre de la Belgique (Région wallonne). 1 090 km^2. 321 144 hab. Chef-lieu : Wavre.

BRACELET n. m. ▪ Bijou en forme d'anneau, de cercle porté autour du poignet (parfois de la cheville). *Bracelet d'une montre,* qui fait tenir la montre au poignet. ♦ Enveloppe de cuir que certains travailleurs portent autour du poignet. *Bracelet de force.*

BRACELET-MONTRE n. m. ▪ Montre montée sur un bracelet. *Des bracelets-montres.*

BRACHIAL, ALE, AUX [bʀakjal] adj. ▪ DIDACT. Du bras. *Nerf brachial.*

BRACHYCÉPHALE [bʀaki-] adj. et n. ▪ (Personne) qui a le crâne arrondi, presque aussi large que long (opposé à *dolichocéphale*).

BRACONNAGE n. m. ▪ Action de braconner, délit d'une personne qui braconne.

BRACONNER v. intr. [1] ▪ Chasser (et parfois pêcher) sans permis, ou à une période, en un lieu, avec des engins interdits.

BRACONNIER n. m. ▪ Personne qui se livre au braconnage.

Félix BRACQUEMOND (1833 - 1914) ▪ Lithographe et peintre français. Gravures à l'eau-forte.

BRACTÉE n. f. ▪ BOT. Feuille qui accompagne la fleur (colorée, elle ressemble à une fleur).

Ray BRADBURY (né en 1920) ▪ Écrivain américain. Romans d'anticipation. *"Chroniques martiennes"* (1950); *"Fahrenheit 451"* (1953).

BRADER v. tr. [1] ▪ **1.** Vendre en braderie. **2.** Se débarrasser de (qqch.) à n'importe quel prix. ⇒ **liquider, sacrifier.** *Il a bradé sa voiture.* ♦ fig. Abandonner (un territoire, une colonie).

BRADERIE n. f. ▪ Foire où chacun peut vendre à bas prix des vêtements ou objets usagés. ♦ Liquidation de soldes en plein air.

BRADFORD ▪ Ville d'Angleterre (Yorkshire de l'Ouest). 467 000 hab. Usines lainières.

James BRADLEY (1693 - 1762) ▪ Astronome britannique. Il découvrit l'aberration de la lumière des étoiles en 1728.

Francis Herbert BRADLEY (1846 - 1924) ▪ Philosophe britannique. Il développa un idéalisme influencé par Hegel. *"Les Principes de la logique"* (1883); *"Apparence et Réalité"* (1893).

Teófilo BRAGA (1843 - 1924) ▪ Homme d'État et écrivain portugais. *"Contes traditionnels du peuple portugais"* (1803).

Républicain, anticlérical, il fut président de la république en 1915.

BRAGA ▪ Ville du nord du Portugal. 144 000 hab.

la maison de BRAGANCE ▪ Apparentée aux Capétiens, a régné sur le Portugal (1640-1910) et le Brésil (1822-1889).

BRAGANCE en portugais ***BRAGANÇA*** ▪ Ville du nord-est du Portugal. 33 000 hab. Château (XIIe s.).

les BRAGG ▪ Physiciens anglais. Sir William Henry (1862-1942) et son fils sir William Lawrence (1890-1971) reçurent ensemble le prix Nobel en 1915. *Loi de Bragg,* loi fondamentale en optique cristalline.

BRAGUETTE n. f. ▪ **1.** anciennt Pièce de tissu devant le haut-de-chausses. **2.** MOD. Ouverture sur le devant (d'un pantalon, d'un short...).

Tycho BRAHÉ (1546-1601) ▪ Astronome danois. Il rédigea un catalogue de 777 étoiles puis s'installa en Bohême et commença l'élaboration des *Tabulae rudolphinae.* Ses observations sur les mouvements de la planète Mars furent exploitées par son élève Kepler.

BRAHMĀ ▪ Divinité hindoue, personnification du *brahman,* c'est-à-dire de l'« Universel », peu à peu éclipsé par Vishnou et Shiva avec lesquels il forme une trinité. Il a quatre faces et quatre bras.

BRAHMANE n. m. ▪ Membre de la caste sacerdotale, la première des grandes castes traditionnelles de l'Inde.

BRAHMANISME n. m. ▪ Système social et religieux de l'Inde, caractérisé par la suprématie des brahmanes et l'intégration de tous les actes de la vie civile aux rites et devoirs religieux. ⇒ **hindouisme.** ► adj. BRAHMANIQUE

le BRAHMAPOUTRE ▪ Fleuve d'Asie. 2 900 km. Delta commun avec le Gange.

Johannes BRAHMS (1833-1897) ▪ Compositeur romantique allemand. Sa musique, souvent d'exécution difficile, fait une grande part à la mélodie. Il a laissé quatre symphonies et, surtout, des pièces pour piano, de la musique de chambre, des *lieder.*

Brahms.
Phot. © Gloria Lunel/ Ricciarini

James BRAID (1795-1860) ▪ Médecin britannique. Il fut l'un des promoteurs des travaux sur l'hypnose, terme qu'il créa pour désigner le sommeil profond.

BRAIEMENT ⇒ BRAIMENT

BRAIES n. f. pl. ▪ anciennt Pantalon ample en usage chez les Gaulois et les peuples germaniques.

BRĂILA ▪ Ville du sud de la Roumanie. 234 706 hab. Port sur le Danube.

BRAILLARD, ARDE n. et adj. ▪ FAM. Personne en train de brailler, ou qui est toujours à brailler. ⇒ FAM. **gueulard.** ◇ var. BRAILLEUR, EUSE.

BRAILLE n. m. ▪ Système d'écriture en points saillants à l'usage des aveugles. *Livre écrit en braille.*

Louis BRAILLE (1809-1852) ▪ Inventeur français de l'écriture pour les aveugles, lui-même aveugle.

BRAILLER v. intr. [1] ▪ FAM. Crier fort, parler ou chanter de façon assourdissante et ridicule. *Faire brailler sa radio.* - trans. *Brailler une chanson.* - (enfants) Pleurer bruyamment. *Arrête de brailler !* ► n. m. BRAILLEMENT

BRAIMENT n. m. ▪ Cri de l'âne, du mulet. ◇ var. VIEILLI BRAIEMENT.

BRAINE-L'ALLEUD en néerlandais ***EIGENBRAKEL*** ▪ Ville de Belgique (Région wallonne, province du Brabant wallon). 22 458 hab.

BRAINSTORMING [bʀɛnstɔʀmiŋ] n. m. ▪ anglic. Technique de recherche d'idées originales dans une réunion, chacun émettant ses suggestions spontanément (recomm. off. *remue-méninges*).

BRAIN-TRUST [bʀɛntʀœst] n. m. ▪ anglic. Petite équipe d'experts, de techniciens, etc., qui assiste une direction. *Des brain-trusts.*

BRAIRE v. intr. [50] ▪ **1.** (âne) Pousser son cri. ⇒ **braiment. 2.** FAM. Crier, pleurer bruyamment. ⇒ FAM. **brailler.**

BRAISE n. f. ▪ Bois réduit en charbons ardents. ♦ *Des yeux de braise,* ardents.

BRAISER v. tr. [1] ▪ Faire cuire (un aliment) à feu doux et à l'abri de l'air. - p. p. adj. *Bœuf braisé.*

BRAISILLER v. intr. [1] ▪ (braises) Scintiller, luire.

BRAMANTE (1444-1514) ▪ Peintre et architecte italien. Il édifia à Milan l'abside de Santa Maria delle Grazie, à Rome le *tempietto* de San Pietro in Montorio. Il conçut le plan de la basilique Saint-Pierre de Rome mais son projet fut modifié.

Bramante. *Hommes d'armes,* détail.
Pinacothèque de Brera, Milan.
Phot. © Arch. Smeets

le BRAMANTINO (v. 1465-v. 1536) ▪ Peintre italien, architecte. En peinture, son style fut influencé par l'autorité de Bramante.

BRAMER v. intr. [1] ▪ **1.** Pousser son cri (notamment, du cerf en rut). **2.** FAM. Crier fort ou sur un ton de lamentation. ⇒ **brailler, braire.** ► n. m. BRAME ; BRAMEMENT

BRAN ou **BREN** n. m. ▪ VX **1.** Partie la plus grossière du son. **2.** Excrément.

BRANCARD n. m. ▪ **1.** Bras d'une civière ; civière. *Transporter un blessé sur un brancard.* **2.** Chacune des deux barres de bois entre lesquelles on attache une bête de trait.

BRANCARDIER, IÈRE n. ▪ Personne qui porte un brancard (1). *Brancardiers militaires.*

BRANCHAGE n. m. ▪ **1.** RARE Ensemble des branches d'un arbre. ⇒ **ramure. 2.** COUR. au plur. Branches coupées. *Sol jonché de branchages.*

BRANCHE n. f. ▪ **I. 1.** Ramification latérale du tronc d'un arbre. *Branche morte. L'oiseau sautait de branche en branche.* ♦ (autres plantes) *Épinards, céleris en branches,* servis avec la tige complète. **2.** Chacune des ramifications ou divisions (d'un organe, d'un appareil, d'un schéma en arbre*, etc.), qui partent d'un axe ou d'un centre. *Les branches collatérales, terminales d'un nerf. Les branches d'un compas.* ♦ MATH. Portion d'une courbe géométrique non fermée (parabole, etc.). **3.** fig. Division (d'une œuvre ou d'un système complexe). *Les différentes branches de l'économie* (⇒ **secteur**), *de l'enseignement* (⇒ **discipline**). **4.** loc. *AVOIR DE LA BRANCHE :* être racé, distingué. **II.** POP. VIEILLI *VIEILLE BRANCHE :* vieux camarade. *Salut, vieille branche !*

BRANCHEMENT n. m. ▪ **1.** Action de brancher ; son résultat. *Réaliser le branchement d'un appareil.* **2.** Conduite, galerie, voie secondaire partant de la voie principale pour aboutir au point d'utilisation.

BRANCHER v. tr. [1] ▪ **1.** Rattacher (un circuit secondaire) à un circuit principal. ⇒ **connecter.** *Brancher le téléphone. Brancher une lampe,* la connecter au réseau électrique. - pronom. (passif) *Fil qui se branche sur une prise.* **2.** fig. Orienter, diriger sur un thème (la conversation ; qqn). **3.** FAM. Mettre au courant, intéresser (qqn). *Ça te branche ?* - (surtout passif) *Il n'est pas branché (sur le) cinéma.* ♦ p. p. adj. FAM. À la mode (verlan *chébran*).

BRANCHIAL, ALE, AUX adj. ▪ ZOOL. Des branchies. *La respiration branchiale.*

BRANCHIE n. f. ▪ Organe de respiration des poissons, des mollusques.

Constantin BRANCUSI ou **BRÂNCUŞI** (1876 - 1957) ▪ Sculpteur français d'origine roumaine. Il épura les formes jusqu'à les rendre abstraites (*"Oiseau dans l'espace"*) mais conserva aussi le sens d'un art « primitif » (*"Colonne sans fin"* à Tirgu Jiu).

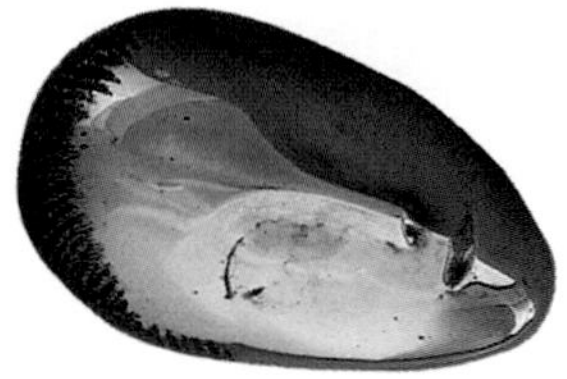

Brancusi. *La Muse endormie,* bronze. MNAMGP, Paris. *Phot. © MNAMGP*

BRANDADE n. f. ▪ Morue émiettée finement, mélangée à de l'huile, du lait et de l'ail.

BRANDE n. f. ▪ Ensemble des plantes de sous-bois (bruyères, ajoncs, genêts, fougères). ♦ Terre où poussent ces plantes.

BRANDEBOURG [-buʀ] n. m. ▪ Passementerie, galon ornant un vêtement, une boutonnière. *Veste à brandebourgs.*

le BRANDEBOURG ▪ État (Land) d'Allemagne. 29 476 km². 2 543 000 hab. Capitale : Potsdam. ▫ **HISTOIRE** Berceau du royaume de Prusse, domaine des Hohenzollern de 1415 à 1918, l'État de Brandebourg fut dissous en 1952 lors de la création des districts en R.D.A. Il retrouva son ancien statut après la réunification, en 1990.

BRANDEBOURG en allemand ***BRANDENBURG*** ▪ Ville d'Allemagne (État du Brandebourg), à l'ouest de Berlin. 90 400 hab.

la porte de BRANDEBOURG ▪ Arc de triomphe édifié au centre de Berlin (1788). De 1945 à 1989, elle marqua la frontière entre Berlin-Ouest et Berlin-Est.

Georg BRANDES (1842 - 1927) ▪ Écrivain et critique danois. Responsable de la « percée moderne » des lettres scandinaves.

BRANDIR v. tr. [2] ▪ **1.** Agiter en tenant en l'air de façon menaçante. *Brandir une arme.* **2.** Agiter en élevant pour attirer l'attention. *Brandir une affiche ; un slogan.*

Marlon BRANDO (né en 1924) ▪ Acteur américain. Élève d'Elia Kazan à l'Actor's Studio, il a affirmé une forte personnalité dans *"Un Tramway nommé Désir"* (1951); *"Sur les quais"* (1954); *"Le Dernier Tango à Paris"* (1972), *"Apocalypse Now"* (1979).

BRANDON n. m. ▪ **1.** Débris enflammé. **2.** LITTÉR. *Brandon de discorde :* personne, chose qui est source de discorde.

Sebastian BRANDT ou **BRANT** (1458 - 1521) ▪ Humaniste alsacien. *"La Nef des fous"* (1494) (*"Das Narrenchiff"*).

Willy BRANDT (1913 - 1992) ▪ Homme politique allemand. Chancelier (social-démocrate) de R.F.A. de 1969 à 1974. Prix Nobel de la paix 1921 pour sa politique d'ouverture vers les pays de l'Est.

Willy **Brandt.** *Phot. © Patrick Piel/Gamma*

BRANDY n. m. ▪ anglic. Eau-de-vie de raisins.

BRANLANT, ANTE adj. ▪ Qui branle (II), est instable. *Une chaise branlante.* ⇒ **vacillant.**

EN **BRANLE** loc. adv. ▪ **1.** En oscillation. *Mettre en branle une cloche.* **2.** fig. *METTRE EN BRANLE :* donner l'impulsion initiale. - *Se mettre en branle :* commencer à bouger, à agir.

BRANLE-BAS n. m. invar. ▪ **1.** *Branle-bas de combat :* préparation au combat sur un navire de guerre. **2.** Agitation, désordre précédant l'action. *Dans le branle-bas des élections. Des branle-bas.*

BRANLER v. [1] ▪ **I.** v. tr. **1.** VX Agiter, secouer (⇒ **ébranler**). **2.** loc. *Branler la tête,* la remuer d'avant en arrière, ou d'un côté à l'autre. ⇒ **hocher, secouer. II.** v. intr. Être instable, mal fixé. ⇒ **chanceler, vaciller.** *Une chaise, une dent qui branle.* - loc. *Branler dans le manche ;* fig. être précaire. **III.** vulg. **1.** Masturber. ♦ pronom. FAM. Se masturber. - fig. *S'en branler :* s'en ficher, s'en foutre. **2.** FAM. Faire, fabriquer. ⇒ **foutre.** *Qu'est-ce qu'ils branlent ?* ► BRANLEMENT n. m. (sens I).

BRANLEUR, EUSE n. ▪ FAM. Paresseux ; fantaisiste.

Édouard BRANLY (1844 - 1940) ▪ Physicien français. Inventeur d'un radioconducteur utilisé dans les récepteurs de télégraphie sans fil.

Karl Hjalmar BRANTING (1860 - 1925) ▪ Homme politique suédois. Chef du parti social-démocrate, il dirigea plusieurs gouvernements socialistes en Suède entre 1920 et 1925. Il fit adopter d'importantes réformes sociales. Prix Nobel de la paix 1921.

Pierre de Bourdeille, abbé et seigneur de BRANTÔME (v. 1538 - 1614) ▪ Écrivain français. Auteur de mémoires contenant notamment les *"Vies des dames galantes"* célèbres pour leurs anecdotes volontiers licencieuses.

BRAQUAGE n. m. ▪ **I.** Action de braquer (II). *Rayon de braquage :* rayon du cercle tracé par les roues extérieures braquées au maximum. **II.** ARGOT Attaque à main armée.

BRAQUE ▪ **I.** n. m. Chien de chasse à poil ras et à oreilles pendantes. **II.** adj. FAM. Un peu fou, écervelé. ⇒ **timbré, toqué.**

Georges BRAQUE (1882 - 1963) ▪ Peintre, dessinateur et graveur français. Il ne cessa d'exploiter, sous toutes ses formes, le cubisme, qu'il inventa avec Picasso. Papiers collés (1911-1914). Natures mortes aux teintes sourdes et raffinées. Sculptures, reliefs gravés sur plâtre, dessin de bijoux. Plafond du Louvre (1952).

Braque. *Le Duo.* MNAMGP, Paris. *Phot. © Carlo Bevilacqua/Ricciarini*

BRAQUEMART n. m. ▪ **1.** VX Poignard, épée courte. **2.** FAM. Membre viril.

BRAQUER v. [1] ▪ **I.** v. tr. **1.** Tourner (une arme à feu, un instrument d'optique) dans la direction de l'objectif. ⇒ **diriger, pointer.** *Braquer son revolver sur qqn.* **2.** Fixer (le regard, l'attention, etc.). *Son regard était braqué sur nous.* **3.** ARGOT Mettre en joue (qqn) ; attaquer à main armée. *Braquer une banque.* **4.** fig. (idée de « tourner contre ») *Braquer qqn contre (qqn, un projet),* l'amener à s'opposer obstinément à lui. ⇒ **dresser.** *Elle l'a braqué contre son ami.* – pronom. (réfl.) *Il s'est braqué :* il s'est buté. **II.** v. intr. Faire tourner un véhicule (au maximum). *Braquer (à fond) pour se garer.* ♦ (véhicule) *Cette voiture braque bien, mal,* son rayon de braquage est petit, trop grand.

BRAQUET n. m. ▪ Rapport, entre le pignon et le plateau, qui commande le développement d'une bicyclette. *Le dérailleur permet de changer de braquet.*

BRAS n. m. ▪ **1.** Segment du membre supérieur compris entre l'épaule et le coude. *Le bras et l'avant-bras. Muscles du bras.* ⇒ **biceps, triceps.** *Os du bras.* ⇒ **humérus.** ♦ COUR. Membre supérieur, de l'épaule à la main. *Mouvements des bras. Agiter les bras. Porter qqch. à bras tendus. Porter un enfant dans ses bras. Tenir, serrer qqn dans ses bras.* ⇒ **embrasser, étreindre.** *Donner le bras à qqn,* pour qu'il puisse s'y appuyer en marchant. *Être au bras de qqn, prendre le bras de qqn. Marcher bras dessus, bras dessous,* en se donnant le bras. – loc. *BRAS DE FER :* jeu où deux adversaires mesurent la force de leur bras ; fig. épreuve de force. – *BRAS D'HONNEUR,* geste injurieux du bras (simulacre d'érection). – *Jouer les GROS BRAS,* les durs. – *Les bras m'en tombent :* je suis stupéfait. *Baisser les bras :* abandonner, renoncer à agir. *Rester les bras croisés,* sans rien faire. – *Accueillir qqn à bras ouverts,* avec effusion, empressement. – *À bras le corps* (⇒ à **bras-le-corps**). – *Avoir qqn ou qqch. sur les bras,* être obligé de s'en occuper. – *Avoir le bras long,* du crédit, de l'influence. **2.** Symbole de la force, du pouvoir. *Le bras de la justice.* **3.** Personne qui agit, travaille, combat. *Les hôpitaux manquent de bras.* – *Le BRAS DROIT de qqn,* son principal agent d'exécution. **4.** *À BRAS* loc. adv. : à l'aide des seuls bras (sans machine). *Charrette à bras,* qu'on meut avec les bras. – *Se jeter sur qqn À BRAS RACCOURCIS,* avec la plus grande violence. **5.** Partie du membre antérieur du cheval. ♦ Tentacule (des céphalopodes). *Les bras d'une pieuvre.* **6.** (Objets fonctionnant comme le bras) Brancard. *Les bras d'une brouette.* – Partie mobile d'un dispositif. *Bras d'une manivelle.* – *BRAS DE LEVIER :* distance d'une force à son point d'appui, perpendiculairement à la direction de cette force. ♦ (Objet en rapport avec le bras humain) *Les bras d'un fauteuil.* **7.** Division d'un cours d'eau que partagent des îles. *Bras mort,* où l'eau ne circule plus. *Bras de mer :* détroit, passage.

BRASER v. tr. [1] ▪ TECHN. Souder en interposant un métal, un alliage fusible.

BRASERO [bRazeRo] n. m. ▪ Bassin de métal rempli de charbons ardents, posé sur un trépied.

BRASIER n. m. ▪ **1.** Masse d'objets ou matières en complète combustion du fait d'un incendie. **2.** fig. Foyer de passions violentes, de guerre.

BRASÍLIA ▪ Ville nouvelle (plans de Costa, bâtiments de Niemeyer), capitale du Brésil depuis 1960 et d'un district fédéral (5 794 km²; 2 110 000 hab.) dans l'État de Goiás, 300 000 hab. Le site de la ville fut choisi pour favoriser le développement de la région, qui était faiblement peuplée.

Brasília. La place des Trois-Pouvoirs et le palais du Gouvernement.
Phot. © Nino Cirani/Ricciarini

Robert **BRASILLACH** (1909 - 1945) ▪ Écrivain français. Fusillé à la libération pour ses articles en faveur du nazisme, notamment dans le journal *"Je suis partout"*, dont il était rédacteur en chef. *"Comme le temps passe"* (roman, 1937), *"Poèmes de Fresnes"* (1949).

BRASILLER v. intr. [1] ▪ Scintiller, étinceler (comme de la braise). – Braisiller. ► n. m. BRASILLEMENT

À **BRAS-LE-CORPS** [-kɔR] loc. adv. ▪ Avec les bras et par le milieu du corps. *Saisir qqn à bras-le-corps.*

BRAŞOV STALIN ▪ Ville de Roumanie. 323 835 hab. Monuments médiévaux. Centre industriel.

BRASSAGE n. m. ▪ **1.** Action de brasser (spécialt la bière). **2.** Mélange. – fig. *Brassage culturel.*

Gyula Halász dit **BRASSAÏ** (1899 - 1984) ▪ Photographe français d'origine hongroise. Lié avec les surréalistes, il exalta les aspects insolites de Paris.

BRASSARD n. m. ▪ **1.** Pièce d'armure qui couvrait le bras. **2.** Bande d'étoffe ou ruban porté au bras comme insigne. *Brassard d'infirmier. Brassard de deuil.*

BRASSE n. f. ▪ **I.** Ancienne mesure de longueur égale à cinq pieds (environ 1,60 m). – Mesure marine de profondeur (environ 1,60 m). **II.** Nage ventrale réalisée en pliant et détendant alternativement bras et jambes ; chacun des espaces successifs ainsi parcourus. *Brasse coulée,* avec passages de la tête sous l'eau. *Brasse papillon*.*

BRASSÉE n. f. ▪ Ce que les bras peuvent contenir, porter. *Une brassée de fleurs.*

BRASSEMPOUY ▪ Commune des Landes. 279 hab. Site préhistorique où fut découverte, en 1894, la « dame à la capuche », tête de femme sculptée dans l'ivoire, datant du Gravettien.

Brassempouy. La « dame à la capuche », ivoire. Musée des Antiquités nationales, Saint-Germain-en-Laye. *Phot. © Schormans/RMN*

Georges **BRASSENS** (1921 - 1981) ▪ Chanteur, auteur et compositeur français. Ses textes, qu'il accompagna à la guitare, célébrèrent, souvent de façon anticonformiste, la tendresse et l'amitié. *"Chanson pour l'Auvergnat"*.

BRASSER v. tr. [1] ▪ **1.** *Brasser la bière :* préparer le moût en faisant macérer le malt dans l'eau ; fabriquer la bière. **2.** Remuer en mêlant. *Brasser la salade.* – au p. p. *Fromage blanc brassé* (pour être rendu plus lisse). **3.** fig. Manier (beaucoup d'argent), traiter (beaucoup d'affaires). *Brasser des millions.*

BRASSERIE n. f. ▪ **1.** Fabrique de bière ; industrie de la bière. **2.** Grand café-restaurant.

① **BRASSEUR, EUSE** n. ▪ **1.** Personne, entreprise qui fabrique de la bière ou en vend en gros. **2.** *Brasseur, brasseuse d'affaires :* personne qui s'occupe de nombreuses affaires.

② **BRASSEUR, EUSE** n. ▪ Nageur, nageuse de brasse.

Pierre Espinasse dit Pierre **BRASSEUR** (1905 - 1972) ▪ Acteur français. Il se créa un personnage haut en couleur, incarnant notamment Frédérick Lemaître dans le film de

Carné *"Les Enfants du Paradis"* (1945). Au théâtre, il fut l'un des grands acteurs de son époque (*"Partage de midi"* de Claudel, 1948).

BRASSIÈRE n. f. ▪ Courte chemise de bébé, à manches longues, qui se ferme dans le dos.

BRĂTIANU ▪ HOMMES POLITIQUES ROUMAINS ► **Ion BRĂTIANU** (1821 - 1891) Chef du parti national libéral, ministre puis président du Conseil, il négocia l'indépendance de la Roumanie au congrès de Berlin (1878). ► **Ion** dit **Ionel BRĂTIANU** (1864 - 1927), fils du précédent, fut également chef du parti libéral et, à plusieurs reprises, président du Conseil.

BRATISLAVA anciennt en allemand ***PRESSBURG*** ▪ Capitale de la Slovaquie. 441 000 hab. Port sur le Danube.

BRATSK ▪ Ville de Russie, en Sibérie. 287 000 hab. Centrale hydroélectrique.

Fernand BRAUDEL (1902 - 1985) ▪ Historien français. L'un des principaux représentants de la « nouvelle histoire », fondée sur la notion de longue durée et l'intégration des acquis de la géographie et de l'économie. *"La Méditerranée et le monde méditerranéen à l'époque de Philippe II"* (1949); *"Civilisation matérielle, économie et capitalisme, XVe-XVIIIe s."* (1967-1979).

Wernher von BRAUN (1912 - 1977) ▪ Savant allemand naturalisé américain. Père des V2 et des fusées modernes.

Victor BRAUNER (1902 - 1966) ▪ Peintre surréaliste roumain installé à Paris.

Adriaen BRAUWER → Brouwer

BRAVACHE n. m. ▪ Faux brave, fanfaron. - adj. *Un air bravache.*

BRAVADE n. f. ▪ **1.** Ostentation de bravoure. *S'exposer par bravade.* **2.** Action ou attitude de défi insolent envers une autorité.

Auguste BRAVAIS (1811 - 1863) ▪ Physicien français. Spécialiste des cristaux.

BRAVE adj. et n. ▪ **1.** (après le nom) Courageux au combat, devant un ennemi (⇒ **bravoure**). - n. *La paix des braves.* **2.** (avant le nom) Honnête et bon avec simplicité. *Un brave homme, une brave femme. De braves gens. C'est un brave garçon.* - n. *Mon brave* (appellation condescendante). - par ext. *Un brave chien.* **3.** attribut D'une bonté ou d'une gentillesse un peu naïve. ♦ RÉGIONAL (sud de la France) Aimable, gentil ; gai et vaillant.

BRAVEMENT adv. ▪ **1.** Avec bravoure, courageusement. ⇒ **hardiment.** **2.** D'une manière décidée, sans hésitation. ⇒ **résolument.**

BRAVER v. tr. [1] ▪ **1.** Défier orgueilleusement en montrant qu'on ne craint pas. ⇒ **narguer, provoquer.** **2.** Se comporter sans crainte devant (qqch. de redoutable). ⇒ **mépriser.** *Braver le danger, la mort.* - Oser ne pas respecter (une règle, une tradition). *Braver les convenances.*

BRAVISSIMO interj. ▪ Exclamation exprimant un très haut degré de contentement. *Bravo ! Bravissimo !*

BRAVO ▪ **1.** interj. Exclamation dont on se sert pour applaudir, pour approuver. *Bravo ! c'est parfait.* **2.** n. m. Applaudissement, marque d'approbation. *Un tonnerre de bravos.*

BRAVOURE n. f. ▪ **1.** Qualité d'une personne brave. ⇒ **courage, héroïsme, vaillance.** **2.** MUS. *Air de bravoure :* air brillant destiné à faire valoir le chanteur. - *Morceau, air de bravoure :* passage (d'une œuvre littéraire, etc.) particulièrement brillant.

le pays de BRAY ▪ Région du nord-ouest de la France (Haute-Normandie).

Pierre Savorgnan de BRAZZA (1852 - 1905) ▪ Explorateur italien naturalisé français. Colonisateur du Congo (1879-1881), il fonda Brazzaville.

BRAZZAVILLE ▪ Capitale du Congo. 760 000 hab. Métropole politique, universitaire et religieuse du pays. Industries. Les discours de Brazzaville (1946, 1958) du général de Gaulle préludèrent à l'indépendance africaine.

① **BREAK** [bʀɛk] n. m. ▪ anglic. **1.** anciennt Voiture à quatre roues, ouverte, avec un siège de cocher élevé et deux banquettes longitudinales. **2.** MOD. Type de carrosserie automobile en forme de fourgonnette, mais à arrière vitré.

② **BREAK** [bʀɛk] n. m. ▪ anglic. **1.** TENNIS loc. *Faire le break :* creuser à son avantage un écart de deux jeux sur son adversaire. **2.** MUS. (jazz) Interruption du jeu de l'orchestre créant un effet d'attente. **3.** critiqué Pause. *Faire un break.*

BREAKFAST [bʀɛkfœst] n. m. ▪ anglic. Petit déjeuner à la manière anglo-saxonne. ⇒ aussi **brunch.**

Michel BRÉAL (1832 - 1915) ▪ Linguiste français. Créateur de la sémantique. *"Essai de sémantique"* (1897).

BREBIS n. f. ▪ **1.** Femelle adulte du mouton. *Lait, fromage de brebis.* **2.** loc. *Brebis galeuse :* personne dangereuse et indésirable dans un groupe.

① **BRÈCHE** n. f. ▪ **1.** Ouverture d'un mur, d'une clôture. - Ouverture dans une enceinte fortifiée ; percée d'une ligne fortifiée, d'un front. ⇒ **trouée.** *Faire, ouvrir, colmater une brèche.* - loc. *Être toujours sur la brèche :* être toujours à combattre ; fig. être toujours en pleine activité. *BATTRE EN BRÈCHE un argument, le crédit de qqn,* l'attaquer, le ruiner. **2.** Petite entaille sur un objet d'où s'est détaché un éclat (⇒ **ébrécher**). - fig. Dommage qui entame. *Faire une brèche sérieuse à ses économies.*

② **BRÈCHE** n. f. ▪ Roche formée d'éléments pointus agglomérés.

BRÉCHET n. m. ▪ Sternum saillant (des oiseaux).

Bertolt BRECHT (1898 - 1956) ▪ Auteur dramatique allemand et théoricien du théâtre. Fondateur d'une nouvelle forme de théâtre : le spectateur doit réfléchir et non s'identifier à l'action. C'est le procédé de « distanciation ». *"Mère Courage"* (1941); *"L'Opéra de quat'sous"* (1928), musique de Kurt Weill.

BREDA ▪ Ville des Pays-Bas (Brabant-Septentrional). 126 709 hab. Résidence (XVIe s.) des princes d'Orange-Nassau. *Le traité de Breda* (1667) donnait Nieuw Amsterdam (New York) à l'Angleterre et rendait l'Acadie à la France.

BREDOUILLE adj. ▪ *Être, rentrer, revenir bredouille,* sans avoir rien pris, obtenu ou trouvé.

BREDOUILLEMENT n. m. ▪ Paroles confuses.

BREDOUILLER v. [1] ▪ **1.** v. intr. Parler d'une manière précipitée et peu distincte. ⇒ **bafouiller, marmonner.** **2.** v. tr. Dire en bredouillant. *Bredouiller une excuse.*

① **BREF, BRÈVE** ▪ **I.** adj. **1.** De peu de durée. ⇒ **court.** *Une brève rencontre. À bref délai :* bientôt. **2.** (dans l'expression) *Une brève allocution.* ⇒ **succinct.** - *Soyez bref.* ⇒ **concis ; abréger.** **3.** LING. *Syllabe, voyelle brève,* qui a une durée d'émission plus courte que la moyenne. ⇒ **brève.** **II.** adv. **1.** Pour résumer les choses en peu de mots. ⇒ **enfin,** en **résumé.** *Bref, tout va bien.* **2.** LITTÉR. *EN BREF* loc. adv. : en peu de mots. ⇒ **brièvement.** *L'actualité en bref.*

② **BREF** n. m. ▪ Lettre du pape, plus courte que la bulle.

BREGENZ ▪ Ville d'Autriche, capitale du Vorarlberg, à l'extrémité sud-est du lac de Constance. 27 200 hab.

Louis BRÉGUET (1880 - 1955) ▪ Ingénieur français. Il fut l'un des premiers constructeurs d'avions.

BRÉHAIGNE adj. f. ▪ Stérile. *Jument bréhaigne.*

l'île de BRÉHAT ▪ Île de la Manche et commune des Côtes-d'Armor *(L'Île-de-Bréhat).* 460 hab. *(les Bréhatins).* Tourisme.

Leonid Ilitch BREJNEV (1906 - 1982) ▪ Homme politique soviétique. Premier secrétaire du parti communiste de l'URSS de 1964 à sa mort. Président du praesidium du Conseil suprême en 1977. Il mena une politique conservatrice à l'intérieur, de « guerre froide » à l'extérieur.

Jacques BREL (1929 - 1978) ▪ Chanteur, auteur et compositeur belge de langue française. Son œuvre est anticonformiste (*"Les Bourgeois"*) et sentimentale (*"Ne me quitte pas"*).

Brel. *Phot. © Botti/Stills*

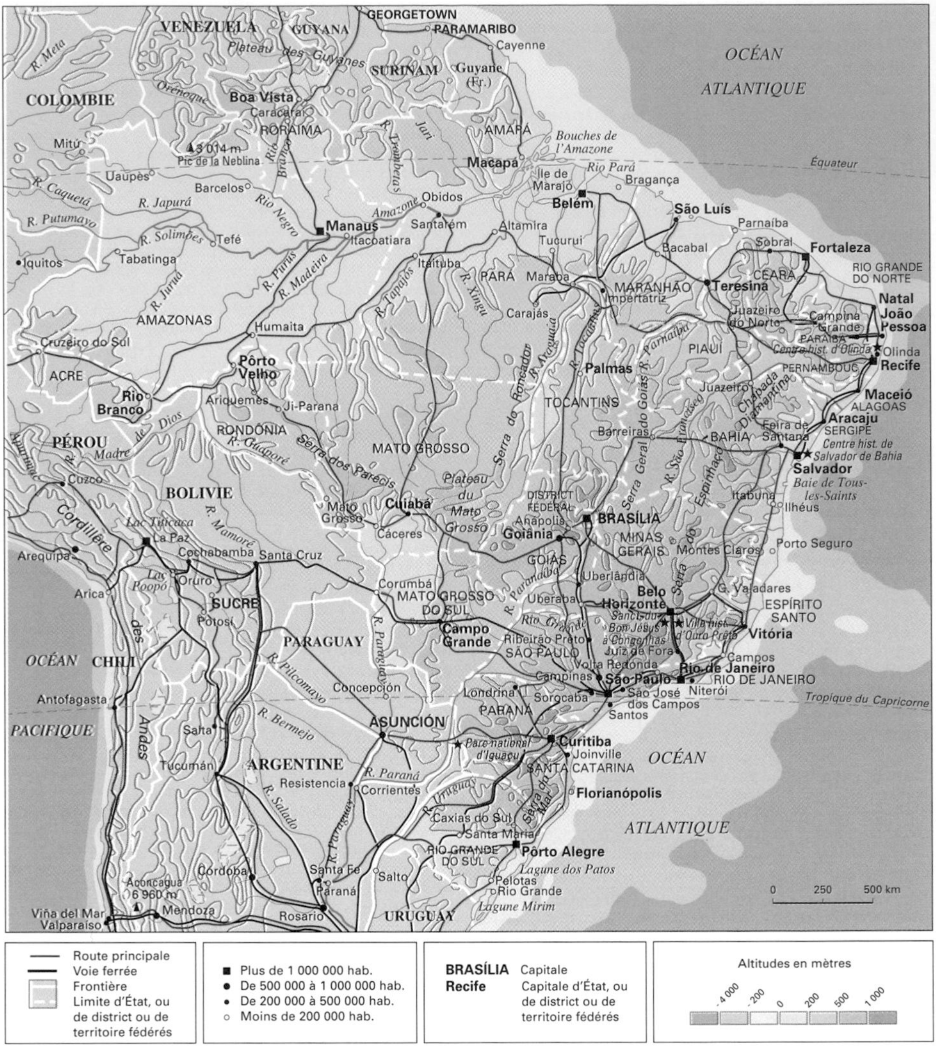

Brésil.

BRELAN n. m. ▪ à certains jeux de cartes (dont l'ancien jeu dit *brelan*) Réunion de trois cartes de même valeur. *Avoir un brelan d'as, au poker.* ➝ aux dés Coup amenant trois faces semblables.

BRELOQUE n. f. ▪ **1.** Petit bijou de fantaisie que l'on suspend. **2.** loc. VIEILLI *Battre la breloque :* fonctionner mal ; être dérangé, un peu fou.

BRÈME n. f. ▪ Poisson d'eau douce long et plat.

BRÊME n. f. ▪ ARGOT FAM. Carte à jouer.

BRÊME en allemand ***BREMEN*** ▪ Ville et port fluvial d'Allemagne, au fond de l'estuaire de la Weser. Elle constitue, avec *Bremerhaven*, son débouché maritime, un État (Land) du même nom (le plus petit du pays : 404 km², 686 000 hab.). 533 000 hab. Vieille ville médiévale. Industries sidérurgiques, raffineries. Ancienne ville hanséatique.

l'abbé Henri BRÉMOND (1865 - 1933) ▪ Historien de la spiritualité et critique littéraire français. *"Histoire littéraire du sentiment religieux en France"* (inachevée, 1916-1932).

le col du BRENNER ▪ Col des Alpes orientales, à la frontière de l'Autriche et de l'Italie. Axe majeur de l'espace européen, il est emprunté par une importante voie ferrée et par une autoroute. Le village de Brenner vit plusieurs rencontres entre Hitler et Mussolini entre 1933 et 1945.

BRENNUS ▪ Chef gaulois. S'étant emparé de Rome en 390 av. J.-C., il aurait jeté son épée dans la balance servant à peser l'or qu'on devait lui offrir, en disant *"Vae victis!"* (« Malheur aux vaincus ! »).

Clemens BRENTANO (1778 - 1842) ▪ Écrivain romantique allemand. ► **Elisabeth** dite **Bettina BRENTANO** (1785 - 1858), sa sœur, femme de lettres allemande, mariée à Achim von Arnim. *"Correspondance de Goethe avec une enfant"*, (1835). ► **Franz BRENTANO** (1838 - 1917), son neveu, philosophe allemand, psychologue, maître de Husserl. Père de la psychologie descriptive.

BRESCIA ▪ Ville d'Italie (Lombardie). 203 190 hab. Cathédrale.

le BRÉSIL ▪ État d'Amérique du Sud occupant presque la moitié de l'Amérique latine, constitué de 26 États et d'un district fédéral (Brasília). 8 511 996 km². 156 310 000 hab. *(les Brésiliens)*. Capitale : Brasília. Langue officielle : portugais. Monnaie : réal. Cinq régions : nord (Amazonie, forêts semi-désertiques, richesses minières), nord-est (Nordeste, littoral fertile, intérieur semi-aride), sud (montagnes et pampa, agriculture riche), sud-est (littoral fertile, savane)

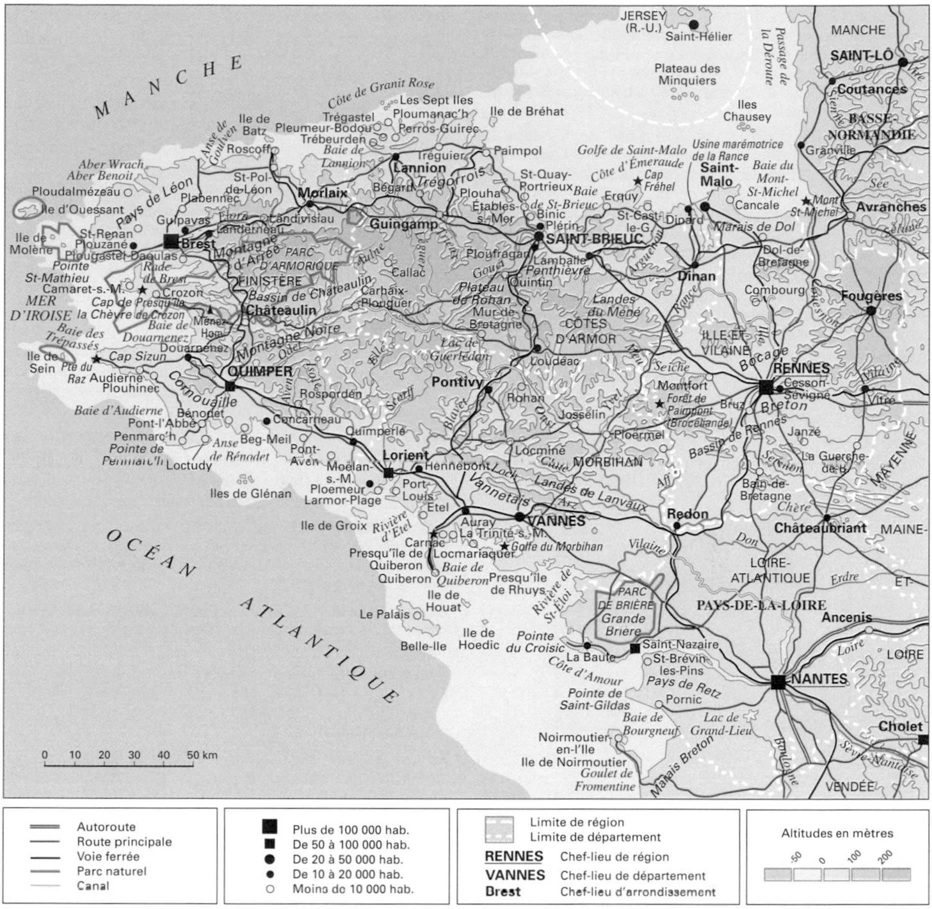

Bretagne.

— qui regroupent l'essentiel de l'activité économique (Belo Horizonte, Rio de Janeiro, São Paulo) — et centre-ouest (plateau très peu peuplé malgré la création de Brasília). Développement économique spectaculaire depuis les années 1960, lié à d'immenses ressources agricoles (1er exportateur mondial de café; sucre, soja, cacao, maïs) et minières (fer, étain, bauxite, amiante). Malgré l'essor de l'économie dans certains secteurs (sidérurgie), de graves déséquilibres économiques, financiers et sociaux subsistent. □ HISTOIRE Découvert en 1500 par P.Á. Cabral, vice-royauté portugaise, le Brésil devint la tête de l'empire du Portugal quand le roi Jean VI, fuyant Napoléon, fit de Rio sa capitale; son fils proclama l'indépendance en 1822 et devint empereur du Brésil sous le nom de Pierre Ier. La richesse du pays attira de nombreux immigrants (population aujourd'hui très métissée). Le pays fut doté d'une constitution républicaine en 1891, après l'abolition de l'esclavage. G. Vargas instaura un pouvoir fort de 1930 à 1945 et de 1951 à 1954. Après une période réformiste, les militaires prirent le pouvoir (1964). L'élection de J. Sarney (1985-1989) puis de F. Collor (destitué pour corruption en 1992) marqua le retour à la démocratie. En 1994, F. Cardoso fut élu président de la République.

BRÉSILIEN, IENNE adj. et n. ▪ Du Brésil. *Danse brésilienne.* ⇒ **samba.** ‑ n. *Les Brésiliens.* ♦ n. m. *Le brésilien,* portugais parlé au Brésil.

BRESLAU → **Wrocław**

la BRESSE ▪ Région de Bourg-en-Bresse, dans l'est de la France. Elle fut cédée par la Savoie à la France en 1601. Économie agricole (volailles renommées).

Robert BRESSON (né en 1901) ▪ Cinéaste français au style exigeant et dépouillé. *"Les Dames du bois de Boulogne"* (1945), *"Pickpocket"* (1959).

BRESSUIRE ▪ Chef-lieu d'arrondissement des Deux-Sèvres. 17 827 hab. Abattoir. *(les Bressuirais).*

BREST, jusqu'en 1921 **BREST-LITOVSK** ▪ Ville de Biélorussie, autrefois polonaise, elle fut définitivement attribuée à l'URSS en 1945. 269 000 hab. ► **le traité de BREST-LITOVSK** (1918) mit fin à la guerre russo-allemande.

BREST ▪ Chef-lieu d'arrondissement du Finistère, port militaire sur la *rade de Brest* depuis le XVIIe s. 147 956 hab. *(les Brestois).* Centre détruit en 1944 et reconstruit. Nombreuses activités portuaires et océanographiques. Université.

la BRETAGNE ▪ Nom francisé de la province romaine de *Britannia,* aujourd'hui la Grande-Bretagne.

la BRETAGNE ▪ Péninsule à l'ouest de la France, entre la Manche et l'Atlantique, formée de massifs peu élevés (→ Massif **armoricain**) entaillés de vallées et au climat humide. Économie essentiellement agricole qui repose sur l'élevage (laitier, porcin, avicole) et qui cherche à s'industrialiser (agroalimentaire, pêche très active). La Bretagne est l'une des premières régions touristiques françaises. Elle doit son nom aux **Bretons,** peuple celte venu de l'Angleterre aux Ve-VIe s. Pratiquement indépendante sous les Carolingiens, la Bretagne fut un enjeu des rivalités entre Capétiens et Anglais. Duché prospère au XVe s., elle passa à la Couronne en 1524 à la mort de Claude de

France (acte d'Union de 1532), non sans continuer à manifester son particularisme, notamment linguistique. ► **la Bretagne** Région administrative de la France regroupant quatre départements : Côtes-d'Armor, Finistère, Morbihan, Ille-et-Vilaine. 27 000 km². 2 790 000 hab. *(les Bretons)*. Chef-lieu : Rennes.

BRETELLE n. f. ▪ **1.** Courroie que l'on passe sur les épaules pour porter un fardeau. ⇒ **bandoulière.** *Porter l'arme à la bretelle.* **2.** Bande de tissu, de ruban qui maintient aux épaules les pièces de lingerie féminine ou de certains vêtements. *Robe à bretelles.* ‐ Bande passant sur les épaules, servant à retenir un pantalon. *Une paire de bretelles.* ‐ loc. FAM. *Remonter les bretelles à qqn,* le réprimander. **3.** Voie de raccordement. *La bretelle d'une autoroute.*

Brétigny-sur-Orge ▪ Commune de l'Essonne. 19 671 hab. *(les Brétignolais).* Station d'observation des satellites français. Aérodrome militaire.

BRETON, ONNE adj. et n. ▪ **1.** De Bretagne. *Gâteau breton.* ⇒ **far.** ‐ n. *Les Bretons.* ♦ n. m. *Le breton* (langue celtique). **2.** DIDACT. Qui appartient aux peuples celtiques de Grande-Bretagne et de Bretagne. *Les romans bretons du XIIe siècle.*

André **Breton** (1896 ‐ 1966) ▪ Écrivain français. Fondateur et théoricien du surréalisme. Poète et critique d'art. *"Manifeste du surréalisme"* (1924) ; *"Nadja"* (1928), récit.

Breton. *Phot. © Pic*

BRETONNANT, ANTE adj. ▪ Où l'on parle (parlait) breton. *La Bretagne bretonnante.* ♦ Qui garde ou fait revivre les traditions et la langue bretonnes. *Un Breton bretonnant.*

BRETTEUR n. m. ▪ anciennt Celui qui aime se battre à l'épée. ⇒ ① **ferrailleur.**

Bretton Woods ▪ Localité des États-Unis (New Hampshire) où eut lieu une conférence internationale (1944) fixant des conditions nouvelles à l'économie : création du *Gold-Exchange standard*, système de l'étalon de change-or, avec le dollar comme unité de compte, seule convertible en or (jusqu'en 1971), création du Fonds monétaire international (F.M.I.) et de la Banque internationale pour la reconstruction et le développement (B.I.R.D.).

BRETZEL n. m. ▪ Biscuit léger en forme de huit, salé et saupoudré de cumin. *Des bretzels.*

Josef **Breuer** (1842 ‐ 1925) ▪ Physiologiste et psychiatre autrichien. Initiateur de la psychanalyse avec Freud. *"Les Études sur l'hystérie"* (1895).

Marcel **Breuer** (1902 ‐ 1981) ▪ Architecte américain d'origine hongroise. Collaborateur de Gropius, professeur au Bauhaus. Mobilier. Palais de l'Unesco à Paris (avec Nervi et Zehrfuss).

Marcel **Breuer.** Le centre de recherches IBM à La Gaude. *Phot. © phot. X © IBM*

Breughel → Bruegel

l'abbé Henri **Breuil** (1877 ‐ 1961) ▪ Paléontologue et préhistorien français. Spécialiste de l'art paléolithique. *"Quatre Cents Siècles d'art pariétal"* (1952).

BREUVAGE n. m. ▪ **1.** VX ou LITTÉR. Boisson. **2.** Boisson d'une composition spéciale ou ayant une vertu particulière.

BRÈVE n. f. ▪ **1.** LING. Voyelle, syllabe brève. **2.** JOURNAL. Information brièvement annoncée.

BREVET n. m. ▪ **1.** Titre ou diplôme délivré par l'État, donnant des droits au titulaire. ‐ *Brevet d'invention,* conférant à l'auteur d'une invention un droit exclusif d'exploitation pour un temps déterminé. *Déposer un brevet.* ♦ (attestant des connaissances) *Brevet de technicien* (B.T.). *Brevet de technicien supérieur* (B.T.S.). *Brevet d'études professionnelles* (B.E.P.). ‐ *Brevet de pilote* (d'avion). **2.** fig. LITTÉR. Garantie, assurance. *C'est un brevet de moralité.*

BREVETER v. tr. [4] ▪ Protéger par un brevet. *Faire breveter une invention.* ► **BREVETÉ, ÉE** adj. Qui a obtenu un brevet (civil, militaire). *Ingénieur breveté.* ‐ Garanti par un brevet. *Procédé breveté.* ► adj. BREVETABLE

BRÉVIAIRE n. m. ▪ **1.** Livre de l'office divin, renfermant les formules de prières. **2.** fig. Ouvrage, auteur servant de modèle.

sir David **Brewster** (1781 ‐ 1868) ▪ Physicien écossais. Lois de la polarisation de la lumière par réflexion.

Breyten **Breytenbach** (né en 1939) ▪ Romancier français d'origine sud-africaine. Militant anti-apartheid. *"Une Saison au paradis"* (en afrikaans, 1980) ; *"Mémoires de poussière et de neige"* (1989).

Otokar **Březina** (1868 ‐ 1929) ▪ Poète tchèque d'inspiration mystique et métaphysique. *"Les Lointains mystérieux"* (1895).

Briançon ▪ Chef-lieu d'arrondissement des Hautes-Alpes. 11 041 hab. *(les Briançonnais).* Église et citadelle construites par Vauban. La région du *Briançonnais* a une situation stratégique.

Aristide **Briand** (1862 ‐ 1932) ▪ Homme politique français. Remarquable orateur, se plaçant à la charnière de la droite et de la gauche, il fut plusieurs fois ministre et président du Conseil, mais surtout l'artisan du rapprochement franco-allemand, après la Première Guerre mondiale, et de la diplomatie de la paix. Partisan de la S.D.N., il signa le *pacte Briand-Kellog* (1928) qui mit la guerre hors la loi. Prix Nobel de la paix 1926.

Briansk ▪ Ville de la Russie. 460 000 hab. Industries.

BRIARD, ARDE adj. et n. ▪ De la Brie. ‐ *Chien briard* ou n. m. *briard* : chien de berger à poils longs.

BRIBE n. f. ▪ Petit morceau, petite quantité. ♦ fig. au plur. *Des bribes de souvenirs.*

BRIC-À-BRAC n. m. invar. ▪ **1.** Amas de vieux objets hétéroclites, destinés à la revente. *Le bric-à-brac d'un brocanteur.* **2.** Amas d'objets hétéroclites en désordre. *Quel bric-à-brac !* ‐ fig. ⇒ **fatras.** *Le bric-à-brac romantique.*

DE **BRIC ET DE BROC** loc. adv. ▪ En employant des morceaux de toute provenance, au hasard des occasions. *Une chambre meublée de bric et de broc.*

① **BRICK** n. m. ▪ Voilier à deux mâts gréés à voiles carrées.

② **BRICK** n. m. ▪ Beignet salé fait d'une pâte très fine. *Un brick à l'œuf.*

BRICOLAGE n. m. ▪ **1.** Action de bricoler ; travail de bricoleur. ♦ Travail intellectuel non théorisé. **2.** Réparation ou travail sommaire. **3.** fig. Travail intellectuel à la méthode improvisée, soumise aux circonstances.

BRICOLE n. f. ▪ **1.** Courroie du harnais passée sur la poitrine du cheval ; bretelle de porteur. **2.** Petit accessoire, menu objet : chose insignifiante. ⇒ **babiole.** *Je lui offrirai une petite bricole. Discuter de bricoles.* ‐ loc. FAM. *Il va lui arriver des bricoles,* des ennuis.

BRICOLER v. [1] ▪ **1.** v. intr. Gagner sa vie en faisant toutes sortes de petites besognes. ‐ Se livrer à de petits travaux manuels (aménagements, réparations, etc.). ♦ S'occuper. **2.** v. tr. Installer, aménager en amateur et avec ingéniosité. ‐ péj. Arranger, réparer tant bien que mal. ♦ Faire, avoir une occupation. *Qu'est-ce qu'il bricole ?*

BRICOLEUR, EUSE n. ▪ Personne qui aime à bricoler. ‐ adj. *Il n'est pas très bricoleur.*

BRIDE n. f. ▪ **1.** Pièce du harnais fixée à la tête du cheval pour le diriger. ♦ loc. *Tenir son cheval en bride,* le maintenir à l'aide de la bride. – fig. *Tenir qqn en bride.* – *Lâcher la bride,* laisser libre de ses mouvements. – *Avoir la bride sur le cou :* être libre. – *À BRIDE ABATTUE :* très vite ; sans retenue. – *TOURNER BRIDE :* rebrousser chemin ; fig. changer d'avis, de conduite. **2.** Lien servant à retenir ou à relier. *Les brides d'un bonnet.*

BRIDÉ, ÉE adj. ▪ *Yeux bridés,* présentant un repli qui retient la paupière supérieure quand l'œil est ouvert ; par ext. yeux dont les paupières sont comme étirées latéralement.

BRIDER v. tr. [1] ▪ **1.** Mettre la bride à (un cheval). ♦ Serrer avec une bride. *Brider une volaille* (avant cuisson). **2.** fig. LITTÉR. Contenir, gêner dans son développement. ⇒ **freiner, réprimer.** *Brider ses instincts.*

BRIDES-LES-BAINS ▪ Commune de Savoie. 611 hab. Station hydrominérale.

① **BRIDGE** n. m. ▪ Jeu de cartes qui se joue à quatre (deux contre deux), et qui consiste, pour l'équipe qui a fait la plus forte enchère, à réussir le nombre de levées correspondant. *Jouer au bridge. Table de bridge.*

② **BRIDGE** n. m. ▪ Appareil de prothèse dentaire en forme de pont, qui prend appui sur des dents solides.

BRIDGEPORT ▪ Ville et port des États-Unis (Connecticut), près de New York. 142 000 hab.

BRIDGER v. intr. [3] ▪ Jouer au bridge. ► n. BRIDGEUR, EUSE

BRIDGETOWN ▪ Capitale de l'île de la Barbade (Antilles). 102 000 hab. environ pour l'agglomération.

BRIDON n. m. ▪ Bride légère à mors articulé.

BRIE n. m. ▪ Fromage fermenté à pâte molle et croûte fleurie. – fig. FAM. *QUART DE BRIE :* grand nez.

la **BRIE** ▪ Plateau fertile entre la Seine et la Marne. Fromages réputés. Villes principales : Meaux, Melun, Coulommiers. Ses habitants sont *les Briards.*

BRIE-COMTE-ROBERT ▪ Commune de Seine-et-Marne. 11 501 hab. *(les Briards).* Ancienne capitale de la Brie.

BRIEFING [bʀifiŋ] n. m. ▪ anglic. Réunion d'information.

la **BRIÈRE** ou **GRANDE-BRIÈRE** ▪ Région de marais au nord de l'estuaire de la Loire. Ancien golfe parsemé d'îles et comblé par des alluvions, s'étendant sur une vingtaine de kilomètres. Parc naturel régional.

BRIÈVEMENT adv. ▪ En peu de mots. ⇒ en **bref, succinctement.**

BRIÈVETÉ n. f. ▪ Caractère de ce qui est bref.

BRIEY ▪ Chef-lieu d'arrondissement de Meurthe-et-Moselle. 4 515 hab. *(les Briotins).* Sidérurgie.

BRIFFER v. [1] ▪ FAM. et VIEILLI Manger. ⇒ **bouffer, bâfrer.**

BRIGADE n. f. ▪ **1.** dans l'armée Unité tactique à l'intérieur de la division. **2.** Petit détachement. *Brigade de gendarmerie. Brigade mondaine*.*

▪ **les BRIGADES INTERNATIONALES** ▪ Unités de volontaires étrangers qui allèrent combattre aux côtés des forces républicaines lors de la guerre civile espagnole (1936-1939).

▪ **les BRIGADES ROUGES** ▪ Terroristes italiens qui organisèrent, à partir de 1970, des attentats politiques dans le pays.

BRIGADIER n. m. ▪ **1.** Général de brigade. **2.** Celui qui a dans certains corps d'armée le grade le moins élevé (correspondant à *caporal*). ♦ Chef d'une brigade de gendarmes. **3.** Bâton pour frapper les trois coups, au théâtre.

BRIGAND n. m. ▪ **1.** VIEILLI Homme qui se livre au brigandage. ⇒ **bandit, malfaiteur, voleur.** *Un repaire de brigands.* – *Des histoires de brigands,* invraisemblables, mensongères. **2.** Homme malhonnête. ♦ (envers un enfant) *Petit brigand !* ⇒ **chenapan, coquin.**

BRIGANDAGE n. m. ▪ Vol ou pillage commis avec violence et à main armée par des malfaiteurs généralement en bande.

Richard **BRIGHT** (1789-1858) ▪ Médecin britannique. Un des fondateurs de l'anatomie pathologique. Le *mal de Bright :* la néphrite chronique.

BRIGHTON ▪ Ville d'Angleterre (Sussex-Oriental). 150 000 hab. La plus importante station balnéaire.

Brighton. Le Gold Pavilion. *Phot. © Tovy/Explorer*

BRIGNAIS ▪ Commune du Rhône. 10 036 hab.

BRIGNOLES ▪ Chef-lieu d'arrondissement du Var. 11 239 hab. *(les Brignolais).* Ancienne résidence des comtes de Provence.

BRIGUE n. f. ▪ VX ou LITTÉR. Manœuvre pour obtenir un avantage, une place.

LA BRIGUE ▪ Commune des Alpes-Maritimes. 618 hab. *(les Brigasques).* Rattachée à la France avec Tende, en 1947.

BRIGUER v. tr. [1] ▪ **1.** VX Tenter d'obtenir par brigue. **2.** LITTÉR. Rechercher avec ardeur. ⇒ **ambitionner, convoiter.** *Briguer un poste.*

Paul **BRIL** ou **BRILL** (1554-1626) ▪ Peintre flamand. Paysages d'Italie.

BRILLAMMENT adv. ▪ D'une manière brillante, avec éclat. *Jouer brillamment son rôle.*

BRILLANCE n. f. ▪ Caractère de ce qui est brillant.

BRILLANT, ANTE ▪ **I.** adj. **1.** Qui brille. ⇒ **éblouissant, éclatant, lumineux, radieux, rayonnant, resplendissant.** *Une soie brillante. Des yeux brillants de fièvre.* **2.** fig. Qui sort du commun, s'impose à la vue, à l'imagination par sa qualité. ⇒ **magnifique, splendide.** *Être promis à un brillant avenir.* spécialt Qui éblouit, réussit par une intelligence, un esprit remarqués. *Un esprit brillant. Brillant élève.* ⇒ **remarquable.** – *Exposé, texte brillant.* **3.** (avec une négation) *Le résultat n'est pas brillant,* est médiocre. *Ses affaires ne sont guère brillantes,* guère prospères. **II.** n. m. **1.** Éclat, caractère brillant. *Le brillant de l'acier. Donner du brillant aux cheveux.* ♦ fig. Éclat intellectuel, moral. *Faux brillant.* **2.** Diamant taillé à facettes.

BRILLANTINE n. f. ▪ Cosmétique parfumé pour faire briller les cheveux.

BRILLANTINER v. tr. [1] ▪ Enduire de brillantine. – p. p. adj. *Cheveux brillantinés.*

Anthelme **BRILLAT-SAVARIN** (1755-1826) ▪ Magistrat et écrivain français. Sa *"Physiologie du goût"* (1825) fait l'éloge de la gastronomie.

BRILLER v. tr. [1] ▪ **1.** Émettre ou réfléchir une lumière vive. ⇒ **étinceler, luire, rayonner, resplendir.** *Le soleil brille. Briller de mille feux.* ⇒ **scintiller.** – *Faire briller des chaussures, des meubles,* en les astiquant, en les cirant. **2.** Se manifester, se distinguer avec éclat. *Briller en société* (⇒ **brillant**). – FAM. *Il ne brille pas par son courage :* il est plutôt peureux. – iron. *Briller par son absence,* la faire remarquer.

Léon **BRILLOUIN** (1889-1969) ▪ Physicien français, établi aux États-Unis en 1941. Théorie quantique, électronique, théorie de l'information.

BRIMADE n. f. ▪ Épreuve vexatoire que les anciens imposent aux nouveaux dans les régiments, les écoles. ⇒ **bizutage.** – par ext. Vexation. *Infliger des brimades à qqn.*

BRIMBALER v. [1] ▪ VIEILLI Bringuebaler.

BRIMBORION n. m. ▪ Petit objet de peu de valeur.

BRIMER v. tr. [1] ▪ Soumettre à des brimades. ♦ Soumettre à des vexations, des tracasseries. – au p. p. *Se sentir brimé.*

BRIN n. m. ▪ **1.** Filament qui constitue un fil, une corde. **2.** Tige, jeune pousse (d'un végétal). *Un brin d'herbe, de muguet.* – loc. *Un beau brin de fille :* une fille grande et bien faite. **3.** Petite partie longue et mince (de qqch.). *Un brin de paille.* ⇒ **fétu. 4.** fig. *Un brin de :* parcelle, quantité infime. *Faire un brin de cour à une femme. Faire un brin de toilette.* – *UN BRIN* loc. adv. : un petit peu. *Il est un brin loufoque.*

BRINDILLE n. f. ▪ Menue branche (surtout sèche).

BRINDISI ▪ Ville d'Italie (Pouilles). 92 815 hab. Une des plus anciennes cités de l'Adriatique.

① **BRINGUE** n. f. ▪ FAM. et péj. *Une grande bringue,* une grande fille dégingandée. ⇒ ① **gigue.**

② **BRINGUE** n. f. ▪ FAM. Noce, foire. *Faire la bringue, une bringue à tout casser.* ⇒ FAM. ② **bombe.**

BRINGUEBALER v. [1] ▪ **1.** v. tr. Agiter, secouer. **2.** v. intr. Osciller de façon brusque et irrégulière. ◇ var. BRINQUEBALER. ► adj. BRINGUEBALANT, ANTE

André **BRINK** (né en 1935) ▪ Écrivain sud-africain d'expression afrikaans. Issu d'un milieu calviniste très fermé, il ne prit conscience que tardivement de l'apartheid. Son roman *"Au plus noir de la nuit"* (1974) lui acquit une audience internationale.

BRIO n. m. ▪ Technique aisée et brillante dans l'exécution musicale. ⇒ **maestria.** *Jouer avec, sans brio.* – Talent brillant, virtuosité. *Parler avec brio.*

BRIOCHE n. f. ▪ **1.** Pâtisserie légère, souvent ronde, faite avec une pâte levée. **2.** FAM. Ventre replet (d'un adulte).

BRIOCHÉ, ÉE adj. ▪ Qui a la consistance, le goût de la brioche. *Pain brioché.*

BRIOUDE ▪ Chef-lieu d'arrondissement de la Haute-Loire. 7 285 hab. *(les Brivadois).* Marché agricole.

Valeri Iakovievitch **BRIOUSSOV** (1873 - 1924) ▪ Poète russe. Critique, traducteur, théoricien du symbolisme russe.

BRIQUE n. f. ▪ **I. 1.** Matériau fabriqué avec de la terre argileuse pétrie, façonnée et séchée (souvent en parallélépipède). *Maison en brique(s).* – adj. invar. *Couleur brique :* rouge brun. *Un teint brique.* **2.** Matière compacte moulée en parallélépipède. – Emballage parallélépipédique utilisé pour certains liquides alimentaires. *Une brique de lait.* **3.** FAM. Somme de un million de centimes. ⇒ **bâton.** *Un chèque de cent briques.* **II.** loc. FAM. *Bouffer des briques,* n'avoir presque rien à manger.

BRIQUER v. tr. [1] ▪ Nettoyer en frottant vigoureusement. ⇒ **astiquer.**

① **BRIQUET** n. m. ▪ **1.** VX Pièce d'acier produisant une étincelle en battant contre un caillou. – *Battre le briquet.* **2.** Petit appareil pouvant produire du feu à répétition.

② **BRIQUET** n. m. ▪ Petit chien de chasse.

BRIQUETERIE [bʀik(ə)tʀi ; bʀikɛtʀi] n. f. ▪ Fabrique de briques.

BRIQUETTE n. f. ▪ **1.** Petite brique. **2.** Combustible en forme de brique. *Briquette de charbon.*

BRIS n. m. ▪ Action de briser ou de se briser ; son résultat. – DR. *Bris de scellés* (délit).

BRISANT n. m. ▪ Rocher sur lequel la mer se brise et déferle. ⇒ **écueil, récif.**

BRISBANE ▪ Ville et port (sur l'océan Pacifique) d'Australie, capitale du Queensland. 1 240 286 hab.

BRISCARD n. m. ▪ Vieux soldat de métier. – loc. *Vieux briscard :* homme pourvu d'une longue expérience. ◇ var. BRISQUARD.

BRISE n. f. ▪ Vent peu violent. *Brise de mer, de terre,* soufflant de la mer vers la terre, de la terre vers la mer.

BRISÉES n. f. pl. ▪ **1.** Branches que le veneur casse (sans les couper) pour marquer la voie de la bête. **2.** loc. LITTÉR. *Aller, marcher SUR LES BRISÉES de qqn,* entrer en concurrence avec lui sur un terrain qu'il s'était réservé.

BRISE-FER [-fɛʀ] n. m. invar. ▪ Personne, enfant qui casse les objets les plus solides. ⇒ **brise-tout.**

BRISE-GLACE n. m. ▪ Navire à étrave renforcée pour briser la glace. *Des brise-glaces.*

BRISE-JET n. m. ▪ Embout que l'on adapte à un robinet pour atténuer et diriger le jet. *Des brise-jets.*

BRISE-LAMES n. m. invar. ▪ Construction élevée à l'entrée d'un port pour le protéger contre les vagues du large. ⇒ **digue.**

BRISEMENT n. m. ▪ Action de briser ou de se briser. ⇒ **bris.** *Le brisement des vagues sur les rochers.* – fig. *Brisement de cœur.*

BRISE-MOTTES n. m. invar. ▪ Rouleau servant à écraser les mottes de terre.

BRISER v. tr. [1] ▪ **1.** LITTÉR. Casser, mettre en pièces. – loc. *Briser les liens, les chaînes de qqn,* le libérer d'une sujétion. *Briser le cœur :* affliger profondément. – *Briser qqn.* ⇒ **abattre, anéantir. 2.** fig. Rendre inefficace par une intervention violente. ⇒ **anéantir, détruire.** *Briser la carrière, la résistance de qqn. Briser une grève,* la faire échouer. ♦ Interrompre, rompre. *Briser le silence.* – *Briser un ménage.* ► SE BRISER v. pron. Se casser. – (mer) Déferler. ♦ fig. *Ses espoirs se sont brisés.* ► **BRISÉ, ÉE** adj. **1.** Cassé. – fig. *Cœur brisé. Voix brisée. Être brisé de fatigue.* ⇒ **moulu. 2.** *Ligne brisée,* composée de droites qui se succèdent en formant des angles variables. – ARCHIT. *Arc brisé,* formant un angle au faîte (opposé à *plein cintre*). **3.** *Pâte brisée,* pâte à tarte non feuilletée.

BRISE-TOUT n. invar. ▪ Personne maladroite qui casse tout ce qu'elle touche. ⇒ **brise-fer.**

BRISEUR, EUSE n. ▪ loc. *Briseur de grève :* personne qui ne fait pas la grève lorsqu'elle a été décidée (⇒ **jaune**) ; personne embauchée pour remplacer un gréviste.

BRISQUARD ⇒ BRISCARD

Jacques Pierre **BRISSOT** dit **BRISSOT DE WARVILLE** (1754 - 1793) ▪ Révolutionnaire français. Chef des Girondins (ou *Brissotins*), il fut guillotiné.

BRISTOL n. m. ▪ **1.** Papier satiné fort et blanc. **2.** VIEILLI *Un bristol :* carte de visite ou d'invitation.

BRISTOL ▪ Ville et port fluvial (sur l'Avon) d'Angleterre, chef-lieu du comté d'Avon. 375 000 hab. Nombreuses industries : alimentaires, constructions aéronautiques et spatiales. Sidérurgie. Université.

le canal **BRISTOL** ▪ Estuaire du sud-est de la Grande-Bretagne entre le pays de Galles au nord et l'Angleterre au sud. L'Avon et la Severn s'y jettent.

BRISURE n. f. ▪ Cassure, fêlure.

BRITANNICUS (41 - 55) ▪ Prince romain, rival malheureux de Néron, qui le fit empoisonner pour l'empêcher d'accéder au trône. Son destin a inspiré une tragédie à Racine.

BRITANNIQUE adj. ▪ Qui se rapporte à la Grande-Bretagne, au Royaume-Uni et à l'Irlande. ⇒ **anglais, anglo-saxon.** *Le flegme, l'humour britannique.* – n. *Les Britanniques.*

les îles **BRITANNIQUES** ▪ Archipel du nord-ouest de l'Europe, comprenant la Grande-Bretagne, l'Irlande et 5 000 îles environnantes.

Benjamin **BRITTEN** (1913 - 1976) ▪ Compositeur britannique. Il écrivit surtout pour la voix. *"Peter Grimes"* (1945), opéra. Son œuvre est marquée par une vive originalité et un ample lyrisme.

BRIVE-LA-GAILLARDE ▪ Chef-lieu d'arrondissement de la Corrèze. 49 765 hab. (*les Brivistes*). Important marché agricole. Petites industries. Maisons anciennes.

BRNO ▪ Ville de République tchèque en Moravie. 390 000 hab. Mécanique. Centre universitaire et culturel.

BROADWAY ▪ Rue des théâtres à Manhattan (New York).

BROC [bʀo] n. m. ▪ Récipient profond à anse, à bec évasé, dont on se sert pour transporter les liquides.

Paul **BROCA** (1824 - 1880) ▪ Chirurgien français, initiateur de l'anthropologie physique. Il est à l'origine de la théorie des localisations cérébrales. Pionnier de l'anthropométrie.

BROCANTE n. f. ▪ Commerce du brocanteur.

BROCANTEUR, EUSE n. ▪ Personne qui fait commerce d'objets anciens et de curiosités qu'elle achète d'occasion pour la revente. ⇒ **antiquaire, fripier, revendeur.** *Chiner chez les brocanteurs.*

① **BROCARD** n. m. ▪ VX Petit trait moqueur, raillerie.

② **BROCARD** n. m. ▪ Chevreuil mâle d'un an.

BROCARDER v. tr. [1] ▪ VX ou LITTÉR. Railler par des brocards.

BROCART n. m. ▪ Riche tissu de soie rehaussé de dessins brochés en fils d'or et d'argent.

la forêt de **BROCÉLIANDE** ▪ Forêt légendaire où vivait Merlin l'Enchanteur. On la situe en Bretagne.

Hermann **BROCH** (1886-1951) ▪ Écrivain autrichien. Il a décrit un monde où règnent le mal, l'égoïsme et l'indifférence. *"Les Somnambules"* (1929-1932); *"La Mort de Virgile"* (1945).

BROCHAGE n. m. ▪ **1.** Action, manière de brocher (les feuilles imprimées). ⇒ **reliure. 2.** Procédé de tissage des étoffes brochées.

BROCHE n. f. ▪ (Instrument, pièce à tige pointue) ▪ **1.** Tige de fer pointue qu'on passe au travers d'une volaille ou d'une pièce de viande à rôtir, pour la faire tourner pendant la cuisson. - en filature Tige de fer recevant la bobine. ♦ Tige métallique utilisée en chirurgie osseuse pour fixer un os fracturé. **2.** Bijou muni d'une épingle et d'un fermoir. **3.** au plur. Défenses du sanglier.

BROCHER v. tr. 1 ▪ **1.** Relier sommairement, avec couverture de papier. **2.** Tisser en entremêlant sur le fond des fils de soie, d'argent ou d'or, et en formant des dessins en relief. ♦ fig. VX ou LITTÉR. *BROCHANT SUR LE TOUT :* par surcroît, pour comble. ► **BROCHÉ, ÉE** adj. **1.** *Livre broché* (opposé à *relié, cartonné*). **2.** *Tissu broché.* - n. m. *Du broché.*

BROCHET n. m. ▪ Poisson d'eau douce long et étroit, carnassier, aux dents aiguës. *Quenelles de brochet.*

brochet. *Esox lucius.*
Phot. © Rebouleau/Jacana

BROCHETTE n. f. ▪ **1.** Petite broche servant à faire rôtir ou griller des morceaux d'aliments ; les morceaux ainsi embrochés. *Brochette de mouton, de fruits de mer.* **2.** Petite broche servant à porter des décorations ; cette série. **3.** fig. Ensemble disposé en ligne. *Une brochette de généraux.*

BROCHEUR, EUSE n. ▪ **1.** Ouvrier, ouvrière dont le métier est de brocher (des tissus, des livres). **2.** n. f. Machine pour le brochage des livres.

BROCHURE n. f. ▪ **1.** Décor d'un tissu broché. **2.** Livret broché. *Brochure publicitaire.*

BROCOLI n. m. ▪ Chou-fleur originaire d'Italie, à longue tige et fleurs vertes. *Des brocolis.*

Max **BROD** ▪ Écrivain israélien de langue allemande, né à Prague (1884-1968). Éditeur et biographe de Kafka. *"Une vie combative"* (1964), autobiographie.

BRODEQUIN n. m. ▪ **1.** Chaussure montante de marche, lacée sur le cou-de-pied. ⇒ aussi **godillot. 2.** ANTIQ. Chaussure des personnages de comédie (opposé à *cothurne* [tragédies]). **3.** HIST. *Les brodequins,* instrument de supplice, pour serrer les pieds.

BRODER v. 1 ▪ **1.** v. tr. Orner (un tissu) de broderies. *Broder un napperon.* - Exécuter une broderie. *Broder des initiales sur du linge.* **2.** v. intr. fig. Amplifier ou exagérer à plaisir. *Un petit fait sur lequel l'auteur a brodé.* ► **BRODÉ, ÉE** adj. *Mouchoir brodé. Initiales brodées.*

BRODERIE n. f. ▪ Ouvrage consistant en points qui recouvrent un motif dessiné sur un tissu ou un canevas. - *Broderie anglaise,* effectuée autour de parties évidées. ♦ Technique, commerce, industrie des brodeurs.

BRODEUR, EUSE n. ▪ **1.** Ouvrier, ouvrière en broderie. **2.** n. f. Métier, machine à broder.

Joseph **BRODSKY** (1940-1996) ▪ Poète américain d'origine soviétique. *"Urania"* (1987). Prix Nobel 1987.

les ducs de **BROGLIE** ▪ Nobles français d'origine piémontaise. Plusieurs d'entre eux ont été des hommes politiques et des hommes de science. ► Albert de **BROGLIE** (1821-1901), monarchiste et catholique, il présida le Conseil en 1873-1874 (Ordre moral) puis en 1877. ► Louis de **BROGLIE** (1892-1987), créateur de la mécanique ondulatoire qui fut un apport décisif à la théorie quantique. Prix Nobel de physique 1929.

BROIEMENT n. m. ▪ RARE Broyage.

BROME n. m. ▪ Corps chimique simple, gaz suffocant extrait des eaux marines et des gisements salins. ► **BROMIQUE** adj. *Acide bromique.*

Louis **BROMFIELD** (1896-1956) ▪ Romancier américain. *"La Mousson"* (1937).

BROMURE n. m. ▪ **1.** Composé du brome avec un corps simple. *Bromure de potassium* ou absolt *bromure,* puissant sédatif. **2.** dans l'industrie graphique Épreuve photographique sur papier au bromure d'argent.

BRON ▪ Commune du Rhône, dans la banlieue de Lyon. 33 683 hab. *(les Brondillants).*

BRONCHE n. f. ▪ Chacun des deux conduits cartilagineux qui naissent par bifurcation de la trachée et se ramifient dans les poumons. ► adj. **BRONCHIQUE**

BRONCHER v. intr. 1 ▪ **1.** VIEILLI Trébucher. **2.** Commettre une erreur légère. **3.** (surtout négatif) Réagir. *Se faire insulter sans broncher. Il ne bronchait pas.*

BRONCHIOLE n. f. ▪ Ramification terminale des bronches.

BRONCHITE n. f. ▪ Inflammation des bronches.

BRONCHITEUX, EUSE adj. et n. ▪ (Personne) qui a de la bronchite.

BRONCHITIQUE adj. ▪ Relatif à la bronchite.

BRONCHO- [bʀɔ̃ko] Élément savant (du grec *bronkhia* « bronches ») qui signifie « des bronches » (ex. *bronchoscopie* n. f.).

BRONCHOPNEUMONIE n. f. ▪ Inflammation du poumon et des bronches.

Alexandre Théodore **BRONGNIART** (1739-1813) ▪ Architecte néoclassique français. Bourse de Paris *(Palais-Brongniart).* ► Alexandre **BRONGNIART** (1770-1847), son fils, minéralogiste, géologue, céramiste. ► Adolphe **BRONGNIART** (1801-1876), fils du précédent, fondateur de la paléontologie végétale.

les **BRONTË** ▪ Écrivains britanniques. Un même esprit de révolte anime leurs œuvres. ► Branwell Patrick **BRONTË** (1815-1846). Enfant, il rédigea les *"Juvenilia"* avec ses sœurs. ► Charlotte **BRONTË** (1816-1855), auteur de *"Jane Eyre"* (1847). ► Emily Jane **BRONTË** (1818-1848) a écrit le célèbre *"Les Hauts de Hurlevent"* (1847), un des chefs-d'œuvre du romantisme. ► Anne **BRONTË** (1820-1849), auteur de *"Agnes Grey"* (1847).

Brontë. *Charlotte, Emily et Anne,* peintes par leur frère Branwell Brontë. National Portrait Gallery, Londres.
Phot. © Nimatallah/Ricciarini

BRONTOSAURE n. m. ▪ Reptile fossile gigantesque de l'ère secondaire.

le **BRONX** ▪ Un des cinq districts *(borough)* de New York. 1 200 000 hab.

BRONZAGE n. m. ▪ **1.** TECHN. Action de bronzer un métal. **2.** Fait de bronzer ; son résultat. ⇒ **hâle.** *Bronzage intégral,* sur tout le corps.

BRONZANT, ANTE adj. ▪ Qui facilite, provoque le bronzage. *Crème bronzante.* ⇒ **solaire.**

BRONZE n. m. ▪ **1.** Alliage de cuivre et d'étain. ⇒ **airain.** *Statue de bronze. Médaille de bronze,* 3e prix dans une compétition. - *L'âge du bronze :* période préhistorique de diffusion de la technique du bronze (environ IIe millénaire avant J.-C.). **2.** Objet d'art (surtout sculpture) en bronze. - Médaille, monnaie de bronze antique. **3.** fig. LITTÉR. *De bronze :* dur, insensible.

BRONZER v. 1 ▪ **1.** v. tr. TECHN. Recouvrir d'une couche de bronze, donner l'aspect du bronze. ♦ fig. VX Rendre dur comme le bronze. - pronom. Se durcir (du cœur, etc.). **2.** v. tr. (soleil, radiations artificielles) Brunir (qqn). ⇒ **hâler.** - pronom. *Se bronzer au soleil.* **3.** v. intr. Brunir. *Il bronze facilement.* - *Lampe à bronzer.* ► **BRONZÉ, ÉE** adj. Bruni, hâlé. *Visage bronzé.* - n. Personne bronzée.

le **BRONZINO** (1503 - 1572) ▪ Peintre maniériste italien. Portraits aux coloris froids.

Peter **BROOK** (né en 1925) ▪ Metteur en scène anglais de théâtre et de cinéma. Son théâtre est caractérisé par le dépouillement et l'importance du travail de l'acteur. *"Le Mahabharata"* (1990).

Brook. Répétition de *Mesure pour mesure* de Shakespeare aux Bouffes-du-Nord, Paris.
Phot. © Bernand

BROOKLYN ▪ Un des cinq districts *(borough)* de New York. 2 300 000 hab.

Louise **BROOKS** (1906 - 1985) ▪ Actrice américaine. Sa sensualité, son indépendance d'esprit et la modernité de son jeu lui valurent une gloire durable. *"Loulou"* (1929); *"Le Journal d'une fille perdue"* (1929).

Richard **BROOKS** (1912 - 1992) ▪ Cinéaste américain. Il dénonça, en humaniste lucide, la malfaisance de l'argent, le racisme, le colonialisme, la machine judiciaire. *"Bas les masques"* (1952); *"De sang froid"* (1967).

BROSSE n. f. ▪ **1.** Ustensile de nettoyage, assemblage de filaments fixés sur une monture. *Brosse à habits, à chaussures, à cheveux. Brosse à dents.* - loc. FAM. *Manier la* BROSSE À RELUIRE : être servilement flatteur. **2.** *Cheveux en brosse,* coupés court et droit comme les poils d'une brosse. - *Porter la brosse,* les cheveux en brosse. **3.** Pinceau de peintre. **4.** chez certains insectes Rangées de poils pour recueillir le pollen.

Salomon de **BROSSE** (1571 - 1626) ▪ Architecte français. Il annonce le classicisme. Palais du Luxembourg, à Paris.

BROSSER v. tr. 1 ▪ **1.** Nettoyer, frotter avec une brosse. *Brosser un vêtement. Se brosser les dents.* ♦ pronom. *Se brosser :* brosser ses vêtements. - loc. FAM. *Tu peux toujours te brosser :* tu te passeras de ce que tu désires. **2.** Peindre à la brosse par grandes touches. - fig. Décrire à grands traits. *Brosser le tableau de la situation.* ► n. m. BROSSAGE

BROSSERIE n. f. ▪ Fabrication, commerce des brosses et ustensiles analogues (balais, plumeaux, etc.).

Charles de **BROSSES** (1709 - 1777) ▪ Magistrat, écrivain et érudit français. *"Lettres familières écrites d'Italie à quelques amis"* (posth., 1799), d'une séduisante vivacité de ton.

BROU n. m. ▪ **1.** BOT. Péricarpe externe de divers fruits. **2.** *BROU DE NOIX :* teinture brune de menuisier, faite avec le brou de la noix.

Bronzino. *Portrait de Cosme Ier de Médicis.*
Musée des Offices, Florence. *Phot. © Dagli Orti*

BROUET n. m. ▪ VX Potage. - Mets grossier.

BROUETTE n. f. ▪ Petit véhicule à une roue muni de deux brancards, qui sert à transporter (*brouetter* v. tr. 1) des fardeaux à bras d'homme.

BROUETTÉE n. f. ▪ Contenu d'une brouette.

BROUHAHA n. m. ▪ Bruit confus qui s'élève d'une foule.

BROUILLAGE n. m. ▪ Trouble introduit (accidentellement ou délibérément) dans la réception des ondes de radio, de télévision, de radar. ◇ recomm. off. EMBROUILLAGE.

BROUILLAMINI n. m. ▪ Embrouillamini.

① **BROUILLARD** n. m. ▪ Phénomène naturel produit par de fines gouttelettes d'eau en suspension dans l'air qui limitent la visibilité. ⇒ **brume.** *Brouillard épais, à couper* au couteau.* - fig. *Être dans le brouillard :* ne pas voir clair dans une situation qui pose des problèmes. *Foncer* dans le brouillard.*

② **BROUILLARD** n. m. ▪ Livre de commerce où l'on note les opérations à mesure qu'elles se font.

BROUILLASSER v. intr. impers. 1 ▪ Faire du brouillard. *Il brouillasse.*

BROUILLE n. f. ▪ Mésentente survenant entre personnes qui entretenaient des rapports familiers ou affectueux. ⇒ **rupture.** *Brouille passagère.*

BROUILLER v. tr. 1 ▪ **1.** Mêler en agitant, en dérangeant. - loc. *Brouiller les cartes*, les pistes*.* **2.** Rendre trouble. *La buée brouille les verres de mes lunettes.* - *Brouiller une émission de radio,* la troubler par brouillage. **3.** fig. Rendre confus. ⇒ **embrouiller.** *Vous me brouillez les idées.* - Confondre (des choses différentes). **4.** Désunir en provoquant une brouille. *Elle l'a brouillé avec sa famille* (⇒ **brouille**). - au passif *Ils sont brouillés.* - FAM. *Être brouillé avec les chiffres,* ne pas y comprendre grand-chose. ► SE **BROUILLER** v. pron. **1.** Devenir trouble, confus. *Sa vue se brouille.* **2.** Cesser d'être ami. ⇒ se **fâcher.** *Se brouiller avec sa famille.* ► **BROUILLÉ, ÉE** adj. **1.** Mêlé, mélangé. *Œufs* brouillés.* **2.** fig. Confus, peu net. *Teint brouillé. Yeux brouillés de sommeil.*

① **BROUILLON, ONNE** adj. ▪ Qui mêle, qui brouille (3) tout, n'a pas d'ordre, de méthode. ⇒ **confus, désordonné.** *Un esprit brouillon.* - *Une activité brouillonne.*

② **BROUILLON** n. m. ▪ Première rédaction d'un écrit qu'on se propose de mettre au net par la suite. *Faire un brouillon de lettre. Cahier de brouillon(s).* - loc. adv. *Au brouillon* (opposé à *au propre*). *Faire un calcul au brouillon.*

BROUSSAILLE n. f. ▪ **1.** au plur. Végétation touffue des terrains incultes. *Des ruines envahies par les broussailles.* **2.** fig. *Cheveux en broussaille,* emmêlés et touffus.

BROUSSAILLEUX, EUSE adj. ▪ Couvert de broussaille. - fig. En broussaille. *Sourcils broussailleux.* ⇒ **hirsute.**

François **BROUSSAIS** (1772 - 1838) ▪ Médecin français. L'inflammation des tissus étant pour lui la cause exclusive des maladies, il préconisait diètes et saignées.

① **BROUSSE** n. f. ▪ **1.** Végétation arbustive dégradée des pays tropicaux. **2.** Zone éloignée des centres urbains, des villages, en Afrique. ⇒ **bled.**

② **BROUSSE** n. f. ▪ Fromage frais de Provence, à base de lait de chèvre ou de brebis.

Paul **BROUSSE** (1844 - 1912) ▪ Homme politique français. Socialiste réformiste, il fonda le parti « possibiliste » ou *broussiste* qui prônait le changement social sans révolution.

BROUTER v. [1] ▪ **1.** v. tr. (animaux) Manger en arrachant sur place (l'herbe, les pousses, les feuilles). ⇒ **paître.** - absolt *Mouton, vache qui broute.* **2.** v. intr. Fonctionner par saccades (outil, organe mécanique). *L'embrayage broute.* - *Voiture qui broute au démarrage.*

BROUTILLE n. f. ▪ Objet ou élément sans valeur, insignifiant. ⇒ **babiole, bricole.** *Se disputer pour des broutilles.* ⇒ **vétille.**

Adriaen **BROUWER** ou **BRAUWER** (1605 - 1638) ▪ Peintre flamand. Élève de F. Hals. Scènes de taverne.

Luitzen **BROUWER** (1881 - 1966) ▪ Mathématicien et logicien hollandais. Chef de file de l'école qui défend le rôle de l'intuition en mathématique.

Robert **BROWN** (1773 - 1858) ▪ Botaniste écossais. Il a découvert le mouvement des particules qu'on appelle mouvement *brownien.*

Earle **BROWN** (né en 1926) ▪ Compositeur américain. Élève et collaborateur de J. Cage, il a composé des pièces pour musique aléatoire dont la répartition instrumentale est très personnelle.

BROWNIEN, IENNE [bʀonjɛ̃, jɛn] adj. ▪ PHYS. *Mouvement brownien :* mouvement désordonné des très petites particules dans les systèmes liquides ou gazeux.

BROWNING [bʀoniŋ] n. m. ▪ Pistolet automatique à chargeur.

Elizabeth Barrett **BROWNING** (1806 - 1861) ▪ Poète britannique, auteur des *"Sonnets de la Portugaise"* (1850) et d'*"Aurora Leigh"* (1855, roman en vers). ► Robert **BROWNING** (1812 - 1889), son mari. Poète d'inspiration lyrique et philosophique. *"L'Anneau et le Livre"* (1869).

Édouard **BROWN-SÉQUARD** (1817 - 1894) ▪ Médecin et physiologiste français. *Syndrome de Brown-Séquard :* lésion unilatérale de la moelle épinière provoquant une hémiparaplégie. Il fut également l'un des pionniers de l'endocrinologie.

BROYAGE n. m. ▪ TECHN. Action de broyer.

BROYER v. tr. [8] ▪ **1.** Réduire en parcelles très petites, par pression ou choc. ⇒ **écraser, piler, triturer.** *Les molaires broient les aliments. Broyer les couleurs,* pulvériser les matières colorantes en les écrasant. - loc. *Broyer du noir :* s'abandonner à des réflexions tristes, avoir le cafard. **2.** Écraser. *La machine lui a broyé la main.*

BROYEUR, EUSE n. et adj. ▪ **1.** Ouvrier chargé du broyage. **2.** n. m. Machine à broyer. ⇒ **concasseur. 3.** adj. *Insectes broyeurs.*

Bruges. Vue du canal. *Phot. © Tovy/Explorer*

BRRR interj. ▪ S'emploie pour exprimer une sensation de frisson (froid, peur).

BRU n. f. ▪ Épouse d'un fils. ⇒ **belle-fille.**

BRUANT n. m. ▪ Petit passereau de la taille du moineau, nichant à terre ou très près du sol.

Libéral **BRUANT** (v. 1636 - 1697) ▪ Architecte français. Hôtel des Invalides, à Paris.

Aristide **BRUANT** (1851 - 1925) ▪ Chansonnier français. Chansons d'inspiration populaire, notamment *"Nini Peau d'chien"*, au style volontiers argotique.

Aristide **Bruant.** *Bruant au Mirliton,* affiche de Toulouse-Lautrec. Bibliothèque nationale de France, Paris. *Phot. © Giraudon*

BRUAY-LA-BUISSIÈRE, avant 1987 ***BRUAY-EN-ARTOIS*** ▪ Commune du Pas-de-Calais. 24 927 hab. *(les Bruaysiens).* Constructions automobiles.

BRUAY-SUR-L'ESCAUT ▪ Commune du Nord. 11 771 hab. *(les Bruaysiens).* Constructions mécaniques.

BRUCELLES n. f. pl. ▪ TECHN. Pince fine à ressort. *Brucelles d'horloger.*

BRUCELLOSE n. f. ▪ MÉD. Maladie infectieuse due à des bacilles, transmise à l'homme par les animaux domestiques.

die **BRÜCKE** ▪ « Le Pont », association regroupant de 1905 à 1913 les artistes expressionnistes allemands les plus extrêmes (Kirchner, Heckel, Schmidt-Rottluff, Nolde, Van Dongen).

Anton **BRUCKNER** (1824 - 1896) ▪ Compositeur romantique autrichien. *"Te Deum"*. Amples symphonies dans la lignée de Beethoven.

Pieter **BRUEGEL l'Ancien** (v. 1525 - 1569) ▪ Peintre flamand. Il fit une description du milieu rural de son temps, qu'il enrichit d'une méditation sur le destin. Grand plasticien. *"Les Aveugles; La Chute d'Icare"*. ► **BRUEGEL DE VELOURS** (1568 - 1625), le plus célèbre de ses fils, ami de Rubens, peintre de bouquets et de paysages minutieux.

Bruegel l'Ancien. *Les Mendiants.* Musée du Louvre, Paris. *Phot. © Arch. Smeets*

BRUGES en néerlandais ***BRUGGE*** ▪ Ville de Belgique (Région flamande), chef-lieu de la Flandre-Occidentale. 117 063 hab. *(les Brugeois).* Résidence des comtes de Flandre au Moyen Âge, très prospère grâce au marché du drap et au commerce de la Hanse. Cité ancienne (nombreux monuments des XIIIe-XVIe s.), canaux (la « Venise du Nord »). Béguinage, depuis le XIIIe s. Tourisme. Le canal de Zeebrugge a relancé son activité.

BRUGES ▪ Commune de la Gironde, banlieue de Bordeaux. 8 753 hab. *(les Brugeais).*

BRUGNON n. m. ▪ Variété de pêche à peau lisse et noyau adhérent. ⇒ aussi **nectarine.**

BRUINE n. f. ▪ Petite pluie très fine et froide, qui résulte de la condensation du brouillard. ⇒ **crachin.** ► adj. BRUINEUX, EUSE

BRUINER v. impers. [1] ▪ Tomber de la bruine. *Il bruine.*

BRUIRE v. intr. [2] défectif : seulement inf., 3es pers. prés. et imp., p. prés. ▪ LITTÉR. Produire un bruit léger et confus. *Les feuilles mortes bruissent sous les pas.*

BRUISSEMENT n. m. ▪ Bruit faible, confus et continu. ⇒ **frémissement, murmure.** *Bruissement d'étoffe.*

BRUIT n. m. ▪ **1.** Sensation perçue par l'oreille. *Les bruits de la rue. Niveau sonore du bruit* (⇒ **décibel**). *Bruit de fond,* auquel se superpose un autre bruit. ♦ (sens collectif) *Faire du bruit, un bruit d'enfer.* ⇒ **vacarme** ; FAM. **boucan.** - *Marcher sans bruit.* - loc. fig. *Faire grand bruit, faire du bruit,* avoir un grand retentissement. - loc. prov. *"Beaucoup de bruit pour rien"* (titre franç. d'une comédie de Shakespeare). **2.** Nouvelle répandue, propos rapportés dans le public. ⇒ **rumeur.** *Un bruit qui court.* ⇒ **on-dit.** *Des bruits de couloir :* des informations officieuses dont on ignore la source. *Un faux bruit :* une fausse nouvelle. **3.** PHYS. Phénomène qui se superpose à un signal utile et en perturbe la réception.

BRUITAGE n. m. ▪ Reconstitution artificielle des bruits qui doivent accompagner l'action (au théâtre, au cinéma, etc.).

BRUITEUR, EUSE n. ▪ Spécialiste du bruitage.

BRÛLAGE n. m. ▪ Action de brûler.

BRÛLANT, ANTE adj. ▪ **1.** Qui peut causer une brûlure ; très ou trop chaud. *Boire un thé brûlant. Un soleil brûlant.* - fig. *Sujet brûlant,* qui soulève les passions. *Un terrain brûlant :* un sujet à éviter. **2.** Affecté d'une sensation de chaleur intense. *Mains brûlantes; brûlantes de fièvre.* **3.** fig. Ardent, passionné. *Regard brûlant.*

BRÛLE-GUEULE n. m. ▪ Pipe à tuyau très court. ⇒ **bouffarde.** *Des brûle-gueule(s).*

BRÛLE-PARFUM n. m. ▪ Cassolette à parfums. ⇒ **encensoir.** *Des brûle-parfums.*

À **BRÛLE-POURPOINT** loc. adv. ▪ après un verbe de déclaration Sans préparation, brusquement. *Questionner qqn à brûle-pourpoint.*

BRÛLER v. [1] ▪ **I.** v. tr. **1.** Détruire par le feu. ⇒ **consumer, embraser, incendier.** *Brûler des mauvaises herbes. Brûler un cadavre.* ⇒ **incinérer ; crémation.** ♦ *Brûler (vif) qqn* (supplice) (⇒ **bûcher**). ♦ (pour un résultat utile) *Brûler du bois pour se chauffer.* - *Brûler de l'encens.* - loc. *Brûler les planches*. Brûler ses dernières cartouches*.* ♦ Consumer (de l'énergie) pour éclairer, chauffer. *Brûler de l'électricité.* - *Brûler des calories.* ⇒ **dépenser. 2.** Altérer par l'action du feu, de la chaleur, d'un caustique. *Brûler un gâteau.* - *Brûler une verrue.* ⇒ **cautériser. 3.** Produire les mêmes effets qu'une brûlure. *La neige brûle les mains.* **4.** Passer sans s'arrêter à (un point d'arrêt prévu). *L'autobus a brûlé la station. Brûler un feu rouge.* - loc. *Brûler les étapes*.* **II.** v. intr. **1.** Se consumer par le feu. *Matière incombustible qui ne brûle pas.* - Être calciné, cuire à feu trop vif. *Le rôti brûle.* ♦ Flamber. *La maison brûle.* ♦ Se consumer en éclairant ; être allumé. *Laisser brûler l'électricité.* **2.** Ressentir une sensation de brûlure, de fièvre. - fig. *Brûler d'impatience.* - *BRÛLER DE* (+ inf.) : être impatient de. *Il brûle de lui parler.* **3.** à certains jeux ou devinettes Être tout près du but. *Tu brûles !* ► SE **BRÛLER** v. pron. **1.** S'immoler par le feu. **2.** Subir une brûlure partielle. *Se brûler à la main.* ► **BRÛLÉ, ÉE I.** p. p. **1.** Qui a brûlé. ⇒ **calciné, carbonisé.** *Du pain brûlé.* - *Elle est morte brûlée vive.* **2.** loc. fig. *Une tête brûlée, un cerveau brûlé :* un individu exalté. **3.** Dont l'activité clandestine est désormais connue de l'adversaire. ♦ Qui a perdu tout crédit. **II. 1.** n. m. Odeur, goût d'une chose qui brûle ou a brûlé. *Ça sent le brûlé ;* fig. l'affaire tourne mal. ⇒ **roussi. 2.** n. Personne atteinte de brûlures. *Les grands brûlés.*

BRÛLERIE n. f. ▪ **1.** RARE Distillerie d'eau-de-vie. **2.** Usine, atelier de torréfaction du café.

BRÛLEUR n. m. ▪ Appareil qui met en présence un combustible et un comburant afin de permettre et de régler la combustion à sa sortie. *Les brûleurs d'une cuisinière à gaz.*

BRÛLIS n. m. ▪ Défrichement par le feu. - Terrain ainsi traité. *Culture sur brûlis.*

BRÛLOT n. m. ▪ **1.** anciennt Petit navire chargé de matières combustibles, destiné à incendier les bâtiments ennemis. **2.** fig. Ce qui est susceptible de causer des dégâts, un scandale ; spécialt journal, article polémique.

BRÛLURE n. f. ▪ **1.** Lésion produite sur une partie du corps par l'action du feu, de la chaleur ou d'une substance corrosive. *Brûlures du premier, du deuxième, du troisième degré* (selon leur gravité). ♦ Marque à l'endroit où qqch. a brûlé. **2.** Sensation de chaleur intense, d'irritation dans l'organisme. *Des brûlures d'estomac.* ⇒ **aigreur.**

BRUMAIRE n. m. ▪ HIST. Deuxième mois du calendrier républicain (22 octobre-21 novembre).

▪ **le 18 BRUMAIRE AN VIII** ▪ 9 novembre 1799, journée au cours de laquelle Napoléon Bonaparte, à l'instigation de Sieyès, renversa le Directoire. Le Consulat fut mis en place dès le lendemain.

BRUMATH ▪ Commune du Bas-Rhin. 8 122 hab. *(les Brumathois).*

BRUME n. f. ▪ **1.** Brouillard léger. - MAR. Brouillard de mer. *Signal, corne de brume,* pour signaler sa présence. **2.** fig. *Les brumes du sommeil, de l'ivresse.*

BRUMEUX, EUSE adj. ▪ **1.** Couvert, chargé de brume. *Temps brumeux.* **2.** fig. Qui manque de clarté. *Esprit brumeux.* ⇒ **confus.**

BRUMISATEUR n. m. (marque déposée) ▪ Atomiseur pour les soins de la peau. *Brumisateur d'eau minérale.*

George Bryan BRUMMEL dit **LE BEAU BRUMMEL** (1778 - 1840) ▪ Célèbre dandy anglais, ami du prince de Galles. Surnommé « le roi de la mode ».

BRUN, BRUNE ▪ **1.** adj. De couleur sombre, entre le roux et le noir. ⇒ **bistre, marron, tabac.** *La couleur brune de la châtaigne. Chemises brunes* (des hitlériens). - (opposé à *blond*) *Tabac brun ; cigarettes brunes* ou n. f. *des brunes. Bière brune* ou n. f. *une brune.* - *Cheveux bruns. Peau brune.* ♦ (personnes) Qui a les cheveux (souvent le teint) bruns. *Elle est brune.* - n. *Un beau brun. Une petite brune.* **2.** n. m. Cette couleur. *Un brun clair.* - appos. *Des bottes brun foncé.*

BRUNÂTRE adj. ▪ Tirant sur le brun.

BRUNCH [brœnʃ] n. m. ▪ anglic. Repas pris dans la matinée qui sert à la fois de petit-déjeuner et de déjeuner. *Des brunchs* ou *des brunches.*

BRUNE n. f. ▪ LITTÉR. *À la brune* loc. adv. : au crépuscule.

BRUNEHAUT (v. 543 - 613) ▪ Reine d'Austrasie après la mort de son époux, Sigebergt Ier. Mère de Childebert II. Elle dut affronter Frédégonde dont le fils la tua.

le BRUNEI ▪ État (sultanat), sur la côte nord-ouest de l'île de Bornéo. 5 785 km². 267 000 hab. *(les Brunéiens).* Capitale : Bandar Seri Begawan. Langue officielle : malais. Religion officielle : islam. Monnaie : dollar de Brunei. Ancien protectorat britannique, indépendant depuis 1984. Il vit du pétrole.

Filippo BRUNELLESCHI (1377 - 1446) ▪ Architecte et sculpteur italien. Un des pères de la perspective et de l'art de la Renaissance. À Florence il édifia notamment la coupole de la cathédrale, les églises San Lorenzo et Santo Spirito, l'hôpital des Innocents, la chapelle des Pazzi.

BRUNET, ETTE n. ▪ VIEILLI Petit brun, petite brune.

Ferdinand BRUNETIÈRE (1849 - 1906) ▪ Critique littéraire français. Directeur de *"La Revue des Deux Mondes". "Études critiques sur l'histoire de la littérature française"* (1880-1892).

BRUNIR v. [2] ▪ **I.** v. tr. **1.** TECHN. Polir (un métal). ► n. m. BRUNISSAGE **2.** Rendre brun. *Le soleil brunit la peau.* ⇒ **hâler. II.** v. intr. Devenir brun, prendre une teinte brune. *Vous avez bruni.* ⇒ **bronzer.** ► n. m. BRUNISSEMENT

saint BRUNO (v. 1035 - 1101) ▪ Fondateur de l'ordre bénédictin des Chartreux (1084).

Giordano BRUNO (1548 - 1600) ▪ Dominicain, savant, écrivain et théologien italien. Il défendit la théorie de Copernic. Condamné et brûlé pour hérésie.

BRUNOY ▪ Commune de l'Essonne. 24 468 hab. *(les Brunoyens).*

Léon BRUNSCHVICG (1869 - 1944) ▪ Philosophe français. Il adopta une position idéaliste critique fondée sur les mathématiques.

Charles Guillaume Ferdinand, duc de BRUNSWICK (1735 - 1806) ▪ Chef des armées austro-prussiennes. Il lança le « manifeste de Brunswick » contre la France en 1792.

BRUNSWICK en allemand ***BRAUNSCHWEIG*** ▪ Ville d'Allemagne (Basse-Saxe). 247 300 hab. Église romane abritant le tombeau d'Henri le Lion. Important centre commercial et industriel. Capitale de l'ancien État de Brunswick, aujourd'hui intégré à la Basse-Saxe.

BRUSHING [bʀœʃiŋ] **n. m.** ▪ anglic. Mise en plis où les cheveux sont travaillés à la brosse ronde et au séchoir à main. ◇ recomm. off. THERMOBROSSAGE **n. m.**

BRUSQUE **adj.** ▪ **1.** Qui agit avec rudesse et d'une manière soudaine. ⇒ **abrupt, brutal, rude.** - *Ton brusque.* ⇒ **cassant.** **2.** Qui est soudain, que rien ne prépare ni ne laisse prévoir. ⇒ **inattendu, subit.** *Le brusque retour du froid.*

BRUSQUEMENT **adv.** ▪ D'une manière brusque, soudaine.

BRUSQUER **v. tr.** [1] ▪ **1.** Traiter d'une manière brusque sans se soucier de ne pas heurter. *Brusquer un enfant.* ⇒ **malmener.** **2.** Précipiter (ce dont le cours est lent, l'échéance éloignée). ⇒ **hâter.** *Ne brusquons pas les choses.* - au p. p. *Une attaque brusquée,* soudaine.

BRUSQUERIE **n. f.** ▪ **1.** Façons brusques dans le comportement envers autrui. ⇒ **rudesse.** **2.** LITTÉR. Soudaineté, précipitation.

BRUT, BRUTE [bʀyt] **adj.** ▪ **1.** VX À l'état le plus primitif. ♦ Le plus proche de l'animalité. *Bête brute. Force brute.* ⇒ **brutal.** **2.** Qui est à l'état naturel, n'a pas encore été élaboré par l'homme. ⇒ **naturel, sauvage.** *Diamant brut,* non taillé, non poli. *Pétrole brut,* non raffiné. *Soie brute.* ⇒ **grège.** ♦ Qui résulte d'une première élaboration (avant d'autres transformations). *Toile brute.* ⇒ **écru.** - *Champagne brut,* sans ajout de sucre. ⇒ **sec.** - loc. fig. *Brut de fonderie, de décoffrage,* à l'état brut (3). **3.** Qui n'a subi aucune élaboration intellectuelle, est à l'état de donnée immédiate. *Les faits bruts, à l'état brut.* ♦ *ART BRUT,* spontané, échappant à toute norme culturelle. ▪ Défendu par Dubuffet*, l'art brut regroupe les œuvres de marginaux (autodidactes, malades mentaux...) exclus des circuits artistiques traditionnels. **4.** Dont le montant est évalué avant déduction des taxes et frais divers (opposé à *net*). *Salaire, bénéfice brut. Produit national brut.* - *Poids brut :* poids total, emballage ou chargement compris.

BRUTAL, ALE, AUX **adj.** ▪ **1.** VX Qui tient de la brute, de l'animal. *Instincts brutaux.* **2.** Qui use volontiers de violence, du fait de son tempérament rude et grossier. *Il est brutal avec ses inférieurs.* - *Des manières brutales.* ♦ Qui est sans ménagement, ne craint pas de choquer. ⇒ **brusque, direct.** *Une franchise brutale.* **3.** Soudain et violent. *Le choc a été brutal.*

BRUTALEMENT **adv.** ▪ **1.** D'une manière brutale (1). **2.** Avec soudaineté, de manière imprévisible et violente. *Il est mort brutalement.*

BRUTALISER **v. tr.** [1] ▪ Traiter d'une façon brutale. ⇒ **malmener, maltraiter, molester, rudoyer.**

BRUTALITÉ **n. f.** ▪ **1.** Caractère d'une personne brutale. *Agir, s'exprimer avec brutalité.* ♦ Acte brutal, violence. *Victime de brutalités policières.* ⇒ **sévices.** **2.** Caractère inattendu et violent. *La brutalité du choc, de l'accident.*

BRUTE **n. f.** ▪ **1.** LITTÉR. L'animal considéré dans ce qu'il a de plus éloigné de l'homme. ⇒ **bête.** **2.** Personne grossière, sans esprit. *Il n'a aucun goût, c'est une brute.* FAM. *Brute épaisse.* **3.** Personne brutale, violente. *Frapper comme une brute.*

BRUTUS (v. 85 - 42 av. J.-C.) ▪ Fils adoptif de César, et l'un de ses meurtriers. Vaincu par Antoine et Octave à Philippes, il se suicida.

BRUXELLES en néerlandais ***BRUSSEL*** ▪ Capitale de la Belgique, chef-lieu de la Région et de l'arrondissement de Bruxelles-Capitale. 136 424 hab. *(les Bruxellois).* Centre économique (confection, chimie, constructions mécaniques, imprimerie), politique (palais royal, institutions européennes), administratif, culturel (universités, musées). Cathédrale (XIIe-XVIIe s.). Édifices. Art nouveau. Ville bilingue. Son histoire reflète celle du pays : résidence des Habsbourg, du roi des Pays-Bas, lieu des insurrections indépendantistes.

BRUYAMMENT [bʀyj- ; bʀɥij-] **adv.** ▪ **1.** D'une manière bruyante. **2.** En faisant grand bruit, bien haut. *Protester bruyamment.*

BRUYANT, ANTE [bʀyj- ; bʀɥij-] **adj.** ▪ **1.** Qui fait beaucoup de bruit. *Musique bruyante.* - *Voisins bruyants.* **2.** Où il y a beaucoup de bruit. *Un quartier bruyant.*

BRUYÈRE [bʀyjɛ- ; bʀɥijɛ-] **n. f.** ▪ **1.** Arbrisseau des landes à fleurs variant du blanc au pourpre. **2.** Racine de cette plante. *Une pipe de bruyère.* - *Terre de bruyère,* légère, siliceuse, formée notamment par la décomposition des bruyères.

BRUZ ▪ Commune d'Ille-et-Vilaine. 8 114 hab. *(les Bruzois).* Centre électronique de l'armement.

BRYO- Élément savant, du grec *bruon* « mousse » (ex. *bryologie* **n. f.** « étude des mousses »).

BRYOPHYTES **n. f. pl.** ▪ BOT. Embranchement du règne végétal regroupant les cryptogames non vasculaires (mousses, etc.).

BRY-SUR-MARNE ▪ Commune du Val-de-Marne. 13 826 hab. *(les Bryards).*

BU, BUE ▪ Participe passé de *boire.*

BUANDERIE **n. f.** ▪ Local réservé à la lessive, aux lavages.

BUBALE **n. m.** ▪ Grande antilope d'Afrique aux cornes en forme de lyre.

Martin BUBER (1878 - 1965) ▪ Philosophe israélien d'origine autrichienne. Il lutta pour le rapprochement entre juifs, chrétiens et arabes. *"Le Je et le Tu"* (1923).

BUBON **n. m.** ▪ Inflammation et gonflement des ganglions lymphatiques, dans certaines maladies (syphilis, peste, etc.). ▶ BUBONIQUE **adj.** *Peste bubonique.*

BUCARAMANGA ▪ Ville de Colombie. 550 000 hab. Textile et métallurgie.

BUCAREST ▪ Capitale de la Roumanie, 2 064 474 hab. Métropole industrielle (20 % de la production nationale) et culturelle. Capitale de la Valachie depuis le XVe s. (monuments). Le traité du 10 août 1913 mit fin à la seconde guerre balkanique.

Bucarest. *Phot. © Gleizes/Explorer*

BUCCAL, ALE, AUX **adj.** ▪ DIDACT. De la bouche. *La cavité buccale. Par voie buccale.* ⇒ **oral.**

BUCCIN **n. m.** ▪ **1.** ANTIQ. Trompette romaine. **2.** Gros mollusque gastéropode des côtes de l'Atlantique. ⇒ **bulot.**

BUCCO- Élément, du latin *bucca* « bouche » (ex. *bucco-dentaire* **adj.**).

Martin BUCER ou **BUTZER** (1491 - 1551) ▪ Théologien allemand, il fut l'un des propagateurs de la Réforme en Alsace et en Angleterre

George BUCHANAN (1506 - 1582) ▪ Humaniste écossais calviniste. Il écrivit des tragédies en latin.

James BUCHANAN (1791 - 1868) ▪ 15e président (démocrate) des États-Unis de 1857 à 1861.

BÛCHE **n. f.** ▪ **I. 1.** Morceau de bois de chauffage. *Mettre une bûche dans la cheminée.* ♦ *Bûche de Noël,* pâtisserie en forme de bûche servie traditionnellement aux fêtes de fin d'année. *Bûche aux marrons.* **2.** fig. *Dormir comme une bûche,* très profondément. ⇒ **souche.** - FAM. *Quelle bûche !,* se dit d'une personne stupide et apathique. **II.** FAM. Chute. *Prendre, ramasser une bûche :* tomber.

BUCHENWALD ▪ Camp de concentration nazi, près de Weimar (plus de 50 000 morts).

① **BÛCHER** **n. m.** ▪ **1.** Local où l'on range le bois à brûler. **2.** Amas de bois sur lequel on brûlait les morts ou les condamnés au supplice du feu, les livres interdits. *Jeanne d'Arc fut condamnée au bûcher.*

② **BÛCHER** **v. tr.** [1] ▪ FAM. Étudier, travailler avec acharnement. *Bûcher son droit.* - absolt *Bûcher ferme.* ⇒ FAM. **bosser.**

BÛCHERON, ONNE **n.** ▪ Personne dont le métier est d'abattre du bois, des arbres dans une forêt.

BÛCHERONNER v. intr. ▪ Abattre les arbres ; débiter le bois. ► n. m. BÛCHERONNAGE

BÛCHETTE n. f. ▪ Petite bûche.

BÛCHEUR, EUSE n. ▪ FAM. Personne qui étudie, travaille avec acharnement. ⇒ **bosseur.**

Philippe Joseph Benjamin **BUCHEZ** (1796 - 1865) ▪ Philosophe et homme politique français. Il fut l'un des fondateurs du socialisme chrétien, dirigea le journal catholique *"L'Européen"* et inspira *"L'Atelier"*.

Georg **BÜCHNER** (1813 - 1837) ▪ Écrivain romantique allemand. Son théâtre oscille entre l'action révolutionnaire et une philosophie du néant : *"La Mort de Danton"*; *"Woyzeck"* (1836; sujet d'un opéra de Berg); *"Léonce et Léna"*.

Pearl **BUCK** (1892 - 1973) ▪ Romancière américaine. L'action de ses romans se déroule en Chine. *"La Terre chinoise"* (1931). Prix Nobel 1938.

BUCKINGHAM ▪ Ville d'Angleterre (Buckinghamshire). 5 000 hab. Érigée en duché pour George Villiers (1592 - 1628), favori de Jacques Ier et Charles Ier. ► **BUCKINGHAM PALACE**, palais construit à Londres par ses descendants (1705), est l'actuelle résidence royale.

le **BUCKINGHAMSHIRE** ▪ Comté d'Angleterre au nord-ouest de Londres. 1 883 km^2. 640 000 hab. Chef-lieu : Aylesbury (52 900 hab.).

BUCOLIQUE ▪ **1.** n. f. Poème pastoral. ⇒ **églogue, idylle.** *"Les Bucoliques"* (de Virgile). **2.** adj. Relatif à la poésie pastorale. *Un poète bucolique.* - par ext. Qui a rapport à la vie de la campagne. *Une scène bucolique.*

la **BUCOVINE** ▪ Région des Carpates partagée entre la Roumanie (Bucovina), la Moldavie et l'Ukraine (Bukovina).

BUCRANE n. m. ▪ Motif ornemental sculpté représentant une tête de bœuf. ◇ var. BUCRÂNE.

BUDAPEST ▪ Capitale de la Hongrie. 1 995 600 hab. (un cinquième de la population). Née de la réunion de Buda et de Pest, séparées par le Danube, en 1873. Elle concentre l'essentiel des activités économiques, intellectuelles et culturelles du pays : un tiers des usines, les trois quarts des sièges sociaux. Pôle touristique.

BUDDLEIA [bydleja] n. m. ▪ BOT. Arbuste aux fleurs violettes ou mauves en grappes.

Guillaume **BUDÉ** (1467 - 1540) ▪ Humaniste et érudit français. Il créa la bibliothèque de Fontainebleau, origine de la Bibliothèque nationale, et obtint de François Ier la création du futur Collège de France.

BUDGET n. m. ▪ **1.** Acte par lequel sont prévues et autorisées les recettes et les dépenses annuelles de l'État ou d'autres services assujettis aux mêmes règles. *Le budget de l'État, d'une commune. Budget en excédent, en déficit. Le budget de l'Éducation nationale.* **2.** par ext. *Budget familial, domestique. Boucler, équilibrer son budget.* - *Le budget d'un voyage.*

BUDGÉTAIRE adj. ▪ Qui a rapport au budget.

BUDGÉTISER v. tr. [1] ▪ Inscrire au budget. ► n. f. BUDGÉTISATION

Budapest. L'église de Mathias.
Phot. © Dagli Orti

BUDGÉTIVORE adj. ▪ par plais. Qui vit aux dépens du budget de l'État. - (choses) Qui grève un budget.

BUÉE n. f. ▪ Vapeur qui se dépose en fines gouttelettes formées par condensation. *Vitre couverte de buée.*

BUENOS AIRES ▪ Capitale de l'Argentine. 2 922 830 hab. Elle forme avec ses banlieues (General Sarmiento, Lanús, Lomas de Zamora, Morón et San Justo) une conurbation de 11 millions d'habitants, soit un tiers de la population du pays. Centre intellectuel et économique. Grand port dans l'estuaire du Río de la Plata, sur l'Atlantique. Pétrole. Second centre industriel d'Amérique du Sud, après São Paulo. Fondée en 1580 par les Espagnols.

BUFFALO ▪ Ville des États-Unis (État de New York). 339 000 hab. Grand port dans l'est du lac Érié. Industries. Université.

William Frederick Cody dit **BUFFALO BILL** (1846 - 1917) ▪ Aventurier américain. Célèbre pour avoir chassé et tué de nombreux bisons.

BUFFET n. m. ▪ **1.** Meuble servant à ranger la vaisselle, le linge de table, certaines provisions. ⇒ **bahut.** *"Le Buffet"* (poème de Rimbaud). **2.** Table garnie de mets froids, de rafraîchissements à l'occasion d'une réception ; l'ensemble de ces mets et boissons. *Buffet campagnard :* avec des charcuteries et du vin. **3.** *Buffet de gare :* café-restaurant d'une gare. ⇒ **buvette.** **4.** *Buffet d'orgue,* sa menuiserie. **5.** FAM. Ventre, estomac. *Il n'avait rien dans le buffet,* rien mangé.

buffle. *Syncerus caffer,* buffle d'Afrique.
Phot. © Layer/Jacana

BUFFLE n. m. ▪ Mammifère ruminant d'Afrique et d'Asie, voisin du bœuf, aux longues cornes arquées. *Femelle du buffle* (*bufflonne* ou *bufflesse* n. f.). - Sa peau. *Sac en buffle.*

BUFFLETERIE [byflətʀi ; byflɛtʀi] n. f. ▪ Équipement en cuir soutenant des armes.

Georges Louis Leclerc, comte de **BUFFON** (1707 - 1788) ▪ Naturaliste et écrivain français. Il critiqua la rigidité de la classification de Linné et admit un transformisme limité, mais il croyait à la génération spontanée. *"Histoire naturelle"*.

Ettore **BUGATTI** (1881 - 1947) ▪ Industriel français d'origine italienne. Il réalisa les premières automotrices à essence pour les chemins de fer français.

Thomas Robert **BUGEAUD** (1784 - 1849) ▪ Maréchal de France. Gouverneur de l'Algérie de 1840 à 1847, il en organisa la conquête et vainquit les Marocains à l'Isly (1844).

le **BUGEY** ▪ Région du sud-est du département de l'Ain. Importante centrale électronucléaire à Saint-Vulbas (centrale du Bugey).

BUGLE n. m. ▪ Instrument à pistons de la famille des cuivres, utilisé notamment dans les fanfares.

BUILDING [b(ɥ)ildiŋ] n. m. ▪ anglic. Vaste immeuble moderne, à nombreux étages. ⇒ **gratte-ciel, tour.**

BUIS n. m. ▪ Arbuste à feuilles persistantes vert foncé. *Buis taillé en boule. Buis bénit :* branche de buis qu'on bénit le jour des Rameaux. ♦ Bois jaunâtre, dense et dur de cette plante. *Sculpter du buis.*

BUISSON n. m. ▪ **1.** Touffe d'arbrisseaux sauvages. *Ronces en buisson.* **2.** Mets arrangé en forme de pyramide hérissée d'épines. *Buisson d'écrevisses.*

Ferdinand **BUISSON** (1841 - 1932) ▪ Homme politique (radical-socialiste) français. Défenseur de la laïcité et de la gratuité de l'enseignement, ardent partisan du vote des femmes. Président de la Ligue des droits de l'homme (1913-1926). Prix Nobel de la paix 1927.

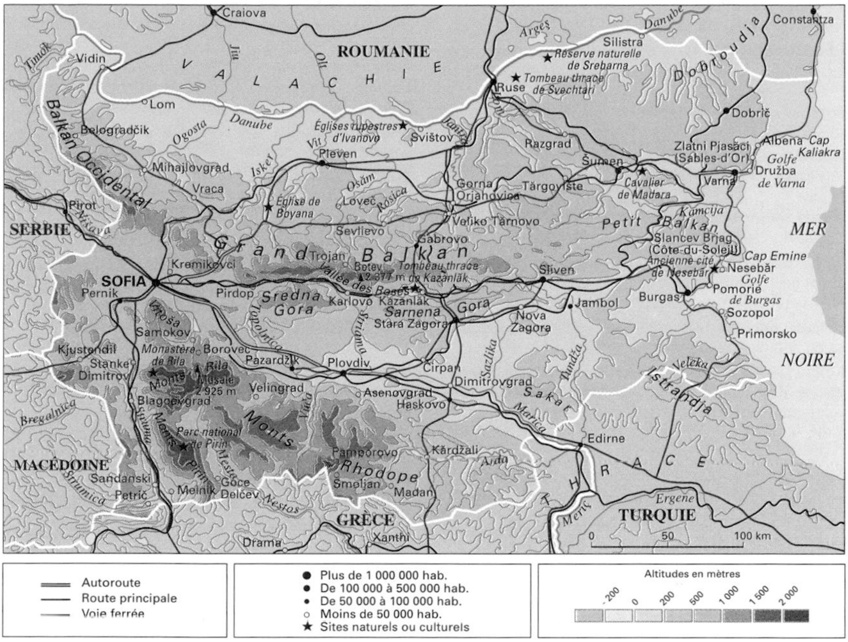

Bulgarie.

BUISSONNER v. intr. [1] ▪ Pousser en forme de buisson. ► adj. BUISSONNANT, ANTE

BUISSONNEUX, EUSE adj. ▪ Couvert de buissons ; fait de buissons.

BUISSONNIER, IÈRE adj. ▪ *Faire l'école buissonnière :* flâner, se promener au lieu d'aller en classe ; par ext. ne pas aller travailler.

BUJUMBURA ▪ Capitale du Burundi, sur le lac Tanganyika. 300 000 hab.

BULAWAYO ▪ Ville du sud-ouest du Zimbabwe. 500 000 hab.

BULBE n. m. ▪ **1.** Organe de réserve souterrain, renflé, de certaines plantes. ⇒ **oignon.** *Plantes à bulbe* (lis, glaïeul, tulipe...). **2.** ANAT. Renflement arrondi. *Bulbe rachidien,* à la base de l'encéphale. ► adj. BULBAIRE **3.** Coupole renflée au faîte resserré en pointe. *Les bulbes d'une église russe.*

BULBEUX, EUSE adj. ▪ **1.** BOT. Qui a un bulbe. **2.** En forme de bulbe.

BULGARE adj. et n. ▪ De Bulgarie. - n. *Les Bulgares.* ♦ n. m. *Le bulgare* (langue slave).

la **BULGARIE** ▪ État des Balkans. 110 912 km^2. 8 487 317 hab. *(les Bulgares).* Capitale : Sofia. Langues : bulgare, turc. Monnaie : lev. Pays de montagnes et de vallées (dont la plaine du Danube, au nord) à dominante agricole, malgré le développement de la chimie et de l'industrie lourde qui fut mené dans le cadre d'une économie socialiste. La transition vers l'économie de marché est lente et difficile. □ HISTOIRE État indépendant au IXe s., il fut christianisé et soumis par Byzance (972). Au XIIe s., il retrouva son autonomie et domina les Balkans (dynastie des Asénides). L'Empire ottoman l'annexa en 1396. L'éveil du nationalisme aboutit à la reconnaissance partielle de l'indépendance de la Bulgarie en 1878. Elle s'engagea dans les guerres balkaniques sous la conduite de Ferdinand de Saxe-Cobourg, qui proclama l'indépendance totale en 1908 et prit le titre de tsar des Bulgares. L'alliance avec l'Allemagne en 1914 et 1940 entraîna la chute de la royauté puis l'instauration (1946) d'une république populaire, dirigée par le parti communiste, avec à sa tête T. Živkov, et étroitement liée à l'URSS. Les effets de la perestroïka soviétique sur les pays de l'Est et la pression populaire débouchèrent sur la libéralisation du régime. Les élections législatives en 1991 portèrent au pouvoir les principaux opposants, par ailleurs soutenus par la minorité turque. Cependant les difficultés liées au passage à l'économie de marché ont entraîné un retour des socialistes au pouvoir en 1994.

John **BULL** (v. 1562 - 1628) ▪ Organiste et compositeur anglais. Attaché à la chapelle de l'archiduc à Bruxelles, puis à la cathédrale d'Anvers, il écrivit plus de 150 pièces pour orgue d'une grande subtilité rythmique.

Jean **BULLANT** (v. 1520 - 1578) ▪ Architecte et théoricien français. Il contribua à la construction des Tuileries.

BULLDOZER [byldɔzɛʀ ; buldozœʀ] n. m. ▪ anglic. **1.** Engin de terrassement, tracteur à chenilles très puissant. *Des bulldozers.* ◇ recomm. off. BOUTEUR. **2.** fig. FAM. Personne décidée que rien n'arrête.

BULLE n. f. ▪ **I. 1.** HIST. Boule de métal attachée à un sceau ; ce sceau. **2.** Lettre patente du pape, portant son sceau. *La bulle « Unigenitus ». Une bulle d'excommunication.* **II. 1.** Petite sphère remplie d'air ou de gaz qui s'élève à la surface d'un liquide en mouvement, en ébullition. *Liquide qui fait des bulles.* ⇒ **effervescent, gazeux, pétillant.** - loc. FAM. *Coincer la bulle,* ne rien faire, se reposer. ♦ Sphère formée d'une pellicule remplie d'air. *Bulles de savon qui s'envolent.* ♦ Globule gazeux qui se forme dans une matière en fusion. *Les bulles du verre.* **2.** Enceinte stérile dans laquelle sont placés les enfants atteints de déficience immunitaire. **3.** Espace délimité par une ligne fermée, où sont inscrites les paroles ou les pensées d'un personnage de bande dessinée.

BULLETIN n. m. ▪ **1.** Information émanant d'une autorité, d'une administration, et communiquée au public. ⇒ **communiqué.** *Bulletin d'état civil, de naissance,* établi dans une mairie. - loc. FAM. *Avaler son bulletin de naissance :* mourir. - *Bulletin (scolaire) :* rapport contenant les notes d'un élève. ♦ Article de journal donnant des nouvelles dans un certain domaine. *Bulletin de l'étranger.* - *Bulletin d'information* (radio, télévision). **2.** Certificat ou récépissé. *Bulletin de salaire.* ⇒ **feuille, fiche. 3.** *Bulletin de vote,* papier indicatif d'un vote, que l'électeur dépose dans l'urne. *Bulletin nul,* irrégulier. *Bulletin blanc,* vierge (en signe d'abstention).

BULL-TERRIER [bul-] n. m. ▪ Chien ratier d'une race anglaise. *Des bull-terriers.*

BULLY-LES-MINES ▪ Commune du Pas-de-Calais. 12 577 hab. *(les Bullygeois).* Anc. houillères.

BULOT n. m. ▪ Gros mollusque gastéropode comestible, appelé aussi *buccin.*

Bernhard prince von BÜLOW (1849 - 1929) ▪ Homme politique allemand. Chancelier de 1900 à 1909.

Rudolf BULTMANN (1884 - 1976) ▪ Théologien luthérien allemand. Il travailla à une « démythologisation » du Nouveau Testament.

le BUNDESTAG ▪ Assemblée législative de l'Allemagne, élue pour quatre ans.

le BUNDESRAT ▪ Conseil fédéral de l'Allemagne, il représente les États (Länder au Parlement).

BUNGALOW [bœ̃galo] n. m. ▪ **1.** Maison indienne basse entourée de vérandas. **2.** Petit pavillon en rez-de-chaussée. *Des bungalows.*

BUNKER [bunkœʀ ; bunkɛʀ] n. m. ▪ Casemate construite par les Allemands pendant la Seconde Guerre mondiale. - Construction souterraine très protégée. *Des bunkers.*

Robert Wilhelm BUNSEN (1811 - 1899) ▪ Physicien allemand. Il inventa un bec de gaz qui porte son nom.

Luis BUÑUEL (1900 - 1983) ▪ Cinéaste espagnol. Proche du surréalisme et de l'anarchisme. Son œuvre, souvent considérée comme subversive, exprime surtout un profond amour de la liberté. *"Un Chien andalou"* (1928); *"Viridiana"* (1961); *"Le Charme discret de la bourgeoisie"* (1972).

John BUNYAN (1628 - 1688) ▪ Écrivain religieux anglais. *"Le Voyage du pèlerin"* (1678), allégorie d'un chemin plein d'embûches vers la Cité céleste.

Philippe BUONARROTI (1761 - 1837) ▪ Révolutionnaire français, proche de Babeuf.

BURALISTE n. ▪ Personne préposée à un bureau de recette, de timbre, de poste. - Personne qui tient un bureau de tabac.

Jakob BURCKHARDT (1818 - 1897) ▪ Historien suisse de langue allemande. *"La Civilisation de la Renaissance en Italie"* (1860).

BURE n. f. ▪ Grossière étoffe de laine brune. - Vêtement de cette étoffe. *La bure du moine.*

BUREAU n. m. ▪ **I. 1.** Table sur laquelle on écrit, on travaille ; meuble de travail où l'on peut enfermer des papiers, etc. ⇒ **secrétaire.** *Bureau ministre :* grand bureau. *Être assis à, derrière son bureau.* **2.** Pièce où est installée la table de travail, avec les meubles indispensables (bibliothèque, etc.). ⇒ **cabinet.** *Le bureau d'un avocat.* **II. 1.** Lieu de travail des employés (d'une administration, d'une entreprise). *Les bureaux d'une société.* ⇒ **siège.** *Employé de bureau. Aller au bureau, à son bureau.* ♦ Établissement ouvert au public et où s'exerce un service d'intérêt collectif. *Bureau de poste. Bureau de vote.* - *BUREAU DE TABAC,* où se fait la vente du tabac. ♦ *Jouer une pièce de théâtre à bureaux fermés.* ⇒ **guichet. 2.** Service (assuré dans un bureau). *Un bureau d'étude.* anciennt *Deuxième Bureau,* service de renseignements de l'armée. **3.** VIEILLI Le personnel d'un bureau. ♦ *Les bureaux :* l'administration (⇒ **bureaucratie**). **4.** Membres d'une assemblée élus par leurs collègues pour diriger les travaux, mener l'action. *Bureau politique d'un parti,* sa direction.

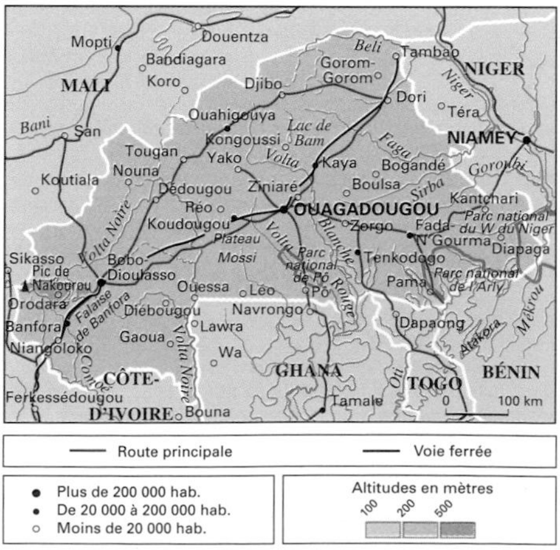

Burkina Faso.

BUREAUCRATE n. ▪ **1.** Fonctionnaire, employé imbu de son importance et abusant de son pouvoir sur le public. **2.** péj. Employé de bureau.

BUREAUCRATIE n. f. ▪ **1.** Pouvoir politique des bureaux ; influence abusive de l'Administration. **2.** L'ensemble des fonctionnaires ; leur pouvoir dans l'État.

BUREAUCRATIQUE adj. ▪ Propre à la bureaucratie. *Une société bureaucratique.*

BUREAUCRATISER v. tr. [1] ▪ Transformer par la mise en place d'une bureaucratie. ► n. f. BUREAUCRATISATION

BUREAUTIQUE n. f. (nom déposé) ▪ Ensemble des techniques visant à automatiser les travaux de bureau.

Daniel BUREN (né en 1938) ▪ Artiste français. Sa peinture consiste en un motif répétitif de bandes d'égale largeur qu'il installe en divers lieux. Il édifia des colonnes rayées dans la cour d'honneur du Palais-Royal, à Paris (1985-1986).

BURES-SUR-YVETTE ▪ Commune de l'Essonne. 9 246 hab. *(les Buressois).*

BURETTE n. f. ▪ **1.** Flacon destiné à contenir les saintes huiles, ou l'eau et le vin de la messe. **2.** Petit flacon à goulot. **3.** Récipient à tubulure, spécialt pour injecter l'huile de graissage.

BURGAS ou **BOURGAS** ▪ Ville et port de Bulgarie, 203 093 hab., au fond du *golfe de Burgas* (mer Noire).

le BURGENLAND ▪ État (Land) d'Autriche. 3 965 km². 273 500 hab. Capitale : Eisenstadt.

Gottfried BÜRGER (1747 - 1794) ▪ Poète lyrique allemand. *"Lénore"* (1770).

Anthony BURGESS (1917 - 1993) ▪ Romancier britannique. Ses œuvres sont des réflexions sur l'avenir de l'humanité. *"Orange mécanique"* (1962), adapté au cinéma par Kubrick.

Hans BURGKMAIR (1473 - 1531) ▪ Peintre et graveur allemand. L'un des principaux représentants de la Renaissance en Allemagne.

les BURGONDES n. m. pl. ▪ Peuple germanique de l'Antiquité. ► **la BURGONDIE**, royaume fondé en Gaule par les Burgondes, chassés par les Huns, et qui est à l'origine de la Bourgogne.

BURGOS ▪ Ville d'Espagne (Castilla-León). 169 279 hab. Ancienne capitale de la Castille. Nombreuses églises médiévales.

BURGRAVE n. m. ▪ HIST. Commandant d'une place forte ou d'une ville, dans le Saint Empire romain germanique. *"Les Burgraves"* (drame de Victor Hugo).

Jean BURIDAN (v. 1300 - 1358) ▪ Philosophe scolastique français. On appelle « l'âne de Buridan » un argument qui lui est attribué mais ne se trouve pas dans ses écrits ; il pose le problème du déterminisme ou du libre arbitre : un âne, ayant aussi faim que soif, qui ne saurait choisir entre une botte de foin et un seau d'eau placés à égale distance de lui, mourrait de faim et de soif.

BURIN n. m. ▪ **1.** Ciseau d'acier qui sert à graver. - par ext. Gravure au burin. **2.** TECHN. Ciseau d'acier pour couper les métaux, dégrossir les pièces.

BURINER v. tr. [1] ▪ Graver, travailler au burin. ► **BURINÉ, ÉE** adj. **1.** Gravé au burin. **2.** fig. *Visage buriné, traits burinés,* marqués et énergiques.

Edmund BURKE (1729 - 1797) ▪ Écrivain et homme politique britannique. Bien que membre des whigs, il se signala par son conservatisme. *"Réflexions sur la Révolution française"* (1790).

le BURKINA FASO ▪ État (république) de l'Afrique occidentale. 274 000 km². 8 760 000 hab. *(les Burkinabés).* Capitale : Ouagadougou. Langues : français (officielle), moré, dioula, gourmantché. Monnaie : franc CFA. Élevage. Manganèse. □ HISTOIRE Territoire des anciens royaumes mossis, le pays fut englobé dans les colonies françaises à la fin du XIXᵉ s. Sous l'impulsion de Maurice Yameogo, il devint indépendant en 1960, sous le nom de **Haute-Volta.** Le capitaine Sankara engagea à partir de 1983 une « révolution démocratique et populaire » et baptisa le pays Burkina Faso (« pays des hommes intègres »). Il fut renversé en 1987 par son Premier ministre, Blaise Compaoré. En 1991, une nouvelle Constitution instaura le multipartisme.

BURLAT n. f. ▪ Grosse cerise bigarreau rouge foncé, à chair ferme.

BURLESQUE ▪ **1.** adj. D'un comique extravagant et déroutant. ⇒ **bouffon.** *Accoutrement burlesque. Film burlesque.* ‣ Ridicule et absurde. ⇒ **grotesque.** *Idée burlesque.* **2.** n. m. Caractère d'une chose burlesque, absurde et ridicule. ♦ Genre littéraire parodique, à la mode au XVIIe siècle. ‣ Genre comique du cinéma.

sir Edward Jones dit **BURNE-JONES** (1833 ‣ 1898) ▪ Peintre anglais, proche des préraphaélites, mais plus novateur qu'eux par ses formes qui annoncent l'art nouveau. *"L'Enchantement de Merlin"* (1874).

BURNOUS [-u(s)] n. m. ▪ Grand manteau de laine à capuchon et sans manches, en usage dans les pays du Maghreb. ‣ loc. FAM. *Faire suer le burnous,* exploiter la main-d'œuvre maghrébine (colons) ; par ext. exploiter qqn.

Robert BURNS (1759 ‣ 1796) ▪ Poète écossais. Autodidacte, considéré comme le plus grand poète de langue écossaise, il trouva son inspiration dans la vie paysanne.

Edgar Rice BURROUGHS (1875 ‣ 1950) ▪ Romancier américain. Créateur du personnage de Tarzan (1912).

William BURROUGHS (né en 1914) ▪ Écrivain américain. Proche de Ginsberg. Récits d'expériences de dérèglement des sens dans un style d'avant-garde. *"Le Festin nu"* (1959) ; *"Nova Express"* (1964).

BURSA anc. ***BROUSSE*** ▪ Ville du nord-ouest de la Turquie. 834 576 hab. Capitale des sultans ottomans au XIVe s. Nombreux monuments.

Richard BURTON (1925 ‣ 1984) ▪ Acteur britannique. Interprète de Shakespeare, il fit partie du théâtre londonien de l'Old Vic avant de mener une carrière au cinéma, souvent aux côtés de sa femme, Elizabeth Taylor. *"Cléopâtre"* (1963) ; *"Qui a peur de Virginia Woolf?"* (1966).

le BURUNDI ▪ État d'Afrique centrale, entre le Rwanda, le Zaïre et la Tanzanie. 27 834 km^{2}. 5 460 000 hab. *(les Burundais).* Capitale : Bujumbura. Langues officielles : kirundi et français. Monnaie : franc du Burundi. Pays montagneux à forte densité de population et à économie agricole (café, thé, tabac, bananes). □ HISTOIRE Royaume africain, il fut colonisé par les Allemands (fin du XIXe s.) avant de former, avec le Rwanda, le Rwanda-Urundi, sous mandat puis sous tutelle belge. Il fut indépendant en 1962 et devint une république en 1966, divisée par l'opposition des ethnies hutu et tutsi qui entraîna de nombreux massacres.

Pol BURY (né en 1922) ▪ Peintre et sculpteur belge. Il fit partie du groupe Cobra de 1949 à 1951, puis abandonna la peinture pour l'art cinétique. Il a ensuite créé des œuvres monumentales, comme les quarante colonnes de la faculté de Montpellier.

BUS [bys] n. m. ▪ FAM. Autobus. *Ticket de bus.*

BUSARD n. m. ▪ Oiseau rapace diurne, à longues ailes et longue queue.

busard. *Circus aeruginosis,* busard des roseaux sur sa proie. *Phot. © Hellio/Van Ingen/Jacana*

BUSC n. m. ▪ anciennt Corset renforcé. ♦ Baleine de corset.

Wilhelm BUSCH (1832 ‣ 1908) ▪ Humoriste et dessinateur allemand, caricaturiste de la bourgeoisie. *"Max und Moritz"* (1865), une des premières bandes dessinées.

① **BUSE** n. f. ▪ **1.** Oiseau rapace diurne, aux formes lourdes, qui se nourrit de rongeurs. **2.** fig. FAM. Personne sotte et ignorante. *Triple buse !*

② **BUSE** n. f. ▪ Conduit, tuyau.

George BUSH (né en 1924) ▪ Homme politique américain. Vice-président à partir de 1981 et 41e président (républicain) des États-Unis, de 1989 à 1993. En politique extérieure, il œuvra à la fin de la guerre froide et, en 1990, mena la coalition contre l'Irak lors de la guerre du Golfe.

BUSINESS [biznɛs] n. m. ▪ anglic. FAM. **1.** VX Travail. **2.** Chose, truc. **3.** *Le big business :* le monde du grand capitalisme. ◇ var. BIZNESS.

BUSINESSMAN [biznɛsman] n. m. ▪ anglic. Homme d'affaires. *Des businessmans* ou *businessmen.*

Ferruccio BUSONI (1866 ‣ 1924) ▪ Compositeur, pianiste et théoricien italien.

BUSQUÉ, ÉE adj. ▪ (nez) Qui présente une courbure convexe. ⇒ **aquilin.**

BUSSANG ▪ Commune des Vosges, sur la Moselle, près du *col de Bussang.* 1 809 hab. *(les Bussenets)* Station touristique. Théâtre du Peuple.

Sylvano BUSSOTTI (né en 1931) ▪ Compositeur italien. Il travailla le dodécaphonisme, puis, sous l'influence de J. Cage, les méthodes aléatoires. Également peintre et metteur en scène, il s'oriente vers un théâtre total. *"Passion selon Sade"* (1965) ; *"Bergkristall"* (1973).

BUSSY-RABUTIN (1618 ‣ 1693) ▪ Écrivain français. Son *"Histoire amoureuse des Gaules"* (1665), qui dépeint les intrigues de la cour de Louis XIV, lui valut d'être emprisonné à la Bastille puis exilé sur ses terres.

BUSTE n. m. ▪ **1.** Partie supérieure du corps humain, de la tête à la ceinture. ⇒ **torse.** **2.** Portrait sculpté représentant la tête et une partie des épaules, de la poitrine, souvent sans les bras.

BUSTIER n. m. ▪ Sous-vêtement féminin ou corsage sans bretelles qui maintient le buste jusqu'à la taille.

BUT [by(t)] n. m. ▪ **1.** Point visé, objectif. ⇒ **cible.** *Atteindre, toucher le but.* ‣ loc. adv. *De but en blanc :* sans préparation, brusquement. *Interroger qqn de but en blanc.* **2.** Point que l'on se propose d'atteindre. ⇒ **terme.** *Un but de promenade. Errer sans but.* **3.** SPORTS Espace déterminé que doit franchir le ballon pour qu'un point soit marqué. *Gardien de but.* ⇒ **goal.** ‣ par ext. Le point marqué. *Marquer un but. Gagner par trois buts à un.* **4.** fig. Ce que l'on se propose d'atteindre, ce à quoi l'on tente de parvenir. ⇒ **dessein, objectif.** *Avoir un but dans la vie. Avoir pour but de...* ‣ loc. *Toucher au but :* être près de réussir. *Aller droit au but,* sans détour. ‣ loc. prép. *Dans un but* (+ adj.) ; *dans le but de,* dans le dessein, l'intention de.

BUTANE n. m. ▪ Hydrocarbure saturé employé comme combustible. *Une bouteille de butane.* ‣ appos. *Gaz butane.*

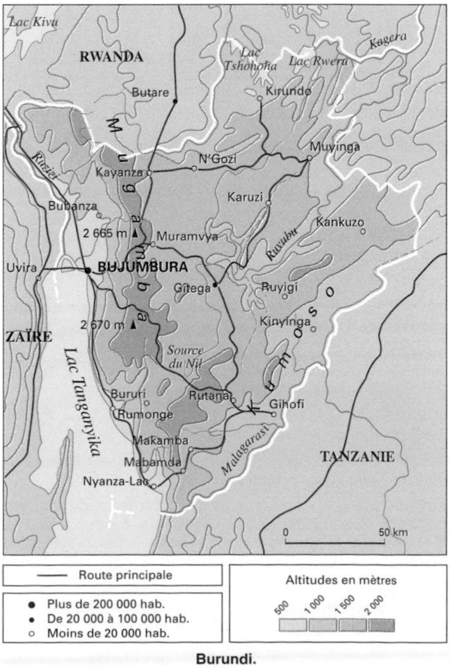

Burundi.

BUTÉE n. f. ▪ **1.** Massif de maçonnerie destiné à supporter une poussée. - Culée d'un pont. **2.** Organe, pièce limitant un mouvement. *La butée d'un tiroir.*

① **BUTER** v. 1 ▪ **I.** v. intr. **1.** Heurter le pied (contre qqch. de saillant). *Buter contre une pierre.* - fig. *Buter sur, contre* (une difficulté). ⇒ se **heurter** à. *Buter sur un mot,* avoir du mal à le prononcer. **2.** S'appuyer, être calé. *La poutre bute contre le mur.* **II.** v. tr. *Buter qqn,* l'acculer à une position de refus entêté. ⇒ **braquer.** ► SE **BUTER** v. pron. S'entêter, se braquer. ► **BUTÉ, ÉE** adj. Entêté dans son opinion, dans son refus de comprendre. ⇒ **obstiné, têtu.** - *Un visage buté.*

② **BUTER** v. tr. 1 ▪ ARGOT Tuer, assassiner. *Se faire buter.* ◇ var. BUTTER.

BUTEUR n. m. ▪ au football, au rugby Joueur qui marque des buts.

BUTIN n. m. ▪ **1.** Ce qu'on prend aux ennemis, pendant une guerre, après la victoire. **2.** Produit d'un vol, d'un pillage. *Partager le butin.* **3.** Produit, récolte qui résulte d'une recherche. *Le butin d'une fouille archéologique.*

BUTINER v. 1 ▪ **1.** v. intr. (abeille) Visiter les fleurs pour y chercher la nourriture de la ruche. **2.** v. tr. *Les abeilles butinent les fleurs.* - fig. *Butiner des renseignements.* ⇒ **glaner.**

Samuel **BUTLER** (1835 - 1902) ▪ Écrivain britannique. *"Erewhon"* (*nowhere,* « nulle part », inversé), ouvrage satirique (1872), critique féroce des institutions.

BUTOIR n. m. ▪ **1.** Pièce ou dispositif servant à arrêter. *Le butoir d'une porte.* **2.** fig. *Date butoir :* dernier délai. ⇒ **limite.**

BUTOR n. m. ▪ **1.** Échassier des marais au plumage fauve et tacheté, aux formes lourdes. **2.** fig. Grossier personnage, sans finesse ni délicatesse. ⇒ **lourdaud, malappris, rustre.**

Michel **BUTOR** (né en 1926) ▪ Écrivain français. L'un des maîtres du « Nouveau Roman », qui chercha à renouveler les techniques narratives. *"La Modification"* (1957). Écrits expérimentaux. Critique d'art.

Michel **Butor.**
Phot. © Andersen/Gamma

BUTTE n. f. ▪ **1.** Tertre naturel ou artificiel où l'on adosse la cible. *Butte de tir.* - *ÊTRE EN BUTTE À :* être exposé à. *Être en butte à des tracasseries de toutes sortes.* **2.** Petite éminence de terre, petite colline. ⇒ **monticule, tertre.** *La butte Montmartre* ou absolt *la Butte.* - GÉOL. *Butte-témoin :* relief résiduel.

① **BUTTER** v. tr. 1 ▪ Garnir (une plante) de terre qu'on élève autour du pied.

② **BUTTER** v. tr. ⇒ ② BUTER

BUTYR(O)- Élément savant, du latin *butyrum,* du grec *bouturon* « beurre ».

BUVABLE adj. ▪ **1.** Qui peut se boire. *Ce vin est à peine buvable.* - *Ampoule buvable* (opposé à *injectable*). **2.** fig. FAM. (en tournure négative) Supportable, tolérable.

BUVARD n. m. ▪ Papier qui boit l'encre. - appos. *Papier buvard. Tampon buvard.*

BUVETTE n. f. ▪ Petit local ou comptoir où l'on sert à boire. *La buvette d'une gare.* ⇒ **buffet.**

BUVEUR, EUSE n. ▪ **1.** Personne qui aime boire du vin, des boissons alcoolisées. ⇒ **alcoolique.** *Un buveur invétéré.* **2.** Personne qui est en train de boire. - Personne qui a l'habitude de boire (telle ou telle boisson). *Une grande buveuse de thé.*

Dietrich **BUXTEHUDE** (v. 1637 - 1707) ▪ Compositeur et organiste germano-danois. Son art a profondément influencé J.-S. Bach. Il fonda à Lübeck de célèbres « concerts de l'après-midi » (*"Abendmusiken"*).

Cyriel **BUYSSE** (1859 - 1932) ▪ Écrivain belge d'expression néerlandaise. *"Le Droit du plus fort"* (1893), chronique sociale.

Dino **BUZZATI** (1906 - 1972) ▪ Écrivain italien. Récits étranges et fantastiques. *"Le Désert des Tartares"* (1940); *"Un Amour"* (1963).

BYBLOS ▪ Ancienne cité phénicienne, aujourd'hui site archéologique de Djebail au Liban.

BYDGOSZCZ ▪ Ville de Pologne. 380 000 hab. Nœud de communications, port fluvial, industries.

BYE-BYE [bajbaj] interj. ▪ anglic. FAM. Au revoir. ⇒ **salut.**

William **BYRD** (1543 - 1623) ▪ Compositeur et organiste anglais. Musique religieuse que caractérise l'écriture polyphonique de la Renaissance.

Richard Evelyn **BYRD** (1888 - 1957) ▪ Marin, aviateur et explorateur américain. Il survola le pôle Nord, puis le pôle Sud au cours d'une de ses expéditions dans l'Antarctique.

lord **BYRON** (1788 - 1824) ▪ Poète anglais. Ses voyages, sa révolte contre la société et la morale britanniques, sa vie amoureuse, son séjour en Italie, sa mort à Missolonghi ont fait de lui un personnage de légende. Son influence sur le romantisme fut immense. *"Le Pèlerinage de Childe Harold"* (1812); *"Don Juan"* (1819-1824).

Lord **Byron.** Portrait par Théodore Géricault.
Musée Fabre, Montpellier. *Phot. © Dagli Orti*

BYSSUS [-ys] n. m. ▪ ZOOL. Faisceau de filaments qui permet à certains mollusques (moules, etc.) de se fixer.

BYTOM ▪ Ville de Pologne. 230 000 hab. Centre minier et sidérurgique de haute Silésie.

BYZANCE ▪ Ville de Thrace choisie par Constantin Ier en 330 comme capitale de l'Empire romain (rebaptisée *Constantinople*), puis capitale de l'Empire byzantin.

BYZANTIN, INE adj. ▪ **1.** De Byzance. *L'art byzantin,* de l'Empire byzantin (voir ci-dessous). - n. *Les Byzantins.* **2.** fig. Qui évoque, par son excès de subtilité, son caractère formel et oiseux, les disputes théologiques de Byzance. *Querelles byzantines.*

l'empire **BYZANTIN** ▪ Nom donné à l'Empire romain oriental qui survécut à la chute de Rome (476) et se maintint jusqu'en 1453. L'Empereur Justinien crut pouvoir reprendre aux Barbares les territoires d'Occident (v. 550). Son règne correspondit à l'apogée d'une civilisation originale, l'hellénisme chrétien, d'où est issue la religion orthodoxe. En conflit avec les Arabes et la papauté, l'empire fut peu à peu réduit à ses territoires d'Asie Mineure, et passa même sous la domination des croisés de 1204 à 1261 *(empire latin de Constantinople).* Il disparut quand les Ottomans prirent Constantinople (1453) et en firent leur capitale, aujourd'hui Istanbul* en Turquie.

BZZZ... interj. ▪ Bruit de sifflement continu. ⇒ **zzz.**

C

C [se] **n. m. invar.** ▪ Troisième lettre, deuxième consonne de l'alphabet, servant à noter les sons [s] *(céleste, cymbale)* ou [k] *(car, court)*. ◇ REM. *C* cédille *(ç)* se prononce toujours [s] : *garçon, façade ; ch* se prononce [ʃ] : *chanson, chemin* ou [k] : *chœur.* - C (majuscule), chiffre romain (cent).

① **ÇA** **pron. dém.** ▪ **1.** FAM. Cela, ceci. *Il ne manquait plus que ça. À part ça.* - *C'est comme ça :* c'est ainsi. *Il y a de ça :* c'est assez vrai. *Comme ça, vous ne restez pas ? Ça a marché. Sans ça :* sinon. - (personnes) *Les enfants, ça grandit vite.* **2.** (pour marquer l'approbation) *C'est ça !* ♦ (pour marquer l'indignation, l'étonnement, la surprise) *Ah ça, alors !*

② **ÇA** **n. m.** ▪ PSYCH. L'une des trois instances de la personnalité (selon Freud), ensemble des pulsions inconscientes.

ÇÀ **adv. de lieu** ▪ *ÇÀ ET LÀ :* de côté et d'autre. *Quelques arbres sont plantés çà et là.*

CABALE **n. f.** ▪ **I.** VX Magie ésotérique, occultisme. ⇒ **cabalistique** ♦ ⇒ **kabbale. II.** VIEILLI **1.** Entente secrète de plusieurs personnes dirigée contre (qqn, qqch.). ⇒ **complot, conjuration, conspiration.** *Faire, monter une cabale contre qqn.* **2.** Ceux qui forment une cabale. ⇒ **faction, ligue.**

CABALISTIQUE **adj.** ▪ **1.** Qui a rapport à la science occulte. ⇒ **ésotérique, magique. 2.** Mystérieux, incompréhensible. *Des caractères, des signes cabalistiques.*

Montserrat CABALLÉ (née en 1933) ▪ Soprano espagnole. Elle s'est surtout illustrée dans le répertoire du bel canto (Bellini, Rossini).

Montserrat **Caballé.**
Phot. © Michael Putland/Retna Pictures/Stills

CABAN **n. m.** ▪ Manteau court en drap de laine (porté à l'origine par les marins). ⇒ **vareuse.** *Un caban bleu marine.*

CABANE **n. f.** ▪ **1.** Petite habitation grossièrement construite. ⇒ **cahute, case, hutte.** *Une cabane en planches.* **2.** *Cabane à lapins,* pour élever des lapins. ⇒ **clapier. 3.** FAM. *Mettre qqn en cabane,* en prison. ⇒ FAM. **taule.**

Alexandre CABANEL (1823 - 1889) ▪ Peintre français. Représentant du style académique, il eut un grand succès sous le Second Empire. Scènes historiques. Portraits. Nus.

Cabanel. *La Vie de saint Louis,* détail. Panthéon, Paris.
Phot. © Giraudon

Georges CABANIS (1757 - 1808) ▪ Médecin et philosophe français. Membre du groupe des idéologues, il rattacha l'étude des faits psychiques à la physiologie.

José CABANIS (né en 1922) ▪ Écrivain français. Il s'attache aux problèmes de l'adolescence et du couple. *"Le Bonheur du jour"* (1960).

CABANON **n. m.** ▪ **1.** Cachot où l'on enfermait les fous jugés dangereux. **2.** en Provence Petite maison de campagne. **3.** Petite cabane de jardin.

CABARET **n. m.** ▪ **1.** Établissement où l'on sert des boissons. ⇒ **café, estaminet. 2.** Établissement où l'on présente un spectacle et où les clients peuvent consommer des boissons, souper, danser (→ boîte* de nuit).

CABARETIER, IÈRE **n.** ▪ anciennt Personne qui tient un cabaret.

CABAS **n. m.** ▪ Panier souple, sac à provisions que l'on porte au bras. ⇒ RÉGIONAL **couffin.** *Faire son marché avec un cabas.*

CABERNET **n. m.** ▪ Cépage à petits grains (grains rouges). *Cabernet sauvignon.*

CABESTAN **n. m.** ▪ Treuil à axe vertical sur lequel peut s'enrouler un câble, et qui sert à tirer, à monter des fardeaux.

CABESTANY ▪ Commune des Pyrénées-Orientales. 7 513 hab. Église avec tympan roman, œuvre du *maître de Cabestany,* sculpteur anonyme du XIIe siècle.

Étienne CABET (1788 - 1856) ▪ Socialiste français. *"Le Voyage en Icarie"* (1840 et 1842) prône un communisme pacifique et utopique.

Antonio de CABEZÓN (v. 1500 - 1556) ▪ Compositeur et organiste espagnol. Musicien favori de la cour d'Espagne, aveugle dès l'enfance, il fut au service de Charles Quint, puis de Philippe II.

CABILLAUD **n. m.** ▪ Morue fraîche.

l'enclave de CABINDA ▪ Territoire d'Afrique, dépendance de l'Angola, situé au nord de l'embouchure du Zaïre, entre le

Congo et le Zaïre. 7 270 km^2. 114 000 hab. Il fournit à l'Angola plus de la moitié de son pétrole.

CABINE n. f. ▪ **1.** Petite chambre, à bord d'un navire. *Les cabines d'un paquebot.* **2.** *Cabine de pilotage,* d'un avion. – *Cabine spatiale* (d'un engin spatial). **3.** Petit réduit. *Cabine de bain,* où l'on se déshabille avant le bain. – *Cabine téléphonique. Cabine d'essayage.* – *La cabine d'un ascenseur.*

CABINET n. m. ▪ **I. 1.** Petite pièce située à l'écart. ⇒ **cagibi, réduit.** – *CABINET DE TOILETTE :* petite salle d'eau (avec lavabo). **2.** *CABINET DE TRAVAIL :* pièce où l'on se retire (pour travailler). ⇒ **bureau. 3.** Lieu d'exercice de certaines professions libérales (avocat, médecin...). *Cabinet médical.* **4.** *Cabinet* ou *cabinets.* ⇒ **toilette(s), waters, W.-C. ;** vulg. **chiottes.** *Aller au cabinet.* **II.** Le gouvernement. *Le cabinet a été renversé.* – Service d'un ministère, d'une préfecture. *Le cabinet du ministre. Chef de cabinet.*

CÂBLAGE n. m. ▪ **1.** Action de câbler. **2.** TECHN. Fils de montage d'un appareil électrique.

CÂBLE n. m. ▪ **1.** Faisceau de fils tressés. ⇒ **corde.** – Gros cordage ou amarre en acier. *Câble de remorque.* **2.** *Câble électrique,* fil conducteur métallique protégé. *Poser des câbles sous-marins.* ♦ *Câble de télévision. Télévision par câble.* ⇒ **câblodistribution.** – *Le câble :* la télévision par câble. **3.** VIEILLI Télégramme. *Envoyer un câble.*

CÂBLER v. tr. 1 ▪ **1.** Assembler (plusieurs fils) en (les) tordant ensemble en un seul câble. **2.** Équiper de câbles, spécialt en télévision. **3.** Envoyer (une dépêche) par câble télégraphique.

CÂBLIER n. m. ▪ **1.** Fabricant de câbles. **2.** Navire qui pose, répare des câbles sous-marins.

CÂBLODISTRIBUTION n. f. ▪ TECHN. Diffusion d'émissions télévisées par câbles, par réseaux d'abonnés (syn. COUR. *le câble*).

CABOCHARD, ARDE adj. et n. ▪ FAM. Entêté. ⇒ **têtu.**

CABOCHE n. f. ▪ FAM. Tête. *Il a une sacrée caboche ! :* il est têtu.

CABOCHON n. m. ▪ Pierre précieuse ou pièce de cristal polie, non taillée en facettes.

CABOSSER v. tr. 1 ▪ Faire des bosses à. ⇒ **bosseler, déformer.** *Cabosser un chapeau.* – au p. p. *Une vieille voiture toute cabossée.*

① **CABOT** n. m. ▪ FAM. Chien. ⇒ FAM. **clébard.**

② **CABOT** n. m. ▪ Cabotin. – adj. (invar. en genre) *Il, elle est vraiment trop cabot.*

Jean CABOT (v. 1450 – 1499) ▪ Navigateur italien au service du roi d'Angleterre Henri VII. Avec son fils Sébastien il découvrit Terre-Neuve et le Labrador (1497). ► **Sébastien CABOT** (v. 1476 – 1557), son fils, navigateur au service de l'Angleterre puis de l'Espagne. ► **le détroit de CABOT** relie le golfe du Saint-Laurent à l'océan Atlantique.

CABOTAGE n. m. ▪ Navigation près des côtes.

CABOTEUR n. m. ▪ Bateau qui fait du cabotage.

CABOTIN, INE n. ▪ **1.** Mauvais acteur. **2.** Personne qui cherche à se faire remarquer par des manières affectées. ⇒ ② **cabot.** – adj. *Elle est un peu cabotine.*

CABOTINER v. intr. 1 ▪ Se comporter comme un cabotin. ► n. m. CABOTINAGE

Cáceres. Le château d'Herguijuelas dans la province de Cáceres. *Phot. © de Gregorio/Ricciarini*

CABOULOT n. m. ▪ FAM. Café, cabaret mal famé.

CABOURG ▪ Commune du Calvados. 3 355 hab. *(les Cabourgeais).* Station balnéaire. M. Proust y séjourna souvent et l'a évoquée sous le nom de Balbec.

Pedro Álvares CABRAL (v. 1460 – 1526) ▪ Navigateur portugais. Il prit possession du Brésil en 1500 au nom du Portugal, puis explora les côtes orientales de l'Afrique.

CABRER v. 1 ▪ **I.** *SE CABRER* v. pron. **1.** (animaux) Se dresser sur les pattes de derrière. *Cheval qui se cabre devant l'obstacle.* **2.** fig. (personnes) Se révolter. ⇒ se **braquer,** se **buter.** *Se cabrer à l'idée de...* **II.** v. tr. **1.** Faire se dresser (un animal). *Cabrer son cheval.* **2.** *Cabrer un avion,* en redressant l'avant. **3.** fig. *Cabrer qqn.* ► n. m. CABRAGE

CABRI n. m. ▪ **1.** Petit de la chèvre. ⇒ **biquet, chevreau.** *Des sauts de cabri.* **2.** Variété de chèvre, en Afrique noire.

CABRIÈS ▪ Commune des Bouches-du-Rhône. 7 720 hab.

CABRIOLE n. f. ▪ **1.** au plur. Bonds légers, capricieux, désordonnés. ⇒ **galipette, gambade. 2.** Culbute, pirouette.

CABRIOLER v. intr. 1 ▪ Faire la cabriole, des cabrioles.

CABRIOLET n. m. ▪ **1.** ancienn Voiture à cheval, à deux roues, à capote mobile. – Automobile décapotable. *Un cabriolet grand sport.* **2.** ancienn Chapeau de femme dont les bords encadraient le visage. ⇒ **capote.**

CACA n. m. ▪ **1.** FAM. ou lang. enfantin Excrément. *Un caca de chien.* ⇒ **crotte.** *Du caca. Faire caca dans sa culotte.* – exclam. *Caca boudin !* – Chose sans valeur. ⇒ FAM. **merde.** *Ce travail, c'est du caca.* **2.** *CACA D'OIE :* jaune verdâtre. – adj. invar. *Des peintures caca d'oie.*

CACAHOUÈTE ou **CACAHUÈTE** [kakawɛt] n. f. ▪ Fruit de l'arachide, qui se mange grillé. *Un paquet de cacahouètes.*

CACAO n. m. ▪ **1.** Graine du cacaoyer qui sert à fabriquer le chocolat. **2.** Poudre de cette graine que l'on dissout pour en faire une boisson chaude. *Une tasse de cacao.* ⇒ **chocolat.**

CACAOTÉ, ÉE adj. ▪ Qui contient du cacao. *Boisson cacaotée.*

CACAOYER [-ɔje] n. m. ▪ Arbre d'Amérique du Sud dont les fruits (appelés *cabosses*) contiennent le cacao. ◇ syn. CACAOTIER.

CACARDER v. intr. 1 ▪ Crier (de l'oie).

CACATOÈS [-ɔɛs] n. m. ▪ Perroquet dont la tête est ornée d'une huppe aux vives couleurs. ◇ var. anc. KAKATOÈS.

cacatoès. *Phot. © Charles Lénars*

CACATOIS n. m. ▪ Petite voile carrée au-dessus du perroquet.

Giulio CACCINI (1560 – 1618) ▪ Compositeur et chanteur italien. Avec Peri, il est l'un des inventeurs du *stilo recitativo* dans l'opéra.

CÁCERES ▪ Ville d'Espagne (Estrémadure). 80 704 hab. Enceinte romaine. Palais et églises des XVe et XVIe siècles.

CACHALOT n. m. ▪ Mammifère marin (cétacé) de la taille de la baleine, pourvu de dents.

CACHAN ▪ Commune du Val-de-Marne, dans la banlieue sud de Paris. 24 266 hab. *(les Cachanais).*

① **CACHE** n. f. ▪ RÉGIONAL Cachette.

② **CACHE** n. m. ▪ Papier destiné à cacher une partie d'une surface (une partie de la pellicule à impressionner, etc.).

CACHE-CACHE n. m. invar. ▪ Jeu où l'un des joueurs doit découvrir les autres qui sont cachés. – loc. fig. *Jouer à cache-cache,* ne pas se rencontrer, alors qu'on se cherche.

CACHE-COL n. m. invar. ▪ Écharpe qui entoure le cou. ⇒ **cache-nez.** *Des cache-col en laine.*

CACHEMIRE n. m. ▪ **1.** Tissu ou tricot fin en poil de chèvre, mêlé de laine. *Pull-over en cachemire.* ◇ var. (anglic.) CASHMERE. **2.** *Châle de cachemire,* à impression de feuilles stylisées.

le CACHEMIRE ▪ Région du nord du monde indien, province montagneuse riche et fertile, peuplée en majorité de musulmans, partagée depuis 1949 entre l'Inde et le Pakistan. Cette partition et les revendications indépendantistes provoquent des tensions chroniques entre les deux pays (guerre en 1965, incidents dans la partie indienne en 1990). → **Jammu-et-Cachemire.**

Cachemire. Le lac Dal et la chaîne du Pir Panjal.
Phot. © Charles Lénars

CACHE-MISÈRE n. m. invar. ▪ Vêtement de bonne apparence sous lequel on cache des habits usés. *Des cache-misère.*

CACHE-NEZ n. m. invar. ▪ Grosse écharpe protégeant le cou et le bas du visage. ⇒ **cache-col.** *Des cache-nez.*

CACHE-POT n. m. invar. ▪ Vase orné qui sert à cacher un pot de fleurs. *Des cache-pot.*

CACHE-PRISE n. m. invar. ▪ Dispositif de sécurité en matière isolante pour les prises de courant.

CACHER v. tr. 1 ▪ v. tr. ▪ **1.** Soustraire (qqch.) à la vue ; empêcher (qqch.) d'être vu. ⇒ **dissimuler ;** FAM. **planquer.** *Cacher un objet derrière qqch.* **2.** (choses) Empêcher de voir. *Cet arbre cache le soleil, la vue.* ⇒ **boucher, masquer. 3.** Empêcher (qqch.) d'être su, connu (⇒ **déguiser, dissimuler**) ; ne pas exprimer (⇒ **rentrer**). *Il a caché sa déception.* – Ne pas dire. *Elle cache son âge. Je ne vous cache pas que...* (+ indic.) : je l'avoue, je le reconnais. ► SE **CACHER** v. pron. **1.** Faire en sorte de n'être pas vu, trouvé, se mettre à l'abri, en lieu sûr. *Se cacher derrière un arbre, sous un drap.* – (choses) *Le soleil s'est caché (derrière un nuage).* **2.** *SE CACHER DE qqn :* lui cacher ce que l'on fait ou dit. – *Se cacher de qqch.,* ne pas reconnaître qqch. *Il a peur et ne s'en cache pas.* ► **CACHÉ, ÉE** adj. *Un trésor caché.* – *Des sentiments cachés.*

CACHE-RADIATEUR n. m. invar. ▪ Revêtement destiné à cacher un radiateur d'appartement. *Des cache-radiateur.*

CACHE-SEXE n. m. invar. ▪ Petit vêtement couvrant le bas-ventre. ⇒ **slip.** *Des cache-sexe.*

CACHET n. m. ▪ **I. 1.** anciennt Plaque ou cylindre d'une matière dure gravée avec laquelle on imprime une marque (sur de la cire). ⇒ **sceau.** – HIST. *LETTRE DE CACHET :* lettre au cachet du roi, contenant un ordre d'emprisonnement ou d'exil. **2.** Marque apposée à l'aide d'un cachet (ou d'un tampon). ⇒ **empreinte.** *Le cachet (d'oblitération) de la poste.* **3.** Marque, signe caractéristique, distinctif. *Ce village a du cachet,* est pittoresque. **4.** Rétribution d'un artiste, pour un engagement déterminé. *Le cachet d'un acteur.* **II. 1.** Enveloppe de pain sans levain contenant un médicament en poudre. **2.** abusivt Comprimé. *Un cachet d'aspirine.*

CACHETAGE n. m. ▪ Action de cacheter.

CACHE-TAMPON n. m. invar. ▪ Jeu où l'on cache un objet que l'un des joueurs doit découvrir. *Jouer à cache-tampon.*

CACHETER v. tr. 4 ▪ **1.** Fermer avec un cachet (I, 1) ; marquer d'un cachet (I, 2). ⇒ **estampiller, sceller. 2.** Fermer (une lettre). – au p. p. *Pli cacheté.*

CACHETTE n. f. ▪ **1.** *EN CACHETTE* loc. adv. : en se cachant. ⇒ **discrètement,** en **secret ;** FAM. en **douce.** *Il fume en cachette.* **2.** Endroit retiré, propice à cacher (qqch. ou qqn). ⇒ RÉGIONAL ① **cache ;** FAM. **planque.**

CACHEXIE n. f. ▪ Amaigrissement et fatigue généralisée dus à une grave maladie ou à la sous-alimentation.

Marcel CACHIN (1869 - 1958) ▪ Homme politique français. De 1918 à sa mort, directeur de *l'Humanité,* journal socialiste puis communiste.

CACHOT n. m. ▪ **1.** Cellule obscure, dans une prison. ⇒ **geôle.** *Mettre, jeter un prisonnier dans un cachot.* **2.** Punition (dans une prison) qui consiste à être enfermé seul dans une cellule. *Trois jours de cachot.* ⇒ ARGOT **mitard.**

CACHOTTERIE n. f. ▪ (surtout au plur.) Petit secret que l'on affecte de taire. *Faire des cachotteries.*

CACHOTTIER, IÈRE n. ▪ Personne qui aime à faire des cachotteries. *Un petit cachottier.* – adj. *Elle est cachottière.*

CACHOU n. m. ▪ **1.** Extrait d'un acacia ou de la noix d'arec*. ♦ Pastille parfumée au cachou. *Boîte de cachous.* **2.** adj. invar. De la couleur brun rouge du cachou. *Des bas cachou.*

CACIQUE n. m. ▪ **1.** anciennt Chef indien en Amérique centrale. **2.** Premier au concours de l'École normale supérieure. ⇒ **major.**

CACO- Élément, du grec *kakos* « mauvais ».

CACOCHYME adj. ▪ VX ou plais. D'une constitution faible, d'une santé déficiente. ⇒ **maladif.** – spécialt *Un vieillard cacochyme.*

CACOLET n. m. ▪ Bât comportant deux sièges.

CACOPHONIE n. f. ▪ **1.** Rencontre ou répétition désagréable de sons. **2.** Mélange confus, discordant de voix, de sons. ⇒ **dissonance.** ► adj. CACOPHONIQUE

CACTUS [-ys] n. m. ▪ **1.** Plante grasse à tige charnue et épineuse, riche en sucs, en forme de palette ou de colonne. **2.** FAM. Ennui. ⇒ FAM. **os.** *Y a (il y a) un cactus !*

cactus.
Désert de Basse-Californie.
Phot. © Charles Lénars

cactus.
Opuntia ficus indica, oponce.
Phot. © Jacques et Anne Six

C.-À-D. [sɛtadiʀ] ▪ Abréviation de *c'est-à-dire.*

José CADALSO (1741 - 1782) ▪ Écrivain espagnol. *"Lettres marocaines"* (posth. 1789), inspirées des *"Lettres persanes"* de Montesquieu.

CADARACHE ▪ Écart de la commune de Saint-Paul-lès-Durance (Bouches-du-Rhône), sur la Durance. Barrage hydroélectrique. Centre de recherche nucléaire.

CADASTRE n. m. ▪ Registre public où figurent les renseignements sur la surface et la valeur des propriétés foncières. *Consulter le cadastre.* ► adj. CADASTRAL, ALE, AUX

CADASTRER v. tr. 1 ▪ Mesurer, inscrire au cadastre.

CADAVÉRIQUE adj. ▪ De cadavre. *Lividité, pâleur cadavérique.*

CADAVRE n. m. ▪ **I.** Corps mort, de l'homme et des gros animaux. ⇒ **corps, dépouille.** – HIST. LITTÉR. *Le « cadavre exquis »* (jeu surréaliste). **II.** FAM. Bouteille vidée.

① **CADDIE** n. m. ▪ golf Garçon qui porte le matériel du joueur. *Des caddies.*

② **CADDIE** n. m. (n. déposé) ▪ **1.** Petit chariot métallique (de gare, d'aéroport, de libre-service). *Des caddies.* **2.** Châssis à roulettes portant un sac à provisions.

CADEAU n. m. ▪ **1.** VX Fête avec musique et banquet, offerte à une dame. **2.** Objet que l'on offre à (qqn). ⇒ **don, présent.**

loc. prov. *Les petits cadeaux entretiennent l'amitié. Cadeau de nouvel an.* ⇒ **étrenne.** *Faire cadeau de qqch. à qqn,* offrir. ◆ loc. FAM. *Ne pas faire de cadeau à qqn,* être dur avec lui (en affaires, etc.). ◆ *C'est pas un cadeau,* c'est une chose, une personne pénible, insupportable. **3.** appos. *Paquet-cadeau,* joliment présenté. *Des paquets-cadeaux.*

CADENAS n. m. ▪ Serrure mobile munie d'un arceau qu'on accroche à (une porte, ce que l'on veut fermer). *Fermer une porte au cadenas.*

CADENASSER v. tr. [1] ▪ Fermer avec un cadenas. ◆ pronom. *Se cadenasser :* s'enfermer.

CADENCE n. f. ▪ **1.** Rythme de l'accentuation, en poésie ou en musique ; effet qui en résulte. ⇒ **harmonie, nombre.** ◆ Rythme. *La cadence des pas.* **2.** Terminaison d'une phrase musicale, résolution sur un accord consonant. *Cadence parfaite,* qui aboutit à la tonique. **3.** loc. *EN CADENCE :* d'une manière rythmée, régulière. *Marcher en cadence.* **4.** Répétition régulière de mouvements ou de sons. *La cadence de tir d'une arme.* **5.** Rythme du travail, de la production. *Forcer, ralentir la cadence. Une cadence infernale.*

CADENCÉ, ÉE adj. ▪ Qui est rythmé. *Pas cadencé.*

CADENCER v. tr. [3] ▪ **1.** Donner de la cadence à (des phrases, des vers). ⇒ **rythmer. 2.** Conformer (ses mouvements) à un rythme. *Cadencer son pas,* le régler.

CADENETTE n. f. ▪ Petite tresse (portée autrefois aussi par des hommes).

CADET, ETTE n. ▪ **1.** Personne qui, par ordre de naissance, vient après l'aîné. *Le cadet, la cadette de qqn,* son frère, sa sœur plus jeune. ◆ adj. *Sœur cadette.* **2.** Moins âgé (sans relation de parenté). *Il est mon cadet de deux ans.* **3.** loc. *C'EST LE CADET DE MES SOUCIS :* c'est mon plus petit souci, ça m'est égal. **4.** anciennt Gentilhomme qui servait comme soldat pour apprendre le métier des armes. *Les « cadets de Gascogne »* (→ bretteur). **5.** Sportif, sportive de 15 à 17 ans, entre les minimes et les juniors.

CADI n. m. ▪ Magistrat musulman qui remplit des fonctions civiles, judiciaires et religieuses. *Des cadis.*

CADIX en espagnol ***CÁDIZ*** ▪ Ville et port d'Espagne (Andalousie). 156 558 hab. Cadix devint au XVIIIe s. le principal port de commerce avec l'Amérique, supplantant Séville.

CADMIUM [-jɔm] n. m. ▪ Métal blanc, malléable, utilisé en alliage (protection des métaux).

René-Guy CADOU (1920-1951) ▪ Poète français. *"Hélène ou le Règne végétal"* (posth. 1952-1953).

Georges CADOUDAL (1771-1804) ▪ Chef chouan exécuté pour avoir organisé deux complots (1800 et 1803) contre Bonaparte.

CADRAGE n. m. ▪ Mise en place de l'image (en photo, etc.).

CADRAN n. m. ▪ **1.** *CADRAN SOLAIRE :* surface où l'heure est marquée par l'ombre d'une tige projetée par le soleil. **2.** Cercle divisé en heures (et minutes), sur lequel se déplacent les aiguilles (d'une montre, horloge, pendule). **3.** Surface plane, divisée et graduée, d'un appareil. *Les cadrans d'un tableau de bord.*

CADRE n. m. ▪ **I. 1.** Bordure entourant une glace, un tableau. ⇒ **encadrement. 2.** Châssis fixe. *Le cadre d'une porte.* ⇒ **chambranle.** ◆ *Cadre de bicyclette,* tube creux qui en forme la charpente. **3.** Petit conteneur. **II.** fig. **1.** Ce qui entoure un espace, une scène, une action. ⇒ **décor, entourage, milieu.** ◆ *Cadre de vie. Sortir de son cadre familier.* **2.** *Être dans le cadre de..., sortir du cadre de...,* des limites prévues. ◆ *Dans le cadre de... :* dans l'ensemble organisé. **3.** Ensemble des officiers et sous-officiers qui encadrent les soldats. *Le cadre de réserve.* **4.** Tableau des emplois et du personnel qui les remplit. *Figurer sur les cadres. Être rayé des cadres :* être libéré ou licencié. **III. 1.** *Les cadres :* le personnel d'encadrement. **2.** Personne qui a des fonctions de direction. *Les cadres et les employés. Un cadre moyen, supérieur. Il est passé cadre. Un jeune cadre dynamique* (type social). *Elle est cadre.*

CADRER v. [1] ▪ **1.** v. intr. Aller bien (avec qqch.). ⇒ **s'accorder, s'assortir, concorder, convenir.** *Leurs façons de raconter l'accident ne cadrent pas ensemble.* **2.** v. tr. Disposer, mettre en place (les éléments de l'image), en photo, etc. (⇒ **cadrage**). ◆ Projeter en bonne place (sur l'écran). ◆ au p. p. *Image mal cadrée.*

CADREUR n. m. ▪ Personne qui manie la caméra. ⇒ **caméraman, opérateur.**

CADUC, UQUE adj. ▪ **1.** LITTÉR. Qui n'a plus cours. ⇒ **démodé, dépassé, périmé, vieux. 2.** *Arbres à feuilles caduques,* qui tombent en hiver (opposé à *persistant*).

CADUCÉE n. m. ▪ Attribut de Mercure, constitué par une baguette entourée de deux serpents entrelacés (symbole du corps médical et des pharmaciens).

CADUCITÉ n. f. ▪ LITTÉR. État de ce qui est caduc.

CÆCUM [sekɔm] n. m. ▪ Première partie du gros intestin, fermée à sa base et communiquant avec d'autres parties de l'intestin. ⇒ **côlon, iléon.** *Appendice* du cæcum.*

le mont CAELIUS ▪ Une des sept collines de Rome.

CAEN ▪ Chef-lieu du Calvados et de la région de Basse-Normandie. 112 846 hab. *(les Caennais).* Port relié à la Manche par le *canal de Caen.* Centre industriel : sidérurgie, automobile, électronique. Résidence de Guillaume le Conquérant (église romane de la Trinité dans l'abbaye aux Dames, église Saint-Étienne à chevet gothique dans l'abbaye aux Hommes). Gravement endommagée en 1944.

CAFARD, ARDE n. ▪ **I. 1.** VX Personne qui affecte l'apparence de la dévotion. ⇒ **bigot, cagot.** ◆ adj. *Un air cafard.* **2.** Personne qui dénonce sournoisement les autres. ⇒ **dénonciateur, mouchard. II. 1.** Blatte. **2.** fig. *Avoir le cafard,* des idées noires. ⇒ **blues.**

CAFARDAGE n. m. ▪ Fait de cafarder.

CAFARDER v. intr. [1] ▪ Faire le cafard (I, 2). ⇒ **cafter, moucharder, rapporter.** ♦ trans. *Cafarder qqn,* le dénoncer.

CAFARDEUX, EUSE adj. ▪ Qui a le cafard (II, 2). ⇒ **triste.** ◆ Qui donne le cafard. ⇒ **déprimant.**

① **CAFÉ** n. m. ▪ **1.** Graine du caféier. *Récolte du café.* ◆ Ces graines torréfiées. *Café en grains, moulu. Moulin à café. Paquet de café.* ♦ *Au café,* parfumé à l'essence de café. **2.** Boisson obtenue par infusion de grains de café torréfiés et moulus. *Un café filtre. Un café express.* ⇒ ② **express.** *Cuiller à café. Café noir,* sans lait. *Café au lait. Café crème* (⇒ **crème**). ◆ FAM. *C'est fort de café,* c'est exagéré. **3.** Moment du repas où l'on prend le café. *Venez pour le café.*

② **CAFÉ** n. m. ▪ Lieu public où l'on consomme des boissons. ⇒ **bistro.** *Garçon de café,* chargé de servir les consommations. *Café bar* (⇒ **bar**). *Café restaurant* (⇒ **brasserie**). ◆ loc. *Discussions, opinions du café du Commerce,* politiques et sans valeur.

CAFÉ-CONCERT n. m. ▪ anciennt Café où les consommateurs pouvaient écouter des chansonniers, de la musique. *Des cafés-concerts.* ◇ abrév. CAF'CONC'.

CAFÉIER n. m. ▪ Arbuste tropical, originaire d'Abyssinie, dont le fruit contient les grains de café.

caféier. Récolte du café au Viêtnam.
Phot. © Viard/Jacana

CAFÉINE n. f. ▪ Alcaloïde contenu dans le café, le thé.

CAFÉISME n. m. ▪ Intoxication par la caféine.

CAFETAN ou **CAFTAN** n. m. ▪ Vêtement oriental, ample et long.

CAFETER ⇒ CAFTER

CAFÉTÉRIA ou **CAFETERIA** [kafeteʀja] n. f. ▪ Lieu public où l'on sert du café, des boissons non alcoolisées, des plats très simples, etc.

CAFÉ-THÉÂTRE n. m. ▪ Petite salle où l'on peut consommer et où se donnent des spectacles. *Des cafés-théâtres.*

CAFETIER, IÈRE n. ▪ Personne qui tient un café (rare au fém.).

CAFETIÈRE n. f. ▪ **1.** Récipient permettant de préparer le café. *Cafetière électrique.* ⇒ aussi **percolateur.** **2.** FAM. Tête. *Recevoir un coup sur la cafetière.*

les **CAFFIERI** ▪ Famille de sculpteurs, ciseleurs et ébénistes français d'origine italienne. ► **Jean-Jacques CAFFIERI** (1725-1792), auteur de bustes célèbres (Corneille 1777, le chanoine Puigré 1789).

CAFOUILLER v. intr. 1 ▪ FAM. Agir d'une façon désordonnée ; marcher mal. ⇒ FAM. **merdoyer, vasouiller.** ► n. m. CAFOUILLAGE ► adj. CAFOUILLEUX, EUSE

CAFOUILLIS n. m. ▪ Désordre.

CAFTAN ⇒ CAFETAN

CAFTER v. tr. 1 ▪ FAM. Dénoncer. ⇒ **cafarder.** ◇ var. CAFETER.

CAGE n. f. ▪ **I. 1.** Endroit clos (par des barreaux, du grillage) servant à tenir enfermés des animaux vivants. *Les cages d'un cirque. Cage à oiseaux.* ⇒ **volière.** *Cage à poules* (aussi fig.). **2.** football Les buts. **II. 1.** Espace clos servant à enfermer, à limiter (qqch.). - SC. *Cage de Faraday,* enceinte servant à observer les phénomènes électrostatiques. **2.** *Cage d'escalier, d'ascenseur,* espace où est placé l'escalier, où fonctionne l'ascenseur. **3.** *Cage thoracique,* ensemble formé par les vertèbres, les côtes et le sternum.

John **Cage.**
Phot. © Schulman/Liaison-Gamma

John **CAGE** (1912-1992) ▪ Compositeur américain. Il est célèbre pour son « piano préparé », instrument dont il dénaturait le son. Il introduisit en musique les notions de hasard et d'indétermination.

CAGEOT n. m. ▪ Emballage à claire-voie. *Des cageots de laitues, de fruits.* ⇒ **caisse.**

CAGIBI n. m. ▪ FAM. Pièce de dimensions étroites. ⇒ **appentis, débarras, réduit.** *Des cagibis.*

CAGLIARI ▪ Ville et port d'Italie sur la côte sud de la Sardaigne dont elle est la capitale. Nombreux vestiges archéologiques. 219 095 hab.

Giuseppe Balsamo dit **Alexandre, comte de CAGLIOSTRO** (1743-1795) ▪ Aventurier italien, lié à de nombreuses loges maçonniques mystiques. Il est évoqué par A. Dumas *("Mémoires d'un médecin. Joseph Balsamo").*

CAGNA n. f. ▪ VX (surtout 1914-1918) Abri militaire (de tranchée).

CAGNE ; ② **CAGNEUX** ⇒ KHÂGNE ; KHÂGNEUX

CAGNES-SUR-MER ▪ Commune des Alpes-Maritimes. 40 902 hab. *(les Cagnois).*

① **CAGNEUX, EUSE** adj. ▪ Qui a les genoux tournés en dedans. ⇒ **tordu.** *Un cheval cagneux. Des jambes cagneuses.*

CAGNOTTE n. f. ▪ **1.** Caisse commune (jeu, etc.). **2.** Argent d'une cagnotte.

CAGOT, OTE n. ▪ LITTÉR. Faux dévot ; hypocrite. ⇒ **cafard** (I, 1).

CAGOULE n. f. ▪ **1.** Manteau ou cape sans manches, muni d'un capuchon percé d'ouvertures à la place des yeux ; ce capuchon. *Cagoule de pénitent.* **2.** Passe-montagne porté par les enfants. ► adj. CAGOULÉ, ÉE

la **CAGOULE** ▪ Groupe clandestin d'extrême droite qui se signala, à partir de 1935, par des attentats, et dont l'objectif était de renverser la République.

CAHIER n. m. ▪ **1.** Feuilles de papier assemblées et munies d'une couverture. ⇒ **album, calepin, carnet.** *Cahiers d'écolier. Cahier de brouillon. Cahier de textes :* agenda scolaire. **2.** CAHIER DES CHARGES : énumération des clauses et conditions pour l'exécution d'un contrat.

CAHIN-CAHA adv. ▪ FAM. Tant bien que mal, péniblement. ⇒ **clopin-clopant.**

CAHORS ▪ Chef-lieu du Lot. 19 735 hab. *(les Cadurciens, Cahorsiens* ou *Cahorsains).* Tourisme. Vignobles. Sa cathédrale romane, à coupoles, et d'autres monuments (pont Valentré) témoignent de son importance au Moyen Âge.

CAHOT n. m. ▪ Saut que fait une voiture en roulant sur un terrain inégal. ⇒ **heurt, secousse.**

CAHOTANT, ANTE adj. ▪ Qui fait cahoter ; qui cahote.

CAHOTEMENT n. m. ▪ Fait de cahoter. - Cahot.

CAHOTER v. 1 ▪ **1.** v. tr. Secouer par des cahots. **2.** v. intr. Être secoué. *La voiture cahote sur la piste.* ⇒ **bringuebaler.**

CAHOTEUX, EUSE adj. ▪ Qui fait éprouver des cahots. *Chemin cahoteux.*

CAHUTE n. f. ▪ Mauvaise hutte. ⇒ **cabane.**

CAÏD n. m. ▪ **1.** (Afrique du Nord) Fonctionnaire musulman qui cumule les fonctions de juge, d'administrateur, de chef de police. *Le caïdat* (n. m.), *dignité de caïd.* **2.** FAM. Chef d'une bande. ♦ FAM. Personnage très important dans son milieu. *Les caïds de l'industrie.* ⇒ FAM. **manitou, ponte.**

CAÏEU ou **CAYEU** [kajø] n. m. ▪ BOT. Bourgeon qui se développe à partir du bulbe principal. *Caïeu de tulipe. Des caïeux d'ail.* ⇒ **gousse.**

CAILLASSE n. f. ▪ FAM. Cailloux, pierraille. *Marcher dans la caillasse.*

Joseph CAILLAUX (1863-1944) ▪ Homme politique français. Plusieurs fois ministre (radical) des Finances, il fit voter l'impôt progressif sur le revenu. Arrêté en 1917 pour « correspondance avec l'ennemi », il fut condamné (1920), puis amnistié.

CAILLE n. f. ▪ Oiseau migrateur des champs et des prés, voisin de la perdrix.

CAILLEBOTIS n. m. ▪ Panneau de lattes ou assemblage de rondins servant de passage (sur un sol boueux...).

Gustave CAILLEBOTTE (1848-1894) ▪ Peintre français réaliste, auteur de scènes de la vie quotidienne (*"Les Raboteurs de parquet"*, 1875). Le legs de sa collection de tableaux impressionnistes au musée du Luxembourg suscita un scandale.

CAILLER v. 1 ▪ **1.** v. tr. Faire prendre en caillots. ⇒ **coaguler, figer.** *La présure caille le lait.* - pronom. *Le sang se caille.* - au p. p. *Lait caillé* et n. m. *caillé,* sorte de fromage blanc. **2.** v. intr. FAM. Avoir froid. ⇒ **geler.** *On caille, ici !*

Caillebotte. *La Baignade,* ou *Le Plongeur.* Pastel. Musée des Beaux-Arts, Agen. *Phot. © Lauros/Giraudon*

① **CAILLETTE** n. f. ▪ Quatrième compartiment de l'estomac des ruminants.

② **CAILLETTE** n. f. ▪ VX Femme bavarde, frivole.

René CAILLIÉ (1799 - 1838) ▪ Explorateur français. Le premier à visiter Tombouctou (1828).

Roger CAILLOIS (1913 - 1978) ▪ Écrivain français. Essayiste, il n'a cessé de mettre en rapport les sciences et les arts, la nature et la société. Un des fondateurs du Collège de sociologie (1937), dont le but était d'étudier les manifestations du sacré dans la société. *"Le Mythe et l'Homme"*, 1938; *"L'Écriture des pierres"*, 1970.

CAILLOT n. m. ▪ Petite masse de sang coagulé. *Embolie causée par un caillot.*

CAILLOU n. m. ▪ **1.** Pierre de petite ou moyenne dimension. ⇒ **gravier ; galet, rocaille.** *Des cailloux.* ♦ FAM. (collectif) *Le caillou.* ⇒ **pierre. 2.** FAM. Pierre précieuse, diamant. **3.** FAM. *Il n'a pas un poil sur le caillou,* sur le crâne.

CAILLOUTAGE n. m. ▪ Ouvrage, pavage de cailloux.

CAILLOUTER v. tr. [1] ▪ Garnir de cailloux (1). ⇒ **empierrer.** *Caillouter une route.* - au p. p. *Allée cailloutée.*

CAILLOUTEUX, EUSE adj. ▪ Où il y a beaucoup de cailloux. *Chemin caillouteux.*

CAILLOUTIS n. m. ▪ Amas ou ouvrage de petits cailloux concassés (plus gros que les graviers, les gravillons). *Recouvrir une route de cailloutis.*

CAÏMAN n. m. ▪ Crocodile d'Amérique à museau large et court. ⇒ **alligator.** *Des caïmans.*

les îles CAÏMANS ▪ Archipel des Grandes Antilles, formé d'un groupe de trois îles et dépendant du Royaume-Uni. 260 km^2. 25 900 hab. Capitale : George Town.

CAÏN ▪ Fils d'Adam et Ève, dans la Bible. Il tue son frère Abel, devenant le premier homicide, et est condamné à fuir perpétuellement.

CAÏQUE n. m. ▪ Embarcation légère, étroite et pointue, utilisée dans la mer Égée et sur le Bosphore.

Le CAIRE ▪ Capitale de l'Égypte, au sud du delta du Nil, la plus importante ville d'Afrique et du monde arabe. 6 205 000 hab. *(les Cairotes).* Monuments de toutes les époques de l'islam (apogée au XIVe s. sous les Mamelouks), musées, mosquée-université *al-Azhar*. Grande métropole industrielle et commerciale. ► **le Grand CAIRE** (avec Gizeh, Héliopolis, etc.) compte près de 14 000 000 hab.

Le **Caire.** Le Nil. *Phot. © Nino Cirani/Ricciarini*

CAIRN n. m. ▪ Monticule, tumulus.

CAISSE n. f. ▪ **I. 1.** Grande boîte (souvent en bois) utilisée pour l'emballage, le transport de marchandises. *Une caisse de champagne. Charger des caisses sur, dans un camion.* - *Caisse à outils.* **2.** Dispositif rigide (de protection, etc.). ⇒ **caisson.** ♦ Carrosserie d'automobile (opposé à *châssis*). - FAM. Voiture. *À fond la caisse :* à toute allure. **3.** *La caisse du tympan :* la cavité du fond de l'oreille. **II.** MUS. Cylindre d'un instrument à percussion. ⇒ **tambour.** *Caisse claire :* tambour plat. - *GROSSE CAISSE,* que l'on frappe avec une mailloche. **III. 1.** Coffre dans lequel on dépose de l'argent, des valeurs (spécialt, dans un commerce). ⇒ **coffre-fort.** *Caisse enregistreuse. Tiroir-caisse. Tenir la caisse* (⇒ **caissier**). - *Avoir vingt mille francs en caisse.* **2.** Bureau, guichet où se font les paiements, les versements. *Passer à la caisse.* **3.** Argent en caisse. *Faire sa caisse :* compter l'argent. *Partir avec la caisse.* **4.** *CAISSE D'ÉPARGNE :* établissement où l'on dépose de l'argent pour l'économiser et en avoir des intérêts.

CAISSETTE n. f. ▪ Petite caisse (I, 1).

CAISSIER, IÈRE n. ▪ Personne qui tient la caisse (III). ⇒ **comptable, trésorier.** *Caissière d'un cinéma.*

CAISSON n. m. ▪ **I. 1.** Chariot de l'armée utilisé pour transporter des munitions. **2.** Caisse métallique pleine d'air permettant d'effectuer des travaux sous l'eau. ⇒ **cloche** à plongeur. **3.** loc. FAM. *Se faire sauter le caisson :* se tirer une balle dans la tête. **II.** ARCHIT. Compartiment creux, orné de moulures, servant à décorer un plafond. *Une voûte, un plafond à caissons.*

CAJOLER v. tr. [1] ▪ Avoir (envers qqn) des manières, des paroles tendres et caressantes. *Cajoler un enfant.* ⇒ **câliner, choyer, dorloter.** ► n. f. CAJOLERIE

CAJOLEUR, EUSE ▪ **1.** n. Personne qui cajole. ⇒ **enjôleur, flatteur. 2.** adj. Câlin. *Une voix cajoleuse.*

CAJOU n. m. ▪ Fruit d'un arbre exotique dont l'amande se mange. ⇒ **anacarde.** *Des noix de cajou.*

CAJUN n. et adj. ▪ Acadien (francophone) de la Louisiane. - adj. invar. *La musique cajun.* ■ HIST. Les Cajuns sont les descendants des Canadiens français que les Anglais chassèrent d'Acadie au XVIIIe s. et qui s'établirent dans le sud de la Louisiane, autour de Lafayette.

CAKE [kɛk] n. m. ▪ anglic. Gâteau garni de raisins secs, de fruits confits. *Une tranche de cake. Des cakes.*

CAL n. m. ▪ Épaississement et durcissement de l'épiderme produits par frottement. ⇒ **callosité, durillon.** *Des mains pleines de cals.*

la CALABRE en italien ***CALABRIA*** ▪ Région à l'extrémité sud de la péninsule italienne. 15 080 km^2. 2 152 539 hab. Chef-lieu : Catanzaro. La pauvreté de la terre et l'absence d'industries importantes entraînent une forte émigration vers les régions industrialisées du nord du pays.

CALAIS ▪ Chef-lieu d'arrondissement du Pas-de-Calais. 75 309 hab. *(les Calaisiens).* Peu de monuments ont échappé aux destructions de 1940-1944. Industries (dentelle), port (tourisme avec l'Angleterre). Station balnéaire. La ville fut anglaise de 1347 à 1558. Célèbre épisode de la guerre de Cent Ans (représenté par un groupe sculpté de Rodin) : six bourgeois se livrèrent en otages aux Anglais pour que Calais soit épargnée. ► **le Pas-de-CALAIS** → Pas-de-Calais.

CALAMAR ⇒ CALMAR

CALAME n. m. ▪ HIST. Roseau dont les Anciens se servaient pour écrire.

CALAMINE n. f. ▪ **1.** MINÉR. Silicate hydraté naturel de zinc. - Minerai de zinc. **2.** Résidu de la combustion d'un carburant dans un moteur à explosion.

CALAMINÉ, ÉE adj. ▪ Couvert de calamine (2). *Cylindres calaminés.*

CALAMITÉ n. f. ▪ **1.** Grand malheur public. ⇒ **catastrophe, désastre, fléau.** *Les épidémies, la guerre, les inondations sont des calamités.* **2.** Grande infortune personnelle. ⇒ **malheur.** *Sa mort est une calamité pour la famille.*

CALAMITEUX, EUSE adj. ▪ LITTÉR. Désastreux, catastrophique.

CALANDRAGE n. m. ▪ Action de calandrer.

CALANDRE n. f. ▪ **1.** Machine formée de cylindres, de rouleaux, et qui sert à lisser, lustrer les étoffes, à glacer les papiers. **2.** Garniture métallique verticale sur le devant du radiateur (des anciennes automobiles).

CALANDRER v. tr. [1] ▪ Faire passer (une étoffe, un papier) à la calandre (1). ⇒ **lisser, lustrer.**

CALANQUE n. f. ▪ Crique entourée de rochers, en Méditerranée. *Se baigner dans une calanque.*

CALAO n. m. ▪ ZOOL. Oiseau des forêts tropicales, au bec énorme surmonté d'une excroissance cornée. *Des calaos.*

l'affaire CALAS ▪ Affaire judiciaire des années 1760, qui devint un exemple de l'intolérance et de la persécution catholique à l'égard des protestants. Le fils aîné de Jean Calas, négociant calviniste de Toulouse, s'étant pendu, son père dissimula son suicide. Accusé d'avoir assassiné son fils pour l'empêcher de se convertir au catholicisme, Calas fut condamné au supplice de la roue et exécuté. Sa famille, avec l'aide de Voltaire, qui écrivit en la circonstance son *"Traité sur la tolérance"* (1763), réussit à prouver l'erreur judiciaire et à réhabiliter la victime.

CALCAIRE ▪ **I. adj. 1.** Qui contient du carbonate de calcium. *Eau calcaire. Terrain calcaire.* **2.** CHIM. De calcium. *Sels calcaires.* **II. n. m.** Roche composée surtout de carbonate de calcium. ⇒ **calcite, craie, marbre.**

CALCÉDOINE n. f. ▪ Pierre précieuse (silice cristallisée) d'une transparence laiteuse, légèrement teintée. ⇒ **agate, cornaline, jaspe, onyx.**

CALCIFICATION n. f. ▪ Dépôt de sels calcaires dans les tissus organiques (ossification ; dégénérescence calcaire).

CALCIFIÉ, ÉE adj. ▪ Qui a subi une calcification. *Artères calcifiées.*

CALCIFIER v. tr. [7] ▪ Rendre calcaire. - pronom. *Se calcifier.*

CALCINER v. tr. [1] ▪ Soumettre un corps à l'action d'une haute température. *Calciner un métal.* ♦ Brûler, griller. - au p. p. *Une forêt calcinée.* ► **n. f.** CALCINATION

CALCITE n. f. ▪ Carbonate naturel de calcium, cristallisé. ⇒ **calcaire.**

CALCIUM [-jɔm] **n. m.** ▪ Métal blanc, mou (symb. Ca). *Oxyde de calcium.* ⇒ **chaux.** *Carbonate de calcium.* ⇒ **calcaire, calcite.** - *Prendre du calcium,* des sels de calcium comme remède.

① **CALCUL n. m.** ▪ Concrétion pierreuse qui se forme dans l'organisme, et qui cause des troubles. *Calcul rénal, urinaire.* ⇒ **gravelle, pierre.**

② **CALCUL n. m.** ▪ **1.** SC. Opérations effectuées sur des symboles représentant des grandeurs. - Méthode pour représenter des relations logiques, les transformer, les développer, etc. ⇒ **algèbre, arithmétique, mathématique.** *Calcul différentiel, calcul intégral.* **2.** COUR. Action de calculer, opération numérique. *Faire un calcul. Calcul exact. Erreur de calcul.* - CALCUL MENTAL, effectué de tête, sans poser l'opération. ♦ *Le calcul* : les opérations arithmétiques. *Cet enfant est bon en calcul.* **3.** Appréciation, évaluation, estimation. *D'après mes calculs, il arrivera demain.* **4.** Moyens que l'on combine pour arriver à un but, à une fin. ⇒ **combinaison, plan, projet, stratégie.** *Faire un mauvais calcul. Agir par calcul,* d'une manière intéressée.

CALCULABLE adj. ▪ Qui peut se calculer (opposé à *incalculable*).

CALCULATEUR, TRICE ▪ **I. 1. n.** Personne qui sait calculer. **2. adj.** Habile à combiner des projets, des plans. *Elle est un peu calculatrice.* **II. n. m.** Ordinateur pour les calculs.

CALCULATRICE n. f. ▪ Machine qui effectue des calculs. *Calculatrice de poche.* ⇒ **calculette.**

CALCULER v. tr. [1] ▪ **1.** Chercher, déterminer par le calcul. *Calculer un bénéfice.* ⇒ **chiffrer, compter.** - absolt Faire des calculs. ⇒ **compter.** *Machine à calculer* (⇒ **calculateur, calculatrice**). **2.** Apprécier (qqch.) ; déterminer la probabilité d'un événement. ⇒ **estimer, évaluer, supputer.** *Calculer ses chances de réussite. Calculer que...* **3.** Décider ou faire après avoir prémédité, réglé. ⇒ **combiner.** *Calculer le moindre de ses gestes.* - au p. p. *Une bonté calculée,* intéressée.

calao. *Tockus flavirostris,* calao à bec jaune.
Phot. © Eckar Pott/Jacana

CALCULETTE n. f. ▪ Machine à calculer de poche.

CALCUTTA ▪ 1er port de l'Inde, capitale du Bengale-Occidental, 4 838 000 hab. Vie économique intense (industrie métallurgique, textile, centre commercial et bancaire), mais graves problèmes de surpopulation, de misère et d'insalubrité. Ancien comptoir de la Compagnie anglaise des Indes orientales.

Calcutta. Le pont de Howrath sur la rivière Howgai.
Phot. © Charles Lénars

Antonio CALDARA (v. 1670 - 1736) ▪ Compositeur baroque italien.

CALDARIUM [-jɔm] **n. m.** ▪ HIST. Étuve des bains romains.

Alexander CALDER (1898 - 1976) ▪ Sculpteur américain, également peintre. Auteur de « mobiles » (sculptures mues par les mouvements de l'air) et de « stabiles » (sculptures monumentales).

Calder. *La Porte de l'espace,* près du plateau d'Assy.
Phot. © Charles Lénars

Pedro CALDERÓN DE LA BARCA (1600 - 1681) ▪ Un des grands maîtres du théâtre espagnol. Auteur de pièces allégoriques en un acte (*"Le Grand Théâtre du monde,"* v. 1645) et de comédies à thème historique, philosophique (*"La vie est un songe"*, v. 1633) ou religieux (*"La Dévotion à la Croix"*, v. 1633).

Erskine CALDWELL (1903 - 1987) ▪ Romancier américain. Ses romans mettent en scène les pauvres Blancs du Sud. *"La Route au tabac"* (1932).

① **CALE n. f.** ▪ **1.** Espace situé entre le pont et le fond d'un navire. *Mettre des marchandises dans la cale, à fond de cale.* **2.** Partie en pente d'un quai. *Cale de chargement.* **3.** Bassin que l'on peut mettre à sec, servant à la construction, à la réparation des navires. *Cale sèche, cale de radoub.*

② **CALE n. f.** ▪ Ce que l'on place sous un objet pour lui donner de l'aplomb, pour le mettre de niveau ou l'empêcher de bouger. *Mettre une cale à un meuble bancal.*

CALÉ, ÉE adj. ▪ FAM. **1.** (personnes) Savant, instruit. *Il est rudement calé en physique.* ⇒ **fort. 2.** (choses) Difficile. *C'est trop calé pour lui.* ⇒ **ardu.**

CALEBASSE n. f. ▪ Fruit d'un arbre tropical (*le calebassier*) qui, vidé et séché, peut servir de récipient. - Ce récipient ; son contenu. *Une calebasse de riz.*

CALÈCHE n. f. ▪ Voiture à cheval, découverte, à quatre roues, munie d'une capote à l'arrière, et d'un siège surélevé à l'avant.

CALEÇON n. m. ▪ **1.** Sous-vêtement masculin, culotte courte et légère. *Il préfère le caleçon au slip.* ◇ syn. POP. CALCIF, CALECIF. **2.** Pantalon de maille, très collant, pour femmes.

la CALÉDONIE ▪ Nom donné par les Romains à l'Écosse actuelle.

la Nouvelle-CALÉDONIE → **Nouvelle-Calédonie**

CALÉDONIEN, ENNE adj. et n. ▪ **1.** De Calédonie. **2.** De Nouvelle-Calédonie. – n. *Les Calédoniennes.*

CALEMBOUR n. m. ▪ Jeu de mots fondé sur des ressemblances de sons et des différences de sens.

CALEMBREDAINE n. f. ▪ surtout au plur. Propos extravagant ; plaisanterie cocasse. ⇒ **sornette, sottise.**

CALENDES n. f. pl. ▪ Premier jour de chaque mois chez les Romains. – loc. *Renvoyer qqch. aux* CALENDES GRECQUES : reporter à un temps qui ne viendra jamais (les Grecs n'avaient pas de calendes).

CALENDRIER n. m. ▪ **1.** Système de division du temps en années, en mois et en jours. ⇒ **chronologie.** *Calendrier grégorien* (de Grégoire XIII). *Calendrier républicain révolutionnaire* (voir ci-dessous). **2.** Emploi du temps ; programme. *Établir un calendrier de travail.* ⇒ **planning. 3.** Tableau présentant les mois, les jours, les fêtes d'une année déterminée. *Un calendrier des postes.*

▪ **le CALENDRIER RÉPUBLICAIN** ▪ Calendrier adopté le 24 octobre 1793 qui fut en vigueur jusqu'au 1er janvier 1806 (→ **Fabre d'Églantine**). Débutant le 22 septembre 1792 (équinoxe d'automne et date de fondation de la république), il divisait l'année en 12 mois de 30 jours (vendémiaire, brumaire, frimaire, nivôse, pluviôse, ventôse, germinal, floréal, prairial, messidor, thermidor, fructidor), et 5 jours au cours desquels étaient célébrées les fêtes républicaines.

CALE-PIED n. m. ▪ Petit butoir adapté à la pédale de la bicyclette, et qui maintient le pied. *Des cale-pied* ou *des cale-pieds.*

CALEPIN n. m. ▪ Petit carnet de poche.

① **CALER** v. tr. [1] ▪ **1.** Mettre d'aplomb au moyen d'une cale. ⇒ **assujettir, fixer.** *Caler la roue d'une automobile.* ♦ Rendre stable. *Caler une pile de linge contre un mur.* – au p. p. *Avoir le dos bien calé dans un fauteuil.* **2.** Rendre fixe ou immobile (une pièce mécanique). ⇒ **fixer. 3.** FAM. *Se caler l'estomac, les joues,* les remplir, manger. – *Je suis calé* : j'ai l'estomac plein.

② **CALER** v. intr. [1] ▪ **I.** S'arrêter, s'immobiliser. *Moteur, voiture qui cale.* **II.** (personnes) Céder, reculer ; s'arrêter. *Il a calé devant la difficulté.*

CALETER ou **CALTER** v. intr. [1] ▪ FAM. S'en aller en courant. ⇒ FAM. se **barrer,** se **tailler.**

CALFAT n. m. ▪ Ouvrier, ouvrière qui calfate.

CALFATER v. tr. [1] ▪ Garnir d'étoupe goudronnée les interstices d'une coque (de navire). ⇒ **caréner, radouber.**

CALFEUTRAGE n. m. ▪ Action de calfeutrer ; son résultat.

CALFEUTRER v. tr. [1] ▪ **1.** Boucher les fentes avec un bourrelet (pour empêcher l'air de pénétrer). **2.** *SE CALFEUTRER* v. pron. : s'enfermer (confortablement, durablement). *Se calfeutrer chez soi.*

CALGARY ▪ Ville du Canada (Alberta). 744 033 hab. Commerce pétrolier. Banques. Marché important.

Calgary. *Phot. © Thomas A./Explorer*

CALI ▪ Ville du sud-ouest de la Colombie. 1 500 000 hab. Industries textile et alimentaire.

CALIBRAGE n. m. ▪ Action de calibrer. ⇒ **étalonnage.**

CALIBRE n. m. ▪ **I. 1.** Diamètre intérieur (d'un tube, du canon d'une arme). ♦ Grosseur (d'un projectile). *Obus de gros calibre.* ♦ ARGOT Arme à feu. **2.** Diamètre. *Fruits de calibres différents.* **3.** Instrument servant à mesurer un diamètre, une forme, etc. ⇒ **étalon.** *Calibre pour bagues.* **II.** FAM. Importance. *Un escroc de ce calibre.* ⇒ **acabit, classe.**

CALIBRER v. tr. [1] ▪ **1.** Donner le calibre (I) convenable à. **2.** Mesurer le calibre de. *Calibrer une machine.* ♦ Trier selon le calibre. *Calibrer des fruits.*

CALIBREUR, EUSE n. ▪ Appareil, machine pour calibrer.

① **CALICE** n. m. ▪ **1.** Vase sacré dans lequel est consacré le vin lors de la messe. **2.** loc. *Boire le calice jusqu'à la lie,* endurer jusqu'au bout qqch. de pénible. ⇒ **coupe.**

② **CALICE** n. m. ▪ Enveloppe extérieure de la fleur.

CALICOT n. m. ▪ **1.** Toile de coton assez grossière. *Une chemise de calicot.* **2.** Bande de calicot portant une inscription. ⇒ **banderole.**

CALICUT → **Kozhikode**

CALIFAT n. m. ▪ Dignité, pouvoir, règne d'un calife. *Le califat de Bagdad.*

CALIFE n. m. ▪ Souverain musulman, successeur de Mahomet, investi du pouvoir spirituel et temporel.

Californie. La Sierra Nevada dans le Yosemite National Park.
Phot. © Nino Cirani/Ricciarini

la CALIFORNIE ▪ Région du Mexique et des États-Unis, sur le Pacifique. ► **la CALIFORNIE** État des États-Unis. 411 012 km². 30 000 000 hab. Capitale : Sacramento. Villes principales : Los Angeles, San Francisco. Nombreux centres universitaires et de recherche (électronique). Cultures tropicales ; agrumes, vins. Richesses minérales (ruée vers l'or v. 1850). ► **la BASSE-CALIFORNIE,** presqu'île mexicaine divisée en deux États, est séparée du continent par le *golfe de Californie.*

À **CALIFOURCHON** loc. adv. ▪ Une jambe d'un côté, la deuxième de l'autre. ⇒ à **cheval.** *Se mettre, monter à califourchon.* ⇒ **enfourcher.**

CALIGULA (12 - 41) ▪ Empereur romain de 37 à sa mort. Il succéda à Tibère. Ses fantaisies despotiques le firent passer pour fou.

CÂLIN, INE ▪ **I.** adj. Qui aime à être caressé, à être traité avec douceur, ou qui aime câliner. *Un enfant câlin. Un air câlin.* ⇒ **caressant, doux. II.** n. m. Échange de caresses, de baisers. *Un gros câlin.* ♦ FAM. Acte sexuel.

CÂLINER v. tr. [1] ▪ Traiter avec douceur, tendresse. ⇒ **cajoler, dorloter.** *Câliner un enfant.*

CÂLINERIE n. f. ▪ souvent au plur. Manières câlines.

CALISSON n. m. ▪ Petit gâteau d'amandes pilées en forme de losange. *Les calissons d'Aix-en-Provence.*

CALLAO ou **El CALLAO** ▪ Ville du Pérou et port de Lima, sur le Pacifique. 550 000 hab.

Maria Kalogeropoulos dite **la CALLAS** (1923 - 1977) ▪ Cantatrice grecque, soprano. Sa voix, son génie dramatique et son tempérament ont marqué la scène lyrique. Elle fut l'interprète incomparable des opéras italiens.

la **Callas.** *Phot. © Burt Glinn/Magnum*

CALLEUX, EUSE adj. ▪ **1.** Dont la peau est durcie et épaissie (⇒ **cal**). *Des mains calleuses.* **2.** ANAT. *Corps calleux :* bande médullaire qui joint les deux hémisphères du cerveau.

CALL-GIRL [kolgœRl] n. f. ▪ anglic. Prostituée que l'on appelle par téléphone à son domicile. *Des call-girls.*

CALLI- Élément, du grec *kallos* « beauté ».

CALLICRATÈS (Ve s. av. J.-C.) ▪ Architecte grec. Il éleva le Parthénon avec Ictinos (→ **Phidias**).

CALLIGRAMME n. m. ▪ Poème dont les vers forment un dessin. *Les "Calligrammes"* (d'Apollinaire).

CALLIGRAPHE n. ▪ Spécialiste de la calligraphie.

CALLIGRAPHIE n. f. ▪ Art de bien former les caractères d'écriture ; écriture formée selon cet art. ► adj. CALLIGRAPHIQUE

CALLIGRAPHIER v. tr. [7] ▪ Former avec application, art et soin (les caractères écrits).

CALLIMAQUE (Ve s. av. J.-C.) ▪ Sculpteur grec. Selon la légende, il aurait inventé le chapiteau corinthien.

CALLIMAQUE (v. 315 - v. 240 av. J.-C.) ▪ Poète, grammairien et érudit grec. Représentant de l'art raffiné d'Alexandrie, il fut un modèle pour les poètes latins.

CALLIOPE ▪ Muse de la Poésie épique et de l'Éloquence. Elle est mère de Linos et d'Orphée.

CALLIPYGE adj. ▪ DIDACT. Qui a de belles fesses. *La Vénus callipyge.*

CALLOSITÉ n. f. ▪ Épaississement et durcissement de l'épiderme. ⇒ **cal, cor, durillon.**

Jacques CALLOT (1592 - 1635) ▪ Artiste français, remarquable graveur. Œuvre immense au style réaliste et baroque. Séries des *"Caprices"* (1619) et des *"Misères et Malheurs de la guerre"* (1633).

Callot. *Les Balli : Scaramucia et Fricasso.* Bibliothèque nationale de France, Paris. *Phot. © BNF*

CALMANT, ANTE ▪ **1.** adj. Qui calme la douleur, l'excitation nerveuse. *Piqûre calmante.* - Qui calme, apaise, tranquillise. *Des paroles calmantes.* ⇒ **apaisant, lénifiant.** **2.** n. m. Remède calmant. ⇒ **sédatif, tranquillisant.** *Prendre des calmants.*

CALMAR n. m. ▪ Céphalopode à nageoires triangulaires, voisin de la seiche, comestible. ⇒ **encornet.** ◇ var. CALAMAR.

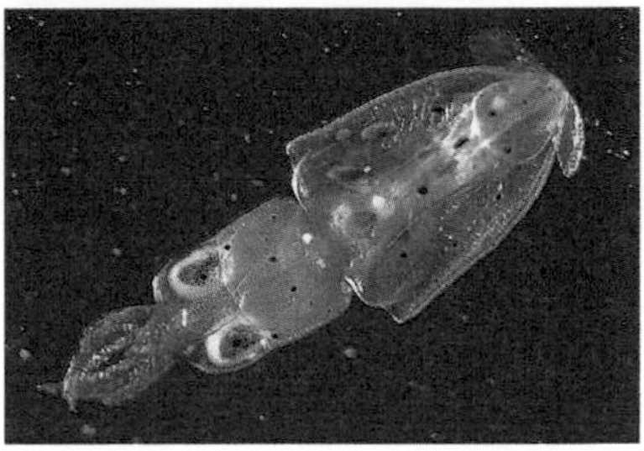

calmar. *Loliso vulgaris. Phot. © Winner/Jacana*

① **CALME** n. m. ▪ **1.** Absence d'agitation, de bruit. *Le calme de la campagne.* **2.** Immobilité de l'atmosphère, de la mer. *Calme plat :* calme absolu de la mer. *Le calme après la tempête.* ⇒ **accalmie.** **3.** État d'une personne qui n'est ni agitée ni énervée. ⇒ **apaisement, détente, soulagement.** *Calme de l'âme, calme intérieur.* ⇒ **paix, quiétude, sérénité, tranquillité.** - *Garder, perdre son calme.* ⇒ **assurance, maîtrise** de soi, **sang-froid.** - *Du calme !*

② **CALME** adj. ▪ **1.** Qui n'est pas troublé, agité. ⇒ **tranquille.** *Air, caractère calme.* ⇒ **flegmatique, froid, impassible, tranquille.** **2.** Qui a une faible activité. *Les affaires sont calmes.*

CALMEMENT adv. ▪ Avec calme. ⇒ **tranquillement.**

CALMER v. tr. [1] ▪ **1.** Rendre calme, en apaisant, en diminuant (la douleur, les passions). *Cela calmera la douleur.* ⇒ **apaiser, soulager.** *Calmer son impatience.* ⇒ **maîtriser, modérer.** **2.** Rendre (qqn) plus calme. ⇒ **apaiser.** *Calmer les esprits.* ► SE CALMER v. pron. Devenir calme. *La tempête, la mer s'est calmée.* - (personnes) Reprendre son sang-froid. loc. FAM. *On se calme !*

Albert CALMETTE (1863 - 1933) ▪ Médecin et bactériologiste français. Il découvrit la sérothérapie antivenimeuse et antipesteuse, et mit au point, avec Guérin, la méthode de vaccination préventive contre la tuberculose (B.C.G.).

CALOMEL n. m. ▪ Sel de mercure (chlorure) utilisé comme purgatif.

CALOMNIATEUR, TRICE n. ▪ Personne qui calomnie. ⇒ **accusateur, dénonciateur.**

CALOMNIE n. f. ▪ Accusation fausse, mensonge qui attaque la réputation, l'honneur (de qqn). ⇒ **attaque, diffamation.** *Une basse calomnie.*

CALOMNIER v. tr. [7] ▪ Attaquer l'honneur, la réputation de (qqn), par des calomnies. ⇒ **attaquer, décrier, diffamer.**

CALOMNIEUX, EUSE adj. ▪ Qui contient de la calomnie. ⇒ **diffamatoire.** *Dénonciation calomnieuse.*

Charles-Alexandre de CALONNE (1734 - 1802) ▪ Ministre de Louis XVI. Contrôleur des Finances de 1783 à 1787, il échoua dans ses tentatives de réformes pour établir l'égalité fiscale. L'Assemblée des notables s'éleva contre ses propositions et il dut démissionner.

CALOR- Élément, du latin *calor* « chaleur ».

CALORIE n. f. ▪ **1.** Ancienne unité de mesure de quantité de chaleur. **2.** Unité de mesure de la valeur énergétique des aliments. *Un plat riche en calories* (⇒ **calorique**). *Menu basses calories.*

CALORIFÈRE n. m. ▪ VIEILLI Appareil de chauffage distribuant dans une maison, au moyen de tuyaux, la chaleur que fournit un foyer. ⇒ **chaudière.**

CALORIFIQUE adj. ▪ Qui donne de la chaleur, produit des calories. *Rayons, radiations calorifiques.*

Calvi. La Citadelle. *Phot. © Wolz/Explorer*

CALORIFUGE adj. ▪ Qui empêche la déperdition de la chaleur. ▸ n. m. *Un calorifuge.*

CALORIFUGER v. tr. [3] ▪ Isoler par un revêtement calorifuge. ► n. m. CALORIFUGEAGE

CALORIMÉTRIE n. f. ▪ PHYS. Mesure des échanges calorifiques entre les corps. ► adj. CALORIMÉTRIQUE

CALORIQUE adj. ▪ Qui apporte des calories. *Aliment calorique.* ⇒ **énergétique.**

① **CALOT** n. m. ▪ Coiffure militaire (dite aussi *bonnet de police*).

② **CALOT** n. m. ▪ Grosse bille. *Un calot de verre coloré.*

CALOTIN n. m. ▪ FAM. et péj. Ecclésiastique ; partisan des prêtres. ⇒ **clérical.**

CALOTTE n. f. ▪ **I. 1.** Petit bonnet rond qui ne couvre que le sommet de la tête. **2.** péj. *La calotte :* le clergé, les prêtres. ⇒ **calotin. II.** fig. *Calotte du crâne :* partie supérieure de la boîte crânienne. ♦ GÉOGR. *Calotte glaciaire :* glacier de forme convexe qui recouvre tout le relief. *La calotte glaciaire des pôles.* **III.** FAM. Tape sur la tête. ⇒ **gifle.** *Donner, flanquer une calotte.*

CALOTTER v. tr. [1] ▪ FAM. Gifler.

CALQUE n. m. ▪ **1.** Copie, reproduction calquée. *Papier-calque :* papier transparent pour calquer. **2.** fig. Imitation étroite. ⇒ **plagiat.**

CALQUER v. tr. [1] ▪ **1.** Copier les traits d'un modèle sur une surface contre laquelle il est appliqué. ⇒ **décalquer.** *Calquer une carte de géographie.* **2.** abstrait Imiter exactement. *Ils ont calqué leur organisation sur celle de leur concurrent.*

CALTER v. intr. ⇒ CALETER

CALUIRE-ET-CUIRE ▪ Commune du Rhône. 41 311 hab. *(les Caluirards).*

CALUMET n. m. ▪ Pipe à long tuyau que les Indiens d'Amérique fumaient pendant les discussions importantes. *Le calumet de la paix* (aussi fig.).

CALVADOS [-os] n. m. ▪ Eau-de-vie de cidre, fabriquée dans le Calvados. ◇ abrév. FAM. CALVA.

le **CALVADOS** [14] ▪ Département français de la Basse-Normandie, bordé au nord par la Manche. 5 692 km². 618 478 hab. Chef-lieu : Caen. Chefs-lieux d'arrondissement : Bayeux, Lisieux, Vire.

CALVAIRE n. m. ▪ **1.** RELIG. *Le Calvaire :* la colline où Jésus fut crucifié. ▸ *Un calvaire :* représentation de la passion du Christ. *Calvaires bretons.* **2.** fig. Épreuve longue et douloureuse. ⇒ **martyre.**

CALVI ▪ Chef-lieu d'arrondissement de la Haute-Corse, port au fond du *golfe de Calvi.* 4 815 hab. *(les Calvais).* Citadelle du XVe s. Tourisme.

Jean **CALVIN** (1509-1564) ▪ Réformateur français. Un des fondateurs, après Luther, du protestantisme, auteur d'une *"Institution de la religion chrétienne"* (1536), il dut fuir l'Inquisition et se réfugia à Genève (1541), où il organisa l'Église réformée de Genève.

CALVINISME n. m. ▪ Doctrine religieuse de Calvin. ⇒ **protestantisme.** ■ Le calvinisme, issu de la Réforme, professe le retour à l'autorité de la Bible, la simplicité du culte et la croyance en la prédestination. Originaire de France et de Suisse, il s'est répandu en Angleterre, aux Pays-Bas, aux États-Unis, en Afrique du Sud...

CALVINISTE adj. ▪ De Calvin, de sa doctrine. ▸ adj. et n. ⇒ **protestant.**

Italo **CALVINO** (1923-1985) ▪ Écrivain italien. Son œuvre mêle l'étrange et le cocasse. (*"Le Baron perché"*, 1957) avec, souvent, des préoccupations formelles (*"Si par une nuit d'hiver un voyageur"*, 1979).

CALVITIE n. f. ▪ Absence totale ou partielle de cheveux. ⇒ **alopécie ; chauve.** *Une calvitie précoce.*

CAMAGÜEY ▪ Ville de Cuba. 279 000 hab.

CAMAÏEU n. m. ▪ Peinture où l'on n'emploie qu'une couleur avec des tons différents. *Un paysage en camaïeu.* ▸ *Un camaïeu de bleu.*

CAMAIL n. m. ▪ **1.** au Moyen Âge Armure de tête en tissu de mailles. **2.** Courte pèlerine des ecclésiastiques. *Des camails.*

Mgr Hélder Pessõa **CAMARA** → Pessõa Camara

CAMARADE n. ▪ **1.** Personne qui a les mêmes occupations qu'une autre et des liens de familiarité avec elle. ⇒ **collègue, compagnon, confrère ;** FAM. **copain, pote.** *Un, une camarade de classe.* **2.** Appellation, dans les partis communistes.

CAMARADERIE n. f. ▪ Relations familières entre camarades.

CAMARD, ARDE adj. ▪ LITTÉR. Qui a le nez plat, écrasé. ⇒ **camus.** ▸ n. f. *La camarde,* la mort (représentée avec une tête de mort).

CAMARET-SUR-MER ▪ Commune du Finistère, dans la presqu'île de Crozon. 2 933 hab. Station balnéaire. Port de pêche (langouste).

la **CAMARGUE** ▪ Région marécageuse de Provence, à l'embouchure du Rhône. Nombreux étangs dont celui de Vaccarès. Élevage de chevaux et de taureaux. Parc naturel régional. Rizières. Sel marin.

Jean-Jacques Régis de **CAMBACÉRÈS**, duc de Parme (1753-1824) ▪ Juriste et homme politique français. Deuxième consul lors du Consulat, dignitaire du Premier Empire, il contribua à l'élaboration du Code civil.

Luca **CAMBIASO** (1527-1585) ▪ Peintre italien. Fresques de l'Escurial.

CAMBISTE n. ▪ Spécialiste des opérations de change (syn. *agent de change*).

Calvin. Portrait du XVIIe s., école française. Bibliothèque de l'Histoire du protestantisme, Paris. *Phot. © Lauros/Giraudon*

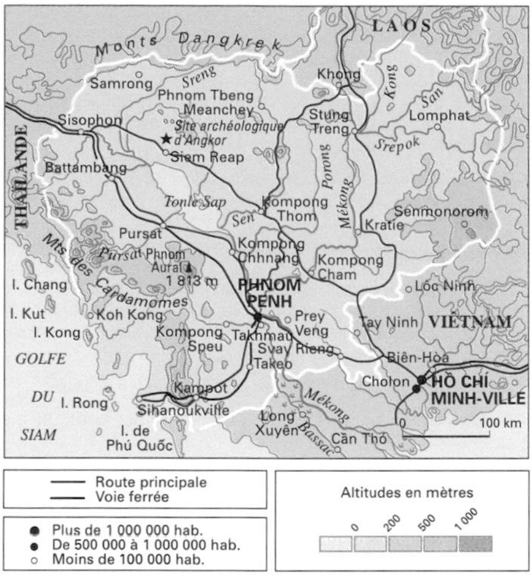

Cambodge.

CAMBIUM [-jɔm] **n. m.** ▪ BOT. Tissu des tiges et des racines qui donne naissance au bois, au liège.

le CAMBODGE ▪ État d'Asie du Sud-Est, entre la Thaïlande, le Laos et le Viêtnam. 181 000 km². 8 592 000 hab. *(les Cambodgiens)*. Capitale : Phnom Penh. Langue officielle : khmer. Religion : bouddhisme. Monnaie : riel. L'économie est essentiellement agraire (riz) et artisanale. □ **HISTOIRE** Cet ancien royaume, menacé à la fois par les Siamois et les Vietnamiens, devint protectorat français en 1863 et indépendant en 1953. Le roi Norodom Sihanouk abdiqua en faveur de son père (1955) et devint Premier ministre. La royauté fut abolie en 1970 lors du coup d'État du général Lon Nol. Le nouveau gouvernement s'engagea dans une guerre civile qu'il perdit malgré l'aide américaine : les Khmers rouges (communistes maoïstes), dirigés par Pol Pot, créèrent alors l'État du *Kampuchéa démocratique* (1976) et instaurèrent le communisme rural et la terreur, exterminant une partie de la population (génocide, exode massif). Entrés en guerre contre le Viêtnam, ils furent battus et chassés par un gouvernement provietnamien (1979). Le pays, qui reprit le nom de Cambodge en 1989, tenta alors de se relever de ces épreuves et de la ruine de son économie. Après le retrait des Vietnamiens (1989) et l'adoption d'une nouvelle constitution (1993) qui restaura la monarchie et permit à Norodom Sihanouk de remonter sur le trône, le pays a connu une certaine accalmie malgré la persistance d'affrontements entre les Khmers rouges et le gouvernement.

CAMBO-LES-BAINS ▪ Commune des Pyrénées-Atlantiques, sur la Nive. 4 128 hab. Station climatique.

Joseph CAMBON (1756 - 1820) ▪ Révolutionnaire français. En 1793, il instaura la reconnaissance de la Dette publique.

CAMBOUIS **n. m.** ▪ Graisse, huile noircie par le frottement. *Des mains noires de cambouis.*

CAMBRAI ▪ Chef-lieu d'arrondissement du Nord. 33 092 hab. *(les Cambrésiens)*. Nombreux monuments des XVIIe-XVIIIe s. Industries textile et alimentaire (confiserie : les « bêtises de Cambrai »). Réunie à la France en 1678, elle eut Fénelon pour archevêque. Le riche seuil du *Cambrésis* fait la jonction entre la Flandre et le Bassin parisien.

CAMBRÉ, ÉE **adj.** ▪ Qui forme un arc. *Taille cambrée,* creusée par-derrière.

CAMBRER **v. tr.** [1] ▪ **1.** Courber légèrement en forme d'arc. ⇒ **arquer, infléchir. 2.** Redresser (la taille) en se penchant légèrement en arrière. *Cambrer les reins.* ► SE **CAMBRER** **v. pron.** *Elle se cambre en marchant.*

CAMBRIDGE ▪ Ville du sud-est de l'Angleterre, chef-lieu du Cambridgeshire. 100 000 hab. Célèbre université fondée au XIIIe s. (nombreux bâtiments anciens). ► **le CAMBRIDGESHIRE** Comté de l'est de l'Angleterre. 3 409 km². 670 000 hab. Chef-lieu : Cambridge.

CAMBRIDGE ▪ Ville des États-Unis (Massachusetts), à côté de Boston. 96 000 hab. Siège de la plus ancienne université américaine (Harvard, 1636) et du Massachusetts Institute of Technology (M.I.T.).

CAMBRIEN, ENNE **n. m.** et **adj.** ▪ GÉOL. Première période de l'ère primaire. - **adj.** *Période cambrienne* (⇒ **précambrien**).

CAMBRIOLAGE **n. m.** ▪ Vol par effraction.

CAMBRIOLER **v. tr.** [1] ▪ Dévaliser en pénétrant par effraction. *Cambrioler un appartement.* - *Cambrioler qqn.*

CAMBRIOLEUR, EUSE **n.** ▪ Voleur qui cambriole. ⇒ ARGOT **casseur.**

Pierre CAMBRONNE (1770 - 1842) ▪ Général français. On lui attribue « le mot de Cambronne » et le fier « la garde meurt et ne se rend pas », adressés aux Anglais à Waterloo.

CAMBROUSSE **n. f.** ▪ FAM. et péj. Campagne. ⇒ **bled.**

CAMBRURE **n. f.** ▪ **1.** État de ce qui est cambré. ⇒ **cintrage, courbure.** *La cambrure d'une pièce de bois. La cambrure des reins.* **2.** Partie courbée entre la semelle et le talon d'une chaussure.

CAMBUSE **n. f.** ▪ **1.** Magasin du bord, sur un bateau. **2.** FAM. Chambre, habitation mal tenue.

① **CAME** **n. f.** ▪ Pièce (arrondie ou présentant une encoche, une saillie) destinée à transmettre et à transformer le mouvement d'un mécanisme. *Arbre à cames.*

② **CAME** **n. f.** ▪ ARGOT **1.** Cocaïne, drogue (⇒ se **camer**). **2.** Marchandise.

CAMÉE **n. m.** ▪ Pierre fine (agate, améthyste, onyx) sculptée en relief. *Un camée monté en bague.*

CAMÉLÉON **n. m.** ▪ **1.** Petit reptile d'Afrique et d'Inde, de couleur gris verdâtre. *La peau du caméléon change de couleur par mimétisme.* **2.** fig. Personne qui change de conduite, d'opinion au gré de l'intérêt.

caméléon. Caméléon à cornes de Jackson.
Phot. © Charles Lénars

CAMÉLIA **n. m.** ▪ Arbrisseau à feuilles persistantes, à somptueuse floraison ; sa fleur. *"La Dame aux camélias"* (de A. Dumas fils).

camélia. *Phot. © Roudot/Jacana*

CAMELOT n. m. ▪ Marchand ambulant qui vend des marchandises à bas prix. ⇒ **colporteur.** *Boniment de camelot.* ♦ HIST. *Les camelots du roi :* vendeurs de journaux de propagande royaliste.

CAMELOTE n. f. ▪ FAM. ▪ **1.** Marchandise de mauvaise qualité. ⇒ **pacotille, toc.** *C'est de la camelote.* **2.** Toute marchandise. *C'est de la bonne camelote.*

CAMEMBERT n. m. ▪ **1.** Fromage de vache, de forme ronde, à croûte blanche. **2.** Graphique en forme de cercle représentant des pourcentages.

CAMEMBERT ▪ Commune de l'Orne. 184 hab. *(les Camembertains).* Elle a donné son nom au fromage créé par Marie Harel en 1791.

SE **CAMER** v. pron. 1 ▪ FAM. Se droguer.

CAMÉRA n. f. ▪ Appareil cinématographique de prise de vues. *Caméra de télévision :* tube électronique de prise de vues. ⇒ **caméscope.**

CAMÉRAMAN [-man] n. m. ▪ Celui qui utilise la caméra. ⇒ **cadreur, opérateur.** *Des caméramans* [-man] ou *des cameramen* [-mɛn] (plur. angl.).

CAMÉRIER n. m. ▪ Prélat au service du pape.

CAMÉRISTE n. f. ▪ HIST. Femme de chambre.

le CAMEROUN ▪ État d'Afrique centrale, sur le golfe de Guinée. 475 422 km². 11 540 000 hab. *(les Camerounais).* Principales ethnies : Bamilékés, Fangs, Peuls, Pygmées. Capitale : Yaoundé. Langues : français et anglais (officielles), bantou, soudanais. Monnaie : franc CFA. Essentiellement montagneux (*mont Cameroun :* 4 070 m), le pays a une économie très précaire qui repose sur l'agriculture (cacao, café, élevage, bois), la production d'électricité, quelques industries (alimentaires, aluminium) ; les ressources minières restent sous-exploitées. □ **HISTOIRE** Royaume peul puis protectorat allemand, divisé en 1919 entre Français (9/10 du territoire) et Anglais, le Cameroun devint indépendant en 1960 (la partie britannique étant divisée entre le Nigeria et le nouvel État en 1961). Il joue un rôle diplomatique important en Afrique, sous la présidence de A. Ahidjo, puis de son successeur (en 1982) et ancien ministre Paul Biya. Malgré une forte répression, l'opposition a obligé le pouvoir à autoriser le multipartisme en 1990. Pays membre du Commonwealth.

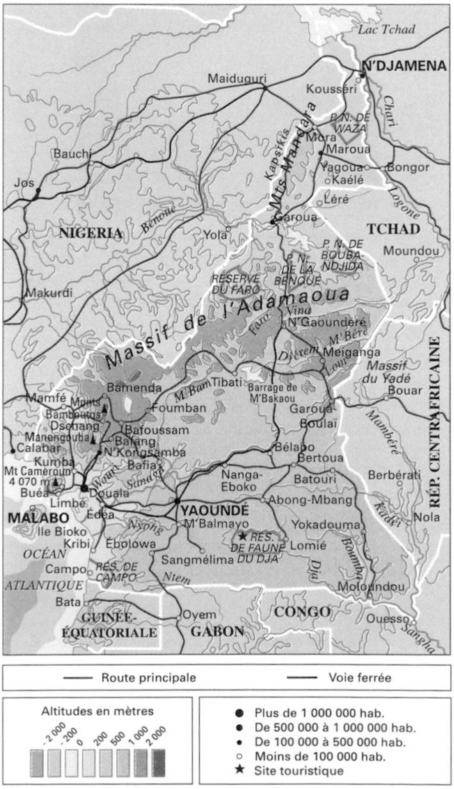

Cameroun.

CAMÉSCOPE n. m. ▪ Caméra vidéo avec un magnétoscope intégré.

CAMILLE (Vᵉ - IVᵉ s. av. J.-C.) ▪ Général romain. Il chassa les Gaulois qui avaient pris Rome (390 av. J.-C.).

CAMION n. m. ▪ **1.** VX Grande charrette (à cheval). **2.** Gros véhicule automobile transportant des marchandises. ⇒ **poids** lourd ; **semi-remorque.** ➝ *CAMION-CITERNE* n. m. : camion pour le transport des liquides en vrac.

CAMIONNAGE n. m. ▪ Transport par camion. ⇒ **routage.**

CAMIONNETTE n. f. ▪ Véhicule utilitaire, plus petit que le camion.

CAMIONNEUR n. m. ▪ **1.** Conducteur de camions. ⇒ **routier.** **2.** Personne qui gère ou possède une entreprise de transports par camion.

CAMISARD n. m. ▪ HIST. Calviniste cévenol insurgé, durant les persécutions qui suivirent la révocation de l'édit de Nantes. ➝ adj. m. *Le soulèvement camisard.*

CAMISOLE n. f. ▪ **1.** anciennt Vêtement court, à manches, porté sur la chemise. **2.** *CAMISOLE DE FORCE :* chemise de toile à manches fermées, garnie de liens paralysant les mouvements, utilisée pour maîtriser des malades mentaux agités.

Luis de CAMOENS ou **CAMÕES** (v. 1524 - 1580) ▪ Poète portugais. Des échos de sa vie aventureuse se retrouvent dans *"Les Lusiades"*, épopée à la gloire du Portugal et du navigateur Vasco de Gama.

CAMOMILLE n. f. ▪ **1.** Plante odorante, dont les fleurs ont des propriétés digestives. **2.** Tisane, infusion de fleurs de cette plante.

CAMOUFLAGE n. m. Action de camoufler. ♦ Ce qui camoufle.

CAMOUFLER v. tr. 1 ▪ Rendre méconnaissable ou invisible. ⇒ **dissimuler, maquiller.** ➝ au p. p. *Matériel de guerre camouflé par une peinture bigarrée.* ➝ fig. *Camoufler une faute.*

CAMOUFLET n. m. ▪ LITTÉR. Vexation humiliante. ⇒ **affront, offense.**

CAMP n. m. ▪ **I. 1.** Lieu, constructions où des troupes s'installent pour le repos ou la défense. ⇒ **bivouac, campement, cantonnement, quartier.** *Camp retranché, fortifié.* ➝ *LIT DE CAMP,* facilement transportable. **2.** *Camp de prisonniers,* où sont groupés des prisonniers de guerre. ➝ *CAMP DE CONCENTRATION,* où sont regroupées des personnes que le pouvoir suspecte et veut neutraliser. ➝ *Camps d'extermination (nazis),* où furent affamés, suppliciés et exterminés certains groupes ethniques (Juifs, Tsiganes), politiques (communistes) et sociaux. **3.** Terrain où s'installent des campeurs. ⇒ **camping.** *Feux de camp. Camp de vacances.* **4.** loc. fig. *Lever le camp,* FAM. *ficher, foutre* le camp :* s'en aller. ⇒ **décamper. II.** Se dit de groupes qui s'opposent, se combattent. *Être dans un camp. Il est passé dans le camp opposé.* ⇒ **faction, groupe, parti.**

CAMPAGNARD, ARDE ▪ **1.** adj. De la campagne. ➝ Qui vit à la campagne. **2.** n. *Un campagnard, une campagnarde.* ⇒ **paysan.**

CAMPAGNE n. f. ▪ **I. 1.** VX Plaine. ➝ *En rase* campagne.* **2.** *La campagne,* la terre cultivée, hors d'une ville. *Les travaux de la campagne.* ⇒ **champ(s), terre. 3.** Ensemble des lieux fertiles, hors des villes. *La mer, la campagne, la montagne. Vivre à la campagne.* ➝ *Maison de campagne* (⇒ **résidence** secondaire). ➝ *Pâté, pain de campagne.* **II. 1.** Ensemble des manœuvres des troupes. *Les troupes sont en campagne.* ➝ *Une campagne,* une opération de guerre. *La campagne d'Italie, d'Égypte* (de Bonaparte). ➝ loc. *Se mettre en campagne :* partir à la recherche de qqn, de qqch. ➝ *Faire campagne pour, contre qqn,* militer pour, contre lui. **2.** *Une campagne :* période d'activité, d'affaires, de prospection, de propagande. *Campagne électorale. Campagne de presse.*

CAMPAGNOL n. m. ▪ Mammifère rongeur, au corps plus ramassé que le rat, à queue courte et poilue. *Le rat des champs est un campagnol.*

Tommaso CAMPANELLA (1568-1639) ▪ Dominicain italien. Auteur de *"La Cité du Soleil"*, classique du collectivisme utopique.

la CAMPANIE en italien ***CAMPANIA*** ▪ Région du sud de l'Italie, sur la mer Tyrrhénienne. 13 595 km^2. 5 808 705 hab. Chef-lieu : Naples. Malgré un sol volcanique (→ **Vésuve**) qui rend la plaine côtière très fertile et l'apport du tourisme, la région est pauvre en raison notamment de la surpopulation.

CAMPANILE **n. m.** ▪ Tour isolée (clocher) souvent près d'une église (surtout en Italie).

CAMPANULE **n. f.** ▪ Plante herbacée, à clochettes violettes.

CAMPECHE ▪ Ville et port du Mexique, 172 000 hab. Bois de teinture. Vestiges du village maya sur l'emplacement duquel fut fondée la ville en 1540. ► **le golfe de CAMPECHE** forme la partie sud-ouest du golfe du Mexique. Hydrocarbures.

CAMPÊCHE **n. m.** ▪ Arbre tropical à bois dur, dont on peut tirer une matière colorante rouge.

CAMPEMENT **n. m.** ▪ **1.** Action de camper. ⇒ **bivouac, cantonnement.** *Matériel de campement.* ⇒ **camping. 2.** Lieu, installations où l'on campe.

CAMPER **v.** [1] ▪ **I. v. intr. 1.** S'installer, être installé dans un camp. **2.** Coucher sous la tente, faire du camping. **3.** S'installer provisoirement quelque part. **II. v. tr. 1.** Placer, poser (qqch.) avec décision, avec une certaine audace. ⇒ **installer.** *Camper son chapeau sur sa tête.* **2.** fig. *Camper un personnage, une scène,* représenter avec vigueur (par l'écriture, le dessin). ► **SE CAMPER v. pron.** Se tenir dans une attitude hardie ou provocante. ⇒ se **dresser,** se **planter.** ► **CAMPÉ, ÉE adj.** *Solidement campé sur ses jambes.*

CAMPEUR, EUSE **n.** ▪ Personne qui pratique le camping.

CAMPHRE **n. m.** ▪ Substance aromatique, blanche, transparente, d'une odeur vive, provenant du camphrier.

CAMPHRÉ, ÉE **adj.** ▪ Qui contient du camphre. *Alcool camphré.*

CAMPHRIER **n. m.** ▪ Arbuste d'Extrême-Orient dont le bois distillé donne le camphre (syn. *laurier du Japon*).

Robert CAMPIN (1378-1444) ▪ Peintre flamand, maître de Van der Weyden. On l'identifie souvent au Maître de Flémalle, l'un des fondateurs de l'école flamande.

CAMPINAS ▪ Ville du Brésil (État de São Paulo). 848 000 hab.

la CAMPINE ▪ Plaine du nord de la Belgique. Ancien bassin houiller. Élevage bovin.

CAMPING **n. m.** ▪ **1.** Activité touristique qui consiste à vivre en plein air, sous une tente, dans une caravane, et à voyager avec le matériel nécessaire. *Faire du camping* (⇒ **campeur**). *Terrain de camping.* - *Camping sauvage,* en dehors des lieux réservés à cet effet. **2.** Terrain aménagé pour camper. *Camping municipal.*

CAMPING-CAR **n. m.** ▪ anglic. Camionnette aménagée pour le camping. *Des camping-cars.*

CAMPING-GAZ [kɑ̃piŋgɑz] **n. m. invar.** ▪ Réchaud portatif pour le camping. *Des camping-gaz.*

CAMPOFORMIO ou **CAMPOFORMIDO** ▪ Ville d'Italie (Vénétie) où fut signé en 1797 un traité entre la France et l'Autriche suspendant les campagnes d'Italie de Napoléon Bonaparte. 6 665 hab.

CAMPO GRANDE ▪ Ville du Brésil, capitale de l'État du Mato Grosso do Sul. 526 600 hab.

CAMPOS **n. m.** ▪ FAM. Congé, repos accordé aux écoliers, étudiants, etc. *Donner campos.* ◇ var. CAMPO.

André CAMPRA (1660-1744) ▪ Compositeur français, créateur de l'opéra-ballet. *"L'Europe galante"* (1697).

CAMPUS [-ys] **n. m.** ▪ Ensemble des bâtiments d'une université située hors de la ville ; espace où ils se trouvent.

CAMUS, USE **adj.** ▪ Qui a le nez court et plat. ⇒ **camard.**

Albert CAMUS (1913-1960) ▪ Écrivain français. Son œuvre manifeste son sentiment de l'absurde, son exigence de sincérité et de justice. Sa pensée, à l'origine proche de celle des philosophes existentialistes, a connu une évolution qui fait de lui un humaniste sceptique, d'où sa brouille avec Sartre. Essais (*"Le Mythe de Sisyphe"* 1942 ; *"L'Homme révolté"* 1951). Romans (*"L'Étranger"* 1942 ; *"La Peste"* 1947 ; *"La Chute"* 1956). Nouvelles. Théâtre (*"Caligula"*, 1945). Chroniques (*"Actuelles"*) et *"Carnets"*. Prix Nobel de littérature 1957.

Camus.
Phot. © Bernand

CANA ▪ Ville de Galilée où l'Évangile de Jean situe le premier miracle de Jésus (transformation de l'eau en vin).

le pays de CANAAN ▪ Nom biblique de la Phénicie-Palestine, la Terre promise selon la Bible.

CANADA **n. f.** ▪ Variété de pomme. *Des canadas.*

le CANADA ▪ État fédéral d'Amérique du Nord, au nord des États-Unis, bordé par l'océan Arctique, l'Atlantique et le Pacifique, constitué de 10 provinces et de 2 territoires (voir plus bas). Capitale : Ottawa. Langues officielles : anglais et français. Monnaie : dollar canadien. Immense (9 959 400 km^2), peu peuplé (27 296 859 hab.) car 77 % de la superficie du pays se trouvent en zones subarctique et arctique, le Canada dispose d'énormes réserves naturelles (amiante, uranium, zinc, cuivre, gaz, pétrole), d'une agriculture très productive (céréales — blé —, fruits, légumes, élevage), de 45 % de la production forestière mondiale, de puissantes industries aidées par le faible coût de l'énergie (hydroélectricité notamment). La pêche (en mer et dans les Grands Lacs) constitue un secteur essentiel. Une vie économique et sociale de plus en plus liée aux États-Unis (libre-échange) et surtout le poids démographique des anglophones (plus de 75 %) ont suscité l'émergence de mouvements indépendantistes au Québec. □ **HISTOIRE** Les Français qui prirent possession du pays en 1534 (→ Jacques **Cartier**) et le colonisèrent (XVIIe s.) durent céder cette « Nouvelle-France » à l'Angleterre (1763, traité de Paris), non sans avoir profondément marqué la région de Québec, restée francophone. L'indépendance des États-Unis augmenta l'afflux de population britannique : création du Nouveau-Brunswick en 1784 ; acte constitutionnel de 1791 imposant la création d'un *Bas-Canada* (français) et d'un *Haut-Canada* (anglais) ; acte d'union de 1840, imposant le Canada uni aux dépens des francophones. J.A. Macdonald* et G.É. Cartier* obtinrent de Londres le statut de dominion (1867), ce qui permit de réduire les tensions avec le Royaume-Uni. La Confédération du Canada ainsi créée regroupa progressivement outre les deux « provinces » d'origine, devenues l'Ontario et le Québec, et les « provinces maritimes » (Nouvelle-Écosse, Nouveau-Brunswick, puis Île-du-Prince-Édouard), cinq autres « provinces » : (Alberta, Colombie-Britannique, Manitoba, Saskatchewan, Terre-Neuve) et deux territoires (Territoires du Nord-Ouest, Yukon). Gagnant peu à peu son autonomie (→ **Laurier, King**), indépendant depuis la création du Commonwealth (1931), dont il est membre, le pays a été dirigé, selon l'époque, par des libéraux (Mackenzie King, Saint-Laurent, Pearson, Trudeau, Chrétien) ou par des conservateurs (Diefenbaker, Mulroney). L'adoption d'une nouvelle Constitution, en 1987, a fait resurgir le problème de la spécificité du Québec (peuplé en majorité de francophones) et de son statut malgré l'échec des deux référendums sur la souveraineté organisés par les indépendantistes québécois (1980, 1995).

CANADAIR **n. m.** (n. déposé) ▪ Avion équipé de réservoirs d'eau pour l'extinction des incendies de forêt.

CANADIANISME **n. m.** ▪ Mot, tournure propre au français parlé au Canada (québécisme, acadianisme...).

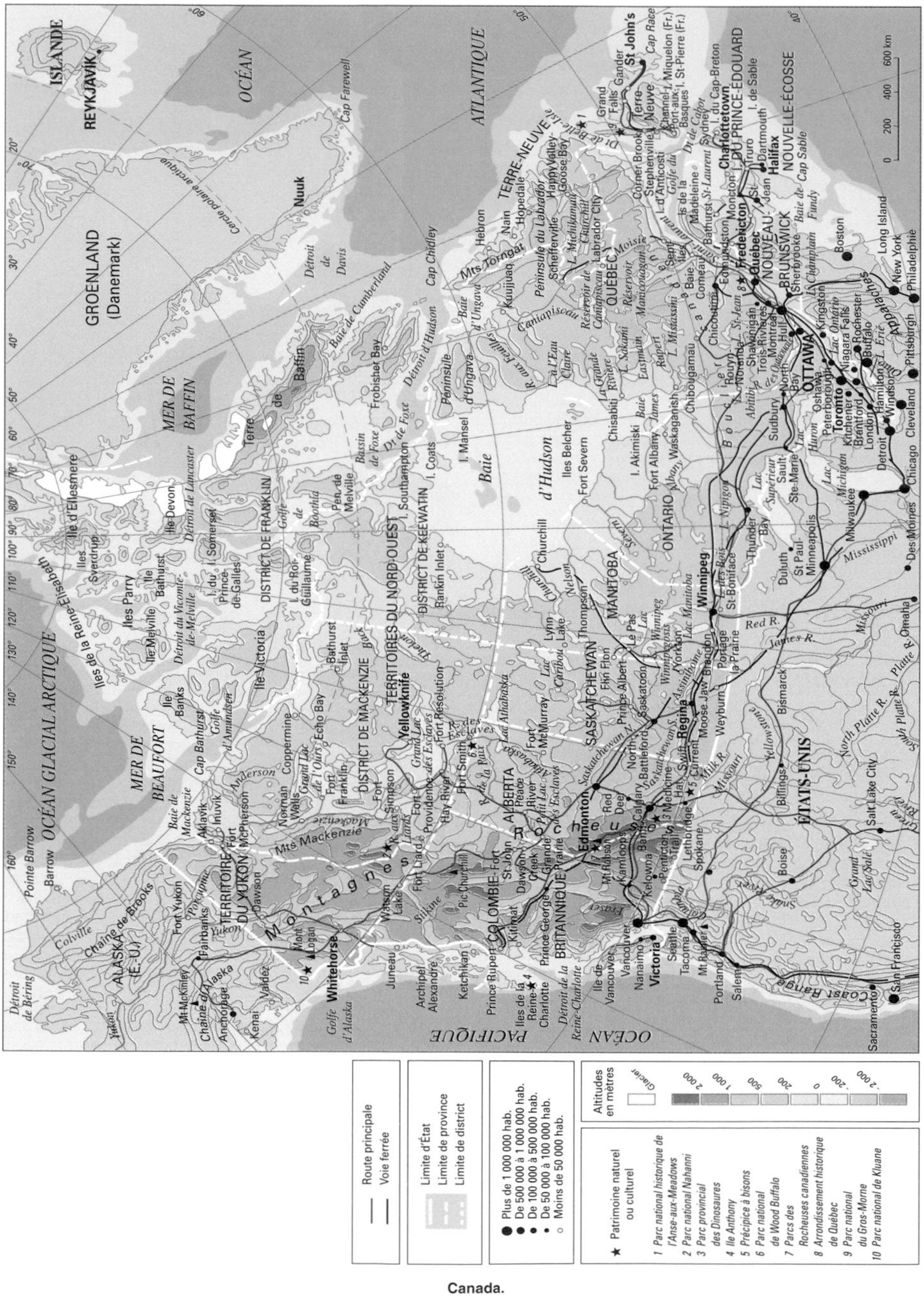
OCÉAN GLACIAL ARCTIQUE
MER DE BEAUFORT
MER DE BAFFIN
GROENLAND (Danemark)
ISLANDE
REYKJAVIK
OCÉAN ATLANTIQUE
OCÉAN PACIFIQUE
Baie d'Hudson
ALASKA (É.-U.)
TERRITOIRE DU YUKON
TERRITOIRES DU NORD-OUEST
DISTRICT DE MACKENZIE
DISTRICT DE KEEWATIN
DISTRICT DE FRANKLIN
COLOMBIE-BRITANNIQUE
ALBERTA
SASKATCHEWAN
MANITOBA
ONTARIO
QUÉBEC
TERRE-NEUVE
NOUVEAU-BRUNSWICK
NOUVELLE-ÉCOSSE
Î. DU PRINCE-ÉDOUARD
ÉTATS-UNIS
OTTAWA
Montréal
Québec
Toronto
Winnipeg
Edmonton
Regina
Victoria
Vancouver
Whitehorse
Yellowknife
Nuuk
St John's
Halifax
Route principale
Voie ferrée
Limite d'État
Limite de province
Limite de district
Plus de 1 000 000 hab.
De 500 000 à 1 000 000 hab.
De 100 000 à 500 000 hab.
De 50 000 à 100 000 hab.
Moins de 50 000 hab.
Altitudes en mètres
Glacier
2 000
1 000
500
200
0
- 200
- 2 000
★ Patrimoine naturel ou culturel
1 Parc national historique de l'Anse-aux-Meadows
2 Parc national Nahanni
3 Parc provincial des Dinosaures
4 Île Anthony
5 Précipice à bisons
6 Parc national de Wood Buffalo
7 Parcs des Rocheuses canadiennes
8 Arrondissement historique de Québec
9 Parc national du Gros-Morne
10 Parc national de Kluane
0 200 400 600 km

Canada.

CANADIEN, IENNE adj. ▪ Du Canada ou qui concerne le Canada. ▸ n. *Les Canadiens. Les Canadiens français* (Québécois, Acadiens).

CANADIENNE n. f. ▪ (seulement en France) **1.** Longue veste doublée de peau de mouton. **2.** Petite tente de camping.

CANAILLE n. f. ▪ **1.** *La canaille :* ensemble de gens méprisables. ⇒ **pègre, racaille. 2.** *Une canaille :* une personne malhonnête, nuisible. ⇒ **coquin, crapule, fripouille.** *Petite canaille !* (à un enfant). ⇒ FAM. **bandit. 3.** adj. Vulgaire. *Des manières canailles.*

CANAILLERIE n. f. ▪ Malhonnêteté ; action malhonnête.

CANAL, AUX n. m. ▪ **I. 1.** Cours d'eau artificiel. *Canal navigable ; d'irrigation. Canal maritime. Le canal de Suez.* **2.** Bras de mer. ⇒ **détroit, passe.** *Le canal de Mozambique.* **II. 1.** Conduit permettant le passage d'un fluide. ⇒ **conduite, tube, tuyau ; canalisation. 2.** Cavité allongée ou conduit de l'organisme, autre que les artères et les veines. ⇒ **vaisseau.** *Canal biliaire, rachidien.* ▸ *Canaux semi-circulaires* (oreille interne). **III.** fig. **1.** Agent ou moyen de transmission. ⇒ **intermédiaire.** *J'ai appris cela par le canal d'un ami.* **2.** Domaine de fréquence occupé par une émission de télévision. ⇒ **chaîne.** *Sur quel canal émettent-ils ?* **3.** *Canal de distribution :* circuit de commercialisation d'un produit.

Giovanni Antonio Canal dit **CANALETTO** (1697-1768) ▪ Peintre italien. Vues de Venise, lumineuses, au dessin précis. ▸ **CANALETTO LE JEUNE** → Bernardo **Bellotto.**

Canaletto. *Le Pont du Rialto,* détail. Musée du Louvre, Paris. *Phot. © Lauros/Giraudon*

CANALISATION n. f. ▪ Ensemble des conduits (canaux) par lesquels sont distribués l'eau, le gaz. ⇒ **branchement, tuyauterie.** *Une canalisation de gaz, d'électricité.*

CANALISER v. tr. [1] ▪ **1.** Rendre (un cours d'eau) navigable. ▸ Sillonner (une région) de canaux. **2.** Empêcher de se disperser, diriger dans un sens déterminé. ⇒ **centraliser, concentrer.** *Canaliser la foule.* ▸ *Canaliser son énergie.*

les CANANÉENS ▪ Habitants du pays de Canaan (Phénicie-Palestine). Ils furent vaincus par les Hébreux (XIe s. av. J.-C.), qui adoptèrent une part de leur culture.

CANAPÉ n. m. ▪ **1.** Long siège à dossier où plusieurs personnes peuvent s'asseoir ensemble. *Canapé-lit.* **2.** Tranche de pain sur laquelle on dispose un mets.

CANAQUE ⇒ KANAK

CANARD n. m. ▪ **I. 1.** (idée de « cancaner ») Oiseau palmipède, au bec large, aux ailes longues et pointues. *Femelle du canard* (⇒ **cane**), petit du canard (⇒ **caneton**). *Canard sauvage* (colvert). *Canard de basse-cour.* ▸ *Canard rôti, laqué*, à l'orange.* **2.** loc. *Marcher comme un canard.* ⇒ se **dandiner.** ▸ *Un froid de canard,* très vif. ▸ *Canard boiteux :* personne, entreprise inadaptée, qui échoue. **II.** fig. **1.** Morceau de sucre trempé dans une liqueur, du café. **2.** Son criard, fausse note. ⇒ **couac. 3.** FAM. Fausse nouvelle lancée dans la presse.

Canaries. Le golfe de Lanzarote. *Phot. © Ribieras/Explorer*

bobard, bruit. *Lancer des canards.* ▸ péj. Journal. *Il n'y a rien à lire, dans ce canard !*

CANARDER v. tr. [1] ▪ Tirer sur (qqn, qqch.) d'un lieu où l'on est à couvert. ⇒ **tirer.** *Se faire canarder.*

① **CANARI** n. m. ▪ **1.** Serin à la livrée jaune et brun olivâtre. **2.** adj. invar. *Une robe jaune canari. Un gilet canari.*

② **CANARI** n. m. ▪ Récipient de terre cuite, en Afrique.

les îles CANARIES n. f. pl. en espagnol ***CANARIAS*** ▪ Archipel de l'océan Atlantique, au large du Sahara. Communauté autonome espagnole constituée de deux provinces. 7 273 km². 1 601 812 hab. *(les Canariens).* Capitales : Las Palmas et Santa Cruz de Tenerife. Tourisme.

CANASSON n. m. ▪ FAM. Cheval.

CANASTA n. f. ▪ Jeu de cartes (2 jeux de 52 et 4 jokers) qui consiste à réaliser des séries de 7 cartes de même valeur.

le cap CANAVERAL ▪ Cap de Floride, appelé « cap Kennedy » de 1963 à 1972. Centre aérospatial et principale base de lancement de la Nasa.

CANBERRA ▪ Capitale fédérale de l'Australie. 284 300 hab. Ville administrative et commerciale, construite de 1913 à 1927.

CANCALE ▪ Commune d'Ille-et-Vilaine. 4 910 hab. *(les Cancalais).* Station balnéaire. Ostréiculture.

① **CANCAN** n. m. ▪ Bavardage médisant. ⇒ **potin, ragot.** *Colporter des cancans.*

② **CANCAN** n. m. ▪ Danse excentrique et tapageuse (quadrille), spectacle traditionnel du Montmartre de 1900. *French cancan.*

CANCANER v. intr. [1] ▪ Faire des cancans (①).

CANCANIER, IÈRE adj. ▪ Qui cancane.

CANCER [-ɛʀ] n. m. ▪ **I.** (avec maj.) Quatrième signe du zodiaque représentant un crabe (22 juin-22 juillet). ▸ *Être Cancer,* de ce signe. **II. 1.** Tumeur maligne, maladie grave causée par une multiplication anarchique de cellules. *Cancer du foie, du sein. Cancer du sang.* ⇒ **leucémie. 2.** fig. Ce qui ronge, détruit.

CANCÉREUX, EUSE adj. et n. ▪ **1.** De la nature du cancer. *Tumeur cancéreuse.* **2.** Qui est atteint d'un cancer. ▸ n. *Un, des cancéreux.*

Cap **Canaveral.** *Phot. © Cordier/Explorer*

le **Canigou.** *Phot. © Hervy/Explorer*

CANCÉRIGÈNE adj. ▪ Qui cause ou peut causer le cancer. ⇒ **carcinogène, oncogène.**

CANCÉROLOGIE n. f. ▪ Étude, médecine du cancer. ⇒ **carcinologie, oncologie.**

CANCÉROLOGUE n. ▪ Spécialiste du cancer.

la CANCHE ▪ Fleuve d'Artois qui se jette dans la Manche. 96 km.

CANCRE n. m. ▪ FAM. Écolier paresseux et nul.

CANCRELAT n. m. ▪ Blatte d'Amérique.

CANDELA n. f. ▪ Unité d'intensité lumineuse (symb. cd).

CANDÉLABRE n. m. ▪ Grand chandelier à plusieurs branches. ⇒ **flambeau.**

CANDEUR n. f. ▪ Qualité d'une personne pure et innocente, sans défiance. ⇒ **ingénuité, innocence, naïveté ; candide.**

CANDI adj. m. ▪ *SUCRE CANDI,* épuré et cristallisé.

CANDIDAT, ATE n. ▪ Personne qui postule une place, un poste, un titre. *Il y a plusieurs candidats à ce concours.* ⇒ **concurrent.** *Se porter candidat à des élections.*

CANDIDATURE n. f. ▪ État de candidat. *Annoncer, poser sa candidature à un poste.*

CANDIDE adj. ▪ **1.** LITTÉR. Blanc. - fig. **2.** Qui a de la candeur, exprime la candeur. ⇒ **ingénu, innocent, naïf, pur, simple.** *Air candide. Réponse candide.* ▸ adv. CANDIDEMENT

CANDIE ▪ Nom donné à la Crète par les Arabes lorsqu'ils occupèrent l'île (IXe-Xe s.), du nom de la ville qu'ils avaient construite.

Georges CANDILIS (1913 - 1995) ▪ Architecte et urbaniste français formé en Grèce. Ensembles résidentiels (Toulouse-le-Mirail).

Augustin Pyrame de CANDOLLE (1778 - 1841) ▪ Botaniste suisse. Un des fondateurs de la géographie botanique.

CANE n. f. ▪ Femelle du canard.

la CANEBIÈRE ▪ Célèbre avenue de Marseille se terminant sur le Vieux-Port.

CANER v. intr. [1] ▪ FAM. Reculer devant le danger ou la difficulté. ⇒ **céder, flancher.**

CANET-EN-ROUSSILLON ▪ Commune des Pyrénées-Orientales. 7 575 hab. *(les Canetois).* Station balnéaire à *Canet-Plage.*

CANETON n. m. ▪ Petit du canard.

① **CANETTE** n. f. ▪ Jeune cane.

② **CANETTE** ou **CANNETTE** n. f. ▪ Bobine recevant le fil de trame.

③ **CANETTE** n. f. ▪ Bouteille de bière de forme et bouchage spécifiques. ◇ L'emploi pour « boîte de conserve cylindrique, notamment de bière », est un anglicisme.

Elias CANETTI (1905 - 1994) ▪ Écrivain de langue allemande, né en Bulgarie et naturalisé britannique. *"Autodafé"* 1936, roman. *"Masse et puissance"* 1960, essai. Prix Nobel 1981.

CANEVAS n. m. ▪ **1.** Grosse toile claire et à jour qui sert de support aux ouvrages de tapisserie à l'aiguille. *Broderie sur canevas.* **2.** Donnée première d'un ouvrage. ⇒ **ébauche, esquisse, plan, scénario.** *Travailler sur un bon canevas.*

CANGUE n. f. ▪ Carcan dans lequel on engageait le cou et les poignets du condamné, en Extrême-Orient.

Georges CANGUILHEM (1904 - 1995) ▪ Philosophe français. Il est l'un des principaux rénovateurs de l'épistémologie en France.

CANICHE n. m. ▪ Chien barbet à poil frisé. - *Suivre qqn comme un caniche,* pas à pas, fidèlement.

CANICULAIRE adj. ▪ (chaleur) Torride.

CANICULE n. f. ▪ Grande chaleur de l'atmosphère.

CANIF n. m. ▪ Petit couteau de poche à lames qui se replient dans le manche. *Des canifs.* - loc. *Donner un coup de canif dans un contrat,* ne pas le respecter.

le CANIGOU ▪ Massif granitique des Pyrénées. 2 784 m. Observatoire. Mines de fer.

CANIN, INE adj. ▪ Relatif au chien. *Race, espèce canine. Exposition canine.* - loc. *Faim canine,* dévorante.

CANINE n. f. ▪ Dent pointue entre les prémolaires et les incisives.

CANISSE n. f. ▪ RÉGIONAL Canne longue et flexible.

CANIVEAU n. m. ▪ Bordure pavée d'une rue, le long d'un trottoir, qui sert à l'écoulement des eaux. ⇒ **ruisseau.**

Ivan CANKAR (1876 - 1918) ▪ Écrivain slovène. Socialiste et patriote. *"Martin Kačur",* 1907.

CANNABIS [-is] n. m. ▪ Chanvre indien (stupéfiant).

CANNAGE n. m. ▪ Fait de canner. - Partie cannée.

CANNE n. f. ▪ **I.** Tige droite de certaines plantes (roseau, bambou...). - *CANNE À SUCRE :* haute plante herbacée, de laquelle on extrait du sucre. *Sucre de canne.* **II. 1.** Bâton travaillé sur lequel on s'appuie en marchant. *Pommeau de canne. Canne blanche d'aveugle.* **2.** *CANNE À PÊCHE :* gaule portant une ligne de pêche.

canne à sucre. *Saccharum officinarum. Phot. © Rouan/Jacana*

CANNEBERGE n. f. ▪ Airelle des marais.

CANNELÉ, ÉE adj. ▪ Qui présente des cannelures. *Colonne cannelée.*

CANNELLE n. f. ▪ Écorce aromatique d'une variété de laurier (le *cannelier* n. m.) utilisée en cuisine. *Cannelle en poudre, en bâtonnets.*

CANNELLONI n. m. ▪ Pâte alimentaire en forme de tube et garnie d'une farce. *Des cannellonis.*

CANNELURE n. f. ▪ Sillon longitudinal creusé dans du bois, de la pierre, du métal. ⇒ **moulure, rainure.** *Les cannelures d'une colonne.* - BOT. Strie sur la tige de certaines plantes. *Les cannelures du céleri.* ⇒ ① **côte.**

CANNER v. tr. [1] ▪ Garnir le fond, le dossier de (un siège) avec des cannes de jonc, de rotin entrelacées. ⇒ **rempailler.** - au p. p. *Chaise cannée.*

CANNES ▪ Ancienne ville d'Italie méridionale. En – 216, victoire d'Hannibal sur les Romains.

CANNES ▪ Une des principales villes de la Côte d'Azur (Alpes-Maritimes). 68 676 hab. *(les Cannois).* Station balnéaire et hivernale. Festival du cinéma.

Le CANNET ▪ Commune des Alpes-Maritimes. 41 842 hab. *(les Cannetans)*. Tourisme.

CANNETTE n. f. ⇒ ② CANETTE

CANNIBALE n. m. ▪ Anthropophage.

CANNIBALISER v. tr. [1] ▪ anglic. COMM. Concurrencer (un produit) du même producteur, sans que cela ait été voulu.

CANNIBALISME n. m. ▪ Anthropophagie.

Stanislao CANNIZZARO (1826 - 1910) ▪ Chimiste italien. Il introduisit la notion de *nombre d'Avogadro* en 1858.

Alonso CANO (1601 - 1667) ▪ Peintre espagnol, architecte et sculpteur. Figures polychromes baroques.

Cano. *Saint Paul.* Cathédrale de Grenade.
Phot. © Carlo Bevilacqua/Ricciarini

CANOË [kanɔe] n. m. ▪ Embarcation légère et portative manœuvrée à la pagaie ; sport de ceux qui s'en servent (⇒ **pirogue ; kayak**). *Faire du canoë.*

CANOÉISTE n. ▪ Personne qui pratique le sport du canoë.

① **CANON** n. m. ▪ **I. 1.** Pièce d'artillerie servant à lancer des projectiles lourds (obus). *Poudre à canon. Canon antiaérien, antichar. Canon à tube court (à tir courbe).* ⇒ **mortier, obusier.** ♦ loc. *CHAIR À CANON :* les soldats exposés à être tués. - *Marchand de canons,* d'armes. **2.** Tube (d'une arme à feu). *Le canon d'un fusil. Dimension du canon* (⇒ **calibre**). **3.** *Canon à neige :* appareil qui fabrique et projette de la neige artificielle sur les pistes de ski. **II. 1.** au XVIIe siècle Pièce de toile ornée de dentelle, de rubans qu'on attachait au-dessous du genou. **III.** FAM. Verre de vin (offert) ; coup* à boire.

② **CANON** n. m. ▪ **1.** Loi ecclésiastique. - adj. *Droit canon :* droit ecclésiastique. **2.** Ensemble des livres reconnus par les Églises chrétiennes comme appartenant à la Bible. ♦ *Canon de la messe :* partie essentielle de la messe qui va de la Préface au Pater. **3.** Règles pour déterminer les proportions idéales. *Le canon de la beauté.* ⇒ **idéal, type ; canonique.** **4.** Composition musicale dans laquelle les voix partent l'une après l'autre et répètent le même chant. *Canon à deux, trois voix. Canons et fugues.*

CAÑON ou **CANYON** [kaɲɔn] ou [kanjɔ̃ ; kanjɔn] n. m. ▪ Gorge profonde, creusée par un cours d'eau dans une chaîne de montagnes. *Les cañons du Colorado.*

CANONIQUE adj. ▪ **1.** DIDACT. Conforme aux canons (②). *Livres canoniques,* qui composent le canon. **2.** loc. *ÂGE CANONIQUE :* âge de quarante ans (minimum pour être servante chez un ecclésiastique). - FAM. *Être d'un âge canonique,* respectable. **3.** DIDACT. Qui pose une règle ou correspond à une règle. ⇒ **normatif.**

CANONISER v. tr. [1] ▪ Inscrire une personne, après sa mort, sur la liste des saints ; reconnaître comme saint. ► n. f. CANONISATION

CANONNADE n. f. ▪ Tir soutenu d'un ou de plusieurs canons.

CANONNER v. tr. [1] ▪ Tirer au canon sur (un objectif). ⇒ **bombarder.**

CANONNIER n. m. ▪ Soldat qui sert un canon.

CANONNIÈRE n. f. ▪ Petit navire armé de canons.

CANOPE n. m. ▪ DIDACT. Vase funéraire dont le couvercle représente une tête.

canope. Albâtre provenant de Memphis, Égypte. Musée archéologique, Florence.
Phot. © Dagli Orti

CANOPE ▪ Ancienne ville d'Égypte, au nord-est d'Alexandrie. Son temple dédié à Sérapis fut jusqu'au IVe s. un lieu de pèlerinage important.

CANOSSA ▪ Village d'Italie (Émilie-Romagne) où l'empereur germanique Henri IV vint implorer le pardon du pape Grégoire VII (1077), durant la querelle des Investitures. *Aller à Canossa* signifie « faire amende honorable, s'humilier devant l'adversaire ».

CANOT n. m. ▪ **1.** VX OU RÉGIONAL (Canada) Canoë, kayak, pirogue. **2.** Petite embarcation sans pont (à aviron, rame, moteur, voile). ⇒ **barque, chaloupe.** - *Canot de sauvetage. Canot pneumatique,* gonflable. *Canot automobile.* ⇒ **vedette.**

CANOTER v. intr. [1] ▪ Se promener en canot, en barque. ► n. m. CANOTAGE

CANOTEUR, EUSE n. ▪ Personne qui fait du canot. ◇ syn. VX CANOTIER, IÈRE.

CANOTIER n. m. ▪ Chapeau de paille à fond plat.

Antonio CANOVA (1757 - 1822) ▪ Sculpteur italien. Un des principaux représentants du néoclassicisme. *"Pauline Bonaparte".*

Canova. *Psyché ranimée par le baiser de l'Amour,* marbre, détail. Musée du Louvre, Paris. *Phot. © Dagli Orti*

CANTABILE [-bile] **adj.** ▪ MUS. (d'un mouvement lent) Chantant. *Moderato cantabile* (titre d'un roman de M. Duras). ➝ **adv.** *Jouer cantabile.*

la CANTABRIE en espagnol ***CANTABRIA*** ▪ Communauté autonome du nord de l'Espagne. 5 289 km². 526 866 hab. Capitale : Santander. Élevage, industrie alimentaire.

CANTAL n. m. ▪ Fromage de lait de vache fabriqué dans le Cantal. ⇒ **fourme.** *Des cantals.*

le CANTAL ▪ Massif volcanique d'Auvergne. Point culminant : le *plomb du Cantal,* 1 855 m. ► **le CANTAL** [15] Département français de la région Auvergne. 5 777 km². 158 723 hab. Chef-lieu : Aurillac. Chefs-lieux d'arrondissement : Mauriac, Saint-Flour.

CANTALOUP [-lu] **n. m.** ▪ Melon à côtes rugueuses.

CANTATE n. f. ▪ Poème lyrique destiné à être mis en musique ; cette musique. *Une cantate de Bach.*

CANTATRICE n. f. ▪ Chanteuse professionnelle d'opéra ou de chant classique. *Une grande cantatrice.* ⇒ **diva.**

CANTELEU ▪ Commune de Seine-Maritime. 16 090 hab. *(les Cantiliens).*

Marie-Joseph CANTELOUBE DE MALARET (1879 - 1956) ▪ Compositeur et folkloriste français. *"Chants d'Auvergne"* (1923-1955).

Dimitrie CANTEMIR (1673 - 1723) ▪ Historien roumain. Il traduisit le Coran en latin et en russe. ► **Antioch Dimitrievitch CANTEMIR** (1708 - 1744), son fils, poète et diplomate russe. *"Contre les dénigreurs de la culture".*

CANTERBURY en franç. ***CANTORBÉRY*** ▪ Ville d'Angleterre (Kent). 132 000 hab. Siège du primat de l'Église anglicane (cathédrale XIe-XVe s.).

CANTHARIDE n. f. ▪ Insecte coléoptère de couleur vert doré et brillant.

CANTILÈNE n. f. ▪ **1.** Chant profane. ➝ LITTÉR. Texte lyrique. ⇒ **complainte.** *"La Cantilène de sainte Eulalie"* (premier poème en langue romane). **2.** Chant monotone, mélancolique.

Richard CANTILLON (v. 1680 - 1734) ▪ Banquier, économiste et démographe français d'origine irlandaise.

CANTINE n. f. ▪ **1.** Restaurant d'une collectivité. ⇒ **buvette, réfectoire.** *La cantine d'une école, d'une entreprise.* **2.** Coffre de voyage, malle rudimentaire (en bois, métal).

CANTINIÈRE n. f. ▪ anciennt Gérante d'une cantine militaire. ⇒ **vivandière.**

CANTIQUE n. m. ▪ **1.** Poème, chant d'action de grâces. *"Le Cantique des cantiques",* livre biblique, poème attribué à Salomon. **2.** Chant religieux, consacré à la gloire de Dieu.

CANTON n. m. ▪ **I.** Chacun des États composant la Confédération helvétique (la Suisse). *Le canton de Berne.* **II.** Division territoriale (en France). *L'arrondissement est divisé en cantons. Chef-lieu de canton.* **III.** (Canada) *Les cantons de l'Est.*

CANTON en chinois ***GUANGZHOU*** ou ***KOUANG-TCHEOU*** ▪ Ville de Chine, capitale de la province du Guangdong. 3 579 400 hab. *(les Cantonais).* Grande cité industrielle et commerciale. Port. Textile. Artisanat. Ce fut le point de pénétration des Européens au XIXe s. et le lieu de proclamation de la première république chinoise (1911).

À LA CANTONADE loc. adv. ▪ *Parler à la cantonade,* à un groupe sans s'adresser à qqn en particulier.

CANTONAL, ALE, AUX adj. ▪ **I.** (en Suisse) Du canton (I). *Lois cantonales* (opposé à *fédéral*). **II.** (en France) Du canton (II). *Élections cantonales,* élisant les conseils généraux.

CANTONNEMENT n. m. ▪ Action de cantonner des troupes ; lieu où elles cantonnent. ⇒ **bivouac, campement.**

CANTONNER v. [1] ▪ **1. v. tr.** Établir, faire séjourner (des troupes) en un lieu. **2. v. intr.** Camper. *Les troupes cantonnent dans la région.* **3. v. tr.** Établir (qqn) d'autorité dans un lieu, dans un état. ► **SE CANTONNER v. pron.** Se retirer dans un lieu où l'on se croit en sûreté. ➝ fig. *Se cantonner dans ses études, dans ses recherches.* ⇒ se **borner.**

CANTONNIER n. m. ▪ Ouvrier qui travaille à l'entretien des routes.

Georg CANTOR (1845 - 1918) ▪ Mathématicien allemand. Son arithmétique de l'infini inaugure la théorie des ensembles.

CANULAR n. m. ▪ FAM. Blague, farce ; fausse nouvelle.

CANULE n. f. ▪ Tube servant à injecter un liquide dans un conduit de l'organisme.

CANULER v. tr. [1] ▪ FAM. Ennuyer, importuner. ⇒ **fatiguer.**

CANUT, CANUSE n. ▪ RÉGIONAL Ouvrier de l'industrie de la soie (Lyon). *La révolte des canuts, en 1831* (date symbolique pour le mouvement ouvrier).

CANUT en danois ***KNUD*** ▪ Nom de six rois du Danemark ► **CANUT LE GRAND** (v. 995 - 1035) conquit l'Angleterre en 1018, puis la Norvège.

CANYON n. m. ⇒ CAÑON

C.A.O. [seao] **n. f.** ▪ Sigle de *conception assistée par ordinateur.*

CAO CAO ou **TS'AO TS'AO** (155 - 220) ▪ Guerrier et poète chinois. Il usurpa le pouvoir et, succédant aux Han, unifia la Chine du Nord.

caoutchouc. Récolte du latex dans une plantation d'hévéas.
Phot. © Charles Lénars

CAOUTCHOUC [kautʃu] **n. m.** ▪ **1.** Substance élastique, imperméable, provenant du latex de certaines plantes ou fabriquée artificiellement. ⇒ **gomme.** *Caoutchouc synthétique.* **2.** *Un caoutchouc :* un vêtement caoutchouté (⇒ **imperméable**) ; un élastique. **3.** Plante d'appartement (ficus) à feuilles épaisses et brillantes.

CAOUTCHOUTER v. tr. [1] ▪ Enduire de caoutchouc. ➝ au p. p. *Tissu caoutchouté,* imperméabilisé.

CAOUTCHOUTEUX, EUSE adj. ▪ Qui a la consistance du caoutchouc.

Canton. Anciens et nouveaux bâtiments sur la rivière des Perles.
Phot. © Géopress/Explorer

CAP n. m. ▪ **I.** loc. *DE PIED EN CAP :* des pieds à la tête (⇒ **complètement**). **II. 1.** Pointe de terre qui s'avance dans la mer. ⇒ **pointe, promontoire.** *Le cap Horn.* **2.** loc. fig. *Franchir, dépasser le cap de la trentaine.* **3.** Direction d'un navire. *Mettre le cap sur :* se diriger vers. *Changer de cap.*

C.A.P. [seape] n. m. ▪ Sigle de *certificat d'aptitude professionnelle. Passer un C.A.P. de coiffure.*

Le CAP en angl. ***CAPE TOWN*** ▪ Capitale législative de l'Afrique du Sud. 1 911 521 hab. Port, pétrole, industries.

Robert CAPA (1913 - 1954) ▪ Photographe américain d'origine hongroise. Photographies de guerre.

Capa. Bataille de Sierras, 1936, photographie.
Phot. © Robert Capa/Magnum

CAPABLE adj. ▪ **I. 1.** *Capable de qqch. :* qui est en état, a le pouvoir d'avoir (une qualité), de faire (qqch.). *Capable de tout, du pire.* **2.** *CAPABLE DE* (+ inf.). ⇒ **apte** à, **propre** à, **susceptible** de. *Il est, il se sent capable de réussir.* **3.** Qui a de l'habileté, de la compétence. ⇒ **adroit, habile. II.** MATH. *Arc capable.*

CAPACITÉ n. f. ▪ **I.** Propriété de contenir une quantité de substance. ⇒ **contenance, mesure, volume.** *La capacité d'un récipient. Mesures de capacité.* **II. 1.** Puissance, pouvoir (de faire qqch.). ⇒ **aptitude, force.** - *L'usine a doublé sa capacité de production.* **2.** Qualité d'une personne qui est en état de comprendre, de faire (qqch.) [opposé à *incapacité*]. ⇒ **capable ; compétence, faculté.** *Avoir une grande capacité de travail.* ⇒ **puissance.** - au plur. Moyens, possibilités. *Capacités intellectuelles.* **3.** *Capacité en droit,* diplôme délivré après deux ans d'études.

CAPARAÇON n. m. ▪ Harnais d'ornement ou housse de protection dont on équipe les chevaux.

CAPARAÇONNER v. tr. [1] ▪ Revêtir, couvrir (un cheval) d'un caparaçon.

l'île du CAP-BRETON ▪ Île de la côte orientale du Canada (Nouvelle-Écosse), à l'embouchure du Saint-Laurent. Ville principale : Sydney.

CAPBRETON ▪ Commune des Landes. 5 089 hab. Ancien port, aujourd'hui station balnéaire dotée d'un port de plaisance. Au large, se trouve une fosse marine appelée *gouf de Capbreton.*

CAP-DE-LA-MADELEINE ▪ Ville du Canada (Québec), sur le Saint-Laurent, dans l'agglomération de Trois-Rivières. 33 976 hab. Industrie de l'aluminium et du papier. Lieu de pèlerinage.

CAPE n. f. ▪ **I. 1.** Vêtement de dessus, sans manches, qui enveloppe le corps et les bras. ⇒ **houppelande, pèlerine.** - loc. *Histoire, roman DE CAPE ET D'ÉPÉE,* dont les personnages sont des héros chevaleresques. **2.** loc. fig. *RIRE SOUS CAPE,* en cachette. **II.** MAR. *À la cape :* en réduisant la voilure.

Karel ČAPEK (1890 - 1938) ▪ Romancier et dramaturge tchèque. Sa pièce *"Les Robots universels de Rossum"* (1921) créait le mot *robot.* Ses romans de science-fiction (*"La Guerre des salamandres",* 1936) évoquent des dangers monstrueux qui pèsent sur l'humanité.

CAPELINE n. f. ▪ Chapeau de femme à très larges bords souples.

C.A.P.E.S. [kapɛs] n. m. ▪ Sigle de *certificat d'aptitude au professorat de l'enseignement secondaire.*

CAPESTERRE-BELLE-EAU ▪ Commune de la Guadeloupe. 19 081 hab. *(les Capesterriens).*

les CAPÉTIENS ▪ Dynastie des rois de France, du surnom de son fondateur Hugues Capet (987). Succédant aux Carolingiens, ils établirent la monarchie héréditaire, et l'extension de leur domaine se confondit avec l'histoire territoriale de la France. La branche directe s'éteignit en 1328 (Charles IV le Bel) ; la couronne passa aux Capétiens de Valois, puis de Bourbon (1589) et aux Bourbons-Orléans.

CAP-HAÏTIEN ▪ Ville et port d'Haïti. 90 000 hab.

CAPHARNAÜM [-aɔm] n. m. ▪ (du n. de la ville) FAM. Lieu qui renferme beaucoup d'objets en désordre. ⇒ **bazar, bric-à-brac.**

CAPHARNAÜM ▪ Ville de Galilée où Jésus prêcha. Aujourd'hui, Kefar Nahum.

CAPILLAIRE [-il-] adj. ▪ **I. 1.** Se dit des vaisseaux sanguins les plus fins (dernières ramifications). *Veines, vaisseaux capillaires ;* n. m. *les capillaires.* - PHYS. *Tube capillaire,* très fin. **2.** Relatif aux cheveux, à la chevelure. *Lotion capillaire.* **II.** BOT. Fougère à pétioles très fins.

CAPILLARITÉ [-il-] n. f. ▪ **1.** État de ce qui est fin comme un cheveu. **2.** Phénomènes qui se produisent à la surface des liquides (dans les tubes *capillaires,* notamment).

EN **CAPILOTADE** loc. adv. ▪ En piteux état, en miettes. ⇒ en **marmelade.** *J'ai le dos en capilotade.*

CAPITAINE n. m. ▪ **1.** LITTÉR. Chef militaire. *Les grands capitaines de l'Antiquité.* **2.** (en France) Officier qui commande une compagnie. *Capitaine d'artillerie, de cavalerie. Mon capitaine* (terme d'adresse). - *Capitaine de gendarmerie. Capitaine des pompiers.* **3.** Officier qui commande un navire de commerce (sur les bateaux de pêche : *patron*). *Capitaine commandant un paquebot.* ⇒ **commandant. 4.** Chef (d'une équipe sportive). *Le capitaine d'une équipe de football.*

① **CAPITAL, ALE, AUX** adj. ▪ **1.** Qui est le plus important, le premier. ⇒ **essentiel, fondamental, primordial, principal.** *C'est d'un intérêt capital, c'est capital. Un événement capital.* **2.** *PEINE CAPITALE :* peine de mort.

② **CAPITAL, AUX** n. m. ▪ **1.** Somme d'argent que l'on possède ou que l'on prête (opposé à *intérêt*). **2.** Ensemble des biens que l'on fait valoir dans une entreprise. *Capital en nature* (terres, bâtiments, matériel). *Capital en valeur* (argent, fonds). *Engager, investir des capitaux. Augmentation de capital.* ♦ Fortune. *Avoir un joli capital.* **3.** absolt Richesse destinée à produire un revenu ou de nouveaux biens ; moyens de production. *Le capital provient du travail et des richesses naturelles. "Le Capital"* (œuvre principale de Karl Marx). - *Les CAPITAUX :* les sommes en circulation. **4.** Ensemble de ceux qui possèdent les moyens de production. ⇒ **capitaliste.** *Le capital et le prolétariat.*

CAPITALE n. f. ▪ **1.** Ville qui occupe le premier rang dans un État, une province ; siège du gouvernement. *Rome, capitale de l'Italie.* - Ville la plus importante dans un domaine. *Limoges, capitale de la porcelaine.* **2.** Grande lettre. ⇒ **majuscule.** *Les titres sont imprimés en capitales.*

CAPITALISER v. [1] ▪ **1.** v. tr. Transformer en capital (②). *Capitaliser des intérêts.* **2.** v. intr. Amasser de l'argent. ⇒ **thésauriser.** ► n. f. CAPITALISATION

CAPITALISME n. m. ▪ **1.** Régime économique et social dans lequel les capitaux, source de revenu, appartiennent à des personnes privées et sont gérés par des entreprises, des banques privées *(capitalisme libéral)* ou partiellement contrôlées par l'État. *Capitalisme d'État.* ⇒ **étatisme. 2.** Ensemble des capitalistes, des pays capitalistes libéraux (capitalisme privé).

CAPITALISTE ▪ **1.** n. Personne qui possède des capitaux. - FAM. Personne riche. *Un gros capitaliste.* **2.** adj. Relatif au capitalisme. *Économie capitaliste.* ⇒ **libéral.** *Les pays capitalistes.*

CAPITEUX, EUSE adj. ▪ **1.** Qui monte à la tête, qui produit une certaine ivresse. ⇒ **enivrant, excitant.** *Vin, parfum capiteux.* **2.** fig. *Une femme aux charmes capiteux,* qui trouble les sens.

le CAPITOLE ou **CAPITOLIN** ▪ Nom d'une des sept collines de Rome, et du temple de Jupiter, Junon et Minerve qui s'y trouvait. Sur la place du Capitole, dessinée par Michel-Ange se trouve l'hôtel de ville de Rome. Par extension,

Capitole. La place du Capitole à Rome. *Phot. © Lipnitzki/Explorer*

nom donné à divers monuments publics : mairie de Toulouse (XVIIIe s.), parlement de Washington (XIXe s.).

CAPITON n. m. ▪ Chacune des divisions formées par la piqûre dans un siège rembourré.

CAPITONNAGE n. m. ▪ Action de capitonner ; rembourrage. *Un capitonnage épais, moelleux.*

CAPITONNER v. tr. [1] ▪ Rembourrer en piquant (l'étoffe) d'espace en espace. *Capitonner une porte.* – au p. p. *Fauteuil capitonné.*

CAPITULAIRE ▪ **1.** adj. Relatif aux assemblées d'un chapitre (de religieux). *La salle capitulaire d'un monastère.* **2.** n. m. HIST. Ordonnance des rois et empereurs francs.

CAPITULATION n. f. ▪ Action de capituler. ⇒ **reddition.** *Capitulation sans conditions.*

CAPITULE n. m. ▪ BOT. Partie d'une plante formée de fleurs insérées les unes à côté des autres, formant une seule fleur (au sens courant).

CAPITULER v. intr. [1] ▪ **1.** Se rendre à un ennemi par un pacte. *Capituler avec les honneurs de la guerre.* **2.** fig. Abandonner sa position, s'avouer vaincu. ⇒ **céder.**

Jean Antoine, comte de CAPO D'ISTRIA ou **KAPODÍSTRIAS** (1776 - 1831) ▪ Homme d'État grec. Au service de la Russie (1809-1822), il fut président de la Grèce de 1827 à son assassinat, à la fin de la guerre d'indépendance.

CAPON, ONNE adj. et n. ▪ VX Peureux.

Al CAPONE (1895 - 1947) ▪ Gangster américain, d'origine italienne, dont les crimes et délits eurent lieu à Chicago au temps de la prohibition (1919-1933).

CAPORAL, AUX n. m. ▪ **1.** Militaire qui a le grade le moins élevé dans les armes à pied, l'aviation. ⇒ **brigadier.** – *Le Petit Caporal :* Napoléon Ier. – *CAPORAL-CHEF :* celui qui a le grade supérieur au caporal. *Des caporaux-chefs.* **2.** Tabac juste supérieur au tabac de troupe. *Du caporal ordinaire.*

CAPORALISME n. m. ▪ Militarisme tyrannique et borné.

① **CAPOT** n. m. ▪ Couverture métallique protégeant un moteur. *Le capot d'une automobile.*

② **CAPOT** adj. invar. ▪ VX Battu complètement, au jeu. ♦ fig. Humilié, confus.

CAPOTE n. f. ▪ **1.** Grand manteau militaire. **2.** Couverture mobile de certains véhicules. *La capote d'une automobile décapotable.* **3.** FAM. *Capote anglaise :* préservatif masculin.

Truman CAPOTE (1924 - 1984) ▪ Romancier américain. *"Les Domaines hantés"* (1948) raconte l'aventure fantastique d'un enfant. *"De sang-froid"* (1966) est à la fois un roman et un document sur un fait divers réel, l'assassinat d'une famille.

CAPOTER v. intr. [1] ▪ **1.** (bateau, véhicule) Être renversé, se retourner. *Le bateau a capoté.* ⇒ **chavirer.** **2.** fig. Échouer. *Le projet a capoté.* ► n. m. CAPOTAGE

CAPOUE en italien ***CAPUA*** ▪ Ville d'Italie (Campanie), fondée par les Étrusques. 19 286 hab. En 215 av. J.-C., les soldats d'Hannibal s'y abandonnèrent aux « délices de Capoue », perdant leur combativité.

la CAPPADOCE ▪ Ancien pays d'Asie Mineure (Turquie), un des premiers christianisés.

CAPPELLE-LA-GRANDE ▪ Commune du Nord. 8 908 hab.

Leonetto CAPPIELLO (1875 - 1942) ▪ Peintre et caricaturiste français d'origine italienne. Il exécuta des portraits-charges pour *"Le Rire"*, puis s'affirma comme dessinateur humoristique et affichiste.

CAPPUCCINO [kaputʃino] n. m. ▪ Café noir serré nappé de crème mousseuse. *Des cappuccinos.*

Frank CAPRA (1897 - 1991) ▪ Cinéaste américain. Ses comédies optimistes montrent que la bonne volonté peut suffire à porter remède aux injustices sociales. *"L'Extravagant Mr. Deeds"* (1936).

CÂPRE n. f. ▪ Bouton à fleur du câprier que l'on confit dans le vinaigre pour servir d'assaisonnement.

CAPRI ▪ Petite île italienne à l'entrée du golfe de Naples (Campanie). 12 500 hab. Centre touristique célèbre.

CAPRICE n. m. ▪ **1.** Envie subite et passagère, fondée sur la fantaisie et l'humeur. ⇒ **désir ; boutade, lubie, toquade.** *Suivre son caprice. Avoir des caprices.* – Amour passager. ⇒ **béguin, toquade.** – (enfants) Exigence accompagnée de colère. *On lui passe tous ses caprices.* **2.** au plur. (choses) Changements fréquents, imprévisibles. *Les caprices de la mode.*

CAPRICIEUX, IEUSE adj. et n. ▪ **1.** Qui a des caprices. ⇒ **fantasque, instable.** *Enfant capricieux.* – n. *Un capricieux, une capricieuse.* **2.** (choses) Dont la forme, le mouvement varie. ⇒ **irrégulier.** – *Un temps capricieux.* ► adv. CAPRICIEUSEMENT

CAPRICORNE n. m. ▪ **1.** Animal fabuleux, à tête de chèvre et queue de poisson (et constellation). ♦ Dixième signe du zodiaque (21 décembre-19 janvier). – *Être Capricorne,* de ce signe. **2.** Grand coléoptère dont la larve creuse de longues galeries.

CÂPRIER n. m. ▪ Arbre à tige souple produisant des boutons à fleurs. ⇒ **câpre.**

CAPRIN, INE adj. ▪ DIDACT. Relatif à la chèvre. *Espèces caprines.*

CAPSULE n. f. ▪ **1.** ANAT. Membrane, cavité en forme de poche, de sac. *Capsule articulaire, synoviale.* – BOT. Fruit dont l'enveloppe est sèche et dure. **2.** Petite coupe de métal garnie de poudre (armes à feu). ⇒ **amorce.** **3.** Calotte de métal qui sert à fermer une bouteille (→ décapsuler). **4.** *Capsule spatiale,* habitacle d'un engin spatial.

CAPSULER v. tr. [1] ▪ Boucher avec une capsule.

CAPTER v. tr. [1] ▪ **1.** Chercher à obtenir (une chose abstraite). *Capter l'attention.* **2.** Recueillir une énergie, un fluide pour l'utiliser. *Capter une source.* **3.** *Capter un message, une émission de radio,* recevoir ou intercepter. ► n. m. CAPTAGE

CAPTEUR n. m. ▪ SC. Dispositif pour détecter (⇒ **détecteur**), capter. *Capteur solaire,* emmagasinant l'énergie solaire.

CAPTIEUX, EUSE adj. ▪ LITTÉR. Qui cherche, sous des apparences de vérité, à tromper. ⇒ **fallacieux, spécieux.** *Raisonnement, discours captieux.*

CAPTIF, IVE adj. ▪ **1.** LITTÉR. Qui a été fait prisonnier au cours d'une guerre (⇒ **captivité**). – n. *Captifs réduits en esclavage.*

Cappadoce. Le village d'Avcilar. *Phot. © Dagli Orti*

2. *BALLON CAPTIF*, retenu par un câble. **3.** (animaux) Privé de liberté. ♦ fig. (personnes) ⇒ **esclave.** *Être captif de ses passions.*

CAPTIVER v. tr. 1 ▪ Attirer et fixer (l'attention) ; retenir en séduisant. ⇒ **charmer, enchanter, passionner, séduire.** *Captiver l'attention. Ce livre me captive.* ► adj. CAPTIVANT, ANTE

CAPTIVITÉ n. f. ▪ Situation d'une personne captive, prisonnière (⇒ **emprisonnement**), spécialt d'un prisonnier de guerre. *Vivre en captivité. Retour de captivité.*

CAPTURE n. f. ▪ **1.** Action de capturer. ⇒ **prise, saisie.** *La capture d'un navire. Capture d'un criminel.* ⇒ **arrestation. 2.** Ce qui est pris. *Une belle capture.*

CAPTURER v. tr. 1 ▪ S'emparer de (un être vivant). ⇒ **arrêter, prendre.** *Capturer un animal féroce.*

CAPUCE n. m. ▪ DIDACT. Capuchon en pointe.

CAPUCHE n. f. ▪ Petit capuchon.

CAPUCHON n. m. ▪ **1.** Large bonnet attaché à un vêtement, et que l'on peut rabattre sur la tête. *Le capuchon d'un imperméable.* ⇒ **capuche. 2.** Bouchon fileté.

CAPUCIN, INE n. ▪ Religieux, religieuse d'une branche réformée de l'ordre de saint François. ⇒ **franciscain.**

CAPUCINE n. f. ▪ Plante à feuilles rondes et à fleurs jaunes, orangées ou rouges ; cette fleur. – *"Dansons la capucine"* (ronde enfantine).

capucine.
Phot. © Nief/Jacana

les îles du CAP-VERT ▪ Archipel et État (république) de l'Atlantique, au large du Sénégal. 4 033 km^2. 369 000 hab. (très forte densité, d'où un fort taux d'émigration des *Cap-Verdiens*). Capitale : Praia. Langues : portugais (officielle), créole portugais. Monnaie : escudo du Cap-Vert. Ancienne colonie portugaise, indépendante depuis 1975.

CAQUE n. f. ▪ Barrique pour les harengs salés

CAQUELON n. m. ▪ Poêlon en fonte ou en terre.

CAQUET n. m. ▪ **1.** Gloussement de la poule quand elle pond. **2.** VX Bavardage prétentieux, jactance. loc. *Rabattre le caquet de, à (qqn)* : faire taire. **3.** Bavardage inepte.

CAQUETAGE n. m. ▪ **1.** Action de caqueter. **2.** Bavardage.

CAQUETER v. intr. 4 ▪ **1.** Glousser au moment de pondre. *Les poules caquettent.* **2.** fig. Bavarder d'une façon indiscrète, désagréable. ⇒ **jacasser.**

① **CAR** conj. ▪ Conjonction de coordination qui introduit une explication (preuve, raison de la proposition qui précède). ⇒ **parce que, puisque.** *Il n'ira pas, car il est malade.*

② **CAR** n. m. ▪ Autocar. *Un car de trente places.*

CARABE n. m. ▪ Insecte coléoptère, à reflets métalliques. ⇒ **scarabée.**

carabe. *Carabus hispanus,*
carabe « espagnol ». *Phot. © Carrara/Jacana*

CARABIN n. m. ▪ FAM. Étudiant en médecine.

CARABINE n. f. ▪ Fusil léger à canon court. *Tir à la carabine.*

CARABINÉ, ÉE adj. ▪ FAM. Fort, violent. *Un orage carabiné.*

CARABINIER n. m. ▪ **1.** VX Soldat armé d'une carabine. **2.** en Italie Gendarme. ♦ en Espagne Douanier. ♦ loc. *Arriver comme les carabiniers d'Offenbach* (dans *Les Brigands*), qui arrivent « toujours en retard ».

CARACALLA (188-217) ▪ Empereur romain de 211 à sa mort. Guerrier et bâtisseur (thermes de Rome). L'*édit de Caracalla* (212) accorda la citoyenneté romaine à tous les sujets libres de l'empire.

CARACAS ▪ Capitale du Venezuela. 1 400 000 hab. Expansion due au pétrole. Industries.

Caracas. La plaza Venezuela. *Phot. © Géopress/Explorer*

CARACO n. m. ▪ **1.** VX Corsage de femme droit et assez ample. **2.** MOD. Sous-vêtement féminin couvrant le buste.

CARACOLER v. intr. 1 ▪ (chevaux, cavaliers) **1.** VX Faire des voltes. **2.** Chevaucher en sautant, en cabrant le cheval. – loc. fig. *Caracoler en tête des sondages.*

CARACTÈRE n. m. ▪ **I.** Marque, signe gravé ou écrit, élément d'une écriture. ⇒ **lettre, symbole ; idéogramme, pictogramme.** *Caractères chinois, grecs.* ♦ *Caractères d'imprimerie. Caractères romains, italiques.* **II. 1.** Trait distinctif propre à une personne, à une chose. ⇒ **attribut, caractéristique, particularité.** *Caractères physiques héréditaires.* – *Présenter un caractère d'urgence, de gravité.* **2.** absolt Air personnel, original. ⇒ **originalité, personnalité.** *Cette maison a du caractère.* ⇒ **cachet. III. 1.** Ensemble des manières habituelles de sentir et de réagir qui distinguent un individu. ⇒ **individualité, nature, personnalité, tempérament.** *Caractère froid, exubérant, passionné. Avoir mauvais caractère.* **2.** absolt *Avoir du caractère.* ⇒ **énergie, fermeté, volonté. 3.** Personne considérée dans son individualité, son originalité. ⇒ **personnalité.**

CARACTÉRIEL, IELLE adj. ▪ **1.** DIDACT. Du caractère (III, 1). *Troubles caractériels.* **2.** (personnes) Qui présente des troubles du caractère. *Un enfant caractériel.* – n. *Un caractériel.*

CARACTÉRISER v. tr. 1 ▪ **1.** Montrer avec précision, mettre en relief les caractères distinctifs de (qqn, qqch.). ⇒ **distinguer, marquer, préciser. 2.** Constituer le caractère ou l'une des caractéristiques de. ⇒ **définir, déterminer.** *Les traits, les particularités qui caractérisent un personnage, une activité.* – au p. p. *Zona caractérisé.* ⇒ **net.** ► n. f. CARACTÉRISATION

CARACTÉRISTIQUE ▪ **1.** adj. Qui permet de distinguer, de reconnaître. ⇒ **propre, spécifique, typique.** *Les propriétés caractéristiques du cuivre.* **2.** n. f. Ce qui sert à caractériser. ⇒ **caractère.** *Les caractéristiques d'une machine, d'un avion.* ⇒ **particularité.**

CARACTÉROLOGIE n. f. ▪ Étude des types de caractères.

CARAFE n. f. ▪ **1.** Récipient à base large et col étroit. *Une carafe d'eau. Vin en carafe.* **2.** loc. FAM. *Rester EN CARAFE* : être oublié, laissé de côté.

CARAFON n. m. ▪ **1.** Petite carafe. *Un carafon de vin.* **2.** FAM. Tête. ⇒ FAM. **cafetière.**

Ion Luca **CARAGIALE** (1852-1912) ▪ Homme de théâtre et écrivain roumain. Ses comédies populaires (*"Une nuit orageuse"*, 1878; *"Monsieur Léonidas face à la réaction"*, 1880) exploitent sur le mode comique l'absurde et le lieu commun.

CARAÏBE adj. et n. ▪ De la population indigène (Indiens) du golfe du Mexique. ⇒ **antillais.** ♦ n. m. Groupe de langues amérindiennes de cette région.

les **CARAÏBES** ▪ Région du continent américain comprenant les Antilles (Caraïbes insulaires), le Venezuela, la Colombie, Panamá et les pays de l'isthme centraméricain. ► **la mer des CARAÏBES** ou **mer des ANTILLES** Vaste mer de l'Atlantique Nord (2,5 millions de km²).

Constantin **CARAMANLIS** (né en 1907) ▪ Homme d'État grec. Premier ministre (1955-1963), il forma en 1974 un gouvernement civil qui rétablit la démocratie (→ **Grèce**). Il fut président de la République (1980-1985 et 1990-1995).

CARAMBOLAGE n. m. ▪ **1.** au billard Coup dans lequel une bille en touche deux autres. **2.** Série de chocs, de chutes. *Carambolage de voitures sur l'autoroute.*

CARAMBOLER v. [1] ▪ **1.** v. intr. Faire un carambolage. **2.** v. tr. Bousculer, heurter. - pronom. *Six voitures se sont carambolées au carrefour.*

CARAMEL n. m. ▪ **1.** Produit brun, brillant, aromatique, obtenu en faisant fondre du sucre. *Crème (au) caramel.* **2.** Bonbon au caramel. *Caramels mous.* **3.** adj. invar. Roux clair.

CARAMÉLISER v. tr. [1] ▪ **1.** Transformer (du sucre) en caramel. **2.** Mêler, enduire de caramel.

Emmanuel Poiré dit **CARAN D'ACHE** (1859-1909) ▪ Dessinateur humoristique français. Son surnom est emprunté au russe *karandach* (« crayon »).

CARAPACE n. f. ▪ **1.** Organe dur, qui protège le corps. *La carapace des tortues.* **2.** Ce qui protège. ⇒ **blindage, cuirasse.** - fig. *La carapace de l'égoïsme.*

SE **CARAPATER** v. pron. [1] ▪ FAM. S'enfuir. ⇒ **décamper.**

CARAT n. m. ▪ **1.** Chaque vingt-quatrième d'or fin contenu dans une quantité d'or. *Or à dix-huit carats.* **2.** Unité de poids (0,2 g) des pierres précieuses. *Diamant de dix carats.* **3.** loc. FAM. *Dernier carat* : dernière limite.

LE **CARAVAGE** (1573-1610) ▪ Peintre italien. Son art délibérément réaliste, en réaction contre le maniérisme de son époque et fortement contrasté entre l'ombre et la lumière, fut à l'origine d'un vaste mouvement, le *caravagisme*, qui s'étendit en Europe jusqu'au milieu du XVIIᵉ siècle. *"La Vocation de saint Matthieu"*, *"La Crucifixion de saint Pierre"*.

le Caravage. *La Crucifixion de saint Pierre.* Chapelle Cesari, Santa Maria del Popolo, Rome. *Phot. © Carlo Bevilacqua/Ricciarini*

CARAVANE n. f. ▪ **I. 1.** Groupe de voyageurs réunis pour franchir une région désertique, peu sûre. - prov. *Les chiens aboient, la caravane passe,* il faut laisser crier les envieux, les médisants. **2.** Groupe de personnes qui se déplacent. *Une caravane de touristes.* **II.** Remorque d'automobile aménagée pour servir de logement. *Camping en caravane* (*caravaning* n. m. anglic.)

CARAVANIER n. m. ▪ Conducteur d'une caravane (I, 1).

CARAVANSÉRAIL n. m. ▪ **1.** en Orient Vaste cour entourée de bâtiments où les caravanes font halte. **2.** Lieu très animé, fréquenté par des gens de toute provenance.

CARAVELLE n. f. ▪ Ancien navire à voiles (XVᵉ-XVIᵉ siècles). *Les caravelles de Christophe Colomb.*

CARBOCHIMIE n. f. ▪ TECHN. Chimie industrielle de la houille et de ses dérivés.

CARBONARISME n. m. ▪ Mouvement politique des carbonari.

CARBONARO n. m. ▪ HIST. Membre des sociétés secrètes italiennes qui combattaient au XIXᵉ siècle pour la liberté nationale. ◇ plur. *carbonari.* ■ Les carbonari luttèrent contre Murat, puis contre l'occupation autrichienne, et provoquèrent les révolutions de Naples (1820) et du Piémont (1821). En France se développa la charbonnerie*, qui s'opposa, avec moins de succès, à la Restauration.

CARBONATE n. m. ▪ CHIM. Sel ou ester de l'acide carbonique. ⇒ **bicarbonate.**

CARBONATER v. tr. [1] ▪ Transformer en carbonate. - Additionner de carbonate.

CARBONE n. m. ▪ **1.** Corps simple (symb. C), métalloïde qui se trouve dans tous les corps vivants. *Carbone cristallisé* (⇒ **diamant, graphite**), amorphe (⇒ **charbon**). *OXYDE DE CARBONE* : gaz toxique incolore et inodore. *Cycle du carbone,* série de ses combinaisons dans les êtres vivants. - *CARBONE 14* : isotope radioactif du carbone qui permet de dater les restes d'origine animale ou végétale (bois, etc.). **2.** *PAPIER CARBONE,* chargé de couleur et destiné à obtenir des doubles, en dactylographie.

CARBONIFÈRE ▪ **1.** adj. Qui contient du charbon. *Terrain carbonifère.* **2.** n. m. GÉOL. Époque géologique de la fin de l'ère primaire.

CARBONIQUE adj. ▪ *Anhydride carbonique* ou *gaz carbonique* : gaz incolore, présent dans l'atmosphère, résultant de la combinaison du carbone et de l'oxygène (syn. *dioxyde de carbone*). ♦ *NEIGE CARBONIQUE* : anhydride carbonique solide.

CARBONISER v. tr. [1] ▪ Transformer en charbon. ⇒ **brûler, calciner.** - au p. p. *Forêt carbonisée par un incendie.* ♦ Cuire à l'excès. *Le rôti est carbonisé.* ► n. f. CARBONISATION

CARBURANT n. m. ▪ Combustible liquide qui, mélangé à l'air (⇒ **carburation**), peut être utilisé dans un moteur à explosion (ex. essence, gazole).

CARBURATEUR n. m. ▪ Appareil qui, dans un moteur à explosion, sert à effectuer la carburation (2).

CARBURATION n. f. ▪ **1.** TECHN. Enrichissement en carbone d'un corps métallique. **2.** Formation, dans un carburateur, d'un mélange gazeux inflammable composé d'air et de carburant. *Carburation et allumage.*

CARBURE n. m. ▪ **1.** CHIM. Composé du carbone avec un autre corps simple. *Carbures d'hydrogène.* ⇒ **hydrocarbure.** *Carbures à chaîne ouverte,* saturés (ex. méthane, propane) et non saturés (ex. éthylène, acétylène). *Carbures à chaîne fermée* (ex. *benzène*). **2.** Carbure de calcium.

CARBURER v. intr. [1] ▪ Effectuer la carburation. *Ce moteur carbure mal.*

CARCAN n. m. ▪ **1.** anciennt Collier de fer fixé à un poteau. ⇒ **pilori.** **2.** Ce qui engonce, serre le cou. **3.** fig. ⇒ **assujettissement, contrainte.** *Le carcan de la discipline.*

CARCASSE n. f. ▪ **1.** Ensemble des ossements décharnés du corps. ⇒ **squelette.** - *La carcasse d'une volaille.* **2.** FAM. Le corps humain. *Traîner sa vieille carcasse.* **3.** Charpente (d'un appareil, d'un ouvrage) ; assemblage des pièces soutenant un ensemble. ⇒ **armature, charpente, structure.** *La carcasse d'un parapluie.*

CARCASSONNE ▪ Chef-lieu de l'Aude. 43 470 hab. *(les Carcassonnais).* La double enceinte de la cité fortifiée (VIe-XIIIe s.), restaurée par Viollet-le-Duc, et les nombreux monuments anciens attirent les touristes.

Carcassonne. La Cité, l'Aude et le vieux port.
Phot. © Dupont/Explorer

CARCÉRAL, ALE, AUX adj. ▪ De la prison. *L'univers carcéral.*

CARCINO- Élément, du grec *karkinos* « crabe ; chancre » qui signifie « crabe » ou « cancer ».

CARCINOGÈNE adj. ▪ DIDACT. ⇒ **cancérigène.**

CARCINOLOGIE n. f. ▪ DIDACT. **1.** Étude des crustacés. **2.** Étude du cancer. ⇒ **cancérologie, oncologie.**

CARCINOME n. m. ▪ Tumeur cancéreuse (épithélium, glandes).

Francis **CARCO** (1886 - 1958) ▪ Écrivain français. Poèmes. Romans (*"Jésus la Caille"* 1914, sur le monde de la pègre). Biographies.

CARDAGE n. m. ▪ Opération par laquelle on carde.

CARDAMOME n. f. ▪ Plante aromatique d'Asie. - Sa graine.

CARDAN n. m. ▪ Système de suspension dans lequel le corps suspendu conserve une position invariable malgré les mouvements de son support. ♦ Articulation permettant de transmettre le mouvement entre deux axes d'arbres concourants (syn. *joint de cardan*).

Jérôme **CARDAN** (1501 - 1576) ▪ Médecin, mathématicien et philosophe italien. Connu surtout pour sa méthode de résolution des équations du troisième degré, il est également l'inventeur du système de suspension qui porte son nom.

CARDE n. f. ▪ **I.** Peigne ou machine à tambours servant à carder. **II.** Côte comestible des feuilles de cardon et de bette.

Lázaro **CÁRDENAS** (1895 - 1970) ▪ Général et président de la République du Mexique de 1934 à 1940.

CARDER v. tr. [1] ▪ Peigner, démêler (des fibres textiles). *Carder de la laine, du coton.* - au p. p. *Laine cardée* (opposé à *peigné*).

CARDEUR, EUSE ▪ **1.** n. Personne qui carde la laine. **2.** n. f. Machine qui ouvre et nettoie la laine des matelas.

CARDIA n. m. ▪ ANAT. Orifice supérieur de l'estomac (près du cœur).

CARDIAQUE adj. et n. ▪ **1.** Du cœur. *Un malaise cardiaque. Le muscle cardiaque* : le cœur. **2.** Atteint d'une maladie de cœur. - n. *Les cardiaques.*

CARDIFF ▪ Capitale du pays de Galles. 285 000 hab. Port charbonnier, industries. Château.

CARDIGAN n. m. ▪ Veste de laine tricotée à manches longues, boutonnée devant. ⇒ **gilet, tricot.**

CARDIGAN ▪ Ville du pays de Galles (Dyfed), au sud de la *baie de Cardigan.* 4 000 hab. Tourisme.

Pierre **CARDIN** (né en 1922) ▪ Couturier français. Il conçut la première ligne de prêt-à-porter et libéra de sa rigueur la mode masculine.

① **CARDINAL, ALE, AUX** adj. ▪ **1.** LITTÉR. Qui sert de pivot, de centre. ⇒ **capital, essentiel, fondamental.** *Idées cardinales.* **2.** *Nombre cardinal* (opposé à *ordinal*), désignant une quantité (ex. *quatre* dans *maison de quatre pièces*). **3.** *Les quatre points cardinaux* (nord, est, sud, ouest). ⇒ **rose** des vents.

② **CARDINAL, AUX** n. m. ▪ **1.** Prélat* participant au gouvernement de l'Église catholique (électeur et conseiller du pape). *Réunion des cardinaux.* ⇒ **conclave. 2.** Oiseau passereau d'Amérique au plumage rouge foncé.

CARDIO- Élément, du grec *kardia* « cœur ».

CARDIOGRAMME n. m. ▪ MÉD. Enregistrement des mouvements du cœur. ⇒ **électrocardiogramme.**

CARDIOGRAPHE n. m. ▪ MÉD. Appareil qui enregistre les mouvements du cœur.

CARDIOGRAPHIE n. f. ▪ MÉD. Étude graphique des mouvements du cœur.

CARDIOLOGIE n. f. ▪ Étude du cœur et de ses affections.

CARDIOLOGUE n. ▪ Médecin spécialisé dans les maladies du cœur.

CARDIOPATHIE n. f. ▪ MÉD. Maladie du cœur.

CARDIOVASCULAIRE adj. ▪ MÉD. Relatif à la fois au cœur et aux vaisseaux sanguins. *Troubles, maladies cardiovasculaires.*

CARDON n. m. ▪ Plante potagère voisine de l'artichaut, dont on mange la côte médiane (carde) des feuilles.

Giosuè **CARDUCCI** (1835 - 1907) ▪ Poète et critique italien. Il tenta de renouveler la poésie italienne en usant d'une prosodie calquée sur les vers grecs et latins. *"Confessions et Batailles"* (1882-1884). Prix Nobel 1906.

la **CARÉLIE** ▪ Une des républiques de la fédération de Russie. 172 400 km^2. 796 000 hab. *(les Caréliens,* peuple finno-ougrien). Capitale : Petrozavodsk. Pêche. Industrie du bois. Disputée à la Finlande, la Carélie ne fut totalement annexée par l'URSS qu'en 1940.

CARÊME n. m. ▪ Période de pénitence, d'abstinence, qui va du mercredi des Cendres au jour de Pâques (relig. chrét.). ♦ loc. FAM. *Face de carême,* maigre ; triste.

CARÉNAGE n. m. ▪ **1.** Action de caréner. **2.** Lieu où l'on carène les navires. ⇒ **radoub. 3.** Carrosserie carénée, aérodynamique. *Le carénage d'une moto.*

CARENCE n. f. ▪ **1.** Incapacité à faire face à ses responsabilités. *La carence des pouvoirs publics.* ⇒ **impuissance, inaction. 2.** Absence ou insuffisance d'éléments indispensables à la nutrition. *Carence en vitamine C. Maladie de carence* (adj. CARENTIEL, IELLE). ♦ PSYCH. *Carence affective.*

CARÈNE n. f. ▪ **1.** Partie immergée de la coque (d'un navire). **2.** Carénage. *Mettre un navire en carène.*

CARÉNER v. tr. [6] ▪ **1.** Nettoyer, réparer la carène de (un navire). ⇒ **radouber. 2.** Donner un profil aérodynamique à (une carrosserie). - au p. p. *Train caréné.*

CARESSANT, ANTE adj. ▪ **1.** Qui aime les caresses, tendre et affectueux. ⇒ **cajoleur, câlin.** *Un enfant caressant.* **2.** (gestes, manières) Doux comme une caresse. ⇒ **tendre.** *Une voix caressante.*

CARESSE n. f. ▪ Manifestation physique de la tendresse. - Attouchement tendre ou érotique. ⇒ **cajolerie, étreinte.** *Couvrir qqn de caresses.* ♦ fig. *La caresse du vent, du soleil.*

CARESSER v. tr. [1] ▪ **1.** Toucher en signe de tendresse. *Caresser un enfant.* ⇒ **cajoler, câliner.** *Caresser un chien.* ⇒ **flatter. 2.** Effleurer doucement, agréablement. *Le vent caresse ses cheveux.* **3.** fig. Entretenir complaisamment (une idée, un espoir). ⇒ **nourrir.** *Caresser un rêve, des projets.*

① **CARET** n. m. ▪ Dévidoir des cordiers. - *Fil de caret* : gros fil de chanvre.

② **CARET** n. m. ▪ Grande tortue carnivore des mers chaudes.

CAR-FERRY [-feri ; -fere] n. m. ▪ anglic. Bateau servant au transport des voyageurs et de leur voiture. ⇒ **ferry-boat.** *Des car-ferries.* ◇ abrév. FERRY.

CARGAISON n. f. ▪ **1.** Marchandises chargées sur un navire, ou dans un camion. ⇒ **chargement, fret.** *Arrimer une cargaison. Une cargaison de vin.* **2.** FAM. ⇒ **collection, réserve.** *Une cargaison d'histoires drôles.*

CARGO n. m. ▪ Navire destiné surtout au transport des marchandises. *Cargo minéralier.* ♦ *Avions-cargos.*

CARGUER v. tr. [1] ▪ Serrer (les voiles) contre leurs vergues ou contre le mât au moyen de cordages (*cargue* n. f.).

CARHAIX-PLOUGUER ▪ Commune du Finistère. 8 198 hab. *(les Carhaisiens).*

CARIATIDE n. f. ▪ Statue de femme soutenant une corniche sur sa tête.

caribou.
Rangifer tarandus.
Phot. © Walker/Explorer

CARIBOU n. m. ▪ Renne du Canada. *Des caribous.*

CARICATURAL, ALE, AUX adj. ▪ **1.** Qui tient de la caricature, qui y prête. ⇒ **burlesque, grotesque.** *Un profil caricatural.* **2.** Qui déforme en ridiculisant.

CARICATURE n. f. ▪ **1.** Représentation qui, par la déformation, l'exagération de détails (traits du visage, proportions), tend à ridiculiser le modèle. ⇒ **charge.** *Les caricatures de Daumier.* **2.** fig. Ce qui évoque sous une forme déplaisante ou ridicule. *Faire la caricature de la société, d'un milieu.* ⇒ **satire.** ◆ Simulacre, parodie. *Une caricature de la vérité.* **3.** Personne ridicule.

CARICATURER v. tr. [1] ▪ **1.** Faire la caricature de (qqn). **2.** Représenter sous une forme caricaturale. ⇒ **parodier, railler, ridiculiser.**

CARICATURISTE n. ▪ Artiste (spécialt dessinateur) qui fait des caricatures.

CARIE n. f. ▪ Maladie des os et des dents qui entraîne leur destruction. ♦ spécialt Lésion qui détruit l'émail et l'ivoire de la dent en formant une cavité.

CARIER v. tr. [7] ▪ Attaquer par la carie. ⇒ **gâter.** ◆ pronom. (passif) *Cette dent s'est cariée.* ◆ au p. p. *Dent cariée.*

CARILLON n. m. ▪ **1.** Ensemble de cloches accordées à différents tons. **2.** Système de sonnerie (d'une horloge) qui se déclenche automatiquement pour indiquer les heures. ♦ *Carillon électrique :* sonnerie produisant plusieurs tons. **3.** Air exécuté par un carillon ; sonnerie de cloches vive et gaie.

CARILLONNER v. intr. [1] ▪ **1.** Sonner en carillon. *Les cloches carillonnent.* ◆ trans. *Carillonner une fête,* l'annoncer par un carillon. ◆ au p. p. *Fête carillonnée,* solennelle. **2.** FAM. Sonner bruyamment. *Carillonner à la porte.*

la CARINTHIE en allemand ***KÄRNTEN*** ▪ Land d'Autriche. 9 533 km². 552 400 hab. Capitale : Klagenfurt.

Giacomo CARISSIMI (1605 - 1674) ▪ Compositeur italien, un des maîtres de l'oratorio.

CARISTE n. ▪ TECHN. Conducteur (trice) de chariot automoteur.

CARITATIF, IVE adj. ▪ Destiné à porter secours aux plus défavorisés. *Association caritative.*

CARLIN n. m. ▪ Petit chien à poil ras, au museau noir et écrasé. ⇒ **dogue.**

CARLINGUE n. f. ▪ **1.** Pièce de charpente renforçant la carène (d'un navire). **2.** Partie habitable (d'un avion).

CARLISME n. m. ▪ HIST. Attachement à la politique absolutiste et réactionnaire de don Carlos*. ► **adj.** et **n.** CARLISTE

Alfred Le Petit, *M. Thiers,* dessin, 1871. Coll. part., Paris. *Phot. © de Selva/ Tapabor*

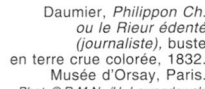

Daumier, *Philippon Ch. ou le Rieur édenté (journaliste),* buste en terre crue colorée, 1832. Musée d'Orsay, Paris. *Phot. © R.M.N. /H. Lewandowski*

Grosz, *Le Général,* aquarelle. Coll. galerie Claude Bernard, Paris. *Phot. © Giraudon*

Mussolini, caricature publiée dans *L'Âne,* 1925. *Phot. © Ricerche editoriali/ Ricciarini*

caricature.

CARLOMAN ▪ Nom de plusieurs princes carolingiens. ► **CARLOMAN** (mort en 754), frère de Pépin le Bref. Il fut à la tête de l'Austrasie de 741 à 747. ► **CARLOMAN** (751 - 771), frère de Charlemagne, roi d'Austrasie de 768 à sa mort. ► **CARLOMAN** (mort en 884), roi de France de 879 à sa mort.

don CARLOS (1788 - 1855) ▪ Infant d'Espagne, prétendant au trône contre sa nièce Isabelle II. De 1834 à 1840, il provoqua une guerre civile entre ses partisans, les *carlistes*, et leurs opposants. Son fils **Charles de Bourbon**, comte de Montemolín (1818 - 1861), puis son petit-fils **don Carlos** (1848 - 1909) tentèrent vainement après lui d'obtenir la couronne par les armes (1848, 1860, 1872-1876).

Carolyn CARLSON (née en 1943) ▪ Danseuse et chorégraphe américaine d'origine finlandaise.

Carlson. *Comedia,* avril 1993, théâtre de la Ville, Paris. *Phot. © P. Victor/Stills*

Thomas CARLYLE (1795 - 1881) ▪ Historien et philosophe britannique. Il affirma le rôle moteur des grands hommes dans l'histoire. *"Histoire de la Révolution française"* (1837), *"Les Héros et le Culte des héros"* (1841).

CARMAGNOLE n. f. ▪ Ronde chantée et dansée par les révolutionnaires.

CARMAUX ▪ Commune du Tarn. 10 957 hab. *(les Carmausins).* Houille (en déclin).

CARME n. m. ▪ Religieux de l'ordre du Carmel.

CARMEL n. m. ▪ Couvent de carmes, de carmélites.

le CARMEL ou **ORDRE DE NOTRE-DAME DU MONT-CARMEL** ▪ Ordre religieux mendiant né en 1185 du rassemblement de quelques ermites sur le mont Carmel en Palestine. Vers 1240, les premiers carmes partirent vers l'Europe. En 1452, fut fondée la branche féminine des carmélites. Adoucie en 1431, la règle primitive fut rétablie par Thérèse d'Ávila puis par Jean* de la Croix (1568), ce qui conduisit à la séparation des carmes en carmes déchaux et carmes chaussés. L'école théologique de Salamanque (1653-1724) puis Thérèse de l'Enfant-Jésus poursuivirent la tradition mystique des carmes.

CARMÉLITE n. f. ▪ Religieuse de l'ordre du Carmel.

CARMIN n. m. ▪ Colorant ou couleur rouge vif. ⇒ **rouge, vermillon.** - adj. invar. *Des étoffes carmin.* ⇒ **carminé.**

CARMINÉ, ÉE adj. ▪ Rouge vif. *Un vernis à ongles carminé.*

António Oscar de Fragoso CARMONA (1869 - 1951) ▪ Maréchal et homme politique portugais. Il prit le pouvoir en 1926, fut président de 1928 à sa mort et nomma Salazar à la présidence du Conseil.

Louis Carrogis dit **CARMONTELLE** (1717 - 1806) ▪ Peintre et auteur dramatique français. Il dessina le parc Monceau et composa pour la cour du duc de Chartres, Philippe d'Orléans, des comédies légères en forme de *"Proverbes"*.

CARNAC ▪ Commune du Morbihan. 4 243 hab. *(les Carnacois).* Monuments mégalithiques.

CARNAGE n. m. ▪ Action de tuer un grand nombre (d'animaux, d'hommes). ⇒ **boucherie, massacre, tuerie.** *Un monstrueux carnage.*

Rudolf CARNAP (1891 - 1970) ▪ Logicien et philosophe allemand naturalisé américain. Membre éminent du cercle de Vienne, représentant de l'empirisme logique et de l'intérêt philosophique pour le langage.

CARNASSIER, IÈRE adj. ▪ Qui se nourrit de viande, de chair crue. *Le lion, la belette, animaux carnassiers.* - n. m. ⇒ **carnivore.**

CARNASSIÈRE n. f. ▪ Sac servant au chasseur pour porter le gibier. ⇒ **carnier, gibecière.**

CARNATION n. f. ▪ Couleur, aspect de la chair d'une personne. ⇒ **teint.** *Une jolie carnation.*

CARNAVAL, ALS n. m. ▪ **1.** Période de réjouissances profanes qui va de l'Épiphanie au début du carême. ⇒ jour **gras.** **2.** Divertissements publics (bals, défilés) du carnaval. *Déguisements, masques de carnaval. Le carnaval de Venise, de Rio.* **3.** ETHNOL. Période où l'ordre social, les hiérarchies sont symboliquement supprimés ou retournés.

CARNAVALESQUE adj. ▪ Digne du carnaval (2 ou 3).

CARNE n. f. ▪ FAM. **1.** Viande de mauvaise qualité. **2.** Mauvais cheval. - (personnes) ⇒ **rosse.**

CARNÉ, ÉE adj. ▪ Composé de viande. *Alimentation carnée.*

Marcel CARNÉ (né en 1909) ▪ Cinéaste français. Ses films appartiennent au « réalisme poétique ». *"Hôtel du Nord"* (1938). Nombreux scénarios de Prévert (*"Les Visiteurs du soir"*, 1943; *"Les Enfants du paradis"*, 1945).

Andrew CARNEGIE (1835 - 1919) ▪ Industriel et philanthrope américain. Il fit fortune dans le marché du fer et de l'acier. Il reste le type du *self-made man* américain à l'époque du capitalisme triomphant.

CARNET n. m. ▪ **1.** Petit cahier de poche. ⇒ **agenda, calepin, répertoire.** *Carnet d'adresses. Carnet de notes.* - *Carnet de commandes :* total des commandes d'une entreprise. **2.** Assemblage de feuillets détachables. *Carnet à souche. Carnet de chèques.* ⇒ **chéquier.** **3.** Réunion de tickets, de timbres, etc., détachables.

CARNIER n. m. ▪ Petite carnassière. ⇒ **gibecière.**

CARNIVORE ▪ **1.** adj. Qui se nourrit de chair. ⇒ **carnassier.** - *Plantes carnivores,* qui peuvent capturer de petits animaux, des insectes. **2.** n. *Les* CARNIVORES *:* ordre de mammifères qui, grâce à leurs dents et à leur système digestif, peuvent manger de la chair crue. *Le chat est un carnivore.*

Lazare CARNOT (1753 - 1823) ▪ Révolutionnaire français, général, savant. Surnommé « l'organisateur de la victoire », il organisa les armées de la République. Hostile à l'Empire, il se retira pour s'adonner à ses travaux scientifiques (il est l'un des créateurs de la géométrie analytique). ► **Sadi CARNOT**, son fils (1796 - 1832), précurseur de la thermodynamique, dont le second principe est dit *de Carnot-Clausius.* ► **Marie François Sadi CARNOT**, son petit-fils (1837 - 1894), neveu du précédent, président de la République élu en 1887, victime d'un attentat anarchiste.

la CAROLINE-DU-NORD ▪ État côtier de l'est des États-Unis. 135 000 km². 6 629 000 hab. Capitale : Raleigh. Cultures subtropicales (tabac). Importantes universités. ► **la CAROLINE-DU-SUD** État cotonnier au sud du précédent. Il fut le premier État à faire sécession en 1860. 79 176 km². 3 487 000 hab. Capitale : Columbia. Agriculture.

Carné. *Les Enfants du paradis,* avec P. Brasseur, Arletty, J.-L. Barrault. *Phot. © Roger Forster/Tous droits réservés*

Caron. *Allégorie des Funérailles de l'Amour,* Musée du Louvre, Paris. *Phot. © Giraudon*

les îles CAROLINES ▪ Archipel le plus étendu de la Micronésie (Océanie), partagé entre la république de Belau et la Fédération des États de Micronésie. 862 km².

CAROLINGIEN, IENNE adj. ▪ Relatif à la dynastie des Carolingiens*. *L'art carolingien.*

les CAROLINGIENS ▪ Deuxième dynastie des rois francs (elle succéda aux Mérovingiens), de Pépin le Bref (751) à Louis V (987). Charlemagne* édifia un empire européen qui ne lui survécut guère. Le territoire qui correspond approximativement à la France actuelle échut à son petit-fils Charles le Chauve en 843 (traité de Verdun). Au xᵉ s., les derniers Carolingiens disputèrent le trône aux Robertiens, ancêtres des Capétiens.

Antoine CARON (v. 1521 - 1599) ▪ Peintre français de l'école de Fontainebleau, rallié à l'esthétique maniériste.

CARONCULE n. f. ▪ ANAT. Petite excroissance charnue.

CAROTÈNE n. m. ▪ Matière colorante jaune ou rouge que l'on trouve dans certains tissus végétaux (carottes) et animaux.

CAROTIDE n. f. ▪ Chacune des deux grosses artères qui conduisent le sang du cœur à la tête.

CAROTTAGE n. m. ▪ Action de carotter (I ou II).

CAROTTE n. f. ▪ **I. 1.** Plante potagère dont la racine est sucrée et comestible. ♦ Cette racine (rouge orangé). *Manger des carottes râpées.* - loc. FAM. *Les carottes sont cuites :* tout est fini, perdu. **2.** en France Enseigne des bureaux de tabac. **3.** adj. invar. *Rouge carotte. Cheveux carotte.* ⇒ **roux.** *"Poil de carotte"* (de Jules Renard). **II.** Échantillon cylindrique tiré du sol.

CAROTTER v. tr. [1] ▪ **I.** FAM. Prendre (qqch.) par ruse. ⇒ **extorquer, soutirer, voler.** *Carotter une permission. Il vous a carotté cent francs.* **II.** Extraire un échantillon de (un terrain).

CAROTTEUR, EUSE n. et adj. ▪ (Personne) qui carotte (qqch.), qui escroque (qqn). ◇ syn. CAROTTIER, IÈRE.

CAROUBIER n. m. ▪ Arbre méditerranéen à feuilles persistantes, à fleurs rougeâtres, qui produit un fruit sucré (appelé *caroube* n. f.).

CARPACCIO [-tʃ(j)o] n. m. ▪ Plat fait de très fines tranches de bœuf cru, assaisonné. - par ext. *Carpaccio de saumon.*

Vittore CARPACCIO (v. 1460 - 1526) ▪ Peintre vénitien. Grandes séries narratives, dans un style influencé par les fêtes vénitiennes. *"La Légende de sainte Ursule"* et peintures de la *scuola* de Saint-Georges-des-Esclavons.

les CARPATES ou **KARPATES** n. f. pl. ▪ Ensemble montagneux d'Europe s'étendant, en arc de cercle, de la Slovaquie à la Pologne, puis à l'Ukraine jusqu'aux Portes de Fer à la frontière roumano-serbe.

① **CARPE** n. f. ▪ **1.** Gros poisson d'eau douce couvert de larges écailles. **2.** loc. *SAUT DE CARPE :* saut où l'on se rétablit sur les pieds, d'une détente. - FAM. *Bâiller comme une carpe,* en ouvrant largement la bouche. - *Muet comme une carpe.*

② **CARPE** n. m. ▪ ANAT. Double rangée de petits os (huit chez l'homme) qui soutiennent le poignet.

Jean-Baptiste CARPEAUX (1827 - 1875) ▪ Sculpteur français. Virtuose du mouvement. *"La Danse"* (1869), destiné à la façade de l'Opéra de Garnier.

CARPELLE n. m. ▪ BOT. Chaque élément du pistil (d'une fleur).

Georges CARPENTIER (1894 - 1975) ▪ Boxeur français. Champion du monde des mi-lourds en 1920, il fut battu par Jack Dempsey en 1921.

Alejo CARPENTIER (1904 - 1980) ▪ Écrivain et musicologue cubain. Ses romans s'inspirent des traditions et de l'histoire des Caraïbes. *"Le Siècle des Lumières"* (1962).

CARPENTRAS ▪ Chef-lieu d'arrondissement du Vaucluse. 24 212 hab. *(les Carpentrassiens).* Cathédrale, synagogue fondée au xvᵉ s. Cultures fruitières.

CARPETTE n. f. ▪ **1.** Petit tapis. ⇒ **descente** de lit. **2.** fig. FAM. Personnage plat, rampant, servile.

Carpaccio. *La Légende de sainte Ursule : la rencontre des fiancés et le départ en pèlerinage.* Galerie d'Académie, Venise. *Phot. © Dagli Orti*

Carpeaux. *La Danse,* sculpture. Musée du Louvre, Paris.
Phot. © Arch. Smeets

CARQUEFOU ▪ Commune de Loire-Atlantique. 12 877 hab. *(les Carquefoliens).*

CARQUOIS n. m. ▪ Étui destiné à contenir des flèches.

Carlo Dalmazzo CARRÀ (1881 - 1966) ▪ Peintre et essayiste italien. Futuriste puis cubiste, il recourut à la technique des papiers collés; il adhéra ensuite à la peinture métaphysique.

les frères CARRACHE en italien ***CARRACCI*** ▪ Peintres italiens de la fin du XVIe s. Ludovico (1555 - 1619), Agostino (1557 - 1602) et surtout Annibale (1560 - 1609), décorateur du palais Farnèse à Rome, ont, par leur réaction contre le maniérisme, contribué au renouvellement de leur art. Fondateurs de l'académie *degli Incamminati* et de l'école bolonaise.

Venustiano CARRANZA (1859 - 1920) ▪ Président de la République mexicaine de 1917 à son assassinat.

CARRARE en italien ***CARRARA*** ▪ Ville d'Italie (Toscane). 68 528 hab. Célèbres carrières de marbre.

CARRE n. f. ▪ **1.** TECHN. Angle qu'une face d'un objet forme avec les autres faces. **2.** Baguette d'acier qui borde la semelle d'un ski.

CARRÉ, ÉE ▪ **I.** adj. **1.** Qui a quatre angles droits et quatre côtés égaux. *Plan carré.* - *Mètre carré :* unité de mesure de surface équivalant à la surface d'un carré ayant un mètre de côté (symb. m^2). **2.** Qui a à peu près cette forme. *Tour carrée,* dont la base est carrée. ♦ *Épaules carrées,* larges, robustes (⇒ **carrure**). **3.** fig. Dont le caractère est nettement tranché, accentué. *Une réponse carrée* (⇒ **carrément**). **4.** MATH. *Racine* carrée.* **II.** n. m. **1.** Quadrilatère dont les quatre angles sont droits et les quatre côtés égaux. *Les carrés d'un damier, d'un papier.* ⇒ **case ; carreau, quadrillage.** - Rectangle proche d'un carré. *Un carré de terre.* - *Lit au carré.* **2.** Foulard, fichu carré. *Carré de soie.* ♦ Parallélépipède. - spécialt *Carré de l'Est* (fromage). **3.** Troupe disposée pour faire face des quatre côtés. *Former le carré.* **4.** Chambre d'un navire servant de salon ou de salle à manger aux officiers. *Le carré des officiers.* **5.** MATH. Produit d'un nombre par lui-même. *Seize est le carré de quatre et quatre la racine* carrée de seize.* **6.** au poker *Un carré d'as :* les quatre as.

CARREAU n. m. ▪ **I. 1.** Pavé plat, de forme carrée. ⇒ **dalle, pavé.** *Des carreaux de faïence.* **2.** Sol pavé de carreaux. ⇒ **carrelage.** *Laver le carreau.* - loc. *Rester sur le carreau,* être tué ou grièvement blessé ; être abandonné. ♦ *Carreau de mine :* emplacement où sont déposés les minéraux, le charbon, etc. **3.** Plaque de verre dont sont munies les fenêtres, les portes vitrées. ⇒ **vitre.** *Laveur de carreaux.* **II. 1.** au plur. Assemblage symétrique de plusieurs carrés. *Étoffe à carreaux.* **2.** (cartes à jouer) Série dont la marque distincte est un losange rouge. **3.** loc. *Se tenir* À CARREAU *:* être sur ses gardes.

CARRÉE n. f. ▪ FAM. Chambre.

CARREFOUR n. m. ▪ **1.** Endroit où se croisent plusieurs voies. ⇒ **bifurcation, croisement, embranchement. 2.** fig. Situation nouvelle où l'on doit choisir entre diverses voies. *Parvenir, se trouver à un carrefour.* ♦ Lieu de rencontre, de confrontation. *Se situer au carrefour de plusieurs tendances.* **3.** Réunion pour un échange d'idées.

Armand CARREL (1800 - 1836) ▪ Journaliste français. Il fonda le journal *Le National* avec Thiers et Mignet. Il fut tué au cours d'un duel par Émile de Girardin.

Alexis CARREL (1873 - 1944) ▪ Chirurgien et physiologiste français, auteur de travaux sur les greffes des tissus. Prix Nobel de médecine en 1912, surtout connu pour son essai de médecine *"L'Homme, cet inconnu"* (1936). Ses théories sur l'eugénisme ont suscité de vives critiques.

CARRELAGE n. m. ▪ Action de carreler. *Le carrelage d'une cuisine.* ♦ Pavage fait de carreaux. ⇒ **dallage.** *Carrelage mural.*

CARRELER v. tr. [4] ▪ **1.** Paver avec des carreaux. - au p. p. *Une cuisine carrelée.* **2.** Tracer des carrés sur (une feuille de papier, une toile). ⇒ **quadriller.** ► n. CARRELEUR, EUSE

CARRELET n. m. ▪ **1.** Poisson plat de forme quadrangulaire. ⇒ **plie. 2.** Filet de pêche carré.

CARRÉMENT adv. ▪ **1.** D'une façon nette, décidée, sans détours. ⇒ **fermement, franchement, nettement.** *Parler, répondre carrément,* sans ambages. - *Allez-y carrément !* ⇒ **hardiment ;** FAM. **franco. 2.** Complètement. *Il est carrément nul.*

Juan CARREÑO DE MIRANDA (1614 - 1685) ▪ Peintre espagnol. Disciple de Vélasquez.

CARRER v. tr. [1] ▪ **1.** Donner une forme carrée à (qqch.). **2.** Caractériser nettement. ► SE CARRER v. pron. *Se carrer dans un fauteuil,* s'y installer confortablement ; s'y mettre à l'aise. ⇒ s'**étaler,** se **prélasser.**

CARRIER n. m. ▪ Personne qui exploite une carrière comme entrepreneur ou comme ouvrier.

Jean-Baptiste CARRIER (1756 - 1794) ▪ Révolutionnaire français. Son action à Nantes (les « noyades ») fit de lui un symbole de la Terreur.

① **CARRIÈRE** n. f. ▪ **1.** Lieu disposé pour les courses de chars. - loc. DONNER CARRIÈRE À *:* donner libre cours à. **2.** LITTÉR. Voie où l'on s'engage. *La carrière de la gloire.* **3.** Métier, profession qui présente des étapes, une progression. *Le choix d'une carrière.* - FAIRE CARRIÈRE *:* réussir dans une profession (⇒ **carriériste**). - *Militaire* DE CARRIÈRE (opposé à *appelé, mobilisé*).

② **CARRIÈRE** n. f. ▪ Lieu d'où l'on extrait des matériaux de construction (pierre, roche), surtout à ciel ouvert (s'oppose à *mine*). *Carrière de pierre, de marbre.*

Eugène CARRIÈRE (1849 - 1906) ▪ Peintre et lithographe français. Scènes intimes, maternités.

CARRIÈRES-SOUS-POISSY ▪ Commune des Yvelines. 11 353 hab. *(les Carriérois).*

CARRIÈRES-SUR-SEINE ▪ Commune des Yvelines. 11 469 hab. *(les Carrillons).*

CARRIÉRISTE adj. et n. ▪ péj. Qui recherche avant tout la réussite professionnelle. ⇒ **ambitieux, arriviste.** ► n. m. CARRIÉRISME

CARRIOLE n. f. ▪ Petite charrette.

Charles Lutwidge Dodgson dit **Lewis CARROLL** (1832 - 1898) ▪ Écrivain anglais, mathématicien et logicien. *"Alice au pays des merveilles"* (1856) et *"Au-delà du miroir"* (1872), écrits pour les enfants, témoignent de son intérêt pour la logique, l'absurde, l'onirisme et les jeux verbaux. Également auteur de photographies d'enfants.

Carroll. Photographie de Shawcross.
Phot. © Archives Larousse/Giraudon

CARROS ▪ Commune des Alpes-Maritimes. 10 141 hab.

CARROSSABLE adj. ▪ Où peuvent circuler des voitures. *Chemin carrossable.* ⇒ **praticable.**

CARROSSE n. m. ▪ Ancienne voiture à chevaux, de luxe, à quatre roues, suspendue et couverte.

CARROSSER v. tr. [1] ▪ Munir (un véhicule) d'une carrosserie. - au p. p. *Châssis carrossé.* ► n. m. CARROSSAGE

CARROSSERIE n. f. ▪ **1.** Industrie, commerce des carrossiers. **2.** Caisse d'un véhicule automobile (capot, toit, coffre, portes, ailes).

CARROSSIER n. m. ▪ **1.** vx Cocher. - Fabricant de carrosses. **2.** Tôlier spécialisé dans la construction, la réparation de carrosseries d'automobiles.

CARROUSEL n. m. ▪ **1.** Parade au cours de laquelle des cavaliers se livrent à des exercices variés. **2.** fig. Ensemble d'objets mobiles qui évoluent. *Un carrousel d'avions, de motos.*

CARRURE n. f. ▪ **1.** Largeur du dos, d'une épaule à l'autre. *Veste trop étroite de carrure.* **2.** fig. Force, valeur (d'une personne). ⇒ **envergure, stature.**

CARSON CITY ▪ Ville des États-Unis, capitale du Nevada. 40 000 hab.

CARTABLE n. m. ▪ Sac, sacoche d'écolier. ⇒ **serviette.** *Cartable à poignée, à bretelles.*

CARTAGENA ▪ Ville sur la côte nord-ouest de la Colombie. 565 000 hab. Forteresse, bâtiments de style andalou.

Élie CARTAN (1869 - 1951) ▪ Mathématicien français. Théorie des groupes de Lie.

CARTE n. f. ▪ **I. 1.** Rectangle ou carré de papier, de carton. - loc. *Donner* CARTE BLANCHE *à qqn,* le laisser libre de choisir, de décider. **2.** *Carte à jouer* ou *carte :* carton rectangulaire dont l'une des faces porte une illustration et qui est utilisé dans différents jeux. *Un jeu de 32, de 52 cartes* (⇒ **carreau, cœur, pique, trèfle**). *Jouer aux cartes.* - loc. fig. BROUILLER LES CARTES *:* compliquer, obscurcir volontairement une affaire. *Jouer sa* DERNIÈRE CARTE *:* tenter sa dernière chance. *Jouer* CARTES SUR TABLE *:* agir franchement, sans rien cacher. - *Le dessous des cartes.* - CARTE FORCÉE *:* obligation à laquelle on ne peut échapper. - *Tirer les cartes à qqn* (⇒ **cartomancie**). ♦ *Les cartes :* le jeu. **3.** Liste des plats, des consommations avec leur prix. *Manger à la carte,* en choisissant librement (s'oppose à *au menu*). **4.** CARTE (DE VISITE) *:* petit carton sur lequel on fait imprimer son nom, son adresse, sa profession, etc. **5.** CARTE (POSTALE) *:* carte dont l'une des faces sert à la correspondance, l'autre portant une illustration. - *Carte-lettre* n. f. - *Carte-réponse* n. f. - Belgique *Carte-vue* n. f. **6.** Document personnel. *Carte d'identité ; carte d'électeur.* ⇒ **papier(s).** *Carte vermeil**. ♦ CARTE GRISE *:* titre de propriété d'une automobile. **7.** CARTE DE CRÉDIT *:* carte magnétique ou à puce permettant de débiter automatiquement le compte bancaire du titulaire. **II.** Représentation à échelle réduite de la surface du globe. *Carte universelle.* ⇒ **mappemonde, planisphère.** *Recueil de cartes.* ⇒ **atlas.** *Carte géographique, routière. Carte d'état-major. Carte de France.* ♦ *Carte du ciel.*

CARTEL n. m. ▪ **I.** vx Carte, billet par lequel on provoquait en duel. **II.** Encadrement décoratif qui entoure certaines pendules. - Cette pendule. *Un cartel Louis XV.* **III. 1.** Entente regroupant des entreprises ayant des activités proches en vue de maîtriser la concurrence. ⇒ **consortium, trust.** **2.** Association de groupements (politiques, syndicaux) en vue d'une action commune.

▪ **le CARTEL DES GAUCHES** ▪ Alliance électorale des radicaux et socialistes français (1924-1926) qui vainquit le Bloc national aux élections de 1924 et soutint les gouvernements radicaux d'Herriot, A. Briand et Painlevé.

CARTER [-ɛʀ] n. m. ▪ Enveloppe de métal servant à protéger un mécanisme. *Le carter d'une chaîne de bicyclette, d'un moteur.*

Howard CARTER (1873 - 1939) ▪ Égyptologue britannique. Il découvrit, en 1922, la tombe de Toutankhamon dans la Vallée des Rois.

Elliott CARTER (né en 1908) ▪ Compositeur américain. Il développa le concept de « modulation métrique ».

Jimmy CARTER (né en 1924) ▪ 39e président (démocrate) des États-Unis, de 1977 à 1981.

CARTÉSIEN, IENNE adj. ▪ **1.** Relatif à Descartes, à sa philosophie (*cartésianisme* n. m.). **2.** (raisonnement ; personnes) Logique. *Un esprit cartésien.*

CARTHAGE ▪ Ville d'Afrique du Nord (16 km de Tunis). Colonie phénicienne fondée v. 814 av. J.-C., elle édifia en Méditerranée un empire commercial opposé aux Grecs, puis aux Romains qui la rasèrent (fin des guerres puniques*, 146 av. J.-C.). Reconstruite, elle devint le centre intellectuel et religieux de la province romaine d'Afrique (écoles, conciles). Elle déclina à partir du ve s.

CARTHAGÈNE en espagnol ***CARTAGENA*** ▪ Port d'Espagne (Murcie). 172 152 hab. Fondée par le général carthaginois Hasdrubal le Beau. Base militaire.

Jacques CARTIER (1491 - 1557) ▪ Navigateur français. Il découvrit le Saint-Laurent et prit possession du Canada au nom du roi François Ier en 1534.

sir Georges Étienne CARTIER (1814 - 1873) ▪ Homme politique canadien. Défenseur des Canadiens français. Premier ministre avec Macdonald en 1857, il joua un rôle essentiel dans la création de la Confédération canadienne (1867) et de la province de Québec.

Henri CARTIER-BRESSON (né en 1908) ▪ Photographe français. Reportages dans lesquels il se montre attentif à saisir les

Carthage. Masque de pâte de verre, période punique. Musée de Carthage. *Phot. © Nou/Explorer*

particularités sociales des pays visités (théorie de « l'instant décisif »).

Cartier-Bresson. *Sur les bords de la Marne,* 1938, photographie.
Phot. © Cartier-Bresson/Magnum

CARTILAGE n. m. ▪ Tissu animal résistant mais élastique et souple qui, chez les vertébrés supérieurs, recouvre la surface des os aux articulations, forme la charpente de certains organes (nez, oreille) et le squelette des embryons.

CARTILAGINEUX, EUSE adj. ▪ Composé de cartilage. *Squelette cartilagineux des vertébrés inférieurs.*

CARTOGRAPHE n. ▪ Spécialiste qui dresse et dessine les cartes de géographie.

CARTOGRAPHIE n. f. ▪ Technique de l'établissement du dessin et de l'édition des cartes et plans. ▸ adj. CARTOGRAPHIQUE

CARTOMANCIE n. f. ▪ Pratique consistant à prédire l'avenir par l'interprétation des cartes, des tarots.

CARTOMANCIEN, IENNE n. ▪ Personne qui tire les cartes. ⇒ ① **voyant.**

CARTON n. m ▪ **1.** Matière assez épaisse, faite de pâte à papier (papier grossier ou ensemble de feuilles collées). *Du carton-pâte* ou *carton gris.* ♦ Feuille de cette matière. *Carton ondulé. Carton fin.* ⇒ **bristol. 2.** fig. *En* CARTON-PÂTE *:* factice. **3.** Boîte, réceptacle en carton fort. *Emballer des vêtements dans un carton.* **4.** CARTON À DESSIN, grand dossier servant à ranger des dessins, des plans... **5.** RÉGIONAL Cartable. **6.** FAIRE UN CARTON *:* tirer à la cible* ; fig. FAM. tirer (sur qqn) ; marquer des points (aux dépens d'un adversaire).

CARTONNAGE n. m ▪ **1.** Fabrication des objets en carton. **2.** Reliure en carton avec un dos en toile. ♦ Emballage en carton.

CARTONNÉ, ÉE adj. ▪ (livre) Recouvert d'une reliure en carton (opposé à *broché* et à *relié*).

CARTONNIER n. m. ▪ **1.** Fabricant, marchand de carton. **2.** Meuble de bureau à tiroirs en carton épais, servant à classer les dossiers.

① **CARTOUCHE** n. f. ▪ **1.** Enveloppe contenant la charge d'une arme à feu. *La douille, l'amorce d'une cartouche. Cartouche à blanc.* ♦ fig. *Les* DERNIÈRES CARTOUCHES *:* les dernières réserves. **2.** Petit étui cylindrique. **3.** Paquets de cigarettes emballés et vendus ensemble.

② **CARTOUCHE** n. m. ▪ **1.** Ornement sculpté ou dessiné, en forme de carte à demi déroulée. **2.** Encadrement elliptique entourant certains hiéroglyphes (noms de pharaons, etc.).

Louis Dominique Bourguignon dit **CARTOUCHE** (1693 - 1721) ▪ Bandit français qui terrorisa Paris et fut roué vif en place de Grève.

CARTOUCHERIE n. f. ▪ Fabrique de cartouches (①).

CARTOUCHIÈRE n. f. ▪ Sac ou boîte à cartouches (①).

Edmund CARTWRIGHT (1743 - 1823) ▪ Inventeur britannique. Métier à tisser actionné par une machine à vapeur.

Enrico CARUSO (1873 - 1921) ▪ Ténor italien.

CARVIN ▪ Commune du Pas-de-Calais. 17 059 hab.

CARYOTYPE n. m. ▪ BIOL. Représentation des chromosomes (d'un organisme, d'une espèce) regroupés par paires homologues.

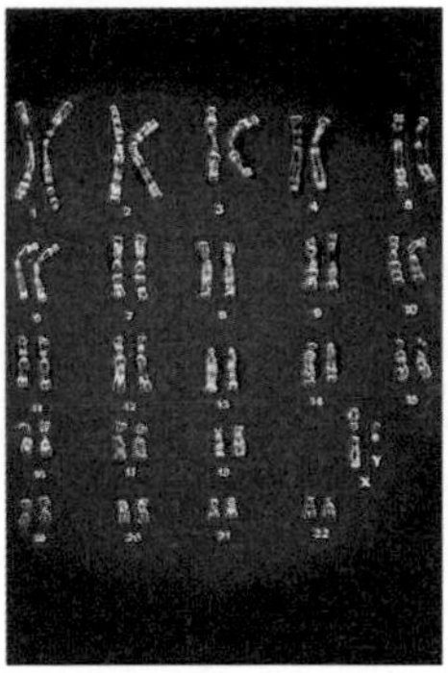

caryotype. Image de microscopie électronique de caryotype humain, masculin.
Phot. © A. Pol/CNRI

Jean CARZOU (né en 1907) ▪ Peintre français. Style « poétique » aux lignes noires et aux vives couleurs. Décors de théâtre.

① **CAS** n. m ▪ **I.** emplois généraux **1.** Ce qui arrive. ⇒ **circonstance, événement, fait.** *Un cas grave, étrange, imprévu. Un cas d'espèce*. C'est le cas de* (+ inf.), le moment. *C'est bien le cas de le dire.* - *Dans le cas présent ; dans ce cas-là.* ⇒ **situation.** - (avec *en*) *En ce cas.* ⇒ **alors.** - EN CAS DE loc. prép. : dans l'hypothèse de. *En cas d'accident, qui faut-il prévenir ? En cas de besoin :* s'il est besoin. **2.** AU CAS OÙ (+ cond.) loc. conj. : en admettant que, à supposer que. ⇒ **quand, si.** *Au cas où il viendrait.* LITTÉR. *En cas qu'il vienne.* - EN AUCUN CAS (dans une proposition négative). ⇒ **jamais.** *En aucun cas je n'accepterai de partir.* - EN TOUT CAS loc. adv. : quoi qu'il arrive, de toute façon. **3.** FAIRE GRAND CAS DE *qqn, qqch.,* lui accorder beaucoup d'importance. FAIRE CAS DE. ⇒ **apprécier, considérer, estimer.** *Faire peu de cas, ne faire aucun cas de qqn, qqch.* **II. 1.** Situation définie par la loi pénale. ⇒ **crime, délit.** *Soumettre un cas au juge.* **2.** CAS DE CONSCIENCE *:* difficulté sur un point de morale, de religion (⇒ **casuiste**). ♦ Scrupule. **3.** État ou évolution d'un sujet, du point de vue médical. *Un cas grave.* ♦ Personne présentant des caractères psychologiques singuliers. - FAM. (souvent péj.) *Lui, c'est un cas !* **4.** CAS SOCIAL *:* personne dont la situation sociale est difficile.

② **CAS** n. m. ▪ Dans les langues à déclinaisons, chacune des formes d'un mot qui correspond à une fonction grammaticale précise dans la phrase. ⇒ **désinence.** *Le russe, l'allemand ont conservé des cas.*

CASABLANCA ou **DAR EL-BEÏDA** ▪ Ville et port du Maroc, sur l'Atlantique, métropole économique et commerciale. 2 095 000 hab. Grande Mosquée.

Pablo CASALS (1876 - 1973) ▪ Violoncelliste espagnol. Il joua avec A. Cortot et J. Thibaud et fonda le festival de Prades (1950).

Casals. Portrait par Jan Toorop. Musée Boymans-Van Beuningen, Rotterdam. *Phot. © Arch. Smeets*

la CASAMANCE ▪ Fleuve et région du Sénégal, comprise entre la Gambie au nord et la frontière guinéenne au sud. Estuaire fertile. Culture de l'arachide. Théâtre depuis 1983 d'affrontements entre les indépendantistes et l'armée sénégalaise.

la **Casamance**. Un village. *Phot. © Frances/Explorer*

CASANIER, IÈRE adj. ▪ Qui aime à rester chez soi. ⇒ **sédentaire** ; FAM. **pantouflard.** *Une femme casanière.*

Giovanni Giacomo CASANOVA de Seingalt (1725 - 1798) ▪ Aventurier et mémorialiste italien de langue française. Ses nombreuses aventures féminines font de lui un modèle du libertin. *"Mémoires"*.

CASAQUE n. f. ▪ **1.** VX Veste. - Veste en soie des jockeys. **2.** loc. fig. *TOURNER CASAQUE* : fuir ; changer de parti, d'opinion (→ retourner sa veste).

CASAQUIN n. m. ▪ **1.** anciennt Vêtement masculin de dessus. **2.** loc. *Tomber sur le casaquin à qqn,* lui tomber dessus, le battre.

Maria CASARÈS (née en 1922) ▪ Comédienne française. Vedette féminine du T.N.P. et grande tragédienne, elle s'est illustrée dans les rôles de lady Macbeth, Phèdre, Hécube. Au cinéma, elle a joué sous la direction de Carné, Bresson, Cocteau.

CASBAH n. f. ▪ Citadelle (dans un pays arabe). - Quartier de la citadelle.

CASCADE n. f. ▪ **1.** Chute d'eau. ⇒ **cataracte. 2.** Ce qui se produit de manière saccadée. *Une cascade de rires, d'applaudissements.* **3.** Acrobatie des cascadeurs.

CASCADER v. intr. [1] ▪ Tomber en cascade. *Torrent qui cascade sur une pente.*

la chaîne des CASCADES ▪ Massif montagneux à l'ouest des États-Unis, sur la côte du Pacifique, se prolongeant au Canada (point culminant : mont Rainier, 4 391 m).

CASCADEUR, EUSE n. ▪ Spécialiste qui tourne les scènes dangereuses, acrobatiques d'un film (parfois à la place d'un acteur).

CASE n. f. ▪ **I.** Habitation traditionnelle, dans des pays exotiques. ⇒ **hutte, paillote. II. 1.** Carré ou rectangle dessiné sur un damier, un échiquier, etc. *Les 64 cases de l'échiquier.* - loc. *Revenir à la case départ,* à une situation que l'on croyait dépassée. **2.** Compartiment (d'un meuble, d'un casier). *Tiroir à plusieurs cases* (⇒ **casier**). **3.** FAM. *Il lui manque une case, il a une case en moins,* il est anormal, fou.

CASÉINE n. f. ▪ Protéines qui constituent l'essentiel des matières azotées du lait.

CASEMATE n. f. ▪ Abri enterré, protégé contre les obus, les bombes. ⇒ **blockhaus, fortin.** *Casemates d'un fort.*

CASER v. tr. [1] ▪ **1.** Mettre à la place qu'il faut ; dans une place qui suffit. ⇒ **placer** ; FAM. **fourrer. 2.** fig. FAM. Établir (qqn) dans une situation. *Caser un ami dans l'Administration.* - pronom. *Il cherche à se caser,* à se marier.

CASERNE n. f. ▪ **1.** Bâtiment destiné au logement des militaires. ⇒ **baraquement, quartier.** ♦ Troupes logées dans une caserne. *Plaisanteries de caserne,* de soldat. **2.** FAM. Grand immeuble peu plaisant. **3.** FAM. Établissement où règne une discipline sévère.

CASERNEMENT n. m. ▪ Ensemble des constructions d'une caserne.

CASERTE ▪ Ville d'Italie, en Campanie, au nord de Naples. 67 769 hab. Château et parc des Bourbons de Naples (XVIIIe s.).

CASH adv. ▪ anglic. FAM. *Payer cash.* ⇒ **comptant.**

CASHER ou **KASCHER** [-ɛʀ] adj. invar. ▪ (aliments) Conforme aux prescriptions rituelles de la loi juive. *Viandes casher.* ♦ (lieux) Où l'on prépare ou vend des aliments casher.

CASHMERE ⇒ CACHEMIRE

CASIER n. m. ▪ **1.** Ensemble de cases, de compartiments formant meuble. *Casier à disques, à bouteilles.* **2.** *CASIER JUDICIAIRE* : relevé des condamnations prononcées contre qqn. *Casier judiciaire vierge,* sans condamnation. **3.** Nasse pour la capture des crustacés. *Casiers à homards.*

CASIMIR ▪ NOM DE PLUSIEURS PRINCES POLONAIS ► **CASIMIR III LE GRAND** (1310 - 1370) , roi de Pologne de 1333 à sa mort, le dernier des Piast. Véritable restaurateur de la nation, il favorisa l'expansion économique et réforma la législation. ► **CASIMIR IV JAGELLON** (1427 - 1492) , roi de 1447 à sa mort. ► **saint CASIMIR** (1458 - 1484), son fils, patron de la Pologne et de la Lituanie.

Jean CASIMIR-PERIER (1847 - 1907) ▪ Homme politique français. Président de la République après l'assassinat de Sadi Carnot (juin 1894), il fut violemment attaqué par les socialistes et démissionna en janvier 1895.

CASINO n. m. ▪ Établissement de plaisir, de spectacle, où les jeux d'argent sont autorisés.

CASOAR n. m. ▪ **1.** Grand oiseau coureur qui porte sur le front une sorte de casque. **2.** Touffe de plumes ornant la coiffure des saint-cyriens.

casoar.
Phot. © Charles lénars

la mer CASPIENNE ▪ La plus vaste mer fermée du monde, en Asie. Environ 371 000 km². Rôle économique important (gaz et pétrole). Pêcheries (caviar).

CASQUE n. m. ▪ **1.** Coiffure rigide (métal, cuir, plastique) qui couvre et protège la tête. *Casque de motocycliste. Le port du casque est obligatoire sur le chantier.* - loc. *Les Casques bleus* : la force militaire de l'O.N.U. ♦ fig. Cheveux formant casque. *Casque d'or* (surnom de femme ; film de Jacques Becker). **2.** Ensemble constitué par deux écouteurs. **3.** Appareil à air chaud qui coiffe la tête et sert à sécher les cheveux. ⇒ **séchoir.** *Être sous le casque.*

CASQUÉ, ÉE adj. ▪ Coiffé d'un casque.

CASQUER v. intr. [1] ▪ FAM. Donner de l'argent, payer. ⇒ **débourser.** *Faire casquer qqn.*

CASQUETTE n. f. ▪ Coiffure garnie d'une visière. *Casquette d'aviateur.*

CASSABLE adj. ▪ Qui risque de se casser facilement. ⇒ **cassant, fragile.**

CASSANDRE ▪ Princesse troyenne, fille de Priam et d'Hécube. Éconduit par elle, Apollon, qui lui avait accordé le don de prophétie, décréta que personne ne croirait à ses prédictions. Personnage de tragédies, d'Eschyle et Euripide, jusqu'à Giraudoux.

CASSANDRE (v. 358 - 297 av. J.-C.) ▪ Roi de Macédoine après la mort d'Alexandre.

Cassandre. *Le Normandie,* affiche.
Phot. © Arch. Smeets

Alphonse Mouron dit **CASSANDRE** (1901 - 1968) ▪ Décorateur et affichiste français. Publicité *Dubonnet* (1932).

CASSANT, ANTE adj. ▪ **1.** Qui se casse. *Métal cassant.* **2.** Qui manifeste son autorité par des paroles dures. ⇒ **brusque, sec, tranchant.** *Un ton cassant.* **3.** (en emploi négatif) FAM. Fatigant. *Ce n'est pas cassant :* c'est facile.

CASSATE n. f. ▪ Glace aux fruits confits.

CASSATION n. f. ▪ Annulation (d'une décision) par une cour compétente. *Cassation d'un testament.* - *La COUR DE CASSATION,* juridiction suprême de l'ordre judiciaire français.

Mary CASSATT (1844 - 1926) ▪ Peintre américaine. Proche de Degas. Elle traita souvent le thème de la maternité. *"Mère et enfant"* (1886).

Cassatt. *Mère et enfant,* pastel. Coll. part.
Phot. © Giraudon

John CASSAVETES (1929 - 1989) ▪ Acteur et cinéaste américain. *"Shadows"* (1960); *"Une femme sous influence"* (1974).

① **CASSE** n. f. ▪ IMPRIM. Boîte plate sans couvercle, divisée en casiers contenant les différents caractères typographiques en plomb.

② **CASSE** n. f. ▪ **1.** Action de casser. ⇒ **bris.** *Ces verres sont mal emballés, il y aura de la casse.* **2.** FAM. Violence ; dégâts. **3.** *Mettre une voiture à la casse,* à la ferraille.

③ **CASSE** n. m. ▪ ARGOT Cambriolage. *Faire un casse* (⇒ **casseur** (II)).

CASSÉ, ÉE adj. ▪ **1.** ⇒ **casser. 2.** *Col cassé :* col dur à coins rabattus. **3.** (personnes) Courbé, voûté (par l'âge). **4.** *Blanc cassé,* mêlé d'une faible quantité d'une autre couleur.

CASSE-COU ▪ **1.** n. m. invar. *Crier casse-cou à qqn,* l'avertir d'un danger. **2.** n. invar. FAM. Personne qui s'expose, sans réflexion, à un danger. *Une vraie casse-cou.* - adj. invar. *Elles sont casse-cou.* ⇒ **téméraire.**

CASSE-CROÛTE n. m. invar. ▪ FAM. Repas léger pris rapidement. ◇ syn. (plus fam.) CASSE-DALLE.

CASSE-GUEULE n. m. invar. ▪ FAM. Endroit dangereux où l'on risque de tomber. ♦ adj. invar. Dangereux, risqué. *C'est casse-gueule.*

CASSE-NOISETTES, n. m. invar. ▪ Pince servant à casser des noisettes, des noix. ◇ syn. CASSE-NOIX.

CASSE-PIEDS n. invar. ▪ FAM. Personne insupportable, ennuyeuse. ⇒ **importun.** - adj. invar. *Ce qu'elles sont casse-pieds !*

CASSE-PIPE n. m. invar. ▪ FAM. Guerre. *Aller au casse-pipe.*

CASSER v. [1] ▪ **I.** v. tr. **1.** Mettre en morceaux, diviser (une chose rigide) d'une manière soudaine, par choc, coup, pression. ⇒ **briser, broyer, écraser, rompre.** *Casser une assiette, une vitre. Casser qqch. en (deux, ... mille) morceaux.* - au p. p. *Du verre cassé.* ♦ loc. FAM. *Casser la croûte :* manger (⇒ **casse-croûte**). - *Casser sa pipe :* mourir (⇒ **casse-pipe**). - *Casser la tête à qqn,* le fatiguer, l'importuner. *Se casser la tête :* se donner beaucoup de mal (⇒ **casse-tête**). - *Casser la figure, la gueule à qqn,* se battre avec lui, le rosser. **2.** Rompre l'os de (un membre, le nez, etc.). *Elle s'est cassé la jambe.* - au p. p. *Un bras cassé.* - fig. FAM. *Casser les pieds à qqn,* l'ennuyer, le déranger (⇒ **casse-pieds**). **3.** Endommager de manière à empêcher le fonctionnement. ⇒ **détériorer.** *Il a cassé sa montre.* - au p. p. *Réparer les chaises cassées.* ♦ pronom. *Se casser la voix, les yeux.* - au p. p. *Voix cassée,* rauque, voilée. ♦ fig. FAM. *Casser le moral :* démoraliser. **4.** FAM. *Ça ne casse rien :* ça n'a rien d'extraordinaire. **5.** FAM. *À TOUT CASSER* loc. adv. : tout au plus. *Ça coûtera cent francs à tout casser.* ♦ loc. adj. Extraordinaire. *Un repas à tout casser.* **6.** DR. Annuler un acte, un jugement, une sentence (⇒ **cassation**). **7.** fig. *Casser les prix,* les faire diminuer brusquement. **8.** (compl. personne) Dégrader, démettre de ses fonctions. *Casser un officier.* **II.** v. intr. Se rompre, se briser. *Le verre a cassé en tombant.* ► SE CASSER v. pron. **1.** (passif) *Le verre se casse facilement.* **2.** FAM. Se fatiguer. *Elle ne s'est pas cassée.* **3.** FAM. S'en aller.

CASSEROLE n. f. ▪ **1.** Ustensile de cuisine de forme cylindrique, à manche ; son contenu. ♦ loc. FAM. *Passer à la casserole :* être mis dans une situation pénible ; spécialt être obligé d'accepter l'acte sexuel (femme). **2.** FAM. Mauvais piano. **3.** fig. FAM. *Traîner une casserole,* une affaire compromettante.

CASSE-TÊTE n. m. invar. ▪ **1.** Massue grossière ; matraque. **2.** Travail compliqué qui fatigue l'esprit.

CASSETTE n. f. ▪ **1.** VX Petit coffre destiné à ranger de l'argent, des bijoux. ⇒ **coffret.** *La cassette d'Harpagon* (dans *L'Avare,* de Molière). ♦ *Je prendrai cette somme sur ma cassette,* mon argent. **2.** Boîtier de petite taille contenant une bande magnétique qui permet d'enregistrer le son, ou l'image et le son. *Lecteur de cassettes. Cassette pour magnétoscope.* ⇒ **vidéocassette.** ♦ Cette bande. *Enregistrer sur disque ou sur cassette.*

CASSEUR, EUSE n. ▪ **I. 1.** Personne qui casse (qqch.). **2.** n. m. Personne qui vend des pièces des voitures mises à la casse. **3.** n. m. Personne qui, au cours d'une manifestation, endommage volontairement des biens. **II.** n. m. ARGOT Cambrioleur.

René CASSIN (1887 - 1976) ▪ Juriste français. Il fit adopter la Déclaration universelle des droits de l'homme par l'O.N.U. en 1948. Prix Nobel de la paix 1968.

le mont CASSIN en italien ***MONTE CASSINO*** ▪ Colline d'Italie dans le Latium (519 m) où saint Benoît fonda un monastère

Cassavetes. *Phot. © Liaison/Duhamel/Gamma*

Castille. Vue du château de Saprague. *Phot. © Jalain/Explorer*

en 529, créant l'ordre des Bénédictins. Le monastère fut entièrement détruit au cours de violents combats en 1944, puis reconstruit par les Américains.

les CASSINI ▪ Famille d'astronomes et de cartographes français, à la tête de l'Observatoire de Paris de 1672 à la Révolution. **Jean-Dominique** (1625 - 1712) ; **Jacques** (1677 - 1756).

CASSIODORE (v. 480 - v. 575) ▪ Écrivain latin, historien et exégète chrétien. Consul et préfet sous Théodoric.

Ernst CASSIRER (1874 - 1945) ▪ Philosophe allemand. Précurseur de l'herméneutique moderne et du structuralisme. *"Philosophie des formes symboliques"* (1923-1929).

① **CASSIS** [-sis] **n. m.** ▪ Groseillier à baies noires et à feuilles odorantes. ♦ Son fruit. *Gelée de cassis.* - *Crème de cassis, cassis* : liqueur faite avec ce fruit. *Un vin blanc cassis.* ⇒ **kir.**

② **CASSIS** [-si(s)] **n. m.** ▪ Rigole ou dépression en travers d'une route.

CASSIS ▪ Commune des Bouches-du-Rhône. 7 967 hab. *(les Cassidains).* Tourisme.

CASSOLETTE n. f. ▪ **1.** Réchaud à couvercle dans lequel on fait brûler des parfums. ⇒ **encensoir. 2.** Petit récipient individuel pouvant aller au four. ♦ Plat cuit dans ce récipient.

CASSONADE n. f. ▪ Sucre roux.

CASSOULET n. m. ▪ Ragoût préparé avec de la viande (confit d'oie, de canard, mouton ou porc) et des haricots blancs assaisonnés.

CASSURE n. f. ▪ **1.** Endroit où un objet a été cassé. ⇒ **brèche, faille, fracture. 2.** abstrait Coupure, rupture. *Une cassure dans une vie, une amitié.*

CASTAGNETTES n. f. pl. ▪ Petit instrument de musique espagnol composé de deux pièces de bois que l'on fait claquer l'une contre l'autre.

CASTANET-TOLOSAN ▪ Commune de la Haute-Garonne. 7 697 hab.

CASTE n. f. ▪ **1.** Classe sociale fermée (d'abord en Inde). *La caste des prêtres* (⇒ **brahmane**), *des guerriers.* **2.** péj. Groupe social fermé, jaloux de ses privilèges. ⇒ **clan.**

CASTEL n. m. ▪ Petit château.

CASTEL GANDOLFO ▪ Commune d'Italie, dans le Latium, sur le lac d'Albano. 6 974 hab. Résidence d'été du pape.

CASTELLANE ▪ Chef-lieu d'arrondissement des Alpes-de-Haute-Provence. 1 349 hab. *(les Castellanais).* Centre touristique (gorges du Verdon).

CASTELLÓN DE LA PLANA ▪ Ville d'Espagne (communauté autonome de Valence). 137 456 hab. Grand commerce d'oranges. Centre d'une riche région agricole.

CASTELNAUDARY ▪ Commune de l'Aude. 10 970 hab. (*les Castelnaudariens* ou *les Chauriens*). Église des XIIIe-XIVe s. Conserveries (cassoulet).

CASTELNAU-LE-LEZ ▪ Commune de l'Hérault. 11 043 hab. *(les Castelnauviens).*

Camilo CASTELO BRANCO (1825 - 1890) ▪ Écrivain portugais. Un des maîtres du roman réaliste, que l'on a comparé à Balzac. *"Les Nouvelles du Minho"* (1875).

CASTELSARRASIN ▪ Chef-lieu d'arrondissement du Tarn-et-Garonne. 11 317 hab. *(les Castelsarrasinois).*

Norbert CASTERET (1897 - 1987) ▪ Spéléologue français. Il a exploré plus de 2 000 grottes et abîmes, ainsi que plusieurs sites préhistoriques.

Baldassare CASTIGLIONE (1478 - 1529) ▪ Écrivain italien. *"Le Parfait Courtisan"* (1513-1518, publié en 1528), traité qui exerça une profonde influence sur la société aristocratique européenne et fixa la notion d'« honnête homme ».

CASTILLAN, ANE adj. et **n.** ▪ De la Castille. - **n.** *Les Castillans.* ♦ **n. m.** Dialecte espagnol, devenu la langue officielle de l'Espagne. ⇒ **espagnol.**

la CASTILLE ▪ Région d'Espagne divisée administrativement en trois communautés autonomes : *Castilla-La-Mancha* (79 226 km²; 1 660 000 hab. ; capitale : Tolède), *Castilla-León* (94 147 km²; 2 460 000 hab. ; capitale : Valladolid) et *Madrid.* Ancien royaume qui, réuni à l'Aragon (mariage d'Isabelle la Catholique, 1469), donna naissance à l'Espagne.

Robert Stewart CASTLEREAGH (1769 - 1822) ▪ Homme politique britannique. Un des protagonistes du congrès de Vienne.

CASTOR n. m. ▪ **1.** Mammifère rongeur amphibie des pays froids, à large queue plate. **2.** Fourrure de cet animal.

castor. *Castor fiber canadensis,* castor du Canada. *Phot. © Engels H./PHR/Jacana*

CASTOR ET POLLUX ou ***LES DIOSCURES*** ▪ Dans la mythologie grecque, fils jumeaux de Zeus et Léda, inséparables. Ils ont été placés parmi les constellations sous le nom de Gémeaux.

CASTRAT n. m. ▪ Homme castré ; spécialt chanteur castré, qui conservait la voix de soprano.

CASTRATION n. f. ▪ Opération par laquelle on prive un individu, mâle ou femelle, de la faculté de se reproduire.

CASTRER v. tr. 1 ▪ Pratiquer la castration sur. ⇒ **châtrer.**

CASTRES ▪ Chef-lieu d'arrondissement du Tarn. 44 819 hab. *(les Castrais).* Musées (Goya, Jaurès). Industrie de la laine, produits pharmaceutiques.

Fidel CASTRO (né en 1927) ▪ Révolutionnaire et homme politique cubain. Il dirigea la guérilla qui renversa la dictature de Batista et il devint chef du gouvernement (1959), soutenu par l'URSS et hostile aux États-Unis. Très populaire à ses débuts, son régime s'est transformé progressivement en dictature.

CASUISTE n. ▪ Théologien qui s'applique à résoudre les cas de conscience.

Fidel **Castro.** *Phot. © J. C. Francolon/Gamma*

CASUISTIQUE n. f. ▪ 1. RELIG. Partie de la théologie morale qui s'occupe des cas de conscience. 2. péj. Subtilité complaisante (en morale).

CASUS BELLI [kazysbɛlli ; -beli] n. m. invar. ▪ DIDACT. Acte de nature à motiver une déclaration de guerre.

CATACHRÈSE [-kʀɛz] n. f. ▪ Figure de rhétorique détournant un mot de son sens (métaphore, figure).

CATACLYSME n. m. ▪ 1. Bouleversement de la surface de la terre par une catastrophe (inondation, tremblement de terre, etc.). 2. Terrible catastrophe. ⇒ **calamité.**

CATACOMBE n. f. ▪ Cavité souterraine ayant servi de sépulture. ⇒ **cimetière, hypogée.** *Les catacombes de Rome.*

CATADIOPTRE ⇒ CATAPHOTE

CATAFALQUE n. m. ▪ Estrade décorée sur laquelle on place un cercueil.

CATALAN, ANE adj. et n. ▪ De Catalogne (au sens large : vaste région incluant la Catalogne espagnole [ci-dessous]). ➝ n. *Les Catalans.* ➝ n. m. *Le catalan,* langue romane parlée en Catalogne, aux Baléares, en Andorre et en France (Pyrénées-Orientales).

CATALEPSIE n. f. ▪ MÉD. Suspension complète du mouvement volontaire des muscles. ⇒ **léthargie, paralysie.** ► adj. CATALEPTIQUE

ÇATAL HÖYÜK ▪ Site archéologique de Turquie (Anatolie), datant du néolithique.

la **CATALOGNE,** en catalan *CATALUNYA,* en espagnol *CATALUÑA* ▪ Communauté autonome et région historique du nord-est de l'Espagne. 31 930 km². 6 000 000 hab. *(les Catalans).* Capitale : Barcelone. L'industrialisation, ancienne, provoque une forte immigration. Textile, métallurgie, chimie. Tourisme. Une dynastie catalane régna sur l'Aragon du XIIe au XVe s. Passant alors sous l'autorité de la Castille, la province se replia sur elle-même, développant une volonté d'autonomie (renaissance de la littérature de langue catalane). Elle bénéficie depuis 1979 d'un statut particulier.

Catalogne. Le monastère de Montserrat.
Phot. © Charles Lénars

CATALOGUE n. m. ▪ 1. Liste méthodique accompagnée de détails, d'explications. ⇒ **index, inventaire, répertoire.** *Les catalogues d'une bibliothèque.* 2. Liste de marchandises, d'objets à vendre. *Un catalogue de vente par correspondance.*

CATALOGUER v. tr. [1] ▪ 1. Classer, inscrire par ordre. 2. péj. Classer (qqn ou qqch.) en le jugeant de manière définitive.

CATALPA n. m. ▪ Arbre décoratif d'Amérique du Nord, à très grandes feuilles et à fleurs en grappes dressées.

CATALYSE n. f. ▪ 1. CHIM. Accélération ou ralentissement d'une réaction chimique sous l'effet d'une substance (⇒ **catalyseur**) qui ne subit elle-même aucune transformation. 2. Fait de catalyser (2).

CATALYSER v. tr. [1] ▪ 1. CHIM. Agir comme catalyseur. 2. fig. Déclencher, par sa seule présence (une réaction, un processus). *Catalyser l'enthousiasme.*

CATALYSEUR n. m. ▪ 1. CHIM. Substance qui catalyse. 2. fig. *Un catalyseur de l'agressivité.*

CATAMARAN n. m. ▪ Bateau multicoque à deux flotteurs. *Catamarans et trimarans.*

CATANE en italien *CATANIA* ▪ Ville d'Italie (Sicile). 366 226 hab. Port important. Industries.

Catane. Vue générale. *Phot. © Dagli Orti*

CATANZARO ▪ Ville d'Italie, chef-lieu de la Calabre. 103 521 hab.

CATAPHOTE n. m. ▪ Dispositif réfléchissant la lumière et rendant visible de nuit le véhicule, l'obstacle qui en est muni. ◇ syn. CATADIOPTRE.

CATAPLASME n. m. ▪ Bouillie médicinale que l'on applique, entre deux linges, sur une partie du corps. ⇒ **sinapisme.** ♦ fig. Chose épaisse, emplâtre.

CATAPULTAGE n. m. ▪ Action de catapulter. *Catapultage d'une fusée.*

CATAPULTE n. f. ▪ 1. Ancienne machine de guerre qui lançait de lourds projectiles. ⇒ **baliste.** 2. Dispositif de lancement des avions à bord d'un porte-avions.

CATAPULTER v. tr. [1] ▪ 1. Lancer par catapulte (2). 2. Lancer, projeter violemment. ♦ fig. Envoyer subitement (qqn) (dans un lieu, une situation). ⇒ FAM. **bombarder.**

CATARACTE n. f. ▪ I. Chute des eaux d'un grand cours d'eau. ⇒ **cascade, chute.** ♦ *Des cataractes de pluie,* des chutes violentes. II. Opacité du cristallin ou de sa membrane, qui entraîne des troubles de la vision. *Être opéré de la cataracte.*

CATARRHE n. m. ▪ MÉD. Inflammation des muqueuses provoquant une sécrétion excessive. *Catarrhe nasal.* ► adj. et n. CATARRHEUX, EUSE

CATASTROPHE n. f. ▪ I. 1. VX Dénouement tragique (d'une pièce de théâtre...). 2. Malheur effroyable et brusque. ⇒ **calamité, cataclysme, désastre.** *Une catastrophe aérienne.* ➝ loc. *EN CATASTROPHE :* d'urgence ; très vite. *Atterrir en catastrophe. Partir en catastrophe.* 3. FAM. Événement fâcheux. ⇒ **accident, ennui.** II. MATH. *Théorie des catastrophes,* qui, à partir de l'observation de phénomènes discontinus (situations de conflit), cherche à construire un modèle dynamique continu.

CATASTROPHÉ, ÉE adj. ▪ FAM. Abattu, comme par une catastrophe.

CATASTROPHIQUE adj. ▪ 1. Qui a les caractères d'une catastrophe. ⇒ **désastreux, effroyable.** *Conséquences catastrophiques.* 2. FAM. Qui peut provoquer une catastrophe. *Une initiative catastrophique.* 3. FAM. Très mauvais.

CATASTROPHISME n. m. ▪ Attitude pessimiste, qui prévoit le pire.

CATCH n. m. ▪ Lutte très libre à l'origine, codifiée aujourd'hui. *Prise de catch. Match, rencontre de catch,* spectacle de cette lutte.

CATCHER v. intr. [1] ▪ Lutter au catch.

CATCHEUR, EUSE n. ▪ Personne qui pratique le catch.

le CATEAU-CAMBRÉSIS ▪ Commune du Nord. 7 703 hab. *(les Catésiens)*. Deux traités y furent signés en 1559. L'un entre l'Angleterre et la France, qui permettait à celle-ci de conserver Calais, et l'autre entre l'Espagne et la France, qui mit fin aux ambitions françaises en Italie.

CATÉCHÈSE n. f. ▪ DIDACT. Instruction religieuse donnée par oral.

CATÉCHISER v. tr. [1] ▪ **1.** Instruire dans la religion chrétienne. **2.** fig. Endoctriner, sermonner.

CATÉCHISME n. m. ▪ Enseignement de la doctrine et de la morale chrétiennes. ♦ Cours où cet enseignement est dispensé. *Aller au catéchisme.* ◇ abrév. FAM. CATÉ.

CATÉCHUMÈNE [-ky-] n. ▪ Personne qu'on instruit dans la foi chrétienne pour la préparer au baptême.

CATÉGORIE n. f. ▪ **1.** PHILOS. *Les catégories de l'être,* ses attributs généraux. - Chez Kant, concept fondamental de l'entendement. **2.** Classe dans laquelle on range des objets de même nature. ⇒ **espèce, famille, genre, groupe, ordre, série.** *Ranger des marchandises par catégories.* ♦ *Catégories grammaticales,* qui classent les mots (ex. verbe, nom, adverbe). ♦ (personnes) *Catégories socioprofessionnelles.*

CATÉGORIEL, ELLE adj. ▪ Propre à une catégorie de travailleurs. *Revendications catégorielles.*

CATÉGORIQUE adj. ▪ Qui ne permet aucun doute, ne souffre pas de discussion. ⇒ **absolu, indiscutable.** *Refus catégorique.* ⇒ **formel.** *Une position catégorique.* ⇒ **clair, net.** ♦ *Il a été catégorique sur ce point.*

CATÉGORIQUEMENT adv. ▪ D'une manière catégorique. ⇒ **carrément, franchement.**

CATÉNAIRE n. f. ▪ Dispositif qui soutient le fil conducteur à distance constante d'une voie de chemin de fer électrique.

CATHARE n. ▪ Membre d'une secte chrétienne hérétique (XIe-XIIIe s.), qui prêchait une grande austérité morale. - **adj.** *L'hérésie cathare.* ▪ La doctrine des cathares, répandue principalement dans le sud-ouest de la France (Albi, Toulouse, Carcassonne...), fut violemment réprimée lors de la guerre des albigeois*.

CATHARSIS [-is] n. f. ▪ DIDACT. Purgation des passions (selon Aristote). ♦ Libération affective. ► adj. CATHARTIQUE

CATHÉDRALE n. f. ▪ **1.** Église principale d'un diocèse où se trouve le siège de l'évêque. *La cathédrale de Chartres. "La Cathédrale"* (roman de Huysmans). **2.** appos. *Verre cathédrale,* translucide.

Jacques CATHELINEAU (1759 - 1793) ▪ Chef vendéen. Il fut nommé généralissime de l'armée « catholique et royale », mais fut tué lors de l'attaque de Nantes.

sainte CATHERINE D'ALEXANDRIE ▪ Vierge chrétienne martyrisée au début du IVe s.

sainte CATHERINE DE SIENNE (1347 - 1380) ▪ Mystique italienne. Elle accomplit deux missions en Avignon et finit par convaincre le pape Grégoire XI de rentrer à Rome (1377).

CATHERINE D'ARAGON (1485 - 1536) ▪ Reine d'Angleterre, première épouse d'Henri VIII. Leur divorce entraîna le schisme avec Rome (→ **anglicanisme**).

CATHERINE DE MÉDICIS (1519 - 1589) ▪ Reine de France. Veuve d'Henri II, elle inspira la politique de ses fils François II, Charles IX (elle fut régente durant sa minorité) et Henri III. S'efforçant de préserver l'autorité monarchique, elle adopta une politique de conciliation entre catholiques et protestants, mais laissa faire les instigateurs de la Saint-Barthélemy (1572).

Catherine de Médicis.
Portrait attribué à F. Clouet.
Musée Carnavalet, Paris.
Phot. © Musée de la ville de Paris, musée Carnavalet/Lauros/Giraudon

CATHERINE II LA GRANDE (1729 - 1796) ▪ Impératrice de Russie de 1762 à sa mort. Amie de Diderot, Voltaire, Grimm, d'Alembert, elle s'empara du trône à la faveur d'un coup d'État militaire. « Despote éclairé », elle entreprit d'importantes réformes administratives, et mena une politique d'expansion territoriale aux dépens de l'Empire ottoman (annexion de la Crimée) et de la Pologne.

CATHERINETTE n. f. ▪ Jeune fille qui fête la Sainte-Catherine (fête traditionnelle des ouvrières de la mode, etc., non mariées à 25 ans).

CATHÉTER [-ɛʀ] n. m. ▪ MÉD. Tige pleine ou creuse servant à explorer, à dilater un canal, un orifice.

CATHÉTÉRISME n. m. ▪ Sondage par cathéter.

CATHODE n. f. ▪ ÉLECTR. Électrode de sortie du courant dans l'électrolyse (opposé à *anode*). ♦ Source d'électrons dans un tube cathodique.

CATHODIQUE adj. ▪ Qui provient de la cathode. *Rayons cathodiques.* - *Tube cathodique,* à rayons cathodiques.

CATHOLICISME n. m. ▪ Religion chrétienne dans laquelle le pape exerce l'autorité en matière de dogme et de morale. ⇒ **Église.** ▪ Des confessions du christianisme, le catholicisme est la plus importante par le nombre (env. 900 millions de fidèles). Comme les orthodoxes*, et contrairement aux protestants*, les catholiques attribuent autant d'autorité à la tradition qu'à l'Écriture. Le schisme avec l'Église grecque (1054) est venu de la volonté de souveraineté du pape sur l'ensemble des évêques, renforcée plus tard par le dogme de l'infaillibilité pontificale (1870). Contre la Réforme* protestante née au XVIe siècle, l'Église romaine a défendu la médiation du sacerdoce et la nécessité pour le salut de sept sacrements (→ **Contre-Réforme**) ; l'Eucharistie suppose la présence réelle du Christ dans l'hostie consacrée (transsubstantiation). Fortement hiérarchisée et centralisée, l'Église catholique favorise le culte des saints, particulièrement celui de la Vierge Marie (dogme de l'Immaculée Conception, 1854).

CATHOLIQUE adj. et n. ▪ **1.** Relatif au catholicisme ; qui le professe. *L'Église catholique, apostolique et romaine. La religion catholique.* ♦ n. *Un bon catholique.* ⇒ **croyant, pratiquant.** ◇ abrév. FAM. CATHO. **2.** FAM. *Une allure pas (très) catholique,* louche.

Lucius Sergius CATILINA (v. 108 - 62 av. J.-C.) ▪ Homme politique romain. Il fut à la tête d'une conjuration, dénoncée par Cicéron, qui marqua les derniers temps de la République.

EN CATIMINI loc. adv. ▪ En cachette, discrètement, secrètement. ⇒ en **tapinois.** *S'approcher en catimini.*

Catherine d'Aragon. *Catherine d'Aragon et sainte Catherine,* par Isenbrant.
Musée de Caramulo. *Phot. © Giraudon*

CATIN n. f. ▪ 1. VX Poupée. 2. VIEILLI Prostituée.

CATOGAN n. m. ▪ Nœud, ruban, élastique qui attache les cheveux sur la nuque. ♦ Cette coiffure.

CATON L'ANCIEN ou **LE CENSEUR** (234 - 149 av. J.-C.) ▪ Homme politique romain. Symbole des qualités romaines d'austérité et de vertu, il lutta contre le luxe et les mœurs helléniques. Impressionné par la puissance carthaginoise, il terminait ses discours par la formule « Delenda quoque Carthago » (« et en outre il faut détruire Carthage »). ► **CATON D'UTIQUE** (93 - 46 av. J.-C.), son arrière-petit-fils, stoïcien farouche, exemple de vertu comme son ancêtre, ultime adversaire républicain de César. Refusant de survivre à la République, il se perça de son épée à Utique.

Georges **CATROUX** (1877 - 1969) ▪ Général, administrateur colonial et diplomate français.

CATULLE (v. 87 - v. 54 av. J.-C.) ▪ Poète latin de l'amour-passion. Imitateur des Alexandrins. Ses pièces lyriques inspirées par son amour pour Lesbie sont considérées comme son chef-d'œuvre.

le **CAUCASE** ▪ Ensemble montagneux situé au sud de la Russie européenne. Sommet : l'Elbrouz (5 633 m). Les républiques du Caucase : Arménie, Azerbaïdjan, Géorgie.

Caucase. Paysage des environs de Garni. *Phot. © Charles Lénars*

CAUCHEMAR n. m. ▪ 1. Rêve pénible dont l'élément dominant est l'angoisse. *Faire un cauchemar.* 2. Personne ou chose qui effraie, obsède. ⇒ **hantise, tourment.**

CAUCHEMARDER v. intr. [1] ▪ Faire des cauchemars.

CAUCHEMARDESQUE adj. ▪ D'un cauchemar ; digne d'un cauchemar. *Une vision cauchemardesque.*

Augustin, baron **CAUCHY** (1789 - 1857) ▪ Mathématicien français. Il a profondément réorganisé l'analyse mathématique (notion de *limite*). Il est l'auteur de la théorie des fonctions d'une variable complexe.

CAUDAL, ALE, AUX adj. ▪ De la queue. *Nageoire caudale.*

CAUDATAIRE n. m. ▪ HIST. Dignitaire qui portait la « queue » de la robe des prélats. ♦ fig. Vil flatteur.

CAUDEBEC-LÈS-ELBEUF ▪ Commune de Seine-Maritime. 9 902 hab. *(les Caudebecquais).*

CAUDIUM aujourd'hui ***MONTESARCHIO*** ▪ Ville d'Italie ancienne (Samnium). L'expression *passer sous les fourches* caudines* rappelle la défaite des Romains qui durent passer sous un joug dressé par leurs adversaires samnites.

CAUDRY ▪ Commune du Nord. 13 579 hab. *(les Caudrésiens).*

Armand, marquis de **CAULAINCOURT**, duc de Vicence (1772 - 1827) ▪ Diplomate et général français. Ambassadeur en Russie de 1807 à 1811, ministre des Affaires étrangères en 1813.

Salomon de **CAUS** (v. 1576 - 1626) ▪ Ingénieur français. Automates. Description théorique d'une machine à vapeur.

CAUSAL, ALE, ALS adj. ▪ Qui concerne la cause, lui appartient, ou la constitue. *Lien causal.* - GRAMM. *« Car » est une conjonction causale,* qui annonce la raison de ce qui a été dit.

CAUSALITÉ n. f. ▪ 1. Caractère causal. 2. Rapport de la cause à son effet.

CAUSANT, ANTE adj. ▪ FAM. Qui parle volontiers ; qui aime à causer (②). ⇒ **bavard, communicatif.** *Il n'est pas très causant.*

CAUSE n. f. ▪ I. Ce qui produit un effet. 1. Ce par quoi un événement, une action humaine arrive, se fait. ⇒ **origine ; motif, raison.** *Il n'y a pas d'effet sans cause. Les causes de l'accident.* - *Être cause de* (+ n.), *que* (+ indic.). - *À CAUSE DE qqn, qqch.* loc. prép. : par l'action, l'influence de ; en raison de. *À cause de lui,* par sa faute. *Décollage retardé à cause du mauvais temps.* - *POUR CAUSE DE. Magasin fermé pour cause d'inventaire.* - *ET POUR CAUSE :* pour une raison bien connue, qu'il est inutile de rappeler. 2. Ce qui fait qu'une chose existe. ⇒ **fondement, origine.** *Cause première,* indépendante de toute autre cause. 3. loc. *Pour la bonne cause,* le bon motif, sans intérêt personnel. II. 1. DR. Affaire, procès qui se plaide. *Cause civile, criminelle.* ♦ loc. *PLAIDER (une, sa) CAUSE :* défendre (qqn, qqch., soi). - *Obtenir GAIN DE CAUSE :* l'emporter, obtenir ce qu'on voulait. - *EN TOUT ÉTAT DE CAUSE :* de toute manière. 2. *EN CAUSE. Être en cause :* être l'objet du débat, de l'affaire. - *METTRE EN CAUSE :* appeler, citer (qqn) au débat ; accuser, attaquer, suspecter. - *REMETTRE EN CAUSE :* remettre en question. ♦ *METTRE HORS DE CAUSE :* dégager de tout soupçon, disculper. 3. Ensemble des intérêts à soutenir, à faire triompher. ⇒ **parti.** *La cause de la liberté.* - loc. *Prendre fait* et cause pour qqn. FAIRE CAUSE COMMUNE avec qqn,* mettre en commun ses intérêts.

① **CAUSER** v. tr. [1] ▪ Être cause de. ⇒ **amener, entraîner, motiver, occasionner, produire, provoquer, susciter.** *Causer un malheur. L'incendie a causé des dégâts.*

② **CAUSER** v. intr. [1] ▪ S'entretenir familièrement avec qqn. ⇒ **bavarder.** *Nous causons ensemble. Causer avec qqn.* ♦ FAM., RÉGIONAL *Causer de qqch. à qqn.* ⇒ **parler.** *Je te cause !*

CAUSERIE n. f. ▪ 1. Entretien familier. ⇒ **conversation.** 2. Discours, conférence sans prétention. *Une causerie littéraire.*

CAUSETTE n. f. ▪ FAM. *Faire la causette, un brin de causette :* bavarder familièrement.

CAUSEUR, EUSE adj. ▪ Qui aime à causer. ⇒ **causant.** - n. *Un brillant causeur :* une personne qui parle bien, avec aisance.

CAUSEUSE n. f. ▪ Petit canapé bas, à deux places.

CAUSSE n. m. ▪ Plateau calcaire, dans le centre et le sud-ouest de la France. *Les causses du Gévaudan.*

les **CAUSSES** ou **GRANDS CAUSSES** n. m. pl. ▪ Région de plateaux calcaires du sud du Massif central, creusés par des vallées profondes (gorges du Tarn). Climat rude. Élevage du mouton.

Causses. Le causse de Sauveterre à droite et le causse Méjean à gauche (gorges du Tarn). *Phot. © Leroux/Explorer*

CAUSTICITÉ n. f. ▪ 1. Caractère d'une substance caustique. *Causticité d'un acide.* 2. fig. Tendance à dire, à écrire des choses caustiques, mordantes. ♦ *La causticité d'une remarque.*

CAUSTIQUE adj. ▪ 1. Qui désorganise, brûle les tissus animaux et végétaux. ⇒ **acide, brûlant, corrosif.** *Substance caustique.* 2. fig. Qui attaque, blesse par la moquerie et la satire. ⇒ **mordant, narquois.** *Avoir l'esprit caustique.*

CAUTÈLE n. f. ▪ VX Ruse ; précaution.

CAUTELEUX, EUSE adj. ▪ Qui agit d'une manière hypocrite et habile.

CAUTÈRE n. m. ▪ Instrument qui brûle les tissus vivants, pour cicatriser et guérir. - loc. *Un cautère sur une jambe de bois :* un remède inefficace.

CAUTERETS ▪ Commune des Hautes-Pyrénées, sur le gave de Cauterets. 1 201 hab. Station thermale et station de sports d'hiver (1 000-2 350 m).

CAUTÉRISATION n. f. ▪ Action de cautériser.

CAUTÉRISER v. tr. ① ▪ Brûler au cautère. *Cautériser une plaie.*

CAUTION n. f. ▪ **1.** Garantie d'un engagement. ⇒ **cautionnement ; assurance, gage.** *Verser une caution,* de l'argent pour servir de garantie. – *Mettre en liberté sous caution.* loc. CAUTION BOURGEOISE : garantie sûre, suffisante. **2.** SUJET À CAUTION loc. adj. : sur qui ou sur quoi l'on ne peut compter (⇒ **douteux, suspect**). **3.** Personne qui fournit une garantie, un témoignage. ⇒ **garant, témoin.**

CAUTIONNEMENT n. m. ▪ Somme d'argent destinée à servir de garantie. *Déposer des valeurs en cautionnement.* ⇒ **gage, garantie.**

CAUTIONNER v. tr. ① ▪ Être la caution de (une idée, une action) en l'approuvant. ⇒ **soutenir.** *Refuser de cautionner une politique.*

le pays de CAUX ▪ Plateau crayeux de Normandie, qui retombe en falaises imposantes sur la Manche (Étretat). Terres agricoles.

le pays de **Caux.** La côte normande près d'Étretat. *Phot. © Lorne/Explorer*

Constantin CAVAFY ou **CAVAFIS** (1863 - 1933) ▪ Poète grec. Il a évoqué dans une écriture moderne et exigeante la décadence d'un monde dont il cherche les symboles dans l'époque hellénistique.

Louis Eugène CAVAIGNAC (1802 - 1857) ▪ Général français. Républicain, il fut gouverneur de l'Algérie, puis il réprima l'insurrection de juin 1848 et exerça les pleins pouvoirs jusqu'à l'élection présidentielle de décembre 1848, à laquelle il fut battu par Louis Napoléon Bonaparte. → IIe **République.**

Aristide CAVAILLÉ-COLL (1811 - 1899) ▪ Facteur d'orgues français. Il construisit les orgues des plus grandes églises de la région parisienne et de Paris.

Jean CAVAILLÈS (1903 - 1944) ▪ Philosophe français des mathématiques et de la logique. Résistant, exécuté par les nazis.

CAVAILLON ▪ Commune du Vaucluse. 23 102 hab. *(les Cavaillonnais).* Fruits, primeurs.

CAVALAIRE-SUR-MER ▪ Commune du Var. 4 188 hab. Station balnéaire. Port de plaisance.

CAVALCADE n. f. ▪ **1.** Chevauchée animée. ♦ FAM. Troupe désordonnée, bruyante. **2.** Défilé de chars, de cavaliers.

CAVALCADER v. intr. ① ▪ Courir en groupe bruyamment.

Alberto CAVALCANTI (1897 - 1982) ▪ Cinéaste brésilien. Précurseur du réalisme poétique en France, il fut en Angleterre l'un des maîtres de l'école documentariste.

① **CAVALE** n. f. ▪ LITTÉR. Jument de race.

② **CAVALE** n. f. ▪ ARGOT Action de s'enfuir de prison. *Être en cavale,* en fuite.

CAVALER v. intr. ① ▪ FAM. Courir, fuir, filer.

CAVALERIE n. f. ▪ **1.** Ensemble de troupes à cheval, d'unités de cavaliers. *Cavalerie légère* (chasseurs, hussards, spahis). – fig. *C'est de la grosse cavalerie :* cela manque de finesse. **2.** L'un des corps de l'armée ne comprenant, à l'origine, que des troupes à cheval. *La cavalerie moderne est motorisée.* ⇒ **blindé, char. 3.** Ensemble de chevaux. ⇒ **écurie.** *La cavalerie d'un cirque.* **4.** COMM. *Traites de cavalerie,* de complaisance ou frauduleuses.

① **CAVALIER, IÈRE** n. ▪ **I.** (personnes) **1.** Personne qui est à cheval. *Un bon cavalier,* qui monte bien à cheval. **2.** n. m. Militaire servant dans la cavalerie. **II. 1.** n. m. Homme qui accompagne une dame. *Elle donnait le bras à son cavalier.* **2.** Celui, celle avec qui l'on forme un couple dans une réunion, un bal. *Danser avec sa cavalière.* **III.** n. m. (choses) **1.** Pièce du jeu d'échecs. **2.** Pièce métallique, clou en U.

② **CAVALIER, IÈRE** adj. ▪ **I.** Destiné aux cavaliers. *Allée cavalière.* **II.** Qui traite les autres sans égards, sans respect. ⇒ **brusque, hardi, insolent.** *Réponse cavalière.* ⇒ **impertinent.**

le CAVALIER BLEU en allemand ***DER BLAUE REITER*** ▪ Mouvement artistique, animé par Kandinsky*, qui rassemblait des peintres d'avant-garde à Munich. Célèbre *Almanach,* expositions (1910-1912). Le groupe était lié par un désir commun de rupture avec la tradition, qui se traduisait notamment par l'emploi de couleurs non naturalistes et des emprunts aux arts non européens.

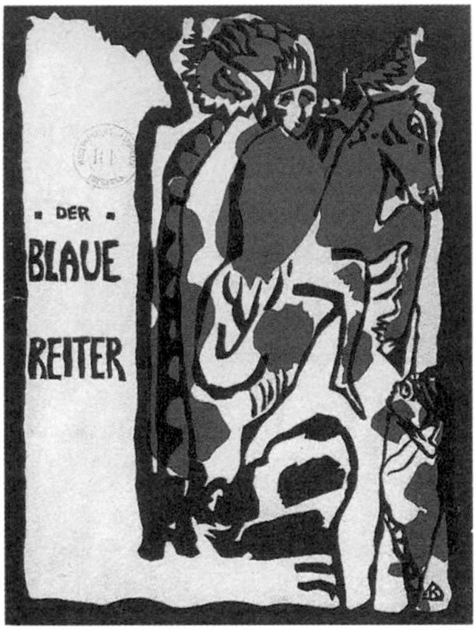

le **Cavalier bleu.** Kandinsky, couverture de *Der Blaue Reiter,* 1912. Éditions R. Piper et Cie, Munich. Donation Delaunay, Bibliothèque nationale de France, Paris. *Phot. © BNF*

CAVALIÈREMENT adv. ▪ D'une manière brusque et un peu insolente. *Traiter qqn cavalièrement.*

Bonaventura CAVALIERI (v. 1598 - 1647) ▪ Mathématicien italien. Sa géométrie des indivisibles annonce le calcul intégral.

Pier Francesco CAVALLI (1602 - 1676) ▪ Compositeur vénitien, auteur de nombreux opéras. Son ouvrage *"Noces de Pélée et de Thétis"* (1639) est le premier opéra vénitien dont on ait conservé la musique.

Pietro CAVALLINI (v. 1250 - v. 1340) ▪ Peintre italien et mosaïste novateur. Mosaïque de la *"Vie de la Vierge"* à Santa Maria in Trastevere (1291).

① **CAVE** n. f. ▪ **1.** Local souterrain, ordinairement situé sous une habitation. *Cave voûtée.* – *Cave à vin.* ⇒ **cellier.** – loc. *De la cave au grenier :* de bas en haut, entièrement. **2.** Cave servant de cabaret, de dancing. **3.** Les vins conservés dans une cave. *La cave d'un restaurant.* **4.** Coffret (à liqueurs, à cigares).

② **CAVE** adj. ▪ **1.** *Un œil cave,* enfoncé. **2.** *Veines caves,* grosses veines qui amènent au cœur tout le sang du corps par l'oreillette droite.

③ **CAVE** n. m. ▪ ARGOT Celui qui se laisse duper ; qui n'est pas du « milieu ».

CAVEAU n. m. ▪ 1. Petite cave. 2. Cabaret, théâtre de chansonniers. *Les caveaux de Montmartre.* 3. Construction souterraine servant de sépulture. *Caveau de famille.*

CAVEÇON n. m. ▪ Mors (de cheval). ‑ loc. fig. *Coup de caveçon :* mortification.

René Robert **CAVELIER DE LA SALLE** (1643 ‑ 1687) ▪ Explorateur français. Il a découvert la Louisiane.

Henry **CAVENDISH** (1731 ‑ 1810) ▪ Physicien et chimiste britannique. Il identifia l'hydrogène (première analyse scientifique de l'eau) et fit l'analyse précise de l'air. En 1771, il définit les notions de potentiel et de charge électriques. Il apparaît avec Coulomb comme le fondateur de l'électrostatique.

CAVERNE n. f. ▪ 1. Cavité naturelle creusée dans la roche. ⇒ **grotte.** ‑ *L'âge des cavernes :* la préhistoire. *Homme des cavernes* (⇒ **troglodyte**). 2. Cavité qui se forme dans un organe malade. *Cavernes pulmonaires.*

CAVERNEUX, EUSE adj. ▪ (son) Qui semble venir des profondeurs d'une caverne. *Voix caverneuse.* ⇒ **grave, sépulcral.**

CAVERNICOLE adj. et n. ▪ Qui vit en permanence dans l'obscurité. *Animaux cavernicoles.*

CAVIAR n. m. ▪ Œufs d'esturgeon (sevruga, beluga, oscietre : variétés d'esturgeons).

CAVIARDER v. tr. [1] ▪ Biffer à l'encre noire. ‑ Supprimer (un passage) dans un texte. ⇒ **censurer.** *Caviarder un article.*

CAVISTE n. ▪ Personne chargée des soins de la cave, des vins. *Caviste d'un restaurant.* ⇒ **sommelier.**

CAVITÉ n. f. ▪ Espace vide à l'intérieur d'un corps solide. ⇒ **creux, trou, vide.** *Boucher une cavité. Les cavités d'un rocher.* ‑ *Les cavités du nez* (⇒ **narine**), des yeux (⇒ **orbite**).

Camillo Benso, comte de **CAVOUR** (1810 ‑ 1861) ▪ Homme politique italien. Président du Conseil du royaume du Piémont (1852), il mena une politique libre-échangiste et anticléricale, et obtint l'aide de Napoléon III pour créer un royaume d'Italie du Nord en échange de la cession à la France de Nice et de la Savoie (1860). Il fut un des principaux artisans de l'unité italienne.

CAWNPORE → Kanpur

CAYENNE ▪ Chef-lieu du département de la Guyane française. 41 659 hab. *(les Cayennais).*

Arthur **CAYLEY** (1821 ‑ 1895) ▪ Mathématicien anglais. Calcul matriciel, théorie des invariants, géométrie projective.

Jean **CAYROL** (né en 1911) ▪ Écrivain français. L'expérience des camps de concentration a marqué son œuvre. *"Poèmes de la nuit et du brouillard"* (1945), *"Lazare parmi nous"* (1950).

Jacques **CAZOTTE** ▪ Écrivain français (1719 ‑ 1792). *"Le Diable amoureux"* (conte fantastique, 1772). Hostile à la Révolution, il fut guillotiné.

C. B. [sibi] n. f. (sigle de *Citizen Band*) ▪ anglic. Bande de fréquences radio mise à la disposition du public pour communiquer (notamment en voiture).

C. C. P. [sesepe] n. m. ▪ Abréviation de *compte chèque* postal.*

CD [sede] ⇒ DISQUE

CD-ROM [sederɔm] n. m. (sigle de *Compact Disc Read Only Memory*) ▪ anglic. Disque optique numérique à lecture seule, où sont stockées des données (texte, son, images). *Dictionnaire sur CD-ROM.* ◇ recomm. off. *disque optique compact ;* abrév. *doc* n. m.

C.D.U.-C.S.U → démocratie-chrétienne

① **CE, CETTE, CES** adj. dém. *ce* prend la forme *cet* devant voyelle ou *h* muet ▪ Devant un nom, sert à montrer la personne ou la chose désignée par le nom. *Regardez cet arbre. Ces enfants sont insupportables.* ‑ Sert à indiquer un temps rapproché (passé ou présent). *Ces derniers temps. Ce soir.* ‑ renforcé par les particules adverbiales *-ci* et *-là*, après le nom *Ce livre-ci. Cet homme-là.*

② **CE** pron. dém. *ç'* devant les formes des verbes *être* et *avoir* commençant par *a*, *c'* devant celles qui commencent par *e* ▪ **I.** Désignant la chose que la personne qui parle a dans l'esprit. ⇒ **ça.** 1. *C'EST ; CE DOIT, CE PEUT ÊTRE.* (avec un adj. ou un p. p.) *C'est fini.* ‑ (avec un compl. prép.) *C'est à vous. C'est pour demain. C'est à voir :* il faut voir. ♦ (avec un nom ou un pronom) *C'était le bon temps. Ce sont eux* (mais *c'est vous, c'est nous*). 2. en phrase interrog. *Est-ce vous ?* ‑ *Qu'est-ce que c'est ? Qui est-ce ?* 3. *C'EST... QUI, C'EST... QUE :* sert à détacher en tête un élément. *C'est une bonne idée que vous avez là.* ♦ *C'EST QUE,* exprime la cause *(s'il sort, c'est qu'il va mieux),* l'effet *(puisqu'il la cherche, c'est qu'il veut lui parler).* 4. *C'EST À... DE... C'est à lui de jouer.* **II.** suivi d'un pronom relatif *Ce que je crois. Ce qui importe. Ce dont on parle.* ♦ FAM. *CE QUE :* combien, comme. *Ce que c'est beau !* **III.** loc. (*ce* compl. direct) *Ce me semble :* il me semble. *Ce disant, ce faisant. Pour ce faire.* ‑ *Sur ce :* là-dessus. *Sur ce, je vous quitte.*

CEANANNUS MÓR → Kells

CÉANS adv. ▪ VX Ici, dedans. ‑ loc. *Le maître de céans :* le maître de maison.

le **CEARÁ** ▪ État côtier du nord-est du Brésil. 145 694 km². 6 353 000 hab. Capitale : Fortaleza.

Nicolae **CEAUȘESCU** (1918 ‑ 1989) ▪ Homme politique roumain. Chef du parti communiste à partir de 1965, président de la République à partir de 1974. Il fit évoluer le régime vers la dictature et le népotisme, mais fut renversé par une violente insurrection en décembre 1989, jugé puis exécuté sommairement avec sa femme.

CÉBAZAT ▪ Commune du Puy-de-Dôme. 7 652 hab.

CEBU ▪ Île des Philippines. 4 421 km². ► **CEBU CITY** ou **CÉBOU** Ville et port important dans l'île de Cebu. 610 417 hab.

C.E.C.A. → C.E.E.

Enrico **CECCHETTI** (1850 ‑ 1928) ▪ Danseur et maître de ballet italien. Il fut le maître des plus grands danseurs de la première moitié du XXᵉ s : Karsavina, Pavlova, Nijinski.

Svatopluk **ČECH** (1846 ‑ 1908) ▪ Écrivain et patriote tchèque. *"Chants d'un esclave"* (1895), poèmes.

CECI pron. dém. ▪ (opposé à *cela*) Désigne la chose la plus proche, ce qui va suivre, ou simplement une chose opposée à une autre. *Retenez bien ceci. Ceci n'empêche pas cela.*

William **CECIL**, baron Burghley (1520 ‑ 1598) ▪ Homme politique anglais, principal conseiller d'Élisabeth Iʳᵉ. Il géra les finances avec probité et développa l'activité économique.

sainte **CÉCILE** (IIIᵉ s.) ▪ Vierge et martyre chrétienne, morte décapitée, souvent représentée comme patronne des musiciens.

CÉCITÉ n. f. ▪ État d'une personne aveugle. *Être frappé de cécité.* ‑ par analogie DIDACT. *Cécité mentale, psychique.* ♦ fig. Incapacité à comprendre, à sentir. *Cécité à, pour qqch.*

CÉCROPS ▪ Premier roi mythique d'Attique et fondateur d'Athènes. Il céda le patronage de la région à Athéna. Il est souvent figuré moitié homme, moitié serpent.

CEDAR RAPIDS ▪ Ville des États-Unis (Iowa). 109 000 hab.

CÉDER v. [6] ▪ **I.** v. tr. 1. Abandonner, laisser (qqch.) à qqn. ⇒ **concéder, donner, livrer.** *Céder sa place, son tour à qqn. Céder du terrain,* reculer. 2. Transporter la propriété de (qqch.) à une autre personne. ⇒ **vendre ; cessible, cession.** **II.** v. tr. ind. 1. *CÉDER À :* ne plus résister, se conformer à la volonté de (qqn). ⇒ **obéir,** se **soumettre ;** s'oppose à *résister. Céder à qqn, à ses prières.* ‑ *Céder à la tentation, à la fatigue.* ⇒ **succomber.** ♦ loc. *Il ne lui cède en rien,* il est son égal. 2. absolt ⇒ **capituler, renoncer.** *Céder par faiblesse, par lassitude.* 3. (choses) Ne plus résister à la pression, à la force. ⇒ **fléchir, plier, rompre.** *Branche qui cède sous le poids des fruits.* 4. fig. *Céder devant, à... La fièvre a cédé aux antibiotiques.*

CÉDÉTISTE adj. ▪ Qui concerne la Confédération française démocratique du travail (C.F.D.T.). ‑ n. *Les cédétistes.*

CEDEX [sedɛks] n. m. (sigle) ▪ Système spécial de distribution de courrier aux entreprises ou organismes importants.

CÉDILLE n. f. ▪ Petit signe que l'on place sous la lettre c (ç) suivie des voyelles a, o, u pour indiquer qu'elle doit être prononcée [s].

CÉDRAT n. m. ▪ Fruit (agrume) du *cédratier,* plus gros que le citron. *Confiture de cédrats.*

CÈDRE n. m. ▪ Grand arbre (conifère) originaire d'Afrique et d'Asie, à branches presque horizontales en étages. *Les cèdres du Liban.*

cèdre.
Cèdre du Liban.
Phot. © Charles Lénars

la C.E.E. ou **CEE**, **Communauté économique européenne** ▪ « Marché commun » créé en 1957 par le traité de Rome entre l'Allemagne, la France, l'Italie, la Belgique, les Pays-Bas et le Luxembourg, que rejoignirent le Danemark, le Royaume-Uni, l'Irlande (1973), la Grèce (1981), le Portugal et l'Espagne (1986). La *CECA*, Communauté européenne du charbon et de l'acier (1951) et la *CEEA* (Euratom), Communauté européenne de l'énergie atomique (1957), fusionnèrent en 1967 avec la CEE. L'Acte unique (signé en 1986) établit, au-delà de l'union douanière, la libre circulation des capitaux et des hommes, dans le cadre d'une économie européenne intégrée (1er janvier 1993) tandis que le traité de Maastricht a mis en place un processus d'union économique et monétaire, qui a transformé la CEE en Union européenne, au 1er novembre 1993. (→ **Union européenne**).

CEFALÙ ▪ Ville d'Italie, sur la côte nord de la Sicile. 14 518 hab. Cathédrale (XIIe s.).

CÉGEP [seʒɛp] **n. m.** ▪ au Québec Collège d'enseignement général et professionnel. *Aller au CÉGEP, au cégep.*

CÉGÉTISTE adj. ▪ Qui concerne la Confédération générale du travail (C.G.T.). – **n.** *Les cégétistes.*

la C.É.I. ou **CÉI**, **Communauté des États indépendants** ▪ Communauté réunissant douze républiques indépendantes de l'ex-U.R.S.S., créée en 1991, comprenant l'Arménie, l'Azerbaïdjan, la Biélorussie, la Géorgie (adhésion en 1993), le Kazakhstan, le Kirghizstan, la Moldavie, l'Ouzbékistan, la Russie, le Tadjikistan, le Turkménistan et l'Ukraine.

CEINDRE v. tr. [52] ▪ **1.** LITTÉR. Entourer, serrer (une partie du corps). *Un bandeau ceignait sa tête.* **2.** Mettre autour du corps, de la tête de (qqn). *Ceindre qqn d'une écharpe.* – Mettre autour de son corps. *Ceindre une cuirasse.* **3.** (compl. chose) *Ceindre une ville de murailles ; les murailles qui ceignent la ville.*

CEINTURE n. f. ▪ **I. 1.** Bande servant à serrer la taille, à ajuster les vêtements à la taille ; partie d'un vêtement (jupe, robe, pantalon) qui l'ajuste autour de la taille. *Boucler sa ceinture.* – fig. FAM. *Se serrer la ceinture :* se priver de nourriture ; se passer de qqch. ♦ sports de combat Bande tissée dont la couleur symbolise un grade. *Être ceinture noire,* de la catégorie la plus forte. **2.** Dispositif qui entoure la taille. *Ceinture (de sécurité),* dans un avion, une voiture. – *Attachez vos ceintures !* **II.** ⇒ **taille.** *Entrer dans l'eau jusqu'à la ceinture.* **III.** Ce qui entoure. *Chemin de fer de ceinture,* qui circule autour d'une ville.

CEINTURER v. tr. [1] ▪ **1.** Entourer d'une enceinte. ⇒ **ceindre.** *Ceinturer une ville de murailles.* **2.** Prendre (qqn) par la taille, en le serrant avec les bras. *Ceinturer son adversaire.*

CEINTURON n. m. ▪ Grosse ceinture, notamment dans l'uniforme militaire.

CELA pron. dém. ▪ **1.** (opposé à *ceci*) Désigne ce qui est plus éloigné ; ce qui précède. **2.** Cette chose. ⇒ **ça.** *Cela ne fait rien. Tout cela.*

Camilo José CELA (né en 1916) ▪ Écrivain espagnol qui a renouvelé la tradition réaliste. *"La Famille de Pascual Duarte"* (1942); *"La Ruche"* (1951). Prix Nobel 1989.

CÉLADON adj. invar. ▪ Vert pâle. – **n. m.** Porcelaine chinoise de cette couleur.

Paul CELAN (1920 - 1970) ▪ Poète français d'origine roumaine et d'expression allemande. Juif, il a élaboré une poésie d'espoir et de résistance à la persécution. *"La Rose de personne"* (1963).

CÉLÉ ▪ Rivière du Quercy, affluent du Lot. Elle arrose Figeac. 102 km.

CÉLÈBES ou **SULAWESI** ▪ Île d'Indonésie. 189 216 km^2. 12 522 000 hab. Dans l'île se trouvait le royaume de Goa (XVIe-XVIIe s.), grand centre du commerce des épices, allié aux Portugais.

CÉLÉBRANT n. m. ▪ Prêtre qui célèbre la messe.

CÉLÉBRATION n. f. ▪ Action de célébrer une cérémonie, une fête.

CÉLÈBRE adj. ▪ Très connu. ⇒ **fameux, illustre, renommé.** *Un musicien célèbre. Un lieu célèbre. Date tristement célèbre.*

CÉLÉBRER v. tr. [6] ▪ **1.** Accomplir solennellement. *Le maire a célébré le mariage.* – *Célébrer la messe.* **2.** Marquer (un événement) par une cérémonie, une démonstration. ⇒ **fêter.** *Célébrer un anniversaire.* ⇒ **commémorer. 3.** LITTÉR. Faire publiquement la louange de. ⇒ **glorifier, vanter.** *Célébrer qqn, les mérites, les exploits de qqn.*

CÉLÉBRITÉ n. f. ▪ **1.** Réputation qui s'étend au loin. ⇒ **notoriété, renom, renommée. 2.** Personne célèbre, illustre. ⇒ **personnalité.** *Les célébrités du monde artistique.*

CELER [səle ; sele] **v. tr.** [5] ▪ LITTÉR. Garder, tenir secret. ⇒ **cacher, dissimuler.**

CÉLERI n. m. ▪ Plante alimentaire dont on consomme les côtes *(céleri en branches)* ou la racine charnue *(céleri-rave).* – *Céleri rémoulade.*

CÉLÉRITÉ n. f. ▪ LITTÉR. Grande rapidité (dans le geste, l'action). ⇒ **promptitude, vitesse.**

CÉLESTA n. m. ▪ Instrument de musique à percussion et à clavier. *Des célestas.*

CÉLESTE adj. ▪ **1.** Relatif au ciel. ⇒ **aérien.** *Les espaces célestes. La voûte céleste :* le ciel. **2.** Qui appartient au ciel (considéré comme le séjour de la divinité, des bienheureux). *La béatitude céleste.* **3.** Merveilleux, surnaturel. ⇒ **divin.** *Une beauté céleste.*

CÉLIBAT n. m. ▪ État d'une personne en âge d'être mariée et qui ne l'est pas, ne l'a jamais été. *Vivre dans le célibat.*

CÉLIBATAIRE adj. ▪ Qui vit dans le célibat. *Elle est célibataire.* – **n.** *Un célibataire endurci.* – appos. *Mère célibataire.*

Louis-Ferdinand Destouches dit **Louis-Ferdinand CÉLINE** (1894 - 1961) ▪ Écrivain français. Œuvre marquante par son style, qu'il a défini comme un « lyrisme de l'ignoble », et qui introduit dans la littérature le langage parlé et l'argot, utilisés pour servir la véhémence du rythme et de la pensée. Ses écrits antisémites et proallemands l'obligèrent à s'exiler (1944-1951). *"Voyage au bout de la nuit"* (1932); *"Mort à crédit"* (1936); *"D'un château l'autre"* (1957); *"Nord"* (1960); *"Rigodon"* (posthume, 1969).

Céline. *Phot. © Lipnitzki/Viollet*

CELLE ⇒ CELUI

La CELLE-SAINT-CLOUD ▪ Commune des Yvelines. 22 834 hab. (*les Cellois* ou *les Celloclodoaldiens*).

CELLIER n. m. ▪ Lieu aménagé pour y conserver du vin, des provisions. ⇒ **cave, chai.**

Benvenuto CELLINI (1500 - 1571) ▪ Sculpteur et orfèvre italien. François Ier l'invita à sa cour. Ses œuvres les plus marquantes furent la *"Nymphe de Fontainebleau"* (1543, Louvre) et le *"Persée avec la tête de Méduse"* (1545-1553, Loge des Lanzi, Florence).

Cellini. *Persée avec la tête de Méduse,* marbre. Loggia della Signoria, Florence. *Phot. © Arch. Smeets*

CELLOPHANE n. f. (n. déposé) ▪ Feuille transparente obtenue à partir de la cellulose et utilisée pour l'emballage. *Fromage sous cellophane.*

CELLULAIRE adj. ▪ **1.** BIOL. De la cellule vivante. *Biologie cellulaire.* ⇒ **cytologie. 2.** Qui présente des alvéoles, des pores. **3.** Relatif aux cellules de prison. *Régime cellulaire,* dans lequel les prisonniers sont isolés. *Voiture cellulaire,* voiture de police divisée en cellules (→ FAM. panier à salade).

CELLULE n. f. ▪ **I.** Pièce utilisée pour isoler ou enfermer qqn. *Les cellules d'un monastère, d'une prison.* **II. 1.** Cavité qui isole ce qu'elle enferme. ⇒ **alvéole.** - Compartiment. **2.** Élément fondamental constituant tous les organismes vivants. ⇒ **cyto-.** *Noyau, membrane d'une cellule. Cellules nerveuses* (neurones). **3.** Ensemble des structures d'un avion (ailes, fuselage). **4.** SC. Unité productrice d'énergie. *Cellule photoélectrique.* **III.** abstrait Élément isolable d'un ensemble. *La famille, cellule de la société. Les cellules d'un parti politique.* ⇒ **section.**

CELLULITE n. f. ▪ Gonflement du tissu conjonctif sous-cutané.

CELLULOÏD n. m. ▪ Matière plastique flexible, inflammable.

CELLULOSE n. f. ▪ Matière contenue dans la membrane des cellules végétales.

CELLULOSIQUE adj. ▪ Constitué de cellulose.

Anders CELSIUS (1701 - 1744) ▪ Astronome et physicien suédois. Il créa, en 1742, l'échelle thermométrique centésimale (degrés *Celsius*).

CELTE adj. ▪ Des Celtes*. ⇒ **celtique.** *L'art celte.* - n. m. *Le celte,* langue des anciens Celtes (⇒ **celtique**).

les CELTES ▪ Groupe de peuples indo-européens qui s'établirent en Europe occidentale au cours de nombreuses migrations. On distingue la *civilisation* dite *des champs d'urnes* (1200-800 av. J.-C.), la *civilisation de Hallstatt* (800-500 av. J.-C.) qui rencontra les influences grecque et étrusque, et la *civilisation de La Tène* (500-50 av. J.-C.) qui conduisit l'art celte à son apogée vers le IIe s. av. J.-C. Répandus dans presque toute l'Europe, mais divisés en royaumes indépendants et rivaux, les Celtes n'ont pas formé d'empire (→ **Gaule**). Sous la pression de Rome, ils se retirèrent en Bretagne et en Grande-Bretagne.

les **Celtes.** *Le chaudron de Gundestrüp,* argent, Ier s. av. J.-C. Musée national, Copenhague.
Phot. © Lessing/Magnum

CELTIQUE adj. ▪ Relatif aux Celtes et à leurs descendants. *Les Gaulois, peuple celtique.* - *Langues celtiques* ou **n. m.** DIDACT. *le celtique* : famille de langues indo-européennes issues du celte* (breton, gaulois, irlandais...).

CELUI, CELLE, CEUX, CELLES pron. dém. ▪ Désigne la personne ou la chose dont il est question dans le discours. *Les modes actuelles et celles d'autrefois. Celui qui vient.*

CELUI-CI, CELLE-CI, CEUX-CI, CELLES-CI ou **CELUI-LÀ, CELLE-LÀ, CEUX-LÀ, CELLES-LÀ** pron. dém. ▪ Marque la même opposition que *ceci* et *cela. Des deux maisons, celle-ci est la plus jolie, mais celle-là est plus confortable.*

CÉMENT n. m. ▪ **1.** TECHN. Substance qui, chauffée au contact d'un métal, en modifie la composition et lui fait acquérir de nouvelles propriétés. ► n. f. CÉMENTATION **2.** ANAT. Substance osseuse recouvrant l'ivoire à la racine des dents.

CÉNACLE n. m. ▪ **1.** Salle où Jésus-Christ se réunit avec ses disciples pour la Cène*. **2.** LITTÉR. Réunion d'un petit nombre d'hommes de lettres, d'artistes, de philosophes. ⇒ **cercle, club, société.**

le CÉNACLE ▪ Groupe de jeunes écrivains, qui se réunissaient chez Nodier puis Hugo, et établirent les principes du romantisme, de 1823 à 1828.

les CENCI ▪ Famille romaine. Le meurtre du tyrannique Francesco (1549 - 1598) par sa fille Beatrice (1577 - 1599) a inspiré de nombreux artistes (Shelley, Stendhal, Artaud).

Frédéric Sauser dit **Blaise CENDRARS** (1887 - 1961) ▪ Écrivain français d'origine suisse. Il a exalté la vie aventureuse et a instauré dans ses poèmes (*"La Prose du Transsibérien et de la Petite Jehanne de France"*, 1913) et dans ses récits (*"L'Or"* 1925, *"Moravagine"* 1926, *"L'Homme foudroyé"* 1945) un ton et des techniques d'écriture qui font de lui l'un des fondateurs du modernisme littéraire.

CENDRE n. f. ▪ **1.** Poudre qui reste quand on a brûlé certaines matières organiques. *Cuire des pommes de terre sous la cendre. Cendres de cigarettes* (⇒ **cendrier**). **2.** Matière qui se réduit facilement en poudre. *Cendres volcaniques.* **3.** loc. *Mettre, réduire en cendres,* détruire par le feu, l'incendie. **4.** *Les cendres de qqn,* ce qui reste de son cadavre après incinération. ♦ *Les cendres des morts,* leurs restes. - *Renaître de ses cendres* : revivre, se ranimer. **5.** RELIG. CATHOL. *Les Cendres,* symbole de la dissolution du corps (⇒ **poussière**). *Mercredi des Cendres* (premier jour du carême).

CENDRÉ, ÉE adj. ▪ Qui a la couleur grisâtre de la cendre. *Des cheveux blond cendré.* - *La lumière cendrée de la Lune* (rayons solaires réfléchis par la Terre).

CENDRÉE n. f. ▪ Mélange de mâchefer et de sable utilisé comme revêtement des pistes de stade.

la Cène. *La Cène* par Léonard de Vinci, peinture murale. Santa Maria delle Grazie, Milan. *Phot. © Scala*

CENDREUX, EUSE adj. ▪ Qui contient de la cendre ; qui a l'aspect de la cendre. *Teint cendreux.*

CENDRIER n. m. ▪ **1.** Partie mobile d'un foyer, où tombent les cendres. *Le cendrier d'un poêle.* **2.** COUR. Petit récipient destiné à recevoir les cendres de tabac.

la CÈNE n. f. ▪ RELIG. CHRÉT. Repas que Jésus-Christ prit avec ses apôtres la veille de la Passion et au cours duquel il institua l'Eucharistie. ♦ Communion sous les deux espèces, chez les protestants.

le Mont-CENIS → Mont-Cenis

Cennino CENNINI (XIVe s.) ▪ Peintre italien. Son œuvre peint a disparu mais son *"Libro dell'arte"* nous informe sur les techniques de son époque.

CÉNOBITE n. m. ▪ DIDACT. Moine qui vivait en communauté (opposé à *anachorète*).

CENON ▪ Commune de la Gironde, banlieue de Bordeaux. 21 363 hab. *(les Cenonnais).*

CÉNOTAPHE n. m. ▪ DIDACT. Tombeau élevé à la mémoire d'un mort et qui ne contient pas son corps. ⇒ **sépulcre.**

CENS [sɑ̃s] n. m. ▪ HIST. **1.** ANTIQ. Dénombrement des citoyens romains (⇒ **recensement**) et évaluation de leur fortune. **2.** Redevance fixe que le possesseur d'une terre payait au seigneur féodal. **3.** Montant de l'impôt que devait payer un individu pour être électeur ou éligible (⇒ **censitaire**).

CENSÉ, ÉE adj. ▪ (+ inf.) Qui est supposé, réputé (être, faire...). *Il est censé être à Paris.* ⇒ **présumé.**

CENSÉMENT adv. ▪ Apparemment, prétendument.

CENSEUR n. m. ▪ **I.** HIST. Magistrat romain qui contrôlait les mœurs de ses concitoyens. **II. 1.** LITTÉR. Personne qui contrôle, critique les opinions, les actions des autres. *Un censeur sévère. S'ériger en censeur des actes d'autrui.* **2.** Personne qui applique la censure. **3.** anciennt Personne qui, dans un lycée, était chargée de la discipline. *Madame le censeur.*

CENSITAIRE adj. ▪ HIST. *Suffrage censitaire,* réservé aux personnes qui payaient le cens (3).

CENSURE n. f. ▪ **I.** HIST. Charge de censeur (I). **II. 1.** LITTÉR. Action de critiquer ; condamnation d'une opinion. **2.** Examen des publications, des spectacles, exigé par les pouvoirs publics avant d'autoriser leur diffusion. *Visa de censure d'un film.* ▸ Service qui délivre cette autorisation.

CENSURER v. tr. ① ▪ **1.** VX Critiquer ; condamner. **2.** Interdire (une publication, un spectacle). ▸ au p. p. *Article de journal censuré.*

① **CENT** ▪ **I.** adj. numéral cardinal invar. (sauf s'il est précédé d'un nombre qui le multiplie et non suivi d'un autre adj. numéral : *deux cents,* mais *deux cent un*) ◇ REM. On fait la liaison avec les mots commençant par une voyelle ou un *h* muet : *cent ans, deux cents hommes,* sauf devant *un, une, unième, onze, onzième.* **1.** Dix fois dix (100). ⇒ **hect(o)-**. *Onze cents,* mille cent. ♦ Un grand nombre (→ trente-six, mille). *Je lui ai dit cent fois. Faire les cent pas,* aller et venir. **2.** adj. numéral ordinal invar. Centième. *Page trois cent.* **II.** n. m. Le nombre cent. *Compter jusqu'à cent.* ▸ loc. *Gagner des mille et des cents,* beaucoup d'argent. ♦ *POUR CENT* (précédé d'un numéral) : pour une quantité de cent unités (⇒ **pourcentage**). *Cinquante pour cent* (50 %), la moitié. ▸ *Chemise cent pour cent coton* (⇒ **entièrement**).

▪ **la guerre de CENT ANS** ▪ Conflits qui opposèrent la France et l'Angleterre de 1337 à 1453. Le point de départ de la guerre fut la rivalité entre Philippe VI* de Valois et Edouard III d'Angleterre qui, en tant que petit-fils par sa mère de Philippe le Bel, réclama la couronne de France. Vainqueurs à Crécy (1346), les Anglais prirent Calais (1347), capturèrent Jean II le Bon à Poitiers (1356) et, par le traité de Calais (1360), obtinrent entre autres l'Aquitaine. Sous Charles V cependant, grâce à Du* Guesclin, se produisit le redressement français. Mais profitant de la démence de Charles VI et de la guerre entre armagnacs* et bourguignons*, le roi d'Angleterre Henri V, après la victoire d'Azincourt (1415), imposa le traité de Troyes (1420) qui le faisait aussi roi de France. L'intervention de Jeanne* d'Arc fit lever le siège d'Orléans (1429) et sacrer Charles VII à Reims (1429). Après la perte de la Guyenne (victoire française de Castillon, 1453), les Anglais ne conservaient plus en France que Calais.

② **CENT** [sɛnt] n. m. ▪ Centième partie du dollar. *Pièce de dix cents.*

CENTAINE n. f. ▪ Groupe de cent unités *(le chiffre des centaines)* ou d'environ cent unités *(une centaine de personnes).*

CENTAURE n. m. ▪ Être imaginaire, moitié homme, moitié cheval. ▪ Monstres mythiques de Thessalie, en Grèce, les Centaures sont pour la plupart considérés comme des êtres violents et malfaisants ; êtres violents et malfaisants ; la victoire des Lapithes, aidés par Thésée, sur les Centaures symbolise le triomphe de la civilisation sur la barbarie.

Centaure. *Le Centaure Chiron et Achille*, fresque romaine d'Herculanum. Musée archéologique, Naples. *Phot. © Dagli Orti*

CENTAURE ▪ Constellation australe. Son étoile principale, α Centaure, est l'une des plus brillantes du ciel et la plus proche de la Terre (après le Soleil).

CENTAURÉE n. f. ▪ Fleur aux nombreuses espèces, dont le bleuet.

CENTENAIRE ▪ **1.** adj. Qui a au moins cent ans. *Un chêne centenaire.* ⇒ **séculaire.** ▸ n. Personne qui a cent ans. **2.** n. m. Centième anniversaire.

CENTÉSIMAL, ALE, AUX adj. ▪ MATH. Dont les parties sont des centièmes ; divisé en cent. ▸ *Dilution centésimale* (en homéopathie).

CENTI- Élément (du latin *centum* « cent ») signifiant « centième » (ex. *centiare* → are, *centigrade*, etc.).

CENTIÈME [sɑ̃tjɛm] ▪ **1.** adj. (ordinal) Qui a rapport à cent, pour l'ordre, le rang. ▸ n. *La centième sur la liste.* **2.** n. m. Chacune des parties d'un tout divisé en cent parties égales.

CENTIGRADE adj. ▪ Divisé en cent degrés. *Thermomètre centigrade.*

CENTIGRAMME n. m. ▪ Centième partie du gramme (symb. cg).

CENTILITRE n. m. ▪ Centième partie du litre (symb. cl).

CENTIME n. m. ▪ Centième partie du franc. *Une pièce de vingt centimes.*

CENTIMÈTRE n. m. ▪ **1.** Centième partie du mètre (symb. cm). *Centimètre carré* (cm^2), *cube* (cm^3). **2.** Ruban gradué servant à prendre les mesures. ⇒ **mètre.**

les CENT-JOURS ▪ Tentative de Napoléon* Ier pour restaurer l'Empire (20 mars-22 juin 1815). Brillamment menée à l'intérieur, elle échoua à Waterloo.

CENTON n. m. ▪ LITTÉR. Texte, morceau de musique fait de fragments empruntés.

la République CENTRAFRICAINE ▪ État d'Afrique centrale. 622 436 km^2. 3 040 000 hab. *(les Centrafricains).* Capitale : Bangui. Langues : français (officielle), sango, sara, peul. Monnaie : franc CFA. Vaste plateau consacré à l'agriculture et à l'élevage. Production de diamants et gisements d'uranium (peu exploités). Le sud du pays est recouvert par la forêt équatoriale. ▫ HISTOIRE La colonie de l'Oubangui-Chari, créée en 1905, fut intégrée à l'Afrique-Équatoriale française. Elle devint indépendante en 1960 sous le nom de République centrafricaine (RCA). Le président Dacko fut renversé en 1966 par Bokassa, qui se proclama empereur en 1976 mais fut à son tour déposé par Dacko en 1979. Le général Kolingba, qui dirigea le pays de 1979 à 1993, fut contraint d'accepter, à partir des années 1990, une réforme constitutionnelle, l'instauration du multipartisme et la tenue d'élections qu'il perdit face à Ange-Félix Patassé.

CENTRAGE n. m. ▪ Action de centrer (qqch.). *Centrage d'une pièce mécanique.*

① **CENTRAL, ALE, AUX** adj. ▪ **1.** Qui est au centre, qui a rapport au centre. *Point central. L'Asie centrale. Quartier central.* **2.** Qui constitue l'organe directeur, principal. *Pouvoir central.* ▸ *Chauffage* central.* ▸ *Maison, prison centrale* ou n. f. *centrale*, où sont regroupés des prisonniers purgeant une longue peine. ▸ *École centrale (des arts et manufactures)* ou n. f. *Centrale* (dérivé *centralien, ienne* n.).

② **CENTRAL** n. m. ▪ *Central télégraphique, téléphonique*, lieu où aboutissent les éléments d'un réseau.

CENTRALE n. f. ▪ **1.** Usine qui produit de l'électricité. *Centrale nucléaire.* **2.** Groupement national de syndicats. ⇒ **confédération.** **3.** Organisme qui centralise. *Centrale d'achat.* **4.** ⇒ ① **central** (2).

CENTRAL INTELLIGENCE AGENCY → C.I.A.

CENTRALISATEUR, TRICE adj. ▪ Qui centralise.

CENTRALISATION n. f. ▪ Action de centraliser.

CENTRALISER v. tr. [1] ▪ Réunir dans un même centre, ramener à une direction unique. ⇒ **concentrer, rassembler, réunir.** *Centraliser les pouvoirs.* ▸ au p. p. *Un pays centralisé.*

CENTRALISME n. m. ▪ Système de centralisation (politique, économique).

CENTRE n. m. ▪ **1.** Point intérieur situé à égale distance de tous les points de la circonférence d'un cercle, de la surface d'une sphère. *"Voyage au centre de la Terre"* (de Jules Verne). **2.** Milieu approximatif. *Les départements du centre de la France.* **3.** Point intérieur doué de propriétés actives, dynamiques. ♦ PHYS. CENTRE DE GRAVITÉ *d'un corps*, point où s'applique la résultante des forces exercées par la pesanteur sur ce corps. ♦ *Centres nerveux* : parties du système nerveux constituées de substance grise et reliées par les nerfs aux organes. **4.** Lieu caractérisé par l'importance de ses activités, de son influence. *La Bourse est le centre des affaires.* ⇒ **siège.** ♦ UN CENTRE : un lieu où diverses activités sont groupées. ⇒ **agglomération, ville.** *Un grand centre industriel, d'affaires.* ▸ *Centre commercial* : ensemble de magasins. ♦ Organisme qui coordonne plusieurs activités. *Centre national de la recherche scientifique* (C.N.R.S.). **5.** fig. Point où des forces sont concentrées. *Un centre d'intérêt.* ▸ Chose, personne principale. *Il se croit le centre du monde* (⇒ **égocentrique**). **6.** Parti politique, électorat modéré. *Un député du centre* (⇒ **centriste**). **7.** SPORTS Partie centrale du terrain.

le CENTRE ▪ Région administrative française comprenant six départements : Cher, Eure-et-Loir, Indre, Indre-et-

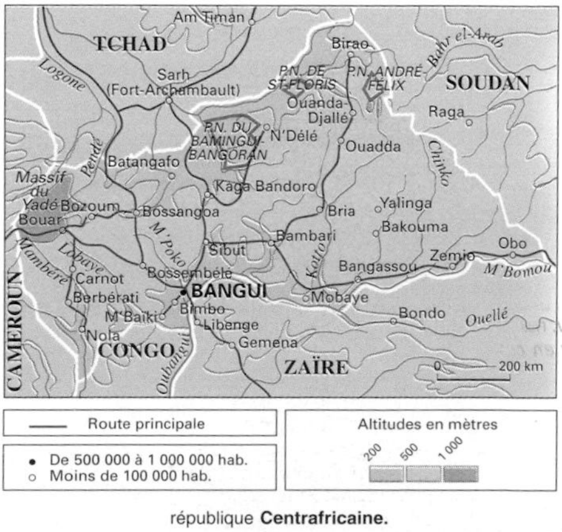

république **Centrafricaine.**

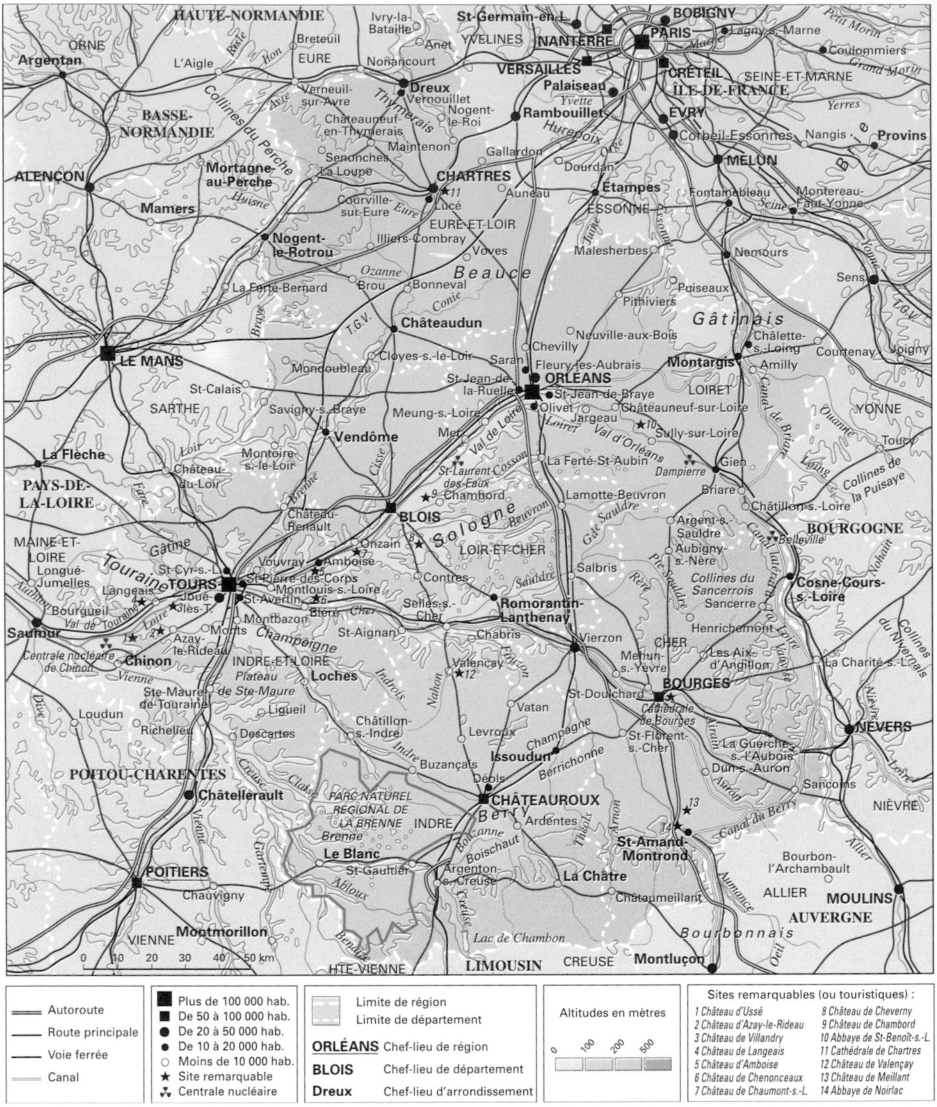

Centre.

Loire, Loiret, Loir-et-Cher. 39 151 km². 2 371 036 hab. Chef-lieu : Orléans. Région très variée qui regroupe les anciennes provinces de l'Orléanais, du Berry et de la Touraine. Grandes richesses agricoles : céréales dans la Beauce, cultures fruitières et vinicoles en Touraine, florales à Orléans. Industries diversifiées (agroalimentaire, mécanique, chimique). Secteur tertiaire important. Châteaux de la Loire, demeures des rois et des princes de la Renaissance.

CENTRER v. tr. 1 ▪ **1.** Ramener, disposer au centre, au milieu. *Centrer l'image* (en photo). **2.** Ajuster au centre. *Centrer une roue* (⇒ **centrage**). **3.** CENTRER SUR : donner comme centre (d'action, d'intérêt). **4.** absolt Ramener le ballon vers l'axe du terrain. *L'ailier a centré près des buts.*

CENTRIFUGE adj. ▪ Qui tend à s'éloigner du centre. *Force centrifuge* (opposé à *centripète*).

CENTRIFUGER v. tr. 3 ▪ Séparer par un mouvement de rotation très rapide (des éléments de densité différente). ► n. f. CENTRIFUGATION

CENTRIFUGEUR n. m. ▪ Appareil agissant par force centrifuge. ▷ syn. CENTRIFUGEUSE n. f.

CENTRIPÈTE adj. ▪ Qui tend à rapprocher du centre. *Force centripète* (opposé à *centrifuge*).

CENTRISTE adj. ▪ Qui appartient au centre politique. *Les députés centristes.* ◆ n. *Les centristes.*

CENTRO- Élément, du latin *centrum* « centre » (ex. *centro[illegible]re, centrosome* n. m., BIOL.).

CENTUPLE adj. ▪ Qui est cent fois plus grand. ◆ n. m. *Être récompensé au centuple.*

CENTUPLER v. 1 ▪ **1.** v. tr. Multiplier par cent. **2.** v. intr. Être porté au centuple. *La production a centuplé en cinquante ans.*

CENTURION n. m. ▪ ANTIQ. ROMAINE Officier qui commandait une compagnie de cent hommes (*centurie* n. f.).

CEP [sɛp] n. m. ▪ Pied (de vigne). *Des ceps de vigne.*

CÉPAGE n. m. ▪ Variété de plant de vigne cultivée. *Cépage blanc, noir.*

CÈPE n. m. ▪ Variété de gros champignon à chapeau brun (bolet comestible). *Des cèpes à la bordelaise.*

CEPENDANT adv. ▪ Exprime une opposition, une restriction. ⇒ **néanmoins, pourtant, toutefois.** *Personne ne l'a cru, cependant il disait la vérité.*

CÉPHALÉE n. f. ▪ MÉD. Mal de tête.

CÉPHALIQUE adj. ▪ DIDACT. De la tête. *Douleurs céphaliques.*

CÉPHAL(O)-, -CÉPHALE Éléments savants, du grec *kephalê* « tête » (ex. *brachycéphale, dolichocéphale*).

CÉPHALONIE ▪ Île grecque de la mer Méditerranée, la plus grande des îles Ioniennes. 935 km². 32 314 hab.

CÉPHALOPODE adj. ▪ ZOOL. Qui a un pied à tentacules munis de ventouses. ➝ n. m. *La pieuvre est un céphalopode.* ➝ n. m. pl. Classe de mollusques supérieurs.

CÉPHALORACHIDIEN, IENNE adj. ▪ MÉD. Qui concerne à la fois l'encéphale et la colonne vertébrale (ou rachis).

CÉPHALOTHORAX [-aks] n. m. ▪ Partie antérieure du corps de certains invertébrés, tête et thorax soudés.

CÉRAMIQUE n. f. ▪ **1.** Technique et art du potier, de la fabrication des objets en terre cuite (poteries, faïences, grès, porcelaine). **2.** Matière dont sont faits ces objets. *Des carreaux de céramique.* ♦ Objet en céramique. *Une céramique de Picasso.* **3.** TECHN. Matériau manufacturé inorganique (céramique, verre, émaux, liants et *céramiques nouvelles* : oxydes, carbures...).

CÉRAMISTE n. ▪ Artiste qui fait, décore des objets en céramique.

CÉRASTE n. m. ▪ ZOOL. Vipère cornue.

CERBÈRE n. m. ▪ (du n. mythol.) iron. Portier, gardien sévère et intraitable.

CERBÈRE ▪ Chien gardien des Enfers, dans la mythologie grecque. Il a trois têtes et le cou hérissé de serpents. Orphée l'endormit par sa lyre, Héraclès le sortit des Enfers, puis le reconduisit au royaume des Morts.

CERBÈRE ▪ Commune des Pyrénées-Orientales, près de la frontière espagnole. 1 461 hab. Station balnéaire. Thalassothérapie. Port de pêche. Gare internationale.

CERCEAU n. m. ▪ **1.** Cintre, demi-cercle en bois, en fer qui sert de support. ⇒ **arceau.** *Cerceaux d'une bâche ; d'une tonnelle.* **2.** Cercle (de bois, métal...). *Cerceaux d'un tonneau.* ➝ Jouet d'enfant.

CERCLAGE n. m. ▪ Action de cercler. *Le cerclage d'une barrique.* ♦ MÉD. *Cerclage du col utérin.*

CERCLE n. m. ▪ **I. 1.** Courbe plane fermée dont tous les points sont à égale distance d'un point (le centre). *Diamètre, rayon d'un cercle. Longueur d'un cercle.* ⇒ **circonférence.** *Cercles concentriques.* ➝ *Entourer d'un cercle* (→ cercler, encercler). ➝ *Cercles que décrit un oiseau.* **2.** (impropre en sc.) Surface plane limitée par un cercle. ⇒ **disque ; rond. 3.** Objet circulaire (anneau, disque, collier, instrument). **4.** Disposition en rond. *Un cercle de chaises. Former un cercle autour de qqn.* **5.** Groupe de personnes qui ont l'habitude de se réunir. *Un petit cercle d'amis.* **6.** Local dont disposent les membres d'une association pour se réunir. ⇒ **club.** *Cercle militaire.* **II.** fig. **1.** Espace, milieu limité. ⇒ **domaine, étendue, limite.** *Élargir le cercle de ses relations.* **2.** CERCLE VICIEUX : raisonnement faux où l'on donne pour preuve la supposition d'où l'on est parti ; situation dans laquelle on est enfermé.

cerf. *Cervus elaphus,* cerf d'Europe, mâle. *Phot. © Danegger/Jacana*

CERCLER v. tr. [1] ▪ Entourer, munir (qqch.) de cercles, de cerceaux. *Cercler un tonneau.*

CERCOPITHÈQUE n. m. ▪ ZOOL. Singe à longue queue, vivant en Afrique.

cercopithèque. *Cercopithecus aethiops,* femelle et jeune. *Phot. © Cordier/Jacana*

CERCUEIL [-kœj] n. m. ▪ Longue caisse dans laquelle on enferme le corps d'un mort pour l'ensevelir. ⇒ **bière, sarcophage.** *Des cercueils.* ♦ fig. La mort. *Du berceau au cercueil.*

la CERDAGNE ▪ Région de l'est des Pyrénées, partagée entre la France et l'Espagne depuis 1659.

Marcel CERDAN (1916-1949) ▪ Boxeur français. Il fut champion du monde des poids moyens en 1948. Il mourut dans un accident d'avion aux Açores.

la CÈRE ▪ Rivière d'Auvergne, affluent de la Dordogne. 110 km.

CÉRÉALE n. f. ▪ Plante dont les grains servent de base à l'alimentation (avoine, blé, maïs, millet, orge, riz, sarrasin, seigle, sorgho). *Farine de céréales.*

CÉRÉALIER, IÈRE adj. ▪ De céréales ; des céréales. *Cultures céréalières.*

CÉRÉBELLEUX, EUSE adj. ▪ ANAT. Du cervelet.

CÉRÉBRAL, ALE, AUX adj. ▪ **1.** Qui a rapport au cerveau. *Les hémisphères cérébraux,* les deux moitiés du cerveau. ♦ MÉD. *Congestion, hémorragie cérébrale. Troubles cérébraux.* **2.** Qui concerne l'esprit, l'intelligence, la pensée. ⇒ **intellectuel.** *Travail cérébral.* **3.** (personnes) Qui vit surtout par la pensée, par l'esprit. ➝ n. *C'est un cérébral pur.*

CÉRÉBROSPINAL, ALE, AUX adj. ▪ MÉD. Relatif au cerveau et à la moelle épinière.

CÉRÉMONIAL, ALS n. m. ▪ Ensemble de règles que l'on observe lors d'une cérémonie. *Cérémonial de cour.* ⇒ **étiquette.**

CÉRÉMONIE n. f. ▪ **1.** Ensemble d'actes solennels accompagnant la célébration d'un culte religieux. **2.** Formes extérieures (gestes, décor...) destinées à marquer, à commémorer un événement de la vie sociale. *La cérémonie du mariage. Célébrer qqch. en grande cérémonie.* **3.** au plur. Manifestations excessives de politesse dans la vie privée. *Recevoir qqn avec beaucoup de cérémonies.* ➝ loc. fig. *Faire des cérémonies,* des manières (⇒ **cérémonieux**). *Sans cérémonie,* avec simplicité. ⇒ **complication, façon, formalité.**

CÉRÉMONIEUX, EUSE adj. ▪ Qui fait trop de cérémonies (3), qui manque de naturel. ⇒ **affecté.** ➝ *Un ton, un air cérémonieux.* ⇒ **solennel.** ► adv. CÉRÉMONIEUSEMENT

CÉRÈS → **Déméter**

CÉRET ▪ Chef-lieu d'arrondissement des Pyrénées-Orientales. 7 300 hab. *(les Céretans).* Musée d'art moderne. Cerises.

CERF [sɛʀ] n. m. ▪ Animal ruminant vivant en troupeaux dans les forêts ; spécialt le mâle adulte, qui porte de longues cornes ramifiées (⇒ **bois**). *Femelle du cerf.* ⇒ **biche.** *Jeune cerf.* ⇒ **faon.** *Le cerf brame.*

CERFEUIL n. m. ▪ Plante herbacée aromatique cultivée comme condiment. *Omelette au cerfeuil.*

CERF-VOLANT [sɛʀ-] n. m. ▪ **I.** Gros insecte volant (coléoptère) dont les pinces dentelées rappellent les bois du cerf. **II.** Armature tendue de papier ou de tissu, qui peut s'élever en l'air. *Des cerfs-volants.*

CERGY ▪ Chef-lieu du Val-d'Oise. 48 226 hab. *(les Cergynois).* Église des XIIe, XIIIe et XVIe s. Pôle important pour le commerce et les services, dans la banlieue nord-ouest de Paris.

CÉRIGO → **Cythère**

CERISAIE n. m. ▪ Lieu planté de cerisiers. *"La Cerisaie"* (pièce de Tchekhov).

CERISE n. f. ▪ **1.** Petit fruit charnu arrondi, à noyau, à peau lisse brillante, rouge, parfois jaune pâle, produit par le cerisier. ⇒ **bigarreau, griotte.** *Cerises sauvages.* ⇒ **merise.** *Le kirsch, eau-de-vie de cerise. "Le Temps des cerises"* (chanson de J.-B. Clément). **2.** adj. invar. *Rouge cerise,* vermeil. **3.** ARGOT Tête. ♦ Malchance, guigne.

CERISIER n. m. ▪ Arbre fruitier à fleurs blanches en bouquet, qui produit la cerise ; bois de cet arbre. *Une table en cerisier.*

CERNAY ▪ Commune du Haut-Rhin. 10 313 hab. *(les Cernéens).*

CERNE n. m. ▪ **1.** Cercle bistre ou bleuâtre qui entoure parfois les yeux, une plaie (⇒ **bleu**). **2.** Trace laissée par une tache mal nettoyée. ⇒ **auréole. 3.** Chacun des cercles concentriques visibles sur le tronc coupé d'un arbre.

CERNÉ, ÉE adj. ▪ Entouré d'une zone de couleur brune ou bleuâtre. *Avoir les yeux cernés.*

CERNEAU n. m. ▪ Chair de la noix épluchée.

CERNER v. tr. ⌧1 ▪ **1.** Entourer par des troupes. ⇒ **encercler.** - passif et p. p. *Quartier cerné par la police.* **2.** Entourer par un trait. *Cerner une figure d'un trait bleu.* **3.** fig. Délimiter en définissant. *Cerner un problème, une question.*

CERTAIN, AINE ▪ **I.** adj. épithète après le nom **1.** Qui est effectif, sans aucun doute. ⇒ **assuré, incontestable, indubitable ; certitude.** *Une bonne volonté certaine.* ♦ *Un âge certain,* avancé. **2.** Qui ne peut manquer de se produire. ⇒ **inéluctable, inévitable, sûr.** *Voués à une mort certaine.* - (attribut) *C'est probable, mais pas certain.* **3.** Qui considère une chose pour vraie. ⇒ **assuré, convaincu.** *Je suis certain d'y arriver, que j'y arriverai.* **II.** adj. avant le nom **1.** (précédé de l'art. indéf.) Imprécis, difficile à fixer. *Pendant un certain temps. Jusqu'à un certain point.* ♦ *D'un certain âge :* qui n'est plus tout jeune. *Il lui a fallu un certain courage,* du courage. **2.** au plur. Quelques-uns parmi d'autres. *Certaines personnes. Dans certains pays.* **3.** *Un certain* (et nom de personne) : exprime le dédain ou une ignorance feinte. **III.** pron. plur. *CERTAINS :* certaines personnes. *Certains disent.* ⇒ **plusieurs, quelques-uns.** *Certains de vos amis.*

CERTAINEMENT adv. ▪ **1.** D'une manière certaine. *Cela arrivera certainement.* ⇒ **fatalement, nécessairement, sûrement. 2.** (renforce une affirmation) *Il est certainement le plus doué.* ⇒ **assurément, certes, évidemment.** *Cela en vaut-il la peine ? — Certainement.* **3.** Très probablement. *Il avait certainement trop bu.*

CERTES adv. ▪ VIEILLI ou LITTÉR. **1.** Certainement. *Certes, il a raison.* **2.** (concession) *Il l'a dit, certes, mais...*

CERTIFICAT n. m. ▪ **1.** Écrit qui émane d'une autorité compétente et atteste un fait. ⇒ **attestation.** *Certificat médical. Certificat de travail,* indiquant la nature et la durée du travail d'un salarié. **2.** Acte attestant la réussite à un examen ; cet examen. *Certificat d'études* (primaires). *Certificats de licence. Certificat d'aptitude professionnelle* (C. A. P.).

CERTIFIER v. tr. ⌧7 ▪ **1.** Assurer qu'une chose est vraie. ⇒ **affirmer, garantir.** *Certifier qqch. à qqn. Je vous certifie que* (+ indic.). **2.** DR. Garantir par un acte. *Certifier une signature.* - au p. p. *Copie certifiée conforme* (à l'original).

CERTITUDE n. f. ▪ **1.** Caractère certain, indubitable ; ce qui est certain. ⇒ **évidence, vérité.** *La certitude d'un fait. C'est une certitude absolue.* **2.** État de l'esprit qui ne doute pas. ⇒ **assurance, conviction.** *J'ai la certitude qu'il viendra.* - loc. adv. *Avec certitude. En toute certitude.*

Michel CÉRULAIRE (v. 1000 - 1059) ▪ Patriarche de Constantinople. Il consacra le schisme* d'Orient (1054).

CÉRULÉEN, ÉENNE adj. ▪ LITTÉR. D'une couleur bleu ciel.

CÉRUMEN [-ɛn] n. m. ▪ Matière onctueuse jaune sécrétée dans le conduit auditif externe. *Bouchon de cérumen.*

CÉRUSE n. f. ▪ Colorant blanc très toxique (aujourd'hui interdit). *Blanc de céruse.*

Miguel de CERVANTÈS (1547 - 1616) ▪ Écrivain espagnol. Après une vie aventureuse (il perdit un bras à la bataille de Lépante, passa cinq ans au bagne d'Alger), il se consacra à l'écriture de romans (*"Galatée"*, 1585), de *"Nouvelles exemplaires"* (1613) et de pièces de théâtre (*"Numance"*). Son chef-d'œuvre, *"Don Quichotte de la Manche"* (première partie 1605, seconde 1615), roman d'esprit picaresque, mêle l'humour et un sentiment tragique de la vie : il n'a cessé de susciter des interprétations qui font de lui un des grands mythes modernes.

Cervantès. Portrait par Juan Jauregui. Academia Lengua, Madrid.
Phot. © Artéphot/Oroñoz

CERVEAU n. m. ▪ **I.** concret **1.** Masse nerveuse contenue dans le crâne de l'être humain (cerveau (2), cervelet, bulbe, pédoncules cérébraux). ⇒ **encéphale.** - VIEILLI *Transport au cerveau :* congestion cérébrale. **2.** ANAT. Partie antérieure et supérieure de l'encéphale* des vertébrés (deux hémisphères cérébraux, méninges). *Lobes, circonvolutions du cerveau.* ⇒ **cérébral. II.** abstrait **1.** Le siège de la vie psychique et des facultés intellectuelles. ⇒ **esprit, tête ; cervelle.** *Cerveau bien organisé.* - FAM. *Avoir le cerveau dérangé, fêlé :* être fou. ♦ Personne, quant à l'esprit. *C'est un grand cerveau,* absolt *un cerveau :* une personne d'une grande intelligence. *L'exode, la fuite des cerveaux* (vers des pays proposant de meilleures conditions de travail). **2.** fig. Organe de direction. ⇒ **centre.** - *Cet homme est le cerveau de la bande.*

CERVELAS n. m. ▪ Saucisson cuit, gros et court, assez épicé.

CERVELET n. m. ▪ Partie postérieure et inférieure de l'encéphale (⇒ **cérébelleux**).

CERVELLE n. f. ▪ **1.** Substance nerveuse constituant le cerveau. loc. *Se brûler, se faire sauter la cervelle :* se tuer d'un coup de pistolet dans la tête. ♦ Cerveau comestible de certains animaux. *Cervelle d'agneau au beurre.* **2.** Les facultés mentales. ⇒ **cerveau** (II). *Tête sans cervelle.* ⇒ **écervelé.** *Cervelle d'oiseau.* - loc. *Se creuser* la cervelle.*

CERVICAL, ALE, AUX adj. ▪ **1.** De la région du cou. *Vertèbres cervicales.* **2.** Relatif au col (de l'utérus, de la vessie). *Frottis cervical.*

CERVIDÉ n. m. ▪ *Les cervidés :* famille de mammifères ongulés dont les mâles portent des bois (cerf, chevreuil...).

le mont CERVIN ▪ Un des principaux sommets des Alpes, à la frontière italo-suisse. 4 478 m.

CERVOISE n. f. ▪ Bière d'orge, de blé (chez les Anciens, les Gaulois jusqu'au Moyen Âge).

CES ① ⇒ CE

C. E. S. [seøɛs] n. m. (sigle) ▪ en France Collège d'enseignement secondaire.

Aimé CÉSAIRE (né en 1913) ▪ Poète et auteur dramatique français, député de la Martinique, membre du Parti communiste jusqu'en 1956. La négritude est au cœur de son œuvre influencée par le surréalisme. *"Cahier d'un retour au pays natal"* (1938-1939).

Césaire.
Phot. © Raphaël Gaillarde/Gamma

CÉSAR n. m. ▪ Titre d'empereur romain *(les Césars)*, puis germanique (⇒ **kaiser**, **tsar**).

Jules CÉSAR en latin ***CAIUS JULIUS CAESAR*** (101 - 44 av. J.-C.) ▪ Général et homme d'État romain. Préteur en 62 av. J.-C., il forma un triumvirat avec Pompée et Crassus. Mais après la mort de ce dernier, César, rendu célèbre par ses victoires en Gaule (58-51 av. J.C.), franchit le Rubicon* et marcha sur Rome (50 av. J.-C.). Il écrasa Pompée à Pharsale (48 av. J.-C.) et obtint la dictature (46 av. J.-C.). Hardi réformateur, il instaura le régime impérial mais fut assassiné (→ **Brutus**) avant d'avoir reçu le titre de roi. Excellent orateur et historien, il a laissé les *"Commentaires sur la guerre des Gaules"* et *"De la guerre civile"*.

César Baldaccini dit **CÉSAR** (né en 1921) ▪ Sculpteur français. Maître de la sculpture en métal soudé, il invente aussi des formes à partir de trouvailles techniques : compressions de voitures, polystyrène expansé.

César. *Voiture compressée.* Coll. vicomte de Noailles, Paris. *Phot. © Arch. Smeets*

CÉSARÉE ▪ Nom de plusieurs villes romaines, en Cappadoce (aujourd'hui Kayseri*, en Turquie), en Palestine et en Mauritanie.

CÉSARIENNE n. f. ▪ Opération chirurgicale, incision dans la paroi abdominale pour extraire l'enfant de l'utérus de la mère.

CÉSARISME n. m. ▪ Système de gouvernement d'un dictateur s'appuyant sur le peuple. ⇒ **absolutisme**, **dictature**.

CÉSIUM [-jɔm] n. m. ▪ CHIM. Métal (symb. Cs) mou, jaune pâle, utilisé notamment dans les cellules photoélectriques.

CESSANT, ANTE adj. ▪ loc. *Toute(s) chose(s), toute(s) affaire(s) cessante(s) :* en interrompant tout le reste, en priorité.

CESSATION n. f. ▪ Fait de prendre fin ou de mettre fin à qqch. ⇒ **arrêt**, **fin**, **interruption**. *Cessation des hostilités :* armistice, trêve. ⇒ **cessez-le-feu**.

CESSE n. f. ▪ **1.** Fait de cesser (sans art. et en loc. négatives). *N'avoir de cesse que* (+ subj.) : ne pas arrêter avant que... *Il n'aura (pas) de cesse qu'il n'obtienne ce qu'il veut.* **2.** SANS CESSE loc. adv. : sans discontinuer. ⇒ **constamment**, **continuellement**. *Il en parle sans cesse.*

CESSER v. [1] ▪ **1.** v. intr. Se terminer ou s'interrompre. ⇒ s'**arrêter**, **finir**. *Le vent, la fièvre a cessé.* ⇒ s'**apaiser**, **tomber**. - *FAIRE CESSER :* mettre fin à. ⇒ **arrêter**, **interrompre**. *Faire cesser un scandale.* **2.** v. tr. ind. *CESSER DE* (+ inf.). ⇒ s'**arrêter** de. *Cesser d'agir, de parler.* - *Journal qui cesse de paraître.* ♦ *NE (PAS) CESSER DE*, continuer à. *La pluie n'a pas cessé de tomber.* **3.** v. tr. (sujet animé) LITTÉR. Faire finir. ⇒ **arrêter**. *Cesser le travail.*

CESSEZ-LE-FEU n. m. invar. ▪ Arrêt officiel des combats.

CESSIBLE adj. ▪ DR. Qui peut être cédé. ⇒ **négociable**. *Ces actions ne sont pas cessibles avant deux ans.*

CESSION n. f. ▪ DR. Action de céder (un droit, un bien). ⇒ **transmission**. *Cession de bail.* ◇ contr. *achat, acquisition.*

CESSIONNAIRE n. ▪ DR. Personne à qui une cession a été faite. ⇒ **bénéficiaire**.

CESSON ▪ Commune de Seine-et-Marne. 7 868 hab. Élément de la ville nouvelle de Melun-Sénart.

CESSON-SÉVIGNÉ ▪ Commune d'Ille-et-Vilaine, dans la banlieue de Rennes. 12 708 hab.

C'EST-À-DIRE [sɛt-] loc. conj. ▪ **1.** Annonçant une explication, une précision ou une qualification (abrév. *c.-à-d.*). *Restructuration, c'est-à-dire licenciements.* **2.** *C'est-à-dire que :* cela signifie que. ♦ (annonçant une rectification ou une restriction) *Serez-vous des nôtres ? — C'est-à-dire que je me suis déjà engagé ailleurs.*

CESTAS ▪ Commune de la Gironde. 16 768 hab.

CESTE n. m. ▪ ANTIQ. Courroie garnie de plomb dont les pugilistes s'entouraient les mains.

CÉSURE n. f. ▪ Repos à l'intérieur d'un vers après une syllabe accentuée. ⇒ ② **coupe**.

CET, CETTE ① ⇒ CE

C. E. T. [seøte] n. m. (sigle) ▪ en France Collège d'enseignement technique.

CÉTACÉ n. m. ▪ Grand mammifère aquatique possédant des nageoires antérieures et une nageoire caudale horizontale. *L'ordre des cétacés* (baleine, cachalot...).

CÉTOINE n. f. ▪ Insecte coléoptère de la famille des scarabées. *Cétoine dorée.*

CÉTONE n. f. ▪ Nom des corps chimiques de constitution analogue à celle de l'acétone.

CEUTA ▪ Ville et port franc situé au Maroc, préside espagnol. 18 km². 71 400 hab. → **Melilla**.

CEUX ⇒ CELUI

les CÉVENNES n. f. pl. ▪ Bordure est du Massif central, sur la plaine rhodanienne. Pays rude, dépeuplé, dont les principales ressources sont les arbres fruitiers et le tourisme (parc national). Haut lieu du protestantisme (→ **camisards**).

CEYLAN → **Sri Lanka**

CÉZALLIER ou **CÉZALIER** ▪ Plateau basaltique d'Auvergne, au nord-est du Cantal. Il culmine à 1 555 m au signal du Luguet.

Paul CÉZANNE (1839 - 1906) ▪ Peintre français. Il exposa avec les impressionnistes, mais ses préoccupations étaient classiques : il voulait « refaire Poussin sur nature ». Figures *("Les Joueurs de cartes")*, natures mortes *("Tables de cuisine")*, paysages de Provence *("La Montagne Sainte-Victoire")*. Il donna l'impulsion aux courants artistiques les plus importants du XXe s. Son abandon, dans certains tableaux, de la convention du point de vue unique devait aboutir au cubisme. *"Les Grandes Baigneuses"*.

la CÈZE ▪ Rivière des Cévennes, affluent du Rhône. 100 km.

CF. [kɔ̃fɛʀ] (du latin *confer* « compare ») ▪ Indication invitant le lecteur à se référer à ce qui suit.

Cézanne. *L'Homme au bonnet de coton.* Metropolitan Museum of Art, New York. *Phot. © Arch. Smeets*

la C.F.D.T. ou **CFDT, Confédération française démocratique du travail** ▪ Organisation syndicale française issue de la *Confédération française des travailleurs chrétiens* (C.F.T.C.) en 1964 et proche de la gauche non communiste.

la C.F.T.C. ou **CFTC, Confédération générale des travailleurs chrétiens** ▪ Organisation syndicale créée en 1919. Elle se scinda en 1964 à la suite du départ d'une majorité d'adhérents qui renoncèrent à l'étiquette religieuse et fondèrent la C.F.D.T.

la C.G.C. ou **CGC, Confédération générale des cadres** ▪ Principale organisation syndicale française de cadres, constituée en 1944, appelée aussi *C.F.E., Confédération française de l'encadrement* depuis 1981.

C.G.S. [seʒeɛs] adj. ▪ *Système C.G.S.* : ancien système d'unités de mesure (centimètre, gramme, seconde).

la C.G.T. ou **CGT, Confédération générale du travail** ▪ La plus importante organisation syndicale ouvrière française, créée en 1895. Malgré la charte d'Amiens (1905) affirmant l'indépendance du syndicat par rapport aux partis politiques, la C.G.T. fut partagée entre diverses tendances qui aboutirent à deux scissions entre 1921 et 1936 et à partir de 1947 avec la création de la C.G.T.-F.O.*, hostile à l'influence du parti communiste au sein de la C.G.T.

la C.G.T.-F.O. → F.O.

Jacques **CHABAN-DELMAS** (né en 1915) ▪ Homme politique français. Gaulliste, général dans la Résistance, maire de Bordeaux de 1947 à 1995, Premier ministre de 1969 à 1972.

CHABLAIS ▪ Massif des Préalpes, au sud du lac Léman, culminant à 2 464 m aux Hauts-Forts. Élevage bovin laitier (race d'Abondance). Tourisme.

CHABLIS n. m. ▪ Vin blanc sec de Chablis. ⇒ **bourgogne.**

CHABLIS ▪ Commune de l'Yonne, sur le Serein. 2 569 hab. (*les Chablisiens*).

CHABOT n. m. ▪ Poisson à grosse tête.

Emmanuel **CHABRIER** (1841-1894) ▪ Compositeur français. Mélodies, opéras-comiques. *"L'Étoile"* (1877); *"Gwendoline"* (1885); *"Le Roi malgré lui"* (1887).

CHABROL ou **CHABROT** n. m. ▪ FAIRE CHABROL : verser du vin dans le fond de son assiette de soupe et boire le mélange.

Claude **CHABROL** (né en 1930) ▪ Cinéaste français. Une ironie mordante dans l'observation de la bêtise humaine caractérise le meilleur de son œuvre. *"Le Beau Serge"* (1959); *"Le Boucher"* (1970); *"Violette Nozière"* (1978).

CHACAL, ALS n. m. ▪ Mammifère carnivore d'Asie et d'Afrique, voisin du renard. *Le chacal jappe.*

chacal. *Canis mesomelas,* chacal à chabraque. *Phot. © Wisniewski/Jacana*

le CHACO ou **GRAN CHACO** ▪ Vaste plaine de l'Argentine et du Paraguay. 400 000 km².

CHACUN, UNE pron. indéf. ▪ **1.** Personne ou chose prise individuellement dans un ensemble. *Chacun de nous s'en alla. Chacun des deux* : l'un et l'autre. *Ils ont bu chacun sa* (ou *leur*) *bouteille. Chacun son tour.* **2.** Toute personne. *À chacun selon son mérite. Chacun pour soi.* - TOUT UN CHACUN : n'importe qui, tout le monde.

sir James **CHADWICK** (1891-1974) ▪ Physicien britannique. Prix Nobel de physique 1935 pour la découverte du neutron.

CHAFOUIN, INE adj. ▪ Rusé, sournois. *Mine chafouine.*

Marc **CHAGALL** (1887-1985) ▪ Artiste français d'origine russe. Peintre lyrique du bonheur, du folklore et de la culture juive. Plafond de l'Opéra-Garnier de Paris (1964).

Chagall. *Le Songe d'une nuit d'été.* Musée des Beaux-Arts, Grenoble. *Phot. © Arch. Smeets*

① **CHAGRIN, INE** adj. ▪ **1.** VIEILLI Rendu triste. ⇒ **affligé, peiné.** *J'en suis fort chagrin.* **2.** LITTÉR. Qui est d'un caractère triste, morose. ⇒ **maussade, mélancolique.** - *Être d'humeur chagrine. Avoir l'air chagrin.*

② **CHAGRIN** n. m. ▪ État moralement douloureux. ⇒ **affliction, douleur, peine.** *Avoir du chagrin.* ♦ *Un chagrin,* peine ou déplaisir causé par un événement précis. *Il en a eu un terrible chagrin. Chagrin d'amour. Un gros chagrin* (d'enfant). - loc. FAM. *Noyer son chagrin dans l'alcool.*

③ **CHAGRIN** n. m. ▪ Cuir grenu utilisé en reliure. *Livre relié en chagrin.* - loc. fig. *C'est une peau de chagrin* : cela ne cesse de rétrécir (allus. à *"La Peau de chagrin"*, de Balzac).

CHAGRINER v. tr. [1] ▪ **1.** VX Irriter, fâcher. **2.** Rendre triste, faire de la peine à. ⇒ **affliger, peiner.**

Youssef **CHAHINE** (né en 1926) ▪ Cinéaste égyptien. L'un des meilleurs réalisateurs de son pays, chantre de l'unité arabe. *"Gare centrale"* (1958); *"La Terre"* (1969); *"Le Retour du fils prodigue"* (1976); *"Alexandrie... pourquoi ?"* (1978).

CHAHUT n. m. ▪ Agitation bruyante ; spécialt vacarme d'écoliers. *Faire du chahut. Déclencher un chahut.*

CHAHUTER v. [1] ▪ **I.** v. intr. Faire du chahut dans une classe. ► n. et adj. CHAHUTEUR, EUSE **II.** v. tr. **1.** *Chahuter un professeur,* manifester contre lui par un chahut. **2.** Bousculer, taquiner. *Il aime chahuter les filles.*

CHAI n. m. ▪ Lieu en rez-de-chaussée où l'on emmagasine les alcools, les vins en fûts. ⇒ **cellier.** *Visiter les chais d'une coopérative vinicole.*

CHAÎNE n. f. ▪ **I.** Suite d'anneaux entrelacés (⇒ **chaînon, maille, maillon**). **1.** (servant à orner) *Chaîne d'or. Chaîne de cou.* ♦ (servant à manœuvrer, attacher) *La chaîne d'un puits.* - *Chaîne de sûreté,* qui retient une porte entrebâillée. ♦ (servant à transmettre un mouvement) *Chaîne de bicyclette.* ♦ (servant à mesurer) *Chaîne d'arpenteur.* ♦ au plur. Assemblage de chaînes qu'on place sur les pneus d'un véhicule pour éviter de glisser sur la neige, le verglas. **2.** Cette suite d'anneaux, pour attacher un animal ou une personne (⇒ **enchaîner**). *Les chaînes d'un forçat.* ♦ fig. Ce qui enchaîne, rend esclave. ⇒ **lien.** *Briser, secouer ses chaînes* : s'affranchir, se délivrer. **II.** Objet (concret ou abstrait) composé d'éléments successifs solidement liés. **1.** Ensemble des fils d'un tissu disposés suivant sa longueur (opposé à *trame*). **2.** Suite d'accidents du relief rattachés entre eux. *Chaîne de montagnes.* **3.** CHIM. Molécule organique composée d'atomes de carbone ou de radicaux liés. *Chaîne lipidique.* **4.** Ensemble d'appareils concourant à la transmission de signaux. *Chaîne (haute-fidélité)* : système de reproduction du son formé d'éléments séparés (lecteur, amplificateur, tuner, haut-parleurs). - Ensemble d'émetteurs de radiodiffusion, de télévision émettant un même programme. *Capter une chaîne.* **5.** Installation formée de postes successifs de travail et du système les intégrant. *Chaîne de montage. Travail à la chaîne.* **6.** Réseau d'entreprises associées. *Chaîne de magasins, d'hôtels.* **7.** *Chaîne du froid* : ensemble des moyens de conservation frigorifique des denrées périssables, de la production à la consommation. **8.** *RÉACTION EN CHAÎNE* : ensemble de phénomènes déclenchés les uns par les autres. **III.** Ensemble de personnes qui se transmettent qqch. de l'une à l'autre. - loc. *Faire la chaîne.*

CHAÎNETTE n. f. ▪ Petite chaîne.

CHAÎNON n. m. ▪ **1.** Anneau d'une chaîne. ⇒ **maille, maillon.** **2.** fig. Lien intermédiaire. loc. *Le chaînon manquant* : l'élément à découvrir pour reconstituer une suite logique.

CHAIR n. f. ▪ **I. 1.** Substance molle du corps humain ou animal (muscles et tissu conjonctif). *La chair et les os.* - loc. *ENTRE CUIR ET CHAIR* : sous la peau. *EN CHAIR ET EN OS* : en personne. - *Être BIEN EN CHAIR* : avoir de l'embonpoint, avoir la chair ferme. **2.** Aspect de la peau. *Une chair ferme, flasque.* - *Avoir LA CHAIR DE POULE*, la peau qui se hérisse (de froid, de peur). ⇒ **frisson.** *Couleur chair*, rosée comme la peau, dans la race blanche. - adj. invar. *Des collants chair.* **II. 1.** RELIG. La nature humaine, le corps. *Le Verbe s'est fait chair.* ⇒ **incarnation.** **2.** LITTÉR. Les instincts, les besoins du corps ; les sens (⇒ **charnel**). *Les plaisirs de la chair.* **III. 1.** Partie comestible (de certains animaux). ⇒ **viande.** - fig. *NI CHAIR NI POISSON* : indécis, indéfinissable. **2.** *CHAIR À SAUCISSE* : préparation de viande hachée à base de porc. - loc. FAM. *Hacher menu comme chair à pâté*, très fin. **3.** Partie comestible (d'animaux non mammifères, de fruits). *Volaille, poisson à chair délicate. Une pêche à chair blanche.*

CHAIRE n. f. ▪ **1.** Siège d'un pontife. **2.** Tribune élevée où prend place le prédicateur, dans une église. **3.** Tribune du professeur. - Poste le plus élevé du professorat dans l'enseignement supérieur. *Être titulaire d'une chaire de droit.*

CHAISE n. f. ▪ **I. 1.** Siège à dossier et sans bras pour une personne. - loc. *Être assis ENTRE DEUX CHAISES* : être dans une situation incertaine, instable. **2.** anciennt *CHAISE PERCÉE*, dans laquelle pouvait s'encastrer un pot de chambre. **3.** *CHAISE LONGUE* : siège à inclinaison réglable, permettant de s'allonger. ⇒ **relax, transatlantique.** **4.** *CHAISE ÉLECTRIQUE* : chaise au moyen de laquelle on électrocute les condamnés à mort, dans certains États des États-Unis. **II. 1.** *CHAISE À PORTEURS* ou *CHAISE* (→ bâton (3) de chaise) : petit abri muni d'un siège, dans lequel on se faisait porter par deux hommes. ⇒ **palanquin.** **2.** anciennt Véhicule hippomobile. *Chaise de poste.*

La CHAISE-DIEU ▪ Commune de Haute-Loire. 780 hab. *(les Casadéens)*. Église abbatiale (XIVe s.). Fresque de *"La Danse macabre"*. Festival musical.

La **Chaise-Dieu.** L'abbaye. *Phot. © Damase/Explorer*

CHAISIER, IÈRE n. ▪ **1.** Personne qui fabrique des chaises. **2.** (surtout n. f.) Loueuse de chaises.

① **CHALAND** n. m. ▪ Bateau à fond plat pour le transport des marchandises. ⇒ **péniche.**

② **CHALAND, ANDE** n. ▪ VX Client, cliente. *Avoir des chalands* : être achalandé.

CHALANDISE n. f. ▪ COMM. *Zone de chalandise* : aire sur laquelle se trouvent les clients virtuels d'un magasin, d'une localité.

Chalgrin. L'intérieur de l'église Saint-Philippe-du-Roule.
Phot. © L.S.

CHALCÉDOINE ▪ Ancienne ville d'Asie Mineure, sur le Bosphore, en face de Byzance, aujourd'hui Kadiköy.

CHALCIS ▪ Ville et port de Grèce sur la mer Égée, chef-lieu de l'Eubée. 51 482 hab. Importante cité antique, elle fonda plusieurs colonies dans la *Chalcidique*, presqu'île au nord de la Grèce.

CHALCO- [kalko] Élément savant, du grec *khalkos* « cuivre ».

CHALCOGRAPHIE n. f. ▪ **1.** Gravure sur métal. **2.** Collection de planches gravées.

la CHALDÉE ▪ Pays des **Chaldéens**, dans la région d'Ur. Le terme s'étendit à l'Empire néobabylonien (→ **Babylone**).

CHÂLE n. m. ▪ Grande pièce d'étoffe que l'on drape sur les épaules. - *Col châle*, à large revers arrondis.

CHALENGE ; CHALENGEUR, EUSE ⇒ CHALLENGE ; CHALLENGER

CHALET n. m. ▪ **1.** Maison de bois des pays de montagne européens. **2.** Maison de plaisance imitée des chalets suisses.

CHÂLETTE-SUR-LOING ▪ Commune du Loiret. 14 591 hab. *(les Châlettois)*.

CHALEUR n. f. ▪ **I. 1.** Température élevée de la matière (par rapport au corps humain) ; sensation produite par un corps chaud. *La chaleur d'un fer rouge.* ⇒ **brûlure.** ♦ Température de l'air qui donne à l'organisme une sensation de chaud. *Chaleur douce, modérée* (→ **tiédeur**) ; *accablante, étouffante* (⇒ **canicule, étuve, fournaise**). - au plur. Époque de l'année où il fait chaud. *Les premières chaleurs.* **2.** SC. Phénomène physique qui se transmet et dont l'augmentation se traduit notamment par l'élévation de la température (⇒ **calorifique, thermique**). **3.** *CHALEUR ANIMALE*, chaleur naturelle de l'organisme. **II. 1.** *Coup de chaleur* : malaise causé par l'excès de chaleur. *Bouffée* de chaleur.* **2.** État des femelles des mammifères quand elles acceptent l'approche du mâle. ⇒ **rut.** *Chatte en chaleur.* **III.** fig. Animation, ardeur, passion. *La chaleur de ses convictions. La chaleur de son amitié* (⇒ **chaleureux**).

CHALEUREUX, EUSE adj. ▪ Qui manifeste de la chaleur (III). ⇒ **ardent, enthousiaste.** *Il a été très chaleureux.* - *Accueil chaleureux.* ► adv. CHALEUREUSEMENT

la baie des CHALEURS ▪ Baie du Canada, dans le golfe du Saint-Laurent. Elle sépare la Gaspésie (Québec) du Nouveau-Brunswick.

Jean-François CHALGRIN (1739 - 1811) ▪ Architecte français. Auteur de l'église Saint-Philippe-du-Roule. Plan de l'arc de triomphe de Paris.

Fedor CHALIAPINE (1873 - 1938) ▪ Chanteur russe d'opéra. Célèbre basse et remarquable tragédien. Son interprétation de *"Boris Godounov"* (1908) marqua sa consécration.

CHÂLIT n. m. ▪ Cadre de lit.

CHALLANS ▪ Commune de Vendée. 14 203 hab. *(les Challandais)*.

Chambord.
Le château.
Phot. © Dagli Orti

CHALLENGE [ʃalɑ̃ʒ ; tʃalɛnʒ] **n. m.** ▪ anglic. **1.** Épreuve sportive dont le vainqueur sort avec un titre, un prix, jusqu'à ce qu'un vainqueur nouveau l'en dépossède. **2.** fig. Situation où la difficulté stimule. ⇒ **défi, gageure.** ◇ recomm. off. CHALENGE.

CHALLENGER [ʃalɑ̃ʒœʀ ; tʃalɛndʒœʀ] **n. m.** ▪ anglic. **1.** Sportif qui cherche à enlever son titre au champion. **2.** Compétiteur, rival. ◇ recomm. off. CHALENGEUR, EUSE **n.**

CHALOIR **v. impers.** ▪ loc. VIEILLI *Peu me* (ou *m'en*) *chaut :* peu m'importe.

CHÂLONS-EN-CHAMPAGNE (**Châlons-sur-Marne** jusqu'en 1995) ▪ Chef-lieu de la Marne et de la région Champagne-Ardenne. 48 423 hab. *(les Châlonnais).* Monuments anciens. Industries électronique, chimique, alimentaire. Commerce des vins de Champagne.

CHALON-SUR-SAÔNE ▪ Chef-lieu d'arrondissement de Saône-et-Loire. 54 575 hab. *(les Chalonnais).* Ville industrielle grâce à l'axe Rhône-Saône : photographie (patrie de Niépce), verrerie, chimie.

CHALOSSE ▪ Région de l'Aquitaine, au sud des Landes, entre l'Adour et le gave de Pau. Cultures et élevage.

CHALOUPE **n. f.** ▪ Embarcation non pontée. *Chaloupes de sauvetage.* ⇒ **canot.**

CHALOUPÉ, ÉE **adj.** ▪ (démarche, danse) Qui est balancé. *Valse chaloupée.*

CHALUMEAU **n. m.** ▪ **1.** Tuyau (d'abord de roseau, de paille). **2.** Outil qui produit et dirige un jet de gaz enflammé. *Soudure au chalumeau.*

CHALUT **n. m.** ▪ Filet en forme d'entonnoir, attaché à l'arrière d'un bateau.

CHALUTIER **n. m.** ▪ **1.** Bateau armé pour la pêche au chalut. **2.** Marin qui sert sur un chalutier.

CHAM ▪ Personnage de la Bible, fils de Noé, ancêtre éponyme des peuples *chamites* (Égyptiens, Éthiopiens, Somalis).

CHAMADE **n. f.** ▪ **1.** anciennt Signal militaire de reddition. **2.** *Battre la chamade :* battre à grands coups (du cœur).

SE **CHAMAILLER** **v. pron.** [1] ▪ FAM. Se quereller bruyamment pour des raisons futiles. ► **n.** et **adj.** CHAMAILLEUR, EUSE

CHAMAILLERIE **n. f.** ▪ FAM. Dispute, querelle.

CHAMALIÈRES ▪ Commune du Puy-de-Dôme. 17 701 hab. *(les Chamaliérois).*

CHAMAN [ʃaman] **n. m.** ▪ Prêtre-sorcier, à la fois devin et guérisseur (Asie centrale et septentrionale). ◇ var. SHAMAN.

CHAMANISME **n. m.** ▪ DIDACT. Religion centrée sur le personnage du chaman.

CHAMARRER **v. tr.** [1] ▪ Rehausser d'ornements aux couleurs éclatantes. ► **CHAMARRÉ, ÉE adj.** *Des étoffes chamarrées d'or.* - *Uniforme chamarré de décorations.* ► **n. f.** CHAMARRURE

CHAMBARD **n. m.** ▪ FAM. **1.** Bouleversement. **2.** Vacarme, chahut.

CHAMBARDEMENT **n. m.** ▪ FAM. Action de chambarder. - loc. *Le grand chambardement :* la révolution.

CHAMBARDER **v. tr.** [1] ▪ **1.** Bouleverser de fond en comble. *On a tout chambardé dans la maison.* **2.** fig. Changer brutalement, révolutionner. ⇒ FAM. **chambouler.**

CHAMBELLAN **n. m.** ▪ HIST. Gentilhomme de la cour chargé du service de la chambre du souverain.

Joseph CHAMBERLAIN (1836 - 1914) ▪ Homme politique britannique. ► **Arthur Neville CHAMBERLAIN** (1869 - 1940), son fils. Premier ministre (conservateur) de 1937 à 1940. Politique d'« apaisement » envers Hitler (accords de Munich, 1938).

sir William CHAMBERS (1723 - 1796) ▪ Architecte et paysagiste britannique. Auteur de traités d'architecture.

CHAMBÉRY ▪ Chef-lieu de la Savoie. 54 120 hab. *(les Chambériens).* Château des ducs de Savoie, cathédrale (XVe s.). Carrefour industriel et commercial entre Lyon, Turin et Genève. Ancienne capitale de la Savoie.

CHAMBLY ▪ Commune de l'Oise. 7 140 hab.

le lac CHAMBON ▪ Lac volcanique du Puy-de-Dôme (alt. 877 m ; 60 ha), alimenté par la Couze.

Le CHAMBON-FEUGEROLLES ▪ Commune de la Loire. 16 070 hab. *(les Chambonnaires).*

Jacques Champion de CHAMBONNIÈRES (1601 - 1672) ▪ Compositeur français. Maître du clavecin et professeur de Couperin.

Henri d'Artois, duc de Bordeaux, comte de CHAMBORD (1820 - 1883) ▪ Fils du duc de Berry, prétendant au trône en 1871.

CHAMBORD ▪ Commune du Loir-et-Cher. 200 hab. *(les Chambourdins).* Le plus grand château de la Loire (440 pièces), chef-d'œuvre de la Renaissance française, commencé en 1519 pour François Ier.

CHAMBOULER **v. tr.** [1] ▪ FAM. Bouleverser, mettre sens dessus dessous. ⇒ FAM. **chambarder.**

CHAMBOURCY ▪ Commune des Yvelines. 5 163 hab. Parc du Désert de Retz (XVIIIe s.), en lisière de la forêt de Marly.

CHAMBRANLE **n. m.** ▪ Encadrement d'une porte, d'une fenêtre, d'une cheminée.

CHAMBRAY-LÈS-TOURS ▪ Commune de l'Indre-et-Loire, dans la banlieue de Tours. 8 190 hab.

CHAMBRE **n. f.** ▪ **I. 1.** Pièce où l'on couche. ⇒ FAM. **piaule.** *Chambre à coucher. Chambre d'amis. Chambre d'hôtel.*

♦ *GARDER LA CHAMBRE* : ne pas sortir de chez soi, par suite d'une maladie. *Faire CHAMBRE À PART* : coucher dans deux chambres séparées (couple). **2.** *Travailler EN CHAMBRE*, chez soi (ouvrier, artisan). - *Robe* de chambre.* - *Valet*, femme* de chambre.* ♦ *Musique* de chambre.* **3.** Pièce, compartiment à bord d'un navire. *Chambre de chauffe.* **4.** Pièce spécialement aménagée (pour la conservation des denrées périssables). *Chambre froide.* **5.** *Chambre à gaz**. **II.** fig. **1.** Section d'une cour ou d'un tribunal judiciaire. *Chambre d'accusation* (cour d'appel). - anciennt *CHAMBRE ARDENTE* : cour de justice qui pouvait appliquer la peine du feu. **2.** Assemblée législative. *La Chambre des députés* (syn. *Assemblée nationale*). *La Chambre des communes et la Chambre des lords* (en Grande-Bretagne : voir ci-dessous). **3.** Assemblée s'occupant des intérêts d'un corps. *Chambre de commerce et d'industrie.* **III.** (Cavité) **1.** OPT., PHOTOGR. *CHAMBRE NOIRE* : enceinte fermée percée d'une petite ouverture, et munie d'un écran sur lequel se forme l'image. - *CHAMBRE CLAIRE*, formée d'un dispositif optique et d'un écran sur lequel on peut dessiner l'image. **2.** (dans un moteur) *Chambre de combustion.* **3.** *CHAMBRE À AIR* : enveloppe de caoutchouc gonflée d'air, partie intérieure d'un pneumatique. **4.** ANAT. *Chambre de l'œil*, espace entre l'iris et la cornée.

▪ **la CHAMBRE DES COMMUNES** en anglais ***HOUSE OF COMMONS*** ▪ Chambre basse du Parlement du Royaume-Uni, élue au suffrage universel à un seul tour, elle exerce l'essentiel du pouvoir législatif.

▪ **la CHAMBRE DES LORDS** en anglais ***HOUSE OF LORDS*** ▪ Chambre haute du Parlement du Royaume-Uni, composée d'environ 1 200 pairs, héréditaires ou non, de quelques hauts magistrats, d'évêques et d'archevêques anglicans.

CHAMBRÉE n. f. ▪ **1.** Ensemble des personnes qui couchent dans une même pièce. **2.** Pièce où logent les soldats. ⇒ **dortoir.**

CHAMBRER v. tr. 1 ▪ **1.** vx Tenir (qqn) enfermé. - fig. Tenir à l'écart. ♦ MOD. FAM. *Chambrer qqn*, se moquer de lui en paroles. **2.** Mettre (le vin) à la température de la pièce, le réchauffer légèrement (opposé à *frapper*).

CHAMBRETTE n. f. ▪ Petite chambre.

CHAMBRIÈRE n. f. ▪ **1.** vx Femme de chambre. **2.** Long fouet de manège.

CHAMBRISTE n. ▪ Musicien spécialiste de musique de chambre.

CHAMEAU n. m. ▪ **1.** Grand ruminant à une ou deux bosses, à pelage laineux ; spécialt chameau à deux bosses, vivant en Asie (par opposition à *dromadaire*). *La sobriété du chameau. Le chameau blatère. Caravane de chameaux.* - *Poil de chameau* : tissu en poils de chameau. **2.** fig. FAM. Personne méchante, désagréable. *Cette femme est un vieux chameau.* - (au fém.) *Ah ! la chameau !* - adj. *Il, elle est drôlement chameau.* ⇒ **vache.**

chameau. *Camelus bactrianus*, chameau de Bactriane. *Phot. © Charles Lénars*

CHAMELIER n. m. ▪ Personne qui conduit les chameaux, les dromadaires et en prend soin.

CHAMELLE n. f. ▪ Femelle du chameau et du dromadaire.

CHAMELON n. m. ▪ Petit du chameau, du dromadaire.

Nicolas de CHAMFORT (1741 - 1794) ▪ Moraliste français qui, hostile à la Terreur, se suicida. *"Maximes et Pensées, Caractères et Anecdotes"* (posth. 1795).

Adelbert von CHAMISSO (1781 - 1838) ▪ Écrivain romantique et naturaliste allemand d'origine française. Auteur de la *"Merveilleuse Histoire de Pierre Schlemihl"* (1814).

CHAMOIS n. m. ▪ **1.** Ruminant à cornes recourbées qui vit dans les montagnes. ⇒ **isard. 2.** Peau de mouton, de chèvre, préparée par chamoisage. - *Peau de chamois*, qui sert au nettoyage. ♦ adj. Couleur jaune clair. *Veste chamois.*

chamois. *Rupicapra rupicapra.*
Phot. © Ferrero/Labat/Jacana

CHAMOISAGE n. m. ▪ Préparation d'une peau pour la rendre aussi souple que la peau de chamois véritable.

CHAMOISINE n. f. ▪ Petit torchon jaune duveteux qui sert à faire briller.

CHAMONIX-MONT-BLANC ▪ Commune de Haute-Savoie, dominée par le mont Blanc. 9 701 hab. *(les Chamoniards)*. Alpinisme, ski.

CHAMP n. m. ▪ **I. 1.** Étendue de terre propre à la culture. *Champ de blé.* **2.** *LES CHAMPS* : toute étendue rurale. ⇒ **campagne ; champêtre.** *La vie des champs. Fleurs des champs.* - *En plein(s) champ(s)* : au milieu de la campagne. *À travers champs* : hors des chemins. **3.** Terrain, espace. *CHAMP DE BATAILLE* : terrain où se livre la bataille. - *Mourir, tomber au CHAMP D'HONNEUR*, à la guerre. ♦ Espace déterminé réservé à une activité. *Champ de manœuvre, d'exercices* (militaires). *Champ d'aviation.* ⇒ **terrain.** *Champ de courses.* ⇒ **hippodrome.** ♦ *Champ clos*, où avaient lieu les tournois. - loc. *PRENDRE DU CHAMP* : reculer pour prendre de l'élan ; prendre du recul. *Laisser LE CHAMP LIBRE* : se retirer ; fig. donner toute liberté. ♦ MYTHOL. *Les champs Élysées**. **II.** fig. **1.** Domaine d'action. ⇒ **sphère.** *Élargir le champ de ses connaissances. Donner libre champ à son imagination.* **2.** *SUR-LE-CHAMP* loc. adv. ⇒ **aussitôt, immédiatement.** *Il partit sur-le-champ.* - *À TOUT BOUT* DE CHAMP.* **III.** Espace limité réservé à certaines opérations ou doué de propriétés. **1.** *Le champ d'un instrument optique*, le secteur qu'il couvre. *Sortir du champ. Être hors champ. Profondeur de champ.* **2.** *CHAMP OPÉRATOIRE* : zone dans laquelle une opération chirurgicale est pratiquée. **3.** PHYS. Zone où se manifeste un phénomène physique. *Champ magnétique.*

CHAMPA ou **CAMPA** ▪ Ancien royaume situé au centre du Viêtnam, formé par plusieurs principautés dont les Chams étaient l'ethnie principale. Il fut fondé, selon la tradition, vers 192. Nombreux vestiges artistiques (site de Mi Son) qui témoignent de l'influence hindoue.

CHAMPAGNE n. m. ▪ Vin blanc de Champagne, rendu mousseux. *Champagne brut, sec, demi-sec. Sabler le champagne.*

la CHAMPAGNE ▪ Ancienne province à l'est du Bassin parisien, célèbre pour ses vins (→ dom **Pérignon**). Le commerce fit sa prospérité au Moyen Âge (foires). Elle fut rattachée à la France en 1234, par le mariage de Philippe le Bel et de Jeanne de Champagne (officiellement en 1314 : accession au trône de Louis X). Ce fut le lieu d'importants combats *(batailles de Champagne)* en 1915, 1917 et 1918 (→ **Château-Thierry**).

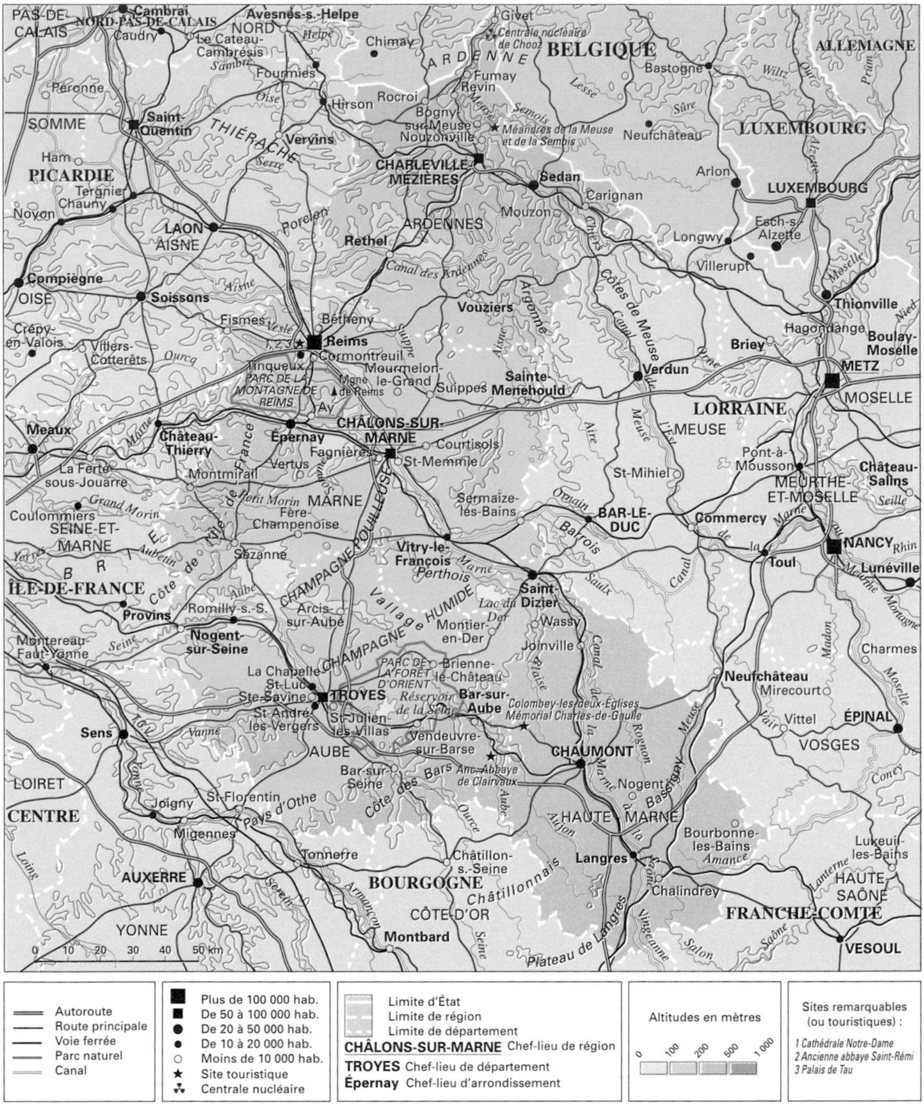

Champagne-Ardenne.

la CHAMPAGNE-ARDENNE ▪ Région administrative et économique qui regroupe quatre départements : Ardennes (→ **Ardenne**), Aube, Marne, Haute-Marne. 25 606 km². 1 347 848 hab. *(les Champenois)*. Chef-lieu : Châlons-en-Champagne. Région agricole prospère : céréales, élevage laitier et vignobles. Mais l'industrie traditionnelle est en déclin : sidérurgie dans la vallée de la Meuse et à Charleville-Mézières, textile à Reims et à Troyes.

CHAMPAGNISER v. tr. [1] ▪ Traiter (les crus de Champagne, un vin) pour en faire du champagne. ► n. f. CHAMPAGNISATION

CHAMPAGNOLE ▪ Commune du Jura. 9 250 hab. *(les Champagnolais)*.

Philippe de CHAMPAIGNE ou **CHAMPAGNE** (1602 - 1674) ▪ Peintre français d'origine flamande. Grand portraitiste au classicisme sévère (portrait de Richelieu), proche des jansénistes de Port-Royal.

CHAMPÊTRE adj. ▪ LITTÉR. Qui appartient aux champs, à la campagne cultivée. ⇒ **agreste, bucolique, rural, rustique.** *Vie champêtre.* - *Garde* champêtre.*

CHAMPFLEURY (1821 - 1889) ▪ Écrivain et critique d'art français. Théoricien du réalisme, qu'il appliqua dans ses romans (*"Chien-Caillou"*, 1847).

CHAMPI n. et adj. ▪ RÉGIONAL et VX Enfant trouvé (dans les champs). *"François le Champi"* (de George Sand).

CHAMPIGNEULLES ▪ Commune de Meurthe-et-Moselle. 7 541 hab. *(les Champigneullais)*. Brasseries.

CHAMPIGNON n. m. ▪ **1.** Végétal sans feuilles, formé généralement d'un pied surmonté d'un chapeau, à nombreuses espèces comestibles ou vénéneuses. *Ramasser, cueillir des champignons. Champignon de couche* ou *champignon de Paris* : agaric. - loc. *Pousser comme un champignon,* très vite. *Ville champignon,* qui se développe très vite. **2.** Ce qui a la forme d'un champignon à chapeau. - FAM. Pédale d'accélérateur. *Appuyer sur le champignon* : accélérer. - *Champignon atomique* : nuage produit lors d'une explosion nucléaire. **3.** BOT. au plur. Classe de végétaux comprenant les champignons (1), les moisissures, les levures et des parasites des plantes, des animaux ou de l'homme (⇒ **mycologie**).

CHAMPIGNONNIÈRE n. f. ▪ Lieu où l'on cultive les champignons (I) sur couche.

CHAMPIGNONNISTE n. ▪ Personne qui cultive les champignons.

CHAMPIGNY-SUR-MARNE ▪ Commune du Val-de-Marne. 79 486 hab. *(les Campinois).*

CHAMPION, ONNE n. ▪ **1.** n. m. anciennt Celui qui combattait en champ clos, pour soutenir une cause. **2.** fig. Défenseur attitré d'une cause. *Elle s'était faite la championne de la liberté.* **3.** Athlète qui remporte un championnat. *Champion du monde en titre.* - *Champion d'échecs.* **4.** fig. FAM. Personne remarquable. ⇒ **as.** - adj. *Il est champion ; c'est champion !*

CHAMPIONNAT n. m. ▪ Épreuve sportive officielle (ou épreuve de jeux ⇒ **tournoi**) à l'issue de laquelle le vainqueur obtient un titre.

Samuel de **CHAMPLAIN** (v. 1567 - 1635) ▪ Explorateur français, colonisateur du Québec. Il fonda Québec en 1608. Il mit en valeur et organisa la colonie, dont il fut nommé lieutenant-gouverneur en 1619.

le lac **CHAMPLAIN** ▪ Lac du nord-est des États-Unis, à la frontière du Vermont et de l'État de New York, et dont la partie nord touche au Canada. 1 550 km².

Marie Desmares dite **LA CHAMPMESLÉ** (1642 - 1698) ▪ Tragédienne française. Elle créa les grands rôles du théâtre de Racine.

la Champmeslé. Portrait anonyme du XVIIe s. Comédie Française, Paris. *Phot. © Lauros/Giraudon*

la chartreuse de **CHAMPMOL** ▪ Monastère fondé en 1383 par Philippe le Hardi près de Dijon pour recevoir les sépultures des ducs de Bourgogne. *"Puits de Moïse"* de Sluter.

Jean-François **CHAMPOLLION** (1790 - 1832) ▪ Égyptologue français. Les inscriptions en trois écritures (hiéroglyphes, démotique et grec) de la pierre de Rosette lui permirent à partir de 1822 de déchiffrer les hiéroglyphes.

CHAMPSAUR ▪ Région des Hautes-Alpes où se trouve la haute vallée du Drac.

les **CHAMPS ÉLYSÉES** → Élysées

les **CHAMPS-ÉLYSÉES** ▪ Célèbre avenue de Paris, qui relie la place de la Concorde à la place de l'Étoile (aujourd'hui place Charles-de-Gaulle).

CHAMPS-SUR-MARNE ▪ Commune de Seine-et-Marne. 21 611 hab. *(les Campésiens).* Château de Champs (XVIIIe s.), avec de beaux jardins.

CHAMROUSSE ▪ Station de sports d'hiver de l'Isère, arr. de Grenoble. 544 hab. 1 650-2 257 m d'alt.

André **CHAMSON** (1900 - 1983) ▪ Écrivain français. Romans régionalistes. *"Roux le bandit"* (1925).

CHANÇARD, ARDE adj. et n. ▪ FAM. (Personne) qui a de la chance. ⇒ **chanceux.**

CHANCE n. f. ▪ **I. 1.** Manière (favorable ou défavorable) dont un événement se produit. ⇒ **hasard.** *Souhaiter bonne chance à qqn.* ♦ *La chance :* le sort. - loc. *La chance a tourné.* **2.** Possibilité de se produire par hasard. ⇒ **éventualité, probabilité.** *Il y a de fortes chances que cela se produise. Une chance sur deux. Calculer ses chances de succès.* - *Donner sa chance à qqn.* **II.** *La chance :* la bonne chance (opposé à *malchance*). *Avoir de la chance.* ⇒ FAM. **bol, pot, veine.** *Avoir la chance de* (+ inf.). *Par chance.* - *Pas de chance !* - iron. *C'est bien ma chance !*

CHANCELADE ▪ Commune de Dordogne. 3 718 hab. *(les Chanceladais).* Site préhistorique qui a donné son nom à « l'homme de Chancelade », phase tardive (10 000 av. J.-C.) de l'homme de Cro-Magnon.

CHANCELANT, ANTE adj. ▪ **1.** *Un pas chancelant.* **2.** fig. Fragile. *Santé chancelante.* ⇒ **faible.**

CHANCELER v. intr. [4] ▪ **1.** Vaciller sur sa base, pencher de côté et d'autre en menaçant de tomber. ⇒ **flageoler, tituber.** **2.** fig. Être menacé de ruine, de chute. *Le pouvoir chancelle.* - Hésiter. *Sa mémoire chancelle.*

CHANCELIER n. m. ▪ **1.** Personne chargée de garder les sceaux, qui en dispose. **2.** *Chancelier de l'Échiquier :* ministre des finances (Grande-Bretagne). **3.** Premier ministre (Autriche, Allemagne).

CHANCELIÈRE n. f. ▪ Sac fourré pour tenir les pieds au chaud.

CHANCELLERIE n. f. ▪ Services d'un chancelier ; spécialt administration centrale du ministère de la Justice.

CHANCEUX, EUSE adj. ▪ Qui a de la chance (II) ⇒ FAM. **veinard.**

CHANCRE n. m. ▪ **1.** MÉD. Érosion ou ulcération de la peau ou d'une muqueuse. *Chancre syphilitique.* **2.** fig. Ce qui ronge, détruit.

CHANDAIL, AILS n. m. ▪ Gros tricot de laine qu'on enfile par la tête. ⇒ **pull-over.**

CHANDELEUR n. f. ▪ Fête de la présentation de Jésus-Christ au Temple et de la purification de la Vierge (2 février). - *Les crêpes de la Chandeleur.*

CHANDELIER n. m. ▪ Support destiné à recevoir des chandelles, cierges, bougies. ⇒ **bougeoir, candélabre, flambeau.** *Les bobèches d'un chandelier.* - *Le chandelier à sept branches* (religion juive).

CHANDELLE n. f. ▪ **1.** Appareil d'éclairage fait d'une mèche tressée enveloppée de suif. **2.** loc. *Devoir une fière chandelle à qqn,* lui être redevable d'un grand service rendu. - *Des économies de bouts de chandelles,* insignifiantes. - *Brûler la chandelle par les deux bouts :* gaspiller son argent, sa santé. - *En voir trente-six chandelles :* être ébloui, étourdi par un coup. **3.** Montée verticale (d'une balle, d'un avion). *L'avion monte en chandelle.*

CHANDERNAGOR ou **CHANDRANAGARA** ▪ Ville de l'Inde (Bengale-Occidental), au nord de Calcutta. 122 300 hab. Ancien comptoir français des Indes, jusqu'en 1951 quand Chandernagor fut rattaché au Bengale.

CHANDIGARH ▪ Ville du nord de l'Inde. Elle constitue un territoire de l'Union (114 km²; 574 646 hab.), capitale des États de Haryāna et du Panjab. Conçue en 1950 par Le Corbusier, bâtie de 1951 à 1965.

Chandigarh. La Chambre législative, architecture de Le Corbusier. *Phot. © Koch/Rapho*

Raymond **CHANDLER** (1888 - 1959) ▪ Écrivain américain. Romans policiers dont le personnage principal est le détective Philip Marlowe : *"Le Grand Sommeil"* (1939, adapté au cinéma par Hawks) et *"La Dame du lac"* (1943).

CHANDRAGUPTA MAURYA ▪ Premier empereur des Indes, de 322 à 298 av. J.-C. environ.

Subrahmanyan CHANDRASEKHAR (1910-1995) ▪ Astrophysicien américain d'origine indienne. Il contribua à l'élaboration de la théorie de la structure interne des étoiles et donna une solution approchée du problème de transfert de rayonnement des étoiles. Prix Nobel de physique 1983, avec Fowler.

Gabrielle Chasnel dite **Coco CHANEL** (1883-1971) ▪ Couturière française. La première à imposer un style simple, épuré, dans la mode féminine.

① **CHANFREIN** n. m. ▪ Partie de la tête du cheval qui va du front aux naseaux.

② **CHANFREIN** n. m. ▪ TECHN. Biseau obtenu en abattant l'arête d'une pierre ou d'une pièce de bois, de métal.

CHANGAN ou **TCH'ANG-NGAN** ▪ Anc. capitale de la Chine impériale. → **Xian.**

CHANGCHUN ▪ Ville de Chine, capitale de la province de Jilin. 2 110 000 hab.

CHANGE n. m. ▪ **I. 1.** loc. *Gagner, perdre au change,* à l'échange. **2.** Échange de deux monnaies de pays différents. *Bureau, agent de change. Contrôle des changes.* ♦ Valeur de l'indice monétaire étranger en monnaie nationale. *Taux de change. Cours des changes.* ♦ *LETTRE DE CHANGE.* ⇒ **billet** à ordre, **effet. II.** *DONNER LE CHANGE à qqn,* lui faire prendre une chose pour une autre. ⇒ **tromper ; abuser. III.** *Change, change complet :* couche*-culotte jetable.

CHANGEABLE adj. ▪ Qui peut être changé. ⇒ **modifiable, remplaçable.**

CHANGEANT, ANTE adj. ▪ **1.** Qui est sujet à changer. ⇒ **variable ; incertain, instable.** *Temps changeant. Humeur changeante.* ⇒ **inégal.** *Esprit changeant.* **2.** Dont l'aspect, la couleur change suivant le jour sous lequel on le regarde. *Étoffe changeante, aux reflets changeants.* ⇒ **chatoyant.**

CHANGEMENT n. m. ▪ **1.** *Changement de,* modification quant à (tel caractère) ; fait de changer. *Changement d'état, de forme.* ⇒ **déformation, transformation.** *Changement de temps. Changement de programme. Changement de décor.* **2.** Fait de ne plus être le même. *Son changement est radical.* **3.** *Changement de,* fait de quitter une chose pour une autre. *Changement d'adresse.* - *C'est direct, il n'y a pas de changement* (de ligne de transport). **4.** *Le changement :* état de ce qui évolue, se modifie (choses, circonstances, états psychologiques). *Changement brusque, total.* ⇒ **bouleversement, transformation.** *Changement graduel, progressif.* ⇒ **évolution, gradation, progression.** ♦ *Un changement :* ce qui change, évolue. *Cela a été un grand changement dans sa vie.* **5.** Dispositif permettant de changer. *Changement de vitesse.*

CHANGER v. ③ ▪ **I.** v. tr. **1.** Céder (une chose) contre une autre. ⇒ **échanger, troquer.** *Changer une chose pour une autre.* - *Changer de l'argent.* ⇒ **change. 2.** Remplacer (qqch., qqn) par une chose, une personne (de même nature). *Changer une roue.* - *Changer la couche d'un bébé ;* par ext. *changer un bébé.* **3.** *CHANGER qqch., qqn DE :* faire subir une modification quant à. *Changer qqch. de place ; qqn de poste.* ⇒ **déplacer, transférer ; muter. 4.** Rendre autre ou différent (compl. abstrait ou indéfini). ⇒ **modifier.** *Changer sa manière de vivre, ses plans, ses projets.* - *Cela ne change rien à l'affaire. Ça m'a changé la vie.* - FAM. *Avoir besoin de se changer les idées,* de se distraire. - (sujet chose) *Changer qqn,* le faire paraître différent. **5.** *CHANGER qqch., qqn EN.* ⇒ **convertir, transformer.** *Changer un doute en certitude.* **6.** *CHANGER qqch. À :* modifier un élément de. *Ne rien changer à ses habitudes.* **II.** v. tr. ind. (sujet personne) *CHANGER DE.* **1.** *Changer de place :* quitter un lieu pour un autre. *Changer de place avec qqn.* ⇒ **permuter.** *Changer de cap.* **2.** Abandonner, quitter (une chose, une personne) pour une autre du même genre. *Changer de vêtement, de coiffure, de voiture.* - *Changer* (de métro) *à Odéon.* - *Changer d'avis.* ♦ (sens passif) *La rue a changé de nom.* - *Son visage changea de couleur.* **III.** v. intr. Devenir autre, différent, éprouver un changement. ⇒ **évoluer,** se **modifier,** se **transformer, varier.** *Elle n'a pas changé.* ♦ iron. *POUR CHANGER :* comme d'habitude. *Il est en retard, pour changer.* ► SE **CHANGER** v. pron. **1.** *Se changer en :* se convertir en. **2.** Changer de vêtements. *Se changer pour sortir.* ► **CHANGÉ, ÉE** p. p. *Je l'ai trouvée changée.* - *Une voix changée.*

CHANGEUR, EUSE n. ▪ **1.** Personne qui effectue des opérations de change. ⇒ **cambiste. 2.** n. m. Machine, dispositif permettant de changer. *Changeur de monnaie.* ⇒ **monnayeur.**

CHANG JIANG, YANGZI JIANG ou **YANG-TSEU-KIANG** ▪ Fleuve de Chine. 6 300 km. Né au Tibet, il arrose Wuhan, Nankin et se jette dans la mer de Chine à Shanghai. Trafic intense, rôle économique essentiel.

CHANGSHA ou **TCH'ANG-CHA** ▪ Ville de Chine, capitale de la province du Henan. 1 326 900 hab. Artisanat : laque, marionnettes.

CHANLATTE n. f. ▪ TECHN. Latte mise de chant au bas du versant d'un toit.

CHANOINE n. m. ▪ Dignitaire ecclésiastique. *Assemblée de chanoines.* ⇒ **chapitre** (II).

CHANSON n. f. ▪ **I. 1.** Texte mis en musique, souvent divisé en couplets et refrain, destiné à être chanté. ⇒ **chant, mélodie.** *Chanson d'amour. Chansons à boire. Les chansons de Brassens.* - HIST. *Chanson de toile,* que les femmes chantaient en filant, au Moyen Âge. ♦ *La chanson :* le genre musical. ♦ Texte de chanson. *Les chansons d'Aragon, de Boris Vian.* **2.** Chant, bruit harmonieux. *La chanson du vent dans les feuilles.* **3.** fig. FAM. Propos rebattus. ⇒ **disque, refrain.** *C'est toujours la même chanson.* **II.** Poème épique du Moyen Âge, divisé en couplets. *Chanson de geste*. La Chanson de Roland.*

CHANSONNETTE n. f. ▪ Petite chanson populaire. *Pousser la chansonnette.*

CHANSONNIER n. m. ▪ **1.** Recueil de chansons. **2.** Personne qui compose ou improvise des chansons ou des monologues satiriques, des sketchs. *Chansonnier qui se produit dans un cabaret.*

① **CHANT** n. m. ▪ **1.** Émission de sons musicaux par la voix humaine ; technique, art de la musique vocale. ⇒ **voix.** *Exercices de chant.* **2.** Composition musicale destinée à la voix, généralement sur des paroles. ⇒ **air, chanson, mélodie.** *Entonner un chant. Chants populaires. Chants sacrés.* ⇒ **cantique. 3.** Forme particulière de musique vocale. *Chant grégorien. Chant choral.* ⇒ **polyphonie. 4.** Bruit harmonieux. *Le chant des oiseaux.* ⇒ **ramage.** - fig. *Le chant des baleines.* - loc. *Au chant du coq :* au point du jour. *Le chant du cygne*.* **5.** Poésie lyrique ou épique. - Division d'un poème épique. *Les douze chants de l'Énéide.*

② **CHANT** n. m. ▪ Face étroite d'un objet. *Mettre, poser une pierre DE CHANT,* de sorte que sa face longue soit horizontale.

CHANTAGE n. m. ▪ Action d'extorquer à qqn de l'argent ou un avantage sous la menace d'une révélation compromettante. *Faire du chantage.* ⇒ **maître chanteur.** - par ext. Moyen de pression. *Chantage au suicide.*

CHANTANT, ANTE adj. ▪ **1.** Qui chante, a un rôle mélodique. *Basse chantante.* **2.** *Voix chantante,* mélodieuse. *Accent chantant.* **3.** Où l'on chante. VX *Café chantant.*

CHANTELOUP-LES-VIGNES ▪ Commune des Yvelines. 10 175 hab.

CHANTER v. ① ▪ **I.** v. intr. **1.** Former avec la voix une suite de sons musicaux (chant). *Chanter juste, faux. Chanter à tue-tête, chanter fort. Chanter à mi-voix.* ⇒ **chantonner, fredonner.** *Chanter en chœur.* **2.** (oiseaux, certains insectes) Crier. ⇒ **gazouiller, siffler.** *L'alouette et le coq chantent.* **3.** LITTÉR. Produire un effet agréable, poétique. - allus. *Des lendemains* qui chantent.* **4.** *FAIRE CHANTER qqn,* exercer un chantage sur lui. **5.** loc. FAM. *Si ça te chante,* si ça te convient, te plaît. **II.** v. tr. **1.** Exécuter (un morceau de musique vocale). *Chanter un air, une chanson.* ♦ FAM. *Que me chantes-tu là ?* ⇒ **dire, raconter. 2.** LITTÉR. Célébrer. ⇒ **exalter.** *Homère a chanté les exploits d'Ulysse.* - *Chanter les louanges de qqn,* en faire de grands éloges.

① **CHANTERELLE** n. f. ▪ Corde la plus fine et la plus aiguë dans un instrument à cordes.

② **CHANTERELLE** n. f. ▪ Champignon jaune à bords ondulés, appelé aussi *girolle.*

CHANTEUR, EUSE ▪ **1.** n. Personne qui chante, qui fait métier de chanter. *Chanteur populaire. Chanteur de charme. Chanteuse d'opéra.* - (Antiquité, Moyen Âge) ⇒ **aède, barde, ménestrel, troubadour, trouvère. 2.** adj. *Oiseaux chanteurs.*

CHANTIER n. m. ▪ **1.** Lieu où se fait un vaste travail collectif sur des matériaux. *Chantier de construction, de démolition.* - *Chantier naval.* **2.** loc. *Mettre* (un travail, etc.) *sur le chantier, en chantier,* le commencer. **3.** FAM. Lieu en désordre.

CHANTILLY n. f. ▪ *Crème chantilly ; de la chantilly :* crème fouettée et sucrée.

CHANTILLY ▪ Commune de l'Oise. 11 500 hab. *(les Cantiliens).* Château (XVIe s.), reconstruit au XIXe s., à la demande

Chantilly. Le château, vue aérienne. *Phot. © Perrard/Rapho*

du duc d'Aumale, qui en fit don à l'Institut de France en 1886, avec ses collections (musée Condé). Forêt.

CHANTONNAY ▪ Commune de Vendée. 7 458 hab. *(les Chantonnaisiens).*

CHANTONNER v. 1 ▪ Chanter à mi-voix. ⇒ **fredonner.** ► n. m. CHANTONNEMENT

CHANTOUNG → Shandong

CHANTOURNER v. tr. 1 ▪ TECHN. Découper suivant un profil donné.

CHANTRE n. m. ▪ **1.** Chanteur dans un service religieux. **2.** LITTÉR. *Le chantre de :* personne qui célèbre (qqn, qqch.).

Octave CHANUTE (1832 - 1910) ▪ Ingénieur américain d'origine française. Pionnier du vol à voile, conseiller des frères Wright.

CHANVRE n. m. ▪ **1.** Plante dont la tige fournit un textile. ♦ Ce textile. *Cordage de chanvre.* **2.** *Chanvre indien,* qui produit le haschisch.

CHAOS [kao] n. m. ▪ **1.** Confusion, désordre grave. *Jeter un pays dans le chaos.* **2.** Entassement naturel et désordonné de rochers.

CHAOTIQUE [ka-] adj. ▪ Qui a l'aspect d'un chaos (2). *Amas chaotique.*

CHAPARDER v. tr. 1 ▪ FAM. Dérober, voler (de petites choses). ⇒ FAM. **chiper.** ► n. m. CHAPARDAGE

CHAPARDEUR, EUSE adj. et n. ▪ (Personne) qui chaparde.

CHAPE n. f. ▪ **1.** Long manteau de cérémonie, sans manches. *Chape de cardinal.* ♦ fig. Ce qui pèse, étouffe. *Le ciel semblait une chape de plomb.* **2.** Objet recouvrant qqch. *Chape de poulie.*

CHAPEAU n. m. ▪ **I.** Coiffure de forme souvent rigide. ⇒ **couvre-chef.** *Chapeaux d'homme* (canotier, feutre, haut-de-forme, melon...). *Chapeau mou. Mettre, enlever son chapeau.* ⇒ se **couvrir,** se **découvrir.** - loc. *Donner un coup de chapeau, tirer son chapeau à qqn :* saluer qqn ; fig. lui rendre hommage. *Chapeau bas !* ellipt et FAM. *Chapeau !* ⇒ **bravo.** ♦ *Chapeaux de femme* (bibi, feutre, toque...). *Marchande de chapeaux* (de femme). ⇒ **modiste. II. 1.** Partie supérieure d'un champignon. **2.** Partie supérieure ou latérale (qui protège). *Chapeau de roue.* ⇒ **enjoliveur.** - loc. FAM. *Démarrer, prendre un virage* SUR LES CHAPEAUX DE ROUES, très vite. **3.** Texte court qui surmonte et présente un article de journal (après le titre).

CHAPEAUTER v. tr. 1 ▪ **1.** Coiffer d'un chapeau. **2.** fig. Exercer un contrôle sur (qqn, qqch.).

CHAPELAIN n. m. ▪ Prêtre qui dessert une chapelle.

Jean CHAPELAIN (1595 - 1674) ▪ Critique et poète français. *"La Pucelle ou la France délivrée"* (1656), poème épique raillé par Boileau. Ses *"Sentiments de l'Académie sur le Cid"* (1637) contribuèrent à fixer les principes de la doctrine classique.

CHAPELET n. m. ▪ **1.** Objet de dévotion formé de grains enfilés que l'on fait glisser entre ses doigts en récitant des prières ; ces prières. *Dire, réciter son chapelet.* **2.** Succession de choses identiques ou analogues. *Un chapelet de saucisses.* - fig. *Un chapelet d'injures.*

CHAPELIER, IÈRE n. ▪ **1.** Personne qui fait ou vend des chapeaux pour hommes, pour femmes (⇒ **modiste**). **2.** adj. *L'industrie chapelière.*

CHAPELLE n. f. ▪ **1.** Lieu consacré au culte dans une demeure, un établissement. ⇒ **oratoire. 2.** Église n'ayant pas le titre de paroisse. **3.** Partie d'une église où se dresse un autel secondaire. *Chapelle latérale.* ♦ *Chapelle ardente*.* **4.** Chanteurs et instrumentistes d'une église. *MAÎTRE DE CHAPELLE,* celui qui les dirige. **5.** fig. Groupe très fermé. ⇒ **clan, coterie.** *Avoir l'esprit de chapelle.*

La CHAPELLE-D'ARMENTIÈRES ▪ Commune du Nord. 7 825 hab.

CHAPELLERIE n. f. ▪ Industrie, commerce des chapeaux.

La CHAPELLE-SAINT-LUC ▪ Commune de l'Aube. 15 815 hab. *(les Chapelains).*

La CHAPELLE-SAINT-MESMIN ▪ Commune du Loiret, dans la banlieue d'Orléans. 8 207 hab.

La CHAPELLE-SUR-ERDRE ▪ Commune de Loire-Atlantique. 14 830 hab. *(les Chapelains).*

CHAPELURE n. f. ▪ Pain séché (ou biscotte) râpé ou émietté, dont on saupoudre (⇒ **paner**) certains mets.

CHAPERON n. m. ▪ **1.** anciennt Capuchon. *"Le Petit Chaperon rouge"* (conte de Perrault). **2.** fig. Personne qui accompagne une jeune fille ou une jeune femme par souci des convenances. ⇒ **duègne.** ► CHAPERONNER v. tr. 1

CHAPITEAU n. m. ▪ **1.** Partie élargie qui couronne une colonne. *Chapiteaux grecs* (corinthien, dorique, ionien). *Chapiteau roman historié.* **2.** Tente (d'un cirque). - Le cirque.

CHAPITRE n. m. ▪ **I. 1.** Chacune des parties suivant lesquelles se divise un livre. *Tête de chapitre.* ⇒ **lettrine. 2.** Division d'un budget. *Voter le budget par chapitres.* **3.** fig. Sujet dont on parle. ⇒ **matière, question.** *Être sévère sur le chapitre de la discipline. Ce chapitre est clos.* **II. 1.** Assemblée délibérante de religieux, de chanoines (⇒ **capitulaire**). - Communauté de chanoines. **2.** loc. *Avoir* VOIX AU CHAPITRE *:* avoir le droit de donner son avis, avoir droit à la parole.

CHAPITRER v. tr. 1 ▪ Réprimander (qqn), lui faire la morale. ⇒ **admonester, sermonner.**

CHAPKA n. f. ▪ Coiffure de fourrure à rabats pour les oreilles.

sir Charles Spencer dit Charlie CHAPLIN (1889 - 1977) ▪ Acteur et cinéaste américain d'origine britannique. Créateur de *Charlot,* vagabond tragi-comique, un des mythes les plus populaires du cinéma. Son œuvre mêle les inventions comiques, l'émotion poétique et la dénonciation de l'injustice, de l'hypocrisie et de la violence. *"La Ruée vers l'or"* (1925); *"Les Lumières de la ville"* (1931); *"Les Temps modernes"* (1936); *"Le Dictateur"* (1940); *"Monsieur Verdoux"* (1947); *"Les Feux de la rampe"* (1952).

Chaplin. Charlot dans *Le Cirque*, 1928. *Phot. © Coll. Rui Nogueira*

CHAPON n. m. ▪ Jeune coq châtré que l'on engraisse pour la table.

Claude CHAPPE (1763 - 1805) ▪ Ingénieur français. Inventeur du télégraphe aérien.

Jean CHAPTAL, comte de Chanteloup (1756 - 1832) ▪ Chimiste et homme politique français. Pionnier de l'industrie chimique, inventeur de la technique de *chaptalisation* des vins. Artisan de la reprise économique sous le Consulat.

CHAPTALISER v. tr. ① ▪ Ajouter du sucre à (un moût) avant la fermentation. – au p.p. *Vin chaptalisé.* ► n. f. CHAPTALISATION

CHAQUE adj. indéf. sing. ▪ **1.** Qui fait partie d'un tout et qui est considéré à part. *Chaque personne. Chaque chose à sa place. À chaque instant.* – prov. *Chaque chose en son temps. À chaque jour suffit sa peine.* **2.** Chacun. *Ces livres coûtent cinquante francs chaque.*

① **CHAR** n. m. ▪ **1.** Voiture rurale à quatre roues, tirée par un animal. ⇒ **chariot, charrette.** *Char à foin. Char à bœufs. Char à bancs,* pour le transport des personnes. **2.** ANTIQ. Voiture à deux roues utilisée dans les combats, les jeux. ⇒ **quadrige.** *Course de chars. Conducteur de char.* ⇒ **aurige.** ♦ par métaphore *Le char de l'État.* **3.** Voiture décorée, pour les réjouissances publiques. *Char de carnaval.* **4.** *Char (d'assaut), char (de combat) :* engin blindé et armé monté sur chenilles (⇒ **antichar**).

② **CHAR** n. m. ▪ ARGOT Bluff. – loc. FAM. *Arrête ton char ! :* cesse de raconter des histoires. ◇ var. CHARRE.

René **CHAR** (1907 - 1988) ▪ Poète français. Son œuvre, à la fois lyrique et concise, s'est enrichie de multiples expériences : le surréalisme, la Résistance, l'amitié de Heidegger. *"La Parole en archipel"* (1962).

Char.
Phot. © Serge Assier/ Gamma

CHARABIA n. m. ▪ FAM. Langage, style incompréhensible ou incorrect. ⇒ **baragouin, jargon.**

CHARADE n. f. ▪ Jeu où l'on doit deviner un mot dont chaque syllabe fait l'objet d'une définition. ⇒ **devinette.** *Le mot de la charade s'appelle « le tout »* (mon premier, mon second..., mon tout).

CHARANÇON n. m. ▪ Insecte coléoptère nuisible. *Charançon du riz.* ► CHARANÇONNÉ, ÉE adj. *Blé charançonné.*

CHARBON n. m. ▪ **I. 1.** Combustible solide, noir, d'origine végétale, tiré du sol (*charbon minéral* ⇒ **anthracite, houille, lignite**) ou obtenu par la combustion lente et incomplète du bois *(charbon de bois). Mine de charbon.* – loc. FAM. *Aller au charbon,* au travail. **2.** Morceau ou parcelle de charbon. – loc. *Être sur des charbons ardents :* brûler, griller d'impatience ; se consumer d'inquiétude. **3.** Fusain. *Dessin au charbon.* **II. 1.** Maladie infectieuse de l'homme et des animaux domestiques. **2.** Maladie cryptogamique des végétaux.

CHARBONNAGE n. m. ▪ Exploitation de la houille. – au plur. Mines de houille.

CHARBONNER v. ① ▪ **1.** v. tr. Noircir, dessiner avec du charbon. **2.** v. intr. Se réduire en charbon, sans flamber.

CHARBONNERIE n. f. ▪ HIST. (en France) Sous la Restauration, Société politique secrète, constituée sur le modèle du carbonarisme (⇒ **carbonaro**).

CHARBONNEUX, EUSE adj. ▪ **1.** Qui a l'aspect du charbon. – fig. *Des yeux charbonneux,* noircis de fard. **2.** Qui est noir de charbon.

CHARBONNIER, IÈRE ▪ **1.** n. Personne qui vend du charbon. ⇒ FAM. **bougnat.** – loc. *La foi du charbonnier :* la foi naïve de l'homme simple. prov. *Charbonnier est maître chez soi.* **2.** n. m. Cargo pour le transport du charbon. **3.** adj. Qui a rapport au charbon. *Industrie charbonnière.* ⇒ **houiller. 4.** adj. *Mésange charbonnière,* à tête et cou noirs.

Jean Martin **CHARCOT** (1825 - 1893) ▪ Médecin français. Ses recherches sur l'hystérie et l'hypnose ont influencé Freud. ► **JEAN CHARCOT** (1867 - 1936), son fils, savant et navigateur, explora les régions australes et la mer du Groenland.

CHARCUTER v. tr. ① ▪ FAM. Opérer (qqn) maladroitement. *Le chirurgien l'a charcuté.*

CHARCUTERIE n. f. ▪ **1.** Industrie et commerce de la viande de porc, des préparations à base de porc. **2.** Spécialité à base de viande de porc (andouille, boudin, cervelas, jambon, pâté, saucisse, saucisson...). ◇ syn. FAM. CHARCUTAILLE. **3.** Boutique de charcutier.

CHARCUTIER, IÈRE n. ▪ Personne qui apprête et vend du porc frais, de la charcuterie (et divers plats, conserves).

Jean-Baptiste Siméon **CHARDIN** (1699 - 1779) ▪ Peintre français. Le maître de la nature morte par sa technique et sa sensibilité (« on peint avec le sentiment »). Scènes de genre *("Benedicite"),* portraits au pastel.

CHARDON n. m. ▪ Plante à feuilles et bractées épineuses.

Jacques **CHARDONNE** (1884 - 1968) ▪ Romancier français. Il s'attacha à évoquer les difficultés du bonheur à deux. *"Claire"* (1931).

CHARDONNERET n. m. ▪ Oiseau chanteur au plumage coloré, friand de graines de chardon.

chardonneret.
Carduelis carduelis.
Phot. © Layer/Jacana

CHARENTAISE n. f. ▪ Pantoufle fourrée, en tissu à carreaux.

la **CHARENTE** ▪ Fleuve de l'ouest de la France qui se jette dans l'Atlantique. 360 km.

la **CHARENTE** [16] ▪ Département français de la région Poitou-Charentes. 5 956 km². 341 993 hab. Chef-lieu : Angoulême. Chefs-lieux d'arrondissement : Cognac, Confolens. ► la **CHARENTE-MARITIME** [17] Département français de la région Poitou-Charentes, où le fleuve Charente rejoint l'Atlantique. 6 864 km². 527 146 hab. Chef-lieu : La Rochelle. Chefs-lieux d'arrondissement : Jonzac, Rochefort, Saintes, Saint-Jean-d'Angély.

CHARENTON-LE-PONT ▪ Commune du Val-de-Marne, dans la banlieue sud-est de Paris. 21 872 hab. *(les Charentonnais).*

François de **CHARETTE DE LA CONTRIE** (1763 - 1796) ▪ Contre-révolutionnaire, chef des guerres de Vendée. Il fut exécuté à Nantes.

CHARGE n. f. ▪ **I. 1.** Ce qui pèse sur ; ce que porte ou peut porter une personne, un animal, un véhicule, un bâtiment. ⇒ **fardeau, poids.** *Ployer sous la charge. Charge utile*.* – *Prendre en charge un passager dans un véhicule.* **2.** TECHN. Poussée. *Pilier supportant une charge.* **3.** Quantité de poudre, projectiles, que l'on met dans une arme à feu, une mine. *La charge d'un fusil. Charge de dynamite.* **4.** PHYS. Action d'accumuler l'électricité. *La charge d'une batterie* (de voiture). ♦ Quantité d'électricité à l'état statique. ⇒ **potentiel.** *Charge négative, positive. Charge d'une particule.* **II.** abstrait (Ce qui pèse) **1.** Ce qui cause de l'embarras, de la peine. *ÊTRE À CHARGE :* être pénible. *La vie lui est à charge.* – loc. *À CHARGE DE REVANCHE*.* **2.** Ce qui met dans la nécessité de faire des frais, des dépenses. *Charges de famille.* – *Être À LA CHARGE de qqn. Foyer avec deux enfants À CHARGE.* – *Prise en charge.* ♦ *Charges d'habitation* (entretien de l'immeuble, chauffage). ♦ *Charges sociales,* imposées par l'État aux employeurs. **3.** Fonction dont qqn a tout le soin ; responsabilité publique. ⇒ **dignité, emploi, poste.** *Charge de notaire. Les devoirs de sa charge.* ♦ Responsabilité. *On lui a confié la charge de...* – loc. *Avoir CHARGE D'ÂME,* la responsabilité morale de qqn. *PRENDRE EN CHARGE,* sous sa responsabilité. – *En charge de* anglic. : responsable de. **4.** Fait qui pèse sur la situation d'un accusé. ⇒ **présomption, preuve.** *Ceci constitue une charge contre le prévenu. Témoin À CHARGE,* qui accuse. **5.** LITTÉR. Ce qui outre le caractère de qqn pour le rendre ridicule ; exagération comique. ⇒ **caricature.** *Portrait-charge.* **III.** Attaque rapide et violente. ⇒ **assaut.** *Charge de police. À*

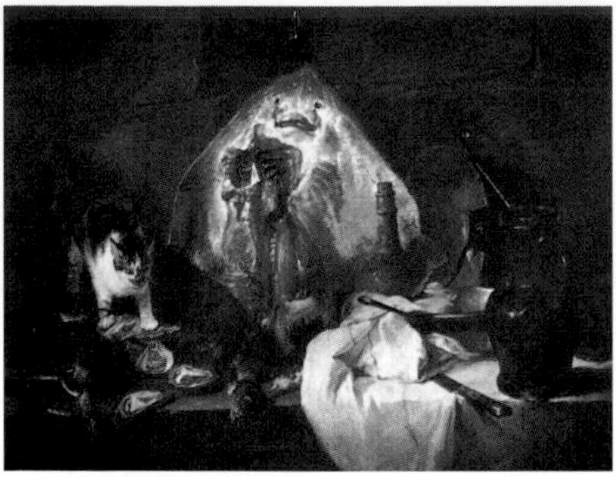

Chardin. *La Raie.* Musée du Louvre, Paris.
Phot. © Arch. Smeets

la charge ! ‑ loc. *Revenir à la charge :* insister (pour obtenir qqch.).

CHARGEMENT n. m. ▪ **1.** Action de charger (un animal, un véhicule, un navire). *Appareils de chargement.* ⇒ **levage, manutention.** ‑ Marchandises chargées. ⇒ **cargaison, charge.** *Chargement mal arrimé.* **2.** Action de charger, de garnir (une arme à feu, un appareil photographique...).

CHARGER v. tr. 3 ▪ **I. 1.** Mettre sur (un homme, un animal, un véhicule, un bâtiment) un certain poids d'objets à transporter. *Charger un navire.* ⇒ **arrimer. 2.** Placer, disposer pour être porté. ⇒ **mettre.** *Charger du charbon sur une péniche.* ‑ FAM. *Taxi qui charge un client,* le fait monter. **3.** Mettre dans (une arme à feu) ce qui est nécessaire au tir. *Charger un fusil.* ‑ *Charger un appareil photo,* y mettre la pellicule. **4.** Accumuler de l'électricité dans. *Charger une batterie d'accumulateurs.* **5.** *Charger de :* garnir abondamment de. *Charger une table de mets.* **II.** abstrait **1.** CHARGER *qqch., qqn* DE : faire porter à. *Charger le pays de taxes.* ‑ *Charger sa mémoire de détails.* ⇒ **encombrer, surcharger.** ♦ Revêtir de (une fonction, un office). *On l'a chargé de faire le compte rendu de la séance.* **2.** CHARGER *qqn,* apporter des preuves ou des indices de sa culpabilité ; par ext. le calomnier, le noircir. **III.** Attaquer avec impétuosité (⇒ **charge** (III)). *Charger l'ennemi.* ‑ absolt *Chargez !* ► SE **CHARGER** v. pron. **1.** *Se charger d'un fardeau.* **2.** Assumer, endosser. *Se charger d'une responsabilité.* ‑ Prendre le soin, la responsabilité. *Je me charge de tout.* ‑ iron. *Se charger de qqn,* en faire son affaire. ► **CHARGÉ, ÉE I.** p. p. et adj. **1.** *Les bras chargés de paquets.* **2.** *Appareil photo, fusil chargé.* **3.** Alourdi, embarrassé. *Avoir la langue chargée,* couverte d'un dépôt blanchâtre. ♦ Plein, rempli (de). *Nuages chargés de pluie.* ‑ absolt *Un décor trop chargé. Casier judiciaire chargé.* **II.** n. **1.** CHARGÉ D'AFFAIRES : agent diplomatique, représentant accrédité d'un État. **2.** CHARGÉ(E) DE COURS : professeur délégué de l'enseignement supérieur. **3.** CHARGÉ(E) DE MISSION : personne engagée pour remplir une mission déterminée.

CHARGEUR n. m. ▪ **1.** Personne qui charge (des marchandises ; une arme à feu). ♦ Entreprise qui possède et transporte des cargaisons. **2.** Dispositif permettant d'introduire plusieurs cartouches dans le magasin d'une arme à répétition. *Vider plusieurs chargeurs en tirant.*

le CHARI ▪ Fleuve d'Afrique qui se jette dans le lac Tchad. 1 100 km.

CHARIA n. f. ▪ DIDACT. Loi islamique*. ♦ var. SHARIA.

CHARIOT n. m. ▪ **1.** Voiture à quatre roues pour le transport des fardeaux (⇒ **charroi**). *Chariot de supermarché.* ⇒ **caddie.** ♦ Appareil de manutention. ⇒ **diable.** *Chariot élévateur.* **2.** Pièce d'une machine qui transporte, déplace (une charge). *Chariot de machine-outil.*

CHARISME [ka-] n. m. ▪ **1.** THÉOL. Don conféré par la grâce divine pour le bien commun. **2.** Qualité d'une personnalité qui a le don de plaire, de s'imposer, dans la vie publique. ► adj. CHARISMATIQUE

CHARITABLE adj. ▪ **1.** Qui a de la charité pour son prochain. ⇒ **altruiste, généreux. 2.** Inspiré par la charité (⇒ **caritatif, humanitaire**). *Un conseil charitable* (souvent iron.). ► adv. CHARITABLEMENT

CHARITÉ n. f. ▪ **1.** Amour du prochain (vertu chrétienne). ⇒ **bienfaisance, humanité, miséricorde.** ‑ prov. *Charité bien ordonnée commence par soi-même.* **2.** Bienfait envers les pauvres. *Faire la charité. Demander la charité.* ⇒ **aumône.**

La CHARITÉ-SUR-LOIRE ▪ Commune de la Nièvre. 5 686 hab. Église romane.

CHARIVARI n. m. ▪ **1.** Tumulte organisé (acte rituel et ludique). **2.** Grand bruit, tumulte. ⇒ **vacarme, tapage.**

CHARLATAN n. m. ▪ **1.** anciennt Vendeur ambulant qui débitait des drogues, arrachait les dents. **2.** Imposteur qui exploite la crédulité publique. *Un charlatan politique.*

CHARLATANESQUE adj. ▪ De charlatan.

CHARLATANISME n. m. ▪ Caractère, comportement du charlatan (surtout sens 2).

CHARLEMAGNE (742‑814) ▪ « Charles le Grand », en latin *Carolus Magnus,* fils de Pépin le Bref. Roi des Francs, à partir de 768, il régna seul après la mort de son frère Carloman (771) et fut sacré empereur d'Occident en 800. Il envahit la Lombardie, se fit couronner roi des Lombards (774), organisa une expédition en Espagne contre les Arabes (→ **Roland, Roncevaux**), puis soumit la Saxe jusqu'à l'Elbe, et vainquit les Avars. Avec la papauté, il favorisa l'activité culturelle (→ **Alcuin**) et missionnaire des moines (« renaissance carolingienne »), organisa et administra un empire (→ les **missi dominici**) qui se voulait la restauration de l'Empire romain mais qui s'effondra vers 840. → **Carolingiens.**

CHARLEROI ▪ Ville de Belgique (Région wallonne, province de Hainaut). 206 214 hab. *(les Carolorégiens).* Pôle économique (bassin houiller) et stratégique, dans la vallée de la Sambre. Verrerie, commerce. Vie culturelle.

CHARLES ▪ NOM DE PLUSIEURS SOUVERAINS EUROPÉENS

1. empereurs d'ALLEMAGNE ► **CHARLES III LE GROS** (839‑888) → 7. rois de FRANCE, Charles III ► **CHARLES IV** (1316‑1378), empereur germanique de 1355 à sa mort, il mena Prague et la Bohême à leur apogée. ► **CHARLES V** dit **CHARLES QUINT** (1500‑1558), héritier, par son père Philippe le Beau et par sa mère Jeanne la Folle, d'immenses territoires : Pays-Bas, Franche-Comté, Espagne avec ses possessions d'Amérique et d'Italie (Sardaigne, Sicile, Naples), domaine des

Charles Quint. Portrait par Titien. Alte Pinakothek, Munich.
Phot. © Carlo Bevilacqua/Ricciarini

Habsbourg (Autriche, Styrie, Tyrol, Carinthie, Carniole); élu empereur en 1519, il gouverna un empire sur lequel « le soleil ne se couchait jamais ». Il eut à affronter François Ier, Henri II, les princes allemands, les Turcs musulmans, et, malgré ses victoires (Pavie, 1525; Tunis, 1535), malgré la puissance du royaume d'Espagne, il ne parvint pas à enrayer la Réforme, qui divisait l'empire. Il abdiqua en 1556 en faveur de Philippe II et Ferdinand Ier. ► **CHARLES VI** (1685 - 1740), père de Marie-Thérèse, empereur de 1711 à sa mort, vit le déclin de son empire, échouant dans les guerres de Succession d'Espagne et de Pologne. ► **CHARLES VII ALBERT** (1697 - 1745) ravit peu de temps, de 1742 à sa mort, le trône à Marie-Thérèse (→ guerre de **Succession d'Autriche**).

2. rois d'ANGLETERRE ► **CHARLES Ier** (1600 - 1649) succéda à son père Jacques Ier en 1625. En conflit avec le Parlement, il fut écrasé par les armées de Cromwell (Naseby, 1645) et exécuté. ► **CHARLES II** (1630 - 1685), son fils, fut rappelé sur le trône en 1660.

3. comtes d'ANJOU → 9. rois de NAPLES.

4. empereur d'AUTRICHE ► **CHARLES Ier** (1887 - 1922), petit-neveu de François-Joseph, dernier souverain austro-hongrois (en 1916), abdiqua en 1918.

5. duc de BOURGOGNE ► **CHARLES LE TÉMÉRAIRE** (1433 - 1477), duc en 1467, il ne réussit pas, contre la France et la Lorraine, à réunir ses États de Flandre et de Bourgogne. Tué à Nancy.

6. rois d'ESPAGNE ► **CHARLES Ier** → 1. empereurs d'ALLEMAGNE, **Charles Quint**. ► **CHARLES II** (1661 - 1700), roi de 1665 à sa mort, vit le déclin de son pays à l'avantage de la France. ► **CHARLES III** (1716 - 1788) gouverna, à partir de 1759, en « despote éclairé », mais ses réformes ne lui survécurent pas. ► **CHARLES IV** (1748 - 1819), son fils, roi de 1788 à 1808, abdiqua en faveur de Joseph Bonaparte. ► **CHARLES DE BOURBON** → **don Carlos**.

7. rois de FRANCE ► **CHARLES Ier** → **Charlemagne**. ► **CHARLES II LE CHAUVE** (823 - 877), roi de *Francia occidentalis* après le traité de Verdun (843) qui partagea l'Empire carolingien entre les fils de Louis le Pieux. ► **CHARLES III LE GROS** (839 - 888), carolingien d'Allemagne, rétablit provisoirement l'empire d'Occident. Roi de France de 884 à 887. ► **CHARLES III LE SIMPLE** (879 - 929), roi de 898 à 922, fut détrôné au profit de Robert Ier, ancêtre des Capétiens. ► **CHARLES IV LE BEL** (1294 - 1328), roi de 1322 à sa mort, 3e fils de Philippe le Bel dont il poursuivit l'œuvre réformatrice, fut roi de Navarre sous le nom de Charles Ier. Il mourut sans héritier, ouvrant une crise entre la France et l'Angleterre (→ **Philippe VI de Valois**). ► **CHARLES V LE SAGE** (1338 - 1380), roi de 1364 à sa mort, réussit à repousser les Anglais, à assainir l'économie et le gouvernement, à protéger les arts. ► **CHARLES VI LE BIEN-AIMÉ** ou **LE FOU** (1368 - 1422), son fils, roi de 1380 à sa mort, devint fou en 1392 et le pays sombra dans la guerre civile (→ **armagnacs**). ► **CHARLES VII** (1403 - 1461), fils du précédent, déshérité au profit d'Henri V d'Angleterre, fut d'abord « le roi de Bourges » (1422), avant de reconquérir (→ guerre de **Cent Ans** et **Jeanne d'Arc**), agrandir et réorganiser le royaume. ► **CHARLES VIII** (1470 - 1498), roi de 1483 à sa mort, fut l'initiateur des guerres d'Italie. ► **CHARLES IX** (1550 - 1574), roi de 1560 à sa mort. Hésitant entre l'influence de sa mère Catherine de Médicis et celle du protestant Coligny, il ordonna le massacre de la Saint-Barthélemy. ► **CHARLES X** (1757 - 1836) succéda à son frère Louis XVIII en 1824 (→ **Restauration**); réactionnaire, il fut renversé par la révolution de 1830.

8. rois de HONGRIE ► **CHARLES Ier** ou **CHARLES-ROBERT** dit **CAROBERT** (1288 - 1342), fils de Charles II d'Anjou. Roi de 1308 à sa mort. ► **CHARLES II** → 9. rois de NAPLES, **Charles III**.

9. rois de NAPLES ► **CHARLES Ier D'ANJOU** (1227 - 1285), frère de Saint Louis avec qui il s'illustra aux croisades, comte de Provence, conquit, en 1266, le royaume de Naples et de Sicile (il perdit cette dernière en 1282). ► **CHARLES III** ou **CHARLES DE DURAS** (1345 - 1386), roi de 1381 à sa mort, obtint le trône de Hongrie sous le nom de Charles II en 1385, mais fut assassiné un an après.

10. rois de NAVARRE ► **CHARLES Ier** → 7. rois de FRANCE, **Charles IV le Bel**. ► **CHARLES II LE MAUVAIS** (1332 - 1387), fils de Louis X le Hutin et roi de 1349 à sa mort, fut prétendant au trône de France, vaincu par Du Guesclin.

11. roi du PORTUGAL ► **CHARLES Ier** (1863 - 1908), roi de 1889 à sa mort, tenta d'instaurer la dictature (confiée à João Franco) mais fut assassiné.

12. rois de SUÈDE ► **CHARLES IX** (1550 - 1611), roi de 1607 à sa mort, évinça du trône (en 1599) son neveu Sigismond Vasa, roi de Pologne, laissant à son fils Gustave II Adolphe un royaume en guerre contre le Danemark, la Russie et la Pologne. ► **CHARLES XII** (1682 - 1718), roi de 1697 à sa mort, obtint très jeune les plus grands succès militaires (il imposa Stanisław Leszczyński en Pologne) mais fut défait et tué, laissant un pays exsangue. ► **CHARLES XIII** → **Charles XIV**. ► **CHARLES XIV** ou **CHARLES-JEAN** Nom de règne du maréchal français Charles Jean-Baptiste Bernadotte (1763 - 1844). Désigné comme héritier par Charles XIII (1748 - 1818) en 1810, il conquit avec lui la Norvège (1814) et lui succéda sur les deux trônes.

Jacques CHARLES (1746 - 1823) ▪ Physicien français. Aéronaute.

CHARLES-ALBERT (1798 - 1849) ▪ Roi de Piémont-Sardaigne de 1831 à 1849. Chef indécis du mouvement national en Italie, vaincu par les Autrichiens à Custozza (1848) et à Novare (1849), il abdiqua en faveur de son fils Victor-Emmanuel II.

saint CHARLES BORROMÉE (1538 - 1584) ▪ Cardinal italien, neveu et principal collaborateur du pape Pie IV. Il travailla vigoureusement à la réforme de l'Église (→ **Contre-Réforme**).

CHARLES D'ORLÉANS (1394 - 1465) ▪ Fils de Louis d'Orléans (le frère de Charles VI), père de Louis XII. Prisonnier à Azincourt (1415), il demeura vingt-cinq ans captif en Angleterre. À son retour, il fit de sa cour de Blois un centre de poésie, chantant lui-même, en ballades et rondeaux, l'exil, la solitude ou la nature.

CHARLES MARTEL (v. 688 - 741) ▪ Maire du palais, véritable maître du royaume franc des derniers Mérovingiens. Père de Pépin le Bref et ancêtre des Carolingiens. Il repoussa les Arabes à Poitiers en 732.

CHARLES QUINT → **Charles**, 1. empereurs d'ALLEMAGNE, **Charles V**

CHARLESTON [ʃaʀlɛstɔn] **n. m.** ▪ Danse rapide (à la mode v. 1920-1925).

CHARLESTON ▪ Ville des États-Unis (Caroline-du-Sud), port sur l'Atlantique, célèbre pour ses maisons coloniales et la danse « charleston » qui y est née v. 1920. 80 000 hab. (agglomération de 507 000 hab.) Centre de la résistance sudiste au cours de la guerre de Sécession.

CHARLESTON ▪ Ville des États-Unis, capitale de la Virginie-Occidentale. 57 000 hab.

Nicolas CHARLET (1792 - 1845) ▪ Peintre, dessinateur et lithographe français. Le succès de ses gravures contribua à la légende napoléonienne.

CHARLEVILLE-MÉZIÈRES ▪ Chef-lieu des Ardennes, ville issue de la réunion de Charleville et de Mézières en 1966. 58 008 hab. *(les Carolomacériens)*. Patrie de A. Rimbaud.

François-Xavier de CHARLEVOIX (1682 - 1761) ▪ Jésuite et historien français. Envoyé au Canada (de 1720 à 1722), il explora le Saint-Laurent et le Mississippi. Auteur d'une *"Histoire* [...] *de la Nouvelle-France"*.

CHARLIEU ▪ Commune de la Loire. 3 727 hab. *(les Charliendins)*. Abbaye (portail) romane bourguignonne du XIIe s.

CHARLOT → Charlie **Chaplin**

CHARLOTTE n. f. ▪ **I.** Entremets à base de fruits ou de crème aromatisée, qu'on entoure de biscuits. *Charlotte aux poires.* **II.** Ancienne coiffure de femme à bord froncé. **III.** Pomme de terre ronde à chair jaune clair, très estimée.

CHARLOTTE ▪ Ville des États-Unis (Caroline-du-Nord). 396 000 hab. Commerce, industries (textiles, mécanique).

CHARLOTTE-ÉLISABETH DE BAVIÈRE dite **LA PRINCESSE PALATINE** (1652 - 1722) ▪ Épouse de Monsieur, frère de Louis XIV, et mère du régent Philippe d'Orléans. Sa correspondance est d'un grand intérêt documentaire.

CHARLOTTETOWN ▪ Ville du Canada, capitale de l'Île-du-Prince-Édouard. 15 396 hab.

CHARMANT, ANTE adj. ▪ **1.** Qui a un grand charme, qui plaît beaucoup. ⇒ **séduisant ; charmeur.** *Le prince charmant des contes de fées.* **2.** Qui est très agréable à regarder, à fréquenter. ⇒ **délicieux, ravissant.** *Un village charmant.* ▸ (personnes) *Une jeune fille charmante.* ⇒ **agréable, plaisant.** ▸ iron. Désagréable. *Charmante soirée !*

① **CHARME** n. m. ▪ **1.** Enchantement ; action magique. *"Charmes"* (poèmes de Valéry). *Jeter un charme.* ⇒ **sort.** ▸ fig. *Être sous le charme,* charmé. *Le charme est rompu :* l'illusion cesse. ▸ *Se porter* COMME UN CHARME : jouir d'une santé robuste. **2.** Qualité de ce qui attire, plaît ; attirance. ⇒ **agrément, attrait, séduction.** *Le charme de la nouveauté.* ▸ Aspect agréable. *L'automne a son charme.* **3.** *Faire du charme :* essayer de plaire. **4.** VIEILLI ou iron. *Les charmes d'une femme,* ce qui fait sa beauté, sa grâce. ⇒ **appas.**

② **CHARME** n. m. ▪ Arbre à bois blanc et dur, répandu en France.

charme. *Carpinus petulus.*
Phot. © Lecourt/Jacana

CHARMER v. tr. ① ▪ **1.** VX Exercer une action magique sur. ▸ loc. *Charmer des serpents* (⇒ **charmeur**). **2.** Attirer, plaire par son charme. ⇒ **ravir, séduire.** *Ce spectacle nous a charmés.* ⇒ **captiver, transporter. 3.** *(ÊTRE) CHARMÉ, ÉE* (terme de politesse), ravi, enchanté. *J'ai été charmé de vous voir.*

Les CHARMETTES ▪ Hameau proche de Chambéry. Maison de Mme de Warens, où séjourna Rousseau entre 1736 et 1742, aujourd'hui transformée en musée.

CHARMEUR, EUSE n. ▪ **1.** Personne qui plaît, qui séduit les gens. ⇒ **séducteur.** *C'est un grand charmeur* (souvent iron.). ▸ adj. *Un sourire charmeur.* ⇒ **charmant. 2.** *Charmeur de serpents :* personne qui présente des serpents venimeux et les rend inoffensifs en les tenant « sous le charme » d'une musique.

CHARMILLE n. f. ▪ Berceau de verdure. *Se promener sous une charmille.*

CHARNEL, ELLE adj. ▪ **1.** Qui a trait aux choses du corps, de la chair (opposé à *spirituel*). ⇒ **corporel, matériel, sensible. 2.** Relatif à la chair, à l'instinct sexuel. ⇒ **sensuel.** *Amour charnel. Acte charnel.* ⇒ **sexuel.** ▸ adv. CHARNELLEMENT

CHARNIER n. m. ▪ **1.** Lieu où l'on déposait les ossements des morts. ⇒ **ossuaire. 2.** Lieu où sont entassés des cadavres. *Les charniers des camps de concentration.*

CHARNIÈRE n. f. ▪ **1.** Assemblage de deux pièces métalliques réunies par un axe (autour duquel l'une des deux peut tourner). *Charnière de porte.* ⇒ **gond. 2.** fig. Point de jonction, de transition. *À la charnière de deux époques.* ▸ adj. *Période charnière.*

CHARNU, UE adj. ▪ Bien fourni de chair, de muscles. *Lèvres charnues.* ♦ *Fruit charnu,* dont la pulpe est épaisse.

CHAROGNARD n. m. ▪ **1.** Vautour ; animal sauvage qui se nourrit de charognes. **2.** injure Exploiteur impitoyable des malheurs des autres. ⇒ **chacal, vautour.** ◇ au fém. *Une charognarde.*

CHAROGNE n. f. ▪ **1.** Corps de bête morte ou cadavre en putréfaction. *"Une charogne"* (poème de Baudelaire). **2.** FAM. injure ⇒ **ordure, saleté.**

CHAROLAIS, AISE adj. ▪ De Charolles ou du Charolais. — *Race charolaise,* race de bovins réputée. *Bœuf charolais.*

le CHAROLAIS ▪ Région de Bourgogne, au sud du Morvan. Élevage bovin.

CHAROLLES ▪ Chef-lieu d'arrondissement de la Saône-et-Loire. 3 048 hab. *(les Charollais).*

CHARON ▪ Dans la mythologie grecque, personnage qui fait passer aux morts l'Achéron, le fleuve des Enfers. Il refuse ceux qui n'ont pas d'obole entre les dents, ou n'ont pas de sépulture.

Enguerrand CHARONTON → **Quarton**

Georges CHARPAK (né en 1924) ▪ Physicien français d'origine polonaise. Il mit au point en 1968 un nouveau type de détecteurs, la chambre proportionnelle multifils, qui permet de reconstituer en temps réel la trajectoire d'une particule élémentaire. Prix Nobel de physique 1992.

CHARPENTE n. f. ▪ **1.** Assemblage de pièces de bois ou de métal destinées à soutenir une construction. *Bois de charpente.* **2.** *La charpente du corps humain,* ses parties osseuses. ⇒ **carcasse, ossature. 3.** Plan, structure (d'un ouvrage). *La charpente d'un roman.*

CHARPENTER v. tr. ① ▪ **1.** Tailler (des pièces de bois) pour une charpente. **2.** fig. Organiser, construire. ► **CHARPENTÉ, ÉE** p. p. adj. *Roman bien charpenté.* ♦ (personnes) *Homme solidement charpenté.* ⇒ **bâti.**

CHARPENTIER n. m. ▪ Celui qui fait des travaux de charpente. ⇒ **menuisier.**

Marc Antoine CHARPENTIER (1634 - 1704) ▪ Compositeur français. Auteur avant tout de musique religieuse, il collabora aussi avec Molière. Célèbre *"Te Deum".*

Gustave CHARPENTIER (1860 - 1956) ▪ Compositeur français. *"Louise"* (1900), roman musical.

CHARPIE n. f. ▪ **1.** anciennt Amas de fils tirés de vieilles toiles, servant à faire des pansements. **2.** loc. *Mettre, réduire* EN CHARPIE : déchirer, déchiqueter.

CHARRETÉE n. f. ▪ Contenu d'une charrette. *Une charretée de foin.*

CHARRETIER n. m. ▪ Conducteur de charrette. ▸ *Jurer comme un charretier,* grossièrement.

Enguerrand CHARRETON → **Quarton**

CHARRETTE n. f. ▪ **1.** Voiture à deux roues, à ridelles, servant à transporter des fardeaux. ⇒ **carriole, char, chariot, tombereau.** *Atteler une charrette* (⇒ **charretier**). *Fabricant de charrettes.* ⇒ **charron.** ♦ *Charrette à bras,* tirée par une ou deux personnes. **2.** Groupe de personnes licenciées. **3.** FAM. Période de travail intensif. *Être en charrette ; faire charrette.*

CHARRIAGE n. m. ▪ Action de charrier (I). ▸ GÉOL. *Nappe de charriage.*

CHARRIER v. tr. ⑦ ▪ **I.** Entraîner, emporter dans son cours. *La rivière charrie du sable.* **II.** FAM. *Charrier qqn,* se moquer de lui, abuser de sa crédulité. ⇒ **mystifier ;** FAM. faire **marcher.** ▸ intrans. *Tu charries.* ⇒ **exagérer, plaisanter.**

CHARROI n. m. ▪ Transport par chariot.

CHARRON n. m. ▪ Personne qui fabrique des chariots, des charrettes.

Pierre CHARRON (1541 - 1603) ▪ Moraliste français. Ses *"Livres de la sagesse"* (1601), très inspirés de Montaigne, prêchent la tolérance religieuse et font l'apologie de la raison.

CHARRUE n. f. ▪ Instrument agricole servant à labourer. *Soc de charrue. Charrue tirée par un tracteur.* ▸ loc. *Mettre la charrue avant les bœufs :* faire d'abord ce qui devrait être fait ensuite.

CHARTE n. f. ▪ **1.** au Moyen Âge Titre de propriété, de vente, de privilège accordé par un seigneur. ▸ *L'École des chartes,* préparant des spécialistes des documents anciens (⇒ **chartiste**). **2.** HIST. Constitution politique accordée par un souverain. ♦ Lois et règles fondamentales d'une organisation officielle. *La charte des Nations unies.*

CHARTER [ʃaʀtɛʀ] n. m. ▪ anglic. Avion affrété (recomm. off. *avion affrété* ou *nolisé*). *Compagnie de charters.* ▸ appos. *Vol charter.*

Alain CHARTIER (v. 1385 - v. 1433) ▪ Écrivain français. Secrétaire de Charles VI et de Charles VII, il est l'auteur de poèmes courtois et d'un débat en prose entre quatre personnages allégoriques, le *"Quadrilogue invectif"* (1422), qui fit de lui le premier orateur politique français.

CHARTISTE n. ▪ Élève de l'École des chartes.

Enguerrand CHARTON → **Quarton**

CHARTRES ▪ Chef-lieu d'Eure-et-Loir. 39 595 hab. *(les Chartrains).* Petites industries. Cathédrale Notre-Dame

(XIIe-XIIIe s.), chef-d'œuvre du gothique : statues-colonnes, vitraux. L'*école de Chartres*, fondée par l'évêque Fulbert, fut l'un des foyers intellectuels de l'Occident médiéval.

Chartres. La façade de la cathédrale.
Phot. © Charles Lénars

CHARTREUSE n. f. ▪ **I.** Couvent de chartreux (construit dans un lieu isolé). ‑ *La Grande-Chartreuse*, fondée en 1804 par saint Bruno, dans les Alpes. **II.** Liqueur aux herbes (fabriquée par ces religieux).

CHARTREUX, EUSE n. ▪ **I.** Religieux, religieuse de l'ordre de Saint-Bruno. **II.** Chat européen à poils gris bleuté.

CHARVIEU-CHAVAGNEUX ▪ Commune de l'Isère. 8 126 hab.

CHARYBDE ET SCYLLA ▪ Monstres fabuleux de l'*"Odyssée"*, ils gardent le détroit de Messine ; si l'on évite les tourbillons de l'un, on n'échappe pas à l'écueil de l'autre, d'où l'expression « tomber de Charybde en Scylla ».

CHAS n. m. ▪ Trou (d'une aiguille).

René Brabazon Raymond dit **James Hadley CHASE** (1906 ‑ 1985) ▪ Romancier britannique. Il écrivit plus de 80 romans policiers, souvent d'une grande violence, qui font de lui l'un des maîtres du genre. *"Pas d'orchidées pour miss Blandish"* (1939).

Michel CHASLES (1793 ‑ 1880) ▪ Mathématicien français. Géométrie projective.

CHASSE n. f. ▪ **I. 1.** Action de chasser, de poursuivre les animaux (⇒ **gibier**) pour les manger ou les détruire (⇒ **cynégétique**). *Aller à la chasse.* ‑ DE CHASSE. *Permis de chasse. Chiens de chasse.* ‑ *CHASSE À COURRE*, avec des chiens, sans armes à feu. ⇒ **vénerie.** ‑ *Chasse à tir, au fusil. Chasse organisée.* ⇒ **battue.** *Chasse aux canards.* ‑ *Chasse sous-marine.* ⇒ **pêche. 2.** Période où l'on a le droit de chasser. *La chasse est ouverte.* **3.** Terre réservée pour la chasse. *Chasse à vendre. Chasse gardée ;* fig. activité que l'on se réserve exclusivement. **II.** Poursuite ; action de poursuivre. *Faire, donner la chasse (à...) ; prendre en chasse.* ‑ *Chasse à l'homme*, poursuite d'un individu recherché. ♦ *Avion de chasse*, chargé de poursuivre et de détruire les avions ennemis. ⇒ **chasseur. III.** Écoulement rapide donné à une retenue d'eau (pour nettoyer un conduit, dégager un chenal). *Bassin, écluse de chasse.* ‑ loc. *CHASSE (D'EAU)* : dispositif servant à nettoyer la cuvette des W.-C. *Tirer la chasse.*

CHÂSSE n. f. ▪ **1.** Coffre où l'on garde les reliques d'un saint. *Une châsse de bois doré.* **2.** ARGOT Œil.

CHASSÉ-CROISÉ n. m. ▪ **1.** Mouvement par lequel deux danseurs se croisent. **2.** Échange réciproque et simultané (de place, de situation...). *Des chassés-croisés.*

CHASSELAS n. m. ▪ Raisin de table blanc.

CHASSE-MOUCHES n. m. invar. ▪ Petite raquette ou petit balai de crins pour écarter les mouches.

CHASSE-NEIGE n. m. invar. ▪ **1.** Engin muni d'un dispositif pour enlever la neige. *Les chasse-neige ont déblayé la route.* **2.** Position des skis servant à freiner. *Descendre une pente en chasse-neige.*

CHASSEPOT n. m. ▪ HIST. Fusil à aiguille (notamment en 1870).

CHASSER v. [1] ▪ **I.** v. tr. **1.** Poursuivre (les animaux) pour les tuer ou les prendre. ⇒ **chasse.** *Chasser le lièvre, le tigre.* ‑ absolt *Il aime chasser.* **2.** Mettre dehors ; faire sortir de force. ⇒ **expulser, renvoyer.** *Chasser un indésirable.* ⇒ **congédier, renvoyer. 3.** Faire partir (qqn). *Les peintres le chassent de chez lui.* **4.** Faire partir, éliminer (qqch.). *Le vent chasse les nuages.* ‑ *Chasser une idée de son esprit.* **II.** v. intr. Être poussé, entraîné malgré une résistance. *Le navire chasse sur son ancre. L'ancre chasse. Les roues chassent sur le verglas.* ⇒ **déraper, patiner.**

CHASSERESSE n. f. et adj. ▪ LITTÉR. Femme qui chasse. *Diane chasseresse*, déesse de la chasse.

Théodore CHASSÉRIAU (1819 ‑ 1856) ▪ Peintre français. Il se situe entre le classicisme d'Ingres, son maître, et le romantisme.

CHASSEUR, EUSE n. ▪ le fém. ne s'emploie qu'au sens I → aussi chasseresse **1.** Personne qui pratique la chasse (surtout au fusil). *Chasseur sans permis.* ⇒ **braconnier.** ♦ fig. *Chasseur de têtes*, recruteur de cadres dirigeants. ‑ *Chasseur d'images* : photographe, cinéaste à la recherche d'images, de scènes. **2.** n. m. Domestique en livrée, attaché à un hôtel, à un restaurant. ⇒ **groom.** *"Le Chasseur de chez Maxim's"* (pièce de Y. Mirande et G. Quinson). **3.** n. m. Se dit de certains corps de troupes. *Chasseurs à pied, chasseurs alpins.* **4.** n. m. Avion léger, rapide et maniable destiné aux combats aériens. *Chasseur à réaction.*

CHASSIE n. f. ▪ Matière gluante qui coule des yeux infectés.

CHASSIEU ▪ Commune du Rhône. 8 508 hab.

CHASSIEUX, EUSE adj. ▪ Qui a de la chassie. *Des yeux chassieux.*

CHÂSSIS n. m. ▪ **1.** Cadre destiné à maintenir en place des planches, des vitres, du tissu, du papier. ⇒ **bâti, cadre.** ♦ Cadre sur lequel on tend la toile d'un tableau. **2.** Encadrement (d'une ouverture ou d'un vitrage) ; vitrage encadré. *Châssis des portes et des fenêtres.* **3.** Charpente ou bâti de machines, de véhicules. *Le châssis d'une voiture supporte la carrosserie.*

CHASTE adj. ▪ **1.** Qui s'abstient volontairement des plaisirs sexuels. ⇒ **pur. 2.** (choses, actions) ⇒ **décent, modeste,**

Chassériau. *Les Deux Sœurs.* Musée du Louvre, Paris.
Phot. © Lauros/Giraudon

pudique. *Amour chaste. Des oreilles chastes.* ⇒ **innocent.**
► adv. CHASTEMENT

CHASTETÉ n. f. ▪ Comportement d'une personne chaste. *Moines qui font vœu de chasteté.*

CHASUBLE n. f. ▪ **1.** Manteau à deux pans, que le prêtre revêt pour célébrer la messe. *Chasuble brodée.* **2.** Vêtement sans manches qui a cette forme. - appos. *Robe chasuble.*

CHAT, CHATTE n. ▪ **I. 1.** Petit mammifère familier à poil doux, aux yeux oblongs et brillants, à oreilles triangulaires, aux griffes rétractiles. ⇒ **matou** ; FAM. **minet.** *Chat de gouttière. Chat angora, siamois. Le chat miaule, ronronne. Une chatte et ses chatons.* **2.** (au masc.) prov. *La nuit, tous les chats sont gris* : on confond tout dans l'obscurité. - *Quand le chat n'est pas là, les souris dansent* : les gens agissent librement quand il n'y a plus de surveillance. - *Chat échaudé craint l'eau froide* : une mésaventure rend trop prudent. - *À bon chat, bon rat* : la défense, la réplique vaut, vaudra l'attaque. ♦ loc. *Écrire comme un chat,* d'une manière illisible. ⇒ **griffonner.** - *Appeler un chat un chat* : appeler les choses par leur nom. - *Avoir un chat dans la gorge* : être enroué. - *Il n'y a pas un chat,* absolument personne. - *Avoir d'autres chats à fouetter,* des affaires plus importantes. - *Donner sa langue au chat* : avouer son ignorance. **3.** adj. *Elle est chatte,* câline (⇒ **chatterie**). - n. terme d'affection *Mon chat, ma petite chatte.* **4.** n. m. Personne qui poursuit les autres (à un jeu) ; jeu de poursuite. *Jouer à chat perché.* **5.** Mammifère carnivore dont le chat (I) est le type. *Chats sauvages.* ⇒ **chat-tigre, guépard, haret, ocelot.** **II.** *CHAT À NEUF QUEUES* : fouet à neuf lanières.

chat. Abyssin roux.
Phot. © Axel/Jacana

chat. Chartreux.
Phot. © Layer/Jacana

CHÂTAIGNE n. f. ▪ **I.** Fruit du châtaignier, masse farineuse enveloppée d'une écorce lisse de couleur brun rougeâtre. ⇒ **marron** (I, 1). *La bogue d'une châtaigne.* **II.** FAM. Coup de poing. ⇒ **marron** (II). *Il lui a flanqué une châtaigne.*

CHÂTAIGNERAIE n. f. ▪ Lieu planté de châtaigniers.

CHÂTAIGNIER n. m. ▪ Arbre de grande taille, vivace, à feuilles dentées dont le fruit est la châtaigne.

CHÂTAIN adj. ▪ De couleur brun clair. *Cheveux châtains.* - *Une femme châtain* ou, RARE, *châtaine,* aux cheveux châtains.

CHÂTEAU n. m. ▪ **1.** *CHÂTEAU (FORT)* : demeure féodale fortifiée et défendue par des remparts, des tours et des fossés. ⇒ **citadelle, fort, forteresse.** *Un château médiéval.* **2.** Habitation seigneuriale ou royale ; grande et belle demeure. ⇒ **palais.** *Les châteaux de la Loire. Petit château.* ⇒ **gentilhommière, manoir.** - *Mener une vie de château,* une vie oisive, opulente. **3.** loc. *Faire des châteaux en Espagne* : échafauder des projets chimériques. **4.** *CHÂTEAU DE CARTES* : échafaudage de cartes, fragile. - *Projet qui s'écroule comme un château de cartes.* **5.** *CHÂTEAU D'EAU* : grand réservoir à eau. **6.** Propriété productrice de vins de Bordeaux.

CHATEAUBRIAND ou **CHÂTEAUBRIANT** n. m. ▪ Épaisse tranche de filet de bœuf grillé. ◇ abrév. FAM. CHÂTEAU.

François René, vicomte de CHATEAUBRIAND (1768 - 1848) ▪ Écrivain français. Il voyagea en Amérique (1791), émigra en Angleterre (1793), revint en France (1800), où il devint hostile à Napoléon. Sous la Restauration, il fut ambassadeur à Londres et ministre des Affaires étrangères (1822-1824). Le lyrisme de sa prose, ample et rythmée, et son implication dans le siècle sont caractéristiques du romantisme, dont il est l'un des premiers représentants en France. *"Atala"* (1801); *"René"* (1802); *"Le Génie du christianisme"* (1802); *"Mémoires d'outre-tombe"* (1848-1850).

CHÂTEAUBRIANT ▪ Chef-lieu d'arrondissement de la Loire-Atlantique. 12 783 hab. *(les Castelbriantais).* Château (XIe-XVIe s.). 27 otages y furent fusillés par les Allemands en 1941.

CHÂTEAU-CHINON-VILLE ▪ Chef-lieu d'arrondissement de la Nièvre. 2 502 hab. *(les Château-Chinonais).*

CHÂTEAU-D'OLONNE ▪ Commune de la Vendée. 10 976 hab. *(les Castelolonnais).*

CHÂTEAUDUN ▪ Chef-lieu d'arrondissement de l'Eure-et-Loir. 14 511 hab. *(les Dunois).* Château (XIIe et XVIe s.).

CHÂTEAU-GAILLARD → Les **Andelys**

CHÂTEAU-GONTIER ▪ Chef-lieu d'arrondissement de la Mayenne. 11 085 hab. *(les Castrogontériens).* Église romane.

CHÂTEAUGUAY ▪ Ville du Canada (Québec). 39 833 hab. Les Canadiens y remportèrent une célèbre bataille contre les Américains en 1813.

CHÂTEAULIN ▪ Chef-lieu d'arrondissement du Finistère. 4 965 hab. (*les Castellinois* ou *Châteaulinois*). Port à 3 km (Port-Launay), pêche.

CHÂTEAUNEUF-DU-PAPE ▪ Commune du Vaucluse. 2 062 hab. (*les Castel-Papaux* ou *Châteauneuvois*). Vignoble célèbre.

CHÂTEAUNEUF-LES-MARTIGUES ▪ Commune des Bouches-du-Rhône. 10 911 hab.

CHÂTEAURENARD ▪ Commune des Bouches-du-Rhône. 11 790 hab. *(les Châteaurenardais).*

CHÂTEAUROUX ▪ Chef-lieu de l'Indre. 50 969 hab. *(les Castelroussins).* Constructions mécaniques. Confection.

CHÂTEAU-SALINS ▪ Chef-lieu d'arrondissement de la Moselle. 2 437 hab. *(les Castelsalinois).* Gisement de sel gemme.

CHÂTEAU-THIERRY ▪ Chef-lieu d'arrondissement de l'Aisne. 15 312 hab. *(les Castrothéodoriciens).* Batailles de la Marne (1918).

CHÂTELAILLON-PLAGE ▪ Commune de la Charente-Maritime. 4 993 hab. Station balnéaire. Ostréiculture.

CHÂTELAIN, AINE n. ▪ **1.** Seigneur ou dame d'un château féodal. **2.** Personne qui possède ou qui habite un château.

Émilie Le Tonnelier de Breteuil, marquise du CHÂTELET (1706 - 1749) ▪ Femme de science, liée avec Voltaire qu'elle accueillit dans son château de Cirey.

le Petit et le Grand CHÂTELET ▪ Anciennes forteresses du centre de Paris. Prison et siège de l'échevin de Paris, elles furent détruites en 1782 et 1802. *Le Châtelet* est, à l'heure actuelle, le nom d'une place et d'un théâtre parisiens.

CHÂTELGUYON ▪ Commune du Puy-de-Dôme. 4 743 hab. *(les Châtelguyonnais).* Station thermale.

CHÂTELLERAULT ▪ Chef-lieu d'arrondissement de la Vienne. 34 678 hab. *(les Châtelleraudais).* Bâtiments anciens (XIIe-XVIIe s.). Centre industriel : aéronautique, électronique.

CHÂTENAY-MALABRY ▪ Commune des Hauts-de-Seine, dans la banlieue sud de Paris. 29 197 hab.

CHAT-HUANT n. m. ▪ Rapace nocturne qui possède deux touffes de plumes semblables à des oreilles de chat. ⇒ **chouette, hulotte.** *Des chats-huants.*

CHÂTIER v. tr. [7] ▪ LITTÉR. **1.** Infliger une peine à (qqn) pour corriger. ⇒ **punir.** *Châtier un coupable.* - *Châtier l'insolence de qqn.* **2.** fig. Rendre (son style) plus correct et plus pur. ⇒ **corriger, épurer.** - au p. p. *Un langage châtié.* ⇒ **académique, correct.**

CHATIÈRE n. f. ▪ Petite ouverture (passage pour les chats, trou d'aération).

CHÂTILLON ou **CHÂTILLON-SOUS-BAGNEUX** ▪ Commune des Hauts-de-Seine, dans la banlieue sud de Paris. 26 411 hab. *(les Châtillonnais).*

CHÂTILLON ▪ Localité francophone du nord-ouest de l'Italie (Val-d'Aoste). 4 592 hab.

CHÂTILLON-SUR-SEINE ▪ Commune de la Côte-d'Or. 6 862 hab. *(les Châtillonnais).* Église Saint-Vorles. Musée (trésor de Vix).

CHÂTIMENT n. m. ▪ Peine sévère. ⇒ **punition ; châtier.** *Châtiment corporel. Infliger, subir un châtiment. "Crime et*

Châtiment" (roman de Dostoïevski). *"Les Châtiments"* (poèmes de Hugo).

CHATOIEMENT n. m. ▪ Reflet changeant de ce qui chatoie. ⇒ **miroitement.** *Le chatoiement d'une étoffe.*

① **CHATON** n. m. ▪ Jeune chat.

② **CHATON** n. m. ▪ Tête d'une bague où s'enchâsse une pierre précieuse ; cette pierre.

③ **CHATON** n. m. ▪ Assemblage de fleurs de certains arbres, épi duveteux. *Chatons de noisetier.*

CHATOU ▪ Commune des Yvelines. 27 977 hab. *(les Catoviens).* Cité résidentielle.

CHATOUILLE n. f. ▪ FAM. Action de chatouiller. *Faire des chatouilles.*

CHATOUILLEMENT n. m. ▪ **1.** ⇒ **chatouille. 2.** Léger picotement. *Un léger chatouillement dans la gorge.*

CHATOUILLER v. tr. 1 ▪ **1.** Produire, par des attouchements légers et répétés sur la peau, des sensations qui provoquent un rire convulsif. *Chatouiller la plante des pieds (à qqn).* ‑ pronom. *Enfants qui se chatouillent.* **2.** Faire subir un léger picotement. ⇒ **agacer, picoter.** « *Est-ce que ça vous chatouille ou est-ce que ça vous gratouille ?* » (le Dr Knock, dans la pièce de J. Romains). **3.** LITTÉR. Exciter doucement par une sensation, une émotion agréable. ⇒ **titiller.** *Chatouiller le palais. Chatouiller la vanité de qqn.* ⇒ **flatter.**

CHATOUILLEUX, EUSE adj. ▪ **1.** Qui est sensible au chatouillement. **2.** Qui se fâche aisément ; qui réagit vivement. ⇒ **irritable, susceptible.** *Il est chatouilleux sur ce sujet.*

CHATOYANT, ANTE adj. ▪ Qui a des reflets vifs et changeants. ♦ fig. *Style chatoyant,* coloré et imagé.

CHATOYER v. intr. 8 ▪ Changer de couleur, avoir des reflets différents suivant le jeu de la lumière. ⇒ **miroiter.** *Des étoffes qui chatoient.*

La CHÂTRE ▪ Chef-lieu d'arrondissement de l'Indre. 4 623 hab. (*les Castrais*). Musée George-Sand.

CHÂTRER v. tr. 1 ▪ **1.** Rendre (un homme, un animal mâle) impropre à la reproduction en mutilant les testicules. ⇒ **castrer.** *Châtrer un taureau, un chat.* ‑ au p. p. *Homme châtré.* ⇒ **eunuque. 2.** fig. *Châtrer un livre, un ouvrage littéraire,* le mutiler par des retranchements. ⇒ **expurger.**

le CHATT AL-ARAB ▪ Fleuve formé par la confluence du Tigre et de l'Euphrate qui se jette dans le golfe Arabo-Persique. Frontière entre l'Irak et l'Iran et sujet de leur contentieux territorial. 180 km.

CHATTANOOGA ▪ Ville du sud des États-Unis (Tennessee). 152 000 hab. Tourisme. Défaite des sudistes en 1863.

CHATTE n. f. ⇒ CHAT

CHATTEMITE n. f. ▪ loc. FAM. *Faire la chattemite,* prendre un air doux, pour tromper.

CHATTERIE n. f. ▪ **1.** Caresse, câlinerie. **2.** Choses délicates à manger. ⇒ **douceur, friandise, gâterie.**

CHATTERTON [ʃatɛʀtɔn] n. m. ▪ Ruban de toile isolant et très adhésif. *Recouvrir un fil électrique de chatterton.*

Thomas CHATTERTON (1752 ‑ 1770) ▪ Poète britannique. Son suicide a frappé les auteurs romantiques (Vigny), qui virent en lui le symbole du poète maudit.

CHAT-TIGRE n. m. ▪ Nom de certaines espèces de chat sauvage (ex. l'ocelot). *Des chats-tigres.*

Geoffrey CHAUCER (v. 1340 ‑ 1400) ▪ Poète anglais. Ses *"Contes de Cantorbéry"* (inspirés par Boccace) l'ont fait considérer comme le premier écrivain réaliste. Il créa le décasyllabe anglais et son nom est attaché à la stance de sept vers.

CHAUD, CHAUDE ▪ **I.** adj. **1.** (opposé à *froid, frais*) Qui est à une température plus élevée que celle du corps ; qui donne une sensation de chaleur (⇒ **chaleur, chauffer**). *Eau chaude. À peine chaud* (⇒ **tiède**) ; très, trop chaud (⇒ **bouillant, brûlant**). *Repas chaud. Climat chaud et humide.* ♦ adv. *Boire chaud.* **2.** Qui réchauffe ou garde la chaleur. *Un vêtement chaud.* **3.** Qui met de l'animation, de la passion dans ce qu'il fait. ⇒ **ardent, chaleureux, enthousiaste, fervent, passionné.** *De chauds admirateurs. Il n'est pas très chaud pour cette affaire.* ‑ Où il y a de l'animation, de la passion. *Une chaude discussion.* ⇒ **animé, vif. 4.** Qui donne une impression de chaleur. *Une voix chaude,* grave et bien timbrée. ‑ *Tons chauds.* **5.** (Sensuel) loc. *Un chaud lapin*.* ♦ *Quartier chaud, rue chaude* (prostitution). **II.** n. m. **1.** (employé avec *le froid*) *Le chaud,* la chaleur. ‑ *Un chaud et froid :* un refroidissement. **2.** *AU CHAUD :* en conservant la chaleur. *Rester au chaud.* **3.** nominal (après un verbe) *Avoir chaud, très, trop chaud.* ‑ FAM. *On crève de chaud, ici !* ‑ *Il fait chaud.* ♦ *AVOIR CHAUD :* avoir peur. *On a eu chaud !* ♦ loc. *Cela ne me fait ni chaud ni froid,* m'est indifférent. ♦ exclam. *Chauds les marrons !* ‑ *CHAUD DEVANT ! :* attention ! (en portant un plat). **4.** *À CHAUD* loc. adv. : en mettant au feu, en chauffant. ‑ *Opérer à chaud :* faire une opération chirurgicale en pleine crise.

CHAUDEMENT adv. ▪ **1.** De manière à conserver sa chaleur. *Être vêtu chaudement.* **2.** fig. Avec chaleur, animation. *Féliciter chaudement qqn.* ⇒ **chaleureusement.**

CHAUD-FROID n. m. ▪ Plat de volaille ou de gibier cuit et servi froid. *Des chauds-froids de volaille.*

CHAUDIÈRE n. f. ▪ Récipient où l'on transforme de l'eau en vapeur, pour fournir de l'énergie thermique (chauffage) ou mécanique, électrique. *Chaudière à mazout d'un chauffage central.*

CHAUDRON n. m. ▪ Récipient métallique pour faire chauffer (bouillir, cuire) qqch. *Un chaudron de cuivre.*

CHAUDRONNERIE n. f. ▪ Industrie, commerce des récipients métalliques ; ces objets.

CHAUDRONNIER, IÈRE ▪ **1.** n. Artisan qui fabrique et vend des ustensiles de chaudronnerie. **2.** adj. Qui concerne la chaudronnerie.

CHAUFFAGE n. m. ▪ **1.** Action de chauffer ; production de chaleur. *Appareils de chauffage* (calorifère, chaudière, poêle, radiateur). *Chauffage au gaz.* ‑ *CHAUFFAGE CENTRAL,* par distribution de la chaleur provenant d'une source unique. **2.** Les installations qui chauffent. *Réparer le chauffage.*

CHAUFFAGISTE n. ▪ Personne qui installe, entretient une installation de chauffage.

CHAUFFANT, ANTE adj. ▪ Qui chauffe. *Plaque chauffante. Couverture chauffante* (électrique).

CHAUFFARD n. m. ▪ Mauvais conducteur, dangereux.

CHAUFFE n. f. ▪ TECHN. Fait de chauffer. ⇒ **chauffage.** *Surface de chauffe d'une chaudière. Chambre de chauffe.* ⇒ **chaufferie.** ‑ *Bleu de chauffe,* combinaison de chauffeur (I).

CHAUFFE-BAIN n. m. ▪ Appareil qui produit de l'eau chaude, pour l'hygiène. *Des chauffe-bains.*

CHAUFFE-EAU n. m. invar. ▪ Appareil producteur d'eau chaude.

CHAUFFE-PLATS n. m. invar. ▪ Réchaud qui tient les plats au chaud pendant le repas.

CHAUFFER v. 1 ▪ **I.** v. tr. Élever la température de ; rendre (plus) chaud. *Chauffer trop fort.* ⇒ **brûler, griller, surchauffer.** ‑ au p. p. *Métal chauffé à blanc.* **II.** v. intr. **1.** Devenir chaud. *Faire chauffer de l'eau.* **2.** S'échauffer à l'excès, dangereusement. *Le moteur chauffe.* **3.** Produire de la chaleur. **4.** FAM. *Ça va chauffer.* ⇒ FAM. **barder.** ► **SE CHAUFFER** v. pron. **1.** S'exposer à la chaleur. *Se chauffer au soleil.* **2.** Chauffer sa maison. *Se chauffer au mazout.* ‑ loc. fig. *Montrer de quel bois on se chauffe,* de quoi on est capable (pour punir, attaquer...). **3.** (sportifs, etc.) Se mettre en train avant un effort. ⇒ s'**échauffer.**

CHAUFFERETTE n. f. ▪ Petit appareil pour se chauffer les pieds, etc.

CHAUFFERIE n. f. ▪ Endroit d'une usine, d'un navire, où sont les chaudières.

CHAUFFEUR n. m. ▪ **I.** Celui qui est chargé d'entretenir le feu d'une chaudière. **II.** Personne dont le métier est de conduire un véhicule automobile. *Chauffeur de camion.* ⇒ **routier.** *Elle est chauffeur de taxi.* ‑ FAM. *Chauffeur du dimanche :* mauvais conducteur.

CHAUFFEUSE n. f. ▪ Chaise basse. ‑ Fauteuil bas, sans accoudoirs.

CHAULER v. tr. 1 ▪ **1.** Traiter par la chaux. *Chauler des arbres fruitiers* (pour détruire les parasites). **2.** Blanchir à la chaux. *Chauler un mur.* ► n. m. CHAULAGE

Guy de CHAULIAC (v. 1300 ‑ 1368) ▪ Chirurgien français.

CHAUME n. m. ▪ **1.** Partie de la tige des céréales qui reste sur pied après la moisson. ⇒ **paille. 2.** Paille qui couvre le toit des maisons. *Un toit de chaume.*

CHAUMIÈRE n. f. ▪ Petite maison couverte de chaume. → fig. *Dans les chaumières :* chez les gens simples. *"Une chaumière et un cœur"* (vaudeville de Scribe).

CHAUMONT ▪ Chef-lieu de la Haute-Marne. 27 041 hab. *(les Chaumontais).* Industrie du cuir (gants).

CHAUMONT-SUR-LOIRE ▪ Commune du Loir-et-Cher, sur la Loire. 876 hab. Château construit de 1445 à 1510.

CHAUNY ▪ Commune de l'Aisne. 12 926 hab. *(les Chaunois).* Industrie chimique.

les îles **CHAUSEY** ▪ Archipel français de la Manche (300 îles), dépendant de la commune de Granville. Pêche.

CHAUSSÉE n. f. ▪ **1.** Partie d'une voie publique où circulent les voitures (opposé à *trottoir, bas-côté*). ⇒ **route.** *Chaussée goudronnée.* **2.** Talus, levée de terre (digue ou chemin).

la **CHAUSSÉE DES GÉANTS** ▪ Ensemble naturel de colonnes basaltiques (env. 36 000) qui se trouvent le long de la côte nord-est de l'Irlande.

la **Chaussée des Géants.** *Phot. © Thibaut/Explorer*

CHAUSSE-PIED n. m. ▪ Lame incurvée employée pour faciliter l'entrée du pied dans la chaussure. ⇒ **corne.** *Des chausse-pieds.*

CHAUSSER v. tr. [1] ▪ **I. 1.** Mettre (des chaussures) à ses pieds. *Chausser des pantoufles.* ♦ *Chausser du 40,* avoir cette pointure. **2.** Mettre des chaussures à (qqn). → pronom. *Se chausser.* **II. 1.** Entourer de terre le pied (d'une plante). *Chausser un arbre.* **2.** Garnir de pneus (une voiture).

CHAUSSES n. f. pl. ▪ VX Culotte (→ haut-de-chausses) ou bas. → loc. *Être aux chausses de qqn :* le poursuivre.

CHAUSSE-TRAPE n. f. ▪ **1.** Trou recouvert, cachant un piège. **2.** fig. Embûche. *Une dictée pleine de chausse-trapes.* ◇ On pourrait écrire *chausse-trappe* (par analogie avec *trappe*).

CHAUSSETTE n. f. ▪ **1.** Vêtement tricoté qui couvre le pied et le bas de la jambe ou le mollet. ⇒ **mi-bas.** *Une paire de chaussettes de laine. Chaussettes courtes.* ⇒ **socquette.** → loc. FAM. *Jus de chaussette :* mauvais café. ♦ FAM. *Chaussettes à clous :* souliers ferrés (de gendarmes). **2.** Filtre à café.

CHAUSSEUR n. m. ▪ Personne qui fournit qqn en chaussures. ⇒ **bottier.**

CHAUSSON n. m. ▪ **1.** Chaussure d'intérieur souple, légère et chaude ; chaussure tricotée pour bébé. ♦ Chaussure souple employée pour certains exercices. *Chaussons de danse.* **2.** Pâtisserie formée d'un rond de pâte feuilletée replié, fourré de compote. *Chausson aux pommes.*

Ernest **CHAUSSON** (1855-1899) ▪ Compositeur français. Proche de César Franck. *"Le Poème de l'amour et de la mer"* (1882).

CHAUSSURE n. f. ▪ **1.** Partie du vêtement qui protège le pied. **2.** Chaussure (1) solide, basse et fermée (opposé à *chausson, sabot, sandale, botte*). ⇒ **soulier ;** FAM. **godasse, grolle, pompe, tatane.** *Chaussures de marche, de sport. Faire réparer des chaussures chez le cordonnier.* → loc. *Trouver chaussure à son pied,* la personne ou la chose qui convient. **3.** Industrie, commerce des chaussures. *Les ouvriers de la chaussure.*

CHAUT (PEU ME CHAUT) ⇒ CHALOIR

Camille **CHAUTEMPS** (1885-1963) ▪ Homme politique français. Plusieurs fois président du Conseil (radical-socialiste) de 1930 à 1938, notamment durant le Front populaire.

CHAUVE adj. ▪ Qui n'a plus ou presque plus de cheveux. ⇒ **dégarni, déplumé ; calvitie.** → n. *Un chauve* (rare au fém.).

CHAUVE-SOURIS n. f. ▪ Mammifère à ailes membraneuses, qui aime l'obscurité. *Des chauves-souris.*

chauve-souris. *Rhinolophus hipposideros,* petit fer-à-cheval. *Phot. © Volot/Jacana*

CHAUVIGNY ▪ Commune de la Vienne. 6 565 hab. *(les Chauvinois).* Châteaux, églises romanes.

CHAUVIN, INE adj. ▪ Qui a une admiration exagérée, partiale et exclusive pour son pays ; nationaliste et parfois xénophobe. → n. *Des chauvins.*

CHAUVINISME n. m. ▪ Nationalisme agressif et exclusif.

CHAUX n. f. ▪ Oxyde de calcium ; substance blanche obtenue par la calcination des calcaires (marbre, craie) dans des *fours à chaux. Chaux vive,* qui ne contient pas d'eau. *Le ciment, mélange de chaux et d'argile.* → loc. *Être bâti à chaux et à sable :* être très robuste.

La **CHAUX-DE-FONDS** ▪ Ville de Suisse (canton de Neuchâtel). 36 100 hab. (*les Chaudefonniers* ou *Chauxois*). Centre de l'industrie horlogère.

Carlos **CHÁVEZ** (1899-1978) ▪ Compositeur et chef d'orchestre mexicain. Il s'inspira du folklore.

CHAVILLE ▪ Commune des Hauts-de-Seine. 17 784 hab. *(les Chavillois).*

CHAVÍN DE HUANTAR ▪ Site archéologique du Pérou. Vestiges de la civilisation *chavín* (VIIIe-IIIe s. av. J.-C.).

CHAVIRER v. [1] ▪ **I.** v. intr. **1.** (navire) Se retourner sens dessus dessous. ⇒ **couler, sombrer.** *La barque a chaviré.* **2.** Se renverser. *Ses yeux chavirèrent.* ⇒ se **révulser. II.** v. tr. **1.** Faire chavirer. *Chavirer un navire pour le réparer.* **2.** Émouvoir, perturber (qqn). → au p. p. *J'en suis tout chaviré.*

CHÈCHE n. m. ▪ Longue écharpe de coton léger, au Maghreb.

CHÉCHIA n. f. ▪ Coiffure en forme de calotte portée dans certains pays d'Islam. ⇒ **fez.** *Des chéchias rouges.*

CHECK-UP [(t)ʃɛkœp] n. m. invar. ▪ anglic. Examen systématique de l'état de santé d'une personne. ⇒ **bilan** de santé.

Andrée **CHEDID** (née en 1920) ▪ Poète et romancière libanaise d'expression française. *"Texte pour le vivant"* (1953).

CHEF n. m. ▪ **I. 1.** VX Tête (⇒ **couvre-chef**). **2.** *DE SON (PROPRE) CHEF :* de sa propre initiative. ⇒ **autorité. 3.** *AU PREMIER CHEF :* essentiellement. *Il importe, au premier chef, que,* c'est essentiel, capital. **4.** DR. *Les chefs d'accusation,* les points principaux sur lesquels elle se fonde. **II. 1.** Personne qui est à la tête, qui dirige, commande, gouverne. ⇒ **commandant, directeur, dirigeant, maître, patron.** *Chefs hiérarchiques. Obéir à ses chefs.* ♦ appellatif ⇒ **patron.** ♦ n. f. *C'est la chef.* **2.** *CHEF DE... :* celui qui dirige en titre. *Le chef de l'État, un chef d'État,* monarque, président, roi, empereur. *Chef de service. Chef d'entreprise.* ⇒ **directeur, patron, P.-D.G.** *Chef d'équipe.* ⇒ **contremaître.** *Chef de gare.* **3.** dans un corps hiérarchisé militaire Celui qui commande. *Les soldats et leurs chefs.* ⇒ **gradé, officier.** → *Chef de bataillon :* commandant. **4.** Personne qui dirige, commande effectivement (sans titre). ⇒ **leader, meneur.** *Un chef de bande* (brigands, gangsters). → *CHEF DE FAMILLE :* personne sur qui repose la responsabilité de la famille. **5.** *CHEF D'ORCHESTRE :* personne qui dirige l'orchestre (⇒ **maestro**) ; fig. personne qui organise. **6.** *CHEF (CUISINIER). Gâteau, pâté du chef.* **7.** appos. *Adjudant-chef, médecin-chef. Gardien-chef.* → (avec un n. fém.) *Infirmière-chef, gardienne-chef.* **8.** FAM. Personne remarquable. ⇒ **as, champion.** *Elle, c'est un chef.* **9.** *EN CHEF* loc. adv. : en qualité de chef ; en premier. *Ingénieur, rédacteur en chef.*

CHEF-D'ŒUVRE [ʃɛdœvʀ] n. m. ▪ **1.** Œuvre capitale et difficile qu'un compagnon doit faire pour passer maître dans son métier. ♦ La meilleure œuvre (d'un auteur). *C'est son chef-d'œuvre.* **2.** Œuvre, chose très remarquable, parfaite. ⇒ **merveille.** *Des chefs-d'œuvre d'habileté, d'intelligence.* ⇒ **prodige.**

CHEF-LIEU n. m. ▪ en France Ville qui est le centre administratif d'une circonscription territoriale (arrondissement, canton, commune). *Des chefs-lieux de département.* ⇒ **préfecture.**

CHEFTAINE n. f. ▪ Jeune fille, jeune femme responsable d'un groupe de jeunes scouts (louveteaux), de guides, d'éclaireuses.

CHEIK n. m. ▪ Chef de tribu, chez les Arabes. ◇ var. CHEIKH, SCHEIK.

CHELEM [ʃlɛm] n. m. ▪ **1.** (jeux de cartes) *Grand chelem :* réunion, dans la même main, de toutes les levées. *Petit chelem,* toutes les levées moins une. **2.** SPORTS Série complète de victoires. *L'équipe de France de rugby a gagné le grand chelem.* ◇ var. SCHELEM.

CHELLES ▪ Commune de Seine-et-Marne. 45 365 hab. *(les Chellois).*

CHEMIN n. m. ▪ **I. 1.** Bande déblayée assez étroite, en général non revêtue, qui suit les accidents du terrain (opposé à *route*). ⇒ **piste, sentier.** *Le chemin qui mène à la ferme. Un chemin caillouteux. Être toujours sur les chemins* (→ par monts* et par vaux). **2.** *CHEMIN DE RONDE :* étroit couloir aménagé au sommet de fortifications. **3.** Distance, espace à parcourir d'un lieu à un autre. ⇒ **parcours, route, trajet.** *La ligne droite est le plus court chemin d'un point à un autre. Ils ont fait la moitié du chemin.* ⇒ à **mi-chemin.** ♦ loc. *Poursuivre, passer son chemin :* continuer à marcher ; ne pas s'arrêter. - *Faire du chemin :* aller loin ; fig. progresser ; réussir. *CHEMIN FAISANT :* pendant le trajet. - *EN CHEMIN :* en cours de route. **4.** Direction, voie d'accès. *Demander son chemin.* - prov. *Tous les chemins mènent à Rome :* il y a de nombreux moyens pour obtenir un résultat. - loc. *Le chemin des écoliers,* le plus long. ♦ *LE CHEMIN DE (LA) CROIX,* suivi par Jésus portant sa croix. - *UN CHEMIN DE CROIX :* les 14 tableaux (⇒ **station**) qui illustrent ce chemin, dans les églises. **II.** abstrait Conduite qu'il faut suivre pour arriver à un but. ⇒ **moyen, voie.** *S'il veut réussir, il n'en prend pas le chemin. Être, ne pas être en bon chemin pour...* - *Je n'irai pas par quatre chemins :* j'agirai franchement, sans détour (→ aller droit au but).

CHEMIN DE FER n. m. ▪ **1.** Moyen de transport utilisant la voie ferrée (⇒ **ferroviaire**). *Voie, ligne de chemin de fer. Chemin de fer électrique.* ⇒ **train. 2.** Entreprise qui exploite des lignes de chemin de fer. *Employés des chemins de fer.* ⇒ **cheminot. 3.** Jeu d'argent, variété de baccara.

le CHEMIN DES DAMES ▪ Route de crête au nord-est du Bassin parisien où se déroulèrent de violents combats en 1917 et 1918.

CHEMINEAU n. m. ▪ **1.** VX Cheminot. **2.** VIEILLI Celui qui parcourt les chemins et qui vit de petites besognes, d'aumônes, de larcins. ⇒ **vagabond.** *Des chemineaux.*

CHEMINÉE n. f. ▪ **1.** Construction comprenant un espace aménagé pour faire du feu et un tuyau qui sert à évacuer la fumée. ⇒ **âtre, foyer.** *Faire une flambée dans la cheminée.* **2.** Encadrement du foyer. *Cheminée de marbre.* **3.** Partie supérieure du conduit qui évacue la fumée. *Les cheminées fument sur les toits.* - *Cheminée de navire, d'usine.* **4.** *Cheminée d'un volcan,* par où passent les matières volcaniques. **5.** ALPIN. Couloir de montagne vertical et étroit. **6.** Trou, conduit cylindrique. *Cheminée d'aération.*

CHEMINEMENT n. m. ▪ **1.** Action de cheminer. ⇒ **marche. 2.** fig. Avance lente, progressive. *Cheminement de la pensée.*

CHEMINER v. intr. [1] ▪ **1.** (personnes) Faire du chemin, et spécialt un chemin long et pénible, que l'on parcourt lentement. ⇒ **aller, marcher. 2.** fig. (choses) Avancer lentement. *Cette idée a cheminé dans son esprit.* ⇒ **progresser.**

CHEMINOT n. m. ▪ Employé de chemin de fer.

CHEMISE n. f. ▪ **I. 1.** Vêtement couvrant le torse (porté souvent à même la peau). ⇒ ARGOT **liquette.** *Chemise d'homme. Col, pan de chemise.* - *Être en chemise,* sans autre vêtement. - *En manches de chemise :* sans veston. ♦ *CHEMISE DE NUIT :* long vêtement de nuit (analogue à une robe). **2.** Chemise d'uniforme de certaines formations politiques paramilitaires ; ces formations. *Chemises noires :* fascistes. *Chemises brunes :* nazis. **3.** loc. *Se soucier de qqch. comme de sa première chemise,* n'y accorder aucun intérêt. - *Changer d'avis comme de chemise,* en changer souvent. - FAM. *Être comme cul et chemise,* inséparables. **II. 1.** Couverture (cartonnée, toilée) dans laquelle on insère les pièces d'un dossier. **2.** TECHN. Revêtement de protection.

CHEMISER v. tr. [1] ▪ TECHN. Garnir d'un revêtement protecteur.

CHEMISERIE n. f. ▪ Industrie et commerce des chemises et sous-vêtements d'homme, d'accessoires vestimentaires ; magasin où l'on vend ces objets.

CHEMISETTE n. f. ▪ Chemise, blouse ou corsage à manches courtes.

CHEMISIER n. m. ▪ **I.** Personne qui fabrique ou vend des articles de chemiserie. **II.** Corsage de femme, à col, fermé par-devant. ⇒ **blouse.**

CHEMNITZ de 1953 à 1990 ***KARL-MARX-STADT*** ▪ Ville d'Allemagne (Saxe). 296 300 hab. Textiles. Constructions mécaniques.

CHÊNAIE n. f. ▪ Plantation, bois de chênes.

CHENAL, AUX n. m. ▪ Passage navigable entre un port, une rivière ou un étang et la mer, entre des rochers, ou dans le lit d'un fleuve. ⇒ **canal, passe.**

CHENAPAN n. m. ▪ VX ou plais. ⇒ **bandit, vaurien.** - (à des enfants) *Sortez d'ici, chenapans !* ⇒ **galopin, garnement.**

CHÊNE n. m. ▪ Grand arbre à fleurs en chatons, à feuilles lobées, répandu surtout en Europe. *"Le Chêne et le Roseau"* (fable de La Fontaine). *"Chêne et Chien"* (cycle de poèmes de Queneau). *Fruit du chêne.* ⇒ **gland.** - *CHÊNE VERT.* ⇒ **yeuse.** ♦ Bois de chêne. *Un parquet de chêne.*

chêne. *Quercus ilex,* chêne vert.
Phot. © Noailles/Jacana

chêne. *Quercus suber,* chêne-liège.
Phot. © Cordier/Jacana

CHÉNEAU n. m. ▪ Conduit qui longe le toit et recueille les eaux de pluie. ⇒ **gouttière.** *Chéneaux en zinc.*

CHÊNE-LIÈGE n. m. ▪ Variété de chêne à feuillage persistant, qui fournit le liège. *Des chênes-lièges.*

CHENET n. m. ▪ Une des pièces métalliques jumelles sur lesquelles on dispose les bûches, dans une cheminée.

CHÈNEVIS n. m. ▪ Graine de chanvre.

CHENGDU ou **TCH'ENG-TOU** ▪ Ville de Chine, capitale du Sichuan. 2 808 100 hab. Centre industriel et culturel (théâtre, université).

André CHÉNIER (1762 - 1794) ▪ Poète français. Imprégné de culture hellénique, son œuvre (*"La Jeune Captive"; "La Jeune Tarentine"*) fut saluée par les romantiques. Il mourut guillotiné pour s'être indigné contre les excès de la Terreur (stigmatisés dans les *"Ïambes"*). ► **Marie-Joseph CHÉNIER** (1764 - 1811), son frère, écrivain et homme politique, auteur des paroles du *"Chant du départ"*.

CHENIL [ʃ(ə)nil] n. m. ▪ **I. 1.** Abri pour les chiens (de chasse). **2.** Lieu où l'on élève ou garde des chiens. **II.** RÉGIONAL (Suisse) Désordre.

CHENILLE n. f. ▪ **I.** Larve des papillons, à corps allongé formé d'anneaux et généralement velu. *La chenille file une enve-*

Chenonceaux. Le château.
Phot. © Fred Mayer/Magnum

loppe où elle s'enferme (⇒ **cocon ; chrysalide**). **II.** Dispositif de transmission articulé isolant du sol les roues d'un véhicule (char, chenillette, tracteur...) pour lui permettre de se déplacer sur tous les terrains.

CHENILLÉ, ÉE adj. ▪ Muni de chenilles. *Véhicule chenillé.*

CHENILLETTE n. f. ▪ Petit véhicule automobile sur chenilles.

CHENNEVIÈRES-SUR-MARNE ▪ Commune du Val-de-Marne. 17 857 hab. *(les Canaverois).*

CHENONCEAUX ▪ Commune d'Indre-et-Loire. 313 hab. *(les Chenoncellois).* Château Renaissance construit en partie sur un pont à cinq arches, enjambant le Cher.

CHENÔVE ▪ Commune de la Côte-d'Or, dans la banlieue de Dijon. 17 721 hab. Vins. Industries.

CHENU, UE adj. ▪ LITTÉR. Qui est devenu blanc de vieillesse. *Tête chenue.*

CHEPTEL [ʃɛptɛl ; ʃtɛl] n. m. ▪ Ensemble des bestiaux (d'une exploitation, d'une région). *Le cheptel ovin, porcin d'une région.*

CHÈQUE n. m. ▪ Écrit par lequel une personne (tireur) donne l'ordre de remettre, soit à son profit, soit au profit d'un tiers, une somme à prélever sur le crédit (de son compte ou d'un autre). *Chèque bancaire. Carnet de chèques.* ⇒ **chéquier.** *Chèque sans provision**. *Chèque de voyage.* – *Chèque en blanc,* où la somme à payer n'est pas indiquée. fig. *Donner un chèque en blanc à qqn,* lui donner carte blanche. – *Chèque postal,* tiré sur l'Administration des Postes. *Compte chèque postal* (C.C.P.).

CHÉQUIER n. m. ▪ Carnet de chèques.

CHER, CHÈRE adj. ▪ **I. 1.** Qui est aimé ; pour qui l'on éprouve une vive affection. *Mon cher petit. Les êtres qui lui sont chers.* **2.** (tournures amicales, formules de politesse) *Cher Monsieur.* – n. *Mon cher, ma chère.* **3.** (choses) CHER À : considéré comme précieux par. *Le thé est cher aux Anglais. Son souvenir nous est cher.* **II.** (attribut ou après le nom) **1.** D'un prix élevé. ⇒ **coûteux, onéreux** ; opposé à *bon marché. Unè voiture très chère.* **2.** Qui exige de grandes dépenses. ⇒ **dispendieux.** *La vie est chère à Paris* (⇒ **cherté**). **3.** Qui pratique des prix élevés. *Ce magasin est cher.* **III.** CHER adv. À haut prix. *Cela me coûte cher. Ce livre vaut cher.* FAM. *Je l'ai eu pour pas cher.*

le CHER ▪ Affluent de la Loire. 320 km.

le CHER [18] ▪ Département français de la région Centre. 7 227 km². 321 559 hab. Chef-lieu : Bourges. Chefs-lieux d'arrondissement : Saint-Amand-Montrond, Vierzon.

CHERBOURG ▪ Chef-lieu d'arrondissement de la Manche. 27 121 hab. *(les Cherbourgeois).* Port militaire, un des enjeux du front atlantique en 1940-1944. Constructions navales, métallurgie.

CHERCHER v. tr. [1] ▪ **1.** S'efforcer de découvrir, de trouver (qqn ou qqch.). ⇒ **rechercher.** *Chercher qqn dans la foule. Chercher un objet perdu.* **2.** Essayer de découvrir (la solution d'une difficulté, une idée, etc.). *Chercher un prétexte, un moyen. Chercher ses mots. Qu'allez-vous chercher là ?* ⇒ **imaginer, inventer.** loc. *Chercher midi à quatorze heures :* compliquer les choses inutilement. ♦ pronom. (réfl.) *Elle se cherche :* elle cherche à connaître sa véritable personnalité. **3.** CHERCHER À (+ inf.) : essayer de parvenir à. ⇒ s'**efforcer, tâcher, tenter, viser.** *Chercher à comprendre.* **4.** Essayer d'obtenir. *Chercher un emploi, un appartement.* – loc. *Chercher fortune, querelle.* **5.** Envoyer, venir prendre (qqn ou qqch.). *Aller chercher qqn à la gare.* **6.** FAM. Provoquer. **7.** (choses) FAM. ⇒ **atteindre.** *Ça va chercher dans les mille francs :* le prix atteindra environ mille francs.

CHERCHEUR, EUSE n. ▪ **I.** (personnes) **1.** RARE ou dans des loc. Personne qui cherche. *Un chercheur d'or.* **2.** Personne qui se consacre à la recherche scientifique. ⇒ **savant, scientifique. II. 1.** n. m. Petite lunette adaptée à un télescope. **2.** adj. *Tête chercheuse d'une fusée.*

CHÈRE n. f. ▪ **I.** VX *Faire bonne, mauvaise chère à qqn,* bon, mauvais visage, d'où accueil. **II.** LITTÉR. Nourriture. *La chère était exquise.* loc. FAIRE BONNE CHÈRE : bien manger.

Patrice CHÉREAU (né en 1944) ▪ Metteur en scène et cinéaste français. Ses spectacles associent puissance des images et engagement physique et émotionnel des comédiens *("La Dispute"; "Hamlet").* Il réalise également des mises en scène d'opéras, et des films *("L'Homme blessé"* 1983; *"La Reine Margot"* 1994).

Chéreau. Mise en scène de *La Dispute,* de Marivaux, théâtre de la Porte Saint-Martin, Paris. *Phot. © Bernand*

CHÈREMENT adv. ▪ **1.** Affectueusement, tendrement. **2.** En consentant de grands sacrifices. *Il paya chèrement son succès.* ⇒ **cher.**

Jules CHÉRET (1836-1932) ▪ Artiste français. Il renouvela l'art de l'affiche.

Chéret. Affiche. *Phot. © Arch. Smeets*

CHÉRI, IE adj. ▪ 1. adj. Tendrement aimé. *Sa femme chérie.* 2. n. *Le chéri de ses parents.* ‑ *Ma chérie. Oui, chéri.*

CHÉRIR v. tr. [2] ▪ LITTÉR. 1. Aimer tendrement, avoir beaucoup d'affection pour. ⇒ **affectionner.** *Chérir ses amis, le souvenir de qqn* (⇒ **vénérer**). 2. S'attacher, être attaché à (qqch.). *Chérir la solitude.*

les CHEROKEES ▪ Indiens d'Amérique du Nord, environ 40 000 aujourd'hui.

CHERRY n. m. ▪ Liqueur de cerise.

CHERTÉ n. f. ▪ Prix élevé. ⇒ **coût ; prix.** *La cherté de la vie.*

CHÉRUBIN n. m. ▪ 1. Ange. 2. *Avoir une face, un teint de chérubin,* un visage rond et des joues colorées. ‑ Bel enfant.

Luigi CHERUBINI (1760 ‑ 1842) ▪ Compositeur italien. Il fit une brillante carrière à Paris. On lui doit des œuvres religieuses et des opéras (*"Médée"*, 1797).

la baie de CHESAPEAKE ▪ Baie américaine (Maryland, Virginie) sur l'Atlantique. Pont de 12 km à son extrémité.

le CHESHIRE ou **CHESTER** ▪ Comté d'Angleterre, au nord-est du pays de Galles. 2 322 km². 960 000 hab. Chef-lieu : Chester. Industrie chimique. Fromage (chester).

Le CHESNAY ▪ Commune résidentielle des Yvelines. 29 542 hab. *(les Chesnaysiens).*

CHESTER ▪ Ville et port fluvial d'Angleterre, chef-lieu du Cheshire. 115 000 hab. Architecture médiévale, remparts.

Philip Stanhope, comte de CHESTERFIELD (1694 ‑ 1773) ▪ Diplomate, ministre et mécène anglais. *"Lettres à son fils"*.

Gilbert Keith CHESTERTON (1874 ‑ 1936) ▪ Écrivain britannique. Brillant polémiste catholique, romancier (*"Le Nommé Jeudi"*, 1908), et auteur d'histoires policières.

Léon CHESTOV (1866 ‑ 1938) ▪ Philosophe russe exilé à Paris, proche d'un christianisme tragique.

CHÉTIF, IVE adj. ▪ De faible constitution ; d'apparence fragile. ⇒ **malingre, rachitique.** *Enfant chétif. Un arbre chétif.*

CHEVAINE ⇒ CHEVESNE

CHEVAL, AUX n. m. ▪ I. 1. Grand mammifère (équidé) à crinière, domestiqué par l'homme comme animal de trait et de transport ; spécialt le mâle adulte (opposé à *jument, poulain*). ⇒ **hipp(o)-** ; FAM. **canasson, dada.** *Buffon appelle le cheval « la plus noble conquête que l'Homme ait jamais faite ». Cheval sauvage.* ⇒ **mustang.** *Cheval reproducteur.* ⇒ **étalon.** *Petit cheval.* ⇒ **poney.** *Cheval de course* (⇒ **hippisme**). *Cheval de selle.* ⇒ **monture.** ‑ *Cheval qui trotte, galope, hennit, rue, se cabre.* 2. *À CHEVAL* loc. adj. et adv. : sur un cheval. *Monter à cheval.* ⇒ **chevaucher ; équitation.** ‑ À califourchon (une jambe d'un côté, et l'autre de l'autre). *Être à cheval sur une branche d'arbre.* ‑ fig. Une partie d'un côté, une partie de l'autre. *Être à cheval sur deux périodes* (⇒ **chevaucher**). 3. Équitation. *Faire du cheval. Culotte de cheval,* de cavalier. 4. loc. *Fièvre de cheval,* très forte. ‑ *Monter sur ses grands chevaux :* s'emporter. *Être à cheval sur les principes,* y tenir rigoureusement. 5. FAM. *Un grand cheval :* une grande femme masculine. *Un vrai cheval :* une personne très solide, infatigable. *C'est pas le mauvais cheval :* il n'est pas méchant. ‑ *CHEVAL DE RETOUR :* récidiviste. 6. fig. *CHEVAL DE BATAILLE :* argument, sujet favori auquel on revient. ⇒ FAM. **dada.** II. Figure représentant un cheval. *CHEVAL DE BOIS :* jouet d'enfant. ‑ *CHEVAUX DE BOIS :* manège circulaire des foires. ‑ *CHEVAL D'ARÇONS :* appareil de gymnastique, gros cylindre rembourré sur quatre pieds. ‑ *Cheval de frise**. ♦ HIST. *Le cheval de Troie :* dans l'*Iliade,* cheval de bois gigantesque dans les flancs duquel les guerriers grecs se cachent pour pénétrer dans Troie. ♦ *Les petits chevaux :* jeu de hasard où les pions représentent des chevaux. III. *CHEVAL-VAPEUR* (symb. ch), ou *cheval :* ancienne unité de puissance équivalant à 736 watts. *Des chevaux-vapeur.* ♦ *Cheval fiscal* (symb. CV) : unité de calcul équivalant à 1/6 environ du litre de cylindrée. ‑ *Une sept chevaux :* une voiture de sept chevaux (fiscaux).

le facteur CHEVAL (1836 ‑ 1924) ▪ Artiste français. Autodidacte, il construisit un « palais idéal », à Hauterives (Drôme), admiré par les surréalistes.

le facteur **Cheval.** *Le Palais idéal,* à Hauterives.
Phot. © Lauros/Giraudon

CHEVALEMENT n. m. ▪ Assemblage de madriers et de poutres qui soutiennent une construction et peut supporter des appareils (poulies, etc.). ⇒ **étai.**

CHEVALERESQUE adj. ▪ Digne d'un chevalier (1). ⇒ **généreux.** *Conduite chevaleresque.*

CHEVALERIE n. f. ▪ 1. HIST. Ordre militaire d'un caractère religieux, propre à la noblesse féodale. ⇒ **chevalier.** *Les règles, l'idéal de la chevalerie.* ♦ au Moyen Âge Corps militaire formé par les chevaliers. *Romans de chevalerie.* 2. Distinction honorifique.

CHEVALET n. m. ▪ 1. Support servant à tenir à la hauteur voulue l'objet sur lequel on travaille. *Chevalet de peintre,* qui supporte la toile. 2. MUS. Mince pièce de bois placée sur la table d'un instrument pour soutenir les cordes tendues.

CHEVALIER n. m. ▪ 1. au Moyen Âge Noble admis dans l'ordre de la chevalerie. ⇒ **paladin, preux.** *Être armé chevalier. Les chevaliers de la Table ronde. Bayard, le chevalier sans peur et sans reproche.* ‑ loc. *Chevalier errant,* qui voyageait pour redresser les torts. ♦ fig. *Chevalier servant :* homme dévoué à une femme, qui lui fait la cour. ♦ *Chevalier d'industrie :* homme qui vit d'expédients. 2. au Moyen Âge Membre d'un ordre militaire et religieux. *Les chevaliers de Malte.* 3. MOD. Membre d'un ordre honorifique. *Chevalier de la Légion d'honneur.* 4. dans la noblesse Celui qui est au-dessous du baron.

Maurice CHEVALIER (1888 ‑ 1972) ▪ Chanteur et acteur français, fantaisiste et gouailleur. *"Ma pomme"*.

CHEVALIÈRE n. f. ▪ Bague à large chaton plat sur lequel sont gravées des armoiries, des initiales.

CHEVALIN, INE adj. ▪ 1. Du cheval. *Races chevalines.* 2. Qui évoque le cheval. *Avoir un visage chevalin.*

CHEVAUCHÉE n. f. ▪ Promenade, course à cheval.

CHEVAUCHEMENT n. m. ▪ Position de choses qui chevauchent.

CHEVAUCHER v. [1] ▪ 1. v. intr. LITTÉR. Aller à cheval. 2. v. tr. Être à cheval, à califourchon sur. *Sorcières qui chevauchent des manches à balai.* 3. v. intr. (choses) Se recouvrir en partie, empiéter l'une sur l'autre. ⇒ se **recouvrir.** *Dents qui chevauchent.* ► SE CHEVAUCHER v. pron. *Tuiles qui se chevauchent.*

CHEVÊCHE n. f. ▪ Petite chouette.

chevêche.
Athena noctua.
Phot. © Danegger/ Jacana

CHEVELU, UE adj. ▪ **1.** Garni de cheveux. *Le cuir chevelu.* **2.** Qui a de longs cheveux. *Des jeunes gens chevelus.*

CHEVELURE n. f. ▪ **1.** Ensemble des cheveux. *Une chevelure abondante* (⇒ **toison ; crinière**), emmêlée (⇒ **tignasse**). *"La Chevelure"* (poème de Baudelaire). **2.** *La chevelure d'une comète,* traînée lumineuse qui la suit.

CHEVERNY ▪ Commune du Loir-et-Cher. 900 hab. *(les Chevernois).* Château Renaissance et classique.

CHEVESNE [ʃ(ə)vɛn] n. m. ▪ Poisson d'eau douce à dos brun et ventre argenté. ◇ var. CHEVAINE.

CHEVET n. m. ▪ **I. 1.** Partie du lit où l'on pose la tête. ⇒ **tête.** *Lampe, table* DE CHEVET, qui sont à la tête du lit. *Livre de chevet,* livre de prédilection. **2.** *AU CHEVET de qqn,* auprès de son lit. *Rester au chevet d'un malade.* **II.** Partie (d'une église) qui se trouve à la tête de la nef, derrière le chœur. ⇒ **abside.**

CHEVEU n. m. ▪ **1.** Poil qui recouvre le crâne humain, surtout au plur. *Les cheveux.* ⇒ **chevelure ;** FAM. **tif(s).** *Cheveux plats, raides ; frisés, bouclés, crépus.* – *Cheveux noirs, bruns, châtains, roux, blonds ; gris, poivre et sel* (semés de blanc), *blancs.* – *Perdre ses cheveux* (⇒ **chauve**). *Avoir les cheveux en désordre, en bataille, hirsutes* (→ être échevelé). *Démêler, peigner ses cheveux.* ⇒ se **coiffer.** – loc. *Cheveux au vent,* libres de toute attache. **2.** loc. fig. *S'arracher les cheveux :* être furieux et désespéré. – *Faire dresser les cheveux sur la tête* (à qqn) : inspirer un sentiment d'horreur. – FAM. *Avoir mal aux cheveux,* mal à la tête pour avoir trop bu. – *Se faire des cheveux (blancs) :* se faire du souci. – *Tiré par les cheveux :* amené d'une manière forcée et peu logique (raisonnement, récit...). – *Couper les cheveux en quatre :* se perdre dans un raisonnement pointilleux. ⇒ **pinailler.** – au sing. *À un cheveu (près) :* à très peu de chose (près). – FAM. *Il y a un cheveu !,* un ennui. – *Comme un cheveu sur la soupe :* à contretemps, mal à propos.

CHEVIGNY-SAINT-SAUVEUR ▪ Commune de la Côte-d'Or. 8 223 hab.

CHEVILLARD n. m. ▪ Boucher en gros ou en demi-gros. ⇒ **cheville** (I, 4).

CHEVILLE n. f. ▪ **I. 1.** Tige rigide dont on se sert pour boucher un trou, assembler des pièces. *Cheville d'assemblage.* ⇒ **boulon, clou, goupille, taquet.** *Enfoncer, planter une cheville.* **2.** *CHEVILLE OUVRIÈRE :* grosse cheville qui joint l'avant-train avec le corps d'une voiture ; fig. agent, instrument essentiel (d'une entreprise, d'un organisme). *Être la cheville ouvrière d'un complot.* ⇒ **centre, pivot. 3.** MUS. Pièce qui sert à tendre les cordes d'un instrument. **4.** Crochet servant à suspendre la viande. *Viande vendue à la cheville,* en gros (⇒ **chevillard**). **5.** loc. FAM. *Être* EN CHEVILLE *avec qqn,* associé plus ou moins secrètement avec lui. **II.** Saillie des os de l'articulation du pied ; partie située entre le pied et la jambe. *Elle s'est foulé la cheville.* – fig. *Ne pas arriver* À LA CHEVILLE DE QQN, lui être inférieur. **III.** Terme de remplissage permettant la rime ou la mesure, en poésie ; expression inutile au sens. *Poésie bourrée de chevilles.*

CHEVILLER v. tr. [1] ▪ Joindre, assembler (des pièces) avec des chevilles. *Cheviller une table.* ♦ (au p. p.) loc. *Avoir l'âme chevillée au corps :* avoir la vie dure.

CHEVILLY-LARUE ▪ Commune du Val-de-Marne. 16 223 hab. *(les Chevillais).*

CHEVIOTTE n. f. ▪ Laine des moutons d'Écosse ; étoffe faite avec cette laine. *Une veste de cheviotte.*

CHÈVRE n. f. ▪ **I. 1.** Mammifère ruminant, à cornes arquées, à pelage fourni, apte à grimper et à sauter ; spécialt la femelle adulte (opposé à *bouc ;* à *chevreau*). ⇒ FAM. **bique, biquette ; caprin.** *La chèvre bêle.* ⇒ **chevroter.** *Lait de chèvre. Fromage de chèvre ;* n. m. *du chèvre.* **2.** loc. *Faire devenir chèvre* (qqn) : exaspérer, faire enrager (→ faire tourner en bourrique). – *Ménager la chèvre et le chou :* ménager les deux camps en évitant de prendre parti. **II.** Appareil servant à soulever des fardeaux ; poulie montée sur un trépied ou chevalet.

CHEVREAU n. m. ▪ **1.** Petit de la chèvre. ⇒ **biquet, cabri. 2.** Peau de chèvre ou de chevreau tannée. *Chaussures de chevreau.*

CHÈVREFEUILLE n. m. ▪ Plante, arbrisseau grimpant, à fleurs jaunes parfumées.

CHEVRETTE n. f. ▪ **I.** Jeune chèvre. **II.** Crevette* rose.

CHEVREUIL n. m. ▪ **1.** Mammifère sauvage, assez petit, à robe fauve et ventre blanchâtre. *Le chevreuil brame.* – *Cuissot de chevreuil.* **2.** RÉGIONAL (Canada) Cerf de Virginie.

Eugène **CHEVREUL** (1786-1889) ▪ Chimiste français. Analyse des corps gras. Théorie des couleurs (étudiée par le peintre Seurat).

la vallée de **CHEVREUSE** ▪ Vallée de l'Yvette. Son urbanisation accélérée a justifié la création, en 1985, du Parc naturel régional de la haute vallée de Chevreuse.

CHEVRIER, IÈRE n. ▪ Berger, bergère qui mène paître les chèvres.

CHEVRON n. m. ▪ **1.** Pièce de bois sur laquelle on fixe des lattes qui soutiennent la toiture. ⇒ **madrier. 2.** Galon en V renversé porté sur les manches des uniformes. *Chevrons de sergent* (⇒ **chevronné**). – Motif décoratif en zigzag. *Tissu à chevrons.*

CHEVRONNÉ, ÉE adj. ▪ Expérimenté. *Un conducteur chevronné.*

CHEVROTANT, ANTE adj. ▪ *Voix chevrotante,* tremblante et cassée.

CHEVROTEMENT n. m. ▪ Tremblement (de la voix).

CHEVROTER v. intr. [1] ▪ Parler, chanter d'une voix tremblotante (comme un bêlement de chèvre). *Vieillards dont la voix chevrote.*

CHEVROTINE n. f. ▪ Balle sphérique, gros plomb pour tirer le chevreuil, les bêtes fauves.

Tarass **CHEVTCHENKO** (1814-1861) ▪ Poète et héros national de l'Ukraine. Il lutta pour l'abolition du servage.

CHEWING-GUM [ʃwiŋgɔm] n. m. ▪ anglic. Gomme à mâcher. *Des chewing-gums.*

CHEYENNE ▪ Ville des États-Unis, capitale du Wyoming. 73 000 hab. Base de missiles Atlas.

les **CHEYENNES** ▪ Indiens d'Amérique du Nord. Célèbres pour leur résistance à l'avancée des Blancs.

Peter **CHEYNEY** (1896-1951) ▪ Romancier britannique. Ses romans d'espionnage se caractérisent par la violence physique et verbale, non sans intention parodique. Le héros en est souvent Lemmy Caution, « agent secret américain ». *"Cet homme est dangereux"* (1936).

CHEZ prép. ▪ **1.** Dans la demeure de, au logis de (qqn). *Venez chez moi* (→ à la maison). *Je vais chez Monsieur X, chez le coiffeur, chez le dentiste.* ◇ *Aller au coiffeur, au dentiste* est incorrect. – loc. *Se sentir chez soi :* ne pas être gêné. *Faites comme chez vous :* mettez-vous à l'aise. – précédé d'une autre prép. *Je viens de chez eux. Passez par chez nous.* – *Bien de chez nous* loc. adj. : typiquement français (souvent iron.). **2.** Dans la nation de. *Chez les Anglais. Chez les Grecs de l'Antiquité.* **3.** Dans l'esprit, dans le caractère, dans les œuvres, le discours de (qqn). *C'est une réaction courante chez lui. On trouve ceci chez Voltaire.* ⇒ **dans.**

CHEZ-MOI, CHEZ-TOI, CHEZ-SOI n. m. invar. ▪ Domicile personnel (avec valeur affective). ⇒ **home, maison.** *Ton petit chez-toi.*

CHIADER v. tr. [1] ▪ FAM. Travailler, préparer (un examen ; un travail). *Chiader son bac.* – p. p. adj. *Un travail chiadé,* difficile ; très réussi.

CHIALER v. intr. [1] ▪ FAM. Pleurer.

CHIANG MAÏ ▪ Ville de Thaïlande. Env. 120 000 hab. Commerce (teck, soieries).

chevreuil. *Capreolus capreolus.*
Phot. © Danegger/Jacana

CHIANT, ANTE adj. ▪ FAM. vulg. Qui ennuie ou contrarie. ⇒ **ennuyeux.** *C'est chiant !* ⇒ FAM. **emmerdant.**

CHIANTI [kjɑ̃ti] n. m. ▪ Vin rouge de la région de Chianti.

le CHIANTI ▪ Région d'Italie (Toscane). Vins réputés.

CHIASSE n. f. ▪ vulg. Colique. *Avoir la chiasse.* ⇒ **courante.**

CHIBA ▪ Ville du Japon (Honshu). 829 000 hab. Port important. Pèlerinages bouddhistes.

CHIC ▪ **I.** n. m. **1.** *AVOIR LE CHIC POUR* (+ inf.) : faire (qqch.) avec facilité, aisance, élégance. ‑ iron. *Il a le chic pour m'énerver.* **2.** Élégance hardie, désinvolte. ⇒ **caractère, chien, originalité.** *Son chapeau a du chic, beaucoup de chic.* **II.** adj. invar. **1.** Élégant. *Elle est chic,* bien habillée. ‑ *Les quartiers chic :* les beaux quartiers. **2.** (avant le nom) FAM. Beau, agréable. *On a fait un chic voyage.* ⇒ **chouette. 3.** (personnes ; actes) Sympathique, généreux, serviable. *Un chic type ; une chic fille. C'est chic de sa part.* ⇒ **gentil. 4.** *BON CHIC BON GENRE* loc. adj. : d'une élégance discrète et traditionnelle. ◇ abrév. FAM. ⇒ **B.C.B.G. III.** interj. FAM. Marquant le plaisir, la satisfaction. ⇒ **chouette.** *Chic alors !*

CHICAGO ▪ Ville des États-Unis (Illinois, au bord du lac Michigan). 2 794 000 hab. Zone urbaine de 8 millions d'hab. Centre culturel, industriel, commerçant (céréales, bétail). Universités. Architecture contemporaine.

Chicago. Vue du centre-ville. *Phot. © Boutin/Explorer*

CHICANE n. f. ▪ **I. 1.** Difficulté, incident qu'on suscite dans un procès pour embrouiller l'affaire (⇒ **chicaner**). ‑ péj. La procédure. **2.** Querelle, contestation où l'on est de mauvaise foi. ⇒ **argutie, dispute, tracasserie.** *Les éternelles chicanes entre voisins.* **II.** Passage en zigzag qu'on est obligé d'emprunter. *Les chicanes d'un barrage de police.*

CHICANER v. [1] ▪ **1.** v. intr. Élever des contestations mal fondées, chercher querelle sur des riens. ⇒ **contester, ergoter.** *Chicaner sur, à propos de qqch.* **2.** v. tr. Chercher querelle à (qqn). *Je ne vous chicanerai pas là-dessus.*

CHICANIER, IÈRE adj. et n. ▪ (Personne) qui chicane sur les moindres choses. *Il est très chicanier.* ◇ syn. CHICANEUR, EUSE.

① **CHICHE** adj. ▪ *Pois chiche :* graine comestible d'une plante méditerranéenne. *Couscous aux pois chiches.*

② **CHICHE** adj. ▪ VIEILLI Qui répugne à dépenser. ‑ MOD. fig. *Il est chiche de compliments,* il n'en est pas prodigue. ⇒ **avare.**

③ **CHICHE** interj. ▪ FAM. Exclamation de défi : je vous prends au mot. *Tu n'oserais jamais. — Chiche !* ‑ *Être* CHICHE DE (+ inf.) : être capable de, oser. *Tu n'es pas chiche de plonger d'ici.*

CHICHE-KEBAB [-kebab] n. m. ▪ Brochette de mouton. ◇ var. CHICHE-KÉBAB.

CHICHEMENT adv. ▪ Pauvrement, comme un avare. *Vivre chichement.* ⇒ **modestement, petitement.**

CHICHÉN ITZÁ ▪ Site archéologique du Mexique, dans l'État du Yucatán. Centre de la civilisation toltèque-maya.

CHICHI n. m. ▪ Comportement qui manque de simplicité. ⇒ **affectation, minauderie.** *Faire des chichis.* ⇒ **embarras, façon, manière, simagrée.**

CHICHITEUX, EUSE adj. et n. ▪ FAM. (Personne) qui fait des chichis, des manières. ⇒ **prétentieux.**

CHICLAYO ▪ Ville du Pérou. 400 000 hab.

CHICON n. m. ▪ RÉGIONAL (Belgique, nord de la France) Endive.

CHICORÉE n. f. ▪ **1.** Plante herbacée dont les feuilles se mangent en salade. ⇒ **scarole.** *Chicorée frisée.* **2.** Racine torréfiée de la chicorée ; boisson chaude qu'on en tire. *Une tasse de chicorée.*

CHICOT n. m. ▪ Morceau qui reste d'une dent ; dent cassée, usée.

CHICOTIN n. m. ▪ Suc très amer d'un aloès. ‑ loc. *Amer comme chicotin.*

CHICOUTIMI ▪ Ville du Canada (Québec), située au nord de Québec. 62 670 hab. Centre administratif, commercial et universitaire.

CHIEN n. m. ▪ **I. 1.** Mammifère domestique dont de nombreuses races sont élevées ; spécialt le mâle (opposé à *chienne*). ⇒ **canin, cyno-.** *Le chien aboie.* ⇒ **roquet** ; FAM. **cabot, clébard ; toutou.** *Une portée de petits chiens.* ⇒ **chiot.** *La niche, la laisse d'un chien. Chien de race* (⇒ **pedigree**). *Chien bâtard.* ⇒ **corniaud.** ‑ *Chien de chasse. Meute de chiens. Chien couchant* ou *chien d'arrêt,* qui lève le gibier en plaine et le rapporte quand il est abattu. *Chien courant.* ‑ *Chien de garde. Attention, chien méchant ! Chien policier.* ‑ *Chien de berger.* ‑ **2.** loc. *Se regarder en chiens de faïence :* se dévisager avec hostilité. ‑ *Recevoir qqn comme un chien dans un jeu de quilles,* très mal. ‑ *S'entendre, vivre comme chien et chat,* en se disputant constamment. ‑ *Un chien couchant :* un être obséquieux, lâche. ‑ *Entre chien et loup :* au crépuscule. ‑ *Nom d'un chien !* (juron faible). ‑ prov. *Qui veut noyer son chien l'accuse de la rage :* tout prétexte est bon quand on veut se débarrasser de qqn ou de qqch. *Les chiens aboient, la caravane* passe.* ♦ *Avoir un mal de chien,* rencontrer bien des difficultés. ‑ *DE CHIEN* (travail, métier) : très pénible. *Vie de chien,* difficile, misérable. ‑ *Temps de chien,* très mauvais. ♦ *Traiter qqn comme un chien,* très mal, sans égard ni pitié. ‑ *Malade comme un chien,* extrêmement malade. **3.** loc. *Les CHIENS ÉCRASÉS :* les faits divers sans importance (dans un journal). **4.** ARGOT MILIT. *Le chien de quartier,* l'adjudant. **5.** (personnes) péj. *Ce sont de vrais chiens. Ah ! les chiens !* ⇒ **salaud.** ♦ adj. Dur, avare. **II.** Pièce coudée d'une arme à feu qui guide le percuteur. *Le chien d'un fusil de chasse.* ♦ loc. *Être couché* EN CHIEN DE FUSIL, les genoux repliés. **III.** Charme, allure (d'une femme). *Elle a beaucoup de chien.*

CHIENDENT n. m. ▪ **1.** Mauvaise herbe vivace très commune, à racines développées. **2.** Racine de chiendent séchée. *Brosse de chiendent.*

CHIENLIT [ʃjɑ̃li] n. f. ▪ LITTÉR. Mascarade, déguisement grotesque. ♦ Désordre. ⇒ **pagaille.**

CHIEN-LOUP n. m. ▪ Chien qui ressemble au loup (→ berger allemand). *Des chiens-loups.*

CHIENNE n. f. ▪ **1.** Femelle du chien. **2.** péj. (injure) Femme détestable ; spécialt femme lubrique.

CHIER v. intr. [7] FAM et vulg. ▪ **1.** Se décharger le ventre des excréments. ⇒ **faire** ; FAM. faire **caca. 2.** fig. *Faire chier qqn.* ⇒ **emmerder,** faire **suer.** ‑ *Se faire chier :* s'ennuyer.

la CHIERS ▪ Rivière de la Lorraine, affluent de la Meuse. 112 km.

CHIFFE n. f. ▪ **1.** VX Chiffon. **2.** FAM. *Chiffe molle :* personne d'un caractère faible.

CHIFFON n. m. ▪ **1.** Morceau de vieille étoffe. *Commerce de chiffons* (⇒ **chiffonnier**). ‑ *Chiffon à poussière,* morceau de

Chichén Itzá. El Castillo. *Phot. © Dagli Orti*

toile, de laine, servant à enlever la poussière. ◆ *EN CHIFFON* : chiffonné (vêtements, etc.). **2.** fig. *Un CHIFFON DE PAPIER* : un document sans valeur ; un traité qu'on ne veut pas respecter. **3.** au plur. FAM. *Parler chiffons* : parler de toilettes, de parures.

CHIFFONNÉ, ÉE adj. ▪ **1.** Froissé. *Un papier chiffonné. Repasser un vêtement chiffonné.* ⇒ **fripé.** **2.** fig. (visage) Fatigué. ◆ Aux traits peu réguliers, mais agréables.

CHIFFONNER v. tr. [1] ▪ **1.** Froisser, mettre en chiffon. ⇒ **friper.** *Chiffonner une robe.* **2.** fig. *Cela me chiffonne.* ⇒ **chagriner, intriguer, taquiner.**

CHIFFONNIER, IÈRE n. ▪ **1.** Personne qui ramasse les vieux chiffons pour les vendre. **2.** loc. *Se battre comme des chiffonniers*, d'une manière violente et bruyante.

CHIFFRABLE adj. ▪ Qu'on peut chiffrer, qu'on peut exprimer par des chiffres.

CHIFFRAGE n. m. ▪ **1.** Évaluation en chiffres. **2.** Opération par laquelle on chiffre un message. ⇒ **codage.** ◇ syn. CHIFFREMENT.

CHIFFRE n. m. ▪ **I. 1.** Chacun des caractères qui représentent les nombres. *Chiffres arabes* (1, 2, 3, 4, 5, 6, 7, 8, 9, 0). *Chiffres romains* (I, V, X, L, C, D, M). *Un nombre de plusieurs chiffres.* ◆ *Les chiffres et les lettres.* **2.** Nombre représenté par les chiffres. *Le chiffre des dépenses.* ⇒ **montant, somme, total.** *Le chiffre de la population. En chiffres ronds* (⇒ **arrondir**). ◆ *CHIFFRE D'AFFAIRES* : total des ventes effectuées pendant une année. **II. 1.** Signe de convention servant à correspondre secrètement, à coder des messages (⇒ **chiffrer, déchiffrer**). ◆ *Le chiffre* : l'ensemble de ces signes. ⇒ **code.** *Service du chiffre, dans l'armée* (⇒ **cryptographie**). **2.** Entrelacement de lettres initiales. ⇒ **monogramme.** *Porter une bague gravée à son chiffre.*

CHIFFRER v. [1] ▪ **I. 1.** v. tr. Noter à l'aide de chiffres. ◆ Évaluer en chiffres. *Chiffrer ses revenus à tant par mois.* **2.** v. intr. (sujet chose) Atteindre un prix élevé. *Toutes ces dépenses finissent par chiffrer.* **II.** v. tr. Écrire en chiffre (II, 1). *Chiffrer une correspondance secrète.* ⇒ **coder, crypter.** ◆ au p. p. *Message chiffré.*

CHIFFREUR, EUSE n. ▪ Employé(e) qui chiffre les messages.

CHIGNOLE n. f. ▪ **I.** FAM. Mauvaise voiture. ⇒ **guimbarde, tacot.** **II.** Perceuse à main (⇒ **vilebrequin**) ou électrique.

CHIGNON n. m. ▪ **1.** Partie de la chevelure féminine relevée et ramassée derrière la tête. *Elle s'est fait un chignon.* **2.** loc. FAM. (femmes) *Se crêper le chignon* : se battre, se disputer.

CHIHUAHUA ▪ Ville du Mexique. 530 000 hab.

Chihuahua. La cathédrale. *Phot. © Setboun/Rapho*

CHIISME n. m. ▪ Doctrine religieuse des chiites. ◇ var. SHIISME.

CHIITE [ʃiit] adj. et n. ▪ Relatif à la secte musulmane des partisans d'Ali, gendre de Mahomet, et de ses descendants. ◆ n. *Les chiites.* ◇ var. SHIITE. ■ Apparu dès le VIIe siècle, le mouvement chiite conteste la légalité de la succession du Prophète. Du fait de son opposition à l'orthodoxie sunnite, il a souvent servi de drapeau aux divers mouvements de contestation sociale, politique ou nationale et est devenu doctrine officielle en Iran depuis 1979.

CHIKAMATSU Monzaemon (1653 - 1725) ▪ Auteur dramatique japonais. Surnommé « le Shakespeare du Japon », il est le créateur du théâtre moderne de son pays. *"Suicide par amour à Sonezaki".*

CHILDEBERT ▪ NOM DE TROIS ROIS MÉROVINGIENS ► **CHILDEBERT Ier** (v. 495 - 558), fils de Clovis. ► **CHILDEBERT II** (v. 570 - 596), roi d'Austrasie, à laquelle il unit la Bourgogne. ► **CHILDEBERT III** (v. 683 - 711) fut dominé par Pépin de Herstal.

CHILDÉRIC ▪ NOM DE TROIS ROIS MÉROVINGIENS ► **CHILDÉRIC Ier** (v. 436 - 481), fils de Mérovée et père de Clovis. ► **CHILDÉRIC II** (v. 653 - 675), roi d'Austrasie. ► **CHILDÉRIC III** (mort en 755), dernier roi mérovingien, déposé en 751 par Pépin le Bref.

le CHILI ▪ État d'Amérique du Sud, s'étendant sur 4 200 km du nord au sud en bordure du Pacifique, et sur une largeur moyenne de 200 km. 756 945 km^2. 13 370 000 hab. *(les*

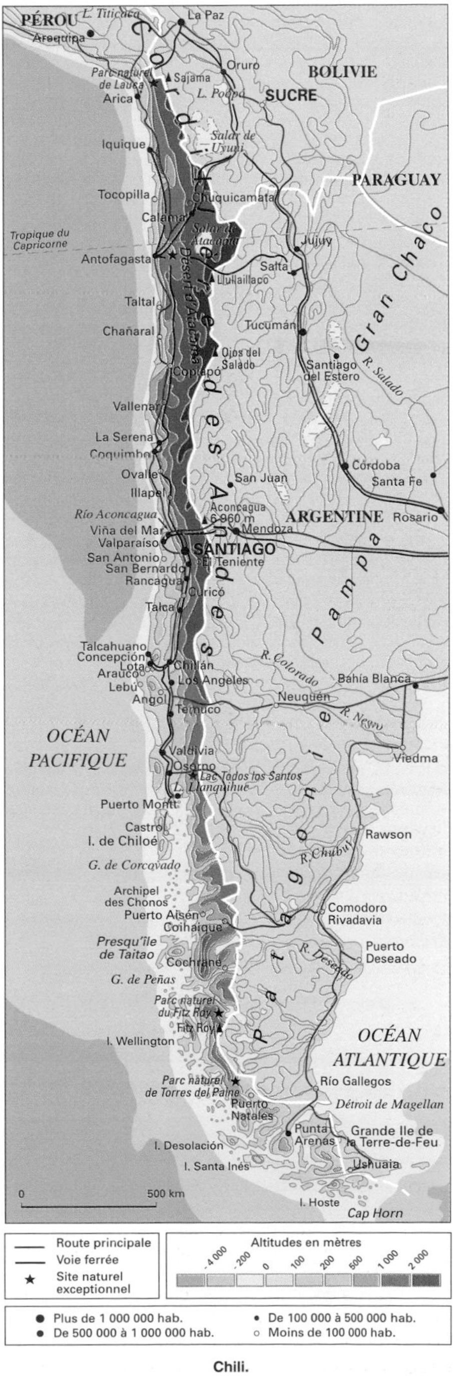

Chili.

Chiliens). Capitale : Santiago. Langue officielle : espagnol. Monnaie : peso. Malgré un essor économique récent et d'importantes ressources agricoles (vins), maritimes (pêche), minières (premier producteur mondial de cuivre) et industrielles, certains problèmes subsistent, notamment les déséquilibres sociaux. □ HISTOIRE Conquis au XVIe s. par les Espagnols sur les Indiens Araucans (la population est aujourd'hui métisse à 70 %), géographiquement coupé de la vice-royauté du Pérou dont il dépendait, le Chili ne prit son essor qu'au XIXe s. : indépendance en 1818, victoire sur le Pérou et la Bolivie (guerre du Pacifique, 1883) qui lui apporta de nouvelles richesses minières. Malgré la crise économique de 1929 et les secousses de l'alternance des partis de gauche et de droite au pouvoir, il s'était institué une tradition démocratique et progressiste. En 1970 le programme socialiste de Salvador Allende se heurta à la droite. Le président se suicida lors du coup d'État du général Pinochet (1973). La dictature militaire engendra de violentes manifestations *(protestas)* et une réprobation internationale. Un nouveau président (démocrate-chrétien) fut élu en décembre 1989 et travailla à la consolidation de la croissance économique. Un autre démocrate-chrétien, E. Frei, lui succéda en 1994.

CHILLY-MAZARIN ▪ Commune de l'Essonne. 16 939 hab. *(les Chiroquois).*

CHILPÉRIC ▪ NOM DE DEUX ROIS MÉROVINGIENS ► **CHILPÉRIC Ier** (539 - 584) Fils de Clotaire Ier, époux de Frédégonde, il reçut en partage la Neustrie. ► **CHILPÉRIC II** (v. 670 - 721) Roi mérovingien de Neustrie, vaincu par Charles Martel.

le CHIMBORAZO ▪ Volcan des Andes (Équateur). 6 310 m.

CHIMÈRE n. f. ▪ **1.** Monstre de la mythologie grecque à tête de lion, corps de chèvre et queue de dragon. ▪ Monstre crachant le feu, symbole de l'obscurité, la Chimère fut tuée par Bellérophon. **2.** Idée sans rapport avec la réalité. ⇒ **illusion, mirage, rêve, utopie.** *Ses projets sont des chimères.*

CHIMÉRIQUE adj. ▪ **1.** Sans rapport avec la réalité. *Projets, rêves chimériques.* ⇒ **illusoire, impossible, utopique. 2.** LITTÉR. Qui se complaît dans les chimères. *Un esprit chimérique.* ⇒ **rêveur, utopiste, visionnaire.**

CHIMIE n. f. ▪ Science qui étudie les divers constituants de la matière, leurs propriétés, transformations et interactions. *Chimie générale. Chimie minérale, organique. Chimie biologique* (⇒ **biochimie**). *Chimie industrielle. La chimie du pétrole* (pétrochimie), *de la houille* (carbochimie). - *Laboratoire, expérience de chimie.*

CHIMIOTHÉRAPIE n. f. ▪ MÉD. Traitement par des substances chimiques. *Chimiothérapie des cancers.*

CHIMIQUE adj. ▪ Relatif à la chimie, aux corps qu'elle étudie. *Formule, symbole chimique. Propriétés chimiques d'un corps.* - *Produits chimiques,* corps obtenus par l'industrie chimique (opposé à *naturel*).

CHIMIQUEMENT adv. ▪ D'après les lois, les formules de la chimie. *De l'eau chimiquement pure.*

CHIMISTE n. ▪ Personne qui s'occupe de chimie, pratique et étudie la chimie. *Expert, ingénieur chimiste. Une chimiste.*

CHIMKENT → **Chymkent**

CHIMPANZÉ n. m. ▪ Grand singe anthropoïde d'Afrique.

chimpanzé. *Pan troglodytes.* *Phot. © Varin/Jacana*

CHIMÚ ▪ Empire établi sur la côte septentrionale du Pérou, et dont la domination s'affirma de 1200 à 1440. Les Chimús furent des orfèvres et des urbanistes remarquables, comme en témoignent les restes de Chanchán, leur capitale.

CHINCHILLA [-ila] n. m. ▪ **1.** Petit mammifère rongeur qui vit au Pérou et au Chili. **2.** Sa fourrure gris clair. *Manteau de chinchilla.*

chinchilla. *Chinchilla lanigar.* *Phot. © Varin/Visage/Jacana*

la CHINE ▪ État le plus peuplé du monde, allant de la mer de Chine (Pacifique) au cœur de l'Asie. Le pays est divisé administrativement en 23 provinces (y compris Taïwan qui se déclare indépendante), 5 régions autonomes et 3 zones municipales. 9 560 000 km^2. 1 185 110 000 hab. *(les Chinois).* Capitale : Pékin (Beijing). Langue officielle : chinois mandarin. Monnaie : yuan. L'agriculture, qui emploie 60 % des actifs, domine l'économie (riz, blé, thé). L'industrialisation, amorcée dans les années 1950, a accordé la priorité à l'industrie lourde, selon le modèle de l'URSS et avec son aide jusqu'en 1961. Énormes ressources minières : charbon, pétrole, fer, manganèse... Depuis 1979, la terre a été redistribuée aux familles et des mesures de décentralisation ont été adoptées. La recherche de capitaux étrangers a poussé le gouvernement à accepter la privatisation d'entreprises, dans quatre provinces dites zones économiques spéciales, et un début de libération des prix. Malgré des retombées favorables, la situation économique est plutôt morose : chômage, inflation, déséquilibre entre les régions. □ HISTOIRE Les traces les plus anciennes d'une occupation de la Chine remontent au Paléolithique inférieur (env. – 1,8 million d'années). Sous la première dynastie historique, celle des Chang ou Yin (IIe millénaire av. J.-C.), la Chine connaissait l'écriture. La dynastie des Zhou* (1050 – 221 av. J.-C.) vit apparaître les grandes écoles de pensée avec Lao-tseu (taoïsme) et Confucius*. Mais la véritable unité politique, après la période dite des Printemps et des Automnes puis celle des Royaumes combattants, fut l'œuvre de Zheng de Qin qui prit le titre de Shi Huangdi « premier empereur » (v. 220 av. J.-C), fonda la dynastie Qin, qui a donné son nom à la Chine, et entreprit la Grande Muraille contre les nomades turco-mongols. Avec la dynastie des Han* (apogée sous Wudi, 140-87 av. J.-C.) s'ouvrit la route de la Soie et, résultant de la pénétration étrangère, le bouddhisme fut introduit. À nouveau divisée (220), la Chine fut réunifiée par la dynastie des Sui puis par celle des Tang* (qui prit fin en 907) et connut une prospérité exceptionnelle (VIIe-VIIIe s., âge d'or de la poésie classique : Li Bai, Du Fu). La restauration de l'empire par les Song ne résista pas aux puissances du Nord ; au XIIIe s., les tribus mongoles conquirent la Chine, menées par Gengis Khan ; son petit-fils, Kubilaï* Khan, établit sa nouvelle capitale à Pékin, fonda la dynastie des Yuan (1280-1368) et imposa un pouvoir central, brimant les peuples Han (93 % de la population actuelle). Une réaction nationaliste porta Hongwu au pouvoir (dynastie des Ming, 1368-1644) qui refoula les envahisseurs hors des frontières. Il accomplit en despote une œuvre économique considérable ; son fils Yongle mena une politique d'expansion (militaire en Mongolie, maritime jusqu'en Afrique) et de prestige ; après le renouveau culturel, des troubles politiques apparurent sous Wanli (1573-1619) et les Mandchous envahirent la Chine et fondèrent leur dynastie, celle des Qing (1644-1912). L'un de ses plus brillants monarques, Kangxi* (1661-1722), accueillit des jésuites à sa cour mais ceux-ci furent expulsés après sa mort et le pays fermé aux étrangers. Cependant, les intérêts commerciaux du Royaume-Uni, de la France et de l'Allemagne aboutirent à la première (1840-1842) et à la seconde guerre de l'Opium* (1856-1860), à la guerre sino-française du Tonkin (1884-

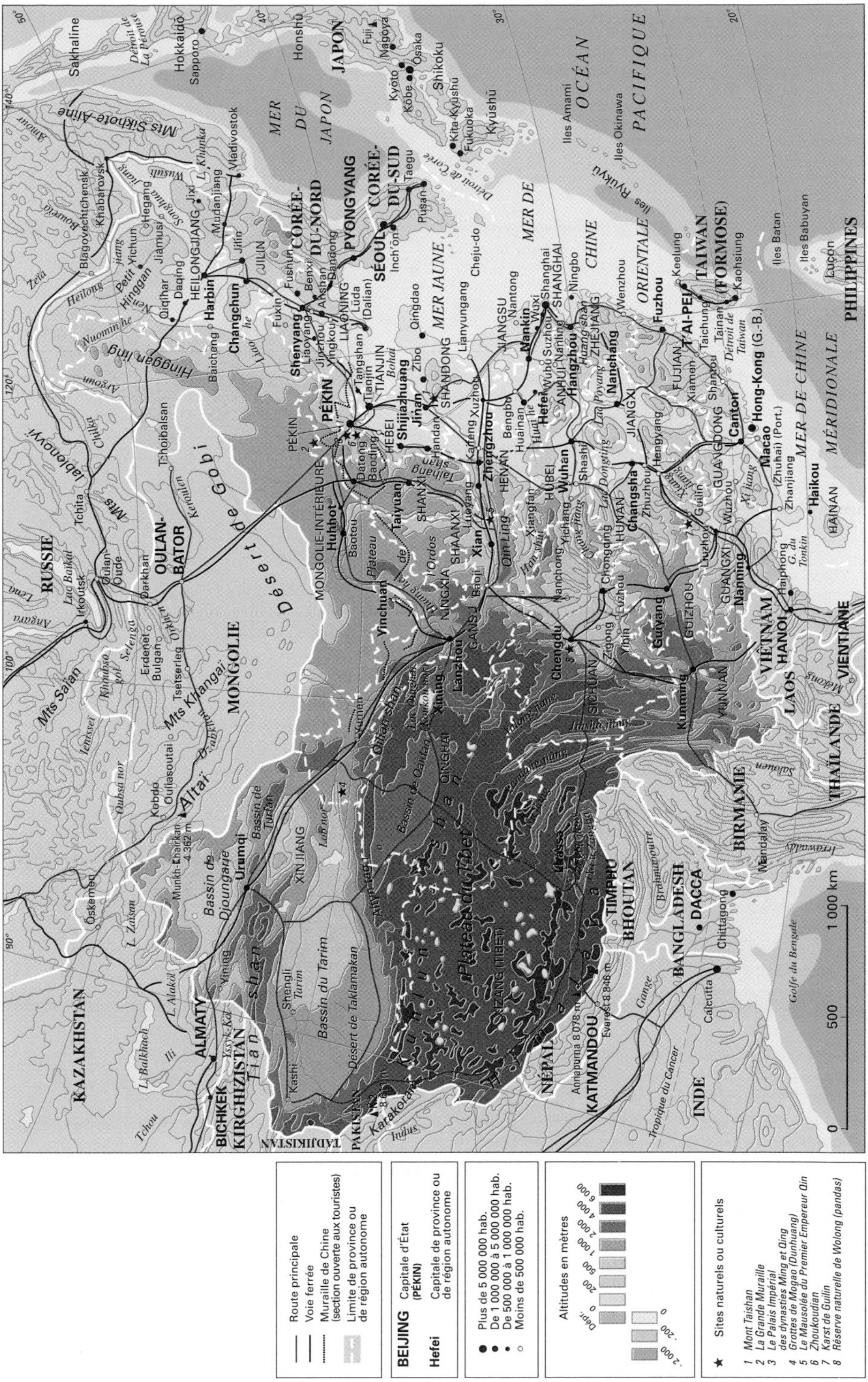
Route principale
Voie ferrée
Muraille de Chine (section ouverte aux touristes)
Limite de province ou de région autonome
BEIJING (PÉKIN) Capitale d'État
Hefei Capitale de province ou de région autonome
Plus de 5 000 000 hab.
De 1 000 000 à 5 000 000 hab.
De 500 000 à 1 000 000 hab.
Moins de 500 000 hab.
Altitudes en mètres
Sites naturels ou culturels
1 Mont Taishan
2 La Grande Muraille
3 Le Palais Impérial des dynasties Ming et Qing
4 Grottes de Mogao (Dunhuang)
5 Le Mausolée du Premier Empereur Qin
6 Zhoukoudian
7 Karst de Guilin
8 Réserve naturelle de Wolong (pandas)

Chine.

1885) puis à la guerre sino-japonaise (1894-1895) à l'issue de laquelle la Chine perdit Taiwan et la Corée. L'impuissance du régime (→ **Cixi**), les soulèvements nationalistes (guerre des Boxers*, 1900) conduisirent à la proclamation de la république par Sun Yat-Sen, à la tête du Guomindang, en 1911 et l'abdication des Mandchous en 1912. Jiang Jieshi (Tchang Kaï-chek), succéda à Sun Yat-Sen à la mort de celui-ci et engagea une sanglante répression des communistes qui, sous la direction de Mao* Zedong, effectuèrent la Longue Marche (1934-1935). Au lendemain de la guerre contre le Japon (1931-1945) qui entraîna une alliance tactique entre nationalistes et communistes, le parti de Mao Zedong proclama la république populaire (1949) au terme d'une guerre civile qui contraignit Jiang Jieshi à se réfugier à Taiwan. En 1956, Mao lança le mouvement des Cent-Fleurs en faveur d'une relative liberté d'expression, rapidement réprimée, puis à partir de 1958, le Grand Bond en avant, visant à accroître la production industrielle et marqué à l'extérieur par un éloignement de l'Union soviétique. La Révolution culturelle entamée en 1965, campagne de « rééducation » des masses destinée à relancer la dynamique révolutionnaire, aboutit à de nombreuses purges dans les rangs du pouvoir. Le ministre de la Défense, Lin Biao, successeur désigné de Mao, fut évincé en 1971. Le pragmatisme du Premier ministre Zhou Enlai marqua les dernières années de Mao, mort comme lui en 1976. Après avoir écarté les tenants d'un maoïsme extrémiste (→ **Hua Guofeng**), les dirigeants modérés du Parti, menés par Deng Xiaoping, engagèrent des actions réformatrices dans l'économie, mais la répression des manifestations étudiantes de 1989 (notamment place Tien An Men à Pékin) marqua le retour à un régime autoritaire.

CHINÉ, ÉE adj. ▪ (étoffe, laine) Fait de fils de couleurs alternées. *Veste chinée noir et blanc.*

CHINER v. tr. [1] ▪ **I.** Chercher des occasions chez les brocanteurs, les chiffonniers, etc. (⇒ **chineur**). **II.** Se moquer gentiment de (qqn). ⇒ **plaisanter, railler, taquiner.**

CHINEUR, EUSE n. ▪ FAM. Brocanteur ; amateur qui aime à chiner (I).

CHINOIS, OISE ▪ **I. 1.** adj. De Chine. ⇒ **sino-**. *L'écriture chinoise* (⇒ **idéogramme**). *La population chinoise.* ➝ n. *Les Chinois.* ♦ Qui imite un style de la Chine. ♦ Subtil, raffiné. *Casse-tête chinois.* **2.** fig. n. Personne qui subtilise à l'excès. *Quel chinois !* (⇒ **chinoiserie**). ➝ adj. *C'est un peu chinois.* **3.** n. m. Ensemble des langues parlées en Chine, écrites en idéogrammes ; spécialt le mandarin (langue de la région de Beijing [Pékin]). ➝ fig. *C'est du chinois,* c'est incompréhensible. **II.** n. m. Passoire conique fine utilisée pour la cuisine.

CHINOISERIE n. f. ▪ **1.** Œuvre d'art, bibelot dans le goût chinois. **2.** fig. Complication inutile et extravagante. *Des chinoiseries administratives.*

CHINON ▪ Chef-lieu d'arrondissement de l'Indre-et-Loire. 8 627 hab. *(les Chinonais).* Château. Centrale nucléaire d'Avoine.

l'île de **CHIOS** ou **CHIO** ▪ Île de la mer Égée où se trouvait l'une des plus importantes cités de la Grèce antique. Massacre de la population par les Turcs en 1822.

CHIOT n. m. ▪ Jeune chien. *Une portée de chiots.*

CHIOTTES n. f. pl. ▪ FAM. Cabinets d'aisances. ⇒ **toilette(s).**

CHIOURME n. f. ▪ anciennt Ensemble des rameurs d'une galère ; des forçats (⇒ **garde-chiourme**).

CHIPER v. tr. [1] ▪ FAM. Dérober, voler. ⇒ FAM. **faucher, piquer.** *On m'a chipé mon stylo.*

CHIPIE n. f. ▪ **1.** Femme au caractère désagréable. ⇒ **mégère, pimbêche. 2.** Petite fille taquine impertinente.

CHIPOLATA n. f. ▪ Petite saucisse longue et mince. *Des chipolatas.*

CHIPOTER v. intr. [1] ▪ **1.** Manger par petits morceaux, sans plaisir. **2.** Discuter sur des vétilles. ⇒ **ergoter, pinailler.** *Il chipote sur les dépenses.* ▶ n. m. CHIPOTAGE ▶ n. et adj. CHIPOTEUR, EUSE

Thomas **CHIPPENDALE** (v. 1718 - 1779) ▪ Ébéniste britannique. Il créa un style de mobilier auquel il donna son nom.

CHIPS [ʃips] n. f. pl. ▪ Pommes de terre frites en minces rondelles. *Un paquet de chips.* ➝ adj. *Pommes chips.*

CHIQUE n. f. ▪ **I.** Morceau de tabac à mâcher. ➝ loc. FAM. *COUPER LA CHIQUE à qqn,* l'interrompre brutalement. **II.** Puce dont la femelle peut s'enfoncer dans la chair de l'homme et y provoquer des abcès.

CHIQUÉ n. m. ▪ FAM. Attitude prétentieuse, affectée, pour se faire valoir. ⇒ **bluff, cinéma, esbroufe.** *Faire du chiqué,* des manières. ⇒ **frimer.**

CHIQUENAUDE n. f. ▪ **1.** Coup donné avec un doigt replié contre le pouce et que l'on détend brusquement. ⇒ **pichenette. 2.** fig. Petite impulsion ; poussée.

CHIQUER v. tr. [1] ▪ Mâcher (du tabac). *Tabac à chiquer.*

Jacques **CHIRAC** (né en 1932) ▪ Homme d'État français. Gaulliste, Premier ministre en 1974-1976 et 1986-1988, maire de Paris de 1977 à 1995, il a été élu président de la République en 1995.

Chirac.
Phot. © Vioujard/ Gamma

CHIRĀZ ▪ Ville d'Iran. Centre artistique et culturel, ancienne capitale du pays (XVIIIe s.). 848 300 hab.

CHIRICO → Giorgio **De Chirico**

CHIR(O)- [kiʀo] Élément savant, du grec *kheir* « main ».

CHIROMANCIE n. f. ▪ Art de deviner l'avenir, le caractère de qqn par les lignes de sa main.

CHIROMANCIEN, IENNE n. ▪ Diseur, diseuse de bonne aventure. ⇒ ① **voyant.**

CHIROPRACTEUR n. m. ▪ Personne qui pratique la chiropraxie. ◇ recomm. off. CHIROPRATICIEN, IENNE.

CHIROPRAXIE n. f. ▪ Thérapeutique par manipulation des vertèbres.

CHIRURGICAL, ALE, AUX adj. ▪ Relatif à la chirurgie. *Opération chirurgicale.*

CHIRURGIE n. f. ▪ Partie de la médecine qui comporte une intervention manuelle et instrumentale (surtout à l'intérieur du corps). *Chirurgie du cœur. Opération de chirurgie esthétique. Chirurgie dentaire.*

CHIRURGIEN, IENNE n. ▪ **1.** Médecin qui pratique la chirurgie. *Chirurgien-major,* dans l'armée. **2.** *Chirurgien dentiste.* ⇒ **dentiste.**

CHISINAU de 1944 à 1991 ***KICHINEV*** ▪ Capitale de la Moldavie. 676 000 hab.

CHISTERA [(t)ʃisteʀa] n. f. ou m. ▪ Instrument d'osier en forme de gouttière recourbée, qui sert à lancer la balle à la pelote basque.

CHITINE [ki-] n. f. ▪ Substance organique (téguments des arthropodes, membranes de certains champignons).

CHITTAGONG ▪ Ville et port du Bangladesh. 1 400 000 hab.

CHIURE n. f. ▪ Excrément d'insectes. *Des chiures de mouches.*

CHIUSI ▪ Ville d'Italie (Toscane). 9 222 hab. Nécropole étrusque.

CHLAMYDE [kla-] n. f. ▪ ANTIQ. Manteau court et fendu, agrafé sur l'épaule.

CHLEFF anciennt ***ORLÉANSVILLE*** puis ***EL-ASNAM*** ▪ Ville d'Algérie, dans la plaine du Chélif. 118 996 hab.

les **CHLEUHS** ▪ Population berbère sédentaire du Maroc.

CHLORATE [kl-] n. m. ▪ CHIM. Sel de l'acide chlorique.

CHLORE [klɔʀ] n. m. ▪ Corps simple (symb. Cl), jaune verdâtre, d'odeur suffocante. *Propriétés décolorantes, antiseptiques du chlore.*

CHLORÉ, ÉE [kl-] adj. ▪ Qui contient du chlore. *L'eau chlorée d'une piscine.*

CHLORHYDRATE [kl-] n. m. ▪ CHIM. Sel hydraté de l'acide chlorhydrique.

CHLORHYDRIQUE [kl-] adj. ▪ *Acide chlorhydrique* : solution du *gaz chlorhydrique* (composé de chlore et d'hydrogène) dans l'eau, liquide incolore, fumant, corrosif.

CHLORIQUE [kl-] adj. ▪ CHIM. Du chlore. *Acide chlorique.*

CHLORIS ▪ Déesse grecque des Fleurs (*Flore* chez les Romains), épouse de Zéphyr, mère de Nestor.

CHLOROFORME [kl-] n. m. ▪ Liquide incolore, employé comme anesthésique. *Endormir qqn au chloroforme.*

CHLOROFORMER v. tr. 1 ▪ Anesthésier au chloroforme.

CHLOROPHYLLE [kl-] n. f. ▪ Pigment vert des végétaux, qui joue un rôle essentiel dans la photosynthèse (⇒ **chlorophyllien**).

CHLOROPHYLLIEN, IENNE [kl-] adj. ▪ De la chlorophylle. *Fonction chlorophyllienne,* par laquelle, sous l'action de la lumière, la chlorophylle absorbe le gaz carbonique et rejette l'oxygène.

CHLOROSE [kl-] n. f. ▪ 1. MÉD. Anémie causée par le manque de fer. ▶ adj. CHLOROTIQUE 2. BOT. Étiolement et jaunissement des végétaux dus au manque de chlorophylle.

CHLORURE [kl-] n. m. ▪ 1. Sel résultant de la combinaison de l'acide chlorhydrique avec une base. ⇒ **sel.** *Chlorure de sodium* (sel marin). 2. Mélanges industriels utilisés pour le blanchiment, la désinfection. ⇒ eau de **Javel.**

CHOC n. m. ▪ 1. Entrée en contact de deux corps qui se rencontrent violemment ; ébranlement qui en résulte. ⇒ **coup, heurt, percussion.** *Choc violent.* ⇒ **collision.** 2. Rencontre violente (d'hommes). *Le choc de deux armées ennemies.* ⇒ **bataille, combat.** *Troupes, unités* DE CHOC, qui sont toujours en première ligne. ⇒ **commando.** 3. fig. *Le choc des opinions, des cultures, des intérêts.* ⇒ **conflit, opposition.** 4. Émotion brutale. ⇒ **traumatisme.** - appos. (invar.) Qui provoque un choc psychologique (surprise, intérêt, émotion). *Photo-choc. Des prix choc.* ♦ *Choc opératoire, anesthésique.* 5. *CHOC EN RETOUR* : contrecoup d'un choc, d'un événement sur la personne qui l'a provoqué ou sur le point d'où il est parti.

CHOCOLAT n. m. ▪ 1. Substance alimentaire (pâte solidifiée) faite de cacao broyé avec du sucre, de la vanille, etc. *Chocolat au lait, aux noisettes. Plaque, tablette de chocolat.* ♦ Bonbon au chocolat. *Une boîte de chocolats.* 2. Boisson faite de poudre de cacao. *Une tasse de chocolat. Un chocolat.* 3. Brun rouge foncé. - adj. invar. *Des robes chocolat.* 4. adj. FAM. *Être chocolat* : être privé d'une chose sur laquelle on comptait.

CHOCOLATÉ, ÉE adj. ▪ Parfumé au chocolat.

CHOCOLATIER, IÈRE n. et adj. ▪ 1. Personne qui fabrique, qui vend du chocolat. - adj. *L'industrie chocolatière.* 2. n. f. Récipient pour servir le chocolat liquide.

CHOÉPHORE [kɔe-] n. ▪ ANTIQ. Personne qui portait les libations destinées aux morts, chez les Grecs.

CHŒUR [kœʀ] n. m. ▪ I. 1. Réunion de chanteurs (⇒ **choriste**) qui exécutent un morceau ensemble. ⇒ **chorale.** *Orchestre et chœur.* 2. Composition musicale destinée à être chantée par plusieurs personnes (⇒ **choral**). 3. (théâtre antique) Troupe de personnes qui dansent et chantent ensemble. *Le chœur des tragédies grecques.* 4. *Le chœur des mécontents,* l'ensemble qui s'exprime. 5. *EN CHŒUR* : ensemble, unanimement (→ faire chorus, agir de concert). *S'ennuyer en chœur.* II. Partie de la nef d'une église, devant le maître-autel. - *Enfant* de chœur.*

CHOIR v. intr. surtout : *je chois, tu chois, il choit ; je chus ; chu, chue* au p. p. ▪ 1. LITTÉR. Être entraîné de haut en bas. ⇒ **tomber.** 2. FAM. *LAISSER CHOIR.* ⇒ **abandonner, plaquer.** *Après de belles promesses, il nous a laissés choir.*

Étienne François, duc de CHOISEUL (1719 - 1785) ▪ Ministre de Louis XV. Sous son ministère, la France acquit la Lorraine et la Corse et l'opposition parlementaire se renforça.

CHOISI, IE adj. ▪ Excellent ; pris pour sa qualité. *Œuvres, textes choisis.* ⇒ **anthologie.** *S'exprimer en termes choisis,* élégants.

CHOISIR v. tr. 2 ▪ 1. Prendre de préférence, faire choix de. *Choisir une carrière. On l'a choisi pour ce poste.* ⇒ **désigner, distinguer, nommer.** - *Choisir ses vêtements, ses amis, ses lectures.* ⇒ **sélectionner.** 2. Se décider entre deux ou plusieurs partis ou plusieurs solutions. ⇒ **opter,** se **prononcer, trancher.** *Choisir de* (+ inf.), *choisir si...* - absolt *Décidez-vous, il faut choisir.*

CHOISY-LE-ROI ▪ Commune du Val-de-Marne. 34 068 hab. *(les Choisyens).* Constructions mécaniques, verrerie.

CHOIX n. m. ▪ 1. Action de choisir, décision par laquelle on donne la préférence à qqch. *Son choix est fait.* ⇒ **décision, résolution.** 2. Pouvoir, liberté de choisir (actif) ; existence de plusieurs partis entre lesquels choisir (passif). *On lui laisse le choix.* ⇒ **option.** *Choix entre deux solutions.* ⇒ **alternative, dilemme.** *Vous avez le choix. Au choix.* - *L'embarras* du choix.* - *Ne pas avoir le choix* : être obligé. 3. Ensemble de choses parmi lesquelles on peut choisir. *Un très grand choix d'articles de sport.* ⇒ **assortiment, éventail.** 4. Ensemble de choses choisies pour leurs qualités. ⇒ **sélection.** *Choix de poésies.* ⇒ **anthologie, recueil.** - *DE CHOIX* : de prix, de qualité. *Un morceau de choix.*

CHOL(É)- [kɔle] Élément savant, du grec *kholê* « bile ».

CHOLÉDOQUE [kɔ-] adj. m. ▪ *Canal cholédoque,* qui conduit la bile dans le duodénum.

Sholom Nokhoumovitch Rabinovitch dit **CHOLEM ALEICHEM** (1859 - 1916) ▪ Écrivain d'expression yiddish et russe. Il a évoqué la condition juive sur un ton lucide et amer qui n'exclut pas l'humour. *"Les Étoiles errantes"* (1909-1911).

CHOLÉRA [kɔ-] n. m. ▪ 1. Très grave maladie intestinale épidémique. 2. FAM. Personne méchante, nuisible. ⇒ **peste.**

CHOLÉRIQUE [kɔ-] adj. ▪ Du choléra. *Vibrion cholérique.*

CHOLESTÉROL [kɔ-] n. m. ▪ Substance grasse toujours présente dans l'organisme. *L'excès d'une variété de cholestérol provoque des troubles.* ♦ *Avoir du cholestérol,* un taux de cholestérol trop élevé dans le sang.

CHOLET ▪ Chef-lieu d'arrondissement du Maine-et-Loire. 55 132 hab. *(les Choletais).* Commerce, industries traditionnelles (mouchoirs).

Mikhaïl CHOLOKHOV (1905 - 1984) ▪ Romancier soviétique. Description du peuple travailleur. *"Le Don paisible"* (1940). Prix Nobel de littérature 1965.

Dietrich von CHOLTITZ (1894 - 1966) ▪ Général allemand. Désobéissant à Hitler, il refusa de détruire Paris, dont il était gouverneur militaire (août 1944).

CHÔMAGE n. m. ▪ 1. VIEILLI Interruption du travail. 2. Inactivité forcée (des personnes) due au manque de travail, d'emploi. *Ouvriers en chômage.* - *Être au chômage. Indemnité de chômage.*

CHÔMER v. intr. 1 ▪ 1. VX Suspendre son travail pendant les jours fériés. - au p. p. *Jours chômés,* pendant lesquels on ne travaille pas. 2. VX Cesser le travail volontairement. 3. Ne pas avoir de travail, par manque d'emploi (→ plus cour. être au chômage). 4. loc. *Ne pas chômer,* travailler beaucoup.

CHÔMEUR, EUSE n. ▪ Travailleur, travailleuse qui se trouve involontairement privé(e) d'emploi (→ demandeur d'emploi).

Noam CHOMSKY (né en 1928) ▪ Linguiste américain. Créateur de la grammaire générative et transformationnelle, qui repose sur l'hypothèse de structures innées et universelles du langage. *"Structures syntaxiques"* (1957).

CH'ŎNGJIN ou **CHEONGJIN** ▪ Ville industrielle et port de Corée-du-Nord. 265 000 hab.

CHONGQING ou **TCH'ONG-KING** ▪ Ville de Chine (Sichuan), sur le Chang jiang. 2 984 400 hab. Port fluvial et centre sidérurgique important. Ancienne capitale de la Chine nationaliste, de 1937 à 1946.

Chongqing. Vue sur le Chang jiang. *Phot. © J.M. Charles/Rapho*

CHOPE n. f. ▪ Récipient cylindrique à anse, pour boire la bière. ‑ Son contenu.

CHOPER v. tr. [1] ▪ FAM. **1.** Arrêter, prendre (qqn). ⇒ **pincer.** **2.** Attraper. *Il a chopé un rhume.* ⇒ **ramasser.**

Frédéric **CHOPIN** (1810 ‑ 1849) ▪ Compositeur polonais. Il a révolutionné l'art du piano par son utilisation du folklore et par la variété des thèmes *("Polonaises"; "Mazurkas"; "Valses").* Personnage romantique par excellence : héros national émigré à Paris, pianiste virtuose, amant de la romancière George Sand.

Chopin. Portrait par Delacroix.
Musée du Louvre, Paris.
Phot. © Explorer/Coll. E.S.

CHOPINE n. f. ▪ FAM. (surtout rural) Bouteille (de vin). *Payer la chopine.*

CHOQUANT, ANTE adj. ▪ Qui heurte la bienséance, le goût, le bon sens. ⇒ **déplacé, inconvenant, indécent, malséant.** *Des propos choquants. Une injustice choquante,* révoltante.

CHOQUER v. tr. [1] ▪ **1.** Faire se heurter (des choses). *Choquons nos verres.* ⇒ **trinquer.** **2.** Contrarier ou gêner en heurtant les goûts, les bienséances. ⇒ **indigner, offusquer, scandaliser.** **3.** Agir, aller contre, être opposé à.

CHORAL, ALE [kɔʀal] ▪ **I.** (plur. *choraux*) adj. Qui a rapport aux chœurs. *Chants choraux.* **II.** (plur. *chorals*) n. m. Chant religieux. *Des chorals de Bach.* **III.** n. f. Société musicale qui exécute des œuvres vocales, des chœurs. ⇒ **chœur.**

CHORÉE [kɔʀ‑] n. f. ▪ Contractions musculaires pathologiques ; spécialt danse de Saint-Guy.

CHORÉGRAPHE [kɔʀ‑] n. ▪ Personne qui compose des ballets.

CHORÉGRAPHIE [kɔʀ‑] n. f. ▪ **1.** Art de composer des ballets, d'en régler les figures et les pas. ⇒ **danse.** **2.** Notation d'une danse sur le papier au moyen de signes spéciaux. ► adj. CHORÉGRAPHIQUE

CHORISTE [kɔʀ‑] n. ▪ Personne qui chante dans un chœur.

CHORIZO [ʃɔʀizo ; tʃɔʀiso] n. m. ▪ Saucisson espagnol pimenté. *Des chorizos.*

CHOROÏDE [kɔʀ‑] n. f. ▪ ANAT. Membrane de l'œil, entre la sclérotique et la rétine.

CHORUS [kɔʀys] n. m. ▪ **I.** *FAIRE CHORUS :* se joindre à d'autres pour dire comme eux, être du même avis. ⇒ **approuver.** **II.** JAZZ Improvisation sur la durée du thème. *Un chorus de trompette.*

CHOSE n. f. ▪ **I.** **1.** Réalité concrète ou abstraite perçue ou concevable comme un objet unique. ⇒ **être, événement, objet.** *Voir, percevoir, imaginer une chose. Toutes choses égales d'ailleurs. Avant toute chose,* premièrement. *De deux choses l'une :* il existe deux possibilités. **2.** *Les choses :* le réel. ⇒ **fait, phénomène, réalité.** *Regarder les choses en face.* ‑ *Appeler les choses par leur nom,* parler franchement. *"Les Mots et les Choses"* (de M. Foucault). **3.** spécialt Réalité matérielle non vivante. ⇒ **objet.** *Les êtres, les personnes et les choses.* ‑ *Un tas de choses.* **4.** surtout plur. Ce qui a lieu, ce qui se fait, ce qui existe. *Le cours des choses. C'est la moindre des choses,* le minimum que l'on puisse faire. **5.** *La chose :* ce dont il s'agit. *Je vais vous expliquer la chose. C'est chose faite.* **6.** (avec *dire, répéter,* etc.) Paroles, discours. *Je vais vous dire une bonne chose. Dites-lui bien des choses de ma part,* faites-lui mes amitiés. **7.** DR. *La chose jugée.* ⇒ **cause.** **II.** loc. **1.** *AUTRE CHOSE. C'est (tout) autre chose.* ⇒ **différent.** ‑ *LA MÊME CHOSE. Ce n'est pas la même chose.* **2.** *QUELQUE CHOSE* loc. indéf. masc. (abrév. *qqch.*). *Quelque chose de bon. Il faut faire quelque chose,* intervenir. *Il lui est arrivé quelque chose,* un accident, un ennui. ‑ FAM. *C'est quelque chose ! :* c'est un peu fort ! **3.** *PEU DE CHOSE :* une chose (acte, objet) peu importante. ⇒ **peu ; grand-chose.** **III.** (ce qu'on ne nomme pas précisément) **1.** n. m. ⇒ **machin, truc.** *Qu'est-ce que c'est que ce... chose ?* ‑ (personnes) *Eh ! Chose ! "Le Petit Chose"* (roman de A. Daudet). **2.** n. f. (euphémisme) *Être porté sur la chose,* attiré par la sexualité. **3.** adj. *Se sentir TOUT CHOSE :* éprouver un malaise difficile à analyser.

Dmitri **CHOSTAKOVITCH** (1906 ‑ 1975) ▪ Compositeur soviétique. Auteur de quinze symphonies d'une grande puissance dramatique.

CHOTT [ʃɔt] n. m. ▪ Lac salé, en Afrique du Nord.

CHOU n. m. ▪ **1.** Plante crucifère (n. sc. *Brassica*) à plusieurs variétés sauvages ou cultivées pour l'alimentation. ‑ spécialt Le chou pommé ou cabus. *Soupe aux choux. Choux fermentés.* ⇒ **choucroute.** ‑ (autres espèces) *Chou rouge,* que l'on consomme cru, en salade. *Chou de Bruxelles,* à longues tiges et bourgeons comestibles. ‑ ⇒ aussi **brocoli, chou-fleur, chou-rave.** **2.** loc. FAM. *Feuille de chou :* journal de peu de valeur. ‑ *C'est bête comme chou,* facile à comprendre. ⇒ **enfantin.** ‑ *Être dans les choux,* avoir échoué. ‑ *Rentrer dans le chou à qqn,* l'attaquer, lui donner des coups. ‑ *Faire ses choux gras de qqch.,* en tirer profit. **3.** *Mon chou, mon petit chou,* expression de tendresse (fém. CHOUTE). ⇒ **chouchou.** *Bout de chou,* petit enfant. ‑ FAM. adj. invar. *Ce qu'elles sont chou !* ⇒ **gentil, joli.** **4.** *CHOU À LA CRÈME :* pâtisserie légère et soufflée. *Pâte à choux,* dont on fait ces choux. **5.** ARGOT Tête. *T'as rien dans le chou !*

CHOUAN n. m. ▪ Insurgé royaliste de l'ouest de la France, pendant la Révolution.

CHOUANNERIE n. f. ▪ HIST. Mouvement des chouans. ▪ La chouannerie, dont Cottereau* fut l'un des premiers chefs, se développa surtout à partir de 1793 en Bretagne, en Normandie, dans le Maine et en Anjou.

CHOUCAS n. m. ▪ Oiseau noir, voisin de la corneille.

choucas.
Corvus monedula.
Phot. © Danegger/Jacana

CHOUCHOU, OUTE n. ▪ FAM. Favori, préféré. *Le chouchou du professeur.*

CHOUCHOUTER v. tr. [1] ▪ Dorloter, gâter.

CHOUCROUTE n. f. ▪ Plat préparé avec des choux découpés en rubans, légèrement fermentés dans une saumure et que l'on sert avec de la charcuterie.

CHOU EN-LAI → **Zhou Enlai**

① **CHOUETTE** n. f. ▪ Oiseau rapace nocturne. ⇒ **chevêche, effraie, hulotte.** *La chouette hulule.*

② **CHOUETTE** ▪ FAM. **1.** adj. Agréable, beau. *Elle est chouette, ta voiture. C'est chouette,* c'est digne d'admiration, d'éloge. ⇒ **super.** **2.** interj. *Ah, chouette, alors !* ⇒ **chic.**

CHOU-FLEUR n. m. ▪ Variété de chou dont on mange les fleurs qui forment une masse blanche, charnue. *Des choux-fleurs.*

CHOU-RAVE n. m. ▪ Variété de chou cultivée pour ses racines. *Des choux-raves.*

CHOYER v. tr. [8] ▪ Soigner avec tendresse, entourer de prévenances. ⇒ **cajoler, combler, entourer, gâter.** → au p. p. *Une enfant très choyée.*

Driss **CHRAÏBI** (né en 1926) ▪ Romancier marocain d'expression française. *"Les Boucs"* (1956).

CHRÊME [kʀɛm] n. m. ▪ Huile consacrée, employée dans des sacrements ou cérémonies des Églises catholique et orthodoxe. *Le saint chrême.*

CHRESTOMATHIE [kʀɛst-] n. f. ▪ Recueil de morceaux choisis (textes anciens ; classiques). ⇒ **anthologie.**

CHRÉTIEN, IENNE [kʀetjɛ̃, jɛn] ▪ **I.** adj. **1.** Qui professe la foi en Jésus-Christ. *Le monde chrétien.* **2.** Du christianisme*. *La religion chrétienne. L'ère chrétienne,* qui commence à la naissance de Jésus-Christ. **II.** n. Personne qui professe le christianisme. ⇒ **catholique, orthodoxe, protestant, réformé.** *Les chrétiens arméniens, coptes, maronites.*

Jean **CHRÉTIEN** (né en 1934) ▪ Homme politique canadien. Il prit en 1990 la tête du parti libéral, qui remporta les élections législatives de 1993. Il est depuis Premier ministre du Canada.

CHRÉTIEN DE TROYES (v. 1135 - v. 1183) ▪ Écrivain français. Romans de chevalerie en vers octosyllabes relevant du « cycle breton » : *"Lancelot"; "Yvain"; "Perceval ou le Conte du Graal".*

CHRÉTIENNEMENT [kʀetjɛnmɑ̃] adv. ▪ Conformément à la religion chrétienne.

CHRÉTIENTÉ [kʀetjɛ̃te] n. f. ▪ Ensemble des peuples, des pays chrétiens.

CHRIST [kʀist] n. m. ▪ **1.** (avec une maj.) Nom donné à Jésus de Nazareth. ⇒ **Messie, Seigneur.** → appos. *Jésus-Christ.* **2.** Figure du Christ sur la croix. ⇒ **crucifix.** *Un christ d'ivoire.*

CHRISTCHURCH ▪ Ville de Nouvelle-Zélande. 303 400 hab. Port de Lyttelton.

CHRISTIAN ▪ NOM DE DIX ROIS DU DANEMARK ► **CHRISTIAN II** (1481 - 1559), roi de 1513 à 1523, fut chassé du trône de Suède par Gustave Vasa après avoir tenté de s'imposer par la force. ► **CHRISTIAN VI** (1699 - 1746), roi de 1730 à sa mort, régna en despote éclairé. ► **CHRISTIAN X** (1870 - 1947), roi de 1912 à sa mort, s'est opposé au nazisme.

CHRISTIANIA [kʀist-] n. m. ▪ Technique de virage ou d'arrêt en skis, les skis restant parallèles.

CHRISTIANISER [kʀist-] v. tr. [1] ▪ Rendre chrétien. ⇒ **évangéliser.** → au p. p. *Pays christianisé.* ► n. f. CHRISTIANISATION [kʀist-]

CHRISTIANISME [kʀist-] n. m. ▪ Religion fondée sur l'enseignement, la personne et la vie de Jésus-Christ (⇒ **chrétien**). *Se convertir au christianisme. "Le Génie du christianisme"* (de Chateaubriand). ▪ Le christianisme est, avec l'islam et le judaïsme, l'un des trois monothéismes. Il se réfère aux récits de l'Ancien et du Nouveau Testament (→ **Bible**). D'abord simple secte tolérée au sein du judaïsme, il fut largement propagé par les Apôtres et les premiers disciples, avant de se diviser en trois confessions principales : catholiques, orthodoxes, protestants.

Agatha **CHRISTIE** (1890 - 1976) ▪ Écrivain britannique. Maître du roman policier à énigme. *"Le Crime de l'Orient-Express"* (1934).

CHRISTINE (1626 - 1689) ▪ Reine de Suède en 1632, couronnée en 1644, elle abdiqua en 1654 après sa conversion au catholicisme. Très cultivée, elle fit de nombreux voyages, correspondit avec toute l'Europe savante, et reçut Descartes.

CHRISTINE DE PIZAN (v. 1363 - v. 1430) ▪ Écrivain français. Elle prit la défense des femmes. *"Le Livre de la Cité des Dames"* (1405).

CHRISTO ET JEANNE-CLAUDE (nés en 1935) ▪ Artistes américains d'origine bulgare et française. *"Le Pont-Neuf empaqueté"*, Paris, 1975-1985 et *"Le Reichstag empaqueté"*, Berlin, 1971-1995.

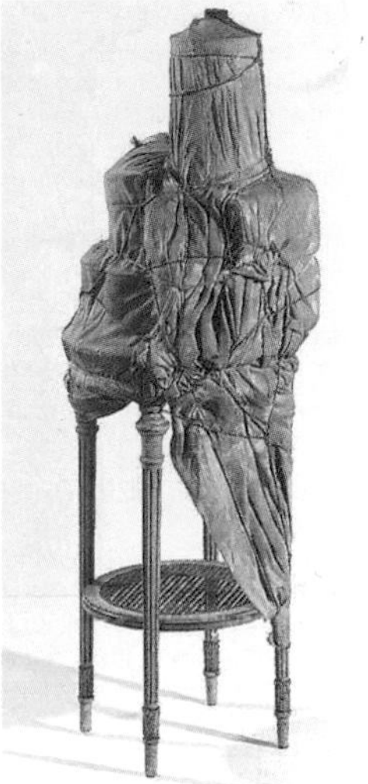

Christo. *Table empaquetée,* 1961. MNAMGP, Paris. *Phot. © MNAMGP*

saint **CHRISTOPHE** ▪ Personnage légendaire, patron des voyageurs. Il aurait porté l'Enfant Jésus sur son épaule pour lui faire passer une rivière. Son nom signifie « porteur du Christ ».

Henry **CHRISTOPHE** (1767 - 1820) ▪ Roi d'Haïti. Esclave noir affranchi, il renversa Dessalines, fut proclamé président puis roi de 1811 à sa mort.

Georges Colomb dit **CHRISTOPHE** (1856 - 1945) ▪ Écrivain et dessinateur français. Albums précurseurs de la bande dessinée : *"La Famille Fenouillard"* (1889-1893); *"Le Sapeur Camember"* (1890-1896); *"Le Savant Cosinus"* (1893-1899).

Petrus **CHRISTUS** (v. 1420 - v. 1473) ▪ Peintre flamand. *"Portrait d'une jeune femme".*

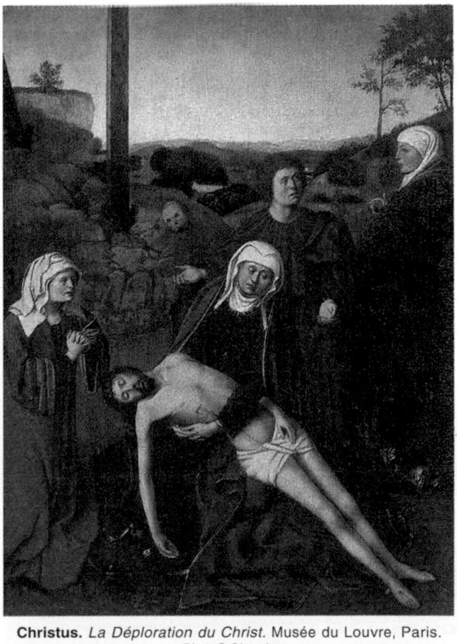

Christus. *La Déploration du Christ.* Musée du Louvre, Paris. *Phot. © Giraudon*

CHROMATIQUE [kʀ-] adj. ▪ 1. MUS. Qui est composé d'une suite de demi-tons (opposé à *diatonique*). 2. Relatif aux couleurs. 3. BIOL. Des chromosomes. *Réduction chromatique.* ⇒ **méiose.**

CHROMATISME [kʀ-] n. m. ▪ DIDACT. 1. Ensemble de couleurs. ⇒ **coloration.** 2. MUS. Caractère chromatique.

CHROME [kʀom] n. m. ▪ 1. Corps simple (symb. Cr), métal gris, brillant, dur (utilisé en alliages : acier inoxydable, etc.). 2. Pièce métallique en acier au chrome. *Nettoyer les chromes de sa voiture.*

CHROMER [kʀ-] v. tr. [1] ▪ Recouvrir (un métal) de chrome. – au p. p. *Acier chromé.*

CHROMO [kʀ-] n. m. ▪ 1. Image lithographique en couleur. 2. Image en couleur de mauvais goût. ◇ REM. Parfois n. f. *une chromo.*

CHROMO- [kʀomo], **-CHROMIE** [kʀɔmi], **-CHROME** [kʀom] Éléments savants, du grec *khrôma* « couleur » (ex. *chromolithographie* n. f. « lithographie en couleur » → chromo).

CHROMOSOME n. m. ▪ Élément de la cellule vivante, de forme caractéristique et en nombre constant (23 paires chez l'homme), situé dans le noyau de la cellule. *Les chromosomes sont le support des gènes*.*

CHROMOSOMIQUE adj. ▪ Relatif aux chromosomes. *Maladie chromosomique.* ⇒ aussi **chromatique** (3).

① **CHRONIQUE** [kʀɔnik] adj. ▪ 1. (maladie) Qui dure longtemps, se développe lentement (opposé à *aigu*). 2. (chose nuisible) Qui dure ou se répète. *Chômage chronique.* ► adv. CHRONIQUEMENT

② **CHRONIQUE** [kʀɔnik] n. f. ▪ 1. Recueil de faits historiques, rapportés dans l'ordre temporel. ⇒ **annales, histoire, mémoire(s), récit.** *Les chroniques de Froissart.* 2. au sing. L'ensemble des nouvelles qui circulent. – loc. *Défrayer la chronique,* en être l'objet. 3. Partie d'un journal consacrée à un sujet particulier. *Une chronique littéraire.*

-CHRONIQUE, -CHRONISME [kʀ-] Éléments, du grec *khronos* « temps » (⇒ **chrono-**).

CHRONIQUER [kʀ-] v. tr. [1] ▪ 1. Traiter dans une chronique. 2. intrans. Faire des chroniques.

CHRONIQUEUR, EUSE [kʀ-] ▪ 1. n. m. Auteur de chroniques historiques. ⇒ **historien, mémorialiste.** 2. n. Personne chargée d'une chronique de journal. *Chroniqueur littéraire, sportif.*

CHRONO ⇒ CHRONOMÈTRE

CHRONO- [kʀɔno], **-CHRONE** [kʀon] Éléments savants, du grec *khronos* « temps ».

CHRONOLOGIE n. f. ▪ 1. Science de la fixation des dates des événements historiques. ⇒ **annales, calendrier.** 2. Ouvrage décrivant une évolution, l'histoire, dans l'ordre temporel. 3. Succession des événements dans le temps. ► CHRONOLOGIQUE adj. *L'ordre chronologique.* ► adv. CHRONOLOGIQUEMENT

CHRONOMÈTRE n. m. ▪ Montre de précision. ♦ abrév. FAM. CHRONO. *Faire du 120* (km/h) *chrono,* mesuré au chronomètre (s'oppose à *au compteur*).

CHRONOMÉTRER v. tr. [6] ▪ Mesurer (une durée) avec précision, à l'aide d'un chronomètre. *Chronométrer une course.* ► n. m. CHRONOMÉTRAGE

CHRONOMÉTREUR, EUSE n. ▪ Personne qui chronomètre (une course, etc.).

CHRONOMÉTRIQUE adj. ▪ Relatif à la mesure exacte du temps. *Une exactitude, une précision chronométrique.*

CHRYSALIDE [kʀiz-] n. f. ▪ 1. État intermédiaire par lequel passe la chenille avant de devenir papillon. ⇒ **nymphe.** *Chrysalide du ver à soie.* ⇒ **cocon.** 2. loc. fig. *Sortir de sa chrysalide,* de l'obscurité, prendre son essor.

CHRYSANTHÈME [kʀiz-] n. m. ▪ Plante ornementale qui fleurit en automne. – Fleur composée, en boule, de cette plante, de couleurs variées. *Tombe fleurie de chrysanthèmes.* – loc. *Inaugurer les chrysanthèmes* (allus. à une phrase de De Gaulle) : avoir des activités officielles insignifiantes (homme politique).

CHRYSIPPE (v. – 281 - v. –205) ▪ Philosophe grec de l'école stoïcienne.

CHRYSO- [kʀizo] Élément, du grec *krusos* « or » (ex. *chrysoprase* n. f. « calcédoine »).

CHRYSOSTOME → saint **Jean Chrysostome**

C. H. U. [seaʃy] n. m. invar. ▪ Sigle de *centre hospitalier universitaire. Le C.H.U. de Brest.*

CHUCHOTEMENT n. m. ▪ Action de chuchoter. ⇒ **murmure.** *"Cris et Chuchotements"* (film d'Ingmar Bergman).

CHUCHOTER v. [1] ▪ 1. Parler, dire bas, indistinctement. ⇒ **murmurer, susurrer.** *Chuchoter (qqch.) à l'oreille de qqn.* 2. v. intr. Produire un bruit confus, indistinct. ⇒ **bruire.**

CHUINTANT, ANTE adj. ▪ Qui chuinte. – n. f. PHONÉT. Se dit des sons [ʃ] (ex. chat) et [ʒ] (ex. je). *Une chuintante.*

CHUINTEMENT n. m. ▪ Bruit continu et sourd.

CHUINTER v. intr. [1] ▪ 1. (choses) Produire un sifflement assourdi. *Jet de vapeur qui chuinte.* 2. (aussi trans.) (personnes) Prononcer les consonnes sifflantes (*s* et *z*) comme *ch* et *j.*

Alonzo **CHURCH** (né en 1903) ▪ Mathématicien, logicien et philosophe américain. Théorème de l'indécidabilité des calculs des prédicats du premier ordre.

sir Winston **CHURCHILL** (1874 - 1965) ▪ Homme politique britannique. Symbole de la détermination britannique pendant la Deuxième Guerre mondiale, à la tête d'un cabinet de coalition (1940-1945). Député en 1900, plusieurs fois ministre, responsable de la Marine (1911 et 1939), il fut à nouveau Premier ministre (conservateur) de 1951 à 1955. Il a laissé de nombreux ouvrages. *"Mémoires de guerre"* (1948-1954). Prix Nobel de littérature 1953.

Winston **Churchill.**
Phot. © Philippe Halsman/Magnum

le **CHURCHILL** anc. ***HAMILTON*** ▪ Fleuve du Canada, dans le Labrador. Il se déverse dans le lac Melville, avant de se jeter dans l'Atlantique. 1 000 km. Centrale hydroélectrique aux chutes Churchill.

le **CHURCHILL** ▪ Fleuve du Canada qui se jette dans la baie d'Hudson. 1 609 km.

les frères **CHURRIGUERA** ▪ Architectes espagnols des années 1700. Le baroque espagnol est parfois appelé style *churrigueresque.* Alberto (1676 - 1750) est l'auteur de la Plaza Mayor à Salamanque.

CHUT [ʃyt] interj. ▪ Se dit pour demander le silence. ⇒ **silence.** *Chut ! on nous écoute. Faire chut.*

CHUTE n. f. ▪ I. Le fait de tomber. 1. (personnes) *Faire une chute dans un escalier. Bruit de chute.* ♦ (choses) *Chute de pluie, chute de neige.* – SC. *Lois de la chute des corps.* ⇒ **pesanteur.** – *CHUTE LIBRE,* d'un corps lâché sans vitesse initiale, soumis à l'accélération de la pesanteur. – *POINT DE CHUTE :* lieu où tombe un projectile ; fig. endroit où l'on aboutit. ♦ loc. *CHUTE D'EAU :* produite par la différence de niveau entre deux parties consécutives d'un cours d'eau. ⇒ **cascade, cataracte, saut.** – plur. *Les chutes du Niagara.* 2. Action de se détacher (de son support naturel). *Chute de pierres.* ⇒ **éboulement.** *La chute des feuilles.* 3. fig. Le fait de passer dans une situation plus mauvaise, d'échouer. ⇒ **échec, faillite.** *La chute de Napoléon. Entraîner qqn dans sa chute.* loc. prov. *Plus dure sera la chute* (lorsqu'on tombe de plus haut). – (institutions, gouvernement) *La chute d'un régime.* ♦ Action de tomber moralement. ⇒ **déchéance, faute, péché.** *La chute d'Adam par le péché.* 4. (choses) Diminution de valeur ou d'intensité. *Chute de pression, de température.* ⇒ **baisse.** II. 1. Partie où une chose se termine, s'arrête, cesse. *La chute des reins :* le bas du dos. 2. surtout au plur. Reste d'étoffe inutilisé (tombé en coupant qqch.).

CHUTER v. intr. [1] ▪ 1. Subir un échec. 2. FAM. Faire une chute, tomber. 3. fig. Diminuer brusquement. *Les prix ont chuté.*

CHYLE [ʃil] n. m. ▪ Produit de la digestion, destiné à passer de l'intestin grêle dans le sang.

CHYMKENT ▪ Ville du Kazakhstan. 401 000 hab. Centre industriel. Nœud ferroviaire.

CHYPRE ▪ Île et État de la Méditerranée, au large de la Turquie. 9 251 km^2. 710 000 hab. (*les Chypriotes* ou *Cypriotes*), dont 552 000 Grecs. Capitale : Nicosie. Langues officielles : grec, turc, anglais. Monnaie : livre chypriote. Agriculture, minerais (cuivre), industrie (cimenteries), tourisme. □ HISTOIRE L'hellénisation remonte à l'Antiquité et se prolonge, à travers Byzance, jusqu'à la conquête de Chypre par les croisés (1191). Le conflit avec la minorité turque, fortement établie depuis l'annexion de l'île à l'Empire ottoman (1571), s'est exacerbé sous la domination britannique (1878-1959) et plus encore depuis la création d'une république indépendante gréco-turque associée au Commonwealth (1960). En 1974, un coup d'État organisé par des officiers grecs renversant le président Makarios provoqua une intervention militaire de la Turquie et la sécession des Chypriotes turcs dans la partie nord de l'île qui fut déclarée (en 1975) « République turque du nord de Chypre » (3 355 km^2 ; 165 000 hab.). Elle proclama son indépendance en 1983, mais n'est pas reconnue par la communauté internationale.

① **CI** adv. ▪ **I. 1.** (placé immédiatement devant un adjectif ou un participe) Ici. ➝ CI-INCLUS, INCLUSE ; CI-JOINT, JOINTE (⇒ **inclus** ; ① **joint**). *La copie ci-incluse, ci-jointe. Vous trouverez ci-inclus, ci-joint une copie.* **2.** (après un nom précédé de *ce, cette, ces, celui, celle*) *Cet homme-ci. Ces jours-ci.* **II.** loc. adv. CI-DESSUS : plus haut, supra ; CI-DESSOUS : plus bas, infra ; CI-CONTRE : en regard, en face. *Voir la carte ci-contre.* ➝ DE-CI DE-LÀ : de côté et d'autre. ➝ PAR-CI PAR-LÀ : en divers endroits (→ çà et là) ; à diverses reprises, de temps à autre. **III.** CI-GÎT : ici est enterré. ⇒ **gésir.**

② **CI** pron. dém. ▪ (employé avec *ça*) *Demander ci et ça.* ➝ FAM. *Comme* ci, comme ça.*

la C.I.A. ou **CIA, Central Intelligence Agency** ▪ Agence centrale de renseignements, d'espionnage et de contre-espionnage des États-Unis. Jusqu'à l'effondrement du bloc de l'Est, la CIA se consacra principalement à la lutte contre le communisme.

Galeazzo CIANO, comte de Cortellazzo (1903-1944) ▪ Homme politique italien, gendre de Mussolini, chef de la diplomatie fasciste. Il fut exécuté pour trahison.

CIAO [tʃao] interj. ▪ FAM. Au revoir, adieu. ⇒ **salut !** ◇ var. TCHAO.

CIBLE n. f. ▪ **1.** But que l'on vise et contre lequel on tire. *Toucher la cible* (⇒ **carton**). **2.** fig. *Servir de cible aux railleries de qqn*, de point de mire. ➝ *Cible, cœur de cible* (en commerce, publicité). ◇ appos. *Langue cible*, celle dans laquelle on doit traduire la langue source*.

José Benito **Churriguera.** Portail de l'église de Nuevo Baztán (Espagne), haut-relief.
Phot. © Lauros/Giraudon

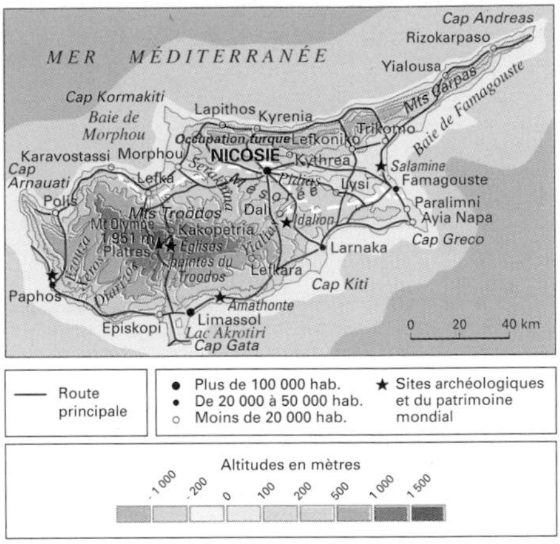

Chypre.

CIBLER v. tr. ① ▪ Viser (un objectif commercial, publicitaire ; un public).

CIBOIRE n. m. ▪ Vase sacré en forme de coupe, où l'on conserve les hosties.

CIBOULE n. f. ▪ Variété d'ail.

CIBOULETTE n. f. ▪ Plante à petits bulbes dont les feuilles sont employées comme condiment.

CIBOULOT n. m. ▪ FAM. Tête. ⇒ FAM. **caboche.**

CIBOURE ▪ Commune des Pyrénées-Atlantiques, sur la Nivelle, face à Saint-Jean-de-Luz. 5 849 hab. Maison natale de Ravel.

CICATRICE n. f. ▪ **1.** Marque laissée par une plaie après la guérison. *Cicatrice d'écorchure, de brûlure. Avoir une cicatrice à la face.* ⇒ **balafre. 2.** Trace d'une souffrance morale.

CICATRICIEL, IELLE adj. ▪ D'une cicatrice.

CICATRISATION n. f. ▪ Processus par lequel se réparent les plaies, les blessures. *Une cicatrisation rapide.*

CICATRISER v. tr. ① ▪ **1.** Faire guérir, faire se refermer (une plaie, la partie du corps blessée). ➝ pronom. *La brûlure ne se cicatrise pas.* ➝ au p. p. *Sa jambe est cicatrisée.* **2.** fig. *Cicatriser une blessure d'amour-propre.* ⇒ **apaiser, guérir.**

CICÉRON en latin *Marcus Tullius* **CICERO** (106-43 av. J.-C.) ▪ Homme politique, orateur et écrivain romain. Consul en 63 av. J.-C., il déjoua la conjuration de Catilina. À la mort de César il attaqua violemment Antoine, qui le fit assassiner. Il a donné les modèles de l'éloquence et de la prose philosophique latines. Son influence fut immense. *"Catilinaires"; "De oratore"; "De republica".*

CICÉRONE n. m. ▪ LITTÉR. Guide. *Des cicérones.*

Rodrigo Díaz de Vivár dit **le CID CAMPEADOR** (1043-1099) ▪ Chef de guerre espagnol. Adversaire des Maures, lors de la « Reconquête » (→ **Espagne**). Sa légende a inspiré la littérature médiévale espagnole et des auteurs dramatiques (Corneille).

-CIDE Élément, du latin *caedere* « abattre ; tuer », qui signifie « qui tue, qui fait disparaître ; meurtre (de...) ».

CIDRE n. m. ▪ Boisson obtenue par la fermentation alcoolique du jus de pomme. *Une bolée de cidre. Pommes à cidre.*

CIE [kɔ̃paɲi] ▪ Abréviation de *compagnie* (3).

CIEL, plur. **CIEUX** et **CIELS** n. m. ▪ (plur. *ciels* : multiplicité réelle ou d'aspects ; *cieux* : collectif à nuance affective ou sens religieux) **I. 1.** Espace visible limité par l'horizon. *La voûte du ciel, des cieux.* ⇒ **firmament.** *Un ciel étoilé.* ➝ loc. SOUS LE CIEL : ici-bas, au monde. *Sous d'autres cieux* : ailleurs. À CIEL OUVERT : en plein air. *Une piscine à ciel ouvert.* ➝ *Lever les yeux* AU CIEL. *Tomber du ciel* : arriver à l'improviste. *Remuer ciel et terre*.* ➝ (qualifié ; plur. *des ciels*) *Ciel bleu ; nuageux. Des ciels orageux, de plomb.* ➝ *Bleu ciel* : bleu clair. **2.** SC. Apparence de l'espace extra-terrestre, vu de la Terre ; voûte où semblent se mouvoir les astres. *La carte du ciel.* ⇒ **cosmographie.** - loc. *Être au septième ciel,* dans le ravissement. **II.** (plur. *cieux*) **1.** Séjour des dieux, de Dieu, des puissances surnaturelles. ⇒ **au-delà.** *Le royaume des cieux.* **2.** Séjour des bienheureux, des élus. ⇒ **paradis.** *Mériter le ciel.* **3.** La divinité, la providence. *La justice, la clémence du ciel.* prov. *Aide-toi, le ciel t'aidera.* - **interj.** *Ciel !* (surprise désagréable). « *Ciel, mon mari !* » (formule de vaudeville, par ex. chez Feydeau, et de la comédie de boulevard). *Plût au ciel !,* si cela pouvait être ! **III.** fig. *Un ciel, des ciels.* **1.** *CIEL DE LIT :* baldaquin au-dessus d'un lit. ⇒ **dais.** *Des ciels de lit.* **2.** Voûte, plafond d'une excavation. *Des ciels de carrière.*

CIERGE n. m. ▪ **1.** Chandelle de cire, longue et effilée, en usage dans les églises. *Brûler un cierge à un saint* (en remerciement...) **2.** Plante grasse de l'Amérique tropicale qui forme de hautes colonnes verticales. ⇒ **euphorbe.**

CIGALE n. f. ▪ Insecte dont les quatre ailes sont membraneuses, abondant dans les régions chaudes. *Le chant des cigales.*

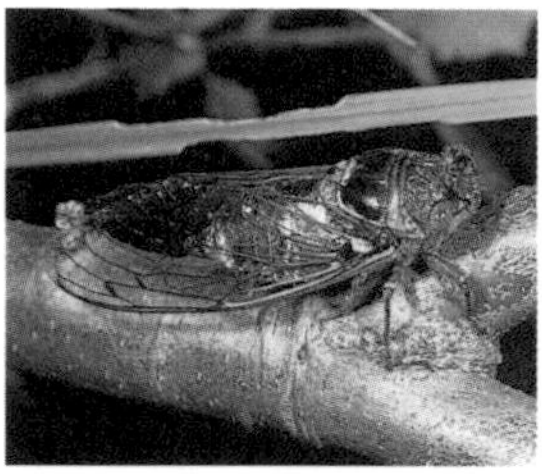

cigale. *Cicada plejeba,* cigale commune. *Phot. © Veiller/Jacana*

CIGARE n. m. ▪ Petit rouleau de feuilles de tabac que l'on fume. *Fumer un gros cigare. Petit cigare* ou CIGARILLO **n. m.**

CIGARETTE n. f. ▪ Petit rouleau de tabac haché et enveloppé dans un papier fin. ⇒ FAM. **clope, pipe, sèche.** *Cigarettes blondes, brunes ; cigarette à bout filtre.*

CI-GÎT ⇒ ① CI ; GÉSIR

CIGOGNE n. f. ▪ Oiseau échassier migrateur aux longues pattes, au bec rouge, long, droit. *Un nid de cigognes.*

cigogne. *Ciconia ciconia,* cigogne blanche, couple au nid. *Phot. © Cordier/Jacana*

CIGUË [sigy] n. f. ▪ Plante très toxique ; poison extrait d'une variété de cette plante *(grande ciguë). Socrate fut condamné à boire la ciguë.*

CIL n. m. ▪ **1.** Chacun des poils garnissant le bord libre des paupières et protégeant le globe oculaire. *Battre des cils. Faux cils* (que l'on peut adapter au bord des paupières). **2.** BIOL. Filament fin du cytoplasme de certains organismes (bactéries, protozoaires) qui assurent leur déplacement. *Cils vibratiles des protozoaires.*

CILICE n. m. ▪ Chemise, ceinture rugueuse (poils de chèvre, etc.) portée par pénitence.

la **CILICIE** ▪ Anc. région d'Asie Mineure.

CILLER v. intr. [1] ▪ Fermer et rouvrir rapidement les yeux. ⇒ **cligner.** *Une grande lumière le faisait ciller.* - loc. *Ne pas ciller :* rester imperturbable.

CIMABUE (v. 1240 - v. 1302) ▪ Peintre florentin. Maître de Giotto. *"Crucifix"* d'Arezzo. Fresques d'Assise. Peintures sur fond d'or. Mosaïques.

Cimabue. *La Vierge et l'Enfant en majesté entourés de six anges.* Musée du Louvre, Paris. *Phot. © Giraudon*

CIMAISE n. f. ▪ **1.** Moulure qui forme la partie supérieure d'une corniche. **2.** Moulure à hauteur d'appui ; spécialt pour accrocher des tableaux, bien en vue.

Domenico **CIMAROSA** (1749 - 1801) ▪ Compositeur italien. Opéras bouffes. *"Le Mariage secret"* (1792).

les **CIMBRES** ▪ Peuple germanique. Avec les Teutons, ils envahirent la Gaule mais furent arrêtés au nord de l'Italie (101 av. J.-C.).

CIME n. f. ▪ Extrémité pointue (d'un arbre, d'un rocher, d'une montagne). ⇒ **faîte, sommet.** *Les cimes neigeuses d'une chaîne de montagnes.*

CIMENT n. m. ▪ Matière calcaire qui, mélangée avec un liquide, forme une pâte durcissant à l'air ou dans l'eau. *Sac de ciment. Mur, pilier en ciment. Ciment armé.*

CIMENTER v. tr. [1] ▪ **1.** Lier avec du ciment ; enduire de ciment. *Cimenter un bassin.* - au p. p. *Sol cimenté.* **2.** fig. Rendre plus ferme, plus solide. *Ce travail en commun a cimenté leur amitié.*

CIMENTERIE n. f. ▪ Industrie du ciment. - Usine où se fabrique le ciment.

CIMETERRE n. m. ▪ Sabre oriental, à lame large et recourbée. ⇒ **yatagan.**

CIMETIÈRE n. m. ▪ **1.** Lieu où l'on enterre les morts. ⇒ **nécropole, ossuaire.** - fig. *Un cimetière de voitures.* ⇒ **casse** (2). **2.** LITTÉR. Lieu où sont mortes beaucoup de personnes. *Le champ de bataille n'était plus qu'un vaste cimetière.*

CIMIER n. m. ▪ Ornement qui forme la partie supérieure d'un casque.

CIMON (v. 510 - v. 449 av. J.-C.) ▪ Général et homme politique athénien. Il vainquit les Perses à Eurymédon (468 av. J.-C.)

CINABRE n. m. ▪ LITTÉR. Couleur rouge du sulfure de mercure. ⇒ **vermillon.**

CINCINNATI ▪ Ville des États-Unis (Ohio). 364 000 hab. Musées. Métallurgie.

Une scène du film *Les Dix commandements* de Cecil B. DeMille (1956). *Phot. © Coll. Christophe L.*

Fellini pendant le tournage de *Intervista* (1987) dans les studios de Cinecittà. *Phot. © Coll. Christophe L.*

La scène finale des *Quatre cents coups* de François Truffaut (1959). *Phot. © André Dino © D.R.*

cinéma.

CINCINNATUS (ve s. av. J.-C.) ▪ Paysan romain. Glorieux soldat, il retourna à sa charrue, refusant les honneurs.

CINÉ **n. m.** ▪ FAM. Cinéma. *Aller au ciné.*

CINÉ- Élément, du grec *kinein* « mouvoir », qui signifie « mouvement ».

CINÉASTE **n.** ▪ Personne qui exerce une activité créatrice et technique de cinéma (metteur en scène, opérateur, réalisateur).

CINÉ-CLUB [-klœb] **n. m.** ▪ Club d'amateurs de cinéma, où l'on étudie la technique, l'histoire du cinéma. *Des ciné-clubs.*

CINÉMA **n. m.** ▪ **1.** Procédé permettant d'enregistrer photographiquement et de projeter des vues animées. *Le cinéma muet ; parlant.* ➝ *Salle de cinéma.* **2.** Salle de projections. *Un grand cinéma.* **3.** Art de composer et de réaliser des films (→ le septième art). *Studio de cinéma. Acteur, réalisateur* (⇒ **metteur** en scène) *de cinéma.* ➝ Ensemble de films ; art, industrie cinématographique. **4.** *C'est du cinéma,* c'est invraisemblable (→ roman). *Faire son cinéma.* ⇒ **comédie** (II).

CINÉMASCOPE **n. m.** ▪ Cinéma sur écran large par anamorphose.

CINÉMATHÈQUE **n. f.** ▪ Endroit où l'on conserve les films de cinéma.

CINÉMATIQUE ▪ SC. **1. n. f.** Partie de la mécanique qui étudie le mouvement. **2. adj.** Du mouvement.

CINÉMATOGRAPHE **n. m.** ▪ **1.** HIST. Appareil capable de reproduire le mouvement par une suite de photographies, inventé par les frères Lumière. **2.** DIDACT. ⇒ **cinéma.**

CINÉMATOGRAPHIQUE **adj.** ▪ Qui se rapporte au cinéma. *Art, technique cinématographique.*

CINÉPHILE **adj. et n.** ▪ Amateur et connaisseur en matière de cinéma.

CINÉRAIRE **adj.** ▪ LITTÉR. Qui renferme ou est destiné à renfermer les cendres d'un mort. *Vase, urne cinéraire.*

CINÉ-ROMAN **n. m.** ▪ **1.** VX Film à épisodes (période 1920-1930). **2.** MOD. Roman-photos. *Des ciné-romans.*

CINÉTIQUE **adj.** ▪ Qui a le mouvement pour principe. *Énergie cinétique* (d'un point matériel en mouvement). ♦ *ART CINÉTIQUE :* forme d'art plastique fondée sur le caractère changeant des œuvres (par le mouvement, par effet optique). ▪ Héritier du constructivisme et des mobiles de Calder, développé dans les années cinquante, l'art cinétique, issu des recherches sur l'illusion d'optique et le mouvement (réel ou virtuel), a été illustré par Vasarely, Soto, Tinguely, Bury, Schöfer.

CINGLANT, ANTE **adj.** ▪ **1.** Qui cingle. *Une bise cinglante.* **2.** fig. Qui blesse. ⇒ **blessant, vexant.** *Une remarque cinglante.*

CINGLÉ, ÉE **adj.** ▪ FAM. Un peu fou. ➝ **n.** *C'est un vrai cinglé.*

① **CINGLER** **v. intr.** [1] ▪ (navire) Faire voile dans une direction. ⇒ **naviguer.** *Le navire cingle vers Le Cap.*

② **CINGLER** **v. tr.** [1] ▪ **1.** Frapper fort (qqn) avec un objet mince et flexible (baguette, corde...). ♦ fig. *Cingler quelqu'un d'une raillerie.* **2.** (vent, pluie, neige) Frapper, fouetter.

Lucius Cornelius CINNA (mort en 84 av. J.-C.) ▪ Homme politique romain qui régna tyranniquement sur Rome de 87 av. J.-C. à sa mort.

Cneius Cornelius CINNA (Ier s. av. J.-C.) ▪ Favori d'Auguste. Il conspira contre lui mais fut pardonné. Corneille en tira une tragédie, *"Cinna ou la Clémence d'Auguste".*

CINNAMOME **n. m.** ▪ **1.** Arbrisseau aromatique (camphrier, cannelier). **2.** Aromate tiré du cannelier. ⇒ **cannelle.**

CINOCHE **n. m.** ▪ POP. ⇒ **ciné, cinéma.**

CINQ [sɛ̃k] ▪ **I.** ([sɛ̃] devant consonne ; [sɛ̃k] dans les autres cas) **1. adj. numéral cardinal invar.** Quatre plus un (5 ; V). *Les cinq doigts de la main. Cinq fois.* ⇒ **quintuple.** ➝ *Dans cinq minutes :* très bientôt. *Il était moins cinq :* cela allait arriver. **2. adj. numéral ordinal invar.** ⇒ **cinquième.** *Page cinq. Il est cinq heures.* **II. n. m. invar.** [sɛ̃k] **1.** Nombre premier (quatre plus un). *Le nombre cinq.* ♦ Carte à jouer marquée de cinq points. *Le cinq de pique.* ➝ loc. FAM. *EN CINQ SEC :* très rapidement. **2.** Chiffre qui représente ce nombre (5).

▪ **le groupe des CINQ** ▪ Musiciens russes du XIXe s. : Balakirev, Borodine, Cui, Moussorgski, Rimski-Korsakov.

le Conseil des CINQ-CENTS ▪ L'une des deux assemblées législatives du Directoire*.

CINQUANTAINE n. f. ▪ Nombre de cinquante ou environ. *Approcher de la cinquantaine,* de cinquante ans.

CINQUANTE ▪ **I.** adj. numéral cardinal invar. (50 ; L). Dix fois cinq. *Cinquante pages.* ‑ adj. numéral ordinal invar. Cinquantième. *La page cinquante.* **II.** n. m. Le nombre cinquante.

CINQUANTENAIRE n. m. ▪ Cinquantième anniversaire. ⇒ **jubilé.**

CINQUANTIÈME adj. ▪ **1.** Numéral ordinal (correspond à *cinquante*). **2.** adj. et n. m. Se dit d'une fraction d'un tout divisé également en cinquante.

CINQUIÈME adj. ▪ **1.** Numéral ordinal (correspond à *cinq*). **2.** Se dit d'une fraction d'un tout divisé également en cinq. *La cinquième partie d'un héritage.* ‑ n. m. *Consacrer un cinquième du budget au loyer.* ► adv. CINQUIÈMEMENT

le monte CINTO ▪ Point culminant de la Corse. 2 710 m.

CINTRE n. m. ▪ **I. 1.** Courbure de la surface intérieure (d'une voûte, d'un arc). ‑ *EN PLEIN CINTRE :* dont la courbure est un demi-cercle. *Arc en plein cintre.* ⇒ **berceau. 2.** TECHN. Échafaudage en arc de cercle. ⇒ **coffrage. II.** Barre courbée munie d'un crochet servant à suspendre les vêtements.

CINTRER v. tr. 1 ▪ **1.** Bomber, courber. *Cintrer une barre.* **2.** Rendre (un vêtement) ajusté à la taille. *Cintrer une jaquette.* ‑ au p. p. *Veste cintrée.* ► n. m. CINTRAGE

Cioran. *Phot. © Manaud/Figaro/Gamma*

Emil Michel CIORAN (1911 ‑ 1995) ▪ Essayiste français d'origine roumaine. Il procéda à un réquisitoire systématique contre les illusions humaines. *"Précis de décomposition"* (1949).

La CIOTAT ▪ Commune des Bouches-du-Rhône. 30 620 hab. *(les Ciotadens).* Port sur la Méditerranée, pêche, chantiers navals.

CIPPE n. m. ▪ DIDACT. Petite colonne (tronquée ou sans chapiteau) servant de borne, de stèle.

CIRAGE n. m. ▪ **1.** Action de cirer. *Le cirage des parquets.* **2.** Produit servant à nettoyer, lustrer le cuir. ♦ FAM. *Être dans le cirage :* ne plus rien voir ; ne plus rien comprendre.

circaète. *Circaetus gallicus.*
Phot. © Rainon/Jacana

CIRCAÈTE n. m. ▪ ZOOL. Oiseau rapace diurne, aussi appelé *milan blanc.*

CIRCÉ ▪ Magicienne de l'*"Odyssée"*, fille d'Hélios et sœur de Pasiphaé. Elle transforme en pourceaux les compagnons d'Ulysse.

CIRCONCIRE v. tr. 37 ▪ Exciser le prépuce de (un garçon). ► CIRCONCIS adj. m. ⇒ **circoncision.**

CIRCONCISION n. f. ▪ Excision totale ou partielle du prépuce, ablation rituelle (judaïsme, islam, animisme).

CIRCONFÉRENCE n. f. ▪ **1.** VIEILLI Courbe plane fermée dont tous les points sont à égale distance d'un point appelé centre. ⇒ **cercle.** ‑ MOD. Périmètre d'un cercle. *La circonférence est égale au produit du diamètre par pi* (π = 3,1416...). **2.** Pourtour. *La circonférence d'une ville.* ► adj. CIRCONFÉRENCIEL, IELLE

CIRCONFLEXE adj. ▪ *ACCENT CIRCONFLEXE :* signe (^) placé sur certaines voyelles longues (pâte) ou comme signe distinctif (dû/du).

CIRCONLOCUTION n. f. ▪ Manière d'exprimer sa pensée d'une façon indirecte. ⇒ **périphrase.**

CIRCONSCRIPTION n. f. ▪ Division légale (d'un territoire). *Circonscription territoriale, administrative, militaire.*

CIRCONSCRIRE v. tr. 39 ▪ **1.** Décrire une ligne qui limite (une surface). *Circonscrire un espace.* **2.** fig. Enfermer dans des limites. ⇒ **borner, limiter.** *Circonscrire son sujet.* ⇒ **délimiter.**

CIRCONSPECT, ECTE [-ε(kt), εkt] adj. ▪ Qui est attentif et prudent dans ses actes. ⇒ **avisé, réservé.** ‑ *Tenir un langage circonspect.*

CIRCONSPECTION n. f. ▪ Attitude de retenue prudente. *Agir avec circonspection.* ⇒ **précaution.**

CIRCONSTANCE n. f. ▪ **1.** Particularité qui accompagne un événement, une situation. ⇒ **condition.** ‑ DR. *Circonstances atténuantes,* qui atténuent la peine normale. ‑ GRAMM. *Complément de circonstance* (de temps, de lieu, de manière, de cause, de condition...). ⇒ **circonstanciel. 2.** Ce qui constitue, caractérise le moment présent. ⇒ **conjoncture, situation.** *Il faut profiter de la circonstance.* ‑ *LES CIRCONSTANCES :* la situation. *Dans les circonstances actuelles, présentes. Être à la hauteur des circonstances. Un concours* de circonstances.* ‑ *DE CIRCONSTANCE :* adapté à la situation momentanée. *Un discours de circonstance.* ‑ *Une figure de circonstance* (grave et triste).

CIRCONSTANCIÉ, ÉE adj. ▪ Qui comporte les circonstances, les détails (récit).

CIRCONSTANCIEL, IELLE adj. ▪ De circonstance. ♦ GRAMM. Qui apporte une détermination exprimant les circonstances. *Complément circonstanciel de lieu, de temps, de manière.*

CIRCONVALLATION n. f. ▪ TECHN. Tranchée fortifiée.

CIRCONVENIR v. tr. 22 ▪ **1.** VX Entourer de tous côtés. **2.** Agir sur (qqn) avec ruse pour obtenir ce que l'on souhaite. ⇒ **entortiller, tromper.**

CIRCONVOLUTION n. f. ▪ **1.** Enroulement, sinuosité autour d'un point central. *Décrire des circonvolutions.* **2.** *Les circonvolutions cérébrales,* replis sinueux du cortex (cerveau), en forme de bourrelets.

CIRCUIT n. m. ▪ **I. 1.** Distance à parcourir pour faire le tour (d'une surface). **2.** Chemin (long et compliqué) parcouru pour atteindre un lieu. ‑ Tour organisé. *Circuit touristique.* ‑ Itinéraire en circuit fermé de certaines courses (auto, moto...). **3.** TECHN. Suite ininterrompue de conducteurs électriques. *Couper le circuit. Mettre une lampe en circuit, hors circuit.* ‑ *Circuit intégré :* circuit électronique sur une plaquette semi-conductrice. ⇒ **microprocesseur, puce.** ‑ loc. fig. *ÊTRE HORS CIRCUIT :* ne pas être impliqué dans une affaire. **4.** Ensemble de conduits pour les fluides. *Circuit de refroidissement.* **II.** fig. Mouvement d'aller et retour (des biens, des services). *Le circuit des capitaux. Circuit de distribution. Circuit commercial.*

CIRCULAIRE ▪ **I.** adj. **1.** Qui décrit un cercle. *Mouvement circulaire.* **2.** Qui a ou rappelle la forme d'un cercle. ⇒ **rond.** *Une scie circulaire.* **3.** Dont l'itinéraire ramène au point de départ. ⇒ **circuit, tour.** *Boulevard circulaire.* ⇒ **périphérique.** ► adv. CIRCULAIREMENT **II.** n. f. Lettre reproduite à plusieurs exemplaires et adressée à plusieurs personnes à la fois. *Circulaire administrative.*

CIRCULATION n. f. ▪ **1.** Déplacement utilisant les voies de communication. ⇒ **trafic.** *Une circulation fluide, difficile. Accident de la circulation.* **2.** Les véhicules qui circulent. *Détourner la circulation.* **3.** Mouvement des fluides, notamment physiologiques. *La circulation du sang.* absolt *Trouble de la circulation.* ⇒ **circulatoire.** *La circulation de la sève* *dans les plantes.* **4.** Mouvement (des biens, des produits) ; échanges. *Circulation de l'argent, des capitaux.* ⇒ **roulement.** ♦ *Mettre* EN CIRCULATION : diffuser, répandre.

CIRCULATOIRE adj. ▪ Relatif à la circulation du sang. *Troubles circulatoires.*

CIRCULER v. intr. 1 ▪ **1.** Aller et venir ; se déplacer sur les voies de communication. *Les passants circulent.* ⇒ **passer,** se **promener.** *Circulez ! :* avancez, ne restez pas là ! **2.** (fluides) Passer dans un circuit. *Le sang circule dans le corps.* – (air, fumée) Se renouveler par la circulation. **3.** Passer, aller de main en main. *Les capitaux circulent.* **4.** (information) Se propager. ⇒ **courir.** *Ce bruit circule dans la ville.*

CIRCUM- [siʀkɔm] Élément, du latin *circum* « autour » (ex. *circumnavigation* n. f. « voyage maritime autour d'un continent »).

CIRE n. f. ▪ **1.** Matière molle, jaunâtre, produite par les abeilles. *Alvéoles en cire d'une ruche.* allus. *Le morceau de cire de Descartes* (passage des *Méditations* sur la perception et la nature des choses). **2.** Préparation (cire et essence de térébenthine) pour l'entretien du bois. ⇒ **encaustique. 3.** *Cire à cacheter,* préparation de gomme laque et de résine.

CIRÉ, ÉE ▪ **I.** adj. **1.** Enduit de cire ou de cirage. **2.** *TOILE CIRÉE,* enduite d'un vernis. **II.** n. m. Vêtement imperméable de tissu plastifié. *Un ciré jaune.*

CIRER v. tr. 1 ▪ **1.** Enduire, frotter de cire, d'encaustique. *Cirer un parquet, des meubles.* **2.** Enduire de cirage.

CIREUR, EUSE ▪ **1.** n. Personne chargée de cirer. *Un petit cireur (de chaussures).* **2.** n. f. Appareil ménager qui cire les parquets.

CIREUX, EUSE adj. ▪ Qui a la consistance, l'aspect blanc jaunâtre de la cire. *Un teint cireux.*

CIRON n. m. ▪ VX ou DIDACT. Insecte minuscule, symbole de l'extrême petitesse (Pascal, La Fontaine).

CIRQUE n. m. ▪ **I. 1.** HIST. Amphithéâtre pour les jeux publics (Rome antique, Gaule). **2.** Amphithéâtre naturel de parois abruptes, d'origine glaciaire. *Le cirque de Gavarnie**. **II. 1.** Édifice ou tente (circulaire, ovale...) où ont lieu des exercices d'équitation, de domptage, d'équilibre, des exhibitions, des scènes comiques (clowns, augustes). *Cirque forain.* **2.** *Le cirque :* ce type de spectacle. ♦ *Un cirque :* entreprise qui organise ce genre de spectacle. **3.** FAM. Activité désordonnée. *Qu'est-ce que c'est que ce cirque ?* – *Faire son cirque.* ⇒ **cinéma** (4).

CIRRHOSE n. f. ▪ Maladie du foie caractérisée par des granulations. *Cirrhose alcoolique.* ► adj. et n. CIRRHOTIQUE

CIRRUS [-ys] n. m. ▪ Nuage élevé, en flocons ou filaments.

CIS- [siz] Élément, du latin *cis* « en deçà » (ex. *cisalpin, ine* adj. ; opposé à *transalpin*).

CISAILLE n. f. ▪ Gros ciseaux (ou pinces coupantes) servant à couper les métaux, à élaguer les arbres. ⇒ **sécateur.**

CISAILLER v. tr. 1 ▪ Couper (qqch.) avec des cisailles. *Cisailler des fils de fer barbelés.* ► n. m. CISAILLEMENT

la République CISALPINE ▪ République formée par Napoléon Bonaparte au nord de l'Italie en 1797, et dont Milan était la capitale. Devenue royaume d'Italie en 1805 (dirigé par Eugène de Beauharnais), elle disparut en 1814.

CISEAU n. m. ▪ **I.** Outil d'acier, en biseau à l'une de ses extrémités, qui sert à tailler des matières dures. *Un ciseau de sculpteur, de graveur* (⇒ **burin**). **II.** au plur. Instrument formé de deux branches d'acier, tranchantes sur la lame, réunies et croisées en leur milieu sur un pivot, et qui sert à couper. *Des ciseaux* ou *une paire de ciseaux. Ciseaux à ongles.*

CISELER v. tr. 5 ▪ Travailler avec un ciseau (des ouvrages de métal, de pierre). *Ciseler un bijou.* – au p. p. *Des motifs ciselés.* ► n. CISELEUR, EUSE

CISELURE n. f. ▪ Ornement ciselé.

la CISJORDANIE ▪ Territoire à l'ouest du Jourdain correspondant aux provinces de Samarie et de Judée. Villes principales : Bethléem, Jéricho, Jérusalem. Conquise par la Jordanie en 1948, occupée et administrée par Israël à partir de 1967, la Cisjordanie a été le théâtre, à partir de 1987, de l'Intifada et a constitué, depuis mai 1994, avec la bande de Gaza, le premier territoire autonome palestinien. Depuis 1995, l'autonomie totale a été étendue à plusieurs autres villes et l'autonomie partielle aux villages, le reste du territoire (env. 70 %) demeurant sous contrôle israélien.

le CISKEI ▪ Ancien bantoustan d'Afrique du Sud englobé dans la province du Cap-Oriental.

CISNEROS (cardinal de) → **Jiménez de Cisneros**

① **CISTE** n. m. ▪ Arbrisseau méditerranéen à résine aromatique.

② **CISTE** n. f. ▪ DIDACT. Corbeille portée dans les mystères antiques.

CISTERCIEN, IENNE adj. et n. ▪ Qui appartient à l'ordre religieux de Cîteaux. *Moine cistercien.* – *Abbaye cistercienne.* ♦ n. Religieux, religieuse de cet ordre. ⇒ **trappiste.** ▪ Le retour à la règle bénédictine stricte, l'idéal de retrait du monde et de pauvreté absolue assurèrent le succès de la spiritualité cistercienne dans toute l'Europe médiévale. À partir de 1664, la Trappe regroupa les cisterciens dits « de la stricte observance ».

CITADELLE n. f. ▪ **1.** Forteresse qui commandait une ville. ⇒ **château** fort, **fortification. 2.** fig. Centre, bastion ; lieu en butte à des attaques.

CITADIN, INE ▪ **1.** adj. DIDACT. De la ville. ⇒ **urbain.** *Populations, habitudes citadines.* **2.** n. Habitant d'une grande ville. *Les citadins.*

CITATION n. f. ▪ **1.** Passage cité (d'un auteur, d'un personnage célèbre). ⇒ **exemple, extrait ;** → allusion. – loc. *FIN DE CITATION,* signale qu'on a fini de rapporter les paroles d'autrui. **2.** Sommation de comparaître en justice ; acte qui la notifie. *Citation devant le tribunal civil.* **3.** Mention honorable d'un militaire, d'une unité, qui se sont distingués. *Citation à l'ordre du jour.*

CITÉ n. f. ▪ **I. 1.** ANTIQ. Fédération autonome de tribus, avec une ville-métropole. *"La Cité antique"* (de Fustel de Coulanges). **2.** Ville importante considérée sous son aspect de personne morale. ♦ Partie la plus ancienne d'une ville. *L'île de la Cité* (voir ci-dessous). *La Cité de Londres* (en angl. *the City**). **3.** Groupe isolé d'immeubles ayant même destination. *Cités ouvrières. Cités universitaires,* où habitent les étudiants. *Cité dortoir.* **II.** loc. *Avoir DROIT DE CITÉ,* être admis à, dans, à faire partie de...

▪ **l'île de la CITÉ** ▪ Île sur la Seine, site originaire de la ville de Paris. Cathédrale Notre-Dame. Nombreux bâtiments publics.

l'Île de la **Cité.** *Phot. © Arthus Bertrand/Explorer*

CÎTEAUX ▪ Abbaye fondée en Bourgogne en 1098 par Robert de Molesmes, à l'architecture austère, lieu d'origine de l'ordre des cisterciens.

CITER v. tr. 1 ▪ **1.** Rapporter (ce qu'a dit ou écrit quelqu'un d'autre). *Citer un passage ; citer un auteur.* **2.** Alléguer. *Citer ses références. Citer un exemple à l'appui.* **3.** Désigner comme digne d'attention. *Citer qqn en exemple.* ⇒ **donner** en exemple. **4.** Sommer (qqn) à comparaître en justice. **5.** Décerner une citation militaire à (qqn, une unité).

CITERNE n. f. ▪ **1.** Réservoir d'eau de pluie. *Eau de citerne.* **2.** Cuve contenant un carburant, un liquide.

CITHARE n. f. ▪ Instrument de musique à cordes tendues sur une caisse de résonance dépourvue de manche. ► CITHARISTE n. Joueur de cithare.

CITOYEN, ENNE n. ▪ **1.** Individu considéré du point de vue de ses droits politiques. – National d'un pays qui vit en république. ⇒ **ressortissant.** *Un citoyen français et un sujet britannique. Accomplir son devoir de citoyen :* voter. - *Citoyen du monde,* qui met l'intérêt de l'humanité au-dessus du nationalisme. **2.** sous la Révolution Appellatif pour monsieur, madame, mademoiselle. **3.** FAM. *Un drôle de citoyen :* un individu bizarre.

CITOYENNETÉ n. f. ▪ Qualité de citoyen. *La citoyenneté française.*

CITRATE n. m. ▪ CHIM. Sel de l'acide citrique.

CITRIQUE adj. ▪ CHIM. *Acide citrique :* triacide alcool (que l'on peut extraire de certains fruits : citron, groseille...).

André CITROËN (1878 - 1935) ▪ Ingénieur français, industriel de l'automobile.

CITRON n. m. ▪ **1.** Fruit jaune du citronnier, agrume de saveur acide. *Écorce, zeste de citron. Jus de citron. Citron pressé.* - *Citron vert.* **2.** FAM. Tête. *Il n'a rien dans le citron.* **3.** adj. invar. De la couleur du citron. *Jaune citron. Tissus citron.*

CITRONNADE n. f. ▪ Boisson rafraîchissante et sucrée, parfumée au citron.

CITRONNELLE n. f. ▪ Plante contenant une essence à odeur de citron.

CITRONNIER n. m. ▪ Arbre qui produit le citron jaune ou vert. ♦ Son bois. *Une table en citronnier.*

CITROUILLE n. f. ▪ **1.** Courge arrondie et volumineuse d'un jaune orangé. ⇒ **potiron.** *Soupe à la citrouille.* - *La citrouille transformée en carrosse, dans « Cendrillon ».* **2.** FAM. Tête. ⇒ **citron.**

the CITY OF LONDON en franç. *LA CITÉ* ▪ Le plus ancien quartier de Londres, et son pôle financier.

CIUDAD GUATEMALA ou **GUATEMALA DE LA ASUNCIÓN** ▪ Capitale du Guatemala, dans la Cordillère centrale. 2 300 000 hab.

CIUDAD JUÁREZ ▪ Ville du Mexique. 797 000 hab. Important trafic avec El Paso (États-Unis).

CIVET n. m. ▪ Ragoût (de lièvre, lapin, gibier) cuit avec du vin, des oignons. *Lapin en civet. Civet de chevreuil.*

CIVETTE n. f. ▪ **1.** Petit mammifère au pelage gris, à poche contenant une matière odorante. **2.** Parfum extrait de cette matière.

civette. *Civettictis civetta.* *Phot. © Devez/Jacana*

CIVIÈRE n. f. ▪ Brancard pour transporter les malades, les blessés.

CIVIL, ILE adj. ▪ **I. 1.** Relatif à l'ensemble des citoyens. GUERRE CIVILE, entre les citoyens d'un même État. - *Droits civils,* que la loi garantit à tous les citoyens. - *État* civil.* **2.** DR. Relatif aux rapports entre les individus (opposé à *criminel*). *Droit civil. Le Code civil.* ♦ *Se porter* PARTIE CIVILE : demander des dommages-intérêts pour un préjudice, en dehors de l'aspect pénal. **3.** Qui n'est pas militaire. *Les autorités civiles.* - n. *Les militaires et les civils. S'habiller en civil.* - *Dans le civil :* dans la vie, ordinairement. **4.** Qui n'est pas religieux. *Mariage civil.* **II.** VIEILLI Qui observe les usages de la bonne société (opposé à *incivil*). ⇒ **courtois, poli ; civilité.**

CIVILEMENT adv. ▪ **I. 1.** En matière civile. *Être civilement responsable.* **2.** (opposé à *religieusement*) *Se marier civilement.* **II.** Avec civilité.

CIVILISATEUR, TRICE adj. et n. ▪ Qui répand la civilisation. *Religion, philosophie civilisatrice.*

CIVILISATION n. f. ▪ **1.** *La civilisation :* ensemble des caractères communs aux sociétés les plus complexes ; ensemble des acquisitions des sociétés humaines (opposé à *nature, barbarie*). ⇒ **progrès.** **2.** *(Une, des civilisations)* Ensemble de phénomènes sociaux (religieux, moraux, esthétiques, scientifiques, techniques) d'une grande société. ⇒ **culture.** *La civilisation chinoise, égyptienne.*

Claesz. *Nature morte au hareng.* Musée Suermondt-Ludwig, Aix-la-Chapelle. *Phot. © Dagli Orti*

CIVILISÉ, ÉE adj. et n. ▪ Doté d'une civilisation.

CIVILISER v. tr. [1] ▪ **1.** Faire passer une collectivité à un état social plus complexe, plus évolué (dans l'ordre moral, intellectuel, artistique, technique). ⇒ **civilisation.** *Les Grecs ont civilisé l'Occident.* **2.** FAM. Rendre plus raffiné, plus aimable. - pronom. (réfl.) *Il se civilise à votre contact.*

CIVILITÉ n. f. ▪ **1.** VX Politesse. **2.** au plur. Démonstration de politesse. *Présenter ses civilités à qqn,* ses compliments. ⇒ **hommage, salutation.**

CIVIQUE adj. ▪ Relatif au citoyen (≠ *civil*). *Droits civiques. Courage, vertu civique.* ⇒ **patriotique.** - *Instruction civique,* portant sur les devoirs du citoyen. *Sens civique :* sens des responsabilités et des devoirs de citoyen.

CIVISME n. m. ▪ Sens civique. ⇒ **patriotisme.**

CIXI ou **TS'EU-HI** (1835 - 1908) ▪ Impératrice et régente de Chine de 1875 à sa mort. Son règne autoritaire et anti-occidental marque la décadence de l'empire.

CLABAUDER v. intr. [1] ▪ LITTÉR. Crier sans motif ; protester sans sujet et de manière malveillante. *Clabauder sur, contre qqn.* ⇒ **dénigrer, médire.** ► n. m. CLABAUDAGE

CLAC ▪ Interjection imitant un bruit sec, un claquement.

Pieter CLAESZ (v. 1597 - 1661) ▪ Peintre hollandais. Maître, avec Heda, de la nature morte en Hollande au XVIIe siècle.

CLAFOUTIS n. m. ▪ Gâteau à base de lait, d'œufs et de fruits. *Clafoutis aux cerises.*

CLAIE n. f. ▪ **1.** Treillis d'osier à claire-voie. *Claie à sécher les fromages.* **2.** Treillage en bois ou en fer. *Claie métallique.* ⇒ **grille.**

CLAIR, AIRE ▪ **I.** adj. **1.** Qui a l'éclat du jour, reçoit beaucoup de lumière. ⇒ **clarté.** *Temps clair,* sans nuage. ⇒ **lumineux.** *Il fait plus clair.* **2.** Faiblement coloré. *Couleur claire. Cheveux châtain clair. Vert clair.* **3.** Peu serré, peu épais. *Les blés sont clairs.* ⇒ **clairsemé.** **4.** Pur et transparent. *De l'eau claire.* **5.** (sons) Net et pur. ⇒ **argentin.** *Son, timbre clair. D'une voix claire.* **II.** adj. fig. **1.** Aisé, facile à comprendre. ⇒ **lumineux, net.** *Des idées claires et précises. Rendre plus clair.* ⇒ **clarifier.** - loc. *C'est clair comme le jour, comme de l'eau de roche.* **2.** Manifeste, sans équivoque. ⇒ **apparent, certain, évident, sûr.** *La chose est claire. Il est clair que... C'est clair !* **III.** n. m. (dans des expr.) **1.** concret CLAIR DE LUNE : lumière que donne la Lune. - *Le clair de terre* (vu de la Lune). ♦ ART *Les clairs :* les parties éclairées. *Les clairs et les noirs d'un dessin.* **2.** fig. *Tirer* AU CLAIR : éclaircir, élucider (une affaire confuse, obscure). ♦ *Dépêche* EN CLAIR, en langage ordinaire (opposé à *chiffré, codé*). - *En clair :* exprimé clairement. *En clair, cela signifie que...* ♦ LE PLUS CLAIR : la plus grande partie. *Passer le plus clair de son temps à dormir.* **IV.** adv. **1.** D'une manière claire. ⇒ **clairement.** *Essayons d'y voir clair,* de comprendre. **2.** *Parler clair.* ⇒ **franchement, nettement.**

René CLAIR (1898 - 1981) ▪ Cinéaste français. Comédies fantaisistes et poétiques. *"Sous les toits de Paris"* (1930); *"Le Million"* (1931); *"Ma femme est une sorcière"* (1942).

Alexis CLAIRAUT (1713-1765) ▪ Astronome et mathématicien français.

CLAIRE n. f. ▪ **1.** Bassin d'eau de mer dans lequel se fait l'affinage des huîtres. *Fine de claire :* huître affinée en claire. **2.** Huître (de claire). *Des claires.*

sainte CLAIRE (v. 1193-1253) ▪ Religieuse italienne, proche de saint François d'Assise, fondatrice de l'ordre des Clarisses.

CLAIREMENT adv. ▪ **1.** D'une manière claire. ⇒ **distinctement.** *Distinguer clairement la côte.* **2.** D'une manière claire à l'esprit ; avec clarté. ⇒ **nettement.** *Énoncer clairement un problème.*

CLAIRET, ETTE adj. ▪ Un peu clair. *Du vin clairet.*

CLAIRETTE n. f. ▪ Cépage blanc du midi de la France ; vin mousseux qu'il produit. *De la clairette de Die.*

CLAIRE-VOIE n. f. ▪ **1.** Clôture à jour. ⇒ **barrière, grillage, treillage.** *Des claires-voies.* **2.** loc. *À CLAIRE-VOIE :* qui présente des vides, des jours. *Volet à claire-voie.*

CLAIRIÈRE n. f. ▪ Endroit dégarni d'arbres (dans un bois, une forêt).

CLAIR-OBSCUR n. m. ▪ **1.** PEINT. Opposition des lumières et des ombres. *Des clairs-obscurs.* **2.** Lumière douce, tamisée. ⇒ **pénombre.**

CLAIRON n. m. ▪ **1.** Instrument à vent, cuivre sans pistons ni clés (différent de la trompette). *Sonner du clairon.* **2.** Soldat qui joue du clairon.

CLAIRONNER v. tr. [1] ▪ **1.** Parler d'une voix aiguë et forte. **2.** Annoncer avec éclat, affectation. *Claironner son succès, sa victoire.* ► adj. CLAIRONNANT, ANTE

CLAIRSEMÉ, ÉE adj. ▪ **1.** Qui est peu serré, répandu de distance en distance. ⇒ **épars.** *Des arbres clairsemés. Cheveux clairsemés.* **2.** fig. Peu dense. *Population clairsemée.*

CLAIRVAUX ▪ Abbaye cistercienne dans l'Aube, fondée par saint Bernard en 1115, transformée en prison en 1808.

CLAIRVOYANCE n. f. ▪ Vue claire et lucide des choses. ⇒ **discernement, lucidité, pénétration.**

CLAIRVOYANT, ANTE adj. ▪ **1.** VX Qui voit bien. - n. *Les clairvoyants et les aveugles.* ⇒ **voyant.** **2.** Qui a de la clairvoyance. *Un esprit clairvoyant.* ⇒ **lucide, pénétrant.**

CLAMART ▪ Commune des Hauts-de-Seine. 47 227 hab. *(les Clamartois).*

CLAMECY ▪ Chef-lieu d'arrondissement de la Nièvre. 5 284 hab. *(les Clamecycois).* Industries. Musée d'art.

CLAMER v. tr. [1] ▪ Manifester en termes violents, par des cris. ⇒ **crier, hurler.** *Clamer son indignation ; son innocence.* ⇒ **proclamer.**

CLAMEUR n. f. ▪ Ensemble de cris confus. ⇒ **bruit, tumulte.** *Une immense clameur.*

CLAMP [klɑ̃p] n. m. ▪ CHIR. Pince chirurgicale occlusive à deux branches.

CLAMPER v. tr. [1] ▪ Serrer, interrompre avec un clamp. ► n. m. CLAMPAGE

CLAMPIN n. m. ▪ FAM. Traînard, fainéant.

CLAMSER [klamse] v. intr. [1] ▪ FAM. Mourir. ⇒ **claquer, crever.** ◇ var. CLAMECER [3]

CLAN n. m. ▪ **1.** Groupe ethnique, tribu (d'abord Écosse et Irlande). ♦ ETHNOL. Groupe composé de parents ayant à l'origine un ancêtre unique. *Chef de clan.* **2.** Petit groupe de personnes qui ont des idées, des goûts communs. *Esprit de clan. Groupe scindé en deux clans.* ⇒ **camp.** *Le « petit clan » des Verdurin, dans Proust.*

CLANDESTIN, INE adj. ▪ (choses) Qui se fait en cachette et qui a un caractère illicite. ⇒ **secret.** *Maison de prostitution clandestine* (FAM. CLANDÉ n. m.). - *Passager clandestin,* sans billet. - *Travailleurs immigrés clandestins,* qui ont passé illégalement une frontière. - n. *Un clandestin.* ► adv. CLANDESTINEMENT

CLANDESTINITÉ n. f. ▪ Caractère clandestin. *Vivre dans la clandestinité.*

CLANIQUE adj. ▪ ETHNOL. D'un clan.

CLAPET n. m. ▪ **1.** Soupape en forme de couvercle à charnière. *Les clapets d'une pompe.* **2.** FAM. Bouche (qui parle). *Ferme ton clapet :* tais-toi.

Émile CLAPEYRON (1799-1864) ▪ Physicien français. Un des pères de la thermodynamique.

CLAPIER n. m. ▪ Cabane où l'on élève des lapins.

CLAPOTER v. intr. [1] ▪ (surface liquide) Être agité de petites vagues qui font un bruit caractéristique. ► CLAPOTEMENT n. m. ⇒ **clapotis.**

CLAPOTEUX, EUSE adj. ▪ Qui clapote.

CLAPOTIS n. m. ▪ Bruit et mouvement de l'eau qui clapote. *Le clapotis des vagues.* ◇ syn. CLAPOTEMENT.

CLAPPER v. intr. [1] ▪ Produire un bruit sec avec la langue en la détachant brusquement du palais. *Faire clapper sa langue.* ► n. m. CLAPPEMENT

Hugh CLAPPERTON (1788-1827) ▪ Explorateur britannique. Avec Denham et Oudney, il explora en 1822 et 1823 les régions d'Afrique allant de Tripoli à la capitale du Bornou (plateau de Mourzouk, lac Tchad, bassin du Chari).

CLAQUAGE n. m. ▪ Distension d'un ligament musculaire.

CLAQUANT, ANTE adj. ▪ FAM. Qui fatigue, éreinte. ⇒ **crevant.** *Un travail claquant.*

CLAQUE n. f. ▪ **1.** Coup donné avec le plat de la main. *Donner, recevoir une claque sur la joue.* ⇒ **gifle, soufflet.** - loc. *Tête à claques,* visage déplaisant ; personne déplaisante. **2.** anciennt Personnes payées pour applaudir. *Faire la claque.* **3.** FAM. *EN AVOIR SA CLAQUE :* en avoir assez. ⇒ **marre.** *J'en ai ma claque.*

CLAQUEMENT n. m. ▪ Le fait de claquer ; choc, bruit de ce qui claque. ⇒ **coup.** *Un claquement sec.*

SE **CLAQUEMURER** v. pron. [1] ▪ Se tenir enfermé (chez soi). - au p. p. *Il passe son temps claquemuré dans sa chambre.*

CLAQUER v. [1] ▪ **I.** v. intr. **1.** Produire un bruit sec et sonore. *Faire claquer ses doigts, sa langue. Ses dents claquent.* - par ext. (personnes) *Claquer des dents (de froid, de peur) :* grelotter, trembler. - *Un volet qui claque.* ⇒ **battre.** **2.** FAM. *L'affaire lui a claqué dans les doigts,* lui a échappé. **3.** FAM. (personnes) Mourir. ⇒ FAM. **clamser, crever.** **II.** v. tr. **1.** Donner une claque à (qqn). ⇒ **gifler.** **2.** Faire claquer (en signe de mécontentement). *Claquer la porte.* **3.** FAM. (personnes) Dépenser en gaspillant. ⇒ **dilapider.** *Claquer son fric.* **4.** FAM. Éreinter, fatiguer. ⇒ **exténuer ; claquant.** *Ce travail m'a claqué.* - au p. p. *Être complètement claqué.* ⇒ **crevé.** **5.** *Se claquer un muscle.* ⇒ **claquage.**

CLAQUETTE n. f. ▪ **1.** Petit instrument formé de deux planchettes réunies par une charnière, et servant à donner un signal (en claquant). *Claquette de plan de tournage d'un film.* ◇ syn. (anglic.) CLAP. **2.** *CLAQUETTES :* lames de métal fixées aux semelles qui permettent de marquer le rythme en dansant. ♦ Cette danse. *Faire des claquettes.*

CLARIFIER v. tr. [7] ▪ **1.** Rendre plus pur en éliminant les substances étrangères. ⇒ **décanter, filtrer, purifier.** *Clarifier un sirop.* **2.** fig. Rendre plus clair, plus facile à comprendre. ⇒ **éclaircir, élucider.** *Clarifier une situation embrouillée.* ► n. f. CLARIFICATION

CLARINE n. f. ▪ Clochette placée au cou du bétail (vaches, béliers...).

CLARINETTE n. f. ▪ Instrument de musique (bois) à anche ajustée sur un bec.

clarinette. Clarinette de Boehm.
Phot. © Emilio Simion/Ricciarini

CLARINETTISTE n. ▪ Personne qui joue de la clarinette.

CLARISSE n. f. ▪ Religieuse de l'ordre fondé par sainte Claire.

John Bates CLARK (1847-1938) ▪ Économiste américain. Théoricien de l'école marginaliste.

Arthur Charles CLARKE (né en 1917) ▪ Romancier britannique. Il doit sa célébrité à ses romans de science-fiction, qui sont aussi, pour les derniers, des fables philosophiques. *"Les Enfants d'Icare"* (1950); *"2001, l'odyssée de l'espace"* (1968).

CLARTÉ n. f. ▪ **I. 1.** Lumière ; caractère de ce qui est clair. *Faible clarté.* ⇒ **lueur.** *La clarté intense du soleil.* ⇒ **éclat.** **2.** Transparence, limpidité. **II. 1.** fig. Qualité de ce qui est facilement intelligible. ⇒ **netteté, précision.** *S'exprimer avec*

Coysevox, *Le Grand Condé,* sculpture. Musée du Louvre, Paris.
Phot. © Arch. Smeets

La façade du château de Versailles. *Phot. © Nimatallah/Ricciarini*

Poussin, *Les Bergers d'Arcadie.* Musée du Louvre, Paris. *Phot. © Dagli Orti*

classicisme.

clarté. ⇒ **clairement.** *Clarté d'esprit.* **2.** au plur. LITTÉR. Connaissances, notions. *J'ai quelques clartés là-dessus.* ⇒ **connaissance.**

CLASH n. m. ▪ anglic. Conflit, désaccord violent.

CLASSABLE adj. ▪ Qui peut être classé.

CLASSE n. f. ▪ **I. 1.** (dans un groupe social) Ensemble des personnes qui ont en commun une fonction, un genre de vie, une idéologie et surtout un même niveau social. ⇒ **caste, groupe.** *Les classes sociales. Les classes dirigeantes. Classes moyennes. Lutte des classes.* **2.** Ensemble d'individus ou d'objets qui ont des caractères communs. ⇒ **catégorie, espèce, sorte.** *Ce livre s'adresse à toutes les classes de lecteurs.* **3.** BIOL. Grande division inférieure à l'embranchement. *La classe des mammifères.* **4.** (après un ordinal, etc.) Grade, rang. *Voyager en première classe* (train, avion...) ; ellipt *en première.* - *Un soldat de deuxième classe ;* ellipt *un deuxième classe.* ♦ absolt *Avoir de la classe,* de la distinction. ⇒ **allure.** *C'est la classe !* **II. 1.** Ensemble d'élèves groupés selon les différents degrés d'études. *Classes supérieures ; petites classes. Camarade de classe.* - *La rentrée des classes.* **2.** L'enseignement donné en classe ; sa durée. ⇒ **cours, leçon.** *Une classe d'histoire. Faire la classe :* enseigner. - *Livres de classe.* ⇒ **scolaire. 3.** Salle de classe. *Entrer dans la classe.* - loc. *Aller en classe,* à l'école. **III.** Contingent des conscrits nés la même année. *Libération d'une classe.* ⇒ **quille.** *Faire ses classes :* recevoir l'instruction militaire. ♦ Libération. *Vive la classe !* ⇒ **quille.**

CLASSEMENT n. m. ▪ **1.** Action de ranger dans un ordre ; façon dont un ensemble est classé. ⇒ **arrangement, classification.** *Classement alphabétique, logique.* **2.** Place d'une personne dans une compétition, un concours. *Avoir un bon classement.*

CLASSER v. tr. [1] ▪ **1.** Diviser en classes (I), en catégories. ⇒ **répartir ; diviser.** *Classer les plantes, les insectes.* **2.** Ranger (dans une catégorie). *Classer le lapin parmi les rongeurs.* - pronom. (réfl.) *Se classer dans, parmi :* être au rang de. **3.** Mettre dans un certain ordre, à son ordre. ⇒ **arranger, ranger, trier.** *Classer des papiers. Classer un dossier.* ♦ fig. *Classer une affaire,* la considérer comme terminée, ne plus s'en occuper. - au p. p. *Affaire classée.*

CLASSEUR n. m. ▪ Portefeuille ou meuble qui sert à classer des papiers. *Il range ses notes de cours dans un classeur.*

CLASSICISME n. m. ▪ **1.** Caractères propres aux œuvres classiques de l'Antiquité et du XVIIe siècle (en Europe occidentale). **2.** Caractère de ce qui est classique. ▪ Le classicisme se caractérise essentiellement par une recherche de perfection, de rigueur, d'harmonie et se fonde sur les bases de l'Antiquité et de la Renaissance italienne. — En France, le classicisme s'épanouit sous le règne de Louis XIV, avec Mansart et Hardouin-Mansart pour l'architecture, Le Brun, Poussin pour la peinture, Girardon pour la sculpture. Malherbe, Boileau, La Fontaine, Bossuet, Racine sont les principaux écrivains classiques (→ **néo-classicisme**).

CLASSIFICATEUR, TRICE adj. et n. ▪ (personnes) Qui établit des classifications.

CLASSIFICATION n. f. ▪ Action de distribuer par classes, par catégories. ⇒ **classement.**

CLASSIQUE adj. et n. m. ▪ **I. 1.** (écrivain, texte) Qui fait autorité, digne d'être imité. *Les auteurs classiques du programme.* **2.** Qui appartient à l'antiquité gréco-latine. *Langues classiques. Enseignement classique* (incluant le latin, et parfois le grec). **3.** Qui appartient aux grands auteurs du XVIIe siècle, imitateurs des Anciens (opposé à *romantique*) ; qui en a les caractères. ⇒ **classicisme.** *Théâtre classique. Style classique* (opposé à *romantique, baroque*). **4.** MUSIQUE CLASSIQUE : musique des grands auteurs de la tradition musicale occidentale (s'oppose à *folklorique, légère, de variétés*). *Disques classiques.* ♦ n. m. *Aimer le classique.* **5.** Conforme aux usages, qui ne s'écarte pas des règles établies, de la mesure. *Un veston de coupe classique.* ⇒ **sobre.** ♦ Conforme aux habitudes. ⇒ **habituel, traditionnel.** FAM. *C'est le coup clas-*

sique : c'était prévu. **II.** *Un classique* **n. m. 1.** Auteur classique (I). *Connaître ses classiques.* **2.** Ouvrage pour les classes. *Collection des classiques latins, français.* ♦ Œuvre caractéristique (d'un genre...). *Ce film est un classique (du genre), un grand classique.*

CLASSIQUEMENT adv. ▪ D'une manière classique (I, 5), habituelle.

CLAUDE (10 av. J.-C. - 54) ▪ Empereur romain de 41 à sa mort. Époux de Messaline puis d'Agrippine* la Jeune, père de Britannicus et père adoptif de Néron. Il mourut assassiné, sans doute par Agrippine.

Georges CLAUDE (1870 - 1960) ▪ Physicien et industriel français. Auteur de travaux sur l'air liquide et le tube à néon.

CLAUDE DE FRANCE (1499 - 1524) ▪ Reine de France. Épouse de François Ier, fille de Louis XII et d'Anne de Bretagne. À sa mort, le duché de Bretagne fut définitivement réuni à la Couronne.

Paul CLAUDEL (1868 - 1955) ▪ Écrivain français. Converti au catholicisme en 1886, il identifie la poésie à l'action et au sacrement alliant la spiritualité chrétienne à un sens cosmique païen. (*"Tête d'or"*, 1889; *"Partage de midi"*, 1906; *"L'Annonce faite à Marie"*, 1912; *"Le Soulier de satin"*, 1929.) Ses voyages (il était diplomate) ont nourri son œuvre de poète. ► **Camille CLAUDEL** (1864 - 1943), sa sœur. Sculpteur français proche de Rodin, dont elle fut la collaboratrice.

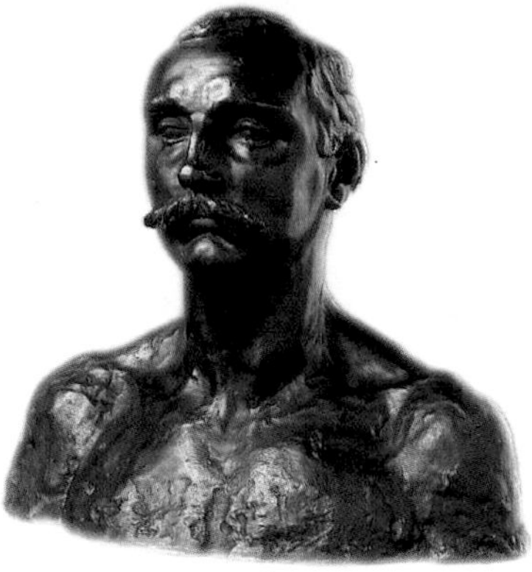

Camille **Claudel.** *Buste de Paul Claudel,* bronze.
Musée Rodin, Paris. *Phot. © Bruno Jarret/Musée Rodin*

CLAUDICATION n. f. ▪ LITTÉR. Fait de boiter.

CLAUDIQUER v. intr. [1] ▪ VX Boiter.

Appius CLAUDIUS Caecus (v. 300 av. J.-C.) ▪ Homme politique romain. Il fit ouvrir la *voie Appienne,* de Rome à Capoue.

Hugo CLAUS (né en 1929) ▪ Écrivain et cinéaste belge d'expression néerlandaise. *"La Chasse aux canards"* (1951).

CLAUSE n. f. ▪ Disposition particulière (d'un acte). ⇒ **convention, disposition.** *Les clauses d'un contrat. Respecter, violer une clause. Une clause stipule que...* - DR. *CLAUSE DE STYLE,* que l'on retrouve habituellement dans tous les contrats de même nature ; fig. disposition toute formelle, sans importance.

Carl von CLAUSEWITZ (1780 - 1831) ▪ Général prussien. Théoricien de la guerre, qu'il a définie comme « la continuation de la politique par d'autres moyens ». *"De la guerre"*.

Rudolf CLAUSIUS (1822 - 1888) ▪ Physicien allemand. Contributions fondamentales à la thermodynamique (→ Sadi **Carnot**) et à la cinétique des gaz.

CLAUSTRA n. m. ou **f.** ▪ Cloison légère, évidée.

CLAUSTRAL, ALE, AUX adj. ▪ Relatif au cloître ou qui l'évoque. ⇒ **monacal, religieux.** *Un silence claustral.*

CLAUSTRATION n. f. ▪ LITTÉR. État de qqn qui est enfermé dans un lieu clos. ⇒ **isolement.**

SE **CLAUSTRER v. pron.** [1] ▪ S'enfermer. ⇒ se **cloîtrer.** - fig. *Se claustrer dans le silence.* ⇒ se **murer.**

CLAUSTROPHOBE adj. et **n.** ▪ (personnes) Qui souffre de claustrophobie.

CLAUSTROPHOBIE n. f. ▪ Angoisse d'être enfermé.

CLAVEAU n. m. ▪ ARCHIT. Pierre taillée en coin, utilisée dans la construction des voûtes, des corniches. *Les claveaux d'une arcade.*

CLAVECIN n. m. ▪ Instrument de musique à claviers et à cordes pincées. ► **n.** CLAVECINISTE

clavecin. Clavecin de G.B. Bertarino, 1577.
Musée Bardini, Florence. *Phot. © Nimatallah/Ricciarini*

CLAVETTE n. f. ▪ Petite cheville servant à immobiliser (un boulon, une cheville). *Clavette de sûreté.*

CLAVICULE n. f. ▪ Os en forme d'S très allongé, formant la partie antérieure de l'épaule. ► **adj.** CLAVICULAIRE

CLAVIER n. m. ▪ **1.** Ensemble des touches de certains instruments de musique (piano, clavecin, orgue...), de certains appareils. - *"Le Clavier bien tempéré"* (de J.-S. Bach). **2.** *Le clavier d'une machine à écrire, d'une linotype, d'un ordinateur. Clavier de saisie.*

CLAVISTE n. ▪ Personne qui saisit un texte sur ordinateur.

Henry CLAY (1777 - 1852) ▪ Homme politique américain. Il s'efforça d'éviter le conflit entre États du Nord et du Sud.

CLAYE-SOUILLY ▪ Commune de la Seine-et-Marne. 9 740 hab. *(les Clayois).*

Les CLAYES-SOUS-BOIS ▪ Commune des Yvelines. 16 819 hab. *(les Clétiens).*

CLAYETTE n. f. ▪ **1.** Emballage à claire-voie, cageot. **2.** Support à claire-voie. *Les clayettes d'un réfrigérateur.*

CLAYONNAGE n. m. ▪ Assemblage de pieux et de branches d'arbres destiné à soutenir des terres (⇒ **claie**).

CLÉ ou **CLEF n. f.** ▪ **I.** Ce qui sert à ouvrir. **1.** Instrument de métal servant à faire fonctionner le mécanisme d'une serrure. *Des clés de voiture. Trousseau de clés, de clefs.* ⇒ **porte-clés.** *La porte est fermée à clé.* - loc. *Mettre la clé sous la porte :* partir, disparaître, déménager. *Clés en main :* prêt à l'usage. *Acheter une usine clés en main.* - *Mettre qqch. sous clé,* dans un meuble fermé. **2.** loc. *La CLÉ DES CHAMPS :* la liberté. **II. 1.** Outil servant à serrer ou à démonter des pièces. *Clé à molette. Clé anglaise* ou *à mâchoires mobiles.* **2.** *CLEF* (ou *CLÉ*) *DE VOÛTE :* pierre en forme de coin (⇒ **claveau**) placée à la partie centrale d'une voûte et servant à maintenir en équilibre les autres pierres. - fig. Point important, partie essentielle, capitale d'un système. *La clef de voûte d'une argumentation.* **3.** MUS. Pièce qui commande l'ouverture des trous du tuyau (d'un instrument à vent). **III.** fig. **1.** Signe de référence placé au début d'une portée musicale et qui indique, par sa forme et sa position, la hauteur des notes. *Clef de sol, de fa.* - loc. *À LA CLÉ* (ou *CLEF*) : avec, à la fin de l'opération. *Il y a une récompense à la clé.* **2.** Caractère chinois, de nature phonétique, permettant de classer et comprendre un autre caractère. **3.** Ce qui permet de comprendre, donne accès (à une connaissance). *La clé du mystère. Roman à clés.* ♦ appos. Qui commande l'accès (concret et abstrait). *Une position-clé.*

CLÉBARD n. m. ▪ FAM. Chien. ◇ syn. CLEBS.

CLÉMATITE n. f. ▪ Plante grimpante à fleurs en bouquet. ⇒ **viorne.**

CLÉMENCE n. f. ▪ **1.** LITTÉR. Vertu qui consiste, de la part de qui dispose d'une autorité, à pardonner les offenses et à adoucir les châtiments. ⇒ **indulgence, magnanimité.** *Un acte de clémence.* ▸ allus. *La clémence d'Auguste* (envers Cinna). **2.** Douceur. *La clémence de la température.*

Georges **CLEMENCEAU** (1841 - 1929) ▪ Homme politique français. Partisan de Dreyfus, président du Conseil (radical) en 1906-1909 puis 1917-1919. Sa fermeté restaura la confiance face à l'Allemagne lors de la Première Guerre mondiale. Il négocia le traité de Versailles. Surnommé « le Tigre » et « le Père la Victoire ».

CLÉMENT, ENTE adj. ▪ **1.** Qui manifeste de la clémence. ⇒ **généreux, humain, indulgent, magnanime. 2.** *Un hiver clément,* peu rigoureux. ⇒ **doux.**

CLÉMENT V (mort en 1314) ▪ Pape élu en 1305. Il fut le premier pape installé à Avignon (1309). Proche de Philippe le Bel, il supprima l'ordre des Templiers.

CLÉMENT VII (1342 - 1394) ▪ Antipape d'Avignon de 1378 à 1394, à l'origine du grand schisme* d'Occident.

CLÉMENT VII (1478 - 1534) ▪ Pape de 1523 à sa mort. Il excommunia Henri VIII pour avoir répudié Catherine d'Aragon, ce qui déclencha le schisme anglican (→ **anglicanisme**).

Jean-Baptiste **CLÉMENT** (1837 - 1903) ▪ Socialiste français, auteur de chansons. *"Le Temps des cerises"* (1866), musique de Renard.

René **CLÉMENT** (1913 - 1996) ▪ Cinéaste français. *"La Bataille du rail"* (1947); *"Jeux interdits"* (1953).

CLÉMENT D'ALEXANDRIE (v. 150 - v. 215) ▪ Écrivain grec et philosophe chrétien. *"Le Pédagogue".*

Muzio **CLEMENTI** (1752 - 1832) ▪ Compositeur, pianiste et facteur de pianos italien. Auteur d'une soixantaine de sonates, où il apparaît comme l'un des inventeurs du piano moderne.

CLÉMENTINE n. f. ▪ Petite mandarine à peau fine.

CLENCHE n. f. ▪ Petit bras de levier, dans le loquet d'une porte.

CLÉOPÂTRE (69 - 30 av. J.-C.) ▪ Reine d'Égypte de 51 av. J.-C. à sa mort, maîtresse de César (leur fils Césarion fut le dernier Ptolémée) puis d'Antoine. Son rêve d'un empire oriental fut anéanti par Octave (→ **Auguste**), qui fit de l'Égypte une province romaine (31 av. J.-C.). Devant cet échec, elle se suicida en se faisant mordre par un aspic.

CLEPSYDRE n. f. ▪ DIDACT. Horloge à eau.

CLEPTOMANE ; CLEPTOMANIE ⇒ KLEPTOMANE ; KLEPTOMANIE

Louis-Nicolas **CLÉRAMBAULT** (1676 - 1749) ▪ Compositeur et organiste français. Musicien officiel de la cour, il tenta une synthèse des esthétiques italienne et française dans les formes de la sonate et de la cantate.

CLERC [klɛʀ] n. m. ▪ **1.** Homme qui est entré dans l'état ecclésiastique (⇒ **clergé** ; opposé à *laïc*). *Clerc tonsuré.* **2.** VX Personne instruite. ⇒ **lettré, savant.** *"La Trahison des clercs"* [des intellectuels] (ouvrage de J. Benda). ▸ loc. *Il est* GRAND CLERC *en la matière,* très compétent. *Pas besoin d'être grand clerc pour savoir cela.* **3.** Employé des études d'officiers publics et ministériels. *Clerc de notaire.* ♦ loc. *PAS DE CLERC* : maladresse par inexpérience.

CLERGÉ n. m. ▪ Ensemble des ecclésiastiques. *Le clergé catholique. Clergé régulier.*

CLERGYMAN [klɛʀʒiman] n. m. ▪ **1.** Pasteur anglo-saxon. *Des clergymen.* **2.** Vêtement ecclésiastique (de clergyman).

CLÉRICAL, ALE, AUX adj. ▪ **1.** Relatif au clergé. **2.** Partisan du cléricalisme. *Parti clérical.* ▸ n. *Les cléricaux.*

CLÉRICALISME n. m. ▪ Opinion des partisans d'une intervention du clergé dans la politique.

Charles-Louis **CLÉRISSEAU** (1721 - 1820) ▪ Architecte et décorateur français. Château Borély à Marseille.

CLERMONT ▪ Chef-lieu d'arrondissement de l'Oise. 8 934 hab. *(les Clermontois).* Industries alimentaires.

CLERMONT-FERRAND ▪ Chef-lieu du Puy-de-Dôme. 136 000 hab. *(les Clermontois).* Cathédrale gothique, église romane Notre-Dame-du-Port (XIIe s.), maisons anciennes. Industrie du caoutchouc (pneus). La ville est née de la réunion, en 1630, de Clermont, ancienne capitale de l'Auvergne, et de Montferrand.

Stephen Grover **CLEVELAND** (1837 - 1908) ▪ 22e (1885-1889), puis 24e (1893-1897) président (démocrate) des États-Unis.

CLEVELAND ▪ Ville des États-Unis (Ohio). 574 000 hab. Port sur le lac Érié. Universités. Industries mécaniques. Musée.

le **CLEVELAND** ▪ Comté du nord de l'Angleterre. 583 km². 555 000 hab. Chef-lieu : Middlesbrough.

CLIC n. m. ▪ Bruit sec, bref (alternant parfois avec *clac*).

CLICHÉ n. m. ▪ **1.** Image négative (d'une photo). ▸ Photographie. **2.** péj. Idée ou expression trop souvent utilisée. ⇒ **banalité, lieu commun, poncif. 3.** Plaque en relief pour la reproduction, l'impression typographique.

CLICHER v. tr. [1] ▪ TECHN. Fabriquer une empreinte pour la reproduction de. *Clicher une page.*

CLICHY ▪ Commune des Hauts-de-Seine, dans la banlieue nord-ouest de Paris. 48 030 hab. *(les Clichois).* Industries automobile, chimique et électrique.

CLICHY-SOUS-BOIS ▪ Commune de la Seine-Saint-Denis. 28 180 hab. *(les Clichois).*

CLIENT, ENTE [klijɑ̃, ɑ̃t] n. ▪ **1.** anciennt ou POLIT. Personne qui dépend d'un protecteur (⇒ **clientélisme**). **2.** Personne qui achète ou requiert des services moyennant rétribution. *Les clients d'un médecin.* ⇒ **patient.** *Magasin plein de clients,* d'acheteurs. ⇒ **achalandé.** ♦ Acheteur (d'un fournisseur) ; spécialt acheteur habituel, régulier. ⇒ **clientèle. 3.** n. m. Consommateur, importateur (⇒ **marché**).

CLIENTÈLE n. f. ▪ **I. 1.** Protégés d'un homme politique ; ceux qui servent son influence. *Clientèle électorale.* **2.** Ensemble de clients. ⇒ **marché.** *Viser une clientèle donnée.* ⇒ **cible. II.** Fait d'être client, d'acheter. *Obtenir la clientèle d'un pays.* ⇒ **marché.**

CLIENTÉLISME n. m. ▪ (pour un politicien, un parti) Fait de chercher à élargir son influence en attribuant des privilèges.

CLIGNEMENT n. m. ▪ **1.** Action, fait de cligner. *Clignement d'yeux.* **2.** LITTÉR. (lumière) Le fait de briller par intermittence. ⇒ **clignotement.**

CLIGNER v. [1] ▪ **1.** v. tr. Fermer à demi ou fermer et ouvrir rapidement (les yeux). ⇒ **ciller.** ▸ v. tr. ind. *CLIGNER DE L'ŒIL* (pour faire un signe, pour aguicher). ⇒ **clin d'œil, œillade. 2.** v. intr. (yeux, paupières) Se fermer et s'ouvrir.

CLIGNOTANT, ANTE ▪ **I.** adj. **1.** (yeux) Qui clignote. **2.** (lumière) Scintillant, intermittent. **II.** n. m. **1.** (véhicules) Lumière intermittente, qui sert à indiquer la direction. *Mettre son clignotant pour tourner.* **2.** Indice dont l'apparition signale un danger (dans un plan, un programme économique).

CLIGNOTER v. [1] ▪ **1.** v. tr. ind. Cligner coup sur coup rapidement et involontairement. *Clignoter des yeux.* **2.** v. intr. Éclairer et s'éteindre alternativement à brefs intervalles. ⇒ **scintiller.** ▸ n. m. CLIGNOTEMENT

CLIMAT n. m. ▪ **1.** Ensemble de circonstances atmosphériques et météorologiques (humidité, pressions, températures...) propres à une région (⇒ aussi **microclimat**). *Climat équatorial, tropical, désertique, tempéré. Un climat sec, humide, pluvieux.* **2.** Atmosphère morale. ⇒ **ambiance, milieu.** *Dans un climat d'hostilité.*

CLIMATIQUE adj. ▪ Relatif au climat (1). *Conditions climatiques.*

CLIMATISATION n. f. ▪ Moyens employés pour obtenir, dans une pièce, une atmosphère constante (température, humidité), à l'aide d'appareils.

CLIMATISER v. tr. [1] ▪ **1.** Maintenir (un lieu) à une température agréable. **2.** Équiper (un local) de la climatisation. ▸ **CLIMATISÉ, ÉE** adj. *Salle, voiture climatisée.*

CLIMATISEUR n. m. ▪ Appareil de climatisation.

CLIMATOLOGIE n. f. ▪ Étude des phénomènes climatiques et météorologiques dans les différentes parties du globe. ▸ adj. CLIMATOLOGIQUE ▸ n. CLIMATOLOGUE

CLIN D'ŒIL [-œj] n. m. ▪ **1.** Mouvement rapide de la paupière (⇒ **clignement**) pour faire signe. *Des clins d'œil, d'yeux.* ⇒ **œillade. 2.** *EN UN CLIN D'ŒIL* : en un temps très court.

CLINICIEN, IENNE n. ▪ Médecin praticien. ▸ adj. *Psychologue clinicienne.*

CLINIQUE ▪ **I. 1. adj.** Qui observe directement (au lit des malades) les manifestations de la maladie. *Médecine clinique.* ► **adv.** CLINIQUEMENT **2. n. f.** Enseignement médical donné au chevet des malades. **II. n. f.** Établissement de soins privé.

CLINQUANT, ANTE ▪ **I. n. m. 1.** Mauvaise imitation de métaux, de pierreries. ⇒ **camelote, faux. 2.** Éclat trompeur ou de mauvais goût. **II. adj.** Qui brille d'un éclat voyant, vulgaire. *Des bijoux clinquants.*

William Jefferson dit **Bill CLINTON** (né en 1946) ▪ 42e président (démocrate) des États-Unis, depuis 1993.

Clinton.
Phot. © Markel/ Liaison/Gamma

CLIO ▪ Muse de la Poésie épique et de l'Histoire.

① **CLIP** [klip] **n. m.** ▪ anglic. Bijou qui se fixe par une pince.

② **CLIP** [klip] **n. m.** ▪ anglic. Film vidéo, assez court, réalisé pour promouvoir (une chanson, etc.). *Des clips.* ◇ syn. VIDÉO-CLIP **n. m.**

l'îlot CLIPPERTON ▪ Îlot français inhabité du Pacifique, au large du Mexique. 5 km^{2}.

CLIQUE **n. f.** ▪ **1.** Groupe de personnes peu estimables. ⇒ **bande. 2.** Ensemble des tambours et des clairons d'une musique militaire. ⇒ **fanfare.**

CLIQUER **v. intr.** [1] ▪ **1.** VX Faire un bruit sec. ⇒ **cliqueter. 2.** anglic. Actionner le bouton d'une souris pour effectuer une sélection sur l'écran d'un ordinateur.

CLIQUES **n. f. pl.** ▪ FAM. *PRENDRE SES CLIQUES ET SES CLAQUES :* s'en aller en emportant ce que l'on possède.

CLIQUETER **v. intr.** [4] ▪ Produire un cliquetis.

CLIQUETIS **n. m.** ▪ Série de bruits secs que produisent certains corps sonores qui se choquent. *Un cliquetis de clés.*

CLISSON ▪ Commune de Loire-Atlantique. 5 495 hab. *(les Clissonnais).* La ville fut rasée par les armées républicaines, en 1794, pendant la guerre de Vendée.

CLISTHÈNE (fin VIe s. av. J.-C.) ▪ Homme politique athénien de la famille des Alcméonides, père de la démocratie d'Athènes.

CLITORIDECTOMIE **n. f.** ▪ DIDACT. Ablation (rituelle) du clitoris.

CLITORIS [-is] **n. m.** ▪ Petit organe érectile de la vulve. ► **adj.** CLITORIDIEN, IENNE

CLIVAGE **n. m.** ▪ **1.** Action de cliver, de se cliver. **2.** fig. Séparation par plans, par niveaux. *Le clivage des opinions.*

Robert, baron CLIVE DE PLASSEY (1726-1774) ▪ Général britannique. Fondateur de l'Empire britannique des Indes.

CLIVER **v. tr.** [1] ▪ **1.** Fendre (un corps minéral, un diamant) dans le sens naturel de ses couches. - pronom. *Le mica se clive en fines lamelles.* **2.** fig. Séparer. ⇒ **clivage.**

CLOAQUE **n. m.** ▪ **I. 1.** Lieu destiné à recevoir les immondices, les eaux usées. **2.** Lieu malpropre. **II.** ZOOL. Orifice des cavités urinaire et génitale (oiseaux, reptiles).

CLOCHARD, ARDE **n.** ▪ Personne socialement inadaptée, dans les grandes villes. ◇ abrév. FAM. CLODO **n. m.**

① **CLOCHE** **n. f.** ▪ **1.** Instrument creux, évasé, en métal sonore (bronze), dont on tire des vibrations retentissantes et prolongées en en frappant les parois intérieures ou extérieures. ⇒ **bourdon, carillon.** *Les cloches sonnent à toute volée. Les cloches de Pâques.* - loc. *N'entendre qu'un SON DE CLOCHE,* qu'une opinion. *Déménager À LA CLOCHE DE BOIS,* en cachette. - FAM. *SONNER LES CLOCHES à qqn,* le réprimander fortement. **2.** Objet creux qui recouvre, protège. *Cloche à fromage.* - *CLOCHE À PLONGEUR :* dispositif à l'abri duquel on peut séjourner sous l'eau. **3.** loc. FAM. *SE TAPER LA CLOCHE :* bien manger.

② **CLOCHE** **n. f.** ▪ **I.** FAM. Personne niaise et maladroite. - **adj.** *Elle est un peu cloche.* **II.** *La cloche :* les clochards.

À CLOCHE-PIED **loc. adv.** ▪ En tenant un pied en l'air et en sautant sur l'autre. *Sauter à cloche-pied.*

① **CLOCHER** **n. m.** ▪ **1.** Bâtiment élevé d'une église dans lequel on place les cloches. ⇒ **campanile.** *La flèche, le coq du clocher.* **2.** loc. *Querelles, rivalités de clocher,* purement locales, insignifiantes. *Esprit de clocher :* chauvinisme.

② **CLOCHER** **v. intr.** [1] ▪ Être défectueux ; aller de travers. *Raisonnement qui cloche. Il y a quelque chose qui cloche,* qui ne va pas.

CLOCHETON **n. m.** ▪ Ornement en forme de petit clocher.

CLOCHETTE **n. f.** ▪ **1.** Petite cloche. ⇒ **sonnette. 2.** Fleur, corolle en forme de petite cloche. *Les clochettes du muguet.*

Claude Michel dit **CLODION** (1738-1814) ▪ Sculpteur français. Il réalisa de multiples statuettes ou reliefs en terre cuite, surtout des sujets mythologiques.

CLOISON **n. f.** ▪ **1.** Paroi plus légère que le mur, qui limite les pièces d'une maison. *Abattre une cloison.* **2.** Séparation entre les parties intérieures (d'un navire). *Cloison étanche* (aussi fig.). **3.** Ce qui divise l'intérieur (d'une cavité). *Cloison des fosses nasales.* **4.** fig. Barrière, séparation. *Abattre, faire tomber les cloisons.*

CLOISONNEMENT **n. m.** ▪ Division entre des personnes, des choses.

CLOISONNER **v. tr.** [1] ▪ Séparer par des cloisons. ⇒ **compartimenter.** - au p. p. *Émaux cloisonnés.* **n.** *Un cloisonné.* - fig. *Une société cloisonnée.*

CLOÎTRE **n. m.** ▪ **1.** Partie d'un monastère interdite aux profanes et fermée par une enceinte. ⇒ **clôture.** - Le monastère. ⇒ **abbaye, couvent ; claustral. 2.** dans un monastère ou une église Galerie à colonnes qui encadre une cour ou un jardin carré. *Cloître roman.*

CLOÎTRER **v. tr.** [1] ▪ **1.** Faire entrer comme religieux, religieuse dans un monastère fermé. - au p. p. *Religieux cloîtrés.* **2.** Enfermer, mettre à l'écart (qqn). - pronom. (réfl.) *Se cloîtrer :* vivre à l'écart du monde. ⇒ se **claustrer,** se **retirer.** - fig. *Se cloîtrer dans ses idées.*

CLONE **n. m.** ▪ **1.** BIOL. Individu provenant de la reproduction d'un individu unique. - Ensemble des cellules résultant des divisions d'une cellule unique. **2.** Copie d'un modèle d'ordinateurs, compatible avec ce modèle. ► **v. tr.** CLONER ► **n. m.** CLONAGE

Jean-Baptiste dit **Anacharsis CLOOTS** (1755-1794) ▪ Baron prussien rallié à la Révolution française. Extrémiste, il participa à l'institution du culte de la Raison. Il fut guillotiné avec Hébert.

CLOPE **n.** ▪ FAM. **1. n. m.** Mégot. **2. n. f.** Cigarette. *Un paquet de clopes.* **3.** loc. *Des clopes :* rien du tout (→ des clous).

CLOPIN-CLOPANT **loc. adv.** ▪ FAM. En clopinant. *Aller clopin-clopant.* ⇒ **cahin-caha.**

CLOPINER **v. intr.** [1] ▪ Marcher avec peine, en traînant le pied. ⇒ **boiter.**

CLOPINETTES **n. f. pl.** ▪ FAM. *Des clopinettes :* rien (→ des clous).

CLOPORTE **n. m.** ▪ **1.** Petit animal arthropode qui vit sous les pierres. **2.** fig. Personnage ignoble.

CLOQUE **n. f.** ▪ **1.** Petite poche de la peau pleine de sérosité. ⇒ **ampoule. 2.** loc. FAM. *Être en cloque,* enceinte.

CLOQUER **v. intr.** [1] ▪ Former des cloques.

CLORE **v. tr.** [45] ▪ **1.** VX Fermer pour empêcher l'accès. - fig. *Clore le bec à qqn,* l'empêcher de parler. **2.** Terminer ; déclarer terminé. *Clore un débat, une négociation.* ⇒ **clôturer** (2).

① **CLOS, OSE** **adj.** ▪ **1.** LITTÉR. Fermé. *Volets clos. Trouver porte close :* ne trouver personne. *Les yeux clos.* **2.** Achevé, terminé. *La séance est close. L'incident est clos.*

② **CLOS** **n. m.** ▪ **1.** Terrain cultivé et fermé par des haies, des murs, des fossés. **2.** Vignoble. *Le clos Vougeot* (bourgogne).

François **Clouet**. *Pierre Quthe, apothicaire.*
Musée du Louvre, Paris. *Phot. © Carlo Bevilacqua/Ricciarini*

CLOTAIRE ▪ NOM DE TROIS ROIS MÉROVINGIENS ► **CLOTAIRE Ier** (497 - 561), dernier fils de Clovis. À sa mort, le royaume fut partagé entre ses fils. ► **CLOTAIRE II** (584 - 629), père de Dagobert Ier. ► **CLOTAIRE III** (652 - 673), roi de Neustrie.

sainte CLOTILDE (v. 475 - 545) ▪ Femme de Clovis Ier, dont elle entraîna la conversion au catholicisme.

CLÔTURE n. f. ▪ **1.** Ce qui sert à fermer un passage, à enclore un espace. ⇒ **barrière, enceinte.** *Mur, porte de clôture. Clôture métallique.* ⇒ **grille. 2.** Enceinte où des religieux vivent cloîtrés. ⇒ **cloître. 3.** Action de terminer, de déclarer la fin (de qqch.). *Séance de clôture.*

CLÔTURER v. tr. [1] ▪ **1.** Fermer par une clôture. **2.** Déclarer terminé. ⇒ **achever, clore.** *Clôturer les débats, la séance.* ⇒ **lever.**

CLOU n. m. ▪ **I. 1.** Petite tige de métal à pointe, souvent à tête, qui sert à fixer, assembler, suspendre. *Petits clous.* ⇒ **semence.** *Tête de clou. Planter des clous.* ⇒ **clouer.** - fig. *Enfoncer* le clou.* **2.** FAM. *Les clous :* passage pour piétons (autrefois signalé par de gros clous). *Traverser dans les clous.* ⇒ passage **clouté. 3.** loc. fig. *Maigre comme un clou :* très maigre. - FAM. *Ça ne vaut pas un clou :* cela ne vaut rien. - *Des clous ! :* rien du tout (→ des clopes, des clopinettes). **II.** fig. **1.** *Clou de girofle*.* **2.** Furoncle. **III. 1.** FAM. Mont-de-piété. *Mettre ses bijoux au clou.* **2.** *Le clou du spectacle :* ce qui accroche le plus l'attention des spectateurs. **3.** Mauvais véhicule. ⇒ FAM. **bagnole, guimbarde.** *Un vieux clou.*

CLOUER v. tr. [1] ▪ **1.** Fixer, assembler avec des clous. *Clouer une caisse. Clouer un tableau au mur.* **2.** Fixer avec un objet pointu. *Il le cloua au sol d'un coup d'épée.* - fig. Immobiliser. *Une maladie le cloue au lit.* - passif *Être, rester cloué sur place* (par la peur, l'émotion, la surprise). ⇒ **paralyser. 3.** loc. *CLOUER LE BEC à qqn :* réduire (qqn) au silence. ⇒ **clore.**

les CLOUET ▪ Peintres de la Renaissance française, d'origine flamande : **Jean** (v. 1485 - 1541) et son fils **François** (v. 1515 - 1572). Miniatures, portraits, crayons.

CLOUTÉ, ÉE adj. ▪ **1.** Garni de clous. *Des chaussures cloutées.* **2.** *PASSAGE CLOUTÉ :* passage pour piétons limité par des bandes peintes (autrefois par des têtes de clous). ⇒ FAM. **clou** (I, 2).

Henri Georges CLOUZOT (1907 - 1977) ▪ Cinéaste français. *"Le Corbeau"* (1943); *"Quai des Orfèvres"* (1947).

CLOVIS ▪ NOM DE TROIS ROIS MÉROVINGIENS ► **CLOVIS Ier** (466 - 511), roi des Francs de 481 à sa mort. En battant le général romain Syagrius à Soissons (486), les Alamans à Tolbiac et les Wisigoths à Vouillé (507), il fit passer la majeure partie de la Gaule sous son autorité. Il reçut le baptême des mains de Remi, évêque de Reims (496?), devenant ainsi le premier roi barbare catholique. ► **CLOVIS II** (mort en 657), roi de Neustrie et de Bourgogne. ► **CLOVIS III** (mort en 695), roi d'Austrasie.

CLOVISSE n. f. ▪ RÉGIONAL (Provence) Palourde.

CLOWN [klun] n. m. ▪ **1.** Personnage de cirque vêtu et maquillé de blanc. ♦ abusivt Comique de cirque qui, très maquillé et grotesquement accoutré, fait des pantomimes et des scènes de farce. ⇒ **auguste. 2.** Farceur, pitre. *Faire le clown.* ⇒ **guignol.**

CLOWNERIE [klunʀi] n. f. ▪ Pitrerie.

CLOWNESQUE [klunɛsk] adj. ▪ Qui a rapport au clown. - Digne d'un clown.

CLUB [klœb] n. m. ▪ **I. 1.** Société constituée pour aider ses membres à exercer des activités désintéressées (sports, voyages). ⇒ **association.** *Le Club Alpin.* **2.** Cercle où des habitués (membres) passent leurs heures de loisir. **3.** Groupe politique. **II.** Large et profond fauteuil de cuir. - appos. *Fauteuil club.* **III.** anglic. Crosse de golf. *Le caddie transporte les clubs des joueurs.*

CLUJ-NAPOCA ▪ Ville de Roumanie, chef-lieu de la Transylvanie. 328 000 hab. Université, église gothique.

CLUNY ▪ Commune de la Saône-et-Loire. 4 430 hab. *(les Clunisois).* ► **l'abbaye de CLUNY**, abbaye bénédictine fondée en 910, est à l'origine d'un important mouvement de réforme; son architecture influença l'évolution de l'art roman (ruines de l'abbatiale). Les abbés de Cluny furent étroitement associés à l'action de la papauté (→ **Grégoire VII**).

Cluny. L'abbaye. *Phot. © Jalain/Explorer*

La CLUSAZ ▪ Commune de Haute-Savoie, dans le massif des Aravis. 1 845 hab. Station d'été et de sports d'hiver (1 100 à 2 600 m).

CLUSE n. f. ▪ Coupure encaissée perpendiculaire, dans une chaîne de montagnes.

CLUSES ▪ Commune de Haute-Savoie. 16 358 hab. *(les Clusiens).*

la CLYDE ▪ Le plus important fleuve d'Écosse, jalonné de villes industrielles. 170 km.

CLYSTÈRE n. m. ▪ VX Lavement.

CLYTEMNESTRE ▪ Personnage d'Homère et de la légende des Atrides, reprise par Sophocle, Eschyle, Euripide. Pour venger le sacrifice de sa fille Iphigénie, elle tua son époux Agamemnon et fut tuée par son fils Oreste.

CNIDAIRES n. m. pl. ▪ ZOOL. Embranchement d'animaux à symétrie radiale (rayonnée), comprenant les méduses, les coraux (ancien nom : CŒLENTÉRÉS).

Cnossos. Le palais avec les cornes de taureau monumentales, emblème du roi Minos. *Phot. © Carlo Bevilacqua/Ricciarini*

CNOSSOS ▪ Site archéologique de la Crète. Centre de la civilisation crétoise, la ville atteignit son apogée sous la dynastie légendaire des Minos (1700 - 1400 av. J.-C.).

le C.N.P.F. ou **CNPF** ▪ Le « Conseil national du patronat français », fondé en 1945, a pour objectif de coordonner l'ensemble des professions de l'industrie et du commerce, et de parler au nom du patronat.

CO- Élément, du latin *cum* « avec, ensemble ». ⇒ **con-.**

COADJUTEUR **n. m.** ▪ Ecclésiastique adjoint à un prélat. *Le coadjuteur d'un évêque.*

COAGULATION **n. f.** ▪ Fait de se coaguler. *La coagulation du sang.*

COAGULER **v. tr.** 1 ▪ Transformer (une substance organique liquide) en une masse solide. ⇒ **cailler, figer.** *Coaguler du sang. La présure coagule le lait.*

COALISER **v.** 1 ▪ **I.** *SE COALISER* **v. pron. 1.** Former une coalition. ⇒ s'**allier**, se **liguer.** *Les puissances européennes se coalisèrent contre Napoléon.* - au p. p. *Les puissances coalisées.* - **n.** *Les coalisés.* **2.** S'unir, s'entendre (contre qqn). **II. v. tr.** Unir (contre). *Il a coalisé tout le monde contre nous.*

COALITION **n. f.** ▪ **1.** Réunion momentanée (de puissances, de partis ou de personnes) dans la poursuite d'un intérêt commun. ⇒ **alliance, association, entente, ligue.** **2.** Union. *Une coalition d'intérêts.*

COALTAR [koltaʀ ; kɔltaʀ] **n. m.** ▪ Goudron de houille. - loc. FAM. *Être dans le coaltar :* être inconscient, ahuri (⇒ être dans le cirage).

COASSEMENT **n. m.** ▪ Cri de la grenouille, du crapaud.

COASSER **v. intr.** 1 ▪ (grenouille, crapaud) Pousser son cri (≠ *croasser*).

la COAST RANGE ▪ Chaîne de montagnes des États-Unis et du Canada, parallèle à la côte du Pacifique.

COAUTEUR **n. m.** ▪ Personne qui a écrit un livre en collaboration avec une autre.

COAXIAL, IALE, IAUX **adj.** ▪ Qui a le même axe qu'un autre objet. *Câble coaxial,* formé de deux conducteurs concentriques.

COBALT [-alt] **n. m.** ▪ Métal dur (symb. Co), blanc gris à reflets. *Acier au cobalt. Cobalt radioactif* (ou **n. m.** *radiocobalt*). *Bombe au cobalt* (irradiations médicales).

COBAYE [-aj] **n. m.** ▪ Petit mammifère rongeur (syn. *cochon d'Inde*). *On utilise les cobayes comme sujets d'expérience dans les laboratoires.* - loc. *Servir de cobaye :* être utilisé comme sujet d'expérience.

William COBBETT (1763 - 1835) ▪ Journaliste et homme politique britannique. Il fut le porte-parole de la classe laborieuse et, élu au Parlement en 1832, il obtint partiellement satisfaction avec la réforme électorale.

Richard COBDEN (1804 - 1865) ▪ Industriel, économiste et homme politique britannique. Apôtre du libre-échange, il contribua à l'abolition des lois protectionnistes en Grande-Bretagne et négocia le traité de commerce libre-échangiste avec la France (1860).

COBLENCE en allemand ***KOBLENZ*** ▪ Ville d'Allemagne (Rhénanie-Palatinat). 108 000 hab. Refuge des émigrés français pendant la Révolution (1793).

COBOURG en allemand ***COBURG*** ▪ Ville d'Allemagne (Bavière). Ancienne capitale des ducs de Saxe-Cobourg-Gotha. 44 200 hab.

COBRA **n. m.** ▪ Serpent venimeux, à cou dilatable orné d'un dessin rappelant des lunettes (appelé aussi *serpent à lunettes*). ⇒ **naja.**

cobra.
Phot. © Charles Lénars

COBRA ▪ Mouvement artistique international fondé à Paris en 1948, dissous en 1951. Son nom reprend les initiales de ***Co***penhague, ***Br***uxelles et ***A***msterdam. Le mouvement préconisait le retour à la spontanéité créatrice, à la recherche expérimentale, aux valeurs populaires et collectives (Alechinski, Appel).

COCA **n. f.** ▪ Substance extraite de la feuille d'un arbrisseau d'Amérique, aux propriétés stimulantes.

COCA-COLA **n. m. invar.** (marque déposée) ▪ Boisson gazéifiée à base de coca et de cola. ⇨ abrév. COCA ; COKE

COCAGNE **n. f.** ▪ **1.** *PAYS DE COCAGNE :* pays imaginaire où l'on a tout en abondance. **2.** *MÂT DE COCAGNE,* au sommet duquel sont suspendus des objets.

COCAÏNE **n. f.** ▪ Alcaloïde extrait du végétal qui donne la coca, utilisé en médecine pour ses propriétés analgésiques et anesthésiques. - Cet alcaloïde, utilisé comme stupéfiant. ⇒ FAM. ③ **coco.**

COCAÏNOMANE **n.** ▪ Toxicomane qui use de cocaïne.

COCARDE **n. f.** ▪ **1.** Insigne aux couleurs nationales. *Cocarde tricolore.* **2.** Ornement en ruban, nœud décoratif.

COCARDIER, IÈRE **adj.** ▪ Chauvin, militariste.

COCASSE **adj.** ▪ FAM. Qui est d'une étrangeté comique, qui étonne et fait rire. *Une situation cocasse.* ⇒ **burlesque.** ▸ **adv.** COCASSEMENT

COCASSERIE **n. f.** ▪ Bouffonnerie, drôlerie.

COCCINELLE **n. f.** ▪ Insecte coléoptère au corps rouge ou orangé tacheté de noir (aussi appelé *bête à bon Dieu*).

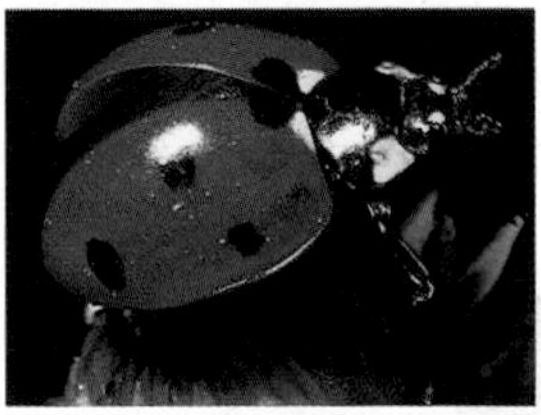

coccinelle.
Coccinella septempunctata,
coccinelle à sept points.
Phot. © Rouxaime/Jacana

COCCYX [kɔksis] **n. m.** ▪ Petit os situé à l'extrémité inférieure de la colonne vertébrale, articulé avec le sacrum. - FAM. *Se faire mal au coccyx,* au derrière.

COCHABAMBA ▪ Ville de Bolivie. 200 000 hab. Région agricole. Pétrole.

① **COCHE** **n. f.** ▪ Encoche (⇒ ① **cocher**) ; entaille.

② **COCHE** **n. m.** ▪ **1.** anciennt Grande voiture tirée par des chevaux, qui servait au transport des voyageurs. ♦ *Coche d'eau :* chaland halé pour le transport des voyageurs. **2.** loc. fig. *MANQUER LE COCHE :* perdre l'occasion de faire une chose utile, profitable.

Cocteau (à droite) avec le cinéaste Marc Allégret.
Phot. © Coll. Rui Nogueira

COCHENILLE n. f. ▪ Insecte dont on tirait une teinture rouge écarlate.

① **COCHER** v. tr. 1 ▪ Marquer d'un trait, d'un signe. *Cocher un nom sur une liste.*

② **COCHER** n. m. ▪ Personne qui conduit une voiture à cheval. ⇒ **conducteur ; postillon.** *Cocher de fiacre. Fouette, cocher ! :* en avant !, plus vite !

COCHÈRE adj. f. ▪ *PORTE COCHÈRE,* dont les dimensions permettent l'entrée d'une voiture.

COCHIN → **Kochi**

la **COCHINCHINE** ▪ Nom donné par les Français au sud du Viêtnam, formé par le delta du Mékong. Climat subtropical (riz, canne à sucre). Ancienne colonie française ayant pour capitale Saïgon (→ **Indochine**).

COCHON n. m. ▪ **I. 1.** Porc élevé pour l'alimentation (mâle, opposé à *truie* ; châtré, opposé à *verrat*). ⇒ **goret, pourceau.** *Cochon de lait :* jeune cochon. - *Viande de cochon.* ⇒ **porc ; charcuterie ; cochonnaille.** loc. prov. *Tout est bon dans le cochon.* ♦ loc. *Gros, sale comme un cochon. Manger, écrire comme un cochon,* malproprement. ⇒ **cochonner.** - *Ils sont copains comme cochons,* dans des rapports de grande familiarité. - *Avoir une tête de cochon,* mauvais caractère. **2.** *COCHON D'INDE :* cobaye. **II. 1.** n. FAM. *COCHON, ONNE :* personne malpropre (aussi au fig.). ⇒ **dégoûtant, sale.** *Quel cochon !* - *Un travail de cochon* (⇒ **cochonner**). **2.** adj. *Histoire cochonne,* licencieuse.

COCHONNAILLE n. f. ▪ FAM. Charcuterie (préparations simples, campagnardes).

COCHONNER v. tr. 1 ▪ FAM. Faire (un travail) mal, salement. - au p. p. *Un travail cochonné.*

COCHONNERIE n. f. ▪ **1.** FAM. Malpropreté ; chose sale. *Il ne vend que des cochonneries.* ⇒ **saleté. 2.** Chose mal faite, cochonnée, ou sans valeur. **3.** Acte obscène.

COCHONNET n. m. ▪ Petite boule servant de but aux joueurs de boules.

sir John Douglas **COCKCROFT** (1897 - 1967) ▪ Physicien britannique. Prix Nobel de physique 1951 avec Walton, pour leur réalisation du premier accélérateur de particules.

COCKER [kɔkɛʀ] n. m. ▪ Petit chien de chasse voisin de l'épagneul, à longues oreilles pendantes. *Des cockers roux.*

COCKNEY [kɔknɛ] n. et adj. ▪ Londonien populaire (de l'est de la ville). - *L'accent cockney.*

COCKPIT [kɔkpit] n. m. ▪ AVIAT. Habitacle du pilote.

COCKTAIL [kɔktɛl] n. m. ▪ **1.** Mélange de boissons. *Un cocktail au gin. Un cocktail de jus de fruits. Préparer un cocktail dans un shaker.* **2.** Réunion mondaine où l'on boit. *Inviter des amis à un cocktail.* **3.** *COCKTAIL MOLOTOV :* liquide inflammable utilisé comme projectile incendiaire. *Des cocktails Molotov.*

① **COCO** n. m. ▪ Cocotier. *NOIX DE COCO :* fruit du cocotier. *Beurre, huile de coco.*

② **COCO** n. m. ▪ **1.** lang. enfantin Œuf (→ ① cocotte). **2.** terme d'affection *Mon petit coco.* ⇒ **cocotte. 3.** Individu, personnage bizarre, dangereux. ⇒ **type, zèbre.**

③ **COCO** n. f. ▪ FAM. Cocaïne.

④ **COCO** n. ▪ FAM. Communiste.

COCON n. m. ▪ Enveloppe formée d'un fil de soie enroulé, dont les chenilles de certains papillons s'entourent pour se transformer en chrysalide. *Cocon de ver à soie.* ♦ loc. *S'enfermer dans son cocon :* s'isoler, se retirer.

COCORICO ou **COQUERICO** n. m. et exclam. ▪ Chant du coq.

COCOTIER [-tje] n. m. ▪ Palmier au tronc élancé surmonté d'un faisceau de feuilles, et qui produit la noix de coco. - loc. *Secouer le cocotier :* modifier les habitudes (spécialt « secouer » les vieillards ; allus. aux coutumes attribuées aux Polynésiens).

① **COCOTTE** n. f. ▪ **1.** lang. enfantin Poule. - *COCOTTE EN PAPIER :* papier plié en forme d'oiseau. **2.** VIEILLI Femme de mœurs légères. ⇒ FAM. **poule.** *Une grande cocotte.* **3.** Terme d'encouragement adressé à un cheval. *Hue, cocotte !* **4.** terme d'affection. ⇒ ② **coco.**

② **COCOTTE** n. f. ▪ Marmite en fonte.

Jean **COCTEAU** (1889 - 1963) ▪ Écrivain et artiste français. Il a cherché à rapprocher le réel et l'imaginaire. *"Thomas l'Imposteur"* (1922), roman ; *"Les Parents terribles"* (1938), théâtre ; *"La Belle et la Bête"* (1946) et *"Le Testament d'Orphée"* (1959), films. Essentiellement poète, il fut aussi peintre et dessinateur.

COCU, E ▪ **1.** n. m. FAM. Personne dont le conjoint est infidèle (surtout : mari trompé). *"Le Cocu battu et content"* (nouvelle de Boccace, adaptée par La Fontaine). *"Le Cocu magnifique"* (pièce de Crommelynck). ♦ loc. *Une veine de cocu :* beaucoup de chance. **2.** adj. *Un mari cocu. Elle est cocue.*

COCUAGE n. m. ▪ FAM. État de cocu.

COCUFIER v. tr. 7 ▪ FAM. Faire cocu. ⇒ **tromper.**

CODA n. f. ▪ Conclusion d'un morceau de musique. *Des codas.*

CODAGE n. m. ▪ Action d'appliquer un code.

CODE n. m. ▪ **1.** Recueil de lois. - Ensemble de lois et dispositions légales. *Le Code civil* (voir ci-dessous). *Code de commerce. Code pénal.* **2.** Décret ou loi de grande importance. - *CODE DE LA ROUTE ;* absolt *le code. Apprendre le code pour passer le permis de conduire. Phares code* ou *codes :* phares d'automobile à puissance et distance réduites. *Allumer ses codes.* **3.** Ensemble de règles, de préceptes, de prescriptions. ⇒ **règlement.** *Le code de l'honneur.* **4.** Système de symboles destinés à représenter et à transmettre une information. *Code secret. Déchiffrer, décrypter un code* (→ décoder). *Code postal. Code à barres* ou *code-barre :* fines barres parallèles imprimées sur l'emballage permettant l'identification d'un produit par lecture optique. ♦ DIDACT. Structure qui permet de produire des messages. *Les langues sont des codes.* ♦ BIOL. *Code génétique :* dispositif matériel disposé sur les gènes et permettant la transmission des caractères héréditaires.

▪ le **CODE CIVIL** ou **CODE NAPOLÉON** ▪ Recueil de droit civil français (1804). Il influença la législation de nombreux États, et a été modifié sur de nombreux points depuis son origine.

CODER v. tr. 1 ▪ Mettre en code ; procéder au codage de. - au p. p. *Message codé.*

CODEX [-ɛks] n. m. ▪ Recueil officiel des formules pharmaceutiques et des médicaments. ⇒ **pharmacopée.**

cocotier.
Cocos nucifera.
Phot. © Rouan/Jacana

CODICILLE [-sil] n. m. ▪ Acte ajouté à un testament pour le modifier.

CODIFIER v. tr. [7] ▪ **1.** Réunir des dispositions légales dans un code. *Codifier le droit aérien.* **2.** Rendre rationnel ; ériger en système organisé. ► n. f. CODIFICATION

Pieter COECKE VAN AALST (1502-1550) ▪ Peintre flamand, décorateur, dessinateur de cartons de tapisseries et de vitraux. Il traduisit les traités d'architecture de Vitruve et de Serlio. Sa peinture contribua à propager le style de la Renaissance italienne dans les Pays-Bas méridionaux.

COEFFICIENT n. m. ▪ **1.** Nombre qui multiplie la valeur d'une quantité. ⇒ **facteur.** - Valeur relative d'une épreuve d'examen. *Matière à fort coefficient.* **2.** PHYS. Nombre caractérisant une propriété. *Coefficient de dilatation, d'élasticité.* **3.** Facteur, pourcentage. *Prévoir un coefficient d'erreur.*

CŒLACANTHE [se-] n. m. ▪ ZOOL. Grand poisson osseux, très primitif. *On croyait le cœlacanthe disparu, jusqu'à ce qu'on en découvre une espèce aux Comores.*

cœlacanthe. *Phot. © Seraillet/Rapho*

CŒLIOSCOPIE [se-] n. f. ▪ MÉD. Examen de la cavité abdominale par endoscopie.

CŒLOME [se-] n. m. ▪ BIOL. Cavité à l'origine de la cavité générale de l'organisme, chez les *Cœlomates* (n. m. pl.).

COÉQUIPIER, IÈRE n. ▪ Personne qui fait équipe avec d'autres.

COERCITIF, IVE adj. ▪ DIDACT. Qui exerce une contrainte. *Force coercitive. Des moyens coercitifs.*

COERCITION n. f. ▪ DIDACT. Contrainte.

COËTQUIDAN ▪ Camp militaire du Morbihan où se trouvent l'École spéciale de Saint-Cyr et l'École militaire interarmes.

CŒUR [kœʀ] n. m. ▪ **I. 1.** Organe central de l'appareil circulatoire (animaux supérieurs). - chez l'homme Viscère musculaire conique situé entre les deux poumons (⇒ **cardiaque, cardio-**). *Cœur droit, cœur gauche,* moitiés du cœur divisées, chacune, en deux cavités (oreillette, ventricule). *Contraction* (systole), *dilatation* (diastole) *du cœur. Battement du cœur. Opération chirurgicale* À CŒUR OUVERT. ♦ (animaux) *Cœur de poulet, de bœuf.* **2.** Poitrine. *Il la serra tendrement sur, contre son cœur.* **3.** *Avoir* MAL AU CŒUR, des nausées. *Soulever le cœur de qqn.* ⇒ **écœurer. II. 1.** FAM. *Faire la* BOUCHE EN CŒUR, des manières. **2.** Image conventionnelle du cœur. - aux cartes Une des quatre couleurs, dont les points sont figurés par des cœurs. *As de cœur.* **3.** Partie centrale (de qqch.). ⇒ **centre, milieu.** *Le cœur d'une laitue.* - *Un fromage fait* À CŒUR, jusqu'en son centre. - *Cœur de palmier :* chou-palmiste comestible. **4.** AU CŒUR DE *l'hiver, de l'été* (→ au plus fort). - *Le cœur du sujet, de la question,* le point essentiel. **III. 1.** Le siège des sensations et émotions. *Serrement de cœur. Briser, fendre, serrer le cœur. Avoir le cœur gros* (de peine). **2.** loc. Siège du désir, de l'humeur. DE BON CŒUR, *de grand cœur, de tout cœur, de gaieté de cœur :* avec plaisir. - *Si le cœur vous en dit :* si vous en avez le désir. *Je n'ai pas le cœur à rire.* - *Prendre qqch.* À CŒUR, y prendre un intérêt passionné. *Cela lui tient à cœur,* il y tient. - À CŒUR JOIE : avec grand plaisir. **3.** Le siège des sentiments, des passions. *Avoir un cœur sensible.* ♦ Siège de l'amour. *Cœur fidèle. Affaire de cœur. Offrir, refuser son cœur.* **4.** Bonté, sentiments altruistes. *Avoir bon cœur, avoir du cœur.* ⇒ **charité, générosité, sensibilité.** *Avoir un cœur d'or.* - SANS CŒUR adj. et n. : dur. *C'est une sans cœur.* - *Avoir le cœur sur la main :* être généreux. ♦ La personne considérée dans ses sentiments, ses affections. *C'est un cœur dur.* - terme d'affection *Oui, mon cœur.* ⇒ **chéri. 5.** LITTÉR. Les qualités de caractère, le siège de la conscience. *Noblesse du cœur.* ⇒ **âme.** - Courage. *Le cœur lui manqua.* **6.** La pensée secrète, intime de (qqn). *Ouvrir son cœur à qqn :* se confier. - loc. *Parler à cœur ouvert.* **7.** Esprit, raison. loc. *Je veux en avoir le* CŒUR NET, être fixé. ♦ PAR CŒUR : de mémoire. *Apprendre, savoir, réciter par cœur.*

Jacques CŒUR (v. 1395-1456) ▪ Négociant français, argentier de Charles VII. Il fit construire un somptueux palais à Bourges (palais Jacques-Cœur).

COEXISTENCE n. f. ▪ Existence simultanée.

COEXISTER v. intr. [1] ▪ Exister ensemble, en même temps. ► adj. COEXISTANT, ANTE

COFFRAGE n. m. ▪ Dispositif qui moule et maintient le béton que l'on coule ; sa pose. *Procéder au coffrage.*

COFFRE n. m. ▪ **I. 1.** Meuble de rangement en forme de caisse qui s'ouvre en soulevant le couvercle. **2.** Caisse où l'on range de l'argent, des choses précieuses. ⇒ **coffre-fort.** *Les coffres des banques.* **3.** Espace aménagé pour le rangement, souvent à l'arrière (d'une voiture). ⇒ **malle. II.** FAM. Thorax. *Avoir du coffre,* du souffle, de la résistance.

COFFRE-FORT n. m. ▪ Coffre métallique destiné à recevoir de l'argent, des objets précieux. *La combinaison d'un coffre-fort. Des coffres-forts.*

COFFRER v. tr. [1] ▪ **1.** FAM. *Coffrer qqn.* ⇒ **emprisonner. 2.** TECHN. Couler dans un coffre. ⇒ **coffrage.**

COFFRET n. m. ▪ Boîte. *Un coffret à bijoux.*

COGITER v. intr. [1] ▪ iron. Réfléchir. *Ne le dérange pas, il cogite.* ► n. f. iron. COGITATION

COGITO n. m. ▪ Argument de base de la philosophie de Descartes : « je pense » (donc je suis).

COGNAC n. m. ▪ Eau-de-vie de raisin réputée de la région de Cognac. *Boire un bon cognac. Des cognacs.*

COGNAC ▪ Chef-lieu d'arrondissement de la Charente. 19 528 hab. *(les Cognaçais).* Production d'eau-de-vie.

COGNASSIER n. m. ▪ Arbre qui produit les coings.

COGNÉE n. f. ▪ Grosse hache à biseau étroit. - loc. *Jeter le manche après la cognée :* se décourager, renoncer par lassitude, dégoût.

COGNER v. [1] ▪ **I.** v. tr. dir. **1.** FAM. Heurter (qqch.). *Cogner un meuble.* **2.** FAM. (compl. personne) Battre, rosser. ⇒ FAM. **tabasser.** *Arrête, ou je te cogne !* **II.** v. tr. ind. Frapper fort, à coups répétés. *Cogner sur ; à la porte.* ⇒ **heurter. III.** v. intr. Frapper ; heurter. *J'entends quelque chose qui cogne.* ► SE COGNER v. pron. Se heurter. *Se cogner à un meuble.*

COGNITIF, IVE [-gn-] adj. ▪ DIDACT. **1.** VX *La faculté cognitive,* de connaissance. **2.** Qui concerne la connaissance rationnelle. *Sciences cognitives* (psychologie, biologie, linguistique, logique, informatique...).

Jacques **Cœur.** La cour intérieure du palais Jacques-Cœur à Bourges. *Phot. © Lauros/Giraudon*

COGOLIN ▪ Commune du Var. 7 976 hab. *(les Cogolinois)*. Station balnéaire.

COHABITATION n. f. ▪ **1.** Fait de cohabiter. **2.** (en France) Coexistence d'un président de la République et d'un gouvernement de tendances politiques opposées.

COHABITER v. intr. [1] ▪ Habiter, vivre ensemble. - Pratiquer la cohabitation.

Marcel **COHEN** (1884 - 1974) ▪ Linguiste français. Pionnier de la sociolinguistique.

Albert **COHEN** (1895 - 1981) ▪ Écrivain suisse d'expression française. Évocation du milieu juif de Céphalonie et de la société cosmopolite. *"Solal"* (1930); *"Mangeclous"* (1938); *"Belle du Seigneur"* (1968).

Leonard **COHEN** (né en 1934) ▪ Écrivain et chanteur canadien d'expression anglaise.

COHÉRENCE n. f. ▪ Liaison, rapport étroit d'idées qui s'accordent entre elles ; absence de contradiction (opposé à *incohérence*).

COHÉRENT, ENTE adj. ▪ Qui se compose de parties liées et harmonisées entre elles. ⇒ **harmonieux, logique, ordonné.** *Idées cohérentes.*

COHÉSION n. f. ▪ **1.** PHYS. Force qui unit les parties d'une substance matérielle (molécules). **2.** Caractère d'un ensemble dont les parties sont unies, harmonisées. *La cohésion d'un groupe.* ⇒ **union, unité.**

Émile Courtet dit Émile **COHL** (1857 - 1938) ▪ Dessinateur et réalisateur français de cinéma. Il créa le dessin animé (*"Fantasmagorie"*, 1908) et le film d'animation en France.

COHORTE n. f. ▪ **1.** ANTIQ. Corps d'infanterie, constitué de centuries (⇒ **centurion**), qui formait la dixième partie de la légion romaine. **2.** FAM. Groupe. *Une joyeuse cohorte.*

COHUE n. f. ▪ **1.** Assemblée nombreuse et tumultueuse ; foule en désordre. **2.** Bousculade, désordre, dans une assemblée nombreuse. ⇒ **mêlée.** *La cohue des heures de pointe.*

COI, COITE adj. ▪ VX Tranquille et silencieux. - loc. *Se tenir coi.* ⇒ **muet, pantois.** *Ils en sont restés cois.*

COIFFE n. f. ▪ Coiffure féminine en tissu, encore portée dans quelques régions. *Coiffe de Bretonne, de Hollandaise. Des femmes en coiffes.*

COIFFER v. tr. [1] ▪ **1.** Couvrir la tête de (qqn). *Coiffer qqn, se coiffer d'un chapeau.* - *Coiffer sainte Catherine* (d'une jeune fille encore célibataire à vingt-cinq ans). **2.** Recouvrir (qqch.), surmonter (de qqch.). **3.** Arranger les cheveux de (qqn). ⇒ **peigner.** - pronom. (réfl.) *Elle est en train de se coiffer.* - au p. p. *Il est toujours mal coiffé.* ♦ loc. *Être né coiffé* : avoir de la chance. **4.** Réunir sous son autorité, être à la tête de. ⇒ **chapeauter.** *Ce directeur coiffe les services commerciaux.* **5.** fig. *Coiffer un concurrent au poteau,* le dépasser à l'arrivée.

COIFFEUR, EUSE n. ▪ Personne qui fait le métier d'arranger les cheveux. *Coiffeur pour hommes,* qui coiffe et qui fait la barbe. ⇒ VX **barbier.** *Coiffeur pour dames. Aller chez le coiffeur.*

COIFFEUSE n. f. ▪ Table de toilette munie d'une glace.

COIFFURE n. f. ▪ **1.** VIEILLI Ce qui sert à couvrir la tête ou à l'orner (béret, bonnet, chapeau, coiffe, toque ; filet, mantille, etc.). *Sortir sans coiffure.* **2.** Arrangement des cheveux. *Coiffure en brosse.* **3.** Métier de coiffeur. *Salon de coiffure.*

COIMBATORE ▪ Ville de l'Inde (Tamil Nadu). 1 130 000 hab.

COIMBRA anc. en fr. ***COÏMBRE*** ▪ Ville du Portugal. 147 000 hab. Université fondée en 1307, et qui fut la seule du pays jusqu'en 1911.

Coimbra. *Phot. © Sioen/Rapho*

COIN n. m. ▪ **I. 1.** Instrument triangulaire (en bois, en métal) pour fendre, ou serrer et assujettir. ⇒ **cale ; coincer. 2.** Morceau d'acier gravé en creux servant à frapper les monnaies et médailles ; poinçon. - loc. *Une réflexion marquée au coin du bon sens.* **II. 1.** Angle rentrant ou saillant. *Les quatre coins d'une table.* - *Les quatre coins d'une pièce.* ⇒ **encoignure.** - *Au coin du feu* : près du feu, à l'angle de la cheminée. - *Le coin de la rue* : l'endroit où deux rues se coupent. - *Le coin d'un bois.* loc. *Je ne voudrais pas le rencontrer au coin d'un bois,* dans un lieu isolé. - *Le coin de la bouche, des yeux.* ⇒ **commissure.** *Regarder qqn du coin de l'œil. Regard en coin,* oblique, dissimulé. **2.** Petit espace ; portion d'un espace. - loc. *Un coin de terre.* ♦ Endroit retiré. *Chercher dans tous les coins.* ⇒ **recoin.** - loc. *Connaître une question ; la connaître* DANS LES COINS, dans tous ses détails, parfaitement. ♦ FAM. *Aller au* PETIT COIN, aux toilettes. ⇒ **cabinet.**

COINCEMENT n. m. ▪ État de ce qui est coincé.

COINCER v. tr. [3] ▪ **1.** Assujettir, fixer en immobilisant. ⇒ **bloquer, caler.** - pronom. *Mécanisme qui se coince.* **2.** fig. FAM. Mettre (qqn) dans l'impossibilité de se mouvoir, d'agir. *On a coincé le voleur.* ⇒ **pincer.** - *Coincer qqn,* le mettre dans l'embarras, dans l'impossibilité de répondre. - passif et p. p. *Être coincé dans une situation impossible.* ► **COINCÉ, ÉE** adj. *Un garçon coincé,* inhibé.

COÏNCIDENCE n. f. ▪ Fait de coïncider. ⇒ **concordance.** ♦ Événements qui arrivent ensemble par hasard. ⇒ **concours** de circonstances, **rencontre.** *Coïncidence étonnante.*

COÏNCIDENT, ENTE adj. ▪ DIDACT. Qui coïncide (dans l'espace ou dans le temps).

COÏNCIDER v. intr. [1] ▪ **1.** Arriver, se produire en même temps ; être synchrone. *Sa venue coïncide avec l'événement.* **2.** (figures géométriques) Se recouvrir exactement. *Deux cercles de même rayon coïncident.* **3.** Correspondre exactement, s'accorder. *Les deux témoignages coïncident.*

COIN-COIN n. m. invar. ▪ Cri du canard.

COÏNCULPÉ, ÉE n. ▪ DR. Personne inculpée en même temps que d'autres, pour le même délit.

COING [kwɛ̃] n. m. ▪ Fruit du cognassier, en forme de poire, de couleur jaune. *Gelée de coings.* - loc. (personnes) *Être jaune comme un coing,* avoir le teint jaune.

COIRE, en allemand ***CHUR***, en italien ***COIRA***, en romanche ***CUERA*** ▪ Ville de Suisse, chef-lieu des Grisons. 30 975 hab. Centre touristique important.

COÏT [kɔit] n. m. ▪ Accouplement du mâle avec la femelle. ⇒ **copulation.**

COÏTER v. intr. [1] ▪ S'accoupler, copuler.

COKE n. m. ▪ Charbon résultant de la carbonisation ou de la distillation de certaines houilles grasses.

COKÉFIER v. tr. [7] ▪ TECHN. Transformer (la houille) en coke. ► n. f. COKÉFACTION

COL n. m. ▪ **I.** VX ou LITTÉR. Cou. - loc. *Se pousser du col* : prendre de grands airs, être prétentieux. **II. 1.** Partie étroite, rétrécie (d'un récipient). ⇒ **goulot. 2.** ANAT. Partie rétrécie (d'une cavité de l'organisme : *col de l'utérus* ; d'un os : *col du fémur*). **III.** Passage entre deux sommets de montagne. ⇒ **défilé, gorge.** *Col enneigé, fermé aux voitures.* **IV. 1.** Partie du vêtement qui entoure le cou. *Col de chemise. Col dur, empesé. Col anglais. Chandail à col roulé.* - *Col marin.* FAM. COL-BLEU : marin de la Marine nationale. - *Les* COLS BLANCS : les employés de bureaux. **2.** FAUX COL *d'un verre de bière,* la mousse.

COLA ou **KOLA** ▪ **1.** n. m. BOT. Arbre d'Afrique (appelé aussi *colatier* ou *kolatier*) qui produit la *noix de cola.* **2.** n. m. ou f. Produit stimulant extrait de cette noix ; boisson à base de ce produit (⇒ **coca-cola**).

COLBACK n. m. ▪ **1.** Ancienne coiffure militaire. **2.** FAM. *Il l'a attrapé par le colback,* par le col, le collet.

Jean-Baptiste **COLBERT** (1619 - 1683) ▪ Homme d'État français, ministre de Louis XIV. Il réorganisa les finances et l'administration, encouragea la création de manufactures d'État, favorisa le développement de l'industrie et du commerce par des mesures protectionnistes, aida la marine, créa de grandes compagnies, comme la Compagnie des Indes orientales. Dans le domaine des arts, il fonda la future Académie des inscriptions (1663), l'Académie des sciences (1666) et l'Observatoire (1667). Louvois fut son rival.

Colette. Portrait par Gisèle Freund. *Phot. © Gisèle Freund*

COLCHIQUE n. m. ▪ Plante des prés humides, très vénéneuse, qui fleurit en automne.

COLD-CREAM [kɔldkʀim] n. m. ▪ anglic. VIEILLI Crème pour la peau, faite de blanc de baleine, de cire blanche, d'huile d'amandes douces.

COL-DE-CYGNE n. m. ▪ Pièce ou robinet à double courbe. *Des cols-de-cygne.*

-COLE Élément, du latin *colere* « cultiver, habiter », signifiant « qui concerne la culture (ex. *viticole*) ou l'habitation (ex. *arboricole*) ».

Ornette **COLEMAN** (né en 1930) ▪ Saxophoniste de jazz américain. L'un des créateurs les plus importants du free jazz.

COLÉOPTÈRE n. m. ▪ ZOOL. Insecte à quatre ailes dont deux (les élytres) sont cornées. *Le scarabée est un coléoptère.* ‑ *Les coléoptères* : l'ordre qui regroupe ces insectes.

COLÈRE n. f. ▪ **1.** Violent mécontentement accompagné d'agressivité. ⇒ **courroux, emportement, fureur, irritation, rage** ; FAM. **rogne.** *Une colère noire,* terrible. ‑ *Être EN COLÈRE.* ⇒ **furieux, hors** de soi. **2.** Accès, crise de colère. *Une colère violente.* ‑ FAM. *Faire une colère.*

COLÉREUX, EUSE adj. ▪ Qui se met facilement en colère. ⇒ **agressif, emporté, irascible, violent.** ‑ *Un tempérament coléreux.*

Samuel Taylor **COLERIDGE** (1772 ‑ 1834) ▪ Poète et critique britannique. Les *"Ballades lyriques"* (1798), écrites avec Wordsworth, marquent le début du romantisme anglais. Il eut une conception mystique de l'art comme intuition sensible de l'absolu.

COLÉRIQUE adj. ▪ VIEILLI Coléreux. ⇒ **irascible.**

Sidonie Gabrielle **COLETTE** (1873 ‑ 1954) ▪ Romancière française. Auteur de la série des *"Claudine"* (signée par son premier mari, Willy). Romancière de la nature familière et de la sensualité. *"Chéri"* (1920); *"Le Blé en herbe"* (1923); *"Sido"* (1930).

COLIBACILLE [-sil] n. m. ▪ Bactérie intestinale qui peut devenir pathogène.

COLIBACILLOSE [-siloz] n. f. ▪ MÉD. Infection due au colibacille. *Colibacillose urinaire.*

COLIBRI n. m. ▪ Oiseau de très petite taille, à plumage éclatant, à long bec. ⇒ **oiseau-mouche.**

colibri. *Selasphorus sasin.* *Phot. © Lee R./PHR/ Jacana*

Paul **Colin.** Affiche. Coll. part., Paris. *Phot. © Giraudon*

COLIFICHET n. m. ▪ Petit objet de fantaisie, sans grande valeur. ⇒ **babiole, bagatelle.**

Gaspard de Châtillon, sire de **COLIGNY** (1519 ‑ 1572) ▪ Amiral de France, chef protestant victime de la Saint-Barthélemy.

COLIMAÇON n. m. ▪ **1.** Escargot. **2.** loc. adv. *EN COLIMAÇON* : en hélice. *Escalier en colimaçon.*

COLIN n. m. ▪ Gros poisson de mer comestible à dos noir. ⇒ **lieu, merlu.**

Paul **COLIN** (1892 ‑ 1985) ▪ Affichiste, décorateur et peintre français. Il réalisa plus de 1 200 affiches, des décors et des costumes de théâtre, dont les décors et l'affiche de la Revue nègre (1925).

COLINÉAIRE adj. ▪ MATH. *Vecteurs colinéaires,* qui ont la même direction.

COLINEAU n. m. ▪ Jeune colin. ◇ syn. COLINOT.

COLIN-MAILLARD n. m. ▪ Jeu où l'un des joueurs, les yeux bandés, doit chercher les autres à tâtons, en saisir un et le reconnaître.

COLIQUE n. f. ▪ **1.** souvent au plur. Douleur ressentie au niveau des viscères abdominaux. ⇒ **colite, entérite.** *Colique hépatique, néphrétique,* due à l'obstruction des canaux biliaires, des uretères par un calcul. **2.** Diarrhée. *Avoir la colique.* ‑ fig. FAM. *Quelle colique !,* chose, personne ennuyeuse. ♦ *Avoir la colique* : avoir peur. ⇒ **trouille.**

COLIS n. m. ▪ Objet emballé destiné à être expédié et remis à qqn. ⇒ **paquet.** *Faire, ficeler un colis. Colis postal.*

le **COLISÉE** ▪ Amphithéâtre de Rome (v. 80). Il pouvait contenir 87 000 spectateurs. C'est là que se livraient les combats de gladiateurs.

COLISTIER, IÈRE n. ▪ Chacun des candidats inscrits sur une même liste électorale.

le **Colisée.** *Phot. © Carlo Bevilacqua/Ricciarini*

COLITE n. f. ▪ MÉD. Inflammation du côlon ; douleur qui en résulte. ⇒ **colique** (1).

COLLABORATEUR, TRICE n. ▪ **1.** Personne qui collabore à une œuvre commune. ⇒ **adjoint, aide, associé, collègue.** *Les collaborateurs d'une revue scientifique.* **2.** pendant l'Occupation (1940-1944) Français partisan de la collaboration avec les Allemands. ◇ abrév. FAM. COLLABO.

COLLABORATION n. f. ▪ **1.** Travail en commun, action de collaborer. *Livre écrit* EN COLLABORATION (⇒ **collectif**). *Apporter sa collaboration à une œuvre.* ⇒ **aide, concours, participation.** **2.** Politique d'entente avec l'occupant allemand mise en œuvre par le gouvernement de Vichy ; mouvement, attitude des partisans de cette politique. ◇ syn. COLLABORATIONNISME. ▪ Scellée lors de l'entretien de Pétain avec Hitler à Montoire (24 oct. 1940), la collaboration bénéficia de l'appui de mouvements politiques, militaires et paramilitaires (Milice). Elle instaura notamment, en 1943, le Service du travail obligatoire (S.T.O.).

COLLABORER v. [1] ▪ **1.** v. tr. ind. *(à, avec)* Travailler en commun (à qqch. ; avec qqn). *Collaborer à un journal.* ⇒ **participer.** **2.** v. intr. Agir en tant que collaborateur (2). *Ils ont longtemps collaboré.*

COLLAGE n. m. ▪ **1.** Action de coller. - État de ce qui est collé. ♦ Composition artistique faite d'éléments collés. *Les collages de Braque.* **2.** FAM. ⇒ **concubinage.**

COLLAGÈNE n. m. ▪ BIOCHIM. Protéine fibreuse du tissu conjonctif. *Crème au collagène.*

COLLANT, ANTE adj. et n. m. ▪ **1.** Qui adhère, qui colle. *Papier collant.* ⇒ **adhésif, autocollant.** - Gluant. *Avoir les mains collantes.* **2.** Qui s'applique exactement sur une partie du corps. ⇒ **ajusté, moulant, serré.** *Robe collante.* ♦ n. m. *UN COLLANT :* pantalon, maillot collant. - Sous-vêtement féminin qui réunit culotte et bas. **3.** FAM. (personnes) Ennuyeux, dont on ne peut se débarrasser. ⇒ **importun** ; FAM. **crampon.**

COLLAPSUS [-ys] n. m. ▪ MÉD. **1.** Malaise soudain, intense, accompagné d'une chute de tension. **2.** Affaissement d'un organe.

COLLATÉRAL, ALE, AUX adj. ▪ **1.** DIDACT. Qui est sur le côté. *Nef collatérale d'une église.* ⇒ **bas-côté.** - n. m. Nef collatérale. **2.** *Parents collatéraux :* membres d'une famille descendant d'un même ancêtre sans descendre les uns des autres (ex. frères, cousins, oncles). - n. *Les collatéraux.*

COLLATION n. f. ▪ Repas léger. ⇒ **en-cas, goûter, lunch** ; FAM. **casse-croûte.**

COLLATIONNEMENT n. m. ▪ Action de collationner.

COLLATIONNER v. tr. [1] ▪ Comparer (plusieurs versions ou copies d'un texte) pour reconnaître les concordances, les divergences. *Collationner un écrit avec l'original.* ⇒ **confronter.**

COLLE n. f. ▪ **I. 1.** Matière gluante adhésive. ⇒ **glu.** *Tube, bâton de colle. Enduire qqch. de colle.* ⇒ **encoller.** ♦ loc. FAM. *Faites chauffer la colle !* (quand on entend un bruit de casse). **2.** fig. *POT DE COLLE :* personne dont on ne peut se débarrasser (⇒ FAM. **collant**). **II.** ARGOT SCOL. **1.** Interrogation préparatoire aux examens. - Question difficile. **2.** Consigne, retenue donnée en punition.

COLLECTE n. f. ▪ **1.** Action de recueillir des dons, des contributions. ⇒ **quête.** *Faire une collecte au profit d'une œuvre.* **2.** Ramassage. *La collecte du lait dans les fermes.*

COLLECTER v. tr. [1] ▪ Recueillir par une collecte. *Collecter des fonds, des informations.*

COLLECTEUR, TRICE ▪ **1.** n. Personne qui recueille les cotisations, les taxes. *Collecteur d'impôts.* ⇒ **percepteur.** **2.** n. m. Organe ou dispositif qui recueille ce qui était épars. *Collecteur d'ondes.* ⇒ **antenne.** - Conduite qui recueille le contenu d'autres conduites. *Collecteur d'eaux pluviales.* **3.** adj. Qui recueille. *Égout collecteur.*

COLLECTIF, IVE ▪ **I.** adj. **1.** Qui comprend ou concerne un ensemble de personnes. *Œuvre collective. Démission collective. Propriété collective.* ⇒ **collectivisme.** **2.** LING. Se dit d'un terme singulier représentant un ensemble d'individus ou d'objets. *« La foule » est un (nom) collectif.* **II.** n. m. **1.** Ensemble des dispositions d'un projet de loi de finance. *Le collectif budgétaire.* **2.** Équipe, groupe (de travail, de recherche).

COLLECTION n. f. ▪ **1.** Réunion d'objets (notamment d'objets précieux, intéressants). *Les collections d'un musée. Une belle collection de livres* (⇒ **bibliothèque**), *de timbres. Faire collection de cannes.* ⇒ **collectionner.** - Grand nombre. ⇒ **quantité.** *Elle a toute une collection de prétendants.* **2.** Série d'ouvrages, de publications ayant une unité. *Ouvrage publié dans une collection de poche.* **3.** Ensemble des modèles présentés en même temps. *Collections d'été des grands couturiers.*

COLLECTIONNER v. tr. [1] ▪ **1.** Réunir pour faire une collection (1). **2.** fig. *Il collectionne les contraventions,* il en a beaucoup. ⇒ **accumuler.**

COLLECTIONNEUR, EUSE n. ▪ Personne qui fait des collections. ⇒ **amateur.** *Collectionneur de timbres.* ⇒ **philatéliste.**

COLLECTIVEMENT adv. ▪ De façon collective ; ensemble.

COLLECTIVISER v. tr. [1] ▪ Mettre (les moyens de production) en possession de la collectivité. ⇒ **étatiser, nationaliser.** *Collectiviser des terres.* ► n. f. COLLECTIVISATION

COLLECTIVISME n. m. ▪ Système social dans lequel les moyens de production et d'échange sont la propriété de la collectivité (souvent, de l'État ⇒ **étatisme**). ⇒ **communisme.** ► adj. et n. COLLECTIVISTE

COLLECTIVITÉ n. f. ▪ **1.** Ensemble de personnes groupées (naturellement ou pour atteindre un but commun). ⇒ **communauté, société.** **2.** Circonscription administrative dotée de la personnalité morale. *Le budget des collectivités locales.*

COLLÈGE n. m. ▪ **I.** Réunion de personnes ayant la même dignité, la même fonction. - *Le collège des cardinaux* ou *Sacré Collège.* ♦ *COLLÈGE ÉLECTORAL :* ensemble des électeurs d'une circonscription. **II.** Établissement d'enseignement secondaire du premier cycle. *Lycées* et collèges. Collège technique.* ⇒ aussi **CÉGEP** (Québec). ♦ *Le Collège de France,* (voir ci-dessous).

▪ **le COLLÈGE DE FRANCE** ▪ Établissement d'enseignement supérieur fondé à Paris en 1530 par François Ier, sur proposition de G. Budé. Doté aujourd'hui de 52 chaires, il dispense un enseignement libre et ne délivre aucun diplôme.

COLLÉGIAL, IALE, IAUX adj. ▪ **1.** Qui a rapport à un collège (I) de chanoines. *Église collégiale* et n. f. *une collégiale.* **2.** Exercé par un collège, un groupe. *Direction collégiale.*

COLLÉGIALITÉ n. f. ▪ Caractère collégial.

COLLÉGIEN, IENNE n. ▪ Élève d'un collège (II).

COLLÈGUE n. ▪ **1.** Personne qui exerce la même fonction qu'une autre ou appartient au même établissement. ⇒ **confrère, consœur.** *Une collègue de bureau.* **2.** RÉGIONAL (Midi) Ami, camarade.

COLLER v. [1] ▪ **I.** v. tr. **1.** Joindre et faire adhérer deux surfaces avec de la colle. ⇒ **fixer.** *Coller une affiche sur un mur.* **2.** (sujet chose) Faire adhérer, rendre gluant. *La sueur collait ses cheveux.* **3.** *Coller* (le corps, qqn) *contre, sur, à* (qqch.), l'appliquer étroitement. *Coller son visage contre la vitre.* - pronom. *Se coller à, contre* (qqch., qqn). **4.** FAM. Donner ; mettre. *Collez ça dans un coin !* ⇒ **ficher.** *Il lui a collé un zéro.* ⇒ **flanquer.** **5.** FAM. Infliger une retenue à. ⇒ **consigner, punir.** ♦ *Coller un candidat,* le refuser à un examen. ⇒ **ajourner, refuser.** - passif *Il a été collé au bac* (opposé à *reçu*). **6.** Rester obstinément avec (qqn). *Il nous a collés tout l'après-midi.* **II.** v. intr. **1.** Adhérer. ♦ Être gluant. *Ses mains collent.* **2.** FAM. *Ça colle ? :* ça va ?, ça marche ? **III.** v. tr. ind. *COLLER À :* s'adapter étroitement. *Mot qui colle à une idée,* qui la traduit exactement.

COLLERETTE n. f. ▪ **1.** Tour de cou plissé ou froncé (⇒ **fraise**). *Une collerette en dentelle.* **2.** TECHN. Objet en forme de couronne.

COLLET n. m. ▪ **I. 1.** VX Col (vêtement). ♦ loc. adj. invar. *COLLET MONTÉ :* prude, austère (comme les femmes qui avaient un collet très haut). ⇒ **affecté, guindé.** - *Prendre qqn AU COLLET :* arrêter qqn, le faire prisonnier, l'attaquer (⇒ se **colleter**). **2.** Cou (d'animal). *Collet de mouton.* **II.** Nœud coulant pour prendre certains animaux (au cou). ⇒ **lacet.** *Braconnier qui tend des collets à lapin.* **III.** *Collet d'une dent,* partie entre la couronne et la gencive.

SE **COLLETER** v. pron. [4] ▪ Se battre, lutter. ⇒ s'**empoigner.** *Se colleter avec qqn.* - fig. *Se colleter avec les difficultés.* ⇒ **affronter.**

COLLEUR, EUSE n. ▪ **1.** Professionnel(le) qui colle du papier peint. **2.** n. f. Appareil servant à coller (notamment des films).

COLLIER n. m. ▪ **1.** Objet que l'on passe autour du cou d'un animal pour l'attacher *(collier d'un chien)* ou le harnacher *(collier d'attelage)*. - loc. *Reprendre le collier* : se remettre au travail. - *Être franc du collier.* - *Donner un* COUP DE COLLIER : fournir un effort énergique mais momentané. **2.** Bijou, ornement qui se porte autour du cou. *Collier de perles ; de diamants.* ⇒ **rivière.** **3.** *Collier de barbe* : barbe courte rejoignant les cheveux des tempes. **4.** TECHN. Cercle de renfort (par ex. autour d'un tuyau). *Collier de serrage.*

l'affaire du COLLIER ▪ Escroquerie dont fut victime le cardinal de Rohan (1785). Le scandale atteignit Marie-Antoinette, innocente, contribuant à déconsidérer la royauté.

COLLIGER v. tr. [3] ▪ DIDACT. Recueillir (des objets, des textes, des informations).

COLLIMATEUR n. m. ▪ Dispositif de visée qui permet d'orienter avec précision (un instrument d'optique, une arme). - loc. *Avoir, prendre qqn dans le collimateur,* le surveiller très étroitement.

COLLINE n. f. ▪ Petite élévation de terrain de forme arrondie. ⇒ **butte, coteau, hauteur.** *Le sommet, le pied d'une colline. "La Colline inspirée"* (œuvre de Barrès).

COLLIOURE ▪ Commune des Pyrénées-Orientales, au pied des Albères. 2 726 hab. Château royal du XIIIe s., fortifié par Vauban. Église Notre-Dame-des-Anges du XVIIe s. (retables). Station balnéaire. Vins. Collioure accueillit au début du siècle de nombreux peintres (Derain, Matisse, Braque, Picasso).

COLLISION n. f. ▪ **1.** Choc de deux corps qui se rencontrent. ⇒ **heurt, impact.** *Collision entre deux voitures. Entrer en collision avec,* heurter. **2.** fig. Lutte, conflit. *La collision des intérêts opposés.*

Carlo COLLODI (1826 - 1890) ▪ Écrivain italien. *"Pinocchio"* (1883), histoire d'une marionnette qui devient un enfant, connut un succès universel.

COLLOÏDAL, ALE, AUX adj. ▪ SC. Se dit de corps qui ressemblent à une colle, une gelée. *État colloïdal. Systèmes colloïdaux.*

COLLOÏDE n. m. ▪ SC. Substance à l'état colloïdal ; substance en suspension, non dissoute.

COLLOQUE n. m. ▪ Débat entre plusieurs personnes sur des questions théoriques, scientifiques. ⇒ **conférence, discussion.** ♦ Réunion organisée pour ce débat. ⇒ **séminaire, table ronde.**

Jean-Marie COLLOT D'HERBOIS (1750 - 1796) ▪ Révolutionnaire français. Organisateur de la Terreur, déporté en Guyane en 1795.

COLLUSION n. f. ▪ Entente secrète au préjudice d'un tiers. ⇒ **complicité, connivence.**

COLLUTOIRE n. m. ▪ Médicament liquide destiné à agir sur les gencives et les parois de la bouche.

COLLYRE n. m. ▪ Médicament liquide qu'on instille dans l'œil.

COLMAR ▪ Chef-lieu du Haut-Rhin. 63 498 hab. *(les Colmariens).* Églises, maisons anciennes, musées. Industrie textile. Marché du vin. Commerce des vins d'Alsace.

Colmar. Vue de la cathédrale et de la maison Pfister.
Phot. © Lescourret/Explorer

Cologne. *Phot. © Mejia/Explorer*

COLMATER v. tr. [1] ▪ Boucher, fermer. *Colmater une fissure avec du plâtre.* ♦ fig. *Colmater un déficit, une lacune.* - MILIT. *Colmater une brèche.* ► n. m. COLMATAGE

COLOCATAIRE n. ▪ Personne qui est locataire avec d'autres dans le même immeuble.

COLOGNE en allemand ***KÖLN*** ▪ Ville d'Allemagne (Rhénanie-du-Nord-Westphalie). 950 200 hab. Un des plus anciens ports rhénans, centre économique, artistique, intellectuel (université créée au Moyen Âge, musées). La cathédrale (XIIIe s.) et les monuments épargnés par les bombardements de 1943-1945 témoignent d'un riche passé.

Christophe COLOMB (v. 1451 - 1506) ▪ Navigateur d'origine italienne, au service de l'Espagne. Après avoir soumis en vain son projet de trouver par l'Ouest une route vers les Indes au roi du Portugal, il obtint l'appui de la reine Isabelle de Castille. Avec trois caravelles *("Santa Maria", "Pinta"* et *"Niña"),* il partit de Palos le 3 août 1492 et atteignit le 14 octobre les Bahamas, puis Cuba et Haïti. Au cours du deuxième (1493-1495), troisième (1498-1500) et quatrième voyage (1502-1504), il reconnut plusieurs îles des Antilles ainsi que le delta de l'Orénoque et longea la côte de l'Amérique centrale.

COLOMBAGE n. m. ▪ (souvent au plur.) Charpente apparente en bois. *Maison normande à colombages.*

COLOMBE n. f. ▪ **1.** LITTÉR. Pigeon, considéré comme symbole de douceur, de pureté, de paix. *La blanche colombe.* **2.** fig. Partisan d'une solution pacifique aux conflits politiques (s'oppose à *faucon*).

Michel COLOMBE (v. 1430 - v. 1512) ▪ Sculpteur français. Son art, d'un réalisme contenu, fait la transition entre la phase de « détente » du gothique et la Renaissance française. Tombeau des parents d'Anne de Bretagne (aujourd'hui à Nantes).

COLOMBES ▪ Commune des Hauts-de-Seine, dans la banlieue nord-ouest de Paris. 78 513 hab. *(les Colombiens).*

COLOMBEY-LES-DEUX-ÉGLISES ▪ Commune de Haute-Marne. 660 hab. *(les Colombeyens).* Résidence du général de Gaulle, qui y mourut. Mémorial élevé en 1972.

la COLOMBIE ▪ État d'Amérique du Sud bordé au nord par l'Atlantique et à l'ouest par le Pacifique. 1 141 748 km^2. 33 000 000 hab. *(les Colombiens).* Capitale : Bogotá. Langue officielle : espagnol. Monnaie : peso colombien. Les principales richesses économiques sont le café (2e producteur mondial) et le pétrole ; les autres ressources minières (émeraudes, platine) sont encore peu exploitées. □ **HISTOIRE** Conquise par les Espagnols sur les Indiens Chibchas, libérée par Bolívar (1819), intégrée jusqu'en 1830 à la « Grande-Colombie » (avec le Panamá, le Venezuela et l'Équateur), république fédérale puis, depuis 1886, unitaire (obligée de reconnaître en 1903 la sécession du Panamá), la Colombie a connu en 1948-1953 une violente guerre civile, arrêtée par le coup d'État du général Rojas Pinilla.

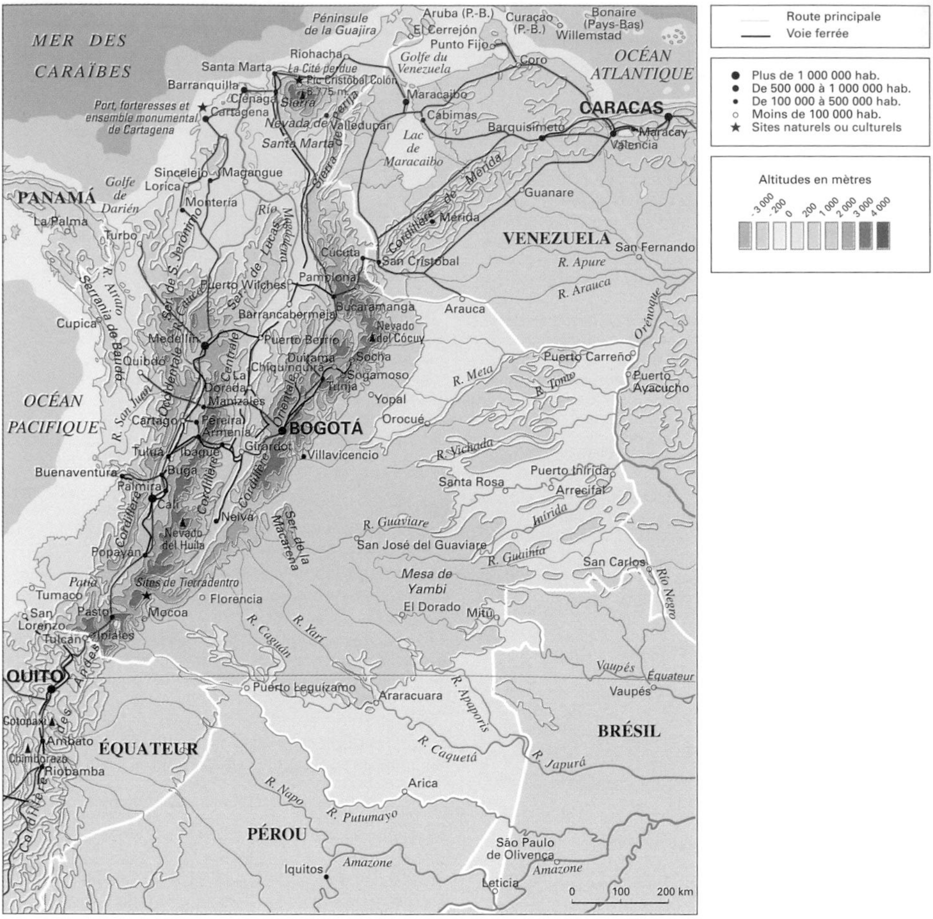

Colombie.

La vie politique reste instable, marquée par l'alternance au pouvoir des conservateurs et des libéraux, par la guérilla et le trafic de drogue, contre lequel le gouvernement a engagé la lutte à partir de 1989, mais le pays reste au 1er rang mondial pour la transformation et l'exportation de drogue.

la COLOMBIE-BRITANNIQUE ▪ Province (État fédéré) du Canada. 948 596 km^2. 3 282 061 hab. Capitale : Victoria. Port de Vancouver. Importante industrie du bois. Mines. Hydroélectricité.

COLOMBIER n. m. ▪ LITTÉR. Pigeonnier.

COLOMBINE ▪ Personnage de la commedia dell'arte.

COLOMBO ▪ Capitale administrative et port du Sri Lanka. 700 000 hab.

COLOMBOPHILE adj. et n. ▪ Qui élève, dresse des pigeons voyageurs. *Société colombophile.* ‑ n. *Des colombophiles.* ► n. f. COLOMBOPHILIE

COLOMIERS ▪ Commune de la Haute-Garonne, dans la banlieue de Toulouse. 26 979 hab. *(les Columérins).*

COLON n. m. ▪ **I.** Personne qui est allée peupler, exploiter une colonie ; habitant d'une colonie. *Les premiers colons d'Amérique.* ⇒ **pionnier. II.** Enfant, adolescent d'une colonie (II).

COLÓN ▪ Ville et port du Panamá au débouché du chemin de fer transisthmique et située à l'embouchure du canal. 140 000 hab.

CÔLON n. m. ▪ Portion moyenne du gros intestin. *Inflammation du côlon.* ⇒ **colite.**

COLONEL n. m. ▪ Officier supérieur qui commande un régiment, ou une formation, un service de même importance. *Les cinq galons d'un colonel* (⇒ **lieutenant-colonel**).

COLONIAL, ALE, AUX adj. et n. ▪ **1.** Relatif aux colonies. *Expansion coloniale* (⇒ **colonialisme**). *Les anciens empires coloniaux.* **2.** n. m. Militaire de l'armée coloniale. *Un colonial.* ‑ Habitant des colonies. ⇒ **colon. 3.** n. f. Les troupes coloniales. *Servir dans la coloniale.*

COLONIALISME n. m. ▪ Doctrine visant à légitimer l'occupation, la domination politique et l'exploitation économique de territoires par certains États. ⇒ **impérialisme.**

COLONIALISTE adj. et n. ▪ Relatif au colonialisme. *Politique colonialiste.* ‑ n. Partisan du colonialisme.

COLONIE n. f. ▪ **I. 1.** Établissement fondé dans un pays moins développé par une nation appartenant à un groupe dominant ; ce pays, placé sous la dépendance du pays occupant, qui en tire profit. *Ensemble des colonies* (⇒ **empire**). *Les colonies françaises, britanniques. Indépendance des colonies.* ⇒ **décolonisation. 2.** Population des colons d'une colonie. **II. 1.** anciennt *COLONIE (PÉNITENTIAIRE) :* établissement pour jeunes délinquants. **2.** *COLONIE DE VACANCES :* groupe d'enfants réunis pour un séjour de vacances. *Moniteurs d'une colonie de vacances.* ◇ abrév. FAM. COLO. **III. 1.** Ensemble des personnes originaires d'un même lieu (pays, province, ville) et qui en habite un autre. *La colonie vietnamienne de Paris.* ‑ Groupe de personnes vivant en communauté. *Une petite colonie d'artistes.* **2.** Réunion d'animaux vivant en commun. *Une colonie d'abeilles.*

COLONISATEUR, TRICE adj. et n. ▪ Qui colonise. *Nation colonisatrice.* - n. *Les colonisateurs* (opposé à *colonisé*).

COLONISATION n. f. ▪ **1.** Fait de peupler de colons, de transformer en colonie. *La colonisation de l'Amérique et de l'Afrique par l'Europe.* **2.** Mise en valeur, exploitation des pays devenus colonies.

COLONISER v. tr. [1] ▪ Faire d'un pays une colonie (I, 1). - au p. p. *Pays colonisés.* - n. *Les colonisés et les colonisateurs. "Au service des colonisés"* (ouvrage de D. Guérin).

COLONNADE n. f. ▪ File de colonnes sur une ou plusieurs rangées, formant un ensemble architectural. *La colonnade de Saint-Pierre de Rome, due au Bernin.*

COLONNE n. f. ▪ **I. 1.** Support vertical d'un édifice, ordinairement cylindrique. ⇒ **pilastre, pilier, poteau.** *Base, fût d'une colonne. Rangée de colonnes.* ⇒ **colonnade. 2.** Monument formé d'une colonne isolée. ⇒ **obélisque, stèle.** *La colonne Vendôme.* ♦ Formation géologique dressée (colonne naturelle). **3.** MYTHOL. *Les Colonnes d'Hercule* (voir ci-dessous). **II.** (objets dressés ou allongés) **1.** loc. *COLONNE VERTÉBRALE,* axe articulé formé par les vertèbres (33 chez l'homme), soutien du squelette et axe nerveux des vertébrés. - fig. *La colonne vertébrale d'un raisonnement.* **2.** *Colonne d'air, d'eau, de mercure,* masse de ce fluide dans un tube vertical. - *Une colonne de fumée.* **3.** *COLONNE MONTANTE :* maçonnerie verticale groupant les canalisations d'un immeuble. **4.** fig. Section qui divise verticalement une page manuscrite ou imprimée. *Titres sur deux colonnes.* ♦ loc. *Cinq colonnes à la une,* espace occupé en première page par les grands titres, dans certains journaux. **III.** Corps de troupe disposé sur peu de front et beaucoup de profondeur. *Colonne d'infanterie.* ♦ loc. *La CINQUIÈME COLONNE :* les services secrets d'espionnage ennemi sur un territoire.

les COLONNES D'HERCULE ▪ Nom donné par les Anciens aux promontoires rocheux de l'entrée est du détroit de Gibraltar.

COLONNETTE n. f. ▪ Petite colonne.

COLOPHANE n. f. ▪ Résine servant à frotter les crins des archets (de violons, etc.).

COLOQUINTE n. f. ▪ **1.** Plante dont les fruits ronds, amers fournissent un purgatif ; ces fruits. **2.** FAM. Tête.

le Río COLORADO ▪ Fleuve d'Argentine. 1 200 km.

le COLORADO ▪ Fleuve, né dans les Rocheuses, qui traverse l'*État* puis le *plateau du Colorado* (vallée du Grand Canyon, Arizona) et se jette dans le golfe de Californie. 2 250 km. ► **le COLORADO** État de l'ouest des États-Unis. 270 000 km^2. 3 295 000 hab. Capitale : Denver. Minerais (or, argent). Tourisme.

le COLORADO ▪ Fleuve du Texas qui se jette dans le golfe du Mexique. 1 560 km.

COLORADO SPRINGS ▪ Ville des États-Unis (Colorado). 281 000 hab. Tourisme. Centre militaire.

COLORANT, ANTE ▪ **1.** adj. Qui colore. *Substances, matières colorantes. Shampooing colorant.* **2.** n. m. Substance colorée qui peut se fixer à une matière pour la teindre. ⇒ **couleur, teinture.** *Les colorants alimentaires. Garanti sans colorants.*

COLORATION n. f. ▪ **1.** Action de colorer ; état de ce qui est coloré. ⇒ **coloris.** *La coloration de la peau.* **2.** fig. *Coloration de la voix, d'un sentiment,* son aspect particulier.

COLORATURE n. f. ▪ **1.** Musique vocale très ornée (vocalises, etc.). **2.** Chanteuse apte à chanter ce type de musique. - appos. *Soprano colorature.*

-COLORE Élément, du latin *color* « couleur » (ex. *incolore, tricolore*).

COLORÉ, ÉE adj. ▪ **1.** Qui a de vives couleurs. *Un teint coloré.* **2.** fig. Animé, expressif. *Une description colorée et pittoresque.* ⇒ **imagé.**

COLORER v. tr. [1] ▪ **1.** Revêtir de couleur, donner une teinte à. ⇒ **teindre, teinter.** *Colorer en rouge* (rougir). *Le soleil colore le couchant.* **2.** fig. Donner un aspect particulier à. - pronom. *Son étonnement se colorait d'inquiétude.* ⇒ se **teinter.**

COLORIAGE n. m. ▪ Action de colorier ; son résultat. *Un album de coloriages.*

COLORIER v. tr. [7] ▪ Appliquer des couleurs sur (une surface, notamment du papier). *Colorier un dessin à l'aquarelle.*

COLORIS n. m. ▪ **1.** Effet qui résulte du choix, du mélange et de l'emploi des couleurs dans un tableau. *L'éclat, la vivacité d'un coloris.* **2.** Couleur d'objets fabriqués. *Ce tissu existe dans plusieurs coloris.*

COLORISER v. tr. [1] ▪ Mettre en couleur informatiquement (un film en noir et blanc) par interprétation des gris. ► n. f. COLORISATION

COLORISTE n. ▪ Peintre qui s'exprime surtout par la couleur. *Les coloristes et les dessinateurs.*

COLOSSAL, ALE, AUX adj. ▪ Extrêmement grand. ⇒ **démesuré, énorme, gigantesque, immense, titanesque.** *Une statue colossale.* ♦ fig. *Une mémoire colossale. Hériter d'une fortune colossale.* ► adv. COLOSSALEMENT

COLOSSE n. m. ▪ **1.** Statue d'une grandeur extraordinaire. *Le colosse de Rhodes.* **2.** Homme, animal de haute et forte stature, d'une grande force apparente. ⇒ **géant, hercule. 3.** Personne ou institution considérable, très puissante.

COLPORTAGE n. m. ▪ Action de colporter. - Métier de colporteur. *La littérature de colportage* (anciens livres populaires).

COLPORTER v. tr. [1] ▪ **1.** Transporter avec soi (des marchandises) pour vendre. **2.** Transmettre (une information) à de nombreuses personnes (souvent péj.). ⇒ **divulguer, propager, répandre.** *Colporter une histoire scandaleuse ; une nouvelle.*

COLPORTEUR, EUSE n. ▪ Marchand(e) ambulant(e) qui vend ses marchandises de porte en porte. ⇒ **camelot, démarcheur.**

COLT [kɔlt] n. m. ▪ Revolver ou pistolet automatique. *Le cow-boy tira son colt. Des colts.*

COLTINER v. tr. [1] ▪ **1.** Porter (un lourd fardeau). ⇒ **trans-bahuter.** *Il va falloir coltiner ce sac jusqu'à la gare.* **2.** FAM. *SE COLTINER.* ⇒ **exécuter, faire.** *Se coltiner seul tout le travail.*

John COLTRANE (1926-1967) ▪ Saxophoniste de jazz noir américain. *"My Favorite Things"* (1960).

Michel Colucci dit **COLUCHE** (1944-1986) ▪ Fantaisiste et comédien français. Comique au langage populaire, il devint célèbre par des sketches satiriques. Il fonda les « Restaurants du cœur » en 1985.

Coluche.
Phot. © Morizet/Gamma

COLUMBARIUM [kɔlɔ̃baʀjɔm] n. m. ▪ Édifice où l'on place les urnes funéraires. *Des columbariums.*

la COLUMBIA ▪ Fleuve d'Amérique du Nord. 1 953 km. Les *plateaux de la Columbia* forment le socle des Rocheuses, à l'est de Seattle.

COLUMBIA ▪ Ville des États-Unis, capitale de la Caroline-du-Sud. 98 000 hab. Université.

le district fédéral de COLUMBIA ▪ District des États-Unis où se trouve la capitale fédérale du pays, Washington. 179 km^2. 607 000 hab.

COLUMBUS ▪ Ville des États-Unis (Géorgie). 243 000 hab.

COLUMBUS ▪ Ville des États-Unis, capitale de l'Ohio. 633 000 hab. Centre industriel. Université. Dépôt militaire (le plus vaste du monde).

COLVERT ou **COL-VERT** n. m. ▪ Espèce commune de canard sauvage.

COLZA n. m. ▪ Plante à fleurs jaunes cultivée comme plante fourragère, et pour ses graines. *Huile de colza.*

COMA n. m. ▪ Perte prolongée de la conscience, de la sensibilité, dans de graves états pathologiques. *Être dans le coma.* - *Coma dépassé,* où la survie n'est plus assurée que par des moyens artificiels.

les COMANCHES ▪ Indiens d'Amérique du Nord, vivant aujourd'hui à quelques milliers dans une réserve de l'Oklahoma.

COMATEUX, EUSE adj. ▪ Qui a rapport au coma. *État comateux.* - Qui est dans le coma. - n. *Un comateux.*

COMBAT n. m. ▪ **1.** Action de deux ou de plusieurs adversaires armés, de deux armées qui se battent. ⇒ **bataille, engagement, mêlée, rencontre.** *Combat offensif* (⇒ **attaque**). *Combat aérien, naval. Engager le combat, livrer combat.* - *Être mis* HORS DE COMBAT, dans l'impossibilité de poursuivre la lutte. - DE COMBAT : de guerre. *Char, gaz de combat.* **2.** Lutte organisée. *Sports de combat* : arts martiaux. *Combat de boxe.* ⇒ **match.** - (animaux) *Combat de coqs.* **3.** fig. LITTÉR. Lutte, opposition. *Un combat d'esprit.* ⇒ **assaut, émulation.** ♦ Lutte de l'homme contre les obstacles, les difficultés. *La vie, l'existence est un combat.*

COMBATIF, IVE adj. ▪ Qui est porté au combat, à la lutte. ⇒ **agressif, belliqueux.** *Humeur combative.*

COMBATIVITÉ n. f. ▪ Goût du combat, de la lutte ; ardeur belliqueuse. *La combativité d'une troupe.*

COMBATTANT, ANTE n. ▪ **I. 1.** Personne qui prend part à un combat, à une guerre. ⇒ **soldat ; guerrier.** *Une armée de cent mille combattants.* - ANCIENS COMBATTANTS : combattants d'une guerre terminée, groupés en associations. - adj. *Unité combattante.* - *Les royaumes combattants* (dans l'histoire de la Chine). **2.** FAM. Personne qui se bat à coups de poing. ⇒ **adversaire, antagoniste.** *Séparer les combattants.* **II.** adj. et n. m. **1.** *(Poisson) combattant* : poisson d'Extrême-Orient, de couleurs vives. **2.** *(Chevalier) combattant* : oiseau échassier migrateur.

COMBATTRE v. [41] ▪ **I.** v. tr. **1.** Se battre, lutter contre (qqn). *Combattre un adversaire, l'ennemi.* - Faire la guerre à. *Napoléon combattit l'Europe.* **2.** S'opposer à. *Combattre un argument.* ⇒ **attaquer, réfuter. 3.** Aller contre, s'efforcer d'arrêter (un mal, un danger). *Combattre un incendie. Combattre ses habitudes.* **II.** v. tr. ind. et intr. **1.** Livrer combat. *Combattre contre l'ennemi, avec ses alliés, pour une cause.* **2.** Lutter (contre un obstacle, un danger, un mal). *Combattre contre la faim, la maladie.*

COMBE n. f. ▪ RÉGIONAL Dépression, vallée profonde. *Les combes du Jura.*

Émile COMBES (1835 - 1921) ▪ Homme politique français. Président (radical) du Conseil de 1902 à 1905. Sa politique anticléricale aboutit, après sa chute, à la loi de séparation des Églises et de l'État (1905).

COMBIEN adv. ▪ **1.** Dans quelle mesure, à quel point. ⇒ **comme.** *Si vous saviez combien je l'aime ! Combien il a changé !* ⇒ **que. 2.** COMBIEN DE : quelle quantité, quel nombre. *Depuis combien de temps ?* - sans compl. Quelle quantité (distance, temps, prix, etc.). *Combien vous dois-je ?* FAM. *Ça fait combien ?* ♦ exclam. Quel grand nombre (de). « *Oh ! combien de marins, combien de capitaines* [...] » (Hugo). **3.** n. m. invar. FAM. *Le combien.* ⇒ **quantième.** *On est le combien ?*, quel jour sommes-nous ? **4.** *Ô combien !* (souvent en incise). *Un personnage équivoque, ô combien !*, très équivoque.

le Grand-COMBIN ▪ Sommet des Alpes suisses (Valais). 4 314 m.

COMBINAISON n. f. ▪ **I. 1.** Assemblage d'éléments dans un arrangement déterminé. *Combinaison de couleurs, de lignes.* ⇒ **disposition, organisation. 2.** MATH. Chacune des manières de choisir un nombre d'objets parmi un nombre plus grand (⇒ **combinatoire**). ♦ Système d'ouverture d'un coffre-fort. ⇒ **chiffre. 3.** SC. Union des atomes, des éléments qui entrent dans un composé. *La combinaison de deux volumes d'hydrogène et d'un volume d'oxygène donne de l'eau.* ⇒ **synthèse. 4.** souvent péj. Organisation précise de moyens en vue d'assurer le succès d'une entreprise. ⇒ **arrangement, combine, manœuvre.** *Des combinaisons financières, politiques.* **II. 1.** Sous-vêtement féminin, comportant un haut et une partie remplaçant le jupon. **2.** Vêtement (surtout de travail, de sport, de combat...) d'une seule pièce réunissant veste et pantalon. *Combinaison de mécanicien.* ⇒ **bleu.**

COMBINARD, ARDE adj. et n. ▪ péj. Qui utilise la combine. *C'est un combinard.* ⇒ **débrouillard.**

COMBINAT n. m. ▪ HIST. En U.R.S.S., unité industrielle regroupant plusieurs industries connexes.

COMBINATOIRE ▪ MATH. **1.** adj. Relatif aux combinaisons (I, 2). **2.** n. f. Arrangement (d'éléments) selon un nombre limité de combinaisons. ♦ Analyse systématique des combinaisons possibles.

COMBINE n. f. ▪ FAM. Moyen astucieux et souvent déloyal employé pour parvenir à ses fins. ⇒ **système, truc.**

① **COMBINÉ** n. m. ▪ **1.** Partie mobile d'un appareil téléphonique, réunissant écouteur et microphone. *Décrocher le combiné.* **2.** Épreuve sportive complexe (en ski : descente et slalom).

COMBINER v. tr. [1] ▪ **1.** Réunir (des éléments), le plus souvent dans un arrangement déterminé. ⇒ **arranger, disposer.** *Combiner des signes, des mouvements, des sons.* **2.** Organiser en vue d'un but précis. ⇒ **agencer ; combinaison.** *Combiner un projet. Combiner un mauvais coup.* ⇒ **manigancer, tramer.** ► ② **COMBINÉ, ÉE** adj. *Éléments combinés.* - MILIT. *Opérations combinées,* faites par plusieurs armées.

① **COMBLE** n. m. ▪ **I.** Le plus haut degré. ⇒ **maximum, sommet.** *C'est le comble du ridicule. Être* AU COMBLE DE *la joie.* - ellipt *C'est le comble, c'est un comble !*, il ne manquait plus que cela. **II. 1.** Construction surmontant un édifice et destinée à en supporter le toit. ⇒ **charpente.** *Comble métallique, comble en bois.* **2.** au plur. Partie la plus haute d'une construction. - loc. SOUS LES COMBLES : sous le toit. **3.** loc. DE FOND EN COMBLE : de bas en haut (de la cave au grenier). *Fouiller de fond en comble,* complètement.

② **COMBLE** adj. ▪ **1.** Rempli de monde. ⇒ **plein.** *Spectacle qui fait salle comble. L'autobus est comble.* ⇒ **bondé, bourré, complet. 2.** loc. *La mesure est comble* : on n'en supportera pas plus.

COMBLÉ, ÉE adj. ▪ Qui a obtenu tout ce qu'il (elle) espérait. *Je suis comblé,* très satisfait.

COMBLEMENT n. m. ▪ **1.** Action de combler (1). *Le comblement d'un puits.* **2.** Le fait d'être comblé.

COMBLER v. tr. [1] ▪ **1.** Remplir (un vide, un creux). ⇒ **boucher.** *Combler un fossé.* ⇒ **remblayer.** *Combler un interstice.* ⇒ **obturer. 2.** fig. *Combler une lacune. Combler les vœux de qqn,* les exaucer. **3.** COMBLER *qqn* DE, lui donner (qqch.) à profusion. *On l'a comblé de cadeaux.* - fig. *Combler qqn de joie.* ♦ *Combler qqn,* le satisfaire pleinement. - au p. p. *Être comblé.*

COMBLOUX ▪ Commune de Haute-Savoie. 1 716 hab. Station estivale et hivernale (1 000 à 1 870 m d'alt.).

COMBOURG ▪ Commune d'Ille-et-Vilaine. 4 843 hab. *(les Combourgeois).* Château médiéval (musée Chateaubriand).

Combourg. Le château. *Phot. © Louis Monier*

COMBS-LA-VILLE ▪ Commune de Seine-et-Marne. 19 973 hab. *(les Combs-la-Villais).*

COMBURANT, ANTE adj. ▪ Se dit d'un corps qui, en se combinant avec un combustible, opère la combustion de ce dernier. - n. m. *L'oxygène est un comburant.*

COMBUSTIBLE ▪ **1.** adj. Qui a la propriété de brûler. *Le carton est très combustible.* **2.** n. m. Corps dont la combustion produit de la chaleur. *Combustibles solides* (anthracite, bois, houilles...), *liquides* (essence, mazout, pétrole), *gazeux* (butane, gaz). - *Combustible nucléaire* : matière qui entretient une réaction atomique en chaîne.

COMBUSTION n. f. ▪ **1.** Le fait de brûler entièrement. *La combustion d'un gaz dans un brûleur.* **2.** CHIM. Combinaison d'un corps avec l'oxygène. ⇒ **oxydation.** *Combustion vive,* avec un dégagement de lumière et de chaleur. *Combustion lente* (ex. la rouille).

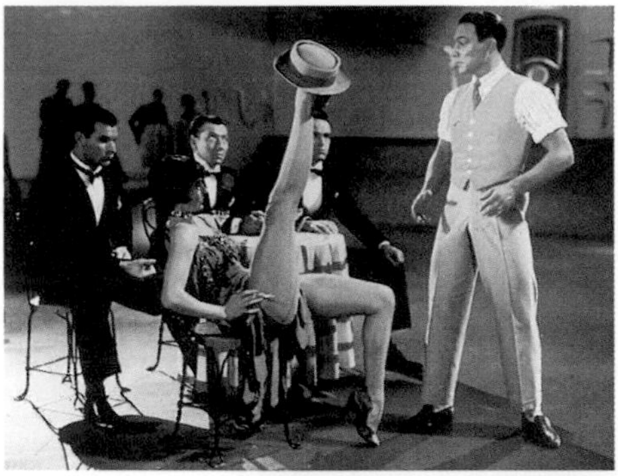

Chantons sous la pluie, 1952, film de Gene Kelly et Stanley Donen, avec Gene Kelly. Phot. © Coll. CHristophe L.

West Side Story, 1957, film de Robert Wise, avec George Chakiris. Phot. © Coll. Christophe L.

Starmania, spectacle de Michel Berger et Lewis Furey. Phot. © Victor/Stills

comédie musicale.

CÔME en italien **COMO** ▪ Ville d'Italie (Lombardie), au bord du *lac de Côme* (146 km²), dans les Alpes. 89 602 hab. Région touristique.

Côme. Vue de la ville et du lac. Phot. © Dagli Orti

COMÉDIE n. f. ▪ **I. 1.** VX Théâtre. *Aller à la comédie.* ‑ MOD. *La Comédie-Française.* ♦ Pièce de théâtre (en général). **2.** Pièce de théâtre ayant pour but de divertir en représentant les ridicules des caractères et des mœurs d'une société. *Une courte comédie.* ⇒ **farce, sketch.** ‑ *Comédie musicale :* spectacle, film musical et dansé. **3.** Le genre comique*. *Comédie et tragédie.* **II.** Attitude fausse et théâtrale. *Jouer la comédie,* affecter, feindre (des sentiments, des pensées).

COMÉDIEN, ENNE n. ▪ **1.** Personne qui joue au théâtre, au cinéma, à la télévision. ⇒ **acteur, artiste.** *Une troupe de comédiens. Mauvais comédien.* ⇒ **cabotin.** *Le "Paradoxe sur le comédien"* (de Diderot). **2.** fig. Personne qui se compose une attitude. ⇒ **hypocrite.** *Quel comédien !* ‑ **adj.** *Elle est un peu comédienne.* **3.** (opposé à *tragédien*) Acteur comique.

COMÉDON n. m. ▪ Petit amas de matière sébacée qui bouche un pore de la peau (→ point noir).

Luigi COMENCINI (né en 1916) ▪ Cinéaste italien. Le thème dominant de son œuvre est l'enfance, délinquante ou meurtrie. Il a également réalisé des comédies, satires sociales grinçantes. *"L'Incompris"* (1966); *"Les Aventures de Pinocchio"* (1972); *"L'Argent de la vieille"* (1972).

COMENIUS (1592‑1670) ▪ Nom latin de Jan Ámos Komenský, humaniste tchèque, défenseur de la Réforme et rénovateur de la pédagogie.

COMESTIBLE ▪ **1.** adj. Qui peut servir d'aliment à l'homme. *Denrées comestibles. Champignons comestibles.* **2.** n. m. pl. Denrées alimentaires.

COMÈTE n. f. ▪ **1.** Astre présentant un noyau brillant (tête) et une traînée gazeuse (chevelure et queue), qui décrit une orbite en forme d'ellipse autour du Soleil. *La comète de Halley*.* **2.** loc. *TIRER DES PLANS SUR LA COMÈTE :* faire des projets chimériques (→ des châteaux en Espagne).

COMICE n. m. ▪ **I.** ANTIQ. Assemblée du peuple à Rome. **II. 1.** (souvent au plur.) *COMICES AGRICOLES :* réunion des cultiva-

comète. La comète de Halley. Phot. © Vioujard/Gamma

teurs d'une région pour le développement de l'agriculture. **2. n. f.** Variété de poire.

COMINES ▪ Commune du département du Nord. 11 320 hab. *(les Cominois).* → **Comines-Warneton.**

COMINES-WARNETON en néerlandais ***KOMEN-WAASTEN*** ▪ Commune de Belgique. Région wallonne, province de Hainaut, située à la frontière française (17 849 hab.), qui jouxte la commune française de Comines.

COMIQUE adj. ▪ **I. 1.** VX Théâtral ; des comédiens. *"Le Roman comique"* (de Scarron). **2.** Qui appartient à la comédie. *Le genre, le style comique. Auteur comique.* **3. n.** Acteur, actrice jouant des personnages comiques. **4. n. m.** *Le comique :* le genre comique ; les éléments comiques. *Le comique de caractère, de situation.* **II.** Qui provoque le rire. ⇒ **amusant, burlesque, cocasse, drôle.** *Un film comique.* ‑ (involontairement) *Un visage comique. Il est comique avec ses grands airs.*

COMIQUEMENT adv. ▪ D'une manière risible.

COMITÉ n. m. ▪ **1.** Réunion de personnes choisies dans une assemblée plus nombreuse pour s'occuper de certaines affaires. ⇒ **commission.** *Élire, désigner un comité.* ‑ *Comité d'entreprise* (abrév. C. E.). *Comité de gestion.* **2.** *EN PETIT COMITÉ :* entre intimes.

le COMITÉ DE SALUT PUBLIC ▪ Organisme de l'exécutif pendant la Révolution française (1793-1795). Le pouvoir dictatorial et la Terreur qu'il exerça en 1793-1794 aboutirent à l'exécution de ses chefs, Robespierre, Couthon et Saint-Just. Il fut supprimé par le Directoire.

le COMITÉ FRANÇAIS DE LIBÉRATION NATIONALE ▪ Comité né de la fusion, en 1943, entre les gouvernements français d'Alger (Giraud) et de Londres (de Gaulle). Remplacé en 1944 par le GPRF.

COMMANDANT ▪ **I. n. m. 1.** Personne qui a un commandement militaire. **2.** Titre donné aux chefs de bataillon, d'escadron, de groupe aérien (quatre galons). **3.** Officier qui commande (un navire, un avion). *Le commandant est sur la passerelle.* ‑ *Commandant de bord.* ⇒ **pilote. II. adj.** FAM. Autoritaire. *Elle est un peu commandante.*

COMMANDE n. f. ▪ **I. 1.** Ordre par lequel un client demande une marchandise ou un service dans un délai déterminé (⇒ **achat**). *Passer une commande au fournisseur. Bon de commande.* ♦ La chose commandée. *Livrer une commande.* **2.** loc. *SUR COMMANDE :* à la demande ou sur ordre. ‑ *DE COMMANDE.* ⇒ **affecté, artificiel.** *Rire, sourire de commande. Enthousiasme de commande.* **II.** Organe capable de déclencher, arrêter, régler des mécanismes (⇒ **télécommande**). *Moteur à commande électrique.* ‑ *Être AUX COMMANDES d'un avion.* ♦ *Tenir les commandes :* diriger, avoir en main une affaire. ⇒ **rêne.**

COMMANDEMENT n. m. ▪ **1.** Ordre bref, donné à voix haute. *À mon commandement : garde-à-vous !* **2.** Règle de conduite édictée par Dieu, une Église. ⇒ **loi, précepte.** *Les dix commandements.* ⇒ **décalogue. 3.** Pouvoir, droit de commander. ⇒ **autorité, direction.** *Prendre, exercer le commandement.* **4.** Autorité militaire qui détient le commandement des forces armées. *Le haut commandement des armées.* ⇒ **état-major.**

COMMANDER v. [1] ▪ **I. v. tr. dir. 1.** *COMMANDER qqn :* exercer son autorité sur (qqn) en lui dictant sa conduite. ⇒ **conduire, diriger.** ‑ Détenir l'autorité hiérarchique sur. *L'officier qui commande le régiment.* **2.** *COMMANDER qqch. :* donner l'ordre de ; diriger (une action). *Commander une attaque, la retraite.* ♦ pronom. (passif) *La sympathie ne se commande pas,* elle ne dépend pas de la volonté. **3.** (sujet chose) Rendre absolument nécessaire. *Ce que les circonstances commandent.* ⇒ **exiger, nécessiter. 4.** Demander à un fabricant, à un fournisseur par une commande (⇒ **acheter**). *Commander un costume sur catalogue.* **II. v. tr. ind.** *COMMANDER À* **1.** *Commander à qqn de* (+ inf.), lui donner ordre de. ⇒ **enjoindre, imposer, ordonner, prescrire. 2.** fig. *Commander à ses instincts,* les dominer. **III. v. intr.** Exercer son autorité ; donner des ordres et les faire exécuter. *Qui est-ce qui commande ici ?* ⇒ **décider. IV. v. tr.** (sujet et compl. n. de chose) **1.** Dominer en empêchant l'accès de. *Cette position d'artillerie commande toute la plaine.* **2.** Faire fonctionner. *La pédale qui commande les freins* (⇒ **commande**).

COMMANDEUR n. m. ▪ **1.** Chevalier d'un ordre (militaire, hospitalier). ♦ *Commandeur de la Légion d'honneur* (grade au-dessus de l'officier). **2.** HIST. *Commandeur des croyants :* calife.

COMMANDITAIRE n. m. ▪ Bailleur de fonds dans une société en commandite.

COMMANDITE n. f. ▪ Société formée de deux sortes d'associés : les premiers *(commanditaires)* avancent des fonds à des associés (*commandités* ou gérants), seuls responsables de la gestion et répondant des dettes de la société.

COMMANDITER v. tr. [1] ▪ **1.** Fournir des fonds à (une société en commandite). **2.** Financer (une entreprise, qqn).

COMMANDO n. m. ▪ Groupe de combat employé pour les opérations rapides, isolées. *Un commando de parachutistes.*

COMME ▪ **I. conj. 1.** (comparaison) De la même manière que, au même degré que. *Il a réussi comme son frère. Il écrit comme il parle. Courir comme un lièvre. Il fait doux comme au printemps.* ♦ *TOUT COMME. Ils ne sont pas divorcés mais c'est tout comme,* c'est la même chose. ♦ FAM. *COMME TOUT.* ⇒ **extrêmement.** *Joli comme tout.* **2.** (addition) Ainsi que ; et. *J'oublierai cela comme le reste.* **3.** (manière) De la manière que. *Riche comme il est, il pourra vous aider. Comme il vous plaira,* selon votre désir. ‑ *COMME IL FAUT.* ⇒ **falloir.** ♦ *COMME QUOI... Un certificat comme quoi il a besoin de repos* (un certificat disant que...). *Il en est mort ; comme quoi j'avais vu juste* (ce qui prouve que...). ♦ ellipt (atténuatif) *Il était comme fou.* ♦ *COMME CELA,* FAM. *COMME ÇA.* ⇒ **ainsi.** *Comme ça tout le monde sera content.* ‑ *Comme ci, comme ça,* ni bien ni mal. ⇒ FAM. **couci-couça. 4.** Tel (telle) que. *Une intelligence comme la sienne.* **5.** (attribution, qualité) En tant que, pour. *Comme directeur, il est efficace.* **II. conj. 1.** cause (de préférence en tête de phrase) ⇒ **parce que, puisque.** *Comme elle arrive ce soir, nous l'attendrons.* **2.** temps (simultanéité) *Nous sommes arrivés comme il partait.* ⇒ **alors** que, **tandis que. III. adv. 1.** Marque l'intensité. ⇒ **combien, que.** *Comme c'est cher !* **2.** en subordonnée ⇒ **comment.** *Regardez comme il court !*

COMMEDIA DELL'ARTE [kɔmedjadɛlaʀt(e)] **n. f.** ▪ Genre de comédie italienne dans lequel les acteurs, masqués, improvisaient à partir d'un scénario. La commedia dell'arte a créé une vaste galerie de personnages de convention (Arlequin, Pierrot, Scaramouche, Pantalon, Colombine). Elle connut son heure de gloire vers 1600 et inspira Molière, Goldoni, Marivaux.

COMMÉMORAISON n. f. ▪ RELIG. Mention que l'Église catholique fait d'un saint, le jour de sa fête.

COMMÉMORATIF, IVE adj. ▪ Qui rappelle le souvenir d'une personne, d'un événement. *Plaque commémorative.*

COMMÉMORATION n. f. ▪ **1.** Cérémonie destinée à commémorer. **2.** Souvenir. *En commémoration de...*

COMMÉMORER v. tr. [1] ▪ Rappeler par une cérémonie le souvenir de (une personne, un événement). ⇒ **célébrer, fêter.** *Commémorer la victoire.*

COMMENÇANT, ANTE adj. et **n.** ▪ Qui commence, débute.

COMMENCEMENT n. m. ▪ **1.** Ce qui vient d'abord (dans une durée, un processus) ; première partie. ⇒ **début.** *Au commencement de l'année. Le commencement du monde.* ⇒ **genèse, origine.** *Le commencement des hostilités.* ⇒ **déclenchement, ouverture.** ‑ loc. *Il y a un commencement à tout :* les choses sont progressives. *Commencer par le commencement :* faire les choses dans l'ordre. **2.** Partie qui se présente, que l'on voit avant les autres (dans l'espace). *Le commencement d'un couloir.* ⇒ **entrée. 3.** au plur. Premiers développements, débuts.

COMMENCER v. [3] ▪ **I. v. tr. 1.** Faire la première partie de (une chose ou une série de choses) ; faire exister (ce qui est le résultat d'une activité). ⇒ **amorcer, entamer, entreprendre** (s'oppose à *finir, terminer*). *Commencer un travail, une entreprise* (⇒ **créer, fonder**). **2.** Être au commencement de. *Le mot qui commence la phrase.* ‑ (durée) *Commencer ses études.* **3. v. tr. ind.** *COMMENCER DE, À* (+ inf.) : être aux premiers instants (de l'action indiquée par le verbe). *Je commence à croire que...* ‑ FAM. *Ça commence à bien faire !,* ça suffit ! ‑ impers. *Il commence à pleuvoir.* **4.** (personnes) *COMMENCER qqch. PAR qqch. Commencer son travail par la fin.* ‑ (sans compl. dir.) *Par où, par quoi allez-vous commencer ?* **II. v. intr. 1.** Entrer dans son commencement. *L'année commence au 1er janvier. Ça commence bien.* ⇒ **débuter, démarrer, partir. 2.** (choses) *COMMENCER PAR qqch. :* avoir pour début. *Le texte commence par une description.*

COMMENSAL, ALE, AUX n. ▪ DIDACT. Personne qui mange habituellement à la même table qu'une ou plusieurs autres. ⇒ **hôte.**

commedia dell'arte. Acteurs de commedia dell'arte, tableau anonyme de l'école française, XVIe s. Musée Carnavalet, Paris.
Phot. © Dagli Orti © Musée de la ville de Paris, musée Carnavalet

COMMENSURABLE adj. ▪ DIDACT. *Grandeur commensurable,* qui a une commune mesure avec une autre. ⇒ **comparable.**

COMMENT ▪ **I.** adv. De quelle manière ; par quel moyen. **1.** (interrog. dir.) *Comment allez-vous ? Comment cela ?,* expliquez mieux. *Comment (dites-vous) ?,* exclamation qui invite à répéter. ⇒ **pardon** ; FAM. **hein, quoi. 2.** (dans une interrog. indir.) *Il ne sait comment elle prendra la chose.* ⇒ **comme.** ♦ *N'importe comment,* mal. **II.** n. m. invar. Manière. *Chercher les pourquoi et les comment.* **III.** adv. **1.** Exclamation exprimant l'étonnement, l'indignation. ⇒ **quoi.** *Comment ! tu es encore ici ?* **2.** *Comment donc !,* en signe d'approbation. ⇒ bien **sûr, évidemment.** FAM. *Et comment !* (→ je te crois ; tu parles !).

COMMENTAIRE n. m. ▪ Ensemble des explications, des remarques à propos de qqch. *Commentaire d'un texte.* ⇒ **exégèse, explication** de texte, **glose.** - *Commentaires de presse* (à propos d'un événement). ♦ *Cela se passe de commentaires,* c'est évident. - FAM. (souvent péj.) *Sans commentaire(s) !,* la chose se suffit à elle-même.

COMMENTATEUR, TRICE n. ▪ Personne qui commente (un texte, des événements). *Les commentateurs de la Bible.* ⇒ **critique, exégète.** - *Commentateur sportif* (à la radio, la télévision). ⇒ **présentateur.**

COMMENTER v. tr. [1] ▪ Faire des remarques, des observations sur (un texte, un fait) pour expliquer, exposer. *Commenter les nouvelles.*

COMMENTRY ▪ Commune de l'Allier. 8 021 hab. *(les Commentryens).* Centre industriel.

COMMÉRAGE n. m. ▪ FAM. Bavardage indiscret. ⇒ **ragot ; médisance.** *Des commérages malveillants.*

COMMERÇANT, ANTE ▪ **1.** n. Personne qui fait du commerce. ⇒ **marchand, négociant.** *Commerçant en gros* (⇒ **grossiste**), au détail (⇒ **détaillant**). **2.** adj. Qui a le sens du commerce. *Vendeuse très commerçante.* - Où il y a de nombreux commerces. *Rue commerçante.*

COMMERCE n. m. ▪ **I. 1.** Opération de vente, ou d'achat et de revente d'une marchandise, d'une valeur. Prestation de ce type de service. *Être dans le commerce, faire du commerce* (⇒ **commerçant**). *Voyageur de commerce.* ⇒ **représentant, V.R.P.** *Commerce international. Ce produit n'est pas encore dans le commerce,* pas encore en vente (⇒ **commercialiser**). **2.** *Le commerce :* le monde commercial, les commerçants. *Le commerce, l'agriculture et l'industrie. Le petit commerce et la grande distribution.* **3.** *Un commerce,* magasin de détail. *Ouvrir un commerce.* **4.** fig. VIEILLI Trafic (de choses morales). *Un commerce honteux.* ♦ loc. *Faire commerce de ses charmes :* se prostituer. **II.** LITTÉR. Relations que l'on entretient dans la société. ⇒ **fréquentation, rapport.** loc. *Être d'un commerce agréable.*

COMMERCER v. intr. [3] ▪ Faire du commerce.

COMMERCIAL, IALE, IAUX adj. ▪ **1.** Qui a rapport au commerce. *Droit commercial. Société commerciale. Circuits commerciaux.* **2.** péj. *Film, livre commercial,* destiné uniquement à plaire au grand public.

COMMERCIALEMENT adv. ▪ Du point de vue commercial. *Produit commercialement rentable.*

COMMERCIALISER v. tr. [1] ▪ **1.** Faire de (qqch.) l'objet d'un commerce. *Commercialiser un brevet.* **2.** Mettre en vente. ▸ n. f. COMMERCIALISATION

COMMERCY ▪ Chef-lieu d'arrondissement de la Meuse. 6 404 hab. *(les Commerciens).* Forges. Spécialité de pâtisseries (madeleines).

COMMÈRE n. f. ▪ Femme qui sait et colporte toutes les nouvelles. ⇒ **bavard ; commérage.**

COMMETTRE v. tr. [56] ▪ **1.** Accomplir, faire (une action blâmable ou regrettable). *Commettre une maladresse, une injustice à l'égard de qqn. Commettre un crime.* ⇒ **perpétrer.** - pronom. (passif) *Fautes qui se commettent par étourderie.* - impers. *Il s'est commis beaucoup d'atrocités pendant la guerre.* **2.** LITTÉR. *Commettre qqn à* (une fonction), le désigner pour (cette fonction), l'en charger. - au p. p. DR. *Avocat commis d'office,* chargé par la justice de défendre ceux qui ne peuvent payer les services d'un avocat. ▸ SE **COMMETTRE** v. pron. LITTÉR. Compromettre sa dignité, sa réputation, ses intérêts. *Se commettre avec des gens méprisables.*

COMMINATOIRE adj. ▪ Destiné à intimider. ⇒ **menaçant.** *Une lettre comminatoire.*

le COMMINGES ▪ Région des Pyrénées centrales. Pays montagnard et forestier. Tourisme.

COMMIS n. m. ▪ **1.** Agent subalterne (administration, banque, bureau, maison de commerce). ⇒ **employé.** *Commis aux écritures.* **2.** *Les* GRANDS COMMIS *de l'État :* les hauts fonctionnaires. **3.** VX *COMMIS VOYAGEUR :* représentant, voyageur de commerce.

COMMISÉRATION n. f. ▪ Sentiment de pitié qui fait prendre part à la misère d'autrui. ⇒ **compassion, miséricorde.**

COMMISSAIRE n. m. ▪ **1.** Fonctionnaire chargé de fonctions spéciales. *Commissaire du gouvernement.* **2.** *COMMISSAIRE AUX COMPTES,* mandaté pour vérifier les comptes des administrateurs d'une société anonyme. **3.** Personne qui vérifie qu'une épreuve sportive se déroule régulièrement. **4.** *COMMISSAIRE (DE POLICE) :* officier de police judiciaire (supérieur à l'inspecteur). *Commissaire divisionnaire, principal.* **5.** *COMMISSAIRE DE BORD,* chargé, à bord d'un paquebot, du service des passagers, du ravitaillement.

COMMISSAIRE-PRISEUR n. m. ▪ Officier ministériel chargé de l'estimation des objets mobiliers et de leur vente aux enchères. *Des commissaires-priseurs.*

COMMISSARIAT n. m. ▪ **1.** Emploi, fonction de commissaire. **2.** Bureau et services d'un commissaire de police. *Faire une déclaration de perte au commissariat.*

COMMISSION n. f. ▪ **I. 1.** DR. COMM. Charge, mandat. **2.** Pourcentage qu'un intermédiaire perçoit pour sa rémunération.

⇒ **prime.** *Toucher quinze pour cent de commission.* **3.** Marchandise achetée, service rendu, message transmis pour qqn d'autre. *On l'a envoyé faire une commission.* ♦ au plur. *Les commissions :* les achats de provision pour l'usage quotidien. ⇒ **course, emplette. 4.** lang. enfantin *Faire la grosse, la petite commission,* aller à la selle, uriner. **II.** Réunion de personnes déléguées pour étudier un projet, préparer ou contrôler un travail. ⇒ **bureau, comité.** *Les membres d'une commission parlementaire. Commission d'enquête.*

COMMISSIONNAIRE n. ▪ **1.** Personne qui fait les commissions du public. ⇒ **coursier, porteur. 2.** Personne qui agit pour le compte d'une autre, dans une opération commerciale.

COMMISSURE n. f. ▪ Point de jonction (des lèvres, des paupières).

① **COMMODE** adj. ▪ **1.** (choses) Qui se prête aisément à l'usage qu'on en fait. ⇒ **pratique. 2.** Facile, simple. *Un moyen commode.* ‒ FAM. *C'est trop commode :* c'est une solution de facilité. **3.** (personnes) *PAS COMMODE :* bourru, sévère, exigeant.

② **COMMODE** n. f. ▪ Meuble à hauteur d'appui, muni de tiroirs, où l'on range du linge, des objets.

COMMODE (161 ‒ 192) ▪ Empereur romain de 180 à sa mort. Fils de Marc Aurèle. Son assassinat mit fin à un règne désastreux.

COMMODÉMENT adv. ▪ D'une manière commode. *S'installer commodément,* à son aise.

COMMODITÉ n. f. ▪ **1.** Qualité de ce qui est commode. ⇒ **agrément.** *La commodité d'un lieu. Pour plus de commodité.* ⇒ **facilité. 2.** au plur. *Les commodités de la vie,* ce qui rend la vie plus agréable, plus confortable. ⇒ **aise.** ‒ plais. *Les commodités de la conversation :* les sièges (langage précieux, au XVIIe siècle). ♦ Équipements apportant le confort, l'hygiène à un logement. *Appartement pourvu de toutes les commodités.*

le COMMONWEALTH ▪ Fédération de 53 États souverains issus de l'ancien Empire britannique en 1931. Les principaux : → **Afrique du Sud, Canada, Nigeria, Tanzanie, Kenya, Ghana, Inde, Bangladesh, Sri Lanka, Malaysia, Australie, Nouvelle-Zélande.**

le COMMONWEALTH OF AUSTRALIA → Australie

COMMOTION n. f. ▪ **1.** Ébranlement violent (de l'organisme ou d'une de ses parties) par un choc direct ou indirect. ⇒ **traumatisme.** *Commotion cérébrale.* **2.** Violente émotion. ⇒ **choc, ébranlement.**

COMMOTIONNER v. tr. [1] ▪ (sujet chose) Frapper (qqn) d'une commotion. ⇒ **choquer, traumatiser.** *La décharge électrique l'a fortement commotionné.*

COMMUER v. tr. [1] ▪ Changer (une peine) en une peine moindre. *Sa peine de prison à perpétuité a été commuée en quinze ans* (⇒ **commutation**).

COMMUN, UNE adj. ▪ **I. 1.** Qui appartient, qui s'applique à plusieurs personnes ou choses (opposé à *particulier, individuel*). *La salle commune d'un café. Leurs intérêts communs. Un but commun. Avoir des caractères communs.* ⇒ **comparable, identique, semblable.** ‒ *COMMUN À :* propre également à (plusieurs). ♦ *Marché* commun.* **2.** Qui se fait ensemble, à plusieurs. *Œuvre commune.* ⇒ **collectif.** *Vie commune. D'un commun accord.* ♦ *EN COMMUN :* ensemble. *Vivre en commun* (⇒ **communauté**). *Mettre en commun :* partager. **3.** Du plus grand nombre. ⇒ **général, public, universel.** *L'intérêt, le bien commun.* ♦ *NOM COMMUN :* nom de tous les individus de la même espèce, correspondant à un concept (opposé à *nom propre*). *« Arbre », « livre » sont des noms communs.* ♦ **n. m.** loc. *Le commun des mortels :* la majorité. **II. 1.** Ordinaire (opposé à *exceptionnel*). ⇒ **banal, courant, habituel.** *C'est une réaction assez commune.* ‒ *PEU COMMUN. Une force peu commune,* très grande. ‒ n. m. *Hors du commun,* extraordinaire. **2.** Qui se rencontre fréquemment. ⇒ **répandu.** *Une variété commune.* ‒ *Lieu* commun.* **3.** (personnes, manières) Qui n'appartient pas à l'élite (opposé à *distingué*). ⇒ **quelconque, vulgaire. III.** n. m. **1.** vx Le peuple. *Les gens du commun.* **2.** au plur. *LES COMMUNS :* les dépendances d'une propriété (écuries, garages, buanderies, etc.).

COMMUNAL, ALE, AUX adj. ▪ Qui appartient à une commune. *Bois communaux. École communale.* ‒ n. f. *La communale.*

COMMUNARD, ARDE n. et adj. ▪ HIST. Partisan de la Commune de Paris, en 1871.

COMMUNAUTAIRE adj. ▪ Qui a rapport à la communauté, à une communauté. *Vie communautaire.*

COMMUNAUTÉ n. f. ▪ **I. 1.** Groupe social dont les membres vivent ensemble, ou ont des biens, des intérêts communs. ⇒ **collectivité.** *Vivre en communauté. Communauté nationale,* État, nation. ‒ ADMIN. *Communauté urbaine.* **2.** Groupe de religieux vivant ensemble. ⇒ **congrégation, ordre. 3.** Groupe d'États. *La Communauté économique européenne* (voir ci-dessous). **II.** État, caractère de ce qui est commun. *Une communauté d'idées, d'intérêts.* **III.** Régime matrimonial où les biens des deux époux sont communs ; ces biens. *Communauté réduite aux acquêts.*

▪ **la COMMUNAUTÉ DES ÉTATS INDÉPENDANTS** → C.É.I.

▪ **la COMMUNAUTÉ ÉCONOMIQUE EUROPÉENNE** → C.E.E.

COMMUNE n. f. ▪ **1.** La plus petite subdivision administrative du territoire français, administrée par un maire, des adjoints et un conseil municipal. ⇒ **municipalité. 2.** HIST. Ville administrée par ses citoyens (indépendante du seigneur féodal). ‒ HIST. Voir ci-dessous et ⇒ **communard.** ‒ *La Chambre* des communes* et ellipt *les Communes* (en Grande-Bretagne).

▪ **la COMMUNE** ▪ Gouvernement révolutionnaire formé à Paris après le 18 mars 1871. Il refusait la capitulation face aux Prussiens (→ guerre **franco-allemande**) et voulait instaurer un « gouvernement du peuple ». Sous l'impulsion de Thiers, chef de l'exécutif républicain installé à Versailles, la Commune fut renversée le 28 mai 1871 après des combats sanglants (→ mur des **Fédérés**).

la **Commune.** *Barricade, rue de Rivoli.* Musée Carnavalet, Paris.
Phot. © Giraudon © Musée de la ville de Paris, musée Carnavalet

▪ **la COMMUNE DE PARIS** ▪ Gouvernement révolutionnaire de Paris (1789), devenu « commune insurrectionnelle » en 1792 (journée du 10 août qui marque la chute de la royauté). Elle élimina les girondins au profit des sans-culottes (hébertistes). Dissoute en 1795.

COMMUNÉMENT adv. ▪ Suivant l'usage commun, ordinaire. ⇒ **couramment, habituellement, ordinairement.**

COMMUNIANT, ANTE n. ▪ Personne qui communie. ‒ *Premier communiant :* enfant qui fait sa première communion. ‒ fig. *Ce n'est pas un PREMIER COMMUNIANT,* un naïf.

COMMUNICABLE adj. ▪ Qui peut, qui doit être communiqué. *Une impression difficilement communicable.*

COMMUNICANT, ANTE adj. ▪ Qui communique (III). *Des chambres communicantes* (≠ *communiquant* → communiquer).

COMMUNICATEUR, TRICE ▪ **1.** adj. Qui sert aux communications. **2.** n. Personne qui exerce efficacement les techniques de communication*.

COMMUNICATIF, IVE adj. ▪ **1.** Qui se communique facilement. *Rire communicatif.* ⇒ **contagieux. 2.** (personnes) Qui aime à communiquer ses idées, ses sentiments. ⇒ **expansif.**

COMMUNICATION n. f. ▪ **I. 1.** Le fait de communiquer, d'établir une relation avec (qqn, qqch.). *Être EN COMMUNICATION avec un ami, un correspondant.* ⇒ **correspondance, rapport.** ♦ SC. Relation dynamique qui intervient dans un fonctionnement ; échange de signes, de messages entre un émetteur et un récepteur. ⇒ **information.** *Étude du sens et de la communication.* ⇒ **sémiologie, sémiotique. 2.** Action de communiquer qqch. à qqn ; résultat de cette action. ⇒ **information.** *La communication d'un renseignement à un journaliste. Demander* *communication d'un dossier.* ‑ *J'ai une communication importante à vous faire.* ⇒ **message. 3.** Moyen technique par lequel des personnes communiquent. ⇒ **transmission.** *Communication téléphonique, par télécopie.* **4.** Ensemble des techniques médiatiques d'information et de publicité. *Service de communication d'une entreprise* (→ relations publiques). **II.** Ce qui permet de communiquer dans l'espace ; passage d'un lieu à un autre. *Porte de communication. Voie, moyens de communication.*

COMMUNIER v. intr. 7 ▪ **1.** RELIG. CHRÉT. Recevoir le sacrement de l'eucharistie. *Communier sous les deux espèces.* **2.** Être en union spirituelle (⇒ **communion**).

COMMUNION n. f. ▪ **1.** RELIG. CHRÉT. Fait de communier. *Faire sa première communion.* ♦ Partie de l'office au cours de laquelle a lieu la communion. **2.** Union de ceux qui ont la même religion. *La communion des fidèles.* **3.** *Être* EN COMMUNION *d'idées, de sentiments avec qqn,* partager les mêmes idées, etc. ⇒ **accord.**

COMMUNIQUÉ n. m. ▪ Avis qu'un service compétent communique au public. ⇒ **annonce, bulletin, note.** *Des communiqués de presse.*

COMMUNIQUER v. 1 ▪ **I.** v. tr. **1.** Faire connaître (qqch. à qqn). ⇒ **divulguer, livrer, publier.** *Communiquer un renseignement à qqn. Communiquer ses sentiments* (⇒ **communicatif**). **2.** Faire partager. *Il nous a communiqué son enthousiasme.* **3.** (choses) Rendre commun à ; transmettre (qqch.). *Corps qui communique son mouvement à un autre.* **II.** v. intr. **1.** Être, se mettre en relation. *Communiquer par lettres* (⇒ **correspondre**), *par téléphone, radio...* **2.** Exercer les techniques de communication. **III.** v. intr. (choses) Être en rapport avec, par un passage. *Cette chambre communique avec la salle de bains.*

COMMUNISANT, ANTE adj. et n. ▪ Qui sympathise avec les communistes.

COMMUNISME n. m. ▪ **1.** VX Organisation politique, sociale, fondée sur la propriété collective. ⇒ **collectivisme, socialisme. 2.** Dans le marxisme, système social où les biens de production appartiennent à la communauté et qui tend à la disparition des classes sociales. **3.** Politique, doctrine des partis communistes. ▪ Annoncé notamment par Babeuf et Cabet, le communisme se constitua en doctrine avec Marx* et Engels* et en organisation politique avec Lénine*, Trotsky* et les bolcheviks*, qui prirent le pouvoir lors de la révolution russe d'Octobre 1917. Après 1945, il s'étendit en Europe orientale (→ **Tito**) et en Chine (→ **Mao Zedong**). Remis en cause après la mort de Staline* en 1953 (→ **Krouchtchev**), le régime communiste s'effondra dans les démocraties populaires (1989-1990) et en URSS (1991) qui se disloqua (→ **Gorbatchev**). Le communisme est cependant resté implanté en Asie et à Cuba (→ **Castro**).

COMMUNISTE adj. ▪ **1.** Du communisme. *Doctrines communistes.* **2.** Qui appartient aux organisations, aux États qui se réclament du marxisme. **3.** adj. et n. Partisan du communisme. *Les communistes soviétiques, russes, italiens.* ‑ Membre d'un parti communiste. ◇ abrév. FAM. COCO.

le parti COMMUNISTE FRANÇAIS [PCF] ▪ Parti politique créé par l'adhésion de la majorité du parti socialiste français (S.F.I.O.) à la IIIe Internationale (1920). Proche de l'Union soviétique et d'un idéal révolutionnaire marxiste-léniniste, il a soutenu le gouvernement du Front populaire (1936). Après son action dans la Résistance, les électeurs en avaient fait le premier parti de France. Il participa aux gouvernements de 1945-1947 puis de 1981-1984 (Union de la gauche). Depuis 1981, il a subi une importante baisse d'influence.

COMMUNS n. m. pl. ⇒ COMMUN (III)

COMMUTATEUR n. m. ▪ Appareil permettant de modifier un circuit électrique ou les connexions entre circuits. ⇒ **bouton, interrupteur.**

COMMUTATIF, IVE adj. ▪ **1.** DR. Relatif à l'échange. **2.** MATH. Se dit d'une opération dont le résultat est invariable quel que soit l'ordre des facteurs. *L'addition est commutative.* ► n. f. COMMUTATIVITÉ

COMMUTATION n. f. ▪ **1.** DIDACT. Substitution, remplacement. **2.** DR. COMMUTATION DE PEINE : substitution d'une peine plus faible à la première peine (⇒ **commuer**).

COMMUTER v. intr. 1 ▪ Modifier en substituant un élément à un autre. *Faire commuter deux éléments, deux mots dans une phrase.*

les **Comores.** Relief volcanique de la Grande-Comore.
Phot. © Petit/Gamma

Philippe de COMMYNES ou **COMINES** (v. 1447 ‑ 1511) ▪ Chroniqueur français. Ses huit livres de *"Mémoires"* (1489-1498) sur les règnes de Louis XI et de Charles VIII sont l'œuvre d'un véritable historien.

les COMNÈNES ▪ Empereurs byzantins (XIe s.). Leurs descendants fondèrent l'empire de Trébizonde en 1204.

les COMORES n. f. pl. ▪ Archipel de l'océan Indien, comprenant l'île française de Mayotte et la république des Comores, proche de Madagascar. ► **la république fédérale islamique des COMORES** 1 862 km². 503 200 hab. *(les Comoriens).* Capitale : Moroni. Langues : français, arabe (officielles) ; souahéli. Religion officielle : islam. Monnaie : franc comorien. Faibles ressources et surpeuplement. Ancienne colonie française, elle obtint l'indépendance en 1975 (à l'exception de l'île de Mayotte qui a choisi de rester française).

COMPACITÉ n. f. ▪ DIDACT. Caractère de ce qui est compact.

COMPACT, ACTE [-akt] adj. ▪ **1.** Qui est formé de parties serrées, dont les éléments constitutifs sont très cohérents. ⇒ **dense, serré.** *Foule compacte.* **2.** (appareils) D'un faible encombrement relatif. ♦ *Disque* compact.*

COMPACTER v. tr. 1 ▪ Faire réduire de volume en compressant. *Compacter des déchets.* ► n. m. COMPACTAGE

COMPACTEUR n. m. ▪ Appareil servant au compactage.

COMPAGNE n. f. ▪ **1.** Camarade (femme). *Des compagnes de classe.* ⇒ FAM. **copine ; compagnon. 2.** LITTÉR. Épouse, concubine, maîtresse. ⇒ **ami.**

COMPAGNIE n. f. ▪ **1.** Présence auprès de qqn, fait d'être avec qqn. *Apprécier la compagnie de qqn.* ⇒ **présence, société.** ‑ loc. *Aller* DE COMPAGNIE *avec.* ⇒ **accompagner.** *Voyager de compagnie,* ensemble. ‑ *Dame de compagnie,* qui reste auprès d'une personne âgée, malade. ‑ EN COMPAGNIE *de,* avec. ‑ *Être en galante compagnie.* ‑ *Fausser compagnie à qqn.* ⇒ **quitter.** *Tenir compagnie à qqn,* rester auprès de lui. ‑ *Être de bonne compagnie,* bien élevé. **2.** VX Réunion, assemblée. ‑ loc. FAM. *Bonsoir, salut la compagnie !* **3.** Association de personnes que rassemblent des statuts communs. ⇒ **entreprise, société.** *Compagnie commerciale, financière. Compagnie d'assurances. Compagnie aérienne. Compagnie de ballets.* ♦ Troupe de spectacle permanente. **4.** MILIT. Unité de formation d'infanterie placée sous les ordres d'un capitaine. *Les compagnies d'un bataillon.* ‑ *Compagnies républicaines de sécurité.* ⇒ **C.R.S.**

▪ **la COMPAGNIE DE JÉSUS** → compagnie de **Jésus**

▪ **les Grandes COMPAGNIES** ▪ Bandes de mercenaires qui dévastèrent la France pendant la guerre de Cent Ans.

COMPAGNON n. m. ▪ **1.** Personne qui partage la vie, les occupations d'autres personnes, par rapport à elles. ⇒ **camarade.** *Compagnon d'études* (⇒ **condisciple**), *de travail* (⇒ **collègue**), *de voyage. Compagnon d'infortune. Le compagnon d'une femme.* ⇒ **ami** (correspond à *compagne*). **2.** Celui qui n'est plus apprenti et n'est pas encore maître, dans certaines corporations d'artisans. *Les compagnons du Tour de France.*

compagnonnage. *La Belle Conduite,* peinture sur bois de Leclair, cérémonie en l'honneur des Compagnons charpentiers. *Phot. © Louis Monier*

COMPAGNONNAGE n. m. ▪ Organisation d'ouvriers, d'artisans axée sur la formation professionnelle et la solidarité (⇒ **compagnon** (2)).

COMPARABLE adj. ▪ Qui peut être comparé (avec qqn ou qqch.). ⇒ **analogue, approchant.** *Une ville comparable aux plus grandes capitales.*

COMPARAISON n. f. ▪ 1. Fait d'envisager ensemble (deux ou plusieurs objets de pensée) pour en chercher les différences ou les ressemblances. ⇒ **rapprochement.** *Établir une comparaison entre... ; faire la comparaison.* ⇒ **comparer.** *Mettre une chose* EN COMPARAISON *avec une autre.* ⇒ en **parallèle.** *Comparer la vie à une aventure.* ♦ *Adverbes de comparaison,* indiquant un rapport de supériorité, d'égalité ou d'infériorité (ex. comme, plus, moins, autant). 2. loc. *EN COMPARAISON DE :* par rapport à. ⇒ **auprès** de, **relativement** à. – *Par comparaison à, avec.* – *Sans comparaison,* d'une manière nette, évidente. 3. Rapport établi entre un objet et un autre terme, dans le langage. ⇒ **image, métaphore.**

COMPARAÎTRE v. intr. [57] ▪ Se présenter par ordre. *Comparaître en justice, devant un juge* (⇒ **comparution**).

COMPARATIF, IVE ▪ 1. adj. Qui contient ou établit une comparaison. *Étude comparative.* 2. n. m. *Le comparatif,* le second degré dans la signification des adjectifs. *Comparatif de supériorité* (⇒ **plus**), *d'égalité* (⇒ **aussi**), *d'infériorité* (⇒ **moins**). *Comparatif et superlatif. Comparatif irrégulier* (ex. meilleur, pire).

COMPARATISME n. m. ▪ DIDACT. Ensemble des sciences comparées. ♦ Aspect comparatiste des études littéraires.

COMPARATISTE adj. ▪ DIDACT. Relatif aux études comparées, notamment à la littérature comparée. – n. Spécialiste de ces études.

COMPARATIVEMENT adv. ▪ Par comparaison, par rapport. *Comparativement aux chiffres de l'année dernière, le résultat est bon.*

COMPARÉ, ÉE adj. ▪ Qui étudie les rapports entre plusieurs objets d'étude. *Anatomie comparée. Littérature comparée,* étudiant les influences, les échanges entre littératures.

COMPARER v. tr. [1] ▪ 1. Examiner les rapports de ressemblance et de différence (entre plusieurs choses ou personnes). ⇒ **confronter, rapprocher ; comparaison.** *Comparer un écrivain avec un autre, à un autre.* – absolt *Comparer avant de choisir.* 2. Rapprocher en vue d'assimiler ; mettre en parallèle. *Comparer la vie à une aventure.*

COMPARSE n. ▪ Personnage dont le rôle est insignifiant.

COMPARTIMENT n. m. ▪ 1. Division pratiquée dans un espace pour loger des personnes ou des choses en les séparant. ⇒ **case.** *Coffre, tiroir à compartiments.* ♦ Division d'une voiture de chemin de fer (voyageurs), délimitée par des cloisons. *Compartiment (pour) non-fumeurs.* 2. Subdivision d'une surface (par des figures régulières). *Les compartiments d'un plafond.* ⇒ **caisson.**

COMPARTIMENTER v. tr. [1] ▪ Diviser en compartiments, par classes, par catégories nettement séparées. ⇒ **cloisonner.** – au p. p. *Une société très compartimentée.* ► n. m. COMPARTIMENTAGE

COMPARUTION n. f. ▪ Action de comparaître.

COMPAS n. m. ▪ 1. Instrument composé de deux branches mobiles que l'on écarte plus ou moins pour mesurer des angles, tracer des circonférences. – loc. *Avoir le compas dans l'œil :* juger à vue d'œil, avec une grande précision. 2. Instrument de navigation indiquant la direction du Nord magnétique et la direction du bateau. ⇒ **boussole.** *Naviguer au compas.*

COMPASSÉ, ÉE adj. ▪ Dont le comportement est affecté et guindé. *Un homme compassé.* – *Manières compassées.*

COMPASSER v. tr. [1] ▪ VX 1. Mesurer exactement (⇒ **compas**). 2. Régler minutieusement (ses actes) ⇒ **compassé.**

COMPASSION n. f. ▪ Sentiment qui porte à plaindre autrui et à partager ses souffrances. ⇒ **sympathie ; commisération, pitié.** *Avoir de la compassion pour qqn* (⇒ **compatir**).

COMPATIBILITÉ n. f. ▪ Caractère, état de ce qui est compatible. *Compatibilité d'humeur.*

COMPATIBLE adj. ▪ Qui peut s'accorder avec autre chose, exister en même temps. ⇒ **conciliable.** *La fonction de préfet n'est pas compatible avec celle de député.* ♦ INFORM. *Ordinateurs compatibles,* qui peuvent utiliser les mêmes logiciels, les mêmes périphériques, et être connectés entre eux.

COMPATIR v. tr. ind. [2] ▪ *COMPATIR À.* Avoir de la compassion pour (une souffrance). ⇒ s'**apitoyer,** s'**attendrir.**

COMPATISSANT, ANTE adj. ▪ Qui ressent ou manifeste de la compassion. *Il est compatissant aux malheurs d'autrui. Un regard compatissant.*

COMPATRIOTE n. ▪ Personne originaire du même pays qu'une autre. *Nous sommes compatriotes. Aider un compatriote.*

COMPENDIEUSEMENT adv. ▪ En abrégé, brièvement (souvent mal employé, pour « minutieusement, en détail »).

COMPENDIEUX, IEUSE adj. ▪ Concis, laconique.

COMPENSATEUR, TRICE adj. ▪ Qui compense. *Indemnité compensatrice.* ⇒ **compensatoire.**

COMPENSATION n. f. ▪ 1. Avantage qui compense (un désavantage). *Compensation reçue pour des services rendus, des dommages.* ⇒ **indemnité ; dédommagement, réparation.** – *EN COMPENSATION :* en revanche ; en échange. 2. L'action, le fait de compenser, de rendre égal. *Compensation entre les dépenses et les recettes.* ⇒ **balance, équilibre.** ♦ FIN. Procédé de règlement comptable par balance des comptes débiteurs et créditeurs entre deux ou plusieurs parties.

COMPENSATOIRE adj. ▪ DIDACT. Qui compense. loc. *Montants compensatoires :* sommes reversées aux agriculteurs de la C.E.E. pour compenser la disparité des prix agricoles dans les pays membres.

COMPENSÉ, ÉE adj. ▪ Équilibré. ♦ *Semelle compensée,* qui forme un seul bloc avec le talon haut.

COMPENSER v. tr. [1] ▪ Équilibrer (un effet par un autre). ⇒ **contrebalancer, corriger, neutraliser.** *Compenser une perte par un gain.* – absolt *Pour compenser, je t'emmènerai au théâtre.*

COMPÈRE n. m. ▪ 1. VIEILLI et FAM. (terme d'amitié) Ami, camarade. 2. Complice d'une supercherie. ⇒ **acolyte.** *Le prestidigitateur avait deux compères dans la salle.*

COMPÈRE-LORIOT n. m. ▪ Petit bouton au bord de la paupière. ⇒ **orgelet.** *Des compères-loriots.*

COMPÉTENCE n. f. ▪ 1. Connaissance approfondie, reconnue, qui confère le droit de juger ou de décider en certaines matières. ⇒ **capacité, qualité.** *S'occuper d'une affaire avec compétence. Cela n'entre pas dans mes compétences.* – FAM. Personne compétente. *C'est une compétence en la matière.* 2. Aptitude légale ; aptitude d'une juridiction à instruire et juger un procès. *Cette affaire relève de la compétence du préfet.* ⇒ **attribution, domaine, ressort.**

COMPÉTENT, ENTE adj. ▪ 1. Capable de juger, d'agir avec compétence. ⇒ **capable, expert, qualifié.** *Un critique compétent. Il est compétent en archéologie.* 2. Qui a la compétence légale, juridique. *Le tribunal compétent est la cour d'appel d'Aix.*

COMPÉTITEUR, TRICE n. ▪ Personne qui entre en compétition ⇒ **concurrent.**

COMPÉTITIF, IVE adj. ▪ Qui peut supporter la concurrence du marché. ⇒ **concurrentiel.** *Prix compétitifs.* ► n. f. COMPÉTITIVITÉ

COMPÉTITION n. f. ■ **1.** Recherche simultanée par deux ou plusieurs personnes d'un même résultat. ⇒ **concurrence, rivalité.** *Sortir vainqueur d'une compétition.* **2.** Épreuve sportive disputée entre plusieurs concurrents. ⇒ **match.**

COMPIÈGNE ■ Chef-lieu d'arrondissement de l'Oise. 41 896 hab. *(les Compiégnois).* Résidence royale et impériale. Industries chimique et alimentaire. Musées. Forêt où furent signés les armistices de 1918 et 1940 (clairière de Rethondes).

COMPILATEUR, TRICE n. ■ **I. 1.** DIDACT. Personne qui réunit des documents dispersés. **2.** péj. Auteur qui emprunte aux autres. ⇒ **plagiaire. II.** INFORM. Programme d'ordinateur qui traduit un programme en « langage machine ».

COMPILATION n. f. ■ **1.** Action de compiler. ➝ Rassemblement de documents. **2.** INFORM. Traduction (d'un programme) par un compilateur. **3.** Enregistrement réunissant des chansons, des morceaux à succès. ◇ abrév. FAM. COMPIL, COMPILE.

COMPILER v. tr. [1] ■ **I.** Rassembler (des documents, des extraits de textes) pour former un recueil. **II.** INFORM. anglic. Traduire (un programme) en « langage machine ».

COMPLAINTE n. f. ■ **1.** VX ou LITTÉR. Plainte, lamentation. **2.** Chanson populaire de caractère plaintif. *Des complaintes de matelots.*

COMPLAIRE v. tr. ind. [54] ■ **1.** LITTÉR. *Complaire à qqn,* lui être agréable (⇒ **complaisance**). **2.** *SE COMPLAIRE (À, DANS)* v. pron. : trouver son plaisir, sa satisfaction à, dans. *Se complaire dans ses illusions.* ⇒ se **délecter,** se **plaire.**

COMPLAISAMMENT adv. ■ Avec complaisance.

COMPLAISANCE n. f. ■ **1.** Disposition à s'accommoder aux goûts, aux sentiments d'autrui pour lui plaire. *Montrer de la complaisance.* ⇒ **amabilité, empressement, serviabilité.** ♦ péj. *Sourire DE COMPLAISANCE,* peu sincère. *Certificat de complaisance,* délivré à une personne qui n'y a pas droit. **2.** Sentiment dans lequel on se complaît par faiblesse, vanité. ⇒ **contentement.** *S'écouter, se regarder avec complaisance,* être content de soi. ⇒ **autosatisfaction.**

COMPLAISANT, ANTE adj. ■ **1.** Qui a de la complaisance envers autrui. ⇒ **aimable, empressé, prévenant.** *Un collègue complaisant.* ♦ Qui ferme les yeux sur les infidélités de son conjoint. **2.** Qui a ou témoigne de la complaisance envers soi-même. ⇒ **indulgent.** *Se regarder d'un œil complaisant.* ⇒ **satisfait.**

COMPLÉMENT n. m. ■ **1.** Ce qui s'ajoute ou doit s'ajouter à une chose pour qu'elle soit complète. *Un complément d'information. Fournir le complément d'une somme d'argent.* **2.** GRAMM. Mot ou proposition rattaché(e) à un autre mot ou à une autre proposition, pour en compléter ou en préciser le sens. *Complément du nom, du verbe, de l'adjectif.* **3.** GÉOM. *Complément d'un angle aigu,* ce qu'il faut ajouter pour obtenir un angle droit. ➝ MATH. *Complément d'un ensemble A inclus dans un ensemble E :* ensemble formé de tous les éléments de E qui n'appartiennent pas à A.

COMPLÉMENTAIRE adj. ■ **1.** Qui apporte un complément. *Renseignement complémentaire.* **2.** MATH. Qui constitue un complément (3). *Angle, nombre complémentaire.* **3.** *Couleurs complémentaires,* dont la combinaison donne la lumière blanche. ► COMPLÉMENTARITÉ n. f. *La complémentarité de leurs caractères.*

COMPLÉMENTER v. tr. [1] ■ Rendre complet (⇒ **compléter**) par un complément.

COMPLET, ÈTE ■ **I.** adj. **1.** Auquel ne manque aucun des éléments qui doivent le constituer. *Œuvres complètes. Aliment complet,* qui réunit tous les éléments nécessaires à l'organisme. ➝ *Pain complet,* qui renferme du son. **2.** Qui a un ensemble achevé de qualités, de caractères. *Un homme complet,* sans lacunes. *Une étude complète.* ⇒ **exhaustif.** *Destruction complète.* ⇒ **total.** ➝ *C'est complet !,* c'est le comble. **3.** (parfois avant le nom) Qui possède tous les caractères de son genre. ⇒ **accompli, achevé, parfait.** *C'est un complet idiot. Tomber dans un oubli complet.* **4.** Tout à fait réalisé. *Dans l'obscurité complète.* ⇒ **absolu.** ♦ Écoulé. *Dix années complètes.* ⇒ **accompli, révolu. 5.** Avec toutes les parties, tous les éléments qui le composent en fait. ⇒ **entier, total.** *Son mobilier complet se réduit à deux chaises.* **6.** Qui n'a plus de place disponible. ⇒ **bondé, bourré, plein.** *Train complet.* **II.** n. m. **1.** *AU COMPLET :* en entier ⇒ **intégralement.** *Réunir la famille au complet. Au grand complet.* **2.** VIEILLI Vêtement masculin en deux (ou trois) pièces assorties : veste, pantalon (et gilet). ⇒ **costume.** *Des complets* ou *des complets-veston.*

COMPLÈTEMENT adv. ■ **1.** D'une manière complète. ⇒ **entièrement.** *Lire un ouvrage complètement.* **2.** Tout à fait, vraiment. *Il est complètement fou.*

COMPLÉTER v. tr. [6] ■ **1.** Rendre complet. *Compléter une collection.* **2.** v. pron. (récipr.) *SE COMPLÉTER :* se parfaire en s'associant. *Leurs caractères se complètent* (⇒ **complémentaire**). ➝ (passif) Être complété.

COMPLÉTIF, IVE adj. ■ (proposition) Qui joue le rôle d'un complément. ➝ n. f. *Une complétive.*

COMPLÉTUDE n. f. ■ DIDACT. Caractère complet, achevé (opposé à *incomplétude*).

COMPLEXE ■ **I.** adj. **1.** Qui contient, qui réunit plusieurs éléments différents. *Un problème très complexe* (⇒ **complexité**). ♦ MATH. *Nombre complexe,* comportant une partie réelle et une partie imaginaire, s'écrivant sous la forme : a + ib avec $i^2 = -1$. **2.** Difficile, à cause de sa complexité. ⇒ **compliqué. II.** n. m. Ensemble des traits personnels, acquis dans l'enfance, doués d'une puissance affective et généralement inconscients. *Complexe d'Œdipe,* attachement érotique de l'enfant au parent du sexe opposé. ➝ *Complexe d'infériorité,* conduites provenant d'un sentiment d'infériorité. ➝ FAM. *Avoir des complexes,* être timide, inhibé. **III.** n. m. Grand ensemble industriel. *Un complexe sidérurgique.* ➝ Ensemble de bâtiments groupés en fonction de leur utilisation. *Un complexe hôtelier.*

COMPLEXÉ, ÉE adj. ■ Inhibé, timide. *Un adolescent complexé.*

COMPLEXER v. tr. [1] ■ FAM. Donner des complexes (II), un sentiment d'infériorité à (qqn). ⇒ **inhiber.** ➝ pronom. *Il se complexe facilement.*

COMPLEXIFIER v. tr. [7] ■ Rendre complexe. ► n. f. COMPLEXIFICATION

COMPLEXION n. f. ■ LITTÉR. Constitution, tempérament. *Être d'une complexion délicate.* ⇒ **nature.**

COMPLEXITÉ n. f. ■ État, caractère de ce qui est complexe. ⇒ **complication, difficulté.**

COMPLICATION n. f. ■ **1.** Caractère de ce qui est compliqué. *La situation est d'une complication inextricable.* ⇒ **complexité. 2.** Concours de circonstances capables de créer ou d'augmenter des difficultés. *Éviter les complications.* **3.** au plur. Phénomènes morbides nouveaux, au cours d'une maladie. ⇒ **aggravation.** *Le médecin craint des complications.*

COMPLICE ■ **I.** adj. **1.** Qui participe avec qqn à une action répréhensible. *Être complice d'un vol.* **2.** Qui favorise l'accomplissement d'une chose. *Le silence, la nuit semblaient complices.* **II.** n. *L'auteur du crime et ses complices.* ⇒ **acolyte.**

COMPLICITÉ n. f. ■ **1.** Participation à la faute, au délit ou au crime commis par un autre. *Être accusé de complicité de meurtre.* **2.** Entente profonde, spontanée entre personnes. ⇒ **accord, connivence.** *Une complicité muette.*

COMPLIES n. f. pl. ■ RELIG. CATHOL. La dernière heure de l'office divin (après les vêpres).

COMPLIMENT n. m. ■ **1.** Paroles louangeuses que l'on adresse à qqn pour le féliciter. ⇒ **éloge, félicitation, louange.** *Faire des compliments à qqn. Tous mes compliments pour votre réussite !* ⇒ **bravo. 2.** Paroles de politesse. *Faites mes compliments à M. Martin.* **3.** Petit discours adressé à qqn pour lui faire honneur. *Réciter un compliment.*

COMPLIMENTER v. tr. [1] ■ Faire un compliment, des compliments à. ⇒ **féliciter.** *Complimenter qqn sur, pour son élégance.*

COMPLIMENTEUR, EUSE adj. ■ Qui fait des compliments. ⇒ **flatteur.** *Elle est très complimenteuse. Des propos complimenteurs.* ➝ n. *C'est un grand complimenteur.*

COMPLIQUÉ, ÉE adj. ■ **1.** Qui possède de nombreux éléments difficiles à analyser. *Un mécanisme compliqué.* ⇒ **complexe.** *Une histoire compliquée.* ⇒ **confus. 2.** Difficile à comprendre. *C'est trop compliqué pour moi.* ➝ FAM. *C'est pas compliqué, vous prenez la deuxième à droite !* **3.** Qui aime la complication. *Un esprit compliqué.* ➝ n. FAM. *Vous, vous êtes un compliqué.*

COMPLIQUER v. tr. [1] ■ Rendre complexe et difficile à comprendre. ⇒ **embrouiller.** *Ce n'est pas la peine de compliquer cette affaire.* ► SE COMPLIQUER v. pron. Devenir compliqué. *La situation se complique.*

COMPLOT n. m. ▪ Projet concerté secrètement (contre qqn, contre une institution). *Faire, tramer un complot. Tremper dans un complot contre l'État.* ⇒ **conjuration, conspiration, machination.**

COMPLOTER v. [1] ▪ **1.** v. tr. ind. COMPLOTER DE : préparer par un complot. *Comploter de tuer qqn.* **2.** v. tr. dir. Préparer secrètement et à plusieurs. ⇒ **manigancer, tramer.** *Qu'est-ce que vous complotez là ?* **3.** v. intr. Conspirer, intriguer. *Comploter contre qqn.*

COMPLOTEUR, EUSE n. ▪ Personne qui complote. ⇒ **conspirateur.**

COMPONCTION n. f. ▪ Gravité recueillie et affectée.

COMPORTEMENT n. m. ▪ **1.** Manière de se comporter. ⇒ **attitude, conduite.** *Le comportement d'un auditoire.* **2.** PSYCH. Ensemble des réactions objectivement observables. *Psychologie du comportement.* ⇒ **comportemental.**

COMPORTEMENTAL, ALE, AUX adj. ▪ DIDACT. Du comportement. *Troubles comportementaux.* ► COMPORTEMENTALISME n. m. ⇒ **behaviorisme.**

COMPORTER v. tr. [1] ▪ **1.** Inclure en soi ou être la condition de. ⇒ **contenir, impliquer.** *Toute règle comporte des exceptions. Cette solution comporte de nombreux avantages.* **2.** concret Comprendre en soi. ⇒ **avoir.** *Le concours comporte trois épreuves.* ⇒ se **composer** de. ► SE **COMPORTER** v. pron. Se conduire, agir d'une certaine manière. *Comment s'est-elle comportée devant cette nouvelle ?* ⇒ **réagir.**

COMPOSANT, ANTE ▪ **1.** adj. Qui entre dans la composition de qqch. **2.** n. m. CHIM. Élément d'un corps composé. ⇒ **constituant.** ♦ TECHN. Élément qui entre dans la composition d'un circuit électronique. *L'industrie des composants.*

COMPOSANTE n. f. ▪ Chacune des forces qui se combinent pour produire une résultante. ♦ Élément d'un ensemble complexe. *Les composantes d'une décision.*

COMPOSÉ, ÉE adj. ▪ **1.** Formé de plusieurs éléments. ⇒ **complexe.** *Bouquet composé,* formé de fleurs différentes. ♦ CHIM. *Corps composé,* formé par la combinaison d'un corps simple avec d'autres corps. – n. m. *Un composé chimique.* ♦ *Mot composé,* formé de plusieurs mots ou d'un élément (préfixe, etc.) et d'un mot (ex. antigel, chemin de fer, chou-fleur). – n. m. *Composés et dérivés.* ♦ *Temps composé,* formé de l'auxiliaire *(avoir, être)* et du participe passé du verbe. **2.** n. m. Ensemble formé de parties différentes. ⇒ **amalgame, mélange.**

COMPOSÉES n. f. pl. ▪ BOT. Très vaste famille de plantes dicotylédones aux fleurs groupées en capitules (ex. l'artichaut, le bleuet, le pissenlit).

COMPOSER v. [1] ▪ **I.** v. tr. **1.** Former par la réunion d'éléments. ⇒ **agencer, assembler, constituer.** *Composer un bouquet de fleurs.* – *Composer un poème.* ⇒ **créer, écrire.** – *Composer une sonate* (⇒ **compositeur**). **2.** Assembler des caractères (d'imprimerie) pour former (un texte). ⇒ **photocomposer.** ♦ *Composer un numéro de téléphone.* **3.** Élaborer, adopter (une apparence, un comportement). *Composer son attitude.* **4.** (sujet chose) Constituer en tant qu'élément. *Les pièces qui composent cet appareil.* – passif *La matière vivante est composée de cellules.* **II.** v. intr. **1.** S'accorder (avec qqn ou qqch.) en faisant des concessions. ⇒ **traiter, transiger.** *Composer avec l'ennemi.* **2.** Faire une composition (parfois, pour un examen). *Les élèves sont en train de composer.* ► SE **COMPOSER** v. pron. Être formé de. ⇒ **comporter, comprendre.** *La maison se compose de deux étages.*

COMPOSITE adj. ▪ Formé d'éléments très différents. *Style composite. Une assemblée composite.* ⇒ **hétérogène.**

COMPOSITEUR, TRICE n. ▪ **I.** Personne qui compose des œuvres musicales. **II.** Personne dont le métier est la réalisation de textes au moyen de caractères d'imprimerie. ⇒ **typographe.**

COMPOSITION n. f. ▪ **I. 1.** Action ou manière de former un tout en assemblant plusieurs éléments ; disposition des éléments. ⇒ **agencement, arrangement, organisation, structure.** *La composition d'un mélange.* ♦ *La composition d'une assemblée.* **2.** IMPRIM. Action de composer un texte (⇒ **photocomposition**). **3.** loc. (personnes) *Être de bonne composition,* accommodant, facile à vivre. **II. 1.** Action de composer (une œuvre d'art) ; façon dont une œuvre est composée. *La composition d'un opéra. Un poème de sa composition.* ♦ *Une composition :* l'œuvre composée. **2.** *Composition (française),* exercice scolaire de français et de littérature. ⇒ **dissertation, rédaction. 3.** Épreuve scolaire comptant pour un classement, en toute matière. *Composition d'histoire.* ◇ abrév. FAM. COMPO. **III.** VIEILLI Accord (entre personnes). – loc. *Entrer en composition.* ⇒ **composer** (II).

COMPOST [kɔ̃pɔst] n. m. ▪ Engrais végétal.

COMPOSTELLE → **Saint-Jacques-de-Compostelle**

COMPOSTER v. tr. [1] ▪ Perforer, valider à l'aide d'un composteur. *Composter son billet à la gare.* – au p. p. *Billets compostés.*

COMPOSTEUR n. m. ▪ Appareil mécanique portant des lettres ou des chiffres et servant à perforer et à marquer des titres de transport, des factures.

COMPOTE n. f. ▪ **1.** Fruits coupés en quartiers ou écrasés, cuits avec de l'eau et du sucre. ⇒ **marmelade.** *Une compote de pommes.* ♦ VX Ragoût, fricassée ; pâté. **2.** FAM. *Avoir la tête, les membres en compote,* meurtris.

COMPOTIER n. m. ▪ Plat en forme de coupe. – Son contenu.

COMPRÉHENSIBLE adj. ▪ **1.** Qui peut être compris. ⇒ **clair, intelligible.** *Expliquer qqch. d'une manière compréhensible.* **2.** Qui s'explique facilement. ⇒ **concevable.** *Une réaction compréhensible. C'est très compréhensible.* ⇒ **normal.**

COMPRÉHENSIF, IVE adj. ▪ **1.** (personnes) Qui comprend les autres avec sympathie. ⇒ **bienveillant, indulgent, tolérant ; compréhension** (II). *Des parents compréhensifs.* **2.** LOG. Qui comprend (I) dans son sens un grand nombre de caractères (opposé à *extensif*). **3.** Qui signifie ou désigne de nombreuses choses ou idées. ⇒ **riche, vaste.**

COMPRÉHENSION n. f. ▪ **I. 1.** Faculté de comprendre, de percevoir par l'esprit, par le raisonnement. *La compréhension du problème.* ⇒ **intelligence ;** FAM. **comprenette. 2.** (choses) Possibilité d'être compris. ⇒ **clarté. 3.** Caractère de ce qui est compréhensif (2 et 3). **II.** Qualité par laquelle on comprend autrui (opposé à *incompréhension*). ⇒ **indulgence, tolérance ; compréhensif.** *Manquer de compréhension.*

COMPRENDRE v. tr. [58] ▪ **I. 1.** (sujet chose) Contenir en soi. ⇒ **comporter,** se **composer, renfermer.** *Le logement comprend trois pièces.* **2.** (sujet personne) Faire entrer dans un ensemble. ⇒ **intégrer.** *Le propriétaire a compris les charges dans le prix du loyer* (⇒ **compris**). **II.** (sujet personne) **1.** Avoir une idée de ; saisir le sens de. *Fait de comprendre qqch.* ⇒ **compréhension.** *Comprendre une explication, un raisonnement, un texte, une leçon...* ⇒ **saisir.** *Tout comprendre. Comprendre quelque chose à...,* comprendre un peu, en partie. *Je n'y comprends rien. Il comprend l'italien, mais il le parle mal.* – *Comprendre qqn,* ce qu'il dit, écrit. **2.** Se faire une idée claire des causes, des motifs de (qqch.). ⇒ **saisir, sentir.** – COMPRENDRE QUE (+ subj.). *Je comprends, je ne comprends pas qu'il puisse s'ennuyer.* ⇒ **concevoir. 3.** Se rendre compte de (qqch.). ⇒ s'**apercevoir, voir.** *Il comprenait enfin la gravité de la situation. Ah ! Je comprends !* (→ j'y suis, je vois !). *Ça va, j'ai compris.* COMPRENDRE POURQUOI, COMMENT (+ indic.). COMPRENDRE QUE (+ indic.). *Je comprends que tu es d'accord.* **4.** Avoir une attitude compréhensive envers (qqch., qqn). *Comprendre la plaisanterie,* l'admettre sans se vexer. *Comprendre les choses,* avoir l'esprit large. *Il faut le comprendre. Personne ne me comprend* (⇒ **incompris**). ► SE **COMPRENDRE** v. pron. (réfl.) *Je me comprends :* je sais ce que je veux dire. – (récipr.) *Ils ne se sont jamais compris.* ► **COMPRIS, ISE** p. p. ⇒ **compris.**

COMPRENETTE n. f. ▪ FAM. Faculté de comprendre. *Il a la comprenette difficile.*

COMPRESSE n. f. ▪ Morceau de linge fin plusieurs fois replié que l'on applique sur une partie malade. ⇒ **pansement.**

COMPRESSEUR ▪ **1.** n. m. Appareil qui comprime les gaz. **2.** adj. m. ROULEAU COMPRESSEUR : véhicule muni d'un gros cylindre, employé dans les travaux publics.

COMPRESSIBILITÉ n. f. ▪ **1.** Propriété (d'un corps, d'un gaz) à pouvoir diminuer (plus ou moins) de volume sous l'effet d'une pression. **2.** fig. *La compressibilité des effectifs.*

COMPRESSIBLE adj. ▪ **1.** Qui peut être comprimé. ⇒ **compressibilité.** *L'air est compressible.* **2.** fig. Qui peut être diminué, restreint. *Des dépenses compressibles* (opposé à *incompressible*).

COMPRESSION n. f. ▪ **1.** Action de comprimer ; son résultat. ⇒ **pression.** *La compression de l'air.* **2.** Réduction forcée. *La compression des dépenses. Compression de personnel.*

① **COMPRIMÉ, ÉE** adj. ▪ Diminué de volume par pression. *Air comprimé.*

② **COMPRIMÉ** n. m. ▪ Pastille pharmaceutique (faite de poudre comprimée). *Comprimés, cachets, pilules et gélules.*

COMPRIMER v. tr. [1] ▪ **1.** Exercer une pression sur (qqch.) et en diminuer le volume. ⇒ **presser, serrer ; compression.** *Comprimer un objet entre deux choses.* ⇒ **coincer, écraser. 2.** Empêcher de se manifester. *Comprimer sa colère, ses larmes.* ⇒ **refouler, retenir. 3.** *Comprimer les dépenses, les effectifs,* les réduire (⇒ **compression**).

COMPRIS, ISE adj. ▪ **1.** Contenu dans qqch. ⇒ **inclus.** *Le pourboire n'est pas compris. Cent francs, tout compris.* - *Il s'est fâché avec sa famille, y compris sa sœur (sa sœur y comprise* ou *sa sœur comprise).* **2.** Dont le sens, les raisons, les idées sont saisis. *Une leçon comprise.* - *Compris ?* - (parfois opposé à *incompris*) *Bien compris ?*

COMPROMETTANT, ANTE adj. ▪ Qui compromet ou peut compromettre. *Un document compromettant.*

COMPROMETTRE v. tr. [56] ▪ Mettre dans une situation critique (en exposant au jugement d'autrui). ⇒ **exposer, impliquer.** *Son associé l'a compromis dans une affaire malhonnête.* - au p. p. *Les associés les plus compromis.* - *Compromettre sa santé, sa réputation.* ⇒ **risquer.** *Compromettre ses chances.* ⇒ **diminuer.**

COMPROMIS n. m. ▪ Arrangement dans lequel on se fait des concessions mutuelles. ⇒ **accord, transaction.** *En arriver, consentir à un compromis.*

COMPROMISSION n. f. ▪ **1.** Action par laquelle une personne est compromise. **2.** Acte par lequel on transige avec ses principes. *Elle n'accepte aucune compromission.*

COMPTABILISER [kɔ̃t-] v. tr. [1] ▪ Inscrire dans la comptabilité. ▶ n. f. COMPTABILISATION

COMPTABILITÉ [kɔ̃t-] n. f. ▪ **1.** Tenue des comptes ; ensemble des comptes tenus selon les règles. *La comptabilité d'une entreprise. Livres de comptabilité.* **2.** Service chargé d'établir les comptes. *Transmettre une facture à la comptabilité.* ◇ abrév. FAM. COMPTA.

COMPTABLE [kɔ̃t-] ▪ **I.** adj. **1.** LITTÉR. Qui a des comptes à rendre ; responsable. *N'être comptable à personne de ses actions.* **2.** Qui concerne la comptabilité. *Plan comptable.* **II.** n. Personne dont la profession est de tenir les comptes. *Expert-comptable. Chef comptable. Une bonne comptable.*

COMPTAGE [kɔ̃t-] n. m. ▪ Le fait de compter. *Faire un comptage rapide.*

COMPTANT [kɔ̃t-] ▪ **1.** adj. m. Que l'on peut compter immédiatement ; disponible. *Argent comptant,* payé immédiatement et en espèces (opposé à *à terme*). - loc. *Prendre qqch. pour argent comptant :* croire trop facilement ce qui est dit. **2.** n. m. loc. *Au comptant :* en argent comptant. *Acheter, vendre au comptant* (opposé à *à crédit*). **3.** adv. *Payer, régler comptant :* en argent comptant.

COMPTE [kɔ̃t] n. m. ▪ **1.** Action d'évaluer une quantité (⇒ **compter**) ; cette quantité (⇒ **calcul, énumération**). *Faire un compte. Le compte exact des dépenses.* - loc. *Compte à rebours*.* **2.** Énumération, calcul des recettes et des dépenses. ⇒ **comptabilité.** *Les comptes d'une entreprise.* - au plur. *Faire ses comptes. Livre de comptes.* prov. *Les bons comptes font les bons amis.* - *La Cour* des comptes.* ♦ État de l'avoir et des dettes d'une personne, dans un établissement financier, une banque. *Un compte en banque. Compte courant,* représentant les opérations entre une personne et la banque. *Un compte chèque. Approvisionner, débiter son compte. Compte débiteur*, créditeur*.* - *Laisser une marchandise pour compte,* la laisser au vendeur. fig. ⇒ **laissé-pour-compte. 3.** Argent dû. *Pour solde de tout compte.* - fig. *RÉGLER SON COMPTE à qqn,* lui faire un mauvais parti. *RÈGLEMENT DE COMPTES :* explication violente ; attentat. - *Son compte est bon :* il aura ce qu'il mérite. **4.** *À BON COMPTE :* à bon prix. *S'en tirer à bon compte,* sans trop de dommage. **5.** *Trouver son compte.* ⇒ **avantage, bénéfice, intérêt, profit. 6.** loc. *À CE COMPTE-LÀ :* d'après ce raisonnement. *Au bout du compte :* tout bien considéré. *EN FIN DE COMPTE :* après tout, pour conclure. - *Être LOIN DU COMPTE (du total) :* se tromper de beaucoup. - *TOUT COMPTE FAIT :* tout bien considéré. **7.** loc. *Au compte de (à son compte), pour le compte de qqn. Travailler à son compte :* travailler pour soi, être autonome. - *Il n'y a rien à dire sur son compte,* à son sujet. *METTRE* (un acte, une erreur) *SUR LE COMPTE DE qqch.* ⇒ **imputer. 8.** *TENIR COMPTE DE qqch. :* prendre en considération, accorder de l'importance à. **9.** Explication ; fait de donner des informations. ⇒ **rapport.** *Demander, rendre des comptes.* - *RENDRE COMPTE de. Rendre compte de sa mission* (⇒ **compte rendu**). *SE RENDRE COMPTE.* ⇒ **s'apercevoir, comprendre, découvrir, remarquer, voir.** *Se rendre compte de qqch., que* (+ indic.). *Il ne se rend pas compte, pas bien compte.*

COMPTE-FILS [-fil] n. m. ▪ Loupe montée, de fort grossissement.

COMPTE-GOUTTES n. m. ▪ Petite pipette en verre servant à doser des médicaments. *Des compte-gouttes.* - loc. *Au compte-gouttes :* avec parcimonie.

COMPTER [kɔ̃te] v. [1] ▪ **I.** v. tr. **1.** Déterminer (une quantité) par le calcul ; établir le nombre de. ⇒ **chiffrer, dénombrer, évaluer.** *Compter les auditeurs, les téléspectateurs d'une émission. Compter une somme d'argent. Compter les points.* - pronom. (passif) *Ses erreurs ne se comptent plus,* sont innombrables. **2.** Mesurer avec parcimonie. *Compter l'argent, ses sous* (en dépensant, en payant). - au p. p. *Marcher à pas comptés.* **3.** Mesurer. *Compter les jours, les heures :* trouver le temps long. - (passif) loc. *Ses jours sont comptés :* il lui reste peu de temps à vivre. **4.** Prévoir, évaluer (une quantité, une durée). *Il faut compter une heure de marche. Il faut compter mille francs pour la réparation de la voiture.* **5.** Comprendre dans un compte, un total. ⇒ **inclure.** *Ils étaient quatre, sans compter les enfants. N'oubliez pas de me compter.* **6.** Avoir l'intention de (+ inf.). *Il compte partir demain.* ⇒ **espérer, penser ; prévoir** (de). - (avec *que* + indic.) *Je compte bien qu'il viendra.* ⇒ **s'attendre, croire. 7.** *COMPTER POUR :* considérer comme. *Vous comptez cela pour rien ?* ♦ *SANS COMPTER QUE :* sans considérer que. **II.** v. intr. **1.** Calculer. *Compter sur ses doigts. Apprendre à lire, à écrire et à compter. Donner, dépenser, recevoir SANS COMPTER.* **2.** *COMPTER AVEC qqn, qqch. :* tenir compte de. *Il faut compter avec l'opinion.* **3.** *COMPTER SUR :* faire fond, s'appuyer sur. *Comptez sur moi.* - *J'y compte bien,* je l'espère bien. **4.** Avoir de l'importance. ⇒ **importer.** *Cela compte peu, ne compte pas.* - FAM. *Compter pour du beurre,* ne pas compter. **5.** Être (parmi). *Compter parmi, au nombre de.* ⇒ **figurer. 6.** *À COMPTER DE :* à partir de. *À compter d'aujourd'hui.*

COMPTE RENDU n. m. ▪ Texte par lequel on rend compte (⇒ **compte** (9)), on expose. *Faire le compte rendu d'une réunion. Des comptes rendus.*

COMPTE-TOURS n. m. invar. ▪ Appareil comptant les tours faits par l'arbre d'un moteur, dans un temps donné.

COMPTEUR [kɔ̃t-] n. m. ▪ Appareil servant à compter, à mesurer. *Compteur de vitesse. Faire du cent (kilomètres) à l'heure au compteur. Compteur Geiger,* qui compte les particules émises par un corps radioactif. - (consommations domestiques) *Compteur à gaz, à eau, d'électricité. Relever les compteurs,* (fig.) contrôler (un travail, une rentrée d'argent).

COMPTINE [kɔ̃t-] n. f. ▪ Formule enfantine, chantée, parlée ou scandée (ex. am, stram, gram).

COMPTOIR [kɔ̃t-] n. m. ▪ **1.** Table, support long et étroit, sur lequel le marchand reçoit l'argent, montre les marchandises. *Comptoir (d'un débit de boissons),* sur lequel sont servies les consommations. ⇒ **bar, zinc.** *Un café pris au comptoir.* **2.** HIST. Installation commerciale d'une entreprise dans un pays éloigné. *Les comptoirs des Indes.* **3.** Entente entre producteurs pour la vente ; entreprise commerciale, financière.

Arthur Holly **COMPTON** (1892-1962) ▪ Physicien américain. Recherche sur les photons *(effet Compton).* Prix Nobel de physique 1927.

Ivy **COMPTON-BURNETT** (1892-1969) ▪ Romancière britannique. *"Frères et Sœurs"* (1929).

COMPULSER v. tr. [1] ▪ Consulter, examiner, feuilleter. *Compulser ses notes.*

COMPULSIF, IVE adj. ▪ PSYCH. Qui constitue une compulsion.

COMPULSION n. f. ▪ PSYCH. Acte que le sujet est forcé d'accomplir sous peine d'angoisse, de culpabilité.

COMPUT [-yt] n. m. ▪ HIST. ou RELIG. Calcul du calendrier des fêtes mobiles.

le **COMTAT VENAISSIN** ▪ Ancienne région du Vaucluse, comprenant Avignon. Elle fut la propriété des papes de 1274 à 1791.

COMTE n. m. ▪ Titre de noblesse (après le marquis et avant le vicomte).

Auguste COMTE (1798-1857) ▪ Philosophe français. Sa doctrine, le *positivisme*, se veut l'accomplissement du progrès des sciences, connaissance objective de l'humanité qui débouche sur une religion nouvelle. Il créa le terme *sociologie*.

① **COMTÉ** n. m. ▪ **1.** Domaine dont le possesseur prenait le titre de comte. *Terre érigée en comté.* **2.** Circonscription administrative, dans les pays anglo-saxons.

② **COMTÉ** ou **CONTÉ** n. m. ▪ Fromage de Franche-Comté voisin du gruyère.

COMTESSE n. f. ▪ Femme possédant le titre équivalant à celui de comte. - Femme d'un comte.

CON, CONNE ▪ FAM. et vulg. **I.** n. m. Sexe de la femme. **II. 1.** n. Imbécile, idiot. *Quel bande de cons ! C'est une conne.* **2.** adj. *Elle est vraiment con* (ou *conne*). - impers. *C'est con :* c'est bête. **3.** *À LA CON* loc. adj. : mal fait, inepte. ⇒ FAM. à la **noix.**

CON- Élément, du latin *cum* « avec ». ⇒ **co-.** ◇ var. COL-, COM-, COR-.

CONAKRY ou **KONAKRY** ▪ Capitale et port de la Guinée. 1 559 000 hab.

Laure CONAN (1845-1924) ▪ Écrivain canadien d'expression française. *"Angélique de Montbrun"* (1884).

CONARD, ARDE adj. et n. ▪ vulg. Con (II). ◇ var. CONNARD, ARDE.

CONCARNEAU ▪ Commune du Finistère. 18 630 hab. *(les Concarnois).* Remparts. Port thonier. Station balnéaire.

Concarneau. La « ville close ». *Phot. © Borredon/Explorer*

CONCASSAGE n. m. ▪ Action de concasser.

CONCASSER v. tr. [1] ▪ Réduire (une matière solide) en petits fragments. ⇒ **broyer, écraser.** *Concasser du poivre.* ► n. m. CONCASSAGE

CONCASSEUR n. m. ▪ Appareil servant à concasser.

CONCATÉNATION n. f. ▪ DIDACT. Enchaînement (de termes).

CONCAVE adj. ▪ Qui présente une surface courbe en creux (s'oppose à *convexe*). *Surface, miroir concave.*

CONCAVITÉ n. f. ▪ **1.** Forme concave. *La concavité d'une lentille.* **2.** Cavité, creux. *Les concavités du sol, de la roche.*

CONCÉDER v. tr. [6] ▪ **I.** Accorder (qqch.) à qqn comme une faveur. ⇒ **céder, donner, octroyer.** *Concéder un privilège.* **II. 1.** Céder sur (un point en discussion). ⇒ **concession** (II). *Je vous concède ce point. Concédez que j'ai raison sur ce point.* **2.** SPORTS *Concéder un but à l'équipe adverse.*

CONCENTRATION n. f. ▪ **I. 1.** Réunion dans un même lieu. *La concentration des troupes ; une concentration de troupes.* ⇒ **rassemblement.** *Concentration d'entreprises,* réunion sous une direction commune. - *Camp* de concentration.* **2.** Ce qui réunit des éléments assemblés. *Les grandes concentrations urbaines.* ⇒ **agglomération. 3.** CHIM. Le fait de concentrer ou d'être concentré. *Point, degré de concentration* (rapport entre la quantité d'un corps et sa solution). **II.** Application de l'effort intellectuel sur un seul objet. *Concentration d'esprit.* ⇒ **attention.**

CONCENTRATIONNAIRE adj. ▪ Relatif aux camps de concentration. *"L'Univers concentrationnaire"* (ouvrage de David Rousset).

CONCENTRÉ, ÉE adj. ▪ **I.** Qui contient une faible proportion d'eau. *Du bouillon concentré. Lait concentré* (→ condensé).

Concepción. Les rives du Bío Bío. *Phot. © Nino Cirani/Ricciarini*

- n. m. *Du concentré de tomate.* **II.** Dont l'esprit est accaparé par qqch. ; attentif. - *Il écoutait, concentré, ce qu'on lui disait. Un air concentré.*

CONCENTRER v. tr. [1] ▪ **I. 1.** Réunir en un point (ce qui était dispersé). *Concentrer des troupes,* rassembler, réunir. *Concentrer le tir.* **2.** Diminuer la quantité d'eau de (un mélange, un liquide). *Concentrer un bouillon.* ⇒ **réduire. II.** Appliquer avec force sur un seul objet. *Concentrer son énergie, son attention.* ► SE CONCENTRER v. pron. réfl. *Se concentrer sur un problème. Taisez-vous, je me concentre.*

CONCENTRIQUE adj. ▪ **1.** (courbes, cercles, sphères) Qui a un même centre. **2.** *Mouvement concentrique,* qui tend à se rapprocher du centre. ⇒ **centripète.** ► adv. CONCENTRIQUEMENT

CONCEPCIÓN ▪ Ville et port du Chili. 306 000 hab.

CONCEPT [-ɛpt] n. m. ▪ **1.** Idée générale ; représentation abstraite d'un objet ou d'un ensemble d'objets ayant des caractères communs. ⇒ **conception, notion.** *Le concept de chien, de liberté. Les concepts scientifiques, philosophiques. Le terme qui désigne un concept.* **2.** Idée efficace. *Un nouveau concept publicitaire.*

CONCEPTEUR, TRICE n. ▪ Personne chargée de trouver des idées, des concepts nouveaux. *Concepteur-rédacteur, en publicité.*

CONCEPTION n. f. ▪ **I.** Formation d'un nouvel être dans l'utérus maternel à la suite de la réunion d'un spermatozoïde et d'un ovule ; moment où un enfant est conçu. ⇒ **fécondation, génération.** *Éviter la conception* (⇒ **anticonceptionnel, contraceptif**). **II. 1.** Action de concevoir (II, 1 et 2), acte de l'intelligence. **2.** Manière de concevoir (qqch.). *Se faire une conception personnelle d'une chose.* **3.** Action de concevoir (II, 3), de créer. *Conception et réalisation artistiques.* - *Conception assistée par ordinateur* (C. A. O.).

CONCEPTUALISER v. [1] ▪ **1.** v. intr. Élaborer des concepts. **2.** v. tr. Organiser (des connaissances) selon des concepts. ► n. f. CONCEPTUALISATION

CONCEPTUEL, ELLE, ELS adj. ▪ **1.** Du concept. - Qui constitue un, des concepts. *La pensée conceptuelle.* **2.** *Art conceptuel,* privilégiant l'idée.

CONCERNANT prép. ▪ À propos, au sujet de. ⇒ **touchant.** - *Concernant cette affaire...*

CONCERNER v. tr. [1] ▪ **1.** (sujet chose) Avoir rapport à, s'appliquer à. ⇒ **intéresser, regarder, toucher ;** → être l'affaire de. *Voici une lettre qui vous concerne. Cela ne vous concerne pas.* - *EN CE QUI CONCERNE... :* pour ce qui est de... ⇒ **quant** à. **2.** passif et p. p. Être intéressé, touché (par qqch.). *Je ne me sens pas concerné (par le problème).*

CONCERT n. m. ▪ **I.** Séance musicale. *Concert donné par un soliste.* ⇒ **audition, récital.** *Aller au concert. Salle de concerts.* - fig. *Le concert des oiseaux. Un concert d'avertisseurs.* **II. 1.** VX Accord, bonne entente. *Le concert des nations.* **2.** *DE CONCERT* loc. adv. : en accord. ⇒ **ensemble.** *Ils ont agi de* *concert.* **3.** *Un concert de louanges, d'approbations,* des louanges, etc., nombreuses et concordantes.

CONCERTANT, ANTE adj. ▪ MUS. Qui exécute une partie. ♦ *Symphonie concertante :* concerto à plusieurs solistes.

CONCERTATION n. f. ▪ POLIT. Fait de se concerter.

CONCERTER v. tr. [1] ▪ **1.** Projeter ensemble, en discutant. ⇒ **arranger, organiser.** *Concerter un projet, une décision.* – au p. p. *Une action concertée.* – pronom. *Se concerter :* s'entendre pour agir de concert. **2.** Décider après réflexion. ⇒ **calculer.** – au p. p. *Une prudence cooncertée.*

CONCERTISTE n. ▪ Musicien, interprète qui donne des concerts.

CONCERTO n. m. ▪ Composition de forme sonate, pour orchestre et un instrument soliste. *Concerto pour piano et orchestre.*

CONCESSION n. f. ▪ **I. 1.** Action de concéder (un droit, un privilège, une terre). ⇒ **cession. 2.** Contrat accordant le droit d'assurer un service public. *Concession d'électricité.* **3.** Droit, privilège, terre concédé(e). *Concession pétrolière, forestière.* **II.** fig. Fait d'abandonner à son adversaire un point de discussion, de concéder (II) ; ce qui est abandonné. *Faire une concession à un adversaire. Ils se sont fait des concessions mutuelles.* ⇒ **compromis.**

CONCESSIONNAIRE n. ▪ **1.** Personne qui a obtenu une concession. – adj. *Société concessionnaire.* **2.** Intermédiaire qui a reçu un droit exclusif de vente dans une région. *Les concessionnaires d'une marque d'automobiles.*

CONCEVABLE adj. ▪ Que l'on peut imaginer, concevoir ; que l'on peut comprendre. ⇒ **compréhensible, imaginable ;** s'oppose à *inconcevable. Cela n'est pas concevable.* ⇒ **pensable.**

CONCEVOIR v. tr. [28] ▪ **I.** Former (un enfant) dans son utérus par la conjonction d'un ovule et d'un spermatozoïde ; devenir, être enceinte. ⇒ **engendrer ; conception. II. 1.** Former (une idée, un concept). « *Ce que l'on conçoit bien s'énonce clairement* » (Boileau). ⇒ **conception** (II). **2.** Avoir une idée claire de. ⇒ **comprendre, saisir.** *Je ne conçois pas ce qu'il veut dire.* – pronom. *Cela se conçoit facilement.* – *CONCEVOIR QUE* (+ indic.), se rendre compte ; (+ subj.) comprendre. *Je conçois que tu sois fatigué.* **3.** Créer par l'imagination. ⇒ **imaginer, inventer.** *Concevoir un projet, un dessein.* – au p. p. *Un ouvrage bien conçu.* **4.** Éprouver (un état affectif). *Concevoir de l'amitié pour qqn.*

CONCHIER v. tr. [7] ▪ FAM. vulg. Souiller d'excréments.

CONCIERGE n. ▪ Personne qui a la garde d'un immeuble, d'une maison importante. ⇒ **gardien, portier.** *La loge du concierge.* ♦ FAM. *C'est une vraie concierge,* une personne bavarde.

CONCIERGERIE n. f. ▪ Charge de concierge (d'un château, etc.). – Bâtiment où est logé le concierge. ♦ Service de réception d'un hôtel.

la CONCIERGERIE ▪ Partie médiévale du Palais de justice, à Paris. Transformée en prison sous la Révolution, elle accueillit de nombreux détenus, pour la plupart voués à la guillotine : Marie-Antoinette, Danton, Robespierre...

CONCILE n. m. ▪ Assemblée des évêques de l'Église catholique. *Les décisions, les actes d'un concile.*

CONCILIABLE adj. ▪ Que l'on peut concilier. ⇒ **compatible.**

CONCILIABULE n. m. ▪ Conversation où l'on chuchote, comme pour se confier des secrets.

CONCILIAIRE adj. ▪ D'un concile. *Décisions conciliaires.*

CONCILIANT, ANTE adj. ▪ Qui est porté à maintenir la bonne entente avec les autres, par des concessions (II). ⇒ **accommodant.** *Il est d'un caractère conciliant.*

CONCILIATEUR, TRICE n. ▪ Personne qui s'efforce de concilier les personnes entre elles. ⇒ **arbitre, médiateur.**

CONCILIATION n. f. ▪ **1.** Action de concilier des opinions, des intérêts. ⇒ **arbitrage, médiation. 2.** Règlement amiable d'un conflit.

CONCILIER v. tr. [7] ▪ **1.** Faire aller ensemble, rendre harmonieux (ce qui était très différent, contraire). *Concilier des intérêts divergents.* – *Concilier la richesse du style avec (et) la simplicité.* ⇒ **allier, réunir. 2.** LITTÉR. Mettre d'accord (des personnes). ⇒ **réconcilier. 3.** *SE CONCILIER qqn,* le disposer favorablement envers soi. *Se concilier l'amitié, les bonnes grâces de qqn.* ⇒ s'**attirer, gagner.**

Concino CONCINI dit **le maréchal d'Ancre** (1575 - 1617) ▪ Aventurier italien. Ministre et favori de Marie de Médicis, il exerça le pouvoir (1611) avec tyrannie et avidité. Le jeune Louis XIII, sur les conseils de Luynes, le fit assassiner.

CONCIS, ISE adj. ▪ Qui s'exprime en peu de mots. ⇒ **bref, dense, dépouillé, laconique, sobre, succinct.** *Pensée claire et concise. Écrivain concis.*

CONCISION n. f. ▪ Qualité de ce qui est concis. ⇒ **brièveté, sobriété.** *La concision du style, de la pensée.*

CONCITOYEN, ENNE n. ▪ Citoyen du même État, d'une même ville (qu'un autre). ⇒ **compatriote.**

CONCLAVE n. m. ▪ Assemblée des cardinaux pour élire un nouveau pape.

CONCLUANT, ANTE adj. ▪ Qui apporte une preuve irréfutable. *Argument concluant.* ⇒ **convaincant, décisif, probant.** *Des expériences concluantes.*

CONCLURE v. tr. [35] ▪ **I.** v. tr. dir. **1.** Amener à sa fin par un accord. ⇒ **régler, résoudre.** *Conclure une affaire. Conclure un traité, la paix.* ⇒ **signer.** – au p. p. *Marché conclu.* **2.** Terminer (un discours, un ouvrage). ⇒ **conclusion.** *Il a conclu son livre par une citation.* – absolt *Concluez !* **3.** Tirer (une conséquence) de prémisses. ⇒ **déduire.** *Conclure qqch. d'une expérience. J'en conclus que* (+ indic.). **II.** v. tr. ind. *Conclure de qqch. à qqch. :* donner comme cause d'une conséquence. ♦ *CONCLURE À :* tirer (une conclusion, un enseignement). *Les enquêteurs concluent à l'assassinat.*

CONCLUSION n. f. ▪ **1.** Arrangement final (d'une affaire). ⇒ **règlement, solution. 2.** Fin. *Les événements approchent de la (de leur) conclusion.* ♦ Ce qui termine (un récit, un discours, un ouvrage). ⇒ **dénouement, épilogue. 3.** Jugement qui suit un raisonnement. *Tirer une conclusion, des conclusions de qqch.* ⇒ **enseignement.** *Arriver à la conclusion que...* – *EN CONCLUSION* loc. adv. : pour conclure, en définitive. ⇒ **ainsi, donc.**

CONCOCTER v. tr. [1] ▪ plais. Préparer, élaborer. *Concocter un plat compliqué.* – fig. *Concocter un discours.*

CONCOMBRE n. m. ▪ Plante herbacée rampante (cucurbitacée) ; son fruit, consommé comme légume ou en hors-d'œuvre (cru). *Concombre en salade. Petit concombre au vinaigre.* ⇒ **cornichon.**

CONCOMITANT, ANTE adj. ▪ Qui accompagne, coïncide avec (un autre fait). ⇒ **coexistant, simultané.** *Symptômes concomitants d'une maladie.*

CONCORDANCE n. f. ▪ **I. 1.** Le fait d'être semblable, de correspondre aux mêmes idées, de tendre au même résultat. ⇒ **accord, conformité.** *La concordance de deux situations, de témoignages.* ⇒ **ressemblance, similitude.** – *Mettre ses actes EN CONCORDANCE avec ses principes.* **2.** GRAMM. *Concordance des temps :* règle subordonnant le choix du temps du verbe dans certaines propositions complétives à celui du temps dans la proposition complétée (ex. je regrette qu'il vienne ; je regrettais qu'il vînt). **II.** Index alphabétique des mots contenus dans un texte, avec l'indication des passages où ils se trouvent (pour comparer). *Concordance de la Bible.*

CONCORDANT, ANTE adj. ▪ Qui concorde avec autre chose. *Témoignages concordants.*

CONCORDAT n. m. ▪ Accord écrit à caractère de compromis. ⇒ **convention.** *Concordat entre le pape et un État souverain.* ▸ adj. CONCORDATAIRE

▪ **le CONCORDAT DE 1801** ▪ Traité entre Bonaparte et le pape Pie VII. Son application dans le sens du gallicanisme fut dénoncée par l'Église.

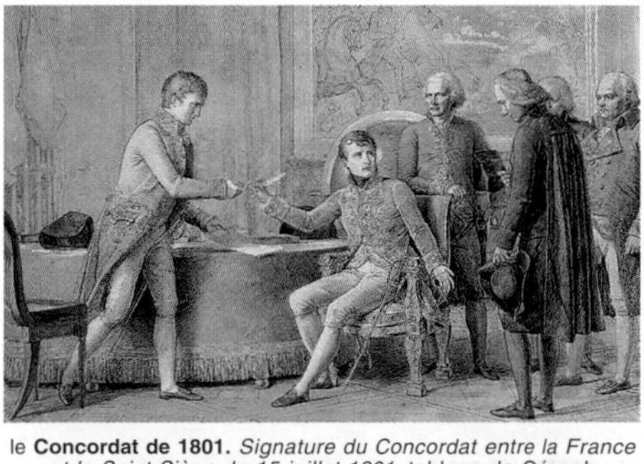

le **Concordat de 1801.** *Signature du Concordat entre la France et le Saint-Siège, le 15 juillet 1801,* tableau de Gérard. Musée national du château, Versailles. *Phot. © Lauros/Giraudon*

CONCORDE n. f. ▪ LITTÉR. Paix qui résulte de la bonne entente ; union des volontés. ⇒ **accord, entente.** *Un esprit de concorde. La concorde règne.*

la place de la CONCORDE ▪ Vaste place de Paris entre l'avenue des Champs-Élysées et le jardin des Tuileries, aménagée par J.-A. Gabriel de 1754 à 1763. En 1836 y fut érigé l'obélisque de Louxor.

La place de la **Concorde.** *Phot. © Boutin/Explorer*

CONCORDER v. intr. [1] ▪ **1.** Être semblable ; correspondre au même contenu. *Les témoignages concordent.* ⇒ **correspondre.** *Faire concorder des chiffres.* **2.** Pouvoir s'accorder. *Concorder avec... Ses projets concordent avec les nôtres.*

CONCOURIR v. [11] ▪ **I.** v. tr. ind. *CONCOURIR À.* Tendre à un but commun ; contribuer avec d'autres à un même résultat. ⇒ **collaborer.** *Ces efforts concourent au même but.* **II.** v. intr. **1.** DIDACT. (directions) Converger. *Droites qui concourent vers un point.* **2.** (personnes) COUR. Entrer en compétition ; participer à un concours* (⇒ **concurrent**).

CONCOURS n. m. ▪ **I.** Fait d'aider, de participer. *Prêter son concours à un projet.* **II.** VX Rencontre, réunion. *Un grand concours de peuple.* ♦ loc. MOD. *CONCOURS DE CIRCONSTANCES :* rencontre de circonstances, hasard (heureux ou non). ⇒ **coïncidence.** **III.** Épreuve dans laquelle plusieurs candidats entrent en compétition pour un nombre limité de places, de récompenses. *Concours d'entrée aux grandes écoles.* ♦ Suite d'épreuves organisées (⇒ **jeu**) et dotées de prix. *Grand concours publicitaire.* ♦ SPORTS *Concours hippique.* - *Les concours* (sauts et lancers ; opposés aux courses).

CONCRET, ÈTE ▪ **I.** adj. **1.** Qui peut être perçu par les sens ou imaginé ; qui correspond à un élément de la réalité. « *Homme* », *terme concret ;* « *humanité* », *terme abstrait. Rendre concret.* ⇒ **concrétiser.** - *Tirer d'une situation des avantages concrets.* ⇒ **matériel. 2.** *Musique concrète,* « constituée à l'aide d'éléments préexistants, empruntés à n'importe quel matériau sonore » (P. Schaeffer). **II.** n. m. *LE CONCRET :* qualité de ce qui est concret. - Ensemble des choses concrètes. ⇒ **réel.**

CONCRÈTEMENT adv. ▪ **1.** Relativement à ce qui est concret. **2.** En fait, en pratique. ⇒ **pratiquement.**

CONCRÉTION n. f. ▪ Réunion de parties en un corps solide ; ce corps. *Concrétion calcaire, pierreuse.*

CONCRÉTISER v. tr. [1] ▪ Rendre concret (ce qui était abstrait). ⇒ **matérialiser.** *Concrétiser sa pensée par des exemples. Concrétiser un projet.* - pronom. Devenir concret, réel. *Ses espoirs se sont enfin concrétisés.* ⇒ se **réaliser.** ► n. f. CONCRÉTISATION

CONÇU, UE ⇒ CONCEVOIR

CONCUBIN, INE n. ▪ Personne qui vit en concubinage (avec qqn). *C'est son concubin. Ils sont concubins.*

CONCUBINAGE n. m. ▪ État d'un homme et d'une femme qui vivent comme mari et femme sans être mariés. ⇒ **union** libre. *Vivre en concubinage.*

CONCUPISCENCE n. f. ▪ **1.** RELIG. Désir des biens et plaisirs terrestres. **2.** VIEILLI ou plais. Désir sexuel. ⇒ **sensualité.**

CONCUPISCENT, ENTE adj. ▪ LITTÉR. ou plais. Empreint de concupiscence. *Regard concupiscent.*

CONCURREMMENT [-amã] adv. ▪ Conjointement, de concert.

CONCURRENCE n. f. ▪ **I. 1.** LITTÉR. Rivalité entre plusieurs personnes, plusieurs forces poursuivant un même but. ⇒ **compétition, rivalité.** *Entrer, se trouver en concurrence avec qqn.* - *Faire concurrence à qqn.* **2.** Rapport entre producteurs, commerçants qui se disputent une clientèle. *Libre concurrence. Concurrence déloyale. Se faire concurrence. Des prix défiant toute concurrence,* très bas. ♦ L'ensemble des concurrents. *Lutter contre la concurrence.* **II.** VX Rencontre. ♦ loc. *JUSQU'À CONCURRENCE DE :* jusqu'à ce qu'une somme parvienne à en égaler une autre.

CONCURRENCER v. tr. [3] ▪ Faire concurrence à (qqn, qqch.). *Il les concurrence dangereusement.*

CONCURRENT, ENTE ▪ **I.** adj. VX Qui concourt au même résultat. **II.** n. **1.** Personne en concurrence avec une autre, d'autres. ⇒ **émule, rival.** *Les concurrents pour un poste.* ⇒ **candidat.** - *Les concurrents d'une compétition sportive.* ⇒ **participant. 2.** Fournisseur, commerçant qui fait concurrence à d'autres. *Son concurrent vend moins cher que lui.* - adj. *Entreprises concurrentes.*

CONCURRENTIEL, IELLE adj. ▪ Où la concurrence (2) s'exerce. - *Prix concurrentiels,* qui permettent de soutenir la concurrence. ⇒ **compétitif.**

CONCUSSION n. f. ▪ Perception illicite d'argent par un fonctionnaire. ⇒ **escroquerie, vol.**

CONCUSSIONNAIRE adj. ▪ De la concussion. ♦ Qui commet des concussions.

CONDAMNABLE [-dan-] adj. ▪ Qui mérite d'être condamné. ⇒ **blâmable, critiquable.** *Action, attitude, opinion condamnable.*

CONDAMNATION [-dan-] n. f. ▪ **1.** Décision de justice qui condamne une personne à une obligation ou à une peine. *Condamnation pour vol. Infliger une condamnation à qqn.* ⇒ **peine, sanction.** *Condamnation à la prison.* **2.** Action de blâmer (qqn ou qqch.). ⇒ **attaque, critique.** *Ce livre est la condamnation du régime actuel.*

CONDAMNÉ, ÉE [-dan-] adj. ▪ **1.** Que la justice a condamné. - n. *"Le Dernier Jour d'un condamné"* (récit de Victor Hugo). **2.** Qui n'a aucune chance de guérison, va bientôt mourir. *Un malade condamné.* ⇒ **incurable, perdu.**

CONDAMNER [-dan-] v. tr. [1] ▪ **I. 1.** Frapper d'une peine, faire subir une punition à (qqn), par un jugement. *Condamner un coupable (à une peine). Il a été condamné pour meurtre.* **2.** Obliger (à une chose pénible). ⇒ **forcer, obliger.** *Sa maladie le condamne à l'inaction.* **3.** Interdire ou empêcher formellement (qqch.). *La loi condamne la bigamie.* **4.** Blâmer avec rigueur. ⇒ **réprouver.** *Condamner la violence.* **II.** Faire en sorte qu'on n'utilise pas (un lieu, un passage). *Condamner une porte.* - au p. p. *Ouverture condamnée.*

la maison de CONDÉ ▪ Branche de la maison de Bourbon. Jusqu'en 1709, ses membres avaient le titre de *Monsieur le Prince.* ► **Louis Ier, prince de CONDÉ** (1530 - 1569), chef des protestants, tué à Jarnac. ► **Louis II** dit **LE GRAND CONDÉ** (1621 - 1686), un des plus brillants généraux de son temps. Il remporta la bataille de Rocroi (1643) contre les Espagnols. Rallié à la Fronde*, il passa dans l'armée espagnole, mais le traité des Pyrénées lui assura son pardon, et il se distingua dans la guerre de Hollande. ► **Louis Joseph de Bourbon, prince de CONDÉ** (1736 - 1818), l'un des chefs des émigrés contre-révolutionnaires *(armée de Condé).* → duc d'**Enghien.**

CONDENSATEUR n. m. ▪ Appareil permettant d'accumuler de l'énergie électrique. ⇒ **accumulateur.**

CONDENSATION n. f. ▪ **1.** Phénomène par lequel un gaz, une vapeur, diminue de volume et augmente de densité. *La condensation de la vapeur d'eau en buée, en rosée.* **2.** Accumulation d'énergie électrique sur une surface. ⇒ **condensateur.**

CONDENSER v. tr. [1] ▪ **1.** Rendre (un fluide) plus dense ; réduire à un plus petit volume. ⇒ **comprimer, réduire.** *Condenser un gaz par pression.* - pronom. *La vapeur se condense.* **2.** Réduire, ramasser (l'expression de la pensée). *Condenser un récit.* ⇒ **abréger, dépouiller, résumer.** ► **CONDENSÉ, ÉE** adj. **1.** *Lait condensé.* ⇒ **concentré. 2.** *Texte condensé.* **3.** n. m. *Un condensé.* ⇒ **résumé.**

CONDENSEUR n. m. ▪ TECHN. Appareil où se fait une condensation (1).

CONDESCENDANCE n. f. ▪ Supériorité bienveillante mêlée de mépris. ⇒ **arrogance, hauteur.** *Un air de condescendance insupportable.*

CONDESCENDANT, ANTE adj. ▪ Hautain, supérieur. *Un ton condescendant.*

CONDESCENDRE v. tr. ind. 41 ▪ *CONDESCENDRE À :* daigner consentir (avec hauteur) à. *Il a condescendu à nous recevoir.*

CONDÉ-SUR-L'ESCAUT ▪ Commune du Nord. 11 289 hab. *(les Condéens).* Ancienne place forte des princes de Condé (monuments).

Étienne Bonnot de CONDILLAC (1715 - 1780) ▪ Philosophe français. Influencé par Locke, il s'intéressa au langage et à l'économie. Pour lui les connaissances sont issues des sensations (doctrine du *sensualisme*). *"Traité des sensations"* (1755).

CONDIMENT n. m. ▪ Substance de saveur forte destinée à relever le goût des aliments. ⇒ **assaisonnement, épice.** *Les câpres, le poivre sont des condiments.*

CONDISCIPLE n. m. ▪ Compagnon d'études. *Ils furent condisciples au lycée.* ⇒ **camarade, collègue.**

CONDITION n. f. ▪ **I. 1.** Rang social, place dans la société. ⇒ **classe.** *L'inégalité des conditions sociales.* - vx *Une personne de condition,* un noble. **2.** La situation où se trouve un être vivant (notamment l'être humain). *La condition humaine.* ⇒ **destinée, sort. 3.** État passager, relativement au but visé. *Être EN (bonne) CONDITION (pour),* dans un état favorable à. *La condition physique d'un athlète.* ⇒ **forme. 4.** loc. *METTRE EN CONDITION :* préparer les esprits (par la propagande). → **conditionner. II. 1.** État, situation, fait dont l'existence est indispensable pour qu'un autre état, un autre fait existe. *Remplir les conditions exigées. Condition sine qua non.* sc. *Condition nécessaire et suffisante.* **2.** *Dicter, poser ses conditions.* ⇒ **exigence.** - *Se rendre SANS CONDITION :* sans restriction. **3.** loc. *À CONDITION de* (+ inf.) ; *que* (+ indic. futur ou subj.). *C'est faisable, à condition d'être patient ; que vous serez patient, que vous soyez patient.* - *SOUS CONDITION. Faire qqch. sous condition.* **4.** plur. Ensemble de faits dont dépend qqch. ⇒ **circonstance.** *Les conditions de vie dans un milieu donné. Dans de bonnes, de mauvaises conditions. Dans ces conditions :* dans ce cas. - *Conditions atmosphériques.* - *Conditions de prix. Obtenir des conditions avantageuses.*

CONDITIONNÉ, ÉE adj. ▪ **I. 1.** vx Qui est dans une condition, un état. **2.** Soumis à des conditions. *Réflexe* conditionné.* **3.** Qui a subi un conditionnement. *Produits conditionnés.* **II.** anglic. *Air* conditionné.*

CONDITIONNEL, ELLE ▪ **1.** adj. Qui dépend de certaines conditions (s'oppose à *inconditionnel*). ⇒ **hypothétique.** *Détenu mis en liberté conditionnelle* (→ sous condition). **2.** n. m. Mode du verbe (comprenant un temps présent et deux passés) exprimant un état ou une action subordonnée à une condition (ex. j'irais si vous le vouliez). - La même forme du verbe, affectée au futur dans le passé, dans la concordance des temps (ex. j'affirmais qu'il viendrait).

CONDITIONNELLEMENT adv. ▪ Sous une ou plusieurs conditions.

CONDITIONNEMENT n. m. ▪ **1.** ÉCON. Fait de conditionner (1). *Le conditionnement du blé.* ♦ COUR. Emballage et présentation (d'un produit) pour la vente. **2.** Fait de conditionner (3), de provoquer des réflexes conditionnés. *Le conditionnement du public par la propagande et la publicité.*

CONDITIONNER v. tr. 1 ▪ **1.** Préparer, traiter (des produits) selon certaines règles, avant de les présenter au public. ⇒ **présenter, traiter.** - spécialt Emballer. - au p. p. *Café moulu conditionné sous vide.* **2.** (sujet chose) Être la condition de. *Son retour conditionne mon départ :* de son retour dépend* mon départ. **3.** Déterminer le comportement de (par le conditionnement*). - Influencer moralement ou intellectuellement.

CONDOLÉANCES n. f. pl. ▪ Expression de la part que l'on prend à la douleur de qqn. ⇒ **sympathie.** *Présenter ses condoléances à l'occasion d'un deuil.* - *Toutes mes condoléances.*

CONDOM ▪ Chef-lieu d'arrondissement du Gers. 7 717 hab. *(les Condomois).* Ancienne cathédrale.

CONDOMINIUM [-jɔm] n. m. ▪ anglic. Souveraineté exercée par deux ou plusieurs États sur un même pays colonisé.

CONDOR n. m. ▪ Grand vautour des Andes.

Marie Jean Antoine Nicolas de Caritat, marquis de CONDORCET (1743 - 1794) ▪ Philosophe français. Dans son *"Esquisse d'un tableau des progrès de l'esprit humain"*, qu'il écrivit en prison, il se montre convaincu du développement indéfini des sciences et du progrès de l'humanité. Il s'empoisonna pour échapper à l'échafaud.

Condorcet. Portrait par l'école de J.-B. Greuze. Musée national du château, Versailles. *Phot. © Giraudon*

CONDOTTIERE [kɔ̃dɔ(t)tjɛʀ] n. m. ▪ au Moyen Âge Chef de soldats mercenaires, en Italie. *Des condottieres ;* (plur. ital.) *des condottieri.* - fig. Aventurier.

le CONDROZ ▪ Plateau de Belgique, entre la Meuse, l'Ourthe et la Lesse. Alternance de crêtes et de dépressions évasées. Grandes exploitations agricoles. Carrières.

CONDUCTEUR, TRICE ▪ **I.** n. **1.** Personne qui dirige, mène. *Un conducteur d'hommes.* ⇒ **meneur. 2.** Personne qui conduit (des animaux, un véhicule). ⇒ **pilote.** *Conducteur, conductrice de camion* (⇒ **camionneur, routier**), *de taxi, d'autobus* (⇒ **chauffeur**). *Le conducteur et les passagers d'une voiture.* ⇒ **automobiliste, chauffeur. 3.** *CONDUCTEUR DE TRAVAUX :* contremaître, technicien qui dirige des travaux. **II.** adj. **1.** Qui conduit. *Fil conducteur.* **2.** Qui conduit l'électricité. *Corps conducteurs* (opposé à *isolant*). - n. m. *Les métaux sont de bons conducteurs.* ⇒ **semi-conducteur.** *Conducteur de chaleur.*

CONDUCTION n. f. ▪ DIDACT. Transmission de la chaleur, de l'électricité dans un corps conducteur ; de l'influx nerveux.

CONDUIRE v. tr. 38 ▪ **I. 1.** Mener (qqn) quelque part. ⇒ **accompagner, emmener, guider.** *Conduire qqn chez le médecin, un enfant à l'école.* **2.** Diriger (un animal, un véhicule). *Conduire une voiture* (⇒ **conducteur**). - absolt *Apprendre à conduire. Permis* de conduire.* **3.** (choses) Faire passer, transmettre. *Certains corps conduisent l'électricité* (⇒ **conducteur**). **4.** (sujet chose) Faire aller (qqn, un animal quelque part). *Ses traces nous ont conduits jusqu'ici.* - *Cette route conduit à la ville.* ⇒ **mener. II. 1.** Faire agir, mener en étant à la tête. ⇒ **commander, diriger.** *Conduire une entreprise.* **2.** fig. Entraîner (à un sentiment, un comportement). *Conduire qqn au désespoir.* ⇒ **pousser, réduire.** ► **SE CONDUIRE** v. pron. Agir, se comporter. *Les façons de se conduire.* ⇒ **conduite.** *Se conduire mal.*

CONDUIT n. m. ▪ Canal étroit, tuyau par lequel s'écoule un fluide. ⇒ **tube ; conduite.** *Conduit d'eau. Conduit souterrain.* - *Conduit auditif, lacrymal.*

condor. *Vultur gryphus.* *Phot. © Schreider F/PHR/Jacana*

CONDUITE n. f. ▪ **I. 1.** Action de conduire qqn ou qqch. ; son résultat. ⇒ **accompagnement.** *Sous la conduite de qqn.* FAM. *Faire un bout, un brin de conduite à qqn,* l'accompagner. ♦ Action de conduire une automobile. *La conduite en ville, sur route.* ♦ VIEILLI *Conduite intérieure :* automobile fermée (opposé à *cabriolet, décapotable...*). **2.** Action de diriger, de commander. ⇒ **commandement, direction.** *La conduite d'une affaire.* **3.** Façon d'agir, manière de se comporter. ⇒ **attitude, comportement.** *Une conduite étrange. Bonne, mauvaise conduite* (⇒ **inconduite**). *Zéro de conduite* (titre d'un film de Jean Vigo). **II.** Canalisation (→ conduit). *Conduite d'eau, de gaz.*

Georges **CONDYLIS** (1879-1936) ▪ Général grec, au pouvoir de 1926 à 1935.

CÔNE n. m. ▪ **1.** Figure géométrique engendrée par une droite passant par un point fixe (sommet) et dont la base est une courbe fermée. *Cône elliptique.* - spécialt COUR. Cône circulaire droit. **2.** Objet, forme conique. *Le cône d'un volcan.*

CONFECTION n. f. ▪ **1.** Préparation (d'un plat...). **2.** *La confection :* l'industrie des vêtements qui ne sont pas faits sur mesure. ⇒ **prêt-à-porter.**

CONFECTIONNER v. tr. 1 ▪ **1.** Faire, préparer. ⇒ plais. **concocter.** *Confectionner un plat.* **2.** Fabriquer (des vêtements).

CONFÉDÉRAL, ALE, AUX adj. ▪ De la confédération ; d'une confédération.

CONFÉDÉRATION n. f. ▪ **1.** Union d'États qui s'associent tout en gardant leur souveraineté. ⇒ aussi **fédération.** *La Confédération suisse* (ou *helvétique*) : la Suisse. **2.** Groupement d'associations, de fédérations (voir ci-dessous les noms de syndicats).

la **CONFÉDÉRATION DU RHIN** ▪ Union politique entre plusieurs États allemands (1806-1813). Suscitée par Napoléon, elle marqua la fin du Saint Empire romain germanique.

la **CONFÉDÉRATION FRANÇAISE DÉMOCRATIQUE DU TRAVAIL** → C.F.D.T.

la **CONFÉDÉRATION FRANÇAISE DES TRAVAILLEURS CHRÉTIENS** → C.F.T.C.

la **CONFÉDÉRATION GÉNÉRALE DES CADRES** → C.G.C.

la **CONFÉDÉRATION GÉNÉRALE DU TRAVAIL** → C.G.T.

la **CONFÉDÉRATION GERMANIQUE** ▪ Union politique entre les États allemands (1815-1866). Créée par Metternich, elle était présidée par l'empereur d'Autriche. Elle fut dissoute après la bataille de Sadowa.

CONFÉDÉRÉ, ÉE n. ▪ **1.** Membre de la Confédération helvétique (la Suisse). **2.** *Les Confédérés,* les Sudistes, pendant la guerre de Sécession américaine.

CONFÉRENCE n. f. ▪ **1.** Assemblée de personnes discutant d'un sujet important, officiel, politique... ⇒ **assemblée, congrès.** *Conférence internationale ; conférence au sommet.* - Réunion de travail (dans une entreprise). *Être en conférence.* ⇒ en **réunion. 2.** Discours en public sur une question. *Faire, donner une conférence.* **3.** CONFÉRENCE DE PRESSE : réunion où une personnalité s'adresse aux journalistes. *Conférence de presse télévisée.*

CONFÉRENCIER, IÈRE n. ▪ Personne qui parle en public, qui fait des conférences (2).

CONFÉRER v. 6 ▪ **I.** v. tr. **1.** Accorder (qqch. à qqn) en vertu du pouvoir qu'on a de le faire. ⇒ **attribuer.** *Conférer un grade, un titre à qqn.* **2.** (sujet chose) Donner. *Les privilèges que confère l'âge.* **II.** v. tr. ind. ou intr. LITTÉR. S'entretenir (de qqch. avec qqn). *Conférer de son affaire avec son avocat. Ils en ont conféré ensemble.* - *Conférer avec qqn.*

CONFESSE n. f. ▪ *Aller à confesse,* se confesser. ⇒ en **confession.**

CONFESSER v. tr. 1 ▪ **I. 1.** Déclarer (ses péchés) à un prêtre catholique, dans le sacrement de la pénitence. - pronom. *Se confesser à un prêtre.* **2.** Déclarer spontanément, reconnaître pour vrai (qqch. qu'on a honte ou réticence à confier). ⇒ **avouer, reconnaître.** *Confesser son erreur, ses torts.* **3.** LITTÉR. Proclamer (sa croyance). **II.** Entendre (qqn) en confession. *Le prêtre qui le confesse.* ♦ Faire parler. *On a eu du mal à le confesser.*

CONFESSEUR n. m. ▪ Prêtre à qui l'on se confesse. ⇒ **directeur** de conscience.

CONFESSION n. f. ▪ **I. 1.** Aveu de ses péchés à un prêtre. ⇒ **confesse, pénitence.** *Entendre qqn en confession.* - FAM. *On lui donnerait le bon Dieu sans confession* (d'une personne d'apparence vertueuse et trompeuse). **2.** Déclaration que l'on fait (d'un acte blâmable) ; action de se confier. ⇒ **aveu.** *Confession sans réticences. La confession d'un crime, d'une faute.* - *Les "Confessions" de saint Augustin* (ouvrage). **II.** Religion, croyance. ⇒ **confessionnel.**

CONFESSIONNAL, AUX n. m. ▪ Lieu fermé où le prêtre entend le fidèle en confession.

CONFESSIONNEL, ELLE adj. ▪ Relatif à une confession (II), à une religion. *Querelles confessionnelles.* ⇒ **religieux.**

CONFETTI n. m. ▪ Petite rondelle de papier coloré qu'on lance par poignées pendant le carnaval, les fêtes. *Des confettis.*

CONFIANCE n. f. ▪ **1.** Espérance ferme, assurance d'une personne qui se fie à qqn ou à qqch. ⇒ **foi, sécurité.** *Avoir une confiance absolue en (qqch., qqn). Avoir confiance dans un remède. Donner, témoigner sa confiance. Obtenir, tromper la confiance de qqn.* - *Abus* de confiance.* - *Homme, personne* DE CONFIANCE, à qui l'on se fie. ⇒ **sûr.** *Poste de confiance,* qui exige une personne sûre. - *De confiance* loc. adv. : sans doute ni méfiance. - *Acheter qqch. en confiance.* **2.** Sentiment de sécurité d'une personne qui se fie à elle-même. ⇒ **assurance, hardiesse.** *Manquer de confiance (en soi).* **3.** Sentiment collectif de sécurité. *Ce gouvernement fait renaître la confiance.* - POLIT. *Vote de confiance,* d'approbation.

CONFIANT, ANTE adj. ▪ **1.** Qui a confiance (en qqn ou en qqch.). *Être confiant dans le succès.* **2.** Qui a confiance en soi. *Il attend, confiant et tranquille.* **3.** Enclin à la confiance, à l'épanchement. *Elle est d'un caractère trop confiant.* ⇒ **crédule.**

CONFIDENCE n. f. ▪ **1.** Communication d'un secret qui concerne soi-même. ⇒ **confession.** *Faire une confidence à qqn.* ⇒ se **confier.** *Il ne m'a pas fait de confidences.* **2.** loc. *Dans la confidence :* dans le secret. - *EN CONFIDENCE* loc. adv. : secrètement.

CONFIDENT, ENTE n. ▪ Personne qui reçoit les plus secrètes pensées de qqn. ⇒ **confesseur.** *Être le confident des projets de qqn. Un confident discret.* - (théâtre classique) Personnage auquel un protagoniste se confie. *Confidentes et suivantes.*

CONFIDENTIALITÉ n. f. ▪ Maintien du secret d'informations (dans une administration, un système informatisé).

CONFIDENTIEL, IELLE adj. ▪ **1.** Qui se dit, se fait sous le sceau du secret. *Avis, entretien confidentiel.* ⇒ **secret. 2.** Qui s'adresse à un nombre restreint de personnes. *Une revue confidentielle.* ► adv. CONFIDENTIELLEMENT

CONFIER v. tr. 7 ▪ **1.** Remettre (qqn, qqch.) aux soins d'un tiers dont on est sûr. ⇒ **abandonner, laisser.** *Confier l'un de ses enfants à un ami.* - *Confier une mission à qqn.* **2.** Communiquer (qqch. de personnel) sous le sceau du secret. *Confier ses secrets à un ami.* - pronom. *Se confier* (⇒ **confidence**).

CONFIGURATION n. f. ▪ DIDACT. **1.** Forme extérieure (d'une chose). *La configuration du terrain.* **2.** Ensemble des éléments d'un système (spécialt, en informatique).

CONFIGURER v. tr. 1 ▪ **1.** Donner une forme à (qqch.). **2.** INFORM. Programmer (un élément d'un système) pour assurer son fonctionnement selon un certain mode. *Configurer une imprimante.*

CONFINÉ, ÉE adj. ▪ **1.** Enfermé. *Elle reste confinée dans sa chambre.* **2.** *Air confiné,* non renouvelé.

CONFINER v. tr. 1 ▪ **1.** v. tr. ind. Toucher aux limites. ⇒ **confins.** *Les prairies qui confinent à la rivière.* - fig. *Sa gentillesse confine à la bêtise.* **2.** v. tr. dir. Forcer à rester dans un espace limité. ⇒ **enfermer.** *Il voudrait confiner les femmes dans leur rôle de mères.* ► SE CONFINER v. pron. *Se confiner chez soi.* ⇒ s'**isoler.** - *Se confiner dans un rôle.* ⇒ se **cantonner.** ► n. m. CONFINEMENT

CONFINS n. m. pl. ▪ Parties (d'un territoire) situées à l'extrémité, à la frontière. ⇒ **limite.** *Le Tchad, aux confins du Sahara.*

CONFIRE v. tr. 37 ▪ Mettre (des aliments) dans un élément qui les conserve. *Confire des cornichons dans du vinaigre.* - *Confire des fruits dans du sucre* (⇒ **confit**).

CONFIRMATION n. f. ▪ **I.** Ce qui rend une chose plus certaine. ⇒ **affirmation, certitude.** *La confirmation d'une nouvelle.* - *Avoir confirmation d'une nouvelle.* **II.** Sacrement de l'Église catholique destiné à confirmer le chrétien dans la grâce du baptême.

CONFIRMER v. tr. [1] ▪ **I. 1.** *CONFIRMER qqn DANS :* rendre (qqn) plus ferme, plus assuré. ⇒ **affermir, encourager, fortifier.** *Nous l'avons confirmé dans sa résolution.* **2.** Affirmer l'exactitude, l'existence de (qqch.). ⇒ **assurer, certifier, corroborer.** *Confirmer l'exactitude d'un fait. Confirmer que* (+ ind. ou cond.). ▸ (sujet chose) *Les résultats confirment que...* ⇒ **démontrer, prouver.** ▸ *L'exception confirme la règle.* ▸ pronom. *La nouvelle se confirme.* **II.** Conférer le sacrement de la confirmation (II) à.

CONFISCATION n. f. ▪ Peine par laquelle un bien est confisqué à son propriétaire.

CONFISERIE n. f. ▪ **1.** Commerce, magasin, usine du confiseur. **2.** Produits à base de sucre, fabriqués et vendus par les confiseurs. *Des confiseries, de la confiserie.* ⇒ **sucrerie ; bonbon.**

CONFISEUR, EUSE n. ▪ Personne qui fabrique et vend des sucreries. ▸ loc. *La trêve des confiseurs* (trêve politique entre Noël et le nouvel an).

CONFISQUER v. tr. [1] ▪ **1.** Prendre (ce qui appartient à qqn) par une mesure de punition. ⇒ **saisir.** *Confisquer des marchandises de contrebande.* ⇒ **confiscation.** *Le professeur lui a confisqué son ballon.* **2.** Prendre (qqch.) à son profit. ⇒ **accaparer, voler.**

CONFIT, ITE ▪ **I.** adj. **1.** *FRUITS CONFITS,* trempés dans des solutions de sucre (et glacés, givrés). **2.** fig. *Être CONFIT EN DÉVOTION,* très dévot. **II.** n. m. Préparation de viande cuite et mise en conserve dans sa graisse. *Un confit de porc, d'oie.*

CONFITEOR [-teɔʀ] n. m. ▪ RELIG. Prière de contrition de la liturgie catholique.

CONFITURE n. f. ▪ Fruits coupés qu'on a fait cuire dans du sucre pour les conserver (au sens large, inclut les marmelades et les gelées, mais exclut les compotes). *Faire de la confiture, des confitures. De la confiture de fraises.*

CONFLAGRATION n. f. ▪ Bouleversement de grande portée. *La menace d'une conflagration mondiale.* ⇒ **conflit, guerre.**

CONFLANS-SAINTE-HONORINE ▪ Commune des Yvelines. 31 467 hab. *(les Conflanais).*

le CONFLENT ▪ Région du Roussillon, de part et d'autre de la vallée de la Têt. Cultures maraîchères et fruitières.

CONFLICTUEL, ELLE adj. ▪ Qui constitue une source de conflits. *Situation conflictuelle.*

CONFLIT n. m. ▪ **1.** Guerre ou contestation entre États. *Les conflits internationaux. Conflit armé.* ⇒ **guerre.** **2.** Rencontre d'éléments, de sentiments contraires, qui s'opposent. ⇒ **antagonisme, lutte, opposition.** *Un conflit d'intérêts, de passions. Entrer en conflit avec qqn. Les conflits sociaux.*

CONFLUENCE n. f. ▪ **1.** Jonction de cours d'eau. **2.** fig. Convergence.

CONFLUENT n. m. ▪ Endroit où deux cours d'eau se joignent. ⇒ **jonction, rencontre.** *Lyon est au confluent du Rhône et de la Saône.*

CONFOLENS ▪ Chef-lieu d'arrondissement de la Charente. 2 904 hab. *(les Confolentais).* Églises et maisons anciennes.

CONFONDANT, ANTE adj. ▪ Très étonnant. *Une ressemblance confondante.*

CONFONDRE v. tr. [41] ▪ **I. 1.** LITTÉR. Remplir d'un grand étonnement. ⇒ **déconcerter, étonner.** *Son insolence me confond.* ▸ passif et p. p. *Il restait confondu.* **2.** Réduire (qqn) au silence, en prouvant publiquement son erreur, ses torts. *Confondre un menteur.* ⇒ **démasquer.** **II. 1.** LITTÉR. Réunir, mêler pour ne former qu'un tout. ⇒ **mêler, unir.** *Fleuves qui confondent leurs eaux.* ⇒ **confluent.** ▸ (au p. p.) loc. *Toutes choses confondues :* sans faire le détail. **2.** Prendre une personne, une chose pour une autre. *Confondre une chose et, avec une autre. Confondre des dates.* ▸ absolt Faire une confusion (II, 3). ⇒ se **tromper.** ► SE **CONFONDRE** v. pron. **1.** LITTÉR. *Se confondre en excuses :* multiplier les excuses. **2.** Se mêler, s'unir ; être impossible à distinguer de. *Les souvenirs se confondaient dans son esprit.*

CONFORMATION n. f. ▪ Disposition des différentes parties (d'un corps organisé). ⇒ **constitution, forme, organisation.** *La conformation du squelette. Présenter un vice de conformation.* ⇒ **malformation.**

CONFORME adj. ▪ (construit avec *à*) **1.** Dont la forme est semblable (à celle d'un modèle). ⇒ **semblable.** ▸ (sans compl.) *Copie conforme* (à l'original). **2.** Qui s'accorde (avec qqch.), qui convient à sa destination. ⇒ **assorti.** *Mener une vie conforme à ses goûts.* **3.** absolt Conforme à la norme, à la majorité. ⇒ **conformiste.**

CONFORMÉMENT adv. ▪ D'après, selon. *Conformément à la loi.*

CONFORMER v. tr. [1] ▪ LITTÉR. Rendre conforme, semblable (au modèle). ⇒ **adapter.** *Conformer son attitude à celle d'autrui* (⇒ **conformisme**). ► SE **CONFORMER** v. pron. Devenir conforme (à) ; se comporter de manière à être en accord (avec). ⇒ s'**accommoder.** *Conformez-vous strictement aux ordres.* ⇒ **obéir, observer.** ► **CONFORMÉ, ÉE** adj. Qui a telle conformation. *(Être) bien, mal conformé.*

CONFORMISME n. m. ▪ Fait de se conformer aux normes, aux usages (⇒ **traditionalisme**) ; attitude passive qui en résulte (s'oppose à *non-conformisme*).

CONFORMISTE adj. ▪ Qui fait preuve de conformisme. ▸ **n.** *Un, une conformiste.*

CONFORMITÉ n. f. ▪ Caractère de ce qui est conforme. ⇒ **accord, concordance.** *Conformité d'une chose avec une autre ; de deux choses.* ▸ *Être EN CONFORMITÉ de goûts. Agir en conformité avec ses principes,* conformément à.

CONFORT n. m. ▪ **I. 1.** Ce qui contribue au bien-être, à la commodité de la vie matérielle. *Le confort d'un appartement. Avoir tout le confort.* **2.** fig. Situation psychologiquement confortable. *"Le Confort intellectuel"* (ouvrage de M. Aymé). **II.** *Médicament de confort,* qui permet de mieux supporter un mal (sans agir sur la cause).

CONFORTABLE adj. ▪ **1.** Qui procure, présente du confort (s'oppose à *inconfortable*). *Maison confortable.* **2.** fig. Qui assure un bien-être psychologique. *Une vie confortable.* **3.** (quantité) Assez important. *Des revenus confortables.* ⇒ **important.** ► adv. CONFORTABLEMENT

CONFORTER v. tr. [1] ▪ **1.** VX ⇒ **réconforter.** **2.** Renforcer (qqn) dans un comportement, une idée. *Cette expérience l'a conforté dans ses certitudes.*

CONFRATERNEL, ELLE adj. ▪ De confrère ou de consœur. *Salutations confraternelles.*

CONFRÈRE n. m. ▪ Celui qui appartient à une société, à une compagnie, considéré par rapport aux autres membres. ⇒ **collègue ; consœur.** *Mon cher confrère.*

CONFRÉRIE n. f. ▪ Association pieuse de laïcs.

CONFRONTATION n. f. ▪ Action de confronter (des personnes, des choses). *Confrontation de témoins. Une confrontation d'idées.*

CONFRONTER v. tr. [1] ▪ **1.** Mettre en présence (des personnes) pour comparer leurs affirmations. *Confronter un témoin avec l'accusé. Confronter des témoins.* **2.** *ÊTRE CONFRONTÉ À, AVEC* (qqch.) : se trouver en face de. **3.** Comparer pour mettre en évidence des ressemblances ou des différences. *Confronter deux textes.*

CONFUCIANISME n. m. ▪ Doctrine philosophique et religieuse de Confucius, faisant de la bienveillance et de la droiture morale les vertus nécessaires pour parvenir à la sagesse.

CONFUCIUS (v. 555 - v. 479 av. J.-C.) ▪ Philosophe chinois dont les enseignements et les idées ont influencé la civilisation chinoise jusqu'à nos jours.

CONFUS, USE adj. ▪ **I.** (personnes) Qui est embarrassé par pudeur, par honte. ⇒ **honteux, troublé ; confusion** (I). *Je suis confus d'arriver si tard.* ⇒ **désolé.** *Je suis confus, excusez-moi.* **II.** (choses) **1.** Dont les éléments sont mêlés, impossibles à distinguer. ⇒ **désordonné, indistinct.** *Un amas confus. Un bruit confus de voix.* ⇒ **brouhaha.** **2.** Qui manque de clarté. ⇒ **embrouillé, obscur.** *Idées confuses. Style, langage confus. Une situation confuse.*

CONFUSÉMENT adv. ▪ Indistinctement. *Comprendre confusément qqch.* ⇒ **vaguement.**

CONFUSION n. f. ▪ **I.** Trouble d'une personne confuse (I). ⇒ **embarras, gêne.** *Remplir qqn de confusion.* **II. 1.** État de ce qui est confus ; situation embrouillée. ⇒ **désordre, trouble.** *Une confusion indescriptible.* **2.** (abstrait) Manque de clarté, d'ordre. *La confusion des idées. Jeter la confusion dans les esprits.* ⇒ **trouble.** ▸ *Confusion mentale.* ⇒ **démence.** **3.** Action de confondre (II, 2) entre elles (des personnes, des choses). ⇒ **erreur, méprise.** *Confusion de noms, de dates. Une confusion grossière. Prêter à confusion.*

CONFUSIONNEL, ELLE adj. ▪ De la confusion mentale.

Yves CONGAR (1904-1995) ▪ Théologien dominicain et cardinal français. *"Vraie et Fausse Réforme dans l'Église"* (1950).

CONGÉ n. m. ▪ **1.** Permission de s'absenter, de quitter un service, un emploi, un travail. *Congé de maladie, de maternité.* ⇒ **repos.** *Congé d'été, d'hiver.* ⇒ **vacance(s).** - loc. *Congés payés,* auxquels les salariés ont droit annuellement. **2.** *Donner son congé à qqn,* le renvoyer. **3.** PRENDRE CONGÉ *de qqn,* le saluer avant de le quitter.

CONGÉDIER v. tr. 7 ▪ **1.** Inviter à se retirer, à s'en aller. ⇒ **éconduire.** *Il le congédia d'un signe, après l'entrevue.* **2.** Renvoyer. *Congédier un employé.* ⇒ **licencier.** ► n. m. CONGÉDIEMENT

CONGÉLATEUR n. m. ▪ Appareil pour la congélation des aliments.

CONGÉLATION n. f. ▪ **1.** Passage de l'état liquide à l'état solide par refroidissement. *Point de congélation de l'eau,* 0 °C. **2.** Action de soumettre un produit au froid (- 18 °C) pour le conserver. *Congélation de la viande.*

CONGELER v. tr. 5 ▪ **1.** Faire passer à l'état solide par l'action du froid. ⇒ **geler.** - pronom. *L'eau se congèle à 0 °C en augmentant de volume.* **2.** Soumettre au froid. *Congeler de la viande, des fruits.* - au p. p. *Viande congelée.* - n. m. *Du congelé.* ⇒ **surgelé.**

CONGÉNÈRE n. ▪ Animal qui appartient au même genre, à la même espèce. *Cet animal et ses congénères.* - FAM. (personnes) ⇒ **pareil, semblable.**

CONGÉNITAL, ALE, AUX adj. ▪ **1.** (opposé à *acquis*) (caractère) Qui est présent à la naissance (sans être génétique). *Maladie, malformation congénitale.* **2.** fig. FAM. Inné. *Un optimisme congénital.*

CONGÈRE n. f. ▪ Amas de neige entassée par le vent.

CONGESTIF, IVE adj. ▪ Qui a rapport à la congestion.

CONGESTION n. f. ▪ Afflux de sang dans une partie du corps. *Congestion cérébrale* (→ VX transport au cerveau). *Congestion pulmonaire.*

CONGESTIONNER v. tr. 1 ▪ Produire une congestion dans. - (surtout passif et p. p.) *Avoir le visage congestionné.* ⇒ **rouge.**

CONGLOMÉRAT n. m. ▪ **1.** Roche formée par des fragments agglomérés. **2.** Assemblage informe (de choses). *Un conglomérat d'objets hétéroclites.*

CONGLOMÉRER v. tr. 6 ▪ VX Réunir en masse compacte. ♦ fig. ⇒ **agglomérer.**

CONGLUTINER v. tr. 1 ▪ LITTÉR. Faire adhérer. ♦ Rendre visqueux. ► n. f. CONGLUTINATION

CONGLUTINEUX, EUSE adj. ▪ VX ou LITTÉR. Gluant.

le CONGO ▪ État d'Afrique équatoriale. 341 821 km². 2 260 000 hab. *(les Congolais).* Capitale : Brazzaville. Langues : français (officielle); lingala, kikongo, sangho, toba. Monnaie : franc CFA. Le Congo est l'un des pays les plus endettés, son économie traverse une crise due à l'instabilité politique et aux lourdes charges d'un important secteur étatisé. Pétrole (offshore), bois (forêt tropicale au nord), manioc, sucre. □ HISTOIRE Le Congo d'avant la colonisation est mal connu. Exploré par Savorgnan de Brazza v. 1875, il fut intégré à l'Afrique-Équatoriale française (dont la capitale était Brazzaville) en 1910. Dans le cadre de la politique de décolonisation progressive du général de Gaulle, il accéda à l'indépendance en 1960 sous le nom de *Congo-Brazzaville.* Devenu république populaire en 1970, le pays fut dirigé à partir de 1979 par le colonel Sassou-Nguesso qui, sous la pression des Églises et du syndicat unique, accepta l'évolution du régime vers le libéralisme. La première élection présidentielle dans un cadre pluraliste porta un civil, Pascal Lissouba, au pouvoir (1992). ► **le CONGO BELGE** puis **LE CONGO-KINSHASA** anciens noms du Zaïre. ► **le fleuve CONGO** (→ fleuve Zaïre).

CONGOLAIS, AISE adj. et n. ▪ **1.** Du Congo. **2.** n. m. Gâteau à la noix de coco.

CONGRATULATION n. f. ▪ Compliment, félicitation.

CONGRATULER v. tr. 1 ▪ (souvent iron.) Faire un compliment, des félicitations. ⇒ **féliciter.** ► SE CONGRATULER v. pron. Échanger des compliments. *Ils se sont longuement congratulés.*

CONGRE n. m. ▪ Poisson de mer au corps cylindrique, sans écailles (anguille de mer).

CONGRÉGATION n. f. ▪ Compagnie de prêtres, de religieux, de religieuses. ⇒ **communauté, ordre.**

CONGRÈS n. m. ▪ **1.** Réunion diplomatique. *Le congrès de Vienne.* **2.** (avec maj.) Corps législatif des États-Unis d'Amérique. **3.** Réunion de personnes qui se rassemblent pour échanger leurs idées ou se communiquer leurs études. *Congrès et colloques.*

CONGRESSISTE n. ▪ Personne qui prend part à un congrès.

CONGRU, UE adj. ▪ **1.** LITTÉR. Qui convient, approprié. - loc. PORTION CONGRUE : ressources à peine suffisantes pour subsister. *Réduire qqn à la portion congrue.* **2.** MATH. *Nombres congrus par rapport à un troisième,* dont la différence est divisible par ce dernier (module). ► n. f. CONGRUENCE

CONIFÈRE n. m. ▪ Arbre dont les organes reproducteurs sont en forme de cônes (pomme de pin) et qui porte des aiguilles persistantes (ex. cèdre, if, pin, sapin...). *Les conifères produisent de la résine.*

CONIQUE ▪ **1.** adj. Qui a la forme d'un cône. *Engrenage, pignon conique.* **2.** n. f. Courbe qui résulte de la section d'un cône par un plan (ne contenant pas le sommet de ce cône).

CONJECTURAL, ALE, AUX adj. ▪ Fondé sur des suppositions.

CONJECTURE n. f. ▪ Opinion fondée sur des probabilités. ⇒ **hypothèse, supposition.** *En être réduit aux conjectures. Se perdre en conjectures :* envisager de nombreuses hypothèses, être perplexe. ◇ ≠ *conjoncture.*

CONJECTURER v. tr. 1 ▪ LITTÉR. Croire, juger, se représenter par conjecture. ⇒ **présumer, supposer.** *Conjecturer l'issue d'un événement.*

CONJOINDRE v. tr. 49 ▪ VX ou LITTÉR. Joindre, conjuguer.

CONJOINT, OINTE ▪ **I.** adj. Joint avec ; uni. *Problèmes conjoints. Note conjointe.* **II.** n. Personne unie (à une autre) par les liens du mariage. ⇒ **époux.** *Le conjoint de..., son conjoint.*

CONJOINTEMENT adv. ▪ Ensemble.

CONJONCTIF, IVE adj. ▪ **1.** *Tissu conjonctif,* qui occupe les intervalles entre les organes. **2.** *Locutions conjonctives,* jouant le rôle de conjonctions (ex. bien que, après que, de telle sorte que).

CONJONCTION n. f. ▪ **I.** Action de joindre. *La conjonction de la science et de l'imagination. La conjonction et l'opposition des planètes en astrologie.* **II.** Mot qui sert à joindre deux mots ou groupes de mots. *Conjonctions de coordination,* qui marquent l'union *(et),* l'opposition *(mais, pourtant),* l'alternative ou la négation *(ni, ou),* la conséquence *(donc),* la

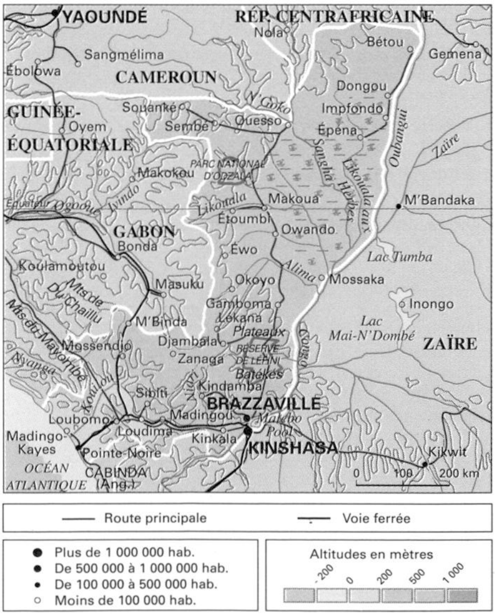

Congo.

conclusion *(ainsi, enfin)*. *Conjonctions de subordination*, qui établissent une dépendance entre les éléments qu'elles unissent *(comme, quand, que)*.

CONJONCTIVE n. f. ▪ Membrane muqueuse qui joint le globe de l'œil aux paupières.

CONJONCTIVITE n. f. ▪ Inflammation de la conjonctive.

CONJONCTURE n. f. ▪ Situation qui résulte d'une rencontre de circonstances (≠ *conjecture*). *Une conjoncture favorable, difficile. Dans la conjoncture actuelle... Étude de conjoncture*, étude d'une situation occasionnelle (opposé à *structure*). ► adj. CONJONCTUREL, ELLE

CONJUGAISON n. f. ▪ Ensemble des formes verbales suivant les voix, les modes, les temps, les personnes, les nombres. *Cet ouvrage comprend en annexe des tableaux de conjugaison.*

CONJUGAL, ALE, AUX adj. ▪ Relatif à l'union entre le mari et la femme. ⇒ **matrimonial.** *Amour conjugal.*

CONJUGUER v. tr. [1] ▪ **I.** LITTÉR. Joindre ensemble. ⇒ **combiner, unir.** *Ils ont conjugué leurs efforts.* – au p. p. *La force conjuguée à, avec l'intelligence.* – SC. *Feuilles conjuguées. Points conjugués.* **II.** Réciter ou écrire la conjugaison de (un verbe).

CONJURATION n. f. ▪ **1.** Action préparée secrètement par un groupe de personnes (contre qqn ou qqch.). ⇒ **complot, conspiration.** *La conjuration des mécontents.* **2.** Rite, formule magique pour chasser les démons, orienter des influences maléfiques.

CONJURÉ, ÉE n. ▪ Membre d'une conjuration.

CONJURER v. tr. [1] ▪ **I.** VX Préparer par un complot (la perte de qqn). ⇒ **comploter, conspirer ; conjuré. II. 1.** Détourner, dissiper (une menace), écarter (un danger). *Conjurer le mauvais sort.* **2.** Chasser (les démons, les esprits). **III.** LITTÉR. Adjurer, implorer. *Je vous conjure de me croire ; je vous en conjure.*

le CONNACHT ou **CONNAUGHT** ▪ Province de l'ouest de l'Irlande. 17 122 km². 432 000 hab. Capitale : Galway.

CONNAISSANCE n. f. ▪ **I. 1.** Le fait ou la manière de connaître. ⇒ **conscience ; compréhension.** *La connaissance de qqch. Connaissance intuitive ; expérimentale. Théorie de la connaissance.* ⇒ **épistémologie. 2.** loc. *Avoir connaissance de*, connaître, savoir. – *À ma connaissance*, autant que je sache. – *Prendre connaissance* (d'un texte, etc.). – *En (toute) connaissance de cause*, avec raison et justesse. **3.** (dans des loc.) Le fait de sentir, de percevoir. ⇒ **conscience, sentiment.** *Avoir toute sa connaissance.* ⇒ **lucidité.** – loc. *Perdre connaissance.* ⇒ s'**évanouir.** *Être sans connaissance.* **4.** *Les connaissances* (sens objectif), ce que l'on sait, pour l'avoir appris. ⇒ **culture, éducation, savoir.** *Approfondir, enrichir ses connaissances.* **II. 1.** *FAIRE CONNAISSANCE*, connaître (qqn) pour la première fois. *Faire connaissance avec qqn, faire sa connaissance.* – *DE CONNAISSANCE* : connu. *Une personne, un visage de connaissance.* **2.** *UNE CONNAISSANCE* : une personne que l'on connaît. ⇒ **relation.** *Ses amis et connaissances.*

CONNAISSEMENT n. m. ▪ DR., COMM. Reçu de marchandises expédiées par mer.

CONNAISSEUR n. m. ▪ Personne experte, compétente (dans un domaine). ⇒ **amateur.** *Être connaisseur en vins. Parler en connaisseur.* – adj. *Il, elle est très connaisseur.*

CONNAÎTRE v. tr. [57] ▪ Avoir présent à l'esprit ; être capable de former l'idée, l'image de. **I.** *CONNAÎTRE qqch.* **1.** Se faire une idée claire de. *Connaître un fait.* ⇒ **savoir.** *Faire connaître une chose, une idée à qqn*, apprendre. – au p. p. *C'est bien connu.* loc. *Ni vu, ni connu*, personne n'en saura rien. – n. m. *Le connu et l'inconnu.* – pronom. « *Connais-toi toi même* » (trad. de Socrate). **2.** *Connaître qqch.*, en avoir l'expérience. *Connaître un pays, une ville. Connaître son métier.* **3.** Avoir présent à l'esprit ; pouvoir utiliser. *Connaître une œuvre à fond. Ne pas connaître grand-chose à (qqch.).* – *SE CONNAÎTRE à qqch. ; S'Y CONNAÎTRE en qqch.* : être compétent. **4.** Éprouver, ressentir. *À cette époque, il a connu la faim, les privations.* **5.** (sujet chose) Avoir. *Ce nouveau modèle connaît un grand succès.* ⇒ **rencontrer.** *Sa gentillesse ne connaît pas de bornes.* **II.** *CONNAÎTRE qqn* **1.** Être conscient de l'existence de (qqn). *Connaître qqn de nom.* – Être capable de reconnaître. *Connaître qqn de vue.* **2.** Avoir des relations sociales avec. *Chercher à connaître un homme en vue.* – pronom. *Ils se sont connus en Italie.* **3.** Se faire une idée de la personnalité de (qqn). ⇒ **apprécier, comprendre, juger.** *Vous apprendrez à le connaître.* – *Ne plus se connaître*, perdre son sang-froid. ► **CONNU, UE** adj. Notoire, célèbre.

CONNECTER v. tr. [1] ▪ Unir par une connexion ; mettre en liaison (plusieurs appareils électriques).

Connecticut. Vue de l'Université Yale. *Phot. © Boutin/Explorer*

CONNECTEUR n. m. ▪ Dispositif qui connecte.

le CONNECTICUT ▪ État côtier de l'est des États-Unis. 12 850 km². 3 287 000 hab. Capitale : Hartford. Industries. Université Yale à New Haven.

le CONNEMARA ▪ Région d'Irlande, près de Galway. Paysage de tourbière. Tourisme.

CONNERIE n. f. ▪ FAM. **1.** Imbécillité, absurdité. **2.** Action, parole inepte. *Dire des conneries.* ⇒ FAM. **déconner.**

CONNÉTABLE n. m. ▪ HIST. sous l'Ancien Régime Grand officier de la Couronne, chef suprême de l'armée.

CONNEXE adj. ▪ Qui a des rapports étroits avec autre chose. ⇒ **analogue, uni, voisin.** *Sciences connexes* (entre elles). ► n. f. CONNEXITÉ

CONNEXION n. f. ▪ Fait d'être connexe. ⇒ **affinité, analogie.** *La connexion des faits entre eux.* – Liaison d'un appareil à un circuit électrique (⇒ **connecter**).

CONNIVENCE n. f. ▪ Entente secrète. – Accord tacite. ⇒ **entente, intelligence.** *Échanger un sourire DE CONNIVENCE. Agir, être de connivence avec qqn* (→ être de mèche).

CONNOTATION n. f. ▪ Sens particulier ou effet de sens (d'un mot, d'un énoncé) qui vient s'ajouter au sens ordinaire selon la situation ou le contexte.

CONNOTER v. tr. [1] ▪ DIDACT. Indiquer, en même temps qu'une idée principale (→ dénoter) des idées secondaires (→ connotation).

CONNU, UE ⇒ CONNAÎTRE

CONQUE n. f. ▪ Mollusque bivalve de grande taille ; sa coquille. *Conque marine.*

CONQUÉRANT, ANTE n. ▪ **1.** Personne qui fait des conquêtes par les armes. ⇒ **guerrier, vainqueur.** *Guillaume le Conquérant.* – adj. *Les nations conquérantes.* **2.** Personne qui séduit les cœurs, les esprits. **3.** adj. FAM. *Un air conquérant*, prétentieux, un peu fat.

CONQUÉRIR v. tr. [21] ▪ **1.** Acquérir par les armes, soumettre par la force. *Conquérir un pays.* ⇒ **soumettre, vaincre.** – Obtenir en luttant. *Conquérir le pouvoir, un marché.* **2.** Acquérir une forte influence sur (qqn). ⇒ **envoûter, séduire, subjuguer.** *Conquérir les cœurs, qqn.* – passif *Elle a été conquise par sa gentillesse.*

CONQUES ▪ Commune de l'Aveyron. 362 hab. *(les Conquois).* Église Sainte-Foy (XIe-XIIe s.), au riche tympan, dans laquelle se trouve le « Trésor » (reliquaire de sainte Foy).

Conques. L'église Sainte-Foy. *Phot. © Casimiro/Explorer*

CONQUÊTE n. f. ▪ **I. 1.** Action de conquérir. ⇒ **domination, soumission.** *Faire la conquête d'un pays.* ▸ *La conquête de l'espace.* **2.** au plur. Ce qui est conquis. *Les conquêtes sociales. Les conquêtes de la science.* **II. 1.** Action de séduire (qqn) ; pouvoir sur ceux que l'on a conquis. *Il a fait sa conquête,* il lui a plu. **2.** FAM. Personne séduite, conquise.

CONQUISTADOR n. m. ▪ HIST. Conquérant espagnol ou portugais de l'Amérique, au XVIe siècle. *Des conquistadores* ou *des conquistadors.*

CONRAD ▪ NOM DE QUATRE SOUVERAINS GERMANIQUES ► **CONRAD III** (v. 1093 - 1152), premier empereur de la dynastie des Hohenstaufen, régna de 1138 à sa mort.

Joseph CONRAD (1857 - 1924) ▪ Romancier britannique d'origine polonaise. *"Le Nègre du « Narcisse »"* (1897), *"Cœur des ténèbres"* (1899), *"Lord Jim"* (1900), *"Typhon"* (1903) se nourrissent de sa vie d'ancien marin.

CONSACRÉ, ÉE adj. ▪ Qui est de règle, normal dans une circonstance. *Expression consacrée.* ⇒ **habituel.**

CONSACRER v. tr. [1] ▪ **1.** Rendre sacré en dédiant à Dieu (⇒ **consécration**). *Consacrer une église.* **2.** *CONSACRER qqch. À :* destiner (qqch.) à un usage. ⇒ **donner.** *Consacrer sa jeunesse à l'étude. Combien de temps pouvez-vous me consacrer ?* ⇒ **accorder.** ▸ pronom. *Se consacrer à une œuvre.*

CONSANGUIN, INE adj. ▪ **1.** Qui est parent du côté du père. *Des cousins consanguins.* **2.** Qui a un ascendant commun. *Union consanguine.*

CONSANGUINITÉ [-g(ɥ)i-] n. f. ▪ DIDACT. Lien entre parents consanguins.

CONSCIEMMENT [-jamɑ̃] adv. ▪ D'une façon consciente.

CONSCIENCE [-jɑ̃s] n. f. ▪ Faculté humaine de connaître sa propre réalité et de la juger. **I. 1.** Connaissance immédiate de sa propre activité psychique (s'oppose à *inconscience*). **2.** Connaissance immédiate, spontanée. *Avoir, prendre conscience de qqch. Avoir conscience de sa force. Cet enfant n'a aucune conscience du danger.* **II. 1.** Faculté ou fait de porter des jugements de valeur sur ses propres actes. *Une conscience droite, pure. Cas* de conscience. Agir selon sa conscience.* allus. « *Science* sans conscience...* » *Avoir la conscience tranquille. Avoir (une faute, un poids) SUR LA CONSCIENCE,* quelque chose à se reprocher. ▸ *EN CONSCIENCE :* en toute franchise, honnêtement. *En mon âme et conscience* (formule de serment). ▸ RELIG. *Directeur de conscience.* **2.** *BONNE CONSCIENCE :* état d'une personne qui estime (souvent à tort) n'avoir rien à se reprocher. ▸ *Avoir MAUVAISE CONSCIENCE* (⇒ **culpabilité**). **3.** *CONSCIENCE PROFESSIONNELLE :* honnêteté, soin dans son travail.

Hendrik CONSCIENCE (1812 - 1883) ▪ Écrivain belge d'expression néerlandaise. Romans historiques. *"Le Lion de Flandre"* (1838).

CONSCIENCIEUSEMENT [-sjɑ̃] adv. ▪ Avec application.

CONSCIENCIEUX, IEUSE [-sjɑ̃] adj. ▪ **1.** Qui obéit à la conscience morale. ♦ spécialt Qui accomplit ses devoirs avec conscience. ⇒ **honnête.** *Employé consciencieux.* **2.** Qui est fait avec conscience. *Un travail consciencieux.*

CONSCIENT, ENTE [-sjɑ̃] adj. ▪ **1.** (personnes) Qui a conscience (I) de ce qu'il fait ou éprouve (s'oppose à *inconscient*). *L'homme est un être conscient. Elle est consciente de la situation.* **2.** (choses) Dont on a conscience (I). *États semi-conscients. Mouvements conscients et volontaires.* ▸ n. m. *Le conscient et l'inconscient.*

CONSCRIPTION n. f. ▪ Inscription des jeunes gens pour le service militaire. ⇒ **recrutement.**

CONSCRIT n. m. ▪ Jeune homme inscrit pour accomplir son service militaire. ▸ Soldat nouvellement recruté. ⇒ **recrue ;** FAM. **bleu.**

CONSÉCRATION n. f. ▪ **I.** Action de consacrer à la divinité. ▸ Action par laquelle le prêtre consacre le pain et le vin, à la messe. *L'élévation suit la consécration.* **II.** Action de sanctionner, de rendre durable (⇒ **consacré**). *Recevoir la consécration du temps* (par le temps). *La consécration d'une œuvre par le succès.*

CONSÉCUTIF, IVE adj. ▪ **1.** au plur. Qui se suit dans le temps. *Pendant six jours consécutifs.* **2.** *CONSÉCUTIF À :* qui suit, résulte de. *La fatigue consécutive à un effort violent.* **3.** GRAMM. *Proposition consécutive,* qui exprime une conséquence. ▸ LOG. *Relation consécutive.*

CONSÉCUTION n. f. ▪ DIDACT. Suite, enchaînement ; caractère de ce qui est consécutif.

CONSÉCUTIVEMENT adv. ▪ ⇒ **successivement.**

CONSEIL n. m. ▪ **I. 1.** Opinion donnée à qqn sur ce qu'il doit faire. ⇒ **avis, recommandation.** *Donner un bon conseil à qqn.* ⇒ **conseiller.** *Un conseil judicieux. Mauvais conseil. Demander conseil à qqn. Suivre un conseil. Être de bon conseil.* **2.** Incitation qui résulte de qqch. *Les conseils de la colère.* ▸ prov. *La nuit porte conseil.* **3.** appos. *Avocat-conseil, ingénieur-conseil* (qui donnent des avis). *Des avocats-conseils.* ♦ *Conseil juridique.* **II.** Réunion de personnes qui délibèrent, donnent leur avis sur des affaires publiques ou privées. ⇒ **assemblée.** *Les membres, le président d'un conseil.* ♦ (institutions françaises) *Le Conseil d'État* (voir ci-dessous). ▸ *Conseil des ministres,* réunion des ministres sous la présidence du chef de l'État. ⇒ **gouvernement.** ▸ *Conseils généraux,* assemblées délibérantes dans chaque département. *Conseils municipaux* (maire et adjoint, conseillers). ♦ (institutions internationales) *Le Conseil de sécurité* (de l'O. N. U.). ♦ *CONSEIL D'ADMINISTRATION :* dans une société anonyme, Réunion d'actionnaires pour gérer les affaires (abrév. C. A.). ▸ *LE CONSEIL DE L'ORDRE des médecins.* ▸ *Conseil de discipline.* ▸ *Conseil de classe,* réunion des professeurs, des parents d'élèves et des délégués d'une classe.

le CONSEIL CONSTITUTIONNEL ▪ Organe veillant au respect de la Constitution de 1958 et à la régularité des élections en France.

le CONSEIL DE LA RÉPUBLIQUE ▪ Assemblée qui remplaça le Sénat sous la IVe République.

le CONSEIL DE L'EUROPE ▪ Organisation européenne siégeant à Strasbourg, créée en 1949 par 10 États d'Europe occidentale, et qui en réunit 37 en 1996. Il a une vocation de coopération dans les domaines économique, culturel, social, scientifique, juridique et administratif, ainsi que dans celui de la sauvegarde de l'environnement. Dénué de pouvoir exécutif, il joue un rôle important dans l'élaboration de textes fondamentaux, tout particulièrement en ce qui concerne la protection des droits de l'homme.

le CONSEIL DES ANCIENS → Conseil des **Anciens**

le CONSEIL DES CINQ-CENTS → Conseil des **Cinq-Cents**

le CONSEIL D'ÉTAT ▪ Juridiction administrative suprême de la France, fondée en 1799. Il joue le rôle de conseiller du pouvoir exécutif et de tribunal administratif suprême.

le CONSEIL NATIONAL DE LA RÉSISTANCE ▪ Organisme fondé en 1943 pour unifier les différents mouvements de la Résistance intérieure. Présidé par Jean Moulin puis Georges Bidault, il élabora une charte qui formula les principales options et directions politiques de la IVe République.

le CONSEIL ŒCUMÉNIQUE DES ÉGLISES ▪ Organisme de rencontre fondé en 1937 (dont le siège est à Genève), réunissant 320 Églises (protestantes, anglicanes, orthodoxes, catholiques non romaines), dont l'objectif est d'affirmer l'unité de la foi chrétienne.

le CONSEIL SUPÉRIEUR DE L'AUDIOVISUEL → C.S.A.

① **CONSEILLER, ÈRE** n. ▪ **I.** Personne qui donne des conseils. *Conseillère d'orientation ; conseiller d'éducation* (dans un collège). ▸ prov. *La colère est mauvaise conseillère.* **II.** n. m. Membre d'un conseil. *Elle est conseiller à la Cour des comptes.*

② **CONSEILLER** v. tr. [1] ▪ **1.** Indiquer à qqn (ce qu'il doit faire ou ne pas faire). *Conseiller qqch. à qqn.* ⇒ **recommander, suggérer.** *Je ne vous le conseille pas.* ⇒ **déconseiller.** ♦ v. tr. ind. *Conseiller (à qqn) de faire qqch.* **2.** Guider (qqn) en lui indiquant ce qu'il doit faire. *Conseiller un ami dans l'embarras.* ▸ au passif *Vous avez été mal conseillé.*

CONSEILLEUR, EUSE n. ▪ Personne qui donne des conseils. ▸ prov. *Les conseilleurs ne sont pas les payeurs.*

CONSENSUS [kɔ̃sɛ̃sys] n. m. ▪ Accord entre personnes. *Le consensus social. Des consensus.* ► adj. CONSENSUEL, ELLE

CONSENTEMENT n. m. ▪ Acquiescement donné à un projet ; décision de ne pas s'y opposer. ⇒ **accord, assentiment, permission.** *Accorder, refuser son consentement.*

CONSENTIR v. tr. [16] ▪ **I.** v. tr. ind. CONSENTIR À, accepter qu'une chose se fasse. ⇒ **acquiescer.** *Les parents ont consenti au mariage. J'y consens avec plaisir. Je consens à ce qu'il y aille.* – prov. *Qui ne dit mot consent,* celui qui se tait ne s'oppose pas. **II.** v. tr. dir. **1.** *Consentir que* (+ subj.). ⇒ **admettre, permettre. 2.** Accorder (un avantage) à qqn. *Consentir un prêt.*

CONSÉQUENCE n. f. ▪ **1.** Suite qu'une action, un fait entraîne. ⇒ **effet, résultat, suite.** *La cause et les conséquences. Conséquences sérieuses, graves. Avoir (qqch.) pour conséquence.* – loc. *Tirer, ne pas tirer à conséquence. Sans conséquence,* sans suite fâcheuse ; insignifiant. **2.** EN CONSÉQUENCE loc. adv. : compte tenu de ce qui précède. *Nous agirons en conséquence. En conséquence de quoi...*

CONSÉQUENT, ENTE adj. ▪ **I. 1.** Qui agit ou raisonne avec esprit de suite. ⇒ **logique.** *Être conséquent avec ses principes, avec soi-même.* **2.** PAR CONSÉQUENT loc. adv. : comme suite logique. ⇒ **ainsi, donc. II.** FAM. (critiqué) Important. *Une somme conséquente.*

CONSERVATEUR, TRICE ▪ **I.** n. Personne qui a la charge de conserver des choses précieuses. *Le conservateur, la conservatrice d'un musée.* **II.** adj. fig. (en politique) Qui veut conserver, préserver ce qui existe. *Un parti conservateur,* défenseur de l'ordre social, des valeurs traditionnelles. – n. *Les conservateurs,* la droite. **III.** n. m. **1.** Produit destiné à la conservation des aliments. **2.** Congélateur.

le parti CONSERVATEUR en anglais ***Conservative Party*** ▪ Actuellement un des deux principaux partis britanniques, opposé au parti travailliste *(Labour Party).* Il fut créé en 1824 et officiellement substitué au parti tory en 1832.

CONSERVATION n. f. ▪ **1.** Action de conserver, de maintenir intact ou dans le même état. ⇒ **entretien, garde, sauvegarde.** *Instinct de conservation* (de soi-même, de sa propre vie). – *Conservation des aliments par congélation, déshydratation, stérilisation, salage, fumage. Agent de conservation.* ⇒ **conservateur** (III, 1). **2.** État de ce qui est conservé.

CONSERVATISME n. m. ▪ État d'esprit des conservateurs. ⇒ **conformisme, traditionalisme.**

① **CONSERVATOIRE** adj. ▪ DR. Destiné à conserver. *Mesures conservatoires.*

② **CONSERVATOIRE** n. m. ▪ **1.** École de musique. *Un premier prix du Conservatoire.* ♦ École qui forme des comédiens. **2.** *Conservatoire national des arts et métiers,* nom d'un établissement de recherche et d'enseignement français (sciences et techniques).

CONSERVE n. f. ▪ **I. 1.** Substance alimentaire conservée dans un récipient hermétique. *Faire, acheter des conserves de légumes. Des boîtes de conserve.* **2.** EN CONSERVE : en boîte (opposé à *frais*). *Petits pois, sardines en conserve.* **II.** DE CONSERVE loc. adv. : ensemble. *Naviguer de conserve.* – *Agir de conserve,* en accord avec qqn. ⇒ de **concert.**

CONSERVER v. tr. [1] ▪ **1.** Maintenir en bon état, préserver de l'altération, de la destruction. ⇒ **entretenir, garder.** *Conserver des denrées alimentaires* (⇒ **conserve**). **2.** Ne pas laisser disparaître ; faire durer. ⇒ **garder.** *Conserver un souvenir, une tradition.* **3.** Ne pas perdre, garder (avec soi). *Conserver son emploi. Conserver son calme. Conserver un espoir.* **4.** Ne pas jeter. *Conserver des lettres.* ► **CONSERVÉ, ÉE** p. p. spécialt *Être bien conservé,* ne pas paraître son âge.

CONSERVERIE n. f. ▪ **1.** Usine de conserves alimentaires. **2.** Industrie des conserves.

CONSERVEUR, EUSE n. ▪ Producteur, industriel de la conserverie. – appos. *Ouvrier conserveur.*

CONSIDÉRABLE adj. ▪ (grandeur, quantité) Très important. ⇒ **grand.** *Des sommes considérables.*

CONSIDÉRABLEMENT adv. ▪ En grande quantité ; beaucoup. ⇒ **énormément.**

CONSIDÉRATION n. f. ▪ **1.** Motif, raison que l'on considère pour agir. *Je ne peux pas entrer dans ces considérations.* **2.** Fait de considérer, d'envisager. *Digne de considération,* d'attention. ♦ *Prendre* EN CONSIDÉRATION : tenir compte de. – *En considération de* loc. prép. → eu égard* à. **3.** Estime que l'on porte à qqn. ⇒ **déférence, égard.**

CONSIDÉRER v. tr. [6] ▪ **1.** Regarder attentivement. *Considérer qqn avec arrogance.* **2.** Envisager par un examen attentif, critique. ⇒ **examiner, observer.** *Considérer une chose sous tous ses aspects.* loc. *Tout bien considéré.* **3.** Faire cas de (qqn). ⇒ **estimer. 4.** CONSIDÉRER *qqn, qqch.* COMME. ⇒ **juger, tenir** pour. *Je le considère comme un ami.* – pronom. *Il se considère comme un personnage.* – passif *Il est considéré comme le meilleur patineur français.* **5.** CONSIDÉRER QUE. ⇒ **estimer, penser.** *Je considère qu'il a raison.* ► **CONSIDÉRÉ, ÉE** adj. (sens 3) *Il est très considéré dans la ville,* très estimé.

CONSIGNATION n. f. ▪ **1.** Fait de consigner (III). **2.** Consigne (II). **3.** CAISSE DES DÉPÔTS ET CONSIGNATIONS (dépôt de valeurs dues à un créancier).

CONSIGNE n. f. ▪ **I. 1.** Instruction stricte. *Donner, transmettre la consigne.* – loc. *Manger la consigne,* l'oublier. **2.** Défense de sortir par punition. ⇒ **retenue ;** FAM. **colle. II. 1.** Service chargé de la garde des bagages ; lieu où les bagages sont déposés. *Mettre sa valise à la consigne automatique.* **2.** Somme remboursable versée à la personne qui consigne un emballage. *Se faire rembourser la consigne d'une bouteille.*

CONSIGNER v. tr. [1] ▪ **I.** Mentionner, rapporter par écrit. ⇒ **enregistrer.** *Consigner un détail au procès-verbal. Consigner une réflexion sur un carnet.* ⇒ **noter. II.** *(Consigner qqn)* Empêcher (qqn) de sortir par mesure d'ordre, par punition. ⇒ **retenir.** *Consigner un élève.* ⇒ FAM. **coller ; consigne. III.** *(Consigner qqch.)* **1.** Interdire l'accès de. *La police a consigné la salle.* **2.** Mettre à la consigne. *Consigner ses bagages.* **3.** Facturer (un emballage) en s'engageant à reprendre et à rembourser. – au p. p. *Bouteille consignée.*

CONSISTANCE n. f. ▪ **1.** Degré plus ou moins grand de solidité ou d'épaisseur (d'un corps). ⇒ **dureté, fermeté.** *La consistance de la boue. La consistance dure, molle, visqueuse d'une substance.* – (liquide) *Prendre consistance,* épaissir. **2.** fig. État de ce qui est ferme, solide. ⇒ **solidité.** *Caractère, esprit sans consistance.*

CONSISTANT, ANTE adj. ▪ **1.** Qui est ferme, épais. *Une sauce trop consistante.* ⇒ **épais. 2.** Qui nourrit. *Un repas consistant.* ⇒ **copieux. 3.** fig. Qui a de la consistance (2).

CONSISTER v. tr. ind. [1] ▪ **1.** CONSISTER EN, DANS : se composer de. *Ce bâtiment consiste en trente appartements.* ⇒ **comporter, comprendre.** *En quoi consiste ce projet ?* **2.** CONSISTER À. *La sagesse consiste maintenant à patienter.*

CONSISTOIRE n. m. ▪ Assemblée de cardinaux. – Assemblée de ministres protestants. ► adj. CONSISTORIAL, ALE, AUX

CONSŒUR n. f. ▪ Femme qui appartient à une société, à une compagnie, considérée par rapport aux autres membres (et notamment aux autres femmes). ⇒ **confrère.**

CONSOLANT, ANTE adj. ▪ Propre à consoler. ⇒ **consolateur, réconfortant.** *Des paroles consolantes. Il est consolant de se dire que...*

CONSOLATEUR, TRICE adj. ▪ Qui console. *Des paroles consolatrices.* ⇒ **consolant.**

CONSOLATION n. f. ▪ Soulagement apporté à la douleur, à la peine de qqn. ⇒ **réconfort.** *Paroles de consolation. C'est une consolation de savoir que...* – *Prix, lot de consolation.*

CONSOLE n. f. ▪ **1.** Moulure saillante en forme de S, qui sert de support. *La console d'une corniche.* **2.** Table adossée contre un mur et dont les pieds ont la forme d'une console. **3.** *Console d'orgue,* le meuble qui porte les claviers, etc. **4.** Élément périphérique (d'un ordinateur). ⇒ **terminal.** – Pupitre d'enregistrement sonore.

CONSOLER v. tr. [1] ▪ **1.** Soulager (qqn) dans son chagrin, dans sa douleur. ⇒ **apaiser, soulager.** *Consoler un enfant qui pleure.* **2.** (choses) Apporter un réconfort, une compensation à. *Ce souvenir le console de bien des regrets.* ► SE **CONSOLER** v. pron. Trouver en soi une consolation. *Il ne se console pas de la mort de sa femme.* ⇒ **inconsolable.**

CONSOLIDER v. tr. [1] ▪ **1.** Rendre (qqch.) plus solide, plus stable. ⇒ **renforcer, soutenir.** *Consolider un édifice, une charpente.* **2.** fig. Rendre solide, durable. ⇒ **confirmer.** *Consolider sa position.* **3.** *Consolider une rente, un emprunt,* le garantir. – au p. p. *Fonds consolidés,* garantis. – *Bilan consolidé* (par mise en commun de tous les comptes). ► n. f. CONSOLIDATION

CONSOMMATEUR, TRICE n. ▪ **1.** Personne qui consomme (des marchandises, des richesses). *Du producteur au consommateur.* ⇒ **acheteur. 2.** Personne qui prend une consommation dans un café.

CONSOMMATION n. f. ▪ **I.** VX ou LITTÉR. Achèvement, fin. *Jusqu'à la consommation des temps, des siècles.* **II. 1.** Usage. *Faire une grande consommation de papier à lettres.*

Consommation d'électricité. – absolt (s'oppose à *production* ; à *conservation, investissement*). *Biens de consommation. Société de consommation,* dont l'équilibre économique repose sur l'importance de la consommation. **2.** Ce qu'un client consomme au café. *Payer les consommations.*

① **CONSOMMÉ, ÉE** adj. ▪ LITTÉR. Parvenu à un degré élevé de perfection. ⇒ **accompli, achevé.** *Un artiste consommé. Habileté consommée.*

② **CONSOMMÉ** n. m. ▪ Bouillon de viande concentré. *Un consommé de poulet.*

CONSOMMER v. tr. [1] ▪ **I.** LITTÉR. **1.** Mener (une chose) au terme de son accomplissement (⇒ **consommation** (I)). *Consommer son œuvre.* **2.** *Consommer un forfait, un crime.* ⇒ **accomplir, commettre.** – « *Tout est consommé* » (accompli) : paroles du Christ sur la croix (Évangile selon saint Jean). **II. 1.** Amener (une chose) à destruction en utilisant sa substance ; en faire un usage qui la rend ensuite inutilisable. ⇒ **user** de, **utiliser.** *Consommer ses provisions. Consommer des aliments,* boire, manger. – pronom. (passif) *Ce plat se consomme froid.* ♦ *Consommer de l'électricité.* **2.** intrans. Prendre une consommation au café. *Consommer à la terrasse, au comptoir.* **3.** (choses) User (du combustible, etc.). *Cette voiture consomme trop d'essence.*

CONSOMPTION n. f. ▪ Amaigrissement et dépérissement, dans une maladie grave et prolongée.

CONSONANCE n. f. ▪ **1.** Ensemble de sons (accord) considéré dans la musique occidentale comme plus agréable à l'oreille (opposé à *dissonance*). **2.** Uniformité ou ressemblance du son final (de mots). ⇒ **assonance, rime. 3.** Succession, ensemble de sons. *Un nom aux consonances harmonieuses.*

CONSONANT, ANTE adj. ▪ Qui produit une consonance ; est formé de consonances (1, 2).

CONSONANTIQUE adj. ▪ Relatif aux consonnes (opposé à *vocalique*).

CONSONNE n. f. ▪ **1.** Phonème produit par le passage de l'air à travers la gorge, la bouche, formant obstacles. *Les consonnes et les voyelles.* **2.** Lettre représentant une consonne.

CONSORT ▪ **1.** n. m. pl. *Un tel* ET CONSORTS : et ceux qui agissent avec lui ; et les gens de même espèce (souvent péj.). **2.** adj. PRINCE CONSORT : époux d'une reine, quand il ne règne pas lui-même.

CONSORTIUM [-sjɔm] n. m. ▪ Groupement d'entreprises. *Des consortiums d'achat* (⇒ **comptoir**).

CONSPIRATEUR, TRICE n. ▪ Personne qui conspire. ⇒ **comploteur.** *Des airs de conspirateurs,* mystérieux.

CONSPIRATION n. f. ▪ **1.** Accord secret entre plusieurs personnes pour renverser le pouvoir établi. ⇒ **complot, conjuration. 2.** Entente dirigée contre qqn ou qqch. *La conspiration du silence.*

CONSPIRER v. [1] ▪ **1.** v. intr. S'entendre secrètement pour renverser le pouvoir ou contre qqn, qqch. ⇒ **comploter.** *Conspirer pour renverser le gouvernement.* **2.** v. tr. ind. CONSPIRER À : contribuer au même effet. ⇒ **concourir.** *Tout conspire à son bonheur.*

CONSPUER v. tr. [1] ▪ Manifester bruyamment et en groupe contre (qqn). ⇒ **huer.** *Conspuer un orateur.*

John CONSTABLE (1776 - 1837) ▪ Peintre anglais. Maître du paysage et de l'atmosphère, il influença les romantiques et les impressionnistes. *"La Charrette de foin"*, 1821 ; *"La Cathédrale de Salisbury"*, 1823.

CONSTAMMENT adv. ▪ D'une manière constante. ⇒ **continuellement, toujours.**

CONSTANCE n. f. ▪ **1.** VIEILLI ou LITTÉR. Force morale, courage. **2.** Persévérance dans ce que l'on entreprend. *La constance en amour.* ⇒ **fidélité.** – FAM. Patience. **3.** DIDACT. Caractère durable, constant. ⇒ **continuité, permanence, persistance.** *La constance d'un phénomène.*

CONSTANCE en allemand ***KONSTANZ*** ▪ Ville d'Allemagne (Bade-Wurtemberg), sur le *lac de Constance.* 74 500 hab. Villégiature. Monuments. Grande prospérité au Moyen Âge (concile de 1414-1418, qui mit fin au grand schisme d'Occident).

CONSTANCE Ier CHLORE (mort en 306) ▪ Empereur romain. Associé à la tétrarchie par Maximien.

CONSTANCE II (317 - 361) ▪ Empereur romain de 337 à sa mort. Fils de Constantin Ier le Grand, il réunifia l'empire.

CONSTANT, ANTE ▪ **1.** adj. (personnes ; actes) LITTÉR. Persévérant. *Être constant dans la poursuite d'un but.* **2.** adj. (choses) Qui persiste dans l'état où il se trouve ; qui ne s'interrompt pas. ⇒ **continuel, permanent, persistant.** *Manifester un intérêt constant. Qualité constante.* **3.** n. f. Élément qui ne varie pas. ♦ SC. *Constante physique.*

Benjamin CONSTANT de Rebecque (1767 - 1830) ▪ Écrivain français d'origine suisse. Essayiste et pamphlétaire. Son roman *"Adolphe"* (1816) transpose sa liaison avec Madame de Staël.

Marius CONSTANT (né en 1925) ▪ Compositeur français d'origine roumaine. Il a fondé l'ensemble Ars Nova (1953), qui s'est consacré à la musique contemporaine. *"Éloge de la folie"* (1966).

CONSTANȚA → Constantza

CONSTANTIN Ier LE GRAND (entre 270 et 288 - 337) ▪ Empereur romain de 306 à sa mort. Sa victoire sur Maxence en 312, qu'il interpréta comme un signe favorable du Dieu des chrétiens, l'incita à établir par les édits de Milan (313) la liberté religieuse, et à se convertir au christianisme. Il dota l'Empire d'une nouvelle capitale, Constantinople. Plusieurs empereurs byzantins eurent le même nom. ▸ **CONSTANTIN VII PORPHYROGÉNÈTE** (905 - 959), protecteur des arts et des lettres. ▸ **CONSTANTIN XI PALÉOLOGUE DRAGASÈS** (1404 - 1453), tué lors de la chute de Constantinople.

CONSTANTINE autrefois ***CIRTA*** ▪ Ville d'Algérie. 450 738 hab. *(les Constantinois).* Ancienne capitale de la Numidie (IIe s. av. J.-C.). Centre religieux.

CONSTANTINOPLE ▪ L'ancienne Byzance, capitale de l'empire d'Orient, baptisée Istanbul par les Turcs qui l'enlevèrent en 1453. Centre de l'hellénisme chrétien, lieu de plusieurs conciles.

CONSTANTZA ou **CONSTANȚA** ▪ Ville de Roumanie. 350 476 hab. Port sur la mer Noire et station balnéaire.

CONSTAT n. m. ▪ **1.** Procès-verbal dressé pour décrire un état de fait. *Constat d'huissier. Établir un constat amiable en cas d'accident.* **2.** *Constat de...,* ce par quoi on constate (qqch.). *Dresser un constat d'échec.*

CONSTATATION n. f. ▪ Action de constater pour attester ; fait constaté. ⇒ **observation.** *Procéder aux constatations d'usage.*

CONSTATER v. tr. [1] ▪ Établir par expérience directe la vérité, la réalité de. ⇒ **observer, reconnaître.** *Constater un fait, la réalité d'un fait.*

CONSTELLATION n. f. ▪ Groupe apparent d'étoiles qui présente un aspect reconnaissable. *La constellation de la Grande Ourse.*

CONSTELLER v. tr. [1] ▪ Couvrir d'étoiles, d'astres. ▸ **CONSTELLÉ, ÉE** adj. *Un ciel constellé.* ♦ *Robe constellée de paillettes.*

CONSTERNANT, ANTE adj. ▪ Qui consterne. *Une nouvelle consternante.*

CONSTERNATION n. f. ▪ Abattement, accablement.

CONSTERNER v. tr. [1] ▪ **1.** Jeter brusquement (qqn) dans un abattement profond. ⇒ **abattre, accabler, atterrer, désoler,**

Constable. *La Cathédrale de Salisbury.*
Victoria and Albert Museum, Londres. *Phot. © Nimatallah/Ricciarini*

Tatline, maquette du *Monument à la IIIe Internationale,* 1919, construction de bois et métal, reconstitution de 1979. MNAMGP, Paris.
Phot. © MNAMGP

Moholy-Nagy, *Composition A xx,* 1924. MNAMGP, Paris.
Phot. © MNAMGP

constructivisme.

navrer. *Son départ m'a consterné.* ▸ passif et p. p. *Je suis consterné par son attitude. Un visage consterné.* ⇒ **atterré, abattu. 2.** Attrister en étonnant. *Son incompétence nous consterne.*

CONSTIPATION n. f. ▪ Difficulté dans l'évacuation des selles. *Laxatif contre la constipation.*

CONSTIPER v. tr. [1] ▪ **1.** Causer la constipation de (qqn). ▸ absolt *Le riz constipe.* ▸ au p. p. *Il est constipé.* **2.** CONSTIPÉ, ÉE p. p. adj. fig. Anxieux, contraint, embarrassé. ⇒ **coincé.**

CONSTITUANT, ANTE adj. ▪ **1.** Qui entre dans la composition de. *Les éléments constituants d'un mélange* (syn. *constitutif*). **2.** *Assemblée constituante,* chargée d'établir une constitution (II). ▸ n. f. HIST. *La Constituante :* l'Assemblée* (nationale) constituante, de 1789.

CONSTITUER v. tr. [1] ▪ **1.** DR. Établir (qqn) dans une situation légale. ▸ pronom. *Se constituer prisonnier. Se constituer partie civile.* **2.** DR. *Constituer une rente à qqn,* la créer à son intention. **3.** (sujet choses) Concourir, avec d'autres éléments, à former (un tout). ⇒ **composer.** *Les articles qui constituent un traité.* ♦ Être. *Cette action constitue un délit.* **4.** Organiser, créer (une chose complexe). *Constituer un gouvernement, une société.* **5.** *Être bien constitué :* avoir une bonne constitution (I, 4).

CONSTITUTIF, IVE adj. ▪ Qui constitue ou établit juridiquement qqch. *Titre constitutif de propriété.* ▸ *Éléments constitutifs.* ⇒ **constituant.**

CONSTITUTION n. f. ▪ **I. 1.** DR. Action d'établir légalement. **2.** Manière dont une chose est composée. ⇒ **arrangement, disposition, forme, organisation.** *La constitution d'une substance.* **3.** Action de constituer (un ensemble) ; son résultat. ⇒ **composition, création, élaboration.** *La constitution d'un club sportif.* **4.** Ensemble des caractères congénitaux (d'un individu). ⇒ **tempérament.** *Robuste ; faible constitution.* **II.** Charte, textes fondamentaux qui déterminent la forme du gouvernement d'un pays. *Voter une constitution. Réviser la Constitution. Loi conforme à la Constitution.* ⇒ **constitutionnel.**

CONSTITUTIONNEL, ELLE adj. ▪ **I.** Qui constitue, forme l'essence (de qqch.). ♦ Qui tient à la constitution (de qqn.). *Faiblesse constitutionnelle.* **II. 1.** Relatif ou soumis à une constitution. *Monarchie constitutionnelle.* ♦ Conforme à la Constitution du pays. *Cette loi n'est pas constitutionnelle* (→ anticonstitutionnel). **2.** *Droit constitutionnel,* qui étudie la structure et le fonctionnement du pouvoir politique (branche du droit public). ▶ n. f. CONSTITUTIONNALITÉ

CONSTITUTIONNELLEMENT adv. ▪ D'une manière conforme à la Constitution.

CONSTRICTEUR adj. m. ▪ ANAT. Qui resserre (⇒ **vasoconstricteur**). *Muscles constricteurs.* ▸ ZOOL. *Boa constricteur* ou CONSTRICTOR, qui étreint sa proie dans ses anneaux.

CONSTRICTION n. f. ▪ Action de serrer, de resserrer en pressant autour. ⇒ **étranglement.** ♦ Fait de se resserrer.

CONSTRUCTEUR, TRICE n. ▪ **1.** Personne qui bâtit, construit. *Les constructeurs de cathédrales.* ⇒ **architecte, bâtisseur.** *Constructeur d'automobiles, d'avions.* **2.** fig. *Un constructeur d'empire.* ⇒ **bâtisseur.**

CONSTRUCTIBLE adj. ▪ Où l'on a le droit de construire un édifice.

CONSTRUCTIF, IVE adj. ▪ Capable de construire, d'élaborer, de créer. ⇒ **créateur.** *Un esprit constructif.* ♦ Qui aboutit à des résultats positifs. *Une proposition constructive.*

CONSTRUCTION n. f. ▪ **1.** Action de construire. ⇒ **assemblage, édification.** *La construction d'une maison.* ▸ *Immeuble* EN CONSTRUCTION, en train d'être construit. ▸ *La construction d'une automobile.* ⇒ **fabrication.** ♦ Techniques qui permettent de construire. *Les constructions aéronautiques.* **2.** Ce qui est construit, bâti. ⇒ **bâtiment, édifice, immeuble.** *Une construction en pierres de taille.* **3.** Action de composer, d'élaborer une chose abstraite ; cette chose. ⇒ **composition.** *C'est une construction de l'esprit. Construction géométrique,* figure. ♦ Place relative des mots dans la phrase (⇒ **syntaxe**). *Construction grammaticale.*

CONSTRUCTIVISME n. m. ▪ Mouvement artistique né en Russie, où l'effet plastique est obtenu par des lignes et des plans assemblés, construits. ■ Né en 1920 sous l'impulsion de Rodchenko, Tatline, El Lissitzky, le constructivisme se développa en Europe grâce à Pevsner et à son frère Naum Gabo, puis aux États-Unis sous l'influence d'artistes du Bauhaus*.

CONSTRUIRE v. tr. [38] ▪ **1.** Bâtir, suivant un plan déterminé. ⇒ **édifier.** *Construire un pont sur une rivière. Construire un navire.* ▸ au p. p. *Une maison bien construite.* **2.** fig. Faire exister (un système complexe) en organisant des éléments mentaux. ⇒ **composer.** *Construire un système, une théorie.*

♦ Tracer (une figure géométrique) selon un schéma. **3.** fig. Organiser (un énoncé) selon un ordre déterminé. *Construire une phrase.*

CONSUBSTANTIALITÉ n. f. ▪ THÉOL. CHRÉT. Unité et identité de substance des personnes de la Trinité (⇒ **consubstantiel**).

CONSUBSTANTIEL, IELLE adj. ▪ THÉOL. CHRÉT. Qui est unique par la substance. *Le Fils est consubstantiel au Père.* ♦ LITTÉR. *Consubstantiel à :* inséparable de.

CONSUL n. m. ▪ **I.** HIST. **1.** ANTIQ. L'un des deux magistrats qui exerçaient l'autorité suprême, sous la République romaine. **2.** L'un des trois magistrats auxquels la Constitution de l'an VIII avait confié le gouvernement de la République française. *Bonaparte, Premier consul.* **II.** Agent chargé par un gouvernement de la défense des intérêts de ses nationaux et de fonctions administratives dans un pays étranger. *Le consul de France à Rome.*

CONSULAIRE adj. ▪ D'un consul.

CONSULAT n. m. ▪ **1.** HIST. Charge de consul (I et II). ♦ Temps pendant lequel un consul exerçait sa charge. *Le consulat de Cicéron.* ♦ spécialt (en France) *Le Consulat* (voir ci-dessous). **2.** Bureaux, services dirigés par un consul (II). *Aller au consulat pour obtenir un visa.*

le CONSULAT ▪ Régime politique de la France de 1799 à 1804, après le Directoire, défini par la Constitution de l'an VIII (1800) qui nomma les trois consuls : Cambacérès, Lebrun, Bonaparte. Celui-ci, Premier consul (nommé à vie en 1802), réunissait en fait tous les pouvoirs. Désireux de mettre fin aux désordres de la Révolution, il pacifia et réorganisa le pays (Code civil), mais revint sur certains acquis révolutionnaires (rétablissement de l'esclavage dans les colonies en 1802). Une politique étrangère brillante et le redressement de l'économie ouvrirent la voie à l'Empire.

le Consulat. Portrait des trois consuls par Levachez et fils, gravure. Bibliothèque nationale de France, Paris. *Phot. © Lauros/Giraudon*

CONSULTABLE adj. ▪ Que l'on peut consulter.

CONSULTANT, ANTE n. ▪ Personne qui donne des consultations. ⇒ **conseil.** ‑ appos. *Avocat, médecin consultant.*

CONSULTATIF, IVE adj. ▪ Qui est constitué pour donner des avis mais non pour décider. *Comité consultatif. À titre consultatif :* pour simple avis.

CONSULTATION n. f. ▪ **1.** Action de prendre avis. *Consultation de l'opinion.* ⇒ **enquête, sondage.** ♦ *La consultation d'un document.* ⇒ **examen. 2.** (savant, avocat, médecin) Action de donner avis. *Les consultations données par un expert.* **3.** Fait de recevoir des patients. *Cabinet, heures de consultation.* ♦ Moment, service des consultations.

CONSULTER v. ⊡ ▪ **I.** v. tr. **1.** Demander avis, conseil à (qqn). *Consulter un médecin, un expert.* **2.** Regarder (qqch.) pour y chercher des explications, des renseignements. *Consulter un dictionnaire.* **II.** v. intr. (médecin) Donner des consultations (3). *Le docteur consulte tous les matins.*

CONSUMER v. tr. ⊡ ▪ **1.** LITTÉR. Épuiser complètement les forces de (qqn). ⇒ **abattre, user.** *Le chagrin le consume. La maladie qui le consumait.* ‑ pronom. *Se consumer :* épuiser sa santé, ses forces. *Elle se consumait en efforts inutiles.* ⇒ **s'épuiser. 2.** Détruire par le feu. ⇒ **brûler, calciner.** *Le feu a consumé tout un quartier.* ⇒ **incendier.** ‑ au p. p. *Bois à demi consumé.*

CONSUMÉRISME n. m. ▪ anglic. Protection des intérêts du consommateur par des associations. ► adj. et n. CONSUMÉRISTE

CONTACT [‑akt] n. m. ▪ **1.** Position, état relatif de corps qui se touchent. *Le contact entre deux choses, d'une chose et d'une autre.* ‑ *Être, entrer* EN CONTACT, se joindre, se toucher. *Au contact de l'air.* ‑ *Lentilles, verres* DE CONTACT : verres correcteurs de la vue qui s'appliquent sur l'œil (⇒ **cornéen**). **2.** *Contact électrique,* entre conducteurs, permettant le passage du courant. ♦ Dispositif permettant l'allumage d'un moteur à explosion. *Clé de contact. Couper le contact.* **3.** Relation entre personnes. *Les contacts humains.* ‑ *Entrer, rester* EN CONTACT *avec qqn,* en relation. ‑ *Au contact de qqn,* sous son influence. ‑ *Prendre contact avec qqn.*

CONTACTER v. tr. ⊡ ▪ (critiqué) Prendre contact avec (qqn). ⇒ **rencontrer, toucher.** *Contacter qqn par téléphone.*

CONTAGIEUX, EUSE adj. ▪ **1.** Qui se communique par la contagion. *Maladie contagieuse.* **2.** Agent de contagion. *Cet homme est contagieux.* ‑ n. *Un contagieux.* **3.** fig. Qui se communique facilement. *Rire, enthousiasme contagieux.* ⇒ **communicatif.**

CONTAGION n. f. ▪ **1.** Transmission d'une maladie à une personne bien portante, par contact (direct ou indirect). ⇒ **contamination, infection.** *S'exposer à la contagion.* **2.** Imitation involontaire. ⇒ **propagation, transmission.** *La contagion du bâillement.*

CONTAINER [‑ɛʀ] ⇒ CONTENEUR

CONTAMINATION n. f. ▪ Envahissement (d'un organisme ⇒ **contagion** ; d'un milieu) par des agents pathogènes ou des polluants. *La contamination de l'eau d'une rivière.*

CONTAMINANT, ANTE adj. ▪ Qui contamine. *Seringue contaminante.*

CONTAMINER v. tr. ⊡ ▪ Transmettre une maladie à. ⇒ **infecter.** ‑ Polluer (par la radioactivité, des micro-organismes, etc.). ‑ au p. p. *Eau contaminée. Une région contaminée,* rendue dangereuse (par la radioactivité, etc.). ‑ *Sang contaminé* (par un virus).

Les CONTAMINES-MONTJOIE ▪ Commune de Haute-Savoie. 994 hab. Station estivale et hivernale (1 164 à 2 487 m d'alt.). Fromages.

CONTE n. m. ▪ **1.** Récit de faits, d'aventures imaginaires, destiné à distraire. ⇒ **histoire, récit ; conter.** *Les contes de Perrault.* ‑ *CONTE DE FÉES :* récit merveilleux ; fig. aventure étonnante et heureuse. **2.** LITTÉR. Histoire fausse et invraisemblable. ⇒ **baliverne, sornette.** *Des contes à dormir debout.*

CONTEMPLATIF, IVE adj. ▪ **1.** Qui aime la contemplation, la méditation. *Esprit contemplatif.* **2.** RELIG. *Ordre contemplatif,* voué à la méditation. *Religieux contemplatif.* ‑ n. *Un contemplatif.*

CONTEMPLATION n. f. ▪ **1.** Fait de s'absorber dans l'observation attentive (de qqn, qqch.). *La contemplation des étoiles. Rester en contemplation devant une œuvre d'art.* **2.** Concentration de l'esprit sur des sujets intellectuels ou religieux. ⇒ **méditation ; contemplatif.** *"Les Contemplations"* (poèmes de Hugo).

CONTEMPLER v. tr. ⊡ ▪ Considérer attentivement ; s'absorber dans l'observation de. *Contempler les merveilles de la nature.*

CONTEMPORAIN, AINE adj. ▪ **1.** *CONTEMPORAIN DE :* qui est de la même époque que. *Jeanne d'Arc était contemporaine de Charles VII.* ‑ n. *Les contemporains de Voltaire.* ♦ *Des événements contemporains,* qui se sont produits à la même époque. **2.** Du temps actuel. ⇒ **moderne.** *L'art contemporain ; la littérature contemporaine.* ► n. f. CONTEMPORANÉITÉ

CONTEMPTEUR, TRICE n. ▪ LITTÉR. Personne qui méprise, dénigre (qqn, qqch.). *Les contempteurs de la morale.*

CONTENANCE n. f. ▪ **I.** Quantité de ce qu'un récipient peut contenir. ⇒ **capacité, contenu.** *La contenance d'un réservoir.* **II.** Manière de se tenir, de se présenter. ⇒ **air, allure, attitude, mine.** *Une contenance gênée, embarrassée.* ‑ loc. *Faire bonne contenance :* garder son sang-froid, montrer du courage. *Se donner une contenance :* déguiser son embarras. *Perdre contenance :* être subitement déconcerté, se troubler (⇒ **décontenancé**).

CONTENANT n. m. ▪ Ce qui contient qqch. ⇒ **récipient.** *Le contenant et le contenu.*

CONTENEUR n. m. ▪ Grande caisse métallique pour le transport des marchandises. ⇒ **cadre.** *Décharger des conteneurs.* ◇ syn. anglic. CONTAINER.

CONTENIR v. tr. 22 ▪ **1.** Avoir, comprendre en soi, dans sa capacité, son étendue, sa substance. ⇒ **renfermer.** *Ce minerai contient une forte proportion de métal. Une enveloppe contenant des photos.* **2.** Avoir une capacité de. *Cette salle contient mille spectateurs.* ⇒ **accueillir, recevoir. 3.** Empêcher (des personnes, des groupes) d'avancer, de s'étendre. ⇒ **limiter, maintenir, retenir.** *Contenir les manifestants.* **4.** Empêcher (un sentiment) de se manifester, de s'exprimer. *Contenir ses larmes.* ⇒ **refouler.** *Contenir son émotion, sa colère.* ► SE **CONTENIR** v. pron. Ne pas exprimer un sentiment fort. ⇒ se **dominer,** se **maîtriser,** se **retenir.** *Essayez de vous contenir.* ► ① **CONTENU, UE** adj. *Une émotion contenue,* que l'on se retient d'exprimer.

CONTENT, ENTE adj. ▪ **I.** Satisfait. **1.** *Content de qqch.* ⇒ **enchanté, ravi.** *Je suis content de mon acquisition,* elle me plaît. ♦ *NON CONTENT d'être endetté, il emprunte à tous ses amis,* il ne lui suffit pas de (→ non seulement). **2.** *Être content que* (+ subj.). *Je serais content que vous veniez.* **3.** *Content de qqn,* satisfait de son comportement. - *Content de soi :* vaniteux. **4.** sans compl. Gai, joyeux. *Il a l'air tout content.* **II.** n. m. *AVOIR SON CONTENT DE qqch.,* être comblé, avoir assez de. ⇒ **soûl.**

CONTENTEMENT n. m. ▪ Satisfaction. *Son contentement fait plaisir à voir. Contentement de soi.* ⇒ **autosatisfaction.** - prov. *Contentement passe richesse.*

CONTENTER v. tr. 1 ▪ Rendre (qqn) content en lui donnant ce qu'il désire. ⇒ **combler, satisfaire.** loc. prov. *On ne peut pas contenter tout le monde.* ⇒ **plaire** à. ► SE **CONTENTER** (DE) v. pron. Être satisfait de (qqch.), ne rien demander de plus que. ⇒ s'**accommoder,** s'**arranger.** *Se contenter de peu.* - Se contenter de faire qqch.

CONTENTIEUX n. m. ▪ Ensemble des litiges ; service qui s'occupe des affaires litigieuses (dans une entreprise). *Chef du contentieux.*

CONTENTION n. f. ▪ **I.** Tension (des facultés intellectuelles). ♦ Effort physique intense. **II.** CHIR. Maintien, par des moyens artificiels, d'organes accidentellement déplacés. *La contention des fractures osseuses.*

① **CONTENU, UE** ⇒ CONTENIR

② **CONTENU** n. m. ▪ **1.** Ce qui est dans un contenant. *Le contenu d'un récipient.* **2.** fig. Substance, teneur. *Le contenu d'une lettre.* - *Contenu latent, manifeste du rêve. Le contenu et l'expression* (d'un ensemble de signes).

CONTER v. tr. 1 ▪ **1.** Dire (une histoire imaginaire, un conte) pour distraire. ⇒ **raconter. 2.** VIEILLI Dire (une chose inventée) pour tromper. *Que me contez-vous là ?* - loc. *EN CONTER à qqn,* l'abuser, le tromper. *Il ne s'en laisse pas conter.*

CONTESTABLE adj. ▪ Qui peut être contesté. ⇒ **discutable.** *Un argument contestable.*

CONTESTATAIRE adj. et n. ▪ Qui conteste. *Des étudiants contestataires.* - n. *Des contestataires.*

CONTESTATION n. f. ▪ **1.** Le fait de contester qqch. ; discussion sur un point contesté. ⇒ **controverse, débat.** *Élever une contestation sur un point.* **2.** Vive opposition. *Entrer en contestation avec qqn.* ⇒ **dispute, opposition, querelle.** ♦ Remise en cause de l'ordre établi.

SANS **CONTESTE** loc. adv. ▪ Sans discussion possible. ⇒ **assurément, incontestablement.** *Il est le meilleur, sans conteste.*

CONTESTER v. tr. 1 ▪ **1.** Mettre en discussion (le droit, les prétentions de qqn). ⇒ **discuter.** *Contester à qqn le droit de s'exprimer.* - absolt *Ils aiment contester* (⇒ **contestataire, contestation**). **2.** Mettre en doute. ⇒ **nier.** *Contester un fait.* - au p. p. *Cette théorie est très contestée.* ⇒ **controversé.**

CONTEUR, EUSE n. ▪ Personne qui compose, dit ou écrit des contes. *Les poètes conteurs* (aèdes, troubadours...).

CONTEXTE n. m. ▪ **1.** Ensemble du texte qui entoure un élément de la langue (un mot, une phrase...). *Citation séparée de son contexte.* **2.** Ensemble des circonstances dans lesquelles se produit un fait. ⇒ **situation.** *Le contexte politique. Dans un contexte particulier.*

CONTEXTURE n. f. ▪ Manière dont se présentent les éléments d'un tout complexe (notamment organique). ⇒ **constitution, organisation, structure.** *La contexture des os.*

la maison de CONTI ou **CONTY** ▪ Branche cadette de la maison des Bourbon-Condé.

CONTIGU, UË [-gy] adj. ▪ Qui touche (à autre chose). ⇒ **attenant, voisin.** *Deux jardins contigus. Chambre contiguë à une autre.*

CONTIGUÏTÉ [-gɥit-] n. f. ▪ État de ce qui est contigu. ⇒ **mitoyenneté, proximité.**

CONTINENCE n. f. ▪ État d'une personne qui s'abstient de tout plaisir charnel. ⇒ **ascétisme, chasteté, pureté.**

① **CONTINENT, ENTE** adj. ▪ VX Qui pratique la continence. ⇒ **chaste.**

② **CONTINENT** n. m. ▪ **1.** Grande étendue de terre limitée par un ou plusieurs océans. **2.** Partie du monde. *Les cinq continents* (traditionnellement : l'Europe, l'Asie, l'Afrique, l'Amérique et l'Océanie). **3.** *Le continent,* par rapport à une île proche.

CONTINENTAL, ALE, AUX adj. ▪ D'un continent. *Climat continental,* des régions éloignées des mers.

CONTINGENCE n. f. ▪ **1.** PHILOS. Caractère de ce qui est contingent. **2.** au plur. Les choses qui peuvent changer, qui n'ont pas une importance capitale. *Les contingences de la vie quotidienne :* les événements terre à terre.

CONTINGENT, ENTE ▪ **I.** adj. Qui peut se produire ou non. ⇒ **accidentel, éventuel, occasionnel.** *Événement contingent,* soumis au hasard. **II.** n. m. **1.** Effectif des appelés au service militaire pour une période déterminée. ⇒ **classe.** *Appel d'un contingent.* **2.** Part que chacun apporte ou reçoit. ♦ Quantité de marchandises dont l'importation ou l'exportation est autorisée. ⇒ **quota.**

CONTINGENTEMENT n. m. ▪ Action de contingenter ; son résultat.

CONTINGENTER v. tr. 1 ▪ Fixer un contingent (II, 2) limité, précis à. ⇒ **limiter.** *Contingenter les importations.*

CONTINU, UE adj. ▪ **1.** Qui n'est pas interrompu dans le temps. ⇒ **continuel, incessant, ininterrompu.** *Un bruit continu. Fournir un effort continu.* ⇒ **assidu.** - MUS. *Basse* continue.* - *Courant continu* (opposé à *alternatif*). - *Journée continue :* horaire de travail ne comportant qu'une brève interruption pour le repas. - n. m. *Fonctionner EN CONTINU,* sans interruption. **2.** Composé de parties non séparées. *Ligne continue.* ♦ SC. *Grandeurs continues et discontinues, et discrètes.* - n. m. *Le continu et le discontinu en physique.*

CONTINUATEUR, TRICE n. ▪ Personne qui continue ce qu'une autre a commencé. ⇒ **successeur.** *Les continuateurs de Darwin.*

CONTINUATION n. f. ▪ Action de continuer (qqch.) ; le fait d'être continué. *La continuation de la guerre.* - FAM. *Bonne continuation !*

CONTINUEL, ELLE adj. ▪ Qui dure sans interruption ou se répète à intervalles rapprochés. ⇒ **continu, perpétuel.** *Pluies continuelles.* ⇒ **ininterrompu.** *Faire des efforts continuels.*

CONTINUELLEMENT adv. ▪ D'une manière continuelle, sans arrêt, sans relâche. *Nous avons continuellement des réclamations.* ⇒ **constamment.**

CONTINUER v. 1 ▪ **I.** v. tr. **1.** Faire ou maintenir encore, plus longtemps ; ne pas interrompre (ce qui est commencé). *Continuer ses études. Continuer son chemin.* ⇒ **poursuivre.** - trans. ind. *CONTINUER À, DE* (+ inf.). *Continuer à parler, de parler.* - absolt *Vous pouvez continuer.* **2.** Prolonger (qqch.) dans l'espace. *Continuer une ligne, une route.* **II.** v. intr. (sujet chose) **1.** Ne pas s'arrêter. ⇒ **durer.** *La fête continue. La vie continue.* **2.** S'étendre plus loin. ⇒ se **prolonger.** *Cette route continue jusqu'à Paris.* ⇒ **aller.**

CONTINUITÉ n. f. ▪ Caractère de ce qui est continu. ⇒ **persistance.** *Assurer la continuité d'une tradition.* - *Solution de continuité.*

CONTINÛMENT adv. ▪ D'une manière continue.

CONTINUO n. m. ▪ MUS. Basse continue.

CONTINUUM [-nɥɔm] n. m. ▪ **1.** PHYS. Ensemble d'éléments homogènes. - *Le continuum espace-temps.* **2.** DIDACT. Phénomène progressif dont on ne peut considérer une partie que par abstraction.

CONTONDANT, ANTE adj. ▪ DIDACT. *Instrument contondant, arme contondante,* qui blesse, meurtrit sans couper ni percer.

CONTORSION n. f. ▪ **1.** Attitude anormale par torsion des membres, du corps. **2.** Attitude outrée, gestes affectés. ⇒ **agitation, grimace.**

SE **CONTORSIONNER** v. pron. 1 ▪ Faire des contorsions.

CONTOUR n. m. ▪ Limite extérieure (d'un objet, d'un corps). ⇒ **bord, tour.** *Le contour des montagnes à l'horizon.*

⇒ **silhouette.** *Tracer les contours d'une figure. Les contours du corps humain.* ⇒ **courbe, forme, galbe, ligne.**

CONTOURNÉ, ÉE adj. ▪ **1.** Qui présente des courbes, a un contour compliqué. **2.** Affecté et compliqué. *Style contourné.* ⇒ **tarabiscoté.**

CONTOURNER v. tr. [1] ▪ Faire le tour de, passer autour. *Le fleuve qui contourne la ville.* ♦ fig. *Contourner une difficulté.* ⇒ **éviter.** ► n. m. CONTOURNEMENT

CONTRA- Élément savant, du latin *contra* « contre ; en sens contraire ». ⇒ **contre-.**

CONTRACEPTIF, IVE adj. ▪ Qui empêche les rapports sexuels d'aboutir à la conception d'un enfant. *Pilule contraceptive.* – n. m. Produit, dispositif contraceptif.

CONTRACEPTION n. f. ▪ anglic. Ensemble des moyens employés pour rendre les rapports sexuels inféconds, chez la femme ou chez l'homme.

CONTRACTANT, ANTE adj. ▪ DR. Qui s'engage par contrat.

CONTRACTÉ, ÉE adj. ▪ **1.** Qui est tendu, crispé. *Visage contracté.* – (personnes) Inquiet, nerveux. **2.** LING. Formé de deux éléments réunis en un seul. *« Au » et « du », formes contractées de « à le » et « de le ».*

① **CONTRACTER** v. tr. [1] ▪ **I.** S'engager à faire, à respecter par contrat. *Contracter un mariage, une assurance.* **II. 1.** Prendre, acquérir (une habitude, un sentiment). ⇒ **former, prendre.** *Contracter une manie.* **2.** Attraper (une maladie).

② **CONTRACTER** v. tr. [1] ▪ Réduire dans sa longueur, son volume. ⇒ **raccourcir, resserrer.** *Le froid contracte les corps.* – *Contracter ses muscles.* ⇒ **raidir, tendre.** ► SE **CONTRACTER** v. pron. *Le cœur se contracte et se dilate alternativement* (⇒ **contraction**).

CONTRACTILE adj. ▪ PHYSIOL. Qui peut être contracté. *Muscles contractiles.*

CONTRACTION n. f. ▪ **1.** Réaction du muscle qui se raccourcit et se gonfle. *Contraction violente.* ⇒ **crampe, spasme.** ♦ *Les contractions d'une femme qui accouche.* ⇒ **douleur(s).** **2.** *Contraction de texte :* exercice scolaire consistant à résumer un texte.

CONTRACTUEL, ELLE adj. et n. ▪ **1.** Stipulé par contrat. *Obligation contractuelle.* **2.** *Agent contractuel :* agent non fonctionnaire coopérant à un service public. ♦ n. Auxiliaire de police chargé de faire respecter les règles de stationnement.

CONTRACTURE n. f. ▪ MÉD. Contraction musculaire prolongée.

CONTRADICTEUR n. m. ▪ Personne qui contredit. ⇒ **adversaire, opposant.** *Un contradicteur courtois ; acharné.*

CONTRADICTION n. f. ▪ **1.** Action de contredire qqn ; échange d'idées entre ceux qui se contredisent. ⇒ **contestation, objection, opposition.** *Il ne supporte pas la contradiction.* – *Esprit de contradiction :* disposition à contredire, à s'opposer. ♦ Action de se contredire. *Être en contradiction avec ses principes.* **2.** LOG. Relation entre deux termes, deux propositions affirmant et niant une même proposition. ♦ Réunion d'éléments incompatibles. *Les contradictions internes d'un système.* – *Principe de non-contradiction :* principe d'identité* (en logique).

CONTRADICTOIRE adj. ▪ **1.** Qui contredit une affirmation. ⇒ **contraire.** **2.** Où il y a contradiction, discussion. *Débat contradictoire.* **3.** Qui implique contradiction, incompatibilité. ⇒ **incompatible.** *Tendances, influences contradictoires.* ► adv. CONTRADICTOIREMENT

CONTRAIGNANT, ANTE adj. ▪ Qui contraint, gêne et oblige. ⇒ **astreignant, pénible.** *Des horaires contraignants.*

CONTRAINDRE v. tr. [52] ▪ *Contraindre qqn à faire qqch.*, lui imposer de faire qqch. contre sa volonté. ⇒ **forcer, obliger.** – au passif *ÊTRE CONTRAINT DE* (+ inf.). *Elle a été contrainte d'accepter.* loc. *(Être) contraint et forcé (de...).* ► SE **CONTRAINDRE** v. pron. *Se contraindre à faire qqch.*, se forcer. ► **CONTRAINT, AINTE** adj. Gêné, mal à l'aise. *Un air contraint.* ⇒ **embarrassé, emprunté.**

CONTRAINTE n. f. ▪ **1.** Violence exercée contre qqn ; entrave à la liberté d'action. *Contrainte sociale, morale.* – *Agir sous la contrainte.* **2.** Gêne, retenue. *Parlez sans contrainte.* **3.** DR. *Contrainte par corps :* emprisonnement destiné à forcer qqn au paiement d'une amende. **4.** PHYS. Ensemble des forces qui tendent à déformer un corps.

CONTRAIRE ▪ **I.** adj. **1.** Qui présente la plus grande différence possible (en parlant de deux choses du même genre) ; qui s'oppose (à qqch.). ⇒ **contradictoire, incompatible, inverse, opposé ;** s'oppose à *semblable, identique. Deux opinions contraires. Son attitude est contraire à la raison.* **2.** Qui, en s'opposant, gêne le cours d'une chose. ⇒ **défavorable.** *Vents contraires.* – *La chance lui est contraire.* **II.** n. m. **1.** Ce qui est opposé (logiquement). ⇒ **antithèse, opposition.** *Faire le contraire de ce que l'on a dit. C'est tout le contraire. Il dit toujours le contraire* (⇒ **contredire**). **2.** *AU CONTRAIRE* loc. adv. : d'une manière opposée. ⇒ **contrairement,** par **contre.** *Il ne le regrette pas ; au contraire, il en est ravi.* ► **CONTRAIREMENT** adv. *Contrairement à ce qu'on pensait...*

CONTRALTO n. m. ▪ La plus grave des voix de femme. – Femme qui a cette voix. *Des contraltos.*

CONTRAPUNTIQUE [-pɔ̃tik] adj. ▪ MUS. Du contrepoint.

CONTRARIANT, ANTE adj. ▪ **1.** Qui est porté à contrarier (1). *Un esprit contrariant.* **2.** Qui contrarie. *Comme c'est contrariant !* ⇒ **agaçant, ennuyeux.**

CONTRARIER v. tr. [7] ▪ **1.** Avoir une action contraire, s'opposer à (qqch.) ⇒ **combattre, contrecarrer, gêner, résister** à. *Contrarier les projets de qqn.* – au p. p. *Des amours contrariées.* **2.** Causer du dépit, du mécontentement à (qqn) en s'opposant à lui. ⇒ **chagriner, fâcher, mécontenter.** *Il cherche à vous contrarier.* ♦ (sujet chose) Rendre inquiet, mal à l'aise. *Cette histoire me contrarie.* – au p. p. *Il a l'air très contrarié.*

CONTRARIÉTÉ n. f. ▪ Déplaisir causé par ce qui contrarie. ⇒ **mécontentement.** *Éprouver une vive contrariété.*

CONTRASTE n. m. ▪ **1.** Opposition de deux choses dont l'une fait ressortir l'autre. *Contraste d'idées.* ⇒ **antithèse.** *Un contraste de couleurs.* – *Par contraste,* par l'opposition avec son contraire. ⇒ **comparaison.** **2.** Variation de l'ombre et de la lumière, dans une image. *Régler le contraste de la télévision.* ♦ MÉD. *Produit DE CONTRASTE,* produit opaque aux rayons X, utilisé en radiographie.

CONTRASTÉ, ÉE adj. ▪ Qui présente des contrastes. *Couleurs contrastées.*

CONTRASTER v. intr. [1] ▪ *Contraster avec qqn, qqch.*, être en contraste (avec) ; s'opposer d'une façon frappante.

CONTRASTIF, IVE adj. ▪ **1.** Qui produit un, des contrastes. **2.** Qui compare deux langues.

CONTRAT n. m. ▪ **1.** Convention par laquelle une ou plusieurs personnes s'obligent à donner, à faire ou à ne pas faire qqch. vis-à-vis de qqn. ⇒ **convention, pacte.** *Un contrat d'échange, de louage, de vente. Contrat de travail. Stipuler par contrat* (⇒ **contractuel**). ♦ *"Contrat social"* (Rousseau) : convention entre les membres du corps social, entre gouvernés et gouvernants. **2.** Acte qui enregistre cette convention. *Rédiger, signer un contrat.*

CONTRAVENTION n. f. ▪ DR. Infraction que les lois punissent d'une amende. *Être en contravention.* ♦ Cette amende. *Contravention pour excès de vitesse.* ⇒ FAM. **contredanse.** ♦ Procès-verbal de cette infraction. *Trouver une contravention sur son pare-brise.*

CONTRE ▪ **I.** prép. et adv. **1.** (Proximité, contact). ⇒ **auprès** de, **près** de, **sur.** *Pousser le lit contre le mur.* ♦ adv. *Tout contre :* très près. – *Ci*-contre.* **2.** À l'opposé de, dans le sens contraire à. *Nager contre le courant.* – *PAR CONTRE* loc. adv. : au contraire, en revanche (critiqué). **3.** En dépit de. ⇒ **malgré, nonobstant.** *Contre toute apparence, c'est lui qui a raison. Contre toute attente.* **4.** En opposition à, dans la lutte avec (surtout après les verbes *combattre, lutter,* etc.). ⇒ **avec.** *Se battre, être en colère contre qqn.* – adv. *Voter pour ou contre.* ♦ *Avoir qqch. contre* (qqch., qqn), ne pas approuver entièrement, ne pas aimer. – adv. *Je n'ai rien contre.* **5.** Pour se défendre, se protéger de (⇒ **anti-, para-**). *S'assurer contre l'incendie.* **6.** (proportion, comparaison) *Parier à cent contre un.* **7.** En échange de. *Envoi contre remboursement.* **II.** n. m. **1.** *LE POUR ET LE CONTRE :* les avantages et les inconvénients. **2.** Parade ou riposte. – Action de contrer (aux cartes).

CONTRE- Élément (→ contre) qui signifie « opposé, contraire » (reste invar. dans les composés : *des contre-attaques*).

CONTRE-ALLÉE n. f. ▪ Allée latérale, parallèle à la voie principale. *Voitures garées dans les contre-allées.*

CONTRE-AMIRAL, AUX n. m. ▪ Officier général de la marine, immédiatement au-dessous du vice-amiral. *Des contre-amiraux.*

CONTRE-ATTAQUE n. f. ▪ Riposte offensive à une attaque. ⇒ **contre-offensive.** *Des contre-attaques.*

CONTRE-ATTAQUER v. tr. [1] ▪ Faire une contre-attaque.

CONTREBALANCER v. tr. [3] ▪ I. 1. Faire équilibre à. 2. Compenser en étant égal à. *Les avantages contrebalancent les inconvénients.* II. *SE CONTREBALANCER (DE)* v. pron. FAM. Se moquer éperdument (de). ⇒ se **contreficher**, se **contrefoutre** de.

CONTREBANDE n. f. ▪ Introduction clandestine de marchandises dans un pays ; ces marchandises. *Faire la contrebande du tabac.*

CONTREBANDIER, IÈRE n. ▪ Personne qui fait de la contrebande.

EN **CONTREBAS** loc. adv. ▪ À un niveau inférieur. *La route passe en contrebas* (opposé à *en contrehaut*). ▸ loc. prép. *La maison se trouve en contrebas du chemin.*

CONTREBASSE n. f. ▪ 1. Le plus grand et le plus grave des instruments à archet. 2. Musicien qui joue de la contrebasse. ⇒ **contrebassiste.**

CONTREBASSISTE n. ▪ Musicien qui joue de la contrebasse. ⇒ **bassiste.**

CONTREBATTRE v. tr. [41] ▪ S'opposer avec succès à (en contre-attaquant par un tir).

CONTRECARRER v. tr. [1] ▪ S'opposer directement à. ⇒ **gêner.** *Contrecarrer les projets de qqn.*

CONTRECHAMP n. m. ▪ CIN. Prise de vues dans le sens opposé à celui de la précédente (⇒ **champ**) ; plan ainsi filmé.

CONTRE-CHANT n. m. ▪ MUS. Phrase mélodique sur les harmonies du thème, et jouée en même temps que lui. *Des contre-chants.*

À **CONTRECŒUR** [-kœʀ] loc. adv. ▪ Malgré soi, avec répugnance. *Faire une chose à contrecœur.*

CONTRECOUP [-ku] n. m. ▪ Événement qui se produit en conséquence indirecte d'un autre. ⇒ **réaction.** *Subir le contrecoup d'un désastre. Par contrecoup.*

CONTRE-COURANT n. m. ▪ 1. Courant contraire (au courant principal). 2. *À CONTRE COURANT* loc. adv. En remontant le courant. *Nager à contre-courant.* ▸ fig. *Aller à contre-courant de son époque,* dans un sens opposé à l'évolution.

CONTRE-CULTURE n. f. ▪ Courant culturel qui se définit en opposition à la culture dominante. *Des contre-cultures.*

CONTREDANSE n. f. ▪ I. Danse ancienne où les couples de danseurs se faisaient vis-à-vis et exécutaient des figures ; son air. II. FAM. Contravention. ⇒ **amende.**

CONTREDIRE v. tr. [37] 2e pers. du plur. *vous contredisez* ▪ 1. S'opposer à (qqn) en disant le contraire de ce qu'il dit. ⇒ **démentir ; contradiction.** *Contredire qqn ; son témoignage.* 2. (choses) Aller à l'encontre de. *Les événements ont contredit ses prédictions.* ► SE **CONTREDIRE** v. pron. Dire des choses contradictoires successivement.

CONTREDIT ▪ 1. n. m. VX Affirmation contradictoire. 2. *SANS CONTREDIT* loc. adv. : sans qu'il soit possible d'affirmer le contraire. ⇒ **assurément, certainement,** sans **conteste.**

CONTRÉE n. f. ▪ LITTÉR. Étendue de pays. ⇒ **région.** *Une contrée riche, fertile.*

CONTRE-ÉLECTROMOTRICE adj. f. ▪ ÉLECTR. *Force contre-électromotrice (f. c. e. m.),* qui s'oppose au courant direct.

CONTRE-EMPLOI n. m. ▪ Rôle qui ne correspond ni au physique ni au tempérament d'un acteur. *Des contre-emplois.*

CONTRE-ENQUÊTE n. f. ▪ Enquête destinée à vérifier les résultats d'une enquête précédente. *Des contre-enquêtes.*

CONTRE-ÉPREUVE n. f. ▪ 1. Épreuve tirée sur une estampe ; reproduction. 2. Second essai pour vérifier.

CONTRE-ESPIONNAGE n. m. ▪ Organisation chargée de la surveillance des espions ; cette surveillance. *Faire du contre-espionnage.*

CONTRE-EXEMPLE n. m. ▪ Exemple qui contredit une affirmation, une thèse. *Des contre-exemples.*

CONTRE-EXPERTISE n. f. ▪ Expertise destinée à en contrôler une autre. *Des contre-expertises.*

CONTREFAÇON n. f. ▪ Imitation frauduleuse. ⇒ **copie, plagiat.** *La contrefaçon d'un livre, d'un produit.*

CONTREFAIRE v. tr. [60] ▪ 1. Imiter pour tourner en dérision. ⇒ **caricaturer.** *Contrefaire la démarche de qqn.* 2. Imiter frauduleusement (⇒ **contrefaçon**). *Contrefaire une monnaie, une signature.* 3. Feindre (un sentiment) ; changer, modifier l'apparence de (qqch.) pour tromper. ⇒ **déguiser.**

CONTREFAIT, AITE adj. ▪ (personnes) Difforme, mal bâti.

CONTRE-FEU n. m. ▪ Feu allumé pour arrêter un incendie en créant un espace vide.

SE **CONTREFICHER** ou SE **CONTREFICHE** v. pron. [1] → ② ficher ▪ FAM. Se moquer complètement (de). ⇒ se **contrebalancer.** ◇ syn. SE CONTREFOUTRE.

CONTRE-FILET n. m. ▪ Morceau de bœuf correspondant aux lombes. ⇒ **faux-filet.** *Des contre-filets.*

CONTREFORT n. m. ▪ 1. Pilier, mur servant d'appui à un autre mur. *Les contreforts d'une voûte.* ⇒ **arc-boutant.** 2. Chaîne de montagnes latérales. *Les contreforts des Alpes.*

SE **CONTREFOUTRE** ⇒ SE CONTREFICHER

EN **CONTREHAUT** loc. adv. ▪ À un niveau supérieur.

CONTRE-INDICATION n. f. ▪ MÉD. Circonstance où il serait dangereux d'employer un traitement, un médicament. *Des contre-indications.*

CONTRE-INDIQUÉ, ÉE adj. ▪ Qui ne convient pas, est dangereux (dans un cas déterminé). ⇒ **déconseillé.** *Médicaments contre-indiqués pour les enfants.*

CONTRE-INTERROGATOIRE n. m. ▪ Interrogatoire d'un témoin, d'un accusé par la partie adverse. *Des contre-interrogatoires.*

CONTRE-JOUR n. m. ▪ Éclairage d'un objet qui vient du côté opposé à celui d'où l'on regarde. ▸ *À contre-jour* loc. adv. : dans ce type d'éclairage.

CONTREMAÎTRE n. m. ▪ Celui qui est responsable d'une équipe d'ouvriers. ▸ fém. *Elle est contremaître* ou *contremaîtresse.*

CONTRE-MANIFESTATION n. f. ▪ Manifestation organisée pour faire échec à une autre. *Des contre-manifestations.* ► n. CONTRE-MANIFESTANT, ANTE

CONTREMARCHE n. f. ▪ I. Partie verticale de chaque marche d'un escalier. II. Marche (d'une troupe) en direction opposée à la marche précédente.

CONTREMARQUE n. f. ▪ Ticket délivré à des spectateurs qui sortent momentanément d'une salle de spectacle.

CONTREMESURE n. f. ▪ Mesure contraire à une autre mesure.

CONTRE-OFFENSIVE n. f. ▪ Contre-attaque en vue d'enlever à l'ennemi l'initiative des opérations. *Des contre-offensives.*

CONTREPARTIE n. f. ▪ 1. Sentiment, avis contraire. *Soutenir la contrepartie d'une opinion.* 2. Chose qui s'oppose à une autre en la complétant ou en l'équilibrant. *Une contrepartie financière.* ⇒ **compensation.** *Accorder qqch. sans contrepartie.* ▸ loc. adv. *En contrepartie.* ⇒ par **contre,** en **échange,** en **revanche.**

CONTRE-PENTE n. f. ▪ Pente opposée à une autre pente. *À contre-pente. Des contre-pentes.*

CONTRE-PERFORMANCE n. f. ▪ Mauvais résultat (d'une personne, d'un concurrent dont on attendait un succès).

CONTREPÈTERIE n. f. ▪ Interversion des lettres ou des syllabes d'un ensemble de mots produisant un sens burlesque, souvent obscène (ex. chez Rabelais « femme folle à la messe » et « femme molle à la fesse »).

CONTRE-PIED [-pje] n. m. ▪ 1. Ce qui est diamétralement opposé à (une opinion, un comportement). ⇒ **contraire, contrepartie.** ▸ loc. *Prendre le contre-pied de qqch. :* faire exactement le contraire pour s'opposer. 2. SPORT *À CONTRE-PIED,* sur le mauvais pied (pour une action). *La balle l'a surpris à contre-pied.*

CONTREPLAQUÉ n. m. ▪ Matériau formé de plaques de bois minces collées, à fibres opposées.

CONTRE-PLONGÉE n. f. ▪ Prise de vues faite de bas en haut (opposé à *plongée*). *Séquence filmée en contre-plongée.*

CONTREPOIDS n. m. ▪ 1. Poids qui fait équilibre à un autre poids. *Les contrepoids d'une horloge.* 2. Ce qui équilibre, neutralise. ⇒ **contrepartie.** *Faire contrepoids à qqch.* ⇒ **contrebalancer.**

CONTREPOINT n. m. ▪ 1. MUS. Art de composer en superposant des dessins mélodiques (⇒ **canon, fugue ; contrapuntique**). *Apprendre l'harmonie et le contrepoint.* 2. fig. Motif secondaire qui se superpose à qqch. *La musique doit fournir*

un contrepoint aux images d'un film. - loc. adv. *En contrepoint :* simultanément et comme une sorte d'accompagnement.

CONTREPOISON n. m. ▪ Substance destinée à neutraliser l'effet d'un poison. ⇒ **antidote.** *Administrer un contrepoison.*

CONTRE-PORTE n. f. ▪ Face intérieure d'une porte (de voiture, de réfrigérateur, etc.) aménagée pour recevoir des accessoires. *Des contre-portes.*

CONTRE-POUVOIR n. m. ▪ Pouvoir qui s'oppose ou fait équilibre à l'autorité établie. *Des contre-pouvoirs.*

CONTRE-PROPOSITION n. f. ▪ Proposition qu'on fait pour l'opposer à une autre.

CONTRE-PUBLICITÉ n. f. ▪ **1.** Publicité qui a un effet contraire au but recherché, qui nuit à ce qu'elle veut vanter. *Des contre-publicités.* **2.** Publicité destinée à lutter contre une autre publicité.

CONTRER v. [1] ▪ **1.** v. tr. FAM. S'opposer avec succès à (qqn). *Se faire contrer.* **2.** v. intr. aux cartes S'opposer à l'annonce d'un joueur (⇒ **contre** (II, 2)).

la CONTRE-RÉFORME ou **RÉFORME CATHOLIQUE** ▪ Mouvement catholique d'opposition à la Réforme protestante, amorcé par le concile de Trente (1545) : redéfinition du dogme ; impulsion nouvelle pour l'enseignement (création de la compagnie de Jésus), les pratiques religieuses, les arts ; réorganisation de l'Inquisition ; promulgation de l'Index.

CONTRE-RÉVOLUTION n. f. ▪ Mouvement politique, social, destiné à combattre une révolution. *Des contre-révolutions.* ► adj. et n. CONTRE-RÉVOLUTIONNAIRE

CONTRESENS [-sɑ̃s] n. m. ▪ **I. 1.** Interprétation contraire à la signification véritable. *Faire un contresens et des faux sens dans une traduction.* ♦ fig. Erreur dans une interprétation. *Un contresens historique.* **2.** Erreur de choix. **II.** Sens, direction contraire. *À CONTRESENS* loc. adv. : dans un sens contraire au sens normal. ⇒ à **l'envers**, à **rebours.** *Prendre une autoroute à contresens.*

CONTRESIGNER v. tr. [1] ▪ Apposer une deuxième signature à. *Décret contresigné par un ministre.*

CONTRETEMPS n. m. ▪ **1.** MUS. Action d'attaquer un son sur un temps faible. **2.** Événement, circonstance qui s'oppose à ce que l'on attendait. ⇒ **difficulté, empêchement, ennui.** *Un fâcheux contretemps.* - loc. adv. *À CONTRETEMPS :* au mauvais moment. *Arriver à contretemps.*

CONTRE-TÉNOR n. m. ▪ **1.** MUS. Voix d'un ténor qui chante dans le registre supérieur. ⇒ **haute-contre. 2.** Chanteur qui a cette voix. *Des contre-ténors.*

CONTRE-TERRORISME n. m. ▪ Lutte violente contre le terrorisme, par les mêmes méthodes. *Des contre-terrorismes.* ► n. et adj. CONTRE-TERRORISTE

CONTRE-TORPILLEUR n. m. ▪ Navire de guerre rapide, de tonnage réduit, fortement armé. *Des contre-torpilleurs.*

CONTRETYPE n. m. ▪ Cliché négatif inversé. - Copie d'une épreuve ou d'un cliché photographique.

CONTRE-UT [kɔ̃tʀyt] n. m. ▪ MUS. Ut d'un octave au-dessus de l'ut supérieur d'un registre normal.

CONTRE-VALEUR n. f. ▪ FIN. Valeur échangée contre une autre. *Contre-valeur en francs d'une devise étrangère.*

CONTREVENIR v. tr. ind. [22] ▪ *CONTREVENIR À :* agir contrairement à (une prescription, une obligation). ⇒ **enfreindre, transgresser.** *Il a contrevenu à la loi, au règlement* (⇒ **contravention**). ► n. CONTREVENANT, ANTE

CONTREVENT n. m. ▪ Volet extérieur d'une fenêtre. ⇒ **jalousie, persienne.**

CONTREVÉRITÉ ou **CONTRE-VÉRITÉ** n. f. ▪ Affirmation visiblement contraire à la vérité. ⇒ **mensonge.** *Des contrevérités.*

CONTRE-VISITE n. f. ▪ Nouvelle visite destinée à contrôler les résultats d'une première inspection. *Des contre-visites.*

À **CONTRE-VOIE** loc. adv. ▪ Du côté du train où n'est pas le quai. *Descendre à contre-voie.*

CONTREXÉVILLE ▪ Commune des Vosges. 3 945 hab. *(les Contrexévillois).* Eau minérale.

CONTRIBUABLE n. ▪ Personne qui paie des impôts.

CONTRIBUER v. tr. ind. [1] ▪ *CONTRIBUER À :* aider à l'exécution d'une œuvre commune ; avoir part (à un résultat). ⇒ **concourir, coopérer.** *Contribuer au succès d'une entreprise.*

CONTRIBUTIF, IVE adj. ▪ DR. Qui concerne une contribution. *Part contributive.*

CONTRIBUTION n. f. ▪ **1.** Part que chacun donne pour une charge, une dépense commune. ⇒ **quote-part. 2.** au plur. Impôt (⇒ **contribuable**). *Contributions directes, indirectes.* ♦ Administration chargée de la répartition et du recouvrement des impôts. ⇒ **fisc.** *Fonctionnaires des contributions.* **3.** Collaboration à une œuvre commune. ⇒ **concours.** *Apporter sa contribution à un projet.* - loc. *METTRE qqn, qqch. À CONTRIBUTION :* utiliser les services de (qqn, qqch.).

CONTRISTER v. tr. [1] ▪ LITTÉR. Causer de la tristesse à (qqn). ⇒ **attrister.**

CONTRIT, ITE adj. ▪ Qui marque le repentir. *Air contrit.* ⇒ **penaud, repentant ; contrition.**

CONTRITION n. f. ▪ **1.** Douleur vive et sincère d'avoir offensé Dieu. ⇒ **pénitence.** *Acte de contrition.* **2.** LITTÉR. Remords, repentir.

CONTRÔLABLE adj. ▪ Qui peut être contrôlé (s'oppose à *incontrôlable*). *Une affirmation contrôlable.*

CONTRÔLE n. m. ▪ **1.** Vérification (d'actes, de droits, de documents). ⇒ **inspection.** *Le contrôle d'une comptabilité. Contrôle des billets. Contrôle d'identité,* par la police. *Contrôle des connaissances.* ⇒ **examen. 2.** Examen pour surveiller ou vérifier. *Exercer un contrôle sur qqn, qqch.* **3.** Le fait de maîtriser. *Perdre le contrôle de sa voiture.* - *Le contrôle de soi-même.* ⇒ **maîtrise. 4.** anglic. Fait de régler (qqch.), de faire agir. - *Contrôle des naissances :* maîtrise de la fécondité (par ex. grâce aux méthodes contraceptives).

CONTRÔLER v. tr. [1] ▪ **1.** Soumettre à un contrôle. ⇒ **examiner, inspecter, vérifier. 2.** Maîtriser ; dominer. *Contrôler ses réactions.* - pronom. *SE CONTRÔLER :* rester maître de soi. ⇒ se **maîtriser. 3.** Avoir sous sa domination, sa surveillance. *Puissance qui contrôle une région stratégique.* **4.** anglic. Être en mesure de régler (un phénomène), de faire agir (qqn).

CONTRÔLEUR, EUSE n. ▪ **1.** Personne qui exerce un contrôle, une vérification. ⇒ **inspecteur.** *Un contrôleur des contributions.* **2.** n. m. Appareil de réglage, de contrôle. *Contrôleur de marche, de vitesse.*

CONTRORDRE n. m. ▪ Ordre qui annule un ordre précédent. *Partez demain, sauf contrordre.*

CONTROUVÉ, ÉE adj. ▪ LITTÉR. Inventé ; qui n'est pas exact. ⇒ **apocryphe ; mensonger.** *Nouvelle controuvée.*

CONTROVERSE n. f. ▪ Discussion sur une question, une opinion. ⇒ **polémique.** *Controverse scientifique.*

CONTROVERSÉ, ÉE adj. ▪ Qui fait l'objet d'une controverse. ⇒ **contesté, discuté.** *Un choix controversé.*

CONTUMACE n. f. ▪ **1.** DR. Refus de comparaître devant un tribunal. **2.** *PAR CONTUMACE* loc. adv. *Être condamné par contumace,* sans être présent, après avoir refusé de comparaître. ⇒ par **défaut.**

CONTUMAX [-aks] adj. ▪ DR. Se dit de l'accusé en état de contumace. - n. *Un, une contumax.*

CONTUSION n. f. ▪ Meurtrissure produite par un choc, sans déchirure de la peau. ⇒ **bleu, bosse, ecchymose.** *Légère contusion.*

CONTUSIONNER v. tr. [1] ▪ Blesser par contusion. ⇒ **meurtrir.** - au p. p. *Genou contusionné.*

CONURBATION n. f. ▪ Grand ensemble urbain formé par plusieurs villes rapprochées. *Conurbation très importante.* ⇒ **mégalopole.**

CONVAINCANT, ANTE adj. ▪ Qui est propre à convaincre. *Une démonstration convaincante.*

CONVAINCRE v. tr. [42] ▪ **1.** Amener (qqn) à reconnaître la vérité, la nécessité d'une proposition ou d'un fait. ⇒ **persuader ; conviction.** *Nous l'avons convaincu de nous laisser partir.* **2.** *Convaincre* (qqn) *de* (qqch.), donner (à qqn) des preuves de (sa faute, sa culpabilité). - au p. p. *(Être) convaincu d'imposture.* ► **CONVAINCU, UE** p. p. Qui possède, qui exprime la certitude (de). ⇒ **certain, persuadé, sûr.** *Il est convaincu que je me trompe, de mon erreur.* ♦ Sûr de son opinion. *Parler d'un ton convaincu.* ⇒ **assuré.** - n. *Prêcher un convaincu.*

CONVALESCENCE n. f. ▪ Période de transition entre la fin d'une maladie et le retour à la santé. *Une longue convalescence.* - *Être en convalescence :* aller mieux.

CONVALESCENT, ENTE adj. ▪ Qui est en convalescence. *Il est encore convalescent.* ⇒ **faible.** ‑ **n.** *Les malades et les convalescents.*

CONVECTEUR n. m. ▪ **1.** Dispositif transportant de l'énergie. **2.** Appareil de chauffage électrique où l'air est chauffé par convection.

CONVECTION n. f. ▪ PHYS. Transport de chaleur dans un fluide, par déplacement de molécules. ◇ var. CONVEXION.

CONVENABLE adj. ▪ **1.** Qui convient, est approprié. *Choisir le moment convenable.* ⇒ **favorable, opportun. 2.** Suffisant, acceptable. *Un salaire à peine convenable.* ⇒ **correct, décent. 3.** Conforme aux règles, aux conventions de la bienséance. ⇒ **correct, honnête.** *Une tenue convenable.*

CONVENABLEMENT adv. ▪ D'une manière convenable. ♦ Correctement.

CONVENANCE n. f. ▪ **1.** LITTÉR. Caractère de ce qui convient. ⇒ **conformité, harmonie.** *Convenance de goûts, de milieu social. Mariage de convenance.* **2.** Ce qui convient à qqn. ⇒ **goût.** *Congé pour convenance personnelle.* ‑ *À MA, TA, SA CONVENANCE :* quand cela me, te, lui conviendra. *Choisissez une heure à votre convenance.* **3.** *Les convenances :* ce qui est en accord avec les usages ⇒ **bienséance.**

CONVENIR v. tr. ind. [22] ▪ **I.** (auxiliaire *avoir*) **1.** *CONVENIR À* (qqch.) : être approprié à (qqch.). *Les vêtements qui conviennent à la circonstance.* ‑ absolt *Cela pourrait convenir.* ⇒ **aller. 2.** *CONVENIR À* (qqn), être agréable ou utile (à qqn) ; être conforme à son goût. ⇒ **agréer, plaire.** *J'irai si ça me convient.* **3.** impers. *IL CONVIENT :* il est conforme aux usages, aux nécessités, aux besoins. *Il convient d'y aller, que vous y alliez* (→ il faut, il est à propos). **II.** (auxiliaire *être* [LITTÉR.] ou *avoir*) *CONVENIR DE* **1.** (sujet sing.) Reconnaître la vérité de ; tomber d'accord sur. ⇒ **avouer, reconnaître.** *Vous devriez en convenir.* ‑ *CONVENIR QUE* (+ indic. ou cond.). *Je conviens que c'est, que ce serait prudent.* ⇒ **admettre. 2.** (sujet plur.) Faire un accord, s'accorder sur. ⇒ s'**entendre ; convention.** ‑ LITTÉR. (auxiliaire *être*) *Ils sont convenus d'une date. Nous sommes convenus de* (+ inf.). ⇒ **décider.** ‑ COUR. (auxiliaire *avoir*) *Ils ont convenu d'y aller.* ‑ passif *Il a été convenu que :* on a décidé que. ‑ loc. *COMME CONVENU :* comme il a été décidé, comme prévu. ► SE **CONVENIR** v. pron. (sens I) Être approprié l'un à l'autre, se plaire mutuellement.

① **CONVENTION** n. f. ▪ **1.** Accord de deux ou plusieurs personnes portant sur un fait. ⇒ **arrangement, contrat, entente.** *Conventions diplomatiques, commerciales.* ⇒ **accord, traité.** ‑ *Convention collective :* accord entre salariés et employeurs réglant les conditions de travail. **2.** *Les conventions :* ce qu'il est convenu de penser, de faire, dans une société ; ce qui est admis sans critique. *Les conventions sociales.* ⇒ **convenance(s).** ‑ *Les conventions du théâtre, du roman.* ⇒ **procédé. 3.** *DE CONVENTION* loc. adj. : qui est admis par convention. ⇒ **conventionnel.**

② **CONVENTION** n. f. ▪ **1.** Assemblée exceptionnelle réunie pour établir ou modifier la constitution d'un État. ‑ HIST. *La Convention nationale* ou *la Convention* (en France ; voir ci-dessous). **2.** anglic. (aux États-Unis) Congrès d'un parti pour désigner son candidat à la présidence.

la CONVENTION ▪ Assemblée élue en 1792, au suffrage quasi universel, succédant à l'Assemblée législative, pour doter la France en guerre d'une nouvelle Constitution. Après avoir proclamé la République, la **Convention girondine** (des Girondins) fut dépassée (1793) par la **Convention montagnarde** (des Montagnards ; Constitution de l'an I, Terreur), elle-même renversée par la **Convention thermidorienne** en 1794. Cette dernière instaura le Directoire, par la Constitution de l'an III (1795).

CONVENTIONNÉ, ÉE adj. ▪ Lié par une convention, un accord avec la Sécurité sociale. *Clinique conventionnée.*

① **CONVENTIONNEL, ELLE** adj. ▪ **1.** Qui résulte d'une convention, d'une décision. *Valeur conventionnelle de la monnaie. Signe conventionnel.* ⇒ **arbitraire. 2.** Conforme aux conventions sociales ; peu naturel, peu sincère. *Des idées très conventionnelles. Non conventionnel :* libéré des conventions. **3.** anglic. *Armement conventionnel,* non atomique, classique. ► adv. CONVENTIONNELLEMENT

② **CONVENTIONNEL** n. m. ▪ HIST. Membre de la Convention.

CONVENTUEL, ELLE adj. ▪ Qui appartient à une communauté religieuse. *La vie conventuelle.*

CONVENU, UE adj. ▪ **1.** Qui est le résultat d'un accord. ⇒ **décidé.** *Payer le prix convenu.* **2.** péj. Conventionnel, artificiel. *Un style convenu.*

CONVERGEANT ▪ Participe présent de *converger.*

CONVERGENCE n. f. ▪ **1.** Fait de converger. *La convergence de deux lignes.* **2.** Action d'aboutir au même résultat, de tendre vers un but commun. ⇒ **concours.** *La convergence des opinions, des volontés.*

CONVERGENT, ENTE adj. ▪ **1.** Qui converge. *Lignes convergentes.* ♦ *Lentille convergente,* qui fait converger les rayons lumineux. **2.** Qui tend au même résultat, se rapproche des autres. *Des efforts convergents.*

CONVERGER v. intr. [3] ▪ contr. *diverger* **1.** Se diriger (vers un point commun). ⇒ se **concentrer.** *Les regards convergèrent sur lui,* se dirigèrent tous sur lui. **2.** fig. Tendre au même résultat ; aller en se rapprochant. *Leurs théories convergent.*

CONVERSATION n. f. ▪ **1.** Échange spontané de propos. ⇒ **bavardage, entretien.** *Engager, détourner la conversation. Un sujet de conversation. Une conversation animée, languissante. Conversation téléphonique.* ⇒ **communication. 2.** *La conversation de qqn,* sa manière de parler ; ce qu'il dit dans la conversation. ‑ FAM. *Avoir de la conversation,* parler avec aisance.

CONVERSATIONNEL, ELLE adj. ▪ anglic. INFORM. *Mode conversationnel,* qui permet à l'utilisateur de dialoguer avec l'ordinateur.

CONVERSER v. intr. [1] ▪ Parler avec (une ou plusieurs personnes) d'une manière spontanée. ⇒ **bavarder, causer.** *Nous avons conversé un moment.*

CONVERSION n. f. ▪ **1.** Fait de passer d'une croyance considérée comme fausse à une vérité religieuse admise. *La conversion d'un athée.* **2.** Fait de transformer (qqch. en autre chose). *La conversion d'une somme d'argent en valeurs.*

CONVERTI, IE adj. ▪ Qui a passé d'une croyance (religion) à une autre (considérée comme vraie). *Des chrétiens convertis au judaïsme.* ‑ **n.** *Les nouveaux convertis.* ‑ loc. *Prêcher un converti,* vouloir convaincre qqn qui l'est déjà.

CONVERTIBILITÉ n. f. ▪ FIN. Qualité de ce qui est convertible. *La convertibilité d'une monnaie* (en or, en devises).

CONVERTIBLE adj. ▪ **1.** FIN. Qui peut être converti (2). *Monnaie convertible.* **2.** (meubles) Transformable. *Canapé convertible* (en lit) ; **n. m.** *un convertible.*

CONVERTIR v. tr. [2] ▪ **1.** Amener (qqn) à croire, à adopter une croyance, une religion (considérée comme vraie). *Convertir des Africains à l'islam ; des Européens au bouddhisme* (⇒ **conversion**). ♦ Faire adhérer (à une opinion). ⇒ **rallier. 2.** (compl. chose) Transformer, changer. *Convertir ses biens en espèces.* → **réaliser.** *Convertir une rente* (→ **convertible**). *Convertir une fraction en nombre décimal.*

CONVERTISSEUR n. m. ▪ TECHN. Se dit d'appareils qui transforment. *Convertisseur Bessemer* (où l'on transforme la fonte en acier).

CONVEXE adj. ▪ Courbé, arrondi vers l'extérieur (opposé à *concave*). ⇒ **bombé, renflé.** *Miroir convexe.*

CONVEXION ⇒ CONVECTION

CONVEXITÉ n. f. ▪ État, forme d'un corps convexe. ⇒ **courbure.**

CONVICT [-ikt] n. m. ▪ Bagnard (pays anglo-saxons).

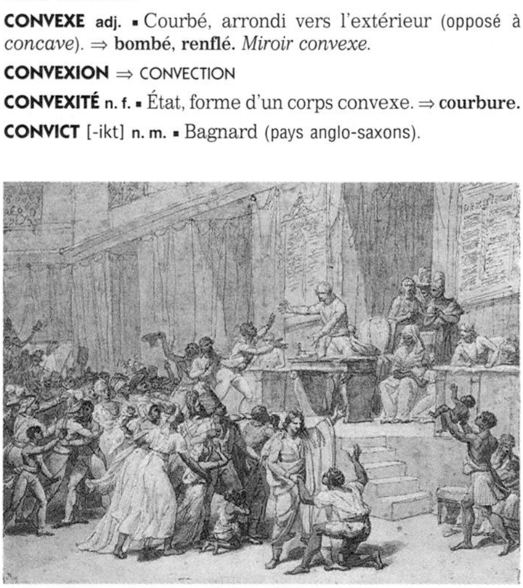

la Convention. Dessin de N. A. Moisiaux, *la Convention décrète l'abolition de l'esclavage,* Paris, musée Carnavalet.
Phot. © Lauros/Giraudon

CONVICTION n. f. ▪ **1.** vx Preuve de culpabilité. - loc. *PIÈCE À CONVICTION :* objet dont se sert la justice comme élément de preuve dans un procès pénal. **2.** Certitude fondée sur des preuves évidentes. *Parler avec conviction. J'en ai la conviction :* j'en suis convaincu. ♦ *Jouer son rôle avec beaucoup de conviction,* de sérieux. ♦ *UNE CONVICTION :* une opinion ferme. ⇒ **croyance.** *Agir selon ses convictions.*

CONVIER v. tr. 7 ▪ **1.** Inviter (qqn) à un repas, une réunion. *Convier qqn à une réception.* **2.** fig. Inviter, engager (qqn) à (une activité). *Le beau temps nous convie à la promenade.*

CONVIVE n. ▪ Personne invitée à un repas en même temps que d'autres. *Un agréable convive.* ⇒ **hôte.**

CONVIVIAL, ALE, AUX adj. ▪ anglic. **1.** Relatif à la nourriture prise en commun et avec plaisir. **2.** De la convivialité sociale. **3.** INFORM. D'emploi aisé (par un bon rapport entre le logiciel et l'utilisateur).

CONVIVIALITÉ n. f. ▪ anglic. Rapports positifs entre personnes, dans la société. - Caractère convivial (1 et 3).

CONVOCATION n. f. ▪ **1.** Action de convoquer (qqn, un ensemble de personnes). *Se rendre, répondre à une convocation.* **2.** Feuille, lettre de convocation. *Convocation à un examen.*

CONVOI n. m. ▪ **1.** Ensemble de voitures militaires, de navires faisant route sous la protection d'une escorte. **2.** Groupe de véhicules, de personnes qui font route ensemble. *Des convois de nomades.* ⇒ **caravane. 3.** Train. *Ajouter une rame au convoi.* **4.** Cortège funèbre.

CONVOITER v. tr. 1 ▪ Désirer avec avidité (une chose disputée ou qui appartient à un autre). *Convoiter le bien d'autrui, la première place.*

CONVOITISE n. f. ▪ Désir extrême et sans scrupule de posséder une chose. ⇒ **avidité, envie.** *Regarder qqch. avec convoitise.*

CONVOLER v. intr. 1 ▪ plais. *Convoler (en justes noces),* se marier. *Ils viennent de convoler.*

CONVOLVULUS [-ys] n. m. ▪ BOT. Liseron.

CONVOQUER v. tr. 1 ▪ **1.** Appeler (plusieurs personnes) à se réunir. *Convoquer une assemblée. On les a convoqués par lettre* (⇒ **convocation**). **2.** Faire venir (une seule personne) auprès de soi. *Le directeur m'a convoqué dans son bureau.*

CONVOYER v. tr. 8 ▪ Accompagner pour protéger. ⇒ **escorter.** *Blindés qui convoient un transport de troupes* (⇒ **convoi**).

CONVOYEUR n. m. ▪ **1.** Personne, bateau qui convoie qqch. *Convoyeur de fonds.* **2.** Transporteur automatique de marchandises. *Tapis roulant servant de convoyeur.*

CONVULSER v. tr. 1 ▪ Agiter, tordre par des convulsions. ⇒ **contracter, crisper.** *La peur convulsait ses traits.* - au p. p. *Visage convulsé par la douleur.* - pronom. *Membres qui se convulsent.*

CONVULSIF, IVE adj. ▪ **1.** Caractérisé par des convulsions. *Maladies convulsives.* **2.** Qui a le caractère mécanique, involontaire et violent des convulsions. ⇒ **spasmodique ; nerveux.** *Geste, rire convulsif.*

CONVULSION n. f. ▪ **1.** Contraction violente, involontaire des muscles. ⇒ **spasme. 2.** Agitation violente ; trouble soudain. ⇒ **secousse.** *Les convulsions politiques d'une révolution.*

CONVULSIONNAIRE n. ▪ vx Personne agitée de convulsions. ♦ HIST. *Les convulsionnaires de Saint Médard,* au XVIIe siècle.

CONVULSIONNER v. tr. 1 ▪ MÉD. Donner des convulsions à.

CONVULSIVEMENT adv. ▪ D'une manière convulsive.

James COOK (1728 - 1779) ▪ Navigateur britannique. Il fit trois expéditions dans l'océan Pacifique et découvrit notamment le *détroit de Cook,* qui sépare les deux îles de Nouvelle-Zélande, et les *îles Cook* (dépendance de Nouvelle-Zélande en Océanie ; 293 km^2 ; 17 700 hab.). Il fut tué par des indigènes aux îles Sandwich. ► **le mont COOK** Point culminant de la Nouvelle-Zélande. 3 764 m.

COOL [kul] adj. invar. ▪ **1.** *Jazz cool,* aux sonorités douces. **2.** FAM. (personnes) Calme et détendu. ⇒ **relax.** ♦ Sympathique.

John Calvin COOLIDGE (1872 - 1933) ▪ 30e président (républicain) des États-Unis, de 1923 à 1929.

COOLIE [kuli] n. m. ▪ en Inde, en Chine Travailleur, porteur. *Des coolies.*

James Fenimore COOPER (1789 - 1851) ▪ Écrivain américain. Un des fondateurs du roman américain, il mit en scène les Indiens et les luttes franco-anglaises de la fin du XVIIIe siècle. *"Le Dernier des Mohicans"* (1826) ; *"La Prairie"* (1827).

Frank James Cooper dit **Gary COOPER** (1901 - 1961) ▪ Acteur américain. Sa haute taille et sa fausse nonchalance lui valurent une réputation internationale, dans des rôles de cow-boy ou d'aventurier. *"Le train sifflera trois fois"* (1952) ; *"L'Homme de l'Ouest"* (1958).

David COOPER → **Laing**

COOPÉRANT n. m. ▪ Spécialiste, enseignant envoyé au titre de la coopération (2) dans un pays étranger.

COOPÉRATIF, IVE adj. ▪ **1.** Qui est fondé sur la coopération (1), la solidarité. *Système coopératif.* **2.** anglic. (personnes) Qui apporte volontairement son aide. *Il s'est montré très coopératif.*

COOPÉRATION n. f. ▪ **1.** Action de participer à une œuvre commune. ⇒ **collaboration.** *Apporter sa coopération à une entreprise.* ⇒ **aide, concours. 2.** Politique d'entente et d'échanges culturels, économiques ou scientifiques entre États ; spécialt aide au développement de nations moins développées. *Coopération agricole, industrielle. Faire son service militaire dans la coopération* (⇒ **coopérant**).

COOPÉRATIVE n. f. ▪ Entreprise où les droits de chaque associé (*coopérateur, trice* n.) à la gestion sont égaux et où le profit est réparti entre eux. ⇒ **association, mutuelle.** *Coopérative d'achat, de production. Coopérative agricole.*

COOPÉRER v. intr. 6 ▪ **1.** Agir, travailler conjointement (avec qqn). ⇒ **collaborer.** - trans. ind. *Coopérer à une entreprise.* **2.** anglic. Apporter son aide, être coopératif (2).

COOPTATION n. f. ▪ Dans une assemblée, nomination d'un membre nouveau par ceux qui en font déjà partie.

COOPTER v. tr. 1 ▪ Admettre par cooptation.

COORDINATEUR, TRICE adj. ▪ Qui coordonne. *Bureau coordinateur.* - n. *Un coordinateur.* ◇ syn. COORDONNATEUR.

COORDINATION n. f. ▪ **1.** Agencement logique des parties d'un tout en vue d'obtenir un résultat déterminé. ⇒ **organisation ; coordonner.** *La coordination des secours.* **2.** *Conjonction de coordination,* liant des mots ou des propositions de même nature ou fonction (et, ou, donc, or, ni, mais, car).

COORDONNÉ, ÉE adj. ▪ **1.** Disposé, ordonné avec d'autres en vue d'une fin. *Actions coordonnées.* **2.** Harmonisé (avec). *Un tissu coordonné au papier peint.* - n. m. *Des coordonnés* (objets, vêtements). **3.** Relié par une conjonction de coordination. *Propositions coordonnées.*

COORDONNÉES n. f. pl. ▪ **1.** MATH. Éléments qui déterminent la position d'un point par rapport à un système de référence, dans un plan (abscisse, ordonnée) ou dans l'espace (abscisse, ordonnée, cote). ♦ *Coordonnées géographiques :* latitude et longitude. **2.** fig. FAM. Renseignements sur le moment et le lieu où l'on peut trouver qqn (adresse, etc.).

COORDONNER v. tr. 1 ▪ **1.** Organiser (les différentes parties d'un ensemble) pour former un tout efficace ou harmonieux. ⇒ **agencer, combiner, ordonner, organiser.** *Coordonner une chose à une autre, avec une autre. Coordonner les travaux de différentes équipes.* **2.** Relier (des mots, des propositions) par une conjonction de coordination.

COPACABANA ▪ Plage de Rio de Janeiro.

Copacabana. La plage de Copacabana à Rio. *Phot. © Raga/Explorer*

COPAIN, COPINE n. ▪ FAM. Camarade (de classe, de travail). ▸ adj. *Ils sont très copains.* ⇒ **ami.** *Une bande de copains. Une copine de classe.* ▸ *Favoriser les copains.* ⇒ **copinage.**

COPÁN ▪ Site archéologique du Honduras. Ruines mayas.

Edward Drinker COPE (1840 ‑ 1897) ▪ Paléontologue américain, partisan de Lamarck.

COPEAU n. m. ▪ Éclat, mince ruban détaché (d'une pièce de bois, etc.) par un instrument tranchant. *Brûler des copeaux.* ▸ *Copeaux d'acier.*

Jacques COPEAU (1879 ‑ 1949) ▪ Homme de théâtre français. Sa compagnie, le Vieux-Colombier, s'inspira de Craig et de Stanislavski.

COPENHAGUE en danois ***KØBENHAVN*** ▪ Capitale et 1er port du Danemark, dans l'île de Sjaelland. 600 889 hab. Grand centre industriel, carrefour européen. Monuments, musées. ► **l'école de COPENHAGUE** Physiciens qui, autour de Bohr et de Heisenberg, élaborèrent la mécanique quantique et en donnèrent l'interprétation philosophique la plus radicale.

Nicolas COPERNIC (1473 ‑ 1543) ▪ Astronome polonais. Le système de Copernic, repris par Kepler et Galilée, annonce la révolution scientifique du XVIIe s. Dans *"De revolutionibus orbium caelestium libri VI"*, paru après sa mort en 1543, il démontra le mouvement des planètes sur elles-mêmes et autour du Soleil et mit fin à la vision d'un monde centré sur la Terre *(révolution copernicienne).*

COPIAGE n. m. ▪ Fait de copier (dans un examen) ou d'imiter servilement.

COPIE n. f. ▪ **I. 1.** Reproduction d'un écrit. ⇒ **double, duplicata, photocopie.** *Copie exacte, fidèle. L'original et la copie.* **2.** Texte (d'un ouvrage), servant de référence aux différents stades de la publication. ⇒ **manuscrit, tapuscrit.** *Copie fautive. Respecter la copie.* ▸ FAM. *Journaliste en mal de copie,* de sujet d'article. **3.** Devoir rédigé sur une feuille volante. *Corriger des copies.* ▸ Cette feuille. *Un paquet de copies doubles.* **II. 1.** Reproduction (d'une œuvre d'art originale). ⇒ **imitation.** *La copie d'un tableau.* ▸ Exemplaire (d'un film de cinéma). **2.** Imitation (d'une œuvre). *Ce livre n'est qu'une pâle copie.* ⇒ **plagiat.**

COPIER v. tr. [7] ▪ **1.** Reproduire (un écrit ; une œuvre d'art). ⇒ **calquer, transcrire ; imiter.** *Copier un texte, un tableau.* **2.** Imiter frauduleusement. ▸ intrans. *Il a copié* (sur le voisin). **3.** Imiter (qqn, ses manières...). *Il copie les Américains qu'il fréquente.*

COPIEUR, EUSE ▪ **I.** n. Élève qui copie en fraude. **II.** n. m. Photocopieur.

COPIEUSEMENT adv. ▪ Beaucoup ; abondamment. *Manger copieusement.*

COPIEUX, EUSE adj. ▪ Abondant. *Un repas copieux.* ⇒ **plantureux.**

COPILOTE n. ▪ AVIAT. Pilote en second.

COPINAGE n. m. ▪ FAM. péj. Favoritisme (dans le monde politique, des affaires, etc.).

COPINE n. f. ⇒ COPAIN

COPINER v. intr. [1] ▪ FAM. Avoir des relations de camaraderie.

COPINERIE n. f. ▪ FAM. Relations de copains ; ensemble de copains.

COPISTE n. ▪ **1.** anciennt Professionnel qui copiait des manuscrits, de la musique. ⇒ **scribe.** **2.** Personne qui copie une œuvre artistique ou littéraire. ⇒ **plagiaire.**

Aaron COPLAND (1900 ‑ 1990) ▪ Compositeur américain. *"Billy the Kid"* (ballet, 1938).

COPPA n. f. ▪ Charcuterie italienne où la viande (échine) est désossée, salée, fumée et roulée.

François COPPÉE (1842 ‑ 1908) ▪ Poète français. *"Les Humbles"* (1872).

COPPET ▪ Ville de Suisse (canton de Vaud), sur le lac Léman. Mme de Staël fit de son château l'un des centres du préromantisme, y réunissant B. Constant, Chateaubriand, Byron, Schlegel.

Fausto COPPI (1919 ‑ 1960) ▪ Coureur cycliste italien. Deux fois vainqueur du Tour de France (1949 et 1952) et cinq fois du Tour d'Italie, il fut aussi champion du monde sur route et recordman de l'heure.

Copenhague. Vue d'un canal. *Phot. © Alain Rey*

Francis Ford COPPOLA (né en 1939) ▪ Cinéaste et producteur américain. L'un des chefs de file du cinéma américain contemporain. *"Le Parrain" I* et *II* (1972 et 1974); *"Apocalypse Now"* (1979).

COPRA ou **COPRAH** n. m. ▪ Amande de la noix de coco décortiquée, produisant de l'huile.

COPRODUCTION n. f. ▪ Production (d'un film, d'un spectacle) par plusieurs producteurs *(coproducteurs)* ; le spectacle lui-même. *Une coproduction franco-italienne.*

COPROPRIÉTAIRE n. ▪ Personne qui possède qqch. en copropriété.

COPROPRIÉTÉ n. f. ▪ Propriété de plusieurs personnes sur un seul bien. *Immeuble en copropriété.*

COPTE adj. ▪ Des Coptes*. ♦ n. m. Langue liturgique des Coptes, issue de l'ancien égyptien.

les COPTES ▪ Chrétiens d'Égypte et d'Éthiopie. Monophysites, ils ont leur propre Église.

COPULATION n. f. ▪ Accouplement du mâle avec la femelle.

COPULE n. f. ▪ DIDACT. Mot qui relie le sujet au prédicat*. *Le verbe « être » est une copule.*

COPULER v. intr. [1] ▪ DIDACT. S'unir charnellement. ⇒ **coïter.**

COPYRIGHT [kɔpiʀajt] n. m. ▪ Droit exclusif que détient un auteur ou son représentant d'exploiter une œuvre (symb. ©).

① **COQ** [kɔk] n. m. ▪ **I. 1.** Oiseau de basse-cour, mâle de la poule. *Crête de coq. Le chant du coq.* ⇒ **cocorico.** ▸ *Le coq gaulois,* symbole de la France. ♦ *Manger du coq au vin.* **2.** iron. *Le coq du village :* le garçon le plus admiré des femmes. **3.** loc. *Être comme un* COQ EN PÂTE *:* être soigné, dorloté. ♦ *Passer du coq à l'âne.* ⇒ **coq-à-l'âne. 4.** *Poids coq,* catégorie de boxeurs (51 à 54 kg). **II.** Mâle d'une autre espèce de gallinacés. *Coq de bruyère :* tétras. *Coq de roche.*

coq. *Phot. © de Seynes/ Rapho*

② **COQ** n. m. ▪ Cuisinier à bord d'un navire. *Maître-coq,* le cuisinier en chef. *Des maîtres-coqs.*

COQ-À-L'ÂNE n. m. inv. ▪ Passage sans transition et sans motif d'un sujet à un autre.

COQUE n. f. ▪ **I. 1.** Enveloppe rigide (de certains fruits). *Coque d'amande, de noix.* ⇒ **coquille. 2.** Coquillage comestible (mollusque bivalve). **3.** *ŒUF À LA COQUE,* cuit dans sa coquille et encore mou (⇒ **coquetier**). **II. 1.** Ensemble de la membrure et du revêtement extérieur (d'un navire). ⇒ **monocoque, multicoque. 2.** Bâti rigide qui remplace le châssis et la carrosserie (d'une automobile).

-COQUE Élément savant, du grec *kokkos* « grain », caractérisant certains micro-organismes (ex. *staphylocoque, streptocoque*).

COQUELET n. m. ▪ CUIS. Jeune coq.

COQUELICOT n. m. ▪ Petit pavot sauvage à fleur rouge vif, qui croît dans les champs. ➝ loc. *Rouge comme un coquelicot,* rouge de confusion, de timidité.

coquelicot. *Papaver rhoeas.*
Phot. © Lacoste/Jacana

COQUELUCHE n. f. ▪ **1.** Maladie contagieuse, caractérisée par une toux convulsive. *Malade atteint de coqueluche* (COQUELUCHEUX, EUSE **adj.** et **n.**). **2.** *Être* LA COQUELUCHE DE : être aimé, admiré de. *La nouvelle coqueluche du tout-Paris.*

COQUET, ETTE adj. ▪ **I. 1.** Qui cherche à plaire aux personnes du sexe opposé. ➝ n. f. *Une coquette.* ⇒ **aguicheuse, allumeuse. 2.** Qui veut plaire par sa mise, qui a le goût de la toilette. *Une petite fille coquette.* **3.** Qui a un aspect plaisant, soigné. *Un logement coquet.* **II.** FAM. D'une importance assez considérable. *Un héritage assez coquet. Il m'en a coûté la coquette somme de...*

COQUETIER n. m. ▪ Petite coupe dans laquelle on met un œuf pour le manger à la coque.

COQUETTEMENT adv. ▪ D'une manière coquette (I). *Béret coquettement posé sur l'oreille. Maison coquettement meublée.*

COQUETTERIE n. f. ▪ **1.** Souci de plaire en attirant l'attention ; comportement qui en résulte. ♦ Légère affectation. *Son refus, c'est de la coquetterie.* ♦ loc. FAM. *Avoir une coquetterie dans l'œil :* loucher légèrement. **2.** Goût de la toilette, souci d'élégance.

COQUILLAGE n. f. ▪ **1.** Mollusque marin comestible pourvu d'une coquille. *Manger des coquillages* (→ fruits de mer). **2.** La coquille. *Un collier de coquillages.*

COQUILLE n. f. ▪ **I. 1.** Enveloppe calcaire qui recouvre le corps de la plupart des mollusques et d'autres animaux aquatiques. ⇒ **carapace, coque, coquillage.** *Coquille bivalve. Coquille de moule ; d'escargot.* ➝ loc. *Rentrer dans sa coquille* (comme l'escargot) : se replier sur soi. *Sortir de sa coquille.* ♦ *COQUILLE SAINT-JACQUES :* coquille d'un mollusque (que les pèlerins de Saint-Jacques-de-Compostelle fixaient à leur manteau et à leur chapeau) ; ce mollusque comestible. ⇒ **peigne. 2.** Objet représentant ou évoquant une coquille. *Coquille à hors-d'œuvre.* ♦ loc. *La coquille d'une épée :* partie concave qui protège la main. ➝ *Coquille (de boxeur),* protégeant les parties génitales. **II. 1.** Enveloppe dure (des noix, noisettes, etc.) ; enveloppe calcaire (des œufs d'oiseaux). *La coquille de cet œuf est fêlée.* **2.** fig. *COQUILLE DE NOIX :* petit bateau, barque. **III.** Faute typographique, lettre substituée à une autre. *Corriger une coquille.*

COQUILLETTE n. f. ▪ (généralt au plur.) Pâte alimentaire en forme de petite coquille.

COQUIN, INE n. et adj. ▪ **1.** VX Personne vile, capable d'actions blâmables. ⇒ **bandit, canaille ;** s'**acoquiner.** *Un infâme coquin.* **2.** (surtout enfants) Personne espiègle, malicieuse. *Petit coquin !* ⇒ **garnement.** ➝ adj. (enfants) *Elle est coquine.*

COQUINERIE n. f. ▪ VX ou LITTÉR. Canaillerie.

COR n. m. ▪ **I. 1.** anciennt Corne, trompe. *Le cor de Roland.* ⇒ **olifant. 2.** Instrument à vent en métal, contourné en spirale et terminé par une partie évasée (⇒ **corniste**). *Cor de chasse* (les chasseurs disent *trompe*). *Cor d'harmonie* (instrument d'orchestre). *Cor à piston* ou *cor chromatique.* ♦ *COR ANGLAIS :* hautbois alto. **3.** loc. *À COR ET À CRI :* en insistant bruyamment. *Réclamer qqch., qqn à cor et à cri.* **II.** (Matière cornée) **1.** Petite excroissance dure et douloureuse sur les orteils ou la plante des pieds. ⇒ **callosité.** *Avoir des cors au pied.* **2.** au plur. Ramifications des bois du cerf. ➝ appos. *Un cerf dix cors.* ➝ *Un dix cors.*

CORAIL, AUX n. m. ▪ **1.** Animal marin des mers chaudes, qui sécrète un squelette calcaire (⇒ **polypier**), de couleur rouge ou blanche. ⇒ **madrépore.** *Récifs de corail.* ⇒ **atoll. 2.** La matière calcaire qui forme les coraux, appréciée en bijouterie. ➝ appos. *Couleur corail,* celle du corail rouge. **3.** Partie rouge d'une coquille Saint-Jacques. **4.** appos. *Serpent corail,* très venimeux, rouge et jaune.

corail. *Corallium rubrum,* corail rouge.
Phot. © Amsler/Jacana

la mer de CORAIL ▪ Partie du Pacifique comprise entre l'Australie et la Mélanésie. Les Alliés y remportèrent une victoire aéronavale sur les Japonais en 1942, marquant un tournant dans la guerre du Pacifique.

CORAILLEUR, EUSE n. ▪ Personne qui pêche ou qui travaille le corail.

CORALLIEN, IENNE adj. ▪ Formé de coraux. *Récifs coralliens.*

CORAN n. m. ▪ Livre sacré des musulmans contenant la doctrine islamique. ▪ Considéré comme le message d'Allah transmis par l'archange Gabriel à Mahomet, le Coran comprend 114 chapitres ou *sourates* et 6236 versets ou *ayat,* modèles de la prose arabe classique.

CORANIQUE adj. ▪ Qui a rapport au Coran. *École coranique :* école musulmane traditionnelle.

CORBAS ▪ Commune du Rhône. 8 101 hab.

CORBEAU n. m. ▪ **I. 1.** Grand oiseau à plumage noir ou gris (⇒ **choucas, corneille, freux**). *Le corbeau croasse. Noir comme un corbeau,* très noir, très foncé. *"Le Corbeau et le Renard"* (fable de La Fontaine). ♦ spécialt Le grand corbeau (à plumage noir). **2.** fig., péj. VX Prêtre. ♦ Personne avide. ➝ Auteur de lettres anonymes. **II.** ARCHIT. Pierre, poutre en saillie sur un mur, servant à soutenir un linteau, une corniche (⇒ **encorbellement**).

corbeau. *Corvus corax,* grand corbeau.
Phot. © Krasemann/Jacana

CORBEIL-ESSONNES ▪ Commune de l'Essonne. 40 345 hab. *(les Corbeil-Essonnois).* Centre industriel (papier, minoterie).

CORBEILLE n. f. ▪ **I. 1.** Panier léger. *Corbeille de jonc. Corbeille à ouvrage. Corbeille à pain.* ➝ *Corbeille à papier,* où l'on jette des papiers. ♦ Contenu d'une corbeille. *Une magnifique corbeille de fruits.* **2.** fig. VIEILLI *Corbeille de mariage :* cadeaux offerts aux nouveaux mariés. **II. 1.** Massif de fleurs rond ou ovale. **2.** Espace circulaire entouré d'une balustrade et réservé aux agents de change, à la Bourse. **3.** Balcon situé immédiatement au-dessus de l'orchestre d'une salle de spectacle. ⇒ **mezzanine.**

CORBIE ▪ Commune de la Somme. 6 152 hab. *(les Corbéens)*. Importante abbaye sous Charlemagne (30 000 hab. au Moyen Âge).

Tristan **CORBIÈRE** (1845 - 1875) ▪ Poète français. *"Les Amours jaunes"* (1873), recueil révélé par Verlaine, qui voyait en Corbière un des « poètes maudits ».

les **CORBIÈRES** n. f. pl. ▪ Prolongement nord-est des Pyrénées. Région vinicole.

CORBILLARD n. m. ▪ Voiture servant à transporter les morts jusqu'à leur sépulture (→ fourgon mortuaire). *Mettre un cercueil dans le corbillard.*

CORBILLON n. m. ▪ VX Petite corbeille.

CORBLEU interj. ▪ VX Juron en usage au XVIIe siècle (→ morbleu).

CORDAGE n. m. ▪ **1.** Lien servant au gréement d'un navire ou à la manœuvre d'une machine. ⇒ **corde.** *Hisser avec un cordage.* ⇒ **filin. 2.** Ensemble des cordes d'une raquette.

Charlotte **CORDAY** (1768 - 1793) ▪ Personnage de la Révolution française. Proche des Girondins, elle poignarda Marat dans son bain. Elle fut guillotinée.

CORDE n. f. ▪ **I. 1.** (sens général) Réunion de brins d'une matière textile tordus ensemble. ⇒ **câble, cordage, ficelle.** *Corde souple, résistante. Alpinistes reliés par une corde.* ⇒ **cordée.** *Échelle de corde. Des semelles de corde.* - *Une corde en matière plastique.* ♦ CORDE À LINGE : fil sur lequel on met le linge à sécher. ⇒ **étendoir.** - CORDE À SAUTER, corde munie de poignées, que l'on fait tourner. - CORDE LISSE, CORDE À NŒUDS, servant à grimper. - *Tendre la corde d'un arc.* loc. *Avoir plus d'une corde, plusieurs cordes à son arc,* plusieurs moyens pour parvenir à ses fins. - loc. *Tirer sur la corde,* abuser d'un avantage, de la patience d'une personne. **2.** GÉOM. Segment joignant deux points d'une courbe. **3.** Lien servant à pendre qqn. - Supplice de la pendaison. *Condamner qqn à la corde.* ♦ loc. *Se mettre la corde au cou :* se mettre dans une situation pénible de dépendance. - *Parler de corde dans la maison d'un pendu,* faire une gaffe. **4.** Trame d'une étoffe devenue visible par l'usure. *Vêtement usé jusqu'à la corde.* **5.** *Tenir la corde :* rester près de l'intérieur de la piste. - *Prendre un virage à la corde.* **6.** Fil sur lequel les acrobates font des exercices. *Danseur de corde.* - loc. *Être sur la* CORDE RAIDE, dans une situation délicate. **7.** *Les cordes du ring,* qui le limitent. *Boxeur envoyé dans les cordes.* **8.** loc. fig. *Il pleut des cordes,* très fort, à verse. **II. 1.** Boyau, crin, fil métallique tendu qui produit les sons sur certains instruments. *Instruments à cordes et instruments à vent.* - *Les cordes d'un orchestre* (violons, altos, violoncelles, contrebasses). ⇒ **quatuor. 2.** loc. *Faire vibrer, toucher la corde sensible :* parler à une personne de ce qui la touche le plus. **III. 1.** CORDES VOCALES : replis du larynx qui vibrent pour produire les sons de la voix. **2.** *Ce n'est pas* DANS MES CORDES : ce n'est pas de ma compétence.

CORDEAU n. m. ▪ **1.** Petite corde que l'on tend entre deux points pour obtenir une ligne droite. *Jardinier qui plante au cordeau. Plate-bande tirée au cordeau.* - fig. AU CORDEAU : de façon nette et régulière. *Ici, tout semble tiré au cordeau.* **2.** Mèche de mise à feu.

CORDÉE n. f. ▪ Groupe d'alpinistes attachés pour faire une ascension (⇒ s'**encorder**). *Premier de cordée,* celui qui mène le groupe (titre d'un roman de Frison-Roche).

CORDELETTE n. f. ▪ Corde fine.

CORDELIER, IÈRE n. ▪ Religieux, religieuse de l'ordre de Saint-François d'Assise (⇒ **fanciscain**).

CORDELIÈRE n. f. ▪ Corde à plusieurs nœuds servant de ceinture ; gros cordon. *La cordelière de son sac.*

le club des **CORDELIERS** ▪ Cercle révolutionnaire fondé en 1790 par Danton (dans l'ancien couvent des Cordeliers, à Paris). Animé notamment par C. Desmoulins, Marat, puis Hébert, il fut le porte-parole des sans-culottes.

CORDER v. tr. [1] ▪ **1.** Lier avec une corde. *Corder une malle.* ⇒ **cercler. 2.** Garnir de cordes (une raquette de tennis).

CORDES ▪ Commune du Tarn. Au-dessus de la vallée du Céron. 932 hab. Enceintes. Cité médiévale pittoresque.

CORDIAL, IALE, IAUX adj. ▪ **I.** VX Qui stimule le cœur. *Remède cordial.* ♦ n. m. Remède cordial ; COUR. boisson alcoolisée. *Prendre un cordial.* **II.** Qui vient du cœur, de l'affection ; sincère et spontané. ⇒ **affectueux, bienveillant, chaleureux.** *Un accueil cordial.* ♦ iron. *Une haine cordiale :* très vive.

CORDIALEMENT adv. ▪ D'une manière cordiale, spontanée. *Parler cordialement à qqn.* ♦ iron. *Ils se haïssent cordialement.*

CORDIALITÉ n. f. ▪ Affection, bienveillance qui se manifeste avec simplicité. ⇒ **chaleur, sympathie.** *Accueillir qqn avec cordialité.*

CORDIER, IÈRE n. ▪ Personne, entrepreneur qui fabrique ou vend des cordes, des cordages. - *La Belle Cordière,* surnom de la poétesse Louise Labé.

CORDILLÈRE n. f. ▪ Chaîne de montagnes. *La cordillère des Andes.*

CÓRDOBA ▪ Ville d'Argentine. 1 200 000 hab. Pôle économique (agriculture, industries) et culturel du centre du pays.

CORDON n. m. ▪ **I. 1.** Petite corde (attache, ornement, tirage). ⇒ **cordelière, lacet, lien.** *Cordon de sonnette, de rideaux.* - loc. *Tenir les cordons de la bourse :* régler les dépenses. **2.** ⇒ **cordeau** (2). - *Cordon Bickford,* pour l'allumage des explosifs. **II.** Ruban qui sert d'insigne aux membres d'un ordre honorifique. *Le grand cordon de la Légion d'honneur,* l'écharpe de grand-croix. **III.** (analogie de forme) **1.** *Cordon ombilical,* qui rattache l'embryon au placenta. **2.** Tendon saillant. **3.** Série (de choses ou de personnes alignées). ⇒ **file, ligne, rangée.** *Un cordon d'agents de police.* - *Cordon sanitaire,* ligne de postes de surveillance sanitaire. **4.** *Cordon littoral :* bande de terre qui émerge à peu de distance d'une côte.

CORDON-BLEU n. m. ▪ Personne qui fait très bien la cuisine. *Des cordons-bleus.*

CORDONNERIE n. f. ▪ Commerce, métier, atelier du cordonnier.

CORDONNET n. m. ▪ Petit cordon (I).

CORDONNIER, IÈRE n. ▪ Artisan qui répare, entretient les chaussures. *Le cordonnier ressemelle les chaussures.* - prov. *Les cordonniers sont toujours les plus mal chaussés.*

CORDOUE en espagnol **CÓRDOBA** ▪ Ville d'Espagne (Andalousie), sur le Guadalquivir. 309 212 hab. *(les Cordouans).* Elle connut son plus grand rayonnement grâce aux Arabes, à la tête de l'*émirat de Cordoue* (756-1236) : foyer intellectuel et religieux (célèbre mosquée).

Cordoue. L'intérieur de la Grande Mosquée.
Phot. © Dagli Orti

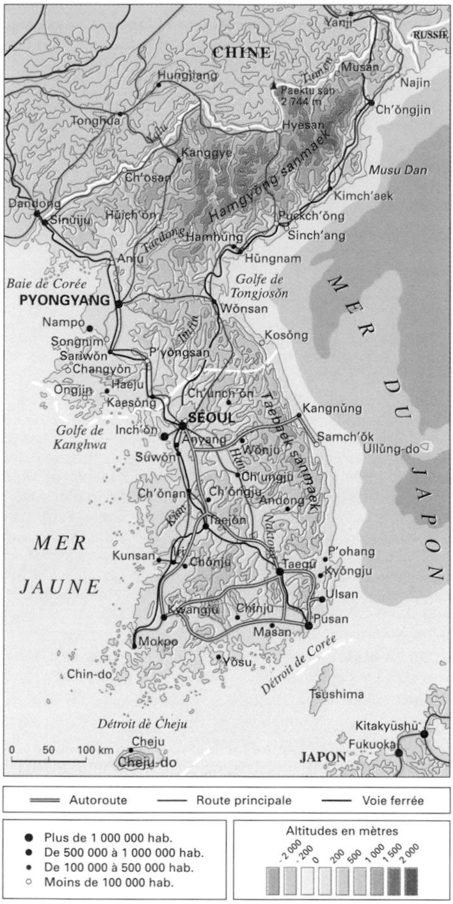

Corée.

la CORÉE ▪ Péninsule du sud de la Mandchourie, bordée par la mer Jaune et la mer du Japon. □ HISTOIRE La Corée fut unifiée par les royaumes du Silla (668), du Koryŏ (935) et des Yi (1392). Elle connut les dominations chinoise (av. VIIe s.), mongole (XIIIe-XIVe s.) et japonaise (1910-1945). Elle est divisée depuis 1948 en deux États. Après avoir été en guerre l'un contre l'autre (1950-1953), les deux pays ont tenté en vain une réunification (incidents frontaliers).

la république populaire démocratique de Corée ou **CORÉE-DU-NORD** ▪ 120 538 km². 21 770 000 hab. Capitale : Pyongyang. Langue : coréen. Monnaie : won. Riz; charbon; fer. Le pays connaît depuis plusieurs années une grave crise économique.

la république de Corée ou **CORÉE-DU-SUD** ▪ 99 274 km². 43 700 000 hab. Capitale : Séoul. Langue : coréen. Monnaie : won. Riz; équipements industriels; produits manufacturés (électronique). Développement économique brillant, mais tensions politiques.

CORÉEN, ENNE adj. et n. ▪ De Corée. *Populations coréennes.* - n. *Les Coréens. Coréen du Nord, du Sud.* - n. m. *Le coréen* (langue).

CORELIGIONNAIRE n. ▪ Personne qui professe la même religion qu'une autre. *Les coreligionnaires de qqn.*

Arcangelo CORELLI (1653 - 1713) ▪ Compositeur et violoniste italien. Maître de la sonate et du concerto classiques.

CORFOU ▪ Une des îles Ioniennes en Grèce. 105 043 hab. *(les Corfiotes).* Tourisme.

Carl Ferdinand CORI (1896 - 1984) ▪ Biochimiste américain d'origine tchèque. Avec sa femme Gerty Theresa, née Radnitz (1896 - 1957), il étudia le métabolisme des glucides. Ils obtinrent conjointement le prix Nobel de physiologie ou médecine en 1947.

CORIACE adj. ▪ **1.** (viande) Très dur ; qui ne se laisse pas couper, mâcher, etc. **2.** (personnes) Qui ne cède pas. ⇒ **dur.** *Il est coriace en affaires.* - n. *C'est un coriace.*

CORIANDRE n. f. ▪ Plante annuelle dont le fruit séché, aromatique, s'emploie comme assaisonnement et dans la fabrication de liqueurs.

CORICIDE n. m. ▪ Préparation qu'on applique sur les cors aux pieds, pour les détruire.

CORINDON n. m. ▪ Pierre précieuse très dure, diversement colorée (ex. aigue-marine, améthyste, rubis, saphir, topaze).

CORINTHE ▪ Ville et port de Grèce, centre commercial sur l'isthme du même nom qui relie le Péloponnèse à la Grèce centrale et qui est traversé par un canal (ouvert en 1883). 28 903 hab. *(les Corinthiens).* Elle fut une des plus riches cités de la Grèce antique, rivale d'Athènes et de Sparte. Affaiblie par la guerre du Péloponnèse, elle fut détruite par les Romains (146 av. J.-C.).

CORINTHIEN, IENNE adj. ▪ Se dit d'un ordre d'architecture grecque (succédant au dorique et à l'ionique) caractérisé par des colonnes élancées, aux chapiteaux ornés de feuilles d'acanthe. *Ordre corinthien* et n. m. *le corinthien.* - *Chapiteau corinthien.*

CORIOLAN (v. 488 av. J.-C.) ▪ Général romain. Tombé en disgrâce, il se mit à la tête des Volsques, qu'il avait vaincus, et assiégea Rome. Sa mère et sa sœur le firent renoncer à sa vengeance, mais les Volsques, s'estimant trahis, le tuèrent.

Gustave Gaspard CORIOLIS (1792 - 1843) ▪ Mathématicien français. *Force de Coriolis :* force qui explique la déviation de la trajectoire d'un corps en mouvement sur un solide en rotation (cas des vents et courants marins sur le globe terrestre).

CORK en gaélique ***CORCAIGH*** ▪ Port et ville de la république d'Irlande, principale ville de la province de Munster. 150 000 hab. Centre commercial d'une région agricole. Diversification industrielle récente.

CORMEILLES-EN-PARISIS ▪ Commune du Val-d'Oise. 17 417 hab. *(les Cormeillais).* Carrières de gypse.

CORMIER n. m. ▪ Sorbier cultivé.

CORMORAN n. m. ▪ Oiseau palmipède au plumage sombre, bon plongeur.

cormoran. *Phalacrocorax carbo,* grand cormoran.
Phot. © Hellio/Van Ingen/Jacana

CORNAC n. m. ▪ **1.** Celui qui est chargé des soins et de la conduite d'un éléphant domestiqué. **2.** fig. FAM. Personne qui introduit, guide (qqn, un personnage officiel, etc.).

CORNALINE n. f. ▪ Variété de calcédoine translucide, rouge.

CORNAQUER v. tr. [1] ▪ FAM. Servir de guide à (qqn).

CORNE n. f. ▪ **I. 1.** Excroissance épidermique, dure et pointue, sur la tête de certains animaux. *Les cornes des ruminants. Cornes ramifiées du cerf.* ⇒ **andouiller, bois.** *Transpercer à coups de corne.* ⇒ **encorner.** - *BÊTES À CORNES :* bœufs, vaches, chèvres. - loc. *Prendre le taureau par les cornes,* prendre de front les difficultés. - *Faire les cornes à qqn,* diriger vers lui deux doigts écartés (évoquant des cornes) par moquerie ou menace magique. ♦ loc. FAM. *Avoir, porter des cornes,* être trompé (mari, femme). **2.** Appendice comparé à une corne. *Les cornes* (pédicules oculaires) *d'un escargot.* **3.** Corne d'animal évidée. *Corne d'abondance.* - *Corne de* *gazelle :* gâteau oriental. **4.** Angle saillant, coin. *À la corne du bois.* ♦ *Faire une corne à la page d'un livre.* ⇒ **corner.** **II. 1.** Substance compacte qui constitue les productions dures de l'épiderme (ongles, cornes, sabots, griffes, bec des oiseaux, fanons de baleine, écailles de tortue). ⇒ **kératine.** *Peigne de corne. Des couteaux à manches de corne.* - *CORNE À CHAUSSURES :* chausse-pied. **2.** Couches mortes de l'épiderme qui forment des callosités. **III. 1.** Instrument sonore fait d'une corne (I, 1) creuse. ⇒ **cor, cornet, trompe.** *Une corne de berger.* **2.** VX Avertisseur sonore (⇒ **corner**).

CORNÉ, ÉE adj. ▪ Qui a la consistance dure de la corne (II).

CORNED-BEEF [kɔRnɛdbif ; kɔRnbif] n. m. invar. ▪ Viande de bœuf en conserve. ⇒ **singe** (4).

la CORNE D'OR ▪ Baie profonde sur la rive européenne du Bosphore, où se trouve Istanbul.

CORNÉE n. f. ▪ Enveloppe antérieure et transparente de l'œil.

CORNÉEN, ENNE adj. ▪ De la cornée. *Lentilles cornéennes,* verres optiques de contact.

CORNEILLE n. f. ▪ Oiseau du genre corbeau, plus petit que le grand corbeau, à queue arrondie et plumage terne. *Corneille grise ; noire* (souvent appelée *corbeau*).

Pierre **Corneille.** Portrait anonyme, XVIIe s. Musée national du château, Versailles. *Phot. © Lauros/Giraudon*

Pierre CORNEILLE (1606 - 1684) ▪ Auteur dramatique français. Poète de l'héroïsme, du devoir et de la gloire. Ses 32 pièces oscillent entre classicisme et baroque. Principales œuvres : *"Mélite"* (1629) ; *"Clitandre"* (1632) ; *"La Place royale"* (1634-1635) ; *"Médée"* (1635) ; *"L'Illusion comique"* (1636) ; *"Le Cid"* (qui suscita une vive querelle littéraire, décembre 1636) ; *"Horace"* (1640) ; *"Cinna"* (1641) ; *"Polyeucte"* (1642) ; *"Le Menteur"* (1644) ; *"Rodogune"* (1644) ; *"Nicomède"* (1651) ; *"Pertharite"* (1652) ; *"Agésilas"* (1666) ; *"Attila"* (1667) ; *"Tite et Bérénice"* (1670) ; *"Psyché"* (écrite avec Molière, 1671) ; *"Suréna"* (1674).

Thomas CORNEILLE (1625 - 1709) ▪ Écrivain et poète dramatique français. Frère cadet de Pierre Corneille, il s'imposa par ses tragédies, dont *"Timocrate"* (1656), qui fut le plus grand succès du XVIIe s.

CORNEILLE DE LYON (v. 1500/1510 - v. 1574) ▪ Portraitiste français d'origine hollandaise. Peintre d'Henri II, il s'inscrit dans la tradition franco-flamande (influence de la miniature).

CORNÉLIEN, IENNE adj. ▪ Qui appartient à Pierre Corneille, évoque ses héros, ses tragédies. *Un héros cornélien.*

Peter von CORNELIUS (1783 - 1867) ▪ Peintre allemand. Sujets religieux et historiques, fresques de la glyptothèque de Munich.

CORNEMUSE n. f. ▪ Instrument de musique à vent composé d'un sac de cuir et de deux ou trois tuyaux percés de trous. ⇒ **musette.** *Cornemuse bretonne.* ⇒ **biniou.**

① **CORNER** v. [1] ▪ **I. v. tr.** Plier en forme de corne (I, 4), relever un coin de. *Corner les pages d'un livre.* - au p. p. *Feuille cornée.* **II. v. intr.** VX Faire fonctionner une corne (III), une trompe. ⇒ **klaxonner.** ♦ trans. FAM. *Corner qqch. aux oreilles de qqn,* le lui dire bruyamment.

② **CORNER** [-ɛR] n. m. ▪ anglic. Faute commise par un footballeur qui envoie le ballon derrière la ligne de but de son équipe. ♦ Coup accordé à l'équipe adverse à la suite de cette faute. *Le corner est tiré d'un angle du terrain.*

CORNET n. m. ▪ **I. 1.** Objet en forme de corne ; récipient conique (⇒ **cône**). *Une glace en cornet. Cornet de papier,* papier roulé en corne et susceptible de contenir qqch. *Un cornet de frites.* ♦ *Cornet à dés,* godet qui sert à agiter et à jeter les dés. **2.** FAM. Estomac, gosier. *Se coller, se mettre qqch. dans le cornet.* **II.** Petite trompe. - *CORNET (À PISTONS) :* cuivre plus court que la trompette.

CORNETTE n. f. ▪ **1.** Coiffure de certaines religieuses. **2.** anciennt Étendard de cavalerie. - Officier qui le portait.

CORNETTISTE n. ▪ Joueur, joueuse de cornet (à pistons).

CORN FLAKES [-flɛks] n. m. pl. ▪ anglic. Flocons (ou « pétales ») de maïs grillés et croustillants, consommés avec du lait comme céréales du petit déjeuner.

CORNIAUD n. m. ▪ **1.** Chien bâtard. **2.** FAM. Imbécile. - adj. *Ce qu'il peut être corniaud !*

CORNICHE n. f. ▪ **1.** Partie saillante qui couronne un édifice. - Ornement en saillie sur un mur, un meuble, autour d'un plafond. *La corniche d'une armoire.* **2.** Saillie naturelle surplombant un escarpement. *Route en corniche,* qui surplombe un lac, la mer.

CORNICHON n. m. ▪ **1.** Petit concombre* cueilli avant sa maturité et conservé dans du vinaigre. *Bocal de cornichons.* **2.** FAM. Niais, naïf. ⇒ **imbécile.** *Quel cornichon !*

CORNIER, IÈRE adj. ▪ Qui est au coin, à l'angle. *Les poteaux corniers d'une charpente.*

CORNIÈRE n. f. ▪ Pièce cornière, en équerre.

CORNISTE n. ▪ Personne qui joue du cor, du cor anglais.

la CORNOUAILLE ▪ Région du sud-ouest de la Bretagne (Finistère).

les CORNOUAILLES n. f. pl. en anglais ***CORNWALL*** ▪ Région à l'extrémité sud-ouest de l'Angleterre. Côte très découpée sur la Manche. Elle forme avec les îles Scilly un comté (3 546 km^2 ; 465 000 hab.). Chef-lieu : Bodmin.

CORNOUILLER n. m. ▪ Arbre commun dans les haies, les bois.

CORNU, UE adj. ▪ **1.** Qui a des cornes. *Animal cornu. Diable cornu.* **2.** Qui a la forme d'une corne, présente des saillies en forme de corne.

CORNUE n. f. ▪ Récipient à col étroit, long et courbé, qui sert à distiller. ⇒ **alambic.** *Le col d'une cornue.*

La COROGNE en espagnol ***LA CORUÑA*** ▪ Ville et port de pêche d'Espagne (Galice). 251 342 hab.

COROLLAIRE n. m. ▪ DIDACT. Proposition dérivant immédiatement d'une autre. - MATH. Conséquence directe d'un théorème. ♦ Conséquence, suite naturelle.

COROLLE n. f. ▪ Ensemble des pétales d'une fleur. - *En corolle,* en forme de corolle de fleur.

la côte de COROMANDEL ▪ Nom donné à la côte sud-est de l'Inde, sur le golfe du Bengale (Madras, Machilipatnam, Pondichéry).

CORON n. m. ▪ Ensemble d'habitations identiques construites pour les mineurs (dans le nord de la France et le sud de la Belgique). *Habiter un coron.*

les **Cornouailles.** Bos Castle. *Phot. © Weis/Rapho*

Corot. *Mantes. La cathédrale et la ville vues derrière les arbres.* Musée des Beaux-Arts, Reims. *Phot. © Lauros/Giraudon*

CORONAIRE adj. ▪ ANAT. Disposé en couronne. *Artères coronaires.*

CORONARIEN, IENNE adj. ▪ MÉD. Des artères coronaires. *Lésions coronariennes* (*coronarite* n. f.).

COROSSOL n. m. ▪ Gros fruit tropical, aussi appelé *anone,* dont l'enveloppe est parsemée de pointes.

Camille COROT (1796-1875) ▪ Peintre français. Il se révéla d'abord comme un grand paysagiste dans la lignée de Poussin puis évolua vers une liberté de plus en plus grande, annonçant l'impressionnisme. Il est aussi l'auteur de portraits et nus féminins. *"Tivoli, les jardins de la villa d'Este"* (1843), *"Odalisque romaine"* (1843).

COROZO n. m. ▪ Matière blanche tirée de la noix d'un palmier et dite ivoire végétal. *Boutons de corozo.*

CORPORATIF, IVE adj. ▪ Des corporations. - *Esprit corporatif :* esprit* de corps.

CORPORATION n. f. ▪ **1.** HIST. Association d'artisans, groupés en vue de réglementer leur profession et de défendre leurs intérêts. *Maîtres, apprentis, compagnons d'une corporation.* ⇒ **communauté.** *Une corporation d'artisans.* **2.** Ensemble des personnes qui exercent la même profession. ⇒ **corps** de métier. *La corporation des notaires.*

CORPORATISME n. m. ▪ Doctrine qui préconise les groupements professionnels du type des corporations.

CORPOREL, ELLE adj. ▪ Relatif au corps. ⇒ **physique.** *Châtiment corporel. L'exercice corporel.*

CORPS [kɔR] n. m. ▪ **I.** Partie matérielle des êtres animés. **1.** L'organisme humain (opposé à l'esprit, à l'âme). *Étude du corps humain.* ⇒ **anatomie, anthropométrie, physiologie.** *Les parties du corps. Un corps vigoureux. Les attitudes, les gestes, les mouvements du corps.* ♦ loc. *Trembler de tout son corps. Être sain de corps et d'esprit.* - *CORPS À CORPS,* en serrant le corps d'un autre contre le sien (dans la lutte). n. m. *Un corps à corps.* - *CORPS ET ÂME,* tout entier, sans restriction. - *Se jeter À CORPS PERDU dans une entreprise,* avec fougue, impétuosité. **2.** Cadavre. *La levée* du corps. Porter un corps en terre.* **3.** Le tronc (distinct de la tête et des membres). *Une grosse tête sur un petit corps. Entrer dans l'eau jusqu'au milieu du corps.* ⇒ **mi-corps. 4.** (dans des loc.) Homme, individu. *Garde du corps.* - DR. *Séparation* de corps.* - loc. *À son corps défendant.* ⇒ **défendre. II.** Partie principale. *Le corps d'un bâtiment* (s'oppose à *aile, avant-corps*). *Le corps de ferme et les dépendances.* - loc. *Navire perdu CORPS ET BIENS,* le navire lui-même et les marchandises. **III.** Objet matériel. **1.** *Les corps célestes.* ⇒ **astre, satellite. 2.** Objet matériel caractérisé par ses propriétés physiques. *Volume, masse d'un corps. La chute des corps.* ⇒ **pesanteur.** *Corps solides, fluides* (liquides, gaz). - CHIM. *CORPS SIMPLE,* constitué par un seul élément chimique. - PHYS. *CORPS NOIR :* corps absorbant toutes les radiations qu'il reçoit. **3.** Élément anatomique qui peut être étudié isolément (organe, etc.). *Corps calleux, jaune, strié.* - *Introduction d'un corps étranger dans l'organisme.* **IV. 1.** Épaisseur, consistance. *Ce papier a du corps.* **2.** Force (d'un vin). ⇒ **corsé. 3.** loc. *PRENDRE CORPS :* devenir réel ; commencer à s'organiser. - *FAIRE CORPS AVEC,* adhérer, ne faire qu'un. **V.** abstrait **1.** Groupe formant un ensemble organisé sur le plan des institutions. ⇒ **association, communauté.** *Le corps politique. Le corps électoral,* l'ensemble des électeurs. *Les corps constitués,* les organes de l'Administration et les tribunaux. **2.** Compagnie, ordre, administration. *Le corps diplomatique. Le corps enseignant.* - *Corps de métier,* ensemble organisé de personnes exerçant la même profession. ⇒ **corporation.** ♦ *Esprit* de corps.* **3.** Unité militaire administrativement indépendante (bataillon, régiment). *Rejoindre son corps. Chef de corps.* - *Corps d'armée,* formé de plusieurs divisions. **4.** *Corps de ballet.* ⇒ **ballet. 5.** MATH. Ensemble ayant une structure d'anneau (et dont les éléments forment un groupe).

CORPULENCE n. f. ▪ Ampleur du corps humain (taille, grosseur). *Il est de forte corpulence.* - Forte corpulence. *Avoir de la corpulence.* ⇒ **embonpoint.**

CORPULENT, ENTE adj. ▪ Qui est de forte corpulence. ⇒ **gras, gros.**

CORPUS [kɔRpys] n. m. ▪ DIDACT. Ensemble limité de textes fournissant de l'information.

CORPUS CHRISTI ▪ Ville des États-Unis (Texas). Port sur le golfe du Mexique. 257 000 hab.

CORPUSCULAIRE adj. ▪ PHYS. Des corpuscules. *La théorie corpusculaire de la lumière* (s'oppose à *ondulatoire*). *Physique corpusculaire.* ⇒ **atomique, nucléaire.**

CORPUSCULE n. m. ▪ **1.** Petite parcelle de matière (atome, molécule). - Petit élément anatomique. **2.** PHYS. VX ⇒ **particule.**

CORRAL n. m. ▪ Enclos où l'on parque le bétail (bœufs, taureaux), dans certains pays. *Des corrals.*

CORRECT, ECTE adj. ▪ **I.** (s'oppose à *incorrect*) **1.** Qui respecte les règles. *Phrase grammaticalement correcte.* **2.** Conforme aux usages, aux mœurs. ⇒ **bienséant, convenable.** *Des manières correctes.* **3.** Conforme à la morale. *Correct en affaires.* ⇒ **honnête, régulier. 4.** loc. anglic. *Politiquement correct* (langage...) : qui respecte une idée de société moralisée, élimine les stéréotypes de pensée et de langage (établissant ainsi euphémismes et tabous). **II.** FAM. Qui, sans présenter de graves fautes, n'est pas remarquable par sa qualité. ⇒ **moyen, passable.** *Un hôtel modeste, mais correct.* ⇒ **convenable.**

CORRECTEMENT adv. ▪ **1.** Sans faute, d'une manière correcte. *Tiens-toi correctement !* ⇒ **convenablement. 2.** Assez bien. *Elle gagne correctement sa vie.*

CORRECTEUR, TRICE n. ▪ **1.** Personne qui corrige en relevant les fautes et en les jugeant. *Le jury des correcteurs du baccalauréat.* ⇒ **examinateur. 2.** Personne qui lit et corrige les épreuves d'imprimerie. *Elle est chef correcteur* (ou *chef correctrice*).

CORRECTIF, IVE ▪ **I.** adj. Qui a le pouvoir de corriger. *Gymnastique corrective.* **II.** n. m. Terme par lequel on atténue un propos. *Apporter quelques correctifs à une théorie.*

CORRECTION n. f. ▪ **I.** (Action de corriger) **1.** Changement fait à un ouvrage pour l'améliorer. ⇒ **rectification, remaniement, retouche.** *Corrections de forme, de fond.* ♦ spécialt *Correction des épreuves* d'imprimerie,* indication des erreurs ; exécution matérielle des changements. - Action de corriger des devoirs, les épreuves d'un examen. *La correction des copies.* **2.** Opération qui rend exact. *La correction d'une observation.* **3.** VX Fait de corriger qqn, sa conduite. - anciennt *MAISON DE CORRECTION,* où des mineurs délinquants étaient détenus. **II.** Châtiment corporel ; coups. ⇒ **punition.** *Recevoir une correction.* **III. 1.** Qualité de ce qui est correct. *La correction d'une traduction, du langage.* **2.** Comportement correct (2 ou 3). *Être d'une parfaite correction* (opposé à *incorrection*). ⇒ **politesse.**

CORRECTIONNEL, ELLE adj. ▪ Qui a rapport aux actes qualifiés de délits par la loi. *Tribunal de police correctionnelle* ou n. f. FAM. *la correctionnelle. Passer en correctionnelle.*

le CORRÈGE (v. 1489 - 1534) ▪ Peintre italien. Un des maîtres de la fin de la Renaissance à Parme. La sensualité de ses contours et de ses coloris et la nouveauté de ses dernières compositions ont exercé une influence durable. *"L'Assomption de la Vierge"*, coupole octogonale du Duomo (1524-1530).

CORRÉLAT n. m. ▪ DIDACT. Terme d'une corrélation.

CORRÉLATIF, IVE adj. ▪ Qui est en corrélation, qui présente une relation logique avec autre chose. ⇒ **correspondant, relatif.** ► adv. CORRÉLATIVEMENT

CORRÉLATION n. f. ▪ Lien, rapport réciproque. *Il n'y a aucune corrélation entre ces événements.* ⇒ **correspondance, interdépendance.** *Mettre en corrélation deux choses.*

CORRESPONDANCE n. f. ▪ **I.** Rapport logique entre un terme et un ou plusieurs autres (⇒ **conséquent**), déterminés par le premier ; rapport de conformité. ⇒ **accord, analogie.** *Correspondance d'idées, de sentiments entre deux personnes.* ⇒ **affinité.** *"Correspondances", sonnet de Baudelaire* (« Les parfums, les couleurs et les sons se répondent »). **II. 1.** Relation par écrit entre deux personnes ; échange de lettres. ⇒ **courrier.** *Une correspondance amicale. Avoir, entretenir une correspondance avec qqn.* - *Cours par correspondance.* ⇒ aussi **télé-enseignement.** *Vente par correspondance* (abrév. V.P.C.). ⇒ **publipostage.** ♦ Les lettres qui constituent la correspondance. *La correspondance de Madame de Sévigné.* **2.** Relation entre deux moyens de transport. ⇒ **changement.** *Un autocar assurera la correspondance à la gare.* - Le moyen de transport qui assure la correspondance (chemin de fer, autocar). *Attendre la correspondance.*

CORRESPONDANT, ANTE ▪ **I.** adj. Qui a un rapport avec qqch. ; qui y correspond. ⇒ **relatif.** *Cocher la case correspondante.* **II.** n. **1.** Personne avec qui l'on entretient des relations épistolaires. *Avoir des correspondants dans plusieurs pays.* - Personne à qui on téléphone, avec qui on correspond par télématique. **2.** Personne employée par un journal, une agence d'informations pour transmettre des nouvelles d'un lieu éloigné. ⇒ **envoyé.** *Correspondant de guerre. De notre correspondant à Londres...*

CORRESPONDRE v. [41] ▪ **I.** v. tr. ind. CORRESPONDRE À. Être en rapport de conformité (avec qqch.), être conforme, se rapporter (à). ⇒ **s'accorder, aller.** *L'an I de l'hégire correspond à l'an 622 de l'ère chrétienne. Ce récit ne correspond pas à la réalité.* - pronom. *Se correspondre.* ⇒ se **répondre.** **II.** v. intr. *(correspondre avec)* **1.** Avoir des relations par lettres, par téléphone (avec qqn). *Nous avons cessé de correspondre.* ⇒ **s'écrire. 2.** (sujet chose) Être en communication. ⇒ **communiquer.** *Ces deux pièces correspondent.*

la CORRÈZE ▪ Rivière du Limousin, affluent de la Vézère. 85 km.

la CORRÈZE [19] ▪ Département français de la région Limousin. 5 865 km². 237 908 hab. *(les Corréziens).* Chef-lieu : Tulle. Chefs-lieux d'arrondissement : Brive-la-Gaillarde, Ussel.

CORRIDA n. f. ▪ **1.** Course de taureaux. *Des corridas.* **2.** FAM. Dispute, agitation. ⇒ **cirque.** *Quelle corrida !*

CORRIDOR n. m. ▪ Passage couvert mettant en communication plusieurs pièces d'un même étage. ⇒ **couloir, passage.**

CORRIENTES ▪ Ville d'Argentine. 267 000 hab. Industries. Marché agricole du Chaco.

CORRIGÉ n. m. ▪ Devoir donné comme modèle. ⇒ **modèle, solution.** *Dicter le corrigé d'un devoir.*

CORRIGER v. tr. [3] ▪ **I. 1.** Ramener à la règle (ce qui s'en écarte ou la personne qui s'en écarte). ⇒ **amender, reprendre.** *Corriger qqn d'un défaut.* - pronom. *Se corriger de son mauvais caractère.* **2.** Supprimer (les fautes, les erreurs). ⇒ **remanier, reprendre, revoir.** *Corriger des épreuves d'imprimerie.* ⇒ **correction ; correcteur. 3.** Relever les fautes de (qqch.) en vue de donner une appréciation, une note. *Corriger des devoirs.* **4.** Rendre exact ou plus exact. ⇒ **rectifier.** *Corriger une observation.* **5.** Rendre normal ce qui ne l'est pas. *Corriger une mauvaise posture.* **6.** Ramener à la mesure (qqch. d'excessif) par une action contraire. ⇒ **adoucir, atténuer, compenser ; correctif.** *Corriger l'effet d'une parole trop dure.* **II.** Infliger un châtiment corporel, donner des coups à. ⇒ **battre.**

le Corrège. *Le Mariage mystique de sainte Catherine d'Alexandrie avec saint Sébastien.* Musée du Louvre, Paris. *Phot. © Giraudon*

CORROBORER v. tr. [1] ▪ Donner appui, ajouter de la force à (une idée, une opinion). ⇒ **confirmer, renforcer.** *Plusieurs indices corroborent les soupçons.*

CORRODER v. tr. [1] ▪ Détruire lentement, progressivement, par une action chimique. ⇒ **attaquer, ronger.** *Les acides corrodent les métaux* (⇒ **corrosif**).

CORROI n. m. ▪ TECHN. Corroyage.

CORROMPRE v. tr. [41] ▪ (⇒ **corruption**) **I.** Altérer en décomposant. ⇒ **gâter. II.** fig. **1.** LITTÉR. Altérer, gâter (ce qui était pur, bon). ⇒ **abâtardir, déformer. 2.** LITTÉR. Altérer ce qui est sain, honnête, dans l'âme. ⇒ **avilir, dépraver, pervertir. 3.** (compl. personne) Engager (qqn) par des dons, des promesses ou par la persuasion, à agir contre sa conscience, son devoir. ⇒ **acheter, soudoyer.** *Corrompre un témoin.*

CORROMPU, UE adj. ▪ **1.** Altéré, en décomposition. **2.** (sens moral) ⇒ **dépravé, dissolu ; vil. 3.** Que l'on a corrompu, que l'on peut corrompre. *Juge corrompu.* ⇒ **vénal.**

CORROSIF, IVE adj. ▪ **1.** Qui corrode ; qui a la propriété de corroder. ⇒ **caustique.** *Les acides sont corrosifs.* **2.** Qui attaque avec violence. *Une œuvre, une ironie corrosive.* ⇒ **acerbe, caustique, virulent.**

CORROSION n. f. ▪ Action de corroder ; son résultat. *Corrosion par un acide.*

CORROYAGE n. m. ▪ Action de corroyer.

CORROYER v. tr. [8] ▪ Apprêter (le cuir), l'assouplir après le tannage. - au p. p. *Peaux corroyées.*

CORROYEUR n. m. ▪ Ouvrier qui corroie les cuirs.

CORRUPTEUR, TRICE ▪ **1.** n. Personne qui soudoie, achète qqn. *Le corrupteur et les témoins corrompus ont été punis.* **2.** adj. LITTÉR. Qui corrompt moralement. ⇒ **malfaisant, nuisible.** *Des spectacles corrupteurs.*

CORRUPTION n. f. ▪ **I.** Altération (de la substance) par décomposition. ⇒ **infection, pourriture, putréfaction. II. 1.** LITTÉR. Altération (du jugement, du goût, du langage). **2.** Fait de corrompre moralement ; état de ce qui est corrompu. ⇒ **avilissement, perversion.** *La corruption des mœurs.* **3.** Moyens que l'on emploie pour faire agir qqn contre son devoir, sa conscience ; fait de se laisser corrompre. *Corruption de fonctionnaire.*

CORS n. m. pl. ⇒ COR (II, 2)

CORSAGE n. m. ▪ Vêtement féminin qui recouvre le buste. ⇒ **blouse, chemisier.** *Corsage décolleté.*

CORSAIRE n. m. ▪ **1.** anciennt Navire armé par des particuliers, avec l'autorisation du gouvernement d'attaquer les navires d'autres pays. *Corsaires et pirates.* ♦ Le capitaine de ce navire. *Jean Bart, Surcouf, célèbres corsaires français.* **2.** Aventurier, pirate.

CORSE adj. et n. ▪ De la Corse (île de la Méditerranée, départements français). - n. *Les Corses.* - n. m. *Le corse est un dialecte italien.*

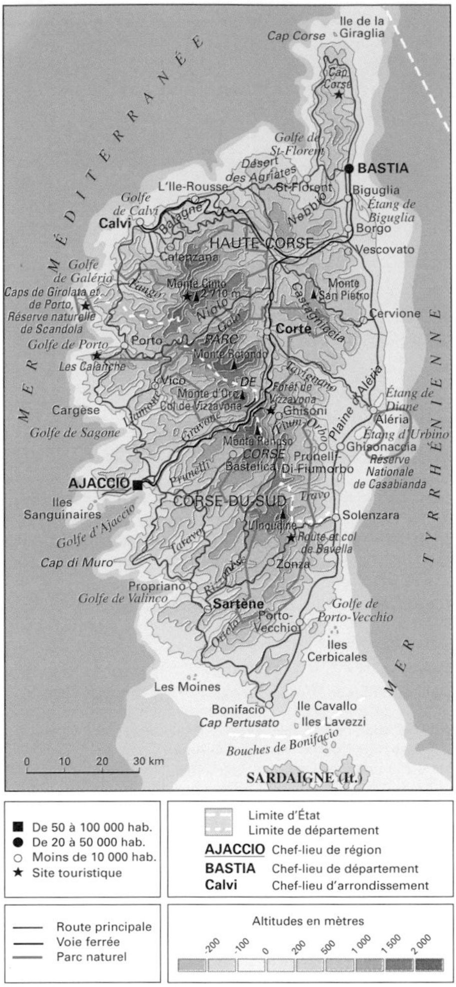

Corse.

la CORSE ▪ Île montagneuse de la Méditerranée. 8 569 km². 249 737 hab. Point culminant : Cinto. Le littoral et les plaines concentrent la population *(les Corses)* et l'économie : culture des fruits et de la vigne, élevage ; activité touristique. L'isolement de l'île a entraîné une forte émigration vers le « continent », source de régression démographique et de problèmes de développement. □ HISTOIRE Ancienne colonie de Carthage (IIIe s. av. J.-C.), province romaine envahie par les Lombards, elle fut attribuée au pape en 755, puis lentement conquise par Gênes. Elle se révolta de 1729 à 1768 (date de la cession à la France). Sa situation géographique, la spécificité de ses problèmes économiques, son histoire (→ **Paoli, Pozzo di Borgo**) et des revendications séparatistes parfois violentes (qui ne sont pas apaisées) ont conduit à en faire une région administrative et économique (1970) dotée d'un statut particulier de collectivité territoriale (1982). Elle comprend deux départements depuis 1974. À la suite de graves tensions politiques, elle est administrée depuis 1992 par un Conseil exécutif et dispose d'une assemblée régionale, élue au suffrage universel.

▪ **la CORSE-DU-SUD** [2A] ▪ Département français de la Corse. 4 014 km². 118 174 hab. Chef-lieu : Ajaccio. Chef-lieu d'arrondissement : Sartène.

▪ **la CORSE (HAUTE-)** → la **Haute-Corse**

Corse. Cap Corse, Nonza. *Phot. © Tétrel/Explorer*

CORSÉ, ÉE adj. ▪ **1.** Fort (au goût). *Un café corsé.* - *Un vin corsé,* qui a du corps. *Un assaisonnement corsé.* ⇒ **relevé.** **2.** Compliqué. *Une affaire corsée.* - *Une histoire corsée,* scabreuse.

CORSELET n. m. ▪ **I.** anciennt Vêtement féminin qui serre la taille et se lace sur le corsage. **II.** Partie antérieure du thorax, chez certains insectes, comme les coléoptères. *Le corselet d'une abeille.*

CORSER v. tr. [1] ▪ **1.** Rendre plus forte (une substance comestible). *Corser une sauce.* **2.** *Corser l'intrigue d'un roman,* en accroître l'intérêt. - pronom. *L'affaire se corse,* elle se complique.

CORSET n. m. ▪ **1.** Gaine baleinée et lacée, en tissu résistant, qui serre la taille et le ventre des femmes. ⇒ **gaine.** **2.** Corselet.

CORSETÉ, ÉE adj. ▪ Raide, guindé (comme quelqu'un qui porte un corset).

Julio CORTÁZAR (1914 - 1984) ▪ Écrivain français d'origine argentine. Son roman *"Marelle"* (1963), représentatif du « réalisme magique », eut une grande influence sur la littérature sud-américaine.

CORTE ▪ Chef-lieu d'arrondissement de la Haute-Corse. 5 693 hab. *(les Cortenais).* Citadelle. Université. Ancien palais de Paoli.

CORTÈGE n. m. ▪ **1.** Suite de personnes qui en accompagnent une autre lors d'une cérémonie. ⇒ **suite.** *Cortège nuptial. Cortège funèbre. Se former en cortège.* **2.** Groupe organisé qui avance. ⇒ **défilé, procession.** *Un cortège de manifestants.*

Hernán CORTÉS (1485 - 1547) ▪ Conquistador espagnol. Après avoir détruit l'empire aztèque (1519-1521), il fut nommé en 1522 gouverneur général de la Nouvelle-Espagne (c'est-à-dire le Mexique) et administra le pays d'une manière très autoritaire.

CORTEX [-ɛks] n. m. ▪ PHYSIOL. Partie périphérique externe du cerveau. - *Cortex surrénal* (⇒ **cortisone**).

CORTICAL, ALE, AUX adj. ▪ PHYSIOL. Relatif au cortex.

CORTINA D'AMPEZZO ▪ Ville d'Italie (Vénétie), dans les Dolomites. 7 410 hab. Station de sports d'hiver.

CORTISONE n. f. ▪ Hormone du cortex des glandes surrénales, antiallergique et anti-inflammatoire.

Alfred CORTOT (1877 - 1962) ▪ Pianiste et pédagogue français.

CORUSCANT, ANTE adj. ▪ LITTÉR. Brillant, éclatant. *Lumière coruscante.*

CORVÉE n. f. ▪ **1.** HIST. Travail gratuit que les serfs, les roturiers devaient au seigneur. **2.** Obligation ou travail pénible et inévitable. *Quelle corvée !* **3.** Travail que font à tour de rôle les hommes d'un corps de troupe, les membres d'une communauté. *Être de corvée. Corvée de patates* (épluchage des pommes de terre), *de chiottes* (nettoyage).

CORVETTE n. f. ▪ Ancien navire d'escorte. - *Capitaine de corvette,* grade équivalant à celui de commandant dans l'armée de terre.

CORVIDÉ n. m. ▪ ZOOL. Oiseau de la famille des corbeaux, corneilles, geais, pies, etc.

CORYPHÉE n. m. ▪ **1.** Chef de chœur, dans les pièces du théâtre an- tique. **2.** LITTÉR. Celui qui tient le premier rang dans un parti, une secte, une société. ⇒ **chef.**

CORYZA n. m. ▪ Inflammation de la muqueuse des fosses nasales (rhume de cerveau). *Des coryzas.*

COSAQUE ▪ **I. 1.** n. m. Membre de populations guerrières établies dans le sud-ouest de la Russie dès le XVe siècle. ■ À l'origine nomades d'Asie centrale, les Cosaques se groupèrent en communautés indépendantes de type militaire (Cosaques du Don, du Dniepr...). Ils furent intégrés à l'armée russe à la fin du XVIIIe siècle. **2.** n. m. Cavalier de l'armée russe. **3.** loc. fig. *À la cosaque* : brutalement, sans ménagement (→ à la hussarde). **II.** adj. Des cosaques. *Danses cosaques.*

COSENZA ▪ Ville d'Italie (Calabre). 105 349 hab.

Piero di COSIMO → Piero di Cosimo

COSINUS [kɔsinys] n. m. ▪ MATH. Sinus* du complément d'un angle. *Des cosinus.*

-COSME Élément, du grec *kosmos* « monde, univers » (ex. *microcosme*). ⇒ **cosmo-.**

COSMÉTIQUE n. m. ▪ Tout produit destiné aux soins de beauté. *Rayon des cosmétiques d'un magasin.*

COSMIQUE adj. ▪ **1.** Du cosmos (2). *Les corps cosmiques.* ⇒ **astral, céleste.** *Vaisseau cosmique.* ⇒ **spatial. 2.** *RAYONS COSMIQUES* : rayonnement de grande énergie, d'origine cosmique, que l'on peut étudier sur Terre par ses effets sur l'atmosphère (ionisation).

COSM(O)- Élément, du grec *kosmos* « univers ». ⇒ **-cosme.**

COSMOGONIE n. f. ▪ **1.** Théorie expliquant la formation de l'univers, de certains objets célestes. **2.** Exposé de cette théorie. *"La Petite Cosmogonie portative" de Queneau* (cycle de poèmes). ► adj. COSMOGONIQUE

COSMOGRAPHIE n. f. ▪ Astronomie descriptive du système solaire. ► adj. COSMOGRAPHIQUE

COSMOLOGIE n. f. ▪ Science des lois physiques de l'univers, de sa formation. ► adj. COSMOLOGIQUE

COSMONAUTE n. ▪ Voyageur de l'espace (dans le contexte soviétique, puis russe). ⇒ **astronaute.**

COSMOPOLITE adj. ▪ **1.** Qui s'accommode de tous les pays, de mœurs nationales variées. *Une existence cosmopolite.* **2.** Qui comprend des personnes de tous les pays, subit des influences de nombreux pays. *Ville cosmopolite.*

COSMOPOLITISME n. m. ▪ Caractère cosmopolite. *Le cosmopolitisme d'un milieu.*

COSMOS [-ɔs] n. m. ▪ **1.** PHILOS. L'univers considéré comme un système bien ordonné. **2.** Espace extraterrestre. *Du cosmos.* ⇒ **cosmique.** *Envoyer une fusée dans le cosmos* (⇒ **cosmonaute**).

COSNE-COURS-SUR-LOIRE ▪ Chef-lieu d'arrondissement de la Nièvre. 12 123 hab. *(les Cosnois).*

Cortés. Portrait par Saldana Maestro. Musée national d'Histoire, Mexico. *Phot. © Giraudon*

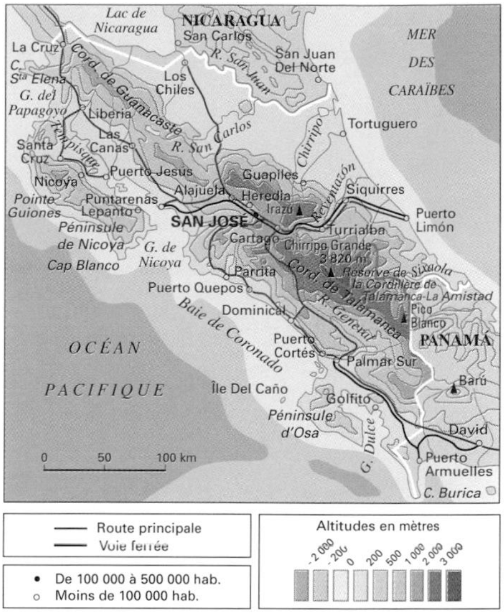

Costa Rica.

la grotte **COSQUER** ▪ Grotte préhistorique (– 25 000 à – 16 000 ans) ornée de la côte française de la Méditerranée, près de Marseille. Découverte par le plongeur Henri Cosquer en 1991, elle n'est accessible que par un long boyau sous-marin.

COSSARD, ARDE n. et adj. ▪ FAM. Paresseux. ⇒ **flemmard.**

① **COSSE** n. f. ▪ FAM. Paresse. ⇒ **flemme.**

② **COSSE** n. f. ▪ Enveloppe qui renferme les graines de certaines légumineuses. *Ôter des petits pois de leur cosse.* ⇒ **écosser.**

COSSU, UE adj. ▪ Qui a une large aisance. ⇒ **riche.** *Des marchands cossus.* ♦ Qui dénote l'aisance. *Maison cossue.*

Lúcio COSTA (né en 1902) ▪ Architecte, urbaniste et théoricien brésilien. Auteur des plans de Brasília (→ **Niemeyer**).

la **COSTA BRAVA** ▪ Littoral touristique de la Catalogne (Espagne).

la **COSTA DEL SOL** ▪ Littoral touristique de la région de Málaga (Espagne).

COSTAL, ALE, AUX adj. ▪ Des côtes. *Muscles costaux. Vertèbres costales.*

COSTARD n. m. ▪ FAM. Costume d'homme. *Un chouette costard.*

le **COSTA RICA** ▪ État d'Amérique centrale bordé à l'ouest par le Pacifique et à l'est par l'Atlantique. 51 000 km². 3 200 000 hab. *(les Costaricains).* Capitale : San José. Langue officielle : espagnol. Religion officielle : catholicisme. Monnaie : colón. Pays montagneux à l'économie essentiellement agricole (sucre, café, banane) et relativement prospère. □ HISTOIRE Découvert par C. Colomb en 1502, indépendant en 1838, le pays connaît une remarquable stabilité politique.

COSTAUD, AUDE adj. ▪ FAM. **1.** Fort, robuste. *Un type costaud.* – n. *Une grande costaude.* **2.** (choses) Solide.

Dieudonné COSTES (1892 - 1973) ▪ Aviateur français. Il réussit la première liaison Paris-New York sans escale (1930) et détint avec Maurice Bellonte* le record du monde de distance en ligne droite.

COSTUME n. m. ▪ **1.** Pièces d'habillement qui constituent un ensemble. ⇒ **vêtement ; tenue.** *Costume de théâtre.* **2.** Vêtement d'homme composé d'une veste, d'un pantalon et parfois d'un gilet. ⇒ **complet ;** FAM. **costard.** *Costume habillé.* ⇒ **smoking.**

COSTUMER v. tr. 1 ▪ Revêtir d'un déguisement. – pronom. *Se costumer en Pierrot.* – au p. p. *Bal costumé.*

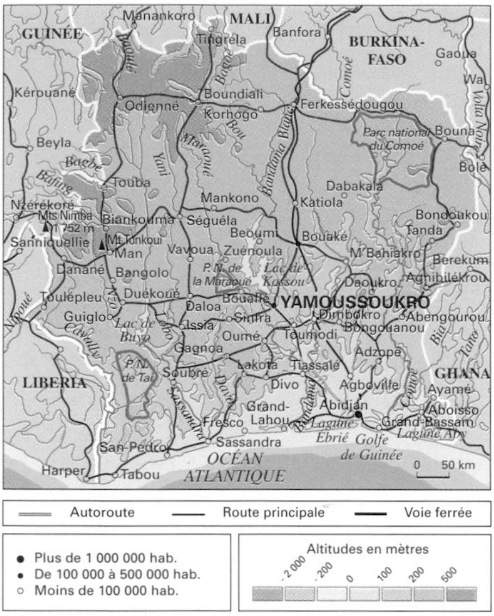

Côte-d'Ivoire.

COSTUMIER, IÈRE n. ▪ Personne qui fait, vend ou loue des costumes de théâtre.

COTANGENTE n. f. ▪ MATH. Rapport du cosinus au sinus (d'un angle, d'un arc) ; tangente du complément (de cet angle, de cet arc).

COTATION n. f. ▪ Action de coter. *Cotation des titres en Bourse.* ⇒ **cours.**

COTE n. f. ▪ **1.** Montant d'une cotisation, d'un impôt. ⇒ **quote-part, part ; cotiser.** *Cote mobilière.* – loc. *COTE MAL TAILLÉE :* répartition approximative ; compromis. **2.** Constatation officielle des cours (d'une valeur, d'une monnaie), par exemple en Bourse. **3.** Appréciation. *La cote d'un cheval.* – *COTE D'AMOUR :* appréciation d'un candidat (basée sur une estimation de sa valeur). *La cote de popularité d'un homme politique.* – FAM. *Avoir la cote :* être apprécié, estimé. **4.** Chiffre indiquant une dimension, un niveau. ♦ *COTE D'ALERTE :* niveau d'un cours d'eau au-delà duquel commence l'inondation ; fig. point critique. *Le chômage a atteint, dépassé la cote d'alerte.*

COTÉ, ÉE adj. ▪ Qui a une cote (2 et 3). ⇒ **coter.** *Un cheval bien coté.*

① **CÔTE** n. f. ▪ **I. 1.** Os plat du thorax, de forme courbe, qui s'articule sur la colonne vertébrale et le sternum. *Les douze paires de côtes,* délimitant la cage thoracique. – loc. *SE TENIR LES CÔTES :* rire démesurément. ♦ *Côte de bœuf, de veau, d'agneau.* ⇒ **côtelette ; entrecôte. 2.** *CÔTE À CÔTE :* l'un à côté de l'autre. *Marcher côte à côte.* **II. 1.** Partie saillante (d'un végétal). **2.** Rayure saillante (d'un tissu, d'un tricot). *Le point de côte* (au tricot). *Velours à côtes.* ⇒ **côtelé.**

② **CÔTE** n. f. ▪ **1.** Pente qui forme l'un des côtés d'une colline. ⇒ **coteau.** *Les côtes du Rhône sont plantées de vignobles* (⇒ **côtes-du-rhône**). **2.** Route en pente. ⇒ **montée, pente.** *Monter la côte.* – *Être à mi-côte,* au milieu d'une côte.

③ **CÔTE** n. f. ▪ **1.** Rivage de la mer. ⇒ **bord, littoral, rivage.** *Côte sablonneuse, basse. La Côte d'Azur ;* absolt *la Côte* (voir ci-après). – Régions proches d'une côte. ⇒ **côtier.** *Les côtes françaises.* **2.** loc. fig. *Être à la côte :* être sans ressources, sans argent (comme un navire échoué à la côte).

CÔTÉ n. m. ▪ **1.** Région des côtes (de l'aisselle à la hanche). ⇒ **flanc.** *Recevoir un coup dans le côté.* – loc. *POINT* DE CÔTÉ.* ♦ La partie droite ou gauche de tout le corps. *Se coucher sur le côté.* – *À mes côtés,* près de moi. **2.** (choses) Partie qui est à droite ou à gauche (⇒ **latéral**). *Monter dans une voiture par le côté gauche. Les côtés de la route.* ⇒ **bas-côté.** – *Mettez-vous de l'autre côté.* **3.** Ligne ou surface qui constitue la limite (d'une chose). *Les quatre côtés d'un carré. Les deux côtés d'une feuille de papier,* recto, verso. *Côté pile, face.* **4.** fig. Aspect. *Les bons et les mauvais côtés de qqch., de qqn. Prendre les choses par le bon côté.* **5.** (après *de, du*) ⇒ **endroit, partie, point.** *De ce côté-ci ; de ce côté-là,* par ici, par là. *De tous côtés,* partout. – *DU CÔTÉ DE :* dans la direction de (avec mouvement) ; aux environs de (sans mouvement). *Du côté de la fenêtre. Il habite du côté de l'église.* ♦ fig. *De mon côté,* pour ma part. *De mon côté, j'essaierai de vous aider.* – FAM. *De ce côté, je n'ai pas à me plaindre. Côté finances, ça peut aller.* – *Du côté de.* ⇒ **parti, camp.** – *Du côté de mon père, ils sont blonds,* dans ma famille paternelle. ♦ *DE CÔTÉ* loc. adv. *Se jeter de côté,* faire un écart. *Laisser de côté,* à l'écart. *Mettre de côté,* en réserve (économiser). **6.** *À CÔTÉ* loc. adv. : à une distance proche. *Il demeure à côté. Passons à côté,* dans la pièce voisine. – *À CÔTÉ DE* loc. prép. ⇒ **auprès** de, **contre.** *Marcher à côté de qqn.* – fig. *Vos ennuis ne sont pas graves à côté des miens.* ⇒ en **comparaison.** – *Être à côté de la question.* loc. *À côté de ses pompes*.*

COTEAU n. m. ▪ Petite colline ; son versant. *À flanc de coteau.*

Le COTEAU ▪ Commune de la Loire. 7 469 hab.

la CÔTE D'AZUR ▪ Littoral méditerranéen entre Cassis et Menton. L'une des plus importantes régions touristiques françaises.

la CÔTE-D'IVOIRE ▪ État d'Afrique occidentale, sur le golfe de Guinée. 322 463 km². 12 100 000 hab. *(les Ivoiriens).* Capitale : Yamoussoukro (depuis 1983). Ville principale : Abidjan. Langues : français (officielle), dioula, baoulé, bété, séroufo. Monnaie : franc CFA. Le pays eut un essor économique exceptionnel (« miracle ivoirien » : café, cacao, bois, banane); mais il est confronté depuis 1980 à la récession due à la chute des cours des matières premières et à une dette extérieure très lourde. Raffineries de pétrole à Abidjan. □ HISTOIRE La Côte-d'Ivoire connut plusieurs États africains (royaume de Bouna, empire de Kong). Colonie française (1893) rattachée à l'A.-O.F., elle bénéficia d'un développement rapide des cultures et de grands travaux. Territoire d'outre-mer en 1946. Son député Félix Houphouët-Boigny eut une part importante dans le processus de décolonisation de l'Afrique noire et devint président de la République au moment de l'indépendance (1960). Après de violentes manifestations, et sous la pression populaire, un processus de démocratisation s'engagea en 1990 mais fut suspendu en 1992. À la mort d'Houphouët-Boigny (1993), Henri Konan Bédié lui succéda.

la CÔTE-D'OR [21] ▪ Département français de la région Bourgogne. 8 803 km². 493 866 hab. Chef-lieu : Dijon. Chefs-lieux d'arrondissement : Beaune, Montbard.

CÔTELÉ, ÉE adj. ▪ Qui présente des côtes. *Étoffe, velours côtelé.*

CÔTELETTE n. f. ▪ Côte comestible des animaux de boucherie de taille moyenne (mouton, porc). *Côtelettes d'agneau.*

le COTENTIN ▪ Presqu'île de Normandie, département de la Manche. Région d'élevage bovin.

COTER v. tr. [1] ▪ **1.** Marquer d'une cote, de cotes. ⇒ **numéroter. 2.** Indiquer le cours de (une valeur, une marchandise). ⇒ **estimer, évaluer.** – au p. p. *Valeur cotée en Bourse.*

COTERIE n. f. ▪ LITTÉR. Réunion de personnes soutenant ensemble leurs intérêts. ⇒ **caste, chapelle.** *Une coterie politique.*

les CÔTES-D'ARMOR [22] ▪ Département français de la région Bretagne. 6 996 km². 538 395 hab. Chef-lieu : Saint-Brieuc. Chefs-lieux d'arrondissement : Dinan, Guingamp, Lannion. Le département s'est appelé *Côtes-du-Nord* jusqu'en 1990.

CÔTES-DU-RHÔNE n. m. invar. ▪ Vin rouge des côtes du Rhône. *Un côtes-du-rhône* (ou *côtes-du-Rhône*).

COTHURNE n. m. ▪ Chaussure montante à semelle très épaisse portée par les acteurs du théâtre antique.

CÔTIER, IÈRE adj. ▪ Relatif aux côtes, au bord de la mer. *Navigation côtière. Région côtière. Fleuve côtier,* dont la source est proche de la côte.

COTIGNAC n. m. ▪ Confiture épaisse ; pâte de coings.

COTILLON n. m. ▪ **I.** ancienn**t** Jupon. **II.** Réunion accompagnée de danses et de jeux avec accessoires (serpentins, confettis, etc.), à l'occasion d'une fête.

COTISANT, ANTE adj. et n. ▪ Qui cotise. *Les cotisants d'une assurance.*

COTISATION n. f. ▪ Somme à verser par les membres d'un groupe, en vue des dépenses communes. *Cotisation syndicale. Payer, verser sa cotisation.* ⇒ **quote-part.** *Cotisation de la Sécurité sociale,* prélevée sur le salaire des assurés sociaux.

COTISER v. [1] ▪ **1.** *SE COTISER* v. pron. : contribuer, chacun pour sa part (⇒ **quote-part**), à réunir une certaine somme en vue d'une dépense commune. *Se cotiser pour offrir un cadeau à qqn.* **2.** v. intr. (même sens) *Cotiser pour un cadeau.* ‑ Verser une cotisation. *Cotiser à la Sécurité sociale.*

John Sell COTMAN (1782 ‑ 1842) ▪ Aquarelliste et graveur britannique.

COTON n. m. ▪ **1.** Filaments soyeux qui entourent les graines du cotonnier. *Balle de coton. Tissu de coton.* ♦ Fil de coton. *Coton à broder, à repriser.* ♦ Tissu de coton. **2.** *Coton hydrophile,* dont on a éliminé les substances grasses et résineuses. ⇒ **ouate.** ♦ loc. *Élever un enfant dans du coton,* en l'entourant de soins excessifs. ‑ *Avoir les jambes en coton :* être très faible. **3.** loc. *Filer un mauvais coton,* être dans une situation dangereuse. **4.** adj. invar. FAM. Difficile. *C'est coton, ce problème.*

COTONNADE n. f. ▪ Étoffe fabriquée avec du coton.

COTONNEUX, EUSE adj. ▪ **1.** Couvert d'un duvet ressemblant au coton. *Feuille cotonneuse.* **2.** Semblable à de la ouate. *Brume cotonneuse.*

cotonnier. *Gossypium gossipium. Phot. © König/Jacana*

COTONNIER, IÈRE ▪ **I.** n. m. Arbrisseau aux fleurs jaunes ou pourpres, aux graines entourées de poils soyeux (⇒ **coton**). **II.** adj. Qui a rapport au coton. *Industrie cotonnière.*

COTONOU ▪ Principale ville et port du Bénin. 533 000 hab.

le COTOPAXI ▪ Volcan des Andes (Équateur). 5 897 m.

CÔTOYER v. tr. [8] ▪ **1.** Aller le long de. ⇒ **border, longer.** *Côtoyer la rivière.* **2.** Être en contact avec (qqn). *Dans son métier, il côtoie beaucoup d'artistes.* **3.** fig. Se rapprocher de. ⇒ **frôler.** *Cela côtoie le ridicule.*

COTRE n. m. ▪ Petit navire à voile à un seul mât.

COTRET n. m. ▪ VIEILLI Petit fagot ; bâton du fagot. ‑ loc. *Sec comme un cotret,* très maigre.

COTTAGE n. m. ▪ anglic. Petite maison de campagne élégante, de style rustique. *Des cottages.*

COTTBUS ▪ Ville d'Allemagne (Brandebourg). 126 400 hab.

COTTE n. f. ▪ **1.** anciennt *COTTE DE MAILLES :* armure défensive à mailles métalliques. ⇒ **haubert. 2.** VX Jupe courte. ⇒ **cotillon. 3.** Vêtement de travail, pantalon et devant montant sur la poitrine. ⇒ **bleu, combinaison, salopette.**

les **Côtes-d'Armor.** La plage de Trestraou à Perros-Guirec.
Phot. © Roy/Explorer

Robert de COTTE (1656 ‑ 1735) ▪ Architecte et décorateur français. Élève d'Hardouin-Mansart, actif dans toute l'Europe. Il termina la chapelle des Invalides et celle de Versailles, réalisa le palais de Rohan, à Strasbourg.

Jean COTTEREAU dit Jean CHOUAN (1757 ‑ 1794) ▪ Contre-révolutionnaire français. Il donna son nom à la chouannerie, qu'il dirigeait avec ses frères.

René COTY (1882 ‑ 1962) ▪ Président de la République française de 1954 au retour du général de Gaulle (1958).

COTYLÉDON n. m. ▪ BOT. Feuille ou lobe qui naît sur l'axe de l'embryon d'une plante (réserve nutritive). *Plantes à un* (⇒ **monocotylédone**), *deux cotylédons* (⇒ **dicotylédone**).

COU n. m. ▪ **1.** Partie du corps (de certains vertébrés) qui unit la tête au tronc. *Le long cou de la girafe.* ‑ (chez l'être humain) ⇒ **col ; gorge, nuque ; cervical.** *Un cou de taureau,* large, puissant. *Porter un bijou autour du cou.* ♦ loc. *Sauter, se jeter au cou de qqn,* l'embrasser avec effusion. ‑ *Tordre le cou à qqn,* l'étrangler. ‑ *Couper le cou à qqn,* le décapiter. ‑ *Se rompre, se casser le cou,* se blesser. ‑ *Prendre ses jambes à son cou,* fuir en courant. ‑ *Jusqu'au cou,* complètement. *Être endetté jusqu'au cou.* **2.** *Le cou d'une bouteille,* le goulot. ⇒ **col.**

COUAC n. m. ▪ Son faux et discordant. ⇒ **canard.** *Des couacs.*

COUARD, ARDE adj. ▪ LITTÉR. Qui est lâchement peureux. ⇒ **lâche, poltron.** ‑ n. *Un couard.*

COUARDISE n. f. ▪ LITTÉR. Poltronnerie.

Pierre de COUBERTIN (1863 ‑ 1937) ▪ Pédagogue français. Il organisa les premiers jeux Olympiques modernes à Athènes en 1896.

COUCHAGE n. m. ▪ **1.** Action de coucher, de se coucher. *Le couchage des troupes.* **2.** *Matériel, sac de couchage,* qui sert au coucher.

COUCHANT, ANTE ▪ **I.** adj. **1.** *Chien couchant.* ⇒ **chien. 2.** *Soleil couchant,* près de disparaître sous l'horizon. **II.** n. m. Le côté de l'horizon où le soleil se couche (opposé à *levant*). ⇒ **occident, ouest.**

COUCHE n. f. ▪ **I. 1.** VX Lit. *Partager la couche de qqn. Couche nuptiale.* **2.** Linge dont on enveloppe les bébés au-dessous de la ceinture. ⇒ **lange.** *Changer la couche, les couches d'un bébé.* ‑ *Couche jetable. Des couches-culottes.* ⇒ **change** (III). **II.** au plur. État de la femme qui accouche ; enfantement. ⇒ **accoucher.** *Être en couches.* ‑ au sing. *Fausse couche.* ⇒ **fausse couche. III. 1.** Substance étalée sur une surface. ⇒ **enduit, pellicule.** *Couche de peinture. Étaler une couche de beurre sur une tartine.* ‑ loc. FAM. *En tenir une couche* (de bêtise), être stupide. **2.** *Champignons de couche,* cultivés sur une couche d'engrais. **3.** Disposition d'éléments en zones superposées. *Couches géologiques.* ⇒ **strate.** ‑ *Les couches de l'atmosphère.* **4.** Catégorie, classe. *Les couches sociales.*

① **COUCHER** v. [1] ▪ **I.** v. tr. **1.** Mettre (qqn) au lit. *Coucher un enfant.* ‑ *Je ne pourrai pas vous coucher,* vous offrir un lit. ‑ *Coucher un blessé sur un brancard,* l'étendre. **2.** Rapprocher de l'horizontale (ce qui est naturellement vertical). ⇒ **courber, incliner, pencher.** *Coucher une échelle le long d'un mur.* ‑ au p. p. *Écriture couchée,* penchée. **3.** *COUCHER un fusil EN JOUE,* l'ajuster à l'épaule et contre la joue pour tirer. ⇒ **épauler.** ‑ *Coucher qqn en joue,* le viser. **4.** Mettre par écrit. ⇒ **consigner, inscrire.** *Coucher qqn sur son testament.* **II.** v. intr. **1.** S'étendre pour prendre du repos. *Coucher tout habillé.* ‑ loc. *Chambre* à coucher.* ‑ *Allez, va coucher !* (à un chien). **2.** Loger, passer la nuit. ⇒ **dormir, gîter.** *Coucher chez des amis. Coucher sous les ponts.* ‑ loc. *Un nom À COUCHER DEHORS,* difficile à prononcer et à retenir. **3.** *Coucher avec*

le **Cotopaxi.** *Phot. © Krafft/Explorer*

qqn, partager son lit ; avoir des relations sexuelles avec lui, elle (→ faire l'amour avec). ► SE **COUCHER** v. pron. **I. 1.** Se mettre au lit (pour se reposer, dormir). ⇒ s'**allonger,** s'**étendre** ; FAM. aller au **dodo,** se **pieuter.** *Se coucher tôt. Se coucher sur le dos, sur le ventre. C'est l'heure de se coucher.* - au p. p. *Rester couché,* au lit. - prov. *Comme on fait son lit on se couche,* il faut subir les conséquences de ses actes. **2.** S'étendre. *Se coucher dans l'herbe.* **3.** Se courber (sur qqch.). *Les rameurs se couchent sur les avirons.* **II.** (Soleil, astre) Descendre vers l'horizon. *La lune va se coucher.*

② **COUCHER** n. m. ▪ **I.** Action de se coucher. *L'heure du coucher.* **II.** Moment où un astre (spécialt le Soleil) descend et se cache sous l'horizon. ⇒ **crépuscule ; couchant.** *Un coucher de soleil.*

COUCHE-TARD n. et adj. invar. ▪ (Personne) qui se couche habituellement tard (→ noctambule).

COUCHE-TÔT n. et adj. invar. ▪ (Personne) qui se couche tôt de manière habituelle.

COUCHETTE n. f. ▪ **1.** Petit lit. **2.** Lit sommaire (navire, train). *Compartiment à couchettes. Réserver une couchette de seconde.*

COUCHEUR, EUSE n. ▪ VX Personne qui couche à côté d'une autre. ♦ MOD. loc. *MAUVAIS COUCHEUR, MAUVAISE COUCHEUSE :* personne de caractère difficile. ⇒ **hargneux, querelleur.**

COUCI-COUÇA loc. adv. ▪ FAM. À peu près, ni bien ni mal. *Comment allez-vous ? Couci-couça.*

COUCOU n. m. ▪ **I. 1.** Oiseau grimpeur, de la taille d'un pigeon, au plumage gris cendré barré de noir, dont la femelle pond ses œufs dans le nid d'autres oiseaux. *Un nid de coucous.* **2.** Pendule qui imite le cri du coucou (en guise de sonnerie). **II.** Primevère sauvage, à fleurs jaunes. *Un bouquet de coucous.* **III. 1.** VX Petite voiture publique, à cheval. **2.** HIST. Avion (guerre de 1914-1918). ♦ FAM. Vieil avion. **IV.** interj. Cri des enfants qui jouent à cache-cache. - *Coucou, me voilà !* (pour annoncer son arrivée).

coucou. *Cuculus canorus.*
Phot. © Petit/Jacana

COUDE n. m. ▪ **I. 1.** Partie extérieure du bras, à l'endroit où il se plie. *Le coude et la saignée du bras. S'appuyer sur le coude.* ⇒ s'**accouder.** *Donner un coup de coude à qqn pour l'avertir.* ♦ loc. *Lever le coude,* boire beaucoup. *L'huile de coude,* l'énergie physique (pour frotter, etc.). *Garder un dossier SOUS LE COUDE,* en attente. *Travailler coude à coude,* côte à côte (→ coudoyer). *Jouer des coudes,* pour se frayer un passage à travers une foule. *Se tenir, se serrer les coudes,* s'entraider. **2.** Partie de la manche d'un vêtement qui recouvre le coude. *Veste trouée aux coudes.* **II.** Angle saillant. *Les coudes d'une rivière.* ⇒ **détour, méandre.** ♦ Tuyauterie formant un angle.

COUDÉ, ÉE adj. ▪ Qui présente un coude (II). *Tuyau, levier coudé.*

COUDÉE n. f. ▪ **1.** Ancienne mesure de longueur (50 cm). **2.** loc. *Dépasser qqn de cent coudées,* de beaucoup. ♦ *Avoir ses, les COUDÉES FRANCHES,* la liberté d'agir.

COUDEKERQUE-BRANCHE ▪ Commune du Nord. 23 644 hab. *(les Coudekerquois).* Industries.

COU-DE-PIED n. m. ▪ Le dessus du pied. *Un cou-de-pied cambré. Des cous-de-pied.*

COUDOIEMENT n. m. ▪ Fait de coudoyer (qqn, qqch.).

COUDOYER v. tr. [8] ▪ **1.** Passer tout près de. *Coudoyer des gens dans la foule.* **2.** fig. Être en contact avec. ⇒ **côtoyer.**

COUDRE v. tr. [48] ▪ Assembler au moyen d'un fil passé dans une aiguille. *Coudre un bouton à un vêtement.* - *Coudre un vêtement,* assembler, coudre ses éléments. ⇒ **couture.** ♦ absolt *Savoir coudre.* - *Machine à coudre. Dé à coudre.* ♦ au p. p. ⇒ **cousu.**

COUDRIER n. m. ▪ Noisetier. *Bois de coudrier. Baguette de coudrier.*

Émile **COUÉ** (1857 - 1926) ▪ Pharmacien français. La *méthode Coué* (psychothérapie par autosuggestion) suscita l'ironie.

COUENNE [kwan] n. f. ▪ Peau de porc, flambée et raclée. *La couenne et le lard.*

COUËRON ▪ Commune de la Loire-Atlantique, agglomération de Nantes. 16 319 hab. *(les Couëronnais).*

le **COUESNON** ▪ Fleuve côtier qui sépare la Bretagne de la Normandie et se jette dans la baie du Mont-Saint-Michel. 90 km.

① **COUETTE** n. f. ▪ **1.** anciennt Lit de plumes. **2.** MOD. Édredon que l'on met dans une housse amovible.

② **COUETTE** n. f. ▪ FAM. Touffe de cheveux retenue par un lien de chaque côté de la tête. ♦ Mèche (de cheveux) pendante.

COUFFIN n. m. ▪ **1.** RÉGIONAL Panier souple tressé. ⇒ **cabas. 2.** Corbeille souple de paille, d'osier servant de berceau.

COUFIQUE adj. ▪ D'une écriture arabe ornementale (calligraphie et inscriptions coraniques). - n. m. *Le coufique.*

COUGUAR ou **COUGOUAR** [kugwaʀ] n. m. ▪ Puma.

COUIC interj. ▪ Onomatopée imitant un petit cri, un cri étranglé.

COUILLE n. f. ▪ vulg. **1.** Testicule. **2.** *Une couille :* une erreur, un ennui.

COUILLON n. m. et adj. ▪ fig. TRÈS FAM. Imbécile.

COUILLONNADE n. f. ▪ FAM. Bêtise. ⇒ **connerie.**

COUILLONNER v. tr. [1] ▪ FAM. Tromper.

COUINER v. intr. [1] ▪ FAM. **1.** Pousser de petits cris ; pleurer. ⇒ **piailler. 2.** (choses) Grincer. ► n. m. COUINEMENT

COULAGE n. m. ▪ **1.** Action de couler (I). *Le coulage d'un métal en fusion dans un moule.* **2.** FAM. Gaspillage. *Il y a du coulage.*

COULANT, ANTE ▪ **I.** adj. **1.** *Nœud coulant,* formant une boucle qui se resserre quand on tire. **2.** Qui semble se faire aisément, sans effort. ⇒ **aisé, facile.** *Un style coulant.* **3.** FAM. (personnes) Accommodant, facile. *Le patron est coulant.* ⇒ **indulgent. II.** n. m. Pièce qui coulisse le long de qqch. ⇒ **anneau.** *Le coulant d'une ceinture.*

À LA **COULE** loc. adv. ▪ FAM. *Être à la coule,* au courant, averti. *Un type à la coule.*

COULÉE n. f. ▪ **1.** Écoulement. *Une coulée de lave.* **2.** Masse de matière en fusion que l'on verse dans un moule. *Trou de coulée.*

COULER v. [1] ▪ **I.** v. tr. **1.** Faire passer (un liquide) d'un lieu à un autre. ⇒ **transvaser, verser. 2.** Jeter (une matière en fusion) dans le moule. ⇒ **coulage.** *Couler du bronze.* - *Couler du béton.* ♦ *Couler une bielle,* faire fondre l'alliage dont elle est revêtue. **3.** Faire passer, transmettre discrètement. ⇒ **glisser.** *Couler un mot à l'oreille de qqn.* **4.** *Couler une vie heureuse, des jours heureux.* ⇒ **passer.** - FAM. *Se la couler douce.* **II.** v. intr. **1.** (liquides) Se déplacer, se mouvoir naturellement. ⇒ s'**écouler.** *Eau qui coule d'une source.* ⇒ **jaillir, sourdre.** - *Couler à flots.* ⇒ **ruisseler.** - *Laisser couler ses larmes. Le sang coulait de la blessure.* - loc. *Cette histoire a fait couler beaucoup d'encre,* on en a beaucoup parlé. **2.** S'en aller rapidement. ⇒ s'**écouler.** *L'argent lui coule des doigts. Le temps coule.* - loc. *Couler de source :* être évident, être une conséquence logique ou naturelle. ⇒ **découler. 3.** Laisser échapper un liquide. ⇒ **fuir.** *Le robinet coule. Avoir le nez qui coule.* **III. 1.** v. intr. S'enfoncer dans l'eau (objet flottant, navire, être vivant). *Le bateau a coulé à pic.* ⇒ **sombrer. 2.** v. tr. Faire sombrer. ♦ fig. Ruiner (qqn, une entreprise). - au p. p. *Il est complètement coulé.* ► SE **COULER** v. pron. (personne ; animal) Passer d'un lieu à un autre, sans faire de bruit. ⇒ se **glisser.** *Se couler dans son lit.*

COULEUR n. f. ▪ **I. 1.** Qualité de la lumière renvoyée par la surface d'un objet (indépendamment de sa forme), selon l'impression visuelle qu'elle produit *(une couleur, des couleurs)* ; propriété que l'on attribue à la lumière, aux objets de produire une telle impression *(la couleur).* ⇒ **coloris, nuance, teinte, ton ; chromo-.** *Couleur claire ; foncée. Les couleurs du* *spectre* (violet, indigo, bleu, vert, jaune, orangé, rouge). *Couleurs fondamentales, primaires* (jaune, rouge et bleu). ⁃ adj. *Des bas couleur chair. Un ciel couleur de feu.* ⁃ loc. *En voir, en faire voir à qqn* DE TOUTES LES COULEURS, subir, faire subir des choses désagréables. **2.** au plur. Les zones colorées d'un drapeau. *Les couleurs nationales.* ⇒ **drapeau. 3.** Chacune des quatre marques, aux cartes (carreau, cœur, pique, trèfle). ⁃ Atout. loc. *Annoncer la couleur* (celle qui servira d'atout). fig. Dire ce que l'on a à dire. **4.** Teinte naturelle (de la peau humaine). *La couleur de la peau.* ⁃ Carnation rose de la figure dans la race blanche. *Reprendre des couleurs.* ⁃ loc. *HAUT EN COULEUR*, qui a un teint très coloré ; fig. très pittoresque. *Une personne haute en couleur.* ⁃ *Changer de couleur*, par émotion, colère. ♦ *Homme, femme* DE COULEUR : qui n'appartient pas à la race blanche (se dit surtout des Noirs). **5.** Teintes, coloris (d'un tableau). *Le fondu des couleurs.* ♦ en art Caractère, répartition des éléments colorés (par rapport au dessin, au modelé, etc.). *La couleur et la lumière, et les valeurs tactiles. Les arts de la couleur* (peinture, émail, mosaïque, tapisserie...). ♦ loc. *COULEUR LOCALE* : couleur propre à chaque objet, indépendamment des lumières et des ombres. ⁃ fig. Ensemble des traits extérieurs caractérisant les personnes et les choses dans un lieu, un temps donné. *L'abus de la couleur locale, du pittoresque.* ⁃ adj. invar. *Des scènes de rue très couleur locale.* **II.** Couleur du spectre (excluant le blanc, le noir, le gris) ; couleur vive. *Vêtements de couleur. Film, télévision* EN COULEURS (opposé à *en noir et blanc*). ♦ spécialt Tissu, linge de couleur. *Le blanc et la couleur.* **III.** Substance colorante. ⇒ **colorant, pigment ; peinture, teinture.** *Couleurs délavées, à l'huile.* ⁃ (à Paris) VIEILLI *Marchand de couleurs.* ⇒ **droguiste.** ⁃ *Tube, crayon de couleur.* **IV. 1.** Apparence, aspect particulier que prennent les choses suivant la présentation, les circonstances. *Le récit prend une couleur tragique. La couleur politique d'un journal.* ⇒ **tendance. 2.** *SOUS COULEUR DE* loc. prép. : avec l'apparence de, sous le prétexte de. *Attaquer sous couleur de se défendre.* **3.** FAM. *On n'en voit pas la couleur*, l'apparence.

COULEUVRE n. f. ▪ **1.** Serpent non venimeux commun en Europe. **2.** loc. *AVALER DES COULEUVRES* : subir des affronts sans protester ; croire n'importe quoi.

couleuvre. *Natrix natrix*, couleuvre à collier.
Phot. © König/Jacana

COULEUVRINE n. f. ▪ anciennt Canon à tube long et fin.

COULIS ▪ **I.** adj. m. loc. *VENT COULIS* : air qui se glisse par les ouvertures ; courant d'air. **II.** n. m. Sauce résultant de la cuisson concentrée de substances alimentaires passées au tamis. *Un coulis de tomates, de framboises. Coulis d'écrevisses.* ⇒ **bisque.**

COULISSANT, ANTE adj. ▪ Qui glisse sur des coulisses. *Porte coulissante.*

COULISSE n. f. ▪ **I. 1.** Support ayant une rainure le long de laquelle une pièce mobile peut glisser ; cette pièce. ⇒ **glissière.** *Porte* À COULISSE. ⇒ **coulissant.** *Trombone à coulisse.* **2.** Ourlet que l'on fait à un vêtement, une étoffe, pour y passer un cordon, un lacet de serrage. **3.** (regard) *EN COULISSE* : en coin, oblique. **II.** (surtout au plur.) **1.** Partie d'un théâtre située sur les côtés et en arrière de la scène, derrière les décors, et qui est cachée aux spectateurs. *Le machiniste, l'électricien sont dans les coulisses.* **2.** fig. Le côté caché, secret. *Les coulisses de la politique.* ⇒ **dessous. 3.** anciennt BOURSE au sing. Le marché des valeurs non cotées (⇒ **coulissier**).

COULISSER v. [1] ▪ **1.** v. intr. Glisser sur des coulisses. *Porte qui coulisse.* **2.** v. tr. Garnir de coulisses (I, 2). *Coulisser des rideaux.*

COULISSIER n. m. ▪ anciennt À la Bourse, courtier s'occupant des transactions hors du « parquet » des agents de change.

COULOIR n. m. ▪ **1.** Passage étroit et long, pour aller d'une pièce à l'autre. ⇒ **corridor, galerie.** *Le couloir d'un appartement. Les couloirs du métro.* ⁃ *Bruits de couloir* : rumeurs. **2.** Passage étroit. *Couloir d'autobus*, partie de la chaussée réservée aux autobus et aux taxis. *Couloir aérien*, itinéraire que doivent suivre les avions. **3.** Une des deux bandes situées de part et d'autre du rectangle formant la partie médiane du court de tennis.

COULOMB n. m. ▪ Unité de mesure de charge électrique (symb. C).

Charles Augustin de COULOMB (1736-1806) ▪ Ingénieur et physicien français. Lois d'attraction électrique et magnétique.

COULOMMIERS ▪ Commune de Seine-et-Marne. 13 087 hab. *(les Coulumériens)*. Fromages.

COULOUNIEIX-CHAMIERS ▪ Commune de la Dordogne. 8 403 hab. *(les Chamiérois)*.

COULPE n. f. ▪ loc. *BATTRE SA COULPE*, témoigner son repentir ; s'avouer coupable.

COULURE n. f. ▪ Traînée d'une matière molle qui a coulé. *Coulure de bougie.*

COUNTRY [kuntʀi] n. f. ou m. invar. ▪ anglic. Musique américaine dérivée du folklore du sud des États-Unis. ⇒ **folk.**

COUP n. m. ▪ **I. 1.** Mouvement par lequel un corps matériel vient en heurter un autre ; impression produite par ce qui heurte. ⇒ **choc, heurt.** *Coup sec, violent. Donner un coup de poing sur la table. Se donner un coup contre un meuble.* ⇒ se **cogner.** ♦ Choc brutal que l'on fait subir à qqn pour faire mal, blesser. *Donner un coup, des coups à qqn.* ⇒ **battre, frapper.** *Rendre coup pour coup. Rouer qqn de coups.* COUP DE POING. COUP DE PIED*. *Coup bas*, donné plus bas que la ceinture ; fig. procédé déloyal. ⁃ (Coups donnés par les animaux) *Coup de bec, de corne, de sabot, de griffe.* ⁃ Choc donné à qqn avec un objet, une arme blanche. *Coup de bâton. Coup de couteau.* **2.** Décharge (d'une arme à feu) ; ses effets (action du projectile). *Coup de feu. Le coup est parti.* ⁃ *COUP DOUBLE* : coup qui tue deux pièces de gibier. fig. Double résultat par un seul effort. **3.** fig. Acte, action qui attaque, frappe qqn. *Frapper, porter un grand coup.* FAM. *TENIR LE COUP* : résister, supporter. *Prendre un coup de vieux**. ⁃ FAM. *COUP DUR* : accident, ennui grave, pénible. ⁃ *SOUS LE COUP DE* : sous la menace, l'action, l'effet de. *Être sous le coup d'une émotion.* **II.** (souvent *coup de...*) **1.** Mouvement (d'une partie du corps de l'homme ou d'un animal). *Coup d'aile.* ⇒ **battement.** *Coup de reins.* ⁃ *Coup d'œil* : regard bref. ♦ loc. fig. *COUP DE MAIN.* Aide, appui. *Donner un coup de main à qqn.* ⁃ Attaque exécutée à l'improviste, avec hardiesse et promptitude. **2.** Mouvement (d'un objet, d'un instrument). *Coup de balai, de brosse, de torchon*, nettoyage rapide. *Coup de peigne. Coup de marteau. Coup de chapeau* (salut). *Coup de fil, coup de téléphone.* ⁃ FAM. *En mettre un coup*, travailler dur. ⁃ loc. *À COUPS DE* : à l'aide de. *Traduire à coups de dictionnaire.* **3.** Fonctionnement, bruit (d'un appareil sonore). *Coup de sifflet. Les douze coups de midi.* ⁃ *Sur le coup de midi*, à midi. **4.** Action brusque, soudaine ou violente (d'un élément, du temps) ; impression qu'elle produit. *Coup de chaleur, de froid. Coup de soleil.* **5.** Fait de lancer (les dés) ; action d'un joueur (jeux de hasard, puis d'adresse). *Un coup bien joué.* loc. *Coup de dé**. ⁃ *COUP DROIT* : fait de frapper la balle avec la face de la raquette, au tennis (opposé à *volée*, à *revers*). ⁃ *Coup franc**. *Coup d'envoi.* **6.** Quantité absorbée en une fois. *Boire un coup de trop.* FAM. *Je te paye un coup, le coup* (de vin). **III. 1.** Action subite et hasardeuse. *Coup de chance* : action réussie par hasard ; hasard heureux. *Mauvais coup. Manigancer, préparer son coup. Réussir, manquer son coup.* ⁃ loc. *Discuter* le coup.* ⁃ *Un coup monté*, préparé à l'avance. ⁃ spécialt *Coup de force*, manœuvre politique, intervention militaire soudaine. *Coup d'État*, révolution, putsch. **2.** loc. *Être* SOUS LE COUP *de*, sous l'effet, la menace de. ⁃ FAM. *Être, mettre* DANS LE COUP, participer, faire participer à une affaire. *Être hors du coup.* ⁃ *Être* AUX CENTS COUPS, très inquiet. ⁃ *Faire les* QUATRE CENTS COUPS : commettre des actes dangereux, se livrer à des excès. **3.** (au sens de *fois*) dans des loc. *Du premier coup.* DU COUP : de ce fait. *À tous les coups* : chaque fois. *Du même coup*, par la même action, occasion. *Ce coup-ci, c'est le bon.* **4.** loc. Action rapide, faite en une fois. *D'un seul coup. Coup sur coup*, sans interruption, l'un après l'autre. ⁃ *Sur le coup* : immédiatement. ⁃ *Après coup* : plus tard, après. ⁃ *À coup sûr* : sûrement, infailliblement. ⁃ *Tout d'un coup, tout à coup* : brusquement, soudain.

COUPABLE adj. ▪ **1.** Qui a commis une faute. ⇒ **fautif ; culpabilité.** *Être coupable d'un délit* (⇒ **délinquant**), d'un crime (⇒ **criminel**). *Plaider coupable, non coupable.* – n. *Rechercher les coupables.* **2.** (choses) Blâmable, condamnable. *Commettre une action coupable. Un amour coupable.* ⇒ **illicite.**

COUPAGE n. m. ▪ **1.** RARE Action de couper. **2.** Action de couper, de mélanger des liquides différents. *Le coupage d'un vin par un autre. Vins de coupage.*

COUPANT, ANTE adj. ▪ **1.** Qui coupe. ⇒ **aigu.** *Pince coupante.* **2.** Autoritaire. *Un ton coupant.* ⇒ **bref, tranchant.**

COUP-DE-POING [-pwɛ̃] n. m. ▪ Arme de main, masse métallique percée pour le passage des doigts. *Des coups-de-poing américains.*

① **COUPE** n. f. ▪ **1.** Verre à pied, plus large que profond. *Coupe de cristal. Une coupe à champagne.* ≠ *flûte.* – prov. *Il y a loin de la coupe aux lèvres,* d'un plaisir projeté à sa réalisation. *"La Coupe et les Lèvres"* (poème de Musset). **2.** Prix qui récompense le vainqueur d'une compétition sportive. *Gagner la coupe.* – La compétition. *La coupe du monde de football.*

② **COUPE** n. f. ▪ **I. 1.** Action de couper, de tailler. *Fromage, beurre vendu à la coupe,* coupé au moment de l'achat. **2.** Abattage des arbres en forêt ; étendue de forêt à abattre. *Coupe sombre* (où on laisse une partie des arbres), *coupe claire* (où on ne laisse que des arbres clairsemés). ♦ loc. fig. *COUPE SOMBRE,* suppression importante (mais moins que la *coupe claire*). *On a fait une coupe sombre dans le personnel.* – *Mettre en COUPE RÉGLÉE,* exploiter systématiquement (une personne, une population). **3.** Manière dont on taille l'étoffe, le cuir, pour en assembler les pièces. *Suivre des cours de coupe.* **4.** *Coupe de cheveux.* **II. 1.** Contour, forme de ce qui est coupé ; endroit où une chose a été coupée. *La coupe d'un tronc d'arbre scié.* **2.** Dessin d'un objet que l'on suppose coupé par un plan. *Plan en coupe.* **3.** Légère pause dans une phrase (en poésie). **III. 1.** Division d'un jeu de cartes en deux paquets. **2.** loc. *Être SOUS LA COUPE de qqn :* être dans la dépendance de qqn.

COUPÉ n. m. ▪ Voiture à deux portes. *Des coupés.*

COUPE-CHOUX n. m. invar. ▪ FAM. Sabre court.

COUPE-CIGARES n. m. invar. ▪ Instrument pour couper les bouts des cigares.

COUPE-CIRCUIT n. m. invar. ▪ Appareil qui interrompt un circuit électrique (⇒ **fusible**), lorsque le courant est trop important, en cas de court-circuit. ⇒ **disjoncteur, plomb.**

COUPE-COUPE n. m. invar. ▪ Sabre pour couper les branches, ouvrir une voie dans la forêt vierge. ⇒ **machette.**

COUPÉE n. f. ▪ Ouverture dans la muraille d'un navire, qui permet l'entrée ou la sortie du bord. *Échelle de coupée.*

COUPE-FAIM n. m. invar. ▪ Substance médicamenteuse qui provoque une diminution de l'appétit.

COUPE-FEU n. m. invar. ▪ Espace libre ou obstacle artificiel destiné à interrompre la propagation d'un incendie. – appos. *Porte coupe-feu.*

COUPE-FILE n. m. invar. ▪ Carte officielle de passage, de priorité. *Les coupe-file d'un journaliste.*

COUPE-GORGE n. m. invar. ▪ Lieu, passage dangereux, fréquenté par des malfaiteurs.

COUPE-JARRET n. m. ▪ VX ou plais. Bandit, assassin. *Une bande de coupe-jarrets.*

COUPELLE n. f. ▪ Petite coupe.

COUPE-PAPIER n. m. invar. ▪ Instrument (lame de bois, d'os, de corne) pour couper le papier.

COUPER v. tr. [1] ▪ **I.** concret **1.** Diviser (un corps solide) avec un instrument tranchant ; séparer en tranchant. *Couper du pain avec un couteau. Couper du bois. Couper qqch. en tranches. Couper en deux, en quatre morceaux.* ⇒ **partager.** ♦ Préparer des morceaux de tissu à assembler pour en faire un vêtement. *Couper une jupe.* ⇒ **tailler.** au p. p. *Veste bien coupée.* ⇒ ② **coupe. 2.** Enlever une partie de (qqch.) avec un instrument tranchant. *Couper les branches mortes d'un arbre. Couper de l'herbe. Couper les cheveux, les ongles (de, à qqn).* ⇒ **tailler.** *Couper la tête, le cou à qqn.* ⇒ **décapiter.** – loc. *Un brouillard à couper au couteau,* très épais. **3.** intrans. Être tranchant. *Les éclats de verre coupent. Ce couteau ne coupe plus, il faut l'aiguiser.* **4.** Faire une entaille à la peau. pronom. *Il s'est coupé en se rasant.* **II. 1.** Diviser en plusieurs parties. ⇒ **fractionner, partager, scinder.** – (sujet chose) *Cette haie coupe le champ.* **2.** Passer au milieu, au travers de (qqch.). ⇒ **traverser.** *Ce chemin en coupe un autre.* ⇒ **croiser.** – pronom. *Les deux routes se coupent à angle droit.* – absolt (sujet personne) *Couper à travers champs.* **3.** Enlever (une partie d'un texte, d'un récit, d'un film, d'une émission...). *Couper qqch. dans un discours.* **4.** Interrompre. *Couper sa journée par une sieste.* ⇒ **entrecouper.** *Couper l'appétit, la faim à qqn.* ♦ Interrompre (un discours). *Couper la parole à qqn.* – FAM. *Couper le sifflet*. La couper* (à qqn), l'interloquer. *Ça te la coupe, hein !* **5.** Arrêter, barrer. *Couper les voies ferrées, les ponts,* les rendre impraticables. fig. *Couper les ponts.* – *Couper le crédit, les vivres à qqn,* lui refuser de l'argent. **6.** Interrompre le passage de. *Couper le contact. Couper l'eau, le courant.* absolt *Coupez !,* arrêtez la prise de vues, la prise de son. **III. 1.** Mélanger à un autre liquide. ⇒ **coupage.** *Couper son vin,* l'additionner d'eau. **2.** *Couper un jeu de cartes,* le diviser en deux. absolt *Battre et couper.* – Jouer avec l'atout. *Je coupe le carreau ;* absolt *je coupe à carreau.* **IV.** v. tr. ind. **1.** FAM. *COUPER À.* ⇒ **éviter.** *Couper à une corvée,* y échapper. *Il n'y coupera pas.* **2.** loc. fig. *Couper court** (II, 2) *à qqch.* ► SE **COUPER** v. pron. Se contredire par inadvertance, laisser échapper la vérité. ⇒ se **trahir.**

COUPERET n. m. ▪ **1.** Couteau à large lame pour trancher ou hacher la viande. ⇒ **hachoir. 2.** *Le couperet de la guillotine,* sa lame tranchante.

les COUPERIN ▪ FAMILLE DE MUSICIENS FRANÇAIS ► **François II** dit **COUPERIN LE GRAND** (1668-1733). Ses 240 pièces pour clavecin, sommet de la musique tonale pour clavier, furent redécouvertes au XXe s.

Couperin le Grand. Portrait anonyme, XVIIIe s.
Musée national du château, Versailles.
Phot. © Lauros/Giraudon

COUPEROSE n. f. ▪ Inflammation chronique de la peau du visage, caractérisée par des taches rougeâtres.

COUPEROSÉ, ÉE adj. ▪ Atteint de couperose. *Teint, visage couperosé.*

COUPEUR, EUSE n. ▪ **1.** Personne dont la profession est de couper les vêtements. ⇒ **tailleur. 2.** *Coupeur de,* personne qui coupe (qqch.). *Les coupeurs de têtes d'Amazonie.* – *Un coupeur de cheveux en quatre.* ⇒ **chicanier.**

COUPE-VENT n. m. invar. ▪ **1.** Dispositif à angle aigu, pour réduire la résistance de l'air. **2.** Blouson qui protège contre le vent.

COUPLAGE n. m. ▪ Fait de coupler ; assemblage (de pièces mécaniques, d'éléments électriques).

COUPLE n. m. ▪ **I.** Un homme et une femme réunis. *Former un beau couple. Un couple de jeunes mariés. Un couple mal assorti.* – (animaux) *Un couple de pigeons,* le mâle et la femelle. **II.** (Ensemble de deux choses) **1.** RÉGIONAL *Un couple d'heures,* deux heures. – VX ou RÉGIONAL au fém. *Une couple d'heures.* **2.** Élément de la charpente d'un navire, membrure. **3.** sc. Système de deux forces parallèles égales entre elles, de sens contraire.

COUPLER v. tr. [1] ▪ Assembler deux à deux. *Coupler des roues de wagon.* – au p. p. *Roues couplées.*

COUPLET n. m. ▪ **1.** Chacune des parties d'une chanson comprenant généralement un même nombre de vers, et séparées par le refrain. ⇒ **stance, strophe. 2.** FAM. Propos répété, ressassé. ⇒ **refrain.**

COUPOLE n. f. ▪ Voûte hémisphérique d'un dôme. *Être reçu sous la Coupole,* à l'Académie française.

COUPON n. m. ▪ **1.** Pièce d'étoffe roulée. **2.** Feuillet que l'on détache d'un titre financier. *Coupon d'action.* **3.** Élément détachable correspondant à l'acquittement d'un droit. *Coupon d'une carte de transport.* ⇒ **ticket. 4.** *COUPON-RÉPONSE :* partie détachable d'une annonce publicitaire qu'on renvoie à l'annonceur. *Des coupons-réponses.*

COUPONNAGE n. m. ▪ COMM. Technique de vente par correspondance, par coupons-réponses.

COUPURE n. f. ▪ **I.** (Action de couper) **1.** Blessure faite par un instrument tranchant. ⇒ **entaille.** *Coupure au visage.* ⇒ **balafre, estafilade. 2.** Séparation nette, brutale. ⇒ **cassure, fossé.** *Il y a une coupure entre ces deux périodes de sa vie.* **3.** Suppression d'une partie (d'un ouvrage, d'une pièce de théâtre, d'un film). **4.** Interruption (du courant électrique, du gaz, de l'eau). *Coupure de courant.* **II.** (Chose coupée) **1.** *Coupures de journaux,* articles découpés. **2.** Billet de banque. *Payer en petites coupures.*

COUR n. f. ▪ **I.** Espace découvert, clos de murs ou de bâtiments et dépendant d'une habitation. *La cour d'honneur d'un château. La cour intérieure d'une maison.* ⇒ **patio ;** ANTIQ. **atrium.** *Au fond de la cour. Chambre, fenêtre sur cour,* donnant sur la cour. *Cour d'école, cour de récréation.* – *Cour de ferme.* ⇒ **basse-cour.** – RÉGIONAL Terrain dégagé, devant une maison rurale. ♦ anciennt (à Paris) Rue en cul-de-sac. *La cour des Miracles* (voir ci-dessous). **II. 1.** Résidence du souverain et de son entourage. *La ville* (Paris) *et la cour* (Versailles) *sous Louis XIV. La noblesse de cour.* **2.** L'entourage du souverain. ⇒ **courtisan.** *Toute la cour assistait à la cérémonie.* – loc. fig. *Être bien en cour* (auprès de qqn d'important). **3.** Cercle de personnes empressées autour d'une autre. *La cour d'un auteur célèbre. Une cour d'admirateurs.* loc. *FAIRE LA COUR à une femme,* chercher à lui plaire, à obtenir ses faveurs. ⇒ **courtiser. III.** Tribunal. – *COUR D'APPEL :* juridiction permanente du second degré, chargée de juger les appels. *Une cour d'assises. La Cour de cassation*.* – *LA COUR DES COMPTES,* chargée de contrôler l'observation des règles de la comptabilité publique dans l'exécution des budgets. – *La Haute Cour de justice* ou *HAUTE COUR :* tribunal chargé de juger le président de la République et les ministres en cas de faute très grave.

▪ **la COUR DES MIRACLES** ▪ Ancien quartier du centre de Paris (jusqu'au XVIIe s.) où vivaient les mendiants et les voleurs, ainsi appelé parce que les infirmités des « truands » disparaissaient dès qu'ils avaient regagné leur repaire.

COURAGE n. m. ▪ **1.** Force morale ; fait d'agir malgré les difficultés, énergie dans l'action, dans une entreprise (s'oppose à *paresse, laisser-aller*). *Je n'ai pas le courage de continuer. Entreprendre, faire qqch. avec courage.* – loc. *S'armer de courage. Perdre courage,* se préparer à abandonner, à céder. – *Bon courage !,* formule d'encouragement. **2.** Fait de ne pas avoir peur ; force devant le danger ou la souffrance (s'oppose à *lâcheté, peur*). ⇒ **bravoure.** *Combattre, se battre avec courage.* ⇒ **héroïsme, vaillance.** *Un courage téméraire.* ⇒ **audace, témérité.** – loc. *Prendre son courage à deux mains,* se décider malgré la difficulté, la peur, la timidité. – *Avoir le courage de ses opinions,* les affirmer. **3.** *Le courage de faire qqch.,* la volonté plus ou moins cruelle. *Je n'ai pas le courage de lui refuser cette aide.*

COURAGEUSEMENT adv. ▪ Avec courage.

COURAGEUX, EUSE adj. ▪ **1.** VIEILLI ou RÉGIONAL Énergique ; travailleur. ⇒ **courage** (1). **2.** Qui a du courage (2) ; agit malgré le danger ou la peur. ⇒ **brave, vaillant ; héroïque, intrépide, téméraire. 3.** Qui manifeste du courage. *Attitude, réponse courageuse.*

COURAMMENT adv. ▪ **1.** Sans difficulté, avec aisance. *Parler couramment une langue étrangère.* **2.** D'une façon habituelle, ordinaire. ⇒ **communément, habituellement.** *Cela se fait couramment.*

① **COURANT, ANTE** adj. ▪ **I. 1.** *CHIEN COURANT.* ⇒ **chien. 2.** *EAU COURANTE,* distribuée par tuyaux. **3.** loc. *MAIN COURANTE :* rampe parallèle à celle de l'escalier et fixée au mur. **4.** (temps, action) Qui est présent, s'écoule, se fait au moment où l'on parle. ⇒ en **cours ; actuel.** *L'année courante. Le dix courant :* le dix de ce mois. *Les affaires courantes* (s'oppose à *affaires extraordinaires*). **II. 1.** Qui a cours d'une manière habituelle. ⇒ **commun, habituel, normal, ordinaire.** *Le langage courant. C'est une réaction courante chez les timides. Mot courant,* fréquent, usuel. **2.** *Compte* courant.*

② **COURANT** n. m. ▪ **1.** Mouvement de l'eau, d'un liquide. ⇒ **cours.** *Le courant de la rivière. Un courant rapide, impétueux. Suivre, remonter le courant.* – *Les courants marins,* déplacements de masses d'eau. **2.** *COURANT D'AIR :* passage d'air froid. *Un courant d'air a violemment ouvert la porte.* **3.** *Courant (électrique) :* déplacement d'électricité dans un conducteur. *Courant continu ; alternatif. Fréquence, intensité d'un courant. Couper le courant.* **4.** Déplacement orienté. *Les courants de populations* (émigration, immigration). – fig. *Les courants de l'opinion.* ⇒ **mouvement. 5.** Cours d'une durée. *Dans le courant de la semaine,* pendant. **6.** *(Être) AU COURANT,* informé. *Mettre, tenir qqn au courant de qqch.,* avertir. *Se mettre au courant.*

COURANTE n. f. ▪ **I.** Ancienne danse à trois temps ; sa musique. **II.** FAM. Diarrhée.

COURBATU, UE adj. ▪ LITTÉR. Qui ressent une lassitude extrême dans tout le corps. ⇒ **moulu.**

COURBATURE n. f. ▪ Sensation de fatigue douloureuse due à un effort prolongé ou à un état fébrile. ⇒ **lassitude.** *Ressentir une courbature dans les membres.*

COURBATURER v. tr. [1] ▪ Donner une courbature à (qqn). *La gymnastique l'a courbaturé.* – au p. p. Qui souffre de courbature. ⇒ **courbatu.**

COURBE adj. ▪ **I.** Qui change de direction sans former d'angles ; qui n'est pas droit (surtout des figures géom.). ⇒ **arrondi, incurvé, recourbé ; curv(i)-.** *Surface courbe.* ⇒ **bombé. II.** n. f. **1.** Ligne courbe. *La route fait une courbe.* ⇒ **tournant.** – GÉOM. Lieu des positions successives d'un point qui se meut d'après une loi. *Courbes fermées* (cercle, ellipse), *ouvertes.* **2.** Ligne représentant la loi, l'évolution d'un phénomène (⇒ **graphique**). *Une courbe de température. Les courbes de la production, des prix.*

COURBER v. tr. [1] ▪ **1.** Rendre courbe (ce qui est droit). ⇒ **arrondir, incurver.** *Courber une branche.* **2.** Pencher en abaissant. *Courber le front, la tête.* ⇒ **incliner.** – au p. p. *Un vieillard tout courbé.* – loc. fig. *Courber la tête, le front :* obéir. **3.** intrans. Devenir courbe. ⇒ **ployer.** *Courber sous le poids.* ► SE **COURBER** v. pron. *La branche se courbe sous le poids des fruits.* – (personnes) Se baisser. *On devait se courber pour entrer.*

Gustave COURBET (1819-1877) ▪ Peintre français. Sous l'influence des théories socialistes, il se fit le défenseur du « réalisme », cherchant à rendre compte de la réalité sociale. Ses œuvres déchaînèrent de violentes polémiques. Membre de la Commune, il dut s'exiler. *"L'Enterrement à Ornans"*; *"L'Atelier du peintre"*.

Courbet. *L'Atelier du peintre.*
Musée d'Orsay, Paris. *Phot. © Arch. Smeets*

COURBETTE n. f. ▪ surtout au plur. Action de s'incliner exagérément, avec une politesse obséquieuse. ⇒ **révérence.** – loc. *Faire des courbettes à, devant qqn,* être servile avec lui.

COURBEVOIE ▪ Commune des Hauts-de-Seine, dans la banlieue nord-ouest de Paris. 65 389 hab. *(les Courbevoisiens).* Centre d'affaires et centre résidentiel dans le quartier de la Défense.

COURBURE n. f. ▪ Forme de ce qui est courbe. *Courbure rentrante* (⇒ **concavité**), *sortante* (⇒ **convexité**).

COURCHEVEL ▪ Station française de sports d'hiver, en Savoie.

COURCOURONNES ▪ Commune de l'Essonne. 13 262 hab.

COUREUR, EUSE n. ▪ **I.** (rare au fém.) **1.** Personne qui court. *Un coureur rapide.* – appos. *Oiseaux coureurs* (autruche, casoar, émeu). **2.** Athlète qui participe à une course sportive. *Coureur à pied. Coureur de 110 mètres haies.* – *Coureur cycliste sur route, sur piste* (routier, pistard). – *Coureur automobile.* **II.** Homme, femme constamment à la recherche d'aventures amoureuses. *Un coureur de jupons. C'est une petite coureuse.* – adj. *Il est très coureur.*

COURGE n. f. ▪ **1.** Plante potagère, cultivée pour ses fruits appelés *courges, citrouilles, potirons.* **2.** Le fruit d'une variété de courge. **3.** FAM. Imbécile. ⇒ FAM. **gourde.**

COURGETTE n. f. ▪ Fruit d'une variété de courge. *Courgettes farcies.*

Paul-Louis **COURIER** (1772 - 1825) ▪ Pamphlétaire et épistolier français. Il attaqua la Restauration dans ses *"Pamphlets"* et fit l'apologie du genre qu'il a illustré dans *"Le Pamphlet des pamphlets"* (1824).

COURIR v. [11] ▪ **I.** v. intr. (êtres animés) **1.** Se déplacer par une suite d'élans, en reposant alternativement le corps sur l'une puis l'autre jambe, et d'une allure, la course*, plus rapide que la marche. ⇒ **filer, trotter** ; FAM. se **carapater, cavaler, foncer.** *Courir à toutes jambes* (→ prendre ses jambes à son cou), *à perdre haleine, à fond de train,* très vite. – prov. « *Rien ne sert de courir, il faut partir à point* » (La Fontaine, *Le Lièvre et la Tortue*). – *Courir après qqn,* pour le rattraper. – *Courir* (+ inf.) : aller en courant (faire qqch.). *La petite fille a couru embrasser sa mère.* **2.** Aller vite. ⇒ se **dépêcher,** se **précipiter.** *Ce n'est pas la peine de courir, nous avons le temps. J'y cours. Les gens courent à ce spectacle,* ils y vont avec empressement. – fig. *Courir à sa perte, à sa ruine, à un échec.* – FAM. *Courir après qqn,* le rechercher avec assiduité. *Courir après une femme.* ⇒ **coureur.** *Courir après qqch.,* essayer de l'obtenir. *Courir après le succès.* – FAM. *Tu peux toujours courir !,* attendre (tu n'auras rien). **3.** (choses) Se mouvoir avec rapidité. *L'ombre des nuages courait sur la plaine. L'eau qui court.* ⇒ **couler** ; **courant, cours. 4.** Être répandu, passer de l'un à l'autre. ⇒ **circuler,** se **propager,** se **répandre.** *Faire courir une nouvelle. Le bruit court que...* **5.** (temps) Suivre son cours, passer. ⇒ ① **courant** (I, 4). – loc. *Par les temps qui courent :* actuellement. – *L'intérêt de cette rente court à partir de tel jour,* sera compté à partir de ce jour. – FAM. *Laisser courir :* laisser faire, laisser aller (→ laisser tomber). **II.** v. tr. **1.** VX ou loc. Poursuivre à la course, chercher à attraper. *Courir deux lièvres* à la fois.* **2.** Participer à (une épreuve de course). *Courir le cent mètres. Ce cheval a couru le Grand Prix.* **3.** Rechercher, aller au-devant de. *Courir les aventures.* – *Courir un danger,* y être exposé. *Courir un risque. Courir sa chance.* ⇒ **essayer, tenter. 4.** Parcourir. *Courir la campagne. "Courir les rues"* (recueil de poèmes de Queneau). – loc. *Ça court les rues :* c'est banal, commun. **5.** Fréquenter assidûment. ⇒ **hanter.** *Courir les magasins. Courir les filles* (⇒ **coureur** (II)). ♦ FAM. *Courir qqn,* l'ennuyer. *Tu nous cours avec tes histoires.*

la **COURLANDE** ▪ Région de Lettonie, ancien duché annexé par la Russie en 1795.

COURLIS n. m. ▪ Oiseau échassier migrateur, à long bec courbe, qui vit près de l'eau.

courlis. *Numenius phaeopus,* courlis corlieu. *Phot. © Varin/Jacana*

COURMAYEUR ▪ Ville d'Italie, dans le Val-d'Aoste, au pied du mont Blanc. 2 891 hab. (1 228 à 3 369 m). Centre de tourisme sportif : ski, alpinisme, point de départ de nombreuses ascensions du mont Blanc.

La **COURNEUVE** ▪ Commune de la Seine-Saint-Denis, dans la banlieue nord de Paris. 34 139 hab. *(les Courneuviens).*

COURNON-D'AUVERGNE ▪ Commune du Puy-de-Dôme, dans la banlieue de Clermont-Ferrand. 19 156 hab.

Antoine Augustin **COURNOT** (1801 - 1877) ▪ Philosophe, logicien et mathématicien français. Père de l'économie mathématique (→ **Walras**) et spécialiste du calcul des probabilités.

COURONNE n. f. ▪ **I. 1.** Cercle que l'on met autour de la tête comme parure ou marque d'honneur. *Une couronne de lauriers.* – *La couronne d'épines* du Christ.* **2.** Cercle de métal posé sur la tête comme insigne d'autorité, de dignité. ⇒ **diadème.** *Couronne de prince, de roi.* **3.** Royauté, souveraineté (⇒ **couronner**). *La couronne de France* (HIST.), *d'Angleterre. Héritier de la Couronne.* **II.** (Forme circulaire) **1.** *EN COURONNE :* en cercle. *Greffe en couronne.* **2.** Objet circulaire ; choses disposées en cercle. *Ni fleurs ni couronnes* (se dit d'un enterrement très simple). ♦ Pain en forme d'anneau. ♦ Partie visible de la dent (opposé à la *racine*). Capsule de métal, de porcelaine, dont on entoure une dent. ♦ Cercle lumineux. ⇒ **auréole, halo.** *La couronne d'une aurore boréale. Couronne solaire.* **III.** Unité monétaire de la République tchèque, du Danemark, de l'Islande, de la Norvège, de la Suède, etc.

COURONNEMENT n. m. ▪ **I.** Cérémonie au cours de laquelle on couronne un souverain. ⇒ **sacre. II. 1.** Ce qui termine et orne le sommet (d'un édifice, d'un meuble). *Le couronnement d'un édifice, d'une colonne.* **2.** Ce qui achève, rend complet. *Le couronnement de sa carrière.*

COURONNER v. tr. [1] ▪ **I. 1.** Coiffer (qqn) d'une couronne. – Décerner un prix, une récompense à (qqn, qqch.). *Couronner le lauréat. Couronner un livre.* **2.** Proclamer (qqn) souverain en ceignant d'une couronne. *Couronner un roi.* ⇒ **sacrer.** – au p. p. *Les têtes couronnées :* les souverains. **II. 1.** LITTÉR. Orner, entourer (la tête, le sommet) comme fait une couronne. *Un diadème couronnait son front.* ⇒ **ceindre.** *La neige qui couronne les cimes.* **2.** Blesser au genou. – au p. p. *Genou couronné.* **III.** LITTÉR. Achever en complétant, en rendant parfait. ⇒ **accomplir.** – iron. *Et pour couronner le tout, il arrive en retard.*

COURRE v. tr. seulement inf. ▪ VX Poursuivre (en courant). *Courre le chevreuil.* ♦ loc. MOD. *CHASSE À COURRE,* avec des chiens courants et à cheval.

COURRIER n. m. ▪ **I.** anciennt Homme qui précédait les voitures de poste (⇒ **postillon**) ou portait les lettres à cheval. *L'affaire du courrier de Lyon.* **II. 1.** Transport des dépêches, des lettres, des journaux. ⇒ **poste.** *Courrier maritime, aérien. Je vous réponds par retour du courrier.* – *Courrier électronique,* permettant l'échange d'informations à l'intérieur d'un réseau informatique, télématique. ⇒ **messagerie ; télécopie. 2.** Ensemble des lettres, dépêches, journaux envoyés ou à envoyer. *Le courrier est arrivé. Lire son courrier. Envoyer, poster le courrier. Courrier des lecteurs* (aux journaux). **3.** Article, chronique d'un journal. *Courrier mondain, littéraire.* – *Le COURRIER DU CŒUR,* concernant les problèmes sentimentaux.

COURRIÈRES ▪ Commune du Pas-de-Calais. 11 376 hab. *(les Courriérois).* Houille. Centrale thermique. En 1906, un coup de grisou provoqua la mort de 1 200 mineurs.

COURRIÉRISTE n. ▪ Journaliste qui fait une chronique. ⇒ **chroniqueur.**

COURROIE n. f. ▪ Bande étroite d'une matière souple et résistante servant à lier, à attacher. *Les courroies d'un harnais.* – *Courroie de transmission,* qui transmet le mouvement d'une poulie à une autre ; fig. moyen ou personne servant d'intermédiaire.

COURROUCER v. tr. [3] ▪ LITTÉR. Mettre en colère, irriter. – au p. p. *Un air courroucé.*

COURROUX n. m. ▪ LITTÉR. Irritation véhémente contre un offenseur. ⇒ **colère.**

COURS n. m. ▪ **I.** Écoulement continu (de l'eau des fleuves, rivières, ruisseaux). ⇒ ② **courant.** *Descendre le cours du fleuve.* – loc. *DONNER LIBRE COURS À sa douleur, sa joie,* ne plus la contenir. ⇒ **manifester.** ♦ *COURS D'EAU.* ⇒ **fleuve, rivière, ruisseau, torrent.** *Des cours d'eau navigables.* **II. 1.** Suite continue dans le temps. ⇒ **déroulement, succession.** *Le cours des saisons. Le cours de la vie.* ⇒ **durée.** *Le cours des événements. Suivre son cours :* évoluer normalement. ♦ loc. *AU, EN COURS (DE).* ⇒ **durant, pendant.** *Au cours de sa carrière. L'année en cours. Les travaux sont en cours. Affaires en cours.* – *EN COURS DE ROUTE :* pendant. **2.** Enseignement suivi sur une matière déterminée. *Faire un cours. Suivre un cours. Prendre des cours de musique, de danse.* ⇒ **conférence, leçon.** - *Cours du soir,* pour adultes après leurs heures de travail. - Notes prises par un élève et reproduisant un cours. *Un cours polycopié.* ♦ Degré des études. (en France) *Cours préparatoire* (CP), *cours élémentaire* (CE1, CE2), *cours moyen* (CM1, CM2). ♦ Établissement d'enseignement privé. **III. 1.** Prix auquel sont négociées des marchandises, des valeurs (qui circulent normalement). ⇒ **cote, taux.** *Le cours du yen. Acheter, vendre au cours de la Bourse.* **2.** *AVOIR COURS :* avoir valeur légale. - Être reconnu, utilisé. *Ces usages n'ont plus cours.* **IV.** loc. *AU LONG COURS :* à longue distance sur mer (⇒ **long-courrier**). **V.** Avenue servant de promenade (dans quelques villes). *Le cours Mirabeau, à Aix-en-Provence.*

COURSE n. f. ▪ **I. 1.** Action de courir ; mode de locomotion plus rapide que la marche. *Une course effrénée. Faire la course avec qqn. Rattraper qqn à la course.* - loc. *Au pas de course :* en marchant très vite. - loc. fig. *À BOUT DE COURSE :* épuisé. **2.** Épreuve de vitesse (⇒ **coureur**). *Course à pied. Course de vitesse, de fond. Course de chevaux. Course cycliste.* - au plur. Courses de chevaux. *Champ de courses :* hippodrome. *Jouer aux courses.* - *DE COURSE :* destiné à la course. *Cheval de course. Voiture de course.* - loc. FAM. *Être dans la course :* être au courant, savoir ce qu'il faut faire (→ dans le coup). **3.** *COURSE DE TAUREAUX.* ⇒ **corrida. II. 1.** Action de parcourir un espace. ⇒ **parcours, trajet ; cours** (IV). *Faire une longue course en montagne.* ⇒ **excursion, randonnée.** - Trajet payé (en taxi). *Le prix de la course.* **2.** HIST. Poursuite de navires ennemis. *Faire la course* (⇒ **corsaire**). *Guerre de course.* **3.** au plur. Déplacement pour porter, aller chercher qqch. *GARÇON DE COURSES.* ⇒ ② **coursier.** ♦ Achats. *Faire des courses dans plusieurs magasins.* ⇒ **commission. 4.** (choses) LITTÉR. Mouvement plus ou moins rapide. ⇒ **cours, mouvement.** *La course d'un projectile. La course du temps.* ⇒ **fuite, succession.**

COURSER v. tr. ⊡ ▪ FAM. Poursuivre (qqn) à la course. *Se faire courser par les flics.*

① **COURSIER** n. m. ▪ LITTÉR. Grand et beau cheval de bataille, de tournoi (palefroi), d'allure rapide.

② **COURSIER, IÈRE** n. ▪ Personne chargée de faire les courses (II, 3) dans une entreprise, une administration, un hôtel. ⇒ **chasseur, commissionnaire.**

COURSIVE n. f. ▪ Couloir étroit à l'intérieur d'un navire.

① **COURT, COURTE** ▪ **I.** adj. **1.** Qui a peu de longueur d'une extrémité à l'autre (relativement à la taille normale ou par comparaison avec une autre chose) (s'oppose à *long*). *Rendre court, plus court,* raccourcir, écourter. *Robe courte. Cheveux courts.* - *Aller par le plus court chemin.* **2.** Qui a peu de durée. ⇒ **bref, éphémère, fugitif, passager.** *Les jours d'hiver sont courts.* ♦ Peu développé. *Récit, roman très court.* ⇒ **bref. 3.** Qui est rapproché dans le temps. loc. *À COURT TERME :* dans un avenir rapproché. **4.** De fréquence rapide. *Ondes courtes.* - *Avoir l'haleine, la respiration courte, le souffle court,* s'essouffler facilement et très vite. **5.** FAM. *Cent francs, c'est un peu court,* insuffisant. **II.** adv. **1.** De manière à rendre court. *Il lui coupa les cheveux court.* **2.** loc. fig. *COUPER COURT À un entretien,* l'interrompre au plus vite. - *TOURNER COURT :* ne pas aboutir. - *Rester court :* manquer d'idées. **3.** *TOUT COURT :* sans rien d'autre. *La vérité tout court.* **4.** *DE COURT. Prendre qqn de court,* à l'improviste ; ne pas lui laisser de temps pour agir. **5.** *À COURT (DE). Être à court d'argent,* en manquer. *À court d'arguments, d'idées.*

② **COURT** n. m. ▪ Terrain aménagé pour le tennis.

COURTAGE n. m. ▪ **1.** Profession de courtier. *Faire du courtage en librairie.* ⇒ **démarchage. 2.** Commission de courtier.

COURT-BOUILLON n. m. ▪ Bouillon dans lequel on fait cuire du poisson. *Daurade au court-bouillon. Des courts-bouillons.*

COURT-CIRCUIT n. m. ▪ Interruption du courant par fusion des plombs. *Des courts-circuits.*

COURT-CIRCUITER v. tr. ⊡ ▪ **1.** Mettre en court-circuit. **2.** FAM. Laisser de côté (un intermédiaire normal) en passant par une voie plus rapide. ⇒ anglic. **shunter.** *Se faire court-circuiter par un concurrent.*

Georges COURTELINE (1858 - 1929) ▪ Auteur dramatique français. Ses pièces décrivent avec saveur et amertume des héros médiocres : les petits-bourgeois (*"Boubouroche"*, nouvelle, 1892, adaptée au théâtre en 1903), les fonctionnaires (*"Messieurs les ronds-de-cuir"*, roman, 1893), les militaires (*"Les Gaietés de l'escadron"*, 1886).

COURTEPOINTE n. f. ▪ Couverture de lit ouatée et piquée. ⇒ **couvre-pied.**

COURTIER, IÈRE n. ▪ Agent qui met en rapport vendeurs et acheteurs pour des opérations de bourse ou de commerce. ⇒ **agent, commissionnaire, représentant,** V.R.P.

COURTINE n. f. ▪ **1.** anciennt Rideau de lit. **2.** Tenture de porte.

COURTISAN n. m. ▪ **1.** Homme qui est attaché à la cour, qui fréquente la cour d'un souverain. **2.** fig. Personne qui cherche à plaire aux gens influents en leur faisant la cour. ⇒ **flatteur.** - adj. m. *Poète courtisan.*

COURTISANE n. f. ▪ VIEILLI Femme entretenue, d'un rang social assez élevé.

COURTISER v. tr. ⊡ ▪ Faire la cour à (qqn), chercher à plaire. *Courtiser une femme.*

COURTOIS, OISE adj. ▪ **1.** Qui est très poli, qui agit avec raffinement. ⇒ **aimable.** *Un homme courtois.* - Qui manifeste de la courtoisie. *Un refus courtois.* **2.** *Littérature, poésie courtoise* (du Moyen Âge), qui exalte l'amour d'une manière raffinée. - *L'amour courtois,* tel qu'il était codifié par cette littérature.

Jacques COURTOIS dit LE BOURGUIGNON (1621 - 1676) ▪ Peintre français. Batailles.

COURTOISEMENT adv. ▪ D'une manière courtoise (1).

COURTOISIE n. f. ▪ **1.** Politesse raffinée. ⇒ **civilité.** *Visite de courtoisie.* **2.** LITTÉR. Attitude conforme à l'esprit de la littérature courtoise (2).

COURTRAI en néerlandais ***KORTRIJK*** ▪ Ville de Belgique (Région flamande, province de Flandre-Occidentale). 76 141 hab. Très prospère au Moyen Âge (nombreux monuments). Défaite des Français devant les Flamands (1302).

COURT-VÊTU, UE adj. ▪ Dont le vêtement est court. *Des femmes court-vêtues.*

COURU, UE adj. ▪ **1.** Recherché. *C'est un spectacle très couru.* **2.** FAM. *C'était couru,* prévu. ⇒ **certain, sûr.**

COUSCOUS [kuskus] n. m. ▪ **1.** Semoule de blé dur. **2.** Plat constitué de cette semoule servie avec de la viande, des légumes et du bouillon. *Couscous au poulet.*

COUSERANS ▪ Région des Pyrénées centrales, dans l'Ariège. Élevage bovin laitier.

COUSETTE n. f. ▪ VX Jeune ouvrière de la couture.

① **COUSIN, INE** n. ▪ Enfant, descendant de personnes qui sont frères et sœurs. *Cousins germains*. Des cousins éloignés.*

② **COUSIN** n. m. ▪ Moustique.

Jean COUSIN (v. 1490 - v. 1561) ▪ Peintre français de la Renaissance. *"Eva Prima Pandora"*, un des premiers grands nus de la peinture française.

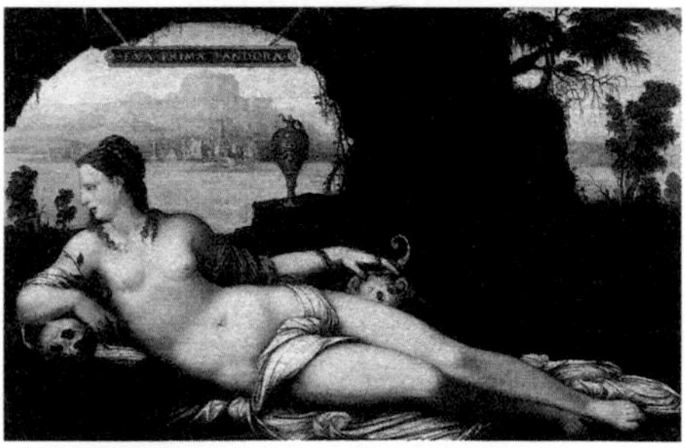

Jean **Cousin.** *Eva prima pandora.*
Musée du Louvre, Paris. *Phot. © Lauros/Giraudon*

Victor COUSIN (1792 - 1867) ▪ Philosophe français, ministre de Louis-Philippe. Fondateur de l'éclectisme spiritualiste.

COUSSIN n. m. ▪ **1.** Pièce d'une matière souple, cousue et remplie d'un rembourrage, servant à supporter une partie du corps. ⇒ **oreiller.** *Les coussins d'un fauteuil, d'un siège de voiture.* **2.** *Coussin d'air :* zone d'air comprimé qui sert de support. *Véhicule sur coussin d'air* (aéroglisseur, etc.).

COUSSINET n. m. ▪ **1.** Petit coussin. **2.** TECHN. Pièce soutenant une extrémité d'un arbre de transmission. **3.** Partie charnue de la patte (d'un chat).

Jacques-Yves COUSTEAU (né en 1910) ▪ Officier de marine, océanographe et réalisateur français de documentaires sur la mer (*"Le Monde du silence"*, 1956).

les COUSTOU ▪ Sculpteurs français. ► **Guillaume Ier** (1677-1746), élève de Coysevox. *"Chevaux de Marly"* (1740-1745).

COUSU, UE adj. ▪ **1.** Joint par une couture. *Feuillets cousus.* - loc. *Être* COUSU D'OR, très riche. **2.** FAM. COUSU MAIN, à la main. - FAM. *C'est du cousu main* : c'est de première qualité.

COÛT n. m. ▪ Somme que coûte une chose. ⇒ **montant, prix.** *Le coût d'une marchandise.* - *Le coût de la vie augmente.*

COUTANCES ▪ Chef-lieu d'arrondissement de la Manche. 9 715 hab. *(les Coutançais).* Cathédrale gothique (XIIIe s.). Marché agricole.

COÛTANT adj. m. ▪ loc. *PRIX COÛTANT :* prix qu'une chose a coûté. *Revendre qqch. à, au prix coûtant,* sans bénéfice.

COUTEAU n. m. ▪ **1.** Instrument tranchant servant à couper, composé d'une lame et d'un manche. *Couper qqch. avec un couteau. Manche de couteau. Couteau de poche, couteau pliant,* dont la lame rentre dans le manche. ⇒ **canif.** *Couteau de cuisine. Couteau électrique.* - (Arme) ⇒ **coutelas, poignard.** *Couteau à cran d'arrêt.* ♦ *Affûter, aiguiser un couteau,* la lame. ♦ loc. *Être à couteaux tirés,* en guerre ouverte. *Jouer du couteau :* se battre au couteau. *Coup de couteau. Mettre le couteau sous la gorge de* (qqn) : contraindre par la menace. *L'homme au couteau entre les dents* (représentation polémique du bolchevik). ♦ (Homme armé de couteau) loc. *Deuxième, second couteau :* personnage de second plan. **2.** Outil, instrument tranchant. *Couteau à papier.* ⇒ **coupe-papier.** *Couteau de vitrier.* ♦ Petite truelle de peintre. *Peindre au couteau.* **3.** *Couteau de balance,* arête du prisme triangulaire qui porte le fléau. **4.** Coquillage qui ressemble à un manche de couteau.

COUTEAU-SCIE n. m. ▪ Couteau dont la lame porte des dents, et qu'on utilise pour couper le pain, les aliments. *Des couteaux-scies.*

COUTELAS n. m. ▪ Grand couteau à lame large et tranchante utilisé en cuisine ou comme arme.

COUTELLERIE n. f. ▪ **1.** Industrie, fabrication des couteaux, instruments tranchants. ♦ Produits de cette industrie. **2.** Usine, atelier où l'on fabrique des couteaux.

COÛTER v. [1] ▪ **I.** v. intr. et tr. ind. *Coûter à qqn.* **1.** Nécessiter le paiement d'une somme pour être obtenu. ⇒ **revenir, valoir ; coût, montant, prix.** *Combien cela coûte-t-il ? Combien ça coûte ? Coûter cher. Les cinquante francs que ce livre m'a coûté.* ◇ REM. p. p. invar. (le compl. de prix n'est pas un compl. d'objet). **2.** *COÛTER CHER :* causer, entraîner des dépenses. *Cette habitude lui coûte cher.* - loc. fig. *Cela pourrait vous coûter cher,* vous attirer des ennuis. **II.** fig. **1.** v. tr. Causer (une peine, un effort) à qqn. *Les efforts que ce travail lui a coûtés.* - Causer (une perte). *Cela lui coûte sa tranquillité. Coûter la vie à qqn,* faire mourir. **2.** v. intr. et tr. ind. *COÛTER À.* Être pénible, difficile. *Cet effort lui a coûté.* loc. *Il n'y a que le premier pas qui coûte.* **3.** *COÛTE QUE COÛTE* loc. adv. : à n'importe quel prix.

COÛTEUSEMENT adv. ▪ D'une manière coûteuse.

Guillaume Ier
Coustou.
Marie Leszczyńska, reine de France, en Junon,
marbre. Musée du Louvre, Paris.
Phot. © Lauros/Giraudon

Cousteau.
Phot. © Bruno Barbey/Magnum

COÛTEUX, EUSE adj. ▪ Qui coûte cher ; cause de grandes dépenses. ⇒ **cher, dispendieux, ruineux.** *Les voyages sont coûteux.*

Georges COUTHON (1755-1794) ▪ Révolutionnaire français. Avec Robespierre et Saint-Just, il forma un triumvirat (→ **Comité de salut public**), réprima l'insurrection royaliste de Lyon (1793) et contribua à l'instauration de la Terreur.

COUTIL [-ti] n. m. ▪ Toile croisée et serrée, en fil ou coton. *Pantalon de coutil.*

COUTRE n. m. ▪ TECHN. Partie tranchante du soc (d'une charrue).

COUTUME n. f. ▪ **1.** Manière à laquelle la plupart se conforment, dans un groupe social. *Vieille, ancienne coutume.* ⇒ **tradition, usage.** *Les coutumes d'un peuple.* ⇒ **mœurs.** *Les us* et coutumes.* ♦ absolt *La coutume et le droit écrit.* **2.** VX *La coutume :* l'habitude. ♦ loc. MOD. *Une fois n'est pas coutume :* pour une fois, on peut faire une exception. - *AVOIR COUTUME DE :* avoir l'habitude de. *Ils ont coutume de passer Noël à la neige.* - *DE COUTUME* loc. adv. (surtout employé dans des comparaisons) : d'habitude, d'ordinaire. *Il est moins aimable que de coutume.*

COUTUMIER, IÈRE ▪ **I.** adj. **1.** LITTÉR. Que l'on fait d'ordinaire. ⇒ **habituel.** *Les travaux coutumiers.* **2.** *Droit coutumier :* ensemble de règles juridiques que constituent les coutumes. **3.** loc. *Être COUTUMIER DU FAIT,* avoir déjà fait la même chose (répréhensible). **4.** Qui suit la loi non écrite ancestrale (par ex. en Afrique). *Mariage coutumier.* **II.** n. m. DIDACT. Recueil des coutumes (d'un pays, d'une province).

COUTURE n. f. ▪ **I. 1.** Action de coudre. *Faire de la couture.* **2.** Confection professionnelle des vêtements. *Être dans la couture.* - Profession de couturier*. *Une maison de couture.* - *La HAUTE COUTURE :* la conception et la fabrication de vêtements féminins uniques, qui créent la mode. **II. 1.** Assemblage par une suite de points exécutés avec du fil et une aiguille. *Les coutures d'un vêtement, d'une chaussure. Bas sans coutures.* **2.** loc. *Examiner SOUS TOUTES LES COUTURES,* dans tous les sens, très attentivement. - *BATTRE À PLATE COUTURE,* complètement. **3.** Cicatrice laissée par des points chirurgicaux (⇒ **couturé**).

Thomas COUTURE (1815-1879) ▪ Peintre français au style académique. *"Les Romains de la décadence"* (1847).

COUTURÉ, ÉE adj. ▪ Marqué de cicatrices. ⇒ **balafré.** *Visage couturé.*

COUTURIER n. m. ▪ Personne qui dirige une maison de couture, crée des modèles ; cette maison. *Collection d'un grand couturier. La griffe d'un couturier.*

COUTURIÈRE n. f. ▪ Celle qui coud, qui exécute, à son propre compte, des vêtements (surtout de femme).

COUVAIN n. m. ▪ Amas d'œufs (d'abeilles, d'insectes).

COUVÉE n. f. ▪ **1.** Ensemble des œufs couvés par un oiseau. *Ces poussins sont de la même couvée.* **2.** Les petits qui viennent d'éclore. ⇒ **nichée.** *Toute la couvée piaillait.*

COUVENT n. m. ▪ **1.** Maison dans laquelle des religieux ou des religieuses vivent en commun ; ces religieux. ⇒ **communauté, monastère ; conventuel.** *Un couvent de carmélites, de chartreux. Le cloître, la chapelle d'un couvent.* - *Entrer au couvent,* dans les ordres (→ prendre le voile). **2.** Pensionnat de jeunes filles dirigé par des religieuses. *Élever une jeune fille au couvent.*

COUVER v. [1] ▪ **I.** v. tr. **1.** (oiseaux) Se tenir pendant un certain temps sur des œufs pour les faire éclore. *La poule couve ses œufs* (⇒ **couvée, couveuse**). **2.** *Couver qqn,* l'entourer de soins attentifs. *Elle couve ses enfants.* ⇒ **protéger.** - *COUVER DES YEUX :* regarder (qqn, qqch.) avec convoitise ou admiration, désir de protection. **3.** Entretenir, nourrir, préparer mystérieusement. *Couver des projets de vengeance.* ⇒ **tramer. 4.** *Couver une maladie,* porter en soi les germes (⇒ **incubation**). **II.** v. intr. Être entretenu sourdement jusqu'au moment de se découvrir, de paraître. *Le feu couve sous la cendre.* - fig. *La révolte couvait depuis longtemps.* ⇒ se **préparer.**

COUVERCLE n. m. ▪ Pièce mobile qui s'adapte à l'ouverture (d'un récipient) pour le fermer. *Le couvercle d'une boîte, d'un coffre. Mettre, soulever le couvercle d'une marmite.*

① **COUVERT** n. m. ▪ **I. 1.** vx Logement (où l'on est couvert). ♦ loc. *Le vivre* (la nourriture) *et le couvert* (le logement). **2.** loc. *À COUVERT DE* loc. prép. ; *À COUVERT* loc. adv. : dans un lieu où l'on est couvert, protégé. *À couvert de la pluie. Se mettre à couvert.* **3.** *SOUS LE COUVERT, SOUS COUVERT DE :* sous la responsabilité ou la garantie de (qqn) ; sous l'apparence, le prétexte de (qqch.). **II. 1.** Ce que l'on met sur la table pour le repas. *Mettre le couvert.* **2.** Ustensiles de table pour une personne. *Une table de six couverts.* **3.** Cuiller, fourchette et (parfois) couteau. *Des couverts en argent.*

② **COUVERT, ERTE** adj. ▪ **I. 1.** Qui a un vêtement. *Bien couvert ; chaudement couvert.* - *Restez couvert :* gardez votre chapeau. **2.** Qui a sur lui (qqch.). *Il est couvert de boue.* - *Ciel couvert,* nuageux. **3.** *À MOTS COUVERTS :* en termes obscurs, voilés. **II.** Protégé par qqn. *Il est couvert par le directeur. Être couvert contre le vol.* ⇒ **assurer.**

COUVERTURE n. f. ▪ **I.** concret **1.** Pièce de toile, de drap pour recouvrir. *Couverture de voyage.* ⇒ **plaid.** - Pièce de laine, etc. qu'on place sur les draps, qu'on borde sous le matelas pour tenir chaud. - loc. fig. *Tirer la couverture à soi :* s'approprier la meilleure ou la plus grosse part d'une chose. **2.** Ce qui recouvre un livre, un cahier. *Couverture cartonnée.* - Enveloppe dont on recouvre un livre pour le protéger. ⇒ **couvre-livre, jaquette. 3.** Toit. *Le couvreur répare la couverture.* **II.** abstrait **1.** Ce qui sert à couvrir (II), à protéger. *Couverture sociale :* protection dont bénéficie un assuré social. **2.** fig. Affaire servant à dissimuler une activité secrète. *Son commerce est une couverture.* **3.** Garantie donnée pour assurer le paiement d'une dette. ⇒ **provision. 4.** Fait de couvrir (un événement, pour un journaliste). *La couverture d'un fait divers.*

COUVEUSE n. f. ▪ **1.** Poule qui couve. *Une bonne couveuse.* **2.** *Couveuse artificielle :* étuve où l'on fait éclore les œufs. ♦ Enceinte close maintenue à température constante où l'on place les prématurés fragiles. *Mettre un prématuré en couveuse.*

COUVRE- Élément invariable de noms composés, tiré du verbe *couvrir.*

COUVRE-CHEF n. m. ▪ plais. Ce qui couvre la tête. ⇒ **chapeau, coiffure.** *Des couvre-chefs.*

Coypel. *Jeune Noir tenant une corbeille de fruits et jeune fille caressant un chien.*
Musée du Louvre, Paris. *Phot. © Arch. Smeets*

COUVRE-FEU n. m. ▪ **1.** Signal qui indique l'heure de rentrer chez soi. *Des couvre-feux.* **2.** Interdiction de sortir après une heure fixée (mesure de police).

COUVRE-LIT n. m. ▪ Couverture légère servant de dessus de lit. *Des couvre-lits.*

COUVRE-LIVRE n. m. ▪ Protection souple recouvrant un livre. ⇒ **couverture.** *Des couvre-livres.*

COUVRE-PIED n. m. ou **COUVRE-PIEDS** n. m. invar. [-pje] ▪ Couverture qui recouvre une partie du lit, à partir des pieds. *Des couvre-pieds.* ⇒ aussi **édredon.**

COUVREUR n. m. ▪ Ouvrier qui fait ou répare les toitures des maisons. *Couvreur zingueur.*

COUVRIR v. tr. [18] ▪ Revêtir d'une chose, d'une matière pour cacher, fermer, orner, protéger. **I. 1.** Garnir (un objet) en disposant quelque chose dessus. ⇒ **recouvrir.** *Couvrir un plat avec un couvercle. Couvrir un objet d'un enduit.* - (sujet chose) Être disposé sur. *La housse qui couvre ce fauteuil. Moquette qui couvre le sol.* **2.** Habiller chaudement. *Couvrir un enfant.* - pronom. *Se couvrir chaudement. Couvre-toi, il fait froid !* **3.** Parsemer (qqch., qqn) d'une grande quantité de. *Couvrir une tombe de fleurs.* - *COUVRIR qqn DE,* lui donner beaucoup de. *Couvrir qqn de baisers. On l'a couvert de cadeaux.* ⇒ **combler.** *On l'a couvert d'injures.* ⇒ **accabler.** - pronom. *Il s'est couvert de ridicule.* - (choses) Être éparpillé, répandu sur. *Les feuilles couvrent le sol.* ⇒ **joncher.** - pronom. *Le ciel, le temps se couvre* (de nuages). ⇒ ② **couvert. 4.** Cacher en mettant qqch. par-dessus, autour. *Cela couvre un mystère, une énigme.* ⇒ **receler.** *Couvrir la voix de qqn.* ⇒ **dominer, étouffer.** ♦ fig. LITTÉR. Recouvrir en compensant ; effacer ou réparer. *Couvrir ses fautes.* **II. 1.** Interposer (qqch.) comme défense, protection. ⇒ **protéger.** *Couvrir qqn de son corps.* **2.** Abriter (qqn) par son autorité, sa protection. *Ce chef couvre toujours ses subordonnés, ses aides. Se couvrir.* - passif *Être couvert par qqn.* ⇒ ② **couvert** (II). **3.** Donner une garantie, la somme d'argent qu'il faut. ⇒ **garantir, approvisionner.** *Cette somme doit suffire à couvrir vos dépenses.* - *Couvrir un emprunt, une souscription,* souscrire la somme demandée. **III. 1.** Parcourir (une distance). *Les concurrents ont couvert les cent kilomètres en deux heures.* **2.** Assurer l'information concernant un événement. *Les journalistes qui couvrent un championnat.*

COVENT GARDEN ▪ Célèbre place à arcades du centre de Londres. Opéra.

COVENTRY ▪ Ville d'Angleterre (Midlands de l'Ouest). 300 000 hab. Université. Grand centre industriel. Importants bombardements en 1940-1941.

COVER-GIRL [kɔvœʀgœʀl] n. f. ▪ anglic. Jeune femme qui pose pour les photographies de mode des magazines. *Des cover-girls.* ⇒ **modèle.**

COVOITURAGE n. m. ▪ Transport dans une même voiture de plusieurs automobilistes effectuant le même trajet, qui partagent les frais du transport.

COW-BOY [kobɔj ; kaobɔj] n. m. ▪ anglic. Gardien de troupeaux à cheval dans l'ouest des États-Unis, personnage essentiel de la légende de l'Ouest américain. *Film de cow-boys.* ⇒ **western.** *Les cow-boys et les Indiens. Cow-boys et gauchos.*

Abraham **COWLEY** (1618 - 1667) ▪ Écrivain anglais. *"Odes pindariques",* poèmes.

William **COWPER** (1731 - 1800) ▪ Poète britannique. *"La Tâche"* (1785), poème en six livres qu'illustrera Wordsworth, ouvre la voie à la grande poésie introspective.

COXAL, ALE, AUX adj. ▪ DIDACT. De la hanche.

COXALGIE n. f. ▪ MÉD. Douleur de la hanche.

coyote.
Canis latrans.
Phot. © Dragesco/ Jacana

COYOTE [kɔj-] n. m. ▪ Mammifère carnivore d'Amérique, voisin du chacal.

Antoine **COYPEL** (1661 - 1722) ▪ Peintre et décorateur français. Voûte de la chapelle de Versailles.

Cracovie. La cathédrale du Wawel. *Phot. © Lauros/Giraudon*

Antoine **COYSEVOX** (1640 - 1720) ▪ Sculpteur français. Auteur des *"Chevaux ailés"* des Tuileries, de bustes *("Le Grand Condé")*. Il participa à la décoration de Versailles, dont il illustre la tendance baroque.

C. Q. F. D. [sekyɛfde] ▪ Abréviation de *ce qu'il fallait démontrer* (formule finale d'une démonstration mathématique).

George **CRABBE** (1754 - 1832) ▪ Poète réaliste britannique. *"Le Village"* (1783), sur la vie des pauvres.

CRABE n. m. ▪ Crustacé marin à corps arrondi, à cinq paires de pattes (araignée de mer, étrille, tourteau, etc.). *Les pinces, la carapace du crabe.* - spécialt Crabe comestible. *Crabes farcis.* ♦ loc. *Marcher en crabe,* de côté. - *PANIER DE CRABES :* groupe d'individus intriguant les uns contre les autres.

crabe. *Cancer pagurus.*
Phot. © Lemoine/Jacana

CRAC interj. ▪ Mot imitant un bruit sec (choc, rupture), ou évoquant un événement brusque. *Crac, boum !*

CRACHAT n. m. ▪ Salive, mucosité rejetée par la bouche.

CRACHÉ, ÉE adj. ▪ *(TOUT) CRACHÉ* (après un n., un pron.) : très ressemblant. *C'est sa mère tout craché.*

CRACHEMENT n. m. ▪ **1.** Action de cracher. - Ce que l'on crache. *Un crachement de sang.* **2.** Projection (de gaz, de vapeurs, de flammes). **3.** Crépitement (⇒ **crachotement**).

CRACHER v. [1] ▪ **I.** v. intr. **1.** Projeter de la salive, des mucosités par la bouche. ⇒ **expectorer.** *Cracher par terre.* **2.** fig. FAM. *Cracher sur qqch., qqn,* exprimer un violent mépris. - *Il ne crache pas sur l'alcool,* il l'aime bien. - loc. FAM. *Cracher dans la soupe :* critiquer, mépriser ce qui procure des moyens d'existence. **3.** *Ce stylo crache,* l'encre en jaillit. ⇒ **couler.** **4.** Émettre des crépitements. ⇒ **crachoter.** **II.** v. tr. **1.** Lancer (qqch.) de la bouche. *Cracher un bonbon.* ⇒ **rejeter.** **2.** fig. *Cracher des injures.* ⇒ **proférer.** **3.** FAM. Donner (de l'argent) ; payer. ⇒ **casquer.** **4.** Émettre en lançant. *Le volcan crache de la lave.*

CRACHEUR, EUSE n. ▪ Personne qui crache (qqch.).

CRACHIN n. m. ▪ Pluie fine et serrée. ⇒ **bruine.**

CRACHINER v. impers. [1] ▪ Faire du crachin. ⇒ **bruiner.**

CRACHOIR n. m. ▪ Petit récipient muni d'un couvercle dans lequel on peut cracher. - loc. FAM. *TENIR LE CRACHOIR :* parler sans arrêt.

CRACHOTEMENT n. m. ▪ **1.** Action de crachoter. **2.** Bruit de ce qui crachote. ◇ syn. CRACHOTIS.

CRACHOTER v. intr. [1] ▪ **1.** Cracher un peu. **2.** Émettre des crépitements. *Vieille radio qui crachote.*

① **CRACK** n. m. ▪ **1.** Poulain préféré, dans une écurie de course. - Cheval qui gagne les courses. **2.** FAM. *C'est un crack,* un sujet remarquable. ⇒ **as.** *Des cracks.*

② **CRACK** n. m. ▪ ARGOT Dérivé cristallisé de la cocaïne, fumable et très toxique.

CRACKING n. m. ▪ anglic. Craquage (du pétrole).

CRACOVIE en polonais ***KRAKÓW*** ▪ Ville du sud de la Pologne. 748 000 hab. *(les Cracoviens).* Nombreux monuments (colline du Wawel ; places et monuments à l'italienne). Métropole régionale. Important centre sidérurgique dans la banlieue (Nowa Huta). Capitale de la Pologne jusqu'en 1595, ce fut le premier évêché et la première université (1364) du pays. Érigée en république semi-autonome de 1815 à 1846.

CRACRA ⇒ CRASSEUX

CRAIE n. f. ▪ **1.** Calcaire naturel. *Falaise de craie* (⇒ **crayeux**). **2.** Calcaire réduit en poudre et moulé (en bâtons) pour écrire, tracer des signes. *Des craies de couleur.* - spécialt Craie blanche. *Écrire au tableau avec de la craie, à la craie.* - *(Une, des craies)* Bâtonnet de craie.

Edward Gordon **CRAIG** (1872 - 1966) ▪ Homme de théâtre britannique. *"De l'art du théâtre"* (1905).

CRAINDRE v. [52] ▪ **I.** v. tr. **1.** Envisager (qqn, qqch.) comme dangereux, nuisible, et en avoir peur. ⇒ **redouter.** *Craindre le danger.* ♦ *CRAINDRE QUE* (+ subj.). - avec la négation complète *Je crains qu'il ne parte pas,* qu'il reste. - (*ne* explétif) *Je crains qu'il ne parte,* je crains son départ. - *Je ne crains pas qu'il parte.* ♦ *CRAINDRE DE* (+ inf.). *Il craint d'être découvert.* **2.** (plantes, choses) Être sensible à, ne pas supporter. *Ces arbres craignent le froid.* **II.** v. intr. FAM. *Ça craint :* c'est désagréable, pénible, laid, dangereux. ◇ On dit aussi TRÈS FAM. *C'est* CRAIGNOS **(adj.)**.

CRAINTE n. f. ▪ **1.** Sentiment par lequel on craint (qqn ou qqch.) ; appréhension inquiète. ⇒ **angoisse, anxiété, frayeur, peur.** *La crainte de l'avenir. Soyez sans crainte à ce sujet. N'ayez crainte, il viendra.* **2.** loc. prép. *DANS LA CRAINTE DE ; DE CRAINTE DE ; PAR CRAINTE DE* (devant un n. de chose ou un inf.). *Dans la crainte, de crainte de l'échec, d'échouer.* - loc. conj. *DE CRAINTE QUE* (+ subj., avec *ne* explétif). *De crainte qu'on ne vous entende.*

CRAINTIF, IVE adj. ▪ Qui est sujet à la crainte. ⇒ **inquiet, peureux.** *Un enfant craintif.* ♦ Qui manifeste de la crainte. *Des yeux craintifs.* ► adv. CRAINTIVEMENT

CRAIOVA ▪ Ville de Roumanie. 303 520 hab.

CRAMER v. [1] ▪ FAM. **1.** v. tr. Brûler (qqch.) légèrement. *Cramer un rôti.* - intrans. *Les nouilles ont cramé.* **2.** v. intr. Brûler. ⇒ **flamber.** *Toute la bicoque a cramé.*

Johann Baptist **CRAMER** (1771 - 1858) ▪ Compositeur allemand. « Études » pour l'enseignement du piano.

CRAMIQUE n. m. ▪ Pain brioché aux raisins (Belgique, nord de la France).

CRAMOISI, IE adj. ▪ **1.** D'une couleur rouge foncé, tirant sur le violet. *Soie cramoisie.* **2.** (teint, peau) Très rouge. *Il est devenu cramoisi.*

CRAMPE n. f. ▪ Contraction douloureuse, involontaire et passagère des muscles. *Avoir une crampe au mollet.* - *Crampe d'estomac,* douleur gastrique. ♦ fig. POP. Érection. loc. *Tirer sa crampe :* éjaculer.

CRAMPON n. m. ▪ **I.** **1.** Pièce de métal servant à attacher, assembler deux éléments (agrafe, crochet). **2.** *Chaussures à crampons,* munies de clous, de petits cylindres de cuir, caoutchouc, etc., pour empêcher de glisser. **3.** Racine de fixation située le long de la tige (d'une plante grimpante). *Les crampons du lierre.* **II.** fig. FAM. Personne importune et tenace. *Quel crampon !* - adj. invar. *Ils, elles sont crampon.*

CRAMPONNER v. tr. [1] ▪ **1.** FAM. Agir comme un crampon (II) avec (qqn). *Cramponner qqn.* ⇒ **importuner** ; FAM. **coller.** **2.** *SE*

CRAMPONNER À **v. pron. réfl.** : s'accrocher, s'attacher ; se tenir fermement. ⇒ s'**agripper**, se **retenir**. *Se cramponner au bras de qqn.* – fig. *Se cramponner à un espoir.*

Thomas Russell CRAMPTON (1816 - 1888) ▪ Ingénieur britannique. La locomotive *Crampton* fut très utilisée au XIXe s.

CRAN **n. m.** ▪ **I. 1.** Entaille faite à un corps dur et destinée à accrocher, à arrêter qqch. ⇒ **encoche** ; **créneler** (2). *Les crans d'une crémaillère.* ♦ fig. *Monter, baisser d'un cran :* passer à qqch. de supérieur (augmenter), d'inférieur (diminuer). **2.** Entaille où s'engage une pièce mobile (tête de gâchette d'une arme à feu, etc.). *Couteau à cran d'arrêt.* **3.** Entaille servant de repère. **4.** Trou servant d'arrêt dans une sangle, une courroie. *Serrer sa ceinture de deux crans.* **5.** Ondulation (notamment des cheveux). **II. 1.** FAM. Audace, courage. *Elle a du cran. Avoir le cran de refuser.* **2.** *Être À CRAN,* prêt à se mettre en colère. ⇒ **exaspéré** ; → à bout de nerfs.

Lucas CRANACH L'ANCIEN (1472 - 1553) ▪ Peintre et graveur allemand, artiste majeur de la Renaissance allemande et de la Réforme. Portrait de Luther. Scènes religieuses et mythologiques. Nus féminins. ► **Lucas CRANACH LE JEUNE** (1515 - 1586), son fils, reprit son atelier.

① **CRÂNE** **n. m.** ▪ **1.** Boîte osseuse renfermant le cerveau. *Les os du crâne et ceux de la face forment la tête. Fracture du crâne.* **2.** Tête, sommet de la tête. *Avoir le crâne chauve.* – FAM. *Avoir mal au crâne.* – fig. Cerveau. *Bourrer le crâne.*

② **CRÂNE** **adj.** ▪ VIEILLI Courageux, décidé. ► **adv.** CRÂNEMENT

Stephen CRANE (1871 - 1900) ▪ Journaliste et écrivain naturaliste américain. *"La Conquête du courage"* (1895), *"La Chaloupe"* (1898).

Hart CRANE (1899 - 1932) ▪ Poète américain. Il eut l'ambition de doter son pays d'un mythe poétique. *"Key West"*, poème posthume.

CRÂNER **v. intr.** 1 ▪ FAM. **1.** Affecter la bravoure, le courage, la décision. **2.** Prendre un air vaniteux. ⇒ FAM. **frimer.**

CRÂNEUR, EUSE **n.** et **adj.** ▪ FAM. ⇒ **prétentieux.** *Faire le crâneur.* – **adj.** *Elle est un peu crâneuse.*

CRAN-GEVRIER ▪ Commune de la Haute-Savoie. 15 566 hab. *(les Cran-Gevriens).* Papeterie.

CRÂNIEN, IENNE **adj.** ▪ Du crâne. *Boîte crânienne.*

Thomas CRANMER (1489 - 1556) ▪ Prélat anglais. Archevêque de Canterbury, il seconda Henri VIII dans ses affaires religieuses et matrimoniales. Il fut un des promoteurs de l'anglicanisme.

CRANS-SUR-SIERRE ▪ Station de sports d'hiver de Suisse (Valais).

CRANTER **v. tr.** 1 ▪ Faire des crans à (qqch.). – p. p. adj. *Pignon cranté.* ► **n. m.** CRANTAGE

CRAPAHUTER **v. intr.** 1 ▪ FAM. (d'abord armée) Marcher, progresser en terrain difficile.

CRAPAUD **n. m.** ▪ **I.** Batracien à tête large, au corps trapu recouvert d'une peau verruqueuse. **II.** fig. **1.** Défaut dans un diamant, une pierre précieuse. **2.** Le plus petit des pianos à queue. **3.** appos. *Fauteuil crapaud,* bas et ramassé.

crapaud. *Bufo bufo,* crapaud commun.
Phot. © Chaumeton/Jacana

CRAPOUILLOT **n. m.** ▪ Mortier de tranchée (en 1914-1918) ; son obus.

CRAPULE **n. f.** ▪ **I.** VX Ivrognerie. ♦ Débauche. **II. 1.** Ensemble de débauchés vulgaires et malhonnêtes. **2.** *(Une crapule)* Individu très malhonnête. ⇒ **bandit, canaille.** *C'est une crapule.* – **adj.** *Il est un peu crapule.*

Cranach. *Adam et Ève.* Musée d'Art, Anvers.
Phot. © Giraudon

CRAPULEUX, EUSE **adj.** ▪ Très malhonnête et sordide. ⇒ **infâme.** *Crime crapuleux,* accompli pour voler. *Mener une vie crapuleuse,* de débauche sordide. ► **adv.** CRAPULEUSEMENT

CRAQUAGE **n. m.** ▪ Procédé de raffinage du pétrole. ⇒ anglic. **cracking.**

CRAQUANT, ANTE **adj.** ▪ **1.** Qui craque. **2.** Qui fait craquer (I, 3), est très tentant.

CRAQUE **n. f.** ▪ FAM. Mensonge par exagération. *Il nous a raconté des craques.* ⇒ **blague.**

CRAQUELER **v. tr.** 4 ▪ Fendiller (une surface polie). *Craqueler de la porcelaine.* – pronom. *La terre se craquelle sous l'effet de la sécheresse.* – au p. p. *Émail craquelé.*

CRAQUELIN **n. m.** ▪ Biscuit dur et croquant.

CRAQUELURE **n. f.** ▪ Fendillement du vernis, de l'émail, etc.

CRAQUEMENT **n. m.** ▪ Bruit sec (d'une chose qui se rompt, éclate, etc.). *On entend des craquements sinistres.*

CRAQUER **v.** 1 ▪ **I. v. intr. 1.** Produire un bruit sec, bref. *Les feuilles mortes craquent sous les pieds.* **2.** Se déchirer brusquement. *Les coutures ont craqué.* – Se casser. ♦ loc. fig. *PLEIN À CRAQUER :* rempli jusqu'aux limites. *La salle était pleine à craquer.* ⇒ **bondé. 3.** fig. *Ses nerfs ont craqué,* il a eu une défaillance nerveuse. – (sujet personne) S'effondrer. *Tu te surmènes, tu vas craquer.* ♦ FAM. Céder à la tentation. *Si tu m'offres un gâteau au chocolat, je craque !* **4.** fig. Être ébranlé, menacer ruine. *Ses projets ont craqué.* ⇒ **échouer** ; FAM. **capoter. II. v. tr.** *Craquer une allumette,* l'allumer en la frottant.

CRAQUETER **v. intr.** 4 ▪ **1.** Produire des craquements répétés. **2.** (cigogne, grue) Crier. ► **n. m.** CRAQUÈTEMENT ou CRAQUETTEMENT

CRASE **n. f.** ▪ LING. Contraction de syllabes (en grec), d'éléments.

CRASH **n. m.** ▪ anglic. Atterrissage forcé, souvent brutal (d'un avion). – Écrasement au sol.

CRASSE ▪ **I. adj. f.** *IGNORANCE (bêtise...) CRASSE,* totale et grossière. **II. n. f. 1.** Couche de saleté. *Mains couvertes de crasse. Enlever la crasse :* décrasser. **2.** FAM. *Une crasse :* une méchanceté, une indélicatesse. ⇒ **vacherie.** *Faire une crasse à qqn.*

CRASSEUX, EUSE **adj.** ▪ Qui est couvert de crasse (II, 1), très sale. *Une chemise crasseuse.* ◇ syn. FAM. CRACRA, CRADO, CRASPEC.

CRASSIER **n. m.** ▪ Amoncellement des scories de hauts fourneaux. ⇒ **terril.**

CRASSUS (114 - 53 av. J.-C.) ▪ Général romain, membre avec Pompée et César du premier triumvirat. Assassiné en combattant les Parthes.

-CRATE, -CRATIE [krasi], **-CRATIQUE** [kratik] Éléments savants, du grec *kratos* « pouvoir » (ex. *aristocrate, technocrate, démocratie, théocratie*).

CRATÈRE n. m. ▪ Dépression d'un volcan par laquelle s'échappent des matières en fusion (laves, cendres).

la CRAU ▪ Plaine caillouteuse des Bouches-du-Rhône, sur l'ancien delta de la Durance, aujourd'hui fertilisée.

la **Crau.** Vue de la Grande Crau au sud, aride et caillouteuse. *Phot. © Le Toquin/Explorer*

La CRAU ▪ Commune du Var. 11 257 hab.

CRAVACHE n. f. ▪ Baguette mince et flexible dont se servent les cavaliers. ⇒ **badine, jonc.** *Coup de cravache.* ♦ loc. adv. fig. *À la cravache :* brutalement. *Mener qqn à la cravache.*

CRAVACHER v. tr. [1] ▪ **1.** Frapper à coups de cravache. *Cravacher un cheval.* - *Finir une course en cravachant.* **2.** FAM. Aller vite, travailler dur.

CRAVATE n. f. ▪ **I.** HIST. Soldat de cavalerie légère (d'abord des mercenaires croates). **II. 1.** Bande d'étoffe que l'on noue autour du cou et qui passe sous le col de chemise. *Nœud papillon et cravate. Faire un nœud de cravate. Costume cravate.* **2.** Bande d'étoffe, insigne de haute décoration. *Cravate de commandeur de la Légion d'honneur.* **3.** loc. FAM. *S'en jeter un* (un verre) *DERRIÈRE LA CRAVATE.* ⇒ **boire.**

CRAVATER v. tr. [1] ▪ **1.** Attaquer (qqn) en le prenant et en le serrant par le cou. **2.** FAM. Prendre, attraper (qqn). *Le voleur s'est fait cravater.*

CRAWL [krol] n. m. ▪ anglic. Nage rapide qui consiste en un battement continu des jambes et une rotation alternative des bras. *Nager le crawl.*

CRAWLER [krole] v. intr. [1] ▪ Nager le crawl. - au. p. p. *Dos crawlé :* crawl nagé sur le dos.

CRAYEUX, EUSE adj. ▪ **1.** De la nature de la craie. *Sol crayeux.* **2.** De la couleur de la craie. ⇒ **blanchâtre.** *Il a un teint crayeux.*

CRAYON n. m. ▪ **I. 1.** Petite baguette, généralement en bois, servant de gaine à une longue mine. *Écrire, dessiner au crayon. Crayons de couleur.* - (pour distinguer des marqueurs, pointes, etc.) *Crayon à papier.* ♦ par ext. *Crayon à bille.* ⇒ **stylo** à bille. *Crayon feutre.* ⇒ **feutre. 2.** Bâtonnet. *Crayon de rouge à lèvres.* ⇒ **bâton, tube. II.** Dessin au crayon. *Les crayons de cet artiste sont très recherchés.*

CRAYONNAGE n. m. ▪ Action de crayonner. - Griffonnage au crayon.

CRAYONNER v. tr. [1] ▪ Dessiner, écrire au crayon, de façon sommaire. *Crayonner des notes, un croquis.*

CRÉANCE n. f. ▪ **I.** VX Croyance, foi. **II.** Droit en vertu duquel une personne (⇒ **créancier**) peut exiger qqch., une somme d'argent de qqn. *Avoir une créance sur qqn. Recouvrer une créance.* ♦ Le titre établissant la créance.

CRÉANCIER, IÈRE n. ▪ Titulaire d'une créance ; personne à qui de l'argent est dû. *Rembourser ses créanciers.*

CRÉATEUR, TRICE ▪ **I.** n. **1.** n. m. Puissance qui crée, qui tire du néant. - absolt *Adorer le Créateur, Dieu.* **2.** Auteur (d'une chose nouvelle). *Le créateur d'un genre littéraire, d'une œuvre artistique.* ⇒ **inventeur.** ♦ Premier interprète (d'un rôle). **3.** *Le créateur d'un produit.* ⇒ **producteur.** *La maison X, créatrice exclusive de ce modèle.* **II.** adj. Qui crée ou invente. *Industrie créatrice d'emplois. Esprit créateur.*

CRÉATIF, IVE adj. ▪ Qui est d'esprit inventif. *Un esprit créatif.* - n. m. (publicité) *Les créatifs :* ceux qui inventent (opposés à ceux qui administrent, gèrent). ♦ Qui favorise la création. *Entreprise créative.*

CRÉATION n. f. ▪ **I. 1.** Action de donner l'existence, de créer (I, 1). *La création du monde.* ⇒ **genèse. 2.** L'ensemble des choses créées ; le monde considéré comme l'œuvre d'un créateur. *Les merveilles de la création.* - loc. *Toutes les plantes DE LA CRÉATION,* toutes celles qui existent. **II. 1.** Action de faire, d'organiser (une chose qui n'existait pas encore). ⇒ **élaboration, invention.** *La création d'une ville.* ⇒ **fondation.** *Ils font partie de l'entreprise depuis sa création.* ⇒ **commencement, début, naissance.** - Le fait de créer une œuvre (opposé à *imitation*). **2.** Ce qui est créé. *Les plus belles créations de l'homme.* ⇒ **œuvre.** ♦ Nouvelle fabrication ; modèle inédit. *Les dernières créations des grands couturiers.*

CRÉATIVITÉ n. f. ▪ Pouvoir de création, d'invention. *La créativité d'une entreprise.*

CRÉATURE n. f. ▪ **1.** Être qui a été créé, tiré du néant (opposé à *créateur*). **2.** *Créature humaine.* ⇒ **femme, homme, humain.** *Une créature,* un être humain. ⇒ **personne. 3.** Femme. *Une superbe, une malheureuse créature.* ♦ VX péj. Femme de mœurs légères. **4.** *La créature de qqn,* personne qui tient sa fortune, sa position de qqn à qui elle est dévouée. ⇒ **favori, protégé.**

Claude CRÉBILLON (1707 - 1777) ▪ Écrivain français. Auteur de romans licencieux (comme *"Le Sopha"*, 1745) qui lui valurent quelques années d'emprisonnement, il manifesta son goût des analyses psychologiques dans les *"Égarements du cœur et de l'esprit"* (1736).

CRÉCELLE n. f. ▪ **1.** Moulinet de bois formé d'une planchette mobile qui tourne bruyamment autour d'un axe. *Bruit de crécelle,* sec et aigu. **2.** fig. *Voix de crécelle,* aiguë, désagréable.

CRÉCERELLE n. f. ▪ Petit rapace diurne (faucon).

CRÈCHE n. f. ▪ **I. 1.** La mangeoire où Jésus fut placé à sa naissance, dans l'étable de Bethléem, selon la tradition de Noël. **2.** Représentation de cette étable, de la Nativité. *Les personnages de la crèche* (⇒ **santon**). **II.** Établissement destiné à recevoir dans la journée les enfants de moins de trois ans. ⇒ **garderie, pouponnière.**

CRÉCHER v. intr. [6] ▪ FAM. Habiter, loger. *Il crèche chez un copain.*

CRÉCY-EN-PONTHIEU ▪ Commune de la Somme. 1 491 hab. *(les Crécéens).* Défaite française de Crécy en 1346, pendant la guerre de Cent Ans.

CRÉDENCE n. f. ▪ Buffet dont les tablettes superposées servent à poser les plats, la verrerie. ⇒ **desserte.**

CRÉDIBILITÉ n. f. ▪ Caractère de ce qui est croyable. ⇒ **vraisemblance.** *La crédibilité d'un témoignage.*

CRÉDIBLE adj. ▪ anglic. Qui est digne de confiance (⇒ **fiable**), mérite d'être cru.

CRÉDIT n. m. ▪ **I. 1.** VX Confiance inspirée par qqn, qqch. (⇒ **accréditer**). **2.** LITTÉR. Influence due à cette confiance. ⇒ **autorité, pouvoir.** *Jouir d'un grand crédit, de peu de crédit auprès de qqn. Cette opinion acquiert du crédit.* **II.** Situation d'une personne autorisée à ne pas payer immédiatement, à emprunter. **1.** loc. *À CRÉDIT :* sans exiger de paiement immédiat (opposé à *au comptant*). *Vendre à crédit.* - *FAIRE CRÉDIT À qqn.* **2.** Opération par laquelle une personne met une somme d'argent à la disposition d'une autre ; cette somme. ⇒ **prêt ; avance.** *Établissement de crédit. Obtenir un crédit.* - *Carte* de crédit.* - Établissement de crédit. ⇒ **banque.** *Le Crédit agricole.* **3.** au plur. Sommes allouées sur un budget pour un usage déterminé. *Crédits budgétaires. Vote des crédits.* **4.** Partie d'un compte où sont inscrites les sommes remises ou payées à la personne qui possède le compte. ⇒ **avoir.** *Balance du crédit et du débit.*

CRÉDITER v. tr. [1] ▪ Porter au crédit de (qqn, son compte). *Créditer un compte de cinq mille francs* (opposé à *débiter*).

CRÉDITEUR, TRICE n. ▪ Personne qui a des sommes portées à son crédit. - adj. *Solde créditeur.*

CREDO [kredo] n. m. invar. ▪ **1.** (avec maj.) Formule contenant les articles fondamentaux d'une foi religieuse. *Credo catholique :* symbole* des Apôtres. **2.** Principes sur lesquels on fonde son opinion, sa conduite. ⇒ **règle.** *Exposer son credo politique.*

CRÉDULE adj. ▪ Qui a une confiance aveugle en ce qu'on lui dit. ⇒ **naïf, simple ;** FAM. **gogo.** ◇ s'oppose à *incrédule,* à *sceptique.*

CRÉDULITÉ n. f. ▪ Grande facilité à croire. ⇒ **candeur, confiance, naïveté.** *Charlatan qui abuse de la crédulité du public.*

CRÉER v. tr. [1] ▪ **I.** (sens fort) **1.** RELIG. Donner l'existence, l'être à ; tirer du néant. *Dieu créa le ciel et la terre.* **2.** Faire, réaliser (qqch. qui n'existait pas encore). ⇒ **concevoir, élaborer, inventer, produire.** *Créer une science, un genre littéraire.* - absolt *L'artiste, le poète créent.* **II.** (sens faible) **1.** Établir ou organiser. *Créer une ville, des emplois.* **2.** *Créer un rôle,* en être le premier interprète. *Créer un spectacle,* le mettre en scène. **3.** Fabriquer ou mettre en vente (un produit nouveau). *La maison X a créé et lancé ce produit* (→ création). **4.** (sujet chose) Être la cause de. ⇒ **produire, provoquer, susciter.** *La publicité crée des besoins nouveaux.* - (sujet personne) *Sa famille lui crée des ennuis.* **5.** *SE CRÉER qqch.*, susciter pour soi-même. ⇒ **imaginer.** *Se créer des illusions, des besoins.*

CREIL ▪ Commune de l'Oise. 31 956 hab. *(les Creillois).* Centre industriel. Important carrefour de communications routière, fluviale et ferroviaire.

CRÉMAILLÈRE n. f. ▪ **1.** anciennt Tige de fer à crans qu'on suspendait dans une cheminée pour y accrocher une marmite. - loc. MOD. *PENDRE LA CRÉMAILLÈRE :* célébrer, par un repas, une fête, une installation dans un nouveau logement. **2.** Pièce munie de crans. *Étagère à crémaillère.* - Rail denté. *Train, funiculaire à crémaillère.*

CRÉMATION n. f. ▪ LITTÉR. Action de brûler le corps des morts. ⇒ **incinération.**

CRÉMATOIRE adj. ▪ *FOUR CRÉMATOIRE,* où l'on réduit les corps en cendres. - n. m. *Les crématoires et les chambres à gaz des camps d'extermination nazis.*

CREMATORIUM [kʀematɔʀjɔm] n. m. ▪ Lieu où l'on incinère les morts, dans un cimetière. ◇ var. CRÉMATORIUM.

Octave **CRÉMAZIE** (1827 - 1879) ▪ Écrivain canadien considéré comme le père de la poésie canadienne de langue française. *"Le Drapeau de Carillon"* (1858).

CRÈME n. f. ▪ **I. 1.** Matière grasse du lait, dont on fait le beurre. *Crème fraîche. Crème fouettée, crème Chantilly,* fortement émulsionnée (pour la pâtisserie, etc.). - en appos. invar. *CAFÉ CRÈME,* avec de la crème ou du lait. *Des cafés crème.* - n. m. *Un crème,* un café crème. **2.** FAM. *C'est la crème des hommes,* le meilleur des hommes. **3.** Entremets composé surtout de lait et d'œufs. *Crème pâtissière. Crème renversée.* **4.** Liqueur épaisse (en général sucrée). *Crème de cassis.* **5.** Préparation utilisée dans la toilette et les soins de la peau. *Crème à raser. Crème solaire.* **II.** adj. invar. D'une couleur blanche légèrement teintée de jaune. *Des gants crème.*

CRÉMERIE n. f. ▪ Magasin où l'on vend les produits laitiers. ⇒ **laiterie.** ♦ loc. FAM. *CHANGER DE CRÉMERIE :* aller ailleurs.

CRÉMEUX, EUSE adj. ▪ **1.** Qui contient beaucoup de crème (I, 1). *Du lait bien crémeux.* **2.** Qui a la consistance, l'aspect de la crème.

CRÉMIER, IÈRE n. ▪ Commerçant qui vend des produits laitiers, des œufs, etc. - *Aller chez le crémier,* à la crémerie.

Adolphe **CRÉMIEUX** (1796 - 1880) ▪ Homme politique français, ministre républicain. Il fit voter en 1870 *(décret Crémieux)* la naturalisation des juifs d'Algérie.

CRÉMONE n. f. ▪ Espagnolette servant à fermer les fenêtres, tige de fer qu'on hausse ou qu'on baisse en faisant tourner une poignée.

CRÉMONE en italien ***CREMONA*** ▪ Ville d'Italie (Lombardie). 75 547 hab. Patrie de Monteverdi et Stradivarius. École internationale de lutherie.

CRÉNEAU n. m. ▪ **I.** Ouverture pratiquée au sommet d'un rempart et qui servait à la défense. *Des créneaux.* - loc. fig. *Monter au créneau :* s'engager personnellement dans une lutte (politique, etc.). **II.** (Espace disponible) **1.** Manœuvre pour se garer, en marche arrière. **2.** Place disponible sur un marché ; domaine de commercialisation. *C'est un nouveau créneau à prendre.*

CRÉNELER v. tr. [4] ▪ **1.** Munir de créneaux. - au p. p. *Muraille, tour crénelée.* **2.** Entailler par des crans (⇒ **dentelé**).

CRÉOLE ▪ **1.** n. Personne, notamment de race blanche, née dans les colonies intertropicales (en particulier aux Antilles). *Un, une créole.* **2.** adj. et n. m. *Les parlers créoles, les créoles :* langues provenant du contact des langues de colonisation avec des langues indigènes ou importées (africaines). *Les créoles français des Caraïbes, de l'océan Indien.* **3.** adj. Propre à la société interethnique de la Caraïbe (et d'autres lieux où l'on parle créole). *La culture créole. Partisans des valeurs créoles ou de la négritude, aux Antilles.*

CRÉON ▪ Roi légendaire de Thèbes après Œdipe. Frère de Jocaste, il s'opposa à Antigone* et la fit enterrer vive.

CRÉOSOTE n. f. ▪ Liquide huileux, désinfectant, qui protège le bois contre la pourriture (⇒ **crésyl**).

CRÊPAGE n. m. ▪ Action de crêper (les cheveux). ♦ loc. FAM. *CRÊPAGE DE CHIGNON :* violente dispute.

① **CRÊPE** n. f. ▪ Fine galette faite d'une pâte liquide composée de lait, de farine et d'œufs, frite et saisie à la poêle. *Crêpe de sarrasin* (⇒ **galette**), *de froment.* - loc. FAM. *Retourner qqn comme une crêpe,* le faire complètement changer d'avis.

② **CRÊPE** n. m. ▪ **I.** Tissu léger de soie, de laine fine, ayant un aspect granuleux. *Crêpe de Chine.* - Morceau de crêpe noir, porté en signe de deuil. **II.** Caoutchouc laminé en feuilles. *Chaussures à semelles de crêpe* ou appos. (invar.) *à semelles crêpe.*

CRÊPER v. tr. [1] ▪ **1.** Rebrousser (les cheveux) de manière à les faire gonfler. - au p. p. *Cheveux crêpés.* **2.** loc. FAM. *SE CRÊPER LE CHIGNON :* se battre (→ se prendre aux cheveux).

CRÊPERIE n. f. ▪ Lieu où l'on vend, où l'on consomme des crêpes. *Crêperie bretonne.*

CRÉPI n. m. ▪ Couche de plâtre, de ciment d'aspect raboteux, dont on revêt une muraille. *Refaire le crépi d'une maison.*

CRÊPIER, IÈRE ▪ **I.** n. Personne qui fait des crêpes pour les vendre. **II.** n. m. ou f. Appareil (à plaques) ou poêle pour faire des crêpes.

CRÉPINE n. f. ▪ BOUCHERIE Membrane graisseuse qui entoure les viscères de certains animaux.

CRÉPINETTE n. f. ▪ Saucisse plate entourée de crépine.

CRÉPIR v. tr. [2] ▪ Garnir (une muraille) d'un crépi. - au p. p. *Des murs crépis.*

CRÉPISSAGE n. m. ▪ Action de crépir (un mur). *Crépissage à la truelle.*

CRÉPITATION n. f. ▪ Fait de crépiter ; bruit de ce qui crépite. ◇ syn. CRÉPITEMENT n. m. *Le crépitement d'une mitrailleuse.*

CRÉPITER v. intr. [1] ▪ Faire entendre une succession de bruits secs. *Le feu crépite.* ⇒ **grésiller, pétiller.** *Les applaudissements crépitaient.*

CRÉPON n. m. ▪ Crêpe épais. ♦ *Papier crépon :* papier gaufré décoratif.

CRÉPU, UE adj. ▪ (cheveux) Dont la frisure est très serrée. *Cheveux crépus des Noirs.*

CRÉPUSCULAIRE adj. ▪ LITTÉR. Du crépuscule.

CRÉPUSCULE n. m. ▪ **1.** Lumière incertaine qui succède immédiatement au coucher du soleil. *"Les Chants du crépuscule"* (de Hugo). *Au crépuscule :* à la nuit tombante. ♦ LITTÉR. *Le crépuscule du matin :* l'aube, le petit jour. **2.** fig. LITTÉR. Déclin, fin. *"Le Crépuscule des Dieux"* (opéra de Wagner).

CRÉPY-EN-VALOIS ▪ Commune de l'Oise. 13 222 hab. *(les Crépynois).* Ancienne capitale du Valois. Petites industries.

CRESCENDO [kʀeʃɛndo ; -ʃɛ̃do] MUS. ▪ **1.** adv. En augmentant progressivement l'intensité sonore. *Jouer crescendo.* ♦ *Aller crescendo,* en augmentant. **2.** n. m. Son d'intensité croissante ; amplification (d'un son). *Des crescendo(s).*

Régine **CRESPIN** (née en 1927) ▪ Soprano française. Les rôles de la Tosca, de Desdémone et de Fidelio la rendirent célèbre. Elle a ensuite interprété Mozart, Wagner et R. Strauss.

Crémone. La cathédrale. *Phot. © Everts/Rapho*

Charles CRESSENT (1685 - 1768) ▪ Ébéniste et sculpteur français. Le premier à employer des bois rares.

CRESSON n. m. ▪ Plante herbacée à tige rampante et à petites feuilles rondes ; ces feuilles comestibles. *Salade de cresson.*

Édith CRESSON (née en 1934) ▪ Femme politique française. Premier ministre (socialiste) de mai 1991 à avril 1992.

CRESSONNIÈRE n. f. ▪ Lieu baigné d'eau où l'on cultive le cresson.

CREST ▪ Commune de la Drôme. 7 583 hab. *(les Crestois).* Donjon du XIIe s.

CRÉSUS [-ys] n. m. ▪ Homme extrêmement riche. *C'est un crésus* (→ riche* comme Crésus).

CRÉSUS (v. 561 - 546 av. J.-C.) ▪ Roi de Lydie qui devait ses richesses fabuleuses aux sables aurifères du Pactole. Il fut vaincu par Cyrus le Grand.

CRÉSYL n. m. (marque déposée) ▪ Désinfectant formé par le mélange de phénols.

CRÊT n. m. ▪ RÉGIONAL Escarpement rocheux qui borde une combe.

CRÉTACÉ, ÉE adj. et n. m. ▪ GÉOL. Qui correspond à une période de la fin du secondaire, au cours de laquelle se sont formés (notamment) les terrains à craie.

CRÊTE n. f. ▪ I. Excroissance charnue, rouge, dentelée, sur la tête de certains oiseaux gallinacés. *Crête de coq.* II. 1. Ligne de faîte. *La crête d'un toit.* 2. Arête supérieure (d'une vague).

la CRÈTE ▪ Île grecque de la Méditerranée, très montagneuse. 8 331 km². 536 980 hab. *(les Crétois).* Capitale : Héraklion. □ HISTOIRE La civilisation antique de la Crète, dite **minoenne**, connut son apogée v. 1500 av. J.-C. (palais du roi Minos à Cnossos). Selon la légende, Héraclès captura le taureau, rendu fou par Poséidon, qui dévastait le pays du roi Minos. Elle influença la civilisation de Mycènes. La Crète fut ensuite prise par les Grecs, Byzance, Venise, puis par les Turcs contre lesquels elle se révolta, choisissant en 1908 l'union avec la Grèce.

Crète. Statères grecs d'argent figurant le Labyrinthe (à gauche) et le Minotaure (à droite), v. 450 av. J.-C. Cabinet des Médailles, Bibliothèque nationale de France, Paris. *Phot. © BNF*

CRÉTEIL ▪ Chef-lieu du Val-de-Marne. 82 088 hab. *(les Cristoliens).*

CRÉTIN, INE n. ▪ 1. MÉD. Personne atteinte de débilité mentale (crétinisme). 2. COUR. Personne stupide. ⇒ **idiot, imbécile.** *Bande de crétins !* - adj. *Il est vraiment crétin.*

CRÉTINERIE n. f. ▪ Action de crétin. ⇒ **bêtise, sottise** ; FAM. **connerie.**

CRÉTINISER v. tr. 1 ▪ Rendre crétin. ⇒ **abêtir, abrutir.**

CRÉTINISME n. m. ▪ 1. MÉD. Arriération mentale avec retard du développement physique et affectif. 2. Grande bêtise. ⇒ **idiotie, imbécillité.**

CRÉTOIS, OISE adj. et n. ▪ De l'île de Crète. *L'art crétois antique.* - n. *Les Crétois.* ♦ n. m. Langue parlée dans la Crète antique.

CRETONNE n. f. ▪ Toile de coton très forte. *Des rideaux de cretonne.*

CREUSAGE n. m. ▪ Action de creuser ; son résultat. *Le creusage d'un puits.* ◇ syn. CREUSEMENT.

la CREUSE ▪ Rivière du Berry et du Limousin, affluent de la Vienne. 255 km.

la CREUSE [23] ▪ Département français de la région Limousin. 5 571km². 131 349 hab. Chef-lieu : Guéret. Chef-lieu d'arrondissement : Aubusson.

CREUSER v. 1 ▪ I. v. tr. 1. Rendre creux en enlevant de la matière ; faire un, des trous dans (qqch.). ⇒ **évider, trouer.** *Creuser la terre.* - *L'exercice m'a creusé (l'estomac),* donné faim. - SE CREUSER *la tête, la cervelle :* faire un grand effort de réflexion, de mémoire. 2. Donner une forme concave à. *La maladie lui a creusé les joues.* - au p. p. *Un visage creusé de rides.* 3. fig. Approfondir. *Creuser une idée, un sujet.* II. v. tr. Faire (qqch.) en enlevant de la matière. *Creuser une fosse, un tunnel.* ⇒ **excaver.** III. v. intr. Faire, approfondir un trou. *Les sauveteurs ont creusé toute la nuit.* ► SE CREUSER v. pron. 1. Devenir creux, prendre une forme creuse. *Ses joues se creusent.* 2. (trou) Se former, devenir plus profond. *Plaie qui se creuse.* - fig. *Un fossé s'est creusé entre eux.*

CREUSET n. m. ▪ 1. Récipient qui sert à faire fondre ou calciner certaines substances. - Partie inférieure d'un haut fourneau. 2. LITTÉR. Lieu où diverses choses se mêlent, où une chose s'épure. *Un creuset de cultures.*

Le CREUSOT ▪ Commune de Saône-et-Loire. 28 909 hab. *(les Creusotins).* Forges, sidérurgie en déclin, métallurgie.

CREUTZWALD ▪ Commune de Moselle. 15 169 hab. *(les Creutzwaldois).* Houille en déclin.

CREUX, CREUSE ▪ I. adj. 1. Qui est vide à l'intérieur. *Tige creuse, arbre creux. Ventre, estomac creux,* vide. ♦ *Son creux,* celui d'un objet creux sur lequel on frappe. - adv. *Sonner creux.* 2. Vide de sens. *Des paroles creuses.* ⇒ **vain.** 3. *Heures creuses,* pendant lesquelles les activités sont ralenties. 4. Qui présente une courbe rentrante, une concavité (s'oppose à *plat*). *Assiette creuse,* qui peut contenir des liquides. - *Pli creux,* qui forme un creux en s'ouvrant. - *Chemin creux,* en contrebas, entre des haies, des talus. - *Visage creux, joues creuses.* ⇒ **maigre.** II. n. m. *(Un, des creux)* 1. Vide intérieur dans un corps. ⇒ **cavité, enfoncement, trou.** 2. Partie concave. *Présenter des creux et des bosses. Le creux de la main :* la paume. - *Avoir un creux* (sous-entendu, *à l'estomac*) : avoir faim. - *Le creux d'une vague* (opposé à *crête*). loc. *Être dans le creux de la vague,* au plus bas (du succès, de la réussite).

CREVAISON n. f. ▪ Action de crever (objet gonflé : ballon, pneu) ; son résultat. *Réparer une crevaison.*

CREVANT, ANTE adj. ▪ FAM. 1. Qui exténue. ⇒ **épuisant, fatigant.** *Un métier crevant.* 2. Qui fait crever, éclater de rire. ⇒ **amusant, drôle.**

CREVARD, ARDE adj. ▪ FAM. Qui a une très mauvaise santé. - n. *Un crevard.*

CREVASSE n. f. ▪ 1. Fente profonde à la surface (d'une chose). *Les crevasses d'un mur.* ⇒ **fissure, lézarde.** - Cassure étroite et profonde dans un glacier. 2. n. f. pl. Petites fentes de la peau, généralement provoquées par le froid. ⇒ **engelure, gerçure.** *Avoir des crevasses aux mains.*

CREVASSER v. tr. 1 ▪ Faire des crevasses sur, à (qqch.). *Le froid lui a crevassé les mains.* ⇒ **craqueler, fissurer.** - au p. p. *Sol crevassé.*

CREVÉ, ÉE adj. ▪ 1. (animaux) Mort. *Un chien crevé.* 2. FAM. (personnes) Épuisé, très fatigué. ⇒ **claqué.**

CRÈVE n. f. ▪ FAM. *Attraper la crève,* attraper froid, attraper du mal. - *Avoir la crève.*

CRÈVE-CŒUR n. m. ▪ Peine profonde mêlée de regret. *Des crève-cœurs. "Le Crève-Cœur"* (poème d'Aragon).

René CREVEL (1900 - 1935) ▪ Écrivain surréaliste français. *"Les Pieds dans le plat"* (1933).

CRÈVE-LA-FAIM n. invar. ▪ FAM. Miséreux qui ne mange pas à sa faim.

CREVER v. 5 ▪ I. v. intr. 1. S'ouvrir en éclatant, par excès de tension. *Sac trop plein qui risque de crever.* ⇒ **craquer.** *Un pneu a crevé ;* FAM. *on a crevé.* ⇒ **éclater ; crevaison.** - *Nuage de pluie qui crève.* 2. (personnes) Être trop gros, trop rempli de. *Crever de graisse.* - fig. *Crever d'orgueil, de jalousie, de dépit. C'est à crever de rire,* à éclater de rire. ⇒ **crevant** (2). 3. (animaux, plantes) Mourir. - au p. p. *Un rat crevé.* ♦ (personnes) FAM. ⇒ **claquer.** - par ext. Mettre dans un état pénible (→ mourir*, périr* [de froid, d'ennui...]). *Une chaleur à crever. Crever de faim :* avoir extrêmement faim. II. v. tr. 1. Faire éclater (une chose gonflée ou tendue). *Crever un ballon.* - au p. p. *Pneu crevé.* 2. (choses) loc. *Crever les yeux :* être bien en vue ; être évident (→ sauter aux yeux). - *Crever le plafond :* dépasser la limite supérieure. 3. Exténuer (un animal, une personne) par un effort excessif. *Crever un cheval.* ♦ FAM. *Ce* *travail nous crève.* ⇒ **épuiser, fatiguer ; claquer ; crevé** (2). *Rien ne le crève* (⇒ **increvable**). - pronom. *Se crever au travail.*

CREVETTE n. f. ▪ Petit crustacé marin, ou d'eau douce, dont certaines espèces sont comestibles : *crevette rose* (bouquet), *grise. Grosses crevettes des mers chaudes.* ⇒ **gambas, scampi.**

crevette. *Palaemon serratus,* bouquet.
Phot. © Danrigal/Jacana

CRI n. m. ▪ **1.** Son perçant émis par la voix. *Jeter, pousser des cris.* ⇒ **crier.** *Cri aigu, strident* (⇒ **hurlement**), *étouffé. Des cris de joie, de souffrance.* **2.** Parole(s) prononcée(s) très fort, sur un ton aigu. *Cri d'alarme, de protestation* (⇒ **clameur**), *d'approbation* (⇒ **acclamation, hourra**). loc. *Jeter les hauts cris,* protester. ♦ fig. FAM. *Le dernier cri* (de la mode), sa toute dernière nouveauté. - appos. *Un blouson dernier cri.* **3.** Opinion manifestée hautement. **4.** Mouvement intérieur (de la conscience). *Le cri du cœur,* l'expression non maîtrisée d'un sentiment sincère. **5.** Son émis par les animaux. *Le cri du chat* (miaulement), *de la chouette* (hululement), etc.

CRIAILLER v. intr. [1] ▪ Crier sans cesse, se plaindre fréquemment. ⇒ **brailler, piailler.**

CRIAILLERIE n. f. ▪ (surtout au plur.) Plainte criarde et répétée sur des sujets anodins. ⇒ **jérémiade.**

CRIANT, CRIANTE adj. ▪ **1.** Qui fait protester. *Une injustice criante.* ⇒ **choquant, révoltant. 2.** Très manifeste. ⇒ **évident.** *Une preuve criante.*

CRIARD, CRIARDE adj. ▪ **I.** (sons) **1.** Qui crie désagréablement. *Un enfant criard.* **2.** Aigu et désagréable. *Voix criarde.* ⇒ **aigu, perçant. II.** Qui choque la vue. *Couleur criarde,* trop vive. ⇒ **hurlant.**

CRIBLE n. m. ▪ **1.** Instrument percé d'un grand nombre de trous, et qui sert à trier des objets de grosseur inégale. ⇒ **passoire, sas, tamis. 2.** fig. *PASSER une idée AU CRIBLE,* l'examiner avec soin, pour distinguer le vrai du faux, le bon du mauvais. - *Le crible de la mémoire.*

CRIBLER v. tr. [1] ▪ **1.** Trier avec un crible. ⇒ **tamiser. 2.** Percer de nombreux trous. *Cribler une cible de flèches.* - au p. p. *Des corps criblés de balles, de blessures.* - loc. *Être criblé de dettes,* en avoir beaucoup.

CRIC n. m. ▪ Appareil permettant de soulever à une faible hauteur certains fardeaux très lourds. ⇒ **vérin.** *Cric de voiture.*

Francis **CRICK** (né en 1916) ▪ Biochimiste britannique. Découverte de la structure de l'ADN (1953). Prix Nobel de physiologie ou médecine 1962, avec J.D. Watson et M. Wilkins.

CRICKET [-ɛt] n. m. ▪ Sport britannique, qui se pratique avec des battes de bois et une balle. *Le base-ball américain vient du cricket.*

CRIÉE n. f. ▪ **1.** *Vente à la criée* ou ellipt *criée* : vente publique aux enchères. **2.** Annonce à voix forte de la marchandise à vendre. *La criée du poisson.*

CRIER v. [7] ▪ **I.** v. intr. **1.** Produire (jeter, pousser) un ou plusieurs cris. ⇒ **beugler, brailler, gueuler, hurler.** *Enfant qui crie.* ⇒ **pleurer.** *Crier très fort,* (loc.) *comme un sourd.* - (animaux, et spécialt, oiseaux) Pousser son cri. **2.** Parler fort, élever la voix. ⇒ FAM. **gueuler.** *Parler sans crier.* - *Crier contre qqn, après qqn.* ⇒ **attraper** ; FAM. **engueuler.** - *CRIER À qqch.,* dénoncer *(crier à l'injustice, au scandale)* ou proclamer *(crier au miracle).* **3.** (choses) Produire un bruit aigre, désagréable. ⇒ **grincer.** *Les essieux crient.* **II.** v. tr. **1.** Dire à qqn d'une voix forte. *Crier des slogans dans une manifestation. Il lui criait de se taire, qu'il se taise.* ♦ Faire connaître avec force. *Crier son innocence.* ⇒ **affirmer, clamer, proclamer.** *N'allez pas le crier sur les toits.* **2.** loc. *Crier famine, crier misère,* se plaindre de la faim, de la misère. *Crier vengeance.* ⇒ **réclamer.**

CRIEUR, EUSE n. ▪ Marchand ambulant qui annonce en criant ce qu'il vend. *Crieur de journaux.* - *Crieur public,* personne qui annonçait à haute voix des proclamations publiques.

CRIME n. m. ▪ **1.** DR. Infraction grave, que les lois punissent d'une peine afflictive ou infamante (opposé à *contravention* ou à *délit*). *En France, les crimes sont jugés par la cour d'assises.* ♦ *Crime contre l'humanité. Crimes de guerre.* ♦ loc. *Accuser (qqn, qqch.) de tous les crimes.* ⇒ **incriminer. 2.** Assassinat, meurtre. ⇒ **homicide.** *Commettre un crime. L'arme du crime. Un crime parfait,* impossible à découvrir. *"Crime et Châtiment"* (roman de Dostoïevski). - prov. *Le crime ne paie pas :* on ne profite jamais d'un crime. **3.** Action blâmable que l'on grossit. *C'est un crime d'avoir abattu de si beaux arbres.*

la **CRIMÉE** ▪ Presqu'île d'Ukraine (région de Sébastopol), dans la mer Noire. Successivement sous influence grecque, romaine, barbare, elle devint avec les Tatars vassale de l'Empire ottoman (1475). Le déclin de ce dernier, au XVIIIe s., permit l'annexion par la Russie (→ **Potemkine**), qui ne fut pas remise en cause par la guerre de Crimée (→ ci-dessous). Après la défaite de Wrangel (1920), elle devint république soviétique autonome, avant d'être intégrée à la république de Russie puis, en 1954, à celle d'Ukraine. La majorité russe de la population revendique l'indépendance ou le rattachement à la Russie. ► **la guerre de CRIMÉE** (1854-1855). Coup d'arrêt donné par la France et l'Angleterre, alliées de la Turquie, à l'expansionnisme russe en Orient. Le conflit, marqué notamment par la bataille de l'Alma, s'acheva avec la chute de Sébastopol.

CRIMINALITÉ n. f. ▪ **1.** Ensemble des actes criminels. *Augmentation de la criminalité.* **2.** Le milieu des criminels.

CRIMINEL, ELLE ▪ **I.** n. **1.** Personne coupable d'un crime (1). ⇒ **malfaiteur, voleur.** *Le criminel et ses complices. Criminel de guerre,* qui commet des atrocités au cours d'une guerre. **2.** Assassin, meurtrier. **II.** adj. **1.** Relatif à un crime. *Intention criminelle, acte criminel. Un incendie criminel.* **2.** Relatif aux actes délictueux et à leur répression (⇒ **pénal**). *Droit criminel.* **3.** FAM. (acte, geste) Très regrettable. *C'est criminel de laisser perdre ce bon vin !* ► adv. CRIMINELLEMENT

CRIMINOLOGIE n. f. ▪ Science qui étudie les causes, les manifestations et la prévention de la criminalité.

CRIMINOLOGUE n. ▪ Spécialiste de criminologie. ◇ syn. CRIMINOLOGISTE.

CRIN n. m. ▪ **1.** Poil long et rude qui pousse au cou (⇒ **crinière**) et à la queue de certains animaux (chevaux, lions, etc.). ♦ loc. fig. *Être comme un crin,* de très mauvaise humeur, rude, rêche. **2.** Ce poil utilisé à divers usages. *Gant de crin. Les crins d'un archet de violon.* **3.** *Crin végétal,* fibres préparées pour remplacer le crin animal. **4.** loc. *À TOUS CRINS :* complet, entier ; ardent, énergique. *Révolutionnaire à tous crins* ou *à tout crin.*

CRINCRIN n. m. ▪ FAM. Mauvais violon.

CRINIÈRE n. f. ▪ **1.** Ensemble des crins qui garnissent le cou (de certains animaux). *La crinière du lion, du cheval.* **2.** FAM. Chevelure abondante.

CRINOLINE n. f. ▪ Armature de crins, de baleines et de cercles d'acier flexibles, que les femmes portaient pour faire bouffer les jupes. ⇒ aussi **panier.** *Robe à crinoline.*

CRIQUE n. f. ▪ Enfoncement du rivage, petite baie. ⇒ **anse, calanque.**

CRIQUET n. m. ▪ Insecte volant et sauteur, gris ou brun, très vorace, appelé abusivement *sauterelle. Les criquets pèlerins dévorent les récoltes.*

CRISE n. f. ▪ **1.** Manifestation brutale d'une maladie ou aggravation brusque d'un état chronique. ⇒ **accès, attaque** ; ① **critique.** *Crise d'appendicite, d'asthme.* **2.** Manifestation soudaine et violente (d'émotions). *Piquer une crise de colère.* - loc. *CRISE DE NERFS* (provenant des nerfs) : manifestation hystérique. - par ext. *Une crise d'indépendance.* **3.** Phase grave dans une évolution (événements, idées). *Pays en crise.*

crise économique de 1929. Chômeurs faisant du troc, aux États-Unis. *Phot. © Harlingue/Viollet*

Crise économique (⇒ **dépression**), *politique. Crise de civilisation, de société. Une société en crise.* - *Crise ministérielle* : période pendant laquelle le ministère démissionnaire n'est pas remplacé par un nouveau.

CRISPANT, ANTE adj. ▪ (personnes, actes) Qui crispe (2). ⇒ **agaçant.** *Une attente crispante.*

CRISPATION n. f. ▪ 1. Contraction involontaire et brusque des muscles. 2. Tension, conflit larvé (opposé à *décrispation*).

CRISPER v. tr. [1] ▪ 1. Contracter les muscles, la peau de. *L'angoisse, la douleur crispe le visage.* ♦ pronom. *SE CRISPER. Sa figure se crispe. Ne vous crispez pas, détendez-vous.* ⇒ se **contracter.** - (mains) Se refermer, s'agripper convulsivement. 2. FAM. *Crisper qqn,* lui causer une vive impatience. ⇒ **agacer, irriter ; crispant.** ► **CRISPÉ, ÉE** adj. *Poings crispés. Visage crispé.* - *Sourire crispé,* tendu. - *Il est un peu crispé.*

Francesco **CRISPI** (1819-1901) ▪ Homme politique italien. Compagnon de Garibaldi, rallié à Victor-Emmanuel II, il échoua dans sa politique colonialiste en Éthiopie.

CRISS n. m. ⇒ KRISS

CRISSEMENT n. m. ▪ Fait de crisser ; bruit de ce qui crisse. *Le crissement des pneus dans les virages.*

CRISSER v. intr. [1] ▪ (choses) Produire un bruit aigu de frottement. ⇒ aussi **grincer.** *La neige crisse sous les pas.*

CRISTAL, AUX n. m. ▪ I. COUR. 1. Minéral naturel transparent et dur. *Cristal de roche.* 2. Substance transparente analogue au verre (verre au plomb), plus limpide. ⇒ **cristallerie.** *Cristal de Bohême, de Baccarat. Coupes en cristal.* 3. fig. (symbole de pureté, de limpidité) *Une voix de cristal.* II. 1. Forme géométrique définie (⇒ **cristallin** (I, 2)), prise par certaines substances minérales ou solidifiées. *Cristaux de glace. Les facettes d'un cristal.* ♦ *Cristaux liquides* (utilisés pour l'affichage électronique). 2. au plur. *CRISTAUX* : carbonate de sodium en cristaux, utilisé pour nettoyer.

CRISTALLERIE n. f. ▪ 1. Fabrication, fabrique d'objets en cristal (I, 2). ⇒ **verrerie.** 2. Ensemble d'objets en cristal. *Cristallerie de Baccarat.*

CRISTALLIN, INE ▪ I. adj. 1. Clair, transparent comme le cristal. ⇒ **limpide, pur.** *Des eaux cristallines.* - *Un son cristallin,* pur et clair. 2. SC. Relatif à un état solide où la disposition des atomes *(réseau cristallin)* produit des formes géométriques définies (opposé à *amorphe*). ⇒ **cristal** (II, 1). - *Roche cristalline,* formée de cristaux. II. n. m. Partie transparente de l'œil, en arrière de la pupille, en forme de lentille à deux faces convexes. *La courbure du cristallin détermine la myopie, la presbytie, l'astigmatisme, etc.*

CRISTALLISATION n. f. ▪ 1. SC. Phénomène par lequel un corps passe à l'état de cristal. 2. Concrétion de cristaux. *De belles cristallisations.* 3. LITTÉR. (sentiments, idées) Action de se cristalliser, de se fixer. *La cristallisation des souvenirs.*

CRISTALLISER v. [1] ▪ I. 1. v. tr. Faire passer (un corps) à l'état de cristaux (II). *Cristalliser un sel par dissolution.* - pronom. *Se cristalliser.* - au p. p. *Sucre cristallisé,* en petits cristaux. 2. v. intr. et pron. Passer à l'état cristallin. *Substance qui (se) cristallise lentement.* II. fig. LITTÉR. 1. v. tr. Rassembler (des éléments épars) en un tout cohérent ; rendre fixe, stable. ⇒ **fixer, stabiliser.** *Cristalliser les énergies.* - pronom. *Souvenirs qui se cristallisent* (⇒ **cristallisation** (3)). 2. v. intr. (sentiments, idées) Se préciser, prendre corps.

CRISTALLISOIR n. m. ▪ CHIM. Récipient en verre, à bords bas, utilisé dans les laboratoires.

CRISTALLO- Élément savant, du grec *krystallos* « cristal ».

CRISTALLOGRAPHIE n. f. ▪ Science qui étudie les formes cristallines (minéralogie). ► adj. CRISTALLOGRAPHIQUE

CRISTALLOPHYLLIEN, IENNE adj. ▪ GÉOL. Relatif aux terrains transformés par métamorphisme général.

CRISTAUX n. m. pl. ⇒ CRISTAL

CRITÈRE n. m. ▪ 1. Caractère, signe qui permet de distinguer une chose, une notion ; de porter sur un objet un jugement d'appréciation. 2. Ce qui sert de base à un jugement. *Des critères subjectifs.* - *Ce n'est pas un critère,* une raison ou une preuve.

CRITÉRIUM [-jɔm] n. m. ▪ 1. VX Critère. 2. SPORTS Épreuve servant à classer, à éliminer les concurrents. *Critérium cycliste. Des critériums.*

CRITIQUABLE adj. ▪ Qui mérite d'être critiqué. ⇒ **discutable.** *Son attitude est très critiquable.*

① **CRITIQUE** adj. ▪ 1. Qui a rapport à une crise (1) ; qui correspond à un seuil. *La phase critique d'une maladie.* 2. Qui décide du sort de qqn ou de qqch. ; qui amène des changements importants. ⇒ **décisif ; crucial.** *Se trouver dans une situation critique.* ⇒ **dangereux, grave.** 3. PHYS. Où se produit un changement dans l'état ou les propriétés d'un corps. *Point critique,* limite entre l'état liquide et l'état gazeux. *Pression, température critique. Vitesse critique.*

② **CRITIQUE** ▪ I. n. f. *(La, une critique)* 1. Examen en vue de porter un jugement. *La critique de la connaissance. "Critique de la raison pure", "Critique du jugement"* (œuvres de Kant). - *Critique de soi-même.* ⇒ **autocritique.** 2. spécialt Art de juger les ouvrages de l'esprit, les œuvres littéraires, artistiques. *La critique dramatique, musicale.* - Analyse, examen d'une œuvre pour la juger. *Faire la critique d'une pièce de théâtre.* 3. Action de critiquer (II) ; jugement défavorable. *La critique et la louange. Ne pas supporter les critiques.* II. 1. n. Professionnel qui juge, commente les ouvrages de l'esprit, les œuvres d'art (à la radio, dans la presse). ⇒ **commentateur.** *Critique littéraire, critique d'art.* 2. *La critique* n. f. : l'ensemble des critiques. *La critique a bien accueilli son livre.* III. adj. 1. Qui décide de la valeur des œuvres ; de la critique (I, 1). *Considérations, jugements critiques.* 2. Qui examine la valeur logique d'une assertion, l'authenticité d'un texte.

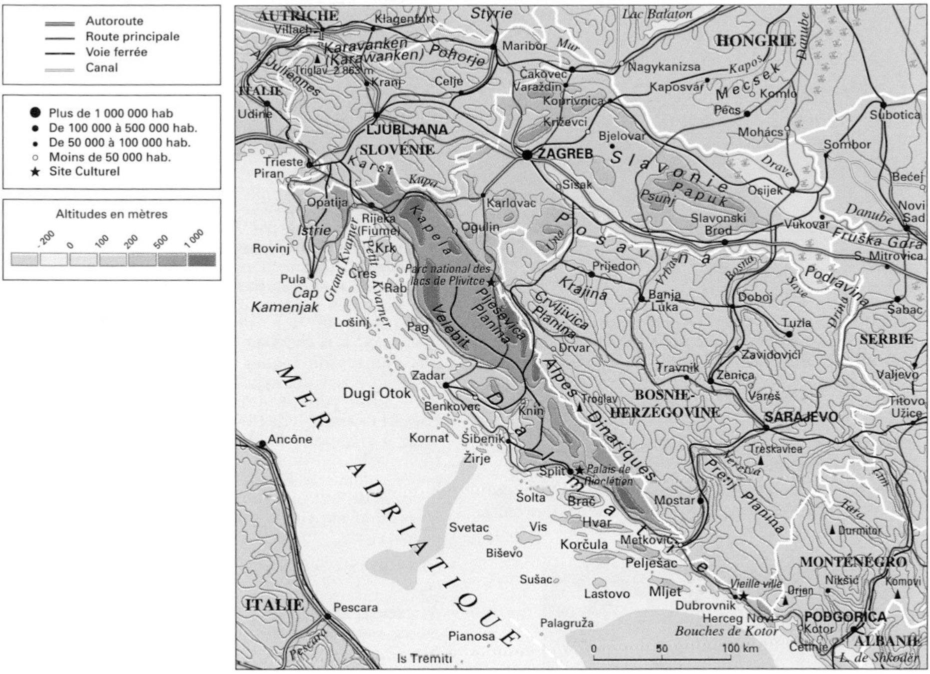

Croatie.

Examen critique. - *Édition critique,* établie soigneusement après critique des textes originaux. ♦ *ESPRIT CRITIQUE,* qui n'accepte aucune assertion sans s'interroger sur sa valeur. ♦ *D'UN ŒIL CRITIQUE.* ⇒ **curieux, soupçonneux. 3.** Qui critique (II). ⇒ **négatif.** *Elle s'est montrée très critique.*

CRITIQUEMENT adv. ▪ De manière critique (III, 1 et 2).

CRITIQUER v. tr. 1 ▪ **I.** Examiner (les ouvrages d'art ou d'esprit) par la critique pour en faire ressortir les qualités et les défauts. ⇒ **analyser, étudier, juger. II.** Émettre un jugement négatif sur (qqn, qqch.). ⇒ **blâmer, condamner ;** FAM. **arranger, éreinter, taper** sur. *Il a peur de se faire critiquer.*

Carlo CRIVELLI (1430 ou 1435 - 1493 ou 1495) ▪ Peintre italien. Il associa une sensibilité gothique ou byzantine à une organisation de l'espace renaissante. *"Retable"* de la cathédrale d'Ascoli ; *"Pietà" ; "Annonciation".*

CROASSER v. intr. 1 ▪ (corbeau, corneille) Pousser son cri (≠ *coasser*). ► n. m. CROASSEMENT

CROATE adj. et n. ▪ De la Croatie. - n. *Un, une Croate.* ♦ n. m. *Le croate* (langue). ⇒ **serbo-croate.**

la CROATIE ▪ État d'Europe méridionale dans les Balkans. 56 538 km². 4 784 265 hab. *(les Croates).* Capitale : Zagreb. Langue : croate. Monnaie : kuna. □ HISTOIRE Après 1 000 ans de domination hongroise, la Croatie connut au début du XXe s. un vif mouvement nationaliste qui se poursuivit après son rattachement à la Yougoslavie en 1919 (assassinat d'Alexandre Ier Karageorgévitch, 1934). Elle forma même un État indépendant de 1941 à 1945, proche de Hitler et Mussolini. République fédérée de Yougoslavie (1945), elle déclara son indépendance en 1991 et se trouva en proie à une guerre l'opposant aux Serbes qui se rendirent maîtres d'un quart du pays. Au terme d'opérations militaires et diplomatiques, la Croatie a rétabli en 1995 sa souveraineté sur la quasi-totalité de son territoire. → **Yougoslavie.**

CROC [kRo] n. m. ▪ **1.** Instrument, bâton muni d'un crochet. *Croc de boucher.* **2.** Dent pointue de certains animaux (⇒ **canine**). *Les crocs d'un chien.* - loc. FAM. *Avoir les crocs,* extrêmement faim (→ avoir la dent). - fig. *Montrer les crocs,* prendre une attitude menaçante. **3.** *Moustache en crocs,* aux pointes recourbées.

Benedetto CROCE (1866 - 1952) ▪ Philosophe, historien et critique italien. Opposant à Mussolini, sénateur libéral après 1944. Il exposa une conception originale de la création, mettant l'accent sur l'unité intuitive du contenu et de la forme de l'œuvre d'art.

CROC-EN-JAMBE [kRɔk-] n. m. ▪ Manière de faire tomber qqn en lui tirant une jambe à l'aide du pied. ⇒ **croche-pied.** *Des crocs-en-jambe.*

CROCHE n. f. ▪ Note de musique dont la queue porte un crochet et qui vaut la moitié d'une noire. *Double, triple croche,* portant deux, trois crochets et valant la moitié, le quart de la croche.

CROCHE-PIED n. m. ▪ Croc-en-jambe. *Les enfants se font des croche-pieds.* ◇ syn. FAM. CROCHE-PATTE.

CROCHER v. 1 ▪ **I.** v. tr. VX ou RÉGIONAL Attraper, saisir. ⇒ **accrocher. II.** v. intr. MAR. S'agripper.

CROCHET n. m. ▪ **I. 1.** Pièce de métal recourbée, pour prendre ou retenir qqch. *Un crochet de boucher.* ♦ *Pendre un tableau à un crochet.* ♦ loc. fig. *Être, vivre aux crochets de qqn,* à ses dépens, à ses frais. **2.** Instrument présentant une extrémité recourbée. *Crochet de serrurier.* ♦ spécialt Tige dont l'extrémité recourbée retient le fil qui doit passer dans la maille. *Travail au crochet.* - Ouvrage fait avec cet instrument. *Faire du crochet.* **3.** ZOOL. Dent à pointe recourbée. *Crochet à venin des serpents.* ♦ ARGOT Dent. ⇒ **croc. II. 1.** fig. Signe graphique, parenthèse à extrémité en angle droit : [...]. *Mettre un mot entre crochets.* **2.** Tournant brusque. *La route fait un crochet.* ♦ Changement de direction qui allonge l'itinéraire. ⇒ **détour. 3.** BOXE Coup de poing où le bras frappe vers l'intérieur, en se pliant. *Envoyer un crochet du droit.*

CROCHETER v. tr. 5 ▪ Ouvrir (une serrure) avec un crochet (I, 2). ► n. m. CROCHETAGE

CROCHETEUR n. m. ▪ **1.** anciennt Celui qui portait des fardeaux en s'aidant d'un crochet. **2.** Celui qui crochète les serrures.

CROCHU, UE adj. ▪ **1.** Recourbé en forme de crochet. *Nez crochu.* **2.** loc. *Ils ont des ATOMES CROCHUS,* des affinités, des sympathies.

crocodile. *Crocodyllus niloticus,* crocodile du Nil. *Phot. © Dragesco/Jacana*

CROCODILE n. m. ■ **1.** Grand reptile à fortes mâchoires, à quatre courtes pattes, qui vit dans les fleuves des régions chaudes. *Les crocodiles du Nil.* - Crocodilien (⇒ **alligator, caïman, gavial**). - loc. *LARMES DE CROCODILE :* larmes hypocrites. **2.** Peau de crocodile traitée. *Sac en crocodile.* ◇ abrév. FAM. CROCO.

CROCODILIEN n. m. ■ Grand reptile (crocodiles et analogues : famille des *Crocodiliens*).

CROCUS [-ys] n. m. ■ Plante à bulbe dont une espèce est le safran. - Fleur printanière de cette plante. *Des crocus jaunes.*

crocus. *Phot. © Brevelay/Jacana*

CROIRE v. 44 p. p. *cru, ue* ■ **I.** v. tr. dir. **1.** Penser que (qqch.) est véritable, donner une adhésion de principe à. ⇒ **accepter, admettre, penser.** *Il ne croit que ce qu'il voit. Faire croire qqch. à qqn,* convaincre, persuader. **2.** *Croire qqn,* penser que ce qu'il dit est vrai. *Vous pouvez croire cet homme. Croire qqn sur parole,* sans vérifier. - FAM. *Je vous crois !, je te crois !,* je pense ainsi, et aussi c'est évident ! **3.** (dans quelques constructions) *EN CROIRE,* s'en rapporter à (qqn). *Si vous m'en croyez, vous le fuirez. Si j'en crois ce qu'on raconte.* - loc. *Ne pas en croire ses yeux, ses oreilles,* s'étonner de ce qu'on voit, entend. **4.** *CROIRE QUE* (+ indic.) : considérer comme vraisemblable ou probable (sans être sûr). ⇒ **estimer, juger, penser.** *Je crois qu'il viendra. Je crois que oui. On lui a fait croire que...* - *On croirait qu'il dort* (mais il ne dort pas) (→ on dirait que). *Je vous prie de croire que,* vous pouvez être sûr que. *Je ne crois pas qu'il est venu, qu'il soit venu* (doute plus grand). *Crois-tu qu'il vienne ?* **5.** (+ inf.) Sentir, éprouver comme vrai (ce qui ne l'est pas absolument). *J'ai bien cru réussir. Je croyais arriver plus tôt.* **6.** (suivi d'un attribut) ⇒ **estimer, supposer.** *On l'a cru mort.* - pronom. Se prendre pour. *Il se croit plus fort, plus malin qu'il n'est. Elle s'est crue morte.* **II.** v. tr. ind. *CROIRE À, EN* **1.** *Croire à une chose,* penser qu'elle est réelle, vraisemblable ou possible. *Croire aux promesses de qqn.* ⇒ **compter** sur. *Croire au succès,* le considérer comme très probable. loc. *Croire à qqch. dur comme fer**. - iron. *Il y croit* (mais il se trompe). **2.** *CROIRE EN qqn, qqch. :* avoir confiance en. ⇒ **compter** sur, se **fier** à. *Croire en l'avenir.* **3.** (avec *à*) Être persuadé de l'existence et de la valeur de (tel dogme, tel être religieux ou mythique). *Croire au surnaturel.* - *CROIRE EN DIEU :* avoir la foi religieuse. **III.** v. intr. (sens fort) **1.** Avoir une attitude d'adhésion intellectuelle. *Il croit sans comprendre.* **2.** Avoir la foi religieuse (⇒ **credo ; croyant**). *Le besoin de croire.*

CROISADE n. f. ■ **1.** HIST. Voir ci-dessous. **2.** fig. Tentative pour créer un mouvement d'opinion dans une lutte (souvent, au nom d'un principe religieux, moral traditionnel). ⇒ **campagne.** *Une croisade contre le tabac.* - loc. *Partir en croisade contre...*

■ **les CROISADES** ■ Expéditions entreprises par les chrétiens contre les musulmans pour délivrer les Lieux saints. De la fin du XIe s. à la fin du XIIIe s., dix croisades se succédèrent en Orient. ► **la première CROISADE**(1096-1099), prêchée par le pape Urbain II ; la croisade populaire (Pierre l'Ermite) fut décimée en Anatolie ; la croisade des chevaliers (Godefroy de Bouillon, Bohémond, Tancrède) créa le royaume de Jérusalem et plusieurs États latins (Antioche, Édesse, Tripoli). ► **la deuxième CROISADE** (1147-1149), prêchée par Bernard de Clairvaux : Louis VII de France et l'empereur Conrad III échouèrent devant Damas. ► **la troisième CROISADE** (1189-1192), prêchée par Guillaume de Tyr après la prise de Jérusalem par Saladin et dirigée par Philippe Auguste et Richard Cœur de Lion. Les croisés ne purent reconquérir Jérusalem, mais y obtinrent l'autorisation de pèlerinage. ► **la quatrième CROISADE** (1202-1204), prêchée par Foulques de Neuilly, détournée par Venise sur Byzance où fut créé l'empire latin de Constantinople (→ Byzance). ► **la CROISADE DES ENFANTS** (1212), regroupant des milliers de jeunes pèlerins, fut décimée avant d'atteindre la Terre sainte. ► **la cinquième CROISADE** (1217-1221). Prise puis restitution de Damiette, par Jean de Brienne et André II de Hongrie. ► **la sixième CROISADE** (1228-1229). L'empereur Frédéric II obtint l'accès aux Lieux saints et leur cession. ► **la septième CROISADE** (1248-1254), après la chute de Jérusalem (1244). Échec de Saint Louis (Louis IX de France). ► **la huitième CROISADE** (1270). Mort de Louis IX devant Tunis. ► **la neuvième CROISADE**(1291). Échec devant Acre.

① **CROISÉ** n. m. ■ Celui qui partait en croisade. *L'armée des croisés.*

② **CROISÉ, ÉE** adj. ■ **I. 1.** Disposé en croix, qui se croisent. *Bâtons croisés.* - *Rester les bras croisés ;* fig. rester à ne rien faire. - (vêtements) Dont les bords se croisent. *Veste croisée* (s'oppose à *veste droite*). **2.** *Rimes croisées,* qui alternent (en a, b, a, b ; b, c, b, c). ♦ *Mots* croisés.* **3.** SPORTS (balle) Dont la direction est oblique par rapport au terrain. *Revers croisé* (au tennis). **II.** Qui est le résultat d'un croisement, n'est pas de race pure. *Race croisée.* ⇒ **hybride.**

CROISÉE n. f. ■ **1.** *La croisée des chemins,* l'endroit où ils se coupent. ⇒ **croisement. 2.** Châssis vitré qui ferme une fenêtre ; la fenêtre. *Ouvrir, fermer la croisée.*

CROISEMENT n. m. ■ **I. 1.** Action de disposer en croix, de faire se croiser ; disposition croisée. *Le croisement de deux voitures sur une route.* **2.** Point où se coupent deux ou plusieurs voies. ⇒ **croisée, intersection.** *Croisement dangereux.* ⇒ **carrefour. II.** fig. Hybridation, métissage. *Améliorer une race de bovins par des croisements.*

CROISER v. 1 ■ **I.** v. tr. **1.** Disposer (deux choses) l'une sur l'autre, en forme de croix. *Croiser les jambes. Se croiser les bras :* (fig.) rester dans l'inaction. **2.** *CROISER LE FER :* engager les épées ; se battre à l'épée. **3.** Passer au travers de (une ligne, une route). ⇒ **couper, traverser.** *La voie ferrée croise la route.* - Passer à côté de, en allant en sens contraire. *Croiser qqn dans la rue. Train qui en croise un autre.* **II.** v. tr. fig. Accoupler (des animaux, des plantes d'espèces différentes). ⇒ **métisser.** *Croiser deux races de chevaux.* **III.** v. intr. **1.** (bords d'un vêtement) Passer l'un sur l'autre. **2.** (navire) Aller et venir dans un même parage. *La flotte croise dans la Manche* (⇒ **croisière, croiseur**). ► SE **CROISER** v. pron. **1.** Être ou se mettre en travers l'un de l'autre. *Les deux chemins se croisent à angle droit.* **2.** (personnes, véhicules) Passer l'un près de l'autre en allant dans une direction différente ou opposée. - *Leurs regards se sont croisés,* se sont rencontrés rapidement. - *Nos lettres se sont croisées,* ont été envoyées en même temps.

CROISEUR n. m. ■ Navire de guerre rapide, armé de canons, de missiles.

Le CROISIC ■ Commune de Loire-Atlantique. 4 428 hab. *(les Croisicais).* ► **la pointe du CROISIC** Cap de la côte atlantique.

CROISIÈRE n. f. ■ **1.** Voyage effectué par un paquebot, un navire de plaisance. *Partir en croisière. Faire une croisière.* **2.** loc. *VITESSE DE CROISIÈRE :* (bateau, avion) la meilleure allure moyenne sur une longue distance ; fig. rythme normal d'activité après une période d'adaptation.

CROISILLON n. m. ■ **1.** Traverse d'une croix. - ARCHIT. Moitié du transept (d'une église). *Le croisillon nord.* **2.** Barre qui partage une baie, un châssis de fenêtre. *Fenêtre à croisillons.*

CROISSANCE n. f. ▪ **1.** (organisme) Fait de croître, de grandir. ⇒ **développement.** *La croissance d'une plante, d'un animal.* **2.** (choses) ⇒ **accroissement, augmentation, développement, progression.** *La croissance d'une ville.* – *Croissance économique* (développement de la production).

① **CROISSANT** n. m. ▪ **I. 1.** Forme échancrée de la partie éclairée de la Lune (pendant qu'elle croît et décroît). *Croissant de lune.* **2.** Forme du croissant de lune. **3.** Emblème, en forme de croissant, de l'Empire turc, de la religion musulmane. **II.** Petite pâtisserie feuilletée, salée, d'abord en forme de croissant de lune, puis souvent rectiligne. *Un croissant au beurre. Les croissants du petit-déjeuner français.*

② **CROISSANT, ANTE** adj. ▪ Qui croît, s'accroît, augmente. *Un nombre croissant. Avec une colère croissante.* ⇒ **grandissant.** ♦ MATH. *Fonction croissante,* qui varie comme sa variable.

le **CROISSANT FERTILE** ▪ Région d'Asie occidentale, du golfe Arabo-persique à la Palestine, où sont apparus de grands empires (Babylone, Assyrie, Phénicie) et de grandes civilisations (Sumer, Israël) dans l'Antiquité.

le **CROISSANT-ROUGE** ▪ Organisation d'assistance, équivalent islamique de la Croix-Rouge.

CROISSY-SUR-SEINE ▪ Commune des Yvelines. 9 098 hab. *(les Croissillons).*

CROÎTRE v. intr. 55 au p. p. *crû, crue, crus* ▪ **1.** (êtres organisés) Grandir progressivement jusqu'au terme du développement normal. ⇒ se **développer, pousser ; croissance.** *Les végétaux croissent lentement.* ♦ LITTÉR. (personnes) ⇒ **grandir.** – *Il croissait en sagesse,* devenait plus sage, en grandissant. – loc. *Ne faire que croître et embellir,* se dit d'une chose qui augmente en bien, et iron. en mal. **2.** (choses) Devenir plus grand, plus nombreux. ⇒ s'**accroître, augmenter,** se **développer** ; s'oppose à *décroître. La chaleur ne cesse de croître.*

CROIX n. f. ▪ **1.** Poteau muni d'une traverse et sur lequel on attachait des condamnés pour les faire mourir ; spécialt celui où Jésus fut cloué et mis à mort. *Le supplice de la croix* (⇒ **crucifier**). – loc. *Porter sa croix :* supporter ses épreuves avec résignation. ♦ *Le signe* de la croix, un signe de croix.* **2.** Représentation ou évocation symbolique de la croix de Jésus-Christ. ⇒ **calvaire, crucifix.** *Les croix d'un cimetière.* – loc. FAM. *C'est la croix et la bannière,* c'est toute une histoire (comme dans une procession). – (Autres symboles) *Croix de Lorraine,* à double croisillon. *Croix grecque,* à branches égales. *Croix de Saint-André,* en X. – *Croix gammée*.* – Voir aussi ci-dessous la Croix-Rouge. ♦ Bijou en forme de croix. **3.** Décoration, insigne d'un ordre honorifique. – *La croix de la Légion d'honneur* (⇒ **grand-croix**). *CROIX DE GUERRE :* médaille conférée aux soldats qui se sont distingués au cours d'une guerre. **4.** Marque formée par deux traits croisés. *Faire une croix au bas d'un acte* (en guise de signature). – loc. fig. *Faire une croix sur qqch.,* y renoncer définitivement. **5.** *EN CROIX :* à angle droit ou presque droit. *Les bras en croix.* **6.** *La CROIX DU SUD,* constellation de l'hémisphère austral.

CROIX ▪ Commune du Nord. 20 231 hab. *(les Croisiens).*

les **CROIX-DE-FEU** n. m. ▪ Organisation d'anciens combattants de droite, créée en 1927 et dirigée par le colonel de La Rocque. Dissoute en 1936, elle fut remplacée par le Parti social français.

la **CROIX-ROUGE** ▪ Organisation internationale d'assistance médicale, créée par Dunant en 1863 pour les blessés de guerre.

CRO-MAGNON ▪ Site préhistorique de Dordogne, sur la commune des Eyzies-de-Tayac-Sireuil (*homme de Cro-Magnon,* v. 30 000 av. J.-C.).

CROMLECH [kʀɔmlɛk] n. m. ▪ ARCHÉOL. Monument mégalithique formé de menhirs placés en cercle.

Fernand **CROMMELYNCK** (1885-1970) ▪ Auteur dramatique belge d'expression française. *"Le Cocu magnifique"* (1921).

CROMORNE n. m. ▪ MUS. Instrument à vent ancien, en bois et à anche. – Jeu de l'orgue.

Thomas **CROMWELL**, comte d'Essex (v. 1485-1540) ▪ Homme d'État anglais. Inspirateur de la politique religieuse d'Henri VIII.

Oliver **Cromwell.** Portrait par R. Walker, détail.
National Portrait Gallery, Londres
Phot. © Nimatallah/Ricciarini

Oliver **CROMWELL** (1599-1658) ▪ Homme politique anglais. Chef militaire de la révolution puritaine et parlementaire contre Charles Ier, dont il battit les partisans à Naseby (1645), il fit du Parlement un « Parlement croupion » et obtint la condamnation du roi. Après l'exécution de Charles Ier (1649), il instaura la république (« Commonwealth ») et exerça un pouvoir dictatorial. Il engagea de profondes réformes mais mourut impopulaire.

Archibald Joseph **CRONIN** (1896-1981) ▪ Romancier britannique. *"La Citadelle"* (1937) ; *"Les Clefs du royaume"* (1941).

CRONOS ▪ Dans la mythologie grecque, père de Zeus, fils de la Terre (Gaïa) et du Ciel (Ouranos), identifié à Saturne par les Romains.

CRONSTADT → **Kronstadt**

sir William **CROOKES** (1832-1919) ▪ Chimiste et physicien britannique. Inventeur des tubes à cathode froide qui portent son nom, il les employa dans ses travaux sur les décharges électriques dans les gaz raréfiés, ce qui le conduisit notamment à supposer la nature corpusculaire des rayons cathodiques.

① **CROQUANT** n. m. ▪ HIST. Paysan révolté, sous Henri IV et Louis XIII. – péj. Paysan. *"Jacquou le Croquant"* (roman d'Eugène Le Roy).

② **CROQUANT, ANTE** adj. ▪ Qui croque sous la dent. *Biscuit croquant.* ⇒ **croustillant.**

À LA **CROQUE AU SEL** loc. adv. ▪ Cru, avec du sel. *Radis à la croque au sel.*

CROQUEMITAINE n. m. ▪ Personnage imaginaire qu'on évoque pour effrayer les enfants. – Personne qui fait peur. *Il veut jouer les croquemitaines.* ◇ var. CROQUE-MITAINE.

CROQUE-MONSIEUR [-məsjø] n. m. invar. ▪ Sandwich chaud fait de pain de mie grillé, au jambon et au fromage. *Des croque-monsieur.* ◇ abrév. FAM. CROQUE.

CROQUE-MORT ou **CROQUEMORT** n. m. ▪ FAM. Employé des pompes funèbres chargé du transport des morts au cimetière. *Des croque-morts* ou *des croquemorts.*

CROQUENOT n. m. ▪ FAM. Gros soulier. ⇒ **godillot.**

CROQUER v. 1 ▪ **I.** v. intr. Faire un bruit sec (en parlant des choses que l'on broie avec les dents). ⇒ **craquer.** *Un bonbon qui croque sous la dent.* **II.** v. tr. **1.** Broyer sous la dent (ce qui fait un bruit sec). *Croquer un bonbon. Chocolat à croquer.* – intrans. *Croquer dans une pomme,* mordre. **2.** fig. *Croquer de l'argent,* dépenser beaucoup. ⇒ **claquer.** *Croquer un héritage.* ⇒ **dilapider.** **III. 1.** Prendre rapidement sur le vif en quelques coups de crayon, de pinceau. ⇒ **ébaucher, esquisser ; croquis.** *Croquer une silhouette.* **2.** loc. FAM. *Jolie, mignonne À CROQUER,* très jolie.

① **CROQUET** n. m. ▪ Jeu consistant à faire passer des boules de bois sous des arceaux au moyen d'un maillet, selon un trajet déterminé. *Faire une partie de croquet.*

② **CROQUET** n. m. ▪ Petit galon décoratif formant des dents.

CROQUETTE n. f. ▪ **1.** Boulette de pâte, de hachis, frite dans l'huile. *Croquettes de poisson.* **2.** Petit disque de chocolat. **3.** au plur. Préparation industrielle alimentaire pour animaux, déshydratée, en forme de petites boulettes.

CROQUEUSE n. f. ▪ FAM. *CROQUEUSE DE DIAMANTS :* femme entretenue qui dilapide l'argent, les bijoux.

CROQUIGNOLET, ETTE adj. ▪ FAM. Amusant, mignon et un peu ridicule.

CROQUIS n. m. ▪ **1.** Dessin, esquisse rapide. ⇒ **ébauche.** *Il nous a fait un croquis pour montrer comment sont disposées les pièces de l'appartement.* **2.** *Croquis coté.* ⇒ **épure.**

Charles CROS (1842-1888) ▪ Poète et savant français. Pionnier de la photographie et inventeur, en même temps qu'Edison, du phonographe. Il fut aussi un poète de l'absurde et de la solitude dans *"Le Coffret de santal"* (1879).

CROSNE [kʀon] n. m. ▪ Plante originaire du Japon, aux petits tubercules comestibles dont le goût rappelle le salsifis.

CROSNE ▪ Commune de l'Essonne. 7 966 hab. *(les Crosnois).*

CROSS [kʀɔs] n. m. ▪ **1.** Course à pied en terrain varié, avec des obstacles. *Faire du cross.* ◇ syn. VIEILLI CROSS-COUNTRY. **2.** Abréviation de *cyclo-cross,* de *moto-cross.*

CROSSE n. f. ▪ **I. 1.** Bâton pastoral (d'évêque ou d'abbé) dont l'extrémité supérieure se recourbe en volute. **2.** Bâton recourbé utilisé dans certains jeux pour pousser la balle. *Crosse de hockey.* **3.** Extrémité recourbée. *La crosse de l'aorte.* ▸ *Les crosses des fougères.* **II.** Partie postérieure (d'une arme à feu portative). *Appuyer la crosse du fusil contre l'épaule pour tirer* (→ mettre en joue). *Donner un coup de crosse* (de pistolet) *à qqn.* ▸ loc. *Mettre la crosse en l'air,* refuser de combattre.

CROSSES n. f. pl. ▪ loc. FAM. *Chercher des crosses à qqn,* lui chercher querelle.

CROTALE n. m. ▪ **I.** ANTIQ. Instrument à percussion. **II.** Serpent très venimeux, dont la queue formée d'écailles creuses vibre avec un bruit de crécelle (syn. *serpent à sonnettes*).

crotale. *Crotalus atrox,*
crotale diamantin de l'ouest.
Phot. © Varin/Visage/Jacana

CROTONE ▪ Ville d'Italie (Calabre). 61 688 hab. Florissante colonie de la Grèce antique.

CROTTE n. f. ▪ **I. 1.** Excrément solide. *Crottes de lapin.* ▸ FAM. *CROTTE DE BIQUE :* chose sans valeur. *Des crottes de chien.* **2.** FAM. *Crotte !,* interjection de dépit. ⇒ **flûte, zut ;** vulg. **merde. 3.** *Crotte de chocolat,* bonbon de chocolat. **II.** VX Boue (⇒ **crotté**).

CROTTÉ, ÉE adj. ▪ VX Couvert de boue. ⇒ **boueux.** *Décrotter des semelles crottées.*

CROTTIN n. m. ▪ **1.** Excrément du cheval. **2.** Petit fromage de chèvre.

CROULANT, ANTE ▪ **1.** adj. Qui menace ruine. *Des murs croulants.* **2.** n. FAM. Personne âgée ou d'âge mûr (dans le lang. des jeunes).

CROULER v. intr. ① ▪ **1.** (construction, édifice) Tomber en s'affaissant, ou menacer de tomber. ⇒ s'**écrouler,** s'**effondrer.** *Faire crouler un projet. Cette maison menace de crouler.* ▸ fig. *La salle croule sous les applaudissements.* **2.** fig. S'effondrer. *Faire crouler un projet.*

CROUP [kʀup] n. m. ▪ MÉD. VIEILLI Laryngite diphtérique très grave.

CROUPE n. f. ▪ **1.** Partie postérieure arrondie qui s'étend des hanches à la queue de certains animaux (cheval, âne...). ▸ *EN CROUPE :* à cheval et sur la croupe, derrière la personne en selle. *Prendre qqn en croupe.* ♦ (personnes) FAM. ⇒ **derrière, fesse(s).** *Une croupe rebondie.* **2.** Sommet arrondi (d'une colline, d'une montagne).

À **CROUPETONS** loc. adv. ▪ Dans une position accroupie.

CROUPIER, IÈRE n. ▪ Employé(e) d'une maison de jeu qui tient le jeu, paie et ramasse l'argent pour le compte de l'établissement.

CROUPIÈRE n. f. ▪ Longe de cuir qui passe sur la croupe et sous la queue du cheval. ▸ loc. VIEILLI *TAILLER DES CROUPIÈRES à qqn,* lui créer des difficultés, faire obstacle à ses projets.

CROUPION n. m. ▪ Extrémité postérieure du corps (de l'oiseau), supportant les plumes de la queue. *Un croupion de volaille.*

CROUPIR v. intr. ② ▪ **1.** (personnes) Demeurer (dans un état mauvais, pénible) sans pouvoir en sortir. ⇒ **moisir.** *Ils croupissent dans l'ignorance.* **2.** Rester sans couler et se corrompre (liquide) ; demeurer dans l'eau stagnante. ⇒ **pourrir.** *Eau qui croupit au fond d'une mare. Fleurs fanées croupissant dans un vase.* ▸ au p. p. *Eau croupie.*

CROUPISSANT, ANTE adj. ▪ Qui croupit. *Eaux croupissantes.* ⇒ **stagnant.**

CROUSTADE n. f. ▪ Croûte de pâte feuilletée garnie. *Croustade de fruits de mer.*

CROUSTILLANT, ANTE adj. ▪ **1.** Qui croustille. ⇒ ② **croquant.** *Pain croustillant.* **2.** Amusant, léger, grivois. *Des détails assez croustillants.*

CROUSTILLER v. intr. ① ▪ Croquer sous la dent (sans résister autant que ce qui croque). *Des biscuits qui croustillent.*

CROÛTE n. f. ▪ **I. 1.** Partie extérieure du pain, durcie par la cuisson. *Manger la croûte et laisser la mie. Des croûtes de pain,* des restes de pain sec. ⇒ **croûton. 2.** loc. FAM. *Casser la croûte,* manger. ⇒ **croûter.** ▸ *Gagner sa croûte,* sa nourriture, sa vie. **3.** Pâte cuite qui enveloppe un pâté, un vol-au-vent. ⇒ **croustade.** *Pâté en croûte.* **4.** Partie superficielle du fromage (qui ne se mange pas). **II. 1.** Couche superficielle durcie. *Croûte de calcaire dans une bouilloire.* ▸ VIEILLI *La croûte terrestre.* ⇒ **écorce.** ♦ Plaque qui se forme sur une plaie. ⇒ **escarre. 2.** FAM. Mauvais tableau. *Ce peintre ne fait que des croûtes.* **3.** Côté chair d'un cuir (opposé à *fleur*). **III.** FAM. Personne bornée, encroûtée dans la routine. ⇒ **croûton.**

CROÛTER v. intr. ① ▪ FAM. Manger (→ casser la croûte).

CROÛTON n. m. ▪ **I.** Extrémité d'un pain long. *Manger le croûton.* loc. *S'ennuyer comme un croûton derrière une malle.* ♦ Morceau de pain frit utilisé en cuisine. **II.** Personne arriérée, d'esprit borné. ⇒ FAM. **croûte.** *Un vieux croûton.*

CROYABLE adj. ▪ (choses) Qui peut ou doit être cru (surtout restrictif, négatif). *C'est à peine croyable.* ⇒ **imaginable, pensable, possible ;** s'oppose à *incroyable.*

CROYANCE n. f. ▪ **1.** Action, fait de croire une chose vraie, vraisemblable ou possible. ⇒ **certitude, conviction, foi.** *La croyance à, en qqch.* **2.** Ce que l'on croit (surtout en matière religieuse). *Croyances religieuses.* ⇒ **conviction.**

CROYANT, ANTE ▪ **1.** adj. Qui a une foi religieuse (s'oppose à *incroyant,* à *mécréant*). ⇒ **pieux, religieux. 2.** n. *Un croyant, une croyante.* ⇒ **fidèle.**

l'archipel des CROZET ▪ Archipel français du secteur indien des terres Australes et Antarctiques françaises. 505 km². Parc national. L'archipel est inhabité, à l'exception d'une trentaine de personnes à la station météorologique.

CROZON ▪ Commune du Finistère dans la *presqu'île de Crozon.* 7 705 hab. *(les Crozonnais).*

C.R.S. [seɛʀɛs] n. m. (sigle) ▪ en France Agent des *Compagnies républicaines de sécurité. C.R.S. qui dispersent une manifestation.*

① **CRU** n. m. ▪ **I. 1.** Vignoble. ▸ *Un grand cru.* ⇒ **vin. 2.** loc. *DU CRU. Un vin du cru,* du terroir. *Les auteurs du cru,* du pays où l'on se trouve. **II.** loc. *DE SON CRU :* de sa production, de son invention propre. *Raconter une histoire de son cru.*

② **CRU, CRUE** adj. ▪ **1.** (aliment) Qui n'est pas cuit. *Légumes qui se mangent crus.* ⇒ **crudité.** *Bifteck presque cru.* ⇒ **bleu.** ▸ n. m. *"Le Cru et le Cuit"* (ouvrage de Lévi-Strauss). **2.** (couleur, lumière) Que rien n'atténue. ⇒ **brutal.** *Une lumière crue. Couleur crue,* qui tranche violemment sur le reste. **3.** Exprimé sans ménagement. *Faire une description crue*

crucifixion. Grünewald, *Retable d'Issenheim* (fermé), 1512-1515. Musée Unterlinden, Colmar. *Phot. © Giraudon*

(⇒ **crûment**). ◆ adv. ⇒ **crûment.** *Je vous le dis tout cru.* **4.** À CRU. *Monter à cru* : monter à cheval sans selle.

CRUAUTÉ n. f. ▪ **1.** Tendance à faire souffrir. ⇒ **férocité, méchanceté, sadisme.** *Traiter qqn avec cruauté.* ◆ *Cruauté mentale.* ◆ *La cruauté d'un acte.* **2.** (choses) Caractère de ce qui est très nuisible. ⇒ **dureté, rigueur.** *La cruauté du sort.* **3.** *(Une, des cruautés)* Action cruelle. ⇒ **atrocité.**

CRUCHE n. f. ▪ **1.** Récipient pansu, à bec et à anse, souvent de grès ou de terre. *Cruche à eau.* ◆ loc. prov. *Tant va la cruche à l'eau (qu'à la fin elle se casse)* : à s'exposer à un danger, on finit par le subir. **2.** FAM. Personne niaise, bête et ignorante. ⇒ FAM. **gourde.** *Quelle cruche !*

CRUCHON n. m. ▪ Petite cruche. ⇒ **pichet.** *Un cruchon à vin.*

CRUCI- Élément savant, du latin *crux, crucis* « croix ».

CRUCIAL, ALE, AUX adj. ▪ **I.** VX En forme de croix (d'un muscle). **II. 1.** DIDACT. Qui permet de décider, de choisir entre des hypothèses. **2.** Fondamental, très important. ⇒ **capital, décisif.**

CRUCIFÈRE adj. ▪ BOT. Dont les fleurs ont des pétales en croix. ◆ n. f. *La giroflée est une crucifère.*

CRUCIFIEMENT n. m. ▪ Supplice de la croix. ⇒ **crucifixion.** *Le crucifiement de saint Pierre.*

CRUCIFIER v. tr. 7 ▪ Attacher (un condamné) sur la croix pour l'y faire mourir. *Jésus fut crucifié sur le Calvaire.* ◆ n. *Un crucifié.*

CRUCIFIX [-fi] n. m. ▪ Croix sur laquelle est représenté Jésus crucifié. *Un crucifix d'ivoire.*

CRUCIFIXION n. f. ▪ Crucifiement du Christ. ◆ Sa représentation en peinture, en sculpture.

CRUCIFORME adj. ▪ DIDACT. En forme de croix. *Plan cruciforme d'une église.* ♦ *Tournevis cruciforme,* à l'extrémité en forme de croix.

CRUCIVERBISTE n. ▪ Amateur de mots croisés. ⇒ **mots-croisiste.**

CRUDITÉ n. f. ▪ **I.** surtout au plur. Légumes consommés crus. *Assiette de crudités.* **II. 1.** Brutalité (d'une sensation). *La crudité des couleurs, de la lumière.* **2.** Caractère cru (②, 3). *La crudité d'une description* (→ réalisme), *d'un langage.*

CRUE n. f. ▪ Élévation du niveau dans un cours d'eau, un lac. *La crue des eaux.* ⇒ **montée.** *Rivière en crue.*

CRUEL, ELLE adj. ▪ **1.** Qui prend plaisir à faire, à voir souffrir. ⇒ **féroce, inhumain, sadique.** *Homme cruel.* ⇒ **bourreau, monstre.** *Être cruel avec les animaux.* **2.** Qui témoigne de cruauté. *Un acte cruel. Joie cruelle.* ⇒ **mauvais.** *Ironie cruelle.* ⇒ **féroce.** ◆ *Guerre cruelle.* ⇒ **sanglant. 3.** Indifférent, insensible. LITTÉR. *Femme cruelle,* qui fait souffrir ceux qui l'aiment ; n. f. VX *une cruelle.* **4.** (choses) Qui fait souffrir. *Destin cruel.* ⇒ **implacable, inexorable.** *Une épreuve, une perte cruelle.* ⇒ **douloureux, pénible.**

CRUELLEMENT adv. ▪ **1.** Avec cruauté. ⇒ **férocement, méchamment.** *Traiter qqn cruellement.* **2.** D'une façon douloureuse, pénible. *Souffrir cruellement.* ⇒ **affreusement, atrocement.** *Les médicaments font cruellement défaut.*

George CRUIKSHANK (1792-1878) ▪ Caricaturiste et peintre britannique. Il débuta par la satire politique avant d'illustrer des ouvrages, notamment ceux de Dickens.

Robert CRUMB (né en 1943) ▪ Auteur américain de bandes dessinées. Son œuvre est une critique sociale et politique des États-Unis.

Crumb. *Fritz le chat.*
© Crumb, D.R. Phot © de Selva/ Tapabor

CRÛMENT adv. ▪ **1.** D'une manière crue (②, 3), sèche et dure, sans ménagement. ⇒ **brutalement, durement.** *Il lui a dit (tout) crûment qu'il le méprisait.* **2.** *Éclairer crûment,* d'une lumière crue.

CRURAL, ALE, AUX adj. ▪ DIDACT. De la cuisse. *Artère crurale.*

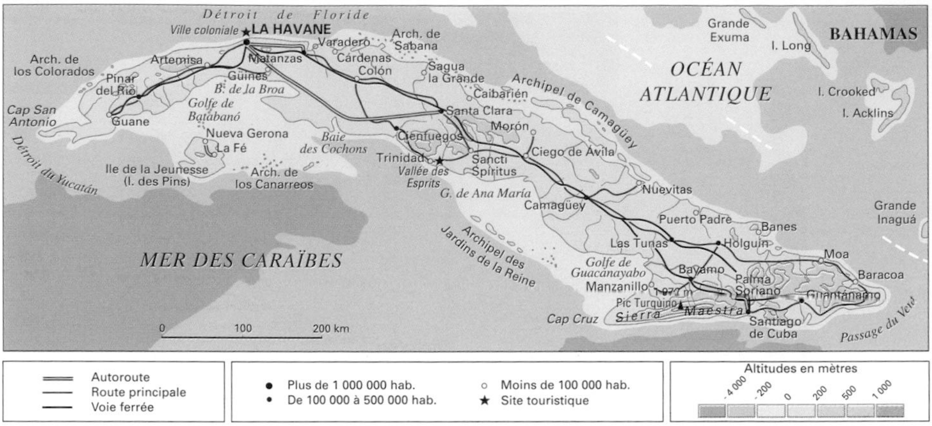

Cuba.

CRUSTACÉ n. m. ▪ 1. ZOOL. Animal arthropode à carapace, au corps formé de segments munis chacun d'une paire d'appendices. *La daphnie, le cloporte sont des crustacés.* 2. COUR. Ces animaux aquatiques et comestibles (crabe, crevette, écrevisse, homard, langouste, langoustine).

CRUZADO [kʀuzado ; kʀusado] n. m. ▪ Monnaie du Brésil (a remplacé le *cruzeiro* en 1985). *Des cruzados.*

CRYO- Élément savant, du grec *kruos* « froid ».

CRYOCONSERVATION n. f. ▪ BIOL. Conservation des tissus ou d'organismes vivants (ovules, sperme, embryons...) à une température très basse (inférieure à – 153 °C). ⇒ **congélation.**

CRYOTHÉRAPIE n. f. ▪ MÉD. Traitement local par le froid.

CRYPTE n. f. ▪ Caveau souterrain servant de sépulcre (dans certaines églises). ♦ Chapelle souterraine. *La crypte d'une cathédrale. Crypte romane.*

CRYPTER v. tr. 1 ▪ Coder (un message) pour protéger son caractère secret. – au p. p. *Chaîne de télévision cryptée,* nécessitant un décodeur pour être reçue en clair.

CRYPTO- Élément savant, du grec *kruptos* « caché ».

CRYPTOCOMMUNISTE n. et adj. ▪ Partisan occulte du communisme.

CRYPTOGAME adj. et n. m. ▪ BOT. (plante) Qui a les organes de la fructification peu apparents. *Les champignons, plantes cryptogames.* – n. m. *Les cryptogames :* l'un des deux embranchements du règne végétal. *Cryptogames et phanérogames.*

CRYPTOGAMIQUE adj. ▪ BOT., VX Des plantes cryptogames. – MOD. *Maladies cryptogamiques* (des végétaux), provoquées par les champignons.

CRYPTOGRAMME n. m. ▪ Ce qui est écrit en caractères secrets, en langage chiffré.

CRYPTOGRAPHIE n. f. ▪ Code graphique déchiffrable par l'émetteur et le destinataire seulement. ► adj. CRYPTOGRAPHIQUE

le C.S.A., Conseil supérieur de l'audiovisuel ▪ Organisme français créé en 1989 et chargé de garantir la liberté de la communication audiovisuelle.

CSARDAS ⇒ CZARDAS

C. S. G. n. f. (sigle) ▪ (en France) Contribution sociale généralisée, prélèvement fiscal destiné à participer au financement de la Sécurité sociale, et appliqué à tous les revenus.

Mihály CSOKONAI VITÉZ (1773-1805) ▪ Poète hongrois. Grand lyrique. *"Dorothée ou le Triomphe des dames"* (1799).

CTÉSIPHON ▪ Ancienne ville de Mésopotamie, sur le Tigre. Capitale des Arsacides puis des Sassanides. Vestiges antiques.

CUAUHTÉMOC (v. 1497-1524) ▪ Dernier empereur aztèque.

CUBA ▪ Île et État des Antilles. 110 860 km². 10 603 000 hab. Capitale : La Havane. Langue officielle : espagnol. Monnaie : peso cubain. La structure économique, entièrement étatisée depuis les années 1960, est peu diversifiée (sucre de canne, tabac, nickel). Une grave crise économique a contraint le gouvernement à un début de libéralisation. □ HISTOIRE Libérée des colons espagnols par les Américains en 1898, indépendante en 1902 mais sous l'étroit contrôle des États-Unis, Cuba connut la corruption et la dictature (Machado y Morales, Batista) de 1925 à la révolution menée par Fidel Castro* et « Che » Guevara (1959). Les États-Unis intervinrent en 1961 (débarquement dans la baie des Cochons), poussant Castro à se rapprocher de l'Union soviétique et à adopter le modèle communiste. Depuis cette date, les États-Unis appliquent un embargo économique. L'aide aux mouvements révolutionnaires (Éthiopie, Angola), le départ de l'île de nombreux Cubains et le manque de diversification de la production engendrèrent une crise économique aggravée par l'effondrement de l'Union soviétique et de ses satellites, principaux partenaires commerciaux. ► **la CRISE DE CUBA**, en 1962, entre les États-Unis et l'URSS résultait de l'installation de missiles nucléaires soviétiques dans l'île, qui furent démantelés.

CUBAGE n. m. ▪ Évaluation d'un volume ; volume évalué. *Le cubage d'air d'une pièce.*

CUBE n. m. ▪ 1. GÉOM. Solide (parallélépipède) à six faces carrées égales (hexaèdre régulier). ♦ Objet cubique (ou parallélépipède). *Jeu de cubes,* de construction, avec des cubes en bois, en plastique. 2. Se dit d'une mesure qui exprime le volume. *Mètre cube* (m^3), *centimètre cube* (cm^3). ♦ *Cylindrée de 1 500 cm³.* – FAM. *Gros cube :* moto de grosse cylindrée. 3. MATH. *Cube d'un nombre :* produit de trois facteurs égaux à ce nombre. ⇒ **puissance.** *Le cube de 2 est 8 ; a^3 est le cube de a.*

CUBER v. 1 ▪ I. v. tr. 1. Évaluer (un volume) en unités cubiques. *Cuber des bois de construction.* 2. MATH. Élever (un nombre) au cube. II. v. intr. 1. Avoir un volume de. *Citerne qui cube 500 litres.* 2. FAM. Atteindre un chiffre élevé. *Tous ces frais finissent par cuber.*

CUBILOT n. m. ▪ TECHN. Fourneau pour la préparation de la fonte de seconde fusion.

CUBIQUE adj. ▪ 1. Du cube. *Forme cubique. Une maison cubique.* 2. RACINE CUBIQUE *d'un nombre n :* nombre qui, élevé au cube (à la puissance 3), donne n.

CUBISME n. m. ▪ Mouvement artistique apparu en France vers 1906-1907, caractérisé par une représentation géométrique et fragmentée du réel. ■ Né des recherches de Braque et de Picasso (→ **Bateau-Lavoir**), le cubisme rejette les règles traditionnelles de la perspective et du modelé. Le « cubisme analytique », qui multiplie les angles de vue d'un même objet, évolue à partir de 1912 vers un « cubisme synthétique », recourant parfois aux collages et proposant une vision plus cohérente, plus essentielle de l'objet. Par son abstraction géométrique, son austérité chromatique, ses techniques de

Picasso, *Le Guitariste,* 1909. MNAMGP, Paris.
Phot. © MNAMGP

Lipchitz, *Marin à la guitare,* pierre, 1917. MNAMGP, Paris.
Phot. © J. Hyde/MNAMGP

Braque, *Nature morte sur une table,* fusain, papier, faux bois, papier noir et papier journal collés sur papier. MNAMGP, Paris.
Phot. © MNAMGP

cubisme.

collages, le cubisme a ouvert la voie à toute une tendance de l'art du XXe siècle.

CUBISTE **adj.** ▪ Qui appartient au cubisme ou s'y rattache. *Peintre cubiste.* ◆ **n.** *Les cubistes.*

CUBITAINER [-ɛʀ] **n. m.** ▪ Récipient en plastique, à peu près cubique, servant au transport des liquides. *Vin en cubitainer.* ◇ abrév. FAM. CUBI.

CUBITUS [-ys] **n. m.** ▪ Le plus gros des deux os de l'avant-bras, articulé avec l'humérus. ⇒ **coude.** ► **adj.** CUBITAL, ALE, AUX

CUCUL [kyky] **adj. invar.** ▪ FAM. Niais, un peu ridicule. *Elles sont un peu cucul.* loc. *Cucul la praline*.*

CUCURBITACÉE **n. f.** ▪ Plante appartenant à la famille comprenant le concombre, la courge (citrouille, potiron), le melon, etc.

CÚCUTA ▪ Ville de Colombie. 423 000 hab. Important centre commercial (café).

CUEILLETTE [kœj-] **n. f.** ▪ **1.** Action de cueillir. *La cueillette des pommes.* ⇒ **récolte. 2.** Les fleurs ou les fruits cueillis. *Une belle cueillette.* **3.** Ramassage des produits végétaux comestibles (dans les groupes humains où la culture n'est pas exclusive ou est inconnue). *Ils vivent de chasse et de cueillette.*

CUEILLIR [kœjiʀ] **v. tr.** [12] ▪ **1.** Détacher (une partie d'un végétal) de la tige. *Cueillir des fleurs, des fruits.* **2.** LITTÉR. Prendre. Cueillir un baiser. **3.** FAM. *Cueillir qqn,* le prendre aisément au passage. *Cueillir un voleur.* ⇒ FAM. **pincer.** ◆ loc. *Être cueilli à froid,* être pris par surprise.

CUENCA ▪ Ville de l'Équateur. 195 000 hab.

CUERNAVACA ▪ Ville du Mexique. 280 000 hab. Centre touristique et économique.

CUGNAUX ▪ Commune de la Haute-Garonne, dans la banlieue de Toulouse. 11 311 hab.

Cuernavaca. Le palais de Cortès. *Phot. © Dagli Orti*

Joseph CUGNOT (1725 - 1804) ▪ Ingénieur français. Inventeur de la première voiture automobile à vapeur (1770) et d'un second modèle plus important, le « fardier » (1771).

César CUI (1835 - 1918) ▪ Compositeur russe. Fondateur, avec Balakirev, du groupe des Cinq. Il est l'auteur d'une œuvre abondante. *"Le Prisonnier du Caucase"*, opéra, 1883.

CUILLER ou **CUILLÈRE** [kɥijɛʀ] **n. f.** ▪ **1.** Ustensile formé d'un manche et d'une partie creuse, qui sert à transvaser ou à porter à la bouche les aliments liquides ou peu consistants. *Cuiller et fourchette.* ⇒ **couvert.** *Cuiller à soupe. Cuiller à dessert, à café (petite cuiller).* ♦ loc. *Faire qqch. en deux coups de cuiller à pot,* très vite. - *Être à ramasser à la petite cuiller,* en piteux état. - *Ne pas y aller avec le dos de la cuiller :* agir sans modération. **2.** Ustensile de forme analogue. *Pêcher à la cuiller,* avec une petite plaque de métal garnie d'hameçons. ♦ Pièce qui maintient la goupille d'une grenade. **3.** loc. FAM. *Serrer la cuiller à (qqn),* lui serrer la main. ⇒ **pince.**

CUILLERÉE [kɥijʀe ; kɥijeʀe] **n. f.** ▪ Contenu d'une cuiller. *Une cuillerée à café de sirop matin et soir.*

CUIR **n. m.** ▪ **I. 1.** Peau des animaux séparée de la chair, tannée et préparée. *Cuir de bœuf, de veau* (⇒ **box ; vélin**), *de chèvre* (⇒ **maroquin**), *de mouton* (⇒ **basane, chagrin**). *Semelles de cuir.* **2.** *Le* CUIR CHEVELU *:* la peau du crâne. **3.** (animaux ; humains) Peau épaisse et dure. **II.** FAM. Faute de langage qui consiste à faire des liaisons incorrectes (ex. les chemins de fer [z] anglais).

CUIRASSE **n. f.** ▪ **1.** Partie de l'armure qui recouvre le buste. - *Le* DÉFAUT DE LA CUIRASSE *:* l'intervalle entre le bord de la cuirasse et les pièces qui s'y joignent ; fig. le point faible, le côté sensible. **2.** Revêtement d'acier qui protège les navires. ⇒ **blindage ; cuirassé. 3.** fig. Défense, protection. *Une cuirasse d'indifférence.* ⇒ **carapace.**

CUIRASSÉ **n. m.** ▪ Grand navire de guerre blindé et armé d'artillerie lourde. *Le cuirassé Potemkine.*

CUIRASSER **v. tr.** [1] ▪ Armer, revêtir d'une cuirasse. ⇒ **blinder.** ► **SE CUIRASSER v. pron. 1.** Se revêtir d'une cuirasse. **2.** fig. *SE CUIRASSER contre* (qqch.), se protéger contre, se rendre insensible à. ⇒ s'**aguerrir,** s'**endurcir.** *Se cuirasser contre la douleur.* ► **CUIRASSÉ, ÉE p. p.** *Être cuirassé,* protégé, endurci.

CUIRASSIER **n. m.** ▪ anciennt Soldat d'un régiment de grosse cavalerie. - *Le cinquième cuirassier* (régiment de cuirassiers).

CUIRE **v.** [38] (p. p. *cuit, cuite*) ▪ **I. v. tr. 1.** Rendre propre à l'alimentation par le feu, la chaleur (⇒ **cuisson**). *Cuire des légumes. Cuire un morceau de viande.* ⇒ **griller, rôtir ; frire. 2.** Transformer par l'action du feu. *Cuire une poterie* (→ terre cuite*). **3.** loc. FAM. *Être* DUR À CUIRE *:* opposer une grande résistance. - **n.** *Un dur à cuire.* **II. v. intr. 1.** Devenir propre à l'alimentation par l'action du feu. *La soupe cuit à feu doux.* ⇒ **mijoter. 2.** FAM. (sujet personne) Avoir très chaud. *Ouvrez les fenêtres, on cuit là-dedans !* ⇒ **étouffer. 3.** Produire une sensation d'échauffement, de brûlure. ⇒ **brûler ; cuisant.** *Les yeux me cuisent.* ⇒ **piquer.** - loc. *Il vous en cuira :* vous vous en repentirez, vous en souffrirez par votre faute.

CUISANT, ANTE **adj.** ▪ Qui provoque une douleur, une peine très vive. *Une déception cuisante.* ⇒ **aigu, douloureux, vif.**

CUISINE **n. f.** ▪ **I.** Pièce d'une habitation, dans laquelle on prépare et fait cuire les aliments. *Table, éléments de cuisine. Ustensiles de cuisine* (casseroles, poêles, etc.). **II. 1.** Préparation des aliments ; art de préparer les aliments. ⇒ art **culinaire ;** FAM. **cuistance.** *Faire la cuisine. Les recettes de la cuisine chinoise.* **2.** FAM. Manœuvre, intrigue louche. ⇒ FAM. **magouille.** *La cuisine électorale.* **III.** Aliments préparés qu'on sert aux repas. ⇒ FAM. **bouffe, tambouille.** *Être amateur de bonne cuisine,* gourmet.

CUISINÉ, ÉE **adj.** ▪ Préparé selon les règles de la cuisine. *Plats cuisinés.*

CUISINER **v.** [1] ▪ **1. v. intr.** Faire la cuisine. *Elle cuisine bien.* **2. v. tr.** Préparer, accommoder. *Cuisiner de bons petits plats.* **3. v. tr.** fig. FAM. *Cuisiner qqn,* l'interroger, chercher à obtenir de lui des aveux par tous les moyens.

CUISINETTE **n. f.** ▪ Partie de pièce utilisée comme cuisine (recomm. off. pour l'anglic. *kitchenette*).

CUISINIER, IÈRE **n.** ▪ Personne qui a pour fonction de faire la cuisine. ⇒ **chef ;** FAM. **cuistot.** *Aide-cuisinier.* ⇒ **marmiton.** - Personne qui sait faire la cuisine. *Elle est très bonne cuisinière.* ⇒ **cordon-bleu.**

CUISINIÈRE **n. f.** ▪ Fourneau de cuisine servant à chauffer, à cuire les aliments. *Cuisinière à gaz, électrique, mixte.*

CUISSAGE **n. m.** ▪ HIST. DROIT DE CUISSAGE *:* droit qu'avait le seigneur féodal de poser symboliquement sa jambe nue sur le lit de la nouvelle mariée, et, parfois, de passer la première nuit des noces avec elle.

CUISSARD, ARDE ▪ **1. n. m.** Garniture de protection de la cuisse. **2. adj.** *Bottes cuissardes,* qui montent jusqu'au milieu des cuisses. - **n. f. plur.** *Des cuissardes.*

CUISSE **n. f.** ▪ **1.** Partie du membre inférieur qui s'articule à la hanche et va jusqu'au genou (⇒ **crural**). *Short qui s'arrête à mi-cuisse.* - (animaux) *Une cuisse de poulet.* ⇒ **pilon.** *Cuisse du mouton* (⇒ **gigot**), du cochon (⇒ **jambon**), du chevreuil (⇒ **cuissot, gigue**). **2.** loc. FAM. *Se croire sorti de la cuisse de Jupiter :* être très orgueilleux.

CUISSEAU **n. m.** ▪ BOUCHERIE Partie du veau dépecé, du dessous de la queue au rognon. ≠ *cuissot.*

CUISSON **n. f.** ▪ **1.** Action de cuire ; préparation des aliments par le feu, la chaleur. *Cuisson au four, à la broche. Temps de cuisson.* **2.** Préparation par le feu. *Cuisson industrielle de la porcelaine.* **3.** Sensation analogue à une brûlure ; douleur cuisante (⇒ **cuire** (II, 3)). *La cuisson d'une piqûre de guêpe.*

CUISSOT **n. m.** ▪ Cuisse (du gros gibier). *Cuissot de chevreuil.* ≠ *cuisseau.*

CUISTANCE **n. f.** ▪ FAM. Cuisine (II, 1 et III).

CUISTOT **n. m.** ▪ FAM. Cuisinier professionnel (surtout dans une communauté).

CUISTRE **n. m.** ▪ LITTÉR. Pédant vaniteux et ridicule. - **adj.** *Il est un peu cuistre.*

CUISTRERIE **n. f.** ▪ Pédantisme, procédé de cuistre.

CUIT, CUITE **adj.** ▪ **1.** Qui a subi la cuisson afin d'être consommé (opposé à *cru*). *Aliment cuit à point. Légumes cuits à l'eau, à la vapeur.* - **n. m.** *Le cru et le cuit.* **2.** Qui a subi la cuisson pour un usage particulier. *Terre cuite.* **3.** FAM. *Être cuit,* pris, vaincu. ⇒ FAM. **fait, fichu, refait.** - *C'est du tout cuit,* c'est réussi d'avance.

CUITE **n. f.** ▪ FAM. *Prendre une cuite :* s'enivrer.

SE **CUITER** **v. pron.** [1] ▪ FAM. S'enivrer.

CUIVRE **n. m.** ▪ **I.** Corps simple (symb. Cu), métal rouge, très malléable, bon conducteur électrique. *Mine de cuivre. Alliages de cuivre :* airain, bronze, laiton. **II.** au plur. Objets en cuivre. **1.** LES CUIVRES *:* ensemble d'instruments de cuisine, d'objets d'ornement en cuivre ou en laiton. *Faire les cuivres,* les nettoyer. **2.** Ensemble des instruments à vent en cuivre employés dans un orchestre.

CUIVRÉ, ÉE **adj.** ▪ **1.** Qui a la couleur rougeâtre du cuivre. *Reflets cuivrés. Avoir la peau cuivrée.* ⇒ **bronzé, hâlé. 2.** Qui a un timbre éclatant (comme un instrument de cuivre). *Voix chaude et cuivrée.*

CUIVRER **v. tr.** [1] ▪ **1.** TECHN. Recouvrir d'une feuille de cuivre. **2.** Donner une teinte de cuivre à (qqch.). *Le soleil avait cuivré sa peau.* ⇒ **cuivré.**

Jacques CUJAS (1522 - 1590) ▪ Jurisconsulte français. Exégète du droit latin.

George CUKOR (1899 - 1983) ▪ Cinéaste américain. *"My Fair Lady"* (1964).

CUL [ky] **n. m.** ▪ **1.** FAM. Derrière, postérieur humain. *Tomber sur le cul. Donner un coup de pied au cul à qqn.* ♦ loc. fig. *Il en est resté sur le cul,* très étonné. - *Être comme cul et chemise,* inséparables. - *Tirer au cul.* ⇒ **flanc.** ♦ exclam. *Mon cul !* ♦ Anus. - loc. *En avoir plein le cul,* en avoir assez. **2.** FAUX CUL *:* anciennt tournure portée par les femmes. - fig. **n.** et **adj.** Hypocrite. **3.** FAM. injure ⇒ **crétin, idiot, imbécile.** *Quel cul !* - **adj.** *Ce qu'il (elle) est cul !* (⇒ FAM. *cucul*). **4.** par analogie (emploi non vulgaire) Fond de certains objets. *Cul de bouteille.* ⇒ **cul-de-...** (à l'ordre alphab.). - *Faire* CUL SEC (en buvant), vider le verre d'un trait.

CULASSE **n. f.** ▪ **1.** Extrémité postérieure du canon (d'une arme à feu). *Culasse mobile,* pièce d'acier contenant le percuteur. **2.** dans un moteur à explosion ou à combustion Partie supérieure du cylindre, dans laquelle les gaz sont comprimés. *Joint de culasse.*

CULBUTE **n. f.** ▪ **1.** Tour qu'on fait en mettant la tête en bas et les jambes en haut, de façon à retomber de l'autre côté. ⇒ **cabriole, galipette, roulade. 2.** Chute à la renverse. ⇒ **dégrin-**

golade. - fig. FAM. *Faire la culbute :* faire faillite, être ruiné. loc. prov. *Au bout du fossé, la culbute !* **3.** loc. COMM. *Faire la culbute,* revendre qqch. au double du prix d'achat.

CULBUTER v. 1 ▪ **I.** v. intr. Faire une culbute (2), tomber à la renverse. ⇒ **dégringoler.** *La voiture a culbuté dans le fossé.* ⇒ **verser. II.** v. tr. **1.** Faire tomber brusquement (qqn). ⇒ **renverser.** - spécialt FAM. *Culbuter une femme,* pour la posséder sexuellement. ⇒ **sauter. 2.** Bousculer, pousser. *Culbuter l'ennemi.* ⇒ **enfoncer, repousser.** - fig. *Culbuter les traditions.*

CULBUTEUR n. m. ▪ TECHN. **1.** Appareil qui sert à faire basculer un récipient, un wagon pour le vider de son contenu. **2.** dans un moteur à explosion Levier oscillant placé au-dessus des cylindres et servant à ouvrir et à fermer les soupapes.

CUL-DE-BASSE-FOSSE n. m. ▪ Cachot souterrain. *Des culs-de-basse-fosse.*

CUL-DE-FOUR n. m. ▪ Voûte formée d'une demi-coupole (quart de sphère). *Des culs-de-four.*

CUL-DE-JATTE adj. et n. ▪ Infirme qui n'a plus de jambes. *Des culs-de-jatte.*

CUL-DE-LAMPE n. m. ▪ Ornement, dans un texte, un livre, à la fin d'un chapitre (la forme de certains rappelle le dessous d'une lampe d'église). *Des culs-de-lampe.*

EN **CUL-DE-POULE** loc. adv. ▪ *Bouche en cul-de-poule,* qui s'arrondit et se resserre en faisant une petite moue.

CUL-DE-SAC n. m. ▪ **1.** Rue sans issue. ⇒ **impasse.** *Des culs-de-sac.* **2.** Carrière, entreprise sans issue, qui ne mène à rien. *Cette situation est un cul-de-sac.*

CULÉE n. f. ▪ Massif de maçonnerie destiné à contenir la poussée d'un arc, d'une arche, d'une voûte.

CULIACÁN ▪ Ville du Mexique. 602 000 hab.

CULINAIRE adj. ▪ Qui a rapport à la cuisine (II, 1). ⇒ **gastronomique.** *L'art culinaire et la gastronomie.*

CULMINANT, ANTE adj. ▪ Qui atteint sa plus grande hauteur. ♦ *POINT CULMINANT,* qui domine. *Le point culminant d'une chaîne de montagnes.* - fig. *Le point culminant d'une évolution* (⇒ **apogée**), *d'une crise* (⇒ **comble, maximum**).

CULMINER v. intr. 1 ▪ **1.** Atteindre la plus grande hauteur. *Montagne, pic qui culmine au-dessus des sommets voisins.* ⇒ **dominer. 2.** fig. LITTÉR. Dominer, atteindre son point culminant.

CULOT n. m. ▪ **I. 1.** Partie inférieure (de certains objets). ⇒ **fond.** - Fond métallique. *Un culot d'obus.* **2.** Résidu métallique au fond d'un creuset. - Résidu qui se forme au fond d'une pipe. **II.** Aplomb, audace. *Quel culot !* ⇒ **toupet.** *Il a du culot* (⇒ **culotté**).

CULOTTE n. f. ▪ **1.** Vêtement masculin de dessus formé d'un haut et de deux jambes, qui couvre de la ceinture aux genoux (d'abord serré aux genoux, et opposé au pantalon → sans-culotte). *Culottes courtes* (de jeune garçon, d'adulte). ⇒ **short.** *Culottes longues.* ⇒ **pantalon.** *User ses fonds de culotte sur les bancs de l'école. Culotte de pyjama. Culotte de cheval.* - loc. FAM. *Trembler, faire dans sa culotte :* avoir très peur. - *Porter la culotte :* commander (dans un ménage). **2.** Sous-vêtement féminin qui couvre les fesses et le bas du ventre, avec deux ouvertures pour les jambes. ⇒ **slip.** - *Culotte de bébé.* **3.** FAM. Perte importante au jeu. *Prendre une culotte.*

CULOTTÉ, ÉE adj. ▪ FAM. Qui a du culot, de l'aplomb. ⇒ **gonflé.**

① **CULOTTER** v. tr. 1 ▪ **1.** Fumer (une pipe) jusqu'à ce que son fourneau soit couvert d'un dépôt noir. - au p. p. *Pipe culottée.* **2.** Noircir par l'usage, le temps. - au p. p. *Une théière culottée.*

② **CULOTTER** v. tr. 1 ▪ Mettre une culotte à (qqn) (s'oppose à *déculotter*). - passif et p. p. « *Votre Majesté/Est mal culottée* » (chanson du Roi Dagobert).

CULPABILISER v. tr. 1 ▪ Donner un sentiment de culpabilité à (qqn). ► adj. CULPABILISANT, ANTE

CULPABILITÉ n. f. ▪ État d'une personne qui est coupable. *Prouver la culpabilité d'un accusé.* ♦ *Sentiment de culpabilité,* par lequel on se sent coupable.

CULTE n. m. ▪ **1.** Hommage religieux rendu à la divinité ou à un saint personnage. *Rendre un culte à un saint* (⇒ **cultuel**). **2.** Pratiques réglées par une religion, pour rendre hommage à la divinité. ⇒ **liturgie ; rite, rituel.** *Ministre du culte,* prêtre. **3.** Service religieux protestant. *Assister au culte.* **4.** Admiration mêlée de vénération (pour qqn ou qqch.). ⇒ **adoration, amour, dévouement.** *Vouer un culte à ses parents. Avoir le culte de l'argent.*

CUL-TERREUX n. m. ▪ péj. et injurieux Paysan.

-CULTEUR, -CULTRICE Élément qui signifie « qui cultive, élève » (ex. *agriculteur, apiculteur*).

CULTIVABLE adj. ▪ Qui peut être cultivé. *Terre cultivable.*

CULTIVATEUR, TRICE ▪ **I.** n. Personne qui cultive la terre, exploite une terre. ⇒ **agriculteur, paysan. II.** n. m. Machine qui fait un labourage superficiel. ⇒ **charrue.**

CULTIVÉ, ÉE p. p. adj. ▪ Qui a de la culture (II) (opposé à *inculte*). *Esprit cultivé. Il est peu cultivé, mais intelligent.*

CULTIVER v. tr. 1 ▪ **I. 1.** Travailler (la terre) pour lui faire produire des végétaux utiles aux besoins de l'homme. ⇒ **défricher, labourer ; agriculture, culture** (I). *Cultiver un champ* (⇒ **cultivateur**). - pronom. (passif) *Cette terre se cultive facilement.* - au p. p. *Terre cultivée.* **2.** Soumettre (une plante) à divers soins en vue de favoriser sa venue ; faire pousser. *Cultiver la vigne, des céréales.* - au p. p. *Plantes sauvages et plantes cultivées.* **II.** fig. **1.** Former par l'éducation, l'instruction. ⇒ **éduquer, former, perfectionner ; culture.** *Cultiver sa mémoire.* **2.** S'intéresser activement à (qqch.). ⇒ s'**adonner** à, s'**intéresser** à. *Cultiver un art. Cultiver le paradoxe.* **3.** Entretenir des relations amicales avec (qqn). *Cultiver ses relations.* ⇒ **soigner.** ► SE CULTIVER v. pron. Cultiver son esprit, son intelligence.

CULTUEL, ELLE adj. ▪ Du culte. *Édifices cultuels.*

CULTURALISME n. m. ▪ DIDACT. Doctrine sociologique et anthropologique, essentiellement nord-américaine, qui considère l'action du groupe culturel comme fondamentale dans la détermination des comportements et des systèmes sociaux.

CULTURE n. f. ▪ **I. 1.** Action de cultiver (I, 1) la terre pour la production de végétaux (à l'exception des arbres forestiers). ⇒ **agriculture.** *La culture d'un champ, d'un verger.* **2.** Terres cultivées. *L'étendue des cultures.* ⇒ **plantation. 3.** Action de cultiver (un végétal). *Culture de la vigne* (viticulture), *culture fruitière* (arboriculture), etc. *Cultures tropicales.* **4.** BIOL. Méthode consistant à faire vivre et proliférer des microorganismes, des cellules en milieu approprié. *Culture microbienne. Bouillon* de culture.* **II. 1.** Développement de certaines facultés de l'esprit par des exercices intellectuels appropriés ; ensemble des connaissances acquises. ⇒ **éducation, formation.** *La culture philosophique, scientifique. Culture générale,* dans les domaines considérés comme nécessaires à tous (en dehors des spécialités, des métiers). *Culture de masse.* - *Avoir une vaste culture* (⇒ **cultivé**) ; s'oppose à *inculture.* **2.** Ensemble des aspects intellectuels, artistiques d'une civilisation. *La culture occidentale, orientale. Politique en faveur de la culture.* ⇒ **culturel.** ♦ DIDACT. Ensemble des formes acquises de comportement dans les sociétés humaines. *Nature et culture. Le choc des cultures.* - *Culture d'entreprise.* **3.** *CULTURE PHYSIQUE :* développement méthodique du corps par des exercices appropriés et gradués. ⇒ **éducation** physique, **gymnastique.**

CULTUREL, ELLE adj. ▪ Qui est relatif à la culture (II, 2), à la civilisation dans ses aspects intellectuels, artistiques. *Relations culturelles. Centre culturel,* lieu public destiné à accueillir des activités culturelles (arts, musique, spectacles). - n. m. *Le culturel et le social.* ► adv. CULTURELLEMENT

CULTURISME n. m. ▪ Culture physique permettant de développer certains muscles de façon apparente. ⇒ **musculation.** ► adj. et n. CULTURISTE

le massif de **CUMBERLAND** ▪ Massif montagneux du nord-ouest de l'Angleterre.

la **CUMBRIE** ou **CUMBRIA** ▪ Comté du nord-ouest de l'Angleterre. 6 809 km². 492 000 hab. Chef-lieu : Carlisle (71 500 hab.).

CUMES ▪ Site archéologique d'Italie (Campanie), ancienne colonie grecque, alliée de Rome.

CUMIN n. m. ▪ Plante à graines aromatiques ; ces graines utilisées comme assaisonnement. *Fromage de Munster au cumin. Le kummel, liqueur au cumin.*

Edward Estlin **CUMMINGS** (1894-1962) ▪ Poète américain. Proche de Pound, il est l'auteur d'une œuvre ludique. Connu pour les singularités typographiques de ses poèmes. Dans le roman *"L'Énorme Chambrée"* (1922), il relate son emprisonnement en France en 1917.

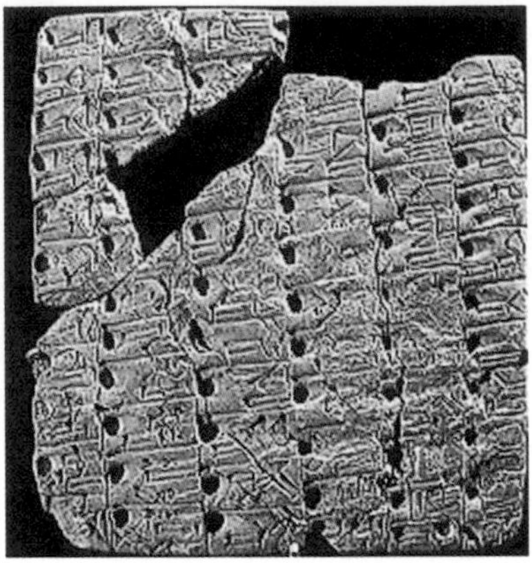

écriture **cunéiforme.** Tablette, 3e période d'Uruk. Musée de Bagdad. *Phot. © Dagli Orti*

CUMUL n. m. ▪ Action de cumuler. *Cumul de mandats* (électifs).

CUMULABLE adj. ▪ Que l'on peut cumuler.

CUMULATIF, IVE adj. ▪ Qui s'ajoute à, qui ajoute. *Un effet cumulatif.*

CUMULER v. tr. [1] ▪ Avoir à la fois (plusieurs avantages, plusieurs activités ; des caractères, des qualités). *Cumuler deux fonctions. Cumuler la réussite et le bonheur.*

CUMULUS [-ys] n. m. ▪ **I.** Gros nuage arrondi présentant des parties éclairées. *Des cumulus et des nimbus* (composés *cumulo-nimbus, cumulo-stratus*). **II.** Chauffe-eau électrique en forme de gros cylindre. ⇒ **ballon.**

CUNÉIFORME adj. ▪ Qui a la forme d'un coin. *Écriture cunéiforme* (des Assyriens, des Mèdes, des Perses), constituée de signes en forme de clous, de coins.

CUNNILINCTUS [-lɛ̃ktys] n. m. ▪ DIDACT. Pratique sexuelle, caresses buccales des parties génitales féminines (→ aussi fellation). ◇ syn. CUNNILINGUS [-lɛ̃gys].

Merce CUNNINGHAM (né en 1919) ▪ Danseur et chorégraphe américain.

Cunningham, en 1991. *Phot. © Victor/Stills*

CUPIDE adj. ▪ LITTÉR. Avide d'argent. ⇒ **rapace.** *Un homme d'affaires cupide.*

CUPIDITÉ n. f. ▪ Désir immodéré de l'argent, des richesses. ⇒ **âpreté, avidité.**

CUPIDON ▪ Dieu romain de l'Amour, identifié avec l'Éros grec.

CUPRI-, CUPRO- Élément savant, du latin *cuprum* « cuivre ».

CUPULE n. f. ▪ Partie d'un végétal formant une petite coupe couverte d'écailles. *La cupule d'un gland.*

CURABLE adj. ▪ Qui peut être guéri (opposé à *incurable*). ⇒ **guérissable.** *Malade, maladie curable.*

CURAÇAO [kyʀaso] n. m. ▪ Liqueur faite avec de l'eau-de-vie, de l'écorce d'oranges amères et du sucre.

CURAÇAO ▪ La plus grande des Antilles néerlandaises. 444 km². 145 000 hab.

CURARE n. m. ▪ Poison végétal paralysant, utilisé par certains Indiens d'Amérique du Sud pour empoisonner leurs flèches. ▸ MÉD. *Anesthésie au curare.*

CURATELLE n. f. ▪ DR. Charge du curateur.

CURATEUR, TRICE n. ▪ DR. Personne qui a la charge d'assister une personne majeure incapable*, de veiller à ses intérêts.

CURATIF, IVE adj. ▪ Relatif à la cure d'une maladie. *Traitement curatif.*

① **CURE** n. f. ▪ **I.** loc. *N'AVOIR CURE DE qqch.*, ne pas s'en soucier. *Il n'en a cure.* **II. 1.** Traitement médical d'une certaine durée ; méthode thérapeutique particulière. ▸ Traitement dans une station thermale. *Faire une cure* (⇒ **curiste**). **2.** Usage abondant (de qqch.) par hygiène ou pour se soigner. ⇒ **régime.** *Faire une cure de raisin. Cure d'air, de repos.*

② **CURE** n. f. ▪ **1.** Fonction de curé. ♦ Paroisse. *Une cure de village.* **2.** Résidence du curé. ⇒ **presbytère.**

la CURE ▪ Rivière de Bourgogne, affluent de l'Yonne. 112 km.

CURÉ n. m. ▪ **1.** Prêtre placé à la tête d'une paroisse. *L'abbé X, curé de telle paroisse. Monsieur le curé et son vicaire. "Journal d'un curé de campagne"* (roman de Bernanos). **2.** FAM. souvent péj. Prêtre catholique. ⇒ **abbé.** *Les curés,* le clergé.

CURE-DENT n. m. ▪ Petit bâtonnet pointu pour se curer les dents. *Des cure-dents.*

CURÉE n. f. ▪ **1.** VÉN. Portion de la bête tuée que l'on donne aux chiens de chasse. **2.** fig. Ruée vers les places, le butin. *"La Curée"* (roman de Zola).

CURE-OREILLE n. m. ▪ Instrument, petite spatule, pour se nettoyer l'intérieur de l'oreille. *Des cure-oreilles.*

CURE-PIPE n. m. ▪ Instrument servant à nettoyer le fourneau d'une pipe. *Des cure-pipes.*

CURER v. tr. [1] ▪ Nettoyer (qqch.) en raclant. ⇒ **racler.** *Curer une citerne. Se curer les oreilles.*

CURETAGE n. m. ▪ MÉD. Opération qui consiste à nettoyer avec une curette une cavité naturelle (utérus, articulation) ou accidentelle (abcès).

CURETTE n. f. ▪ **1.** Outil muni d'une partie tranchante, pour racler. ⇒ **racloir. 2.** MÉD. Instrument chirurgical en forme de cuiller servant à effectuer les curetages.

les CURIACES → les trois **Horaces**

① **CURIE** n. f. ▪ **1.** ANTIQ. ROMAINE Subdivision de la tribu. **2.** *LA CURIE :* l'ensemble des administrations qui constituent le gouvernement pontifical.

② **CURIE** n. m. ▪ anciennt Unité de mesure de l'activité d'une substance radioactive (remplacée aujourd'hui par le becquerel).

les CURIE ▪ Physiciens français. **Pierre** (1859 - 1906) et **Marie** (1867 - 1934), née Skłodowska, son épouse, d'origine polonaise. Leur contribution décisive à l'étude de la radioactivité (découverte en 1898 du polonium et du radium) leur valut le prix Nobel de physique en 1903, et à Marie le prix Nobel de chimie en 1911.

CURIETHÉRAPIE n. f. ▪ SC. Emploi thérapeutique des éléments radioactifs.

CURIEUSEMENT adv. ▪ Bizarrement, étrangement. *Curieusement, il n'a pas réagi à la nouvelle.*

CURIEUX, EUSE adj. ▪ **I. 1.** Qui est désireux (de voir, de savoir). *Curieux d'apprendre. Je serais curieux de savoir... Il est curieux de botanique.* ▸ *Esprit curieux.* **2.** sans compl. Qui cherche à connaître ce qui ne le regarde pas. ⇒ **indiscret.** *Vous êtes trop curieux.* ▸ n. *Une petite curieuse.* **3.** n. Personne qui s'intéresse à qqch. par simple curiosité. *Un attroupement de curieux.* ⇒ **badaud.** ♦ Amateur d'objets, collectionneur. *Chercheurs et curieux.* **II.** Qui donne de la curiosité ; qui attire et retient l'attention. ⇒ **bizarre, drôle, étonnant, étrange, singulier.** *Une habitude curieuse. Par une curieuse coïncidence. C'est un curieux personnage.* loc. *Regarder qqn comme une bête curieuse.*

CURIOSITÉ n. f. ▪ **I. 1.** Tendance qui porte à apprendre, à connaître des choses nouvelles ou cachées. **2.** Désir de savoir les secrets, les affaires d'autrui. ⇒ **indiscrétion. II.** *(Une, des curiosités)* Chose curieuse (II) ; objet recherché par les curieux, les amateurs. ⇒ **nouveauté, rareté.** *Magasin de curiosités. Une curiosité de la nature.*

CURISTE n. ▪ Personne qui fait une cure thermale.

CURITIBA ▪ Ville du Brésil, capitale de l'État du Paraná. 1 290 000 hab. (zone urbaine de 1 900 000 hab.). Centre agricole et industriel important.

CURIUM [-jɔm] n. m. ▪ CHIM. Élément radioactif artificiel produit par l'uranium.

CURLING [kœʀliŋ] n. m. ▪ anglic. Sport d'hiver qui consiste à faire glisser un palet sur la glace.

Maurice Edmond Sailland dit CURNONSKY (1872 - 1956) ▪ Gastronome français. Il défendit la cuisine du terroir dans de nombreux ouvrages et fut élu « prince des gastronomes » en 1927.

CURRICULUM VITÆ [-ɔmvite] n. m. invar. ▪ Ensemble des indications relatives à l'état civil, aux capacités, aux diplômes et aux activités passées (d'une personne). *Envoyer son curriculum vitæ à un employeur éventuel.* ◇ abrév. CURRICULUM ; C. V.

CURRY n. m. ▪ Assaisonnement indien composé de piment et d'autres épices pulvérisées. *Riz au curry.* - Plat préparé au curry. *Un curry de volaille.* ◇ var. anc. CARRY, CARI.

CURSEUR n. m. ▪ **1.** Petit index qui glisse dans une coulisse graduée pour effectuer un réglage. **2.** INFORM. Marque mobile, sur un écran de visualisation, indiquant l'endroit où va s'effectuer la prochaine opération.

CURSIF, IVE adj. ▪ *Écriture cursive,* tracée rapidement. ♦ fig. Rapide, bref. *Style cursif. Lecture cursive.*

CURSUS [-ys] n. m. ▪ Ensemble des études à poursuivre dans une matière donnée. *Des cursus universitaires.*

Michael CURTIZ (1888 - 1962) ▪ Cinéaste américain d'origine hongroise. *"Casablanca"* (1942).

CURULE adj. ▪ ANTIQ. *CHAISE CURULE :* siège d'ivoire réservé aux premiers magistrats de Rome.

CURV(I)- Élément savant, du latin *curvus* « courbe, recourbé ».

CURVILIGNE adj. ▪ DIDACT. Formé par des lignes courbes.

CUSCUTE n. f. ▪ BOT. Plante herbacée parasite de certains végétaux cultivés (blé, luzerne).

Harvey CUSHING (1869 - 1939) ▪ Chirurgien américain. Fondateur de la neurochirurgie.

CUSSET ▪ Commune de l'Allier, dans la banlieue de Vichy. 14 100 hab. *(les Cussetois).*

le marquis de CUSTINE (1790 - 1857) ▪ Écrivain français. *"La Russie en 1839"* (1843).

CUSTODE n. f. ▪ **1.** RELIG. Boîte où le prêtre enferme l'hostie pour l'exposer, la transporter. **2.** TECHN. Panneau latéral arrière d'une carrosserie de voiture. *Glace de custode.*

CUTANÉ, ÉE adj. ▪ De la peau. ⇒ **épidermique.** *Lésion cutanée.*

CUTICULE n. f. ▪ **1.** ZOOL. Membrane externe (insectes, crustacés), qui contient de la chitine. **2.** BOT. Pellicule luisante qui recouvre la tige et les feuilles de certaines plantes. **3.** ANAT. Mince couche de peau, membrane, pellicule qui recouvre. *Repousser la cuticule des ongles.*

CUTI-RÉACTION ou **CUTI** n. f. ▪ Test médical pour déceler certaines maladies (tuberculose). *Des cuti-réactions. Des cutis positives.* ♦ loc. *Virer sa cuti :* réagir positivement pour la première fois ; fig. FAM. changer radicalement sa façon de vivre, de penser.

CUTTACK → Katak

CUTTER [kœtœʀ ; kytɛʀ] n. m. ▪ anglic. Instrument tranchant à lame coulissante, servant à couper le papier, le carton.

CUVE n. f. ▪ **1.** Grand récipient utilisé pour la fermentation du raisin. **2.** Grand récipient. - *Cuve à mazout. Cuve de teinturier, de blanchisseur.* ⇒ **baquet, cuvier.** ♦ *Cuve d'une machine à laver,* intégrée à l'appareil.

CUVÉE n. f. ▪ **1.** Quantité de vin qui se fait à la fois dans une cuve. *Vin de la première cuvée.* ♦ loc. fig. *De la même cuvée,* de même origine, de même nature. **2.** Produit de toute une vigne. *La cuvée (de) 1981.*

CUVELAGE n. m. ▪ TECHN. Action de cuveler ; revêtement destiné à cuveler.

CUVELER v. tr. [4] ▪ TECHN. Revêtir les parois de (un puits de mine, de pétrole...) de planches ou de solives.

CUVER v. [1] ▪ **I.** v. intr. (vin) Séjourner dans la cuve pendant la fermentation. **II.** v. tr. *Cuver son vin :* dissiper son ivresse en dormant, en se reposant. ⇒ **digérer.** - *Cuver sa colère :* se calmer.

CUVETTE n. f. ▪ **1.** Récipient portatif large et peu profond. *Cuvette en plastique.* ♦ Partie d'un lavabo où coule l'eau. - *La cuvette des cabinets.* **2.** Renflement de la partie inférieure du tube d'un baromètre. **3.** GÉOGR. Dépression de terrain fermée de tous côtés. ⇒ **bassin, entonnoir.** *Ville construite dans une cuvette.*

CUVIER n. m. ▪ ancienn^t Cuve pour faire la lessive. *"La Farce du cuvier"* (xve siècle).

Georges, baron CUVIER (1769 - 1832) ▪ Zoologiste français. Fondateur de l'anatomie comparée et de la paléontologie. Ses travaux servirent de base aux théories transformistes, bien que lui-même ait été partisan du fixisme et qu'il ait combattu les idées de Lamarck et de Geoffroy Saint-Hilaire.

François de CUVILLIÉS (1695 - 1768) ▪ Architecte et décorateur allemand. Un des principaux représentants du style rococo.

Albert CUYP (1620 - 1691) ▪ Peintre hollandais. Remarquable paysagiste, aux lumières dorées ou brumeuses.

Alexandre Jean CUZA (1820 - 1873) ▪ Premier prince de Roumanie, de 1859 à 1866.

CUZCO ▪ Ville du sud du Pérou, située à 3 600 m. 162 000 hab. Capitale de l'Empire inca. Monuments coloniaux. Tourisme.

Cuzco. La place d'Armes et l'église des Jésuites.
Phot. © Nino Cirani/Ricciarini

C. V. [seve] ⇒ CURRICULUM VITÆ

CYAN- [sjan], **CYANO-** [sjano] Élément savant, du grec *kuanos* « bleu sombre ».

CYANHYDRIQUE adj. ▪ CHIM. *Acide cyanhydrique,* acide (HCN), poison violent.

CYANOSE n. f. ▪ MÉD. Coloration bleue ou noirâtre de la peau due à diverses maladies (notamment troubles circulatoires). ► CYANOSER v. tr. [1]

CYANURE n. m. ▪ CHIM. Sel de l'acide cyanhydrique. - *Cyanure (de potassium),* poison violent.

CYAXARE (653 - 584 av. J.-C.) ▪ Roi des Mèdes de 625 à 585 av. J.-C. Vainqueur des Scythes et des Perses, il mit fin à l'Empire assyrien en s'emparant de Ninive.

CYBÈLE ▪ Divinité orientale adorée à Rome sous le nom de « Grande Mère » ou « Mère des dieux ». Elle fut assimilée à Rhéa.

CYBERNÉTICIEN, IENNE n. ▪ Spécialiste de la cybernétique.

CYBERNÉTIQUE n. f. ▪ Science des communications et de la régulation dans l'être vivant et la machine. *La cybernétique est à l'origine de l'informatique.* - adj. De la cybernétique.

CYCLABLE adj. ▪ Réservé aux cyclistes, aux cycles (⇒ ②). *Piste cyclable.*

les **Cyclades.** *Le Joueur de lyre,* marbre provenant de Kéros. Musée national d'Archéologie, Athènes.
Phot. © Dagli Orti

les CYCLADES n. f. pl. ▪ Îles grecques de la mer Égée, foyer d'une brillante civilisation vers 2000 av. J.-C. (→ **Délos, Ios, Milo, Mykonos, Náxos, Páros, Santorin, Syra**).

CYCLAMEN [-ɛn] n. m. ▪ Plante à tubercule, dont les fleurs roses, mauves ou blanches très décoratives sont portées par un pédoncule recourbé en crosse.

① **CYCLE** n. m. ▪ **1.** Suite de phénomènes se renouvelant sans arrêt dans un ordre immuable. *Le cycle des saisons. Le cycle de l'eau dans la nature.* - SC. Série de changements subis par un système, qui le ramène à son état primitif. *Le cycle du carbone. Nombre de cycles par seconde d'un courant alternatif* (fréquence). *Cycle (d'un moteur à explosion) à quatre temps, à deux temps.* ♦ *Cycle (menstruel)* [de la femme] : déroulement régulier des phénomènes physiologiques permettant la reproduction (⇒ **menstrues, règles**). **2.** Série de poèmes se déroulant autour d'un même sujet et où l'on retrouve les mêmes personnages. *Le cycle de la Table Ronde.* ⇒ ② **geste. 3.** *Cycle d'études :* division de l'enseignement regroupant plusieurs années scolaires ou universitaires. *Premier cycle* (6ᵉ, 5ᵉ, 4ᵉ, 3ᵉ), *second cycle* (jusqu'au baccalauréat), dans l'enseignement secondaire français.

② **CYCLE** n. m. ▪ Véhicule à deux roues, sans moteur (⇒ **bicyclette**) ou avec un petit moteur (⇒ **cyclomoteur**). *Piste réservée aux cycles* (⇒ **cyclable**).

CYCLIQUE adj. ▪ **I.** Relatif à un cycle ; qui se produit selon un cycle. **II.** CHIM. *COMPOSÉS CYCLIQUES,* dont la molécule forme une chaîne fermée (s'oppose à *acyclique*). *Série cyclique.*

CYCLISME n. m. ▪ Pratique ou sport de la bicyclette. ⇒ **vélo.**

CYCLISTE ▪ **1.** adj. Qui concerne le cyclisme. *Courses, coureurs cyclistes.* **2.** n. Personne qui va à bicyclette. *La voiture a renversé un cycliste.*

CYCLO- Élément savant, du grec *kuklos* « roue ; cercle ».

CYCLO-CROSS [-kʀɔs] n. m. ▪ Épreuve de cyclisme en terrain accidenté. ◇ abrév. ⇒ **cross.**

CYCLOÏDE n. f. ▪ GÉOM. Courbe décrite par un point d'un cercle qui roule (sans glisser) sur une droite fixe.

CYCLOMOTEUR n. m. ▪ Bicyclette à moteur (moins de 50 cm^3). ⇒ **vélomoteur.**

CYCLOMOTORISTE n. ▪ Personne qui roule en cyclomoteur.

CYCLONE n. m. ▪ **1.** Bourrasque, tempête violente caractérisée par des vents tourbillonnants. ⇒ **ouragan, tornade, typhon.** *L'œil* d'un cyclone.* **2.** Zone de basse pression (opposé à *anticyclone*). **3.** fig. Personne, événement qui bouleverse tout. *Arriver comme un cyclone,* en trombe.

CYCLOPE n. m. ▪ **1.** MYTHOL. GRECQUE Géant monstrueux n'ayant qu'un œil au milieu du front. *Les cyclopes, forgerons de Vulcain. Le cyclope Polyphème, dans l'Odyssée.* - *Un travail de cyclope :* une œuvre gigantesque. ⇒ **cyclopéen. 2.** Petit crustacé d'eau douce dont l'œil unique est très apparent.

CYCLOPÉEN, ENNE adj. ▪ **1.** MYTHOL. Des cyclopes. **2.** fig. LITTÉR. Énorme, gigantesque. ⇒ **colossal, titanesque.** *Un travail cyclopéen.*

CYCLOTHYMIE n. f. ▪ MÉD. Trouble psychique faisant alterner des périodes d'excitation et de dépression. ► adj. et n. CYCLOTHYMIQUE

CYCLOTOURISME n. m. ▪ Tourisme à bicyclette. ► adj. et n. CYCLOTOURISTE

CYCLOTRON n. m. ▪ PHYS. Accélérateur circulaire de particules lourdes.

CYGNE n. m. ▪ **1.** Grand oiseau palmipède, à plumage blanc (rarement noir), à long cou flexible. *Une blancheur de cygne,* éclatante. - *Un cou de cygne,* long et flexible. **2.** loc. *Le CHANT DU CYGNE* : le dernier chef-d'œuvre (de qqn). **3.** Duvet de cygne. *Manteau garni de cygne.* **4.** *BEC DE CYGNE :* robinet dont la forme évoque un bec de cygne. ♦ ⇒ **col-de-cygne.**

cygne. *Cygnus olor,* cygne tubercule.
Phot. © Danegger/Jacana

CYLINDRE n. m. ▪ **1.** GÉOM. Solide engendré par une droite mobile tournant autour d'un axe auquel elle est parallèle. *Un tuyau, un tube sont des cylindres. Le diamètre, la hauteur d'un cylindre.* **2.** Rouleau exerçant une pression uniforme. *Cylindre de laminoir.* **3.** Enveloppe cylindrique, dans laquelle se meut le piston d'un moteur à explosion. *Une six cylindres,* une automobile à six cylindres.

CYLINDRÉE n. f. ▪ Volume des cylindres (d'un moteur à explosion). *Voiture de 1 500 cm^3 de cylindrée. Une grosse cylindrée* (moto ou voiture). ⇒ FAM. gros **cube.**

CYLINDRER v. tr. [1] ▪ **1.** Faire passer (qqch.) sous un rouleau. **2.** Donner la forme d'un cylindre à (qqch.).

CYLINDRIQUE adj. ▪ Qui a la forme d'un cylindre (bobine, tambour, tube, etc.). *Colonne cylindrique.*

CYLINDRO-CONIQUE adj. ▪ Cylindrique et terminé en cône.

CYMBALE n. f. ▪ Chacun des deux disques de cuivre ou de bronze, légèrement coniques au centre, qui composent un instrument de musique à percussion.

CYN-, CYNO- Élément savant, du grec *kuôn* « chien ».

CYNÉGÉTIQUE adj. ▪ DIDACT. Qui se rapporte à la chasse.

CYNIQUE adj. et n. ▪ **1.** HIST. PHILOS. Qui appartient à l'école philosophique grecque de l'Antiquité qui cherchait le retour à la nature en méprisant les conventions sociales, l'opinion publique et la morale commune. **2.** Qui exprime sans ménagement des sentiments, des opinions contraires à la morale reçue. ⇒ **impudent.** *Un individu cynique.* - *Une attitude cynique.* ♦ n. *Un, une cynique.* ► adv. CYNIQUEMENT

CYNISME n. m. ▪ **1.** Doctrine des philosophes cyniques (Diogène, Ménippe...). **2.** Attitude cynique.

CYNOCÉPHALE n. m. ▪ Singe à museau allongé comme celui d'un chien. ⇒ **babouin.**

CYNODROME n. m. ▪ Piste aménagée pour les courses de lévriers.

CYPHOSE n. f. ▪ MÉD. Déviation de la colonne vertébrale qui rend le dos convexe.

cyprès. *Cupressus sempervirens.*
Phot. © Errath/Jacana

CYPRÈS n. m. ▪ Arbre (conifère) à feuillage vert sombre, à forme droite et élancée.

saint **CYPRIEN** (v. 200 - 258) ▪ Évêque de Carthage, écrivain latin, Père de l'Église.

CYPRIN n. m. ▪ Poisson d'eau douce. *Cyprin doré :* poisson rouge.

Savinien de **CYRANO DE BERGERAC** (1619 - 1655) ▪ Écrivain français. *"Le Pédant joué"*, comédie ; *"La Mort d'Agrippine"*, tragédie ; *"L'Autre Monde ou les États et Empires de la Lune"* (posth. 1657). Le personnage, esprit libre, libertin et savant, a inspiré Edmond Rostand pour sa célèbre comédie *"Cyrano de Bergerac"* (1897), mais le Cyrano de Rostand a peu de rapport avec l'écrivain.

CYRÉNAÏQUE adj. ▪ HIST. PHILOS. *École cyrénaïque,* école philosophique fondée par Aristippe (- IVe s.), qui professait un hédonisme absolu. ♦ n. *Les cyrénaïques.*

la **CYRÉNAÏQUE** ▪ Région orientale de la Libye. Colonisée par les Grecs, puis État indépendant soumis aux Ptolémées, province romaine en 74 av. J.-C., elle fut conquise par les Arabes en 641 puis annexée à l'Empire ottoman. Colonie italienne après 1912, elle fut réunie à la Tripolitaine pour former la Libye en 1934.

saint **CYRILLE** (v. 380 - 444) ▪ Théologien, patriarche d'Alexandrie, docteur de l'Église. Sa doctrine de l'Incarnation reste un des fondements du dogme chrétien.

saint **CYRILLE DE SALONIQUE** (827 ou 828 - 869) ▪ Évangélisateur des Slaves. Avec son frère **Méthode** (v. 825 - 885), il traduisit la Bible en slavon.

CYRILLIQUE [-ilik] adj. ▪ *Alphabet cyrillique,* l'alphabet slave, attribué à saint Cyrille de Salonique. *Le russe s'écrit en caractères cyrilliques.*

CYRUS II LE GRAND (v. 580 - v. 530 av. J.-C.) ▪ Roi de Perse. Il vainquit les Mèdes, renversa Crésus, roi de Lydie, conquit Babylone (où il libéra les Juifs) et fonda l'Empire perse achéménide.

CYST-, CYSTI-, CYSTO- Élément savant, du grec *kustis* « vessie ; sac » (ex. *cysticerque* n. m. « ténia au dernier stade larvaire » ; *cystoscopie* n. f. « examen de la vessie »).

CYSTITE n. f. ▪ Inflammation de la vessie. *Crise de cystite.*

CYTHÈRE ou **CÉRIGO** ▪ Île grecque, la plus méridionale des îles Ioniennes, entre le Péloponnèse et la Crète. 285 km^2. 3 400 hab. Célèbre sanctuaire d'Aphrodite dans l'Antiquité, qui donna naissance au thème artistique de *l'embarquement pour Cythère,* pays de l'amour.

CYTISE n. m. ▪ Arbrisseau vivace aux fleurs en grappes jaunes.

cytise. *Laburnum anagyroïdes,*
cytise aubour. *Phot. © Le Roy/Jacana*

CYT(O)-, -CYTE Éléments savants, du grec *kutos* « cavité, alvéole », qui signifient « cavité ; cellule » (ex. *leucocyte, lymphocyte*).

CYTOGÉNÉTIQUE n. f. ▪ BIOL. Partie de la génétique qui étudie les chromosomes.

CYTOKINES n. f. pl. ▪ BIOL. Substances élaborées par le système immunitaire, réglant la prolifération de cellules.

CYTOLOGIE n. f. ▪ Partie de la biologie qui étudie la cellule vivante. ⇒ **histologie.** ► n. CYTOLOGISTE ou CYTOLOGUE

CYTOPLASME n. m. ▪ BIOL. Partie de la cellule qui entoure le noyau.

CYTOSINE n. f. ▪ BIOL. Constituant des acides nucléiques (A.D.N. et A.R.N.).

CZARDAS ou **CSARDAS** [gzardas ; tsardas] n. f. ▪ Danse hongroise formée d'une partie lente et d'une partie rapide ; sa musique.

les **CZARTORYSKI** ▪ FAMILLE PRINCIÈRE DE POLOGNE ► **Adam Jerzy CZARTORYSKI** (1770 - 1861) tenta de reconstituer la Pologne.

CZĘSTOCHOWA ▪ Ville du sud de la Pologne. 258 000 hab. Pèlerinage à la Vierge noire. Sidérurgie.

D

D [de] n. m. ▪ **1.** Quatrième lettre, troisième consonne de l'alphabet, notant la dentale sonore [d], qui s'assourdit en liaison : *un grand homme* [œgʀɑ̃tɔm]. **2.** FAM. *Le système D* : le système débrouille. **3.** *D* : cinq cents, en chiffres romains.

D' prép. élidée ou art. élidé ⇒ DE

Eugène **DABIT** (1898 - 1936) ▪ Romancier français. *"L'Hôtel du Nord"* (1929) : roman populiste qui se situe à Paris.

D'ABORD loc. adv. ⇒ ABORD

Maria **DĄBROWSKA** ou **DOMBROWSKA** (1889 - 1965) ▪ Femme de lettres polonaise. *"Les Nuits et les Jours"* (1932-1934), cycle romanesque épique.

Jan Henryk **DĄBROWSKI** ou **DOMBROWSKI** (1755 - 1818) ▪ Général polonais. Chef des légions polonaises dans l'armée française de 1797 à 1814. Il donna son nom à l'hymne national polonais.

DACCA ou **DHAKA** ▪ Capitale du Bangladesh. 6 500 000 hab. Monuments de l'époque moghole.

DACHAU ▪ Ville d'Allemagne (Bavière). 34 800 hab. Camp de concentration nazi de 1933 à 1945.

la **DACIE** ▪ Région de l'Antiquité soumise par Trajan, correspondant à la Roumanie actuelle. ▸ **les DACES** Habitants de la Dacie.

DACTYLE n. m. ▪ DIDACT. Pied formé d'une syllabe longue suivie de deux brèves.

DACTYLO ▪ **1.** n. Personne dont la profession est d'écrire ou de transcrire des textes en se servant de la machine à écrire. ⇒ aussi **sténodactylo. 2.** n. f. Dactylographie.

DACTYLO-, -DACTYLE Éléments savants, du grec *daktulos* « doigt ».

DACTYLOGRAPHE n. ▪ VIEILLI Dactylo (1).

DACTYLOGRAPHIE n. f. ▪ Technique de la machine à écrire. ▸ adj. DACTYLOGRAPHIQUE

DACTYLOGRAPHIER v. tr. 7 ▪ Écrire en dactylographie. ⇒ **taper.** - au p. p. *Texte dactylographié.* ⇒ **tapuscrit.**

DACTYLOLOGIE n. f. ▪ Langage gestuel (digital) à l'usage des sourds-muets.

DACTYLOSCOPIE n. f. ▪ Procédé d'identification par les empreintes digitales.

① **DADA** n. m. ▪ **1.** lang. enfantin Cheval. *À dada.* **2.** fig. FAM. Sujet favori, idée à laquelle on revient sans cesse. ⇒ **marotte.** *Enfourcher son dada.*

② **DADA** adj. invar. ▪ De Dada*. *Le mouvement dada* (ou *dadaïsme* n. m.). *Manifestes dada.*

DADA ▪ Mouvement artistique et littéraire violemment provocateur, fondé à Zurich en 1916 par Tristan Tzara. Dada se développa surtout à Paris, à New York et en Allemagne. Il compta notamment dans ses rangs les écrivains Breton, Aragon, Soupault, Eluard, Péret, et les peintres Arp, Duchamp, Picabia et Man Ray. Caractérisé par un refus des valeurs admises, il s'exprima par le scandale, la parodie et le nihilisme. Il ouvrit la voie au surréalisme* et à l'art moderne, en donnant une liberté nouvelle aux artistes. ▪ Voir ill. p. suiv.

DADAIS n. m. ▪ Garçon niais et de maintien gauche. ⇒ **nigaud, sot.** *Grand dadais.*

Stig **DAGERMAN** (1923 - 1954) ▪ Écrivain suédois. *"L'Enfant brûlé"* (1948) est caractéristique de son obsession de la mort.

DAGOBERT ▪ NOM DE TROIS ROIS MÉROVINGIENS ▸ **DAGOBERT Ier** (v. 600 - 639), roi des Francs de 629 à sa mort. Conseillé par saint Éloi*, il a laissé le souvenir d'un grand règne. ▸ **DAGOBERT II**, son petit-fils, roi d'Austrasie de 676 à son assassinat en 679. ▸ **DAGOBERT III**, roi de Neustrie de 711 à 715.

DAGUE n. f. ▪ Épée courte.

Jacques **DAGUERRE** (1787 - 1851) ▪ Inventeur français, collaborateur de Niépce. Il mit au point l'un des premiers procédés permettant de fixer les images photographiques (daguerréotype).

DAGUERRÉOTYPE n. m. ▪ Procédé primitif de la photographie par lequel l'image était fixée sur une plaque métallique ; cette image.

le **DAGUESTAN** ou **DAGHESTAN** ▪ Une des républiques de la fédération de Russie, au bord de la mer Caspienne. 50 300 km². 1 823 000 hab. Capitale : Makhatchkala. Pays montagneux. Cultures, pêche, industries.

DAHLIA n. m. ▪ Plante ornementale à tubercules, aux fleurs de couleurs riches et variées ; sa fleur.

le **DAHOMEY** ▪ Ancienne colonie française, devenue indépendante en 1960 et qui prit le nom de Bénin* en 1975.

DAHU n. m. ▪ Animal imaginaire à l'affût duquel on poste une personne crédule. *Chasse au dahu.*

DAIGNER v. tr. 1 ▪ Consentir à (faire qqch.). ⇒ **condescendre** à. *Elle n'a pas daigné me parler.* - (formule de politesse) *Daignez recevoir mes salutations respectueuses.*

DAI JIN ou **TAI TSIN** (1388 - 1462) ▪ Principal peintre chinois de l'époque Ming, avec Wu Wei.

DAIM n. m. ▪ **1.** Cervidé d'Europe aux andouillers en palette et à robe tachetée. ⇒ **daine, faon. 2.** Cuir suédé. *Veste de daim.*

Gottlieb **DAIMLER** (1834 - 1900) ▪ Ingénieur allemand. Inventeur du moteur des automobiles fonctionnant au pétrole.

DAINE n. f. ▪ Femelle du daim.

DAIS n. m. ▪ **1.** Ouvrage (de bois, de tissu) qui s'étend au-dessus d'un autel, d'une chaire ou d'un lit. ⇒ **baldaquin. 2.** Voûte saillante au-dessus d'une statue.

Herman Thiery dit Johan **DAISNE** (1912 - 1978) ▪ Écrivain belge d'expression néerlandaise. Poète, romancier et dramaturge, il a construit une œuvre subtile, où la réalité

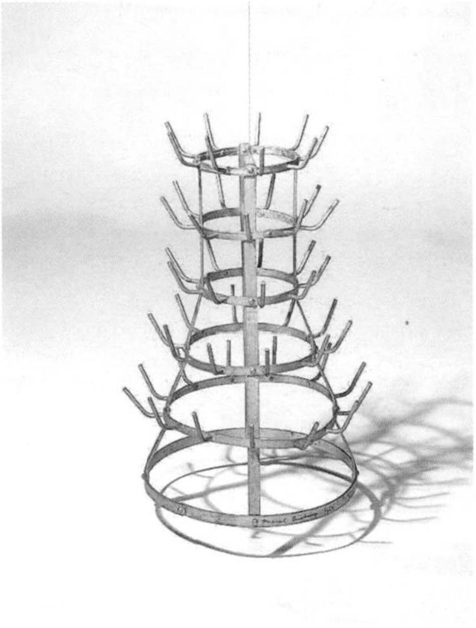

Marcel Duchamp, *Porte-bouteilles,* 1914. MNAMGP, Paris. *Phot. © MNAMGP*

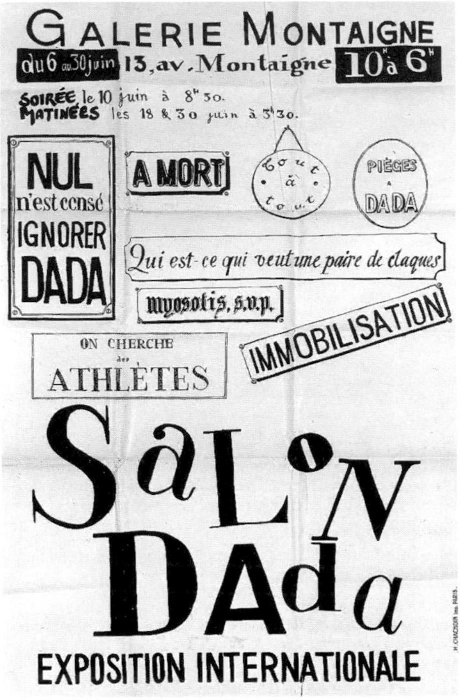

Affiche du Salon dada à la galerie Montaigne, Paris, 1921. Collection du Théâtre des Champs-Élysées, Paris. *Phot. © Lauros/Giraudon*

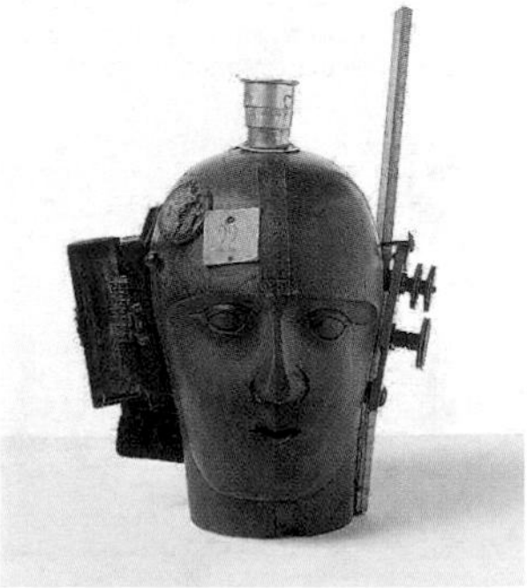

Raoul Hausmann, *L'Esprit de notre temps (Tête mécanique),* 1919, assemblage. MNAMGP, Paris. *Phot. © MNAMGP*

dada.

ordinaire dissimule partout des vérités secondes. *"L'Homme au crâne rasé"* (1948).

DAKAR ▪ Capitale du Sénégal. 1 705 000 hab. Cathédrale, Grande Mosquée, université. Industries légères, pétrole. Port. Carrefour de communications.

le DAKOTA-DU-NORD ▪ État du centre-nord des États-Unis, à la frontière du Canada. 183 022 km². 639 000 hab. Capitale : Bismarck. ► **le DAKOTA-DU-SUD** État au sud du précédent. 199 639 km². 696 000 hab. Capitale : Pierre. ▪ Les deux États furent créés en 1889, sur l'ancien territoire des *Indiens Dakotas* (→ **Sioux**). Régions agricoles et touristiques.

Édouard DALADIER (1884 - 1970) ▪ Homme politique français. Radical-socialiste, ministre du gouvernement du Front populaire (1936). Président du Conseil en 1933 et 1938-1940 (signataire des accords de Munich en 1938). Lorsque l'Allemagne envahit la Pologne, son gouvernement déclara la guerre à l'Allemagne le 3 septembre 1939.

DALAÏ-LAMA n. m. ▪ Souverain spirituel et temporel du Tibet. *Des dalaï-lamas.*

DALAT ▪ Ville du Viêtnam, sur le plateau de Lâm Viên (Langbian), l'un des hauts plateaux du centre du pays, à 1 500 m d'alt. 115 959 hab. Réputée pour la douceur de son climat et la beauté de son site.

Salvador DALÍ (1904 - 1989) ▪ Peintre espagnol. Membre du groupe surréaliste en 1927. Sujets symboliques et fantastiques, à dominante érotique, transcription de ses fantasmes. *"L'Accommodation des désirs"* (1929); *"Le Grand Masturbateur"* (1931). Il aborda des thèmes religieux (*"Le Christ de saint Jean de la Croix"*, 1951) et produisit une abondante œuvre graphique. Films avec Buñuel* (*"Un chien andalou"*, 1929; *"L'Âge d'or"*, 1930). Essais.

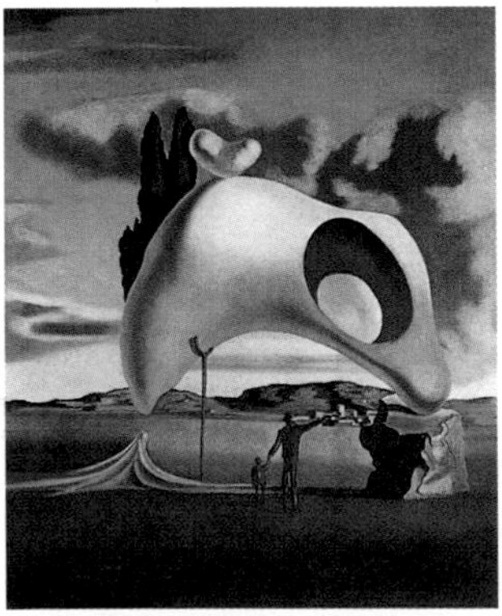

Dalí. *Vestiges ataviques après la pluie.* Coll. part. *Phot. © Arch. Smeets*

DALIAN ou **TA-LIEN** ▪ Ville de Chine (Liaoning). 2 396 400 hab. Elle forme avec Lüshun la conurbation de Lüda. Port et centre industriel.

DALILA ▪ Personnage de la Bible. → **Samson.**

DALLAGE n. m. ▪ Action de daller ; ensemble de dalles. *Dallage de marbre.*

Luigi DALLAPICCOLA (1904-1975) ▪ Compositeur italien. Adepte du dodécaphonisme. *"Vol de nuit"* (1937) ; *"Ulysse"* (1968).

DALLAS ▪ Ville des États-Unis, métropole du Texas avec Houston. 1 007 000 hab. Pétrole. Centre de l'industrie du vêtement, du commerce et des finances. Le président Kennedy y fut assassiné en novembre 1963.

① **DALLE** n. f. ▪ **1.** Plaque (de pierre dure, de béton, etc.), destinée au pavement du sol. **2.** FAM. Gorge, gosier (dans des loc.). *Se rincer la dalle :* boire. *Avoir la dalle en pente :* aimer boire. - *Avoir la dalle :* avoir faim.

② QUE **DALLE** loc. ▪ ARGOT Rien. *On n'y comprend que dalle.*

DALLER v. tr. [1] ▪ Revêtir de dalles.

Victor Alexis DALLOZ (1795-1869) ▪ Jurisconsulte et homme politique français. En 1824, il fonda avec son frère Armand la maison d'édition Dalloz, qui a pour vocation de publier des ouvrages de droit et d'économie politique ainsi que les divers Codes.

la DALMATIE ▪ Région historique des Balkans, aujourd'hui en Croatie. Théâtre de violents affrontements en 1991 entre Serbes et Croates (Dubrovnik). La victoire de ces derniers en 1995 entraîna un exode massif des Serbes vers la Serbie.

DALMATIEN, IENNE n. ▪ Chien, chienne à poil ras, à robe blanche tachetée de noir ou de brun.

dalmatien. *Phot. © Mero/Jacana*

Jules DALOU (1838-1902) ▪ Sculpteur français. *"Le Triomphe de la République"* (1879-1899), place de la Nation à Paris.

John DALTON (1766-1844) ▪ Chimiste britannique. Il découvrit la loi des proportions multiples et introduisit la théorie atomique en chimie. Il a étudié sur lui-même les troubles de la perception des couleurs appelés *daltonisme.*

DALTONIEN, IENNE adj. ▪ Atteint de daltonisme. - n. *Un daltonien, une daltonienne.*

DALTONISME n. m. ▪ Anomalie héréditaire de la vue (non-perception ou confusion de certaines couleurs).

DAM [dɑ̃ ; dam] n. m. ▪ LITTÉR. AU GRAND DAM *de qqn,* à son préjudice.

DAMAN-ET-DIU ▪ Anciennes possessions portugaises en Inde de 1559 à 1961, formant un territoire de l'Union indienne. 25 000 hab. chacune.

DAMANHOUR ou **DAMANHŪR** ▪ Ville d'Égypte, près d'Alexandrie. 221 500 hab. C'est l'ancienne *Hermopolis,* cité d'Horus.

DAMAS [-a(s)] n. m. ▪ Tissu dont les dessins brillants sur fond mat à l'endroit se retrouvent mats sur fond brillant à l'envers.

DAMAS ▪ Capitale de la Syrie, au sud du pays. 2 000 000 hab. *(les Damascènes* ou *Damasquins).* Important centre de communications. Artisanat réputé (tissus). C'est l'une des plus anciennes villes du monde, capitale d'un royaume araméen au XIe s. av. J.-C. ; résidence des Omeyades de 650 à 724 (célèbre mosquée).

Damas. La cour de la mosquée des Omeyades. *Phot. © Dagli Orti*

Jean DAMASCÈNE → saint **Jean Damascène**

DAMASQUINER v. tr. [1] ▪ Incruster un filet d'or, d'argent formant un dessin. - au p. p. *Poignard damasquiné.*

DAMASSÉ, ÉE adj. ▪ Tissé comme le damas. *Nappe damassée.*

① **DAME** n. f. ▪ **I. 1.** HIST. Suzeraine ; châtelaine. - *Le chevalier et sa dame* (qui règne sur son cœur). **2.** VX ou HIST. Femme de haute naissance. ♦ MOD. *Agir en grande dame,* avec noblesse. - loc. *Dame patronnesse**. *Dame de compagnie**. **3.** VIEILLI Femme mariée. - POP. *Ma petite dame, ma bonne dame.* ⇒ **madame.** ♦ POP. Épouse. *Dites-le à votre dame.* **4.** Femme. *Une vieille dame.* **II.** Une des pièces maîtresses, dans certains jeux. ♦ aux échecs La reine. ♦ *Jeu de dames,* qui se joue à deux avec des pions sur un damier. *Jouer aux dames.* - DAME : pion doublé qui joue comme la dame. ♦ cartes Chacune des quatre cartes où est figurée une reine. *Dame de pique.* **III.** Lourde masse de paveur (syn. *hie*). ⇒ **damer** (II).

② **DAME** interj. ▪ FAM. et RÉGIONAL Assurément, pardi. « *Ils sont partis ? — Dame oui !* » *Mais dame !,* mais naturellement.

DAME-JEANNE [-ʒɑn] n. f. ▪ Bonbonne. *Des dames-jeannes.*

DAMER v. tr. [1] ▪ **I.** loc. DAMER LE PION *à qqn,* l'emporter sur lui. **II.** TECHN. Tasser (avec une dame ou tout autre engin). *Damer une piste de ski.*

DAMIER n. m. ▪ Surface divisée en cent carreaux (⇒ **case**) alternativement blancs et noirs (jeu de dames). - *Tissu en damier,* à carreaux.

DAMIETTE en arabe **DUMYĀT** ▪ Ville d'Égypte, au nord-est du Caire. 110 000 hab. Grand port au Moyen Âge, pris en 1249 par Saint Louis, qui dut l'abandonner l'année suivante pour payer sa rançon.

DAMMARIE-LES-LYS ▪ Commune de Seine-et-Marne. 21 148 hab. *(les Dammariens).*

DAMNATION [dɑn-] n. f. ▪ Condamnation aux peines de l'enfer ; ces peines. - VX ou plais. *Enfer et damnation !* (imprécation de colère ou de désespoir).

DAMNER [dɑne] v. tr. [1] ▪ **1.** Condamner aux peines de l'enfer. **2.** Conduire à la damnation. *Damner son âme.* ► **DAMNÉ, ÉE** adj. **1.** (attribut ou après le n.) Condamné aux peines de l'enfer. - n. *Les damnés.* ⇒ **réprouvé.** *Souffrir comme un damné.* **2.** (avant le n.) FAM. ⇒ **maudit, satané.** *Ces damnés gosses !*

DAMOCLÈS (IVe s. av. J.-C.) ▪ Courtisan de Denys l'Ancien. *L'épée de Damoclès,* suspendue par Denys au-dessus de la tête de Damoclès, symbolise la fragilité du bonheur.

la DAMODAR ▪ Rivière de l'Inde qui se jette dans le delta du Gange. 550 km. Site de nombreuses installations hydroélectriques.

DAMOISEAU n. m. ▪ anciennt Jeune gentilhomme qui n'était pas encore chevalier.

DAMOISELLE n. f. ▪ anciennt Jeune fille noble ou femme d'un damoiseau.

DAMPIERRE-EN-YVELINES ▪ Commune des Yvelines. 1 030 hab. Château du XVIe s., reconstruit par Hardouin-

Mansart à la fin du XVIIe s. (grande fresque inachevée de *"L'Âge d'or"* par Ingres). Le parc a été dessiné par Le Nôtre.

DAN [dan] **n. m.** ▪ Chacun des grades de la ceinture noire (arts martiaux). ➝ par ext. *Il, elle est troisième dan.*

DANAÉ ▪ Princesse légendaire d'Argos, dans la mythologie grecque. Zeus se transforma en pluie d'or pour la séduire et la rendit mère de Persée.

les DANAÏDES n. f. pl. ▪ D'après la légende grecque, filles de Danaos, roi d'Argos. Meurtrières de leurs époux, elles furent condamnées à verser éternellement de l'eau dans un tonneau sans fond. Elles ont inspiré Eschyle.

DANANG ▪ Ville et port du Viêtnam. 369 734 hab. Musée. Industries textile et agroalimentaire.

DANCING n. m. ▪ Établissement public où l'on danse.

SE DANDINER v. pron. [1] ▪ Se balancer gauchement en étant debout. ► **n. m. DANDINEMENT**

Enrico DANDOLO (1110-1205) ▪ Doge de Venise, un des chefs de la quatrième croisade. Il poussa les croisés à conquérir Constantinople.

DANDY n. m. ▪ Homme d'une suprême élégance (type social et moral du XIXe siècle.). *Des dandys.*

DANDYSME n. m. ▪ Attitude raffinée du dandy.

le DANEMARK ▪ État d'Europe du Nord, formé de la péninsule de Jutland et d'îles dont la Fionie, Sjælland, Lolland, Falster et Bornholm sont les principales. 43 069 km². 5 146 469 hab. *(les Danois).* Monarchie constitutionnelle. Capitale : Copenhague. Langue : danois. Religion officielle : Église luthérienne évangélique. Monnaie : couronne danoise. Pays de plaines, doté d'une agriculture moderne (élevage). Industries alimentaires, métallurgie, mécanique, chimique, chantiers navals. Nombreux ports (pêche, commerce). Tourisme. □ **HISTOIRE** Les Danois étaient peu connus avant le VIIIe s., date à laquelle ils participèrent aux expéditions des Vikings vers le sud-ouest. Ils se christianisèrent au Xe s. Vers 1025, Canut le Grand soumit la Norvège et l'Angleterre. L'unité des trois pays scandinaves se réalisa sous le règne de Marguerite Valdemarsdotter (union de Kalmar, 1397). Cependant la Suède, menée par Gustave Vasa, fit sécession en 1523, malgré la résistance de Christian II, détrôné par son oncle Frédéric Ier. En 1536, le luthéranisme (→ **Luther**) fut déclaré religion d'État. Christian IV* intervint de façon malheureuse dans la guerre de Trente Ans (1625-1629). Il entreprit une guerre contre la Suède (1643-1645), poursuivie par Frédéric III (1648) et qui se solda par un échec (1658) : la Suède avait la suprématie dans la Baltique. Paradoxalement, la monarchie se renforça, et le XVIIIe s. fut une période de « despotisme éclairé » et d'enrichissement (commerce international). Allié de Napoléon, le Danemark perdit la Norvège (1814), acquit les duchés du Schleswig et du Holstein (1815), qu'il dut céder à la Prusse et à l'Autriche (1864). Monarchie constitutionnelle depuis 1849, le Danemark s'engagea à partir de 1915 dans une politique réformiste et sociale très avancée. Pays neutre pendant la Première Guerre mondiale, il récupéra en 1920 le nord du Schleswig (sud du Jutland actuel). Occupé par Hitler en 1940, il opposa une résistance active au nazisme, le roi Christian X protégeant efficacement la minorité juive. L'indépendance de l'Islande, ancien territoire danois, fut reconnue en 1944. Membre de l'O.T.A.N. (1949) et de la C.E.E. (1973), devenue l'Union européenne.

DANGER n. m. ▪ Ce qui menace la sûreté, l'existence de qqn ou de qqch. ⇒ **péril.** *Danger de mort.* ➝ *Sa vie est en danger. Le malade est hors de danger.* ➝ *Les dangers du voyage.* ⇒ **risque.** ➝ *DANGER PUBLIC* (personnes). *Cet automobiliste est un danger public.* ➝ FAM. *Il n'y a pas de danger :* ça n'arrivera sûrement pas.

DANGEREUSEMENT adv. ▪ *Être dangereusement blessé.* ⇒ **gravement, grièvement.** ➝ *Vivre dangereusement.*

DANGEREUX, EUSE adj. ▪ **1.** Qui constitue ou présente un danger. ⇒ **périlleux.** *Produit dangereux. Virage dangereux. Un sport dangereux.* ➝ fig. *S'engager sur un terrain dangereux.* ➝ *Entreprise dangereuse.* ⇒ **aventureux, hasardeux, téméraire.** *L'abus est dangereux.* **2.** (personnes) Qui est capable de nuire. *Un dangereux malfaiteur. Votre rival n'est pas dangereux.* ➝ (animaux) *La vipère est dangereuse.*

DANIEL ▪ Un des grands prophètes de la Bible. Le *"Livre de Daniel"* contient des épisodes célèbres, comme celui de Daniel, jeté dans une fosse aux lions mais épargné par les animaux.

Gabriele D'ANNUNZIO (1863-1938) ▪ Écrivain italien. Poète (*"Alcyone"*, 1903), prosateur (*"La Léda sans cygne"*, 1916 ; *"Nocturne"*, 1921), auteur dramatique, il exalta, parfois avec emphase, la sensualité et l'héroïsme. Nationaliste fervent, il fut proche du fascisme.

DANOIS, OISE adj. et n. ▪ **1.** Du Danemark. ➝ **n.** *Les Danois.* ♦ **n. m.** *Le danois* (langue germanique). **2. n. m.** Grand chien de garde, à poil court.

danois. *Phot. © Axel/Jacana*

DANS prép. ▪ Préposition indiquant la situation d'une personne, d'une chose par rapport à ce qui la contient (⇒ **intra-**). **1.** (lieu) À l'intérieur de. *Marcher dans les bois, dans la ville. Être dans sa chambre.* ➝ *La clé est dans ma poche.* ➝ *Lire qqch. dans un livre. Être assis dans un fauteuil* (mais *sur une chaise*). *Flâner dans la rue* (mais *sur le boulevard*). ➝ *Monter dans une voiture.* ⇒ **en.** *Apercevoir qqn dans la foule.* ⇒ au **milieu.** ➝ fig. *C'est dans ses projets.* ⇒ faire **partie.** *Cette idée est dans Descartes.* ⇒ **chez.** *Il travaille dans, il est dans l'édition.* **2.** (manière, situation) *Tomber dans le coma.* ➝ *Agir dans les règles.* ⇒ **selon.** *Dans l'attente, l'espoir de.* **3.** (temps) Pendant. *Dans son enfance.* ➝ (futur) ⇒ d'**ici.** *Je pars dans dix jours. Dans un instant :* bientôt. **4.** *DANS LES :* approximativement, environ. *Cela coûte dans les cent francs.* ➝ FAM. *Il est dans tes âges.*

DANSANT, ANTE adj. ▪ **1.** Qui danse. *Chœur dansant.* ➝ fig. *Des reflets dansants sur l'eau.* **2.** Qui fait danser. *Une musique très dansante.* ➝ Qui suggère la danse. *Une interprétation dansante.* **3.** Pendant lequel on danse. *Thé dansant. Soirée dansante.*

DANSE n. f. ▪ **1.** Suite de mouvements rythmés du corps (le plus souvent au son d'une musique) ; art, technique qui règle ces mouvements (⇒ **chorégraphie**). *Pas, figure de danse. Danse folklorique, classique* (⇒ **ballet**). *Chaussons de danse,* permettant de faire les pointes. ➝ Fait de danser en société (⇒ **bal, boîte, discothèque**). *Piste, orchestre de danse.* ➝ loc. *Ouvrir la danse :* être le premier, la première à danser. **2.** Musique sur laquelle on danse. **3.** loc. fig. *Entrer dans la danse,* entrer en action, participer à qqch. ➝ péj. *MENER LA DANSE :* diriger une action collective. **4.** *Danse de Saint-Guy,* maladie nerveuse de nature épileptique.

DANSER v. [1] ▪ **I. v. intr.** Exécuter une danse. *Apprendre à danser. Faire danser qqn,* danser avec lui. ➝ loc. FAM. *Ne pas savoir sur quel pied danser,* ne savoir que faire, hésiter. **II. v. tr.** Exécuter (une danse). *Danser la valse, une valse.* ➝ pronom. *Le menuet ne se danse plus.*

DANSEUR, EUSE n. ▪ **1.** Personne dont la profession est la danse. *Danseuse de ballet.* ⇒ **ballerine.** *Danseuse étoile.* ➝ *Danseur mondain,* qui a les mêmes fonctions que l'entraîneuse. ➝ *Danseur, danseuse de corde.* ⇒ **funambule.** ♦ fig. *C'est sa danseuse,* ce à quoi il consacre par plaisir beaucoup d'argent. **2.** *EN DANSEUSE :* en pédalant debout, le corps balancé à droite et à gauche. **3.** Personne qui danse avec un ou une partenaire. ⇒ **cavalier.**

Durante Alighieri dit DANTE (1265-1321) ▪ Écrivain italien. Engagé dans la vie politique de Florence, il écrivit divers traités en latin, des recueils poétiques (*"La Vita nuova"* [1292-1294], où il célèbre son amour pour Béatrice, morte en 1290) et le premier chef-d'œuvre de la littérature italienne : *"La Divine Comédie"* (1307-1321), vision d'un voyage dans l'au-delà en compagnie de Virgile, Béatrice et saint Bernard. Ce poème sacré eut une influence immense sur la culture et la littérature européennes.

DANTESQUE adj. ▪ Qui a le caractère sombre et sublime de l'œuvre de Dante. *Vision dantesque.*

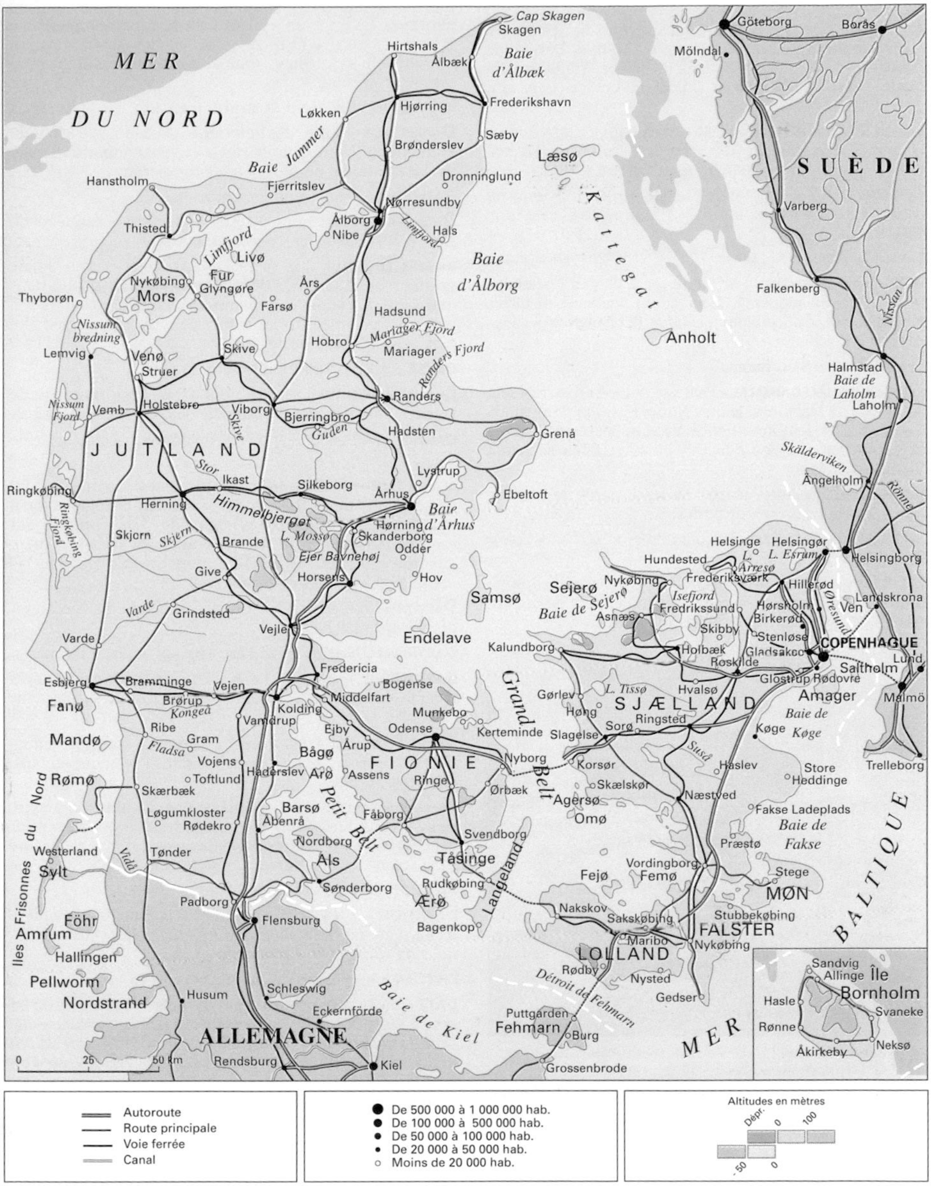

Danemark.

Georges Jacques DANTON (1759 - 1794) ▪ Révolutionnaire français. Remarquable orateur, il fonda le club des Cordeliers (1790), puis fut élu ministre de la Justice (1792). Il tenta d'organiser la défense nationale en contribuant à la création du Tribunal révolutionnaire de Paris et du Comité de salut public. Il fut un des instigateurs de la Terreur, mais en réclama rapidement la fin (d'où le nom d'*Indulgents* donné à ses partisans). Accusé de trahison par Robespierre, il fut guillotiné.

DANZIG → **Gdańsk**

le DANUBE ▪ Le plus long et le plus important fleuve d'Europe après la Volga. 2 850 km. Né en Allemagne, il se jette dans la mer Noire. Il traverse Vienne, Budapest et Belgrade. Rôle historique (limite de l'Empire romain, frontière naturelle entre États) et économique (voie navigable de Ratisbonne à son débouché).

Danube. Les Portes de Fer entre la Roumanie et la Serbie. *Phot. © Bichet/Explorer*

DAPHNIE n. f. ▪ Petit crustacé d'eau douce.

DAPHNIS ▪ Berger de la mythologie grecque, fils d'Hermès, inventeur de la poésie bucolique. ► **DAPHNIS** Berger de Lesbos, amoureux de Chloé dans un célèbre roman pastoral de Longus, *"Daphnis et Chloé"* (début du IIIe s. apr. J.-C.).

Lorenzo DA PONTE (1749 - 1838) ▪ Librettiste italien. Auteur de livrets d'opéras de Mozart : *"Les Noces de Figaro"* (1786); *"Don Giovanni"* (1787); *"Cosí fan tutte"* (1791).

DAPSANG ou **K 2** ▪ Sommet du Karakoram, le deuxième du monde après l'Everest, entre la Chine et le Cachemire. 8 611 m.

Claude DAQUIN → d'Aquin

DARD n. m. ▪ **1.** Ancienne arme de jet. **2.** Organe pointu et creux servant à piquer, à inoculer un venin. ⇒ **aiguillon.** *Dard d'abeille, de scorpion.* - Langue (inoffensive) des serpents.

Frédéric DARD → San Antonio

le détroit des DARDANELLES ▪ Passage entre la mer Égée et, par la mer de Marmara, la mer Noire. Position stratégique dès l'Antiquité, les Dardanelles, avec le Bosphore, ont été un enjeu des guerres des XIXe et XXe s. Elles séparent l'Europe de l'Asie.

DARDER v. tr. 1 ▪ Jeter, lancer. *Le soleil darde ses rayons. Darder sur qqn des regards furibonds.*

DARE-DARE loc. adv. ▪ FAM. En toute hâte, très vite. *Accourir dare-dare.*

DAR ES-SALAAM ou **DAR ES-SALAM** ▪ Ancienne capitale jusqu'en 1974 (remplacée par Dodoma) et port de la Tanzanie. 2 057 000 hab. Nombreuses industries.

Dar es-Salaam. Le centre-ville. *Phot. © Prato/Ricciarini*

le DARFOUR ▪ Région montagneuse du Soudan. Le *royaume du Darfour* disparut sous la domination égyptienne en 1874.

Alexandre DARGOMYJSKI (1813 - 1869) ▪ Compositeur russe. *"Roussalka"* (1855) et *"Le Convive de pierre"* (inachevé), opéras.

Georges DARIEN (1862 - 1921) ▪ Écrivain français. *"Biribi"* (1888). Dans *"Le Voleur"* (1898) s'affirme son refus de tous les conformismes.

Rubén DARÍO (1867 - 1916) ▪ Écrivain nicaraguayen. Il a rénové la poésie de langue espagnole. *"Azur"* (1888).

DARIOS LE GRAND ▪ Roi de Perse de 522 à 486 av. J.-C. Il soumit les Thraces et les Macédoniens, mais son expédition contre la Grèce s'acheva par la défaite de Marathon (490 av. J.-C.). Il fut le grand organisateur de l'Empire achéménide. ► **DARIOS III CODOMAN**, roi de Perse de 336 à 330 av. J.-C., vaincu par Alexandre le Grand.

DARJILING ou en anglais **DARJEELING** ▪ Ville de l'Inde (Bengale-Occidental), sur les contreforts himalayens. 73 100 hab. Fondée par les Anglais qui en ont fait leur capitale d'été au Bengale. Thé renommé.

François DARLAN (1881 - 1942) ▪ Amiral et homme politique français. Successeur désigné de Pétain (1940), il fut remplacé à la tête du gouvernement de Vichy par Laval en avril 1942. Se trouvant à Alger lors du débarquement allié (novembre 1942), il fit reconnaître par les Américains son autorité sur les colonies françaises. Assassiné, il fut remplacé par Giraud.

le DARLING ▪ Rivière d'Australie. 2 450 km.

DARMSTADT ▪ Ville d'Allemagne (Hesse). 138 300 hab. Monuments. Centre industriel et culturel important. Institut international de musique contemporaine.

DARNE n. f. ▪ Tranche de gros poisson.

DARNÉTAL ▪ Commune de Seine-Maritime, banlieue de Rouen. 9 779 hab. *(les Darnétalais).*

Danielle DARRIEUX (née en 1917) ▪ Actrice française. Jeune première, elle s'imposa dans *"Mayerling"* (1936), puis dans une série de comédies brillantes, sous la direction de son mari, H. Decoin. Ses rôles d'après-guerre ont une tonalité plus grave. *"Madame de"* (1953).

DARSE n. f. ▪ Bassin à l'intérieur d'un port.

Lycette DARSONVAL (née en 1912) ▪ Danseuse française de l'Opéra de Paris. *"La Tragédie de Salomé"* (1955), ballet.

DARTRE n. f. ▪ Desquamation de l'épiderme, accompagnée de rougeurs.

Charles DARWIN (1809 - 1882) ▪ Naturaliste britannique. Il fut le fondateur de la théorie de l'évolution biologique, qu'il expliqua par la sélection naturelle. *"De l'origine des espèces au moyen de la sélection naturelle"* (1859). Sa théorie (darwinisme) fut violemment combattue par les milieux conservateurs et religieux.

DARWIN ▪ Ville et port d'Australie, capitale du Territoire-du-Nord. 73 300 hab.

DARWINIEN, IENNE [darwi-] adj. ▪ Relatif au darwinisme.

DARWINISME [darwinism] n. m. ▪ Théorie de Darwin d'après laquelle les espèces évoluent selon les lois de la sélection* naturelle.

Marcel DASSAULT (1892 - 1986) ▪ Ingénieur français, industriel de l'aéronautique, spécialisé dans l'aviation militaire (*Mystère, Mirage*).

Jules DASSIN (né en 1912) ▪ Cinéaste américain. Son œuvre, réalisée aux États-Unis puis en Europe, évoque, souvent avec force, le milieu interlope des grandes villes. *"La Cité sans voiles"* (1948); *"Jamais le dimanche"* (1960).

DATABLE adj. ▪ Que l'on peut dater.

DATATION n. f. ▪ **1.** Action de mettre la date. **2.** Attribution d'une date. *La datation d'une fresque préhistorique. Datations au carbone 14* (radioactif).

DATCHA n. f. ▪ Maison de campagne.

DATE n. f. ▪ **1.** Indication du jour, du mois et de l'année où un acte a été passé, où s'est produit un fait. *Lettre sans date. Date de naissance. À quelle date ?*, quel jour ? *En date du..., à la date du...* - loc. *Prendre date :* fixer avec qqn la date d'un rendez-vous. **2.** L'époque, le moment où un événement s'est produit. *Science des dates.* ⇒ **chronologie.** ♦ loc. *Une amitié* DE VIEILLE DATE, ancienne. *Ils se connaissent* DE LONGUE DATE, depuis longtemps. DE FRAÎCHE DATE : depuis peu (de temps). - FAIRE DATE : marquer un moment important. - *Être le premier en date,* le premier à avoir fait qqch.

DATER v. 1 ▪ **1.** v. tr. Mettre la date sur. *Dater une lettre.* **2.** v. tr. Déterminer la date de. *Dater un fossile au carbone 14.* ♦ passif ÊTRE DATÉ, démodé. **3.** v. intr. DATER DE : avoir commencé d'exister (à telle époque). ⇒ **remonter** à. *Dater de loin.* - loc. *Cela ne date pas d'hier :* c'est ancien. ♦ loc. prép. *À dater de :* à partir de, à compter de. *À dater d'aujourd'hui.* **4.** v. intr. Faire date. *Une invention qui datera dans l'histoire.* ⇒ **marquer.** ♦ Être démodé. *Costume qui date.*

DATEUR, EUSE ▪ **1.** adj. Qui sert à dater. *Tampon dateur.* **2.** n. m. Dispositif qui indique la date.

DATIF n. m. ▪ Cas marquant le complément d'attribution, dans les langues à déclinaisons.

DATION n. f. ▪ DR. Action de donner en paiement. - spécialt Possibilité d'acquitter un impôt en œuvres d'art ; ces œuvres.

DATONG ▪ Ville de Chine (Shanxi). 1 111 500 hab. Houille. Ancienne capitale des Han (remparts).

DATTE n. f. ▪ Fruit comestible du dattier. *Régime de dattes.*

Gérard **David.** *La Vierge entre les vierges.* Musée des Beaux-Arts, Rouen.
Phot. © Nino Cirani/Ricciarini

DATTIER n. m. ▪ Palmier qui porte les dattes.

DATURA n. m. ▪ Plante toxique à espèces ornementales.

DAUBE n. f. ▪ Manière de faire cuire certaines viandes à l'étouffée. *Bœuf en daube.*

Louis **DAUBENTON** (1716 - 1800) ▪ Naturaliste français, collaborateur de Buffon, pour son *"Histoire naturelle"*.

DAUBER v. [1] ▪ LITTÉR. ▪ **1.** v. tr. Railler, dénigrer (qqn). **2.** v. intr. *Dauber sur qqn.*

Charles François **DAUBIGNY** (1817 - 1878) ▪ Peintre français. Paysagiste, membre de l'école de Barbizon, il s'attacha à l'étude de la lumière comme son ami Corot.

Alphonse **DAUDET** (1840 - 1897) ▪ Écrivain français, originaire de Provence qu'il célébrera dans de nombreuses œuvres. *"Lettres de mon moulin"* (1866); *"Le Petit Chose"* (1868); *"L'Arlésienne"* (1872, avec une musique de Bizet); *"Tartarin de Tarascon"* (1872). ► Léon **DAUDET** (1868 - 1942), son fils, polémiste de l'Action française. *"Le Stupide XIXe Siècle"* (1922).

René **DAUMAL** (1908 - 1944) ▪ Écrivain français. Créateur de la revue *Le Grand Jeu* (1928-1929), aux préoccupations proches de celles des surréalistes. Il s'orienta ensuite vers l'ésotérisme. *"Le Mont Analogue"* (1952).

Honoré **DAUMIER** (1808 - 1879) ▪ Artiste français. Caricaturiste engagé, il s'exprima également à travers la gravure (*"La Rue Transnonain"*), la sculpture (*"Ratapoil"*) et la peinture où il fut un précurseur de l'expressionnisme.

Pierre Claude François **DAUNOU** (1761 - 1840) ▪ Historien français. Ancien prêtre et conventionnel modéré, il fut conservateur des Archives de France et publia le *Journal des savants.*

① **DAUPHIN** n. m. ▪ Cétacé carnivore dont la tête se prolonge en forme de bec armé de dents.

dauphin. *Delphinus delphis,* dauphin commun.
Phot. © Gohier/Jacana

② **DAUPHIN** n. m. ▪ **1.** HIST. *Le Dauphin :* le fils aîné du roi de France. **2.** Successeur choisi par un chef d'État, une personnalité importante.

le Grand **DAUPHIN** (1661 - 1711) ▪ Fils de Louis XIV, mort avant d'avoir régné.

DAUPHINE n. f. ▪ **1.** Femme du Dauphin. **2.** appos. *Pommes dauphine :* boulettes de purée de pommes de terre et de pâte à choux, frites dans l'huile.

le **DAUPHINÉ** ▪ Province de France correspondant aux départements de l'Isère, des Hautes-Alpes et de la Drôme. Ancienne principauté rattachée à la Couronne sous Philippe VI de Valois, elle était l'apanage du Dauphin.

DAUPHINOIS, OISE adj. et n. ▪ Du Dauphiné. *Gratin dauphinois,* à base de pommes de terre et de lait.

DAURADE ou **DORADE** n. f. ▪ Poisson marin à reflets dorés ou argentés.

Jean **DAUSSET** (né en 1916) ▪ Généticien français. Sa découverte des groupes tissulaires lui a valu le prix Nobel de médecine en 1980 avec G. Snell et B. Benacerraf.

Antoine **DAUVERGNE** → A. d'Auvergne

DAVANTAGE adv. ▪ **1.** Plus. *En vouloir davantage. Bien davantage.* - *Son frère est beau, mais lui l'est davantage.* **2.** Plus longtemps. *Inutile d'attendre davantage.* **3.** *Davantage de :* plus de. - *Davantage que* (+ n. ou pron.) : plus que.

DAVAO CITY ▪ Ville et port des Philippines, dans l'île de Mindanao. 849 947 hab.

DAVID (v. 1000 - 972 av. J.-C.) ▪ Roi d'Israël. Connu surtout par la Bible. Berger, il apaise le roi Saül par sa musique. Opposé en combat singulier au géant Goliath, champion des Philistins, il l'abat d'un coup de fronde. À la mort de Saül, il devient roi d'Israël. Sa passion pour Bethsabée le

Daumier. *Crispin et Scapin.* Musée du Louvre, Paris.
Phot. © Nimatallah/Ricciarini

conduit à tuer son mari, Urie. À sa mort, son fils Salomon lui succède. Auteur supposé des Psaumes, vénéré par les juifs et par les chrétiens (Jésus est dit « fils de David ») comme le roi de l'Alliance avec Dieu, il est aussi le prophète Daoud du Coran. Il inspira de nombreux artistes : Michel-Ange, Poussin, Rembrandt.

Gérard DAVID (v. 1460 - 1523) ▪ Peintre flamand. Il est considéré comme le dernier grand représentant de la peinture brugeoise. *"La Vierge entre les vierges"* (1509).

Jacques Louis DAVID (1748 - 1825) ▪ Peintre français. Dès 1784, avec *"Le Serment des Horaces"*, il s'imposa comme le chef de file de l'école néoclassique. Député à la Convention, il exalta les martyrs révolutionnaires (*"Marat assassiné"*). Devenu peintre officiel de l'Empire, il glorifia le règne de Napoléon (*"Le Sacre de Napoléon Ier"*, 1805-1807). Exilé à Bruxelles sous la Restauration, il est aussi l'auteur de portraits célèbres (*"Madame de Récamier"*, 1800).

Félicien DAVID (1810 - 1876) ▪ Compositeur français. *"Le Désert"* (1854), ode-symphonie teintée d'exotisme.

Pierre-Jean DAVID D'ANGERS (1788 - 1856) ▪ Sculpteur français. Fronton du Panthéon à Paris. Médaillons-portraits.

Alexandra DAVID-NEEL (1868 - 1969) ▪ Exploratrice française. Elle fut la première femme européenne à pénétrer à Lhassa (Tibet), en 1924.

DAVIER n. m. ▪ Pince servant notamment à l'extraction des dents.

Jefferson DAVIS (1808 - 1889) ▪ Homme politique américain. Président de la Confédération des États sudistes au moment de la guerre de Sécession.

Stuart **Davis.** *Ultra-Marine,* 1943.
Academy of Fine Arts, Philadelphie. *Phot. © Édimédia*

Stuart DAVIS (1894 - 1964) ▪ Peintre américain. Objets en série. Il annonce certains aspects du pop art (*"Lucky Strike"*, 1921).

Miles DAVIS (1926 - 1991) ▪ Musicien de jazz noir américain, trompettiste, un des grands novateurs du jazz.

Miles **Davis.**
Phot. © Benecch/Stills

détroit de DAVIS ▪ Détroit large d'environ 350 km, qui sépare le Groenland et la terre de Baffin. Il prolonge, au sud, la mer de Baffin.

DAVOS ▪ Ville et station de sports d'hiver de Suisse (Grisons). 11 615 hab.

Louis Nicolas DAVOUT (1770 - 1823) ▪ Un des maréchaux de Napoléon Ier. Ministre de la Guerre durant les Cent-Jours.

sir Humphry DAVY (1778 - 1829) ▪ Chimiste britannique. Il isola les métaux alcalins par électrolyse (1807), identifia le chlore, découvrit l'arc électrique (1811) et mit au point une lampe de sûreté pour les mineurs (*lampe Davy*).

le plan DAWES ▪ Plan établi sous la direction du financier américain Charles Dawes (1865 - 1951) pour permettre à l'Allemagne de payer les réparations de guerre (1924). Il amena l'évacuation de la Ruhr par la France et fut remplacé en 1930 par le plan Young.

DAX ▪ Chef-lieu d'arrondissement des Landes. 19 309 hab. (*les Dacquois*). Station thermale.

les DAYAKS n. m. pl. ▪ Population malayo-polynésienne de Bornéo.

Moshe DAYAN (1915 - 1981) ▪ Général et homme politique israélien. Artisan de la victoire de 1967 (→ guerres **israélo-arabes**).

DAYTON ▪ Ville des États-Unis (Ohio). 182 000 hab. Industries aéronautiques.

DAZIBAO [da(d)zibao] n. m. ▪ POLIT. Journal mural affiché dans les lieux publics.

D.C.A. [desea] n. f. (sigle) ▪ Défense antiaérienne. *Canon de D.C.A.*

D.D.T. [dedete] n. m. (sigle) ▪ Insecticide organique, toxique pour les animaux à sang chaud.

① **DE, DU** (pour *de le*), **DES** (pour *de les*) prép. ▪ *de* s'élide en *d'* devant une voyelle ou un *h* muet **I.** après un v. ou un n. (Marque l'origine) **1.** (lieu, provenance) *Sortir de chez soi. Vase de Chine.* - *Se tirer d'embarras.* ♦ Particule nobiliaire. *Pierre de Ronsard.* **2.** (temps) À partir de (tel moment). *Du 15 mars au 15 mai.* - Pendant. *Travailler de nuit.* **3.** À cause de. *Être puni de ses fautes.* ⇒ **pour.** *Fou de joie. Mourir de faim. Être contrarié de ce qu'il pleut* (ou *de ce qu'il pleuve*). ⇒ **parce que.** *Être heureux de sortir.* **4.** (moyen) ⇒ **avec.** *Être armé d'un bâton.* **5.** (manière) *Citer de mémoire. De l'avis de tous.* ⇒ **selon. 6.** (mesure) *Avancer d'un pas. Retarder de cinq minutes. Gagner cinquante francs de l'heure.* ♦ DE... EN (marque l'intervalle) *D'heure en heure. De loin en loin.* - DE... À. *D'une minute à l'autre.* ⇒ **incessamment. 7.** (agent, auteur) *Les œuvres de Bossuet.* - *Être aimé de tous.* ⇒ **par. II.** (Relations d'appartenance, de détermination) **1.** (appartenance) *Le fils d'Henri. Le style de Céline.* **2.** (qualité, détermination) *La couleur du ciel.* **3.** (matière) *Sac de papier.* ⇒ **en.** *Tas de sable.* **4.** (genre, espèce) *Robe de bal.* - *Un regard de pitié.* **5.** (contenu) *Un verre d'eau.* - *Troupeau de moutons.* **6.** (Totalité ou partie d'un ensemble) *Les membres du jury. L'un de nous.* ⇒ **entre, parmi.** *Le meilleur de tous.* - (entre deux noms répétés pour marquer l'excellence) *Le Cantique des cantiques. Le fin du fin.* - (après un adj.) En ce qui concerne. *Être large d'épaules.* **III.** fonctions grammaticales **1.** (complément, objet d'une action) - construction des v. tr. ind. *Se souvenir de qqn.* - construction du nom *La pensée de la mort.* - construction de l'adj., de l'adv. *Être avide de richesses. Beaucoup de courage.* **2.** (appos.) *La ville de Lausanne.* **3.** attribut (avec les v. *traiter, qualifier*) *Qualifier un journal de tendancieux. Traiter qqn de menteur.* - (emphatique) *C'est d'un mauvais !, d'un bête !* **4.** devant un inf. *Cesser de parler.* **5.** devant adj., pron., adv. - (facultatif) *Avoir trois jours (de) libres.* - (obligatoire) *Cinq minutes de plus. Quoi de neuf ? Il y en a trois de plus, deux de cassés.*

② **DE, DU** (pour *de le*), **DE LA, DES** (pour *de les*) art. partitif ▪ article précédant les noms de choses qu'on ne peut compter **1.** devant un nom concret *Boire du vin.* - *Manger des épinards.* **2.** devant un nom concret nombrable qui a la valeur d'une espèce *Manger du lapin.* **3.** devant un nom abstrait *Jouer de la musique.* - *C'est du Mozart, du Gide.*

③ **DE** art. indéf. ⇒ ② DES

① **DÉ** n. m. ▪ **1.** Petit cube dont chaque face est marquée de un à six points. ♦ loc. COUP DE DÉ(S) : affaire qu'on laisse au hasard. - *Les dés (en) sont jetés,* la résolution est prise quoi qu'il advienne. **2.** Petit cube. *Couper du lard en dés.*

② **DÉ** n. m. ▪ *Dé* ou *dé à coudre* : petit étui rigide destiné à protéger le doigt qui pousse l'aiguille. - fig. FAM. DÉ À COUDRE : verre à boire très petit ; son contenu.

① **DÉ-, DES-, DÉS-** Élément qui indique la négation, la privation, la séparation.

② **DÉ-, DES-, DÉS-** Élément à valeur intensive (ex. *découper*).

DEALER [dilœʀ] n. m. ▪ anglic. Revendeur de drogue.

DÉAMBULATEUR n. m. ▪ Cadre à pieds qui sert d'appui aux malades ayant des difficultés à marcher.

DÉAMBULATOIRE n. m. ▪ DIDACT. Galerie entourant le chœur d'une église.

DÉAMBULER v. intr. [1] ▪ Marcher sans but précis, selon sa fantaisie. ⇒ **errer, flâner,** se **promener.** ► n. f. DÉAMBULATION

James DEAN (1931 - 1955) ▪ Acteur de cinéma américain. Ses trois films (*"À l'est d'Éden"*, 1954; *"La Fureur de vivre"*, 1955; *"Géant"*, 1956) et sa mort prématurée firent de lui l'idole des jeunes générations.

James **Dean.** *À l'est d'Éden,* film d'Elia Kazan.
Phot. © W. Bros/Coll. Cahiers du Cinéma

Marcel DÉAT (1894 - 1955) ▪ Homme politique français. Socialiste, il évolua vers le fascisme et la collaboration.

DEAUVILLE ▪ Commune du Calvados. 4 261 hab. *(les Deauvillais).* Station balnéaire. Hippodromes. Festival de cinéma.

DÉBÂCLE n. f. ▪ **1.** Rupture subite de la couche de glace (d'un cours d'eau) dont les morceaux sont emportés par le courant. **2.** fig. Fuite soudaine (d'une armée). *Retraite qui s'achève en débâcle.* ⇒ **débandade, déroute.** - Effondrement soudain. *C'est la débâcle pour son entreprise.* ⇒ **faillite, ruine.**

DÉBALLER v. tr. [1] ▪ **1.** Sortir et étaler (ce qui était dans un contenant) (s'oppose à *emballer*). *Déballer des marchandises. Déballer ses affaires.* **2.** fig. FAM. Exposer sans retenue (ce qui était caché). *Déballer ses petits secrets.* ► n. m. DÉBALLAGE

DÉBANDADE n. f. ▪ **1.** Fait de se disperser rapidement et en tous sens. ⇒ **débâcle, déroute, fuite.** *Ce fut la débandade générale.* **2.** *À LA DÉBANDADE* loc. adv. : dans la confusion. *Tout va à la débandade* (→ à vau-l'eau).

① **DÉBANDER** v. [1] ▪ **1.** v. tr. Ôter la bande de. *On lui débanda les yeux.* **2.** v. tr. Détendre (ce qui est bandé). **3.** v. intr. FAM. Cesser d'être en érection.

② SE **DÉBANDER** v. pron. [1] ▪ Rompre les rangs et se disperser.

DÉBAPTISER [-bat-] v. tr. [1] ▪ Changer le nom de. *Débaptiser une rue.*

DÉBARBOUILLER v. tr. [1] ▪ Débarrasser la figure de (qqn) de ce qui l'a salie, barbouillée. ⇒ **laver.** *Débarbouiller un enfant.* - *Se débarbouiller à la hâte.*

DÉBARCADÈRE n. m. ▪ Lieu aménagé pour l'embarquement et le débarquement des navires. ⇒ **appontement, embarcadère, ponton, quai.**

DÉBARDEUR n. m. ▪ **1.** Celui qui décharge et charge un navire, une voiture. ⇒ **docker. 2.** Tricot sans manches, très échancré.

DÉBARQUEMENT n. m. ▪ **1.** Action de débarquer. *Formalités de débarquement.* - *Il fut arrêté à son débarquement.* **2.** Opération militaire consistant à débarquer un corps expéditionnaire en territoire ennemi. ⇒ **descente.** - spécialt *Le débarquement,* celui des Alliés en Normandie en 1944.

DÉBARQUER v. [1] ▪ **I.** v. tr. Faire sortir d'un navire, mettre à terre. *Débarquer des marchandises, des passagers.* **II.** v. intr. **1.** Quitter un navire, descendre à terre. *Tous les passagers ont débarqué.* - par ext. *Débarquer du train, de l'avion. Il vient juste de débarquer.* ⇒ **arriver.** - *L'ennemi n'a pas pu débarquer* (⇒ **débarquement** (2)). **2.** FAM. *Débarquer chez qqn :* arriver à l'improviste. **3.** fig. FAM. Ne pas être au courant (de faits récents). *Tu débarques !*

DÉBARRAS n. m. ▪ **1.** FAM. Délivrance de qui embarrassait. *Ouf, bon débarras !* **2.** Endroit où l'on remise les objets qui encombrent.

DÉBARRASSER v. tr. [1] ▪ Dégager de ce qui embarrasse. *Débarrasser la voie. Débarrasser une pièce.* - *Débarrasser (la table),* enlever le couvert. ♦ *Débarrasser qqn de son manteau.* - fig. *Débarrasser qqn d'un souci.* ► SE DÉBARRASSER v. pron. *Se débarrasser d'un objet inutile* (⇒ **jeter**), d'une affaire (⇒ **liquider, vendre**). - *Se débarrasser de qqn,* l'éloigner, et par euphémisme, le faire mourir. ♦ *Débarrassez-vous,* enlevez votre manteau.

DÉBAT n. m. ▪ **1.** Action de débattre une question. ⇒ **discussion.** *Soulever un débat.* - Discussion organisée et dirigée. *Débat télévisé.* ♦ *Débat intérieur.* **2.** au plur. Discussion des assemblées politiques. *Débats parlementaires.* - Phase d'un procès. *La clôture des débats.*

DÉBATTRE v. tr. [41] ▪ Examiner contradictoirement avec un ou plusieurs interlocuteurs. ⇒ **délibérer** de, **discuter.** *Débattre un projet. Prix à débattre.* ⇒ **marchander, négocier.** - trans. ind. *Débattre d'une affaire.* ► SE DÉBATTRE v. pron. Lutter, en faisant beaucoup d'efforts pour résister, se dégager. ⇒ se **démener.** *Se débattre comme un beau diable.* - fig. *Se débattre contre les difficultés.*

DÉBAUCHE n. f. ▪ **1.** Usage excessif des plaisirs sensuels. ⇒ **dépravation, dévergondage, luxure.** *Vivre dans la débauche.* - DR. *Incitation des mineurs à la débauche.* **2.** fig. Abus, excès ; profusion. *Une débauche de couleurs.*

DÉBAUCHER v. tr. [1] ▪ **I. 1.** Détourner (qqn) d'un travail, de ses occupations. **2.** Renvoyer (qqn) faute de travail. ⇒ **congédier, licencier ;** opposé à *embaucher. Débaucher du personnel.* **II.** Entraîner (qqn) à l'inconduite, notamment sexuelle. ⇒ **corrompre, dépraver.** ► DÉBAUCHÉ, ÉE adj. Qui vit dans la débauche. - n. ⇒ **coureur, libertin, noceur.**

DÉBILE ▪ **1.** adj. Qui manque de force physique. ⇒ **faible, fragile, malingre.** *Un vieillard débile.* **2.** n. *Un, une débile mental (e),* personne atteinte de débilité (2). **3.** adj. FAM. Imbécile, idiot. ⇒ FAM. **demeuré.** - *Un raisonnement débile.* ⇒ **inepte, nul.** *Un film débile.* ⇒ **idiot.**

DÉBILITANT, ANTE adj. ▪ Qui affaiblit. *Climat débilitant.* - fig. Démoralisant. *Atmosphère débilitante.*

DÉBILITÉ n. f. ▪ **1.** État d'une personne débile (1). **2.** *Débilité mentale :* déficience de l'intelligence, correspondant pour un adulte à un âge mental de 7 à 10 ans. ⇒ **arriération.**

DÉBILITER v. tr. [1] ▪ **1.** DIDACT. Rendre débile (1), faible. ⇒ **affaiblir. 2.** fig. Démoraliser.

DÉBINE n. f. ▪ FAM. et VIEILLI Pauvreté, gêne matérielle.

① **DÉBINER** v. tr. [1] ▪ Dénigrer, médire de (qqn, qqch.).

② SE **DÉBINER** v. pron. [1] ▪ FAM. Se sauver, s'enfuir.

① **DÉBIT** n. m. ▪ **1.** Écoulement continu des marchandises par la vente au détail. *Article d'un bon débit.* **2.** (dans des loc.) Magasin, boutique. *Débit de tabac.* - *Débit de boissons,* bar, café. **3.** Manière d'énoncer, de réciter. ⇒ **élocution.** *Un débit monotone, précipité.* **4.** Volume (de fluide, etc.) écoulé par unité de temps. *Débit d'un fleuve, d'un robinet. Débit horaire.*

② **DÉBIT** n. m. ▪ Compte des sommes dues par une personne à une autre (s'oppose à *crédit*). *Nous mettons ces frais à votre débit.* - Enregistrement immédiat d'une vente. ♦ Partie d'une comptabilité où figurent les sommes déboursées. *Inscrire, porter une somme au débit.*

DÉBITANT, ANTE n. ▪ Personne qui tient un débit (2). *Débitant de boissons, de tabac.*

① **DÉBITER** v. tr. [1] ▪ **I.** Découper (du bois, etc.) en morceaux. *Débiter un arbre.* - *Débiter un bœuf.* **II. 1.** Écouler (une marchandise) par la vente au détail (⇒ **débit**). **2.** Dire à la suite (des choses incertaines ou sans intérêt). ⇒ FAM. **dégoiser.** *Débiter des fadaises.* - Dire en public (un texte étudié) ; spécialt réciter mécaniquement. *Débiter un compliment.* **3.** Faire s'écouler en un temps donné. - au p. p. *Le courant débité par une dynamo.*

② **DÉBITER** v. tr. [1] ▪ Porter au débit de (qqn). *Débiter qqn d'une somme.* ♦ par ext. *Débiter un compte de telle somme.* - passif *Votre chèque n'a pas encore été débité.*

DÉBITEUR, TRICE n. ▪ **1.** Personne qui doit (spécialt de l'argent) à qqn. *Créancier et débiteur.* - adj. *Solde débiteur d'un compte* (dont le débit est supérieur au crédit). **2.** fig. Personne qui a une dette morale (⇒ **redevable**). *Je reste votre débiteur.*

DÉBLAI n. m. ▪ **1.** Action de déblayer. **2.** au plur. Terres, décombres déblayés.

DÉBLAIEMENT n. m. ▪ Opération par laquelle on déblaie (un lieu, un passage).

DÉBLATÉRER v. intr. [6] ▪ Parler longuement et avec violence (contre qqn, qqch.). ⇒ **médire** de, **vitupérer.** *Déblatérer contre qqn, qqch.* - trans. *Déblatérer des injures.*

DÉBLAYER v. tr. [8] ▪ **1.** Débarrasser (un lieu) de ce qui encombre, obstrue. ⇒ **dégager.** - Aplanir par des travaux de terrassement. **2.** fig. loc. *Déblayer le terrain :* faire disparaître les premiers obstacles avant d'entreprendre. ⇒ **aplanir, préparer.**

DÉBLOCAGE n. m. ▪ Action de débloquer.

DÉBLOQUER v. [1] ▪ **I.** v. tr. **1.** Remettre (une chose bloquée) en marche. **2.** Remettre en circulation, en exercice. *Débloquer des crédits.* - Libérer. *Débloquer les prix.* **II.** v. intr. FAM. Divaguer, déraisonner. ► SE **DÉBLOQUER** v. pron. Se dégager d'un blocage. - fig. *La situation se débloque.*

DÉBOBINER v. tr. [1] ▪ Dérouler (ce qui était en bobine). - pronom. Se dérouler.

DÉBOIRE n. m. ▪ LITTÉR. Impression pénible laissée par un événement dont on avait espéré mieux. ⇒ **déception, déconvenue, désillusion.** - surtout au plur. Événement décevant, fâcheux. *Il a eu bien des déboires.*

DÉBOISER v. tr. [1] ▪ Dégarnir (un terrain) des bois qui le recouvrent. ► n. m. DÉBOISEMENT

DÉBOÎTER v. [1] ▪ **I.** v. tr. **1.** Faire sortir de ce qui emboîte. *Déboîter une porte.* ⇒ **démonter. 2.** Sortir (un os) de l'articulation. ⇒ **démettre, luxer.** *Elle s'est déboîté l'épaule.* **II.** v. intr. (véhicule) Sortir d'une file. *Déboîter pour doubler.* ► n. m. DÉBOÎTEMENT

DÉBONDER v. tr. [1] ▪ Ouvrir en retirant la bonde. ♦ fig. VIEILLI *Débonder son cœur,* donner libre cours à des sentiments longtemps contenus. - pronom. *Se débonder.* ⇒ s'**épancher.**

DÉBONNAIRE adj. ▪ D'une bonté extrême, un peu faible. - *Air débonnaire.* ⇒ **bonasse, inoffensif.** ► n. f. DÉBONNAIRETÉ

DÉBORAH ▪ Prophétesse et juge d'Israël (XIIe s. av. J.-C.?). La Bible (Juges, IV-V) la désigne comme l'inspiratrice de la victoire d'Israël sur un roi cananéen. Le cantique de Déborah est l'un des plus anciens textes de la littérature hébraïque.

DÉBORDANT, ANTE adj. ▪ Qui déborde. - fig. *Joie débordante.* ⇒ **exubérant.** *Être débordant de vie.* ⇒ **pétulant.** *Activité débordante.*

DÉBORDÉ, ÉE adj. ▪ Submergé. *Être complètement débordé* (de travail). - Dépassé. *Être débordé par les événements.*

DÉBORDEMENT n. m. ▪ **1.** Action de déborder ; son résultat. **2.** fig. Fait de se répandre en abondance. *Débordement d'injures* (⇒ **déluge, flot, torrent**), de joie (⇒ **effusion, explosion**), de vie (⇒ **exubérance**).

DÉBORDER v. [1] ▪ **I.** v. intr. **1.** Répandre une partie de son contenu liquide par-dessus bord. *Le fleuve risque de déborder. Verre plein à déborder.* - loc. *C'est la goutte d'eau qui fait déborder le vase,* la petite chose pénible qui s'ajoute à tout le reste et fait que l'ensemble devient insupportable. ♦ *DÉBORDER DE :* être rempli de. *Déborder de vie, de joie.* **2.** Se répandre par-dessus bord (contenu). *Le lait monte et déborde.* - fig. *Son enthousiasme déborde* (⇒ **débordant**). **II.** v. tr. **1.** Dépasser (le bord), aller au-delà de. absolt *Déborder en coloriant. Cette maison déborde les autres.* - *Déborder le front ennemi.* - fig. *Déborder le cadre du débat.* **2.** Défaire (ce qui était bordé). *Déborder un lit.* - par ext. *Déborder un malade.* - pronom. *Se déborder en dormant.*

Olivier **Debré.** Rideau de scène de la Comédie-Française à Paris.
Phot. © A. Février/Diaf

DÉBOTTÉ n. m. ▪ loc. *Au débotté :* au moment où l'on arrive, sans préparation.

DÉBOUCHAGE n. m. ▪ *Le débouchage d'un évier.*

DÉBOUCHÉ n. m. ▪ **1.** Issue, passage vers un lieu plus ouvert. *Débouché d'une vallée. Au débouché de la forêt.* **2.** Moyen d'écouler un produit. - Lieu où une industrie, un pays trouve la vente de ses produits. ⇒ **marché. 3.** fig. Perspective de situation. *Les débouchés offerts à un ingénieur.*

① **DÉBOUCHER** v. tr. [1] ▪ **1.** Débarrasser de ce qui bouche. *Déboucher un lavabo.* **2.** Débarrasser de son bouchon. ⇒ **ouvrir.** *Déboucher une bouteille.*

② **DÉBOUCHER** v. intr. [1] ▪ (personnes) Passer d'un lieu resserré dans un lieu plus ouvert. *Nous débouchâmes sur une clairière.* ♦ (voie, passage) *Cette rue débouche sur la place de l'église.* ⇒ **aboutir** à, **donner** sur. - fig. *Des discussions qui ne débouchent sur rien.* ⇒ **mener** à.

DÉBOUCLER v. tr. [1] ▪ **1.** Ouvrir la boucle de. **2.** Défaire les boucles de cheveux de (qqn).

DÉBOULER v. intr. [1] ▪ FAM. ▪ **1.** Tomber en roulant. *Le car a déboulé dans le ravin.* **2.** Faire irruption. *Débouler chez qqn en pleine nuit.* ⇒ **débarquer. 3.** Fuir après avoir surgi soudainement (gibier).

DÉBOULONNER v. tr. [1] ▪ **1.** Démonter (ce qui était boulonné). **2.** fig. FAM. Détruire le prestige de (qqn) ; déposséder de sa place. *Déboulonner un homme politique.* ► n. m. DÉBOULONNAGE ou DÉBOULONNEMENT

DÉBOURRER v. tr. [1] ▪ **1.** Ôter la bourre de. **2.** *Débourrer une pipe,* en ôter le tabac.

DÉBOURS n. m. ▪ souvent au plur. Somme déboursée.

DÉBOURSER v. tr. [1] ▪ Tirer de son avoir (une certaine somme). ⇒ **dépenser, payer.** *Sans rien débourser, sans débourser un sou.* ► n. m. DÉBOURSEMENT

DÉBOUSSOLER v. tr. [1] ▪ FAM. Désorienter (qqn), faire qu'il ne sache plus où il en est. - au p. p. *Se sentir déboussolé.* ⇒ **désemparé.**

DEBOUT adv. ▪ **1.** (choses) Verticalement ; sur l'un des bouts. *Mettre des livres debout.* **2.** (personnes) Sur ses pieds (opposé à *assis, couché*). *Se tenir debout. Se mettre debout.* ⇒ se **lever.** - interj. *Debout !* ♦ Pas couché, levé. *Être debout dès l'aube, après trois heures du matin. Il va mieux, il est déjà debout,* guéri, rétabli. **3.** *Être (encore) debout,* être en bon état (mur, construction). ♦ *TENIR DEBOUT :* être solide. - *NE PAS TENIR DEBOUT :* être malade, épuisé ou ivre. ♦ fig. *Cette histoire ne tient pas debout,* elle est incohérente, invraisemblable.

DÉBOUTÉ, ÉE ▪ DR. **1.** n. m. Rejet d'une demande en justice. **2.** n. Personne qui en fait l'objet.

DÉBOUTER v. tr. [1] ▪ DR. Rejeter par jugement, par arrêt, la demande en justice de (qqn). *Le tribunal l'a débouté de sa demande* (⇒ **débouté**).

DÉBOUTONNER v. tr. [1] ▪ Ouvrir en dégageant les boutons de la boutonnière. ⇒ **défaire.** *Déboutonner son gilet.* ► SE **DÉBOUTONNER** v. pron. Déboutonner ses vêtements. - *Mon col s'est déboutonné.* ♦ fig. Se confier avec une sincérité complète.

DÉBRAILLÉ, ÉE adj. ▪ **1.** Dont les vêtements sont en désordre, ouverts. *Être tout débraillé.* - *Une tenue débraillée.* ⇒ **négligé.** - n. m. *Le débraillé de sa tenue.* ⇒ **laisser-aller. 2.** fig. *Une conversation débraillée,* libre, sans retenue.

DÉBRANCHER v. tr. [1] ▪ Arrêter (un appareil électrique) en supprimant son branchement. *Débrancher une prise.* ♦ FAM. *Débrancher un malade,* déconnecter les appareils qui le maintiennent en vie.

DÉBRAYAGE n. m. ▪ **1.** Fait de débrayer. **2.** Cessation du travail ; mouvement de grève.

DÉBRAYER v. [8] ▪ **1.** v. tr. Interrompre la liaison entre un mécanisme et l'arbre moteur. - absolt (entre le moteur et les roues) *Débrayer, passer les vitesses et embrayer.* **2.** v. intr. FAM. Cesser le travail, se mettre en grève. *Les ouvriers ont débrayé.*

Michel **DEBRÉ** (1912 - 1996) ▪ Homme politique français. Premier ministre du début de la Ve République (de 1959 à 1962).

Olivier **DEBRÉ** (né en 1920) ▪ Peintre français, abstrait, proche de l'*action painting.* Rideau de scène de la Comédie-Française.

DEBRECEN ▪ Ville de Hongrie. 214 000 hab. Centre du mouvement protestant hongrois, elle connut une vie intellectuelle active (université). Kossuth y proclama l'indépendance en 1849.

DÉBRIDER v. tr. [1] ▪ **1.** Ôter la bride à (une bête de somme). **2.** Dégager en incisant. *Débrider un abcès.* ► **DÉBRIDÉ, ÉE** adj. Sans retenue. ⇒ **déchaîné, effréné.** *Imagination débridée.*

DÉBRIS n. m. ▪ **1.** rare au sing. Reste (d'un objet brisé, d'une chose en partie détruite). ⇒ **fragment, morceau.** *Des débris de bouteille.* ⇒ **tesson. 2.** au plur. fig. LITTÉR. ⇒ **reste.** *Les débris d'une armée,* ce qui en reste après la défaite.

Charles **DE BROUCKÈRE** (1796-1860) ▪ Homme politique belge. Il joua un rôle majeur dans la révolution belge de 1830. Il fut ministre de l'Intérieur puis de la Guerre, dans le premier ministère du roi Léopold. ► **Henri** (1801-1891), son frère, représenta activement le parti libéral modéré. Il fut Premier ministre et ministre des Affaires étrangères (1852 à 1855).

Louis **DE BROUCKÈRE** (1870-1951) ▪ Homme politique belge. Marxiste convaincu, il fut président de l'Internationale ouvrière socialiste. Critique virulent de la neutralité belge, il rallia Londres dès le début de la Deuxième Guerre mondiale et y soutint la Résistance. Il fut ministre d'État en 1945.

DÉBROUILLARD, ARDE adj. et n. ▪ FAM. Qui sait se débrouiller. ⇒ **adroit, habile, malin** ; FAM. **roublard.**

DÉBROUILLARDISE n. f. ▪ Qualité d'une personne débrouillarde.

DÉBROUILLE n. f. ▪ FAM. Art de se tirer d'affaire.

DÉBROUILLER v. tr. [1] ▪ **1.** Démêler (ce qui est embrouillé). *Débrouiller les fils d'un écheveau.* **2.** fig. Tirer de la confusion. ⇒ **éclaircir, élucider.** *Débrouiller une affaire.* ► SE **DÉBROUILLER** v. pron. Se comporter habilement, se tirer d'affaire. *Se débrouiller tout seul. Se débrouiller avec ce qu'on a.* ⇒ s'**arranger.**

DÉBROUSSAILLANT n. m. ▪ Agent chimique utilisé pour débroussailler.

DÉBROUSSAILLER v. tr. [1] ▪ **1.** Débarrasser (un terrain) des broussailles. ⇒ **défricher. 2.** fig. Éclairer (ce qui est confus). *Débroussailler un problème.* ⇒ **débrouiller.**

DÉBUCHÉ ou **DÉBUCHER** n. m. ▪ Moment où la bête débuche.

DÉBUCHER v. [1] ▪ **1.** v. intr. Sortir du bois, du refuge (gibier). **2.** v. tr. Faire sortir (une bête) du bois. ⇒ **débusquer.**

DÉBUSQUER v. [1] ▪ **I.** v. tr. **1.** Chasser (le gibier) du bois. ⇒ **débucher.** *Débusquer un lièvre.* **2.** Faire sortir (qqn) de sa position, de son refuge. ⇒ **chasser, déloger. II.** v. intr. Sortir du bois (gibier).

Debussy. Portrait par M. Baschet. Musée Carnavalet, Paris. *Phot. © Dagli Orti*

Claude **DEBUSSY** (1862-1918) ▪ Compositeur français, un des plus importants du XXe s. Il fut influencé par les poètes symbolistes, en particulier Mallarmé. On a qualifié sa musique d'impressionniste : art de l'évocation dans ses œuvres pour piano (*"Préludes"* 1910-1913), pour orchestre (*"La Mer"* 1905 ; *"Prélude à l'après-midi d'un faune"* 1894) et dans son opéra *"Pelléas et Mélisande"* (1902, sur un livret de Maeterlinck).

DÉBUT n. m. ▪ **1.** Commencement. *Le début d'un livre. Du début.* ⇒ **initial.** - *En début de mois. Début mai.* - AU DÉBUT. *Tout au début, au tout début.* - *Un début d'angine.* **2.** *Les débuts de qqn,* ses premières apparitions (à la scène, dans le monde, etc.). *Faire ses débuts au théâtre.*

DÉBUTANT, ANTE ▪ **1.** adj. Qui débute. - n. ⇒ **apprenti, novice.** *Cours pour débutants.* **2.** n. f. Jeune fille qui sort pour la première fois dans la haute société.

DÉBUTER v. intr. [1] ▪ **1.** Faire ses premiers pas dans une carrière, une activité. *Débuter comme simple apprenti.* - *Un comédien qui débute* (⇒ **début** (2)). **2.** (choses) Commencer. *Le livre débute par une longue préface.*

Petrus **DEBYE** (1884-1966) ▪ Physicien et physico-chimiste néerlandais. Théorie des solutions électrolytiques. Applications chimiques de la théorie quantique. Prix Nobel de chimie 1936.

DEÇÀ adv. ▪ *EN DEÇÀ DE* loc. prép. : de ce côté-ci de (opposé à *au-delà de*). - fig. *Rester en deçà de la vérité,* ne pas l'atteindre. ♦ *EN DEÇÀ* loc. adv. *La flèche tomba en deçà.*

DÉCA n. m. ▪ FAM. Café décaféiné. *Un café et deux décas.*

DÉCA- Élément savant, du grec *deka* « dix » (ex. *décalitre, décamètre*). ≠ *déci-*.

DÉCABRISTE n. m. ▪ HIST. Membre de la conspiration fomentée à Saint-Pétersbourg contre le tsar Nicolas Ier (décembre 1825). ◇ syn. DÉCEMBRISTE.

DÉCACHETER v. tr. [4] ▪ Ouvrir (ce qui est cacheté). *Décacheter une lettre, un billet.* ⇒ **ouvrir.**

DÉCADE n. f. ▪ **1.** Période de dix jours. **2.** (anglic. critiqué) Période de dix ans. ⇒ **décennie.**

DÉCADENCE n. f. ▪ Acheminement vers la ruine. ⇒ **chute, déclin.** *Tomber en décadence. La décadence des mœurs. "Grandeur et décadence de César Birotteau"* (roman de Balzac). - HIST. Les derniers siècles de l'Empire romain. *Les poètes de la décadence.*

DÉCADENT, ENTE adj. ▪ Qui est en décadence. *Civilisation décadente. Art décadent.* ♦ n. m. *Les décadents,* écrivains d'une école pessimiste, avant les symbolistes.

DÉCAÈDRE adj. et n. m. ▪ GÉOM. Qui a dix faces.

DÉCAFÉINÉ, ÉE adj. ▪ Dont on a enlevé la caféine. *Café décaféiné.* - n. m. *Une tasse de décaféiné.* ⇒ abrév. FAM. **déca.**

DÉCAGONE n. m. ▪ GÉOM. Polygone à dix côtés.

DÉCALAGE n. m. ▪ **1.** Fait de décaler ; écart temporel ou spatial. *Décalage horaire* (entre deux pays). *Souffrir du décalage (horaire) après un voyage en avion.* **2.** fig. Défaut de concordance. ⇒ **écart.** *Le décalage entre le rêve et la réalité.*

DÉCALAMINER v. tr. [1] ▪ Ôter la calamine de (une surface mécanique).

DÉCALCIFICATION n. f. ▪ *La décalcification des os.*

DÉCALCIFIER v. tr. [7] ▪ Priver d'une partie de son calcium. - pronom. *Organisme qui se décalcifie.* ► DÉCALCIFIANT, ANTE adj. *Régime décalcifiant.*

DÉCALCOMANIE n. f. ▪ Procédé par lequel on transfère des images colorées sur un support ; ces images.

DÉCALER v. tr. [1] ▪ Déplacer un peu de la position normale. ⇒ **avancer, reculer.** *Décaler qqch. d'une rangée.* - pronom. *Se décaler d'un rang.* ♦ *Décaler un rendez-vous.*

DÉCALITRE n. m. ▪ Mesure de capacité qui vaut dix litres.

DÉCALOGUE n. m. ▪ RELIG. Les dix commandements reçus de Dieu par Moïse sur le Sinaï.

DÉCALOTTER v. tr. [1] ▪ **1.** Enlever la calotte de. - FAM. Déboucher (une bouteille). **2.** *Décalotter le gland,* le découvrir en dégageant le prépuce.

DÉCALQUE n. m. ▪ Reproduction par décalquage.

DÉCALQUER v. tr. [1] ▪ Reporter le calque de (un dessin, etc.) sur un support. *Décalquer une carte de géographie.* ► n. m. DÉCALQUAGE

DÉCAMÈTRE n. m. ▪ Mesure de longueur valant dix mètres.

DÉCAMPER v. intr. [1] ▪ S'en aller précipitamment. ⇒ **déguerpir,** s'**enfuir, fuir,** se **sauver.**

DÉCAN n. m. ▪ Chacune des trois dizaines de degrés comptées par chaque signe du zodiaque. *Le premier décan du Lion.*

DÉCANILLER v. intr. [1] ▪ FAM. Partir, s'en aller ; s'enfuir.

DÉCANTER v. [1] ▪ **1.** Séparer (un liquide) des matières en suspension en les laissant se déposer. ⇒ **clarifier, épurer.**

Décanter du vin. ‐ fig. *Décanter ses idées,* se donner un temps de réflexion afin d'y voir plus clair. ► SE **DÉCANTER** v. pron. Devenir plus clair. ‐ fig. *Attendre que la situation se décante.* ► n. f. DÉCANTATION

DÉCAPANT, ANTE adj. ▪ **1.** Qui décape. *Produit décapant* ou n. m. *un décapant.* **2.** fig. *Un humour décapant.* ⇒ **corrosif.**

DÉCAPER v. tr. [1] ▪ Débarrasser (une surface) des dépôts, des matières qui y adhèrent fortement. *Décaper un mur avant de le repeindre.* ⇒ **gratter ; décapant.** ‐ absolt fig. *Une satire qui décape.* ► n. m. DÉCAPAGE

DÉCAPITATION n. f. ▪ **1.** ⇒ **décollation. 2.** fig. *La décapitation d'un réseau terroriste.*

DÉCAPITER v. tr. [1] ▪ **1.** Trancher la tête de (qqn). ⇒ **couper** la tête, **guillotiner. 2.** *Décapiter un arbre,* en enlever la partie supérieure. ⇒ **étêter. 3.** fig. Détruire ce qui est à la tête de, ce qui est essentiel. ⇒ **abattre.** *Décapiter un complot.*

DÉCAPODE ▪ **1.** adj. Qui a cinq paires de pattes. **2.** n. m. Crustacé à cinq paires de pattes (crevette, crabe, etc.).

DÉCAPOLE n. f. ▪ HIST. Association, groupe de dix villes.

▪ **la DÉCAPOLE ALSACIENNE** ▪ Ligue de dix villes d'Alsace constituée en 1354 dans un but d'assistance mutuelle. Elle comprenait Colmar, Munster, Turckheim, Kaysersberg, Sélestat, Obernai, Haguenau, Wissembourg (remplacée en 1511 par Landau), Rosheim, Mulhouse. Rattachée progressivement à la France à partir de 1634, elle disparut définitivement en 1789.

DÉCAPOTABLE adj. ▪ Qui peut être décapoté. *Voiture décapotable,* ou n. f. *une décapotable.*

DÉCAPOTER v. tr. [1] ▪ Enlever ou ouvrir la capote, le toit mobile de. ‐ au p. p. *Voiture décapotée.*

DÉCAPSULER v. tr. [1] ▪ Enlever la capsule de. ⇒ **ouvrir.** *Décapsuler une bouteille.*

DÉCAPSULEUR n. m. ▪ Ustensile qui fait levier, pour enlever les capsules de bouteilles.

DÉCAPUCHONNER v. tr. [1] ▪ Ôter le capuchon de. *Décapuchonner un stylo.*

SE **DÉCARCASSER** v. pron. [1] ▪ FAM. Se donner beaucoup de peine pour parvenir à un résultat. ⇒ se **démener.**

DÉCASYLLABE [-si(l)lab] adj. et n. m. ▪ Qui a dix syllabes (vers).

DÉCATHLON n. m. ▪ Ensemble de dix épreuves disputées par les mêmes athlètes.

DÉCATIR v. tr. [2] ▪ TECHN. Débarrasser (une étoffe) du lustre que lui ont donné les apprêts. ► SE **DÉCATIR** v. pron. Perdre sa fraîcheur ; vieillir. ► **DÉCATI, IE** [-ti] adj. **1.** *Tissu décati.* **2.** fig. *Vieillard décati.*

DÉCAVÉ, ÉE adj. ▪ Qui a perdu sa cave, au jeu. ‐ n. *Un décavé.* ♦ par ext. Ruiné. ‐ *Un air décavé,* défait, abattu.

Élie, duc DECAZES ET DE GLÜCKSBERG (1780‐1860) ▪ Ministre libéral de Louis XVIII (→ duc de **Berry**). Créateur des forges de Decazeville.

DECAZEVILLE ▪ Commune de l'Aveyron. 7 754 hab. *(les Decazevillois).* Houille en déclin.

le DECCAN → **Dekkan**

DÈCE en latin ***DECIUS*** (v. 200‐251) ▪ Empereur romain qui régna de 249 à sa mort. Voulant restaurer l'unité morale de l'empire autour de la religion traditionnelle, il déclencha la première persécution systématique des chrétiens.

Dèce. Pièce d'or à l'effigie de Dèce, 249-251.
Coll. Jean Vinchon, Paris.
Phot. © Dagli Orti

DÉCÉDER v. intr. [6] ▪ (personnes) Mourir. *Il est décédé depuis peu.* ► **DÉCÉDÉ, ÉE** adj. *Un parent décédé.*

DÉCELER v. tr. [5] ▪ **1.** Découvrir (ce qui était celé, caché). *Déceler une intrigue.* ‐ *Déceler une fuite de gaz.* ⇒ **détecter. 2.** (choses) Être l'indice de. ⇒ **révéler, trahir.** *Sa voix décèle de l'inquiétude.* ► adj. DÉCELABLE

DÉCÉLÉRATION n. f. ▪ Réduction de la vitesse (accélération* négative). ⇒ **ralentissement.** *La décélération d'une fusée.*

DÉCÉLÉRER v. intr. [6] ▪ Ralentir (véhicule ; conducteur).

DÉCEMBRE n. m. ▪ Le douzième et dernier mois de l'année.

▪ **le coup d'État du 2 DÉCEMBRE 1851** ▪ Coup d'État par lequel Louis Napoléon Bonaparte, alors président de la République, élimina l'opposition politique et renforça, à son profit, le pouvoir exécutif, préparant ainsi la restauration de l'Empire.

DÉCEMBRISTE n. m. ⇒ DÉCABRISTE

DÉCEMMENT [-amɑ̃] adv. ▪ **1.** D'une manière décente. ⇒ **convenablement.** *S'exprimer décemment.* **2.** Raisonnablement. *Décemment, il ne pouvait pas s'absenter.*

DÉCENCE n. f. ▪ **1.** Respect de ce qui touche les bonnes mœurs, les convenances. ⇒ **bienséance, pudeur. 2.** Tact, discrétion, retenue.

DÉCENNAL, ALE, AUX adj. ▪ **1.** Qui dure dix ans. **2.** Qui a lieu tous les dix ans.

DÉCENNIE n. f. ▪ Période de dix ans.

DÉCENT, ENTE adj. ▪ **1.** Qui est conforme à la décence. ⇒ **bienséant, convenable.** *Tenue décente.* **2.** Acceptable. ⇒ **correct.** *Un salaire décent.*

DÉCENTRALISATION n. f. ▪ Action de décentraliser ; son résultat. ⇒ **régionalisation ; délocalisation.**

DÉCENTRALISER v. tr. [1] ▪ **1.** Rendre plus autonome (ce qui dépend d'un pouvoir central). **2.** Déplacer (une activité située dans la capitale) en banlieue ou en province. ⇒ **délocaliser.** ► DÉCENTRALISATEUR, TRICE adj. et n. *Politique décentralisatrice.*

DÉCENTRER v. tr. [1] ▪ Déplacer le centre de. ⇒ **excentrer.** *Décentrer un objectif,* pour que son axe ne soit pas au centre du cliché.

DÉCEPTION n. f. ▪ **1.** Fait d'être déçu. ⇒ **déconvenue, désappointement, désillusion. 2.** Ce qui déçoit. *Ce fut une amère, une cruelle déception.*

DÉCERNER v. tr. [1] ▪ **1.** DR. Ordonner juridiquement. *Décerner un mandat d'arrêt.* **2.** Accorder à qqn (une récompense, une distinction). ⇒ **attribuer, donner.**

DÉCÈS n. m. ▪ Mort d'une personne. *Acte, faire-part de décès. Magasin fermé pour cause de décès.*

DÉCEVANT, ANTE adj. ▪ Qui déçoit, ne répond pas à ce qu'on espérait. *Un film décevant.*

DÉCEVOIR v. tr. [28] ▪ Tromper (qqn) dans ses espoirs, son attente. ⇒ **désappointer.** *Ce garçon, son comportement m'a déçu* (⇒ **décevant**). ‐ LITTÉR. *Décevoir la confiance de qqn.*

DÉCHAÎNEMENT n. m. ▪ Action de (se) déchaîner ; son résultat. *Le déchaînement des éléments.* ⇒ **fureur.** ‐ *Le déchaînement de la violence.*

DÉCHAÎNER v. tr. [1] ▪ Donner libre cours à (une force). *Déchaîner les passions.* ⇒ **provoquer, soulever.** ► SE **DÉCHAÎNER** v. pron. Se déclencher avec violence. *La tempête se déchaîne.* ‐ Se mettre en colère, s'emporter (contre qqn, qqch.). *La presse se déchaîna contre lui.* ► **DÉCHAÎNÉ, ÉE** adj. **1.** Qui s'agite avec violence. *Mer déchaînée.* ⇒ **démonté. 2.** Très excité, qu'on ne peut arrêter. *Cet enfant est déchaîné.* ‐ *Instincts déchaînés.*

DÉCHANTER v. intr. [1] ▪ Rabattre de ses prétentions, de ses espérances, perdre ses illusions. *Il a vite déchanté.*

DÉCHARGE n. f. ▪ **I.** Lieu où l'on jette les ordures, les décombres. *Décharge publique.* **II. 1.** Libération d'une obligation, d'une dette ; acte qui atteste cette libération. *Signer une décharge.* **2.** *À DÉCHARGE :* qui lève les charges pesant sur un accusé. *Témoin à décharge,* qui dépose à l'appui de la défense. ‐ *Il faut dire, à sa décharge...,* pour l'excuser. **III. 1.** Fait de décharger une ou des armes à feu. ⇒ **fusillade, salve. 2.** FAM. Éjaculation. **3.** Brusque perte d'une charge électrique. *Décharge atmosphérique.* ⇒ **foudre.** *Recevoir une décharge (électrique) en touchant un fil électrifié.*

DÉCHARGEMENT n. m. ▪ Action de décharger (I, 1).

DÉCHARGER v. tr. ③ ▪ **I. 1.** Débarrasser de sa charge (une personne, un navire, etc.). **2.** Enlever (un chargement). ⇒ **débarquer.** *Décharger une cargaison.* **3.** *Décharger une arme,* en enlever la charge. ‑ au p. p. *Pistolet déchargé.* ‑ *Décharger son arme sur qqch., qqn, dans qqch.* ⇒ **tirer. 4.** Débarrasser d'un excès. ‑ absolt *Étoffe qui décharge,* qui perd sa couleur. ♦ fig. *Décharger sa colère sur qqn.* **5.** Diminuer la charge électrique de. ‑ au p. p. *Pile déchargée.* **II.** fig. **1.** Débarrasser ou libérer (qqn) d'une charge, d'une obligation, d'une responsabilité. ⇒ **dispenser.** *Décharger qqn d'une corvée.* ‑ Dispenser (qqn) d'un travail en le faisant soi-même. **2.** Libérer d'une accusation. *Décharger un accusé.* ⇒ **disculper, innocenter. 3.** *Décharger sa conscience,* avouer, se confesser. ⇒ **soulager.** ► SE DÉCHARGER v. pron. *Se décharger d'un poids.* ‑ *Se décharger d'un travail sur ses collaborateurs.*

DÉCHARNÉ, ÉE adj. ▪ **1.** Qui n'a plus de chair. **2.** Très maigre. *Visage décharné.* ⇒ **émacié. 3.** fig. *Style décharné,* dépouillé, sec. ► n. m. DÉCHARNEMENT

DÉCHAUSSER v. tr. ① ▪ **1.** Enlever les chaussures de (qqn). *Déchausser un enfant.* ♦ absolt *Déchausser,* enlever ou perdre ses skis. **2.** TECHN. Dénuder, dégarnir à la base. ► SE DÉCHAUSSER v. pron. **1.** Enlever ses chaussures. **2.** *Dent qui se déchausse,* qui n'est plus bien maintenue par la gencive dans l'alvéole dentaire, et bouge (n. m. *déchaussement*).

DÈCHE n. f. ▪ FAM. Manque d'argent, grande gêne. ⇒ **misère, pauvreté.** *C'est la dèche.*

DÉCHÉANCE n. f. ▪ **1.** Fait de déchoir ; état d'une personne déchue. ⇒ **chute, disgrâce.** *La déchéance d'un souverain.* ‑ *Déchéance physique.* ⇒ **décrépitude, vieillissement. 2.** Perte d'un droit. *Déchéance de l'autorité parentale.*

DÉCHET n. m. ▪ **1.** Perte qu'une chose subit dans l'emploi qui en est fait. *Il y a du déchet,* une partie à jeter. **2.** surtout au plur. Résidu inutilisable. ⇒ **détritus.** *Déchets industriels.* **3.** fig. Personne déchue, méprisable.

DÉCHETTERIE n. f. ▪ Lieu aménagé pour recueillir et traiter les déchets.

DÉCHIFFRABLE adj. ▪ Qui peut être déchiffré (s'oppose à *indéchiffrable*).

DÉCHIFFRAGE n. m. ▪ Action de déchiffrer (de la musique, un texte).

DÉCHIFFREMENT n. m. ▪ Action de déchiffrer (une écriture, un message chiffré).

DÉCHIFFRER v. tr. ① ▪ **1.** Lire (ce qui est chiffré), traduire en clair. *Déchiffrer un message codé.* ⇒ **décoder, décrypter. 2.** Parvenir à lire, à comprendre. *Déchiffrer des hiéroglyphes.* ‑ *Une ordonnance médicale difficile à déchiffrer.* **3.** *Déchiffrer de la musique, une partition,* la lire à première vue. ‑ absolt *Savoir déchiffrer.*

DÉCHIQUETER v. tr. ④ ▪ **1.** Déchirer irrégulièrement en petits morceaux. ⇒ **déchirer.** *Le chien déchiquetait la viande à belles dents.* **2.** Mettre en pièces, en lambeaux. ‑ au p. p. *Corps déchiqueté par un obus.*

DÉCHIRANT, ANTE adj. ▪ Qui déchire le cœur, émeut fortement. *Des cris, des adieux déchirants.*

DÉCHIREMENT n. m. ▪ **1.** Action de déchirer ; son résultat. **2.** fig. Grande douleur morale avec impression de rupture intérieure. *Le déchirement des séparations.*

DÉCHIRER v. tr. ① ▪ **1.** Séparer en morceaux par des tractions opposées. *Déchirer une feuille en petits morceaux.* ‑ loc. fig. *Déchirer le voile :* découvrir la vérité. *Se déchirer un muscle,* se rompre des fibres musculaires. **2.** Faire un accroc à. *Déchirer sa robe.* **3.** Rompre violemment par un son éclatant. *Un cri déchira le silence.* **4.** Causer une vive douleur à. *Toux qui déchire la poitrine.* ‑ fig. *Déchirer le cœur.* ⇒ **fendre. 5.** Troubler par de tragiques divisions. ⇒ **diviser.** *La guerre civile déchire le pays.* ‑ au p. p. *Être déchiré* (entre deux sentiments contraires). ► SE DÉCHIRER v. pron. **1.** *L'emballage s'est déchiré.* **2.** (récipr.) fig. Se faire du mal, de la peine avec violence. *Des amants qui se déchirent.* ⇒ s'**entredéchirer.**

Giorgio DE CHIRICO (1888‑1978) ▪ Peintre italien. Son œuvre « métaphysique » (avant 1920), caractérisée par des perspectives forcées, des ombres illogiques, des objets hétéroclites et des figures déshumanisées, influença le surréalisme.

De Chirico. *La Mort d'un esprit.* Coll. de l'artiste.
Phot. © Arch. Smeets

DÉCHIRURE n. f. ▪ **1.** Fente faite en déchirant. ⇒ **accroc. 2.** Rupture ou ouverture irrégulière dans les tissus, les chairs. *Une déchirure musculaire.* ⇒ **claquage.**

DÉCHOIR v. ㉕ pas d'imp. ni de p. prés. ▪ **1.** v. intr. Tomber dans un état inférieur à celui où l'on était. *Déchoir dans l'estime de qqn.* ⇒ **baisser.** *Vous pouvez accepter sans déchoir.* ⇒ s'**abaisser. 2.** v. tr. *Déchoir qqn de* (un droit...), l'en priver à titre de sanction. ‑ au p. p. *Être déchu de ses droits civiques.*

DÉCHRISTIANISER [-kRist-] v. intr. ① ▪ Éloigner du christianisme (un groupe humain). ► n. f. DÉCHRISTIANISATION

DÉCHU, UE adj. ▪ Qui n'a plus (une position supérieure, un avantage). *Prince déchu* (⇒ **déchéance**). ♦ Privé de l'état de grâce. *Ange déchu.*

DÉCI- Élément, du latin *decimus* « dixième », qui signifie « dixième partie » (ex. *décigramme, décilitre, décimètre*). ≠ *déca-*.

DÉCIBEL n. m. ▪ Unité de puissance sonore. ‑ *Les décibels* (symbole du bruit).

DÉCIDÉ, ÉE adj. ▪ **1.** Qui n'hésite pas pour prendre un parti. ⇒ **déterminé, résolu.** *Un homme décidé.* ‑ *Un air décidé.* **2.** Arrêté par décision. *C'est (une) chose décidée.* ⇒ **réglé, résolu.**

DÉCIDÉMENT adv. ▪ D'une manière décisive, définitive. *Décidément, j'ai de la chance.* ⇒ **manifestement.**

DÉCIDER v. ① ▪ **I.** v. tr. dir. **1.** Prendre la décision (2) de. *Décider une opération.* ‑ absolt *C'est moi qui décide. Il décide qu'il ira ; il a décidé qu'il irait.* **2.** Amener (qqn à agir). *Décider qqn à faire qqch.* ⇒ **convaincre, persuader.** *Je l'ai décidé à rester.* ♦ passif *Je suis décidé à y aller.* ⇒ **déterminé.** ‑ absolt *Quand vous serez décidé.* **II.** v. tr. ind. DÉCIDER DE *qqch.* Disposer en maître par son action ou son jugement. *Le chef de l'État décide de la paix et de la guerre.* ‑ (+ inf.) *Décider de partir.* ‑ (choses) Déterminer, être la cause principale. *Une rencontre qui décida de son avenir.* ► SE DÉCIDER v. pron. **1.** Être tranché, résolu. *Ça s'est décidé hier.* **2.** *Se décider à :* prendre la décision de. ⇒ se **résoudre** à. *Se décider à travailler.* ‑ absolt *Il n'arrive pas à se décider* (⇒ **indécis**). **3.** *Se décider pour :* donner la préférence à, opter pour. *Elle s'est décidée pour la deuxième solution.*

DÉCIDEUR, EUSE n. ▪ Personne ayant le pouvoir de décision.

DÉCIGRAMME n. m. ▪ Dixième partie d'un gramme.

DÉCILITRE n. m. ▪ Dixième partie d'un litre.

DÉCIMAL, ALE, AUX adj. ▪ Qui procède par dix ; qui a pour base le nombre dix. *Système décimal. Nombre décimal,* pouvant s'écrire sous la forme d'une fraction dont le dénominateur est une puissance de 10. *3,25 est un nombre décimal* (il peut s'écrire $\frac{325}{100}$). ◆ **n. f.** Chiffre placé après la virgule, dans un nombre décimal. *3,25 a deux décimales.*

DÉCIMER **v. tr.** [1] ▪ Faire périr un grand nombre de personnes dans (un ensemble, un lieu). *Épidémie qui décime un pays.*

DÉCIMÈTRE **n. m.** ▪ Dixième partie d'un mètre. ◆ Règle graduée mesurant un ou deux décimètres. *Un double décimètre.*

DÉCINES-CHARPIEU ▪ Commune du Rhône. 24 564 hab. *(les Décinois).*

DÉCISIF, IVE **adj.** ▪ **1.** (choses) Qui résout une difficulté, tranche un débat. ⇒ **concluant, péremptoire.** *Un argument décisif.* ◆ Qui conduit à un résultat définitif, capital. *Moment décisif.* **2.** RARE *Prendre un ton décisif.* ⇒ **péremptoire, tranchant.**

DÉCISION **n. f.** ▪ **1.** Jugement qui apporte une solution. ⇒ **arrêt, décret, sentence, verdict.** *Décision judiciaire.* **2.** Fin de la délibération dans l'acte volontaire de faire ou ne pas faire (une chose). ⇒ **détermination, parti, résolution.** *Prendre une décision. Il a pris la décision de refuser. Sa décision est prise. Revenir sur une, sur sa décision,* l'annuler. **3.** Qualité qui consiste à ne pas atermoyer ou changer sans motif ce qu'on a décidé. ⇒ **caractère, fermeté, volonté.** *Esprit de décision.*

DECIZE ▪ Commune de la Nièvre. 6 876 hab. *(les Decizois).*

DÉCLAMATION **n. f.** ▪ **1.** Art de déclamer. **2.** péj. Emploi de phrases emphatiques ; ces phrases.

DÉCLAMATOIRE **adj.** ▪ Emphatique. *Ton, style déclamatoire.* ⇒ **pompeux.**

DÉCLAMER **v. tr.** [1] ▪ **1.** Dire en rythmant fortement ou avec emphase. *Déclamer des vers.* **2.** VIEILLI *Déclamer contre* (qqn, qqch.), attaquer en paroles, invectiver.

DÉCLARATIF, IVE **adj.** ▪ Qui donne déclaration de qqch. ◆ GRAMM. *Verbe déclaratif,* qui énonce une simple communication (ex. dire, expliquer).

DÉCLARATION **n. f.** ▪ **1.** Action de déclarer ; discours ou écrit par lequel on déclare. *Selon les déclarations du témoin.* ◆ *La Déclaration des droits* de l'homme et du citoyen* (1789). **2.** Aveu qu'on fait à une personne de l'amour qu'on éprouve pour elle. *Déclaration d'amour. Faire sa* (ou *une*) *déclaration.* **3.** Affirmation orale ou écrite par laquelle on déclare l'existence d'une situation de fait ou de droit. *Déclaration de vol.* ◆ *Déclaration de revenus,* ou abusivt *déclaration d'impôts.* **4.** *Déclaration de guerre :* action de déclarer la guerre.

DÉCLARER **v. tr.** [1] ▪ **1.** Faire connaître d'une façon claire, manifeste. ⇒ **affirmer, annoncer, proclamer.** *Déclarer ses intentions.* ◆ *Déclarer la guerre à un pays,* lui faire savoir qu'on ouvre les hostilités contre lui. ♦ (avec attribut) *On l'a déclaré coupable.* ♦ DÉCLARER QUE (+ indic.). ⇒ **assurer, prétendre.** *Il a déclaré que c'était faux.* **2.** Faire connaître (à une autorité) l'existence de (une chose, une personne, un fait). *N'avez-vous rien à déclarer ?* (à la douane). *Déclarer ses revenus* (au fisc). ◆ *Déclarer un enfant à la mairie.* ► **SE DÉCLARER v. pron. 1.** Donner son avis. *Il ne veut pas se déclarer sur ce point.* ⇒ se **prononcer.** *Se déclarer pour, contre.* ◆ (avec attribut) Se dire (tel). *Se déclarer satisfait.* ◆ Déclarer son amour. *Ne pas oser se déclarer.* **2.** (phénomène dangereux) Commencer à se manifester. *La fièvre, la tempête se déclara brusquement.* ► **DÉCLARÉ, ÉE adj.** *Être l'ennemi déclaré de qqn.* ⇒ **juré.**

DÉCLASSER **v. tr.** [1] ▪ **I. 1.** Faire passer dans une classe, une catégorie inférieure. *Déclasser un hôtel.* **2.** *Déclasser un voyageur,* le faire changer de classe (pour une classe inférieure). **II.** Déranger (des objets classés). *Déclasser des livres.* ► **DÉCLASSÉ, ÉE adj. 1.** Qui n'appartient plus à sa classe sociale, mais à une classe inférieure. ◆ **n.** *Les déclassés.* **2.** Qu'on a déclassé (I, 1). *Athlète déclassé.* ► **n. m.** DÉCLASSEMENT

DÉCLENCHEMENT **n. m.** ▪ Fait de déclencher, de se déclencher. *Le déclenchement d'un processus, d'un conflit.*

DÉCLENCHER **v. tr.** [1] ▪ **1.** Déterminer le fonctionnement de (un système) par un mécanisme. *Déclencher une alarme,* la faire sonner. ◆ pronom. *L'alarme s'est déclenchée.* **2.** Déterminer brusquement (une action, un phénomène). ⇒ **entraîner, provoquer.** *Déclencher une crise. Déclencher un accouchement,* le provoquer. ◆ pronom. *Le processus se déclenche.*

DÉCLENCHEUR **n. m.** ▪ Pièce qui déclenche un mécanisme. *Le déclencheur d'un appareil photographique.*

DÉCLIC **n. m.** ▪ **1.** Mécanisme qui déclenche. *Faire jouer un déclic.* ◆ fig. et FAM. *Avoir un déclic :* comprendre soudainement. **2.** Bruit sec produit par ce qui se déclenche.

DÉCLIN **n. m.** ▪ État de ce qui diminue, commence à régresser. *Le déclin du jour.* ⇒ **crépuscule.** *Être sur le, sur son déclin.* ◆ *Le déclin de la vie.* ⇒ **vieillesse.** *Une civilisation en déclin.* ⇒ **décadence.**

DÉCLINABLE **adj.** ▪ Susceptible d'être décliné (2).

DÉCLINAISON **n. f.** ▪ **1.** ASTRON. Distance angulaire d'un astre au plan équatorial. **2.** GRAMM. Ensemble des formes (⇒ **désinence**) que prennent les noms, pronoms et adjectifs des langues à flexion, suivant les nombres, les genres et les cas. *Les cinq déclinaisons du latin.*

DÉCLINANT, ANTE **adj.** ▪ Qui est sur son déclin. *Forces déclinantes.*

DÉCLINER **v.** [1] ▪ **I. v. tr. 1.** Repousser (ce qui est proposé, attribué). *Décliner une invitation, un honneur.* ⇒ **refuser.** ◆ *Décliner toute responsabilité.* ⇒ **rejeter. 2.** GRAMM. Donner toutes ses désinences à (⇒ **déclinaison**). **3.** COMM. Donner plusieurs formes à (un produit). *Décliner un tissu en plusieurs couleurs.* **4.** Dire à la suite. *Décliner ses nom, prénoms, titres et qualités.* ⇒ **énoncer. II. v. intr. 1.** ASTRON. Approcher de l'horizon (astre). **2.** Être dans son déclin. ⇒ **baisser, diminuer, tomber.** *Le jour décline.* ◆ *Le malade décline.* ⇒ s'**affaiblir.**

DÉCLIVE **adj.** ▪ Qui est incliné, en pente.

DÉCLIVITÉ **n. f.** ▪ État de ce qui est en pente. *La déclivité d'un terrain.* ⇒ **inclinaison.**

DÉCLOISONNER **v. tr.** [1] ▪ Ôter les cloisons (4) administratives, économiques, psychologiques de (qqch.) pour faciliter la communication. ► **n. m.** DÉCLOISONNEMENT

DÉCLORE **v. tr.** [45] ▪ **1.** VIEILLI Enlever la clôture de. **2.** VX ou LITTÉR. Ouvrir.

DÉCLOUER **v. tr.** [1] ▪ Défaire (ce qui est cloué). *Déclouer une caisse.*

DÉCOCHER **v. tr.** [1] ▪ **1.** Lancer par une brusque détente. *Décocher un coup à qqn.* **2.** fig. *Décocher une œillade, une méchanceté.*

DÉCOCTION **n. f.** ▪ Action de faire bouillir dans l'eau une substance pour en extraire les principes solubles ; liquide ainsi obtenu. ⇒ **tisane.**

DÉCODER **v. tr.** [1] ▪ Analyser le contenu de (un message) selon un code. ⇒ **décrypter.** ► **n. m.** DÉCODAGE

DÉCODEUR **n. m.** ▪ Dispositif de décodage, spécialt destiné à restituer en clair un signal de télévision crypté à l'émission.

DÉCOIFFER **v. tr.** [1] ▪ **1.** Déranger la coiffure de (qqn). ⇒ **dépeigner.** *Le vent l'a décoiffé.* ◆ au p. p. *Être décoiffé.* **2.** fig. FAM. absolt Déranger, surprendre. *Un slogan qui décoiffe.*

DÉCOINCER **v. tr.** [3] ▪ **1.** Dégager (ce qui est coincé, bloqué). ⇒ **débloquer. 2.** fig. FAM. Détendre, mettre à l'aise.

DÉCOLÉRER **v. intr.** [6] ▪ *Ne pas décolérer :* ne pas cesser d'être en colère.

DÉCOLLAGE **n. m.** ▪ Action de décoller, de quitter le sol. *Décollage et atterrissage.* ◆ fig. *Décollage économique.*

DÉCOLLATION **n. f.** ▪ Action de couper la tête (d'une personne). ⇒ **décapitation.**

DÉCOLLEMENT **n. m.** ▪ Action de décoller ; état de ce qui est décollé, n'adhère plus. *Décollement de la rétine.*

DÉCOLLER **v.** [1] ▪ **I. v. tr. dir. 1.** Détacher (ce qui est collé). *Décoller un timbre.* ◆ pronom. *Affiche qui se décolle.* ◆ au p. p. *Oreilles décollées,* qui s'écartent de la tête. **II. v. tr. ind.** (avec *de*) **1.** FAM. S'en aller, partir. *Il ne décolle pas d'ici.* **2.** Se détacher de. *Skieur qui décolle du tremplin.* ◆ fig. *Décoller de la réalité.* **III. v. intr.** Quitter le sol (avion). ⇒ s'**envoler.** ♦ fig. Prendre son essor. *Économie, discipline scientifique qui décolle.*

DÉCOLLETER **v. tr.** [4] ▪ Couper (un vêtement) de sorte qu'il dégage le cou. ⇒ **échancrer.** *Décolleter un corsage.* ◆ par ext. *Cette robe la décollette trop.* ◆ pronom. *Se décolleter :* porter un vêtement décolleté. ► **DÉCOLLETÉ, ÉE 1. adj.** Qui laisse voir le cou et une partie de la gorge, du dos. *Robe décolletée.* ◆ par ext. *Femme très décolletée.* **2. n. m.** Bords d'un vêtement décolleté. *Décolleté plongeant.* ◆ Partie laissée nue par le décolleté. *Elle a un beau décolleté.*

DÉCOLONISATION **n. f.** ▪ Cessation, pour un pays, de l'état de colonie ; processus par lequel une colonie devient indépendante. ⇒ **indépendance.**

DÉCOLONISER v. tr. 1 ▪ Permettre, effectuer la décolonisation de (un pays, un peuple colonisé).

DÉCOLORANT, ANTE adj. ▪ Qui décolore. – n. m. *L'eau de Javel est un décolorant.*

DÉCOLORATION n. f. ▪ *Décoloration des cheveux.*

DÉCOLORER v. tr. 1 ▪ Altérer, effacer la couleur de. *Ce produit décolore le linge.* – *Décolorer les cheveux,* leur ôter leur couleur naturelle. ► SE **DÉCOLORER** v. pron. **1.** Perdre sa couleur. *L'affiche s'est décolorée.* **2.** Décolorer ses cheveux. ► **DÉCOLORÉ, ÉE** adj. *Étoffe décolorée.* – *Cheveux décolorés.*

DÉCOMBRES n. m. pl. ▪ Amas de matériaux provenant d'un édifice détruit. ⇒ **gravats, ruine.**

DÉCOMMANDER v. tr. 1 ▪ Annuler la commande de (une marchandise). – Annuler (une invitation). *Décommander une soirée,* par ext. *des invités.* – pronom. *Se décommander :* annuler un rendez-vous.

DÉCOMPENSER v. intr. 1 ▪ FAM. Agir de façon inattendue, inhabituelle, après avoir éprouvé une grande tension nerveuse.

DÉCOMPLEXER v. tr. 1 ▪ FAM. Libérer (qqn) de ses inhibitions, de ses complexes. ⇒ FAM. **décoincer.** *Décomplexer un timide.*

DÉCOMPOSABLE adj. ▪ Qui peut être décomposé.

DÉCOMPOSER v. tr. 1 ▪ **I.** Diviser, séparer en éléments constitutifs. ⇒ **désagréger, dissocier.** *Décomposer de l'eau par électrolyse. Le prisme décompose la lumière solaire.* – *Décomposer un mot.* ♦ Effectuer lentement pour montrer les éléments. *Décomposer un pas de danse.* **II. 1.** Altérer chimiquement (une substance organique). ⇒ **putréfier.** – pronom. *Cadavre qui se décompose.* ⇒ **pourrir. 2.** Altérer passagèrement (les traits du visage). *La peur décomposait ses traits.* – pronom. *Son visage se décomposa.* ♦ au p. p. *Visage décomposé.* – *Être décomposé.*

DÉCOMPOSITION n. f. ▪ **I.** Action de décomposer (I). **II.** Altération (d'une substance organique, chimique) suivie de putréfaction. ⇒ **pourriture.** *Cadavre en décomposition.* – fig. *La décomposition de la société.*

DÉCOMPRESSER v. intr. 1 ▪ FAM. Relâcher sa tension nerveuse, à la suite d'un effort intense.

DÉCOMPRESSION n. f. ▪ Action de décomprimer. – *Accident de décompression,* provoqué chez les plongeurs par un retour brutal à la pression atmosphérique.

DÉCOMPRIMER v. tr. 1 ▪ Faire cesser ou diminuer la compression de (un gaz).

DÉCOMPTE [dekɔ̃t] n. m. ▪ **1.** Ce qu'il y a à déduire sur une somme qu'on paie. ⇒ **déduction, réduction. 2.** Décomposition d'une somme, d'un ensemble en ses éléments.

DÉCOMPTER [-kɔ̃t-] v. tr. 1 ▪ Déduire, retrancher. ⇒ **soustraire.** *Décompter les arrhes.*

DÉCONCENTRER v. tr. 1 ▪ **1.** Diminuer la concentration de. **2.** Cesser de concentrer (son attention). – *Cette pause m'a déconcentré.* ► n. f. DÉCONCENTRATION

DÉCONCERTANT, ANTE adj. ▪ Qui déconcerte. ⇒ **déroutant.** *Attitude déconcertante.*

DÉCONCERTER v. tr. 1 ▪ Faire perdre contenance à (qqn) ; jeter dans l'incertitude. ⇒ **décontenancer, dérouter, surprendre.** *Ses lubies me déconcertent.* – au p. p. ⇒ **décontenancé.**

DÉCONFIT, ITE adj. ▪ Penaud, dépité. *Air déconfit, mine déconfite.*

DÉCONFITURE n. f. ▪ **1.** FAM. Échec, défaite morale. *La déconfiture d'un parti.* **2.** Ruine financière. ⇒ **banqueroute, faillite.** *L'entreprise est en pleine déconfiture.*

DÉCONGELER v. tr. 5 ▪ Ramener (ce qui est congelé) à une température supérieure à 0 °C. *Décongeler de la viande.* ► n. f. DÉCONGÉLATION

DÉCONGESTIONNER v. tr. 1 ▪ **1.** Faire cesser la congestion de. **2.** fig. Dégager, faciliter la circulation dans (une rue...). ► n. f. DÉCONGESTION

DÉCONNECTER v. tr. 1 ▪ Supprimer la connexion électrique de. ⇒ **débrancher.** ♦ fig. Séparer. – au p. p. *Être déconnecté :* ne plus être intéressé, concerné.

DÉCONNER v. intr. 1 ▪ FAM. **1.** (personnes) Dire, faire des absurdités, des bêtises. – *Sans déconner :* sérieusement. **2.** (choses) Mal fonctionner. *Ma montre déconne.*

DÉCONNEXION n. f. ▪ Action de déconnecter ; son résultat.

DÉCONSEILLER v. tr. 1 ▪ Conseiller de ne pas faire. ⇒ **dissuader.** *Il lui a déconseillé de partir. Je vous déconseille cette voiture.* – au p. p. *C'est tout à fait déconseillé,* contre-indiqué.

DÉCONSIDÉRER v. tr. 6 ▪ Priver (qqn) de la considération, de l'estime d'autrui. ⇒ **discréditer.** *Ce scandale l'a déconsidéré.* – pronom. *Il se déconsidère par sa conduite.* ► DÉCONSIDÉRATION n. f. LITTÉR. ⇒ **discrédit.**

DÉCONTAMINER v. tr. 1 ▪ Éliminer ou réduire les effets d'une contamination sur (qqn, qqch.). ► n. f. DÉCONTAMINATION

DÉCONTENANCER v. tr. 3 ▪ Faire perdre contenance à (qqn). ⇒ **déconcerter, démonter.** – pronom. *Se décontenancer facilement.* – au p. p. *Être tout décontenancé.*

DÉCONTRACTER v. tr. 1 ▪ **1.** Faire cesser la contraction musculaire de. ⇒ **relâcher.** *Décontracter ses muscles.* **2.** fig. FAM. *Décontracter qqn,* l'aider à se détendre. ► SE **DÉCONTRACTER** v. pron. Se détendre, se relaxer. ► **DÉCONTRACTÉ, ÉE** adj. **1.** (muscle) Relâché. – Détendu. **2.** fig. FAM. Insouciant, sans crainte ni angoisse. *Il est très décontracté.* – *Une allure très décontractée* (⇒ anglic. **cool**).

DÉCONTRACTION n. f. ▪ **1.** Relâchement du muscle. **2.** Détente du corps. ⇒ **relaxation. 3.** fig. Désinvolture. ⇒ **décontracté** (2).

DÉCONVENUE n. f. ▪ Désappointement causé par un insuccès, une mésaventure, une erreur. ⇒ **déception.** *Amère déconvenue.*

DÉCOR n. m. ▪ **1.** Ce qui sert à décorer (un édifice, un intérieur). *Décor Louis XV.* **2.** Représentation figurée du lieu où se passe l'action (théâtre, cinéma, télévision ; images en général). – loc. fig. *CHANGEMENT DE DÉCOR :* modification brusque d'une situation. *Faire partie du décor :* passer inaperçu. **3.** Cadre, environnement. *Un décor champêtre.* – loc. FAM. *Foncer, partir DANS LE DÉCOR,* quitter accidentellement la route.

DÉCORATEUR, TRICE n. ▪ Personne qui conçoit des décors pour un spectacle ; qui conçoit ou exécute des travaux de décoration.

DÉCORATIF, IVE adj. ▪ **1.** Destiné à décorer. *Motif décoratif.* ⇒ **ornemental.** – *ARTS DÉCORATIFS,* appliqués aux choses utilitaires. ⇒ **design.** – spécialt ⇒ **art** déco. ♦ *Une plante très décorative.* **2.** Agréable, mais accessoire. *Un rôle purement décoratif.*

DÉCORATION n. f. ▪ **I. 1.** Action, art de décorer. *Décoration intérieure.* **2.** Ce qui décore. **II.** Insigne d'un ordre honorifique. ⇒ **cordon, croix, médaille, palme, rosette, ruban.** *Remise de décorations.*

DÉCORER v. tr. 1 ▪ **I.** Pourvoir d'accessoires destinés à embellir. ⇒ **orner.** *Décorer une vitrine, un appartement* (⇒ **décorateur**). **II.** *(Décorer qqn)* Remettre à (qqn) une décoration. *Décorer un soldat. Elle va être décorée de la Légion d'honneur.*

DÉCORTIQUER v. tr. 1 ▪ **1.** Dépouiller de son écorce ; séparer de son enveloppe. *Décortiquer des arachides.* – par ext. *Décortiquer un crabe.* **2.** fig. Analyser à fond. ⇒ **éplucher.** *Décortiquer un texte.* ► **DÉCORTIQUÉ, ÉE** adj. *Crevettes décortiquées.* ► DÉCORTICAGE n. m. *Le décorticage du riz.*

DÉCORUM [-ɔm] n. m. sing. ▪ Ensemble des règles à observer pour tenir son rang dans une bonne société. ⇒ **bienséance, protocole.** *Observer le décorum.*

Charles **DE COSTER** (1827-1879) ▪ Écrivain belge d'expression française. Célèbre pour sa version de la légende de Till Eulenspiegel (1868).

DÉCOUCHER v. intr. 1 ▪ Coucher hors de chez soi.

DÉCOUDRE v. tr. 48 ▪ **1.** Défaire (ce qui est cousu). – pronom. *Le bouton s'est décousu.* **2.** *EN DÉCOUDRE :* se battre. *Il va falloir en découdre.*

DÉCOULER v. intr. 1 ▪ S'ensuivre par développement naturel. ⇒ **émaner, provenir, résulter.** *Les conséquences qui découlent de son acte, qui en découlent.*

DÉCOUPAGE n. m. ▪ **1.** Action de découper. **2.** Image à découper. *Enfant qui fait des découpages.* **3.** CIN. Division du scénario en séquences et plans.

DÉCOUPE n. f. ▪ Morceau d'étoffe rapporté sur un vêtement à des fins décoratives.

DÉCOUPER v. tr. 1 ▪ **1.** Diviser en morceaux, en coupant ou en détachant. *Découper un gâteau, un gigot.* – *Couteau à*

découper. **2.** Couper régulièrement suivant un contour, un tracé. *Découper un patron. Découper un article de presse.* ‑ absolt *Découpez suivant le pointillé.* ► SE **DÉCOUPER** v. pron. *Se découper sur :* se détacher avec des contours nets. *Cheminées qui se découpent sur le ciel.* ► **DÉCOUPÉ, ÉE** adj. Qu'on a découpé. ♦ Dont les bords présentent des entailles aiguës. *Rivage découpé.*

DÉCOUPLÉ, ÉE adj. ▪ *BIEN DÉCOUPLÉ, ÉE :* qui a un corps souple, agile ; bien bâti(e), de belle taille.

DÉCOUPURE n. f. ▪ État, forme de ce qui est découpé ; bord découpé.

DÉCOURAGEANT, ANTE adj. ▪ Propre à décourager (opposé à *encourageant*). *Les résultats sont un peu décourageants.* ‑ *Vous êtes décourageant.*

DÉCOURAGEMENT n. m. ▪ État d'une personne découragée. ⇒ **abattement, écœurement.**

DÉCOURAGER v. tr. [3] ▪ **1.** Rendre (qqn) sans courage, sans énergie ni envie d'action. ⇒ **abattre, accabler, démoraliser.** *Cet échec l'a découragé.* ‑ pronom. *SE DÉCOURAGER :* perdre courage. ‑ au p. p. *Être découragé.* **2.** *Décourager qqn de* (+ inf.), lui ôter l'envie, le désir de. *Il m'a découragé de partir.* ⇒ **dissuader. 3.** Diminuer, arrêter l'élan de. *Décourager l'ardeur de qqn.*

DÉCOURONNER v. tr. [1] ▪ Priver de la couronne. *La révolution découronna le roi.* ⇒ **détrôner.**

DÉCOUSU, UE adj. ▪ **1.** Dont la couture a été défaite. *Ourlet décousu.* **2.** fig. Qui est sans suite, sans liaison. ⇒ **incohérent.** *Conversation décousue* (→ à bâtons rompus).

À **DÉCOUVERT** loc. adv. ▪ **1.** Dans une position qui n'est pas couverte, protégée. *Se trouver à découvert dans la campagne.* ‑ fig. Franchement, ouvertement. *Agir à découvert.* **2.** *Compte bancaire à découvert,* dont le solde est débiteur. ‑ par ext. *Vous êtes à découvert.*

① **DÉCOUVERT, ERTE** adj. ▪ Qui n'est pas couvert. *Avoir la tête découverte.* ‑ loc. fig. *À VISAGE DÉCOUVERT :* sans masque, sans détour. ⇒ **ouvertement.** ‑ *Terrain découvert.*

② **DÉCOUVERT** n. m. ▪ Avance à court terme consentie par une banque. *Le découvert d'une caisse, d'un compte. Couvrir un découvert.*

DÉCOUVERTE n. f. ▪ **1.** Action de découvrir ce qui était ignoré, inconnu, caché. *La découverte d'un trésor, d'un secret.* ‑ *À LA DÉCOUVERTE* loc. adv. : afin d'explorer, de découvrir. *Partir à la découverte.* ♦ spécialt Connaissances nouvelles (sur qqch.) en sciences. *La découverte de la radioactivité. Les applications d'une découverte.* ♦ Voyage de découverte ; terres nouvelles qu'on découvre. **2.** Ce qu'on a découvert. *Montrez-moi votre découverte.* ⇒ **trouvaille.** ‑ *Cet acteur est la découverte de la saison.* ⇒ **révélation.**

DÉCOUVREUR, EUSE n. ▪ Personne qui découvre.

DÉCOUVRIR v. tr. [18] ▪ **I.** concret **1.** Dégarnir de ce qui couvre. *Découvrir un plat.* **2.** Laisser voir, montrer. *Robe qui découvre le dos.* ⇒ **dénuder. 3.** Priver de ce qui protège. ⇒ **exposer.** *Le général découvrit son flanc droit.* **II.** (abstrait) **1.** Faire connaître (ce qui est caché). ⇒ **divulguer, révéler.** *Découvrir ses projets.* ‑ loc. *Découvrir son jeu* (aux cartes), le montrer ; fig. laisser connaître ses intentions. **2.** Apercevoir. *D'ici on découvre toute la ville.* ‑ *Découvrir un ami dans la foule.* **3.** Arriver à connaître (ce qui était resté caché ou ignoré). ⇒ **trouver.** *Découvrir un trésor. Découvrir un pays,* être le premier à y aller ; y aller pour la première fois. *On a découvert une tumeur.* ⇒ **déceler.** ‑ *DÉCOUVRIR QUE* (+ indic.). ⇒ **comprendre.** *J'ai découvert qu'il était très compétent.* **4.** Parvenir à connaître (ce qui était délibérément caché ou qqn qui se cachait). ⇒ **surprendre.** *Découvrir un complot. Découvrir le coupable.* ⇒ **démasquer.** ► SE **DÉCOUVRIR** v. pron. **1.** Ôter ce dont on est couvert. *Il s'est découvert en dormant.* ♦ Enlever ou soulever son chapeau. *Se découvrir par respect.* **2.** (temps) Devenir moins couvert. *Le ciel se découvre.* ⇒ se **dégager,** s'**éclaircir. 3.** Être découvert. *La solution se découvrit enfin. La ville se découvrait au loin.* **4.** Déclarer sa pensée. *Se découvrir à un ami.* ⇒ se **confier. 5.** Apprendre à se connaître. ♦ récipr. *Ils se sont découverts.*

DÉCRASSER v. tr. [1] ▪ Débarrasser de la crasse. ⇒ **laver, nettoyer.** ► n. m. DÉCRASSAGE

DÉCRÊPER v. tr. [1] ▪ Rendre lisses (des cheveux crêpés ou crépus). ► n. m. DÉCRÊPAGE

DÉCRÉPIR v. tr. [2] ▪ Dégarnir du crépi. ‑ au p. p. *Mur décrépi. Façade décrépie.*

DÉCRÉPIT, ITE adj. ▪ **1.** Qui est dans une extrême déchéance physique. ⇒ **usé, vieux.** *Vieillard décrépit.* **2.** Qui menace ruine. *Maison décrépite.*

DÉCRÉPITUDE n. f. ▪ Déchéance, décadence. *La décrépitude d'une civilisation. Tomber en décrépitude.*

DECRESCENDO [dekreʃɛndo ; -ʃɛ̃do] adv. ▪ MUS. En diminuant progressivement l'intensité d'un son (opposé à *crescendo*).

DÉCRET n. m. ▪ **1.** Décision écrite émanant du pouvoir exécutif. ⇒ **arrêté, ordonnance.** *Publication des décrets au Journal officiel. Décret-loi.* **2.** LITTÉR. Décision, volonté d'une puissance supérieure. *Se soumettre aux décrets du sort. Les décrets de la Providence.*

DÉCRÉTALE n. f. ▪ Lettre du pape répondant à une consultation de discipline ou d'administration.

DÉCRÉTER v. tr. [6] ▪ **1.** Ordonner par un décret. *Décréter la mobilisation.* **2.** Décider avec autorité. *Il décrète qu'il restera ; il a décrété qu'il resterait.*

DÉCRIER v. tr. [7] ▪ LITTÉR. Attaquer, rabaisser dans sa réputation. ► **DÉCRIÉ, ÉE** adj. Contesté et critiqué. *Une mesure décriée.*

DÉCRIRE v. tr. [39] ▪ **1.** Représenter dans son ensemble, par écrit ou oralement. ⇒ **dépeindre ; description.** *Décrire une plante, un animal. Décrire qqch. en détail.* **2.** Tracer ou suivre (une ligne courbe). *La route décrit une courbe.* ‑ au p. p. *L'orbe décrite par une planète.*

DÉCRISPATION n. f. ▪ Fait de détendre (les rapports politiques et sociaux). ► DÉCRISPER v. tr. [1]

DÉCROCHEMENT n. m. ▪ État de ce qui est décroché. ‑ Forme de ce qui est en retrait. *En décrochement :* en retrait par rapport à un alignement.

DÉCROCHER v. [1] ▪ **I.** v. tr. **1.** Détacher (ce qui était accroché). *Décrocher un tableau* (opposé à *accrocher*). ⇒ ② **dépendre.** ‑ *Décrocher le téléphone* (opposé à *raccrocher*), ou absolt *décrocher.* **2.** fig. FAM. Obtenir. *Décrocher le premier prix.* **3.** fig. Distancer. *Cycliste qui décroche le peloton dans une échappée.* **II.** v. intr. MILIT. Se replier, reculer. ♦ FAM. Renoncer à suivre. *Le film était si long que j'ai décroché.* ► n. m. DÉCROCHAGE

DÉCROISER v. tr. [1] ▪ Faire cesser d'être croisé. *Décroiser les bras, les jambes.*

DÉCROISSANCE n. f. ▪ État de ce qui décroît. ⇒ **déclin, diminution.** *La décroissance de la natalité.*

DÉCROISSANT, ANTE adj. ▪ Qui décroît. *Par ordre décroissant.*

DÉCROÎTRE v. intr. [55] sauf p. p. : *décru,* sans accent circonflexe ▪ Diminuer progressivement. ⇒ **baisser.** *Les eaux ont décru* (⇒ **décrue**). *Ses forces décroissent. La lumière, le bruit décroissait.*

Ovide **DECROLY** (1871‑1932) ▪ Médecin, psychologue et pédagogue belge. Inspirateur d'écoles expérimentales.

DÉCROTTER v. tr. [1] ▪ Nettoyer en ôtant la boue. *Décrotter des chaussures.*

DÉCROTTOIR n. m. ▪ Lame de fer ou petite grille servant à décrotter les chaussures.

DÉCRUE n. f. ▪ Baisse du niveau des eaux (après une crue).

DÉCRYPTER v. tr. [1] ▪ Traduire en clair (un message chiffré dont on ignore la clé). ⇒ **déchiffrer, décoder.** ► n. m. DÉCRYPTAGE

DÉÇU, UE adj. ▪ **1.** Qui n'est pas réalisé. *Amour, espoir déçu.* **2.** Qui a éprouvé une déception.

DÉCULOTTÉE n. f. ▪ FAM. Défaite humiliante.

DÉCULOTTER v. tr. [1] ▪ Enlever la culotte, le pantalon de (qqn). ► SE **DÉCULOTTER** v. pron. **1.** Enlever sa culotte, son pantalon. **2.** fig. FAM. Avoir une attitude servile ; se soumettre.

DÉCULPABILISER v. tr. [1] ▪ **1.** Libérer (qqn) d'un sentiment de culpabilité. **2.** Ôter à (qqch.) son caractère de faute. *Déculpabiliser l'avortement.* ► n. f. DÉCULPABILISATION

DÉCUPLE adj. ▪ Qui vaut dix fois (la quantité désignée). ‑ n. m. *100 est le décuple de 10.*

DÉCUPLER v. [1] ▪ **1.** v. tr. Rendre dix fois plus grand. *Décupler la mise.* ‑ fig. *La colère décuplait ses forces.* **2.** v. intr. Devenir dix fois plus grand. *Les prix ont décuplé en vingt ans.*

DÉCURIE n. f. ▪ ANTIQ. ROMAINE Groupe de dix soldats ou de dix citoyens dont le chef était le *décurion.*

DÉDAIGNABLE adj. ▪ (surtout en tournure négative) Qu'on peut négliger. *Avantage non dédaignable,* dont on peut tenir compte.

DÉDAIGNER v. 1 ▪ **1.** v. tr. dir. Considérer avec dédain. ⇒ **mépriser.** - Négliger. *Ce n'est pas à dédaigner* (⇒ **dédaignable**). **2.** v. tr. ind. LITTÉR. *DÉDAIGNER DE* (+ inf.). *Il dédaigne de répondre :* il ne daigne pas répondre.

DÉDAIGNEUSEMENT adv. ▪ D'une manière dédaigneuse. *Regarder dédaigneusement qqn, qqch.*

DÉDAIGNEUX, EUSE adj. ▪ **1.** Qui a ou exprime du dédain. ⇒ **altier, arrogant, hautain.** *Un homme dédaigneux.* - *Moue dédaigneuse.* ♦ n. *Faire le dédaigneux.* **2.** LITTÉR. *DÉDAIGNEUX DE :* qui dédaigne de. *Être dédaigneux de plaire.*

DÉDAIN n. m. ▪ Fait de dédaigner. ⇒ **arrogance, mépris.** *Regarder qqn avec dédain.* ⇒ **hauteur.** *N'avoir que du dédain pour qqn, qqch.*

DÉDALE n. m. ▪ (du n. pr.) **1.** Lieu où l'on risque de s'égarer à cause de la complication des détours. ⇒ **labyrinthe.** *Un dédale inextricable de ruelles.* **2.** fig. Ensemble de choses embrouillées. *Se perdre dans un dédale de contradictions.* ► adj. DÉDALÉEN, ENNE

DÉDALE ▪ Dans la mythologie grecque, père d'Icare et architecte du Labyrinthe de Cnossos, construit sur l'ordre de Minos pour enfermer le Minotaure. À son tour enfermé dans le Labyrinthe, il réussit à s'évader avec Icare en se fabriquant des ailes de cire et de plumes.

Dédale et Icare. Camée, art romain (27 av. J.-C.-14 ap. J.-C.). Naples, musée d'archéologie nationale. *Phot. © Alinari/Giraudon*

DEDANS ▪ **I.** adv. de lieu **1.** À l'intérieur. *Vous attendrai-je dehors ou dedans ? Le tube est vide, il n'y a rien dedans.* ♦ *Attention au poteau, vous allez rentrer dedans,* le heurter. - *Il va lui rentrer dedans,* l'attaquer violemment. **2.** loc. *LÀ-DEDANS :* à l'intérieur de ce lieu, en cet endroit. - fig. *Il y a du vrai là-dedans.* ♦ *DE DEDANS :* de l'intérieur. *Le froid saisit lorsqu'on vient de dedans.* - *EN DEDANS :* à l'intérieur. *Rire en dedans.* - *Marcher les pieds en dedans,* les pointes tournées vers l'intérieur. **II. 1.** n. m. *Le dedans.* ⇒ **intérieur.** *Ce bruit vient du dedans.* **2.** *AU(-)DEDANS* loc. adv. : à l'intérieur. - *Au(-) dedans de* loc. prép. : à l'intérieur de. *Au-dedans de nous :* dans notre for* intérieur.

Richard **DEDEKIND** (1831-1916) ▪ Mathématicien allemand. Sa théorie des nombres est à la base de l'algèbre moderne. Il a rattaché la géométrie à l'algèbre.

DÉDICACE n. f. ▪ Hommage qu'un auteur fait de son œuvre à qqn, par une inscription imprimée en tête de l'ouvrage (⇒ **dédier**). - Formule manuscrite sur un livre, etc. pour en faire hommage à qqn. ⇒ **envoi ; dédicacer.**

DÉDICACER v. tr. 3 ▪ Mettre une dédicace sur. - au p. p. *Disque dédicacé à un fan.*

DÉDIER v. tr. 7 ▪ **1.** Mettre (un ouvrage) sous le patronage de qqn, par une inscription imprimée ou gravée, une dédicace. *Il a dédié son roman à sa mère.* **2.** LITTÉR. Consacrer, vouer. *Dédier ses efforts à l'intérêt public.*

DÉDIRE v. 37 ▪ VX Démentir, désavouer. *Dédire qqn de qqch.* ► SE **DÉDIRE** v. pron. Se rétracter, ne pas tenir sa parole. *Se dédire d'une promesse.* - loc. FAM. *Cochon qui s'en dédit* (formule qui accompagne un serment).

DÉDIT n. m. ▪ **1.** Action de se dédire. **2.** DR. Faculté de ne pas exécuter ou d'interrompre son engagement (le plus souvent contre une indemnité). *En cas de dédit.* ♦ Cette indemnité. *Payer son dédit.*

DÉDOMMAGEMENT n. m. ▪ **1.** Réparation d'un dommage. ⇒ **indemnisation.** *Argent versé à titre de dédommagement.* **2.** Ce qui compense un dommage. ⇒ **consolation.** *C'est un dédommagement à ses peines.*

DÉDOMMAGER v. tr. 3 ▪ **1.** Indemniser (qqn) d'un dommage subi. ⇒ **payer.** *Dédommager qqn d'une perte.* **2.** Donner une compensation à (qqn). *Je ne sais comment vous dédommager, vous dédommager de vos efforts.*

DÉDORER v. tr. 1 ▪ Ôter la dorure de. - au p. p. *Cadre dédoré.*

DÉDOUANEMENT n. m. ▪ **1.** Action de dédouaner (1) ; son résultat. **2.** fig. Justification, réhabilitation.

DÉDOUANER v. tr. 1 ▪ **1.** Faire sortir (une marchandise) en acquittant les droits de douane. - au p. p. *Voiture dédouanée.* **2.** fig. *Dédouaner qqn,* le relever du discrédit dans lequel il était tombé. ⇒ **blanchir, disculper.** - pronom. *Il cherche à se dédouaner.*

DÉDOUBLEMENT n. m. ▪ **1.** Action de dédoubler ; son résultat. **2.** PSYCH. *Dédoublement de la personnalité :* trouble d'un sujet qui présente deux types de comportement (l'un normal, l'autre pathologique).

DÉDOUBLER v. tr. 1 ▪ Partager en deux. ⇒ **diviser.** *Dédoubler un fil de laine.* - *Dédoubler un train,* faire partir deux trains au lieu d'un. ► SE **DÉDOUBLER** v. pron. Se séparer en deux. - fig. *Je ne peux pas me dédoubler,* être à deux endroits à la fois (⇒ **ubiquité**).

DÉDRAMATISER v. tr. 1 ▪ Ôter à (qqch.) son caractère dramatique. *Dédramatiser le divorce.*

DÉDUCTIBLE adj. ▪ Que l'on peut déduire (d'un revenu, d'un bénéfice). *Frais déductibles.*

DÉDUCTION n. f. ▪ **I.** Fait de déduire (I), décompte, soustraction. *Déduction faite des arrhes.* **II.** Raisonnement par lequel on déduit, on conclut. ⇒ **démonstration ; conclusion.** ◇ souvent employé à tort pour *induction*.*

DÉDUIRE v. tr. 38 ▪ **I.** Retrancher (une certaine somme) d'un total à payer. ⇒ **défalquer, retenir.** - au p. p. *Tous frais déduits.* **II.** Conclure, décider ou trouver (qqch.) par un raisonnement, à titre de conséquence (en allant, en principe, du particulier au général ; opposé à *induire*). - pronom. *La solution se déduit naturellement de l'hypothèse.* ⇒ **découler.**

DÉESSE n. f. ▪ **1.** Divinité féminine. *Vénus, Aphrodite, déesses de l'amour.* **2.** loc. *Une allure de déesse. Un corps de déesse. Un port de déesse,* majestueux.

DE FACTO [de-] loc. adv. ▪ DR. De fait (par oppos. à *de jure*). *Gouvernement reconnu de facto.*

DÉFAILLANCE n. f. ▪ **1.** Diminution importante et momentanée des forces physiques. ⇒ **faiblesse, malaise.** *Tomber en défaillance :* se trouver mal. **2.** Faiblesse, incapacité. *Devant la défaillance des pouvoirs publics.* ♦ loc. *Sans défaillance :* sans défaut, qui fonctionne parfaitement.

DÉFAILLANT, ANTE adj. ▪ **1.** Qui fait défaut, qui manque. - DR. *Témoin défaillant.* **2.** (forces physiques ou morales) Qui défaille, décline. ⇒ **chancelant, faible.** *Mémoire défaillante.*

DÉFAILLIR v. intr. 13 ▪ **1.** Tomber en défaillance. ⇒ se trouver **mal.** *Être sur le point de défaillir. Il défaillait de faim.* **2.** S'affaiblir, décliner. *Ses forces défaillent de jour en jour.*

DÉFAIRE v. tr. 60 ▪ **1.** Réduire à l'état d'éléments (ce qui était construit, assemblé). *Défaire un paquet, un nœud.* **2.** Supprimer l'ordre, l'arrangement de (qqch.). *Défaire sa valise,* en sortir le contenu. *Défaire son lit. Défaire sa cravate, sa ceinture.* ⇒ **dénouer, détacher. 3.** LITTÉR. Mettre en déroute. *Défaire une armée.* ⇒ **vaincre ; défaite.** ► SE **DÉFAIRE** v. pron. **1.** Cesser d'être fait, arrangé. *Le nœud se défait. Les destinées se font et se défont.* **2.** *Se défaire de :* se débarrasser de. *Se défaire d'un importun. Se défaire d'une mauvaise habitude.* ♦ Se débarrasser de (qqch.) en vendant. *Se défaire d'un vieux meuble.* ► **DÉFAIT, AITE** adj. **1.** Qui n'est plus fait, arrangé. *Lit défait.* **2.** Qui semble épuisé. *Visage défait,* pâle, décomposé. **3.** Vaincu, battu. *Armée défaite.*

DÉFAITE n. f. ▪ **1.** Perte d'une bataille. *Subir une défaite.* - Perte d'une guerre. *La défaite française de 1871.* **2.** Échec. *Défaite électorale.*

DÉFAITISME n. m. ▪ Attitude de ceux qui ne croient pas à une victoire et préconisent l'abandon de la lutte. ♦ par ext. Pessimisme. ► DÉFAITISTE adj. et n. *Propos défaitistes.*

DÉFALQUER v. tr. 1 ▪ Retrancher d'une somme, d'une quantité. ⇒ **déduire.** *Défalquer ses frais d'une somme à payer.* ▶ n. f. DÉFALCATION

DÉFATIGUER v. tr. 1 ▪ Dissiper la fatigue de. *Massage qui défatigue le dos.*

SE **DÉFAUSSER** v. pron. 1 ▪ JEUX Se débarrasser d'une carte inutile ou dangereuse à conserver. *Se défausser à trèfle.*

DÉFAUT n. m. ▪ **I. 1.** Absence de ce qui serait nécessaire ou désirable. ⇒ **manque.** *Défaut d'organisation, d'attention.* ♦ *FAIRE DÉFAUT* : manquer. *Le temps nous fait défaut.* ♦ DR. *Jugement par défaut,* rendu par le tribunal contre une personne qui n'a pas comparu et ne s'est pas fait représenter. ⇒ par **contumace. 2.** *EN DÉFAUT. Être en défaut* : manquer à ses engagements ou commettre une erreur. *Prendre, trouver qqn en défaut.* **3.** *À DÉFAUT DE* loc. prép. : en l'absence de, faute de. *À défaut d'une victoire, l'équipe s'est contentée d'un match nul.* **II. 1.** Imperfection physique. ⇒ **anomalie.** *Défaut congénital.* - *Défaut de prononciation.* **2.** Détail irrégulier, partie imparfaite, défectueuse*. *Défaut de fabrication. Ce diamant a un léger défaut.* **3.** Imperfection morale. *Les qualités et les défauts de qqn.* **4.** Ce qui est imparfait, insuffisant dans une œuvre, une activité. *Les défauts d'un film.* - *Les défauts d'une théorie.* ⇒ **faiblesse, faille.**

DÉFAVEUR n. f. ▪ Perte de la faveur, de l'estime. ⇒ **discrédit.** *S'attirer la défaveur du public. Être en défaveur auprès de qqn,* en disgrâce.

DÉFAVORABLE adj. ▪ Qui n'est pas favorable. *Être défavorable à un projet. Avis défavorable.* - *Circonstances défavorables.* ⇒ **contraire, désavantageux.** ▶ adv. DÉFAVORABLEMENT

DÉFAVORISER v. tr. 1 ▪ Priver (qqn) d'un avantage. ⇒ **désavantager, frustrer.** *Cette loi nous défavorise par rapport à nos concurrents.* - passif *Être défavorisé par le sort.* ▶ **DÉFAVORISÉ, ÉE** adj. *Les classes sociales les plus défavorisées.* - n. *Les défavorisés.*

DÉFÉCATION n. f. ▪ DIDACT. Expulsion des matières fécales.

DÉFECTIF, IVE adj. ▪ GRAMM. (verbe) Dont certaines formes de conjugaison sont inusitées (ex. choir, clore, quérir).

DÉFECTION n. f. ▪ **1.** Abandon (par qqn) d'une cause, d'un parti. *Faire défection* : abandonner. **2.** Fait de ne pas venir là où l'on était attendu. *Malgré la défection de plusieurs galeries, le salon aura lieu.*

DÉFECTUEUX, EUSE adj. ▪ Qui présente des imperfections, des défauts. ⇒ **imparfait, insuffisant, mauvais.** *Marchandise, installation défectueuse.* - *Ce raisonnement est défectueux par un point.*

DÉFECTUOSITÉ n. f. ▪ **1.** État de ce qui est défectueux. **2.** Défaut, malfaçon.

DÉFENDABLE adj. ▪ **1.** Qui peut être défendu (I, 1 et 2). *Cette ville n'est pas défendable.* **2.** Qui peut se défendre (2), se justifier (s'oppose à *indéfendable*).

DÉFENDEUR, DERESSE n. ▪ DR. Personne contre laquelle est intentée une action judiciaire.

DÉFENDRE v. tr. 41 ▪ **I. 1.** Protéger (qqn, qqch.) contre une attaque en se battant. *Défendre qqn au péril de sa vie. Défendre la patrie en danger.* - au p. p. *Pays mal défendu.* - *Défendre chèrement sa vie.* ♦ loc. *À SON CORPS DÉFENDANT* : à contrecœur, malgré soi. **2.** fig. Soutenir (qqn, qqch.) contre des accusations, des attaques. *L'avocat défend son client.* ⇒ **plaider** pour. ♦ Justifier. *Défendre une opinion.* ⇒ **soutenir. 3.** (choses) *Défendre de* : garantir, préserver, protéger de. *Vêtement qui défend du froid.* **II.** *DÉFENDRE qqch. À qqn ; DÉFENDRE À qqn DE* (+ inf.), interdire, proscrire. *Le médecin lui défend l'alcool, de boire de l'alcool.* - *Défendre que* (+ subj.). *Il défend qu'on sorte.* ♦ passif *Le sel lui est défendu.* - impers. *Il est strictement défendu de fumer ; c'est défendu.* ⇒ **défense** de. ▶ SE **DÉFENDRE** v. pron. **1.** Résister à une attaque. ⇒ se **battre, lutter.** *Se défendre comme un lion.* - fig. FAM. Être apte à faire qqch. *Il se défend bien en affaires.* **2.** Se justifier. *Se défendre contre une accusation.* ♦ LITTÉR. Nier. *Il se défend d'être avantagé.* ♦ passif (choses) Être défendable. *Votre point de vue se défend.* - FAM. *Ça se défend.* **3.** *SE DÉFENDRE DE, CONTRE,* se protéger, se préserver. *Se défendre du froid. Se défendre contre la maladie.* - *SE DÉFENDRE DE* (+ inf.) ⇒ s'**interdire.** *Il se défend de conclure.* ⇒ se **garder.**

DÉFENESTRER v. tr. 1 ▪ RARE Précipiter d'une fenêtre. ▶ n. f. DÉFENESTRATION

① **DÉFENSE** n. f. ▪ **I. 1.** Action de défendre (un lieu) contre des ennemis. *La défense du pays.* - *Ligne, position de défense. Défense contre avions.* ⇒ **D.C.A.** - *DÉFENSE NATIONALE* : ensemble des moyens visant à assurer l'intégrité matérielle d'un territoire contre les agressions de l'étranger. *Ministère de la Défense (nationale).* - *Défense passive* : moyens de protection de la population civile contre les bombardements aériens. **2.** fig. Action de défendre, de protéger, de soutenir (qqn, qqch.). *Prendre la défense des opprimés. La défense d'un idéal.* **3.** Fait de se défendre, de résister (au moral et au physique). *Il est sans défense.* - DR. *Légitime défense,* fait enlevant son caractère illégal à un homicide, etc. lorsqu'il a été commandé par la nécessité de se défendre ou de défendre autrui. ♦ *La défense de l'organisme contre les microbes. Les défenses par les anticorps, visant à l'immunité*.* - *Défenses psychologiques.* **4.** Action de défendre qqn ou de se défendre contre une accusation. *N'avoir rien à dire pour sa défense.* ♦ *Un avocat assurera la défense de l'accusé.* - Représentation en justice des intérêts des parties. ⇒ **avocat, défenseur.** *La parole est à la défense* (opposé à *accusation*). **II.** Fait de défendre (II), d'interdire. ⇒ **interdiction.** - *Défense de* (+ inf.). *Défense d'afficher.* loc. LITTÉR. *Faire défense* (à qqn) *de,* interdire.

le gouvernement de la DÉFENSE NATIONALE ▪ Gouvernement républicain instauré après la défaite de Sedan et la déchéance de Napoléon III (4 septembre 1870). Présidé par Trochu, il organisa la résistance aux armées allemandes (siège de Paris). Après l'armistice et les nouvelles élections législatives, il laissa la place au gouvernement Thiers (12 février 1871).

② **DÉFENSE** n. f. ▪ Longue dent saillante de certains mammifères. *Les défenses du sanglier, du morse. Défenses d'éléphant,* ou absolt *défenses. L'ivoire des défenses.*

le quartier de la DÉFENSE ▪ Quartier d'affaires et ensemble résidentiel de la proche banlieue parisienne (Puteaux, Courbevoie), construit depuis 1958. Nombreuses tours et *Grande Arche de la Défense,* du Danois Otto von Spreckelsen (1989).

la **Défense.** La Grande Arche, d'Otto von Spreckelsen.
Phot. © Dagli Orti

DÉFENSEUR n. m. ▪ **1.** Personne qui défend qqn ou qqch. contre des agresseurs. *Les défenseurs d'une ville assiégée.* **2.** fig. Personne qui soutient une cause, une doctrine. ⇒ **avocat, champion.** *Elle fut le défenseur des droits de la femme.* **3.** Personne chargée de soutenir les intérêts d'une partie, devant le tribunal. ⇒ **avocat ; défense** (I, 4).

DÉFENSIF, IVE adj. ▪ Qui est fait pour la défense. *Armes défensives. Politique défensive.*

DÉFENSIVE n. f. ▪ Disposition à se défendre sans attaquer. *Être, se tenir, rester sur la défensive,* prêt à répondre à toute attaque (→ être sur ses gardes, sur le qui-vive).

DÉFÉQUER v. intr. 6 ▪ DIDACT. Expulser les matières fécales. ⇒ FAM. faire **caca.**

DÉFÉRENCE n. f. ▪ Considération très respectueuse que l'on témoigne à qqn. *Traiter qqn avec déférence.*

DÉFÉRENT, ENTE adj. ▪ **I.** DIDACT. Qui conduit vers l'extérieur. - ANAT. *Canal déférent* : canal excréteur des testicules. **II.** Qui a, témoigne de la déférence. ⇒ **respectueux.** *Ton déférent.*

DÉFÉRER v. [6] ▪ **1.** v. tr. Porter (une affaire), traduire (un accusé) devant l'autorité judiciaire compétente. *Déférer une affaire à un tribunal* (⇒ **saisir**), un coupable à la justice (⇒ **citer, traduire**). **2.** v. tr. ind. LITTÉR. *Déférer à*, accorder qqch. à qqn, lui céder par respect. *Être obligé de déférer à son père.*

DÉFERLANT, ANTE adj. ▪ Qui déferle. *Vague déferlante,* ou n. f. *une déferlante.*

DÉFERLEMENT n. m. ▪ Action de déferler ; son résultat. *Le déferlement des vagues.* - fig. *Un déferlement de haine.*

DÉFERLER v. intr. [1] ▪ Se briser en écume en roulant sur le rivage (vagues). - fig. Se répandre comme une vague. *Les manifestants déferlèrent sur la place.*

DÉFERRER v. tr. [1] ▪ Ôter les fers, les ferrures de (ce qui était ferré). *Déferrer un cheval,* lui retirer le ou les fers qu'il a aux sabots.

Marie, marquise du DEFFAND (1697 - 1780) ▪ Femme de lettres française. Son salon reçut notamment les encyclopédistes. Abondante correspondance avec Voltaire, d'Alembert, H. Walpole.

Gaston DEFFERRE (1910 - 1986) ▪ Homme politique français. Ministre socialiste, maire de Marseille de 1953 à sa mort. *Lois Defferre* : sur la décolonisation (1956), sur la décentralisation (1982).

DÉFI n. m. ▪ **1.** Fait de défier (1) ; invitation au combat (d'abord, combat singulier, tournoi ; aussi fig.). - loc. *Relever* le défi.* **2.** Fait de provoquer qqn en le déclarant incapable de faire qqch. loc. *Mettre qqn au défi de* (+ inf.). **3.** Refus de s'incliner, de se soumettre. ⇒ **bravade, provocation.** *Regard de défi. C'est un défi au bon sens.* ⇒ **insulte.**

DÉFIANCE n. f. ▪ Sentiment d'une personne qui se défie. ⇒ **méfiance, suspicion.** *Inspirer la défiance, mettre (qqn) en défiance.*

DÉFIANT, ANTE adj. ▪ Qui est porté à se défier d'autrui. ⇒ **méfiant, soupçonneux.**

DÉFICIENCE [-jɑ̃s] n. f. ▪ Insuffisance organique ou mentale.

DÉFICIENT, ENTE [-jɑ̃, ɑ̃t] adj. ▪ Qui présente une déficience. *Organisme déficient. Intelligence déficiente.*

DÉFICIT [-it] n. m. ▪ **1.** Ce qui manque pour équilibrer les recettes avec les dépenses. *Combler le déficit budgétaire.* - *L'État est en déficit.* **2.** Manque, insuffisance. *Déficit immunitaire.* ⇒ **immunodéficience.**

DÉFICITAIRE adj. ▪ Qui se solde par un déficit. *Budget, entreprise déficitaire* (→ en déficit). - Insuffisant. *Récolte déficitaire.*

① **DÉFIER** v. tr. [7] ▪ **1.** Inviter (qqn) à venir se mesurer comme adversaire. *Défier qqn en combat singulier. Défier qqn aux échecs.* **2.** Mettre (qqn) au défi (de faire qqch.). **3.** (choses) N'être aucunement menacé par. *Des prix défiant toute concurrence.* **4.** fig. Refuser de se soumettre à. ⇒ **affronter, braver.** *Défier la mort.*

② SE **DÉFIER** v. pron. [7] ▪ LITTÉR. Avoir peu de confiance en ; être, se mettre en garde contre. ⇒ se **méfier.** *Se défier de soi-même.* ⇒ **douter.** *Se défier de qqn, de ses promesses.*

DÉFIGURER v. tr. [1] ▪ **1.** Altérer l'aspect de (qqch.). *Ces nouvelles constructions défigurent le littoral.* ♦ Abîmer le visage de. *Des brûlures l'ont défiguré.* - au passif *Être défiguré par la lèpre.* **2.** fig. Dénaturer, travestir. *Défigurer les faits.* ⇒ **déformer.** *Défigurer la pensée de qqn.* ⇒ **fausser, trahir.**

DÉFILÉ n. m. ▪ **I.** Couloir naturel encaissé et si étroit qu'on n'y peut passer qu'à la file. ⇒ **passage.** *Le défilé des Thermopyles.* **II.** Manœuvre des troupes qui défilent. *Le défilé du 14 Juillet.* ♦ Marche de personnes, de voitures disposées en file, en rang. *Défilé de manifestants. Un défilé de mode.* - Succession. *Un défilé de visiteurs.*

① **DÉFILER** v. intr. [1] ▪ **1.** Marcher en file, en colonne. *Les troupes, les manifestants défilent.* **2.** Se succéder sans interruption. *Les visiteurs ont défilé toute la journée. Images qui défilent devant les yeux.*

② SE **DÉFILER** v. pron. [1] ▪ FAM. S'esquiver ou se récuser au moment critique. ⇒ se **dérober.**

DÉFINI, IE adj. ▪ **1.** Qui est défini (⇒ **définir** (1)). *Mot bien défini.* **2.** Déterminé, précis. *Avoir une tâche définie à remplir.* **3.** *ARTICLE DÉFINI,* qui se rapporte (en principe) à un objet particulier, déterminé (⇒ ① **le**).

DÉFINIR v. tr. [2] ▪ **1.** Déterminer par une formule précise (⇒ **définition**) les caractères de (un concept, une idée générale). *On définit un concept et on décrit un objet. Définir un mot,* en donner le, les sens. **2.** Caractériser. *Une sensation difficile à définir* (⇒ **indéfinissable**). - pronom. *Il se définit comme (un) artiste.* **3.** Préciser l'idée de. ⇒ **déterminer.** *Conditions qui restent à définir.*

DÉFINISSABLE adj. ▪ Que l'on peut définir.

DÉFINITIF, IVE adj. ▪ **1.** Qui est défini, fixé une fois pour toutes. *Résultats définitifs. Leur séparation est définitive.* **2.** *EN DÉFINITIVE* loc. adv. : après tout, tout bien considéré, en dernière analyse. ⇒ **finalement.** *Que choisissez-vous en définitive ?*

DÉFINITION n. f. ▪ **1.** Opération par laquelle on détermine le contenu d'un concept en énumérant ses caractères. **2.** Formule qui donne le ou les sens d'un mot, d'une expression et qui vise à être synonyme de ce qui est défini. *Définitions et exemples d'un dictionnaire.* - *Par définition* loc. adv. : en vertu d'une définition donnée. *Par définition, l'inconscient est inconnaissable.* **3.** Grandeur caractérisant le degré de finesse d'une image de télévision, exprimée en nombre de lignes.

DÉFINITIVEMENT adv. ▪ D'une manière définitive. ⇒ **irrémédiablement, irrévocablement.**

DÉFISCALISER v. tr. [1] ▪ ADMIN. Libérer de tout impôt. ► n. f. DÉFISCALISATION

DÉFLAGRATION n. f. ▪ Explosion. *Une terrible, violente déflagration. Le bruit de la déflagration.*

DÉFLATION n. f. ▪ Freinage de l'inflation (par la diminution de la masse monétaire, la réduction du pouvoir d'achat, etc.).

DÉFLATIONNISTE ▪ **1.** n. Partisan d'une politique de déflation. **2.** adj. Qui se rapporte à la déflation. *Mesures déflationnistes.*

DÉFLECTEUR n. m. ▪ Petit volet orientable d'une vitre de portière d'automobile, servant à aérer.

DÉFLORAISON n. f. ▪ BOT. Chute des fleurs.

DÉFLORER v. tr. [1] ▪ **1.** Faire perdre sa virginité à (une fille). ⇒ FAM. **dépuceler.** ► n. f. DÉFLORATION **2.** fig. Enlever la fraîcheur, l'originalité de. ⇒ **gâter.** *Déflorer des souvenirs en les décrivant.*

Daniel DE FOE ou **DEFOE** (1660 - 1731) ▪ Écrivain, pamphlétaire et homme d'affaires anglais. Avec *"Robinson Crusoé"* (1719), récit de la vie d'un marin échoué sur une île déserte, il a créé le mythe de la confrontation d'un Européen avec la solitude, la nature et l'étranger. *"Moll Flanders"* (1722) est un des premiers romans réalistes.

DÉFOLIANT, ANTE adj. ▪ Qui provoque la défoliation. *Produit chimique défoliant* ou n. m. *un défoliant.*

DÉFOLIATION n. f. ▪ **1.** BOT. Chute naturelle des feuilles. **2.** Destruction artificielle massive de la végétation, des feuilles d'arbres au moyen de défoliants.

DÉFOLIER v. tr. [7] ▪ Provoquer la défoliation (2) de.

DÉFONCE n. f. ▪ FAM. Perte de conscience ou délire éprouvé après l'absorption de drogue.

DÉFONCÉ, ÉE adj. ▪ **1.** Brisé, abîmé par enfoncement. *Un vieux fauteuil défoncé.* **2.** Qui présente de grandes inégalités, de larges trous. *Route, chaussée défoncée.*

DÉFONCER v. tr. [3] ▪ **1.** TECHN. Enlever le fond de. *Défoncer un tonneau.* **2.** Briser, abîmer par enfoncement. *Défoncer une porte.* ⇒ **enfoncer.** **3.** Creuser profondément. *L'averse a défoncé la route.* **4.** FAM. Provoquer chez (qqn) un état hallucinatoire (en parlant d'une drogue) (⇒ **défonce**). ► SE **DÉFONCER** v. pron. FAM. **1.** Atteindre par la drogue ou autre un état d'ivresse hallucinatoire. **2.** Se donner à une activité avec intensité.

DÉFORESTATION n. f. ▪ péj. Action de détruire une forêt ; son résultat.

DÉFORMANT, ANTE adj. ▪ Qui déforme. *Glaces déformantes.*

DÉFORMATION n. f. ▪ **1.** Action de déformer, de se déformer. **2.** fig. Altération, falsification. - loc. *Déformation professionnelle* : manières de penser, d'agir prises dans l'exercice d'une profession, et abusivement appliquées à la vie courante.

DÉFORMER v. tr. [1] ▪ **1.** Altérer la forme de. *L'usage a déformé ses chaussures.* **2.** Altérer en changeant. *Vous déformez ma pensée.* ⇒ **dénaturer, travestir.** - passif *Être déformé par son métier.* ► SE **DÉFORMER** v. pron. Perdre sa forme. *L'étagère s'est déformée.* ► **DÉFORMÉ, ÉE** adj. *Une veste toute déformée.*

Degas.
Les Repasseuses.
Musée d'Orsay, Paris.
Phot. © Dagli Orti

DÉFOULEMENT n. m. ▪ Fait de se défouler.

DÉFOULER v. tr. [1] ▪ FAM. (choses) Permettre, favoriser l'extériorisation des pulsions. *Sors, va danser, ça te défoulera.* ► SE **DÉFOULER** v. pron. (personnes) Se libérer des contraintes, des tensions ; faire une dépense d'énergie vitale. *Se défouler en jouant au tennis. Se défouler sur qqn, qqch.*

DÉFRAÎCHIR v. tr. [2] ▪ Dépouiller de sa fraîcheur. ► SE **DÉFRAÎCHIR** v. pron. (couleur, étoffe, vêtement) Perdre sa fraîcheur. ► **DÉFRAÎCHI, IE** adj. Qui n'a plus l'éclat du neuf. *Chapeau défraîchi.*

DÉFRAYER v. tr. [8] ▪ **1.** Décharger (qqn) de ses frais. ⇒ **indemniser, payer, rembourser.** *Sa société ne l'a pas défrayé.* - passif *Être défrayé de tout.* ► n. m. DÉFRAIEMENT **2.** fig. loc. *Défrayer la chronique,* faire parler de soi (surtout en mal).

DÉFRICHER v. tr. [1] ▪ Rendre propre à la culture (une terre en friche) en détruisant la végétation spontanée. - fig. *Défricher un sujet, une science.* ⇒ **déblayer, préparer.** *Défricher le terrain.* ► n. m. DÉFRICHEMENT ou DÉFRICHAGE

DÉFRISER v. tr. [1] ▪ **1.** Défaire la frisure de. *Défriser des cheveux crépus.* ► n. m. DÉFRISAGE **2.** fig. FAM. Déplaire à, contrarier (en parlant d'un fait). *Ça te défrise ?*

DÉFROISSER v. tr. [1] ▪ Remettre en état (ce qui est froissé). *Défroisser un billet.*

DÉFROQUE n. f. ▪ Vieux vêtements qu'on abandonne. - Habillement démodé ou bizarre.

DÉFROQUÉ, ÉE adj. ▪ Qui a abandonné l'état ecclésiastique. *Un prêtre, un moine défroqué.* - n. *Un défroqué.*

DÉFUNT, UNTE adj. ▪ LITTÉR. **1.** Qui est mort. *Sa défunte mère.* - n. *Les enfants de la défunte.* **2.** fig. ⇒ **passé, révolu.** *Des amours défunt(e)s.*

DÉGAGEMENT n. m. ▪ **1.** Action de dégager, de libérer. **2.** Passage ; espace libre. *Il y a un grand dégagement devant la maison.* - *Itinéraire de dégagement.* ⇒ **délestage. 3.** (choses) Action de sortir, de se dégager. *Dégagement de vapeur.*

DÉGAGER v. tr. [3] ▪ **I. 1.** Retirer (ce qui était en gage). - fig. *Dégager sa parole,* la reprendre ; sa responsabilité (⇒ **décliner**). **2.** Libérer de ce qui enveloppe, retient. *Dégager un blessé des décombres.* - Donner de l'aisance à. *Une robe qui dégage les épaules.* **3.** Rendre disponible (une somme d'argent). *Dégager des crédits.* **4.** Laisser échapper (un fluide, une émanation). ⇒ **exhaler, répandre.** *Les plantes dégagent du gaz carbonique.* **5.** Isoler (un élément, un aspect) d'un ensemble. ⇒ **extraire, tirer.** *Dégager l'idée principale, une tendance, une conclusion.* **II. 1.** *Dégager (qqn) de,* soustraire à. *Dégager qqn de sa promesse.* **2.** Débarrasser de ce qui encombre. *Dégager la voie publique.* - FAM. *Allons, dégagez !,* partez, circulez ! **3.** intrans. FAM. Faire de l'effet. ► SE **DÉGAGER** v. pron. **1.** Libérer son corps (de ce qui l'enveloppe, le retient). *Se dégager d'une étreinte.* ♦ fig. Se libérer (d'une obligation, d'une contrainte). *Se dégager d'une promesse.* **2.** Devenir libre de ce qui encombre. *Le ciel se dégage.* ⇒ s'**éclaircir. 3.** Sortir d'un corps. ⇒ **émaner,** s'**exhaler.** *Odeur qui se dégage.* - fig. *Il se dégage de cet endroit un sentiment de mystère.* **4.** Se faire jour, émerger. *La vérité se dégage peu à peu.* ► **DÉGAGÉ, ÉE** adj. **1.** Qui n'est pas recouvert, encombré. *Ciel dégagé,* sans nuages. *Nuque, front dégagé. Vue dégagée,* large et libre. **2.** Qui a de la liberté, de l'aisance. *Démarche dégagée.* - *Un air, un ton dégagé.* ⇒ **cavalier, désinvolte.**

DÉGAINE n. f. ▪ FAM. Tournure ridicule, bizarre. ⇒ **allure.** *Drôle de dégaine !*

DÉGAINER v. tr. [1] ▪ Tirer (une arme) de son étui. - absolt Sortir une arme de son étui (spécialt un revolver) pour se battre. *Il dégaina le premier.*

SE **DÉGANTER** v. pron. [1] ▪ Ôter ses gants.

DÉGARNIR v. tr. [2] ▪ Dépouiller de ce qui garnit. ⇒ **vider.** *Dégarnir une vitrine.* ► SE **DÉGARNIR** v. pron. Perdre une partie de ce qui garnit. - spécialt Perdre ses cheveux. *Ses tempes se dégarnissent. Il se dégarnit.* - au p. p. *Un front dégarni.*

Edgar **DEGAS** (1834 - 1917) ▪ Peintre et sculpteur français. La nouveauté de ses compositions et de ses coloris (spécialement les pastels), l'intimisme de ses œuvres (danseuses, femmes à la toilette) influencèrent notamment Toulouse-Lautrec et Bonnard. *"Les Repasseuses"* (v. 1884).

Alcide **DE GASPERI** (1881 - 1954) ▪ Homme politique italien. Adversaire du fascisme, démocrate chrétien, au pouvoir de 1945 à 1953, il fut l'artisan de la reconstruction du pays après guerre et fut l'un des instigateurs de l'unité européenne.

DÉGÂT n. m. ▪ Dommage résultant d'une cause violente. *Constater les dégâts occasionnés par un incendie.* - FAM. au sing. *Il y a du dégât.* - loc. *Limiter les dégâts :* éviter le pire.

DÉGAZAGE n. m. ▪ TECHN. **1.** Action de dégazer (1). **2.** Nettoyage des citernes et des soutes d'un pétrolier, pour en ôter les résidus d'hydrocarbures.

DÉGAZER v. [1] ▪ **1.** v. tr. CHIM. Expulser les gaz contenus dans (un liquide, un solide). **2.** v. intr. TECHN. Procéder au dégazage (2).

DÉGEL n. m. ▪ **1.** Fonte naturelle de la glace et de la neige, lorsque la température s'élève. **2.** fig. Reprise de l'activité ; remise en circulation, déblocage.

DÉGELÉE n. f. ▪ FAM. Volée (de coups). *Une dégelée de coups de bâton.*

DÉGELER v. [5] ▪ **I.** v. tr. **1.** Faire fondre (ce qui était gelé). **2.** FAM. Faire perdre à (qqn) sa froideur, sa réserve. ⇒ **dérider.** ‑ pronom. *Il se dégelait peu à peu.* ‑ *Dégeler l'atmosphère,* la détendre. **3.** Débloquer. *Dégeler des crédits.* **II.** v. intr. Cesser d'être gelé. *Le lac a dégelé.*

DÉGÉNÉRER v. intr. [6] ▪ **1.** LITTÉR. Perdre les qualités naturelles de sa race, de son espèce. ⇒ s'**abâtardir.** *Espèce animale qui dégénère.* **2.** Perdre ses qualités. *Cet artiste a beaucoup dégénéré.* **3.** DÉGÉNÉRER EN : se transformer en (ce qui est pis). ⇒ **tourner.** *Son rhume dégénère en bronchite.* ‑ absolt *La situation dégénère.* ► **DÉGÉNÉRÉ, ÉE** adj. VX *Race dégénérée.* ‑ MOD. FAM. *Il est un peu dégénéré.* ⇒ **taré.**

DÉGÉNÉRESCENCE n. f. ▪ Fait de dégénérer. ‑ MÉD. ⇒ **détérioration.** *Dégénérescence du tissu nerveux.*

DÉGINGANDÉ, ÉE [-ʒɛ̃-] adj. ▪ Qui est disproportionné dans sa haute taille et déséquilibré dans sa démarche.

DÉGIVRER v. tr. [1] ▪ Enlever le givre de. *Dégivrer un réfrigérateur. Dégivrer une vitre de voiture.* ► n. m. DÉGIVRAGE

DÉGIVREUR n. m. ▪ Appareil pour enlever le givre.

DÉGLACER v. tr. [3] ▪ Mouiller et réchauffer les sucs de cuisson adhérant au fond de (un récipient) pour préparer une sauce.

DÉGLINGUER v. tr. [1] ▪ FAM. Disloquer, détraquer. ‑ pronom. *Le réveil s'est déglingué.* ‑ au p. p. *Vélo tout déglingué.*

DÉGLUTIR v. tr. [2] ▪ Avaler (la salive, les aliments). ‑ absolt *Déglutir avec effort.* ► n. f. DÉGLUTITION

DÉGOBILLER v. tr. et intr. [1] ▪ FAM. Vomir.

DÉGOISER v. [1] ▪ FAM. péj. **1.** v. tr. Débiter, dire. *Dégoiser des insanités.* **2.** v. intr. Parler.

DÉGOMMER v. tr. [1] ▪ FAM. Destituer d'un emploi ; faire perdre une place à. *Il s'est fait dégommer.*

DÉGONFLARD, ARDE n. ▪ FAM. Personne dégonflée, lâche.

DÉGONFLER v. tr. [1] ▪ **1.** Faire cesser d'être gonflé. *Dégonfler un ballon.* ♦ intrans. *Sa paupière a dégonflé.* ⇒ **désenfler.** **2.** fig. Minimiser (la portée de qqch.). *Dégonfler l'importance d'une nouvelle.* ‑ *Dégonfler les prix.* ⇒ **diminuer.** ► SE **DÉGONFLER** v. pron. **1.** *Pneu qui se dégonfle.* **2.** FAM. Manquer de courage, d'énergie au moment d'agir. ⇒ **flancher.** ► **DÉGONFLÉ, ÉE** adj. **1.** *Bouée dégonflée.* **2.** FAM. Sans courage, lâche. ‑ n. *Passer pour un dégonflé. Bande de dégonflés !* ► n. m. DÉGONFLAGE ou DÉGONFLEMENT

DÉGORGER v. [3] ▪ **I.** v. tr. **1.** Faire sortir de soi, déverser. *Égout qui dégorge de l'eau sale.* **2.** Vider, déboucher. *Dégorger un évier.* **II.** v. intr. Rendre un liquide. *Faire dégorger des escargots, des concombres,* leur faire rendre leur eau. ► n. m. DÉGORGEMENT

DÉGOTER v. tr. [1] ▪ FAM. ⇒ **découvrir, dénicher, trouver.** *Où as-tu dégoté ça ?* ◇ var. DÉGOTTER.

DÉGOULINADE n. f. ▪ FAM. Trace de liquide qui a coulé.

DÉGOULINER v. intr. [1] ▪ Couler lentement, goutte à goutte ou en filet. *La pluie dégouline du toit.* ► n. m. DÉGOULINEMENT

DÉGOUPILLER v. tr. [1] ▪ Enlever la goupille de. *Dégoupiller une grenade.*

DÉGOURDIR v. tr. [2] ▪ **1.** Faire sortir de l'engourdissement. *Se dégourdir les jambes en marchant.* ► n. m. DÉGOURDISSEMENT **2.** fig. Débarrasser (qqn) de sa timidité, de sa gêne. ► SE **DÉGOURDIR** v. pron. (sens propre et fig.) ► **DÉGOURDI, IE** adj. Qui n'est pas gêné pour agir ; habile et actif. *Il n'est pas très dégourdi.* ⇒ **débrouillard, malin.** ‑ n. *C'est une dégourdie.*

DÉGOÛT n. m. ▪ **1.** Manque de goût, d'appétit, entraînant de la répugnance. *Avoir du dégoût pour la viande.* **2.** Aversion (pour qqch., qqn). *Le dégoût du travail. Il m'inspire un profond dégoût.* **3.** Fait de se désintéresser par lassitude (de...). *Avoir le dégoût de tout.*

DÉGOÛTANT, ANTE adj. ▪ **1.** Qui inspire du dégoût, de la répugnance. ⇒ **écœurant, répugnant.** *C'est dégoûtant ici !* ⇒ **sale.** ‑ FAM. *Tu es dégoûtant.* **2.** (moral) *C'est un type dégoûtant.* ⇒ **abject, ignoble.** ♦ FAM. Grossier, obscène. *Des histoires dégoûtantes.* ⇒ **cochon.** ‑ n. *Ce vieux dégoûtant !* ► DÉGOÛTAMMENT adv. *Il mange dégoûtamment.* ⇒ **salement.**

DÉGOÛTATION n. f. ▪ FAM. Dégoût. ‑ Ce qui dégoûte.

DÉGOÛTER v. tr. [1] ▪ **1.** Inspirer du dégoût, une répugnance (physique, morale) à. *Les escargots le dégoûtent.* ‑ *Sa lâcheté me dégoûte.* ⇒ **répugner, révolter.** **2.** DÉGOÛTER DE : ôter l'envie de. *C'est à vous dégoûter de rendre service.* ► SE **DÉGOÛTER** v. pron. Prendre en dégoût. *Se dégoûter de qqch., de qqn.* ⇒ se **lasser.** ► **DÉGOÛTÉ, ÉE** adj. **1.** Qui éprouve facilement du dégoût (pour la nourriture). ⇒ **délicat, difficile.** ‑ n. *Faire le dégoûté :* se montrer difficile (sans raison). **2.** DÉGOÛTÉ DE. ⇒ **las** de, **lassé** de. *Être dégoûté de vivre, de tout.*

DÉGOUTTER v. intr. [1] ▪ **1.** Couler goutte à goutte. *La sueur lui dégoutte du front.* **2.** *Dégoutter de :* laisser tomber goutte à goutte. *Son front dégoutte de sueur.*

DÉGRADANT, ANTE adj. ▪ Qui abaisse moralement. ⇒ **avilissant.** *Une conduite dégradante.*

① **DÉGRADATION** n. f. ▪ **1.** Destitution infamante d'un grade, d'une dignité. *Dégradation militaire.* **2.** Fait de se dégrader, de s'avilir. **3.** Détérioration (d'un édifice, d'une propriété, d'un site). *La dégradation d'un monument.* ‑ fig. *La dégradation du climat international.* ⇒ **détérioration.**

② **DÉGRADATION** n. f. ▪ Affaiblissement graduel, continu (de la lumière, des couleurs). ⇒ **dégradé.**

DÉGRADÉ n. m. ▪ **1.** Affaiblissement ou modification progressive (d'une couleur, d'une lumière). *Effets de dégradé dans un tableau.* **2.** Technique de coupe consistant à diminuer progressivement l'épaisseur des cheveux.

① **DÉGRADER** v. tr. [1] ▪ **1.** Destituer (qqn) d'une manière infamante de sa dignité, de son grade. **2.** fig. LITTÉR. Faire perdre sa dignité, son honneur à (qqn). ⇒ **avilir.** **3.** Rabaisser (qqch.). ⇒ **déformer ; ridiculiser.** **4.** Détériorer (un édifice, un objet). *Dégrader une statue.* ► SE **DÉGRADER** v. pron. **1.** Déchoir, s'avilir. **2.** Perdre sa valeur, ses qualités. *On l'a vu se dégrader peu à peu.* ‑ Se détériorer. *La situation se dégrade.*

② **DÉGRADER** v. tr. [1] ▪ **1.** Affaiblir progressivement (un ton, une couleur). ‑ au p. p. *Tons dégradés.* **2.** Couper (les cheveux) en dégradé.

DÉGRAFER v. tr. [1] ▪ Défaire, détacher (ce qui est agrafé). ► SE **DÉGRAFER** v. pron. *Sa jupe s'est dégrafée.*

DÉGRAFEUR n. m. ▪ Instrument de bureau pour dégrafer des feuilles.

DÉGRAISSER v. tr. [1] ▪ **1.** Enlever la graisse de. *Dégraisser une sauce.* **2.** VIEILLI Nettoyer de ses taches de graisse. **3.** FAM. Alléger les frais de, effectuer des économies sur. *Dégraisser les effectifs d'une entreprise* (par des licenciements). ► n. m. DÉGRAISSAGE

DEGRÉ n. m. ▪ **I.** LITTÉR. Marche (d'un escalier). *Les degrés d'un perron.* ‑ *Les degrés d'une échelle.* **II. 1.** Niveau, position dans un ensemble hiérarchisé. ⇒ **échelon.** *Les degrés de l'échelle sociale. Le degré de perfection d'une machine.* ‑ *Enseignement du second degré* (→ secondaire). **2.** État, dans une évolution. ⇒ **stade.** *Le premier, le dernier degré de qqch.,* son état de développement. ♦ loc. *À, jusqu'à un certain degré.* ‑ AU PLUS HAUT DEGRÉ. ⇒ au plus haut **point.** *Être avare au plus haut degré.* ⇒ **extrêmement.** ♦ PAR DEGRÉ(S) loc. adv. ⇒ **graduellement, progressivement.** *Augmenter par degrés.* **3.** État intermédiaire. ⇒ **gradation.** *Il y a des degrés dans le malheur.* **4.** AU PREMIER DEGRÉ : à la lettre. *Prendre une plaisanterie au premier degré.* ‑ AU SECOND (TROISIÈME...) DEGRÉ : à un autre niveau d'interprétation (avec une distanciation). **III.** (dans un système organisé, et sans idée de hiérarchie, de valeur) **1.** Proximité relative dans la parenté. *Degrés de parenté. Le père et le fils sont parents au premier degré.* **2.** GRAMM. *Degrés de comparaison* (de l'adjectif qualificatif, de l'adverbe). ⇒ **comparatif, superlatif.** **3.** MATH. *Équation du premier, du second degré,* dont l'inconnue est à la première, à la seconde puissance. **IV.** (Unité) **1.** La 360e partie du cercle (symb. °). *Arc de cercle de 40 degrés.* ‑ *Angle de 180 degrés* (angle plat). *Angle de 90 degrés* (angle droit). *Degrés, minutes et secondes.* **2.** Division d'une échelle de mesure. ⇒ **graduation.** ‑ Unité de mesure de la température. *Degré centigrade* ou *Celsius* (symb. °C). *Il fait trente degrés à l'ombre. Degré Fahrenheit* (symb. °F), mesure anglaise. ♦ *Degré alcoolique d'une solution,* la proportion d'alcool qu'elle contient. *Alcool à 90 degrés. Vin de 11 degrés.*

DÉGRESSIF, IVE adj. ▪ Qui va en diminuant. *Tarif dégressif.* ‑ *Impôt dégressif,* dont le taux diminue à mesure que le revenu est plus faible. ► n. f. DÉGRESSIVITÉ

DÉGRÈVEMENT n. m. ▪ Action de dégrever. *Accorder un dégrèvement d'impôt.* ⇒ **réduction.**

Deir el-Bahari. Le temple funéraire de la reine Hatchepsout.
Phot. © Carlo Bevilacqua/Ricciarini

DÉGREVER [-gʀə-] v. tr. 5 ▪ Alléger, atténuer la charge fiscale de. *Dégrever un contribuable.*

DÉGRIFFÉ, ÉE adj. ▪ Qui est vendu moins cher parce qu'il n'a plus sa griffe d'origine (vêtement, accessoire, etc.). ⇒ **démarqué.**

DÉGRINGOLADE n. f. ▪ FAM. Action de dégringoler ; son résultat. ⇒ **chute.**

DÉGRINGOLER v. 1 ▪ **1.** v. intr. Descendre précipitamment. ⇒ **tomber.** *Dégringoler d'un toit. Dégringoler dans l'escalier.* – FAM. *Le baromètre dégringole.* ♦ fig. *La Bourse dégringole.* **2.** v. tr. Descendre très rapidement. *Dégringoler l'escalier.* ⇒ **dévaler.**

DÉGRIPPER v. tr. 1 ▪ Faire cesser le grippage de (un mécanisme).

DÉGRISER v. tr. 1 ▪ **1.** Tirer (qqn) de l'état d'ivresse. *L'air frais l'a dégrisé.* **2.** fig. Détruire les illusions, l'enthousiasme, l'exaltation de (qqn). ⇒ **désillusionner.** *Cet échec l'a dégrisé.*

DÉGROSSIR v. tr. 2 ▪ **1.** Donner une première forme à (qqch. que l'on façonne) en enlevant le plus gros. *Dégrossir un bloc de marbre.* – fig. *Dégrossir un manuscrit, un projet.* **2.** FAM. *Dégrossir qqn,* lui donner des rudiments de formation, de savoir-vivre. – pronom. Devenir moins grossier, se civiliser. – au p. p. loc. *MAL DÉGROSSI :* grossier. ► n. m. DÉGROSSISSAGE

DÉGUENILLÉ, ÉE adj. ▪ Vêtu de guenilles. ⇒ **dépenaillé, loqueteux.** – n. *Des déguenillés.*

DÉGUERPIR v. intr. 2 ▪ S'en aller précipitamment. ⇒ **décamper,** s'**enfuir.**

DÉGUEULASSE adj. ▪ FAM. Sale, répugnant (au physique ou au moral). ⇒ **dégoûtant, infect.** *Les vitres sont dégueulasses. Un procédé dégueulasse.* – n. *Quel dégueulasse !* ⇒ **salaud.**

DÉGUEULASSER v. tr. 1 ▪ FAM. Salir énormément. ⇒ **saloper.**

DÉGUEULER v. tr. 1 ▪ FAM. et vulg. Vomir. *Dégueuler son repas.* ► DÉGUEULIS n. m. ⇒ **vomissure.**

DÉGUISEMENT n. m. ▪ Vêtement qui déguise. *Un déguisement de carnaval.*

DÉGUISER v. tr. 1 ▪ **1.** Vêtir (qqn) de manière à rendre méconnaissable. ♦ *SE DÉGUISER* v. pron. *Se déguiser en mousquetaire.* – loc. *Se déguiser en courant d'air :* s'esquiver sans être vu. **2.** Modifier pour tromper. *Déguiser sa voix, son écriture.* ⇒ **contrefaire. 3.** fig. LITTÉR. Cacher sous des apparences trompeuses. *Déguiser sa pensée.* ⇒ **dissimuler.** ► **DÉGUISÉ, ÉE** adj. **1.** *Homme déguisé en femme* (⇒ **travesti**). **2.** *FRUITS DÉGUISÉS :* fruits enrobés de sucre et fourrés de pâte d'amandes.

DÉGUSTATEUR, TRICE n. ▪ Spécialiste qui goûte les vins.

DÉGUSTATION n. f. ▪ Action de déguster (1 et 2).

DÉGUSTER v. tr. 1 ▪ **1.** Goûter (un vin, une liqueur) pour juger de la qualité. **2.** Boire ou manger avec grand plaisir ; savourer. *Déguster un vieil alcool.* **3.** FAM. absolt Subir un mauvais traitement. *Qu'est-ce qu'on a dégusté !*

Jean-Luc **DEHAENE** (né en 1940) ▪ Homme politique belge. Premier ministre (social-chrétien flamand) depuis 1992.

DÉHANCHEMENT n. m. ▪ **1.** Mouvement d'une personne qui se déhanche (1). **2.** Position d'un corps qui se déhanche (2).

SE **DÉHANCHER** v. pron. 1 ▪ **1.** Se balancer sur ses hanches en marchant. ⇒ se **dandiner. 2.** Faire reposer le poids du corps sur une hanche, en étant debout. ► **DÉHANCHÉ, ÉE** adj. Qui se déhanche.

DÉHISCENT, ENTE adj. ▪ BOT. Se dit des organes clos qui s'ouvrent d'eux-mêmes. ► n. f. DÉHISCENCE

Pieter **DE HOOCH** ou **DE HOOGH** (1629-1683) ▪ Peintre hollandais. Il fut, après Vermeer, l'un des meilleurs peintres intimistes de son siècle, donnant à la lumière un rôle primordial. *"Le Cellier"*; *"Les Joueurs de cartes"*.

DEHORS adv. ▪ **I. 1.** À l'extérieur. *Aller dehors :* sortir. *Je serai dehors toute la journée,* hors de chez moi. – *Mettre, jeter qqn dehors,* le chasser, congédier, renvoyer. – *Dehors !,* sortez ! **2.** loc. adv. *DE DEHORS, PAR-DEHORS :* de, par l'extérieur. – *EN DEHORS :* vers l'extérieur. *Marcher les pieds en dehors.* – *AU(-) DEHORS :* à l'extérieur. *Ne pas se pencher au dehors.* **3.** *EN DEHORS DE* loc. prép. : hors de, à l'extérieur de. *En dehors de vous, personne n'est au courant.* ⇒ **excepté, hormis. II.** n. m. **1.** *Le dehors :* l'extérieur. *Le dehors et le dedans. Les ennemis du dehors,* extérieurs. **2.** *LES DEHORS :* l'aspect, l'apparence extérieure. *Cacher son hostilité sous des dehors aimables.*

DÉICIDE ▪ DIDACT. **1.** n. m. Meurtre de Dieu (spécialt, du Christ). **2.** n. et adj. Meurtrier de Dieu.

DÉIFIER v. tr. 7 ▪ Considérer (qqn, qqch.) comme un dieu ; adorer comme un être inaccessible. ⇒ **diviniser.** *Les empereurs romains étaient déifiés.* – *Déifier l'argent.* ► n. f. DÉIFICATION

DEIR EL-BAHARI ▪ Site archéologique égyptien, en face de Karnak. Temple de la reine Hatchepsout (vers 1500 av. J.-C.).

DÉISME n. m. ▪ Position philosophique de ceux qui admettent l'existence d'une divinité, sans accepter de religion. ⇒ **théisme.** ► n. et adj. DÉISTE

DÉJÀ adv. de temps ▪ **1.** Dès maintenant. *Il a déjà fini. Il est déjà midi.* – Dès ce moment-là. *Quand il arriva, son ami était déjà parti.* – loc. adv. *D'ores* et déjà.* **2.** Auparavant, avant. *Tu l'as déjà dit.* **3.** FAM. (renforçant une constatation) *C'est déjà beau. Ce n'est déjà pas si mal.* – (en fin de phrase, pour réitérer une question) *Comment vous appelez-vous, déjà ?*

DÉJANIRE ▪ Dans la mythologie grecque, épouse jalouse d'Héraclès. Elle lui envoie une tunique empoisonnée qui lui cause de telles douleurs qu'il se jette dans les flammes.

DÉJANTER v. 1 ▪ **I.** v. tr. Faire sortir (un pneu) de la jante. – pronom. *Le pneu s'est déjanté.* **II.** v. intr. **1.** *Le pneu a déjanté.* **2.** FAM. Devenir un peu fou. *Il a déjanté.*

DÉJECTION n. f. ▪ **1.** Évacuation d'excréments ; au plur. excréments. **2.** Matières rejetées par les volcans.

DÉJETER v. tr. 4 ▪ Écarter de sa direction naturelle, de sa position normale. ⇒ **dévier.** ► **DÉJETÉ, ÉE** adj. **1.** *Mur déjeté.* **2.** (personnes) Déformé, diminué physiquement. *Je l'ai trouvé bien déjeté.*

① **DÉJEUNER** v. intr. 1 ▪ **1.** Prendre le petit-déjeuner (syn., en France, *petit-déjeuner* v.). **2.** Prendre le repas du milieu de la journée (repas de midi). *Déjeuner d'un sandwich.*

② **DÉJEUNER** n. m. ▪ **1.** VX ou RÉGIONAL Premier repas du matin (qui rompt le jeûne ; syn. *petit-déjeuner*). **2.** (remplace *dîner,* en France, mais non au Québec) Repas pris au milieu du jour. *Un déjeuner d'affaires.* **3.** Mets qui composent ce repas. *Faire un bon déjeuner.* **4.** fig. *DÉJEUNER DE SOLEIL :* ce qui ne dure pas longtemps (objet, sentiment, résolution, entreprise).

DÉJOUER v. tr. 1 ▪ Faire échouer (les manœuvres de qqn). *Déjouer un complot.* – *Déjouer la surveillance de l'ennemi.* ⇒ **tromper.**

SE **DÉJUGER** v. pron. 3 ▪ Revenir sur un jugement exprimé, un parti pris. ⇒ **changer** d'avis.

DE JURE [deʒyʀe] loc. adv. ▪ De droit, selon le droit. *Reconnaître un gouvernement de jure* (opposé à *de facto*).

le **DEKKAN** ou **DECCAN** ▪ Vaste région du centre de la péninsule indienne. Plus influencée par la culture musulmane que par la culture hindoue, elle ne fut véritablement unie à la plaine du nord que par la colonisation britannique.

De Klerk.
Phot. © Éric Bouvet/ Gamma

Frederik Willem **DE KLERK** (né en 1936) ▪ Homme d'État sud-africain. Président de la République (1989-1994), il signa en 1990 avec Nelson Mandela un accord qui ouvrait la voie à l'abolition de l'apartheid. Prix Nobel de la paix 1993, avec Mandela.

Willem De Kooning (né en 1904) ▪ Peintre américain d'origine néerlandaise. Sa peinture est d'une grande violence gestuelle, relevant de l'art expressionniste abstrait (séries de *"Femmes"*, 1947-1952, puis après 1963).

DELÀ **prép.** et **adv. de lieu** ▪ **1.** PAR-DELÀ loc. prép. : plus loin que, de l'autre côté de. *Par-delà les mers.* – fig. *Par-delà les apparences.* **2.** AU-DELÀ ou AU DELÀ loc. adv. : plus loin. *La maison est un petit peu au-delà.* – AU-DELÀ (ou AU DELÀ) DE loc. prép. *C'est au-delà de tout ce qu'on peut imaginer.* **3.** L'AU-DELÀ **n. m.** ⇒ **au-delà.**

DÉLABREMENT **n. m.** ▪ État de ce qui est délabré. ⇒ **ruine.**

DÉLABRER **v. tr.** [1] ▪ Mettre en mauvais état. ⇒ **abîmer,** ① **dégrader, détériorer.** ► SE **DÉLABRER** **v. pron.** Devenir en mauvais état, menacer ruine. *La tour se délabre.* – fig. *Sa santé se délabre.* ► **DÉLABRÉ, ÉE** **adj.** *Une bicoque délabrée.* – fig. *Une santé délabrée.*

DÉLACER **v. tr.** [3] ▪ Desserrer ou retirer (une chose lacée). *Délacer ses chaussures.*

Eugène Delacroix (1798 - 1863) ▪ Peintre français. Le maître du romantisme, par ses coloris éclatants, ses compositions tourmentées, son imagination violente et sensuelle. Thèmes littéraires *("Dante et Virgile aux Enfers"*, 1822 ; *"La Mort de Sardanapale"* 1828), allégories *("La Liberté guidant le peuple")*, scènes orientales. Célèbre *"Journal"*.

Delacroix. *Autoportrait.* Musée des Offices, Florence. *Phot. © Nimatallah/Ricciarini*

DÉLAI **n. m.** ▪ **1.** Temps accordé pour faire qqch. *Travail exécuté dans le délai fixé. Être dans les délais* (→ dans les temps). **2.** Prolongation de temps accordée pour faire qqch. *Se donner un délai d'un mois pour réfléchir.* – SANS DÉLAI : sur-le-champ. **3.** Temps à l'expiration duquel on sera tenu de faire une certaine chose. *Accorder un délai de paiement.* – *Expiration du délai* (⇒ **échéance, terme**). – *Délai de préavis.* – À BREF DÉLAI, *dans les plus brefs délais* : très bientôt.

DÉLAISSEMENT **n. m.** ▪ LITTÉR. **1.** Abandon. – DR. *Délaissement d'un héritage.* **2.** État d'une personne abandonnée, délaissée. ⇒ **isolement.**

DÉLAISSER **v. tr.** [1] ▪ **1.** Laisser (qqn) sans secours ou sans affection. ⇒ **abandonner.** *Il délaisse ses amis.* **2.** Abandonner (une activité). *Délaisser un travail ennuyeux.* ► **DÉLAISSÉ, ÉE** **adj.** **1.** Laissé sans secours, sans affection. *Enfant délaissé.* **2.** (choses) Abandonné. *Un métier un peu délaissé.*

Michel Richard Delalande (1657 - 1726) ▪ Compositeur et organiste français, musicien préféré de Louis XIV après la mort de Lully. Musique religieuse, motets, *"Symphonies pour les soupers du Roy"*.

Édouard Delamare-Deboutteville (1856 - 1901) ▪ Inventeur de la première automobile à moteur à explosion en 1883.

Jean-Baptiste Joseph, chevalier Delambre (1749 - 1822) ▪ Astronome français. Collaborateur de Méchain pour la mesure de l'arc de méridien compris entre Dunkerque et Barcelone afin d'établir le système métrique. Auteur d'une histoire de l'astronomie.

DÉLASSANT, ANTE **adj.** ▪ Qui délasse.

DÉLASSEMENT **n. m.** ▪ **1.** Fait de se délasser, physiquement ou intellectuellement. ⇒ **détente, loisir, repos.** **2.** Ce qui délasse. ⇒ **distraction, divertissement.** *La lecture lui est un délassement.*

De Kooning. *Untitled XX,* 1976. MNAMGP, Paris. *Phot. © MNAMGP*

DÉLASSER **v. tr.** [1] ▪ Tirer (qqn) de l'état de lassitude, de fatigue. ⇒ **détendre, reposer.** – absolt *La musique délasse.* ► SE **DÉLASSER** **v. pron.** Se reposer en se distrayant.

DÉLATEUR, TRICE **n.** ▪ Personne qui dénonce pour des motifs méprisables. ⇒ **dénonciateur.**

DÉLATION **n. f.** ▪ Dénonciation inspirée par des motifs méprisables. *Faire une délation.* ⇒ **dénoncer, trahir, vendre.**

Robert Delaunay (1885 - 1941) ▪ Peintre, décorateur et théoricien français. Parti du cubisme, il évolua vers l'art abstrait, faisant de la couleur et de la lumière le sujet de ses toiles. Série des *"Tours Eiffel"* (1909-1910). ► **Sonia Delaunay** (1885 - 1979), sa femme, née Terk, appliqua les mêmes recherches non seulement à la peinture, mais aux tissus, aux arts graphiques, aux arts décoratifs.

DÉLAVÉ, ÉE **adj.** ▪ Dont la couleur est, ou semble trop étendue d'eau. ⇒ **décoloré, pâle.** *Bleu délavé.* – *Ciel délavé.* ♦ Éclairci, notamment à l'eau de Javel. *Un jean délavé.*

DÉLAVER **v. tr.** [1] ▪ **1.** Enlever ou éclaircir avec de l'eau (une couleur). **2.** Imbiber, détremper.

Robert **Delaunay.** *Formes circulaires, Soleil n° 2.* MNAMGP, Paris. *Phot. © Arch. Smeets*

Delft. Le vieux pont de l'église. *Phot. © Tétrel/Explorer*

Casimir DELAVIGNE (1793 - 1843) ▪ Auteur dramatique français. Ses pièces oscillent entre classicisme et romantisme. *"Les Vêpres siciliennes"* (1819).

le DELAWARE ▪ État de l'est des États-Unis, où le fleuve du même nom se jette dans l'Atlantique. 6 138 km². 666 000 hab. Capitale : Dover. Agriculture (conserveries), industries.

DÉLAYAGE n. m. ▪ Action de délayer. - fig. ⇒ **remplissage, verbiage.**

DÉLAYER v. tr. [8] ▪ **1.** Mélanger (une substance) à un liquide. ⇒ **diluer, dissoudre.** *Délayer de la farine dans de l'eau.* **2.** fig. Exposer trop longuement, de manière diffuse. *Délayer une idée.* - au p. p. *Récit délayé.*

Théophile DELCASSÉ (1852 - 1923) ▪ Homme politique français. Ministre radical des Affaires étrangères de 1898 à 1905 et en 1914-1915, instigateur de l'Entente cordiale avec l'Angleterre.

DELCO n. m. (marque déposée ; sigle) ▪ Système d'allumage d'un moteur à explosion (bobine).

DELEATUR [deleatyʀ] n. m. invar. ▪ Signe de correction typographique indiquant qu'il faut supprimer qqch.

DÉLECTABLE adj. ▪ LITTÉR. Qui est très agréable. ⇒ **délicieux, exquis.** *Mets délectable.*

DÉLECTATION n. f. ▪ Plaisir que l'on savoure. ⇒ **délice.** *Déguster une glace avec délectation. Écouter avec délectation.* ⇒ **ravissement.**

SE **DÉLECTER** v. pron. [1] ▪ Prendre un plaisir délicieux (à qqch.). ⇒ se **régaler, savourer.** *Se délecter de qqch., à faire qqch.*

Grazia DELEDDA (1871 - 1936) ▪ Romancière italienne. *"Elias Portolu"* (1903) est typique du vérisme (réalisme). Prix Nobel 1926.

DÉLÉGATION n. f. ▪ **1.** Acte par lequel on délègue ; attribution, transmission pour un objet déterminé. *Donner une délégation de pouvoir à qqn.* **2.** Ensemble des personnes déléguées. *Recevoir une délégation de grévistes.*

DÉLÉGUÉ, ÉE n. ▪ Personne chargée de représenter les intérêts d'une personne, d'un groupe. ⇒ **mandataire, représentant.** *Élection des délégués du personnel. Délégué syndical.*

DÉLÉGUER v. tr. [6] ▪ **1.** Charger (qqn) d'une fonction, d'une mission, en transmettant son pouvoir. *Déléguer un représentant à une assemblée.* **2.** Transmettre, confier (une autorité, un pouvoir). *Déléguer sa compétence à qqn.*

DELÉMONT en allemand ***DELSBERG*** ▪ Ville de Suisse, chef-lieu du Jura. 11 515 hab.

Benjamin DELESSERT (1773 - 1847) ▪ Homme d'affaires français. Le Blocus continental empêchant la consommation de sucre de canne, il lança la production industrielle de sucre de betterave (1812). Il fonda la première caisse d'épargne (1818).

DÉLESTAGE n. m. ▪ Action de délester (1 et 3). *Itinéraire de délestage.* ⇒ **déviation.**

DÉLESTER v. tr. [1] ▪ **1.** Décharger de son lest. ⇒ **alléger.** *Délester un navire.* **2.** fig. et iron. Voler. *Il s'est fait délester de son portefeuille.* **3.** Décongestionner (une route principale), par des déviations.

Charles Antoine DELESTRAINT (1879 - 1945) ▪ Général français. Il organisa la Résistance dans la région de Lyon et devint le chef de l'Armée secrète (1942). Arrêté par les Allemands en 1943, il mourut en déportation.

DÉLÉTÈRE adj. ▪ Qui met la santé, la vie en danger. *Gaz délétère.* ⇒ **nocif, toxique.** - fig. LITTÉR. Nuisible, pernicieux. *Doctrine délétère.*

Gilles DELEUZE (1925 - 1995) ▪ Philosophe français. Il mit en cause toute institution et toute systématisation. *"Différence et Répétition"* (1969) ; *"Logique du sens"* (1969) ; avec F. Guattari *"L'Anti-Œdipe"* (1972) et *"Qu'est-ce que la philosophie ?"* (1992).

DELFT ▪ Ville des Pays-Bas (Hollande-Méridionale). 90 066 hab. Ville pittoresque (canaux, nombreux édifices anciens). Célèbres faïences. Vermeer y créa son œuvre.

DELHI ▪ Ville de l'Inde et capitale du territoire de Delhi (1 484 km²). 8 375 200 hab. Elle englobe au sud New Delhi, capitale fédérale de l'Inde depuis sa création par les Britanniques en 1912. Ancienne capitale d'un sultanat musulman (1206-1526) et de l'Empire moghol, dont de nombreux monuments témoignent de la splendeur passée (→ **Inde**).

Dehli. Le mausolée de Humāyūn. *Phot. © Mattes/Explorer*

DÉLIBÉRANT, ANTE adj. ▪ Qui délibère (opposé à *consultatif*). *Assemblée délibérante.*

DÉLIBÉRATIF, IVE adj. ▪ Qui a qualité pour voter, décider dans une délibération (opposé à *consultatif*). *Avoir voix délibérative dans une assemblée.*

DÉLIBÉRATION n. f. ▪ **1.** Action de délibérer avec d'autres personnes. ⇒ **débat, discussion.** *Mettre une question en délibération.* **2.** Examen réfléchi. ⇒ **réflexion.** *Après mûre délibération.*

DÉLIBÉRÉMENT adv. ▪ De manière délibérée.

DÉLIBÉRER v. intr. [6] ▪ **1.** Discuter avec d'autres personnes en vue d'une décision à prendre. ⇒ se **consulter.** *Le jury délibère.* - trans. indir. *Délibérer de, sur qqch.* **2.** LITTÉR. (Avec soi-même) ⇒ **réfléchir.** *Après avoir longuement délibéré, il accepta.* ► **DÉLIBÉRÉ, ÉE** ▪ **I** adj. **1.** Qui a été délibéré et décidé. ⇒ **intentionnel, réfléchi, voulu.** - *DE PROPOS DÉLIBÉRÉ :* exprès, volontairement. **2.** Assuré, décidé. *D'un air délibéré.* **II.** n. m. DR. Délibération des magistrats avant de rendre leur décision. *Le secret du délibéré.*

Léo DELIBES (1836 - 1891) ▪ Compositeur français. Ses ballets *"Coppélia"* (1870) et *"Sylvia"* (1876) sont devenus des classiques. *"Lakmé"* (1883), opéra.

DÉLICAT, ATE adj. ▪ **1.** LITTÉR. Qui plaît par la qualité, la finesse. *Parfum délicat.* ⇒ **subtil.** *Des mets délicats.* ⇒ **raffiné.** ♦ Qui plaît par la finesse de l'exécution. ⇒ **élégant, gracieux, soigné.** *Travail délicat,* fini avec soin. **2.** Que sa finesse rend sensible aux moindres influences extérieures. ⇒ **fragile.** *Peau, fleur délicate.* - *Santé délicate.* **3.** Dont la subtilité, la complexité rend la compréhension ou l'exécution difficile. ⇒ **difficile, épineux.** *Question, situation délicate.* **4.** Qui est doué d'une grande sensibilité. ⇒ **subtil.** ♦ (dans les relations avec autrui) *Un ami délicat.* - *Attention, pensée délicate,* pleine de sensibilité, de tact. **5.** Que sa grande sensibilité rend difficile à contenter. ⇒ **exigeant.** *Vous êtes trop délicat.* ⇒ **difficile.** - n. *Faire le délicat, la délicate.*

DÉLICATEMENT adv. ▪ Avec délicatesse. *Bijou délicatement ciselé.* ⇒ **finement.** - *Prendre délicatement qqch.* - *Agir délicatement.*

DÉLICATESSE n. f. ▪ **1.** LITTÉR. Qualité de ce qui est fin, délicat (1). *La délicatesse d'un coloris.* **2.** Finesse et précision dans l'exécution, le toucher. *Faire, prendre qqch. avec délicatesse* (⇒ **délicatement**). **3.** Caractère de ce qui est fragile à cause de sa finesse. *La délicatesse de sa peau.* **4.** Aptitude à sentir, à juger, à exprimer finement. ⇒ **sensibilité.** *Délicatesse de goût, du jugement, de l'expression.* **5.** Sensibilité morale dans les relations avec autrui. ⇒ **discrétion, tact.** *Se taire par délicatesse. La délicatesse de ses manières.*

DÉLICE ▪ **I.** n. f. pl. LITTÉR. *DÉLICES :* plaisir qui ravit, transporte. *Lieu de délices* (⇒ **paradis**). - loc. *Faire ses délices de qqch.*, y prendre un grand plaisir. ⇒ **se délecter.** **II.** n. m. Plaisir vif et délicat. ⇒ **félicité, joie.** *C'est un délice de l'écouter chanter. Quel délice ! - Ce rôti est un délice.* ⇒ **régal.**

DÉLICIEUX, EUSE adj. ▪ Qui est extrêmement agréable, procure des délices. ⇒ **exquis.** *Sensation délicieuse. Mets délicieux.* - *Femme délicieuse.* ⇒ **charmant.** ► DÉLICIEUSEMENT adv. *Il fait délicieusement bon.*

DÉLICTUEUX, EUSE adj. ▪ DR. Qui a le caractère d'un délit. *Fait délictueux.*

① **DÉLIÉ, ÉE** adj. ▪ **1.** LITTÉR. Fin, mince. *Taille déliée.* ⇒ **élancé.** ♦ n. m. *Un délié :* la partie fine, déliée d'une lettre (opposé à *plein*). *Les pleins et les déliés d'une écriture à la plume.* **2.** fig. *Un esprit délié.* ⇒ **fin, pénétrant, subtil.**

DÉLIER v. tr. 7 ▪ **1.** Dégager de ce qui lie. ⇒ **détacher.** *Délier les mains d'un prisonnier.* ⇒ **libérer.** **2.** Défaire le nœud de. ⇒ **dénouer.** *Délier une corde.* - loc. *Sans bourse délier :* sans rien payer. ⇒ **gratis.** - fig. *Délier la langue de qqn,* le faire parler. - pronom. *Les langues se délient,* on parle. **3.** fig. Libérer (d'un engagement, d'une obligation). ⇒ **dégager, relever.** *Délier qqn d'une promesse.* ► ② **DÉLIÉ, ÉE** adj. *Cordons déliés.* - loc. *Avoir la langue déliée :* être bavard.

l'abbé Jacques **DELILLE** (1738 - 1813) ▪ Poète français, traducteur de Virgile en vers. Poésie didactique et descriptive : *"Les Jardins"* (1780).

DÉLIMITATION n. f. ▪ Action de délimiter ; son résultat. *La délimitation des frontières.* ⇒ **démarcation.**

DÉLIMITER v. tr. 1 ▪ Déterminer les limites de. *Délimiter la frontière entre deux États.* - Former la limite de. *Haies qui délimitent un pré.* ♦ fig. *Délimiter les attributions de qqn.* ⇒ **définir, fixer.** *Délimiter son sujet, une notion.* ⇒ **définir.** - au p. p. *Une fonction bien délimitée.*

DÉLINQUANCE n. f. ▪ Ensemble des délits considérés sur le plan social. ⇒ **criminalité.** *Délinquance juvénile.*

DÉLINQUANT, ANTE n. ▪ Personne qui commet un délit. - adj. *L'enfance délinquante.*

DÉLIQUESCENCE n. f. ▪ **1.** DIDACT. Propriété qu'ont certains corps de se liquéfier en absorbant l'humidité de l'air. **2.** fig. Décadence complète ; perte de la force, de la cohésion. ⇒ **décomposition, ruine.** *Civilisation en déliquescence.*

DÉLIQUESCENT, ENTE adj. ▪ **1.** DIDACT. Qui peut fondre par déliquescence. **2.** fig. En complète décadence. *Mœurs déliquescentes.*

DÉLIRANT, ANTE adj. ▪ **1.** DIDACT. Qui présente les caractères du délire. *Bouffée délirante.* **2.** fig. Qui manque de mesure, exubérant. *Imagination, joie délirante.* ♦ FAM. Totalement déraisonnable. *C'est délirant !* ⇒ **démentiel, fou.**

DÉLIRE n. m. ▪ **1.** Trouble psychique d'une personne qui a perdu le contact avec la réalité, qui perçoit et dit des choses qui ne concordent pas avec la réalité ou l'évidence, quelle que soit leur cohérence interne. *Être en plein délire. Délire alcoolique.* ⇒ **delirium tremens.** *Délire de persécution.* ⇒ **paranoïa.** - *C'est du délire !* ⇒ **folie.** **2.** Exaltation, enthousiasme exubérant. *Foule en délire.*

DÉLIRER v. intr. 1 ▪ **1.** Avoir le délire. ⇒ **divaguer.** *Le malade délirait de fièvre.* - FAM. *Tu délires !* ⇒ **dérailler.** **2.** Être en proie à une émotion qui trouble l'esprit. *Délirer de joie.*

DELIRIUM TREMENS [delirjɔmtʀemɛ̃s] n. m. invar. ▪ DIDACT. Délire (1) aigu accompagné d'agitation et de tremblement, et qui est particulier aux alcooliques.

DÉLIT n. m. ▪ **1.** (sens large) Fait prohibé ou dont la loi prévoit la sanction par une peine. ⇒ **contravention, crime, infraction ; délictueux ; délinquant.** - *Le CORPS DU DÉLIT :* le fait, l'élément matériel qui constitue le délit. - *FLAGRANT DÉLIT :* infraction qui est en train ou qui vient de se commettre. *Flagrant délit d'adultère. Prendre qqn en flagrant délit.* **2.** (sens restreint) *Délit (correctionnel),* infraction punie de peines correctionnelles (opposé à *contravention ;* à *crime*).

DÉLITER v. tr. 1 ▪ Diviser (une pierre) dans le sens des couches de stratification. ⇒ **cliver.** - pronom. *La roche se délite.*

DÉLIVRANCE n. f. ▪ **I. 1.** Action de délivrer (I, 1). ⇒ **libération.** **2.** fig. Fin d'une gêne, d'un mal, d'un tourment ; impression agréable qui en résulte. ⇒ **soulagement.** *Sa mort a été une délivrance.* **3.** MÉD. Fin de l'accouchement. **II.** Action de délivrer (II), de remettre qqch. à qqn. ⇒ **livraison.**

DÉLIVRER v. tr. 1 ▪ **I. 1.** Rendre libre. ⇒ **libérer.** *Délivrer un prisonnier.* **2.** *Délivrer qqn de,* rendre libre en écartant, en supprimant. ⇒ **débarrasser, libérer.** *Délivrer qqn d'un importun. Délivrer qqn d'une crainte.* **II.** Remettre (qqch.) à qqn. *Délivrer un certificat, un reçu. Le médecin délivre une ordonnance.* ► SE **DÉLIVRER** v. pron. **1.** Se libérer, se dégager. *Se délivrer d'une obsession.* **2.** Être délivré (II). *Le bureau où se délivrent les passeports.*

les **DELLA ROBBIA** ▪ Sculpteurs florentins. L'atelier créé par **Luca** (v. 1400 - 1482) puis animé par **Andrea,** neveu de Luca (1435 - 1525), et ses fils, **Giovanni** (1469 - 1529) et **Girolamo** (1488 - 1566), était spécialisé dans les terres cuites émaillées.

Luca **Della Robbia.** *La Cantoria,* détail, terre cuite vernissée. Musée de l'Opera del Duomo, Florence. *Phot. © Pedone/Ricciarini*

Louis **DELLUC** (1890 - 1924) ▪ Cinéaste et théoricien français du cinéma. *"Fièvre"* (1922). Son nom fut donné à un prix de cinéma décerné depuis 1937.

DÉLOCALISER v. tr. 1 ▪ Changer l'emplacement, le lieu d'implantation de (une activité). ⇒ **décentraliser.** ► n. f. DÉLOCALISATION

DÉLOGER v. 3 ▪ **1.** v. intr. VX Quitter brusquement son logement, sa place. *Déloger de chez soi.* **2.** v. tr. Faire sortir (qqn) du lieu qu'il occupe. ⇒ **chasser, expulser.** *Déloger un locataire.*

Alain **DELON** (né en 1935) ▪ Acteur français. Il a dû ses plus grands rôles à Visconti (*"Rocco et ses frères"*, 1960; *"Le Guépard"*, 1962), Antonioni (*"L'Éclipse"*, 1962), Melville (*"Le Samouraï"*, 1967) et Losey (*"Monsieur Klein"*, 1976).

Delon dans *Le Samouraï* de J.-P. Melville. *Phot. © Coll. Christophe L.*

Philibert DELORME ou **DE L'ORME** (v. 1510-1570) ▪ Architecte français. Formé en Italie, et marqué par la Renaissance italienne, il conçut le tombeau de François Ier à Saint-Denis et, pour Diane de Poitiers, le château d'Anet (1545-1555). Il écrivit plusieurs traités d'architecture.

Marion DELORME → Marion de **Lorme**

Jacques DELORS (né en 1925) ▪ Homme politique français. Socialiste, ministre de l'Économie et des Finances dans le gouvernement Mauroy (1981-1984), président de la Commission européenne de Bruxelles (1985-1995), il contribua à l'élaboration de l'Acte unique européen et au traité de Maastricht.

Delors. *Phot. © Jean-Michel Turpin/Gamma*

DÉLOS ▪ La plus petite île des Cyclades, en Grèce. Elle donna son nom à la ligue des cités grecques dirigée par Athènes (ve s. av. J.-C.). Important site archéologique (sanctuaire d'Apollon, v. 700 av. J.-C. ; allée des Lions ; théâtre).

DÉLOYAL, ALE, AUX adj. ▪ Qui n'est pas loyal. ⇒ **faux, trompeur.** *Un ami déloyal.* - *Procédé déloyal. Concurrence déloyale.* ► adv. DÉLOYALEMENT

DÉLOYAUTÉ n. f. ▪ Manque de loyauté. ⇒ **fausseté,** mauvaise **foi, fourberie, malhonnêteté.**

DELPHES ▪ Ville de l'ancienne Grèce, sur un versant du mont Parnasse. À partir du viie s. avant J.-C., elle fut le centre du culte d'Apollon, qui donnait des oracles par la bouche de la Pythie. Nombreux vestiges archéologiques (temples, trésor des Athéniens, tholos, théâtre). Musée riche en sculptures (*"Aurige"*).

DELTA n. m. ▪ **I.** Quatrième lettre de l'alphabet grec : Δ (majuscule), δ (minuscule). - *Aile (en) delta.* ⇒ **deltaplane. II.** Dépôt d'alluvions émergeant à l'embouchure d'un fleuve et la divisant en bras de plus en plus ramifiés. *Le delta du Nil.*

DELTAPLANE n. m. (nom déposé) ▪ Aile triangulaire utilisée pour le vol libre ; sport pratiqué avec cet engin.

Joseph DELTEIL (1894-1978) ▪ Écrivain français. Son style sensuel contraste avec la spiritualité de ses thèmes. *"Sur le fleuve Amour"* (1923) ; *"Saint don Juan"* (1930) ; *"Jésus II"* (1959).

Delphes. Marmaria (sanctuaire d'Athéna) : la Tholos, rotonde en marbre. *Phot. © Dagli Orti*

DELTOÏDE n. m. ▪ ANAT. Muscle triangulaire de l'épaule.

DÉLUGE n. m. ▪ **1.** Cataclysme consistant en précipitations continues submergeant la Terre. - spécialt *Le Déluge* (dans la Bible). - loc. *Remonter au déluge :* être très ancien (⇒ **antédiluvien**) ; parler des causes les plus éloignées. - *Après moi (nous) le déluge !,* profitons du présent sans souci des catastrophes à venir. **2.** Pluie très abondante, torrentielle. ⇒ **cataracte, trombe ; diluvien.** - fig. *Un déluge de larmes, de paroles.* ⇒ **flot, torrent.**

DÉLURÉ, ÉE adj. ▪ Qui a l'esprit vif et avisé, qui est habile à se tirer d'embarras. ⇒ **dégourdi, futé, malin.** *Un enfant déluré.* - *Air déluré.* ⇒ **éveillé, vif.** ♦ péj. ⇒ **effronté.**

Paul DELVAUX (1897-1994) ▪ Peintre belge. Scènes surréalistes, à dominante érotique et onirique. *"La Ville endormie"* (1938).

André DELVAUX (né en 1926) ▪ Cinéaste belge. Ses films sont empreints d'un onirisme envoûtant. *"Rendez-vous à Bray"* (1971).

DÉMAGNÉTISER v. tr. [1] ▪ Supprimer le caractère magnétique, l'aimantation de. - au p. p. *Sa carte de crédit est démagnétisée.* ► n. f. DÉMAGNÉTISATION

DÉMAGOGIE n. f. ▪ Politique par laquelle on flatte les masses pour gagner et exploiter leur adhésion. *Il fait de la démagogie pour se faire élire.* ► DÉMAGOGIQUE adj. *Discours démagogique.*

DÉMAGOGUE n. et adj. ▪ (Personne) qui fait de la démagogie. *C'est un démagogue et un manipulateur.* ◇ abrév. FAM. DÉMAGO.

DÉMAILLER v. tr. [1] ▪ Défaire en rompant les mailles. - pronom. *Son bas s'est démaillé.* ⇒ **filer.** ► n. m. DÉMAILLAGE

DÉMAILLOTER v. tr. [1] ▪ VIEILLI Débarrasser (un bébé) du maillot (II) (s'oppose à *emmailloter*). - par ext. *Démailloter une momie.*

DEMAIN adv. et n. m. ▪ **I.** Le jour suivant celui où s'exprime la personne qui parle. **1.** adv. *Je le vois, je le verrai demain.* ♦ loc. *Demain il fera jour :* rien ne presse d'agir aujourd'hui. - *Demain on rase gratis* (souligne l'inanité d'un espoir, d'une promesse). - FAM. *C'est pas demain la veille :* ce n'est pas pour bientôt. **2.** n. m. *Demain est jour férié.* - prov. *Demain est un autre jour.* - loc. *À DEMAIN :* nous nous reverrons demain. *À demain, à demain soir.* - *À partir de demain. C'est pour demain. Demain en huit*.* **II. 1.** adv. Dans un avenir plus ou moins proche. **2.** n. m. L'avenir. *Le monde de demain.* ⇒ **futur.**

DÉMANCHER v. tr. [1] ▪ **1.** Séparer de son manche. *Démancher une hache.* **2.** FAM. Démettre, disloquer. *Se démancher le cou pour voir qqch.*

DEMANDE n. f. ▪ **I. 1.** Action de demander (I). *Demande pressante, insistante.* ⇒ **réclamation, revendication ; sollicitation.** *Humble demande.* ⇒ **requête.** *Demande d'emploi.* ⇒ **candidature.** - *Faire, adresser, formuler, présenter une demande.* - *Satisfaire une demande. Faire qqch. sur, à la demande de qqn, à la demande générale.* **2.** *Demande en mariage,* démarche par laquelle on demande une jeune fille en mariage à ses parents. - absolt *Faire sa demande.* **3.** Ensemble des biens ou des services demandés par les acheteurs (s'oppose à *offre*). *Faire face à la demande. La loi de l'offre et de la demande.* **4.** DR. Action intentée en justice pour faire reconnaître un droit. *Former une demande en divorce.* **5.** Annonce par laquelle on s'engage à réaliser un contrat, au bridge. **II.** Question. *Faire les demandes et les réponses.*

DEMANDER v. tr. [1] ▪ **I. 1.** Faire connaître à qqn (ce qu'on désire obtenir de lui) ; exprimer (un souhait). *Demander du feu à qqn. Demander son avis à qqn. Demander une faveur.* ⇒ **solliciter.** *Demander son dû avec insistance.* ⇒ **réclamer, revendiquer.** - *Demander aide, assistance, secours.* - Indiquer (ce que l'on veut gagner). *Demander tant, X francs de l'heure.* - *Demander la tête d'un coupable,* réclamer la peine capitale. *Ne pas demander son reste*.* ♦ *DEMANDER À* (+ inf. ; les deux v. ont le même sujet). *Demander à s'asseoir. Je demande à voir,* exprime l'incrédulité. - *NE DEMANDER QU'À,* désirer uniquement, être prêt à. FAM. *Il ne demande que ça.* - *DEMANDER DE* (+ inf. ; les deux v. n'ont pas le même sujet). ⇒ **enjoindre, ordonner, prier.** *Je vous demande de m'écouter.* ♦ *DEMANDER QUE* (+ subj.). *Il demande que tu viennes.* *NE PAS DEMANDER MIEUX QUE,* consentir volontiers ; être content, ravi. *Je ne demande pas mieux que de venir, que d'y aller.* **2.** DR. Réclamer par une demande (4) en justice. ⇒ **requérir.**

Paul **Delvaux.** *Belles de nuit.* Edward James Foundation, Sussex.
Phot. © Bridgeman/Giraudon

Demander des dommages-intérêts. **3.** Prier de donner, d'apporter (qqch.). ⇒ **réclamer.** *Demander la note, l'addition au serveur.* **4.** Faire venir, faire chercher (qqn). *Demander un médecin. Descendez, on vous demande.* – Rechercher pour un travail. *On demande un coursier.* ♦ *Demander la main de qqn, demander qqn en mariage.* **5.** *Demander qqch. à qqn.* ⇒ **attendre, exiger.** *C'est beaucoup lui demander.* – FAM. *Il ne faut pas trop lui en demander.* **6.** (choses) Avoir pour condition de succès, de réalisation. ⇒ **exiger, nécessiter, réclamer, requérir.** *Votre proposition demande réflexion. Un travail qui demande du soin.* – *DEMANDER À* (+ inf.). *Cette toile demande à être regardée de loin.* **II.** Essayer de savoir (en interrogeant qqn). *Demander son chemin, son nom à qqn. Je lui ai demandé quand, comment, s'il irait.* – FAM. *Je ne te demande pas l'heure qu'il est* : mêle-toi de ce qui te regarde. – FAM. *Je vous (le) demande ; je vous demande un peu !*, marque la réprobation. ► SE **DEMANDER** v. pron. Se poser une question à soi-même. *Je me demande ce qu'il va faire. Je me demande s'il va pleuvoir.* ► **DEMANDÉ, ÉE** adj. Qui fait l'objet d'une forte demande. *Un article très demandé*, en vogue. – *Un décorateur très demandé.*

DEMANDEUR n. ▪ **1.** *DEMANDEUR, EUSE* : personne qui demande qqch. *Demandeur d'emploi. Demandeur d'asile* (politique). **2.** DR. *DEMANDEUR, ERESSE* : personne qui a l'initiative du procès. ⇒ **plaignant.**

DÉMANGEAISON n. f. ▪ **1.** Sensation d'irritation au niveau de la peau, qui incite à se gratter. **2.** fig. FAM. Désir irrépressible. *Avoir une grande démangeaison d'écrire.*

Albert DEMANGEON (1872 - 1940) ▪ Géographe français, collaborateur de Vidal de La Blache à la *"Géographie universelle"*.

DÉMANGER v. intr. [3] ▪ **1.** Faire ressentir une démangeaison (à qqn). *Le bras lui démange.* – trans. *Ma plaie me démange.* ⇒ **gratter.** **2.** fig. loc. *La main lui démange* : il a grande envie de frapper. *La langue lui démange* : il a grande envie de parler. – trans. *Ça me démange de lui dire son fait.*

DÉMANTELER v. tr. [5] ▪ **1.** Démolir les murailles, les fortifications de. ⇒ **raser.** *Démanteler un fort.* **2.** fig. Abattre, détruire, désorganiser. *Démanteler un empire, une institution.* ► DÉMANTÈLEMENT n. m. *Le démantèlement d'un réseau d'espionnage.*

DÉMANTIBULER v. tr. [1] ▪ FAM. Démolir de manière à rendre inutilisable ; mettre en pièces. ⇒ **casser, démonter, disloquer.** *Démantibuler un meuble.* – au p. p. *Voiture démantibulée.*

DÉMAQUILLANT, ANTE adj. ▪ Qui sert à démaquiller. *Lait démaquillant.* – n. m. *Un démaquillant.*

DÉMAQUILLER v. tr. [1] ▪ Enlever le maquillage, le fard de. faux pronom. *Se démaquiller les yeux.* – pronom. *Acteur qui se démaquille.* ► n. m. DÉMAQUILLAGE

DÉMARCATION n. f. ▪ Action de limiter ; ce qui limite. ⇒ **délimitation, frontière, séparation.** *Ligne de démarcation* : frontière. – fig. *La démarcation entre la philosophie et la psychologie.* ⇒ **limite.**

DÉMARCHAGE n. m. ▪ Activité commerciale qui consiste à solliciter la clientèle à son domicile. ⇒ **porte-à-porte ; courtage.** *Démarchage par téléphone.*

DÉMARCHE n. f. ▪ **I. 1.** Manière de marcher. ⇒ **allure, marche, pas.** *Démarche assurée, élastique, incertaine.* **2.** fig. Manière dont l'esprit progresse dans son activité. ⇒ **cheminement.** *Démarche intellectuelle.* **II.** Tentative auprès de qqn pour réussir une entreprise. *Tenter une démarche auprès de qqn. Faire des démarches à la préfecture.*

DÉMARCHER v. tr. [1] ▪ Effectuer le démarchage pour un produit auprès de (qqn). *Démarcher un client.*

DÉMARCHEUR, EUSE n. ▪ Personne qui fait du démarchage.

DÉMARQUE n. f. ▪ Fait de démarquer des marchandises, de les mettre en solde.

DÉMARQUER v. tr. [1] ▪ **1.** Priver de la marque indiquant le possesseur. *Démarquer du linge.* **2.** fig. Copier, plagier (une œuvre, un auteur) de manière à dissimuler l'emprunt. ► n. m. DÉMARCAGE ou DÉMARQUAGE **3.** Baisser le prix de (un article) ; priver (un article) de sa marque d'origine et le vendre moins cher. ⇒ **solder.** – au p. p. *Robe démarquée.* ⇒ **dégriffé.** ► SE **DÉMARQUER** v. pron. *Se démarquer de qqn*, prendre ses distances par rapport à lui, tenter de s'en distinguer avantageusement. *Il tient à se démarquer de son prédécesseur.*

DÉMARRAGE n. m. ▪ Fait de démarrer, de partir (véhicule). *Démarrage en côte.* ♦ fig. *Le démarrage d'une campagne électorale.* ⇒ **départ.** *Démarrage économique.* ⇒ **décollage.**

DÉMARRER v. [1] ▪ **I.** v. tr. **1.** MAR. Larguer les amarres de. *Démarrer un canot.* **2.** FAM. Commencer, entreprendre. *Démarrer un projet.* **II.** v. intr. **1.** Partir (navire). **2.** Commencer à fonctionner, à rouler. ⇒ **partir.** *La moto démarra en trombe.* – fig. *Son affaire commence à démarrer.*

DÉMARREUR n. m. ▪ Appareil servant à mettre en marche un moteur (spécialt, d'automobile).

DÉMASQUER v. tr. [1] ▪ **1.** Enlever le masque de (qqn). **2.** fig. Faire connaître (qqn) pour ce qu'il est sous des apparences trompeuses. ⇒ **confondre.** *Démasquer un imposteur.* **3.** loc. *Démasquer ses batteries* : dévoiler ses intentions secrètes.

DÉMÂTER v. [1] ▪ **1.** v. tr. Priver (un navire) de ses mâts. **2.** v. intr. Perdre ses mâts. *Le navire a démâté.*

DÉMATÉRIALISER v. tr. [1] ▪ **1.** Rendre immatériel. **2.** Priver de support matériel tangible (une valeur). *Valeurs mobilières dématérialisées.* ► n. f. DÉMATÉRIALISATION

DEMĀVEND ou **DAMĀVEND** ▪ Volcan éteint formant le point culminant de l'Elbourz, en Iran. 5 671 m.

DÈME n. m. ▪ Division territoriale et unité administrative de la Grèce antique.

DÉMÉDICALISER v. tr. [1] ▪ Ôter à (qqch.) son caractère médical. *Démédicaliser l'accouchement.* ► n. f. DÉMÉDICALISATION

DÉMÊLÉ n. m. ▪ Conflit né d'une opposition entre deux parties. ⇒ **différend, dispute.** *Ils ont eu un démêlé à propos de l'héritage.* ♦ au plur. Difficultés qui en résultent. *Avoir des démêlés avec qqn, avec la justice.*

DÉMÊLER v. tr. [1] ▪ **1.** Séparer (ce qui était emmêlé). faux pronom. *Se démêler les cheveux.* ► n. m. DÉMÊLAGE **2.** fig. Débrouiller, éclaircir (une chose compliquée). *Démêler une intrigue.* ► n. m. DÉMÊLEMENT **3.** LITTÉR. *Avoir qqch. à démêler avec qqn*, à discuter, à débattre (⇒ **démêlé**).

DÉMÊLOIR n. m. ▪ Peigne à dents espacées servant à démêler les cheveux.

DÉMÊLURE n. f. ▪ Petite touffe de cheveux enlevée par le peigne.

DÉMEMBRER v. tr. [1] ▪ Diviser en parties (ce qui forme un tout, devrait rester entier). ⇒ **découper, morceler, partager.** *Démembrer un domaine, un empire.* ► n. m. DÉMEMBREMENT

DÉMÉNAGEMENT n. m. ▪ Action de déménager ; son résultat. *Entreprise, camion de déménagement.*

DÉMÉNAGER v. [3] ▪ **I.** v. tr. Transporter (des objets) d'un logement à un autre. *Déménager ses meubles, ses livres.* **II.** v. intr. **1.** Changer de logement. *Nous déménageons fin mai.* **2.** FAM. S'en aller rapidement (choses). **3.** FAM. ⇒ **déraisonner.** *Tu déménages !*

DÉMÉNAGEUR n. m. ▪ Celui dont le métier est de faire des déménagements.

DÉMENCE n. f. ▪ **1.** Ensemble des troubles mentaux graves. ⇒ **aliénation, folie.** *Sombrer dans la démence.* ♦ PSYCH.

Déchéance irréversible des activités psychiques, mentales. *Démence sénile.* **2.** Conduite extravagante. *C'est de la démence d'agir ainsi.* ⇒ **folie, inconscience.**

SE **DÉMENER** v. pron. 5 ▪ **1.** S'agiter violemment. ⇒ se **débattre.** loc. *Se démener comme un beau diable.* **2.** fig. Se donner beaucoup de peine pour arriver à un résultat. ⇒ se **remuer ;** FAM. se **décarcasser.** *Il se démène pour finir son travail à temps.*

DÉMENT, ENTE adj. ▪ **1.** Qui est atteint de démence. ⇒ **aliéné, fou.** - n. *Un regard de dément.* **2.** Déraisonnable, insensé. ♦ FAM. Extraordinaire. *Un film dément.*

DÉMENTI n. m. ▪ Action de démentir ; ce qui dément qqch. ⇒ **dénégation, désaveu.** *Opposer un démenti formel à une accusation. Son témoignage reste sans démenti.*

DÉMENTIEL, IELLE adj. ▪ **1.** De la démence. *État démentiel.* **2.** Absurde, fou. *Un projet démentiel.*

DÉMENTIR v. tr. 16 ▪ **1.** Contredire (qqn) en prétendant qu'il n'a pas dit la vérité. *Démentir formellement un témoin.* **2.** Prétendre (qqch.) contraire à la vérité. ⇒ **nier ; démenti.** *Démentir une nouvelle, une rumeur.* **3.** (choses) Aller à l'encontre de. ⇒ **contredire, infirmer.** *Ses actes démentent ses paroles.* ► SE **DÉMENTIR** v. pron. **1.** Se contredire. **2.** *NE PAS SE DÉMENTIR :* ne pas cesser de se manifester. *Son succès ne se dément pas* (⇒ **persister ; constant**).

DÉMERDARD, ARDE n. et adj. ▪ FAM. (Personne) qui sait se tirer habilement d'affaire. ⇒ **débrouillard.**

DÉMERDE n. f. ▪ FAM. Habileté à se tirer d'affaire. ⇒ **débrouillardise.**

SE **DÉMERDER** v. pron. 1 ▪ FAM. Se débrouiller. *Démerde-toi tout seul.*

DÉMÉRITE n. m. ▪ LITTÉR. Ce qui fait que l'on démérite, que l'on attire sur soi la désapprobation, le blâme. ⇒ **faute, tort.**

DÉMÉRITER v. intr. 1 ▪ Agir de manière à encourir le blâme, la désapprobation (de qqn). *Démériter aux yeux de qqn. En quoi a-t-il démérité ?*

DÉMESURE n. f. ▪ Manque de mesure dans les sentiments, les attitudes. ⇒ **excès, outrance.**

DÉMESURÉ, ÉE adj. ▪ **1.** Qui dépasse la mesure ordinaire. ⇒ **colossal, gigantesque, immense.** *Un homme d'une taille démesurée.* **2.** D'une très grande importance, intensité. ⇒ **énorme, excessif, immense.** *Avoir une ambition démesurée.*

DÉMESURÉMENT adv. ▪ D'une manière démesurée. ⇒ **énormément, excessivement.**

DÉMÉTER ▪ Une des plus importantes divinités de la Grèce antique, déesse de l'agriculture (la *Cérès* des Romains), mère de Perséphone. → **Éleusis.**

DÉMÉTRIOS ▪ NOM DE PLUSIEURS ROIS SÉLEUCIDES DE SYRIE ► **DÉMÉTRIOS Ier SÔTER** (162 - 149 av. J.-C.) combattit les Maccabées en Judée. Il fut tué par Alexandre Ier Balas. ► **DÉMÉTRIOS II NICATOR** (144 - 125 av. J.-C.), fils du précédent, renversa l'usurpateur Alexandre Balas mais fut détrôné par Alexandre II Zabinas. ► **DÉMÉTRIOS III** fut roi de Syrie de 95 à 88 av. J.-C.

① **DÉMETTRE** v. tr. 56 ▪ Déplacer (un os, une articulation). ⇒ **disloquer, luxer.** faux pronom. *Elle s'est démis le pied.*

② **DÉMETTRE** v. tr. 56 ▪ Retirer (qqn) d'un emploi, d'un poste, etc. ⇒ **destituer, relever, révoquer.** *On l'a démis de ses fonctions.* ► SE **DÉMETTRE** v. pron. Quitter ses fonctions (volontairement ou sous une contrainte). ⇒ **abandonner, abdiquer, démissionner.** *Se démettre d'une charge.*

AU **DEMEURANT** loc. adv. ▪ LITTÉR. D'ailleurs, au fond ; tout bien considéré.

DEMEURE n. f. ▪ **I.** dans des loc. (Fait de demeurer, de rester) **1.** *MISE EN DEMEURE :* sommation, ultimatum. - *METTRE qqn EN DEMEURE DE* (+ inf.). ⇒ **enjoindre, ordonner, sommer.** ♦ *Il y a PÉRIL EN LA DEMEURE :* il peut être dangereux de tarder, il faut agir vite. *Il n'y a pas péril en la demeure :* rien ne presse. **2.** *À DEMEURE* loc. adv. : en permanence. *S'installer à demeure à la campagne.* **II.** **1.** VIEILLI ⇒ **habitation.** *Établir sa demeure en province.* ♦ MOD. Maison (belle ou importante, souvent ancienne). *Une demeure seigneuriale.* **2.** fig. LITTÉR. *La dernière demeure :* le tombeau. *Accompagner qqn à sa dernière demeure.*

DEMEURÉ, ÉE adj. ▪ FAM. Intellectuellement retardé. ⇒ **attardé, simple** d'esprit. *Il est un peu demeuré.* - n. *Des demeurés.*

DEMEURER v. intr. 1 ▪ **I.** (auxiliaire *être*) **1.** (personnes) Rester. *Il ne peut pas demeurer en place.* ⇒ **tenir.** ♦ *EN DEMEURER LÀ :* ne pas donner suite à une affaire, en rester là. - *Les choses en demeurèrent là,* n'allèrent pas plus loin. **2.** LITTÉR. Passer du temps (à). *Demeurer longtemps à rêver.* ⇒ s'**attarder** à. **3.** Continuer à être (dans une situation). ⇒ **rester.** *Demeurer sans secours. Il préfère demeurer inconnu.* **4.** Continuer d'exister. *De cette époque, aucun souvenir ne demeure.* **II.** (auxiliaire *avoir*) Habiter, résider. *Nous avons demeuré à Paris pendant cinq ans.*

DEMI, IE ▪ **I.** adj. Qui est la moitié d'un tout (*demi* reste invar. et se rattache au nom qu'il qualifie par un trait d'union ⇒ **demi-** et composés). *ET DEMI(E)* (après un nom) : et la moitié. *Cinq heures et demie. Il a un an et demi.* - fig. Plus grand encore. *À malin*, malin et demi.* **II.** adv. À moitié, pas entièrement. ⇒ **mi-.** *Lait demi-écrémé.* **III.** *À DEMI* loc. adv. : à moitié. ⇒ **partiellement, à moitié.** ♦ après un verbe *Faire qqch. à demi.* ⇒ **imparfaitement.** ♦ devant un adj. ou un p. p. *Elle est à demi sourde. Ils sont à demi morts.* ⇒ **presque.** **IV.** n. **1.** Moitié d'une unité. *Un demi* ou *1/2* ou *0,5.* - *Une baguette ? — Non, la (une) demie seulement.* **2.** n. m. Verre de bière (qui contenait à l'origine un demi-litre, un quart aujourd'hui). *Garçon, trois demis pression !* **3.** n. f. *LA DEMIE :* la fin de la demi-heure (qui suit une heure quelconque). *La demie de cinq heures. Il est la demie passée. Je pars à la demie.* **4.** n. m. SPORTS Joueur placé entre les avants et les arrières. - *Demi de mêlée,* qui lance le ballon dans la mêlée (au rugby).

DEMI- Élément invariable (de l'adj. *demi*) qui désigne la division par deux *(demi-litre)* ou le caractère incomplet, imparfait *(demi-jour).* ⇒ **semi-.**

DEMI-BOUTEILLE n. f. ▪ Petite bouteille contenant environ 37 cl. *Deux demi-bouteilles.* ◇ abrév. *Une* DEMIE *Vichy.*

DEMI-CERCLE n. m. ▪ Moitié d'un cercle limitée par un diamètre. *Des demi-cercles.* ► adj. DEMI-CIRCULAIRE

DEMI-DIEU n. m. ▪ Personnage mythologique issu d'une mortelle et d'un dieu, d'une déesse et d'un mortel, ou divinisé pour ses exploits. ⇒ **héros.** *Hercule était un demi-dieu. Des demi-dieux.*

DEMI-DOUZAINE n. f. ▪ Moitié d'une douzaine ou six unités. *Trois demi-douzaines d'huîtres.* - Approximativement six. *Une demi-douzaine d'amis.*

DEMI-DROITE n. f. ▪ GÉOM. Portion de droite limitée par un point appelé *origine. Deux demi-droites.*

DEMI-FINALE n. f. ▪ Avant-dernière épreuve d'une coupe, d'une compétition. *Aller en demi-finale. Des demi-finales.* ► n. DEMI-FINALISTE

DEMI-FOND n. m. ▪ SPORTS *Course de demi-fond,* de moyenne distance (entre 800 et 3000 mètres).

DEMI-FRÈRE n. m. ▪ Frère par le père ou la mère seulement. *Ses demi-frères.*

DEMI-GROS n. m. ▪ Commerce intermédiaire entre la vente en gros et la vente au détail. *Vente en demi-gros.*

DEMI-HEURE n. f. ▪ Moitié d'une heure, soit trente minutes. *Toutes les demi-heures.*

DEMI-JOUR n. m. ▪ Clarté faible comme celle de l'aube ou du crépuscule. *Des demi-jour(s).*

DEMI-JOURNÉE n. f. ▪ Moitié d'une journée (matinée ou après-midi). *Des demi-journées de travail.*

DÉMILITARISER v. tr. 1 ▪ Priver (une zone, un pays) de sa force militaire. ⇒ **désarmer.** ► n. f. DÉMILITARISATION

DEMI-LITRE n. m. ▪ Moitié d'un litre. *Des demi-litres.*

Cecil B. **DEMILLE** (1881 - 1959) ▪ Cinéaste américain. Spécialiste des superproductions à sujets historique ou biblique. *"Les Dix Commandements"* (1923 et 1956). Il mit aussi en scène des comédies de mœurs (*"Forfaiture"*, 1915).

Agnes **DEMILLE** (1909 - 1993) ▪ Danseuse et chorégraphe américaine. Nièce de Cecil B. DeMille, elle se démarqua du ballet classique, s'attachant à donner un nouvel essor au folklore américain. *"Black Ritual"* (1940); *"Rodeo"* (1942).

DEMI-LONGUEUR n. f. ▪ SPORTS *Gagner d'une demi-longueur,* de la moitié de la longueur du cheval, du bateau, dans une course. *Deux demi-longueurs.*

DEMI-LUNE n. f. ▪ Espace en demi-cercle, spécialt fortification.

DEMI-MAL n. m. sing. ▪ Inconvénient moins grave que celui qu'on prévoyait. *C'est un demi-mal. Il n'y a que demi-mal.*

DEMI-MESURE n. f. ▪ **1.** Moyen insuffisant et provisoire. ⇒ **compromis.** *Avec lui, c'est tout ou rien : il a horreur des demi-mesures.* **2.** Confection de costumes d'homme d'après les mesures principales.

DEMI-MONDAINE n. f. ▪ anciennt Femme légère qui fréquentait les milieux mondains. ⇒ **courtisane.** *Des demi-mondaines.*

DEMI-MOT n. m. ▪ *À DEMI-MOT* loc. adv. : sans qu'il soit nécessaire de tout exprimer. *Ils se comprennent à demi-mot.*

DÉMINER v. tr. [1] ▪ Débarrasser (un lieu) des mines qui en interdisent l'accès. ► n. m. DÉMINAGE

DÉMINÉRALISER v. tr. [1] ▪ **1.** MÉD. Faire perdre les sels minéraux à (l'organisme). - pronom. *Son organisme se déminéralise* (*déminéralisation* n. f.). **2.** Éliminer les sels minéraux de (l'eau). - au p. p. *Eau déminéralisée.*

DÉMINEUR n. m. ▪ Technicien du déminage.

DEMI-PENSION n. f. ▪ **1.** Pension partielle, dans laquelle on ne prend qu'un repas. *Prendre la demi-pension dans un hôtel. Des demi-pensions.* **2.** Régime scolaire où l'élève prend son repas de midi sur place (opposé à *externat, internat*).

DEMI-PENSIONNAIRE n. ▪ Élève qui suit le régime de la demi-pension (opposé à *externe, interne*). *Des demi-pensionnaires.*

DEMI-PLACE n. f. ▪ Place à demi-tarif (transports, spectacles). *Deux demi-places.*

DEMI-PORTION n. f. ▪ FAM. péj. Personne petite, insignifiante. *Ces demi-portions ne lui font pas peur.*

DEMI-QUEUE adj. ▪ *Piano demi-queue,* plus petit que le piano à queue. - n. m. *Des demi-queues.*

Süleyman **DEMIREL** (né en 1924) ▪ Homme d'État turc. Ingénieur de formation, Premier ministre (1965-1971, 1977-1978, 1979-1980 et 1991-1993), président du Parti de la juste voie (DYP) depuis 1987, il fut élu à la présidence de la République en mai 1993.

DÉMIS, ISE adj. ▪ (os, articulation) Déplacé, luxé. *Épaule démise.*

DEMI-SAISON n. f. ▪ L'automne ou le printemps. *Vêtement de demi-saison,* ni trop léger, ni trop chaud. *Pendant les demi-saisons.*

DEMI-SANG n. m. ▪ Cheval issu de reproducteurs dont un seul est de pur sang. *Des demi-sang(s).*

DEMI-SEL ▪ **1.** adj. invar. Qui n'est que légèrement salé. *Du beurre demi-sel.* - *Fromage demi-sel :* fromage frais de vache légèrement salé. **2.** fig. n. m. ARGOT Homme qui affecte d'appartenir au milieu ; faux proxénète.

DEMI-SŒUR n. f. ▪ Sœur par le père ou la mère seulement. *Elle a deux demi-sœurs.*

DEMI-SOLDE ▪ **1.** n. f. Solde réduite d'un militaire en non-activité. *Des demi-soldes.* **2.** n. m. invar. Militaire qui touche une demi-solde (spécialt soldat de l'Empire, sous la Restauration).

DEMI-SOMMEIL n. m. ▪ État intermédiaire entre le sommeil et l'état de veille. ⇒ **somnolence.** *Être dans un demi-sommeil.*

DEMI-SOUPIR n. m. ▪ MUS. Silence dont la durée est égale à la moitié d'un soupir. *Des demi-soupirs.*

DÉMISSION n. f. ▪ **1.** Acte par lequel on se démet d'une fonction, d'une charge, d'un emploi. *Donner sa démission.* **2.** fig. Acte par lequel on renonce à qqch. ; attitude de fuite devant les difficultés. ⇒ **abandon, abdication, résignation.**

DÉMISSIONNAIRE ▪ **1.** n. Personne qui vient de donner sa démission. - adj. *Ministre démissionnaire.* **2.** adj. fig. Qui a une attitude de démission (2).

DÉMISSIONNER v. intr. [1] ▪ **1.** Donner sa démission. ♦ v. tr. FAM. Forcer à démissionner. *On l'a démissionné.* **2.** fig. FAM. Renoncer à qqch. *C'est trop compliqué, je démissionne.*

DEMI-TARIF n. m. ▪ Tarif réduit de moitié. *Billet à demi-tarif.* - adj. invar. *Places demi-tarif.* ♦ Billet à demi-tarif. *Deux demi-tarifs.*

DEMI-TEINTE n. f. ▪ Teinte qui n'est ni claire ni foncée. ♦ *EN DEMI-TEINTE(S). Peinture en demi-teintes.* - fig. Tout en nuances.

DEMI-TON n. m. ▪ MUS. Le plus petit intervalle entre deux degrés conjoints. *Il y a un demi-ton entre mi et fa, si et do. Des demi-tons.*

DEMI-TOUR n. m. ▪ **1.** Moitié d'un tour que l'on fait sur soi-même. *Des demi-tours.* **2.** loc. *Faire demi-tour :* retourner sur ses pas.

DÉMIURGE n. m. ▪ DIDACT. Créateur de l'univers. - par ext. LITTÉR. Créateur, animateur d'un monde. ► adj. DÉMIURGIQUE

DEMI-VIERGE n. f. ▪ VIEILLI Jeune fille encore vierge de mœurs très libres. *"Les Demi-vierges"* (roman de M. Prévost).

DÉMOBILISABLE adj. ▪ Qui doit être officiellement démobilisé.

DÉMOBILISATEUR, TRICE adj. ▪ Propre à démobiliser (2).

DÉMOBILISATION n. f. ▪ Action, fait de démobiliser (1 et 2).

DÉMOBILISER v. tr. [1] ▪ **1.** Rendre à la vie civile (des troupes mobilisées). - au p. p. *Soldats démobilisés.* **2.** fig. Priver (les militants, les masses) de toute combativité. ⇒ **démotiver.**

DÉMOCRATE ▪ **I.** n. Partisan de la démocratie, de ses principes et de ses institutions. *Une démocrate convaincue.* - adj. *Un esprit démocrate.* **II.** adj. (aux États-Unis) *Le parti démocrate* (voir ci-dessous). *Candidat, électeur démocrate,* de ce parti. - n. *Les démocrates et les républicains.*

le parti DÉMOCRATE en anglais ***DEMOCRATIC PARTY*** ▪ L'un des deux grands partis des États-Unis (→ parti **républicain**), de tendance réformiste. Roosevelt, Kennedy, Carter et Clinton sont des présidents issus du parti démocrate.

DÉMOCRATE-CHRÉTIEN, IENNE n. ▪ Membre, partisan de la démocratie* chrétienne. *Des démocrates-chrétiens.* - adj. *Parti démocrate-chrétien.* ■ Divers partis politiques s'inspirent des principes démocrates-chrétiens en Amérique latine et en Europe, notamment en Belgique (Parti social chrétien), en Allemagne (Christlich-Demokratische Union [CDU]), et en Italie.

DÉMOCRATIE n. f. ▪ **1.** Forme de gouvernement dans laquelle la souveraineté appartient au peuple. *"De la démocratie en Amérique"* (ouvrage de Tocqueville). *Démocratie libérale; socialiste.* ♦ *Démocratie chrétienne,* inspirée par la morale sociale chrétienne (⇒ **démocrate-chrétien**). **2.** État gouverné suivant les principes de la démocratie. *Être en démocratie.* - *Les démocraties populaires :* régimes à parti unique, d'inspiration marxiste (supprimés pour la plupart en 1990).

DÉMOCRATIQUE adj. ▪ **1.** Qui appartient à la démocratie. *Principes démocratiques. Régime démocratique.* **2.** Conforme à la démocratie. *Loi démocratique.* - Respectueux de la volonté, de la liberté de chacun. *Vote démocratique.* ► DÉMOCRATIQUEMENT adv. *Président démocratiquement élu au suffrage universel.*

DÉMOCRATISER v. tr. [1] ▪ **1.** Introduire la démocratie dans. *Démocratiser un pays.* **2.** Rendre démocratique, populaire. - pronom. *Ce sport se démocratise,* devient accessible à tous. ► n. f. DÉMOCRATISATION

DÉMOCRITE (v. 460 - v. 370 av. J.-C.) ▪ Penseur grec. Il développa la première physique matérialiste (l'atomisme), excluant l'intervention des dieux.

SE **DÉMODER** v. pron. [1] ▪ Passer de mode, n'être plus à la mode. ► **DÉMODÉ, ÉE** adj. Qui n'est plus à la mode. *Vêtement, prénom démodé.* ⇒ **suranné, vieillot.** - *Procédé démodé.* ⇒ **dépassé, désuet, périmé.**

DÉMOGRAPHE n. ▪ Spécialiste de la démographie.

DÉMOGRAPHIE n. f. ▪ **1.** Étude statistique des populations humaines. **2.** État quantitatif d'une population. *Démographie galopante.*

DÉMOGRAPHIQUE adj. ▪ **1.** Qui appartient à la démographie. *Bilan démographique.* **2.** De la population (du point de vue du nombre). *Poussée démographique.*

DEMOISELLE n. f. ▪ **I. 1.** Femme célibataire (⇒ **mademoiselle**). ♦ courtois ou iron. Jeune fille. **2.** *DEMOISELLE D'HONNEUR :* jeune fille ou fillette qui accompagne la mariée. *Les demoiselles et les garçons d'honneur.* **II.** Libellule.

DÉMOLIR v. tr. [2] ▪ **I.** *Démolir qqch.* (opposé à *construire*). **1.** Défaire (une construction) en abattant pièce à pièce. ⇒ **abattre, détruire, raser.** *Démolir un mur, un vieux quartier.* - au p. p. *Ville démolie par la guerre.* **2.** fig. Détruire entièrement. ⇒ **anéantir, ruiner.** *Démolir un raisonnement, une théorie, un projet.* **3.** Mettre (qqch.) en pièces. ⇒ **casser ;** FAM. **bousiller.** *Démolir une voiture. Les vandales ont tout démoli.* - Mettre en mauvais état. ⇒ FAM. **esquinter.** **II.** *Démolir qqn.* **1.** FAM. Mettre hors de combat, en frappant. ⇒ **battre.** ♦ Fatiguer, épuiser. *La chaleur me démolit.* **2.** Ruiner le crédit, la réputation, l'influence de (qqn). *Démolir un concurrent.* ► n. m. DÉMOLISSAGE

DÉMOLISSEUR, EUSE n. ▪ **1.** Personne qui démolit un bâtiment. *Une équipe de démolisseurs.* **2.** fig. Destructeur.

DÉMOLITION n. f. ▪ I. 1. Action de démolir (une construction). *Maison en démolition. Chantier de démolition.* 2. fig. Destruction. II. au plur. Matériaux des constructions démolies. ⇒ **décombres, gravats, ruine(s).**

DÉMON n. m. ▪ I. MYTHOL. Être surnaturel, bon ou mauvais, attaché à la destinée d'une personne, d'une collectivité. ⇒ **génie.** *Le démon* (en grec *daimôn*) *de Socrate.* II. 1. RELIG. Ange déchu, révolté contre Dieu, et dans lequel réside l'esprit du mal. ⇒ **diable, satan.** - *LE DÉMON :* Satan, prince des démons. *Le démon, appelé aussi Belzébuth, Lucifer.* 2. Personne méchante, malfaisante. - *Cet enfant est un petit démon,* il est très espiègle, très turbulent. ⇒ **diable.** 3. *LE DÉMON DE,* personnification d'une mauvaise tentation, d'un défaut. *Le démon du jeu, de la curiosité.* - loc. *Le DÉMON DE MIDI :* tentation d'ordre sexuel qui s'empare des humains vers le milieu de leur vie.

DÉMONÉTISER v. tr. [1] ▪ 1. Retirer (une monnaie) de la circulation. 2. fig. Déprécier, discréditer. ► n. f. DÉMONÉTISATION

DÉMONIAQUE ▪ 1. adj. et n. Possédé du démon. 2. adj. Digne du démon. ⇒ **diabolique, satanique.** *Un rire pervers et démoniaque.*

DÉMONSTRATEUR, TRICE n. ▪ Personne qui montre, explique le fonctionnement d'un mécanisme pour en faire la publicité et tenter de le vendre.

DÉMONSTRATIF, IVE adj. ▪ I. 1. Qui démontre. *Preuve démonstrative.* 2. GRAMM. Qui sert à montrer. *Adjectif démonstratif.* ⇒ ① **ce.** - *Pronom démonstratif.* ⇒ ② **ce ; celui ; ceci, cela ; ça.** - n. m. *Les démonstratifs.* II. Qui manifeste vivement ses sentiments (éprouvés ou simulés). ⇒ **communicatif, expansif.** *Cet enfant est peu démonstratif.*

DÉMONSTRATION n. f. ▪ 1. Opération mentale, raisonnement par lequel on établit la vérité d'une proposition. *La démonstration d'un théorème. Rôle de la déduction dans la démonstration.* 2. Action de montrer par des expériences les principes d'une science, le fonctionnement d'un appareil. *Le professeur de chimie a fait une démonstration.* ♦ *Démonstration faite par un vendeur* (⇒ **démonstrateur**). 3. souvent au plur. Signes extérieurs volontaires qui manifestent les intentions, les sentiments. ⇒ **manifestation, marque.** *Des démonstrations de joie, d'amitié.*

DÉMONTABLE adj. ▪ Qui peut être démonté (3). *Jouet démontable.*

DÉMONTE-PNEU n. m. ▪ Levier destiné à retirer un pneu de sa jante. *Des démonte-pneus.*

DÉMONTER v. tr. [1] ▪ 1. Jeter (qqn) à bas de sa monture. ⇒ **désarçonner.** 2. fig. Étonner au point de faire perdre l'assurance. ⇒ **déconcerter, interloquer.** 3. Défaire (un tout, un assemblage) en séparant les éléments. *Démonter un échafaudage, une machine, une pendule.* ► n. m. DÉMONTAGE ► SE DÉMONTER v. pron. 1. Perdre son sang-froid. *Il ne s'est pas démonté pour si peu.* 2. passif *Ce lit se démonte* (⇒ **démontable**). ► DÉMONTÉ, ÉE adj. 1. Dont on a démonté les éléments. *Un moteur démonté.* 2. *Mer démontée,* bouleversée par la tempête. ⇒ **agité, déchaîné, houleux.**

DÉMONTRABLE adj. ▪ Qui peut être démontré.

Demy. *Les Parapluies de Cherbourg,* avec Catherine Deneuve. *Phot. © Coll. Christophe L.*

DÉMONTRER v. tr. [1] ▪ 1. Établir la vérité de (qqch.) d'une manière évidente et rigoureuse. ⇒ **établir, prouver ; démonstration.** *Démontrer un théorème.* - *Ce n'est plus à démontrer :* on le sait, c'est admis. - ⇒ aussi **C.Q.F.D.** 2. (sujet chose) Fournir une preuve de. ⇒ **montrer, prouver.** *Cela démontre la nécessité d'une réforme.*

DÉMORALISANT, ANTE adj. ▪ Qui démoralise, qui est de nature à décourager. *Un échec démoralisant.* ⇒ **décourageant, déprimant.**

DÉMORALISATEUR, TRICE adj. ▪ LITTÉR. Qui tend à décourager. *Propagande démoralisatrice.*

DÉMORALISATION n. f. ▪ Fait de démoraliser, d'être démoralisé.

DÉMORALISER v. tr. [1] ▪ Affaiblir le moral, le courage de (qqn). ⇒ **abattre, décourager.** *Son échec l'a démoralisé.* - pronom. *Ne vous démoralisez pas !*

DÉMORDRE v. tr. indir. [41] ▪ *DÉMORDRE DE* (surtout négatif) : renoncer à. ⇒ **abandonner, renoncer.** *Il ne veut pas en démordre.*

Augustus DE MORGAN (1806 - 1871) ▪ Mathématicien britannique, l'un des théoriciens de la logique mathématique.

DÉMOSTHÈNE (384 - 322 av. J.-C.) ▪ Homme politique athénien, grand orateur antique. Il lutta contre l'expansionnisme macédonien. Ses nombreux discours (*"Philippiques"*, contre Philippe de Macédoine) constituent un sommet de la rhétorique grecque. Après l'échec de la révolte contre les Macédoniens, Démosthène, pourchassé par les mercenaires d'Antipatros, s'empoisonna.

Démosthène. Art romain. Musée du Capitole, Rome. *Phot. © Dagli Orti*

DÉMOTIVER v. tr. [1] ▪ Faire perdre à (qqn) toute motivation, toute envie ou raison de continuer un travail, une action. ► DÉMOTIVÉ, ÉE adj. Découragé, démoralisé. *Le personnel est complètement démotivé.* ► n. f. DÉMOTIVATION

DÉMOULER v. tr. [1] ▪ Retirer (qqch.) du moule. *Démouler une statue en plâtre. Démouler un gâteau.* ► n. m. DÉMOULAGE

William Harrison dit **Jack DEMPSEY** (1895 - 1983) ▪ Boxeur américain, champion du monde des poids lourds de 1919 à 1926.

DÉMULTIPLICATION n. f. ▪ Rapport de réduction de vitesse.

DÉMULTIPLIER v. tr. [7] ▪ Réduire la vitesse de (un mouvement transmis). - au p. p. *Pignons démultipliés.*

DÉMUNIR v. tr. [2] ▪ Priver (qqn, qqch. d'une chose essentielle). - pronom. *Refuser de se démunir de son passeport.* ⇒ se **dessaisir.** ♦ au p. p. *Être démuni d'argent, être complètement démuni :* ne plus avoir d'argent.

Jacques DEMY (1931 - 1990) ▪ Cinéaste français. Il est l'unique véritable représentant en France de la comédie musicale, genre qu'il traita avec subtilité et poésie. *"Les Parapluies de Cherbourg"* (1964) ; *"Les Demoiselles de Rochefort"* (1967).

DÉMYSTIFICATEUR, TRICE n. ▪ Personne qui démystifie. – adj. *Action démystificatrice.*

DÉMYSTIFICATION n. f. ▪ Fait de démystifier.

DÉMYSTIFIER v. tr. 7 ▪ 1. Détromper (les victimes d'une mystification collective, d'un mythe). *Démystifier un public crédule.* 2. Priver (qqch.) de son mystère en apportant des explications claires.

DÉMYTHIFIER v. tr. 7 ▪ DIDACT. Supprimer en tant que mythe. *Démythifier une notion. Démythifier un acteur célèbre.* ► n. f. DÉMYTHIFICATION

DENAIN ▪ Commune du Nord. 19 544 hab. *(les Denaisiens).* Sidérurgie.

DÉNATALITÉ n. f. ▪ DIDACT. Diminution des naissances.

DÉNATIONALISER v. tr. 1 ▪ Restituer à la propriété privée (une entreprise nationalisée). ⇒ **privatiser.** ► n. f. DÉNATIONALISATION

DÉNATURALISER v. tr. 1 ▪ DR. Priver (qqn) des droits acquis par naturalisation.

DÉNATURÉ, ÉE adj. ▪ 1. TECHN. *Alcool dénaturé* (⇒ **dénaturer** (1)). 2. Altéré jusqu'à perdre les caractères considérés comme naturels, chez l'homme. *Goûts dénaturés.* ⇒ **dépravé, pervers.** ♦ *Parents dénaturés,* qui négligent de remplir leurs devoirs envers leurs enfants.

DÉNATURER v. tr. 1 ▪ 1. Changer, altérer la nature de (qqch.). *Dénaturer du vin.* ⇒ **frelater.** ♦ TECHN. Rendre impropre à la consommation, par ajout de substances. 2. abstrait Changer la nature de, donner une fausse apparence à. *Dénaturer un fait.* ⇒ **déformer.** *Dénaturer la pensée, les paroles, les écrits de qqn,* par une fausse interprétation. ⇒ **défigurer, déformer, travestir.**

DENDÉRAH ▪ Site archéologique d'Égypte (temple d'Hathor, sous les Ptolémées).

Dendérah. Le temple d'Hathor, époque ptolémaïque.
Phot. © Dagli Orti

DENDERMONDE ▪ Ville de Belgique (Région flamande), dans la province de Flandre-Orientale, au confluent de l'Escaut et de la Dendre. 42 499 hab. Église Notre-Dame du XVIe s. Hôtel de ville et beffroi du XIVe s.

DENDRITE [dɑ̃dʀit ; dɛ̃dʀit] n. f. ▪ Prolongement ramifié du neurone.

DÉNÉGATION n. f. ▪ 1. Action de dénier (qqch.). ⇒ **démenti, désaveu.** *Malgré ses dénégations, on le crut coupable. Signe, geste de dénégation.* 2. PSYCH. Paroles, attitudes qui révèlent une tendance, un sentiment en le niant, en le refusant consciemment.

DÉNEIGER v. tr. 3 ▪ Débarrasser (un lieu, en particulier une voie de communication) de la neige. ► n. m. DÉNEIGEMENT

Catherine Dorléac dite **Catherine DENEUVE** (née en 1943) ▪ Actrice française. D'une beauté un peu distante, elle mène une brillante carrière, sous la direction notamment de Demy (*"Les Parapluies de Cherbourg"*, 1964), Buñuel (*"Belle de jour"*, 1967), Truffaut (*"Le Dernier Métro"*, 1980).

le colonel **DENFERT-ROCHEREAU** (1823-1878) ▪ Officier français. Gouverneur de la place de Belfort (1870), il résista aux Prussiens.

DENG XIAOPING ou **TENG SIAO-P'ING** (né en 1904) ▪ Homme politique chinois. Écarté en 1976 par Mao Zedong, il revint au pouvoir en 1978 pour engager la Chine sur la voie des réformes. En 1987, il ne conserva plus que la direction de la Commission des affaires militaires, la clé du pouvoir. Il joua un rôle prépondérant dans la répression des manifestations étudiantes de 1989.

Deng Xiaoping.
Phot. © Xinhua/Chine nouvelle/Gamma

DÉNI n. m. ▪ 1. *Déni (de justice)* : refus de rendre justice à qqn, d'être équitable envers lui. ⇒ **injustice.** 2. PSYCH. *Déni (de la réalité)* : refus de reconnaître une réalité traumatisante.

DÉNIAISER v. tr. 1 ▪ 1. Rendre (qqn) moins niais, moins gauche. ⇒ **dégourdir.** 2. Faire perdre son innocence, sa virginité à (qqn).

DÉNICHER v. tr. 1 ▪ 1. Enlever (un oiseau) du nid. ♦ fig. Faire sortir (qqn) de sa cachette. *On finira bien par le dénicher.* 2. Découvrir à force de recherches. ⇒ **trouver.** *Dénicher un appartement.*

DÉNICOTINISER v. tr. 1 ▪ Retirer la nicotine de. – au p. p. *Cigarettes dénicotinisées.*

DENIER n. m. ▪ 1. Ancienne monnaie romaine d'argent. *Les trente deniers de Judas.* 2. Ancienne monnaie française, valant le douzième d'un sou. 3. loc. *Denier du culte* : somme d'argent versée par les catholiques pour subvenir aux besoins du culte. 4. au plur. loc. *DE SES DENIERS* : avec son propre argent. *Je l'ai payé de mes deniers.* – *Les DENIERS PUBLICS* : les revenus de l'État.

DÉNIER v. tr. 7 ▪ 1. Refuser de reconnaître comme sien. ⇒ **nier.** *Je dénie toute responsabilité.* 2. Refuser injustement d'accorder. *Dénier à qqn le droit de...*

DÉNIGREMENT n. m. ▪ Action de dénigrer. *Une campagne de dénigrement.* – *PAR DÉNIGREMENT. Ce mot ne s'emploie plus que par dénigrement,* péjorativement.

DÉNIGRER v. tr. 1 ▪ S'efforcer de faire mépriser (qqn, qqch.) en disant du mal, en niant les qualités. ⇒ **critiquer, décrier, noircir, rabaisser** ; FAM. **débiner.** *Dénigrer ses collègues.*

Anton DENIKINE (1872-1947) ▪ Général russe. Un des chefs des armées contre-révolutionnaires de 1918 à 1920.

DENIM [dənim] n. m. ▪ anglic. Toile servant à fabriquer les jeans. ⇒ **jean.**

Robert DE NIRO (né en 1943) ▪ Acteur américain. Il a mis sa sensibilité et son talent au service notamment de Scorsese. *"Taxi Driver"* (1976); *"Voyage au bout de l'enfer"* (1978); *"Raging Bull"* (1980).

saint **DENIS** ou **DENYS** (v. 250) ▪ Premier évêque de Paris. Martyr, il est souvent représenté décapité, sa tête entre les mains.

Maurice DENIS (1870 - 1943) ▪ Peintre français, théoricien du groupe des nabis. Son œuvre traduit son idéal chrétien. Il fonda les Ateliers d'art sacré en 1919.

Maurice **Denis.** *Les Muses,* 1893. Musée d'Orsay, Paris.
Phot. © Giraudon

DÉNIVELÉE n. f. ou **DÉNIVELÉ** n. m. ▪ Différence de niveau, d'altitude. ⇒ **dénivellation.**

DÉNIVELLATION n. f. ▪ Différence de niveau. *Une dénivellation de cent mètres.* ⇒ **dénivelée.**

DÉNOMBRABLE adj. ▪ Que l'on peut dénombrer, compter.

DÉNOMBREMENT n. m. ▪ Action de dénombrer (des personnes, des choses). ⇒ **compte, recensement.**

DÉNOMBRER v. tr. [1] ▪ Faire le compte de ; énoncer (chaque élément) en comptant. ⇒ **compter, énumérer, recenser.** *Dénombrer les habitants d'une ville.*

DÉNOMINATEUR n. m. ▪ MATH. Terme situé sous la barre de fraction, qui indique le diviseur. *Numérateur et dénominateur.* ♦ DÉNOMINATEUR COMMUN, obtenu en réduisant plusieurs fractions au même dénominateur. *12 et 24 sont des dénominateurs communs de 1/6 et 3/4.* - fig. Élément commun (à des choses ou des personnes).

DÉNOMINATION n. f. ▪ Nom affecté (à une chose, une notion). ⇒ **appellation.**

DÉNOMMER v. tr. [1] ▪ Donner un nom à (une personne, une chose). ⇒ **appeler, désigner, nommer.** - au p. p. *C'est un dénommé Dupont qui a gagné.* ⇒ **certain.** *Le dénommé Untel.* ⇒ **sieur.**

Dominique Vivant, baron DENON (1747 - 1825) ▪ Graveur, écrivain, diplomate français. Directeur général des musées sous Napoléon, il organisa le musée du Louvre. Auteur notamment d'une nouvelle libertine, *"Point de lendemain"* (1777).

DÉNONCER v. tr. [3] ▪ **1.** Annoncer la rupture de. ⇒ **annuler.** *Dénoncer un contrat.* **2.** Faire connaître (une chose répréhensible). *Dénoncer des abus.* ♦ Signaler (qqn) comme coupable. *Dénoncer qqn à la police.* ⇒ **livrer, trahir, vendre.** *Dénoncer ses complices.* - pronom. *Se dénoncer à la police.* **3.** LITTÉR. Indiquer, révéler. *Un décor qui dénonce la richesse.*

DÉNONCIATEUR, TRICE n. ▪ Personne qui dénonce à une autorité. ⇒ **indicateur, mouchard.** - adj. *Lettre dénonciatrice.*

DÉNONCIATION n. f. ▪ **1.** Annonce de la fin d'un accord. ⇒ **annulation, rupture.** *La dénonciation d'un traité.* **2.** Action de dénoncer (2). ⇒ **accusation, délation, trahison.** *Être arrêté sur dénonciation. Dénonciation calomnieuse.*

DÉNOTER v. tr. [1] ▪ (sujet chose) Indiquer, désigner par une caractéristique. ⇒ **marquer, révéler, signifier.** *Un acte qui dénote un certain courage.*

DÉNOUEMENT n. m. ▪ **1.** Ce qui termine, dénoue une action au théâtre. *Un dénouement imprévu.* **2.** Manière dont se dénoue une affaire difficile. ⇒ **issue.** *L'affaire a eu un heureux dénouement. Brusquer le dénouement.*

DÉNOUER v. tr. [1] ▪ **1.** Défaire (un nœud, une chose nouée). ⇒ **délier, détacher.** *Dénouer une ficelle.* ♦ loc. DÉNOUER LA LANGUE : faire parler. **2.** fig. Démêler, résoudre (une difficulté, une intrigue). ► SE **DÉNOUER** v. pron. **1.** Se défaire. *Lacet qui se dénoue.* **2.** fig. *La crise se dénoue enfin.*

DÉNOYAUTER v. tr. [1] ▪ Séparer (un fruit) de son noyau. - au p. p. *Olives dénoyautées.* ► n. m. DÉNOYAUTAGE

DENRÉE n. f. ▪ **1.** Produit comestible servant à l'alimentation de l'homme *(denrées alimentaires)* ou du bétail. ⇒ **aliment.** *Denrées périssables.* **2.** fig. *Une denrée rare :* une chose, une qualité rare.

DENSE adj. ▪ **1.** Qui est compact, épais. *Brouillard dense. Feuillage dense.* ⇒ **touffu.** - *Une foule dense,* nombreuse et rassemblée. *Circulation dense.* **2.** (paroles, écrits) Qui renferme beaucoup d'éléments en peu de place. *Un récit dense. Style dense.* ⇒ **concis, ramassé. 3.** Qui a une certaine densité (2). *Le plomb, métal très dense.*

DENSIFIER v. tr. [7] ▪ Augmenter la densité de. - pronom. *La population se densifie.*

DENSIMÈTRE n. m. ▪ TECHN. Instrument de mesure des densités des liquides. ⇒ **aréomètre.** ► n. f. DENSIMÉTRIE

DENSITÉ n. f. ▪ **1.** Qualité de ce qui est dense. - *Densité de population :* nombre moyen d'habitants au km^2. **2.** PHYS. Rapport entre la masse d'un corps et celle d'un même volume d'eau (ou d'air, pour les gaz). *La densité du fer est 7,8.* **3.** fig. Qualité de ce qui est dense (2).

DENT n. f. ▪ **I. 1.** Chacun des organes annexes de la bouche, durs et calcaires, implantés sur le bord libre des deux maxillaires. *Les 32 dents de l'homme.* ⇒ **dentition ; canine, incisive, molaire, prémolaire ; odonto-.** *Les dents du haut, du bas. Dents de lait,* premières dents destinées à tomber vers l'âge de six ans. *Enfant qui fait ses dents,* dont les premières dents percent. *Dents de sagesse,* les quatre troisièmes molaires qui poussent plus tardivement. *Des petites dents.* ⇒ **quenotte.** *De belles dents blanches. Se laver les dents. Brosse à dents.* - *Dent cariée, gâtée, creuse. Se curer les dents* (⇒ **cure-dent**). *N'avoir plus de dents* (⇒ **édenté**). *Mal, rage de dents.* - *Fausses dents.* ⇒ **appareil, prothèse ;** ② **bridge, dentier.** ♦ (animaux) *Les dents d'un chien.* ⇒ **croc.** *Dents de requin. "Les Dents de la mer"* (film de S. Spielberg). **2.** loc. (dents humaines) *Serrer les dents* (de douleur, de colère) ; fig. s'apprêter à un dur effort, à supporter une chose désagréable. *Claquer* des dents. Grincer* des dents.* - *Ne pas desserrer* les dents. Parler entre ses dents,* peu distinctement. - *Montrer les dents* (comme pour mordre) : menacer. - *Avoir, garder une dent contre qqn,* de l'animosité, du ressentiment. *Avoir la dent dure :* être sévère dans la critique. - FAM. *Avoir la dent :* avoir faim. - *Coup de dent :* morsure ; fig. critique acerbe. ♦ *Mordre* À BELLES DENTS, vigoureusement. *Avoir les dents longues,* de grandes prétentions. *Se casser les dents :* échouer. *Être armé jusqu'aux dents. Être* SUR LES DENTS, très occupé. *Quand les poules auront des dents :* jamais. - *Manger* DU BOUT DES DENTS. ⇒ **chipoter.** *N'avoir rien à se mettre sous la dent,* rien à manger. **II.** (Objet ou forme pointue) **1.** Découpure pointue (⇒ **dentelé, dentelle**). *Les dents de la feuille de bouleau.* **2.** Élément allongé et pointu. *Les dents d'un peigne, d'un râteau, d'une fourchette.* - *Les dents d'une scie, d'une roue d'engrenage* (⇒ **denté**). - loc. *En dents de scie :* qui présente des pointes et des creux aigus.

DENTAIRE adj. ▪ Relatif aux dents. *Abcès dentaire. Plaque dentaire,* pellicule acide qui attaque l'émail des dents, causant parfois la carie dentaire. - *École dentaire,* où l'on forme les dentistes.

DENTAL, ALE, AUX adj. ▪ *Consonnes dentales,* qui se prononcent en appliquant la langue sur les dents. - n. f. *Les consonnes* d [d] *et* t [t] *sont des dentales.*

DENTÉ, ÉE adj. ▪ Dont le bord présente des saillies pointues, aiguës (dent, II). *Roue dentée.*

DENTELÉ, ÉE adj. ▪ Qui présente des pointes et des creux aigus. *Côte dentelée.* - BOT. *Feuille dentelée.*

DENTELLE n. f. ▪ **1.** Tissu fin à motifs ajourés et qui présente généralement un bord dentelé. *Col de dentelle. Dentelle à l'aiguille, au fuseau, à la machine.* ♦ Technique, art de la dentelle. - loc. FAM. *Ne pas faire dans la dentelle :* travailler, agir sans délicatesse. **2.** appos. (invar.) *Crêpes dentelle,* très fines.

DENTELLIER, IÈRE [-əlje, -jɛʀ] ▪ **1.** n. f. Ouvrière, machine qui fabrique de la dentelle. *"La Dentellière"* (tableau de Vermeer). **2.** adj. *Industrie dentellière,* de la dentelle.

DENTELURE n. f. ▪ Découpure de ce qui est dentelé.

DENTIER [-tje] n. m. ▪ Prothèse amovible remplaçant tout ou partie des dents. ⇒ **appareil;** FAM. **râtelier.**

DENTIFRICE n. m. ▪ Préparation pour nettoyer les dents. *Tube de dentifrice.* - appos. *Pâte dentifrice.*

DENTISTE n. ▪ Praticien diplômé spécialiste des soins dentaires. ⇒ aussi **orthodontiste, stomatologiste.** *Chirurgien dentiste.*

DENTISTERIE n. f. ▪ DIDACT. Étude et pratique des soins dentaires. ⇒ **odontologie.**

DENTITION n. f. ▪ **1.** DIDACT. Formation et apparition des dents. *Première dentition.* **2.** COUR. Ensemble des dents. ⇒ **denture.** *Avoir une bonne dentition.*

DENTURE n. f. ▪ Ensemble des dents (d'une personne, d'un animal). ⇒ **dentition.**

DÉNUCLÉARISER v. tr. 1 ▪ DIDACT. Diminuer ou interdire la fabrication et le stockage des armes nucléaires dans (un pays, une région). ► n. f. DÉNUCLÉARISATION

DÉNUDER v. tr. 1 ▪ Mettre à nu ; dépouiller (qqch.) de ce qui recouvre. ⇒ **découvrir.** *Une robe qui dénude le dos.* - *Dénuder un fil électrique.* ► SE **DÉNUDER** v. pron. **1.** *Cet arbre se dénude,* perd ses feuilles. **2.** (personnes) Se déshabiller, se dévêtir. ► **DÉNUDÉ, ÉE** adj. **1.** Mis à nu. *Bras dénudés.* **2.** Dégarni. *Crâne dénudé,* chauve. *Sol dénudé,* sans végétation.

DÉNUÉ, ÉE adj. ▪ *DÉNUÉ DE :* démuni, dépourvu de. *Être dénué de tout.* ⇒ **manquer.** - *Être dénué de tact.* ⇒ **sans.** *Paroles dénuées de sens, de fondement.*

DÉNUEMENT n. m. ▪ État d'une personne qui est dénuée du nécessaire. ⇒ **indigence, misère, pauvreté.** *Être dans un grand dénuement.*

SE **DÉNUER** v. pron. 1 ▪ LITTÉR. Se priver. *Il s'est dénué de tout pour nourrir sa famille.*

DÉNUTRITION n. f. ▪ DIDACT. Ensemble des troubles provoqués par une alimentation ou une assimilation déficitaire. ⇒ **malnutrition.**

DENVER ▪ Ville des États-Unis, capitale du Colorado. 468 000 hab. Pôle économique des Rocheuses. Nœud ferroviaire et routier.

Denver. Le Capitole. *Phot. © Sioen/Rapho*

DENYS D'HALICARNASSE (Ier s. av. J.-C.) ▪ Rhéteur, historien et critique grec vivant à Rome. *"Archéologie romaine".*

DENYS L'ANCIEN (430 - 367 av. J.-C.) ▪ Tyran de Syracuse. Il lutta contre les Carthaginois. ► **DENYS LE JEUNE** (v. 397 - 344 av. J.-C.), son fils, lui succéda mais fut chassé par Timoléon en 344 av. J.-C.

saint **DENYS L'ARÉOPAGITE** ▪ Selon les Actes des Apôtres, Athénien converti au christianisme par saint Paul. On lui attribua longtemps des ouvrages anonymes *("Hiérarchie céleste", "Noms divins")* qui datent en fait du Ve-VIe s.

DÉODORANT n. m. et adj. ▪ anglic. Désodorisant contre les odeurs corporelles.

DÉOLS ▪ Commune de l'Indre. 7 875 hab. *(les Déolois).* Vestiges d'une église abbatiale romane.

DÉONTOLOGIE n. f. ▪ DIDACT. Ensemble des règles et des devoirs régissant une profession. *Code de déontologie des médecins.* ► adj. DÉONTOLOGIQUE

DÉPANNAGE n. m. ▪ **1.** Réparation de ce qui était en panne. *Voiture de dépannage.* **2.** fig. Action de dépanner (2).

DÉPANNER v. tr. 1 ▪ **1.** Réparer (un mécanisme en panne). *Dépanner une voiture.* - *Un mécanicien est venu nous dépanner.* **2.** fig. FAM. Tirer (qqn) d'embarras en rendant service, notamment en prêtant de l'argent. *Peux-tu me dépanner jusqu'à demain ?*

DÉPANNEUR, EUSE ▪ **I. 1.** n. Professionnel (mécanicien, électricien, etc.) chargé de dépanner. ♦ adj. Qui dépanne. **2.** n. f. Voiture de dépannage qui peut remorquer les automobiles en panne. **II.** n. m. au Québec Magasin, épicerie ouvert(e) tard le soir.

DÉPAQUETER v. tr. 4 ▪ Défaire (un paquet) ; retirer (le contenu) d'un paquet. ⇒ **ouvrir; déballer.**

Gérard **DEPARDIEU** (né en 1948) ▪ Acteur français. Incarnant avec fougue un certain type de héros moderne, viril et spontané, il s'est hissé au rang de star. *"Les Valseuses"* (1974); *"Sous le soleil de Satan"* (1987); *"Cyrano de Bergerac"* (1990).

Depardieu dans *Police,* de Maurice Pialat, 1985. *Phot. © Première/Gamma*

Raymond **DEPARDON** (né en 1942) ▪ Photographe et cinéaste français. La plupart de ses longs métrages sont des reportages : *"Reporter"* (1981), *"Faits divers"* (1983), *"Délits flagrants"* (1994).

DÉPAREILLER v. tr. 1 ▪ Rendre incomplet (un ensemble de choses assorties ou semblables). ⇒ **désassortir.** ► **DÉPAREILLÉ, ÉE** adj. **1.** Qui n'est pas complet (collection, série) ; qui est composé d'éléments qui ne sont pas assortis. *Service de table dépareillé.* **2.** Qui est séparé d'un ensemble. *Gant dépareillé.*

DÉPARER v. tr. 1 ▪ Nuire à la beauté, au bon effet de. ⇒ **enlaidir.** *Cette tour dépare le quartier. Cette pièce ne déparerait pas sa collection.*

① **DÉPART** n. m. ▪ **1.** Action de partir. *Départ en voyage. Fixer son départ, le jour du départ. Préparatifs de départ. Être sur le départ,* prêt à partir. ♦ SPORTS *Ligne de départ. Signal de départ. Starter qui donne le départ. Prendre le départ.* ⇒ **démarrer.** ♦ fig. *Prendre un bon, un mauvais départ dans la vie.* **2.** Lieu d'où l'on part. *Quai de départ.* **3.** Fait de quitter un lieu, une situation. *Exiger le départ d'un employé.* ⇒ **démission, licenciement, renvoi.** - *Départ à la* (ou *en*) *retraite.* **4.** fig. Commencement d'une action, d'une série, d'un mouvement. *Nous n'avions pas prévu cela AU DÉPART,* au début. - *DE DÉPART :* initial. *L'idée de départ. Le point de départ d'une discussion.* ⇒ **commencement, origine.**

② **DÉPART** n. m. ▪ loc. *FAIRE LE DÉPART entre* (deux choses abstraites), les séparer, les distinguer nettement. ⇒ **départager.** *Faire le départ entre deux points de vue.*

DÉPARTAGER v. tr. 3 ▪ **1.** Séparer (un groupe) en deux parties inégales. *Départager les votes,* de manière à établir une majorité. **2.** Choisir entre (des opinions, des camps). ⇒ **arbitrer.** *Venez nous départager.* - Faire cesser d'être à égalité. *Question subsidiaire pour départager les gagnants.*

DÉPARTEMENT n. m. ▪ **1.** Division administrative du territoire français placée sous l'autorité d'un préfet et administrée par un Conseil général. *Le département du Var. Chef-lieu du*

département (⇒ **préfecture**). *Départements d'outre-mer* (D.O.M.). **2.** Secteur administratif dont s'occupe un ministre. *Le département de l'Intérieur.* ♦ Branche spécialisée d'une administration. *Le département des antiquités au musée du Louvre.*

DÉPARTEMENTAL, ALE, AUX adj. ▪ Qui appartient au département. *Budget départemental.* – *Route départementale* ou n. f. *une départementale.*

DÉPARTIR v. tr. 16 ▪ **I.** Attribuer en partage. ⇒ **accorder, impartir.** – au passif *Les tâches qui leur ont été départies.* **II.** SE DÉPARTIR DE v. pron. Se séparer de ; abandonner (une attitude). *Sans se départir de son calme* : en gardant son calme.

DÉPASSEMENT n. m. ▪ **1.** Action de dépasser. *Dépassement dangereux* (véhicule). **2.** Fait de dépasser (un budget). *Dépassement de crédit. Dépassement d'honoraires.* **3.** Action de se dépasser soi-même.

DÉPASSER v. tr. 1 ▪ **1.** Laisser derrière soi en allant plus vite. *Il nous a dépassés à mi-côte.* ⇒ **distancer.** *Dépasser un cycliste.* ⇒ **doubler. 2.** Aller plus loin que (qqch.). *Dépasser la ligne d'arrivée.* **3.** Aller plus loin en quantité, dimensions, importance. *Dépasser qqn d'une tête,* être plus grand d'une tête. – *Dépasser le temps imparti.* – intrans. *Sa jupe dépasse de son manteau ; elle dépasse un peu.* **4.** Être plus, faire plus que (un autre) dans un domaine. ⇒ **surpasser.** *Dépasser qqn en cruauté.* **5.** Aller au-delà de (certaines limites, de ce qui est attendu, normal, de ce qui est possible). ⇒ **excéder, outrepasser.** *Dépasser la mesure, les bornes, les limites* : exagérer. *Le succès a dépassé notre attente. Cela dépasse mes forces. Cela me dépasse* : c'est trop difficile pour moi ; ou bien je ne peux l'imaginer, l'admettre. ► SE **DÉPASSER** v. pron. **1.** *Les coureurs cherchent à se dépasser,* à passer l'un devant l'autre. **2.** Se surpasser. *Cette fois, il va tâcher de se dépasser.* ► **DÉPASSÉ, ÉE** adj. **1.** Dont le but a été mieux réalisé par un autre. *Vous êtes dépassé dans ce domaine.* **2.** Qui n'a plus cours, parce qu'on a trouvé mieux depuis. *Théorie dépassée.* ⇒ **caduc, périmé. 3.** Qui ne peut plus maîtriser la situation. *Être dépassé par les événements. Il est complètement dépassé !*

DÉPASSIONNER v. tr. 1 ▪ Rendre moins passionné, plus objectif (une discussion, un sujet). *Dépassionner le débat.* ⇒ **dédramatiser.**

SE **DÉPATOUILLER** v. pron. 1 ▪ FAM. Se débrouiller, se tirer d'une situation embarrassante.

DÉPAVER v. tr. 1 ▪ Dégarnir de pavés. *Dépaver une rue.* ► n. m. DÉPAVAGE

DÉPAYSANT, ANTE [-pei-] adj. ▪ Qui procure un dépaysement (2).

DÉPAYSEMENT [-pei-] n. m. ▪ **1.** État d'une personne dépaysée. **2.** Changement agréable d'habitudes. *Rechercher le dépaysement.*

DÉPAYSER [-pei-] v. tr. 1 ▪ **1.** VX Faire changer de pays, de lieu, de milieu. **2.** Troubler, désorienter par un changement de décor, de milieu, d'habitudes. – au p. p. *Se sentir dépaysé dans une ville inconnue.* ♦ *Ce voyage nous a complètement dépaysés* (⇒ **dépaysant**).

DÉPECER v. tr. 5 et 3 ▪ **1.** Mettre en pièces, en morceaux (un animal). ⇒ **débiter, découper.** *Le lion dépeçait sa proie.* **2.** fig. Morceler, démembrer. ► n. m. DÉPEÇAGE

DÉPÊCHE n. f. ▪ **1.** Lettre concernant les affaires publiques. *Dépêche diplomatique.* **2.** Communication transmise par voie rapide. *Dépêche de presse, d'agence.*

DÉPÊCHER v. tr. 1 ▪ Envoyer (qqn) en hâte pour porter un message. *Il m'a dépêché auprès de vous pour avoir votre réponse.* ► SE **DÉPÊCHER** v. pron. Se hâter, faire vite. ⇒ se **presser.** *Se dépêcher de finir.*

DÉPEIGNER v. tr. 1 ▪ Déranger l'arrangement des cheveux de (qqn). ⇒ **décoiffer.** – au p. p. *Être dépeigné.*

DÉPEINDRE v. tr. 52 ▪ Décrire et représenter par le discours. *Il est bien tel qu'on me l'a dépeint.*

DÉPENAILLÉ, ÉE adj. ▪ FAM. Qui est en lambeaux, en loques. – Dont la mise est négligée, en désordre. ⇒ **débraillé.**

DÉPÉNALISER v. tr. 1 ▪ DR. Soustraire (une infraction, une action) à la sanction du droit pénal. ► DÉPÉNALISATION n. f. DR. *La dépénalisation de l'avortement.*

DÉPENDANCE n. f. ▪ **1.** Rapport qui fait qu'une chose dépend d'une autre. ⇒ **corrélation, enchaînement, interdépendance. 2.** Terre, bâtiment dépendant d'un domaine, d'un bien immeuble (surtout plur.). *Les dépendances d'un château.* **3.** Fait pour une personne de dépendre de qqn ou de qqch. ⇒ **assujettissement, servitude, sujétion.** *Être dans, sous la dépendance de qqn.* ⇒ **coupe, joug.** ♦ spécialt Asservissement à une drogue. ⇒ **accoutumance.** *Dépendance à la morphine.*

DÉPENDANT, ANTE adj. ▪ Qui dépend de qqn ou de qqch. – *Personne dépendante* (vieillard, handicapé), qui nécessite une assistance constante, n'a pas son autonomie.

DÉPENDEUR n. m. ▪ loc. FAM. *Un grand dépendeur d'andouilles* : un homme très grand et un peu niais.

① **DÉPENDRE** v. tr. ind. 41 ▪ DÉPENDRE DE ▪ **1.** Ne pouvoir se réaliser sans l'action ou l'intervention de (une personne, une chose). ⇒ **résulter** de. *L'effet dépend de la cause.* ♦ impers. *Je vais plus ou moins bien, cela (ça) dépend des jours. Si cela ne dépendait que de moi !* ⇒ **tenir** à. *Cela dépend des circonstances. Ça dépend qui, comment, pourquoi, si...* – (en réponse) *Ça dépend* : peut-être. *Il dépend de qqn de* (+ inf.) ou *que* (+ subj.). *Il dépend de vous de réussir, que vous réussissiez.* **2.** Faire partie de (qqch.). ⇒ **appartenir** à. *Ce parc dépend de la propriété. Dépendre d'une juridiction.* ⇒ **relever** de. **3.** Être sous l'autorité de. *Ne dépendre de personne, ne dépendre que de soi.*

② **DÉPENDRE** v. tr. 41 ▪ Retirer (ce qui est pendu). ⇒ **décrocher, détacher.** *Dépendre un tableau.*

DÉPENS n. m. pl. ▪ **1.** AUX DÉPENS DE (qqn) : en faisant supporter la dépense par. *Il vit à mes dépens.* ⇒ à la **charge,** aux **crochets** de. ♦ fig. En causant du dommage à (qqn ou qqch.). ⇒ au **détriment** de. *Rire aux dépens de qqn. Apprendre qqch. à ses dépens,* par une expérience désagréable, cuisante. **2.** DR. Frais judiciaires à la charge de la personne condamnée. *Être condamné aux dépens. Payer les dépens.*

DÉPENSE n. f. ▪ **1.** Action de dépenser. *Le montant d'une dépense. S'engager dans des dépenses.* ⇒ **frais.** *Dépense imprévue. Faire face à une dépense* (⇒ **payer**). – loc. *Regarder à la dépense* : être économe, regardant. *Il ne regarde pas à la dépense.* ♦ COMPTAB. Sortie d'argent ; compte sur lequel est portée la dépense. *Colonne des dépenses.* ⇒ **débit.** ♦ *Dépenses publiques,* faites par les collectivités publiques. **2.** fig. Usage, emploi (de qqch.). *Dépense physique ; dépense de forces ; dépense nerveuse.* – *Dépense de chaleur, de combustible.* ⇒ **consommation.**

DÉPENSER v. tr. 1 ▪ **1.** Employer (de l'argent). *Dépenser une somme importante. Ne pas dépenser un sou.* ⇒ **débourser.** – absolt *Dépenser sans compter.* **2.** Consommer (une certaine quantité d'énergie). *Voiture qui dépense peu d'essence.* **3.** fig. Employer (son temps, ses efforts). *Dépenser en vain son éloquence.* ► SE **DÉPENSER** v. pron. **1.** (passif) *Cent francs, cela se dépense vite.* **2.** Faire des efforts. ⇒ se **démener.** *Se dépenser sans compter* : se donner beaucoup de mal.

DÉPENSIER, IÈRE adj. ▪ Qui aime dépenser (1), qui dépense excessivement. *Il est très dépensier.*

DÉPERDITION n. f. ▪ Diminution, perte. *Déperdition de chaleur, de lumière, d'énergie, des forces.*

DÉPÉRIR v. intr. 2 ▪ **1.** S'affaiblir par consomption graduelle. *Cet enfant dépérit faute de soins. Plante qui dépérit.* ⇒ s'**étioler.** – *Ses forces dépérissent.* **2.** S'acheminer vers la ruine, la destruction. *Cette affaire dépérit.* ⇒ **péricliter.**

DÉPÉRISSEMENT n. m. ▪ Fait de dépérir (1 et 2).

DÉPERSONNALISER v. tr. 1 ▪ DIDACT. Ôter sa personnalité à ; rendre impersonnel. ♦ Rendre banal, anonyme. – pronom. *Se dépersonnaliser.* ► n. f. DÉPERSONNALISATION

DÉPÊTRER v. tr. 1 ▪ Dégager de ce qui empêche les mouvements. – fig. Dégager d'un embarras, d'une difficulté. ► SE **DÉPÊTRER** v. pron. ⇒ se **libérer,** se **débarrasser.** *Se dépêtrer d'une situation épineuse.* – Se dégager (de quelqu'un). *Je ne peux pas m'en dépêtrer.*

DÉPEUPLEMENT n. m. ▪ Fait de se dépeupler. *Le dépeuplement des campagnes.*

DÉPEUPLER v. tr. 1 ▪ **1.** Dégarnir d'habitants (une région, une agglomération). *La famine a dépeuplé le pays.* – pronom. *Région qui se dépeuple.* **2.** Dégarnir (un lieu) d'animaux. *Dépeupler un étang.* ► **DÉPEUPLÉ, ÉE** adj. *Village dépeuplé.* ⇒ **abandonné, désert.**

DÉPHASÉ, ÉE adj. ▪ FAM. Qui n'est pas en accord, en harmonie avec la réalité présente. *Je me sens complètement déphasé.* ⇒ **désorienté.**

DÉPIAUTER v. tr. [1] ▪ FAM. ▪ **1.** Dépouiller (un animal) de sa peau. ⇒ **écorcher.** *Dépiauter un lapin.* **2.** Débarrasser de ce qui recouvre comme une peau. *Dépiauter des bonbons.*

DÉPILATOIRE adj. ▪ Qui fait tomber les poils. ⇒ **épilatoire.** *Crème dépilatoire* et n. m. *un dépilatoire.*

DÉPILER v. tr. [1] ▪ MÉD. Provoquer la chute des poils, des cheveux de (qqn).

DÉPISTAGE n. m. ▪ Action de dépister (1, surtout sens 2). *Centre de dépistage du sida.*

① **DÉPISTER** v. tr. [1] ▪ **1.** Découvrir (le gibier) en suivant sa piste. ♦ Retrouver (qqn) en suivant sa piste. *Dépister un fuyard.* **2.** fig. Découvrir (ce qui est peu apparent, ce qu'on dissimule). ⇒ **déceler.** *Dépister une maladie* (⇒ **dépistage**).

② **DÉPISTER** v. tr. [1] ▪ Détourner (qqn) de la piste. *Dépister la police.* - *Dépister les soupçons.* ⇒ **déjouer.**

DÉPIT n. m. ▪ **1.** Chagrin mêlé de colère, dû à une déception, à un froissement d'amour-propre. ⇒ **amertume, rancœur, ressentiment.** *La réussite de son disciple lui cause du dépit* (⇒ **dépiter**). *Faire qqch. par dépit. Pleurer de dépit.* **2.** *EN DÉPIT DE* loc. prép. : sans tenir compte de. ⇒ **malgré.** *Il a agi en dépit de mes conseils. EN DÉPIT DU BON SENS :* très mal. *Travail fait en dépit du bon sens.*

DÉPITER v. tr. [1] ▪ Causer du dépit à (qqn). *Ce refus l'a dépité.* ⇒ **vexer.** ► **DÉPITÉ, ÉE** adj. Qui éprouve du dépit. *Il est tout dépité.* - *Avoir l'air dépité.*

DÉPLACEMENT n. m. ▪ **1.** Action de déplacer, de se déplacer. *Moyens de déplacement.* ⇒ **locomotion.** - loc. FAM. *Ça vaut le déplacement.* ⇒ **détour.** **2.** Voyage auquel oblige un métier, une charge. *Être en déplacement.*

DÉPLACER v. tr. [3] ▪ **1.** Changer (qqch.) de place. *Déplacer un objet, un meuble.* ⇒ **bouger, déménager.** - *Se déplacer une vertèbre.* ♦ fig. *Déplacer la question, le problème :* changer le point sur lequel porte la difficulté. **2.** Faire changer (qqn) de poste. *Déplacer un fonctionnaire.* ⇒ **détacher, muter.** ► **SE DÉPLACER** v. pron. **1.** (choses) Changer de place. *Masses d'air qui se déplacent.* **2.** (êtres vivants) Quitter sa place. ⇒ **bouger, circuler.** *Sans se déplacer.* - Avancer, marcher, se mouvoir. *Avoir de la difficulté à se déplacer.* - Voyager. ► **DÉPLACÉ, ÉE** adj. **1.** Qui n'est pas dans le lieu, la situation appropriée. *Un enthousiasme déplacé.* **2.** Qui manque aux convenances, est de mauvais goût. ⇒ **choquant, incongru, inconvenant.** *Des propos déplacés.* **3.** *PERSONNE DÉPLACÉE,* qui a dû quitter son pays lors d'une guerre, d'un changement de régime politique.

DÉPLAFONNEMENT n. m. ▪ Suppression du plafond, de la limite supérieure (d'un crédit, d'une cotisation).

DÉPLAFONNER v. tr. [1] ▪ Opérer le déplafonnement de.

DÉPLAIRE v. tr. indir. [54] ▪ *DÉPLAIRE À* **1.** Ne pas plaire ; causer du dégoût, de l'aversion. *Un travail qui déplaît à tout le monde. Cet homme me déplaît souverainement.* - absolt *Personne qui déplaît.* ⇒ **antipathique.** - impers. *Il me déplaît d'agir ainsi,* il m'est désagréable, pénible... ⇒ **coûter.** **2.** Causer une irritation passagère. ⇒ **contrarier, fâcher, indisposer.** *Votre attitude a déplu au directeur.* **3.** loc. *Ne vous (en) déplaise :* que cela ne vous fâche pas. - iron. *Ne vous en déplaise :* que cela vous plaise ou non. ► **SE DÉPLAIRE** v. pron. Ne pas se trouver bien (là où l'on est). *Elle s'est toujours déplu à Paris.*

DÉPLAISANT, ANTE adj. ▪ **1.** Qui ne plaît pas. *Une personne déplaisante.* ⇒ **antipathique.** **2.** Qui contrarie, agace. ⇒ **désagréable, pénible.** *Bruit déplaisant. Visage déplaisant. Réflexion déplaisante.* ⇒ **désobligeant.**

DÉPLAISIR n. m. ▪ **1.** VX Souffrance morale. **2.** Impression désagréable (surtout en compl. de manière). ⇒ **contrariété, mécontentement.** *Je le constate à mon grand déplaisir ; c'est avec déplaisir que je le constate. Faire un travail sans déplaisir.*

DÉPLANTER v. tr. [1] ▪ Ôter de terre pour planter ailleurs. *Déplanter un arbre.*

DÉPLÂTRER v. tr. [1] ▪ Ôter le plâtre de. *Déplâtrer un bras, une jambe.* ► n. m. DÉPLÂTRAGE

DÉPLÉTION n. f. ▪ DIDACT. Diminution de la quantité de (qqch.).

DÉPLIANT, ANTE ▪ **1.** n. m. Imprimé, prospectus que l'on déplie pour le consulter. *Un dépliant publicitaire.* **2.** adj. Qui se déplie. ⇒ **pliant.**

DÉPLIER v. tr. [7] ▪ Étendre ce qui était plié. ⇒ **déployer.** *Déplier une serviette, une carte routière. Déplier ses jambes.* ► **SE DÉPLIER** v. pron. Se défaire, s'étendre. *Le parachute se déplie pendant le saut.* ⇒ s'**ouvrir.** ► n. m. DÉPLIAGE

DÉPLISSER v. tr. [1] ▪ Défaire les plis de (une étoffe, un vêtement, un papier...). ► n. m. DÉPLISSAGE

DÉPLOIEMENT n. m. ▪ **1.** Action de déployer. *Le déploiement des forces de l'ordre.* **2.** fig. Étalage, démonstration. *Un déploiement de richesses.*

DÉPLORABLE adj. ▪ **1.** VX Qui est à plaindre. **2.** Qui mérite d'être déploré. ⇒ **attristant, navrant.** *Il est dans un état déplorable.* ⇒ **lamentable.** **3.** Très regrettable. ⇒ **fâcheux.** *Incident, erreur déplorable.* **4.** Très mauvais. ⇒ **détestable, exécrable.** *Goût, conduite, tenue déplorable.* ► adv. DÉPLORABLEMENT

DÉPLORER v. tr. [1] ▪ **1.** Pleurer sur, s'affliger à propos de (qqch.). *Déplorer les malheurs de qqn.* ⇒ **compatir** à. *Déplorer la perte d'un ami.* ⇒ **pleurer.** **2.** Regretter beaucoup. *Nous avons déploré votre absence.* - (+ *que* et le subj.) *Je déplore qu'il ait échoué.*

DÉPLOYER v. tr. [8] ▪ **1.** Développer dans toute son extension (une chose qui était pliée). *L'oiseau déploie ses ailes.* ⇒ **étendre.** *Déployer une étoffe.* ⇒ **déplier.** ♦ loc. *RIRE À GORGE DÉPLOYÉE :* rire aux éclats, d'un rire qui gonfle la gorge. **2.** Disposer sur une plus grande étendue. *Déployer des troupes, une armée.* - pronom. *Le cortège se déploie.* **3.** fig. Montrer dans toute son étendue. *Déployer un grand courage, toute sa séduction, des trésors d'ingéniosité.* ⇒ **employer, prodiguer.**

SE **DÉPLUMER** v. pron. [1] ▪ Perdre ses plumes naturellement. ♦ FAM. Perdre ses cheveux. - au p. p. *Crâne déplumé.* ⇒ **chauve.**

DÉPOITRAILLÉ, ÉE adj. ▪ FAM. Qui porte un vêtement largement ouvert sur la poitrine. ⇒ **débraillé.**

DÉPOLARISER v. tr. [1] ▪ SC. Faire cesser la polarisation de. ► n. f. DÉPOLARISATION

DÉPOLIR v. tr. [2] ▪ Enlever le poli, l'éclat de. ► **DÉPOLI, IE** adj. *Verre dépoli,* qui laisse passer la lumière mais non les images.

DÉPOLITISER v. tr. [1] ▪ Ôter tout caractère politique à. *Dépolitiser le débat. Dépolitiser les masses.* - au p. p. *Jeunesse dépolitisée.* ► n. f. DÉPOLITISATION

DÉPOLLUER v. tr. [1] ▪ Diminuer ou supprimer la pollution de (un lieu). ► n. f. DÉPOLLUTION

DÉPONENT, ENTE adj. ▪ Se dit d'un verbe latin à forme passive et sens actif.

DÉPORTATION n. f. ▪ **1.** DR. anciennt Exil définitif d'un condamné. ⇒ **relégation.** **2.** Internement dans un camp de concentration à l'étranger. *La déportation des Juifs par les nazis. Il est mort en déportation.*

DÉPORTÉ, ÉE n. ▪ Personne qui a subi la déportation (spécialt, dans un camp nazi). *Camp de déportés. La plupart des déportés furent exterminés.*

DÉPORTEMENT n. m. ▪ au plur. LITTÉR. Écarts de conduite, excès. ⇒ **débauche.**

DÉPORTER v. tr. [1] ▪ **I. 1.** Infliger la peine de déportation à. **2.** Envoyer dans un camp de concentration à l'étranger. **II.** Dévier de sa direction, entraîner hors de sa route, de sa trajectoire. *Le vent l'a déporté sur le bas-côté.*

DÉPOSANT, ANTE n. ▪ **1.** DR. Personne qui fait une déposition en justice. **2.** Personne qui fait un dépôt d'argent.

DÉPOSER v. tr. [1] ▪ **I.** Dépouiller (qqn) de l'autorité souveraine. ⇒ **destituer.** *Déposer un roi, un pape.* **II. 1.** Poser (une chose que l'on portait). *Déposer une gerbe sur une tombe.* - loc. *Déposer les armes*.* **2.** Laisser (qqn) quelque part, après l'y avoir conduit. *Déposez-moi ici.* **3.** (liquide) Laisser (un dépôt). ♦ pronom. *Laisser reposer du vin pour que la lie se dépose.* - par ext. *La poussière se dépose sur les meubles.* **4.** Mettre (qqch.) en lieu sûr, en dépôt. *Déposer ses bagages à la consigne. Déposer de l'argent à la banque.* ⇒ **verser.** ♦ Faire enregistrer. *Déposer un projet de loi. Déposer une marque de fabrique.* - au p. p. *MARQUE DÉPOSÉE ; NOM DÉPOSÉ.* ♦ DR. *Déposer une plainte en justice.* - *Déposer son bilan :* se déclarer en faillite. **5.** intrans. Déclarer ce que l'on sait d'une affaire. ⇒ **témoigner ; déposition.** *Déposer contre, en faveur de qqn.*

DÉPOSITAIRE n. ▪ **1.** Personne à qui l'on confie un dépôt. *Le, la dépositaire d'une lettre.* - Commerçant qui a des marchandises en dépôt. *Liste des dépositaires.* **2.** fig. LITTÉR.

Dépositaire de : personne qui reçoit, garde (qqch.). *La dépositaire d'un secret.*

DÉPOSITION n. f. ▪ Déclaration que fait sous la foi du serment la personne qui témoigne en justice. ⇒ **témoignage.** *Faire, signer sa déposition.*

DÉPOSSÉDER v. tr. [6] ▪ Priver (qqn) de la possession (d'une chose). ⇒ **dépouiller.** *Déposséder qqn de ses biens.* ► n. f. DÉPOSSESSION

DÉPÔT n. m. ▪ **1.** Action de déposer ; spécialt de placer en lieu sûr. *Le dépôt d'un testament chez un notaire.* – spécialt Fait de déposer de l'argent à la banque. *Dépôts et retraits. Laisser qqch. en dépôt.* ♦ *DÉPÔT LÉGAL :* remise à l'Administration d'exemplaires de toute publication. **2.** Ce qui est confié au dépositaire. **3.** Lieu où l'on dépose certaines choses, où l'on gare du matériel. *Dépôt d'ordures.* ⇒ **dépotoir.** *Dépôt de marchandises.* ⇒ **entrepôt, magasin.** *Dépôt de carburant.* – *Autobus qui retourne au dépôt.* ♦ Prison où sont gardés les prisonniers de passage. *Conduire un prévenu au dépôt.* **4.** Particules solides qui tombent au fond d'un liquide trouble au repos (⇒ **déposer** (3)).

DÉPOTER v. tr. [1] ▪ **1.** Transvaser (un liquide). **2.** Enlever (une plante) d'un pot pour la replanter. ⇒ **transplanter.** ► n. m. DÉPOTAGE

DÉPOTOIR n. m. ▪ Lieu public où l'on dépose des ordures. ⇒ **décharge.** – fig. FAM. *Ce bureau est un dépotoir !*

DÉPOUILLE n. f. ▪ **I. 1.** Peau enlevée à un animal. *La dépouille d'un lion.* – Peau perdue lors de la mue. *La dépouille d'un serpent.* **2.** fig. LITTÉR. *Dépouille (mortelle) :* le corps humain après la mort. ⇒ **cadavre. II.** au plur. *DÉPOUILLES :* ce qu'on enlève à l'ennemi sur le champ de bataille. ⇒ **trophée.**

DÉPOUILLEMENT n. m. ▪ **1.** Action de priver qqn de ses biens ; état d'une personne privée de tout. **2.** (choses) Fait d'être débarrassé du superflu, des ornements. ⇒ **simplicité, sobriété ; dépouillé. 3.** Examen minutieux (de documents). *Le dépouillement d'un dossier, d'une correspondance.* – *Dépouillement des votes, du scrutin* (⇒ **dépouiller** (I, 4)).

DÉPOUILLER v. tr. [1] ▪ **I. 1.** Enlever la peau de (un animal). *Dépouiller un lièvre.* **2.** Dégarnir de ce qui couvre. *Dépouiller qqn de ses vêtements.* – au p. p. *Arbre dépouillé de ses feuilles.* **3.** Déposséder (qqn) en lui enlevant ce qu'il a. *Des voleurs l'ont dépouillé.* ⇒ **dévaliser.** *Dépouiller qqn,* le priver de ses biens, de ses revenus. ⇒ **spolier. 4.** Analyser (un document) pour y prélever des informations. *Dépouiller un texte.* – *Dépouiller son courrier.* – *Dépouiller un scrutin (dépouillement).* **II.** LITTÉR. **1.** Abandonner, ôter (ce qui couvre). ⇒ **enlever, quitter, retirer.** *Dépouiller ses vêtements.* **2.** fig. Renoncer à. *Dépouiller tout orgueil.* ► SE **DÉPOUILLER** v. pron. **1.** Ôter. *Se dépouiller de ses vêtements.* ♦ Perdre. *Les arbres se dépouillent de leurs feuilles.* **2.** Se défaire (de), abandonner. *Se dépouiller de ses biens en faveur de qqn.* ► **DÉPOUILLÉ, ÉE** adj. Sans ornement. ⇒ **sobre.** *Style dépouillé. Une architecture dépouillée.*

DÉPOURVU, UE adj. ▪ **1.** *DÉPOURVU DE :* qui n'a pas de. ⇒ **sans ; dénué.** *Elle n'est pas dépourvue de charme, de talent.* – absolt *Être dépourvu,* démuni, dans le besoin. **2.** *AU DÉPOURVU* loc. adv. *Prendre qqn au dépourvu,* sans qu'il soit préparé, averti. ⇒ à l'**improviste.** *Votre question me prend au dépourvu.*

DÉPOUSSIÉRER v. tr. [6] ▪ **1.** Débarrasser de sa poussière par des moyens mécaniques. *Dépoussiérer un tapis.* **2.** fig. Rajeunir, rénover. *Dépoussiérer une administration.* ► n. m. DÉPOUSSIÉRAGE

DÉPRAVATION n. f. ▪ État d'une personne dépravée, de ce qui est dépravé. *Dépravation des mœurs.* ⇒ **débauche.** *Dépravation (sexuelle).* ⇒ **perversion.**

DÉPRAVER v. tr. [1] ▪ **1.** Amener (qqn) à désirer le mal, à s'y complaire. ⇒ **corrompre, pervertir.** *Dépraver un adolescent.* **2.** LITTÉR. Altérer, faire dévier de la norme. *Dépraver le jugement.* ► **DÉPRAVÉ, ÉE** adj. **1.** VIEILLI Corrompu moralement. *Mœurs dépravées.* – n. *Un, une dépravée.* ⇒ **pervers, vicieux. 2.** Altéré, faussé. *Goût dépravé.*

DÉPRÉCATION n. f. ▪ RELIG. Prière faite pour obtenir le pardon d'une faute, pour détourner un malheur.

DÉPRÉCIATIF, IVE adj. ▪ DIDACT. Qui déprécie, tend à déprécier. ⇒ **péjoratif.**

DÉPRÉCIATION n. f. ▪ Action de déprécier ; état de ce qui est déprécié. *L'inflation entraîne la dépréciation de la monnaie.*

DÉPRÉCIER v. tr. [7] ▪ **1.** Diminuer la valeur, le prix de. **2.** fig. Ne pas apprécier à sa valeur réelle ; chercher à déconsidérer. ⇒ **critiquer, décrier, dénigrer, rabaisser.** *Déprécier qqn. Déprécier un ouvrage.* ► SE **DÉPRÉCIER** v. pron. Perdre de sa valeur. *Monnaie qui se déprécie,* dont le pouvoir d'achat baisse. – fig. *Il a la manie de se déprécier.* ⇒ se **dévaloriser.**

DÉPRÉDATEUR, TRICE adj. et n. ▪ LITTÉR. (Personne) qui commet des déprédations.

DÉPRÉDATION n. f. ▪ Dommage matériel causé aux biens d'autrui, aux biens publics. ⇒ **dégradation, détérioration.** *Les déprédations causées par des vandales.*

SE **DÉPRENDRE** v. pron. [58] ▪ LITTÉR. (abstrait) Se dégager (de ce qui retient ou immobilise). *Se déprendre de qqn, d'une habitude.*

DÉPRESSIF, IVE adj. ▪ Relatif à la dépression (II). *État dépressif.* ♦ Sujet à la dépression. *Tempérament dépressif.* – n. *Un, une dépressive.*

DÉPRESSION n. f. ▪ **I. 1.** Enfoncement, concavité. ⇒ **affaissement, creux.** *Dépression de terrain.* **2.** Baisse de la pression atmosphérique ; zone de basse pression. ⇒ **cyclone. II.** État mental caractérisé par de la lassitude, du découragement, de la faiblesse, de l'anxiété. ⇒ **neurasthénie ;** FAM. **déprime.** *Faire une dépression.* – *Dépression nerveuse :* crise d'abattement. **III.** anglic. Crise économique.

DÉPRESSIONNAIRE adj. ▪ DIDACT. Qui est le siège d'une dépression atmosphérique. *Zone dépressionnaire.*

DÉPRESSURISER v. tr. [1] ▪ Faire perdre à (un avion, un véhicule spatial) sa pressurisation. ► n. f. DÉPRESSURISATION

Agostino **DEPRETIS** (1813-1887) ▪ Homme politique italien. Trois fois président du Conseil entre 1876 et 1887, initiateur de la Triple-Alliance et du colonialisme italien.

DÉPRIMANT, ANTE adj. ▪ Qui déprime. *Une atmosphère déprimante.* ⇒ **démoralisant.**

DÉPRIME n. f. ▪ FAM. État de dépression (II).

DÉPRIMER v. [1] ▪ **I.** v. tr. **1.** (concret) Abaisser, incurver par la pression. **2.** Affaiblir (qqn) au physique ou (surtout) moralement. *Son licenciement l'a complètement déprimé.* **II.** v. intr. FAM. Être abattu, démoralisé. *Il déprime depuis quelques jours.* ► **DÉPRIMÉ, ÉE** adj. **1.** *Sol déprimé.* **2.** *Se sentir très déprimé.*

DE PROFUNDIS [depʀɔfɔ̃dis] n. m. invar. ▪ Psaume récité ou chanté dans les prières pour les morts.

DÉPROGRAMMER v. tr. [1] ▪ Supprimer d'un programme (ce qui était prévu). *Déprogrammer une émission.* ► n. f. DÉPROGRAMMATION

DÉPUCELER v. tr. [4] ▪ FAM. Faire perdre sa virginité, son pucelage à (qqn). ⇒ **déflorer.**

DEPUIS prép. ▪ À partir de. **I.** (temps) **1.** À partir de (un moment passé). ⇒ **dès.** *Depuis le 15 mai. Depuis le matin jusqu'au soir :* du matin au soir. *Depuis quand ? Depuis jeudi.* – adv. *Nous ne l'avons plus vu depuis.* ♦ *Depuis sa mort. Depuis la Révolution.* ♦ *DEPUIS QUE* loc. conj. (+ indic.). *Depuis qu'il est parti.* **2.** Pendant la durée passée qui s'est écoulée avant le moment dont on parle. *On vous cherche depuis une heure.* ⇒ **voilà.** *Nous ne nous sommes pas vus depuis une éternité. Depuis longtemps. Depuis peu :* récemment. – *Depuis le temps que...,* il y a si longtemps. *Depuis le temps que je te le répète !* **II.** (espace) **1.** *DEPUIS... JUSQU'À :* de tel endroit à tel autre. ⇒ **de.** *Depuis Bruxelles jusqu'à Liège.* **2.** *DEPUIS* employé seul, marque la provenance avec une idée de continuité. *Faire signe depuis sa fenêtre.* **III.** *DEPUIS... JUSQU'À :* exprime une succession ininterrompue dans une série. *Du plus jeune jusqu'au plus vieux.*

DÉPURATIF, IVE adj. ▪ Qui purifie l'organisme, en favorisant l'élimination des toxines, des déchets organiques. *Plante dépurative.* – n. m. *Prendre un dépuratif.*

DÉPURER v. tr. [1] ▪ DIDACT. Rendre plus pur. ⇒ **épurer, purifier.** *Dépurer le sang.* ► n. f. DÉPURATION

DÉPUTATION n. f. ▪ **1.** Envoi de personnes chargées d'une mission ; ces personnes. ⇒ **délégation. 2.** Fonction de député.

DÉPUTÉ, ÉE n. (rare au fém.) ▪ **1.** Personne envoyée en mission. ⇒ **ambassadeur, envoyé, légat. 2.** Personne qui fait partie d'une assemblée délibérante. ⇒ **représentant.** *Les députés du clergé aux états généraux.* – Personne élue pour faire partie d'une chambre législative. ⇒ **élu, parlementaire.** *La Chambre des députés* ou *Assemblée* nationale. Elle est député* (ou mieux : *députée) socialiste.*

DÉPUTER v. tr. [1] ▪ Envoyer (qqn) comme député (1). ⇒ **déléguer, mandater.**

DÉQUALIFIER v. tr. [7] ▪ Employer (une personne) à un niveau de qualification inférieur à celui qu'elle possède. ⇒ **sous-employer.** ≠ *disqualifier.* - au p. p. *Main-d'œuvre déqualifiée.* ► n. f. DÉQUALIFICATION

Thomas **DE QUINCEY** (1785 - 1859) ▪ Écrivain britannique. Lié à Wordsworth et à Coleridge, il fut révélé en France par Baudelaire qui le traduisit. *"Confessions d'un opiomane anglais"* (1822, 1856); *"De l'assassinat considéré comme un des beaux-arts"* (1827).

DÉRACINER v. tr. [1] ▪ **1.** Arracher (ce qui tient au sol par des racines). *L'orage a déraciné plusieurs arbres.* **2.** *Déraciner qqn,* l'arracher de son pays, de son milieu. - n. *"Les Déracinés"* (de Barrès). ► n. m. DÉRACINEMENT

DÉRAILLER v. intr. [1] ▪ **1.** (wagons, trains) Sortir des rails. *Faire dérailler un train.* **2.** fig. FAM. Aller de travers. ♦ S'écarter du bon sens. ⇒ **déraisonner, divaguer.** ► n. m. DÉRAILLEMENT

DÉRAILLEUR n. m. ▪ Mécanisme qui fait passer la chaîne d'une bicyclette d'un pignon à un autre (→ changement de vitesse).

André **DERAIN** (1880 - 1954) ▪ Peintre français. Il fut l'un des créateurs du fauvisme (1905-1906) puis adopta un style éclectique.

DÉRAISON n. f. ▪ LITTÉR. Manque de raison dans les paroles, la conduite.

DÉRAISONNABLE adj. ▪ Qui n'est pas raisonnable. ⇒ **absurde, insensé.** *Conduite déraisonnable.* ► adv. DÉRAISONNABLEMENT

DÉRAISONNER v. intr. [1] ▪ LITTÉR. Tenir des propos dépourvus de raison, de bon sens. ⇒ **divaguer.**

DÉRANGEMENT n. m. ▪ **1.** Mise en désordre. **2.** Action de déranger qqn. ⇒ **gêne, trouble.** *Excusez-nous du dérangement* (que nous causons). **3.** *EN DÉRANGEMENT :* qui ne fonctionne pas. *La ligne* (téléphonique) *est en dérangement.*

DÉRANGER v. tr. [3] ▪ **1.** Déplacer, mettre en désordre (ce qui était rangé). ⇒ **bouleverser;** FAM. **chambarder.** *Déranger des papiers. Ne dérangez pas mes affaires.* **2.** Troubler le fonctionnement, l'action normale de (qqch.). ♦ au p. p. ⇒ **détraqué.** *Il a le cerveau, l'esprit dérangé. Il est un peu dérangé.* - *Avoir l'estomac dérangé.* **3.** Gêner (qqn) dans son travail, ses occupations. ⇒ **importuner.** *Excusez-moi de vous déranger. Vous pouvez fumer, cela ne me dérange pas.* ► SE DÉRANGER v. pron. Modifier ses occupations, son travail. *Ne vous dérangez pas pour moi.*

DÉRAPAGE n. m. ▪ **1.** Fait de déraper. *Un dérapage contrôlé.* **2.** fig. Changement imprévu et incontrôlé.

DÉRAPER v. intr. [1] ▪ **1.** Glisser latéralement sur le sol (automobile, bicyclette). **2.** fig. Effectuer un mouvement imprévu, incontrôlé. *La conversation a dérapé.*

DÉRATÉ n. m. ▪ loc. *Courir comme un dératé,* très vite.

DÉRATISER v. tr. [1] ▪ Débarrasser (un lieu) des rats. ► n. f. DÉRATISATION

DERBY n. m. ▪ **1.** Grande course de chevaux qui a lieu chaque année à Epsom, en Angleterre. **2.** SPORTS Rencontre entre deux équipes voisines.

DERBY ▪ Ville d'Angleterre (Derbyshire). 216 000 hab. Textiles, industries mécaniques.

le **DERBYSHIRE** ▪ Comté du centre de l'Angleterre (Midlands de l'Est). 2 631 km^2. 930 000 hab. Chef-lieu : Matlock (20 800 hab.).

DERCHE n. m. ▪ ARGOT Derrière. ⇒ FAM. **cul.** - loc. *FAUX DERCHE :* hypocrite (→ faux cul).

DERECHEF [dəʀəʃɛf] adv. ▪ LITTÉR. Une seconde fois ; encore une fois.

DÉRÈGLEMENT n. m. ▪ Fait de se dérégler, d'être déréglé. *Le dérèglement du temps, des saisons.*

DÉRÉGLEMENTER v. tr. [1] ▪ Soustraire à la réglementation. ► n. f. DÉRÉGLEMENTATION

DÉRÉGLER v. tr. [6] ▪ **1.** Faire que (qqch.) ne soit plus réglé ; mettre en désordre. ⇒ **bouleverser, déranger, détraquer, troubler.** *Dérégler un mécanisme délicat.* **2.** fig. Troubler l'ordre moral de. *Cette liaison a déréglé sa vie.* ► DÉRÉGLÉ, ÉE adj. **1.** Dont l'ordre, le fonctionnement a été troublé. *Estomac déréglé. Pendule déréglée.* **2.** fig. Qui est hors de la règle, de l'équilibre. *Vie déréglée.* ⇒ **désordonné.** ♦ Excessif, démesuré. *Une imagination déréglée.*

Derain. *Le Modèle blond.* Musée de l'Orangerie, Paris.
Phot. © Arch. Smeets

DÉRÉLICTION n. f. ▪ RELIG. État de la personne qui se sent abandonnée, privée de tout secours divin.

DÉRESPONSABILISER v. tr. [1] ▪ Ôter toute responsabilité à (qqn). - au p. p. *Personnel déresponsabilisé.*

DÉRIDER v. tr. [1] ▪ Rendre moins soucieux, moins triste, comme si on enlevait les rides du front. *Rien ne le déride.* ⇒ **égayer.** ► SE DÉRIDER v. pron. Sourire ; rire. *Il ne s'est pas déridé de la soirée.*

DÉRISION n. f. ▪ Mépris qui incite à rire, à se moquer de (qqn, qqch.). → **ironie, moquerie, raillerie.** *Dire qqch. par dérision. Parler de qqch. avec dérision.* - *TOURNER EN DÉRISION :* se moquer d'une manière méprisante de (qqn, qqch.).

DÉRISOIRE adj. ▪ **1.** Qui est si insuffisant que cela semble une moquerie. ⇒ **insignifiant, ridicule.** *Salaire, prix dérisoire.* **2.** Qui mérite d'être tourné en ridicule. *Un adversaire dérisoire.*

DÉRIVATIF n. m. ▪ Ce qui permet de détourner l'esprit de ses préoccupations. ⇒ **distraction, divertissement.** *Chercher un dérivatif à ses ennuis.*

DÉRIVATION n. f. ▪ **1.** Action de dériver (les eaux). *Canal de dérivation.* **2.** Formation de mots à partir d'une base et d'affixes*. *« Saison » donne « saisonnier » par dérivation.* **3.** ÉLECTR. Communication entre deux points d'un circuit, au moyen d'un second conducteur.

DÉRIVE n. f. ▪ **I.** Déviation d'un navire, d'un avion, sous l'effet des vents ou des courants. ♦ loc. *À LA DÉRIVE :* en dérivant. *Navire qui va à la dérive.* - fig. *Entreprise qui va à la dérive.* ⇒ **à vau-l'eau.** - *La dérive d'un adolescent.* **II.** Dispositif qui empêche un navire, un avion de dériver.

DÉRIVÉ n. m. ▪ **1.** Mot qui provient d'une dérivation. *Les dérivés d'un verbe.* **2.** Produit dérivé. *Les dérivés du pétrole.*

DÉRIVÉE n. f. ▪ MATH. Limite du rapport de l'accroissement d'une fonction à l'accroissement de la variable lorsque celui-ci tend vers zéro.

① **DÉRIVER** v. [1] ▪ **I.** v. tr. Détourner (des eaux) de leur cours pour leur donner une nouvelle direction. *Dériver un cours d'eau.* **II.** v. tr. ind. *DÉRIVER DE :* avoir son origine dans. ⇒ **provenir** de. *Mot qui dérive du latin* (→ dérivation).

② **DÉRIVER** v. intr. [1] ▪ **1.** S'écarter de sa direction (navire, avion). - fig. *Sa politique dérive dangereusement.* **2.** Être sans volonté, sans énergie, aller à la dérive.

DÉRIVEUR n. m. ▪ Voilier muni d'une dérive.

Gavrila **DERJAVINE** (1743-1816) ▪ Poète russe. *"Felitsa"* (1782), ode dédiée à Catherine II.

DERMATO-, DERM(O)-, -DERME Éléments savants, du grec *derma, dermatos* « peau ».

DERMATOLOGIE n. f. ▪ Partie de la médecine qui étudie et soigne les maladies de la peau.

DERMATOLOGUE n. ▪ Spécialiste de dermatologie. ◇ abrév. FAM. DERMATO.

DERMATOSE n. f. ▪ MÉD. Maladie de la peau, inflammatoire ou non.

DERME n. m. ▪ Couche profonde de la peau, recouverte par l'épiderme. ► DERMIQUE adj. *Tissu dermique.*

DERNIER, IÈRE adj. ▪ **I. 1.** adj. (avant le n.) Qui vient après tous les autres, après lequel il n'y en a pas d'autre (s'oppose à *premier*). *Le dernier mois de l'année. Le dernier train* (de la journée). *À la dernière minute. Aux dernières nouvelles. Être à sa dernière heure.* - *Dépenser jusqu'à son dernier sou. Faire un dernier effort.* ⇒ **suprême, ultime.** *Avoir le dernier mot**. - *Arriver au dernier moment.* ♦ (après le n.) *Jugement* dernier.* ♦ (attribut) *Il est arrivé bon dernier,* nettement derrière les autres. **2.** n. *Le dernier de la classe. Le dernier de la famille, le petit dernier.* ⇒ **benjamin. 3.** *EN DERNIER* loc. adv. : à la fin, après tous les autres. *J'irai le voir en dernier.* **II.** Extrême. **1.** Le plus haut, le plus grand. *Au dernier degré. Protester avec la dernière énergie.* - LITTÉR. ou plais. *Être du dernier bien avec qqn,* très intime, très lié. **2.** Le plus bas, le pire, le moindre. *Une marchandise de dernier ordre. C'est mon dernier prix* (dans un marchandage). - n. *Être traité comme le dernier des derniers.* **III.** Qui est le plus proche du moment présent. ⇒ **récent.** *L'an dernier.* ⇒ **passé.** *La dernière guerre. Être habillé à la dernière mode.* - FAM. *Tu ne connais pas la dernière ?,* l'événement qui vient de se produire.

DERNIÈREMENT adv. ▪ Ces derniers temps. ⇒ **récemment.** *Il est venu nous voir tout dernièrement.*

DERNIER-NÉ, DERNIÈRE-NÉE n. ▪ Enfant qui, dans une famille, est né le dernier. *Les derniers-nés, les dernières-nées.*

DÉROBADE n. f. ▪ Action de se dérober. ⇒ **échappatoire, faux-fuyant.**

À LA **DÉROBÉE** loc. adv. ▪ En cachette *(faire qqch. à la dérobée)* ; furtivement *(regarder qqn à la dérobée).*

DÉROBER v. tr. 1 ▪ **1.** LITTÉR. Prendre furtivement (ce qui appartient à autrui). ⇒ **subtiliser, voler.** *Dérober une montre.* **2.** fig. Obtenir (qqch.) par des moyens peu honnêtes. *Dérober un secret.* ⇒ **surprendre.** - *Dérober un baiser,* embrasser (qqn) par surprise. **3.** (sujet chose) Masquer, dissimuler. *Ce mur nous dérobe la vue.* **4.** LITTÉR. Cacher ou éloigner de qqn. *Dérober son regard.* ► SE **DÉROBER** v. pron. **1.** *SE DÉROBER À :* éviter d'être vu, pris par (qqn). ⇒ **échapper,** se **soustraire.** *Se dérober aux regards.* - fig. *Se dérober à son devoir.* ⇒ **manquer** à. **2.** Éviter de répondre, d'agir. *Il cherche à se dérober.* **3.** S'éloigner, s'écarter de qqn. *Il lui prit le bras ; elle ne se déroba pas.* ♦ spécialt (cheval) Faire un écart pour éviter l'obstacle à franchir. **4.** (choses) *Se dérober sous,* s'effondrer. ⇒ **manquer.** *Le sol se dérobe sous ses pas.* ► **DÉROBÉ, ÉE** adj. *Escalier dérobé, porte dérobée,* qui permet de sortir d'une maison ou d'y entrer sans être vu. ⇒ **secret.**

DÉROGATION n. f. ▪ **1.** Fait de déroger (à une loi, une règle...). ⇒ **infraction. 2.** Autorisation spéciale, dispense. *Demander une dérogation.*

DÉROGATOIRE adj. ▪ Qui contient, qui constitue une dérogation.

DÉROGER v. tr. ind. 3 ▪ *DÉROGER À* **1.** DR. Ne pas observer, ne pas appliquer (une loi, une règle, une convention). *Déroger à la loi.* **2.** LITTÉR. Manquer à (sa situation sociale, ses principes). *Déroger à son rang, à ses convictions.* ♦ absolt S'abaisser, déchoir. *Il croirait déroger en faisant ce métier.*

DÉROUILLÉE n. f. ▪ FAM. Volée de coups. *Prendre une dérouillée.*

DÉROUILLER v. tr. 1 ▪ FAM. ▪ **1.** Redonner de l'exercice à (ce qui était « rouillé »). *Se dérouiller les jambes en marchant.* ⇒ se **dégourdir. 2.** Battre. *Il s'est fait dérouiller.* ♦ intrans. Être battu, attraper des coups. *Qu'est-ce qu'il a dérouillé* (⇒ **dérouillée**).

Paul **DÉROULÈDE** (1846-1914) ▪ Écrivain nationaliste et homme politique français. *"Les Chants du soldat"* (1872-1875). Fondateur de la Ligue des patriotes, il tenta de soulever l'armée contre la République parlementaire (1899).

DÉROULEMENT n. m. ▪ **1.** Action de dérouler ; fait de se dérouler. **2.** fig. *Le déroulement de l'action dans un film.*

DÉROULER v. tr. 1 ▪ **1.** Défaire, étendre (ce qui était roulé). ⇒ **déployer.** *Dérouler une bobine de fil.* ⇒ **dévider. 2.** fig. Montrer, développer successivement. *Dérouler des souvenirs.* ► SE **DÉROULER** v. pron. **1.** *Serpent qui se déroule.* **2.** Prendre place dans le temps, en parlant d'une suite ininterrompue d'événements, de pensées. ⇒ se **passer.** *L'accident s'est déroulé sous nos yeux.*

DÉROULEUR n. m. ▪ Dispositif permettant l'enroulement et le déroulement d'une bande.

DÉROUTANT, ANTE adj. ▪ Qui déroute (2). ⇒ **déconcertant.** *Son attitude est déroutante ; il est déroutant.*

DÉROUTE n. f. ▪ Fuite désordonnée de troupes battues ou prises de panique. ⇒ **débâcle, débandade.** *C'est la déroute.* - *Mettre l'ennemi en déroute.*

DÉROUTER v. tr. 1 ▪ **1.** Faire changer d'itinéraire, de destination (un navire, un avion). *Dérouter un avion sur un autre aéroport* (≠ *détourner*). **2.** fig. Rendre (qqn) incapable de réagir, de se conduire comme il faudrait. ⇒ **déconcerter.** *Dérouter un candidat par des questions inattendues.*

DERRICK n. m. ▪ anglic. Bâti métallique qui supporte le trépan servant à forer les puits de pétrole. *Des derricks.* ◇ recomm. off. TOUR DE FORAGE.

Jacques **DERRIDA** (né en 1930) ▪ Philosophe français. À la suite de Heidegger, il s'attaque à la métaphysique classique, concevant la philosophie comme une lecture critique des textes. Il est le théoricien de la « déconstruction ». *"De la grammatologie"* (1967); *"L'Écriture et la Différence"* (1967); *"Spectres de Marx"* (1993), sur l'actualité de la pensée marxiste.

Derrida. *Phot. © Victor/Stills*

① **DERRIÈRE** ▪ Du côté opposé au visage, à la face, au côté visible. **I.** prép. **1.** En arrière, au dos de. *Derrière le mur. Se cacher derrière qqn.* - fig. *Derrière les apparences :* au-delà, sous. ♦ *DE DERRIÈRE, PAR-DERRIÈRE* loc. prép. *Il sortit de derrière la haie. Passez par-derrière la maison.* - fig. *Idée de derrière la tête :* arrière-pensée. **2.** À la suite de. *Marcher l'un derrière l'autre.* ⇒ **après.** - *Laisser qqn loin derrière soi ;* fig. dépasser, surpasser. - *Il faut toujours être derrière lui,* le surveiller. **II.** adv. **1.** Du côté opposé à la face, à l'endroit ; en arrière. *Il est resté derrière, loin derrière.* **2.** *PAR-DERRIÈRE* loc. adv. *Attaquer qqn par-derrière* (dans le dos). - *Dire du mal de qqn par-derrière* (derrière son dos, en son absence).

② **DERRIÈRE** n. m. ▪ **1.** Le côté opposé au *devant,* la partie postérieure. ⇒ **arrière.** *Les roues de derrière. Porte de derrière.* **2.** Partie du corps qui comprend les fesses et le fondement. ⇒ **arrière-train, postérieur ;** FAM. **cul.** *Tomber sur le derrière, le derrière par terre.*

DERVICHE n. m. ▪ Religieux musulman appartenant à une confrérie mystique. *Les derviches tourneurs* (turcs), qui pratiquent une danse rituelle où ils tournent sur eux-mêmes.

① **DES** ⇒ ① et ② DE

② **DES** art. indéf. ▪ Pluriel de *un, une.* **1.** Devant un nom commun. *Un livre, des livres.* ◇ *Des* est remplacé par *de* devant un adjectif (*il a de bonnes idées* ; [élidé] *il m'a fait d'amers reproches*) sauf si l'adjectif fait corps avec le nom *(il mange des petits fours)*. **2.** FAM. Devant un nom de nombre, avec une valeur emphatique. *Il soulève des cinquante kilos comme un rien.*

DES- ou **DÉS-** ⇒ DÉ-

DÈS prép. ▪ **I.** (temps) **1.** Immédiatement, à partir de. ⇒ **depuis.** *Se lever dès l'aube. Dès maintenant, dès à présent.* ⇒ **désormais.** *Vous viendrez me voir dès mon retour.* **2.** *DÈS LORS* loc. adv. : dès ce moment, aussitôt. – fig. En conséquence. *Il a fourni un alibi, dès lors il est hors de cause.* ♦ *DÈS LORS QUE* loc. conj. (+ indic.) : dès l'instant où ; fig. étant donné que, puisque. **3.** *DÈS QUE* loc. conj. (+ indic.) : aussitôt que. *Dès qu'il sera là.* **II.** (lieu) À partir de, depuis. *Dès la porte, dès le seuil.*

DÉSABONNER v. tr. 1 ▪ Faire cesser d'être abonné. – pronom. *Se désabonner.*

DÉSABUSER v. tr. 1 ▪ LITTÉR. Tirer (qqn) de l'erreur, de l'illusion qui l'abuse. ► **DÉSABUSÉ, ÉE** adj. COUR. Qui a perdu ses illusions. *Il est désabusé.* – *Sourire désabusé.* ⇒ **désenchanté.**

DÉSACCORD n. m. ▪ **1.** Fait de n'être pas d'accord ; état de personnes qui s'opposent. ⇒ **désunion, différend, mésentente.** *Un léger désaccord.* – *Être en désaccord avec qqn sur qqch.* **2.** Fait de ne pas s'accorder, de ne pas aller ensemble. ⇒ **contradiction, opposition.** *Être en désaccord avec son temps.*

DÉSACCORDER v. tr. 1 ▪ **1.** Détruire l'accord de (un instrument de musique). **2.** Rompre l'accord, l'harmonie de (un ensemble). ► **DÉSACCORDÉ, ÉE** p. p. *Piano désaccordé.* ⇒ **faux.**

DÉSACCOUTUMER v. tr. 1 ▪ LITTÉR. Faire perdre une coutume, une habitude (à qqn). ⇒ **déshabituer.** – pronom. *Se désaccoutumer de fumer du tabac.* ► n. f. DÉSACCOUTUMANCE

DÉSACRALISER [-s-] v. tr. 1 ▪ DIDACT. Retirer son caractère sacré à (qqch., qqn).

DÉSADAPTER v. tr. 1 ▪ DIDACT. Faire cesser l'adaptation de. – pronom. *Se désadapter d'un milieu.* – au p. p. *Un homme désadapté.*

DÉSAFFECTER v. tr. 1 ▪ Faire cesser, changer l'affectation de (un édifice). *Désaffecter une école.* ► **DÉSAFFECTÉ, ÉE** adj. Qui a perdu sa destination première. *Église désaffectée.*

DÉSAFFECTION n. f. ▪ Perte de l'attachement que l'on éprouvait. ⇒ **détachement.** *La désaffection du public pour le cinéma.*

DÉSAGRÉABLE adj. ▪ **1.** Qui se conduit de manière à choquer, blesser. *Il est désagréable au possible.* ⇒ **détestable, insupportable, odieux.** **2.** (choses) Qui déplaît, donne du déplaisir. ⇒ **déplaisant, pénible.** *Odeur, impression désagréable. Chose désagréable à voir, à entendre.* – impers. *Il est, c'est désagréable de...* ► DÉSAGRÉABLEMENT adv. *Être désagréablement surpris.*

DÉSAGRÉGATION n. f. ▪ Fait de (se) désagréger. *La désagrégation d'une pierre friable.*

DÉSAGRÉGER v. tr. 3 et 6 ▪ **1.** Décomposer (qqch.) en séparant les parties liées, agrégées. ⇒ **dissoudre, pulvériser.** *La pluie désagrège les roches tendres.* **2.** fig. Décomposer en détruisant l'unité. ► SE **DÉSAGRÉGER** v. pron. **1.** *Le sucre se désagrège dans l'eau.* **2.** fig. *Son système de défense s'est désagrégé.* ⇒ s'**écrouler.**

DÉSAGRÉMENT n. m. ▪ Déplaisir causé par une chose désagréable ; sujet de contrariété. ⇒ **difficulté, ennui, souci.** *Il n'en a retiré que du désagrément. Cela nous a attiré bien des désagréments.*

DÉSALTÉRANT, ANTE adj. ▪ Qui désaltère. *Le thé est très désaltérant.*

DÉSALTÉRER v. tr. 6 ▪ Apaiser la soif de (qqn). – absolt *Boisson qui désaltère.* – pronom. *Se désaltérer à une source.* ⇒ **boire.**

DÉSAMORCER v. tr. 3 ▪ **1.** Enlever l'amorce de. *Désamorcer une bombe.* **2.** Interrompre le fonctionnement de (ce qui devait être amorcé). *Désamorcer un siphon.* **3.** fig. Empêcher le déclenchement de. *Tenter de désamorcer un conflit.* ► n. m. DÉSAMORÇAGE

DÉSAMOUR n. m. ▪ LITTÉR. Cessation de l'amour.

Francesco DE SANCTIS (1817 - 1883) ▪ Écrivain et homme politique italien, lié au Risorgimento. Fondateur de la critique littéraire moderne en Italie. *"Histoire de la littérature italienne"* (1869-1871).

DÉSAPPOINTEMENT n. m. ▪ État, sensation d'une personne désappointée. ⇒ **déception, déconvenue.** *Cacher son désappointement.*

DÉSAPPOINTER v. tr. 1 ▪ Tromper (qqn) dans son attente, dans ses espérances. ⇒ **décevoir.** ► **DÉSAPPOINTÉ, ÉE** adj. *Il partit tout désappointé.* – *D'un air désappointé.* ⇒ **déçu, dépité.**

DÉSAPPRENDRE v. tr. 58 ▪ LITTÉR. Oublier (ce qu'on a appris). *Il a désappris tout ce qu'il savait.* – *Désapprendre d'aimer.*

DÉSAPPROBATEUR, TRICE adj. ▪ Qui désapprouve, marque la désapprobation. *Air, ton, regard désapprobateur.*

DÉSAPPROBATION n. f. ▪ Action de désapprouver. ⇒ **réprobation.** *Un murmure de désapprobation s'éleva dans la salle.*

DÉSAPPROUVER v. tr. 1 ▪ Juger d'une manière défavorable ; trouver mauvais. ⇒ **blâmer, critiquer, réprouver.** *Désapprouver un projet. Désapprouver qqn, la conduite de qqn.*

DÉSARÇONNER v. tr. 1 ▪ **1.** Mettre (qqn) hors des arçons, jeter à bas de la selle. *Le cheval a désarçonné son cavalier.* ⇒ **démonter.** **2.** fig. Faire perdre son assurance à (qqn). ⇒ **déconcerter, démonter.** – au p. p. *Il est resté désarçonné.*

DÉSARGENTÉ, ÉE adj. ▪ FAM. Qui n'a plus d'argent. *Je suis plutôt désargenté en ce moment.*

Gérard ou **Gaspard DESARGUES** (1593 - 1662) ▪ Mathématicien français. Il a créé la géométrie projective, réinventée par Poncelet vers 1820.

DÉSARMANT, ANTE adj. ▪ Qui enlève toute sévérité ou laisse sans défense. *Une naïveté désarmante.* ⇒ **touchant.**

DÉSARMEMENT n. m. ▪ **1.** Action de désarmer ; réduction ou suppression des armements. *Conférences pour le désarmement nucléaire.* **2.** MAR. *Le désarmement d'un navire* (⇒ **désarmer** (I, 3)).

DÉSARMER v. tr. 1 ▪ **I. 1.** Enlever ses armes à (qqn). *Désarmer un malfaiteur.* **2.** Limiter ou supprimer les armements militaires de. *Désarmer un pays.* ⇒ **démilitariser** ; aussi **dénucléariser.** **3.** MAR. *Désarmer un navire,* en retirer le matériel et l'équipage. **II.** fig. **1.** Rendre moins sévère, pousser à l'indulgence. *Son inconscience me désarme.* – au p. p. *Être désarmé devant les difficultés.* **2.** intrans. (en tournure négative) Céder, cesser (sentiment hostile, violent). *Sa haine ; sa colère ne désarme pas.*

DÉSARROI n. m. ▪ Trouble moral profond. *Être en plein désarroi.* ⇒ **angoisse, détresse.**

DÉSARTICULER v. tr. 1 ▪ **1.** Faire sortir (un os) de son articulation. **2.** Démonter, disloquer. *Désarticuler un jouet.* ► SE **DÉSARTICULER** v. pron. Plier ses membres en tous sens en assouplissant ses articulations à l'excès. *Acrobate qui se désarticule.* – au p. p. *Pantin désarticulé.*

DÉSASSORTIR v. tr. 2 ▪ Priver (un ensemble de choses assorties) d'une partie de ses éléments. ► **DÉSASSORTI, IE** adj. *Service de table désassorti.* ⇒ **dépareillé.**

DÉSASTRE n. m. ▪ **1.** Malheur très grave ; ruine qui en résulte. ⇒ **calamité, cataclysme, catastrophe.** *Un désastre irréparable. Mesurer l'étendue du désastre.* – par exagér. *Le concert fut un désastre.* **2.** Échec entraînant de graves conséquences. *Désastre financier, commercial.* ⇒ **banqueroute, déconfiture, faillite.** *Nous courons au désastre.*

DÉSASTREUX, EUSE adj. ▪ Malheureux, mauvais ; fâcheux. ⇒ **déplorable, lamentable, épouvantable.** *Temps, résultat désastreux.* ► adv. DÉSASTREUSEMENT

DÉSAVANTAGE n. m. ▪ Condition d'infériorité ; élément négatif. ⇒ **handicap, inconvénient.** *Se montrer à son désavantage,* sous un jour défavorable. *Tourner au désavantage de qqn.* ⇒ **détriment, préjudice ; désavantager.**

DÉSAVANTAGER v. tr. 3 ▪ Faire subir un désavantage à (qqn), mettre en désavantage, en état d'infériorité. ⇒ **handicaper, léser.** – au p. p. *Être désavantagé.*

DÉSAVANTAGEUX, EUSE adj. ▪ Qui cause ou peut causer un désavantage. ⇒ **défavorable.** *Une affaire désavantageuse. Un accord désavantageux pour lui.*

DÉSAVEU n. m. ▪ Fait de désavouer. *C'est un désaveu de la politique de son prédécesseur. Encourir le désaveu de l'opinion.*

DÉSAVOUER v. tr. 1 ▪ **1.** Refuser de reconnaître pour sien. *Il a désavoué ses premiers livres.* ⇒ **renier.** **2.** Déclarer qu'on n'a pas autorisé (qqn) à agir comme il l'a fait. *Son parti l'a désavoué.* **3.** Désapprouver. *Désavouer qqn, sa conduite.* ⇒ **blâmer, condamner, réprouver.**

DÉSAXER v. tr. 1 ▪ **1.** Faire sortir de l'axe. **2.** fig. Faire sortir (qqn) de l'état normal, habituel. ► **DÉSAXÉ, ÉE** adj. **1.** *Roue*

désaxée. **2.** fig. Qui n'est pas dans son état normal. ⇒ **déséquilibré.** *Être un peu désaxé.* - **n.** *Un, une désaxé(e).*

Marceline DESBORDES-VALMORE (1786 - 1859) ▪ Poétesse française, auteur de poèmes élégiaques où elle exprime ses tristesses et ses élans mystiques.

René DESCARTES (1596 - 1650) ▪ Philosophe et savant français. Il fut le créateur de la géométrie analytique, le promoteur du mécanisme dans les sciences exactes et découvrit les lois de la réfraction optique. Son refus de la scolastique en fait un des pères de la philosophie moderne. Contre les autorités reçues, il ne voulut se fier qu'à la raison. Au doute méthodique, seule résiste la certitude de l'existence : le *cogito* (« Je pense, donc je suis »). *"Discours de la méthode"* (1637, suivi des essais scientifiques de cette méthode); *"Méditations métaphysiques"* (1641); *"Principes de la philosophie"* (1644); *"Les Passions de l'âme"* (1649).

Descartes. Portrait par Franz Hals. Musée du Louvre, Paris. *Phot. © Lauros/Giraudon*

DESCELLER v. tr. [1] ▪ Détacher, arracher (ce qui est scellé). *Desceller une grille.* ► **n. m.** DESCELLEMENT

DESCENDANCE n. f. ▪ Ensemble des descendants de qqn. ⇒ **lignée, postérité, progéniture.** *Il a une nombreuse descendance.*

DESCENDANT, ANTE ▪ **I. n.** Personne qui est issue d'un ancêtre (⇒ **descendance**). *Descendants en ligne directe* (enfants, petits-enfants...). **II. adj.** Qui descend. *Marée descendante.*

DESCENDEUR, EUSE n. ▪ Cycliste, skieur particulièrement brillant en descente.

DESCENDRE v. [41] ▪ **I. v. intr.** (auxiliaire *être*) **1.** Aller du haut vers le bas. *Descendre d'une montagne. Il est descendu par l'ascenseur, par l'escalier. Descendre à pied, en courant.* ♦ loc. *Descendre dans la rue :* aller manifester. *Descendre en ville :* aller en ville. **2.** Aller vers le sud. *De Paris nous descendrons à Arles.* **3.** Loger, au cours d'un voyage. *Descendre chez des amis, à l'hôtel.* **4.** *Descendre de :* cesser d'être sur, dans ; sortir de. *Descendre de cheval, de train, de voiture.* ♦ *Descendre à terre* (d'un navire). ⇒ **débarquer. 5.** Faire irruption (⇒ **descente** (I, 2)). *La police est descendue dans cet hôtel.* **6.** fig. Aller vers ce qui est considéré comme plus bas. *Il est descendu bien bas !* ⇒ **tomber. 7.** *Descendre dans le détail, jusqu'au moindre détail :* examiner successivement des choses de moins en moins importantes ou générales. **II.** (choses) **1.** Aller de haut en bas. *Les cours d'eau descendent vers la mer.* ⇒ **couler.** *Le soleil descend sur l'horizon.* ⇒ se **coucher.** ♦ *La nuit ; le soir descend.* ⇒ **tomber. 2.** S'étendre de haut en bas. *Robe qui descend à la cheville, jusqu'aux chevilles.* **3.** Aller en pente. *La rue descend à pic.* **4.** Diminuer de niveau. ⇒ **baisser.** *La marée descend. Le thermomètre est descendu d'un degré.* - *Les prix descendent.* ⇒ **diminuer. III.** fig. (personnes) Tenir son origine, être issu de (⇒ **descendance**). *Descendre d'une famille modeste.* **IV. v. tr.** (auxiliaire *avoir*) **1.** Aller en bas, vers le bas de. *Il a descendu l'escalier quatre à quatre.* - *Descendre une rivière* (de l'amont vers l'aval). **2.** Porter de haut en bas. *Descendre un vieux lit à la cave.* ♦ FAM. Avaler, boire. *Il a descendu son demi cul sec.* **3.** FAM. Faire tomber ; abattre. *Se faire descendre.* ⇒ **tuer.** - loc. *Descendre* (qqn, qqch.) *en flammes :* critiquer, attaquer violemment.

DESCENTE n. f. ▪ **I. 1.** Action de descendre, d'aller d'un lieu élevé vers un autre plus bas. *Descente dans, à, vers* (un lieu). *Descente en parachute.* - *À la descente :* au moment de descendre. *Accueillir qqn à sa descente d'avion.* ♦ spécialt *Épreuves de descente* (ski). **2.** Vive attaque dans le camp adverse (milit., sports). ♦ Irruption soudaine (en vue d'un contrôle, d'une perquisition). *La police a fait une descente.* **3.** (choses) *L'avion amorce sa descente* (avant d'atterrir). ♦ MÉD. Déplacement de haut en bas (d'un organe). *Descente de l'utérus.* **II.** Action de déposer une chose, de la porter en bas. - *DESCENTE DE CROIX :* représentation de Jésus-Christ qu'on détache de la croix. **III.** Ce qui descend, va vers le bas. **1.** Chemin, pente par laquelle on descend. *Freiner dans les descentes. Au bas de la descente.* **2.** *DESCENTE DE LIT :* petit tapis sur lequel on pose les pieds en descendant du lit. ⇒ **carpette. 3.** fig. FAM. *Avoir une bonne descente :* boire ou manger beaucoup.

Paul DESCHANEL (1855 - 1922) ▪ Président (centre droit) de la République française de février à septembre 1920.

DESCRIPTIF, IVE adj. ▪ **1.** Qui décrit, s'attache à décrire. *Style descriptif.* **2.** *Géométrie descriptive,* technique de représentation plane des figures de l'espace. **3. n. m.** Document qui décrit précisément qqch. au moyen de plans, schémas et légendes.

DESCRIPTION n. f. ▪ **1.** Action de décrire. *Faire, donner la description de qqch., qqn.* **2.** dans une œuvre littéraire Passage qui évoque la réalité concrète. *Description vivante.*

DÉSEMBUER v. tr. [1] ▪ Débarrasser (une vitre, etc.) de la buée. ► **n. m.** DÉSEMBUAGE

DÉSEMPARÉ, ÉE adj. ▪ Qui ne sait plus où il en est, qui ne sait plus que dire, que faire. ⇒ **déconcerté, décontenancé.** *Se sentir tout désemparé.*

DÉSEMPARER v. intr. [1] ▪ loc. LITTÉR. *SANS DÉSEMPARER :* sans faiblir, sans s'interrompre. *Travailler sans désemparer.*

DÉSEMPLIR v. intr. [2] ▪ (forme négative) *Ne pas désemplir :* être constamment plein. *La salle d'attente ne désemplit pas.*

DÉSENCHANTEMENT n. m. ▪ État d'une personne qui a perdu ses illusions. ⇒ **déception, dégoût, désillusion.**

DÉSENCHANTER v. tr. [1] ▪ **1.** RARE Faire cesser l'enchantement de. **2.** Faire revenir (qqn) de ses illusions. ► **DÉSENCHANTÉ, ÉE adj.** ⇒ **blasé, déçu, désillusionné.** *Il est revenu désenchanté.* - *Sourire désenchanté.*

DÉSENCLAVER v. tr. [1] ▪ Faire cesser d'être enclavé, d'être une enclave. - Rompre l'isolement de (une région, une ville) par l'amélioration des communications.

DÉSENCOMBRER v. tr. [1] ▪ Faire cesser d'être encombré. *Désencombrer la voie publique.*

DÉSENFLER v. intr. [1] ▪ Cesser d'être enflé. *Sa joue a désenflé.* - pronom. *Sa bosse s'est désenflée.* - passif *Sa cheville est désenflée.*

DÉSENFUMER v. tr. [1] ▪ Chasser la fumée de (un lieu).

DÉSENGAGER v. tr. [3] ▪ Faire cesser d'être engagé ; libérer d'un engagement. - pronom. *Se désengager d'une obligation.* ► **n. m.** DÉSENGAGEMENT

DÉSENNUYER [-ɑ̃nɥi-] v. tr. [8] ▪ Faire cesser l'ennui de (qqn). - pronom. *Voyager pour se désennuyer.*

DÉSENSIBILISER [des-] v. tr. [1] ▪ **1.** MÉD. Diminuer la sensibilité à l'égard de certaines substances. - spécialt *Désensibiliser une dent.* ⇒ **dévitaliser. 2.** fig. Rendre (qqn) moins sensible à qqch. *Désensibiliser l'opinion publique à, sur un problème.* ► **n. f.** DÉSENSIBILISATION

DÉSÉPAISSIR v. tr. [2] ▪ Rendre moins épais. *Désépaissir les cheveux.*

DÉSÉQUILIBRE n. m. ▪ **1.** Absence d'équilibre. ⇒ **instabilité.** *Pile de livres en déséquilibre.* - MÉD. Trouble de la régulation. *Déséquilibre hormonal.* **2.** fig. *Il y a déséquilibre entre l'offre et la demande.* ⇒ **disproportion, inégalité. 3.** État psychique qui se manifeste par des difficultés d'adaptation, des changements d'attitude immotivés, des réactions asociales.

DÉSÉQUILIBRÉ, ÉE adj. ▪ Qui n'a pas ou n'a plus son équilibre mental. *Il est un peu déséquilibré.* - **n.** *C'est un déséquilibré.* ⇒ **détraqué, instable.**

DÉSÉQUILIBRER v. tr. [1] ▪ **1.** Faire perdre l'équilibre à (qqch., qqn). **2.** Causer un déséquilibre chez (qqn). ⇒ **déstabiliser.** - spécialt Rendre déséquilibré.

① **DÉSERT, ERTE** adj. ▪ **1.** Sans habitants. *Île déserte.* ⇒ **inhabité.** - Peu fréquenté. *Plage déserte.* **2.** Privé provisoirement de ses occupants. ⇒ **vide.** *C'est dimanche, les rues sont désertes.*

② **DÉSERT** n. m. ▪ Zone aride et peu habitée. *Désert de sable. Le désert de Gobi.* ♦ loc. *Prêcher (parler, crier...) dans le désert,* sans être entendu. - *La traversée du désert,* période d'éloignement du pouvoir, pour un homme d'État.

désert. Le désert de Namibie. *Phot. © Cordier/Explorer*

DÉSERTER v. tr. 1 ▪ **1.** Abandonner (un lieu où l'on devrait rester). ⇒ **quitter.** *Déserter son poste.* **2.** absolt Abandonner l'armée sans permission. *Soldat qui déserte.* **3.** fig. Renier, trahir. *Déserter une cause.*

DÉSERTEUR n. m. ▪ Soldat qui déserte ou qui a déserté.

SE **DÉSERTIFIER** v. pron. 7 ▪ **1.** Se transformer en désert sous l'action de facteurs climatiques ou humains. **2.** fig. Se dépeupler. ► DÉSERTIFICATION n. f. *La désertification des campagnes.*

DÉSERTION n. f. ▪ **1.** Action de déserter, de quitter l'armée sans autorisation. **2.** Fait d'abandonner (un lieu).

DÉSERTIQUE adj. ▪ **1.** Relatif au désert. *Climat désertique.* - *Région désertique.* ⇒ **aride, inculte. 2.** Vide. *Ce quartier semble désertique.*

DÉSESCALADE n. f. ▪ Retour au calme après une escalade*, dans le domaine militaire, diplomatique, social, etc.

DÉSESPÉRANCE n. f. ▪ LITTÉR. État d'une personne qui n'a aucune espérance, qui a perdu foi, confiance. ⇒ **désespoir.**

DÉSESPÉRANT, ANTE adj. ▪ **1.** Qui fait perdre espoir, qui lasse. ⇒ **décourageant.** *Il ne comprend rien, il est désespérant.* **2.** Désagréable, fâcheux. *Il fait un temps désespérant.*

DÉSESPÉRÉ, ÉE adj. ▪ **1.** Qui est réduit au désespoir. *C'est un homme désespéré.* - n. *Un désespéré.* **2.** par exagér. Désolé, navré (→ au désespoir). *Je suis désespéré de vous avoir fait attendre.* **3.** Qui exprime le désespoir. *Regard désespéré.* **4.** Extrême ; dicté par le danger. *Tentative désespérée.* **5.** Qui ne laisse aucune espérance. *La situation est désespérée.* - *Le malade est dans un état désespéré.*

DÉSESPÉRÉMENT adv. ▪ **1.** Avec désespoir. *Pleurer désespérément.* ♦ Absolument, dans la tristesse ou sans espoir de changement. *Être désespérément seul. La salle restait désespérément vide.* **2.** Avec acharnement. *Lutter désespérément.*

DÉSESPÉRER v. 6 ▪ **I. 1.** v. tr. ind. (avec *de*) Perdre l'espoir en. *Désespérer du succès de son entreprise. Désespérer de qqn. Je désespère de pouvoir jamais y arriver.* - LITTÉR. *Désespérer que* (+subj.). *Nous désespérons qu'il aille mieux. Je ne désespère pas qu'il (ne) réussisse,* je l'espère encore. **2.** v. intr. Cesser d'espérer. *Il ne faut pas désespérer, tout s'arrangera.* **II.** v. tr. Réduire au désespoir, affliger cruellement. *La mort de son ami l'a désespéré.* ♦ Désoler, navrer. *Cet enfant me désespère.* ► SE **DÉSESPÉRER** v. pron. S'abandonner au désespoir. *Il ne faut pas se désespérer pour si peu.* ◇ p. p. ⇒ **désespéré.**

DÉSESPOIR n. m. ▪ **1.** Perte de tout espoir (⇒ **désespérance**). - loc. *L'énergie du désespoir :* la force déployée lorsque tout est perdu. **2.** Affliction extrême et sans remède. ⇒ **désolation, détresse.** *S'abandonner au désespoir. Mettre, réduire qqn au désespoir.* **3.** par exagér. Ce qui cause une grande contrariété. *Elle fait le désespoir de ses parents.* - *Être au désespoir :* regretter vivement. *Je suis au désespoir de n'avoir pu vous rendre service.* **4.** *En désespoir de cause* loc. adv. : comme dernière tentative et sans grand espoir de succès.

DÉSHABILLÉ n. m. ▪ Vêtement d'intérieur féminin d'étoffe légère.

DÉSHABILLER v. tr. 1 ▪ Dépouiller (qqn) de ses vêtements. ⇒ **dévêtir.** - *Déshabiller qqn du regard,* par la pensée. ► SE **DÉSHABILLER** v. pron. Enlever ses habits. *Aider un enfant à se déshabiller.* ♦ Ôter les vêtements destinés à être portés au-dehors (chapeau, manteau, gants, etc.). *Se déshabiller au vestiaire.* ► n. m. DÉSHABILLAGE

DÉSHABITUER v. tr. 1 ▪ Faire perdre une habitude à (qqn). ⇒ **désaccoutumer.** *Déshabituer qqn de l'alcool.* ⇒ **désintoxiquer.** ► SE **DÉSHABITUER** v. pron. Se défaire d'une habitude. *Se déshabituer de fumer.*

DÉSHERBANT n. m. ▪ Produit qui détruit les mauvaises herbes.

DÉSHERBER v. tr. 1 ▪ Enlever les mauvaises herbes de. ⇒ **sarcler.** *Désherber un potager.* ► n. m. DÉSHERBAGE

DÉSHÉRENCE n. f. ▪ DR. Absence d'héritiers pour recueillir une succession qui est en conséquence dévolue à l'État.

DÉSHÉRITER v. tr. 1 ▪ **1.** Priver (qqn) de l'héritage auquel il a droit. *Menacer un parent de le déshériter.* **2.** fig. Priver (qqn) des avantages naturels. ⇒ **désavantager.** *La nature l'a déshérité.* ► **DÉSHÉRITÉ, ÉE** adj. **1.** Privé d'héritage. *Enfant déshérité.* **2.** fig. Désavantagé, défavorisé. *Les populations les plus déshéritées.* - n. *Les déshérités.*

DÉSHONNÊTE adj. ▪ LITTÉR. Contraire à la pudeur, aux bienséances. ⇒ **inconvenant, indécent** ; ≠ *malhonnête.*

DÉSHONNEUR n. m. ▪ Perte de l'honneur. *Il n'y a pas de déshonneur à avouer son échec.* ⇒ **honte.**

DÉSHONORANT, ANTE adj. ▪ Qui déshonore. *Conduite déshonorante.* ⇒ **avilissant.**

DÉSHONORER v. tr. 1 ▪ **1.** Porter atteinte à l'honneur de (qqn). ⇒ **salir ; discréditer.** - au p. p. *Il se croirait déshonoré de travailler de ses mains.* **2.** VIEILLI *Déshonorer une femme, une jeune fille,* la séduire, abuser d'elle. **3.** LITTÉR. Défigurer, dégrader (qqch.). ► SE **DÉSHONORER** v. pron. Perdre l'honneur, se couvrir d'opprobre.

DÉSHUMANISER v. tr. 1 ▪ Faire perdre le caractère humain, la dignité humaine à (qqn, un milieu). - p. p. adj. *Un monde déshumanisé.*

DÉSHYDRATANT, ANTE adj. ▪ Qui déshydrate.

DÉSHYDRATATION n. f. ▪ **1.** Action de déshydrater. **2.** Fait d'être déshydraté.

DÉSHYDRATER v. tr. 1 ▪ Enlever l'eau de. ⇒ **dessécher, sécher.** *Déshydrater des légumes.* ⇒ **lyophiliser.** ► SE **DÉSHYDRATER** v. pron. Perdre l'eau nécessaire à l'organisme. *Les bébés se déshydratent rapidement.* ► **DÉSHYDRATÉ, ÉE** adj. Privé de son eau ou d'une partie de son eau. *Purée déshydratée en flocons.* - *Peau déshydratée.* ♦ FAM. Assoiffé. *Je suis complètement déshydraté.*

Vittorio **DE SICA** (1902-1974) ▪ Acteur et cinéaste néoréaliste italien naturalisé français en 1966. *"Le Voleur de bicyclette"* (1948); *"Miracle à Milan"* (1950).

De Sica. *Le Voleur de bicyclette,* avec Lamberto Maggiorani et Enzo Staiola. *Phot. © Coll. Rui Nogueira*

DESIDERATA [dezideRata] n. m. pl. ▪ Choses souhaitées. ⇒ **désir, souhait, vœu.** *Veuillez nous faire connaître vos desiderata.*

DESIGN [dizajn ; dezajn] n. m. ▪ anglic. Esthétique industrielle appliquée à la recherche de formes nouvelles et adaptées à leur fonction. ◇ recomm. off. *stylique* n. f. ♦ adj. invar. D'une esthétique moderne et fonctionnelle. *Des meubles design.*

DÉSIGNATION n. f. ▪ **1.** Action de désigner ; appellation, dénomination. **2.** Action de choisir, d'élire (qqn). ⇒ **choix, élection, nomination.**

DESIGNER [dizajnœr ; dez-] **n. m.** ▪ anglic. Spécialiste du design. ◇ recomm. off. *stylicien, ienne.*

DÉSIGNER **v. tr.** 1 ▪ **I. 1.** Indiquer de manière à faire distinguer de tous les autres par un geste, une marque, un signe. *Désigner qqn, qqch. du doigt.* ⇒ **montrer.** *Désigner qqn par son nom.* ⇒ **appeler, nommer. 2.** DÉSIGNER QQN À, le signaler à. *Son talent l'a désigné à l'attention du jury.* **3.** Être le signe linguistique de. ⇒ **représenter.** *Tout ce que peut désigner le mot « amour ».* **II. 1.** Choisir (qqn) pour une activité, un rôle, une dignité. *Désigner son successeur.* ⇒ **nommer. 2.** (sujet chose) ⇒ **destiner** à, **qualifier.** *Ses qualités le désignent pour ce rôle.* - passif *Il est tout désigné pour être le chef,* nul n'est plus qualifié que lui.

DÉSILLUSION **n. f.** ▪ Perte d'une illusion. *Quelle désillusion !* ⇒ **déception.**

DÉSILLUSIONNER **v. tr.** 1 ▪ Faire perdre une illusion à (qqn). ⇒ **décevoir, désappointer.**

DÉSINCARNÉ, ÉE **adj.** ▪ Qui néglige ou méprise les choses matérielles (souvent iron.). *Amour désincarné.* ⇒ **platonique.**

DÉSINENCE **n. f.** ▪ Élément variable qui s'ajoute au radical d'un mot pour produire les formes des conjugaisons, des déclinaisons. ⇒ **flexion, terminaison.**

DÉSINFECTANT, ANTE **adj.** ▪ Qui sert à désinfecter. *Produit désinfectant.* - **n. m.** *Un désinfectant.*

DÉSINFECTER **v. tr.** 1 ▪ Procéder à la désinfection de. ⇒ **assainir, purifier.** *Désinfecter la chambre d'un malade. Désinfecter une plaie.*

DÉSINFECTION **n. f.** ▪ Destruction des germes infectieux se trouvant hors de l'organisme, à la surface du corps. ⇒ **antisepsie, asepsie, stérilisation ; désinfecter.**

DÉSINFORMATION **n. f.** ▪ Utilisation des techniques de l'information de masse pour induire en erreur, cacher ou travestir les faits.

DÉSINFORMER **v. tr.** 1 ▪ Informer de manière à cacher ou falsifier certains faits.

DÉSINTÉGRATION **n. f.** ▪ **1.** PHYS. Transformation spontanée d'un noyau atomique par perte de masse. ⇒ **fission. 2.** abstrait Destruction complète.

DÉSINTÉGRER **v. tr.** 6 ▪ **1.** PHYS. Transformer (la matière) en énergie, partiellement ou totalement. **2.** abstrait Détruire complètement. ► SE **DÉSINTÉGRER** **v. pron. 1.** S'annihiler (de la matière). **2.** abstrait Perdre sa cohésion.

DÉSINTÉRESSÉ, ÉE **adj.** ▪ Qui n'agit pas par intérêt personnel. ⇒ **altruiste, généreux ; désintéressement.** *C'est un homme parfaitement désintéressé.* ♦ Qui s'accomplit sans être inspiré par l'intérêt personnel. *Conduite désintéressée. Avis, conseil désintéressé. Aimer qqn de manière désintéressée.*

DÉSINTÉRESSEMENT **n. m.** ▪ Détachement de tout intérêt personnel. ⇒ **altruisme, générosité.**

SE **DÉSINTÉRESSER** **v. pron.** 1 ▪ *Se désintéresser de :* ne plus porter intérêt à. *Se désintéresser de son travail.* ⇒ **négliger ; désintérêt.** - *Il s'est complètement désintéressé de son fils.*

DÉSINTÉRÊT **n. m.** ▪ LITTÉR. État de l'esprit qui se désintéresse de qqch. ⇒ **indifférence.**

DÉSINTOXICATION **n. f.** ▪ Traitement qui a pour but de désintoxiquer. *Cure de désintoxication,* appliquée à un alcoolique ou à un toxicomane.

DÉSINTOXIQUER **v. tr.** 1 ▪ **1.** Guérir (qqn) d'une intoxication. **2.** Débarrasser de ses toxines. *Le bon air nous désintoxiquera.* ► SE **DÉSINTOXIQUER** **v. pron. 1.** Suivre une cure de désintoxication. **2.** Se débarrasser de ses toxines.

DÉSINVOLTE **adj.** ▪ Qui fait montre d'une liberté un peu insolente, d'une légèreté excessive. *Manières désinvoltes.* ⇒ **cavalier.** *Il est un peu trop désinvolte.* ⇒ **sans-gêne.**

DÉSINVOLTURE **n. f.** ▪ Attitude, tenue, tournure désinvolte. ⇒ **laisser-aller, légèreté ; sans-gêne.**

DÉSIR **n. m.** ▪ **1.** Tendance qui porte à vouloir obtenir un objet connu ou imaginé. ⇒ **aspiration, envie.** *Exprimer, formuler un désir.* ⇒ **souhait, vœu.** *Vos désirs sont (pour nous) des ordres. Satisfaire les moindres désirs de qqn. Prendre ses désirs pour des réalités*.* ♦ DÉSIR DE. *Un grand désir de changement.* - (+ inf.) *Le désir de plaire, de vivre.* **2.** Tendance consciente aux plaisirs sexuels. *Éprouver du désir pour qqn.*

DÉSIRABLE **adj.** ▪ **1.** Qui mérite d'être désiré. ⇒ **souhaitable.** *Prendre toutes les précautions désirables.* **2.** Qui inspire un désir charnel. *Homme, femme désirable.*

la **DÉSIRADE** ▪ Petite île des Antilles françaises (20 km²) et commune de la Guadeloupe *(La Désirade).* 1 611 hab.

DÉSIRER **v. tr.** 1 ▪ **1.** Tendre consciemment vers (ce que l'on aimerait posséder) ; éprouver le désir de. ⇒ **aspirer** à, **convoiter, souhaiter, vouloir.** *Désirer ardemment qqch. Si vous le désirez,* si vous voulez. - loc. *N'avoir plus rien à désirer,* être comblé. ♦ par courtoisie, dans le commerce *Vous désirez ? Monsieur désire ?* ♦ DÉSIRER QUE (+ subj.). *Il désire que vous partiez.* ♦ DÉSIRER (+ inf.). *Je désire m'entretenir avec vous.* ⇒ **vouloir. 2.** LAISSER À DÉSIRER : être incomplet, imparfait. *Ce travail laisse à désirer.* **3.** SE FAIRE DÉSIRER : se montrer peu pressé de satisfaire le désir que les autres ont de nous voir (souvent iron.). **4.** Éprouver du désir (2) pour (qqn). *Elle l'aime bien, mais elle ne le désire pas.*

DÉSIREUX, EUSE **adj.** ▪ DÉSIREUX DE (+ inf.), qui veut, a envie de. *Elle est si désireuse de plaire.*

DÉSISTEMENT **n. m.** ▪ Action de se désister.

SE **DÉSISTER** **v. pron.** 1 ▪ Renoncer à une candidature ; se retirer d'une élection. *Se désister en faveur de qqn.*

Nicolas **DESMARETS** ou **DESMARETZ** (1648 - 1721) ▪ Homme politique français, neveu de Colbert. Dernier contrôleur des Finances de Louis XIV (1708-1715).

Jean **DESMARETS DE SAINT-SORLIN** (1595 - 1676) ▪ Écrivain français. Il fut un adversaire acharné des jansénistes. Son *"Traité pour juger des poèmes grecs, latins et français"* (1670) déclencha la querelle des Anciens et des Modernes.

DES MOINES ▪ Ville des États-Unis, capitale de l'Iowa. 193 000 hab.

Camille **DESMOULINS** (1760 - 1794) ▪ Journaliste et homme politique français. Il participa aux journées insurrectionnelles parisiennes du 12 au 14 juillet 1789. Il fonda le journal *"Les Révolutions de France et de Brabant"* puis fut député montagnard à la Convention. Pour avoir tenté, dans son journal *"Le Vieux Cordelier"*, de lutter contre le développement de la Terreur, il fut arrêté et guillotiné avec Danton.

Desmoulins. *Camille Desmoulins au Palais-Royal,* dessin de l'époque révolutionnaire. Musée Carnavalet, cabinet des estampes, Paris. *Phot. © Dagli Orti*

Robert **DESNOS** (1900 - 1945) ▪ Poète français. Il participa au surréalisme. Il s'affirma comme l'un des maîtres de la poésie onirique, *"Corps et Biens"* (1930). Résistant, il fut interné en camp de concentration et mourut du typhus peu après sa libération.

DÉSOBÉIR **v. tr. ind.** 2 ▪ DÉSOBÉIR À **1.** Ne pas obéir à (qqn), en refusant de faire ce qu'il commande ou en faisant ce qu'il défend. *Désobéir à ses parents, à ses chefs.* - absolt *Il a désobéi.* **2.** *Désobéir à un ordre, aux ordres, à la loi.* ⇒ **contrevenir ; enfreindre, transgresser.**

DÉSOBÉISSANCE **n. f.** ▪ Action de désobéir. ⇒ **indiscipline, insoumission, rébellion.**

DÉSOBÉISSANT, ANTE **adj.** ▪ Qui désobéit (se dit surtout des enfants). ⇒ **indiscipliné, indocile, insubordonné.**

DÉSOBLIGEANCE **n. f.** ▪ LITTÉR. Disposition à désobliger (qqn).

DÉSOBLIGEANT, ANTE **adj.** ▪ Qui désoblige ; peu aimable. ⇒ **désagréable.** *Être désobligeant envers qqn. Remarque désobligeante.*

DÉSOBLIGER v. tr. [3] ▪ LITTÉR. Indisposer (qqn) par des actions ou des paroles qui froissent l'amour-propre. ⇒ **froisser, peiner, vexer.** *Vous me désobligeriez beaucoup en refusant.*

DÉSODORISANT, ANTE adj. ▪ Qui désodorise. ➝ n. m. *Désodorisant pour la toilette.* ⇒ anglic. **déodorant.** *Désodorisant contre les odeurs domestiques.*

DÉSODORISER v. tr. [1] ▪ Débarrasser des mauvaises odeurs au moyen d'une substance chimique, d'un produit parfumé. *Désodoriser une cuisine.*

DÉSŒUVRÉ adj. ▪ Qui ne fait rien et ne cherche pas à s'occuper. ⇒ **inactif, oisif.** *Un enfant désœuvré.* ➝ n. *Des désœuvrés.*

DÉSŒUVREMENT n. m. ▪ État d'une personne désœuvrée. *Faire qqch. par désœuvrement,* pour passer le temps.

DÉSOLANT, ANTE adj. ▪ **1.** LITTÉR. Qui désole. ⇒ **affligeant.** *Spectacle désolant.* **2.** COUR. Qui contrarie. ⇒ **contrariant, ennuyeux.**

DÉSOLATION n. f. ▪ **1.** État de ce qui est désolé (1). **2.** Extrême affliction. ⇒ **consternation, détresse.**

DÉSOLER v. tr. [1] ▪ **1.** LITTÉR. Ruiner, transformer en solitude par des ravages. **2.** Causer une affliction extrême à (qqn). ⇒ **affliger, attrister, consterner, navrer.** *Cet échec me désole.* ➝ pronom. *Ne vous désolez pas !* ► **DÉSOLÉ, ÉE** adj. **1.** Désert et triste. *Un endroit désolé.* **2.** Affligé, éploré. *Avoir l'air désolé.* **3.** par exagér. *Être désolé* : regretter. *Je suis désolé de vous avoir dérangé.* ➝ ellipt. *Désolé, je ne puis vous renseigner,* excusez-moi.

SE **DÉSOLIDARISER** [des-] v. pron. [1] ▪ Cesser d'être solidaire. *Se désolidariser de, d'avec qqch., qqn.* ⇒ **abandonner.**

DÉSOPILANT, ANTE adj. ▪ Qui fait rire de bon cœur. *Histoire désopilante.* ⇒ **tordant.** ➝ *Cet acteur est désopilant.*

DÉSORDONNÉ, ÉE adj. ▪ **1.** Mal réglé, sans ordre. *Des gestes, des mouvements désordonnés.* **2.** Qui manque d'ordre, ne range pas ses affaires. **3.** LITTÉR. Qui n'est pas conforme à la règle, à la morale. *Vie désordonnée.* ⇒ **déréglé, dissolu.**

DÉSORDRE n. m. ▪ **1.** Absence d'ordre. *Quel désordre !* ⇒ **fatras, fouillis, pagaille.** ➝ *Mettre qqch.* EN DÉSORDRE. ⇒ **bouleverser ;** FAM. **chambarder.** *Pièce en désordre.* ♦ fig. *Désordre dans les affaires publiques.* ⇒ **désorganisation, gabegie. 2.** Trouble dans un fonctionnement. ⇒ **perturbation.** *Désordre hormonal.* **3.** LITTÉR. Fait de ne pas respecter les règles, la morale ; conduite déréglée, débauche. **4.** Absence d'ordre ou rupture de l'ordre dans un groupe, une communauté. ⇒ **anarchie.** *Semer le désordre.* **5.** au plur. Troubles qui interrompent la tranquillité publique, l'ordre social. ⇒ **agitation, émeute.** *De graves désordres ont éclaté.*

DÉSORGANISATION n. f. ▪ Action de désorganiser ; son résultat. ⇒ **désordre, déstructuration.**

DÉSORGANISER v. tr. [1] ▪ Détruire l'organisation de. ⇒ **déranger, troubler.** ➝ au p. p. *Le parti est désorganisé.*

Desnos. Portrait par Malkine.
Bibliothèque littéraire Jacques Doucet, Paris. *Phot. © J.-L. Charmet*

DÉSORIENTER v. tr. [1] ▪ **1.** Faire perdre la bonne direction à. *Le brouillard nous a désorientés.* **2.** Rendre (qqn) hésitant sur ce qu'il faut faire, sur le comportement à avoir. ⇒ **déconcerter, embarrasser, troubler.** ► **DÉSORIENTÉ, ÉE** adj. *Être tout désorienté.* ⇒ **déconcerté, embarrassé, perdu.**

DÉSORMAIS adv. ▪ À partir du moment actuel. ⇒ à l'**avenir, dorénavant.** *Le magasin sera désormais ouvert le dimanche.*

DÉSOSSER v. tr. [1] ▪ Ôter l'os, les os de. *Désosser un gigot.* ➝ au p. p. *Viande désossée.*

DÉSOXYRIBONUCLÉIQUE adj. ▪ BIOL. *Acide désoxyribonucléique.* ⇒ **A.D.N.**

DESPERADO [dɛsperado] n. m. ▪ Hors-la-loi prêt à tout, qui n'a plus rien à perdre. *Des desperados.*

Bonaventure **DES PÉRIERS** (v. 1510 - v. 1543) ▪ Poète et conteur français. Il collabora à la traduction de la Bible d'Olivétan et traduisit Platon, Horace et Térence. On pense qu'il est l'auteur du *"Cymbalum mundi"*, dialogues satiriques dont les exemplaires furent brûlés pour impiété, et des *"Nouvelles Récréations et joyeux devis"*, recueil de contes dans la tradition des fabliaux.

Despiau. *Assia*, sculpture.
Museum of Modern Art, New York.
Phot. © Arch. Smeets

Charles **DESPIAU** (1874 - 1946) ▪ Sculpteur français. Son œuvre, aux compositions équilibrées, aux formes harmonieuses et souples, apparaît comme un prolongement de la tradition classique.

Philippe **DESPORTES** (1546 - 1606) ▪ Poète français. Rival de Ronsard. Critiqué par Malherbe, il présente cependant une clarté de style qui annonce le classicisme. *"Amours de Diane"* (1573).

Desportes. *Nature morte à l'aiguière*, 1734. Musée du Louvre, Paris. *Phot. © Lauros/Giraudon*

François **DESPORTES** (1661 - 1743) ▪ Peintre français. Scènes de chasse, natures mortes avec gibier.

DESPOTE n. m. ▪ **1.** Souverain qui gouverne avec une autorité arbitraire et absolue. ⇒ **tyran ; dictateur.** - *Despote éclairé* (⇒ **despotisme** éclairé). **2.** fig. *Cet enfant est un despote.* - adj. *Un mari despote*, despotique.

DESPOTIQUE adj. ▪ Propre au despote. ⇒ **tyrannique.** *Souverain despotique.* ♦ *Caractère despotique*, très autoritaire.

DESPOTISME n. m. ▪ **1.** Pouvoir absolu du despote. - Dictature, tyrannie. ♦ HIST. *Despotisme éclairé :* doctrine politique des philosophes du XVIIIe siècle, selon laquelle le souverain doit gouverner selon les lumières de la raison. **2.** fig. LITTÉR. Autorité tyrannique.

DESQUAMATION [-kwa-] n. f. ▪ Élimination des couches superficielles de l'épiderme sous forme de petites lamelles (squames).

SE **DESQUAMER** [-kwa-] v. pron. [1] ▪ Se détacher par petites lamelles. *La peau se desquame après la scarlatine.* ⇒ **peler.**

DESQUELS, DESQUELLES ⇒ LEQUEL

Alfred **DESROCHERS** (1901 - 1978) ▪ Écrivain québécois. Poète du terroir.

DESSAISIR v. tr. [2] ▪ Enlever à (qqn) son bien, ses responsabilités. - DR. *Dessaisir un tribunal d'une affaire.* ► SE **DESSAISIR** v. pron. *Se dessaisir de :* se déposséder volontairement de. ⇒ se **défaire** de. *Je ne veux pas me dessaisir de ce papier, je ne veux pas m'en dessaisir.*

DESSAISISSEMENT n. m. ▪ DR. Action de (se) dessaisir.

DESSALER v. [1] ▪ **I.** v. tr. **1.** Rendre moins salé ou faire cesser d'être salé. *Dessaler de la morue en la faisant tremper.* - intrans. *Mettre des harengs à dessaler.* **2.** fig. FAM. Rendre moins niais, plus déluré. ⇒ **déniaiser.** - pronom. *Il commence à se dessaler.* **II.** v. intr. FAM. Se renverser, chavirer (bateau).

Jean-Jacques **DESSALINES** (v. 1758 - 1806) ▪ Homme d'État haïtien. Ancien esclave noir, lieutenant de Toussaint-Louverture, il vainquit les troupes françaises dirigées par Rochambeau (1803) et se fit nommer empereur (1804). Il fut abattu dans un guet-apens en 1806.

DESSAU ▪ Ville d'Allemagne (Saxe-Anhalt). 97 800 hab.

DESSÈCHEMENT n. m. ▪ Action de dessécher ; son résultat. ⇒ **déshydratation, dessiccation.**

DESSÉCHER v. tr. [6] ▪ **1.** Rendre sec (ce qui contient naturellement de l'eau). ⇒ **sécher.** *Vent qui dessèche la végétation. Le froid dessèche les lèvres.* **2.** Rendre maigre. *La maladie l'a desséché.* - au p. p. *Vieillard desséché.* ⇒ **décharné.** **3.** Rendre insensible, faire perdre à (qqn) la faculté de s'émouvoir. ⇒ **endurcir.** *Dessécher le cœur.* ► SE **DESSÉCHER** v. pron. **1.** *La peau se dessèche au soleil.* **2.** Maigrir. - fig. FAM. *Se dessécher de chagrin.* **3.** Devenir insensible. *Se dessécher à force d'étudier.* ► adj. DESSÉCHANT, ANTE

DESSEIN n. m. ▪ LITTÉR. Idée que l'on forme d'exécuter qqch. ⇒ **but, intention, projet.** *De grands desseins. Nourrir de noirs desseins.* - *Former le dessein de* (+ inf.). ♦ *DANS LE DESSEIN DE :* dans l'intention de, en vue de. *Faire qqch. dans le dessein de nuire.* ♦ *À DESSEIN* loc. adv. : intentionnellement, délibérément. ⇒ **exprès.** *Il l'a fait à dessein. C'est à dessein que je n'ai rien dit.*

DESSELLER v. tr. [1] ▪ Ôter la selle de. *Desseller un cheval.*

DESSERRER v. tr. [1] ▪ **1.** Relâcher (ce qui était serré). ⇒ **défaire ;** contr. *serrer, resserrer. Desserrer sa ceinture d'un cran. Desserrer une vis* (⇒ **dévisser**). - *Desserrer son étreinte.* - pronom. *L'écrou s'est desserré.* **2.** *Desserrer les dents :* ouvrir la bouche. - loc. *Ne pas desserrer les dents :* ne rien dire. ► n. m. DESSERRAGE

DESSERT n. m. ▪ **1.** VX Dernier service d'un repas (incluant le fromage). **2.** MOD. Mets sucré, fruits, pâtisserie servis après le fromage (en France). *Enfant privé de dessert.* ♦ Moment du dessert. *Ils en sont au dessert.*

① **DESSERTE** n. f. ▪ Fait de desservir (①, 2) une localité. *Un service de cars assure la desserte du village.*

② **DESSERTE** n. f. ▪ Meuble où l'on pose les plats, les couverts qui ont été desservis.

DESSERVANT n. m. ▪ Ecclésiastique qui dessert une cure, une chapelle, une paroisse (⇒ **curé**).

① **DESSERVIR** v. tr. [14] ▪ **1.** Assurer le service religieux de (une cure, une chapelle, une paroisse). **2.** Faire le service de (un lieu). *Aucun train ne dessert ce village.* ⇒ **passer** par ; ① **desserte.** - au p. p. *Quartier mal desservi.* **3.** Donner dans, faire communiquer. *Couloir qui dessert plusieurs pièces.*

② **DESSERVIR** v. tr. [14] ▪ **I.** Débarrasser (une table) après un repas. *Desservir la table.* - absolt *Je vais desservir.* **II.** Rendre un mauvais service à (qqn). ⇒ **nuire.** *Desservir qqn auprès de ses amis.* - Faire mal juger. *Son air bourru l'a desservi.* - Faire obstacle à. *Cela desservirait mes projets.* ⇒ **contrecarrer, gêner.**

DESSICCATION n. f. ▪ Élimination de l'humidité d'un corps. ⇒ **déshydratation ; dessécher, lyophiliser.** *Dessiccation du lait* (lait en poudre).

DESSILLER v. tr. [1] ▪ *Dessiller les yeux de, à qqn,* lui ouvrir les yeux, l'amener à voir, à connaître ce qu'il ignorait ou voulait ignorer.

DESSIN n. m. ▪ **1.** Représentation ou suggestion des objets sur une surface, à l'aide de moyens graphiques. *Faire un dessin. Dessin rapide.* ⇒ **croquis, ébauche.** *Dessin humoristique.* - loc. FAM. *Faire un dessin à qqn,* faire comprendre à force d'explications. ♦ *DESSIN ANIMÉ :* film composé d'une suite de dessins (film d'animation*). **2.** L'art, la technique du dessin. *Atelier de dessin. Table à dessin.* **3.** Représentation linéaire précise des objets dans un but scientifique, industriel. *Dessin industriel.* ⇒ **épure.** **4.** Aspect linéaire et décoratif des formes naturelles. ⇒ **contour, ligne.** *Le dessin d'un visage.*

DESSINATEUR, TRICE n. ▪ Personne qui pratique l'art du dessin ; personne qui fait métier de dessiner. *Dessinateur*

humoristique. ⇒ **caricaturiste.** - *Dessinateur de meubles.* ⇒ anglic. **designer.**

DESSINER v. tr. 1 ▪ **1.** Représenter ou suggérer par le dessin. *Dessiner qqch. sur le vif.* ⇒ **croquer.** - absolt *Dessiner au crayon, à la plume. Bien, mal dessiner.* **2.** (sujet chose) Faire ressortir les contours, le dessin de. *Vêtement qui dessine les formes du corps.* - Former (un dessin). *La côte dessine une suite de courbes.* ► SE **DESSINER** v. pron. Paraître avec un contour net. *Arbre qui se dessine sur le ciel. Un sourire se dessina sur ses lèvres.* - fig. Prendre forme, se préciser. *Son projet commence à se dessiner.* ► **DESSINÉ, ÉE** adj. **1.** Représenté par le dessin. - *Bien dessiné :* dont la forme est nette et harmonieuse. *Bouche bien dessinée.* **2.** loc. *BANDE DESSINÉE.* ⇒ **bande.**

DESSOUDER v. tr. 1 ▪ Ôter la soudure de. - pronom. *Les tuyaux se sont dessoudés.*

DESSOÛLER v. 1 ▪ FAM. **1.** v. tr. Tirer (qqn) de l'ivresse. ⇒ **dégriser.** *Le grand air l'a dessoûlé.* **2.** v. intr. Cesser d'être soûl. *Ne pas dessoûler :* être toujours ivre.

① **DESSOUS** [d(ə)su] adv. ▪ Indique la position d'une chose sous une autre (opposé à *dessus*). **I. 1.** À la face inférieure, dans la partie inférieure. *Le prix du vase est marqué dessous.* **2.** loc. *PAR-DESSOUS. Baissez-vous et passez par-dessous.* ♦ *EN DESSOUS :* contre la face inférieure. *Soulevez ce livre, le billet est en dessous.* - fig. *Rire en dessous,* en dissimulant son rire. ⇒ sous **cape.** *Regarder en dessous,* sournoisement. *Agir en dessous,* hypocritement. ♦ *CI-DESSOUS :* sous ce qu'on vient d'écrire, plus bas. ⇒ **infra.** ♦ *LÀ-DESSOUS :* sous cet objet, cette chose. *Le chat s'est caché là-dessous.* - fig. *Il y a qqch. là-dessous :* cela cache, dissimule qqch. **II.** *PAR-DESSOUS* loc. prép. ⇒ **sous.** *Passer par-dessous la clôture.* - *DE DESSOUS. Il a tiré un livre de dessous la pile.*

② **DESSOUS** [d(ə)su] n. m. ▪ (opposé à *dessus*) **1.** Face inférieure (de qqch.) ; ce qui est sous, ou plus bas que qqch. *Le dessous des pieds* (⇒ **plante**), des bras (⇒ **aisselle**). *L'étage du dessous.* ⇒ **inférieur.** *Les gens du dessous.* - *Vêtements de dessous :* sous-vêtements. **2.** *DESSOUS-DE-...,* nom de certains objets qui se placent sous qqch. (pour isoler, protéger). *Un, des dessous-de-bouteille. Un, des dessous-de-plat.* **3.** Ce qui est caché. *Les dessous de la politique.* ⇒ **secret. 4.** au plur. Vêtements de dessous féminins. *Des dessous de dentelle.* **5.** loc. *Être dans le trente-sixième dessous,* dans une très mauvaise situation ; très déprimé. - *Avoir le dessous,* être dans un état d'infériorité (lutte, discussion). **6.** *AU-DESSOUS* loc. adv. : en bas. *Il n'y a personne au-dessous.* - Moins. *On en trouve à cent francs et au-dessous.* ♦ *AU-DESSOUS DE* loc. prép. : plus bas que. ⇒ **sous.** *Jupe au-dessous du genou. Cinq degrés au-dessous de zéro.* ⇒ **moins.** - fig. Inférieur à. *Être au-dessous de sa tâche,* n'être pas capable de l'assumer. *Être au-dessous de tout,* n'être capable de rien, n'avoir aucune valeur (personne, œuvre). ⇒ **nul.**

DESSOUS-DE-TABLE n. m. invar. ▪ Somme d'argent versée secrètement, illégalement, lors d'une transaction. ⇒ **pot-de-vin.**

① **DESSUS** [d(ə)sy] adv. ▪ Mot indiquant la position d'une chose sur une autre (opposé à *dessous*). **I.** À la face supérieure (opposé à *dessous*), extérieure (opposé à *dedans*). *Prenez l'enveloppe, l'adresse est dessus. Il y a un banc, asseyez-vous dessus.* ♦ (idée de contact) *Relever sa robe pour ne pas marcher dessus.* FAM. *Sauter, taper, tirer, tomber dessus.* - fig. Tout contre. *Vous avez le nez dessus. Mettre le doigt dessus :* deviner. *Mettre la main dessus.* ⇒ **saisir ; trouver.** ♦ *PAR-DESSUS. Sauter par-dessus.* ♦ *CI-DESSUS :* au-dessus de ce qu'on vient d'écrire, plus haut. ⇒ **supra.** ♦ *LÀ-DESSUS :* sur cela. *Écrivez là-dessus.* - fig. Sur ce sujet. *Rien à dire là-dessus.* - Alors, sur ce. *Là-dessus, il nous quitta.* **II.** *PAR-DESSUS* loc. prép. *Sauter par-dessus le mur.* - fig. *PAR-DESSUS TOUT :* principalement. ⇒ **surtout.** *Je vous recommande par-dessus tout d'être prudent.* - loc. FAM. *En avoir par-dessus la tête de* (qqch., qqn) : en avoir assez de. - *Par-dessus le marché :* en plus.

② **DESSUS** [d(ə)sy] n. m. ▪ **1.** Face, partie supérieure (de qqch.). *Le dessus de la main. L'étage du dessus ; les voisins du dessus.* ⇒ d'en **haut.** - loc. *Le dessus du panier :* ce qu'il y a de mieux. **2.** *DESSUS-DE-...,* nom de certains objets qui se placent sur qqch. (pour protéger, garnir). *DESSUS-DE-LIT :* pièce d'étoffe qui recouvre la literie. ⇒ **couvre-lit. 3.** fig. *Avoir le dessus.* ⇒ **avantage, supériorité.** *Avoir le dessus dans un combat, une discussion.* - *Prendre, reprendre le dessus :* réagir, surmonter un état pénible physique ou moral. **4.** *AU-DESSUS* loc. adv. : en haut, supérieur. *Les chambres sont au-dessus. Donnez-moi la taille au-dessus.* - fig. *Il n'y a rien au-dessus,* de mieux. ♦ *AU-DESSUS DE* loc. prép. : plus haut que. *Accrocher un tableau au-dessus du lit.* ♦ fig. Supérieur. *Être au-dessus de* (qqch.), dominer une situation ; mépriser. *Être au-dessus de tout soupçon. Il est au-dessus de cela :* cela ne l'atteint pas.

DÉSTABILISER v. tr. 1 ▪ **1.** Rendre moins stable (un pays, une politique, une situation). **2.** Rendre instable sur le plan psychique (qqn). ► adj. **DÉSTABILISANT, ANTE** ► n. f. **DÉSTABILISATION**

DESTIN n. m. ▪ **1.** Puissance qui, selon certaines croyances, fixerait de façon irrévocable le cours des événements. ⇒ **destinée, fatalité. 2.** Ensemble des événements qui composent la vie d'un être humain (souvent considérés comme résultant de causes distinctes de sa volonté). ⇒ **destinée, sort.** *Il a eu un destin tragique.* **3.** Ce qu'il adviendra (de qqch.). ⇒ **avenir.** *Le destin d'une civilisation.*

DESTINATAIRE n. ▪ Personne à qui s'adresse un envoi, un message. *L'expéditeur et le destinataire d'une lettre.*

DESTINATION n. f. ▪ **1.** Ce pour quoi une chose est faite, ce à quoi elle est destinée. *Cet appareil n'a pas d'autre destination.* ⇒ **usage, utilisation. 2.** Lieu où l'on doit se rendre ; lieu où une chose est adressée. ⇒ **but.** *Partir pour une destination lointaine. Destination inconnue.* - *À DESTINATION. Arriver à destination. Avion à destination de Montréal.*

DESTINÉE n. f. ▪ **1.** Destin (1), fatalité. **2.** Destin particulier d'un être. *Tenir entre ses mains la destinée de qqn.* ♦ Avenir, sort (de qqch.). *La destinée réservée à cette œuvre.* **3.** LITTÉR. Vie, existence. *Finir sa destinée :* mourir. *Unir sa destinée à qqn,* l'épouser.

DESTINER v. tr. 1 ▪ *DESTINER À* **1.** Fixer d'avance (pour être donné à qqn). ⇒ **assigner, attribuer, réserver.** *Je vous destine ce poste.* - passif *Cette remarque vous était destinée,* vous concernait. **2.** Fixer d'avance (qqch.) pour être employé à un usage. ⇒ **affecter.** *Je destine cette somme à l'achat d'un costume.* - au p. p. *Édifice destiné au culte.* **3.** Préparer (qqn) à un emploi, une occupation. *Son père le destine à la magistrature.* - pronom. *Il se destine à la diplomatie.*

DESTITUER v. tr. 1 ▪ Priver qqn de sa charge, de sa fonction, de son emploi. ⇒ **démettre, limoger, renvoyer, révoquer.** *Destituer un officier, un magistrat, un souverain.*

DESTITUTION n. f. ▪ Révocation disciplinaire ou pénale. ⇒ **renvoi.** *La destitution d'un officier.*

le DESTOUR ▪ Parti politique tunisien fondé en 1920, interdit en 1933 et dissous en 1957. ► **le NÉO-DESTOUR** (→ **Bourguiba**) réclama l'indépendance et se transforma en 1964 en *Parti socialiste destourien,* parti unique du nouvel État jusqu'en 1983. Il devint, en 1988, le Rassemblement constitutionnel démocratique.

Jules DESTRÉE (1863 - 1936) ▪ Écrivain et homme politique belge. Député socialiste, ministre des Sciences et des Arts, il fut un défenseur du mouvement intellectuel wallon et fonda l'Académie de langue et de littérature françaises.

DESTRIER n. m. ▪ Cheval de bataille, au Moyen Âge (opposé à *palefroi*).

DESTROYER [dɛstʀwaje ; dɛstʀɔjœʀ] n. m. ▪ MAR. Bâtiment de guerre de moyen tonnage.

DESTRUCTEUR, TRICE ▪ **1.** n. Personne qui détruit. ⇒ **dévastateur. 2.** adj. Qui détruit. *Guerre destructrice.* ⇒ **meurtrier.** - fig. *Idée destructrice.* ⇒ **subversif.**

DESTRUCTIBLE adj. ▪ Qui peut être détruit.

DESTRUCTIF, IVE adj. ▪ Qui a le pouvoir de détruire. ⇒ **destructeur.** *Le pouvoir destructif d'un explosif.*

DESTRUCTION n. f. ▪ Action de détruire. ▪ **1.** Action de jeter bas, de faire disparaître (une construction). *La destruction d'une ville par un incendie.* ⇒ **dévastation.** *Moyens, engins de destruction,* les armes. **2.** Action d'altérer profondément (une substance). *La destruction des tissus organiques.* **3.** Action de tuer (des êtres vivants). *Destruction d'un peuple.* ⇒ **extermination, génocide, massacre.** ♦ *Destruction des rats.* **4.** Action de faire disparaître en démolissant, en mettant au rebut, etc. *Destruction de papiers compromettants.* **5.** Fait de se dégrader jusqu'à disparaître. *La destruction d'un empire.* ⇒ **effondrement.**

DÉSTRUCTURER v. tr. [1] ▪ DIDACT. Faire perdre la structure de. ► SE **DÉSTRUCTURER** v. pron. Perdre sa structure. ► **DÉSTRUCTURATION** n. f. DIDACT. *Déstructuration de la personnalité.*

Antoine Louis Claude, comte DESTUTT DE TRACY (1754-1836) ▪ Philosophe français. Chef des idéologues*.

DÉSUET, ÈTE [dezɥɛ ; desɥɛ, ɛt] adj. ▪ Archaïque, sorti des habitudes, du goût moderne. ⇒ **démodé, suranné.** *Un charme désuet.* ⇒ **vieillot.**

DÉSUÉTUDE [desɥetyd ; dezɥetyd] n. f. ▪ *TOMBER EN DÉSUÉTUDE* : être abandonné, n'être plus en usage. *Cette expression est tombée en désuétude.*

DÉSUNION n. f. ▪ Désaccord entre personnes qui devraient être unies. ⇒ **mésentente.**

DÉSUNIR v. tr. [2] ▪ **1.** Séparer (des choses, des personnes unies). **2.** Jeter le désaccord entre. *Désunir les membres d'une famille.* ⇒ **brouiller.** ► **DÉSUNI, IE** adj. Séparé par un désaccord. *Famille désunie. Couple désuni.*

DÉTACHABLE adj. ▪ Qu'on peut détacher. *Coupons détachables.*

DÉTACHAGE n. m. ▪ Action d'enlever les taches. ⇒ **nettoyage.**

DÉTACHANT n. m. ▪ Produit qui enlève les taches.

DÉTACHÉ, ÉE adj. ▪ **1.** Qui n'est plus attaché. – Séparé d'un tout. *PIÈCES DÉTACHÉES,* servant au remplacement des pièces usagées d'un mécanisme. ♦ MUS. *Notes détachées,* non liées les unes aux autres. **2.** Froid, insensible, indifférent (⇒ **détachement** (I, 1)). *Un ton, un air détaché.* **3.** *Fonctionnaire détaché,* affecté à d'autres fonctions que les siennes.

DÉTACHEMENT n. m. ▪ **I. 1.** État d'une personne détachée (2). ⇒ **désintérêt, indifférence, insensibilité.** *Répondre avec détachement, en affectant le détachement.* ⇒ **désinvolture, insouciance.** ♦ VIEILLI ou LITTÉR. *Son détachement des biens matériels.* **2.** Situation d'un fonctionnaire, d'un militaire provisoirement affecté à d'autres fonctions. *Être en détachement.* **II.** Petit groupe de soldats détachés du gros de la troupe pour un service spécial. *Commander un détachement.*

① **DÉTACHER** v. tr. [1] ▪ **1.** Dégager (qqn, qqch.) qui était attaché. *Détacher un chien. Détacher sa ceinture.* ⇒ **défaire, dégrafer** ; s'oppose à *attacher.* **2.** Éloigner (qqn, qqch.) de ce avec quoi il était en contact. *Détacher les bras du corps.* ⇒ **écarter. 3.** Enlever (un élément) d'un ensemble. *Détacher un wagon d'un convoi. Détacher un timbre suivant le pointillé.* **4.** loc. *Ne pouvoir détacher ses regards, sa pensée, son attention de...* ⇒ **détourner. 5.** Faire partir (qqn) loin d'autres personnes pour faire qqch. *Détacher qqn au-devant d'un hôte.* ⇒ **dépêcher, envoyer.** ♦ Affecter provisoirement à un autre service (⇒ **détachement** (I, 2)). **6.** Ne pas lier. *Détacher nettement les syllabes.* ⇒ **articuler.** ► SE **DÉTACHER** v. pron. **1.** (concret) Cesser d'être attaché. *Le chien s'est détaché.* ♦ Se séparer. *Fruits qui se détachent de l'arbre. Coureur qui se détache du peloton* (en allant plus vite). **2.** Apparaître nettement comme en sortant d'un fond. ⇒ se **découper, ressortir.** *Titre qui se détache en grosses lettres.* **3.** Ne plus être attaché par le sentiment, l'intelligence, à. *Ils se détachent l'un de l'autre,* ils s'aiment de moins en moins. *Se détacher des plaisirs,* y renoncer. ⇒ se **désintéresser.**

② **DÉTACHER** v. tr. [1] ▪ Débarrasser des taches. ⇒ **dégraisser, nettoyer.** *Donner au teinturier un costume à détacher.*

DÉTACHEUR, EUSE n. ▪ **1.** VX Personne qui nettoie les vêtements. **2.** n. m. Substance qui nettoie, détache. – appos. *Flacon détacheur,* contenant un détachant.

DÉTAIL, AILS n. m. ▪ **1.** *LE DÉTAIL* : fait de livrer, de vendre ou d'acheter des marchandises par petites quantités (opposé à *gros, demi-gros*). *Commerce de détail* (⇒ **détaillant**). *Vente au détail.* **2.** *LE DÉTAIL DE...*, action de considérer un ensemble dans ses éléments, un événement dans ses particularités. *Faire le détail d'un inventaire, d'un compte.* – Les éléments. *Se perdre dans le détail. Sans entrer dans le détail.* – *EN DÉTAIL* loc. adv. : dans toutes ses parties, toutes ses particularités. *Racontez-nous cela en détail* (→ par le menu). **3.** *UN, DES DÉTAILS,* élément non essentiel d'un ensemble ; circonstance particulière. *Donnez-moi des détails sur leur rencontre. Soigner les détails* (dans une œuvre). ⇒ **fignoler.** – *C'est un détail,* une chose sans importance.

DÉTAILLANT, ANTE n. ▪ Vendeur au détail. *Le grossiste approvisionne le détaillant.*

DÉTAILLER v. tr. [1] ▪ **1.** Vendre (une marchandise) par petites quantités, au détail. *Nous ne détaillons pas ce produit.* **2.** LITTÉR. Considérer, exposer (qqch.) avec toutes ses particularités. *L'histoire est trop longue à détailler.* **3.** Examiner (qqn) en détail. *Il s'arrêta pour la détailler.* ► **DÉTAILLÉ, ÉE** adj. Qui contient beaucoup de détails. *Récit détaillé.*

DÉTALER v. intr. [1] ▪ FAM. S'en aller au plus vite. ⇒ **décamper, déguerpir,** s'**enfuir.**

DÉTARTRAGE n. m. ▪ Élimination du tartre (d'un radiateur, d'un conduit). ♦ Action de détartrer les dents.

DÉTARTRANT n. m. ▪ Produit empêchant ou diminuant la formation de tartre dans les conduits.

DÉTARTRER v. tr. [1] ▪ Débarrasser du tartre. *Détartrer une chaudière.* ♦ *Se faire détartrer les dents par le dentiste.*

DÉTAXATION n. f. ▪ Action de détaxer ; son résultat. ♦ Déduction appliquée au revenu imposable.

DÉTAXE n. f. ▪ Réduction ou suppression de taxes. *Détaxe à l'exportation.*

DÉTAXER v. tr. [1] ▪ Réduire ou supprimer la taxe sur. – au p. p. *Acheter des produits détaxés dans un aéroport.*

DÉTECTER v. tr. [1] ▪ Déceler l'existence de (un objet, un phénomène caché). *Détecter une fuite de gaz.*

DÉTECTEUR, TRICE ▪ **1.** n. m. Appareil servant à détecter. *Détecteur d'ondes, de mines, d'incendie.* **2.** adj. *Lampe détectrice.*

DÉTECTION n. f. ▪ Action de détecter. *Détection électromagnétique par radar.*

DÉTECTIVE n. m. ▪ **1.** en Grande-Bretagne Policier chargé des enquêtes, des investigations. **2.** *DÉTECTIVE (PRIVÉ)* : personne chargée d'enquêtes policières privées. ⇒ **privé.**

DÉTEINDRE v. [52] ▪ **1.** v. tr. Faire perdre sa couleur, sa teinture à. – au p. p. *Étoffe déteinte.* **2.** v. intr. Perdre sa couleur. ⇒ se **décolorer.** *Pull qui déteint au lavage.* ♦ *DÉTEINDRE SUR. Le foulard a déteint sur le linge.* – fig. Avoir de l'influence sur. ⇒ **influencer, marquer.** *Elle a déteint sur lui.*

DÉTELER v. [4] ▪ **1.** v. tr. Détacher (une bête attelée ou l'attelage). *Le cocher dételle son cheval.* – absolt *Faire deux étapes sans dételer.* **2.** v. intr. fig. Cesser de faire qqch. *Sans dételer* : sans s'arrêter.

DÉTENDRE v. tr. [41] ▪ **1.** Relâcher (ce qui était tendu, contracté). *Détendre la jambe.* **2.** fig. Faire cesser l'état de tension de (qqn, qqch.). *Ce bain m'a détendu. Ses plaisanteries ont détendu l'atmosphère.* ► SE **DÉTENDRE** v. pron. **1.** *Ressort qui se détend.* **2.** fig. Se laisser aller, se décontracter. *Cet enfant a besoin de se détendre.* – *La situation s'est détendue.* ► **DÉTENDU, UE** adj. **1.** *Ressort détendu.* **2.** fig. *Visage détendu.* – *Climat détendu.*

DÉTENIR v. tr. [22] ▪ **1.** Garder, tenir en sa possession. ⇒ **posséder ; détenteur.** *Détenir un objet volé.* ⇒ **receler.** – fig. *Détenir un secret. Détenir le pouvoir. Détenir le record du monde.* **2.** Garder, retenir (qqn) en captivité (⇒ **détention ; détenu**). *Détenir un délinquant en prison.*

DÉTENTE n. f. ▪ **1.** Relâchement de ce qui est tendu. *La détente d'un ressort.* ♦ SPORTS Capacité pour un athlète d'effectuer un mouvement rapide, puissant (au saut, au lancer, etc.). *Il a une belle détente.* **2.** (armes à feu) Pièce qui sert à faire partir le coup. *Appuyer sur la détente* (≠ *gâchette*). – loc. FAM. *ÊTRE DUR À LA DÉTENTE,* avare ; difficile à décider, à persuader ; lent à comprendre, à réagir. **3.** Expansion d'un fluide. *Le froid provoqué par la détente de l'air.* **4.** fig. Relâchement d'une tension intellectuelle, morale, nerveuse ; état agréable qui en résulte. *Se ménager des moments de détente.* ⇒ **délassement, répit, repos.** ♦ Diminution de la tension internationale. *Politique de détente.*

DÉTENTEUR, TRICE n. ▪ Personne qui détient qqch. *Le détenteur d'un objet volé.* ⇒ **receleur.** *Le détenteur, la détentrice d'un titre* (⇒ **tenant**), d'un record.

DÉTENTION n. f. ▪ **1.** Le fait de détenir, d'avoir à sa disposition (qqch.). *Détention d'armes.* **2.** Action de détenir qqn ; état d'une personne détenue. ⇒ **captivité, emprisonnement.** *Être en détention* (⇒ **détenu**). *Détention arbitraire.*

DÉTENU, UE adj. et n. ▪ Qui est maintenu en captivité. – n. ⇒ **prisonnier.** *Détenu politique ; de droit commun.*

DÉTERGENT, ENTE adj. ▪ Qui nettoie en entraînant par dissolution les impuretés. ⇒ **détersif.** – n. m. *Un détergent.*

DÉTERGER v. tr. [3] ▪ TECHN. Nettoyer avec un détergent.

DÉTÉRIORATION n. f. ▪ Action de (se) détériorer ; son résultat. *Détérioration volontaire.* ⇒ **sabotage, vandalisme.** – fig. *La détérioration des conditions de vie.*

DÉTÉRIORER v. tr. 1 ▪ **1.** Mettre (une chose) en mauvais état, de sorte qu'elle ne puisse plus servir. ⇒ **abîmer, casser, dégrader, endommager.** *Détériorer un appareil, une machine. L'humidité détériore les fresques.* - au p. p. *Matériel détérioré.* **2.** fig. *Détériorer sa santé par des excès.* ⇒ **détruire, nuire** à. ► SE **DÉTÉRIORER** v. pron. **1.** S'altérer. **2.** fig. Dégénérer, se dégrader. *Leurs relations se détériorent.*

DÉTERMINANT, ANTE ▪ **1.** adj. Qui détermine, qui décide d'une chose ou d'une action. ⇒ **décisif, essentiel, prépondérant.** *Son rôle a été déterminant dans la négociation.* **2.** n. m. GRAMM. Mot qui en détermine un autre. *Les articles, les adjectifs possessifs, démonstratifs, sont des déterminants du substantif.*

DÉTERMINATIF, IVE adj. ▪ Qui détermine, précise le sens d'un mot. *Complément déterminatif* (ex. *hiver* dans *un manteau d'hiver*).

DÉTERMINATION n. f. ▪ **1.** Action de déterminer, de délimiter avec précision ; état de ce qui est déterminé. ⇒ **caractérisation, définition, délimitation.** *La détermination de la latitude d'un lieu.* **2.** Résultat psychologique de la décision. ⇒ **résolution.** **3.** Attitude d'une personne qui agit sans hésitation, selon les décisions qu'elle a prises. ⇒ **décision, fermeté, ténacité.** *Agir avec détermination. Faire preuve de détermination.*

DÉTERMINER v. tr. 1 ▪ **1.** Indiquer, délimiter avec précision. ⇒ **caractériser, définir, fixer, préciser, spécifier.** *Déterminer le sens d'un mot. L'heure du crime est difficile à déterminer.* ⇒ **évaluer.** ♦ GRAMM. Rapporter (un terme, un concept) à une situation précise (⇒ **déterminant, déterminatif**). **2.** Fixer par un choix. *La date de la réunion reste à déterminer.* **3.** Entraîner la décision de (qqn). ⇒ **décider ; conduire, inciter.** *Ses amis l'ont déterminé à partir.* - passif *Être déterminé à agir.* ⇒ **résolu.** **4.** (choses) Être la cause de ; être à l'origine de (un phénomène, un effet). ⇒ **causer, provoquer.** *Les causes qui ont déterminé l'insurrection.* ► SE **DÉTERMINER** v. pron. *Se déterminer à* (+ inf.) : prendre la décision de. ► **DÉTERMINÉ, ÉE** adj. **1.** Qui a été précisé, défini. ⇒ **arrêté, certain, précis.** *Une quantité déterminée d'énergie. Pour une durée déterminée.* **2.** Qui se détermine, se décide. ⇒ **décidé, résolu.** *C'est un homme déterminé.* **3.** PHILOS. Soumis au déterminisme. *Phénomènes entièrement déterminés.*

DÉTERMINISME n. m. ▪ Doctrine philosophique suivant laquelle tous les événements, et en particulier les actions humaines, sont liés et déterminés par la chaîne des événements antérieurs. ► adj. et n. DÉTERMINISTE

DÉTERRER v. tr. 1 ▪ **1.** Retirer de terre (ce qui s'y trouvait enfoui). *Déterrer un mort.* ⇒ **exhumer.** **2.** fig. Découvrir (ce qui était caché). ⇒ **dénicher.** ► **DÉTERRÉ, ÉE** p. p. - n. FAM. *Avoir une mine de déterré :* être pâle comme un cadavre.

DÉTERSIF, IVE adj. et n. ▪ Qui nettoie, en dissolvant les impuretés. *Produit détersif* (savon, lessive, etc.). - n. m. *Un détersif.* ⇒ **détergent.**

DÉTESTABLE adj. ▪ **1.** VX Qui mérite d'être détesté. **2.** Très désagréable ou très mauvais. *Quel temps détestable !* ⇒ **affreux.** *Être d'une humeur détestable.* ⇒ **exécrable.** ► DÉTESTABLEMENT adv. *Il joue détestablement,* très mal.

DÉTESTATION n. f. ▪ LITTÉR. Fait de détester.

DÉTESTER v. tr. 1 ▪ **1.** Avoir de l'aversion pour. ⇒ **abhorrer, exécrer.** *Détester le mensonge.* ♦ *Détester qqn.* ⇒ **haïr.** - pronom. récipr. *Ils se détestent.* **2.** Ne pas pouvoir supporter (qqch.). *Elle détestait l'ail. Il déteste attendre. Détester que* (+ subj.). *Ne pas détester qqch. :* aimer assez. *Il ne déteste pas le bon vin.*

DÉTONANT, ANTE adj. ▪ Qui est susceptible de détoner. *Mélange détonant :* mélange de gaz capables de s'enflammer et de détoner ; fig. ce qui peut entraîner des réactions violentes.

DÉTONATEUR n. m. ▪ Dispositif qui provoque la détonation d'un explosif. - fig. Fait, événement qui déclenche une action violente.

DÉTONATION n. f. ▪ Bruit soudain et violent de ce qui détone. ⇒ **déflagration, explosion.** *Une détonation retentit.*

DÉTONER v. intr. 1 ▪ Exploser avec bruit (par combustion rapide, réaction chimique violente, détente d'un gaz).

DÉTONNER v. intr. 1 ▪ **1.** MUS. Sortir du ton ; chanter faux. *Détonner en jouant, en chantant.* **2.** fig. Ne pas être dans le ton, ne pas être en harmonie avec le reste. *Ce fauteuil Empire détonne dans un salon moderne.*

DÉTOUR n. m. ▪ **1.** Tracé qui s'écarte du chemin direct (voie, cours d'eau). ⇒ **lacet, méandre.** *La route fait des détours.* - *Au détour du chemin,* à l'endroit où il tourne. ⇒ **tournant.** - fig. *Au détour de la conversation.* **2.** Action de parcourir un chemin plus long que le chemin direct ; ce chemin. *J'ai fait un détour pour vous dire bonjour.* ⇒ **crochet.** - fig. FAM. *Ça vaut le détour :* c'est intéressant. **3.** fig. Moyen indirect de dire, de faire ou d'éluder qqch. ⇒ **biais, faux-fuyant, ruse, subterfuge.** - *Sans détour :* simplement, sans ambages. *Je lui ai parlé sans détour.*

DÉTOURNÉ, ÉE adj. ▪ **1.** Qui n'est pas direct, qui fait un détour. *Chemin détourné.* **2.** fig. Indirect. *User de moyens détournés pour parvenir à ses fins.* ⇒ **détour.** **3.** Qui n'est pas exprimé directement. *Un reproche, un compliment détourné.*

DÉTOURNEMENT n. m. ▪ **1.** Action de changer le cours, la direction. *Le détournement d'une rivière.* ⇒ **dérivation.** - *Détournement d'avion :* action de contraindre l'équipage d'un avion de ligne à changer de destination. **2.** Action de détourner à son profit (ce qui a été confié). *Détournement de fonds.* ⇒ **vol.** **3.** *DÉTOURNEMENT DE MINEUR :* séduction (punie par la loi) d'une personne mineure par une personne majeure.

DÉTOURNER v. tr. 1 ▪ **I. 1.** Changer la direction de (qqch.). *Détourner un cours d'eau.* ⇒ **dériver.** - spécialt *Détourner un avion,* le contraindre à changer de destination. ⇒ **détournement ;** ≠ *dérouter.* **2.** fig. Changer le cours de. *Détourner la conversation. Détourner l'attention de qqn. Détourner les soupçons.* **3.** Écarter (qqn) du chemin à suivre. *Détourner qqn de sa route.* - fig. *Détourner qqn du droit chemin, du devoir.* ⇒ **dévoyer.** *Détourner qqn d'un projet,* l'y faire renoncer. ⇒ **dissuader.** **II.** Tourner d'un autre côté, pour éviter de voir ou d'être vu. *Détourner la tête, les yeux, ses regards.* - pronom. *Se détourner pour pleurer.* **III.** Soustraire (qqch.) à son profit. *Détourner des fonds.* ⇒ **voler.**

DÉTRACTEUR, TRICE n. ▪ Personne qui cherche à rabaisser le mérite de qqn, la valeur de qqch. (⇒ **détraction**). *Les détracteurs d'un homme politique, d'une doctrine.*

DÉTRACTION n. f. ▪ LITTÉR. Action de rabaisser le mérite de (qqn), la valeur de (qqch.). ⇒ **dénigrement.**

DÉTRAQUER v. tr. 1 ▪ **1.** Déranger dans son mécanisme, dans son fonctionnement. ⇒ **dérégler, détériorer.** *Détraquer un moteur.* **2.** fig. FAM. *Se détraquer l'estomac, les nerfs.* ► SE **DÉTRAQUER** v. pron. **1.** *Ma montre s'est détraquée.* **2.** fig. FAM. *Le temps se détraque,* se gâte. ► **DÉTRAQUÉ, ÉE** adj. **1.** Dérangé dans son fonctionnement. *Horloge détraquée.* **2.** fig. FAM. *Santé détraquée.* ♦ *Avoir le cerveau détraqué.* ⇒ **dérangé.** - n. *C'est un détraqué.* ⇒ **déséquilibré.** ► n. m. DÉTRAQUEMENT

DÉTREMPE n. f. ▪ Couleur broyée à l'eau puis délayée avec de la colle ou de la gomme. *Peinture à la détrempe.* - Ouvrage, tableau fait avec cette couleur. *Une détrempe de Raphaël.*

① **DÉTREMPER** v. tr. 1 ▪ Amollir ou délayer en mélangeant avec un liquide. ⇒ **délayer.** *Détremper des couleurs.* - p. p. adj. *Terrain, chemin détrempé,* très mouillé, imbibé d'eau.

② **DÉTREMPER** v. tr. 1 ▪ TECHN. Faire perdre sa trempe à (l'acier). - p. p. adj. *Acier détrempé.* ♦ fig. LITTÉR. Rendre plus faible.

DÉTRESSE n. f. ▪ **1.** Sentiment d'abandon, de solitude, d'impuissance que l'on éprouve dans une situation difficile (besoin, danger, souffrance). ⇒ **désarroi.** *Cris de détresse. Une âme en détresse.* **2.** Situation très pénible et angoissante ; spécialt, manque dramatique de moyens matériels. ⇒ **dénuement, indigence, misère.** *La détresse des populations sinistrées.* **3.** Situation périlleuse (d'un navire, d'un avion). ⇒ **perdition.** *Navire en détresse.* ♦ *Feux de détresse :* feux clignotants prévus pour signaler un arrêt forcé d'un véhicule automobile.

DÉTRIMENT n. m. ▪ *À (MON, SON...) DÉTRIMENT ; AU DÉTRIMENT DE :* au désavantage, au préjudice de. *Cela tourne à son détriment. Favoriser un employé au détriment de ses collègues.*

DÉTRITIQUE adj. ▪ GÉOL. Qui est formé au moins partiellement de débris. *Roche sédimentaire détritique.*

DÉTRITUS [-y(s)] n. m. ▪ Matériaux réduits à l'état de débris inutilisables ; ordures, déchets.

DETROIT ▪ Ville des États-Unis (Michigan) sur la rivière de Detroit. 1 000 000 hab. Industries automobiles.

DÉTROIT n. m. ▪ Bras de mer entre deux terres rapprochées et qui fait communiquer deux mers. *Le détroit de Gibraltar.*

DÉTROMPER v. tr. 1 ▪ Tirer (qqn) d'erreur. ⇒ **désabuser.** *Il s'entête et je ne parviens pas à le détromper.* ► SE **DÉTROMPER** v. pron. Revenir de son erreur. *Détrompez-vous* : n'en croyez rien.

DÉTRÔNER v. tr. 1 ▪ **1.** Déposséder de la souveraineté, du trône. ⇒ **déposer, destituer.** - au p. p. *Roi détrôné.* **2.** fig. Faire cesser la prééminence de (qqn, qqch.). ⇒ **éclipser, supplanter.** *L'ordinateur a détrôné la machine à écrire.*

DÉTROUSSER v. tr. 1 ▪ VX ou plais. Dépouiller (qqn) de ce qu'il porte, en usant de violence. ⇒ **dévaliser, voler.** *Détrousser un voyageur.*

DÉTROUSSEUR n. m. ▪ VX ou plais. Celui qui détrousse. ⇒ **voleur.** *Détrousseur de cadavres.*

DE TROY ▪ PEINTRES ET DESSINATEURS FRANÇAIS ► **François DE TROY** (1645 - 1730) fut le portraitiste galant de la cour et des artistes. ► **Jean-François DE TROY** (1679 - 1752), son fils, connut un grand succès comme peintre de la vie familière, élégante et libertine et fut un décorateur apprécié.

DÉTRUIRE v. tr. 38 ▪ **1.** Jeter bas, démolir (une construction). ⇒ **abattre, raser ; destruction.** *Détruire un édifice.* - au p. p. *Ville détruite par un bombardement.* ♦ *Détruire une ville, un empire, une civilisation.* allus. « *Carthage doit être détruite* » (trad. des mots par lesquels Caton l'Ancien concluait ses discours). **2.** Altérer jusqu'à faire disparaître. ⇒ **anéantir, supprimer.** *Détruire par le feu* : brûler, incendier. *Le feu a tout détruit. Détruire une lettre, un document.* **3.** Supprimer (un être vivant) en ôtant la vie. ⇒ **tuer.** *L'épidémie a détruit la population du village.* ⇒ **exterminer.** *Détruire les parasites. Produit qui détruit les insectes.* **4.** fig. Défaire entièrement (ce qui est établi, organisé, élaboré). ⇒ **anéantir, supprimer.** *Détruire un régime politique, un usage, une institution, une théorie. Détruire les illusions, les espoirs de qqn.* ⇒ **dissiper.** **5.** absolt (opposé à *créer, construire, faire*) *Le besoin de détruire.* ► SE **DÉTRUIRE** v. pron. **1.** Se tuer, se suicider. *Il a tenté de se détruire.* **2.** récipr. S'annuler, avoir une action contraire. *Effets qui se détruisent.*

DETTE n. f. ▪ **1.** Argent qu'une personne (⇒ **débiteur**) doit à une autre. *Faire des dettes.* ⇒ s'**endetter.** *Être en dette avec qqn. Être criblé de dettes. Payer, rembourser une dette* : s'acquitter. ♦ *DETTE PUBLIQUE* : ensemble des engagements financiers contractés par l'État. ⇒ **emprunt.** **2.** fig. Devoir qu'impose une obligation contractée envers qqn. ⇒ **engagement, obligation.** *Avoir une dette envers qqn. Acquitter une dette de reconnaissance.*

Jean-François **De Troy.** *Le Déjeuner d'huîtres.* Musée Condé, Chantilly. *Phot. © Hubert Josse*

Detroit. Renaissance Center. *Phot. © S. Ferry/Liaison/Gamma*

DEUIL n. m. ▪ **1.** Douleur, affliction que l'on éprouve de la mort de qqn. *Sa mort fut un deuil cruel. Frapper qqn d'un deuil.* ⇒ **endeuiller.** - PSYCH. *Le travail du deuil,* par lequel on se détache de l'objet d'attachement disparu. **2.** Mort d'un proche. ⇒ **perte.** *Il vient d'avoir plusieurs deuils dans sa famille.* **3.** Signes extérieurs du deuil, consacrés par l'usage. *Vêtements de deuil.* - loc. *Porter, prendre le deuil. Être EN DEUIL.* - FAM. *Avoir les ongles en deuil,* noirs, sales. **4.** FAM. *FAIRE SON DEUIL de qqch.*, se résigner à en être privé. *J'en ai fait mon deuil, de ce projet.*

DEUIL-LA-BARRE ▪ Commune du Val-d'Oise. 19 062 hab. *(les Deuillois).*

DEUS EX MACHINA [deusɛksmakina ; deys-] n. m. invar. ▪ au théâtre, et fig. dans la vie Personnage, événement dont l'intervention peu vraisemblable apporte un dénouement inespéré à une situation sans issue ou tragique.

le DEUTÉRONOME ▪ Cinquième livre du Pentateuque, dans la Bible. Son titre, signifiant « seconde loi », est dû à ce qu'il donne une nouvelle présentation de la loi mosaïque figurant dans les livres précédents.

DEUX ▪ **I.** adj. numéral cardinal **1.** Un plus un. *Les deux yeux.* - *Deux cents.* - *Deux fois plus.* ⇒ **double.** - loc. *De deux choses l'une* : il n'y a que deux possibilités. ♦ (Pour indiquer la différence, la distance) *CELA FAIT DEUX. L'algèbre et moi, cela fait deux.* **2.** (Pour indiquer un petit nombre, opposé à *beaucoup de, nombreux*) *C'est à deux pas,* tout près. *Vous y serez en deux minutes.* **3.** (en fonction de pron.) *Tous (les) deux. Vivre à deux.* **II.** adj. numéral ordinal ⇒ **deuxième, second.** *Numéro deux. Tome deux.* **III.** n. m. **1.** *Un et un, deux.* - loc. *Deux à deux ; deux par deux.* - *Couper qqch. en deux.* **2.** (avec un déterminant) *Un deux arabe* (2), *un deux romain* (II). ♦ Carte, face d'un dé, etc., marquée de deux signes. *Le deux de pique.* ♦ *Nous sommes le deux* (du mois). - *Habiter au deux* (d'une voie). **3.** loc. FAM. *C'est clair comme deux et deux font quatre* : c'est évident. *En moins de deux* : très vite. *Ne faire ni une ni deux* : se décider rapidement, sans tergiverser. *Entre les deux* : ni ceci ni cela ; à moitié. - prov. *Jamais deux sans trois* : ce qui arrive deux fois a toute chance d'arriver une troisième fois.

Les DEUX-ALPES ▪ Station de sports d'hiver de l'Isère (commune de Vénosc), formée par les stations de l'Alpe-de-Mont-de-Lans et de l'Alpe-de-Vénosc (1 660 à 3 423 m d'alt.).

DEUXIÈME adj. numéral ordinal ▪ Qui succède au premier. ⇒ **second.** *La deuxième fois. Le deuxième étage,* et ellipt *habiter au deuxième.* - n. *Le, la deuxième d'un classement.*

DEUXIÈMEMENT adv. ▪ En deuxième lieu. ⇒ **secundo.** ◇ syn. FAM. DEUZIO.

DEUX-MÂTS n. m. ▪ Voilier à deux mâts.

DEUX-PIÈCES n. m. ▪ **I. 1.** Ensemble féminin comprenant une jupe et une veste du même tissu. **2.** Maillot de bain formé d'un slip et d'un soutien-gorge. ⇒ **bikini.** **II.** Appartement de deux pièces. *Un deux-pièces cuisine.*

DEUX-POINTS n. m. ▪ Signe de ponctuation, formé de deux points superposés (:), placé avant une explication, une énumération, une citation.

la guerre des DEUX-ROSES ▪ Guerre civile en Angleterre, qui eut pour cause la lutte pour le pouvoir entre la maison d'York (rose blanche) et la maison de Lancastre (rose rouge) de 1455 à 1485. Henri VII Tudor, descendant des Lancastre, finit par l'emporter. Cette guerre ruina la féodalité anglaise.

DEUX-ROUES n. m. ▪ Véhicule à deux roues (bicyclette, cyclomoteur, moto, vélomoteur).

les DEUX-SÈVRES n. f. pl. [79] ▪ Département français de la région Poitou-Charentes. 6 036 km². 345 965 hab. Chef-lieu : Niort. Chefs-lieux d'arrondissement : Bressuire, Parthenay.

le royaume des DEUX-SICILES → royaume de **Naples**

DEUX-TEMPS n. m. ▪ Moteur à deux temps ; véhicule ayant ce moteur.

DÉVALER v. [1] ▪ **1.** v. intr. Descendre brutalement ou très rapidement. *Rochers qui dévalent de la montagne.* – Être en pente raide (chemin, terrain). **2.** v. tr. Descendre rapidement. *Il dévalait l'escalier quatre à quatre.*

Eamon DE VALERA (1882-1975) ▪ Homme d'État irlandais. Chef du parti Sinn Féin en 1918, fondateur de la république d'Irlande en 1937, président de la République de 1959 à 1973.

DÉVALISER v. tr. [1] ▪ Dépouiller (qqn) de tout ce qu'il a sur lui, avec lui. *Des cambrioleurs l'ont dévalisé.* – par ext. *Dévaliser un appartement.* ⇒ **cambrioler, piller.**

Edris Stannus dite **Ninette DE VALOIS** (née en 1898) ▪ Danseuse et chorégraphe britannique. Elle fonda la compagnie de théâtre Sadler's Wells, qui devint le Royal Ballet. *"Job"* (V. Williams) ; *"La Création du monde"* (D. Milhaud).

DÉVALORISATION n. f. ▪ Action de (se) dévaloriser. *L'inflation entraîne la dévalorisation de la monnaie et conduit à la dévaluation.*

DÉVALORISER v. tr. [1] ▪ **1.** Diminuer la valeur de (spécialt de la monnaie). ⇒ **déprécier, dévaluer. 2.** fig. Déprécier (qqn, qqch.). *Dévaloriser le talent.* ► SE **DÉVALORISER** v. pron. **1.** Perdre de sa valeur. *Monnaie qui se dévalorise.* **2.** Se déprécier soi-même. *Il ne cesse de se dévaloriser.*

DÉVALUATION n. f. ▪ **1.** Abaissement de la valeur légale d'une monnaie. **2.** fig. Perte de valeur, de crédit.

DÉVALUER v. tr. [1] ▪ **1.** Effectuer la dévaluation de. *Dévaluer le franc.* **2.** fig. Dévaloriser.

DEVANCER v. tr. [3] ▪ **1.** Être devant (d'autres qui avancent), laisser derrière soi. ⇒ **dépasser, distancer.** *Cycliste qui devance le peloton.* **2.** Être avant, quant au rang, au mérite, dans la recherche commune du même but. ⇒ **surpasser.** *Devancer tous ses rivaux.* **3.** Arriver avant (qqn) dans le temps. ⇒ **précéder.** *Nous vous avons devancés au rendez-vous.* – *J'allais le dire, mais vous m'avez devancé.* ♦ Être en avance sur (son temps). **4.** *Devancer l'appel* : s'engager dans l'armée avant d'avoir l'âge d'y être appelé. ♦ Aller au-devant de. *Devancer une objection.* ⇒ **prévenir.** ► **DEVANCEMENT** n. m. *Devancement d'appel.*

DEVANCIER, IÈRE n. ▪ Personne qui en a précédé une autre dans ce qu'elle fait. ⇒ **prédécesseur.** *Perfectionner l'œuvre de ses devanciers.*

① **DEVANT** ▪ **I.** prép. **1.** Du même côté que le visage d'une personne, que le côté visible ou accessible d'une chose. ⇒ **en face de, vis-à-vis.** *Je vous attendrai devant la porte.* **2.** En présence de (qqn). *Pleurer devant tout le monde.* « *Devant Dieu et devant les hommes* » (formule juridique de serment). – À l'égard de, face à. *Tous les hommes sont égaux devant la loi. Reculer devant le danger.* **3.** Dans la direction qui est en face de qqn, qqch. ; à l'avant de. *Aller droit devant soi.* – loc. *Avoir du temps, de l'argent devant soi,* en réserve. **II.** adv. **1.** adv. de lieu Du côté du visage d'une personne, de la face d'une chose ; en avant. *Passez devant :* passez le premier. – *PAR-DEVANT :* du côté qui est devant. *Blouse boutonnée par-devant.* **2.** adv. de temps VX Auparavant. – loc. *Être Gros-Jean comme devant :* se retrouver tel que l'on était auparavant, avoir été dupé.

② **DEVANT** n. m. ▪ **1.** La partie qui est placée devant. *Les pattes de devant* (d'un animal). ⇒ **antérieur. 2.** loc. *Prendre LES DEVANTS :* devancer qqn ou qqch. pour agir avant ou l'empêcher d'agir. **3.** *AU-DEVANT DE* loc. prép. : à la rencontre de. *Nous irons au-devant de vous.* – fig. *Aller au-devant du danger :* s'exposer témérairement. *Aller au-devant des désirs de qqn.* ⇒ **devancer, prévenir.**

DEVANTURE n. f. ▪ **1.** Façade, revêtement du devant d'une boutique. *Il faudrait repeindre la devanture.* **2.** Étalage des marchandises soit à la vitrine, soit dehors. ⇒ **étalage, vitrine.**

DÉVASTATEUR, TRICE adj. et n. ▪ Qui dévaste, détruit tout sur son passage. *Guerre dévastatrice.*

DÉVASTATION n. f. ▪ Action de dévaster ; son résultat. ⇒ **ravage.**

DÉVASTER v. tr. [1] ▪ Ruiner (un pays...) en détruisant systématiquement. ⇒ **ravager.** *Les guerres, les envahisseurs ont dévasté le pays.*

DÉVEINE n. f. ▪ FAM. Malchance. *Quelle déveine !* ⇒ FAM. **guigne, poisse.**

DÉVELOPPEMENT n. m. ▪ **I. 1.** Action de développer, de donner toute son étendue à (qqch.). ♦ Distance développée par un tour de pédale de bicyclette. **2.** Action de développer (une pellicule photographique). *Développement et tirage.* **II. 1.** (organisme, organe) Fait de se développer ; évolution de ce qui se développe. ⇒ **croissance.** *Développement d'un embryon, d'un germe.* – *Développement intellectuel.* **2.** Progrès, en extension ou en qualité. *Le développement d'une maladie. Le développement d'une entreprise.* ⇒ **essor, extension.** – loc. *Pays EN VOIE DE DÉVELOPPEMENT,* dont l'économie n'a pas atteint le niveau des pays industrialisés. **3.** plur. Suite, prolongement. *Les développements d'un scandale.* **4.** Exposition détaillée d'un sujet. *Introduction, développement et conclusion d'un exposé.*

DÉVELOPPER v. tr. [1] ▪ **I. 1.** Étendre (ce qui était plié) ; donner toute son étendue à. ⇒ **déployer, étendre.** ♦ *Vélo qui développe 7 mètres,* qui parcourt 7 mètres lorsque les pédales font un tour complet (⇒ **développement**). **2.** *Développer un cliché, une pellicule,* faire apparaître les images fixées sur la pellicule, au moyen de procédés chimiques. **II. 1.** Faire croître ; donner de l'ampleur à. ⇒ **accroître.** *Exercices qui développent la musculature.* – *Développer l'intelligence d'un enfant.* – *Développer son entreprise.* **2.** Exposer en détail, étendre en donnant plus de détails. *Développer son argumentation.* ► SE **DÉVELOPPER** v. pron. **1.** Se déployer. *Armée qui se développe en ordre de bataille.* **2.** (êtres vivants) Croître, s'épanouir. *Plante qui se développe mal.* **3.** Prendre de l'extension, de l'importance. *L'affaire s'est développée.* ► **DÉVELOPPÉ, ÉE** adj. *Musculature bien développée.* – *Cet enfant est très développé pour son âge.*

① **DEVENIR** v. intr. [22] ▪ **1.** Passer d'un état à (un autre), commencer à être (ce qu'on n'était pas). *Devenir grand, riche, célèbre. Il est devenu fou. Devenir ministre. Elle est devenue sa femme.* – *La situation devient difficile.* – *La citrouille devint un carrosse.* ⇒ se **transformer** en. **2.** Être dans un état, avoir un sort, un résultat nouveau (dans les phrases interrogatives ou dubitatives). *Qu'allons-nous devenir ?* – *Qu'est devenu mon chapeau ?,* où est-il passé ? – FAM. *Que devenez-vous ?,* se dit pour demander des nouvelles d'une personne qu'on n'a pas vue depuis quelque temps.

② **DEVENIR** n. m. ▪ LITTÉR. Passage d'un état à un autre ; suite des changements. *La conscience est en perpétuel devenir.* ⇒ **évolution.**

DÉVERBAL, AUX n. m. ▪ LING. Nom formé à partir du radical d'un verbe (ex. *pliage* de *plier*), et plus particulièrement nom dérivé qui est formé sans suffixe (ex. *pli* de *plier*).

DÉVERGONDAGE n. m. ▪ Conduite dévergondée, relâchée. ⇒ **débauche, immoralité, licence.** – fig. *Un dévergondage d'imagination.*

DÉVERGONDÉ, ÉE adj. ▪ **1.** Qui ne respecte pas les règles de la morale sexuelle admise (traditionnellement, s'est surtout dit des femmes). – n. *Une dévergondée.* ♦ *Allure, vie dévergondée.* **2.** LITTÉR. Excessif, exubérant.

SE **DÉVERGONDER** v. pron. [1] ▪ Devenir dévergondé.

Achille DEVÉRIA (1800-1857) ▪ Peintre français. Auteur de portraits et de scènes de la vie élégante. ► **Eugène DEVÉRIA** (1805-1865), son frère, peintre d'histoire, se rattache au « style troubadour » et à l'orientalisme.

DÉVERROUILLER v. tr. [1] ▪ Ouvrir en tirant le verrou. *Déverrouiller une porte.* ► n. m. DÉVERROUILLAGE

DEVERS prép. ▪ loc. prép. *Par-devers.* DR. En présence de. – LITTÉR. En la possession de. *Garder des papiers par-devers soi.*

DÉVERS n. m. ▪ Inclinaison, pente. – Relèvement du bord extérieur d'une route dans un virage.

DÉVERSEMENT n. m. ▪ Action de (se) déverser.

DÉVERSER v. tr. [1] ▪ 1. Faire couler (un liquide) d'un lieu dans un autre. – *SE DÉVERSER* v. pron. *L'eau se déverse dans le bassin.* ⇒ s'**écouler**, se **jeter**, se **vider**. 2. Déposer, laisser tomber en versant. *Déverser du sable.* 3. fig. Laisser sortir, répandre en grandes quantités. *Chaque train déverse des flots de voyageurs.* – *Déverser sa bile, sa rancune.*

DÉVERSOIR n. m. ▪ Orifice par lequel s'écoule le trop-plein d'un canal, d'un réservoir. ⇒ **vanne.** *Le déversoir d'un barrage.*

DÉVÊTIR v. tr. [20] ▪ Dépouiller (qqn) de ses vêtements. ⇒ **déshabiller.** ► SE DÉVÊTIR v. pron. Enlever ses vêtements (en totalité ou en partie).

DÉVIANCE n. f. ▪ DIDACT. Caractère de ce qui est déviant.

DÉVIANT, ANTE adj. ▪ Qui s'écarte de la règle commune, de la norme sociale admise. *Comportement déviant.*

DÉVIATION n. f. ▪ I. 1. Action de sortir de la direction normale ; son résultat. 2. Changement anormal de position dans le corps. *Déviation de la colonne vertébrale.* ⇒ **déformation.** 3. fig. Changement (considéré comme mauvais) dans une ligne de conduite, une doctrine. II. 1. Action de dévier (un véhicule). 2. Chemin que doivent prendre les véhicules déviés. *Emprunter une déviation.*

DÉVIATIONNISME n. m. ▪ Attitude qui s'écarte de la doctrine, chez les membres d'un parti politique (s'oppose à *orthodoxie*). ► DÉVIATIONNISTE n. et adj. *Les déviationnistes de droite, de gauche.*

DÉVIDER v. tr. [1] ▪ 1. Mettre en écheveau (du fil). – absolt *Machine à dévider.* ⇒ **dévidoir ; rouet.** – Dérouler. *Dévider un cordage.* 2. Faire passer entre ses doigts. – fig. *Dévider son chapelet, son écheveau,* raconter, débiter tout ce qu'on a à dire.

DÉVIDOIR n. m. ▪ Instrument pour dévider (des cordes, des tuyaux...).

DÉVIER v. [7] ▪ 1. v. intr. Se détourner, être détourné de sa direction, de sa voie. *La balle a dévié.* – fig. *La doctrine a dévié.* ♦ *DÉVIER DE qqch.,* s'en écarter. *Dévier de son chemin.* – fig. *Dévier de ses principes.* 2. v. tr. Écarter de la direction normale. *Dévier la circulation.*

Michel DEVILLE (né en 1931) ▪ Cinéaste français. Metteur en scène raffiné, il a tourné des comédies au charme durable. *"Adorable Menteuse"* (1962) ; *"La Femme en bleu"* (1973) ; *"La Lectrice"* (1988).

Deville, sur le tournage de « *Aux petits bonheurs* ». *Phot. © Gamma*

DÉVILLE-LÈS-ROUEN ▪ Commune de la Seine-Maritime. 10 521 hab. *(les Devillois).* Papeterie.

DEVIN, DEVINERESSE n. ▪ Personne qui prétend découvrir ce qui est caché, prédire l'avenir par des moyens qui ne relèvent pas d'une connaissance naturelle ou ordinaire (⇒ **divination**). *Consulter un devin.* ⇒ **voyant.**

DEVINER v. tr. [1] ▪ 1. Parvenir à connaître par conjecture, supposition, intuition. ⇒ **découvrir, pressentir, trouver.** *Deviner un secret. Je devine où il veut en venir.* ⇒ **voir.** – *Deviner un obstacle dans le brouillard.* 2. Trouver la solution de (une énigme). *Deviner une charade.*

DEVINETTE n. f. ▪ Question dont il faut deviner la réponse. ⇒ **énigme.** *Poser une devinette.* – au plur. Jeu où l'on pose des questions. *Les enfants jouent aux devinettes.*

DEVIS n. m. ▪ État détaillé des travaux à exécuter avec l'estimation des prix. *Demander à un peintre d'établir un devis.*

DÉVISAGER v. tr. [3] ▪ Regarder (qqn) avec attention, avec insistance. ⇒ **fixer.** *Dévisager un nouveau venu.*

DEVISE n. f. ▪ I. 1. Formule qui accompagne l'écu dans les armoiries. 2. Paroles exprimant une pensée, un sentiment, un mot d'ordre. *« Liberté, Égalité, Fraternité », devise de la République française.* – Règle de vie, d'action. *Rester libre, telle est ma devise.* II. Valeur étrangère négociable dans un pays. *Prix des devises étrangères.* ⇒ **change, parité.** *Le cours officiel des devises.*

DEVISER v. intr. [1] ▪ LITTÉR. S'entretenir familièrement. ⇒ **converser, parler.** *Nous devisions gaiement. Deviser de choses et d'autres.*

DÉVISSER v. [1] ▪ 1. v. tr. Défaire (ce qui est vissé). *Dévisser le bouchon d'un tube, un tube.* 2. v. intr. ALPIN. Lâcher prise et tomber. ► n. m. DÉVISSAGE

DE VISU [devizy] loc. adv. ▪ Après l'avoir vu, pour l'avoir vu. *S'assurer de qqch. de visu.*

DÉVITALISER v. tr. [1] ▪ Priver (une dent) de son tissu vital (pulpe dentaire).

DÉVOIEMENT n. m. ▪ Action de détourner (qqn) du droit chemin.

DÉVOILEMENT n. m. ▪ Action de (se) dévoiler.

DÉVOILER v. tr. [1] ▪ 1. Enlever le voile de (qqn), ce qui cache (qqch.). ⇒ **découvrir.** *Dévoiler une statue que l'on inaugure.* 2. fig. Découvrir (ce qui était secret). ⇒ **révéler.** *Dévoiler ses intentions.* ► SE DÉVOILER v. pron. 1. Enlever, relever son voile. 2. fig. ⇒ **apparaître.** *Le mystère se dévoile peu à peu.*

① **DEVOIR** v. tr. [28] p. p. *dû, due, dus, dues* ▪ I. *DEVOIR À* 1. Avoir à payer (une somme d'argent), à fournir (qqch. en nature) à qqn. *Devoir de l'argent à qqn* (⇒ **dette ; débiteur**). – *L'argent qui m'est dû.* 2. Être redevable (à qqn ou à qqch.) de ce qu'on possède. ⇒ **tenir** de. *Elle veut ne rien devoir à personne.* – *Devoir la vie à qqn,* avoir été sauvé par lui. – (avec *de* + inf.) *Je lui dois d'être en vie.* – *Être dû à :* avoir pour cause. *Sa réussite est due au hasard.* 3. Être tenu à (qqch.) par la loi, les convenances, la morale. *Vous lui devez le respect. Je vous dois des excuses.* II. (+ inf.) 1. Être dans l'obligation de (faire qqch.). ⇒ **avoir** à. *Il doit terminer ce travail ce soir. Vous auriez dû me prévenir.* ♦ (obligation morale) *Tu as agi comme tu le devais.* – (au conditionnel) *Tu devrais aller la voir à l'hôpital.* ♦ (obligation atténuée) *Je dois avouer que je me suis trompé.* 2. (exprimant la nécessité) *Cela devait arriver. Il devait mourir deux jours plus tard :* il est mort deux jours après celui dont je parle. 3. Avoir l'intention de. ⇒ **penser.** *Nous devions l'emmener, mais il est tombé malade.* 4. (exprimant la vraisemblance, la probabilité, l'hypothèse) *On doit avoir froid là-bas* (⇒ **probablement**). *Vous devez vous tromper :* il me semble que vous vous trompez. *En principe, il devrait réussir.* ► SE DEVOIR v. pron. 1. réfl. Être obligé de se consacrer à. *Se devoir à ses enfants.* – *SE DEVOIR DE* (+ inf.). *Je me dois de le prévenir,* c'est mon devoir. 2. passif (impers.) *Comme il se doit :* comme il le faut ou FAM. comme c'était prévu.

② **DEVOIR** n. m. ▪ 1. *Le devoir :* obligation morale générale. *Le sentiment du devoir. Agir par devoir.* 2. *(Un, des devoirs)* Ce que l'on doit faire, défini par le système moral que l'on accepte, par la loi, les convenances, les circonstances. ⇒ **charge, obligation, responsabilité, tâche.** *Accomplir, remplir son devoir. Droits et devoirs.* ♦ loc. *Il est de mon devoir de ; se faire un devoir de* (+ inf.). *Manquer à son devoir, à tous ses devoirs.* – *Devoir professionnel. Faire son devoir de citoyen :* voter. 3. au plur. *Présenter ses devoirs à qqn.* ⇒ **hommage, respect.** – loc. *Rendre à qqn LES DERNIERS DEVOIRS,* aller à son enterrement. 4. Exercice scolaire qu'un professeur fait faire à ses élèves. *Un devoir d'histoire.*

DÉVOLU, UE ▪ 1. adj. Acquis, échu par droit. *Succession dévolue à l'État, faute d'héritiers.* 2. n. m. loc. *JETER SON DÉVOLU SUR* (qqn, qqch.), fixer son choix sur, manifester la prétention de l'obtenir.

DÉVOLUTION n. f. ▪ DR. Transmission d'un bien, d'un droit aux héritiers du degré suivant (par renonciation du degré précédent). *Dévolution successorale.* – *La guerre de Dévolution* (voir ci-dessous).

la guerre de DÉVOLUTION ▪ Guerre par laquelle Louis XIV, au nom des droits de Marie-Thérèse sur les Pays-Bas, prit à l'Espagne le sud de la Flandre, notamment Lille. Elle se termina par le traité d'Aix-la-Chapelle (1668).

le DEVON ou **DEVONSHIRE** ▪ Comté du sud-ouest de l'Angleterre. 6 715 km². 1 030 000 hab. Chef-lieu : Exeter. Ville principale : Plymouth. Tourisme.

le **Devon.** Le village de Widdecombe. *Phot. © Hawkes/Explorer*

DÉVORANT, ANTE adj. ▪ **1.** *Une faim dévorante,* qui pousse à manger beaucoup. ‑ fig. *Curiosité dévorante.* ⇒ **insatiable. 2.** Qui consume, détruit ; fig. ardent, brûlant, dévastateur. *Une passion dévorante.*

DÉVORER v. tr. 1 ▪ **1.** Manger en déchirant avec les dents. *Le tigre dévore sa proie.* ‑ Manger entièrement. par exagér. *Être dévoré par les moustiques.* **2.** (personnes) Manger avidement, gloutonnement. ⇒ **engloutir, engouffrer.** *Dévorer un poulet entier.* **3.** fig. Lire avec avidité. *Dévorer des romans policiers.* **4.** *Dévorer qqn, qqch. des yeux :* regarder avec avidité. **5.** Faire disparaître rapidement. *L'incendie a dévoré une partie de la forêt.* ⇒ **consumer.** ‑ fig. *Cela dévore tout mon temps.* ⇒ **absorber. 6.** Faire éprouver une sensation pénible, un trouble violent à (qqn). ⇒ **tourmenter.** *La soif, le mal qui le dévore.* ‑ au passif *Être dévoré de remords.*

DÉVOREUR, EUSE n. ▪ *Dévoreur, dévoreuse de...,* personne qui dévore (sens propre et fig.).

Raymond DEVOS (né en 1922) ▪ Artiste de music-hall français. Il a créé des monologues dans lesquels il cultive le non-sens en prenant au pied de la lettre des expressions courantes, inventant ainsi des situations d'une absurdité clownesque.

Devos.
Phot. © Cappe/Stills

DÉVOT, OTE adj. ▪ **1.** Qui est sincèrement attaché à une religion et à ses pratiques. ⇒ **pieux.** *Des musulmans dévots.* ♦ **n.** (souvent péj.) ⇒ **bigot.** ‑ loc. *Faux dévot,* qui affecte la dévotion. **2.** Qui a le caractère de la dévotion. *Livre dévot.* ⇒ **pieux.** ► adv. DÉVOTEMENT

DÉVOTION n. f. ▪ **1.** Attachement sincère et fervent à une religion (en général monothéiste ; souvent la religion chrétienne) et à ses pratiques. ⇒ **piété.** *Être plein de dévotion.* ‑ péj. *Être confit* en dévotion.* **2.** *Faire ses dévotions :* remplir ses devoirs religieux. **3.** Culte. *La dévotion à la Vierge.* **4.** fig. Attachement, dévouement. *Il a une véritable dévotion pour sa sœur.* ⇒ **adoration, vénération.** ‑ *Être* À LA DÉVOTION DE *qqn,* lui être tout dévoué.

DÉVOUEMENT n. m. ▪ **1.** Action de sacrifier sa vie, ses intérêts (à qqn, à une cause). ⇒ **abnégation, sacrifice.** *Le dévouement d'un savant à son œuvre.* **2.** Disposition à servir, à se dévouer pour qqn. ⇒ **bonté.** *Soigner qqn avec dévouement.*

SE DÉVOUER v. pron. 1 ▪ **1.** *Se dévouer à :* se consacrer entièrement à. *Se dévouer à une cause.* ♦ absolt Faire une chose pénible (effort, privation) au profit d'une personne, d'une cause. ⇒ se **sacrifier.** *Ils sont toujours prêts à se dévouer.* ‑ FAM. *Qui se dévoue pour débarrasser la table ?* **2.** au passif *Être dévoué, tout dévoué à qqn,* être prêt à le servir, lui être acquis. ► **DÉVOUÉ, ÉE** adj. Qui consacre ses efforts à servir qqn, à lui être agréable. *C'est l'ami le plus dévoué.* ⇒ **fidèle, serviable.** ‑ (formule de politesse, à la fin d'une lettre) *Veuillez croire à mes sentiments dévoués.*

DÉVOYER v. tr. 8 ▪ LITTÉR. Détourner (qqn) du droit chemin, de la morale. ⇒ **pervertir.** ‑ pronom. *Se dévoyer.* ► **DÉVOYÉ, ÉE** adj. et n. Qui est sorti du droit chemin, s'est dévoyé.

Hugo DE VRIES (1848‑1935) ▪ Botaniste néerlandais. Il découvrit l'existence des mutations génétiques dont il fit le moteur essentiel de l'évolution, conjointement avec la sélection naturelle de Darwin.

la classification DEWEY ▪ Classification décimale utilisée dans les bibliothèques, proposée en 1876, par le bibliographe américain Melvil Dewey (1851‑1931).

John DEWEY (1859‑1952) ▪ Philosophe et pédagogue américain. Promoteur de l'« instrumentalisme » et des méthodes « actives » en pédagogie.

DEXTÉRITÉ n. f. ▪ Adresse manuelle ; délicatesse, aisance dans l'exécution de qqch. ⇒ **agilité, légèreté.** *Manier le pinceau avec dextérité.* ♦ fig. *Il a négocié l'affaire avec dextérité.* ⇒ **art, habileté.**

DEXTRE n. f. ▪ VX ou plais. Main droite (opposé à *senestre*).

DEY n. m. ▪ HIST. Chef du gouvernement (d'Alger). *Le dey d'Alger. Des deys.*

Théodore DÉZAMY (1808‑1850) ▪ Socialiste français. Théoricien du communisme.

DHAKA → Dacca

DHANBAD ▪ Ville d'Inde (Bihar). Zone urbaine de 817 500 hab.

le DHAULAGIRI ▪ Un des plus hauts sommets de l'Himalaya, 8 172 m.

André DHÔTEL (1900‑1991) ▪ Écrivain français. Son œuvre est imprégnée de mystère et de fantastique. *"Le Pays où l'on n'arrive jamais"* (1955), roman.

DI- Élément, du grec *dis* « deux fois ». ⇒ **bi-.**

DIA interj. ▪ Cri pour faire aller un cheval à gauche. ‑ loc. *Tirer à hue* et à dia.*

DIA- Élément, du grec *dia-,* qui signifie « à travers » (ex. *diamètre*), ou « en séparant, en distinguant » (ex. *dialyse*).

DIABÈTE n. m. ▪ Maladie liée à un trouble de l'assimilation des glucides, avec présence de sucre dans le sang et dans les urines.

DIABÉTIQUE adj. ▪ Du diabète. *Coma diabétique.* ♦ Qui est atteint de diabète. ‑ **n.** *Un(e) diabétique.*

DIABLE n. m. ▪ **I. 1.** Démon, personnage représentant le mal, dans la tradition populaire chrétienne. *Un diable à pieds fourchus.* **2.** *Le diable :* le prince des démons ou des diables. ⇒ **démon, satan ; diabolique.** ♦ loc. *Ne craindre ni Dieu ni diable. Donner, vendre son âme au diable.* ‑ *Avoir* LE DIABLE AU CORPS : avoir de l'énergie pour faire le mal ; avoir une vitalité incontrôlable. *"Le Diable au corps"* (roman de Radiguet). ‑ *S'agiter, se démener comme un (beau) diable,* avec une énergie extrême. ‑ *Tirer le diable par la queue :* avoir peine à vivre avec de maigres ressources. ‑ *C'est, ce serait bien le diable si... :* ce serait bien étonnant si. ‑ *Que le diable l'emporte,* se dit de qqn dont on veut se débarrasser. ‑ *La beauté* du diable.* **3.** fig. AU DIABLE : très loin. *Habiter au diable, au diable vert, au diable vauvert.* ‑ *Envoyer qqn au diable,* le renvoyer, le rabrouer avec colère ou impatience. *Allez au diable !* ♦ À LA DIABLE : sans soin, de façon désordonnée. *Travail fait à la diable.* ♦ DU DIABLE : extrême, excessif. *Un vacarme du diable.* ♦ EN DIABLE : très, terriblement. *Il est paresseux en diable.* **4.** interj. (exprimant la surprise, l'étonnement admiratif ou indigné) ⇒ VX **diantre.** *Diable ! C'est cher. Que diable !* **II.** fig. **1.** Enfant vif, emporté, turbulent, insupportable. **2.** *Un* PAUVRE DIABLE : un homme malheureux, pauvre, pitoyable. - *Un bon diable* : un brave homme. ⇒ **bougre.** **3.** DIABLE DE (valeur d'adj.) : bizarre, singulier ou mauvais. ⇒ **drôle.** *Un diable d'homme.* - avec un fém. *une diable d'affaire.* **III. 1.** Petit chariot à deux roues basses qui sert à transporter des caisses, des sacs, etc. **2.** Ustensile de cuisson formé de deux poêlons en terre poreuse.

DIABLEMENT adv. ▪ FAM. Très. ⇒ **rudement, terriblement.** *Il est diablement fort sur ce sujet.*

DIABLERIE n. f. ▪ **1.** Parole, action pleine de turbulence, de malice. ⇒ **espièglerie.** **2.** au Moyen Âge Mystère* dans lequel des diables étaient en scène.

DIABLESSE n. f. ▪ **1.** Diable femelle. **2.** fig. Femme très active, remuante, pétulante.

DIABLOTIN n. m. ▪ **1.** Petit diable. **2.** fig. Jeune enfant très espiègle.

DIABOLIQUE adj. ▪ **1.** Qui tient du diable. *Pouvoir diabolique.* ⇒ **démoniaque.** - *Il était diabolique d'habileté.* - n. *"Les Diaboliques"* (nouvelles de Barbey d'Aurevilly ; film de Clouzot). **2.** Extrêmement méchant. *Sourire diabolique.* - *Invention, machination diabolique,* pleine de ruse et de méchanceté. ⇒ **infernal, satanique.** ► adv. DIABOLIQUEMENT

DIABOLO n. m. ▪ **I.** Jouet composé d'une bobine et de deux baguettes reliées par une ficelle que l'on tend sous la bobine pour la lancer et la rattraper. **II.** Boisson faite de limonade et d'un sirop. *Des diabolos menthe.*

DIACHRONIE [-kʀɔni] n. f. ▪ LING. Évolution des faits linguistiques dans le temps (opposé à *synchronie*). ► DIACHRONIQUE [-kʀɔnik] adj. *Étude diachronique d'un mot.*

DIACONAT n. m. ▪ RELIG. Le second des ordres majeurs dans l'Église catholique, immédiatement inférieur à la prêtrise (⇒ **diacre**). *Diaconat et sous-diaconat.*

DIACONESSE n. f. ▪ RELIG. Religieuse protestante qui se consacre à des œuvres de charité.

DIACRE n. m. ▪ Clerc qui a reçu le diaconat. ⇒ aussi **sous-diacre.**

DIACRITIQUE adj. ▪ GRAMM. *Signe diacritique* : signe graphique (point, accent, cédille) qui empêche la confusion entre homographes*. *Les accents des mots* à, dû, où *sont des signes diacritiques.*

DIADÈME n. m. ▪ **1.** Riche bandeau qui, dans l'Antiquité, était l'insigne du pouvoir monarchique. **2.** Bijou féminin qui ceint le haut du front.

Serge de DIAGHILEV (1872 - 1929) ▪ Critique et imprésario russe. Animateur de la vie artistique et musicale en Russie et en Europe, il promut le ballet moderne avec la création de la compagnie des Ballets russes (1909).

DIAGNOSTIC [-gn-] n. m. ▪ **1.** Détermination (d'une maladie, d'un état) d'après ses symptômes. *Poser, établir un diagnostic. Erreur de diagnostic.* **2.** fig. Prévision, hypothèse tirée de signes. *Un diagnostic de crise.*

DIAGNOSTIQUE [-gn-] adj. ▪ MÉD. Qui permet de déterminer une maladie. *Signes diagnostiques du cancer.*

DIAGNOSTIQUER [-gn-] v. tr. [1] ▪ **1.** Reconnaître en faisant le diagnostic. *Diagnostiquer une typhoïde.* **2.** fig. *Diagnostiquer une crise économique.*

DIAGONAL, ALE, AUX adj. ▪ GÉOM. Qui joint deux sommets d'une figure qui n'appartiennent pas au même côté, à la même face (⇒ **diagonale**).

DIAGONALE n. f. ▪ **1.** Ligne diagonale. *Les deux diagonales d'un carré.* **2.** EN DIAGONALE loc. adv. : en biais, obliquement. *Traverser une rue en diagonale.* - fig. FAM. *Lire en diagonale* : lire très rapidement, parcourir.

DIAGRAMME n. m. ▪ **1.** Tracé géométrique sommaire des parties d'un ensemble et de leur disposition les unes par rapport aux autres. *Le diagramme d'une fleur.* **2.** Représentation graphique du déroulement et des variations (d'un phénomène). ⇒ **courbe, graphique.** *Diagramme de natalité.*

DIALECTE n. m. ▪ Forme régionale, nettement distincte d'une langue. *Dialecte rural.* ⇒ **patois.** *Le wallon, dialecte français de Belgique. Les dialectes d'oc.* ► adj. DIALECTAL, ALE, AUX

DIALECTICIEN, IENNE n. ▪ Personne qui emploie les procédés de la dialectique dans ses raisonnements.

DIALECTIQUE ▪ **I.** n. f. **1.** Ensemble des moyens mis en œuvre dans la discussion en vue de démontrer, réfuter (⇒ **argumentation, raisonnement**). *Une dialectique rigoureuse.* **2.** PHILOS. Marche de la pensée reconnaissant le caractère inséparable des propositions contradictoires (thèse, antithèse), que l'on peut unir dans une synthèse. *La dialectique de Hegel est spiritualiste. La dialectique marxiste.* **II.** adj. Qui opère par la dialectique (2). *Le matérialisme historique et dialectique de Marx. "Critique de la raison dialectique"* (œuvre de Sartre).

DIALECTOLOGIE n. f. ▪ Étude des dialectes. ► adj. DIALECTOLOGIQUE ► n. DIALECTOLOGUE

DIALOGUE n. m. ▪ **1.** Entretien entre deux personnes. ⇒ **conversation** ; s'oppose à *monologue. Il entama un long dialogue avec son interlocuteur.* - Contact, discussions entre deux groupes. *Le dialogue entre le patronat et les partenaires sociaux est rompu.* ⇒ **négociation, pourparlers.** **2.** Ensemble des paroles qu'échangent les personnages d'une pièce de théâtre, d'un film, d'un récit. *Un film de Marcel Carné avec des dialogues de Prévert.* **3.** Ouvrage littéraire, philosophique, en forme de conversation. *Les dialogues de Platon.*

DIALOGUER v. [1] ▪ **1.** v. intr. Avoir un dialogue (avec qqn). ⇒ s'**entretenir.** *Dialoguer avec qqn.* **2.** v. tr. Mettre en dialogue. *Dialoguer un roman pour le porter à l'écran.*

DIALOGUISTE n. ▪ Auteur des dialogues (d'un film, d'une émission).

DIALYSE n. f. ▪ **1.** CHIM. Séparation de substances en dissolution. **2.** MÉD. Méthode d'épuration du sang lors d'une insuffisance rénale.

DIAMANT n. m. ▪ **1.** Pierre précieuse, la plus brillante et la plus dure de toutes, le plus souvent incolore. *La pureté, l'eau* d'un diamant* (⇒ **adamantin**). *Diamant taillé en brillant. Diamant monté seul.* ⇒ **solitaire.** *Parure, rivière de diamants.* **2.** TECHN. Instrument à pointe de diamant, qui sert à couper le verre, les glaces. *Diamant de vitrier.* **3.** Pointe de lecture des disques microsillons.

DIAMANTAIRE n. ▪ Personne qui taille ou vend des diamants. ⇒ **joaillier.**

DIAMANTÉ, ÉE adj. ▪ Garni de diamants.

DIAMANTIFÈRE adj. ▪ Qui contient du diamant. *Sable diamantifère.*

DIAMÉTRAL, ALE, AUX adj. ▪ Relatif au diamètre. - fig. *Opposition diamétrale,* absolue, totale.

DIAMÉTRALEMENT adv. ▪ Selon le diamètre. - fig. *Opinions diamétralement opposées.* ⇒ **absolument, radicalement.**

DIAMÈTRE n. m. ▪ **1.** Ligne droite qui passe par le centre d'un cercle, d'une sphère. **2.** La plus grande largeur ou grosseur

Diaghilev. *Diaghilev et Apollinaire dans les coulisses du Châtelet,* dessin de Larionov. Coll. André Meyer, New York.
Phot. © Lauros/Giraudon

d'un objet cylindrique ou arrondi. *Diamètre d'un tube.* ⇒ **calibre.**

DIANE ▪ Déesse italique et romaine identifiée à l'Artémis grecque.

DIANE DE POITIERS (1499 - 1566) ▪ Maîtresse d'Henri II, célèbre pour sa beauté. Elle joua un grand rôle politique jusqu'à la mort du roi (1559). Mécène, elle encouragea les arts ; Henri II fit construire pour elle le château d'Anet.

DIANTRE interj. ▪ VX Juron qui marque l'étonnement, la perplexité ou l'admiration. ⇒ **diable.**

DIAPASON n. m. ▪ **1.** Son de référence utilisé pour l'accord des voix et des instruments. **2.** fig. *Être, se mettre au diapason,* en harmonie avec les idées, les dispositions (de qqn, d'un groupe). **3.** Petit instrument métallique qui donne le la lorsqu'on le fait vibrer.

DIAPHANE adj. ▪ **1.** Qui laisse passer à travers soi les rayons lumineux sans laisser distinguer la forme des objets. ⇒ **translucide. 2.** fig. LITTÉR. Très pâle et qui donne une impression de fragilité. *Teint, peau diaphane.*

DIAPHRAGME n. m. ▪ **1.** Muscle large et mince qui sépare le thorax de l'abdomen. **2.** Préservatif féminin. **3.** Membrane vibrante (d'appareils acoustiques). *Diaphragme de haut-parleur.* **4.** Disque opaque percé d'une ouverture réglable, pour faire entrer plus ou moins de lumière. *Régler l'ouverture du diaphragme* (d'un appareil photographique), ou DIAPHRAGMER v. tr. [1]

DIAPOSITIVE n. f. ▪ Tirage photographique positif destiné à la projection. *Film pour diapositives couleur.* ◇ abrév. FAM. DIAPO.

DIAPRÉ, ÉE adj. ▪ De couleur variée et changeante. *Étoffe diaprée.* ⇒ **chatoyant.**

DIAPRURE n. f. ▪ LITTÉR. Aspect de ce qui est diapré, de ce qui chatoie.

DIARRHÉE n. f. ▪ Évacuation fréquente de selles liquides. ⇒ **colique.** *Avoir la diarrhée.* ► adj. DIARRHÉIQUE

Bartolomeu DIAS ou **Barthélemy DIAZ** (v. 1450 - 1500) ▪ Navigateur portugais. Il franchit le premier le cap de Bonne-Espérance (1488).

Antonio Gonçalves DIAS (1823 - 1864) ▪ Écrivain brésilien. Il est considéré comme le premier grand poète de l'âme nationale.

DIASPORA n. f. ▪ HIST. Dispersion des Juifs exilés de leur pays. ♦ Dispersion (d'une communauté) à travers le monde ; la population ainsi dispersée. *La diaspora arménienne.*

DIASTASE n. f. ▪ BIOL., VX Enzyme. - Enzyme provoquant l'hydrolyse de l'amidon.

DIASTOLE n. f. ▪ Mouvement de dilatation du cœur qui alterne avec la systole*.

Dickens. Portrait par Ary Scheffer. National Portrait Gallery, Londres. *Phot. © Giraudon*

Diane de Poitiers. Portrait par le Primatice. Château d'Anet. *Phot. © Dagli Orti*

DIATOMÉE n. f. ▪ Algue unicellulaire microscopique.

DIATONIQUE adj. ▪ MUS. Qui procède par tons et demi-tons consécutifs (opposé à *chromatique*). *Gamme diatonique.*

DIATRIBE n. f. ▪ Critique violente. *Se lancer dans une longue diatribe contre qqn, qqch.*

Porfirio DÍAZ (1830 - 1915) ▪ Homme politique mexicain. Général pendant la guerre d'indépendance. Maître du pays de 1876 à 1911, période de développement économique dite « le Porfiriat » qui favorisa les investissements étrangers.

Díaz. *Révolution contre la dictature de Porfirio Díaz,* tableau de Siqueiros. Museo de historia natural de la Ciudad de Mexico, Mexico. *Phot. © Arch. Smeets*

Mohammed DIB (né en 1920) ▪ Écrivain algérien d'expression française. Poèmes, romans et théâtre. *"Le Métier à tisser"* (1957) ; *"Les Terrasses d'Orsol"* (1985).

DICHOTOMIE [-k-] n. f. ▪ DIDACT. Division, opposition (entre deux éléments, deux idées). ► adj. DICHOTOMIQUE

DICIBLE adj. ▪ Qui peut être dit, exprimé.

Philip Kindred DICK (1928 - 1982) ▪ Romancier américain. Il introduisit dans la science-fiction son expérience de la drogue et de l'instabilité mentale. *"Le Maître du Haut-Château"* (1962) ; *"Ubik"* (1969).

Charles DICKENS (1812 - 1870) ▪ Écrivain britannique. Marqué par une enfance difficile (il commença à travailler en usine à douze ans), il dénonça dans ses romans l'injustice sociale et les malheurs de l'enfance. *"Les Aventures de M. Pickwick"* (1837) ; *"Oliver Twist"* (1838) ; *"David Copperfield"* (1849-1850).

Emily DICKINSON (1830-1886) ▪ Poétesse américaine. Auteur d'environ 1 800 poèmes lyriques, d'inspiration romantique et religieuse, publiés après sa mort.

DICOTYLÉDONE adj. ▪ (plante) Dont la graine a deux cotylédons*. - n. f. pl. *Les Dicotylédones* (classe de végétaux).

DICTAME n. m. ▪ **1.** BOT. Plante aromatique, variété d'origan. **2.** fig. LITTÉR. Adoucissement. ⇒ **baume.**

DICTAPHONE n. m. (marque déposée) ▪ Magnétophone servant à la dictée du courrier.

DICTATEUR n. m. ▪ **1.** HIST. (Antiq. romaine) Magistrat nommé en cas de crise grave, investi d'un pouvoir illimité. **2.** Personne qui, après s'être emparée du pouvoir, l'exerce sans contrôle. ⇒ **despote, tyran.** *Dictateur fasciste, communiste.* ► DICTATORIAL, IALE, IAUX adj. *Des pouvoirs dictatoriaux.* - fig. *Ton dictatorial.* ⇒ **impérieux.**

DICTATURE n. f. ▪ **1.** HIST. (Antiq. romaine) Magistrature extraordinaire, la plus élevée de toutes, chez les Romains. **2.** Concentration de tous les pouvoirs entre les mains d'un individu, d'une assemblée, d'un parti, d'une classe. *Dictature militaire.* ♦ *Dictature du prolétariat :* prise et exercice du pouvoir total par les représentants du prolétariat (ancienne doctrine léniniste). **3.** fig. Pouvoir absolu, suprême. ⇒ **tyrannie.** *La dictature des trusts.*

DICTÉE n. f. ▪ **1.** Action de dicter. *Écrire une lettre sous la dictée (de qqn).* - fig. LITTÉR. *Faire qqch. sous la dictée des circonstances.* **2.** Exercice consistant en un texte lu à haute voix qui doit être transcrit selon les règles de l'orthographe. allus. *La dictée de Mérimée.*

DICTER v. tr. [1] ▪ **1.** Dire (qqch.) à haute voix en détachant les mots ou les membres de phrases, pour qu'une autre personne les écrive. *Dicter son courrier à sa secrétaire. Dicter au dictaphone.* **2.** Indiquer en secret, à l'avance, à qqn (ce qu'il doit dire ou faire). *Dicter à qqn sa conduite.* - passif *Ses réponses lui ont été dictées,* on lui a fait la leçon. - *Leur attitude dictera la nôtre.* ⇒ **commander. 3.** Stipuler et imposer. *Dicter ses conditions.* ⇒ **prescrire.**

DICTION n. f. ▪ Manière de dire, de réciter un texte, des vers, etc. ⇒ **élocution.** *Il avait une diction très nette.*

DICTIONNAIRE n. m. ▪ **1.** Recueil contenant des mots, des expressions d'une langue, présentés dans un ordre convenu, et qui donne des définitions, des informations sur eux. *Dictionnaire alphabétique. Dictionnaire chinois par clés. Chercher un mot, le sens d'un mot dans le dictionnaire. Consulter un dictionnaire. Entrée, article de dictionnaire.* - *Dictionnaire de langue,* donnant des renseignements sur les mots de la langue commune et leurs emplois. - *Dictionnaire encyclopédique,* donnant des informations sur les choses désignées par les mots, et traitant les noms propres. - *Dictionnaire des synonymes.* - *Dictionnaire d'argot.* - *Dictionnaire bilingue,* qui donne la traduction des mots d'une langue dans une autre en tenant compte des sens, des emplois. **2.** Ensemble des mots différents (d'un groupe...). ⇒ **lexique, vocabulaire. 3.** FAM. Personne qui sait tout. *C'est un dictionnaire vivant !* ⇒ **encyclopédie.**

DICTON n. m. ▪ Sentence passée en proverbe. ⇒ **adage, maxime.** *Vieux dicton populaire.*

DIDACTICIEL n. m. ▪ INFORM. Logiciel à fonction pédagogique.

DIDACTIQUE adj. ▪ **1.** Qui vise à instruire. *Dans un souci didactique.* ⇒ **pédagogique.** *Ouvrage didactique.* **2.** Qui appartient à la langue des sciences et des techniques. *Terme didactique.*

DIDACTISME n. m. ▪ Caractère didactique (souvent péj.).

DIDASCALIE n. f. ▪ DIDACT. Indication de jeu, dans une œuvre théâtrale, un scénario.

Denis DIDEROT (1713-1784) ▪ Écrivain et philosophe français, principal responsable de l'*"Encyclopédie"*. Son œuvre est caractéristique du rationalisme spirituel et ouvert des Lumières, où littérature et philosophie se mêlent étroitement. Sa pensée philosophique évolua du déisme au matérialisme athée. *"Lettre sur les aveugles à l'usage de ceux qui voient"* (1749); *"Le Rêve de d'Alembert"* (1769); *"Paradoxe sur le comédien"*; *"La Religieuse"*, roman (v. 1760, publié en 1796); *"Jacques le Fataliste et son maître"*, roman (v. 1773, publié en 1796); *"Le Neveu de Rameau"*, dialogue (1760-1777, publié en 1805). L'œuvre de Diderot, ainsi que sa « Correspondance » avec Sophie Volland, exalte souvent la nature, conçue comme une force « divine » et bonne.

DIDON ou **ELISSA** ▪ Princesse de Tyr, fondatrice légendaire de Carthage au IXe s. av. J.-C. Dans l'*"Énéide"*, Virgile la fait vivre au moment de la guerre de Troie : Énée débarquant à Carthage est reçu par Didon qui s'éprend de lui, mais le héros l'abandonne et la reine se poignarde sur un bûcher.

DIDOT ▪ Famille de libraires et imprimeurs français ► **Firmin DIDOT** (1764-1836) renouvela la gravure et la fonderie des caractères.

DIE ▪ Chef-lieu d'arrondissement de la Drôme. 4 230 hab. *(les Diois).* Monuments romains et médiévaux. Vins blancs mousseux (clairette).

DIÈDRE adj. ▪ GÉOM. *Angle dièdre,* déterminé par l'intersection de deux plans. - n. m. *Un dièdre :* figure formée par deux demi-plans ayant une arête commune.

DIEKIRCH ▪ Ville du Luxembourg. 5 586 hab.

ĐIỆN BIÊN PHÚ ▪ Site du nord du Viêtnam, dans une plaine Dencaissée. En 1954, les troupes françaises y perdirent contre le Viêt-minh une bataille décisive, qui marqua la fin de l'hégémonie de la France en Indochine.

DIEPPE ▪ Chef-lieu d'arrondissement de la Seine-Maritime. 35 894 hab. *(les Dieppois).* Château (XVe-XVIIe s.). Station balnéaire. Port important (transit de voyageurs avec la Grande-Bretagne).

DIÉRÈSE n. f. ▪ Prononciation dissociant un groupe vocalique en deux syllabes. « *Plier* » *se prononce avec une diérèse.*

DIÈSE n. m. ▪ MUS. Signe (#) élevant d'un demi-ton chromatique la note devant laquelle il est placé. *Dièses et bémols.* - adj. *Des do dièse(s).*

DIESEL [djezɛl] n. m. ▪ **1.** Moteur à combustion interne, dans lequel l'allumage est obtenu par compression. - appos. *Un moteur Diesel.* **2.** Véhicule à moteur Diesel. *Des diesels.*

Rudolf DIESEL (1858-1913) ▪ Ingénieur allemand. Inventeur en 1897 du moteur qui porte son nom.

DIÉSER v. tr. [6] ▪ MUS. Marquer (une note) d'un dièse.

DIES IRAE [djɛsiʀe] n. m. invar. ▪ Séquence de la messe des morts, qui commence par les mots *dies irae* (« jour de colère »), tirés de la Bible. - Composition musicale sur ce thème.

DIEST ▪ Ville de Belgique (Région flamande, province du Brabant flamand). 21 461 hab. Vieille ville pittoresque aux nombreux monuments anciens.

① **DIÈTE** n. f. ▪ **1.** MÉD. Régime alimentaire particulier (⇒ **diététique**). **2.** COUR. Privation totale ou partielle de nourriture pour raison médicale ou hygiénique. ⇒ **abstinence.** *Être à la diète.*

② **DIÈTE** n. f. ▪ HIST. Assemblée politique (en Allemagne, Suède, Pologne, Suisse, Hongrie). *Luther comparut devant la diète de Worms.*

DIÉTÉTICIEN, IENNE n. ▪ Spécialiste de la diététique.

DIÉTÉTIQUE ▪ **1.** n. f. Science de l'hygiène alimentaire ; ensemble des règles à suivre pour une alimentation équili-

Diderot. Portrait par Van Loo. Musée du Louvre, Paris. *Phot. © Arch. Smeets*

brée. **2.** adj. Relatif à la diététique ; préparé selon les règles de la diététique. *Aliment diététique.*

Maria Magdalena dite **Marlene DIETRICH** (1901 - 1992) ▪ Actrice allemande naturalisée américaine. Elle incarne le type de la femme fatale : *"L'Ange bleu"* (1930). Elle fut également une chanteuse à la voix pénétrante.

Marlene **Dietrich,** dans *Jugement à Nuremberg,* de Stanley Kramer, 1961. *Phot. © Coll. Rui Nogueira*

DIEU n. m. ▪ Principe d'explication de l'existence du monde conçu comme un être personnel, selon des modalités particulières aux croyances, aux religions. **I.** (dans le monothéisme) **1.** Être éternel, unique, créateur et juge. *Croire en Dieu. Ne pas croire en Dieu* (⇒ **athée**). - « *Ni Dieu ni maître* », maxime anarchiste (titre du journal de A. Blanqui). - avec article *Le Dieu des juifs* (Yahvé, Jéhovah), *des chrétiens* (Dieu), *des musulmans* (Allah). ♦ (dans la tradition judéo-chrétienne) « *Au commencement, Dieu créa le ciel et la terre* » (Bible). *L'envoyé de Dieu.* ⇒ **messie.** ♦ (dans la doctrine chrétienne) *Dieu en trois personnes* (le Père, le Fils et le Saint-Esprit ; ⇒ **trinité**). *Le Fils de Dieu* : le Christ. *La mère de Dieu* : la Vierge. - loc. *Recommander* son âme à Dieu.* - prov. *L'homme propose, Dieu dispose,* les projets sont souvent contrariés par les circonstances. ♦ avec article *LE BON DIEU* (expression familière et affective). *Prier le bon Dieu.* loc. *On lui donnerait le bon Dieu sans confession*.* **2.** dans des loc. *DIEU SAIT...* (pour appuyer une affirmation ou une négation) *Dieu sait si je dis la vérité.* - (pour exprimer l'incertitude) *Dieu sait ce que nous ferons demain. Dieu seul le sait.* ♦ *À la grâce de Dieu. Avec l'aide de Dieu. Dieu vous entende !* **3.** interj. *Ah, mon Dieu ! Grand Dieu !* - (jurons) *Nom de Dieu ! Bon Dieu !* **II.** (dans le polythéisme) *UN DIEU, LES DIEUX.* **1.** Être supérieur doué d'un pouvoir sur l'homme et d'attributs particuliers. ⇒ **divinité ; idole.** *Histoire des dieux.* ⇒ **mythologie.** *Les dieux égyptiens. Dieux, déesses et demi-dieux de la Grèce. Les dieux et les génies de l'animisme.* **2.** loc. *Être aimé, béni des dieux,* avoir des atouts, de la chance. *Jurer ses grands dieux :* jurer solennellement. - *Faire de qqn, de qqch. son dieu,* en faire l'objet d'un culte. *C'est son dieu.*

DIFFAMATEUR, TRICE n. ▪ Personne qui diffame. ⇒ **calomniateur.**

DIFFAMATION n. f. ▪ **1.** Action de diffamer. ⇒ **calomnie, médisance. 2.** Écrit, parole qui diffame.

DIFFAMATOIRE adj. ▪ Qui a pour but la diffamation. *Article diffamatoire.*

DIFFAMER v. tr. [1] ▪ Chercher à porter atteinte à la réputation, à l'honneur de (qqn). ⇒ **attaquer, calomnier, décrier, discréditer, médire** de. *Diffamer un adversaire.*

DIFFERDANGE ▪ Ville du Luxembourg (district de Luxembourg). 15 699 hab.

DIFFÉRÉ n. m. ▪ Fait d'émettre, de diffuser (une émission) après l'enregistrement. - *EN DIFFÉRÉ* (opposé à *en direct*). *Match retransmis en différé.*

DIFFÉREMMENT [-amɑ̃] adv. ▪ D'une manière autre, différente. *Lui et moi pensons différemment. Agir différemment des autres.*

DIFFÉRENCE n. f. ▪ **1.** Caractère *(une différence)* ou ensemble de caractères *(la différence)* qui distingue une chose d'une autre, un être d'un autre. ⇒ **dissemblance, distinction, écart ; dis-, hétér(o)-.** *Une légère différence. Différence d'altitude. Différence d'âge. Différence d'opinions.* ⇒ **divergence.** - *Faire la différence entre deux choses,* la percevoir, la sentir. ⇒ **distinction.** *Différence de prix.* - *À LA DIFFÉRENCE DE* loc. prép. : contrairement à. *À la différence de son frère, il est très sportif.* - *À LA DIFFÉRENCE QUE* loc. conj. (+ indic.) : avec cette différence que. ♦ *Le droit à la différence* (de race, de culture, de religion, de mœurs). **2.** Quantité qui, ajoutée à une quantité, donne une somme égale à une autre. *La différence entre 100 et 25 est 75.*

DIFFÉRENCIATEUR, TRICE adj. ▪ Qui différencie.

DIFFÉRENCIATION n. f. ▪ **1.** Action de se différencier. *La différenciation des cellules au cours de la croissance embryonnaire.* **2.** Action de différencier (2). ⇒ **distinction, séparation.**

DIFFÉRENCIER v. tr. [7] ▪ **1.** (sujet chose) Rendre différent. ⇒ **distinguer.** *Ce qui différencie le singe de l'homme.* **2.** (sujet personne) Établir une différence. *Différencier deux espèces végétales auparavant confondues.* ⇒ **distinguer, séparer.** ► **SE DIFFÉRENCIER** v. pron. **1.** Être caractérisé par telle ou telle différence. ⇒ **différer.** *Arbre qui se différencie des autres par la taille.* **2.** Devenir différent, de plus en plus différent. ⇒ se **distinguer.** *Les cellules se différencient.* **3.** Se rendre différent. *Ils portent un maillot bleu pour se différencier de leurs adversaires.*

DIFFÉREND n. m. ▪ Désaccord résultant d'une opposition d'opinions, d'intérêts entre des personnes. ⇒ **conflit, dispute, querelle.** *Avoir un différend avec qqn. Être en différend.*

DIFFÉRENT, ENTE adj. ▪ **1.** Qui diffère, présente une différence par rapport à une autre personne, une autre chose. ⇒ **autre, dissemblable, distinct.** *Deux modèles de qualité différente.* - *Opinions différentes.* ⇒ **divergent.** *Sa méthode de travail est bien différente de celle de ses collègues.* - *Les deux frères sont très différents.* **2.** au plur. (avant le nom) Plusieurs et distincts. ⇒ **divers.** *Différentes personnes me l'ont dit. Différents cas se présentent.*

DIFFÉRENTIEL, ELLE DIDACT. **I.** adj. **1.** Qui concerne les différences. *Psychologie différentielle.* ♦ Qui établit des différences. *Tarif* (de transport) *différentiel,* non proportionnel aux distances. **2.** MATH. *Calcul différentiel :* partie du calcul infinitésimal* comprenant l'étude des équations différentielles et des équations aux dérivées partielles. **II.** n. m. Combinaison d'engrenages qui permet une différence de vitesse de rotation entre les roues d'un même essieu.

DIFFÉRER v. [6] ▪ **I.** v. tr. Remettre à un autre temps ; éloigner la réalisation de (qqch.). ⇒ **remettre, repousser, retarder.** *Différer un paiement, une réponse.* - LITTÉR. *Partez sans différer.* ⇒ **attendre, tarder. II.** v. intr. Être différent, dissemblable. ⇒ se **différencier,** se **distinguer.** *DIFFÉRER DE. Mon opinion diffère de la sienne.* - *Leurs goûts diffèrent entièrement. Les prix diffèrent selon les magasins.*

DIFFICILE adj. ▪ **1.** Qui n'est pas facile ; qui ne se fait qu'avec effort, avec peine. ⇒ **ardu, dur, laborieux, malaisé.** *Manœuvre, opération, travail difficile.* - *Difficile à* (+ inf.). *C'est difficile à dire. Un nom difficile à prononcer.* - impers. *Il m'est difficile d'en parler.* - *Le plus difficile reste à faire.* ♦ n. m. *Le difficile et l'impossible.* **2.** Qui demande un effort intellectuel, des capacités (pour être compris, résolu). *Texte difficile. Problème difficile.* ⇒ **compliqué.** *Morceau de musique difficile* (à jouer). **3.** (accès, passage) Qui présente un danger, une incommodité. *Route, virage difficile.* **4.** Qui donne du souci, du mal. *Situation difficile. Avoir des débuts difficiles.* **5.** (personnes) Avec qui les relations ne sont pas aisées. *Enfant difficile.* - *Il est difficile à vivre.* **6.** Qui n'est pas facilement satisfait. ⇒ **exigeant.** *Être difficile sur la nourriture.* - n. *Faire le, la difficile.*

DIFFICILEMENT adv. ▪ Avec difficulté. *Écriture difficilement lisible. Respirer difficilement.* - *On peut difficilement le lui reprocher.*

DIFFICULTÉ n. f. ▪ **1.** Caractère de ce qui est difficile ; ce qui rend qqch. difficile. *La difficulté d'un problème.* - absolt *Aimer la difficulté.* **2.** Mal, peine que l'on éprouve pour faire qqch. ⇒ **peine.** *Se déplacer avec difficulté. Réussir sans difficulté.* - *Difficulté à* (+ inf.). *Avoir de la difficulté à s'exprimer.* **3.** Ce qu'il y a de difficile en qqch. ; chose difficile. ⇒ **embarras, ennui ;** FAM. **accroc, os.** *Difficultés matérielles, financières, sentimentales. Il a des difficultés avec son associé.* - *Cela ne fait aucune difficulté :* c'est facile. *Éluder, tourner la difficulté.* **4.** Raison alléguée, opposition soulevée contre qqch. ⇒ **objection.** *Il n'a pas fait de difficultés pour venir.* **5.** *EN DIFFICULTÉ :* dans une situation difficile. *Être en difficulté. Mettre qqn en difficulté.*

DIFFICULTUEUX, EUSE adj. ▪ LITTÉR. Difficile, qui pose de gros problèmes.

DIFFORME adj. ▪ Qui n'a pas la forme et les proportions naturelles (se dit surtout du corps humain). ⇒ **contrefait, déformé.**

DIFFORMITÉ n. f. ▪ Défaut grave de la forme physique, anomalie dans les proportions. ⇒ **déformation.** ➝ fig. LITTÉR. Anomalie.

DIFFRACTER v. tr. [1] ▪ PHYS. Produire la diffraction de.

DIFFRACTION n. f. ▪ PHYS. Phénomène de déviation des rayons lumineux au voisinage des corps opaques ; par ext., phénomène analogue pour d'autres rayonnements.

DIFFUS, USE adj. ▪ **1.** Qui est répandu dans toutes les directions. *Douleur diffuse. Lumière diffuse.* **2.** LITTÉR. Qui délaye sa pensée. ⇒ **verbeux.** *Écrivain diffus.* ➝ *Style diffus.*

DIFFUSER v. tr. [1] ▪ **1.** Répandre dans toutes les directions. ⇒ **propager.** *Le poêle diffusait une douce chaleur.* **2.** Émettre, transmettre par ondes hertziennes (⇒ **radiodiffusion**). ➝ au p. p. *Concert diffusé en direct.* **3.** fig. Répandre dans le public. ⇒ **propager.** *Diffuser une nouvelle.* ♦ Distribuer (un ouvrage de librairie). *Éditeur parisien qui diffuse des ouvrages belges.*

DIFFUSEUR n. m. ▪ **1.** Appareil qui sert à diffuser qqch. *Diffuseur de parfum.* **2.** Entreprise qui se charge de diffuser des livres.

DIFFUSION n. f. ▪ **1.** Action de diffuser des ondes sonores. *Émetteur de radio qui assure la diffusion d'un programme.* ⇒ **émission, transmission ; radiodiffusion. 2.** Fait de se répandre. ⇒ **expansion, propagation.** *La diffusion des connaissances humaines, de l'instruction.* ⇒ **vulgarisation.** ♦ *La diffusion d'un ouvrage en librairie* (⇒ **diffuser ; diffuseur**).

DIGÉRER v. tr. [6] ▪ **1.** Faire la digestion de. *Digérer son repas.* ➝ absolt *Il digère mal.* **2.** fig. Mûrir par un travail intellectuel comparé à la digestion. ⇒ **assimiler.** ➝ au p. p. *Des connaissances mal digérées.* **3.** FAM. Supporter patiemment (qqch. de fâcheux). ⇒ **endurer ;** FAM. **avaler.** *C'est dur à digérer. Je ne peux pas digérer cet affront.*

DIGESTE adj. ▪ (critiqué) Qui se digère facilement. ⇒ **digestible.**

DIGESTIBLE adj. ▪ Qui peut être facilement digéré. *Aliment très digestible.* ⇒ **digeste, léger.**

DIGESTIF, IVE adj. ▪ **1.** Qui contribue à la digestion. *L'appareil digestif* (bouche, gosier, œsophage, estomac, intestin). *Le tube* digestif.* **2.** Relatif à la digestion. *Trouble digestif.* **3.** n. m. Alcool, liqueur pris après le repas.

DIGESTION n. f. ▪ **1.** Ensemble des transformations que subissent les aliments dans le tube digestif avant d'être assimilés. **2.** fig. *La digestion des connaissances.*

DIGICODE n. m. (marque déposée) ▪ anglic. Appareil sur lequel on tape un code alphanumérique qui commande l'ouverture d'une porte.

DIGIT-, DIGITI-, DIGITO- Élément savant, du latin *digitus* « doigt ».

① **DIGITAL, ALE, AUX** adj. ▪ Qui appartient aux doigts. *Empreintes digitales.*

② **DIGITAL, ALE, AUX** adj. ▪ anglic. **1.** *Calcul, code digital,* dans lequel on utilise des nombres. ◇ recomm. off. *numérique.* **2.** Qui opère sur des données numériques. *Affichage digital.* ⇒ **numérique.**

DIGITALE n. f. ▪ Plante herbacée vénéneuse (→ digitaline) portant une longue grappe de fleurs pendantes à corolle en forme de doigtier.

digitale.
Digitalis purpurea,
digitale pourpre.
Phot. © Petit/Jacana

DIGITALINE n. f. ▪ Principe actif très toxique extrait de la digitale, utilisé en cardiologie.

DIGITALISER v. tr. [1] ▪ anglic. DIDACT. Traduire en nombres (des informations continues : photos, dessins...). ◇ recomm. off. *numériser.* ► n. f. DIGITALISATION

DIGITIGRADE adj. ▪ ZOOL. Qui marche en appuyant sur les doigts (la plante du pied ne pose pas sur le sol) [ex. chat, chien]. ➝ n. m. pl. *Digitigrades et plantigrades.*

DIGNE ▪ **I.** *DIGNE DE.* **1.** Qui mérite (qqch.). *Un témoin digne de foi. Coupable digne d'un châtiment. Objet digne d'intérêt.* **2.** Qui est en accord, en conformité avec (qqn ou qqch.). *Ce roman est digne d'un grand écrivain. Avoir un adversaire digne de soi.* **II.** Qui a de la dignité. *Rester digne.* ➝ *Un air, un maintien très digne.*

DIGNE-LES-BAINS ▪ Chef-lieu des Alpes-de-Haute-Provence. 16 087 hab. *(les Dignois).* Cathédrales (XIIIe et XVe s.).

DIGNEMENT adv. ▪ Avec dignité.

DIGNITAIRE n. m. ▪ Personne revêtue d'une dignité (I). *Les hauts dignitaires de l'État.*

DIGNITÉ n. f. ▪ **I.** Fonction, titre ou charge qui donne à qqn un rang éminent. *La dignité de comte, d'évêque, de magistrat.* **II. 1.** Respect que mérite qqn, qqch. *La dignité de la personne humaine.* ⇒ **grandeur, noblesse. 2.** Respect de soi. ⇒ **amour-propre, fierté, honneur.** *Avoir sa dignité.* ➝ *Répondre avec dignité.*

DIGOIN ▪ Commune de Saône-et-Loire. 10 032 hab. *(les Digoinais).* Petites industries (céramique).

DIGRESSION n. f. ▪ Développement oral ou écrit qui s'écarte du sujet. *Faire une digression. Se perdre dans des digressions.*

DIGUE n. f. ▪ Longue construction destinée à contenir les eaux. ⇒ **chaussée, jetée, môle ; endiguer.** *Digue fluviale. Digue portuaire.* ♦ fig. Barrière, frein, obstacle.

Dijon. La place de la Libération. *Phot. © Parinet/Explorer*

DIJON ▪ Chef-lieu de la Côte-d'Or. 146 703 hab. *(les Dijonnais).* Capitale historique et administrative de la Bourgogne, elle conserve beaucoup de maisons et de monuments anciens (XIe-XVIIIe s.) : cathédrale Saint-Bénigne, palais des ducs et des États (musée), chartreuse de Champmol, etc. Université, centre ferroviaire et industriel, foire internationale. ► **le DIJONNAIS**, région au sud du plateau de Langres (prairies, vignes).

DIKTAT [-at] n. m. ▪ Chose imposée, décision unilatérale contre laquelle on ne peut rien. ⇒ **oukase.**

DILAPIDATEUR, TRICE adj. ▪ Qui dilapide. ➝ n. *Un dilapidateur des finances publiques.*

DILAPIDATION n. f. ▪ Action de dilapider. *La dilapidation d'un héritage. La dilapidation des richesses naturelles.* ⇒ **gaspillage.**

DILAPIDER v. tr. [1] ▪ Dépenser (des biens) de manière excessive et désordonnée. *Dilapider sa fortune.* ⇒ **dissiper, gaspiller.**

DILATABLE adj. ▪ Qui peut se dilater. ⇒ **expansible.**

DILATATEUR, TRICE adj. ▪ ANAT. Qui a pour fonction de dilater. *Muscles dilatateurs* (opposé à *constricteur*).

DILATATION n. f. ▪ Action de dilater ; fait de se dilater. *Dilatation de la pupille.*

DILATER v. tr. [1] ▪ Augmenter le volume de (qqch.). *Dilater ses narines.* ➝ au p. p. *Pupilles dilatées,* agrandies. ♦ fig. *Joie qui*

diligence. Gravure de V. Adam. Musée Carnavalet, Paris. *Phot. © Dagli Orti*

dilate le cœur. ‑ loc. FAM. *Se dilater la rate :* rire beaucoup. ► SE **DILATER** v. pron. *Métal qui se dilate à la chaleur.*

DILATOIRE adj. ▪ DR. Qui tend à retarder par des délais, à prolonger un procès. *Appel dilatoire.* ♦ *Réponse dilatoire,* qui vise à gagner du temps.

DILECTION n. f. ▪ RELIG. ou LITTÉR. Amour tendre et spirituel.

DILEMME n. m. ▪ Alternative contenant deux propositions contraires ou contradictoires et entre lesquelles on est mis en demeure de choisir. *Cruel dilemme. Comment sortir de ce dilemme ?*

DILETTANTE n. ▪ Personne qui s'occupe d'une chose pour le plaisir, en amateur. *Peindre en dilettante.*

DILETTANTISME n. m. ▪ Caractère du dilettante. ⇒ **amateurisme.** *Faire qqch. par, avec dilettantisme.*

DILIGEMMENT [-amɑ̃] adv. ▪ D'une manière diligente, avec diligence (I).

DILIGENCE n. f. ▪ **I. 1.** VX ou LITTÉR. Activité empressée, dans l'exécution d'une chose. ⇒ **célérité, empressement, zèle ; diligent.** ‑ loc. *Faire diligence :* se dépêcher. **2.** DR. *À la diligence de qqn,* sur sa demande. **II.** Voiture à chevaux qui servait à transporter des voyageurs. *Conducteur de diligence.* ⇒ **postillon.**

DILIGENT, ENTE adj. ▪ LITTÉR. Qui montre de la diligence. *Employé diligent.* ‑ *Soins diligents,* attentionnés et empressés.

Wilhelm **DILTHEY** (1833‑1911) ▪ Philosophe allemand. Il a tenté de fonder sur l'histoire la compréhension scientifique des sociétés humaines.

DILUANT n. m. ▪ Liquide qui sert à diluer (une peinture, un vernis).

DILUER v. tr. [1] ▪ Délayer, étendre (une substance) dans un liquide. *Diluer du sirop dans de l'eau.* ‑ au p. p. *Alcool dilué,* étendu d'eau.

DILUTION n. f. ▪ Action de diluer ; son résultat.

DILUVIEN, IENNE adj. ▪ **1.** Qui a rapport au déluge (1). **2.** *Pluie diluvienne,* très abondante.

DIMANCHE n. m. ▪ Septième jour de la semaine*, qui succède au samedi ; jour consacré à Dieu, au repos, dans les civilisations chrétiennes (⇒ **dominical**). *Mettre ses habits du dimanche* (⇒ s'**endimancher**). ‑ loc. *DU DIMANCHE,* se dit de personnes qui agissent en amateurs, sans expérience. *Peintre du dimanche. Conducteur du dimanche.*

DÎME n. f. ▪ Ancien impôt sur les récoltes, prélevé par l'Église.

DIMENSION n. f. ▪ **I. 1.** Grandeur réelle, mesurable, qui détermine la portion d'espace occupée par un corps. ⇒ **étendue, grandeur, grosseur ; taille.** *La dimension d'un objet.* **2.** Grandeur qui mesure un corps dans une direction. ⇒ **mesure ; largeur, longueur ; épaisseur, hauteur, profondeur.** *Noter, prendre, relever les dimensions de qqch.* **3.** GÉOM. Grandeur réelle qui détermine la position d'un point. *Espace à une dimension* (ligne droite), *à deux dimensions* (plan), *à trois dimensions* (géométrie dans l'espace). ‑ *La troisième dimension,* perspective d'un tableau. ‑ *La quatrième dimension* (dans la théorie de la relativité) : le temps. **II.** fig. **1.** Importance. *Le scandale a pris une dimension nationale.* **2.** Aspect significatif d'une chose. *La dimension politique d'un problème.*

DIMINUÉ, ÉE adj. ▪ **1.** Rendu moins grand. *Intervalle (musical) diminué.* **2.** (personnes) Amoindri, affaibli. *Je l'ai trouvé bien diminué depuis sa maladie.*

DIMINUER v. [1] ▪ **I.** v. tr. **1.** Rendre plus petit (une grandeur). ⇒ **réduire ;** contr. AUGMENTER. *Diminuer la longueur* (⇒ **raccourcir**), la largeur (⇒ **rétrécir**) de qqch. *Diminuer le prix d'un objet.* ⇒ **baisser. 2.** (de ce qui n'est pas mesurable) Rendre moins grand, moins fort. *Diminuer les risques d'incendie. Diminuer l'ardeur de qqn.* **3.** Réduire les mérites, la valeur de (qqn). *Prendre plaisir à diminuer qqn.* ⇒ **déprécier, rabaisser. II.** v. intr. Devenir moins grand, moins considérable. ⇒ **baisser, décroître.** *La chaleur a diminué ce soir. Le stock diminue. Les prix diminuent.* ‑ *Ses forces ont diminué.*

DIMINUTIF, IVE ▪ **1.** adj. Qui ajoute une idée de petitesse. *Suffixe diminutif.* **2.** n. m. Mot formé d'une racine et d'un suffixe diminutif. *Tablette est le diminutif de table.* ♦ Nom propre formé par abrégement, suffixation, etc., ayant une valeur affective. *Pierrot est le diminutif de Pierre. Riton* (pour *Henri*) *est un diminutif.*

DIMINUTION n. f. ▪ **1.** Action de diminuer ; son résultat. ⇒ **baisse, réduction.** *La diminution des salaires ; une diminution de prix. Effectifs en diminution.* **2.** Action de diminuer le nombre de mailles (au crochet, au tricot). *Faire des diminutions aux emmanchures.*

DIMITRI ou **DMITRI** ▪ NOM DE PLUSIEURS GRANDS PRINCES DE RUSSIE ► **DIMITRI IV DONSKOÏ** (1350‑1389), vainqueur des Mongols en 1380. ► **DIMITRI V IVANOVITCH** (1583‑1591), fils d'Ivan le Terrible, fut évincé du trône par Boris Godounov qui l'aurait fait assassiner. Plusieurs imposteurs se firent passer pour lui. ► **le FAUX DIMITRI** (1580‑1606) s'empara du trône en 1605. ► **le SECOND FAUX DIMITRI** envahit la Russie (1607) mais fut tué en 1610 sans avoir pris le pouvoir.

Gueorgui **DIMITROV** (1882‑1949) ▪ Premier chef de gouvernement de la Bulgarie communiste, de 1946 à sa mort.

DINAN ▪ Chef-lieu d'arrondissement des Côtes-d'Armor. 11 591 hab. *(les Dinannais).* Maisons et monuments anciens. Industries textile, électronique, alimentaire.

DINANDERIE n. f. ▪ Ensemble des ustensiles de cuivre jaune.

DINANDIER n. m. ▪ Fabricant, marchand de dinanderie.

Dinant. Vue générale avec la collégiale Notre-Dame.
Phot. © Tovy/Explorer

DINANT ▪ Ville de Belgique (Région wallonne, province de Namur, sur la Meuse). 12 183 hab. *(les Dinantais).* Industrie du cuivre et du laiton coulé.

DINAR n. m. ▪ Unité monétaire de l'Algérie, de la Tunisie, de l'Irak, etc. *Cent dinars.*

DINARD ▪ Commune d'Ille-et-Vilaine. 9 918 hab. *(les Dinardais).* Station balnéaire.

DÎNATOIRE adj. ▪ Où l'on dîne ; qui sert de dîner. *Goûter dînatoire.*

DINDE n. f. ▪ **1.** Femelle du dindon. *Dinde aux marrons.* **2.** fig. Femme stupide. *Petite dinde !* ⇒ **bécasse.**

DINDON n. m. ▪ **1.** Grand oiseau de basse-cour, dont la tête et le cou sont recouverts d'une membrane granuleuse, rouge violacé ; spécialt le mâle. *Le dindon glougloute.* **2.** loc. *Être le dindon de la farce,* la victime, la dupe, dans une affaire. ⇒ **pigeon.** *"Le Dindon"* (pièce de Feydeau).

dindon. *Phot. © Cauchoix/Jacana*

DINDONNEAU n. m. ▪ Petit de la dinde.

① **DÎNER** v. intr. [1] ▪ **1.** VX ou RÉGIONAL (par ex. Québec) Prendre le repas du milieu du jour. ⇒ **déjeuner. 2.** Prendre le repas du soir. ⇒ **souper.** *Nous dînons à huit heures. Inviter, garder qqn à dîner.* **3.** prov. *Qui dort dîne :* le sommeil fait oublier la faim.

② **DÎNER** n. m. ▪ **1.** VX ou RÉGIONAL Repas de la mi-journée. **2.** Repas du soir. ⇒ **souper.** *L'heure du dîner.* – *Un dîner-débat,* accompagné d'un débat.

DÎNETTE n. f. ▪ **1.** Petit repas, vrai ou simulé, que les enfants s'amusent à faire entre eux. *Jouer à la dînette.* **2.** *Dînette (de poupée) :* service de table miniature, jouet d'enfant.

DÎNEUR, EUSE n. ▪ Personne qui prend part à un dîner.

DING [diŋ] interj. ▪ Onomatopée évoquant un tintement, un coup de sonnette. ⇒ **drelin, dring.** – *Ding, ding, dong,* évoquant la sonnerie d'un carillon.

DINGHY [diŋgi] n. m. ▪ anglic. Canot pneumatique. *Des dinghys* ou *des dinghies.*

① **DINGO** n. m. ▪ Chien sauvage d'Australie.

② **DINGO** adj. et n. ▪ FAM. et VIEILLI Fou. ⇒ **dingue.**

DINGUE adj. ▪ FAM. ▪ **1.** Fou. *Il est complètement dingue. C'est dingue !* – n. *Mener une vie de dingue.* **2.** Extraordinaire. ⇒ **dément.** *Une soirée dingue.*

DINGUER v. intr. [1] ▪ FAM. (surtout à l'inf., après un verbe) Tomber, être projeté. ⇒ **valser.** *Il est allé dinguer dans le décor.* ♦ *Envoyer dinguer* (qqn) : repousser violemment ; fig. éconduire sans ménagement. ⇒ **paître.**

DINOSAURE [-zɔʀ] n. m. ▪ **1.** Très grand reptile fossile quadrupède de l'ère secondaire (ordre des *Dinosauriens*). **2.** fig. Personne, chose importante et archaïque.

DIOCÉSAIN, AINE adj. ▪ Relatif à un diocèse. – n. Personne qui fait partie d'un diocèse.

DIOCÈSE n. m. ▪ Circonscription ecclésiastique placée sous la juridiction d'un évêque ou d'un archevêque.

DIOCLÉTIEN (245 - v. 313) ▪ Empereur romain de 284 à 305. Il instaura la tétrarchie (pouvoir partagé par deux Augustes, chacun secondé par un César) pour mieux administrer l'empire. Il déclencha en 303 contre les chrétiens la persécution la plus dure que l'Église eut à supporter.

DIODE n. f. ▪ PHYS. Composant électronique à deux électrodes, utilisé pour transformer un courant alternatif en courant de sens constant.

DIODORE de Sicile (v. 90 - v. 20 av. J.-C.) ▪ Historien grec. Sa *"Bibliothèque historique"* est une histoire universelle depuis les origines jusqu'à la conquête de la Gaule par César.

DIOGÈNE LAËRCE (IIIe s.) ▪ Écrivain grec. Il est l'auteur des *"Vies, doctrines et sentences des philosophes illustres".*

DIOGÈNE LE CYNIQUE (413 - 327 av. J.-C.) ▪ Philosophe grec de l'école cynique. Méprisant les richesses et les conventions sociales, il vivait dans un tonneau. Épictète vit en lui le modèle du sage.

le DIOIS ▪ Massif des Préalpes du Sud (région de Die), au sud du Vercors, drainé par la Drôme. 2 045 m.

DIOMÈDE ▪ Roi de la mythologie grecque, célèbre par sa cruauté. Héraclès le fit dévorer par ses propres chevaux, qu'il nourrissait de chair humaine.

DIONYSIAQUE adj. ▪ **1.** Relatif à Dionysos. *Le culte dionysiaque, dans l'Antiquité grecque.* **2.** Caractérisé par l'inspiration, l'enthousiasme, et non par l'ordre, la mesure (opposé à *apollinien* « d'Apollon »).

DIONYSOS ▪ Dieu grec de la vigne, du vin et du délire extatique, identifié au Bacchus romain. Sa mère Sémélé étant morte au sixième mois de sa grossesse, son père Zeus (Jupiter chez les Romains) le porte, cousu dans sa cuisse, jusqu'à terme. On rendit un culte important à Dionysos. Les cortèges tumultueux et l'utilisation du masque, pendant ses fêtes (dionysies) donnèrent naissance à la comédie, à la tragédie et au drame satyrique. À Rome, les bacchanales* (mystères de Bacchus) prirent de telles dimensions orgiaques que vers 180 av. J.-C. elles furent interdites. Nietzsche se réclame de Dionysos, qu'il oppose au rationalisme.

Birago DIOP (1906 - 1989) ▪ Écrivain sénégalais. Il a adapté en français des contes de la tradition orale africaine. *"Les Contes d'Amadou Koumba"* (1947).

DIOPHANTE (IIIe s.) ▪ Mathématicien grec d'Alexandrie. Son œuvre *("Arithmétiques"),* traduite à la Renaissance, a contribué à l'essor du calcul algébrique.

DIOPTRIE n. f. ▪ DIDACT. Unité de convergence ou de divergence d'un système optique. *La myopie s'évalue en dioptries.*

DIOPTRIQUE n. f. ▪ DIDACT. Partie de l'optique qui traite de la réfraction. *La "Dioptrique" de Descartes.* – adj. *Le système dioptrique de l'œil.*

Christian DIOR (1905 - 1957) ▪ Couturier français. Il obtint un succès immédiat avec sa collection « new-look » en 1946.

dingo. *Canis familiaris dingo.* *Phot. © Axel/Jacana*

DIORAMA n. m. ■ Grande peinture que l'on soumet à des jeux d'éclairage (à la mode au XIXe siècle).

les **DIOSCURES** → **Castor et Pollux**

Abdou **DIOUF** (né en 1935) ■ Président de la République sénégalaise depuis 1981.

Abdou **Diouf.**
Phot. © Reglain/Gamma

DIOXINE n. f. (n. déposé) ■ Sous-produit d'un dérivé du phénol, très toxique (polluant de l'atmosphère).

DIOXYDE n. m. ■ CHIM. Oxyde contenant deux atomes d'oxygène. *Dioxyde de carbone.* ⇒ gaz **carbonique.**

DIPHTÉRIE n. f. ■ Maladie contagieuse due à un bacille, caractérisée par la formation de pseudo-membranes sur le larynx, le pharynx, provoquant des étouffements. *Diphtérie laryngienne.* ⇒ **croup.**

DIPHTÉRIQUE adj. ■ Relatif à la diphtérie. ♦ Atteint de diphtérie. – n. *Un(e) diphtérique.*

DIPHTONGUE n. f. ■ Voyelle qui change de timbre en cours d'émission. *Les diphtongues n'existent plus en français moderne. Diphtongues de l'anglais.*

DIPL(O)- Élément savant, du grec *diploos* « double ».

DIPLODOCUS [-ys] n. m. ■ Reptile dinosaurien herbivore.

DIPLOMATE n. ■ **I. 1.** Personne qui est chargée par un gouvernement de fonctions diplomatiques. *L'ambassadeur est un diplomate. Une femme diplomate ; une diplomate.* **2.** fig. Personne qui sait mener une affaire avec tact. – adj. *Elle n'est pas assez diplomate pour les réconcilier.* **II.** n. m. Gâteau fait de biscuits à la cuiller, de fruits confits et d'une crème anglaise.

DIPLOMATIE n. f. ■ **1.** Partie de la politique qui concerne les relations entre les États : représentation des intérêts d'un gouvernement à l'étranger, administration des affaires internationales, direction et exécution des négociations entre États (⇒ **ambassade, légation ; consulat**). *C'est à la diplomatie de résoudre ce différend.* ♦ Carrière diplomatique ; ensemble des diplomates. *Entrer dans la diplomatie.* **2.** fig. Habileté, tact dans la conduite d'une affaire. ⇒ **doigté.** *User de diplomatie.*

DIPLOMATIQUE adj. ■ **1.** Relatif à la diplomatie. *Rupture des relations diplomatiques entre deux pays. Incident diplomatique. Le corps diplomatique.* ♦ *Maladie diplomatique,* prétendue maladie invoquée pour se dérober à une obligation. **2.** fig. (actions, manières) ⇒ **adroit, habile.** *Ce n'est pas diplomatique.*

DIPLOMATIQUEMENT adv. ■ **1.** Par la diplomatie. *Le litige a été résolu diplomatiquement.* **2.** Avec diplomatie (2).

DIPLÔME n. m. ■ **1.** Acte qui confère et atteste un titre, un grade. *Décerner, obtenir un diplôme. Diplôme de bachelier. Diplôme d'infirmière.* **2.** Examen, concours que l'on passe pour obtenir un diplôme.

DIPLÔMÉ, ÉE adj. et n. ■ (Personne) qui a obtenu un diplôme. *Architecte diplômé par le gouvernement* (D.P.L.G.).

DIPTÈRE ■ **1.** n. m. pl. *Les diptères :* ordre d'insectes à métamorphoses complètes, à deux ailes, dont la tête porte une trompe (ex. mouche, moustique). **2.** adj. Qui a deux ailes (insecte).

DIPTYQUE n. m. ■ **1.** Tableau pliant formé de deux volets pouvant se rabattre l'un sur l'autre. **2.** Œuvre littéraire ou artistique en deux parties.

Paul **DIRAC** (1902-1984) ■ Physicien britannique. Un des pères de la mécanique quantique, prix Nobel 1933 pour l'*équation de Dirac* (équation relativiste de l'électron).

① **DIRE** v. tr. [37] ■ **I.** Émettre (les sons, les éléments signifiants d'une langue). *Dire un mot, quelques paroles.* ⇒ **articuler, énoncer, prononcer.** *Dire qqch. tout bas.* – loc. *Il ne dit mot :* il se tait (→ ne pas souffler* mot). *Sans mot dire :* sans parler, en silence. **II.** Exprimer (la pensée, les sentiments, les intentions) par la parole. **1.** Exprimer, communiquer ; formuler. *Dites-moi vos projets. Dire la vérité, des mensonges. Dire oui, dire bonjour. Il dit être malade, qu'il est malade. Dites-moi où vous allez. J'ai quelque chose à vous dire. Je vous l'ai dit cent fois.* ⇒ **répéter.** *Il ne sait plus que dire, plus quoi dire. Dire ce que l'on pense.* ♦ loc. *À ce qu'il dit :* selon ses paroles. – *Il sait ce qu'il dit,* il parle en connaissance de cause. *Il ne sait pas ce qu'il dit,* il dit n'importe quoi. – *Dire son fait*, ses quatre vérités* à qqn. À vrai dire :* véritablement. – *C'est beaucoup dire :* c'est exagéré. – *C'est tout dire :* il n'y a rien à ajouter. – *Pour tout dire :* en somme, en résumé. – *Ce n'est pas une chose à dire :* il vaudrait mieux ne pas en parler. – *Cela va sans dire :* la chose est évidente. – *C'est vous qui le dites :* je ne suis pas de votre avis. – *Ce disant :* en disant cela. *Ceci dit :* ayant dit ces mots. *Ceci dit, il s'en alla.* CECI DIT ou CELA DIT : malgré tout. – *Entre nous soit dit :* confidentiellement. – *Je vous l'avais dit, je l'avais bien dit :* je l'avais prévu. – *À qui le dis-tu, le dites-vous !,* je connais, j'ai éprouvé ce dont tu parles, vous parlez. – *Je ne vous le fais pas dire :* vous l'avez dit spontanément. ♦ (en incise) *Oui, dit-il.* ♦ à l'impér., comme interj. *Dites donc, vous, là-bas. Ah, dis donc !* ♦ pronom. SE DIRE : dire à soi-même, penser. *Je me disais : il faut partir ; je me suis dit qu'il fallait partir.* **2.** Décider, convenir de (qqch.). *Venez cette semaine, disons jeudi.* – *Tenez-vous le pour dit :* considérez que c'est un ordre. – *Aussitôt* dit, aussitôt fait.* – *Tout est dit :* la chose est réglée. **3.** Exprimer (une opinion). *Dire du bien de qqn, de qqch. Il en a dit du mal.* ⇒ **médire.** *Que vont en dire les gens ?* ⇒ **qu'en-dira-t-on.** *Avoir son mot à dire sur qqch.* **4.** DIRE QQCH. DE..., EN DIRE. ⇒ **juger, penser.** *Que diriez vous d'une promenade ? Il ne sera pas dit que je l'ai abandonné,* je ne l'abandonnerai pas. ♦ DIRE QUE (en tête de phrase), exprime l'étonnement, l'indignation, la surprise. *Dire qu'il n'a pas encore vingt ans !* – *Qui l'eût dit ?,* qui aurait pu le penser, le croire ? ♦ ON DIRAIT QUE (+ indic.) : on penserait, on croirait, il semble que. *On dirait qu'il vient par ici.* – (+ n.) *On dirait un fou. On dirait de la viande. On dirait son frère.* ⇒ **prendre** pour. **5.** Raconter (un fait, une nouvelle). *Je vais vous dire la nouvelle. Qui vous dit qu'il est mort ?* – *Je me suis laissé dire que :* j'ai entendu, mais sans y ajouter entièrement foi, que. – *Qu'on se le dise,* formule invitant à répandre une information, ou formule d'avertissement. – *Dire la bonne aventure.* ⇒ **prédire ; diseur.** – ON DIT : le bruit court. *On dit qu'il est mort. Il est réélu, dit-on* (⇒ **on-dit**). **6.** DIRE À QQN DE (+ inf.), QUE (+ subj.) : exprimer (sa volonté). ⇒ **commander, ordonner.** *Allez lui dire de venir, qu'il vienne. Je vous avais dit d'essayer.* ⇒ **conseiller, recommander.** – *Ne pas se le faire dire deux fois,* faire qqch. avec empressement. **7.** (dans des loc.) Énoncer une objection. ⇒ **objecter.** *Qu'avez-vous à dire à cela ? Il y aurait beaucoup à dire là-dessus.* ⇒ **redire.** – *Vous avez beau dire, c'est lui qui a raison.* ⇒ **protester.** – prov. *Bien faire et laisser dire :* il faut faire ce qu'on croit bien sans se soucier des critiques. **8.** Lire, réciter. *Dire un poème. L'acteur a très bien dit sa réplique.* **9.** absolt Parler, annoncer, dans un jeu de cartes. *C'est à vous de dire.* **10.** pronom. SE DIRE : être employé (tournure, expression). *Cela ne se dit plus.* **III.** Exprimer par le langage (écrit ou oral). *Avoir beaucoup de choses à dire.* **1.** Exprimer par écrit. ⇒ **écrire.** *Je vous ai dit dans ma lettre que... Platon dit que...* – *La loi dit que.* ⇒ **stipuler.** **2.** (avec un adv. ou une loc. adv.) Rendre plus ou moins bien la pensée ; faire entendre plus ou moins clairement (qqch.), par la parole ou l'écrit. ⇒ **exprimer.** *Dire qqch. en peu de mots ; dire carrément, crûment qqch.* – loc. *Il ne croit pas si bien dire :* il ne sait pas que ce qu'il dit correspond tout à fait à la réalité. – *Pour ainsi dire ;* FAM. *comme qui dirait :* approximativement, à peu près. – *Autrement dit :* en d'autres termes. **3.** Employer (telles formes linguistiques) pour exprimer qqch. *Il faut dire « se souvenir de qqch. » et non pas "se rappeler de qqch". Comment dit-on « chien » en anglais ?* – pronom. *« Chien » se dit « dog » en anglais.* **4.** (auteur) Exprimer, révéler (qqch. de nouveau, de personnel). **IV.** fig. (sujet chose) **1.** Faire connaître, exprimer par un signe, une manifestation quelconque. ⇒ **exprimer, manifester, marquer, montrer.** *Son silence en dit long.* – *Que dit le baromètre ?* ⇒ **indiquer.** **2.** FAM. Avoir tel aspect. *Qu'est-ce que ça dit ? :* quelle allure, quelle valeur cela a-t-il ? **3.** CELA ME DIT, NE ME DIT RIEN, me tente, ne me tente pas. *Est-ce que cela vous dit ?,* vous plaît, vous plairait ? – loc. *Si le cœur* vous en dit. Cela ne me dit*

Directoire. *Audience du Directoire, le 30 brumaire, an IV de la République,* gravure, fin XVIIIe s. Bibliothèque nationale de France, cabinet des estampes, Paris. *Phot. © Lauros/Giraudon*

rien qui vaille.* **4.** *VOULOIR DIRE.* ⇒ **signifier.** *Que veut dire cette phrase latine ? Que veut dire son retard ? Cela veut dire qu'il ne viendra pas.* ♦ *Qu'est-ce à dire ?,* que signifient vos paroles, vos actes ? **5.** loc. *C'EST DIRE :* cela montre. *Elle est partie, c'est dire qu'elle en avait assez.*

② **DIRE** n. m. ▪ **1.** (dans des loc.) Ce qu'une personne dit, déclare, rapporte. *AU DIRE DE, SELON LE(S) DIRE(S) DE :* d'après, selon. *Selon ses dires. Au dire des témoins.* **2.** DR. Déclaration juridique.

DIRECT, ECTE [-ɛkt] ▪ **I.** adj. **1.** Qui est en ligne droite, sans détour. *Le chemin le plus direct. En ligne directe.* **2.** fig. Sans détour. *Accusation directe.* ♦ *Être franc et direct.* - *Regard direct.* **3.** Qui se fait sans intermédiaire. *Vente directe. Son chef direct.* - *Impôts directs.* ♦ GRAMM. *Complément direct,* construit sans préposition. *Verbe transitif direct. Complément d'objet direct.* - *Discours direct,* rapporté dans sa forme originale, après un verbe de parole (ex. Il m'a dit : « J'étais là hier »). *Discours rapporté au style direct.* **4.** Qui ne s'arrête pas (ou peu). *Train direct* (opposé à *omnibus*). *Vol direct pour Tokyo.* **II.** n. m. **1.** BOXE Coup droit. *Un direct du gauche.* **2.** *EN DIRECT* (radio, télévision) : transmis sans enregistrement, au moment même (opposé à *en différé*). *Émission en direct.*

DIRECTEMENT adv. ▪ **1.** En droite ligne, sans détour. *Vous rentrez directement chez vous, ou vous faites des courses ?* - fig. *Cela ne vous regarde pas directement.* **2.** Sans intermédiaire. ⇒ **immédiatement.** *Directement du producteur au consommateur.*

DIRECTEUR, TRICE ▪ **I.** n. **1.** Personne qui dirige, est à la tête (d'une entreprise, d'un établissement, d'une administration). ⇒ **chef, patron, président ; directorial.** *Président-directeur général.* ⇒ **P.-D.G.** *Directeur d'école,* d'une école primaire. *Madame la Directrice.* **2.** *Directeur de conscience :* prêtre qui dirige qqn en matière de morale et de religion. ⇒ **confesseur.** **3.** Membre d'un directoire ; (HIST.) du Directoire. **II.** adj. Qui dirige. ⇒ **dirigeant.** *Comité directeur.* - fig. *L'idée directrice d'un ouvrage.*

DIRECTIF, IVE adj. ▪ **1.** Qui décide seul du programme d'action d'un groupe. *Il est très directif.* - *Méthode directive.* ⇒ **autoritaire.** **2.** Conduit de façon prédéterminée. *Entretien directif.* ► n. f. DIRECTIVITÉ

DIRECTION n. f. ▪ **I.** **1.** Action de diriger (I), de conduire. *On lui a confié la direction de l'entreprise.* ⇒ **gestion.** *Je travaille sous sa direction.* - *Direction d'acteurs. Direction d'orchestre* (⇒ **chef**). **2.** Fonction, poste de directeur. *Être nommé à la direction du personnel.* ♦ L'équipe qui dirige une entreprise. *Demander à rencontrer la direction.* - Bâtiments, bureaux du ou des directeurs. *Aller à la direction.* **3.** Services confiés à un directeur. *La direction des Douanes.* **II.** **1.** SC. Ligne suivant laquelle un corps se meut, une force s'exerce. *La direction, le sens, l'intensité d'une force.* **2.** Orientation ; voie à suivre pour aller à un endroit. *La direction du vent. Prendre la direction de Liège. Changer de direction :* tourner. - loc. prép. *Dans la direction de. En direction de.* ⇒ **vers.** ♦ fig. *La direction que prennent les événements.* ⇒ **tour.** **3.** Ensemble des mécanismes qui permettent de guider les roues d'un véhicule (volant, levier de commande...). *Direction assistée*.*

DIRECTIONNEL, ELLE adj. ▪ TECHN. Qui émet ou reçoit dans une seule direction. *Micro directionnel.*

DIRECTIVE n. f. ▪ surtout au plur. Indication, ligne de conduite donnée par une autorité. ⇒ **consigne, instruction, ordre.** *Donner des directives à qqn. Recevoir des directives de ses chefs. Les directives d'un parti politique.*

DIRECTOIRE n. m. ▪ **1.** HIST. *Le Directoire,* dans la Constitution de l'an III, Conseil de cinq membres (directeurs) chargé du pouvoir exécutif ; le régime politique durant cette période (de 1795 à 1799). - *Mobilier de style Directoire.* **2.** Organe chargé de la gestion d'une société anonyme. ■ Nommé par le Conseil des Cinq-Cents et le Conseil des Anciens, le Directoire succéda à la Convention thermidorienne. Son pouvoir fut renforcé après le coup d'État du 18 fructidor an V (4 septembre 1797), sous l'impulsion de Barras, dans un sens dictatorial et antiroyaliste. La période du Directoire fut marquée à l'intérieur par l'aggravation de la crise économique et financière et à l'extérieur par une politique d'expansion (campagne d'Italie contre l'Autriche et campagne d'Égypte contre l'Angleterre). Le régime fut renversé par Bonaparte le 18 brumaire an VIII (9 novembre 1799).

DIRECTORIAL, IALE, IAUX adj. ▪ D'un directeur. *Les fonctions directoriales.*

DIRHAM [diʀam] **n. m.** ▪ Unité monétaire du Maroc. *Vingt dirhams.*

Peter Gustav Lejeune-DIRICHLET (1805-1859) ▪ Mathématicien allemand. Analyse, théorie des nombres.

DIRIGEABLE adj. et **n. m.** ▪ *Ballon dirigeable* ou **n. m.** *un dirigeable* : ballon (aérostat) qu'on peut diriger (opposé à *libre*).

dirigeable. Une expérience de Santos-Dumont, photographie parue dans *Le Petit Parisien*, le 28 juillet 1901.
Phot. © De Selva/Tapabor

DIRIGEANT, ANTE ▪ **1. adj.** Qui dirige. *Les classes dirigeantes.* **2. n.** Personne qui dirige. *Les dirigeants d'une entreprise* (⇒ **directeur**), d'un parti (⇒ **chef, responsable**). *Les dirigeants politiques* (⇒ **gouvernement**).

DIRIGER v. tr. [3] ▪ **I. 1.** Conduire, mener (une entreprise, une opération, des affaires) comme maître ou chef responsable. ⇒ **administrer, gérer, organiser ; direction.** *Diriger une usine, un théâtre, une revue. Diriger un pays.* ⇒ **gouverner.** - *Diriger une discussion, un débat.* **2.** Conduire l'activité de (qqn). *Diriger une équipe, un orchestre.* **II.** Guider (qqch.) dans une certaine direction (avec une idée de déplacement, de mouvement). *Diriger une voiture.* ♦ DIRIGER SUR, VERS. *Diriger un colis sur Paris.* ⇒ **envoyer, expédier.** *Il dirigea ses pas vers le parc.* ⇒ **aller.** ♦ Orienter de manière à envoyer. *Diriger une lumière,* par ext. *une lampe de poche sur qqn, qqch.* ⇒ **braquer.** *Diriger son regard vers qqch.* - *Diriger un revolver contre qqn.* - fig. (passif) *Cet article est dirigé contre vous.* ► **SE DIRIGER v. pron.** *Se diriger vers.* ⇒ **aller.** ♦ fig. *Il se dirige vers la médecine.* ⇒ **s'orienter.** ► **DIRIGÉ, ÉE adj.** *Économie dirigée* (opposé à *libéral*). ⇒ **dirigisme.** ♦ *Travaux dirigés,* en application d'un cours magistral.

DIRIGISME n. m. ▪ Système dans lequel l'État assume provisoirement la direction des mécanismes économiques, en conservant les cadres de la société capitaliste (opposé à *libéralisme*).

DIRIGISTE adj. et **n.** ▪ Partisan du dirigisme.

DIRIMANT, ANTE adj. ▪ DR. *Empêchement dirimant,* qui annule un mariage.

DIS- Élément, du latin *dis,* indiquant la séparation, la différence, le défaut (ex. *discontinu, disconvenir, disqualifier*).

DISCAL, ALE, AUX adj. ▪ Relatif à un disque intervertébral. *Hernie discale.*

DISCERNABLE adj. ▪ Qui peut être discerné, perçu, senti. ⇒ **perceptible.** *Un accent nettement discernable.*

DISCERNEMENT n. m. ▪ Capacité de l'esprit à juger clairement et sainement des choses. ⇒ **jugement,** bon **sens.** *Agir avec discernement.*

DISCERNER v. tr. [1] ▪ **1.** Percevoir (un objet) par rapport à ce qui l'entoure. ⇒ **distinguer, identifier, reconnaître.** *Discerner la présence de qqn dans l'ombre. Mal discerner les couleurs.* **2.** Se rendre compte de la nature, de la valeur de (qqch.) ; faire la distinction entre (des choses mêlées, confondues). ⇒ **distinguer.** *Je discernais de l'ironie dans son regard.* - *Discerner le vrai du faux, d'avec le faux.* ⇒ **démêler.**

DISCIPLE n. ▪ **1.** Personne qui reçoit l'enseignement d'un maître. *Aristote, disciple de Platon. Les disciples de Jésus-Christ,* qui l'ont accompagné dans sa vie publique. **2.** Personne qui adhère aux doctrines d'un maître. ⇒ **adepte, partisan.** *C'est une disciple fervente de...*

DISCIPLINAIRE adj. ▪ Qui se rapporte à la discipline, et spécialt aux sanctions. *Mesures disciplinaires. Les locaux disciplinaires d'une caserne.*

DISCIPLINE n. f. ▪ **1.** VX Punition destinée à faire respecter une règle. spécialt Fouet dont on se frappait par mortification. **2.** Règle de conduite commune aux membres d'un corps, d'une collectivité ; obéissance à cette règle. *Faire régner la discipline dans une classe. Discipline militaire.* - *Conseil de discipline,* faisant respecter la discipline dans certains corps constitués. **3.** Règle de conduite que l'on s'impose. *S'astreindre à une discipline sévère.* **4.** Branche de la connaissance, des études. ⇒ **domaine, matière, science.** *Enseigner une discipline scientifique, artistique.*

DISCIPLINER v. tr. [1] ▪ **1.** Accoutumer à la discipline. *Discipliner une classe.* **2.** Plier à une discipline. *Discipliner ses instincts.* ► **DISCIPLINÉ, ÉE adj.** ⇒ **obéissant, soumis.** *Soldats, élèves disciplinés.*

DISC-JOCKEY ou **DISQUE-JOCKEY n. m.** ▪ anglic. Personne qui passe de la musique de variétés à la radio, dans une discothèque. *Des disc-jockeys, des disques-jockeys.* ◇ abrév. (sigle) D. J. ; recomm. off. *animateur.*

DISCO n. m. ▪ anglic. Musique de danse inspirée du jazz et du rock. - **adj. invar.** *Albums disco.*

DISCO- Élément tiré de *disque.*

DISCOBOLE n. ▪ Athlète lanceur de disque.

DISCOGRAPHIE n. f. ▪ Répertoire de disques. *Discographie de Mozart, de Glenn Gould.* ► **adj.** DISCOGRAPHIQUE

DISCOÏDE adj. ▪ SC. Qui a la forme d'un disque.

DISCONTINU, UE adj. ▪ **1.** Qui n'est pas continu, qui offre des solutions de continuité. - MATH. *Quantité discontinue.* ⇒ ② **discret.** ♦ **n. m.** *Le discontinu.* **2.** Qui n'est pas continuel. ⇒ **intermittent.** *Un bruit discontinu.* - **n. m.** loc. *En discontinu* : de façon intermittente.

DISCONTINUER v. [1] ▪ **1. v. tr.** LITTÉR. Ne pas continuer (une chose commencée). **2.** (intrans.) loc. *SANS DISCONTINUER* : sans arrêt. *Il pleut sans discontinuer depuis hier. Il a parlé une heure sans discontinuer.*

DISCONTINUITÉ n. f. ▪ Absence de continuité.

DISCONVENIR v. tr. indir. [22] ▪ LITTÉR. *NE PAS DISCONVENIR DE* qqch., ne pas le nier. *Je n'en disconviens pas* : je l'admets.

DISCOPHILE adj. et **n.** ▪ Amateur de musique enregistrée ; collectionneur de disques (II, 1).

DISCORDANCE n. f. ▪ Défaut d'accord, d'harmonie. ⇒ **disharmonie, dissonance.**

DISCORDANT, ANTE adj. ▪ Qui manque d'harmonie, qui ne s'accorde pas. ⇒ **incompatible, opposé.** *Couleurs discordantes.* ⇒ **criard.** - Qui sonne faux ; dissonant. *Cri discordant.*

DISCORDE n. f. ▪ LITTÉR. Dissentiment violent et durable qui oppose des personnes. ⇒ **désaccord, dissension** ; s'oppose à *concorde. Entretenir, semer la discorde.* ⇒ **zizanie.** - loc. *Pomme de discorde* : sujet de discussion et de division.

DISCOTHÈQUE n. f. ▪ **1.** Collection de disques (II, 1). ♦ Organisme de prêt de disques. **2.** Lieu de réunion où l'on peut danser au son d'une musique enregistrée. ⇒ **boîte, club.**

DISCOUNT [diskunt ; diskaunt] **n. m.** anglic. ▪ **1.** Rabais sur un prix. *Vente en discount.* ◇ recomm. off. *ristourne.* **2.** Magasin où l'on pratique des prix bas. - appos. *Magasin discount.*

DISCOUREUR, EUSE n. ▪ péj. Personne qui aime à discourir. ⇒ **phraseur.**

DISCOURIR v. tr. [11] ▪ souvent péj. Parler sur un sujet en le développant longuement. ⇒ **disserter, pérorer.**

DISCOURS n. m. ▪ **1.** VIEILLI Propos que l'on tient. - MOD. péj. *Assez de discours, des actes !* ⇒ **bavardage.** **2.** Développement oratoire fait devant une réunion de personnes. ⇒ **allocution, causerie, conférence, harangue.** *Prononcer un discours. Les discours d'une campagne électorale.* **3.** Écrit littéraire didactique développant un sujet. *"Discours de la méthode"* (de Descartes). **4.** *Le discours* : l'expression verbale de la pensée. ⇒ **parole ; langage.** *Les parties du discours :* les catégories grammaticales traditionnelles (nom, article, adjectif, verbe, etc.). ♦ LING. Ensemble des énoncés, des messages parlés ou écrits (par opposition au système abstrait que constitue la langue). ⇒ **parole.** ‑ *Discours direct*, indirect*. Discours rapporté.*

DISCOURTOIS, OISE adj. ▪ LITTÉR. Qui n'est pas courtois. ⇒ **impoli, indélicat.** *Se montrer discourtois.* ‑ *Manières discourtoises.* ► n. f. DISCOURTOISIE

DISCRÉDIT n. m. ▪ Perte du crédit, de l'estime, de la considération. ⇒ **défaveur.** *Jeter le discrédit sur qqn. Être en discrédit auprès de qqn. Théorie tombée dans le discrédit.*

DISCRÉDITER v. tr. [1] ▪ **1.** Diminuer fortement la valeur, le crédit de (qqch.). **2.** Porter atteinte à la réputation de (qqn). ⇒ **déconsidérer, dénigrer.** *Discréditer un rival.* ‑ pronom. *Il s'est discrédité dans l'esprit de ses collègues.*

① **DISCRET, ÈTE** adj. ▪ **1.** Qui témoigne de retenue, se manifeste peu dans les relations sociales, n'intervient pas dans les affaires d'autrui. ⇒ **réservé.** *Il est trop discret pour abuser de votre hospitalité.* ♦ (choses) Qui n'attire pas l'attention, ne se fait guère remarquer. *Compliment discret. Vêtements, bijoux discrets.* ⇒ **sobre.** ‑ *Endroit discret,* retiré et tranquille. **2.** Qui garde les secrets qu'on lui confie.

② **DISCRET, ÈTE** adj. ▪ DIDACT. *Grandeur, quantité discrète,* qui ne peut prendre qu'un ensemble fini ou dénombrable de valeurs. ⇒ **discontinu.**

DISCRÈTEMENT adv. ▪ D'une manière discrète, qui n'attire pas l'attention. *Partir discrètement. S'habiller discrètement.* ⇒ **sobrement.**

DISCRÉTION n. f. ▪ **I. 1.** Qualité d'une personne discrète. ⇒ **délicatesse, réserve, tact.** *Se détourner par discrétion.* **2.** Qualité consistant à savoir garder les secrets. *Vous pouvez compter sur sa discrétion. Discrétion assurée.* **II.** VX Discernement ; pouvoir de décider (⇒ **discrétionnaire**). ♦ MOD. (dans des loc.) *ÊTRE À LA DISCRÉTION DE qqn,* dépendre entièrement de lui. ⇒ à la **merci** de. *La décision est à son entière discrétion.* ‑ *À DISCRÉTION* loc. adv. : comme on le veut, autant qu'on le veut. ⇒ à **volonté.** *Vin à discrétion.*

DISCRÉTIONNAIRE adj. ▪ Qui est laissé à la discrétion (II) de qqn, qui confère à qqn le pouvoir de décider. *Pouvoir discrétionnaire.*

DISCRIMINANT, ANTE adj. ▪ DIDACT. Qui établit une discrimination.

DISCRIMINATION n. f. ▪ **1.** LITTÉR. Action de discerner, de distinguer les choses les unes des autres avec précision. ⇒ **distinction.** *La discrimination de deux choses, entre deux choses.* **2.** Fait de séparer un groupe social des autres en le traitant plus mal. *Cette loi s'applique à tous sans discrimination. Discrimination raciale.* ⇒ **ségrégation.**

DISCRIMINATOIRE adj. ▪ Qui tend à distinguer un groupe humain des autres, à son détriment.

DISCRIMINER v. tr. [1] ▪ LITTÉR. Faire la discrimination entre. ⇒ **distinguer, séparer.**

DISCULPER v. tr. [1] ▪ Prouver l'innocence de (qqn). *Disculper qqn à qui on impute une faute à tort.* ⇒ **blanchir, innocenter, justifier.** *Document qui disculpe un accusé.* ► SE DISCULPER v. pron. Se justifier, s'excuser. *Se disculper auprès de qqn, aux yeux de qqn. Je ne cherche pas à me disculper.* ► n. f. DISCULPATION

DISCURSIF, IVE adj. ▪ **1.** Qui procède par raisonnements successifs (opposé à *intuitif*). *Méthode discursive. Intelligence discursive.* **2.** LING. Relatif au discours.

DISCUSSION n. f. ▪ **1.** Action de discuter, d'examiner (qqch.), seul ou avec d'autres. ⇒ **examen.** *La discussion d'un projet de loi.* **2.** Fait de discuter (une décision), de s'y opposer par des arguments. *Obéissez, et pas de discussion !* **3.** Échange d'arguments, de vues contradictoires. ⇒ **débat, échange** de vues. *Une discussion orageuse.* ⇒ **altercation, dispute.**

DISCUTABLE adj. ▪ **1.** Qu'on peut discuter, dont la valeur n'est pas certaine. ⇒ **contestable.** *Opinion discutable. C'est discutable.* **2.** Plutôt mauvais. ⇒ **douteux.** *C'est d'un goût discutable.*

DISCUTAILLER v. intr. [1] ▪ péj. Discuter de façon oiseuse et interminable. ⇒ **ergoter.**

DISCUTÉ, ÉE adj. ▪ Qui soulève des discussions. ⇒ **contesté, controversé, critiqué.** *Théorie discutée.* ♦ *Un homme très discuté,* dont la valeur est mise en cause.

DISCUTER v. [1] ▪ **I.** v. tr. **1.** Examiner (qqch.) par un débat, en étudiant le pour et le contre. ⇒ **débattre ; critiquer.** *Discuter un point litigieux.* **2.** Mettre en question, considérer comme peu certain, peu fondé. *Une autorité que personne ne discute.* ⇒ **contester.** **3.** spécialt Opposer des arguments à (une décision), refuser d'exécuter. *Ne discutez pas les ordres.* **4.** loc. *Discuter le coup,* discuter (II). **II.** v. intr. Parler avec d'autres en échangeant des idées, des arguments sur un sujet. *Discuter avec qqn.* ⇒ **bavarder.** ‑ *Discuter de politique, discuter politique.* ► SE DISCUTER v. pron. *Cela se discute,* on peut en faire l'objet d'une discussion.

DISERT, ERTE adj. ▪ LITTÉR. Qui parle avec facilité et élégance. ⇒ **éloquent.** *Un orateur disert.*

DISETTE n. f. ▪ Manque de vivres. ⇒ **famine** (plus fort). *Année de disette.*

DISEUR, DISEUSE n. ▪ **1.** *Diseur de :* personne qui dit habituellement (telles choses). *Diseur de bons mots. Diseur de riens :* bavard. **2.** *Diseur, diseuse de bonne aventure :* personne qui prédit l'avenir. ⇒ **devin, voyant.**

DISGRÂCE n. f. ▪ **1.** Perte des bonnes grâces, de la faveur d'une personne dont on dépend ; état qui en découle. ⇒ **défaveur.** *La disgrâce d'un courtisan. Tomber, être en disgrâce.* **2.** VX Événement malheureux. ⇒ **infortune, malheur.** *Pour comble de disgrâce.*

DISGRACIÉ, ÉE adj. ▪ **1.** Qui est tombé en disgrâce. *Ministre disgracié.* **2.** fig. Peu favorisé. ⇒ **défavorisé.** *Être disgracié de la nature, par la nature.* ‑ absolt *Visage disgracié.* ⇒ **disgracieux.**

DISGRACIER v. tr. [7] ▪ LITTÉR. Priver (qqn) de la faveur qu'on lui accordait. *Disgracier un ministre.* ⇒ **destituer, renvoyer.**

DISGRACIEUX, EUSE adj. ▪ Qui n'a aucune grâce. *Geste disgracieux. Visage disgracieux.* ⇒ **ingrat, laid.** ► adv. DISGRACIEUSEMENT

DISHARMONIE n. f. ▪ DIDACT. Absence d'harmonie (entre des parties, des éléments). ⇒ **discordance.**

DISJOINDRE v. tr. [49] ▪ **1.** Écarter les unes des autres (des parties jointes entre elles). ⇒ **désunir, séparer.** *Disjoindre les pierres d'un mur.* ‑ pronom. *Planches qui se disjoignent.* **2.** fig. Séparer. *Disjoindre deux questions, deux accusations,* les traiter isolément. ► DISJOINT, OINTE adj. **1.** Qui n'est plus joint. *Marches disjointes.* **2.** fig. Séparé. *Questions disjointes,* qui n'ont rien à voir ensemble. ⇒ **distinct.**

DISJONCTER v. [1] ▪ **I.** v. tr. Interrompre (le courant). *Disjoncter la ligne.* **II.** v. intr. FAM. **1.** Se mettre en position d'interruption du courant (disjoncteur). ‑ *Ça a disjoncté.* ⇒ **sauter.** **2.** (personnes) Perdre le contact avec la réalité.

DISJONCTEUR n. m. ▪ Interrupteur automatique de courant électrique.

DISJONCTION n. f. ▪ **1.** DIDACT. Action de disjoindre (des idées) ; son résultat (s'oppose à *conjonction*). **2.** DR. Séparation (de deux ou plusieurs causes).

DISLOCATION n. f. ▪ **1.** Fait de se disloquer. *Dislocation d'une articulation.* ⇒ **déboîtement, entorse, foulure, luxation.** **2.** Séparation violente. ‑ fig. *La dislocation d'un empire.* ⇒ **démembrement.** **3.** Séparation des membres (d'un groupe). *La dislocation du cortège s'opéra au rond-point.* ⇒ **dispersion.**

DISLOQUER v. tr. [1] ▪ **1.** Déplacer violemment (les parties d'une articulation). ⇒ **démettre, désarticuler.** *Le coup lui a disloqué la mâchoire. Elle s'est disloqué l'épaule.* **2.** Séparer violemment, sortir de leur place normale (les parties d'un ensemble) ; séparer les éléments de. *Disloquer les rouages d'une machine. Disloquer une machine.* ⇒ **casser, démolir.** ► SE DISLOQUER v. pron. **1.** *Acrobate qui se disloque.* ⇒ se **contorsionner,** se **tordre.** **2.** *Le cortège se disloque.* ⇒ se **disperser,** se **séparer.** ‑ fig. ⇒ se **désagréger.** ► DISLOQUÉ, ÉE adj. *Un vieux fauteuil tout disloqué.*

Walt DISNEY (1901 ‑ 1966) ▪ Réalisateur et producteur américain de dessins animés. Maître du genre, inspirateur des personnages de Mickey et Donald et de longs métrages (*"Blanche-Neige et les sept nains"*, 1937 ; *"Fantasia"*, 1940 ;

"*Bambi*", 1942), fondateur d'une immense entreprise de loisirs (*Disneyland*, en Californie ; *Disneyworld*, en Floride ; *Tokyo-Disneyland* au Japon ; *Disneyland-Paris* à Marne-la-Vallée).

Disney. *Cendrillon*, dessin animé, 1950.
Phot. © Walt Disney Productions

DISPARAÎTRE v. intr. [57] ▪ **I.** Ne plus être vu ou visible. **1.** Cesser de paraître, d'être visible. ⇒ s'en **aller**, s'**évanouir**. *Le soleil disparaît derrière un nuage. Il a disparu dans la foule.* ♦ Être dissimulé. *La maison disparaissait sous la verdure.* **2.** S'en aller. ⇒ **fuir**, **partir**. *Il a disparu sans laisser de traces. Disparaître furtivement.* ⇒ s'**éclipser**, s'**esquiver**. ♦ Être, devenir introuvable. *Mes gants ont disparu :* ils sont égarés, perdus. **3.** *FAIRE DISPARAÎTRE qqn, qqch.*, le soustraire à la vue ; enlever, cacher. *Faire disparaître un papier compromettant.* **II.** Cesser d'être, d'exister. **1.** (êtres vivants) ⇒ s'**éteindre**, **mourir**. *Elle a disparu dans la fleur de l'âge.* **2.** (choses) *Navire qui disparaît en mer.* ⇒ **périr**, **sombrer**. - *Le brouillard a disparu vers dix heures.* ⇒ se **dissiper**. **3.** abstrait *Ses soucis ont disparu en un clin d'œil.* ⇒ s'**évanouir**. **4.** *FAIRE DISPARAÎTRE qqch.* ⇒ **détruire**, **effacer**. *Le temps a fait disparaître cette inscription.* - *FAIRE DISPARAÎTRE qqn.* ⇒ **supprimer**, **tuer**.

DISPARATE ▪ **1.** adj. Qui n'est pas en accord, en harmonie avec ce qui l'entoure ; dont la diversité est choquante. ⇒ **discordant**, **hétéroclite**, **hétérogène**. *Des ornements disparates. Un mobilier disparate.* **2.** n. f. VX ou LITTÉR. Disparité.

DISPARITÉ n. f. ▪ Caractère disparate. ⇒ **différence**, **dissemblance**, **hétérogénéité**. *Disparité d'âge.* - *Disparité des salaires.* ⇒ **inégalité**.

DISPARITION n. f. ▪ **1.** Fait de n'être plus visible. *La disparition du soleil à l'horizon.* **2.** Action de partir d'un lieu, de ne plus se manifester (⇒ **départ**) ; absence inexplicable. *La disparition de l'enfant remonte à huit jours. Constater la disparition d'une somme d'argent.* **3.** Fait de disparaître en cessant d'exister. ⇒ **mort** ; **fin**. *Pleurer la disparition d'un ami. Espèce en voie de disparition.* ⇒ **extinction**.

DISPARU, UE adj. ▪ **1.** Qui a cessé d'être visible. ⇒ **évanoui**. *Lueur aussitôt disparue.* **2.** Qui a cessé d'exister. *Civilisation disparue.* ♦ n. Mort, défunt. *À notre cher disparu.* **3.** Qu'on ne retrouve pas ; considéré comme perdu, mort. *Marin disparu en mer.* - n. *Être porté disparu*, considéré comme mort.

DISPENDIEUX, IEUSE adj. ▪ Qui exige une grande dépense. ⇒ **cher**, **coûteux**, **onéreux**. *Avoir des goûts dispendieux.*

DISPENSAIRE n. m. ▪ Établissement où l'on donne des consultations, des soins médicaux.

DISPENSATEUR, TRICE n. ▪ Personne qui dispense, qui distribue. *Un dispensateur de bienfaits.*

DISPENSE n. f. ▪ Autorisation spéciale donnée par une autorité qui décharge d'une obligation. *Obtenir, accorder une dispense. Dispense d'âge* (⇒ **dérogation**), du service militaire (⇒ **exemption**), de droits, d'impôts (⇒ **exonération**).

DISPENSER v. tr. [1] ▪ **I.** LITTÉR. Distribuer (en parlant de personnes, de puissances supérieures). ⇒ **accorder**, **donner**, **prodiguer**, **répandre**. *Dispenser des soins.* **II.** *DISPENSER (qqn) DE* **1.** Libérer (qqn d'une obligation, de faire qqch.). ⇒ **exempter**. *Dispenser qqn d'une taxe.* ⇒ **exonérer**. *Je vous dispense d'y aller.* - au p. p. *Élève dispensé de gymnastique.* ♦ (sujet chose) *Ton succès ne te dispense pas de travailler.* **2.** iron. *Dispensez-moi de vos réflexions.* ⇒ **épargner**. *Je vous dispense à l'avenir de vos visites :* je vous défends de revenir me voir. ► SE **DISPENSER** v. pron. *Se dispenser de :* s'exempter de ; se permettre de ne pas faire (qqch.). *Se dispenser de ses devoirs. Se dispenser de travailler.*

DISPERSER v. tr. [1] ▪ **1.** Jeter, répandre çà et là. ⇒ **disséminer**, **éparpiller**, **répandre**. *Disperser au vent les morceaux d'une lettre déchirée.* **2.** Répartir çà et là, en divers endroits, de divers côtés. *Disperser une collection. Disperser le tir*.* - fig. *Disperser ses efforts, ses forces, son attention*, les faire porter sur plusieurs points, ne pas les concentrer. **3.** Faire se séparer (des personnes). *La police a dispersé les manifestants.* ► SE **DISPERSER** v. pron. **1.** *La foule se dispersa après le spectacle.* ⇒ **partir** ; s'**égailler**. **2.** fig. S'occuper à des activités trop diverses. *Son attention se disperse. Ne vous dispersez pas trop.* ► **DISPERSÉ, ÉE** adj. *Habitat dispersé.* ⇒ **clairsemé**.

DISPERSION n. f. ▪ **1.** Action de (se) disperser ; état de ce qui est dispersé. *La dispersion des feuilles par le vent.* ♦ PHYS. *Dispersion de la lumière*, décomposition d'une lumière formée de radiations de différentes longueurs d'onde en spectre. ♦ (éléments humains) *Donner l'ordre de dispersion à la fin d'une manifestation.* **2.** fig. *Dispersion de l'attention, des efforts.* ⇒ **dissipation**, **éparpillement**.

DISPONIBILITÉ n. f. ▪ État de ce qui est disponible. **1.** *Les disponibilités :* l'actif dont on peut immédiatement disposer. **2.** Situation des fonctionnaires disponibles (2). *Être en disponibilité.* **3.** État de ce qui est disponible (3). *Disponibilité d'esprit.*

DISPONIBLE adj. ▪ **1.** Dont on peut disposer. ⇒ **libre**. *Nous avons deux places disponibles. Appartement disponible.* - *Ce livre n'est pas disponible, il est épuisé.* **2.** *Officier, fonctionnaire disponible*, qui n'est pas en activité, mais demeure à la disposition de l'armée, de l'Administration. **3.** Qui n'est lié ou engagé par rien. ⇒ **libre**. *Si vous êtes disponible lundi, venez nous voir.* - *Il est toujours disponible pour ses enfants.*

DISPOS, OSE adj. ▪ Qui est en bonne disposition pour agir. ⇒ en **forme**, **gaillard**. - loc. *FRAIS ET DISPOS :* reposé et en bonne forme pour agir.

DISPOSER v. [1] ▪ **I.** v. tr. **1.** Arranger, mettre dans un certain ordre. *Disposer les couverts sur la table.* - *Disposer ses troupes avant la bataille.* **2.** *DISPOSER (QQN) À*, préparer psychologiquement (qqn à qqch.). *Disposer un malade à mourir, à la mort.* - Engager (qqn à faire qqch.). ⇒ **inciter**. *Nous l'avons disposé à vous recevoir.* **II.** v. tr. ind. *DISPOSER DE* **1.** Avoir à sa disposition, avoir la possession, l'usage de. ⇒ **avoir**. *Il dispose d'une voiture. Vous pouvez en disposer, je n'en ai plus besoin.* ⇒ **prendre**. *Je ne dispose que de quelques minutes. Les renseignements dont nous disposons.* - DR. *Les personnes mineures ne peuvent disposer de leurs biens.* **2.** *Disposer de qqn*, s'en servir comme on le veut. *On ne dispose pas de moi ainsi.* ♦ *Disposer de soi-même :* être libre, indépendant. *Le droit des peuples à disposer d'eux-mêmes.* - absolt *Vous pouvez disposer :* je ne vous retiens pas, partez (se dit à un inférieur). **III.** v. intr. Décider, décréter. prov. *L'homme propose, Dieu dispose.* ► SE **DISPOSER** v. pron. *Se disposer à :* être sur le point de ; se préparer à. *Se disposer à partir.* ► **DISPOSÉ, ÉE** adj. **1.** Arrangé, placé. *Fleurs disposées avec goût.* **2.** *Être disposé à :* être préparé à, avoir l'intention de. ⇒ **prêt** à. *Je suis tout disposé à vous aider.* **3.** *Être bien, mal disposé envers qqn*, lui vouloir du bien, du mal. - absolt *Être bien disposé, mal disposé*, de bonne, de mauvaise humeur.

DISPOSITIF n. m. ▪ **1.** DR. Énoncé final d'un jugement, d'un arrêt. **2.** Manière dont sont disposées les pièces d'un appareil ; le mécanisme lui-même. ⇒ **machine**, **mécanisme**. *Dispositif de sûreté, de commande.* **3.** Ensemble de moyens disposés conformément à un plan. *Dispositif d'attaque, de défense.*

DISPOSITION n. f. ▪ **I. 1.** Action de disposer, de mettre dans un certain ordre ; son résultat. *La disposition des pièces d'un appartement.* ⇒ **distribution**. **2.** au plur. Moyens, précautions par lesquels on se dispose à qqch. ⇒ **mesure**, **préparatifs**. *Prendre ses dispositions pour partir en voyage.* **II. 1.** *DISPOSITION À :* tendance à. *Avoir une disposition à attraper des rhumes.* ⇒ **prédisposition**. **2.** État d'esprit passager. *Il est dans une disposition à rire de tout.* - au plur. Intentions envers qqn. *Être dans de bonnes dispositions à l'égard de qqn.* **3.** Aptitude à faire qqch. (en bien ou en mal). ⇒ **don**, **inclination**, **penchant**, **prédisposition**, **tendance**. *Avoir des dispositions pour les mathématiques.* **4.** (*À... DISPOSITION*). Faculté de disposer, pouvoir de faire ce que l'on veut (de qqn, de qqch.). *Je mets ma voiture à votre disposition.* - *Je suis à votre* *entière disposition pour vous faire visiter la ville.* ♦ DR. « *Les particuliers ont la libre disposition des biens qui leur appartiennent* » (Code civil). **5.** Clause d'un acte juridique (contrat, testament, donation). *Dispositions testamentaires. Dispositions entre vifs*.* ♦ Point réglé par une loi, un arrêté, un jugement. *La disposition que renferme cet article.* ⇒ **prescription.**

DISPROPORTION n. f. ▪ Défaut de proportion, différence excessive entre deux ou plusieurs choses. ⇒ **disparité, inégalité.** *Disproportion d'âge entre deux personnes. La disproportion d'une punition avec la faute.*

DISPROPORTIONNÉ, ÉE adj. ▪ Qui n'est pas proportionné (à qqch.). ⇒ **inégal.** *Une récompense disproportionnée au mérite.* – absolt *Taille disproportionnée.* ⇒ **démesuré.**

DISPUTE n. f. ▪ Échange violent de paroles (arguments, reproches, insultes) entre personnes qui s'opposent. ⇒ **altercation, discussion, querelle.** *Une dispute d'amoureux. Dispute qui s'élève, éclate entre plusieurs personnes. Sujet de dispute.*

DISPUTER v. [1] ▪ **I.** v. tr. ind. DISPUTER DE **1.** VX ou LITTÉR. Discuter de. ⇒ **débattre. 2.** LITTÉR. Rivaliser de. *Les deux collègues disputent de zèle.* **II.** v. tr. **1.** LITTÉR. *Le disputer en :* rivaliser de. **2.** Lutter pour la possession ou la conservation de (une chose à laquelle un autre prétend). *Disputer un poste, une femme à un rival.* – *Animaux qui se disputent une proie.* – *Disputer le terrain,* le défendre avec acharnement. **3.** *Disputer un match, un combat,* le faire en vue de remporter la victoire. **4.** FAM. Réprimander (qqn). *Il a peur de se faire disputer.* ⇒ **attraper, gronder.** ► SE **DISPUTER** v. pron. **1.** (récipr.) Avoir une querelle. ⇒ se **chamailler,** se **quereller.** *Se disputer avec un ami. Ils se disputent sans arrêt.* **2.** (passif) *Le match s'est disputé hier à Lyon.*

DISQUAIRE n. ▪ Marchand(e) de disques (II, 1).

DISQUALIFIER v. tr. [7] ▪ **1.** Exclure d'une épreuve, en raison d'une infraction au règlement. *Disqualifier un boxeur pour coup bas.* – au p. p. *Concurrent disqualifié.* **2.** fig. LITTÉR. Discréditer. ► SE **DISQUALIFIER** v. pron. Perdre son crédit ; perdre le droit à une position en faisant preuve d'indignité, d'incapacité. *Il s'est disqualifié en tenant de pareils propos.* ► n. f. DISQUALIFICATION

DISQUE n. m. ▪ **I. 1.** Palet que des athlètes *(discoboles)* lancent en pivotant sur eux-mêmes. *Lancer le disque.* **2.** Surface visible (de certains astres). *Le disque du Soleil, de la Lune.* **3.** Objet de forme ronde et plate. – *Freins à disques,* à mâchoires serrant un disque collé sur l'axe de la roue. ♦ ANAT. *Disque intervertébral :* cartilage élastique séparant deux vertèbres. **II. 1.** Plaque circulaire sur laquelle sont enregistrés des sons dans la gravure d'un sillon spiralé. *Disque 78 tours, 33 tours, 45 tours.* ⇒ **microsillon.** *Disque noir, disque vinyle* (opposé à *disque compact*). *Mettre, passer un disque.* – loc. FAM. *Changer de disque,* parler d'autre chose. ♦ *Disque compact :* disque audionumérique lu par un faisceau laser (on emploie aussi l'anglic. *compact-disc* [marque déposée] et l'abrév. *CD*). *Disque compact vidéo.* ⇒ **vidéodisque.** – *Disque optique compact* (sigle D.O.C.). ⇒ anglic. **CD-ROM. 2.** Support magnétique d'information. *Disque souple et disque dur.* ⇒ aussi **disquette.**

DISQUE-JOCKEY ⇒ DISC-JOCKEY

DISQUETTE n. f. ▪ Disque (II, 2) de petite taille destiné à s'insérer dans le lecteur d'un ordinateur. *Sauvegarder un fichier sur disquette.*

Benjamin DISRAELI (1804-1881) ▪ Homme politique britannique. Brillant écrivain, chef des conservateurs. Premier ministre en 1867-1868 et de 1874 à 1880, rival de Gladstone. Attentif aux problèmes sociaux, il fit passer une réforme électorale qui doublait le nombre des électeurs. Il incarna l'impérialisme britannique et fit proclamer la reine Victoria impératrice des Indes.

DISSECTION n. f. ▪ Action de disséquer.

DISSEMBLABLE adj. ▪ Se dit de deux ou plusieurs personnes ou choses qui ne sont pas semblables, bien qu'ayant entre elles des caractères communs. ⇒ **différent.** *Ils sont trop dissemblables pour s'entendre.*

DISSEMBLANCE n. f. ▪ Manque de ressemblance entre des êtres, des choses ; caractère de ce qui est dissemblable. ⇒ **différence, disparité.**

DISSÉMINATION n. f. ▪ Action de disséminer ; son résultat. ♦ Éparpillement. *La dissémination des habitants en pays de montagne.* – fig. *La dissémination des idées.* ⇒ **diffusion, propagation.**

DISSÉMINER v. tr. [1] ▪ **1.** Répandre en de nombreux points assez écartés. ⇒ **disperser, éparpiller, semer.** – au p. p. *Graines disséminées par le vent.* **2.** Disperser. *Disséminer les troupes.* – pronom. *Les hommes se sont disséminés.*

DISSENSION n. f. ▪ Division profonde de sentiments, d'intérêts, de convictions. ⇒ **désaccord, discorde, dissentiment.** *Dissensions intestines, familiales.*

DISSENTIMENT n. m. ▪ Différence dans la manière de juger, de voir, qui crée des heurts. ⇒ **conflit, désaccord.** *Il y a un dissentiment entre nous sur ce point.*

DISSÉQUER v. tr. [6] ▪ **1.** Diviser méthodiquement les parties de (un organisme vivant [⇒ **vivisection**] ou qui l'a été) en vue d'en étudier la structure (⇒ **dissection**). *Disséquer une grenouille.* **2.** fig. Analyser minutieusement et méthodiquement. ⇒ **éplucher.** *Disséquer un texte ; un auteur.*

DISSERTATION n. f. ▪ **1.** Texte où l'on disserte. ⇒ **discours, traité. 2.** Exercice scolaire écrit portant sur des sujets littéraires, philosophiques, historiques. *Sujet de dissertation.* ◇ abrév. FAM. DISSERT.

DISSERTER v. intr. [1] ▪ Faire un développement écrit, ou le plus souvent oral (sur une question, un sujet). ⇒ **discourir, traiter** de. *Disserter sur la politique, de politique.*

DISSIDENCE n. f. ▪ Action ou état de ceux qui se séparent d'une communauté religieuse, politique, sociale, d'une école philosophique. ⇒ **scission, sécession, séparation.** *Entrer, être en dissidence.* – Groupe de dissidents. *Rejoindre la dissidence.*

DISSIDENT, ENTE adj. ▪ Qui est en dissidence, qui fait partie d'une dissidence. *Parti dissident.* – n. *Dissidents emprisonnés.*

DISSIMULATEUR, TRICE n. et adj. ▪ (Personne) qui dissimule, sait dissimuler.

DISSIMULATION n. f. ▪ **1.** Action de dissimuler. *La dissimulation d'un secret.* – Comportement d'une personne qui dissimule. *Agir avec dissimulation.* ⇒ **duplicité, hypocrisie. 2.** Action de dissimuler (de l'argent). *Dissimulation de bénéfices.*

DISSIMULER v. tr. [1] ▪ **1.** Ne pas laisser paraître (ce qu'on pense, ce qu'on éprouve, ce qu'on sait), ou chercher à en donner une idée fausse. ⇒ **cacher, taire ; déguiser.** *Dissimuler ses intentions.* – *Se dissimuler les dangers d'une entreprise,* refuser de les voir. – *Dissimuler que* (+ indic.) : cacher que. **2.** Empêcher de voir (une chose concrète). ⇒ **masquer, voiler.** *Une tenture dissimule la porte.* ♦ Rendre moins apparent, camoufler. *Dissimuler un bouton en se fardant.* – *Dissimuler une partie de ses bénéfices dans sa déclaration fiscale.* ► SE **DISSIMULER** v. pron. Cacher sa présence ou la rendre très discrète. *Se dissimuler derrière un pilier.* ► **DISSIMULÉ, ÉE** adj. **1.** Caché. *Avec une joie non dissimulée.* **2.** Qui dissimule. ⇒ ① **faux, hypocrite ; dissimulateur, sournois.** *C'est un homme très dissimulé.*

Disraeli. Portrait par Millais, 1881.
National Portrait Gallery, Londres.
Phot. © NPG/Giraudon

DISSIPATEUR, TRICE n. et adj. ▪ (Personne) qui dissipe son bien.

DISSIPATION n. f. ▪ **I. 1.** Fait de se dissiper (1). *La dissipation de la brume.* **2.** Action de dissiper en dépensant avec prodigalité. ⇒ **dilapidation ; gaspillage. II. 1.** Manque d'attention ; agitation, mauvaise conduite (spécialt d'un écolier). ⇒ **indiscipline. 2.** LITTÉR. Débauche.

DISSIPÉ, ÉE adj. ▪ **1.** Qui manque d'application, est réfractaire à la discipline. *Élève dissipé.* ⇒ **indiscipliné, turbulent. 2.** LITTÉR. Frivole, déréglé. *Mener une vie dissipée.* ⇒ **dissolu.**

DISSIPER v. tr. [1] ▪ **I. 1.** Faire cesser, faire disparaître. ⇒ **chasser.** *Le vent dissipe les nuages.* ‑ fig. *Dissiper un trouble, un malaise, un malentendu. Dissiper les craintes, les soupçons de qqn.* ⇒ **ôter. 2.** Dépenser follement. ⇒ **gaspiller.** *Dissiper une fortune.* ⇒ **dilapider. II.** LITTÉR. *Dissiper qqn,* le distraire de ses occupations sérieuses ; le détourner du devoir. ► **SE DISSIPER** v. pron. **1.** *La brume se dissipe.* ‑ fig. *Le malaise s'est dissipé.* **2.** Devenir dissipé. *Les élèves se dissipent en fin de journée.*

DISSOCIABLE adj. ▪ Qui peut être dissocié.

DISSOCIATION n. f. ▪ **1.** Action de dissocier ; son résultat. *Dissociation par électrolyse.* **2.** Séparation. *La dissociation de deux problèmes.*

DISSOCIER v. tr. [7] ▪ **1.** Séparer (des éléments qui étaient associés). *Dissocier les molécules d'un corps, dissocier un corps.* ⇒ **désagréger, désintégrer. 2.** Distinguer, séparer. *Dissocier deux questions.* ⇒ **disjoindre.**

DISSOLU, UE adj. ▪ Qui vit dans la débauche. ‑ *Vie dissolue, mœurs dissolues.* ⇒ **dépravé, déréglé.**

DISSOLUTION n. f. ▪ **I. 1.** Décomposition, désagrégation. *La dissolution d'un empire, d'un système.* ⇒ **anéantissement.** ♦ DR. Action de mettre fin légalement. ⇒ **rupture ; dissoudre.** *Dissolution du mariage,* annulation, divorce. *Dissolution d'une assemblée.* **2.** VIEILLI Corruption, débauche (⇒ **dissolu**). **II. 1.** Passage à l'état de solution. *Dissolution du sel dans l'eau.* ♦ Liquide résultant de la dissolution. ⇒ **solution. 2.** Colle au caoutchouc, utilisée pour la réparation des chambres à air.

DISSOLVANT, ANTE ▪ **1.** adj. Qui dissout (1), forme une solution avec un corps. **2.** n. m. Liquide qui dissout (un corps). ⇒ **solvant.** ‑ Produit pour ôter le vernis à ongles.

DISSONANCE n. f. ▪ **1.** Réunion de sons dont la simultanéité ou la succession est désagréable. ♦ MUS. Intervalle, accord qui, dans la musique tonale, appelle une consonance*. **2.** fig. Manque d'harmonie, discordance.

DISSONANT, ANTE adj. ▪ Qui fait dissonance. ⇒ **discordant.**

DISSONER v. intr. [1] ▪ Faire une dissonance ; produire des dissonances.

DISSOUDRE v. tr. [51] ▪ **1.** Désagréger (un corps solide ou gazeux) au moyen d'un liquide dans lequel ses molécules se dispersent (⇒ **dissolution, dissolvant**). *On peut dissoudre le sucre dans l'eau* (⇒ **soluble**) ; l'eau dissout le sucre. ‑ pronom. *Le sel se dissout dans l'eau.* **2.** Mettre légalement fin à (une association). *Dissoudre un parti.* ‑ au p. p. *Assemblée dissoute. Comité dissous.*

DISSUADER v. tr. [1] ▪ DISSUADER *qqn* DE : amener (qqn) à renoncer à un projet, à faire qqch. ⇒ **détourner.** *Il m'a dissuadé de partir.*

DISSUASIF, IVE adj. ▪ **1.** Propre à dissuader. *Argument dissuasif.* **2.** Propre à dissuader l'ennemi d'attaquer. *Armement dissuasif.*

DISSUASION n. f. ▪ Action de dissuader ; son résultat. ‑ *Force de dissuasion* : force de frappe destinée à dissuader l'adversaire d'attaquer (⇒ **dissuasif**).

DISSYLLABIQUE adj. ▪ Qui a deux syllabes (mot, vers). ‑ n. m. *Un dissyllabique.* ◇ syn. DISSYLLABE.

DISSYMÉTRIE n. f. ▪ Absence ou défaut de symétrie. ⇒ **asymétrie.** ► DISSYMÉTRIQUE adj. *Édifice, visage dissymétrique.*

DISTAL, ALE, AUX adj. ▪ DIDACT. Le plus éloigné (d'un point, d'un plan de référence).

DISTANCE n. f. ▪ **1.** Longueur qui sépare une chose d'une autre. ⇒ **écart, éloignement, espace, étendue, intervalle.** *Parcourir de grandes distances. La distance entre deux villes. Distance de la Terre à la Lune.* ‑ *Arbres plantés à égale distance les uns des autres.* ‑ À DISTANCE loc. adv. : de loin. *Commande d'un appareil à distance.* **2.** Espace qui sépare deux personnes. ♦ loc. *Prendre ses distances* : s'aligner en étendant le bras horizontalement. ‑ *Tenir qqn à distance (respectueuse),* l'empêcher d'approcher ; fig. tenir à l'écart ; repousser la familiarité en se tenant dans la réserve. *Garder ses distances* (même sens ⇒ **distant,** 2). **3.** Écart entre deux moments du temps. ⇒ **intervalle.** *À quelques mois de distance.* **4.** fig. Différence notable séparant des personnes ou des choses. ⇒ **abîme.** *La distance entre le désir et la réalité.*

DISTANCER v. tr. [3] ▪ Dépasser (ce qui avance) d'une certaine distance. ⇒ **devancer ;** FAM. **semer.** *Le champion les a tous distancés.* ‑ fig. ⇒ **surpasser.** *Élève qui distance ses camarades.*

DISTANCIATION n. f. ▪ Recul, détachement pris par rapport à qqn, qqch. ; spécialt, au théâtre, par rapport à la situation représentée .

SE **DISTANCIER** v. pron. [7] ▪ Mettre une distance (fig.) entre soi et qqn, qqch. *Se distancier d'un maître.* ‑ p. p. adj. *Une attitude distanciée.*

DISTANT, ANTE adj. ▪ **1.** Qui est à une certaine distance. ⇒ **éloigné, loin.** *Villes distantes (l'une de l'autre) d'environ dix kilomètres.* **2.** Qui garde ses distances, reste sur la réserve. ⇒ **froid, réservé.** *Se montrer distant envers qqn.* ‑ *Un air distant.*

DISTENDRE v. tr. [41] ▪ Augmenter les dimensions de (qqch.) par la tension. ⇒ **étirer,** ① **tendre.** *Distendre un ressort.* ► **SE DISTENDRE** v. pron. Se relâcher, être moins tendu, serré. *La peau se distend.* ‑ fig. *Leurs liens d'amitié se sont distendus.*

DISTENSION n. f. ▪ Action de se distendre ; augmentation de volume sous l'effet d'une tension.

DISTILLAT [-il-] n. m. ▪ SC. Produit d'une distillation.

DISTILLATEUR, TRICE [-il-] n. ▪ Personne qui distille des produits et les vend ; spécialt, fabricant d'eau-de-vie. *Un distillateur de cognac. Des distillateurs illégaux* (→ bouilleur de cru).

DISTILLATION [-il-] n. f. ▪ Procédé de purification par ébullition suivie d'une condensation de la vapeur dans un autre récipient. *Distillation des fruits, des grains,* qui donne de l'eau-de-vie. ‑ *Distillation du pétrole, des hydrocarbures.*

DISTILLER [-il-] v. [1] ▪ **I.** v. tr. **1.** Laisser couler goutte à goutte. ⇒ **sécréter.** *Le pin distille la résine.* ‑ fig. *Ce discours distille l'ennui.* ⇒ **répandre. 2.** Soumettre (qqch.) à la distillation. *Distiller un mélange dans un alambic. Purifier de l'eau en la distillant.* ‑ au p. p. *Eau distillée,* absolument pure. **3.** LITTÉR. Élaborer (un suc). *L'abeille distille le miel.* **II.** v. intr. Se séparer (d'un mélange) par distillation. *Le gazole commence à distiller vers 230 °C.*

DISTILLERIE [-il-] n. f. ▪ Lieu où l'on fabrique les produits de la distillation.

DISTINCT, INCTE [-ɛ̃(kt), ɛ̃kt] adj. ▪ **1.** Qui ne se confond pas avec qqch. d'analogue, de voisin. ⇒ **différent, indépendant, séparé.** *Problèmes distincts.* **2.** Qui se perçoit nettement. *Parler d'une voix distincte.* ⇒ **clair, net.**

DISTINCTEMENT adv. ▪ D'une manière distincte (2). ⇒ **clairement, nettement.** *Parler distinctement,* en articulant bien.

DISTINCTIF, IVE adj. ▪ Qui permet de distinguer. ⇒ **caractéristique, typique.** *Les caractères distinctifs d'une espèce. Signe distinctif.*

DISTINCTION n. f. ▪ **I. 1.** Action de distinguer, de reconnaître pour différent. ⇒ **différenciation, discrimination, séparation.** *Faire la distinction entre deux choses.* ⇒ **départ.** ‑ *SANS DISTINCTION. Recevoir tout le monde sans distinction.* ⇒ **indistinctement.** *Sans distinction d'âge, de race.* **2.** Fait d'être distinct, séparé. *La distinction des pouvoirs.* ‑ *Les distinctions sociales.* **3.** VIEILLI Supériorité qui place au-dessus du commun. ⇒ **rang. 4.** Élégance, délicatesse et réserve dans la tenue et les manières (⇒ **distingué**). **II.** *(Une, des distinctions)* **1.** VX Marque d'estime, d'honneur. **2.** Dignité, décoration. *Distinction honorifique.*

DISTINGUABLE adj. ▪ Que l'on peut distinguer (2 ou 4).

DISTINGUÉ, ÉE adj. ▪ **1.** LITTÉR. Remarquable par son rang, son mérite. ⇒ **éminent, supérieur. 2.** (politesse) *Recevez l'assurance de mes sentiments distingués.* **3.** Qui a de la distinction (I, 4). *Un homme très distingué.* ‑ *Un air distingué.*

DISTINGUER v. tr. [1] ▪ **1.** (le sujet désigne une différence, un trait caractéristique) Permettre de reconnaître (une personne ou une chose d'une autre). ⇒ **différencier.** *Le langage distingue l'homme des animaux.* **2.** Reconnaître (une personne ou une chose) pour distincte (d'une autre). ⇒ **différencier, isoler,**

séparer. *On ne peut distinguer ces jumeaux l'un de l'autre.* ◆ *Distinguer le vrai du faux.* ⇒ **démêler, discerner. 3.** Mettre (qqn) à part des autres, en le remarquant comme supérieur (⇒ **distinction ; distingué**). *On l'a distingué, il a été distingué pour ce poste.* **4.** Percevoir d'une manière distincte, sans confusion. *On commence à distinguer les montagnes.* ◆ *Distinguer un son, une odeur, un goût.* ◆ *Distinguer qqn au milieu d'une foule.* ◆ fig. ⇒ **discerner.** *Une douceur où l'on distingue de l'amertume.* ► SE **DISTINGUER** v. pron. **1.** Être ou se rendre distinct, différent. ⇒ se **différencier, différer.** *Il se distingue de son frère par la taille.* **2.** S'élever au-dessus des autres, se faire connaître, remarquer. ⇒ s'**illustrer.** *Se distinguer par son talent. Il se distingua pendant la guerre.* **3.** Être perçu, discerné.

DISTINGUO n. m. ▪ Distinction subtile, compliquée. *Se lancer dans des distinguos trop subtils.*

DISTIQUE n. m. ▪ Groupe de deux vers renfermant un énoncé complet.

DISTORDRE v. tr. 41 ▪ Déformer par une torsion. ◆ au p. p. *Traits distordus par la douleur.*

DISTORSION n. f. ▪ **1.** MÉD. État d'une partie du corps qui se tourne d'un seul côté. **2.** Défaut d'un système qui déforme les images, les signaux qu'il doit reproduire. **3.** fig. Déséquilibre (entre plusieurs facteurs), entraînant une tension. ⇒ **décalage, disparité.**

DISTRACTION n. f. ▪ **I.** Action de distraire (I) ; son résultat. ⇒ **prélèvement ; détournement. II. 1.** Manque d'attention habituel ou momentané aux choses dont on devrait normalement s'occuper, l'esprit étant absorbé par un autre objet. ⇒ **inattention ; distrait.** *Oublier qqch. par distraction.* ◆ *UNE DISTRACTION.* ⇒ **bévue, étourderie, oubli. 2.** Diversion apportée par une occupation propre à délasser l'esprit en l'amusant. *Il vous faut un peu de distraction.* ⇒ **détente.** ♦ L'occupation qui apporte la distraction. ⇒ **divertissement.** *Le cinéma est sa seule distraction.*

DISTRAIRE v. tr. 50 ▪ **I.** LITTÉR. Séparer d'un ensemble. *Distraire une somme d'argent d'un dépôt.* ⇒ **détourner. II. 1.** Détourner (qqn) de l'objet auquel il s'applique, de ce dont il est occupé. *Distraire qqn de ses soucis.* ◆ *Élève qui distrait ses camarades.* ⇒ **dissiper.** ♦ *Distraire l'attention,* la détourner de son objet. **2.** Faire passer le temps agréablement à (qqn). ⇒ **amuser, divertir ; distraction.** ► SE **DISTRAIRE** v. pron. S'amuser, se détendre. *Avoir besoin de se distraire.*

DISTRAIT, AITE adj. ▪ **1.** Absorbé par autre chose. *Il m'a paru distrait.* ⇒ **absent.** ◆ *Écouter d'une oreille distraite.* **2.** Qui est, par caractère, occupé d'autre chose que de ce qu'il fait, ou de ce qu'on lui dit. *Il est si distrait qu'il perd tout.* ⇒ **étourdi.** ◆ **n.** *C'est une grande distraite.*

DISTRAITEMENT adv. ▪ De façon distraite. *Feuilleter distraitement une revue.*

DISTRAYANT, ANTE adj. ▪ Avec quoi l'on peut se distraire, se détendre l'esprit. ⇒ **amusant, délassant, divertissant.** *Un film distrayant.*

DISTRIBUER v. tr. 1 ▪ **1.** Donner à plusieurs personnes prises séparément (une partie d'une chose ou d'un ensemble de choses). ⇒ **donner, partager, répartir.** *Distribuer des cartes aux joueurs. Distribuer à chacun sa ration.* ◆ *Distribuer des tracts.* **2.** Donner à diverses personnes, au hasard. *Distribuer des poignées de main.* **3.** (sujet chose) Répartir dans plusieurs endroits. ⇒ **amener, conduire.** *Les conduites qui distribuent l'eau dans une ville.* **4.** Répartir d'une manière particulière, selon un certain ordre. *Distribuer les joueurs sur le terrain.* **5.** Assurer la distribution de (une pièce, un film ; un produit). ► **DISTRIBUÉ, ÉE** p. p. *Appartement bien, mal distribué,* où la disposition des pièces est rationnelle et agréable, ou non. ⇒ **agencé.**

DISTRIBUTEUR, TRICE ▪ **1.** n. Personne qui distribue (qqch.). ◆ spécialt *Distributeur agréé, exclusif* (d'un produit). **2.** n. m. Appareil servant à distribuer. ◆ (automobiles) Mécanisme qui répartit entre les cylindres les étincelles fournies par l'allumage. ♦ Appareil qui distribue qqch. au public. *Distributeur d'essence.* ⇒ **pompe.** *Distributeur automatique,* qui distribue des objets en échange de pièces de monnaie glissées dans une fente. *Distributeur de billets de banque.* ⇒ **billetterie.**

DISTRIBUTIF, IVE adj. ▪ **1.** DR. *Justice distributive,* qui donne à chacun la part qui lui revient. **2.** GRAMM. Qui sert à désigner en particulier (opposé à *collectif*). « *Chaque* » *est un adjectif distributif.* **3.** MATH. *La multiplication est distributive par rapport à l'addition :* a×(b+c)=(a×b)+(a×c).

DISTRIBUTION n. f. ▪ **1.** Répartition à des personnes. *La distribution du courrier.* ◆ *Distribution des prix.* ◆ *Distribution des richesses.* ⇒ **répartition.** ♦ *La distribution d'une pièce, d'un film,* l'ensemble des acteurs qui l'interprètent. *Une bonne distribution* (cf. anglic. *casting*). **2.** Ensemble d'opérations et de circuits qui mettent un produit à la disposition des acheteurs. *Société de distribution.* **3.** Répartition à des endroits différents. *Distribution des eaux,* permettant d'approvisionner une ville en eau potable. **4.** Arrangement selon un certain ordre ; division selon une certaine destination. ⇒ **agencement.** *La distribution d'un appartement* (⇒ **distribué**).

DISTRICT [-ikt] n. m. ▪ Subdivision administrative territoriale. ◆ *District urbain :* groupement administratif de communes formant une même agglomération.

DIT, DITE ▪ **I.** adj. **1.** Surnommé. *Louis XV, dit le Bien-Aimé.* **2.** DR. (joint à l'article défini) *Ledit, ladite, lesdits, lesdites,* ce dont on vient de parler. *Ledit acheteur. Ladite maison. Lesdits plaignants.* **3.** Fixé, convenu. *À l'heure dite.* **II.** n. m. Petite pièce de vers, au Moyen Âge. *Le dit de la rose.*

DITHYRAMBE n. m. ▪ LITTÉR. Éloge enthousiaste. ⇒ **panégyrique.**

DITHYRAMBIQUE adj. ▪ Très élogieux. *Un article dithyrambique.*

DIU → **Daman et Diu**

DIURÈSE n. f. ▪ MÉD. Excrétion de l'urine.

DIURÉTIQUE adj. ▪ Qui augmente la sécrétion urinaire. ◆ **n. m.** *Le fenouil est un diurétique.*

DIURNE adj. ▪ **1.** DIDACT. Qui dure vingt-quatre heures. **2.** (opposé à *nocturne*) Qui se montre le jour. *Rapaces, papillons diurnes. Fleur diurne,* qui se ferme pendant la nuit. ◆ *Températures diurnes.*

DIVA n. f. ▪ Cantatrice en renom. *Des divas.*

DIVAGATION n. f. ▪ Action de divaguer. ◆ fig. *Les divagations d'un malade.* ⇒ **délire.**

DIVAGUER v. intr. 1 ▪ **1.** Errer çà et là. **2.** fig. Dire n'importe quoi, ne pas raisonner correctement. ⇒ **déraisonner.** *Tu divagues.*

DIVAN n. m. ▪ **I. 1.** HIST. Conseil du sultan. **2.** VX Recueil de poésies orientales. **II.** Long siège sans dossier ni bras qui peut servir de lit (le *canapé* a un dossier).

DIVE adj. f. ▪ loc. *La dive bouteille :* le vin.

DIVERGENCE n. f. ▪ Situation de ce qui diverge, de ce qui va en s'écartant. ♦ fig. Grande différence. *Divergence d'opinions, de vues.* ⇒ **désaccord.**

DIVERGENT, ENTE adj. ▪ **1.** Qui diverge, qui va en s'écartant. *Rayons divergents.* ◆ *Strabisme divergent.* ◆ *Lentille divergente,* qui fait diverger un rayon lumineux. **2.** fig. Qui ne s'accorde pas. ⇒ **différent, opposé.** *Points de vue, témoignages divergents.*

DIVERGER v. intr. 3 ▪ contr. *converger* **1.** Aller en s'écartant de plus en plus (en parlant d'éléments rapprochés à leur point de départ). *Les côtés d'un angle divergent.* **2.** fig. S'écarter de plus en plus (d'une origine commune, d'un type commun). ♦ Être en désaccord. ⇒ s'**opposer.** *Leurs interprétations divergent sur ce point.*

DIVERS, ERSE adj. ▪ **1.** LITTÉR. au sing. Qui présente plusieurs aspects. ⇒ **varié.** *Une clientèle très diverse.* **2.** au plur. Qui présentent des différences intrinsèques et qualitatives (en parlant de choses que l'on compare). ⇒ **différent, dissemblable, varié.** *Les divers sens d'un mot.* ♦ *Frais divers,* qui ne sont pas classés dans une rubrique précise. **3.** *FAITS DIVERS,* les incidents du jour (accidents, crimes, etc.) ; la rubrique sous laquelle on les groupe. ◆ au sing. *Un fait divers.* **4.** adj. indéf. au plur. (devant un n.) ⇒ **plusieurs.** *Diverses personnes m'en ont parlé. À diverses reprises.* ⇒ **différent.**

DIVERSEMENT adv. ▪ D'une manière diverse, de plusieurs manières différentes. *Un fait diversement interprété. Un film diversement apprécié.*

DIVERSIFICATION n. f. ▪ Action de (se) diversifier ; son résultat. *La diversification de la production d'une entreprise.*

DIVERSIFIER v. tr. 7 ▪ Rendre divers. ⇒ **varier.** *Diversifier ses activités.* ◆ pronom. *Une production qui se diversifie.*

DIVERSION n. f. ▪ **1.** Opération militaire destinée à détourner l'ennemi d'un point. *Manœuvre de diversion.* **2.** fig. LITTÉR. Action qui détourne qqn de ce qui le préoccupe, le chagrine, l'ennuie. ⇒ **dérivatif, distraction.** ◆ *Faire diversion à (qqch.) :* détourner, distraire de. absolt *Son arrivée a fait diversion.*

DIVERSITÉ n. f. ▪ Caractère, état de ce qui est divers (1 et 2). ⇒ **variété.** *La diversité de la vie. La diversité des goûts.*

DIVERTIR v. tr. ② ▪ **1.** VX ou DR. Détourner. *Divertir de l'argent.* **2.** VIEILLI Détourner (qqn) d'une préoccupation, etc. *Divertir qqn de ses ennuis.* ⇒ **divertissement** (2). **3.** MOD. Distraire en amusant. ⇒ **récréer.** ► SE **DIVERTIR** v. pron. Se distraire, se récréer. *Vous devriez vous divertir un peu. Se divertir à jouer aux échecs.* – VIEILLI *Se divertir de qqn, qqch.*, s'en moquer.

DIVERTISSANT, ANTE adj. ▪ ⇒ **distrayant ; amusant, récréatif.** *Spectacle divertissant.*

DIVERTISSEMENT n. m. ▪ **1.** VX Action de détourner à son profit. **2.** VIEILLI Ce qui détourne l'être humain des problèmes essentiels (chez Pascal, de Dieu), de ses soucis. **3.** Action de (se) divertir ; moyen de se divertir. ⇒ **amusement, délassement, distraction, plaisir.** *La musique est son divertissement favori.* **4.** Petit opéra, pièce musicale.

la DIVES ▪ Fleuve de Normandie qui se jette dans la Manche. 100 km.

DIVIDENDE n. m. ▪ **1.** MATH. Nombre à diviser par un autre (appelé *diviseur*). **2.** Part des bénéfices attribuée à chaque actionnaire. *Toucher des dividendes.*

DIVIN, INE adj. ▪ **1.** Qui appartient à Dieu, aux dieux. *Justice divine. Droit divin,* considéré comme révélé par Dieu aux hommes. *Monarchie de droit divin.* – *Le divin enfant :* l'enfant Jésus. – *"La Divine Comédie"* (de Dante). **2.** Qui est dû à Dieu, à un dieu. *L'amour divin* (opposé à *profane*). **3.** Excellent, parfait. ⇒ **céleste, sublime, suprême.** *Une musique divine.* – Très agréable. *Il fait un temps divin.* ⇒ **délicieux.**

DIVINATEUR, TRICE adj. ▪ Qui devine, prévoit ce qui doit arriver.

DIVINATION n. f. ▪ **1.** Art de découvrir ce qui est caché par des moyens qui ne relèvent pas d'une connaissance naturelle. ⇒ **devin ; -mancie.** *La divination chez les anciens* (⇒ **augure**). *Divination de l'avenir.* ⇒ **voyance. 2.** Faculté, action de deviner, de prévoir. ⇒ **clairvoyance, intuition, prescience.** *Comment le sait-il ? C'est de la divination.*

DIVINATOIRE adj. ▪ Relatif à la divination.

DIVINEMENT adv. ▪ D'une manière divine (3), à la perfection. ⇒ **merveilleusement, parfaitement.** *Elle chante divinement.*

DIVINISER v. tr. ① ▪ **1.** Mettre au rang des dieux. ⇒ **déifier.** *Les Romains divinisaient leurs empereurs.* **2.** Donner une valeur sacrée ou une grande valeur à (qqn, qqch.). ⇒ **exalter, glorifier.** *Diviniser l'amour.* ► n. f. DIVINISATION

DIVINITÉ n. f. ▪ **1.** Nature divine. *La divinité de Jésus,* dans la religion chrétienne. **2.** *UNE DIVINITÉ :* un être divin. ⇒ **déesse, dieu.** *Les divinités antiques. Les faunes, divinités champêtres.*

DIVION ▪ Commune du Pas-de-Calais. 7 642 hab. *(les Divionnais).*

DIVIS, ISE adj. ▪ DR. Partagé, divisé (opposé à *indivis*).

DIVISER v. tr. ① ▪ **I. 1.** Séparer (une chose ou un ensemble de choses) en plusieurs parties. ⇒ **fractionner, fragmenter ; morceler, partager.** *Diviser une somme en plusieurs parts. Diviser un terrain.* ♦ Partager en quantités égales. *Diviser un gâteau en six.* (passif) *Le jour est divisé en heures.* – Chercher, calculer combien de fois une quantité est contenue dans une autre (⇒ **division ; dividende, diviseur**). *Diviser un nombre par quatre* (opposé à *multiplier*). **2.** abstrait Séparer en éléments. *On divise le règne animal en classes.* **II.** Séparer, semer la discorde, la désunion entre (des personnes, des groupes). ⇒ **brouiller, désunir, opposer.** *L'affaire Dreyfus divisa la France. Leurs intérêts les divisent.* – au p. p. *Une opinion publique divisée.* ♦ absolt, loc. prov. *Diviser pour régner.* ► SE **DIVISER** v. pron. Se séparer en parties. *L'œuf se divise en cellules.* – Être séparé en parties. *Exposé qui se divise en trois parties.*

DIVISEUR, EUSE ▪ **1.** n. Ce qui divise (personne, force). **2.** n. m. MATH. Nombre par lequel on en divise un autre (appelé *dividende*).

DIVISIBLE adj. ▪ Qui peut être divisé. – *Les nombres pairs sont divisibles par* 2 (le quotient de la division est un nombre entier). ► n. f. DIVISIBILITÉ

DIVISION n. f. ▪ **1.** Action de diviser ; état de ce qui est divisé (rare en emploi concret). ⇒ **fragmentation, morcellement, séparation.** ♦ Opération par laquelle on divise une quantité (le dividende) par une autre (le diviseur), pour obtenir le quotient. *Division qui tombe juste,* dont le reste est nul. ♦ *DIVISION DU TRAVAIL :* organisation économique consistant dans la décomposition et la répartition des tâches. **2.** Fait de se diviser. *Division cellulaire,* par laquelle une cellule donne deux cellules filles. ⇒ **mitose. 3.** Trait qui divise. *Les divisions d'un thermomètre.* ⇒ **graduation.** – TYPOGR. Tiret. *Grande division. Petite division.* **4.** Partie d'un tout divisé. *Les divisions administratives d'un territoire. Les grandes divisions du règne animal* (embranchement, classe, ordre...). *Divisions et subdivisions.* **5.** Grande unité militaire réunissant des formations d'armes différentes et divers services. *Division blindée. Général de division.* ⇒ **divisionnaire.** ♦ Réunion de plusieurs services (dans une administration). *Chef de division.* ♦ SPORTS *Première, deuxième division,* dans laquelle un club est admis pour disputer un championnat. **6.** fig. Séparation, opposition d'intérêts, de sentiments entre plusieurs personnes. ⇒ **désaccord, discorde, dissension.** *Mettre, semer la division dans une famille, dans les esprits.*

DIVISIONNAIRE adj. ▪ D'une division (5). *Général divisionnaire,* qui commande une division. *Commissaire divisionnaire.* – n. m. *Un divisionnaire.*

DIVONNE-LES-BAINS ▪ Commune de l'Ain. 5 580 hab. *(les Divonnais).* Station thermale et climatique.

DIVORCE n. m. ▪ **1.** Séparation d'intérêts, de sentiments, etc. ⇒ **divergence, rupture, séparation.** *Divorce entre théoriciens et praticiens.* **2.** Rupture légale du mariage civil, du vivant des époux. *Être en instance de divorce. Son divorce (d')avec son mari.*

DIVORCER v. intr. ③ ▪ Se séparer par le divorce (de l'autre époux). *Elle a divorcé avec (d'avec, de) lui.* – absolt *Il a décidé de divorcer. Ils ont divorcé.* ► **DIVORCÉ, ÉE** adj. Séparé par le divorce. *Parents divorcés.* – n. *Il a épousé une divorcée.*

DIVULGATEUR, TRICE n. ▪ Personne qui divulgue.

DIVULGATION n. f. ▪ Action de divulguer ; son résultat. ⇒ **propagation, révélation.** *Divulgation de secrets d'État.*

DIVULGUER v. tr. ① ▪ Porter à la connaissance du public. ⇒ **dévoiler, ébruiter, proclamer, publier, répandre.** *Les journaux ont divulgué l'entretien.*

DIX [dis] ▪ **1.** adj. numéral cardinal Nombre égal à neuf plus un (10). ⇒ **déca- ; dizaine.** *Dix francs. Les dix doigts des deux mains. Dix mille* (10 000). – *Neuf fois sur dix* loc. adv. : presque toujours. ♦ Un grand nombre de. *Répéter dix fois la même chose.* **2.** adj. numéral ordinal Dixième. *Charles X. Page dix. Il est dix heures.* **3.** n. m. Le nombre 10. *Deux fois cinq, dix.* – *Soixante-dix* (70) (⇒ **septante**) ; quatre-vingt-dix (90) (⇒ **nonante**). *Noter sur dix. Dix sur dix.* – *Le dix,* spécialt, le dixième jour *(le dix du mois),* le numéro dix *(elle habite au dix).* – Carte, domino, etc. marqué de dix signes. *Dix de pique.*

Otto DIX (1891-1969) ▪ Peintre et graveur allemand. Un des principaux représentants de l'expressionnisme. Œuvres inspirées par les horreurs de la Première Guerre mondiale.

Otto **Dix.** *Portrait de mes parents.* Landesgalerie, Hanovre.
Phot. © Arch. Smeets

DIX-HUIT [dizɥit] **adj. numéral invar.** ▪ (cardinal) Dix plus huit (18). *Il a dix-huit ans. Dix-huit cents* ou *mille huit cents.* ◂ (ordinal) Dix-huitième. *Louis XVIII.* ◂ **n. m. invar.** *Aujourd'hui, nous sommes le 18.* ► DIX-HUITIÈME **adj.** et **n.** *Les grands écrivains du dix-huitième (*xviiie*) siècle.*

le DIXIELAND ▪ Ensemble des États du sud des États-Unis. — Nom donné au jazz traditionnel (→ La **Nouvelle-Orléans**), spécialement quand il est imité par des Blancs.

DIXIÈME [diz-] **adj.** ▪ **1.** Qui suit le neuvième. *Habiter au dixième (étage).* **2.** Se dit d'une partie d'un tout divisé également en dix. ◂ **n. m.** *Les neuf dixièmes.* **3. n.** *Être le, la dixième à passer.* ► **adv.** DIXIÈMEMENT

DIXIT [diksit] ▪ DIDACT. ou iron. S'emploie devant ou après le nom de qqn dont on rapporte les paroles, pour souligner que ce sont ses propres mots.

DIXMUDE en néerlandais ***DIKSMUIDE*** ▪ Ville de Belgique (Région flamande, province de Flandre-Occidentale), sur l'Yser. 15 273 hab. Combats en 1914.

DIX-NEUF [diznœf] **adj. numéral invar.** ▪ (cardinal) Dix plus neuf (19). *Dix-neuf ans. Dix-neuf cents* ou *mille neuf cents.* ◂ (ordinal) *Page dix-neuf.* ◂ **n. m. invar.** *Dix-neuf est un nombre premier.* ► DIX-NEUVIÈME **adj.** et **n.** *Il habite au dix-neuvième (étage).*

DIX-SEPT [di(s)sɛt] **adj. numéral invar.** ▪ (cardinal) Dix plus sept (17). *Dix-sept ans. Dix-sept cents* ou *mille sept cents.* ◂ (ordinal) *Louis XVII.* ◂ **n. m. invar.** *Neuf et huit, dix-sept.* ► DIX-SEPTIÈME **adj.** et **n.** *Arriver dix-septième sur cent. Le dix-septième siècle* (en France : le siècle de Louis XIV).

DIYARBAKIR ▪ Ville de Turquie, en Anatolie orientale, sur le Tigre. 381 144 hab. Remparts (xie-xiiie s.), citadelle (vi^{e} s.), mosquée (xie s.).

DIZAIN **n. m.** ▪ Pièce de poésie de dix vers.

DIZAINE **n. f.** ▪ **1.** Groupe de dix unités (nombre). *Une dizaine de mille. Le chiffre des dizaines* (ex. 9 dans 298). **2.** Réunion de dix personnes, de dix choses ; quantité voisine de dix. *Il y a une dizaine d'années.*

DJĀBIR IBN ḤAYYĀN → Jābir ibn Ḥayyān

DJAKARTA → Jakarta

DJALĀLADDIN RŪMĪ → Jalāl al-Dīn Rūmī

DJEBEL [dʒebɛl] **n. m.** ▪ Montagne, terrain montagneux, en Afrique du Nord.

DJEDDAH ▪ Ville et port d'Arabie Saoudite, sur la mer Rouge. 1 450 000 hab. Centre diplomatique. Accueil des pèlerins musulmans pour La Mecque et Médine.

DJELLABA [dʒɛ(l)laba] **n. f.** ▪ Longue robe à manches longues et à capuchon, portée par les hommes et les femmes, en Afrique du Nord.

El-DJEM ou **EL-JEM** ▪ Ville de Tunisie, entre Sousse et Sfax. 28 395 hab. Amphithéâtre romain.

DJERBA ou **JERBA** ▪ Île de Tunisie. 514 km^{2}. 100 000 hab. Tourisme.

DJERID ou **JERID** ▪ Dépression fermée de Tunisie formant un immense « lac » salé (200 km de long). Oasis principale : Tozeur.

la DJÉSIREH ou **DJÉZIREH** ▪ Région du Proche-Orient, plateau entre le Tigre et l'Euphrate. Céréales, riz, coton produits sur sa partie syrienne.

Djerid. Croûte de sel entre Tozeur et Kebili.
Phot. © Boutin/Explorer

la république de DJIBOUTI ▪ État du nord-est de l'Afrique, entre l'Éthiopie, la Somalie et le golfe d'Aden. 23 200 km^{2}. 510 000 hab. *(les Djiboutiens).* Capitale : Djibouti (290 000 hab.). Langues officielles : français, arabe, afar, somali. Monnaie : franc djiboutien. Tête du chemin de fer pour Addis-Abeba, Djibouti est le débouché commercial de l'Éthiopie. Point stratégique pour le trafic pétrolier maritime dans la région (base militaire française). ◻ HISTOIRE Colonie française en 1884 puis territoire d'outre-mer de la *Côte française des Somalis* en 1946. Il prit en 1967 le nom de *Territoire des Afars et des Issas.* Indépendant en 1977, il fut rebaptisé du nom de sa capitale.

DJIHAD [dʒi(j)ad] **n. m.** ▪ Guerre sainte menée pour propager ou défendre l'islam.

DJINN [dʒin] **n. m.** ▪ Génie (bon ou mauvais), dans le Coran et les légendes musulmanes.

DJOSER ou **ZOSER** (v. 2800 av. J.-C.) ▪ Pharaon égyptien, fondateur de la troisième dynastie memphite. Il fit construire la pyramide à degrés de Ṣaqqārah.

la DJOUNGARIE ▪ Région de Chine, lieu traditionnel de contact avec l'Asie centrale. Centre d'un royaume mongol du xie au xive s.

Djurdjura. Le massif de l'Akouker, Grande Kabylie, en Algérie.
Phot. © Anderson-Fournier/Explorer

DJURDJURA ou **JURJURA** ▪ Chaîne montagneuse d'Algérie (2 308 m).

DMITRI → Dimitri

le DNIEPR ou **DNEPR** ▪ Fleuve d'Europe orientale, le troisième d'Europe par sa longueur. 2 200 km du plateau des Valdaï, en Russie, à la mer Noire.

le DNIESTR ▪ Fleuve d'Europe orientale (1 362 km). Né dans les Carpates, il se jette dans la mer Noire.

DNIPROPETROVSK ▪ Ville industrielle de l'Ukraine. 1 187 000 hab. Port fluvial sur le Dniepr.

DO **n. m. invar.** ▪ Premier son de la gamme naturelle. ⇒ **ut.** *Do dièse, do bémol.*

doberman. *Phot. © Ferrero/Jacana*

DOBERMAN [-man] **n. m.** ▪ Chien de garde haut et svelte, à poil ras. *Des dobermans.*

Alfred DÖBLIN (1878 - 1957) ▪ Romancier français, d'origine et de langue allemandes. D'abord socialiste, il renonça par la suite au marxisme et se convertit au catholicisme (1941). *"Berlin Alexanderplatz"* (1929) se présente comme une suite discontinue d'images et de tableaux.

la DOBROUDJA ▪ Région d'Europe centrale partagée entre la Roumanie au nord et la Bulgarie au sud. 14 485 km²; 1 018 241 hab.

DOCILE adj. ▪ Qui obéit facilement. ⇒ **obéissant.** *Caractère docile.* ⇒ **facile, maniable.** - *Animal docile.* - *Cheveux dociles,* qui se coiffent aisément. ► adv. DOCILEMENT

DOCILITÉ n. f. ▪ Comportement soumis ; tendance à obéir. ⇒ **obéissance.**

DOCK n. m. ▪ **1.** Vaste bassin entouré de quais et destiné au chargement et au déchargement des navires. ♦ Bassin de radoub établi au bord des docks. **2.** souvent au plur. Hangar, magasin situé en bordure de ce bassin. ⇒ **entrepôt.**

DOCKER [dɔkɛʀ] n. m. ▪ anglic. Ouvrier qui travaille au chargement et au déchargement des navires. ⇒ **débardeur.**

DOCTE adj. ▪ Érudit, savant. - *Un ton docte.* ⇒ **doctoral.** ► DOCTEMENT adv. *Parler doctement.* ⇒ **savamment.**

DOCTEUR n. m. ▪ **I.** (le plus souvent avec un compl.) **1.** RELIG. Celui qui enseignait des points de doctrine. *Les docteurs de la Loi* (dans le judaïsme). *Les docteurs de l'Église* (→ les Pères de l'Église). **2.** Personne promue au plus haut grade universitaire d'une faculté (⇒ **doctorat**). *Docteur ès lettres. Docteur en droit, en médecine. Elle est docteur ès sciences.* **II.** Personne qui possède le titre de docteur en médecine et qui exerce la médecine ou la chirurgie. ⇒ **médecin** ; FAM. **toubib.** *Aller chez le docteur. Le docteur Marie Dupont.* ⇒ **doctoresse.** - (appellatif) *Bonjour, docteur.* ◇ abrév. graphique *Dr* ou *D*ʳ.

DOCTORAL, ALE, AUX adj. ▪ **1.** DIDACT. Qui a rapport aux docteurs. **2.** péj. Grave, solennel, pontifiant. *Air, ton doctoral.* ⇒ **docte, pédant.**

DOCTORAT n. m. ▪ Grade de docteur (I, 2). *Thèse de doctorat.*

DOCTORESSE n. f. ▪ VIEILLI Femme médecin.

DOCTRINAIRE ▪ **1.** n. Personne qui se montre étroitement attachée à une doctrine, à une opinion. **2.** adj. Doctoral, sentencieux. *Un ton doctrinaire.*

DOCTRINAL, ALE, AUX adj. ▪ Relatif à une doctrine. ⇒ **théorique.** *Querelles doctrinales.*

DOCTRINE n. f. ▪ **1.** Ensemble de notions qu'on affirme être vraies et par lesquelles on prétend fournir une interprétation des faits, orienter ou diriger l'action. ⇒ **dogme, idéologie, système, théorie.** *Discuter un point de doctrine. Doctrine politique, religieuse, morale, philosophique, artistique.* **2.** DR. Ensemble des travaux juridiques destinés à exposer ou à interpréter le droit (opposé à *législation* et à *jurisprudence*).

DOCUMENT n. m. ▪ **1.** Écrit servant de preuve ou de renseignement. *L'histoire est fondée sur des documents. Archiver un document.* - par ext. *Document sonore.* **2.** Ce qui sert de preuve, de témoignage. ⇒ **pièce** à conviction.

DOCUMENTAIRE adj. ▪ **1.** Qui a le caractère d'un document, repose sur des documents. *Cette gravure présente un réel intérêt documentaire.* - loc. *À titre documentaire,* d'information. **2.** *Film documentaire* ou n. m. *un documentaire :* film didactique, présentant des faits authentiques non élaborés pour l'occasion (opposé à *film de fiction*). *Un documentaire sur le Sahara.* **3.** Qui a trait à la documentation. *Stock documentaire.*

DOCUMENTALISTE n. ▪ Personne qui collecte, gère et diffuse des documents. *La documentaliste d'un lycée.*

DOCUMENTARISTE n. ▪ Auteur de films documentaires.

DOCUMENTATION n. f. ▪ **1.** Recherche de documents. *Travail, fiches de documentation.* **2.** Ensemble de documents. *Réunir de la documentation sur un sujet.* **3.** Activité de documentaliste. ◇ abrév. FAM. DOC n. f.

DOCUMENTER v. tr. [1] ▪ **1.** Fournir des documents à (qqn). ⇒ **informer.** **2.** Appuyer (un travail) sur des documents. ► SE DOCUMENTER v. pron. *L'auteur aurait dû mieux se documenter sur la question.* ⇒ s'**informer.** ► DOCUMENTÉ, ÉE adj. *Journaliste bien documenté.* - *Thèse solidement documentée.*

DODÉCA- Élément savant, du grec *dôdeka* « douze » (ex. *dodécaèdre* n. m. « polyèdre à douze faces » ; *dodécagone* n. m. « polygone à douze côtés »).

le DODÉCANÈSE ▪ Archipel grec de la mer Égée, au sud-ouest de l'Asie Mineure, comprenant, entre autres, Kos, Patmos et Rhodes.

Dodécanèse. L'île de Symi. *Phot. © Hétier*

DODÉCAPHONIQUE adj. ▪ MUS. Qui utilise la série de douze sons de la gamme chromatique (⇒ **sériel**) en dehors des modes et des tons (⇒ **atonal**). ► DODÉCAPHONISME n. m. MUS. *Arnold Schönberg, fondateur du dodécaphonisme.*

DODÉCASYLLABE [-si(l)lab] adj. ▪ Qui a douze syllabes. *Vers dodécasyllabes.* ⇒ **alexandrin.** - n. m. *Un dodécasyllabe.*

DODELINER v. intr. [1] ▪ Se balancer doucement. *Dodeliner de la tête.* ► n. m. DODELINEMENT

Charles DODGSON → Lewis **Carroll**

① **DODO** n. m. ▪ lang. enfantin **1.** Sommeil. *Faire dodo :* dormir. **2.** Lit. *Aller au dodo.*

② **DODO** n. m. ▪ anglic. Oiseau disparu d'Afrique australe (le *dronte*).

DODOMA ▪ Nouvelle capitale de la Tanzanie qui a remplacé Dar es-Salaam depuis 1974. 250 000 hab.

DODONE ▪ Ville de Grèce, en Épire, célèbre dans l'Antiquité pour son oracle de Zeus.

DODU, UE adj. ▪ Bien en chair. ⇒ **gras, potelé, replet.** *Bébé dodu. Derrière dodu.*

DOGE n. m. ▪ Chef élu de l'ancienne république de Venise (ou de Gênes).

▪ **le palais des DOGES** ▪ Ancienne résidence des doges à Venise. Bâtiment (XIIᵉ s.-XVᵉ s.) décoré par de nombreux artistes de la Renaissance (Titien, le Tintoret, Véronèse).

le palais des **Doges.** Le campanile de Saint-Marc et le palais des Doges (à droite).
Phot. © Sioen/Rapho

le DOGGER BANK ▪ Haut-fond sableux et poissonneux de la mer du Nord. Sa richesse décroît avec la surexploitation et la pollution.

DOGMATIQUE adj. ▪ **1.** DIDACT. Relatif au dogme. *Querelles dogmatiques.* ♦ Qui admet certaines vérités ; qui affirme des principes (opposé à *sceptique*). *Philosophe dogmatique.* **2.** Qui exprime ses opinions d'une manière péremptoire. ⇒ **doctrinaire, systématique.** *Il est très dogmatique.* - *Ton dogmatique.* ⇒ **doctoral, sentencieux.**

DOGMATISER v. intr. [1] ▪ **1.** RELIG. Traiter du dogme. **2.** fig. Exprimer son opinion d'une manière sentencieuse et tranchante.

DOGMATISME n. m. ▪ **1.** Caractère d'une philosophie, d'une religion qui s'appuie sur un dogme. **2.** Caractère dogmatique (2) ; rejet du doute, de la critique.

DOGME n. m. ▪ **1.** Point de doctrine établi ou regardé comme une vérité fondamentale, incontestable (dans une religion, une école philosophique). *Les dogmes du christianisme.* ♦ Opinion émise comme une vérité indiscutable. *Admettre qqch. comme un dogme.* ⇒ **loi. 2.** *LE DOGME :* l'ensemble des dogmes d'une religion. *Enseigner le dogme.*

les DOGONS ▪ Peuple d'Afrique noire (Mali). Célèbre pour ses productions artistiques (masques et statuettes de bois aux formes sobres et élancées).

Dogons. Danseurs sur échasses lors d'une cérémonie funéraire. *Phot. © Charles Lénars*

DOGUE n. m. ▪ Chien de garde trapu, à grosse tête, à fortes mâchoires, au museau écrasé. ⇒ **bouledogue.** - loc. *Être d'une humeur de dogue,* de très mauvaise humeur.

DOHA ▪ Capitale du Qatar. 217 294 hab.

DOIGT [dwa] n. m. ▪ **I. 1.** Chacun des cinq prolongements qui terminent la main de l'homme. ⇒ **-dactyle.** *Les cinq doigts de la main.* ⇒ **pouce, index, majeur** (ou **médius**), **annulaire, auriculaire** (ou *petit doigt*). - *Manger avec les doigts. Lever le doigt* (pour demander la parole, etc.). *Compter sur ses doigts.* ♦ loc. *On peut les compter sur les doigts,* il y en a peu. *Vous avez mis le doigt sur la difficulté,* vous l'avez trouvée. *Faire toucher une chose du doigt,* convaincre qqn par des preuves palpables. - *Montrer qqn du doigt,* le désigner ; le railler, le ridiculiser. - *Se mordre les doigts de qqch.,* regretter, se repentir. *Se faire taper sur les doigts :* se faire réprimander. - *Ne rien faire, ne rien savoir faire de ses dix doigts,* être paresseux, incapable. *Ils sont comme les deux doigts de la main,* très unis. - FAM. *Se mettre, se fourrer* le doigt dans l'œil. Être obéi, servi au doigt et à l'œil,* exactement, ponctuellement. - *Savoir qqch. sur le bout des doigts,* parfaitement. - *Ne pas lever* le petit doigt. Sans bouger* le petit doigt. Mon petit doigt me l'a dit :* je l'ai appris (se dit à un enfant). **2.** Extrémité articulée des pieds, des pattes de certains animaux (et de la main du singe). *Les dix doigts de pied.* ⇒ **orteil.** *Doigts munis de griffes.* **3.** *Les doigts d'un gant.* **II.** Mesure approximative, équivalant à un travers de doigt. *Jupe trop courte d'un doigt. Boire un doigt de vin.* ⇒ **goutte.** - loc. *À un doigt, à deux doigts de,* très près. *La balle est passée à un doigt du cœur. Être à deux doigts de la mort.*

DOIGTÉ [dwate] n. m. ▪ **1.** Choix et jeu des doigts dans l'exécution d'un morceau de musique. *Ce pianiste a un bon doigté.* ♦ Adresse des doigts. *Le doigté d'un graveur.* **2.** fig. ⇒ **diplomatie, savoir-faire, tact.** *Ce genre d'affaire demande du doigté.*

DOIGTIER [dwatje] n. m. ▪ Fourreau pour protéger un doigt.

Robert DOISNEAU (1912 - 1994) ▪ Photographe français. Il a photographié avec sensibilité et humour le peuple de Paris et de sa banlieue.

DOIT n. m. ▪ Partie d'un compte établissant ce que doit le titulaire (→ ② débit). *Le doit et l'avoir.*

DOL n. m. ▪ DR. Manœuvres frauduleuses destinées à tromper (⇒ **dolosif**).

DOLBY n. m. (n. déposé) ▪ Procédé de réduction du bruit de fond des enregistrements magnétiques. - appos. *Son dolby stéréo.*

DOL-DE-BRETAGNE ▪ Commune d'Ille-et-Vilaine. 4 629 hab. *(les Dolois).* Cathédrale de style gothique normand. Marais de Dol.

DOLE ▪ Chef-lieu d'arrondissement du Jura. 26 577 hab. *(les Dolois).* Ancienne capitale de la Franche-Comté. Église (XVIe s.), maisons anciennes.

Dolomites. Le lac de Carezza. *Phot. © Hétier*

DOLÉANCES n. f. pl. ▪ Plaintes pour réclamer au sujet d'un grief ou pour déplorer des malheurs personnels. *Faire, présenter ses doléances. Les cahiers de doléances des États généraux de 1789.*

DOLENT, ENTE adj. ▪ Qui se sent malheureux et cherche à se faire plaindre. *Un ton dolent.* ⇒ **plaintif.**

Étienne DOLET (1509 - 1546) ▪ Humaniste et imprimeur français, pendu puis brûlé pour hérésie et athéisme.

DOLICHOCÉPHALE [-ko-] adj. et n. ▪ (Personne) qui a le crâne long (opposé à *brachycéphale*).

DOLINE n. f. ▪ DIDACT. Dans les régions de relief calcaire, dépression fermée de forme circulaire.

DOLLAR n. m. ▪ Unité monétaire des États-Unis d'Amérique et de quelques autres pays, divisée en 100 cents.

la DOLLER ou **DOLLERN** ▪ Rivière d'Alsace (42 km), affluent de l'Ill.

Engelbert DOLLFUSS (1892 - 1934) ▪ Homme politique autrichien. Chancelier en 1932, il imposa un État chrétien, autoritaire et corporatif, dans la ligne de Mgr Seipel. Il fut assassiné à Vienne par les nazis. Schuschnigg lui succéda.

DOLMEN [-ɛn] n. m. ▪ Monument mégalithique fait de pierres brutes agencées en forme de table gigantesque. *Dolmens et menhirs.*

Dieudonné de Gratet de DOLOMIEU (1750 - 1801) ▪ Géologue français. Il étudia les basaltes et les calcaires et donna son nom à la roche appelée *dolomie.*

Doisneau. *Les Écoliers,* photographie. *Phot. © Robert Doisneau/Rapho*

les **DOLOMITES** n. f. pl. ou **ALPES DOLOMITIQUES** ▪ Massif italien des Alpes orientales.

DOLOSIF, IVE adj. ▪ DR. Qui tient du dol. *Manœuvres dolosives.*

Françoise **DOLTO** (1908 - 1988) ▪ Psychanalyste française. Elle rénova la psychiatrie des enfants. *"Psychanalyse et pédiatrie"* (1939).

Dolto.
Phot. © Maous/Gamma

DOM n. m. ▪ **1.** Titre donné à certains religieux (bénédictins, chartreux, trappistes). **2.** Titre donné aux nobles espagnols et portugais. ⇒ ② **don.** *Le " Dom Juan " de Molière.*

D.O.M. [dɔm] n. m. invar. (sigle) ▪ Département français d'outre-mer. *Les D.O.M.-T.O.M.* : départements et territoires d'outre-mer.

DOMAINE n. m. ▪ **1.** Terre possédée par un propriétaire. ⇒ **propriété, terre.** *Bois, chasses, prairies, fermes composant un domaine.* ♦ *Domaine de l'État,* ou absolt *le Domaine* : les biens de l'État. *Domaine public* : les biens qui sont affectés à l'usage direct du public ou à un service public. ⇒ **domanial.** **2.** loc. *Tomber dans le DOMAINE PUBLIC,* se dit des œuvres littéraires, musicales, artistiques qui, après un temps déterminé par les lois (en France, 50 ans, plus les années de guerre), cessent d'être la propriété des auteurs ou de leurs héritiers. **3.** fig. Ce qui appartient à qqn, à qqch. *C'est le domaine du hasard.* ♦ Ce qu'embrasse un art, une science, un sujet, une idée. ⇒ **champ, discipline, secteur, sphère.** *Ce domaine est encore fermé aux savants. Dans tous les domaines* : en toutes matières, dans tous les ordres d'idée. ♦ *Être du domaine de qqn, de qqch.* ⇒ **relever** de. *C'est du domaine de la médecine. Ce n'est pas de mon domaine.* ⇒ **compétence,** ② **ressort.** - *L'art médiéval est son domaine.* ⇒ **spécialité.**

DOMANIAL, IALE, IAUX adj. ▪ Qui appartient à un domaine ; spécialt, au domaine public. *Forêts domaniales.*

Jean **DOMAT** (1625 - 1696) ▪ Juriste français. Il opéra une rationalisation et une mise en ordre du droit. Il fut l'ami de Pascal, qui lui confia ses papiers en mourant.

Christophe Joseph Alexandre Mathieu de **DOMBASLE** (1777 - 1843) ▪ Agronome français. Il inventa une charrue et développa l'enseignement agricole.

DOMBASLE-SUR-MEURTHE ▪ Commune de Meurthe-et-Moselle. 9 133 hab. *(les Dombaslois).*

la **DOMBES** ▪ Région française, plateau argileux de l'Ain. Ancienne principauté (capitale : Trévoux).

Maria **DOMBROWSKA** → Dąbrowska

Jan Henryk **DOMBROWSKI** → Dąbrowski

① **DÔME** n. m. ▪ **1.** Sommet arrondi de certains grands édifices. ⇒ **coupole.** *Le dôme du Panthéon.* **2.** fig. LITTÉR. *Un dôme de feuillages, de verdure.* ⇒ **voûte.**

② **DÔME** n. m. ▪ Église principale de certaines villes d'Italie et d'Allemagne. *Le dôme de Milan.*

le puy de **DÔME** ▪ Point culminant (1 465 m) des volcans qui forment la *chaîne des Puys* ou *monts Dôme* en Auvergne.

DOMENICO VENEZIANO dit **LE VÉNITIEN** (v. 1400 - 1461) ▪ Peintre italien. Maître de Piero della Francesca. *"L'Adoration des Mages"* (v. 1435).

DOMÉRAT ▪ Commune de l'Allier. 8 875 hab.

DOMESTICATION n. f. ▪ Action de domestiquer ; son résultat.

DOMESTICITÉ n. f. ▪ Ensemble des domestiques. *La domesticité d'un château.* ⇒ **personnel.**

DOMESTIQUE ▪ **I.** adj. **1.** VX Qui concerne la vie à la maison, en famille. *Appareils domestiques,* ménagers. ♦ MOD. *Travaux domestiques. Querelles domestiques.* ⇒ **familial.** - ANTIQ. *Les dieux domestiques,* protecteurs du foyer (lares, pénates). **2.** (animaux) Qui vit auprès de l'homme pour l'aider, le nourrir, le distraire, et dont l'espèce est depuis longtemps apprivoisée. *Le chien, le chat, le cheval sont des animaux domestiques.* **II.** n. Personne employée pour le service d'une maison, d'un particulier. ⇒ **bonne, femme** de chambre, de ménage, **servante, serviteur, valet.** ◇ REM. On dit à présent *employé(e) de maison, gens de maison.*

DOMESTIQUER v. tr. ① ▪ **1.** Rendre domestique (une espèce animale sauvage). ⇒ **apprivoiser.** *En Asie, on domestique l'éléphant.* **2.** fig. LITTÉR. Amener à une soumission totale, mettre dans la dépendance. ⇒ **asservir, assujettir.** *Domestiquer un peuple.* **3.** Maîtriser (qqch.) pour utiliser. *Domestiquer un fleuve.*

DOMICILE n. m. ▪ Lieu ordinaire d'habitation, demeure légale et habituelle. ⇒ **logement, résidence.** *Regagner son domicile. Personne sans domicile fixe* (sigle S.D.F.). - *Abandonner le domicile conjugal* (en parlant d'un des conjoints). *Élire domicile (quelque part),* s'y fixer pour y habiter. ♦ *À DOMICILE* loc. adv. : dans la demeure même de qqn. *Livraison à domicile. Travailler, travail à domicile,* chez soi. ♦ *Domicile d'une société.* ⇒ **siège.**

DOMICILIAIRE adj. ▪ DR. *Visite, perquisition domiciliaire,* faite dans le domicile de qqn par autorité de justice.

DOMICILIATION n. f. ▪ DR. **1.** Désignation du domicile où un effet est payable. *Domiciliation bancaire.* **2.** Lieu où est assuré le service financier d'une société.

DOMICILIER v. tr. ⑦ ▪ **1.** Assigner, fixer un domicile à (qqn). - passif et p. p. *Être domicilié à Lyon ; chez ses parents.* **2.** *Domicilier une traite, un chèque.* ⇒ **domiciliation** (1).

DOMINANT, ANTE adj. ▪ **1.** Qui exerce l'autorité, domine sur d'autres. *Nation dominante.* ♦ BIOL. *Gène dominant,* qui se manifeste seul (même s'il y a présence du gène opposé, dit récessif). **2.** Qui est le plus important, l'emporte parmi d'autres. ⇒ **prédominant, prépondérant, principal.** *L'opinion dominante,* générale. **3.** Qui domine, surplombe, surmonte. ⇒ **culminant, élevé.** - fig. *Il occupe une position dominante dans l'entreprise.*

DOMINANTE n. f. ▪ **1.** Ce qui est dominant (2), essentiel, caractéristique parmi plusieurs choses. *La dominante de son œuvre est l'ironie.* **2.** MUS. Cinquième degré de la gamme diatonique ascendante. *Le sol est la dominante dans la gamme de do* (le fa est la *sous-dominante*).

DOMINATEUR, TRICE ▪ **1.** n. LITTÉR. Personne ou puissance qui domine sur d'autres. *L'Angleterre fut la dominatrice des mers.* **2.** adj. Qui aime à dominer. *Tempérament dominateur.* ⇒ **autoritaire.**

DOMINATION n. f. ▪ **1.** Action, fait de dominer ; autorité souveraine. ⇒ **empire, suprématie.** *Établir sa domination sur*

le puy de **Dôme.** La chaîne des Puys. *Phot. © Berthoule/Explorer*

le Dominiquin. *Sainte Cécile et chanteurs.* Musée des Beaux-Arts, Orléans. *Phot. © Lauros/Giraudon*

qqn. Vivre sous une domination étrangère. **2.** Fait d'exercer une influence déterminante. *Il exerce sur tous une domination irrésistible.* ⇒ **ascendant.**

DOMINER v. 1 ▪ **I.** v. tr. **1.** Avoir, tenir sous sa suprématie, sous sa domination. *Les Romains dominèrent tout le bassin méditerranéen.* ⇒ **régir, soumettre.** - *Dominer ses concurrents.* ⇒ **surpasser.** ♦ *L'esprit domine la matière.* **2.** fig. Être plus fort que. *Dominer son trouble.* ⇒ **maîtriser.** *Se laisser dominer par ses passions.* - *Dominer la situation.* ♦ *Sa voix dominait le tumulte.* **3.** Avoir au-dessous de soi, dans l'espace environnant. ⇒ **surplomber.** *La colline, la tour qui domine la ville. De sa terrasse, on domine toute la ville. Il domine ses voisins de la tête.* ⇒ **dépasser.** - fig. *Dominer la question, dominer son sujet,* être capable de l'embrasser dans son ensemble. **II.** v. intr. **1.** LITTÉR. Avoir la suprématie sur. *Puissance qui domine sur un continent.* ♦ absolt *Il aime dominer.* ⇒ **commander.** - *Notre équipe a dominé pendant la première mi-temps.* ⇒ **mener. 2.** Être le plus apparent, le plus important, parmi plusieurs éléments. ⇒ l'**emporter, prédominer.** *Les femmes dominent dans cette assemblée,* il y a surtout des femmes. *Un tableau où le bleu domine.* ► SE **DOMINER** v. pron. Se maîtriser, se contenir. *Il n'arrive pas à se dominer.*

Plácido DOMINGO (né en 1941) ▪ Ténor espagnol. Il s'est imposé dans la plupart des rôles de Verdi, ainsi que dans Donizetti et Puccini.

Domingo.
Phot. © Benainous/Gamma

DOMINICAIN, AINE n. ▪ Religieux, religieuse de l'ordre des *Prêcheurs,* fondé par saint Dominique au XIIIe siècle. - adj. *Le costume dominicain.* ▪ Voués à la prédication et à la lutte contre l'hérésie, les dominicains contribuèrent notamment à l'élaboration du thomisme (→ saint **Thomas d'Aquin**), qui devint la doctrine officielle de l'Église catholique.

la République DOMINICAINE ▪ État couvrant près des deux tiers de l'île d'Haïti. 48 730 km^2. 7 170 000 hab. *(les Dominicains).* Capitale : Saint-Domingue. Langue : espagnol. Monnaie : peso dominicain. □ **HISTOIRE** Ancienne colonie espagnole, qui devint une république indépendante en 1844. Elle eut à subir plusieurs conflits avec Haïti, des guerres civiles, la dictature de Trujillo* de 1930 à 1961, enfin une instabilité politique qui ne cessa qu'après l'intervention militaire des États-Unis contre la « révolution d'avril » (1965) et l'instauration d'un régime autoritaire par Balaguer, évoluant vers une certaine démocratie. Les difficultés d'une économie trop exclusivement vouée à la production sucrière pèsent sur la société.

DOMINICAL, ALE, AUX adj. ▪ Qui a rapport au dimanche. *Repos dominical. Promenade dominicale.*

DOMINION [-njɔn] n. m. ▪ Ancienne colonie britannique de peuplement européen, aujourd'hui État indépendant membre du Commonwealth.

saint DOMINIQUE (v. 1170 - 1221) ▪ Prédicateur castillan, fondateur de l'ordre des Dominicains. Innocent III l'envoya prêcher les hérétiques albigeois.

le Commonwealth de DOMINIQUE ▪ Île et État (république) des Petites Antilles (îles du Vent). 751 km^2. 100 000 hab. (92 % de Noirs). Capitale : Roseau. Langue : anglais (officielle). Monnaie : dollar des Caraïbes de l'Est. Produits tropicaux (agrumes). Ancienne colonie britannique, indépendante depuis 1978.

Domenico Zampieri dit **LE DOMINIQUIN** (1581 - 1641) ▪ Peintre italien, élève des Carrache. Son classicisme comme ses talents de paysagiste influencèrent Poussin. Il réalisa d'importantes décorations à fresque (*"Les Évangélistes"* à San Andrea della Valle, 1624-1628).

DOMINO n. m. ▪ **I. 1.** VX Camail noir de prêtre. **2.** Costume de bal masqué, robe flottante à capuchon. - Personne portant ce costume (→ masque). **II.** Petite plaque dont le dessus est divisé en deux parties portant chacune de zéro à six points noirs. ♦ *Les dominos :* jeu qui se joue avec ces plaques. *Faire une partie de dominos.*

DOMINOTERIE n. f. ▪ Fabrication de papiers marbrés, coloriés (papier *dominoté*) utilisés pour certains jeux de société.

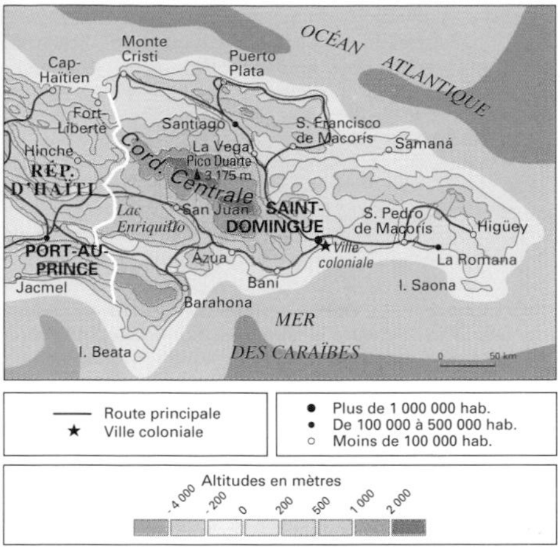

République **Dominicaine.**

DOMITIEN (51 - 96) ▪ Empereur romain. Il continua les conquêtes de son frère Titus. Il revendiqua le pouvoir absolu et s'attaqua à l'aristocratie, aux intellectuels et aux chrétiens. Il fut assassiné avec la complicité de sa femme.

DOMMAGE n. m. ▪ **1.** Préjudice subi par qqn. ⇒ **détriment, tort.** *Dommage matériel, moral. Réparer un dommage.* ⇒ **dédommager.** - *DOMMAGES-INTÉRÊTS* (ou *dommages et intérêts*) : indemnité due à qqn en réparation d'un préjudice. **2.** Dégâts matériels causés aux choses (⇒ **endommager**). *Les dommages causés par un incendie.* - *DOMMAGES DE GUERRE*, causés par une guerre ; indemnité due pour ces dommages. **3.** Chose fâcheuse (dans quelques emplois). *Quel dommage ! C'est (bien) dommage ! C'est dommage de, quel dommage de* (+ inf.), *que* (+ subj.). - ellipt *Dommage qu'il fasse mauvais. Dommage !*, tant pis !

DOMMAGEABLE adj. ▪ Qui cause du dommage. ⇒ **fâcheux, nuisible, préjudiciable.** *Une erreur dommageable à ses intérêts.*

DOMODOSSOLA ▪ Ville d'Italie du Nord (Piémont). 19 565 hab. Carrefour ferroviaire au débouché du tunnel du Simplon.

DOMONT ▪ Commune du Val-d'Oise. 13 226 hab. *(les Domontois).*

DOMOTIQUE n. f. ▪ TECHN. Ensemble des techniques de gestion automatisée appliquées à l'habitation (confort, sécurité, communication).

DOMPTER [dɔ̃(p)te] v. tr. ⊡ ▪ **1.** Réduire à l'obéissance (un animal sauvage, dangereux). ⇒ **dresser.** *Dompter des fauves.* **2.** Soumettre à son autorité. ⇒ **maîtriser, mater, vaincre.** *Dompter des rebelles.* - fig. LITTÉR. *Dompter ses passions.*

DOMPTEUR, EUSE [dɔ̃(p)tœʀ] n. ▪ Personne qui dompte des animaux. *Un dompteur de tigres.*

DOMRÉMY-LA-PUCELLE ▪ Commune des Vosges, sur la Meuse. 182 hab. Maison natale de Jeanne d'Arc.

① **DON** n. m. ▪ **1.** Action d'abandonner gratuitement (⇒ **donner**) à qqn la propriété ou la jouissance de qqch. *FAIRE DON DE qqch. À qqn.* - fig. *Le don de soi.* ⇒ **dévouement, sacrifice.** **2.** Ce qu'on abandonne à qqn sans rien recevoir de lui en retour. ⇒ **cadeau, donation, présent.** *Don d'argent. Don anonyme.* **3.** Avantage naturel, considéré comme donné (par la nature, le sort, Dieu). *Le ciel l'a comblé de ses dons.* ⇒ **bienfait, faveur.** **4.** Disposition innée pour qqch. ⇒ **aptitude, génie, talent.** *Avoir le don de la repartie. Avoir un don pour les maths,* être doué pour (⇒ **bosse**). - iron. *Il a le don de m'agacer.*

② **DON** n. m., **DOÑA** [dɔnja] n. f. ▪ Titre d'honneur des nobles d'Espagne, qui se place ordinairement devant le prénom (ex. *don Quichotte*). ⇒ **dom.**

le **DON** ▪ Fleuve de Russie (1 870 km, du sud de Toula à la mer d'Azov). Les plus célèbres armées des Cosaques étaient établies sur son cours inférieur.

DONAT (mort v. 355) ▪ Évêque de Casae Nigrae en Numidie. Il dirigea, contre l'évêque de Carthage, une Église schismatique en s'appuyant sur la population locale berbère. Le *donatisme* fut condamné au concile d'Arles (314), et définitivement à Carthage en 411.

DONATAIRE n. ▪ Personne à qui une donation est faite.

DONATELLO (v. 1386 - 1466) ▪ Sculpteur italien. Il introduisit dans la sculpture des lois de la perspective (bas-relief du socle de son *"Saint-Georges"*, 1416-1420). Sa statue représentant le condottiere *"Gattamelata"* (Padoue) inaugura la thématique du monument équestre.

Donatello. *David,* bronze.
Musée du Bargello, Florence.
Phot. © Dagli Orti

DONATEUR, TRICE n. ▪ **1.** Personne qui fait un don, des dons à une œuvre. **2.** Personne qui fait une donation.

DONATION n. f. ▪ Contrat par lequel le *donateur* abandonne un bien en faveur du *donataire* qui l'accepte. ⇒ **don, libéralité.** *Donation entre époux.*

le **DONBASS** ▪ Bassin du Donets (affluent du Don), un des plus grands districts houillers de l'Europe orientale, partagé entre l'Ukraine et la Russie.

DONC [dɔ̃k] conj. ▪ **1.** Amenant la conséquence, la conclusion de ce qui précède. ⇒ par **conséquent.** *Il vient de partir, il n'est donc pas bien loin.* - Pour revenir à un sujet, après une digression. *Je disais donc que...* **2.** Exprimant la surprise causée par ce qui précède ou ce que l'on constate. ⇒ **ainsi.** *Vous habitez donc là ? Qui donc ?* - (doute, incrédulité) *Allons donc !* ♦ Pour renforcer une injonction. *Taisez-vous donc !* - FAM. *Dites donc, vous là-bas !*

DONDON n. f. ▪ FAM. péj. Grosse femme.

Stanley **DONEN** (né en 1924) ▪ Cinéaste américain. Il réalisa de brillantes comédies musicales d'une inspiration tour à tour onirique ou réaliste. *"Chantons sous la pluie"* (1952).

DONETSK ▪ Ville de l'Ukraine, principal centre du Donbass. 1 117 000 hab.

le **DONETS** ou **SEVERSKI DONETS** ▪ Rivière du sud de la Russie (1 053 km). → **Donbass**

DONGES ▪ Commune de Loire-Atlantique, sur l'estuaire de la Loire. 6 400 hab. Port pétrolier. Raffinage.

Karl **DÖNITZ** ▪ Amiral allemand (1891 - 1980). Chef de la marine pendant la Deuxième Guerre mondiale, dauphin désigné de Hitler, il négocia la capitulation en 1945.

Donizetti. Portrait par Induno.
Conservatoire Rossini, Bologne.
Phot. © Lauros/Giraudon

Gaetano **DONIZETTI** (1797-1848) ▪ Compositeur romantique italien, auteur de nombreux opéras. *"L'Elisir d'amore"* (1832); *"Lucia di Lammermoor"* (1835).

DONJON n. m. ▪ Tour principale qui dominait le château fort.

DON JUAN n. m. ▪ Séducteur sans scrupule. *Jouer les don Juan* (ou *les dons Juans*). ► adj. DONJUANESQUE

DON JUAN ▪ Personnage de la légende espagnole, qui inspira notamment Tirso de Molina (*"Le Trompeur de Séville"*, v. 1625), Molière (*"Dom Juan"*, 1665) et Mozart (*"Don Giovanni"*, 1787, opéra). Grand seigneur libertin, don Juan tue le Commandeur après avoir séduit sa fille. Mais la statue du mort s'anime et entraîne l'impie aux Enfers.

DONJUANISME n. m. ▪ Caractère, comportement d'un don Juan.

DONNANT, ANTE adj. ▪ **1.** VX Qui aime donner. **2.** MOD. loc. *DONNANT(,) DONNANT* : en ne donnant qu'à la condition de recevoir en échange.

DONNE n. f. ▪ **1.** Action de distribuer les cartes au jeu. *À vous la donne. Mauvaise donne.* ⇒ **maldonne. 2.** fig. Distribution, répartition (des chances, des forces). *Une nouvelle donne politique.*

John **DONNE** (1573-1631) ▪ Prédicateur et poète anglais. Auteur d'une œuvre hantée par la mort, il fut le premier des « poètes métaphysiques ».

DONNÉ, ÉE adj. ▪ **1.** Qui a été donné. ♦ *C'est donné* : c'est vendu bon marché. *Ce n'est pas donné* : c'est cher. **2.** Connu, déterminé. *À une distance donnée.* - loc. *À un moment donné* : soudain. **3.** *ÉTANT DONNÉ* loc. prép. ⇒ **vu.** *Étant donné l'heure, il faut partir.* ◇ REM. LITTÉR., avec accord *Étant donnée la situation.* - *ÉTANT DONNÉ QUE* loc. conj. (+ indic.) : en considérant que, puisque. *Étant donné que tout le monde est là, nous pouvons commencer.*

Jean **DONNEAU DE VISÉ** (1638-1710) ▪ Écrivain français. Adversaire de Molière. Fondateur du *Mercure galant* (1672), un des premiers périodiques français.

DONNÉE n. f. ▪ **1.** Ce qui est donné, connu, déterminé dans l'énoncé d'un problème. *Les données du problème.* **2.** Élément qui sert de base à un raisonnement, de point de départ pour une recherche. *Données statistiques.* **3.** INFORM. Représentation conventionnelle d'une information permettant d'en faire le traitement automatique. *Banque, base de données.*

DONNER v. 1 ▪ **I.** v. tr. Mettre (qqch.) en la possession de qqn (*DONNER qqch. À qqn*) **1.** Abandonner à qqn sans rien demander en retour (une chose que l'on possède ou dont on jouit). ⇒ **offrir.** *Donner qqch. par testament.* ⇒ **léguer.** *Donner de l'argent à qqn.* - absolt *Donner sans compter.* **2.** fig. Faire don de. *Donner sa vie, son sang pour la patrie* : faire le sacrifice de sa vie. - *Je n'ai pas un instant à vous donner.* ⇒ **consacrer. 3.** *DONNER qqch. POUR, CONTRE qqch.* : céder en échange d'autre chose. ⇒ **céder, échanger, fournir.** ♦ dans le commerce Vendre. *Donnez-moi un quart de beurre, une laitue.* - *DONNER* (une somme) *DE qqch.* : acheter (tant). *Je vous donne cent francs de ce livre ; je vous en donne cent francs.* ⇒ **offrir.** - Payer (une certaine somme) à qqn. *Combien donne-t-il de l'heure ?* ♦ fig. *Donner qqch. pour* (+ verbe). *Je donnerais cher pour le savoir.* **4.** Confier (une chose) à qqn, pour un service. ⇒ **remettre.** *Donner ses clés au gardien.* - *Donner sa montre à réparer.* **II.** v. tr. Mettre à la disposition de qqn (*DONNER À*) **1.** Mettre à la disposition, à la portée de. ⇒ **fournir, offrir, procurer.** *Voulez-vous donner des sièges aux invités ? Donner du travail à un chômeur.* - (+ inf.) *Donner à manger au chat.* ♦ *Donner les cartes* (aux joueurs). ⇒ **distribuer ; donne.** - absolt *C'est à vous de donner.* **2.** Organiser et offrir à des invités, à un public. *Donner une réception.* - *Qu'est-ce qu'on donne cette semaine au cinéma ?* **3.** Communiquer, exposer (qqch.) à qqn. *Donnez-moi votre adresse. Pouvez-vous me donner l'heure ? Donner de ses nouvelles à qqn. Donner son avis. Donner un conseil à qqn.* ♦ *Donner un cours* (à des élèves). **4.** Transmettre, provoquer (une maladie). ⇒ **passer ;** FAM. **ficher, refiler. 5.** Accepter de mettre (qqch.) à la disposition, à la portée de qqn. ⇒ **accorder, concéder, octroyer.** *Donnez-moi un peu de répit.* ⇒ **laisser.** *Donner sa parole**, jurer, promettre. - (sans article) *Donner libre cours à sa colère. DONNER PRISE**. **6.** (avec deux compl. de personne) *Donner sa fille (en mariage) à un jeune homme.* **7.** FAM. Dénoncer à la police. *Son complice l'a donné.* ⇒ **livrer ; donneur. 8.** LITTÉR. passif *Être donné à* : être possible pour... *Si cela m'est donné...* - *Ce n'est pas donné à tout le monde* : tout le monde n'en a pas la capacité. **9.** Assigner à qqn, à qqch. (une marque, un signe, etc.). *Quel nom a-t-elle donné à sa fille ? L'artiste n'a pas donné de titre à son tableau.* **10.** *DONNER À* (+ inf.) Confier. *On m'a donné cela à faire.* - *Cela me donne à penser,* me fait penser. **III.** v. tr. Être l'auteur, la cause de. **1.** *Donner l'alarme. Donner des soins à qqn.* ♦ Produire (une œuvre). *Cet écrivain donne un roman par an.* ⇒ **publier. 2.** (le compl. exprime un sentiment, un fait psychologique) ⇒ **causer, susciter.** *Cela me donne une idée. Cela vous donnera l'occasion de...* ⇒ **fournir, procurer.** - *Cela me donne envie de dormir, me donne soif. Marcher donne de l'appétit.* - loc. *Donner lieu, matière, sujet à...* : provoquer. - *DONNER À rire, à penser.* ⇒ **prêter. 3.** (choses concrètes) sans compl. indir. Produire. *Les fruits que donne un arbre. Placement qui donne 10% d'intérêts.* ⇒ **rapporter.** ♦ FAM. Avoir pour conséquence, pour résultat. *Je me demande ce que ça va donner.* **4.** Appliquer, mettre. *Donner un baiser, une gifle à qqn.* ♦ *Donner un coup de peigne, de balai.* **5.** Conférer (un caractère nouveau) à (qqn, qqch.) en modifiant. *Cet argument donne de la valeur à sa thèse.* - loc. *Donner le jour, la vie à un enfant* : engendrer. *Donner la mort* : tuer. *Se donner la mort* : se suicider. **6.** Considérer (une qualité, un caractère) comme propre à qqn, à qqch. ⇒ **accorder, attribuer, prêter, supposer.** *Quel âge lui donnez-vous ?* - *Les médecins lui donnent deux mois à vivre,* estiment qu'il n'a plus que... **7.** *DONNER POUR* : présenter comme étant. *Donner une chose pour certaine, pour vraie* (⇒ **affirmer**). **IV.** v. intr. **1.** Porter un coup (contre, sur). ⇒ **cogner, heurter.** *Le navire alla donner sur les écueils.* - *Il alla donner de la tête contre le mur.* - loc. *Ne plus savoir où donner de la tête**. **2.** Se porter (dans, vers). ⇒ se **jeter, tomber.** *Donner dans un piège.* - Se laisser aller à. *Donner dans le ridicule.* **3.** Attaquer, charger, combattre. *Faire donner la garde.* **4.** *DONNER SUR* : être exposé, situé ; avoir vue, accès sur. *Fenêtres qui donnent sur la mer.* ► SE **DONNER** v. pron. **1.** réfl. Faire don de soi-même. ⇒ se **consacrer,** se **vouer.** *Se donner à ses enfants. Se donner à l'étude.* ⇒ s'**adonner.** - absolt Se montrer. *Se donner en spectacle. SE DONNER POUR un progressiste,* faire croire que l'on est. ♦ VX Céder au désir sexuel d'un homme. *Elle s'est donnée à un inconnu.* **2.** passif Être donné ; avoir lieu, être représenté. *La pièce se donne à la Comédie-Française.* **3.** faux pron. Donner à soi-même. *Se donner du mal, de la peine. Donnez-vous la peine d'entrer.* - *S'en donner à cœur joie.* **4.** récipr. ⇒ **échanger.** *Se donner des baisers.* - loc. *SE DONNER LE MOT* : s'entendre à l'avance. *Ils s'étaient donné le mot.* - *Se donner la main.*

DONNEUR, EUSE n. ▪ **1.** *Donneur, donneuse de* : personne qui donne (qqch. d'abstrait). *Donneur de conseils.* **2.** Personne qui donne (un tissu vivant, un organe, etc.). *Donneur de sang* (en vue d'une transfusion). *Donneur universel,* dont le sang est toléré par tout type de receveur. *Le donneur et le receveur* (greffe, transplantation d'organe). **3.** FAM. Personne qui donne, dénonce qqn à la police. ⇒ **dénonciateur, indicateur, mouchard.**

DON QUICHOTTE n. m. ▪ Homme généreux et naïf qui se pose en redresseur de torts, en défenseur des opprimés. *Jouer les don Quichotte* (ou *les dons Quichottes*). ► n. m. DONQUICHOTTISME

DON QUICHOTTE ▪ Personnage du roman de Cervantès* *"L'Ingénieux Hidalgo Don Quichotte de la Manche"*(1605-1615). «Chevalier à la triste figure», exalté par la littérature romanesque, il se lance dans des aventures héroïques et dérisoires, fondant le mythe de l'idéaliste aux prises avec la trivialité du monde.

Mark **DONSKOÏ** (1901 - 1981) ▪ Cinéaste soviétique. Il a adapté avec talent la trilogie littéraire autobiographique de Gorki : *"L'Enfance de Gorki"* (1938) ; *"En gagnant mon pain"* (1939) ; *"Mes Universités"* (1940).

DONT pron. ▪ Pronom relatif des deux genres et des deux nombres servant à relier une proposition correspondant à un complément introduit par *de*. ⇒ **duquel**, de **qui**. **I.** Exprimant le complément du verbe **1.** Avec le sens adverbial de *d'où*, marquant la provenance, l'origine. *La chambre dont je sors. La famille dont il est issu.* **2.** (moyen, instrument, manière) *La manière dont elle est habillée.* - (agent) *La femme dont il est aimé.* **3.** (objet) *L'homme, la maison dont je parle.* - *Ce dont je me souviens.* **4.** Au sujet de qui, de quoi. *Cet homme dont je sais qu'il a été marié.* **II.** Exprimant le complément de l'adjectif. *Le malheur dont vous êtes responsable.* - *C'est ce dont je suis fier.* **III.** Exprimant le complément de nom (qui ne doit plus être suivi d'un compl. en *de : dont le X de...* est fautif). **1.** Possession, qualité, matière (compl. d'un nom ou d'un pronom). *Un pays dont le climat est doux.* **2.** Partie d'un tout. *Des livres dont trois sont reliés ; dont j'ai gardé une dizaine.* - Amenant une proposition sans verbe. *C'est un long texte dont voici l'essentiel. Quelques uns étaient là, dont votre père,* parmi lesquels.

DONZELLE n. f. ▪ Jeune fille ou femme prétentieuse et ridicule.

DONZÈRE ▪ Commune de la Drôme, à la sortie du défilé taillé par le Rhône, dit robinet de Donzère. 4 265 hab. Canal de dérivation du Rhône de Donzère-Mondragon (centrale hydroélectrique).

DOPAGE n. m. ▪ Action de (se) doper. ◇ syn. DOPING **n. m.** (anglic.).

DOPANT, ANTE adj. ▪ Qui dope. *Produit dopant.* - n. m. *Un dopant.*

DOPE n. f. ▪ anglic. FAM. Drogue, stupéfiant.

DOPER v. tr. [1] ▪ Administrer un stimulant à. *Doper un cheval de course, un sportif.* ► SE **DOPER** v. pron. Prendre un excitant. *Se doper avant un examen.*

Christian **DOPPLER** (1803 - 1853) ▪ Physicien autrichien. *Effet Doppler-Fizeau,* découvert par Doppler en acoustique, étendu par Fizeau en optique : variation apparente de la fréquence d'une onde, due au mouvement de l'observateur ou de la source des ondes (nombreuses applications : astrophysique, médecine...).

DORADE n. f. ⇒ DAURADE

Jean **DORAT** (1508 - 1588) ▪ Humaniste et poète français. Membre de la Pléiade.

la **DORDOGNE** ▪ Rivière du Massif central et du Bassin aquitain (490 km). Elle se jette dans la Garonne. Son cours supérieur est barré d'aménagements hydroélectriques.

la **DORDOGNE** [24] ▪ Département français de la région Aquitaine. 9 222 km². 386 365 hab. Chef-lieu : Périgueux. Chefs-lieux d'arrondissement : Bergerac, Nontron, Sarlat.

DORDRECHT ▪ Ville et port des Pays-Bas (Hollande-Méridionale). 111 791 hab. Grande église gothique.

la **DORE** ▪ Rivière d'Auvergne (140 km), affluent de l'Allier.

DORÉ, ÉE adj. ▪ **1.** Recouvert d'une mince couche d'or (ou d'un métal jaune). *Bijou doré à l'or fin. Argent doré,* le vermeil. **2.** Qui a l'éclat, la couleur jaune cuivré de l'or. *Cheveux dorés.* **3.** *La* JEUNESSE DORÉE : jeunes gens riches, élégants et oisifs.

Gustave **DORÉ** (1832 - 1883) ▪ Artiste français. Surtout connu comme graveur et illustrateur (de Rabelais, Dante, la Bible). Son graphisme révèle une fantaisie parfois truculente aussi bien qu'un lyrisme romantique et visionnaire.

DORÉNAVANT adv. ▪ À partir du moment présent, à l'avenir. ⇒ **désormais.** *Dorénavant, la séance se tiendra ici.*

DORER v. tr. [1] ▪ **1.** Revêtir (qqch.) d'une mince couche d'or. *Dorer la tranche d'un livre.* **2.** loc. DORER LA PILULE *à qqn,* lui faire accepter une chose désagréable au moyen de paroles aimables, flatteuses. ⇒ **tromper. 3.** Donner une teinte dorée à. *Dorer un gâteau.* - pronom. *Se dorer au soleil :* bronzer.

DOREUR, EUSE n. ▪ Personne dont le métier est de dorer. *Doreur sur bois.*

Roland **DORGELÈS** (1885 - 1973) ▪ Écrivain français. *"Les Croix de bois"* (1919), témoignage sur la vie des tranchées pendant la Première Guerre mondiale, connut un succès considérable.

Doria. Portrait par Bronzino.
Pinacothèque de Brera, Milan.
Phot. © Carlo Bevilacqua/Ricciarini

Andrea **DORIA** (1466 - 1560) ▪ Homme de guerre italien. Passé au service de Charles Quint, il obtint l'indépendance de Gênes.

les **DORIENS** n. m. pl. ▪ Peuple indo-européen de l'Antiquité, établi principalement à Sparte et à Corinthe. Venus du nord, ils auraient envahi la Grèce v. 1200 av. J.-C.

Jacques **DORIOT** (1898 - 1945) ▪ Homme politique français. Exclu du parti communiste en 1934, il évolua vers le fascisme et la collaboration, et combattit aux côtés des Allemands sur le front russe.

DORIQUE adj. et n. m. ▪ *Ordre dorique* ou **n. m.** *le dorique :* le premier et le plus simple des trois ordres d'architecture grecque (⇒ aussi **corinthien, ionique**). *Colonne dorique.*

Doré. *Les Médecins,* gravure,
illustration pour les *Fables* de La Fontaine.
Bibliothèque nationale de France, Paris.
Phot. © BNF

DORLOTER v. tr. [1] ▪ Entourer de soins, de tendresse ; traiter délicatement (qqn). ⇒ **cajoler, choyer.** *Se faire dorloter.*

DORMANT, ANTE adj. ▪ **1.** RARE Qui dort. – n. *Les dormants des contes :* personnages qui dorment (dans *"La Belle au bois dormant,"* il s'agit du p. prés. de *dormir*). **2.** Qui n'est agité par aucun mouvement. *Eau dormante.* ⇒ **immobile, stagnant. 3.** TECHN. Qui ne bouge pas. ⇒ **fixe.** *Vitrage dormant,* qui ne s'ouvre pas. *Ligne dormante,* qui reste fixée dans l'eau sans que le pêcheur la tienne. *Manœuvres dormantes* (sur un bateau), qui ne sont jamais dérangées. ♦ n. m. Partie fixe (d'une fenêtre, d'un châssis, d'une porte).

DORMEUR, EUSE n. ▪ **1.** Personne en train de dormir. **2.** Personne qui dort beaucoup, aime à dormir. **3.** n. m. Tourteau (crabe).

DORMIR v. intr. [16] ▪ **1.** Être dans l'état de sommeil. *Commencer à dormir.* ⇒ s'**assoupir,** s'**endormir.** *Dormir d'un sommeil léger.* ⇒ **sommeiller, somnoler.** *Dormir très tard,* se lever tard. ♦ loc. *Ne dormir que d'un œil,* en restant vigilant. *Dormir à poings fermés, comme un loir,* profondément. *Dormir debout,* avoir sommeil. *Une histoire à dormir debout,* invraisemblable. – *Vous pouvez dormir sur vos deux oreilles,* soyez rassuré. ♦ (choses) Être calme. *Il est tard, toute la ville dort.* **2.** POÉT. Reposer (en parlant des morts). *Dormir du dernier sommeil.* **3.** fig. Être dans l'inactivité. *Dormir sur son travail,* le faire lentement, sans courage. ⇒ **traîner.** ♦ *Laisser dormir qqch.,* ne pas s'en occuper. *Projet qui dort dans un tiroir.* – *Capitaux qui dorment,* ne rapportent pas d'intérêts. **4.** *Eau qui dort.* ⇒ **dormant** (2). **5.** LITTÉR. Rester caché. *Les souvenirs qui dorment au fond de nous.*

DORMITIF, IVE adj. ▪ VX ou plais. Qui fait dormir. ⇒ **soporifique.**

DORPAT ▪ Nom allemand et suédois de Tartu*.

DORSAL, ALE, AUX ▪ **1.** adj. Du dos (d'une personne, d'un animal). *L'épine* dorsale.* **2.** n. f. Crête d'une chaîne de montagnes. – Chaîne sous-marine. *La dorsale océanique.*

DORSALGIE n. f. ▪ Douleur localisée au dos.

le **DORSET** ▪ Comté du sud-ouest de l'Angleterre. 2 654 km². 660 000 hab. Chef-lieu : Dorchester (14 000 hab.).

DORTMUND ▪ Ville d'Allemagne (Rhénanie-du-Nord-Westphalie). 597 400 hab. Un des centres industriels de la Ruhr (charbon, acier). Brasseries.

DORTOIR n. m. ▪ **1.** Grande salle commune où dorment les membres d'une communauté. **2.** appos. Qui n'est habité que la nuit, la population travaillant ailleurs dans la journée. *Cité-dortoir. Des banlieues-dortoirs.*

DORURE n. f. ▪ **1.** Mince couche d'or appliquée à un objet. *La dorure d'un cadre.* ♦ Ornement doré. *Uniforme couvert de dorures.* **2.** TECHN. Action de recouvrir d'une couche d'or. *Dorure sur cuir, sur bois, sur métal.*

Marie **DORVAL** (1798-1849) ▪ Actrice française. Elle interpréta les héroïnes romantiques et eut une liaison houleuse avec Alfred de Vigny.

doryphore. *Leptinotarsa decemlineata.*
Phot. © Moiton/Jacana

DORYPHORE n. m. ▪ Insecte coléoptère aux élytres rayés de noir, parasite des feuilles de pommes de terre qu'il dévore.

DOS n. m. ▪ **I. 1.** Partie du corps de l'homme qui s'étend des épaules jusqu'aux reins, de chaque côté de la colonne vertébrale. *Dos droit, dos voûté.* ♦ loc. AVOIR BON DOS : supporter injustement la responsabilité d'une faute ; servir de prétexte. *Sa femme ; son travail a bon dos.* – FAM. *En avoir* PLEIN LE DOS : en avoir assez. ♦ TOURNER LE DOS : se présenter de dos. *Le dos tourné à la porte :* le dos faisant face à la porte. *Dès qu'il a le dos tourné :* dès qu'il s'absente ou ne regarde pas. *Tourner le dos à qqn,* fig. cesser de le fréquenter en marquant de la réprobation ou du dédain ; *à qqch. :* marcher dans une direction opposée à celle que l'on doit prendre. *La gare n'est pas dans cette direction, vous lui tournez le dos.* ♦ À DOS. *Sac à dos. Se mettre qqn à dos,* s'en faire un ennemi. ♦ AU DOS : dans le dos, sur le dos. *Partir sac au dos.* ♦ DANS LE DOS. *Robe décolletée dans le dos. Passer la main dans le dos de qqn,* le flatter. *Faire, donner froid dans le dos :* effrayer. *Agir dans le dos de qqn,* par-derrière, sans qu'il le sache. ♦ DE DOS (opposé à *de face*). *Je le reconnais même de dos. Vu de dos.* ♦ DERRIÈRE LE DOS. *Cacher qqch. derrière son dos.* fig. *Faire qqch. derrière le dos de qqn,* sans qu'il en soit averti, sans son consentement. ♦ DOS À DOS (opposé à *face à face*). *Renvoyer deux adversaires dos à dos :* refuser de donner raison à l'un plus qu'à l'autre. ♦ SUR LE DOS. *Se coucher sur le dos. N'avoir rien à se mettre sur le dos :* n'avoir rien pour s'habiller. – fig. *Mettre qqch. sur le dos de qqn,* l'en accuser, l'en rendre responsable. *Cela vous retombera sur le dos :* vous en supporterez les conséquences. – *Être toujours sur (derrière) le dos de qqn,* surveiller ce qu'il fait. **2.** Face supérieure du corps des animaux. FAIRE LE GROS DOS : bomber le dos en raidissant les pattes postérieures (chat). – DOS D'ÂNE*. – *Transport à dos de chameau.* **II. 1.** Partie (d'un vêtement) qui couvre le dos. *Le dos d'une robe.* **2.** Dossier. *Le dos d'une chaise.* **3.** Partie supérieure et convexe. *Dos et paume de la main.* ⇒ **revers. 4.** Côté opposé au tranchant. *Le dos d'une lame, d'un couteau.* **5.** Partie d'un livre qui unit les deux plats (opposé à *tranche*). *Titre au dos d'un livre.* **6.** Envers d'un papier écrit. ⇒ **verso.** *Signer au dos d'un chèque* (⇒ **endosser**). *Voyez au dos.*

DOSAGE n. m. ▪ Action de doser ; son résultat.

DOS D'ÂNE n. m. invar. ⇒ ÂNE

DOSE n. f. ▪ **1.** Quantité d'un médicament qui doit être administrée en une fois. *Ne pas dépasser la dose prescrite. Forcer* la dose.* ♦ (drogue, stupéfiant) *Dose excessive.* ⇒ **overdose. 2.** Quantité quelconque. *Boire sa dose de vin.* – FAM. *Avoir sa dose :* être ivre. – *Une bonne dose d'ironie.*

DOSER v. tr. [1] ▪ **1.** Déterminer la dose de (un médicament). *Compte-gouttes pour doser un remède.* **2.** Déterminer la proportion des éléments (d'un mélange). ⇒ **mesurer, proportionner.** – fig. *Il faut savoir doser l'ironie.* ► **DOSÉ, ÉE** adj. *Mélange savamment dosé.*

DOSEUR n. m. ▪ appos. *Bouchon doseur d'un flacon,* qui donne la mesure d'une dose.

John **DOS PASSOS** (1896-1970) ▪ Écrivain américain. *"Manhattan Transfer"* (1925) et *"U.S.A."* (1930-1936), romans critiques sur la vie américaine, innovent par leur refus de l'analyse psychologique et leur construction inspirée directement du cinéma. Il influença Sartre.

DOSSARD n. m. ▪ Carré d'étoffe que les concurrents d'une épreuve sportive portent sur le dos et qui indique leur numéro d'ordre.

DOSSIER n. m. ▪ **I.** Partie d'un siège sur laquelle on appuie le dos. **II.** Ensemble des pièces relatives à une affaire ; la chemise, le carton les contenant. *Constituer un dossier. Dossier médical. Dossier de presse.* – *Admission sur dossier.* ♦ Le contenu, les informations du dossier. *Étudier, analyser les dossiers sociaux.*

Fedor Mikhaïlovitch **DOSTOÏEVSKI** (1821-1881) ▪ Écrivain russe. Dans ses romans, dont les plus célèbres sont *"Crime et Châtiment"* (1866), *"L'Idiot"* (1868), *"Les Possédés"* (1872), *"Les Frères Karamazov"* (1880), il a posé le problème de l'homme déchiré entre la présence du mal et la recherche de Dieu, entre l'inconscient et le conscient.

DOT [dɔt] n. f. ▪ Bien qu'une femme apporte en se mariant. *Coureur* de dot.*

DOTAL, ALE, AUX adj. ▪ DR. Qui a rapport à la dot.

DOTATION n. f. ▪ **1.** Ensemble des revenus assignés à un établissement d'utilité publique. *La dotation d'un hôpital.* **2.** Action de doter d'un équipement, de matériel.

DOTER v. tr. [1] ▪ **1.** Pourvoir d'une dot. *Doter richement sa fille.* **2.** Assigner un revenu à (un service, un établissement). **3.** Fournir en équipement, en matériel. ⇒ **équiper, munir.** – au p. p. *Régiment doté d'armes modernes.* **4.** fig. Pourvoir de certains avantages. ⇒ **favoriser.** – passif et p. p. *Être doté d'une excellente mémoire.* ⇒ **doué.**

Gérard **DOU** (1613-1675) ▪ Peintre et graveur hollandais. Élève de Rembrandt, il représenta dans une veine familière et sentimentale de nombreuses scènes d'intérieur. *"Le Médecin"* (1653).

DOUAI ▪ Chef-lieu d'arrondissement du Nord. 42 175 hab. (*les Douaisiens*). Monuments du XIIIe au XVIIIe s. Centre industriel.

DOUAIRE n. m. ▪ anciennt Droit de l'épouse survivante sur les biens de son mari. ➝ fig. Pension.

DOUAIRIÈRE n. f. ▪ **1.** anciennt Veuve qui jouissait d'un douaire. **2.** péj. Vieille dame de la haute société.

DOUALA ▪ Ville et principal port du Cameroun, métropole économique. 1 105 000 hab.

DOUANE n. f. ▪ **1.** Administration chargée d'établir et de percevoir les droits imposés sur les marchandises, à la sortie ou à l'entrée d'un pays. *Payer des droits de douane.* **2.** Siège de l'administration des douanes. *Passer, franchir la douane.* **3.** Droits de douane. *Payer la douane.*

① **DOUANIER** n. m. ▪ Membre du service actif de l'administration des douanes. *Douanier qui fouille une valise. Le « douanier » Rousseau était employé d'octroi.*

② **DOUANIER, IÈRE** adj. ▪ Relatif à la douane. *Tarif douanier. Union douanière.*

DOUAR n. m. ▪ Division administrative rurale, en Afrique du Nord.

DOUARNENEZ ▪ Commune du Finistère, sur la *baie de Douarnenez.* 16 475 hab. (*les Douarnenistes*). Station balnéaire de Tréboul. Pêche et conserves.

le fort de DOUAUMONT ▪ Enjeu de combats meurtriers durant la bataille de Verdun, dans la Meuse (1916). Un ossuaire contient les restes, non identifiés, d'environ 300 000 soldats français.

DOUBLAGE n. m. ▪ **1.** Action de doubler, de mettre en double. **2.** Remplacement d'un acteur par une doublure (2). **3.** Remplacement de la bande sonore originale d'un film par une bande provenant de l'adaptation des dialogues en une langue différente.

DOUBLE ▪ **I.** adj. **1.** Qui est répété deux fois, qui vaut deux fois (la chose désignée), ou qui est formé de deux choses identiques. *Double nœud. Consonne double* (ex. nn). *Rue à double sens. Fermer à double tour* (de clé). *En double exemplaire.* ➝ loc. *Mettre les bouchées* doubles.* **2.** fig. Qui a deux aspects dont un est caché. *Phrase à double sens.* ➝ loc. *Double jeu*. Mener une* DOUBLE VIE : mener, en marge de sa vie normale, habituelle, une existence que l'on tient cachée. **3.** Pour deux personnes (opposé à *individuel*). *Chambre double.* **II.** n. m. **1.** Quantité qui équivaut à deux fois une autre. *Dix est le double de cinq. La vie a augmenté du double.* **2.** Chose semblable à une autre. *Faire faire un double de ses clés. L'original et le double d'une facture.* ⇒ **copie, duplicata, reproduction.** ➝ EN DOUBLE loc. adv. : en deux exemplaires. *J'ai ce timbre en double.* ♦ (personnes) Personne qui ressemble beaucoup à qqn, le reflète. ⇒ **alter ego. 3.** Partie de tennis entre deux équipes de deux joueurs. *Un double dames.*

① **DOUBLEMENT** adv. ▪ De deux manières ; pour une double raison. *Elle est doublement fautive.*

② **DOUBLEMENT** n. m. ▪ Action de rendre double.

DOUBLER v. [1] ▪ **I.** v. tr. **1.** Rendre double. *Il faut doubler la dose.* ➝ *Doubler le pas :* marcher deux fois plus vite, accélérer le pas. **2.** Mettre (qqch.) en double. *Doubler les fils de tissage.* **3.** Garnir intérieurement de qqch. qui recouvre, augmente l'épaisseur. *Doubler un manteau avec de la fourrure.* **4.** Dépasser en contournant. *Voiture qui double un camion.* ➝ absolt *Défense de doubler en côte.* **5.** Remplacer (un comédien qui ne peut jouer). ⇒ **doublure** (2). *Il se fait doubler par un cascadeur.* **6.** Faire le doublage (3) de (un film, un acteur). **II.** v. intr. Devenir double. *Le chiffre des importations a doublé.* ➝ *Doubler de poids.* ► SE **DOUBLER** v. pron. *Se doubler de :* s'accompagner de. *C'est un menteur qui se double d'un lâche.* ► **DOUBLÉ, ÉE I.** adj. **1.** Rendu ou devenu double. **2.** Garni d'une doublure. *Jupe doublée.* **3.** DOUBLÉ DE : qui est aussi. *Un ivrogne doublé d'un moralisateur.* **4.** Qui a subi le doublage (3). *Film doublé.* ➝ *Acteur mal doublé.* **II.** n. m. Deux réussites successives (sport, jeu). *Un beau doublé.*

DOUBLET n. m. ▪ Chacun des deux mots de même origine, ayant le même étymon latin, et de forme et de signification différentes. *« Frêle » et « fragile » sont des doublets* (étymon latin commun : *fragilis*).

DOUBLURE n. f. ▪ **1.** Étoffe, matière qui sert à garnir la surface intérieure de qqch. *Jupe à doublure de soie.* **2.** Personne qui remplace, en cas de besoin, l'acteur, l'actrice qui devait jouer.

le DOUBS ▪ Rivière de l'est de la France (430 km), qui se jette dans la Saône.

le DOUBS [25] ▪ Département français de la région Franche-Comté. 5 228 km². 484 770 hab. Chef-lieu : Besançon. Chefs-lieux d'arrondissement : Montbéliard, Pontarlier.

le **Doubs.** La rivière aux environs de Besançon. *Phot. © Hétier*

EN **DOUCE** loc. adv. ⇒ DOUX

DOUCEÂTRE adj. ▪ Qui est d'une douceur fade. *Un goût douceâtre.* ➝ *D'un air douceâtre.* ⇒ **doucereux.**

DOUCEMENT adv. ▪ **1.** Sans grande énergie, sans hâte, sans violence. *Frapper doucement à la porte.* ⇒ **légèrement.** *Rouler doucement.* ⇒ **lentement.** *Parler doucement* (opposé à *fort*). *La température baisse doucement.* ⇒ **graduellement. 2.** Avec douceur (4). *Reprendre qqn doucement,* avec bonté, sans sévérité. **3.** Médiocrement ; assez mal. ⇒ **couci-couça.** *« Comment va le malade ? — Tout doucement. »* **4.** Interjection pour calmer, modérer. *Doucement, ne nous emballons pas !* ➝ loc. FAM. *Doucement les basses ! :* n'exagérez pas.

DOUCEREUX, EUSE adj. ▪ **1.** D'une douceur fade. **2.** fig. D'une douceur affectée. *Ton doucereux.* ⇒ **mielleux, sucré.** ► adv. DOUCEREUSEMENT

DOUCETTEMENT adv. ▪ FAM. Très doucement.

DOUCEUR n. f. ▪ **1.** Qualité de ce qui procure aux sens un plaisir délicat. *La douceur d'un parfum, d'un coloris, d'une peau. La douceur du climat.* **2.** Qualité d'un mouvement progressif et aisé, de ce qui fonctionne sans heurt ni bruit. ➝ EN DOUCEUR loc. adv. *Démarrage en douceur.* **3.** Impression douce, plaisir modéré et calme. *La douceur de* (+ inf.) : l'agrément qu'il y a à... *La douceur de vivre.* ⇒ **bien-être, bonheur. 4.** Qualité morale qui porte à ne pas heurter autrui de front, à être patient, conciliant, affectueux. ⇒ **bienveillance, bonté, gentillesse, indulgence.** *Douceur de caractère.* ➝ *Employer la douceur. Prendre qqn par la douceur,* l'amener à faire ce que l'on veut sans le brusquer. **5.** Chose douce ; petit plaisir, petit agrément. ➝ Friandise, sucrerie. *S'offrir une petite douceur. Je vous ai apporté quelques douceurs.*

DOUCHANBE anc. ***STALINABAD*** ▪ Capitale du Tadjikistan. 602 000 hab. Centre cotonnier, soierie.

DOUCHE n. f. ▪ **1.** Projection d'eau en jet ou en pluie qui arrose le corps et produit une action hygiénique. *Prendre*

Dostoïevski. *Phot. © BNF*

une douche. Passer, être sous la douche. ♦ *DOUCHE ÉCOSSAISE,* alternativement chaude et froide ; fig. paroles, événements très désagréables qui en suivent immédiatement d'autres très agréables. **2.** Installation pour prendre une douche. *Les douches d'un gymnase.* **3.** Averse que l'on essuie ; liquide qui asperge. *L'orage l'a surpris, il a reçu une bonne douche.* **4.** fig. Ce qui détruit un espoir, une illusion (⇒ **déception, désappointement**), rabat les prétentions, ramène au sens des réalités. *Cet échec inattendu, quelle douche !*

DOUCHER v. tr. 1 ▪ **1.** Arroser au moyen d'une douche. *Doucher un enfant.* – pronom. *Se doucher à l'eau froide.* **2.** Mouiller abondamment (pluie). *Se faire doucher* : recevoir une averse. **3.** fig. FAM. VIEILLI Réprimander. ♦ Rabattre l'exaltation de (qqn). *Cet accueil l'a douché.*

DOUCHY-LES-MINES ▪ Commune du Nord. 10 931 hab. *(les Douchynois).*

DOUDOU n. f. ▪ (aux Antilles) Jeune femme ; compagne.

DOUDOUNE n. f. ▪ Veste en duvet.

DOUÉ, ÉE adj. ▪ **1.** *DOUÉ DE* : qui possède naturellement. *Elle est douée d'une bonne mémoire.* **2.** Qui a un don, des dons. *Un enfant doué pour les mathématiques. Elle est très douée en dessin.* – absolt *Un enfant très doué.* ⇒ **surdoué.**

DOUÉ-LA-FONTAINE ▪ Commune du Maine-et-Loire. 7 260 hab. Anciennes carrières à ciel ouvert, exploitées au Moyen Âge, et transformées en arènes du XVe au XVIIe s.

DOUER v. tr. 1 ▪ (le sujet désigne Dieu, la nature, etc.) Pourvoir (qqn) de qualités, d'avantages. ⇒ **doter.** *La nature l'a doué de beaucoup de sensibilité.*

DOUGLAS ▪ Chef-lieu de l'île de Man. 21 000 hab.

DOUILLE n. f. ▪ **1.** Pièce cylindrique creuse qui sert à adapter un instrument à un manche. **2.** Pièce métallique dans laquelle on fixe le culot d'une ampoule électrique. *Douille à vis, à baïonnette.* **3.** Cylindre qui contient l'amorce et la charge de la cartouche. *Douilles en carton des fusils de chasse.*

DOUILLET, ETTE adj. ▪ **1.** Qui est délicatement moelleux. ⇒ **confortable, doux.** *Lit douillet.* ♦ Confortable et protecteur. *Appartement douillet.* – loc. *Un petit nid douillet.* **2.** (personnes) Exagérément sensible aux petites douleurs physiques.

DOUILLETTE n. f. ▪ Manteau, vêtement ouaté.

DOUILLETTEMENT adv. ▪ D'une manière douillette (1). *Élever un enfant trop douillettement.*

DOULEUR n. f. ▪ **1.** Sensation physique pénible. ⇒ **-algie.** *Avoir une douleur à la tête.* ⇒ **mal ; souffrir.** *Cri de douleur. Se tordre de douleur. Douleur aiguë, sourde.* ♦ au plur. *Les douleurs de l'accouchement.* ⇒ **travail. 2.** Sentiment ou émotion pénible résultant d'un manque, d'une peine, d'un événement malheureux. ⇒ **affliction, peine, souffrance.** *Partager la douleur de qqn.* ⇒ **compatir.** – prov. *Les grandes douleurs sont muettes,* on ne peut les exprimer.

DOULLENS ▪ Commune de la Somme, sur l'Authie. 6 615 hab. Une conférence franco-britannique se tint dans la ville en mars 1918 à l'instigation de Clemenceau. Foch y fut nommé général en chef des armées alliées.

DOULOUREUX, EUSE adj. ▪ **1.** Qui cause une douleur, s'accompagne de douleur physique. *Sensation douloureuse. Maladie douloureuse* (s'oppose à *indolore*). **2.** Qui est le siège d'une douleur physique. *Avoir les pieds douloureux.* ⇒ **endolori. 3.** Qui cause une douleur morale. *Perte douloureuse. Un moment douloureux.* ⇒ **pénible, triste. 4.** Qui exprime la douleur. *Cri douloureux.* **5.** n. f. FAM. *LA DOULOUREUSE* : la note à payer, l'addition. ► DOULOUREUSEMENT adv. *Ils ont été douloureusement éprouvés par la mort de leur mère.*

DOUMA n. f. ▪ HIST. Assemblée législative, dans la Russie tsariste.

Paul **DOUMER** (1857 - 1932) ▪ Homme d'État français. Gouverneur de l'Indochine en 1897, président du Sénat en 1927, président de la République (radical) de 1931 à son assassinat.

Gaston **DOUMERGUE** (1863 - 1937) ▪ Homme d'État français. Président du Conseil (radical) en 1913-1914 et en 1934, président de la République de 1924 à 1931.

DOURA-EUROPOS ▪ Colonie grecque sur les bords de l'Euphrate (Syrie), fondée au IIIe s. av. J.-C. On y a mis au jour des monuments grecs, juifs et chrétiens.

DOURDAN ▪ Commune de l'Essonne. 9 043 hab. *(les Dourdannais).* Château du XIIIe s.

le **DOURO** en espagnol ***DUERO*** ▪ Fleuve de la péninsule Ibérique (850 km) qui se jette dans l'Atlantique à Porto.

le **Douro.** Costa Verde, Porto. *Phot. © Tovy/Explorer*

DOUTE n. m. ▪ **1.** État de l'esprit qui est incertain de la réalité d'un fait, de la vérité de paroles, de la conduite à adopter dans une circonstance. ⇒ **hésitation, incertitude, perplexité.** *Laisser qqn dans le doute.* prov. *Dans le doute, abstiens-toi.* – *HORS DE DOUTE* : certain, incontestable. – *METTRE QQCH. EN DOUTE* : contester la valeur de. *Je ne mets pas en doute votre sincérité.* ♦ Position philosophique qui consiste à ne rien affirmer d'aucune chose. ⇒ **scepticisme.** *Doute métaphysique.* **2.** *(Un, des doutes)* Jugement par lequel on doute de qqch. *J'ai un doute, des doutes à ce sujet. Il n'y a pas de doute, pas l'ombre d'un doute* : la chose est certaine. *Cela ne fait aucun doute.* **3.** Inquiétude, soupçon, manque de confiance en qqn. **4.** *SANS DOUTE* loc. adv. : selon toutes les apparences, mais sans certitude. ⇒ **apparemment, peut-être, probablement.** *Il a sans doute oublié. Sans doute arrivera-t-elle demain.* – (concession) *C'est sans doute vrai, mais...* ♦ *SANS NUL DOUTE, SANS AUCUN DOUTE* : certainement, assurément.

DOUTER v. tr. ind. 1 ▪ **1.** *DOUTER DE* : être dans l'incertitude de (la réalité d'un fait, la vérité d'une assertion). *Je doute de son succès. N'en doutez pas* : soyez-en certain. – trans. dir. *DOUTER QUE* (+ subj.). *Je doute fort qu'il vous reçoive.* **2.** *Douter de* : mettre en doute (des croyances reçues). *Les sceptiques doutent de tout.* **3.** *NE DOUTER DE RIEN* : aller de l'avant sans s'inquiéter des difficultés. **4.** *Douter de* : ne pas avoir confiance en. ⇒ se **défier,** se **méfier.** *Douter de qqn, de sa parole. Douter de soi.* ► SE **DOUTER** v. pron. *SE DOUTER DE* : considérer comme tout à fait probable (ce dont on n'a pas connaissance). ⇒ **croire, deviner, imaginer, pressentir, soupçonner.** *Je ne me doutais de rien. Je ne m'en serais jamais douté. Je m'en doutais* : je l'avais prévu. – *SE DOUTER QUE* (+ indic. ou cond.). ⇒ **supposer.** *Se doute-t-il qu'il vous fait souffrir ? Il se doutait bien que je n'irais pas.*

DOUTEUSEMENT adv. ▪ D'une manière douteuse, suspecte.

DOUTEUX, EUSE adj. ▪ **1.** Dont l'existence ou la réalisation n'est pas certaine. ⇒ **incertain.** *Son succès est douteux.* ♦ impers. *IL EST DOUTEUX QUE* (+ subj.). – (négatif ; + indic. ou subj.) *Il n'est pas douteux qu'il va venir, qu'il vienne.* **2.** Dont la nature, la valeur n'est pas certaine ; sur quoi l'on s'interroge. *Étymologie douteuse.* ⇒ **incertain, obscur.** – *Efficacité douteuse.* **3.** Dont la qualité est mise en cause. *Un jour douteux* : une clarté faible. *Viande douteuse, champignon douteux.* ♦ *D'une propreté douteuse* : plutôt sale. – *Vêtement douteux,* guère propre. ♦ *D'un goût douteux,* plutôt mauvais. *Plaisanterie douteuse,* de mauvais goût. **4.** (personnes, qualités) Suspect. *Individu douteux.* ⇒ ① **louche.**

① **DOUVE** n. f. ▪ **I.** Fossé, originellement rempli d'eau, autour d'un château. *Les douves d'un château.* **II.** Planche servant à la fabrication des tonneaux.

② **DOUVE** n. f. ▪ Ver parasite du foie.

DOUVRES en anglais ***DOVER*** ▪ Ville du sud-est de l'Angleterre (sur le pas de Calais). 110 000 hab. Port de voyageurs.

DOUX, DOUCE adj. ▪ **I. 1.** Qui a un goût faible ou sucré (opposé à *acide, amer, fort, piquant, salé,* etc.). *Amandes douces. Vin doux,* sucré (opposé à *sec, brut*). ♦ Non salé. *Eau douce.* **2.** Agréable au toucher par son caractère lisse, souple (opposé à *dur, rugueux*). *Peau douce.* – *Lit, matelas très doux.* ⇒ **moelleux. 3.** Qui épargne les sensations violentes, désagréables. *Climat doux.* ⇒ **tempéré.** *L'hiver a été doux.* ⇒ **clément.** – adv. *Il fait doux.* – *Voix douce.* ⇒ **caressant.** *Lumière douce.* ⇒ **tamisé. 4.** fig. Qui procure une jouissance calme et délicate. ⇒ **agréable.** *Avoir la vie douce.* ⇒ **facile. 5.** Qui n'a rien d'extrême, d'excessif. ⇒ **faible, modéré.** *Pente douce. Cuire à feu doux.* – *Châtiment trop doux.* ♦ Qui agit sans effets secondaires néfastes, en utilisant les ressources de la nature. *Énergies douces,* peu polluantes. *Médecines douces.* ⇒ **alternatif, parallèle. 6.** (personnes) Qui ne heurte, ne blesse personne, n'impose rien, ne se met pas en colère. ⇒ **bienveillant, gentil, indulgent, patient.** *Être doux comme un agneau.* ⇒ **inoffensif.** – n. *C'est un doux.* ♦ Qui exprime des sentiments tendres, amoureux. *Doux regard.* – loc. *Faire les yeux doux :* regarder amoureusement. **II.** adv. **1.** loc. *FILER DOUX :* obéir humblement sans opposer de résistance. **2.** FAM. *EN DOUCE* loc. adv. : sans bruit, avec discrétion. *Partir en douce. Prendre qqch. en douce.* ⇒ **furtivement.**

DOUX-AMER, DOUCE-AMÈRE adj. ▪ LITTÉR. Qui est à la fois plaisant et amer. *Réflexions douces-amères.*

DOUZAINE n. f. ▪ **1.** Réunion de douze choses de même nature. *Une douzaine d'œufs, d'huîtres. Treize à la douzaine.* **2.** Nombre d'environ douze. *Un garçon d'une douzaine d'années.*

DOUZE adj. numéral invar. ▪ **1.** (cardinal) Nombre équivalant à dix plus deux (12). ⇒ **dodéca-.** *Les douze mois de l'année. Soixante-douze* (72). *Douze cents* ou *mille deux cents* (1 200). **2.** (ordinal) Douzième. *Page douze. Pie XII.* – *12 heures :* midi. **3.** n. m. invar. Le nombre douze. *Trois fois quatre douze.* – *Le douze* (numéro). *Habiter au douze. Nous sommes le douze.*

la DOUZE ▪ Rivière du sud-ouest de la France (110 km), sous-affluent de l'Adour.

DOUZIÈME adj. ▪ **1.** (ordinal) Qui suit le onzième. *Le douzième étage.* ♦ n. *Arriver le, la douzième.* **2.** Se dit d'une fraction d'un tout divisé également en douze. – n. m. *Un douzième des candidats a été reçu.*

DOUZIÈMEMENT adv. ▪ En douzième lieu.

Dovjenko. *Phot. © Coll. Rui Nogueira*

Aleksandr Petrovitch DOVJENKO (1894-1956) ▪ Cinéaste soviétique. Il a chanté la splendeur de sa terre natale. *"La Terre"* (1930) ; *"Aerograd"* (1935).

John DOWLAND (1563-1626) ▪ Compositeur anglais et luthiste réputé. Auteur de psaumes, de chansons et de pavanes, il est un des meilleurs représentants de la musique élisabéthaine.

DOWNING STREET ▪ Rue de Londres, où se trouvent le ministère britannique des Affaires étrangères (le *Foreign Office*) et la résidence du Premier ministre (au n° 10).

DOYEN, ENNE n. ▪ **1.** Titre de dignité ecclésiastique ou universitaire. **2.** Personne qui est le plus ancien des membres d'un corps, par ordre de réception. *Le doyen de l'Académie française.* **3.** Personne la plus âgée (on dit aussi *doyen d'âge*). *La doyenne du village.*

DOYENNÉ n. m. ▪ Circonscription ecclésiastique ayant à sa tête un doyen.

sir Arthur Conan DOYLE (1859-1930) ▪ Écrivain britannique. Auteur de romans policiers dont le héros, Sherlock Holmes, est devenu le type du détective aux intuitions géniales. *"Le Chien des Baskerville"* (1902).

l'oued **Draa.** Un village fortifié dans les gorges du Ziz.
Phot. © Nino Cirani/Ricciarini

l'oued DRAA ou **DRA** n. m. ▪ Fleuve saharien du Maroc. Environ 1 000 km.

le DRAC ▪ Torrent alpestre (150 km), affluent de l'Isère.

DRACHME [dʀakm] n. f. ▪ **1.** dans la Grèce antique Monnaie d'argent divisée en six oboles. *La parabole de la drachme perdue* (Évangile). **2.** Unité monétaire de la Grèce moderne.

DRACON (VIIe s. av. J.-C.) ▪ Législateur athénien. Il rédigea un code pénal resté célèbre pour sa sévérité.

DRACONIEN, IENNE adj. ▪ D'une excessive sévérité. ⇒ **rigoureux.** *Mesures draconiennes.* ⇒ anglic. **drastique.**

DRACULA ▪ Personnage littéraire et cinématographique créé en 1897 par le romancier Bram Stoker*, vampire se nourrissant du sang de ses victimes.

DRAGAGE n. m. ▪ Action de draguer (I ou rare II).

① **DRAGÉE** n. f. ▪ **1.** Confiserie, amande ou noisette recouverte de sucre durci. *Dragées de baptême, en France, traditionnellement roses* (filles), *bleues* (garçons). **2.** Préparation pharmaceutique formée d'un médicament recouvert de sucre. **3.** loc. *TENIR LA DRAGÉE HAUTE à qqn,* lui faire sentir son pouvoir, lui faire payer cher (fig.) ce qu'il demande.

② **DRAGÉE** n. f. ▪ AGRIC. Fourrage mélangé (légumineuses et graminées).

DRAGÉIFIER v. tr. 7 ▪ Présenter sous forme de dragée. – au p. p. *Comprimé dragéifié.*

DRAGON n. m. ▪ **I. 1.** Animal fabuleux que l'on représente généralement avec des ailes, des griffes et une queue de serpent. **2.** Gardien vigilant et intraitable. – plais. loc. *Un dragon de vertu :* une femme affectant une vertu farouche. ♦ VX Femme acariâtre et brutale (fém. DRAGONNE). **3.** dans l'iconographie chrétienne Figure du démon. *Saint Michel terrassant le dragon.* **II. 1.** HIST. Soldat de cavalerie (→ dragonnade). **2.** Soldat d'une unité blindée.

DRAGONNADE n. f. ▪ HIST. Sous Louis XIV, Persécution exercée par les dragons (soldats) en vue de convertir les protestants. ▪ Instaurées par Louvois dès 1681, les dragonnades consistaient à faire loger chez les protestants des soldats, avec licence pour ces derniers de se livrer à toutes sortes de saccages et de sévices, jusqu'à la conversion de leurs hôtes.

dragonnades. *Missions au XVIIe s. Le Dragon missionnaire,* lithographie d'Engelmann, copie exacte d'un dessin original fait en 1686. Bibliothèque nationale de France, cabinet des estampes, Paris. *Phot. © Lauros/Giraudon*

DRAGONNE n. f. ▪ Cordon, galon qui garnit la poignée d'un sabre, d'une épée. – Courroie attachée à un objet, qu'on passe au bras ou au poignet. *Dragonne d'un bâton de ski.*

DRAGONNIER n. m. ▪ Arbre tropical qui exsude une gomme rouge (appelée *sang-dragon*).

DRAGUE n. f. ▪ **I. 1.** Filet de pêche en forme de poche et dont la partie inférieure racle le fond. *Pêcheur à la drague.* **2.** Engin mécanique destiné à curer les fonds des fleuves, canaux, estuaires. **3.** Dispositif pour enlever ou détruire les mines sous-marines. **II.** FAM. Fait de draguer (II).

DRAGUER v. tr. 1 ▪ **I. 1.** Curer, nettoyer le fond de (une rivière, un port) à la drague. *Draguer un bassin.* **2.** Enlever les mines sous-marines de (un lieu). **II.** FAM. Chercher à lier connaissance avec (qqn) en vue d'une aventure galante ; faire la cour à (qqn).

DRAGUEUR, EUSE ▪ **I.** n. m. Bateau muni d'une drague. *Dragueur de mines.* **II.** n. FAM. Personne qui drague (II).

DRAGUIGNAN ▪ Commune du Var. 30 183 hab. *(les Dracénois).* Monuments des XVIIe et XVIIIe s.

DRAILLE n. f. ▪ RÉGIONAL Piste empruntée par les troupeaux transhumants.

DRAIN n. m. ▪ **1.** Tuyau servant à faire écouler l'eau des sols trop humides. **2.** MÉD. Tube destiné à favoriser l'écoulement des liquides (pus, etc.). *Placer un drain dans une plaie.*

DRAINER v. tr. 1 ▪ **1.** Débarrasser (un terrain) de l'excès d'eau par le drainage. ⇒ **assécher.** *Drainer un marais.* **2.** MÉD. *Drainer une plaie, un organe :* favoriser l'écoulement des liquides (pus, etc.) en plaçant un drain. **3.** fig. Faire affluer en attirant à soi. *Drainer des capitaux.* ► n. m. DRAINAGE

DRAISIENNE n. f. ▪ Véhicule à deux roues (ancêtre de la bicyclette) que l'on faisait avancer par l'action alternative des pieds sur le sol.

DRAISINE n. f. ▪ Wagonnet léger pour la surveillance de la voie ferrée, le transport du matériel.

sir Francis **DRAKE** (v. 1540 - 1596) ▪ Navigateur anglais. Il réalisa un tour du monde (1577-1580), détruisit la flotte espagnole à Cadix (1587) et prit une part importante à la dispersion de l'Invincible Armada (1588). ► **le détroit de DRAKE** Détroit reliant, au sud de la Terre de Feu, les océans Atlantique et Pacifique.

le **DRAKENSBERG** ▪ Massif basaltique du sud-est de l'Afrique du Sud. 3 650 m.

DRAKKAR n. m. ▪ HIST. Navire des Vikings, à voile carrée et à rames.

drakkar. Drakkar d'Oseberg, art viking, IXe s. Musée viking, Bygdoy. *Phot. © Charles Lénars*

DRAMATIQUE adj. ▪ **1.** Destiné au théâtre (ouvrage littéraire) ; relatif aux ouvrages de théâtre. ⇒ **théâtral.** *Art dramatique :* ensemble des activités théâtrales. *Musique dramatique* (⇒ **opéra**). ♦ Qui s'occupe de théâtre. *Auteur dramatique.* ⇒ **dramaturge.** *Critique dramatique.* **2.** *Comédie dramatique,* qui tient du drame (2). **3.** Susceptible d'émouvoir vivement le spectateur, au théâtre. ⇒ **émouvant, poignant. 4.** fig. (événements réels) Très grave et dangereux ou pénible. ⇒ **terrible, tragique.** *La situation est dramatique. Ce n'est pas dramatique.* ⇒ **grave. 5.** n. f. Création pour la télévision ou la radio d'après une œuvre littéraire. *La dramatique de la soirée.*

DRAMATIQUEMENT adv. ▪ D'une manière dramatique (4), tragique. ⇒ **tragiquement.**

DRAMATISER v. tr. 1 ▪ Présenter (qqch.) sous un aspect dramatique, tragique ; accorder une gravité excessive à. ⇒ **exagérer.** *Ne dramatisons pas la situation.* ► DRAMATISANT, ANTE adj. *Un ton dramatisant.* ► DRAMATISATION n. f. *La dramatisation d'un incident.*

DRAMATURGE n. ▪ Auteur d'ouvrages destinés au théâtre.

DRAMATURGIE n. f. ▪ DIDACT. Art de la composition théâtrale. ► adj. DRAMATURGIQUE

DRAME n. m. ▪ **1.** DIDACT. Genre littéraire comprenant tous les ouvrages composés pour le théâtre. ⇒ **théâtre. 2.** Genre théâtral comportant des pièces dont l'action généralement tragique, pathétique, s'accompagne d'éléments réalistes, familiers, comiques ; pièce de théâtre appartenant à ce genre. *Le drame bourgeois* (au XVIIIe siècle), *le drame romantique* (défini par Hugo, en référence à Shakespeare). *Drame populaire.* ⇒ **mélodrame.** ♦ Pièce d'un caractère grave, pathétique (opposé à *comédie*). *"Les Mouches", drame de Sartre.* **3.** fig. Événement ou suite d'événements tragiques, terribles. ⇒ **catastrophe, tragédie.** *Un drame affreux. Il ne faut pas en faire un drame* (⇒ **dramatiser**).

DRANCY ▪ Commune de Seine-Saint-Denis. 60 707 hab. *(les Drancéens).* Un camp d'internement pour les Juifs y fut établi en 1941.

DRAP n. m. ▪ **1.** Tissu de laine dont les fibres sont feutrées par le foulage. *Du drap ; un drap fin, grossier.* ♦ *Drap d'or,* tissé d'or. **2.** *DRAP (DE LIT) :* pièce de toile rectangulaire servant à isoler le corps du matelas *(drap de dessous)* ou des couvertures *(drap de dessus). Une paire de draps.* ♦ loc. fig. *DANS DE BEAUX DRAPS :* dans une situation critique. ♦ *Drap de bain :* grande serviette éponge.

DRAPÉ n. m. ▪ Ensemble des plis formés par l'étoffe d'un vêtement.

DRAPEAU n. m. ▪ **1.** Étoffe attachée à une hampe et portant les couleurs, les emblèmes d'une nation, d'un groupement, d'un chef, pour servir de signe de ralliement, de symbole. ⇒ **étendard, pavillon.** *Hisser un drapeau. Garnir un édifice de drapeaux.* ⇒ **pavoiser.** – *Drapeau rouge :* emblème révolutionnaire. *Drapeau blanc,* qui indique à l'ennemi qu'on veut parlementer ou se rendre. *Drapeau noir,* des pirates, des anarchistes. – *Le drapeau tricolore* (français). **2.** fig. Symbole de l'armée, de la patrie. – *ÊTRE SOUS LES DRAPEAUX :* appartenir à l'armée ; faire son service militaire. **3.** Drapeau servant de signal. *Drapeau rouge de chef de gare.*

DRAPER v. tr. 1 ▪ **1.** Habiller (qqn) de vêtements amples, formant des plis harmonieux. *Couturier qui drape un mannequin.* – au p. p. *Indienne drapée dans un sari.* **2.** Disposer (une étoffe) en plis harmonieux. *Draper une tenture.* ► SE DRAPER v. pron. Arranger ses vêtements de manière à former d'amples plis. – loc. *Se draper dans sa dignité :* affecter une attitude de dignité offensée, orgueilleuse.

Henry **DRAPER** (1837 - 1882) ▪ Astronome américain. Il étudia le spectre des étoiles. Le catalogue fondamental des spectres stellaires porte son nom.

① **DRAPERIE** n. f. ▪ **1.** COMM. Tissu de laine. ⇒ **lainage. 2.** Étoffe, vêtement ample formant de grands plis ; étoffe de tenture drapée. **3.** (peinture, sculpture) Représentation d'un drapé.

② **DRAPERIE** n. f. ▪ Industrie du drap.

DRAP-HOUSSE [dʀaus] n. m. ▪ Drap de dessous dont les coins sont cousus de manière à emboîter le matelas. *Des draps-housses.*

DRAPIER, IÈRE n. ▪ Personne qui fabrique, vend le drap (1).

DRASTIQUE adj. ▪ **1.** Qui exerce une action très énergique. *Purgatif drastique.* **2.** anglic. *Mesures drastiques.* ⇒ **draconien.**

la **DRAVE** ▪ Rivière née dans les Alpes italiennes, qui se jette dans le Danube en Croatie (707 km).

DRAVEIL ▪ Commune de l'Essonne. 27 867 hab. *(les Draveillois).*

DRAVIDIEN, IENNE adj. ▪ DIDACT. Des populations du sud de l'Inde. – *Langues dravidiennes :* langues non indo-européennes (à la différence du sanskrit et de sa descendance) de ces populations (ex. tamoul, malayalam, télougou).

DRÊCHE n. f. ▪ TECHN. Résidu de l'orge après soutirage du moût, en brasserie. ◇ var. DRÈCHE.

Theodore **DREISER** (1871 - 1945) ▪ Écrivain américain. Auteur de romans réalistes qui critiquent le puritanisme hypocrite des États-Unis. *"Une tragédie américaine"* (1925).

DRELIN interj. ▪ Onomatopée évoquant le bruit d'une clochette, d'une sonnette. ⇒ **ding, dring.** *Drelin drelin !*

la **DRENTHE** ▪ Province du nord des Pays-Bas. 2 654 km². 445 596 hab. Chef-lieu : Assen (50 880 hab.).

DRESDE en allemand ***DRESDEN*** ▪ Ville du sud-est de l'Allemagne, capitale de la Saxe. 493 200 hab. Ancienne résidence des ducs de Saxe (à partir de 1485), monuments des XVIIe-XVIIIe s. détruits par les bombardements de 1945 (35 000 morts). Industries de transformation.

DRESSAGE n. m. ▪ **1.** Action de dresser, d'installer, de faire tenir droit. **2.** Action de dresser un animal.

① **DRESSER** v. tr. [1] ▪ **1.** Tenir droit et verticalement. ⇒ **lever, redresser.** *Dresser la tête.* ‑ loc. *Dresser l'oreille :* écouter attentivement, diriger son attention. **2.** Faire tenir droit. *Dresser un mât.* ‑ Installer, ériger. *Dresser une statue. Dresser un lit, une tente.* ⇒ **monter. 3.** LITTÉR. Disposer comme il le faut. *Dresser la table, le couvert.* ⇒ **mettre.** *Dresser un plat,* le présenter. **4.** Faire, établir avec soin ou dans la forme prescrite. *Dresser un plan, un inventaire, une liste. Dresser un procès-verbal.* **5.** fig. *Dresser une personne contre une autre,* mettre en opposition. ⇒ **braquer, monter.** ► SE **DRESSER** v. pron. **1.** Se mettre droit. *Se dresser sur la pointe des pieds pour mieux voir.* ♦ Être droit, vertical. *Montagne qui se dresse à l'horizon.* ‑ *Obstacles qui se dressent sur la route.* **2.** fig. *Se dresser contre qqn.* ⇒ s'**opposer** à.

② **DRESSER** v. tr. [1] ▪ **1.** Habituer (un animal) à faire docilement et régulièrement qqch. *Dresser un chien à rapporter le gibier. Dresser des fauves.* ⇒ **dompter.** ‑ au p. p. *Chien bien dressé.* **2.** FAM. Faire céder, plier (qqn). ⇒ **mater.** *Je vais te dresser.*

DRESSEUR, EUSE n. ▪ Personne qui dresse des animaux. *Dresseur de chiens.* ⇒ **maître-chien.**

DRESSOIR n. m. ▪ Étagère, buffet où l'on dresse, dispose de la vaisselle.

DREUX ▪ Chef-lieu d'arrondissement d'Eure-et-Loir. 35 230 hab. *(les Drouais).* Chapelle royale Saint-Louis (XIXe s.) avec tombeau des princes de la maison d'Orléans. Marché. Industries diversifiées.

Carl Theodor **DREYER** (1889 ‑ 1968) ▪ Cinéaste danois d'inspiration chrétienne. Son art sobre est marqué par une fascination pour les visages. *"La Passion de Jeanne d'Arc"* (1928); *"Dies Irae"* (1943); *"Ordet"* (1955); *"Gertrud"* (1964).

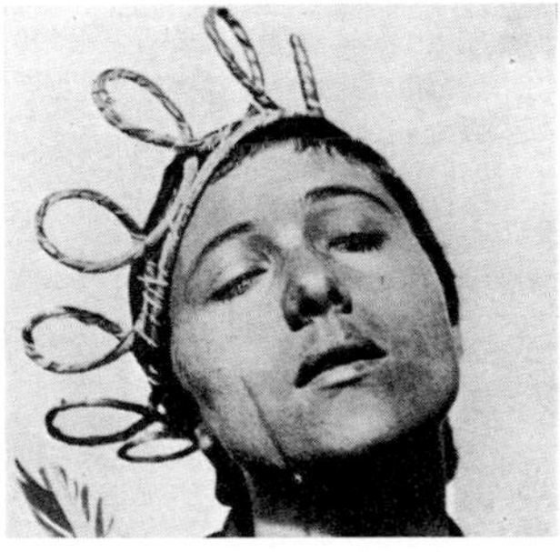

Dreyer. *La Passion de Jeanne d'Arc,* avec Renée Falconetti. *Phot. © Coll. Rui Nogueira*

l'affaire **DREYFUS** ▪ Crise majeure de la IIIe République qui a pour origine la condamnation à la déportation, en 1894, du capitaine d'origine juive Alfred Dreyfus (1859 ‑ 1935) pour espionnage au profit de l'Allemagne. La découverte, en 1896, de preuves innocentant le condamné provoqua une campagne en faveur de la révision du procès. La publication, en 1898, de l'article « J'accuse » de Zola dans le journal de Clemenceau, *L'Aurore*, enflamma le débat. La crise opposa la droite nationaliste et volontiers antisémite à la gauche conduite par les intellectuels. Elle divisa les Français, mit en danger le régime et provoqua l'arrivée au pouvoir du Bloc* des gauches en 1899. Malgré la grâce accordée en 1899, le dénouement de l'affaire n'intervint qu'avec la réhabilitation du capitaine en 1906. Son innocence fut confirmée par la publication (1930) des carnets de Schwartzkoppen, l'attaché militaire allemand : le vrai coupable était le commandant Esterházy.

l'affaire **Dreyfus.** La réhabilitation de Dreyfus, document de 1906. *Phot. © BNF*

DREYFUSARD, ARDE adj. et n. ▪ HIST. Partisan de Dreyfus et de ses défenseurs, lors de l'affaire Dreyfus.

DRIBBLE n. m. ▪ anglic. Action de dribbler. ◇ recomm. off. DRIBLE.

DRIBBLER v. [1] ▪ anglic. **1.** v. intr. Courir en poussant devant soi la balle à petits coups de pied (football) ou de la main (basket) sans en perdre le contrôle. **2.** v. tr. *Dribbler un joueur,* l'éviter en dribblant.

Pierre **DRIEU LA ROCHELLE** (1893 ‑ 1945) ▪ Écrivain français. *"L'Homme couvert de femmes"* (1925); *"Gilles"* (1939). Directeur de la *Nouvelle Revue française* pendant l'Occupation. Collaborateur, il se suicida en 1945.

DRILLE n. m. ▪ *Un* JOYEUX DRILLE *:* un joyeux compagnon, un homme jovial. ⇒ **luron.**

DRING [dʀiŋ] interj. ▪ Onomatopée évoquant le bruit d'une sonnette (surtout électrique). ⇒ **ding, drelin.**

DRISSE n. f. ▪ MAR. Cordage servant à hisser (une voile, un pavillon...).

DRIVE [dʀajv] n. m. ▪ anglic. Coup droit, au tennis. ♦ Coup de longue distance donné au départ d'un trou, au golf.

DROGUE n. f. ▪ **1.** Médicament confectionné par des non-spécialistes (→ remède* de bonne femme). ♦ péj. Médicament dont on conteste l'efficacité. **2.** Substance toxique, stupéfiant. *Drogues dures* (entraînant une dépendance) *et drogues douces.* ♦ Stupéfiant interdit par la loi. *Trafic, trafiquant de drogue* (⇒ anglic. **dealer**). ♦ Consommation de stupéfiants. *Les ravages de la drogue. Lutter contre la drogue.*

DROGUER v. tr. [1] ▪ **1.** Faire prendre à (un malade) beaucoup de drogues. **2.** Administrer un somnifère à. *Les voleurs avaient drogué le chien.* ► SE **DROGUER** v. pron. **1.** Prendre de nombreux médicaments. **2.** Prendre de la drogue, des stupéfiants. ► **DROGUÉ, ÉE** adj. Personne intoxiquée par l'usage des stupéfiants (⇒ **toxicomane**). ‑ n. *Des drogués.*

DROGUERIE n. f. ▪ Commerce des produits chimiques les plus courants, des produits d'hygiène, d'entretien ; magasin où on les vend.

DROGUISTE n. ▪ Personne qui tient une droguerie (syn. à Paris : marchand de couleurs).

① **DROIT, DROITE** ▪ I. adj. **1.** Qui est sans déviation, d'un bout à l'autre. *Tige droite. Se tenir droit.* loc. *Être droit comme un I, un piquet.* ♦ Dont la direction est constante. ⇒ **direct, rectiligne.** *Ligne droite,* dont la direction est constante et la longueur entre deux points la plus petite possible. *Il y a deux kilomètres* EN LIGNE DROITE (→ à vol d'oiseau). ‑ fig. *Ramener qqn dans le droit chemin,* dans la voie de l'honnêteté, de la vertu. **2.** Vertical. *Remettre droit ce qui est tombé.* ⇒ **debout ; dresser, redresser.** *Écriture droite* (opposé à *penché*). ♦ *Veston droit,* bord à bord (opposé à *croisé*). *Jupe droite,* sans ampleur. **3.** *Angle droit,* de 90°. *Les deux rues se coupent à angle droit.* ⇒ **perpendiculaire. 4.** fig. Qui ne s'écarte pas d'une règle morale (⇒ **droiture**). *Un homme simple et droit.* ⇒ **franc, honnête, juste, loyal.** ♦ Qui dénote la franchise, la rigueur

la Déclaration des **droits de l'homme et du citoyen.** Bibliothèque nationale de France, cabinet des estampes, Paris. *Phot. © Giraudon*

morale. *Un regard droit.* **II. adv.** Selon une ligne droite. *C'est droit devant vous, tout droit. Aller droit devant soi.* ♦ fig. La voie la plus courte, la plus rapide. ⇒ **directement.** *ALLER DROIT au but. Cela me va droit au cœur.* ◆ *MARCHER DROIT :* bien se conduire, être obéissant.

② **DROIT, DROITE I. adj.** Qui est du côté opposé à celui du cœur de l'observateur (opposé à *gauche*). *Le côté droit* (⇒ **droite**). ⇒ **dextre.** *La rive droite d'une rivière* (dans le sens du courant). **II. n. m.** Le poing droit du boxeur. *Direct, crochet du droit.*

③ **DROIT n. m.** ▪ **I.** *UN DROIT, DES DROITS* **1.** Ce que chacun peut exiger, ce qui est permis, selon une règle morale, sociale. *Le droit des peuples à disposer d'eux-mêmes.* ◆ *DROITS DE L'HOMME,* (voir ci-dessous). ♦ *AVOIR LE DROIT DE* (+ inf.). *Avoir le droit de sortir le soir.* ⇒ **permission.** ♦ *AVOIR DROIT À* (+ n.). *Vous avez droit à des excuses, à un livre gratuit.* ♦ *ÊTRE EN DROIT DE* (+ inf.) : avoir le droit de. *Vous êtes en droit de protester.* ◆ *De quel droit ?,* en vertu de quel pouvoir, de quelle autorisation ? *Être dans son (bon) droit.* **2.** Ce qui est exigible ou permis par conformité à une loi, un règlement. ⇒ **faculté, prérogative, privilège.** *Droits civiques, droits du citoyen, droits politiques :* électorat, éligibilité, etc. ◆ *Droits civils, privés. Défendre ses droits devant la justice* (⇒ **procédure, procès**). ◆ *Droit de grève. Droits d'auteur*.* **3.** Ce qui donne une autorité morale, une influence considérée comme légitime. ⇒ **prérogative, privilège.** *La nature ne perd jamais ses droits.* **4.** Somme d'argent, redevance exigée. ⇒ **contribution, impôt, taxe.** *Acquitter un droit. Droit d'inscription. Droits de douane.* **II.** *LE DROIT* **1.** Ce qui constitue le fondement des droits de l'homme vivant en société. ⇒ **légalité, légitimité ; justice, morale ; juridique.** *Le droit et la force.* ♦ loc. *FAIRE DROIT À une demande,* la satisfaire. ◆ *À BON DROIT* loc. adv. : d'une façon juste et légitime ; à juste titre. *Il s'insurge à bon droit.* **2.** Pouvoir de faire ce que l'on veut. *Le droit du plus fort.* **3.** *DROIT DIVIN :* doctrine du XVIIe siècle d'après laquelle le roi est directement investi par Dieu. *Monarchie de droit divin.* **4.** Règles juridiques en vigueur dans un État correspondant à la coutume, à des lois (⇒ **code**), à des jurisprudences. *Le droit romain.* ◆ *DROIT COMMUN,* règles générales, lorsqu'il n'y a aucune dérogation particulière. *Les prisonniers de droit commun* (opposé à *prisonnier politique*). ♦ loc. adv. *DE DROIT :* légal, prévu par les textes juridiques. ◆ *DE PLEIN DROIT :* sans qu'il soit nécessaire de manifester de volonté, d'accomplir de formalité. ◆ *QUI DE DROIT :* personne ayant un droit sur..., personne compétente. *Adressez-vous à qui de droit.* ♦ *Droit public et droit privé.* *DROIT CIVIL,* traitant des personnes (capacité, famille, mariage), des biens, de leur transmission non commerciale. *DROIT CONSTITUTIONNEL :* partie du droit public relative à l'organisation de l'État (pouvoir ; souveraineté ; constitution, régime). ◆ *DROIT PÉNAL* ou *CRIMINEL,* qui a trait aux infractions et aux peines, à la procédure criminelle. **5.** La science juridique. *Étudiant en droit.*

▪ **la Déclaration des DROITS** en anglais ***BILL OF RIGHTS*** ▪ Un des textes fondateurs de la monarchie constitutionnelle en Angleterre (1689), élaborée par le Parlement, limitant la prérogative royale.

▪ **la Déclaration des DROITS DE L'HOMME ET DU CITOYEN** ou **DÉCLARATION DE 1789** ▪ Voté par l'Assemblée nationale constituante le 26 août 1789, ce texte servit de base à la Constitution monarchique de 1791, puis aux Constitutions républicaines de la France. Il affirme un droit naturel préalable à toute institution sociale, comprenant les droits fondamentaux de liberté, propriété et égalité. ► **la Déclaration universelle des DROITS DE L'HOMME**, votée par l'O.N.U. en 1948, affirme la liberté et l'égalité pour tous.

① **DROITE n. f.** ▪ Ligne dont l'image est celle d'un fil parfaitement tendu ; GÉOM. notion de base de la géométrie élémentaire. *On admet que par deux points on peut faire passer une droite et une seule. Droites parallèles.*

② **DROITE n. f.** ▪ (opposé à *gauche*) **I. 1.** Le côté droit, la partie droite. *C'est à (ou sur) votre droite.* loc. adv. *À DROITE :* du côté droit. *Tourner à droite. De droite et de gauche :* de tous côtés. **2.** Le côté droit d'une voie. *Tenir, garder sa droite.* **II.** Représentants des partis conservateurs. ◆ Fraction de l'opinion publique, conservatrice ou réactionnaire. *La droite modérée et le centre*. Il est de droite. Journal d'extrême droite.* ♦ *À DROITE. Voter à droite.* ◆ **adj.** *Elle est très à droite.*

DROITIER, IÈRE adj. et **n.** ▪ (Personne) qui se sert mieux de la main droite que de la main gauche.

DROITURE n. f. ▪ Qualité d'une personne droite, loyale. ⇒ **franchise, honnêteté, loyauté, rectitude.**

DROLATIQUE adj. ▪ LITTÉR. Qui a de la drôlerie, qui est récréatif et pittoresque. ⇒ **cocasse.** *"Contes drolatiques"* (de Balzac).

① **DRÔLE adj.** ▪ **I.** Comique. **1.** Qui prête à rire, fait rire. ⇒ **amusant, comique, plaisant ;** FAM. **marrant, rigolo.** *Il est drôle avec ce petit chapeau. Une histoire drôle.* **2.** (personnes) Qui sait faire rire. ⇒ **amusant, gai. II.** Bizarre. **1.** Qui est anormal, étonnant. ⇒ **bizarre, curieux, étrange, singulier.** *La porte était ouverte, ça m'a semblé drôle.* ◆ *C'est drôle qu'il ait oublié.* ◆ *Se sentir tout drôle :* ne pas se sentir comme d'habitude. **2.** *DRÔLE DE... Une drôle d'odeur. Avoir un drôle d'air. Faire une drôle de tête. Un drôle de type,* qui étonne, ou dont il convient de se méfier. **3.** FAM. (intensif) *Il a une drôle de poigne.* ⇒ **rude, sacré.** *Il faut une drôle de patience pour supporter cela,* il en faut beaucoup. **4.** *EN VOIR DE DRÔLES :* voir des choses curieuses ou désagréables. *En faire voir de drôles à qqn,* lui créer des soucis.

② **DRÔLE, DRÔLESSE n.** ▪ **1.** VX Coquin(e). **2.** RÉGIONAL (sud-ouest de la France) Gamin, gamine.

DRÔLEMENT adv. ▪ **1.** Bizarrement. *Il est drôlement accoutré.* **2.** FAM. (intensif) ⇒ **rudement, sacrément.** *Les prix ont drôlement augmenté. Elle est drôlement bien.* ⇒ **très.**

DRÔLERIE n. f. ▪ **1.** Parole, action drôle. ⇒ **bouffonnerie.** *Dire des drôleries.* **2.** Caractère de ce qui est drôle. *Son imitation est d'une drôlerie !*

DROMADAIRE n. m. ▪ Mammifère voisin du chameau, à une seule bosse.

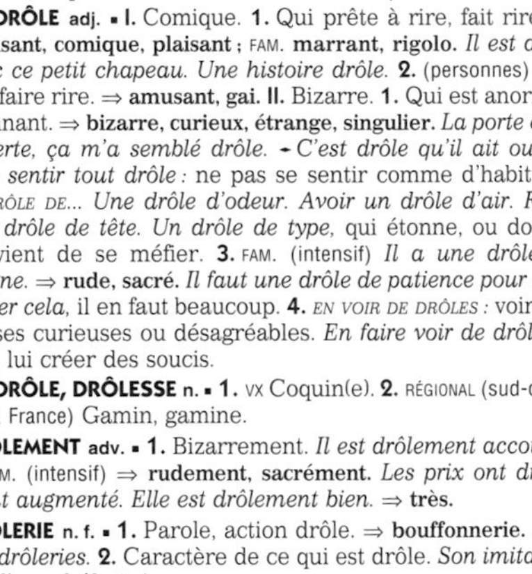

dromadaire. *Phot. © Turpin/Gamma*

-DROME, -DROMIE Éléments savants, du grec *dromos* « course ; piste » (ex. *hippodrome*).

la **DRÔME** ▪ Rivière du sud-est de la France (110 km), affluent du Rhône.

la **DRÔME** [26] ▪ Département français de la région Rhône-Alpes. 6 576 km². 414 072 hab. Chef-lieu : Valence. Chefs-lieux d'arrondissement : Die, Nyons.

la **DRONNE** ▪ Rivière du Périgord (189 km), affluent de l'Isle.

DROP-GOAL [dʀɔpgol] n. m. ▪ anglic. Au rugby, coup de pied donné dans le ballon juste après le rebond. *Des drop-goals.* – abrév. DROP. *Des drops.*

le **DROPT** ▪ Rivière du sud-ouest de la France (125 km), affluent de la Garonne.

DROSÉRA n. m. ▪ Plante carnivore des tourbières.

DROSOPHILE n. f. ▪ Insecte diptère, à corps souvent rouge (cet insecte servit aux expériences sur les mutations, essentielles pour l'histoire de la génétique) (syn. COUR. *mouche du vinaigre*).

DROSSER v. tr. [1] ▪ MAR. Entraîner vers la côte.

François-Hubert **DROUAIS** (1727 - 1775) ▪ Peintre français. Portraits d'enfants.

DRU, UE ▪ **1.** adj. Qui pousse vigoureusement et en épaisseur. ⇒ **épais, touffu.** *Herbe drue. Barbe drue.* **2.** adv. *La pluie, la neige tombe dru.*

DRUGSTORE [dʀœgstɔʀ] n. m. ▪ anglic. Ensemble formé d'un bar, d'un café-restaurant, de magasins divers (pharmacie, journaux, etc.).

DRUIDE n. m. ▪ Prêtre gaulois ou celtique. *Chaque année, les druides cueillaient le gui sacré sur les chênes.* ► adj. DRUIDIQUE

DRUIDESSE n. f. ▪ Prêtresse gauloise ou celtique.

Édouard **DRUMONT** (1844 - 1917) ▪ Homme politique et journaliste français. Champion du nationalisme catholique, antisémite et antidreyfusard. *"La France juive, essai d'histoire contemporaine"* (1886).

Maurice **DRUON** (né en 1918) ▪ Écrivain français. *"Les Rois maudits"* (1955-1977), histoire romancée de Philippe le Bel et de ses descendants. Auteur, avec son oncle J. Kessel, des paroles du *"Chant des partisans"* (1943).

DRUPE n. f. ▪ BOT. Fruit indéhiscent, charnu, à noyau (ex. amande, pêche, cerise...).

les **DRUZES** n. m. pl. ▪ Population arabophone musulmane du Liban et de la Syrie. Sa religion est une branche de l'ismaïlisme fondée v. 1000 par al-Darazī et qui voue un culte au calife fatimide al-Ḥakīm. Les Druzes se sont opposés dans l'histoire aux musulmans orthodoxes égyptiens (XIe s.), aux Turcs musulmans (XVIIe s.) et aux maronites libanais (XIXe s.). Ils sont aujourd'hui implantés dans le djebel Druze (Syrie), en Galilée et au sud du Liban où ils jouent un rôle politique important.

DRY [dʀaj] adj. invar. ▪ anglic. *Champagne dry*, sec ; *extra-dry*, très sec.

DRYADE n. f. ▪ MYTHOL. Nymphe protectrice des forêts. ⇒ aussi **hamadryade.**

John **DRYDEN** (1631 - 1700) ▪ Auteur dramatique anglais, poète officiel de la Cour. *"Absalon et Architophel"* (1681), poème satirique. Il essaya de concilier la tradition théâtrale anglaise avec le goût classique français dans son *"Essai sur la poésie dramatique"* (1668).

Marin **DRŽIĆ** (1508 - 1567) ▪ Poète et auteur dramatique dalmate. Le grand écrivain de la Renaissance en langue slave (croate).

DU ▪ **1.** Article défini contracté. *Venir du Portugal.* ⇒ ① **de.** **2.** Article partitif. *Manger du pain.* ⇒ ② **de.**

DÛ, DUE adj. ▪ **1.** Que l'on doit. *Somme due.* loc. prov. *Chose promise, chose due.* **2.** DÛ À : causé par. *Accident dû à la maladresse.* **3.** DR. *Acte en* BONNE ET DUE FORME, rédigé conformément à la loi et revêtu des formalités nécessaires. **4.** n. m. Ce qui est dû ; ce que l'on peut légitimement réclamer. *Réclamer son dû. Ce n'est pas un dû.*

DUAL, ALE, ALS adj. ▪ DIDACT. Double et réciproque. *Propriétés duales.* ♦ Caractérisé par le dualisme.

DUALISME n. m. ▪ **1.** Doctrine ou système qui admet la coexistence de deux principes irréductibles. ► adj. et n. DUALISTE **2.** Coexistence de deux éléments différents. ⇒ **dualité.**

DUALITÉ n. f. ▪ Caractère ou état de ce qui est double en soi ; coexistence de deux éléments de nature différente (s'oppose à *unité*). ⇒ **dualisme.**

DUBAÏ ▪ Émirat de la fédération des Émirats arabes unis. 3 840 km². 586 000 hab. Capitale : Dubaï. Gisements de pétrole en mer. Port sur la côte des Pirates.

Alexander **DUBČEK** (1921 - 1992) ▪ Homme politique tchécoslovaque. Il fut premier secrétaire du parti communiste en 1968, et l'armée soviétique mit fin à sa tentative de libéralisation du régime communiste (« printemps de Prague »), provoquant son éviction dès 1969. Il réapparut sur la scène politique lors des bouleversements de 1989 et fut élu président du Parlement (1989-1992).

DU BELLAY → du Bellay

DUBITATIF, IVE adj. ▪ Qui exprime le doute. *Réponse dubitative.* ► adv. DUBITATIVEMENT

DUBLIN ▪ Capitale et port principal de la république d'Irlande. 502 000 hab. Industries alimentaires, brasseries, mécanique. Importante université, comprenant Trinity College. Cathédrale (XIIIe s.), parlement (XVIIIe s.).

Dublin. La cathédrale Saint-Patrick.
Phot. © Rausch/Rapho

Ambroise **DUBOIS** (v. 1543 - 1614) ▪ Peintre français d'origine flamande, l'un des maîtres du maniérisme de la seconde école de Fontainebleau.

Guillaume **DUBOIS** (1656 - 1723) ▪ Cardinal français, ministre du régent Philippe d'Orléans.

René **DUBOS** (1901 - 1982) ▪ Bactériologiste et essayiste américain d'origine française. Travaux sur les bactéries (antibiotiques) et sur l'influence du milieu sur la vie prénatale.

Charles **DUBOST** (1914 - 1991) ▪ Chirurgien français. Pionnier de la chirurgie du cœur et des vaisseaux, il fut le premier à réussir une intervention cardiaque avec circulation extracorporelle en 1955.

Albert **DUBOUT** (1905 - 1976) ▪ Dessinateur français. Ses dessins d'humour et ses illustrations sont caractérisés par le grotesque des personnages, les effets de foule et l'altération burlesque du décor et des objets.

Toussaint **DUBREUIL** (v. 1561 - 1602) ▪ Peintre français. Il travailla à la décoration du château de Fontainebleau. L'un des maîtres de la seconde école de Fontainebleau. Son style annonce le classicisme.

Dubreuil. *La Toilette et le Lever d'une dame.* Musée du Louvre, Paris. *Phot. © Dagli Orti*

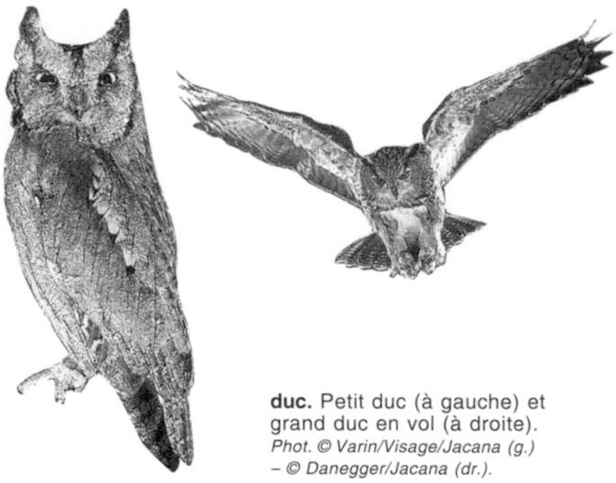

duc. Petit duc (à gauche) et grand duc en vol (à droite).
Phot. © Varin/Visage/Jacana (g.) – © Danegger/Jacana (dr.).

DUBROVNIK anciennt ***RAGUSE*** ▪ Ville de Croatie, sur la côte dalmate. 49 728 hab. Nombreux monuments historiques. La ville a été ravagée par de violents affrontements entre Serbes et Croates en 1991.

Jean DUBUFFET (1901 - 1985) ▪ Peintre, sculpteur et écrivain français. Passionné par l'art des enfants et des malades mentaux, il fonda la Compagnie de l'art brut (1948) et combattit l'*"Asphyxiante culture"* (titre d'un de ses essais, 1968). Son œuvre, pleine de vitalité et de cocasserie, explore des matières et des styles dédaignés (empâtements, graffitis). Séries des *"Corps de dames"* (1951), *"Paris-Circus"* (1962), *"L'Hourloupe"* (1962-1974).

Georges DUBY (né en 1919) ▪ Historien français. Partant de l'analyse des structures économiques et sociales au Moyen Âge, il s'est intéressé aux représentations idéologiques ou artistiques. Il a appliqué à l'histoire événementielle et à la biographie les méthodes de l'école des Annales. *"Le Dimanche de Bouvines"* (1973) ; *"Le Temps des cathédrales"* (1976).

DUC n. m. ▪ **I. 1.** HIST. Souverain d'un duché. **2.** Celui qui porte le titre de noblesse le plus élevé après celui de prince. **II.** Rapace nocturne, variété de hibou. *Grand duc* (ou *grand-duc*), *petit duc*.

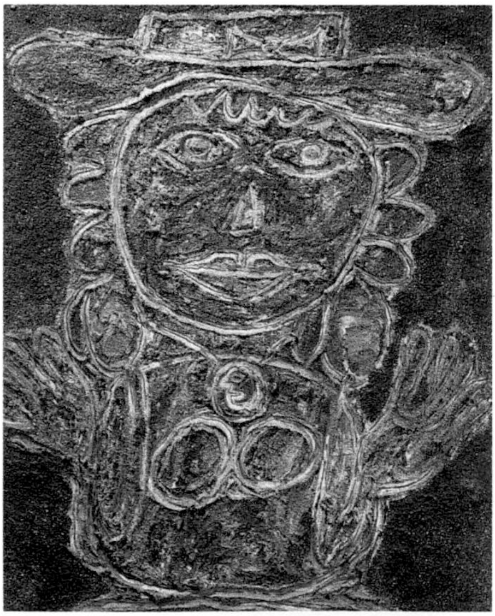

Dubuffet. *Nœud au chapeau.* Moderna Museet, Stockholm.
Phot. © Dagli Orti

DUCAL, ALE, AUX adj. ▪ Qui appartient à un duc, à une duchesse.

DUCASSE n. f. ▪ Fête publique, en Belgique et dans le nord de la France. ⇒ **kermesse.**

Isidore DUCASSE → **Lautréamont**

DUCAT n. m. ▪ Ancienne monnaie d'or.

Eustache DU CAURROY (1549 - 1609) ▪ Compositeur français. Musicien de la Chambre du roi, il produisit une œuvre instrumentale (fantaisies, messes) qui eut une grande influence sur les musiciens de son temps.

DUCCIO DI BUONINSEGNA (v. 1225 - v. 1319) ▪ Peintre italien, maître de l'art primitif de l'école siennoise. Retable de la *"Maestà"* de Sienne (scènes de la vie du Christ).

Duccio di Buoninsegna. *Maestà, Vierge à l'enfant,* détail. Museo dell'Opera del Duomo, Sienne.
Phot. © Alinari/Giraudon

le DUCE ▪ Titre (« le Guide ») pris par Mussolini, chef de l'Italie fasciste.

DU CERCEAU → **Androuet Du Cerceau**

Marcel DUCHAMP (1887 - 1968) ▪ Artiste et intellectuel français. Pionnier du mouvement dada, dont ses *ready-made* (objets manufacturés traités comme des œuvres d'art) sont l'illustration. Son ironie a fortement marqué l'art contemporain. *"La Mariée mise à nu par ses célibataires, même"* (1915-1923). ► **Raymond DUCHAMP-VILLON** (1876 - 1918), son frère, sculpteur proche du cubisme. *"Cheval majeur"*. ► **Gaston DUCHAMP** → Jacques **Villon.**

Réjean DUCHARME (né en 1942) ▪ Écrivain canadien d'expression française. Ses personnages essaient souvent de se libérer de leur adolescence. *"Le Nez qui voque"* (1967) ; *"Les Enfantômes"* (1976).

DUCHÉ n. m. ▪ Seigneurie, principauté à laquelle le titre de duc était attaché. *Ériger une terre en duché.*

DUCHESSE n. f. ▪ **I.** anciennt Femme possédant un duché ; épouse d'un duc. **II.** Variété de poire fondante.

Jacques DUCLOS (1896 - 1975) ▪ Homme politique français. Membre fondateur du parti communiste, dont il fut le candidat à l'élection présidentielle de 1969.

DUCTILE adj. ▪ Qui peut être allongé, étendu, étiré sans se rompre. *Métaux ductiles.* ► n. f. DUCTILITÉ

DUDELANGE ▪ Ville du Luxembourg (district de Luxembourg). 14 677 hab.

Marcel **Duchamp.** *Nu descendant un escalier.* Museum of Art, Philadelphie. *Phot. © Arch. Smeets*

John DUDLEY (1502 - 1553) ▪ Homme d'État anglais. Responsable de la politique protestante d'Édouard VI, il fut éliminé par Marie Tudor. ► **Robert DUDLEY** (1532 - 1588), son fils, comte de Leicester, fut un des favoris d'Élisabeth Ire.

DUDLEY ▪ Ville industrielle d'Angleterre (Midlands de l'Ouest). 305 000 hab.

Raymond **Duchamp-Villon.** *L'Athlète,* sculpture. MNAMGP, Paris. *Phot. © Arch. Smeets*

Dufy. *La Jetée de Sainte-Adresse.* Musée des Beaux-Arts, Reims. *Phot. © Arch. Smeets*

DUÈGNE n. f. ▪ anciennt Femme âgée chargée de veiller sur la conduite d'une jeune fille ou d'une jeune femme. ⇒ **chaperon.**

① **DUEL** n. m. ▪ **1.** Combat entre deux personnes dont l'une exige de l'autre la réparation d'une offense par les armes. *Se battre en duel.* **2.** fig. Assaut, compétition. loc. *Duel oratoire* : échange de répliques entre deux orateurs. ⇒ **joute.**

② **DUEL** n. m. ▪ GRAMM. Nombre des déclinaisons et conjugaisons de certaines langues (arabe, grec...) qui sert à désigner deux personnes, deux choses. *Singulier, duel et pluriel.*

DUELLISTE n. ▪ Personne qui se bat en duel.

DUETTISTE n. ▪ Personne qui joue ou qui chante une partie dans un duo.

Guillaume DUFAY (v. 1400 - 1474) ▪ Compositeur franco-flamand. Messes, motets, rondeaux.

Charles François de Cisternay DU FAY (1698 - 1739) ▪ Chimiste et physicien français. Découverte de deux types d'électricité : vitrée (positive), résineuse (négative).

DUFFEL-COAT ou **DUFFLE-COAT** [dœfœlkot] n. m. ▪ anglic. Manteau trois-quarts avec capuchon, en gros tissu de laine. *Des duffel-coats, des duffle-coats.*

Guillaume Henri DUFOUR (1787 - 1875) ▪ Général suisse. Il mit fin à la guerre du Sonderbund, organisa la défense nationale (théorie de la neutralité armée) et le Bureau topographique. ► **le DUFOURSPITZE**, point culminant de la Suisse (4 634 m).

DU FU ou **TOU FOU** (712 - 770) ▪ Poète chinois de l'époque Tang. Il a évoqué les ravages de la guerre et la misère du peuple.

Raoul DUFY (1877 - 1953) ▪ Peintre et décorateur français. S'éloignant progressivement du fauvisme, il élabora un style personnel, qui dissocie le trait des couleurs, étalées avec hardiesse. Il réalisa pour le pavillon de l'Électricité (1937) l'immense panneau (60 m × 10 m) de *"La Fée Électricité"*.

DUGNY ▪ Commune de Seine-Saint-Denis. 8 361 hab. *(les Dugnysiens).*

DUGONG [dygɔ̃g] n. m. ▪ Mammifère marin herbivore qui vit dans l'océan Indien.

René DUGUAY-TROUIN (1673 - 1736) ▪ Corsaire français. Il s'illustra pendant les guerres de Louis XIV contre les Hollandais et les Anglais. La prise de Rio de Janeiro (1711) est son plus célèbre exploit.

Bertrand DU GUESCLIN (v. 1320 - 1380) ▪ Noble breton, connétable du roi de France Charles V, héros de la guerre de Cent Ans. Menant une guerre de harcèlement, il chassa les Anglais du Poitou, de la Normandie, de la Guyenne et de la Saintonge.

Léon DUGUIT (1859 - 1928) ▪ Juriste français. *"Traité de droit constitutionnel"* (1911).

Georges DUHAMEL (1884 - 1966) ▪ Écrivain français. Il fit dans divers essais le procès de son époque, qu'il voyait évoluer vers la barbarie (*"Civilisation"*, 1918), la mécanisation et l'inhumanité (*"Scènes de la vie future"*, 1930). Sa *"Chronique des Pasquier"* (1933-1945), cycle romanesque, plaide pour le « règne du cœur » en morale et en politique.

Pierre **DUHEM** (1861 - 1916) ▪ Physicien et philosophe français. Dans ses travaux d'épistémologie, il considère les théories scientifiques comme de simples classifications de faits d'expérience, n'ayant pas vocation à écrire ou expliquer le monde.

Karl Eugen **DÜHRING** (1833 - 1921) ▪ Philosophe allemand. Réformiste, il fut violemment critiqué par Engels dans son livre l'*"Anti-Dühring"*.

DUISBOURG en allemand ***DUISBURG*** ▪ Ville d'Allemagne (Rhénanie-du-Nord-Westphalie). 533 600 hab. 1er port fluvial du monde, au confluent du Rhin et de la Ruhr. Centre métallurgique.

Karel **DUJARDIN** (1622 - 1678) ▪ Peintre et graveur hollandais. Peintre de genre et paysagiste de tendance italianisante. *"Charlatans italiens"*.

Paul **DUKAS** (1865 - 1935) ▪ Compositeur français. Il obtint le succès avec *"L'Apprenti Sorcier"* (1897), poème symphonique. *"La Péri"* (1912), poème chorégraphique.

Germaine **DULAC** (1882 - 1942) ▪ Cinéaste française. Son influence est comparable à celle de Delluc. *"La Coquille et le Clergyman"* (1927), d'après un scénario de A. Artaud.

DULCINÉE n. f. ▪ plais. Femme inspirant une passion romanesque. *Il est fidèle à sa dulcinée.* ⇒ **bien-aimée.**

John Foster **DULLES** (1888 - 1959) ▪ Homme politique américain. Secrétaire d'État (1952-1959), responsable (républicain) de la politique étrangère d'Eisenhower durant la guerre froide.

Dullin (à gauche) avec J. Marchat dans *Volpone ou le Renard* de Ben Jonson. *Phot. © Roger-Viollet*

Charles **DULLIN** (1885 - 1949) ▪ Homme de théâtre français. Il créa son théâtre, l'Atelier, en 1922. Son jeu et ses mises en scène ont marqué Vilar, Barrault.

Pierre Louis **DULONG** (1785 - 1838) ▪ Physicien français. *Loi de Dulong et Petit :* expression d'une constante entre chaleur spécifique et masse atomique d'un solide.

DULUTH ▪ Ville des États-Unis (Minnesota), port important sur le lac Supérieur. 85 000 hab.

DUMARSAIS → César Chesneau sieur du **Marsais**

Jean-Baptiste **DUMAS** (1800 - 1884) ▪ Chimiste français. Après avoir déterminé la composition de l'air, de l'eau et du gaz carbonique, il étudia les alcools et les acides.

Alexandre **DUMAS** (1802 - 1870) ▪ Écrivain français. Auteur de pièces et surtout de romans historiques mouvementés très populaires. *"Le Comte de Monte-Cristo"* (1844); *"Les Trois Mousquetaires"* (1844), *"Vingt Ans après"* (1845) et *"Le Vicomte de Bragelonne"* (1848-1850), trilogie sur d'Artagnan et le règne de Louis XIII; *"La Reine Margot"* (1845), *"La Dame de Monsoreau"* (1846) et *"Les Quarante-Cinq"* (1847-1848), trilogie sur les guerres de religion. ► **Alexandre DUMAS FILS** (1824 - 1895), son fils, auteur de pièces d'inspiration sociale. *"La Dame aux camélias"* (1852), dont Verdi fit un opéra (*"La Traviata"*).

Daphné **DU MAURIER** (1907 - 1989) ▪ Romancière britannique. *"Rebecca"* (1938), *"L'Auberge de la Jamaïque"* (1936), adaptés au cinéma par A. Hitchcock.

DUM-DUM [dumdum] adj. invar. ▪ *Balle dum-dum :* balle de fusil dont l'enveloppe est entaillée en croix de manière à provoquer une large déchirure (emploi interdit en 1899).

DÛMENT adv. ▪ Selon les formes prescrites. *Dûment autorisé.* - iron. Comme il faut. *Il l'a dûment sermonné.*

Georges **DUMÉZIL** (1898 - 1986) ▪ Philologue français, historien des religions. Il dégagea une structure commune aux mythes indo-européens : les trois fonctions de souveraineté, force et fécondité. Il a contribué à donner à l'étude des religions un statut scientifique. *"Mythe et épopée"* (1968-1973).

Dumézil.
Phot. © Andersen/Gamma

Henri **DU MONT** (1610 - 1684) ▪ Compositeur wallon à la cour de France. Il généralisa l'emploi de la basse continue. Musique sacrée.

Jules Sébastien César **DUMONT D'URVILLE** (1790 - 1842) ▪ Navigateur français. Il entreprit à bord de l'*Astrolabe* un périple en Océanie (1826-1829), fut envoyé à l'île de Vanikoro où se trouvait l'épave du navire de La Pérouse. Il explora les régions antarctiques, découvrant la terre Adélie (1840).

Charles **DUMOULIN** (1500 - 1566) ▪ Juriste français. Il participa aux polémiques religieuses de son temps et fut un historien du droit français.

Charles François du Périer dit **DUMOURIEZ** (1739 - 1823) ▪ Général français. Habile, intrigant, agent secret de Choiseul, rallié à la Révolution française. Ministre girondin de la Guerre, il gagna, avec Kellermann, la bataille de Valmy contre les Prussiens (1792), puis celle de Jemmapes contre les Autrichiens, et occupa la Belgique. Après les défaites de Neerwinden et de Louvain (1793), il fut accusé de trahison, et passa à l'ennemi.

DUMPING [dœmpiŋ] n. m. ▪ anglic. Pratique qui consiste à vendre sur les marchés extérieurs à des prix inférieurs à ceux du marché national, ou même inférieurs au prix de revient.

Henri **DUNANT** (1828 - 1910) ▪ Philanthrope suisse, créateur de la Croix-Rouge. Prix Nobel de la paix 1901.

Isadora **DUNCAN** (1877 - 1927) ▪ Danseuse américaine, épouse de S. Essenine. Opposée aux formes classiques du ballet, elle prôna une danse « naturelle ».

Isadora **Duncan.** Portrait par Valentine Hugo, pastel, vers 1913. Coll. part., Paris.
Phot. © Dagli Orti

DUNDEE ▪ Ville et port de l'est de l'Écosse (Tayside). 179 000 hab. Industries textile (jute, lin), alimentaire (confitures). Pêche dans la mer du Nord.

DUNE n. f. ▪ Butte, colline de sable fin formée par le vent sur le bord des mers ou dans l'intérieur des déserts.

DUNETTE n. f. ▪ Superstructure élevée sur le pont arrière d'un navire et s'étendant sur toute sa largeur.

DUNFERMLINE ▪ Ville du nord de l'Écosse (Fife). 52 000 hab. Ancienne résidence des rois d'Écosse du XIe au XIVe s.

DUNHUANG ou **TOUEN-HUANG** ▪ Ville de Chine, dans le désert de Gobi. 875 600 hab. Grottes des Mille Bouddhas sculptées et peintes, creusées du IVe s. au XIVe s.

DUNKERQUE ▪ Chef-lieu d'arrondissement du Nord. 70 331 hab. *(les Dunkerquois)*. 3e port français. Complexe sidérurgique. La position stratégique de la ville (reconstruite après 1945) l'a exposée à de nombreuses guerres.

André **DUNOYER DE SEGONZAC** (1884 - 1974) ▪ Peintre, graveur et illustrateur français. Ses œuvres (passages, natures mortes, nus et scènes de la vie quotidienne) s'inscrivent dans la tradition naturaliste et présentent parfois des accents expressionnistes.

Dunoyer de Segonzac. *Les Canotiers.* Coll. part.
Phot. © Arch. Smeets

John **DUNS SCOT** (v. 1266 - 1308) ▪ Franciscain écossais, théologien et philosophe. Un des maîtres (avec saint Bonaventure et saint Thomas d'Aquin) de l'Université de Paris. Il fut surnommé Docteur Subtil en raison de son habileté à manier la dialectique.

DUO n. m. ▪ **1.** Composition musicale pour deux voix ou deux instruments. *Chanter en duo.* ♦ *Duo comique* (chansonniers, music-hall). **2.** fig. FAM. *Un duo d'injures :* échange d'injures. **3.** FAM. Couple ; deux personnes. *Ils font un curieux duo.* ⇒ **paire.**

DUODÉCIMAL, ALE, AUX adj. ▪ Qui a pour base le nombre douze. *Numération duodécimale.*

DUODÉNAL, ALE, AUX adj. ▪ Du duodénum.

DUODÉNUM [-ɔm] n. m. ▪ Partie initiale de l'intestin grêle, qui commence au pylore.

Félix **DUPANLOUP** (1802 - 1878) ▪ Évêque d'Orléans, chef de file du catholicisme libéral.

Marie-Thérèse de Gorle dite la **DU PARC** (1633 - 1668) ▪ Comédienne française. Elle appartint à la troupe de Molière puis fut l'amie de Racine.

Henri **DUPARC** (1848 - 1933) ▪ Compositeur français, auteur de mélodies. *"L'Invitation au voyage"* (1870), sur un poème de Baudelaire.

DUPE ▪ **1.** n. f. Personne que l'on trompe sans qu'elle en ait le moindre soupçon. ⇒ **pigeon.** *Être la dupe de qqn, de ses flatteries.* - loc. *Marché, jeu de dupes,* où l'on est abusé. **2.** adj. (seulement attribut) *Il me ment, mais je ne suis pas dupe,* je le sais. ⇒ **crédule, naïf.** - *Je ne suis pas dupe de ses grands airs.*

DUPER v. tr. [1] ▪ LITTÉR. Prendre (qqn) pour dupe. ⇒ **abuser, flouer, mystifier, tromper.** *Se laisser duper.*

DUPERIE n. f. ▪ LITTÉR. Action de duper (qqn), tromperie. ⇒ **leurre, supercherie.**

le baron Charles **DUPIN** (1784 - 1873) ▪ Mathématicien et homme politique français. Il détermina la surface dont toutes les lignes de courbatures sont circulaires *(cyclide de Dupin).*

Joseph François **DUPLEIX** (1697 - 1763) ▪ Administrateur colonial français. Directeur général des comptoirs français en Inde (1742), il y mena une politique d'expansion territoriale. À court de ressources, il fut rappelé en France (1754) et sa politique désavouée. La guerre de Sept Ans anéantit son action au profit de l'Angleterre.

Maurice Le Noblet **DUPLESSIS** (1890 - 1959) ▪ Homme politique canadien. Premier ministre (conservateur) du Québec de 1936 à 1939 et de 1944 à sa mort.

DUPLEX [-ɛks] n. m. ▪ **1.** Système de télécommunications qui permet de transmettre des programmes émis simultanément de deux ou plusieurs stations (⇒ **multiplex**). *Émission en duplex.* **2.** Appartement sur deux étages.

DUPLICATA n. m. ▪ Second exemplaire d'une pièce ou d'un acte ayant même validité. *Le duplicata d'une quittance.* ⇒ **double.** *Des duplicatas* ou *des duplicata.*

DUPLICATION n. f. ▪ Fait de (se) reproduire en double. ♦ Copie d'un enregistrement.

DUPLICITÉ n. f. ▪ Caractère d'une personne qui feint, qui a deux attitudes, joue double jeu. ⇒ **fausseté, hypocrisie.**

DUPLIQUER v. tr. [1] ▪ Faire une ou plusieurs copies de. *Dupliquer un logiciel.*

Jacques Charles **DUPONT DE L'EURE** (1767 - 1855) ▪ Homme politique français de la Révolution française puis de l'Empire, président du gouvernement provisoire de février 1848.

Pierre Samuel **DUPONT DE NEMOURS** (1739 - 1817) ▪ Économiste et homme politique français. En 1797, il émigra aux États-Unis où ses descendants développèrent le groupe chimique *Du Pont de Nemours.*

André **DUPONT-SOMMER** (1900 - 1983) ▪ Orientaliste français. Traducteur des manuscrits de la mer Morte.

Adrien **DUPORT** ou **DU PORT** (1759 - 1798) ▪ Révolutionnaire français. Un des chefs de la Constituante, feuillant, exilé en 1792.

Antoine **DUPRAT** (1463 - 1535) ▪ Prélat français, diplomate, ministre de François Ier. Il fut le négociateur du concordat de Bologne (1516) entre François Ier et Léon X.

Guillaume **DUPUYTREN** (1777 - 1835) ▪ Chirurgien français. La *maladie de Dupuytren :* rétraction des doigts par sclérose des tissus de la paume de la main.

DUQUEL ⇒ LEQUEL

Abraham **DUQUESNE** (1610 - 1688) ▪ Marin français. Il se distingua particulièrement contre les Hollandais en Méditerranée, remportant plusieurs victoires sur Ruyter. Protestant, il fut exempté par Louis XIV des effets de la révocation de l'édit de Nantes.

les **DUQUESNOY** ▪ FAMILLE DE SCULPTEURS FLAMANDS ► **Henrich Duquesnoy** dit **DUQUESNOY LE VIEUX** (av. 1570 - 1641), auteur du *Manneken-Pis* à Bruxelles (1619). ► **François DUQUESNOY** (v. 1597 - 1643), son fils, s'établit en Italie. Il est l'auteur du *"Saint André"* de Saint-Pierre de Rome. ► **Jérôme DUQUESNOY** (1602 - 1654), frère du précédent, travailla à Madrid, Florence, Rome et Gand.

Duquesnoy. Le *Manneken-Pis,* sculpture de Duquesnoy le Vieux, Bruxelles.
Phot. © Éverts/Rapho

Dürer. *Autoportrait au chardon.* Musée du Louvre, Paris.
Phot. © Nimatallah/Ricciarini

DUR, DURE ▪ **I.** adj. **1.** Qui résiste à la pression, au toucher ; qui ne se laisse pas entamer facilement. ⇒ **résistant, rigide, solide** ; **dureté.** *Matières dures. Dur comme du bois. Roches dures et roches tendres.* – loc. fig. *Avoir la peau dure :* résister à tout. *Avoir la tête dure :* être obtus ou entêté. ♦ *Du pain dur,* sec. ⇒ **rassis.** *Œuf* dur.* – *Crayon dur et crayon gras. Brosse dure et brosse souple.* **2.** Qui résiste à l'effort, à une action. *Cette porte est dure,* résiste quand on l'ouvre ou la ferme. – fig. *Un enfant dur.* ⇒ **difficile, turbulent.** ♦ loc. *Être DUR D'OREILLE :* être un peu sourd. *Avoir la vie dure :* résister longtemps à la mort. fig. *Les préjugés ont la vie dure.* ⇒ **tenace.** ♦ *DUR À* (+ n.) : résistant à. *Être dur à la tâche* (⇒ **courageux, endurant**) ; *dur à la détente*.* – (+ inf.) ⇒ **difficile.** *Aliment dur à digérer.* fig. *Affront dur à digérer, à avaler.* ♦ Difficile, qui résiste à l'effort intellectuel. *Ce problème est dur.* ⇒ **ardu.** *C'est trop dur pour moi.* **3.** Pénible à supporter. ⇒ **âpre, rigoureux, rude.** *Un climat très dur. Une dure leçon.* ⇒ **sévère.** *Dure épreuve. De durs combats.* ⇒ **acharné.** *Être à dure école.* – *Mener, rendre la vie dure à qqn,* le tourmenter. ♦ *Avoir les traits* (du visage) *durs,* accusés et sans grâce. **4.** Qui manque de cœur, d'humanité, d'indulgence. ⇒ **inflexible, inhumain, insensible, sévère, strict.** *Il est dur pour, envers, avec ses enfants.* – *Visage dur et fermé. Un ton dur.* ♦ *La critique a été dure.* **5.** Intransigeant (surtout dans : *pur et dur*). **II.** adv. Avec violence. *Frapper, cogner dur.* ⇒ **fort.** – Avec intensité. *Travailler dur.* ♦ FAM. *Dur, dur ! :* c'est pénible ! **III.** n. **1.** n. m. Ce qui est dur. *Bâtiment EN DUR,* construit en matériau dur (opposé à *préfabriqué*). **2.** n. f. *LA DURE. Coucher sur la dure,* par terre, sur la terre nue. ♦ *À LA DURE :* de manière rude, dure à supporter. **3.** *En voir de dures :* subir des épreuves pénibles. **4.** n. Personne qui n'a peur de rien, ne recule devant rien. *Jouer les durs. C'est une dure.* loc. FAM. *Un dur de dur.* – *Un dur, une dure à cuire :* une personne qui ne se laisse ni émouvoir ni mener. ♦ *Les durs d'un parti,* les intransigeants.

DURABLE adj. ▪ De nature à durer longtemps. *Une construction durable. Faire œuvre durable.*

DURABLEMENT adv. ▪ D'une façon durable.

DURALUMIN n. m. (n. déposé) ▪ Alliage léger d'aluminium, de cuivre, de magnésium et de manganèse.

DURAMEN [-ɛn] n. m. ▪ BOT. Partie la plus ancienne, tout à fait lignifiée d'un tronc d'arbre. ⇒ **cœur.**

la **DURANCE** ▪ Rivière des Alpes françaises (305 km), affluent du Rhône. Important bassin hydroélectrique.

DURANGO ▪ Ville du Mexique septentrional. 410 000 hab.

DURANT prép. ▪ **1.** (avant le n.) Pendant la durée de. ⇒ **pendant.** *Durant la nuit. Durant tout l'été.* **2.** (après le n., dans des loc.) *Parler une heure durant,* pendant une heure entière. *Vous toucherez cette rente votre vie durant.*

Louis Edmond **DURANTY** (1833 - 1880) ▪ Écrivain français. Un des principaux représentants du mouvement réaliste (*"Le Malheur d'Henriette Gérard"*, 1860). Il fut un des premiers à défendre les impressionnistes.

Marguerite **DURAS** (1914 - 1996) ▪ Écrivain et cinéaste française. Son écriture romanesque a évolué vers une mise en scène de la parole amoureuse, la conduisant naturellement au théâtre et au cinéma. Romans : *"Un barrage contre le Pacifique"* (1950) ; *"Moderato cantabile"* (1958) ; *"L'Amant"* (1984). Films : *"Hiroshima mon amour"* (réalisé par Alain Resnais, 1959) ; *"India Song"* (1974).

DURBAN ▪ Ville et 1er port d'Afrique du Sud. 1 116 000 hab.

DURCIR v. [2] ▪ **I.** v. tr. **1.** Rendre dur, ferme. *La sécheresse durcit le sol.* **2.** fig. Rendre plus ferme, plus intransigeant. *Durcir son attitude.* **3.** Faire paraître dur, plus dur. *Cette coiffure lui durcit les traits.* **II.** v. intr. Devenir dur, ferme. *La neige a durci.* ► SE **DURCIR** v. pron. *Ses traits se sont durcis.* – *La grève s'est durcie.* ► **DURCI, IE** p. p. *Un regard durci par la colère.*

DURCISSEMENT n. m. ▪ **1.** Fait de durcir ; son résultat. *Durcissement du ciment.* **2.** fig. Fait de devenir plus intransigeant. *Durcissement d'une position politique.*

DURCISSEUR n. m. ▪ Produit qui, ajouté à un autre, provoque son durcissement.

DURÉE n. f. ▪ **1.** Espace de temps qui s'écoule entre le début et la fin (d'un phénomène). *Pendant toute la durée du spectacle. Pour une durée de dix jours.* – *De courte durée.* ⇒ **éphémère.** *Piles longue durée.* **2.** Sentiment du temps qui passe. *Perdre la notion de la durée.* ⇒ **temps.**

DUREMENT adv. ▪ **1.** D'une manière pénible à supporter. *Il a été durement éprouvé par cette perte. Enfant élevé durement.* ⇒ à la **dure.** **2.** Sans bonté, sans humanité. *Répondre durement.*

DURE-MÈRE n. f. ▪ La plus superficielle et la plus résistante des trois méninges.

DURER v. intr. [1] ▪ **I. 1.** Avoir une durée de. *Leur entretien a duré deux heures, dure encore, dure depuis midi. Cela n'a que trop duré.* ♦ *Le malade ne va pas durer longtemps.* ⇒ **vivre.** ♦ absolt *DURER :* durer longtemps. *Le beau temps dure.* ⇒ se **maintenir.** *Faire durer le plaisir :* prolonger, entretenir qqch. qui plaît. **2.** Résister contre les causes de destruction, d'usure. ⇒ se **conserver, tenir.** *Ce costume a duré deux ans.* – *C'est un matériau qui dure.* **II.** (personnes) **1.** Vivre, exister longtemps. *"Le Dur Désir de durer"* (poèmes d'Eluard). **2.** VIEILLI ou RÉGIONAL Demeurer, rester.

Albrecht **DÜRER** (1471 - 1528) ▪ Artiste allemand de la Renaissance, installé à Nuremberg, célèbre dans toute l'Europe déjà de son vivant. Remarquable graveur (*"Mélancolie"*, 1514), peintre (*"Les Quatre Apôtres"*, 1526) et théoricien (*"Traité des proportions du corps humain"*). Tout en conservant un style germanique, il assimila les recherches flamandes et s'appropria les découvertes italiennes lors d'un séjour à Venise (1495).

DURETÉ n. f. ▪ **1.** Propriété de ce qui est dur (1). *La dureté du marbre.* **2.** fig. *Dureté d'une eau,* qualité de l'eau qui renferme certains sels (de calcium, etc.) et ne produit pas de mousse avec le savon. **3.** Défaut d'harmonie, de douceur.

Durban. La plage. *Phot. © Valentin/Hoa-Qui*

Durrell.
Phot. © Andersen/Gamma

Dureté des traits du visage. **4.** Caractère de ce qui est pénible à supporter. *La dureté d'un châtiment.* ⇒ **sévérité.** **5.** Manque de sensibilité, de cœur. ⇒ **insensibilité, rudesse.** *Traiter qqn avec dureté.*

DURGĀ ▪ Divinité féminine hindoue, guerrière, épouse de Shiva (→ **Pārvatī**).

DURG BHILAINAGAR ▪ Agglomération urbaine de l'Inde (Madhya Pradesh) formée par les villes de Durg et de Bhilai Nagar. 688 700 hab.

DURHAM ▪ Ville du nord de l'Angleterre, chef-lieu du comté du même nom (2 436 km²; 596 000 hab.). 25 000 hab. Sa cathédrale est un chef-d'œuvre de l'art roman anglo-normand.

DURILLON n. m. ▪ Callosité qui se forme aux pieds, aux mains. ⇒ **cal, cor.**

DURIT ou **DURITE** [-it] n. f. (n. déposé) ▪ Tuyau en caoutchouc traité pour les raccords de canalisations des moteurs à explosion. *Changer une durit.*

Émile DURKHEIM (1858 - 1917) ▪ Sociologue français. Il chercha dans l'étude des sociétés et des lois qui les régissent les fondements d'une science des mœurs. *"De la division du travail social"* (1893); *"Règles de la méthode sociologique"* (1895); *"Le Suicide"* (1897); *"Les Formes élémentaires de la vie religieuse"* (1912).

Lawrence DURRELL (1912 - 1990) ▪ Romancier britannique. *"Le Quatuor d'Alexandrie"* (1957-1960) évoque, à partir de points de vue différents, des événements identiques.

Friedrich DÜRRENMATT (1921 - 1991) ▪ Auteur dramatique et romancier suisse de langue allemande. Œuvres tragicomiques et satiriques. *"La Visite de la vieille dame"* (1955).

DURRËS ou **DURRËSI** ▪ 2ᵉ ville d'Albanie. 82 700 hab. Port, industries.

Buenaventura DURRUTI (1896 - 1936) ▪ Syndicaliste anarchiste espagnol. Il fut tué lors de la guerre d'Espagne.

Maurice DURUFLÉ (1902 - 1986) ▪ Compositeur et organiste français.

Victor DURUY (1811 - 1894) ▪ Historien et homme politique français. Ministre de l'Instruction publique sous Napoléon III, il fut un des organisateurs de l'école publique en France. Il est l'auteur d'une *"Histoire des Romains"* (1876-1885).

Eleonora DUSE (1858 - 1924) ▪ Actrice italienne. Interprète de Dumas fils, d'Ibsen et de D'Annunzio, dont elle fut l'égérie et la protectrice, elle triompha en Italie et en France.

DÜSSELDORF ▪ Ville d'Allemagne, capitale de la Rhénanie-du-Nord-Westphalie. 575 100 hab. Ville ancienne, université. Industries. Centre administratif et financier de la Ruhr (sièges des firmes et syndicats).

Henri DUTILLEUX (né en 1916) ▪ Compositeur français. Dans ses œuvres se mêlent poésie et mystère. *"Le Loup"* (1953), ballet.

Olav DUUN (1876 - 1939) ▪ Écrivain norvégien. *"Les Gens de Juvik"* (1918-1923), fresque épique sur la Norvège rurale; *"Les Hommes et les forces de la nature"* (1938).

François DUVALIER dit **Papa Doc** (1909 - 1971) ▪ Homme politique haïtien. Il établit un régime dictatorial à Haïti de 1957 à sa mort. ► **Jean-Claude DUVALIER** (né en 1951), son fils, dit **Bébé Doc** lui succéda, mais fut chassé en 1986.

Jean DUVERGIER DE HAURANNE, abbé DE SAINT-CYRAN (1581 - 1643) ▪ Théologien français. Lié à Jansénius, confesseur des religieuses de Port-Royal, il fit figure de martyr du jansénisme.

DUVET n. m. ▪ **I. 1.** Petites plumes molles et très légères des oisillons, et que l'on trouve chez les oiseaux adultes sur le ventre et le dessous des ailes. *Le duvet des poussins. Duvet de cygne. Couette de duvet.* **2.** Sac de couchage bourré de duvet ou d'une matière analogue. **II.** Poils fins et doux (chez certains animaux et certaines plantes). *Tiges couvertes de duvet.* ♦ (chez l'être humain) *Avoir un léger duvet sur la lèvre supérieure.*

DUVETÉ, ÉE adj. ▪ Couvert de duvet. *Pêche duvetée. Lèvre duvetée.*

SE **DUVETER** v. pron. [5] ▪ Se couvrir de duvet.

DUVETEUX, EUSE adj. ▪ Qui a beaucoup de duvet.

Julien DUVIVIER (1896 - 1967) ▪ Cinéaste français. *"La Belle Équipe"* (1936); *"Pépé le Moko"* (1937).

la DVINA OCCIDENTALE ▪ Fleuve né en Russie, qui traverse la Biélorussie et la Lettonie, et se jette dans la mer Baltique. (1 020 km).

Antonín DVOŘÁK (1841 - 1904) ▪ Compositeur tchèque. Son inspiration est double : le folklore national et le romantisme. Symphonie *"Du Nouveau Monde"* (1893).

Dvořák. Portrait par Souček, détail. Musée Dvořák, Prague.
Phot. © Garanger/ Lauros/Giraudon

DYADE n. f. ▪ DIDACT. Ensemble de deux éléments. ► adj. DYADIQUE

Robert Zimmerman dit **Bob DYLAN** (né en 1941) ▪ Chanteur américain. Auteur et compositeur, témoin et porte-parole de la contestation de la société américaine. *"Blowin'in the wind"* (1962).

DYNAM- → DYNAM(O)-

DYNAMIQUE ▪ **I.** adj. **1.** PHYS. Relatif aux forces, à la notion de force (s'oppose à *statique*). **2.** DIDACT. Qui considère les choses dans leur mouvement, leur devenir. *Une morale dynamique.* **3.** COUR. Qui manifeste une grande vitalité, de la décision et de l'entrain. *Une femme dynamique.* ⇒ **actif, énergique, entreprenant.** - *Une allure dynamique.* **II.** n. f. **1.** *La dynamique :* partie de la mécanique qui étudie le mouvement dans ses rapports avec les forces qui le produisent. **2.** Ensemble de forces orientées vers un développement, une expansion. *Créer une dynamique. La dynamique de l'idée européenne.* **3.** *DYNAMIQUE DE(S) GROUPE(S) :* ensemble des règles qui président à la conduite des groupes sociaux dans le cadre de leur activité propre.

Dylan. *Phot. © Onyx/ Rapoport/Stills*

DYNAMIQUEMENT adv. ▪ Avec dynamisme.

DYNAMISER v. tr. [1] ▪ anglic. Donner, communiquer du dynamisme à. *Dynamiser une équipe.* ► n. f. DYNAMISATION

DYNAMISME n. m. ▪ Énergie, vitalité. *Il manque de dynamisme.*

DYNAMITE n. f. ▪ Substance explosive, composée d'un mélange de nitroglycérine et de matières solides. *Attentat à la dynamite.* ♦ fig. FAM. *C'est de la dynamite :* se dit de qqn ou de qqch. qui semble avoir un pouvoir explosif.

DYNAMITER v. tr. [1] ▪ Faire sauter à la dynamite. *Dynamiter un pont.* ► n. m. DYNAMITAGE

DYNAMITEUR, EUSE n. ▪ Auteur d'attentats à la dynamite.

DYNAMO n. f. ▪ Machine transformant l'énergie mécanique en énergie électrique. *La dynamo d'une automobile charge les accumulateurs.*

DYNAM(O)- Élément savant, du grec *dunamis* « force ».

DYNAMOMÈTRE n. m. ▪ Instrument servant à mesurer l'intensité des forces.

DYNASTIE n. f. ▪ **1.** Succession de souverains d'une même famille. *La dynastie capétienne.* **2.** fig. Succession d'hommes célèbres, dans une même famille. *La dynastie des Bach.* ► adj. DYNASTIQUE

DYNE n. f. ▪ Ancienne unité de mesure de force du système C.G.S., valant 10^{-5} newton.

DYS- [dis] Élément savant, du grec *dus-*, exprimant l'idée de difficulté, de trouble, de manque (ex. *dyslexie*).

DYSENTERIE [dis-] n. f. ▪ Maladie infectieuse provoquant des diarrhées graves. ► adj. et n. DYSENTÉRIQUE [dis-]

DYSFONCTIONNEMENT n. m. ▪ Trouble dans le fonctionnement. *Dysfonctionnement rénal.*

DYSLEXIE n. f. ▪ DIDACT. Trouble de la capacité à lire, ou difficulté à reconnaître et à reproduire le langage écrit. ► DYSLEXIQUE adj. *Enfant dyslexique.* – n. *Un, une dyslexique.*

DYSMÉNORRHÉE n. f. ▪ DIDACT. Menstruation difficile et douloureuse.

DYSORTHOGRAPHIE n. f. ▪ DIDACT. Trouble dans l'acquisition et la maîtrise des règles de l'orthographe.

DYSPEPSIE n. f. ▪ Digestion difficile et douloureuse. ► adj. et n. DYSPEPTIQUE

DYSPNÉE n. f. ▪ DIDACT. Difficulté de la respiration.

DYSTROPHIE n. f. ▪ MÉD. Trouble de la nutrition ou du développement. ► adj. DYSTROPHIQUE

dytique. *Dytiscus marginalis,* dytique bordé, mâle, nageant sous l'eau.
Phot. © Nardin/Jacana

DYTIQUE n. m. ▪ ZOOL. Insecte coléoptère à la carapace aplatie, très carnassier, qui vit dans l'eau.

la DZOUNGARIE → Djoungarie

E

E [ø] n. m. ▪ Cinquième lettre, deuxième voyelle de l'alphabet. *É, è, ê. Le e dit muet est souvent prononcé dans le sud de la France.*

É- Élément marquant la privation, le changement d'état ou l'achèvement (ex. *éborgner, équeuter*). ◇ var. EF- devant *f* (ex. *effeuiller*) ; ES- devant *s* (ex. *esseulé*).

E. A. O. [øao] (sigle) ▪ Abréviation de *enseignement assisté par ordinateur.*

l'EAST ANGLIA n. f. ▪ Région d'Angleterre, au nord-est de Londres. Plaine céréalière.

l'EAST END n. m. ▪ Quartiers populaires de Londres à l'est de *Tower Bridge.* Ils s'opposent aux quartiers résidentiels du *West End.*

George **EASTMAN** (1854 - 1932) ▪ Industriel américain. Fondateur de la maison Kodak, il contribua à l'invention du cinéma, en créant le film photographique (1889).

l'EAST RIVER n. f. ▪ Large chenal qui réunit le détroit de Long Island à la baie de New York, bordant à l'est l'île de Manhattan.

East River. Queensboro Bridge et Roosevelt Island (New York).
Phot. © D. Philippe/Figaro/Gamma

EAU n. f. ▪ **I. 1.** Liquide naturel, inodore, incolore et transparent quand il est pur. ⇒ **aqua-**, ① **hydr(o)-**. *L'eau est formée d'hydrogène et d'oxygène* (H_2O). *Eau lourde* (composée d'hydrogène lourd). *Eau de pluie. Eau de source. Eau douce ; eau de mer. L'eau gèle à 0 °C* (⇒ **glace**), s'évapore à 100 °C (⇒ **vapeur**). *Boire de l'eau. Eau minérale gazeuse, non gazeuse (plate). Robinet d'eau froide, d'eau chaude. Laver qqch. à grande eau,* en faisant couler l'eau. - loc. fig. *Mettre de l'eau dans son vin :* modérer ses prétentions. ♦ *PRENDRE L'EAU :* (vêtement) être perméable. *FAIRE EAU :* (bateau) laisser entrer l'eau par une brèche. **2.** au plur. *LES EAUX :* les eaux minérales d'une station thermale. *Aller aux eaux, prendre les eaux,* faire une cure thermale. *Une ville d'eaux.* **3.** Étendue ou masse plus ou moins considérable de ce liquide. *La surface, le fond de l'eau. Aller sur l'eau.* ⇒ **naviguer.** *Mettre un navire à l'eau,* le lancer. *Tomber à l'eau ;* fig. échouer, être oublié. *Son projet est tombé à l'eau.* ♦ au plur. *Basses eaux,* niveau le plus bas d'un fleuve. *Le partage des eaux. Les grandes eaux,* jets d'eau et cascades d'un parc. - *Eaux territoriales,* zone de mer s'étendant des côtes d'un pays jusqu'à sa frontière maritime. **4.** Solution aqueuse. *Eau oxygénée. Eau de Cologne, eau de toilette,* préparation alcoolisée parfumée avec des essences de fleurs, etc. ⇒ **lotion, parfum. 5.** *Les Eaux et Forêts*.* **II.** dans des loc. Sécrétion liquide incolore du corps humain. *Être (tout) en eau,* en sueur. *Avoir l'eau à la bouche,* saliver devant un mets appétissant ; fig. être attiré, tenté par qqch. de désirable. ♦ au plur. Liquide amniotique. *Poche des eaux.* **III.** Transparence, pureté (des pierres précieuses). *Un diamant de la plus belle eau.* - fig. *De la plus belle eau :* remarquable (dans son genre).

EAUBONNE ▪ Commune du Val-d'Oise. 22 153 hab. *(les Eaubonnais).*

EAU-DE-VIE n. f. ▪ Liquide alcoolique provenant de la distillation du jus fermenté des fruits *(eau-de-vie naturelle)* ou de la distillation de céréales, tubercules. ⇒ **alcool ;** FAM. **gnôle.** *Cerises, prunes à l'eau-de-vie. Des eaux-de-vie.*

EAU-FORTE n. f. ▪ **1.** Acide dont les graveurs se servent pour attaquer le cuivre, là où le vernis a été enlevé par la pointe. *Graveur à l'eau-forte.* ⇒ **aquafortiste. 2.** Gravure utilisant ce procédé. *Des eaux-fortes.*

ÉBAHIR v. tr. [2] ▪ Frapper d'un grand étonnement. ⇒ **abasourdir, stupéfier.** *Voilà une nouvelle qui m'ébahit.* - au p. p. *Un air ébahi.* ⇒ **ahuri, éberlué, stupéfait ;** FAM. **épaté.**

ÉBAHISSEMENT n. m. ▪ Étonnement extrême. ⇒ **stupéfaction, surprise.**

ÉBARBER v. tr. [1] ▪ Débarrasser des aspérités, bavures (une surface ou une pièce mécanique, des feuilles de papier, etc.). ⇒ **limer.** ► n. m. ÉBARBAGE

ÉBATS n. m. pl. ▪ LITTÉR. ou plais. Jeux, mouvements d'un être qui s'ébat. - *Ébats amoureux,* activités érotiques.

S'ÉBATTRE v. pron. [41] ▪ LITTÉR. Se donner du mouvement pour s'amuser. *Les enfants s'ébattent dans le jardin.* ⇒ **folâtrer, jouer.**

ÉBAUBI, IE adj. ▪ VX Ébahi, ahuri.

ÉBAUCHE n. f. ▪ **1.** Première forme, encore imparfaite, que l'on donne à une œuvre. ⇒ **esquisse.** *Un tableau à l'état d'ébauche.* **2.** Première manifestation, commencement. *L'ébauche d'un sourire.*

ÉBAUCHER v. tr. [1] ▪ **1.** Donner la première forme à (une matière). ⇒ **dégrossir. 2.** Donner la première forme à (un ouvrage) ; préparer dans les grandes lignes (une idée, un projet). ⇒ **esquisser. 3.** Commencer sans exécuter jusqu'au bout. *Ébaucher un geste.* - pronom. *Un rapprochement s'ébauche entre les deux pays.*

ÉBAUCHOIR n. m. ▪ Outil pour ébaucher (1).

S'**ÉBAUDIR** v. pron. 2 ▪ VX Se réjouir.

ÉBÈNE n. f. ▪ Bois d'un arbre (l'ébénier), très noir, d'un grain uni et d'une grande dureté. *Un coffret d'ébène.* - loc. *Noir comme l'ébène.*

ÉBÉNISTE n. ▪ Artisan spécialisé dans la fabrication des meubles de luxe.

ÉBÉNISTERIE n. f. ▪ Fabrication des meubles de luxe, ou décoratifs. *L'acajou, le palissandre sont des bois d'ébénisterie.*

ÉBERLUÉ, ÉE adj. ▪ Ébahi, stupéfait.

Friedrich **EBERT** (1871 - 1925) ▪ Président (social-démocrate) de la République allemande de 1919 à 1925.

Karl Joseph **EBERTH** (1835 - 1926) ▪ Médecin et bactériologiste allemand. On lui doit la découverte et l'étude du bacille de la typhoïde, dit *bacille d'Eberth.*

EBLA ▪ Ville et royaume antiques de Mésopotamie (2400-1600 av. J.-C.), connus par les fouilles de Tell Mardik (le nouveau nom d'*Ebla*), près d'Alep, en Syrie.

ÉBLOUIR v. tr. 2 ▪ **1.** Frapper et spécialt troubler (la vue ou une personne dans sa vision) par un éclat insoutenable. ⇒ **aveugler.** *Phares qui éblouissent.* **2.** Frapper d'admiration. ⇒ **émerveiller.** *Nous étions éblouis par ce spectacle.* ♦ Impressionner, séduire. *Il veut nous éblouir.*

ÉBLOUISSANT, ANTE adj. ▪ **1.** Qui éblouit. ⇒ **aveuglant, éclatant.** *Une blancheur éblouissante.* **2.** D'une beauté merveilleuse, d'une qualité brillante. ⇒ **fascinant.** *Un teint éblouissant. Un style éblouissant.*

ÉBLOUISSEMENT n. m. ▪ **1.** Fait d'éblouir, d'être ébloui. **2.** Trouble de la vue provoqué par une cause interne (faiblesse, congestion), ou externe (lumière trop forte, choc), parfois accompagné de vertige. **3.** Émerveillement, enchantement. *Ce spectacle était un éblouissement.*

ÉBONITE n. f. ▪ Matière plastique dure et noire, isolante, obtenue par la vulcanisation du caoutchouc.

ÉBORGNER v. tr. 1 ▪ Rendre borgne. - pronom. *J'ai failli m'éborgner,* me crever un œil.

Félix **ÉBOUÉ** (1884 - 1944) ▪ Administrateur colonial français. Premier gouverneur noir de la Guadeloupe, puis du Tchad, qu'il rallia à de Gaulle en 1940.

ÉBOUEUR n. m. ▪ Personne chargée du ramassage des ordures. ⇒ **boueux.**

ÉBOUILLANTER v. tr. 1 ▪ **1.** Passer à l'eau bouillante. *Ébouillanter des légumes.* ⇒ **blanchir. 2.** Blesser, brûler avec de l'eau bouillante ou très chaude. - pronom. *S'ébouillanter.* - passif et p. p. *(Être) ébouillanté.*

ÉBOULEMENT n. m. ▪ Chute de terre, de rochers, matériaux, constructions qui s'éboulent. ⇒ **affaissement, effondrement.**

S'**ÉBOULER** v. pron. 1 ▪ Tomber par morceaux, en s'affaissant. *Le tas de bois s'est éboulé.* ⇒ **crouler,** s'**effondrer.**

ÉBOULIS n. m. ▪ Amas lentement constitué de matériaux éboulés. *Marcher à travers des éboulis de roches.*

ÉBOURIFFANT, ANTE adj. ▪ FAM. Qui ébouriffe (2). *Une histoire ébouriffante.* ⇒ **renversant.**

ÉBOURIFFER v. tr. 1 ▪ **1.** Mettre (les cheveux) en désordre. - au p. p. *Il était tout ébouriffé,* échevelé. **2.** FAM. Surprendre au point de choquer.

ÉBRANCHER v. tr. 1 ▪ Dépouiller (un arbre) de ses branches. ⇒ **élaguer, émonder, tailler.**

ÉBRANLEMENT n. m. ▪ **1.** Oscillation ou vibration produite par un choc ou une secousse. ⇒ **commotion.** *L'ébranlement des vitres, du sol.* ⇒ **tremblement. 2.** Fait d'ébranler (un régime, des institutions).

ÉBRANLER v. tr. 1 ▪ **1.** Faire trembler, vibrer par un choc. ⇒ **secouer.** *La détonation a ébranlé les vitres.* **2.** fig. Mettre en danger de crise ou de ruine. ⇒ **compromettre.** *Les événements ont ébranlé le régime.* **3.** Rendre peu ferme, incertain (la santé, la volonté, les opinions, le moral de qqn). - (compl. personne) Troubler, faire chanceler dans ses convictions. *Vos objections ne l'ont pas ébranlé.* ⇒ **troubler.** ► s'**ÉBRANLER** v. pron. Se mettre en branle, en marche.

l'**ÈBRE** n. m. en espagnol *EBRO* ▪ Fleuve d'Espagne qui se jette dans la mer Méditerranée. 950 km.

l'**Èbre** vu de la Seo à Saragosse. *Phot. © Gabanou/Diaf*

ÉBRÉCHER v. tr. 6 ▪ **1.** Endommager en entamant le bord de. *Ébrécher un plat.* - au p. p. *Assiettes ébréchées.* **2.** FAM. fig. Diminuer, entamer. *Il a bien ébréché sa fortune.* ⇒ **écorner.**

ÉBRIÉTÉ n. f. ▪ (surtout style admin.) Ivresse. *Être en état d'ébriété,* ivre.

S'**ÉBROUER** v. pron. 1 ▪ **1.** (cheval) Souffler bruyamment en secouant la tête. **2.** Souffler en s'agitant. *Le chien s'ébroue en sortant de l'eau.* ► n. m. ÉBROUEMENT

ÉBRUITER v. tr. 1 ▪ Faire circuler (une nouvelle qui aurait dû rester secrète). ⇒ **divulguer.** *Ébruiter un projet.* - pronom. *Toute l'affaire s'est ébruitée.* ⇒ se **répandre.**

ÉBULLITION n. f. ▪ **1.** État d'un liquide qui bout. *Amener un liquide à ébullition. Point d'ébullition,* température à laquelle un liquide se met à bouillir. **2.** fig. *EN ÉBULLITION :* dans un état de vive agitation, de surexcitation. ⇒ **effervescence.** *Tout le quartier est en ébullition.*

José Maria **EÇA DE QUEIRÓS** → **Queirós**

ÉCAILLE n. f. ▪ **1.** Petite plaque qui recouvre la peau (de poissons, de reptiles). *Les écailles du serpent.* ♦ Petite lame coriace imbriquée enveloppant certains organes de végétaux (bourgeons, bulbes). **2.** Matière qui recouvre la carapace des tortues de mer. *Lunettes à monture d'écaille.* - Résine synthétique imitant cette matière. ⇒ **bakélite.**

① **ÉCAILLER** v. tr. 1 ▪ **1.** Enlever, racler les écailles de (un poisson). *Écailler une carpe.* **2.** Ouvrir (une huître). ⇒ ② **écailler. 3.** Faire tomber en écailles (un enduit). - pronom. *La peinture s'écaille.* - p. p. *Mur écaillé.* ► n. m. ÉCAILLAGE ou ÉCAILLEMENT

② **ÉCAILLER, ÈRE** n. ▪ Personne qui ouvre et vend des huîtres.

ÉCAILLEUX, EUSE adj. ▪ **1.** Qui a des écailles. *La peau écailleuse du lézard.* **2.** Qui se détache par écailles. *Peinture écailleuse.*

ÉCALE n. f. ▪ BOT. Enveloppe recouvrant la coque des noix, noisettes, amandes, châtaignes.

ÉCALER v. tr. 1 ▪ Enlever l'écale de (noix, amandes...). ⇒ **décortiquer.** - *Écaler des œufs,* les dépouiller de leur coquille.

ÉCARLATE ▪ **1.** n. f. Couleur d'un rouge éclatant tirée de la cochenille. **2.** adj. Très rouge. *Une fleur écarlate. À ces mots, il est devenu écarlate* (de honte, de confusion). ⇒ **cramoisi.**

ÉCARQUILLER v. tr. 1 ▪ Ouvrir démesurément (les yeux). - au p. p. *Des yeux écarquillés.*

ÉCART n. m. ▪ **1.** Distance qui sépare deux choses qu'on écarte ou qui s'écartent. ⇒ **écartement.** - *GRAND ÉCART :* position où les jambes forment un angle de 180°. **2.** Différence entre deux grandeurs ou valeurs (dont l'une est une moyenne ou une grandeur de référence). *L'écart entre le prix* *de revient et le prix de vente.* ⇒ **variation.** **3.** Action de s'écarter, de s'éloigner d'une direction ou d'une position. *Son cheval a fait un écart sur le côté.* **4.** *Un écart, des écarts de conduite, de langage.* ⇒ **erreur, faute.** **5.** *À L'ÉCART* loc. adv. : dans un endroit écarté, à une certaine distance (de la foule, d'un groupe). *Se tenir à l'écart.* ← *Tenir qqn à l'écart,* ne pas le faire participer à une activité. ← *À L'ÉCART DE* loc. prép. : écarté(e) de.

① **ÉCARTÉ, ÉE** adj. ▪ **1.** Assez éloigné des centres, des lieux de passage. ⇒ **isolé.** *Un chemin écarté* (→ à l'écart). **2.** au plur. *Les bras écartés,* éloignés l'un de l'autre.

② **ÉCARTÉ** n. m. ▪ Jeu de cartes où chaque joueur peut, si l'adversaire l'accorde, écarter (⇒ ② **écarter**) les cartes qui ne lui conviennent pas et en recevoir de nouvelles.

ÉCARTÈLEMENT n. m. ▪ **1.** Supplice consistant à écarteler. **2.** fig. État d'une personne écartelée (2), tiraillée.

ÉCARTELER v. tr. 5 ▪ **1.** anciennt Déchirer en quatre (un condamné) en faisant tirer ses membres par quatre chevaux. **2.** fig. Tirailler. ← passif *Être écartelé entre ses sentiments et ses intérêts.*

ÉCARTEMENT n. m. ▪ Espace qui sépare une chose d'une ou plusieurs autres. ⇒ **écart, distance.** *L'écartement des essieux.*

① **ÉCARTER** v. tr. 1 ▪ **1.** Mettre (plusieurs choses ou plusieurs parties d'une chose) à quelque distance les unes des autres (s'oppose à *rapprocher*). ⇒ **séparer.** *Écarter les doigts.* **2.** Mettre à une certaine distance (d'une chose, d'une personne). ⇒ **éloigner.** *Écarter une table du mur.* ← Repousser (qqch., qqn qui barre le passage). fig. *Écarter un danger.* ⇒ **lever.** ← Éloigner de soi. *Écarter toute idée préconçue.* ← Exclure (qqn). *On l'a écarté de l'équipe. Il a été écarté.* **3.** Éloigner d'une direction. *Écarter une rivière de son lit.* ⇒ **détourner.** ► **S'ÉCARTER** v. pron. Se disperser. *Les nuages s'écartent.* ← S'éloigner (d'un lieu, d'une direction). *Écartez-vous de là. Nous nous écartons de la bonne route.* ← Se détourner de, ne pas suivre (une ligne). S'écarter de la norme.

② **ÉCARTER** v. tr. 1 ▪ aux cartes Rejeter de son jeu (une ou plusieurs cartes). → ② écarté.

ECBATANE → **Hamandān**

ECCHYMOSE [eki-] n. f. ▪ Tache (noire, jaunâtre) produite par l'épanchement du sang sous la peau. ⇒ **bleu, contusion, hématome.**

ECCLÉSIASTIQUE ▪ **1.** adj. Relatif à une Église, à son clergé. *L'état, la vie ecclésiastique.* **2.** n. m. Membre d'un clergé (⇒ **ministre, pasteur, prêtre, religieux**), spécialt du clergé catholique (⇒ **curé**).

ÉCERVELÉ, ÉE adj. et n. ▪ Qui est sans cervelle, sans jugement. ⇒ **étourdi, fou.** *Une petite écervelée.*

ÉCHAFAUD n. m. ▪ **1.** vx Plate-forme sur une charpente. ⇒ **tréteau.** **2.** Plate-forme en charpente destinée à l'exécution des condamnés. ← anciennt Peine de mort par décapitation. *Les assassins risquaient l'échafaud.* ⇒ **guillotine.**

ÉCHAFAUDAGE n. m. ▪ **1.** Construction temporaire, passerelles, plates-formes soutenues par une charpente (sur la façade d'un bâtiment à édifier ou à réparer). *Un échafaudage en tubes métalliques.* **2.** Assemblage de choses posées les unes sur les autres. ⇒ **pyramide.** *Un échafaudage de livres.* ♦ fig. Assemblage complexe et peu solide. *Un échafaudage de mensonges.*

ÉCHAFAUDER v. 1 ▪ **1.** v. intr. Construire un échafaudage. *Échafauder pour bâtir un mur.* **2.** v. tr. fig. Former par des combinaisons hâtives et fragiles. *Il échafaude des projets.*

ÉCHALAS n. m. ▪ Pieu en bois que l'on enfonce dans le sol au pied d'un arbuste, d'un cep de vigne pour le soutenir. ← *Un grand échalas,* une personne grande et maigre. ⇒ **perche.**

ÉCHALIER n. m. ▪ **1.** Échelle rudimentaire. **2.** Clôture mobile.

ÉCHALOTE n. f. ▪ Variété d'ail dont les bulbes sont utilisés comme condiment. *Onglet à l'échalote.* ← *Course à l'échalote,* où l'on force qqn à courir en le tenant par le col et par le fond de culotte.

ÉCHANCRER v. tr. 1 ▪ Creuser ou découper en creux (arrondi ou angle). *Échancrer une encolure.* ► **ÉCHANCRÉ, ÉE** adj. *Un corsage échancré.* ⇒ **décolleté.** ← *La côte est profondément échancrée.* ⇒ **découpé.**

ÉCHANCRURE n. f. ▪ Partie échancrée. *L'échancrure d'une robe.* ⇒ **décolleté.** *L'échancrure d'un rivage.* ⇒ **baie, golfe.**

ÉCHANGE n. m. ▪ **1.** Opération par laquelle on échange (des biens, des personnes). *Proposer un échange à un collectionneur.* ← *Échange standard*.* ← Fait de donner une chose contre une autre. ⇒ **troc.** *Monnaie d'échange.* **2.** au plur. Commerce, opération commerciale. *Les échanges internationaux.* **3.** *ÉCHANGE DE :* communication réciproque (de documents, renseignements, etc.). *Un échange de lettres, de politesses.* ← loc. *Un échange de vues.* **4.** Passage de substances entre la cellule et le milieu extérieur. *Échanges gazeux.* **5.** *EN ÉCHANGE* loc. adv. : de manière qu'il y ait échange. ⇒ en **contrepartie,** en **retour.** ← *EN ÉCHANGE DE* loc. prép. : pour compenser, remplacer, payer.

ÉCHANGER v. tr. 3 ▪ **1.** *Échanger qqch. contre,* laisser (qqch.) à qqn en recevant une autre chose en contrepartie. ← (sujet au plur.) Donner et recevoir (des choses équivalentes). *Ils échangent des timbres.* **2.** Adresser et recevoir en retour. *Échanger un regard de connivence.* ← (sujet au plur.) Se faire des envois, des communications réciproques de (choses du même genre). *Les spectateurs échangeaient leurs impressions.*

ÉCHANGEUR n. m. ▪ **1.** Appareil destiné à réchauffer ou refroidir un fluide au moyen d'un autre fluide à une température différente. **2.** Intersection routière à plusieurs niveaux.

ÉCHANSON n. m. ▪ Officier d'une cour, dont la fonction était de servir à boire à la table du prince.

ÉCHANTILLON n. m. ▪ **1.** Petite quantité (d'une marchandise) qu'on montre pour donner une idée de l'ensemble. *Des échantillons d'étoffes.* **2.** Spécimen remarquable (d'une espèce, d'un genre). ⇒ **exemple, représentant.** **3.** Fraction représentative d'une population, choisie en vue d'un sondage. *Un échantillon de mille personnes.*

ÉCHANTILLONNAGE n. m. ▪ **1.** Action d'échantillonner. **2.** Collection d'échantillons. *Un bon échantillonnage.*

ÉCHANTILLONNER v. tr. 1 ▪ **1.** Prélever, choisir des échantillons de (tissus, produits, etc.). **2.** Choisir comme échantillon en vue d'un sondage.

ÉCHAPPATOIRE n. f. ▪ Moyen détourné par lequel on cherche à se tirer d'embarras. ⇒ **dérobade, faux-fuyant, subterfuge.** *Aucune échappatoire n'est possible.*

ÉCHAPPÉE n. f. ▪ **1.** vx Action de s'échapper, fuite. ♦ Action d'échapper aux poursuivants (chasse). ← Action menée par un ou plusieurs coureurs cyclistes qui lâchent le peloton. *Prendre la tête d'une échappée.* **2.** Espace libre mais resserré (ouvert à la vue, à la lumière). *Avoir une échappée sur la campagne.* ♦ Bref moment, intervalle.

ÉCHAPPEMENT n. m. ▪ **1.** Mécanisme d'horlogerie qui règle le mouvement. **2.** Dernière phase de la distribution et de la circulation de la vapeur dans les cylindres. ← Dernier temps du cycle d'un moteur pendant lequel les gaz brûlés sont évacués. *Échappement libre. Pot d'échappement.*

ÉCHAPPER v. 1 ▪ **I.** v. tr. ind. *ÉCHAPPER À* **1.** Cesser d'être prisonnier de (un lieu, une personne). *Ils ont échappé à leur gardien.* ⇒ **s'évader, s'enfuir.** ← Se tirer de (un danger). *Échapper à un accident.* ⇒ **réchapper.** **2.** Cesser d'appartenir à, de subir l'influence de. *Elle sentait que son fils lui échappait.*

échalote.
Phot. © Frederic/ Jacana

- *Son nom m'échappe,* je ne peux pas m'en souvenir. **3.** Être prononcé par inadvertance par (qqn). *Ça m'a échappé.* **4.** Éviter (qqn, qqch. de menaçant). *Il a échappé à la police. Vous ne pourrez pas y échapper.* ⇒ **couper. 5.** (choses) N'être pas touché, contrôlé, compris par. *Rien ne lui échappe,* il remarque tout. *Le sens de cette phrase m'échappe.* **II. v. tr. ind.** *ÉCHAPPER DE* (choses) Cesser d'être tenu, retenu par. *La tasse lui a échappé des mains.* ⇒ **glisser, tomber. III.** (**v. tr.**) loc. *L'ÉCHAPPER BELLE,* échapper de justesse à un danger. ► **S'ÉCHAPPER** (DE) **v. pron. 1.** S'enfuir, se sauver. *Les prisonniers se sont échappés.* - S'en aller, partir discrètement. *Il s'est échappé de la réunion.* ⇒ s'**esquiver. 2.** (choses) Sortir. *Le gaz s'échappe du tuyau.*

ÉCHARDE n. f. ▪ Petit fragment pointu de bois ou épine qui a pénétré sous la peau par accident. *Avoir une écharde dans le doigt.*

ÉCHARPE n. f. ▪ **1.** Large bande d'étoffe servant d'insigne. *L'écharpe tricolore des maires.* **2.** Bandage qui sert à soutenir l'avant-bras. - loc. *Avoir un bras EN ÉCHARPE,* soutenu par un bandage passé par-dessus une épaule. ♦ *EN ÉCHARPE* loc. adv. : en bandoulière ; en oblique. *Le camion a été pris en écharpe,* accroché sur le côté. **3.** Bande de tissu, de tricot qu'on porte autour du cou. ⇒ **cache-col, cache-nez, foulard.**

ÉCHARPER v. tr. [1] ▪ Déchiqueter, massacrer. *Se faire écharper par la foule.* ⇒ **lyncher.**

ÉCHASSE n. f. ▪ **1.** Chacun des deux longs bâtons munis d'un étrier pour le pied, permettant de se déplacer dans des terrains difficiles. **2.** Oiseau des marais, à hautes pattes fines, au plumage noir et blanc.

échasse. *Himantopus himantopus,* échasse blanche.
Phot. © Cordier/Jacana

ÉCHASSIER n. m. ▪ Oiseau des marais à longues pattes fines.

ÉCHAUDER v. tr. [1] ▪ **1.** Passer, laver à l'eau chaude. - Tremper dans l'eau bouillante (des légumes, des fruits pour les peler). *Échauder des tomates.* ⇒ **ébouillanter.** ♦ prov. *Chat* échaudé craint l'eau froide.* **2.** (personnes) *Se faire échauder, être échaudé,* être victime d'une mésaventure, éprouver un dommage, une déception.

ÉCHAUFFEMENT n. m. ▪ **1.** Fait de s'échauffer. *L'échauffement du sol. L'échauffement d'une pièce mécanique.* **2.** Action d'échauffer le corps (par des mouvements appropriés). *Exercices d'échauffement.*

ÉCHAUFFER v. tr. [1] ▪ **1.** RARE Rendre chaud par degrés. ⇒ **chauffer.** - loc. *Échauffer la bile,* exciter la colère. *Échauffer les oreilles à qqn,* l'irriter. **2.** Déterminer l'échauffement, l'altération de. ► **S'ÉCHAUFFER v. pron. 1.** Entraîner ses muscles avant l'effort. **2.** S'animer, se passionner en parlant. *Il s'échauffe dès qu'on aborde ce sujet.*

ÉCHAUFFOURÉE n. f. ▪ Courte bataille. ⇒ **accrochage, bagarre.**

ÉCHAUGUETTE n. f. ▪ Guérite en pierre aux angles des châteaux forts, des bastions, pour surveiller. ⇒ **poivrière.**

ÈCHE ou **ESCHE n. f.** ▪ Appât fixé à l'hameçon.

ÉCHÉANCE n. f. ▪ **1.** Date à laquelle expire un délai ; fin d'une période de temps. ⇒ **expiration, terme.** *L'échéance d'un loyer.* - Obligations, paiement dont l'échéance tombe à une date donnée. *Faire face à une lourde échéance.* - Date à laquelle une chose doit arriver, une faute se payer. **2.** *À LONGUE, À BRÈVE ÉCHÉANCE* loc. adv. : à long, à court terme.

ÉCHÉANCIER n. m. ▪ Registre d'obligations inscrites à leur échéance. - Ensemble de délais à respecter. ⇒ **calendrier.**

ÉCHÉANT, ANTE adj. ▪ **1.** DR. Qui arrive à échéance. *Terme échéant.* **2.** *LE CAS ÉCHÉANT* loc. adv. : si l'occasion se présente.

ÉCHEC n. m. ▪ **I.** *LES ÉCHECS :* jeu dans lequel deux joueurs font manœuvrer l'une contre l'autre deux séries de 16 pièces (pion, fou, cavalier, tour, roi, reine), sur une tablette divisée en 64 cases (⇒ **échiquier**). *Un jeu d'échecs. Champion, championnat d'échecs.* - Science de ce jeu (combinatoire, précision, anticipation...). *Problèmes d'échecs.* ♦ fig. *Un jeu d'échecs diplomatique.* **II.** au sing. (aux échecs) Situation du roi ou de la reine qui se trouve sur une case battue par une pièce de l'adversaire. - **adj.** *Être échec et mat,* avoir perdu la partie. **III.** fig. **1.** Fait de ne pas réussir, de ne pas obtenir qqch. ⇒ **échouer ; revers.** *Subir, essuyer un cuisant échec.* - Insuccès, faillite (d'un projet, d'une entreprise). *Tentative vouée à l'échec.* **2.** *EN ÉCHEC* loc. adv. *Tenir qqn en échec,* le mettre en difficulté, entraver son action.

José ECHEGARAY Y EYZAGUIRRE (1832-1916) ▪ Poète, auteur dramatique et homme politique espagnol. Il traita des thèmes réalistes avec une technique romantique, dans son genre favori, le mélodrame. Prix Nobel de littérature 1904, avec F. Mistral.

ÉCHELLE n. f. ▪ **1.** Objet formé de deux montants réunis de distance en distance par des barreaux transversaux (⇒ **échelon**) servant de marches. *Monter sur une échelle, à l'échelle. Échelle double,* formée de deux échelles réunies par leur sommet. *Échelle d'incendie. La grande échelle des pompiers.* - *Échelle de corde,* dont les montants sont en corde. - (bateau) *Échelle de coupée,* servant à monter à bord. - loc. *Faire la COURTE ÉCHELLE à qqn,* l'aider à s'élever en lui offrant comme points d'appui les mains puis les épaules. **2.** Suite continue ou progressive. ⇒ **hiérarchie, série.** *Échelle (sociale),* hiérarchie des conditions, des situations. *Être en haut, en bas de l'échelle. L'échelle des valeurs.* - *L'échelle des salaires, des traitements. Échelle mobile,* prix, salaires variant selon le coût de la vie. **3.** Rapport existant entre une longueur et sa représentation sur la carte ; proportion (d'un modèle réduit, d'un plan). *1 mm représente 100 m à l'échelle de 1/100 000. Carte à grande échelle,* détaillée. - fig. *Faire qqch. sur une grande échelle,* en grand, largement. **4.** Série de divisions (sur un instrument de mesure, un tableau, etc.). ⇒ **graduation.** *L'échelle d'un thermomètre. Échelle de Beaufort,* pour mesurer la force du vent (graduée de 0 à 12). *Échelle de Richter,* pour mesurer la magnitude des séismes (numérotée de 1 à 9). - fig. *À L'ÉCHELLE (DE) :* selon un ordre de grandeur, à la mesure (de). *Ce problème se pose à l'échelle mondiale.*

ÉCHELON n. m. ▪ **1.** Traverse d'une échelle. ⇒ **barreau, degré. 2.** Ce par quoi on monte, on descend d'un rang à un autre. *S'élever par échelons,* graduellement. - Position d'un fonctionnaire à l'intérieur d'un grade, d'une classe. **3.** *À L'ÉCHELON (DE) :* selon le niveau (d'une administration, etc.). *À l'échelon départemental.* **4.** MILIT. Élément d'une troupe fractionnée en profondeur. *Échelon d'attaque.*

ÉCHELONNER v. tr. [1] ▪ **1.** Disposer (plusieurs choses) à une certaine distance les unes des autres, ou par degrés. ⇒ **graduer. 2.** Distribuer dans le temps, exécuter à intervalles réguliers. *Échelonner les paiements.* ⇒ **étaler.** - pronom. *Les travaux s'échelonneront sur un an.* ⇒ se **répartir.** ► **n. m.** ÉCHELONNEMENT

ÉCHENILLER v. tr. [1] ▪ Débarrasser (un arbre, une haie) des chenilles qui s'y trouvent. ► **n. m.** ÉCHENILLAGE

ÉCHEVEAU n. m. ▪ **1.** Assemblage de fils repliés et réunis par un fil de liage. *Un écheveau de laine.* **2.** fig. Situation embrouillée, compliquée. *Démêler l'écheveau d'une intrigue.*

ÉCHEVELÉ, ÉE adj. ▪ **1.** Dont les cheveux sont en désordre. ⇒ **décoiffé, ébouriffé. 2.** Désordonné. *Une danse échevelée.*

ÉCHEVELER v. tr. [4] ▪ Mettre en désordre les cheveux de (qqn). ► **n. m.** ÉCHEVELLEMENT

ÉCHEVIN n. m. ▪ **1.** Magistrat municipal (jusqu'à la Révolution). **2.** Magistrat adjoint au bourgmestre, aux Pays-Bas et en Belgique. ► **adj.** ÉCHEVINAL, ALE, AUX

ÉCHEVINAT n. m. ▪ Charge d'échevin.

ÉCHIDNÉ [-ki-] **n. m.** ▪ ZOOL. Mammifère australien, ovipare, à bec corné, hérissé de piquants.

échidné. *Tachyglossus aculeatus.*
Phot. © Mero/Jacana

ÉCHINE n. f. ▪ **1.** Colonne vertébrale de l'homme et de certains animaux ; région correspondante du dos. ▸ loc. *Courber, plier l'échine,* se soumettre. **2.** Viande de porc correspondant à une partie de la longe.

S'ÉCHINER v. pron. [1] ▪ Se donner beaucoup de peine, s'éreinter. *S'échiner au travail ; à travailler.*

ÉCHINODERME [-ki-] n. m. ▪ Invertébré marin à symétrie radiale (embranchement des *Échinodermes :* étoiles de mer, oursins, etc.).

ÉCHIQUIER n. m. ▪ **1.** Tableau divisé en 64 cases alternativement blanches et noires et sur lequel on joue aux échecs. ▸ Damier, quadrillage. *Disposition d'objets en échiquier.* **2.** Lieu où se joue une partie serrée, où s'opposent plusieurs intérêts. *La place d'un pays sur l'échiquier international.* **3.** en Grande-Bretagne Administration financière centrale. *Le chancelier de l'Échiquier* (ministre des Finances).

ÉCHIROLLES ▪ Commune de l'Isère. 34 435 hab. *(les Échirollois).*

ÉCHO [eko] n. m. ▪ **1.** Réflexion du son par un obstacle qui le répercute ; le son répété. *Entendre un écho.* **2.** Ce qui est répété par qqn. ⇒ **bruit, nouvelle.** *J'ai eu des échos de leur discussion.* ▸ loc. *Se faire l'écho de certains bruits,* les répandre. ▸ *Les échos d'un journal,* nouvelles mondaines ou locales. ⇒ **échotier. 3.** Accueil et réaction favorable. ⇒ **réponse.** *Sa protestation est restée sans écho.*

ÉCHO ▪ Nymphe de la mythologie gréco-romaine. Elle meurt de son amour malheureux pour Narcisse, sa voix seule lui survit, répétant les dernières syllabes que l'on prononce.

ÉCHOGRAPHIE [-eko-] n. f. ▪ Méthode d'exploration médicale, au moyen d'ultrasons, de divers organes du corps. *Échographie du foie ; cardiaque. L'échographie est utilisée dans la surveillance des grossesses.* ▸ adj. ÉCHOGRAPHIQUE

ÉCHOIR v. intr. défectif : *il échoit, ils échoient, il échut, il échoira* (vx *écherra*), *il échoirait* (vx *écherrait*), *échéant**, *échu** ▪ LITTÉR. Être dévolu par le sort ou par un hasard. *Le rôle, le sort qui m'échoit, qui m'est échu.*

ÉCHOPPE n. f. ▪ Petite boutique. *Une échoppe de cordonnier.*

ÉCHOTIER, IÈRE [ekɔtje] n. ▪ Journaliste chargé des échos.

ÉCHOUAGE n. m. ▪ Fait d'échouer (I, 1), de s'échouer. *L'échouage d'une barque.*

ÉCHOUER v. [1] ▪ **I.** v. intr. **1.** (navire) Toucher le fond par accident et se trouver arrêté dans sa marche. ▸ Être poussé, jeté sur la côte. *Le navire a échoué* (vx) ; *est échoué.* **2.** S'arrêter par lassitude, ou comme poussé par le hasard. *Ils ont échoué dans un restaurant bondé.* **3.** Ne pas réussir (dans une entreprise, un examen...). ⇒ **échec.** *Il a échoué au concours.* ▸ (choses) ⇒ **manquer, rater.** *Toutes ses tentatives avaient échoué. Faire échouer un plan.* **II.** S'ÉCHOUER v. pron. (même sens que I, 1). ▸ au p. p. *Navires échoués sur les rochers.*

ECHTERNACH ▪ Ville du Luxembourg. 4 211 hab. Basilique. Célèbre procession dansante du mardi de Pentecôte.

ÉCHU, UE adj. ▪ Arrivé à échéance. *Terme échu. Délai échu,* expiré.

ÉCIMER v. tr. [1] ▪ Couper la cime de (un arbre, une plante). ⇒ **étêter.**

Johannes, dit **Maître ECKHART** ou **ECKART** (v. 1260 - v. 1327) ▪ Dominicain et théologien allemand. Il est à l'origine du mouvement mystique rhénan.

ÉCLABOUSSER v. tr. [1] ▪ **1.** Couvrir d'un liquide salissant qu'on a fait rejaillir. ⇒ **arroser, asperger. 2.** abstrait Salir par contrecoup. *Ce scandale a éclaboussé beaucoup de personnalités.*

ÉCLABOUSSURE n. f. ▪ **1.** Goutte d'un liquide salissant qui a rejailli. ⇒ **tache.** *Un pantalon couvert d'éclaboussures.* **2.** LITTÉR. au plur. Tache (à la réputation, etc.). *Les éclaboussures d'un scandale.*

① **ÉCLAIR** n. m. ▪ **I. 1.** Lumière intense et brève, formant une ligne sinueuse, ramifiée, provoquée par une décharge électrique pendant un orage. *La lueur des éclairs.* ▸ loc. *Comme un éclair, comme l'éclair,* très rapidement. ⇒ **flèche. 2.** appos. (invar.) Très rapide. *Une visite éclair.* **3.** Lumière vive, de courte durée. *Un éclair de magnésium.* ▸ Lueur dans le regard. *Un éclair de malice.* **4.** Manifestation soudaine et passagère ; bref moment. *Un éclair de lucidité.*

② **ÉCLAIR** n. m. ▪ Petit gâteau allongé, fourré d'une crème pâtissière (au café, au chocolat) et glacé par-dessus.

ÉCLAIRAGE n. m. ▪ **1.** Action, manière d'éclairer artificiellement. *Éclairage public. L'éclairage d'une vitrine. Un éclairage éblouissant, faible.* ▸ *Éclairage indirect,* par réflexion. **2.** Distribution de la lumière (naturelle ou artificielle). *Le mauvais éclairage de ce rez-de-chaussée.* **3.** fig. Manière de décrire, d'envisager ; point de vue. *Sous, dans cet éclairage, votre démarche est justifiée.* ⇒ **angle, aspect.**

ÉCLAIRAGISTE n. ▪ (théâtre, cinéma) Personne qui s'occupe de l'éclairage.

ÉCLAIRCIE n. f. ▪ Endroit clair qui apparaît dans un ciel nuageux, brève interruption du temps pluvieux. ⇒ **embellie.** *Profiter d'une éclaircie pour sortir.*

ÉCLAIRCIR v. tr. [2] ▪ **1.** Rendre plus clair, moins sombre. *Éclaircir une couleur.* ▸ pronom. Devenir plus clair. *Le ciel, le temps s'est éclairci.* ▸ *S'éclaircir la voix, la gorge,* se racler la gorge pour que la voix soit plus nette. **2.** Rendre moins épais, moins dense. *Éclaircir un champ de carottes.* **3.** fig. Rendre clair pour l'esprit. ⇒ **débrouiller, élucider.** *Éclaircir un mystère, une énigme.*

ÉCLAIRCISSEMENT n. m. ▪ **1.** Fait d'éclaircir (1 et 2). **2.** Explication (d'une chose obscure ou douteuse) ; note explicative, renseignement. *L'éclaircissement d'un passage obscur.* ▸ Explication tendant à une mise au point, à une justification. *Obtenir des éclaircissements.*

ÉCLAIRÉ, ÉE adj. ▪ Qui a de l'instruction, de l'esprit critique. *Un public éclairé,* capable d'apprécier ce qu'on lui présente. ▸ *Le despotisme éclairé,* libéralisme intelligent dans l'absolutisme (au XVIIIe siècle).

ÉCLAIREMENT n. m. ▪ Durée ou intensité de la lumière ; rapport de cette intensité à la surface éclairée.

ÉCLAIRER v. tr. [1] ▪ **I. 1.** Répandre de la lumière sur (qqch. ou qqn) [s'oppose à *obscurcir*]. *La lampe éclaire la chambre.* ▸ Pourvoir de la lumière nécessaire. *Éclairer une salle de café au néon.* ▸ pronom. *Prendre une bougie pour s'éclairer dans la cave.* **2.** Répandre une sorte de lumière sur (le visage) ; rendre plus clair. ⇒ **illuminer.** *Un sourire éclaira son visage.* **3.** intrans. *Cette lampe n'éclaire plus, éclaire mal.* **II.** fig. **1.** Mettre (qqn) en état de voir clair, de discerner le vrai du faux. ⇒ **instruire.** *Éclairez-nous sur ce sujet.* ⇒ **informer. 2.** Rendre clair, intelligible. ⇒ **expliquer.** *Ce commentaire éclaire la pensée de l'auteur. Tout s'éclaire,* s'explique.

ÉCLAIREUR, EUSE n. ▪ **1.** n. m. Soldat envoyé en reconnaissance. ▸ *Envoyer qqn en éclaireur,* en avant. **2.** Membre d'associations du scoutisme français, protestant, israélite.

ÉCLAT n. m. ▪ **I. 1.** Fragment d'un corps qui éclate, qu'on brise. *Éclat de verre. Il a été blessé par un éclat d'obus.* ▸ loc. *EN ÉCLATS. La vitre vole en éclats,* se brise. **2.** Bruit violent et soudain. *Des éclats de voix.* ⇒ **cri.** *Éclat de rire**. **3.** loc. *FAIRE UN ÉCLAT :* provoquer un scandale en manifestant son opinion. **II. 1.** Lumière vive. *L'éclat de la neige était insoutenable. L'éclat de son regard.* ♦ Lumière reflétée. *L'éclat de l'acier, du verre.* **2.** (couleur) Vivacité et fraîcheur. *L'éclat des coloris.* **3.** Caractère de ce qui est brillant, magnifique. *Acteur dans tout l'éclat de sa gloire.* ▸ *D'ÉCLAT :* remarquable, éclatant. *Action, coup d'éclat.*

Echternach. *Phot. © Wysocki/Explorer*

ÉCLATANT, ANTE adj. ▪ **1.** Qui fait un grand bruit. *Le son éclatant de la trompette.* **2.** Qui brille avec éclat, dont la couleur a de l'éclat. ⇒ **brillant, éblouissant.** - *Linge d'une blancheur éclatante.* **3.** Qui se manifeste de la façon la plus frappante. ⇒ **remarquable.** *Des dons éclatants. Une mauvaise foi éclatante,* évidente.

ÉCLATEMENT n. m. ▪ **1.** Fait d'éclater. *L'éclatement d'une bombe.* ⇒ **explosion.** **2.** *L'éclatement d'un parti,* sa division brutale en groupes nouveaux. ⇒ **scission.**

ÉCLATER v. intr. [1] ▪ **1.** Se rompre avec violence et généralement avec bruit, en projetant des fragments, ou en s'ouvrant. ⇒ **exploser, sauter.** *L'obus a éclaté.* **2.** Retentir avec un bruit violent et soudain. *Des applaudissements, des rires éclatent.* - loc. (personnes) *Éclater de rire. Éclater en sanglots.* **3.** (choses) Se manifester tout à coup en un début brutal. ⇒ **commencer,** se **déclarer.** *L'incendie, la guerre a éclaté.* - *Sa colère éclata brusquement.* - (personnes) S'emporter bruyamment. **4.** LITTÉR. Apparaître de façon manifeste, évidente. *La vérité éclate.* ► **S'ÉCLATER** v. pron. FAM. Éprouver un violent plaisir (dans une activité).

ÉCLECTIQUE adj. ▪ **1.** PHILOS. Qui emprunte des éléments à plusieurs systèmes. **2.** (personnes) Qui n'a pas de goût exclusif, ne se limite pas à une catégorie d'objets. *Il est éclectique dans ses lectures.* - *Esprit, attitude éclectique.*

ÉCLECTISME n. m. ▪ **1.** Philosophie éclectique. **2.** Disposition d'esprit éclectique. *Faire preuve d'éclectisme dans ses relations.*

ÉCLIPSE n. f. ▪ **1.** Disparition passagère d'un astre, quand un autre corps céleste passe entre cet astre et la source de lumière ou entre cet astre et le point d'observation. *Une éclipse de Soleil, de Lune. Éclipse totale, partielle.* **2.** fig. Période de fléchissement, de défaillance. **3.** *À ÉCLIPSES :* qui apparaît et disparaît de façon intermittente. *Phare à éclipses.* - *Une activité à éclipses.*

ÉCLIPSER v. tr. [1] ▪ **1.** Provoquer l'éclipse de (un autre astre). - Rendre momentanément invisible. ⇒ **cacher, voiler.** **2.** Empêcher de paraître, de plaire, en brillant soi-même davantage. ⇒ **surpasser.** ► **S'ÉCLIPSER** v. pron. S'en aller à la dérobée. ⇒ s'**esquiver.** *Je me suis éclipsé avant la fin* (→ filer à l'anglaise).

ÉCLIPTIQUE n. m. ▪ Grand cercle d'intersection du plan de l'orbite terrestre avec la sphère céleste ; ce plan.

ÉCLISSE n. f. ▪ **1.** Éclat de bois. - Plaque de bois mince qui maintient les os d'un membre fracturé. **2.** Pièce d'acier reliant les rails de chemin de fer. *Jonction par éclisse.*

ÉCLOPÉ, ÉE adj. ▪ Qui marche péniblement en raison d'un accident ou d'une blessure. ⇒ **boiteux, estropié.** ♦ n. *Des éclopés.*

ÉCLORE v. intr. [45] ▪ **1.** (œuf) S'ouvrir. *Les œufs ont éclos.* **2.** (fleur) S'ouvrir en bouton. - au p. p. *Une fleur à peine éclose.* **3.** fig. Naître, paraître. *Faire éclore une vocation.*

ÉCLOSION n. f. ▪ **1.** (œuf) Fait d'éclore. *La poule couve les œufs jusqu'à l'éclosion.* **2.** (fleur) Épanouissement. **3.** LITTÉR. Naissance, apparition. *L'éclosion de nouveaux talents.*

ÉCLUSE n. f. ▪ Espace limité par des portes munies de vannes, et destiné à retenir ou à lâcher l'eau. *Les écluses d'un canal* (destinées à faire passer les bateaux aux changements de niveau). *Ouvrir, fermer les écluses,* les portes de l'écluse.

ÉCLUSER v. tr. [1] ▪ **1.** Faire passer (un bateau par une écluse). *Écluser une péniche.* **2.** FAM. Boire.

ÉCLUSIER, IÈRE n. ▪ Personne chargée de la manœuvre d'une écluse.

Umberto ECO (né en 1932) ▪ Écrivain et sémioticien italien. *"L'Œuvre ouverte"* (1962), essai ; *"Le Nom de la rose"* (1980), roman policier médiéval.

Umberto **Eco.**
Phot. © Foley/Stills

ÉCO- Élément, du grec *oikos* « maison ».

ÉCOBUER v. tr. [1] ▪ TECHN. Enlever les mottes, la terre, les racines de (une terre) et les brûler. ► n. m. **ÉCOBUAGE**

ÉCŒURANT, ANTE adj. ▪ **1.** Qui écœure, soulève le cœur. ⇒ **dégoûtant.** *Des odeurs écœurantes.* - Fade, trop gras ou trop sucré. *Un gâteau écœurant.* **2.** Moralement répugnant, révoltant. *Une écœurante servilité.* **3.** Qui crée du découragement. ⇒ **décourageant, démoralisant.** *Il a une facilité ! C'en est écœurant.*

ÉCŒUREMENT n. m. ▪ **1.** État d'une personne qui est écœurée. ⇒ **nausée.** **2.** Dégoût profond, répugnance.

ÉCŒURER v. tr. [1] ▪ **1.** Dégoûter au point de donner envie de vomir. *Les odeurs de cuisine l'écœuraient.* **2.** Dégoûter, en inspirant l'indignation ou le mépris. **3.** Décourager, démoraliser profondément.

ÉCOINÇON n. m. ▪ TECHN. Pièce, pierre en coin, en encoignure.

ÉCOLE n. f. ▪ **1.** Établissement dans lequel est donné un enseignement collectif (général ou spécialisé). *École maternelle, primaire. École de danse, de dessin.* ⇒ **cours.** *Les grandes écoles,* appartenant à l'enseignement supérieur. (en France) *L'École normale supérieure. L'École nationale d'administration* (voir É.N.A.). - loc. *Renvoyer qqn à l'école,* lui faire sentir son ignorance. ♦ spécialt Établissement d'enseignement maternel et primaire. *École publique, laïque. École privée, confessionnelle. Les élèves d'une école.* ⇒ **écolier ; scolaire.** - L'ensemble des élèves et des enseignants d'une école. *La fête de l'école.* **2.** Instruction, exercice militaire. *L'école du soldat.* - loc. *Haute école,* équitation savante. **3.** Ce qui est propre à instruire et à former ; source d'enseignement. *Une école de courage.* - loc. *Être à bonne école,* avec des gens capables de former. *À l'école de...,* en recevant l'enseignement qu'apporte... *Il a été à rude école,* les difficultés l'ont instruit. **4.** Groupe ou suite de personnes, d'écrivains, d'artistes qui se réclament d'un maître ou professent les mêmes doctrines. ⇒ **mouvement.** *L'école classique, romantique. Écoles de peinture. L'école flamande.* - loc. *FAIRE ÉCOLE :* avoir des disciples, des adeptes. - *Être de la vieille école,* traditionaliste dans ses principes.

ÉCOLIER, IÈRE n. ▪ **1.** VX Élève, étudiant. *L'écolier limousin de Rabelais* (*Pantagruel,* chapitre VI). **2.** MOD. Enfant qui fréquente l'école primaire, suit les petites classes d'un collège. ⇒ **élève.**

ÉCOLOGIE n. f. ▪ **1.** SC. Étude des milieux où vivent les êtres vivants, ainsi que des rapports de ces êtres avec le milieu. **2.** COUR. Doctrine visant à un meilleur équilibre entre l'homme et son environnement naturel ainsi qu'à la protection de ce dernier. ♦ Courant politique défendant ce mouvement.

ÉCOLOGIQUE adj. ▪ Relatif à l'écologie. *L'écosystème, unité écologique.* - COUR. Qui respecte l'environnement. *Lessive écologique.*

ÉCOLOGISTE n. ▪ **1.** SC. Spécialiste de l'écologie. **2.** COUR. Partisan de la défense de la nature, de la qualité de l'environnement. ⇒ **vert.** - adj. *Militant écologiste.* ◇ abrév. ÉCOLO **adj.** et **n.**

ÉCOMUSÉE n. m. ▪ Musée présentant une collectivité, une activité humaine dans son contexte géographique, social et culturel.

ÉCONDUIRE v. tr. [38] ▪ **1.** Repousser (un solliciteur), ne pas accéder à la demande de (qqn). ⇒ **refuser.** *Un des soupirants qu'elle a éconduits.* **2.** Congédier, renvoyer. *Éconduire un importun.*

ÉCONOMAT n. m. ▪ Fonction d'économe ; bureaux d'un économe.

ÉCONOME ▪ **I.** n. Personne chargée de l'administration matérielle, des recettes et dépenses dans une communauté religieuse, un établissement hospitalier, un collège. ⇒ **intendant.** **II.** adj. **1.** Qui dépense avec mesure, sait éviter toute dépense inutile. *Il est trop économe.* - fig. *Être économe de son temps.* **2.** *Couteau économe* ou **n. m.** *un économe.* ⇒ **épluche-légumes.**

ÉCONOMÉTRIE n. f. ▪ Étude statistique des données économiques.

ÉCONOMIE n. f. ▪ **I.** **1.** VX Bonne administration des richesses matérielles (d'une maison, d'un État). **2.** DIDACT. Organisation des éléments, des parties (d'un ensemble) ; manière dont sont distribuées les parties. *L'économie d'un système.* ⇒ **structure.** - *L'économie générale d'une œuvre, d'un récit.*

3. Science des phénomènes concernant la production, la distribution et la consommation des richesses, des biens matériels, dans un groupe humain. **4.** Activité, vie économique. *L'économie française* (agriculture, industrie, commerce, etc.). *Économie libérale, dirigée, socialiste.* **II. 1.** LITTÉR. *L'ÉCONOMIE* : gestion où l'on évite toute dépense inutile. *Pratiquer l'économie,* être économe (II). ⇒ **épargne. 2.** *UNE, DES ÉCONOMIES* : ce que l'on épargne, ce que l'on évite de dépenser. *Une sérieuse économie. Faire des économies d'énergie.* loc. *Des économies de bouts de chandelle,* insignifiantes. - *Une économie de temps, de fatigue.* ⇒ **gain.** - *Faire l'économie de,* éviter. *Il a fait l'économie d'une explication difficile.* **3.** *DES ÉCONOMIES* : somme d'argent conservée, économisée. *Faire, avoir des économies, de petites économies.*

ÉCONOMIQUE adj. ▪ **I.** Qui concerne l'économie (I, 3 et 4). *Études économiques. La vie économique et sociale.* **II.** Qui réduit la dépense, les frais. *Une voiture économique,* qui consomme peu.

ÉCONOMIQUEMENT adv. ▪ **I.** Par rapport à la vie ou à la science économique. - loc. *Les économiquement faibles,* personnes qui ont des ressources insuffisantes. ⇒ **pauvre. II.** En dépensant peu.

ÉCONOMISER v. tr. [1] ▪ **1.** Dépenser, utiliser avec mesure. *Économiser l'électricité.* - *Savoir économiser ses forces, son temps.* ⇒ **ménager. 2.** Mettre de côté en épargnant. *Économiser un peu d'argent tous les mois.*

ÉCONOMISTE n. ▪ Spécialiste de l'économie (I, 3).

ÉCOPE n. f. ▪ Pelle munie d'un manche, récipient servant à écoper (surtout MAR.).

ÉCOPER v. tr. [1] ▪ **I.** MAR. Vider (un bateau) avec l'écope. **II.** v. tr. ind. FAM. Recevoir (une punition). *Il a écopé de deux mois de prison.*

ÉCORCE n. f. ▪ **1.** Enveloppe d'un tronc d'arbre et de ses branches, qu'on peut détacher du bois. **2.** Enveloppe coriace (de certains fruits : melon, orange...). ⇒ **peau, pelure, zeste. 3.** *Écorce terrestre,* partie superficielle du globe. ⇒ **croûte.**

ÉCORCER v. tr. [3] ▪ Dépouiller de son écorce (un arbre, un fruit). *Écorcer une orange.* ⇒ **peler.**

ÉCORCHÉ, ÉE n. ▪ **1.** Bête, personne écorchée. ⇒ **écorcher.** *Un écorché vif, une écorchée vive ;* fig. personne d'une sensibilité et d'une susceptibilité extrêmes. **2.** n. m. Statue d'homme, d'animal représenté comme dépouillé de sa peau.

ÉCORCHER v. tr. [1] ▪ **1.** Dépouiller de sa peau (un corps). *Écorcher un lapin.* **2.** Blesser en entamant superficiellement la peau. *Des ronces lui ont écorché les mains.* ⇒ **égratigner, griffer.** - pronom. *Elle s'est écorchée.* - par exagér. *Ces hurlements écorchent les oreilles.* **3.** Déformer, prononcer de travers. ⇒ **estropier.** *Il écorche tous les noms propres.* ► n. m. ÉCORCHEMENT ► n. et adj. ÉCORCHEUR, EUSE

ÉCORCHURE n. f. ▪ Déchirure légère de la peau. ⇒ **égratignure, griffure.** *Avoir des écorchures au genou.*

ÉCORNER v. tr. [1] ▪ **1.** Casser, endommager un angle de. - au p. p. *Des livres tout écornés par l'usage.* **2.** fig. Entamer, réduire. *Écorner ses économies, sa fortune.* ⇒ **ébrécher.**

ÉCOSSAIS, AISE adj. et n. ▪ **1.** De l'Écosse. *Les lacs écossais.* ⇒ **loch.** - n. *Les Écossais.* **2.** adj. et n. m. (De) la langue celtique parlée en Écosse. ♦ (Du) dialecte anglais de l'Écosse. **3.** *Tissu écossais* ou n. m. *écossais* : tissu de laine peignée à bandes de couleurs différentes se croisant à angle droit. *Cravate écossaise.*

l'ÉCOSSE n. f. en anglais ***SCOTLAND*** ▪ Pays le plus au nord de la Grande-Bretagne, constitué de neuf régions (Borders ; Central ; Dumfries and Galloway ; Fife ; Grampian ; Highland ; Lothian ; Strathclyde ; Tayside) et de trois zones d'autorité insulaire (les îles Hébrides, Orcades et Shetland). 78 772 km^2. 5 300 000 hab. *(les Écossais).* Capitale : Édimbourg. Son relief accidenté est un atout pour le tourisme (Highlands, îles Hébrides) mais concentre l'activité industrielle et agricole dans les Basses-Terres (Lowlands) : industries lainière (Tweed, Shetland) et alimentaire (whisky). Exploitation des hydrocarbures de la mer du Nord. Les industries associées au charbon (métallurgie et constructions navales à Glasgow) sont aujourd'hui en crise, entraînant un chômage endémique. □ **HISTOIRE** Peuplée très anciennement par des Celtes (VIe s. av. J.-C.), l'Écosse, autrefois appelée la *Calédonie,* fut coupée de l'Angleterre sous la conquête romaine, quand Hadrien fit construire un mur à la limite de la *Britannia* (121) ou « Bretagne ». Après le règne de Macbeth, Malcolm III Canmore introduisit la féodalité anglo-normande (XIe s.). Le royaume connut son apogée sous ses successeurs. Mais à la mort sans héritier d'Alexandre III (1286), le conflit latent avec l'Angleterre se transforma en guerre pour trois siècles (avec notamment l'exécution de Wallace, héros national, en 1305). Les luttes religieuses compliquèrent les luttes de factions sous le règne de Marie Ire Stuart, forcée d'abdiquer en 1567. Jacques VI d'Écosse, protestant, réunit les deux couronnes en prenant le titre de Jacques Ier de Grande-Bretagne à la mort d'Élisabeth Ire (1603). Mais l'Église presbytérienne d'Écosse, fondée par le réformateur John Knox, s'opposa à ses tentatives d'unification religieuse ; elle contribua à la chute de Charles Ier. La création du Royaume-Uni de Grande*-Bretagne, en 1707, fut mal reçue, provoquant un certain repli de l'Écosse après l'échec des ultimes soulèvements au XVIIIe s.

la Nouvelle-ÉCOSSE → Nouvelle-Écosse

ÉCOSSER v. tr. [1] ▪ Dépouiller (des pois, des haricots) de la cosse. *Des haricots à écosser,* à manger en grains (opposé à *haricots verts*).

ÉCOSYSTÈME n. m. ▪ Unité écologique de base formée par le milieu et les organismes qui y vivent.

ÉCOT n. m. ▪ Quote-part (d'un convive) pour un repas à frais communs. *Payer son écot.*

ÉCOTYPE n. m. ▪ BIOL. Type héréditaire à l'intérieur d'une espèce.

ÉCOUEN ▪ Commune du Val-d'Oise. 4 846 hab. *(les Écouennais).* Château (XVIe s.) qui abrite aujourd'hui le Musée national de la Renaissance.

Écouen. Façades est et sud du château.
Phot. © Lauros/Giraudon

ÉCOULEMENT n. m. ▪ **1.** Fait de s'écouler, mouvement d'un liquide qui s'écoule. ⇒ **déversement, évacuation.** *Canal, conduit, fossé d'écoulement.* ♦ *L'écoulement de la foule, des voitures.* ♦ *L'écoulement du temps.* **2.** Possibilité d'écouler (des marchandises). ⇒ **débit.**

ÉCOULER v. [1] ▪ **I.** *S'ÉCOULER* v. pron. **1.** Couler hors d'un endroit. ⇒ se **déverser.** *L'eau s'écoule par le trop-plein.* ♦ Se retirer en groupe. *La foule s'écoulait lentement.* **2.** Disparaître progressivement ; se passer (temps). *Le bonheur, la vie, le temps s'écoule. La semaine s'est écoulée bien vite.* - au p. p. *Les années écoulées,* passées. **II.** v. tr. Vendre de façon continue jusqu'à épuisement. *Des produits faciles à écouler.* - *Écouler de faux billets,* les mettre en circulation.

ÉCOURTER v. tr. [1] ▪ **1.** VX Rendre plus court en longueur. ⇒ **raccourcir.** *Écourter un manteau.* **2.** Rendre plus court en durée. *J'ai dû écourter mon séjour.* **3.** Rendre anormalement court. ⇒ **tronquer.** *Fausser la pensée d'un auteur en écourtant les citations.*

① **ÉCOUTE** n. f. ▪ **1.** VX ou LITTÉR. Action d'écouter. ♦ Fait de prêter attention (à la parole, des sons). - loc. *Être à l'écoute de qqn,* prêter attention à ce qu'il dit, fait. **2.** spécialt Détection par le son. *Poste d'écoute. Appareil d'écoute sous-marine.* ♦ Action d'écouter (une émission radiophonique). *Les heures de grande écoute. Restez à l'écoute.* ♦ Action d'écouter (une communication téléphonique) à l'insu des personnes qui communiquent. *Table d'écoute,* permettant la surveillance des communications. **3.** loc. *AUX ÉCOUTES de,* en écoutant avec attention, vigilance. - fig. *Être aux écoutes de l'actualité.*

② **ÉCOUTE** n. f. ▪ Manœuvre, cordage servant à orienter une voile.

ÉCOUTER v. tr. [1] ▪ **1.** S'appliquer à entendre, prêter son attention à (des bruits, des paroles). *Vous n'écoutez pas ce que je dis. Il entendait la conversation mais ne l'écoutait pas. Écouter un disque. Il l'écoutait chanter. Écoute s'il pleut.* – au p. p. *Un orateur, un conseiller très écouté.* – absolt Prêter une oreille attentive. *Allô, j'écoute ! Écouter aux portes,* écouter indiscrètement derrière une porte. *Écoute, écoutez !* (pour attirer l'attention). **2.** Recevoir, accepter. *Écouter les conseils d'un ami.* ⇒ **suivre.** – *N'écouter que son courage, son devoir,* se laisser uniquement guider par lui. ► **S'ÉCOUTER** v. pron. **1.** Entendre sa propre voix. *S'écouter parler.* **2.** Suivre son inspiration. *Si je m'écoutais, je n'irais pas.* **3.** Prêter une trop grande attention à sa santé. ⇒ s'**observer.** *Ne vous écoutez pas tant, vous irez mieux.*

ÉCOUTEUR n. m. ▪ Partie du récepteur téléphonique qu'on applique sur l'oreille pour écouter. *Prendre l'écouteur.*

ÉCOUTILLE n. f. ▪ Ouverture rectangulaire pratiquée dans le pont d'un navire et qui permet l'accès aux étages inférieurs. *Fermer les écoutilles.*

ÉCOUVILLON n. m. ▪ Brosse cylindrique pour nettoyer un objet creux. *Nettoyer une bouteille avec un écouvillon.* ⇒ **goupillon.**

ÉCRABOUILLER v. tr. [1] ▪ FAM. Écraser, réduire en bouillie (un être vivant, un membre, une chose). ⇒ **broyer.** – fig. Détruire, écraser. ► n. m. ÉCRABOUILLAGE ou ÉCRABOUILLEMENT

ÉCRAN n. m. ▪ **1.** Panneau, enveloppe ou paroi destiné(e) à protéger de la chaleur, d'un rayonnement. **2.** Objet interposé qui dissimule ou protège. *Un écran de fumée.* ⇒ **rideau.** **3.** Surface sur laquelle se reproduit l'image d'un objet. ♦ spécialt Surface blanche sur laquelle sont projetées des images photographiques ou cinématographiques. *Écran géant.* – loc. (acteur) *Crever l'écran,* avoir beaucoup de présence. ♦ Surface fluorescente sur laquelle se forme l'image dans les tubes cathodiques. *L'écran d'un téléviseur, d'un ordinateur* (⇒ ② **moniteur**). – *Écran publicitaire :* temps de télévision consacré à une publicité et acheté par un annonceur. ⇒ anglic. **spot** (3). **4.** *L'écran,* l'art cinématographique. *Porter un roman à l'écran,* en tirer un film. – *Le* PETIT ÉCRAN *:* la télévision. *Une vedette du petit écran.*

ÉCRASANT, ANTE adj. ▪ **1.** Extrêmement lourd. *Un poids écrasant. Une responsabilité écrasante. Une chaleur écrasante.* ⇒ **accablant.** **2.** Qui entraîne l'écrasement de l'adversaire. *Une supériorité écrasante.*

ÉCRASÉ, ÉE adj. ▪ Très aplati, court et ramassé. *Un nez écrasé.* ⇒ **camard.**

ÉCRASEMENT n. m. ▪ **1.** Action d'écraser, fait d'être écrasé. **2.** Destruction complète (des forces d'un adversaire). ⇒ **anéantissement.** *L'écrasement d'une révolte.*

ÉCRASER v. tr. [1] ▪ **1.** Aplatir et déformer (un corps) par une forte compression, par un choc violent. ⇒ FAM. **écrabouiller.** *La porte en se refermant lui a écrasé le doigt. Écraser du poivre, de l'ail.* ⇒ **concasser, piler.** – pronom. *L'avion s'est écrasé au sol.* ♦ FAM. Appuyer fortement sur. *Écraser la pédale de frein.* ♦ Détruire (un fichier informatique). **2.** Renverser et passer sur le corps de. *Se faire écraser* (par un véhicule). – *Les chiens* écrasés.* **3.** Dominer par sa masse, faire paraître bas ou petit. *Les grands immeubles écrasaient les pavillons.* **4.** (personnes) Dominer, humilier. *Il nous écrase de son luxe.* **5.** *Écraser qqn de...* ⇒ **accabler, surcharger.** – passif *Être écrasé de travail.* **6.** Vaincre, réduire totalement (un ennemi, une résistance). ⇒ **anéantir.** *L'armée a écrasé l'insurrection.* **7.** FAM. EN ÉCRASER *:* dormir profondément. **8.** FAM. *Écrase !,* n'insiste pas, laisse tomber ! ► **S'ÉCRASER** v. pron. **1.** Se faire petit. *Je m'écrasais contre le mur pour le laisser passer.* **2.** FAM. *S'écraser devant qqn,* ne pas protester, ne rien dire. *Tu ferais mieux de t'écraser.*

ÉCRASEUR, EUSE ▪ **1.** adj. (chose, personne) Qui écrase (qqch.). – n. *Un écraseur de poules.* **2.** n. m. Conducteur dangereux. ⇒ **chauffard.**

ÉCRÉMAGE n. m. ▪ **1.** Action d'écrémer (1). *L'écrémage du lait pour faire le beurre.* **2.** Prélèvement des meilleurs éléments (d'un groupe).

ÉCRÉMER v. tr. [6] ▪ **1.** Dépouiller (le lait) de la crème, de la matière grasse. – au p. p. *Lait écrémé, demi-écrémé.* ⇒ **maigre.** **2.** Dépouiller des meilleurs éléments (un ensemble, un groupe). *Écrémer une collection, toutes les pièces de valeur.*

ÉCRÉMEUSE n. f. ▪ Machine à écrémer le lait.

ÉCRÊTER v. tr. [1] ▪ Abattre la crête, les crêtes, les éléments qui dépassent de (qqch.).

ÉCREVISSE n. f. ▪ Crustacé d'eau douce, de taille moyenne, aux pattes antérieures armées de fortes pinces. *Écrevisses à pattes rouges, blanches. Bisque d'écrevisses.* – loc. *Marcher, aller comme une écrevisse,* à reculons. – *Rouge comme une écrevisse,* comme l'écrevisse après cuisson.

écrevisse. *Cambarus affinis,* écrevisse américaine.
Phot. © Rouxaime/Jacana

S'ÉCRIER v. pron. [7] ▪ Dire d'une voix forte et émue.

ÉCRIN n. m. ▪ Boîte ou coffret où l'on range des bijoux, des objets précieux. *Ranger l'argenterie dans les écrins.*

la barre des ÉCRINS ▪ Point culminant des Alpes du Dauphiné, dans le massif du Pelvoux (4 103 m). Le parc national des Écrins, créé en 1973, est le plus vaste parc national français.

la barre des **Écrins.** *Phot. © Adamini/Gamma*

ÉCRIRE v. tr. [39] ▪ **I. 1.** Tracer (des signes d'écriture, un ensemble organisé de ces signes). *Écrire quelques mots sur, dans un cahier.* – absolt *Apprendre à écrire. Il ne sait ni lire ni écrire. Écrire mal. Écrire en majuscules. Écrire au brouillon, au propre.* ♦ Orthographier. *Je ne sais pas écrire son nom.* – pronom. *« Appeler » s'écrit avec deux p.* **2.** Consigner, noter par écrit. ⇒ **inscrire, marquer.** *Écrire une adresse sur un carnet.* **3.** Rédiger (un message destiné à être envoyé à qqn). *Écrire une lettre à qqn.* – absolt Faire de la correspondance. *Il n'aime pas écrire.* **4.** Annoncer par lettre. *Je lui ai écrit que j'étais malade.* **II. 1.** Composer (un ouvrage scientifique, littéraire). *Écrire un roman. Il n'a rien écrit cette année.* ⇒ **publier.** **2.** Exprimer par l'écriture (littéraire). – absolt *La façon d'écrire d'un auteur.* ⇒ **style.** *Il écrit bien, mal.* – *Écrire de* (vx), *sur qqch., un sujet.* **3.** ÉCRIRE QUE, exposer dans un texte, un ouvrage. ⇒ **dire.** **4.** Composer (une œuvre musicale). *Écrire une sonate.* **III.** (passif et p. p.) *C'est, c'était écrit,* voulu par la Providence ou le destin, fixé et arrêté d'avance. ⇒ **fatal.**

① **ÉCRIT** n. m. ▪ **1.** Document écrit. *Un écrit anonyme.* **2.** Composition littéraire, scientifique. ⇒ **livre, œuvre.** **3.** Épreuves écrites d'un examen ou d'un concours. *L'écrit et l'oral.* **4.** PAR ÉCRIT loc. adv. : par un document écrit. *Je veux que vous m'en donniez l'ordre par écrit.*

② **ÉCRIT, ITE** adj. ▪ **1.** Tracé par l'écriture. *Des notes très mal écrites.* – Couvert de signes d'écriture. *Deux pages écrites et une page blanche.* **2.** Exprimé par l'écriture, par des textes. *La langue écrite et la langue parlée.*

ÉCRITEAU n. m. ▪ Surface plane portant une inscription en grosses lettres, destinée à faire connaître qqch. au public. ⇒ **pancarte.**

ÉCRITOIRE n. f. ▪ Petit coffret contenant tout ce qu'il faut pour écrire. *Une écritoire portative.*

ÉCRITURE n. f. ▪ **1.** Système de signes visibles, tracés, représentant le langage parlé. ⇒ **grapho-**. *Écriture idéographique* (ex. *hiéroglyphes*), *phonétique (syllabique, alphabétique).* **2.** Type de caractères adopté dans un tel système. *Écriture gothique, romaine, arabe, russe (cyrillique).* **3.** Manière personnelle dont on trace les caractères en écrivant ; ces caractères. ⇒ **graphologie.** *Avoir une belle écriture. J'ai reconnu votre écriture.* **4.** LITTÉR. Manière de s'exprimer par écrit. ⇒ **manière, style.** *Écriture automatique :* technique des surréalistes visant à traduire « aussi exactement que possible la pensée parlée » (A. Breton). **5.** Acte d'écrire. *L'écriture d'une œuvre.* ♦ DIDACT. Le langage littéraire (distinct du *style*). **6.** DR. Écrit. *Faux en écriture.* - au plur. Actes de procédure nécessaires à la soutenance d'un procès. ♦ Inscription d'une opération comptable. *Passer une écriture. Tenir les écritures,* la comptabilité. **7.** (avec maj.) *L'Écriture, les Écritures,* les livres saints. ⇒ **Bible.**

ÉCRIVAILLEUR, EUSE n. ▪ péj. Homme ou femme de lettres médiocre (qui ne fait qu'*écrivailler*).

ÉCRIVAILLON n. m. ▪ péj. Écrivain médiocre, insignifiant. ⇒ **écrivailleur.**

ÉCRIVAIN n. m. ▪ **1.** Personne qui compose, écrit des ouvrages littéraires. ⇒ **auteur.** *Elle est écrivain* (parfois *écrivaine* n. f.). *Mauvais écrivain.* ⇒ **écrivailleur, écrivaillon, plumitif. 2.** *ÉCRIVAIN PUBLIC :* celui qui écrit (des lettres, etc.) pour ceux qui ne savent pas ou savent mal écrire.

① **ÉCROU** n. m. ▪ DR. Procès-verbal constatant qu'un individu a été remis à un directeur de prison, et mentionnant la date et la cause de l'emprisonnement (⇒ **écrouer**). *Registre d'écrou. Levée d'écrou,* constatation de la remise en liberté d'un détenu.

② **ÉCROU** n. m. ▪ Pièce de métal, de bois, etc., percée d'un trou fileté pour le logement d'une vis ou d'un boulon. *Serrer, desserrer des écrous. Tour d'écrou.*

ÉCROUELLES n. f. pl. ▪ Abcès ganglionnaire. *Le roi de France, le jour du sacre, était censé pouvoir guérir les écrouelles par attouchement.*

ÉCROUER v. tr. 1 ▪ Inscrire sur le registre d'écrou, emprisonner. *Il a été écroué à la prison de la Santé.* ⇒ **incarcérer.**

ÉCROULEMENT n. m. ▪ **1.** Fait de s'écrouler, chute soudaine. ⇒ **effondrement, ruine.** *L'écroulement d'un mur.* **2.** fig. Destruction soudaine et complète. ⇒ **anéantissement.** *L'écroulement de l'Empire autrichien, de l'U.R.S.S.* **3.** Fait de s'écrouler physiquement, de s'effondrer.

S'**ÉCROULER** v. pron. 1 ▪ **1.** Tomber soudainement de toute sa masse. ⇒ s'**abattre,** s'**affaisser, crouler,** s'**ébouler,** s'**effondrer.** - au p. p. *Une maison écroulée.* **2.** fig. Subir une destruction, une fin brutale. ⇒ **sombrer.** *Tous ses projets s'écroulent.* **3.** FAM. (personnes) Se laisser tomber lourdement. ⇒ s'**affaler.** *Il s'écroula dans un fauteuil.* **4.** fig. Être accablé de. *Le soir, il s'écroulait de fatigue.* - au p. p. *On était tous écroulés (de rire),* on n'en pouvait plus à force de rire.

ÉCRU, UE adj. ▪ **1.** Qui n'est pas blanchi, lessivé (chanvre, soie...). *Toile écrue.* **2.** De la couleur beige du textile non blanchi. *Une chemise écrue.*

ECTO- Élément savant, du grec *ektos* « au-dehors ».

-ECTOMIE Élément savant, du grec *ektomê* « amputation », qui signifie « ablation ». ⇒ **-tomie.**

ECTOPLASME n. m. ▪ **1.** Émanation visible du corps du médium. **2.** Personne faible, molle, silencieuse qu'on ne remarque pas. ⇒ **zombi.**

① **ÉCU** n. m. ▪ **1.** Bouclier des hommes d'armes, au Moyen Âge. **2.** Champ en forme de bouclier où sont représentées les pièces des armoiries ; ces armoiries. ⇒ **écusson. 3.** Ancienne monnaie française. *Un écu d'or. "L'Homme aux quarante écus"* (conte de Voltaire). - Ancienne pièce de cinq francs en argent.

② **ÉCU** ou **E. C. U.** n. m. (sigle de *European Currency Unit*) ▪ anglic. Unité monétaire européenne (unité de compte). ⇒ aussi **euro.**

ÉCUBIER n. m. ▪ Ouverture ménagée à l'avant d'un navire, sur le côté de l'étrave, pour le passage des câbles ou des chaînes.

ÉCUEIL [ekœj] n. m. ▪ **1.** Rocher, banc de sable à fleur d'eau contre lequel un navire risque de se briser ou de s'échouer. ⇒ **brisant, récif.** *Heurter un écueil.* **2.** Obstacle dangereux, cause d'échec. ⇒ **danger.** *La vie est pleine d'écueils.*

ÉCUELLE n. f. ▪ Assiette large et creuse sans rebord ; son contenu. *Une écuelle en bois, en terre.*

ÉCULÉ, ÉE adj. ▪ **1.** Dont le talon est usé, déformé. *Des savates éculées.* **2.** Usé, défraîchi à force d'être ressassé. *Des plaisanteries éculées.* ⇒ **rebattu.**

ÉCULLY ▪ Commune du Rhône, dans la banlieue de Lyon. 18 360 hab. *(les Écullois).*

ÉCUMANT, ANTE adj. ▪ **1.** Qui écume (I, 1). *Une mer écumante.* ⇒ **écumeux. 2.** *Chien écumant.* - (personnes) *Être écumant de rage.*

ÉCUME n. f. ▪ **I. 1.** Mousse blanchâtre qui se forme à la surface des liquides agités, chauffés ou en fermentation. *Enlever l'écume d'un bouillon* (⇒ **écumer** (II)). *L'écume de la mer.* **2.** Bave de certains animaux. *Mufle couvert d'écume.* - Bave mousseuse qui vient aux lèvres d'une personne en colère ou en proie à une attaque (épilepsie, etc.). - Sueur blanchâtre qui s'amasse sur le corps d'un cheval, d'un taureau. **3.** Impuretés, scories qui flottent à la surface des métaux en fusion. **II.** *ÉCUME (DE MER) :* silicate naturel de magnésium. *Une pipe en écume, d'écume.*

ÉCUMER v. 1 ▪ **I.** v. intr. **1.** (mer) Se couvrir d'écume. ⇒ **moutonner. 2.** Baver. - fig. *Écumer (de rage),* être au comble de la fureur. **II.** v. tr. **1.** Débarrasser (qqch. qui cuit) de son écume, des impuretés (⇒ **écumoire**). *Écumer un pot-au-feu.* **2.** fig. *Écumer les mers, les côtes,* y exercer la piraterie. - Prendre ce qui est le plus profitable ou intéressant dans. *Les antiquaires ont écumé la région.*

ÉCUMEUR n. m. ▪ *Écumeur (de mer) :* corsaire, pirate.

ÉCUMEUX, EUSE adj. ▪ Qui forme de l'écume, se couvre d'écume. ⇒ **écumant.** *Cascade écumeuse.*

ÉCUMOIRE n. f. ▪ Ustensile de cuisine composé d'un disque aplati, percé de trous, monté sur un manche, servant à écumer. ♦ loc. *Comme une écumoire, en écumoire,* criblé, percé de nombreux trous. ⇒ **passoire.**

ÉCURER v. tr. 1 ▪ TECHN. ou RÉGIONAL Curer complètement.

ÉCUREUIL n. m. ▪ Petit mammifère rongeur au pelage généralement roux, à la queue longue et en panache. *Fourrure de l'écureuil.* ⇒ **petit-gris, vair.** - loc. *Être vif, souple, agile comme un écureuil.*

écureuil. *Sciurus vulgaris.*
Phot. © Danegger/Jacana

ÉCURIE n. f. ▪ **1.** Bâtiment destiné à loger des chevaux, ânes, mulets. *Garçon d'écurie.* ⇒ **lad, palefrenier.** MYTHOL. *Les écuries d'Augias* (nettoyées par Hercule). - loc. *C'est une vraie écurie,* se dit d'un local très sale. - *Entrer quelque part comme dans une écurie,* sans saluer, d'une façon impolie. **2.** Ensemble des bêtes logées dans une écurie. ♦ *ÉCURIE (DE COURSES) :* ensemble des chevaux qu'un propriétaire fait courir ; chevaux appartenant à un même propriétaire et s'alignant dans la même course. - Voitures de course, coureurs, cyclistes courant pour une même marque.

ÉCUSSON n. m. ▪ **1.** Petit écu (①, 2). **2.** Plaque armoriée servant d'enseigne, de panonceau. **3.** Petit morceau d'étoffe portant une marque distinctive, cousu sur un vêtement.

ÉCUSSONNER v. tr. 1 ▪ Orner d'un écusson. - au p. p. *Manteau écussonné.*

ÉCUYER, YÈRE n. ▪ **1.** n. m. Gentilhomme qui était au service d'un chevalier, d'un prince. - Personne qui était préposée aux écuries d'un prince. **2.** Personne sachant bien monter à cheval. ⇒ **amazone, cavalier.** *Une bonne écuyère.* - Personne qui fait des numéros d'équitation dans un cirque.

ECZÉMA [ɛgzema] n. m. ▪ Affection cutanée caractérisée par des vésicules, des rougeurs et la formation de squames. *L'eczéma provoque des démangeaisons.*

ECZÉMATEUX, EUSE [ɛgz-] adj. ▪ De l'eczéma. ◆ Atteint d'eczéma.

ÉDAM [edam] n. m. ▪ Fromage de Hollande à pâte cuite et à croûte rouge.

ÉDAM ▪ Ville des Pays-Bas (Hollande-Septentrionale). 24 968 hab. Fromages réputés.

les EDDA n. f. pl. ▪ Nom de deux ouvrages islandais du XIIIe s. L'*"Edda poétique"* est un recueil de poèmes anonymes; l'*"Edda en prose"*, de Snorri Sturluson, est un manuel d'initiation à la poésie des scaldes. Les *"Edda"* constituent notre principale source sur la mythologie scandinave.

sir Arthur Stanley EDDINGTON (1882 - 1944) ▪ Astronome, physicien et philosophe anglais, père de la dynamique stellaire. Son ouvrage, *"La Constitution interne des étoiles"*, établit notamment la relation masse-luminosité. Contributions à la théorie de la relativité générale.

EDE ▪ Ville de l'ouest du Nigeria. 116 000 hab.

EDELWEISS [edɛlvɛs ; edɛlvajs] n. m. ▪ Plante alpine, couverte d'un duvet blanc et laineux.

edelweiss. *Leontopodium alpinum.*
Phot. © Dragesco/Jacana

Robert Anthony EDEN, comte d'Avon (1897 - 1977) ▪ Diplomate britannique. Premier ministre (conservateur) de 1955 à 1957.

ÉDEN [edɛn] n. m. ▪ **1.** *L'Éden*, lieu du paradis terrestre (dans la Bible). **2.** LITTÉR. Lieu de délices. ⇒ **paradis.** *Des édens.* ► ÉDÉNIQUE adj. ⇒ **paradisiaque.**

ÉDENTÉ, ÉE adj. et n. ▪ **1.** Qui a perdu une partie ou la totalité de ses dents. *Un vieillard édenté.* **2.** n. m. Mammifère sans incisives ou pourvu d'une seule sorte de dents (ordre des *Édentés* : paresseux, fourmiliers, etc.).

ÉDENTER v. tr. [1] ▪ Casser les dents de (un objet). *Édenter un peigne.*

ÉDESSE ▪ Ancienne ville de Mésopotamie, aujourd'hui Urfa (Turquie). Royaume dans l'Antiquité. Sous les croisés elle devint la capitale d'une principauté latine, le comté d'Édesse (1098-1144).

EDFOU en arabe ***IDFŪ*** ▪ Ville du sud de l'Égypte. 18 000 hab. Temple ptolémaïque consacré à Horus.

Francis EDGEWORTH (1845 - 1926) ▪ Économiste britannique. Il introduisit, à la suite de W. S. Jevons, les mathématiques en économie.

ÉDICTER v. tr. [1] ▪ Établir, prescrire par une loi, par un règlement. ⇒ **décréter, promulguer.** *Édicter une loi.* ► n. f. ÉDICTION

ÉDICULE n. m. ▪ **1.** Chapelle ou dépendance d'un édifice religieux. **2.** Petite construction édifiée sur la voie publique (kiosque, urinoir...).

ÉDIFIANT, ANTE adj. ▪ **1.** Qui édifie, porte à la vertu, à la piété. *Une vie édifiante.* **2.** iron. Particulièrement instructif. *Voilà un témoignage édifiant.*

ÉDIFICATION n. f. ▪ **I. 1.** Action d'édifier, de construire (un édifice). *L'édification d'une ville nouvelle.* ⇒ **construction. 2.** fig. Création (de ce qui se construit). *L'édification d'une théorie.* **II.** Action de porter à la vertu, à la piété. *Pour l'édification des fidèles.* ◆ Action d'instruire. *Je vous le dis pour votre édification.*

ÉDIFICE n. m. ▪ **1.** Bâtiment important. ⇒ **construction, monument.** *Les édifices publics.* **2.** fig. Ensemble vaste et organisé. *L'édifice social, de la civilisation.* ◆ loc. *Apporter sa pierre à l'édifice*, contribuer à une entreprise.

ÉDIFIER v. tr. [7] ▪ **I. 1.** Bâtir (un édifice, un ensemble architectural). ⇒ **construire. 2.** abstrait Établir, créer (un vaste ensemble). *Édifier une théorie. Le savoir édifié par l'humanité.* **II. 1.** Porter (qqn) à la vertu, à la piété, par l'exemple ou par le discours. **2.** iron. Mettre à même d'apprécier, de juger sans illusion. *Ses aveux m'ont édifié.*

ÉDILE n. m. ▪ **1.** Magistrat romain qui était chargé de l'inspection des édifices, de l'approvisionnement de la ville. **2.** Magistrat municipal d'une grande ville (en style officiel ou de journal.).

ÉDILITÉ n. f. ▪ Magistrature municipale.

ÉDIMBOURG en anglais ***EDINBURGH*** ▪ Capitale de l'Écosse. 435 000 hab. *(les Édimbourgeois).* Nombreux monuments (ville médiévale autour du Castle Rock, quartiers du XVIIIe s.). Centre universitaire et culturel. Festival annuel des arts.

EDIRNE anc. ***ANDRINOPLE*** ▪ Ville de Turquie. 102 345 hab. Capitale de l'Empire ottoman de 1413 à 1458.

Thomas EDISON (1847 - 1931) ▪ Inventeur américain. On lui doit notamment le phonographe et la lampe à incandescence.

ÉDIT n. m. ▪ **1.** Acte législatif émanant des anciens rois de France. *L'édit de Nantes*.* **2.** Règlement publié par un magistrat romain. ◆ Constitution impériale, à Rome. *L'édit de Dioclétien* (contre les chrétiens).

ÉDITER v. tr. [1] ▪ **I. 1.** Publier et mettre en vente (un livre). *Éditer des romans, des ouvrages techniques.* ⇒ **publier.** ◆ *Éditer un auteur.* **2.** LITTÉR. Faire paraître (un texte qu'on présente, annote, etc.). *Ce professeur édite des textes du Moyen Âge.* **II.** anglic. INFORM. Préparer (un ensemble d'informations) pour le traitement.

ÉDITEUR, TRICE n. ▪ **1.** Personne, société qui assure la publication et la mise en vente des ouvrages d'un auteur, d'un musicien, etc. *Libraire-éditeur.* ◆ adj. *Société éditrice de films.* ♦ Personne qui travaille dans l'édition à la conception et la publication d'ouvrages. **2.** LITTÉR. Érudit qui établit et fait paraître un texte.

ÉDITION n. f. ▪ **I. 1.** Reproduction et diffusion (d'une œuvre intellectuelle ou artistique) par un éditeur (1). ⇒ **publication.** *L'édition d'un manuscrit. Maison, société d'édition.* **2.** Ensemble des exemplaires d'un ouvrage publié ; série des exemplaires édités en une fois (≠ *tirage*). *La nouvelle édition d'un livre.* ⇒ **réédition.** *Édition originale.* ⇒ ② **original.** *Édition revue, corrigée. Édition de poche*. Édition reliée, brochée.* ◆ Ensemble des exemplaires (d'un journal) imprimés en une fois. *Dernière édition. Édition spéciale.* **3.** Métier, activité d'éditeur. *Travailler dans l'édition.* **II.** Action d'éditer (un texte qu'on présente, annote, etc.). ♦ Texte ainsi édité. *Édition critique.* **III.** anglic. INFORM. Matérialisation des informations traitées.

Edirne. La mosquée de Sélim II.
Phot. © Nino Cirani/Ricciarini

Édimbourg. Le château.
Phot. © P. Roberts/R. Harding Picture Library/Explorer

① **ÉDITORIAL, AUX** n. m. ▪ Article qui provient de la direction d'un journal, d'une revue et qui correspond à une orientation générale. *Lire l'éditorial en première page.* ◇ abrév. ÉDITO.

② **ÉDITORIAL, ALE, AUX** adj. ▪ Qui concerne l'activité d'édition, dans ses aspects économique et technique.

ÉDITORIALISTE n. ▪ Personne qui écrit l'éditorial d'un journal, d'une revue.

EDMONTON ▪ Ville du Canada, capitale de l'Alberta. 616 741 hab. Centre industriel (pétrole, viande) et commercial. Université.

ÉDOM ▪ Surnom d'Ésaü* (« le Roux »). ► **les ÉDOMITES**, « descendants d'Édom », peuple sémitique de l'Antiquité.

saint ÉDOUARD le Confesseur (v. 1002 - 1066) ▪ Roi d'Angleterre de 1042 à sa mort. Il se préoccupa plus de son salut personnel que de son royaume.

ÉDOUARD ▪ NOM DE PLUSIEURS ROIS D'ANGLETERRE ► **ÉDOUARD Ier** (1239 - 1307), roi de 1272 à sa mort, remarquable administrateur, soumit le pays de Galles. ► **ÉDOUARD II** (1284 - 1327), son fils, roi de 1307 à sa mort, fut incapable de continuer l'œuvre paternelle; vaincu en Écosse, trahi par sa femme Isabelle de France, il fut déposé par Mortimer puis assassiné. ► **ÉDOUARD III** (1312 - 1377), fils du précédent, roi de 1327 à sa mort, élimina Mortimer. Ses prétentions en France déclenchèrent la guerre de Cent Ans. ► **ÉDOUARD IV** (1442 - 1483), roi de 1461 à octobre 1470 et d'avril 1471 à sa mort, fut le chef du parti d'York contre Henri VI de Lancastre (→ guerre des **Deux-Roses**). ► **ÉDOUARD V** (1470 - 1483), son fils, roi d'avril à juin 1483, fut éliminé par Richard III. ► **ÉDOUARD VI** (1537 - 1553), roi de 1547 à sa mort, encouragea la Réforme sous l'influence de Dudley. ► **ÉDOUARD VII** (1841 - 1910), fils de Victoria, roi du Royaume-Uni de Grande-Bretagne et d'Irlande de 1901 à sa mort, il soutint la politique d'Entente cordiale. ► **ÉDOUARD VIII** (1894 - 1972) ne régna qu'un an, en 1936; après son abdication (Baldwin s'étant opposé à son mariage avec Mrs. Simpson), il prit le titre de *duc de Windsor*.

ÉDOUARD D'ANGLETERRE dit **LE PRINCE NOIR** (1330 - 1376) ▪ Prince de Galles. Fils d'Édouard III et l'un de ses meilleurs soldats dans la guerre de Cent Ans. Il vainquit et captura le roi de France Jean II à Poitiers (1356).

le lac ÉDOUARD ▪ Lac à la frontière du Zaïre et de l'Ouganda. 2 150 km².

-ÈDRE Élément savant, du grec *hedra* « siège, place, base », qui entre dans la composition de termes de géométrie (ex. *polyèdre, tétraèdre*).

ÉDREDON n. m. ▪ Couvre-pied de duvet de plume ou de fibres synthétiques. ⇒ aussi **couette**.

ÉDUCATEUR, TRICE ▪ **1.** n. Personne qui s'occupe d'éducation, qui donne l'éducation. *Les parents sont les premiers éducateurs.* ♦ Personne qui a reçu une formation spécifique et qui est chargée de l'éducation de certains groupes (jeunes, handicapés...). *Éducateur spécialisé.* **2.** adj. Éducatif. *La fonction éducatrice du jeu.*

ÉDUCATIF, IVE adj. ▪ Qui a l'éducation pour but ; qui éduque, forme efficacement. *Jeux éducatifs. Des méthodes éducatives.* ⇒ **didactique, pédagogique.**

ÉDUCATION n. f. ▪ **1.** Mise en œuvre des moyens propres à assurer la formation et le développement d'un être humain ; moyens pour y parvenir. ⇒ **instruction.** *Recevoir une bonne éducation. Les sciences de l'éducation.* ⇒ **didactique, pédagogie.** *Faire l'éducation d'un enfant. Le ministère de l'Éducation nationale* (en France). ♦ loc. ÉDUCATION PHYSIQUE : exercices physiques, sports propres à favoriser le développement harmonieux du corps. ⇒ **gymnastique, sport.** *Éducation sexuelle. Éducation civique,* destinée à former le citoyen. ⇒ **instruction.** **2.** Développement méthodique (d'une faculté, d'un organe). ⇒ **exercice.** *L'éducation de la volonté, de la mémoire.* **3.** Connaissance et pratique des usages de la société. ⇒ **politesse, savoir-vivre.** *Avoir de l'éducation. Manquer d'éducation.*

les ÉDUENS ▪ Peuple de la Gaule, le plus puissant avec les Arvernes, établi entre la Loire et la Saône.

ÉDULCORANT n. m. ▪ Substance qui donne une saveur douce. - *Édulcorant de synthèse* : produit sucrant sans sucre.

ÉDULCORER v. tr. ⓵ ▪ **1.** Adoucir par addition de sucre, de sirop (un médicament). **2.** Rendre plus faible dans son expression. ⇒ **adoucir, atténuer.** - au p. p. *Donner une version édulcorée des faits.*

ÉDUQUER v. tr. ⓵ ▪ Former par l'éducation. ⇒ **élever.** *Elle a bien éduqué ses enfants.*

Georges EEKHOUD (1854 - 1927) ▪ Poète et romancier réaliste belge d'expression française. *"Kermesses"* (1884).

EEKLO ▪ Ville de Belgique (Région flamande, province de Flandre-Orientale). 19 000 hab.

EF- ⇒ É-

EFFACÉ, ÉE adj. ▪ **1.** Qui a disparu ou presque disparu. *Une inscription effacée.* **2.** Qui a peu d'éclat, qui a passé. *Des teintes effacées.* **3.** Qui ne se fait pas voir, reste dans l'ombre. ⇒ **modeste.** *Jouer un rôle effacé.*

EFFACEMENT n. m. ▪ **1.** Action d'effacer ; son résultat. **2.** Attitude effacée, modeste. *Vivre dans l'effacement.*

EFFACER v. ⓷ ▪ **I.** v. tr. **1.** Faire disparaître sans laisser de trace (ce qui était marqué, écrit). ⇒ **gommer, gratter.** *Le voleur a effacé ses empreintes.* - (choses) Rendre moins net, moins visible. *Le temps a effacé l'inscription.* **2.** Faire disparaître, faire oublier. *Effaçons le passé.* **3.** Empêcher de paraître, de briller (en brillant davantage). ⇒ **éclipser.** *Sa réussite efface toutes les autres.* **4.** Tenir de côté ou en retrait, de manière à présenter le moins de surface ou de saillie. *Alignez-vous, effacez l'épaule droite.* ► **S'EFFACER** v. pron. **1.** (choses) Disparaître plus ou moins. ⇒ **s'estomper.** *Silhouette qui s'efface dans la brume.* - fig. *Son souvenir ne s'effacera jamais.* **2.** (personnes) Se tenir de façon à paraître ou à gêner le moins possible. *S'effacer pour laisser passer qqn.* - *Il s'efface par timidité.*

EFFARANT, ANTE adj. ▪ Qui effare ou étonne en indignant. *Il est d'une inconscience effarante.* - par exagér. *Il roule à une vitesse effarante. Mais c'est effarant !,* incroyable.

EFFARÉ, ÉE adj. ▪ Qui éprouve un effroi mêlé de surprise. ⇒ **effrayé, égaré.** *Un regard effaré.* - n. *"Les Effarés"* (poème de Rimbaud).

EFFAREMENT n. m. ▪ État d'une personne effarée. ⇒ **effroi, stupeur, trouble.**

EFFARER v. tr. ⓵ ▪ Troubler en provoquant un effroi, mêlé de stupeur. ⇒ **affoler, effrayer, stupéfier.** *L'audace de ses projets nous a effarés.*

EFFAROUCHEMENT n. m. ▪ LITTÉR. État d'une personne effarouchée (2).

EFFAROUCHER v. tr. ⓵ ▪ **1.** Effrayer (un animal) de sorte qu'on le fait fuir. *Attention, vous allez effaroucher le gibier.* **2.** Mettre (qqn) dans un état de crainte ou de défiance. *Un rien suffit à l'effaroucher.* ⇒ **choquer, offusquer.**

① **EFFECTIF, IVE** adj. ▪ Qui se traduit par un effet, par des actes réels. ⇒ **concret, positif, réel, tangible.** *Apporter une aide effective.*

② **EFFECTIF** n. m. ▪ **1.** Nombre réglementaire des hommes qui constituent une formation militaire. *L'effectif d'un bataillon.* - au plur. Troupes. *Augmenter les effectifs.* **2.** Nombre des membres (d'un groupe). *L'effectif d'une classe. Les effectifs d'une entreprise.*

EFFECTIVEMENT adv. ▪ **1.** D'une manière effective. ⇒ **réellement.** *C'est effectivement arrivé.* **2.** adv. de phrase S'emploie pour confirmer une affirmation. ⇒ en **effet.** *Effectivement, il s'est trompé.*

EFFECTUER v. tr. 1 ▪ Faire, exécuter (une opération complexe ou délicate, technique). *Effectuer des réformes. Effectuer une dépense.* ▬ pronom. *Un mouvement qui s'effectue en deux temps.*

Jean EFFEL (1908-1982) ▪ Dessinateur humoriste français. *"La Création du monde"* (1951).

EFFÉMINÉ, ÉE adj. ▪ Qui a les caractères physiques et moraux qu'on prête traditionnellement aux femmes (s'oppose à *viril*). *Des manières efféminées.* ⇒ **féminin.**

EFFERVESCENCE n. f. ▪ **1.** Bouillonnement produit par un dégagement de gaz lorsque certaines substances entrent en contact. *La chaux vive entre en effervescence au contact de l'eau.* **2.** fig. Agitation, émotion vive mais passagère. ⇒ **fermentation, mouvement.** *Cet événement a mis tout le pays en effervescence.* ⇒ **agitation, émoi.**

EFFERVESCENT, ENTE adj. ▪ **1.** En effervescence. *Comprimé effervescent.* **2.** *Une foule effervescente.* ⇒ **tumultueux.**

EFFET n. m. ▪ **I. 1.** Ce qui est produit par une cause. ⇒ **conséquence, résultat, suite.** *Rapport de cause à effet. Un effet du hasard. Les mesures sont restées sans effet.* ▬ Puissance transmise (par une force, une machine). **2.** Phénomène (acoustique, électrique...) apparaissant dans certaines conditions. **3.** (Exécution) loc. *PRENDRE EFFET* : devenir applicable, exécutoire à telle date (loi, décision). ▬ *EN EFFET* loc. adv. : s'emploie pour introduire un argument, une explication. ⇒ **car.** *En effet, je lui ai demandé de venir.* ⇒ **effectivement.** ▬ *À CET EFFET* : en vue de cela, pour cet usage. **4.** Impression produite (sur qqn). *Un effet de surprise. Son intervention a fait mauvais effet sur l'auditoire.* ▬ *FAIRE EFFET, FAIRE DE L'EFFET* : produire une forte impression. ⇒ faire **sensation.** *On dirait que ça lui fait de l'effet.* ▬ *FAIRE L'EFFET DE* : donner l'impression de. *Il nous a fait l'effet d'un revenant* (→ avoir l'air de). *Cela m'a fait l'effet d'un reproche.* **5.** Impression esthétique recherchée par l'emploi de certaines techniques. *Manquer, rater son effet.* ▬ *Effets spéciaux* : trucages visuels ou sonores (cinéma, télévision). **6.** au plur. Impression recherchée par des gestes, des attitudes. *Faire des effets de jambes, de voix.* **II.** *EFFET (DE COMMERCE)* : titre donnant droit au paiement d'une somme d'argent à une échéance (billet, chèque, traite). *Payer, encaisser un effet.* ▬ *Effets publics,* rentes, obligations, bons du Trésor, émis et garantis par l'État, les collectivités publiques. **III.** au plur. Le linge et les vêtements. *Mettre ses effets dans une valise.*

EFFEUILLER v. tr. 1 ▪ **1.** Dépouiller de ses feuilles. *Effeuiller des artichauts.* ▬ au p. p. *Un arbre effeuillé.* **2.** Dépouiller de ses pétales. ▬ *Effeuiller la marguerite,* pour savoir si on est aimé, en disant, à chaque pétale qu'on enlève : « il (elle) m'aime, un peu, beaucoup, etc. ». ► n. m. EFFEUILLAGE

EFFEUILLEUR, EUSE ▪ **I.** n. RARE Personne qui effeuille. **II.** n. f. Strip-teaseuse.

① **EFFICACE** adj. ▪ **1.** (choses) Qui produit l'effet qu'on en attend. ⇒ **actif, puissant, souverain.** *Un remède efficace. Il m'a apporté une aide efficace.* **2.** (personnes) Dont la volonté, l'activité produisent leur effet (opposé à *inefficace*). *Un collaborateur efficace.*

② **EFFICACE** n. f. ▪ DIDACT. Vertu active. ⇒ **efficacité.**

EFFICACEMENT adv. ▪ D'une manière efficace.

EFFICACITÉ n. f. ▪ **1.** Caractère de ce qui est efficace. ⇒ **action.** **2.** Capacité de produire le maximum de résultats avec le minimum d'effort, de dépense. ⇒ **rendement.** *Il travaille correctement, mais il manque d'efficacité.*

EFFICIENT, ENTE adj. ▪ PHILOS. *Cause efficiente,* qui produit un effet (opposé à *cause finale*).

EFFIGIE n. f. ▪ **1.** (peinture, sculpture) Représentation d'une personne. ⇒ **image, portrait.** ▬ loc. *EN EFFIGIE* : sur un mannequin représentant qqn. *Il a été brûlé en effigie.* **2.** Représentation du visage (d'une personne), sur une monnaie, une médaille. *Un billet à l'effigie de Pascal.*

① **EFFILÉ** n. m. ▪ Frange d'une étoffe, formée en effilant la chaîne du tissu. *Les effilés d'un châle.*

② **EFFILÉ, ÉE** adj. ▪ Qui va en s'amincissant ; mince et allongé. *Des doigts effilés.*

EFFILER v. tr. 1 ▪ **I.** Défaire (un tissu) fil à fil. ⇒ **effilocher.** *Effiler un tissu. Effiler des haricots verts,* en enlever les fils. ▬ pronom. *Le bord de son écharpe s'effile.* **II.** Rendre allongé et fin ou pointu. ⇒ **allonger, amincir.** *Effiler les cheveux,* en amincissant les mèches à leur extrémité.

EFFILOCHER v. tr. 1 ▪ Effiler (des tissus, des chiffons) pour réduire en bourre, en ouate. ▬ au p. p. Qui laisse échapper des fils. *Un pull effiloché aux poignets.* ▬ pronom. (tissu) *S'effilocher,* devenir effiloché. ► n. m. EFFILOCHAGE ou EFFILOCHEMENT

EFFLANQUÉ, ÉE adj. ▪ (surtout du cheval) Trop maigre. *Un vieux cheval efflanqué.* ⇒ **maigre, squelettique.** ▬ (personnes) *Il paraissait tout efflanqué dans cet uniforme.*

EFFLEUREMENT n. m. ▪ Caresse ou atteinte légère. ⇒ **frôlement.**

EFFLEURER v. tr. 1 ▪ **1.** Toucher légèrement, du bout des doigts, des lèvres. ⇒ **frôler.** *Il effleura mon bras.* **2.** fig. Toucher à peine à (un sujet), examiner superficiellement. *Il n'a fait qu'effleurer le problème.* ▬ (choses) Faire une impression légère et fugitive sur (qqn). *Cette idée ne m'avait jamais effleuré.*

EFFLORESCENCE n. f. ▪ LITTÉR. Floraison, épanouissement (d'un art, d'idées...).

EFFLORESCENT, ENTE adj. ▪ LITTÉR. En pleine floraison. *Une végétation efflorescente.* ⇒ **luxuriant.**

EFFLUENT n. m. ▪ **1.** GÉOGR. Cours d'eau issu d'un lac, d'un glacier (≠ *affluent*). **2.** Eaux à évacuer (eaux usées).

EFFLUVE n. m. ▪ **1.** LITTÉR. (surtout au plur.) Émanation qui se dégage d'un corps vivant, ou de certaines substances. ⇒ **exhalaison.** *Les effluves légers des tilleuls en fleur.* **2.** *Effluve électrique,* décharge électrique à faible luminescence. **3.** fig. *Les effluves du passé.*

EFFONDRÉ, ÉE adj. ▪ Très abattu, sans réaction (après un malheur, un échec). *Après l'accident, il est resté complètement effondré.*

EFFONDREMENT n. m. ▪ **1.** Fait de s'effondrer. ⇒ **éboulement, écroulement.** *L'effondrement d'un mur, d'un toit.* **2.** fig. Chute, fin brutale. ⇒ **ruine.** *L'effondrement de l'Empire romain. L'effondrement du prix des matières premières.* **3.** (personnes) État d'abattement extrême. *Il est dans un état d'effondrement complet.*

S'EFFONDRER v. pron. 1 ▪ **1.** Tomber sous le poids ou faute d'appui. ⇒ s'**affaisser,** s'**écrouler.** **2.** fig. S'écrouler, ne plus tenir. *Espérances, projets qui s'effondrent.* ▬ *Le cours de l'or s'est effondré.* **3.** (personnes) Tomber comme une masse. *Il s'est effondré dans le fauteuil.* ▬ fig. Céder brusquement. *Interrogé pendant des heures, le suspect a fini par s'effondrer.* ⇒ **craquer ; effondré.**

S'EFFORCER v. pron. 3 ▪ **1.** *S'EFFORCER DE* (+ inf.) : faire tous ses efforts, employer toute sa force, son adresse, son intelligence en vue de (faire, comprendre, etc.). *S'efforcer de rester calme. Il s'efforce de me convaincre.* ⇒ s'**appliquer** (à), s'**évertuer** (à), **tâcher.** **2.** LITTÉR. *S'EFFORCER À* (+ nom) : faire des efforts pour atteindre un but. *Il s'efforçait à un travail soigneux.*

EFFORT n. m. ▪ **1.** Activité d'un être conscient qui emploie ses forces pour vaincre une résistance. *Effort physique* (caractérisé par des contractions musculaires). *Effort intellectuel. Un effort de mémoire, d'imagination. Un effort soutenu, constant, régulier. Faire un effort, des efforts, tous ses efforts pour...* ⇒ s'**efforcer.** ▬ loc. *Je veux bien faire un effort,* faire preuve de bonne volonté, envisager une aide financière. ⇒ **sacrifice.** ▬ *Un partisan du moindre effort,* un paresseux. ▬ *Sans effort* loc. adv. : facilement. **2.** SC. Force exercée. *Effort de traction, de torsion.* ▬ Résistance aux forces extérieures. *L'effort des arches d'un pont.*

EFFRACTION n. f. ▪ Bris de clôture ou de serrures. *Vol avec effraction. Pénétrer dans une maison par effraction.*

EFFRAIE n. f. ▪ Chouette au plumage clair, qui se nourrit de rongeurs.

effraie. *Tyto alba.* Phot. © Danegger/Jacana

EFFRANGER v. tr. 3 ▪ Effiler sur les bords de manière que les fils pendent. ◆ pronom. *S'effranger* : s'effilocher.

EFFRAYANT, ANTE adj. ▪ **1.** Qui inspire ou peut inspirer de la frayeur. ⇒ **effroyable, épouvantable, terrible.** *Un cauchemar effrayant.* **2.** FAM. Extraordinaire, extrême. ⇒ **formidable.** *Il fait une chaleur effrayante. Ça coûte un prix effrayant.*

EFFRAYER v. tr. 8 ▪ **1.** Frapper de frayeur, faire peur à. ⇒ **épouvanter, terrifier.** *Les coups de tonnerre l'effrayaient. Il est facile à effrayer.* ◆ pronom. Avoir peur. *Il s'effraie pour rien.* ⇒ s'**affoler. 2.** Inquiéter. *Le prix de ce voyage m'effraie un peu.*

EFFRÉNÉ, ÉE adj. ▪ LITTÉR. Qui est sans retenue, sans mesure. ⇒ **démesuré, immodéré.** *Une course effrénée.* ◆ *Une ambition effrénée.*

EFFRITEMENT n. m. ▪ Fait de s'effriter, état de ce qui est effrité. ⇒ **désagrégation.**

EFFRITER v. tr. 1 ▪ **1.** Rendre friable, réduire en poussière. *Effriter un croûton de pain.* ► **S'EFFRITER** v. pron. **1.** Se désagréger progressivement, tomber en poussière. *Le bois vermoulu s'effritait.* **2.** fig. S'affaiblir en perdant des éléments. ⇒ s'**amenuiser.** *La majorité gouvernementale s'effrite à chaque vote.*

EFFROI n. m. ▪ LITTÉR. Grande frayeur, souvent mêlée d'horreur. ⇒ **épouvante, terreur.** *Un cri d'effroi. Qui remplit d'effroi.* ⇒ **effroyable.**

EFFRONTÉ, ÉE adj. ▪ Qui est d'une grande insolence, qui n'a honte de rien. ◆ n. *Taisez-vous, petit effronté !* ⇒ **insolent.**

EFFRONTÉMENT adv. ▪ D'une manière effrontée.

EFFRONTERIE n. f. ▪ Caractère, attitude d'une personne effrontée. ⇒ **impudence, insolence.**

EFFROYABLE adj. ▪ **1.** Très effrayant. *Une effroyable catastrophe.* ⇒ **effrayant, terrible.** *Vivre dans une misère effroyable.* **2.** fig. Extrême, excessif. ⇒ **effrayant** (2).

EFFROYABLEMENT adv. ▪ FAM. Extrêmement, terriblement.

EFFUSION n. f. ▪ **1.** RARE Fait de répandre (un liquide). ♦ loc. COUR. *EFFUSION DE SANG* : action de faire couler le sang (dans une action violente). *L'ordre a été rétabli sans effusion de sang.* **2.** LITTÉR. Manifestation sincère d'un sentiment. *Remercier avec effusion. Je n'aime guère toutes ces embrassades et effusions.*

S'ÉGAILLER [egaje ; egeje] v. pron. 1 ▪ Se disperser, s'éparpiller. *Les enfants s'égaillèrent dans le bois pour s'y cacher.*

ÉGAL, ALE, AUX adj. et n. ▪ **1.** (personnes, choses) Qui est de même quantité, dimension, nature, qualité ou valeur. ⇒ **identique, même ; équivalent.** *Diviser un tout en parts égales. Deux quantités égales à une même troisième sont égales entre elles. Ils sont de force égale.* ◆ loc. (sc.) *Toutes choses égales d'ailleurs,* en supposant que tous les autres éléments de la situation restent les mêmes. ◆ *N'avoir d'égal que,* n'être égalé que par. *Sa sottise n'a d'égale que sa méchanceté.* **2.** Qui met à égalité. *La partie n'est pas égale.* ◆ loc. *Faire jeu égal* : être à égalité. **3.** (personnes) Qui est sur le même rang ; qui a les mêmes droits ou charges. ⇒ **pareil.** *Égaux devant la loi.* ◆ *Être, rester égal à soi-même,* garder le même caractère. ♦ n. Personne égale par le mérite ou par la condition. *La femme est l'égale de l'homme. Elle n'a pas son égale.* loc. *Traiter d'égal à égal avec qqn,* sur un pied d'égalité. ◆ *SANS ÉGAL,* inégalable. (invar. au masc. plur.) *Des élans sans égal.* ◆ *À L'ÉGAL DE,* autant que. **4.** Qui est toujours le même ; qui ne varie pas. ⇒ **constant, régulier.** *Un pouls égal. Il parlait d'une voix égale. Une humeur toujours égale.* **5.** loc. *Ça m'est (bien, complètement, parfaitement, tout à fait) égal,* ça ne m'intéresse pas. *Faites ce que vous voulez, ça m'est bien égal.* ◆ *C'est égal,* quoi qu'il en soit, malgré tout.

ÉGALEMENT adv. ▪ **1.** D'une manière égale. *Aimer également tous ses enfants.* **2.** De même, aussi. *Je le lui ai dit, mais je tiens à vous le dire également.*

ÉGALER v. tr. 1 ▪ **1.** Être égal à. *Une œuvre que rien n'égale en beauté.* ◆ Avoir la même qualité, le même intérêt que. *La réalité égale et souvent dépasse la fiction.* **2.** Être égal en quantité à. *Deux plus trois égalent* (ou *égale*) *cinq* (2+3=5). **3.** Faire une performance égale à... *Égaler un record.*

ÉGALISATION n. f. ▪ Action d'égaliser.

ÉGALISER v. tr. 1 ▪ **1.** Rendre égal quant à la quantité ou aux dimensions. *Se faire égaliser les cheveux.* ◆ Aplanir, niveler (un terrain, une surface...). **2.** intrans. Obtenir le même nombre de points, de buts que l'adversaire. *À la mi-temps, l'équipe adverse avait égalisé.*

ÉGALITAIRE adj. ▪ Qui vise à l'égalité (2) entre les hommes. *La répartition égalitaire des richesses.*

ÉGALITARISME n. m. ▪ Doctrine, système égalitaire.

ÉGALITARISTE adj. et n. ▪ Partisan de l'égalitarisme.

ÉGALITÉ n. f. ▪ **1.** Caractère de ce qui est égal. *L'égalité des forces en présence. Les joueurs sont à égalité (de points).* ⇒ **ex æquo.** ◆ GRAMM. *Comparatif d'égalité (aussi, autant... que).* **2.** Rapport entre individus égaux. *L'égalité devant la loi. Liberté, égalité, fraternité. Égalité civile, politique. L'égalité des chances.* **3.** Rapport entre des grandeurs égales ; formule qui exprime ce rapport. *L'égalité de deux nombres.* **4.** Qualité de ce qui est constant, régulier. *L'égalité de son humeur ; son égalité d'humeur.*

ÉGARD n. m. ▪ **1.** loc. *AVOIR ÉGARD À* : considérer (une personne ou une chose) avec une particulière attention. *Il faut avoir égard aux circonstances.* ◆ *EU ÉGARD À* prép. : en considération de, en tenant compte de. *Il a été dispensé eu égard à son âge.* ◆ *À L'ÉGARD DE* prép. : pour ce qui concerne (qqn). ⇒ **envers.** ◆ *À CET ÉGARD* adv. : sous ce rapport, de ce point de vue. *Ne craignez rien à cet égard.* ◆ *À TOUS ÉGARDS* adv. : sous tous les rapports. *Un appartement agréable à tous égards.* **2.** Considération d'ordre moral, déférence, respect. *Agir par égard, sans égard pour* (qqn, qqch.). ◆ au plur. Marques de considération, d'estime. *Il a été reçu avec les égards dus à son rang. Avoir des égards pour qqn.* ⇒ **gentillesse.**

ÉGARÉ, ÉE adj. ▪ **1.** Qui a perdu son chemin. *Un voyageur égaré.* ♦ Qui a été égaré. *Un objet égaré.* **2.** Qui est comme fou ; trahit le désordre mental. *Un regard égaré.*

ÉGAREMENT n. m. ▪ LITTÉR. État d'une personne qui s'écarte du bon sens. ⇒ **dérèglement, désordre.** *Un moment d'égarement.*

ÉGARER v. tr. 1 ▪ **1.** Mettre hors du bon chemin. ⇒ **fourvoyer.** *Le guide nous a égarés.* ◆ Mettre (une chose) à une place qu'on oublie ; perdre momentanément. *Égarer ses clés.* ⇒ **perdre. 2.** (compl. personne) Mettre hors du droit chemin, écarter de la vérité, du bien. ⇒ **tromper.** *La colère vous égare.* ► **S'ÉGARER** v. pron. **1.** (choses, personnes) Se perdre. *La lettre a dû s'égarer.* **2.** fig. Faire fausse route, sortir du sujet. *La discussion s'égare.* ♦ Sortir du bon sens, divaguer. *Sa raison s'égarait.*

ÉGAYER v. tr. 8 ▪ **1.** LITTÉR. Rendre gai, amuser. ⇒ **divertir, réjouir.** *Il savait nous égayer par ses plaisanteries.* **2.** (choses) Rendre agréable, colorer d'une certaine gaieté. *Des bibelots, des rideaux qui égaient une pièce.* ► **S'ÉGAYER** v. pron. S'amuser. *S'égayer aux dépens de qqn,* s'en moquer.

ÉGÉE ▪ Roi légendaire d'Athènes. Croyant son fils Thésée dévoré par le Minotaure, il se précipite dans la mer qui porte aujourd'hui son nom.

la mer ÉGÉE ▪ Partie de la Méditerranée entre la Grèce continentale, la Crète et l'Asie Mineure. Elle comprend plus de quatre cents îles, presque toutes grecques, dont la Crète, Chios, les Cyclades, Lesbos et le Dodécanèse.

ÉGÉEN, ENNE adj. ▪ Relatif aux pays baignés par la mer Égée (notamment la Grèce antique). *La civilisation égéenne* (IIe millénaire av. J.-C.).

ÉGÉRIE n. f. ▪ Conseillère, inspiratrice (d'un homme politique, d'un artiste).

ÉGÉRIE ▪ Nymphe associée au culte de Diane, inspiratrice du roi de Rome Numa Pompilius.

ÉGIDE n. f. ▪ **1.** DIDACT. Bouclier de Zeus, d'Athéna. **2.** fig. LITTÉR. Protection. ♦ loc. *SOUS L'ÉGIDE DE* : sous la protection de (une autorité, une loi). *Prendre qqn sous son égide.*

ÉGINE ▪ Île grecque de la mer Égée, entre Athènes et le Péloponnèse. 11 127 hab. Rivale d'Athènes dans l'Antiquité.

Égine. Le temple d'Aphaia. *Phot. © Dagli Orti*

ÉGINHARD ou **EINHARD** (v. 770-840) ▪ Chroniqueur franc. *"Vie de Charlemagne"*, inspirée du modèle antique de Suétone.

ÉGISTHE ▪ Roi légendaire de Mycènes. Amant de Clytemnestre et meurtrier d'Agamemnon, il est tué par Oreste.

ÉGLANTIER n. m. ▪ Rosier sauvage.

églantier. *Rosa canina.*
Phot. © Berthoule/Jacana

ÉGLANTINE n. f. ▪ Fleur de l'églantier.

ÉGLEFIN n. m. ▪ Poisson de mer, proche de la morue. *Églefin fumé.* ⇒ **haddock.** ◇ var. AIGLEFIN.

ÉGLISE n. f. ▪ **I.** *(L'Église)* **1.** Ensemble des chrétiens. ⇒ **chrétienté. 2.** Ensemble de fidèles (chrétiens) unis dans une communion particulière. ⇒ **confession, religion.** *L'Église catholique. Les Églises réformées.* **3.** absolt L'Église catholique. *Les prières, les cérémonies, les chants de l'Église. L'Église et l'État.* **4.** L'état ecclésiastique, l'ensemble des ecclésiastiques. ⇒ **clergé.** *Un homme d'Église.* **II.** *(Une, des églises)* Édifice consacré au culte de la religion chrétienne, surtout catholique. ⇒ **basilique, cathédrale, chapelle ; abbatiale.** *Église paroissiale. Église romane, gothique.* ♦ *Se marier à l'église,* religieusement. *Elle ne va plus à l'église,* elle ne pratique plus la religion. ▪ L'Église a pour chef spirituel le Christ — et le pape, pour l'Église catholique. Au cours de l'histoire, l'Église s'est formée de la réunion d'Églises locales mais s'est aussi divisée (→ **schisme d'Orient, Réforme**). On distingue principalement : l'*Église catholique,* qui se considère comme la seule légitime ; les *Églises orientales* — celles dites *nestoriennes* (→ **Nestorius**) et celles dites *monophysites* (→ **monophysisme**), nées des premières querelles théologiques sur la nature du Christ — et les *Églises orthodoxes* ; les *Églises uniates,* Églises catholiques de rite oriental unies à Rome (dont les maronites du Liban et l'Église uniate d'Ukraine) ; les *Églises protestantes* (→ **protestantisme**) ; l'*Église anglicane* (→ **anglicanisme**).

les États de l'ÉGLISE ou **ÉTATS PONTIFICAUX** ▪ Territoires dont le pape est le souverain. Au Moyen Âge, ils comprenaient l'essentiel de l'Italie centrale et le Comtat venaissin. Annexés à l'Italie en 1870, ils se réduisent, depuis les accords du Latran (1929), à la cité du Vatican*.

ÉGLOGUE n. f. ▪ Petit poème pastoral ou champêtre. ⇒ **bucolique, idylle, pastorale.**

le comte d'ÉGMONT ou **EGMOND** (1522-1568) ▪ Homme de guerre des Pays-Bas. Grand capitaine de Charles Quint. Il s'opposa, comme Hoorne, à la politique de Philippe II et fut exécuté sur les ordres du duc d'Albe. Il a inspiré Goethe et Beethoven.

EGO [ego] n. m. ▪ PHILOS. Sujet pensant. ♦ PSYCH. Le moi.

ÉGOCENTRIQUE adj. ▪ Qui manifeste de l'égocentrisme. *Une attitude égocentrique.* - adj. et n. (personnes) ⇒ **égocentriste.**

ÉGOCENTRISME n. m. ▪ Tendance à tout rapporter à soi, à ne s'intéresser vraiment qu'à soi.

ÉGOCENTRISTE adj. et n. ▪ (Personne) qui a un comportement égocentrique. ⇒ **égoïste.**

ÉGOÏNE n. f. ▪ Petite scie à main, composée d'une lame terminée par une poignée. - appos. *Une scie égoïne.*

ÉGOÏSME n. m. ▪ Attachement excessif à soi-même qui fait que l'on recherche exclusivement son plaisir et son intérêt personnels. ⇒ **individualisme.** ♦ Tendance, chez les membres d'un groupe, à tout subordonner à leur intérêt. *Un égoïsme de classe.*

ÉGOÏSTE adj. ▪ Qui fait preuve d'égoïsme, est caractérisé par l'égoïsme. *Une attitude égoïste.* - n. *Se conduire en égoïste.*

ÉGOÏSTEMENT adv. ▪ D'une manière égoïste. *Il profite égoïstement de la situation.*

ÉGORGER v. tr. [3] ▪ Tuer (un animal, un être humain) en lui coupant la gorge. *Égorger un cochon.* ⇒ **saigner.** ► n. m. ÉGORGEMENT

ÉGORGEUR, EUSE n. ▪ Assassin qui égorge ses victimes.

s'ÉGOSILLER v. pron. [1] ▪ **1.** Se fatiguer la gorge à force de parler, de crier. ⇒ s'**époumoner. 2.** (oiseaux) Chanter longtemps, le plus fort possible.

ÉGOTISME n. m. ▪ LITTÉR. Disposition à analyser en détail sa propre personnalité physique et morale. *"Souvenirs d'égotisme"* (de Stendhal). ♦ Culte du moi. ⇒ **narcissisme.** ► adj. et n. ÉGOTISTE

ÉGOUT n. m. ▪ Canalisation, généralement souterraine, servant à l'écoulement et à l'évacuation des eaux ménagères et industrielles. *Le réseau des égouts d'une ville. Bouche d'égout.* ♦ fig. Lieu de vices et de souillures.

ÉGOUTIER n. m. ▪ Celui qui travaille à l'entretien des égouts.

ÉGOUTTER v. tr. [1] ▪ Débarrasser (une chose) d'un liquide qu'on fait écouler goutte à goutte. *Égoutter des légumes, un fromage frais.* - pronom. Perdre son eau goutte à goutte. *Laisser la vaisselle s'égoutter.* ► n. m. ÉGOUTTAGE ou ÉGOUTTEMENT

ÉGOUTTOIR n. m. ▪ Ustensile qui sert à faire égoutter qqch. *Égouttoir à vaisselle, à fromages.*

ÉGRAPPER v. tr. [1] ▪ Détacher (les fruits) de la grappe. *Égrapper des raisins, des groseilles.* - au p. p. *Marc égrappé,* fait de raisins égrappés. ► n. m. ÉGRAPPAGE

ÉGRATIGNER v. tr. [1] ▪ **1.** Écorcher, en déchirant superficiellement la peau. ⇒ **érafler, griffer.** *Le chat lui a égratigné la main.* - pronom. *Elle s'est égratignée en cueillant des mûres.* ♦ Entamer superficiellement (une matière quelconque). ⇒ **érailler.** *Le vernis a été égratigné.* **2.** fig. Blesser légèrement par un mot, un trait ironique.

ÉGRATIGNURE n. f. ▪ **1.** Blessure superficielle et sans gravité. ⇒ **écorchure, éraflure.** - *Se tirer d'un accident sans une égratignure,* sans la moindre blessure. ♦ Dégradation légère. *Les égratignures de la carrosserie.* **2.** fig. *Une égratignure d'amour-propre.*

ÉGRENAGE [egʀənaʒ ; -gʀe-] n. m. ▪ Action d'égrener. *L'égrenage du maïs.*

ÉGRÈNEMENT n. m. ▪ Fait de s'égrener. - *L'égrènement des heures.*

ÉGRENER [egʀəne ; -gʀe-] v. tr. [5] ▪ **1.** Dégarnir de ses grains (un épi, une cosse, une grappe). *Égrener du blé.* **2.** *Égrener un chapelet,* en faire passer chaque grain successivement entre ses doigts. **3.** Faire entendre un à un, de façon détachée. *L'horloge égrène les heures.* ► s'**ÉGRENER** v. pron. Se décomposer ou se présenter en une série d'éléments semblables et distincts. *Les voitures s'égrènent sur l'autoroute.*

ÉGRILLARD, ARDE adj. ▪ Qui se complaît dans des propos ou des sous-entendus licencieux. *À la fin du repas, il devenait égrillard.* - *Une chanson égrillarde.* ⇒ **osé, salé.**

ÉGROTANT, ANTE adj. ▪ LITTÉR. Souffreteux, maladif.

ÉGYPAN ⇒ ÆGYPAN

la république arabe d'ÉGYPTE ▪ État du nord-est de l'Afrique, bordé par la Méditerranée et la mer Rouge. 1 001 449 km². 57 760 000 hab. *(les Égyptiens).* Capitale : Le Caire. Langue : arabe. Religion officielle : islam. Monnaie : livre égyptienne. Le pays est formé de deux déserts séparés du sud au nord par la vallée du Nil, extraordinairement fertile et irriguée par le barrage d'Assouan, qui concentre l'activité agricole et industrielle (coton, céréales, hydroélectricité). L'Égypte ne peut subvenir qu'à la moitié de ses besoins alimentaires. L'industrie se développe (pétrole, textiles, chimie), mais les guerres israélo-arabes, la poussée démographique et les pressions religieuses freinent l'économie. □ HISTOIRE L'**Égypte pharaonique** fut une des grandes civilisations de l'Antiquité. Les deux royaumes de la haute vallée du Nil et du Delta furent réunis v. 3300 av. J.-C. par Ménès, fondateur

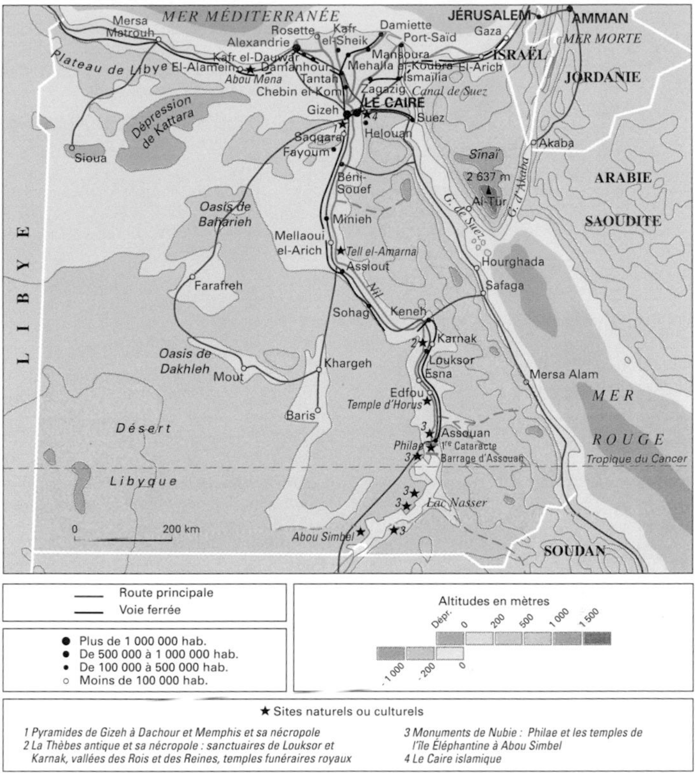

Égypte.

de Memphis, la capitale de l'*Ancien Empire* (v. 2800-v. 2300 av. J.-C.). Les grandes figures en furent Djoser et son ministre-architecte Imhotep (→ **Saqqâra**), les rois Khéops, Khéphren, Mykérinos (→ **Gizeh**), Pépi Ier et Pépi II. Vers 2300 av. J.-C., l'opposition des deux royaumes se manifesta à nouveau par la rivalité entre Thèbes et Héracléopolis ; le conflit tourna à l'avantage du souverain thébain Mentouhotep Ier, qui refit l'unité (v. 2050 av. J.-C.). Avec la XIIe dynastie et le déplacement de la capitale près de l'actuelle Licht, le *Moyen Empire* devint une époque de conquêtes (règne des Amménémès et des Sésostris) et de grande culture. Mais v. 1800 av. J.-C. la succession dynastique se compliqua. Les Hyksos, venus d'Asie, envahirent le pays et n'en furent chassés que par Amôsis (v. 1580 av. J.-C.). Ce dernier fonda le *Nouvel Empire* (1580 à 1085 av. J.-C, XVIIIe à XXe dynastie), qui marqua l'apogée de l'Égypte pharaonique (règnes des Aménophis et des Touthmôsis). Les pharaons étant considérés comme divins, les questions religieuses tinrent une place essentielle. L'introduction du culte d'Aton par Aménophis IV Akhnaton* (ou révolution amarnienne, → **Tell el-Amarna**) marqua le début d'une époque de désordres politiques, malgré les grands règnes de Ramsès* II (temples de Louksor et Karnak, qui témoignent de la restauration du culte d'Amon) et de Ramsès* III. À partir de 1085 av. J.-C., les pharaons perdirent leur autorité sur les prêtres de Thèbes. La domination assyrienne puis surtout perse, malgré quelques sursauts d'indépendance (dynastie saïte, VIe s. av. J.-C.), fut suivie de la période **ptolémaïque** quand, Alexandre le Grand ayant conquis l'Égypte (332 av. J.-C.), le général macédonien Ptolémée fonda la dynastie dite des Lagides (323-30 av. J.-C.). Alexandrie, fondée en 331 av. J.-C., devint l'un des pôles de la Méditerranée. Après la victoire de Rome sur Cléopâtre (30 av. J.-C.), la ville resta un grand port et un centre intellectuel très important pour le christianisme antique. Au moment de la conquête arabe (639), le pays semblait sur le déclin. Mais la dynastie des Fatimides (969-1171) qui fondèrent Le Caire, celle des Ayyubides (1171-1250) avec Saladin*, et celle des sultans mamelouks, grands bâtisseurs (1250-1517), donnèrent tout son éclat à l'**Égypte musulmane**, affranchie de la tutelle de Damas ou de Bagdad. La découverte du cap de Bonne-Espérance (1498) fut la cause d'un désastre économique. L'Égypte, n'étant plus le seul médiateur entre l'Europe et l'Asie, devint une province de l'Empire ottoman en 1517. La campagne d'Égypte (1798-1801, → ci-dessous) marqua le début de l'**Égypte moderne**. Quoique rétablie après le départ des Français, l'autorité turque faiblit. Le véritable maître du pays, Méhémet* Ali, engagea dès 1805 des réformes économiques et fonda une dynastie qui régna jusqu'en 1952. La culture arabe connut à la fin du XIXe s. une authentique renaissance *(Nahda)*. Toutefois, la Grande-Bretagne, décidée à garder le contrôle de la route des Indes malgré le percement du canal de Suez, imposa sa présence. Après la révolte nationaliste d'Arabi Pacha (1882), un protectorat britannique se mit en place, officiellement établi, après 30 ans d'occupation, en 1914 (déposition d'Abbas II). L'indépendance fut cependant reconnue dès 1922, sous la pression du parti nationaliste *Wafd*, dont les chefs, Sa'd Zaghlūl et Nahhās Pacha, devinrent respectivement les Premiers ministres des rois Fouad Ier et Farouk. Mais l'organisation clandestine des « officiers libres », dont Nasser* et Sadate*, lassée de la présence anglaise et ulcérée de la défaite de leur armée face au nouvel État d'Israël (1949), renversa le roi Farouk, et proclama la république en 1953. Nasser, chef de l'État en 1954, décida la nationalisation du canal de Suez pour financer la construction du haut barrage d'Assouan ; il s'ensuivit de graves tensions avec la Grande-Bretagne, la France et Israël, qui rapprochèrent l'Égypte de l'Union soviétique. L'unification avec la Syrie (République arabe unie [R.A.U.], 1958-1961) fit de Nasser le champion du nationalisme arabe et l'une des grandes figures politiques du tiers-monde. Mais l'éclatement de la R.A.U. (1961), la victoire rapide d'Israël dans la guerre des Six-Jours (1967) et les difficultés économiques renforcèrent les liens avec l'URSS. Sadate, successeur de Nasser en 1970, opéra un rapprochement avec les États-Unis. La République arabe d'Égypte, proclamée en 1971

Eiffel. Globe céleste et tour Eiffel, Exposition universelle de Paris, 1889, couverture du *Figaro illustré*. Bibliothèque des Arts décoratifs, Paris. *Phot. © Dagli Orti*

dans le cadre de l'Union des républiques arabes (Syrie, Libye, Égypte), ne voulut cependant pas renoncer à combattre Israël et ménagea par conséquent le soutien soviétique. Après la quatrième guerre israélo-arabe (1973) qui se solda par un échec de l'Égypte, Sadate réouvrit le canal de Suez (1975) qui était fermé depuis 1967 ; rompit avec l'URSS (1976) et signa les accords tripartites de Camp David avec Israël et les États-Unis (1978). Boycotté par les nations arabes, engagé dans la répression des mouvements religieux (→ les **Frères musulmans**), Sadate fut assassiné en 1981. Son successeur, Hosni Moubarak, tente de redonner au pays la stabilité et la sécurité. Le soutien de l'Égypte à l'Irak dans sa guerre contre l'Iran lui permit de retrouver sa place parmi les nations arabes. Sur le plan intérieur, le régime doit faire face à l'opposition des islamistes extrémistes.

la campagne d'ÉGYPTE ▪ Expédition française commandée par Bonaparte, puis Kléber et Menou, et dirigée contre la Grande-Bretagne (1798-1801). Marquée par la destruction de la flotte à Aboukir* et la victoire sur les Mamelouks, elle se conclut par un retrait honorable des troupes.

ÉGYPTIEN, IENNE ▪ **1. adj.** et **n.** De l'Égypte (ancienne ou moderne). *Le delta égyptien.* – **n.** *Les Égyptiens.* **2. n. m.** *L'égyptien ancien :* la langue des anciens Égyptiens, écrite en hiéroglyphes. ♦ *L'égyptien moderne :* l'arabe d'Égypte.

ÉGYPTOLOGIE n. f. ▪ Connaissance de l'ancienne Égypte, de son histoire, de sa langue, de sa civilisation.

ÉGYPTOLOGUE n. ▪ Spécialiste d'égyptologie ; archéologue qui s'occupe des antiquités égyptiennes.

***EH interj.** ▪ Exclamation, variante de *hé. Eh ! Fais attention !* – renforce le mot suivant *Eh oui ! c'est comme ça !*

ÉHONTÉ, ÉE adj. ▪ Qui n'a pas honte en commettant des actes répréhensibles. ⇒ **cynique, impudent.** *Un tricheur éhonté.* – *C'est un mensonge éhonté.*

Ilya EHRENBOURG (1891 - 1967) ▪ Écrivain et journaliste soviétique. Il milita pour le socialisme puis pour la paix, et critiqua le stalinisme. *"Le Dégel"* (1954-1956).

Paul EHRLICH (1854 - 1915) ▪ Médecin allemand. Prix Nobel 1908 pour ses travaux fondamentaux en immunologie, dont il est l'un des fondateurs.

Günter EICH (1907 - 1972) ▪ Poète lyrique allemand. Membre du Groupe 47.

Joseph von EICHENDORFF (1788 - 1857) ▪ Écrivain romantique allemand. Auteur de poèmes et de nouvelles.

EIDER [ɛdɛʀ] **n. m.** ▪ Grand canard des pays du Nord, fournissant un duvet apprécié. *Des eiders.*

eider. *Somateria mollissima,* eider à duvet, femelle. *Phot. © Ziesler/Jacana*

EIDÉTIQUE [ɛjdetik] **adj.** ▪ PHILOS. Qui concerne les essences (abstraction faite de l'existence).

Gustave EIFFEL (1832 - 1923) ▪ Ingénieur français. Il réalisa notamment l'un des plus célèbres monuments de Paris, la *tour Eiffel,* entièrement métallique, construite de 1887 à 1889 (320 m de haut).

l'EIGER n. m. ▪ Sommet des Alpes bernoises en Suisse. 3 970 m. L'escalade de sa face nord-ouest est réputée pour sa difficulté.

Luigi EINAUDI (1874 - 1961) ▪ Homme politique et économiste italien. Président de la République (1948-1955).

EINDHOVEN ▪ Ville des Pays-Bas (Brabant-Septentrional). 193 966 hab. Grand centre industriel.

EINHARD → **Éginhard**

EINSIEDELN ▪ Ville de Suisse (canton de Schwyz). 10 619 hab. Église abbatiale baroque (XVIIIe s.).

Albert EINSTEIN (1879 - 1955) ▪ Physicien allemand naturalisé suisse, puis américain en 1940. Sa théorie de la relativité restreinte (1905) puis générale (1915), ainsi que sa contribution au développement de la mécanique quantique, ont bouleversé la physique classique. Prix Nobel 1921.

l'EIRE n. f. ▪ Nom officiel de l'État libre d'Irlande de 1937 à 1949.

Dwight David EISENHOWER (1890 - 1969) ▪ Général et homme d'État américain. Commandant en chef (1943-1945) des forces alliées qu'il conduisit à la victoire contre la Wehrmacht. Il devint par la suite le 34e président (républicain) des États-Unis de 1952 à 1960.

EISENSTADT ▪ Ville d'Autriche, capitale du Burgenland. 10 500 hab. Château du XVIIe-XVIIIe s.

Sergueï EISENSTEIN (1898 - 1948) ▪ Cinéaste soviétique. *"Le Cuirassé Potemkine"* (1925), *"Octobre"* (1927), *"Alexandre Nevski"* (1939), *"Ivan le Terrible"* (1945-1946) témoignent de sa maîtrise et de son lyrisme révolutionnaire. Ses écrits théoriques sont également importants.

ÉJACULATION n. f. ▪ Émission du sperme par la verge.

ÉJACULATOIRE adj. ▪ DIDACT. Qui se rapporte à l'éjaculation. *Fonction éjaculatoire.*

ÉJACULER v. intr. [1] ▪ Émettre le sperme.

ÉJECTABLE adj. ▪ *Siège éjectable,* qui peut être éjecté hors de l'avion, avec son occupant, en cas de perdition.

ÉJECTER v. tr. [1] ▪ **1.** Rejeter en dehors. *La douille est éjectée quand le tireur réarme.* – pronom. *Le pilote a pu s'éjecter.* **2.** FAM. Expulser, renvoyer (qqn). *Il s'est fait éjecter avec perte et fracas.*

ÉJECTEUR n. m. ▪ Appareil, mécanisme servant à éjecter une pièce, à évacuer un fluide.

ÉJECTION n. f. ▪ Action d'éjecter, fait d'être éjecté. *L'éjection d'une douille.* – FAM. *L'éjection d'un indésirable.*

EKOFISK ▪ Gisement d'hydrocarbures de la mer du Nord (Norvège).

ÉLABORATION n. f. ▪ **1.** Action d'élaborer par un travail intellectuel. *L'élaboration d'un projet.* **2.** Production (d'une substance organique) par une transformation physiologique. *L'élaboration de la bile par le foie.*

ÉLABORER v. tr. 1 ▪ **1.** Préparer mûrement, par un lent travail de l'esprit. ⇒ **combiner, former.** *Élaborer un plan.* **2.** Produire (une substance organique) par une transformation physiologique. *Les globules blancs élaborent des antitoxines.*

ÉLÆIS [eleis] ⇒ ÉLÉIS

ÉLAGABAL ou **HÉLIOGABALE** (204 - 222) ▪ Empereur romain de 218 à sa mort, il voulut imposer le culte du Soleil, dont il avait été le prêtre à Émèse. Il fut assassiné, laissant un souvenir d'anarchie et de débauche.

ÉLAGUER v. tr. 1 ▪ **1.** Dépouiller (un arbre) des branches superflues. ⇒ **ébrancher, tailler.** ♦ Supprimer, couper. *Élaguer des branches mortes.* **2.** fig. Débarrasser des détails ou développements inutiles. *Élaguer un exposé.* - Retrancher. ⇒ **couper.** *Il y a beaucoup à élaguer dans cet article.* ► n. m. ÉLAGAGE

ÉLAGUEUR, EUSE n. ▪ Personne qui élague les arbres.

l'ÉLAM n. m. ▪ Région située à l'est du Tigre, appelée la *Susiane* par les Grecs. L'Élam fut le siège d'un puissant royaume qui connut son apogée aux XIIIe s. et XIIe s. av. J.-C.

① **ÉLAN** n. m. ▪ **1.** Mouvement par lequel on s'élance. - Mouvement progressif préparant l'exécution d'un saut, d'un exercice. *Le sauteur prend son élan.* ♦ Mouvement d'une chose lancée. ⇒ **lancée.** *Camion emporté par son élan.* **2.** fig. Mouvement subit, qu'un vif sentiment inspire. ⇒ **transport.** *Un élan d'enthousiasme.* - sans compl. Mouvement affectueux, moment d'expansion. *Il n'a jamais un élan vers elle.*

② **ÉLAN** n. m. ▪ Grand cerf des pays du Nord, à grosse tête, aux bois aplatis en éventail.

élan. *Alces alces.* Phot. © Walker/Jacana

ÉLANCÉ, ÉE adj. ▪ Mince et svelte. *Une jeune fille élancée.*

ÉLANCEMENT n. m. ▪ Douleur brusque, aiguë, lancinante.

ÉLANCER v. 3 ▪ **I.** v. tr. VX Lancer ; élever très haut. **II.** v. intr. Causer des élancements. *Mon doigt m'élance.* ► **S'ÉLANCER** v. pron. Se lancer en avant avec force et vitesse. ⇒ se **précipiter,** se **ruer** ; ⇒ ① **élan.** *S'élancer vers qqn, à la poursuite de qqn.*

ÉLANCOURT ▪ Commune des Yvelines. 22 584 hab.

ÉLARGIR v. tr. 2 ▪ **I. 1.** Rendre plus large. *On a élargi la route.* ⇒ **agrandir.** *Élargir sa jupe.* - pronom. Devenir plus large. *Le sentier s'élargissait.* ♦ intrans. Devenir plus large. *Ce pull a élargi.* **2.** fig. Rendre plus ample, plus général. ⇒ **étendre.** *Il faut élargir le débat.* - au p. p. *Le gouvernement s'appuiera sur une majorité élargie.* **II.** DR. Mettre en liberté (un détenu). ⇒ **libérer, relâcher.**

ÉLARGISSEMENT n. m. ▪ **1.** Action d'élargir, fait de s'élargir. *Les travaux d'élargissement d'une rue.* **2.** Action de rendre plus ample. ⇒ **développement, extension.** *L'élargissement de son influence.* **3.** DR. Mise en liberté (d'un détenu).

ÉLASTICITÉ n. f. ▪ **1.** Propriété qu'ont certains corps de reprendre (au moins partiellement) leur forme et leur volume primitifs quand la force qui s'exerçait sur eux cesse d'agir. *L'élasticité du caoutchouc, des gaz.* **2.** Souplesse (de l'allure, des mouvements). *L'élasticité de la démarche du chat.* **3.** fig. Possibilité de s'adapter, de s'interpréter, de s'appliquer de façons diverses. *Profiter de l'élasticité d'un règlement. L'élasticité de l'offre et de la demande.*

ÉLASTIQUE ▪ **I.** adj. **1.** Qui a de l'élasticité. ⇒ **compressible, extensible, flexible.** *Les gaz sont très élastiques.* - Fait d'une matière douée d'élasticité. **2.** Souple. *Une foulée élastique.* **3.** fig. Dont on peut étendre le sens, l'application. *Horaires*

l'île d'**Elbe.** *Napoléon à l'île d'Elbe,* caricature par G. Cruikshank. Bibliothèque nationale de France, Paris. Phot. © Lauros/Giraudon

élastiques. - péj. *Une morale élastique,* sans rigueur, très accommodante. **II.** n. m. Tissu souple contenant des fils de caoutchouc. *Des bretelles en élastique.* - Ruban d'une matière élastique. *Saut à l'élastique.*

ÉLASTOMÈRE n. m. ▪ Caoutchouc synthétique. *Semelles en élastomère.*

ELBASAN ou **ELBASANI** ▪ Ville d'Albanie. 80 700 hab. Centre industriel.

l'ELBE n. f. ▪ Fleuve d'Europe centrale, né en République tchèque et se jetant dans la mer du Nord à Hambourg. 1 165 km.

l'île d'ELBE ▪ Île italienne de la mer Tyrrhénienne. 224 km^2 ; 32 000 hab. Ville principale : Portoferraio. Napoléon Ier en fut le souverain entre mai 1814 (date de son abdication en France) et février 1815 (début des Cent-Jours).

Maurice Gigost d'ELBÉE (1752 - 1794) ▪ Contre-révolutionnaire français, l'un des premiers chefs de la guerre de Vendée.

ELBEUF ▪ Commune de la Seine-Maritime. 16 604 hab. *(les Elbeuviens).* Textile.

l'ELBOURZ n. m. ▪ Chaîne montagneuse du nord de l'Iran, culminant au Demāvend (5 671 m).

l'ELBROUZ n. m. ▪ Volcan éteint, point culminant du Caucase. 5 633 m.

ELCHE ▪ Ville du sud de l'Espagne (Communauté autonome de Valence). 181 192 hab. Église Santa Maria (XVIIIe s.), où fut découverte en 1897 la *Dame d'Elche.* Palmeraie.

Elche. La *Dame d'Elche,* art ibérique ou carthaginois, Ve s. av. J.-C. Musée archéologique, Madrid. Phot. © Dagli Orti

ELDORADO n. m. ▪ 1. *L'Eldorado,* contrée mythique d'Amérique du Sud, entre l'Amazone et l'Orénoque, où les conquérants espagnols croyaient pouvoir trouver de l'or (XVIe s.). 2. fig. Pays merveilleux d'abondance et de délices (→ pays de cocagne). *Des eldorados.*

ÉLECTEUR, TRICE n. ▪ 1. Personne qui a le droit de vote. *L'inscription d'un électeur sur une liste électorale. Solliciter le suffrage des électeurs.* 2. HIST. Prince, évêque de l'Empire germanique ayant le droit d'élire l'empereur. *L'électeur palatin.*

ÉLECTIF, IVE adj. ▪ 1. Qui choisit, élit. *Les affinités* électives.* 2. Désigné ou conféré par élection. *Une charge élective.*

ÉLECTION n. f. ▪ 1. VX Choix ; action d'élire. – loc. MOD. *D'ÉLECTION :* qu'on a choisi. *C'est sa patrie d'élection.* 2. Choix, désignation d'une ou plusieurs personnes par un vote. *Procéder à l'élection du président.* – *Les élections législatives, municipales, cantonales.*

ÉLECTORAL, ALE, AUX adj. ▪ Relatif aux élections. *Réunion électorale. Liste électorale,* des électeurs.

ÉLECTORALISME n. m. ▪ POLIT. Tendance d'un parti à subordonner sa politique à la recherche des succès électoraux. ► adj. et n. ÉLECTORALISTE

ÉLECTORAT n. m. ▪ 1. Qualité d'électeur, usage du droit d'électeur. *En France, les femmes ont obtenu l'électorat en 1946.* 2. Ensemble des électeurs. *L'électorat français. L'électorat féminin.*

ÉLECTRE ▪ Fille d'Agamemnon et de Clytemnestre. Pour venger son père, elle pousse son frère Oreste à tuer Clytemnestre et Égisthe. Elle a inspiré Eschyle, Sophocle, Euripide et Giraudoux.

ÉLECTRICIEN, IENNE n. ▪ 1. SC. Physicien spécialiste de l'électricité. 2. COUR. Personne (technicien, ouvrier) spécialisée dans le matériel et les installations électriques.

ÉLECTRICITÉ n. f. ▪ 1. PHYS. et COUR. Une des formes de l'énergie, mise en évidence par la structure de la matière ; ensemble des phénomènes causés par une charge électrique. *Électricité statique,* en équilibre (phénomènes d'électrisation par frottement, par contact). ⇒ **électrostatique.** *Électricité dynamique,* courant électrique (⇒ **électrodynamique**). – loc. *Il y a de l'électricité dans l'air ;* fig. les gens sont nerveux, excités. 2. COUR. Cette énergie dans ses usages domestiques, industriels, techniques. *Se chauffer à l'électricité. Payer une note d'électricité. Panne, coupure d'électricité.* – FAM. *Allumer, éteindre l'électricité,* l'éclairage électrique. 3. par métaphore et fig. Caractère de ce qui est tendu, électrique (3). *Une atmosphère politique chargée d'électricité.*

ÉLECTRIFICATION n. f. ▪ Action d'électrifier. *L'électrification du réseau ferroviaire.*

ÉLECTRIFIER v. tr. [7] ▪ 1. Faire fonctionner en utilisant l'énergie électrique. *Électrifier une ligne de chemin de fer.* – au p. p. *Ligne électrifiée.* 2. Pourvoir d'énergie électrique. *Électrifier un village.*

ÉLECTRIQUE adj. ▪ 1. Propre ou relatif à l'électricité. *L'énergie électrique. Charge, courant électrique. Pile* électrique.* – *Centrales électriques* (hydrauliques, thermiques, nucléaires), qui produisent l'électricité. ♦ Qui utilise l'électricité. *L'éclairage électrique.* 2. Qui fonctionne à l'électricité. *Four, rasoir électriques.* – *La chaise* électrique.* 3. fig. Qui évoque les effets de l'électricité (tension, choc). *Atmosphère électrique,* tendue. – *Bleu électrique,* très vif.

ÉLECTRIQUEMENT adv. ▪ 1. Quant à l'électricité. *Atome électriquement neutre.* 2. Par l'énergie électrique. *Horloge mue électriquement.*

ÉLECTRISER v. tr. [1] ▪ 1. Communiquer à (un corps) des propriétés, des charges électriques. – au p. p. *Corps électrisé par frottement.* 2. fig. Animer, pousser à l'action, en produisant une impression vive, exaltante. ⇒ **enflammer, galvaniser.** *Orateur qui électrise la foule.* ► n. f. ÉLECTRISATION

ÉLECTRO- Élément qui signifie « électrique ».

ÉLECTROACOUSTIQUE n. f. ▪ Technique de production, d'enregistrement et de reproduction des sons par des moyens électriques. – adj. *Musique électroacoustique.*

ÉLECTROAIMANT n. m. ▪ Dispositif produisant un champ magnétique grâce à deux bobines parcourues par un courant électrique et reliées par un barreau de fer doux.

ÉLECTROCARDIOGRAMME n. m. ▪ Tracé obtenu par enregistrement des phénomènes électriques du cœur vivant (l'*électrocardiographie* n. f.).

ÉLECTROCHIMIE n. f. ▪ Étude et technique des applications industrielles de l'électricité. *Une usine d'électrochimie.* ► adj. ÉLECTROCHIMIQUE

ÉLECTROCHOC n. m. ▪ MÉD. Procédé de traitement psychiatrique consistant à faire passer un courant alternatif à travers la boîte crânienne.

ÉLECTROCUTER v. tr. [1] ▪ 1. Tuer par une décharge électrique. *Électrocuter un condamné à mort* (aux États-Unis ; → chaise* électrique). 2. Commotionner par une décharge électrique. – pronom. *Il a failli s'électrocuter.*

ÉLECTROCUTION n. f. ▪ Action d'électrocuter, de s'électrocuter.

ÉLECTRODE n. f. ▪ PHYS. Conducteur par lequel le courant arrive ou sort. ⇒ **anode, cathode.** – Chacune des tiges (de graphite, de métal) entre lesquelles on fait jaillir un arc électrique.

ÉLECTRODYNAMIQUE ▪ 1. n. f. Partie de la physique qui traite de l'électricité dynamique (courants électriques). 2. adj. Qui appartient au domaine de cette science.

ÉLECTRO-ENCÉPHALOGRAMME n. m. ▪ MÉD. Tracé obtenu par enregistrement de l'activité électrique du cerveau (l'*électroencéphalographie* n. f.). *Un électro-encéphalogramme plat signale la mort clinique.*

ÉLECTROGÈNE adj. ▪ Qui produit de l'électricité. – *Groupe électrogène,* formé par un moteur et une dynamo. ⇒ **génératrice.**

ÉLECTROLYSE n. f. ▪ Décomposition chimique (de substances en fusion ou en solution) obtenue par le passage d'un courant électrique. *Métal argenté par électrolyse.* ► v. tr. ÉLECTROLYSER

ÉLECTROLYTE n. m. ▪ CHIM. Corps qui peut être décomposé par électrolyse.

ÉLECTROLYTIQUE adj. ▪ CHIM. 1. Qui se rapporte à un électrolyte. 2. Relatif à l'électrolyse.

ÉLECTROMAGNÉTIQUE adj. ▪ De l'électromagnétisme.

ÉLECTROMAGNÉTISME n. m. ▪ DIDACT. Partie de la physique qui étudie les interactions entre courants électriques et champs magnétiques.

ÉLECTROMÉNAGER adj. m. ▪ *Appareils électroménagers :* appareils électriques à usage domestique (fers, aspirateurs, réfrigérateurs, etc.). – n. m. Ensemble de ces appareils ; industrie qui les produit.

ÉLECTROMÈTRE n. m. ▪ Appareil servant à mesurer les charges électriques et les différences de potentiel.

ÉLECTROMOTEUR, TRICE adj. ▪ Qui développe de l'électricité sous l'action d'un agent mécanique ou chimique. – *Force électromotrice* (abrév. *f. é. m.*), exprimée par le quotient de la puissance électrique par l'intensité du courant (unité : le volt).

ÉLECTRON n. m. ▪ PHYS. Particule élémentaire extrêmement légère, gravitant normalement autour du noyau atomique, et chargée d'électricité négative.

ÉLECTRONICIEN, IENNE n. ▪ Spécialiste de l'électronique.

ÉLECTRONIQUE ▪ I. adj. 1. Propre ou relatif aux électrons. *Émission, flux électronique.* 2. Qui appartient à l'électronique (II), fonctionne suivant ses lois. *Microscope électronique. Calculateur électronique. Montre électronique.* ⇒ **quartz.** – Fait par des procédés électroniques. *Annuaire électronique. Musique électronique.* II. n. f. 1. Partie de la physique étudiant les phénomènes où sont mis en jeu des électrons à l'état libre. 2. COUR. Technique dérivant de cette science (utilisation des tubes électroniques, des transistors). ► adv. ÉLECTRONIQUEMENT

ÉLECTRONUCLÉAIRE adj. et n. m. ▪ DIDACT. Relatif à la production d'électricité à partir de la fission nucléaire. – n. m. *Emploi de l'électronucléaire.* ⇒ **nucléaire.**

ÉLECTRONVOLT [-vɔlt] n. m. ▪ PHYS. Unité de mesure d'énergie (symb. eV) utilisée en physique des particules et en électronique.

ÉLECTROPHONE n. m. ▪ VIEILLI Appareil de reproduction sonore des enregistrements phonographiques sur disque. ⇒ **pick-up.**

ÉLECTROSTATIQUE ▪ I. adj. Propre ou relatif à l'électricité statique. *Machines électrostatiques.* II. n. f. Partie de la physique traitant des phénomènes d'électricité statique.

ÉLECTROTECHNICIEN, IENNE [-tɛk-] n. ▪ Spécialiste d'électrotechnique.

ÉLECTROTECHNIQUE [-tɛk-] ▪ **1.** adj. Relatif aux applications techniques de l'électricité. **2.** n. f. Étude de ces applications.

ÉLECTRUM [-ɔm] n. m. ▪ DIDACT. Alliage d'or et d'argent utilisé dans l'Antiquité.

ÉLECTUAIRE n. m. ▪ DIDACT. Préparation pharmaceutique molle (poudres incorporées à du miel, à un sirop).

ÉLÉGAMMENT adv. ▪ Avec élégance. *Être élégamment vêtu.* ➛ *Il n'a pas agi très élégamment.*

ÉLÉGANCE n. f. ▪ **1.** Qualité esthétique de ce qui est élégant. *L'élégance des formes, des proportions.* **2.** Choix heureux des expressions, style harmonieux. *S'exprimer avec élégance. Des élégances d'expression.* **3.** Bon goût manifestant un style personnel dans l'habillement, la parure, les manières. ⇒ **chic, distinction.** *Une élégance raffinée.* **4.** Bon goût, distinction morale ou intellectuelle accompagnés d'aisance. *Ses façons de faire manquent d'élégance.* ⇒ **délicatesse.** *L'élégance d'une démonstration.*

ÉLÉGANT, ANTE adj. ▪ **1.** Qui a de la grâce et de la simplicité. ⇒ **gracieux.** *La forme élégante d'une colonnade. Un costume très élégant.* **2.** (personnes, lieux fréquentés) Qui a de l'élégance, du chic. ⇒ **chic, distingué.** *Une femme élégante. Un restaurant élégant,* fréquenté par une clientèle élégante. **3.** Qui a de la pureté dans l'expression. *Un style élégant.* **4.** Qui a de l'élégance morale, intellectuelle. *Un procédé peu élégant. C'est la solution la plus élégante.*

ÉLÉGIAQUE adj. et n. ▪ Propre à l'élégie, ou dans son style. *Des poésies élégiaques.*

ÉLÉGIE n. f. ▪ Poème lyrique exprimant une plainte douloureuse, des sentiments mélancoliques. *Les élégies de Ronsard, de Chénier.*

ÉLÉIS [eleis] n. m. ▪ BOT. Palmier à huile. ◇ var. ÉLÆIS.

ÉLÉMENT n. m. ▪ **I. 1.** Chacune des choses dont la combinaison, la réunion forme une autre chose, un tout. ⇒ **composant (e), morceau, partie.** *Les éléments d'un assemblage. Tous les éléments du problème.* ➛ MATH., LOG. Un des « objets » qui constituent un ensemble. *"L'élément a appartient à l'ensemble A" s'écrit* « $a \in A$ ». ➛ Partie (d'un mécanisme, d'un appareil composé de séries semblables). **2.** au plur. Premiers principes sur lesquels on fonde une science, une technique. *Apprendre les éléments de la physique.* ⇒ **rudiment ; élémentaire. 3.** Personne appartenant à un groupe. *Recruter de nouveaux éléments. Les bons éléments d'une classe.* ➛ sing. collectif *L'élément féminin était fortement représenté.* **4.** Formation militaire appartenant à un ensemble plus important. *Des éléments blindés.* **II. 1.** VX Principe constitutif des corps matériels. *Les quatre éléments* (terre, eau, air, feu). **2.** *LES ÉLÉMENTS :* ensemble des forces naturelles qui agitent la terre, la mer, l'atmosphère. *Lutter contre les éléments déchaînés.* **3.** *L'élément de qqn,* le milieu, l'entourage habituel ou favorable, où il est à l'aise. *Il aime son métier, il y est dans son élément.* **4.** SC. Corps chimique simple. *Les éléments hydrogène* (H) *et oxygène* (O) *de l'eau* (H_2O). *Des éléments radioactifs.* ➛ *Classification périodique des éléments* (proposée par Mendeleïev), qui répartit les éléments chimiques en lignes et en colonnes faisant apparaître des propriétés analogues, variant selon le numéro atomique.

ÉLÉMENTAIRE adj. ▪ **I. 1.** DIDACT. Qui concerne les éléments (I, 1). **2.** Qui contient, qui concerne les premiers éléments d'une science, d'un art. *Traité de géométrie élémentaire.* ➛ *Cours élémentaire,* entre le cours préparatoire et le cours moyen, dans les écoles primaires, en France (C.E. : C.E.1, C.E.2). **3.** Très simple, réduit à l'essentiel, au minimum. ⇒ **rudimentaire.** *La plus élémentaire des politesses. Des précautions élémentaires. C'est élémentaire,* c'est évident, c'est le minimum. **II.** SC. D'un élément (II, 4). *Particule élémentaire.*

Île **Éléphantine.** *Phot. © Gerbster/Rapho*

éléphant. *Loxodonta africana,* éléphant d'Afrique.
Phot. © Danegger/Jacana

éléphant. *Elephas indicus,* éléphant d'Asie.
École de dressage de Lambang en Thaïlande.
Phot. © Aventurier/Gamma

éléphant de mer. *Mirounga leonina.*
Phot. © Axel/Jacana

ÉLÉPHANT n. m. ▪ **1.** Très grand mammifère herbivore, à corps massif, à peau rugueuse, à grandes oreilles plates, au nez allongé en trompe et à défenses d'ivoire. *Éléphant mâle, femelle* (parfois *une éléphante* n. f.). *L'éléphant barrit.* ➛ *Une mémoire d'éléphant,* exceptionnelle. *Il est gros comme un éléphant.* **2.** fig. Personne très grosse, à la démarche pesante. loc. *Un éléphant dans un magasin de porcelaine,* un lourdaud qui intervient dans une affaire délicate. ♦ Personnage important et installé (dans un parti politique). **3.** loc. *PATTES D'ÉLÉPHANT :* bas de pantalon évasé. **4.** *ÉLÉPHANT DE MER :* phoque à trompe, de grande taille.

ÉLÉPHANTEAU n. m. ▪ Très jeune éléphant. *Des éléphanteaux.*

ÉLÉPHANTESQUE adj. ▪ Énorme, d'une grosseur monstrueuse.

ÉLÉPHANTIASIS [-tjazis] n. m. ▪ MÉD. Maladie chronique de la peau, caractérisée par une augmentation de volume considérable de certaines parties du corps (jambes, organes génitaux...).

ÉLÉPHANTINE ▪ Île du Nil, en face d'Assouan. Ruines d'une cité antique. Célèbre nilomètre décrit par Strabon.

ÉLEUSIS ▪ Ville et port de Grèce, en Attique, sur la *baie d'Éleusis.* 23 041 hab. ► **les mystères d'ÉLEUSIS**, liés au culte de Déméter, étaient des rites initiatiques annuels qui tenaient une grande place dans la religion grecque.

ÉLEVAGE n. m. ▪ **1.** Action d'élever (les animaux domestiques ou utiles) ; ensemble des techniques permettant de les faire naître, de veiller à leur développement, leur entretien, leur reproduction. *L'élevage du bétail. L'élevage des abeilles* (apiculture), *des vers à soie* (sériciculture). ⇒ **culture.** ‑ absolt Élevage du bétail. *Apparition de l'élevage* (après la chasse) *à la fin de la préhistoire. Un pays d'élevage.* **2.** Ensemble des animaux élevés ensemble. *Un élevage de truites.*

ÉLÉVATEUR, TRICE adj. et n. ▪ **1.** adj. Se dit de muscles qui élèvent, relèvent (certaines parties du corps). *Le muscle élévateur de la paupière.* **2.** *Appareil élévateur* ou n. m. *élévateur,* appareil capable d'élever qqch. à un niveau supérieur. ‑ *Chariot élévateur.*

ÉLÉVATION n. f. ▪ **1.** Action de lever, d'élever ; position élevée. *Mouvement d'élévation du bras.* **2.** RELIG. CATHOL. Moment de la messe où le prêtre élève l'hostie. **3.** Fait de s'élever. ⇒ **montée.** *L'élévation du niveau des eaux.* ‑ fig. *Une forte élévation de température.* ⇒ **augmentation, hausse.** **4.** *(Une, des élévations)* Terrain élevé. ⇒ **éminence, hauteur.** **5.** fig. (→ élever, II) Action d'élever, de s'élever (à un rang éminent, supérieur). *Son élévation au grade de colonel.* ⇒ **accession.** **6.** Caractère noble, élevé (de l'esprit). ⇒ **noblesse.** *Une grande élévation de pensée.*

ÉLEVÉ, ÉE adj. ▪ **I. 1.** Situé à une certaine hauteur. ⇒ **haut.** *Une colline peu élevée. Le point le plus élevé.* **2.** Qui atteint une grande importance. *Une température élevée.* **3.** LITTÉR. Supérieur moralement ou intellectuellement. ⇒ **noble.** *Il a un sentiment très élevé de son devoir.* **II.** *BIEN, MAL ÉLEVÉ, ÉE :* qui a reçu une bonne, une mauvaise éducation, est poli, impoli. ‑ n. *Un, une MAL ÉLEVÉ, ÉE.* ⇒ **malappris, malotru.** ‑ FAM. *C'est très mal élevé de dire ça,* c'est une preuve de mauvaise éducation, d'impolitesse. ⇒ **grossier, impoli, incorrect.**

ÉLÈVE n. ▪ **1.** Personne qui reçoit ou suit l'enseignement d'un maître (dans un art, une science) ou d'un précepteur. ⇒ **disciple ; étudiant.** *Ce tableau est d'un élève de Rembrandt.* **2.** Enfant, adolescent qui reçoit l'enseignement donné dans une école, un collège, un lycée. ⇒ **écolier, collégien, lycéen.** *Une excellente élève. Mauvais élève.* ⇒ **cancre.** ‑ *Anciens élèves des grandes écoles.* **3.** Candidat à un grade militaire. *Élève officier.*

ÉLEVER v. tr. [5] ▪ **I. 1.** Mettre ou porter plus haut. ⇒ **hisser, lever, soulever.** ‑ Dresser. *Élever les bras au-dessus de sa tête.* **2.** Faire monter à un niveau supérieur. ⇒ **hausser.** *Les pluies d'été ont élevé le niveau de la rivière. Élever la maison d'un étage.* ⇒ **surélever.** **3.** Construire (en hauteur). *Élever un mur, un bâtiment.* ⇒ **bâtir.** *Élever une statue.* ⇒ **dresser, ériger.** ♦ GÉOM. *Élever une perpendiculaire à une droite,* la tracer en partant d'un point de cette droite. **II.** fig. **1.** Porter à un rang supérieur. *Il a été élevé au grade supérieur.* ⇒ **promouvoir.** **2.** Porter à un degré supérieur. ⇒ **augmenter, relever.** ♦ MATH. *Élever un nombre au carré, au cube.* ♦ *Élever le ton, la voix,* parler plus haut ; parler avec autorité. *Il n'ose plus élever la voix,* parler. **3.** Rendre moralement ou intellectuellement supérieur. *Lecture qui élève l'esprit.* **III. 1.** Amener (un enfant) à son plein développement physique et moral. ⇒ **entretenir, nourrir, soigner ; élève.** *Ils ont eu beaucoup de mal à élever cet enfant.* **2.** Faire l'éducation de (un être humain). ⇒ **éduquer ; élevé** (II). *Ses parents l'ont bien élevé.* **3.** Faire l'élevage de (un animal). *Élever des lapins.* ► **S'ÉLEVER** v. pron. **1.** Aller plus haut, monter. *Le cerf-volant s'élève dans le ciel.* **2.** (hauteur, édifice) Se dresser jusqu'à une certaine hauteur. *La falaise s'élève à pic.* **3.** (personnes) *S'ÉLEVER CONTRE :* intervenir pour combattre. *Je m'élève contre son attitude.* **4.** (personnes) Arriver à un rang supérieur. *Il s'est élevé par son seul travail.* ⇒ **réussir.** **5.** (choses mesurables) Augmenter, devenir plus haut. *La température s'élève.* ‑ *Le prix s'élève à deux mille francs.*

George **Eliot.**
Phot. © BNF

ÉLEVEUR, EUSE n. ▪ Personne qui pratique l'élevage. *Propriétaire et éleveur de chevaux de course.*

ELFE n. m. ▪ Génie de l'air, dans la mythologie scandinave. ⇒ **sylphe.**

sir Edward **ELGAR** (1857‑1934) ▪ Compositeur britannique. *"Enigma",* variations pour orchestre (1899); *"Le Songe de Gerontius",* oratorio (1900).

Mircea **ELIADE** (1907‑1986) ▪ Historien des religions et romancier roumain. Il a défini le concept de hiérophanie, « manifestation du sacré ». *"Traité d'histoire des religions"* (1949, en français); *"Histoire des idées et des croyances religieuses"* (3 vol., 1976-1978).

Norbert **ELIAS** (1897‑1990) ▪ Sociologue allemand. *"La Dynamique de l'Occident"; "La Civilisation des mœurs"* (1939).

ÉLIDER v. tr. [1] ▪ Effacer (une voyelle) par l'élision. ‑ au p. p. *Article élidé* (ex. *l'* pour *le, la*).

ÉLIE ▪ Prophète de la Bible. Il lutte contre le culte des Baals, s'oppose à Jézabel, laisse sa succession à Élisée et monte au ciel sur un char de feu (le *char d'Élie*).

Léonce **ÉLIE DE BEAUMONT** (1798‑1874) ▪ Géologue français. Il établit avec Dufrénoy (1792‑1857) la carte géologique de la France (1842).

ÉLIGIBILITÉ n. f. ▪ Capacité à être candidat aux élections.

ÉLIGIBLE adj. ▪ Qui est dans les conditions requises pour pouvoir être élu (député, etc.).

ÉLIMER v. tr. [1] ▪ User (une étoffe) par le frottement, à force de s'en servir. *Élimer sa veste aux coudes.* ‑ au p. p. *Chemise élimée aux poignets.*

ÉLIMINATION n. f. ▪ **1.** Action d'éliminer, fait d'être éliminé. *L'élimination d'une équipe au second tour.* ‑ *Procéder par élimination,* écarter toutes les hypothèses que le raisonnement ou l'expérience empêchent d'admettre. **2.** PHYSIOL. Évacuation des substances nuisibles et inutiles, de déchets résultant du métabolisme. ⇒ **excrétion.**

ÉLIMINATOIRE ▪ **1.** adj. Qui sert à éliminer (1). *Note éliminatoire,* qui fait échouer un candidat quelles que soient ses autres notes. **2.** n. f. Épreuve sportive dont l'objet est de sélectionner les sujets les plus qualifiés en éliminant les autres.

ÉLIMINER v. tr. [1] ▪ **1.** Écarter à la suite d'un choix, d'une sélection. ⇒ **exclure, rejeter.** *Le jury a éliminé la moitié des candidats.* ‑ au p. p. *Les équipes éliminées de la Coupe.* **2.** Supprimer, faire disparaître (ce qui est considéré comme gênant ou inutile). *Éliminer une difficulté.* ‑ *Éliminer les inconnues d'une équation.* **3.** Faire disparaître en supprimant l'existence. *La dictature élimine les opposants.* ⇒ **tuer ;** FAM. **liquider.** **4.** Évacuer (les déchets, toxines, etc.). ‑ sans compl. *Il élimine mal.* ► **ÉLIMINATEUR, TRICE** adj. *Méthode éliminatrice.*

ÉLINGUE n. f. ▪ MAR. Cordage, câble dont on entoure les fardeaux pour les soulever. ► v. tr. **ÉLINGUER**

Mary Ann Evans dite George **ELIOT** (1819‑1880) ▪ Écrivain britannique. Elle décrit dans ses romans l'Angleterre rurale de l'époque victorienne. *"Middlemarch, étude de la vie de province"* (1871-1872).

Thomas Stearns **ELIOT** (1888‑1965) ▪ Écrivain britannique d'origine américaine. Poète (*"La Terre vaine",* 1922; *"Les Hommes creux",* 1925; *"Les Quatre Quatuors",* 1936-1942), auteur dramatique (*"Meurtre dans la cathédrale",* 1935, sur la mort de Thomas Becket). Parmi les thèmes essentiels de son œuvre figurent la pénitence et la rédemption, la recherche et l'acceptation du destin. Prix Nobel 1948.

T. S. **Eliot.**
Phot. © Coll. Viollet

ÉLIRE v. tr. 43 ▪ **1.** VX Choisir comme meilleur. **2.** Nommer (qqn) à une dignité, à une fonction par voie de suffrages. ⇒ **élection.** *Élire un candidat à l'unanimité. Il est élu pour cinq ans.* **3.** loc. *Élire domicile,* se fixer (dans un lieu) pour y habiter.

sainte ÉLISABETH ▪ Dans l'Évangile de Luc, mère de Jean-Baptiste et cousine de la Vierge Marie.

ÉLISABETH I^{RE} (1533 - 1603) ▪ Reine d'Angleterre de 1558 à sa mort, fille d'Henri VIII et d'Anne Boleyn. Elle rétablit l'anglicanisme, fit exécuter Marie Stuart, combattit victorieusement l'Espagne de Philippe II. Elle n'eut pas d'enfant (d'où son surnom de « reine vierge »). Son règne fut une période de développement de la marine, de l'économie, et d'épanouissement culturel (musique, théâtre → **Shakespeare**).

ÉLISABETH II (née en 1926) ▪ Reine du Royaume-Uni depuis 1952. Fille du roi George VI.

Élisabeth II d'Angleterre. *Phot. © Jayne Fincher/Gamma*

ÉLISABETH D'AUTRICHE (1554 - 1592) ▪ Reine de France, épouse de Charles IX.

ÉLISABETH DE BAVIÈRE (1876 - 1965) ▪ Reine des Belges, épouse d'Albert Ier.

ÉLISABETH DE FRANCE (1545 - 1568) ▪ Reine d'Espagne, seconde épouse de Philippe II, fille d'Henri II et de Catherine de Médicis.

ÉLISABETH DE FRANCE dite **MADAME** (1764 - 1794) ▪ Sœur de Louis XVI. Elle mourut guillotinée.

ÉLISABETH DE WITTELSBACH (1837 - 1898) ▪ Impératrice d'Autriche, épouse de François-Joseph Ier. La littérature et le cinéma en ont fait la légendaire *Sissi.*

ÉLISABETH PETROVNA (1709 - 1762) ▪ Impératrice de Russie de 1741 à sa mort, fille de Pierre Ier. Son ministre Chouvalov favorisa l'instruction et la culture.

ÉLISABÉTHAIN, AINE adj. ▪ Qui appartient au règne d'Élisabeth Ire, reine d'Angleterre. *Le théâtre élisabéthain.*

ÉLISION n. f. ▪ Effacement d'une voyelle finale devant une voyelle initiale ou un h muet. *L'apostrophe est le signe de l'élision* (ex. l'art, s'il).

ELISTA ▪ Ville de Russie, capitale de la Kalmoukie 95 000 hab.

ÉLITE n. f. ▪ **1.** Ensemble des personnes les plus remarquables (d'un groupe, une communauté). ⇒ FAM. **crème, gratin.** *L'élite de l'armée, de l'université.* - *D'ÉLITE :* hors du commun ; éminent, supérieur. *Un tireur d'élite.* **2.** *LES ÉLITES :* les personnes qui, par leur valeur, occupent le premier rang. ► **adj.** ÉLITAIRE

ÉLITISME n. m. ▪ Le fait de favoriser une élite aux dépens de la masse. *L'élitisme d'un enseignement.*

ÉLITISTE adj. ▪ Qui favorise l'élite (sans se soucier du niveau moyen). *Une conception élitiste de la culture.*

ÉLIXIR n. m. ▪ **1.** Médicament liquide, mélange de sirops, d'alcool et de substances aromatiques. *Un élixir contre la toux.* **2.** Boisson magique. ⇒ **philtre.**

ELLE, ELLES pron. pers. f. ▪ Pronom personnel féminin sujet (⇒ **il**) ou complément de la troisième personne. *Elle arrive. Je l'ai vue, elle. Adressez-vous à elles. C'est pour elle. Elle-même l'a dit,* elle en personne. ⇒ **même.**

ELLÉBORE n. m. ▪ Herbe dont la racine a des propriétés purgatives, vermifuges, et qui passait autrefois pour guérir la folie.

l'île d'ELLESMERE ▪ Île du Canada, dans l'océan Arctique. 212 688 km^2.

Duke ELLINGTON (1899 - 1974) ▪ Pianiste, compositeur et chef d'orchestre de jazz noir américain. Doué d'un grand sens mélodique, il constitua à partir de 1925 un orchestre fameux.

Duke **Ellington.** *Phot. © Lipnitzki/Viollet*

① **ELLIPSE** n. f. ▪ Omission de un ou plusieurs mots dans une phrase qui reste cependant compréhensible. *Ellipse du verbe dans « chacun pour soi » (« chacun agit pour soi »).* ♦ Art du raccourci, du sous-entendu.

② **ELLIPSE** n. f. ▪ GÉOM. Courbe plane fermée dont chaque point est tel que la somme de ses distances à deux points fixes (appelés *foyers*) est constante. *Les ellipses que décrivent les planètes.* ♦ Ovale.

ELLIPSOÏDE ▪ GÉOM. **1.** n. m. *Ellipsoïde de révolution,* solide engendré par une ellipse tournant autour d'un de ses axes. **2.** adj. Qui a la forme d'une ellipse. ► **adj.** ELLIPSOÏDAL, ALE, AUX

① **ELLIPTIQUE** adj. ▪ **1.** Qui présente une ellipse (①), des ellipses. *Une proposition elliptique.* **2.** Qui ne développe pas toute sa pensée. *Une façon elliptique de s'exprimer.* ► **adv.** ELLIPTIQUEMENT

② **ELLIPTIQUE** adj. ▪ Qui appartient à l'ellipse (②), est en ellipse. *Orbite elliptique.*

Élisabeth de Wittelsbach. Portrait anonyme du XIXe s. Coll. part., Vienne. *Phot. © Dagli Orti*

Ellora. Grotte 6. *Phot. © Thomas/Explorer*

ELLORA ▪ Ville de l'Inde (Andhra Pradesh). 212 918 hab. Temple et sanctuaires creusés dans le roc (entre le IVe et le XIIIe s.).

ELNE ▪ Commune des Pyrénées-Orientales. 6 262 hab. *(les Illibériens).* Cloître roman (XIIe-XIVe s.).

ÉLOCUTION n. f. ▪ Manière de s'exprimer oralement, d'articuler et d'enchaîner les phrases. ⇒ **articulation.** *Il a une grande facilité d'élocution. Défaut d'élocution.* ⇒ **prononciation.**

ÉLOCUTOIRE adj. ▪ DIDACT. De l'élocution.

ÉLOGE n. m. ▪ **1.** Discours pour célébrer qqn ou qqch. ⇒ **panégyrique.** *Éloge funèbre,* où l'on expose les mérites du défunt. **2.** Jugement favorable (qu'on exprime au sujet de qqn). ⇒ **compliment, félicitation, louange.** *Il a été couvert, comblé d'éloges. Parler de qqn avec éloge.* - *Faire l'éloge de qqn, qqch.* (⇒ **louer**).

ÉLOGIEUX, IEUSE adj. ▪ Qui renferme un éloge, des éloges. ⇒ **flatteur, louangeur.** *Parler de qqn en termes élogieux.* ► adv. ÉLOGIEUSEMENT

ÉLOHIM ▪ Un des noms de Dieu dans la Bible. → **Yahvé.**

saint **ÉLOI** (v. 588 - 660) ▪ Évêque de Noyon-Tournai, orfèvre et trésorier du roi Dagobert.

ÉLOIGNÉ, ÉE adj. ▪ **1.** Qui est à une certaine distance, à une assez grande distance (dans l'espace ou dans le temps). *Un pays éloigné. Un passé peu éloigné.* - ÉLOIGNÉ, ÉE DE. ⇒ **loin.** *Il vit éloigné de sa famille. Une maison éloignée de la ville.* ⇒ **distant.** ♦ fig. LITTÉR. *Je ne suis pas éloigné de croire que,* je le crois presque. **2.** Qui a des liens de parenté indirects avec (qqn). *Un cousin éloigné.* **3.** fig. Différent, divergent. *Récit très éloigné de la vérité.*

ÉLOIGNEMENT n. m. ▪ **1.** Mesure par laquelle on éloigne (qqn). **2.** Fait d'être éloigné dans l'espace ou le temps. *Avec l'éloignement, les faits prennent un autre sens.* ⇒ **recul. 3.** LITTÉR. Fait de se tenir à l'écart ; aversion.

ÉLOIGNER v. tr. 1 ▪ **1.** Mettre ou faire aller à une certaine distance, loin. ⇒ **écarter, reculer, repousser** ; s'oppose à *rapprocher. Éloignez les enfants du feu. Cet incident éloigne la date de mon départ.* ⇒ **retarder. 2.** fig. Écarter, détourner qqn. *Ce scandale l'a éloigné de la politique.* ► **S'ÉLOIGNER** v. pron. ⇒ s'en **aller, partir.** *Ne t'éloigne pas d'ici.* - absolt *L'orage s'éloigne.* ♦ fig. *Elle s'éloigne de lui,* elle l'aime moins, s'en détache. - *Nous nous éloignons du sujet.*

ÉLONGATION n. f. ▪ Lésion produite par un étirement ou une rupture d'un muscle, d'un tendon.

ÉLOQUEMMENT [-amɑ̃] adv. ▪ Avec éloquence. *Plaider éloquemment.*

ÉLOQUENCE n. f. ▪ **1.** Don de la parole, facilité pour bien s'exprimer. ⇒ **verve.** *Parler avec éloquence.* **2.** Art de toucher et de persuader par le discours. ⇒ **rhétorique.** *L'éloquence politique, religieuse.* **3.** Qualité de ce qui (sans parole) est expressif, éloquent. *L'éloquence d'une mimique.* - Caractère probant. *L'éloquence d'un bilan.*

ÉLOQUENT, ENTE adj. ▪ **1.** Qui a, qui montre de l'éloquence. *Un orateur éloquent.* ⇒ **disert.** - Qui convainc (paroles). *S'exprimer en termes éloquents.* ⇒ **convaincant, persuasif. 2.** Qui, sans discours, est expressif, révélateur. *Un geste éloquent.* - Qui parle de lui-même. ⇒ **probant.** *Ces chiffres sont éloquents.*

Jean-Claude **ÉLOY** (né en 1938) ▪ Compositeur français. Élève de Milhaud et de Boulez, il fut influencé par l'école sérielle puis par les musiques d'Extrême-Orient. *"Anâhata"* (1986).

EL PASO ▪ Ville des États-Unis (Texas). 515 000 hab. Centre commercial et financier.

ELSENEUR en danois ***HELSINGØR*** ▪ Ville et port du Danemark. 43 696 hab. Château de Kronborg où Shakespeare situe l'action d'*"Hamlet"*.

Adam **ELSHEIMER** (1578 - 1610) ▪ Peintre et graveur allemand. Ses paysages influencèrent les peintres français (Poussin notamment) et italiens.

Max **ELSKAMP** (1862 - 1931) ▪ Poète belge d'expression française. Son inspiration allie symbolisme, piété et formes populaires.

Boris **ELTSINE** (né en 1931) ▪ Homme politique russe. Premier président de Russie élu au suffrage universel (juin 1991), il joua un rôle important dans l'échec du putsch contre Gorbatchev (août 1991) ainsi que dans la dissolution de l'URSS.

Eltsine.
Phot. © De Keerle/Gamma

ÉLU, UE adj. ▪ **I. 1.** Choisi par Dieu. *Le peuple élu,* le peuple juif. - n. *Les élus,* les personnes destinées à la vie éternelle. - loc. *Beaucoup d'appelés* mais peu d'élus.* **2.** n. Personne choisie (sentimentalement). *Il va se marier. — Quelle est l'heureuse élue ?* **II.** Désigné par élection (⇒ **élire**). - n. *Les élus locaux.*

Eugène Grindel dit Paul **ELUARD** (1895 - 1952) ▪ Poète français. Surréaliste, puis membre du parti communiste et résistant. Il a élaboré un langage riche d'images et d'harmonies. *"Capitale de la douleur"* (1926); *"Les Yeux fertiles"* (1936); *"Poésie ininterrompue"* (1946).

Eluard avec sa seconde femme, Nusch. *Phot. © Coll. Viollet*

ÉLUCIDATION n. f. ▪ Action d'élucider. ⇒ **éclaircissement, explication.** *L'élucidation d'un problème.*

ÉLUCIDER v. tr. 1 ▪ Rendre clair (ce qui présente à l'esprit des difficultés). ⇒ **clarifier, éclaircir, expliquer.** *L'enquête doit permettre d'élucider l'affaire.*

ÉLUCUBRATION n. f. ▪ (surtout au plur.) péj. Œuvre ou théorie laborieusement édifiée et peu sensée, peu réaliste.

ÉLUDER v. tr. 1 ▪ Éviter avec adresse, par un artifice, un faux-fuyant. ⇒ **escamoter, tourner.** *Il essaie d'éluder le problème.*

ELY ▪ Une des plus anciennes villes d'Angleterre (Cambridgeshire), célèbre pour sa cathédrale alliant le roman et le gothique (XIe-XVIe s.). 11 000 hab.

l'ÉLYSÉE n. m. ▪ Palais parisien du XVIIIe s., devenu en 1848 et depuis 1873 la demeure du président de la République française.

ÉLYSÉEN, ENNE adj. ▪ **1.** MYTHOL. Des champs Élysées*. **2.** FAM. (en France) De l'Élysée, résidence du président de la République.

les champs ÉLYSÉES ▪ Dans la mythologie grecque, région des Enfers où séjournaient les âmes vertueuses.

Odysseus ELYTIS (1911 - 1996) ▪ Poète grec, proche du surréalisme. *"To Axion Esti"* (1959). Prix Nobel de littérature 1979.

ÉLYTRE n. m. ▪ Aile dure et cornée des insectes coléoptères, qui recouvre l'aile inférieure à la façon d'un étui. *Les élytres du hanneton, du scarabée.*

les ELZÉVIR, ELZEVIER ou **ELSEVIER** ▪ Famille de libraires et imprimeurs hollandais des XVIe et XVIIe s., liés à la Réforme.

EM- ⇒ EN-

ÉMACIÉ, ÉE adj. ▪ Très amaigri. ⇒ **maigre, squelettique.** *Un visage émacié.*

ÉMAIL, AUX n. m. ▪ **1.** Vernis constitué par un produit vitreux, coloré, fondu, puis solidifié. *Émail cloisonné.* **2.** au plur. Ouvrages d'orfèvrerie émaillés. - *"Émaux et Camées"* (poèmes de Gautier). **3.** Tôle, fonte émaillée. *Fourneau à gaz en émail.* **4.** Substance transparente extrêmement dure, qui recouvre l'ivoire de la couronne des dents.

ÉMAILLAGE n. m. ▪ Action d'émailler ; son résultat. *L'émaillage d'une céramique.*

ÉMAILLER v. tr. 1 ▪ **1.** Recouvrir d'émail. *Émailler une porcelaine.* - au p. p. *Fonte émaillée.* **2.** LITTÉR. (sujet chose) Orner de points de couleur vive. *Les fleurs qui émaillent les prés.* **3.** fig. Semer (un ouvrage) d'ornements divers. ⇒ **enrichir.** - fig. iron. *Lettre émaillée de fautes.*

ÉMAILLEUR, EUSE n. ▪ Personne qui fabrique des émaux ; ouvrier spécialisé dans l'émaillage des métaux.

ÉMANATION n. f. ▪ **1.** Ce qui émane, procède d'autre chose. ⇒ **expression.** *Le pouvoir, dans une démocratie, doit être l'émanation de la volonté populaire.* **2.** Émission ou exhalaison de particules, de corpuscules. *Des émanations gazeuses.* ♦ Odeur. *Les émanations d'un égout.* **3.** PHYS. Gaz radioactif produit par la désagrégation du radium, du thorium et de l'actinium.

ÉMANCIPATEUR, TRICE n. ▪ Personne, principe qui émancipe (2).

ÉMANCIPATION n. f. ▪ **1.** Acte par lequel un mineur est émancipé. **2.** Action d'affranchir ou de s'affranchir d'une autorité, de servitudes ou de préjugés. ⇒ **libération.** *Mouvement d'émancipation des colonies.* ⇒ **décolonisation.** *L'émancipation de la femme.*

ÉMANCIPER v. tr. 1 ▪ **1.** Affranchir (un mineur) de la puissance parentale ou de la tutelle. **2.** Affranchir (qqn), libérer (⇒ **émancipation** (2)). ► **S'ÉMANCIPER** v. pron. **1.** S'affranchir (d'une dépendance, de contraintes). *S'émanciper de la tutelle familiale.* **2.** FAM. Prendre des libertés, rompre avec les contraintes morales et sociales.

ÉMANER v. intr. 1 ▪ **1.** Provenir comme de sa source naturelle. ⇒ **découler, dériver.** *Ce décret émane du gouvernement.* **2.** Provenir (d'une source physique). *La lumière émane du soleil.* - (gaz, radiations) S'échapper d'un corps. **3.** Provenir comme par rayonnement. *Le charme qui émane de sa personne.*

ÉMARGEMENT n. m. ▪ Action d'émarger. *Feuille d'émargement,* feuille de présence.

ÉMARGER v. tr. 3 ▪ Signer dans la marge (un compte, un état). ♦ sans compl. Toucher le traitement affecté à un emploi.

ÉMASCULER v. tr. 1 ▪ **1.** Priver (un mâle) des organes de la reproduction. ⇒ **castrer, châtrer. 2.** fig. Dépouiller de sa force originelle. *Le traducteur a émasculé le texte.* ► n. f. **ÉMASCULATION**

Médaillon en émaux cloisonnés sur or : *Saint Démétrios,* art byzantin, XIe s. Musée de Cluny, Paris.
Phot. © de Selva/Tapabor

Martin Didier Pape, *La Nativité,* émail grisaille, XVIe s. Musée des Arts décoratifs, Paris. *Phot. © Giraudon*

Léonard Limosin, *Louis de Bourbon, duc de Montpensier,* plaque d'émail peint. Musée Condé, Chantilly. *Phot. © Giraudon*

émail.

ÉMAUX ⇒ ÉMAIL

EMBÂCLE n. m. ▪ Obstruction du lit d'un cours d'eau, d'un détroit par un amas de glace flottante.

EMBALLAGE n. m. ▪ **1.** Action d'emballer. ⇒ **conditionnement.** *L'emballage des fruits.* **2.** Ce qui sert à emballer. *Papier d'emballage. Emballage consigné.*

EMBALLANT, ANTE adj. ▪ FAM. Enthousiasmant.

EMBALLEMENT n. m. ▪ Fait de s'emballer ; enthousiasme irréfléchi. *Méfiez-vous des emballements.*

EMBALLER v. tr. 1 ▪ **I. 1.** Mettre (un objet, une marchandise) dans une enveloppe qui protège, sert au transport, à la présentation. ⇒ **empaqueter, envelopper.** *Emballer soigneusement des verres.* **2.** FAM. Arrêter (qqn). *La police l'a emballé.* **II. 1.** Faire s'emballer (un cheval). – *Emballer un moteur,* le faire tourner trop vite. **2.** FAM. Enchanter, enthousiasmer. *Ce film ne m'emballe pas.* ► **S'EMBALLER** v. pron. **1.** (cheval) Prendre le mors aux dents, échapper à la main du cavalier. ♦ (moteur, machine) Prendre un régime de marche trop rapide. **2.** (personnes) Se laisser emporter par un mouvement irréfléchi, céder à l'impatience, à l'enthousiasme. *Ne nous emballons pas !* ⇒ se **précipiter.** *Il s'emballe pour un rien.* ⇒ s'**emporter.**

EMBALLEUR, EUSE n. ▪ Personne spécialisée dans l'emballage.

EMBARCADÈRE n. m. ▪ Emplacement aménagé (dans un port, sur une rivière) pour permettre l'embarquement des voyageurs et des marchandises. ⇒ **appontement, débarcadère.**

EMBARCATION n. f. ▪ Bateau de petite dimension, ou canot. ⇒ **barque.** *Mettre une embarcation à la mer.*

EMBARDÉE n. f. ▪ Brusque changement de direction (d'un bateau, d'un véhicule). *La voiture fit une embardée.*

EMBARGO n. m. ▪ **1.** Interdiction faite par un gouvernement de laisser partir les navires étrangers mouillés dans ses ports ou de laisser exporter certaines marchandises. ⇒ aussi **blocus.** *Mettre, lever l'embargo.* **2.** Interdiction de laisser circuler (un objet, une nouvelle). *Mettre l'embargo sur une information.*

EMBARQUEMENT n. m. ▪ Action d'embarquer, de s'embarquer. *L'embarquement du matériel.* ⇒ **chargement.** *Les formalités d'embarquement* (des passagers).

EMBARQUER v. 1 ▪ **I.** v. tr. **1.** Mettre, faire monter dans un navire (s'oppose à *débarquer*). *Embarquer des passagers, du matériel* (⇒ **charger**). ♦ Recevoir par-dessus bord (un paquet de mer). **2.** Charger (dans un véhicule). *Embarquer des marchandises dans un camion.* ♦ FAM. *Des agents l'ont embarqué,* arrêté et emmené. **3.** Engager dans une affaire difficile dont on ne peut sortir facilement. *Il s'est laissé embarquer dans une drôle d'histoire.* **II.** v. intr. **1.** Monter à bord d'un bateau pour un voyage. *C'est l'heure d'embarquer.* **2.** Passer et se répandre par-dessus bord. *La mer embarque.* ► **S'EMBARQUER** v. pron. **1.** Monter à bord d'un bateau. **2.** fig. S'engager, s'aventurer (dans une affaire difficile ou dangereuse). ⇒ s'**embringuer.** *Elle s'est embarquée dans cette affaire sans réfléchir.*

EMBARRAS n. m. ▪ **I. 1.** VX Encombrement, embouteillage. *Les embarras de Paris.* **2.** *EMBARRAS GASTRIQUE :* troubles digestifs provoqués par une infection, une intoxication. ⇒ **indigestion.** **II. 1.** Position gênante, situation difficile et ennuyeuse. *Être dans l'embarras.* ⇒ **ennui(s), difficulté(s)** ; FAM. **pétrin.** *Un embarras pécuniaire.* **2.** *UN EMBARRAS :* un obstacle, une gêne. **3.** Incertitude de l'esprit. ⇒ **perplexité.** *Votre offre me met dans l'embarras. Vous n'avez que L'EMBARRAS DU CHOIX,* la seule difficulté est de choisir. **4.** Malaise pour agir ou parler. ⇒ **confusion, gêne, trouble.** *Il ne pouvait dissimuler son embarras.* **5.** loc. *Faire des embarras :* faire des manières, manquer de naturel. ⇒ **façon, histoire.**

EMBARRASSANT, ANTE adj. ▪ **1.** Qui met dans l'embarras. ⇒ **difficile, gênant.** *Une situation embarrassante. Une objection embarrassante,* à laquelle on a du mal à répondre. **2.** Qui encombre. ⇒ **encombrant.**

EMBARRASSER v. tr. 1 ▪ **1.** Gêner dans les mouvements. ⇒ **encombrer.** *Posez donc votre manteau, il vous embarrasse.* **2.** Encombrer (qqn) de sa présence. ⇒ **déranger, importuner.** **3.** Mettre dans une position difficile. ⇒ **gêner.** *Cette initiative va embarrasser le gouvernement.* **4.** Rendre hésitant, perplexe. ⇒ **déconcerter, troubler.** *Sa question m'embarrasse* (⇒ **embarrassant**). ► **S'EMBARRASSER** v. pron. **1.** S'encombrer. *Je me suis embarrassé inutilement d'un parapluie.* **2.** Se soucier, tenir compte exagérément (de). ⇒ s'**inquiéter,** se **préoccuper.** *Il ne s'embarrasse pas de scrupules.* **3.** S'empêtrer. *Il finit par s'embarrasser dans ses mensonges.* ⇒ s'**embrouiller.** ► **EMBARRASSÉ, ÉE** adj. **1.** Gêné dans ses mouvements. *Avoir les mains embarrassées.* – *Avoir l'estomac embarrassé,* avoir une digestion difficile. **2.** Qui éprouve de l'embarras. ⇒ **indécis, perplexe. 3.** Qui montre de la gêne. ⇒ **gauche, timide.** *Un air embarrassé.* **4.** Qui manque d'aisance ou de clarté. ⇒ **confus, obscur.** *Se lancer dans des explications embarrassées.*

EMBASTILLER v. tr. 1 ▪ HIST. Emprisonner à la Bastille.

EMBAUCHE n. f. ▪ Action d'embaucher. *Une offre d'embauche.* ◇ syn. EMBAUCHAGE n. m.

EMBAUCHER v. tr. 1 ▪ Engager (qqn) en vue d'un travail (s'oppose à *débaucher*). *On l'a embauché dans un garage.* – absolt *Ici, on embauche.* ♦ FAM. Entraîner (qqn) dans une activité. *Il m'a embauché pour son déménagement.*

EMBAUCHOIR n. m. ▪ Instrument que l'on place dans les chaussures pour en conserver la forme et éviter les plis du cuir.

EMBAUMEMENT n. m. ▪ Action d'embaumer (un cadavre).

EMBAUMER v. tr. 1 ▪ **1.** Remplir (un cadavre) de substances qui permettent de le dessécher et de le conserver. *Les anciens Égyptiens embaumaient les morts.* – fig. Préserver de l'oubli en fixant. **2.** Remplir d'une odeur agréable. ⇒ **parfumer.** *Des roses embaumaient la chambre.* – sans compl. *Ça embaume.*

EMBAUMEUR, EUSE n. ▪ Personne dont le métier est d'embaumer les morts.

EMBELLIE n. f. ▪ **1.** Accalmie (sur mer). **2.** Brève amélioration du temps. ⇒ **éclaircie.**

EMBELLIR v. 2 ▪ **I.** v. tr. **1.** Rendre beau ou plus beau (une personne, un visage). *Cette coiffure l'embellit.* ⇒ **flatter.** *L'amour embellit.* – Rendre plus agréable à l'œil, orner (un lieu, une maison...). *Des cyprès embellissaient le parc.* **2.** Faire apparaître sous un plus bel aspect. *L'imagination embellit la réalité.* ⇒ **idéaliser, poétiser.** – *Embellir une situation,* la dépeindre sous un beau jour. **II.** v. intr. Devenir beau, plus beau. *Cet enfant embellit tous les jours.*

EMBELLISSEMENT n. m. ▪ **1.** Action ou manière d'embellir, de rendre plus agréable à l'œil (une ville, une maison). *Les récents embellissements de notre ville.* **2.** Modification tendant à embellir la réalité. ⇒ **enjolivement.**

EMBERLIFICOTER v. tr. 1 ▪ Entortiller, embrouiller (qqn, notamment pour le tromper). ⇒ **embobiner.** *Vous n'arriverez pas à l'emberlificoter.* – pronom. *Il s'emberlificotait dans ses explications.* ⇒ s'**empêtrer.** – au p. p. *Une lettre emberlificotée.*

EMBÊTANT, ANTE adj. ▪ FAM. Qui embête. ⇒ **ennuyeux.** *Qu'est-ce qu'il peut être embêtant !* ⇒ **importun.** ♦ Qui contrarie. *C'est une histoire bien embêtante.* ⇒ **contrariant, fâcheux.** – n. m. *L'embêtant, c'est qu'il n'est pas prévenu.* ⇒ **ennui.**

EMBÊTEMENT n. m. ▪ FAM. **1.** Chose qui donne du souci. ⇒ **contrariété, ennui. 2.** Fait de s'embêter.

EMBÊTER v. tr. 1 ▪ FAM. **1.** Ennuyer. *Ce spectacle m'embête.* ⇒ **raser** ; FAM. **emmerder. 2.** Contrarier. *Ça m'embête d'être en retard.* – *Ne l'embête pas !* ⇒ **importuner.** ► **S'EMBÊTER** v. pron. S'ennuyer. *On s'est embêtés pendant deux heures.* ♦ *Il ne s'embête pas !,* il n'est pas à plaindre.

l'île des EMBIEZ ▪ Île de la côte du Var. Tourisme.

l'île des **Embiez.** La tour dominant le port. *Phot. © Loirat/Explorer*

EMBLAVER v. tr. [1] ▪ AGRIC. Ensemencer (une terre) en blé, ou toute autre céréale.

D'**EMBLÉE** loc. adv. ▪ Du premier coup, au premier effort fait. ⇒ **aussitôt.** *Le projet a été adopté d'emblée.*

EMBLÉMATIQUE adj. ▪ DIDACT. Qui présente un emblème, se rapporte à un emblème. ⇒ **allégorique, symbolique.** *La colombe, figure emblématique de la paix.*

EMBLÈME n. m. ▪ **1.** Figure, ornement symbolique. **2.** Attribut destiné à représenter une personne, une autorité, un métier, un parti. ⇒ **insigne.** - *Hercule a pour emblème la massue.* ⇒ **attribut.**

EMBOBELINER v. tr. [1] ▪ FAM., VX Emmitoufler. ♦ fig. Duper, tromper. ⇒ **embobiner.**

EMBOBINER v. tr. [1] ▪ FAM. Tromper en embrouillant. ⇒ **emberlificoter, entortiller.** *Elle s'est laissé embobiner.*

EMBOIRE v. tr. [53] ▪ ARTS Imprégner. - pronom. *S'emboire,* s'imprégner d'huile (couleurs, tableau). ► **EMBU, UE** adj. Imbibé (d'un liquide).

EMBOÎTAGE n. m. ▪ **1.** Action d'emboîter. **2.** Enveloppe d'un livre de luxe (chemise et étui).

EMBOÎTEMENT n. m. ▪ Assemblage de deux pièces qui s'emboîtent l'une dans l'autre. ⇒ **encastrement.**

EMBOÎTER v. tr. [1] ▪ **1.** Faire entrer (une chose dans une autre ; plusieurs choses l'une dans l'autre). ⇒ **ajuster, encastrer, enchâsser.** *Emboîter des tuyaux.* - pronom. *Les deux pièces s'emboîtent exactement.* **2.** Envelopper exactement. *Ces chaussures emboîtent bien le pied.* **3.** loc. *EMBOÎTER LE PAS à qqn* : marcher juste derrière, suivre pas à pas. - fig. Suivre docilement, imiter. *Dès qu'il propose quelque chose, ses camarades lui emboîtent le pas.*

EMBOLIE n. f. ▪ MÉD. Obstruction brusque d'un vaisseau sanguin par un corps étranger.

EMBONPOINT n. m. ▪ État d'un corps bien en chair, un peu gras. ⇒ **corpulence.** *Il a tendance à l'embonpoint. Prendre de l'embonpoint,* engraisser.

EMBOUCHE n. f. ▪ AGRIC. Engraissement (du bétail) au pré.

MAL **EMBOUCHÉ, ÉE** adj. ▪ Qui dit des grossièretés.

① **EMBOUCHER** v. tr. [1] ▪ Mettre à sa bouche (un instrument à vent). *Emboucher son saxophone.*

② **EMBOUCHER** v. tr. [1] ▪ AGRIC. Engraisser (le bétail) au pré.

EMBOUCHURE n. f. ▪ **I. 1.** Bout ou trou latéral (d'un instrument à vent), qu'on met contre les lèvres pour jouer. *L'embouchure d'un clairon, d'une flûte.* **2.** Ouverture extérieure (d'un récipient). **II.** GÉOGR. Ouverture par laquelle un cours d'eau se jette dans une mer ou un lac. ⇒ **bouche, delta, estuaire.** *Ville bâtie à l'embouchure d'un fleuve.*

EMBOURBER v. tr. [1] ▪ Enfoncer dans un bourbier. ⇒ **enliser.** - pronom. *S'embourber jusqu'aux essieux.* - passif *La voiture est embourbée.*

EMBOURGEOISEMENT n. m. ▪ Fait de s'embourgeoiser.

S'**EMBOURGEOISER** v. pron. [1] ▪ Prendre les habitudes, l'esprit de la classe bourgeoise (goût de l'ordre, du confort, du respect des conventions). *Il a perdu le goût de l'aventure : il s'embourgeoise.* - au p. p. *Un révolutionnaire embourgeoisé.*

EMBOUT n. m. ▪ Garniture qui se place au bout (d'une canne, d'un parapluie, etc.). ⇒ **bout.** *Un embout en caoutchouc.*

EMBOUTEILLAGE n. m. ▪ Encombrement qui arrête la circulation. ⇒ **bouchon.** *Rester bloqué dans un embouteillage.*

EMBOUTEILLER v. tr. [1] ▪ **1.** Mettre en bouteilles. **2.** fig. Obstruer (une voie de communication) en provoquant un encombrement. *Camion en panne qui embouteille la rue.*

EMBOUTIR v. tr. [2] ▪ **1.** Travailler (un métal) avec un instrument (marteau, repoussoir), pour y former le relief d'une empreinte ; travailler (une plaque de métal) pour lui donner une forme. **2.** Enfoncer en heurtant violemment. *Un camion a embouti l'arrière de la voiture.*

EMBOUTISSAGE n. m. ▪ TECHN. Action d'emboutir (les métaux).

EMBRANCHEMENT n. m. ▪ **1.** Subdivision d'une chose principale (voie, canalisation) en une ou plusieurs autres secondaires. ⇒ **ramification. 2.** Point de jonction de ces voies. ⇒ **carrefour, croisement.** *À l'embranchement des deux routes.* **3.** SC. Chacune des grandes divisions du monde animal ou végétal. *L'embranchement des vertébrés.*

EMBRANCHER v. tr. [1] ▪ Raccorder (une voie, une canalisation) à une ligne déjà existante. - pronom. *Un petit chemin s'embranche à la route.*

EMBRASEMENT n. m. ▪ Le fait d'embraser, d'être embrasé. *L'embrasement de l'horizon par le couchant.*

EMBRASER v. tr. [1] ▪ **1.** Enflammer, incendier. **2.** Éclairer vivement, illuminer. *Le soleil couchant embrasait le ciel.* **3.** fig. Emplir d'une passion ardente. *L'amour embrasait son cœur.* ⇒ **enflammer.**

EMBRASSADE n. f. ▪ Action de deux personnes qui s'embrassent amicalement. ⇒ **accolade.**

EMBRASSE n. f. ▪ Cordelière ou pièce d'étoffe servant à retenir un rideau.

EMBRASSEMENT n. m. ▪ LITTÉR. Action, fait d'embrasser (I).

EMBRASSER v. tr. [1] ▪ **I. 1.** Prendre et serrer entre ses bras (souvent pour marquer son amour ou son affection). **2.** fig. LITTÉR. Adopter (une opinion, un parti). *Embrasser la cause de la paix.* - Choisir (une carrière). *Embrasser le métier, la profession de...* - prov. *Qui trop embrasse mal étreint* : qui veut trop entreprendre risque de ne rien réussir. **3.** fig. Saisir par la vue dans toute son étendue. **4.** Appréhender par la pensée de façon globale (un ensemble de faits, de problèmes). ⇒ **comprendre, concevoir. II.** Donner un, des baiser(s) à (qqn, un animal). *Embrasser qqn sur la joue, sur le front, sur la bouche.* - *Embrassez vos parents pour moi.* - pronom. *S'embrasser sur la bouche.*

EMBRASURE n. f. ▪ **1.** Ouverture pratiquée dans l'épaisseur d'un mur pour recevoir une porte, une fenêtre. **2.** Espace vide compris entre les parois du mur. *Il se tenait dans l'embrasure de la porte.*

EMBRAYAGE n. m. ▪ Mécanisme permettant d'établir la communication entre un moteur et une machine ou de l'interrompre (embrayer et débrayer) sans arrêter le moteur. *Une pédale d'embrayage. Faire patiner l'embrayage. Embrayage automatique.*

EMBRAYER v. [8] ▪ **1.** v. tr. Mettre en communication (une pièce mobile) avec l'arbre moteur. *Embrayer une courroie.* - absolt Établir la communication entre un moteur et les mécanismes qu'il entraîne (s'oppose à *débrayer*). **2.** v. intr. fig. FAM. (personnes) *EMBRAYER SUR* (qqch., qqn) : commencer à discourir sur. *Quand elle a embrayé sur ce sujet, on ne peut plus l'arrêter.* ♦ Être en rapport avec ; avoir une action, de l'influence sur. *Embrayer sur les événements.*

EMBRIGADEMENT n. m. ▪ Action d'embrigader. ⇒ **recrutement.**

EMBRIGADER v. tr. [1] ▪ péj. Rassembler, réunir sous une même autorité et en vue d'une action commune. ⇒ **enrégimenter, enrôler.** *Il ne veut pas se laisser embrigader.*

EMBRINGUER v. tr. [1] ▪ FAM. Engager de façon fâcheuse, embarrassante. ⇒ **embarquer.** *On l'a embringué dans une affaire louche.* - pronom. *Il s'est embringué dans une sale histoire.*

EMBROCATION n. f. ▪ **1.** Application d'un liquide huileux et calmant produisant de la chaleur. **2.** Ce liquide. *Embrocations utilisées pour les massages.* ◇ abrév. FAM. EMBROC.

EMBROCHER v. tr. [1] ▪ **1.** Enfiler (une viande, des morceaux de viande) sur une broche, sur des brochettes. *Embrocher une volaille.* **2.** FAM. Transpercer (qqn) d'un coup d'épée.

EMBROUILLAMINI n. m. ▪ FAM. Désordre ou confusion extrême. ⇒ **imbroglio.**

EMBROUILLE n. f. ▪ FAM. **1.** Action de tromper ; paroles trompeuses. **2.** Situation confuse. *Un sac d'embrouilles* (→ sac de nœuds).

EMBROUILLÉ, ÉE adj. ▪ Extrêmement compliqué et confus. *Des explications embrouillées.*

EMBROUILLER v. tr. [1] ▪ **1.** Emmêler (des fils). ⇒ **enchevêtrer** ; s'oppose à *débrouiller. Embrouiller un écheveau de laine.* **2.** fig. Compliquer, rendre obscur (qqch.). ⇒ **brouiller.** *Embrouiller la situation au lieu de l'éclaircir.* **3.** Troubler (qqn), lui faire perdre le fil de ses idées. *Vous m'avez embrouillé.* - pronom. Se perdre (dans qqch.). *Il s'embrouille dans ses explications.* ⇒ s'**emberlificoter,** s'**empêtrer.**

EMBROUSSAILLÉ, ÉE adj. ▪ Couvert de broussailles. ⇒ **broussailleux.** ♦ fig. *Cheveux embroussaillés,* emmêlés.

EMBROUSSAILLER v. tr. [1] ▪ Couvrir de broussailles. ♦ fig. Embarrasser d'éléments disparates. ⇒ **encombrer.** ► n. m. EMBROUSSAILLEMENT

EMBRUMER v. tr. [1] ▪ **1.** Couvrir de brume. ➝ au p. p. *Un horizon embrumé.* **2.** fig. *Embrumer les idées, le cerveau,* y mettre de la confusion. **3.** fig. Assombrir, rendre triste.

EMBRUN n. m. ▪ surtout plur. Poussière de gouttelettes formée par les vagues qui se brisent, et emportée par le vent. *Des embruns glacés.*

EMBRUN ▪ Commune des Hautes-Alpes. 5 793 hab. *(les Embrunais).* Église romane.

EMBRYO- Élément savant, du grec *embruon* « embryon ».

EMBRYOGENÈSE n. f. ▪ SC. Ensemble des transformations par lesquelles passent l'œuf et l'embryon, de la fécondation à l'éclosion (ovipares) ou à la naissance (vivipares).

EMBRYOLOGIE n. f. ▪ **1.** VX Traité sur l'embryon humain. **2.** Science du développement (ontogenèse) des organismes. ⇒ **génétique.** ► adj. EMBRYOLOGIQUE ► n. EMBRYOLOGISTE

EMBRYON n. m. ▪ **1.** Organisme en voie de développement dans l'œuf des ovipares, et chez l'animal vivipare ou l'homme, avant d'être un fœtus. ♦ BOT. Ensemble de cellules donnant naissance à la jeune tige issue d'une graine. ⇒ **germe. 2.** fig. LITTÉR. Ce qui commence d'être, mais qui n'est pas achevé. ⇒ **commencement, ébauche, germe.** *Un embryon d'organisation.*

EMBRYONNAIRE adj. ▪ **1.** Relatif ou propre à l'embryon. **2.** fig. Qui n'est qu'en germe, à l'état rudimentaire. *Un plan à l'état embryonnaire,* d'ébauche.

EMBÛCHE n. f. ▪ surtout plur. Difficulté se présentant comme un piège, un traquenard. *Un sujet plein d'embûches.*

EMBUER v. tr. [1] ▪ Couvrir d'une buée, d'une sorte de buée. *Les larmes embuent ses yeux.* ➝ pronom. *Les vitres s'embuent.* ➝ au p. p. *Pare-brise embué.*

EMBUSCADE n. f. ▪ Manœuvre par laquelle on dissimule une troupe en un endroit propice, pour surprendre et attaquer l'ennemi. *Être* EN EMBUSCADE. *Tomber dans une embuscade.* ⇒ **guet-apens, traquenard.**

EMBUSQUER v. tr. [1] ▪ **1.** Mettre en embuscade, poster en vue d'une agression. ➝ pronom. *La troupe s'était embusquée derrière le bois.* **2.** Affecter par faveur (un mobilisé) à un poste non exposé, à une unité de l'arrière. *Réussir à se faire embusquer.* ⇒ se **planquer.** ➝ pronom. *S'embusquer.* ► **EMBUSQUÉ, ÉE** p. p. **1.** *Des hommes embusqués dans un fourré.* **2.** n. *Les combattants et les embusqués.*

ÉMÉCHÉ, ÉE adj. ▪ FAM. Un peu ivre. ⇒ **gai ; pompette.**

ÉMENDER v. tr. [1] ▪ VX Corriger (un texte, un jugement). ► n. f. ÉMENDATION

ÉMERAUDE n. f. ▪ **1.** Pierre précieuse verte, variété de béryl (ou de corindon). *Un collier d'émeraudes.* **2.** adj. invar. D'un vert qui rappelle celui de l'émeraude. *Une mer émeraude. Des rayures émeraude.*

ÉMERGENCE n. f. ▪ DIDACT. **1.** Sortie (d'un rayon, d'un fluide, d'un nerf). **2.** Apparition (d'un organe biologique nouveau ou de propriétés nouvelles). **3.** fig. Apparition soudaine (dans une suite d'événements, d'idées). *L'émergence d'un fait nouveau.*

ÉMERGER v. intr. [3] ▪ **1.** Sortir d'un milieu liquide de manière à apparaître à la surface. *L'îlot émerge à marée basse.* ➝ au p. p. *Les terres émergées.* ♦ Sortir d'un milieu quelconque. ⇒ **apparaître.** *Une silhouette émerge de l'ombre.* **2.** fig. Se manifester, apparaître plus clairement. ⇒ se **dégager** ; → se faire jour. **3.** FAM. Devenir actif, attentif. *Le matin, il a du mal à émerger,* à être bien réveillé.

ÉMERI n. m. ▪ **1.** Abrasif fait d'une roche (corindon) réduite en poudre. *Papier, toile d'émeri,* enduits de colle forte et saupoudrés de poudre d'émeri. appos. *Toile émeri.* ➝ *Boucher un flacon à l'émeri* (avec un bouchon poli à l'émeri). **2.** loc. *(Être)* BOUCHÉ À L'ÉMERI : complètement borné, incapable de comprendre.

ÉMERILLON n. m. ▪ Petit rapace (faucon) dressé pour la chasse.

ÉMERILLONNÉ, ÉE adj. ▪ VX (regard) Vif (comme celui d'un rapace).

ÉMÉRITE adj. ▪ **1.** Qui, par une longue pratique, a acquis une compétence, une habileté remarquable. ⇒ **éminent.** *Une cavalière émérite.* **2.** Honoraire. *Professeur émérite.*

Ralph Waldo EMERSON (1803 - 1882) ▪ Essayiste, poète et philosophe idéaliste américain. Il fonda le *transcendantalisme,* mouvement de philosophie religieuse, mêlant individualisme et panthéisme. *"Essais"* (1841-1844).

ÉMERVEILLEMENT n. m. ▪ Fait d'être émerveillé. ⇒ **enchantement.** ♦ Ce qui émerveille.

ÉMERVEILLER v. tr. [1] ▪ **1.** Frapper d'étonnement et d'admiration. ⇒ **éblouir.** *Ce film nous a émerveillés.* ➝ pronom. *S'émerveiller (de) :* éprouver un étonnement agréable (devant qqch. d'inattendu qu'on juge merveilleux). *Il s'émerveille devant la mer.* ➝ au p. p. *Un regard émerveillé.*

ÉMÈSE ▪ Ancienne ville de Syrie célèbre pour son temple du Soleil dont Élagabal avait été le grand prêtre. Aujourd'hui Homs.

ÉMÉTIQUE adj. ▪ Vomitif. ➝ n. m. *Prendre un émétique.*

ÉMETTEUR, TRICE ▪ **1.** n. Personne, organisme qui émet (des billets, des effets). *L'émetteur d'un chèque.* **2.** n. m. *Poste émetteur* (appos.) ou *émetteur :* dispositifs et appareils destinés à produire des ondes électromagnétiques capables de transmettre des sons et des images. *Émetteurs radiophoniques, de télévision.* ♦ Station qui effectue des émissions de radio, de télévision (opposé à *récepteur*).

ÉMETTRE v. tr. [56] ▪ **1.** Mettre en circulation, offrir au public (des billets, des chèques, des emprunts...). *La Banque de France a émis une nouvelle pièce de monnaie.* ➝ au p. p. *Emprunt émis par l'État.* **2.** Exprimer (un vœu, une opinion...). ➝ *Émettre un doute, des réserves.* **3.** Projeter spontanément hors de soi, par rayonnement (des radiations, des ondes). *Les étoiles émettent des radiations. Particules émises par le noyau d'un corps radioactif.* ♦ spécialt Envoyer (des signaux, des images) sur ondes électromagnétiques. ➝ absolt Faire des émissions.

ÉMEU n. m. ▪ Grand oiseau coureur d'Australie. *Les émeus sont incapables de voler.*

émeu. *Dromiceius novae-hollandiae.*
Phot. © Ferrero/Jacana

ÉMEUTE n. f. ▪ Soulèvement populaire, généralement spontané et non organisé. ⇒ **agitation, trouble.**

ÉMEUTIER, IÈRE n. ▪ Personne qui excite à une émeute ou qui y prend part. *Émeutiers qui dressent des barricades.*

-ÉMIE Élément savant, du grec *haima* « sang » (ex. *alcoolémie, anémie, leucémie*). ⇒ **héma-.**

ÉMIETTEMENT n. m. ▪ Fait d'être émietté, morcelé à l'excès. *L'émiettement de la propriété rurale.*

ÉMIETTER v. tr. [1] ▪ **1.** Réduire en miettes ; désagréger en petits morceaux. *Émietter du pain pour les oiseaux.* ➝ au p. p. *Roche émiettée par l'érosion.* **2.** Morceler à l'excès. *Émietter une propriété en parcelles.* **3.** fig. Éparpiller, disperser (une activité, un effort...).

ÉMIGRANT, ANTE n. ▪ Personne qui émigre.

ÉMIGRATION n. f. ▪ **1.** Action, fait d'émigrer. *Pays à forte émigration.* **2.** Ensemble des émigrés.

ÉMIGRÉ, ÉE n. ▪ **1.** HIST. *Les émigrés,* partisans de l'Ancien Régime réfugiés à l'étranger pendant la Révolution française. *Le milliard des émigrés* (pour les dédommager, en 1825). **2.** Personne qui s'est expatriée (pour des raisons politiques, économiques, etc.). *Un émigré politique.* ➝ adj. *Des populations émigrées.* ⇒ **immigré.**

ÉMIGRER v. intr. [1] ▪ **1.** Quitter son pays pour aller s'établir dans un autre, momentanément ou définitivement. ⇒ s'**expatrier** ; **émigré.** ➝ HIST. Quitter la France (pendant la Révolution). **2.** (animaux) Quitter périodiquement et par troupes une contrée pour aller séjourner ailleurs. ⇒ **migration.** *Les hirondelles émigrent à l'automne vers le sud.*

l'ÉMILIE-ROMAGNE n. f. ▪ Région du nord de l'Italie. 22 123 km². 3 920 000 hab. Chef-lieu : Bologne. Villes principales : Parme, Modène, Ravenne. Plaine agricole, industries, tourisme.

ÉMINCÉ, ÉE ▪ 1. adj. *Du fromage émincé,* coupé en tranches minces. 2. n. m. Plat à base d'aliments émincés. *Un émincé de volaille.*

ÉMINCER v. tr. [3] ▪ Couper en tranches minces (une viande, du lard, des oignons...).

ÉMINEMMENT [-amɑ̃] adv. ▪ Au plus haut degré. ⇒ **extrêmement.** *J'en suis éminemment convaincu.*

ÉMINENCE n. f. ▪ I. Élévation de terrain relativement isolée. ⇒ **hauteur, monticule, tertre.** *Observatoire établi sur une éminence.* II. fig. 1. VX Qualité supérieure, supériorité. 2. Titre honorifique qu'on donne aux cardinaux. *Oui, Éminence* (ou *votre Éminence*). *L'Éminence grise :* le père Joseph, confident de Richelieu et son ministre occulte. *L'éminence grise d'un chef politique,* son conseiller intime et secret.

ÉMINENT, ENTE adj. ▪ Qui est au-dessus du niveau commun ; tout à fait supérieur. *Il a rendu d'éminents services.* ♦ (personnes) Très distingué, remarquable. *Un éminent spécialiste.*

Mihai EMINESCU (1850 - 1889) ▪ Poète romantique roumain. Le grand poète lyrique de son pays, où il est comparé à Hölderlin. *"Poésies".*

ÉMIR n. m. ▪ Titre honorifique donné autrefois au chef du monde musulman, aux descendants du Prophète, puis à des princes, des gouverneurs, des chefs militaires de l'Islam.

ÉMIRAT n. m. ▪ Territoire musulman gouverné par un émir. *L'émirat du Koweït. Les émirats* (du Golfe).

Fédération des ÉMIRATS ARABES UNIS ▪ État composé de sept émirats de la péninsule Arabique, sur la côte des Pirates : Abou Dhabi, Dubaï, Fujaïrah, Ajman (260 km^2 ; 72 000 hab.), Sharjah (2 590 km^2 ; 280 000 hab.), Umm al-Qaïwain (770 km^2 ; 38 000 hab.), Ras al-Khaima (1 680 km^2 ; 160 000 hab.). 83 657 km^2. 1 840 000 hab. Religion officielle : islam. Capitale : Abou Dhabi. Langue : arabe. Monnaie : dirham. Le pétrole assure au pays le plus haut revenu par habitant du monde. Territoires sous contrôle britannique jusqu'en 1971.

① **ÉMISSAIRE** n. m. ▪ 1. Agent chargé d'une mission secrète. 2. TECHN. Canal d'évacuation des eaux.

② **ÉMISSAIRE** adj. m. ⇒ BOUC ÉMISSAIRE.

ÉMISSIF, IVE adj. ▪ PHYS. D'une émission (3), qui a la faculté d'émettre. ▸ n. f. ÉMISSIVITÉ

ÉMISSION n. f. ▪ 1. Fait d'émettre*, de projeter au-dehors (un liquide physiologique, un gaz sans pression). *Émission de vapeur.* 2. Production (de sons vocaux). *Lire une phrase d'une seule émission de voix.* 3. Production en un point donné et rayonnement dans l'espace (d'ondes électromagnétiques, de particules élémentaires, de vibrations, etc.). *Émission de chaleur. Émission lumineuse.* ♦ spécialt Transmission, à l'aide d'ondes électromagnétiques, de signaux, de sons et d'images. ⇒ **émettre** (3) ; **radiodiffusion, télévision.** - Ce qui est ainsi transmis. *Le programme des émissions de la soirée.* 4. Mise en circulation (de monnaies, titres, effets, etc.). *Banque d'émission.* - Action d'offrir au public (des emprunts, des actions).

EMMAGASINAGE [ɑ̃m-] n. m. ▪ Action d'emmagasiner.

EMMAGASINER [ɑ̃m-] v. tr. [1] ▪ 1. Mettre en magasin, entreposer (des marchandises). ⇒ **stocker.** *Emmagasiner de l'outillage dans un entrepôt.* 2. fig. Garder dans l'esprit, dans la mémoire.

EMMAILLOTER [ɑ̃m-] v. tr. [1] ▪ anciennt Envelopper (un bébé) dans un maillot. ♦ Envelopper complètement (un corps, un membre, un objet). *S'emmailloter les pieds dans une couverture.*

EMMANCHER [ɑ̃m-] v. tr. [1] ▪ 1. Ajuster sur un manche, engager et fixer dans un support. *Emmancher un balai.* 2. fig. et FAM. (surtout pronom.) Engager, mettre en train (une activité, un processus). - au p. p. *Une affaire mal emmanchée.*

EMMANCHURE [ɑ̃m-] n. f. ▪ Chacune des ouvertures d'un vêtement, faites pour adapter une manche ou laisser passer le bras. *Veste étroite aux emmanchures.* ⇒ **entournure.**

Pierre EMMANUEL (1916 - 1984) ▪ Poète français. Révélé par la Résistance, il s'inspira d'un lyrisme chrétien. *"Jacob"* (1970).

Pierre **Emmanuel.**
Phot. © Pelletier/Lattes/ Gamma

EMMANUEL-PHILIBERT, Tête-de-Fer (1528 - 1580) ▪ Duc de Savoie, il servit Charles Quint et défit les Français à Saint-Quentin (1557). Il recouvra ses états par la paix du Cateau-Cambrésis.

EMMAÜS ▪ Bourg de Palestine, au nord de Jérusalem. Selon Luc (XXIV, 13-32), Jésus y apparut à deux disciples après sa Résurrection.

EMMÊLEMENT [ɑ̃m-] n. m. ▪ Action d'emmêler ; fait d'être emmêlé. ⇒ **enchevêtrement, fouillis.**

EMMÊLER [ɑ̃m-] v. tr. [1] ▪ 1. Mêler l'un à l'autre, d'une manière désordonnée (s'oppose à *démêler*). ⇒ **embrouiller, enchevêtrer.** *Emmêler les fils d'un écheveau.* - pronom. *Les fils se sont emmêlés.* - au p. p. *Cheveux emmêlés.* 2. fig. et FAM. *Il s'emmêle les pieds, les pédales,* il s'embrouille (dans une explication).

EMMÉNAGEMENT [ɑ̃m-] n. m. ▪ Action d'emménager. ⇒ **installation.**

EMMÉNAGER [ɑ̃m-] v. intr. [3] ▪ S'installer dans un nouveau logement.

EMMENER [ɑ̃m-] v. tr. [5] ▪ 1. Mener avec soi (qqn, un animal) en allant d'un lieu à un autre. ◇ REM. Avec un compl. désignant un objet, on emploie *emporter. Emporte les valises, j'emmène le chien.* - Mener avec soi en allant quelque part. *Je vous emmène à la campagne, en Bretagne, chez vos parents.* ⇒ **accompagner, conduire.** *Il nous a emmenés dîner.* 2. Conduire, entraîner en avant avec élan (des soldats, les membres d'une équipe...). *Les avants étaient bien emmenés par le capitaine.* 3. (sujet chose) Conduire, transporter au loin. *L'avion les emmène en Afrique.*

EMMENTHAL [emɛ̃tal ; emɛntal] n. m. ▪ Fromage à pâte cuite, à croûte jaune, présentant de grands trous, originaire de Suisse. ⇒ **gruyère.**

l'EMMENTAL ou **EMMENTHAL** n. m. ▪ Vallée de la Suisse (canton de Berne), célèbre pour son fromage.

EMMERDANT, ANTE [ɑ̃m-] adj. ▪ FAM. Qui contrarie, dérange fortement. - Qui fait naître l'ennui. ⇒ **embêtant, ennuyeux ;** FAM. **chiant.** *Un livre emmerdant.*

EMMERDEMENT [ɑ̃m-] n. m. ▪ FAM. 1. Gros ennui. ⇒ **difficulté, embêtement, ennui.** *Il a toujours des emmerdements.* ◇ syn. FAM. EMMERDE n. f. 2. Action d'emmerder ; fait d'être emmerdé.

EMMERDER [ɑ̃m-] v. tr. [1] ▪ 1. FAM. (personne) Causer des ennuis à (qqn) ; (chose) représenter des ennuis pour (qqn). ⇒ **agacer, embêter, empoisonner, ennuyer, importuner.** *Arrête de m'emmerder avec tes histoires !* - au p. p. *Il est bien emmerdé maintenant.* - pronom. Se donner du mal. *Ne t'emmerde pas à le réparer.* FAM. *Eh bien, tu t'emmerdes pas, toi ! :* tu ne te prives pas, tu as de la chance. 2. FAM. Faire naître l'ennui. - pronom. *On s'emmerde ferme.* 3. Tenir pour négligeable (par défi). *Je t'emmerde à pied, à cheval et en voiture.*

EMMERDEUR, EUSE [ɑ̃m-] n. ▪ FAM. Personne particulièrement ennuyeuse, ou agaçante et tatillonne. ⇒ **gêneur, importun.** *Ne l'invite pas, c'est une emmerdeuse.*

EMMITOUFLER [ɑ̃m-] v. tr. [1] ▪ Envelopper dans des fourrures, des vêtements chauds et moelleux. - pronom. Se couvrir chaudement, des pieds à la tête. ‑ au p. p. *Emmitouflé jusqu'aux oreilles.*

EMMURER [ɑ̃m‑] v. tr. 1 ▪ Enfermer (qqn) dans un cachot muré. ‑ (sujet chose) *L'éboulement les a emmurés.* ⇒ **emprisonner.** ♦ fig. (surtout pronom. et p. p.) *S'emmurer, être emmuré dans le silence :* se couper, être coupé des autres. ► n. m. EMMUREMENT

ÉMOI n. m. ▪ LITTÉR. **1.** Agitation, effervescence. ‑ *EN ÉMOI. Tout le quartier était en émoi.* **2.** Trouble qui naît de l'appréhension, ou d'une émotion sensuelle. *Rougir d'émoi.* ⇒ **émotion, excitation.**

ÉMOLLIENT, ENTE [‑ljɑ̃, ɑ̃t] adj. ▪ VIEILLI **1.** MÉD. Qui relâche les tissus. Qui calme. **2.** fig. Adoucissant, doux.

ÉMOLUMENTS n. m. pl. ▪ Rétribution représentant un traitement fixe ou variable. ⇒ **appointements, rémunération.**

ÉMONCTOIRE n. m. ▪ DIDACT. Organe d'élimination, d'excrétion.

ÉMONDER v. tr. 1 ▪ Débarrasser (un arbre) des branches mortes ou inutiles, des plantes parasites. ⇒ **élaguer, tailler.** ► n. m. ÉMONDAGE

ÉMOTIF, IVE adj. ▪ **1.** Relatif à l'émotion. ⇒ **émotionnel.** *Choc émotif.* **2.** (personnes) Qui réagit par des émotions fortes ; qui est facilement ému. ⇒ **impressionnable, sensible ; émotivité.** ‑ n. *Un émotif, une émotive.*

ÉMOTION n. f. ▪ **1.** État affectif intense, caractérisé par des troubles divers (pâleur, accélération du pouls, tremblements, etc.). *Causer une grande émotion.* ⇒ **émouvoir. 2.** État affectif, plaisir ou douleur, nettement prononcé. ⇒ **sentiment.** *Évoquer ses souvenirs avec émotion.* ♦ FAM. *Tu nous as donné des émotions,* tu nous as fait peur.

ÉMOTIONNEL, ELLE adj. ▪ PSYCH. Propre à l'émotion, qui a le caractère de l'émotion. *Les états émotionnels.*

ÉMOTIONNER v. tr. 1 ▪ FAM. Toucher par une émotion. ⇒ **émouvoir.**

ÉMOTIVITÉ n. f. ▪ Caractère d'une personne émotive.

ÉMOUCHET n. m. ▪ Petit rapace diurne.

ÉMOULU, UE adj. ▪ **1.** VX Aiguisé à la meule. *Se battre à fer émoulu.* **2.** MOD. loc. *FRAIS ÉMOULU :* récemment sorti (d'une école). fém. *Frais* ou *fraîche émoulue.*

ÉMOUSSER v. tr. 1 ▪ **1.** Rendre moins coupant, moins aigu. *Émousser la pointe d'un outil.* **2.** LITTÉR. Rendre moins vif, moins pénétrant, moins incisif. ⇒ **affaiblir, amortir.** *Chocs qui émoussent la sensibilité.* ‑ pronom. *Son chagrin s'est émoussé avec le temps.* ► **ÉMOUSSÉ, ÉE** adj. **1.** *Couteau émoussé.* **2.** LITTÉR. *Sentiments émoussés.*

ÉMOUSTILLANT, ANTE adj. ▪ Qui émoustille.

ÉMOUSTILLER v. tr. 1 ▪ FAM. Mettre de bonne humeur en excitant. *Le champagne avait l'air de les émoustiller.* ‑ au p. p. *Tout émoustillé.*

ÉMOUVANT, ANTE adj. ▪ Qui émeut, qui fait naître une émotion désintéressée (compassion, admiration). ⇒ **pathétique, poignant, touchant.** *Une cérémonie émouvante.*

ÉMOUVOIR v. tr. 27 p. p. *ému, ue* ▪ **1.** Agiter (qqn) par une émotion. ⇒ **émotionner, remuer.** *Cette nouvelle m'a beaucoup ému.* ⇒ **bouleverser ; ému.** ‑ pronom. Se troubler. **2.** Toucher (qqn, un groupe) en éveillant un intérêt puissant, une sympathie profonde. *Ce roman a ému toute une génération.*

EMPAILLAGE n. m. ▪ Action d'empailler. *L'empaillage des oiseaux.* ⇒ **taxidermie.**

EMPAILLER v. tr. 1 ▪ **1.** Bourrer de paille (la peau d'animaux morts qu'on veut conserver). ⇒ **naturaliser.** ‑ au p. p. *Un oiseau empaillé.* loc. FAM. *Il a l'air empaillé,* peu dégourdi. ⇒ **empoté, gauche.** ‑ n. *Quel empaillé !* **2.** Mettre de la paille autour de (qqch.) pour protéger. ⇒ **pailler.**

EMPAILLEUR, EUSE n. ▪ Taxidermiste.

EMPALER v. tr. 1 ▪ **1.** Soumettre au supplice du pal. **2.** *S'EMPALER* v. pron. : tomber sur un objet pointu qui s'enfonce à travers le corps. *Il est venu s'empaler sur une fourche.*

EMPAN n. m. ▪ **1.** anciennt Mesure de longueur, espace maximum entre l'extrémité du pouce et du petit doigt de la main ouverte. **2.** fig. Ampleur, envergure.

EMPANACHÉ, ÉE adj. ▪ Orné d'un panache. *Un casque empanaché.*

EMPAQUETAGE n. m. ▪ Action d'empaqueter.

EMPAQUETER v. tr. 4 ▪ Faire un paquet de (linge, marchandises, etc.). ⇒ **emballer.**

S'EMPARER v. pron. 1 ▪ **1.** Prendre violemment ou indûment possession (de). ⇒ **conquérir, enlever,** se **saisir** de. *Les terroristes se sont emparés de plusieurs otages.* **2.** Se rendre maître (d'un esprit, d'une personne) au point de dominer. ‑ (sujet chose) Envahir la conscience (de qqn). *L'émotion, le sommeil qui s'emparait de moi.* **3.** Se saisir (de qqch.), parvenir à prendre.

EMPÂTÉ, ÉE adj. ▪ Devenu épais. ⇒ **bouffi.** *Des traits empâtés. Il est un peu empâté.*

EMPÂTEMENT n. m. ▪ Épaississement produisant un effacement des traits. *L'empâtement du menton.*

EMPÂTER v. tr. 1 ▪ Rendre épais, pâteux. *L'excès de vin lui empâte la langue.* ‑ pronom. Épaissir, grossir. *Ses joues s'empâtaient.*

EMPATHIE n. f. ▪ DIDACT. Capacité de s'identifier à autrui par l'émotivité. ► adj. EMPATHIQUE

EMPATTEMENT n. m. ▪ **1.** TECHN. Maçonnerie en saillie à la base d'un mur. **2.** Distance séparant les essieux d'une voiture.

EMPÊCHEMENT n. m. ▪ Ce qui empêche d'agir, de faire ce qu'on voudrait. ⇒ **contretemps, difficulté, obstacle.** *Un empêchement de dernière minute.*

EMPÊCHER v. tr. 1 ▪ **1.** *Empêcher qqch.,* faire en sorte que cela ne se produise pas ; rendre impossible en s'opposant (⇒ **interdire).** *Empêcher un mariage. L'inondation empêche la circulation.* ‑ *Empêcher que* (+ subj.). *Vous n'empêcherez pas que la vérité (ne) soit connue.* ♦ loc. *Il N'EMPÊCHE que, cela N'EMPÊCHE pas que :* cependant, malgré cela. ‑ *N'empêche qu'il a raison,* il a quand même raison. ‑ FAM. *N'empêche,* ce n'est pas une raison. **2.** *Empêcher qqn de faire qqch.,* faire en sorte qu'il ne puisse pas. *Il nous empêche de travailler.* ‑ (sujet chose) *Rien ne m'empêchera de faire ce que j'ai décidé.* ► **S'EMPÊCHER** v. pron. Se défendre, se retenir de. *Il ne pouvait s'empêcher de rire.* ► **EMPÊCHÉ, ÉE** p. p. *Être empêché,* retenu par des occupations. *Le ministre, empêché, a envoyé son chef de cabinet.*

EMPÊCHEUR, EUSE n. ▪ loc. *Empêcheur de danser en rond :* ennemi de la gaieté. ⇒ **rabat-joie, trouble-fête.**

EMPÉDOCLE (v. 490 ‑ v. 435 av. J.‑C.). ▪ Penseur grec, philosophe et poète. Il serait mort en se jetant dans l'Etna.

EMPEIGNE n. f. ▪ Dessus (d'une chaussure), du cou-de-pied jusqu'à la pointe.

EMPENNAGE n. m. ▪ Surfaces placées à l'arrière des ailes ou de la queue d'un avion, et destinées à lui donner de la stabilité. ‑ Ailettes d'un projectile.

EMPENNER v. tr. 1 ▪ Garnir (une flèche) de plumes ou d'ailerons stabilisateurs.

EMPEREUR n. m. ▪ **1.** HIST. Détenteur du pouvoir suprême, dans l'Empire romain (→ auguste, césar), le Saint Empire germanique (→ kaiser). *Les empereurs romains. L'empereur d'Autriche.* **2.** Chef souverain de certains États (appelés *empire**). ⇒ **mikado, tsar.** *L'empereur et l'impératrice.* ‑ en France *L'Empereur :* Napoléon Ier, puis Napoléon III.

EMPERLER v. tr. 1 ▪ LITTÉR. Couvrir de gouttelettes. *La sueur emperlait son front.* ‑ au p. p. *Des prés emperlés de rosée.*

EMPESER v. tr. 5 ▪ Apprêter (un tissu) en amidonnant. ⇒ **amidonner ; empois.** *Empeser un col de chemise.* ► **EMPESÉ, ÉE** adj. **1.** Qu'on a empesé. *Col empesé.* ⇒ **dur. 2.** fig. Apprêté, dépourvu de naturel. ⇒ **guindé.**

EMPESTER v. 1 ▪ **1.** v. tr. Infester de mauvaises odeurs. ⇒ **empuantir, puer.** *Vous nous empestez avec votre fumée.* **2.** v. intr. Sentir très mauvais.

EMPÊTRER v. tr. 1 ▪ **1.** Entraver, engager (qqn ou les pieds, les jambes) dans qqch. qui retient ou embarrasse. ‑ pronom. *Elle s'empêtrait dans ses bagages.* **2.** fig. Engager dans une situation difficile, embarrassante. ⇒ **embringuer.** surtout passif et pronom. *Il est encore empêtré dans des difficultés financières.* ‑ pronom. *Il s'empêtrait dans ses explications.* ⇒ s'**embrouiller.**

EMPHASE n. f. ▪ Ton, style déclamatoire abusif ou déplacé. ⇒ **déclamation, grandiloquence.** *Parler avec emphase.*

EMPHATIQUE adj. ▪ Plein d'emphase. ⇒ **déclamatoire, grandiloquent, pompeux.** ► adv. EMPHATIQUEMENT

EMPHYSÈME n. m. ▪ MÉD. Gonflement produit par une infiltration gazeuse dans le tissu cellulaire (notamment du poumon). ► adj. et n. EMPHYSÉMATEUX, EUSE

le Premier **Empire.** Jacques-Louis David, *Le Sacre de Napoléon Ier*.
Musée national du Château, Versailles. *Phot. © Dagli Orti*

EMPHYTÉOTIQUE adj. ▪ DR. *Bail emphytéotique*, de très longue durée (18 à 99 ans).

EMPIÈCEMENT n. m. ▪ Pièce rapportée qui constitue le haut d'un vêtement (robe, jupe, pantalon, etc.).

EMPIERREMENT n. m. ▪ Action d'empierrer ; couche de pierres cassées.

EMPIERRER v. tr. [1] ▪ Couvrir d'une couche de pierres, de caillasse. *Les cantonniers empierrent la route.* ‑ au p. p. *Chemin empierré.*

EMPIÉTEMENT n. m. ▪ Action d'empiéter. ◇ var. EMPIÈTEMENT.

EMPIÉTER v. intr. [6] ▪ **1.** EMPIÉTER SUR (une propriété, un droit...) : prendre indûment et par une lente progression un peu de (cette propriété, ce droit). *Empiéter sur le terrain du voisin.* **2.** (choses) Déborder sur. *Un baraquement qui empiète sur le trottoir.*

S'**EMPIFFRER** v. pron. [1] ▪ Manger gloutonnement. ⇒ se **bourrer**, se **gaver**. *S'empiffrer de gâteaux.*

EMPILEMENT n. m. ▪ Action d'empiler (des choses) ; choses empilées. ◇ syn. EMPILAGE.

EMPILER v. tr. [1] ▪ **1.** Mettre en pile. *Empiler des livres, du bois.* **2.** Entasser (des êtres vivants) dans un petit espace. **3.** FAM. Tromper (qqn) en le volant. ⇒ **rouler.**

EMPIRE n. m. ▪ **1.** Autorité, domination absolue. *Les États qui se sont disputé l'empire du monde.* ‑ fig. *Être* SOUS L'EMPIRE *de* : sous l'influence, la domination de. **2.** Autorité souveraine d'un chef d'État qui porte le titre d'empereur* ; État ou ensemble d'États soumis à cette autorité. *L'Empire romain.* ‑ *L'Empire* : période où la France fut gouvernée par un empereur. *Le Premier Empire ; le Second Empire* (voir ci-dessous). ‑ *Style Empire*, du Premier Empire. **3.** Ensemble de territoires colonisés par une puissance. *L'empire colonial.* **4.** loc. *Pas pour un empire !*, pour rien au monde.

▪ **le Premier EMPIRE** ▪ Gouvernement de la France établi quand Napoléon Bonaparte prit le titre d'Empereur des Français (1804). Les réformes entreprises dès le Consulat (Code civil, centralisation) furent poursuivies, l'économie encouragée et servie par la conquête de l'Europe. Après une période de gloire militaire, la résistance de l'Angleterre et le retournement de la Russie forcèrent Napoléon Ier à abdiquer (1814). L'Empire fut rétabli durant les Cent-Jours (1815).

▪ **le Second EMPIRE** ▪ Rétablissement de l'Empire par Louis Napoléon Bonaparte, qui prit le nom de Napoléon III, le 2 décembre 1852 (→ IIe **République**). L'essor économique et les succès diplomatiques n'empêchèrent pas la fragilisation du régime, qui évolua de l'autoritarisme à un certain libéralisme (ministère Ollivier) ; la guerre franco-allemande entraîna sa chute le 4 septembre 1870. La IIIe République lui succéda.

EMPIRER v. [1] ▪ **1.** v. intr. (situation, état) Devenir pire. *La situation économique empire, a empiré.* **2.** v. tr. LITTÉR. Rendre pire (une situation, les choses). *Votre intervention n'a fait qu'empirer les choses.* ⇒ **aggraver.**

EMPIRIQUE adj. ▪ Qui ne s'appuie que sur l'expérience, qui n'a rien de rationnel ni de systématique. *C'est moins une méthode qu'un procédé empirique.* ► adv. EMPIRIQUEMENT

EMPIRISME n. m. ▪ **1.** Esprit, caractère empirique. *L'empirisme d'une méthode de travail.* **2.** PHILOS. Théorie d'après laquelle toutes nos connaissances viennent de l'expérience. ► n. et adj. EMPIRISTE

EMPLACEMENT n. m. ▪ **1.** Lieu choisi et aménagé par l'homme (pour une construction, une installation). ⇒ **endroit.** *Déterminer l'emplacement d'un barrage, d'une usine.* ♦ Place effectivement occupée. *L'emplacement des meubles dans une pièce.* **2.** Lieu de stationnement. *Emplacement réservé aux livraisons.*

EMPLÂTRE n. m. ▪ **1.** Médicament externe se ramollissant légèrement à la chaleur et devenant alors adhérent. **2.** fig. Aliment lourd et bourratif. **3.** FAM. Individu sans énergie, bon à rien. ⇒ **empoté. 4.** FAM. Gifle, coup.

le Second **Empire.** Gérôme, *Réception des ambassadeurs siamois par Napoléon III*, détail.
Musée national du Château, Versailles. *Phot. © Giraudon*

EMPLETTE n. f. ■ **1.** VIEILLI Achat (de marchandises courantes mais non quotidiennes). ⇒ **course.** *Faire l'emplette d'un chapeau.* **2.** MOD. au plur. *Faire des emplettes.* ♦ Objets achetés. *Montrez-moi vos emplettes.*

EMPLIR v. tr. ② ■ **1.** LITTÉR. Rendre plein (⇒ **remplir,** COUR.). **2.** Occuper par soi-même (un espace vide). *La foule emplissait les rues.*

EMPLOI n. m. ■ **1.** Action ou manière d'employer (qqch.) ; ce à quoi sert (qqch.). ⇒ **usage, utilisation.** *Faites-en bon emploi. Mot susceptible de divers emplois.* – *MODE D'EMPLOI :* notice expliquant la manière de se servir d'un objet. – *EMPLOI DU TEMPS :* répartition dans le temps de tâches à effectuer. ⇒ **programme** ; anglic. **planning.** *Avoir un emploi du temps très chargé,* être très occupé. – loc. *Cela fait DOUBLE EMPLOI :* cela répond à un besoin déjà satisfait par autre chose. **2.** Ce à quoi s'applique une activité rétribuée. ⇒ **place, situation.** *Emplois saisonniers. Être sans emploi,* au chômage. *Offres, demandes d'emploi* (par annonces). loc. *Demandeur d'emploi* (⇒ **chômeur**). ♦ *(L'emploi)* Somme du travail humain effectivement employé et rémunéré, dans un système économique. *Le marché de l'emploi.* **3.** Genre de rôle dont est chargé un acteur. *L'emploi de jeune premier.* – loc. *Avoir le physique (la tête,* FAM. *la gueule) de l'emploi,* l'aspect correspondant à ce qu'on fait.

EMPLOYÉ, ÉE n. ■ Salarié qui effectue un travail non manuel mais n'a pas un rôle d'encadrement. ⇒ **agent, commis.** *Ouvriers, employés et cadres. "Les Employés"* (roman [inachevé] de Balzac). *Employé de banque. Une employée des postes.*

EMPLOYER v. tr. ⑧ ■ **1.** Faire servir à une fin (un instrument, un moyen, une force...). *Vous avez bien employé votre temps, votre argent, vos ressources. Employer un terme impropre.* ⇒ se **servir** de, **utiliser.** – au p. p. *Une somme d'argent bien employée.* – pronom. (passif) *Ce mot ne s'emploie plus.* **2.** Faire travailler (qqn) pour son compte en échange d'une rémunération. *L'entreprise emploie plusieurs milliers d'ouvriers.* **3.** *S'EMPLOYER À* v. pron. : s'occuper avec constance de. *Il s'emploie à trouver une solution ; il s'y emploie.* ⇒ se **consacrer.**

EMPLOYEUR, EUSE n. ■ Personne employant du personnel salarié. ⇒ **patron.**

EMPLUMÉ, ÉE adj. ■ Couvert, orné de plumes.

EMPOCHER v. tr. ① ■ Toucher, recevoir (de l'argent). *Empocher tous les bénéfices.*

EMPOIGNADE n. f. ■ Altercation, discussion violente.

EMPOIGNE n. f. ■ loc. *FOIRE D'EMPOIGNE :* mêlée, affrontement d'intérêts et de spéculations malhonnêtes.

EMPOIGNER v. tr. ① ■ **1.** Prendre en serrant dans la main. *Empoigner un manche de pioche.* – pronom. Se saisir l'un de l'autre pour se battre. ⇒ se **colleter.** fig. Se quereller. *Ils se sont empoignés en public.* **2.** fig. Émouvoir profondément (⇒ **poignant**).

EMPOIS n. m. ■ Colle à base d'amidon employée à l'apprêt du linge (⇒ **empeser**).

EMPOISONNANT, ANTE adj. ■ FAM. Très ennuyeux, agaçant.

EMPOISONNEMENT n. m. ■ **1.** Introduction dans l'organisme d'une substance toxique, capable d'altérer la santé ou d'entraîner la mort. ⇒ **intoxication.** *Empoisonnement dû à des champignons vénéneux.* ♦ Meurtre par le poison. **2.** FAM. Ennui, embêtement.

EMPOISONNER v. tr. ① ■ **1.** (sujet personne) Faire mourir, ou mettre en danger de mort (qqn, un animal) en faisant absorber du poison. *On a empoisonné notre chien.* – pronom. Se tuer en absorbant du poison. **2.** surtout au p. p. Mêler, infecter de poison. *Flèches empoisonnées au curare.* – fig. LITTÉR. *Des propos empoisonnés.* ⇒ **venimeux.** **3.** Remplir d'une odeur infecte. ⇒ **empester, empuantir.** **4.** Altérer dans sa qualité, son agrément. ⇒ **gâter.** *Des soucis qui empoisonnent la vie.* **5.** FAM. Rendre la vie impossible à (qqn). ⇒ **embêter.** *Il m'a empoisonné pendant des heures.*

EMPOISONNEUR, EUSE n. ■ **1.** Criminel(le) qui use du poison. **2.** VIEILLI Personne qui ennuie tout le monde. ⇒ FAM. **emmerdeur.**

EMPOISSONNEMENT n. m. ■ Action d'empoissonner.

EMPOISSONNER v. tr. ① ■ Peupler de poissons. ⇒ **aleviner.** *Empoissonner un lac.*

EMPORTÉ, ÉE adj. ■ Qui s'emporte facilement. ⇒ **coléreux, irritable, violent.**

EMPORTEMENT n. m. ■ **1.** LITTÉR. Élan, ardeur. ⇒ **fougue.** **2.** Violent mouvement de colère.

EMPORTE-PIÈCE n. m. invar. ■ **1.** Outil servant à découper et à enlever d'un seul coup des pièces de forme déterminée (dans des feuilles de métal, de cuir...). **2.** *À L'EMPORTE-PIÈCE* loc. adj. : (paroles) mordant, incisif. *Des jugements à l'emporte-pièce.*

EMPORTER v. tr. ① ■ **1.** Prendre avec soi et porter hors d'un lieu (qqch. ou qqn qui ne se déplace pas par soi-même ; s'oppose à *emmener*). *J'emporte mes livres avec moi, à la campagne. Emporter un bébé dans son berceau.* – fig. *Il a emporté son secret dans la tombe.* – loc. *Il ne l'emportera pas au paradis,* il n'en profitera pas longtemps ; je me vengerai tôt ou tard. **2.** (sujet chose) Enlever avec rapidité, violence. ⇒ **arracher, balayer.** *Le cyclone a tout emporté sur son passage.* loc. *Autant en emporte le vent :* il n'en restera rien (titre franç. d'un roman de Margaret Mitchell). ♦ (maladie soudaine) Faire mourir. ⇒ **tuer.** *Le mal l'a emporté en quelques heures.* **3.** S'emparer de (qqch.) par la force. ⇒ **enlever.** *Les troupes ont emporté la position.* – loc. *Emporter le morceau,* réussir, avoir gain de cause. **4.** (sujet chose abstraite) Entraîner, pousser avec force. **5.** *L'EMPORTER :* avoir le dessus, se montrer supérieur. ⇒ **triompher.** *La raison a fini par l'emporter sur le fanatisme.* ⇒ **prévaloir.** ► **S'EMPORTER** v. pron. Se laisser aller à des mouvements de colère, à des actes de violence. *Parler calmement, sans s'emporter.*

EMPOTÉ, ÉE adj. ■ FAM. Maladroit et lent. – n. *Quel empoté !*

EMPOTER v. tr. ① ■ Mettre (une plante) en pot (s'oppose à *dépoter*).

EMPOURPRER v. tr. ① ■ LITTÉR. Colorer de pourpre, de rouge, par l'effet de phénomènes naturels. – pronom. *Son visage s'empourpra,* rougit (de colère, de honte...). – au p. p. *Des joues empourprées.* ⇒ **cramoisi.**

EMPREINDRE v. tr. ⑸② ■ Marquer (une forme) par pression (sur une surface). ► **EMPREINT, EINTE** p. p. fig. LITTÉR. Marqué profondément (par). *Un poème empreint de sincérité.*

EMPREINTE n. f. ■ **1.** Marque en creux ou en relief laissée par un corps qu'on presse sur une surface. ⇒ **impression.** *L'empreinte d'un cachet sur la cire. Prendre l'empreinte d'une clé.* ⇒ **moulage.** ♦ Trace naturelle. *Reconnaître les empreintes d'un animal sur le sol.* – *EMPREINTES (DIGITALES) :* traces laissées par les doigts et qui permettent d'identifier qqn. **2.** fig. Marque profonde, durable. *Il garde l'empreinte de son milieu familial.*

EMPRESSÉ, ÉE adj. ■ Plein d'un zèle et d'un dévouement marqués, très visibles. *Il ne s'est pas montré très empressé pour nous aider.*

EMPRESSEMENT n. m. ■ **1.** Action de s'empresser auprès de qqn. *Accueillir qqn avec empressement.* **2.** Hâte qu'inspire le zèle. ⇒ **ardeur.** *Obéir avec empressement.*

S'EMPRESSER v. pron. ① ■ **1.** Mettre de l'ardeur, du zèle à servir qqn ou à lui plaire. **2.** *S'EMPRESSER DE* (+ inf.) : se hâter de. *Je m'empresse d'ajouter que...*

EMPRISE n. f. ■ **1.** Domination intellectuelle ou morale. ⇒ **influence.** **2.** DR. Mainmise de l'Administration sur une propriété privée. **3.** Espace occupé par une voie routière et ses dépendances.

EMPRISONNEMENT n. m. ■ Action d'emprisonner, état d'une personne emprisonnée. ⇒ **détention, incarcération.**

EMPRISONNER v. tr. ① ■ **1.** Mettre en prison. ⇒ **incarcérer.** *Emprisonner un condamné.* **2.** Tenir à l'étroit, serrer. – au p. p. *Jambe emprisonnée dans un plâtre.*

EMPRUNT n. m. ■ **1.** Action d'obtenir une somme d'argent, à titre de prêt ; cet argent. *Faire, contracter un emprunt.* ⇒ **emprunter.** *Emprunts privés.* – spécialt Mesure par laquelle l'État, une collectivité publique, demande des fonds ; sommes ainsi recueillies. **2.** fig. Action d'emprunter à un auteur un thème, des expressions pour les utiliser dans son œuvre ; ce qui est ainsi pris. *Les emprunts que Molière a faits à Plaute.* **3.** LING. Processus par lequel une langue accueille directement un élément d'une autre langue ; élément (mot, tour) ainsi incorporé. *Emprunt oral, écrit ; savant, populaire. Les mots hérités* (dans ce dictionnaire : <) *et les emprunts.* **4.** *D'EMPRUNT* loc. adj. : qui n'appartient pas en propre au sujet, vient d'ailleurs. *Sous un nom d'emprunt.* ⇒ **pseudonyme.**

EMPRUNTÉ, ÉE adj. ▪ Qui manque d'aisance ou de naturel. ⇒ **embarrassé, gauche.** *Avoir un air emprunté.*

EMPRUNTER v. tr. [1] ▪ **1.** Obtenir (de l'argent, un objet...) à titre de prêt ou pour un usage momentané (⇒ **emprunt**). *Emprunter de l'argent à une banque. Je vous emprunte votre stylo.* **2.** fig. Prendre ailleurs et faire sien (un bien d'ordre intellectuel, esthétique...). ‑ au p. p. spécialt *Un mot emprunté à l'anglais* (⇒ **emprunt** (3)). **3.** Prendre (une voie). *Emprunter un sens interdit.*

EMPRUNTEUR, EUSE n. ▪ Personne qui emprunte (1) de l'argent. ⇒ **débiteur.**

EMPUANTIR v. tr. [2] ▪ Remplir (un lieu), gêner (qqn) par une odeur infecte. ⇒ **empester.** ► n. m. EMPUANTISSEMENT

EMPYRÉE n. m. ▪ LITTÉR. Ciel, monde supraterrestre.

la dépêche d'ÉMS ▪ Compte rendu volontairement déformé par Bismarck de l'entrevue, dans la ville prussienne d'Ems (aujourd'hui Bad Ems en Allemagne [Rhénanie-Palatinat]), entre Guillaume Ier et l'ambassadeur de France, et qui provoqua la déclaration de guerre à la Prusse (1870) et la guerre franco-allemande.

ÉMU, UE adj. ▪ **1.** En proie à une émotion plus ou moins vive. *On le sentait très ému.* **2.** Qui est marqué d'une émotion. *J'en ai gardé un souvenir ému.*

ÉMULATION n. f. ▪ Sentiment qui porte à égaler ou à surpasser qqn. *L'émulation en classe.*

ÉMULE n. ▪ LITTÉR. Personne qui cherche à égaler ou à surpasser qqn en qqch. de louable. ⇒ **concurrent.**

ÉMULSIFIANT n. m. ▪ CHIM. Produit qui favorise la formation et la stabilité d'une émulsion.

ÉMULSION n. f. ▪ **1.** Préparation liquide tenant en suspension une substance huileuse ou résineuse. **2.** CHIM. Milieu hétérogène constitué par la dispersion, à l'état de particules très fines, d'un liquide dans un autre liquide. **3.** *Émulsion photographique* : couche sensible à la lumière (sur la plaque ou le film). *La sensibilité d'une émulsion.*

ÉMULSIONNER v. tr. [1] ▪ Mettre à l'état d'émulsion (2) (une substance dans un milieu où elle n'est pas soluble).

① **EN** prép. ▪ **I.** (devant un n. sans art. déf.) Préposition marquant en général la position à l'intérieur d'un espace, d'un temps, d'un état. **1.** Dans. *Monter en voiture. Passer ses vacances en Bretagne.* ⇒ **à.** LITTÉR. *En un lieu, en cet endroit.* ⇒ **dans.** ‑ (lieu abstrait ; n. sans déterminant) *Avoir en mémoire. Docteur en droit. En théorie.* **2.** Sur. *Mettre un genou en terre.* **3.** (matière) *Un buste en marbre.* ⇒ **de.** ‑ *Écrire en anglais.* **4.** Pendant (un temps). ⇒ **à, dans.** *Il viendra en février, en semaine. En été, en automne, en hiver* (mais *au printemps*). *En quelle année ?* ♦ (espace de temps) *En dix minutes.* **5.** (état, manière) *Se mettre en colère. Être en danger. Les arbres sont en fleurs. Répondez en quelques mots.* ♦ (introduisant un n. qui fait fonction d'attribut) ⇒ **comme.** *Il parle en connaisseur.* **6.** DE... EN... (marque la progression) *Son état empire d'heure en heure. De plus en plus.* ♦ (périodicité) *De temps* en temps ; d'heure en heure, de deux heures en deux heures.* **II.** (formant des loc. adv.) *En général,* généralement. *C'est vrai en gros. En avant ou en arrière.* **III.** (devant un v. au p. prés.) *L'appétit vient en mangeant. Il est parti en courant.*

② **EN** pron. et adv. ▪ De ce..., de ces..., de cette..., de cela (représente une chose, un énoncé, et quelquefois une personne). **I.** (compl. d'un v.) **1.** Indique le lieu d'où l'on vient, la provenance, l'origine. *J'en viens,* de cet endroit. *Il en tirera un joli bénéfice.* ‑ (cause, agent) *J'ai trop de soucis, je n'en dors plus,* je ne dors plus à cause de... **2.** (compl. d'un v. construit avec *de*) *Je m'en souviendrai ! J'en veux. Donne-m'en un peu. S'en ficher, s'en foutre.* **3.** (dans diverses loc. verb.) *Il n'en finit pas. On s'en va. Je m'en tiens là.* **II.** (compl. de n. ou servant d'appui à des quantitatifs et des indéf.) De (cela). *J'en connais tous les avantages. Tenez, en voilà un. Il y en a plusieurs. Je n'en sais rien !* **III.** (compl. d'adj.) *Il en est bien capable.*

EN- ou **EM-** (devant *b, m, p*) Élément servant à former des verbes à partir d'un substantif (ex. *emboîter, emmancher, emprisonner, enterrer*).

É.N.A. ou **ENA, École nationale d'administration** ▪ Fondée en 1945, à l'instigation de Michel Debré, l'É.N.A. forme les hauts fonctionnaires. En 1991, elle a été en partie transférée de Paris à Strasbourg.

S'ENAMOURER ou **S'ÉNAMOURER** [ɑ̃n- ; en-] v. pron. [1] ▪ VIEILLI ou plais. S'éprendre, tomber amoureux (de). ‑ au p. p. *Des regards énamourés.*

ÉNARQUE n. ▪ Ancien(ne) élève de l'École nationale d'administration (É.N.A.).

EN-AVANT [ɑ̃n-] n. m. invar. ▪ au rugby Faute commise par un joueur qui lâche ou envoie le ballon à la main face au but adverse, ou passe à un joueur en avant de lui.

ENCABLURE n. f. ▪ Ancienne mesure marine de longueur (environ 200 m).

ENCADRÉ n. m. ▪ Texte mis en valeur par un filet qui l'entoure (journal, livre). *Voir l'encadré ci-dessous.*

ENCADREMENT n. m. ▪ **1.** Action d'entourer d'un cadre ; ornement servant de cadre. *Faire l'encadrement d'un tableau.* ♦ Ce qui entoure comme un cadre. *Dans l'encadrement de la porte.* **2.** Action d'encadrer (un objectif de tir). **3.** Action d'encadrer (des troupes, un personnel). *Le personnel d'encadrement.* ♦ Personnes qui encadrent. ⇒ **cadre. 4.** ÉCON. *L'encadrement du crédit,* la limitation des crédits accordés par les banques.

ENCADRER v. tr. [1] ▪ **1.** Mettre dans un cadre, entourer d'un cadre. *Faire encadrer une gravure.* ‑ FAM. *Il est à encadrer,* il mérite d'être montré en exemple de ridicule. ‑ loc. *Ne pas pouvoir encadrer qqn,* le détester. ⇒ **encaisser** (3), **sentir. 2.** Entourer à la manière d'un cadre qui orne ou limite. *De longs cheveux encadrent son visage.* ♦ (sujet personne) *Encadrer un objectif,* en réglant le tir. ‑ au p. p. *Suspect encadré par deux gendarmes.* ♦ pronom. Apparaître comme dans un cadre. *Sa silhouette s'encadrait dans la porte.* **3.** Pourvoir de cadres (une troupe, un personnel...).

ENCADREUR, EUSE n. ▪ Artisan qui exécute et pose des cadres (de tableaux, gravures, photos, etc.).

ENCAISSE n. f. ▪ Sommes, valeurs qui sont dans la caisse ou en portefeuille. *L'encaisse métallique,* les valeurs en or et en argent qui, dans les banques d'émission, servent de garantie aux billets.

ENCAISSÉ, ÉE adj. ▪ Resserré entre deux pentes. *Vallée encaissée,* profonde et étroite.

ENCAISSEMENT n. m. ▪ **1.** Action d'encaisser (de l'argent, des valeurs). *Remettre un chèque à l'encaissement.* **2.** État de ce qui est encaissé. *L'encaissement d'une rivière.*

ENCAISSER v. tr. [1] ▪ **1.** Recevoir, toucher (de l'argent, le montant d'une facture). **2.** FAM. Recevoir (des coups). *Encaisser un direct.* ‑ absolt *Boxeur qui encaisse bien,* qui supporte bien les coups. **3.** FAM. (surtout dans un contexte négatif) Supporter (qqch., qqn). *Ils n'ont jamais encaissé cette critique. Il n'encaissait pas les bourgeois.* ⇒ FAM. **encadrer** (1), **sentir.**

ENCAISSEUR n. m. ▪ Employé qui va à domicile encaisser des sommes, recouvrer des effets.

À L'**ENCAN** loc. adv. et adj. ▪ LITTÉR. En vente aux enchères publiques. *Vendre à l'encan.* ‑ fig. Comme un objet de trafic livré au plus offrant. *La justice était à l'encan.*

S'**ENCANAILLER** v. pron. [1] ▪ Fréquenter des gens vulgaires, de mœurs douteuses.

ENCAPUCHONNER v. tr. [1] ▪ Couvrir d'un capuchon, comme d'un capuchon. ‑ au p. p. *La tête encapuchonnée.*

ENCART n. m. ▪ Feuille volante ou petit cahier que l'on insère dans une brochure. *Un encart publicitaire.*

ENCARTER v. tr. [1] ▪ **1.** Insérer (un dépliant, un prospectus) dans une revue, un livre. **2.** Fixer sur des cartons. *Encarter des boutons.*

EN-CAS n. m. invar. ▪ Repas léger qui peut être consommé immédiatement. ⇒ FAM. **casse-croûte.**

ENCASTRABLE adj. ▪ Qu'on peut encastrer. *Un four encastrable.*

ENCASTREMENT n. m. ▪ Action, manière d'encastrer. *Jeux d'encastrement,* qui éduquent à la reconnaissance des formes.

ENCASTRER v. tr. [1] ▪ Insérer, loger (dans une surface ou dans un objet exactement taillés ou creusés à cet effet). ⇒ **emboîter, enchâsser.** *Encastrer des éléments de cuisine.* ‑ au p. p. *Baignoire encastrée.* ‑ pronom. *La balle s'est encastrée dans le mur.*

ENCAUSTIQUE n. f. ▪ Préparation à base de cire et d'essence qu'on utilise pour entretenir et faire briller les meubles, les parquets.

ENCAUSTIQUER v. tr. [1] ▪ Passer à l'encaustique. ⇒ **cirer.** *Encaustiquer un meuble.* ‑ au p. p. *Des parquets encaustiqués.*

ENCEINDRE v. tr. [52] ▪ LITTÉR. Entourer (un espace) en en défendant l'accès (⇒ **enceinte**).

① **ENCEINTE** n. f. ▪ **1.** Ce qui entoure un espace à la manière d'une clôture et en défend l'accès. *Le mur d'enceinte d'une place forte.* ⇒ **rempart.** **2.** Espace ainsi entouré. *Pénétrer dans l'enceinte du tribunal.* **3.** *Enceinte (acoustique),* élément d'une chaîne haute-fidélité, ensemble de plusieurs haut-parleurs. ⇒ anglic. **baffle.**

② **ENCEINTE** adj. f. ▪ (femme) Qui est en état de grossesse. *Elle est enceinte de trois mois.*

ENCENS n. m. ▪ Substance résineuse aromatique, qui brûle en répandant une odeur pénétrante. *La chapelle sentait l'encens.*

ENCENSER v. tr. [1] ▪ **1.** Honorer en brûlant de l'encens, en agitant l'encensoir. **2.** fig. Honorer d'hommages excessifs, combler de louanges et de flatteries. ⇒ **flatter.** **3.** intrans. *Cheval qui encense,* qui remue la tête de haut en bas.

ENCENSOIR n. m. ▪ Cassolette suspendue à des chaînettes dans laquelle on brûle l'encens. ▪ fig. FAM. *Manier l'encensoir, donner des coups d'encensoir,* louer, flatter avec excès. ⇒ **encenser** (2).

ENCÉPHALE n. m. ▪ ANAT. Ensemble des centres nerveux contenus dans le crâne (le cerveau et ses annexes).

ENCÉPHALITE n. f. ▪ MÉD. Inflammation de l'encéphale.

ENCÉPHALO- Élément savant, du grec *enkephalos* « cerveau ».

ENCÉPHALOGRAMME n. m. ▪ MÉD. Tracé obtenu par encéphalographie. ⇒ **électro-encéphalogramme.**

ENCÉPHALOGRAPHIE n. f. ▪ MÉD. Exploration radiographique de l'encéphale. *Encéphalographie gazeuse.*

ENCÉPHALOPATHIE n. f. ▪ Affection du cerveau, d'origine toxique ou liée à une dégénérescence. *Encéphalopathie carentielle. Encéphalopathie spongiforme bovine.*

ENCERCLEMENT n. m. ▪ Action d'encercler. *Manœuvre d'encerclement.*

ENCERCLER v. tr. [1] ▪ Entourer de toutes parts, de façon menaçante. *Les policiers ont encerclé la maison.* ⇒ **cerner.** ▪ au p. p. *Des troupes encerclées.*

ENCHAÎNEMENT n. m. ▪ **1.** Série de choses en rapport de dépendance. *Un fatal enchaînement de circonstances.* **2.** Caractère lié, rapport entre les éléments. ⇒ **liaison, suite.** *L'enchaînement des causes et des effets.* **3.** Action d'enchaîner (II).

ENCHAÎNER v. [1] ▪ **I.** v. tr. **1.** Attacher avec une chaîne. *Enchaîner un chien.* ▪ au p. p. *Forçats, esclaves enchaînés.* **2.** fig. LITTÉR. Mettre sous une dépendance. ⇒ **asservir, assujettir.** *Enchaîner la presse.* ♦ Retenir en un lieu. **3.** Unir par l'effet d'une succession naturelle ou le rapport de liens logiques. ⇒ **coordonner, lier.** *Enchaîner des raisonnements, des mots (entre eux).* ▪ pronom. *Tout s'enchaîne.* **II.** v. intr. Reprendre la suite des répliques, au théâtre, après une interruption. ▪ Passer d'une séquence à une autre (cinéma). ▪ dans un discours Continuer.

ENCHANTÉ, ÉE adj. ▪ **1.** Qui détient un pouvoir d'enchantement (1). *"La Flûte enchantée"* (opéra de Mozart ; en allemand *Die Zauberflöte*). ▪ Soumis à un enchantement. ⇒ **magique.** *Un château enchanté.* **2.** (personnes) Très content, ravi. *Être enchanté de, par qqch. Enchanté de faire votre connaissance.*

ENCHANTEMENT n. m. ▪ **1.** Opération magique consistant à enchanter (1) ; son effet. ⇒ **charme, ensorcellement, incantation, magie.** ▪ COMME PAR ENCHANTEMENT : d'une manière inattendue et soudaine. *La douleur a disparu comme par enchantement.* **2.** État d'une personne enchantée (2), joie extrêmement vive. ⇒ **ravissement.** *Être dans l'enchantement.* ♦ Sujet de joie, chose qui fait un immense plaisir. *Ce spectacle est un enchantement.*

ENCHANTER v. tr. [1] ▪ **1.** Soumettre à une action surnaturelle par magie. ⇒ **ensorceler, envoûter.** **2.** Remplir d'un vif plaisir, satisfaire au plus haut point. ⇒ **ravir.** *Cette histoire m'enchante.*

ENCHANTEUR, TERESSE ▪ **I.** n. **1.** Personne qui pratique des enchantements (1). ⇒ **magicien, sorcier.** *Merlin l'Enchanteur.* ▪ au fém. LITTÉR. *L'enchanteresse Circé.* **2.** fig. Personne douée d'un charme irrésistible. ⇒ **charmeur.** **II.** adj. Qui enchante (2), est extrêmement séduisant. ⇒ **charmant, ravissant.** *Un spectacle enchanteur.*

ENCHÂSSEMENT n. m. ▪ Action d'enchâsser.

ENCHÂSSER v. tr. [1] ▪ **1.** Mettre (une pierre précieuse) dans une monture. ⇒ **monter, sertir.** ♦ Encastrer, fixer (dans une entaille, un châssis). *Enchâsser les panneaux d'une porte.* **2.** fig. Insérer, inclure. *Enchâsser une citation dans un article.*

ENCHÈRE n. f. ▪ **1.** Offre d'une somme supérieure à la mise à prix ou aux offres précédentes, dans une vente au plus offrant. *Couvrir une enchère :* faire une enchère supérieure. ▪ AUX ENCHÈRES. *Sa collection a été vendue aux enchères* (⇒ à l'**encan**). **2.** jeux de cartes Demande supérieure à celle de l'adversaire. *Le système des enchères au bridge.*

ENCHÉRIR v. intr. [2] ▪ **1.** Mettre une enchère. *Enchérir sur qqn,* faire une enchère plus élevée que lui. **2.** fig. LITTÉR. Aller audelà de ce qu'un autre a dit, fait. ⇒ **renchérir, surenchérir.**

ENCHÉRISSEUR, EUSE n. ▪ Personne qui fait une enchère. *Le dernier enchérisseur.*

ENCHEVÊTREMENT n. m. ▪ **1.** Disposition ou amas de choses enchevêtrées. *Un enchevêtrement de ronces.* **2.** (abstrait) Extrême complication, désordre. *Un enchevêtrement de mensonges.* ⇒ **embrouillamini, imbroglio.**

ENCHEVÊTRER v. tr. [1] ▪ **1.** Engager l'une dans l'autre (diverses choses) de façon désordonnée, ou particulièrement complexe. *Enchevêtrer des fils.* ⇒ **embrouiller.** ▪ pronom. *Les branches s'enchevêtrent.* **2.** fig. Embrouiller. ▪ pronom. *Toutes ces idées s'enchevêtraient dans sa cervelle.* ▪ au p. p. *Des affaires enchevêtrées.*

ENCHIFRENÉ, ÉE adj. ▪ Qui a le nez embarrassé par un rhume.

Juan del ENCINA (1469 - v. 1529) ▪ Poète et musicien espagnol, fondateur du théâtre profane espagnol.

ENCLAVE n. f. ▪ Terrain, territoire complètement entouré par un autre.

ENCLAVEMENT n. m. ▪ Fait d'être enclavé. *L'enclavement d'une région.*

ENCLAVER v. tr. [1] ▪ **1.** Contenir, entourer en formant une enclave. ▪ plus cour. au p. p. *Jardin enclavé dans une propriété.* **2.** Engager (une pièce dans une autre pièce). ► **ENCLAVÉ, ÉE** adj. *Région enclavée,* isolée du reste du pays, sans voies de communication (⇒ **désenclaver**).

ENCLENCHEMENT n. m. ▪ Dispositif destiné à rendre solidaires les pièces d'un mécanisme, d'un appareil.

ENCLENCHER v. tr. [1] ▪ **1.** Faire fonctionner (un mécanisme) en rendant plusieurs pièces solidaires. *Une vitesse difficile à enclencher,* à passer. **2.** fig. *L'affaire est enclenchée,* bien engagée.

ENCLIN, INE adj. ▪ LITTÉR. Porté, par un penchant naturel et permanent, à. *Il est enclin à la méfiance ; à se méfier.*

ENCLITIQUE adj. et n. m. ▪ LING. (Mot) qui s'appuie sur le mot précédent et s'y intègre du point de vue phonétique (ex. *ce* dans *est-ce*).

ENCLORE v. tr. [45] surtout au prés. de l'indic. et au p. p. ▪ LITTÉR. **1.** Entourer d'une clôture. ⇒ **clôturer.** *Enclore son jardin d'une haie.* ▪ au p. p. *Ville enclose de murailles.* **2.** (choses) Entourer comme une clôture continue.

ENCLOS n. m. ▪ **1.** Espace de terrain entouré d'une clôture. *Enclos pour le bétail.* **2.** Clôture. *Un enclos de pierres sèches.*

ENCLOUER v. tr. [1] ▪ Fermer, maintenir avec un clou. ▪ VX Mettre (un canon) hors d'usage (par un clou dans la lumière).

ENCLUME n. f. ▪ **1.** Masse métallique sur laquelle on forge les métaux. *Frapper, battre l'enclume.* ▪ Outil ou pièce d'un instrument destiné à recevoir des chocs. *Enclume de cordonnier.* ▪ loc. *Être entre le marteau et l'enclume,* pris entre deux partis opposés et exposé à recevoir des coups des deux côtés. **2.** ANAT. Un des quatre osselets de l'oreille interne.

ENCOCHE n. f. ▪ Petite entaille ou découpure. *Faire une encoche sur, dans un morceau de bois.* ♦ Découpe servant au repérage. *Les encoches d'un répertoire.*

ENCOCHER v. tr. [1] ▪ Faire une encoche à (une pièce métallique, une clé, etc.).

ENCODER v. tr. [1] ▪ DIDACT. Produire (un message) selon un code. ▪ INFORM. Coder* (une information). ► n. m. ENCODAGE

ENCOIGNURE [ɑ̃kɔɲyʀ ; ɑ̃kwaɲyʀ] n. f. ▪ **1.** Angle intérieur formé par la rencontre de deux murs. ⇒ **coin.** **2.** Petit meuble de coin.

ENCOLLAGE n. m. ▪ Action d'encoller ; son résultat.

ENCOLLER v. tr. [1] ▪ Enduire (du papier, des tissus, du bois) de colle, de gomme, d'apprêt. *Encoller du papier peint.*

ENCOLURE n. f. ▪ **1.** Partie du corps (du cheval et de certains animaux) qui s'étend entre la tête et les épaules ou le poitrail. ⁃ Longueur de cette partie du corps. *Le cheval gagnant l'a emporté d'une encolure.* **2.** Dimension du col d'un vêtement. *Une chemise d'encolure 39.* **3.** Partie (du vêtement) par où passe la tête.

ENCOMBRANT, ANTE adj. ▪ Qui encombre. *Un colis encombrant.* ⇒ **volumineux.** ⁃ fig. Importun, pesant.

SANS **ENCOMBRE** [sɑ̃z-] loc. adv. ▪ Sans rencontrer d'obstacle, sans ennui, sans incident. *Nous sommes arrivés sans encombre.*

ENCOMBREMENT n. m. ▪ **1.** État de ce qui est encombré ou rempli à l'excès. *L'encombrement d'un magasin.* ♦ *L'encombrement du marché automobile.* ⇒ **surproduction.** **2.** Amas de choses qui encombrent. *Un encombrement de livres et de papiers.* ⇒ **amas.** ♦ Voitures qui encombrent une voie. ⇒ **bouchon, embouteillage.** *Prendre un itinéraire « bis » pour éviter les encombrements.* **3.** Dimensions qui font qu'un objet encombre plus ou moins. *L'encombrement d'un meuble,* son volume.

ENCOMBRER v. tr. [1] ▪ **1.** (sujet chose) Remplir en s'entassant, en faisant obstacle à la circulation, au libre usage. ⇒ **gêner, obstruer.** *Un amas de paperasses encombrait la table. Les voitures encombrent la place.* ⇒ **embouteiller.** ⁃ (sujet personne) *La foule encombrait les trottoirs.* **2.** fig. Remplir ou occuper à l'excès, en gênant. *Encombrer sa mémoire de détails inutiles.* ⇒ **surcharger.** ► **S'ENCOMBRER** v. pron. *Il ne s'encombre pas de scrupules. Pour ce travail, je ne peux pas m'encombrer d'un maladroit.* ⇒ **s'embarrasser.** ► **ENCOMBRÉ, ÉE** adj. *Une rue encombrée.* ⁃ *Une profession encombrée,* où les offres d'emploi sont rares.

À L'**ENCONTRE** ▪ LITTÉR. **1.** loc. adv. Contre cela, en s'opposant à la chose. *Je n'irai pas à l'encontre.* **2.** loc. prép. *À l'encontre de :* contre, à l'opposé de. *Cette mesure ira à l'encontre du but recherché.*

ENCORBELLEMENT n. m. ▪ ARCHIT. Position d'une construction (balcon, corniche, fenêtre) en saillie sur un mur et soutenue par des corbeaux ; cette construction. *Tourelle en encorbellement.*

S'**ENCORDER** v. pron. [1] ▪ ALPIN. S'attacher avec une même corde pour constituer une cordée*. *Les alpinistes se sont encordés.*

ENCORE adv. ▪ var. VX ou POÉT. ENCOR **1.** adv. de temps Marque la persistance d'une action ou d'un état au moment considéré. *Vous êtes encore là ?* ⇒ **toujours.** *C'est encore l'été.* ⁃ *PAS ENCORE :* pas au moment présent (de ce qui doit se produire, arriver). *Il ne fait pas encore jour.* **2.** Marquant une idée de répétition ou de supplément. ⇒ **re-.** *Il a encore manqué la cible. Encore un peu ?* ⁃ *Mais encore ?* (pour demander des précisions supplémentaires). ⁃ (avec un mot marquant l'accroissement ou la diminution) *La vie a encore augmenté. Ses affaires vont encore plus mal.* **3.** introduisant une restriction *Encore faut-il avoir le temps. Si encore il faisait un effort...* ⇒ si **seulement.** *Et encore !,* se dit pour restreindre ce qui vient d'être dit, comme dépassant la réalité. *On vous en donnera cinq francs, et encore !,* tout au plus. **4.** loc. conj. LITTÉR. *ENCORE QUE :* quoique. *Nous l'aiderons, encore qu'il ne le mérite pas.*

ENCORNÉ, ÉE adj. ▪ Qui a des cornes (plus ou moins grandes).

ENCORNER v. tr. [1] ▪ Frapper, blesser à coups de cornes. *Le matador a été encorné.*

ENCORNET n. m. ▪ RÉGIONAL Calmar (comestible).

ENCOURAGEANT, ANTE adj. ▪ Qui encourage, est propre à encourager. *Les premiers résultats sont encourageants.*

ENCOURAGEMENT n. m. ▪ **1.** Action d'encourager. *Les cris d'encouragement stimulaient l'équipe.* **2.** Acte, parole qui encourage. ⇒ **appui, soutien.** *Il a reçu peu d'encouragements.*

ENCOURAGER v. tr. [3] ▪ **1.** Donner du courage, de l'assurance à (qqn). ⇒ **réconforter, stimuler ;** opposé à *décourager. Les spectateurs encourageaient les concurrents.* ⁃ (avec *à* + inf.) *Encourager qqn à persévérer.* ⇒ **inciter.** **2.** Aider ou favoriser par une protection spéciale, par des récompenses, des subventions. *Encourager les plus doués.* ⁃ *Encourager un projet,* l'approuver et l'aider à se réaliser (opposé à *contrarier, contrecarrer*).

ENCOURIR v. tr. [11] ▪ LITTÉR. Se mettre dans le cas de subir (qqch. de fâcheux). ⇒ **s'exposer à, mériter.** *Vous allez encourir des reproches.* ⁃ au p. p. *Les peines encourues.*

ENCRAGE n. m. ▪ **1.** Opération consistant à encrer (un rouleau de presse, une planche gravée, une photocopieuse). **2.** Manière dont la planche, etc., est encrée.

ENCRASSEMENT n. m. ▪ Action d'encrasser, fait de s'encrasser. *L'encrassement d'un piston.*

ENCRASSER v. tr. [1] ▪ Couvrir d'un dépôt (suie, rouille, saletés diverses) qui empêche le bon fonctionnement. *Huile de mauvaise qualité qui encrasse les moteurs.* ⁃ pronom. *La chaudière s'est encrassée.* ⁃ au p. p. *Des bougies encrassées.*

ENCRE n. f. ▪ **1.** Liquide coloré, utilisé pour écrire. *Encre noire, bleue, violette, rouge. Écrire à l'encre. Encre sympathique,* dont la trace invisible apparaît sous l'action d'un réactif ou de la chaleur. *Encre de Chine,* très noire, employée pour le dessin. ⁃ *Encre d'imprimerie. Imprimante à jet d'encre.* ♦ (idée de noirceur) *Une nuit d'encre,* très noire. ⁃ FAM. *Se faire un sang d'encre,* du souci. **2.** Liquide noir émis par certains céphalopodes (seiche, calmar) pour se protéger.

ENCRER v. tr. [1] ▪ Enduire d'encre (typographique, lithographique). ⇒ **encrage.** *Encrer un rouleau.*

ENCREUR adj. m. ▪ Qui sert à encrer. *Tampon encreur.*

ENCRIER n. m. ▪ Petit récipient où l'on met de l'encre. *Tremper la plume dans l'encrier.*

ENCROÛTER v. tr. [1] ▪ **1.** Couvrir d'une croûte. **2.** fig. (surtout pronom. et p. p.) Enfermer (qqn) dans des habitudes qui suppriment la spontanéité, empêchent de changer, de progresser. ⇒ **scléroser.** *Il est encroûté dans des habitudes de paresse. S'encroûter dans la routine.* ► n. m. ENCROÛTEMENT

ENCULER v. tr. [1] ▪ vulg. Sodomiser. ► **ENCULÉ, ÉE** n. (terme injurieux).

ENCYCLIQUE n. f. ▪ Lettre envoyée par le pape à tous les évêques à propos d'un problème d'actualité.

ENCYCLOPÉDIE n. f. ▪ **1.** Ouvrage où l'on expose méthodiquement (dans un ordre logique ou formel, par ex. alphabétique) les connaissances dans tous les domaines. ⁃ absolt *L'Encyclopédie :* l'encyclopédie dirigée par Diderot et d'Alembert (voir ci-dessous). ♦ Ouvrage analogue qui traite d'un domaine précis (science, art, etc.). *Une encyclopédie de l'architecture.* **2.** fig. *Une encyclopédie vivante,* une personne aux connaissances très étendues et variées.

l'ENCYCLOPÉDIE OU DICTIONNAIRE RAISONNÉ DES SCIENCES, DES ARTS ET DES MÉTIERS ▪ Ouvrage de vulgarisation scientifique et technique dans l'esprit philosophique des

l'**Encyclopédie.** *Vue en coupe d'une mine,* planche de l'*Encyclopédie.* *Phot. © Lauros/Giraudon*

Lumières* : croyance au progrès, confiance en la raison, lutte contre les préjugés (notamment religieux). L'entreprise, animée par d'Alembert et surtout Diderot, réunit les savants et certains grands noms de l'époque (Voltaire, Montesquieu, Rousseau). La publication s'échelonna de 1751 à 1772.

ENCYCLOPÉDIQUE adj. ▪ **1.** Qui embrasse l'ensemble des connaissances. **2.** De l'encyclopédie. *Un dictionnaire encyclopédique,* qui fait connaître les choses, les concepts (opposé à *dictionnaire de langue*). ♦ fig. D'un savoir très étendu. *Une culture encyclopédique.* ⇒ **universel.**

ENCYCLOPÉDISTE n. ▪ **1.** Auteur d'une encyclopédie. **2.** HIST. Auteur, penseur français du XVIIIe siècle qui partageait les idées de l'Encyclopédie de Diderot.

ENDÉMIE n. f. ▪ Présence habituelle d'une maladie dans une région déterminée.

ENDÉMIQUE adj. ▪ **1.** Qui a un caractère d'endémie. *Maladie endémique.* **2.** fig. Qui sévit constamment dans un pays, un milieu. *Un chômage endémique.*

ENDETTEMENT n. m. ▪ Fait de s'endetter, d'être endetté.

ENDETTER v. tr. [1] ▪ Engager dans des dettes. *L'achat de son appartement l'a endetté.* – pronom. Contracter des dettes. *S'endetter en achetant à crédit.* – au p. p. *Elle est très endettée.*

ENDEUILLER v. tr. [1] ▪ Plonger dans le deuil, remplir de tristesse. *Cette catastrophe a endeuillé tout le pays.*

ENDIABLÉ, ÉE adj. ▪ **1.** VX Possédé par le diable. ♦ *Enfants endiablés,* très turbulents. ⇒ **infernal. 2.** D'une vivacité extrême. ⇒ **fougueux, impétueux.** *Un rythme endiablé.*

ENDIGUER v. tr. [1] ▪ **1.** Contenir au moyen de digues. *Endiguer un fleuve.* **2.** par métaphore Retenir, contenir ; canaliser. *Les agents s'efforçaient d'endiguer le flot des manifestants.* – abstrait *Endiguer le progrès.*

S'ENDIMANCHER v. pron. [1] ▪ Mettre des habits du dimanche, s'habiller de manière plus soignée que d'habitude, avec une certaine gêne. *S'endimancher pour aller au restaurant.* – au p. p. *Avoir l'air endimanché.* ► n. m. ENDIMANCHEMENT

ENDIVE n. f. ▪ Pousse blanche comestible d'une variété de chicorée. ⇒ RÉGIONAL **chicon.** *Endives braisées, en salade.*

endive.
Phot. © Carrara/Jacana

ENDO- Élément de mots savants, du grec *endon* « en dedans » (contr. *exo-*).

ENDOCARDE n. m. ▪ Tunique interne du cœur.

ENDOCARDITE n. f. ▪ MÉD. Inflammation de l'endocarde.

ENDOCARPE n. m. ▪ Partie interne du fruit la plus proche de la graine.

ENDOCRINE adj. f. ▪ Se dit des glandes à sécrétion interne, dont les produits sont déversés directement dans le sang (ex. le foie, la thyroïde) [opposé à *exocrine*]. ► adj. ENDOCRINIEN, IENNE

ENDOCRINOLOGIE n. f. ▪ SC. Partie de la médecine qui étudie les glandes endocrines et soigne leurs troubles.

ENDOCRINOLOGUE n. ▪ Spécialiste de l'endocrinologie.

ENDOCTRINEMENT n. m. ▪ Action d'endoctriner.

ENDOCTRINER v. tr. [1] ▪ péj. Faire la leçon à (qqn) pour convaincre, faire adhérer à une doctrine, à un point de vue. *N'essayez pas de nous endoctriner.*

ENDOGAMIE n. f. ▪ SOCIOL. Obligation, pour les membres de certaines tribus, de se marier dans leur propre tribu (opposé à *exogamie*).

ENDOGÈNE adj. ▪ DIDACT. Qui prend naissance à l'intérieur, est dû à une cause interne.

ENDOLORIR v. tr. ▪ Rendre douloureux. ► **ENDOLORI, IE** p. p. Envahi par une douleur diffuse. *Avoir les bras tout endoloris.*

ENDOMÈTRE n. m. ▪ ANAT. Tissu qui tapisse l'intérieur de l'utérus.

ENDOMMAGER v. tr. [3] ▪ Causer des dommages, des dégâts à (qqch.), mettre en mauvais état. ⇒ **abîmer, détériorer.** *La grêle a endommagé les récoltes.* – au p. p. *Toiture endommagée par la tempête.*

ENDORMANT, ANTE adj. ▪ Qui donne envie de dormir à force d'ennui. ⇒ **ennuyeux, soporifique.** *Un conférencier endormant.*

ENDORMI, IE adj. ▪ **1.** Qui est en train de dormir. *Être à moitié endormi.* – Où tout semble en sommeil. *Dans la ville endormie.* **2.** fig. Dont l'activité est en sommeil. *Volcan endormi.* **3.** Indolent, inerte. *Un élève endormi.* – n. *Quel endormi !*

ENDORMIR v. tr. [16] ▪ **1.** Faire dormir, amener au sommeil. *Bercer un bébé pour l'endormir.* – (Sommeil artificiel) *Endormir qqn avant de l'opérer.* ⇒ **anesthésier. 2.** Donner envie de dormir à (qqn) par ennui. ⇒ **assommer, ennuyer.** *Il endort son auditoire.* **3.** fig. LITTÉR. Atténuer jusqu'à faire disparaître (une sensation, un sentiment pénible). *Endormir la douleur.* ⇒ **calmer.** – Rendre moins vif, moins agissant (un sentiment, une disposition d'esprit). *Endormir les soupçons.* – *Endormir qqn,* diminuer sa vigilance. *Tenter d'endormir l'opinion publique.* ► **S'ENDORMIR** v. pron. **1.** Commencer à dormir ; glisser dans le sommeil. ⇒ s'**assoupir. 2.** fig. LITTÉR. Perdre de sa vivacité, de sa force. *Ses regrets se sont endormis.* ⇒ s'**apaiser,** s'**estomper.**

ENDORMISSEMENT n. m. ▪ Fait de s'endormir ; début du sommeil. *Troubles de l'endormissement.*

ENDORPHINE n. f. ▪ SC. Substance sécrétée par l'hypophyse, qui lutte contre la douleur.

ENDOS n. m. ▪ COMM. Mention au dos (d'une traite) pour ordonner son paiement à une autre personne.

ENDOSCOPE n. m. ▪ MÉD. Instrument servant à examiner les cavités profondes du corps en les éclairant.

ENDOSCOPIE n. f. ▪ MÉD. Examen à l'endoscope. ► adj. ENDOSCOPIQUE

ENDOSSER v. tr. [1] ▪ **I. 1.** Mettre sur son dos (un vêtement). ⇒ **revêtir.** *Endosser son pardessus avant de sortir.* **2.** Prendre ou accepter la responsabilité de. ⇒ **assumer.** *Je suis prêt à endosser les conséquences.* **II.** Mettre un endos sur (un chèque, une traite, etc.). ► n. m. ENDOSSEMENT

ENDROIT n. m. ▪ **I. 1.** Partie déterminée d'un espace. ⇒ **lieu, place.** *Un endroit tranquille. À quel endroit ?* ⇒ **où.** – loc. FAM. *Le* PETIT ENDROIT : les toilettes (→ petit coin). ♦ Localité. ⇒ **coin.** *Un endroit perdu.* **2.** Place déterminée, partie localisée (d'une chose, du corps). *À quel endroit faut-il signer ? Montre l'endroit où tu as mal.* – abstrait Partie de la personne (morale). *Trouver l'endroit sensible.* ⇒ **point. 3.** Passage déterminé (d'un ouvrage). *Cet endroit n'est pas très clair.* **4.** *PAR ENDROITS* loc. adv. : à différents endroits dispersés, çà et là. *On avait planté par endroits des rosiers.* – LITTÉR. *À L'ENDROIT DE* (qqn) loc. prép. : envers (qqn). *Il a mal agi à ton endroit.* **II.** Côté destiné à être vu, dans un objet à deux faces (tissu, feuillet...). ⇒ **recto** ; opposé à *envers. L'endroit d'un tapis.* – *À L'ENDROIT* loc. adv. : du bon côté. *Remettez vos chaussettes à l'endroit.*

ENDUIRE v. tr. [38] ▪ Recouvrir (une surface) d'une matière qui l'imprègne. *Enduire son visage de crème. Enduire un mur de plâtre.* – pronom. Enduire son corps. *Elle s'est enduite de crème solaire.*

ENDUIT n. m. ▪ Préparation molle ou fluide qu'on applique sur une surface pour protéger. ⇒ **revêtement.** *Enduit à la chaux.* – Préparation préalable à la peinture.

ENDURANCE n. f. ▪ Aptitude à résister à la fatigue, à la souffrance. *L'endurance d'un coureur de fond.* – *Épreuve d'endurance,* compétition sur une longue distance.

ENDURANT, ANTE adj. ▪ Qui a de l'endurance. ⇒ **résistant.** *Il est très endurant.*

ENDURCI, IE adj. ▪ **1.** Devenu dur, insensible ou résistant. *Un cœur endurci. Être endurci au froid.* ⇒ **aguerri. 2.** Qui avec le temps s'est fortifié, figé dans son opinion, son occupation. ⇒ **invétéré.** *Un criminel endurci. Un célibataire endurci.*

ENDURCIR v. tr. [2] ▪ **1.** Rendre (qqn) plus dur au mal, plus résistant. ⇒ **aguerrir.** *Ce climat l'a endurci au froid.* **2.** Rendre moins sensible moralement. *Les malheurs l'ont endurci, ont endurci son cœur.* ▸ pronom. *Elle s'est endurcie à son contact.*

ENDURCISSEMENT n. m. ▪ Fait de s'endurcir (2). ⇒ **insensibilité.**

ENDURER v. tr. [1] ▪ Supporter avec patience (ce qui est dur, pénible). ⇒ **subir.** *Il endure tout sans se plaindre. Je n'en endurerai pas plus.* ⇒ **supporter, tolérer.**

ENDURO n. m. ▪ anglic. Épreuve d'endurance et de régularité tout-terrain, en moto. *L'enduro et le trial.*

-ÈNE Élément de mots de chimie servant à former des noms d'hydrocarbures non saturés (opposé à *-ane*).

ÉNÉE ▪ Prince troyen légendaire, fils d'Anchise et d'Aphrodite, ancêtre de Romulus. ► **l'ÉNÉIDE**, poème épique de Virgile, fait le récit de cette légende des origines troyennes et divines de Rome, ainsi que des amours d'Énée et de Didon.

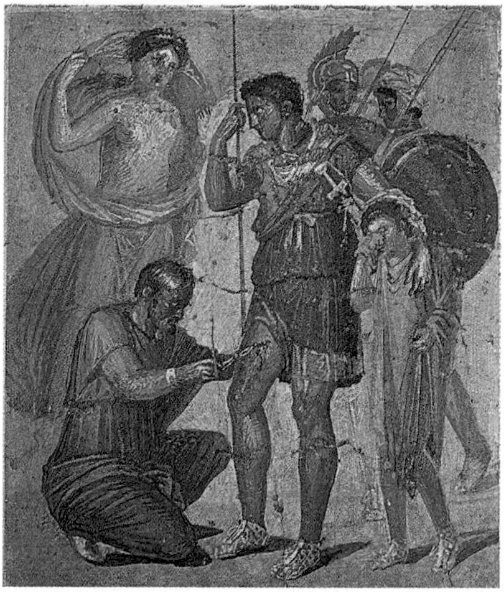

Énée. *Énée blessé,* art romain, fresque de Pompéi. Musée archéologique national, Naples. *Phot. © Giraudon*

ÉNERGÉTIQUE ▪ **1.** adj. PHYS. et PHYSIOL. Relatif à l'énergie. *Les ressources énergétiques d'un pays.* **2.** n. f. Science des manifestations de l'énergie.

ÉNERGIE n. f. ▪ **I.** Force et fermeté dans l'action, qui rend efficace. ⇒ **détermination, dynamisme, volonté.** *Il poursuit son but avec beaucoup d'énergie. Protester avec énergie.* ♦ Vitalité physique. ⇒ **vigueur.** *Se sentir plein d'énergie.* **II.** SC. **1.** Caractère d'un système matériel capable de produire du travail. *Les formes de l'énergie : énergie mécanique, électrique, thermique, chimique, nucléaire. Énergies renouvelables,* provenant de sources naturelles non épuisables (soleil, vent, marée...). *Énergies fossiles* (charbon, gaz naturel, pétrole). *Utilisation, transport de l'énergie.* **2.** Énergie chimique potentielle de l'organisme vivant. *Une dépense d'énergie.*

ÉNERGIQUE adj. ▪ **1.** Actif, efficace. *Un remède énergique.* ♦ Plein d'énergie (dans l'expression). *Une énergique protestation.* ⇒ **vigoureux. 2.** (personnes ; actions) Qui a ou marque de l'énergie, de la volonté. ⇒ **ferme, résolu.** *Un homme énergique. Une intervention énergique des autorités.* ♦ Fort (dans l'ordre physique). *Une poignée de main énergique.*

ÉNERGIQUEMENT adv. ▪ Avec énergie. ⇒ **fermement.**

ÉNERGISANT, ANTE ▪ **1.** adj. MÉD. Stimulant, tonique. **2.** n. m. Médicament qui stimule l'activité psychique.

ÉNERGUMÈNE n. ▪ Personne exaltée qui se livre à des cris, à des gestes excessifs dans l'enthousiasme ou la fureur. ⇒ **agité, excité, forcené.**

ÉNERVANT, ANTE adj. ▪ **I.** VX Qui abat les forces. **II.** (personnes, choses) Qui excite désagréablement. ⇒ **agaçant, irritant.** *Un bruit énervant.*

ÉNERVÉ, ÉE adj. ▪ **I.** VX **1.** Dont les tendons ont été coupés. *Les Énervés de Jumièges :* les deux fils de Clovis II, recueillis à Jumièges. **2.** Abattu, privé de réaction. **II.** Qui se trouve dans un état de nervosité, de tension inhabituel. ♦ Qui marque l'énervement. *Un rire énervé.*

ÉNERVEMENT n. m. ▪ **I.** VX Fait d'énerver (I). ◇ syn. ÉNERVATION. **II.** État d'une personne énervée (II). ⇒ **agacement, nervosité.**

ÉNERVER v. tr. [1] ▪ **I.** VX Couper les tendons (nerfs) de (qqn, un animal). ⇒ **énervé. II.** Agacer, exciter, en provoquant de la nervosité. *Ses manies nous énervent* (⇒ **énervant**). ▸ pronom. Devenir de plus en plus nerveux, agité. *Du calme ! Ne nous énervons pas !*

Georges ENESCO ou **ENESCU** (1881-1955) ▪ Compositeur et interprète roumain. Grand professeur de violon, maître de Yehudi Menuhin. Sonates, quatuors.

ENFANCE n. f. ▪ **1.** Première période de la vie humaine, de la naissance à l'adolescence. *Il a eu une enfance heureuse. Souvenir d'enfance.* **2.** (sing. collectif) Les enfants. *S'occuper de l'enfance délinquante.* **3.** loc. *Tomber, retomber en enfance,* se dit d'un vieillard dont les facultés mentales s'affaiblissent (⇒ **gâtisme, sénilité**). **4.** fig. Première période d'existence (d'une chose). ⇒ **commencement, début.** *L'enfance de l'humanité. Une science encore dans l'enfance.* ▸ loc. *C'est L'ENFANCE DE L'ART,* c'est élémentaire.

ENFANT n. ▪ **I. 1.** *(Un, des enfants)* Être humain dans l'âge de l'enfance. ⇒ **bambin, fille, garçon, petit** ; FAM. **gosse, mioche, môme.** *Un enfant au berceau.* ⇒ **bébé, nourrisson, nouveau-né.** *Des enfants de dix ans. Livres d'enfants, pour les enfants. Voiture d'enfant. Les maladies des enfants.* ⇒ **infantile.** ▸ *La psychologie de l'enfant.* ♦ loc. *Il n'y a plus d'enfants,* se dit quand un enfant fait ou dit des choses qui ne sont pas de son âge. *Il me prend pour un enfant,* pour un naïf. *Ne faites pas l'enfant :* soyez sérieux. ▸ *L'enfant terrible* (d'un groupe), un membre qui aime à manifester son indépendance d'esprit. *Enfant gâté :* personne qui a l'habitude de voir satisfaire tous ses caprices. ♦ *ENFANT DE CHŒUR :* enfant, jeune homme qui se tient dans le chœur pendant les offices pour servir le prêtre ; fig. personne naïve. ▸ *Enfant de Marie,* jeune fille vouée à Marie. **2.** fig. Personne qui a conservé dans l'âge adulte des sentiments, des traits propres à l'enfance. ▸ adj. *Il est resté très enfant.* ⇒ **enfantin, puéril. II. 1.** Être humain à l'égard de sa filiation. ⇒ **fils, fille** ; FAM. **lardon, môme** ; opposé à *parents. Ils veulent deux enfants. Elle attend un enfant :* elle est enceinte. ⇒ **bébé.** *Enfant unique. Enfant adoptif. Enfant naturel,* né hors mariage. *Enfant trouvé,* qu'on a trouvé abandonné par ses parents. ▸ *L'enfant* (ou *le fils*) *prodigue*.* **2.** *Mon (cher) enfant, mes enfants,* se dit à des êtres plus jeunes. **3.** Descendant (⇒ **postérité**). ♦ Personne originaire de (un pays, un milieu). *Un enfant de Paris. Un enfant du peuple.* ▸ *ENFANT DE TROUPE :* nom donné autrefois à un fils de militaire élevé dans une école militaire. **4.** fig. Ce qui est produit par qqch. *La vengeance, enfant de la colère.*

ENFANTEMENT n. m. ▪ Fait d'enfanter. ⇒ **accouchement.** ♦ fig. LITTÉR. *L'enfantement d'une œuvre.*

ENFANTER v. tr. [1] ▪ **1.** LITTÉR. Mettre au monde (un enfant). **2.** fig. Créer, produire (une œuvre).

ENFANTILLAGE n. m. ▪ Manière d'agir, de s'exprimer, peu sérieuse, qui ne convient qu'à un enfant. ⇒ **puérilité.** *Perdre son temps à des enfantillages.*

ENFANTIN, INE adj. ▪ **1.** Qui est propre à l'enfant, a le caractère de l'enfance. *Le langage enfantin.* **2.** péj. Qui ne convient qu'à un enfant. ⇒ **infantile, puéril.** *Des remarques enfantines.* **3.** Très simple, très facile. *Un problème enfantin.* ⇒ **élémentaire.** ► adv. ENFANTINEMENT

Prosper Barthélemy Enfantin dit **le Père ENFANTIN** (1796 - 1864) ▪ Ingénieur et socialiste français. Il fut avec Bazard le principal propagateur du saint-simonisme, qui devint une véritable religion.

le Père **Enfantin.** Portrait en grand costume. Bibliothèque de l'Arsenal, Paris.
Phot. © J.-L. Charmet

ENFARINÉ, ÉE adj. ▪ Couvert de farine, de poudre blanche. *La figure enfarinée d'un clown.* - loc. FAM. *Venir la gueule enfarinée, le bec enfariné,* avec la naïve certitude d'obtenir ce qu'on demande.

ENFER [ɑ̃fɛʀ] n. m. ▪ **I. 1.** RELIG. CHRÉT. Lieu destiné au supplice des damnés. *Les démons de l'enfer* (⇒ **infernal**). - prov. *L'enfer est pavé de bonnes intentions :* beaucoup de bonnes résolutions n'aboutissent qu'à un résultat déplorable ou nul. ♦ *D'ENFER* loc. adj. : qui évoque l'enfer. *Une vision d'enfer.* - Très intense. ⇒ **infernal.** *Un appétit d'enfer. Rouler à un train d'enfer,* très vite. - FAM. Extraordinaire, fabuleux. **2.** fig. Lieu, occasion de cruelles souffrances. *Son foyer est un enfer. L'enfer de la drogue.* **3.** *L'enfer d'une bibliothèque :* le département, l'endroit où sont regroupés les livres licencieux. **II.** *LES ENFERS :* lieu souterrain habité par les morts, séjour des ombres, des morts (mythol. grecque, romaine et diverses religions).

ENFERMEMENT n. m. ▪ Fait d'enfermer ou d'être enfermé. ⇒ **emprisonnement, internement.**

ENFERMER v. tr. [1] ▪ **1.** Mettre en un lieu d'où il est impossible de sortir. *Enfermer un oiseau dans une cage ; un malfaiteur dans une prison* (⇒ **incarcérer, interner**). - *Il est bon à enfermer :* il est fou. ♦ pronom. *S'ENFERMER. Elle s'était enfermée dans son bureau.* ⇒ se **barricader.** - fig. *S'enfermer dans son silence.* **2.** Mettre (qqch.) dans un lieu clos. *Enfermer des provisions dans un buffet.* **3.** Entourer complètement (un terrain, un espace). ⇒ **enclore. 4.** dans une course Serrer (un concurrent) à la corde, ou à l'intérieur du peloton, de façon à briser son élan.

S'ENFERRER v. pron. [1] ▪ **1.** Tomber sur l'épée de son adversaire. **2.** fig. Se prendre à ses propres mensonges, ses propres pièges.

ENFEU n. m. ▪ ARCHÉOL. Niche funéraire.

ENFIÉVRER v. tr. [6] ▪ LITTÉR. Animer d'une sorte de fièvre, d'une vive ardeur. ⇒ **surexciter.** - pronom. *S'enfiévrer pour une idée.* ⇒ se **passionner.** - au p. p. *Une atmosphère enfiévrée.*

ENFILADE n. f. ▪ **1.** Suite de choses disposées en file. *Une enfilade de pièces.* - *Des chambres en enfilade.* **2.** *Tir d'enfilade,* dirigé dans le sens de la plus grande dimension de l'objectif. *Prendre en enfilade* (une troupe), soumettre à un tir d'enfilade.

ENFILAGE n. m. ▪ Action d'enfiler.

ENFILER v. tr. [1] ▪ **1.** Passer un fil, un lien, à l'intérieur de (un objet percé). *Enfiler une aiguille.* - *Enfiler des perles,* les réunir par un fil. loc. FAM. *Enfiler des perles :* perdre son temps à des futilités. **2.** Mettre, passer (un vêtement). *Enfiler sa veste.* **3.** S'engager tout droit dans (un chemin, un passage étroit). *Il a tourné et enfilé la ruelle.* ⇒ **prendre. 4.** FAM. *S'ENFILER qqch.,* l'avaler. ⇒ s'**envoyer.** *Elle s'est enfilé tout le chocolat.* ♦ Avoir à supporter (une corvée). *Il s'est enfilé tout le nettoyage.*

ENFIN adv. ▪ **1.** Au terme d'une longue attente. *Je vous ai enfin retrouvé. Enfin seuls !* **2.** En dernier lieu (dans une succession). *On vit arriver un coureur, puis le peloton, enfin quelques isolés.* **3.** En conclusion. *Il est plein d'énergie, ambitieux, enfin capable de réussir. Enfin bref.* - (Conclusion résignée). *Enfin, on verra bien !* **4.** marquant l'impatience *Rends-moi ça, enfin ! Mais enfin, ça suffit !* - FAM. *M'enfin !* **5.** Plutôt (pour corriger ce qu'on a dit). *Elle est blonde, enfin rousse.*

ENFLAMMÉ, ÉE adj. ▪ **1.** En flammes. *Une torche enflammée.* **2.** Dans un état inflammatoire. *Des amygdales très enflammées.* **3.** Rempli d'ardeur, de passion. ⇒ **ardent, passionné.** - *Une déclaration* (d'amour) *enflammée.*

ENFLAMMER v. tr. [1] ▪ **1.** Mettre en flamme. ⇒ **allumer.** *Enflammer une allumette.* - pronom. Prendre feu. *L'essence s'enflamme brusquement.* ♦ fig. Colorer vivement. *Une rougeur enflammait ses joues.* **2.** Mettre dans un état inflammatoire. ⇒ **irriter. 3.** Remplir (qqn) d'ardeur, de passion. ⇒ **électriser, embraser.** *La colère l'enflammait.* - pronom. S'enthousiasmer, s'exalter. *Il s'enflamme facilement.*

ENFLÉ, ÉE ▪ **1.** adj. Atteint d'enflure. *Jambes enflées.* **2.** n. FAM. Gros lourdaud, imbécile. *Quel enflé !*

ENFLER v. [1] ▪ **I.** v. tr. **1.** Faire augmenter de volume. *Les pluies ont enflé la rivière.* ⇒ **gonfler.** ♦ Provoquer l'enflure de (une partie du corps). ⇒ **tuméfier. 2.** Augmenter la force de (la voix, un son...). *Enfler sa voix.* **3.** fig. Exagérer, grossir. *Enfler ses prétentions.* **II.** v. intr. Augmenter anormalement de volume (⇒ **enflure**). *Sa cheville a enflé.*

ENFLURE n. f. ▪ État d'un organe, d'une partie du corps qui enfle par suite d'une maladie, d'un coup, d'un accident musculaire, etc. ⇒ **ballonnement, gonflement, tuméfaction.**

ENFOIRÉ, ÉE ▪ vulg. **1.** adj. Souillé d'excréments. **2.** n. Imbécile, maladroit (injure). *Bande d'enfoirés !*

ENFONCÉ, ÉE adj. ▪ Qui rentre dans le visage, dans le corps. *Des yeux très enfoncés.* ⇒ **creux.**

ENFONCEMENT n. m. ▪ **1.** Action d'enfoncer ; fait de s'enfoncer. **2.** Partie située vers le fond de qqch. ou en retrait. ⇒ **creux, renfoncement.**

ENFONCER v. [3] ▪ **I.** v. tr. **1.** Faire aller vers le fond, faire pénétrer profondément. ⇒ **planter.** *Enfoncer des pieux de clôture. Il enfonça les mains dans ses poches.* - au p. p. *Avoir une épine enfoncée dans le doigt.* ♦ loc. *Enfoncer le clou :* recommencer inlassablement une explication afin de se faire bien comprendre ou de persuader. - *Enfoncer qqch. dans la tête de qqn,* le lui faire comprendre, l'en persuader. - pronom. *Enfonce-toi ça dans la tête, le crâne.* ♦ Mettre (un chapeau) de telle façon que la tête y entre profondément. **2.** fig. Entraîner, pousser (dans une situation comparable à un fond, un abîme). *Enfoncer qqn dans l'erreur.* ♦ *S'enfoncer dans ; être enfoncé dans* (une activité, une lecture). ⇒ **absorber. 3.** Briser, faire plier (une porte, une barrière) en poussant, en pesant. ⇒ **défoncer, forcer.** *Le camion a enfoncé le mur.* ⇒ **emboutir.** - loc. *Enfoncer une porte ouverte :* démontrer une chose évidente ou admise depuis longtemps. **4.** Forcer (une troupe) à plier sur toute la ligne. ♦ FAM. Battre, surpasser. *Enfoncés, les champions !* **II.** v. intr. Aller vers le fond, pénétrer jusqu'au fond. *Les roues enfonçaient dans le sable.* ▸ **S'ENFONCER** v. pron. **1.** Aller vers le fond, vers le bas. *Le navire s'enfonçait lentement.* ⇒ **couler, sombrer. 2.** Pénétrer profondément. *Le pieu s'enfonce dans le sol.* **3.** S'installer tout au fond. *S'enfoncer dans son fauteuil.* **4.** fig. Être entraîné de plus en plus bas. *Il s'enfonce dans ses préjugés.* ♦ Se ruiner. *Entreprise qui s'enfonce.* **5.** Pénétrer, s'engager bien avant dans. *Les chasseurs s'enfoncent dans le bois.* ♦ fig. S'abandonner à (qqch. qui absorbe entièrement). ⇒ se **plonger.** *Il s'enfonçait dans sa rêverie.*

ENFOUIR v. tr. [2] ▪ **1.** Mettre en terre, sous terre, après avoir creusé le sol. ⇒ **enterrer.** - au p. p. *Graines enfouies dans le sol.* **2.** *ENFOUIR SOUS, DANS qqch. :* enfoncer, cacher. *Enfouir ses mains dans ses poches.* - pronom. *S'enfouir sous ses draps.* ▸ n. m. ENFOUISSEMENT

ENFOURCHER v. tr. [1] ▪ Se mettre à califourchon sur (un cheval, une bicyclette). - fig. FAM. *Enfourcher son dada,* reprendre son sujet favori.

ENFOURNER v. tr. [1] ▪ **1.** Mettre dans un four (du pain, un aliment, des poteries). **2.** FAM. Avaler rapidement (qqch.). *Enfourner un gros gâteau.* **3.** Introduire dans une ouverture, un lieu réservé. - pronom. *S'enfourner dans le métro.*

ENFREINDRE v. tr. [52] ▪ LITTÉR. Ne pas respecter (un engagement, une loi). ⇒ **transgresser, violer.** *Vous avez enfreint le règlement.*

S'ENFUIR v. pron. [17] ▪ **1.** S'éloigner en fuyant, ou en hâte. ⇒ s'en **aller, déguerpir,** s'**échapper, filer, fuir,** se **sauver.** *Elle s'est enfuie à toutes jambes.* **2.** POÉT. S'écouler rapidement. ⇒ **disparaître.** *L'été s'est enfui. Le temps s'enfuit.* ⇒ **passer.**

ENFUMER v. tr. [1] ▪ Remplir ou environner de fumée. *Enfumer une ruche, des abeilles,* pour les neutraliser (n. m. *enfumage*). – au p. p. *Atmosphère enfumée.*

l'ENGADINE n. f. ▪ Partie suisse de la haute vallée de l'Inn. Tourisme.

l'**Engadine.** Le village de Splügen. *Phot. © Diganovich/Explorer*

ENGAGEANT, ANTE adj. ▪ Attirant, séduisant. *Un sourire engageant. Ce restaurant n'est pas bien engageant.*

ENGAGEMENT n. m. ▪ **1.** Action de se lier par une promesse ou une convention. *Respecter ses engagements. Il a pris l'engagement de venir.* **2.** Contrat par lequel un individu s'engage à servir dans l'armée. *Un engagement de deux ans.* ♦ Contrat par lequel qqn loue son service. *Engagement à l'essai. Un acteur sans engagement.* **3.** Fait d'être engagé (dans qqch.). *L'engagement d'une roue dentée dans un pignon.* **4.** MILIT. Introduction d'une unité dans la bataille ; combat localisé et de courte durée. *Il a été blessé au cours d'un engagement.* **5.** SPORTS Coup d'envoi (d'une partie, d'un match). **6.** Acte ou attitude (d'un intellectuel, d'un artiste) qui s'engage.

ENGAGER v. tr. [3] ▪ **I. 1.** Mettre, donner (qqch.) en gage. *Engager ses bijoux. Objets engagés (au mont-de-piété).* **2.** Lier (qqn) par une promesse ou une convention. *Il ne veut rien dire qui puisse l'engager.* – *Cela n'engage à rien :* on peut le faire en restant libre de ses décisions. – *Vous engagez votre responsabilité.* **3.** Recruter (qqn) par engagement. – Attacher à son service. *L'hôtel a engagé un nouveau cuisinier.* **II. 1.** Faire entrer (dans qqch. qui retient, dans un lieu resserré). ⇒ **introduire, mettre.** *Engagez bien la clé dans la serrure.* **2.** Mettre en train, commencer (une partie, une bataille, une discussion...). *On engagea des négociations. Engager la conversation, la discussion.* ⇒ **entamer. 3.** Faire entrer (dans une entreprise, une situation qui ne laisse pas libre). *Engager des capitaux dans une affaire.* ♦ Mettre (qqn) dans une situation qui crée des responsabilités et implique certains choix. *Ses écrits l'engagent.* **III.** *ENGAGER qqn À,* tenter d'amener à (quelque décision ou action). ⇒ **exhorter, inciter.** *Il nous engage à résister, à la résistance.* ► **S'ENGAGER** v. pron. **1.** Se lier par une promesse, une convention. **2.** Contracter un engagement dans l'armée. ♦ Entrer au service de qqn. **3.** Entrer ou commencer à entrer (dans qqch. qui retient, contraint). – Avancer en pénétrant. *Il s'engagea sur une petite route.* **4.** (choses) Commencer. *La discussion s'est mal engagée.* **5.** Se lancer (dans). *S'engager dans des entreprises hasardeuses.* ⇒ s'**aventurer. 6.** Se mettre au service d'une cause politique, sociale. – au p. p. *Un écrivain engagé* (⇒ **engagement** (6)).

ENGEANCE n. f. ▪ Catégorie de personnes méprisables ou détestables.

Friedrich ENGELS (1820 - 1895) ▪ Théoricien socialiste allemand. Ami de Marx*, il écrivit avec lui *"L'Idéologie allemande"* (1845-1846), le *"Manifeste du parti communiste"* (1848) et acheva *"Le Capital"*. Son apport propre au marxisme* (*"L'Anti-Dühring"*, 1877-1878) concerna surtout le rôle central accordé à la dialectique et contribua à l'élaboration du matérialisme historique.

ENGELURE n. f. ▪ Lésion et enflure douloureuse des mains et des pieds, due au froid. *Attraper des engelures.*

ENGENDRER v. tr. [1] ▪ **1.** LITTÉR. (sujet personne) Donner la vie à (un enfant). **2.** Faire naître, avoir pour effet (qqch.). ⇒ **causer, produire,** anglic. **générer.** *L'oisiveté engendre l'ennui.* FAM. *Il n'engendre pas la mélancolie :* il est gai, il répand la bonne humeur. **3.** GÉOM. Décrire ou produire (une figure géométrique) en se déplaçant. ► n. m. ENGENDREMENT

le duc d'ENGHIEN (1772 - 1804) ▪ Dernier représentant de la maison de Condé. Sur ordre de Bonaparte il fut enlevé en territoire allemand et fusillé à Vincennes.

ENGHIEN-LES-BAINS ▪ Commune du Val-d'Oise, sur le *lac d'Enghien.* 10 077 hab. *(les Enghiennois).* Station thermale. Casino. Hippodrome.

ENGIN n. m. ▪ **1.** VX Ruse. ⇒ **ingéniosité. 2.** MOD. Appareil, instrument, machine. – (armes) *Engins à tir courbe* (mortiers, obusiers). *Engins sol-sol, sol-air...,* projectiles autopropulsés, nommés d'après leur point de départ et leur objectif. – (véhicules) *Engins blindés.* – (instruments) *Engins de pêche, de chasse,* destinés à prendre le poisson ou le gibier. – (machines) *Engins de levage, de manutention.* **3.** FAM. Objet fabriqué. ⇒ **machin.** *C'est un drôle d'engin.* ♦ fig. (d'une personne) *Quel engin !* ♦ FAM. Sexe de l'homme. ⇒ **outil.**

ENGLOBER v. tr. [1] ▪ **1.** *ENGLOBER* (qqch.) *dans :* faire entrer dans (un ensemble déjà existant). *Englober des terrains dans un domaine.* **2.** Réunir en un tout (plusieurs choses ou personnes du même ordre). *La classe des mammifères englobe des animaux terrestres, aériens et aquatiques.*

ENGLOUTIR v. tr. [2] ▪ **1.** Avaler gloutonnement. ⇒ **dévorer, engouffrer. 2.** fig. Dépenser rapidement. ⇒ **dissiper.** *Il a englouti beaucoup d'argent dans son affaire.* – (sujet chose) Absorber, épuiser (une fortune, des biens). *Les réparations ont englouti ses économies.* **3.** (sujet chose) Faire disparaître brusquement en noyant ou en submergeant.

ENGLOUTISSEMENT n. m. ▪ Action d'engloutir ; fait d'être englouti.

ENGLUER v. tr. [1] ▪ **1.** Prendre à la glu (un oiseau). ♦ Prendre, retenir dans une matière gluante. – au p. p. *Chaussures engluées dans la boue.* ♦ fig. *Se laisser engluer* (pronom. *s'engluer*) *dans des complications.* **2.** Enduire de glu, d'une matière gluante. ► n. m. ENGLUEMENT

ENGOBE n. m. ▪ TECHN. Enduit de couleur appliqué sur la pâte céramique, avant cuisson.

ENGONCER v. tr. [3] ▪ (vêtement) Habiller d'une façon disgracieuse, en faisant paraître le cou enfoncé dans les épaules. *Ce manteau l'engonce.* – au p. p. *Être engoncé dans son pardessus.* fig. *Avoir l'air engoncé,* gauche, guindé.

ENGORGEMENT n. m. ▪ **1.** État d'un conduit, d'un passage engorgé. *L'engorgement d'un tuyau.* **2.** fig. *L'engorgement d'une autoroute* (⇒ **embouteillage**).

ENGORGER v. tr. [3] ▪ **1.** Obstruer (un conduit, un passage) par l'accumulation de matières. ⇒ **boucher.** *La boue engorge le canal.* – pronom. *L'égout s'est engorgé.* **2.** Obstruer (une voie de communication). *Les voitures engorgent la rue.*

ENGOUEMENT n. m. ▪ Fait de s'engouer. ⇒ **emballement, toquade.**

Engels.
Phot. © Coll. Viollet

S'ENGOUER v. pron. [1] ▪ *S'engouer de :* se prendre d'une passion ou d'une admiration excessive et passagère pour (qqn ou qqch.). *Le public s'était engoué de ce chanteur.* ⇒ s'**emballer**, s'**enticher**.

ENGOUFFRER v. tr. [1] ▪ **1.** LITTÉR. Faire disparaître, entraîner comme dans un gouffre. **2.** FAM. Manger avidement et en grande quantité. ⇒ **engloutir.** ‑ fig. Engloutir (une fortune). ▸ **S'ENGOUFFRER** v. pron. **1.** LITTÉR. Se perdre (dans un gouffre). **2.** Se précipiter avec violence (dans une ouverture, un passage). *Le vent s'engouffrait dans la ruelle.*

ENGOULEVENT n. m. ▪ Oiseau passereau brun-roux, au bec largement fendu.

engoulevent. *Chordeiles minor,* engoulevent d'Amérique.
Phot. © Robert/Jacana

ENGOURDIR v. tr. [2] ▪ **1.** Priver en grande partie (un membre, le corps) de mobilité et de sensibilité. ⇒ **paralyser.** *Le froid engourdit ses mains.* **2.** Mettre dans un état général de ralentissement des fonctions vitales, de moindre réaction. ‑ pronom. *La nature s'engourdit l'hiver.* ⇒ **s'endormir.** ▸ **ENGOURDI, IE** adj. *Avoir les jambes engourdies.* ‑ *Esprit engourdi.*

ENGOURDISSEMENT n. m. ▪ État de ce qui est engourdi (corps, facultés...). ⇒ **léthargie, torpeur.**

ENGRAIS n. m. ▪ **I.** *À L'ENGRAIS* loc. adv. et adj. : (animaux) dans des conditions telles qu'ils engraissent. *Mettre des bœufs à l'engrais.* **II.** Substance que l'on mêle au sol pour le fertiliser. *Engrais végétaux, organiques, chimiques.*

ENGRAISSEMENT n. m. ▪ Action d'engraisser (les animaux) ; son résultat.

ENGRAISSER v. [1] ▪ **I.** v. tr. **1.** Rendre gras, faire grossir (des animaux). *Engraisser des volailles.* **2.** fig. Rendre prospère. ‑ pronom. S'enrichir. *S'engraisser de la sueur du peuple.* **3.** Enrichir (une terre) par un apport d'engrais. ⇒ **fertiliser, fumer.** **II.** v. intr. Devenir gras, prendre de l'embonpoint. *Il a engraissé depuis l'année dernière.* ⇒ **forcir, grossir.**

ENGRAMME n. m. ▪ SC. Trace mémorielle enregistrée par le cerveau.

ENGRANGEMENT n. m. ▪ Action d'engranger.

ENGRANGER v. tr. [3] ▪ **1.** Mettre (une récolte) en grange. **2.** fig. LITTÉR. Mettre en réserve. *Engranger des souvenirs.* ⇒ **emmagasiner.**

ENGRENAGE n. m. ▪ **1.** Système de roues dentées, de pignons qui s'engrènent. *L'engrenage de direction d'une voiture.* **2.** fig. Enchaînement de circonstances ou d'actes, qui prend un caractère mécanique et irréversible. *Être pris dans l'engrenage de la violence.*

① **ENGRENER** v. tr. [5] ▪ Emplir de grains. ‑ Engraisser avec du grain.

② **ENGRENER** v. pron. [5] ▪ Faire entrer (les dents d'une roue) dans les espaces correspondants d'une autre roue (pour transmettre le mouvement). ⇒ **engrenage.** ‑ pronom. *Les pignons s'engrènent.*

ENGROSSER v. tr. [1] ▪ vulg. Rendre (une femme) grosse, enceinte.

ENGUEULADE n. f. ▪ FAM. **1.** Vive réprimande. ⇒ **savon. 2.** Dispute, querelle.

ENGUEULER v. tr. [1] ▪ FAM. **1.** Invectiver grossièrement et bruyamment pour exprimer son mécontentement. *Engueuler qqn comme du poisson pourri,* violemment. ‑ pronom. *Ils se sont engueulés dans la rue.* **2.** Réprimander. ⇒ **attraper, enguirlander.**

ENGUIRLANDER v. tr. [1] ▪ **I.** Orner de guirlandes. *Enguirlander un sapin de Noël.* ‑ *Le lierre qui enguirlande la façade.* **II.** FAM. Réprimander (qqn). *Se faire enguirlander.* ⇒ **engueuler.**

ENHARDIR [ɑ̃aʀdiʀ] v. tr. [2] ▪ Rendre hardi, plus hardi. ⇒ **encourager.** *Son succès l'enhardissait.* ‑ pronom. Devenir plus hardi, prendre de l'assurance. *Il s'enhardit jusqu'à refuser d'obéir.*

ENHARMONIQUE [ɑ̃n‑] adj. ▪ MUS. Se dit des notes de noms distincts représentées par un son unique intermédiaire dans les instruments à son fixe (ex. *do* dièse et *ré* bémol).

ÉNIÈME [ɛnjɛm] ⇒ NIÈME

ÉNIGMATIQUE adj. ▪ **1.** Qui renferme une énigme, tient de l'énigme. ⇒ **ambigu, équivoque, mystérieux, obscur.** *Une réponse, un sourire énigmatique.* **2.** (personnes) Dont le comportement, le caractère est mystérieux. ⇒ **étrange, inexplicable.**

ÉNIGME n. f. ▪ **1.** Jeu d'esprit où l'on donne à deviner une chose définie ou écrite en termes obscurs. ⇒ **devinette.** *L'énigme proposée à Œdipe par le Sphinx.* ‑ *Parler par énigmes,* d'une manière obscure et allusive. *Le mot de l'énigme,* l'explication de ce qu'on ne comprenait pas. **2.** Chose difficile à comprendre, à expliquer, à connaître. ⇒ **mystère, problème.** *Cette disparition reste une énigme.*

ENIVRANT, ANTE [ɑ̃nivʀɑ̃ ; en‑] adj. ▪ Qui remplit d'une sorte d'ivresse. ⇒ **grisant.** *Un parfum enivrant.* ‑ *Des louanges enivrantes.*

ENIVREMENT [ɑ̃n‑ ; en‑] n. m. ▪ LITTÉR. Exaltation agréable, voluptueuse. ⇒ **griserie, ivresse.**

ENIVRER [ɑ̃n‑ ; en‑] v. tr. [1] ▪ **1.** LITTÉR. Rendre ivre. ⇒ **griser, soûler.** *Ces vins m'ont enivré.* ‑ pronom. Se mettre en état d'ivresse. **2.** fig. Remplir d'une ivresse des sens, d'une excitation ou d'une émotion très vive. ⇒ **exalter, transporter, troubler.** *Sa beauté l'enivrait.* ♦ Exalter. ‑ passif *Être enivré d'orgueil.*

ENJAMBÉE n. f. ▪ Grand pas. *Il les a rejoints en quelques enjambées. À grandes enjambées.*

ENJAMBEMENT n. m. ▪ Procédé rythmique consistant à reporter sur le vers suivant un ou plusieurs mots nécessaires au sens du vers précédent. ⇒ **rejet.**

ENJAMBER v. tr. [1] ▪ **1.** Franchir (un obstacle) en étendant la jambe. *Enjamber un fossé.* **2.** (choses) *Pont qui enjambe une rivière.*

ENJEU n. m. ▪ **1.** Argent que l'on met en jeu au début d'une partie et qui doit revenir au gagnant. ⇒ **mise.** *Les enjeux sont sur la table* (→ les jeux sont faits). **2.** Ce que l'on peut gagner ou perdre, dans une compétition, une entreprise. *Voilà l'enjeu du conflit.*

ENJOINDRE v. tr. [49] ▪ LITTÉR. *Enjoindre à qqn de* (+ inf.), ordonner expressément. ⇒ **prescrire ; injonction.** *Je vous enjoins solennellement d'obéir.*

ENJÔLER v. tr. [1] ▪ **1.** LITTÉR. Abuser par de belles paroles, des cajoleries, des flatteries. ⇒ **séduire.** *Vous vous êtes laissé enjôler par ses discours.* **2.** Séduire.

ENJÔLEUR, EUSE ▪ **1.** n. Personne habile à enjôler les autres. **2.** adj. Charmeur, séduisant. *Un sourire enjôleur.*

ENJOLIVEMENT n. m ▪ Ornement ou ajout destiné à enjoliver. ⇒ **enjolivure.** *Il raconte le match avec des enjolivements.*

ENJOLIVER v. tr. [1] ▪ **1.** Orner de façon à rendre plus joli, plus agréable. *Un grand bouquet de fleurs enjolivait la table.* ⇒ **embellir. 2.** Agrémenter, embellir de détails ajoutés plus ou moins exacts. *Il a enjolivé son récit.* ⇒ **broder.**

ENJOLIVEUR n. m. ▪ Garniture métallique pour enjoliver des roues de voiture.

ENJOLIVURE n. f. ▪ Ornement qui enjolive.

ENJOUÉ, ÉE adj. ▪ Qui a ou marque de l'enjouement. ⇒ **aimable, gai.** *Une voix enjouée.*

ENJOUEMENT n. m. ▪ LITTÉR. Disposition à la bonne humeur, à une gaieté aimable et souriante. ⇒ **entrain.**

ENKI → **Enlil**

S'ENKYSTER v. pron. [1] ▪ MÉD. S'envelopper d'un kyste. ‑ au p. p. *Tumeur enkystée.*

ENLACEMENT n. m. ▪ LITTÉR. Fait d'enlacer, d'être enlacé. ‑ Étreinte de personnes qui s'enlacent.

ENLACER v. tr. [3] ▪ **1.** Entourer plusieurs fois en serrant. *Un lierre enlace ce chêne.* **2.** Serrer (qqn) dans ses bras, ou en passant un bras autour de la taille. ⇒ **embrasser** (I, 1), **étreindre.** *Danseur qui enlace sa cavalière.* ‑ pronom. *Les amoureux s'enlaçaient.* ‑ au p. p. *Des corps enlacés.*

ENLAIDIR v. [2] ▪ **1.** v. tr. Rendre ou faire paraître laid. *Cette coiffure l'enlaidit. On a enlaidi le quartier par un énorme supermarché ; un supermarché enlaidit le quartier.* ⇒ **défigurer, déparer. 2.** v. intr. Devenir laid. *Il a enlaidi avec l'âge.*

ENLAIDISSEMENT n. m. ▪ Action d'enlaidir. – Ce qui enlaidit.

ENLEVÉ, ÉE adj. ▪ Exécuté, développé avec brio. *Une scène magistralement enlevée.*

ENLÈVEMENT n. m. ▪ **1.** Action d'enlever (une personne). ⇒ **kidnappage, rapt. 2.** Action d'enlever (une position militaire). **3.** Action d'enlever (des objets). *L'enlèvement des ordures ménagères.*

ENLEVER v. tr. [5] ▪ **I. 1.** LITTÉR. Porter vers le haut. ⇒ **lever, soulever. 2.** *Enlever un cheval,* le faire bondir ou partir à toute allure. **3.** fig. Exécuter brillamment avec aisance et rapidité (⇒ **enlevé**). *Enlever un morceau de musique.* **II. 1.** Faire qu'une chose ne soit plus là où elle était (en déplaçant, en séparant, en supprimant). ⇒ **ôter.** *Enlever un meuble d'une pièce. Il a enlevé ses gants.* ⇒ **retirer.** *On lui a enlevé les amygdales. Ce produit enlève les taches,* les fait disparaître. *Enlevez cette phrase de votre texte.* ⇒ **supprimer.** – pronom. (passif) *La housse s'enlève facilement.* **2.** Priver (qqn) de (qqch. d'ordre moral). *Vous m'enlevez tout espoir.* **III. 1.** Prendre avec soi. ⇒ **emporter.** *Les déménageurs viennent enlever les meubles.* – Emporter (une marchandise vendue). *Les soldes furent enlevés en quelques heures.* **2.** Prendre d'assaut. ⇒ **s'emparer** de. *L'armée a enlevé la place forte.* – Obtenir facilement (ce qui fait l'objet d'une compétition). *Enlever un marché, un contrat.* **3.** Soustraire (une personne) à l'autorité de ceux qui en ont la garde. ⇒ **kidnapper.** – FAM. *Je vous enlève pour la soirée,* je vous emmène avec moi. – Emmener dans une fugue amoureuse. **4.** LITTÉR. (le sujet désigne la mort, une maladie, etc.) *La mort l'a enlevé,* emporté de ce monde. – au p. p. *Une personne enlevée par une pneumonie.*

ENLIL ▪ Un des trois principaux dieux sumériens, avec An et Enki.

ENLISER v. tr. [1] ▪ **1.** Enfoncer (qqn, qqch.) dans du sable mouvant, en terrain marécageux. **2.** fig. Enfoncer. ► **S'ENLISER** v. pron. **1.** S'enfoncer dans le sable, la vase et s'immobiliser. ⇒ s'**embourber.** *La voiture s'est enlisée.* **2.** fig. S'enfoncer, sombrer. *S'enliser dans la médiocrité.* ► n. m. ENLISEMENT

ENLUMINER v. tr. [1] ▪ **1.** Orner d'enluminures. *Enluminer un manuscrit.* **2.** Colorer vivement. ⇒ **enflammer.** – au p. p. *Des joues enluminées par la fièvre.*

ENLUMINEUR, EUSE n. ▪ Artiste spécialisé dans l'enluminure. ⇒ **miniaturiste.**

ENLUMINURE n. f. ▪ **1.** Art des enlumineurs. **2.** Lettre peinte ou miniature ornant d'anciens manuscrits, des livres religieux.

ENNEIGÉ, ÉE [ɑ̃n-] adj. ▪ Couvert de neige. *Un col enneigé fermé en hiver.*

ENNEIGEMENT [ɑ̃n-] n. m. ▪ État d'une surface enneigée ; hauteur de la neige sur un terrain. *Un enneigement de un mètre. Bulletin d'enneigement* (dans les stations de sports d'hiver).

ENNEMI, IE n. ▪ **I. 1.** Personne qui est hostile et cherche à nuire (à qqn). *C'est son ennemi mortel. Se faire des ennemis.* – *Les ennemis du régime,* l'opposition. ⇒ **adversaire.** – *ENNEMI PUBLIC :* personne qui présente un danger pour la commu-

Lettre *S* ornée d'une chimère, *Biblia latina,* XIIe s. Bibliothèque municipale, Troyes. *Phot. © Dagli Orti*

« Le Mariage des trois filles de Sero, roi du Yémen », enluminure du Chãhnãme de Firdoussi, XVIIe s. Musée Condé, Chantilly. *Phot. © Dagli Orti*

« Histoire de Séleucos et d'Antiochos », enluminure du *De casibus virorum illustrium* de Boccace, XVe s. Musée Condé, Chantilly. *Phot. © Dagli Orti*

enluminure.

nauté. ♦ adj. *Des familles ennemies.* **2.** Personne qui a de l'aversion, de l'éloignement (pour qqch.). *Les ennemis du progrès.* ‑ adj. *Il est ennemi de l'alcool.* **3.** (choses) Ce qu'un homme ou un groupe juge contraire à son bien. *Le bruit est notre ennemi.* ‑ Chose qui s'oppose à une autre et lui nuit. prov. *Le mieux est l'ennemi du bien.* **II.** au plur. ou sing. collectif Ceux contre lesquels on est en guerre, leur nation ou leur armée. *Tomber entre les mains de l'ennemi,* être fait prisonnier. *Passer à l'ennemi :* trahir. ‑ adj. *L'armée ennemie.*

Quintus ENNIUS (239 ‑ 169 av. J.-C.) ▪ Poète latin. Il introduisit la littérature grecque à Rome et fut un des pères de la littérature latine. Les *"Annales"*, poème épique.

ENNOBLIR [ɑ̃n-] v. tr. [2] ▪ Donner de la noblesse, de la grandeur morale à (qqn, qqch.). ≠ *anoblir.* ► n. m. ENNOBLISSEMENT [ɑ̃n-]

ENNUI [ɑ̃nɥi] n. m. ▪ **1.** VX Tristesse profonde. **2.** *(Un, des ennuis)* Peine qu'on éprouve d'une contrariété ; cette contrariété. ⇒ **désagrément, souci, tracas ;** FAM. **embêtement.** *Avoir des ennuis d'argent, de voiture.* ⇒ **problème.** *Faire des ennuis à qqn.* ‑ *L'ennui, c'est que...,* ce qu'il y a d'ennuyeux. ♦ Mauvais fonctionnement (d'un objet nécessaire). *Des ennuis mécaniques.* **3.** au sing. Impression de vide, de lassitude causée par le désœuvrement, par une occupation monotone ou sans intérêt. *Quelle soirée ! On a failli mourir d'ennui ! Bâiller d'ennui.* **4.** LITTÉR. Mélancolie vague, lassitude morale qui fait qu'on ne prend d'intérêt, de plaisir à rien. ⇒ **cafard, neurasthénie, spleen.**

ENNUYER [ɑ̃n-] v. tr. [8] ▪ **1.** (sujet chose) Causer du souci, de la contrariété à (qqn). ⇒ **contrarier, préoccuper.** *Cela m'ennuierait d'arriver en retard.* **2.** (sujet personne) Importuner (qqn). ⇒ **agacer, assommer, embêter ;** FAM. **emmerder.** *Il nous ennuie avec ses histoires !* **3.** Remplir d'ennui, lasser l'intérêt de (qqn). ⇒ FAM. **barber, raser.** ► **S'ENNUYER** v. pron. **1.** Éprouver de l'ennui. ⇒ s'**embêter.** *Je ne m'ennuie jamais avec vous.* **2.** *S'ennuyer de qqn,* ressentir désagréablement son absence. ► **ENNUYÉ, ÉE** p. p. Préoccupé, contrarié. *Il a l'air ennuyé.*

ENNUYEUX, EUSE [ɑ̃n-] adj. ▪ **1.** Qui cause de la contrariété, du souci ; de la gêne. ⇒ **contrariant, désagréable, embêtant.** *Je n'ai pas de réponse, c'est très ennuyeux !* **2.** Qui ennuie (3). ⇒ **assommant, embêtant, fastidieux, monotone ;** FAM. **barbant, emmerdant, rasant.** *Un film ennuyeux. Un conférencier ennuyeux.* ‑ loc. *Ennuyeux comme la pluie.* ► adv. ENNUYEUSEMENT

ÉNONCÉ n. m. ▪ **1.** Formule, ensemble de formules exprimant (qqch.) de façon précise. *L'énoncé d'un problème.* ⇒ **texte. 2.** LING. Résultat de l'énonciation ; segment de discours (oral ou écrit). ⇒ **discours, parole, texte.**

ÉNONCER v. tr. [3] ▪ Exprimer (ce qu'on veut dire) en termes nets, sous une forme précise. ⇒ **exposer, formuler.** *Énoncer des faits, des conditions, les données d'un problème.*

ÉNONCIATION n. f. ▪ **1.** Action, manière d'énoncer (⇒ **énoncé**). *L'énonciation des faits.* **2.** LING. Acte de production (individuelle) d'un énoncé.

ENORGUEILLIR [ɑ̃nɔʀgœjiʀ] v. tr. [2] ▪ LITTÉR. Rendre orgueilleux, flatter (qqn) dans sa vanité. ► **S'ENORGUEILLIR** v. pron. Devenir orgueilleux, tirer vanité (de qqch.). ⇒ se **glorifier.** *Il s'enorgueillit d'un résultat qui n'est dû qu'au hasard.*

ÉNORME adj. ▪ **1.** Qui dépasse ce que l'on a l'habitude d'observer et de juger. ⇒ **anormal, démesuré, monstrueux.** *Une énorme injustice. Un succès énorme.* **2.** Dont les dimensions sont considérables. ⇒ **colossal, gigantesque, immense.** *Les murs énormes de la forteresse. Une différence énorme. Ce n'est pas énorme,* c'est peu. *Un homme énorme,* très gros. ⇒ **obèse.**

ÉNORMÉMENT adv. ▪ D'une manière énorme (sert de superlatif à *beaucoup*). *Il lit énormément.* ‑ *Il a énormément à faire,* beaucoup de choses.

ÉNORMITÉ n. f. ▪ **1.** Importance anormale ou très considérable. *L'énormité de ses prétentions. On est surpris de l'énormité du travail.* **2.** *(Une, des énormités)* Très grosse faute ou maladresse. *Commettre une énormité,* un impair, une gaffe énorme. *Dire des énormités,* d'énormes sottises.

S'ENQUÉRIR v. pron. [21] ▪ LITTÉR. Chercher à savoir (en examinant, en interrogeant). ⇒ s'**informer.** *Il s'est enquis de votre santé. S'enquérir du prix du voyage.* ⇒ **demander,** se **renseigner.**

ENQUÊTE n. f. ▪ **1.** Recherche de la vérité par l'audition de témoins et l'accumulation d'informations. *Faire, ouvrir une enquête.* ‑ Phase de l'instruction criminelle comportant les interrogatoires. *L'inspecteur X mène l'enquête.* **2.** Recherche méthodique reposant sur des questions et des témoignages. ⇒ **examen, investigation.** ‑ Étude d'une question (sociale, économique, politique) par le rassemblement des avis, des témoignages des intéressés. ⇒ **sondage.** *Revue qui fait une enquête auprès de ses lecteurs.*

ENQUÊTER v. intr. [1] ▪ Faire, conduire une enquête. *La police enquête sur ce crime.*

ENQUÊTEUR, EUSE (ou **ENQUÊTRICE**) adj. et n. ▪ (Personne) qui mène une enquête.

ENQUIQUINANT, ANTE adj. ▪ FAM. Qui enquiquine. ⇒ **ennuyeux ;** FAM. **emmerdant.**

ENQUIQUINER v. tr. [1] ▪ FAM. Agacer, ennuyer. ⇒ **emmerder.** *Il commence à nous enquiquiner !*

ENQUIQUINEUR, EUSE n. ▪ FAM. Personne qui enquiquine. ⇒ **casse-pieds, emmerdeur.**

ENRACINÉ, ÉE adj. ▪ **1.** Fixé par des racines. *Arbuste enraciné dans la muraille.* **2.** fig. *Des préjugés bien enracinés. Un homme enraciné dans ses habitudes.*

ENRACINEMENT n. m. ▪ Fait d'enraciner ou de s'enraciner.

ENRACINER v. tr. [1] ▪ **1.** Faire prendre racine à (un arbre, une plante). ‑ pronom. Prendre racine. *Plantes qui s'enracinent dans les rochers.* **2.** fig. Fixer profondément, solidement (dans l'esprit, le cœur). ⇒ **ancrer, implanter.** *Enraciner une croyance, des préjugés.* ♦ Établir de façon durable (dans un pays). ‑ pronom. *Sa famille s'est enracinée en Auvergne.*

ENRAGÉ, ÉE adj. ▪ **1.** Atteint de la rage. *Chien, renard enragé.* ‑ loc. *Manger de la vache* enragée.* **2.** Furieux, fou de colère. ♦ Passionné au plus haut point. *Un joueur enragé.* ‑ n. *C'est une enragée de rock.* ⇒ **fanatique.** ■ Un groupe de révolutionnaires extrémistes (J. Roux, Varlet), baptisé « les Enragés », réclamait l'égalité politique, économique et sociale. Ils furent arrêtés en 1793 sur ordre du Comité de salut public ; leurs idées furent reprises par Hébert, puis Babeuf.

ENRAGEANT, ANTE adj. ▪ Qui fait enrager. ⇒ **rageant.**

ENRAGER v. intr. [3] ▪ Éprouver un violent dépit. ⇒ **rager.** *Elle enrage de ne pas pouvoir s'exprimer.* ‑ *Faire enrager qqn,* l'exaspérer en le taquinant. ⇒ **bisquer.**

ENRAYER v. tr. [8] ▪ **1.** Empêcher accidentellement de fonctionner (une arme à feu, un mécanisme). ⇒ **bloquer.** ‑ pronom. *Sa carabine s'est enrayée.* ⇒ se **coincer,** se **gripper. 2.** Arrêter dans son cours (une progression dangereuse, un mal). ⇒ **juguler.** *Les mesures prises pour enrayer l'épidémie.* ► n. m. ENRAIEMENT ou ENRAYEMENT

ENRÉGIMENTER v. tr. [1] ▪ Soumettre à une discipline, à une obéissance militaire. ⇒ **embrigader.**

ENREGISTREMENT n. m. ▪ **1.** DR. Transcription sur un registre public, moyennant le paiement d'un droit fiscal, d'actes ou de déclarations. *Droits d'enregistrement.* ‑ en France *L'Enregistrement :* l'administration chargée de ce service. ♦ Opération par laquelle on enregistre les bagages. **2.** Action de noter par écrit comme réel ou authentique. **3.** Action ou manière d'enregistrer (des informations, signaux et phénomènes divers). *Les enregistrements d'un cardiographe :* cardiogrammes (⇒ **-gramme**). *L'enregistrement des images, du son* (permettant de les conserver et de les reproduire). *Enregistrement au magnétophone, au magnétoscope.* ♦ Support sur lequel a été effectué un enregistrement (disque, bande magnétique).

ENREGISTRER v. tr. [1] ▪ **1.** DR. et COUR. Inscrire sur un registre public ou privé. *Enregistrer un record. Faire enregistrer un contrat.* ♦ Inscrire (les bagages à transporter qui ne restent pas avec le voyageur). **2.** Consigner par écrit, noter. *Enregistrer une déclaration.* ‑ Constater avec l'intention de se rappeler. *J'enregistre ta promesse.* **3.** Transcrire et fixer sur un support matériel (un phénomène, une information). *Enregistrer les battements du cœur. Enregistrer une émission de télévision.* ‑ au p. p. *Un programme enregistré* (opposé à *en direct*). **4.** Produire (de la musique, un discours) pour les faire enregistrer.

ENREGISTREUR, EUSE adj. ▪ Se dit d'un appareil destiné à enregistrer (3) un phénomène. ⇒ **-graphe.** *Thermomètre enregistreur. Caisse enregistreuse.* ‑ n. m. *Un enregistreur de pression.*

ENRHUMER v. tr. [1] ▪ Causer le rhume de (qqn). ‑ au p. p. *Il est très enrhumé.* ‑ pronom. Attraper un rhume.

ENRICHI, IE adj. ▪ **1.** Qui est devenu riche. *Un commerçant enrichi.* – n. *Des enrichis* (→ nouveau riche). **2.** (substance) Dont la proportion de l'un des composants a été augmentée. *Uranium enrichi,* dont on a augmenté la teneur en un isotope fissile.

ENRICHIR v. tr. [2] ▪ **1.** Rendre riche ou plus riche. – pronom. Devenir riche. *Il s'est enrichi dans les affaires.* – prov. *Qui paie ses dettes s'enrichit.* **2.** par ext. Rendre plus riche ou plus précieux en ajoutant un ornement ou un élément de valeur. *Enrichir une collection.* – fig. *Lectures qui enrichissent l'esprit.* **3.** Traiter (une substance) en augmentant l'un de ses constituants ou sa teneur. *Enrichir une terre par des engrais.*

ENRICHISSANT, ANTE adj ▪ Qui enrichit (2, fig.) l'esprit. *Une expérience, une lecture enrichissante.*

ENRICHISSEMENT n. m. ▪ **1.** Fait d'augmenter ses biens, de faire fortune. *L'enrichissement de la bourgeoisie au XIXe siècle.* **2.** Action, manière d'enrichir (une collection, un ouvrage, l'esprit, etc.).

Federigo ENRIQUES (1871-1946) ▪ Mathématicien et philosophe italien. Théorie des surfaces algébriques.

ENROBER v. tr. [1] ▪ **1.** Entourer (une marchandise, un produit) d'une enveloppe ou d'une couche protectrice. *Enrober des pilules.* – au p. p. *Biscuit enrobé de chocolat.* **2.** fig. Envelopper de manière à masquer ou adoucir. *Il a enrobé son refus de quelques compliments.* ▸ n. m. ENROBAGE ou ENROBEMENT

ENRÔLEMENT n. m. ▪ Action d'enrôler, de s'enrôler.

ENRÔLER v. tr. [1] ▪ **1.** Inscrire sur les rôles (I) de l'armée. ⇒ **recruter.** – pronom. ⇒ s'**engager. 2.** fig. Amener (qqn) à entrer dans un groupe, un parti.

ENROUÉ, ÉE adj. ▪ Devenu rauque. *Voix enrouée.* – Atteint d'enrouement. *Il est très enroué, on ne l'entend plus.*

ENROUEMENT n. m. ▪ Altération de la voix due à une inflammation ou à une atteinte du larynx.

ENROUER v. tr. [1] ▪ Rendre (la voix) moins nette, voilée, rauque. – pronom. *S'enrouer,* devenir enroué. *Il s'est enroué à force de crier.*

ENROULEMENT n. m. ▪ **1.** Ornement en spirale ; objet présentant des spires. **2.** Disposition de ce qui est enroulé sur soi-même ou autour de qqch.

ENROULER v. tr. [1] ▪ **1.** Rouler (une chose) sur elle-même. *Enrouler du papier d'emballage.* – pronom. *S'enrouler autour d'un axe.* **2.** Rouler (une chose) sur, autour de qqch. *Enrouler du fil sur une bobine.* – pronom. S'envelopper dans (qqch. qui entoure). *S'enrouler dans une couverture.*

ENROULEUR, EUSE adj. ▪ Qui sert à enrouler. – n. m. *Ceinture de sécurité à enrouleur.*

ENRUBANNER v. tr. [1] ▪ Garnir, orner de rubans. *Enrubanner un paquet-cadeau.*

ENSABLEMENT n. m. ▪ Dépôt de sable formé par l'eau ou par le vent ; état d'un lieu ensablé. *L'ensablement d'un port.*

ENSABLER v. tr. [1] ▪ **1.** Enfoncer dans le sable. *Ensabler une barque.* **2.** Remplir (un lieu naturel) de sable. ▸ **S'ENSABLER** v. pron. **1.** S'enliser. *La barque s'est ensablée.* **2.** Se remplir de sable. *L'estuaire s'ensable lentement.* – au p. p. *Un port ensablé.*

ENSACHAGE n. m. ▪ Action d'ensacher.

ENSACHER v. tr. [1] ▪ Mettre en sac, en sachet. *Ensacher du grain.*

ENSANGLANTER v. tr. [1] ▪ **1.** Tacher de sang. – au p. p. *Un linge ensanglanté.* **2.** (meurtre, guerre, etc.) Couvrir, souiller de sang. *Des troubles ont ensanglanté le pays.*

ENSCHEDE ▪ Ville des Pays-Bas (Overijssel). 147 199 hab. Centre textile.

ENSEIGNANT, ANTE adj. ▪ Qui enseigne, est chargé de l'enseignement. *Le corps enseignant,* l'ensemble des professeurs et instituteurs. – n. *Les enseignants* : les membres du corps enseignant.

ENSEIGNE ▪ **I.** n. f. **1.** VX Marque, indice. – *À TELLE ENSEIGNE QUE* loc. adv. : d'une manière telle, si vraie que (⇒ **tellement**). **2.** Symbole de commandement qui servait de signe de ralliement pour les troupes. **3.** Panneau portant un emblème, une inscription, un objet symbolique qui signale un établissement. *L'enseigne lumineuse d'une pharmacie.* – loc. *Être logé À LA MÊME ENSEIGNE que qqn,* être dans la même situation désagréable. **II.** n. m. *Enseigne de vaisseau* : officier de la marine de guerre (grade correspondant à sous-lieutenant et lieutenant).

ENSEIGNEMENT n. m. ▪ **1.** Action, art d'enseigner. ⇒ **éducation, instruction, pédagogie.** *L'enseignement du français. Enseignement assisté par ordinateur.* ⇒ E.A.O. – *Enseignement public ; privé, libre. Enseignement laïque ; religieux, confessionnel. Enseignement primaire, secondaire, supérieur. Enseignement technique.* ♦ Profession, carrière des enseignants. *Entrer dans l'enseignement.* **2.** surtout plur. LITTÉR. Précepte, leçon. *Les enseignements de l'expérience.*

ENSEIGNER v. tr. [1] ▪ **1.** Transmettre à un élève de façon qu'il comprenne et assimile (des connaissances, des techniques). ⇒ **apprendre.** *Enseigner les mathématiques, le dessin (à des enfants).* **2.** Apprendre à qqn, par une leçon ou par l'exemple. *Enseigner à qqn à faire qqch. ; lui enseigner la patience.* – (sujet chose) *L'expérience nous enseigne la prudence.*

ENSELLÉ, ÉE adj. ▪ Concave au niveau des reins (corps).

ENSELLURE n. f. ▪ Courbure de la région lombaire (cheval) ; cambrure au niveau des reins (corps humain).

ENSEMBLE ▪ **I.** adv. **1.** L'un avec l'autre, les uns avec les autres. ⇒ **collectivement.** *Vivre ensemble. Faire qqch. ensemble.* ⇒ en **commun.** *Couleurs qui vont bien ensemble* (⇒ s'**assortir,** s'**harmoniser**). **2.** L'un avec l'autre et en même temps. ⇒ **simultanément.** *Ne parlez pas tous ensemble.* **II.** n. m. **1.** Unité (par le synchronisme des mouvements, l'harmonie des éléments...). iron. *Ils mentent avec un ensemble touchant.* **2.** Totalité d'éléments réunis. *Étudier les détails sans perdre de vue l'ensemble.* ⇒ **globalité.** *L'ensemble des habitants. J'ai lu l'ensemble de son œuvre.* ⇒ **intégralité.** – loc. *Une vue d'ensemble,* globale. – *DANS L'ENSEMBLE* loc. adv. : en considérant l'effet général. ⇒ en **gros.** *Le voyage, dans l'ensemble, a été intéressant.* **3.** Groupe de plusieurs personnes ou choses réunies en un tout. *Un ensemble vocal, instrumental,* groupe de chanteurs, de musiciens. *Réunir un ensemble de conditions.* ♦ Groupe d'habitations ou de monuments. loc. *GRAND ENSEMBLE* : groupe important d'habitations collectives présentant une unité architecturale. ♦ Pièces d'habillement assorties, faites pour être portées ensemble. *Un ensemble de plage.* ♦ MATH. Collection d'éléments ayant en commun certaines propriétés qui les caractérisent, et susceptibles d'avoir entre eux, ou avec certains éléments d'autres ensembles, des relations (ex. inclusion, disjonction, etc.). ⇒ **sous-ensemble.** *La théorie des ensembles.*

ENSEMBLIER n. m. ▪ Professionnel qui crée des ensembles décoratifs.

ENSEMENCEMENT n. m. ▪ Action d'ensemencer. *L'ensemencement d'un champ.*

ENSEMENCER v. tr. [3] ▪ **1.** Pourvoir de semences (une terre). ⇒ **semer. 2.** *Ensemencer une rivière,* la peupler de petits poissons. ⇒ **aleviner.** ♦ BIOL. Introduire des germes, des bactéries dans (un bouillon de culture, un milieu).

ENSERRER v. tr. [1] ▪ LITTÉR. (choses) Entourer en serrant étroitement, de près. *Les remparts qui enserrent la ville.* ⇒ **entourer ; enceinte.**

ENSEVELIR v. tr. [2] ▪ **1.** LITTÉR. Mettre (un mort) au tombeau. ⇒ **enterrer.** ♦ Envelopper dans un linceul. **2.** (sujet chose) Faire disparaître sous un amoncellement. *L'avalanche a enseveli plusieurs villages.* **3.** fig. LITTÉR. Enfouir en cachant. – au p. p. *Enseveli dans son chagrin.*

ENSEVELISSEMENT n. m. ▪ LITTÉR. Action d'ensevelir ; fait d'être enseveli.

ENSILAGE n. m. ▪ Méthode de conservation des produits agricoles en silo. ◇ syn. ENSILOTAGE.

ENSILER v. tr. [1] ▪ Mettre en silo (des produits agricoles) pour conserver. ◇ syn. ENSILOTER.

EN-SOI n. m. ▪ PHILOS. Mode d'être de ce qui est sans conscience (et ne peut se modifier volontairement) (opposé à *pour-soi*).

ENSOLEILLEMENT n. m. ▪ **1.** État d'un lieu ensoleillé. **2.** Temps pendant lequel un lieu est ensoleillé. *Ensoleillement annuel d'une ville.*

ENSOLEILLER v. tr. [1] ▪ **1.** Remplir de la lumière du soleil. – au p. p. *Une façade ensoleillée,* exposée au soleil. **2.** fig. LITTÉR. Illuminer, éclairer. *L'amour qui a ensoleillé sa vie.*

ENSOMMEILLÉ, ÉE adj. ▪ Mal réveillé, encore sous l'influence du sommeil. ⇒ **somnolent.**

Ensor. *L'Entrée du Christ à Bruxelles.* Coll. part. *Phot. © Arch. Smeets*

ENSOMMEILLER v. tr. [1] ▪ Donner sommeil à (qqn). – pronom. *S'ensommeiller.* ► n. m. ENSOMMEILLEMENT

James **ENSOR** (1860 - 1949) ▪ Peintre belge. Scènes de carnaval mi-burlesques, mi-morbides, dans un style expressionniste. *"L'Entrée du Christ à Bruxelles"* (1888).

ENSORCELANT, ANTE adj. ▪ Qui ensorcelle, séduit irrésistiblement. ⇒ **fascinant, séduisant.** *Un sourire ensorcelant.*

ENSORCELER v. tr. [4] ▪ **1.** Soumettre (qqn) à l'action d'un sortilège, jeter un sort sur (qqn). ⇒ **envoûter. 2.** Captiver entièrement, comme par un sortilège irrésistible. ⇒ **charmer, fasciner, séduire.**

ENSORCELEUR, EUSE adj. et n. ▪ LITTÉR. (Personne) qui ensorcelle.

ENSORCELLEMENT n. m. ▪ **1.** Action d'ensorceler (1). ♦ Pratique de sorcellerie ; état d'un être ensorcelé. ⇒ **enchantement, envoûtement, sortilège. 2.** fig. Séduction irrésistible. ⇒ **fascination.** *L'ensorcellement de la musique.*

ENSUITE adv. ▪ **1.** Après cela, plus tard. ⇒ **puis.** *Terminons d'abord, nous sortirons ensuite.* **2.** Derrière en suivant. *Arrivait ensuite le peloton.* ♦ fig. En second lieu. *D'abord, je ne veux pas ; ensuite, je ne peux pas.*

S'ENSUIVRE v. pron. [40] inf. et 3ᵉ pers. seulement ▪ **1.** loc. *Et tout ce qui s'ensuit,* et tout ce qui vient après, accompagne la chose. **2.** Survenir en tant qu'effet naturel ou conséquence logique. *Certains résultats s'ensuivent nécessairement.* – aux temps composés *Ce qui s'en est ensuivi* (VX), *ce qui s'en est suivi.* – impers. *Il s'ensuit que :* il en résulte que.

ENTABLEMENT n. m. ▪ **1.** ARCHIT. Saillie au sommet des murs, qui supporte la charpente de la toiture. **2.** Partie qui surmonte une colonnade et comprend l'architrave, la frise et la corniche.

ENTACHER v. tr. [1] ▪ **1.** LITTÉR. Marquer d'une tache morale. ⇒ **souiller, ternir.** *Cette condamnation entache son honneur.* **2.** *(ÊTRE) ENTACHÉ, ÉE DE :* gâté par (un défaut). *Un acte entaché de nullité.*

ENTAILLE n. f. ▪ **1.** Coupure qui enlève une partie, laisse une marque allongée ; cette marque. ⇒ **encoche, fente.** *L'entaille d'une greffe* (sur un arbre). **2.** Incision profonde faite dans les chairs. ⇒ **balafre, coupure, estafilade.**

ENTAILLER v. tr. [1] ▪ Couper en faisant une entaille. *Entailler une pièce de bois.* – *S'entailler le doigt.*

ENTAME n. f. ▪ Premier morceau coupé (d'une chose à manger). ⇒ **bout.** *L'entame d'un jambon.*

ENTAMER v. tr. [1] ▪ **I. 1.** Enlever en coupant une partie à (qqch. dont on n'a encore rien pris). **2.** Diminuer (un tout encore intact) en utilisant une partie. *Entamer son capital.* – au p. p. *La journée est déjà bien entamée.* **3.** (sujet chose) Couper, pénétrer (la matière). *La rouille entame le fer.* – fig. *Rien ne peut entamer sa détermination.* **4.** Commencer à convaincre, à ébranler (qqn). **II.** Commencer à faire (qqch.). ⇒ **entreprendre.** *Entamer des négociations.* ⇒ **engager.**

ENTARTRAGE n. m. ▪ État de ce qui est entartré.

ENTARTRER v. tr. [1] ▪ Recouvrir de tartre incrusté. *L'eau calcaire entartre les tuyaux.* – au p. p. *Une canalisation entartrée.*

ENTASSEMENT n. m. ▪ **1.** Action d'entasser ou de s'entasser. **2.** Choses entassées. ⇒ **amoncellement, tas.** *Un entassement de livres.* fig. *Un entassement d'arguments, de preuves.*

ENTASSER v. tr. [1] ▪ **1.** Mettre (des choses) en tas, généralement sans ordre. ⇒ **amonceler.** – pronom. *Son courrier s'entasse dans un tiroir.* **2.** Réunir (des personnes) dans un espace trop étroit. ⇒ **serrer, tasser.** – pronom. *Les spectateurs s'entassaient dans la salle.* **3.** Accumuler, amasser. *Entasser argument sur argument.*

ENTÉLÉCHIE n. f. ▪ PHILOS. Principe métaphysique qui détermine un être à une existence définie.

ENTENDEMENT n. m. ▪ **1.** PHILOS. Faculté de comprendre. **2.** Ensemble des facultés intellectuelles. ⇒ **intelligence, raison.** loc. *Cela dépasse l'entendement :* c'est incompréhensible.

ENTENDEUR n. m. ▪ loc. *À BON ENTENDEUR, SALUT :* que celui qui comprend bien en fasse son profit (souligne une menace). *Je vous ai prévenu ! À bon entendeur, salut !*

ENTENDRE v. tr. [41] ▪ **I.** (idée d'intention) LITTÉR. *ENTENDRE QUE* (+ subj.), ENTENDRE (+ inf.) : avoir l'intention, le dessein de. ⇒ **vouloir.** *J'entends qu'on m'obéisse ; j'entends être obéi.* – *Faites comme vous l'entendez.* **II. 1.** LITTÉR. Percevoir, saisir par l'intelligence. ⇒ **comprendre.** *J'entends bien,* je comprends bien ce que vous voulez dire. – loc. *Laisser entendre,* laisser deviner. ⇒ **insinuer, sous-entendre. 2.** (personnes) Vouloir dire. *Qu'entendez-vous par là ?,* quel sens donnez-vous à ce que vous dites ? **III. 1.** Percevoir par le sens de l'ouïe. ⇒ **ouïr.** *J'ai entendu un cri.* – loc. *Il ne l'entend pas de cette oreille,* il n'est pas d'accord. ♦ *ENTENDRE PARLER de qqch., qqn,* apprendre qqch. à ce sujet. *J'en ai entendu parler. Ne pas vouloir entendre parler d'une chose,* la rejeter sans examen. – *J'ai entendu dire que,* j'ai appris que. ♦ *Faire entendre :* émettre (un son, une parole). **2.** absolt Percevoir (plus ou moins bien) par l'ouïe. *Parlez plus fort, il entend mal.* **3.** LITTÉR. Écouter, prêter attention à. *On l'a condamné sans l'entendre. Il ne veut rien entendre :* rien de ce qu'on peut lui dire ne l'influencera. – loc. *Entendre raison,* accepter les conseils raisonnables. – loc. *À l'entendre :* si on l'en croit, si on l'écoute. *À l'entendre, il sait tout faire.* ► **S'ENTENDRE** v. pron. **1.** Être compris. *Ce mot peut s'entendre de diverses manières.* – *Cela s'entend* et ellipt *s'entend,* c'est évident. **2.** Être entendu, perçu par l'ouïe. – *Cette expression s'entend encore,* est encore employée. **3.** *S'ENTENDRE À* (+ inf.), *EN* (+ n.) : être habile (dans un domaine). – *S'Y ENTENDRE :* être expert en la matière. ⇒ s'y **connaître. 4.** Se mettre d'accord. *Ils n'ont pas réussi à s'entendre. Entendons-nous bien ! :* mettons-nous bien d'accord ! ♦ Avoir des rapports (bons ou mauvais). *Les deux sœurs s'entendent très bien.*

ENTENDU, UE adj. ▪ **1.** VX *Un homme entendu,* habile, compétent. – *Un air, un sourire entendu,* malin, complice. **2.** Accepté ou décidé après accord. ⇒ **convenu.** *C'est une affaire entendue. C'est entendu.* – ellipt *Entendu !* ⇒ d'**accord.** ♦ *BIEN ENTENDU* loc. adv. : la chose est évidente, naturelle. ⇒ **évidemment, naturellement.** *Vous nous accompagnez ? — Bien entendu !* – FAM. *Comme de bien entendu.* **3.** LITTÉR. *BIEN (MAL) ENTENDU, UE :* bien (mal) compris, mis en œuvre. *Un intérêt bien entendu.*

ENTENTE n. f. ▪ **I.** VX Connaissance approfondie (par l'entendement). – loc. *Une phrase* À DOUBLE ENTENTE, qui a deux significations (⇒ **ambigu**). **II. 1.** Fait de s'entendre, de s'accorder ; état qui en résulte. ⇒ **accord.** *Parvenir à une entente.* – *Entente entre producteurs, entre entreprises.* ⇒ **cartel, trust.** ♦ Collaboration politique entre États. ⇒ **alliance.** *Politique d'entente.* **2.** *Entente, bonne entente,* relations amicales, bonne intelligence entre plusieurs personnes. ⇒ **amitié, union.**

▪ **l'ENTENTE CORDIALE** ▪ Politique de rapprochement franco-britannique, inaugurée par Guizot. Elle aboutit en 1904 avec les accords entre Delcassé et Balfour. L'alliance de la Russie donna naissance à la Triple-Entente.

▪ **la Triple-ENTENTE** ▪ Alliance non formelle entre la France, la Russie et le Royaume-Uni (1907). Elle acheva les rapprochements entre la France et la Russie (1892), la France et le Royaume-Uni (→ **Entente cordiale**), et entre la Russie et le Royaume-Uni (1907). Elle s'opposa à la Triple-Alliance.

ENTER v. tr. 1 ▪ Greffer. *Enter la vigne.*

ENTÉRINER v. tr. 1 ▪ **1.** DR. Rendre définitif, valide (un acte) en l'approuvant juridiquement. ⇒ **homologuer, ratifier, valider.** *Le tribunal a entériné les rapports d'experts.* **2.** Admettre ou consacrer. ⇒ **approuver.** *Entériner le fait accompli.* ► n. m. ENTÉRINEMENT

ENTÉRITE n. f. ▪ Inflammation de la muqueuse intestinale, généralement accompagnée de colique, de diarrhée.

ENTÉRO- Élément savant, du grec *enteron* « intestin » (ex. *entérologie* n. f. « médecine de l'intestin »).

ENTERREMENT n. m. ▪ **1.** Action d'enterrer un mort, de lui donner une sépulture. ⇒ **inhumation.** – Cérémonies qui s'y rattachent. ⇒ **funérailles, obsèques.** *Enterrement religieux, civil.* – loc. *Avoir une tête, une mine d'enterrement,* un visage triste. **2.** Cortège funèbre. ⇒ **convoi, obsèques. 3.** fig. Abandon (de qqch. qu'on considère comme mort). *L'enterrement d'un projet. C'est un enterrement de première classe.*

ENTERRER v. tr. 1 ▪ **I. 1.** Déposer le corps de (qqn) dans la terre, dans une sépulture. ⇒ **ensevelir, inhumer.** *On l'a enterré dans le caveau de famille.* ♦ loc. (p. p.) *Il est mort et enterré,* bien mort. – *Vous nous enterrerez tous :* vous vivrez plus longtemps que nous. – *Enterrer sa vie de garçon :* passer avec ses amis une dernière et joyeuse soirée de célibataire. **2.** Abandonner ou faire disparaître (comme une chose finie, morte). surtout au passif *Le scandale a été enterré.* – au p. p. *C'est une histoire enterrée,* oubliée. **II. 1.** Enfouir dans la terre. *Enterrer une canalisation.* **2.** surtout passif et p. p. Recouvrir d'un amoncellement. ⇒ **ensevelir.** *Enterré sous des décombres.* **3.** pronom. fig. Se retirer. *S'enterrer à la campagne.*

ENTÊTANT, ANTE adj ▪ Qui entête. *Un parfum entêtant.*

EN-TÊTE n. m. ▪ **1.** Inscription en tête d'un papier officiel, commercial. *Papier à lettres à en-tête.* **2.** INFORM. Partie initiale d'un message, contenant des informations extérieures au texte.

ENTÊTÉ, ÉE adj. ▪ Qui s'entête. ⇒ **obstiné, têtu.** – n. *Quel entêté !*

ENTÊTEMENT n. m. ▪ Fait de persister dans un comportement volontaire sans tenir compte des circonstances. ⇒ **obstination, opiniâtreté.** *Son entêtement finira par lui coûter cher.* ♦ Caractère d'une personne têtue.

ENTÊTER v. 1 ▪ **I.** v. tr. LITTÉR. Incommoder par des vapeurs, des émanations qui montent à la tête. **II.** v. pron. S'ENTÊTER À (faire qqch.), DANS (une opinion, etc.) : persister avec obstination. *Il s'entêtait à leur écrire.* – absolt *Plus vous insisterez, plus il s'entêtera.*

ENTHOUSIASMANT, ANTE adj. ▪ Qui enthousiasme. *Un projet enthousiasmant.*

ENTHOUSIASME n. m. ▪ **1.** LITTÉR. dans l'Antiquité Délire sacré, inspiration divine ou extraordinaire. *L'enthousiasme des prophètes.* – État d'inspiration exaltée. *L'enthousiasme poétique.* **2.** Émotion vive portant à admirer. *Il a parlé du film avec enthousiasme.* **3.** Émotion se traduisant par une excitation joyeuse. ⇒ **allégresse, joie.** *J'accepte avec enthousiasme.*

ENTHOUSIASMER v. tr. 1 ▪ Remplir d'enthousiasme. *Son interprétation a enthousiasmé l'auditoire.* – au passif *Être enthousiasmé,* ravi, transporté (de joie, etc.). – au p. p. *Un regard enthousiasmé.* – pronom. *S'enthousiasmer pour qqn, qqch.* ⇒ s'**emballer,** s'**enflammer.**

l'**Entente cordiale.** Bal de l'Hôtel de Ville pour la visite de la reine Victoria à Paris en 1855. *Phot. © Harlingue/Viollet*

ENTHOUSIASTE adj ▪ Qui ressent de l'enthousiasme, marque de l'enthousiasme. *Une foule enthousiaste. Un partisan enthousiaste.* ⇒ **fervent.** *Un accueil enthousiaste.* ⇒ **chaleureux.**

S'ENTICHER v. pron. 1 ▪ Se prendre d'un goût extrême et irraisonné pour. ⇒ s'**engouer,** se **toquer.** *Il s'est entiché de cette jeune femme.* ⇒ s'**amouracher.** – au p. p. *Elle est entichée de yoga.*

ENTIER, IÈRE adj. ▪ **1.** Dans toute son étendue. ⇒ **tout.** *Dans le monde entier,* partout. *Une heure entière. Payer place entière,* sans réduction. – TOUT ENTIER : absolument entier. *La ville tout entière. Se donner tout entier à :* consacrer tout son temps à, se dévouer à. ♦ n. m. EN, DANS SON ENTIER : dans sa totalité. – EN ENTIER loc. adv. : complètement, entièrement. *Voir un film en entier.* **2.** À quoi il ne manque rien. ⇒ **complet, intact, intégral.** *La liasse est entière,* on n'en a retiré aucun billet. *Lait entier,* non écrémé. ♦ *Nombre entier* ou n. m. *un entier,* composé d'une ou plusieurs unités (opposé à *nombre fractionnaire*). **3.** (chose abstraite) Qui n'a subi aucune altération. ⇒ **absolu, parfait, total.** *Ma confiance reste entière.* ⇒ **intact.** *La question reste entière,* le problème n'a pas reçu un commencement de solution. **4.** LITTÉR. Qui n'admet aucune restriction, aucune demi-mesure. *Un caractère entier et obstiné. Être entier dans ses opinions.*

ENTIÈREMENT adv. ▪ D'une manière entière. ⇒ **complètement, intégralement, totalement.** *La maison a été entièrement détruite. Ils sont entièrement d'accord.* ⇒ **parfaitement.**

ENTITÉ n. f. ▪ Idée générale, abstraction que l'on considère comme une réalité.

ENTOILAGE n. m. ▪ Action d'entoiler. – Toile dont on s'est servi pour entoiler.

ENTOILER v. tr. 1 ▪ Fixer sur une toile. – au p. p. *Carte de géographie entoilée.* ♦ Renforcer (une étoffe) d'une toile fine. *Entoiler une cravate.*

ENTÔLER v. tr. 1 ▪ ARGOT FAM. Voler un client (prostituée). – Voler en trompant. *Il s'est fait complètement entôler.* ► n. m. ENTÔLAGE

ENTOMO- Élément savant, du grec *entomon* « insecte » (ex. *entomophile* adj. (plante) « dont la fécondation est assurée par les insectes »).

ENTOMOLOGIE n. f. ▪ Partie de la zoologie qui traite des insectes.

ENTOMOLOGIQUE adj. ▪ Relatif à l'entomologie. "*Souvenirs entomologiques*" (de J.-H. Fabre).

ENTOMOLOGISTE n. ▪ Spécialiste de l'entomologie.

① **ENTONNER** v. tr. 1 ▪ **1.** Verser dans une tonne, un tonneau. **2.** Avaler, ingurgiter. *Entonner un litre de vin.*

② **ENTONNER** v. tr. 1 ▪ **1.** Commencer à chanter (un air). *Entonner une chanson.* **2.** fig. *Entonner la louange de qqn.*

ENTONNOIR n. m. ▪ **1.** Instrument de forme conique, terminé par un tube et servant à verser un liquide dans un récipient de petite ouverture. ♦ *En entonnoir,* en forme d'entonnoir. **2.** Cavité naturelle qui va en se rétrécissant. ⇒ **cratère, cuvette.** ‑ Excavation produite par une explosion.

ENTORSE n. f. ▪ **1.** Lésion douloureuse d'une articulation, provenant d'une distension violente. ⇒ **foulure, luxation.** *Se faire une entorse au poignet.* **2.** fig. *Faire une entorse à... :* ne pas respecter. *Une sérieuse entorse au règlement.* ⇒ **infraction.**

ENTORTILLER v. tr. [1] ▪ **1.** Envelopper (un objet) dans qqch. que l'on tortille : tortiller (qqch.), notamment autour d'un objet. *Entortiller un bonbon dans du papier. Entortiller son mouchoir autour de son doigt.* ‑ pronom. *S'entortiller dans ses draps.* **2.** fig. Persuader (qqn) en le trompant. ⇒ **circonvenir** ; FAM. **rouler.** *Tu t'es laissé entortiller par ses promesses.* **3.** fig. Compliquer (des phrases, des propos) par des circonlocutions. ⇒ **embrouiller.** ‑ au p. p. *Des excuses entortillées.* ▶ n. m. ENTORTILLAGE ou ENTORTILLEMENT

ENTOUR n. m. ▪ **1.** LITTÉR. au plur. Les environs, le voisinage. *Les entours de la ville.* **2.** loc. *À l'entour de..., à son entour* (LITTÉR.). ⇒ **alentour.**

ENTOURAGE n. m. ▪ **1.** Personnes qui entourent habituellement qqn, et vivent dans sa familiarité. ⇒ **compagnie.** *Ce n'est pas lui qu'on accuse, mais une personne de son entourage.* **2.** Ornement disposé autour (de certains objets). *Un entourage de fenêtre.*

ENTOURER v. tr. [1] ▪ **1.** Garnir de qqch. qu'on met tout autour ; mettre autour de. *Entourer un enfant de ses bras.* ‑ fig. *Entourer qqn d'égards. Entourer ses actions de mystère.* **2.** (choses) Être autour de (qqch., qqn) de manière à enfermer. *Une clôture entoure le jardin.* ‑ au p. p. *Un jardin entouré de haies.* **3.** (personnes ou choses) Être habituellement ou momentanément autour de (qqn). *Les gens qui nous entourent, ce qui nous entoure.* ⇒ **entourage, milieu.** *Les dangers l'entouraient.* **4.** S'occuper de (qqn), aider ou soutenir. *Ses amis l'entourent beaucoup, depuis son deuil.* ‑ passif et p. p. *Elle est très entourée.*

ENTOURLOUPETTE n. f. ▪ FAM. Mauvais tour joué à qqn. *Il lui a fait une entourloupette.* ◇ abrév. FAM. ENTOURLOUPE.

ENTOURNURE n. f. ▪ Partie du vêtement qui fait le tour du bras, là où s'ajuste la manche. ⇒ **emmanchure.** *Entournures trop larges.* ‑ loc. *Être gêné aux entournures,* mal à l'aise, en difficulté.

ENTR- ⇒ ENTRE

ENTRACTE n. m. ▪ **1.** Intervalle entre les parties d'un spectacle. **2.** fig. Temps d'arrêt, de repos, au cours d'une action. ⇒ **interruption.** *Les entractes de sa carrière politique.*

ENTRAIDE n. f. ▪ Aide mutuelle. *Un comité d'entraide.* ⇒ **solidarité.**

S'**ENTRAIDER** v. pron. [1] ▪ S'aider mutuellement. ⇒ s'**aider.**

ENTRAILLES n. f. pl. ▪ **1.** Ensemble des organes enfermés dans l'abdomen (hommes, animaux). ⇒ **boyau, intestin, tripe, viscère.** **2.** LITTÉR. Les organes de la femme qui portent l'enfant. ⇒ **sein** (LITTÉR.) ; **matrice, utérus.** **3.** LITTÉR. La partie profonde (d'une chose). *Les entrailles de la terre ; d'un navire.* ‑ La partie profonde et émotive (de l'être humain). ⇒ **tripe(s).**

ENTRAIN n. m. ▪ **1.** Vivacité et bonne humeur communicatives. ⇒ **ardeur, enthousiasme, fougue, vivacité.** *Avoir de l'entrain ; être plein d'entrain* (⇒ **boute-en-train**). **2.** (actes, paroles) Animation gaie. *La conversation manque d'entrain.*

ENTRAÎNANT, ANTE adj. ▪ Qui entraîne à la gaieté, donne de l'entrain. *Un refrain entraînant.*

ENTRAÎNEMENT n. m. ▪ **I. 1.** VX Action d'entraîner. Communication d'un mouvement. *Un entraînement par courroies, par engrenages.* **2.** Mouvement par lequel une personne se trouve déterminée à agir, indépendamment de sa volonté. *L'entraînement des passions. Céder à ses entraînements.* ⇒ **impulsion. II. 1.** Action d'entraîner qqn, de s'entraîner (II). *Terrain d'entraînement. À l'entraînement :* pendant les séances d'entraînement. **2.** Préparation méthodique, apprentissage par l'habitude. *Vous y arriverez avec un peu d'entraînement.*

ENTRAÎNER v. tr. [1] ▪ **I. 1.** Emmener de force avec soi. *Le courant entraîne le navire vers la côte.* ‑ Communiquer son mouvement à. *Le moteur entraîne la machine.* **2.** Conduire, mener (qqn) avec soi. ⇒ **emmener, mener.** *Il l'entraîna vers le buffet.* ‑ Conduire (qqn) en exerçant une pression morale. *Il se laisse entraîner par ses camarades.* **3.** (sujet chose) Pousser (qqn) par un enchaînement psychologique ou matériel. *Son enthousiasme l'entraîne trop loin.* ⇒ **emporter, pousser.** *Entraîner qqn avec soi, derrière soi, à faire qqch.* **4.** (sujet chose) Avoir pour conséquence nécessaire, inévitable. ⇒ **amener, produire, provoquer.** *Cela risque d'entraîner de graves conséquences.* ⇒ **déclencher.** *Toutes ces discussions entraînent des retards.* **II. 1.** Préparer (un animal, une personne, une équipe) à une performance sportive au moyen d'exercices appropriés (→ entraînement (II)). *Entraîner un cheval, un athlète.* ‑ pronom. *S'entraîner.* ‑ au p. p. *Un athlète bien entraîné.* **2.** Faire l'apprentissage de (qqn). *Entraîner qqn à un exercice.* ⇒ **endurcir, former.** ‑ pronom. *S'entraîner à prendre la parole en public.*

ENTRAÎNEUR n. m. ▪ **I.** Personne qui entraîne les autres à sa suite. *Un entraîneur d'hommes, de peuples.* ⇒ **chef, meneur. II. 1.** Personne qui entraîne les chevaux pour la course. **2.** Personne qui entraîne des sportifs. ⇒ **manager.** *L'entraîneur d'une équipe de football.*

ENTRAÎNEUSE n. f. ▪ Jeune femme employée dans les bars, les dancings pour engager les clients à danser, à consommer.

ENTRAVE n. f. ▪ **1.** Ce qu'on met aux jambes d'un animal pour gêner sa marche. *Mettre une entrave, des entraves à un cheval.* **2.** fig. Ce qui retient, gêne. *Cette loi est une entrave à la liberté de la presse.* ⇒ **empêchement, obstacle.**

ENTRAVÉ, ÉE adj. ▪ Qui a des entraves. *Un animal entravé.* ♦ fig. *Jupe entravée,* très resserrée dans le bas.

① **ENTRAVER** v. tr. [1] ▪ **1.** Retenir, attacher (un animal) au moyen d'une entrave. **2.** fig. Empêcher de se faire, de se développer. ⇒ **enrayer, freiner, gêner.**

② **ENTRAVER** v. tr. [1] ▪ ARGOT FAM. Comprendre. *J'y entrave que dalle :* je n'y comprends rien.

ENTRE prép. ▪ **I. 1.** Dans l'espace qui sépare (des choses, des personnes). *Les Pyrénées s'étendent entre la France et l'Espagne. Distance entre deux points.* ⇒ **intervalle.** *Des mots entre parenthèses, entre guillemets.* ‑ (dans une série, une suite) *C est entre B et D.* **2.** Dans le temps qui sépare (deux dates, deux époques, deux faits). *Nous passerons chez vous entre 10 et 11 heures.* ‑ loc. *Entre deux âges,* ni jeune ni vieux. **3.** fig. Dans l'espace qui sépare (deux choses, deux éléments). *Être entre la vie et la mort.* **II.** (Au milieu de) **1.** (En tirant d'un ensemble) *Choisir entre plusieurs solutions.* ⇒ **parmi.** ‑ *ENTRE AUTRES.* ⇒ **autre. 2.** suivi d'un pron. pers. En ne sortant pas d'un groupe (de personnes). *Ils veulent rester entre eux. Entre nous,* dans le secret. **III.** (Exprimant un rapport entre personnes ou choses) **1.** L'un l'autre, l'un à l'autre, avec l'autre. ⇒ aussi **entre-.** *Les loups se dévorent entre eux. Match entre deux équipes.* **2.** (comparaison) *Voir le rapport de deux choses entre elles. Il n'y a rien de commun entre lui et moi.*

ENTRE- Élément (→ entre) formant des noms et des verbes, avec l'idée d'intervalle *(entracte),* d'action réciproque *(entraide, s'entraider, s'entredéchirer),* d'une action partielle *(entrouvrir)* ou interrompue *(entrecouper).*

ENTREBÂILLEMENT n. m. ▪ Intervalle formé par ce qui est entrebâillé. *Il apparut dans l'entrebâillement de la porte.*

ENTREBÂILLER v. tr. [1] ▪ Ouvrir très peu (une porte, une fenêtre). ⇒ **entrouvrir.** ‑ au p. p. *Une porte entrebâillée.*

ENTRECHAT n. m. ▪ **1.** DANSE Saut pendant lequel les pieds battent rapidement l'un contre l'autre. *Faire un entrechat.* **2.** Saut, gambade.

ENTRECHOQUER v. tr. [1] ▪ Choquer, heurter l'un contre l'autre. *Ils entrechoquent des cailloux pour faire du feu.* ‑ pronom. *Verres qui s'entrechoquent.*

ENTRECÔTE n. f. ▪ Morceau de viande de bœuf coupé entre les côtes. *Une entrecôte persillée.*

ENTRECOUPER v. tr. [1] ▪ Interrompre par intervalles. *Entrecouper un récit de rires.* ⇒ **entremêler.** ‑ au p. p. *D'une voix entrecoupée de sanglots.*

ENTRECROISEMENT n. m. ▪ État de ce qui est entrecroisé. *Un entrecroisement de lattes.*

ENTRECROISER v. tr. [1] ▪ Croiser ensemble, à plusieurs reprises. ⇒ **entrelacer.** *Entrecroiser des fils, des rubans.* ‑ au p. p. *Des lignes entrecroisées.*

S'**ENTREDÉCHIRER** v. pron. [1] ▪ Se détruire mutuellement.

ENTRE-DEUX n. m. invar. ▪ **1.** Espace, état entre deux choses, deux extrêmes. *Être dans l'entre-deux.* **2.** Bande (de dentelle, broderie) qui coupe un tissu.

ENTRE-DEUX-GUERRES n. m. invar. ▪ Période entre deux guerres (spécialt, en France, entre 1918 et 1939). *La génération de l'entre-deux-guerres.*

S'**ENTREDÉVORER** v. pron. [1] ▪ Se dévorer, se détruire mutuellement.

ENTRÉE n. f. ▪ **I. 1.** Passage de l'extérieur à l'intérieur (opposé à *sortie*). *L'entrée d'un visiteur dans le salon. À son entrée, le silence se fit.* ⇒ **arrivée.** *Entrée soudaine, en trombe.* ⇒ **irruption.** ➝ *Acteur qui fait son entrée (en scène).* ➝ abstrait *ENTRÉE DANS, À. Faire son entrée dans le monde. L'entrée d'un enfant au collège.* ➝ *ENTRÉE EN. Entrée en fonctions. Entrée en action.* **2.** Possibilité d'entrer, de pénétrer dans un lieu. ⇒ **accès.** *Une porte d'entrée. Refuser l'entrée à quelqu'un. Entrée interdite. Passer un examen d'entrée.* ➝ Accès (à un spectacle, une réunion, etc.). *Carte, billet d'entrée. Entrée gratuite.* ♦ Le titre pour entrer. *J'ai pu obtenir deux entrées.* ⇒ **billet, place.** ➝ loc. *AVOIR SES ENTRÉES chez qqn,* y être reçu. **3.** (marchandises, biens) Fait d'entrer (dans un pays). *Droit d'entrée.* **4.** *Les entrées,* l'argent qui entre dans un avoir. **5.** TECHN. Passage vers l'intérieur (substance, processus...). ♦ INFORM. Passage (des informations) dans la machine, le système. **II. 1.** Ce qui donne accès ; endroit par où l'on entre. *Les entrées d'une maison, d'une cour.* ⇒ **porte.** *Entrée de service. L'entrée d'un tunnel.* ⇒ **orifice, ouverture. 2.** Pièce à l'entrée d'un appartement. ⇒ **hall, vestibule.** *Attendez-moi dans l'entrée.* **3.** *ENTRÉE DE :* ce qui donne accès à. *Entrée d'air,* cheminée, puits d'aération. **4.** anglic. Forme mise en vedette (dans une liste : glossaire, dictionnaire) et qui donne accès aux informations. ⇒ **article, vedette. III.** temporel loc. *À L'ENTRÉE DE :* au début de. *À l'entrée de l'hiver.* ➝ *D'ENTRÉE DE JEU* loc. adv. : dès le commencement, dès l'abord. **IV.** Plat qui est servi entre les hors-d'œuvre et le plat principal. *Entrée froide, chaude.*

SUR CES **ENTREFAITES** loc. adv. ▪ À ce moment. ⇒ **alors.** *Il est arrivé sur ces entrefaites.*

ENTREFILET n. m. ▪ Court article inséré dans un journal. *Un entrefilet annonçait la maladie de l'acteur.*

ENTREGENT n. m. ▪ Adresse à se conduire en société, à lier d'utiles relations. ⇒ **habileté, savoir-faire.** *Avoir de l'entregent.*

ENTREJAMBE n. m. ▪ **1.** fam. Sexe (syn. ENTRECUISSE). **2.** Partie d'un pantalon, d'une culotte, entre les jambes. *Slip à entrejambe renforcé.* ◇ var. ENTRE-JAMBE(S).

ENTRELACEMENT n. m. ▪ Action d'entrelacer ; choses entrelacées. *Un entrelacement de lignes.* ⇒ **entrecroisement, entrelacs.**

ENTRELACER v. tr. [3] ▪ Enlacer l'un dans l'autre. *Entrelacer des fils, des rubans.* ⇒ **entrecroiser, tisser, tresser.** ➝ au p. p. *Lettres entrelacées d'un monogramme.* ► S'**ENTRELACER** v. pron. *Plantes grimpantes qui s'entrelacent.* ⇒ s'**enchevêtrer,** s'**entremêler.**

ENTRELACS [-la] n. m. ▪ Ornement composé de motifs entrelacés, dont les lignes s'entrecroisent. *Les entrelacs de l'art arabe.* ⇒ **arabesque.**

Entrelacs. Carrelage en faïence, détail du trône des Sultans, XIVe s., Alcazar, Séville.
Phot. © Lauros/Giraudon

ENTRELARDER v. tr. [1] ▪ **1.** Piquer (une viande) de lardons. ⇒ **larder.** *Entrelarder une volaille.* **2.** fig. *Entrelarder son discours de citations.* ⇒ **farcir, truffer.**

ENTREMÊLER v. tr. [1] ▪ **1.** Mêler (des choses différentes) les unes aux autres. VIEILLI *Entremêler des fleurs rouges à des fleurs blanches ;* MOD. *entremêler des fleurs rouges et des fleurs blanches.* ➝ fig. *Entremêler des banalités et des traits d'esprit.* **2.** *ENTREMÊLER DE :* insérer. *Il entremêle son discours de citations latines.* ➝ au p. p. *Paroles entremêlées de sanglots.* ⇒ **entrecoupé.**

ENTREMETS n. m. ▪ **1.** ancienn Plat servi entre le rôti et le dessert. *Entremets salés.* **2.** Entremets (1) sucré (aujourd'hui confondu avec le dessert, mais excluant la pâtisserie).

ENTREMETTEUR, EUSE n. ▪ **1.** VX Personne qui s'entremet. ⇒ **intermédiaire. 2.** surtout au fém. péj. Personne qui sert d'intermédiaire dans les intrigues amoureuses.

S'**ENTREMETTRE** v. pron. [56] ▪ Intervenir entre des personnes pour les rapprocher, pour faciliter la conclusion d'une affaire. ⇒ s'**interposer.** *S'entremettre dans un conflit. S'entremettre pour qqn auprès de la direction.*

ENTREMISE n. f. ▪ Action d'une personne qui s'entremet. *Offrir son entremise dans une affaire.* ⇒ **arbitrage, intervention.** *Apprendre qqch. par l'entremise de qqn.* ⇒ **canal, intermédiaire, moyen.**

ENTREPONT n. m. ▪ Espace, étage compris entre deux ponts d'un navire, entre le faux pont et le premier pont. *Voyager dans l'entrepont.*

ENTREPOSAGE n. m. ▪ Action d'entreposer.

ENTREPOSER v. tr. [1] ▪ **1.** Déposer dans un entrepôt. *Entreposer des marchandises.* **2.** Déposer, laisser en garde. *Entreposer des meubles chez un ami.*

ENTREPÔT n. m. ▪ Bâtiment, emplacement servant d'abri, de lieu de dépôt pour les marchandises. ⇒ **dock, magasin.** *Marchandises en entrepôt.* ♦ Lieu, ville où des marchandises sont déposées pour être réexportées.

ENTREPRENANT, ANTE adj. ▪ **1.** Qui entreprend avec audace, hardiesse. ⇒ **audacieux, hardi.** *Caractère, esprit entreprenant.* **2.** adj. m. Hardi auprès des femmes. *Un jeune homme entreprenant.*

ENTREPRENDRE v. tr. [58] ▪ **I.** Se mettre à faire (qqch.). ⇒ **commencer.** *Entreprendre des études. Entreprendre un procès contre qqn.* ⇒ **intenter.** ➝ *Entreprendre de faire qqch.* ⇒ **essayer, tenter. II. 1.** VX Attaquer, critiquer. **2.** Tâcher de convaincre, de séduire (qqn). *Entreprendre une femme,* tenter de la conquérir. **3.** *Entreprendre qqn sur un sujet,* commencer à l'entretenir de ce sujet.

ENTREPRENEUR, EUSE n. (fém. rare) ▪ **1.** VX Personne qui entreprend (qqch.). **2.** Personne qui se charge de l'exécution d'un travail par un contrat d'entreprise*. *Un entrepreneur de menuiserie, de transports.* **3.** absolt Personne, société qui est chargée d'exécuter des travaux de construction. *Elle est entrepreneur en maçonnerie.* **4.** Personne qui dirige une entreprise* pour son compte. ⇒ **patron.** *Un petit entrepreneur.*

ENTREPRISE n. f. ▪ **I. 1.** Ce qu'on se propose d'entreprendre, de faire (⇒ **dessein, projet**) ; mise à exécution d'un projet. ⇒ **affaire, opération.** *Organiser, préparer, réaliser une entreprise. Son entreprise est difficile, semble irréalisable.* ♦ *Libre entreprise :* liberté de créer et de gérer des entreprises privées, en régime capitaliste libéral. **2.** DR. Le fait, pour un entrepreneur, de s'engager à fournir son travail pour un ouvrage, dans des conditions données. *Contrat d'entreprise.* **3.** Organisation de production de biens ou de services à caractère commercial. ⇒ **affaire, commerce, établissement, exploitation, industrie ; firme, société.** *Entreprise privée, publique. Les petites et moyennes entreprises.* ⇒ **P.M.E.** *Les grandes entreprises. Association d'entreprises.* ⇒ **cartel, combinat, groupe, holding, trust.** ➝ *CHEF D'ENTREPRISE.* ⇒ **entrepreneur** (4). ➝ *Comité* d'entreprise.* **II. 1.** LITTÉR. Action par laquelle on attaque qqn, on tente de porter atteinte à ses droits, à sa liberté. *C'est une entreprise contre le droit des gens.* **2.** au plur. VIEILLI Tentatives de séduction. *Succomber aux entreprises d'un séducteur.*

ENTRER v. intr. (auxiliaire *être*) et tr. (auxiliaire *avoir*) [1] ▪ **I. 1.** (êtres vivants) Passer du dehors au dedans (opposé à *sortir*). *Entrer dans une maison.* ⇒ **aller, pénétrer.** *Entrer chez un commerçant.* ➝ loc. *Entrer en scène.* **2.** Commencer à être dans (un lieu), à (un endroit). *Entrer dans une ville, dans un pays, par le sud.* ➝ FAM. (d'un véhicule ou de ses occupants) *Entrer dans* (un obstacle). ⇒ **rentrer ; percuter, tamponner. 3.** absolt Passer à l'intérieur, dedans. *Entrer par la porte, par la fenêtre. Entrez ! Défense d'entrer.* **4.** (choses) Aller à l'intérieur. ⇒ **pénétrer.** *L'eau entre de toutes parts. Cela entre comme dans du beurre*.* ➝ fig. *Le soupçon, le doute est entré dans son esprit.* ⇒ s'**insinuer, pénétrer. 5.** (personnes) Commencer à faire partie de (un groupe, un ensemble). *Entrer au lycée. Entrer dans l'armée.* ⇒ s'**engager.** *Entrer dans un parti politique.* ⇒ **adhérer.** ➝ *Entrer dans la vie, dans l'histoire.* ♦ fig. Commencer à prendre part à. ⇒ **participer.** *Entrer dans une affaire. Entrer dans une danse, dans le jeu.* **6.** fig.

ENTRER DANS : comprendre, saisir (ce que l'esprit pénètre). *Entrer dans les sentiments de qqn,* le comprendre, se mettre à sa place. ⇒ **partager.** *Entrer dans la peau de son personnage.* - *Entrer dans les idées de qqn,* les partager. **II.** (temporel) **1.** Aborder (une période), commencer à être (dans une période). *On entre dans les mauvais jours de l'hiver.* **2.** *ENTRER EN :* commencer à être dans (un état). *Entrer en convalescence. Eau qui entre en ébullition. Entrer en action,* se mettre à agir. *Ce pays est entré en guerre.* **III. 1.** Être compris dans. *Entrer dans une catégorie. Faire entrer en (ligne de) compte :* prendre en considération. *Cela n'entre pas dans ses intentions.* **2.** Être pour qqch., être un élément de. *De la colère entre dans sa décision.* **3.** (sujet chose) Être employé dans la composition ou dans la fabrication de qqch. *Les éléments qui entrent dans un mélange.* **IV. v. tr.** (auxiliaire *avoir*) **1.** Faire entrer. ⇒ **introduire.** *Entrer un meuble par la fenêtre.* ♦ *Entrer des données dans un ordinateur.* **2.** Enfoncer. *Il lui entrait ses ongles dans la main.*

ENTRESOL [-s-] **n. m.** ▪ Espace d'un bâtiment entre le rez-de-chaussée et le premier étage. *Habiter l'entresol.*

ENTRE-TEMPS [-tɑ̃] ▪ **I. adv.** Dans cet intervalle de temps. **II. n. m.** LITTÉR. Intervalle de temps. *Dans l'entre-temps, cet entre-temps.*

ENTRETENIR v. tr. [22] ▪ **I. 1.** Faire durer, faire persévérer. ⇒ **maintenir, prolonger.** *Entretenir un feu.* ⇒ **alimenter.** *Entretenir de bons rapports avec ses voisins.* - prov. *Les petits cadeaux entretiennent l'amitié.* **2.** *ENTRETENIR qqn DANS* (un état affectif ou psychologique). *Entretenir qqn dans une idée, dans l'erreur.* **3.** Faire durer en soi (un état moral). *Entretenir un espoir, une illusion.* **4.** Maintenir en bon état. *Entretenir une route, un chemin. Entretenir ses vêtements. Entretenir sa mémoire. Entretenir sa forme physique.* - au p. p. *Une voiture bien entretenue.* **5.** Fournir ce qui est nécessaire à la dépense, à la subsistance de (qqn). ⇒ se **charger** de, **nourrir.** *Entretenir une famille, un enfant.* ⇒ **élever. II.** *ENTRETENIR qqn DE qqch.,* lui en parler. *Je voudrais vous entretenir de cette affaire.* - pronom. Converser (avec qqn). ⇒ **causer, parler.** *S'entretenir avec qqn de vive voix.*

ENTRETIEN [-tjɛ̃] **n. m.** ▪ **I. 1.** Soins, réparations, dépenses qu'exige le maintien en bon état. *Une notice d'entretien* (pour un appareil, une voiture...). *Produits d'entretien.* **2.** Ce qui est nécessaire à l'existence matérielle (d'un individu, d'une collectivité). *Pendant ses études, ses parents assurent son entretien.* **II.** Action d'échanger des paroles avec une ou plusieurs personnes ; sujet dont on s'entretient. ⇒ **conversation, discussion.** *Avoir un entretien avec qqn. Accorder un entretien.* ⇒ **audience, entrevue.** - Réunion de spécialistes. *Les entretiens de* (l'hôpital) *Bichat.*

ENTRETOISE n. f. ▪ Pièce qui sert à relier dans un écartement fixe des poutres, des pièces de machine. *Les entretoises d'un fuselage.*

S'ENTRETUER v. pron. [1] ▪ Se tuer mutuellement ; se battre jusqu'à la mort.

ENTREVOIR v. tr. [30] ▪ **1.** Voir à demi (indistinctement ou trop rapidement). ⇒ **apercevoir.** *Il passait en voiture, je ne l'ai qu'entrevu.* ⇒ **distinguer. 2.** Avoir une idée imprécise, une lueur soudaine de (qqch. d'actuel ou de futur). ⇒ **deviner, soupçonner.** *Entrevoir les difficultés d'une entreprise.* ⇒ **pressentir.**

ENTREVUE n. f. ▪ Rencontre concertée entre personnes qui ont à parler, à traiter une affaire. *Avoir une entrevue avec qqn* (⇒ **entretien**), avec un journaliste (⇒ **interview**). *Des entrevues diplomatiques.*

ENTRISME n. m. ▪ POLIT. Technique d'influence dans (un groupe ou parti) en utilisant des éléments qu'on y fait entrer.

ENTROPIE n. f. ▪ **1.** PHYS. Fonction exprimant le principe de la dégradation de l'énergie ; processus exprimé par cette fonction. **2.** Augmentation du désordre ; affaiblissement de l'ordre. *Entropie négative (neg-entropie* **n. f.***).*

ENTROUVRIR v. tr. [18] ▪ Ouvrir à demi, très peu. *Entrouvrir une fenêtre.* ⇒ **entrebâiller.** *Entrouvrir les yeux.* - pronom. *La porte s'entrouvrit doucement.* - au p. p. *Porte entrouverte. Rester la bouche entrouverte.*

ENTUBER v. tr. [1] ▪ FAM. Duper, escroquer. *Se faire entuber.*

ÉNUCLÉATION n. f. ▪ **1.** Extraction du noyau (d'un fruit). **2.** CHIR. Extirpation (d'une tumeur).

ÉNUCLÉER v. tr. [1] ▪ Extirper par énucléation.

ÉNUMÉRATIF, IVE adj. ▪ Qui énumère. *Liste énumérative.*

ÉNUMÉRATION n. f. ▪ Action d'énumérer. ⇒ **compte, dénombrement, recensement.** *L'énumération des objets d'une collection.* ⇒ **inventaire, liste, répertoire.**

ÉNUMÉRER v. tr. [6] ▪ Énoncer une à une (les parties d'un tout). ⇒ **compter, détailler.** *Énumérer des possibilités. Énumérer les possibilités, les risques d'une opération.*

ÉNURÉSIE n. f. ▪ MÉD. Émission involontaire et inconsciente d'urine. ⇒ **incontinence.**

ENVAHIR v. tr. [2] ▪ **1.** Occuper (un territoire) brusquement et par la force. ⇒ **conquérir, prendre.** *Envahir un pays.* **2.** Occuper, s'étendre dans (un espace) d'une manière abusive, ou excessive, intense. *La foule envahit les rues.* - (sujet animal, plante, maladie...) *Les sauterelles envahissent la plaine.* ⇒ **infester.** *Le chiendent envahit le jardin.* - (sujet chose) ⇒ **empiéter,** se **répandre.** *Les produits étrangers envahissent le marché.* **3.** (sujet sentiment, idée...) Occuper en entier. ⇒ **couvrir, remplir.** *Le sommeil l'envahissait doucement.* ⇒ **gagner.** *La joie l'envahit.*

ENVAHISSANT, ANTE adj. ▪ **1.** Qui a tendance à envahir. *Un soupçon envahissant. De mauvaises herbes envahissantes.* **2.** (personnes) Qui s'introduit dans l'intimité d'autrui. ⇒ **importun, indiscret.** *Un voisin envahissant.*

ENVAHISSEMENT n. m. ▪ **1.** Action d'envahir ; son résultat. *L'envahissement d'un pays.* ⇒ **invasion, occupation. 2.** Fait d'envahir (2 et 3). *L'envahissement du jardin par les mauvaises herbes.*

ENVAHISSEUR, EUSE ▪ **1. n. m.** Ennemi qui envahit. *Chasser les envahisseurs* (ou *l'envahisseur*). - *Les envahisseurs venus d'ailleurs,* des extraterrestres. **2. adj.** Qui envahit. *Armées envahisseuses.* ♦ par ext. *Des virus envahisseurs.*

ENVASEMENT n. m. ▪ Fait d'envaser, de s'envaser ; état de ce qui est envasé.

ENVASER v. tr. [1] ▪ **1.** Enfoncer dans la vase. **2.** Remplir de vase. ► **S'ENVASER v. pron. 1.** Se remplir de vase. *Le port s'est envasé.* **2.** S'enfoncer dans la vase. ⇒ s'**embourber,** s'**enliser.** *L'embarcation s'est envasée.* - au p. p. *Barque envasée.*

ENVELOPPANT, ANTE adj. ▪ **1.** Qui enveloppe. *La cornée, membrane enveloppante de l'œil.* **2.** abstrait Qui séduit progressivement. ⇒ **captivant, enjôleur, séduisant.**

ENVELOPPE n. f. ▪ **I. 1.** Chose qui enveloppe, entoure. ♦ Étui, gaine. *Une enveloppe protectrice.* **2.** Feuille de papier pliée et collée en forme de poche. ⇒ **pli.** *Mettre une lettre sous enveloppe.* **II.** LITTÉR. **1.** Ce qui constitue l'apparence extérieure d'une chose. *L'enveloppe mortelle :* le corps. **2.** Air, apparence, aspect extérieur (qui cache la réalité). *Cacher son agressivité sous une enveloppe de douceur.* ⇒ **dehors.**

ENVELOPPÉ, ÉE adj. ▪ (personnes) Qui a un peu d'embonpoint, qui est bien en chair.

ENVELOPPEMENT n. m. ▪ Action d'envelopper ; état de ce qui est enveloppé.

ENVELOPPER v. tr. [1] ▪ **1.** Entourer d'une chose souple qui couvre de tous côtés. ⇒ **entourer, recouvrir.** *Envelopper un objet dans un papier, une étoffe.* ⇒ **emballer, empaqueter.** ♦ Constituer l'enveloppe de. - au p. p. *Fromage enveloppé de papier.* **2.** LITTÉR. Entourer complètement. *Les ténèbres enveloppent la terre.* - *Envelopper plusieurs personnes de son affection.* **3.** LITTÉR. *ENVELOPPER DE :* entourer de qqch. qui cache. ⇒ **cacher, dissimuler.** *Envelopper ses intentions de mystère.*

ENVENIMER v. tr. [1] ▪ **1.** Infecter (une blessure), rendre plus difficile à guérir. ⇒ **enflammer, infecter, irriter.** - pronom. *La blessure s'est envenimée.* **2.** Rendre plus virulent, plus pénible. *Envenimer une querelle.* ⇒ **aggraver, attiser, aviver.** - pronom. *La situation, la querelle s'est envenimée.*

ENVERGURE n. f. ▪ **1.** *L'envergure d'un oiseau,* l'étendue des ailes déployées. - La plus grande largeur (d'un avion). **2.** (personnes) Ampleur, ouverture (de l'intelligence). *Son prédécesseur était d'une autre envergure.* ⇒ **calibre, classe, valeur.** - (choses) Étendue. *Une action de grande envergure.*

ENVER PACHA (1881-1922) ▪ Général et homme politique turc. Ministre de la Guerre en 1914, il engagea son pays aux côtés de l'Allemagne. Il rejoignit en 1921 les insurgés panislamiques du Turkestan, mais fut tué par les troupes soviétiques.

① **ENVERS prép.** ▪ **1.** À l'égard* de (qqn) (après un mot désignant un sentiment, une action). *Il est bien disposé envers vous. Être plein d'indulgence envers qqn.* ⇒ **pour.** - À l'égard de (une chose morale). **2.** loc. *ENVERS ET CONTRE TOUS :* en dépit de l'opposition générale. *Je soutiendrai cette opinion envers et contre tous.* ◆ *ENVERS ET CONTRE TOUT :* en dépit de tout, malgré tout.

② **ENVERS** n. m. ▪ **I. 1.** Le côté (d'une chose) opposé à celui qui doit être vu ou qui est vu d'ordinaire. ⇒ **derrière** (opposé à *endroit*). *L'envers d'une médaille.* ⇒ **revers.** loc. *L'envers du décor,* les inconvénients cachés. **2.** Aspect opposé, mais inséparable. ⇒ **contraire, inverse. II.** *À L'ENVERS* loc. adv. **1.** Du mauvais côté, du côté qui n'est pas fait pour être vu. *Il a mis son chandail à l'envers.* **2.** Sens dessus dessous. *Mes locataires ont laissé ma maison à l'envers !* ⇒ en **désordre,** en **pagaille.** *Avoir la tête, la cervelle à l'envers,* l'esprit agité. **3.** Dans un sens inhabituel, dans le mauvais sens. *Vous comprenez tout à l'envers. C'est le monde à l'envers !,* c'est une chose aberrante.

À L'**ENVI** loc. adv. ▪ LITTÉR. À qui mieux mieux ; en rivalisant. *Ils l'imitaient tous à l'envi.*

ENVIABLE adj. ▪ Digne d'envie ; que l'on peut envier. ⇒ **désirable, souhaitable, tentant.** *Une situation, une position enviable. Un sort peu enviable.*

ENVIE n. f. ▪ **I. 1.** Sentiment de désir mêlé d'irritation, de haine qu'éprouve qqn contre ceux qui possèdent ce qu'il n'a pas. ⇒ **jalousie.** *Éprouver de l'envie pour, à l'égard d'un rival heureux.* **2.** Désir de jouir d'un avantage, d'un plaisir égal à celui d'autrui. *Digne d'envie.* ⇒ **enviable.** *Exciter, attirer l'envie de ses voisins. Regarder qqch. avec des regards d'envie.* **3.** *ENVIE DE :* désir (d'avoir, de posséder, de faire qqch.). ⇒ **besoin, désir, goût.** *Éprouver, ressentir l'envie, une grande envie de faire qqch. Cela ne donne guère envie d'y aller.* ◆ Besoin organique. *L'envie de manger* (faim), *de boire* (soif), *de dormir* (sommeil). **4.** *AVOIR ENVIE DE :* convoiter, vouloir. ◆ (+ subst.) *J'ai envie de cette voiture.* ◆ (+ inf.) *Elle a envie de voyager.* ◆ *Avoir envie que* (+ subj.). ⇒ **souhaiter, vouloir.** *Il a envie que vous restiez.* ◆ FAM. *J'en ai très envie. J'irai quand j'en aurai envie,* quand je voudrai. ◆ loc. *Il en meurt, il en crève d'envie.* ◆ *Avoir envie de (qqn),* le désirer sexuellement. ◆ *FAIRE ENVIE :* exciter l'envie, le désir. ⇒ **tenter.** *Ce voyage me fait envie.* ◆ *Je vais vous en faire passer l'envie,* vous en ôter le désir. ⇒ **dégoûter. 5.** loc. FAM. *Des envies de femme enceinte,* désir vif et subit. **II. 1.** Tache de naissance (considérée comme la trace d'une envie de la mère). **2.** au plur. Petits filets de peau autour des ongles.

ENVIER v. tr. ⑦ ▪ **1.** Éprouver envers (qqn) un sentiment d'envie (I, 1 et 2), soit qu'on désire ses biens, soit qu'on souhaite être à sa place. ⇒ **jalouser.** *Je vous envie d'être si peu frileux !* **2.** Éprouver un sentiment d'envie envers (qqch.). ⇒ **convoiter, désirer.** *Envier qqch. à qqn,* désirer posséder ce qu'il possède. ♦ loc. *N'avoir rien à envier à personne,* n'avoir rien à désirer, être comblé.

ENVIEUX, EUSE adj. et n. ▪ **1.** Qui éprouve de l'envie. ⇒ **jaloux.** *Il a un caractère envieux. Être envieux du bien d'autrui.* ⇒ **avide, cupide. 2.** n. *C'est un jaloux et un envieux.* ◆ loc. *Faire des envieux,* provoquer l'envie des autres. **3.** Qui a le caractère de l'envie. *Un regard envieux.*

ENVIRON ▪ **I. 1.** prép. VX Dans le voisinage de, aux alentours de. **2.** adv. À peu près ; un peu plus, un peu moins (devant un nom de nombre). ⇒ **approximativement.** *Il y a environ deux ans ; il y a deux ans environ. Un homme d'environ cinquante ans.* ◆ *Sa propriété vaut environ huit cent mille francs.* ⇒ **dans** les. **II.** n. m. ⇒ **environs.**

ENVIRONNANT, ANTE adj. ▪ Qui environne, qui est dans les environs. ⇒ **proche, voisin.** *Les bois environnants.*

ENVIRONNEMENT n. m. ▪ **1.** Entourage habituel (de qqn). *L'environnement familial.* **2.** Ensemble des conditions naturelles et culturelles qui peuvent agir sur les organismes vivants et les activités humaines. *Protection de l'environnement.* ⇒ **écologie.**

ENVIRONNER v. ① ▪ **1.** v. tr. Être autour de, dans les environs de. *Des montagnes environnent la ville.* **2.** *S'ENVIRONNER* v. pron. (personnes) *Il s'environne d'amis.* ◆ passif et p. p. *Être environné d'ennemis.*

ENVIRONS n. m. pl. ▪ Les alentours (d'un lieu). *La ville est sans intérêt, mais les environs sont très pittoresques. Aux environs,* à proximité, dans le voisinage. ♦ temporel (critiqué) *Aux environs de Noël,* un peu avant ou après.

ENVISAGEABLE adj. ▪ Qu'on peut envisager, imaginer. ⇒ **concevable, possible.** *Cette solution n'est pas envisageable.*

ENVISAGER v. tr. ③ ▪ **1.** VX Dévisager. **2.** Considérer sous un certain aspect. ⇒ **regarder, voir.** *Envisager une question sous un certain angle. Envisager la situation.* **3.** Prendre en considération. ⇒ **considérer.** *C'est une hypothèse à envisager. Il n'envisage que l'intérêt général.* ⇒ **penser** à. **4.** Prévoir, imaginer comme possible. *Envisager le pire. Il n'a pas envisagé toutes les conséquences.* **5.** *ENVISAGER DE* (+ inf.) : faire le projet de. ⇒ **penser, projeter.**

ENVOI n. m. ▪ **I. 1.** Action, fait d'envoyer. *L'envoi d'une lettre par la poste.* ⇒ **expédition.** *Un envoi de fleurs.* ◆ *COUP D'ENVOI :* au football envoi du ballon par l'avant qui ouvre le jeu ; fig. début, déclenchement d'une opération. **2.** Ce qui est envoyé. *J'ai reçu votre envoi hier.* **II.** Dernière strophe de quatre vers qui dédie une ballade à qqn.

ENVOL n. m. ▪ **1.** Action de s'envoler, de prendre son vol. *L'envol d'un oiseau.* **2.** (avion, engin aérien) Fait de quitter le sol. ⇒ **décollage.** *Une piste d'envol.*

ENVOLÉE n. f. ▪ **1.** Action de s'envoler. *Une envolée de moineaux.* ♦ (Québec) Vol (d'un avion). **2.** Élan dans l'inspiration (en poésie et dans le discours). *De belles, de grandes envolées lyriques.*

S'**ENVOLER** v. pron. ① ▪ **1.** Prendre son vol ; partir en volant. *Les oiseaux se sont envolés. S'envoler à tire-d'aile. L'avion vient de s'envoler.* ⇒ **décoller** ; s'oppose à *atterrir. Il s'est envolé pour le Japon,* il est parti par avion. **2.** FAM. Disparaître subitement. ⇒ **partir.** *Personne ! Ils se sont envolés !* **3.** Être emporté par le vent, par un souffle. *Son chapeau s'est envolé.* **4.** (bruit) S'élever, monter. **5.** (temps, sentiments) Passer rapidement, disparaître. ⇒ s'**enfuir, partir, passer.** *Le temps s'envole. Tous ses espoirs se sont envolés.*

ENVOÛTANT, ANTE adj. ▪ Qui envoûte, séduit irrésistiblement. ⇒ **captivant, ensorcelant.** *Un charme envoûtant.*

ENVOÛTEMENT n. m. ▪ **1.** Action d'envoûter ; son résultat. *Formules d'envoûtement.* ⇒ **sortilège. 2.** abstrait Fascination, séduction. *La puissance d'envoûtement d'un poème.*

ENVOÛTER v. tr. ① ▪ **1.** Représenter (une personne) par une figurine pour lui faire subir l'effet magique de ce qui est fait à cette image (incantations, violences...). **2.** fig. Exercer sur (qqn) un attrait, une domination irrésistible. ⇒ **captiver, ensorceler, fasciner.** *Cette femme l'a envoûté. Envoûter son auditoire.*

ENVOYÉ, ÉE n. ▪ Personne qu'on a envoyée quelque part pour accomplir une mission. ◆ loc. *ENVOYÉ(E) SPÉCIAL(E),* journaliste envoyé(e) spécialement pour un événement précis (≠ *correspondant*).

ENVOYER v. tr. ⑧ ▪ **I.** *Envoyer qqn* **1.** Faire aller, partir (qqn quelque part). *Envoyer un enfant à la montagne, à l'école, en classe. Envoyer une délégation auprès de qqn.* ◆ *Envoyer qqn à qqn* (pour le rencontrer). *Envoyez-moi les gens que cela intéresse.* **2.** Faire aller (qqn) quelque part (afin de faire qqch.). *Envoyer une personne en course.* ⇒ **envoyé.** ◆ (+ inf.) *Envoyer un enfant faire des courses.* loc. FAM. *Envoyer qqn balader, promener, paître,* s'en débarrasser. vulg. *Il l'a envoyé chier.* **3.** VIEILLI (sans compl. direct) *Envoyer aux nouvelles.* **4.** Pousser, jeter (qqn quelque part). *Le boxeur a envoyé son adversaire au tapis.* **II.** *Envoyer qqch.* **1.** Faire partir, faire parvenir (qqch. à qqn) ; spécialt, par la poste. ⇒ **adresser, expédier.** *Envoyer une lettre, un colis, un mandat (à qqn). Envoyer des excuses.* **2.** Faire parvenir (qqch.) à, jusqu'à (qqn ou qqch.), par une impulsion matérielle. *Envoyer une balle à un joueur.* ⇒ **jeter, lancer.** *Envoyer des pierres dans une vitre.* ◆ au p. p. *Balle bien envoyée.* ◆ *Envoyer une gifle, un coup à qqn.* ⇒ **allonger, donner, flanquer.** ◆ Adresser à distance (à une personne). *Il nous envoie des baisers.* ◆ loc. *Envoyer promener, dinguer qqch. :* rejeter brutalement. **3.** (sujet chose) Faire aller jusqu'à. *Le cœur envoie le sang dans les artères.* **4.** FAM. *S'ENVOYER qqch. :* prendre pour soi. ⇒ s'**enfiler,** se **farcir,** se **taper.** *Elle s'est envoyé tout le travail, tout le chemin à pied,* elle l'a fait péniblement, de mauvais gré. ◆ *S'envoyer un verre de vin, un bon repas,* le boire, le manger. ◆ Posséder sexuellement (qqn).

ENVOYEUR, EUSE n. ▪ Personne qui envoie. *Retour à l'envoyeur.* ⇒ **expéditeur** ; s'oppose à *destinataire.*

ENZYME n. f. ou m. ▪ Substance organique produite par des cellules vivantes, qui agit comme catalyseur dans les changements chimiques. ⇒ **ferment.** *Les enzymes favorisent les réactions chimiques de la digestion.* ► adj. ENZYMATIQUE

ÉOCÈNE n. m. ▪ GÉOL. Période du début de l'ère tertiaire.

ÉOLE ▪ Dieu des vents, fils de Poseïdon, dans *"L'Odyssée".*

l'**ÉOLIDE** ou **ÉOLIE** n. f. ▪ Région habitée par les Éoliens (nord-ouest de l'Asie Mineure).

ÉOLIEN, IENNE adj. ▪ (→ Éole) Mû par le vent. *Machine, pompe éolienne.* – n. f. *Une éolienne.*

les îles ÉOLIENNES ou **LIPARI** ▪ Archipel italien de la mer Tyrrhénienne. 10 725 hab. Sur l'une des sept îles qui le composent se trouve le volcan Stromboli. Tourisme.

les ÉOLIENS ▪ Ancien peuple de Grèce habitant la Grèce centrale, avant l'arrivée des Doriens. Ils se répandirent ensuite dans Lesbos ainsi qu'en Asie Mineure (→ **Éolide**).

le chevalier d'ÉON (1728 - 1810) ▪ Officier et agent secret de Louis XV. Éon fut envoyé comme lectrice à la cour de Russie et dut sa célébrité au doute qu'il entretint sur son sexe.

ÉOSINE n. f. ▪ CHIM. Matière colorante rouge utilisée comme pigment ou comme désinfectant.

ÉOSINOPHILE adj. ▪ Qui a une affinité pour l'éosine. *Leucocytes éosinophiles.*

ÉPAGNEUL, EULE n. ▪ Chien, chienne de chasse, à longs poils soyeux et à oreilles pendantes. ⇒ **barbet, cocker, setter.**

épagneul. Épagneul breton.
Phot. © Mero/Jacana

ÉPAIS, ÉPAISSE adj. ▪ **I. 1.** Qui est de grande dimension, en épaisseur (2) (opposé à *mince*). *Un mur épais. Une épaisse tranche de pain. Papier épais.* ⇒ **fort.** - Qui mesure (telle dimension), en épaisseur. *Une couche épaisse d'un centimètre.* **2.** Dont la grosseur rend les formes lourdes (opposé à *mince, fin, svelte*). *Avoir des doigts épais. Une taille épaisse.* - FAM. *Il n'est pas épais,* il est mince. **3.** Qui manque de finesse (au moral). *Un esprit épais.* ⇒ **grossier, lourd. 4.** Dont les constituants sont nombreux et serrés. ⇒ **fourni.** w*Feuillage épais. Chevelure épaisse.* - n. m. *Au plus épais de* (*la foule,* etc.), à l'endroit le plus dense. **5.** (liquide) Qui a de la consistance. ⇒ **consistant, pâteux, visqueux.** *Une huile épaisse.* ♦ (gaz, vapeur) Dense. *Un brouillard épais. Une épaisse fumée.* - Obscur. *Ombre, nuit épaisse.* ⇒ **profond. II.** adv. **1.** D'une manière serrée. *Semer épais.* **2.** FAM. Beaucoup. *Il n'y en a pas épais !* ⇒ **lourd.**

ÉPAISSEUR n. f. ▪ **1.** Caractère de ce qui est épais (I, 1), gros. *L'épaisseur de la peau de l'éléphant.* **2.** Troisième dimension (d'un corps solide), les deux autres étant la longueur (ou la hauteur) et la largeur ; écart entre les deux surfaces parallèles (d'un corps). *Creuser une niche dans l'épaisseur d'un mur.* - Mesure de cette dimension. *L'épaisseur d'un livre.* ⇒ **grosseur.** *Deux centimètres d'épaisseur.* - (avec un numéral) *Quatre épaisseurs de tissu. Papier en double épaisseur.* **3.** fig. Grossièreté. *L'épaisseur de son esprit.* ⇒ **lourdeur. 4.** Caractère de ce qui est épais (I, 4), serré. *L'épaisseur d'une chevelure.* **5.** Consistance, densité. *L'épaisseur d'une crème.* ⇒ **consistance.** *L'épaisseur du brouillard nous cachait le paysage.* ⇒ **densité.**

ÉPAISSIR v. [2] ▪ **I.** v. intr. **1.** Devenir épais (I, 4 et 5), consistant, dense. *Dès que la crème épaissit, ôtez-la du feu.* - au p. p. *Une sauce épaissie.* **2.** (→ épais, I, 2) Perdre sa minceur, sa sveltesse. ⇒ **grossir.** *Il épaissit en vieillissant.* **II.** v. tr. **1.** Rendre plus épais, plus consistant. *Épaissir un sirop, une sauce.* **2.** Rendre plus important, plus solide. *Épaissir un dossier.* ► **S'ÉPAISSIR** v. pron. Devenir plus serré, plus compact, plus dense, plus consistant. *Le brouillard s'est épaissi.* - fig. *Le mystère s'épaissit autour de cette affaire.*

ÉPAISSISSEMENT n. m. ▪ Fait de devenir plus épais. **1.** (en consistance, densité) *L'épaississement du brouillard, des nuages.* **2.** (en dimension) Perte de la minceur. *Épaississement de la taille.*

ÉPAMINONDAS (v. 418 - 362 av. J.-C.) ▪ Général et homme d'État béotien. Il assura la domination de Thèbes sur Sparte et sur la Grèce centrale.

ÉPANCHEMENT n. m. ▪ **I. 1.** VX Action d'épancher (un liquide), de répandre (un bien). **2.** MÉD. Écoulement anormal, accumulation dans les tissus ou dans une cavité, d'un liquide ou d'un gaz organique. ⇒ **écoulement, infiltration.** *Épanchement de synovie.* **II.** Communication libre et confiante de sentiments, de pensées intimes. ⇒ **abandon, effusion, expansion.** *Doux, tendres épanchements.*

ÉPANCHER v. tr. [1] ▪ **I. 1.** VX Verser, faire couler. **2.** Répandre. **II.** LITTÉR. Communiquer librement, avec confiance et sincérité. ⇒ **confier, livrer.** *Épancher son amour, ses secrets.* - *Épancher son cœur.* ► **S'ÉPANCHER** v. pron. **1.** Couler ; se répandre. *Sang qui s'épanche dans le cœur.* **2.** fig. Communiquer librement, avec abandon, ses sentiments, ses opinions, ce que l'on cachait. ⇒ **s'abandonner,** se **confier.** *Il a besoin de s'épancher.*

ÉPANDAGE n. m. ▪ Action de répandre (l'engrais, le fumier) sur un sol. - *Champ d'épandage,* où l'on verse les ordures (⇒ **décharge**).

ÉPANDRE v. tr. [41] ▪ **1.** Étendre en étalant. *Épandre de l'engrais.* **2.** LITTÉR. Donner en abondance. ⇒ **répandre, verser.**

ÉPANOUIR v. tr. [2] ▪ **1.** Ouvrir, faire ouvrir (une fleur) en déployant les pétales. *La plante épanouit ses fleurs au printemps.* ⇒ **déployer, étaler, étendre. 2.** Détendre, en rendant joyeux. *La joie épanouit leurs visages.* ⇒ **dérider, réjouir.** ► **S'ÉPANOUIR** v. pron. **1.** Éclore. - S'ouvrir comme une fleur. **2.** Se détendre, devenir radieux. *Son visage s'épanouit de joie.* - (personnes) Devenir joyeux, radieux. *À cette nouvelle, il s'est épanoui.* **3.** Se développer librement dans toutes ses possibilités. *Sa beauté, ses charmes commencent à s'épanouir.* ► **ÉPANOUI, IE** adj. *Fleur épanouie.* - *Visage épanoui.* ⇒ **radieux.** *Des formes épanouies.* ⇒ **généreux, opulent.**

ÉPANOUISSEMENT n. m. ▪ **1.** Déploiement de la corolle. *L'épanouissement des roses.* ⇒ **éclosion.** - *Un épanouissement d'étincelles.* ⇒ **gerbe. 2.** Fait de s'épanouir. *L'épanouissement du visage.* **3.** Entier développement. *L'épanouissement d'un talent. Dans tout l'épanouissement de sa beauté.* ⇒ **éclat, plénitude.**

ÉPARGNANT, ANTE n. ▪ Personne qui épargne (II, 2), met de l'argent de côté. *Les épargnants et les consommateurs. Les petits épargnants.*

ÉPARGNE n. f. ▪ **1.** Fait de dépenser moins que ce qu'on gagne. ⇒ **économie.** - loc. *CAISSE D'ÉPARGNE :* établissement qui reçoit en dépôt les économies des particuliers et leur sert un intérêt. **2.** Ensemble des sommes mises en réserve ou employées à créer du capital. *Rémunération de l'épargne.* ⇒ **intérêt.** *La petite épargne,* celle des petits épargnants. **3.** fig. Action de ménager, d'utiliser (une chose) avec modération. ⇒ **économie.** *L'épargne du temps, des forces.*

ÉPARGNER v. tr. [1] ▪ **I.** (compl. personne) **1.** Ne pas tuer (un ennemi vaincu), laisser vivre. - *Épargner un condamné.* ⇒ **gracier.** - fig. *La mort n'épargne personne.* **2.** Traiter avec ménagement, indulgence. *Épargner un adversaire.* - *Épargner l'amour-propre de qqn.* ⇒ **ménager, respecter.** - (sujet chose) *La guerre a épargné ces populations.* **3.** Ménager (en paroles, dans un écrit). *Il n'épargne personne dans ses critiques.* **II.** (compl. chose) **1.** (surtout négatif) Consommer, dépenser avec mesure, de façon à garder une réserve. ⇒ **économiser, ménager.** *Épargner le sucre. On n'a pas épargné le beurre.* **2.** Conserver, accumuler par épargne. *Épargner une somme d'argent.* ⇒ **économiser, thésauriser. 3.** Employer avec mesure. ⇒ **compter, ménager.** *Épargner sa peine, ses forces. Je n'épargnerai rien pour vous donner satisfaction.* ⇒ **négliger.** *Il a voulu lui épargner un ennui, une déception.* **4.** *ÉPARGNER UNE CHOSE À qqn :* ne pas la lui imposer, faire en sorte qu'il ne la subisse pas. ⇒ **éviter.** *Épargner une peine à qqn. Épargnez-moi vos explications.*

ÉPARPILLEMENT n. m. ▪ Action d'éparpiller, fait de s'éparpiller.

ÉPARPILLER v. tr. [1] ▪ **1.** Jeter, laisser tomber çà et là (plusieurs choses légères ou plusieurs parties d'une chose légère). ⇒ **disperser, disséminer, répandre, semer.** - au p. p. *Papiers éparpillés.* ⇒ **épars. 2.** Disposer, distribuer irrégulièrement. ⇒ **disperser.** - pronom. *La foule s'éparpilla en petits groupes.* **3.** *Éparpiller ses forces, son attention,* les disperser inefficacement. - pronom. Passer d'une idée, d'une occupation à l'autre. *Il s'éparpille trop pour réussir.*

ÉPARS, ARSE adj. ▪ **1.** au plur. Placé dans des lieux, des positions séparées et au hasard. ⇒ **dispersé, éparpillé.** *Maisons éparses autour d'un village. Cheveux épars,* non attachés. ♦ fig. *Rassembler des idées éparses, des souvenirs épars.* **2.** au sing. Dispersé ; dont les éléments sont dispersés. *Une végétation éparse.* - *Une odeur, une douleur éparse.*

ÉPATAMMENT adv. ▪ FAM. VIEILLI D'une manière épatante, très bien. ⇒ **admirablement, merveilleusement.** *Ce costume vous va épatamment.*

ÉPATANT, ANTE adj. ▪ FAM. et VIEILLI Qui provoque l'admiration, donne un grand plaisir. ⇒ **chouette, formidable.** - *C'est un type épatant.*

ÉPATE n. f. ▪ FAM. Action d'épater. ⇒ **bluff, chiqué.** *Faire de l'épate.*

ÉPATÉ, ÉE adj. ▪ Élargi à la base. *Nez épaté,* court et large. ⇒ **aplati, camus.**

ÉPATEMENT n. m. ▪ Forme de ce qui est épaté. *L'épatement du nez.*

ÉPATER v. tr. 1 ▪ **I.** VX **1.** Écraser, aplatir. **2.** Casser le pied à. *Épater un verre.* **II.** FAM. Provoquer un étonnement admiratif chez (qqn). ⇒ **ébahir, stupéfier.** *Il veut épater la galerie. Épater le bourgeois. Rien ne l'épate.* - au p. p. Très surpris. *Un air épaté.*

ÉPAULARD n. m. ▪ Mammifère marin à nageoire dorsale haute et pointue (syn. *orque*).

épaulard. *Orcinus orca.* *Phot. © Gohier/Jacana*

ÉPAULE n. f. ▪ **1.** Partie supérieure du bras à l'endroit où il s'attache au tronc. *Largeur d'épaules,* d'une épaule à l'autre (⇒ **carrure**). - loc. *Lever* (vx), *hausser les épaules,* pour manifester son indifférence, son mécontentement. - *Baisser les épaules,* accepter avec soumission. - *Avoir la tête sur les épaules,* être sensé, savoir ce qu'on fait. ♦ *Les épaules,* symbole de ce qui supporte une charge (⇒ **dos**). *Toute la responsabilité repose sur ses épaules.* **2.** La partie de la jambe de devant qui se rattache au corps (d'un quadrupède). ♦ Cette partie découpée pour la consommation. *Une épaule d'agneau, de mouton.*

ÉPAULÉ-JETÉ n. m. ▪ aux poids et haltères Mouvement consistant à amener la barre au niveau des épaules *(épaulé),* puis à la soulever rapidement à bout de bras *(jeté). Des épaulés-jetés.*

ÉPAULEMENT n. m. ▪ Mur de soutènement. - Escarpement naturel.

ÉPAULER v. tr. 1 ▪ **I.** *Épauler qqn,* l'aider dans sa réussite. ⇒ **assister, soutenir.** - pronom. S'entraider. *Ils se sont épaulés mutuellement.* **II.** *Épauler qqch.* **1.** (sujet personne) Appuyer contre l'épaule. *Épauler un fusil,* pour viser et tirer (→ mettre en joue*). **2.** (sujet chose) Amortir la poussée de (un mur, une voûte...) par une maçonnerie pleine.

ÉPAULETTE n. f. ▪ **1.** Ornement militaire fait d'une patte placée sur l'épaule. *Épaulettes d'officier.* **2.** Ruban étroit qui passe sur l'épaule pour soutenir un vêtement féminin. ⇒ **bretelle. 3.** Rembourrage en demi-cercle cousu à l'épaule d'un vêtement. *Veste à épaulettes.*

ÉPAVE n. f. ▪ **I. 1.** Coque d'un navire naufragé ; objet abandonné en mer ou rejeté sur le rivage. ♦ Véhicule irréparable. *Mettre une épave à la casse.* **2.** Personne désemparée qui ne trouve plus sa place dans la société. **II.** DR. Objet mobilier égaré par son propriétaire.

ÉPEAUTRE n. m. ▪ Blé dur.

ÉPÉE n. f. ▪ **1.** Arme blanche faite d'une lame aiguë et droite, emmanchée dans une poignée munie d'une garde. ⇒ **fleuret, rapière.** *La lame, la pointe d'une épée. Dégainer, tirer l'épée. Se battre à l'épée ; duel, escrime à l'épée.* - loc. *Passer au fil de l'épée :* tuer à l'arme blanche. - *Un coup d'épée dans l'eau,* un effort inutile, vain. - *Épée de Damoclès*,* danger qui peut s'abattre sur qqn d'un moment à l'autre. **2.** Personne qui manie (bien) l'épée. *Une fine épée.* ♦ ARGOT *Une épée :* homme courageux et redoutable. **3.** VX Le métier des armes. ♦ La guerre, les combats. **4.** Escrime* à l'épée (≠ *fleuret*).

l'abbé de l'ÉPÉE (1712-1789) ▪ Pédagogue français. Il mit au point un langage par signes pour les sourds-muets et fonda une école pour les recevoir.

ÉPEICHE n. f. ▪ Variété de pic (oiseau).

épeiche. *Dendrocopos major,* femelle. *Phot. © Danegger/Jacana*

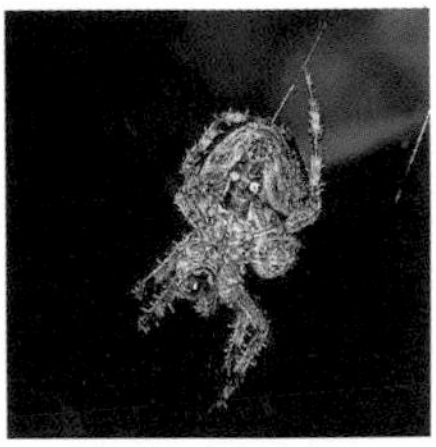

épeire. *Araneus alsine.* *Phot. © Pilloud/Jacana*

ÉPEIRE n. f. ▪ Araignée très commune, à l'abdomen développé, qui tisse des toiles à réseau concentrique.

ÉPELER v. tr. 4 ▪ **1.** Nommer successivement chacune des lettres de (un mot). *Voulez-vous épeler votre nom ?* **2.** Lire lentement, avec difficulté. ⇒ **ânonner.**

ÉPERDU, UE adj. ▪ **1.** Qui a l'esprit profondément troublé par une émotion violente. ⇒ **affolé, agité.** *Être éperdu de bonheur, de joie,* fou de. **2.** (sentiments) Très violent. ⇒ **passionné.** *Un amour éperdu. Des regards éperdus,* désespérés. **3.** Extrêmement rapide. *Une fuite éperdue.*

ÉPERDUMENT adv. ▪ D'une manière éperdue. *Être éperdument amoureux.* ⇒ **follement.** *Je m'en moque éperdument,* complètement.

ÉPERLAN n. m. ▪ Petit poisson marin *(salmonidés). Une friture d'éperlans.*

ÉPERNAY ▪ Chef-lieu d'arrondissement de la Marne. 26 682 hab. *(les Sparnaciens).* Champagne.

ÉPERON n. m. ▪ **1.** Pièce de métal fixée au talon du cavalier et terminée par une roue à pointes, pour piquer les flancs du cheval. *Coups d'éperon.* **2.** Pointe de la proue (d'un navire). **3.** Avancée en pointe. *Un éperon rocheux.*

ÉPERONNER v. tr. 1 ▪ **1.** Piquer avec des éperons (1). *Éperonner son cheval.* **2.** fig. LITTÉR. Aiguillonner, stimuler. *La peur l'éperonnait.* - au passif *Être éperonné par l'ambition.*

ÉPERVIER n. m. ▪ **I.** Oiseau rapace diurne de la taille d'un pigeon. **II.** Filet de pêche conique, garni de plomb. *Lancer l'épervier. Pêche à l'épervier.*

épervier. *Accipiter nisus,* épervier d'Europe, femelle. *Phot. © Axel/Jacana*

ÉPHÈBE n. m. ▪ dans la Grèce antique Jeune garçon arrivé à l'âge de la puberté. *Statue d'un éphèbe.* - iron. Très beau jeune homme. ⇒ **adonis, apollon.**

ÉPHÉLIDES n. f. pl. ▪ DIDACT. Taches de rousseur.

ÉPHÉMÈRE ▪ **I.** adj. **1.** VX Qui ne vit qu'un jour. **2.** Qui est de courte durée, cesse vite. ⇒ **momentané, passager, temporaire.** *Gloire éphémère. Un plaisir éphémère.* ⇒ **fragile, précaire. II.** n. m. Insecte ressemblant à une petite libellule, dont l'adulte vit quelques heures.

ÉPHÉMÉRIDE n. f. ▪ **1.** Calendrier dont on détache chaque jour une feuille. **2.** Liste groupant les événements qui se sont produits le même jour. *L'éphéméride du 5 mars.* **3.** Ouvrage indiquant pour l'année à venir les faits astronomiques ou météorologiques. **4.** au plur. Tables astronomiques donnant pour chaque jour la position des astres.

ÉPHÈSE ▪ Ville de l'Antiquité, en Asie Mineure (Turquie actuelle). Temple d'Artémis, une des Sept Merveilles du monde, brûlé en 356 av. J.-C. par Érostrate. La ville fut l'un des premiers centres chrétiens : séjour de saint Paul *("Épître aux Éphésiens"),* basilique. Le *concile d'Éphèse* (431) condamna Nestorius*.

Éphèse. Le temple d'Hadrien. *Phot. © Mattes/Explorer*

ÉPI n. m. ▪ **I. 1.** Partie terminale de la tige de certaines graminées (graines serrées). *Un épi de blé, de maïs. Égrener des épis.* ♦ Fleurs disposées le long d'un axe allongé. *Épi simple, composé, ramifié.* **2.** Mèche de cheveux dont la direction est contraire à celle des autres. **II. 1.** Ornement décorant la crête d'un toit. *L'épi d'un faîtage.* **2.** Ouvrage perpendiculaire, ramification latérale. **3.** *EN ÉPI :* selon une disposition oblique. *Voitures garées en épi.*

ÉPI- Élément savant, du grec *epi* « sur », qui signifie « au-dessus de ; en plus ».

ÉPICE n. f. ▪ **1.** Substance végétale, aromatique ou piquante, servant à l'assaisonnement des mets. ⇒ **aromate, condiment.** *La cannelle, le cumin, la noix muscade, le paprika, le poivre sont des épices.* ‑ *Pain* d'épice.* **2.** DR. anciennt *LES ÉPICES.* Cadeau offert au juge ; taxe payée dans un procès.

ÉPICÉA n. m. ▪ Conifère à tronc conique. ⇒ ② **épinette.** *Des épicéas.*

ÉPICÈNE adj. ▪ DIDACT. **1.** (terme) Qui désigne aussi bien le mâle que la femelle d'une espèce (ex. le rat). **2.** Dont la forme ne varie pas selon le genre. *« Habile » est un adjectif épicène.*

ÉPICENTRE n. m. ▪ Foyer apparent des ébranlements au cours d'un tremblement de terre (opposé au *foyer réel* ou *souterrain*).

ÉPICER v. tr. [3] ▪ Assaisonner avec des épices. ► **ÉPICÉ, ÉE** adj. **1.** *Cuisine épicée. Plat épicé.* **2.** Qui contient des éléments grivois. *Un récit assez épicé.* ⇒ **salé.**

ÉPICERIE n. f. ▪ **1.** anciennt Commerce des épices ; magasin d'épices. **2.** Vente de nombreux produits d'alimentation de consommation courante ; magasin où se fait cette vente. **3.** Produits d'alimentation qui se conservent. *Mettre l'épicerie dans un placard.*

ÉPICIER, IÈRE n. ▪ **1.** Personne qui tient une épicerie, un commerce d'épicerie. **2.** FAM. péj. Homme à l'esprit étroit, terre à terre. *Une mentalité, des idées d'épicier.*

ÉPICTÈTE (50 ‑ v. 130) ▪ Philosophe grec. Ses *"Entretiens"* et son *"Manuel"*, rédigés par Arrien, expriment une morale stoïcienne. Il est l'un des principaux représentants du stoïcisme.

ÉPICURE (341 ‑ 270 av. J.-C.) ▪ Philosophe grec. Il fonda l'école dite du Jardin.

ÉPICURIEN, IENNE adj. ▪ **1.** PHILOS. De la philosophie d'Épicure et de ses disciples. **2.** Qui ne songe qu'au plaisir. ⇒ **sensuel.** ‑ n. *Un aimable épicurien.*

ÉPICURISME n. m. ▪ **1.** PHILOS. Doctrine d'Épicure et de ses disciples. **2.** Caractère de l'épicurien (2) ; morale qui se propose la recherche du plaisir. ⇒ **hédonisme.** ■ L'épicurisme prend pour principe de la morale la recherche des plaisirs simples et naturels, et l'évitement de la souffrance. Sa physique est matérialiste (atomisme), débarrassée du destin et de la superstition.

ÉPICYCLE n. m. ▪ ASTRON. Petit cercle décrit par un astre, lorsque le centre décrit lui-même un autre cercle de ce cercle.

ÉPIDAURE ▪ Ancienne ville de Grèce (ruines du sanctuaire d'Asclépios qui était fréquenté par des malades suppliants ; théâtre du IVᵉ s. av. J.-C., bien conservé).

ÉPIDÉMIE n. f. ▪ **1.** Apparition et propagation d'une maladie infectieuse contagieuse qui frappe en même temps et en un même endroit un grand nombre de personnes, d'animaux (épizootie) ou de plantes (épiphytie). *Épidémie de choléra, de grippe. Enrayer une épidémie.* ⇒ aussi **endémie. 2.** fig. Ce qui touche un grand nombre de personnes en se propageant. ⇒ **contagion, mode.**

ÉPIDÉMIOLOGIE n. f. ▪ Étude des rapports entre les maladies et les facteurs susceptibles d'exercer une influence sur leur fréquence, leur distribution, leur évolution.

ÉPIDÉMIQUE adj. ▪ **1.** Qui a les caractères de l'épidémie. *Maladie épidémique.* **2.** Qui se propage comme une épidémie.

ÉPIDERME n. m. ▪ Couche superficielle de la peau qui recouvre le derme. *Une brûlure du premier degré n'atteint que l'épiderme.* ‑ loc. *Avoir l'épiderme sensible,* être susceptible.

ÉPIDERMIQUE adj. ▪ **1.** De l'épiderme. ⇒ **cutané.** *Tissu épidermique.* **2.** fig. Vif et superficiel. *C'est une réaction épidermique.*

ÉPIER v. tr. [7] ▪ **1.** Observer attentivement et secrètement (qqn, un animal). *Épier une personne suspecte.* ⇒ **espionner.** *Animal qui épie sa proie.* ⇒ **guetter. 2.** Observer attentivement pour découvrir (qqch.), avant d'agir. *Épier les réactions de qqn sur son visage.*

ÉPIERRER v. tr. [1] ▪ Débarrasser (un lieu) des pierres. *Épierrer un champ, un chemin.*

ÉPIEU n. m. ▪ Gros et long bâton terminé par un fer plat, large et pointu. *Des épieux.*

ÉPIGASTRE n. m. ▪ Creux de l'estomac. *Douleur de, à l'épigastre.*

ÉPIGONE n. m. ▪ LITTÉR. Successeur, imitateur. *Les épigones du naturalisme.*

les ÉPIGONES n. m. pl. ▪ Héros de la mythologie grecque qui s'emparèrent de Thèbes pour venger la mort de leurs pères (les « Sept Chefs »), parmi lesquels Polynice qui avait organisé la première expédition pour reprendre le trône à son frère.

① **ÉPIGRAMME** n. f. ▪ **1.** Petit poème satirique. **2.** Trait satirique, mot spirituel contre qqn. ⇒ **raillerie.** ► adj. ÉPIGRAMMATIQUE

② **ÉPIGRAMME** n. m. ▪ *Épigramme d'agneau :* mince tranche de poitrine.

Épidaure. Le théâtre (14 000 spectateurs). *Phot. © Dagli Orti*

Épinal. *21 juillet 1798 - Bataille des Pyramides,* image populaire de Pellerin à Épinal. Musée Carnavalet, cabinet des Estampes, Paris. *Phot. © Dagli Orti*

ÉPIGRAPHE n. f. ▪ DIDACT. **1.** Inscription placée sur un édifice pour en indiquer la date, la destination. **2.** Courte citation en tête d'un livre, d'un chapitre. *Mettre une maxime en épigraphe.*

ÉPIGRAPHIE n. f. ▪ DIDACT. Étude scientifique des inscriptions. ► adj. ÉPIGRAPHIQUE ► n. ÉPIGRAPHISTE

ÉPILATION n. f. ▪ Action d'épiler. *Épilation à la cire. Épilation électrique.*

ÉPILATOIRE adj. ▪ Qui sert à épiler. ⇒ **dépilatoire.** *Une crème épilatoire.*

ÉPILEPSIE n. f. ▪ Maladie nerveuse (en relation avec l'électricité cérébrale) avec perte de connaissance, notamment lorsqu'elle entraîne des phénomènes convulsifs (syn. anc. *le haut mal, le mal sacré*). *Crise d'épilepsie.*

ÉPILEPTIQUE adj. ▪ **1.** Relatif à l'épilepsie. *Convulsions épileptiques.* **2.** Atteint d'épilepsie. ➝ n. *Un, une épileptique.*

ÉPILER v. tr. [1] ▪ Arracher les poils de (une partie du corps). ⇒ **épilation.** *Se faire épiler les jambes. Pince à épiler.* ➝ au p. p. *Des sourcils épilés.*

ÉPILOBE n. m. ▪ BOT. Plante des montagnes et des régions froides, à fleurs roses ou mauves.

ÉPILOGUE n. m. ▪ **1.** Résumé à la fin d'un discours, d'un poème (opposé à *prologue*). ⇒ **conclusion.** ➝ Partie qui termine (un ouvrage littéraire). *L'épilogue d'un roman, d'une pièce de théâtre.* **2.** fig. Dénouement (d'une affaire longue, embrouillée).

l'**Épine.** Basilique Notre-Dame-de-l'Épine. *Phot. © Artéphot/Brumaire*

ÉPILOGUER v. tr. ind. [1] ▪ *ÉPILOGUER SUR :* faire de longs commentaires sur. *Il ne sert à rien d'épiloguer sur ce qui vient de vous arriver.*

ÉPINAL ▪ Chef-lieu des Vosges. 36 732 hab. *(les Spinaliens).* Basilique (XIe-XIVe s.). Industrie textile. Musée de l'Imagerie populaire (fabrique Pellerin d'*images* dites *d'Épinal*).

ÉPINARD n. m. ▪ **1.** Plante aux feuilles épaisses et molles d'un vert soutenu. *Des graines d'épinard.* **2.** au plur. Feuilles comestibles de cette plante. *Des épinards en branches. Veau aux épinards.* ➝ loc. fig. *Mettre du beurre* dans les épinards. Un plat d'épinards :* un paysage trop verdoyant. **3.** appos. (invar.) *Vert épinard,* sombre et soutenu.

ÉPINAY-SOUS-SÉNART ▪ Commune de l'Essonne. 13 374 hab.

ÉPINAY-SUR-ORGE ▪ Commune de l'Essonne. 9 688 hab. *(les Spinoliens).*

ÉPINAY-SUR-SEINE ▪ Commune de Seine-Saint-Denis. 48 762 hab. *(les Spinassiens).*

ÉPINE n. f. ▪ **1.** VX Arbre ou arbrisseau aux branches armées de piquants (aubépine, prunellier, etc.). ➝ loc. *La couronne d'épines* (faite de branches épineuses) *du Christ.* **2.** Piquant (d'une plante). ⇒ **aiguille.** *Les épines du rosier.* ➝ loc. *Enlever, ôter à qqn une épine du pied,* le tirer d'embarras. ➝ prov. *Il n'y a pas de rose sans épines,* tout plaisir, toute joie comporte une peine. **3.** Partie piquante de certains animaux. *Les épines du hérisson.* **4.** *ÉPINE DORSALE.* Saillie longitudinale que déterminent les vertèbres au milieu du dos. ➝ Colonne vertébrale (⇒ **spinal**), qui contient la moelle* épinière. ➝ fig. *L'épine dorsale d'une chaîne de montagnes.*

L'ÉPINE ▪ Commune de la Marne. 631 hab. *(les Épinots).* Basilique (XVe-XVIe s.) de style gothique flamboyant.

① **ÉPINETTE** n. f. ▪ Instrument de musique à clavier et à cordes pincées, plus petit qu'un clavecin.

épinette. Épinette de J. D. Birger, 1746. Coll. Paul Dupuy, Toulouse. *Phot. © Lauros/Giraudon*

② **ÉPINETTE** n. f. ▪ RÉGIONAL (Canada) Épicéa (« sapin du Canada »).

ÉPINEUX, EUSE adj. ▪ **1.** Hérissé d'épines ou de piquants. *Arbuste épineux.* → n. m. *Les épineux.* **2.** fig. Qui est plein de difficultés. ⇒ **délicat, difficile, embarrassant.** *Question épineuse.*

ÉPINE-VINETTE n. f. ▪ Arbrisseau à fleurs jaunes en grappes pendantes, dont les fruits sont des baies rouges et comestibles. *Une haie d'épines-vinettes.*

ÉPINGLE n. f. ▪ **1.** Petite tige de métal, pointue d'un bout, garnie d'une boule (tête) de l'autre, dont on se sert pour attacher, fixer des choses souples (tissu, papier, etc.). *Une pelote à épingles* (pour piquer des épingles). *Pelote d'épingles. Piqûre d'épingle.* → loc. *Être tiré à quatre épingles :* être vêtu avec un soin méticuleux. → *Tirer son épingle du jeu,* se dégager adroitement d'une situation délicate. **2.** Objet pointu, servant à attacher, à fixer. *Épingle à chapeau, épingle de cravate.* → loc. *Monter en épingle,* mettre en évidence, en relief. → *ÉPINGLE À CHEVEUX,* à deux branches, pour maintenir les chignons. fig. *Virage en épingle à cheveux,* très serré. → *Épingle de sûreté* ou *épingle de nourrice,* munie d'une fermeture. ♦ *Épingle à linge.* ⇒ **pince.**

ÉPINGLER v. tr. ① ▪ **1.** Attacher, fixer avec des épingles. *Épingler des billets ensemble. Épingler à, sur qqch.* **2.** FAM. *Épingler qqn,* l'arrêter, le faire prisonnier. *Se faire épingler,* se faire prendre. ⇒ FAM. **pincer.** → au p. p. *"Le Caporal épinglé"* (roman de J. Perret).

ÉPINGLETTE n. f. ▪ Insigne fixé au moyen d'une épingle (recomm. off. pour l'anglic. *pin's*).

ÉPINIÈRE adj. f. ▪ *Moelle épinière.* ⇒ **moelle.**

ÉPINOCHE n. f. ▪ Poisson qui porte de deux à quatre épines dorsales indépendantes. *Épinoche d'eau douce.*

ÉPIPHANIE n. f. ▪ **1.** Fête catholique qui commémore l'adoration des Rois mages *(jour des Rois). On mange la galette des Rois le jour de l'Épiphanie.* **2.** DIDACT. Manifestation de la divinité.

ÉPIPHÉNOMÈNE n. m. ▪ DIDACT. Phénomène accessoire qui accompagne un phénomène essentiel sans être pour rien dans son apparition.

ÉPIPHYSE n. f. ▪ Extrémité renflée (d'un os long).

ÉPIPHYTE adj. ▪ BOT. Qui croît sur d'autres plantes sans en tirer sa nourriture (≠ *parasite*).

ÉPIPLOON [-plɔɔ̃] n. m. ▪ ANAT. Repli du péritoine.

ÉPIQUE adj. ▪ **1.** Qui raconte en vers une action héroïque (⇒ **épopée**). *L'Iliade, la Chanson de Roland sont des poèmes épiques.* → Relatif à l'épopée. *Style épique. Vers épiques,* employés par l'épopée. **2.** Digne de figurer dans une épopée. → iron. *Il y eut des scènes, des discussions épiques.*

l'ÉPIRE n. f. ▪ Région montagneuse partagée entre la Grèce (9 302 km^2 ; 339 210 hab.) et l'Albanie. Royaume des Molosses au IVe s. av. J.-C., l'Épire atteignit son apogée sous Pyrrhus, mais fut annexée par Rome, par Byzance puis par les Ottomans.

ÉPISCOPAL, ALE, AUX adj. ▪ D'un évêque. *Les ornements épiscopaux.*

ÉPISCOPAT n. m. ▪ **1.** Dignité, fonction d'évêque ; sa durée. **2.** Ensemble des évêques. *L'épiscopat français.*

ÉPISIOTOMIE n. f. ▪ Incision du périnée pratiquée lors de l'accouchement pour éviter les déchirures. ◇ abrév. FAM. ÉPISIO.

ÉPISODE n. m. ▪ **1.** Action secondaire (dans une œuvre d'imagination, pièce, roman, film). *Un épisode comique dans une histoire tragique.* **2.** Fait accessoire qui se rattache à un ensemble. ⇒ **circonstance.** *Ce n'est qu'un épisode dans sa vie.* ⇒ **péripétie. 3.** Division (d'un roman, d'un film...). *Émission de télévision, feuilleton à épisodes* (⇒ **série**).

ÉPISODIQUE adj. ▪ **1.** LITTÉR. De l'épisode (1), au théâtre. **2.** RARE Qui a un caractère secondaire. *C'est un événement épisodique.* **3.** Qui se produit de temps en temps, irrégulièrement. ⇒ **intermittent.** *On ne le voit que de façon épisodique.* ► adv. ÉPISODIQUEMENT

ÉPISSURE n. f. ▪ MAR. Jonction, nœud de deux cordages dont on entrelace les éléments. → *Épissure de câbles, de fils électriques.*

ÉPISTÉMOLOGIE n. f. ▪ DIDACT. **1.** Étude critique des sciences, destinée à déterminer leur origine logique, leur valeur et leur portée (théorie de la connaissance). **2.** Théorie de la connaissance ; « étude de la constitution des connaissances valables » (Piaget). ► adj. ÉPISTÉMOLOGIQUE

ÉPISTÉMOLOGUE ou **ÉPISTÉMOLOGISTE** n. ▪ Spécialiste de l'épistémologie (1 et 2).

ÉPISTOLAIRE adj. ▪ Qui a rapport à la correspondance par lettres. *Être en relations épistolaires avec qqn. La littérature épistolaire.*

ÉPISTOLIER, IÈRE n. ▪ LITTÉR. Écrivain, personne qui écrit des lettres.

ÉPITAPHE n. f. ▪ Inscription funéraire. *L'épitaphe commence souvent par « ci-gît ».*

ÉPITHALAME n. m. ▪ LITTÉR. Poème composé à l'occasion d'un mariage.

ÉPITHÉLIAL, ALE, AUX adj. ▪ De l'épithélium. *Cellules épithéliales.*

ÉPITHÉLIUM [-jɔm] n. m. ▪ BIOL. Tissu formé de cellules juxtaposées qui recouvre la surface du corps ou qui tapisse l'intérieur de tous les organes creux. *Épithélium simple, stratifié.*

ÉPITHÈTE n. f. ▪ **1.** Ce qu'on adjoint à un nom, à un pronom pour le qualifier (adjectif qualificatif, nom, expression en apposition). → n. f. et adj. GRAMM. Se dit d'un adjectif qualificatif qui n'est pas relié au nom par un verbe (opposé à *attribut*). *Dans « une grande maison », « grande » est épithète de « maison ».* **2.** Qualification (louangeuse ou injurieuse) donnée à qqn.

ÉPITOGE n. f. ▪ **1.** ANTIQ. ROMAINE Vêtement porté sur la toge. **2.** Bande d'étoffe garnie d'hermine, fixée à l'épaule de la robe de cérémonie des magistrats, de certains professeurs.

ÉPITOMÉ n. m. ▪ DIDACT. Abrégé d'histoire antique.

ÉPÎTRE n. f. ▪ **1.** DIDACT. chez les Anciens Lettre. *Les épîtres de Cicéron. Les Épîtres du Nouveau Testament* (voir ci-dessous). **2.** LITTÉR. Lettre en vers. *Les épîtres de Boileau.*

les ÉPÎTRES DU NOUVEAU TESTAMENT ou **ÉPÎTRES DES APÔTRES** ▪ Ensemble de 21 lettres attribuées à différents Apôtres (14 à saint Paul, les 7 autres à Jacques, Pierre [I et II], Jean [I, II, III] et Jude), placées dans le Nouveau Testament (→ **Bible**).

ÉPIZOOTIE [-zooti] n. f. ▪ DIDACT. Épidémie qui frappe les animaux. *Épizootie de fièvre aphteuse.* ► adj. ÉPIZOOTIQUE [-zootik]

ÉPLORÉ, ÉE adj. ▪ LITTÉR. Qui est tout en pleurs. *Elle s'est enfuie tout éplorée.* → *Air, visage éploré.* ⇒ **désolé, triste.**

ÉPLOYER v. tr. ⑧ ▪ LITTÉR. *Éployer ses ailes.* ⇒ **déployer, étendre.**

ÉPLUCHAGE n. m. ▪ **1.** Action d'éplucher (un fruit, un légume). **2.** Examen détaillé. *L'épluchage des comptes.*

ÉPLUCHE-LÉGUMES n. m. ▪ Couteau à éplucher les fruits, les légumes dont la lame comporte des fentes tranchantes.

ÉPLUCHER v. tr. ① ▪ **1.** Nettoyer en enlevant les parties inutiles ou mauvaises, en coupant, grattant. ⇒ **décortiquer, peler.** *Éplucher de la salade, des radis, des pois* (écosser). → Enlever la peau de. ⇒ **peler.** *Éplucher des pommes de terre, une pêche.* **2.** fig. Examiner avec un soin minutieux afin de découvrir ce qu'il peut y avoir à critiquer. *Éplucher un compte.*

ÉPLUCHEUR, EUSE n. ▪ Personne ou instrument qui épluche. *Un éplucheur électrique.* → en appos. *Couteau éplucheur.*

ÉPLUCHURE n. f. ▪ Ce qu'on enlève à une chose en l'épluchant. *Des épluchures de pommes de terre. Épluchures d'oranges.* ⇒ **pelure.**

ÉPODE n. f. ▪ Troisième partie d'une ode. *Une ode se divise en strophe, antistrophe et épode.*

ÉPOINTER v. tr. ① ▪ Émousser en ôtant, en cassant ou en usant la pointe. *Épointer une aiguille.*

ÉPONGE n. f. ▪ **I. 1.** Substance légère et poreuse (d'abord faite d'une *éponge,* II), qui peut absorber les liquides et les rejeter à la pression ; objet fait de cette substance (⇒ **spongieux**). *Éponge de toilette. Éponge en caoutchouc, en plastique. Nettoyer avec une éponge.* ⇒ **éponger. 2.** loc. *Presser l'éponge,* soutirer de qqn tout ce que l'on peut. → *Passer l'éponge sur une faute,* la pardonner, n'en plus parler. → *Jeter* *l'éponge,* abandonner un combat (d'abord en boxe), une lutte. **3.** appos. (invar.) *Tissu éponge,* dont les fils dressés absorbent l'eau. *Des tissus éponge. Serviette éponge,* en un tel tissu. **4.** ARGOT Poumons. **II.** Animal marin, fixé, de forme irrégulière et dont le squelette léger et poreux fournit la matière appelée *éponge* (I, 1). *Pêcheur d'éponges.*

ÉPONGER v. tr. 3 ▪ **1.** Étancher, sécher (un liquide) avec une éponge, un chiffon. **2.** Essuyer, sécher. *Éponger son front, s'éponger le front avec un mouchoir.* **3.** fig. Résorber (un excédent financier) ; absorber (ce qui est en trop). *Éponger une dette.* ⇒ **supprimer.**

ÉPONYME adj. ▪ DIDACT. Qui donne son nom à (qqn, qqch.). *Héros éponyme. Athéna, déesse éponyme d'Athènes.*

ÉPOPÉE n. f. ▪ **1.** Long poème ou récit de style élevé où la légende se mêle à l'histoire pour célébrer un héros ou un grand fait (⇒ **épique**). *Les épopées du Moyen Âge* (chansons de geste). **2.** Suite d'événements historiques de caractère héroïque et sublime. *L'épopée napoléonienne.*

ÉPOQUE n. f. ▪ **1.** VIEILLI Point d'arrêt (dans le raisonnement ; d'un astre ; dans le temps). ♦ Point déterminé dans le temps, marquant le début d'une ère ; moment important. *"Les Époques de la nature"* (ouvrage de Cuvier). ♦ loc. *Faire époque :* faire date*. **2.** MOD. Période historique déterminée par des événements importants ou caractérisée par un état de choses. *L'époque des grandes invasions.* ⇒ **période.** *L'époque d'Henri IV.* ⇒ **règne.** *Nous vivons une drôle d'époque ! Quelle époque !* - loc. *La Belle Époque,* les premières années du XXe siècle (considérées comme agréables, mondaines, légères). **3.** Période caractérisée par un style artistique. *Le théâtre de l'époque classique.* - *D'ÉPOQUE :* vraiment ancien. *Une commode Louis XVI d'époque,* authentique. **4.** Période marquée par un fait déterminé. *L'époque d'une rencontre.* ⇒ **date, moment.** *L'époque des semailles,* la saison. - *À la même, à pareille époque* (moment de l'année). **5.** Division d'une période géologique. *L'époque carbonifère.*

ÉPOUILLAGE n. m. ▪ Action d'épouiller.

ÉPOUILLER v. tr. 1 ▪ Débarrasser (un être vivant) de ses poux. - pronom. *Un singe qui s'épouille.*

S'ÉPOUMONER v. pron. 1 ▪ Parler, crier très fort. *Cesse donc de t'époumoner !* ⇒ **hurler.** - Se fatiguer (en parlant). ⇒ s'**essouffler.** *Il s'époumonait à nous convaincre.*

ÉPOUSAILLES n. f. pl. ▪ VX ou plais. Célébration d'un mariage. ⇒ **noce.**

ÉPOUSE ⇒ ÉPOUX

ÉPOUSER v. tr. 1 ▪ **1.** Prendre pour époux, épouse ; se marier avec. *Épouser qqn par amour, par intérêt.* - pronom. *Ils se sont épousés l'année dernière.* **2.** fig. S'attacher de propos délibéré et avec ardeur à (qqch.). *Épouser les idées, les opinions de qqn.* ⇒ **partager.** *Il épouse nos intérêts.* ⇒ **soutenir.** **3.** S'adapter exactement à (une forme, un mouvement). *Cette robe épouse les formes du corps.* ⇒ **mouler.**

ÉPOUSSETAGE n. m. ▪ Action d'épousseter.

ÉPOUSSETER v. tr. 4 ▪ Nettoyer, en ôtant la poussière avec un chiffon, un plumeau, etc. *Épousseter des meubles, des bibelots.*

ÉPOUSSETTE n. f. ▪ VX ou RÉGIONAL Petit balai. - Chiffon pour nettoyer un cheval.

ÉPOUSTOUFLANT, ANTE adj. ▪ FAM. Extraordinaire, prodigieux. *Une réussite époustouflante.*

ÉPOUSTOUFLER v. tr. 1 ▪ FAM. Jeter (qqn) dans l'étonnement, la surprise admirative. ⇒ **épater, étonner.** *Votre histoire m'a époustouflé.*

ÉPOUVANTABLE adj. ▪ **1.** Qui cause ou est de nature à causer de l'épouvante. *Des cris épouvantables.* ⇒ **effroyable, horrible, terrifiant.** *Un crime épouvantable.* ⇒ **atroce, monstrueux.** **2.** Inquiétant, très mauvais. *Il a une mine épouvantable.* - Très désagréable. *Il fait un temps épouvantable.* ⇒ **affreux.** **3.** Excessif. *Un bruit, un fracas épouvantable.* ⇒ **violent.**

ÉPOUVANTABLEMENT adv. ▪ D'une manière épouvantable.

ÉPOUVANTAIL n. m. ▪ **1.** Objet (mannequin vêtu de haillons, etc.) qu'on met dans les champs, les jardins, les arbres pour effrayer les oiseaux. *Des épouvantails à moineaux.* - *Être habillé comme un épouvantail.* **2.** fig. Chose, personne qui inspire d'excessives terreurs. ⇒ **croquemitaine.**

ÉPOUVANTE n. f. ▪ **1.** Peur violente et soudaine causée par qqch. d'extraordinaire, de menaçant. ⇒ **effroi, frayeur, horreur, terreur.** *Rester cloué, glacé d'épouvante. Roman, film d'épouvante.* **2.** Vive inquiétude. ⇒ **appréhension.** *Je vois venir la rentrée des classes avec épouvante.*

ÉPOUVANTER v. tr. 1 ▪ **1.** Remplir d'épouvante. ⇒ **effrayer, terrifier.** *Les armes atomiques épouvantent le monde.* - au p. p. *Il s'enfuit, épouvanté.* **2.** Causer de vives appréhensions à. ⇒ **effrayer, inquiéter.** *L'idée de partir à l'étranger l'épouvante.*

ÉPOUX, OUSE n. ▪ **1.** Personne unie à une autre par le mariage. *Prendre qqn pour époux, pour épouse.* ⇒ **femme, mari.** *Les époux,* les conjoints. *C'est son épouse légitime.* **2.** *ÉPOUSE* (quand *femme* serait ambigu). *Elle est plus mère qu'épouse.*

S'ÉPRENDRE v. pron. 58 ▪ **1.** LITTÉR. Être saisi, entraîné (par un sentiment, une passion). **2.** Devenir amoureux (de qqn). *Ils se sont épris l'un de l'autre.* **3.** Commencer à aimer (qqch.). ⇒ se **passionner.** *S'éprendre d'un idéal.*

ÉPREUVE n. f. ▪ **I. 1.** VX Action d'éprouver. *Faire l'épreuve d'une machine.* **2.** Ce qui permet de juger la valeur de (une idée, une qualité, une personne, une œuvre...). ⇒ **critère, pierre** de touche, **test.** *Le danger, épreuve du courage. Cet exercice est une épreuve d'intelligence.* **3.** *À L'ÉPREUVE. Mettre à l'épreuve,* éprouver (I). *Mettre la patience de qqn à rude épreuve,* abuser de sa patience. - *À TOUTE ÉPREUVE :* inébranlable, résistant. *Une patience, une santé à toute épreuve.* **4.** Essai qui permet de juger les qualités de qqch. *Épreuve de résistance.* - *À L'ÉPREUVE DE :* capable de résister à. *Vêtement à l'épreuve des balles.* **5.** Acte imposé à qqn et destiné à lui conférer une qualité, une dignité, à le classer. *Des épreuves d'initiation, initiatiques. Les épreuves d'un examen. Épreuves écrites* (composition, devoir), *orales* (interrogation, oral). *Épreuves éliminatoires.* ♦ Compétition. *Les épreuves d'un championnat. Épreuve contre la montre.* **II.** (Résultat d'une *épreuve,* I) **1.** Texte imprimé d'un manuscrit tel qu'il sort de la composition. *Corriger les épreuves.* **2.** Exemplaire d'une estampe. *Une épreuve numérotée.* ♦ Photographie. *Épreuve négative.* ⇒ **négatif.** **III.** Souffrance, malheur, difficulté qui atteint directement qqn. *Vie pleine d'épreuves, remplie d'épreuves.* ⇒ **malheur, peine.** *Des épreuves pénibles.*

ÉPRIS, ISE adj. ▪ **1.** *Épris de qqch.,* pris de passion pour (qqch.). *Être épris de justice. "Le Cœur d'amour épris"* (roman du roi René). **2.** *Épris de qqn,* amoureux de qqn. *Il semble très épris de cette femme.* - sans compl. *Elle paraît très éprise.*

ÉPROUVANT, ANTE adj. ▪ Difficile à supporter. *Une journée très éprouvante,* épuisante.

ÉPROUVER v. tr. 1 ▪ **I. 1.** Essayer (qqch.) pour vérifier la valeur, la qualité. ⇒ **expérimenter ; épreuve** (I). *Éprouver les connaissances de qqn en l'interrogeant. Éprouver la valeur de qqn, de qqch.,* mettre à l'épreuve. - au p. p. *Des qualités éprouvées,* certaines. **2.** Apprécier, connaître par une expérience personnelle. ⇒ **constater, reconnaître.** *Il éprouva à ses dépens qu'on ne pouvait se fier à eux.* **3.** Ressentir (une sensation, un sentiment). *Éprouver un besoin, un désir, une impression. Éprouver de la gêne, de la joie.* **II. 1.** (sujet chose) Faire subir une épreuve (III), des souffrances à (qqn). *La perte de son père l'a bien éprouvé.* ⇒ **frapper.** *La guerre a durement éprouvé ce pays.* - au p. p. *C'est un homme (très) éprouvé.* **2.** Subir. *Il a éprouvé des difficultés. Éprouver des pertes.*

ÉPROUVETTE n. f. ▪ **1.** Tube allongé fermé à un bout, employé dans les expériences de laboratoire pour recueillir ou manipuler les gaz et les liquides. ⇒ **tube** à essai. - FAM. *Bébé*-éprouvette.* **2.** TECHN. Échantillon d'un métal dont on éprouve les qualités.

EPSILON [ɛpsilɔn] n. m. ▪ Nom du *e* bref (Ε, ε) et cinquième lettre de l'alphabet grec.

EPSOM ▪ Ville d'Angleterre (Surrey) où a lieu, depuis 1779, le *Derby,* célèbre course de chevaux. 75 000 hab.

sir Jacob EPSTEIN (1880 - 1959) ▪ Sculpteur britannique. Influencée par les arts roman et primitif, son œuvre, qui fit scandale, contribua à dégager la sculpture britannique du conformisme académique.

Jacob **Epstein.** Buste de la princesse Nachja de Bragance. MNAMGP, Paris.
Phot. © MNAMGP

Jean EPSTEIN (1897 - 1953) ▪ Cinéaste français. Théoricien de l'avant-garde, il exerça une influence profonde sur l'évolution du cinéma. *"La Chute de la maison Usher"* (1928).

Jean **Epstein.** *La Chute de la maison Usher.*
Phot. © Coll. Christophe L.

l'EPTE n. f. ▪ Rivière de Normandie, affluent de la Seine. 101 km.

ÉPUISANT, ANTE adj. ▪ Qui fatigue beaucoup. ⇒ **éprouvant, éreintant.**

ÉPUISÉ, ÉE adj. ▪ **1.** Qui n'est pas disponible pour la vente. *Livre épuisé.* **2.** À bout de forces. ⇒ **exténué, harassé.** *Tomber épuisé.*

ÉPUISEMENT n. m. ▪ **1.** Action d'épuiser (I) ; état de ce qui est épuisé. *L'épuisement du sol.* ⇒ **appauvrissement.** *L'épuisement des provisions.* **2.** Absence de forces, grande faiblesse (physique ou morale). ⇒ **abattement, faiblesse, fatigue.** *L'épuisement des forces, de l'énergie. Il est dans un état d'épuisement extrême.*

ÉPUISER v. tr. [1] ▪ **I. 1.** Utiliser (qqch.) jusqu'à ce qu'il ne reste plus rien. ⇒ **consommer, dépenser, user.** *Épuiser toutes les réserves. La mine, la terre est épuisée,* ne peut plus rien donner. *Épuiser un stock* (en le vendant). ⇒ **écouler ; épuisé** (1). **2.** fig. User jusqu'au bout. *Épuiser la patience de qqn.* ⇒ **lasser.** *Ce travail a épuisé toute son énergie.* - *Épuiser un sujet,* le traiter à fond. **II.** Réduire (qqn, ses forces, sa santé) à un affaiblissement complet. ⇒ **affaiblir, exténuer, fatiguer, user ;** FAM. **vider.** *Cette maladie l'épuise.* - Excéder, lasser. *Son bavardage m'épuise.* ► **s'ÉPUISER** v. pron. Perdre ses forces. *S'épuiser à faire qqch.* ⇒ **s'éreinter.** *Il s'épuise au travail ; à travailler.* ⇒ se **tuer.** - par exagér. *Je m'épuise à vous le répéter.* ⇒ **s'évertuer.**

ÉPUISETTE n. f. ▪ Petit filet de pêche en forme de poche monté sur un cerceau et fixé à un long manche. *Sortir un poisson de l'eau avec une épuisette.*

ÉPURATEUR n. m. ▪ Appareil pour épurer (les liquides, les gaz).

ÉPURATION n. f. ▪ **1.** Action d'épurer. ⇒ **purification.** *Épuration des eaux naturelles. Station d'épuration.* **2.** Assainissement, purification. *L'épuration des mœurs. Épuration de la langue.* **3.** Élimination (des membres qu'on juge indésirables) dans une association, un parti. ⇒ **exclusion, purge.** - HIST. *L'épuration* (des collaborateurs, en 1944).

ÉPURE n. f. ▪ **1.** Dessin au trait qui donne l'élévation, le plan et le profil d'une figure (projetée avec les cotes précisant ses dimensions). ⇒ **plan.** *L'épure d'une voûte, d'une charpente.* **2.** fig. Schéma simplifié. - loc. *Les limites de l'épure,* du projet.

ÉPURER v. tr. [1] ▪ **1.** Rendre pur, plus pur, en éliminant les éléments étrangers. ⇒ **purifier ; épuration.** *Épurer de l'eau. Épurer un minerai.* **2.** fig. Rendre meilleur, plus correct ou plus fin. ⇒ **améliorer, perfectionner.** *Épurer le goût, les mœurs.* - au p. p. *Une langue épurée,* châtiée. **3.** Éliminer certains éléments de (un groupe, une société). *Épurer une administration.*

ÉQUANIMITÉ [ekwa-] n. f. ▪ LITTÉR. Égalité d'âme, d'humeur. ⇒ **indifférence, sérénité.** *Il a supporté ces critiques avec équanimité.*

ÉQUARRIR v. tr. [2] ▪ **I.** Tailler pour rendre carré, régulier. *Équarrir une poutre* (⇒ **charpenter**). - au p. p. *Une pièce de bois équarrie.* fig. *Mal équarri,* grossier. **II.** Couper en quartiers, dépecer (un animal mort). *Équarrir un cheval.*

ÉQUARRISSAGE n. m. ▪ **I.** Action d'équarrir (I). *L'équarrissage d'une poutre.* **II.** Abattage et dépeçage d'animaux impropres à la consommation alimentaire (chevaux, etc.). *"L'Équarrissage pour tous"* (pièce de Boris Vian).

ÉQUARRISSEUR n. m. ▪ Personne dont le métier est d'équarrir les animaux.

ÉQUATEUR [ekwa-] n. m. ▪ **1.** Grand cercle de la sphère terrestre, perpendiculaire à son axe de rotation. *L'équateur est situé à égale distance des pôles. Les méridiens sont perpendiculaires à l'équateur.* **2.** Régions comprises dans la zone équatoriale (jusqu'aux tropiques). **3.** *Équateur céleste,* grand cercle de la sphère céleste (dans le même plan que l'équateur terrestre).

l'ÉQUATEUR n. m. ▪ État d'Amérique du Sud situé dans les latitudes de l'équateur, sur le Pacifique. 283 561 km² (avec les îles Galápagos). 11 000 000 hab. *(les Équatoriens).* Capitale : Quito. Langues : espagnol (officielle), quechua. Monnaie : sucre. Les ressources minières des Andes sont encore peu exploitées, et l'économie concentrée essentiellement sur la plaine côtière : cultures tropicales, pêche et crevettes en aquaculture (port de Guayaquil). L'exploitation du pétrole a été favorisée au détriment de l'agriculture. □ HISTOIRE Ancienne partie de l'Empire inca conquise par les Espagnols au XVIe s., libérée par Sucre en 1822 et intégrée à la Grande-Colombie (→ **Colombie**), l'Équateur se proclama indépendant en 1830. Après un siècle d'alternances difficiles entre conservateurs et libéraux, Velasco Ibarra domina la scène politique (1944-1972). Les militaires prirent le pouvoir en 1972, puis laissèrent la place aux civils en 1979.

ÉQUATION [ekwa-] n. f. ▪ **1.** MATH. Relation d'égalité qui n'est vérifiée que pour certaines valeurs de la variable, appelée inconnue. *Résoudre une équation,* déterminer ces valeurs (appelées *solutions de l'équation*). *Système d'équations à deux inconnues.* **2.** Formule d'égalité ou formule rendant deux quantités égales. - *Équation chimique :* représentation d'une réaction sous la forme de deux membres séparés par une flèche.

ÉQUATORIAL, IALE, IAUX [ekwa-] ▪ **I.** adj. **1.** Relatif à l'équateur terrestre. *La zone équatoriale,* comprise entre les deux tropiques. **2.** De l'équateur céleste. *Coordonnées équatoriales d'un astre* (ascension droite et déclinaison). **II.** n. m. ASTRON. Appareil qui sert à mesurer la position d'une étoile.

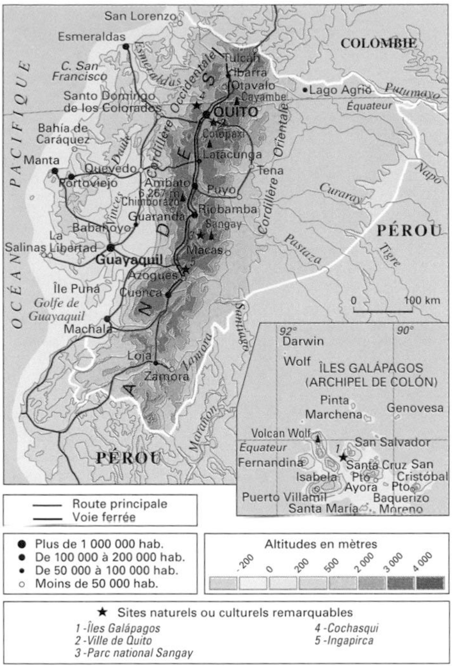

Équateur.

ÉQUERRE n. f. ▪ **1.** Instrument destiné à tracer des angles droits ou à élever des perpendiculaires. *Équerre à dessiner,* en forme de triangle rectangle. *Équerre en T.* ⇒ **té.** **2.** *À L'ÉQUERRE, EN ÉQUERRE :* à angle droit. *Monter à la corde lisse, les jambes en équerre,* faisant un angle droit avec le tronc. ▸ *D'ÉQUERRE* loc. adv. : à angle droit. *Mettre une pièce de bois d'équerre.*

ÉQUESTRE adj. ▪ **1.** Qui représente une personne à cheval. *Figure, statue équestre.* **2.** Relatif à l'équitation. *Exercices équestres.*

ÉQUEURDREVILLE-HAINNEVILLE ▪ Commune de la Manche, banlieue de Cherbourg. 18 256 hab. *(les Équeurdrevillais-Hainnevillais).*

ÉQUEUTER v. tr. ① ▪ Dépouiller (un fruit) de sa queue. *Équeuter des cerises.*

ÉQUI- [ekɥi ; eki] Élément savant, du latin *aequus* « égal ».

ÉQUIDÉS n. m. pl. ▪ Famille de mammifères à pattes terminées par un seul doigt. *Le cheval, l'âne sont des équidés.* ▸ au sing. *Un équidé.*

ÉQUIDISTANT, ANTE [ekɥi-] adj. ▪ Qui est à égale distance de points (de droites, de plans) déterminés. *Tous les points d'un cercle sont équidistants du centre.*

équatorial. Forêt équatoriale dans les Andes (Équateur). *Phot. © Kasch/ Schuster Bild/Explorer*

ÉQUILATÉRAL, ALE, AUX [ekɥi-] adj. ▪ Dont tous les côtés sont égaux. *Triangle équilatéral.*

ÉQUILIBRAGE n. m. ▪ Action d'équilibrer ; son résultat.

ÉQUILIBRE n. m. ▪ **I.** État de ce qui est soumis à des forces qui se compensent (opposé à *déséquilibre*). **1.** SC. *Équilibre des plateaux d'une balance. Équilibre stable, instable.* ▸ *Équilibre chimique.* **2.** Attitude ou position verticale stable. *L'équilibre du corps.* ⇒ **aplomb.** *Garder, perdre l'équilibre. Faire un exercice d'équilibre* (⇒ **équilibriste**). ▸ *EN ÉQUILIBRE. Être, mettre en équilibre* (⇒ **équilibrer**). *Marcher en équilibre sur une poutre.* **II. 1.** Juste proportion entre des choses opposées ; état de stabilité ou d'harmonie qui en résulte. *Faire, rétablir l'équilibre,* rendre les choses égales. *L'équilibre politique, économique du monde, de l'Europe. Équilibre budgétaire.* **2.** Harmonie entre les tendances psychiques qui se traduit par une activité, une adaptation considérées comme normales. *C'est un homme très intelligent, mais il manque d'équilibre.* **3.** Répartition des lignes, des masses, des pleins et des vides ; agencement harmonieux. ⇒ **proportion, symétrie.** *L'équilibre des volumes dans un groupe sculpté.*

ÉQUILIBRÉ, ÉE adj. ▪ **1.** En équilibre. ⇒ **stable.** *Balance équilibrée.* **2.** *Esprit, caractère (bien) équilibré,* dont les qualités sont dans un rapport harmonieux. *Il n'est pas très équilibré* (⇒ **déséquilibré**).

ÉQUILIBRER v. tr. ① ▪ **1.** Opposer une force à (une autre), de manière à créer l'équilibre. ⇒ **compenser.** *Équilibrer un poids par un contrepoids.* **2.** Mettre en équilibre ; rendre stable. *Équilibrer une balançoire.* ⇒ **stabiliser.** *Équilibrer les masses, les volumes dans une composition, un tableau. Équilibrer son budget.* ► **S'ÉQUILIBRER** v. pron. *Ses qualités et ses défauts s'équilibrent.*

ÉQUILIBRISTE n. ▪ Personne dont le métier est de faire des tours d'adresse, d'équilibre. ⇒ **acrobate.**

ÉQUILLE n. f. ▪ Poisson long et mince qui s'enfouit dans le sable.

ÉQUINOXE n. m. ▪ L'une des deux périodes de l'année où le jour a une durée égale à celle de la nuit (parce que le Soleil traverse l'équateur céleste). *Équinoxe de printemps* (21 mars), *d'automne* (23 septembre). *Les équinoxes et les solstices.* ▸ *Marées d'équinoxe,* les plus hautes de l'année.

ÉQUIPAGE n. m. ▪ **I. 1.** Personnel navigant, marins assurant la manœuvre et le service sur un navire. *Les hommes d'équipage.* **2.** Ensemble des personnes qui assurent la manœuvre d'un avion (et personnel attaché au service dans les avions de transport). **II. 1.** anciennt Voitures, chevaux et le personnel qui en a la charge. *L'équipage d'un prince.* **2.** loc. *TRAIN DES ÉQUIPAGES :* organisation militaire qui s'occupe du matériel, de son transport. ⇒ **équipement. 3.** loc. VX *Être en mauvais, triste, piteux équipage,* dans un triste état (⇒ **situation**).

ÉQUIPE n. f. ▪ **1.** Groupe de personnes devant accomplir une tâche commune. *Former une équipe soudée, unie. Une équipe de chercheurs.* ▸ loc. *Travailler en équipe. Faire équipe avec qqn. Chef d'équipe.* ▸ *ESPRIT D'ÉQUIPE,* animant une équipe dont les membres collaborent en parfait accord. *Il n'a pas l'esprit d'équipe.* **2.** Groupe de personnes qui agissent, se distraient ensemble. *C'est une bonne équipe de copains. En voilà une équipe !* **3.** Groupe de joueurs pratiquant un même sport. *Jouer en équipe, par équipe* (⇒ **équipier**). *Sport d'équipe. Une équipe de football, de rugby.*

ÉQUIPÉE n. f. ▪ **1.** Sortie, promenade en toute liberté. **2.** Action entreprise à la légère. ⇒ **aventure.** *Une folle, une joyeuse équipée. Une équipée galante.*

ÉQUIPEMENT n. m. ▪ **1.** Objets nécessaires à l'armement, à l'entretien (d'une armée, d'un soldat). ⇒ **matériel. 2.** Ce qui sert à équiper une personne, un animal, une chose en vue d'une activité déterminée (objets, vêtements, appareils, accessoires). *Équipement de chasse, de pêche, de ski. L'équipement d'une usine.* ⇒ **matériel, outillage.** *Moderniser l'équipement industriel d'une région.*

ÉQUIPER v. tr. ① ▪ Pourvoir des choses nécessaires à une activité. *Équiper une armée ; un navire.* ⇒ **armer, fréter.** ▸ *Équiper une voiture d'une boîte de vitesses automatique.* ⇒ **munir.** ▸ *Équiper un local.* ⇒ **aménager, installer.** ▸ pronom. *S'équiper pour un voyage.* ▸ au p. p. *Être bien équipé pour la chasse. Une cuisine équipée.*

ÉQUIPIER, IÈRE n. ▪ Membre d'une équipe (sportive). ⇒ **coéquipier.** *Équipier en titre* (opposé à *remplaçant*).

ÉQUIPOLLENT, ENTE [ekɥi-] adj. ▪ MATH. *Bipoints équipollents,* définissant un parallélogramme.

ÉQUITABLE adj. ▪ **1.** LITTÉR. Qui a de l'équité. *Un arbitre équitable.* ⇒ **impartial, intègre. 2.** (choses) Conforme à l'équité. *Un partage équitable.*

ÉQUITABLEMENT adv. ▪ D'une manière équitable. *Juger équitablement des torts de chacun.* ⇒ **impartialement.**

ÉQUITATION n. f. ▪ Action et art de monter à cheval. *École d'équitation. Équitation de cirque.* ⇒ **voltige** ; haute **école.** *Équitation de compétition.* ⇒ **hippisme.**

ÉQUITÉ n. f. ▪ **1.** Vertu qui consiste à régler sa conduite sur le sentiment naturel du juste et de l'injuste (s'oppose à *iniquité*). ⇒ **justice.** *Conforme à l'équité* (⇒ **équitable**). - *En toute équité, je reconnais qu'il a raison.* ⇒ **impartialité. 2.** DR. Justice spontanée, qui n'est pas inspirée par les règles du droit en vigueur (opposé à *droit positif,* à *loi*).

ÉQUIVALENCE n. f. ▪ Qualité de ce qui est équivalent. ⇒ **égalité, identité.** *L'équivalence des fortunes.* - Assimilation d'un titre, d'un diplôme à un autre. *Accorder une équivalence à qqn.*

ÉQUIVALENT, ENTE ▪ **I.** adj. **1.** Dont la quantité a la même valeur. ⇒ **égal.** *Ces deux sommes sont équivalentes.* **2.** Qui a la même valeur ou fonction. ⇒ **comparable, semblable.** *Diplômes européens équivalents. Ces deux expressions sont équivalentes, l'une est équivalente à l'autre.* ⇒ **synonyme. II.** n. m. Ce qui équivaut, la chose équivalente (en quantité ou en qualité). *On lui a proposé des équivalents. Une qualité sans équivalent,* unique. - *Mot anglais qui n'a pas d'équivalent en français.*

ÉQUIVALOIR v. tr. ind. [29] rare à l'inf. ▪ *ÉQUIVALOIR À :* valoir autant, être de même valeur que. ⇒ **égaler. 1.** Avoir la même valeur en quantité que. *En valeur nutritive, deux cents grammes de poisson équivalent à cent grammes de viande.* **2.** Avoir la même valeur ou fonction que. *Cette réponse équivaut à un refus.*

ÉQUIVOQUE ▪ **I.** adj. **1.** Qui peut s'interpréter de plusieurs manières, et n'est pas clair. ⇒ **ambigu.** *Phrase, réponse équivoque.* **2.** Qui peut s'expliquer de diverses façons. *Situation, décision, position équivoque.* **3.** Qui n'inspire pas confiance. *Passé, réputation équivoque.* ⇒ **douteux, louche.** *Regards, allures équivoques.* ⇒ **inquiétant. II.** n. f. **1.** Caractère de ce qui prête à des interprétations diverses. ⇒ **ambiguïté.** *Cette équivoque entretient la confusion. Une déclaration sans équivoque.* **2.** Incertitude laissant le jugement hésitant. *Qu'il n'y ait aucune équivoque entre nous.* ⇒ **malentendu.** ► adv. ÉQUIVOQUEMENT

ÉRABLE n. m. ▪ Grand arbre dont le fruit est muni d'une longue aile membraneuse. *Érable faux platane.* ⇒ **sycomore.** - *Érable du Canada* ou *érable à sucre,* dont la sève donne un sucre comestible. *Sirop, sucre d'érable.* - *Une table en érable,* en bois d'érable.

ÉRABLIÈRE n. f. ▪ Plantation d'érables.

érable. *Acer campestre,* érable champêtre, feuille et fleur. *Phot. © Viard/Jacana*

Érasme. Portrait par Hans Holbein le Jeune. Musée de Capodimonte, Naples. *Phot. © Dagli Orti*

ÉRADICATION n. f. ▪ DIDACT. Action d'arracher, d'extirper, de supprimer totalement. *L'éradication d'une maladie épidémique.*

ÉRADIQUER v. tr. [1] ▪ Extirper, supprimer.

ÉRAFLER v. tr. [1] ▪ **1.** Entamer légèrement la peau de. *La branche l'a éraflé.* - *Elle s'est éraflé la main avec un clou.* ⇒ **écorcher, égratigner. 2.** *Érafler le plâtre d'un mur, le bois d'un meuble.* ⇒ **rayer.**

ÉRAFLURE n. f. ▪ Entaille superficielle, écorchure légère. *Les ronces lui ont fait des éraflures aux jambes.* ⇒ **égratignure.**

ÉRAGNY ▪ Commune du Val-d'Oise. 16 941 hab. Élément de la ville de Cergy.

ÉRAILLÉ, ÉE adj. ▪ **1.** Qui présente des rayures, des déchirures superficielles. *Un tissu éraillé par l'usure.* **2.** *Une voix éraillée,* rauque. **3.** *Des yeux éraillés,* injectés de sang.

ÉRAILLEMENT n. m. ▪ Fait de s'érailler, d'être éraillé. *L'éraillement de sa voix.*

ÉRAILLER v. tr. [1] ▪ **1.** Déchirer superficiellement. ⇒ **érafler, rayer.** *Érailler du bois, du cuir. Érailler un tissu.* **2.** Rendre rauque (la voix). *Le tabac éraille la voix.* - *S'érailler la voix à crier.*

ÉRAILLURE n. f. ▪ Marque, rayure sur ce qui est éraillé. ⇒ **éraflure.**

Didier ÉRASME (v. 1469 - 1536) ▪ Humaniste, écrivain et érudit hollandais. Esprit mordant mais tolérant, il voulut préserver l'unité de l'Église chrétienne et la nourrir de culture antique. *"Éloge de la folie"* (1511); *"Colloques"* (1518).

ÉRATO ▪ Muse de la Poésie et des Noces.

ÉRATOSTHÈNE (v. 276 - v. 194 av. J.-C.) ▪ Astronome, mathématicien et géographe grec. Le « crible d'Ératosthène » est une méthode pour trouver les nombres premiers. Il réalisa la première mesure relativement exacte de la circonférence de la Terre.

ERBIL ▪ Ville d'Irak. 107 400 hab. Centre d'une région essentiellement agricole.

ERCKMANN-CHATRIAN ▪ Nom de plume adopté par Émile Erckmann (1822 - 1899) et Alexandre Chatrian (1826 - 1890). Écrivains français associés, auteurs de contes alsaciens et de romans d'inspiration patriotique. *"L'Ami Fritz"* (1864).

l'ERDRE n. f. ▪ Rivière de l'ouest de la France, affluent de la Loire. 105 km.

ÈRE n. f. ▪ **1.** Espace de temps de longue durée, qui commence à un point fixe et déterminé (⇒ **époque** (1)). *L'ère chrétienne débute avec la naissance du Christ, l'ère musulmane avec l'hégire.* **2.** Époque qui commence avec un nouvel ordre de choses. ⇒ **âge, époque, période.** *L'ère industrielle, atomique, informatique.* **3.** La plus grande division des temps géologiques. *Ère primaire, secondaire, tertiaire, quaternaire :* le Primaire, le Secondaire, etc.

mont EREBUS ▪ Massif volcanique (3 794 m) de la partie orientale de l'Antarctique (île de Ross).

l'ÉRECHTHÉION n. m. ▪ Temple sur l'Acropole d'Athènes, construit entre 421 et 405 av. J.-C., un chef-d'œuvre du style ionique. Célèbres cariatides.

l'**Érechthéion.** *Les cariatides. Phot. © Hétier*

ÉRECTILE adj. ▪ Capable de se dresser. *Poils érectiles.*

ÉRECTION n. f. ▪ **I.** LITTÉR. Action d'ériger, d'élever (un monument). ⇒ **construction ; ériger.** *L'érection d'une chapelle, d'une statue.* **II.** Fait, pour certains tissus ou organes (spécialt le pénis), de se redresser en devenant raides, durs et gonflés. *Avoir une érection. Être en érection* (hommes). ⇒ FAM. **bander.** *L'érection du clitoris.*

ÉREINTAGE n. m. ▪ Critique très sévère et malveillante.

ÉREINTANT, ANTE adj. ▪ Qui éreinte (1). ⇒ **fatigant.** *Une marche éreintante.*

ÉREINTEMENT n. m. ▪ **1.** Fatigue intense. **2.** Critique malveillante, systématiquement sévère.

ÉREINTER v. tr. [1] ▪ **1.** Accabler de fatigue. ⇒ **épuiser, harasser.** *Cette longue promenade m'a éreinté.* ▸ pronom. *Il s'est éreinté à préparer le concours.* ▸ au p. p. *Je l'ai trouvé éreinté.* ⇒ **flapi, fourbu, moulu. 2.** fig. Critiquer de manière à détruire la réputation de (qqn, qqch.). ⇒ **démolir, maltraiter.** *Éreinter un adversaire politique. La critique l'a éreinté.*

ÉRÉMITIQUE adj. ▪ Propre aux ermites (qui vivaient dans la solitude).

-ÉRÈSE Élément savant, du grec *hairein* « enlever ».

ÉRÉSIPÈLE ou **ÉRYSIPÈLE** n. m. ▪ Maladie infectieuse et contagieuse où la peau est enflammée, gonflée.

ÉRÉTHISME n. m. ▪ MÉD. *Éréthisme cardiaque :* excitation du cœur.

EREVAN ou **ERIVAN** ▪ Capitale de l'Arménie. 1 200 000 hab. Métropole économique et culturelle.

ERFURT ▪ Ville d'Allemagne, capitale de la Thuringe. 210 500 hab. Important carrefour ferroviaire.

① **ERG** [ɛʀg] n. m. ▪ Région du Sahara couverte de dunes. ♦ Vaste étendue désertique couverte de dunes. *Des ergs.*

② **ERG** [ɛʀg] n. m. ▪ Ancienne unité de mesure de travail et d'énergie du système C.G.S., valant 10^{-7} joules.

ERGONOMIE n. f. ▪ DIDACT. Étude scientifique des conditions de travail et des relations entre l'homme et la machine.

ERGONOMIQUE adj. ▪ Relatif, conforme à l'ergonomie.

ERGOT n. m. ▪ **I.** chez les gallinacés mâles Pointe recourbée du tarse (talon) servant d'arme offensive. *Les ergots du coq.* ▸ loc. fig. *Monter, se dresser sur ses ergots :* prendre une attitude agressive, menaçante. **II.** Petit corps oblong et vénéneux formé par un champignon parasite des céréales. *L'ergot du blé, du seigle.*

ERGOTER v. intr. [1] ▪ Trouver à redire sur des points de détail, des choses insignifiantes. ⇒ **chicaner, discuter, pinailler.** *Vous n'allez pas ergoter pour trois francs !* ► n. m. ERGOTAGE

ERGOTEUR, EUSE n. ▪ Personne qui aime à ergoter. ⇒ **chicanier.** ▸ adj. *Il est ergoteur.*

ERGOTHÉRAPEUTE n. ▪ DIDACT. Spécialiste d'ergothérapie.

ERGOTHÉRAPIE n. f. ▪ DIDACT. Traitement de rééducation des infirmes, des invalides, des malades mentaux, par le travail manuel.

Ludwig ERHARD (1897 - 1977) ▪ Homme politique allemand. Ministre de l'économie d'Adenauer, auquel il succéda de 1963 à 1966 comme chancelier (démocrate-chrétien). Considéré comme le principal artisan du « miracle allemand ».

ÉRIC XIII DE POMÉRANIE (v. 1382 - 1459) ▪ Roi de Norvège de 1389 à 1442, du Danemark et de Suède de 1397 à 1439.

ERIDU ▪ Site archéologique d'Irak, ancienne cité de Mésopotamie, près d'Ur (IVe au IIe millénaire av. J.-C.).

ÉRIÉ ▪ Ville et port des États-Unis (Pennsylvanie) sur le lac Érié. 109 000 hab. ► **lac ÉRIÉ** → **Grands Lacs.** ► **le canal ÉRIÉ** relie le lac Érié à l'Hudson.

Jean Scot ÉRIGÈNE → Scot Érigène

ÉRIGER v. tr. [3] ▪ **1.** Placer (un monument) en station verticale. ⇒ **dresser ; érection.** *On érigea l'obélisque place de la Concorde.* ♦ Construire avec solennité. ⇒ **élever.** *Ériger un temple.* **2.** fig. *ÉRIGER qqn, qqch. EN :* donner le caractère de ; faire passer à (une condition plus élevée, plus importante). *Ériger ses caprices en règle morale.* ▸ pronom. *S'ÉRIGER EN :* s'attribuer le rôle de. ⇒ se **poser** en. *S'ériger en justicier.*

ERIK LE ROUGE (v. 940 - v. 1010) ▪ Chef norvégien. Il découvrit et colonisa le Groenland vers 982. Père de Leif Eriksson.

ÉRIN ▪ Nom poétique de l'Irlande *(la verte Érin).*

les ÉRINYES n. f. pl. ▪ Divinités grecques de la vengeance, au nombre de trois (Alecto, Tisiphone, Mégère) et assimilées aux Furies par les Romains.

ERLANGEN ▪ Ville d'Allemagne (Bavière), près de Nuremberg. 101 500 hab. Université protestante. Nombreux monuments baroques.

ERMENONVILLE ▪ Commune de l'Oise. 782 hab. *(les Ermenonvillois).* Jean-Jacques Rousseau y passa la fin de sa vie. Dunes sableuses du *désert d'Ermenonville.*

ERMITAGE n. m. ▪ **1.** Habitation d'un ermite. **2.** Lieu écarté, solitaire. *Se retirer dans un ermitage.*

l'ERMITAGE n. m. ▪ Palais de Catherine II à Saint-Pétersbourg, construit par Rastrelli. Un des plus riches musées de peinture du monde.

ERMITE n. m. ▪ Religieux retiré dans un lieu désert (opposé à *cénobite, moine*). ⇒ **anachorète.** ▸ *Vivre en ermite,* seul et coupé du monde.

ERMONT ▪ Commune du Val-d'Oise. 27 947 hab. *(les Ermontois).*

erg. Erg occidental, les grandes dunes en Algérie.
Phot. © Fiore/Explorer

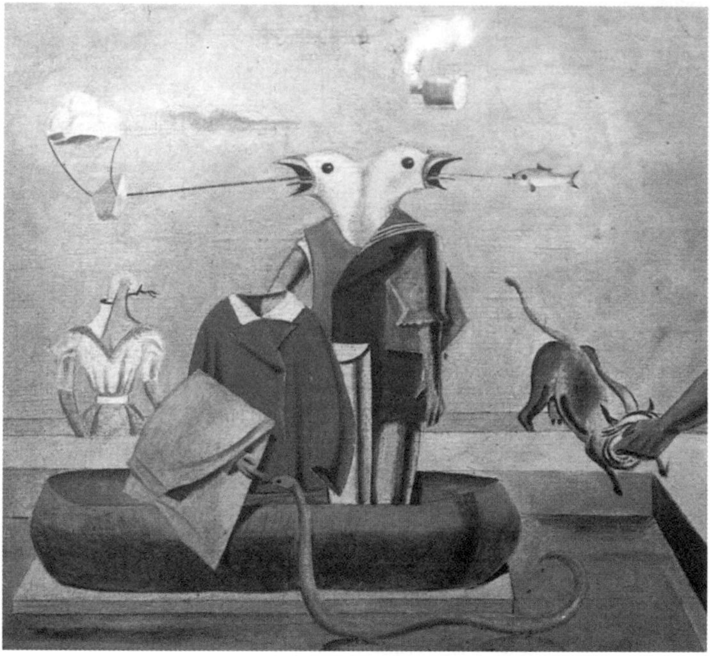

Max **Ernst.** *Oiseaux, poisson, serpent.* Die Neue Sammlung, Munich. *Phot. © Arch. Smeets*

Max ERNST (1891 - 1976) ▪ Artiste et écrivain français d'origine allemande. La diversité de son art (collages, grattages, frottages, peintures, sculptures) en fait le plus inventif des surréalistes.

ÉRODER v. tr. [1] ▪ DIDACT. User, détruire par une action lente (⇒ **érosion**). *L'eau érode le lit des rivières.* - au p. p. *Vallée érodée par les eaux.*

ÉROGÈNE adj. ▪ PSYCH. Susceptible de provoquer une excitation sexuelle. *Les zones érogènes du corps humain.*

ÉROS [-os] n. m. ▪ (du n. mythol.) DIDACT. Principe du désir, dont l'énergie correspond à la libido* (souvent opposé à *thanatos* « principe de mort »).

ÉROS ▪ Dieu grec de l'Amour (le Cupidon des Romains), fils d'Aphrodite et amant de Psyché, souvent représenté comme un enfant ailé qui blesse les cœurs de ses flèches.

ÉROSION n. f. ▪ **1.** Usure et transformation que les eaux et les actions atmosphériques font subir à l'écorce terrestre. *Érosion glaciaire, marine, éolienne.* **2.** fig. Usure, dégradation graduelle. *Érosion monétaire* : perte du pouvoir d'achat de la monnaie, due à la hausse des prix.

ÉROTIQUE adj. ▪ **1.** DIDACT. Qui a rapport à l'amour. *Poésie érotique.* **2.** Qui a rapport à l'amour physique (⇒ **sexuel**) avec une dimension symbolique. *Des désirs érotiques. Un film érotique.* - Qui provoque le désir amoureux, le plaisir sexuel. *Pose érotique.* ⇒ **excitant.** *Des dessous érotiques.* ⇒ **sexy.** ► adv. ÉROTIQUEMENT

ÉROTISER v. tr. [1] ▪ Donner un caractère érotique à. *Publicités qui érotisent les produits à vendre.* ► n. f. ÉROTISATION

ÉROTISME n. m. ▪ **1.** Caractère érotique (d'une situation, d'une personne). **2.** Caractère de ce qui a les activités érotiques pour thème. *Érotisme et pornographie. L'érotisme dans l'œuvre de Verlaine.*

ERPÉTOLOGIE n. f. ▪ DIDACT. Partie de la zoologie qui traite des reptiles.

ERQUY ▪ Commune des Côtes-d'Armor, au sud du cap d'Erquy. 3 568 hab. *(les Rhoeginéens). Petit port de pêche. Station balnéaire.*

ERRANCE n. f. ▪ LITTÉR. Action d'errer çà et là. ⇒ **vagabondage.**

① **ERRANT, ANTE** adj. ▪ **1.** Qui va de côté et d'autre, qui n'est pas fixé. ⇒ **vagabond.** *Chien errant. La vie errante des peuples nomades.* **2.** LITTÉR. (expression, sourire, regard, etc.) Flottant, incertain.

② **ERRANT, ANTE** adj. ▪ VX Qui voyage, se déplace sans cesse. - loc. MOD. *Chevalier errant. Le Juif errant* (légende).

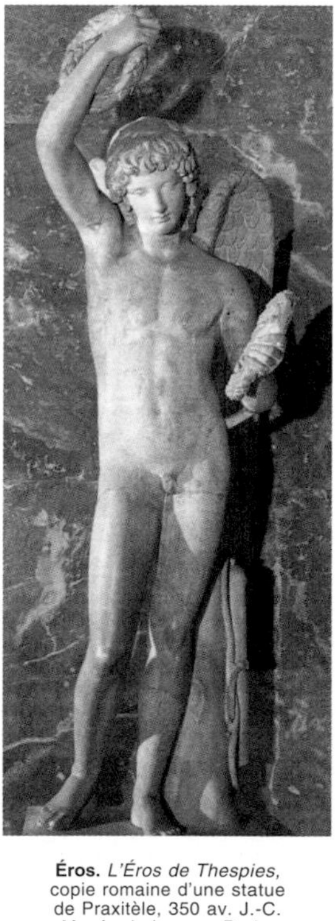

Éros. *L'Éros de Thespies,* copie romaine d'une statue de Praxitèle, 350 av. J.-C. Musée du Louvre, Paris. *Phot. © Arch. Smeets*

ERRATA ⇒ ERRATUM

ERRATIQUE **adj.** ▪ DIDACT. Qui n'est pas fixe. – ASTRON. *Astre erratique,* dont le mouvement apparent est irrégulier. – GÉOL. *Blocs erratiques,* qui ont été transportés par les glaciers.

ERRATUM [-ɔm] **n. m.** ▪ **1.** Faute signalée dans un ouvrage imprimé. **2.** au plur. ERRATA : liste des fautes d'impression d'un ouvrage.

ERRE **n. f.** ▪ loc. *Navire qui court, continue sur son erre,* sur sa lancée, par la vitesse acquise.

ERREMENTS **n. m. pl.** ▪ LITTÉR. **1.** VX Manière d'agir habituelle. **2.** MOD. péj. Habitude invétérée et mauvaise ; manière d'agir blâmable. *Retomber dans ses anciens errements.*

ERRER **v. intr.** [1] ▪ **I. 1.** Aller au hasard, à l'aventure (⇒ **errance**). *Mendiant, rôdeur, vagabond qui erre sur les chemins.* ⇒ **rôder, vagabonder.** *Errer sans pouvoir s'orienter.* ⇒ se **perdre. 2.** (choses) Se manifester çà et là, ou fugitivement. ⇒ **flotter, passer.** *Un sourire errait sur ses lèvres.* **II.** fig. Se tromper (⇒ **erreur ; aberrant**).

ERREUR **n. f.** ▪ **I. 1.** Acte de l'esprit qui tient pour vrai ce qui est faux et inversement. *Erreur des sens.* ⇒ **illusion ; confusion, méprise.** *Erreur de raisonnement.* ⇒ **aberration, absurdité, non-sens.** *Erreur grossière, choquante.* ⇒ **ânerie, bêtise.** *Faire, commettre une erreur,* se tromper. – FAIRE ERREUR. ⇒ se **méprendre,** se **tromper.** – IL Y A ERREUR. ⇒ **malentendu, quiproquo.** – FAM. *(Il n'y a) pas d'erreur,* c'est bien cela. – SAUF ERREUR : excepté si l'on se trompe. – PAR ERREUR : à la suite d'une confusion ; par mégarde ou inadvertance. **2.** État d'une personne qui se trompe. *Être, tomber dans l'erreur. Induire qqn en erreur.* ⇒ **tromper. 3.** *(Une, des erreurs)* Assertion, opinion fausse. *Revenir de ses erreurs. Il reconnaît ses erreurs.* **4.** Action regrettable, maladroite, déraisonnable. ⇒ **faute ; bévue, gaffe, maladresse.** ♦ Action blâmable (et jugée telle par la personne qui l'a commise). *Des erreurs de jeunesse.* **II.** (sens objectif) **1.** Chose fausse, par rapport à une norme (différence par rapport à un modèle ou au réel). ⇒ **faute, inexactitude.** *Corriger une erreur d'impression.* ⇒ **coquille.** *Raccrochez, c'est une erreur !* (au téléphone). **2.** Chose fausse, élément inexact, dans une opération (⇒ **erroné**). *Erreur de calcul, de mesure.* – *Erreur judiciaire :* condamnation injustement prononcée.

ERRONÉ, ÉE **adj.** ▪ Qui contient des erreurs ; qui constitue une erreur. ⇒ **faux, inexact.** *Affirmation erronée. Citation erronée.* ⇒ **fautif.** *Vos conclusions sont erronées.* ▶ **adv.** ERRONÉMENT

ERS [ɛʀ] **n. m.** ▪ AGRIC. Plante herbacée annuelle (appelée aussi *lentille bâtarde*), cultivée comme fourrage.

ERSATZ [ɛʀzats] **n. m.** ▪ **1.** Produit alimentaire qui en remplace un autre de qualité supérieure, devenu rare. ⇒ **succédané.** *Un ersatz de café.* **2.** fig. Ce qui remplace (qqch., qqn) sans le valoir. *Un ersatz de littérature.* ⇒ **substitut.**

ERSTEIN ▪ Commune du Bas-Rhin. 8 600 hab. *(les Ersteinois).* → **Sélestat-Erstein.**

ÉRUBESCENT, ENTE **adj.** ▪ DIDACT. Qui devient rouge.

ÉRUCTATION **n. f.** ▪ LITTÉR. Renvoi. ⇒ **rot.**

ÉRUCTER **v.** [1] ▪ **1. v. intr.** LITTÉR. Renvoyer par la bouche les gaz contenus dans l'estomac. ⇒ **roter. 2. v. tr.** fig. Proférer grossièrement. *Éructer des injures.* ⇒ **lancer.**

ÉRUDIT, ITE ▪ **1. adj.** Qui a de l'érudition. ⇒ **savant.** *Un historien érudit.* – (choses) Qui demande de l'érudition. *Des recherches érudites.* – Produit par l'érudition. *Ouvrage érudit.* **2. n.** Personne érudite. ⇒ **lettré.**

ÉRUDITION **n. f.** ▪ Savoir approfondi fondé sur l'étude des sources historiques, des documents, des textes.

ÉRUPTIF, IVE **adj.** ▪ **1.** MÉD. Qui s'accompagne d'éruption (1). *Fièvre éruptive.* **2.** Qui a rapport aux éruptions (2). *Roches éruptives,* provenant du refroidissement du magma volcanique.

ÉRUPTION **n. f.** ▪ **1.** Apparition soudaine (de taches, de boutons, etc.) sur la peau. *Une éruption de furoncles.* **2.** Jaillissement des matières volcaniques ; état d'un volcan qui émet ces matières. *Les éruptions d'un volcan. Volcan en éruption.* **3.** fig. Production soudaine et abondante. ⇒ **explosion, jaillissement.** *Éruption de joie, de colère.* ◇ ≠ *irruption.*

ÉRYMANTHE ▪ Montagne de Grèce (Arcadie) où Héraclès captura un sanglier redoutable. 2 224 m.

ÉRYSIPÈLE ⇒ ÉRÉSIPÈLE

ÉRYTHÈME **n. m.** ▪ Maladie de peau caractérisée par une rougeur superficielle. *Érythème solaire.* ▶ **adj.** ÉRYTHÉMATEUX, EUSE

l'ÉRYTHRÉE **n. f.** ▪ État du nord-est de l'Afrique sur la mer Rouge (autrefois appelée « mer Érythrée », c'est-à-dire « rouge » en grec). 117 600 km². 2 614 000 hab. *(les Érythréens).* Capitale : Asmara. Langues : tigrina, arabe. Religions : islam, christianisme. Monnaie : birr. Ancienne colonie italienne, État fédéré d'Éthiopie en 1952, l'Érythrée mena une guerre séparatiste depuis sa constitution en province (1962) et accéda à l'indépendance en 1993.

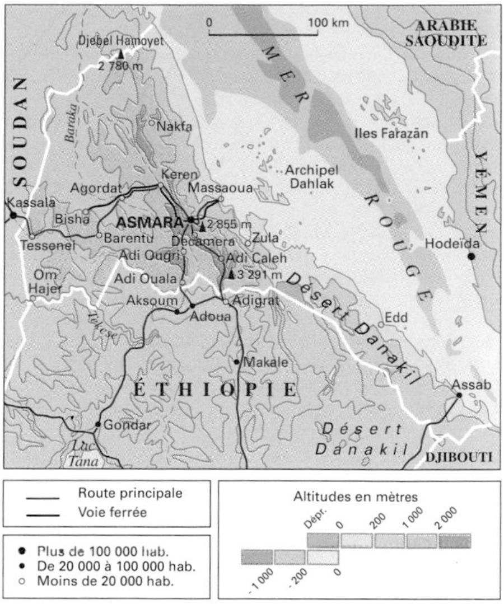

Érythrée.

ÉRYTHRO- Élément savant, du grec *eruthros* « rouge » (ex. *érythrocyte* **n. m.** « globule rouge »).

l'ERZBERG **n. m.** ▪ Montagne d'Autriche (Styrie) qui doit son nom au fer *(Erz)* qu'on y exploite.

l'ERZGEBIRGE **n. m.** ▪ « Monts Métallifères », massif montagneux à la frontière de l'Allemagne et de la République tchèque, importante région minière et industrielle.

ES- ⇒ É-

ÈS [ɛs] **prép.** ▪ (devant un nom pluriel) *Docteur ès lettres,* dans le domaine des lettres. *Licence ès sciences.*

ÉSAÜ ▪ Fils d'Isaac et de Rebecca dans la Bible. Il vendit son droit d'aînesse à son frère Jacob contre un plat de lentilles.

ESBJERG ▪ Ville et port du Danemark, sur la côte ouest du Jutland. 78 317 hab.

ESBROUFE **n. f.** ▪ FAM. Étalage de manières prétentieuses et insolentes. ⇒ **bluff, chiqué, embarras.** *Faire de l'esbroufe. Obtenir qqch. à l'esbroufe,* par le bluff.

ESBROUFER **v. tr.** [1] ▪ FAM. En imposer à (qqn) en faisant de l'esbroufe. *Il cherche à nous esbroufer.* ⇒ **bluffer, épater.**

ESBROUFEUR, EUSE **n.** ▪ FAM. Personne qui fait de l'esbroufe.

ESCABEAU **n. m.** ▪ **1.** Siège peu élevé, sans bras, ni dossier, pour une personne. ⇒ **tabouret. 2.** Marchepied à quelques degrés. *Monter sur un escabeau.*

ESCABÈCHE **n. f.** ▪ CUIS. Marinade aromatisée de poissons étêtés. *Sardines à l'escabèche.*

ESCADRE **n. f.** ▪ **1.** Force navale importante. **2.** *Escadre aérienne :* division d'avions de l'armée de l'air. ⇒ **escadrille.**

ESCADRILLE **n. f.** ▪ Groupe d'avions de combat. *Escadrille de chasse, de bombardement.*

ESCADRON **n. m.** ▪ **1.** Unité de cavalerie, de blindés, du train des équipages, de gendarmerie. *Escadron motorisé.* – prov. *Dieu est pour les gros escadrons.* **2.** plais. Groupe important. ⇒ **bataillon, troupe.** *Un escadron de jolies filles.*

ESCALADE **n. f.** ▪ **1.** Action de passer par-dessus (une clôture) pour pénétrer. *L'escalade d'un portail.* **2.** Action de grimper sur (qqch.) ; ascension. *L'escalade d'une montagne.* – absolt *Faire de l'escalade* (discipline de l'alpinisme). **3.** fig. Stratégie qui consiste à gravir les « échelons » de mesures militaires ou diplomatiques de plus en plus graves. ♦ Intensification (d'un phénomène). *L'escalade de la violence.*

ESCALADER **v. tr.** [1] ▪ **1.** Passer par-dessus (une clôture). ⇒ **franchir.** *Les voleurs ont escaladé le mur du jardin.* **2.** Faire l'ascension de. ⇒ **gravir, monter.** *Cordée d'alpinistes qui* escaladent un pic. Escalader un arbre. **3.** (choses) S'élever le long de. *Les maisons qui escaladent la colline.*

ESCALATOR n. m. ▪ anglic. Escalier mécanique. *Les escalators d'un grand magasin.*

ESCALE n. f. ▪ **1.** Lieu d'arrêt ou de relâche et de ravitaillement (pour un navire, un avion). **2.** *FAIRE ESCALE :* s'arrêter pour se ravitailler, pour embarquer ou débarquer des passagers, du fret. ⇒ **halte, relâche.** *Le bateau fait escale à Venise.* - Durée de l'arrêt. *Visiter une ville pendant l'escale.* - *Vol sans escale,* direct.

ESCALIER n. m. ▪ **1.** Suite de degrés qui servent à monter et à descendre. *Marches, paliers, rampe d'un escalier. Cage d'escalier. Escalier de service,* à l'usage des domestiques, des livreurs. *Monter, descendre un escalier, les escaliers.* - loc. *L'ESPRIT DE L'ESCALIER :* un esprit de repartie qui se manifeste à retardement. **2.** *Escalier roulant, mécanique :* escalier articulé et mobile, qui transporte l'usager. ⇒ **escalator. 3.** *EN ESCALIER :* par degrés successifs.

ESCALOPE n. f. ▪ Tranche mince (de viande blanche, de poisson). *Escalope de veau. Escalope panée.*

ESCAMOTABLE adj. ▪ Qui peut être escamoté (3). *Antenne de voiture escamotable.*

ESCAMOTAGE n. m. ▪ Action d'escamoter. *Tour d'escamotage d'un prestidigitateur.* ⇒ **passe-passe.**

ESCAMOTER v. tr. [1] ▪ **1.** Faire disparaître (qqch.) par un tour de main qui échappe à la vue des spectateurs. *Prestidigitateur qui escamote une carte.* **2.** Faire disparaître habilement ; s'emparer de (qqch.) sans être vu. ⇒ **dérober, subtiliser.** *Un voleur a escamoté son portefeuille.* **3.** Rentrer (l'organe saillant d'une machine, le train d'atterrissage d'un avion). **4.** fig. Éviter habilement, de façon peu honnête. ⇒ **éluder, esquiver.** *Escamoter les difficultés.* **5.** *Escamoter un mot,* le prononcer très vite ou très bas. ⇒ **sauter.** - *Escamoter une note au piano,* ne pas la jouer.

ESCAMOTEUR, EUSE n. ▪ Personne qui escamote (1 et 2) qqch. ⇒ **illusionniste, prestidigitateur.** *Une adresse d'escamoteur.*

ESCAMPETTE n. f. ▪ *Prendre la POUDRE D'ESCAMPETTE :* s'enfuir. ⇒ **décamper, déguerpir.**

ESCAPADE n. f. ▪ Le fait d'échapper aux obligations, aux habitudes de la vie quotidienne (fuite, absence physique ou écart de conduite). *Faire une escapade.* ⇒ **équipée, fredaine, fugue.**

ESCARBILLE n. f. ▪ Fragment de bois ou de charbon incomplètement brûlé qui s'échappe d'un foyer. *Recevoir une escarbille dans l'œil.*

ESCARBOT n. m. ▪ vx ou RÉGIONAL Coléoptère (hanneton, bousier).

ESCARBOUCLE n. f. ▪ vx Variété de grenat rouge foncé. *Ses yeux brillent comme des escarboucles.*

ESCARCELLE n. f. ▪ **1.** anciennt Grande bourse que l'on portait suspendue à la ceinture. **2.** plais. Bourse, portefeuille.

ESCARGOT n. m. ▪ Mollusque gastéropode terrestre, à coquille arrondie en spirale. ⇒ **colimaçon, limaçon.** *Les « cornes » de l'escargot portent les yeux. Manger des escargots.* - *Avancer comme un escargot,* très lentement (→ comme une tortue).

escargot. *Helix aspersa,* escargot petit-gris.
Phot. © Ferrero/Labat/Jacana

ESCARMOUCHE n. f. ▪ **1.** Petit combat entre des soldats isolés ou des détachements de deux armées. ⇒ **accrochage, échauffourée.** *Guerre d'escarmouches.* **2.** fig. Petite lutte ; bref échange de paroles hostiles. *Escarmouches parlementaires.*

① **ESCARPE** n. f. ▪ anciennt Talus d'une fortification, au-dessus d'un fossé.

② **ESCARPE** n. m. ▪ vx Assassin ; voleur dangereux.

ESCARPÉ, ÉE adj. ▪ Qui est en pente raide. ⇒ **abrupt ;** à **pic.** *Rives escarpées.* - *Chemin escarpé.* ⇒ **montant, raide.**

ESCARPEMENT n. m. ▪ Pente raide.

ESCARPIN n. m. ▪ Chaussure très fine, qui laisse le cou-de-pied découvert. *Escarpins vernis.*

ESCARPOLETTE n. f. ▪ VIEILLI Siège suspendu par des cordes et sur lequel on se place pour être balancé. ⇒ **balancelle, balançoire.**

ESCARRE n. f. ▪ Croûte noirâtre formée sur la peau par la nécrose des tissus, après une brûlure, un frottement prolongé, etc.

ESCAUDAIN ▪ Commune du Nord. 9 328 hab. *(les Escaudinois).*

l'ESCAUT n. m. ▪ Fleuve qui relie le nord de la France au sud des Pays-Bas, essentiel à l'économie de la Belgique dont il arrose les principaux ports : Anvers et Gand. 430 km.

ESCHATOLOGIE [ɛska-] n. f. ▪ THÉOL. Étude des fins dernières de l'homme et du monde. ► adj. ESCHATOLOGIQUE

ESCHE ⇒ ÈCHE

ESCHINE (v. 390 - 314 av. J.-C.), ▪ Orateur grec adversaire de Démosthène, qui l'accusa de trahison dans les négociations avec Philippe de Macédoine.

ESCH-SUR-ALZETTE ▪ Ville du Luxembourg. 24 012 hab.

ESCHYLE (v. 525 - 456 av. J.-C.) ▪ Auteur dramatique grec. *"Les Perses"; "Prométhée enchaîné";* la trilogie de *"L'Orestie".* Considéré comme le fondateur de la tragédie grecque, Eschyle a donné au drame théâtral ses lois, en le dégageant du lyrisme choral et en y introduisant le dialogue et l'action.

Eschyle. Buste, marbre. Musée du Capitole, Rome. *Phot. © Dagli Orti*

ESCIENT [-jɑ̃] n. m. sing. ▪ loc. adv. *À BON ESCIENT :* avec discernement. *Agir, parler à bon escient.* - *À MAUVAIS ESCIENT :* à tort, sans discernement.

S'ESCLAFFER v. pron. [1] ▪ Éclater de rire bruyamment. ⇒ **pouffer.**

ESCLANDRE n. m. ▪ Manifestation orale, bruyante et scandaleuse, contre qqn ou qqch. ⇒ **éclat, scandale.** *Faire de l'esclandre, un esclandre.* ⇒ **scène.**

Ernest ESCLANGON (1876 - 1954) ▪ Astronome français, créateur de l'horloge parlante de l'Observatoire de Paris.

ESCLAVAGE n. m. ▪ **1.** État, condition d'esclave. ⇒ **servitude ; captivité. 2.** Soumission à une autorité tyrannique. ⇒ **asservissement, oppression, servitude.** *Tenir un peuple dans l'esclavage.* **3.** Chose, activité, sentiment qui impose une contrainte ; cette contrainte.

ESCLAVAGISTE adj. et n. ▪ Partisan de l'esclavage (notamment, celui des Noirs). *Les esclavagistes et les antiesclavagistes des États du Sud* (pendant la guerre de Sécession aux États-Unis). ► n. m. ESCLAVAGISME

ESCLAVE n. ▪ **1.** Personne qui n'est pas de condition libre, qui est sous la puissance absolue d'un maître. ⇒ **captif ; serf.** *Esclaves, affranchis et hommes libres en Grèce, à Rome. Esclaves et serfs*. Le commerce des esclaves noirs* (traite*), *aux XVIIe et XVIIIe siècles.* **2.** Personne qui se soumet complètement (à qqn, à qqch.). *Un peuple d'esclaves.* - *Elle est l'esclave de ses enfants.* **3.** Personne qui se laisse dominer, asservir (par qqch. ou qqn). ♦ adj. *Il est complètement esclave de ses besoins.*

l'**Escurial.** La façade sud. *Phot. © Dagli Orti*

le Grand Lac des ESCLAVES ▪ Lac du Canada (Territoires du Nord-Ouest). 27 800 km².

ESCOGRIFFE n. m. ▪ Homme de grande taille et d'allure dégingandée. *Un grand escogriffe.*

ESCOMPTE [ɛskɔ̃t] n. m. ▪ **1.** FIN. Action d'escompter un effet de commerce. **2.** Réduction du montant d'une dette lorsqu'elle est payée avant son échéance. *Taux d'escompte.* ♦ Remise sur le prix de vente. *Accorder un escompte de tant.*

ESCOMPTER [-kɔ̃te] v. tr. ⃞1 ▪ **I.** Payer (un effet de commerce) avant l'échéance, moyennant une retenue (⇒ **agio**). *Escompter une lettre de change.* **II.** S'attendre à (qqch.), et se comporter en conséquence. ⇒ **attendre, compter** sur, **espérer, prévoir.** *Il n'en escomptait pas tant. J'escompte leur succès.* – au p. p. *Obtenir le résultat escompté.*

ESCOPETTE n. f. ▪ anciennt Arme à feu portative à bouche évasée. ⇒ **tromblon.**

ESCORTE n. f. ▪ **1.** Action d'escorter (qqn, qqch.) pour protéger, surveiller. *Faire escorte à qqn. Navire d'escorte,* chargé de protéger les navires de transport (⇒ **escorteur**). ♦ Troupe chargée d'escorter. *Quelques policiers lui servaient d'escorte. Convoi de prisonniers placés sous bonne escorte,* sous bonne garde. **2.** Cortège qui accompagne une personne pour l'honorer. *L'escorte présidentielle. Une escorte de motards.*

ESCORTER v. tr. ⃞1 ▪ **1.** Accompagner pour guider, surveiller, protéger ou honorer pendant la marche. *Escorter un convoi.* **2.** Accompagner. *Ses amis l'escortèrent jusqu'à la gare.*

ESCORTEUR n. m. ▪ Petit navire de guerre destiné à l'escorte de navires marchands.

ESCOUADE n. f. ▪ **1.** Petite troupe, groupe de quelques hommes. **2.** fig. Petit groupe. ⇒ **équipe.**

ESCRIME n. f. ▪ Exercice par lequel on apprend l'art de manier l'arme blanche (épée, fleuret, sabre). *Faire de l'escrime.* ⇒ **tirer.** *Salle d'escrime* (salle d'armes). *Moniteur d'escrime* (maître, prévôt d'armes).

S'ESCRIMER v. pron. ⃞1 ▪ **1.** VIEILLI Se battre (en se servant de qqch. comme d'une épée). **2.** MOD. *S'ESCRIMER À* (+ inf.) : faire (qqch.) avec de grands efforts (et assez mal). ⇒ s'**évertuer.** *S'escrimer à jouer du violon. Il s'escrime sur sa version depuis deux heures.*

ESCRIMEUR, EUSE n. ▪ Personne qui fait de l'escrime.

ESCROC [-o] n. m. ▪ Personne qui escroque, qui a l'habitude d'escroquer. ⇒ **aigrefin, filou.** *Être victime d'un escroc.*

ESCROQUER v. tr. ⃞1 ▪ **1.** Obtenir (qqch. de qqn) en trompant, par des manœuvres frauduleuses. ⇒ **extorquer, soutirer.** *Il leur a escroqué de l'argent. Escroquer une signature à qqn.* **2.** *Escroquer qqn,* obtenir qqch. de lui en le trompant. ⇒ **arnaquer, estamper, filouter.**

ESCROQUERIE n. f. ▪ Le fait d'escroquer. ⇒ **fraude.** *Délit d'escroquerie.* – *À ce prix-là, c'est de l'escroquerie !*

ESCUDO [ɛskydo ; ɛskudo] n. m. ▪ Unité monétaire du Portugal.

ESCULAPE ▪ Dieu romain de la Médecine, assimilé à l'Asclépios grec.

l'ESCURIAL n. m. en espagnol ***EL ESCORIAL*** ▪ Palais et monastère espagnol édifié près de Madrid pour Philippe II par Toledo et Juan de Herrera de 1563 à 1584.

ESDRAS ou **EZRA** ▪ Personnage biblique, scribe et prêtre. Avec Néhémie, il réorganisa la communauté et le culte juifs après l'exil (IVᵉ s. av. J.-C.).

ESGOURDE n. f. ▪ ARGOT Oreille.

ESKIMO ⇒ ESQUIMAU

Robert ESNAULT-PELTERIE (1881 - 1957) ▪ Ingénieur français. Il fut l'inventeur du premier moteur d'avion en étoile à nombre impair de cylindres, et du dispositif de commande appelé manche à balai.

ÉSOPE (VIᵉ s. av. J.-C.) ▪ Fabuliste grec dont la personnalité reste légendaire. On lui attribue des *"Fables"* qui ont servi de modèle à Phèdre, et qui ont été reprises dans toutes les littératures européennes.

ÉSOTÉRIQUE adj. ▪ **1.** (doctrine, connaissance) Qui se transmet seulement à des adeptes qualifiés. ⇒ **initiatique, occulte.** *Philosophies ésotériques.* **2.** Obscur, incompréhensible pour qui n'appartient pas au petit groupe des initiés. *Une poésie ésotérique.*

ÉSOTÉRISME n. m. ▪ **1.** Doctrine ésotérique (ex. alchimie, hermétisme, occultisme). **2.** Caractère d'une œuvre impénétrable, énigmatique.

① **ESPACE** n. m. ▪ **I.** (Milieu où peut se situer qqch.) **1.** (espace physique) *L'ESPACE* : étendue qui ne fait pas obstacle au mouvement. *L'espace qui nous environne. Avoir besoin d'espace. La peur de l'espace* (⇒ **agoraphobie**), *du manque d'espace* (⇒ **claustrophobie**). ♦ DIDACT. Milieu idéal dans lequel sont localisées les perceptions. *L'espace visuel, tactile. L'espace, forme a priori de la sensibilité, catégorie de la connaissance* (selon Kant). **2.** *(Un, des espaces)* Portion de ce milieu. *L'espace occupé par un meuble.* ⇒ **emplacement, place.** *Un espace libre, vide.* ⇒ **creux, interstice, trou, vide.** ♦ spécialt *Les espaces et les pleins.* **3.** Milieu géographique où vit l'espèce humaine. *La conquête des espaces vierges. Aménager l'espace urbain.* – *ESPACE VERT* : espace planté d'arbres, entre les espaces construits. – *ESPACE VITAL* : espace revendiqué par un pays (pour des raisons économiques, démographiques). **4.** Étendue des airs. ⇒ **air, ciel.** *L'espace aérien d'un pays,* la zone de circulation aérienne qu'il contrôle. ♦ seulement sing. Le milieu extraterrestre. ⇒ **cosmos.** *La conquête de l'espace* (⇒ **spatial ; astronaute, cosmonaute**). ♦ au plur. *Les espaces interstellaires, intersidéraux.* – fig. *Se perdre dans les espaces* (imaginaires, du rêve...). **II.** (Milieu abstrait) **1.** Système de référence d'une géométrie. *L'espace à trois dimensions de la géométrie euclidienne. Géométrie dans l'espace* (opposé à *géométrie plane*). – *Espace à n dimensions des géométries non euclidiennes. Espace courbe.* – PHYS. (relativité) *ESPACE-TEMPS* : milieu à quatre dimensions (les trois de l'espace euclidien, et le temps) où quatre variables sont nécessaires pour déterminer un phénomène. **2.** Distance qui sépare deux points, deux lignes, deux objets. ⇒ **espacement, intervalle.** *L'espace entre deux lignes.* ⇒ **interligne.** *Espace parcouru.* ⇒ **chemin, distance.** *Espace parcouru par unité de temps.* ⇒ **vitesse. 3.** Durée. *En l'espace de quelques minutes.* ⇒ **en.**

② **ESPACE** n. f. ▪ Blanc qui sépare deux mots.

ESPACEMENT n. m. ▪ **1.** Disposition de choses espacées. **2.** Distance entre deux choses. *Réduire l'espacement entre deux pylônes.*

ESPACER v. tr. ⃞3 ▪ **1.** Disposer (des choses) en laissant entre elles un intervalle. *Espacer deux jalons.* – pronom. *Plus on montait, plus les arbres s'espaçaient.* – au p. p. *Arbres régulièrement espacés.* **2.** Séparer par un intervalle de temps. *Espacer ses visites, ses paiements* (⇒ **échelonner**). – au p. p. *Signaux très espacés.*

ESPADON n. m. ▪ **I.** VX Grande épée. **II.** Grand poisson comestible dont la mâchoire supérieure se prolonge en forme d'épée.

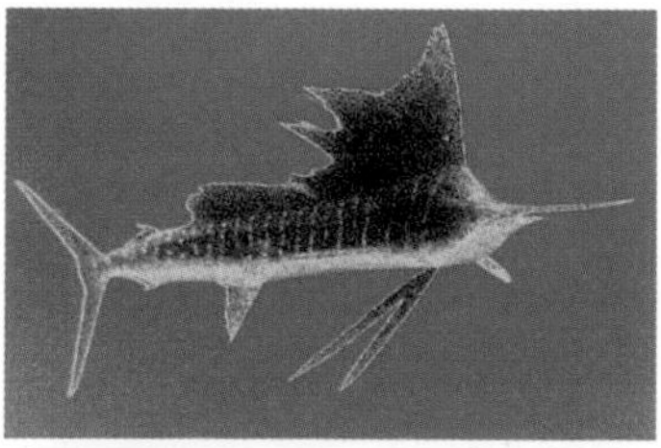

espadon. *Xiphias gladius.* *Phot. © Corsetti/Jacana*

ESPADRILLE n. f. ▪ Chaussure dont l'empeigne est en toile et la semelle en corde. *Une paire d'espadrilles.*

l'ESPAGNE n. f. ▪ État du sud-ouest de l'Europe (partie de la péninsule Ibérique). 17 communautés autonomes : l'Andalousie, l'Aragon, les Asturies, les Baléares, les Provinces basques, les Canaries, la Cantabrie, les deux Castilles (Castilla-la-Mancha, Castilla-León), la Catalogne, l'Estrémadure, la Galice, Madrid, Murcie, la Navarre, la Rioja, Valence ; auxquelles s'ajoutent des enclaves (présides) sur la côte marocaine (Ceuta et Melilla). 504 748 km². 38 900 000 hab. *(les Espagnols).* Capitale : Madrid. Langue officielle : espagnol (castillan). Autres langues : catalan, galicien, basque. Religion : catholicisme. Monnaie : peseta. L'agriculture est conditionnée par le climat sec et le relief montagneux : huile d'olive (2e producteur mondial), vin, agrumes, légumes. L'Espagne a connu une industrialisation rapide (à partir de 1959) : automobile, chimie, sidérurgie, aéronautique, électronique, informatique. Le tourisme occupe toujours une place prépondérante. □ HISTOIRE Peuplé de Celtes et d'Ibères, le pays fut colonisé, sur la côte méditerranéenne, par les Phéniciens, les Grecs, les Carthaginois, puis les Romains. La conquête fut longue, mais la paix romaine assura une grande prospérité et le développement du christianisme (Ier-Ve s.). Les Wisigoths, arrivés dès le Ve s., en firent un royaume uni et catholique qui fut à son apogée au VIIe s. Puis les Arabes, passant par Gibraltar, conquirent presque toute la péninsule au début du VIIIe s. ; l'influence du califat de Cordoue fut durable, en particulier dans le domaine artistique. Les chrétiens, réfugiés dans le Nord, entreprirent une lente reconquête *(Reconquista),* où s'illustrèrent le Cid et Alphonse VI de Castille (XIe s.) : à la fin du XIIIe s., seule Grenade restait musulmane. Sa chute, en 1492, marque le triomphe des Rois Catholiques, Ferdinand d'Aragon et Isabelle de Castille, qui scellèrent par leur mariage l'unité de leurs royaumes. Le successeur de Ferdinand, son petit-fils Charles de Habsbourg, fut le premier roi d'Espagne (1516). Élu empereur du Saint Empire romain germanique en 1519, sous le nom de Charles Quint, il se trouva à la tête de la première puissance d'Europe. En 1556, il partagea son empire entre son frère Ferdinand Ier et son fils Philippe II. Ce dernier, roi d'Espagne, de Naples, de Sicile et des Pays-Bas, et du Portugal à partir de 1580, maître absolu des Amériques et dominant la Méditerranée, lutta contre la Réforme en « champion » du catholicisme : son règne fut

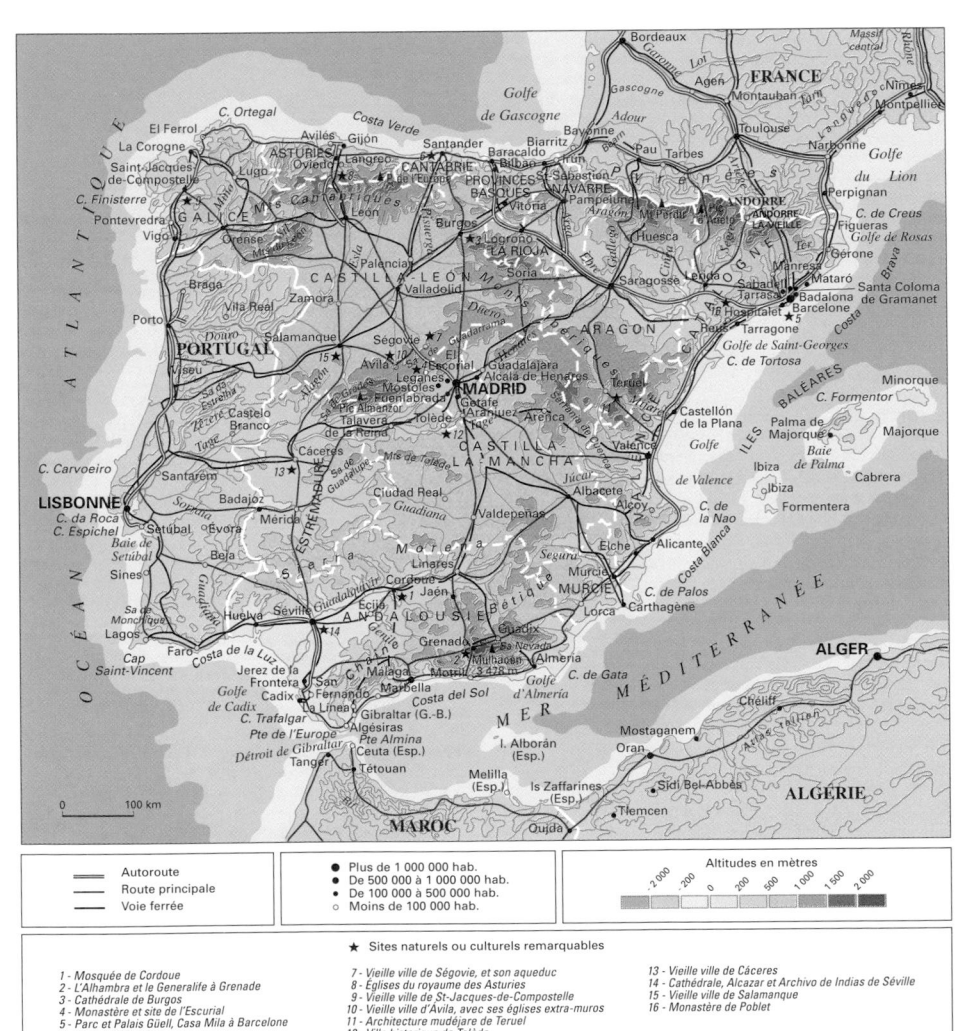

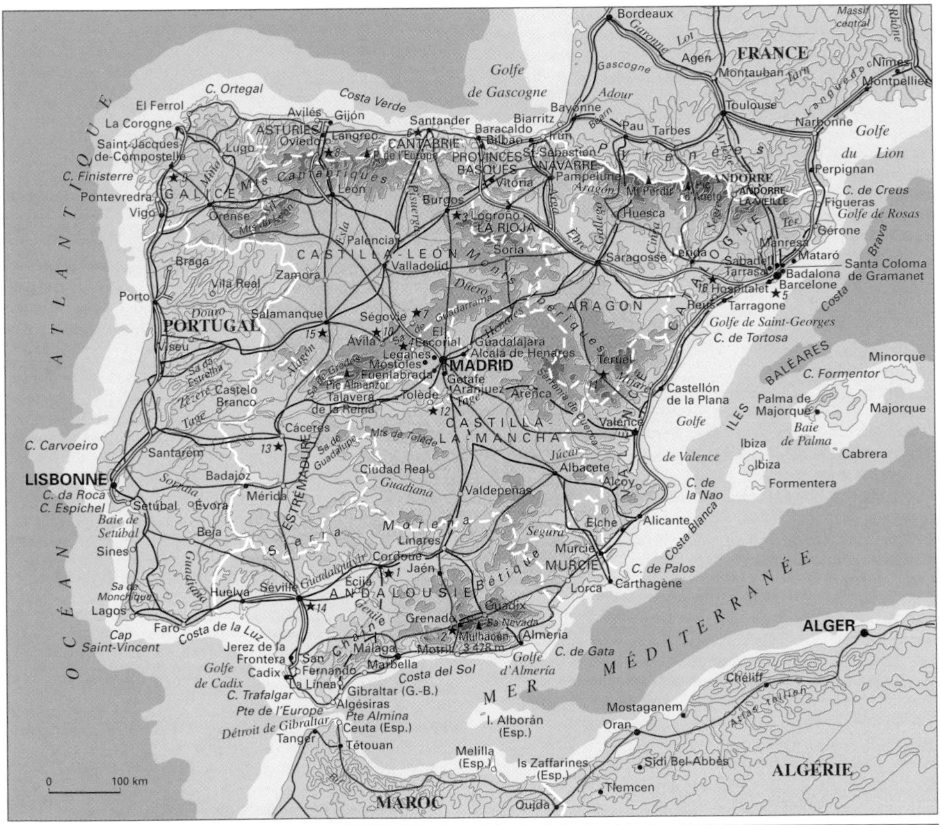

═	Autoroute
—	Route principale
—	Voie ferrée

● Plus de 1 000 000 hab.
● De 500 000 à 1 000 000 hab.
● De 100 000 à 500 000 hab.
○ Moins de 100 000 hab.

Altitudes en mètres : -2 000, -200, 0, 200, 500, 1 000, 1 500, 2 000

★ Sites naturels ou culturels remarquables

1 - Mosquée de Cordoue
2 - L'Alhambra et le Generalife à Grenade
3 - Cathédrale de Burgos
4 - Monastère et site de l'Escurial
5 - Parc et Palais Güell, Casa Mila à Barcelone
6 - Grotte d'Altamira
7 - Vieille ville de Ségovie, et son aqueduc
8 - Églises du royaume des Asturies
9 - Vieille ville de St-Jacques-de-Compostelle
10 - Vieille ville d'Ávila, avec ses églises extra-muros
11 - Architecture mudéjare de Teruel
12 - Ville historique de Tolède
13 - Vieille ville de Cáceres
14 - Cathédrale, Alcazar et Archivo de Indias de Séville
15 - Vieille ville de Salamanque
16 - Monastère de Poblet

Espagne.

le « siècle d'or » de l'Espagne. Mais le déclin fut rapide : défaite de l'Armada face à l'Angleterre (1588), indépendance du Portugal (1640) et des Pays-Bas (1648). Par le mariage de Louis XIV avec l'infante Marie-Thérèse (1659), le pays passa sous influence française. À partir de Philippe V (1700), les Bourbons régnèrent en Espagne. Si la dynastie affirma son caractère national dans la guerre d'indépendance qui l'opposa à Napoléon Ier et à Joseph Bonaparte, installé sur le trône de 1808 à 1813, elle fut ensuite divisée par la lutte entre les libéraux (réformistes) et les absolutistes (don Carlos et les carlistes). La perte des colonies affaiblit encore le rôle international du pays. Le coup d'État de Primo de Rivera (1923), la proclamation de la République (1931, exil d'Alphonse XIII) et surtout la guerre civile (1936) qui suivit l'élection du *Frente popular* (→ **Front populaire**) allaient révéler les divisions profondes de la société espagnole. Dans un contexte international très dur, la victoire des nationalistes (1939), aidés par l'Italie fasciste et l'Allemagne nazie, permit l'instauration du franquisme (dictature du général Franco), avec l'appui de l'armée, de l'Église et d'un parti unique d'inspiration fasciste (la Phalange). Les années 60 furent celles du « miracle économique » avec le développement de l'industrie du tourisme, et la fin de l'isolement diplomatique. À la mort de Franco (1975) et selon ses volontés, Juan Carlos Ier devint roi et favorisa l'instauration rapide d'un régime parlementaire et démocratique. Après des gouvernements de centre droit et le gouvernement socialiste de Felipe González (de 1982 à 1996), la victoire électorale de la droite en 1996 a amené José Maria Aznar à la présidence du gouvernement. L'Espagne est membre de l'OTAN depuis 1982 ; elle est entrée dans la CEE en 1986.

ESPAGNOL, OLE adj. et n. ▪ **1.** De l'Espagne. ⇒ **hispanique, ibérique.** ‑ n. *Les Espagnols.* ‑ n. m. Langue romane parlée en Espagne, en Amérique latine... *Les Espagnols parlent l'espagnol* (ou *castillan*), *le catalan, le basque, le galicien.* **2.** loc. *Auberge* espagnole. Parler français comme une vache* espagnole.*

ESPAGNOLETTE n. f. ▪ Ferrure à poignée tournante servant à fermer et à ouvrir les châssis d'une fenêtre. ⇒ **crémone.** *Fenêtre fermée à l'espagnolette,* laissée entrouverte.

ESPALIER n. m. ▪ **1.** Mur le long duquel on plante des arbres fruitiers. *Un espalier bien exposé.* ‑ *EN ESPALIER :* appuyé contre un espalier. *Poiriers en espalier.* ‑ Rangée d'arbres fruitiers plantée contre un mur. **2.** SPORTS *Les espaliers :* appareil de gymnastique, large échelle fixée à un mur, dont les barreaux servent de support pour des exercices.

ESPAR n. m. ▪ Longue pièce de bois, de métal..., sur un navire.

ESPÈCE n. f. ▪ **I.** plur. VX Apparences sensibles des choses. **1.** RELIG. *Communier sous les deux espèces,* le pain et le vin représentant le corps et le sang de Jésus-Christ. **2.** LITTÉR. *SOUS LES ESPÈCES DE :* sous la forme de. **II. 1.** Nature propre à plusieurs personnes ou choses, qui permet de les considérer comme appartenant à une catégorie distincte. ⇒ **genre, qualité, sorte, type.** *Plusieurs espèces de fruits* (concret, au plur.), *de plaisir* (abstrait, au sing.). *De la même espèce,* comparable, semblable. ⇒ **nature, ordre.** *De toute espèce* (ou *de toutes espèces*), variés, très différents. ‑ loc. *Cela n'a aucune espèce d'importance,* aucune importance. **2.** *UNE ESPÈCE DE :* personne ou chose qu'on ne peut définir précisément et qu'on assimile à une autre par approximation. ⇒ **sorte ; manière.** *Une espèce de clou.* ♦ (personnes, pour renforcer un terme péj.) *Espèces d'imbéciles !* ‑ FAM. (fautif) *Un* (pour *une*) *espèce d'idiot.* **3.** loc. *C'est un CAS D'ESPÈCE,* qui ne rentre pas dans la règle générale, qui doit être étudié spécialement (⇒ **particulier**). ‑ *En l'espèce,* en ce cas particulier. **III. 1.** dans une classification Division du genre. *Les caractères d'une espèce* (⇒ **spécifique**). **2.** Ensemble des êtres vivants d'un même genre ayant en commun des caractères distinctifs et pouvant se reproduire. *Espèces animales, végétales. Espèces en voie de disparition. Les races, les variétés d'une espèce.* ♦ *L'ESPÈCE HUMAINE :* les humains (⇒ **femme, homme**). *La sauvegarde de l'espèce.* **IV.** Monnaie métallique (opposé à *billet*). ♦ *PAYER EN ESPÈCES :* en argent liquide (opposé à *en nature, par chèque, par carte de crédit*).

ESPÉRANCE n. f. ▪ **1.** Sentiment qui fait entrevoir comme probable la réalisation de ce que l'on désire. ⇒ **confiance, croyance ; espoir** (plus cour.). *Le vert, couleur de l'espérance.* **2.** Ce sentiment, appliqué à un objet déterminé. *Une espérance de guérison.* ‑ *En espérance, dans l'espérance de... Contre toute espérance,* alors qu'il semblait impossible d'espérer. ⇒ **attente. 3.** *Espérance de vie :* durée moyenne de la vie humaine dans une société donnée. **4.** au plur. VIEILLI Biens qu'on attend d'un héritage. *Ils ont des espérances.*

ESPÉRANTO n. m. ▪ Langue internationale conventionnelle, créée par Zamenhof vers 1887.

ESPÉRER v. 6 ▪ **1.** v. tr. Considérer (ce qu'on désire) comme devant se réaliser (s'oppose à *désespérer*). ⇒ **compter** sur, **escompter ; espérance, espoir.** *Espérer une récompense. Qu'espérait-il de plus ?* ⇒ **souhaiter.** *Je n'en espérais pas tant.* ⇒ **attendre.** ‑ *J'espère réussir, que je réussirai.* ‑ en incise *Il viendra, j'espère, dès demain.* ♦ *Espérer qqn,* espérer sa venue, sa présence. *Enfin vous voilà ! Je ne vous espérais plus.* ♦ (appliqué au passé) Aimer à croire, à penser. *J'espère avoir bien réagi, que j'ai bien réagi.* ♦ (formule de souhait) *Espérons qu'il n'a rien entendu,* j'aime à le croire, à le penser. **2.** v. intr. Avoir confiance. *Il espère encore.* ‑ *ESPÉRER EN :* mettre sa confiance en (qqch.). *Il espère en des temps meilleurs.*

ESPERLUETTE n. f. ▪ Signe typographique représentant le mot « et » (&).

ESPIÈGLE adj. ▪ (enfant) Vif et malicieux, sans méchanceté. ⇒ **coquin, turbulent.** *Un enfant espiègle.* ⇒ **diablotin, polisson.** ‑ *Une réflexion espiègle,* malicieuse. ‑ n. *C'est une petite espiègle.*

ESPIÈGLERIE n. f. ▪ **1.** Caractère espiègle. **2.** Tour d'espiègle. *Ce n'est qu'une espièglerie.* ⇒ **farce, gaminerie.**

ESPION, ONNE n. ▪ **1.** Personne chargée d'épier qqn pour rapporter ses actes, ses paroles. **2.** Personne chargée de recueillir clandestinement des documents, des renseignements secrets sur une puissance étrangère. ⇒ **agent** secret ; FAM. **barbouze.** *Surveillance des espions.* ⇒ **contre-espionnage.** ‑ appos. (masc.) *Avion espion, satellite espion.*

ESPIONITE n. f. ▪ Manie de voir des espions (2) partout. ◇ var. ESPIONNITE.

ESPIONNAGE n. m. ▪ Activité des espions (2) ; organisation des renseignements secrets. *Romans d'espionnage.* ‑ *Espionnage industriel :* moyens utilisés pour connaître les secrets de fabrication d'un produit.

ESPIONNER v. tr. 1 ▪ **1.** Surveiller secrètement, pour faire un rapport ou par malveillance. *Espionner ses voisins.* **2.** Faire de l'espionnage*. *Espionner un pays au profit d'un autre.*

l'ESPÍRITO SANTO ▪ État côtier du sud du Brésil. 45 733 km². 2 950 000 hab. Capitale : Vitória.

ESPLANADE n. f. ▪ Terrain plat, aménagé en vue de dégager les abords d'un édifice, de ménager une perspective. *Une esplanade bordée d'arbres.*

ESPOIR n. m. ▪ **1.** Fait d'espérer, d'attendre (qqch.) avec confiance. ⇒ **espérance.** *J'ai le ferme espoir, j'ai bon espoir qu'il réussira.* ⇒ **certitude, conviction.** *J'étais venu dans (avec) l'espoir de vous voir. C'est sans espoir,* c'est désespéré. *"L'Espoir"* (roman de Malraux). ♦ *Ses espoirs se sont réalisés,* ce qu'il espérait. ♦ Personne sur laquelle on fonde un espoir. *Vous êtes notre seul espoir.* ‑ *C'est un espoir du ski,* on espère qu'il deviendra un champion. **2.** (s'oppose à *désespoir*) Sentiment qui porte à espérer. *Être plein d'espoir. Aimer sans espoir.*

ESPOO ▪ Ville de Finlande, près d'Helsinki. 175 670 hab.

ESPRIT n. m. ▪ **I. 1.** Souffle de Dieu. ♦ RELIG. CHRÉT. *SAINT-ESPRIT* ou *ESPRIT SAINT :* Dieu comme troisième personne de la Trinité, qui procède du Père et du Fils. **2.** Inspiration provenant de Dieu. **3.** Principe de la vie de l'homme. ⇒ **âme, vie.** ‑ LITTÉR. *Rendre l'esprit.* ⇒ **mourir. II. 1.** Émanation des corps. ‑ *Reprendre ses esprits :* reprendre connaissance. **2.** CHIM. ANC. Émanation. *ESPRIT-DE-SEL :* acide chlorhydrique étendu d'eau. *ESPRIT-DE-VIN :* alcool éthylique (⇒ **spiritueux**). **III. 1.** Être immatériel, sans corps (⇒ **spirituel**). *Dieu est un pur esprit. L'esprit du mal :* le démon. **2.** Être actif dans les mythes, les légendes (elfe, fée, génie, lutin...). **3.** Âme d'un mort. ⇒ **fantôme, revenant ; spiritisme.** *Esprit, es-tu là ?* **IV.** (La réalité pensante) **1.** Le principe pensant en général (opposé à l'objet de pensée, à la matière). ⇒ **intellect ; pensée.** *L'esprit humain. Doctrines philosophiques sur l'esprit et la matière* (idéalisme, spiritualisme, matérialisme). ‑ *Vue de l'esprit :* position abstraite, théorique (par oppos. à la réalité). *Jeu de l'esprit.* **2.** Principe de la vie psychique, affective et intellectuelle (chez une personne). ⇒ **âme, conscience, moi.** *L'esprit* *et le corps. Ce problème occupe mon esprit. Disposition d'esprit, état* d'esprit.* ‑ loc. *Avoir l'esprit ailleurs* : être distrait. *En esprit* : par la pensée. *Perdre l'esprit* : devenir fou. ♦ par ext. La personne elle-même. *Un esprit romanesque. Calmer les esprits.* **3.** Ensemble des dispositions, des façons d'agir habituelles. ⇒ **caractère.** *Avoir l'esprit étroit, large ; aventureux.* ‑ *AVOIR BON, MAUVAIS ESPRIT* : être bienveillant, confiant ; malveillant, rebelle, méfiant. ‑ *AVOIR L'ESPRIT À* : être d'humeur à. ⇒ **tête.** *Je n'ai pas l'esprit au jeu, l'esprit à m'amuser.* **4.** Principe de la vie intellectuelle (opposé à la sensibilité). ⇒ **entendement, intelligence, pensée, raison.** *Clarté, vivacité ; paresse d'esprit. Elle a un esprit logique. Avoir l'esprit mal tourné. La lecture ouvre l'esprit. Une idée me vient à l'esprit. Cela m'est sorti de l'esprit,* je l'ai oublié. *Dans mon esprit,* selon moi. ♦ La personne qui pense. *C'est un petit esprit, un esprit supérieur.* prov. *Les grands esprits se rencontrent,* se dit lorsque deux personnes ont la même idée en même temps. **5.** Aptitude à l'intelligence, à une activité intellectuelle. *Avoir l'esprit de synthèse, d'à-propos, d'observation,* être doué pour... *L'esprit de géométrie* (aux « vues lentes, dures et inflexibles ») *et l'esprit de finesse* (la « souplesse de pensée »), *opposés par Pascal* (dans *Les Pensées*). **6.** Vivacité, ingéniosité dans la façon de concevoir et d'exposer qqch. (⇒ **finesse, humour**). *Avoir de l'esprit, beaucoup d'esprit* (⇒ **spirituel**). *Homme d'esprit.* péj. *Faire de l'esprit.* **7.** Attitude, idée qui détermine (un comportement, une action). ⇒ **intention, volonté.** *Esprit de révolte. Il a eu le bon esprit de ne pas intervenir,* la bonne idée. *Il a parlé dans un esprit d'apaisement,* dans cette intention. *C'est dans cet esprit qu'il faut considérer les choses,* de ce point de vue. ♦ Fonds d'idées, de sentiments (qui oriente l'action d'une collectivité). *L'esprit d'une époque.* ⇒ **génie.** ‑ loc. *Esprit d'équipe. Esprit de corps.* **8.** Sens profond (d'un texte). *"L'Esprit des lois"* (de Montesquieu). *L'esprit et la lettre.*

-ESQUE Élément qu'on joint à des noms propres avec le sens de « à la façon de » (ex. *dantesque, gargantuesque*).

ESQUIF n. m. ▪ LITTÉR. Petite embarcation légère. *Un frêle esquif.*

l'ESQUILIN n. m. ▪ Une des sept collines de Rome.

ESQUILLE n. f. ▪ Petit fragment qui se détache d'un os fracturé ou carié. *Extraire les esquilles.*

① **ESQUIMAU, AUDE** ou **ESKIMO** n. et adj. ▪ Inuit*. ‑ adj. Relatif à cette ethnie. *Chien esquimau. Une femme esquimau, esquimaude* ou *eskimo.*

② **ESQUIMAU** n. m. ▪ Glace enrobée de chocolat qu'on tient par un bâtonnet plat. *Des esquimaux.*

ESQUINTER v. tr. [1] ▪ FAM. **1.** Abîmer (qqch.) ; blesser (qqn). *Esquinter sa voiture.* ⇒ **abîmer.** *Il s'est fait esquinter.* ⇒ **amocher.** ‑ au p. p. *Une voiture esquintée.* ♦ fig. Critiquer très sévèrement. *Esquinter un auteur, un film.* ⇒ **éreinter.** **2.** Fatiguer extrêmement. ⇒ **épuiser, éreinter** ; FAM. **claquer, crever.** *La marche l'a esquinté.* ‑ pronom. *Je ne vais pas m'esquinter pour rien.*

Jean-Étienne Dominique ESQUIROL (1772 ‑ 1840) ▪ Médecin français. Un des pères de la psychiatrie. On lui doit une classification des délires et démences.

ESQUISSE n. f. ▪ **1.** Première forme (d'un dessin, d'une statue, d'une œuvre d'architecture), qui sert de guide à l'artiste quand il passe à l'exécution. ⇒ **croquis, ébauche, maquette.** *Une esquisse au crayon, à la plume.* **2.** Plan sommaire, notes indiquant l'essentiel (d'un travail, d'une œuvre). ⇒ **canevas, idée, plan, projet.** *Esquisse d'un roman.* **3.** Action d'esquisser (3). ⇒ **ébauche.** *L'esquisse d'un sourire.*

ESQUISSER v. tr. [1] ▪ **1.** Représenter, faire en esquisse. ⇒ **ébaucher.** *Esquisser un portrait.* **2.** Fixer le plan, les grands traits de (une œuvre littéraire). ‑ Décrire à grands traits. *Esquisser l'action d'une comédie.* **3.** Commencer à faire. ⇒ **amorcer, ébaucher.** *Esquisser un geste, un sourire.*

ESQUIVE n. f. ▪ Action d'esquiver un coup. *Jeu d'esquive d'un boxeur, d'un escrimeur.*

ESQUIVER v. tr. [1] ▪ Éviter adroitement. ⇒ **échapper** à. *Esquiver un coup de poing.* ♦ fig. *Esquiver une difficulté.* ⇒ **éluder.** ► **S'ESQUIVER** v. pron. Se retirer, s'en aller en évitant d'être vu (→ brûler la politesse, filer à l'anglaise).

ESSAI n. m. ▪ **I. 1.** Opération par laquelle on s'assure des qualités, des propriétés (de qqch.) ou de la manière d'utiliser. *Faire l'essai d'un produit* (⇒ **essayer**). *Essai des monnaies.* ⇒ **vérification.** *Essais en laboratoire.* ⇒ **test.** *Banc* d'essai.* ‑ *Vol, pilote D'ESSAI,* pour essayer les prototypes d'avions. ‑ *Bout d'essai,* bout de film tourné pour évaluer un acteur avant de l'engager. ‑ *Cinéma d'essai,* qui projette des films hors du réseau commercial normal. ♦ *À L'ESSAI* : aux fins d'essai. *Prendre un collaborateur à l'essai,* avec la possibilité de ne pas le garder si l'épreuve n'est pas satisfaisante. *Mettre à l'essai* : éprouver. **2.** Action faite sans être sûr du résultat. ⇒ **tentative.** *Un essai de conciliation.* ‑ *Premiers essais d'un jeune acteur.* ‑ Chacune des tentatives d'un athlète, dont on retient la meilleure. *Premier, second essai.* ♦ (Fait d'essayer) *Coup d'essai.* **3.** (au rugby) Avantage obtenu quand un joueur parvient à poser ou à toucher le ballon le premier derrière la ligne de but adverse. *Transformer un essai* (en but). **II. 1.** Résultat d'un essai, premières productions. *Ce ne sont que de modestes essais.* **2.** Ouvrage littéraire en prose, de facture libre (⇒ **essayiste**). *Essai philosophique.*

ESSAIM n. m. ▪ **1.** Groupe d'abeilles, d'insectes en vol ou posés. *Un essaim de moucherons.* **2.** Groupe nombreux qui se déplace. *Un essaim d'écoliers.*

ESSAIMAGE n. m. ▪ Action d'essaimer.

ESSAIMER v. intr. [1] ▪ (abeilles) Quitter la ruche en essaim pour aller s'établir ailleurs. ♦ fig. (collectivité) *Sa famille a essaimé dans toute l'Europe.* ⇒ se **disperser.** *Cette société a essaimé sur tout le territoire,* y a établi des succursales.

ESSART n. m. ▪ AGRIC. Terre essartée.

ESSARTER v. tr. [1] ▪ AGRIC. Débroussailler (un terrain boisé) par arrachage ou brûlage. ► n. m. ESSARTAGE

ESSAYAGE n. m. ▪ Action d'essayer (un vêtement). *Cabine d'essayage. Séances d'essayage.*

ESSAYER v. tr. [8] ▪ **1.** Soumettre (une chose) à une ou des opérations pour voir si elle répond aux caractères qu'elle doit avoir. ⇒ **contrôler, examiner, tester ; essai.** *Essayer un moteur.* ‑ *Essayer sa force.* **2.** Mettre (un vêtement, etc.) pour voir s'il va. *Essayer une robe dans un magasin* (⇒ **essayage**). **3.** Employer, utiliser (une chose) pour la première fois, pour voir si elle convient. *Essayer un vin* (⇒ **goûter**), *une nouvelle marque de lessive.* **4.** Employer (qqch.) pour atteindre un but particulier, sans être sûr du résultat. *Essayer un moyen, une méthode.* ⇒ **expérimenter.** *Essayer la persuasion.* ‑ *ESSAYER DE* (+ inf.) : faire des efforts dans le dessein de. ⇒ **chercher** à ; s'**efforcer, tenter** de. *Essayer de dormir.* ‑ absolt *Cela ne vous coûtera rien d'essayer. Essayer et réessayer.* ‑ (menace) *Essaie un peu* (de faire qqch.), tu verras ce qu'il t'en coûtera. ► **S'ESSAYER** (À) v. pron. Faire l'essai de ses capacités pour (une activité). *S'essayer à la course.* ‑ (+ inf.) Faire une tentative en vue de. *S'essayer à parler en public.*

ESSAYEUR, EUSE n. ▪ **1.** Personne qui essaie les vêtements aux clients. **2.** Personne qui essaie un matériel, qui contrôle la qualité de produits commerciaux.

ESSAYISTE n. m. ▪ Auteur d'essais littéraires.

ESSE n. f. ▪ Crochet en forme de S.

ESSEN ▪ Ville d'Allemagne (Rhénanie-du-Nord-Westphalie). 626 100 hab. Grand centre métallurgique de la Ruhr.

ESSENCE n. f. ▪ **I.** PHILOS. **1.** Fond de l'être, nature des choses. ⇒ **nature, substance.** ‑ (opposé à *existence*) *Pour Platon, l'essence précède l'existence ; pour l'existentialisme, l'existence précède l'essence.* **2.** Ce qui fait qu'une chose est ce qu'elle est ; ensemble des caractères constitutifs et invariables (⇒ **essentiel**). *L'essence de l'être humain réside en la pensée.* ‑ *PAR ESSENCE* loc. adv. : par sa nature même. ⇒ par **définition.** **II.** Espèce (d'un arbre). *Une forêt d'essences variées.* **III. 1.** Liquide volatil très odorant qu'on extrait des végétaux, utilisé en parfumerie, en confiserie. *Essence de lavande, de violette. Essences synthétiques.* **2.** Extrait concentré (d'aliments). *Essence de café.* **3.** Produit liquide, volatil, inflammable, de la distillation du pétrole. *Pompe à essence. Essence ordinaire* (opposé à *super,* à *essence sans plomb*). *L'indice d'octane de l'essence.*

ESSÉNIEN, IENNE adj. ▪ D'une secte ascétique juive (IIe s. av. J.-C. – Ier s. apr. J.-C.), installée sur le site de Qumrān. ‑ n. *Les esséniens.*

Sergueï ESSENINE (1895 ‑ 1925) ▪ Poète lyrique russe, époux de I. Duncan. D'abord enthousiasmé par la révolution de 1917, il s'y opposa ensuite, en raison de son attachement aux valeurs de la société paysanne traditionnelle. Il se suicida. *"L'Homme noir"* (publié en 1926).

ESSENTIALISME n. m. ▪ DIDACT. Philosophie pour laquelle les essences (I) précèdent toute existence.

ESSENTIEL, ELLE ▪ **I.** adj. **1.** LITTÉR. Qui est ce qu'il est par son essence (I) et non par accident (opposé à *accidentel, relatif*). ▪ Qui appartient à l'essence (I). *Un caractère essentiel.* ⇒ **fondamental.** **2.** *ESSENTIEL À, POUR,* qui est absolument nécessaire. ⇒ **indispensable, nécessaire.** *Une formalité essentielle pour obtenir un passeport. La nutrition est essentielle à la vie.* **3.** Le plus important, très important (opposé à *secondaire*). ⇒ **principal.** *Nous arrivons au point essentiel.* ⇒ **capital.** *C'est un livre essentiel* (⇒ **incontournable**). *Il est essentiel de* (+ inf.) ; *c'est essentiel.* **II.** n. m. **1.** Ce qui est le plus important. *Vous oubliez l'essentiel !* ⇒ **principal.** *Aller à l'essentiel. Nous sommes d'accord sur l'essentiel.* **2.** *L'essentiel de,* ce qu'il y a de plus important dans. *Je vous résume l'essentiel de son discours.*

ESSENTIELLEMENT adv. ▪ **1.** Par essence. *Être essentiellement différents.* **2.** Avant tout, au plus haut point. *Nous tenons essentiellement à cette garantie.* ⇒ **absolument.**

ESSEULÉ, ÉE adj. ▪ LITTÉR. Qu'on laisse seul, sans compagnie. ⇒ **délaissé, isolé, seul, solitaire.**

l'ESSEX n. m. ▪ Comté du sud-est de l'Angleterre. 3 674 km². 1 550 000 hab. Chef-lieu : Chelmsford (145 000 hab.). Ancien royaume saxon dont la capitale était Londres. Riche région agricole.

ESSEY-LÈS-NANCY ▪ Commune de Meurthe-et-Moselle. 7 378 hab.

ESSIEU n. m. ▪ Pièce transversale d'un véhicule, dont les extrémités entrent dans les moyeux des roues. *Les essieux porteurs d'une locomotive. L'essieu avant* (⇒ **train**), arrière (⇒ **pont**) d'une voiture.

l'ESSONNE n. f. ▪ Rivière de la région Île-de-France (90 km), affluent de la Seine.

l'ESSONNE [91] n. f. ▪ Département français de la région Île-de-France. 2 284 km². 1 080 000 hab. Chef-lieu : Évry. Chefs-lieux d'arrondissement : Palaiseau, Étampes, Corbeil-Essonnes.

ESSOR n. m. ▪ (rare au plur.) **1.** Élan d'un oiseau qui s'envole. ⇒ **envol, envolée.** *L'aigle prend son essor.* **2.** LITTÉR. Élan, impulsion. *L'essor de son imagination.* **3.** Développement hardi et fécond. *L'essor d'une entreprise.* ⇒ **croissance.** *Industrie en plein essor.*

ESSORAGE n. m. ▪ Action d'essorer (le linge).

ESSORER v. tr. [1] ▪ **I.** (oiseau) VX S'élancer dans les airs, prendre son vol, son essor*. **II.** Débarrasser (une chose mouillée) d'une grande partie de l'eau qu'elle contient. *Essorer du linge.* ▪ au p. p. *Linge essoré.*

ESSOREUSE n. f. ▪ Machine servant à essorer. *Passer son linge à l'essoreuse.*

ESSORILLER v. tr. [1] ▪ Couper les oreilles de (qqn, un animal).

ESSOUFFLEMENT n. m. ▪ État d'une personne essoufflée ; respiration courte et gênée. ⇒ **suffocation.** ♦ fig. Fait de perdre son dynamisme. *L'essoufflement de l'économie.*

ESSOUFFLER v. tr. [1] ▪ Mettre presque hors d'haleine, à bout de souffle. *La montée m'a essoufflé.* ▪ au p. p. *Il est arrivé tout essoufflé.* ► **S'ESSOUFFLER** v. pron. **1.** *Il s'essouffle facilement.* ⇒ **haleter, souffler, suffoquer.** **2.** fig. Perdre l'inspiration. *Cet écrivain, ce cinéaste s'essouffle.* ♦ Ne plus pouvoir suivre un rythme de croissance. *L'industrie textile s'essouffle.*

ESSUIE- Élément tiré du verbe *essuyer* (ex. *essuie-pieds* n. m. « paillasson » ; *essuie-verres* n. m.).

ESSUIE-GLACE n. m. ▪ Tige de métal articulée, munie d'une lame souple (balai) qui essuie automatiquement le pare-brise (ou la vitre arrière) d'un véhicule. *Des essuie-glaces.*

ESSUIE-MAINS n. m. invar. ▪ Serviette pour s'essuyer les mains.

ESSUIE-TOUT n. m. invar. ▪ Papier absorbant assez résistant, à usages multiples (surtout domestiques).

ESSUYAGE n. m. ▪ Action d'essuyer. *L'essuyage de la vaisselle.*

ESSUYER v. tr. [8] ▪ **I. 1.** Sécher (ce qui est mouillé) en frottant avec un linge sec, sur une chose sèche. *Laver et essuyer la vaisselle. Essuyer ses pieds, s'essuyer les pieds,* frotter ses semelles sur un paillasson. ▪ pronom. *S'essuyer en sortant du bain.* ▪ loc. FAM. *Essuyer les plâtres :* occuper une habitation qui vient d'être achevée ; fig. subir le premier les conséquences d'une situation fâcheuse. ♦ Ôter (ce qui mouille qqch.). *Essuyer l'eau répandue.* ⇒ **éponger.** *Essuyer ses larmes.* **2.** Ôter la poussière de (qqch.) en frottant. *Essuyer les meubles avec un chiffon.* ♦ Enlever (ce qui salit). **II.** fig. Avoir à supporter (qqch. de fâcheux). ⇒ **éprouver, subir.** *Le navire a essuyé une tempête. Essuyer des reproches.* ⇒ **endurer, subir.**

EST [ɛst] n. m. ▪ **1.** Celui des quatre points cardinaux qui est au soleil levant (abrév. E). ⇒ **orient.** *Mosquée orientée à l'est.* ▪ Lieu situé du côté de l'est. *Le vent souffle de l'est.* ▪ en appos. *La côte est.* ⇒ **oriental.** **2.** *L'Est* (en France) : l'Alsace et la Lorraine. *Habiter dans l'Est.* ♦ HIST. Les pays à l'est de l'Europe, qui appartenaient à la zone d'influence soviétique. *Relations entre l'Est et l'Ouest. Les pays de l'Est.*

ESTACADE n. f. ▪ Barrage fait par l'assemblage de pieux, de pilotis, de radeaux. *Une estacade ferme l'entrée du port.* ⇒ **digue, jetée.**

ESTAFETTE n. f. ▪ anciennt Courrier, messager chargé d'une dépêche. *Estafette à cheval.* ♦ Militaire agent de liaison. *Dépêcher une estafette.*

ESTAFILADE n. f. ▪ Entaille faite avec une arme tranchante (sabre, rasoir), surtout au visage. ⇒ **balafre, coupure.** *Se faire une estafilade en se rasant.*

ESTAMINET n. m. ▪ VIEILLI ou RÉGIONAL (nord de la France, Belgique) Petit café populaire.

ESTAMPE n. f. ▪ Image imprimée au moyen d'une planche gravée ou par lithographie. ⇒ **gravure.** *Tirer une estampe. Livre illustré d'estampes.*

ESTAMPER v. tr. [1] ▪ **1.** Imprimer en relief ou en creux (l'empreinte gravée sur un moule, une matrice). *Estamper une feuille de métal, de cuir.* **2.** fig. FAM. Faire payer trop cher (qqn). ⇒ **escroquer, voler.** *Se faire estamper au restaurant.* ► n. m. ESTAMPAGE

ESTAMPEUR, EUSE n. ▪ Personne qui estampe.

ESTAMPILLAGE n. m. ▪ Action d'estampiller ; son résultat.

ESTAMPILLE n. f. ▪ Empreinte (cachet, poinçon, signature) qui atteste l'authenticité d'un produit, d'un document, en indique l'origine ou constate le paiement d'un droit fiscal. *L'estampille d'un produit industriel* (marque de fabrique ; label).

ESTAMPILLER v. tr. [1] ▪ Marquer d'une estampille. ⇒ **poinçonner, timbrer.** *Estampiller des marchandises.* ▪ au p. p. *Briquet estampillé.*

ESTANCIA n. f. ▪ Grande exploitation agricole, d'élevage, en Amérique latine.

L'ESTAQUE ▪ Collines calcaires et faubourg de Marseille, un haut lieu de la peinture contemporaine : Cézanne, Braque, Dufy, Derain y travaillèrent.

ESTE ⇒ ESTONIEN

l'**Estaque.** *L'Estaque,* tableau de Braque, 1906.
Musée de l'Annonciade, Saint-Tropez. *Phot. © Lauros/Giraudon*

Este. Le château des ducs d'Este à Ferrare.
Phot. © Grandadam/Explorer

les ESTE ▪ Famille noble d'Italie. Ducs de Ferrare (1240-1597) et de Modène (1288-1796). Célèbres mécènes, notamment de l'Arioste.

① **ESTER** [ɛste] **v. intr.** 1 ▪ DR. *Ester en justice :* intenter un procès, poursuivre devant un tribunal.

② **ESTER** [ɛstɛʀ] **n. m.** ▪ CHIM. Corps résultant de l'action d'un acide sur un alcool ou un phénol avec élimination d'eau (⇒ **polyester**).

l'ESTEREL ou **ESTÉREL n. m.** ▪ Massif cristallin de Provence, entre Cannes et Saint-Raphaël.

les ESTERHAZY ou **ESZTERHÁZY** ▪ Famille noble de Hongrie. Ils furent les mécènes de Haydn.

Maurice ESTÈVE (né en 1904) ▪ Peintre français. Juxtaposition de formes abstraites, simples et colorées.

Estève. *Javeleuse,* 1978. Musée Cantini, Marseille.
Phot. © Giraudon

ESTHER ▪ Héroïne juive du livre biblique d'Esther. En épousant le roi de Perse, elle obtient la grâce des Juifs qui massacrent ensuite leurs ennemis. Son histoire a inspiré Racine.

ESTHÈTE n. ▪ Personne qui affecte le culte raffiné de la beauté formelle. *Il a un œil, un goût d'esthète.* – **adj.** *Elle est assez esthète.*

ESTHÉTICIEN, IENNE n. ▪ **1.** DIDACT. Spécialiste d'esthétique (I, 1). **2.** Personne dont le métier consiste à donner des soins de beauté (maquillage, etc). *Les esthéticiennes d'un institut de beauté.*

ESTHÉTIQUE ▪ **I. n. f. 1.** Science du beau dans la nature et dans l'art ; conception particulière du beau. **2.** Beauté. *Sacrifier l'utilité à l'esthétique.* **3.** Techniques de conception et de réalisation d'objets satisfaisants pour le sens esthétique. *L'esthétique industrielle.* **II. adj. 1.** Relatif à la beauté, à l'esthétique (I, 1). *Sentiment, jugement esthétique.* **2.** Qui participe de l'art. ⇒ **artistique. 3.** Qui a un certain caractère de beauté. ⇒ **beau, harmonieux. 4.** *CHIRURGIE ESTHÉTIQUE,* qui change les formes du corps, du visage dans un but esthétique.

ESTHÉTIQUEMENT adv. ▪ Du point de vue esthétique ; d'une manière esthétique.

les ESTIENNE ▪ Imprimeurs et érudits humanistes français du XVIe s. Robert (1498-1559) est l'auteur d'un *"Trésor de la langue latine"* (1531) et son fils Henri (1531-1598) d'un *"Trésor de la langue grecque"* (1572).

Honoré d'ESTIENNE D'ORVES (1901-1941) ▪ Officier de marine français. Dès 1940, il organisa un réseau de renseignements en France occupée. Il fut arrêté par la Gestapo et fusillé.

ESTIMABLE adj. ▪ **1.** Digne d'estime. *Une personne très estimable.* ⇒ **honorable. 2.** Qui a du mérite, sans être remarquable. *Un ouvrage estimable et sérieux.* ⇒ **honnête.**

ESTIMATIF, IVE adj. ▪ Qui contient une estimation. *Un devis, un état estimatif.*

ESTIMATION n. f. ▪ **1.** Action d'estimer, de déterminer la valeur, le prix qu'on attribue à une chose. ⇒ **appréciation, évaluation.** *L'estimation d'une œuvre d'art par un expert.* ⇒ **expertise.** *Estimation du prix de travaux.* ⇒ **devis. 2.** Action d'évaluer (une grandeur). ⇒ **calcul, évaluation.** *Estimation statistique. Selon mes estimations, nous arriverons à six heures.*

ESTIME n. f. ▪ **I. 1.** VX Estimation. **2.** MAR. Calcul approximatif de la position d'un navire en estimant le chemin parcouru. ♦ *À L'ESTIME* loc. adv. *Naviguer à l'estime,* en utilisant les instruments de navigation. – fig. En estimant rapidement, approximativement (→ au jugé). **II. 1.** Sentiment favorable né de la bonne opinion qu'on a du mérite, de la valeur (de qqn). ⇒ **considération, respect.** *Avoir de l'estime pour qqn. Tenir qqn en grande estime. Il a monté, baissé dans mon estime.* **2.** Sentiment qui attache du prix à qqch. *Sa ténacité inspire de l'estime. Succès d'estime* (d'une œuvre qui n'obtient pas la faveur du grand public).

ESTIMER v. tr. 1 ▪ **I. 1.** Déterminer le prix, la valeur de (qqch.) par une appréciation. ⇒ **apprécier ; estimation.** *Faire estimer un objet d'art par un expert.* ⇒ **expertiser.** *Estimer qqch. au-dessous* (⇒ **sous-estimer**), au-dessus (⇒ **surestimer**) de sa valeur. *Estimer qqch., qqn à sa juste valeur.* **2.** Calculer approximativement. *Le nombre de morts est difficile à estimer.* **II. 1.** Avoir une opinion sur (une personne, une chose). ⇒ **considérer, croire, tenir** pour, **trouver.** – (+ adj. attribut) *Estimer indispensable de faire qqch.* – (+ inf. ou subordonnée) *J'estime avoir fait mon devoir. J'estime que cela suffit.* **2.** Avoir bonne opinion de, reconnaître la valeur de (qqn ou, moins souvent, qqch.). ⇒ **apprécier, considérer ; estime ;** s'oppose à *dédaigner, mépriser, mésestimer. Estimer un collègue. On l'estime pour son sérieux.* ► **S'ESTIMER v. pron.** (+ adj. attribut) Se considérer, se trouver. *S'estimer satisfait. Estimons-nous heureux.* ► **ESTIMÉ, ÉE adj. 1.** *Position estimée d'un navire.* **2.** Qui jouit de l'estime d'autrui. *Une collaboratrice très estimée.* – (choses) Apprécié. *Un vin estimé.*

ESTIVAL, ALE, AUX adj. ▪ Propre à l'été, d'été. *La chaleur estivale. Tenue estivale.*

ESTIVANT, ANTE n. ▪ Personne qui passe les vacances d'été dans une station de villégiature. ⇒ **vacancier.**

ESTIVER v. tr. 1 ▪ AGRIC. *Estiver des troupeaux,* leur faire passer l'été dans des pâturages de montagne (⇒ **transhumance**). ► **n. m.** ESTIVAGE

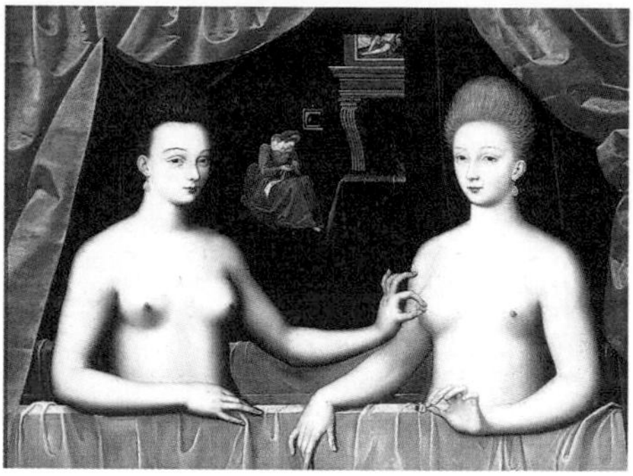

Gabrielle d'**Estrées.** *Gabrielle d'Estrées et la duchesse de Villars,* école de Fontainebleau, fin XVIe s. Musée du Louvre, Paris. *Phot. © Dagli Orti*

ESTOC n. m. ▪ VIEILLI Pointe de l'épée. *Frapper d'estoc.* ➝ loc. MOD. *D'ESTOC ET DE TAILLE,* avec la pointe et le tranchant de l'épée.

ESTOCADE n. f. ▪ Coup d'épée, dans la mise à mort du taureau. *Le matador donne l'estocade.*

ESTOMAC [-a] n. m. ▪ **I.** Viscère creux, organe de l'appareil digestif. **1.** (personnes) Poche musculeuse, située dans la partie supérieure de la cavité abdominale. ⇒ **gastéro- ; stomacal.** *Avoir l'estomac vide, plein.* ⇒ **ventre.** *Ulcère à l'estomac.* ♦ (en tant qu'organe de la nourriture, de la gourmandise, de l'appétit...) *S'en mettre plein l'estomac* (→ FAM. la lampe, la panse...). ➝ loc. *Avoir l'estomac dans les talons :* avoir faim. **2.** (animaux) Partie renflée du tube digestif, qui reçoit les aliments. *L'estomac des ruminants* (panse, bonnet, feuillet, caillette). *L'estomac des oiseaux* (gésier). **II.** Partie du torse située sous les côtes, le diaphragme. *Boxeur qui frappe à l'estomac.* ➝ loc. *Le creux de l'estomac.* **III.** *Avoir de l'estomac,* faire preuve de hardiesse, d'audace. ⇒ **aplomb, cran, culot.** ➝ FAM. *À L'ESTOMAC* loc. adv. : au culot. *"La Littérature à l'estomac"* (essai de J. Gracq).

ESTOMAQUER v. tr. [1] ▪ FAM. Étonner, surprendre (par qqch. de choquant, d'offensant). *Sa conduite a estomaqué tout le monde.* ⇒ **scandaliser.** ➝ au p. p. Ahuri, stupéfait. *J'en suis encore estomaqué.*

ESTOMPAGE n. m. ▪ Action d'estomper ; son résultat.

ESTOMPE n. f. ▪ Petit rouleau de peau ou de papier cotonneux, terminé en pointe, servant à étendre le crayon, le fusain, le pastel sur un dessin.

ESTOMPER v. tr. [1] ▪ **1.** Dessiner, ombrer avec l'estompe. *Adoucir un trait en l' estompant.* **2.** Rendre moins net, rendre flou. ⇒ **voiler.** *La brume estompait le paysage.* ➝ pronom. *Le paysage s'estompait.* **3.** fig. Enlever de son relief à (un souvenir, un caractère...). ⇒ **adoucir, atténuer, voiler.** *Le temps estompe les douleurs.* ➝ pronom. *Les rancœurs s'estompent, finissent par s'estomper.*

l'ESTONIE n. f. ▪ L'une des trois républiques baltes. 45 100 km². 1 590 000 hab. *(les Estoniens).* Capitale : Tallinn. Langues : estonien, russe. Forêts, élevage, pêche. Gaz, schistes bitumeux (chimie). De peuplement finno-ougrien, sous domination suédoise puis russe, l'Estonie ne fut annexée à l'U.R.S.S. qu'en 1944. La résistance passive des Estoniens à l'emprise soviétique se transforma, à partir de 1987, en un mouvement revendiquant l'indépendance nationale, qui fut officiellement reconnue en 1991.

ESTONIEN, IENNE adj. et n. ▪ De l'Estonie. ➝ n. *Les Estoniens.* ♦ n. m. *L'estonien,* langue finno-ougrienne (syn. ESTE).

ESTOQUER v. tr. [1] ▪ **1.** VX Frapper d'estoc. **2.** Mettre à mort (le taureau) par l'estocade.

ESTOURBIR v. tr. [2] ▪ FAM. Assommer. *On l'a estourbi pour lui voler sa sacoche.*

① **ESTRADE** n. f. ▪ VX Route. ➝ loc. *Battre l'estrade :* courir les chemins, être un aventurier. *Batteur d'estrade :* aventurier.

② **ESTRADE** n. f. ▪ Plancher élevé de quelques marches au-dessus du sol ou du parquet. *L'estrade d'une salle de classe. Estrade dressée pour un match de boxe.* ⇒ **ring.**

ESTRAGON n. m. ▪ Plante dont la tige et les feuilles aromatiques sont employées comme condiment. ➝ Ce condiment. *Vinaigre, moutarde à l'estragon.*

ESTRAN n. m. ▪ Partie du littoral périodiquement recouverte par la marée.

ESTRAPADE n. f. ▪ ANCIENNT Supplice qui consistait à faire tomber le condamné plusieurs fois au bout d'une corde.

la maison d'ESTRÉES ▪ FAMILLE NOBLE D'ARTOIS ► **Gabrielle d'ESTRÉES** (1573 - 1599) fut la maîtresse d'Henri IV.

l'ESTRÉMADURE n. f. ▪ Communauté autonome d'Espagne, à la frontière du Portugal. 41 602 km². 1 040 000 hab. Capitale : Mérida (49 833 hab.). Vigne, oliviers, ovins. Elle fut soumise au califat de Cordoue et libérée en 1227 par Alphonse IX.

l'ESTRÉMADURE PORTUGAISE n. f. ▪ Province côtière du Portugal, près de Lisbonne (port de pêche de Peniche).

l'**Estrémadure** portugaise. Cabo da Roca, pointe extrême de l'Europe. *Phot. © Wysocky/Explorer*

l'ESTRIE n. f. OU **LES CANTONS DE L'EST** n. m. pl. ▪ Région du Québec, située à l'est du Richelieu. Ville principale : Sherbrooke.

ESTROGÈNE ⇒ ŒSTROGÈNE

ESTROPIÉ, ÉE adj. ▪ **1.** Qu'on a estropié ; qui s'est estropié. ⇒ **infirme.** ➝ n. *Un estropié.* **2.** fig. *Un mot estropié,* déformé.

ESTROPIER v. tr. [7] ▪ **1.** Priver d'un membre, mutiler par blessure ou maladie (⇒ **éclopé**). ➝ pronom. *Elle s'est estropiée en tombant d'une échelle.* **2.** fig. Modifier ou tronquer (un mot, un texte, etc.). *Estropier un nom étranger.* ⇒ **écorcher.**

ESTUAIRE n. m. ▪ Embouchure (d'un cours d'eau) dessinant un golfe évasé et profond. *La Gironde, estuaire de la Garonne.*

ESTUDIANTIN, INE adj. ▪ Relatif à l'étudiant, aux étudiants. *Vie estudiantine.*

Estonie.

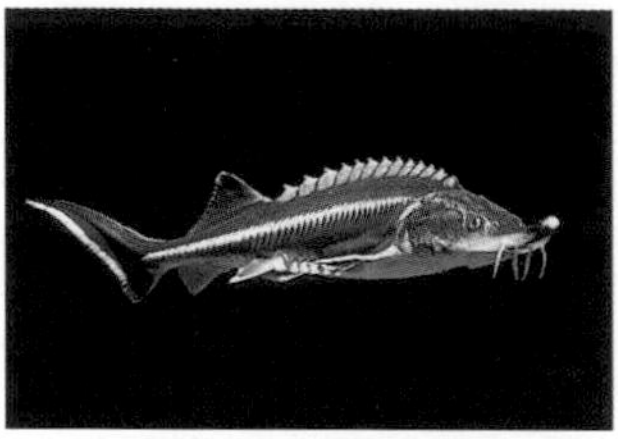

esturgeon. *Acipenser gueldenstaedti,* esturgeon belouga.
Phot. © Mc Hugh/PHR/Jacana

ESTURGEON n. m. ▪ Grand poisson qui vit en mer et va pondre dans les grands fleuves. *Œufs d'esturgeon.* ⇒ **caviar.**

ET conj. ▪ **I.** Conjonction de coordination qui sert à lier les mots, les syntagmes, les propositions ayant même fonction ou même rôle et à exprimer une addition, une liaison. **1.** reliant deux parties de même nature *Toi et moi. Deux et deux font quatre.* ⇒ **plus.** *Taisez-vous et écoutez. Il n'ira pas et moi non plus.* ⇒ **ni.** *J'ai accepté ; et vous ?* ‑ *Il y a parfum et parfum,* tous les parfums ne sont pas pareils. ‑ précédant le dernier terme d'une énumération *Ajouter du thym, du laurier et du romarin.* ‑ LITTÉR. devant chaque terme de l'énumération, pour insister sur l'importance des éléments *Il est tellement bon, et généreux, et indulgent...* **2.** reliant deux parties de nature différente et de même fonction *Un homme habile, et qui sait convaincre.* **3.** dans les nombres composés (joignant *un* aux dizaines) *Vingt et un* (mais *quatre-vingt-un*). ‑ devant la fraction *Deux heures et quart* (ou *un quart*), *et demie.* **II.** (En début de phrase, avec une valeur emphatique) *Et voici que tout à coup il se met à courir.* ⇒ **alors.** ‑ FAM. *Et d'un(e), et de deux,* etc., pour mettre en évidence un processus. *Et d'un tu parles trop, et de deux on m'a tout raconté.* **III.** n. m. **1.** Le mot *et.* *Signe représentant et.* ⇒ **esperluette. 2.** MATH. et LOG. Symbole ou opérateur représentant l'intersection, le produit logique.

E.T.A. ou **ETA, Euzkadi Ta Azkatasuna** « le Pays basque et sa liberté » ▪ Mouvement nationaliste basque fondé en 1959, partisan de l'indépendance du Pays basque*.

ÉTABLE n. f. ▪ Bâtiment où on loge le bétail, les bovidés. *Élever des veaux à l'étable* (⇒ **stabulation**).

ÉTABLI n. m. ▪ Table massive sur laquelle on dispose ou fixe la pièce à travailler. *L'établi d'un menuisier, d'un bricoleur.*

ÉTABLIR v. tr. 2 ▪ **I.** Mettre, faire tenir (une chose) dans un lieu et d'une manière stable. ⇒ **construire, installer.** *Établir une usine dans une ville.* ⇒ **implanter ; établissement. II.** fig. **1.** Mettre en vigueur, en application. ⇒ **fonder, instituer.** *Établir un impôt. Il tentait d'établir le silence.* ‑ Fonder de manière stable. *Établir sa fortune sur des bases solides.* ⇒ **asseoir, bâtir, édifier. 2.** VIEILLI Placer (qqn) dans une situation, pourvoir d'un emploi. *Établir qqn dans une charge.* **3.** Fonder sur des arguments solides, sur des preuves. *Établir sa démonstration sur des faits.* ⇒ **appuyer, baser.** ‑ Faire apparaître comme vrai. *Établir la réalité d'un fait.* ⇒ **démontrer, prouver.** *Nous établirons que c'est vrai.* **4.** Faire commencer (des relations). *Établir des liens d'amitié avec qqn.* ⇒ **nouer.** ► **S'ÉTABLIR** v. pron. **1.** Fixer sa demeure (en un lieu). *Il est allé s'établir à Toulouse, en Belgique, chez son frère.* ⇒ **habiter,** s'**installer.** ‑ Prendre la profession de. *S'établir comme restaurateur dans une ville. Un dentiste va s'établir dans la ville,* y ouvrir un cabinet. **2.** (+ attribut) ‑ fig. S'instituer, se constituer, se poser en. *S'établir juge des actes d'autrui.* **3.** Prendre naissance, s'instaurer. ‑ impers. *Il s'est établi entre eux de bonnes relations.* ► **ÉTABLI, IE** adj. **1.** *L'ordre établi,* en vigueur, solidement installé. **2.** *Une réputation établie,* solide, assise. ♦ *Un fait bien établi,* prouvé, certain.

ÉTABLISSEMENT n. m. ▪ **I. 1.** Action de fonder, d'établir. *L'établissement d'une usine ; d'un impôt.* ⇒ **création, fondation, institution. 2.** Fait d'établir (II, 3). *L'établissement d'un fait.* ⇒ **démonstration, preuve. 3.** Fait de s'établir (I). **II.** Ensemble des installations établies pour l'exploitation, le fonctionnement d'une entreprise ; cette entreprise. *Établissement agricole, commercial, industriel* (⇒ **atelier, bureau, exploitation, magasin, maison, usine**). *Les établissements X.* ⇒ **entreprise, société.** ‑ *ÉTABLISSEMENT PUBLIC,* chargé de gérer un service public. ‑ *Établissement scolaire. Chef d'établissement. Établissement thermal.*

ÉTAGE n. m. ▪ **I. 1.** Espace compris entre deux planchers successifs d'un édifice. *Immeuble de quatre étages ; une tour de cinquante étages. Habiter au troisième (étage).* ♦ *Grimper, escalader les étages,* l'escalier. **2.** Chacun des plans (d'une chose ou d'un ensemble formé de parties superposées). *Le terrain descend par étages.* ⇒ **gradin. 3.** TECHN. Niveau d'énergie ou de renforcement (correspondant ou non à un dispositif matériel en *étages*). **4.** Élément propulseur détachable (d'une fusée). *Fusée à trois étages.* **II.** loc. *DE BAS ÉTAGE :* de condition médiocre.

ÉTAGEMENT n. m. ▪ Disposition étagée. *L'étagement des vignes en terrasses.*

ÉTAGER v. tr. 3 ▪ Disposer par étages, par rangs superposés. ⇒ **échelonner, superposer.** *Étager des cultures.* ‑ pronom. Être disposé par étage. *Les vergers s'étageaient sur la colline.* ‑ au p. p. *Maisons étagées sur une pente.*

ÉTAGÈRE n. f. ▪ **1.** Planche, tablette. *Des étagères couvertes de livres.* **2.** Meuble formé de montants qui supportent des tablettes horizontales.

ÉTAI n. m. ▪ Pièce de charpente destinée à soutenir provisoirement (⇒ **étayer**).

ÉTAIEMENT ⇒ ÉTAYAGE

ÉTAIN n. m. ▪ **1.** Métal blanc grisâtre, très malléable (⇒ **étamage, tain**). *Vaisselle, pot en étain.* **2.** Objet d'étain. *Des étains du* XVI*e* *siècle.*

ÉTAL, ÉTALS ou RARE **ÉTAUX** n. m. ▪ **1.** Table où l'on expose les marchandises dans les marchés publics. ⇒ **éventaire.** *Les étals des poissonniers.* **2.** Table de bois épais sur laquelle les bouchers débitent la viande.

ÉTALAGE n. m. ▪ **1.** ADMIN. Exposition de marchandises qu'on veut vendre. *Réglementation de l'étalage.* **2.** Lieu où l'on expose des marchandises ; ensemble des marchandises exposées. ⇒ **devanture, vitrine.** *Les étalages d'un grand magasin. S'attarder devant les étalages* (→ FAM. lécher les vitrines). *Décoration d'un étalage* (⇒ **étalagiste**). **3.** Action d'exposer, de déployer aux regards avec ostentation. *Un étalage d'érudition.* ⇒ **démonstration.** *Étalage de luxe.* ⇒ **déploiement.** ‑ *FAIRE ÉTALAGE DE :* exhiber. ⇒ **afficher.** *Faire étalage de ses qualités.*

ÉTALAGISTE n. ▪ Personne dont le métier est de composer, de disposer les étalages aux devantures des magasins.

ÉTALE adj. ▪ Sans mouvement, immobile. *Un navire étale.* ‑ *Mer étale,* qui a cessé de monter et qui ne descend pas encore.

ÉTALEMENT n. m. ▪ **1.** (dans l'espace) Action d'étaler. *L'étalement de gravier sur une allée.* **2.** (dans le temps) Action d'étaler, de répartir. *Étalement des paiements.* ⇒ **échelonnement.** *L'étalement des vacances* (sur l'année).

ÉTALER v. tr. 1 ▪ **I.** concret **1.** Exposer (des marchandises à vendre). *Les marchands ambulants étalent leurs marchandises.* **2.** Disposer de façon à faire occuper une grande surface, notamment pour montrer. *Il étalait tous ses papiers sur la table.* ⇒ **éparpiller.** *Étaler un journal,* l'ouvrir largement. ⇒ **déplier, déployer. 3.** Étendre sur une grande surface en couche fine. *Étaler du beurre sur du pain.* ⇒ **tartiner.** *Étaler du foin pour le faire sécher.* **4.** FAM. (personnes) Faire tomber. *Il l'a étalé d'un coup de poing.* ‑ fig. *Il s'est fait étaler à l'examen,* il a échoué. **II.** abstrait **1.** Faire voir, montrer avec excès, prétention. ⇒ **déployer, exposer.** *Étaler ses talents, sa science.* ⇒ **exhiber.** *Étaler un luxe insolent.* ⇒ **afficher. 2.** Montrer, rendre évident (ce qui était caché). *Étaler un scandale.* ⇒ **révéler. III.** Répartir dans le temps (⇒ **étalement**). *Étaler des travaux sur plusieurs années. Étaler ses paiements.* ⇒ **échelonner.** ► **S'ÉTALER** v. pron. **1.** Être étendu sur une surface. *Le brouillard s'étale dans la vallée. Peinture qui s'étale bien.* **2.** S'étendre (dans le temps) ; durer. *Les vacances devraient s'étaler sur trois mois.* **3.** FAM. (personnes) Prendre de la place. *Il s'étalait dans un fauteuil.* ⇒ s'**avachir. 4.** FAM. Tomber. *Il a trébuché et s'est étalé de tout son long.* ‑ fig. *S'étaler à un examen,* échouer.

① **ÉTALON** n. m. ▪ Cheval entier destiné à la reproduction (opposé à *hongre*). *Des étalons pur-sang.*

② **ÉTALON** n. m. ▪ **1.** Modèle légal de mesure ; représentation matérielle d'une unité de mesure. *Étalon de longueur.* ‑ appos. *Mètre étalon.* **2.** fig. ⇒ **mesure, modèle, référence, type. 3.** ÉCON. Métal sur lequel est fondée la valeur d'une unité monétaire. *Système d'étalon-or.*

ÉTALONNAGE n. m. ▪ Action d'étalonner (une mesure, un appareil). ◇ syn. ÉTALONNEMENT.

ÉTALONNER v. tr. 1 ▪ **1.** Vérifier (une mesure) par comparaison avec un étalon. ‑ au p. p. *Mesure étalonnée par un* *vérificateur.* **2.** Graduer (un instrument) conformément à l'étalon. **3.** STATIST. *Étalonner un test,* l'appliquer à un groupe de référence, afin de définir des normes.

ÉTAMAGE n. m. ▪ Action d'étamer. *Étamage des glaces.*

ÉTAMBOT n. m. ▪ Partie du navire qui continue la quille à l'arrière et où se trouve le gouvernail.

ÉTAMER v. tr. [1] ▪ **1.** Recouvrir (un métal) d'une couche d'étain. *Faire étamer une casserole.* ➝ au p. p. *Tôle étamée,* fer-blanc. **2.** Recouvrir (la face interne d'une glace) d'un amalgame d'étain et de mercure (⇒ **tain**).

ÉTAMEUR, EUSE n. ▪ Personne dont le métier est d'étamer. ➝ appos. *Ouvrier étameur.*

① **ÉTAMINE** n. f. ▪ **1.** Étoffe mince, légère. *Étamine de laine.* **2.** Tissu lâche qui sert à cribler ou à filtrer. *Passer un liquide à l'étamine.* ➝ fig. VX *Passer à l'étamine :* examiner soigneusement.

② **ÉTAMINE** n. f. ▪ Organe mâle producteur du pollen, chez les plantes à fleurs, formé d'une partie allongée supportant une partie renflée. *Étamines et pistil.*

ÉTAMPE n. f. ▪ Poinçon, outil pour étamper.

ÉTAMPER v. tr. [1] ▪ Imprimer une marque, percer un trou sur, dans (une surface dure). *Étamper un fer à cheval.*

ÉTAMPES ▪ Chef-lieu d'arrondissement de l'Essonne. 21 457 hab. *(les Étampois).* Nombreux monuments anciens, dont l'hôtel d'Anne de Pisseleu, duchesse d'Étampes, maîtresse de François Ier.

ÉTANCHE adj. ▪ Qui ne laisse pas passer les fluides, ne fuit pas. *Un tonneau étanche. Toiture étanche.* ⇒ **imperméable.** *Montre étanche* (pour la plongée). ➝ fig. *CLOISON ÉTANCHE :* séparation absolue. *Cloisons étanches entre des sciences, des classes sociales.*

ÉTANCHÉITÉ n. f. ▪ Caractère de ce qui est étanche. *L'étanchéité d'un réservoir, d'une montre.*

ÉTANCHER v. tr. [1] ▪ **1.** Arrêter (un liquide) dans son écoulement. ⇒ **éponger.** *Étancher le sang qui coule d'une plaie.* **2.** *Étancher sa soif,* l'apaiser en buvant. ⇒ se **désaltérer.** ► n. m. ÉTANCHEMENT

ÉTANÇON n. m. ▪ Grosse pièce de bois dressée pour soutenir qqch. ⇒ **béquille, contrefort, étai.** *Placer des étançons contre un mur.*

ÉTANÇONNER v. tr. [1] ▪ Étayer à l'aide d'étançons. ► n. m. ÉTANÇONNEMENT

ÉTANG [-ɑ̃] n. m. ▪ Étendue d'eau moins vaste et moins profonde qu'un lac. *Des étangs poissonneux.*

L'ÉTANG-SALÉ ▪ Commune de la Réunion. 8 774 hab.

ÉTAPE n. f. ▪ **1.** Lieu où l'on s'arrête au cours d'un déplacement, d'un voyage. ⇒ **halte.** *Arriver à l'étape. Les étapes du Tour de France cycliste,* où les coureurs se reposent entre deux courses. ➝ loc. *Faire étape quelque part,* s'y arrêter. ➝ *Brûler l'étape :* ne pas s'arrêter à l'étape prévue (troupes, voyageurs). fig. *Brûler les étapes :* aller plus vite que prévu. **2.** Distance à parcourir pour arriver à une étape (1). *Voyager par petites étapes. Parcourir une longue étape.* ⇒ **route.** ➝ (dans une course) *Classement par étapes. Étape contre la montre.* **3.** fig. Période dans une progression, une évolution. ⇒ **état, moment, phase.** *Les réformes se font par étapes.* ⇒ **degré.**

ÉTAPLES ▪ Commune et port de pêche du Pas-de-Calais. 11 305 hab. *(les Étaplois).*

ÉTAT n. m. ▪ **I.** Manière d'être (d'une personne ou d'une chose), considérée dans ce qu'elle a de durable (opposé à *devenir*). *État permanent ; momentané. Les états successifs d'une évolution.* ⇒ **degré, étape. 1.** Manière d'être physique, intellectuelle, morale (d'une personne). *État de santé. Son état s'aggrave.* ➝ *ÉTAT GÉNÉRAL :* état de santé considéré indépendamment de toute affection particulière. ➝ *DANS, EN... ÉTAT. Ses agresseurs l'ont mis dans un triste état. Conduite en état d'ivresse. Être dans un état de choc.* ➝ loc. *Être dans tous ses états,* très agité, affolé. (choses, abstractions) *Dans tous ses états.* ➝ *ÉTAT D'ESPRIT :* disposition particulière de l'esprit. *Il a un curieux état d'esprit.* ⇒ **mentalité.** ➝ *ÉTAT D'ÂME :* disposition des sentiments. ⇒ **humeur.** *Avoir des états d'âme,* des attitudes irrationnelles, des réactions affectives incontrôlées. ➝ *ÉTAT DE CONSCIENCE :* fait psychique conscient (sensation, sentiment, volition). ♦ *EN, HORS D'ÉTAT DE* (+ inf.) : capable ou non de. *Je ne suis pas en état de le recevoir.* ⇒ **décidé, disposé, prêt.** *Être hors d'état de répondre.* ⇒ **incapable.** *Mettre qqn hors d'état de nuire.* **2.** Manière d'être (d'une chose). *L'état de ses finances ne lui permet pas cette dépense.* ♦ loc. *EN (bon, mauvais) ÉTAT ; DANS* (tel ou tel) *ÉTAT. Livres d'occasion en bon état. Véhicule en état de marche.* ➝ *EN ÉTAT :* dans son état normal ou dans l'état antérieur. *Remettre une vieille voiture en état* (⇒ **réparer**). ➝ *EN L'ÉTAT. Tout doit rester en l'état,* tel quel. *ÉTAT DE CHOSES :* circonstance, situation. *Cet état de choses ne peut pas durer.* ♦ *À L'ÉTAT* (+ adj.) : sous la forme. *À l'état brut. Le jardin restait à l'état sauvage.* ♦ loc. *EN TOUT ÉTAT DE CAUSE :* dans tous les cas, n'importe comment (⇒ **toujours**). **3.** (abstractions) *L'état actuel de nos connaissances. Je vais vous exposer l'état de la question.* **4.** SC. Manière d'être (d'un corps) résultant de la plus ou moins grande cohésion de ses molécules. *État solide, liquide, gazeux. Un corps à l'état pur.* **5.** *FAIRE ÉTAT DE* loc. verbale : tenir compte de ; mettre en avant. *Faire état d'un document.* ⇒ **citer ; mention.** *Ne faites pas état de ce qu'il a dit,* n'en parlez pas. **6.** Écrit constatant ou décrivant un fait, une situation à un moment donné. *État des lieux. États de service d'un fonctionnaire.* **II.** Situation (d'une personne) dans la société. **1.** LITTÉR. Fonction sociale. *L'état religieux. Il est satisfait de son état.* ➝ *DE SON ÉTAT :* de son métier. **2.** Ensemble de qualités inhérentes à la personne, auxquelles la loi civile attache des effets juridiques. *État de sujet français, britannique. État d'époux.* ♦ *ÉTAT CIVIL :* mode de constatation des principaux faits relatifs à l'état des personnes (naissance, mariage, décès...) ; service public chargé de dresser les actes constatant ces faits. *Une fiche d'état civil.* **3.** anciennt Groupe social (clergé, noblesse...). ⇒ **ordre.** *TIERS ÉTAT* (voir ci-dessous). ➝ au plur. *ÉTATS GÉNÉRAUX* (voir ci-dessous). **III.** (avec une maj.) **1.** Autorité souveraine s'exerçant sur un peuple et un territoire déterminés. *L'État et la nation. Les affaires de l'État* (administration, politique). ⇒ **public.** *L'individu et l'État.* ➝ *CHEF D'ÉTAT :* personne qui exerce l'autorité souveraine dans un pays. *Le chef de l'État* (même sens). ➝ *HOMME, FEMME D'ÉTAT :* personne qui a un rôle très important dans l'État, le gouvernement ; personne qui a des aptitudes particulières pour diriger le gouvernement. ➝ *COUP D'ÉTAT :* conquête ou tentative de conquête du pouvoir par des moyens illégaux. *Coup d'État militaire.* ⇒ **putsch.** *Le coup d'État du 18 brumaire*.* ➝ *RAISON D'ÉTAT :* considération d'intérêt public que l'on invoque pour justifier une action illégale, injuste, en matière politique. ➝ (groupement, parti) *Former un État dans l'État :* acquérir une certaine autonomie au sein d'un État, échapper en partie à l'autorité du gouvernement. ♦ anciennt au plur. *Les États d'un monarque.* ⇒ **royaume. 2.** (opposé aux pouvoirs et services locaux) Ensemble des services généraux d'une nation. ➝ Pouvoir central. *L'État et les collectivités locales. État centralisé, décentralisé. Impôt d'État* (opposé à *impôts locaux*). *Industrie, monopole d'État.* **3.** *UN ÉTAT, DES ÉTATS :* groupement humain fixé sur un territoire déterminé, soumis à une même autorité. ⇒ **empire, nation, pays, puissance, royaume.** *Relations entre États. État fédéral.* ➝ *Les États*-Unis (d'Amérique)* (⇒ **américain**). *L'État de Californie.* ♦ HIST. *Les États de l'Église** (ou *États pontificaux*).

▪ **le tiers ÉTAT** ▪ Troisième état sous l'Ancien Régime, comprenant ceux qui n'appartenaient ni à l'aristocratie ni au clergé (bourgeois, artisans, paysans). Longtemps soutien du pouvoir monarchique face à la noblesse et au clergé, le tiers état, socialement hétérogène et reflétant en fait les aspirations de la bourgeoisie et des classes moyennes, se fit le principal défenseur des réformes financières et politiques lors des états généraux de 1789 et joua un rôle important dans le déclenchement de la Révolution.

le tiers **état.** *Caricature, Réveil du tiers état,* gravure. Musée Carnavalet, Paris. *Phot. © J.-L. Charmet/Explorer*

les **états généraux.** *Ouverture des états généraux à Versailles,* gravure d'Helmann d'après Monet. Bibliothèque nationale de France, Paris. *Phot. © Giraudon*

▪ **l'ÉTAT FRANÇAIS** ▪ Nom donné au régime politique de la France (10 juillet 1940 - 9 août 1944), instauré par le maréchal Pétain* (→ **Vichy**). Il prit fin à la Libération.

▪ **les ÉTATS GÉNÉRAUX** ▪ Assemblée représentant les trois ordres ou états de la France de l'Ancien Régime (noblesse, clergé et tiers état), réunie lors de crises politiques et économiques. Chaque ordre ou état disposait d'une voix et rédigeait un cahier de doléances. Les états généraux furent convoqués pour la première fois par Philippe le Bel (1302). Les ministres de Louis XVI les réunirent en 1789 pour dénouer la crise financière, mais le tiers état, jugeant qu'il ne disposait pas d'un droit de vote correspondant à son importance réelle, se proclama Assemblée nationale constituante. Ce fut le début de la Révolution : l'absolutisme laissait la place à une monarchie constitutionnelle.

ÉTATIQUE adj. ▪ Qui concerne l'État. *L'autorité étatique,* de l'État.

ÉTATISATION n. f. ▪ Action d'étatiser. ♦ Gestion par l'État d'un secteur d'activité (industrie, agriculture, commerce). ⇒ **nationalisation.** *L'étatisation des manufactures de tabac en France.*

ÉTATISER v. tr. [1] ▪ Transformer en administration d'État ; faire gérer par l'État. *Étatiser une entreprise.* ⇒ **nationaliser.**

ÉTATISME n. m. ▪ Doctrine politique préconisant l'extension du rôle de l'État dans la vie économique et sociale.

ÉTATISTE adj. ▪ Relatif à l'étatisme. – adj. et n. Partisan de l'étatisme.

ÉTAT-MAJOR n. m. ▪ **1.** Officiers et personnel attachés à un officier supérieur ou général pour élaborer et transmettre les ordres. ⇒ **commandement.** *L'état-major de division, d'armée. Des états-majors.* – (en France) *Carte d'état-major,* carte au 1/80 000. **2.** Ensemble des collaborateurs immédiats d'un chef, des dirigeants d'un groupe. *L'état-major d'un ministre, d'un parti, d'un syndicat.* ⇒ **direction, tête.**

les ÉTATS-UNIS D'AMÉRIQUE en anglais ***UNITED STATES OF AMERICA*** ▪ État (république fédérale) d'Amérique du Nord, entre le Mexique et le Canada, les océans Atlantique et Pacifique. 9 363 353 km². 250 000 000 hab. *(les Américains* ou *États-Uniens).* Capitale : Washington. Langue officielle : anglais. Religions : protestantisme, catholicisme, judaïsme. Monnaie : dollar. 50 États et un district fédéral. L'étendue du pays, la variété du relief (montagnes à l'ouest, plaines au centre et à l'est) et du climat contribuent à faire de l'économie américaine la première du monde : agriculture (élevage, blé, maïs, soja, coton), abondance de ressources minérales (cuivre, uranium, lignite, phosphates) et énergétiques (charbon, pétrole), industries (alimentaire, bois et papier, textile, métallurgie, pétrochimie, automobile, industries aérospatiales, électronique). Cependant, les États-Unis doivent faire face à des difficultés financières dues au déficit budgétaire et au déséquilibre du commerce extérieur avec un excédent des importations et la concurrence du Japon (hi-fi, photographie, motocycles), de l'Europe (avions civils), de la Corée-du-Sud, de Taiwan et de Hong Kong (jouets, plastique, textile). □ **HISTOIRE** Peuplé depuis 40 000 ans par des Amérindiens, peu nombreux, cet immense territoire fut colonisé, à partir du XVIᵉ s., par des Européens. Les Espagnols se cantonnèrent au sud : Texas, Floride, Californie actuels. Sur la côte atlantique, les Anglais supplantèrent rapidement les Hollandais et chassèrent les Français de la région des Grands Lacs. Mais les colons acceptaient de moins en moins les exigences du Royaume-Uni qui imposait des taxes, notamment sur le thé et, en 1773, ils jetèrent les cargaisons à la mer (Boston Tea Party). Jefferson et Franklin rédigèrent la Déclaration d'indépendance* des États-Unis en 1776 et obtinrent l'appui des Français La Fayette et Rochambeau. Les colons déclarèrent et gagnèrent la guerre d'Indépendance* (1787). George Washington fut le premier président. La Constitution conciliait les vues du parti républicain (devenu en 1830, sous l'influence de Jackson, le parti démocrate) et celles du parti fédéraliste (ancêtre de l'actuel parti républicain) : autonomie des États et pouvoir central fort. Le pays s'étendit vers le sud-ouest : achat de la Louisiane (1803) à la France et de la Floride (1819) à l'Espagne, conquête du Texas (1845) et de la Californie (1848) sur le Mexique. Vers 1850, les émigrants, à la recherche de terres nouvelles et attirés par les mines d'or, se lancèrent à la conquête de l'Ouest, exterminant pratiquement les Indiens ; aujourd'hui, il n'en reste qu'environ 1 500 000 regroupés, pour la moitié, dans des réserves (Arizona, Nouveau-Mexique). L'élection de Lincoln, antiesclavagiste, à la présidence, en 1860, déclencha la sécession des États du Sud, voués à la culture du coton et pratiquant l'esclavage. La guerre civile qui s'ensuivit entre nordistes et sudistes (guerre de Sécession*, 1861-1865) aboutit à la victoire des États du Nord. Grâce à l'industrialisation rapide du pays, dont la population tripla entre 1865 et 1914 (immigration), et au développement des transports (chemin de fer), l'économie, soutenue par le protectionnisme, prit le premier rang dans le monde. Les premiers trusts apparurent (Rockfeller pour le pétrole). Les États-Unis se lancèrent dans une politique interventionniste sous l'impulsion de T. Roosevelt et de W. Wilson. La puissance américaine se révéla dans son engagement lors de la Première Guerre* mondiale (1917) ; elle était telle qu'elle entraîna le monde à sa suite lors de la crise*

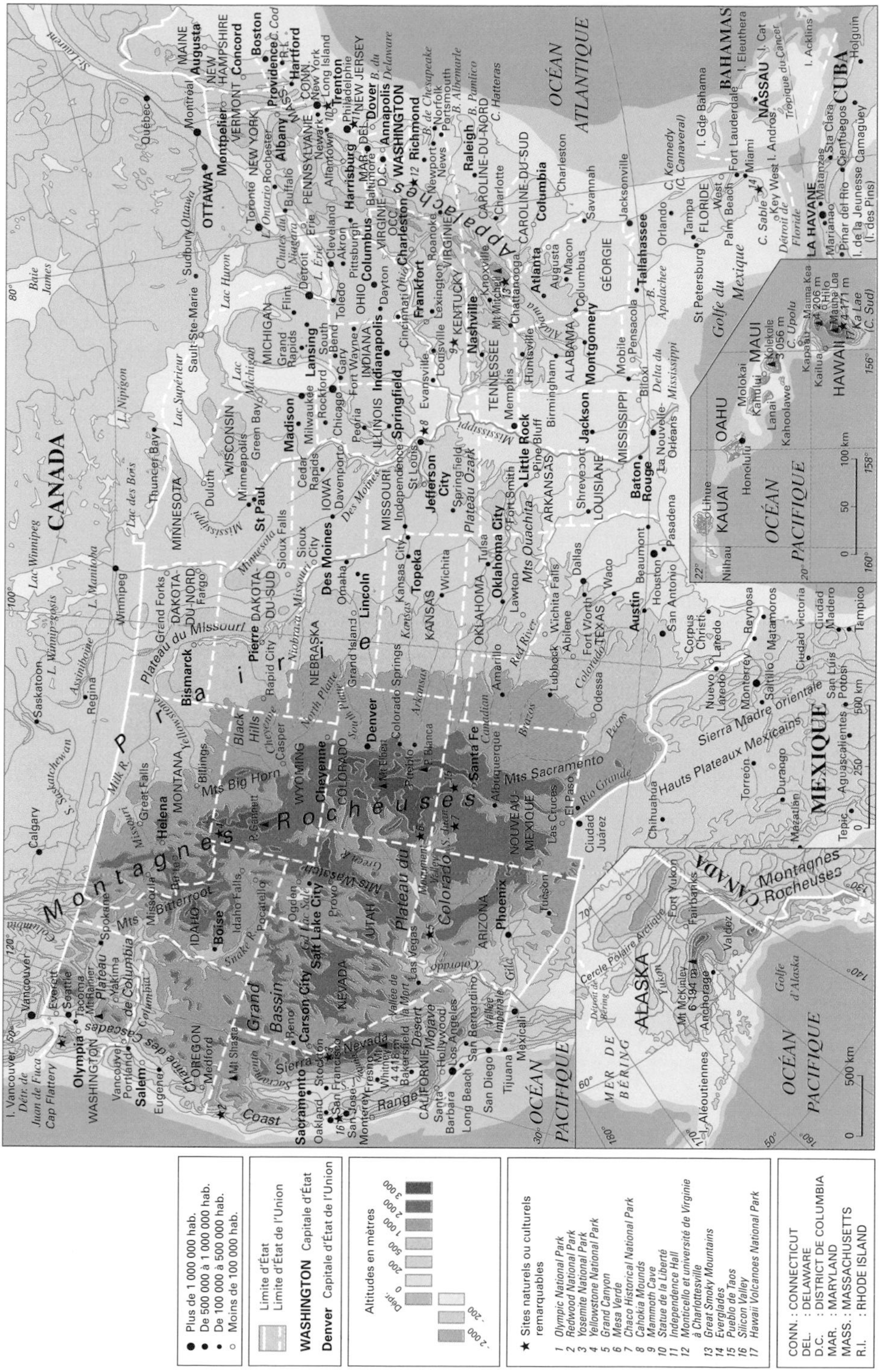
CANADA
MEXIQUE
CUBA
BAHAMAS
OCÉAN ATLANTIQUE
OCÉAN PACIFIQUE
Golfe du Mexique
Montagnes Rocheuses
Prairie
Appalaches
Plateau du Missouri
Grand Bassin
Plateau du Colorado
Sierra Nevada
Coast Range
Chaîne des Cascades
Plateau de Columbia
Hauts Plateaux Mexicains
Sierra Madre orientale
Mississippi
Missouri
Rio Grande
Lac Supérieur
Lac Michigan
Lac Huron
L. Érié
L. Ontario
WASHINGTON
OREGON
CALIFORNIE
NEVADA
IDAHO
MONTANA
WYOMING
UTAH
ARIZONA
COLORADO
NOUVEAU-MEXIQUE
DAKOTA-DU-NORD
DAKOTA-DU-SUD
NEBRASKA
KANSAS
OKLAHOMA
TEXAS
MINNESOTA
IOWA
MISSOURI
ARKANSAS
LOUISIANE
WISCONSIN
ILLINOIS
MISSISSIPPI
MICHIGAN
INDIANA
KENTUCKY
TENNESSEE
ALABAMA
GÉORGIE
FLORIDE
OHIO
PENNSYLVANIE
NEW YORK
VIRGINIE
VIRGINIE-OCC.
CAROLINE-DU-NORD
CAROLINE-DU-SUD
MAINE
NEW HAMPSHIRE
VERMONT
NEW JERSEY
OTTAWA
WASHINGTON D.C.
ALASKA
HAWAII
OAHU
MAUI
KAUAI
LA HAVANE
NASSAU

● Plus de 1 000 000 hab.
● De 500 000 à 1 000 000 hab.
• De 100 000 à 500 000 hab.
○ Moins de 100 000 hab.

Limite d'État
Limite d'État de l'Union
WASHINGTON Capitale d'État
Denver Capitale d'État de l'Union

Altitudes en mètres
Dépr. 0 200 500 1 000 2 000 3 000
-200 -2 000

★ Sites naturels ou culturels remarquables
1 Olympic National Park
2 Redwood National Park
3 Yosemite National Park
4 Yellowstone National Park
5 Grand Canyon
6 Mesa Verde
7 Chaco Historical National Park
8 Cahokia Mounds
9 Mammoth Cave
10 Statue de la Liberté
11 Independence Hall
12 Monticello et université de Virginie à Charlottesville
13 Great Smoky Mountains
14 Everglades
15 Pueblo de Taos
16 Silicon Valley
17 Hawaii Volcanoes National Park

CONN. : CONNECTICUT
DEL. : DELAWARE
D.C. : DISTRICT DE COLUMBIA
MAR. : MARYLAND
MASS. : MASSACHUSETTS
R.I. : RHODE ISLAND

États-Unis.

économique de 1929. Grâce à une nouvelle politique renforçant l'intervention de l'État, le New* Deal, F. D. Roosevelt parvint à redresser l'économie. À partir de la Deuxième Guerre* mondiale, l'hégémonie américaine s'affirma sur tous les plans : économique et financier, militaire, diplomatique (→ **Bretton Woods**). Avec le plan Marshall* et la création de l'OTAN, les États-Unis, dirigés par Truman*, se firent les défenseurs de la démocratie libérale. Une lutte d'influence s'engagea avec l'Union soviétique : guerre* froide, participation à la plupart des conflits internationaux. La lutte contre le communisme conduisit au maccarthysme, « chasse aux sorcières », à l'intérieur du pays. L'assurance américaine fut contrebattue, dans les années 60, par la guerre du Viêtnam* engagée par J. F. Kennedy*, l'échec de la baie des Cochons (→ **Cuba**), la persistance des problèmes raciaux (→ **Panthères noires**) et, dans les années 70, par les difficultés économiques et les désordres monétaires, la démission du président Nixon (malgré les succès diplomatiques de Kissinger qui pratiqua une politique de détente) à la suite de l'affaire du Watergate*, l'échec de Carter en Iran. Le républicain Reagan, président de 1981 à 1988, s'attacha à rétablir la confiance dans les valeurs traditionnelles, non sans susciter des critiques (politique sociale « sacrifiée », danger de l'interventionnisme en Amérique latine) ; il favorisa la détente avec l'Union soviétique de Gorbatchev. Son vice-président, George Bush, lui succéda en 1989. Malgré le succès de la guerre du Golfe*, il ne parvint pas à juguler la crise économique et fut battu aux élections en 1992 par Bill Clinton qui poursuivit la politique de libéralisation des échanges commerciaux. → **Alena.**

ÉTAU n. m. ▪ **1.** Presse formée de deux tiges terminées par des mâchoires qu'on rapproche à volonté, de manière à tenir solidement les objets que l'on veut travailler. *Étau d'établi. Des étaux.* **2.** fig. Ce qui opprime. loc. *Être pris, serré dans un étau,* dans une situation dangereuse, pénible. *L'étau se resserre.*

ÉTAYAGE n. m. ▪ Action d'étayer ; opération par laquelle on étaie. *Des travaux d'étayage.* ◇ syn. ÉTAIEMENT.

ÉTAYER v. tr. [8] ▪ **1.** Soutenir à l'aide d'étais*. ⇒ **caler, renforcer.** *Étayer un mur, une voûte.* **2.** fig. Appuyer, soutenir. *Étayer une affirmation.* ‑ au p. p. *Une démonstration bien étayée.*

ET CÆTERA ou **ET CETERA** [ɛtseteʀa] **loc.** ▪ Et le reste. ◇ abrév. graphique ETC.

ETCHMIADZINE ▪ Ville d'Arménie, où siège le patriarche de l'Église arménienne. 61 000 hab.

Etchmiadzine. *Phot. © Charles Lénars*

① **ÉTÉ** ▪ Participe passé (invar.) du verbe *être.*

② **ÉTÉ** n. m. ▪ Saison qui succède au printemps et précède l'automne, et qui, dans l'hémisphère Nord, commence au *solstice d'été* (21 ou 22 juin) et s'achève à l'équinoxe d'automne (22 ou 23 septembre). *Vacances d'été* (⇒ **estivant**). *Tenue d'été,* légère (⇒ **estival**). ♦ *L'été de la Saint-Martin. L'été indien* ou *des Sauvages* (Canada) : période de beaux jours en automne, en Amérique du Nord.

ÉTEIGNOIR n. m. ▪ **1.** Ustensile creux en forme de cône qu'on pose sur une chandelle, une bougie, un cierge, pour l'éteindre. **2.** Ce qui arrête l'élan de l'esprit, de la gaieté. ‑ (personnes) ⇒ **rabat-joie.**

ÉTEINDRE v. tr. [52] ▪ **1.** Faire cesser de brûler. *Éteindre le feu* (⇒ **extinction**). *Les pompiers ont éteint l'incendie. La chaudière est éteinte.* ♦ Faire cesser d'éclairer (s'oppose à *allumer*). *Éteindre la lumière, l'électricité.* ⇒ **fermer.** ♦ Faire cesser de fonctionner (un appareil électrique). *Éteindre la radio, le radiateur.* **2.** fig. LITTÉR. Diminuer l'ardeur, l'intensité de ; faire cesser d'exister. ⇒ **apaiser, calmer, diminuer.** *Soif qu'on ne peut éteindre* (⇒ **inextinguible**). ♦ par métaphore et fig. *Éteindre le feu des passions, les passions.* **3.** *Éteindre un droit, une dette.* ⇒ **acquitter, annuler.** ► **S'ÉTEINDRE** v. pron. **1.** Cesser de brûler. *Faute de combustible, le feu s'éteint.* ⇒ **mourir.** ‑ Cesser d'éclairer. *Les lumières se sont éteintes.* **2.** LITTÉR. (sons) Perdre son éclat, sa vivacité, disparaître. *Le bruit diminua et s'éteignit.* **3.** fig. ⇒ **disparaître, finir.** *Son ardeur s'éteignit peu à peu.* ‑ (personnes) Mourir. *Elle s'éteignit dans les bras de sa fille.* ‑ *Famille qui s'éteint,* qui ne laisse pas de descendance.

ÉTEINT, EINTE adj. ▪ **1.** Qui ne brûle plus, n'éclaire plus. *Un volcan éteint* (opposé à *en activité*). *Circuler tous feux éteints.* **2.** (choses) Qui a perdu son éclat, sa vivacité. *Une couleur éteinte,* pâle. *Un regard éteint,* morne. ‑ (sons) Assourdi. **3.** fig. Qui est affaibli ou supprimé. *Des souvenirs éteints.* **4.** (personnes) Sans force, sans expression (par fatigue, maladie). ⇒ **apathique, atone.** *Il est complètement éteint.*

ÉTENDAGE n. m. ▪ **1.** Action d'étendre pour faire sécher. **2.** Cordes à linge, séchoir.

ÉTENDARD n. m. ▪ **1.** Enseigne de guerre, drapeau. **2.** par métaphore et fig. Signe de ralliement ; symbole (d'un parti, d'une cause). *Se ranger, combattre sous les étendards de... Lever l'étendard de la révolte.*

ÉTENDOIR n. m. ▪ Dispositif, endroit pour étendre le linge.

ÉTENDRE v. tr. [41] ▪ **1.** Déployer (un membre, une partie du corps) dans sa longueur (en l'écartant du corps...). *Étendre les bras, les jambes.* ⇒ **allonger, étirer.** ‑ *L'oiseau étendait les ailes.* ⇒ **déployer ; essor. 2.** Placer à plat ou dans sa grande dimension (ce qui était plié). *Étendre du linge,* pour qu'il sèche. *Étendre un tapis sur le parquet.* **3.** Coucher (qqn) de tout son long. *Étendre un blessé sur un lit.* ‑ FAM. Faire tomber. *Le boxeur a étendu son adversaire.* ♦ fig. FAM. *Se faire étendre au bac.* ⇒ **refuser ;** FAM. **coller, étaler. 4.** Rendre (qqch.) plus long, plus large ; faire couvrir une surface plus grande à. *Étendre une couche de peinture, un enduit.* **5.** Diluer. *Étendre une sauce,* y ajouter de l'eau. **6.** fig. Rendre plus grand. ⇒ **accroître, agrandir, augmenter.** *Étendre son influence. Étendre son vocabulaire, ses connaissances.* ► **S'ÉTENDRE** v. pron. **1.** Augmenter en surface ou en longueur. *Ce tissu s'étend au lavage. L'ombre des arbres s'étend le soir.* ⇒ s'**allonger, grandir. 2.** (personnes) ⇒ s'**allonger,** se **coucher.** *Aller s'étendre après le repas.* ‑ passif *Être étendu sur un lit* (→ ci-dessous, p. p.). **3.** Couvrir, occuper un certain espace. *S'étendre à perte de vue.* **4.** (choses) Prendre de l'extension, de l'ampleur. ⇒ **augmenter, croître.** *Le mal s'est étendu.* ‑ *S'étendre à, jusqu'à, sur...* ⇒ s'**exercer,** se **répandre ; régner. 5.** (personnes) *S'étendre sur un sujet,* le développer longuement. ► **ÉTENDU, UE** adj. **1.** Qu'on a étendu ou qui s'est étendu. *Du linge étendu. Les jambes étendues. Un homme étendu sur le lit.* ⇒ **couché. 2.** Qui a une grande étendue. ⇒ **spacieux, vaste.** *Vue étendue. Vocabulaire étendu.*

ÉTENDUE n. f. ▪ **1.** PHILOS. Propriété des corps d'être situés dans l'espace et d'en occuper une partie. **2.** Espace perceptible, visible ; espace occupé par qqch. *L'étendue d'un champ.* ⇒ **surface.** *Dans l'étendue de la circonscription. Une grande étendue désertique.* **3.** *L'étendue d'une voix, d'un instrument :* l'écart entre le son le plus grave et le son le plus aigu. ⇒ **registre. 4.** Espace de temps. ⇒ **durée.** *L'étendue de la vie.* **5.** fig. Importance, développement. *Mesurer toute l'étendue d'une catastrophe. Accroître l'étendue de ses connaissances.* ⇒ **champ, domaine.**

ÉTERNEL, ELLE adj. ▪ **I. 1.** Qui est hors du temps, qui n'a pas eu de commencement et n'aura pas de fin. *Dieu est conçu comme éternel.* ♦ n. m. *L'ÉTERNEL :* Dieu. *Invoquer, louer l'Éternel.* ‑ Ce qui a une valeur d'éternité*. **2.** Qui est de tous les temps ou qui doit durer toujours. loc. prov. *La vie est un éternel recommencement.* ‑ RELIG. *La vie éternelle ; le salut éternel,* après la mort. ‑ *Le repos éternel :* la mort. ‑ loc. *L'éternel féminin,* caractères psychologiques supposés immuables, attribués à la femme. **3.** Qui dure très longtemps, dont on ne peut imaginer la fin. ⇒ **durable, impérissable.** *Serments, regrets éternels. Rome, la Ville éternelle. Les neiges éternelles,* qui ne fondent pas, ne sont pas saisonnières. **II.** (avant le nom) **1.** Qui ne semble pas devoir finir ; qui ennuie, fatigue par la répétition. ⇒ **continuel, interminable, perpétuel.** *Ses éternelles récriminations.* ‑ (personnes ; actes) Qui est toujours *dans le même état. C'est un éternel mécontent.* **2.** (avec un poss.) Qui se trouve continuellement associé à qqch., à qqn. ⇒ **inséparable.** *Avec son éternel parapluie.*

ÉTERNELLEMENT adv. ▪ **1.** De tout temps, toujours ou sans fin. ⇒ **indéfiniment. 2.** Sans cesse, continuellement. ⇒ **toujours.**

ÉTERNISER v. tr. [1] ▪ **1.** LITTÉR. Rendre éternel, faire durer sans fin. ⇒ **immortaliser, perpétuer.** *Cette découverte éternisera la mémoire de ce grand savant.* **2.** Prolonger indéfiniment. ⇒ faire **durer.** *Je ne veux pas éterniser la discussion.* ► **S'ÉTERNISER** v. pron. **1.** (choses) Se perpétuer, se prolonger. *La guerre s'éternise.* **2.** (personnes) *S'éterniser en récriminations.* – FAM. Demeurer indéfiniment, s'attarder trop longtemps. *Je ne vais pas m'éterniser ici.*

ÉTERNITÉ n. f. ▪ **I.** sans compl. **1.** Durée qui n'a ni commencement ni fin, qui échappe à toute détermination chronologique (surtout dans un contexte religieux). *La notion de Dieu implique l'éternité.* **2.** Durée ayant un commencement, mais pas de fin ; RELIG. la vie future. **3.** Temps qui semble extrêmement long. *Cela a duré une éternité. Il y a des éternités qu'on ne t'a vu.* **4.** *DE TOUTE ÉTERNITÉ :* depuis toujours. **II.** *(L'éternité de...)* Caractère de ce qui est éternel. ⇒ **pérennité.** *L'éternité de l'esprit, de la matière.*

ÉTERNUEMENT n. m. ▪ Expulsion brusque et bruyante d'air par le nez et la bouche, provoquée par l'irritation des muqueuses nasales. *Bruit de l'éternuement.* ⇒ **atchoum.**

ÉTERNUER v. intr. [1] ▪ Faire un éternuement. *Il tousse et il éternue. Poudre à éternuer,* qui provoque l'éternuement.

ÉTÊTAGE n. m. ▪ Action d'étêter. *L'étêtage d'un arbre.* ◇ syn. ÉTÊTEMENT.

ÉTÊTER v. tr. [1] ▪ Couper la tête de (un arbre, un petit animal, un objet). *Étêter de jeunes arbres avant de les transplanter. Étêter des sardines* (pour les mettre en conserve).

ÉTEULE n. f. ▪ AGRIC. Chaume laissé sur place après la moisson.

ÉTHANE n. m. ▪ Gaz combustible, hydrocarbure saturé.

ÉTHANOL n. m. ▪ Alcool d'origine végétale (blé, betterave, topinambour) utilisé comme carburant.

ETHELBERT (mort en 616) ▪ Roi du Kent de 560 à sa mort. Il fit œuvre de législateur, se convertit au christianisme et favorisa l'action évangélisatrice d'Augustin de Canterbury.

① **ÉTHER** [etɛʀ] n. m. ▪ **1.** LITTÉR. L'air le plus pur ; les espaces célestes. ⇒ **air, ciel. 2.** ANC. SC. Fluide subtil emplissant tout l'espace (notion abandonnée).

② **ÉTHER** [etɛʀ] n. m. ▪ **1.** CHIM. ANC. Tout composé volatil résultant de la combinaison d'acides avec des alcools. *Éthers-sels.* ⇒ ② **ester. 2.** Oxyde d'éthyle, liquide incolore d'une odeur forte, très volatil et pouvant anesthésier. *L'éther est employé comme antiseptique.*

ÉTHÉRÉ, ÉE adj. ▪ **1.** Qui est de la nature de l'éther. *La voûte éthérée :* le ciel. **2.** ⇒ **aérien, irréel, léger.** *Créature éthérée.* – *Sentiments éthérés,* qui s'élèvent au-dessus des choses terrestres. ⇒ **pur, sublime.**

ÉTHÉROMANE adj. et n. ▪ Toxicomane qui se drogue à l'éther (②, 2).

l'ÉTHIOPIE n. f. ▪ État d'Afrique de l'Est, au sud de la mer Rouge et du golfe d'Aden. 1 104 294 km². 42 386 000 hab. *(les Éthiopiens).* Capitale : Addis-Abeba. Langue officielle : amharique. Religions : christianisme monophysite (copte), islam. Monnaie : birr. Le relief accidenté gêne l'économie, encore agricole (café, coton, élevage). La guerre civile et la collectivisation des terres ont ruiné l'économie. Le socialisme d'État a été abandonné en 1990. □ HISTOIRE Le pays a presque toujours maintenu son indépendance : dans l'Antiquité, le royaume d'Aksoum* dura du Ve s. av. J.-C. au Xe s. et adhéra au christianisme venu d'Égypte (Église copte monophysite). Au XVIe s., les luttes épuisantes contre les Turcs favorisèrent l'émergence de féodaux et parmi eux la dynastie de Gondar. Le négus (« roi des rois », empereur) Theodoros II réunifia le pays après 1855. La dynastie des Salomonides (descendants de la reine de Saba et de Salomon d'après la tradition) fut restaurée par Ménélik II* en 1889. Le négus Hailé Sélassié fut chassé par l'Italie fasciste en 1935, qui réunit l'Éthiopie, la Somalie et l'Érythrée pour former l'Afrique-Orientale italienne. Rétabli sur son trône par les Anglais en 1941, le négus poursuivit la modernisation du pays. Néanmoins, son autorité n'empêcha pas la situation de se détériorer. La rébellion de l'Érythrée à partir de 1962 et la famine de 1973 amenèrent sa chute (1974) et son remplacement par un pouvoir militaire (capitaine Mengistu) d'obédience marxiste. Mais l'armée dut faire face aux mêmes difficultés, aggravées par le soulèvement du Tigré et un conflit avec la Somalie. En 1991, le pouvoir passa aux mains du Front populaire de libération du Tigré tandis que l'Érythrée prenait son indépendance (1993).

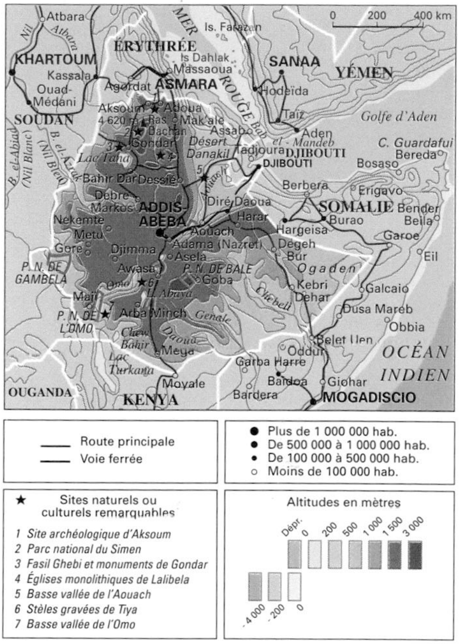

Éthiopie.

ÉTHIOPIEN, ENNE adj. et n. ▪ D'Éthiopie. – n. *Les Éthiopiens.*

ÉTHIQUE ▪ **1.** n. f. Science de la morale ; ensemble des conceptions morales de qqn. ⇒ **morale.** *Éthique médicale.* ⇒ **bioéthique.** ♦ Ouvrage de morale. *L'"Éthique" de Spinoza.* **2.** adj. Qui concerne la morale. *Des jugements éthiques.* ⇒ **moral.**

ETHNIE n. f. ▪ Ensemble de personnes que rapprochent un certain nombre de caractères de civilisation, notamment la langue et la culture.

ETHNIQUE adj. ▪ Relatif à l'ethnie, à une ethnie. *Caractères ethniques. Groupes ethniques.*

ETHNO- Élément, du grec *ethnos* « peuple », entrant dans la formation de termes didactiques, notamment de noms de sciences ethnologiques (ex. *ethnobotanique, ethnolinguistique, ethnomusicologie*).

ETHNOCENTRISME n. m. ▪ DIDACT. Tendance à privilégier le groupe ethnique auquel on appartient et à en faire le seul modèle de référence.

ETHNOGRAPHE n. ▪ Spécialiste d'ethnographie.

ETHNOGRAPHIE n. f. ▪ Étude descriptive des groupes humains (ethnies), de leurs caractères anthropologiques, sociaux (l'ethnologie* étant théorique). ► adj. ETHNOGRAPHIQUE

ETHNOLOGIE n. f. ▪ Étude théorique des groupes humains décrits par l'ethnographie (l'ethnographie* étant descriptive). ⇒ **anthropologie.** ► adj. ETHNOLOGIQUE

ETHNOLOGUE n. ▪ Spécialiste d'ethnologie. ⇒ **anthropologue.** *Une ethnologue spécialiste des Indiens d'Amazonie.*

ÉTHOLOGIE n. f. ▪ DIDACT. Science des comportements des espèces animales dans leur milieu naturel. ► adj. ÉTHOLOGIQUE

ÉTHOLOGISTE n. ▪ Spécialiste d'éthologie.

ÉTHYLE n. m. ▪ CHIM. Radical monovalent formé de carbone et d'hydrogène. *Chlorure d'éthyle* (anesthésique).

ÉTHYLÈNE n. m. ▪ Gaz incolore peu soluble dans l'eau. *Matières plastiques fabriquées à partir de dérivés de l'éthylène* (⇒ **polyéthylène**).

ÉTHYLÉNIQUE adj. ▪ *Carbures éthyléniques* : hydrocarbures à chaîne ouverte contenant une liaison double, et dont l'éthylène est le plus simple.

ÉTHYLIQUE adj. ▪ **1.** CHIM. *Alcool éthylique* : l'alcool ordinaire. **2.** Dû à l'ingestion exagérée d'alcool. *Intoxication éthylique.* - **n.** DIDACT. Alcoolique, ivrogne.

ÉTHYLISME n. m. ▪ MÉD. Alcoolisme. *Éthylisme chronique.*

ÉTIAGE [etjaʒ] n. m. ▪ Baisse périodique des eaux (d'un cours d'eau) ; le plus bas niveau des eaux. *Les crues et les étiages d'un fleuve.*

René ÉTIEMBLE (né en 1909) ▪ Écrivain français. *"L'Enfant de chœur"* (1937). Il s'éleva contre l'utilisation de mots anglais dans la langue française (*"Parlez-vous franglais ?"*, 1964) et développa une réflexion sur la littérature comparée.

Étiemble. *Phot. © De Laubier/Figaro/Gamma*

saint ÉTIENNE (Ier s.) ▪ Diacre à Jérusalem. Premier martyr de la tradition chrétienne, lapidé par les juifs.

saint ÉTIENNE Ier (v. 969 - 1038) ▪ Premier roi de Hongrie, de 977 à sa mort. Il imposa le christianisme.

ÉTIENNE Ier BÁTHORY (1533 - 1586) ▪ Roi de Pologne de 1576 à sa mort. Un des chefs de la Contre-Réforme. Vainqueur d'Ivan le Terrible en Livonie.

ÉTIENNE IX DOUCHAN ou **DUŠAN** (v. 1308 - 1355) ▪ Roi (en 1331) puis empereur (1346) des Serbes. Il constitua contre les Turcs un empire gréco-serbe qui ne lui survécut pas.

ÉTIENNE DE BLOIS (v. 1097 - 1154) ▪ Roi d'Angleterre de 1135 à sa mort. Père d'Henri II.

Étienne Martin dit **ÉTIENNE-MARTIN** (1913 - 1995) ▪ Sculpteur français. Il a utilisé des matériaux éclectiques (câbles, cuir, étoffe) et réalisé la série des *"Demeures"*.

Étienne-Martin. *La Nuit.* MNAMGP, Paris. *Phot. © MNAMGP*

ÉTIENNE NEMANJA (mort v. 1200) ▪ Prince de Serbie. Il fit l'unité de la Serbie puis se retira en 1196.

ÉTINCELANT, ANTE adj. ▪ **1.** LITTÉR. Qui étincelle. *Un ciel étincelant d'étoiles. Des yeux étincelants de colère.* ♦ Qui brille, scintille. *Des bagues étincelantes.* **2.** fig. *Une verve étincelante.* - *Un causeur étincelant.* ⇒ **brillant.**

ÉTINCELER v. intr. [4] ▪ **1.** Briller au contact d'un rayon lumineux. *La mer étincelle au clair de lune.* **2.** LITTÉR. Produire un éclat vif. *Ses yeux étincelaient de colère.* **3.** LITTÉR. (choses abstraites) Avoir de l'éclat. *Sa conversation étincelle d'esprit.*

ÉTINCELLE n. f. ▪ **1.** Parcelle incandescente qui se détache d'un corps qui brûle, ou qui jaillit au contact ou sous le choc de deux corps. *Jeter des étincelles. Étincelles qui crépitent. Étincelle électrique.* - loc. *C'est l'étincelle qui a mis le feu aux poudres*, le petit incident qui a déclenché la catastrophe (→ c'est la goutte d'eau qui fait déborder le vase). **2.** Point brillant ; reflet. **3.** fig. *Une étincelle de raison, de courage*, un petit peu. ⇒ **lueur.** - FAM. *Il a fait des étincelles* : il a été brillant.

ÉTINCELLEMENT n. m. ▪ Fait d'étinceler ; éclat, lueur de ce qui étincelle. ⇒ **scintillation.**

ÉTIOLEMENT [-tjɔ-] n. m. ▪ Fait de s'étioler ; état de ce qui est étiolé. ⇒ **affaiblissement.**

ÉTIOLER [etjɔle] v. tr. [1] ▪ **1.** Rendre (une plante) grêle et décolorée, par manque d'air, de lumière. *L'obscurité étiole les plantes.* - pronom. *Cet arbuste s'étiole.* ⇒ se **rabougrir.** ♦ HORTIC. *Étioler des endives*, les faire pousser à l'abri de l'air pour qu'elles restent blanches. **2.** Rendre (qqn) chétif, pâle. ⇒ **affaiblir, anémier.** *Le manque de grand air, d'exercice étiole les enfants ;* pronom. *ils s'étiolent.* **3.** fig. Affaiblir, atrophier. - pronom. *L'esprit s'étiole dans l'inaction.*

ÉTIOLOGIE [-tjɔ-] n. f. ▪ BIOL., MÉD. Étude des causes des maladies.

ÉTIQUE adj. ▪ LITTÉR. D'une extrême maigreur. ⇒ **décharné, squelettique.**

ÉTIQUETAGE n. m. ▪ Action d'étiqueter.

ÉTIQUETER v. tr. [4] ▪ **1.** Marquer d'une étiquette. *Étiqueter des marchandises.* - au p. p. *Des bocaux étiquetés.* **2.** Ranger sous l'étiquette d'un parti, d'une école. ⇒ **classer, noter.** *On l'étiquette comme anarchiste.*

ÉTIQUETTE n. f. ▪ **I. 1.** Petit morceau de papier, de carton, fixé à un objet (pour en indiquer la nature, le contenu, le prix, la destination, le possesseur). ⇒ **marque.** *Attacher une étiquette sur un sac, sur un colis. Étiquettes autocollantes. Étiquette de qualité.* ⇒ **label.** ♦ ARGOT au plur. Oreilles. **2.** fig. Ce qui marque qqn et le classe (dans un parti, une école, etc.). *Mettre une étiquette à qqn. Il s'est présenté aux élections sans étiquette.* **II.** Ordre de préséances ; cérémonial en usage auprès d'un chef d'État, d'un grand personnage. ⇒ **protocole.**

ÉTIRAGE n. m. ▪ Opération par laquelle on étire. *Étirage du verre à chaud.*

ÉTIREMENT n. m. ▪ Fait de s'étirer.

ÉTIRER v. tr. [1] ▪ Allonger ou étendre par traction. *Étirer les métaux, le verre, du caoutchouc.* ► **S'ÉTIRER** v. pron. **1.** *Ce tissu s'est étiré.* **2.** (êtres vivants) Étendre ses membres. ⇒ se **détendre.** *S'étirer en bâillant.* **3.** S'étendre dans le temps. *La journée s'étire*, n'en finit pas.

l'ETNA n. m. ▪ Le plus haut volcan actif d'Europe, en Sicile (3 295 m). La mythologie y plaçait les forges de Vulcain.

l'Etna. Sommet de l'Etna vu du sud en 1982.
Phot. © Krafft/Explorer

ÉTOFFE n. f. ▪ **I.** Tissu dont on fait des habits, des garnitures d'ameublement. *Étoffes de laine, de coton, de soie. Étoffe imprimée. Pièce, rouleau d'étoffe.* **II.** fig. **1.** Ce qui constitue la nature, les qualités, les aptitudes (de qqn ou qqch.). *C'est un homme d'une certaine étoffe.* - AVOIR L'ÉTOFFE *de*, les qualités, les capacités de. *Il n'a pas l'étoffe d'un homme d'État.* ⇒ **envergure.** - absolt *Avoir de l'étoffe*, une forte personnalité. **2.** Matière, sujet. *Ce roman manque un peu d'étoffe.*

ÉTOFFER v. tr. [1] ▪ **1.** Confectionner en employant toute l'étoffe. **2.** fig. Rendre plus abondant, plus riche. ⇒ **enrichir.** *Étoffer un ouvrage*, lui fournir une matière plus abondante.

⇒ **nourrir.** *Il faudrait étoffer le début de l'histoire, ce personnage.* ◆ au p. p. *Un récit très étoffé.* ► s'**ÉTOFFER** v. pron. (personnes) S'élargir, prendre de la carrure. *Il s'est étoffé depuis qu'il fait du sport.*

ÉTOILE n. f. ▪ **I. 1.** COUR. Tout astre visible, excepté le Soleil et la Lune ; point brillant dans le ciel, la nuit. *Un ciel semé, constellé d'étoiles.* ◆ *L'étoile Polaire,* située approximativement dans la direction du pôle Nord. *L'étoile du matin, du soir ; l'étoile du Berger :* la planète Vénus. ◆ FAM. *À la belle étoile,* en plein air, la nuit. **2.** ASTRON. Astre producteur et émetteur d'énergie. *Relatif aux étoiles.* ⇒ **stellaire.** *Le Soleil est une étoile. Étoiles géantes, naines.* ⇒ aussi **nova, supernova.** *Quasi-étoiles.* ⇒ **quasar.** *Amas d'étoiles. Les étoiles de la Voie lactée et les autres galaxies*.* **3.** *ÉTOILE FILANTE :* météorite dont le passage dans l'atmosphère terrestre se signale par un trait de lumière. ⇒ **aérolithe. II.** (dans des expr.) Astre, considéré comme exerçant une influence sur la destinée de qqn. *Être né sous une bonne, une mauvaise étoile. Être confiant dans, en son étoile.* ⇒ **chance, destin. III. 1.** Objet, ornement disposé en rayons (forme sous laquelle on représente traditionnellement les étoiles). *Étoile à cinq branches. Général à trois étoiles.* ◆ *Étoile de David,* symbole du judaïsme. *L'étoile jaune,* insigne que les nazis obligeaient les Juifs à porter. ◆ Signe remplaçant les lettres manquantes d'un mot. *Monsieur *** (trois étoiles).* ⇒ **astérisque.** ◆ Signe en étoile, dont le nombre symbolise une catégorie (hôtellerie, restauration). *Un hôtel trois-étoiles.* ◆ *Descendre dans un trois-étoiles.* **2.** *EN ÉTOILE :* dans une disposition rayonnante, présentant des lignes divergentes. *Branches, routes en étoile.* ◆ *Moteurs en étoile* ou *en V* (disposition des cylindres). **3.** Fêlure rayonnante. **4.** *ÉTOILE DE MER :* astérie (échinoderme). **IV.** Personne qui a une très grande réputation (dans le monde du spectacle). *Une étoile de cinéma.* ⇒ **star.** ◆ appos. *Danseur, danseuse étoile.*

ÉTOILÉ, ÉE adj. ▪ **1.** Semé d'étoiles. *Ciel étoilé. Nuit étoilée.* ⇒ **constellé. 2.** Qui porte des étoiles (III) dessinées. *La bannière étoilée,* le drapeau des États-Unis d'Amérique. **3.** En forme d'étoile. *Cristaux étoilés.* **4.** Fêlé en étoile. *Vitre étoilée.*

ÉTOILEMENT n. m. ▪ **1.** Action d'étoiler, de s'étoiler. *L'étoilement du ciel.* **2.** *Disposition en étoile. Un étoilement de rues.*

ÉTOILER v. tr. [1] ▪ **1.** Parsemer d'étoiles. ◆ pronom. *Le ciel s'étoile.* **2.** Former une étoile (III) sur. **3.** Fêler en forme d'étoile. *Étoiler une glace.*

ÉTOLE n. f. ▪ **1.** Bande d'étoffe que l'évêque, le prêtre et le diacre portent au cou dans l'exercice de fonctions liturgiques. **2.** Fourrure rappelant la forme de l'étole. *Une étole de vison.*

l'ÉTOLIE n. f. ▪ Région du centre de la Grèce.

ETON ▪ Ville d'Angleterre sur la Tamise, en face de Windsor. 4 000 hab. Célèbre école privée *(public school)* fondée en 1440.

ÉTONNAMMENT adv. ▪ D'une manière étonnante.

ÉTONNANT, ANTE adj. ▪ **1.** VX Qui ébranle, étonne (1). **2.** Qui surprend, déconcerte par qqch. d'extraordinaire. ⇒ **ahurissant, effarant, renversant, stupéfiant, surprenant ; incroyable.** *Je viens d'apprendre une chose étonnante. Je trouve étonnant, il est étonnant qu'il ne m'ait pas prévenu. Cela n'a rien d'étonnant.* **3.** Qui frappe par un caractère remarquable, réussi. ⇒ **épatant, fantastique, remarquable ;** FAM. **formidable, terrible.** *Un film, un livre étonnant.* ◆ (personnes) Digne d'admiration. *Une femme étonnante.*

ÉTONNEMENT n. m. ▪ **1.** VX Commotion ; ébranlement moral. **2.** Surprise causée par qqch. d'extraordinaire, d'inattendu. ⇒ **ahurissement, ébahissement, stupéfaction.** *Grand, profond étonnement. À mon étonnement, j'ai vu que...*

ÉTONNER v. tr. [1] ▪ **1.** VX Ébranler. ◆ TECHN. *Étonner une voûte, un diamant* (→ fêler, lézarder). ♦ Causer une commotion morale à (qqn). **2.** Causer de la surprise à (qqn). ⇒ **abasourdir, ébahir, surprendre.** *Étonner par sa beauté, son importance.* ⇒ **éblouir, émerveiller, épater, impressionner.** *Cela m'a beaucoup, bien étonné. Ça m'étonnerait,* je considère cela comme peu probable, peu vraisemblable. ◆ *ÊTRE ÉTONNÉ DE, PAR* (+ n.). *Il a été étonné de la réponse, par la réponse.* ◆ au p. p. *Un air, un regard étonné.* ► *S'ÉTONNER* v. pron., *ÊTRE ÉTONNÉ, ÉE* v. passif : trouver étrange, être surpris. *S'étonner à l'annonce d'une nouvelle. S'étonner de tout.* ◆ ... *DE CE QUE* (+ indic. ou subj.). *Je m'étonne, je suis étonné de ce qu'il est venu, de ce qu'il soit venu.* ◆ ... *DE* (+ inf.). *Il s'étonna de le rencontrer à pareille heure.* ◆ ... *QUE* (+ subj.). *Je m'étonne, je suis étonné qu'il soit venu.*

ÉTOUFFANT, ANTE adj. ▪ Qui fait qu'on étouffe, qu'on respire mal. ⇒ **asphyxiant, suffocant.** *Atmosphère étouffante. La chaleur est étouffante.*

ÉTOUFFE-CHRÉTIEN [-kʀetjɛ̃] n. m. ▪ plais. Aliment, mets qui étouffe, est épais.

À L'**ÉTOUFFÉE** loc. adj. et adv. ▪ Se dit d'aliments cuits dans un récipient clos, à la vapeur (syn. *à l'étuvée*). ◆ *Cuire qqch. à l'étouffée.*

ÉTOUFFEMENT n. m. ▪ **1.** Difficulté à respirer. *Sensation d'étouffement.* ⇒ **suffocation.** *Crise d'étouffements causée par l'asthme.* **2.** Action d'étouffer un être vivant. ⇒ **asphyxie.** *Étouffement par noyade, pendaison.* **3.** Action d'étouffer, d'empêcher d'éclater, de se développer. *L'étouffement d'une révolte.* ⇒ **répression.** *L'étouffement d'un scandale.*

ÉTOUFFER v. [1] ▪ **I.** v. tr. **1.** Asphyxier ou suffoquer (qqn) en empêchant de respirer. *Étouffer qqn avec un oreiller.* ◆ *Serrer qqn à l'étouffer,* très fort. **2.** (sujet chose) Gêner (qqn) en rendant la respiration difficile. *Cette chaleur m'étouffe.* ◆ FAM. *Les scrupules ne l'étouffent pas :* il n'a aucun scrupule. *Ce n'est pas la politesse qui l'étouffe.* **3.** Gêner la croissance de (une plante). *Le lierre va étouffer cet arbre.* **4.** Priver de l'oxygène nécessaire à la combustion de. ⇒ **éteindre.** *Étouffer un foyer d'incendie.* **5.** Empêcher (un son) de se faire entendre, de se propager. ⇒ **amortir, assourdir.** *Des tentures étouffaient les bruits.* ◆ au p. p. *Bruits étouffés,* assourdis. ♦ Faire taire. *Étouffer l'opposition.* ⇒ **bâillonner, garrotter. 6.** Réprimer (un soupir, un sanglot...). *Étouffer un cri.* ◆ fig. Supprimer ou affaiblir (un sentiment, une opinion) ; empêcher de se développer en soi. ⇒ **contenir, refouler, réprimer.** *Étouffer ses sentiments.* **7.** Empêcher d'éclater, de se développer. ⇒ **arrêter, enrayer.** *Étouffer une affaire, un scandale dans l'œuf* (à son début). **II.** v. intr. **1.** Respirer avec peine, difficulté ; ne plus pouvoir respirer. ⇒ **suffoquer.** ◆ *Étouffer de rire.* ⇒ s'**étrangler.** ♦ Avoir très chaud. *On étouffe, ici.* **2.** Être mal à l'aise, ressentir une impression d'oppression, d'ennui. ► s'**ÉTOUFFER** v. pron. **1.** Perdre la respiration. *S'étouffer en avalant de travers. Il s'étouffait de rire.* **2.** Se serrer les uns les autres dans la foule. ⇒ s'**écraser,** se **presser.**

ÉTOUFFOIR n. m. ▪ **1.** Lieu où l'on étouffe. **2.** fig. *Sa famille est un véritable étouffoir.*

ÉTOUPE n. f. ▪ Partie la plus grossière de la filasse. *Paquet, tampon d'étoupe. Avoir les cheveux comme de l'étoupe,* ternes et en mauvais état.

ÉTOURDERIE n. f. ▪ **1.** Acte d'étourdi. *Faire une étourderie.* **2.** Caractère d'une personne étourdie. ⇒ **distraction, inattention, irréflexion.** *L'étourderie des enfants. Agir par étourderie, avec étourderie.*

ÉTOURDI, IE ▪ **1.** adj. Qui agit sans réflexion, ne porte pas attention à ce qu'il fait. ⇒ **distrait, irréfléchi, léger.** *C'est un enfant étourdi.* ◆ Qui oublie, égare facilement ; qui manque de mémoire et d'organisation. *Vous êtes trop étourdi pour faire ce travail de secrétariat.* **2.** n. *Un étourdi, une étourdie.* *"L'Étourdi"* (comédie de Molière). *Vous vous conduisez comme un étourdi.* ⇒ **distrait, écervelé, étourneau** (2). **3.** *À L'ÉTOURDIE* loc. adv. : ⇒ **étourdiment.** *Agir à l'étourdie.*

ÉTOURDIMENT adv. ▪ À la manière d'un étourdi. ⇒ **inconsidérément.** *Agir, parler étourdiment.*

ÉTOURDIR v. tr. [2] ▪ **1.** Faire perdre à demi connaissance à (qqn), affecter subitement la vue, l'ouïe de (qqn). ⇒ **assom-**

Eton. Le collège. *Phot. © Sidler/Figaro/Gamma*

mer. *Le coup de poing l'a étourdi.* ⇒ FAM. **sonner. 2.** Causer une ivresse, un vertige à (qqn). *Le vin l'étourdit.* ⇒ **griser. 3.** Fatiguer, lasser par le bruit, les paroles. ⇒ **assourdir.** *Le bruit des voitures l'étourdissait.* ‣ (sujet personne) *Tu m'étourdis de tes bavardages.* ► **s'ÉTOURDIR v. pron.** Perdre une claire conscience. *S'étourdir de paroles ; à parler.* ⇒ s'**enivrer,** se **griser.** *Chercher à s'étourdir pour oublier son chagrin.*

ÉTOURDISSANT, ANTE adj. ▪ **I.** Qui étourdit par son bruit. ⇒ **assourdissant, fatigant.** *Un vacarme étourdissant.* **II.** Qui fait sensation, cause une stupéfaction admirative. ⇒ **étonnant, sensationnel.** *Un succès étourdissant.* ‣ (personnes) *Elle était étourdissante de beauté.* ⇒ **éblouissant, éclatant.**

ÉTOURDISSEMENT n. m. ▪ **1.** Trouble caractérisé par une sensation de tournoiement, d'engourdissement. ⇒ **faiblesse, vertige.** *Avoir un étourdissement, des étourdissements.* ‣ État d'une personne étourdie. ⇒ **griserie, ivresse. 2.** Action de s'étourdir.

ÉTOURNEAU n. m. ▪ **1.** Petit oiseau à plumage sombre, à reflets métalliques, moucheté de taches blanches. ⇒ **sansonnet.** *Des étourneaux.* **2.** Personne légère, inconsidérée. ⇒ **étourdi.** *Quel étourneau !* ⇒ tête de **linotte.**

étourneau. *Sturnus vulgaris,* étourneau sansonnet. *Phot. © Danegger/Jacana*

ÉTRANGE adj. ▪ **I. 1.** VX Étranger. **2.** VX Épouvantable, terrible. **II. 1.** MOD. Très différent de ce qu'on a l'habitude de voir, d'apprendre ; qui étonne, surprend. ⇒ **bizarre, curieux, drôle, extraordinaire, singulier.** *Une étrange aventure. Un air, un sourire étrange.* ⇒ **indéfinissable.** *C'est un étrange garçon.* ⇒ **incompréhensible, original.** *Une conduite étrange.* **2. n. m.** *L'étrange,* le caractère étrange (de...). ⇒ **étrangeté.** *L'étrange est qu'ils se fréquentent encore.* ♦ Ce qui est étrange. *Le goût de l'étrange.* ‣ Genre littéraire dans lequel des éléments étranges sont intégrés au récit. *L'étrange et le fantastique.*

ÉTRANGEMENT adv. ▪ **1.** VX Extraordinairement. **2.** MOD. D'une manière étrange, étonnante. ⇒ **bizarrement, curieusement.** *Il se conduit assez étrangement.*

ÉTRANGER, ÈRE ▪ **I. adj. 1.** Qui est d'une autre nation ; qui est autre (en parlant d'une nation). *Les nations, les puissances étrangères. Les travailleurs étrangers en France* (⇒ **immigré**). *Langues étrangères.* **2.** Relatif aux rapports avec les autres nations. *Politique étrangère.* ⇒ **extérieur.** *Le ministre des Affaires étrangères.* **3.** Qui n'appartient pas à un groupe (familial, social). *Se sentir étranger dans une réunion, un milieu.* ‣ (personnes) Sans rapports affectifs suivis avec. *Très vite, elle lui était devenue parfaitement étrangère.* **4.** (choses) *ÉTRANGER À qqn :* qui n'est pas propre ou naturel à qqn. *Ces préoccupations lui sont étrangères.* ‣ Qui n'est pas connu ou familier (de qqn). *Ce visage ne m'est pas étranger.* ⇒ **inconnu. 5.** (personnes) *ÉTRANGER À qqch. :* qui n'a pas de part à qqch., se tient à l'écart de qqch. *Être étranger à tout sentiment de pitié,* être incapable d'éprouver ce sentiment. ‣ Non concerné. ⇒ **imperméable. 6.** (choses) Qui ne fait pas partie de ; qui n'a aucun rapport avec. ⇒ **distinct, extérieur.** *Des digressions étrangères à un sujet.* **7.** *CORPS ÉTRANGER :* chose qui se trouve contre nature dans l'organisme. *Extraire un corps étranger d'une plaie.* **II. n. 1.** Personne dont la nationalité n'est pas celle d'un pays donné (par rapport aux nationaux, aux citoyens de ce même pays). ‣ **n. m.** (collectif) *L'étranger,* les étrangers et, plus souvent, l'ennemi. **2.** Personne qui ne fait pas partie d'un groupe ; personne avec laquelle on n'a rien de commun. *Ils se vouvoient devant les étrangers.* **3. n. m.** Pays étranger. *Voyager à l'étranger. Partir pour l'étranger. Nouvelles de l'étranger.*

ÉTRANGETÉ n. f. ▪ **1.** Caractère étrange. ⇒ **singularité.** *Impression d'étrangeté, de jamais vu.* **2.** LITTÉR. Action, chose étrange. *Il y a des étrangetés dans ce livre.*

ÉTRANGLEMENT n. m. ▪ **1.** VX Étouffement, suffocation. *Mourir d'étranglement.* ‣ Fait d'étrangler (2). **2.** (organe) Fait de se resserrer ; rétrécissement. *Étranglement entre le thorax et l'abdomen des insectes.* **3.** fig. LITTÉR. Action d'entraver dans son expression, de freiner dans son développement. *L'étranglement des libertés, de la presse.* ⇒ **étouffement.**

ÉTRANGLER v. tr. [1] ▪ **1.** Priver de respiration (jusqu'à ce que mort s'ensuive, ou non) par une forte compression du cou. ⇒ **asphyxier, étouffer ; strangulation.** *Étrangler qqn de ses mains, avec un nœud coulant.* ‣ pronom. *S'étrangler en avalant de travers.* ⇒ s'**étouffer. 2.** Gêner la respiration, serrer la gorge de (qqn). *La soif, l'émotion l'étranglait.* ‣ pronom. *S'étrangler à force de crier.* ‣ au p. p. *Voix étranglée,* gênée. **3.** fig. Gêner ou supprimer par une contrainte insupportable. *Étrangler la liberté.* ‣ LITTÉR. Empêcher de s'exprimer. *La dictature étrangle la presse.* ⇒ **bâillonner, étouffer. 4.** Resserrer, comprimer. *Une ceinture qui étrangle la taille.* ⇒ **serrer.**

ÉTRANGLEUR, EUSE ▪ **1. n.** Personne qui étrangle. **2. adj.** *Collier étrangleur,* destiné à contenir un chien.

ÉTRAVE n. f. ▪ Pièce saillante qui forme la proue d'un navire.

① **ÊTRE v. intr.** [61] aux temps composés, se conjugue avec *avoir* ▪ **I. 1.** Avoir une réalité. ⇒ **exister.** ‣ (personnes) « *Je pense, donc je suis* » (Descartes). ‣ LITTÉR. Vivre. *Il n'est plus :* il est mort. ‣ (choses) *Ne changeons pas ce qui est. Cela peut être* (⇒ **peut-être**). ‣ *Soient deux droites parallèles,* si l'on pose... **2.** impers. (surtout LITTÉR.) *IL EST, EST-IL, IL N'EST PAS... :* il y a, y a-t-il, etc. ⇒ **avoir.** *Il était une fois...* (début de contes). *Il n'est rien d'aussi beau.* ‣ *Toujours est-il que,* en tout cas. ‣ *S'IL EN EST. Un menteur s'il en est, s'il en fut,* un parfait menteur. **3.** (moment dans le temps) *Quelle heure est-il ? Il est midi. Il est temps.* **II.** verbe reliant l'attribut au sujet *La Terre est ronde. Soyez poli. Le vol est un délit.* ⇒ **constituer.** *Il est comme il est,* il faut l'admettre tel qu'il est ; il ne change pas. ‣ *ÊTRE (qqch.), N'ÊTRE RIEN POUR (qqn). Il n'est rien pour moi.* ⇒ **représenter. III.** + prép. ou adv. ou loc. adv. **1.** (état) *Être bien, être mal* (relativement au confort, à la santé). ⇒ **aller.** *Comment êtes-vous ce matin ?* **2.** (lieu) *Je suis à l'hôtel, chez des amis.* ⇒ **demeurer, loger.** *La voiture est au garage.* **3.** Avoir l'esprit attentif, présent. *Il n'est pas à ce qu'il fait.* ‣ *Y ÊTRE :* comprendre. *Ah ! J'y suis !* **4.** (au passé + compl. de lieu ou inf.) Aller. *J'ai été à Rome l'an dernier,* j'y suis allé. *J'ai été la voir.* **5.** (temps) *Nous sommes en mars. Quel jour sommes-nous ?* **6.** *ÊTRE À. Ceci est à moi,* m'appartient. *Je suis à vous dans un instant,* à votre disposition. *Être à son travail, à travailler,* occupé à, en train de. *Le temps est à la pluie.* ♦ *ÊTRE DE :* être né à, en ; venir, provenir de. *Cette comédie est de Molière.* ‣ Faire partie de, participer à. *Être de la fête. Vous êtes des nôtres.* ‣ *COMME SI DE RIEN* N'ÉTAIT.* ‣ *EN ÊTRE :* faire partie de. *Nous organisons une réception, en serez-vous ? En être pour sa peine, son argent,* avoir perdu sa peine, son argent. ♦ *ÊTRE POUR. Être pour ou contre qqn, qqch.* ‣ *Être pour qqch., dans qqch.,* être en partie responsable de. ♦ *ÊTRE SANS :* n'avoir pas. *Être sans abri. Être sans le sou.* **IV.** *C'EST, CE SERA, C'ÉTAIT,* etc. **1.** Présentant une personne, une chose ; rappelant ce dont il a été question. *C'est mon frère. Ce sont* (FAM. *c'est*) *mes collègues.* **2.** Annonçant ce qui suit (mise en relief). *C'est moi qui l'ai dit. C'est à vous d'agir.* ‣ *Si ce n'était ;* LITTÉR. *N'EÛT ÉTÉ :* sans (cette circonstance). ‣ *FÛT-CE, NE FÛT-CE QUE :* pour cette raison seulement. *Acceptez mon aide, ne fût-ce que pour me faire plaisir. NE SERAIT-CE QUE. Je lui répondrai, ne serait-ce que pour le faire enrager.* ♦ *EST-CE QUE ?,* formule interrogative qui s'emploie concurremment avec l'inversion du sujet (rétablit l'ordre sujet-verbe inversé dans *est-il... ?*). *Est-ce qu'il est arrivé ?* ‣ FAM. (après un adv., un pron. interrog.) *Quand est-ce qu'il est venu ? Comment est-ce que tu fais ?* ♦ *C'EST-À-DIRE.* ⇒ **c'est-à-dire.** ‣ *N'EST-CE PAS.* ⇒ **n'est-ce pas. V.** verbe auxiliaire **1.** passif des v. tr. *Être aimé. Je suis accompagnée.* **2.** temps composés de v. intr. *Elle était tombée. Nous étions partis.* **3.** temps composés des v. pron. *Ils se sont aimés.* ◇ REM. Accord du p. p. : invar. si l'objet direct n'est pas le pronom réfl. : *ils se sont trouvé des prétextes pour partir* (mais : *ils se sont trouvés ensemble*) ; — s'il est suivi d'un inf. ayant un sujet autre que celui du verbe : *elle s'est laissé voler ;* — si le verbe ne peut avoir de compl. d'objet direct : *ils se sont convenu, nui, parlé, souri, succédé.*

② **ÊTRE n. m.** ▪ **I.** Fait d'être (⇒ **existence**), qualité de ce qui est. *Étude de l'être.* ⇒ **ontologie.** *L'être et le paraître. "L'Être et le Néant"* (de Sartre). **II. 1.** Ce qui est vivant et animé. *Les* *êtres vivants. Les êtres humains.* – *L'Être suprême, l'Être éternel,* Dieu. **2.** Personne, être humain. ⇒ **personne.** *Un être aimé. Un être d'exception,* une personne qui n'a pas son semblable. péj. *Quel être !* **3.** *L'être de qqn, mon, son être.* ⇒ **âme, conscience, personne.** *Désirer qqch. de tout son être.*

ÉTREINDRE v. tr. [52] ▪ **1.** Entourer avec les membres, avec le corps, en serrant étroitement. ⇒ **embrasser, enlacer, serrer.** *Étreindre qqn sur son cœur, sa poitrine. Une main lui étreignait le bras.* ⇒ **empoigner.** – pronom. *Ils s'étreignirent longtemps.* **2.** (sentiments) ⇒ **oppresser, serrer.** *Angoisse, détresse qui étreint le cœur.*

ÉTREINTE n. f. ▪ **1.** Action d'étreindre ; pression exercée par ce qui étreint. *L'armée resserre son étreinte autour de l'ennemi.* **2.** Action d'embrasser, de presser dans ses bras. ⇒ **embrassement, enlacement.** *S'arracher aux étreintes de qqn.* – spécialt *Une étreinte (amoureuse).* ⇒ **accouplement.**

ÉTRENNE n. f. ▪ **I.** VIEILLI Premier usage qu'on fait d'une chose. *Avoir l'étrenne de qqch.,* être le premier, la première à l'utiliser. ⇒ **primeur. II.** (Présent, cadeau) surtout au plur. **1.** Présent à l'occasion du premier jour de l'année. **2.** Gratification de fin d'année. *Les facteurs, les éboueurs sont venus chercher leurs étrennes.*

ÉTRENNER v. [1] ▪ **I. 1.** v. tr. Être le premier à employer. – Utiliser pour la première fois. *Étrenner une robe neuve.* **2.** v. intr. Être le premier à souffrir d'un inconvénient (coup, disgrâce, reproche). *On a sanctionné les responsables, c'est lui qui a étrenné.* **II.** v. tr. Gratifier d'un cadeau, d'étrennes.

ÉTRETAT ▪ Commune de Seine-Maritime. 1 565 hab. *(les Étretatais).* Site célèbre (falaises, aiguille). Station balnéaire.

Étretat. Les falaises. *Phot. © Alain Rey*

ÉTRIER n. m. ▪ **1.** Anneau métallique triangulaire qui pend de chaque côté de la selle et soutient le pied du cavalier. *Se dresser sur ses étriers.* – loc. *Avoir le pied à l'étrier :* être bien placé pour réussir. – *Le coup de l'étrier :* le dernier verre avant de partir. **2.** Osselet de l'oreille en forme d'étrier.

ÉTRILLAGE n. m. ▪ Action d'étriller. *L'étrillage d'un cheval.*

ÉTRILLE n. f. ▪ **I.** Instrument en fer garni de petites lames dentelées, utilisé pour nettoyer la peau de certains animaux (cheval, mulet, etc.). **II.** Crabe à pattes postérieures aplaties en palettes, à la chair très appréciée.

ÉTRILLER v. tr. [1] ▪ **1.** Frotter, nettoyer (un animal) avec une étrille. **2.** fig. VX Battre. – Critiquer violemment.

ÉTRIPAGE n. m. ▪ **1.** Action d'étriper. *L'étripage des poissons dans une conserverie.* **2.** FAM. Tuerie.

ÉTRIPER v. tr. [1] ▪ **1.** Ôter les tripes à. ⇒ **vider.** *Étriper un veau.* **2.** FAM. *S'ÉTRIPER* v. pron. : se battre en se blessant, se tuer. *Ils se sont étripés sans merci.*

ÉTRIQUÉ, ÉE adj. ▪ **1.** (vêtements) Qui est trop étroit, n'a pas l'ampleur suffisante. *Une veste étriquée.* – (personnes) *Il semblait étriqué dans ce vieux manteau.* **2.** Minuscule. *Un appartement étriqué.* ⇒ **exigu. 3.** fig. Sans ampleur, trop limité. *Un esprit étriqué.* ⇒ **étroit, mesquin.** *Une vie étriquée.* ⇒ **médiocre.**

Étrusques. *Fresque des cavaliers* de la tombe du Baron à Tarquinia. *Phot. © Dagli Orti*

ÉTRIQUER v. tr. [1] ▪ RARE Rendre trop étroit ; mesquin.

ÉTRIVIÈRE n. f. ▪ Courroie par laquelle l'étrier est suspendu à la selle. – loc. fig. VX *Coups d'étrivière :* correction.

ÉTROIT, OITE adj. ▪ **1.** Qui a peu de largeur (opposé à *large*). *Un ruban étroit. Rue étroite.* – métaphore (Évangile) *La voie étroite, la porte étroite* (qui mène au salut). *"La Porte étroite"* (de Gide). – *Fenêtres étroites et hautes. Épaules étroites. Vêtements, souliers trop étroits.* ⇒ **étriqué, serré. 2.** (espace) De peu d'étendue, petit. ⇒ **exigu.** *D'étroites limites.* – (sens) De peu d'extension. *Mot pris dans son sens étroit* (opposé à *sens large*). ⇒ **restreint. 3.** fig. Insuffisant par l'étendue, l'ampleur. *Esprit étroit,* sans largeur de vues, sans compréhension ni tolérance. ⇒ **borné, mesquin.** *Des vues, des idées étroites.* **4.** Qui tient serré. *Faire un nœud étroit.* ♦ fig. Qui unit de près. *En étroite union. Rester en rapports étroits avec qqn.* **5.** *À L'ÉTROIT* loc. adv. : dans un espace trop petit. *Ils sont logés bien à l'étroit.*

ÉTROITEMENT adv. ▪ **1.** Par un lien étroit ; en serrant très près. *Tenir qqn étroitement embrassé. Ces problèmes sont étroitement liés.* **2.** De près. *Surveiller qqn étroitement.* **3.** Rigoureusement. *Observer étroitement la règle.*

ÉTROITESSE n. f. ▪ **1.** Caractère de ce qui est étroit (1 et 2). *L'étroitesse d'une rue.* **2.** Caractère de ce qui est étroit (3), borné (s'oppose à *largeur*). *L'étroitesse de ses idées.*

ÉTRON n. m. ▪ Excrément moulé (de l'homme et de certains animaux). ⇒ **crotte.**

l'ÉTRURIE n. f. ▪ Ancienne région d'Italie (approximativement l'actuelle Toscane).

ÉTRUSQUE adj. et n. ▪ De l'Étrurie ancienne. *Le peuple étrusque.* – *L'art étrusque.* – n. *Les Étrusques.* ♦ n. m. *L'étrusque* (langue indo-européenne). ▪ Les Étrusques dominèrent le Latium au VIIᵉ s. av. J.-C., puis la Campanie et la plaine du Pô. Ils furent évincés v. 350 av. J.-C. par les Romains, mais leur civilisation demeura influente : urbanisme, art, religion.

ÉTUDE n. f. ▪ **I.** Application méthodique de l'esprit cherchant à apprendre et à comprendre. *Aimer l'étude* (⇒ **studieux**). **1.** Effort pour acquérir des connaissances. *Se consacrer à l'étude du droit.* – *LES ÉTUDES :* série ordonnée de travaux et d'exercices nécessaires à l'instruction. *Faire ses études. Poursuivre, achever ses études. Études obligatoires.* ⇒ **scolarité.** *Études primaires, secondaires, supérieures* (⇒ **enseignement**). – loc. iron. *Les chères études (de qqn),* ses activités antérieures et privées. *Renvoyer un homme politique à ses chères études.* **2.** Effort intellectuel orienté vers l'observation et la compréhension (de qqch.). ⇒ **science.** *L'étude de la nature. L'étude des textes.* **3.** Examen. *L'étude d'une question, d'un dossier. Mettre un projet de loi à l'étude. Bureau d'études.* – COMM. *Étude de marché**. **II.** (Ouvrage) ⇒ **essai, travail. 1.** Ouvrage littéraire étudiant un sujet. *Publier une étude sur un peintre.* **2.** Représentation graphique (dessin, peinture) constituant un essai ou un exercice. ⇒ **esquisse. 3.** Composition musicale écrite pour servir (en principe) à exercer l'habileté de l'exécutant. *Les études de Chopin.* **III.** (Lieu) **1.** Cabinet de travail. **2.** Salle où les élèves travaillent en dehors des heures de cours. – Temps passé à ce

eucalyptus. *Phot. © Fiore/Jacana*

travail. *Faire ses devoirs, apprendre ses leçons à l'étude. L'étude du soir.* **3.** Local où travaille un officier ministériel. - Charge du notaire. *Le notaire a cédé son étude à son premier clerc.*

ÉTUDIANT, ANTE ▪ **1. n.** Personne qui fait des études supérieures et suit les cours d'une université, d'une grande école. *Écoliers et étudiants. Étudiant en lettres. Carte d'étudiant.* **2. adj.** Propre aux étudiants. *La vie étudiante.* ⇒ **estudiantin.** *Le monde étudiant.*

ÉTUDIER v. tr. 7 ▪ **1.** Chercher à acquérir la connaissance de. *Étudier l'histoire, l'anglais. Étudier le piano,* apprendre à en jouer. - Apprendre par cœur. *Élève qui étudie sa leçon.* **2.** Chercher à comprendre par un examen. ⇒ **analyser, observer.** *Étudier une réaction chimique. Étudier un texte.* - *Étudier qqn,* observer attentivement son comportement. **3.** Examiner afin de décider, d'agir. *Étudier un projet. Étudier un dossier, une affaire.* ► **S'ÉTUDIER v. pron. 1.** Se prendre pour objet de son étude. **2.** Se composer une attitude lorsqu'on se sent observé, jugé. ⇒ s'**observer,** se **surveiller.** ► **ÉTUDIÉ, ÉE adj. 1.** Médité et préparé. *Une réponse étudiée.* - *Des prix très étudiés,* calculés au plus juste. **2.** Produit, exécuté de manière voulue (s'oppose à *naturel, spontané*). *Des gestes, des regards étudiés.*

ÉTUI n. m. ▪ Enveloppe, le plus souvent rigide, adaptée à l'objet qu'elle doit contenir. ⇒ **gaine, porte-.** *L'étui d'une arme blanche.* ⇒ **fourreau.** *Étui à lunettes ; à violon.*

ÉTUVE n. f. ▪ **1.** Endroit clos dont on élève la température pour provoquer la sudation (→ bain de vapeur). *Une chaleur d'étuve,* humide, pénible à supporter. - Lieu où il fait très chaud. **2.** Appareil clos destiné à obtenir une température déterminée. *Étuve à désinfection, à stérilisation.* ⇒ **autoclave.**

À L'**ÉTUVÉE loc. adj.** et **adv.** ▪ ⇒ à l'**étouffée.**

ÉTUVER v. tr. 1 ▪ **1.** VX Baigner dans l'eau chaude. **2.** Faire passer à l'étuve (2). ⇒ **stériliser. 3.** Cuire à l'étuvée.

ÉTYMOLOGIE n. f. ▪ **1.** ANCIENNT Recherche du sens premier et authentique des mots. **2.** MOD. Science de l'origine des mots, locutions, racines, reconstitution de leur évolution en remontant à l'état le plus anciennement accessible, hors de la langue ou dans la langue. **3.** Origine ou filiation (d'un mot). *Rechercher, donner l'étymologie d'un mot.* ⇒ **étymon.** ♦ *Étymologie populaire :* rapprochement entre un mot et son origine supposée, par analogie de forme ou de sens.

ÉTYMOLOGIQUE adj. ▪ **1.** Relatif à l'étymologie. *Dictionnaire étymologique.* **2.** Conforme à l'étymologie. *Sens étymologique,* le sens originel, le plus proche de celui de l'étymon.

ÉTYMOLOGIQUEMENT adv. ▪ Conformément à l'étymologie.

ÉTYMOLOGISTE n. ▪ Linguiste qui s'occupe d'étymologie.

ÉTYMON n. m. ▪ Mot, racine qui donne l'étymologie (3) d'un autre mot. *Le latin « pater » est l'étymon de « père ».*

EU, EUE [y] ▪ Participe passé du verbe *avoir.*

EU ▪ Commune de Seine-Maritime. 8 344 hab. *(les Eudois).* Église gothique (XIIe-XIIIe s.).

EUBÉE ▪ Île grecque de la mer Égée. 4 167 km². 209 132 hab. Ses minerais donnèrent à ses cités de Chalcis et d'Érétrie un rôle dans l'économie antique et dans la civilisation des Cyclades.

EUCALYPTUS [-ys] **n. m.** ▪ Arbre originaire d'Australie à feuilles odorantes. - Ces feuilles. *Inhalation d'eucalyptus.*

EUCARYOTE adj. ▪ BIOL. Dont les cellules possèdent un noyau structuré (s'oppose à *procaryote*).

EUCHARISTIE [økaRisti] **n. f.** ▪ Sacrement essentiel du christianisme qui commémore et perpétue le sacrifice du Christ. ⇒ **communion.** *Le mystère, le sacrement de l'eucharistie.*

EUCHARISTIQUE [-ka-] **adj.** ▪ Relatif à l'eucharistie. *Congrès eucharistique.*

EUCLIDE (IIIe s. av. J.-C.) ▪ Mathématicien grec d'Alexandrie. Son premier écrit, *"Éléments",* définit la géométrie classique, dite *euclidienne.* Il constitue aussi le plus ancien traité de théorie des nombres et introduit la méthode axiomatique.

EUCLIDIEN, IENNE adj. ▪ Relatif à Euclide. - *Géométrie euclidienne,* qui repose sur les cinq postulats d'Euclide (opposé à *non-euclidien*).

EUDES (v. 860 - 898) ▪ Prince franc, fils de Robert le Fort. Roi de France de 888 à sa mort, ancêtre d'Hugues Capet. Il défendit victorieusement Paris contre les Normands (885-887).

EUDOXE DE CNIDE (v. 406 - v. 355 av. J.-C.) ▪ Astronome et mathématicien grec. Son système astronomique, fondé sur l'hypothèse de sphères tournant les unes dans les autres, a servi de modèle à toute l'astronomie traditionnelle. Il donna de l'année une évaluation de 365 jours 1/4 qui servit de base au calendrier julien.

EUGÈNE DE SAVOIE-CARIGNAN dit **LE PRINCE EUGÈNE** (1663 - 1736) ▪ Homme de guerre et diplomate au service de l'Autriche. Il combattit les Turcs, puis joua un rôle capital dans la guerre de Succession d'Espagne ; il vainquit à Malplaquet (1709), mais fut battu par Villars à Denain (1712).

EUGÉNIE DE MONTIJO DE GUZMÁN dite **L'IMPÉRATRICE EUGÉNIE** (1826 - 1920) ▪ Impératrice des Français. Comtesse espagnole, elle épousa Napoléon III en 1853.

Eugénie. *L'Impératrice Eugénie entourée de ses dames d'honneur,* tableau de Franz Xaver Winterhalter. Musée de Compiègne. *Phot. © RMN*

EUGÉNIQUE ▪ **I. n. f.** Étude et mise en œuvre de méthodes censées améliorer l'espèce humaine, fondée sur la génétique. **II. adj.** Relatif à l'eugénique.

EUGÉNISME n. m. ▪ Eugénique (I). ► **n. EUGÉNISTE**

***EUH interj.** ▪ Marque l'embarras, le doute, l'étonnement, l'hésitation. « *Vous ne voulez pas venir ? — Euh...* ».

Leonhard **EULER** (1707 - 1783) ▪ Mathématicien suisse. Il traita de la théorie des nombres, de l'étude analytique des courbes et des surfaces, des fonctions trigonométriques et exponentielles, des intégrales et du calcul des probabilités.

EUNUQUE n. m. ▪ **1.** Homme châtré qui gardait les femmes dans les harems. ♦ Homme castré. ⇒ **castrat. 2.** FAM. Homme sans virilité (physique ou morale).

EUPEN ▪ Ville de Belgique (Région wallonne, province de Liège). Chef-lieu de la communauté germanophone. 17 161 hab. La ville fut le chef-lieu d'un des deux cantons (avec Malmedy) réunis à la Prusse en 1815 et rendus à la Belgique en 1919.

EUPHÉMIQUE adj. ▪ De l'euphémisme. *Expression euphémique.*

EUPHÉMISME n. m. ▪ Expression atténuée d'une notion dont l'expression directe aurait quelque chose de déplaisant, de choquant. *« Disparu » pour « mort » est un euphémisme. Les euphémismes du discours « politiquement correct ».*

EUPHONIE n. f. ▪ Harmonie de sons agréablement combinés (spécialt de sons qui se succèdent dans le mot ou la phrase). *Le « t » de « a-t-il » est ajouté pour l'euphonie.*

EUPHONIQUE adj. ▪ **1.** Relatif à l'euphonie. **2.** Qui a de l'euphonie.

EUPHORBE n. f. ▪ Plante vivace, arbrisseau renfermant un suc laiteux.

euphorbe. *Euphorbia avasmontana.* *Phot. © König/Jacana*

EUPHORIE n. f. ▪ Sentiment de bien-être général. *Être en pleine euphorie. Dans l'euphorie générale.*

EUPHORIQUE adj. ▪ **1.** Qui provoque l'euphorie. *Médicament euphorique.* – n. m. syn. de *euphorisant.* **2.** De l'euphorie. *Être dans un état euphorique.* – (personnes) *Se sentir euphorique.*

EUPHORISANT, ANTE adj. ▪ Qui suscite l'euphorie. *Une ambiance euphorisante. Médicament euphorisant ;* n. m. *un euphorisant.*

l'EUPHRATE n. m. ▪ Fleuve du Proche-Orient. Né en Turquie, il se jette dans le golfe Persique après s'être réuni au Tigre pour former la Chatt al-Arab. 2 330 km. Avec le Tigre, il délimitait la Mésopotamie. Sur ses rives se trouvaient les villes d'Ur, de Babylone, de Mari.

l'EURASIE n. f. ▪ Masse continentale formée par l'Asie et l'Europe.

EURASIEN, ENNE adj. et n. ▪ **1.** D'Eurasie. *Les Eurasiens.* **2.** Métis d'Européen ou d'Européenne et d'un ou une Asiatique.

EURATOM → C.E.E.

l'EURE n. f. ▪ Rivière du Bassin parisien, 225 km, affluent de la Seine. Elle prend sa source dans le Perche.

l'EURE [27] n. m. ▪ Département français de la région Haute-Normandie. 6 037 km². 513 818 hab. Chef-lieu : Évreux. Chefs-lieux d'arrondissement : Les Andelys, Bernay.

l'EURE-ET-LOIR [28] n. m. ▪ Département français de la région Centre. 5 939 km². 396 073 hab. Chef-lieu : Chartres. Chefs-lieux d'arrondissement : Châteaudun, Dreux, Nogent-le-Rotrou.

EURÊKA interj. ▪ S'emploie lorsqu'on trouve subitement une solution, un moyen, une bonne idée.

le canal de l'EURIPE ▪ Détroit séparant l'île d'Eubée du continent grec. Le courant s'y inverse plusieurs fois par jour.

EURIPIDE (480 - 406 av. J.-C.) ▪ Auteur dramatique grec. Ses tragédies se distinguent par leur réalisme : expression

Euripide. Buste en pierre, art grec ; musée Capitolino, Rome. *Phot. © Giraudon*

violente de la mort, naturel des mouvements de l'âme, une certaine indifférence à l'égard des mythes héroïques de la Grèce. *"Alceste" ; "Médée" ; "Hippolyte" ; "Andromaque" ; "Hécube" ; "Iphigénie en Tauride" ; "Électre" ; "Iphigénie à Aulis" ; "Les Bacchantes".*

EURO n. m. ▪ Monnaie unique européenne (à partir de janvier 1999). ⇒ aussi ② **écu.**

EUR(O)- Élément tiré de *Europe, européen.*

EURODEVISE n. f. ▪ Avoir en monnaie convertible déposé hors du pays émetteur.

EURODOLLAR n. m. ▪ Avoir en dollars déposé dans des banques européennes.

EUROMISSILE n. m. ▪ Missile nucléaire de moyenne portée basé en Europe.

l'EUROPE n. f. ▪ Le plus petit des continents (10 millions de km²) prolongeant l'Asie vers l'ouest jusqu'à l'Arctique, l'Atlantique et la Méditerranée. À l'est, l'Europe est traditionnellement délimitée par la mer Caspienne et l'Oural. Sa position de carrefour et ses richesses naturelles, la densité de population qui en a résulté expliquent son rôle central dans l'histoire et l'économie mondiales. □ HISTOIRE D'abord dominée par les Grecs et les Romains au sud, les Celtes, les Germains et les Slaves au nord, l'Europe n'acquit son identité que progressivement, avec la scission de l'Empire romain en deux empires (Orient et Occident), et surtout la réunification de l'Occident par Charlemagne.

l'Euphrate. Un village sur l'Euphrate aux environs de Bagdad. *Phot. © Nino Cirani/Ricciarini*

Après lui, le Saint Empire romain germanique occupa l'Europe centrale ; à l'ouest et au nord se développèrent les nations que nous connaissons aujourd'hui (notamment l'Angleterre et la France) ; la Russie et l'Europe orientale étaient sous le contrôle des Mongols* ou de Byzance* (conquise par les Ottomans* en 1453). Mais une civilisation commune s'affirma, fondée sur l'unité religieuse due au christianisme, et sur l'héritage culturel gréco-romain, ravivé à partir du XVe s. par la Renaissance italienne. Au XVIe s., les conflits entre les puissances européennes furent exacerbés par les questions religieuses avec la naissance de la Réforme protestante. Les grandes découvertes mari times aboutirent à la formation d'empires coloniaux, au bénéfice de l'Espagne, du Portugal, de la Hollande, de la France et de l'Angleterre. Après la Révolution de 1789, la France domina le continent européen, mais Napoléon échoua devant la Russie et la Grande-Bretagne. Celle-ci réalisa la première révolution industrielle (bientôt suivie par la France et l'Allemagne). Son développement économique et commercial, relayé par une puissante flotte, lui assura le plus grand empire colonial du XIXe s. malgré la perte de l'Amérique du Nord (→ **États-Unis**). Le dynamisme économique et l'impérialisme européens bouleversèrent la carte du globe. Le continent fut aussi transformé de l'intérieur par les nationalismes : crise en Europe centrale et déclin de l'empire d'Autriche, émergence de la Prusse (puis de l'Allemagne), unification de l'Italie. Mais le rôle de l'Europe s'amoindrit : depuis leur intervention dans les deux guerres mondiales, les États-Unis dominent l'économie et la politique internationales. De 1945 à 1989, l'Europe fut divisée en deux blocs : les démocraties occidentales à l'ouest, et, à l'est, les démocraties populaires, satellites de l'URSS, en conflit idéologique avec les États-Unis (guerre froide). La fin de la guerre, la volonté d'en prévenir le retour, et l'ambition qu'avaient les États européens de rétablir leur rang dans le monde, les poussèrent à construire progressivement leur unité. Leur association fut d'abord économique avec l'Organisation européenne de coopération économique (OECE, 1948, devenue OCDE* en 1961) puis politique avec le Conseil* de l'Europe (1949). Une première communauté supranationale apparut avec la Communauté européenne du charbon et de l'acier (CECA, 1951) tandis que le projet d'une Communauté européenne de défense (CED) échouait (1952-1954). En 1957 étaient créées simultanément la Communauté euro-

pour l'énergie atomique (CEEA ou Euratom) et la Communauté économique européenne (CEE), concrétisées par le traité de Rome.

péenne de l'énergie atomique (CEEA ou Euratom) et la Communauté économique européenne (CEE*) qui devint l'organe principal de la construction européenne. Évoluant du « marché commun » à une Europe beaucoup plus intégrée, politiquement et humainement, elle se transforma en Union* européenne (UE, 1993) avec des objectifs unitaires renforcés. La création d'un Espace économique européen permet de tisser des liens avec des États non membres de l'UE. ■ Voir carte p. suiv.

EUROPÉANISER v. tr. 1 ■ **1.** Donner un caractère européen à. ➝ pronom. *Le Japon s'est européanisé et américanisé.* **2.** Envisager à l'échelle européenne.

EUROPÉEN, ÉENNE adj. et n. ■ **1.** De l'Europe. *Les pays européens.* ➝ n. *Les Européens.* **2.** Qui concerne le projet d'une Europe économiquement et politiquement unifiée ; qui en est partisan. *Le marché européen. Unité monétaire européenne.* ⇒ ② **écu**; **euro.** *Les (élections) européennes.*

EUROPOORT ■ Avant-port de Rotterdam. Pétrole. Chimie.

EURYDICE → **Orphée**

EURYHALIN, INE adj. ■ DIDACT. Qui peut vivre dans des eaux de salinité variable. *Le saumon est euryhalin.*

Euterpe. *Sarcophage des Muses : Érato, Euterpe et Polymnie, art romain, bas-relief. Musée du Louvre, Paris.*
Phot. © Lauros/Giraudon

EURYTHMIE n. f. ■ DIDACT. Harmonie des proportions (arts). ► adj. EURYTHMIQUE

EUSÈBE DE CÉSARÉE (v. 265 - 340) ■ Écrivain grec chrétien. Son *"Histoire ecclésiastique"* en fait le père des historiens de l'Église.

Jean **EUSTACHE** (1938 - 1981) ■ Cinéaste français. Son cinéma de recherche, marqué par l'exigence et par un certain narcissisme, resta confidentiel à l'exception notable d'un long métrage, *"La Maman et la Putain"* (1973).

Bartolomeo **EUSTACHI** ou **EUSTACHIO** (v. 1510 - 1574) ■ Médecin anatomiste italien. Il donna son nom à divers organes, dont la *trompe d'Eustache* (dans l'oreille).

EUSTATISME n. m. ■ GÉOL. Variation du niveau des mers (due à la fonte des glaces et à la glaciation).

EUTERPE ■ Dans l'antiquité grecque, muse de la Musique qui présidait aux fêtes.

EUTHANASIE n. f. ■ Usage des procédés qui permettent de hâter ou de provoquer la mort de malades incurables qui souffrent et souhaitent mourir.

EUTOCIE n. f. ■ MÉD. Accouchement qui se déroule normalement. ► adj. EUTOCIQUE

EUX pron. pers. (3e pers. masc. plur.) ■ Pronom complément après une préposition, forme tonique correspondant à *ils* (⇒ **il**), pluriel de lui (⇒ **lui**). *C'est à eux de parler. L'un d'eux. Eux-mêmes. Ce sont eux qui crient* (le verbe reste singulier à la forme négative : *ce n'est pas eux*). ♦ (forme d'insistance) *Ils n'oublient pas, eux.* ➝ (comme sujet) *Si vous acceptez, eux refuseront.*

ÉVACUATION n. f. ■ **1.** Rejet, expulsion hors de l'organisme. ⇒ **élimination. 2.** Écoulement (d'un liquide) hors d'un lieu. ⇒ **déversement.** *L'évacuation des eaux d'égout.* **3.** Fait d'abandonner en masse (un lieu). ⇒ **abandon, départ, retrait.** *L'évacuation d'un territoire, d'un pays par des troupes.* **4.** Action d'évacuer (des personnes). *Évacuation de blessés.*

Europe. Le siège de l'Union européenne à Bruxelles.
Phot. © Bruno Barbey/Magnum

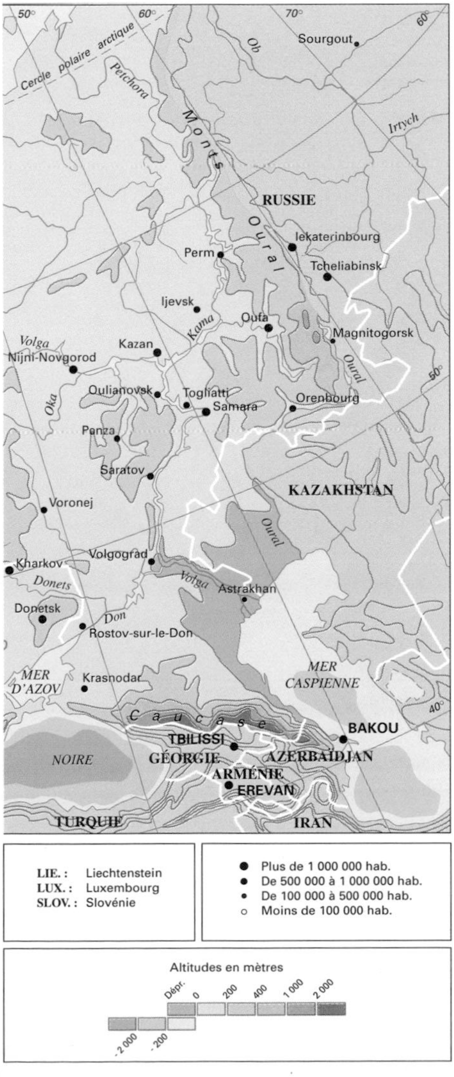

Europe.

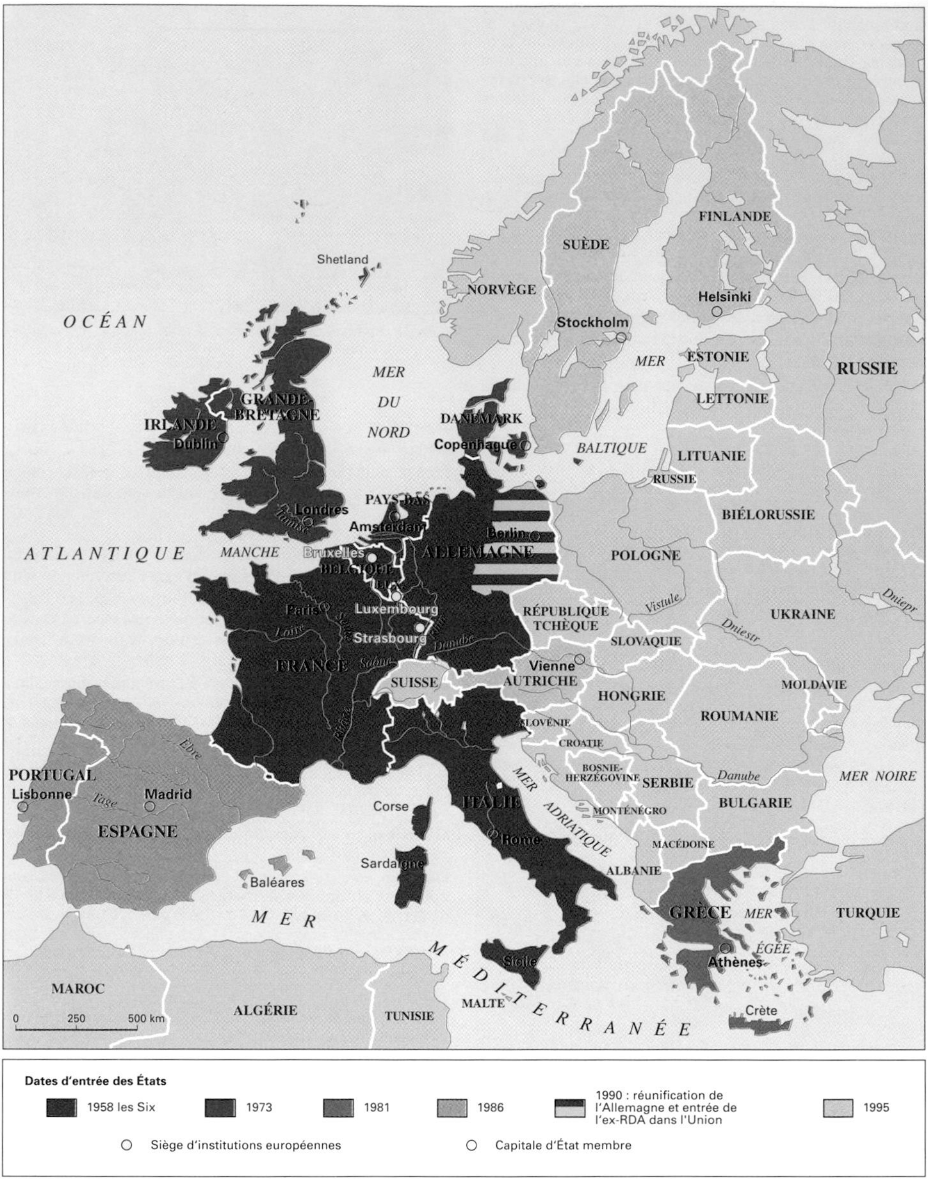

Europe. L'Union européenne.

ÉVACUER v. tr. [1] ▪ **1.** Rejeter, expulser de l'organisme. ⇒ **éliminer.** *Évacuer l'urine.* **2.** Faire sortir (un liquide) d'un lieu. *Conduite, tuyau qui évacue l'eau d'un réservoir.* ⇒ **déverser, vider. 3.** Cesser d'occuper militairement (un lieu, un pays). ⇒ **abandonner,** se **retirer.** *Évacuer une position.* ♦ Quitter (un lieu) en masse, par nécessité ou par ordre. *Le juge fit évacuer la salle.* ➛ au p. p. *Ville évacuée.* **4.** Faire partir en masse, hors d'un lieu où il est dangereux, interdit de demeurer. *Évacuer la population d'une ville bombardée.* ➛ au p. p. *Population évacuée.* n. *Les évacués.* **5.** fig. Se débarrasser de (un souci, une préoccupation).

s'**ÉVADER** v. pron. [1] ▪ **1.** S'échapper (d'un lieu où l'on était retenu, enfermé). ⇒ s'**enfuir,** se **sauver** ; **évasion.** *S'évader d'une prison.* ➛ au p. p. *Les prisonniers évadés.* n. *Capturer, reprendre un évadé.* ⇒ **fugitif.** ♦ Quitter furtivement. *S'évader d'une réception ennuyeuse.* **2.** Échapper volontairement (à une réalité). ⇒ **fuir.** *S'évader de sa condition. S'évader du réel, de la réalité par le rêve.*

ÉVALUATION n. f. ▪ **1.** Action d'évaluer. ⇒ **calcul, détermination, estimation.** *L'évaluation d'une fortune, d'une distance, d'une longueur.* **2.** Valeur, quantité évaluée. *Évaluation insuffisante, trop faible* (mesure, prix, valeur).

ÉVALUER v. tr. [1] ▪ **1.** Porter un jugement sur la valeur, le prix de. ⇒ **estimer, priser.** *Faire évaluer un tableau par un expert.* ⇒ **expertiser.** *Évaluer un bien au-dessus* (⇒ **surévaluer**), au dessous (⇒ **sous-évaluer**) de sa valeur. ♦ Déterminer (une quantité) par le calcul sans recourir à la mesure directe. *Évaluer le débit d'une rivière.* ⇒ **jauger. 2.** Fixer approximativement. ⇒ **apprécier, estimer, juger.** *Évaluer une distance à vue d'œil. Évaluer ses chances, un risque.*

ÉVANESCENT, ENTE adj. ▪ **1.** LITTÉR. Qui s'amoindrit et disparaît graduellement. *Image évanescente.* ⇒ **fugitif.** *Impression évanescente,* qui s'efface, s'évanouit. *Des formes évanescentes,* floues, imprécises. **2.** (personnes, comportements) Délicat et insaisissable. *Elle prend des airs évanescents.* ► **ÉVANESCENCE** n. f. LITTÉR.

ÉVANGÉLIAIRE n. m. ▪ Livre contenant les passages des Évangiles lus ou chantés à la messe. ⇒ **missel.**

ÉVANGÉLIQUE adj. ▪ **1.** Relatif ou conforme à l'Évangile. ⇒ **chrétien.** *La charité, la morale évangélique.* **2.** Qui est de la religion protestante, fondée sur les Évangiles. *Église luthérienne évangélique.*

ÉVANGÉLISATEUR, TRICE adj. ▪ Qui évangélise. - n. *Une évangélisatrice.*

ÉVANGÉLISATION n. f. ▪ Action d'évangéliser. ⇒ **christianisation.**

ÉVANGÉLISER v. tr. [1] ▪ Prêcher l'Évangile à. ⇒ **christianiser.** *Évangéliser les païens.*

ÉVANGÉLISTE n. m. ▪ **1.** Auteur de l'un des Évangiles. *Les quatre évangélistes Matthieu, Marc, Luc et Jean.* **2.** Prédicateur itinérant de l'Église réformée.

ÉVANGILE n. m. ▪ **1.** (avec maj.) Enseignement de Jésus-Christ. *Répandre l'Évangile.* ⇒ **évangéliser.** **2.** *Les Évangiles, les livres de la Bible où la vie et la doctrine de Jésus-Christ ont été consignées.* - *L'Évangile :* les quatre Évangiles. - loc. *PAROLE D'ÉVANGILE :* chose sûre, indiscutable. **3.** Document essentiel (d'une croyance, d'une doctrine). ⇒ **bible.** ■ Les Évangiles rapportent la vie et l'enseignement de Jésus. Rédigés entre 70 et 100, ils sont placés sous l'autorité des quatre évangélistes, les saints Matthieu, Marc, Luc et Jean. Les trois premiers Évangiles, narrant les mêmes événements, souvent dans le même ordre, sont dits *synoptiques.*

S'ÉVANOUIR v. pron. [2] ▪ **1.** Disparaître sans laisser de traces. ⇒ s'**effacer.** *Il avait aperçu une ombre qui s'évanouit aussitôt.* ⇒ se **dissiper.** - (personnes) Disparaître. - au p. p. *Un rêve évanoui,* disparu. **2.** (personnes) Perdre connaissance ; tomber en syncope. ⇒ **défaillir ;** → se trouver mal ; FAM. tourner de l'œil, tomber dans les pommes. *On a cru qu'il allait s'évanouir.* - au p. p. *Tomber évanoui.*

ÉVANOUISSEMENT n. m. ▪ **1.** LITTÉR. Disparition complète. *L'évanouissement de ses espérances.* ⇒ **anéantissement.** **2.** Fait de perdre connaissance. ⇒ **syncope.** *Revenir d'un évanouissement* (revenir à soi).

Edward **EVANS-PRITCHARD** (1902 - 1973) ▪ Ethnologue britannique. *"Système politique de l'Afrique"* (1940).

ÉVAPORATEUR n. m. ▪ Appareil qui fonctionne par l'évaporation d'un fluide.

ÉVAPORATION n. f. ▪ Transformation (d'un liquide) en vapeur par sa surface libre. *L'évaporation de l'eau salée* (pour obtenir le sel marin). *Évaporation de l'eau par ébullition.*

ÉVAPORÉ, ÉE adj. ▪ Qui a un caractère étourdi, léger ; qui se dissipe en choses vaines. ⇒ **écervelé, étourdi.** *Une jeune fille évaporée. Air évaporé.* - n. *Une évaporée.*

ÉVAPORER v. tr. [1] ▪ VX ou LITTÉR. Transformer en vapeur (⇒ **vaporiser**). ► **S'ÉVAPORER** v. pron. **1.** Se transformer lentement en vapeur par sa surface libre. *La rosée s'évapore à la chaleur du soleil. Le contenu du flacon s'évapore.* **2.** FAM. Disparaître brusquement. *À peine arrivé, il s'évapore.* ⇒ s'**éclipser,** s'**évanouir.** *Ces clés ne se sont tout de même pas évaporées !* ⇒ s'**envoler.**

ÉVASEMENT n. m. ▪ Forme évasée. *L'évasement d'un col de carafe.*

ÉVASER v. tr. [1] ▪ Élargir à l'orifice, à l'extrémité. *Évaser un tuyau. Évaser l'orifice d'un trou.* ► **S'ÉVASER** v. pron. *Les manches de sa robe s'évasent au poignet.* ► **ÉVASÉ, ÉE** adj. Qui va en s'élargissant. *Jupe évasée.*

ÉVASIF, IVE adj. ▪ Qui cherche à éluder en restant dans l'imprécision. *Il n'a rien promis, il est resté très évasif. Un geste évasif. Réponse, formule évasive.* ⇒ **ambigu, vague.** ► adv. **ÉVASIVEMENT**

ÉVASION n. f. ▪ **1.** Action de s'évader, de s'échapper d'un lieu où l'on était enfermé. *Une tentative d'évasion. L'évasion d'un prisonnier.* **2.** fig. Fait de se distraire. *L'évasion hors de la réalité par le rêve, la lecture. Besoin d'évasion.* ⇒ **changement, distraction.** **3.** Fuite (de valeurs). *L'évasion de capitaux à l'étranger.*

Ève. *Le Miroir de l'humaine salvation, création d'Ève.* Enluminure du XVe s. Musée Condé, Chantilly. *Phot.* © Lauros/Giraudon

ÈVE ▪ D'après la Bible, la première femme, compagne d'Adam.

ÉVÊCHÉ n. m. ▪ **1.** Juridiction d'un évêque, territoire soumis à son autorité. ⇒ **diocèse.** *L'évêché et l'archevêché.* **2.** Dignité épiscopale. **3.** Palais épiscopal. *Se rendre à l'évêché.*

ÉVEIL n. m. ▪ **1.** Action d'éveiller. *DONNER L'ÉVEIL :* donner l'alarme, mettre en alerte en éveillant l'attention. - *Être EN ÉVEIL :* être attentif, sur ses gardes. *Son esprit est toujours en éveil.* **2.** (facultés, sentiments) Action de se révéler, de se manifester. *L'éveil de l'intelligence. Jeu, activité d'éveil* (pour les enfants). **3.** (nature) Fait de sortir du sommeil. *L'éveil de la nature au printemps.* ⇒ **réveil.**

ÉVEILLÉ, ÉE adj. ▪ **1.** Qui ne dort pas. *Rester éveillé. Un rêve éveillé,* que l'on a sans dormir. **2.** (personnes) Plein de vie, de vivacité. *Un enfant éveillé.* ⇒ **alerte, dégourdi, déluré, malicieux, vif.** *Avoir l'œil, l'air éveillé.* ⇒ **futé.**

ÉVEILLER v. tr. [1] ▪ **1.** LITTÉR. Tirer (qqn, un animal) du sommeil. ⇒ **réveiller** (plus cour.). *Parlez moins fort, vous allez l'éveiller.* **2.** Rendre effectif, manifester (une disposition, etc.). *La lecture éveille l'imagination.* - Éveiller l'esprit de (qqn). ♦ Faire naître, apparaître (un sentiment, une idée). ⇒ **provoquer, révéler, susciter.** *Éveiller une passion, un désir chez qqn. Éveiller la défiance, les soupçons. Éveiller la curiosité.* ► **S'ÉVEILLER** v. pron. **1.** Sortir du sommeil. ⇒ se **réveiller.** - *S'ÉVEILLER À* (un sentiment), l'éprouver pour la première fois. *S'éveiller à l'amour.* **2.** (sentiments, idées) Naître, se manifester. *Sa curiosité s'éveilla.*

ÉVEILLEUR, EUSE n. ▪ LITTÉR. Personne qui éveille les esprits.

ÉVÉNEMENT ou **ÉVÈNEMENT** (admis Acad.) n. m. ▪ Ce qui arrive et qui a de l'importance pour l'homme. ⇒ **fait.** *L'événement a eu lieu, s'est passé, s'est produit il y a huit jours. Événement heureux,* bonheur, chance. *Un heureux événement :* une naissance. *Événement malheureux,* désastre, drame, malheur. *Être dépassé par les événements.* - au sing. *Créer l'événement.* - par euphémisme *Les événements d'Algérie :* la guerre d'Algérie. *Pendant les événements.* - FAM. *Lorsqu'il part en voyage, c'est un événement,* cela prend une importance démesurée. ⇒ **affaire, histoire.**

ÉVÉNEMENTIEL, ELLE adj. ▪ *Histoire événementielle,* qui ne fait que décrire les événements.

ÉVENT n. m. ▪ **I.** VX Exposition à l'air. **II.** (Ce qui laisse passer l'air) **1.** Narines des cétacés. *Colonne de vapeur rejetée par les évents de la baleine.* **2.** Conduit pour l'échappement des gaz. Canal d'aération.

ÉVENTAIL n. m. ▪ **1.** Instrument portatif qu'on agite avec un mouvement de va-et-vient pour produire un courant d'air (⇒ s'**éventer**). *"Éventails"* (courts poèmes de Mallarmé). **2.** *EN ÉVENTAIL :* en forme d'éventail ouvert (lignes qui partent d'un point et s'en écartent). *Plis, plissé en éventail. Tenir ses cartes en éventail.* **3.** Ensemble de choses diverses d'une même catégorie qui peut augmenter ou diminuer (comme on ouvre ou ferme un éventail). *Éventail d'articles offerts à l'acheteur.* ⇒ **choix, gamme.** *L'éventail des salaires.* ⇒ **échelle.** *L'éventail des recherches s'élargit.*

ÉVENTAILLISTE n. ▪ Fabricant d'éventails. – appos. *Un artiste éventailliste.*

ÉVENTAIRE n. m. ▪ Étalage en plein air, à l'extérieur d'une boutique, sur la voie publique, sur un marché. ⇒ **devanture, étal.** *L'éventaire d'un marchand de journaux.*

ÉVENTÉ, ÉE adj. ▪ **I.** Exposé au vent. *Une rue, une terrasse très éventée* (opposé à *abrité*). **II. 1.** Altéré, corrompu par l'air. *Parfum, vin éventé.* **2.** Découvert, connu. *Un secret complètement éventé.*

ÉVENTER v. tr. [1] ▪ **I.** Rafraîchir en agitant l'air. *Éventer qqn avec une feuille de papier, un éventail.* – pronom. *S'éventer avec un journal.* **II. 1.** VX Exposer à l'air. – spécialt *Éventer une mèche, une mine.* – loc. fig. *Éventer la mèche*.* **2.** Rendre public, faire connaître. *Éventer un complot, un piège, un secret.* ► **S'ÉVENTER** v. pron. **1.** Perdre son parfum, son goût, au contact de l'air. ⇒ **éventé. 2.** Se découvrir.

ÉVENTRATION n. f. ▪ **1.** Action d'éventrer. **2.** Fait d'être éventré. ♦ Hernie ventrale.

ÉVENTREMENT n. m. ▪ Action d'éventrer.

ÉVENTRER v. tr. [1] ▪ **1.** Déchirer en ouvrant le ventre. ⇒ **étriper. 2.** Fendre largement (un objet) pour atteindre le contenu. ⇒ **ouvrir.** *Éventrer un matelas.* – Défoncer (qqch.). *Éventrer un mur.*

ÉVENTREUR n. m. ▪ Meurtrier qui éventre. *Jack l'Éventreur* (en angl. *Jack the ripper*), *célèbre meurtrier londonien.*

ÉVENTUALITÉ n. f. ▪ **1.** Caractère de ce qui est éventuel. ⇒ **incertitude.** *Envisager l'éventualité d'une guerre.* ⇒ **possibilité. 2.** *(Une, des éventualités)* Circonstance, événement pouvant survenir à l'occasion d'une action. *Être prêt, parer à toute éventualité,* prévoir tous les événements qui peuvent s'opposer à un projet.

ÉVENTUEL, ELLE adj. ▪ Qui peut ou non se produire. *Profits éventuels.* ⇒ **possible.** *Les conséquences éventuelles.* ⇒ **hypothétique.** – (personnes) *Son successeur éventuel. L'éventuel président.*

ÉVENTUELLEMENT adv. ▪ Selon les circonstances (→ le cas échéant*). *J'en aurai éventuellement besoin.*

ÉVÊQUE n. m. ▪ Dignitaire de l'ordre le plus élevé de la prêtrise chrétienne (⇒ **prélat**) qui, dans l'Église catholique, est chargé de la conduite d'un diocèse. ⇒ **évêché ; épiscopal.** *La crosse, la mitre, l'anneau de l'évêque. Les évêques et l'archevêque. Monseigneur X, évêque de...*

sir George EVEREST (1790 - 1866) ▪ Géophysicien anglais. Il découvrit le point culminant du globe, auquel son nom fut donné.

le mont EVEREST ▪ Situé dans l'Himalaya. 8 846 m. Edmund Hillary et Tensing Norgay furent les premiers à atteindre son sommet, en 1953.

les EVERGLADES n. m. pl. ▪ Marécage du sud de la Floride (États-Unis). Parc national.

ÉVERSION n. f. ▪ DIDACT. Renversement, retournement (d'un organe). *Éversion du col de l'utérus.*

les **Everglades.** *Phot. © Cordier/Explorer*

S'ÉVERTUER v. pron. [1] ▪ Faire tous ses efforts, se donner beaucoup de peine. ⇒ s'**appliquer,** s'**escrimer.** *S'évertuer à expliquer qqch.*

ÉVIAN-LES-BAINS ▪ Commune de Haute-Savoie. 6 895 hab. *(les Évianais).* Station thermale et climatique, eaux minérales. Les *accords d'Évian* (1962) mirent fin à la guerre d'Algérie.

Évian-les-Bains. Vue générale. *Phot. © Martel/Explorer*

ÉVICTION n. f. ▪ Action d'évincer, de priver d'un droit. ⇒ **exclusion, expulsion, rejet.** *L'éviction du chef d'un parti.*

ÉVIDAGE n. m. ▪ Action d'évider. *L'évidage d'une pièce de bois, d'une sculpture.*

ÉVIDEMENT n. m. ▪ **1.** Évidage. **2.** Ce qui est évidé.

ÉVIDEMMENT [-amɑ̃] adv. ▪ **1.** VIEILLI Avec évidence. **2.** MOD. ⇒ **assurément, certainement.** *Vous acceptez ? — Évidemment !* ⇒ **naturellement.** *Évidemment, il se trompe. Évidemment qu'il se trompe* (→ bien sûr*).

ÉVIDENCE n. f. ▪ **1.** Caractère de ce qui s'impose à l'esprit avec une telle force qu'on n'a besoin d'aucune autre preuve pour en connaître la vérité, la réalité. ⇒ **certitude.** *Les forces de l'évidence. C'est l'évidence même.* loc. *Se rendre à l'évidence :* finir par admettre ce qui est incontestable. ♦ *(Une, des évidences)* Chose évidente. – péj. Truisme, lapalissade. **2.** *EN ÉVIDENCE :* en se présentant de façon à être vu, remarqué immédiatement. *Être en évidence :* apparaître, se montrer très nettement. *Mettre qqch. bien en évidence.* **3.** *À L'ÉVIDENCE* loc. adv. ⇒ **certainement, sûrement.** *Démontrer à l'évidence que...* – *De toute évidence, il ne reviendra plus.*

ÉVIDENT, ENTE adj. ▪ Qui s'impose à l'esprit par son caractère d'évidence. ⇒ **certain, flagrant, incontestable, indiscutable, sûr.** *Une vérité, une preuve évidente. Il fait preuve d'une évidente bonne volonté. Il est évident qu'il a menti.*

ÉVIDER v. tr. [1] ▪ Creuser en enlevant une partie de la matière, à la surface ou à l'intérieur. *Évider une tige de sureau. Évider des tomates* (pour les farcir).

ÉVIER n. m. ▪ Élément d'une cuisine formant un bassin, muni d'une alimentation en eau et d'une vidange. *Évier à deux bacs.*

ÉVINCER v. tr. [3] ▪ Déposséder (qqn) par intrigue d'une affaire, d'une place. ⇒ **chasser, écarter, éliminer, exclure ; éviction.** *Il est parvenu à l'évincer de cette place. Se faire évincer.*

ÉVISCÉRER v. tr. [6] ▪ Enlever les viscères de. – au p. p. *Poissons éviscérés.* ► n. f. ÉVISCÉRATION

ÉVITABLE adj. ▪ Qui peut être évité. *Cette erreur était difficilement évitable* (s'oppose à *inévitable*).

ÉVITEMENT n. m. ▪ **1.** Action d'éviter. ♦ *D'ÉVITEMENT :* où l'on gare les trains, les wagons, pour laisser libre une voie. *Gare, voie d'évitement.* **2.** BIOL., PSYCH. *Réaction d'évitement* (d'un agent excitateur, d'un stimulus).

ÉVITER v. tr. [1] ▪ **1.** Faire en sorte de ne pas heurter en rencontrant (qqn, qqch.). *Il a fait une embardée pour éviter l'obstacle.* – Faire en sorte de ne pas subir (une chose nuisible, désagréable). *Éviter un choc, un coup.* ⇒ **esquiver, parer.** – *Éviter le regard de qqn.* **2.** Faire en sorte de ne pas rencontrer (qqn). – pronom. *Ils s'évitent depuis des années.* **3.** Écarter, ne pas subir (ce qui menace). *Éviter un danger, un accident. On a réussi à éviter le pire.* – *S'éviter des ennuis.* **4.** *ÉVITER DE* (+ inf.) : faire en sorte de ne pas. *Évitez de lui parler.* ⇒ s'**abstenir,** se **dispenser,** se **garder.** – *ÉVITER QUE* (+ subj.).

Évreux. La cathédrale. *Phot. © Langeland/Diaf*

J'évitais qu'il (ne) m'en parlât. **5.** ÉVITER *qqch.* À *qqn. Éviter une corvée à qqn.* ⇒ **épargner.** *Je voulais vous éviter cette fatigue.* - (sujet chose) *Cela lui évitera des ennuis, lui évitera d'avoir des ennuis.*

ÉVOCATEUR, TRICE adj. ▪ **1.** Qui peut évoquer par la magie. ⇒ **évocatoire. 2.** Qui évoque (4 et 5). *Image évocatrice, mot évocateur,* qui crée des associations d'idées. *Style évocateur.*

ÉVOCATION n. f. ▪ **1.** Fait de porter une cause au tribunal. **2.** Action d'évoquer (les esprits, les démons) par la magie, l'occultisme. ⇒ **incantation, sortilège. 3.** Action de rappeler (une chose oubliée), de rendre présent à l'esprit. *L'évocation de souvenirs communs, du passé.* ⇒ **rappel.** *Le pouvoir d'évocation d'un mot.*

ÉVOCATOIRE adj. ▪ Qui a un pouvoir d'évocation (2).

ÉVOLUÉ, ÉE adj. ▪ Qui a subi une évolution, un développement, un progrès. *Pays évolué. Une personne évoluée,* indépendante, cultivée...

ÉVOLUER v. intr. 1 ▪ **I. 1.** Changer de position par une suite de mouvements réglés. *L'escadre évolue en approchant du port.* ⇒ **manœuvrer.** - *Danseuse qui évolue sur scène.* **2.** Vivre (dans un milieu). *Évoluer dans le monde.* **II.** Passer par une série de transformations. ⇒ **changer, devenir,** se **modifier,** se **transformer.** *Ses idées ont évolué. La chirurgie a beaucoup évolué depuis le siècle dernier.* ⇒ **progresser.** *La situation évolue.* - *Maladie qui évolue,* qui suit son cours.

ÉVOLUTIF, IVE adj. ▪ Qui est susceptible d'évolution (II).

ÉVOLUTION n. f. ▪ **I. 1.** Mouvements réglés. *L'évolution des troupes au milieu d'une bataille.* **2.** au plur. Suite de mouvements variés. *Les évolutions d'un avion, d'une danseuse.* **II. 1.** Suite de transformations dans un même sens ; transformation graduelle assez lente. ⇒ **changement.** *Considérer les choses dans leur évolution.* ⇒ **devenir, mouvement.** *L'évolution des idées, des mœurs. Évolution économique, sociale par des réformes* (opposé à *révolution*). - Changement dans le caractère, les conceptions (d'une personne, d'un groupe). *Une lente évolution.* **2.** (d'après l'anglais) Transformation progressive d'une espèce vivante en une autre. *Théories de l'évolution.* ⇒ **évolutionnisme, transformisme ; darwinisme.** *Évolution discontinue par mutations*.*

ÉVOLUTIONNISME n. m. ▪ Théorie biologique opposée au fixisme et qui défend l'idée d'évolution des espèces.

ÉVOLUTIONNISTE n. ▪ Partisan de l'évolutionnisme. - adj. Relatif à l'évolution.

ÉVOQUER v. tr. 1 ▪ **1.** DR. Se saisir de (une cause). *Le tribunal qui doit évoquer l'affaire.* **2.** Appeler, faire apparaître par la magie. *Évoquer les âmes des morts, les démons, les esprits.* ⇒ **invoquer. 3.** LITTÉR. Apostropher, interpeller dans un discours (les mânes d'un héros, les choses inanimées, en leur prêtant l'existence, la parole). **4.** Rappeler à la mémoire. ⇒ **remémorer.** *Évoquer le souvenir de qqn.* ⇒ **éveiller, réveiller, susciter.** *Évoquer un ami disparu.* **5.** Faire apparaître à l'esprit par

Evora. La place Melasorme-de-Moura. *Phot. © Lescourret/Explorer*

des images et des associations d'idées. ⇒ **représenter.** *Évoquer une époque, une région dans un roman.* ⇒ **décrire, montrer.** *Nous n'avons fait qu'évoquer le problème.* ⇒ **aborder, poser.** - (sujet chose) Faire penser à. *Ce mot ne m'évoque rien, n'évoque rien pour moi.*

EVORA ▪ Ville du Portugal. 54 000 hab. Temple de Diane (IIe s.). Cathédrale (XIIe-XIIIe s.).

ÉVREUX ▪ Chef-lieu de l'Eure. 49 103 hab. *(les Ébroïciens).* Cathédrale (XIIe-XVIIIe s.), monuments. Industries pharmaceutique et textile. En grande partie détruite en 1940, la ville a été reconstruite.

ÉVRY ▪ Ville nouvelle, chef-lieu de l'Essonne. 73 343 hab. *(les Évryens).*

Évry. Évry 1, ville nouvelle. *Phot. © Froissardey/Explorer*

Evgueni **EVTOUCHENKO** (né en 1933) ▪ Poète russe. *"Les Héritiers de Staline"* (1962) dénonce les dogmatismes.

Evtouchenko.
Phot. © Roger Viollet

ÉVULSION n. f. ▪ DIDACT. Arrachement, extraction. *L'évulsion d'une dent.*

EVZONE n. m. ▪ Soldat de l'infanterie grecque, dont l'habit de parade comporte la fustanelle.

Johannes **EWALD** (1743 - 1781) ▪ Poète lyrique et dramaturge danois (1743-1781).

les **ÉWÉS, EVHÉS** ou **ÉOUÉS** n. m. pl. ▪ Population du Togo et du Ghana, séparée lors du démembrement du Togo allemand.

① **EX-** Préfixe qui signifie « hors de ». ⇒ é-.

② **EX-** ▪ (devant un nom, joint par un trait d'union) Antérieurement. *M. X, ex-député.* ⇒ **ancien.** *L'ex-ministre. Des ex-ministres.*

EX ABRUPTO [ɛksabʀypto] **loc. adv.** ▪ De manière brusque, immédiate.

EXACERBER **v. tr.** [1] ▪ **1.** Rendre (un mal) plus aigu, porter à son paroxysme. *Ce traitement n'a fait qu'exacerber la douleur.* **2.** Rendre plus violent. *Exacerber la colère.* ▪ au p. p. *Sensibilité exacerbée. Orgueil exacerbé.* ► **n. f.** EXACERBATION

EXACT, EXACTE [-a(kt), akt] **adj.** ▪ **1.** VX Soigneux, minutieux. *L'observance exacte d'une loi.* ⇒ **absolu.** ♦ (personnes) Scrupuleux, soigneux. *Exact à faire qqch.* ⇒ **assidu, consciencieux.** **2.** (choses) Entièrement conforme à la réalité, à la vérité (s'oppose à *inexact*). ⇒ **correct, juste, vrai.** *C'est la vérité exacte, l'exacte vérité, c'est exact. Les circonstances exactes de l'accident.* ⇒ **complet.** ▪ Qui reproduit fidèlement la réalité, l'original, le modèle. ⇒ **conforme.** **3.** (après le nom) Adéquat à son objet. ⇒ **juste.** *Un raisonnement exact. Se faire une idée exacte de qqch.* **4.** (après le nom) Égal à la grandeur mesurée. ⇒ **précis.** *Nombre exact. Valeur exacte.* ▪ *Sciences exactes,* celles qui sont constituées par des propositions déterminées quantitativement. **5.** (personnes) Qui arrive à l'heure convenue. ⇒ **ponctuel.** *Il n'était pas exact au rendez-vous.*

EXACTEMENT **adv.** ▪ D'une manière exacte. *Que vous a-t-il dit exactement ?* (→ au juste). *Ce n'est pas exactement la même chose. Reproduire exactement un texte.* ⇒ **fidèlement.** *Il est arrivé exactement à 3 heures.* ⇒ **précisément.**

EXACTION **n. f.** ▪ DIDACT. **1.** Action d'exiger ce qui n'est pas dû ou plus qu'il n'est dû. ⇒ **extorsion, malversation.** **2.** Mauvais traitements.

EXACTITUDE **n. f.** ▪ **1.** VX Soin scrupuleux ; régularité dans le soin. **2.** Conformité avec la réalité, la vérité. ⇒ **correction, fidélité, rigueur.** *Une exactitude rigoureuse. Exactitude historique.* **3.** Égalité avec ce qui est mesuré. *L'exactitude d'une mesure, d'un compte.* ⇒ **précision.** **4.** Précision (d'un instrument de mesure). *L'exactitude d'un chronomètre.* **5.** Ponctualité. *Il est d'une exactitude scrupuleuse.*

EX ÆQUO [ɛgzeko] **loc. adv.** ▪ Sur le même rang. *Élèves classés ex æquo. Premier ex æquo.*

EXAGÉRATION **n. f.** ▪ **1.** Action d'exagérer. *Il y a beaucoup d'exagération dans ce qu'il raconte.* ⇒ **amplification, enflure.** *Sans exagération, on peut dire que... Les exagérations de la caricature.* **2.** *(Une, des exagérations)* Propos exagéré. **3.** Caractère de ce qui est exagéré. *Il est économe, sans exagération,* sans l'être trop.

EXAGÉRÉ, ÉE **adj.** ▪ **1.** Qui dépasse la mesure. *Une sévérité exagérée.* ⇒ **excessif.** *Luxe exagéré.* ⇒ **outrancier.** **2.** Qui amplifie la réalité. *Des compliments exagérés.* ⇒ **extrême, outré.** *Prix, chiffres exagérés.* ⇒ **astronomique, exorbitant.**

EXAGÉRÉMENT **adv.** ▪ D'une manière exagérée. ⇒ **trop.**

EXAGÉRER **v. tr.** [6] ▪ **1.** Parler de (qqch.) en présentant comme plus grand, plus important que dans la réalité. ⇒ **amplifier, enfler, grossir.** *Exagérer ses succès en les racontant.* ⇒ **ajouter, broder.** *Il ne faut rien exagérer ! Sans exagérer, j'ai bien attendu deux heures.* **2.** Grossir, accentuer en donnant un caractère (taille, proportion, intensité, etc.) qui dépasse la normale. ⇒ **amplifier, grandir.** *Exagérer une attitude.* ▪ *S'EXAGÉRER qqch.* : se représenter une chose comme plus importante qu'elle n'est. *Elle s'est exagéré l'importance de son travail.* **3.** absolt En prendre trop à son aise. ⇒ **abuser ;** FAM. **charrier.** *Vraiment, il exagère !*

EXALTANT, ANTE **adj.** ▪ Qui exalte. *Lecture, musique exaltante. La situation n'a rien de très exaltant.*

EXALTATION **n. f.** ▪ **1.** LITTÉR. Fait d'exalter (1), de célébrer. *L'exaltation d'un grand personnage.* ⇒ **glorification.** **2.** Grande excitation de l'esprit. ⇒ **ardeur, enthousiasme, fièvre, ivresse.** *État d'exaltation. Exaltation intellectuelle.*

EXALTÉ, ÉE **adj.** ▪ **1.** Très intense, très actif. *Sentiments exaltés.* **2.** (personnes) Qui est dans un état d'exaltation. ⇒ **enthousiaste, passionné.** *Un patriote exalté.* ▪ **n.** *Cet attentat est l'œuvre d'un exalté.* ⇒ **fanatique.**

EXALTER **v. tr.** [1] ▪ **1.** LITTÉR. Glorifier, magnifier. *Exalter les mérites de qqn.* **2.** VX Augmenter la force, les effets de (une substance). ♦ Rendre plus fort, plus actif. *La tiédeur de la pièce exalte le parfum des fleurs.* **3.** LITTÉR. Rendre plus intense (un sentiment). *Les circonstances dramatiques exaltent l'esprit de sacrifice.* **4.** Élever (qqn) au-dessus de l'état d'esprit ordinaire. ⇒ **enthousiasmer, passionner, soulever, transporter.** *La perspective du succès, les encouragements l'exaltent.*

EXAMEN [-mɛ̃] **n. m.** ▪ **1.** Action de considérer, d'observer avec attention. ⇒ **étude, investigation, observation, recherche.** *Examen destiné à apprécier* (⇒ **critique, estimation**), constater (⇒ **constatation**), vérifier (⇒ **contrôle, vérification**). *Examen superficiel ; détaillé, minutieux. Cette thèse ne résiste pas à l'examen.* ▪ *Examen médical.* **2.** EXAMEN DE CONSCIENCE : réflexion sur sa propre conduite, du point de vue moral. **3.** Série d'épreuves destinées à déterminer l'aptitude d'un candidat et où l'admission dépend d'une note à atteindre (ex. certificat d'études, baccalauréat, licence...). *Examens et concours. Examen écrit, oral. Se présenter, être reçu, collé, recalé à un examen.* ◇ abrév. FAM. EXAM.

EXAMINATEUR, TRICE **n.** ▪ Personne qui fait passer un examen (3), et spécialt une épreuve orale. *Une examinatrice de mathématiques.*

EXAMINER **v. tr.** [1] ▪ **1.** Considérer avec attention, avec réflexion. ⇒ **observer ; analyser, regarder.** *Examiner les qualités et les défauts, la valeur de qqch. Examiner une affaire en conférence.* ⇒ **délibérer, discuter** de. ▪ *Examiner un malade.* **2.** Regarder très attentivement. **3.** Faire subir un examen (3) à ; soumettre (un candidat) à une épreuve. ⇒ **interroger.**

EXANTHÉMATIQUE **adj.** ▪ De l'exanthème. *Typhus exanthématique.*

EXANTHÈME **n. m.** ▪ Rougeur cutanée qui accompagne certaines maladies (érésipèle, roséole, rougeole, scarlatine, urticaire).

EXASPÉRANT, ANTE **adj.** ▪ Qui exaspère (2), est de nature à exaspérer (qqn). ⇒ **agaçant, crispant, énervant, irritant.** *Un bruit exaspérant. Vous êtes exaspérante.*

EXASPÉRATION **n. f.** ▪ **1.** VX Aggravation, augmentation (d'un mal). ⇒ **exaltation.** ▪ LITTÉR. *L'exaspération d'un besoin.* **2.** COUR. État de violente irritation. ⇒ **agacement, énervement.** *Après ce reproche, il était au comble de l'exaspération.*

EXASPÉRER **v. tr.** [6] ▪ **1.** LITTÉR. Rendre plus intense (un mal physique ou moral), un sentiment. ⇒ **aggraver, aviver, exacerber, exciter.** *Exaspérer la souffrance, le désir. Les souvenirs exaspèrent son chagrin.* ▪ au p. p. D'une intensité extrême. *Sensibilité exaspérée.* ⇒ **exacerbé.** **2.** Irriter (qqn) excessivement. ⇒ **agacer, crisper, énerver, excéder, impatienter.** *Il m'exaspère avec ses plaintes.* ▪ au p. p. Très irrité. *Il était exaspéré.* ⇒ **furieux.**

EXAUCER **v. tr.** [3] ▪ **1.** (en parlant de Dieu, d'une puissance supérieure) Satisfaire (qqn) en lui accordant ce qu'il demande. *Dieu, le ciel l'a exaucé.* ⇒ **écouter.** **2.** Accueillir favorablement (un vœu, une demande). ⇒ **accomplir, accorder.**

EX CATHEDRA [-te-] **loc. adv.** ▪ *Parler ex cathedra,* du haut de la chaire. ▪ D'un ton doctoral, dogmatique.

EXCAVATEUR **n. m.** ▪ Machine destinée à creuser le sol, à faire des déblais. ⇒ **bulldozer, pelle, pelleteuse.** *Excavateur à air comprimé.* ◇ syn. EXCAVATRICE **n. f.**

EXCAVATION **n. f.** ▪ **1.** Action de creuser dans le sol. **2.** Creux dans un terrain. ⇒ **cavité.** *Excavation naturelle,* caverne, grotte. *Excavation creusée par une explosion.*

EXCAVER **v. tr.** [1] ▪ DIDACT. Creuser sous terre. *Excaver un tunnel.*

EXCÉDANT, ANTE **adj.** ▪ **1.** Qui dépasse la limite. **2.** Qui excède (II). ⇒ **exaspérant.**

EXCÉDENT **n. m.** ▪ Ce qui est en plus du nombre fixé. ⇒ **excès, surplus.** *L'excédent des exportations sur les importations. Payer un supplément pour un excédent, d'excédent de bagage.* ▪ *En excédent :* en plus, en surnombre.

EXCÉDENTAIRE **adj.** ▪ Qui est en excédent. *Écouler la production excédentaire. Un budget excédentaire,* avec un excédent de recettes (opposé à *déficitaire*).

EXCÉDER **v. tr.** [6] ▪ **I.** *EXCÉDER qqch.* **1.** Dépasser en nombre, en quantité. *Le prix de cette robe n'excède pas cinq cents francs.* ▪ Dépasser en durée. *La durée excède neuf ans.* **2.** Aller au-delà de (certaines limites) ; être plus fort que (une force, une capacité). *Cette décision excède son pouvoir.* ⇒ **outrepasser.** **II.** *EXCÉDER qqn.* Fatiguer en irritant. *Sa présence m'excède.* ⇒ **énerver, exaspérer.** *Je suis excédé par ses enfantillages.* ▪ au p. p. *Un air excédé.*

EXCELLEMMENT [-amɑ̃] adv. ▪ LITTÉR. Parfaitement bien. *Il joue excellemment du piano.*

EXCELLENCE n. f. ▪ **1.** LITTÉR. Caractère de ce qui est excellent, ne peut être meilleur. ⇒ **perfection, supériorité.** *L'excellence d'un vin, d'un remède.* ➛ *PRIX D'EXCELLENCE,* décerné au meilleur élève dans l'ensemble des matières. **2.** (avec maj.) Titre honorifique donné aux ambassadeurs, ministres, archevêques, évêques. *Son Excellence* (abrév. S.E.). **3.** loc. *PAR EXCELLENCE :* hautement représentatif, caractéristique. *Salomon, le Sage par excellence.*

EXCELLENT, ENTE adj. ▪ **1.** Très bon. ⇒ **admirable, merveilleux, parfait, supérieur.** *C'est excellent pour la santé. Excellente idée ! Excellent !,* très bien, parfait. *Il a une excellente mémoire. Un excellent professeur.* **2.** (personnes) Qui a une grande bonté, une nature généreuse. *C'est un excellent homme, un homme excellent.*

EXCELLER v. intr. [1] ▪ Être supérieur, excellent. *Exceller dans sa profession.* ➛ *EXCELLER À* (+ n. ou inf.). *Il excelle à ce travail, à dessiner des caricatures.*

EXCENTRER v. tr. [1] ▪ DIDACT. Déplacer le centre de ; mettre hors du centre. ➛ au p. p. *Poulie excentrée.*

EXCENTRICITÉ n. f. ▪ **I. 1.** SC. Position écartée par rapport à un centre, à un axe de référence. *L'excentricité d'une ellipse.* **2.** Caractère de ce qui est loin du centre. *L'excentricité d'un quartier.* **II. 1.** Manière d'être, de penser, d'agir, qui s'éloigne de celle du commun des hommes. ⇒ **bizarrerie, extravagance, originalité, singularité.** *L'excentricité de son caractère.* **2.** Acte qui révèle cette manière d'être. *Ses excentricités ne nous amusent plus.*

EXCENTRIQUE adj. ▪ **I. 1.** Dont le centre s'éloigne d'un point donné. ♦ n. m. Mécanisme conçu de telle sorte que l'axe de rotation de la pièce motrice n'en occupe pas le centre. **2.** Éloigné du centre. *Les quartiers excentriques d'une ville.* ⇒ **périphérique. II. 1.** (personnes) Dont l'apparence, le comportement, s'écarte (volontairement) des habitudes sociales. ⇒ **extravagant, original.** *Un personnage excentrique.* ➛ n. *Un, une excentrique.* **2.** *Toilette, mode excentrique. Des idées un peu excentriques.* ► adv. EXCENTRIQUEMENT

EXCEPTÉ prép. ▪ À l'exception de, en excluant (placé devant le n.). ⇒ **hormis, hors,** à **part, sauf, sinon.** *Il y a de tout dans ce magasin, excepté ce dont j'ai besoin. J'y vais à pied, excepté quand je suis malade.*

EXCEPTER v. tr. [1] ▪ Ne pas comprendre dans (un ensemble). *Excepter qqn d'une mesure collective.* ⇒ **exclure.** *Tous les peuples, sans excepter celui-là.* ⇒ **négliger, oublier.** ➛ au p. p. (après le n. et accordé → excepté) *Les Britanniques, les Écossais exceptés.*

EXCEPTION n. f. ▪ **1.** Action d'excepter. *Il ne sera fait aucune exception à cette consigne.* ⇒ **dérogation, restriction.** *Tout le monde sans (aucune) exception.* ➛ *D'EXCEPTION :* en dehors de ce qui est courant. *Un être d'exception* (⇒ **exceptionnel**). *Tribunal d'exception* (opposé à *de droit commun*). *Régime, loi d'exception.* ➛ *À L'EXCEPTION DE* loc. prép. *Ils sont tous reçus, à l'exception d'un seul.* ⇒ **excepté, sauf. 2.** Ce qui est en dehors de la norme, du commun. ⇒ **anomalie, singularité.** *Les personnes de ce genre sont l'exception,* sont rares. *À de rares exceptions près, c'est vrai. L'exception confirme la règle,* il n'y aurait pas d'exception s'il n'y avait pas de règle. ♦ Personne, chose qui échappe à la règle, à la norme.

EXCEPTIONNEL, ELLE adj. ▪ **1.** Qui constitue une exception (1). *Congé exceptionnel.* **2.** Qui est hors de l'ordinaire. ⇒ **extraordinaire.** *Des circonstances exceptionnelles. Cela n'a rien d'exceptionnel,* c'est courant. **3.** Qui sort de l'ordinaire par sa valeur, ses qualités. ⇒ **remarquable, supérieur.** *Une occasion, une chance exceptionnelle.* ⇒ **inattendu.** *Un homme exceptionnel.*

EXCEPTIONNELLEMENT adv. ▪ **1.** Par exception (1). **2.** D'une manière exceptionnelle (2 et 3). ⇒ **extraordinairement, extrêmement.** *Un homme exceptionnellement beau.*

EXCÈS n. m. ▪ **1.** Différence en plus entre deux quantités inégales ; ce qui dépasse une quantité. ⇒ **excédent.** *L'excès d'une longueur sur une largeur, des dépenses sur les recettes. Total approché par excès,* arrondi au chiffre supérieur (opposé à *défaut*). **2.** Trop grande quantité ; dépassement de la mesure normale. *Un excès de précautions.* ⇒ **surabondance.** ➛ *Excès de vitesse*.* ➛ *AVEC EXCÈS :* sans mesure. *Il mange avec excès.* ➛ *SANS EXCÈS :* modérément. ➛ *À L'EXCÈS :* excessivement, outre mesure. *Il est prudent à l'excès.* ➛ *EXCÈS DE POUVOIR :* action dépassant le pouvoir légal ; décision d'un juge qui dépasse sa compétence. prov. *L'excès en tout est un défaut.* **3.** Chose, action qui dépasse la mesure ordinaire ou permise. ⇒ **abus.** *Des excès de langage. Excès de table,* abus de nourriture et de boisson. *Faire des excès, un petit excès.*

EXCESSIF, IVE adj. ▪ **1.** Qui dépasse la mesure souhaitable ou permise ; trop grand, trop important. ⇒ **énorme, extrême.** *Deux mille francs ? C'est excessif !* ⇒ **exagéré. 2.** (critiqué) Très grand (sans idée d'excès). ⇒ **extrême.** *Un visage d'une excessive douceur.* **3.** (personnes) Qui pousse les choses à l'excès, qui est incapable de modération. ⇒ **extrême.**

EXCESSIVEMENT adv. ▪ **1.** Qui dépasse la mesure. ⇒ **exagérément, trop.** *Denrée excessivement chère.* **2.** (critiqué) Très, tout à fait. ⇒ **extrêmement, infiniment.** *C'est excessivement agréable.*

EXCIPER v. tr. ind. [1] ▪ LITTÉR. *EXCIPER DE :* se servir de (qqch.) pour sa défense. *Exciper de sa bonne foi.* ⇒ s'**autoriser.**

EXCIPIENT [-pjɑ̃] n. m. ▪ Substance qui entre dans la composition d'un médicament et qui sert à incorporer les principes actifs. *Excipient sucré.*

EXCISER v. tr. [1] ▪ Enlever par excision, spécialt le clitoris. ➛ au p. p. *Fillettes africaines excisées.*

EXCISION n. f. ▪ Ablation d'une partie peu volumineuse (d'organe, de tissu). ➛ spécialt Ablation rituelle du clitoris (⇒ **clitoridectomie**) ou du prépuce (⇒ **circoncision**).

EXCITABILITÉ n. f. ▪ **I.** Caractère excitable. *Il est dans un grand état d'excitabilité.* **II.** PHYSIOL. Propriété de toute structure vivante de réagir spécifiquement aux excitations. ⇒ **irritabilité, sensibilité.** *Excitabilité musculaire.*

EXCITABLE adj. ▪ **I.** Qui est facilement excité. ⇒ **irritable, nerveux.** *Un homme très excitable.* **II.** PHYSIOL. Qui répond à l'excitation (II).

EXCITANT, ANTE adj. ▪ **I.** Qui excite ; qui éveille des sensations, des sentiments. ⇒ **émouvant, troublant.** *Lecture, étude excitante pour l'esprit. Femme excitante.* ⇒ **provocant.** ➛ FAM. *Ce n'est pas (très) excitant.* ⇒ **intéressant. II.** Qui excite, stimule l'organisme (s'oppose à *calmant*). *Le café est excitant.* ➛ n. m. *Prendre un excitant.*

EXCITATEUR, TRICE n. ▪ **I.** LITTÉR. Personne qui excite (I). *Un excitateur de troubles.* ⇒ **instigateur.** ➛ adj. *Une manœuvre excitatrice.* **II.** n. m. Appareil formé de deux branches métalliques, qui sert à décharger un appareil électrique.

EXCITATION n. f. ▪ **I. 1.** État d'une personne excitée ; accélération des processus psychiques. ⇒ **agitation, énervement, surexcitation.** *Excitation intellectuelle, excitation de l'esprit.* ⇒ **exaltation. 2.** Action d'exciter (qqn), surtout dans : *EXCITATION À qqch.* ⇒ **encouragement, incitation, invitation.** *L'excitation au travail ; à la violence.* **II. 1.** PHYSIOL. Déclenchement de l'activité fonctionnelle (d'un système vivant). *L'excitation d'une extrémité nerveuse.* ➛ Ensemble des modifications locales qui suivent la stimulation* et qui préparent la réponse du système. **2.** PHYS. Création d'un champ magnétique dans l'inducteur (d'un électroaimant, d'une dynamo). ♦ *Excitation d'un atome.*

EXCITÉ, ÉE adj. et n. ▪ Qui a une activité mentale, psychique anormalement vive. ➛ loc. *Excité comme une puce :* très excité. ⇒ **agité, énervé, nerveux, surexcité.** ➛ n. *Une bande d'excités, de jeunes excités.*

EXCITER v. tr. [1] ▪ **I. 1.** Faire naître, provoquer (une réaction physique ou, plus cour., morale, mentale). ⇒ **causer, éveiller, provoquer, stimuler, susciter.** *Exciter le goût, l'envie, la jalousie. Exciter la passion, l'imagination, l'admiration de qqn. Exciter la curiosité.* **2.** Accroître, rendre plus vif (une sensation, un sentiment). ⇒ **aviver, exalter.** *Cela excita encore sa colère.* **3.** *EXCITER À* (+ n. ou + inf.) : pousser fortement à (une détermination difficile, une action violente). ⇒ **entraîner, porter, pousser.** *Exciter qqn à la révolte. Les encouragements l'ont excité à mieux faire.* **4.** Augmenter l'activité psychique, intellectuelle de (qqn). ⇒ **agiter, émouvoir, passionner, surexciter.** *La boisson, la nourriture l'excite.* ➛ FAM. (négatif) *Ce travail ne l'excite pas beaucoup,* ne l'intéresse pas. ♦ (sujet personne) Mettre en colère, en fureur. ⇒ **irriter.** *Exciter qqn par des railleries. On les a excités l'un contre l'autre.* **5.** Éveiller le désir sexuel de (qqn). **II. 1.** VX Provoquer (un mouvement). ♦ PHYSIOL. Déclencher l'activité de (un système excitable). ⇒ **excitation** (II, 1). *Exciter un nerf, un muscle.* **2.** PHYS. Envoyer un courant d'excitation* dans. ♦ *Exciter un noyau d'atome* (par passage d'électron(s) à un niveau d'énergie supérieur). ► **S'EXCITER** v. pron. S'irriter. – Ressentir une excitation sensuelle. – FAM. *S'exciter sur qqch.*, y prendre un très vif intérêt. ⇒ s'**enthousiasmer.**

EXCLAMATIF, IVE adj. ▪ LING. Qui marque ou exprime l'exclamation. *Phrase exclamative.* – *Adjectifs, adverbes exclamatifs* (ex. *Quel homme !, Que de propos inutiles !, Oh combien !*).

EXCLAMATION n. f. ▪ Fait de s'exclamer ; paroles, cri par lesquels on s'exclame. ⇒ **interjection.** *Pousser des exclamations. Une exclamation de joie.* – *Point d'exclamation,* signe de ponctuation (!) qui suit une phrase exclamative.

S'EXCLAMER v. pron. [1] ▪ Proférer des paroles ou des cris (exclamations) en exprimant spontanément une émotion, un sentiment. ⇒ s'**écrier,** se **récrier.** « *Ah non !* » *s'exclama-t-il.*

EXCLU, UE adj. ▪ **1.** (personnes) Renvoyé, refusé. *Les membres exclus. Il se sent exclu de la conversation.* – n. *Les exclus du parti ; de la société.* **2.** (choses) Qu'on refuse d'envisager. *Cette solution est exclue.* – impers. *Il est, n'est pas exclu que :* il est impossible, possible que. – Non compté (s'oppose à *inclus*). *Jusqu'à mardi exclu.* ⇒ **exclusivement.**

EXCLURE v. tr. [35] ▪ **1.** Renvoyer, chasser (qqn) d'un endroit où il était admis, ou refuser d'admettre. ⇒ **chasser, expulser, renvoyer.** *Exclure qqn d'un syndicat, d'une équipe. Elle s'est fait exclure du groupe.* **2.** Ne pas admettre, ne pas employer (qqch.) [s'oppose à *inclure*]. *Exclure les graisses de son alimentation.* **3.** Refuser d'envisager. *J'exclus votre participation à cette affaire ; j'exclus que vous y participiez.* **4.** (sujet chose) Rendre impossible (qqch.) par son existence même. *La bonté n'exclut pas la sévérité.* – pronom. *Ces idées s'excluent l'une l'autre.*

EXCLUSIF, IVE adj. ▪ **1.** Qui exclut tout partage. *Privilèges, droits exclusifs,* qui appartiennent à une seule personne. – *EXCLUSIF DE :* qui exclut comme incompatible. *Une raison impérieuse, exclusive de toute autre considération.* **2.** Qui est produit, vendu seulement par une firme. *Modèle exclusif.* – *Concessionnaire exclusif,* qui ne vend qu'une marque (⇒ **exclusivité**). **3.** Qui exclut tout élément étranger. *Une préoccupation exclusive.* ⇒ **unique. 4.** (personnes) Absolu dans ses opinions, ses goûts, ses sentiments. ⇒ **intolérant.** *Elle est exclusive en amitié.* ⇒ **entier ; absolu.**

EXCLUSION n. f. ▪ **1.** Action d'exclure (qqn). ⇒ **élimination, expulsion, radiation.** *Prononcer l'exclusion de qqn. Il a protesté contre son exclusion de la compétition.* – *Exclusion (sociale) :* situation de personnes mises à l'écart, qui ne bénéficient pas des avantages minimaux liés à un type de société. **2.** Action d'exclure (qqch.) d'un ensemble. – *À L'EXCLUSION DE* loc. prép. : en excluant, de manière à exclure. ⇒ à **l'exception** de. *Cultiver un don à l'exclusion des autres.*

EXCLUSIVE n. f. ▪ Décision d'exclure. *Prononcer l'exclusive contre qqn* (⇒ **interdit, veto**). *Agir sans esprit d'exclusive,* sans rien rejeter, ni personne.

EXCLUSIVEMENT adv. ▪ **I. 1.** En excluant tout le reste. ⇒ **seulement, uniquement.** *Il voit exclusivement des films comiques.* **2.** D'une manière exclusive (3), absolue. *Il s'occupe exclusivement de sa famille.* **II.** (en fin de proposition) En ne comprenant pas. *Du mois de janvier au mois d'août exclusivement,* en ne comptant pas le mois d'août. ⇒ **exclu ;** s'oppose à *inclusivement.*

EXCLUSIVISME n. m. ▪ DIDACT. Caractère exclusif (4).

EXCLUSIVITÉ n. f. ▪ **1.** Propriété exclusive ; droit exclusif (de vendre, de publier). – *EN EXCLUSIVITÉ :* d'une manière exclusive. *Film en exclusivité* (qui sort pour la première fois). **2.** Produit, film, etc., vendu, exploité par une seule firme. *C'est une exclusivité de la firme X.* **3.** PRESSE Information importante donnée en exclusivité par un journal, une chaîne de radio, de télévision. ⇒ anglic. **scoop.**

EXCOMMUNICATION n. f. ▪ **1.** Peine ecclésiastique par laquelle qqn est excommunié. **2.** fig. Exclusion d'une société, d'un parti politique, etc.

EXCOMMUNIER v. tr. [7] ▪ **1.** Retrancher (qqn) de la communion de l'Église catholique. *Excommunier un hérétique.* – au p. p. *Hérétique excommunié.* – n. *Un excommunié.* **2.** fig. Exclure (avec force, définitivement). *Être excommunié d'un mouvement, d'un parti.*

EXCRÉMENT n. m. ▪ **1.** souvent au plur. Matière évacuée du corps par les voies naturelles ; spécialt matière solide évacuée par le rectum. *Excréments de l'homme.* ⇒ **déjection, fèces, selle(s) ;** FAM. **caca, crotte, merde ;** → matières fécales. *Excréments des animaux domestiques* (⇒ **bouse, crotte, crottin**), des oiseaux (⇒ **fiente, guano**). **2.** VX Ce qui est rejeté, expulsé. ⇒ **déchet, rebut.**

EXCRÉMENTIEL, IELLE, IELS adj. ▪ DIDACT. Des excréments.

EXCRÉTER v. tr. [6] ▪ PHYSIOL. Évacuer par excrétion. *Matières excrétées.*

EXCRÉTEUR, TRICE adj. ▪ Qui opère l'excrétion. *Le canal excréteur d'une glande.*

EXCRÉTION n. f. ▪ **1.** Action par laquelle les déchets de l'organisme sont rejetés au-dehors. *Excrétion de l'urine, de la salive.* ⇒ **évacuation, expulsion. 2.** au plur. Les déchets de la nutrition rejetés hors de l'organisme. ⇒ **excrément.**

EXCROISSANCE n. f. ▪ Petite tumeur bénigne de la peau.

EXCURSION n. f. ▪ Action de parcourir une région pour l'explorer, la visiter. ⇒ **course, expédition, tournée.**

EXCURSIONNER v. intr. [1] ▪ Faire une excursion.

EXCURSIONNISTE n. ▪ VIEILLI Personne qui fait une excursion.

EXCUSABLE adj. ▪ Qui peut être excusé. ⇒ **justifiable, pardonnable.** *Une colère bien excusable. À son âge, c'est excusable.*

EXCUSE n. f. ▪ **1.** Raison alléguée pour se défendre d'une accusation, d'un reproche, pour expliquer ou atténuer une faute. ⇒ **justification.** *Alléguer, donner, fournir une bonne excuse, une excuse valable. Il manque d'expérience, c'est sa seule excuse. Excuse valable. Chercher de mauvaises excuses. Sa faute est sans excuse.* – FAM. *Faites excuse :* acceptez mes excuses. **2.** Regret que l'on témoigne à qqn de l'avoir offensé, contrarié, gêné. ⇒ **pardon, regret.** *Faire, présenter des excuses, ses excuses à qqn. J'accepte vos excuses.* **3.** Motif allégué pour se dispenser de qqch., ou pour ne pas avoir fait ce qu'on devait. ⇒ **prétexte.**

EXCUSER v. tr. [1] ▪ **1.** S'efforcer de justifier (une personne, une action) par des excuses. ⇒ **défendre, disculper.** – (choses) Servir d'excuse à (qqn). *Rien ne peut excuser son mensonge.* **2.** Admettre des motifs qui atténuent ou justifient une faute. ⇒ **absoudre, pardonner.** *Veuillez m'excuser ; excuser mon retard. Pour cette fois, je vous excuse.* **3.** Dispenser (qqn) d'une charge, d'une obligation. *Se faire excuser.* **4.** (formules de politesse) *Excusez-moi, vous m'excuserez, je vous prie de m'excuser,* je regrette (de vous gêner, de refuser, de vous contredire, etc.). *Excuse-moi, mais je ne suis pas de ton avis.* ► **S'EXCUSER** v. pron. Présenter ses excuses, exprimer ses regrets (de qqch.). *Je m'excuse d'avoir pris du retard.* – *Je m'excuse* (s'emploie incorrectement pour *excusez-moi*). ► **EXCUSÉ, ÉE** adj. (actes, personnes) Pardonné par une excuse. – Qui s'est excusé. *Présents et absents excusés.*

EXÉCRABLE [ɛgz- ; ɛks-] adj. ▪ **1.** LITTÉR. Qu'on doit exécrer, avoir en horreur. ⇒ **abominable, détestable.** *C'est une action exécrable.* **2.** Extrêmement mauvais. *Odeur, nourriture exécrable.* ⇒ **dégoûtant, infect.** *Un film exécrable,* très mauvais. *Il est d'une humeur exécrable.* ⇒ **affreux, épouvantable.**

EXÉCRATION [ɛgz- ; ɛks-] n. f. ▪ LITTÉR. Haine violente pour ce qui est digne de malédiction. ⇒ **aversion, horreur.** *Avoir qqn, qqch. en exécration,* en horreur.

EXÉCRER [ɛgz- ; ɛks-] v. tr. [6] ▪ **1.** LITTÉR. Haïr (qqn) au plus haut point. ⇒ **abhorrer, détester.** *Il s'est fait exécrer de tous.* **2.** Avoir de l'aversion, du dégoût pour (qqch.). *Exécrer le style d'un auteur.*

EXÉCUTABLE adj. ▪ Qui peut être exécuté. ⇒ **réalisable.** *Plan facilement exécutable.*

EXÉCUTANT, ANTE n. ▪ **1.** Personne qui exécute (un ordre, une tâche, une œuvre). ⇒ **agent.** *Ce n'est pas un créateur, mais un simple exécutant.* **2.** Interprète d'un ensemble musical (musicien ; instrumentiste, choriste...). *Une chorale de cinquante exécutants.*

EXÉCUTER v. tr. [1] ▪ **I.** *EXÉCUTER qqch.* **1.** Mettre à effet, mener à accomplissement (ce qui est conçu par soi [projet], ou par d'autres [ordre]). ⇒ **accomplir, effectuer, faire, réaliser.** *Ce plan est difficile à exécuter. Exécuter les ordres de qqn.* **2.** Rendre effectif (un projet, une décision) ; faire (un ouvrage) d'après un plan, un projet. *Exécuter une fresque. Exécuter une commande.* – au p. p. *Broderie exécutée à la main.* **3.** Interpréter, jouer (une œuvre musicale). ⇒ **exécutant** (2). **4.** Faire (un mouvement complexe, un ensemble de gestes prévu ou réglé d'avance). *Exécuter un pas de danse.* **II.** *EXÉCUTER qqn.* **1.** Faire mourir (qqn) conformément à une décision de justice. *Exécuter un condamné.* **2.** Faire mourir sans jugement (pour se venger, etc.). *Exécuter un otage.* ⇒ **abattre, tuer. 3.** fig. Discréditer (qqn), dénigrer. ⇒ **éreinter.** ► **S'EXÉCUTER v. pron. réfl.** Se décider à faire une chose pénible, désagréable. ⇒ se **résoudre.** *Je lui ai demandé de m'aider, elle s'est exécutée sans se faire prier.*

EXÉCUTEUR, TRICE n. ▪ **I. 1.** vx Personne qui exécute (qqch.). **2.** *EXÉCUTEUR, TRICE TESTAMENTAIRE :* personne qui assure l'exécution des dernières volontés de l'auteur d'un testament. **II. n. m.** Personne qui exécute un condamné. ⇒ **bourreau.** *L'exécuteur des hautes œuvres.*

EXÉCUTIF, IVE adj. ▪ Relatif à la mise en œuvre des lois. *Séparation du pouvoir législatif, du pouvoir exécutif* (gouvernement) *et du pouvoir judiciaire.* ‣ **n. m.** *L'EXÉCUTIF :* le pouvoir exécutif.

EXÉCUTION n. f. ▪ **I. 1.** Action d'exécuter (qqch.), de passer à l'accomplissement. ⇒ **réalisation.** *L'exécution d'un projet, d'une décision. Passer de la conception à l'exécution. Travail en cours d'exécution,* en train d'être exécuté. ‣ *METTRE À EXÉCUTION :* commencer à exécuter (ce qui a été prévu, décidé, ordonné). ‣ MILIT. *Exécution !,* ordre d'avoir à exécuter. **2.** Application (d'un jugement, d'un acte juridique). *Exécution forcée,* contrainte, saisie. **3.** Action, manière d'exécuter (un ouvrage, un travail) d'après une règle, un plan. *L'exécution d'un mouvement, d'une manœuvre.* **4.** Action, manière d'interpréter (en chantant, en jouant) une œuvre musicale. ⇒ **interprétation.** *Ce morceau présente de grandes difficultés d'exécution.* **II.** Mise à mort (d'un condamné à mort). ⇒ **exécuter** (II). *Peloton, poteau d'exécution.*

EXÉCUTOIRE adj. ▪ Qui peut et doit être mis à exécution.

EXÉGÈSE n. f. ▪ DIDACT. Interprétation philologique et doctrinale d'un texte dont le sens, la portée sont obscurs. ⇒ **commentaire, critique.** *Exégèse biblique, historique. "L'Exégèse des lieux communs"* (de Léon Bloy). ► **adj. EXÉGÉTIQUE**

EXÉGÈTE n. m. ▪ Personne qui s'occupe d'exégèse. ⇒ **commentateur.**

① **EXEMPLAIRE n. m.** ▪ **1.** Chacun des objets (surtout imprimés) reproduisant un type commun. ⇒ **copie, épreuve.** *Tirer un livre à dix mille exemplaires. Les exemplaires d'un journal, d'une gravure, d'une médaille.* **2.** Chacun des individus (d'une même espèce). *De beaux exemplaires d'une plante.* ⇒ **échantillon, spécimen. 3.** Chose, cas semblable. *C'est une attitude très commune, que l'on rencontre à des milliers d'exemplaires.*

② **EXEMPLAIRE adj.** ▪ **1.** Qui peut servir d'exemple. ⇒ **édifiant, parfait.** *Une mère exemplaire. Il mène une vie exemplaire.* **2.** Dont l'exemple doit servir d'avertissement, de leçon. *Châtiment, punition exemplaire.* ⇒ **sévère.** ► **EXEMPLAIREMENT adv.** *Vivre exemplairement. Être puni exemplairement.*

EXEMPLARITÉ n. f. ▪ Caractère d'exemple.

EXEMPLE n. m. ▪ **I. 1.** Action, manière d'être qu'on peut imiter. *Bon exemple, exemple à suivre.* ⇒ **modèle, règle ;** ② **exemplaire.** *Donner le mauvais exemple. Suivre l'exemple de qqn, prendre exemple sur qqn,* l'imiter. ‣ LITTÉR. *À L'EXEMPLE DE* loc. prép. : pour imiter. *Il agit à l'exemple de son père.* ‣ LITTÉR. *Instruire, prêcher* (qqn) *d'exemple.* **2.** Personne dont les actes sont dignes d'être imités. ⇒ **modèle. 3.** Châtiment pouvant servir de leçon (pour les autres). *Il a été fusillé pour l'exemple. Les juges voulaient faire un exemple.* **II. 1.** Chose semblable ou comparable à celle dont il s'agit. *L'unique, le seul exemple que je connaisse, l'exemple le plus connu.* ⇒ **cas. 2.** Cas particulier qui entre dans une catégorie et sert à illustrer, à préciser l'idée. *Voici un bel exemple de sa bêtise.* ⇒ **aperçu, échantillon, spécimen.** *Donnez-moi un exemple. Exemple bien choisi.* ‣ Énoncé ou passage d'un texte (⇒ **citation**) que l'on cite pour illustrer l'emploi d'un mot, d'une expression. *Les exemples d'un dictionnaire, d'une grammaire.* **3.** *PAR EXEMPLE* loc. adv. : pour expliquer, illustrer par un cas. *Considérons par exemple... Une invention moderne, par exemple la télévision.* ⇒ **comme, notamment.** ‣ FAM. marquant une restriction *Je ne fume pas ; par exemple, ne me proposez pas un bon cigare.* ⇒ **mais, toutefois.** ‣ *Par exemple !,* marque l'étonnement, l'incrédulité. ⇒ **alors.** *Ça par exemple ! Non, par exemple !*

EXEMPLIFIER v. tr. [7] ▪ DIDACT. Illustrer d'exemples. *Exemplifier une démonstration.* ► **n. f. EXEMPLIFICATION**

EXEMPT, EMPTE [ɛgzɑ̃(pt), -ɑ̃(p)t] ▪ **I. adj. 1.** (personnes) *EXEMPT DE qqch. :* qui n'est pas obligé d'accomplir (une charge, un service). ⇒ **exemption.** *Être exempt du service militaire.* ⇒ **dispensé, libéré.** ‣ (choses) *Revue exempte de timbre.* **2.** (personnes) Préservé (d'un mal, d'un désagrément). *Il est exempt de tout souci,* à l'abri de. **3.** Qui n'est pas sujet à (un défaut, une tendance). ⇒ **sans.** *Vous n'êtes pas exempt de vous tromper. Calcul exempt d'erreurs.* **II. n. m.** Personne exempte, exemptée d'une charge, d'un service.

EXEMPTER [-ɑ̃(p)te] **v. tr.** [1] ▪ **1.** Rendre exempt (d'une charge, d'un service commun). ⇒ **dispenser.** *Exempter qqn d'une obligation.* ‣ passif *Il a été exempté du service militaire.* ⇒ **exempt.** ‣ p. p. subst. *Les exemptés et les réformés.* **2.** LITTÉR. (sujet chose) Dispenser, mettre à l'abri de. ⇒ **garantir, préserver.** *Son indifférence l'exempte de toute souffrance.* ► **S'EXEMPTER v. pron.** ⇒ **éviter ;** se **dispenser.** *Vous auriez pu vous en exempter.*

EXEMPTION n. f. ▪ Dispense (d'une charge, d'un service commun). *Exemption d'impôts, d'obligations.*

EXERCER v. tr. [3] ▪ **1.** Soumettre à une activité régulière, en vue d'entretenir ou de développer. *Exercer tous ses sens. Exercer son souffle, sa résistance. Exercer sa mémoire.* ⇒ **cultiver. 2.** Soumettre (qqn, un animal) à un entraînement. ⇒ **former, habituer ; dresser.** ‣ (compl. abstrait) *Exercer l'esprit à l'observation.* ‣ *Exercer qqn à faire qqch.* **3.** Mettre en usage (un moyen d'action, une disposition à agir) ; faire agir (ce qui est en sa possession, à sa disposition). *Exercer un pouvoir, son autorité, une influence. Il a trouvé enfin le métier où il peut exercer son vrai talent.* ⇒ **déployer, employer. 4.** Pratiquer (des activités professionnelles). *Exercer un métier.* ⇒ **faire.** absolt *Il exerce depuis de longues années.* ► **S'EXERCER v. pron. 1.** Avoir une activité réglée pour acquérir la pratique. *S'exercer tous les jours.* ⇒ s'**entraîner.** ‣ (avec *à* + inf.) *S'exercer à calculer vite.* ⇒ **apprendre. 2.** (choses) Se manifester (à l'égard de, contre qqn ou qqch.). *Sa méfiance s'exerce contre tout le monde.* **3.** (passif) Être exercé. *Pouvoir, puissance, influence qui s'exerce sur qqn, dans un domaine.* ⇒ se faire **sentir.** ► **EXERCÉ, ÉE adj.** Devenu habile à force de s'exercer ou d'être exercé. *Un œil exercé, une oreille exercée.*

EXERCICE n. m. ▪ **I. 1.** Le fait d'exercer son corps par l'activité physique. *Prendre de l'exercice. Faire un peu d'exercice.* **2.** Entraînement des soldats au maniement des armes, aux mouvements sur le terrain. ⇒ **manœuvre. 3.** Activité réglée, ensemble de mouvements, d'actions destinés à exercer qqn dans un domaine particulier. *Exercices scolaires,* devoirs aux difficultés graduées. *Exercices de grammaire, de version. "Exercices de style"* (de Queneau). *Faire des exercices au piano.* **4.** LITTÉR. Action ou façon de s'exercer. ⇒ **apprentissage, étude, travail.** *Acquérir le talent de la parole par un long exercice.* **II. 1.** *EXERCICE DE :* action d'exercer (3) en employant, en mettant en usage. *L'exercice du pouvoir.* ⇒ **pratique. 2.** Le fait d'exercer (4) (une activité professionnelle). *L'exercice d'une profession, d'un métier. Exercice illégal de la médecine.* ‣ *EN EXERCICE :* en activité, en service. *Entrer en exercice.* **3.** Le fait de pratiquer (un culte). *Le libre exercice des cultes.* **III.** Période (souvent une année) comprise entre deux inventaires, deux budgets. *Bilan en fin d'exercice.*

EXÉRÈSE n. f. ▪ MÉD. Ablation, extraction. *L'exérèse d'une tumeur.*

EXERGUE n. m. ▪ **1.** DIDACT. Inscription placée dans une œuvre d'art (tableau, médaille) ou en tête d'un texte ; espace réservé à l'exergue. **2.** *EN EXERGUE :* comme présentation, explication. *Mettre un proverbe en exergue à un tableau, à un texte.*

EXETER ▪ Ville du sud de l'Angleterre, chef-lieu du Devon. 105 000 hab. Cathédrale (XIIe-XIVe s.). Université.

Exeter. La cathédrale Saint-Pierre. *Phot. © Boutin/Explorer*

EXFOLIANT, ANTE adj. ▪ *Crème exfoliante,* qui enlève les cellules mortes de la peau.

EXFOLIATION n. f. ▪ Fait d'exfolier, de s'exfolier.

EXFOLIER v. tr. 7 ▪ Détacher par feuilles, par lamelles. ▸ pronom. *L'écorce du platane s'exfolie.*

EXHALAISON n. f. ▪ Ce qui s'exhale d'un corps. ⇒ **émanation.** *Exhalaisons odorantes.* ⇒ **effluve, odeur.**

EXHALATION n. f. ▪ **1.** DIDACT. Action d'exhaler. **2.** Rejet de l'air chargé de vapeur lors de l'expiration (opposé à *inhalation*).

EXHALER v. tr. 1 ▪ **1.** Dégager et répandre au-dehors (une chose volatile : odeur, vapeur, gaz). *Exhaler des effluves ; une odeur* (agréable ou désagréable). **2.** Laisser échapper de sa gorge, de sa bouche (un souffle, un son, un soupir). *Exhaler le dernier soupir.* ⇒ **pousser, rendre. 3.** fig. LITTÉR. Manifester (un sentiment) de façon audible, par des chants, des pleurs, etc. ⇒ **exprimer, manifester.** ► **S'EXHALER** v. pron. (sens 1, 2 et 3).

EXHAUSSEMENT n. m. ▪ Action d'exhausser ; son résultat. ⇒ **surélévation.** *L'exhaussement d'un mur.*

EXHAUSSER v. tr. 1 ▪ Rendre plus élevé (un bâtiment, une construction). ⇒ **surélever.** *Exhausser une digue. Exhausser une maison d'un étage.* ♦ fig. LITTÉR. *La solitude exhausse l'âme.*

EXHAUSTIF, IVE adj. ▪ Qui traite complètement un sujet. ⇒ **complet.** *Liste exhaustive.* ► adv. EXHAUSTIVEMENT

EXHAUSTIVITÉ n. f. ▪ Caractère de ce qui est exhaustif. *L'exhaustivité d'une étude.*

EXHIBER v. tr. 1 ▪ **1.** Montrer, faire voir (à qqn, au public). *Exhiber son passeport.* **2.** péj. Montrer avec ostentation. ⇒ **arborer, déployer, étaler.** ▸ fig. *Exhiber sa science.* ▸ pronom. péj. Se produire, se montrer en public.

EXHIBITION n. f. ▪ **1.** Action de montrer (spécialt au public). ⇒ **présentation.** *Exhibition de fauves, dans un cirque.* **2.** Déploiement, étalage ostentatoire. *Exhibition de luxe.*

EXHIBITIONNISME n. m. ▪ **1.** MÉD. Obsession qui pousse certains sujets à exhiber leurs organes génitaux. ♦ par ext. Goût de se montrer nu. **2.** fig. Fait d'afficher en public ses sentiments, sa vie privée, ce qu'on devrait cacher.

EXHIBITIONNISTE n. et adj. ▪ (Personne) qui manifeste de l'exhibitionnisme. *Un exhibitionniste.* ▸ adj. *Des tendances exhibitionnistes.*

EXHORTATION n. f. ▪ Paroles pour exhorter. ⇒ **encouragement, incitation.** *Des exhortations amicales. Une exhortation au travail.*

EXHORTER v. tr. 1 ▪ *EXHORTER qqn À :* s'efforcer par des discours persuasifs de lui faire faire qqch. ⇒ **encourager, engager, inciter, inviter** à. *Je vous exhorte à la patience, à prendre patience.* ▸ pronom. *Ils s'exhortaient à l'action, à agir.*

EXHUMATION n. f. ▪ LITTÉR. Action d'exhumer ; son résultat. *L'exhumation d'un corps.*

EXHUMER v. tr. 1 ▪ **1.** Retirer (un cadavre) de la terre, de la sépulture. ⇒ **déterrer.** *Exhumer un corps pour l'autopsie.* **2.** Retirer (une chose enfouie) du sol, spécialt par des fouilles. *Exhumer les ruines d'une ville antique.* **3.** fig. Tirer de l'oubli. ⇒ **rappeler, ressusciter.** *Exhumer des souvenirs.*

EXIGEANT, ANTE adj. ▪ **1.** Qui est habitué à exiger beaucoup. *Un patron, un critique exigeant. Caractère exigeant,* difficile à contenter. ⇒ **difficile. 2.** (disposition, sentiment, activité) Qui a besoin de beaucoup pour s'affirmer, s'exercer. *Profession exigeante.* ⇒ **prenant.**

EXIGENCE n. f. ▪ Action d'exiger ; ce qui est exigé. **1.** au plur. Ce qu'une personne, une collectivité, une discipline, réclame d'autrui. *Des exigences excessives. Céder aux exigences de qqn.* ♦ Ce qu'on demande en argent (prix, salaire). *Quelles sont vos exigences ?* ⇒ **condition, prétention. 2.** Ce qui est réclamé comme nécessaire (moralement). **3.** au sing. Caractère d'une personne exigeante.

exocet. *Phot. © Wu/Jacana*

EXIGER v. tr. 3 ▪ **1.** Demander impérativement (ce que l'on pense avoir le droit ou la force d'obtenir). ⇒ **réclamer, requérir.** *Il exige une compensation. Exiger le silence.* ♦ Requérir comme nécessaire pour remplir une fonction. *Ce métier exige de la diplomatie.* ▸ au p. p. *Diplômes exigés.* ♦ *EXIGER QUE* (+ subj.). *Elle exige qu'il revienne.* ⇒ **commander, ordonner, sommer.** ▸ *EXIGER DE* (+ inf.). *Il exigea de partir le premier.* **2.** (sujet chose) Rendre indispensable, inévitable, obligatoire. *Les circonstances exigent une action immédiate.* ⇒ **imposer, nécessiter, réclamer.**

EXIGIBLE adj. ▪ Qu'on a le droit d'exiger. *Somme exigible à la commande.* ► n. f. EXIGIBILITÉ

EXIGU, UË [-gy] adj. ▪ (choses, espace) D'une dimension insuffisante. ⇒ **petit.** *Un appartement, un jardin exigu.*

EXIGUÏTÉ [-gɥi-] n. f. ▪ Caractère de ce qui est exigu. ⇒ **petitesse.** *L'exiguïté de sa chambre.*

EXIL n. m. ▪ **1.** Expulsion de qqn hors de sa patrie, avec la défense d'y rentrer ; situation de la personne expulsée. ⇒ **bannissement, déportation.** *Condamner qqn à l'exil. Vivre en exil.* **2.** LITTÉR. Obligation de séjourner hors d'un lieu, loin d'une personne qu'on regrette. ⇒ **éloignement, séparation.** *La vie loin d'elle est pour lui un exil.* **3.** RELIG. L'exil du peuple juif à Babylone. ♦ La vie terrestre (par rapport à l'au-delà).

EXILER v. tr. 1 ▪ **1.** Envoyer (qqn) en exil. ⇒ **bannir, déporter, expatrier, expulser, proscrire.** *Gouvernement militaire qui exile ses adversaires.* **2.** Éloigner (qqn) d'un lieu et lui interdire d'y revenir. ⇒ **chasser, éloigner.** ► **S'EXILER** v. pron. Se condamner à l'exil ; s'installer loin de son pays. *Ils se sont exilés pour trouver du travail.* ⇒ **émigrer.** ► **EXILÉ, ÉE** adj. *Opposant politique exilé.* ⇒ **réfugié.** ▸ n. *Un, une exilé(e).*

EXISTANT, ANTE adj. ▪ **1.** Qui existe, qui a une réalité. ⇒ **positif, réel.** *Les choses existantes et les choses imaginaires.* **2.** COUR. Qui existe actuellement. ⇒ **actuel, présent.** *Majorer les tarifs existants.*

EXISTENCE n. f. ▪ **I. 1.** PHILOS. Fait d'exister. ⇒ ② **être.** *Discuter de l'existence de Dieu, du démon.* ♦ (opposé à *essence*) La réalité vivante, vécue (d'un être conscient). **2.** Fait d'exister, d'avoir une réalité (pour un observateur). *J'ignorais l'existence de ce testament. Découvrir l'existence d'une étoile.* **II. 1.** Vie considérée dans sa durée, son contenu. *Traîner une existence misérable. Conditions, moyens d'existence. Se compliquer l'existence.* ▸ Durée (d'une situation, d'une institution). **2.** Mode, type de vie. *Mener une existence bourgeoise. Changer d'existence.*

EXISTENTIALISME n. m. ▪ PHILOS. Doctrine selon laquelle l'homme n'est pas déterminé d'avance par son essence* (« l'existence précède l'essence »), mais libre et responsable de son existence. ■ Se développant après 1945, sous l'influence de la phénoménologie de Husserl (notamment chez Jaspers), l'existentialisme apparaît comme une réflexion concrète sur l'homme et sur sa condition. À côté de l'existentialisme athée (Sartre), invitant à l'engagement politique, l'existentialisme chrétien (G. Marcel) s'appuie sur le sentiment religieux.

EXISTENTIALISTE adj. ▪ **1.** PHILOS. Qui se rapporte à l'existentialisme. *Philosophie existentialiste.* ▸ n. *Les existentialistes chrétiens, athées.* **2.** VIEILLI Qui fit de l'existentialisme une mode (idées, mœurs, tenue). *Les bars existentialistes de Saint-Germain-des-Prés.*

EXISTENTIEL, ELLE adj. ▪ DIDACT. Relatif à l'existence en tant que réalité vécue. *Angoisse existentielle.*

EXISTER v. intr. 1 ▪ **1.** Avoir une réalité. ⇒ ① **être.** *Animal légendaire qui n'a jamais existé. Cette coutume existe encore.* ⇒ **continuer, durer, persister.** ▸ Se trouver (quelque part). *Cette variété d'oiseau n'existe pas en Europe.* ▸ impers. *IL EXISTE... :* il y a... **2.** (sujet personne) Vivre. *Se sentir exister. Cesser d'exister.* **3.** (sens fort) Avoir de l'importance, de la valeur. ⇒ **compter.** *Le passé n'existe pas pour elle. Et nos souvenirs ? Ça existe !*

EX-LIBRIS [-is] n. m. invar. ▪ Inscription ou vignette apposée sur un livre pour en indiquer le propriétaire.

EX NIHILO adv. ▪ DIDACT. En partant de rien, du néant. *Création ex nihilo.*

EXO- Élément, du grec *exô* « au-dehors » (contr. *endo-*).

EXOCET n. m. ▪ Poisson volant (aussi nom d'un missile français).

EXOCRINE adj. f. ▪ PHYSIOL. *Glande exocrine*, qui déverse sa sécrétion à la surface de la peau ou d'une muqueuse (opposé à *endocrine*).

EXODE n. m. ▪ **1.** (avec maj.) dans la Bible Émigration hors d'Égypte des Hébreux guidés par Moïse. – Livre de la Bible qui relate cet épisode. **2.** Émigration, départ en masse. *L'exode des civils français fuyant les troupes allemandes* (mai-juin 1940). – *Exode rural* : dépeuplement des campagnes. – *L'exode des Parisiens au mois d'août*. **3.** (choses) *Exode des capitaux*, leur départ vers l'étranger.

EXOGAMIE n. f. ▪ ETHNOL. Coutume suivant laquelle les mariages se font entre les membres de tribus, de clans différents (opposé à *endogamie*).

EXOGÈNE adj. ▪ DIDACT. Qui provient de l'extérieur, se produit à l'extérieur (de l'organisme, d'un système).

EXONÉRATION n. f. ▪ Action d'exonérer ; son résultat. ⇒ **abattement, déduction, dégrèvement, exemption.** *Exonération fiscale.*

EXONÉRER v. tr. [6] ▪ Décharger (qqn de qqch. à payer). *Exonérer un contribuable*, le décharger d'une partie ou de la totalité de l'impôt. – par ext. *Marchandises exonérées*, dispensées de droits de douane.

EXOPHTALMIE n. f. ▪ MÉD. Saillie anormale du globe oculaire hors de l'orbite. ► EXOPHTALMIQUE adj. *Goitre exophtalmique.*

EXORBITANT, ANTE adj. ▪ Qui sort des bornes, qui dépasse la juste mesure. ⇒ **excessif.** *Prix exorbitant. Des prétentions exorbitantes.*

EXORBITÉ, ÉE adj. ▪ *Yeux exorbités*, qui sortent de l'orbite ; tout grand ouverts (d'étonnement, de peur, etc.).

EXORCISER v. tr. [1] ▪ **1.** Chasser (les démons) du corps des possédés à l'aide de formules et de cérémonies. ♦ fig. *Exorciser la peur, la haine.* **2.** Délivrer (un possédé) de ses démons.

EXORCISME n. m. ▪ Pratique religieuse pour exorciser.

EXORCISTE n. ▪ Personne qui exorcise.

EXORDE n. m. ▪ Première partie (d'un discours), entrée en matière. ⇒ **introduction, préambule, prologue.**

EXOTIQUE adj. ▪ Qui (dans la perception occidentale) est perçu comme étrange et lointain et stimule l'imagination ; qui est apporté de pays lointains. *Denrées exotiques.*

EXOTISME n. m. ▪ **1.** Caractère de ce qui est exotique. *L'exotisme d'un paysage.* **2.** Goût des choses exotiques, du pittoresque, de la couleur locale attachée à certaines civilisations.

EXPANSÉ, ÉE adj. ▪ TECHN. Qui a subi une expansion (1). *Polystyrène expansé.*

EXPANSIBLE adj. ▪ Qui est susceptible d'expansion, qui peut se dilater. *Les gaz sont expansibles.* ► n. f. EXPANSIBILITÉ

ex-libris. *La Justice*, image populaire imprimée à Lille, gravure. École nationale supérieure des Beaux-Arts, Paris. *Phot. © Giraudon*

EXPANSIF, IVE adj. ▪ **1.** DIDACT. Qui tend à s'étendre. **2.** COUR. Qui s'exprime avec effusion. ⇒ **communicatif, démonstratif, exubérant.** *Un homme peu expansif. Une nature expansive.* ⇒ **ouvert.** *Une joie expansive*, débordante.

EXPANSION n. f. ▪ **1.** Développement (d'un corps fluide) en volume ou en surface (dilatation, décompression, etc.). *L'expansion des gaz* (⇒ **expansible**). *Théorie de l'expansion de l'univers* (liée à celle du big bang). **2.** Action de s'étendre, de prendre plus de terrain ou de place en se développant. ⇒ **extension.** *L'expansion d'un pays hors de ses frontières* (⇒ **expansionnisme**). *Économie en pleine expansion. L'expansion des idées nouvelles.* ⇒ **diffusion, propagation. 3.** Mouvement par lequel une personne communique ses pensées, ses sentiments. ⇒ **effusion, épanchement.** *Besoin d'expansion* (⇒ **expansif**).

EXPANSIONNISME n. m. ▪ Politique d'expansion (2). *Expansionnisme politique, colonialiste ; économique.*

EXPANSIONNISTE n. et adj. ▪ Partisan de l'expansion territoriale, économique. – adj. *Une politique expansionniste.*

EXPANSIVITÉ n. f. ▪ Caractère expansif.

EXPATRIATION n. f. ▪ Action d'expatrier ou de s'expatrier ; son résultat. *L'expatriation des protestants, au* XVIIe *siècle. L'expatriation des capitaux.*

EXPATRIER v. tr. [7] ▪ RARE Obliger (qqn) à quitter sa patrie. ⇒ **exiler, expulser.** – *Expatrier des capitaux*, les placer à l'étranger. ► **S'EXPATRIER** v. pron. Quitter sa patrie pour s'établir ailleurs. ⇒ **émigrer.** *Ouvriers qui s'expatrient pour trouver du travail.* ► **EXPATRIÉ, ÉE** adj. Qui a quitté sa patrie volontairement ou qui en a été chassé. – n. *Des expatriés.*

EXPECTATION n. f. ▪ **1.** MÉD. Absence de traitement. **2.** PSYCH. Attente.

EXPECTATIVE n. f. ▪ **1.** LITTÉR. Attente fondée sur des promesses ou des probabilités. **2.** Attente prudente qui consiste à ne pas prendre parti, en attendant une solution. *Rester dans l'expectative.*

EXPECTORATION n. f. ▪ MÉD. Action d'expectorer. ♦ Matières expectorées. ⇒ **crachat.**

EXPECTORER v. tr. [1] ▪ Rejeter (les mucosités qui obstruent les voies respiratoires, les bronches). ⇒ **cracher, tousser.**

① **EXPÉDIENT, ENTE** [-jɑ̃, ɑ̃t] adj. ▪ LITTÉR. Qui convient pour la circonstance. ⇒ **commode, convenable, utile.** *Trouver un moyen expédient.*

② **EXPÉDIENT** [-jɑ̃] n. m. ▪ **1.** Moyen, méthode, mesure pour se tirer d'une difficulté, contourner un obstacle sans résoudre les problèmes. **2.** Moyen pour se procurer de l'argent. *Vivre d'expédients.*

EXPÉDIER v. tr. [7] ▪ **I. 1.** Faire (qqch.) rapidement, sans attendre. *Expédier les affaires courantes.* **2.** Faire (qqch.) sans soin, pour s'en débarrasser. *Expédier une corvée.* ⇒ **bâcler. 3.** *Expédier qqn*, en finir au plus vite avec lui pour s'en débarrasser. **II. 1.** Faire partir pour une destination. ⇒ **envoyer.** *Expédier un colis par la poste.* **2.** FAM. Envoyer (qqn) au loin pour s'en débarrasser. *Il a expédié son fils à la plage.* – *Expédier qqn dans l'autre monde*, le tuer.

EXPÉDITEUR, TRICE n. ▪ Personne qui expédie qqch. ⇒ **envoyeur.** *L'expéditeur et le destinataire d'un colis.* – adj. *Gare expéditrice.*

EXPÉDITIF, IVE adj. ▪ **1.** (personnes) Qui expédie les affaires, son travail. ⇒ **actif, rapide, vif.** *Être expéditif en affaires.* **2.** (choses) Qui permet d'expédier les affaires. *Le moyen le plus expéditif.* ⇒ **court.** ♦ péj. *Justice expéditive*, rendue trop rapidement pour être sans défaut. ⇒ **sommaire.**

EXPÉDITION n. f. ▪ **I. 1.** Action d'expédier (I) ce qu'on a à faire. *L'expédition des affaires courantes.* **2.** DR. Copie (d'un acte, d'un jugement). **II. 1.** Action de faire partir (qqch.) pour une destination. ⇒ **envoi.** *Expédition de marchandises par avion. L'expédition du courrier.* ♦ Chose expédiée. *Je n'ai pas reçu votre expédition.* ⇒ **envoi.** – Quantité de marchandises expédiées. *Les expéditions ont augmenté.* **2.** Opération militaire exigeant un déplacement de troupes. ⇒ **campagne. 3.** Voyage d'exploration dans un pays difficilement accessible ; personnel et matériel nécessaires à ce voyage. *Organiser une expédition scientifique.* – *C'est une véritable expédition !*, se dit d'un déplacement qui exige tout un matériel.

EXPÉDITIONNAIRE ▪ **1.** n. Employé(e) chargé(e) des expéditions (II, 1), dans une maison de commerce. **2.** adj. Envoyé en expédition (II, 2) militaire. *Corps expéditionnaire.*

EXPÉRIENCE n. f. ▪ **I. 1.** *L'EXPÉRIENCE DE qqch.* : fait d'éprouver qqch., considéré comme un élargissement ou un enrichissement de la connaissance, du savoir, des aptitudes. ⇒ **pratique, usage.** *Expérience prolongée d'une chose.* ⇒ **habitude.** *L'expérience du monde, des hommes. Faire l'expérience de qqch.*, éprouver, ressentir. ⇒ **expérimenter.** - *Savoir qqch. par expérience.* **2.** Événement vécu ou pratique prolongée de qqch., apportant un enseignement. *Une nouvelle expérience amoureuse. C'est une expérience qu'il ne renouvellera pas.* **3.** absolt Connaissance de la vie, des choses, acquise par des situations vécues. ⇒ **connaissance, savoir.** *Avoir plus de bonne volonté que d'expérience. Un débutant sans expérience* (⇒ **inexpérimenté**). *L'expérience l'a rendu sage.* ♦ PHILOS. La connaissance a posteriori. ⇒ **empirique. II. 1.** Fait de provoquer un phénomène dans l'intention de l'étudier, de l'observer, de contrôler une hypothèse. ⇒ **épreuve, essai, expérimentation.** *Se livrer à des expériences. Faire une expérience de physique, de chimie.* - Méthode scientifique utilisant les expériences. ⇒ **expérimental.** *L'observation* et l'expérience ; l'expérience et la mesure.* **2.** Essai, tentative. *Une expérience de vie commune.*

EXPÉRIMENTAL, ALE, AUX adj. ▪ **1.** Fondé sur l'expérience scientifique ; qui emploie systématiquement l'expérience. *Méthode expérimentale*, observation, classification, hypothèse et vérification par des expériences appropriées. *Sciences d'observation et sciences expérimentales.* **2.** Qui constitue une expérience. - Fait, construit pour en éprouver les qualités. *Cultures expérimentales. Fusée expérimentale.* - *À titre expérimental*, pour en faire l'expérience.

EXPÉRIMENTALEMENT adv. ▪ Par l'expérience scientifique. *Théorie vérifiée expérimentalement.*

EXPÉRIMENTATEUR, TRICE n. ▪ Personne qui effectue des expériences scientifiques.

EXPÉRIMENTATION n. f. ▪ Emploi systématique de l'expérience scientifique. *L'expérimentation en chimie, en agriculture.*

EXPÉRIMENTÉ, ÉE adj. ▪ Qui est instruit par l'expérience (I, 3). ⇒ **éprouvé, exercé, expert.** *C'est un homme expérimenté. Un acheteur expérimenté*, averti.

EXPÉRIMENTER v. tr. 1 ▪ **I.** Éprouver, connaître par expérience. ⇒ **éprouver.** *On ne peut pas juger de cela sans l'avoir expérimenté.* **II.** Pratiquer des expériences (II), des opérations destinées à étudier, à juger (qqch.). ⇒ **éprouver, essayer, tester, vérifier.** *Expérimenter un vaccin sur un cobaye.* - absolt Pratiquer l'expérimentation.

EXPERT, ERTE ▪ **I.** adj. **1.** Qui a acquis une grande habileté par l'expérience, par la pratique. ⇒ **expérimenté.** *Un technicien expert.* ⇒ **éprouvé.** *Elle est experte dans cet art, en la matière.* **2.** *Système expert* : programme d'intelligence artificielle fondé sur des raisonnements heuristiques à partir de connaissances spécialisées (→ expertise, II). **II.** n. m. Personne choisie pour ses connaissances techniques et chargée de faire des examens, constatations ou appréciations de fait (⇒ **expertise**). *Elle est expert devant les tribunaux civils.* ♦ Professionnel(le) qui vérifie l'authenticité et apprécie, estime la valeur des objets d'art.

EXPERT-COMPTABLE [-kɔ̃t-] n. m. ▪ Personne faisant profession d'organiser, vérifier, apprécier ou redresser les comptabilités sous sa responsabilité. *Ils, elles sont experts-comptables.*

EXPERTISE n. f. ▪ **I. 1.** Examen technique par un expert (pendant l'instruction d'un procès). *Le juge a ordonné une expertise.* **2.** Estimation de la valeur d'un objet d'art, étude de son authenticité par un expert. *L'expertise a prouvé que le tableau était un faux.* **II.** Compétence dans un domaine précis.

EXPERTISER v. tr. 1 ▪ Soumettre à une expertise. *Expertiser les dégâts.* ⇒ **estimer, évaluer.** *Faire expertiser un tableau.*

EXPIATION n. f. ▪ Souffrance imposée ou acceptée à la suite d'une faute et considérée comme un remède ou une purification. ⇒ **rachat, réparation, repentir.** - *Châtiment infligé en expiation d'un crime.*

EXPIATOIRE adj. ▪ Qui est destiné à une expiation. *Une peine expiatoire. Victime expiatoire* (d'un sacrifice). → bouc émissaire.

EXPIER v. tr. 7 ▪ **1.** Réparer, en subissant une expiation. *Expier ses torts.* - (relig. chrét.) *Expier ses péchés par la pénitence.* **2.** *Expier une erreur, ses imprudences*, en être puni (par une conséquence ou un sentiment de culpabilité). ⇒ **payer** (fig.).

EXPIRANT, ANTE adj. ▪ **1.** Qui est près d'expirer. ⇒ **agonisant, mourant. 2.** Qui finit, qui va cesser d'être. *Une flamme expirante.*

EXPIRATION n. f. ▪ **I.** Action par laquelle les poumons expulsent l'air (⇒ **respiration**). *Expiration par le nez, la bouche.* **II.** Moment où se termine (un temps prescrit ou convenu). ⇒ **échéance, fin, terme.** *À l'expiration des délais.* - Fin de la validité (d'une convention). *L'expiration d'une trêve ; d'un bail.*

EXPIRER v. 1 ▪ **I.** v. tr. Expulser des poumons (l'air inspiré). ⇒ **souffler.** - au p. p. *L'air expiré.* **II.** v. intr. **1.** (auxiliaire *avoir* ou *être*) Rendre le dernier soupir. ⇒ **s'éteindre, mourir ; expirant. 2.** (choses) Cesser d'être ; prendre fin. ⇒ **disparaître, s'évanouir.** *Le feu expirait lentement.* **3.** (temps prescrit, convention) Arriver à son terme. ⇒ **finir.** *Ce passeport expire le 1er septembre.*

EXPLÉTIF, IVE adj. ▪ Qui sert à « remplir » la phrase sans être nécessaire au sens. *Le* ne *explétif* (ex. *il craint que je* ne *sois trop jeune*).

EXPLICABLE adj. ▪ Qui s'explique ; dont on peut donner la cause, la raison. ⇒ **compréhensible.** *Cette erreur n'est pas explicable. C'est un phénomène facilement explicable.*

EXPLICATIF, IVE adj. ▪ (choses) Qui explique. *Note explicative.* - Qui indique comment se servir de qqch. *Notice explicative jointe à un appareil* (→ mode d'emploi).

EXPLICATION n. f. ▪ Action d'expliquer ; son résultat. ▪ **1.** Développement destiné à éclaircir le sens de qqch. ⇒ **commentaire, éclaircissement.** *Fournir, donner, proposer une explication à qqch.* - *Explication de texte* : étude littéraire, stylistique d'un texte. **2.** Ce qui rend compte (d'un fait). ⇒ **cause, motif, raison.** *Quelle est l'explication de ce phénomène ?* **3.** Éclaircissement sur les intentions, la conduite. ⇒ **justification.** *Je ne trouve aucune explication à son attitude.* **4.** Discussion dans laquelle on s'explique (3). *Ils ont eu une explication orageuse.*

EXPLICITATION n. f. ▪ Action d'expliciter.

EXPLICITE adj. ▪ **1.** DR. Exprimé, formulé. **2.** Suffisamment clair et précis dans l'énoncé ; qui ne peut laisser de doute. ⇒ **net.** *Sa déclaration est parfaitement explicite.* **3.** (personnes) Qui s'exprime avec clarté, sans équivoque. *Il n'a pas été très explicite sur ce point.*

EXPLICITEMENT adv. ▪ D'une manière explicite, formelle. *Demande formulée explicitement.*

EXPLICITER v. tr. 1 ▪ **1.** Énoncer formellement. ⇒ **formuler.** *Toutes les clauses du contrat ont été explicitées.* **2.** Rendre clair et précis. *Expliciter son point de vue.*

EXPLIQUER v. tr. 1 ▪ **1.** Faire connaître, faire comprendre nettement en développant. *Expliquer ses projets à qqn.* ⇒ **exposer. 2.** Rendre clair, faire comprendre (ce qui est ou paraît obscur). ⇒ **commenter, éclaircir, éclairer.** ♦ Donner les indications, la recette (pour faire qqch.). ⇒ **apprendre, enseigner.** *Expliquer à qqn la règle du jeu.* ⇒ **montrer. 3.** Faire connaître la raison, la cause de (qqch.). *Je constate le fait, mais je ne peux pas l'expliquer.* ♦ (choses) Être la cause, la raison visible de ; rendre compte de. *Cela explique bien des choses !* **4.** *EXPLIQUER QUE* : faire comprendre que. ⇒ **dire, exposer, montrer** que. *Expliquez-lui que nous comptons sur lui.* - (+ subj.) *Comment expliquez-vous qu'il puisse vivre sans travailler ?* ► **S'EXPLIQUER** v. pron. **1.** Faire connaître sa pensée, sa manière de voir. *Expliquez-vous plus clairement.* **2.** Rendre raison d'un fait, d'une opinion. *Elle s'est expliquée sur son absence.* ⇒ **disculper, justifier.** *S'expliquer avec qqn*, se justifier auprès de lui. **3.** récipr. Avoir une discussion. *Après s'être expliqués, ils se sont mis d'accord.* ♦ FAM. Se battre. *Ils sont partis s'expliquer dehors.* **4.** Comprendre la raison, la cause de (qqch.). *Je m'explique mal ce qu'il fait ; qu'il soit en retard.* **5.** passif Être rendu intelligible. *Cet accident ne peut s'expliquer que par une négligence.*

EXPLOIT n. m. ▪ **I.** Action remarquable, exceptionnelle. ⇒ **prouesse.** *Exploit sportif.* ⇒ **performance, record.** - iron. *Quel exploit ! Il n'y a pas de quoi se vanter !* **II.** DR. *EXPLOIT (D'HUISSIER)* : acte judiciaire signifié par huissier pour assigner, notifier ou saisir.

EXPLOITABLE adj. ▪ **1.** (choses) Qui peut être exploité avec profit. *Cette forêt n'est pas encore exploitable.* **2.** (personnes) *Un naïf facilement exploitable.*

EXPLOITANT, ANTE n. ▪ **1.** Personne (ou société) qui fait fonctionner une exploitation. *Exploitant agricole. Les petits* *exploitants.* - appos. *Propriétaire exploitant.* **2.** Propriétaire ou directeur d'une salle de cinéma.

EXPLOITATION n. f. ▪ **1.** Action d'exploiter, de faire valoir (une chose). → mise en valeur. *L'exploitation du sol, du sous-sol, d'un domaine.* ⇒ **culture.** *L'exploitation d'une ligne aérienne.* ♦ INFORM. *Système d'exploitation :* programme qui gère le fonctionnement d'un ordinateur. **2.** Bien exploité ; lieu où se fait la mise en valeur de ce bien. *Une exploitation agricole* (domaine, ferme, propriété), *industrielle* (industrie, usine), *commerciale* (commerce, entreprise). **3.** abstrait Utilisation méthodique. *L'exploitation d'une idée originale.* **4.** Action d'abuser à son profit. *L'exploitation de la crédulité publique.* ♦ (marxisme) *L'exploitation de l'homme par l'homme :* le fait de tirer un profit (plus-value) du travail d'autres hommes.

EXPLOITER v. tr. [1] ▪ **1.** Faire valoir (une chose) ; tirer parti de. *Exploiter une mine ; un réseau de chemin de fer ; un brevet, une licence.* - *Un domaine bien exploité.* **2.** fig. Utiliser d'une manière avantageuse, faire rendre les meilleurs résultats. *Exploiter la situation.* ⇒ **profiter** de. *On a exploité sa déclaration contre lui.* **3.** Se servir de (qqn) en n'ayant en vue que le profit (spécialt le faire travailler en le payant le moins possible). *Ce patron exploite ses employés.* - au p. p. *Des employés exploités.* - n. *Les exploiteurs et les exploités.*

EXPLOITEUR, EUSE n. ▪ **1.** Personne qui exploite (2) une situation. **2.** Personne qui exploite (3) des travailleurs.

EXPLORATEUR, TRICE n. ▪ Personne qui explore un pays lointain, peu accessible ou peu connu.

EXPLORATION n. f. ▪ **1.** Action d'explorer (un pays). *Partir en exploration.* ⇒ **expédition.** - Examen méthodique (d'un lieu). *L'exploration d'une grotte, d'une forêt.* **2.** abstrait *L'exploration d'un sujet.* ⇒ **approfondissement.** *L'exploration du subconscient.* **3.** MÉD. Examen minutieux de la structure ou du fonctionnement (des organes internes).

EXPLORATOIRE adj. ▪ DIDACT. Destiné à explorer. *Conversation, réunion exploratoire.*

EXPLORER v. tr. [1] ▪ **1.** Parcourir (un pays mal connu) en l'étudiant avec soin. *Explorer une île.* - Parcourir en observant, en cherchant. *Nous avons exploré toute la maison, en vain.* **2.** Faire des recherches sur (qqch.), dans le domaine de la pensée. ⇒ **approfondir, étudier.** *Explorer le subconscient.* **3.** SC., MÉD. Reconnaître, observer (un organe, etc.) à l'aide d'instruments ou de procédés spéciaux. ⇒ **ausculter, examiner, sonder.** *Explorer l'estomac avec un endoscope.*

EXPLOSER v. intr. [1] ▪ **1.** Faire explosion. ⇒ **éclater, détoner, sauter ;** FAM. **péter.** *Bombe, obus qui explose.* **2.** fig. (sentiments) Se manifester brusquement et violemment. ⇒ **éclater.** *Sa colère explosa.* - (personnes) *Exploser en injures, en imprécations.* **3.** Se développer largement ou brusquement. *Les prix explosent.*

EXPLOSIBLE adj. ▪ DIDACT. Qui peut faire explosion. *Gaz explosible.* ⇒ **explosif.**

EXPLOSIF, IVE ▪ **I.** adj. **1.** Relatif à l'explosion. *Onde explosive,* créée par une explosion. **2.** Qui peut faire explosion. ⇒ **explosible.** *Mélange explosif.* **3.** fig. *Une situation explosive,* critique, tendue. - *Un tempérament explosif,* sujet à de brusques colères. **II.** n. m. Composé ou mélange de corps susceptibles de dégager en un temps extrêmement court un grand volume de gaz portés à haute température. - *Explosif nucléaire.*

EXPLOSION n. f. ▪ **1.** Fait de se rompre brutalement en projetant des fragments. ♦ SC. Phénomène au cours duquel des gaz sous pression sont produits dans un temps très court. ⇒ **déflagration, éclatement.** *Faire explosion :* exploser. *L'explosion d'un obus.* - *Explosion nucléaire.* ♦ Rupture violente, accidentelle (produite par un excès de pression, une brusque expansion de gaz, etc.). *L'explosion d'une voiture piégée.* **2.** *MOTEUR À EXPLOSION,* qui emprunte son énergie à l'expansion d'un gaz, provoquée par la combustion rapide d'un mélange carburé (mélange détonant). **3.** fig. *EXPLOSION DE :* manifestation soudaine et violente de. *Une explosion d'enthousiasme, de colère.* **4.** Expansion soudaine et spectaculaire. *Explosion démographique.* ⇒ anglic. **boom.**

EXPONENTIEL, IELLE adj. et n. f. ▪ **1.** MATH. Dont la variable est en exposant. *Fonction exponentielle* ou n. f. *une exponentielle.* **2.** COUR. Qui augmente de manière continue et très rapide.

EXPORTABLE adj. ▪ Qui peut être exporté. *Un produit exportable.*

EXPORTATEUR, TRICE n. ▪ Personne qui exporte des marchandises, etc. ⇒ **expéditeur, vendeur.** *Les exportateurs de céréales.* - adj. *Les pays exportateurs de pétrole.*

EXPORTATION n. f. ▪ **1.** Action d'exporter ; sortie de marchandises nationales vendues à un pays étranger. *Entreprise d'importation et d'exportation.* ⇒ **import-export.** *Mesures pour favoriser l'exportation.* **2.** Ce qui est exporté. *Déficit, excédent des exportations. Le tourisme, exportation invisible.* ♦ fig. *L'exportation d'une mode, d'une coutume.*

EXPORTER v. tr. [1] ▪ **1.** Envoyer et vendre hors d'un pays (ses produits). *Exporter des produits bruts, finis.* - absolt *Pour exporter, il faut produire.* ♦ *Exporter des capitaux,* les placer à l'étranger. **2.** fig. *Exporter une mode,* la transporter à l'étranger.

EXPOSANT n. m. ▪ **1.** Personne dont les œuvres, les produits sont présentés dans une exposition (2). *Les exposants d'un Salon, d'une foire.* **2.** MATH. Expression numérique ou algébrique exprimant la puissance à laquelle une quantité est élevée. *Deux est l'exposant du carré, trois celui du cube.*

EXPOSÉ n. m. ▪ **1.** Développement par lequel on expose (un ensemble de faits, d'idées). ⇒ **analyse, description, énoncé, rapport, récit.** *L'exposé des faits, de la situation.* - *Exposé des motifs,* qui précède l'énoncé d'un projet, d'une proposition de loi. **2.** Bref discours sur un sujet précis, didactique. ⇒ **communication, conférence ;** FAM. **laïus.** *Faire un exposé.*

EXPOSER v. tr. [1] ▪ **I. 1.** Disposer de manière à mettre en vue. ⇒ **montrer, présenter.** *Exposer des marchandises dans une vitrine.* ⇒ **devanture, étalage. 2.** Placer (des œuvres d'art) dans un lieu de présentation publique (⇒ **exposition**). *Galerie qui expose des Dufy. Catalogue des œuvres exposées.* - *L'artiste expose ses sculptures dans un jardin.* **3.** fig. Présenter en ordre (un ensemble de faits, d'idées). ⇒ **décrire, énoncer, raconter.** *Exposer un fait en détail. Exposer son point de vue.* **4.** *EXPOSER qqch. À :* disposer, placer dans la direction de. ⇒ **orienter.** *Exposer une maison au sud.* - passif et p. p. *Un bâtiment bien, mal exposé.* **5.** Disposer pour soumettre à une action, une influence. *Exposer un film à la lumière. Exposer une substance à des radiations.* - au p. p. *Cliché insuffisamment exposé* (⇒ **sous-exposé**), trop exposé (⇒ **surexposé**). **II. 1.** *EXPOSER qqn À :* mettre (qqn) dans une situation dangereuse. *Son métier l'expose à des dangers, des risques.* **2.** Risquer de perdre. *Exposer sa vie, sa fortune.* ⇒ **compromettre, risquer.** ► **S'EXPOSER** v. pron. **1.** Se soumettre à l'action de. *S'exposer au soleil.* **2.** Se mettre dans le cas de subir. *S'exposer à un péril.* ⇒ **affronter, chercher, risquer.** *Il s'expose à de graves reproches.* ⇒ **encourir.** - absolt Se mettre en danger. *Il a bien trop peur pour s'exposer.*

EXPOSITION n. f. ▪ **1.** RARE Action d'exposer, de mettre en vue (spécialt des choses à vendre). ⇒ **étalage, exhibition, présentation. 2.** Présentation publique de produits, d'œuvres d'art ; ensemble des objets exposés ; lieu où on les expose (abrév. FAM. EXPO). *Visiter une exposition de peinture, de sculpture.* ⇒ **salon.** *Fréquenter les musées et les expositions.* - *Exposition industrielle, agricole.* ⇒ **foire, salon.** *Les participants d'une exposition.* ⇒ **exposant. 3.** Action de faire connaître, d'expliquer. *Exposition d'un ensemble de faits.* ⇒ **exposé, narration, récit.** ♦ Partie initiale (d'une œuvre littéraire, spécialt d'une œuvre dramatique). *L'exposition d'une tragédie.* **4.** Situation (d'un édifice, d'un terrain) par rapport à une direction donnée. ⇒ **orientation, situation.** *Exposition d'un bâtiment au sud. Une bonne exposition.* **5.** Action de soumettre à l'action de. *Évitez les longues expositions au soleil.* - PHOTOGR. *Exposition du papier à la lumière pour tirer des épreuves.*

① **EXPRÈS, ESSE** [-pʀɛs] adj. ▪ **1.** DR. Qui exprime formellement la volonté de qqn. *Conditions expresses. Défense expresse* (⇒ **expressément**). **2.** *Lettre exprès, colis exprès,* remis immédiatement au destinataire avant l'heure de la distribution ordinaire. - n. *Des exprès.*

② **EXPRÈS** [-pʀɛ] adv. ▪ Avec intention spéciale ; à dessein. ⇒ **délibérément, intentionnellement.** - (avec un verbe) *Une écharpe tricotée exprès pour lui. Elles sont venues tout exprès pour vous voir.* ♦ *FAIRE EXPRÈS. Il fait exprès de vous contredire.* - ellipt *UN FAIT EXPRÈS* n. m. : une coïncidence, généralement fâcheuse. *Comme (par) un fait exprès, je me casse la jambe la veille du départ.*

① **EXPRESS** [-pʀɛs] adj. ▪ Qui assure un déplacement ou un service rapide. *Le réseau express régional* (R.E.R.) [région parisienne]. - n. m. VIEILLI Train express.

② **EXPRESS** [-pʀɛs] adj. ▪ *Café express,* fait à la vapeur, à l'aide d'un percolateur. - n. m. (plus cour.) *Un express serré, fort.*

Emil Nolde, *La Danse du veau d'or,* 1910. Staatsgalerie Moderner Kunst, Munich. *© Nolde- Stiftung Seebüll — Phot. © Giraudon*

Ernst Ludwig Kirchner, *La Toilette (Femme au miroir),* 1912-1913, MNAMGP, Paris. *Phot. © MNAMGP*

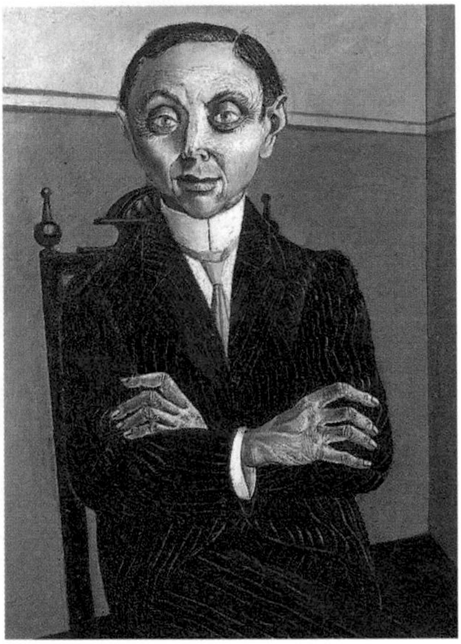

Otto Dix, *L'Historien d'art Paul-Ferdinand Schmidt,* 1921. Staatsgalerie, Stuttgart. *Phot. © Lauros/Giraudon*

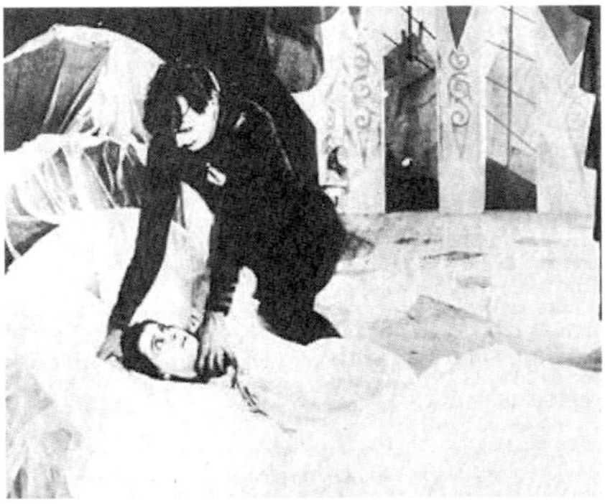

Le Cabinet du docteur Caligari, film de Robert Wiene, 1920. *Phot. © Coll. Rui Nogueira*

expressionnisme.

EXPRESSÉMENT adv. ▪ En terme exprès (①), formels ; avec une intention bien définie. ⇒ **explicitement, nettement.** *Elle nous a expressément défendu de sortir.*

EXPRESSIF, IVE adj. ▪ **1.** Qui exprime bien ce qu'on veut exprimer, faire comprendre. *Un terme particulièrement expressif. Des gestes expressifs.* ⇒ **démonstratif, éloquent, significatif. 2.** Qui a beaucoup d'expression, de vivacité. ⇒ **animé, mobile, vivant.** *Une physionomie très expressive.*

EXPRESSION n. f. ▪ **I.** VX Action de faire sortir (un liquide) en pressant. ⇒ **exprimer** (I) ; **pression. II.** Action ou manière d'exprimer ou de s'exprimer. **1.** Fait d'exprimer par le langage. *Expression écrite, orale. Liberté d'expression :* liberté pour chacun d'exprimer ses opinions. *D'expression française* (francophone), *espagnole* (hispanophone), etc. - *Au-delà de toute expression :* extrêmement. *Il est sot au-delà de toute expression.* - *Veuillez agréer l'expression de mes sentiments distingués* (formule de politesse). **2.** Manière de s'exprimer. - spécialt Groupe de mots faisant partie de la langue. ⇒ **locution, tour, tournure.** *Expression figurée. Expressions toutes faites :* clichés, formules. **3.** MATH. Formule par laquelle on exprime une valeur, un système. *Expression algébrique.* - loc. *Réduire une équation à sa plus simple expression.* fig. *Réduire qqch. à sa plus simple expression,* à la forme la plus simple, élémentaire. **4.** Fait d'exprimer un contenu psychologique par l'art. ⇒ **style.** *L'expression littéraire, musicale, artistique.* - Qualité d'un artiste ou d'une œuvre d'art qui exprime avec force (→ expressionnisme). **5.** Fait d'exprimer (les émotions, les sentiments) par le comportement, le visage. *Une expression ironique, indifférente* (du visage). ♦ *Expression dramatique :* techniques de développement de l'expression par le théâtre. **6.** absolt Animation, aptitude à manifester vivement ce qui est ressenti. ⇒ **caractère, vie.** *Un sourire plein d'expression* (⇒ **expressif**). *Un regard sans expression,* terne. **III.** Ce par quoi qqn ou qqch. s'exprime, se manifeste. *La faim est l'expression d'un besoin.* ⇒ **manifestation.** *La loi est l'expression de la volonté générale.* ⇒ **émanation.**

EXPRESSIONNISME n. m. ▪ Forme d'art faisant consister la valeur de la représentation dans l'intensité de l'expression. ▪ Tendance artistique et littéraire qui se manifesta en Europe, et plus particulièrement en Allemagne et en Autriche, autour de la Première Guerre mondiale, l'expressionnisme privilégie la subjectivité et l'émotion de l'artiste à travers une exacerbation des formes d'expression. Il se traduisit d'abord en peinture (die Brücke, Nolde, Macke, Grosz, Dix, Schiele, Kokoschka, Soutine), puis au théâtre (Wedekind, Reinhardt) et au cinéma (F. Lang, Pabst, Murnau).

EXPRESSIONNISTE adj. ▪ De l'expressionnisme. *Peinture expressionniste.* ➝ n. Artiste adepte de l'expressionnisme.

EXPRESSIVITÉ n. f. ▪ Caractère de ce qui est expressif.

EXPRIMABLE adj. ▪ Qu'on peut exprimer (s'oppose à *inexprimable*). *Un sentiment difficilement exprimable.* ⇒ **traduisible.**

EXPRIMER v. tr. 1 ▪ **I.** LITTÉR. Faire sortir par pression (un liquide). ⇒ **extraire.** *Exprimer le jus d'un citron.* **II.** Rendre sensible par un signe (⇒ **expression**). **1.** Faire connaître par le langage. *Exprimer sa pensée. Mots qui expriment une idée, une nuance.* ⇒ **signifier. 2.** SC. Servir à noter (une quantité, une relation). *Le signe = exprime l'égalité.* **3.** Rendre sensible, faire connaître par le moyen de l'art (→ expression, II, 4). *L'artiste exprime son univers intérieur.* **4.** Rendre sensible par le comportement. ⇒ **manifester ; expression** (II, 5). *Son regard exprime l'étonnement.* ► S'EXPRIMER v. pron. **1.** Manifester sa pensée, ses sentiments (par le langage, les gestes, l'art). *S'exprimer en français.* ⇒ **parler.** *Empêcher l'opposition de s'exprimer.* ➝ *S'exprimer par gestes.* **2.** Se manifester librement, agir selon ses tendances profondes. *Il faut laisser cet adolescent s'exprimer.*

EXPROPRIATION n. f. ▪ Action d'exproprier.

EXPROPRIER v. tr. 7 ▪ Déposséder légalement (qqn) de la propriété d'un bien. *Exproprier un débiteur.* ⇒ **saisir.** *Exproprier qqn pour cause d'utilité publique.* ➝ au p. p. *Propriétaire, immeuble exproprié.* ➝ n. *Les expropriés.*

EXPULSER v. tr. 1 ▪ **I. 1.** Chasser (qqn) du lieu où il était établi. *Expulser qqn de son pays.* ⇒ **bannir, exiler, expatrier.** *Expulser des immigrés clandestins* (⇒ **chasser**). ➝ (D'un logement) *Expulser, faire expulser des squatters.* ➝ au p. p. *Personnes expulsées.* n. *Les expulsés.* **2.** Faire sortir (qqn) avec violence, impérativement. *Il s'est fait expulser du café.* ⇒ FAM. **éjecter, vider. II.** Faire évacuer (qqch.) de l'organisme. ⇒ **éliminer, évacuer.** *Expulser les déchets, les excréments.*

EXPULSION n. f. ▪ **I. 1.** Action d'expulser (qqn). *Procéder à une expulsion de squatters.* **2.** Exclusion (d'un groupe, d'une assemblée). **II.** Action d'expulser de l'organisme. *L'expulsion des urines.*

EXPURGER v. tr. 3 ▪ Abréger (un texte) en éliminant ce qui est contraire à une morale, à un dogme. ⇒ **épurer.** *La censure a expurgé le scénario de ce film.* ➝ au p. p. *Édition expurgée.* ► n. f. EXPURGATION

EXQUIS, ISE adj. ▪ **1.** Qui est d'une délicatesse recherchée, raffinée. *Une politesse exquise ; une exquise politesse.* **2.** Qui produit une impression très agréable par sa délicatesse. ⇒ **délicieux.** *Un plat exquis.* ➝ *Une femme exquise. Sourire exquis.* ⇒ **adorable, charmant.** ► EXQUISÉMENT adv. LITTÉR.

EXSANGUE [ɛksɑ̃g ; ɛgzɑ̃g] adj. ▪ **1.** MÉD. Qui a perdu beaucoup de sang. *Organe exsangue.* **2.** (parties colorées du corps) Très pâle. ⇒ **blafard, blême, pâle.** *Lèvres exsangues.* **3.** fig. LITTÉR. Vidé de sa substance, de sa force. *Une économie exsangue.*

EXSUDATION n. f. ▪ Suintement (d'un liquide organique, d'une résine).

EXSUDER v. 1 ▪ DIDACT. **1.** v. intr. Sortir, à la façon de la sueur. ⇒ **suinter. 2.** v. tr. Émettre par transpiration, suintement. *Arbre qui exsude de la résine.*

EXTASE n. f. ▪ **1.** État dans lequel une personne se trouve comme transportée hors de soi et du monde sensible. *Extase mystique.* **2.** Exaltation provoquée par une joie ou une admiration extrême. ⇒ **béatitude, ivresse, ravissement ; planer.** *Être* EN EXTASE *devant qqn, qqch.*, dans un état d'admiration éperdue.

S'EXTASIER v. pron. 7 ▪ Manifester, par des démonstrations d'enthousiasme, son admiration, son émerveillement. ⇒ **se pâmer.** *S'extasier devant une œuvre d'art. Il n'y a pas de quoi s'extasier.* ► EXTASIÉ, ÉE adj. *Elle demeurait là, extasiée.*

EXTATIQUE adj. ▪ LITTÉR. **1.** Qui a le caractère de l'extase. *Transport, vision extatique.* **2.** Qui est en extase. ➝ *Un air extatique.* ⇒ **extasié.**

EXTENSEUR adj. ▪ **1.** Qui sert à étendre. *Muscles extenseurs.* **2.** n. m. Appareil composé de tendeurs élastiques, permettant des exercices d'extension musculaire.

EXTENSIBLE adj. ▪ Qui peut s'étendre, s'étirer. *Le caoutchouc, matière extensible.* ⇒ **élastique.** ► n. f. EXTENSIBILITÉ

EXTENSIF, IVE adj. ▪ **1.** DIDACT. Relatif à l'étendue, à l'extension. **2.** (opposé à *intensif*) CULTURE EXTENSIVE, qui met à profit la fertilité naturelle du sol, sur de grandes surfaces (avec repos périodique de la terre et rendement assez faible). **3.** Qui marque une extension (3) plus grande. *Prendre un mot dans un sens extensif* (opposé à *restrictif*).

EXTENSION n. f. ▪ **1.** Action de donner à qqch. une plus grande dimension ; fait de s'étendre. ⇒ **accroissement, agrandissement, augmentation, élargissement.** *L'extension d'un sinistre, d'une épidémie.* ⇒ **propagation.** ➝ fig. *Cette entreprise a pris de l'extension.* ⇒ **expansion. 2.** Mouvement par lequel on étend un membre. *Extension, puis flexion du bras.* **3.** fig. Action de donner à qqch. (déclaration, loi, contrat...) une portée plus générale, la possibilité d'englober un plus grand nombre de choses. ♦ Propriété d'un terme de s'appliquer à plus d'objets. *Extension du sens propre d'un mot.* **4.** LOG. Ensemble des objets concrets ou abstraits auxquels s'applique un concept, un mot, une proposition. ➝ MATH. *Ensemble défini en extension*, en énumérant tous ses éléments (opposé à *en compréhension*).

EXTÉNUANT, ANTE adj. ▪ Qui exténue, fatigue à l'extrême. ⇒ **épuisant, harassant.**

EXTÉNUATION n. f. ▪ LITTÉR. Action d'exténuer ; extrême fatigue.

EXTÉNUER v. tr. 1 ▪ **1.** VX Amaigrir. ♦ fig. LITTÉR. Amoindrir (un sentiment...) jusqu'à disparition. ⇒ **atténuer. 2.** Rendre faible par épuisement des forces. ⇒ **affaiblir, épuiser, harasser.** *Cette longue marche l'a exténué.* ➝ au p. p. *Un air exténué.* ➝ pronom. *S'exténuer à crier.*

① **EXTÉRIEUR, EURE** adj. ▪ **I. 1.** EXTÉRIEUR À : qui est situé dans l'espace hors de (qqch.). ⇒ en **dehors** de. *Cercle extérieur à un autre.* ♦ fig. Qui ne fait pas partie de, ne concerne pas. ⇒ **étranger** à. *Des considérations extérieures au sujet.* **2.** (sans compl.) Qui est dehors ou loin du centre. *Éclairage extérieur. Quartiers extérieurs.* ⇒ **périphérique.** ♦ Qui concerne les pays étrangers. ⇒ **étranger.** *Politique extérieure.* **3.** Qui existe en dehors d'un individu. *La réalité extérieure.* ⇒ **objectif. II. 1.** Se dit des parties d'une chose en contact avec l'espace que cette chose n'occupe pas. ⇒ **externe.** *La surface extérieure d'un récipient. Les poches extérieures et intérieures d'une veste.* **2.** Que l'on peut voir du dehors. ⇒ **apparent, visible.** *Aspect extérieur. Signes extérieurs de richesse. La manifestation extérieure d'un sentiment* (⇒ **extérioriser**).

② **EXTÉRIEUR** n. m. ▪ **I. 1.** Partie de l'espace en dehors de qqch. (opposé à *dedans, intérieur*). ⇒ **dehors.** *La cuisine communique avec l'extérieur.* À L'EXTÉRIEUR. *Usine située à l'extérieur d'une ville.* ➝ *Plantes* D'EXTÉRIEUR, qui poussent mieux à l'extérieur. ➝ DE L'EXTÉRIEUR. *Regarder de l'extérieur.* ♦ Les pays étrangers. *Relations avec l'extérieur.* ⇒ **étranger. 2.** CIN. Prise de vues hors des studios. *Les extérieurs de ce film ont été réalisés en Italie.* **II.** Partie (d'une chose) en contact direct avec l'espace qui l'environne, et visible de cet endroit. *L'extérieur de ce coffret est peint à la main.* ♦ VX *L'extérieur de qqn, qqch.*, son apparence.

EXTÉRIEUREMENT adv. ▪ **1.** À l'extérieur. *Extérieurement, la maison est très jolie.* **2.** (dans les comportements...) En apparence. ⇒ **apparemment.** *Extérieurement, il a l'air gai.*

EXTÉRIORISATION n. f. ▪ Action d'extérioriser. *L'extériorisation d'un sentiment.*

EXTÉRIORISER v. tr. 1 ▪ Donner une réalité extérieure, visible à (ce qui n'existait que dans la conscience). ⇒ **exprimer, manifester, montrer.** *Extérioriser ses sentiments, sa joie.* ➝ pronom. *Sa colère ne s'extériorise pas.*

EXTÉRIORITÉ n. f. ▪ DIDACT. Caractère de ce qui est extérieur. *L'extériorité d'une cause, d'un fait.*

EXTERMINATEUR, TRICE adj. ▪ LITTÉR. Qui extermine. *L'ange exterminateur.* ➝ *Fureur exterminatrice.* ➝ n. *Un exterminateur.*

EXTERMINATION n. f. ▪ Action d'exterminer. ⇒ **anéantissement, destruction, massacre.** *L'extermination d'un peuple, d'une race* (génocide), *des Juifs* (holocauste, shoah). *Camp* d'extermination.*

EXTERMINER v. tr. 1 ▪ Faire périr en nombre et jusqu'au dernier. ⇒ **anéantir, détruire, supprimer, tuer.** *Les nazis tentèrent d'exterminer les Juifs.* ➝ au p. p. *Peuple exterminé par un génocide.*

EXTERNAT n. m. ▪ **1.** École où l'on ne reçoit que des élèves externes ; régime de l'externe. *Externat et internat.* **2.** Fonction, statut d'externe dans les hôpitaux.

EXTERNE ▪ **I. adj.** Qui est situé en dehors, est tourné vers l'extérieur (s'oppose à *interne*). ⇒ **extérieur.** *Parties, faces, bords externes.* - *Médicament à usage externe* (à ne pas avaler). **II. n. 1.** Élève qui vient suivre les cours d'une école, mais n'y vit pas en pension. **2.** Étudiant(e) en médecine, qui assiste les internes dans le service des hôpitaux. *Externe des hôpitaux.*

EXTERRITORIALITÉ n. f. ▪ Privilège par lequel les agents diplomatiques sont censés résider dans le pays qu'ils représentent et ne sont pas soumis à la juridiction du pays où ils exercent leurs fonctions.

EXTINCTEUR n. m. ▪ Appareil capable d'éteindre un foyer d'incendie (par projection d'une substance sous pression). *Extincteur à mousse carbonique.*

EXTINCTION n. f. ▪ **1.** Action d'éteindre. *Extinction d'un feu, d'un incendie.* - *Extinction des feux :* moment où les lumières doivent être éteintes (→ anglic. black-out). **2.** Action par laquelle qqch. perd son existence ou son efficacité. *Espèce animale en voie d'extinction.* ⇒ **disparition, fin.** *Lutter contre la maladie jusqu'à l'extinction de ses forces.* ⇒ **épuisement.** - loc. EXTINCTION DE VOIX : impossibilité momentanée de parler avec une voix claire (⇒ **aphone**).

EXTIRPATION n. f. ▪ Action d'extirper (1 et 2). *L'extirpation d'un kyste.*

EXTIRPER v. tr. [1] ▪ **1.** LITTÉR. Faire disparaître complètement. ⇒ **arracher, détruire.** *Extirper les abus.* **2.** Arracher (une plante) avec ses racines, de sorte qu'elle ne puisse pas repousser. *Extirper du chiendent.* ♦ Enlever complètement. ⇒ **extraire.** *Extirper une tumeur.* **3.** FAM. Faire sortir (qqn, qqch.) avec difficulté. ⇒ **arracher, tirer.** *Il est difficile de lui extirper un mot.* - pronom. Sortir de qqch. avec peine. ⇒ s'**extraire.** *S'extirper d'un fauteuil.*

EXTORQUER v. tr. [1] ▪ Obtenir (qqch.) sans le libre consentement du détenteur (par la force, la menace ou la ruse). ⇒ **escroquer, soutirer, voler.** *Extorquer à qqn une promesse, de l'argent.*

EXTORSION n. f. ▪ DIDACT. Action d'extorquer. *Extorsion de fonds sous la menace.* ⇒ **chantage.**

① **EXTRA n. m.** ▪ **1.** Ce que l'on fait d'extraordinaire ; chose ajoutée à ce qui est habituel. ⇒ **supplément.** *Faire des extras* (ou *des extra*). **2.** Serviteur, domestique supplémentaire engagé pour peu de temps.

② **EXTRA adj. invar.** ▪ Extraordinaire, supérieur (qualité d'un produit). *Des chocolats extra.* ♦ FAM. Très bien, très agréable. *On a vu un film extra.* ⇒ **super.**

EXTRA- Préfixe qui signifie « en dehors (de), au-delà (de) » (ex. *extraordinaire ; extraterrestre*), « vers l'extérieur » (ex. *extraverti*) et également « plus que, mieux que, tout à fait » (ex. *extralucide*). ⇒ **super-, ultra-.**

EXTRACONJUGAL, ALE, AUX adj. ▪ Qui existe en dehors du mariage. *Aventures extraconjugales.*

EXTRACORPOREL, ELLE adj. ▪ Qui existe à l'extérieur du corps. MÉD. *Circulation extracorporelle* (au moyen du cœur-poumon artificiel).

EXTRACTEUR n. m. ▪ Appareil destiné à l'extraction (de qqch.).

EXTRACTIBLE adj. ▪ Qui peut être extrait, enlevé. *Autoradio extractible.*

EXTRACTIF, IVE adj. ▪ Relatif à l'extraction. *Machine extractive.* - *Industries extractives,* exploitant les richesses minérales.

EXTRACTION n. f. ▪ **I. 1.** Action d'extraire, de retirer (une chose) du lieu où elle se trouve enfouie ou enfoncée. *L'extraction de la houille.* **2.** Action de retirer de l'organisme (un corps étranger, etc.). ⇒ **arrachement, extirpation.** *L'extraction d'une dent, d'une balle.* **3.** Action de séparer (une substance) du composé dont elle fait partie. *L'extraction du sucre de la betterave.* **4.** Calcul (d'une racine carrée...). **II.** VIEILLI Origine, lignage. *Cacher son extraction.* ⇒ **naissance.** - loc. *Être de haute, de basse extraction.*

EXTRADER v. tr. [1] ▪ Livrer (qqn) par l'extradition. *Extrader un terroriste.*

EXTRADITION n. f. ▪ Procédure permettant à un État de se faire livrer un individu poursuivi ou condamné et qui se trouve sur le territoire d'un autre État. *Demander l'extradition d'un criminel.*

EXTRA-FIN, FINE adj. ▪ **1.** Très fin, très petit. *Aiguille extra-fine. Haricots verts extra-fins.* **2.** (aliments, confiserie) Supérieur.

EXTRA-FORT, FORTE ▪ **I. adj.** *Moutarde extra-forte,* très forte. **II. n. m.** Ruban dont on garnit intérieurement les ourlets, les coutures.

EXTRAGALACTIQUE adj. ▪ ASTRON. Qui est en dehors de la galaxie à laquelle appartient le Soleil. *Amas, nébuleuses extragalactiques.*

EXTRAIRE v. tr. [50] ▪ **I. 1.** Tirer (une chose) du lieu dans lequel elle se trouve enfoncée. *Extraire l'ardoise d'une carrière.* ♦ Enlever, retirer (un corps étranger) par une opération. *On lui a extrait une balle de la jambe.* ⇒ **extirper, retirer ; extraction. 2.** Tirer (un passage ⇒ **extrait**) d'un livre, d'un écrit. **3.** Faire sortir (qqn) avec difficulté d'un lieu étroit. - pronom. *S'extraire d'une voiture de sport.* **II. 1.** Séparer (une substance) du corps dont elle fait partie. ⇒ **exprimer, tirer.** *Extraire le jus d'un fruit. Extraire l'essence des fleurs.* **2.** fig. Dégager (le contenu) d'une œuvre. *Extraire les bases théoriques d'un long traité.* **3.** *Extraire la racine carrée d'un nombre,* la calculer (⇒ **extraction** (I, 4)).

EXTRAIT n. m. ▪ **1.** Produit qu'on retire d'une substance par une opération chimique. *Extrait de viande,* concentré de bouillon de bœuf. ♦ Parfum concentré. ⇒ **essence.** *Extrait de violette.* **2.** Passage tiré d'un texte. *Lire quelques extraits d'un ouvrage.* ⇒ **fragment, morceau.** - au plur. Morceaux choisis (d'un auteur). ⇒ **anthologie.** ♦ *Projeter des extraits d'un film.* **3.** Copie conforme (d'un acte officiel). *Extrait (d'acte) de naissance, de casier judiciaire.*

EXTRALÉGAL, ALE, AUX adj. ▪ DIDACT. En dehors de la légalité. ⇒ **illégal.**

EXTRALUCIDE adj. ▪ VOYANTE EXTRALUCIDE, réputée voir ce qui est caché et prédire l'avenir.

EXTRA-MUROS [-os] **adv.** et **adj.** ▪ Hors de la ville.

EXTRAORDINAIRE adj. ▪ **1.** Qui n'est pas selon l'usage ordinaire, selon l'ordre commun. ⇒ **anormal, exceptionnel, inhabituel.** *Événements, mesures extraordinaires. Assemblée, tribunal extraordinaire.* - PAR EXTRAORDINAIRE : par un événement peu probable. **2.** Qui étonne, suscite la surprise ou l'admiration par sa rareté, sa singularité. ⇒ **anormal, bizarre, curieux, étonnant, étrange, insolite, singulier.** *Une aventure extraordinaire.* ⇒ **incroyable, inouï.** *Récit, conte extraordinaire.* ⇒ **fantastique, merveilleux.** *Un costume extraordinaire et déplacé.* ⇒ **excentrique, extravagant.** *"Le Jardin extraordinaire"* (chanson de Ch. Trenet). *Ça n'a rien d'extraordinaire.* **3.** Très grand ; remarquable dans son genre. ⇒ **exceptionnel, extrême.** *Il a obtenu des résultats extraordinaires.* - (personnes) *Un homme extraordinaire,* génie, prodige. ♦ Très bon. ⇒ **admirable, sublime.** *Ce film n'est pas extraordinaire,* est médiocre.

EXTRAORDINAIREMENT adv. ▪ **1.** Par l'effet de circonstances extraordinaires. **2.** D'une manière étrange, bizarre. *Il s'exprime extraordinairement.* **3.** D'une manière intense, au-delà de la mesure ordinaire. ⇒ **extrêmement, très.** *Il est extraordinairement grand.*

EXTRAPOLATION n. f. ▪ DIDACT. Action d'extrapoler, de déduire en généralisant.

EXTRAPOLER v. intr. [1] ▪ DIDACT. Appliquer une chose connue à un autre domaine pour en déduire qqch. *À partir de quelques faits connus, il a extrapolé.* - péj. Tirer une conclusion à partir de données insuffisantes.

EXTRASENSORIEL, IELLE [-s-] **adj.** ▪ PSYCH. Qui ne se fait pas par les sens. *Perceptions extrasensorielles.*

EXTRASYSTOLE [-s-] **n. f.** ▪ MÉD. Contraction anticipée du cœur, suivie d'une pause plus longue que la normale.

EXTRATEMPOREL, ELLE, ELS adj. ▪ En dehors du temps.

EXTRATERRESTRE ▪ **1. adj.** Extérieur à la Terre ou à l'atmosphère terrestre. *L'espace extraterrestre.* **2. n.** Habitant d'une autre planète que la Terre (dans un récit d'anticipation).

EXTRA-UTÉRIN, INE adj. ▪ MÉD. Qui se fait, se produit anormalement hors de la cavité utérine. *Grossesse extra-utérine.*

EXTRAVAGANCE n. f. ▪ **1.** Absurdité, bizarrerie déraisonnable. *L'extravagance de sa conduite, de ses propos.* **2.** Idée, parole, action extravagante. ⇒ **excentricité.** *Je n'ai pas le temps d'écouter ses extravagances.*

EXTRAVAGANT, ANTE adj. ▪ **1.** Qui sort des limites du bon sens, bizarre et déraisonnable. *Idées, théories extravagantes.* ⇒ **bizarre, grotesque.** *Un costume extravagant.* ⇒ **excentrique.** *Dépenses extravagantes.* ⇒ **excessif. 2.** (personnes)

Très excentrique, qui agit contre le bon sens. *Il est un peu extravagant.* ► EXTRAVAGAMMENT **adv.** LITTÉR.

EXTRAVAGUER **v. intr.** [1] ▪ LITTÉR. Penser, parler, agir de manière extravagante.

EXTRAVASER **v. tr.** [1] ▪ DIDACT. Faire se répandre hors de son contenant naturel.

EXTRAVERTI, IE **adj.** et **n.** ▪ (Personne) qui est tournée vers le monde extérieur. ◇ syn. EXTROVERTI, IE.

EXTRÊME ▪ **I. adj. 1.** (souvent avant le nom) Qui est tout à fait au bout, qui termine (un espace, une durée). *L'extrême limite.* ⇒ **dernier.** *À l'extrême pointe,* tout au bout. *L'extrême droite, l'extrême gauche d'une assemblée politique.* ♦ *L'Extrême-Orient,* la partie la plus lointaine de l'Asie (par rapport à l'Europe occidentale ; opposé à *Proche-, Moyen-Orient*). **2.** (avant ou après le nom) LITTÉR. Qui est au plus haut point ou à un très haut degré. ⇒ **grand, intense ; extraordinaire.** *Joie extrême. Extrême difficulté.* - loc. *À l'extrême rigueur. D'extrême urgence.* **3.** (après le nom) Qui est le plus éloigné de la moyenne, du juste milieu. ⇒ **excessif, immodéré.** *Un climat extrême,* très chaud ou très froid. *Situations extrêmes,* très graves. *Avoir des opinions extrêmes en politique* (⇒ **extrémiste**). ♦ *Ski, sport extrême,* pratiqués dans les conditions extrêmes de danger et de difficulté. - (personnes) Dont les sentiments sont extrêmes. *Il est extrême en tout.* ⇒ **excessif. II. n. m. 1.** surtout plur. Situation, décision extrême. *Se porter tout de suite aux extrêmes.* **2.** *Les extrêmes :* les deux limites extrêmes d'une chose. ⇒ **contraire, opposé.** loc. *Les extrêmes se touchent :* il arrive souvent que des choses opposées soient comparables et voisines. - *Les extrêmes d'une proportion,* le premier et le dernier terme. - au sing. *Passer d'un extrême à l'autre.* ⇒ **extrémité** (4). **3.** *À L'EXTRÊME* loc. adv. : à la dernière limite ; au-delà de toute mesure. *Il pousse son raisonnement à l'extrême.*

EXTRÊMEMENT **adv.** ▪ D'une manière extrême, à un très haut degré. ⇒ **exceptionnellement, extraordinairement, infiniment, très.** *Une personne extrêmement intelligente. Un été extrêmement pluvieux.* ⇒ **terriblement.** *Extrêmement bien, mal.*

EXTRÊME-ONCTION **n. f.** ▪ RELIG. CATHOL. Sacrement de l'Église destiné aux fidèles en péril de mort. *Des extrêmes-onctions.*

EXTRÊME-ORIENTAL, ALE, AUX [-ʀjɑ̃-] **adj.** et **n.** ▪ De l'Extrême-Orient. *Les mœurs extrême-orientales.* - **n.** *Les Extrême-Orientaux.*

IN **EXTREMIS** ⇒ IN EXTREMIS

EXTRÉMISME **n. m.** ▪ Attitude de l'extrémiste.

EXTRÉMISTE **n.** ▪ Partisan d'une doctrine poussée jusqu'à ses limites, ses conséquences extrêmes ; personne qui a des opinions extrêmes. *Un parti d'extrémistes.* - **adj.** *Les députés les plus extrémistes.*

EXTRÉMITÉ **n. f.** ▪ **1.** Partie extrême, qui termine une chose. ⇒ **bout, fin, terminaison.** *L'extrémité du doigt. Loger à l'extrémité de la rue.* **2.** au plur. *LES EXTRÉMITÉS :* les pieds et les mains. *Avoir les extrémités glacées.* **3.** État très misérable, situation désespérée. - loc. *Être réduit à la dernière extrémité.* - *Le malade est à toute extrémité, à la dernière extrémité,* à l'agonie, près de mourir. **4.** Décision, action extrême ; excès de violence. *Se porter aux pires extrémités.*

EXTREMUM [ɛkstʀemɔm] **n. m.** ▪ SC. Maximum ou minimum (d'une fonction numérique).

EXTRINSÈQUE **adj.** ▪ DIDACT. Qui est extérieur, n'appartient pas à l'essence de qqch. (opposé à *intrinsèque*). *Causes extrinsèques.* ► **adv.** EXTRINSÈQUEMENT

EXTROSPECTION **n. f.** ▪ PSYCH. Observation psychologique extérieure (d'après l'expression, le comportement*, etc.).

EXTROVERTI, IE ⇒ EXTRAVERTI

EXTRUDER **v. tr.** ▪ TECHN. Fabriquer par extrusion.

EXTRUSION **n. f.** ▪ **1.** GÉOL. Sortie de lave. **2.** TECHN. Fabrication de produits par écoulement de matières liquides (spécialt., matières plastiques).

EXUBÉRANCE **n. f.** ▪ **1.** État de ce qui est très abondant. ⇒ **abondance, profusion.** *L'exubérance de la végétation.* **2.** Vitalité, énergie irrépressible, qui se manifeste dans le comportement, les propos. *Manifester sa joie avec exubérance.* - Démonstration exubérante. *Cessez ces exubérances !*

EXUBÉRANT, ANTE **adj.** ▪ **1.** Qui a de l'exubérance. *Végétation exubérante.* ⇒ **luxuriant.** *Une imagination exubérante.* **2.** (personnes, sentiments) Qui se comporte ou se manifeste sans retenue. ⇒ **communicatif, débordant, démonstratif, expansif.**

EXULTATION **n. f.** ▪ Transport de joie. ⇒ **allégresse, gaieté.**

EXULTER **v. intr.** [1] ▪ (personnes) Être transporté d'une joie extrême, qu'on ne peut contenir ni dissimuler. ⇒ **jubiler.** *Il exulte, il est aux anges.* - *Il exulte d'avoir réussi.* ⇒ se **réjouir.**

EXUTOIRE **n. m.** ▪ **1.** VX Ce qui sert à déverser (ce qui gêne, embarrasse). **2.** LITTÉR. Ce qui permet de se soulager, de se débarrasser (d'un besoin, d'une envie). *La musique est son exutoire.*

EX-VOTO **n. m. invar.** ▪ Objet, plaque que l'on place dans une église, une chapelle, en accomplissement d'un vœu ou en remerciement. *Des ex-voto.*

EYBENS ▪ Commune de l'Isère. 8 013 hab.

EYLAU ▪ Ville de Russie dans l'ancienne Prusse-Orientale, près de Königsberg, et appelée aujourd'hui **Bagrationovsk.** Elle fut le théâtre d'une des plus sanglantes batailles de Napoléon, en 1807. Les Russes battirent en retraite.

EYSINES ▪ Commune de la Gironde. 16 391 hab. *(les Eysinais).* Vins.

Gaston **EYSKENS** (1905 - 1988) ▪ Homme politique belge. Social-chrétien, Premier ministre (1949-1950 ; 1958-1961).

Les **EYZIES-DE-TAYAC-SIREUIL** ▪ Commune de Dordogne. 853 hab. *(les Eyzicois-Tayaciens).* Nombreux sites préhistoriques (abri de Cro-Magnon). Musée national de la Préhistoire.

ÉZANVILLE ▪ Commune du Val-d'Oise. 9 153 hab.

ÈZE ▪ Commune des Alpes-Maritimes. 2 446 hab. Village pittoresque, bâti en nid d'aigle sur un piton. Station balnéaire en contrebas, à Èze-Bord-de-Mer.

ÉZÉCHIEL (VIe s. av. J.-C.) ▪ Un des quatre grands prophètes de la Bible.

Les **Eyzies-de-Tayac-Sireuil.** Bison gravé. Grotte de la Grèze. *Phot. © Arch. Smeets*

F

F [ɛf] **n. m. invar.** ▪ **I.** Sixième lettre et quatrième consonne de l'alphabet. **II. 1.** *F1, F2...,* logement de une, deux... pièces principales (en France). *Louer un F4 en banlieue.* **2.** *F* : symbole du *franc.*

FA n. m. invar. ▪ Note de musique, quatrième degré de la gamme de do. *Clé de fa.* - *Sonate en fa majeur.*

FAAA ▪ Commune de la Polynésie française. 22 000 hab. Aéroport de Papeete.

Pierre Georges dit **le colonel FABIEN** (1919 - 1944) ▪ Résistant français, membre du parti communiste, auteur dans le métro parisien en 1941 du premier attentat meurtrier contre un officier allemand.

FABIOLA de Mora y Aragón (née en 1928) ▪ Reine des Belges de 1960 à 1993, épouse de Baudouin Ier.

FABIUS dit **Cunctator** « le Temporisateur » (v. 275 - 203 av. J.-C.) ▪ Consul romain. Il mena une guerre d'usure contre Hannibal, mais fut vaincu à la bataille de Cannes (216 av. J.-C.).

Laurent FABIUS (né en 1946) ▪ Homme politique français. Premier ministre (socialiste) de 1984 à 1986.

FABLE n. f. ▪ **I.** VX Sujet de récit. - MOD. loc. *Être la fable de,* un sujet de conversation, de moquerie pour. *Il est la fable du quartier.* ⇒ **risée. II. 1.** LITTÉR. Récit de fiction exprimant une vérité générale. ⇒ **conte, fiction, légende, mythe. 2.** Petit récit en vers ou en prose, destiné à illustrer un précepte. ⇒ **apologue.** *Les Fables d'Ésope, de La Fontaine.* **3.** LITTÉR. Mensonge élaboré. ⇒ **fabulation.**

FABLIAU n. m. ▪ Petit récit en vers de huit syllabes (XIIIe et XIVe siècles). *Des fabliaux.*

Jean Henri FABRE (1823 - 1915) ▪ Entomologiste français. *"Souvenirs entomologiques"* (1879-1907).

Philippe Fabre dit **FABRE D'ÉGLANTINE** (1750 - 1794) ▪ Écrivain et révolutionnaire français. Promoteur du calendrier* révolutionnaire et auteur de la chanson *"Il pleut, il pleut, bergère..."*. Il fut guillotiné en même temps que Danton.

FABRICANT, ANTE n. ▪ Personne qui fabrique ou fait fabriquer des produits commerciaux. *Fabricant de jouets.*

FABRICATION n. f. ▪ Art ou action de fabriquer. *Fabrication artisanale, industrielle.* - *Défaut de fabrication.*

FABRIQUE n. f. ▪ **1.** VX Manière dont une chose est fabriquée. ⇒ **fabrication.** *Ce vase est de bonne fabrique.* **2.** Établissement industriel de moyenne importance produisant des objets finis. ⇒ **manufacture ; usine.** *Fabrique de meubles.* - *Marque de fabrique,* apposée par le fabricant. *Prix de fabrique.*

FABRIQUER v. tr. [1] ▪ **1.** Faire (un objet) grâce à un travail exécuté sur une matière. ⇒ **confectionner.** *Il a fabriqué lui-même ces étagères.* **2.** FAM. Faire, avoir une occupation. *Qu'est-ce que tu fabriques ?* ⇒ FAM. **ficher, foutre. 3.** Produire par des procédés mécaniques, à l'aide de matières premières ou semi-finies (des objets destinés au commerce). *Fabriquer des outils.* - au p. p. *Articles fabriqués en série.* **4.** Élaborer (en imitant, en imaginant de manière à tromper). *Fabriquer de la fausse monnaie.* - au p. p. *Une histoire fabriquée.* ⇒ **faux ; inventé.**

Carel FABRITIUS (v. 1622 - 1654) ▪ Peintre hollandais. Élève de Rembrandt, il fut le maître de Vermeer.

Fabritius. *Le Chardonneret,* 1654. Mauritshuis, La Haye.
Phot. © Bridgeman/Giraudon

FABULATEUR, TRICE adj. et n. ▪ (Personne) qui fabule.

FABULATION n. f. ▪ Fait de fabuler, de produire un récit imaginaire présenté comme réel. ⇒ **affabulation, fable.**

FABULER v. intr. [1] ▪ Présenter comme réels des faits imaginés. ⇒ **affabuler.**

FABULEUSEMENT adv. ▪ D'une manière fabuleuse, incroyable. *Il est fabuleusement riche.*

FABULEUX, EUSE adj. ▪ **1.** LITTÉR. Qui appartient à la fable, au merveilleux. ⇒ **légendaire, mythique, mythologique.** *Animaux fabuleux.* **2.** Qui paraît fabuleux ; incroyable mais vrai. ⇒ **extraordinaire, fantastique, invraisemblable, prodigieux.** *Des aventures fabuleuses.* – (intensif) Énorme. *Un prix fabuleux.*

FABULISTE n. ▪ Auteur qui compose des fables.

FAC n. f. ▪ FAM. Faculté ou université.

FAÇADE n. f. ▪ **1.** Face antérieure (d'un bâtiment) où s'ouvre l'entrée principale. **2.** fig. Apparence (qui trompe). ⇒ **extérieur.** *Sa politesse n'est qu'une façade.* – *Une amabilité de façade.*

FACE n. f. ▪ **1.** Partie antérieure de la tête humaine. ⇒ **figure, visage ; facial.** ♦ loc. *Se voiler* la face.* – *À LA FACE DE qqn, du monde,* devant, en présence de. – *PERDRE LA FACE :* perdre tout prestige. – *SAUVER LA FACE :* sauvegarder sa dignité. **2.** (médaille...) Côté qui porte une figure (opposé à *pile, à revers*). ⇒ **avers.** *Jouer à pile ou face.* **3.** Chacun des côtés (d'une chose). *Les faces d'un prisme.* **4.** fig. Aspect sous lequel une chose se présente. *Changer la face du monde.* **5.** loc. *FAIRE FACE À :* présenter l'avant vers le côté de. *L'hôtel fait face à la mer.* ♦ fig. Réagir efficacement en présence d'une difficulté. ⇒ **parer** à, **répondre** à. *Faire face à une dépense ; à ses engagements.* – absolt *Il faut faire face.* **6.** *FACE À* loc. prép. : en faisant face à. – fig. En étant confronté à. *Face au danger, il recula.* **7.** *EN FACE* loc. adv. : par-devant. *Regarder qqn en face,* soutenir son regard. *Il le lui a dit en face,* directement. – fig. *Regarder la mort en face. Il faut voir les choses en face.* ♦ *EN FACE DE* loc. prép. ⇒ **vis-à-vis** de. *L'un en face de l'autre.* **8.** *FACE À FACE* loc. adv. : les faces tournées l'une vers l'autre (→ nez à nez, vis-à-vis). **9.** *DE FACE :* le visage s'offrant aux regards. *Un portrait de face* (par oppos. à *de profil*). – De là où l'on voit le devant (par oppos. à *de côté*). *Une loge de face* (au théâtre).

FACE-À-FACE n. m. invar. ▪ Débat confrontant des personnalités. *Face-à-face télévisé.*

FACE-À-MAIN n. m. ▪ Lorgnon à manche que l'on tient à la main. ⇒ **binocle.** *Des faces-à-main.*

FACÉTIE n. f. ▪ Plaisanterie burlesque. ⇒ **farce.**

FACÉTIEUX, EUSE adj. ▪ Qui aime à dire ou à faire des facéties.

FACETTE n. f. ▪ **1.** Une des petites faces (d'un corps qui en a beaucoup). *Les facettes d'un diamant.* **2.** fig. Chacun des aspects (d'une chose). *Les facettes de sa personnalité.* – *Un caractère À FACETTES,* à plusieurs aspects. **3.** ZOOL. Chacun des éléments de l'œil composé des arthropodes.

FÂCHÉ, ÉE adj. ▪ **1.** Mécontent. *Vous avez l'air fâché.* – *Fâché de,* qui est désolé de, regrette (qqch.). **2.** *Être fâché contre qqn,* en colère contre lui. ♦ *Être fâché avec qqn,* brouillé avec lui. – *Ils sont fâchés depuis dix ans.* – fig. FAM. *Il est fâché avec l'orthographe.*

FÂCHER v. tr. [1] ▪ **1.** VX Attrister, peiner (qqn). **2.** Mettre (qqn) dans un état d'irritation. ⇒ **mécontenter.** ► **SE FÂCHER** v. pron. Se mettre en colère. ⇒ s'**emporter.** *Se fâcher contre qqn. Se fâcher pour un rien.* ♦ *Se fâcher avec qqn.* ⇒ se **brouiller, rompre.**

FÂCHERIE n. f. ▪ Brouille, désaccord.

FACHES-THUMESNIL ▪ Commune du Nord, banlieue de Lille. 15 774 hab. *(les Faches-Thumesnilois).*

FÂCHEUSEMENT adv. ▪ D'une manière fâcheuse.

FÂCHEUX, EUSE adj. ▪ **1.** LITTÉR. Qui est cause de déplaisir (⇒ **ennuyeux**) ou de souffrance (⇒ **affligeant**). *Une fâcheuse nouvelle* (⇒ **mauvais**). **2.** Qui comporte des inconvénients ; qui porte préjudice. ⇒ **contrariant, regrettable.** *Un contretemps fâcheux.*

FACHO adj. et n. ▪ FAM. Fasciste (2).

FACHODA ▪ Ville du Soudan. Son occupation en 1898 par la France, qui tentait de devancer la Grande-Bretagne sur le haut Nil, se solda par un échec, l'expédition de Marchand devant céder la place à Kitchener. L'accord franco-britannique de mars 1899 consacra le renoncement de la France à ce territoire.

FACIAL, ALE, AUX adj. ▪ De la face. *Chirurgie faciale.*

FACIÈS [-jɛs] n. m. ▪ Aspect du visage humain (en médecine, en anthropologie...). – Expression du visage. ⇒ **physionomie.**

FACILE adj. ▪ **1.** Qui se réalise, s'accomplit, s'obtient sans effort. ⇒ **aisé, commode, élémentaire, enfantin, simple ;** FAM. **fastoche.** *C'est facile ; facile comme tout.* – impers. *Il est facile de refuser.* – *Vie facile,* sans souci. **2.** *FACILE À* (+ inf.) : qui demande peu d'efforts pour être (fait, réussi). *Un plat facile à réussir. C'est plus facile à dire qu'à faire.* ♦ (personnes) *Un homme facile à contenter,* que l'on contente facilement. – *Facile à vivre,* d'humeur égale. **3.** Qui semble avoir été fait sans effort, sans peine. *Un style facile.* – péj. Sans profondeur, sans recherche. *Une ironie facile.* **4.** VIEILLI (personnes) Accommodant, complaisant. **5.** (femme) Qui accepte volontiers des relations sexuelles. **6.** adv. FAM. Pour le moins. *Il faut une heure facile.*

FACILEMENT adv. ▪ **1.** Sans effort, sans peine. ⇒ **aisément.** ♦ Pour peu de chose. *Il se vexe facilement.* **2.** Au moins. ⇒ **facile** (6).

FACILITÉ n. f. ▪ **1.** Caractère, qualité de ce qui se fait sans peine, sans effort. *Un travail d'une grande facilité.* **2.** surtout au plur. Moyen qui permet de réaliser, d'obtenir qqch. sans effort, sans peine. ⇒ **moyen, occasion, possibilité.** *Procurer à qqn toutes facilités pour...* – *Facilités de paiement,* délai, échelonnement d'un paiement. **3.** Disposition à faire qqch. sans peine, sans effort. ⇒ **aisance, aptitude, habileté.** *S'exprimer avec facilité.* – Aptitude (pour le travail, etc.). *Cet enfant a de grandes facilités.*

FACILITER v. tr. [1] ▪ Rendre facile, moins difficile. ⇒ **aider, arranger.** *Son entêtement ne facilite pas les choses.*

FAÇON n. f. ▪ **I.** (Action de donner une forme à qqch.) **1.** *DE MA, TA, SA... FAÇON. C'est bien une idée de sa façon.* ⇒ **invention.** *Il lui a joué un tour de sa façon,* un mauvais tour. **2.** *LA FAÇON :* le travail qui met en œuvre une matière. ⇒ **exécution, fabrication.** *Je n'ai payé que la façon.* ⇒ **main-d'œuvre.** – *Travail À FAÇON* (sans fournir la matière première). **3.** *LA FAÇON DE qqch.,* la manière dont une chose est faite ; la forme donnée par l'artiste, l'artisan. ⇒ **facture.** *La façon d'une robe.* ⇒ **coupe.** ♦ appos. *Reliure façon cuir,* qui imite le cuir. **4.** LITTÉR. *UNE FAÇON DE,* une espèce, une sorte de. **II.** (Manière d'agir) **1.** *FAÇON DE* (+ inf.) : manière d'agir, de se comporter (comparée à d'autres). *Façon d'être, de se tenir. Il y a plusieurs façons de procéder.* ⇒ **manière, méthode.** – *C'est une façon de parler,* il ne faut pas prendre au pied de la lettre ce qui vient d'être dit. *C'est une façon de voir,* il existe d'autres points de vue. – *Sa façon de parler (la façon dont il parle) m'agace.* **2.** *DE... FAÇON :* de (telle) manière. *De cette façon.* ⇒ **ainsi.** *De quelle façon... ?* ⇒ **comment.** – *De toute façon,* en tout cas, dans tous les cas. – *DE FAÇON À, QUE :* pour (que). *Elle s'est placée de façon à être vue ; de façon qu'on la voie.* – *DE TELLE FAÇON QUE :* de sorte que. **3.** *À LA FAÇON DE.* ⇒ **comme.** *Il travaille à la façon d'un professionnel.* – *À MA, TA, SA... FAÇON. Il veut vivre à sa façon,* selon son choix. ⇒ à sa **guise.** *Je vais vous raconter son histoire à ma façon,* de mon point de vue. **III.** (Apparence, manière d'être extérieure) **1.** VX Air, allure (de qqn). **2.** au plur. *FAÇONS :* manières particulières (de qqn). *Il a de curieuses façons.* ♦ spécialt Manières affectées ; politesse excessive. *Ne faites pas tant de façons.* ⇒ **cérémonie, chichi, simagrée.** ♦ *SANS FAÇON. Une réception sans façon,* très simple. – adv. *J'accepte sans façon,* simplement. *Non merci, sans façon.*

FACONDE n. f. ▪ LITTÉR. Élocution facile, abondante (jusqu'à déplaire).

FAÇONNAGE n. m. ▪ Action de façonner. – spécialt TECHN. Ensemble des opérations (pliage, etc.) qui terminent la fabrication d'un livre.

FAÇONNER v. tr. [1] ▪ **1.** Mettre en œuvre, travailler (une matière...) en vue de donner une forme particulière. ⇒ **façon** (I, 2). *Façonner de l'argile pour faire un pot.* ⇒ **modeler.** **2.** Faire (un ouvrage), fabriquer en travaillant la matière. *Façonner une pièce mécanique.* **3.** Former peu à peu (qqn) par l'éducation, l'habitude.

FAÇONNIER, IÈRE ▪ **1.** n. Personne qui travaille à façon. **2.** adj. LITTÉR. Qui fait des façons, des cérémonies.

FAC-SIMILÉ n. m. ▪ Reproduction à l'identique (d'un écrit, d'un dessin...). *Des fac-similés.*

① **FACTEUR, TRICE** n. ▪ **I.** TECHN. Fabricant (d'instruments de musique) (→ ① **facture**). *Facteur d'orgues.* **II.** COUR. Personne qui distribue à leurs destinataires le courrier, les colis... envoyés par la poste. ⇒ ADMIN. **préposé.**

② **FACTEUR** n. m. ▪ **1.** Chacun des éléments constitutifs d'un produit (⇒ **coefficient**). *Facteur algébrique, numérique.* **2.** BIOL. Substance qui favorise un processus. *Facteur de crois-*

sance. - *Facteurs sanguins.* **3.** Chacun des éléments contribuant à un résultat. *Les facteurs de la production.* - avec un subst. en appos. *Le facteur chance.*

FACTICE adj. ▪ **1.** Qui est faux, imité. *Diamant factice.* **2.** Qui n'est pas naturel. ⇒ **artificiel.** *Des plaisirs factices.*

FACTIEUX, EUSE ▪ **1.** adj. Qui exerce contre le pouvoir établi une opposition violente tendant à provoquer des troubles. ⇒ **séditieux. 2.** n. ⇒ **agitateur, insurgé, rebelle.**

FACTION n. f. ▪ **I.** Groupe, parti se livrant à une activité factieuse (dans un État, une société). *Pays en proie aux factions.* **II.** Service d'un soldat en armes qui surveille les abords d'un poste. ⇒ **garde, guet.** *Être en faction, de faction.* - par ext. Surveillance, attente prolongée.

FACTIONNAIRE n. m. ▪ Soldat en faction.

FACTITIF, IVE adj. ▪ GRAMM. *Emploi factitif,* dans lequel le sujet du verbe est la cause de l'action, sans agir lui-même (ex. elle *fait construire* une maison).

FACTORIEL, IELLE adj. ▪ Relatif à un facteur (②). - *Analyse factorielle,* qui cherche les facteurs communs à des variables. ♦ n. f. MATH. Produit des nombres entiers inférieurs ou égaux à (un nombre donné). *La factorielle de 3 est : 3 !=1×2×3=6.*

FACTORISATION n. f. ▪ MATH. Écriture (d'une expression, d'un nombre) sous la forme d'un produit de facteurs.

FACTORISER v. tr. ① ▪ MATH. Effectuer la factorisation de.

FACTOTUM [ɔm] n. m. ▪ LITTÉR. Personne dont les fonctions consistent à s'occuper de tout (dans une maison, auprès de qqn).

FACTUEL, ELLE adj. ▪ DIDACT. Qui est de l'ordre du fait. ⇒ **observable, réel.** *Preuves factuelles.*

FACTUM [-ɔm] n. m. ▪ LITTÉR. Mémoire dirigé contre un adversaire. ⇒ **pamphlet.** *Des factums.*

FACTURATION n. f. ▪ **1.** Action d'établir une facture (②). **2.** Service (d'une entreprise), locaux où ce travail s'effectue.

① **FACTURE** n. f. ▪ DIDACT. **1.** Manière dont est faite (une œuvre), dont est réalisée la mise en œuvre des moyens matériels et techniques. ⇒ **façon.** *La facture d'un sonnet.* **2.** Fabrication des instruments de musique (→ ① facteur). *La facture d'un piano.*

② **FACTURE** n. f. ▪ Écrit (pièce comptable) indiquant la quantité, la nature et le prix de marchandises vendues, de services exécutés. - Note d'une somme à payer. *Régler une facture.*

FACTURER v. tr. ① ▪ Porter (une marchandise) sur une facture ; dresser la facture de.

FACTURIER, IÈRE n. ▪ Personne chargée d'établir les factures comptables.

FACULTATIF, IVE adj. ▪ Qu'on peut faire, employer, observer ou non. *Présence facultative.* ► adv. FACULTATIVEMENT

FACULTÉ n. f. ▪ **I. 1.** Possibilité naturelle ou légale (de faire qqch.). *La faculté de choisir.* **2.** Aptitude, capacité. *Facultés intellectuelles.* - *Une grande faculté d'attention.* **II.** Corps des professeurs qui, dans une université, sont chargés d'une même discipline ; partie de l'université où se donne cet enseignement. ⇒ FAM. **fac.** *La faculté de lettres, de médecine.* - absolt VIEILLI *La Faculté :* le corps médical, les médecins.

FADA adj. ▪ FAM. Un peu fou, niais. ⇒ **cinglé.** *Elle est fada.* - n. *Quels fadas !*

FADAISE n. f. ▪ Propos plat, sot ou insignifiant. ⇒ **baliverne, niaiserie.**

FADASSE adj. ▪ FAM. Trop fade. *Une sauce fadasse.* - fig. Qui manque d'intérêt. *Un roman fadasse.*

FADE adj. ▪ **1.** Qui manque de saveur, de goût. ⇒ **insipide.** *Une viande fade.* ♦ Sans éclat. *Une couleur fade.* ⇒ **délavé, pâle, terne. 2.** Qui est sans caractère, sans intérêt particulier. ⇒ **ennuyeux, insignifiant.** *De fades compliments.*

Alexandre FADEÏEV ou **FADEEV** (1901 - 1956) ▪ Écrivain soviétique. Il obtint le prix Staline. *"La Jeune Garde"* (1945) exalte le courage des jeunes Soviétiques durant l'occupation allemande.

FADEUR n. f. ▪ Caractère de ce qui est fade.

FADO n. m. ▪ Poésie et chanson portugaise, mélancolique et nostalgique. *Des fados.*

FAENZA ▪ Ville d'Italie du Nord (Émilie-Romagne). 54 118 hab. Depuis le XIIe s., fabrication de vaisselle en céramique (majolique) à laquelle elle donna son nom *(faïence).*

les îles FAEROE → Féroé

FAFIOT n. m. ▪ FAM. Billet de banque.

FAGNE n. f. ▪ RÉGIONAL Petit marais, dans les Ardennes.

FAGOT n. m. ▪ Faisceau de petit bois, de branchages. *Brûler un fagot.* - loc. *Vin, bouteille* DE DERRIÈRE LES FAGOTS, le meilleur vin (vieilli à la cave).

FAGOTER v. tr. ① ▪ **1.** VX ou RÉGIONAL Mettre en fagots. **2.** Habiller mal, sans goût. ⇒ **accoutrer, affubler.** - au p. p. *Être mal fagoté,* mal habillé. ⇒ **ficelé.**

FAHD (né en 1922) ▪ Roi d'Arabie Saoudite de 1982 à 1995.

Daniel Gabriel FAHRENHEIT (1686 - 1736) ▪ Physicien allemand. Il définit la première échelle thermométrique, dite *Fahrenheit.*

FAIBLARD, ARDE adj. ▪ FAM. Un peu faible. *Se sentir faiblard.* - *Un raisonnement faiblard.*

FAIBLE ▪ **I.** adj. **1.** Qui manque de force, de vigueur physique (opposé à *fort*). ⇒ **délicat, fluet, fragile.** *Se sentir faible.* ⇒ **affaibli, fatigué, las.** - *Avoir le cœur faible.* **2.** (choses) Qui a peu de résistance, de solidité. ⇒ **fragile.** *Une poutre trop faible.* **3.** Qui n'est pas en état de résister, de lutter. *Un État faible.* ♦ loc. *Le sexe* faible,* les femmes. *Une faible femme* (iron.). **4.** Qui manque de capacités (facultés intellectuelles). *Intelligence faible.* - *Être faible en maths.* **5.** Sans force, sans valeur. *Un argument faible.* **6.** Qui manque de force morale, d'énergie, de fermeté. ⇒ **indécis, lâche, mou, velléitaire, veule.** *Un homme faible et influençable.* **7.** (choses) Qui a peu d'intensité, qui est suivi de peu d'effet. ⇒ **insuffisant.** *Une faible lumière.* - *Une voix faible.* **8.** Peu considérable. ⇒ **petit.** *Une faible quantité.* - *De faibles revenus.* **9.** *Le côté, le point, la partie faible* (de qqn, qqch.), ce qu'il y a de faible, de défectueux. ⇒ **faiblesse, insuffisance. II.** n. **1.** Personne faible. - spécialt Personne sans force morale, sans fermeté. *C'est un faible, on le mène facilement.* **2.** FAIBLE D'ESPRIT : personne dont les facultés intellectuelles sont peu développées. ⇒ **simple** d'esprit. **3.** n. m. LITTÉR. Défaut, partie faible (de qqn, qqch.). *Le faible d'un raisonnement.* ♦ Goût, penchant. *Il a un faible pour le porto.*

FAIBLEMENT adv. ▪ **1.** D'une manière faible, avec peine. **2.** À un faible degré. ⇒ **doucement, peu.** *Lampe qui éclaire faiblement.* ⇒ à **peine.**

FAIBLESSE n. f. ▪ **1.** Manque de force, de vigueur physique. - UNE FAIBLESSE. ⇒ **défaillance, évanouissement. 2.** Incapacité à se défendre, à résister. ⇒ **fragilité. 3.** Manque de capacité, de valeur intellectuelle. **4.** Défaut de qualité (d'une œuvre...). ⇒ **médiocrité, pauvreté. 5.** Manque de force morale, d'énergie. ⇒ **apathie, indécision, lâcheté, veulerie.** *Se laisser entraîner par faiblesse. Être d'une grande faiblesse envers qqn.* ⇒ **indulgence.** ♦ Défaut, point faible qui dénote un manque de fermeté. *Chacun a ses faiblesses.* **6.** Manque d'intensité, d'importance. ⇒ **petitesse ; insignifiance.**

FAIBLIR v. intr. ② ▪ **1.** Devenir faible. ⇒ s'**affaiblir.** *Ses forces faiblissent.* **2.** Perdre de sa force, de son ardeur. *Travailler sans faiblir.* - *Son courage faiblit.* ⇒ s'**amollir. 3.** (choses) Perdre de son intensité, de son importance. ⇒ **diminuer.** *Le vent a faibli.* **4.** Ne plus opposer de résistance. ⇒ **céder, fléchir, plier, ployer.** *Branche qui faiblit sous un poids.* **5.** (productions intellectuelles) Devenir faible, moins bon.

Louis FAIDHERBE (1818 - 1889) ▪ Général et colonisateur français. Il fut gouverneur du Sénégal de 1854 à 1865.

Faidherbe. Portrait du général Faidherbe, par M. Rignot-Dubaux, 1884. Paris, Musée de l'Armée.
Phot. © Giraudon

FAÏENCE [fajɑ̃s] **n. f.** ▪ Poterie de terre recouverte de vernis ou d'émail. *Carreaux de faïence.* – *Faïences de Rouen, de Nevers.*

FAÏENCERIE [-fajɑ̃-] **n. f.** ▪ **1.** Industrie et commerce de la faïence. – Fabrique de faïence. **2.** Objets de faïence.

① **FAILLE** **n. f.** ▪ **1.** Fracture de l'écorce terrestre, accompagnée du glissement des parties séparées. **2.** fig. Point faible, défaut. *Ce raisonnement présente une faille.*

② **FAILLE** **n. f.** ▪ Tissu de soie à gros grain.

FAILLI, IE **n.** et **adj.** ▪ (Commerçant) qui a fait faillite.

FAILLIBLE **adj.** ▪ Qui peut se tromper, commettre une faute.

FAILLIR **v. intr.** [2] ou archaïque : *je faux,* etc. (surtout inf., passé simple et temps composés) ▪ **1.** LITTÉR. *FAILLIR À :* manquer à, négliger. *Ne pas faillir à sa promesse.* **2.** VIEILLI Commettre une faute ; se tromper. *Chacun peut faillir.* **3.** (+ inf.) Indique que l'action était sur le point de se produire. *J'ai failli tomber.*

FAILLITE **n. f.** ▪ **1.** Situation d'un commerçant qui ne peut pas payer ses dettes, tenir ses engagements. ⇒ **déconfiture, ruine ; liquidation.** *Être en faillite ; faire faillite* (⇒ **failli**). **2.** Échec complet (d'une entreprise, d'une idée...).

FAIM **n. f.** ▪ **1.** Sensation qui, normalement, accompagne le besoin de manger. *Satisfaire sa faim. Avoir faim,* FAM. *très faim,* LITTÉR. *grand-faim. Une faim de loup.* prov. *La faim fait sortir le loup du bois. Manger à sa faim. Rester sur sa faim,* avoir encore faim après avoir mangé ; fig. ne pas obtenir autant qu'on attendait. *Ils sont morts de faim.* – fig. *Mourir, crever de faim :* avoir une faim extrême. – *Grève* de la faim.* **2.** fig. Appétit, besoin, aspiration ardente. *Faim intellectuelle.* – *Avoir faim de justice.*

FAÎNE ou **FAINE** **n. f.** ▪ Fruit du hêtre.

FAINÉANT, ANTE **n.** ▪ Personne qui ne veut rien faire. ⇒ **paresseux.** *Au travail, fainéants !* – **adj.** *Un élève fainéant.*

FAINÉANTER **v. intr.** [1] ▪ Faire le fainéant, vivre en fainéant. ⇒ **paresser.**

FAINÉANTISE **n. f.** ▪ Caractère d'une personne fainéante (⇒ **paresse, flemme**) ; état de fainéant (⇒ **inaction, oisiveté**).

FAIRBANKS ▪ Ville des États-Unis (Alaska). 31 000 hab. C'est la seule agglomération d'importance notable de l'intérieur de l'État, et le terminus de la route de l'Alaska. Université.

FAIRE **v. tr.** [60] ▪ **I.** (Réaliser [un être : qqch. ou qqn]) **1.** Réaliser hors de soi (une chose matérielle). ⇒ **construire, fabriquer.** *Faire un outil. Faire le pain.* – (animaux) prov. *Petit à petit l'oiseau fait son nid*.* **2.** Réaliser (une chose abstraite). ⇒ **élaborer.** *Faire une loi. Faire un roman.* **3.** (emplois spéciaux) Produire de soi, hors de soi. (humains) *Faire un enfant.* ⇒ **engendrer, procréer.** (animaux) *La chatte a fait ses petits.* ⇒ **mettre** bas. loc. fig. *Faire des petits*. Rosier qui fait des boutons.* – (de l'organisme) *Bébé qui fait ses dents.* ♦ Évacuer (les déchets de l'organisme, spécialt les excréments). *Faire ses besoins* (euphémisme). FAM. *Faire caca, faire pipi.* ⇒ **déféquer, uriner ;** FAM. **chier, pisser.** ♦ (choses) *Savon qui fait beaucoup de mousse.* **4.** Se fournir en ; prendre (qqch.). ⇒ s'**approvisionner.** *Faire de l'essence. Faire des, ses provisions.* ♦ ⇒ **obtenir.** *Faire beaucoup d'argent. Faire des bénéfices.* ♦ ⇒ **fournir, produire.** *Faire du blé,* le cultiver. – *Nous ne faisons pas cet article.* **5.** FAM. Voler (qqch.) à qqn. *On lui a fait son portefeuille.* **6.** (choses) Constituer (quant à la quantité, la qualité...). *Deux et deux font quatre.* ⇒ **égaler.** *Cela ne fait pas assez,* il n'y en a pas assez. FAM. *Ça commence à bien faire :* cela suffit, en voilà assez. – *Couleurs qui font un ensemble harmonieux.* ⇒ **former.** – (personnes) *Elle fera une excellente avocate.* – *NE FAIRE QU'UN.* ⇒ **un. II.** (Réaliser [une manière d'être] ; être le sujet de [une activité], la cause de [un effet]) **1.** Effectuer (un mouvement). ⇒ **exécuter.** *Faire un pas. Faire des signes.* **2.** Effectuer (une opération, un travail) ; s'occuper à (qqch.). ⇒ **effectuer, exécuter.** *Faire le ménage. Faire des*

Gourde de la fabrique Fontana, Urbino, XVIe s. Musée de la Céramique, Sèvres. *Phot. © Dagli Orti*

Atelier de Faenza, grand plat rond, *Le Jugement de Pâris,* XVe s. Musée des Beaux-Arts, Angers. *Phot. © Lauros/Giraudon*

Grand plat lustré. Décor floral et géométrique, style hispano-mauresque, fin XVe s. Musée Condé, Chantilly. *Phot. © Giraudon*

faïence.

recherches. *Faire du tennis.* – *Ce n'est ni fait ni à faire,* c'est très mal fait. *Avoir beaucoup à faire,* être très occupé. – (lorsqu'on attend quelqu'un avec impatience) *Qu'est-ce qu'ils font ?* ⇒ **fabriquer ;** FAM. **fiche, foutre.** – FAM. *(IL) FAUT LE FAIRE :* il faut en être capable, c'est difficile. ♦ *AVOIR À FAIRE AVEC* (qqn), avoir à faire un travail avec lui. – par ext. *Je n'ai rien à faire avec lui,* je ne veux avoir aucune relation. **3.** Exercer (une activité suivie). *Que fait-il dans la vie ? Faire des études.* **4.** Accomplir, exécuter (un acte, une action). *Faire une erreur. Faire des efforts. Faire l'amour*. Quoi qu'il fasse, il n'y parviendra pas.* – *Aussitôt dit*, aussitôt fait. Il ne sait plus ce qu'il fait,* il perd la tête. *En faire trop :* exagérer. *C'est bien fait,* c'est mérité. FAM. *Rien à faire !,* je refuse. *Ce qui est fait est fait,* ne revenons pas sur ce qui est accompli. ♦ intrans. Agir. *Il a bien fait. Faites comme vous voulez.* – *EN FAIRE à sa tête, à sa fantaisie,* faire ce qui plaît. *Il n'en fait qu'à sa tête.* ♦ *FAIRE BIEN DE, MIEUX DE* (+ inf.). *Vous feriez bien, vous feriez mieux de partir,* vous devriez partir. ♦ *NE FAIRE QUE (DE)* (+ inf.). *Ne faire que,* faire seulement ; ne pas cesser de. *Il ne fait que bâiller.* – *Ne faire que, que de,* venir de (passé récent). *Nous ne faisons que (de) commencer.* ♦ *À TANT FAIRE QUE ; TANT QU'À FAIRE.* ⇒ **tant.** ♦ *FAIRE QQCH. POUR* (qqn), aider, rendre service. *Puis-je faire quelque chose pour vous ?* – (*qqch. ;* résultat, conséquence) *Il n'a rien fait pour cela.* ♦ FAM. *LE, LA FAIRE À :* agir d'une certaine manière (généralement pour tromper). *Il l'a fait au sentiment. Il ne faut pas nous la faire,* essayer de nous tromper. **5.** Exécuter (une prescription). *Faire son devoir.* ⇒ s'**acquitter** de. – *Faire les quatre volontés* de qqn.* **6.** Être la cause de, l'agent de. ⇒ **causer, déterminer, occasionner, provoquer.** *Faites-moi plaisir. Vous lui avez fait mal, du mal.* – (choses) Avoir (un effet). *L'explosion a fait du bruit. Sa tête lui fait mal. Cela ne fait rien,* c'est sans importance. *Qu'est-ce que ça peut bien vous faire ?* ♦ *FAIRE...* (à qqch.), *Y FAIRE. Cela ne fait rien à la chose, à l'affaire,* cela ne change rien. *Nous ne pouvons rien y faire.* – FAM. *Savoir y faire,* être habile, débrouillard. ♦ *FAIRE QUE,* suivi d'une complétive. – (à l'impér. ou au subj. [souhait] ; + subj.) *Fasse le ciel qu'il revienne bientôt. Faites que ce ne soit pas grave.* – (avec l'indic.) Avoir pour conséquence, pour résultat que. *Sa négligence a fait qu'il a perdu beaucoup d'argent.* – *Ne pouvoir faire que :* ne pas pouvoir empêcher que. ♦ *SE LAISSER FAIRE.* ⇒ **laisser. 7.** Parcourir (un trajet, une distance) ; franchir. *Faire un trajet. Chemin* faisant. Faire dix kilomètres à pied.* ♦ FAM. Parcourir pour visiter. *Faire la Bretagne.* – *Agent commercial qui fait Paris.* **8.** FAM. Durer, quant à l'usage. *Ces chaussures m'ont fait deux ans.* **9.** Exprimer par la parole (surtout en incise). ⇒ **dire.** *Chut ! fit-il.* – (geste) *Il fit « non » de la tête.* ♦ (choses) *La pendule fait tic-tac.* **10.** (choses ou personnes) Présenter en soi (un aspect physique, matériel). ⇒ **avoir.** *Tissu qui fait des plis.* ⇒ **former.** ♦ Avoir pour variante morphologique. *« Journal » fait « journaux » au pluriel.* ♦ FAM. Avoir pour mesure, pour valeur. *Mur qui fait six mètres de haut. Combien cela fait-il ?* – *Quelle taille faites-vous ?* ♦ impers. Constituer (un certain temps). *Ça fait huit jours qu'il n'est pas venu.* **11.** Subir (un trouble physique). *Faire de la tension. Il a fait une angine.* **III.** (Déterminer [qqn, qqch.] dans sa manière d'être) **1.** Arranger, disposer (qqch.) comme il convient. *Faire un lit. Faire sa chambre.* ⇒ **nettoyer, ranger.** – *Faire les mains de qqn.* **2.** Former (qqn, qqch.). *École qui fait de bons ingénieurs.* **3.** (Donner une qualité, un caractère, un état à) *FAIRE QQN* (+ subst.), lui donner le titre de. *Il a été fait président du club.* ♦ *FAIRE QQN* (+ adj.). ⇒ **rendre.** *Il les a faits riches.* – Représenter, donner comme. *Vous le faites plus méchant qu'il n'est.* ♦ FAM. Donner un prix à (qqch. qu'on vend). *Je vous le fais cent francs.* **4.** *FAIRE* (qqn ; qqch.) *DE* (qqn ; qqch.). ⇒ **changer, transformer** en. *Faire d'un capitaine un commandant. Je m'en suis fait une amie. On fera quelque chose de lui.* – (caractère...) *Vous en avez fait un enfant heureux.* – (choses) *Il en a fait tout un drame, tout un plat.* ♦ *N'avoir que faire de,* n'avoir aucun besoin de. *Il n'a que faire de tous ces costumes.* ♦ Disposer (de), mettre en un endroit. *« Qu'avez-vous fait de l'enfant ? — Je l'ai confié à sa tante ».* – FAM. *Qu'est-ce que j'ai fait de mes lunettes ?,* où les ai-je mises ? **5.** Jouer un rôle (dans un spectacle...). *Faire Harpagon dans "L'Avare" de Molière.* ♦ Agir comme ; avoir, remplir le rôle de. *Faire le pique-assiette. Faire l'imbécile.* – (choses) *Salle à manger qui fait salon.* ♦ Imiter intentionnellement, chercher à passer pour. ⇒ **contrefaire, imiter, simuler.** *Faire le mort. Faire l'innocent, l'idiot.* – *Faire son, sa* (+ subst.). *Faire son malin, sa maligne.* **6.** (+ adj. ou n. sans article [qui reste généralt invar.]) Avoir l'air de, donner l'impression d'être. ⇒ **paraître.** *Elle fait vieux, elle fait vieille pour son âge. Elle fait très dame. Cette cravate fait chic.* – *FAIRE BIEN,* avoir belle allure (dans un décor...). **IV.** (+ inf.) Être cause que. *Faire tomber un objet. Faire taire qqn. Faire voir qqch. à qqn. Faites-le prévenir. On la fait travailler dur. Faites-le (s')asseoir.* ◇ *Fait* reste invar. *Je les ai fait venir.* – *FAIRE FAIRE. Faire faire un costume à (ou par) son tailleur.* (Attribuer, prétendre) *Ne me faites pas dire ce que je n'ai pas dit.* **V.** (avec un sujet impers.) **1.** Pour exprimer les conditions de l'atmosphère ou du milieu. *Il fait jour ; il fait clair. Il fait soleil, du soleil.* – FAM. *Il fait soif,* on a soif. **2.** *Il fait bon, beau...* (+ inf.). *Il fait bon vivre ici.* – loc. *Il ferait beau voir qu'il refuse.* **VI.** (employé comme substitut d'autres verbes) **1.** VX ou LITTÉR. (dans le second terme d'une compar.) *Je ne me conduirai jamais comme vous faites.* **2.** (avec le second terme d'une compar. ; avec *de* ou *pour*) *Il l'embrassa comme il aurait fait d'un ami, pour un ami.* **VII.** *SE FAIRE* (emplois spéciaux). **1.** Se former. *Fromage qui se fait.* – *Cet homme s'est fait seul.* **2.** (+ adj.) ⇒ **devenir.** *Se faire vieux. Produit qui se fait rare.* – impers. *Il se fait tard,* il commence à être tard. **3.** Devenir volontairement. ⇒ se **rendre.** *Elle s'est fait belle. Se faire tout petit.* **4.** *SE FAIRE À :* s'habituer à. ⇒ s'**accoutumer** à. *Se faire à un lieu, à une idée. Je ne peux pas m'y faire.* **5.** Se procurer. *Se faire des amis.* **6.** Former en soi, se donner. *Se faire une idée exacte de qqch. Se faire du souci.* ♦ FAM. *S'EN FAIRE :* se contrarier, être soucieux. *Ne vous en faites pas pour moi.* – par ext. *Il ne s'en fait pas, celui-là !,* il ne se gêne pas. **7.** FAM. *Se faire qqn,* le supporter. *Celle-là, il faut se la faire !* ♦ Attaquer, posséder... *Je vais me le faire !* **8.** (passif) Être fait. prov. *Paris ne s'est pas fait en un jour. Voilà ce qui se fait de mieux.* ♦ Être pratiqué couramment ; être à la mode. *Cela se fait beaucoup cette année.* ♦ Devoir être fait, quant aux usages. *Cela ne se fait pas.* ♦ impers. Être, arriver. *Il se fit un grand silence. Comment se fait-il que vous partiez déjà ?* **VIII.** passif **1.** *ÊTRE FAIT POUR,* destiné à. *Cette voiture n'est pas faite pour transporter dix personnes.* **2.** LITTÉR. *C'EN EST FAIT DE,* c'est fini (de...). *C'en est fait de la vie facile.* – *C'en est fait de moi,* je suis perdu.

FAIRE-PART n. m. invar. ▪ Lettre imprimée qui annonce une nouvelle ayant trait à la vie civile (naissance, etc.).

FAIRE-VALOIR n. m. invar. ▪ Personne, personnage qui met en valeur qqn (→ comparse).

Thomas FAIRFAX (1612 - 1671) ▪ Général et homme politique anglais. Il combattit avec Cromwell à la bataille de Naseby contre Charles Ier, mais se rallia ensuite à Charles II.

FAIR-PLAY n. m. invar. ▪ anglic. Acceptation loyale des règles (dans la pratique d'un sport, la vie professionnelle...). ◇ recomm. off. *franc-jeu.* – adj. invar. *Il n'est pas très fair-play* (→ beau joueur).

FAISABILITÉ [fə-] n. f. ▪ TECHN. Caractère de ce qui est faisable, réalisable. – *Étude de faisabilité* (d'un projet).

FAISABLE [fə-] adj. ▪ Qui peut être fait. ⇒ **possible, réalisable.**

FAISALABAD anciennt ***LYALLPUR*** ▪ Ville du Pakistan (Panjab). 1,5 million d'hab. Industrie textile.

FAISAN, ANE [fə-] n. ▪ Oiseau gallinacé, à plumage coloré, à longue queue et dont la chair est estimée. *Chasse au faisan. Faisan d'élevage.* – adj. *Coq faisan, poule faisane.*

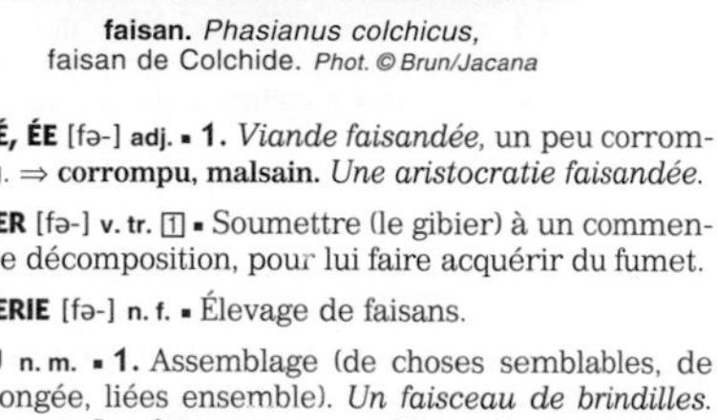

faisan. *Phasianus colchicus,* faisan de Colchide. *Phot. © Brun/Jacana*

FAISANDÉ, ÉE [fə-] adj. ▪ **1.** *Viande faisandée,* un peu corrompue. **2.** fig. ⇒ **corrompu, malsain.** *Une aristocratie faisandée.*

FAISANDER [fə-] v. tr. [1] ▪ Soumettre (le gibier) à un commencement de décomposition, pour lui faire acquérir du fumet.

FAISANDERIE [fə-] n. f. ▪ Élevage de faisans.

FAISCEAU n. m. ▪ **1.** Assemblage (de choses semblables, de forme allongée, liées ensemble). *Un faisceau de brindilles.* ♦ ANTIQ. ROMAINE *Les faisceaux :* assemblages de verges liées autour d'une hache, portés par les licteurs (symbole du pouvoir de l'État). ◆ HIST. MOD. Emblème du fascisme* italien. **2.** par analogie *Faisceau lumineux,* ensemble de rayons lumineux. *Le faisceau d'un phare.* ◆ *Faisceau d'électrons. Faisceau hertzien.* ◆ *Faisceau musculaire* (de fibres musculaires). **3.** fig. Ensemble (d'éléments abstraits assemblés). *Un faisceau de preuves.*

FAISEUR, EUSE [fəzœʀ, øz] **n.** ▪ **1.** *FAISEUR, EUSE DE :* personne qui fait, fabrique (qqch.). *Un faiseur de barrages.* ◆ absolt Spécialiste des métiers de l'habillement. *S'habiller chez un bon faiseur.* ⇒ **tailleur.** ♦ plais. Personne qui se livre habituellement à (une activité). *Une faiseuse de projets.* péj. *Un faiseur d'embarras.* ♦ loc. VIEILLI *Faiseuse d'anges :* avorteuse. **2. n. m.** péj. Celui qui cherche à se faire valoir (par des vantardises...). ⇒ **hâbleur, poseur.** ◆ LITTÉR. Homme d'affaires peu scrupuleux. *"Le Faiseur"* (pièce de Balzac).

FAISSELLE n. f. ▪ Récipient percé de trous, pour faire égoutter le fromage.

① **FAIT, FAITE adj.** ▪ **1.** Qui présente tel aspect. *Il est bien fait (de sa personne).* ⇒ bien **bâti. 2.** Qui est arrivé à son plein développement. *Un homme fait.* ⇒ **mûr.** ♦ *Un fromage bien fait,* parvenu à maturité. ⇒ à **point,** à **cœur. 3.** Fabriqué, composé, exécuté... *Un travail bien fait.* ♦ *TOUT FAIT :* fait à l'avance, tout prêt. ◆ *Idées toutes faites.* ⇒ **préjugé. 4.** Qui est fardé, maquillé. *Des yeux faits.* ◆ *Des ongles faits.* **5.** (personnes) FAM. *Être fait,* pris. *Vous êtes faits comme des rats!*

② **FAIT n. m.** ▪ **I. 1.** *(LE) FAIT DE :* action de faire (qqch.). ⇒ **acte, action.** *Le fait de parler. Pour fait d'insoumission.* ◆ *Il est coutumier du fait,* de cela. *La générosité n'est pas son fait,* n'est pas dans ses habitudes. *Prendre qqn SUR LE FAIT,* le surprendre au moment où il agit. ⇒ flagrant **délit.** ◆ au plur. *Les FAITS ET GESTES* de qqn.* **2.** (dans des loc.) Action mémorable, remarquable. ⇒ **exploit, prouesse.** *Fait d'armes ; hauts faits.* **3.** DR. Action susceptible de produire un effet juridique. *Responsabilité du fait d'autrui.* ◆ *VOIE DE FAIT :* coup, violence. ◆ *PRENDRE FAIT ET CAUSE pour qqn,* prendre sa défense, son parti. **II. 1.** Ce qui est arrivé, ce qui a eu lieu. ⇒ **affaire, événement.** *C'est un fait courant. Le déroulement des faits.* ◆ *LE FAIT QUE. Le fait que vous soyez malade ne vous excuse pas.* ◆ *DU FAIT DE :* par suite de. ◆ *DU FAIT QUE.* ⇒ **puisque.** *Du seul fait que :* pour cette seule raison que. ◆ loc. *Mettre qqn devant LE FAIT ACCOMPLI,* l'obliger à accepter une chose sur laquelle il n'y a plus à revenir. ♦ Information (dans un journal). ◆ *FAITS DIVERS :* nouvelles ponctuelles, peu importantes (→ chiens écrasés). **2.** Ce qui existe réellement (opposé à l'idée, au rêve, etc.). ⇒ **réalité, réel.** *S'incliner devant les faits. Juger sur, d'après les faits.* ◆ *C'est un fait,* c'est certain, vrai. ◆ *Le fait est que...,* il faut admettre que... ♦ loc. adv. *PAR LE FAIT, DE FAIT, EN FAIT :* en réalité. ⇒ **effectivement, réellement.** ◆ *TOUT À FAIT.* ⇒ ① **tout. 3.** Ce qui est constaté par l'observation (notamment scientifique). *Faits sociaux.* **4.** Cas, sujet particulier dont il est question. *Être sûr de son fait. Aller au fait, (en) venir au fait,* à l'essentiel. *Être au fait de,* au courant de. ◆ *AU FAIT* (en tête de phrase) : à propos. ◆ *EN FAIT DE :* en ce qui concerne, en matière de. ◆ *DE CE FAIT.* ⇒ par **suite.**

FAÎTAGE n. m. ▪ Arête supérieure d'un comble. ◆ par ext. Toiture (d'un bâtiment).

FAÎTE n. m. ▪ Partie la plus haute (de qqch. d'élevé). ⇒ **cime, haut, sommet.** *Le faîte d'un arbre ; d'une montagne.*

FAÎTIÈRE adj. f. ▪ TECHN. Du faîte (d'une toiture). *Lucarne faîtière. Tuile faîtière* et **n. f.** *une faîtière.*

FAIT-TOUT (invar.) ou **FAITOUT n. m.** ▪ Instrument de cuisine, récipient à deux poignées et à couvercle, qui va au feu.

FAIX n. m. ▪ LITTÉR. Lourd fardeau. *Ployer sous le faix.*

FAKHR AL-DĪN ou **FICARDIN** (1572-1635) ▪ Émir du Liban. Il favorisa l'installation des chrétiens.

FAKIR n. m. ▪ **1.** DIDACT. Ascète musulman (⇒ **derviche**). ◆ En Inde, Ascète qui vit d'aumônes. **2.** COUR. Professionnel du spectacle présentant des numéros d'insensibilité à la douleur, d'hypnose, etc.

les **FALACHAS** ou **FALASHAS** ▪ Juifs noirs d'Éthiopie dont la majeure partie a émigré en Israël entre 1984 et 1991.

FALAISE n. f. ▪ Escarpement rocheux créé par le travail des eaux (côtes, bords de rivières).

FALAISE ▪ Commune du Calvados. 8 119 hab. *(les Falaisiens).* Château (XIe-XIIIe s.).

FALBALAS n. m. pl. ▪ Ornements excessifs (d'une toilette).

Étienne **FALCONET** (1716-1791) ▪ Sculpteur français. Il travailla pour Mme de Pompadour et pour Catherine II (*"Monument à Pierre le Grand"*, 1766-1778, à Saint-Pétersbourg).

FALCONIDÉ n. m. ▪ ZOOL. Rapace diurne aux ailes et à la queue pointues (famille des *Falconidés ;* ex. le faucon).

les îles **FALKLAND** → **Malouines**

Manuel de **FALLA** (1876-1946) ▪ Compositeur espagnol. *"La Vie brève"* (opéra, 1905), *"L'Amour sorcier"* (ballet, 1915) et les *"Chansons populaires"* (1914) allient une veine populaire, nationale, à la science d'un musicien proche de Debussy.

FALLACIEUX, EUSE adj. ▪ LITTÉR. Trompeur ; illusoire. *Des promesses fallacieuses.*

Armand **FALLIÈRES** (1841-1931) ▪ Président (gauche républicaine) de la République française de 1906 à 1913.

FALLOIR v. impers. [29] ▪ **I.** (Manquer) *IL S'EN FAUT DE,* il manque. *Il s'en est fallu d'une minute qu'ils ne se soient rencontrés.* ◆ *Il s'en faut de beaucoup.* ◆ *TANT S'EN FAUT,* il s'en faut de beaucoup. *PEU S'EN FAUT. Il est perdu ou peu s'en faut.* ⇒ **presque. II.** (Être l'objet d'un besoin) *IL FAUT* (qqch.) *À* (qqn). *Combien vous faut-il ? Il lui faut quelqu'un pour l'aider.* **III.** (Être l'objet d'une nécessité ou d'une obligation) **1.** *IL FAUT* (+ inf.). *Il faut, il faudrait l'avertir tout de suite.* **2.** *IL FAUT QUE* (+ subj.). *Il faut qu'il vienne. Il faudra que je vous voie.* ◆ *Il a fallu qu'il vienne en ce moment !* (comme par une fatalité). **3.** *IL LE FAUT* (*le* remplaçant l'inf. ou la proposition). *Vous irez le voir, il le faut.* **4.** (avec ellipse) *Il a l'art de ne dire que ce qu'il faut,* ce qui est juste, à propos. **5.** *COMME IL FAUT* loc. adv. *Se conduire, s'exprimer comme il faut,* convenablement. ◆ loc. adj. invar. FAM. *Des gens très comme il faut.* **IV.** *IL FAUT* (+ inf.), *IL FAUT QUE* (+ subj.) : il est nécessaire, selon la logique du raisonnement (que). *Dire des choses pareilles ! Il faut avoir perdu, que vous ayez perdu l'esprit.* ◆ (sans *il*) FAM. *Faudrait que je réfléchisse.*

Gabriel **FALLOPE** (1523-1562) ▪ Chirurgien et anatomiste italien. On lui doit de nombreuses découvertes anatomiques dont les trompes* de Fallope.

Frédéric, comte de **FALLOUX** (1811-1886) ▪ Homme politique français. Ministre de l'Instruction publique, il favorisa l'enseignement catholique (*loi Falloux,* 1850).

① **FALOT n. m.** ▪ **1.** Grande lanterne. ⇒ **fanal.** *À la lueur d'un falot.* **2.** ARGOT MILIT. Conseil de guerre.

② **FALOT, OTE adj.** ▪ Insignifiant, terne, sans personnalité. *Un personnage falot.*

FALSIFICATEUR, TRICE n. ▪ Personne qui falsifie.

FALSIFICATION n. f. ▪ Action de falsifier. ◆ Ce qui est falsifié.

FALSIFIER v. tr. [7] ▪ Altérer volontairement, dans le dessein de tromper. *Falsifier un vin. Falsifier une date sur un document.* ⇒ **contrefaire ; maquiller, truquer.** ◆ *Falsifier la pensée de qqn.* ⇒ **défigurer, fausser.**

FALSTER ▪ Île du Danemark, dans la Baltique. 514 km². 42 968 hab.

FALUN n. m. ▪ TECHN. Dépôt sédimentaire meuble formé de coquilles.

FALZAR n. m. ▪ FAM. Pantalon.

FAMAGOUSTE ▪ Ville de Chypre, en zone aujourd'hui occupée par les Turcs. Env. 20 000 hab. Monuments gothiques. Après le règne des Lusignan, elle fut occupée par les Vénitiens puis prise par les Turcs en 1571.

FAMÉ, ÉE adj. ▪ *MAL FAMÉ, ÉE* (lieu) : qui a mauvaise réputation, est fréquenté par des malfaiteurs. *Une rue mal famée.*

FAMECK ▪ Commune de Moselle. 13 922 hab.

FAMÉLIQUE adj. ▪ LITTÉR. Qui ne mange pas à sa faim, qui est maigre. *Un chat famélique.* ⇒ **étique.** ◆ *Un air famélique.*

FAMEUX, EUSE adj. ▪ **1.** Qui a une grande réputation. ⇒ **célèbre, renommé.** *Un héros fameux.* ◆ *Région fameuse par* (ou *pour*) ses crus. **2.** iron. Dont on a beaucoup parlé. *C'était le fameux jour où nous nous sommes disputés.* **3.** (avant le nom) Remarquable. *Une fameuse canaille.* ⇒ **beau, rude, sacré.** ◆ *Un fameux coup de soleil.* **4.** (après le nom) Très bon. ⇒ **excellent.** *Un vin fameux. Ce devoir n'est pas fameux.* ▸ **adv.** FAMEUSEMENT

FAMILIAL, ALE, AUX adj. ▪ **1.** Relatif à la famille (en général). *Structure familiale.* ◆ *Allocations familiales,* aide financière de l'État aux personnes qui ont des enfants. **2.** Qui concerne une famille (groupe d'individus). *Une petite fête familiale.*

FAMILIARISER v. tr. [1] ▪ Rendre familier (avec). ⇒ **accoutumer, habituer.** ► SE FAMILIARISER v. pron. **1.** Devenir familier (avec qqn, avec les gens). ⇒ s'**apprivoiser. 2.** *Se familiariser avec* (qqch.), se rendre (qqch.) familier par l'habitude, la pratique. *Se familiariser avec une langue étrangère ; avec le danger.*

FAMILIARITÉ n. f. ▪ **1.** Relations familières (comme celles des membres d'une même famille). ⇒ **intimité. 2.** Manière familière de se comporter à l'égard de qqn. ⇒ **bonhomie, liberté. 3.** au plur. péj. Façons trop libres, inconvenantes. ⇒ **liberté, privauté.** *Se permettre des familiarités avec qqn.* **4.** LITTÉR. Manière de parler ou d'écrire qui a le ton de la conversation familière.

FAMILIER, IÈRE ▪ **I.** n. m. Personne qui est considérée comme un membre de la famille. ⇒ **ami, intime.** *Les familiers du prince.* ♦ Personne qui fréquente assidûment (un lieu). *Les familiers d'un club.* ⇒ **habitué. II.** adj. **1.** Qui est bien connu ; dont on a l'expérience habituelle. *Des visages familiers.* - *Le mensonge lui est familier.* **2.** Qui montre, dans ses rapports avec autrui, une grande simplicité. - péj. Trop désinvolte. ⇒ **cavalier. 3.** (mot, expression...) Qu'on emploie dans la conversation courante, et même par écrit, mais qu'on évite dans les relations officielles et les ouvrages de style soutenu. « *Emmerdant* » *est un mot familier.*

FAMILIÈREMENT adv. ▪ D'une manière familière ; avec simplicité.

FAMILLE n. f. ▪ **I.** ANTIQ. Ensemble des personnes vivant sous le même toit. ♦ DIDACT. Ensemble des personnes unies par le sang ou les alliances et composant un groupe. *La famille antique, la famille moderne. Famille patriarcale.* **II. 1.** (sens restreint) Les personnes apparentées vivant sous le même toit et, spécialt, le père, la mère et les enfants. *Fonder une famille. La vie de famille.* - *DES FAMILLES :* propre aux familles, à l'usage des familles. FAM. Tranquille, sans prétention *Une petite sieste des familles.* ♦ spécialt Les enfants d'un couple, d'un parent. *Père, mère de famille. Une famille de cinq enfants.* **2.** (sens large) L'ensemble des personnes liées entre elles par le mariage ou par la filiation (ou par l'adoption). *Nom de famille.* ⇒ **patronyme.** *Famille naturelle et belle-famille d'un époux. La famille de qqn, sa famille.* - *Être EN FAMILLE,* réunis entre gens de la même famille. - *Réunion DE FAMILLE.* ⇒ **familial. 3.** Succession des individus qui descendent les uns des autres, de génération en génération. ⇒ **descendance, lignée, postérité.** *Famille royale. Une famille de musiciens.* - *De bonne famille,* qui appartient à une famille bourgeoise (souvent iron.). - *Fils de famille,* qui profite de la situation privilégiée de ses parents (→ péj. fils à papa). **III.** fig. **1.** (avec un adj., un déterminatif) Ensemble d'êtres ayant des caractères communs. *Une famille d'esprits. Famille littéraire.* **2.** *Famille de langues,* groupe de langues ayant une origine commune. - *Famille de mots,* groupe de mots provenant d'une même origine, ou d'un même radical. *Famille étymologique.* **3.** L'une des grandes divisions employées dans la classification des animaux et des végétaux, qui regroupe des genres.

FAMINE n. f. ▪ Manque d'aliments par lequel une population souffre de la faim. ⇒ aussi **disette.** ♦ loc. *Crier* famine.* - *Salaire de famine,* très insuffisant (→ de misère).

FAN [fan] n. ▪ anglic. FAM. Admirateur, admiratrice enthousiaste (d'une vedette). ⇒ aussi **groupie.**

FANA adj. ▪ FAM. Amateur passionné (de qqn, de qqch.). *Elles sont fanas de moto.* - n. *Des fanas du sport.*

FANAL, AUX n. m. ▪ Grosse lanterne servant de signal (⇒ **feu ;** ① **falot).**

FANATIQUE adj. ▪ **1.** Animé envers une religion (et, par ext., envers une doctrine, une personne), d'une foi absolue et d'un zèle aveugle. *Partisan fanatique.* - n. *Des fanatiques exaltés.* **2.** Qui a une passion, une admiration intense pour qqn ou qqch. ⇒ **passionné ; fan, fana.** - n. *Des fanatiques de musique.* ⇒ **fou.**

FANATIQUEMENT adv. ▪ D'une manière fanatique.

FANATISER v. tr. [1] ▪ Rendre fanatique.

FANATISME n. m. ▪ **1.** Comportement de fanatique (1). *Fanatisme religieux* (⇒ **intolérance). 2.** Enthousiasme de fanatique (2).

FANDANGO n. m. ▪ Danse espagnole d'origine andalouse, accompagnée de castagnettes.

FANE n. f. ▪ surtout au plur. Tiges et feuilles de certaines plantes. *Fanes de radis.*

FANÉ, ÉE adj. ▪ **1.** (plante, fleur) Qui s'est fané. *Un bouquet fané.* **2.** Qui est défraîchi, flétri. *Un visage fané.* - *Couleur fanée,* passée, très douce.

① **FANER** v. tr. [1] ▪ Retourner (un végétal fauché) pour faire sécher. *Faner de la luzerne.*

② **FANER** v. tr. [1] ▪ **1.** Faire perdre à (une plante) sa fraîcheur. ⇒ **flétrir, sécher. 2.** LITTÉR. Altérer dans sa fraîcheur, son éclat. ⇒ **défraîchir.** ► SE FANER v. pron. **1.** (plante, fleur) Sécher en perdant sa couleur, sa consistance. ⇒ se **flétrir. 2.** Perdre sa fraîcheur, son éclat. *Beauté qui se fane.*

FANEUR, EUSE n. ▪ Personne qui fane (les foins).

Amintore FANFANI (né en 1908) ▪ Homme politique italien. Il fut plusieurs fois ministre (démocrate-chrétien) et président du Conseil entre 1945 et 1989.

FANFARE n. f. ▪ **1.** Air vif et rythmé, dans le mode majeur, généralement exécuté par des cuivres. *Sonner la fanfare. Réveil en fanfare* (et, fig., *réveil brutal*). **2.** Orchestre de cuivres ; musiciens de cet orchestre. ⇒ **orphéon.**

FANFARON, ONNE ▪ **1.** adj. Qui se vante avec exagération d'exploits réels ou imaginaires. - *Attitude fanfaronne.* **2.** n. *C'est un fanfaron.* ⇒ **bravache, fier-à-bras, matamore.** *Faire le fanfaron.* ⇒ **fanfaronner.**

FANFARONNADE n. f. ▪ Propos ou acte de fanfaron. ⇒ **rodomontade, vantardise.**

FANFARONNER v. intr. [1] ▪ LITTÉR. Faire des fanfaronnades.

FANFRELUCHE n. f. ▪ (souvent péj.) Ornement léger (nœud, volant...) du vêtement ou de l'ameublement.

FANGATAUFA → **Tuamotu**

FANGE n. f. ▪ LITTÉR. **1.** Boue liquide et sale. **2.** fig. Ce qui souille moralement. *On l'a traîné dans la fange.*

FANGEUX, EUSE adj. ▪ Plein de fange. *Une mare fangeuse.*

Juan Manuel FANGIO (1911 - 1995) ▪ Coureur automobile argentin. Cinq fois champion du monde des conducteurs entre 1951 et 1957.

Fangio. *Phot. © Wollmann/Gamma*

FANGOTHÉRAPIE n. f. ▪ DIDACT. Traitement par bains de boue.

FANION n. m. ▪ Petit drapeau.

FANON n. m. ▪ **1.** Repli de la peau qui pend sous le cou de certains animaux. *Les fanons d'un taureau.* **2.** Chacune des lames cornées qui garnissent la bouche de certains cétacés. *Fanons de baleine.*

Frantz FANON (1925 - 1961) ▪ Psychiatre et théoricien politique français. D'origine antillaise, il fit la critique du colonialisme. *"Peau noire, masques blancs"* (1952).

FANTAISIE n. f. ▪ **1.** VX Imagination. ♦ MOD. *DE FANTAISIE,* se dit de produits dont la valeur réside dans la nouveauté, l'originalité. *Uniforme de fantaisie.* - appos. (invar.) *Des bijoux fantaisie.* **2.** Œuvre d'art dans laquelle l'imagination s'est donné libre cours. *Fantaisie littéraire.* (en musique) *Les fantaisies de Mozart.* **3.** Désir, goût passager (qui ne correspond pas à un besoin véritable). ⇒ **caprice, désir, envie.** *Il lui a pris la fantaisie de repartir aussitôt.* **4.** Tendance à agir selon son humeur, en dehors des règles. *Agir selon sa fantaisie. Il n'en fait qu'à sa fantaisie* (→ à son gré, à sa guise). **5.** Imagination créatrice, faculté de créer librement, sans contrainte. ♦ Originalité amusante, imagination dans les initiatives. *Elle est pleine de fantaisie.* - *Existence qui manque de fantaisie,* monotone, terne.

FANTAISISTE ▪ **I.** adj. **1.** VIEILLI Qui s'abandonne à sa fantaisie, suit son imagination. **2.** Qui agit à sa guise, au mépris de ce qu'il faudrait faire ; qui n'est pas sérieux. ⇒ **amateur, dilettante, fantasque, farfelu, fumiste.** *Cet élève est un peu fantaisiste.* **3.** (choses) Qui n'est pas sérieux ; qui est sans fondement. *Un remède fantaisiste. Une hypothèse fantaisiste.* **4.** Qui témoigne de fantaisie. *Un accoutrement fantaisiste.* **II.** n. **1.** Personne qui agit par fantaisie, par caprice, sans sérieux. **2.** VIEILLI Artiste de music-hall, de cabaret qui chante, imite, raconte des histoires.

FANTASIA n. f. ▪ Divertissement équestre de cavaliers arabes. *"Une fantasia au Maroc"* (tableau de Delacroix).

FANTASMAGORIE n. f. ▪ Vision fantastique, surnaturelle.

FANTASMAGORIQUE adj. ▪ Qui tient de la fantasmagorie.

FANTASMATIQUE adj. ▪ Du fantasme ; relatif aux fantasmes.

FANTASME ou (VIEILLI) **PHANTASME** n. m. ▪ Idée, représentation imaginaire suggérée par l'inconscient. ⇒ **rêve.** *Des fantasmes de richesse.* ➝ spécialt PSYCH. Production de l'imaginaire par laquelle le moi cherche à échapper à l'emprise de la réalité.

FANTASMER v. intr. [1] ▪ Avoir des fantasmes ; se laisser aller à des fantasmes.

FANTASQUE adj. ▪ **1.** Dont on ne peut prévoir le comportement. ⇒ **capricieux, changeant, lunatique.** ➝ *Humeur fantasque.* **2.** (choses) LITTÉR. Bizarre, extravagant.

FANTASSIN n. m. ▪ Soldat d'infanterie.

FANTASTIQUE ▪ **I.** adj. **1.** Qui est créé par l'imagination, ou semble tel. ⇒ **fabuleux, imaginaire, irréel, surnaturel.** *Une créature fantastique.* **2.** (œuvres d'art) Où dominent des éléments surnaturels ou non vraisemblables. *Littérature fantastique.* **3.** Qui paraît surnaturel. **4.** (intensif) Étonnant, extravagant. ⇒ **formidable, sensationnel.** *Une réussite fantastique.* **II.** n. m. **1.** Ce qui est fantastique, irréel. **2.** Le genre fantastique dans l'art ; contenus des œuvres appartenant à ce genre.

FANTASTIQUEMENT adv. ▪ D'une manière fantastique.

Henri **FANTIN-LATOUR** (1836 - 1904) ▪ Peintre français. Portraits de groupes. Fleurs. Influence naturaliste.

Fantin-Latour. *Fleurs et fruits.* Musée d'Orsay, Paris.
Phot. © Arch. Smeets

FANTOCHE n. m. ▪ **1.** Marionnette articulée manipulée par des fils. ⇒ **pantin, polichinelle.** **2.** Personne sans consistance ni volonté. ➝ appos. *Un gouvernement fantoche.*

FANTÔMAS ▪ Personnage de roman créé en 1911 par Pierre Souvestre et Marcel Allain. Masqué, il sème l'épouvante par ses crimes d'une horreur raffinée.

FANTOMATIQUE adj. ▪ Relatif aux fantômes ; semblable à un fantôme. *Vision, apparence fantomatique.*

FANTÔME n. m. ▪ **1.** Apparition surnaturelle d'une personne morte. ⇒ **esprit, revenant, spectre.** **2.** Personnage ou chose qui hante l'esprit, la mémoire. *Les fantômes du passé.* **3.** Idée, être imaginaire. *Les fantômes de l'imagination.* **4.** appos. Qui apparaît et disparaît comme un fantôme. *"Le Vaisseau fantôme"* (opéra de Wagner). ♦ Qui n'a guère de réalité. ⇒ **inexistant.** *Un pouvoir fantôme.*

la **F.A.O.** ou **FAO, Food and Agriculture Organization** ▪ L'« Organisation pour l'alimentation et l'agriculture », créée en 1945, est une institution spécialisée de l'ONU.

FAON [fɑ̃] n. m. ▪ Petit du cerf, du daim ou du chevreuil. *Une biche et ses faons.*

FAR n. m. ▪ Dessert breton à base d'œufs, de farine, de sucre et de lait, que l'on cuit au four. *Far aux pruneaux.*

al-**FĀRĀBĪ** (v. 872 - 950) ▪ Philosophe musulman de langue arabe. Maître d'Avicenne, il fut un grand commentateur d'Aristote.

Michael **FARADAY** (1791 - 1867) ▪ Physicien et chimiste britannique. Lois quantitatives de l'électrolyse *(lois de Faraday).* Découverte de l'induction électromagnétique.

FARAMINEUX, EUSE adj. ▪ FAM. Qui étonne par son étrangeté ou son importance. ⇒ **extraordinaire, prodigieux.** ➝ *Des prix faramineux,* très élevés. ◇ var. PHARAMINEUX, EUSE.

FARANDOLE n. f. ▪ Danse provençale rythmée, exécutée par une file de danseurs se tenant par la main ; cette file de danseurs.

FARAUD, AUDE n. ▪ VIEILLI Personne qui affecte maladroitement l'élégance, qui cherche à se faire valoir. ⇒ **fanfaron, fat.** ♦ adj. *Un air faraud.*

① **FARCE** n. f. ▪ Hachis d'aliments (viande ou autres) servant à farcir.

② **FARCE** n. f. ▪ **1.** Pièce comique où dominent les jeux de scène. *"La Farce de maître Pathelin"* (farce du Moyen Âge). ➝ Genre littéraire que représentent ces pièces. *Les scènes de farce dans Molière.* ♦ fig. *Cela tourne à la farce,* cela devient ridicule. **2.** Tour plaisant qu'on joue à qqn. ⇒ **mystification, niche.** ♦ Objet servant à faire des farces. *Farces et attrapes*.* **3.** adj. VIEILLI Amusant, comique.

FARCEUR, EUSE n. ▪ Personne qui fait des farces, ou qui plaisante et raconte des histoires pour mystifier. ⇒ **blagueur, plaisantin.** *Sacré farceur !* ➝ adj. *Elle est très farceuse.*

FARCI, IE adj. ▪ **1.** Rempli de farce. *Tomates farcies.* **2.** péj. Rempli (de). ⇒ **bourré, plein.** *Il est farci de préjugés.*

FARCIR v. tr. [2] ▪ **1.** Remplir de farce. *Farcir une volaille.* **2.** abstrait, péj. Remplir, garnir abondamment (de). ⇒ **bourrer.** *Farcir un écrit de citations.* ⇒ **truffer.** **3.** FAM. *SE FARCIR* (qqch.) : avoir, consommer. *Se farcir un bon repas.* ➝ Faire (une corvée). *Se farcir tout le travail.* ➝ Supporter. *Celui-là, il faut se le farcir !*

FARD n. m. ▪ **1.** Produit qu'on applique sur le visage pour en changer l'aspect naturel. ⇒ **maquillage.** *Fard à joues.* **2.** VX Apparence trompeuse. ➝ loc. MOD. *SANS FARD :* sans artifice. *Parler sans fard.* **3.** loc. FAM. (personnes) *Piquer un fard,* rougir brusquement.

FARDEAU n. m. ▪ **1.** Chose pesante qu'il faut lever ou transporter. ⇒ **charge.** *De lourds fardeaux.* **2.** fig. Chose pénible (qu'il faut supporter).

FARDER v. tr. [1] ▪ **1.** Mettre du fard à. ⇒ **maquiller.** *Farder un acteur.* ⇒ **grimer.** ➝ pronom. *Se farder discrètement.* **2.** fig. LITTÉR. Déguiser la véritable nature de (qqch.) sous une apparence trompeuse. *Farder sa pensée. Farder la vérité.*

FARDIER n. m. ▪ anciennt Chariot servant à transporter des fardeaux pesants.

Guillaume **FAREL** (1489 - 1565) ▪ Réformateur religieux français. Il fit adopter la Réforme à Genève (avec Calvin), et à Neuchâtel où il se retira.

FARFADET n. m. ▪ Esprit follet, lutin d'une grâce vive et légère.

FARFELU, UE adj. ▪ FAM. Un peu fou, bizarre, extravagant.

FARFOUILLER v. intr. [1] ▪ FAM. Fouiller en bouleversant tout. ⇒ **fourgonner, fureter, trifouiller.**

Léon-Paul **FARGUE** (1876 - 1947) ▪ Écrivain français. Il a exprimé, en poésie et en prose, sa fantaisie, sa mélancolie, et a célébré Paris. *"Le Piéton de Paris"* (1939).

FARIBOLE n. f. ▪ Propos vain et frivole. ⇒ **baliverne, bêtise.** *Dire des fariboles.*

FARINE n. f. ▪ **1.** Poudre obtenue par la mouture de grains de céréales. *Farine de blé (de froment), de maïs, de riz.* ♦ absolt Farine de froment. *Fabrication de la farine.* ⇒ **moulin ; meunerie, minoterie.** ♦ loc. *De la même farine,* qui ne valent pas mieux l'un(e) que l'autre. - *Rouler qqn dans la farine,* le tromper. **2.** Poudre résultant du broyage de certaines denrées (poisson, soja...).

la guerre des FARINES ▪ Nom donné à l'agitation populaire qui, en 1775, en France, suivit la promulgation d'un édit de Turgot établissant la liberté du commerce du grain.

FARINEUX, EUSE adj. ▪ **1.** Qui contient de la farine et, par ext., de la fécule. - n. m. *Les haricots sont des farineux.* ⇒ **féculent. 2.** Couvert de farine. **3.** Qui donne en bouche l'impression de la farine. *Pomme farineuse.*

les frères FARMAN ▪ Pionniers de l'aviation, français d'origine britannique. Henri (1874 - 1958) effectua le premier vol avec passager (1908).

FARNBOROUGH ▪ Ville du sud de l'Angleterre (Hampshire). 45 000 hab. Tombeaux de Napoléon III et de l'impératrice Eugénie. Exposition aéronautique.

les FARNÈSE ▪ Maison princière d'Italie qui devint très puissante quand l'un des siens, Alexandre Farnèse, fut pape au XVIe s. (→ **Paul III**). ▶ **Alexandre FARNÈSE** → **Alexandre* Farnèse.** ▶ **le palais FARNÈSE**, édifié à Rome par Paul III, est aujourd'hui le siège de l'ambassade de France.

FARNIENTE [farnjɑ̃t; farnjɛnte] n. m. ▪ Douce oisiveté.

① **FAROUCHE** n. m. ▪ AGRIC. Trèfle incarnat cultivé comme fourrage.

② **FAROUCHE** adj. ▪ **1.** (animaux) Qui n'est pas apprivoisé et s'effarouche facilement. ⇒ **sauvage. 2.** (personnes) Qui redoute par tempérament le contact avec d'autres personnes. ⇒ **misanthrope, sauvage.** *Un enfant farouche.* ⇒ **timide.** - *Elle n'est pas farouche,* elle ne repousse pas les amoureux. **3.** (personnes) D'une rudesse sauvage. ⇒ **acharné. 4.** (choses) Qui effraie par son aspect rude et sauvage. *Une côte farouche.* ♦ Qui exprime l'hostilité, la violence. *Un air farouche.* - *Une résistance farouche.*

FAROUCHEMENT adv. ▪ D'une manière farouche. *Il s'y est farouchement opposé.* ⇒ **violemment.**

FAROUK ou **FĀRŪQ** (1920 - 1965) ▪ Dernier roi d'Égypte. Renversé en 1952.

FART [faʀt] n. m. ▪ Produit dont on enduit la semelle des skis pour améliorer la glisse.

FARTER v. tr. [1] ▪ Enduire de fart.

le FAR WEST ▪ Les territoires de l'ouest des États-Unis, au moment de leur conquête (XIXe s.). Les grandes plaines du Far West, au-delà du Mississipi puis, à mesure de l'avancée des pionniers, au-delà des Appalaches, inspirèrent de nombreux films (westerns).

FASCICULE n. m. ▪ Chaque partie d'un ouvrage publié par fragments. - Petit cahier imprimé. *Fascicule d'exercices.*

FASCINANT, ANTE adj. ▪ Qui fascine, charme.

FASCINATION n. f. ▪ **1.** Action de fasciner (1). **2.** Vive influence, irrésistible séduction. ⇒ **attrait, charme, envoûtement.** *Elle exerce sur lui une étrange fascination.*

FASCINE n. f. ▪ Fagot ; assemblage de branchages.

FASCINER v. tr. [1] ▪ **1.** Maîtriser, immobiliser par la seule puissance du regard (→ hypnotiser). **2.** Éblouir, captiver par la beauté, l'ascendant, le prestige. ⇒ **charmer, séduire.**

FASCISME [faʃism ; fasism] n. m. ▪ **1.** Doctrine, système politique nationaliste et totalitaire que Mussolini établit en Italie. **2.** Doctrine ou système politique tendant à instaurer dans un État un régime totalitaire du même type. **3.** par ext. Attitude politique réactionnaire et autoritaire. ▪ S'opposant au socialisme et à l'individualisme libéral, le fascisme, mouvement fondé par Mussolini en 1919, fut le régime politique de l'Italie de 1922 à 1945 et s'étendit à d'autres pays avec des variantes (Franco, Salazar, Hitler) au cours des années trente. L'État dirigé par un chef (le *Duce*), s'appuyant sur un parti unique, encadrait étroitement les divers aspects de la vie politique, économique (corporatisme) et sociale, toute opposition étant sévèrement réprimée.

FASCISTE [faʃist ; fasist] n. ▪ **1.** Partisan du fascisme italien et, par ext., d'un régime, d'un parti analogue. - adj. *Régime fasciste.* **2.** Partisan d'un régime autoritaire ; personne conservatrice et réactionnaire. ⇒ FAM. **facho.** - adj. *Un comportement fasciste. Idées fascistes.*

FASEYER [fas- ; faz-] v. intr. [1] ▪ MAR. (voile) Flotter, battre au vent.

FASHIONABLE [faʃjɔnabl] adj. ▪ anglic. VX Élégant, à la mode.

'Allāl al-FĀSĪ (1906 - 1974) ▪ Homme politique marocain. Fondateur en 1944 de l'Istiqlāl*, parti nationaliste.

Rainer Werner FASSBINDER (1945 - 1982) ▪ Cinéaste, écrivain, acteur et metteur en scène de théâtre allemand. Il contribua, avec W. Herzog et W. Wenders, au renouveau du cinéma allemand des années 1970. *"Le Mariage de Maria Braun"* (1979).

Fassbinder, pendant le tournage du film *Querelle,* 1982.
Phot. © Frank/Sygma

① **FASTE** n. m. ▪ Déploiement de magnificence. ⇒ **apparat, luxe, pompe.**

② **FASTE** adj. ▪ *JOUR FASTE* ANTIQ. (À Rome) Jour où il était permis de procéder à certains actes publics, les auspices s'étant montrés favorables. - COUR. Jour heureux, favorable. ◇ contr. *néfaste.*

FAST-FOOD [fastfud] n. m. ▪ anglic. Commerce de repas rapides, ou à emporter, standardisés (recomm. off. *restauration rapide*). - Établissement servant ce genre de repas. *Des fast-foods.*

FASTIDIEUX, EUSE adj. ▪ Qui rebute en provoquant l'ennui, la lassitude. ⇒ **ennuyeux, fatigant.** *Une énumération fastidieuse.* ▶ adv. FASTIDIEUSEMENT

FASTOCHE adj. ▪ FAM. Facile.

FASTUEUX, EUSE adj. ▪ Qui aime le faste. - Qui marque le faste. *Un décor fastueux.* ⇒ **riche, somptueux.** ▶ adv. FASTUEUSEMENT

FAT, FATE [fa(t), fat] ▪ LITTÉR. **1.** adj. m. (homme) Qui montre sa prétention de façon déplaisante et un peu ridicule. ⇒ **imbu, infatué, vaniteux ; fatuité.** *Il est un peu fat.* - n. m. *Quel fat !* **2.** adj. (choses) Qui manifeste de la fatuité. *Un air fat.* ⇒ **avantageux.**

FATAL, ALE, ALS adj. ▪ **1.** LITTÉR. Du destin ; fixé, marqué par le destin. *Le moment, l'instant fatal,* décisif. **2.** Qui doit arriver inévitablement. ⇒ **inévitable, obligatoire.** *C'était fatal !* ⇒ **écrit. 3.** Qui est signe de mort ou accompagne la mort. *L'instant fatal.* - Qui donne la mort. *Un coup fatal.* ⇒ **mortel. 4.** Qui entraîne la ruine, qui a des effets désastreux. ⇒ **funeste.** *Une erreur fatale.* - *Femme fatale,* qui séduit et perd les hommes.

FATALEMENT adv. ▪ **1.** LITTÉR. D'une manière fatale. **2.** Inévitablement.

FATALISME n. m. ▪ Doctrine ou attitude selon laquelle on ne peut modifier le cours des événements (fixés par le destin). *Fatalisme religieux.* - *Il a pris son échec avec fatalisme,* sans s'émouvoir.

FATALISTE n. ▪ Personne qui professe le fatalisme, ou qui accepte les événements avec fatalisme. *"Jacques le Fataliste"* (de Diderot). - adj. *Attitude fataliste.*

FATALITÉ n. f. ▪ **1.** Caractère de ce qui est fatal (I et 2). *La fatalité de la mort.* **2.** Force surnaturelle par laquelle, selon certains, tout ce qui arrive est déterminé d'avance. ⇒ **destin, destinée.** *Accuser la fatalité. C'est la fatalité !* **3.** Détermination, contrainte irrémédiable. *Une fatalité historique.* **4.** Hasard malheureux. ⇒ **malédiction,** mauvais **sort.** *Par quelle fatalité en est-il arrivé là ?*

FATEHPUR SIKRĪ ▪ Site de l'Inde (Uttar Pradesh). Remarquable ensemble architectural de la période moghole (XVIe s.).

Fatehpur Sikrī. *Phot. © Thomas /Explorer*

FATIDIQUE adj. ▪ Qui marque un arrêt du destin, une intervention du destin. *Un jour, une date fatidique.*

FATIGANT, ANTE adj. ▪ **1.** Qui cause de la fatigue (physique ou intellectuelle). ⇒ **épuisant, pénible, rude ;** FAM. **crevant, tuant.** *C'est un travail très fatigant.* **2.** Qui importune, lasse. ⇒ **assommant, ennuyeux, lassant.** *Il est fatigant, avec ses manies.*

FATIGUE n. f. ▪ **1.** Affaiblissement physique dû à un effort excessif ; sensation pénible qui l'accompagne. *Légère fatigue* (⇒ **lassitude**), *grande fatigue* (⇒ **épuisement**). ‑ *Je tombe, je suis mort de fatigue.* ‑ *Fatigue musculaire. Fatigue nerveuse ; intellectuelle* (⇒ **surmenage**). **2.** surtout au plur. Ce qui est cause de fatigue. *Une vie pleine de fatigues.*

FATIGUÉ, ÉE adj. ▪ **1.** Dont l'activité est diminuée par la fatigue. *Muscle fatigué.* ‑ (personnes) Qui ressent de la fatigue. ⇒ **las, moulu, vanné. 2.** Qui dénote de la fatigue. *Des traits fatigués.* ⇒ **tiré. 3.** Qui a beaucoup servi, a perdu sa fraîcheur. ⇒ **abîmé, déformé, défraîchi, usagé, usé.** *Des souliers fatigués.* **4.** (personnes) *Fatigué de,* las de. *Je suis fatigué d'attendre.*

FATIGUER v. [1] ▪ **I.** v. tr. **1.** Causer de la fatigue à. *Lecture qui fatigue les yeux.* ‑ *Ce travail l'a fatigué.* ⇒ **épuiser, éreinter, exténuer, harasser, vanner.** ♦ fig. *Fatiguer la terre* (en la remuant). ‑ *Fatiguer la salade.* **2.** Rebuter par l'ennui. ⇒ **dégoûter, lasser, saturer.** ‑ *Fatiguer qqn par des demandes, des plaintes répétées.* ⇒ **importuner. II.** v. intr. **1.** Se donner de la fatigue ; donner des signes de fatigue. ♦ (mécanisme) *Le moteur fatigue.* ⇒ **peiner. 2.** (choses) Subir des déformations consécutives à un trop grand effort. ⇒ se **déformer, faiblir, plier.** *Poutre qui fatigue.* ‑ *Navire qui fatigue* (sous l'effet d'un vent violent, etc.). ► SE **FATIGUER** v. pron. **1.** Se donner de la fatigue. *Se fatiguer en travaillant trop.* ‑ *Il ne s'est pas trop fatigué,* il n'a guère fait d'efforts. ‑ FAM. *Ne vous fatiguez pas* (à mentir), *je sais tout.* **2.** *SE FATIGUER DE :* se lasser de. *Se fatiguer de qqch., de faire qqch.*

FATIMA (v. 606 ‑ v. 633) ▪ Fille du prophète Mahomet et de sa première femme Khadija. Elle épousa son cousin Ali. Elle est très vénérée dans l'Islam, particulièrement par les chiites. ► **les FATIMIDES,** déclarant appartenir à sa descendance, régnèrent en Afrique du Nord (Xe s.) puis en Égypte, où le sunnite Saladin les renversa (1171).

FATIMA ▪ Ville du Portugal, en Estrémadure. Agglomération de 7 500 hab. Pèlerinage à la Vierge qui y serait apparue en 1917.

FATRAS n. m. ▪ Ensemble confus, hétéroclite (de choses sans valeur, sans intérêt). *Un fatras de vieux papiers.* ‑ *Un fatras de connaissances mal assimilées.*

FATRASIE n. f. ▪ HIST. LITTÉR. Pièce poétique et satirique du Moyen Âge, d'un caractère volontairement incohérent ou absurde.

FATUITÉ n. f. ▪ Satisfaction de soi-même qui s'étale d'une manière insolente, déplaisante ou ridicule. ⇒ **prétention, suffisance ; fat.**

FATWA n. f. ▪ DIDACT. (dans l'islam) Consultation juridique sur un point de religion ; décision qui en résulte (parfois, condamnation).

FAUBOURG [-buʀ] n. m. ▪ **1.** HIST. Partie d'une ville qui déborde son enceinte, ses limites (à un moment de l'histoire). *Le faubourg Saint-Antoine* (à Paris). **2.** Quartier populaire périphérique. *L'accent des faubourgs* (à Paris). ⇒ **faubourien.**

FAUBOURIEN, IENNE adj. ▪ Qui appartient aux faubourgs populaires de Paris. *Accent faubourien.*

FAUCHAGE n. m. ▪ Action de faucher. *Le fauchage d'un pré.*

FAUCHE n. f. ▪ FAM. ▪ **1.** Fait d'être fauché, sans argent. *Plus un sou, c'est la fauche !* **2.** Action de faucher (II) ; vol.

FAUCHÉ, ÉE adj. ▪ FAM. Sans argent. *Je suis fauché.* ‑ n. *Ce sont des fauchés.*

FAUCHER v. tr. [1] ▪ **I. 1.** Couper avec une faux, une faucheuse. *Faucher une prairie.* **2.** par métaphore *La mort fauche tout* (⇒ **faucheur**). **3.** Faire tomber. ⇒ **abattre, coucher.** *La grêle a fauché les blés.* ‑ Faire tomber (qqn) en blessant, en tuant. ‑ SPORTS Faire tomber (un adversaire) par un moyen irrégulier. **II.** FAM. Voler. ⇒ **barboter, chiper.** *On lui a fauché son portefeuille.*

FAUCHEUR, EUSE ▪ **I.** n. Personne qui fauche (des végétaux). ♦ par métaphore LITTÉR. *La Faucheuse, le Faucheur :* la Mort (⇒ ② **faux**). **II.** n. f. Machine agricole destinée à faucher.

FAUCHEUX n. m. ▪ Animal voisin de l'araignée, à quatre paires de pattes longues et fines.

FAUCILLE n. f. ▪ Instrument fait d'une lame d'acier en demi-cercle fixée à une poignée de bois, dont on se sert pour couper l'herbe. ⇒ **faux, serpe.** ‑ *La faucille et le marteau,* outils symbolisant les classes paysanne et ouvrière (et emblème communiste).

le col de la FAUCILLE ▪ Col du Jura (Ain), dominant le pays de Gex (1 320 m). Station de sports d'hiver.

FAUCON n. m. ▪ Oiseau rapace diurne au bec court et crochu. *Faucon dressé pour la chasse.*

faucon. *Falco tinnunculus,*
faucon crécerelle. *Phot. © Danegger/Jacana*

FAUCONNEAU n. m. ▪ Jeune faucon.

FAUCONNERIE n. f. ▪ Art de dresser les oiseaux de proie. ‑ Chasse pratiquée avec des oiseaux de proie.

FAUFILAGE n. m. ▪ Action de faufiler (I).

FAUFILER v. [1] ▪ **I.** v. tr. Coudre à grands points pour maintenir provisoirement (les parties d'un ouvrage). ⇒ **bâtir.** *Faufiler une manche.* **II.** *SE FAUFILER* v. pron. Passer, se glisser adroitement. ⇒ se **couler,** se **glisser.** *Se faufiler dans, à travers la cohue.*

William FAULKNER (1897 ‑ 1962) ▪ Romancier américain. Il a fait du sud des États-Unis le lieu mythique d'intrigues à la fois tragiques et banales. La multiplicité des narrateurs, le bouleversement de la chronologie des événements, le

Faulkner. *Phot. © Harlingue/Viollet*

refus de l'introspection des récits de Faulkner ont eu une influence déterminante sur de nombreux romanciers européens. *"Le Bruit et la Fureur"* (1929); *"Sanctuaire"* (1931). Prix Nobel de littérature 1949.

① **FAUNE** n. m. ▪ Divinité champêtre, de la mythologie romaine, semblable au satyre* grec (corps velu, oreilles pointues, cornes et pieds de bouc). ⇒ **sylvain.** *"L'Après-midi d'un faune"* (de Mallarmé).

② **FAUNE** n. f. ▪ **1.** Ensemble des animaux (d'une région, d'un milieu). *La faune et la flore des Alpes.* **2.** péj. Ensemble de gens qui fréquentent un lieu et ont des mœurs caractéristiques.

FAUNUS ▪ Dieu romain de la Nature, protecteur des troupeaux, souvent identifié, comme Silvanus, dieu des Forêts, à Pan*.

Félix FAURE (1841 - 1899) ▪ Président de la République française de 1895 à sa mort (républicain modéré).

Sébastien FAURE (1858 - 1942) ▪ Anarchiste et journaliste français.

Élie FAURE (1873 - 1937) ▪ Essayiste français. Son *"Histoire de l'art"* (1909-1921) donne une vision globale des arts plastiques, dans un style souvent lyrique.

Edgar FAURE (1908 - 1988) ▪ Homme politique français, juriste, essayiste et historien. Président du Conseil (radical-socialiste) en 1952 puis en 1955-1956. Il se rallia à de Gaulle.

Gabriel FAURÉ (1845 - 1924) ▪ Compositeur français. Auteur d'œuvres intimistes : nombreuses mélodies (certaines sur des poèmes de Verlaine), pièces pour piano, musique de chambre. *"Requiem"* (1887).

FAUSSAIRE n. ▪ Personne qui fait un faux (II, 2).

FAUSSE COUCHE n. f. ▪ Interruption accidentelle de la grossesse entraînant la mort du fœtus. *Des fausses couches.*

FAUSSEMENT adv. ▪ **1.** Contre la vérité. ⇒ à **tort.** *Être faussement accusé.* **2.** D'une manière fausse. *Raisonner faussement.* **3.** devant un adj. D'une manière affectée, simulée. *Un ton faussement indifférent.*

FAUSSER v. tr. ▢1 ▪ **I.** VX Rendre faux (un serment...) en y manquant. - loc. MOD. *FAUSSER COMPAGNIE À qqn,* le quitter brusquement ou sans se faire remarquer. **II. 1.** Rendre faux, déformer la vérité, l'exactitude de (une chose abstraite). ⇒ **altérer, dénaturer, falsifier.** *Erreur qui fausse un calcul. Fausser le sens d'un texte.* **2.** Faire perdre sa justesse à. *Fausser l'esprit de qqn.* ⇒ **déformer.** *Ses lectures lui ont faussé le jugement.* **3.** Déformer (un instrument, un objet...) par une pression excessive. *Fausser un mécanisme* (⇒ **forcer**).

FAUSSET n. m. ▪ *Voix de fausset* ou *fausset :* registre vocal aigu, résonnant dans la tête (→ voix* de tête). - Technique vocale reposant sur ce registre. *Baryton chantant en fausset.*

FAUSSETÉ n. f. ▪ **I. 1.** Caractère d'une chose fausse, contraire à la vérité. *Démontrer la fausseté d'une accusation.* ⇒ **inexactitude. 2.** Caractère de ce qui manque de justesse. *La fausseté d'un raisonnement.* **II.** Défaut du caractère qui consiste à dissimuler ses pensées véritables, à mentir. ⇒ **déloyauté, dissimulation, duplicité, fourberie, hypocrisie.**

FAUST ▪ Personnage légendaire qui vend son âme au diable afin d'obtenir la connaissance et le plaisir. Venu d'Allemagne (XVIe s.), le mythe a nourri tous les arts : littérature (Marlowe, Goethe, Valéry), peinture (Delacroix), musique (Berlioz, Gounod).

FAUTE n. f. ▪ **I.** Fait de manquer ; manque (dans quelques expr.). *FAUTE DE* loc. prép. : par manque de. *Le blessé est mort faute de soins.* - (+ inf.) *Faute d'aimer, on dépérit.* ♦ *SANS FAUTE :* à coup sûr. *Venez demain sans faute.* ♦ *NE PAS SE FAIRE FAUTE DE :* ne pas manquer de. *Elle ne s'est pas fait faute d'en parler.* **II. 1.** Manquement à la règle morale, au devoir ; mauvaise action. ⇒ **méfait.** *Commettre une faute.* - prov. *Faute avouée est à moitié pardonnée.* - *Prendre, surprendre qqn en faute.* **2.** DR. Acte ou omission constituant un manquement à une obligation. *Faute contractuelle.* **3.** Manquement à une règle, à un principe (dans une discipline intellectuelle, un art...). ⇒ **erreur.** *Lourde faute, faute grossière ; faute bénigne.* - *Faute d'étourderie,* commise par étourderie. - *Faute de langage.* ⇒ **incorrection.** *Faute de syntaxe.* - *Faute d'impression.* ⇒ **coquille. 4.** Manière d'agir maladroite, fâcheuse, imprudente. ⇒ **erreur, maladresse. 5.** (dans des expr.) Responsabilité d'une action. *C'est sa faute, c'est bien sa faute s'il lui est arrivé malheur. C'est la faute de son frère.* - *C'est de sa faute.* - *C'est arrivé par sa faute.* - POP. *C'est la faute à...* loc. « *C'est la faute à Voltaire, c'est la faute à Rousseau* » (formule popularisée par une chanson que chante Gavroche, dans *Les Misérables* de Hugo).

FAUTER v. intr. ▢1 ▪ **1.** VX Faire une faute morale. **2.** VIEILLI ou plais. (jeune fille) Se laisser séduire.

FAUTEUIL n. m. ▪ **1.** Siège à dossier et à bras, pour une personne. *S'asseoir dans un fauteuil.* - *Fauteuil roulant pour malade.* - au théâtre *Fauteuil d'orchestre.* ♦ loc. FAM. *Arriver (comme) dans un fauteuil,* arriver premier sans peine (dans une compétition). **2.** Siège, dans une assemblée. *Fauteuil d'académicien.*

FAUTEUR, TRICE n. ▪ LITTÉR. **1.** VX Personne qui favorise, protège. **2.** (surtout au masc.) Personne qui favorise, cherche à provoquer (qqch. de blâmable). *Fauteur de désordre ; de troubles.*

FAUTIF, IVE adj. ▪ **1.** VIEILLI Sujet à faillir. ⇒ **faillible.** *Mémoire fautive.* **2.** Qui est en faute. ⇒ **coupable** ; contr. *innocent. Il se sent fautif.* - n. *C'est lui le fautif dans cette affaire.* ⇒ **responsable. 3.** (choses) Qui renferme des fautes, des erreurs, des défauts (contr. *correct, exact*). *Calcul fautif.* ⇒ **erroné.** ► adv. FAUTIVEMENT

Jean FAUTRIER (1898 - 1964) ▪ Peintre français. Après ses *"Otages"* (1943-1945), il évolua vers l'art informel.

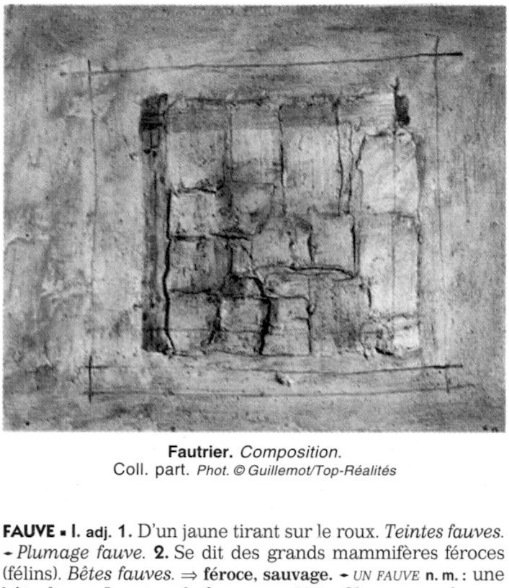

Fautrier. *Composition.*
Coll. part. *Phot. © Guillemot/Top-Réalités*

FAUVE ▪ **I.** adj. **1.** D'un jaune tirant sur le roux. *Teintes fauves.* - *Plumage fauve.* **2.** Se dit des grands mammifères féroces (félins). *Bêtes fauves.* ⇒ **féroce, sauvage.** - *UN FAUVE* n. m. : une bête fauve. *Les grands fauves.* ⇒ **félin.** *Chasse aux fauves.* **3.** par ext. *Odeur fauve :* odeur forte et animale. **II.** n. m. ARTS Peintre appartenant au courant du fauvisme. - adj. *La période fauve de Matisse.*

FAUVETTE n. f. ▪ Petit oiseau des buissons, au plumage fauve, au chant agréable.

Derain, *Les Deux Péniches,* 1906. MNAMGP, Paris. *Phot. © MNAMGP*

Dufy, *La Rue pavoisée,* 1906. MNAMGP, Paris. *Phot. © MNAMGP*

Matisse, *Marguerite lisant,* 1906. Musée de Peinture et de Sculpture, Grenoble. *© Succession H. Matisse – Phot. © Dagli Orti*

fauvisme.

FAUVISME n. m. ▪ ARTS Mouvement pictural français du début du xxe siècle, caractérisé par une représentation simplifiée des formes et l'utilisation de couleurs violentes. ▪ Le fauvisme, qui s'affirma en 1905 au Salon d'Automne, réunissait Matisse, Derain, Vlaminck, Van Dongen, Marquet, Rouault.

① **FAUX, FAUSSE** ▪ **I.** adj. **1.** Qui n'est pas vrai, qui est contraire à la vérité (pensable, constatable). *Avoir des idées fausses sur une question.* ⇒ **erroné.** *C'est faux !* (contr. *juste*). - *Une fausse déclaration.* ⇒ **inexact, inventé, mensonger.** *Faux témoignage.* - *Il est faux que..., de dire, de croire que...* **2.** (souvent avant le nom) Qui n'est pas vraiment, réellement ce qu'il paraît être (contr. *vrai*). *Une fausse fenêtre. Fausses perles.* - *Un faux maigre,* bien moins maigre qu'il n'en a l'air. - *Fabriquer de la fausse monnaie. Faux papiers. Un faux Vermeer.* ♦ abstrait *De fausses raisons.* ⇒ **prétexte.** *Une fausse indifférence.* ⇒ **simulé. 3.** Qui n'est pas ce qu'on le nomme. ◇ *Faux* s'emploie devant un grand nombre de noms de choses pour marquer une désignation impropre ou approximative ; ex. *faux acacia, fausse oronge, faux-filet, faux frais.* ♦ Qui ne mérite pas son nom. *Un faux champion.* **4.** Qui n'est pas ce qu'il veut paraître (en trompant délibérément). ⇒ **imposteur.** *Un faux prophète. C'est un faux frère*.* - *Un faux jeton*.* ♦ Hypocrite. *Un homme faux.* ⇒ **déloyal, fourbe, sournois. 5.** Qui n'est pas naturel à qqn. *Une fausse barbe.* ⇒ **postiche. 6.** Qui n'est pas justifié, fondé. *De fausses espérances. Fausse alerte.* - *Faux problème,* qui n'a pas lieu de se poser. *De faux besoins.* **7.** Qui n'est pas comme il doit être (par rapport à ce qui est correct, normal). *Faire un faux pas.* - *Une situation fausse.* ⇒ **équivoque. 8.** Qui marque un écart par rapport à ce qui est correct, juste, exact. *Un calcul faux.* **9.** (esprit, faculté) Qui juge mal. *Avoir le jugement faux.* - **adv.** *Il raisonne faux.* **10.** Qui n'est pas dans le ton juste. *Ce piano est faux. Fausse note.* ♦ **adv.** *Il chante faux.* ⇒ **détonner.** - fig. *Ses explications sonnent* faux.* **11.** *À FAUX* loc. adv. VX D'une manière fausse, contraire à la vérité. ♦ MOD. Hors d'aplomb. *Frapper à faux.* (pièce...) *Porter à faux.* ⇒ **porte-à-faux. II.** n. m. **1.** Ce qui est faux. *Discerner le vrai du faux.* **2.** Contrefaçon ou falsification d'un écrit, d'une œuvre d'art ou d'un objet. *Faire, commettre un faux.* - *Ce Vermeer est un faux.*

② **FAUX** n. f. ▪ Instrument formé d'une lame arquée fixée au bout d'un long manche, dont on se sert pour couper le fourrage, les céréales. ♦ Instrument allégorique de la Mort. ⇒ **faucheur.**

FAUX-FILET n. m. ▪ Morceau de bœuf à rôtir, situé à côté du filet (le long de l'échine). ⇒ **contre-filet.** *Des faux-filets.*

FAUX-FUYANT n. m. ▪ Moyen détourné par lequel on évite de s'expliquer, de se décider, etc. *User de faux-fuyants.* ⇒ **échappatoire, prétexte.**

FAUX-MONNAYEUR n. m. ▪ Personne qui fabrique de la fausse monnaie. *"Les Faux-monnayeurs"* (roman de Gide).

FAUX-SEMBLANT n. m. ▪ LITTÉR. Apparence trompeuse. *Des faux-semblants.* - Affectation de sentiments que l'on n'éprouve pas.

FAUX-SENS n. m. ▪ Erreur de compréhension portant sur le sens d'un mot. ⇒ **barbarisme, contresens.**

Charles Simon FAVART (1710 - 1792) ▪ Auteur français de livrets pour l'opéra-comique.

FAVELA [favela] n. f. ▪ Bidonville, au Brésil. *Les favelas de São Paulo.*

FAVEUR n. f. ▪ **I. 1.** Disposition à accorder sa protection, son appui à qqn de préférence aux autres. ⇒ **bienveillance.** *Il doit sa carrière à la faveur d'un ministre* (→ favoritisme). **2.** Considération (de qqn, du public) qui confère une importance sociale à qqn. *Jouir de la faveur d'un souverain. La faveur du public.* - *EN FAVEUR :* qui a la faveur de qqn, du public. ⇒ **en vogue. 3.** Avantage que l'on tire de la préférence de qqn, du pouvoir qu'on a sur qqn. ⇒ **bienfait.** - LITTÉR. (euphémisme)

Accorder ses faveurs, les dernières faveurs, se donner sexuellement (femme). **4.** Bienfait, décision indulgente qui avantage qqn. *Solliciter une faveur. Faites-moi la faveur de* (+ inf.). - *DE FAVEUR :* obtenu par faveur. *Un traitement de faveur.* **5.** *EN FAVEUR DE* loc. prép. : en considération de. *On lui pardonna en faveur de son extrême jeunesse.* - Au profit, au bénéfice de. *Parler en faveur de qqn. Le jugement a été rendu en votre faveur.* ♦ *À LA FAVEUR DE* loc. prép. : au moyen de, en profitant de. *Il s'est enfui à la faveur de la nuit.* ⇒ **grâce** à. **II.** Ruban étroit qui sert d'ornement. *Paquet noué d'une faveur rose.*

FAVORABLE adj. ▪ **1.** VX Qui attire la faveur. **2.** Qui est animé d'une disposition bienveillante, de bonnes intentions (à l'égard de qqn). *L'opinion lui est favorable.* **3.** Qui aide, est à l'avantage de qqn ou de qqch. ⇒ **bon, propice.** *Cette plante a trouvé un terrain favorable pour se développer. Le moment était favorable pour lui parler.*

FAVORABLEMENT adv. ▪ D'une manière favorable. *Requête accueillie favorablement.*

FAVORI, ITE ▪ **I.** adj. **1.** Qui plaît particulièrement (à qqn, au public...). *Hugo est son auteur favori. C'est sa lecture favorite.* **2.** Qui est considéré comme le gagnant probable. *Il part favori.* **II. 1.** n. Personne qui a la faveur, la préférence (de qqn, du public...). *C'est le favori de sa maman.* ⇒ **chouchou, préféré. 2.** n. m. Celui qui occupe la première place dans les bonnes grâces d'un roi, d'un grand personnage. **3.** n. f. Maîtresse préférée d'un roi. *Madame de Pompadour, favorite de Louis XV.* **4.** n. m. Cheval et, par ext., concurrent considéré comme devant gagner une compétition. **III.** n. m. pl. Touffe de poils qu'un homme laisse pousser sur la joue devant chaque oreille. *Porter des favoris.*

FAVORISER v. tr. 1 ▪ **1.** Agir en faveur de. ⇒ **aider, protéger, soutenir.** *Favoriser un candidat.* ⇒ **avantager. 2.** (choses) Être favorable à (qqn). *Les événements l'ont favorisé.* **3.** Aider, contribuer au développement, au succès de (qqch.). *L'obscurité a favorisé sa fuite.* ⇒ **faciliter.** ► **FAVORISÉ, ÉE** adj. *Favorisé par le sort.* - *Les classes* (sociales) *favorisées.*

FAVORITISME n. m. ▪ Attribution de situations, d'avantages par faveur, et non selon la justice ou le mérite. ⇒ **népotisme ;** FAM. **copinage, piston.**

FAX [faks] n. m. ▪ anglic. **1.** Télécopie. **2.** Télécopieur. **3.** Document transmis par fax. *Recevoir des fax.*

FAXER v. tr. 1 ▪ Transmettre (un document) par fax.

FAYÇAL Ier (1883 - 1933) ▪ Roi d'Irak, de 1921 à sa mort. ► **FAYÇAL II** (1935 - 1958), son petit-fils, couronné roi à l'âge de quatre ans, fut renversé et assassiné lors de la révolution irakienne, en 1958.

FAYÇAL Ier ibn Abd al-Aziz (1906 - 1975) ▪ Roi d'Arabie Saoudite de 1964 à son assassinat par son neveu.

Luc FAYDHERBE ou **FAYD'HERBE** (1617 - 1697) ▪ Sculpteur et architecte flamand. Élève de Rubens. Église Notre-Dame d'Hanswijck à Malines.

LE FAYET ▪ Écart de la commune de Saint-Gervais-les-Bains (Haute-Savoie). Station thermale. Centrale hydroélectrique sur l'Arve.

Henri FAYOL (1841 - 1925) ▪ Ingénieur français. Il prôna une organisation hiérarchique de l'entreprise et le primat de la fonction administrative *("fayolisme").*

FAYOT [-aj-] n. m. ▪ **I.** FAM. Haricot blanc. *Un gigot avec des fayots.* **II. 1.** ARGOT MILIT. Marin de carrière ; militaire rengagé. **2.** FAM. Personne qui fait du zèle pour se faire bien voir. - adj. m. *Ce qu'il peut être fayot !*

FAYOTER [-aj-] v. intr. 1 ▪ FAM. Faire du zèle.

le FAYOUM n. m. ▪ Riche région agricole de Haute-Égypte. 1 827 km^2. 1 495 000 hab. Vestiges archéologiques (portraits coptes de défunts, Ier-Ve s.). Capitale : Médinet el-Fayoum.

FAZENDA [fazɛnda] n. f. ▪ Grande propriété terrienne, au Brésil.

le F.B.I. ou **FBI, Federal Bureau of Investigation** ▪ « Bureau fédéral d'enquêtes », chargé de la police fédérale aux États-Unis.

FÉAL, ALE, AUX ▪ **1.** adj. VX Fidèle à la foi jurée. ⇒ **loyal. 2.** n. m. LITTÉR. Partisan, ami dévoué.

FÉBRIFUGE adj. ▪ Qui combat et guérit la fièvre. ⇒ **antipyrétique.** - n. m. Remède fébrifuge.

FÉBRILE adj. ▪ **1.** Qui a rapport à la fièvre. *Accès fébrile. État fébrile.* - *Il se sent fébrile.* ⇒ **fiévreux. 2.** Qui manifeste une agitation excessive. *Une attente fébrile.* - *L'assistance était fébrile.*

FÉBRILEMENT adv. ▪ D'une manière fébrile.

FÉBRILITÉ n. f. ▪ État fébrile, état d'excitation, d'agitation intense. ⇒ **fièvre** (2), **nervosité.**

Lucien FEBVRE (1878 - 1956) ▪ Historien français, fondateur avec Marc Bloch de l'école des Annales. *"La Terre et l'évolution humaine"* (1922) ; *"Le Problème de l'incroyance au XVIe s. : la religion de Rabelais"* (1942).

FÉCAL, ALE, AUX adj. ▪ Qui a rapport aux excréments humains. *Matières fécales.* ⇒ **excrément ; fèces.**

FÉCAMP ▪ Commune et port du pays de Caux (Seine-Maritime). 20 808 hab. *(les Fécampois).* Église, vestiges du château des ducs de Normandie. Pêche.

FÈCES [fɛs] n. f. pl. ▪ DIDACT. Excréments solides des humains. *Expulsion des fèces.* ⇒ **défécation.**

Gustav Theodor FECHNER (1801 - 1887) ▪ Physiologiste et philosophe allemand. Il chercha à établir la formule exacte de la relation entre la sensation (psychique) et l'excitant (physique).

FÉCOND, ONDE adj. ▪ **1.** Capable de se reproduire (contr. *stérile*). *Les mulets ne sont pas féconds.* **2.** (animaux) Qui produit beaucoup de petits. ⇒ **prolifique. 3.** LITTÉR. (terre, sol) Qui produit beaucoup. ⇒ **fertile. 4.** fig. *Un travail fécond.* ⇒ **fructueux.** - *Journée féconde en événements.* ⇒ **riche.** ♦ *Écrivain fécond.* ⇒ **productif.** - *Un esprit fécond.*

FÉCONDATION n. f. ▪ Action de féconder (1 et 2) ; résultat de cette action. *Fécondation artificielle.* ⇒ **insémination.** *Fécondation in vitro* (sigle F. I. V.). ⇒ **in vitro.**

FÉCONDER v. tr. 1 ▪ **1.** Transformer (un ovule, un œuf) en embryon, en fruit ou en graine. **2.** Rendre (une femelle) pleine. **3.** Rendre fertile, productif (la terre, le sol). ⇒ **fertiliser. 4.** fig. Développer, faire produire. *Culture, méditation qui féconde l'esprit.*

FÉCONDITÉ n. f. ▪ **1.** Faculté de se reproduire (contr. *stérilité*). **2.** (femme, femelle) Fait de se reproduire fréquemment. **3.** Fertilité (d'un sol). **4.** fig. Richesse, fertilité (d'une idée...). *La fécondité de son imagination.*

FÉCULE n. f. ▪ Substance composée d'amidon, extraite notamment de tubercules comestibles (pomme de terre, etc.).

FÉCULENT, ENTE adj. ▪ Qui contient beaucoup de fécule. - n. m. *Les lentilles sont des féculents.*

FEDAYIN [fedajin] n. m. ▪ Combattant palestinien engagé dans des opérations de guérilla.

FÉDÉRAL, ALE, AUX adj. ▪ **1.** Se dit d'un État composé de collectivités politiques autonomes (États fédérés), dans lequel les compétences constitutionnelles sont partagées entre celles-ci et un gouvernement central. ⇒ **fédération.** *L'Allemagne, le Brésil, le Canada, les États-Unis, la Suisse sont des*

le **Fayoum.** Portrait de femme, art copte, IIe s. Musée du Louvre, Paris.
Phot. © Dagli Orti

États fédéraux. ▸ D'un État fédéral. *Armée fédérale.* **2.** Relatif au gouvernement central, dans un État fédéral. *Le gouvernement fédéral et les gouvernements provinciaux* (Canada), *cantonaux* (Suisse). **3.** Relatif à une fédération de sociétés, etc. *Union fédérale de syndicats.*

FÉDÉRALISME n. m. ▪ Système politique d'un État fédéral, régissant les rapports entre le gouvernement central et les gouvernements des collectivités (États fédérés, républiques, cantons, provinces) qui forment cet État.

FÉDÉRALISTE adj. ▪ Du fédéralisme. ▸ adj. et n. Partisan du fédéralisme.

l'insurrection FÉDÉRALISTE ▪ Mouvement d'opposition à la Révolution française qui fit suite à l'élimination des girondins (1793).

FÉDÉRATION n. f. ▪ **1.** Groupement, union de plusieurs États en un État fédéral. ⇒ aussi **confédération.** **2.** Association de sociétés, syndicats, etc., groupés sous une autorité commune. ⇒ **union.** *Fédération sportive.*

FÉDÉRÉ, ÉE ▪ **1.** adj. Qui fait partie d'une fédération ; qui est membre d'un État fédéral. *Les cantons fédérés de Suisse.* **2.** n. m. HIST. Soldat insurgé de la Commune de Paris, en 1871 (⇒ **communard**).

▪ **le mur des FÉDÉRÉS** ▪ Mur situé au cimetière du Père-Lachaise, à Paris, où furent fusillés, le 28 mai 1871, les derniers défenseurs de la Commune.

FÉDÉRER v. tr. [6] ▪ Réunir en une fédération. ▸ pronom. *Se fédérer.*

Konstantin FEDINE (1892 - 1977) ▪ Écrivain soviétique. Romans inspirés par la Révolution de 1917.

FÉE n. f. ▪ **1.** Être imaginaire d'apparence féminine auquel la légende attribue un pouvoir surnaturel et une influence sur la destinée des humains. *Bonne fée. La fée Carabosse* (méchante fée). ▸ *Conte de fées* (et, fig., aventure extraordinaire). **2.** adj. VIEILLI Qui a des pouvoirs magiques. **3.** loc. *Avoir des doigts de fée* : être d'une adresse qui semble surnaturelle. ▸ *La fée du logis,* maîtresse de maison très habile.

FEELING [filiŋ] n. m. ▪ anglic. **1.** Expressivité musicale (notamment en jazz). **2.** FAM. Manière de ressentir une situation ; intuition.

FÉERIE [fe(e)ʀi] n. f. ▪ **1.** LITTÉR. Univers fantastique où figurent des fées. **2.** Spectacle splendide, merveilleux.

FÉERIQUE [fe(e)ʀik] adj. ▪ **1.** Qui appartient au monde des fées. **2.** Magnifique, extraordinaire. *Une lumière féerique.*

FEIGNANT, ANTE n. et adj. ▪ FAM. Paresseux. ⇒ **fainéant.**

FEINDRE v. tr. [52] ▪ **1.** Simuler (un sentiment que l'on n'a pas). ⇒ **affecter.** *Feindre l'étonnement.* ▸ au p. p. *Une émotion feinte.* **2.** FEINDRE DE : faire semblant de. *Feindre de ne pas entendre.* **3.** intrans. LITTÉR. Cacher à autrui ce qu'on sent, ce qu'on pense, en déguisant ses sentiments. ⇒ **dissimuler ; mentir.** *Inutile de feindre !*

Lyonel FEININGER (1871 - 1956) ▪ Peintre américain, membre du Bauhaus*. Paysages urbains.

Feininger. *Le Pont III.* Wallraf-Richartz Museum, Cologne.
Phot. © Arch. Smeets

FEINTE n. f. ▪ **1.** VIEILLI Action, fait de feindre. ⇒ **ruse, tromperie.** *Parler sans feinte.* ⇒ sans **fard.** **2.** Coup, mouvement simulé par lequel on trompe l'adversaire. *Boxeur qui fait une feinte.* **3.** FAM. Attrape, piège ; ruse.

FEINTER v. [1] ▪ **1.** v. intr. Faire une feinte (2). **2.** v. tr. FAM. Tromper (qqn) par une feinte (3). ⇒ **rouler, tromper.**

Paul FEJOS (1898 - 1963) ▪ Cinéaste et anthropologue hongrois.

FELDSPATH [fɛldspat] n. m. ▪ Minéral à structure en lamelles, à éclat vitreux.

FÊLÉ, ÉE adj. ▪ **1.** Qui est fêlé, présente une fêlure. *Une assiette fêlée.* **2.** (voix) Au timbre peu clair. **3.** *Avoir la tête, le cerveau fêlé,* être un peu fou. ▸ FAM. Qui n'a pas tout son bon sens. *Il est complètement fêlé !* ⇒ **fou.**

FÊLER v. tr. [1] ▪ Fendre (un objet cassant) sans que les parties se séparent. ▸ pronom. *La glace s'est fêlée* (→ fêlure).

FÉLIBRE n. m. ▪ Écrivain, poète de langue d'oc.

FÉLIBRIGE n. m. ▪ École littéraire provençale, fondée en 1854 pour redonner au provençal un statut de langue littéraire. ▪ Sous l'impulsion de ses sept fondateurs, dont Mistral, Roumanille, Aubanel, le félibrige a étendu son influence sur tout le territoire de langue d'oc (Languedoc, Aquitaine, Catalogne...).

le mur des **Fédérés.** *Le Mur des Fédérés* par Darjou. Musée Carnavalet, Paris.
Phot. © Musée de la ville de Paris, musée Carnavalet/Giraudon

FÉLICITATION n. f. ▪ **I.** VX Action de féliciter. *Compliment de félicitation.* **II.** au plur. **1.** Compliments que l'on adresse à qqn à propos de ce qui lui arrive d'heureux. ⇒ **congratulation.** *Adresser des félicitations à qqn.* **2.** Chaleureuse approbation (de la conduite, du mérite de qqn). ⇒ **éloge.**

FÉLICITÉ n. f. ▪ LITTÉR. **1.** Bonheur calme et durable. ⇒ **béatitude.** **2.** Souvent au plur. Joie, plaisir.

FÉLICITER v. tr. [1] ▪ **1.** Assurer (qqn) de la part qu'on prend à ce qui lui arrive d'heureux. ⇒ **congratuler.** **2.** Complimenter (qqn) sur sa conduite. ⇒ **applaudir, approuver.** ► SE **FÉLICITER** v. pron. **1.** S'estimer heureux, content. ⇒ se **réjouir.** *Je me félicite de votre succès.* **2.** S'approuver soi-même. *Je me félicite de ce choix, d'avoir choisi cela.*

FÉLIN, INE adj. ▪ **1.** Qui appartient au genre chat. *La race féline.* ‑ n. m. *UN FÉLIN :* un carnassier du type chat. *Les grands félins* (tigres, lions, panthères...). ⇒ **fauve.** **2.** Qui a des mouvements souples et gracieux.

FELLAGA ou **FELLAGHA** n. m. ▪ Combattant partisan de l'Algérie indépendante (1954-1962).

FELLAH n. m. ▪ Paysan, petit propriétaire agricole (Égypte, pays du Proche-Orient).

FELLATION n. f. ▪ Acte sexuel, caresses buccales du sexe masculin (→ aussi cunnilinctus).

FELLETIN ▪ Commune de la Creuse. 1 985 hab. Célèbres ateliers de tapisserie de la Marche (basse lisse), qui concurrencèrent Aubusson jusqu'au XVIIIe s.

Federico **FELLINI** (1920‑1993) ▪ Cinéaste italien. Films d'abord néoréalistes, puis nourris de rêves et de fantasmes. *"La Strada"* (1954); *"La Dolce Vita"* (1959); *"Huit et demi"* (1963); *"Amarcord"* (1973); *"Et vogue le navire"* (1983).

Fellini (à gauche) avec Anthony Quinn pendant le tournage de *La Strada*.
Phot. © Coll. Cahiers du cinéma

FÉLON, ONNE adj. ▪ **1.** Qui agit contre la parole donnée (féodalité). *Un vassal félon.* **2.** LITTÉR. Empreint de déloyauté. *Une âme félonne.* ♦ n. ⇒ **traître.**

FÉLONIE n. f. ▪ LITTÉR. Déloyauté. ‑ Trahison.

FELOUQUE n. f. ▪ Petit bateau de la Méditerranée, à voile ou à rames. *Felouques sur le Nil.*

FÊLURE n. f. ▪ Fente d'une chose fêlée.

FEMELLE ▪ **I.** n. f. **1.** Animal du sexe qui reproduit l'espèce en étant fécondé par le mâle. *La chèvre, femelle du bouc.* **2.** injurieux et sexiste Femme. **II.** adj. **1.** (animaux, plantes) Qui appartient au sexe des femelles. *Une souris femelle.* **2.** Se dit de pièces destinées à en recevoir une autre, appelée mâle. *Prise femelle.*

FÉMININ, INE adj. ▪ **1.** De la femme ; qui est propre à la femme (contr. *masculin, viril*). ‑ loc. *L'éternel* féminin.* **2.** Qui appartient au sexe féminin. *Personnages féminins d'un film.* **3.** Qui a de la féminité. *Elle est très féminine.* ‑ *Il a des traits féminins* (→ efféminé). **4.** Qui a rapport aux femmes. *Revendications féminines* (→ féminisme). **5.** Qui est composé de femmes. *Équipe féminine.* **6.** (quand il y a deux genres) Qui appartient au genre marqué (opposé à *masculin*). *« Sentinelle » est un nom féminin.* ‑ n. m. *Féminin singulier.* ♦ *Rime féminine,* terminée par un e muet.

FÉMINISATION n. f. ▪ Action de féminiser. *La féminisation des noms de métiers.*

FÉMINISER v. tr. [1] ▪ **1.** Donner un caractère, un aspect féminin à. **2.** Augmenter la proportion de femmes dans (une profession, etc.). **3.** Faire du genre féminin ; donner un féminin à. *Féminiser « écrivain » en « écrivaine ».*

FÉMINISME n. m. ▪ Doctrine qui préconise l'égalité entre l'homme et la femme, et l'extension du rôle de la femme dans la société. Né avec la Révolution française (Olympe de Gouges), le féminisme se développa au XIXe s., en France (Flora Tristan) et en Angleterre avec les suffragettes (Mrs Pankhurst). Après avoir obtenu l'égalité politique et juridique, le combat féministe se poursuivit notamment avec le *Women's Lib* aux États-Unis et le M.L.F. (Mouvement de libération des femmes) en France, influencé par les théories de Simone de Beauvoir (*Le Deuxième Sexe,* 1949), afin d'obtenir le droit à la contraception et à l'avortement, ainsi que l'égalité avec les hommes dans les conditions de travail.

FÉMINISTE adj. ▪ Relatif au féminisme. *Action féministe.* ‑ n. Partisan du féminisme. *Un, une féministe.*

FÉMINITÉ n. f. ▪ Caractère féminin ; ensemble des caractères correspondant à une image biologique et sociale (charme, douceur...) de la femme (contr. *virilité*).

FEMME [fam] n. f. ▪ **I.** Être humain du sexe capable de concevoir les enfants. **1.** Être humain adulte de sexe féminin. ⇒ aussi **fille, fillette,** jeune **fille.** *Les hommes, les femmes et les enfants.* **2.** collectif *LA FEMME :* l'ensemble des femmes (envisagé au plan biologique, au plan de l'image sociale, etc.). *Sexualité de la femme. Émancipation de la femme.* **3.** (en attribut) *Être femme :* présenter les caractères considérés comme propres aux femmes. **4.** loc. *FEMME AU FOYER,* qui n'exerce pas de profession. ‑ *FEMME FATALE*.* ‑ *FEMME-OBJET,* considérée, d'un point de vue masculin, comme un objet (sexuel) et non comme une personne, un sujet. ◇ ⇒ **bonne femme.** ◇ ⇒ **sage-femme.** **II.** Épouse. *Il est venu avec sa femme. Sa première, sa seconde femme.* ‑ *Prendre femme,* se marier. **III.** (dans des expr.) *FEMME DE CHAMBRE,* attachée au service intérieur d'une maison, d'un hôtel. ‑ *FEMME DE MÉNAGE,* qui vient faire le ménage dans une maison. ‑ *FEMME DE SERVICE,* chargée du nettoyage.

FEMMELETTE [famlɛt] n. f. ▪ péj. **1.** VIEILLI Petite femme malingre. **2.** FAM. Homme faible, sans force, sans énergie.

FÉMORAL, ALE, AUX adj. ▪ De la cuisse ; du fémur. *Artère fémorale.*

FÉMUR n. m. ▪ Os long qui constitue le squelette de la cuisse.

la **F.E.N.** ou **FEN, Fédération de l'Éducation nationale** ▪ Organisation regroupant plusieurs syndicats d'enseignants et dont certains se sont détachés en 1993 pour constituer la FSU (Fédération syndicale unitaire).

FENAISON n. f. ▪ Coupe et récolte des foins.

FENDANT n. m. ▪ Cépage de chasselas à peau fine. ‑ Vin blanc du Valais issu de ce cépage.

FENDILLER v. tr. [1] ▪ Faire de petites fentes superficielles à (qqch.). ► SE **FENDILLER** v. pron. *Peau qui se fendille sous l'effet du froid.* ⇒ se **crevasser,** se **gercer.** *La peinture se fendille.* ⇒ se **craqueler.** ► n. m. FENDILLEMENT

FENDRE v. tr. [41] ▪ **I. 1.** Diviser (un corps solide), le plus souvent dans le sens de la longueur. *Fendre du bois avec une hache.* ⇒ **couper.** ‑ loc. *Il gèle à pierre fendre,* très fort. ♦ faux pronom. *Elle s'est fendu la lèvre en tombant.* ‑ loc. FAM. *Se fendre la pipe, la gueule,* rire aux éclats ; s'amuser. **2.** fig. *Fendre le cœur, l'âme* (à qqn), faire éprouver du chagrin, de la pitié... *Des soupirs à fendre l'âme.* **3.** S'ouvrir un chemin à travers. *Le navire fend les flots.* ‑ *Fendre la foule.* ► SE **FENDRE** v. pron. **1.** S'ouvrir, se couvrir de fentes. ⇒ se **crevasser,** se **lézarder.** **2.** fig. Être affligé. *Son cœur se fend.* **3.** ESCR. Porter vivement une jambe loin en avant. **4.** FAM. *Se fendre de,* se décider à offrir, à payer. *Il s'est fendu d'une bouteille.* ‑ absolt *Il ne s'est pas fendu,* cela n'a pas dû lui coûter cher.

Fénelon. Portrait par Vivien. Musée national du Château, Versailles. *Phot. © Giraudon*

► **FENDU, UE** adj. **1.** Coupé. *Du bois fendu.* **2.** Qui présente une fente, une entaille, une fêlure. **3.** Ouvert en longueur, comme une fente. *Bouche fendue jusqu'aux oreilles.*

François de Salignac de La Mothe FÉNELON (1651 - 1715) ▪ Prélat et écrivain français. Il fut le précepteur du duc de Bourgogne, pour lequel il composa *"Les Aventures de Télémaque"* (1699), dont les vues politiques hardies déplurent à Louis XIV. Ses *"Maximes des saints"* (1697), favorables au quiétisme, furent condamnées par l'Église. Il finit sa vie à Cambrai, dont il était archevêque. Son style et sa sensibilité en font un précurseur du XVIIIe s.

Félix FÉNÉON (1861 - 1944) ▪ Écrivain et critique d'art français. Il fit connaître les œuvres de Rimbaud et les impressionnistes.

FENÊTRE n. f. ▪ **1.** Ouverture (faite dans un mur) pour laisser pénétrer l'air et la lumière ; ensemble formé par cette ouverture et le dispositif qui la ferme ; ce dispositif. ⇒ **baie, porte-fenêtre.** *Ouvrir, fermer une fenêtre.* - *Se mettre à la fenêtre. Jeter par la fenêtre* (⇒ **défenestrer**). - loc. *Jeter l'argent par les fenêtres,* le dépenser inconsidérément. **2.** par analogie (Ouverture rectangulaire). *Enveloppe à fenêtre,* comportant un rectangle découpé qui laisse voir l'adresse. ♦ Zone rectangulaire (d'un écran) sur laquelle apparaissent des informations.

FENIL [fəni(l)] n. m. ▪ Grenier à foin. ⇒ **grange.**

FENNEC [fenɛk] n. m. ▪ Mammifère d'Afrique du Nord, aussi appelé *renard des sables,* à grandes oreilles pointues.

fennec. *Fennecus zerda. Phot. © Pya/Jacana*

la FENNOSCANDIE n. f. ▪ Ensemble formé par la Suède, la Norvège et la Finlande.

Beppe FENOGLIO (1922 - 1963) ▪ Romancier italien. *"La Guerre sur les collines"* (1968), inspiré par la Résistance italienne.

FENOUIL n. m. ▪ Plante herbacée à goût anisé, cultivée comme potagère ou aromatique.

les FENOUILLÈDES n. m. pl. ou **le FENOUILLET** ▪ Région des Pyrénées-Orientales et de l'Ariège au sud des Corbières.

les FENS n. f. pl. ▪ Région marécageuse du sud-est de l'Angleterre. Une des régions les plus fertiles du pays.

FENTE n. f. ▪ **I. 1.** Ouverture étroite et longue (à la surface d'un solide). ⇒ **cassure, fêlure.** *Les fentes de l'écorce terrestre.* - ANAT. Séparation étroite. *Fente vulvaire.* **2.** Ouverture étroite et allongée (dans l'épaisseur d'une matière). ⇒ **interstice.** *Fentes d'une palissade.* - *Fente d'une jupe.* **II.** Action de fendre (dans quelques emplois). *Bois de fente.*

FÉODAL, ALE, AUX ▪ **I.** adj. Qui appartient à un fief*, à l'ordre politique et social fondé sur l'institution du fief. *La société féodale* (⇒ **suzerain ; vassal ; serf**). *Droit féodal* (→ feudiste). ♦ Qui rappelle la féodalité. **II.** n. m. Grand seigneur féodal. ♦ par analogie Grand propriétaire terrien.

FÉODALISME n. m. ▪ Caractère féodal (d'une organisation).

FÉODALITÉ n. f. ▪ Forme d'organisation politique, économique et sociale du Moyen Âge, caractérisée par l'existence des fiefs. ▪ La féodalité apparut en Europe entre le IXe et le XIe siècle, dans un contexte de désagrégation de l'État. En échange de redevances et de corvées, le seigneur louait ses terres à des paysans et leur assurait protection et justice. Les plus puissants partageaient leur seigneurie en fiefs, concédés à des vassaux. En France, le régime féodal, après un long déclin, disparut définitivement à la Révolution (→ **Ancien Régime**).

FER [fɛʀ] n. m. ▪ **I. 1.** Métal blanc grisâtre (symb. Fe), très commun. *L'aimant attire le fer. L'acier, la fonte contiennent du fer. Industries du fer.* ⇒ **métallurgie, sidérurgie.** - *Fer forgé*. Fil de fer.* - *Âge du fer,* période qui succède à l'âge du bronze (vers l'an 1000 av. J.-C.). ♦ prov. *Il faut battre* le fer pendant qu'il est chaud.* - loc. *Croire dur comme fer à qqch.,* en être absolument convaincu. **2.** fig. *DE FER* loc. adj. ⇒ **fort, résistant, robuste, rude.** *Une santé de fer.* - *Une volonté de fer.* ⇒ **inflexible. II.** (Objet, instrument en fer, en acier) **1.** Partie en fer ou métallique (d'un instrument, d'une arme). *Le fer d'une charrue. Le fer de lance*.* - fig. *Le fer de lance* (d'une organisation...), l'avant-garde. **2.** Objet, instrument en fer, en métal (servant à donner une forme, à marquer...). *Fers de relieur,* servant à faire des empreintes sur le cuir. - *FER À REPASSER* et absolt *FER :* instrument formé d'une semelle métallique, muni d'une poignée, qui, une fois chaud, sert à repasser le linge. *Fer à vapeur.* - *FER À FRISER :* instrument qui, une fois chaud, sert à faire boucler les cheveux. - *FER ROUGE :* tige de fer que l'on porte au rouge. *Marquage des bœufs au fer rouge.* **3.** (dans des loc.) Épée, fleuret. *Croiser le fer,* se battre à l'épée. **4.** (Bande de métal formant semelle) *FER À CHEVAL* ou *FER :* pièce de métal qui sert à garnir les sabots des chevaux, etc. fig. *Tomber les quatre fers en l'air,* à la renverse. *Escalier en fer à cheval,* en forme de fer à cheval. ♦ Renfort métallique (d'une semelle). *Chaussures munies de fers.* ⇒ **ferré. 5.** au plur. *LES FERS :* barre de fer servant à enchaîner un prisonnier. *Mettre un prisonnier aux fers.* - fig. LITTÉR. *Être dans les fers.* ⇒ **captif.**

Mouloud FERAOUN (1913 - 1962) ▪ Écrivain algérien d'expression française d'origine kabyle, assassiné par l'OAS. *"La Terre et le Sang"* (1953).

FER-BLANC n. m. ▪ Tôle de fer recouverte d'étain.

FERBLANTIER, IÈRE n. ▪ Personne qui fabrique ou vend des objets en fer-blanc.

FERDINAND ▪ NOM DE PLUSIEURS SOUVERAINS EUROPÉENS **1.** empereurs d'ALLEMAGNE ► **FERDINAND Ier** (1503 - 1564), roi de Bohême et de Hongrie (1526), roi des Romains (1531), empereur à la suite de son frère Charles Quint (1556). Il fut confronté comme lui à l'offensive turque (1529) et à la Réforme, envers laquelle il fit preuve d'une certaine clémence. ► **FERDINAND II DE HABSBOURG** (1578 - 1637), empereur germanique de 1619 à sa mort, champion de la Contre-Réforme. (→ guerre de **Trente* ans**) ► **FERDINAND III DE HABSBOURG** (1608 - 1657), son fils, empereur germanique de 1637 à sa mort. Il perdit la guerre de Trente Ans. **2.** souverain de BULGARIE ► **FERDINAND, prince de Saxe-Cobourg-Gotha** (1861 - 1948), prit le titre de tsar des Bulgares en 1908 ; il abdiqua en faveur de son fils Boris en 1918. **3.** rois d'ESPAGNE ► **FERDINAND II D'ARAGON** dit **LE CATHOLIQUE** (1452 - 1516) Roi d'Aragon (1479), époux d'Isabelle de Castille. Il acheva la reconquête de l'Espagne sur les Maures et fonda l'Inquisition dans son pays. Cette politique qui valut au couple le nom de « Rois Catholiques », décerné par le pape, fit l'unité du royaume. ► **FERDINAND VII** (1784 - 1833), roi en 1808 puis de 1814 à sa mort. Il oscilla entre libéralisme et autorité, après le règne de Joseph Bonaparte.

-FÈRE Élément, du latin *ferre* « porter », qui entre dans la composition de mots savants (ex. *mammifère, somnifère*).

Sándor FERENCZI (1873 - 1933) ▪ Psychanalyste et neurologue hongrois. *"Thalassa, psychanalyse des origines de la vie sexuelle"* (1924).

le FERGANA ou **FERGHANA** ▪ Région partagée entre l'Ouzbékistan, le Kirghizstan et le Tadjikistan ; oasis : coton, vergers ; pétrole. Ville principale : *Fergana* (198 000 hab.).

FÉRIA n. f. ▪ En Espagne, dans le sud de la France, Fête comportant des courses de taureaux.

FÉRIÉ, ÉE adj. ▪ (jour) Où il y a cessation de travail (fête religieuse ou civile). ⇒ **chômé.** *Les dimanches, Noël sont des jours fériés* (opposé à *ouvrable*).

FÉRIR v. tr. seulement inf. ▪ **1.** VX Frapper. **2.** MOD. loc. *SANS COUP FÉRIR,* sans rencontrer la moindre résistance.

FERLER v. tr. [1] ▪ MAR. Serrer (une voile) pli par pli contre un espar.

FERMAGE n. m. ▪ Mode d'exploitation agricole par ferme (I, 1) ; loyer d'une ferme. *Fermage et métayage.*

Pierre de FERMAT (1601-1665) ▪ Mathématicien français. Il étudia la théorie des nombres *(théorème de Fermat),* les probabilités, le calcul infinitésimal, la géométrie, l'optique (*principe de Fermat :* principe de moindre action dans la propagation de la lumière).

① **FERME** ▪ **I.** adj. **1.** Qui n'est ni mou, ni dur, mais entre les deux. ⇒ **compact, consistant.** *Fruit à chair ferme.* - *Des seins fermes.* - *Sol ferme,* où l'on n'enfonce pas. *La terre ferme* (par oppos. à la mer). **2.** Qui se tient, qui a de l'assurance. ⇒ **solide ; assuré, décidé.** *Marcher d'un pas ferme.* - *DE PIED FERME :* sans bouger, sans reculer ; fig. sans crainte. *Il attend la critique de pied ferme.* ♦ *Une écriture ferme.* - *Un style ferme.* **3.** Qui ne se laisse pas ébranler ou influencer, qui montre une calme autorité. ⇒ **déterminé, inflexible.** *Soyez ferme avec lui.* - *Un ton ferme.* - *Avoir la ferme intention de...* **4.** (règlements, conventions) Qui ne change pas. *Prix fermes et définitifs.* **II.** adv. **1.** Avec force, vigueur. ⇒ **dur, fort.** *Frotter ferme.* - *Discuter ferme,* avec ardeur. **2.** Beaucoup, intensément. *Je me suis ennuyé ferme.*

② **FERME** n. f. ▪ **I. 1.** Louage d'une exploitation agricole à qqn, moyennant une redevance. ⇒ **fermage.** *Donner une terre À FERME.* **2.** HIST. Sous l'Ancien Régime, Système de perception des impôts indirects dans lequel le fonctionnaire (⇒ **fermier**) traitait à forfait pour une somme à remettre d'avance au roi. **II. 1.** Exploitation agricole. ⇒ **domaine.** *Les grandes fermes de la Beauce.* **2.** Bâtiments de l'exploitation agricole ; maison de paysans. *Cour de ferme. Ferme normande.*

FERMEMENT adv. ▪ **1.** D'une manière ferme, assurée. *Tenir fermement qqch.* **2.** Avec fermeté, conviction. *Réagir fermement.*

FERMENT n. m. ▪ **1.** Substance qui en fait fermenter une autre. ⇒ **levure.** *Ferment lactique.* **2.** fig. Ce qui fait naître ou détermine (un sentiment, un changement...). *Un ferment de discorde.*

FERMENTATION n. f. ▪ **1.** Transformation (d'une substance organique) sous l'influence d'enzymes produites par des micro-organismes. *Fermentation alcoolique,* qui donne de l'alcool à partir du sucre. **2.** fig. Agitation fiévreuse (des esprits). ⇒ **effervescence.**

FERMENTÉ, ÉE adj. ▪ Qui a subi une fermentation. *Boisson fermentée.*

FERMENTER v. intr. [1] ▪ **1.** Être en fermentation. *Le raisin fermente dans la cuve.* **2.** par métaphore ou fig. (esprits, sentiments) S'échauffer, s'agiter.

FERMENTESCIBLE adj. ▪ DIDACT. Qui peut entrer en fermentation.

FERMER v. [1] ▪ **I.** v. tr. **1.** Appliquer les éléments mobiles de (une ouverture) de manière à boucher le passage entre l'intérieur et l'extérieur (contr. *ouvrir*). *Fermer une porte, la porte.* **2.** Priver de communication avec l'extérieur, par la mise en place d'un élément mobile. ⇒ **clore.** *Fermer une valise.* - *Fermer un magasin.* - absolt *Dépêchez-vous, on ferme !* **3.** Rapprocher, réunir (des éléments mobiles) ; disposer en rapprochant, en réunissant les éléments. *Fermer les paupières ; les yeux. Fermer la bouche.* - *Fermer sa bouche,* se taire. FAM. *Fermez-la !,* taisez-vous. - *Fermer une lettre.* ⇒ **cacheter.** *Fermer un livre.* **4.** Rendre infranchissable ; empêcher d'utiliser (un passage...). *Fermer une route.* ⇒ **barrer.** - *L'aéroport est fermé.* **5.** FAM. Arrêter (un flux...) par un mécanisme. *Fermer l'eau, l'électricité.* - *Fermer un robinet.* ♦ Faire cesser de fonctionner. *Fermer la télévision.* ⇒ **éteindre. 6.** abstrait Rendre inaccessible. *Fermer une carrière à qqn.* **7.** Mettre une fin à. *Fermer une liste.* ⇒ **arrêter, clore.** - *Fermer la parenthèse.* **II.** v. intr. **1.** Être, rester fermé. *Le magasin va fermer.* **2.** Pouvoir être fermé. *Cette serrure ferme mal.* ► SE **FERMER** v. pron. **1.** (réfl.) Devenir fermé. *La porte s'est fermée toute seule.* - *Se fermer à,* refuser l'accès de. **2.** (passif) *Robe qui se ferme dans le dos.* ► **FERMÉ, ÉE** adj. **1.** Qui ne communique pas avec l'extérieur. *Mer fermée.* **2.** Qu'on a fermé. *La porte est fermée.* ⇒ **clos.** *Le magasin est fermé.* **3.** Où l'on s'introduit difficilement. *Un milieu fermé.* **4.** *Courbe fermée,* qui limite une surface (ex. le cercle). **5.** Peu expansif. *Il a l'air fermé.* - *Visage fermé.* **6.** *Fermé à,* inaccessible, insensible à. *Un cœur fermé à toute pitié.* **7.** (son) Qui comporte l'occlusion ou le resserrement du canal vocal.

FERMETÉ n. f. ▪ **1.** État de ce qui est ferme, consistant. ⇒ **consistance, dureté.** *Fermeté des chairs.* **2.** État de ce qui est assuré, décidé. *La fermeté de la main ; une grande fermeté de main.* ⇒ **sûreté, vigueur.** - *Fermeté d'exécution* (en peinture...), *du style.* **3.** Qualité d'une personne ferme, déterminée. ⇒ **détermination, résolution, sang-froid ; autorité.** *Parler avec fermeté.*

FERMETTE n. f. ▪ Petite ferme ou maison rurale.

FERMETURE n. f. ▪ **I.** Dispositif servant à fermer. *La fermeture d'une fenêtre.* ♦ *FERMETURE À GLISSIÈRE,* formée de deux rubans dentelés qui s'engagent l'un dans l'autre par l'action d'un curseur. - (marque déposée) *Fermeture Éclair* (même sens). **II.** Action de fermer ; état de ce qui est fermé (local, etc.). *Heures de fermeture. Arriver après la fermeture.*

Enrico FERMI (1901-1954) ▪ Physicien italien. Physique nucléaire (théorie statistique quantique ; réalisation de la première pile atomique). Prix Nobel 1938.

FERMIER, IÈRE n. ▪ **1.** Personne qui exploite un domaine agricole à ferme*. ♦ HIST. Personne qui, sous l'Ancien Régime, prenait à ferme le recouvrement des impôts. *Fermier du roi. Les fermiers généraux.* **2.** Personne (propriétaire ou non) qui exploite un domaine agricole. ⇒ **agriculteur, cultivateur, paysan. 3.** en fonction d'adj. Produit dans une ferme, de manière artisanale. *Poulet, beurre fermier.*

FERMOIR n. m. ▪ Attache ou dispositif destiné à tenir fermé (un sac, un bijou...).

FERNANDEL (1903-1971) ▪ Acteur français. Son comique populaire méridional excella dans les films de Marcel Pagnol, *"La Fille du puisatier"* (1941), ainsi que dans la série des *"Don Camillo"* (1951-1955).

Gregorio FERNÁNDEZ → Hernández

l'île FERNANDO DE NORONHA ▪ Archipel brésilien (Pernambouc), au large de la côte atlantique. 17 km². 1 600 hab. Ville principale : [Vila dos] Remérios.

FERNEY-VOLTAIRE ▪ Commune de l'Ain, à la frontière de la Suisse. 6 408 hab. *(les Ferneysiens).* Elle fut créée par Voltaire, autour du château où il vécut de 1758 à 1778.

FÉROCE adj. ▪ **1.** (animaux) Qui est cruel par instinct. ⇒ **sanguinaire, sauvage.** *Bêtes féroces.* **2.** (personnes) Cruel et brutal. - *Un sourire féroce.* **3.** Très dur, impitoyable. *Une ironie féroce.* **4.** par exagér. ⇒ **terrible.** *Une faim féroce.* ► adv. FÉROCEMENT

FÉROCITÉ n. f. ▪ **1.** (animaux) Naturel féroce. **2.** Caractère féroce, brutal, dur.

les îles FÉROÉ ou **FAEROE** ▪ Archipel danois de l'Atlantique Nord. 1 400 km². 47 449 hab. (*les Féringiens* ou *Féroïens*). Chef-lieu : Thorshavn. Elles ont leur langue (féroïen) et leur autonomie pour les affaires d'intérêt local.

FERRAILLE n. f. ▪ **1.** Déchets de fer, d'acier ; morceaux de fer inutilisables. *Un tas de ferraille.* - *Cette voiture est bonne à mettre à la ferraille,* à jeter (→ à la casse). **2.** FAM. Petite monnaie. ⇒ **mitraille.**

FERRAILLER v. intr. [1] ▪ Se battre au sabre ou à l'épée.

① **FERRAILLEUR** n. m. ▪ péj. Celui qui aime à ferrailler, à se battre à l'épée. ⇒ **bretteur.**

② **FERRAILLEUR, EUSE** n. ▪ Marchand(e) de ferraille.

Ferrare. Détail de la cathédrale.
Phot. © Fiore/Explorer

FERRARE en italien ***FERRARA*** ▪ Ville d'Italie (Émilie-Romagne). 141 404 hab. Brillante cité culturelle du XIIIe au XVIe s. : université, monuments (cathédrale, château d'Este, musées).

Enzo **FERRARI** (1898 - 1988) ▪ Pilote puis constructeur italien d'automobiles de course et de sport.

Luc **FERRARI** (né en 1929) ▪ Compositeur français. Il s'est adonné à la musique concrète électronique et a fondé, avec Schaeffer, le Groupe de recherches musicales. *"Visages V"* (1959), œuvre sur bandes; *"Labyrinthe Hotel"* (1990), opéra.

FERRÉ, ÉE adj. ▪ **1.** De fer ; garni de fer. - *Voie ferrée,* de chemin de fer. *Réseau ferré.* ⇒ **ferroviaire. 2.** Qui a des fers. *Cheval ferré.* - *Souliers ferrés.* **3.** fig. *Être ferré sur un sujet, une question.* ⇒ **calé, fort, instruit.**

Léo **FERRÉ** (1916 - 1993) ▪ Auteur-compositeur et interprète français. Ses chansons réalistes et lyriques tout à la fois sont très souvent d'inspiration libertaire. Il a mis en musique Aragon, Apollinaire, Rimbaud et Verlaine.

Ferré.
Phot. © Dupin/Stills

FERRER v. tr. [1] ▪ **1.** Garnir de fer, de métal. *Ferrer un bâton.* **2.** Munir de fers. *Ferrer un âne.* **3.** Engager le fer d'un hameçon dans les chairs de (un poisson qui a mordu à l'appât).

FERRET n. m. ▪ Pièce (de fer, etc.) au bout d'un lacet, d'une aiguillette. - *Des ferrets de diamants,* ornés de diamants. *Les ferrets de la reine, dans "Les Trois Mousquetaires", de Dumas.*

FERREUX, EUSE adj. ▪ Qui contient du fer. *Minerai ferreux.*

Gustave **FERRIÉ** (1868 - 1932) ▪ Général et savant français. Il se consacra à l'établissement d'une télégraphie sans fil.

Kathleen **FERRIER** (1912 - 1953) ▪ Cantatrice britannique. Émouvante voix de contralto.

FERRO- Élément savant, du latin *ferrum* « fer ».

El **FERROL** ▪ Ville d'Espagne (Galice), province de La Corogne. 84 491 hab. Port militaire.

FERROMAGNÉTISME n. m. ▪ PHYS. Propriété de certaines substances qui sont fortement magnétiques.

FERRONNERIE n. f. ▪ **1.** Travail du fer. - spécialt Travail artistique du fer ; art du fer forgé. **2.** Objets, ornements, garnitures artistiques en fer.

FERRONNIER, IÈRE n. ▪ Personne qui fabrique ou vend des objets en fer et, spécialt, des objets artistiques.

FERROVIAIRE adj. ▪ Relatif aux chemins de fer. *Réseau ferroviaire.*

FERRUGINEUX, EUSE adj. ▪ Qui contient du fer (le plus souvent à l'état d'oxyde).

FERRURE n. f. ▪ Garniture de fer, de métal. *Ferrures d'une porte.*

Jules **FERRY** (1832 - 1893) ▪ Avocat et homme politique français. Journaliste républicain sous Napoléon III, maire de Paris (1870) puis ministre de l'Instruction publique (1879) et président du Conseil (1880). Il imposa la laïcité, la gratuité et le caractère obligatoire de l'enseignement primaire. Sa politique d'expansion coloniale (Tunisie, Madagascar, Tonkin) rencontra des oppositions qui le conduisirent à démissionner en 1885.

FERRY n. m. ⇒ CAR-FERRY ; FERRY-BOAT

FERRY-BOAT [feʀibot ; feʀe-] n. m. ▪ anglic. Navire conçu pour le transport des trains, des véhicules routiers et de leurs passagers. *Des ferry-boats.* ◇ abrév. FERRY.

LA **FERTÉ-BERNARD** ▪ Commune de la Sarthe. 9 355 hab. *(les Fertois).* Monuments (XVe-XVIe s.).

LA **FERTÉ-MACÉ** ▪ Commune de l'Orne. 6 913 hab. *(les Fertois).*

LA **FERTÉ-SOUS-JOUARRE** ▪ Commune de Seine-et-Marne. 8 236 hab. *(les Fertois).*

FERTILE adj. ▪ **1.** (sol, terre) Qui produit beaucoup de végétation utile. ⇒ **productif. 2.** fig. *FERTILE EN :* qui fournit beaucoup de. ⇒ **fécond, prodigue.** *Période fertile en événements.* **3.** Inventif. *Imagination fertile.*

FERTILISANT, ANTE adj. ▪ Qui fertilise. - n. m. Produit fertilisant. ⇒ **engrais.**

FERTILISATION n. f. ▪ Action de fertiliser.

FERTILISER v. tr. [1] ▪ Rendre fertile (une terre). ⇒ **amender.**

FERTILITÉ n. f. ▪ **1.** Qualité d'un sol, d'une terre fertile. **2.** Capacité à créer, à inventer. *Fertilité d'imagination.*

FÉRU, UE adj. ▪ Qui est très épris, pris d'un vif intérêt. ⇒ **entiché, passionné.** *Être féru de poésie.*

FÉRULE n. f. ▪ **1.** Petite palette avec laquelle on frappait la main des écoliers en faute. **2.** loc. *Être SOUS LA FÉRULE DE qqn,* dans l'obligation de lui obéir. ⇒ **autorité, pouvoir.**

FERVENT, ENTE adj. ▪ **1.** Qui a de la ferveur. - n. *Les fervents de Beethoven.* ⇒ **admirateur. 2.** Où il entre de la ferveur. *Un amour fervent.* ⇒ **brûlant.**

FERVEUR n. f. ▪ Ardeur vive et enthousiaste. *Prier avec ferveur.* - *Accomplir un travail avec ferveur.* ⇒ **zèle.** - *Ferveur amoureuse.*

FÈS ou **FEZ** ▪ Ville du Maroc. 573 000 hab. *(les Fassis).* Capitale des Mérinides du XIIIe au XVe s. Remparts, mosquées, médersas (écoles islamiques), palais du roi. Centre culturel musulman. Tourisme.

Joseph **FESCH** (1763 - 1839) ▪ Prélat français. Oncle maternel de Napoléon Ier, dont il fut l'ambassadeur au Vatican, puis l'adversaire. Il constitua d'importantes collections d'art italien.

FESSE n. f. ▪ Chacune des deux masses charnues à la partie postérieure du bassin, dans l'espèce humaine et chez certains mammifères. *Les fesses.* ⇒ **croupe ; derrière ;** FAM. **cul,** ① **fessier, pétard, popotin, postérieur.** - FAM. *Botter les fesses de qqn. Poser ses fesses quelque part,* s'asseoir. *Serrer les fesses* (de peur). - *Coûter la peau des fesses,* très cher. - *Histoires de fesses,* de sexualité.

FESSÉE n. f. ▪ **1.** Tape(s) donnée(s) sur les fesses. **2.** fig. Défaite humiliante.

FESSE-MATHIEU n. m. ▪ VX Usurier. - Avare.

FESSER v. tr. [1] ▪ Battre en donnant des tapes sur les fesses.

① **FESSIER** n. m. ▪ FAM. Les deux fesses. ⇒ **derrière.**

② **FESSIER, IÈRE** adj. ▪ Relatif à la région des fesses. *Muscles fessiers.*

FESSU, UE adj. ▪ FAM. Qui a de grosses fesses.

FESTIF, IVE adj. ▪ DIDACT. De la fête ; qui se rapporte à la fête.

FESTIN n. m. ▪ Repas somptueux, excellent.

FESTIVAL, ALS n. m. ▪ **1.** Grande manifestation musicale. ♦ Manifestation consacrée à un type d'expression artistique. *Festival de danse, de cinéma.* **2.** fig. FAM. Démonstration remarquable. *Un festival d'âneries.*

FESTIVALIER, IÈRE adj. et n. ▪ (Personne) qui fréquente les festivals.

FESTIVITÉ n. f. ▪ surtout au plur. souvent iron. Fête, réjouissance.

FEST-NOZ [fɛstnoz] n. m. ▪ RÉGIONAL Fête bretonne traditionnelle, au cours de laquelle on danse. *Des fest-noz* ou (plur. breton) *des festou-noz.*

FESTON n. m. ▪ **1.** Guirlande de fleurs et de feuilles liées en cordon, que l'on suspend en forme d'arc. - Ornement représentant un feston. **2.** Bordure dentelée et brodée. *Lingerie à festons.*

FESTONNER v. tr. [1] ▪ Orner de festons. - au p. p. *Col festonné.*

FESTOYER v. intr. [8] ▪ Prendre part à une fête, à un festin.

FETA [feta] n. f. ▪ Fromage grec au lait de brebis.

FÊTARD, ARDE n. ▪ FAM. Personne qui aime faire la fête. ⇒ **noceur.**

FÊTE n. f. ▪ **I.** (Solennité à caractère commémoratif) **1.** Solennité religieuse célébrée certains jours de l'année. *Jour de fête* (⇒ **férié**). *Les fêtes de Pâques.* **2.** Jour de la fête du saint dont qqn porte le nom. *Souhaiter à qqn sa fête.* - loc. FAM. *Ça va être ta fête,* gare à toi. **3.** Réjouissance publique et périodique (civile) en mémoire d'un événement, d'un personnage. *La fête nationale. La fête du travail* (le 1er mai). **4.** Ensemble de réjouissances organisées occasionnellement. *Les fêtes de Versailles sous Louis XIV. Fête de village* (⇒ **kermesse**). *Salle des fêtes.* - *Fête foraine :* ensemble d'attractions foraines. **5.** Ensemble de réjouissances ayant lieu en famille, entre amis. ⇒ FAM. **fiesta. 6.** loc. *FAIRE LA FÊTE :* s'amuser en compagnie, mener joyeuse vie (⇒ **fêtard**). **II. 1.** (dans des expr.) Bonheur, joie, plaisir. *Un air de fête.* - *Se faire une fête de* (qqch.), s'en réjouir. - *FAIRE FÊTE À* (qqn), lui réserver un accueil chaleureux. - *Avoir le cœur EN FÊTE,* gai. - *Être À LA FÊTE,* heureux, satisfait. **2.** *LA FÊTE :* circonstances collectives de réjouissances sans contrainte (contexte politique). ⇒ **festif.**

FÊTER v. tr. [1] ▪ **1.** Consacrer, marquer par une fête. ⇒ **célébrer, commémorer. 2.** Faire fête à. *Fêter un ami retrouvé.* - au p. p. *Elle était très fêtée.*

FÉTICHE n. m. ▪ **1.** Objet de culte des civilisations animistes. **2.** Objet auquel on attribue un pouvoir magique et bénéfique. ⇒ **amulette, porte-bonheur. 3.** Objet à pouvoir symbolique. - appos. *Idée fétiche.*

Fès. Minarets de la médersa Bou Inanyia et de la mosquée Sidi Lezzaz. *Phot. © Sappa/Rapho*

FÉTICHEUR n. m. ▪ (surtout franç. d'Afrique) Prêtre des religions animistes ; initié qui fait agir des fétiches.

FÉTICHISME n. m. ▪ **1.** Culte des fétiches. **2.** Admiration exagérée et sans réserve. ⇒ **vénération. 3.** Perversion sexuelle incitant à rechercher la satisfaction sexuelle à travers des objets normalement dénués de signification érotique.

FÉTICHISTE adj. ▪ **1.** Qui pratique le fétichisme (1) ; qui concerne les fétiches. **2.** Qui admire exagérément qqn ou qqch. **3.** Relatif au fétichisme (3). ♦ Qui pratique le fétichisme. - n. *Un, une fétichiste.*

FÉTIDE adj. ▪ Qui a une odeur très désagréable. ⇒ **nauséabond, puant.** *Une haleine fétide.* ► n. f. FÉTIDITÉ

FÉTU n. m. ▪ Brin de paille. - *Être emporté, traîné comme un fétu (de paille).*

① **FEU** n. m. ▪ **I. 1.** *LE FEU :* combustion dégageant de la chaleur et de la lumière (⇒ **flamme ; pyr(o)-**). *Allumer, faire du feu,* faire brûler des matières combustibles. *Mettre le feu à qqch.,* faire brûler. ⇒ **enflammer.** *Prendre feu. Matière en feu. "La Psychanalyse du feu"* (de Bachelard). - loc. *Faire feu de tout bois,* utiliser tous les moyens, toutes les possibilités. - *Jouer avec le feu,* avec le danger. - *FEU FOLLET**. **2.** Matières rassemblées et allumées (pour produire de la chaleur, etc.). ⇒ **foyer.** *Faire un feu, le feu.* - *Feu de bois. Se chauffer devant le feu.* - prov. *Il n'y a pas de fumée sans feu,* pas d'effet sans cause. - loc. fig. *Feu de paille :* sentiment vif et passager. ♦ *FEU DE JOIE,* allumé en signe de réjouissance. - *FEU DE CAMP* (dans un camp de scouts, etc.). **3.** Source de chaleur (à l'origine, foyer enflammé) pour la cuisson des aliments, etc. *Mettre un plat sur le feu. Cuire qqch. à feu doux, à feu vif.* - *COUP DE FEU :* action vive du feu ; fig. moment de presse, de grande activité. **4.** VIEILLI Foyer, famille. *Un hameau de vingt feux.* - loc. *N'avoir ni feu ni lieu,* ne pas avoir de domicile fixe. **5.** Embrasement ; incendie (⇒ **brasier**). *Au feu ! Le feu est à la maison ; il y a le feu.* fig. *Ne t'énerve pas, il n'y a pas le feu !* - FAM. *Avoir le feu au derrière, le feu au cul,* agir avec précipitation. - loc. *Mettre un pays à feu et à sang,* détruire par la guerre. **6.** Supplice du bûcher. - fig. *À PETIT FEU,* lentement et cruellement. **7.** Ce qui sert à allumer le tabac. *Avez-vous du feu ?,* des allumettes, un briquet. **II.** (Combustion amenant une déflagration) **1.** *COUP DE FEU.* ⇒ **détonation.** - *ARME À FEU :* arme lançant un projectile par l'explosion d'une matière fulminante. ♦ fig. *FAIRE LONG FEU :* échouer. - *NE PAS FAIRE LONG FEU :* ne pas durer. **2.** Tir d'armes à feu. *Ouvrir le feu. Faire feu. Feu !* ♦ loc. fig. *Être pris entre deux feux,* entre deux dangers. - *Un feu roulant de questions,* une suite ininterrompue. **3.** *FEU D'ARTIFICE.* ⇒ **artifice. 4.** FAM. Pistolet, revolver. *Il a sorti son feu.* **III. 1.** Source de lumière (d'abord flamme d'un feu). ⇒ **lumière, flambeau, lampe, torche.** *Les feux de la ville. Les feux de la rampe** (au théâtre). **2.** Signal lumineux (⇒ **fanal**). *Les feux d'un navire. Feux de détresse, de croisement... d'une voiture.* ♦ (Réglant la circulation routière) *Feu tricolore : feu rouge* (passage interdit), *orange* (ralentir), *vert* (voie libre). - fig. *Donner le feu vert à,* autoriser (une action ; qqn à agir). **3.** POÉT. *Les feux de l'aurore, du couchant.* **4.** loc. fig. *N'Y VOIR QUE DU FEU,* ne rien y voir (comme qqn qui est ébloui) et, par ext., n'y rien comprendre. **5.** Éclat. *Les feux d'un diamant.* - *Le feu d'un regard.* **IV. 1.** Sensation de chaleur intense, de brûlure. *Le feu lui monte au visage. Avoir les joues EN FEU.* - *Le feu du rasoir* (après s'être rasé). **2.** Ardeur (des sentiments, des passions). ⇒ **exaltation.** *Dans le feu de la colère.* loc. *Être TOUT FEU TOUT FLAMME,* ardent, passionné. *Le feu de l'inspiration.* - *Parler avec feu.* ⇒ **chaleur, conviction.** - *Dans le feu de l'action.* - LITTÉR. Passion amoureuse. *Le feu, les feux de la passion.*

② **FEU, FEUE** adj. ▪ LITTÉR. Qui est mort depuis peu de temps. ⇒ **défunt.** *Feu son père. Feu la reine.* (entre le déterminant et le nom) *La feue reine.*

FEUDATAIRE n. ▪ HIST. Titulaire d'un fief* (⇒ **vassal**).

FEUDISTE n. ▪ DIDACT. Spécialiste du droit féodal.

Ludwig FEUERBACH (1804 - 1872) ▪ Philosophe allemand. Critique de Hegel et de la religion (*"L'Essence du christianisme"*, 1841). ► **Anselm FEUERBACH** (1829 - 1880), son neveu, peintre et dessinateur allemand.

Louis FEUILLADE (1873 - 1925) ▪ Cinéaste français. La sobriété du jeu de ses interprètes donnait à ses films le sens du réel. Il introduisit dans ses séries, *"Fantômas"* (1913-1914) et *"Les Vampires"* (1915-1916), une poésie fantastique.

FEUILLAGE n. m. ▪ **1.** Ensemble des feuilles (d'un arbre ou d'une plante de grande taille). *Feuillage du chêne, du lierre.* **2.** Rameaux coupés, couverts de feuilles.

FEUILLAISON n. f. ▪ Renouvellement annuel des feuilles (⇒ **foliation**).

FEUILLANT n. m. ▪ Religieux de l'ordre de Cîteaux, réformé en 1577.

le club des FEUILLANTS ▪ Club révolutionnaire qui siégeait dans un ancien couvent de feuillants, à Paris. Né de la scission du club des Jacobins en 1791, le club des Feuillants rassemblait des partisans de la monarchie constitutionnelle (La Fayette, Barnave, Sieyès, Duport). Le club disparut après le 10 août 1792.

FEUILLE n. f. ▪ **I. 1.** Partie des végétaux (siège de la photosynthèse) par laquelle ils respirent. *Feuilles et fleurs. Les nervures d'une feuille de chêne. Feuille découpée, dentelée. Feuilles persistantes. Chute des feuilles. Feuilles mortes.* - loc. (personnes) *Trembler* comme une feuille.* **2.** Représentation d'une feuille. *FEUILLE D'ACANTHE*.* - *FEUILLE DE VIGNE :* feuille sculptée cachant le sexe des statues nues. **II. 1.** Morceau de papier rectangulaire. ⇒ aussi **bristol, feuillet, fiche, page.** *Feuille blanche, vierge. Le recto, le verso d'une feuille.* - *Feuille volante*.* **2.** (documents) *Feuille de paye. Feuille de soins.* **3.** Journal. *Feuille locale* (→ feuille de chou*). **III. 1.** Plaque mince (d'une matière). *Feuille de métal.* **2.** FAM. Oreille. *Être dur de la feuille,* un peu sourd.

FEUILLÉE n. f. ▪ LITTÉR. Abri que forme le feuillage des arbres. *"Le Jeu de la feuillée"* (d'Adam de la Halle).

FEUILLÉES n. f. pl. ▪ Tranchée destinée à servir de latrines aux troupes en campagne, aux campeurs.

Edwige FEUILLÈRE (née en 1907) ▪ Actrice française. Sa voix de gorge et la finesse de son jeu la rendirent célèbre dès les années 40. Elle joua Cocteau, Claudel, Giraudoux, Dürrenmatt.

Edwige **Feuillère,** dans le film *L'Aigle à deux têtes,* de Jean Cocteau, 1947.
Phot. © Coll. Christophe L.

FEUILLET n. m. ▪ **I.** Chaque partie d'une feuille de papier pliée sur elle-même ; feuille de papier utilisée sur ses deux faces. **II.** ANAT. Troisième poche de l'estomac des ruminants.

FEUILLETÉ, ÉE adj. ▪ **1.** Qui présente des feuilles, des lames superposées. *Roche feuilletée.* **2.** *Pâte feuilletée,* pâte à base de farine et de beurre, repliée de manière à former de fines feuilles superposées (→ millefeuille). - n. m. *Un feuilleté.*

FEUILLETER v. tr. [4] ▪ Tourner les pages de (un livre...), spécialt en regardant rapidement.

FEUILLETON n. m. ▪ Chronique régulière, dans un journal. ♦ Épisode d'un roman qui paraît régulièrement dans un journal. - Histoire fragmentée (télévision, radio). ⇒ aussi **série.** ♦ *ROMAN-FEUILLETON :* roman qui paraît par fragments dans un

Feuillade. *Juve contre Fantômas,* 1913. *Phot. © Coll. Christophe L.*

journal. *Des romans-feuilletons.* - fig. Histoire invraisemblable. *C'est du roman-feuilleton !*

FEUILLETONESQUE adj. ▪ Qui a les caractéristiques du feuilleton.

FEUILLETONISTE n. ▪ Personne qui écrit des feuilletons ou des romans-feuilletons.

FEUILLU, UE adj. ▪ **1.** Qui a beaucoup de feuilles. ⇒ **touffu.** *Chêne feuillu.* **2.** Qui porte des feuilles. *Arbres feuillus,* à feuilles caduques (par oppos. aux résineux). - n. m. *Forêt de feuillus.*

FEULEMENT n. m. ▪ Cri du tigre.

FEULER v. intr. [1] ▪ (tigre) Pousser son cri. - (chat) Grogner.

FEURS ▪ Commune de la Loire. 7 803 hab. *(les Foréziens).* Vestiges antiques.

FEUTRAGE n. m. ▪ Fait de se feutrer.

FEUTRE n. m. ▪ **1.** Étoffe non tissée et épaisse obtenue en pressant et en agglutinant du poil ou de la laine. *Chaussons, chapeau de feutre.* **2.** (Objets de feutre) Chapeau de feutre. *Un feutre marron.* ♦ Instrument pour écrire à pointe en feutre ou en nylon (syn. *crayon feutre, stylo-feutre*).

FEUTRÉ, ÉE adj. ▪ **1.** Fait de feutre ; garni de feutre. **2.** Qui a pris l'aspect du feutre. *Lainage feutré* (après lavage). ⇒ **pelucheux. 3.** Étouffé, peu sonore. *Marcher à pas feutrés.* ⇒ **discret, silencieux.**

FEUTRER v. [1] ▪ **I.** v. tr. **1.** TECHN. Mettre en feutre (du poil, de la laine). **2.** Garnir de feutre. **3.** Amortir (un bruit). **II.** *SE FEUTRER* v. pron. ou *FEUTRER* v. intr. Prendre l'aspect du feutre.

FEUTRINE n. f. ▪ Feutre mince utilisé en couture et en décoration.

Paul FÉVAL (1817 - 1887) ▪ Écrivain français, auteur de romans-feuilletons (*"Le Bossu"*, 1857).

FÈVE n. f. ▪ **1.** Plante légumineuse dont les graines se consomment fraîches ou conservées. - Graine de cette plante. *Écosser des fèves.* **2.** Figurine que l'on met dans la galette de la fête des Rois.

FÉVRIER n. m. ▪ Second mois de l'année, qui a vingt-huit jours dans les années ordinaires et vingt-neuf dans les années bissextiles.

FÉVRIER 1848 → **révolution française de 1848**

Georges FEYDEAU (1862 - 1921) ▪ Auteur dramatique français. Vaudevilles : *"Le Dindon"* (1896); *"La Dame de chez Maxim"* (1899).

Jacques FEYDER (1888 - 1948) ▪ Cinéaste français d'origine belge. *"Le Grand Jeu"* (1934); *"La Kermesse héroïque"* (1935).

Richard P. FEYNMAN (1918 - 1988) ▪ Physicien américain. Un des fondateurs de l'électrodynamique quantique. Prix Nobel de physique 1965.

FEYZIN ▪ Commune du Rhône. 8 520 hab. *(les Feyzinois).* Pétrochimie.

FEZ [fɛz] n. m. ▪ Calotte de laine, parfois ornée d'un gland ou d'une mèche. ⇒ **chéchia.**

FEZ → Fès

le FEZZAN ▪ Région saharienne du S.-O. de la Libye.

F. F. I. → **Forces françaises de l'intérieur.**

F. F. L. → **Forces françaises libres.**

FI interj. ▪ **1.** VX Interjection exprimant le dédain, le dégoût. ⇒ ② **foin.** *Fi donc !* **2.** loc. *FAIRE FI DE :* dédaigner, mépriser.

FIABILITÉ n. f. ▪ Caractère de ce qui est fiable (personne, matériel, méthode...).

FIABLE adj. ▪ En qui ou en quoi on peut avoir toute confiance, auquel on peut se fier. *Un collaborateur fiable. Cette montre est très fiable.*

FIACRE n. m. ▪ anciennt Voiture à cheval louée à la course ou à l'heure.

saint **FIACRE** ▪ Ermite du VIIe s. Patron des cochers (par jeu de mots).

FIANARANTSOA ▪ Ville de Madagascar. 125 000 hab.

FIANÇAILLES n. f. pl. ▪ **1.** Promesse solennelle de mariage, échangée entre futurs époux. *Bague de fiançailles.* **2.** Temps qui s'écoule entre la promesse et la célébration du mariage.

FIANCÉ, ÉE n. ▪ Personne fiancée. *Les deux fiancés.* ⇒ **futur.**

FIANCER v. tr. [3] ▪ Engager par une promesse de mariage. - pronom. *Il va se fiancer avec elle. Ils se sont fiancés hier.*

FIASCO n. m. ▪ **1.** Défaillance d'ordre sexuel (chez l'homme). **2.** Échec complet. ⇒ FAM. **bide.** *Cette pièce est un fiasco.* ⇒ **four.** *L'entreprise a fait fiasco.* ⇒ **échouer.**

FIASQUE n. f. ▪ Bouteille à col long et à large panse garnie de paille. *Une fiasque de chianti.*

Leonardo **FIBONACCI** dit **Léonard de Pise** (v. 1175 - v. 1240) ▪ Mathématicien italien. Il introduisit les connaissances et les notations mathématiques des Arabes. Dans la *suite de Fibonacci* chaque nombre est la somme des deux précédents et le rapport de deux nombres consécutifs tend vers le nombre d'or.

FIBRANNE n. f. ▪ Fibre textile artificielle, à fibres courtes.

FIBRE n. f. ▪ **I. 1.** Chacun des filaments qui, groupés en faisceaux, constituent certaines substances. *Les fibres du bois. Fibres musculaires.* **2.** *Fibre textile,* substance filamenteuse susceptible d'être filée et tissée. *Fibres synthétiques.* ♦ *Fibre de verre,* utilisée dans l'isolation thermique. ♦ *Fibre optique,* filament conducteur de lumière. **3.** Matière fabriquée à partir de fibres. *Mallette en fibre.* **II.** fig. LITTÉR. *Les fibres,* siège de la sensibilité. *Les fibres de l'âme.* - au sing. (collectif) Disposition à ressentir certaines émotions. *Avoir la fibre paternelle.*

FIBREUX, EUSE adj. ▪ Qui a des fibres, est composé de fibres.

FIBRILLE [-ij ; -il] n. f. ▪ Petite fibre. *Fibrilles d'une racine.*

FIBRINE n. f. ▪ BIOL. Protéine du plasma sanguin qui contribue à la formation du caillot, lors de la coagulation.

FIBRINOGÈNE n. m. ▪ BIOL. Protéine du plasma sanguin qui se transforme en fibrine lors de la coagulation.

Feyder. *La Kermesse héroïque.*
Phot. © Coll. Atmosphère/de Selva

FIBRO- Élément tiré de *fibre* servant à former des mots techniques.

FIBROCIMENT n. m. (marque déposée) ▪ Matériau de construction fait de ciment et d'amiante.

FIBROME n. m. ▪ Tumeur bénigne formée par du tissu fibreux. *Fibrome ovarien.* ► adj. FIBROMATEUX, EUSE

FIBROSCOPE n. m. ▪ MÉD. Endoscope souple comportant des fibres optiques.

FIBROSCOPIE n. f. ▪ MÉD. Exploration (d'un organe) au fibroscope.

FIBULE n. f. ▪ ANTIQ. Agrafe, épingle pour retenir les extrémités d'un vêtement.

fibule. Fibules en bronze provenant de Franche-Comté, époque gallo-romaine. Musée des Beaux-Arts et d'Archéologie, Besançon. *Phot. © Dagli Orti*

FICELAGE n. m. ▪ Action de ficeler ; son résultat.

FICELER v. tr. [4] ▪ **1.** Attacher, lier avec de la ficelle. *Ficeler un paquet.* - *Ficeler un prisonnier à un poteau.* **2.** FAM. Habiller. *Qui t'a ficelé ainsi ?* **3.** fig. Arranger, bâtir (un travail intellectuel). ► **FICELÉ, ÉE** adj. **1.** Qu'on a ficelé. *Paquet ficelé.* **2.** FAM. *Mal ficelé,* mal habillé. ⇒ **fagoté. 3.** *Un travail bien ficelé,* bien fait.

FICELLE n. f. ▪ **I. 1.** Corde mince. *Ficelle de chanvre. Défaire la ficelle d'un colis.* **2.** fig. *Tirer les ficelles,* faire agir les autres sans être vu. ♦ *Les ficelles d'un art, d'un métier,* les procédés cachés. ⇒ **truc. 3.** Petite baguette (pain). **II.** adj. VIEILLI Retors. - FAM. Malin, futé.

① **FICHE** n. f. ▪ **I.** Cheville, tige de bois ou de métal destinée à être fichée, enfoncée. **II.** Feuille cartonnée sur laquelle on inscrit des renseignements en vue d'un classement. *Faire, établir une fiche. Consulter des fiches dans un fichier.*

② **FICHE** v. tr. ⇒ ② FICHER

① **FICHER** v. tr. [1] ▪ Faire pénétrer et fixer par la pointe. ⇒ **planter.** *Ficher un clou dans un mur.* - au p. p. *Piquets fichés en terre.*

② **FICHER** ou **FICHE** v. tr [1] p. p. *fichu, ue* ▪ FAM. (équivalent moins fam. de *foutre**) **1.** Faire. *Je n'ai rien fichu aujourd'hui.* **2.** Donner, faire subir. *Je lui ai fichu une gifle.* ⇒ **flanquer.** - *Ça me fiche le cafard.* - *Fiche-moi la paix !,* laisse-moi tranquille. - *Se fiche dedans,* se tromper. **3.** Mettre. *Je l'ai fichu à la poubelle.* - pronom. *Se fiche par terre.* ⇒ **tomber.** - *Ficher qqn à la porte,* le renvoyer. - *Fiche* (ou *ficher*) le camp, décamper, partir. **4.** *SE FICHER DE* v. pron. : se moquer de. *Il s'est fichu de moi.* ⇒ se **moquer, railler.** - *Je m'en fiche,* ça m'est égal. ► **FICHU, UE** adj. FAM. (équivalent moins fam. de *foutu**) **1.** Détestable, mauvais. *Un fichu caractère. Fichu métier !* ⇒ **maudit. 2.** Dans une fâcheuse situation, un mauvais état. *Il n'en a plus pour longtemps, il est fichu.* ⇒ **perdu.** *Mon costume est fichu.* **3.** Arrangé, mis dans un certain état. *Elle est fichue comme l'as* de pique.* - *BIEN, MAL FICHU :* bien, mal bâti, fait. - (moins fam.) *MAL FICHU :* un peu malade, souffrant. *Je me sens mal fichue.* **4.** *Fichu de :* capable de. *Il n'est pas fichu de gagner sa vie.*

③ **FICHER** v. tr. [1] ▪ Mettre sur une fiche, des fiches. *Ficher un renseignement.* - *Ficher qqn,* établir une fiche à son nom.

FICHIER n. m. ▪ **1.** Collection, réunion de fiches. ‒ INFORM. Ensemble structuré d'informations ; support de ces informations. **2.** Meuble, boîte, classeur contenant des fiches.

Johann Gottlieb **FICHTE** (1762 ‒ 1814) ▪ Philosophe allemand. Ses *"Principes de la théorie de la science"* marquent le passage de Kant à l'idéalisme absolu. Il exerça une influence sur Schelling et Hegel. Ses écrits politiques ont joué un grand rôle dans la formation du nationalisme allemand.

FICHTRE interj. ▪ FAM. Interjection qui exprime l'étonnement, l'admiration.

FICHTREMENT adv. ▪ FAM. Extrêmement.

① **FICHU, UE** ⇒ ② FICHER

② **FICHU** n. m. ▪ Pièce d'étoffe triangulaire dont les femmes se couvrent la tête, les épaules. ⇒ **châle.**

Marsile **FICIN** (1433 ‒ 1499) ▪ Philosophe et humaniste italien. Maître du platonisme chrétien. *"Théologie platonicienne"*.

FICTIF, IVE adj. ▪ **1.** Créé par l'imagination. *Des personnages fictifs.* ⇒ **imaginaire.** ‒ n. m. *Le réel et le fictif.* **2.** Qui n'existe qu'en apparence. ⇒ **faux, feint. 3.** Supposé par convention. ⇒ **conventionnel.** *Valeur fictive* (⇒ **fiduciaire**).

FICTION n. f. ▪ **1.** Fait imaginé (opposé à *réalité*) ; construction imaginaire. ⇒ **invention.** ‒ loc. prov. *La réalité dépasse la fiction.* **2.** Création de l'imagination, en littérature ; genre littéraire que représentent ces œuvres. *Livre de fiction* (conte, roman...). **3.** DR. Hypothèse conventionnelle qui permet de déduire des conséquences.

FICTIVEMENT adv. ▪ De manière fictive.

FICUS [-ys] n. m. ▪ **1.** BOT. Figuier (au sens large : genre *Ficus*). **2.** COUR. Plante d'appartement (du genre *Ficus*), d'origine tropicale.

FIDÈLE ▪ **I.** adj. **1.** Qui ne manque pas à la foi donnée (à qqn), aux engagements pris (envers qqn). ⇒ **dévoué, loyal. 2.** Dont les affections, les sentiments (envers qqn) ne changent pas. ⇒ **attaché, constant.** *Un ami fidèle.* **3.** Qui n'a de relations amoureuses qu'avec la personne à laquelle il (elle) a donné sa foi. *Amant fidèle. Femme fidèle.* ‒ (choses) *Un amour fidèle.* **4.** *Fidèle à* (qqch.) : qui ne manque pas à, qui ne trahit pas. *Être fidèle à ses engagements.* ‒ *Être fidèle à un fournisseur.* **5.** Qui ne s'écarte pas de la vérité. *Historien fidèle.* ‒ *Récit fidèle. Traduction fidèle,* conforme au texte original. ♦ *Mémoire fidèle,* qui retient avec exactitude. ⇒ **fiable. 6.** (instrument) Dont les résultats ne changent pas au cours du temps. *Balance fidèle.* **II.** n. **1.** Personne fidèle. *Même ses fidèles l'ont abandonné.* **2.** Personne unie à une Église, à une religion par la foi. ⇒ **croyant.**

FIDÈLEMENT adv. ▪ D'une manière fidèle. ‒ Avec exactitude.

FIDÉLISER v. tr. [1] ▪ COMM. Rendre fidèle, s'attacher (un client, des consommateurs).

FIDÉLITÉ n. f. ▪ **1.** Qualité d'une personne fidèle (à qqn). *Fidélité à, envers qqn. Jurer fidélité.* **2.** Constance dans les affections, les sentiments, les relations. *La fidélité du chien. Fidélité conjugale.* **3.** *Fidélité à* (qqch.) : fait de ne pas manquer à, de ne pas trahir. *Fidélité à un serment.* **4.** Conformité à la vérité, à un modèle original. ⇒ **exactitude, véracité.** *Fidélité d'une reproduction.* **5.** Qualité d'un instrument fidèle (6). **6.** *HAUTE-FIDÉLITÉ* : technique visant à obtenir une restitution très exacte du son enregistré. ⇒ anglic. **hi-fi.** *Chaîne* haute-fidélité.*

les îles **FIDJI** ou **FIJI** ▪ État de Mélanésie (844 îles). 18 333 km². 727 104 hab. *(les Fidjiens).* Capitale : Suva. Langues : fidjien, anglais. Monnaie : dollar fidjien. Économie sucrière. Tourisme. □ **HISTOIRE** Les îles Fidji furent découvertes par le Hollandais Tasman en 1643 et devinrent colonie britannique. Indépendantes depuis 1970, elles restèrent membre du Commonwealth jusqu'en 1987.

FIDUCIAIRE adj. ▪ ÉCON. Se dit de valeurs fictives, fondées sur la confiance à celui qui les émet. *Monnaie fiduciaire* (billets...). ♦ *Société fiduciaire,* qui effectue des travaux d'organisation, etc. pour le compte d'autres sociétés.

FIEF n. m. ▪ **1.** Au Moyen Âge, Domaine concédé par le seigneur à son vassal (⇒ **feudataire**), en contrepartie de certains services. *Le fief est l'institution fondamentale de la féodalité*.* **2.** fig. Domaine où qqn est maître. ‒ *Fief électoral,* où l'on est toujours réélu.

FIEFFÉ, ÉE adj. ▪ **I.** HIST. Qui est pourvu d'un fief. **II.** Qui possède au plus haut degré un défaut, un vice. ⇒ **fini, parfait.** *Un fieffé menteur.*

FIEL n. m. ▪ **1.** Bile des animaux de boucherie, de la volaille. **2.** fig. LITTÉR. Amertume qui s'accompagne de méchanceté. ⇒ **acrimonie, haine.** *Des propos pleins de fiel.*

Henry **FIELDING** (1707 ‒ 1754) ▪ Écrivain satirique et journaliste anglais. Il était opposé au sentimentalisme de Richardson, qu'il parodia dans *"Les Aventures de Joseph Andrews"* (1742). Son roman *"Tom Jones"* (1749) est un chef-d'œuvre d'observation sociale et d'humour.

W. C. **FIELDS** (1879 ‒ 1946) ▪ Acteur américain. Il fut l'un des plus fameux excentriques du music-hall puis du cinéma américain, où il excella dans la comédie burlesque. Il fut aussi un étonnant Mr. Micawber dans *"David Copperfield"* de Cukor (1935).

la médaille **FIELDS** ▪ Distinction consacrant un mathématicien, en principe âgé de moins de 40 ans, et attribuée tous les quatre ans (depuis 1936). Le mathématicien John Charles Fields en proposa la création pour compenser l'absence d'un prix Nobel dans cette discipline.

FIELLEUX, EUSE adj. ▪ Plein de fiel (2). ⇒ **haineux, méchant.** *Paroles fielleuses.* ‒ *Un critique fielleux.*

FIENTE [fjɑ̃t] n. f. ▪ Excrément d'oiseau et de certains animaux. *Fiente de pigeon.*

FIENTER [fjɑ̃-] v. intr. [1] ▪ Faire de la fiente.

① **FIER** v. tr. [7] ▪ VX Confier (qqch. à qqn). ► SE **FIER** v. pron. Accorder sa confiance (à qqn, à qqch.). *Je me fie entièrement à vous ; à votre jugement.* ‒ *Ne vous y fiez pas,* méfiez-vous.

② **FIER, FIÈRE** [fjɛʀ] adj. ▪ **I.** VX (animaux) Difficile à approcher, à apprivoiser. ⇒ **farouche, sauvage.** ‒ (personnes, animaux) Cruel, féroce. **II. 1.** VIEILLI Hautain, d'attitude méprisante. ⇒ **arrogant, prétentieux.** ‒ n. *Faire le fier.* **2.** LITTÉR. Qui a un vif sentiment de sa dignité, de son honneur. *Il est fier et courageux.* **3.** *FIER DE :* qui a de la joie, de la satisfaction de (qqn, qqch.). ⇒ **content, heureux, satisfait.** *Elle est fière de ses enfants. Elle est fière de son succès ; d'avoir réussi.* **4.** (avant le nom) VIEILLI ⇒ **fameux, rude.** *Un fier culot.* ⇒ **sacré.** ‒ *C'est une fière canaille !*

FIER-À-BRAS n. m. ▪ VIEILLI Fanfaron. *Des fiers-à-bras.*

FIÈREMENT adv. ▪ D'une manière fière et digne.

FIERTÉ n. f. ▪ **1.** VX Courage. ‒ Férocité. **2.** VIEILLI Attitude arrogante. ⇒ **condescendance, morgue. 3.** LITTÉR. Sentiment élevé de la dignité, de l'honneur. ⇒ **amour-propre, orgueil. 4.** Fait d'être fier (II, 3) de qqn, de qqch. ⇒ **contentement, satisfaction.** *Une juste fierté.* ♦ Ce qui fait concevoir de la fierté. *C'est sa fierté.*

FIESOLE ▪ Ville d'Italie, en Toscane (prov. de Florence). 15 143 hab. Ancien foyer de civilisation étrusque (enceinte), puis romaine (théâtre du Iᵉʳ s. av. J.-C.). Couvent de San Domenico où Fra Angelico fut prieur.

les **FIESQUE** en italien ***FIESCHI*** ou ***FIESCO*** ▪ Famille noble de Gênes, rivale des Doria. La conjuration de Gian Luigi Fiesco contre Andrea Doria (1547) inspira un drame à Schiller.

FIESTA n. f. ▪ FAM. Partie de plaisir, fête. ⇒ **java** (2).

FIÈVRE n. f. ▪ **1.** Élévation anormale de la température du corps. *Avoir de la fièvre* (⇒ **fébrile ; fiévreux**). *Faire tomber la fièvre* (antipyrétique, fébrifuge). ‒ *Une fièvre de cheval*.* ♦ Maladie fébrile. *Fièvre éruptive. Fièvre aphteuse*. Fièvre jaune* (maladie infectieuse virale). **2.** fig. Vive agitation, état

les îles **Fidji**. Culture de la canne à sucre à Viti Levu.
Phot. © Ferrero/Explorer

passionné. ⇒ **excitation, fébrilité.** *Fièvre créatrice.* ♦ *FIÈVRE DE :* désir ardent de. ⇒ **amour, passion.** *Fièvre de conquêtes.* – *La fièvre d'écrire.*

FIÉVREUSEMENT adv. ▪ D'une manière fiévreuse, agitée.

FIÉVREUX, EUSE adj. ▪ **1.** Qui a ou dénote la fièvre. ⇒ **fébrile** (1). *Se sentir fiévreux.* **2.** Qui a un caractère intense, hâtif. *Activité fiévreuse.* ⇒ **fébrile** (2). ♦ Qui est dans l'agitation de l'inquiétude. *Une attente fiévreuse.*

FIFRE n. m. ▪ **1.** Petite flûte en bois au son aigu. **2.** Joueur de fifre. *"Le Fifre"* (tableau de Manet).

FIFRELIN n. m. ▪ FAM., VIEILLI Chose, monnaie sans valeur. – *Cela ne vaut pas un fifrelin,* cela n'a aucune valeur.

FIFTY-FIFTY loc. adv. ▪ anglic. FAM. Moitié*-moitié. *Partager fifty-fifty.*

FIGARO n. m. ▪ VX Coiffeur.

FIGARO → Beaumarchais

FIGEAC ▪ Chef-lieu d'arrondissement du Lot. 9 549 hab. *(les Figeacois).* Petites industries.

FIGEMENT n. m. ▪ Action de (se) figer ; état de ce qui est figé.

FIGER v. tr. [3] ▪ **1.** Coaguler (le sang). – fig. *Des cris d'effroi qui figent le sang.* **2.** Solidifier (un liquide gras) par le froid. – pronom. *La sauce s'est figée.* **3.** Rendre immobile, fixer dans une certaine attitude, un certain état. *La surprise le figea sur place.* ♦ pronom. *Sourire qui se fige.* – fig. *Se figer dans une attitude,* la garder obstinément. ► **FIGÉ, ÉE** adj. *Huile figée.* – *Regard figé.* – *Attitude figée.* ♦ *Expression, locution figée,* dont on ne peut changer aucun des termes et dont le sens global ne peut pas se déduire de celui de ses constituants (ex. *prendre le mors aux dents*).

FIGNOLAGE n. m. ▪ Action de fignoler.

FIGNOLER v. tr. [1] ▪ Exécuter avec un soin minutieux jusque dans les détails. ⇒ **parfaire.** – au p. p. *Travail fignolé.* ⇒ **léché.**

FIGNOLEUR, EUSE n. ▪ Personne qui fignole.

FIGUE n. f. ▪ **1.** Fruit charnu et comestible du figuier, vert ou violacé. *Figues fraîches. Figues séchées.* **2.** *Figue de Barbarie :* fruit comestible de l'oponce. **3.** *MI-FIGUE, MI-RAISIN* loc. adj. : qui exprime un mélange de satisfaction et de mécontentement. ⇒ **mitigé.** *Un air mi-figue, mi-raisin.*

FIGUIER n. m. ▪ **1.** Arbre méditerranéen (ficus), à feuilles lobées, qui donne les figues. **2.** *Figuier de Barbarie :* oponce.

figuier. *Ficus carica. Phot. © Volot/Jacana*

FIGURANT, ANTE n. ▪ **1.** Personnage de théâtre, de cinéma, remplissant un rôle secondaire et généralement muet. **2.** Personne ou groupe dont le rôle est accessoire, dans une réunion, une société.

FIGURATIF, IVE adj. ▪ **1.** VIEILLI Qui représente (qqch.) d'une manière symbolique. **2.** Qui représente la forme de qqch. – *Art figuratif,* qui s'attache à la représentation de l'objet (par oppos. à *art abstrait* ou *non figuratif*).

FIGURATION n. f. ▪ **1.** Fait de figurer, de représenter (qqch.), notamment par des moyens graphiques, etc. *Une figuration fidèle.* ♦ *LA FIGURATION :* la peinture figurative. **2.** Fait de figurer, dans un spectacle. *Faire de la figuration.* ♦ Ensemble des figurants. – Emploi, rôle de figurant.

FIGURE n. f. ▪ **I. 1.** VX Forme extérieure (d'un objet, d'un ensemble). ⇒ **aspect.** – loc. MOD. *Ne plus avoir figure humaine :* être si mal en point que l'apparence humaine n'est plus reconnaissable. **2.** Représentation visuelle (de qqn, qqch.), sous forme graphique ou plastique. ⇒ **image.** *Livre orné de figures.* ⇒ **croquis, dessin, schéma.** ♦ spécialt Représentation d'un personnage humain. ⇒ **effigie, portrait, statue.** *Figure en bronze, en terre cuite. Peintre de figures.* – *Figure de cire :* représentation en cire d'une personne humaine. – *FIGURE DE PROUE :* buste (d'une personne, d'un animal...) à la proue des anciens navires à voile. fig. Personnalité de premier plan (cf. ci-dessous le sens 4). **3.** loc. *FAIRE FIGURE :* jouer un rôle remarquable, important. – *Faire bonne, piètre, triste figure,* avoir une apparence (bonne...). – *Faire figure de :* paraître, passer pour. ♦ *PRENDRE FIGURE :* prendre forme. – *Donner figure à qqch.* **4.** Personne remarquable, célèbre. ⇒ **personnage.** *Les grandes figures d'une époque.* – Type humain caractéristique. *La figure de l'aventurier.* **5.** (Élément matériel dans l'espace) GÉOM. Représentation des points, droites, courbes, surfaces ou volumes ; ensemble de points constituant ces objets géométriques. ♦ danse, sports Chemin suivi par un danseur, un patineur, suivant une ligne déterminée. **II.** (Forme de la face humaine) **1.** Apparence momentanée de la face humaine, exprimant une attitude, des sentiments. ⇒ **tête ; air, physionomie.** *Changer de figure. Vous faites une drôle de figure.* **2.** Partie antérieure de la tête humaine. ⇒ **face, visage.** *Une figure osseuse, ronde. Une figure agréable.* – *Recevoir qqch. en pleine figure, dans la figure.* – *Dire, jeter qqch. à la figure de qqn,* dire sans précautions. – loc. *Casser* la figure à qqn.* ♦ (Caractérisant la personne) *Des figures de connaissance.* **III.** *Figure de style, figure de rhétorique* et absolt *figure :* mode d'expression linguistique et stylistique de certaines formes de pensée dans le discours ; transfert de sens (⇒ sens **figuré**). *La métaphore, la métonymie, la périphrase sont des figures.* ⇒ **trope.**

FIGURÉ, ÉE adj. ▪ **1.** Représenté par une figure, un dessin. *Plan figuré.* **2.** *Sens figuré* (d'un mot), qui résulte d'une figure* de style (transfert sémantique d'une image concrète à des relations abstraites). *Sens propre et sens figuré.*

FIGURER v. [1] ▪ **I.** v. tr. **1.** Représenter (qqn, qqch.) sous une forme visible. ⇒ **dessiner, peindre, sculpter.** – Représenter d'une manière symbolique ou conventionnelle. **2.** (sujet chose) Être l'image de. *La scène figure un bord de mer.* **II.** v. intr. **1.** Jouer un rôle de figurant. **2.** Apparaître, se trouver (quelque part). *Son nom ne figure pas sur la liste.* ► **SE FIGURER** v. pron. Se représenter par la pensée, l'imagination. ⇒ s'**imaginer,** se **représenter.** *Se figurer des choses. Figurez-vous que... Il se figure que je vais céder !*

FIGURINE n. f. ▪ Statuette de petite dimension.

FIL n. m. ▪ **I. 1.** Brin long et fin des matières textiles ; réunion de ces brins, tordus et filés (⇒ **filature, filer**). *Des fils. Un fil, du fil de lin, de soie, de nylon. Bobine de fil. Fil de trame, de chaîne* (d'un tissu). – *DROIT FIL :* sens des fils (trame ou chaîne) d'un tissu (opposé à *biais*) ; fig. ligne de pensée, orientation. ♦ loc. *Être mince comme un fil,* très mince. – *Malice cousue de fil blanc,* trop apparente pour tromper quiconque. – *De fil en aiguille,* petit à petit, insensiblement. – *Donner du fil à retordre à qqn,* lui créer des embarras, des difficultés. **2.** Brin de matière textile, de fibre ou de toute matière souple, servant à tenir, à attacher. – loc. *Ne tenir qu'à un fil,* à très peu de chose, être fragile. – fig. *Le fil d'Ariane,* ce qu'on peut suivre pour se diriger, se guider (allus. au fil qu'Ariane* donne à Thésée pour qu'il puisse sortir du Labyrinthe). ♦ *FIL À PLOMB :* instrument formé d'une masse de plomb fixée à un fil, servant à donner la verticale. **3.** Morceau d'une matière qui s'étire en brins longs et minces. *Fils de verre.* **4.** Matière métallique étirée en un long brin mince. *Fil d'acier. Fils de fer barbelés.* – loc. *Il n'a pas inventé le fil à couper le beurre,* il n'est pas malin. **5.** Conducteur électrique, fil métallique entouré d'une gaine isolante. *Fil électrique. Fil télégraphique. Fil téléphonique.* – FAM. *Donner, passer un COUP DE FIL,* un coup de téléphone. **6.** Matière produite et filée par quelques animaux (araignée, ver à soie). – loc. *Fils de la Vierge.* ⇒ **filandre** (2). **7.** Fibre de certaines matières ; sens des fibres. *Le fil du bois.* **8.** Filament durci de certains légumes (notamment les haricots), que l'on enlève avant de les consommer. **II.** fig. **1.** Sens dans lequel un cours d'eau coule (⇒ **courant**). – *Au fil de l'eau,* en suivant le courant. **2.** Cours, enchaînement. ⇒ **suite.** *Le fil de la conversation. Suivre le fil de ses idées.* **III.** Partie coupante (d'une lame). ⇒ **tranchant.** *Le fil d'un rasoir.* – loc. *Être sur le fil du rasoir,* dans une situation instable, dangereuse. – *Passer au fil de l'épée,* tuer en passant l'épée au travers du corps.

FIL-À-FIL n. m. invar. ▪ Tissu de laine ou de coton très solide, en fils de deux couleurs alternées.

FILAGE n. m. ▪ Action de filer (un textile) à la main.

FILAMENT n. m. ▪ **1.** Production organique longue et fine comme un fil. **2.** Fil conducteur très fin porté à incandescence dans les ampoules électriques.

FILAMENTEUX, EUSE adj. ▪ Qui a des filaments (⇒ **fibreux**).

FILANDIÈRE n. f. ▪ LITTÉR. Femme qui file* à la main.

FILANDRE n. f. ▪ DIDACT. ▪ **1.** Fibre longue et coriace (des viandes, légumes). **2.** Fil d'araignée qui vole dans l'air (→ fil de la Vierge).

FILANDREUX, EUSE adj. ▪ **1.** (viande, légumes) Rempli de filandres. *Viande filandreuse.* **2.** fig. Enchevêtré, confus, interminable. *Des explications filandreuses.*

FILANT, ANTE adj. ▪ **1.** Qui coule en s'allongeant en une sorte de fil continu. *Sauce filante.* **2.** *Pouls filant,* très faible. **3.** *Étoile* filante.*

FILAO n. m. ▪ Arbre tropical, que l'on cultive pour son bois.

le FILARETE (v. 1400 - v. 1469) ▪ Sculpteur et architecte italien. Son *"Traité d'architecture"* (1460-1464) décrit une ville idéale, synthèse des réflexions et connaissances de l'époque.

FILASSE n. f. ▪ **1.** Matière textile végétale non encore filée (⇒ **étoupe**). **2.** appos. *Cheveux blond filasse,* et adj. invar. *cheveux filasse,* d'un blond fade, sans éclat.

FILATURE n. f. ▪ **I. 1.** Ensemble des opérations industrielles qui transforment les matières textiles en fils à tisser. **2.** Usine où est fabriqué le fil. **II.** Action de filer (qqn), de suivre pour surveiller. *Prendre qqn en filature.*

FILE n. f. ▪ Suite (de personnes, de choses) en rang et l'un derrière l'autre. ⇒ **ligne ; colonne.** *Des files d'acheteurs.* ⇒ **queue.** *Prendre la file,* se ranger dans une file. - fig. *Chef de file,* personne qui est à la tête (d'un groupe, d'une entreprise). ♦ *EN FILE, À LA FILE* loc. adv. : les uns derrière les autres, l'un derrière l'autre. - *En file indienne, à la file indienne,* immédiatement l'un derrière l'autre (→ à la queue* leu leu). ♦ *À LA FILE :* successivement. *Boire trois verres à la file.* ♦ *EN DOUBLE FILE :* à côté d'une première file de voitures.

FILER v. [1] ▪ **I.** v. tr. **1.** Transformer en fil (une matière textile). *Filer de la laine* (⇒ **filage ; filature**). ♦ *Filer du verre,* l'étirer en fil. - au p. p. *Verre filé.* **2.** (ver à soie, araignée) Faire en sécrétant son fil. *L'araignée file sa toile.* **3.** (Dérouler de façon égale et continue) MAR. *Filer les amarres.* ⇒ **dévider ; larguer.** *Filer une ligne.* - *Navire qui file trente nœuds,* qui a une vitesse de trente nœuds. ♦ MUS. *Filer une note,* la tenir sur une seule respiration. ♦ LITTÉR. *Filer une métaphore,* la développer longuement. ♦ FAM. *Filer le parfait amour,* vivre un amour partagé. **4.** Marcher derrière (qqn), suivre pour surveiller (⇒ **filature**). **5.** FAM. Donner. ⇒ **refiler.** *Filer une gifle à qqn.* ⇒ **flanquer. II.** v. intr. **1.** (liquide, matière) Couler lentement en formant un fil ; former des fils. *Sirop qui file* (⇒ **filant**). *Le gruyère fondu file.* **2.** Se dérouler, se dévider. *Câble qui file.* - *Maille qui file,* qui se défait, entraînant une rangée de mailles (⇒ **échelle**). **3.** Aller droit devant soi, en ligne droite et très vite. *Filer comme une flèche ; ventre à terre.* - FAM. *Le temps file,* passe vite. **4.** FAM. S'en aller, se retirer. ⇒ **déguerpir, partir.** *Allons, filez !* ⇒ **décamper.** *Filer à l'anglaise*.* ⇒ s'**esquiver.** - (choses) S'en aller très vite. ⇒ **disparaître, fondre.** *L'argent lui file entre les doigts.*

① **FILET** n. m. ▪ **1.** Ce qui ressemble à un fil fin. *Filet nerveux.* - Saillie en hélice (d'une vis...). - Petite moulure. *Filets d'un chapiteau.* - Trait fin. **2.** Écoulement fin et continu. *Un filet d'eau ; d'air.* - *Un filet de vinaigre,* une très petite quantité. ♦ fig. *Un filet de voix,* une voix très faible.

② **FILET** n. m. ▪ **1.** Morceau de viande, partie charnue et tendre le long de l'épine dorsale (de quelques animaux). *Filet de bœuf* (⇒ **chateaubriand, tournedos**). *Rosbif dans le filet.* **2.** Morceau de chair levé de part et d'autre de l'arête (d'un poisson). *Filets de sole.*

③ **FILET** n. m. ▪ Réseau de filet (①), de fil, fait de mailles. **1.** Réseau à larges mailles servant à capturer des animaux. *Filets de pêche. Filet à crevettes. Filet à papillons.* - fig. *Coup de filet,* arrestation de malfaiteurs. - *Attirer qqn dans ses filets,* le séduire. **2.** Réseau de mailles (pour envelopper, tenir, retenir). *Filet à cheveux.* ⇒ **résille.** - *Filet à provisions.* ♦ Réseau tendu sous des acrobates, par précaution. - loc. fig. *Travailler sans filet,* en prenant des risques. ♦ en sports Réseau qui sépare la table, le terrain en deux parties et au-dessus duquel la balle doit passer (tennis, etc.). - fig. FAM. *Monter au filet,* s'engager seul, avant son groupe, dans une démarche délicate.

FILETAGE n. m. ▪ **1.** Action de fileter. **2.** Ensemble des filets (d'une vis, etc.).

FILETER v. tr. [5] ▪ Pratiquer un filet, des filets (au tour, à la filière) dans (une tige de métal). ⇒ **tarauder.** - au p. p. *Tige filetée.*

FILEUR, EUSE ▪ **I.** n. Personne qui file une matière textile, à la main ou à la machine. **II.** adj. (animal) Qui sécrète un fil. *Insectes fileurs.*

FILIAL, ALE, AUX adj. ▪ Qui émane d'un enfant à l'égard de ses parents. *Amour filial.*

FILIALE n. f. ▪ Société jouissant d'une personnalité juridique (à la différence de la succursale) mais dirigée ou contrôlée par la société mère.

FILIALISER v. tr. [1] ▪ ÉCON. Transformer (une entreprise) en filiales. - Découper (une entreprise) en filiales. ► n. f. FILIALISATION

FILIATION n. f. ▪ **1.** Lien de parenté unissant l'enfant à son père, à sa mère. **2.** fig. Succession (de choses issues les unes des autres). ⇒ **enchaînement, liaison.** *La filiation des événements. La filiation des mots* (⇒ **étymologie**), des sens.

FILIÈRE n. f. ▪ **1.** MAR. Filin servant de garde-corps. **2.** Instrument, outil destiné à produire des fils, à étirer une matière, à pratiquer des filets (①). ⇒ **tréfiler. 3.** Succession de degrés à franchir avant de parvenir à un résultat. *Suivre la filière.* - Succession d'intermédiaires, d'étapes. ♦ TECHN. Famille (de réacteurs nucléaires) présentant les mêmes caractéristiques.

FILIFORME adj. ▪ Mince, fin comme un fil. *Antennes filiformes.* - (personnes) D'une extrême minceur.

FILIGRANE n. m. ▪ **1.** Ouvrage fait de fils de métal (argent, or). **2.** Dessin imprimé dans l'épaisseur d'un papier et qui se voit par transparence. *Filigrane des billets de banque.* - loc. fig. *EN FILIGRANE,* d'une manière implicite (dans un texte).

FILIGRANÉ, ÉE adj. ▪ **1.** Façonné en filigrane (1). *Bracelet filigrané.* **2.** Qui présente un filigrane (2). *Papier filigrané.*

FILIGRANER v. tr. [1] ▪ Façonner en filigrane (1).

FILIN n. m. ▪ MAR. Cordage (anciennt, en chanvre).

la querelle du FILIOQUE ▪ Conflit qui opposa, à partir du IXe s., les chrétientés d'Occident et d'Orient au sujet de la théologie de la Trinité.

FILITOSA ▪ Site archéologique (préhistorique) de Corse-du-Sud.

Filitosa. Statues-menhirs. *Phot. © Alain Rey*

FILLE n. f. ▪ **I. 1.** (opposé à *fils*) *LA FILLE DE qqn, SA FILLE :* personne du sexe féminin considérée par rapport à son père, à sa mère. *C'est sa fille aînée ; sa fille cadette. Fille adoptive.* - FAM. *Ma fille* (terme d'affection). **2.** LITTÉR. Descendante. *Une fille de rois.* - plais. *Fille d'Ève :* femme. **II. 1.** (opposé à *garçon*) Enfant du sexe féminin. **2.** (dans des loc.) *PETITE FILLE :* enfant du sexe féminin jusqu'à l'âge nubile. ⇒ **fillette.** - *JEUNE FILLE :* fille nubile ou femme jeune non mariée (équivalent plus soutenu de *fille,* ci-dessous). ⇒ **demoiselle ; mademoiselle.** *"À l'ombre des jeunes filles en fleurs"* (de Proust). *Une grande, une petite jeune fille* (selon l'âge). *Une jeune fille et un jeune homme ; et des jeunes gens.* **3.** (souvent avec un déterminatif) Jeune fille ; jeune femme. *Une jolie fille.* prov. *La plus belle fille du monde ne peut donner que ce qu'elle a.* - (en fonction d'adj.) *Elle est assez belle fille.* **4.** VIEILLI Femme non mariée. *Elle est restée fille.* - *FILLE-MÈRE :* mère célibataire. - *VIEILLE FILLE :* femme qui a atteint ou passé l'âge mûr sans se marier (péj. ; implique un jugement social défavorable). **5.** Prostituée. – loc. *Fille de joie* (même sens). **6.** Nom donné à certaines religieuses. *Filles du Calvaire.* **7.** VIEILLI *FILLE DE*, jeune fille ou femme employée à une fonction, un travail. *Fille de ferme, de cuisine. Fille de salle :* femme de ménage (dans certaines collectivités).

① **FILLETTE** n. f. ▪ Petite fille.

② **FILLETTE** n. f. ▪ RÉGIONAL Bouteille de vin contenant un tiers de litre.

FILLEUL, EULE n. ▪ Personne qui a été tenue sur les fonts baptismaux, par rapport à ses parrain et marraine.

FILM [film] n. m. ▪ **I. 1.** Pellicule photographique. – Pellicule cinématographique. *Film de 35 mm* (format professionnel). **2.** Œuvre cinématographique enregistrée sur film (⇒ **cinéma**). *Scénario, synopsis d'un film. Tourner un film. Film muet, parlant. Un beau, un grand film. Mauvais film.* ⇒ **navet.** – *Film d'animation**. **II.** anglic. TECHN. Couche très mince (d'une matière).

FILMAGE n. m. ▪ Action de filmer. ⇒ **tournage.**

FILMER v. tr. [1] ▪ Enregistrer (des vues) sur un film cinématographique ; par ext. sur un support magnétique. *Filmer un enfant qui joue.* – absolt *Filmer en studio.* ⇒ **tourner.** ► **FILMÉ, ÉE** adj. Enregistré sur film. *Théâtre filmé.*

FILMIQUE adj. ▪ DIDACT. Relatif aux films de cinéma.

FILMOGRAPHIE n. f. ▪ DIDACT. Liste des films (d'un auteur, d'un acteur, d'un genre...).

FILOCHER v. intr. [1] ▪ FAM. Aller vite, filer*.

FILON n. m. ▪ **1.** Masse allongée (de minéraux solides existant dans le sol au milieu de couches de nature différente). *Filon de cuivre.* ⇒ **veine.** *Exploiter un filon.* **2.** fig. ⇒ **mine ; veine.** *Ce sujet est un filon. Un filon comique.* **3.** FAM. Moyen, occasion de s'enrichir ou d'améliorer son existence. *Trouver le filon.*

FILOU n. m. ▪ Escroc, voleur. *Des filous.*

FILOUTER v. tr. [1] ▪ Voler adroitement (qqch. ; qqn).

FILOUTERIE n. f. ▪ VIEILLI Escroquerie, vol.

FILS [fis] n. m. ▪ **I. 1.** (opposé à *fille*) Personne du sexe masculin, considérée par rapport à son père, à sa mère. ⇒ FAM. **fiston.** *Son fils cadet ; son jeune fils. Fils adoptif.* – prov. *Tel père, tel fils. À père avare, fils prodigue.* – loc. péj. *FILS À PAPA,* qui profite de la situation de son père. **2.** RELIG. CHRÉT. *Fils de Dieu, Fils de l'homme ; le Fils :* Jésus-Christ. **3.** Personne du sexe masculin qui descend (de qqn), est originaire (d'un lieu). *Fils de paysans. Fils du pays.* **4.** fig. *Fils spirituel,* celui qui a reçu l'héritage spirituel de qqn. ⇒ **disciple. II.** Enfant du sexe masculin. ⇒ **garçon.** *Elle a accouché d'un fils.*

FILTRAGE n. m. ▪ Action de filtrer ; résultat de cette action.

FILTRANT, ANTE adj. ▪ **1.** Qui sert à filtrer. – *Verre filtrant.* **2.** *Virus filtrant,* qui traverse les filtres les plus fins. **3.** Qui passe faiblement à travers (un obstacle, etc.). *Lumière filtrante.*

FILTRAT n. m. ▪ DIDACT. Liquide filtré.

FILTRE n. m. ▪ **1.** Dispositif (tissu ou réseau, passoire) à travers lequel on fait passer un liquide pour le débarrasser des particules solides qui s'y trouvent. ♦ spécialt *Filtre à café :* dispositif permettant de faire passer de l'eau à travers le café qu'il contient. – *Café-filtre* ou *filtre,* préparé au moyen d'un filtre. **2.** Appareil servant à débarrasser un fluide ou un aérosol de ses impuretés. *Filtre à air, à huile.* **3.** SC. Dispositif modifiant certaines oscillations. **4.** Bout poreux (d'une cigarette) retenant en partie la nicotine et les goudrons. – appos. *Bout filtre.* **5.** fig. LITTÉR. ⇒ **crible.** *Le filtre de la critique, de la réflexion.*

FILTRER v. [1] ▪ **I.** v. tr. **1.** Faire passer à travers un filtre. *Filtrer de l'eau* (⇒ **purifier**). **2.** par analogie *Filtrer la lumière.* ⇒ **tamiser. 3.** Soumettre à un contrôle, une vérification, un tri. *Censure qui filtre les nouvelles.* **II.** v. intr. **1.** S'écouler lentement. *L'eau filtre à travers le sable.* **2.** (lumière) Passer faiblement. *Lumière qui filtre à travers les volets.* – abstrait *La nouvelle, la vérité a fini par filtrer,* par se répandre.

① **FIN** n. f. ▪ **I.** (Point d'arrêt, arrêt) **1.** Moment, instant auquel s'arrête (un phénomène, une période, une action). ⇒ **bout, limite, terme.** *À la fin du mois. À la fin de mai ; fin mai. Du début à la fin.* ♦ *À LA FIN.* loc. adv. ⇒ en **définitive, enfin, finalement.** – FAM. *Tu m'ennuies, à la fin !* (marque l'impatience). **2.** Point auquel s'arrête qqch. dont on fait usage. *Arriver à la fin d'un livre. La fin d'une bobine de fil.* **3.** Derniers éléments (d'une durée), dernière partie (d'une action, d'un ouvrage). *La fin de la journée a été belle. La fin du film.* ⇒ **dénouement, épilogue.** ♦ loc. *Faire une fin,* prendre une situation stable et sûre. ⇒ se **ranger. 4.** Disparition (d'un être, d'un phénomène, d'un sentiment). *La fin du monde. La fin prématurée d'un héros.* ⇒ **mort.** – *C'est la fin de tout !,* il n'y a plus rien à faire. FAM. *C'est la fin des haricots !* (même sens). – *METTRE FIN À :* faire cesser. ⇒ **terminer.** *Mettre fin à ses jours,* se suicider. – *PRENDRE FIN :* cesser. ⇒ se **terminer.** – *SANS FIN* loc. adj. et adv. *Discourir sans fin,* sans s'arrêter. *Des développements, des reproches sans fin.* **5.** Cessation par achèvement. ⇒ **aboutissement.** *Conduire un projet à sa fin.* – *Mener À BONNE FIN un travail.* **II.** (But, terme) **1.** souvent au plur. Chose qu'on veut réaliser, à laquelle on tend volontairement. ⇒ **but, objectif.** *Arriver, en venir à ses fins.* ⇒ **réussir.** – loc. prov. *Qui veut la fin veut les moyens. La fin justifie les moyens* (thèse du machiavélisme politique). – PHILOS. *FIN EN SOI,* objective et absolue ; COUR. Résultat cherché pour lui-même. – loc. *À CETTE FIN,* pour arriver à ce but (⇒ **afin** de). *À TOUTES FINS UTILES,* pour servir le cas échéant. *À seule fin de,* dans le seul but de. **2.** Terme auquel tend un être ou une chose (par instinct ou par nature). ⇒ **tendance ; finalité.** *Étude des fins de l'homme.* ⇒ **eschatologie, téléologie. 3.** DR. But juridiquement poursuivi. – loc. COUR. *FIN DE NON-RECEVOIR :* refus. *Il m'a opposé une fin de non-recevoir.*

② **FIN, FINE** adj. ▪ **I. 1.** VX Extrême. ♦ MOD. (dans des loc.) *Le fin fond de la forêt.* – *Le fin mot de l'histoire,* le dernier mot, celui qui donne la clé. **2.** adv. Tout à fait. ⇒ **complètement.** *Elle est fin prête.* **II. 1.** Qui est d'une très grande pureté. ⇒ **affiné, pur.** *Or fin. Pierres fines.* ⇒ **précieux. 2.** Qui est de la meilleure qualité. *Lingerie fine. Vins fins.* – *Eau-de-vie fine* et n. f. *fine :* eau-de-vie naturelle de qualité supérieure. – (odeur, parfum) *Arôme fin et pénétrant. Fines herbes**. ♦ (n. m.) loc. *Le fin du fin,* ce qu'il y a de mieux dans le genre. **3.** D'une grande acuité. ⇒ **sensible.** *Avoir l'oreille fine ; le nez fin.* **4.** Qui marque de la subtilité d'esprit, une sensibilité délicate. *Un esprit fin.* ⇒ **subtil ; finesse.** – *Une remarque fine et spirituelle.* **5.** (personnes) Qui excelle dans une activité réclamant de l'adresse et du discernement. ⇒ **adroit, habile.** *Un fin connaisseur. Un fin gourmet.* ⇒ **raffiné. 6.** Qui a une habileté proche de la ruse. ⇒ **astucieux, finaud, malin, rusé.** *Il se croit plus fin que les autres. Ne jouez pas au plus fin avec moi.* – *Une fine manœuvre.* iron. *C'est fin, ce que tu as fait là !* ⇒ **malin. III. 1.** Dont les éléments sont très petits. *Sable fin. Sel fin* (opposé à *gros*). – *Une pluie fine.* **2.** Délié, mince. *Cheveux fins et soyeux.* – *Taille fine. Traits fins.* **3.** Qui est très mince ou aigu (par oppos. à *épais*). *Tissu fin. Stylo à pointe fine.* **4.** Difficile à percevoir. *Les plus fines nuances de la pensée.* ⇒ **ténu.**

FINAL, ALE, ALS ou (RARE) **AUX** adj. ▪ **1.** Qui est à la fin, qui sert de fin (contr. *initial*). *Accords finals* (d'un air). *Point final* (d'un énoncé). – HIST. *La solution* finale.* ♦ FAM. *AU FINAL* loc. adv. : finalement. **2.** PHILOS. Qui marque une fin (II), un but. *Recherche des causes finales.* **3.** GRAMM. *Proposition finale* et n. f. *finale :* proposition subordonnée de but.

① **FINALE** n. f. ▪ **1.** Son ou syllabe qui termine un mot ou une phrase. **2.** Dernière épreuve (d'un championnat, d'une coupe...) qui désigne le vainqueur.

② **FINALE** n. m. ▪ Dernière partie (d'un opéra, d'une symphonie...). ⇒ **coda.**

FINALEMENT adv. ▪ À la fin, en dernier lieu ; en définitive.

FINALISER v. tr. [1] ▪ **1.** DIDACT. Donner une fin, un but à. **2.** jargon d'entreprise Mettre au point de manière détaillée (un projet...).

FINALISTE n. ▪ Concurrent(e), équipe qualifié(e) pour une finale.

FINALITÉ n. f. ▪ Caractère de ce qui tend à un but ; fait de tendre à un but.

FINANCE n. f. ▪ **1.** VX Ressources pécuniaires. ♦ MOD. loc. *MOYENNANT FINANCE,* contre de l'argent. – FAM. au plur. *Ses finances vont mal.* **2.** au plur. Activité de l'État dans le domaine de l'argent. ⇒ **budget, fisc, Trésor.** *Ministère des Finances.* **3.** Grandes affaires d'argent ; activité bancaire, boursière. ⇒ **affaire ; banque, bourse ; capitalisme.** *Être dans la finance.* – Ensemble de ceux qui ont cette activité. ⇒ **financier.** *La haute finance internationale.*

FINANCEMENT n. m. ▪ Action de procurer des fonds (à une entreprise, à un service public). ⇒ **investissement ; autofinancement.**

Finistère. La pointe du Petit Minou à Plouzané.
Phot. © Sandford/Explorer

FINANCER v. [3] ▪ **1.** v. intr. VX ou plais. Payer. *Il ne regarde pas à la dépense, c'est son père qui finance.* **2.** v. tr. Soutenir financièrement (une entreprise) ; procurer les capitaux nécessaires au fonctionnement de.

FINANCIER, IÈRE ▪ **I. 1.** n. m. HIST. Celui qui, sous l'Ancien Régime, s'occupait des finances publiques (→ fermier). **2.** n. (rare au fém.) Personne qui fait des affaires d'argent, de la finance (3). **II.** adj. **1.** Relatif à l'argent. *Équilibre financier.* **2.** Relatif aux finances publiques. *Politique financière.* **3.** Relatif aux affaires d'argent, à la finance (3). *Compagnie financière.*

FINANCIÈREMENT adv. ▪ **1.** En matière de finances ; au point de vue financier. **2.** FAM. En ce qui concerne l'argent. ⇒ **matériellement.** *Financièrement, la situation est bonne.*

FINASSER v. intr. [1] ▪ Agir avec une finesse excessive. ⇒ **ruser.**

FINASSERIE n. f. ▪ Procédé d'une personne qui finasse.

FINAUD, AUDE adj. ▪ Qui cache de la finesse sous un air de simplicité. ⇒ **futé, matois.** ‑ n. *Un finaud, une finaude.*

FINE n. f. ⇒ ② FIN (II, 2).

FINE DE CLAIRE n. f. ⇒ CLAIRE

FINEMENT adv. ▪ **1.** Avec finesse, subtilité. *Comprendre finement.* **2.** Avec habileté. ⇒ **adroitement.** *Il a finement calculé son coup.* **3.** D'une manière fine, délicate. *Objet finement ouvragé.*

FINESSE n. f. ▪ **1.** Qualité de ce qui est délicat et bien exécuté. *La finesse d'une broderie.* **2.** (sens) Grande acuité. *Finesse de l'ouïe, du goût.* **3.** Aptitude à discerner des choses délicates, subtiles. ⇒ **pénétration, subtilité.** *Une grande finesse d'esprit.* ‑ allus. *Esprit* de géométrie et esprit de finesse* (Pascal). **4.** Adresse, habileté. **5.** Extrême délicatesse (de forme ou de matière). *La finesse d'une poudre ; d'une aiguille.* ⇒ **étroitesse, minceur. 6.** *(Une, des finesses)* surtout au plur. Plan ou action marquant la ruse. ♦ Chose difficile à saisir, à manier. *Les finesses d'une langue, d'un art.* ⇒ **subtilité.**

FINETTE n. f. ▪ Étoffe de coton dont l'envers est pelucheux.

FINIR v. [2] ▪ **I.** v. tr. (Mener à sa fin (I)) **1.** Conduire (une occupation) à son terme en faisant ce qui reste à faire. ⇒ **achever, terminer.** *Finir un travail.* ‑ spécialt ⇒ **parachever.** *Finir une pièce, un ouvrage.* ⇒ **fignoler. 2.** Mener (une période) à son terme, en passant le temps qui reste. *Finir ses jours à la campagne.* **3.** Mener (une quantité) à épuisement, en prenant ce qui reste. *Finir son verre, un plat.* ‑ FAM. Utiliser jusqu'au bout. *Il finit les vêtements de son frère.* **4.** Mettre un terme à. ⇒ **arrêter, cesser,** mettre **fin** à. **5.** *FINIR DE* (+ inf.). Cesser de, achever. *Finissez de vous plaindre !* **6.** absolt *Avez-vous fini ? Il ne sait pas finir. Finir en beauté.* **II.** v. intr. (Arriver à sa fin (I)) **1.** Arriver à son terme dans le temps. ⇒ s'**achever,** se **terminer.** *Le spectacle finira vers minuit. Il est temps que cela finisse.* ⇒ **cesser. 2.** Avoir telle fin, tel aboutissement. *Un film qui finit bien.* prov. *Tout est bien* qui finit bien.* ‑ (personnes) *Ce garçon finira mal.* **3.** (personnes) Arriver au terme de sa vie. ⇒ **mourir, périr.** *Finir dans un accident.* **4.** Arriver à son terme dans l'espace. *Le sentier finit là.* ⇒ s'**arrêter. 5.** *FINIR PAR* (+ inf.) : arriver à tel résultat. *Je finirai bien par trouver. Tout finit par s'arranger.* **III.** *EN FINIR* **1.** (personnes) Mettre fin à une chose longue, désagréable. *Il faut en finir. Il n'en finit plus !* ‑ *En finir avec* (qqch.), apporter une solution à. ⇒ **régler, résoudre.** *En finir avec* (qqn), se débarrasser de lui. ‑ FAM. *EN FINIR DE. On n'en finirait pas de raconter ses aventures.* ⇒ s'**arrêter. 2.** avec une négation Arriver à son terme. *Un discours qui n'en finit plus.* ‑ *Des applaudissements à n'en plus finir.* ‑ *Il n'en finit pas de s'habiller.* ► **FINI, IE** adj. **1.** Qui a été mené à son terme. *Mon travail est fini.* **2.** Dont la finition est bonne. *Vêtement bien fini.* ‑ n. m. *Le fini,* la qualité de ce qui est soigné. ♦ péj. Achevé, parfait en son genre. *Un menteur fini.* ⇒ **fieffé. 3.** Qui est arrivé à son terme. *Une époque finie.* ⇒ **révolu.** ♦ (personnes) *C'est un homme fini,* diminué, usé. **4.** Qui a des limites, des bornes. ‑ n. m. *Le fini et l'infini.*

FINISH n. m. ▪ anglic. SPORTS Aptitude à finir (dans une course...). ‑ *Gagner au finish.*

FINISSAGE n. m. ▪ Action de finir (une fabrication, une pièce). ⇒ **finition.**

FINISSANT, ANTE adj. ▪ En train de finir. *Le siècle finissant.*

FINISSEUR, EUSE n. ▪ **1.** Personne chargée des travaux de finissage, de finition. **2.** Athlète, coureur qui finit bien une épreuve (⇒ **finish**).

le FINISTÈRE [29] ▪ Département français de la région Bretagne. 6 785 km^2. 838 687 hab. Chef-lieu : Quimper. Chefs-lieux d'arrondissement : Brest, Châteaulin, Morlaix.

le cap FINISTERRE ▪ Extrémité nord-ouest de l'Espagne.

FINITION n. f. ▪ **1.** Opération ou ensemble d'opérations (finissage, etc.) qui termine la fabrication d'un objet, d'un produit. **2.** Caractère de ce qui est plus ou moins bien fini. *Une finition insuffisante.* **3.** au plur. *Les finitions :* les derniers travaux. *Couturière qui fait les finitions* (ourlets, etc.).

FINITUDE n. f. ▪ DIDACT. Fait d'être fini, borné.

FINLANDAIS, AISE adj. ▪ De Finlande. ‑ n. *Les Finlandais.*

la FINLANDE ▪ État du nord de l'Europe. 337 032 km^2. 4 998 478 hab. *(les Finlandais).* Capitale : Helsinki. Langues : finnois (94 %), suédois. Religion : luthéranisme, minorité orthodoxe. Monnaie : mark finlandais. Le climat rigoureux, dû à la latitude élevée, limite l'agriculture et la pêche aux côtes de la Baltique. L'industrie du bois (les forêts couvrent 76 % du territoire) domine les autres (métallurgie, mécanique, textile). Porcelaine, verreries. Importantes ressources hydroélectriques. □ **HISTOIRE** L'isolement des Lapons, puis des Finnois favorisa un particularisme mais aussi l'absence de détermination politique face aux Suédois, maîtres du pays du XIIe au XVIIIe s. La Russie imposa sa domination en 1809. Elle permit d'abord un réveil culturel et politique, mais engagea à la fin du XIXe s. une politique de russification arrêtée par les événements révolutionnaires de 1917. Avec l'appui des Allemands, la Finlande obtint son indépendance ; elle devint république en 1919, reconnue par la Russie en 1920. La Deuxième Guerre mondiale la livra aux convoitises soviétique et allemande et l'obligea, après 1945, à ménager son puissant voisin soviétique. Cette politique de prudence diplomatique et de coopération économique lui permit, jusqu'à l'éclatement de l'URSS en 1991, de préserver sa liberté et son développement, sous la présidence notamment du social-démocrate Kekkonen (de 1956 à 1981). En janvier 1995, la Finlande est devenue membre de l'Union européenne.

le golfe de FINLANDE ▪ Formé par la Baltique entre l'Estonie, la Russie et la Finlande, il baigne Helsinki et Saint-Pétersbourg.

Carlos Juan FINLAY (1883 ‑ 1915) ▪ Médecin cubain. Il découvrit, avant Agramonte, le mode de transmission de la fièvre jaune par les moustiques.

Vigdís FINNBOGADÓTTIR (née en 1930) ▪ Femme politique islandaise. Présidente de la République d'Islande depuis 1980, elle symbolise l'union nationale.

FINNOIS, OISE adj. ▪ Du peuple de langue non indo-européenne qui vit en Finlande. ‑ n. m. *Le finnois,* cette langue.

FINNO-OUGRIEN, IENNE adj. ▪ LING. Se dit d'un groupe de langues comprenant le finnois (et l'este d'Estonie), le lapon, le hongrois et des langues sibériennes.

FIOLE n. f. ▪ **1.** Petite bouteille de verre à col étroit utilisée en pharmacie. ⇒ **flacon. 2.** fig. FAM. ⇒ **tête.** ‑ *Se payer la fiole de qqn,* s'en moquer, en rire.

la FIONIE ▪ Grande île et département du Danemark. 426 106 hab. 2 984 km^2. Chef-lieu : Odense.

FIORD ⇒ FJORD

FIORITURE n. f. ▪ **1.** MUS. Ornement ajouté à la phrase mélodique. **2.** Ornement complexe. *Les fioritures d'un motif.* ◦ souvent péj. *Fioritures de style.*

FIOUL ⇒ FUEL

FIRDOUSSI ou **FERDAWSI** (v. 940 - v. 1020) ▪ Poète persan. Son *"Livre des rois" (Chāhnāme)* est un des chefs-d'œuvre de la littérature épique mondiale.

FIRMAMENT n. m. ▪ POÉT. Voûte céleste.

FIRME n. f. ▪ Entreprise industrielle ou commerciale.

FIRMINY ▪ Commune de la Loire. 23 123 hab. *(les Appelous).* Ensemble architectural de Le Corbusier (années 60). Métallurgie.

FISC n. m. ▪ Ensemble des administrations qui s'occupent des impôts. *Frauder le fisc. Inspecteur du fisc.* ⇒ **contribution(s).**

FISCAL, ALE, AUX adj. ▪ Qui se rapporte au fisc, à l'impôt. *Politique fiscale. Fraude fiscale.* ► adv. FISCALEMENT

FISCALISER v. tr. [1] ▪ **1.** Soumettre à l'impôt. **2.** Financer par l'impôt. ► n. f. FISCALISATION

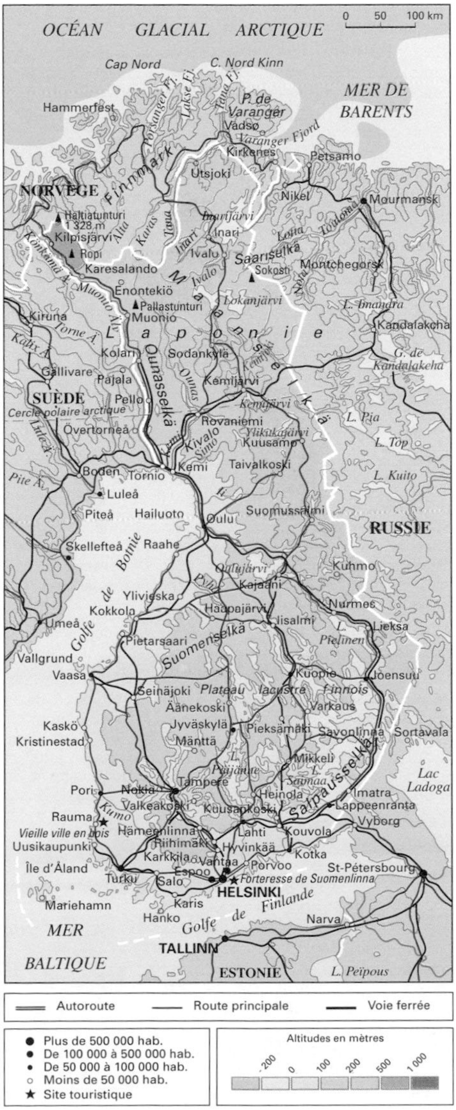

Finlande.

Firdoussi. Miniature indienne du XVIe s. illustrant le *Livre des rois.* Musée Condé, Chantilly. *Phot. © Giraudon*

FISCALITÉ n. f. ▪ Système fiscal. *Réforme de la fiscalité.*

Emil Hermann **FISCHER** (1852 - 1919) ▪ Chimiste allemand. Ses recherches, qui sont à l'origine de la biochimie, eurent des applications pratiques et industrielles importantes, notamment dans la production de barbituriques et de détergents. Prix Nobel de chimie 1902.

Dietrich **FISCHER-DIESKAU** (né en 1925) ▪ Baryton allemand. Il a mis son talent au service du lied allemand, mais il interprète avec une égale maîtrise musique baroque ou romantique, opéras de Mozart ou de Wagner, comme les œuvres modernes.

Johann Bernhard **FISCHER VON ERLACH** (1656 - 1723) ▪ Architecte et décorateur baroque autrichien. Église Saint-Charles-Borromée à Vienne, château de Schönbrunn.

Irving **FISHER** (1867 - 1947) ▪ Économiste américain. Théorie mathématique (ou quantitative) de la monnaie.

FISSIBLE adj. ▪ PHYS. ⇒ **fissile** (2).

FISSILE adj. ▪ **1.** DIDACT. Qui tend à se fendre, à se diviser en feuillets minces. *Schiste fissile.* **2.** PHYS. Susceptible de subir la fission (syn. *fissible*). *Corps fissiles.*

FISSION n. f. ▪ Rupture d'un noyau atomique. *Énergie de fission et énergie de fusion.*

FISSURE n. f. ▪ **1.** Petite fente. ⇒ **fêlure, lézarde. 2.** fig. *Il y a une fissure dans leur amitié.* ⇒ **brèche.**

FISSURER v. tr. [1] ▪ Diviser par fissures. ⇒ **crevasser, fendre.** ◦ pronom. *Mur qui se fissure.* ◦ au p. p. *Plafond fissuré.*

Fischer von Erlach. La façade de l'église Saint-Charles-Borromée à Vienne. *Phot. © Jalain/Explorer*

FISTON n. m. ▪ FAM. Fils.

FISTULE n. f. ▪ Canal qui se forme dans l'organisme pour donner passage à un liquide physiologique ou pathologique. ► adj. FISTULEUX, EUSE

Francis Scott **FITZGERALD** (1896 - 1940) ▪ Écrivain américain. Il a évoqué les désarrois de la « génération perdue », l'échec puis l'effondrement du rêve américain. *"Gatsby le Magnifique"* (1925), *"Tendre est la nuit"* (1934).

Ella **FITZGERALD** (1918 - 1996) ▪ Chanteuse de jazz noire américaine. *"Porgy and Bess"* (1958).

FIUME ▪ Nom italien de Rijeka.

F. I. V. [ɛfive] n. f. (sigle) ▪ Fécondation in vitro.

FIXATEUR, TRICE ▪ DIDACT. ou TECHN. **I.** adj. Qui fixe. **II.** n. m. **1.** Vaporisateur qui projette un fixatif. **2.** Substance qui fixe l'image photographique. **3.** Substance permettant de maintenir une préparation (de cellules, etc.) en vue d'un examen au microscope.

FIXATIF n. m. ▪ TECHN. Vernis dilué qui sert à fixer un fusain ou un pastel.

FIXATION n. f. ▪ **1.** Action de fixer, de faire tenir solidement ou d'établir de manière durable. **2.** Attache. *Fixations de sécurité.* **3.** PSYCH. Attachement intense à une personne, à un objet ou à un stade de développement. *Fixation au père.*

FIXE adj. ▪ **I. 1.** Qui ne bouge pas, ne change pas de position. ⇒ **immobile.** *Un point fixe.* - *Personne sans domicile fixe* (→ S. D. F.). **2.** *Avoir les yeux fixes, le regard fixe :* regarder le même point, sans dévier ; regarder dans le vague. **3.** interj. *FIXE ! :* commandement militaire prescrivant de se tenir immobile. ⇒ **garde-à-vous. II. 1.** Qui ne change pas, reste en l'état. ⇒ **immuable, invariable, permanent.** *Couleur fixe. Feu fixe* (opposé à *clignotant*). *Beau fixe :* beau temps durable (météo). **2.** Réglé d'une façon précise et définitive. ⇒ **défini, déterminé.** *Manger à heure fixe. Menu à prix fixe.* **3.** loc. *IDÉE FIXE :* idée dominante, dont l'esprit ne peut se détacher. ⇒ **obsession.** *"L'Idée fixe"* (de Valéry). **4.** ⇒ **assuré, régulier.** *Revenu fixe.* - n. m. *Toucher un fixe mensuel.*

FIXEMENT adv. ▪ D'un regard fixe. *Regarder qqn fixement.*

FIXER v. tr. [1] ▪ **I. 1.** Établir de façon durable à une place déterminée. ⇒ **attacher, maintenir.** *Fixer des volets avec des crochets.* ♦ pronom. (personnes) S'installer durablement. *Il s'est fixé à Paris.* ♦ fig. *Fixer un souvenir dans sa mémoire.* ⇒ **graver. 2.** *Fixer ses yeux, son regard sur...* - *Fixer (qqn) du regard,* le regarder avec insistance. **3.** abstrait *Fixer son attention sur qqch.* - pronom. *Mon choix s'est fixé sur cet article.* **II. 1.** Recouvrir de fixatif. *Fixer un fusain.* **2.** Rendre stable et immobile (ce qui évolue, change). *L'usage a fixé le sens de cette expression.* ⇒ **figer. 3.** Faire qu'une personne ne soit plus dans l'indécision ou l'incertitude. - *Fixer qqn sur,* le renseigner exactement sur. - au p. p. *Je ne suis pas encore fixé.* ⇒ **décidé. III.** Régler d'une façon déterminée, définitive. *Fixer une règle. Les limites fixées par la loi.* ⇒ **dicter, édicter.** *Fixer un rendez-vous.* - au p. p. *Au jour fixé,* convenu.

FIXISME n. m. ▪ DIDACT. (hist. des sc.) Doctrine de la fixité des espèces (opposé à *évolutionnisme,* à *transformisme*).

FIXITÉ n. f. ▪ **1.** Caractère de ce qui est fixe, immobile. *Fixité du regard.* **2.** DIDACT. Caractère de ce qui est invariable, définitivement fixé. *Doctrine de la fixité des espèces* (selon laquelle les espèces seraient immuables). ⇒ **fixisme.**

Hippolyte **FIZEAU** (1819 - 1896) ▪ Physicien français. Il effectua la première mesure physique (non astronomique) de la vitesse de la lumière et obtint le premier daguerréotype de la surface solaire (1845). Il étendit à l'optique l'effet découvert par Doppler dans le cas des ondes sonores.

FJORD ou **FIORD** [fjɔʀ(d)] n. m. ▪ Golfe s'enfonçant profondément dans l'intérieur des terres (surtout en Scandinavie, en Écosse). *Les fjords de Norvège.*

FLAC interj. ▪ Onomatopée, bruit d'eau (⇒ **floc**) ou de chute à plat (⇒ **clac, plaf**).

FLACON n. m. ▪ Petit récipient de verre, fermé par un bouchon. ⇒ **fiole.** *Flacon de parfum.* - Bouteille servant au conditionnement des liquides. ♦ fig. La forme, l'apparence (par opposition au contenu). « *Qu'importe le flacon pourvu qu'on ait l'ivresse ?* » (Musset).

FLA-FLA n. m. ▪ FAM. Recherche de l'effet. *Faire du fla-fla ; des fla-flas.* ⇒ **chichi, manière(s).** ◇ var. FLAFLA.

FLAGADA adj. ▪ FAM. Sans force, fatigué. *Se sentir complètement flagada.*

FLAGELLATION n. f. ▪ Action de flageller ; supplice du fouet. *La flagellation du Christ.*

FLAGELLE n. m. ▪ BIOL. Filament mobile, organe locomoteur de certains protozoaires, du spermatozoïde.

FLAGELLÉ, ÉE adj. ▪ BIOL. Muni d'un flagelle.

FLAGELLER v. tr. [1] ▪ Battre de coups de fouet. ⇒ **fouetter.**

FLAGEOLANT, ANTE adj. ▪ Qui flageole. *Jambes flageolantes.*

FLAGEOLER v. intr. [1] ▪ (jambes) Trembler de faiblesse, de fatigue, de peur. *Avoir les jambes qui flageolent.* - (personnes) *Flageoler sur ses jambes.* ⇒ **chanceler.**

① **FLAGEOLET** n. m. ▪ Flûte à bec, généralement percée de six trous.

② **FLAGEOLET** n. m. ▪ Variété de haricot nain très estimé, qui se mange en grains. *Gigot aux flageolets.*

FLAGORNER v. tr. [1] ▪ LITTÉR. Flatter bassement, servilement. ► n. et adj. FLAGORNEUR, EUSE

FLAGORNERIE n. f. ▪ Flatterie grossière et basse.

FLAGRANT, ANTE adj. ▪ **1.** Qui est commis sous les yeux mêmes de la personne qui le constate. loc. *Flagrant délit*.* **2.** Qui paraît évident aux yeux de tous. ⇒ **criant, évident, patent.** *Une injustice flagrante.*

Robert **FLAHERTY** (1884 - 1951) ▪ Cinéaste américain d'origine irlandaise. *"Nanouk l'Esquimau"* (1922), *"Louisiana Story"* (1948) sont des chefs-d'œuvre du documentaire ethnologique.

Flaherty. *Nanouk l'Esquimau.*
Phot. © Coll. Christophe L.

FLAIR n. m. ▪ **1.** Faculté de discerner par l'odeur. ⇒ **odorat.** *Le flair du chien.* **2.** fig. Aptitude instinctive à prévoir, deviner. ⇒ **clairvoyance, intuition, perspicacité.** *Il manque de flair.*

FLAIRER v. tr. [1] ▪ **1.** (animaux) Discerner, reconnaître ou chercher par l'odeur. *Chien qui flaire son maître.* ♦ (personnes) Sentir avec insistance. ⇒ **renifler. 2.** fig. Discerner qqch. par intuition. ⇒ **deviner, pressentir, soupçonner, subodorer.** *Elle flaire un piège là-dessous.*

FLAMAND, ANDE ▪ **1.** adj. De la Flandre. - *L'école flamande, en peinture.* - n. *Les Flamands.* **2.** n. m. Ensemble des parlers néerlandais de Belgique. ⇒ **flamingant.**

l'école **FLAMANDE** ▪ Elle naquit avec l'introduction de la technique de la peinture à l'huile (v. 1420) et connut un développement important du XVe au XVIIe s. Robert Campin, Jan Van Eyck et Roger Van der Weyden en jetèrent les bases : goût du détail, expressivité du visage et du

fjord. Le Geirangerfjord, en Norvège. *Phot. © Cochet/Explorer* geste. Au XVIe s. apparurent les genres indépendants : Quentin Metsys fut le premier portraitiste (ses successeurs créèrent le « portrait de groupe »); Joachim Patinir, le premier paysagiste. Bruegel créa un type de peinture de genre qui se développa par la suite : la scène villageoise dans un paysage. Au début du XVIIe s., Rubens, de retour d'Italie, introduisit le baroque en Flandre. Son ancien élève, Van Dyck, eut une grande influence en Angleterre. La peinture de genre, de caractère allégorique, inaugurée par Bruegel, continua avec Jordaens. À la fin du XVIIe s. l'école flamande déclina.

la Région FLAMANDE en néerlandais ***VLAAMS GEWEST*** ▪ Région administrative du nord de la Belgique, 13 522 km². 5 768 925 hab. Capitale : Bruxelles. Elle comprend les provinces d'Anvers, du Brabant flamand, de Flandre-Occidentale, de Flandre-Orientale et de Limbourg.

FLAMANT n. m. ▪ Oiseau échassier palmipède, au plumage généralement rose *(flamant rose)*.

FLAMBAGE n. m. ▪ Action de flamber, de passer à la flamme. *Le flambage d'un poulet.*

FLAMBANT, ANTE adj. ▪ **1.** Qui flambe. *Broussailles flambantes.* **2.** FAM., VIEILLI Beau, superbe. *Une voiture toute flambante.* ‑ MOD. loc. *FLAMBANT NEUF* : tout neuf. *Maison flambant neuf* ou *flambant neuve.*

FLAMBÉ, ÉE adj. ▪ **1.** Passé à la flamme. ‑ Arrosé d'alcool auquel on met le feu. *Crêpes flambées.* **2.** (personnes) FAM. Perdu, ruiné.

FLAMBEAU n. m. ▪ **1.** Mèche enduite de cire, de résine pour éclairer. ⇒ **torche.** *À la lueur des flambeaux.* **2.** fig. LITTÉR. Ce qui éclaire (intellectuellement ou moralement). ⇒ **lumière.** *Le flambeau de la liberté.* ‑ loc. *Se passer, se transmettre le flambeau.* **3.** Candélabre, chandelier.

FLAMBÉE n. f. ▪ **1.** Feu vif et assez bref. *Faire une flambée.* **2.** fig. Explosion (d'un sentiment violent, d'une action). *Une flambée de colère. Flambée de terrorisme.* ♦ Brusque hausse. *Flambée des prix.*

FLAMBER v. [1] ▪ **I.** v. intr. **1.** Brûler avec flammes et production de lumière. *Papier qui flambe.* **2.** Produire une vive lumière, de l'éclat. *Regard qui flambe.* **3.** *Prix qui flambent,* qui augmentent très rapidement. **II.** v. tr. **1.** Passer à la flamme. *Flamber une volaille* (pour brûler le duvet) ; *une aiguille* (pour la stériliser). **2.** Arroser (un mets) d'alcool que l'on brûle. **3.** fig. Dépenser de manière immodérée. ‑ intrans. FAM. Jouer gros jeu (⇒ **flambeur**).

FLAMBEUR, EUSE n. ▪ FAM. Personne qui joue gros jeu.

FLAMBOIEMENT n. m. ▪ Éclat de ce qui flamboie.

FLAMBOYANT, ANTE ▪ **I.** adj. **1.** Qui flamboie. ⇒ **flambant.** ‑ Qui produit une vive lumière, de l'éclat. ⇒ **brillant, étincelant.** *Des yeux flamboyants de haine.* **2.** *GOTHIQUE FLAMBOYANT* (XVe siècle), où certains ornements architecturaux ont une forme ondulée. **II.** n. m. Arbre des régions tropicales, à fleurs rouge vif.

FLAMBOYER v. intr. [8] ▪ **1.** Jeter par intervalles des flammes ou des reflets éclatants de lumière. *On voyait flamboyer l'incendie.* **2.** ⇒ **briller.** *Armure qui flamboie. — Yeux qui flamboient.*

Nicolas FLAMEL (v. 1330 ‑ 1418) ▪ Écrivain-juré de l'université de Paris, il passa pour alchimiste.

FLAMENCO [-mɛn-] n. m. ▪ Genre musical traditionnel andalou, caractérisé par son expressivité, qui associe le chant et la danse. ‑ adj. *Musique, danse flamenco* ou (fém. espagnol) *flamenca.*

FLAMINGANT, ANTE adj. ▪ **1.** Qui parle flamand ; où l'on parle flamand. *La Belgique flamingante.* **2.** Partisan de l'autonomie de la Flandre ou de la limitation de l'influence de la langue et de la culture françaises en Flandre belge. ‑ n. *Les Flamingants.*

Camille FLAMMARION (1842 ‑ 1925) ▪ Astronome français. Fondateur de la Société astronomique de France. *"Astronomie populaire"* (1880).

FLAMME n. f. ▪ **I. 1.** Production lumineuse et mobile de gaz en combustion. *Le feu jette des flammes.* ⇒ **flamber ; flamboyer.** *Ranimer les flammes. La flamme d'un briquet.* ‑ *En flammes,* qui brûle par incendie (→ enflammer). *Maison en flammes.* ‑ *La flamme olympique.* **2.** Éclat, vive lumière. *La flamme de son regard.* ⇒ **feu. 3.** Animation, passion. *Parler avec flamme.* ‑ loc. *Être tout feu* tout flamme.* **4.** LITTÉR. Passion amoureuse. *Déclarer sa flamme.* **II. 1.** Pavillon long et étroit. ⇒ **oriflamme. 2.** Marque postale allongée, portant souvent une légende.

FLAMMÉ, ÉE adj. ▪ Qui présente des taches en forme de flamme, des tons variés. *Grès flammé.*

FLAMMÈCHE n. f. ▪ Parcelle enflammée qui se détache d'un brasier, d'un foyer.

FLAN n. m. ▪ **I. 1.** Crème à base de lait, d'œufs, de farine que l'on fait prendre au four. **2.** TECHN. Disque destiné à recevoir une empreinte. *Le flan d'une médaille.* **II.** loc. FAM. **1.** *En rester COMME DEUX RONDS DE FLAN* : être stupéfait, muet d'étonnement. ⇒ **baba. 2.** *C'est du flan,* de la blague. ‑ *À la flan* : sans valeur, mal fait. ‑ *Au flan* : au hasard, sans réfléchir.

FLANC [flɑ̃] n. m. ▪ **1.** Partie latérale du corps (de l'homme et de certains animaux). *Se coucher sur le flanc.* ‑ loc. *Être sur le flanc,* extrêmement fatigué. ‑ FAM. *Tirer au flanc* : paresser. ⇒ **tire-au-flanc. 2.** LITTÉR. Côtés du torse, de la poitrine, symbole de la vie. ⇒ **entrailles, sein. 3.** LITTÉR. (choses) Partie latérale. *Les flancs d'un vaisseau.* ‑ *À FLANC DE* : sur le flanc de. *Une maison à flanc de coteau.* **4.** Côté droit ou gauche (d'une troupe, d'une armée) [opposé à *front*]. ⇒ **aile.** ♦ loc. *PRÊTER LE FLANC* : exposer son flanc. ‑ fig. Donner prise (à). ⇒ s'**exposer.** *Il prête le flanc à la critique.*

FLANCHER v. intr. [1] ▪ FAM. Céder, faiblir. *Le cœur du malade a flanché. Ce n'est pas le moment de flancher.* ⇒ se **dérober.**

FLANCHET n. m. ▪ Morceau de bœuf, de veau, entre la poitrine et la tranche grasse.

la FLANDRE ou **les FLANDRES** ▪ Région historique partagée aujourd'hui entre la France et la Belgique. Elle prit son essor au Moyen Âge avec l'industrie drapière. Au XIVe s., les villes s'opposèrent à l'annexion française, avant de passer aux mains du duc de Bourgogne (XIVe s.), puis de ses héritiers : Maximilien d'Autriche, Charles Quint, Philippe II d'Espagne. Après la sécession des Pays-Bas protestants, la Flandre resta catholique et espagnole. Au terme de la guerre de Succession d'Espagne (1714), elle fut soumise aux Autrichiens, à l'exception de places fortes cédées à la France (dont Lille). Sous domination française durant la Révolution et l'Empire, la Flandre fut rattachée en 1814 au royaume des Pays-Bas. En 1830, elle devint l'une des parties de la Belgique indépendante. Elle se divise en deux provinces (Flandre-Occidentale et Flandre-Orientale) dans la Belgique actuelle.

la **Flandre.** Le canal de Damme près de Bruges.
Phot. © Saucez/Explorer

la FLANDRE-OCCIDENTALE en néerlandais ***WEST-VLAANDEREN*** ▪ Province de Belgique (Région flamande). 3 144 km². 1 106 829 hab. Chef-lieu : Bruges.

la FLANDRE-ORIENTALE en néerlandais ***OOST-VLAANDEREN*** ▪ Province de Belgique (Région flamande). 2 982 km². 1 335 793 hab. Chef-lieu : Gand.

FLANDRIN, INE ▪ **1.** adj. De la Flandre. *Vache flandrine.* ‑ n. *Les Flandrins.* **2.** n. m. Homme grand, d'allure gauche.

Hippolyte FLANDRIN (1809 - 1864) ▪ Peintre français. Élève d'Ingres, représentant de l'académisme officiel.

FLANELLE n. f. ▪ Tissu de laine peu serré, doux et pelucheux. *Pantalon de flanelle.*

FLÂNER v. intr. [1] ▪ **1.** Se promener sans hâte, en s'abandonnant à l'impression et au spectacle du moment. ⇒ se **balader, musarder. 2.** S'attarder, être dans l'inaction. *Ne flânez pas, au travail !*

FLÂNERIE n. f. ▪ Action de flâner ; habitude de flâner.

FLÂNEUR, EUSE n. ▪ Personne qui flâne, ou qui aime à flâner. ⇒ **badaud, promeneur.** ♦ adj. *Un esprit flâneur.*

① **FLANQUER** v. tr. [1] ▪ **1.** Être sur le côté, sur le flanc de (une construction...). - au p. p. *Château flanqué de tourelles.* **2.** (surtout p. p.) Accompagner. *Il était flanqué de ses gardes du corps.*

② **FLANQUER** v. tr. [1] ▪ FAM. **1.** Lancer, jeter brutalement ou brusquement. ⇒ **ficher, foutre.** *Il l'a flanqué dehors. Flanquer une gifle à qqn.* pronom. *Se flanquer par terre :* tomber. *Flanquer un employé à la porte.* ⇒ **renvoyer. 2.** Provoquer brutalement. ⇒ **donner.** *Il m'a flanqué la frousse,* fait peur.

FLAPI, IE adj. ▪ FAM. Épuisé, éreinté.

FLAQUE n. f. ▪ Petite nappe de liquide stagnant.

FLASH n. m. ▪ anglic. **1.** Lampe à émission de lumière brève et intense, qui sert à prendre des instantanés. *Des flashes.* **2.** Séquence rapide, de courte durée (d'un film...). *Flash publicitaire.* **3.** Courte nouvelle, dans la presse.

FLASH-BACK n. m. ▪ anglic. Retour en arrière, dans un film, un récit. *Des flash-back, des flashs-back* ou *des flashes-back.*

① **FLASQUE** adj. ▪ Qui manque de fermeté. ⇒ **mou.** *Chair flasque.*

② **FLASQUE** n. f. ▪ Petite bouteille plate.

FLATTER v. tr. [1] ▪ **I. 1.** Louer excessivement ou faussement (qqn), pour plaire, séduire. ⇒ **encenser, flagorner. 2.** LITTÉR. *Flatter qqn de qqch.,* laisser faussement espérer. *Flatter qqn d'une fausse espérance.* ⇒ **bercer, leurrer. 3.** Caresser avec la main. *Flatter un chien.* **II.** (sujet chose) **1.** Être agréable à, faire concevoir de la fierté à. *Cette distinction me flatte.* ⇒ **toucher.** - *Cela flatte sa vanité.* **2.** Faire paraître plus beau que la réalité. ⇒ **avantager, embellir.** *Ce portrait la flatte.* - par ext. au p. p. *Portrait flatté,* où la personne est embellie. **III.** (compl. chose) **1.** Encourager, favoriser avec complaisance. *Flatter les vices de qqn.* **2.** Affecter agréablement (les sens). *Ce vin flatte le palais.* ► SE **FLATTER** (DE) v. pron. **1.** (+ inf.) Se croire assuré de. *Il se flatte de réussir.* ⇒ **espérer, prétendre. 2.** (+ n. ou inf.) Tirer orgueil, vanité de. ⇒ se **targuer** de. *Il se flatte de sa réussite, d'avoir réussi.*

FLATTERIE n. f. ▪ Action de flatter ; propos qui flatte.

FLATTEUR, EUSE ▪ **I.** n. Personne qui flatte, qui donne des louanges exagérées ou fausses. **II.** adj. **1.** Qui loue avec exagération ou de façon intéressée. **2.** Qui flatte l'amour-propre, l'orgueil. ⇒ **élogieux. 3.** Qui embellit. *Un tableau flatteur de la situation.*

FLATTEUSEMENT adv. ▪ D'une manière flatteuse.

FLATULENCE n. f. ▪ Accumulation de gaz dans les intestins (se traduisant par un ballonnement intestinal, des flatuosités).

FLATULENT, ENTE adj. ▪ Qui s'accompagne de flatulence. - Sujet à la flatulence.

FLATUOSITÉ n. f. ▪ Gaz accumulé dans les intestins ou expulsé du tube digestif. ⇒ **vent ; pet.**

Gustave FLAUBERT (1821 - 1880) ▪ Écrivain français. Son désir de « partir du réalisme pour aller jusqu'à la beauté », accompagné par la recherche d'une objectivité narrative et le souci de la perfection du style, a marqué une rupture avec les conventions romanesques traditionnelles. *"Madame Bovary"* (1857); *"Salammbô"* (1862); *"L'Éducation sentimentale"* (1869); *"Trois contes"* (1877); *"Bouvard et Pécuchet"* (inachevé, 1881).

les FLAVIENS ▪ Dynastie d'empereurs romains (69-96) fondée par Vespasien, représentée après lui par ses fils, Titus et Domitien.

FLAVIUS JOSÈPHE (v. 37 - v. 100) ▪ Historien juif rallié à Rome, de langue latine. Il défend la conception juive de l'histoire dans les *"Antiquités judaïques"*.

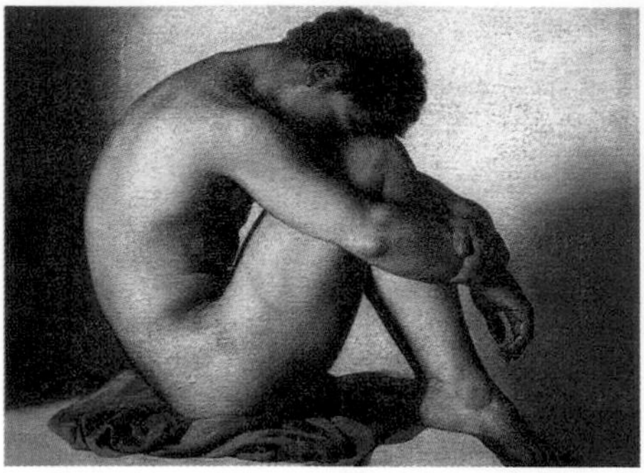

Flandrin. *Étude de jeune homme,* 1836. Musée Bonnat, Bayonne. *Phot. © Giraudon*

John FLAXMAN (1755 - 1826) ▪ Sculpteur et illustrateur néoclassique anglais. Tombeau de Nelson à l'abbaye de Westminster.

① **FLÉAU** n. m. ▪ **1.** Instrument à battre les céréales, composé de deux bâtons liés bout à bout par des courroies. *Des fléaux.* **2.** anciennt *Fléau d'armes :* arme formée d'une boule hérissée de clous reliée à un manche par une chaîne. **3.** Pièce rigide (d'une balance), mobile dans un plan vertical.

② **FLÉAU** n. m. ▪ **1.** Calamité qui s'abat sur un peuple. ⇒ **cataclysme, catastrophe, désastre. 2.** Personne ou chose nuisible.

FLÈCHE n. f. ▪ **I. 1.** Arme de jet consistant en une tige munie d'une pointe à une extrémité et d'un empennage à l'autre. *Lancer, tirer une flèche avec un arc.* ♦ loc. *Partir, filer comme une flèche,* très vite. - *Monter* EN FLÈCHE, très vite. - *Faire flèche de tout bois :* utiliser tous les moyens disponibles. **2.** LITTÉR. Trait d'esprit, raillerie. ⇒ **pique. 3.** loc. *LA FLÈCHE DU PARTHE :* trait piquant qui conclut une conversation. **II.** par analogie **1.** Signe figurant une flèche (et servant à indiquer une direction). *Suivez les flèches.* **2.** Toit pyramidal ou conique d'un clocher, d'une tour. *La flèche d'une cathédrale.* **3.** Ce qui avance en pointe. *La flèche d'une charrette* (pièce de bois destinée à l'attelage). ♦ fig. *Se trouver* EN FLÈCHE, à l'avant-garde. **4.** GÉOM. Segment qui joint le milieu d'une corde à celui de l'arc qu'elle sous-tend.

LA FLÈCHE ▪ Chef-lieu d'arrondissement de la Sarthe. 14 953 hab. *(les Fléchois).* Prytanée militaire fondé au XVIIe s. (ancien collège des jésuites).

FLÉCHER v. tr. [6] ▪ Indiquer par des flèches (II, 1). - au p. p. *Itinéraire fléché.* ► n. m. FLÉCHAGE

FLÉCHETTE n. f. ▪ Petite flèche qui se lance à la main contre une cible. *Jeu de fléchettes.*

FLÉCHIR v. [2] ▪ **I.** v. tr. **1.** Faire plier progressivement sous un effort, une pression. ⇒ **courber, ployer.** *Fléchir le corps en avant.* - *Fléchir le genou :* s'agenouiller. **2.** fig. Faire céder peu à peu (qqn). **II.** v. intr. **1.** Plier, se courber peu à peu sous un effort, une pression. ⇒ s'**infléchir ; flexible.** - *Ses jambes*

Flaubert. Portrait par Giraud. Musée national du Château, Versailles. *Phot. © Dagli Orti*

fléchissent. **2.** fig. Céder ; perdre de sa force, de sa rigueur. *Rien ne le fera fléchir.* - *Sa résolution fléchit.* **3.** Baisser, diminuer. *La courbe de production fléchit.*

FLÉCHISSEMENT n. m. ▪ **1.** Action de fléchir ; état d'un corps qui fléchit. ⇒ **flexion. 2.** fig. Fait de céder, de faiblir. **3.** ⇒ **baisse, diminution.** *Un léger fléchissement des cours en Bourse.*

FLEGMATIQUE adj. ▪ Qui a un caractère calme, qui contrôle facilement ses émotions.

FLEGMATIQUEMENT adv. ▪ Avec flegme.

FLEGME n. m. ▪ **1.** VX Lymphe. **2.** TECHN. Produit de la distillation d'un liquide alcoolique. **3.** Caractère calme, non émotif. ⇒ **impassibilité, sang-froid.** *Un flegme imperturbable.* - *Le flegme britannique.*

FLEGMON ⇒ PHLEGMON

le Maître de FLÉMALLE → Robert **Campin**

sir Alexander FLEMING (1881 - 1955) ▪ Médecin et bactériologiste britannique. Prix Nobel de physiologie ou médecine en 1945 pour sa découverte du pénicillium, qui avait ouvert la voie au traitement des maladies infectieuses par les antibiotiques.

Victor FLEMING (1883 - 1949) ▪ Cinéaste américain. *"L'Île au trésor"* (1934); *"Le Magicien d'Oz"* (1939); *"Autant en emporte le vent"* (1939).

Ian FLEMING (1908 - 1964) ▪ Écrivain anglais. Créateur en 1953 du personnage de James Bond, héros de romans et de films d'espionnage.

FLEMMARD, ARDE adj. ▪ FAM. Qui n'aime pas faire d'efforts, travailler. ⇒ **paresseux ; cossard.** - n. *Quel flemmard !* ⇒ **fainéant.**

FLEMMARDER v. intr. [1] ▪ FAM. Avoir la flemme ; ne rien faire.

FLEMME n. f. ▪ FAM. Grande paresse. ⇒ ① **cosse.** *Avoir la flemme. Tirer sa flemme :* paresser. ♦ adj. et n. Paresseux. *Lève-toi, grosse flemme !*

FLERS ▪ Commune de l'Orne. 17 888 hab. *(les Flériens).*

FLÉTAN n. m. ▪ Grand poisson plat des mers froides, à chair blanche et délicate.

John FLETCHER (1579 - 1625) ▪ Auteur dramatique anglais. Il écrivit avec Beaumont une vingtaine de comédies dans le goût baroque. *"Philaster"* (1608); *"La Belle Dédaigneuse"* (1616).

① **FLÉTRIR** v. tr. [2] ▪ **1.** Faire perdre sa forme, son port et ses couleurs à (une plante), en privant d'eau. ⇒ **faner, sécher.** *La chaleur, la sécheresse ont flétri ces fleurs.* **2.** LITTÉR. Dépouiller de son éclat, de sa fraîcheur ; fig. de sa joie. ⇒ **altérer, ternir.** *L'âge a flétri son visage.* ⇒ **rider.** - au p. p. *Peau flétrie.* **3.** LITTÉR. Faire perdre la pureté, l'innocence à. ⇒ **avilir, souiller.** ► SE FLÉTRIR v. pron. *Plante qui se flétrit.* ♦ *Beauté qui se flétrit.*

② **FLÉTRIR** v. tr. [2] ▪ **1.** anciennt Marquer (un criminel) au fer rouge. ⇒ **stigmatiser** (1). **2.** LITTÉR. Vouer à l'opprobre ; exprimer une indignation violente contre (qqn). ⇒ **stigmatiser** (2).

① **FLÉTRISSURE** n. f. ▪ **1.** État d'une plante flétrie. **2.** Altération de la fraîcheur, de l'éclat (du teint, de la beauté...).

② **FLÉTRISSURE** n. f. ▪ **1.** anciennt Marque au fer rouge. **2.** LITTÉR. Grave atteinte à la réputation, à l'honneur. ⇒ **déshonneur, infamie.**

FLEUR n. f. ▪ **I. 1.** Production délicate, souvent odorante, des plantes à graines, qui porte les organes reproducteurs (⇒ **flor(i)-**). *Pétales de fleur. Corolle d'une fleur. Fleur en bouton, qui s'ouvre, s'épanouit, se fane.* - *Un arbre en fleur(s). Bouquet de fleurs.* ♦ par métaphore *"Les Fleurs du mal"* (de Baudelaire). **2.** Plante qui porte des fleurs (belles, grandes). *Cultiver des fleurs. Pot de fleurs.* **3.** Reproduction, imitation de cette partie du végétal. *Tissu à fleurs. Fleur en tissu.* - *FLEUR DE LIS**, emblème de la royauté (⇒ **fleurdelisé**). **4.** loc. *Couvrir qqn de fleurs,* de louanges. ♦ *FLEUR BLEUE* loc. adj. invar. : d'une sentimentalité romanesque. ♦ loc. FAM. *COMME UNE FLEUR :* très facilement. - *FAIRE UNE FLEUR à qqn,* une faveur. **5.** *À LA, DANS LA FLEUR DE :* au moment le plus beau de. *Être dans la fleur de sa jeunesse. Mourir à la fleur de l'âge.* **6.** FAM. plais. Virginité. *Elle a perdu sa fleur.* **7.** Ce qu'il y a de meilleur. ⇒ **crème, élite.** *La fleur, la fine fleur de la société.* - *Fleur de farine :* farine très fine. **8.** (par métaphore du sens 1) Ornement poétique. *Fleurs de rhétorique.* **II.** par analogie *Fleurs de vin, de vinaigre,* moisissures qui s'y développent. **III. 1.** *À FLEUR DE* loc. prép. : presque au niveau de, sur le même plan (⇒ **affleurer, effleurer**). *Rocher à fleur d'eau.* - *Yeux à fleur de tête,* saillants. - *Sensibilité à fleur de peau,* qui réagit à la plus petite excitation. **2.** Côté du poil (d'une peau tannée). *La fleur d'une peau.*

FLEURDELISÉ, ÉE adj. ▪ Orné de fleurs de lis. *Drapeau fleurdelisé.*

FLEURER v. tr. [1] ▪ LITTÉR. Répandre une odeur agréable de. ⇒ **embaumer.** *Cela fleure la menthe et le thym.*

FLEURET n. m. ▪ **1.** Épée à lame de section carrée, au bout moucheté, pour s'exercer à l'escrime. **2.** Sport de l'escrime au fleuret.

FLEURETTE n. f. ▪ **I. 1.** Petite fleur. **2.** loc. *CONTER FLEURETTE à une femme,* la courtiser. **II.** appos. *Crème fleurette :* crème très fluide.

FLEURI, IE adj. ▪ **1.** En fleur, couvert de fleurs. *Pommier fleuri ; pré fleuri.* **2.** *Charlemagne, l'empereur à la barbe fleurie,* blanche. **3.** Garni de fleurs. **4.** Orné de fleurs. *Tissu fleuri.* **5.** Qui a la fraîcheur de la santé. *Un teint fleuri.* **6.** plais. Qui a des boutons. *Un nez fleuri.* **7.** Très orné, précieux. *Un style fleuri.*

FLEURIR v. [2] ▪ **I.** v. intr. **1.** (plantes) Produire des fleurs, être en fleur. **2.** plais. Se couvrir de boutons. *Son nez fleurit.* ⇒ **bourgeonner. 3.** fig. S'épanouir ; être dans tout son éclat, dans toute sa splendeur (imparfait *fleurissait* ou LITTÉR. *florissait*). ⇒ **florissant. II.** v. tr. Orner de fleurs, d'une fleur.

FLEURISTE n. ▪ **1.** VX Amateur de fleurs. **2.** Personne qui fait le commerce des fleurs.

FLEURON n. m. ▪ Ornement en forme de fleur. *Fleurons d'une couronne.* - fig. *Le plus beau fleuron de* (une collection) : l'élément le plus précieux.

FLEURUS ▪ Commune de Belgique (Hainaut). 22 507 hab. Victoire française de Jourdan sur les Autrichiens (1794).

le cardinal de FLEURY (1653 - 1743) ▪ Ministre de Louis XV. Il mena une politique habile et prudente. Il rétablit l'équilibre budgétaire et tendit toujours au maintien de la paix. Il mourut impopulaire, l'opinion ayant mal accepté une politique qu'elle jugeait timorée.

FLEURY-LES-AUBRAIS ▪ Commune du Loiret. 20 673 hab. *(les Fleuryssois).* Centre ferroviaire.

FLEURY-MÉROGIS ▪ Commune de l'Essonne. 9 677 hab. *(les Fleury-Mérogissois).* Établissement pénitentiaire.

FLEUVE n. m. ▪ **1.** Cours d'eau important (remarquable par le nombre de ses affluents, l'importance de son débit, la longueur de son cours) qui se jette dans la mer. **2.** Ce qui coule. *Un fleuve de sang, de larmes.* ⇒ **flot.** ♦ appos. *Roman-fleuve :* roman très long comportant de nombreux personnages. - *Un discours-fleuve,* très long.

le FLEVOLAND ▪ Province des Pays-Bas constituée de deux polders. 1 597 km². 233 000 hab. Chef-lieu : Lelystad (59 285 hab.).

le **Flevoland.** Un polder. *Phot. © Lescourret/Explorer*

FLEXIBILITÉ n. f. ▪ Caractère de ce qui est flexible.

FLEXIBLE adj. ▪ **1.** Qui fléchit facilement, se laisse courber, plier. ⇒ **élastique, souple.** *Tige flexible.* - *Cou flexible.* **2.** Qui s'accommode facilement aux circonstances. ⇒ **malléable, souple.** *Caractère flexible.* - *Horaire flexible.*

Florence. La cathédrale Santa Maria del Fiore
Phot. © Dagli Orti

FLEXION n. f. ▪ **1.** Mouvement par lequel une chose fléchit ; état de ce qui est fléchi. ⇒ **fléchissement.** *La flexion d'un ressort.* ➝ *Flexion de la jambe* (opposé à *extension*). **2.** LING. Modification d'un mot à l'aide d'éléments (⇒ **désinence**) qui expriment certains aspects et rapports grammaticaux (ex. conjugaison, déclinaison).

FLEXUEUX, EUSE adj. ▪ DIDACT. Qui présente des courbures ; qui ondule, serpente.

FLIBUSTE n. f. ▪ **1.** anciennt Piraterie des flibustiers. **2.** fig. VIEILLI Escroquerie, vol.

FLIBUSTIER n. m. ▪ **1.** anciennt Pirate. ⇒ **corsaire.** **2.** fig. VIEILLI Homme malhonnête ; escroc.

FLIC n. m. ▪ FAM. **1.** Agent de police et, par ext., policier. **2.** péj. Personne qui aime faire régner l'ordre, surveiller (⇒ **fliquer**).

FLINGUE n. m. ▪ FAM. Fusil, pistolet ou revolver.

FLINGUER v. tr. [1] ▪ FAM. Tirer sur (qqn) avec une arme à feu.

FLINT ▪ Ville des États-Unis (Michigan). 141 000 hab. Industrie automobile en déclin.

① **FLIPPER** [flipœʀ] n. m. ▪ anglic. **1.** Dans un billard électrique, Dispositif qui permet de renvoyer la bille. **2.** Billard électrique. *Jouer au flipper.*

② **FLIPPER** [flipe] v. intr. [1] ▪ anglic. FAM. Être subitement déprimé.

FLIQUER v. tr. [1] ▪ FAM. **1.** Exercer une surveillance policière sur (qqn). **2.** par ext. péj. Surveiller, réprimer.

FLIRT [flœʀt] n. m. ▪ anglic. **1.** Relation amoureuse plus ou moins chaste, généralement dénuée de sentiments profonds. ♦ fig. Rapprochement momentané (notamment entre adversaires politiques). **2.** Personne avec laquelle on flirte. ⇒ **amoureux.** *C'est son dernier flirt.*

FLIRTER [flœʀte] v. intr. [1] ▪ anglic. Avoir un flirt (avec qqn). ♦ fig. *Flirter avec :* se rapprocher de (notamment en politique).

le F.L.N. ou **FLN, Front de libération nationale** ▪ Mouvement nationaliste algérien créé en 1954. Il tint un rôle essentiel durant la guerre de libération contre la France (→ guerre d'**Algérie***). De l'indépendance (1962) à 1989, il fut le seul parti politique autorisé.

FLOC interj. ▪ Onomatopée, bruit d'une chute dans l'eau. ⇒ **flac.**

FLOCAGE n. m. ▪ TECHN. Application de fibres courtes sur une surface adhésive, pour obtenir l'aspect du velours (⇒ **floqué**).

FLOCHE adj. ▪ TECHN. (fil) Dont la torsion est faible. *Soie floche.*

FLOCON n. m. ▪ **1.** Petite touffe (de laine, de soie, de coton). **2.** Petite masse peu dense (de neige, de vapeur, etc.). *Des flocons d'écume.* ➝ spécialt Flocon de neige. *La neige tombe à gros flocons.* **3.** Petite lamelle (de céréales). *Flocons d'avoine.*

FLOCONNEUX, EUSE adj. ▪ Qui est en flocons ou ressemble à des flocons.

FLOCULATION n. f. ▪ CHIM. Rassemblement, sous forme de flocons, des particules d'une solution colloïdale.

FLOIRAC ▪ Commune de la Gironde, banlieue de Bordeaux. 16 834 hab. *(les Floiracais).*

FLONFLONS n. m. pl. ▪ Accords bruyants de certains morceaux de musique populaire. *Les flonflons d'un bal.*

FLOPÉE n. f. ▪ FAM. Grande quantité.

FLOQUÉ, ÉE adj. ▪ TECHN. Traité par flocage. *Papier floqué.*

FLORAC ▪ Chef-lieu d'arrondissement de la Lozère. 2 065 hab. *(les Floracois).* Tourisme.

FLORAISON n. f. ▪ **1.** Épanouissement des fleurs. **2.** fig. Épanouissement. *Une floraison de talents.*

FLORAL, ALE, AUX adj. ▪ De la fleur ; de fleurs. *Organes floraux.* ➝ *Exposition florale.*

FLORALIES n. f. pl. ▪ **I.** ANTIQ. Fêtes de printemps, en l'honneur de la déesse Flore. **II.** Exposition de fleurs.

FLORANGE ▪ Commune de la Moselle. 11 304 hab. *(les Florangeois).*

FLORE n. f. ▪ **1.** Ensemble des plantes (d'une région, d'un milieu). *La faune et la flore de la Bretagne.* **2.** BIOL. *Flore microbienne, bactérienne :* ensemble des micro-organismes vivant dans les tissus et les organes.

FLORE ▪ Déesse italique et romaine des Fleurs, identifiée à la Chloris grecque.

FLORENCE en italien ***FIRENZE*** ▪ Ville d'Italie, centre de la Toscane. 413 063 hab. *(les Florentins).* Brillante cité culturelle et touristique. Nombreux monuments du Moyen Âge et de la Renaissance : cathédrale Santa Maria del Fiore, campanile attribué à Giotto, baptistère, palais (Palazzo Vecchio, Médicis, Strozzi), églises (Santa Croce, Santa Maria Novella, San Lorenzo, Orsammichele), couvents (San Marco). Musées (Offices, Bargello, Pitti). Ponte Vecchio sur l'Arno. □ HISTOIRE Commune libre au Moyen Âge, Florence s'enrichit rapidement grâce au commerce ; elle conquit Pise en 1406, devenant ainsi une puissance maritime. Elle fut le premier foyer du développement des arts et des lettres en Italie : dès 1300 avec Dante et Giotto, autour de 1400 avec Brunelleschi et Masaccio, enfin, sous le gouvernement des Médicis, avec Léonard de Vinci et Michel-Ange (v. 1500). Elle fut la capitale du royaume d'Italie de 1865 à 1870.

FLORENTIN, INE adj. et n. ▪ De Florence, ville d'Italie. ➝ n. m. LING. Dialecte italien de la région de Florence. ⇒ **toscan.**

FLORES ▪ Île d'Indonésie, dans l'archipel de la Sonde. 14 275 km^2. 1 400 000 hab. ► **la mer de FLORES** sépare l'île et Célèbes.

FAIRE **FLORÈS** [-ɛs] loc. verbale ▪ LITTÉR. Obtenir des succès. ⇒ **briller, réussir.**

FLOR(I)-, -FLORE Éléments, du latin *flos, floris* « fleur ».

Jean-Pierre Claris de FLORIAN (1755 - 1794) ▪ Écrivain français. *"Fables"* (1792).

FLORICULTURE n. f. ▪ Branche de l'horticulture qui s'occupe de la culture des fleurs, des plantes d'ornement.

la FLORIDE ▪ État du sud-est des États-Unis, péninsule entre le golfe du Mexique et l'Atlantique. 151 940 km^2. 12 938 000 hab. Capitale : Tallahassee. Agrumes. Industrie alimentaire. Tourisme balnéaire et parcs d'attractions (Orlando). Centre aérospatial de cap Canaveral.

FLORILÈGE n. m. ▪ Recueil de pièces choisies. ⇒ **anthologie.**

FLORIN n. m. ▪ **1.** anciennt Pièce de monnaie en or. **2.** MOD. Unité monétaire des Pays-Bas.

les FLORIS DE VRIENDT ▪ Artistes flamands, influencés par l'Italie. ► **Cornelis FLORIS DE VRIENDT** (1514 - 1575), architecte de l'hôtel de ville d'Anvers. ► **Frans FLORIS DE VRIENDT** (v. 1516 - 1570), son frère, peintre d'allégories. *"La Chute des anges rebelles"* (1554).

FLORISSANT, ANTE adj. ▪ Qui est en plein épanouissement, en pleine prospérité. *Un pays florissant.* ⇒ **prospère, riche.** ➝ *"Les Arts florissants"* (pastorale de Marc Antoine Charpentier). ♦ *Une santé florissante,* très bonne. *Un teint florissant.* ⇒ **resplendissant.**

FLOT n. m. ▪ **I. 1.** au plur. Eaux en mouvement (spécialt POÉT. la mer). ⇒ **onde, vague.** *Les flots de la mer, d'un lac.* ♦ au sing.

⇒ **courant.** *Le flot monte. Le flot :* la marée montante. ⇒ **flux.** **2.** Ce qui est ondoyant, se déroule en vagues. *Un flot, des flots de rubans.* **3.** Quantité considérable de liquide versé, répandu. ⇒ **fleuve, torrent.** *Des flots de larmes.* **4.** Écoulement, mouvement abondant. ⇒ **affluence.** *Des flots de lumière. Un flot de voyageurs.* ⇒ **foule.** – abstrait *Des flots de paroles.* ♦ *À FLOTS* loc. adv. ⇒ **abondamment.** *Le soleil entre à flots.* **II.** *À FLOT* loc. adj. : qui flotte. *Navire à flot.* – fig. *Être à flot,* cesser d'être submergé par les difficultés.

FLOTTABLE adj. ▪ **1.** TECHN. (cours d'eau) Sur lequel du bois peut flotter. **2.** Qui peut flotter. ► n. f. FLOTTABILITÉ

FLOTTAGE n. m. ▪ Transport par eau de bois flotté. *Train de flottage.*

FLOTTAISON n. f. ▪ Intersection avec le plan de l'eau de la surface d'un navire à flot. – *Ligne* de flottaison.*

FLOTTANT, ANTE adj. ▪ **1.** Qui flotte. *Glaces flottantes.* **2.** Qui flotte au gré du vent. *Brume flottante. Cheveux flottants.* **3.** Qui n'est pas fixe ou assuré. ⇒ **variable.** *Cours flottant d'une monnaie.* **4.** Qui change sans cesse, ne s'arrête à rien de précis. *Attention flottante.* – *Caractère, esprit flottant.* ⇒ **indécis, irrésolu.**

① **FLOTTE** n. f. ▪ **1.** Réunion de navires naviguant ensemble, destinés aux mêmes opérations ou se livrant à la même activité. ⇒ **escadre.** **2.** Ensemble des forces navales d'un pays. *La flotte de guerre* ou absolt *la Flotte.* ⇒ **marine.** *Flotte de commerce.* ♦ par analogie *Flotte aérienne.*

② **FLOTTE** n. f. ▪ FAM. Eau. – *Il tombe de la flotte.* ⇒ **pluie.**

FLOTTEMENT n. m. ▪ **1.** Action, fait de flotter ; mouvement d'ondulation. ⇒ **agitation, balancement.** **2.** fig. État incertain dû à des hésitations. ⇒ **incertitude.**

① **FLOTTER** v. [1] ▪ **I.** v. intr. **1.** Être porté sur un liquide (notamment l'eau). ⇒ **surnager.** **2.** Être en suspension dans l'air. ⇒ **voler, voltiger.** **3.** Bouger, remuer au gré du vent ou d'un mouvement. ⇒ **ondoyer, onduler.** *Faire flotter un drapeau.* – *Vêtements qui flottent autour du corps.* **4.** Être instable, variable. ⇒ **errer.** – *Laisser flotter ses pensées,* renoncer à les diriger, à les contrôler. **II.** v. tr. Lâcher (du bois) dans un cours d'eau pour qu'il soit transporté (⇒ **flottage**). – au p. p. *Bois flotté.*

② **FLOTTER** v. impers. [1] ▪ FAM. Pleuvoir.

FLOTTEUR n. m. ▪ **1.** Objet (généralement creux) capable de flotter à la surface de l'eau. ⇒ **bouée.** *Flotteurs en liège.* ⇒ **bouchon.** **2.** Organe qui repose sur l'eau et fait flotter un engin. *Les flotteurs d'un hydravion.*

FLOTTILLE n. f. ▪ Réunion, flotte de petits bâtiments. *Flottille de pêche.*

FLOU, FLOUE adj. ▪ **1.** Dont les contours sont peu nets. ⇒ **fondu, vaporeux.** *Images floues. Photo floue.* – n. m. *Effet de flou. Flou artistique ;* fig. imprécision volontaire. **2.** Qui n'a pas de forme nette. *Coiffure floue.* **3.** Incertain, indécis. ⇒ **vague.**

FLOUER v. tr. [1] ▪ VIEILLI Voler (qqn) en le trompant. – MOD. Tromper (moralement).

Pierre **FLOURENS** (1794-1867) ▪ Physiologiste français. ► **Gustave FLOURENS** (1838-1871), son fils, membre de la Commune.

FLOUZE n. m. ▪ FAM. Argent. *Amène le flouze.* ◇ var. FLOUSE.

FLUCTUANT, ANTE adj. ▪ **1.** Qui varie, va d'un objet à un autre et revient au premier. *Opinions fluctuantes.* – *Être fluctuant dans ses goûts.* ⇒ **inconstant, instable.** **2.** Qui subit des fluctuations. ⇒ **flottant** (3).

FLUCTUATION n. f. ▪ surtout au plur. Variations successives en sens contraire. ⇒ **changement.** *Fluctuations de l'opinion.* – *Les fluctuations d'un marché.*

FLUCTUER v. intr. [1] ▪ Être fluctuant, changer.

FLUER v. intr. [1] ▪ LITTÉR. Couler, s'écouler.

FLUET, ETTE adj. ▪ (personnes, parties du corps) Mince et d'apparence frêle. ⇒ **délicat, gracile, grêle.** ♦ *Une voix fluette.* ⇒ **faible.**

FLUIDE ▪ **I.** adj. **1.** Qui n'est ni solide ni épais, qui coule aisément. *Huile fluide.* **2.** fig. Coulant, limpide. *Un style fluide.* **3.** Qu'il est difficile de saisir, de fixer. ⇒ **fluctuant, insaisissable.** **4.** (circulation routière) Qui se fait à une vitesse normale, aisément. **II.** n. m. **1.** Tout corps qui épouse la forme de son contenant (les liquides, les gaz) [opposé à *solide*]. **2.** Force, influence subtile, mystérieuse qui émanerait des astres, des êtres ou des choses. ⇒ **émanation, influx, onde.**

FLUIDIFIER v. tr. [7] ▪ DIDACT. Rendre fluide.

FLUIDITÉ n. f. ▪ État de ce qui est (plus ou moins) fluide.

FLUOR n. m. ▪ Corps simple (symb. F), gaz toxique jaune verdâtre. *Dentifrice au fluor.*

FLUORÉ, ÉE adj. ▪ Qui contient du fluor.

FLUORESCENCE n. f. ▪ Propriété de certains corps d'émettre de la lumière sous l'influence d'un rayonnement (→ aussi phosphorescence).

FLUORESCENT, ENTE adj. ▪ **1.** Relatif à la fluorescence ; doué de fluorescence. – *Lampe fluorescente.* **2.** Qui évoque la fluorescence. *Un rose fluorescent.* ◇ abrév. FAM. FLUO.

FLÛTE n. f. ▪ **I. 1.** Instrument à vent formé d'un tube percé de plusieurs trous. *Flûte traversière. Flûte à bec. Flûte en bois* (⇒ **fifre**), en métal. *"La Flûte enchantée"* (opéra de Mozart ; en

Frans **Floris de Vriendt.** *La Femme au collier de perles.* Musée des Augustins, Toulouse.
Phot. © Lauros/Giraudon

Cornelis **Floris de Vriendt.** Pignon du corps central de l'hôtel de ville d'Anvers.
Phot. © Loirat/Explorer

allemand *Die Zauberflöte*). ‑ *Flûte de Pan*, à plusieurs tuyaux. **2.** Pain de forme allongée. ⇒ **baguette. 3.** Verre à pied, haut et étroit. *Flûte à champagne.* **4.** au plur. FAM. Les jambes. ‑ loc. *Jouer des flûtes.* ⇒ **courir. II. interj.** Interjection marquant l'impatience, la déception. ⇒ **zut.**

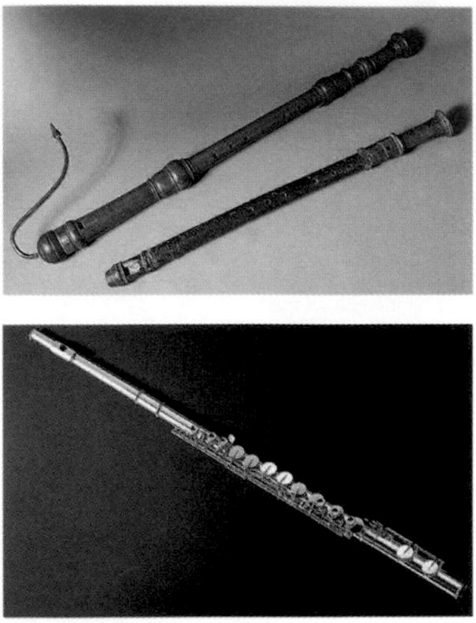

flûte. (En haut) Flûtes à bec, XVIIe s. Musée Bardini, Florence. *Phot. © Nimatallah/Ricciarini*
(En bas) Flûte traversière, XXe s.
Phot. © Emilio-Simion/Ricciarini

FLÛTÉ, ÉE adj. ▪ Semblable au son de la flûte. *Note flûtée.* ‑ *Une voix flûtée.* ⇒ **aigu.**

FLÛTEAU ou **FLÛTIAU** [-tjo] **n. m.** ▪ Petite flûte rustique.

FLÛTISTE n. ▪ Musicien, musicienne qui joue de la flûte.

FLUVIAL, ALE, AUX adj. ▪ Relatif aux fleuves, aux rivières. *Navigation fluviale.*

FLUVIATILE adj. ▪ DIDACT. Relatif aux fleuves ; qui vit dans les eaux douces, les rivières.

FLUX n. m. ▪ **1.** DIDACT. Écoulement (d'un liquide organique). *Un flux de sang.* **2.** Grande quantité. ⇒ **flot.** *Un flux de protestations.* **3.** Marée montante (opposé à *reflux*). **4.** SC. *Flux lumineux*, débit de lumière. ‑ *Flux électrique, magnétique* (du courant). **5.** ÉCON. Mouvement, déplacement. *Flux monétaires.*

FLUXION n. f. ▪ **1.** Congestion. ‑ *FLUXION DE POITRINE :* congestion pulmonaire compliquée de congestion des bronches, de la plèvre. ⇒ **pneumonie. 2.** Gonflement inflammatoire des gencives ou des joues, provoqué par une infection dentaire.

le F.M.I. ou **FMI, Fonds monétaire international** ▪ Institution de coopération internationale, créée en 1944 à Bretton Woods (États-Unis), chargée de veiller à la stabilité des changes. Il accorde des prêts aux pays membres, leur imposant en contrepartie une politique de rigueur.

F.O. ou **FO, Force ouvrière** ▪ Organisation syndicale française, issue d'une scission de la CGT en 1948 (dont elle refusait l'influence communiste). Son nom officiel est CGT-FO.

FOC n. m. ▪ Voile triangulaire à l'avant d'un bateau. *Le foc et la trinquette.*

FOCAL, ALE, AUX adj. ▪ Qui concerne le foyer, les foyers d'un instrument d'optique. *Axe focal.* ‑ *Distance focale* ou **n. f.** *la focale. Objectif à focale variable.*

FOCALISER v. tr. [1] ▪ **1.** Concentrer (un rayonnement) en un point (⇒ **foyer**). **2.** fig. Concentrer, rassembler. *Focaliser des aspirations ; son attention.* ‑ pronom. *Se focaliser sur une question.* ► **n. f.** FOCALISATION

Ferdinand FOCH (1851 ‑ 1929) ▪ Maréchal de France. Généralissime des forces alliées en 1918, signataire de l'armistice avec l'Allemagne. → Première **Guerre mondiale.**

Henri FOCILLON (1881 ‑ 1943) ▪ Historien et théoricien français de l'art. *"La Vie des formes"* (1939); *"Art d'Occident"* (1938).

FOEHN [føn] **n. m.** ▪ **1.** Vent chaud et sec des Alpes suisses et autrichiennes. **2.** RÉGIONAL (Suisse) Sèche-cheveux.

FŒTAL, ALE, AUX [fe-] **adj.** ▪ Relatif au fœtus. *Posture, attitude fœtale* (par ext. → en chien de fusil). ‑ *Médecine fœtale* (→ prénatal).

FŒTUS [fetys] **n. m.** ▪ Produit de la conception encore renfermé dans l'utérus, lorsqu'il n'est plus à l'état d'embryon* et commence à présenter les caractères distinctifs de l'espèce. *Position du fœtus* (⇒ **fœtal**).

FOFOLLE ⇒ FOUFOU

Antonio FOGAZZARO (1842 ‑ 1911) ▪ Écrivain italien. *"Le Petit Monde d'autrefois"* (1895).

FOGGIA ▪ Ville d'Italie du Sud (Pouilles). 159 199 hab. Marché agricole.

FOI n. f. ▪ **I. 1.** LITTÉR. Assurance donnée d'être fidèle à sa parole, d'accomplir exactement ce que l'on a promis. ⇒ **engagement, promesse, serment.** *Se fier à la foi d'autrui.* ♦ loc. *MA FOI* (en tête de phrase ; en incise) : certes, en effet. *C'est ma foi vrai.* **2.** (Garantie résultant d'une promesse) *Sous la foi du serment.* ‑ *SUR LA FOI DE. Sur la foi des témoins.* ‑ *FAIRE FOI* (sujet chose) : démontrer la véracité, porter témoignage. *Le cachet de la poste faisant foi.* **3.** loc. *BONNE FOI :* qualité d'une personne qui parle, agit avec une intention droite, sans ruse. ⇒ **franchise, loyauté.** *Abuser de la bonne foi de qqn. En toute bonne foi.* ‑ *MAUVAISE FOI :* déloyauté, duplicité. **II. 1.** Fait de croire qqn, d'avoir confiance en qqch. *Un témoin digne de foi. Ajouter foi à* (des paroles...). **2.** Confiance absolue que l'on met (en qqn, en qqch.). *Avoir foi en qqn.* ⇒ se **fier.** *Sa foi en l'avenir.* **3.** Fait de croire en un dieu (spécialt absolt, en la religion dominante), en un dogme par une adhésion profonde de l'esprit et du cœur. ⇒ **croyance.** *La foi chrétienne. Trouver, perdre la foi.* ‑ loc. *La foi du charbonnier*.* ‑ iron. *Il n'y a que la foi qui sauve,* se dit de ceux qui se forgent des illusions. ‑ *N'avoir ni foi ni loi,* ni religion ni morale.

FOIE n. m. ▪ **1.** Organe situé dans la partie supérieure droite de l'abdomen, qui filtre et renouvelle le sang (⇒ **hépatique**). **2.** Cet organe, chez certains animaux, utilisé pour la consommation. *Foie de veau. Pâté de foie.* ‑ *FOIE GRAS :* foie d'oie ou de canard engraissé(e) par gavage. **3.** loc. *Se manger, se ronger les foies,* se faire beaucoup de souci. ‑ FAM. *Avoir les foies :* avoir peur.

① **FOIN n. m.** ▪ **1.** Herbe des prairies fauchée et séchée pour la nourriture du bétail. ⇒ **fourrage.** *Botte, meule de foin.* ‑ loc. *Bête à manger du foin,* très bête. **2.** Herbe sur pied destinée à être fauchée. *Faire les foins.* ⇒ ① **faner.** ‑ *Rhume des foins* (à l'époque de la floraison des graminées). **3.** Poils soyeux qui garnissent le fond de l'artichaut. **4.** FAM. *Faire du foin,* du scandale, du bruit ; protester.

② **FOIN interj.** ▪ VIEILLI Interjection qui marque le mépris, le dédain. ⇒ **fi.** *Foin des richesses !*

① **FOIRE n. f.** ▪ **1.** Grand marché public qui a lieu à des dates et en un lieu fixes. *Foire aux bestiaux.* **2.** Grande manifestation commerciale périodique. ⇒ **exposition.** *La foire de Bruxelles.* **3.** Fête foraine périodique. **4.** FAM. Lieu bruyant où règnent le désordre et la confusion. ♦ *FAIRE LA FOIRE :* mener une vie de plaisirs.

② **FOIRE n. f.** ▪ vulg. VIEILLI Évacuation d'excréments à l'état liquide. ⇒ **diarrhée.**

FOIRER v. intr. [1] ▪ **1.** vulg. VIEILLI Évacuer des excréments liquides. **2.** fig. FAM. Mal fonctionner ; rater, échouer lamentablement.

FOIREUX, EUSE adj. ▪ **1.** vulg. VIEILLI Qui a la foire, la diarrhée. **2.** FAM. Qui échoue ; raté, sans valeur.

FOIS n. f. ▪ **I.** marquant la fréquence, le retour d'un événement Cas, occasion où un fait se produit, se reproduit. **1.** (sans prép.) *C'est arrivé une fois, une seule fois. Encore une fois.* ‑ *Une bonne fois, une fois pour toutes,* d'une manière définitive. *Plus d'une fois, cent fois,* souvent. ‑ (avec une unité de temps) *Une fois l'an. Deux fois par mois.* ‑ (avec un ordinal) *La première, la dernière fois.* ‑ (avec divers déterminants) *Chaque fois. La prochaine fois. La fois où il est venu. L'autre fois.* ‑ FAM. *DES FOIS :* certaines fois. ⇒ **parfois, quelquefois. 2.** (précédé d'une prép.) ‑ (avec *par*) *Par deux fois :* à deux reprises. ‑ (avec *en*) *En plusieurs fois.* ‑ (avec *pour*) *Pour la première fois. Pour une fois.* ‑ (avec *à*) *S'y prendre à deux fois.* **3.** *À LA FOIS* loc. adv. : en même temps. *Tous à la fois. Il est à la fois aimable et distant.* **4.** VX ou RÉGIONAL *UNE FOIS :* un certain jour

(⇒ **autrefois**). *Il était une fois* (commencement traditionnel des contes de fées). **5.** *UNE FOIS QUE* : dès que, dès l'instant où. ♦ ellipt *Une fois en mouvement, il ne s'arrête plus.* - *Une fois la crise passée...* **II. 1.** servant d'élément multiplicateur ou diviseur *Quantité deux fois plus grande, plus petite qu'une autre. Trois fois quatre font douze.* **2.** fig. Équivalent d'un superlatif. *Vous avez mille fois raison. C'est trois fois rien**.

FOISON n. f ▪ **1.** VX ou LITTÉR. Très grande quantité. ⇒ **abondance. 2.** *À FOISON* loc. adv. : en grande quantité. *Mauvaises herbes qui poussent à foison.*

FOISONNANT, ANTE adj. ▪ Qui foisonne.

FOISONNEMENT n. m. ▪ Abondance, fourmillement.

FOISONNER v. intr. [1] ▪ **1.** Être en grande abondance, à foison. ⇒ **abonder.** *Le gibier foisonne dans ce bois.* **2.** *FOISONNER EN, DE* : être pourvu abondamment de. ⇒ **abonder** en, **regorger** de. *Ce bois foisonne en gibier.*

FOIX ▪ Chef-lieu de l'Ariège. 9 964 hab. *(les Fuxéens).* ► **le comté de FOIX**, dont Foix fut la capitale, connut son apogée sous Gaston de Foix (XIVe s.).

Foix. Le château. *Phot. © De Sazo/Rapho*

Michel **FOKINE** (1880 - 1942) ▪ Danseur et chorégraphe russe. Il s'affirma dans des créations présentées par les Ballets russes jusqu'en 1914. Il prôna l'unité de la musique, de la peinture et de la danse. *"L'Oiseau de feu"* (1910); *"Petrouchka"* (1911).

Anthony **FOKKER** (1890 - 1939) ▪ Aviateur et industriel néerlandais.

FOL, FOLLE ⇒ FOU

FOLÂTRE adj. ▪ Qui incite au jeu, à la plaisanterie. *Gaieté folâtre. Humeur folâtre.*

FOLÂTRER v. intr. [1] ▪ Jouer ou s'agiter de façon folâtre. ⇒ **batifoler.**

Teofilo **FOLENGO** (1491 - 1544) ▪ Poète italien, bénédictin. *"Baldus"* (1517), chef-d'œuvre du style macaronique, satire bouffonne des institutions de l'époque, fut publié sous le pseudonyme de Merlin Coccaïe et influença Rabelais.

FOLIACÉ, ÉE adj. ▪ DIDACT. Qui a l'aspect d'une feuille.

FOLIATION n. f. ▪ DIDACT. Disposition des feuilles sur la tige ; développement des feuilles. ⇒ **feuillaison.**

FOLICHON, ONNE adj. ▪ VIEILLI Léger, gai. - MOD. (avec négation) *PAS FOLICHON, ONNE* : pas gai(e), pas drôle.

① **FOLIE** n. f. ▪ **I. 1.** Trouble mental ; égarement de l'esprit. ⇒ **aliénation, démence ; fou.** *Accès de folie. Folie furieuse. Folie des grandeurs.* ⇒ **mégalomanie.** *Folie de la persécution.* ⇒ **paranoïa. 2.** Manque de jugement ; absence de raison. ⇒ **déraison.** *C'est de la folie, de la pure folie.* ⇒ **absurdité ; inconscience.** - *Il l'aime À LA FOLIE.* ⇒ **follement, passionnément. 3.** *UNE FOLIE* : idée, parole, action déraisonnable. *Faire une folie, des folies.* ⇒ **extravagance, sottise.** - Dépense excessive. **II.** Danse voisine de la passacaille (au XVIIe siècle).

② **FOLIE** n. f. ▪ anciennt Maison, édifice d'agrément.

FOLIÉ, ÉE adj. ▪ DIDACT. Garni de feuilles.

FOLIO n. m. ▪ **1.** Feuillet de registre. **2.** Nombre qui numérote chaque page d'un livre. ► FOLIOTER v. tr. [1]

FOLIOLE n. f. ▪ BOT. Chacune des petites feuilles qui forment une feuille composée. *Les folioles du trèfle.*

FOLK adj. et n. m. ▪ anglic. *Musique folk ; le folk* : musique traditionnelle modernisée (d'abord aux États-Unis). ⇒ **country.** - adj. *Groupe folk.*

FOLKESTONE ▪ Port sur la côte sud de l'Angleterre (Kent). 50 000 hab.

FOLKLORE n. m. ▪ anglic. **1.** Science des traditions, des usages et de l'art populaires (d'un pays, d'un groupe humain). **2.** Ensemble de ces traditions. *Le folklore breton.* **3.** FAM. Chose pittoresque, mais sans importance ou sans signification.

FOLKLORIQUE adj. ▪ **1.** Relatif au folklore. *Musique folklorique.* **2.** FAM. Pittoresque, mais sans sérieux (manifestations, personnes). ◇ abrév. FAM. FOLKLO.

FOLKLORISTE n. ▪ DIDACT. Spécialiste du folklore (1).

Jean **FOLLAIN** (1903 - 1971) ▪ Poète français. Il évoque un réel quotidien qui se confond avec le rêve. *"Territoires"* (1953).

FOLLE ⇒ FOU

FOLLEMENT adv. ▪ **1.** D'une manière folle, excessive. *Être follement amoureux.* **2.** Au plus haut point. ⇒ **extrêmement.** *Follement gai.*

FOLLET, ETTE adj. ▪ **1.** VX Un peu fou ; déraisonnable. **2.** Qui a quelque chose d'irrégulier. *Cheveux follets. Poil follet* : première barbe légère, ou duvet. **3.** *FEU FOLLET* : petite flamme due à une exhalaison de gaz (phosphure d'hydrogène) qui brûle spontanément. *Des feux follets.*

① **FOLLICULAIRE** adj. ▪ ANAT. Relatif à un follicule.

② **FOLLICULAIRE** n. ▪ péj. Mauvais journaliste.

FOLLICULE n. m. ▪ ANAT. Petit sac membraneux. *Follicule pileux. Follicule ovarien.*

FOLLICULINE n. f. ▪ PHYSIOL. L'une des hormones produites par le follicule ovarien.

Jean-Michel **FOLON** (né en 1934) ▪ Dessinateur belge. Outre des illustrations et des dessins de presse, il a réalisé des affiches à l'aquarelle, exprimant un univers où semblent flotter des êtres mécanisés.

Maurice **FOMBEURE** (1906 - 1981) ▪ Poète français. Il s'inscrit dans la tradition de la poésie populaire. *"Une forêt de charme"* (1955).

FOMENTER v. tr. [1] ▪ Susciter ou entretenir (un sentiment ou une action néfaste). *Fomenter des troubles.* ► n. FOMENTATEUR, TRICE ou FOMENTEUR, EUSE

FONCÉ, ÉE adj. ▪ (couleur) Qui est d'une nuance sombre. *Un bleu foncé.* - *Peau foncée, teint foncé.* ⇒ **brun.**

FONCER v. [3] ▪ **I.** v. tr. TECHN. Garnir d'un fond. **II. 1.** v. tr. Rendre (une teinte) plus sombre. **2.** v. intr. Devenir plus

Fokine. Michel Fokine et Tamara Karsevina dans *Carnaval.* Lithographie de G. Barbier in *Album dédié à Tamara Karsevina*, 1914. Bibliothèque nationale de France, Paris. *Phot. © B.N.F.*

foncé. *Ses cheveux ont foncé.* **III.** v. intr. **1.** Se jeter impétueusement (sur). ⇒ **attaquer, charger.** *Foncer sur l'ennemi.* ⇒ **fondre** (III). *Foncer dans le tas.* **2.** FAM. Aller très vite et tout droit. ⇒ **filer.** *Il fonce droit devant lui.* - fig. Aller hardiment de l'avant (⇒ **fonceur**).

FONCEUR, EUSE n. ▪ Personne qui fonce, qui va de l'avant. ⇒ **battant.** - adj. *Un tempérament fonceur.*

FONCIER, IÈRE adj. ▪ **1.** Qui constitue un bien-fonds ; relatif à un bien-fonds. *Propriété foncière. Impôt foncier.* **2.** Qui est au fond de la nature, du caractère de qqn. ⇒ **inné, naturel.**

FONCIÈREMENT adv. ▪ Essentiellement, profondément. *Être foncièrement bon, égoïste.*

FONCTION n. f. ▪ **I.** (personnes) **1.** Ce que doit accomplir une personne dans son travail, son emploi. ⇒ **activité, devoir, mission, office, rôle, service, tâche, travail.** *Elle s'acquitte très bien de ses fonctions.* **2.** Cet emploi, considéré en rapport avec la collectivité. ⇒ **charge, métier, poste, situation.** *Fonction de juriste. Candidature à une fonction.* - *Être, rester* EN FONCTION. - FAIRE FONCTION DE : jouer le rôle de. *Il fait fonction de directeur.* - *Appartement, voiture* DE FONCTION, alloué(e) à qqn dans le cadre de sa fonction. ♦ *Fonction publique* : situation de l'agent d'un service public (⇒ **fonctionnaire**). **II.** (choses) **1.** (sens général) Action particulière (d'une chose dans un ensemble). ⇒ **rôle, utilité ; fonctionner.** *Faire fonction de* : tenir lieu de. **2.** (sens spéciaux) Ensemble des propriétés actives concourant à un but, chez l'être vivant. *La fonction respiratoire. Les fonctions du cœur.* allus. *La fonction crée l'organe* (d'après Lamarck). ♦ CHIM. (suivi d'un nom en appos.) Ensemble de propriétés liées à la présence d'une structure atomique. *Fonction acide, alcool.* ♦ LING. Ensemble des propriétés (d'une unité d'un système). *La nature et la fonction d'un mot.* **III. 1.** MATH. Correspondance qui à tout élément d'un ensemble associe au plus un élément d'un autre ensemble. *Fonctions algébriques.* **2.** loc. ÊTRE FONCTION DE : dépendre de. *Les résultats sont fonction des efforts.* ⇒ à la **mesure** de. ♦ EN FONCTION DE : relativement à. *Nous aviserons en fonction de la situation.*

FONCTIONNAIRE n. ▪ Personne qui occupe un emploi permanent dans une administration publique.

FONCTIONNEL, ELLE adj. ▪ **1.** DIDACT. Relatif aux fonctions (II, 2). *Troubles fonctionnels,* qui ne semblent pas dus à une lésion. - *Grammaire fonctionnelle.* - CHIM. *Groupement fonctionnel.* **2.** MATH. Relatif aux fonctions (III, 1). **3.** COUR. (choses) Qui remplit une fonction pratique ; qui est adapté à sa fonction. *Des meubles fonctionnels.*

FONCTIONNEMENT n. m. ▪ Action, manière de fonctionner. ⇒ **marche, travail.** *Le fonctionnement d'un mécanisme.*

FONCTIONNER v. intr. [1] ▪ (organe, mécanisme...) Accomplir une fonction. ⇒ **aller, marcher.** *Mon ordinateur fonctionne bien. Comment fonctionne cet appareil ?* - (abstractions) *Imagination ; institution qui fonctionne bien.*

FOND n. m. ▪ **I.** Partie la plus basse de qqch. de creux, de profond (contr. *dessus ; surface*). **1.** Paroi inférieure (d'un récipient, d'un contenant). *Le fond du verre est sale.* - *Le fond d'une poche, d'un sac.* **2.** Substance contenue au fond, près du fond. - *Un fond* (de verre, etc.), une petite quantité. **3.** Sol où reposent des eaux. ⇒ **bas-fond, haut-fond.** *Le fond de l'eau, de la mer. Bateau qui touche le fond.* - *Envoyer* (un navire) *par le fond,* le couler. ♦ Hauteur d'eau. ⇒ **profondeur.** *Il n'y a pas assez de fond pour plonger.* **4.** par métaphore Point le plus bas. *Toucher le fond du désespoir.* **5.** Partie basse (d'un paysage). *Le fond de la vallée.* **6.** Intérieur de la mine. *Mineur de fond.* **II.** (Partie la plus reculée) **1.** Partie (d'un lieu) opposée à l'entrée (contr. *bord, entrée*). *Le fond de la salle. Au fond des bois. Au fond de la cour, à droite.* **2.** Partie opposée à l'ouverture. *Le fond d'une armoire.* **3.** Partie (d'un vêtement) éloignée des bords. *Le fond d'une casquette. Un fond de culotte.* **4.** Partie (d'un organe) opposée à l'orifice. *Le fond de la gorge.* **III.** (Partie qui sert d'appui) **1.** Ce qui supporte un édifice. - loc. *De fond en comble*.* **2.** Ce que l'on voit ou entend par-derrière, en arrière-plan. *Tissu à fleurs noires sur fond rouge. Fond sonore.* **3.** FOND DE TEINT : crème colorée destinée à unifier le teint. **4.** loc. FAM. *Le fond de l'air,* ce qui semble être la température de base. *Le fond de l'air est frais.* **IV.** (abstrait) **1.** (pensées, sentiments) *Le fond de son cœur.* ⇒ **tréfonds. 2.** Réalité profonde. *Aller au fond des choses.* **3.** loc. adv. AU FOND, DANS LE FOND : à considérer le fond des choses. ⇒ en **réalité.** ♦ À FOND : en allant jusqu'au fond, jusqu'à la limite du possible. ⇒ **complètement, entièrement.** *Respirer à fond. Étudier qqch. à fond.* **4.** Élément essentiel, permanent. *Un fond d'honnêteté.* - *Le fond historique d'une légende.* **5.** Ce qui appartient au contenu (d'une œuvre...) (opposé à *forme*). *Critiques sur le fond. Je suis d'accord sur le fond.* - *Article* DE FOND, qui fait le point sur un sujet important. **6.** Qualités physiques essentielles de résistance. *Course de fond, de demi-fond,* disputée sur une longue distance (opposé à *vitesse, sprint*). - *Ski de fond.*

Henry **FONDA** (1905-1982) ▪ Acteur américain. Sa sobre prestance et son humanité le destinèrent à des rôles sans tache, pour F. Lang, Ford, Hitchcock. *"Les Raisins de la colère"* (1940); *"La Poursuite infernale"* (1946); *"Le Faux Coupable"* (1956).

FONDAMENTAL, ALE, AUX adj. ▪ **1.** Qui sert de fondement ; qui a un caractère essentiel et déterminant. ⇒ **important, vital. 2.** Qui se manifeste avant toute chose et à fond. *Un pessimisme fondamental.* ⇒ **foncier, radical. 3.** *Recherche fondamentale,* théorique, non appliquée. ⇒ **pur.**

FONDAMENTALEMENT adv. ▪ D'une manière fondamentale ; essentiellement.

FONDAMENTALISME n. m. ▪ Tendance religieuse conservatrice. - Courant religieux intégriste.

FONDAMENTALISTE adj. ▪ **1.** DIDACT. Qui se livre à la recherche fondamentale. **2.** Du fondamentalisme religieux. ⇒ **intégriste.** - n. *Les fondamentalistes musulmans.*

FONDANT, ANTE adj. ▪ **1.** Qui fond. *Neige fondante.* **2.** Qui se dissout, fond dans la bouche. *Bonbons fondants.* - *Une poire fondante.*

FONDATEUR, TRICE n. ▪ Personne qui fonde (qqch.). ⇒ **créateur.** *Le fondateur d'une cité* (⇒ **bâtisseur**). *Le fondateur d'une science* (⇒ **père**). - *Les fondateurs,* adj. *les membres fondateurs d'une société.*

FONDATION n. f. ▪ **1.** (généralt au plur.) Travaux et ouvrages destinés à assurer la stabilité d'une construction. *Creuser les fondations d'un immeuble.* **2.** Action de fonder (une ville, une institution...). ⇒ **création.** *La fondation d'un parti, d'une société (par qqn).* **3.** Création par voie de donation ou de legs d'une œuvre d'intérêt public ou d'utilité sociale. **4.** Œuvre qui recueille des dons ou des legs.

FONDÉ, ÉE DE POUVOIR n. ▪ Personne qui est chargée d'agir au nom d'une autre ou d'une société. *Des fondé(e)s de pouvoir.*

FONDEMENT n. m. ▪ **1.** généralt au plur. VX ⇒ **fondation** (1). - MOD. fig. *Jeter, poser les fondements d'un système.* ⇒ **assise, base. 2.** Fait justificatif (d'un discours, d'une croyance). *Vos craintes sont sans fondement.* ⇒ **motif, raison. 3.** Point de départ (d'un système d'idées). ⇒ **principe.** *Les fondements de la géométrie.* **4.** FAM. Derrière ; anus.

FONDER v. tr. [1] ▪ **1.** Prendre l'initiative d'établir, de construire (une ville), d'édifier (une œuvre). ⇒ **créer ; constituer, former.** *Fonder un empire ; un parti.* **2.** FONDER (qqch.) SUR : établir sur (une base déterminée). ⇒ **baser.** - pronom. *Sur quoi vous fondez-vous pour affirmer cela ?* **3.** Constituer le fondement de. ⇒ **justifier, motiver.** *Voilà ce qui fonde ma réclamation.* ♦ passif et p. p. *Une opinion bien, mal fondée. Un reproche fondé.* ⇒ **juste, raisonnable.** - (personnes) ÊTRE FONDÉ À (+ inf.) : avoir de bonnes raisons pour. *Être fondé à croire qqch.*

FONDERIE n. f. ▪ Usine où l'on fond le minerai (⇒ **aciérie, forge**), où l'on coule le métal en fusion.

FONDETTES ▪ Commune de l'Indre-et-Loire. 7 325 hab.

① **FONDEUR** n. m. ▪ **1.** Personne qui dirige une fonderie. **2.** Technicien, ouvrier travaillant dans une fonderie.

② **FONDEUR, EUSE** n. ▪ Personne qui fait du ski de fond.

FONDRE v. [41] ▪ **I.** v. tr. **1.** Rendre liquide (un corps solide ou pâteux) par l'action de la chaleur. ⇒ **liquéfier ; fondu, fonte, fusion.** *Le soleil a fondu la neige.* - *Fondre des métaux.* **2.** Fabriquer avec une matière fondue. ⇒ **mouler.** *Fondre une cloche.* **3.** Combiner intimement de manière à former un tout. ⇒ **amalgamer, réunir. II.** v. intr. **1.** (solide) Passer à l'état liquide par l'effet de la chaleur. ⇒ se **liquéfier.** *La neige a fondu.* - *Le plomb fond aisément* (⇒ **fusible**). ♦ FONDRE EN. *La glace fond en eau.* - fig. *Fondre en pleurs, en larmes.* ♦ fig. S'attendrir. *J'ai fondu devant sa gentillesse.* **2.** Se dissoudre dans un liquide. *Laisser fondre le sucre dans son café.* - *Cela fond dans la bouche* (⇒ **fondant**). **3.** Diminuer rapidement. ⇒ **disparaître.** *L'argent lui fond dans les mains.* ♦ *Il a fondu*

le château de **Fontainebleau.** La salle de bal de Henri II, fresques et décorations du Primatice et de Niccolò dell'Abate (première école de Fontainebleau). *Phot. © Dagli Orti*

depuis sa maladie, il a maigri. **III.** v. intr. *FONDRE SUR :* s'abattre avec violence sur. *L'aigle fond sur sa proie.* ⇒ **foncer.** - fig. *Catastrophe qui fond sur un pays.* ⇒ **tomber.** ► **SE FONDRE** v. pron. **1.** VX Se liquéfier. **2.** Se réunir, s'unir en un tout. *Maison de commerce qui se fond dans, avec une autre.* ⇒ **fusionner.** - *Se fondre dans la foule.* ⇒ **disparaître,** s'**évanouir.**

FONDRIÈRE n. f. ▪ Trou (souvent plein d'eau ou de boue), dans un chemin défoncé.

FONDS n. m. ▪ **I. 1.** Bien immeuble (domaine ou sol à bâtir). ⇒ **bien-fonds ; foncier.** *Accroître son fonds.* **2.** FONDS DE COMMERCE ou absolt *FONDS :* ensemble des biens mobiliers et des droits appartenant à un commerçant ou à un industriel et lui permettant l'exercice de sa profession. ⇒ **établissement, exploitation. II.** (souvent au plur.) **1.** Capital. *Dépenser son fonds. Prêter à fonds perdu,* sans espoir d'être remboursé. ♦ *Fonds publics :* emprunts d'État ou ressources garanties par l'État. **2.** Capital servant au financement. *Posséder les fonds nécessaires à une entreprise.* - *Bailleur de fonds :* commanditaire. **3.** Organisme de financement. *Le Fonds monétaire international* (F.M.I.). **4.** Argent comptant. *Manier des fonds considérables.* ⇒ **somme.** *Dépôt de fonds dans une banque.* ⇒ **espèce(s).** - *ÊTRE EN FONDS :* disposer d'argent. **III.** Ressources propres à qqch. ou personnelles à qqn. *Il y a là un fonds très riche.* ⇒ **filon, mine.** - *Le fonds Untel :* les œuvres provenant de la collection de monsieur Untel (⇒ **fondation, legs).** ♦ LITTÉR. *Le fonds de connaissances de qqn.*

le FONDS MONÉTAIRE INTERNATIONAL → F.M.I.

FONDU, UE ▪ **I.** adj. **1.** Amené à l'état liquide. *Neige fondue.* **2.** (couleur, ton) Mélangé, dégradé. *Des tons fondus.* - n. m. *Le fondu d'un tableau.* **II.** n. m. CIN. Apparition ou disparition graduelle de l'image. - *Fondu enchaîné,* dans lequel une image se substitue progressivement à une autre.

FONDUE n. f. ▪ **1.** *Fondue (savoyarde) :* mets préparé avec du fromage fondu (gruyère, emmenthal) au vin blanc, dans lequel chaque convive trempe des morceaux de pain. **2.** *Fondue bourguignonne :* plat composé de morceaux de viande crue que chaque convive trempe dans l'huile bouillante. - par analogie *Fondue chinoise.*

FONGAFALE ▪ Capitale de Tuvalu, sur l'atoll de Funafuti. 2 800 hab.

FONG(I)- Élément savant, du latin *fungus* « champignon ».

FONGICIDE adj. ▪ DIDACT. (substance) Qui détruit les champignons parasites. ⇒ **antifongique.** - n. m. *Un fongicide.*

FONGIQUE adj. ▪ DIDACT. De la nature des champignons. - Causé par les champignons. *Intoxication fongique.*

les FONS n. m. pl. ▪ Population du Bénin.

FONTAINE n. f. ▪ **1.** VIEILLI Source. - prov. *Il ne faut pas dire « Fontaine, je ne boirai pas de ton eau » :* il ne faut pas jurer qu'on ne fera pas telle chose. **2.** Construction d'où sortent des eaux amenées par canalisation, généralement accompagnée d'un bassin. *Fontaine publique.*

Pierre François FONTAINE (1762 - 1853) ▪ Architecte français associé à Percier. Arc de triomphe du Carrousel à Paris.

FONTAINE ▪ Commune de l'Isère, banlieue de Grenoble. 22 853 hab. *(les Fontainois).*

FONTAINEBLEAU ▪ Chef-lieu d'arrondissement de Seine-et-Marne. 15 714 hab. *(les Bellifontains).* Forêt domaniale de 16 977 ha. ► **le château de FONTAINEBLEAU** fut construit par François Ier, qui fit appel pour la décoration à des artistes italiens (le Rosso, le Primatice, Niccolò dell'Abate), autour desquels s'élabora un style d'inspiration maniériste, la *première école de Fontainebleau.* Le château fut agrandi par Henri IV et décoré alors par des artistes français qui créèrent la *seconde école de Fontainebleau,* ultime manifestation du maniérisme (Dubois, Dubreuil, Fréminet). C'est aujourd'hui un musée.

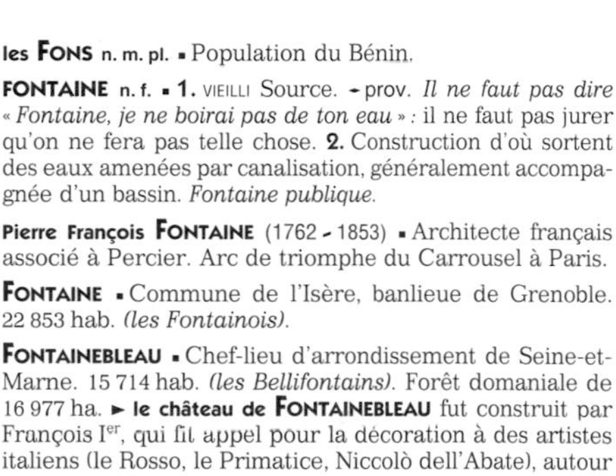

Fontainebleau. La façade du château. *Phot. © Simion/Ricciarini*

FONTAINE-DE-VAUCLUSE ▪ Commune du Vaucluse. 580 hab. *(les Vauclusiens).* Résurgence de la Sorgue, fleuve souterrain alimenté par les eaux de pluie; elle a valu à ce type de phénomène le nom de « source vauclusienne ».

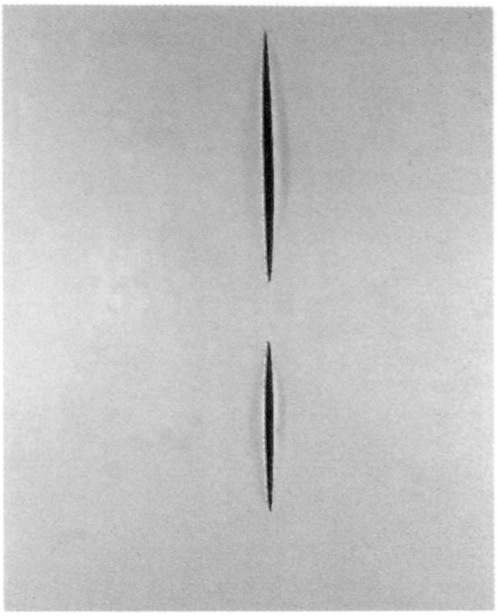

Lucio **Fontana.** *Concetto spaziale (attese)*, 1958.
MNAMGP, Paris. *Phot. © MNAMGP*

FONTAINE-LÈS-DIJON ▪ Commune de la Côte-d'Or. 7 856 hab.

Domenico **FONTANA** (1543 - 1607) ▪ Architecte et urbaniste italien. Il fut l'architecte de Sixte Quint et dirigea les travaux d'aménagement du quartier de Santa Maria Maggiore à Rome.

Carlo **FONTANA** (1634 - 1714) ▪ Architecte, décorateur et sculpteur baroque italien. Collaborateur du Bernin.

Lucio **FONTANA** (1899 - 1968) ▪ Sculpteur et peintre italien. Par ses environnements, ses sculptures et ses toiles, souvent monochromes, trouées ou entaillées, il a mis en œuvre son concept de « spatialisme ».

Theodor **FONTANE** (1819 - 1898) ▪ Écrivain allemand. Nombreux romans, dans lesquels il analyse avec scepticisme et humour la société de son temps. *"Effi Briest"* (1895).

FONTANELLE n. f. ▪ Espace membraneux entre les os du crâne des nouveau-nés, qui s'ossifie progressivement au cours de la croissance.

Louis de **FONTANES** (1757 - 1821) ▪ Écrivain français, responsable de l'Université sous l'Empire, ministre de Louis XVIII.

① **FONTE** n. f. ▪ **I. 1.** Fait de fondre, de se liquéfier. *La fonte des neiges.* **2.** Fabrication par fusion et moulage d'un métal. *La fonte d'une statue.* **II.** Alliage de fer et de carbone obtenu dans les hauts fourneaux. *Cocotte en fonte. Tuyaux de fonte.* - par ext. *Fonte d'aluminium.* **III.** TYPOGR. Ensemble de caractères d'un même type (à l'origine, fondus ensemble).

② **FONTE** n. f. ▪ Fourreau de cuir attaché à une selle (pour y placer des armes, etc.).

FONTENAY ▪ Hameau de la Côte-d'Or, près de Montbard. Abbaye cistercienne fondée en 1119 par saint Bernard.

FONTENAY-AUX-ROSES ▪ Commune des Hauts-de-Seine, dans la banlieue sud de Paris. 23 322 hab. *(les Fontenaisiens).* École normale supérieure. Centre de recherches et d'études nucléaires.

FONTENAY-LE-COMTE ▪ Chef-lieu d'arrondissement de la Vendée. 14 456 hab. *(les Fontenaisiens).* Églises et bâtiments anciens.

FONTENAY-LE-FLEURY ▪ Commune des Yvelines. 13 196 hab. *(les Fontenaysiens* ou *Florifontains).*

FONTENAY-SOUS-BOIS ▪ Commune du Val-de-Marne, dans la banlieue est de Paris. 51 868 hab. *(les Fontenaysiens).*

Bernard de **FONTENELLE** (1657 - 1757) ▪ Écrivain français. Son art d'exposer le progrès des sciences annonce les Lumières. Dans ses *"Entretiens sur la pluralité des mondes"* (1686), il se propose de donner une explication rationnelle et simple des phénomènes célestes.

FONTENOY ▪ Localité de Belgique (Hainaut). Victoire du maréchal de Saxe, à la tête des Français, sur les Anglais et les Hollandais, en 1745, au cours de la guerre de Succession d'Autriche.

l'abbaye de **FONTEVRAULT** ou **FONTEVRAUD** ▪ Abbaye du Maine-et-Loire (commune de Fontevraud-l'Abbaye; 1 108 hab., *les Fontevristes*) fondée par Robert d'Arbrissel (fin XIe s.) pour abriter, sous l'autorité d'une abbesse, une communauté d'hommes et une communauté de femmes. L'ordre fut supprimé en 1792. Église abbatiale romane (tombeaux des Plantagenêts); cuisines de la même époque.

FONT-ROMEU-ODEILLO-VIA ▪ Commune des Pyrénées-Orientales. 1 857 hab. *(les Romeufontains).* Tourisme.

FONTS n. m. pl. ▪ FONTS BAPTISMAUX : bassin sur un socle, destiné à l'eau du baptême. ⇒ **baptistère.**

FOOTBALL [futbol] n. m. ▪ Sport opposant deux équipes de onze joueurs, où il faut faire pénétrer un ballon rond dans les buts adverses sans utiliser les mains (au Canada, on dit *soccer*). ◇ abrév. FAM. FOOT. *Jouer au foot.* ♦ *Football américain :* sport voisin du rugby, où les joueurs sont protégés par un lourd équipement (au Canada, on dit *football*).

FOOTBALLEUR, EUSE [futbolœR, øz] n. ▪ Joueur, joueuse de football.

FOOTING [futiŋ] n. m. ▪ anglic. Promenade hygiénique rapide, à pied. ⇒ **jogging.**

FOR n. m. ▪ loc. *En, dans mon (son...)* FOR INTÉRIEUR : dans la conscience, au fond de soi-même.

FORAGE n. m. ▪ Action de forer. *Forage des pièces métalliques* (⇒ **foreuse**). - *Forage d'un puits. Plate-forme de forage* (en mer).

FORAIN, AINE ▪ **1.** adj. Qui a son activité sur les marchés et les foires. *Marchand forain.* ♦ FÊTE FORAINE, groupant des entrepreneurs forains. - *Baraque foraine.* **2.** n. Personne qui organise des distractions dans les foires et fêtes foraines (manèges, cirque, attractions diverses).

Jean-Louis **FORAIN** (1852 - 1931) ▪ Peintre et dessinateur français célèbre pour ses caricatures politiques dans la presse.

Forain. *La Danseuse et l'Abonné*, aquarelle, 1890.
Coll. part. *Phot. © Lauros/Giraudon*

FORBACH ▪ Chef-lieu d'arrondissement de la Moselle. 27 076 hab. *(les Forbachois).* Centre houiller, constructions mécaniques et électriques.

FORBAN n. m. ▪ **1.** Pirate qui entreprenait à son profit une expédition armée sur mer sans autorisation. **2.** LITTÉR. Individu sans scrupules. ⇒ **bandit.**

FORÇAGE n. m. ▪ Culture des plantes avant la saison (en châssis, serres...).

FORCALQUIER ▪ Chef-lieu d'arrondissement des Alpes-de-Haute-Provence. 3 993 hab. *(les Forcalquiérens).*

FORÇAT n. m. ▪ **1.** anciennt Bagnard ou galérien. **2.** Condamné aux travaux forcés. - loc. *Travailler comme un forçat,* très dur. **3.** fig. Personne réduite à une condition pénible.

FORCE n. f. ■ I. au sens individuel 1. Puissance d'action physique. *Force physique ; force musculaire.* ⇒ **robustesse, vigueur.** *Être plein de force. Ne plus avoir la force de marcher.* ♦ au plur. Énergie personnelle. *Ménager ses forces. Reprendre des forces. De toutes ses forces :* le plus fort possible. ♦ *EN FORCE. Passer en force.* - *DE FORCE :* qui exige de la force. *Tour de force. Épreuve de force :* conflit ouvert. - *DANS LA FORCE DE L'ÂGE :* mûr, adulte (⇒ **maturité**). 2. Capacité de l'esprit ; possibilités intellectuelles et morales. *Force morale, force de caractère.* ⇒ **courage, énergie, fermeté, volonté.** *Ce sacrifice est au-dessus de mes forces. Ils sont de la même force en mathématiques.* ⇒ **niveau.** II. au sens collectif 1. Pouvoir, puissance. prov. *L'union fait la force. Force militaire d'un pays.* - *Force de frappe :* ensemble des moyens militaires modernes (missiles, armes nucléaires). *Force de dissuasion*.* COMM. *Force de vente :* personnel commercial (d'une entreprise). - *EN FORCE. Être en force ; attaquer en force,* avec des effectifs considérables. 2. au plur. Ensemble des armées. ⇒ **armée, troupe.** *Les forces armées françaises. Forces aériennes. Les forces de l'ordre :* la police. III. (choses) 1. Résistance (d'un objet). ⇒ **robustesse, solidité.** *La force d'un mur.* 2. Intensité ou pouvoir d'action ; caractère de ce qui est fort. *La force du vent. Force d'un coup.* - (abstrait) *La force d'un sentiment,* son intensité. *La force d'un argument.* IV. (Principe d'action) 1. SC. Cause capable de déformer un corps, ou d'en modifier le mouvement (la direction, la vitesse). *Résultante de deux forces.* - *Forces de gravitation. Force centrifuge.* ♦ COUR. Courant électrique ; spécialt courant triphasé. *Prise de force.* 2. Principe d'action. *Les forces de l'univers.* - *C'est une force de la nature :* il, elle a une grande vitalité. V. (Pouvoir de contrainte) 1. Contrainte, violence (individuelle ou collective). *Employer la force. Recourir à la force.* loc. prov. *La force prime le droit.* - *Coup* de force.* 2. (choses) Caractère irrésistible. *La force de l'habitude.* - loc. *La force des choses :* la nécessité qui résulte d'une situation. - *Avoir force de loi :* avoir le caractère obligatoire d'une loi. - *Cas de force majeure :* événement imprévisible et inévitable. - *FORCE EST DE* (+ inf.) : il faut, on ne peut éviter de. 3. loc. adv. *DE FORCE :* en faisant effort pour surmonter une résistance. *Enlever de force qqch. à qqn. Il obéira de gré ou de force,* qu'il le veuille ou non. - *PAR FORCE :* en recourant ou en cédant à la force. - *À TOUTE FORCE :* en dépit de tous les obstacles. VI. adv. VX ou LITTÉR. Beaucoup de. *Il nous a reçus avec force sourires.* ♦ MOD. *À FORCE DE* loc. prép. : par beaucoup de, grâce à beaucoup de. ⇒ **avec.** *À force de patience...* - (+ inf.) *À force d'y réfléchir, elle finira par résoudre le problème.*

■ **LES FORCES FRANÇAISES DE L'INTÉRIEUR [FFI]** ■ Forces militaires françaises, formées au début de 1944 par l'unification (de principe) des groupements militaires clandestins de la Résistance : Armée secrète (AS), Organisation de résistance de l'armée (ORA), Francs-Tireurs et Partisans (FTP), etc.

■ **LES FORCES FRANÇAISES LIBRES [FFL]** ■ Ensemble des forces militaires françaises qui, après l'armistice de juin 1940, continuèrent la guerre aux côtés des Alliés, sous les ordres du général de Gaulle.

FORCÉ, ÉE adj. ■ 1. Qui est imposé par la force des hommes ou des choses. ⇒ **inévitable ; obligatoire.** *Conséquence forcée. Atterrissage forcé.* ♦ FAM. (pour marquer le caractère nécessaire d'un événement) *C'est forcé.* ⇒ **évident, fatal.** 2. Qui s'écarte du naturel. *Un sourire forcé.* ⇒ **affecté, factice.** - *Une comparaison forcée.*

FORCEMENT n. m. ■ Action de forcer (I, 1). *Le forcement d'un coffre.*

FORCÉMENT adv. ■ D'une manière nécessaire, par une conséquence inévitable. ⇒ **inévitablement, obligatoirement.**

FORCENÉ, ÉE ■ I. adj. 1. VX Qui perd la raison. 2. Qui dépasse toute mesure. *Une envie forcenée.* 3. Animé d'une rage folle. ⇒ **furieux.** 4. Emporté par une folle ardeur. ⇒ **acharné.** *Un travailleur forcené.* - *Une résistance forcenée.* II. n. Personne en proie à une crise furieuse.

FORCEPS [-ɛps] n. m. ■ Instrument en forme de pince à branches séparables, qui sert à faciliter l'expulsion, lors de certains accouchements.

FORCER v. [3] ■ I. v. tr. 1. Faire céder (qqch.) par force. *Forcer une porte, un coffre.* ⇒ **briser, fracturer ; effraction.** - *Forcer un passage.* - *Forcer la porte de qqn.* 2. Faire céder (qqn) par la force ou la contrainte. ⇒ **contraindre, obliger.** *Personne ne vous force.* - *Forcer la main à qqn,* le faire agir contre son gré. - *FORCER À* (qqch.). *Cela me force à des démarches compliquées.* ⇒ **obliger, réduire.** *On me force à partir.* - LITTÉR. *FORCER* (qqn) *DE* (+ inf.). 3. Obtenir, par la contrainte, soit par l'effet d'un ascendant irrésistible. *Forcer l'admiration de tous.* ⇒ **emporter.** - S'assurer la maîtrise de (qqch.). *Forcer le succès.* 4. Imposer un effort excessif à. *Forcer un cheval.* - *Chanteur qui force sa voix. Forcer son talent.* 5. *Forcer des fleurs, des plantes,* en hâter la maturation (⇒ **forçage**). 6. Dépasser (la mesure normale). ⇒ **augmenter.** *Forcer la dose ;* fig. exagérer. 7. Altérer, déformer par une interprétation abusive. ⇒ **dénaturer, solliciter.** *Forcer la vérité.* II. v. intr. Fournir un grand effort. *Forcer sur les avirons :* ramer le plus vigoureusement possible. - FAM. *Forcer sur qqch.,* en abuser. *J'ai un peu forcé sur le whisky.* ► SE **FORCER** v. pron. Faire un effort sur soi-même. ⇒ se **contraindre.** *Il n'aime pas se forcer.* - *Se forcer à.* ⇒ s'**obliger** à. *Se forcer à sourire.*

FORCES n. f. pl. ■ TECHN. Grands ciseaux destinés à tondre les moutons, à couper le métal, etc.

FORCING n. m. ■ anglic. Attaque sportive soutenue. - fig. Attaque à outrance, pression. *Faire du forcing.*

FORCIR v. intr. [2] ■ Devenir plus fort ou plus gros. *Il a forci.* - *Le vent forcit.*

FORCLORE v. tr. [45] ■ VX ou DIDACT. Exclure, rejeter. ► n. f. FORCLUSION

John FORD (1586 - 1639) ■ Auteur dramatique anglais d'inspiration baroque. *"Dommage qu'elle soit une putain"* (1626); *"Le Cœur brisé"* (1629).

Henry FORD (1863 - 1947) ■ Industriel américain. Pionnier de l'automobile. Promoteur de la construction en série et de la standardisation des pièces.

John FORD (1895 - 1973) ■ Cinéaste américain d'origine irlandaise. Le premier à donner au western une signification sociale et une grandeur épique. *"La Chevauchée fantastique"* (1939); *"Les Raisins de la colère"*, d'après Steinbeck* (1940).

John **Ford,** avec Dorothy Lamour.
Phot. © Coll. Rui Nogueira

Gerald FORD (né en 1913) ■ Homme d'État américain. Vice-président, il devint le 38e président (républicain) des États-Unis, de 1974 à 1976, à la démission de R. Nixon.

le FOREIGN OFFICE ■ Ministère britannique des Affaires étrangères.

FORER v. tr. [1] ■ 1. Percer un trou dans (une matière dure) par des moyens mécaniques. *Forer une roche.* 2. Former (un trou, une excavation) en creusant mécaniquement. *Forer un puits.*

Fernand FOREST (1851 - 1914) ■ Inventeur français. Il perfectionna le moteur à explosion et étudia de nombreux éléments de l'automobile.

FORESTERIE n. f. ■ Exploitation et aménagement des forêts ; industrie forestière.

FORESTIER, IÈRE ■ I. n. m. Personne qui exerce une charge dans une forêt du domaine public. - adj. *Garde forestier.* II. adj. Qui est couvert de forêts ; qui appartient à la forêt. *Chemin forestier. Maison forestière :* habitation du garde forestier.

FORET n. m. ■ Instrument servant à forer les bois, les métaux. ⇒ **perceuse, vilebrequin, vrille.**

FORÊT n. f. ▪ **1.** Vaste étendue de terrain couverte d'arbres ; ensemble de ces arbres. ⇒ **bois, futaie ; sylv(i)-.** *Forêt dense, impénétrable. Forêt vierge. À la lisière, à l'orée de la forêt.* - *EAUX ET FORÊTS :* ancien nom de l'administration française chargée des forêts. **2.** Ensemble très dense (d'objets hauts et serrés). *Une forêt de mâts.*

la FORÊT-NOIRE en allemand ***SCHWARZWALD*** ▪ Massif montagneux d'Allemagne, en bordure du Rhin. Conifères. Commerce et industries dans les vallées et les villes (→ **Fribourg-en-Brisgau**). Tourisme.

la **Forêt-Noire.** Paysage près de Neustadt. *Phot. © Straiton/Explorer*

FOREUR n. m. ▪ Spécialiste du forage.

FOREUSE n. f. ▪ Machine servant à forer le métal (⇒ **perceuse**), les roches (⇒ **perforatrice, trépan**).

le FOREZ ▪ Région du Massif central.

① **FORFAIT** n. m. ▪ LITTÉR. Crime énorme. *Commettre un forfait.*

② **FORFAIT** n. m. ▪ Convention fixant par avance le prix d'un service, d'un travail... *Faire un forfait* (⇒ **devis**). - (avec subst. en appos.) *Forfait vacances.* - *À FORFAIT. Vendre à forfait. Marché à forfait.*

③ **FORFAIT** n. m. ▪ Indemnité que doit payer le propriétaire d'un cheval engagé dans une course, s'il ne le fait pas courir. - loc. *Déclarer forfait :* annoncer qu'on ne participera pas à une compétition (quelconque) ; fig. abandonner, renoncer.

FORFAITAIRE adj. ▪ Qui a rapport à un forfait ; à forfait. *Prix forfaitaire.*

FORFAITURE n. f. ▪ **1.** HIST. Violation du serment féodal. ⇒ **félonie. 2.** LITTÉR. Manque de loyauté. **3.** DR. Crime d'un fonctionnaire qui commet certaines graves infractions aux devoirs de sa charge. ⇒ **concussion, prévarication, trahison.**

FORFANTERIE n. f. ▪ **1.** Vantardise impudente (de qqn). **2.** Action, parole de vantard. ⇒ **fanfaronnade, vantardise.**

FORGE n. f. ▪ **1.** Atelier où l'on travaille les métaux au feu et au marteau. *L'enclume, le soufflet, le marteau de la forge.* **2.** Installation où l'on façonne par traitement mécanique (à froid ou à chaud) les métaux et alliages. **3.** anciennt Fonderie. - (au plur.) *Maître de forges :* industriel possédant une, des fonderies.

FORGEAGE n. m. ▪ Action, manière de forger. ◇ syn. anc. FORGEMENT.

FORGER v. tr. [3] ▪ **1.** Travailler (un métal, un alliage) à chaud ou à froid (pour lui donner une forme, etc.). ⇒ **battre.** *Forger le fer* (⇒ **ferronnerie**). - au p. p. *FER FORGÉ* (servant à fabriquer la ferronnerie d'art). - prov. *C'est en forgeant qu'on devient forgeron :* c'est à force de s'exercer qu'on devient habile. **2.** Façonner (un objet de métal) à la forge. *Forger un fer à cheval, une pièce de mécanique.* **3.** Élaborer (⇒ **fabriquer**). *Forger une expression.* ⇒ **inventer, trouver.** ♦ Inventer à sa fantaisie. *Se forger un idéal.* ♦ péj. Inventer pour abuser. *Forger une excuse.*

FORGERON n. m. ▪ Celui qui travaille le fer au marteau après l'avoir fait chauffer au feu de la forge. *Le forgeron ferrait les chevaux.* ⇒ **maréchal-ferrant.**

FORGES-LES-EAUX ▪ Commune de la Seine-Maritime, dans le pays de Bray. 3 376 hab. Station hydrominérale.

FORLI ▪ Ville d'Italie (Émilie-Romagne). 109 986 hab.

FORLIGNER v. intr. [1] ▪ VX ou LITTÉR. Dégénérer, déchoir.

FORMAGE n. m. ▪ TECHN. Opération de mise en forme (d'un objet manufacturé).

① **SE FORMALISER** v. pron. [1] ▪ Être choqué (d'un manquement au savoir-vivre, à la politesse). ⇒ **s'offenser, se vexer.** *Il ne faut pas vous formaliser de cet oubli.*

② **FORMALISER** v. tr. [1] ▪ DIDACT. Donner à (un ensemble, un système de connaissances) des caractères formels. *Formaliser un raisonnement.* - au p. p. *Opération formalisée.* ► n. f. FORMALISATION

FORMALISME n. m. ▪ **1.** LITTÉR. Attachement aux formes, aux formalités, dans la vie sociale. **2.** DR. Système dans lequel la validité des actes est soumise à l'observation de formalités. *Formalisme administratif.* **3.** en art Tendance à rechercher la beauté formelle. - Doctrine selon laquelle les formes se suffisent à elles-mêmes (s'oppose à *réalisme, naturalisme*). **4.** PHILOS. Doctrine selon laquelle les vérités sont formelles, reposent sur des conventions. **5.** DIDACT. Emploi de systèmes formels (II, 3).

FORMALISTE adj. ▪ **1.** Qui observe, où l'on observe les formes, les formalités avec scrupule. *Religion formaliste.* ⇒ **rigoriste. 2.** péj. Trop attaché aux formes, aux règles. **3.** Partisan du formalisme (en art, philosophie, sciences humaines). - n. *Un, une formaliste.*

FORMALITÉ n. f. ▪ **1.** Opération prescrite par la loi, la règle et sans laquelle un acte n'est pas légal, valide. ⇒ **forme, procédure. 2.** Acte, geste imposé par le respect des convenances. ⇒ **cérémonial. 3.** Acte que l'on doit accomplir, mais qui ne présente aucune importance ou difficulté. *C'est une simple formalité.*

Miloš FORMAN (né en 1932) ▪ Cinéaste américain d'origine tchécoslovaque. *"Les Amours d'une blonde"* (1965, en Tchécoslovaquie) ; *"Vol au-dessus d'un nid de coucou"* (1975, aux États-Unis).

FORMANT n. m. ▪ LING. Élément de formation (de mots). ⇒ **affixe ; morphème.**

FORMAT n. m. ▪ **1.** Dimension caractéristique d'un imprimé (livre, journal), déterminée par le nombre de feuillets d'une feuille (pliée ou non). *Format in-folio* (deux feuillets, quatre pages), *in-quarto, in-huit* ou *in-octavo.* - Dimensions en hauteur et en largeur. *Livre de petit format.* **2.** Dimension type (d'une feuille de papier, d'une photo, etc.). *Photo de format 9 × 13. Format A3* (42 × 29,7 cm), *A4* (21 × 29,7 cm). **3.** Dimension, taille (d'un objet). **4.** INFORM. Organisation des données sur un support d'information. - Disposition des données. *Format d'impression.*

FORMATER v. tr. [1] ▪ anglic. INFORM. Préparer (un support informatique) à recevoir des données, selon un format. *Formater une disquette.* - au p. p. *Disquette formatée.* ► n. m. FORMATAGE

FORMATEUR, TRICE ▪ **I.** n. Personne qui forme, éduque, instruit. ⇒ **animateur, instructeur. II.** adj. Qui forme. *Influence formatrice.*

FORMATION n. f. ▪ **I.** Action de former, de se former ; manière dont une chose est formée. ⇒ **composition, constitution, création, élaboration, genèse.** *La formation d'une roche. La formation d'une institution, d'un parti. En cours, en voie de formation.* **II.** (Ce qui est formé) **1.** Couche de terrain d'origine définie. *Formations sédimentaires.* **2.** Disposition d'une troupe. *Formation en carré, en ligne.* **3.** Groupement (de personnes). ⇒ **groupe, unité.** *Formation aérienne* (militaire). *Les formations politiques, syndicales.* ⇒ **organisation, parti.** *Formation musicale.* ⇒ **ensemble, groupe, orchestre.** *Formation sportive.* ⇒ **équipe. III. 1.** Éducation intellectuelle et morale. *La formation du caractère, du goût. Elle a reçu une solide formation.* **2.** Ensemble de connaissances (dans une technique, un métier) ; leur acquisition. *Formation professionnelle. Formation continue.*

FORME n. f. ▪ **I.** (Apparence naturelle) **1.** Ensemble des contours (d'un objet, d'un être), en fonction de ses parties. ⇒ **configuration, conformation, contour, figure.** *Forme régulière, irrégulière ; géométrique.* - *PRENDRE FORME :* acquérir une forme. **2.** Être ou objet confusément aperçu. *Une forme imprécise disparaît dans la nuit.* ⇒ **ombre. 3.** Apparence extérieure (d'un objet, d'un être) ; modèle à reproduire. *Donner sa forme à un vase. Des sourcils EN FORME DE virgule.* - *SOUS (LA) FORME DE. Médicament administré sous forme de gélules.* **4.** *Les formes :* les contours du corps humain. *Formes fines et élancées.* **5.** Contour considéré d'un point de vue esthétique. ⇒ **dessin, galbe, ligne, modelé, relief, tracé.** *Les formes et les couleurs. Beauté des formes* (⇒ **plastique**). **II.** (Réalisation d'un fait, d'une notion) **1.** Manière dont une notion, un phénomène se présente. *Les différentes formes de la vie.* ⇒ **aspect, état, variété.** - *Il déteste la tyrannie sous toutes ses formes.* - *Une forme de liberté.* **2.** Variante grammaticale ; aspect sous lequel se présente un mot, un énoncé. *Les formes du singulier, du féminin. Étude des formes.* ⇒ **morphologie. 3.** Manière dont (une pensée, une idée) s'exprime. ⇒ **expression, style.** *Donner une forme nouvelle à une idée. Le fond* et la forme.* **III.** (idée de conformité à une norme) **1.** Manière de procéder, d'agir selon les règles. ⇒ **formalité, norme, règle.** *Les formes de l'étiquette.* - *Pour la forme ; dans les formes,* en respectant les formes habituelles. **2.** Aspect extérieur d'un acte juridique. *Jugement cassé pour vice de forme. Contrat en bonne et due forme.* **IV.** Condition physique (d'un cheval, d'un sportif, etc.). *Être en pleine forme. Une forme médiocre.* - absolt Bonne condition physique et morale. *Être en forme, dans une forme excellente.* **V.** DIDACT. (Principe interne d'unité) **1.** PHILOS. ANC. Principe d'unité de chaque être. **2.** Ce qui règle l'exercice de la pensée. *Forme d'un raisonnement.* **3.** Entité organisée considérée dans sa structure* ; ensemble des relations qui constituent un phénomène. *Théorie de la forme* (trad. de l'allemand *Gestalttheorie*). **VI. 1.** Ce qui sert à donner une forme déterminée à un produit manufacturé. ⇒ **gabarit, modèle, patron.** *Forme de modiste.* **2.** Moule creux. ⇒ **matrice.** *Forme à fromage.*

-FORME Élément tiré de *forme,* qui signifie « qui a la forme, l'aspect de » (ex. *cruciforme, cunéiforme, filiforme*). ⇒ **-morphe.**

FORMÉ, ÉE ⇒ FORMER

FORMEL, ELLE adj. ▪ **I.** Dont la précision et la netteté excluent tout malentendu. ⇒ **clair, explicite, précis.** *Déclaration formelle. Refus formel.* ⇒ **absolu, catégorique.** - (personnes) *Il a été formel sur ce point.* **II. 1.** Qui repose sur la forme, qui privilégie la forme par rapport au contenu. *Classement formel.* - *Politesse formelle,* tout extérieure. **2.** Relatif à la forme (d'une œuvre...). *Beauté formelle.* - *Étude formelle d'un texte.* **3.** (→ forme, V) DIDACT. Qui concerne les formes de la pensée ; qui traite et décrit des structures, des relations entre éléments. ⇒ **formaliser, formalisme** (5) ; **structural.** *Logique formelle.*

FORMELLEMENT adv. ▪ **1.** De façon formelle (I). ⇒ **absolument.** *C'est formellement interdit.* **2.** DIDACT. En considérant la forme. *Raisonnement formellement juste.*

FORMER v. tr. [1] ▪ **I. 1.** Faire naître dans son esprit. *Former un projet, une idée. Former des vœux.* ⇒ **formuler. 2.** Créer (un ensemble, une chose complexe) en arrangeant des éléments. *Former un train. Former un gouvernement.* ⇒ **constituer. 3.** (choses) Être la cause de. *Dépôts qui forment des sédiments.* **II. 1.** Façonner en donnant une forme déterminée. *Bien former ses lettres.* **2.** Développer (une aptitude, une qualité) ; exercer ou façonner (l'esprit, le caractère de qqn). ⇒ **cultiver, élever, instruire.** *Former son goût.* prov. *Les voyages forment la jeunesse.* **III. 1.** Composer, constituer en tant qu'élément. *Les parties qui forment un tout. Les personnes qui forment une assemblée.* **2.** Prendre la forme, l'aspect, l'apparence de. ⇒ **faire, présenter.** *La route forme des courbes.* ► SE FORMER v. pron. **1.** Acquérir une forme, naître sous une certaine forme. *La manière dont la Terre s'est formée, dont les êtres se sont formés.* - *Les sentiments qui se forment en nous.* **2.** Prendre une certaine forme. *Les rangs se forment.* **3.** S'instruire, se cultiver, apprendre son métier. ► **FORMÉ, ÉE 1.** p. p. *Idée formée par l'esprit.* - *Mot mal formé.* **2.** adj. Qui a achevé son développement. *Jeune fille formée.* ⇒ **nubile, pubère.**

FORMICA n. m. (nom déposé) ▪ Revêtement synthétique, papier imprégné d'une résine dure, utilisé en ameublement.

FORMIDABLE adj. ▪ **1.** VIEILLI Qui inspire une grande crainte. ⇒ **effrayant, redoutable. 2.** Dont la taille, la force, la puissance est très grande. ⇒ **énorme, extraordinaire, imposant.** *Des effectifs formidables.* **3.** FAM. Excellent. ⇒ **sensationnel.** *Un livre formidable. J'ai une idée formidable !*

FORMIDABLEMENT adv. ▪ **1.** VX D'une manière qui fait peur. **2.** Énormément. **3.** FAM. Terriblement. ⇒ **très.**

FORMIQUE adj. ▪ *Acide formique :* liquide incolore, piquant et corrosif, présent dans l'organisme des fourmis, les orties, etc. - *Aldéhyde formique* (antiseptique). ⇒ aussi **formol.**

FORMOL n. m. ▪ Solution bactéricide d'aldéhyde formique.

FORMOSE ▪ Nom donné par les Portugais à l'île de Taiwan.

FORMULAIRE n. m. ▪ **1.** Recueil de formules. *Formulaire des pharmaciens* (⇒ **codex**). **2.** Formule où sont imprimées des questions en face desquelles on inscrit la réponse. ⇒ **questionnaire.**

FORMULATION n. f. ▪ **1.** Action d'exposer avec précision ; manière dont qqch. est formulé. **2.** Action de mettre en formule (II).

FORMULE n. f. ▪ **I. 1.** DR. Modèle selon lequel un acte doit être rédigé. **2.** Paroles rituelles qui doivent être prononcées dans certaines circonstances (en religion, en magie). *Formule incantatoire ; formule magique.* **3.** Expression consacrée dont la coutume commande l'emploi dans certaines circonstances. *Formules de politesse.* **II. 1.** Expression concise et générale, souvent symbolique, définissant une relation ou une opération. *H_2O, formule moléculaire de l'eau. Formule algébrique.* **2.** Solution type (d'un problème) ; manière de procéder. *Il a trouvé une bonne formule.* ⇒ **méthode, procédé.** *Formule de paiement.* ⇒ **mode.** - *Une nouvelle formule de spectacle.* **3.** Expression concise, nette et frappante (d'une idée ou d'un ensemble d'idées). ⇒ **aphorisme, proverbe, sentence, slogan. 4.** Feuille de papier imprimée contenant des indications et destinée à recevoir un texte court. ⇒ **formulaire.**

FORMULER v. tr. [1] ▪ **1.** Rédiger en formule ; faire d'après une formule. *Formuler un problème.* **2.** Énoncer avec la précision, la netteté d'une formule. ⇒ **exposer, exprimer.** *Formuler une réclamation.* **3.** Exprimer (par des mots). ⇒ **émettre.** *Formuler son opinion.* - *Formuler un souhait.* ⇒ **former.**

FORNIQUER v. intr. [1] ▪ DIDACT. ou plais. Avoir des relations sexuelles coupables. ► n. f. FORNICATION

FORS prép. ▪ VX Excepté, sauf. ⇒ **hormis, hors.** « *Tout est perdu, fors l'honneur* » (mot attribué à François Ier, après la défaite de Pavie).

Edward Morgan FORSTER (1879 - 1970) ▪ Romancier et critique britannique. Plusieurs de ses livres font place à une critique de l'injustice sociale. *"Howards End"* (1910), *"La Route des Indes"* (1924).

William FORSYTHE (né en 1949) ▪ Chorégraphe américain. Directeur du Ballet de Francfort depuis 1984, il a réalisé des chorégraphies souvent provocatrices. *"Impressing the Czar"; "The Loss of the Small Detail".*

FORSYTHIA [-sja] n. m. ▪ BOT. Arbuste décoratif à rameaux couverts de fleurs jaunes qui sortent avant les feuilles, très tôt dans la saison.

forsythia.
Phot. © Favardin/Jacana

① **FORT, FORTE** adj. ▪ **I. 1.** (personnes) Qui a de la force physique. ⇒ **robuste, vigoureux** ; opposé à *faible. Un homme grand et fort.* - loc. *Fort comme un Turc, comme un bœuf :* très fort. - allus. (prov.) « *La raison du plus fort est toujours la meilleure* » (La Fontaine) : le plus puissant fait prévaloir sa loi. - *La manière forte.* ⇒ **force** (V). **2.** Considérable par les dimensions. ⇒ **grand, gros.** - (euphémisme pour *gros*) ⇒ **corpulent** (II, 3). **3.** Qui a une grande force intellectuelle, de grandes connaissances (dans un domaine). ⇒ **capable, doué, habile.** *Elle est très forte sur la question. Être fort à un exercice, à un jeu,* savoir très bien le pratiquer. - FAM. (choses) *J'ai lu sa dernière critique : ce n'est pas très fort !* **II. 1.** (choses) Qui résiste. ⇒ **résistant, solide.** *Papier fort.* ⇒ **épais.** *Colle* *forte.* **2.** (dans des expr.) Fortifié. *Une place forte. Un château fort.* ⇒ ③ **fort** (II). **3.** (sur le plan moral) Capable de résister au monde extérieur ou à soi-même. ⇒ **courageux, énergique, ferme.** *Être fort dans l'adversité, l'épreuve.* – *Un esprit fort,* incrédule. **III. 1.** (mouvement, effort physique) Intense. *Un coup très fort.* ⇒ **énergique, violent.** *Forte poussée.* – (avant le n.) Qui dépasse la normale. *De fortes chutes de neige.* ⇒ **abondant.** *Une forte fièvre. Il a de fortes chances. Avoir affaire à forte partie.* **2.** Dont l'intensité a une grande action sur les sens. *Voix forte. Lumière forte. Des odeurs fortes. Moutarde forte,* à saveur forte. ♦ *Au sens fort du mot. Café, thé fort.* **3.** Intense. *Douleur trop forte. Faire une forte impression sur qqn.* **4.** Difficile à croire ou à supporter par son caractère excessif. ⇒ **exagéré, poussé.** *C'est un peu fort !* ; FAM. *un peu fort de café !* ⇒ **inouï.** *Le plus fort, c'est que...* ⇒ **extraordinaire.** **5.** (personnes) Qui a un grand pouvoir d'action, de l'influence. ⇒ **influent, puissant.** – loc. *ÊTRE FORT DE :* puiser sa force, sa confiance, son assurance dans. *SE FAIRE FORT DE* (*fort* invar.) : se déclarer assez fort pour ; se dire capable* de. ⇒ se **targuer.** *Elles se font fort de la convaincre.* **6.** Qui a la force (II) et n'hésite pas à l'employer. *Gouvernement fort. L'homme fort d'un régime.* – subst. *Le droit du plus fort.* **7.** Qui agit efficacement, produit des effets importants (qualités morales ou intellectuelles). *Sentiment, préjugé plus fort que la raison. C'est plus fort que moi,* se dit d'une habitude, d'un désir, etc., auquel on ne peut résister. **8.** *Devise, monnaie forte,* à cours élevé et stable.

② **FORT** adv. ▪ **I. 1.** Avec de la force physique, en fournissant un gros effort. ⇒ **fortement, vigoureusement.** *Frapper fort. Serrer très fort.* – MUS. *Jouer fort.* ⇒ **forte.** **2.** Avec une grande intensité. *Le vent souffle fort. Parler, crier fort.* – *Y ALLER FORT :* exagérer. **II.** adv. de quantité (avec un v.) emploi écrit ou régional ⇒ **beaucoup.** *Cet homme me déplaît fort. J'en doute fort.* – (devant un adj. ou un adv.) ⇒ **très.** *Un homme fort occupé.* – *Fort bien.*

③ **FORT** n. m. ▪ **I.** (personnes) **1.** *Les forts des Halles :* les employés de la Halle de Paris qui portaient les marchandises. **2.** Personne qui a la force, la puissance (matérielle). ⇒ **puissant.** *Protéger le faible contre le fort.* **3.** Personne qui a de la force morale. **II.** Ouvrage fortifié. ⇒ **forteresse, fortin.** **III.** (collectif) **1.** (après un poss. ; surtout négatif) Ce en quoi qqn est fort, excelle. *La subtilité n'est pas son fort.* **2.** *AU FORT DE l'été, de l'hiver.* ⇒ **cœur, milieu.**

Paul FORT (1872-1960) ▪ Poète français. Ses *"Ballades françaises"* (1897-1958) sont souvent proches de la chanson populaire.

FORTALEZA ▪ Ville et port du nord du Brésil, capitale de l'État de Ceará. 1 758 000 hab. Industries textile et alimentaire.

FORT-DE-FRANCE ▪ Préfecture de la Martinique. 101 540 hab. *(les Foyalais).* Port actif sur la *baie de Fort-de-France.* Rhum. Centre commercial.

FORTE [fɔʀte] adv. ▪ MUS. Fort (opposé à *piano*). ⇒ **fortissimo.**

Fort-de-France. La cathédrale. *Phot. © Wysocki/Explorer*

Forton. *Bibi Fricotin.*
Phot. © De Selva/Tapabor/D.R.

FORTEMENT adv. ▪ **1.** Avec force. *Serrer fortement.* ⇒ **fort ; vigoureusement.** – *Désirer, espérer fortement.* ⇒ **intensément, profondément.** **2.** Très. *Il a été fortement intéressé par votre projet.* ⇒ **vivement.**

FORTERESSE n. f. ▪ **1.** Lieu fortifié pour défendre un territoire, une ville. ⇒ **citadelle,** ③ **fort.** *Forteresse imprenable.* ♦ par métaphore ou fig. *Une forteresse de vertu.* **2.** *FORTERESSE VOLANTE :* bombardier lourd américain (Seconde Guerre mondiale).

FORTICHE adj. et n. ▪ FAM. Fort ; habile, malin.

FORTIFIANT, ANTE adj. ▪ **1.** (aliments, boissons) Qui fortifie. ⇒ **reconstituant, tonique.** *Une nourriture fortifiante.* – n. m. Aliment, médicament qui fortifie. **2.** Qui donne de la force morale.

FORTIFICATION n. f. ▪ **1.** Action de fortifier. **2.** souvent plur. Ouvrages fortifiés destinés à la défense d'une position, d'une place. ⇒ **bastion, casemate, citadelle, enceinte,** ③ **fort** (II), **forteresse, fortin.** ♦ au plur. Les anciennes fortifications de Paris, qui furent longtemps un terrain vague mal famé. ▹ abrév. FAM. LES FORTIFS.

FORTIFIER v. tr. [7] ▪ **I. 1.** Rendre fort, vigoureux ; donner plus de force à. *Nourriture, remède qui fortifie.* ⇒ **soutenir.** **2.** fig. *Le temps fortifie l'amitié.* ⇒ **augmenter, renforcer.** **II.** Munir d'ouvrages de défense. – au p. p. *Ville fortifiée.*

FORTIN n. m. ▪ Petit fort (③).

A **FORTIORI** ⇒ A FORTIORI

FORTISSIMO adv. ▪ MUS. Très fort. ⇒ **forte.**

FORT-LAMY ▪ Ancien nom de N'Djamena.

FORT LAUDERDALE ▪ Ville des États-Unis, 3e port de Floride. 149 000 hab.

Louis FORTON (1879-1934) ▪ Dessinateur et conteur français. Créateur des *Pieds-Nickelés* (1908) et de *Bibi Fricotin* (1924).

FORTRAN n. m. ▪ INFORM. Langage informatique évolué pour la programmation du calcul scientifique.

FORTUIT, UITE adj. ▪ Qui arrive par hasard, d'une manière imprévue. ⇒ **accidentel ;** contr. NÉCESSAIRE. *Une rencontre fortuite.* ► adv. FORTUITEMENT

FORTUNA ▪ Divinité romaine du hasard.

FORTUNE n. f. ▪ **I. 1.** LITTÉR. Puissance censée distribuer le bonheur et le malheur sans règle apparente. ⇒ **hasard, sort.** *Les caprices de la fortune.* – prov. *La fortune sourit aux audacieux.* **2.** (dans des expr.) Événement ou suite d'événements considérés dans ce qu'ils ont d'heureux ou de malheureux. ⇒ **chance, heur** (VX). *Mauvaise fortune :* infortune, malheur. loc. *Faire contre mauvaise fortune bon cœur.* – *Chercher fortune. Revers de fortune.* – *DE FORTUNE :* improvisé pour parer au plus pressé. *Une installation, des moyens de fortune.* ♦ VX *À LA FORTUNE DU POT* : sans préparatifs ni façons (→ à la bonne franquette). **II.** VX Vie, carrière ; situation sociale et matérielle due à la chance. **III.** Ensemble important des biens, des richesses (de qqn). ⇒ **argent, capital, richesse.** *Les biens qui composent sa fortune. Situation de fortune. N'avoir aucune fortune personnelle.* – absolt *Avoir, posséder de la fortune.* – *FAIRE FORTUNE* : s'enrichir. ♦ FAM. *Ça coûte une fortune,* très cher. ♦ par métonymie *Les plus grandes fortunes de Suisse,* les gens les plus fortunés.

FORTUNÉ, ÉE adj. ▪ **1.** VX Heureux. **2.** Qui a de la fortune. ⇒ **aisé, riche.**

FORT WAYNE ▪ Ville des États-Unis (Indiana). 173 000 hab.

FORT WORTH ▪ Ville des États-Unis (Texas). 448 000 hab. Industries, commerce (bétail).

FORUM [-ɔm] n. m. ▪ **1.** ANTIQ. Place où se tenaient les assemblées du peuple et où se discutaient les affaires publiques à Rome (comme l'*agora* des Grecs). ♦ Vaste place, dans un ensemble urbain. **2.** Réunion-débat. ⇒ **colloque.** *Des forums.*

le FORUM ROMANUM ▪ Ancien quartier de la Rome antique, centre religieux, commercial et politique de la ville, dont les ruines sont un site touristique.

Ugo FOSCOLO (1778 - 1827) ▪ Écrivain préromantique italien. *"Les Dernières Lettres de Jacopo Ortis"* (1802, 1817); *"Les Tombeaux"* (1807), poèmes patriotiques.

FOSSE n. f. ▪ **1.** Trou creusé dans le sol et aménagé. ⇒ **excavation, fossé.** – *Fosse d'aisances,* destinée à recevoir les matières fécales. *Fosse septique**. ♦ *La fosse d'orchestre* : espace devant la scène, en contrebas. **2.** Trou creusé en terre pour l'inhumation des morts. ⇒ **tombe ; fossoyeur.** *Fosse commune,* où sont déposés ensemble plusieurs cadavres ou cercueils. **3.** Cavité naturelle. *Fosses nasales.* – *Fosse géologique* : vaste dépression.

FOSSÉ n. m. ▪ **1.** Fosse creusée en long dans le sol. ⇒ **tranchée.** *La voiture est tombée dans le fossé.* – prov. *Au bout du fossé la culbute.* **2.** fig. Cassure, coupure. *Le fossé s'est élargi entre eux.* ⇒ **abîme.**

FOSSES ▪ Commune du Val-d'Oise. 9 620 hab.

FOSSETTE n. f. ▪ Petit creux dans une partie charnue (joues, menton, etc.).

FOSSILE ▪ **I. 1.** adj. Se dit des débris ou des empreintes des végétaux et animaux d'espèces disparues, conservés dans les dépôts sédimentaires. *Plantes, végétaux, espèces fossiles.* **2.** n. m. *UN FOSSILE. Science, étude des fossiles.* ⇒ **paléontologie.** **II.** adj. fig. Archaïque, témoin d'un monde disparu. ♦ n. m. Personne au comportement, aux idées archaïques.

FOSSILISER v. tr. [1] ▪ Rendre fossile ; amener à l'état de fossile (surtout passif, p. p. et pronom. : *se fossiliser*). ► n. f. FOSSILISATION

FOSSOYEUR n. m. ▪ **1.** Personne qui creuse les fosses dans un cimetière. **2.** LITTÉR. Personne qui anéantit, ruine qqch. ⇒ **démolisseur.** *Les fossoyeurs d'une civilisation, d'un régime.*

FOS-SUR-MER ▪ Commune des Bouches-du-Rhône, près du *golfe de Fos.* 11 605 hab. *(les Fosséens).* Zone industrielle. Raffinerie de pétrole, chimie, sidérurgie. Départ de l'oléoduc sud-européen vers les ports d'Alsace et d'Allemagne (→ étang de **Berre**).

① **FOU** (ou **FOL**), **FOLLE** ▪ **I.** n. **1.** Personne atteinte de troubles, de désordres mentaux. ⇒ **aliéné, dément ;** ne s'emploie plus en psychiatrie. *Fou furieux.* – loc. *MAISON DE FOUS* : lieu dont les habitants agissent bizarrement. – ancienn*t Asile** *de fous* (⇒ MOD. *psychiatrique*). – *HISTOIRE DE FOUS* (FAM.) : anecdote comique dont les personnages sont des aliénés ; histoire invraisemblable. ♦ fig. « *La folle du logis* » (Malebranche) : l'imagination. **2.** Personne qui se comporte d'une manière déraisonnable, extravagante. – *Un fou du volant* : un conducteur dangereux. **3.** Personne d'une gaieté vive et exubérante. *Les enfants ont fait les fous toute la journée.* prov. *Plus on est de fous, plus on rit* : plus on est nombreux, plus on s'amuse. **II.** adj. (*fol* devant un n. sing. commençant par une voyelle ou un *h* aspiré : *fol espoir, fol hasard ;* sinon par archaïsme, par plais.) **1.** VIEILLI Atteint de désordres mentaux. ⇒ **insensé.** **2.** Qui est hors de soi. *Sa lenteur me rend fou,* m'énerve, m'impatiente. *Être fou de joie, de colère.* **3.** *FOU DE* : qui a un goût extrême pour. ⇒ **amoureux, passionné.** *Elle est folle de lui. Être fou de musique.* ⇒ **fanatique.** **4.** Qui agit, se comporte d'une façon peu sensée. ⇒ **anormal, bizarre, dérangé, détraqué, malade ;** FAM. **cinglé, dingue, maboul, marteau, sonné, toqué.** *Il est complètement fou, fou à lier.* – *Il n'est pas fou* : il est malin, habile. *Pas folle, la guêpe !* – Qui dénote la folie, la bizarrerie. *Regard fou.* ⇒ **hagard.** *Fou rire* : rire que l'on ne peut réprimer. ♦ Contraire à la raison. ⇒ **absurde, déraisonnable.** *Idée folle. Folle passion. L'amour fou. "La Folle Journée"* (titre du *Mariage de Figaro,* de Beaumarchais). **5.** (après le n.) Dont le mouvement est irrégulier, imprévisible. *"J'irai comme un cheval fou"* (d'Arrabal). ⇒ s'**emballer.** *Roue, poulie folle,* qui tourne à vide. FAM. *Patte folle* : jambe qui boite. – *Herbes folles. Mèches folles.* **6.** (après le n.) ⇒ **énorme, immense, prodigieux.** *Il y avait un monde fou à cette réception. Un succès fou. Dépenser un argent fou.* **III.** n. m. **1.** ancienn*t* Bouffon (d'un roi, d'un haut personnage). ♦ Personnage parodique qui jouait la déraison. *La fête des fous. Confrérie des fous.* **2.** Pièce du jeu d'échecs qui se déplace en diagonale .

le **Forum romanum.** *Phot. © Dagli Orti*

② **FOU** n. m. ▪ Oiseau marin palmipède plongeur. *Fou de Bassan.*

FOUACE n. f. ▪ VX Galette cuite au four. ⇒ **fougasse.**

FOUACIER n. m. ▪ VX Celui qui fait, vend des fouaces. *La guerre des fouaciers dans le "Gargantua" de Rabelais.*

FOUAILLER v. tr. [1] ▪ LITTÉR. **1.** Frapper (un animal...) de coups de fouet répétés. ⇒ **fouetter.** **2.** fig. Stimuler ou critiquer violemment (qqn).

FOUCADE n. f. ▪ LITTÉR. Caprice soudain, emportement passager. ⇒ **lubie, toquade.**

Charles de FOUCAULD dit **LE PÈRE DE FOUCAULD** (1858 - 1916) ▪ Prêtre français, explorateur du Maroc, ermite et missionnaire au Sahara. Il fut assassiné à Tamanrasset.

Léon FOUCAULT (1819 - 1868) ▪ Physicien français. Sa célèbre expérience du pendule mit en évidence la rotation de la Terre (1851). Il inventa le gyroscope et mit au point une méthode de mesure de la vitesse de la lumière.

Michel FOUCAULT (1926 - 1984) ▪ Philosophe et essayiste français. Mettant en question les sciences humaines, il a

Michel **Foucault.** *Phot. © M. Franck/ Magnum*

combattu avec vigueur les institutions répressives. *"Les Mots et les Choses"* (1966); *"L'Archéologie du savoir"* (1969); *"Histoire de la sexualité"* (1976-1984).

Joseph **FOUCHÉ** (1759 - 1820) ▪ Homme politique français. Il réprima l'insurrection royaliste de Lyon (1793), fut ministre de la Police sous le Consulat, l'Empire, les Cent-Jours et Louis XVIII.

① **FOUDRE** ▪ **I.** n. f. **1.** Décharge électrique qui se produit par temps d'orage entre deux nuages ou entre un nuage et le sol avec un éclair et une détonation (⇒ **tonnerre**). *La foudre éclate, tombe. Arbres frappés par la foudre* (⇒ **foudroyer**). **2.** *COUP DE FOUDRE :* manifestation subite de l'amour dès la première rencontre. **3.** VX Condamnation, reproche violent. - au plur. Condamnation, reproches. *Elle s'est attiré les foudres de son père.* **II.** n. m. VX Guerrier, capitaine de génie. - MOD. iron. *Un foudre de guerre.*

② **FOUDRE** n. m. ▪ TECHN. Grand tonneau (de 5 à 30 m^3). ⇒ **futaille.** *Un foudre de vin.*

FOUDROYANT, ANTE adj. ▪ Qui a la rapidité, la violence de la foudre. *Une mort foudroyante. Succès foudroyant.* ⇒ **fulgurant.**

FOUDROYER v. tr. [8] ▪ **1.** Frapper, tuer par la foudre, par une décharge électrique. ⇒ **électrocuter. 2.** Tuer, anéantir avec soudaineté. *Une crise cardiaque l'a foudroyé.* - par exagér. *Foudroyer qqn du regard.*

FOUET n. m. ▪ **I. 1.** Instrument formé d'une lanière de cuir ou d'une cordelette au bout d'un manche. ⇒ **cravache, knout, martinet.** *Donner des coups de fouet.* ⇒ **fouailler, fouetter.** - anciennt Punition donnée avec le fouet, des verges. ⇒ **flagellation. 2.** loc. fig. *COUP DE FOUET :* excitation, impulsion vigoureuse. **3.** *DE PLEIN FOUET :* de face et violemment. *Les deux voitures se sont heurtées de plein fouet.* **II.** Appareil servant à battre les sauces, les blancs d'œufs, etc. *Fouet électrique.* ⇒ **batteur.**

FOUETTARD, ARDE adj. ▪ *PÈRE FOUETTARD,* personnage dont on menaçait les enfants. ⇒ **croquemitaine.**

FOUETTER v. [1] ▪ **I.** v. tr. **1.** Frapper avec un fouet. ⇒ **flageller, fouailler.** - loc. *Avoir d'autres chats à fouetter,* autre chose à faire. **2.** Frapper comme avec un fouet. *La pluie lui fouettait le visage.* **3.** Battre vivement, rapidement. - au p. p. *Crème fouettée.* **4.** Stimuler ou critiquer avec force. ⇒ **fouailler, fustiger. II.** v. intr. **1.** Frapper, cingler comme le fait un fouet. *La pluie fouette contre les volets.* **2.** vulg. Sentir mauvais. ⇒ **puer.** *Ça fouette, ici!*

FOUFOU, FOFOLLE adj. ▪ FAM. Un peu fou, folle, léger et folâtre. ⇒ **fou.** *Ils sont un peu foufous.*

FOUGASSE n. f. ▪ RÉGIONAL Galette cuite au four (pâte à pain).

FOUGÈRE n. f. ▪ Plante cryptogame à tige rampante souterraine, à grandes feuilles très découpées et souvent enroulées en crosse au début du développement. - *Fougères fossiles arborescentes.*

FOUGÈRES ▪ Chef-lieu d'arrondissement de l'Ille-et-Vilaine. 22 239 hab. *(les Fougerais).* Ancienne ville forte.

FOUGUE n. f. ▪ Ardeur impétueuse. ⇒ **élan, emportement, enthousiasme, transport.** *Il a agi avec la fougue de la jeunesse. La fougue d'un orateur.* ⇒ **verve.**

FOUGUEUX, EUSE adj. ▪ Qui a de la fougue. ⇒ **impétueux.** *Cheval fougueux. Jeunesse fougueuse.* ► adv. FOUGUEUSEMENT

FOUILLE n. f. ▪ **1.** Excavation pratiquée dans la terre pour découvrir et étudier les ruines de civilisations disparues. *L'archéologue qui dirige les fouilles.* **2.** Excavation faite dans la terre (pour les constructions, travaux publics, etc.). **3.** Action d'explorer (un lieu habité, les vêtements d'une personne) en vue de découvrir qqch. de caché. *Fouille des bagages en douane.* ⇒ **visite.**

FOUILLER v. [1] ▪ **I.** v. tr. **1.** Creuser (un sol, un emplacement), notamment pour mettre à découvert ce qui peut être enfoui. **2.** TECHN. Tailler en évidant. **3.** Explorer avec soin. *La douane a fouillé les bagages, la voiture.* ⇒ **examiner.** *Fouiller ses poches.* - *Fouiller qqn,* chercher systématiquement ce qu'il peut cacher dans ses vêtements, sur son corps. **4.** Travailler les détails de, aller en profondeur. *Fouiller une description.* - au p. p. *Étude très fouillée.* **II.** v. intr. **1.** Faire un creux dans le sol. *Certains animaux fouillent pour trouver leur nourriture.* ⇒ **fouir. 2.** Explorer en déplaçant tout ce qui peut cacher ce que l'on cherche. ⇒ FAM. **farfouiller, fouiner.** - *Fouiller dans le passé, dans ses souvenirs,* afin de retrouver ce qui était perdu, oublié. ► SE **FOUILLER** v. pron. Chercher dans ses poches. - FAM. *Il peut (toujours) se fouiller ! :* il ne doit pas compter, espérer obtenir ce qu'il désire.

FOUILLEUR, EUSE n. ▪ Personne qui fouille.

FOUILLIS n. m. ▪ FAM. Entassement d'objets disparates réunis pêle-mêle. ⇒ **désordre, pagaille.** *Quel fouillis ! Sa chambre est en fouillis.*

FOUINE n. f. ▪ Petit mammifère carnivore à corps mince et museau allongé. *La fouine saigne les volailles.*

fouine. *Martes foina.* Phot. © Danegger/Jacana

FOUINER v. intr. [1] ▪ FAM. Fouiller indiscrètement. ⇒ **fureter.**

FOUINEUR, EUSE adj. et n. ▪ FAM. Qui cherche indiscrètement, fouine partout. ⇒ **curieux, fureteur.**

FOUIR v. tr. [2] ▪ (surtout en parlant des animaux) Creuser (la terre, le sol). ⇒ **fouiller.**

FOUISSEUR, EUSE n. m. et adj. ▪ (animaux) Qui creuse le sol avec facilité. *La taupe est un animal fouisseur,* et n. m. *un fouisseur.*

Léonard **FOUJITA** ou **FUJITA** Tsuguharu (1886 - 1968) ▪ Peintre japonais établi à Paris. Peintures de femmes et de chats dans un style traditionnel.

FOULAGE n. m. ▪ TECHN. Action de fouler (le raisin, le drap).

FOULANT, ANTE adj. ▪ **I.** Qui élève le niveau d'un liquide par pression. *Pompe aspirante et foulante.* **II.** FAM. Fatigant (⇒ FAM. se fouler). surtout négatif *Ce n'est pas un travail bien foulant.*

FOULARD n. m. ▪ **1.** Écharpe ou carré de soie, de coton. **2.** Coiffure faite d'un mouchoir noué autour de la tête. ⇒ **carré ; madras.**

les **FOULBÉS** n. m. pl. → les **Peuls**

FOULE n. f. ▪ **1.** Multitude de personnes rassemblées en un lieu. ⇒ **affluence, monde.** *Se mêler à la foule. Foule grouillante.* ⇒ **cohue.** *Il n'y avait pas foule.* **2.** *LA FOULE :* la majorité des humains dans ce qu'ils ont de commun (s'oppose à *élite*). ⇒ **masse, multitude. 3.** *UNE FOULE DE :* grand nombre de personnes ou de choses de même catégorie. ⇒ **armée ;** FAM. **tas.** *Une foule de clients, de visiteurs est venue aujourd'hui. Une foule de gens pensent que c'est faux.* **4.** *EN FOULE :* en masse, en grand nombre. *Le public est venu en foule.*

FOULÉE n. f. ▪ **1.** Appui que le cheval prend sur le sol à chaque temps de sa course ; mouvement effectué à chaque temps de galop. **2.** Enjambée de l'athlète en course. - *Suivre un adversaire dans sa foulée,* de près. ♦ loc. fig. *DANS LA FOULÉE :* sur son élan, sans interrompre un processus.

FOULER v. tr. [1] ▪ **1.** Presser (qqch.) en appuyant à plusieurs reprises, avec les mains, les pieds, un outil. *Fouler des cuirs, du drap.* - anciennt Fouler le raisin. **2.** LITTÉR. Presser (le sol) en marchant dessus. *Fouler le sol de la patrie.* - *FOULER AUX PIEDS.* ⇒ **piétiner.** fig. *Fouler aux pieds les convenances.* **3.** *Se fouler la cheville :* se donner une foulure. - FAM. *Se fouler la rate :* se donner du mal, de la peine. ► SE **FOULER** v. pron. FAM. *Ne pas se fouler :* ne pas se fatiguer. *Il a fait ça sans se fouler.*

FOULON n. m. ▪ TECHN. ▪ **1.** *TERRE À FOULON :* argile servant au dégraissage du drap destiné au foulage. **2.** Machine servant au foulage (des étoffes de laine, des cuirs).

FOULQUE n. f. ▪ Oiseau échassier au plumage noir, voisin de la poule d'eau.

FOULQUES V (1095 - 1143) ▪ Comte d'Anjou et Maine, roi de Jérusalem de 1131 à sa mort.

FOULURE n. f. ▪ Légère entorse. *Foulure du poignet.*

Jean **FOUQUET** ou **FOUCQUET** (v. 1420 - v. 1477) ▪ Peintre et miniaturiste français. *"Portrait de Charles VII"; "La Vierge à l'Enfant".* Miniatures dans les *" Heures d'Étienne Chevalier ".*

Nicolas FOUQUET ou **FOUCQUET** (1615-1680) ▪ Surintendant des Finances de Louis XIV. Protecteur d'hommes de lettres (Molière, La Fontaine), il fut disgracié puis emprisonné en 1661.

Antoine FOUQUIER-TINVILLE (1746-1795) ▪ Magistrat français, accusateur public du Tribunal révolutionnaire. Il fut guillotiné.

① **FOUR** n. m. ▪ **I. 1.** Ouvrage de maçonnerie souvent voûté, muni d'une ouverture par-devant, et où l'on fait cuire le pain, la pâtisserie. *Four de boulanger.* ⇒ **fournil.** ♦ loc. *Il fait noir comme dans un four.* **2.** Partie fermée d'une cuisinière ou élément séparé où l'on peut mettre les aliments pour les faire cuire. *Rôti cuit au four.* - *Four à micro-ondes.* **3.** Ouvrage ou appareil dans lequel on soumet des matières à une chaleur intense, pour obtenir des transformations physiques ou chimiques. ⇒ **fourneau.** *Four électrique. Four solaire.* - *Four crématoire*.* **II.** *Petit four* : petit gâteau.

② **FOUR** n. m. ▪ (spectacle, réunion, manifestation artistique) Échec, insuccès. *La représentation a été un four complet.*

Jean FOURASTIÉ (1907-1990) ▪ Économiste français. Il vit dans le progrès technique le facteur essentiel du progrès économique et social. *"Les Trente Glorieuses ou la Révolution invisible"* (1979).

FOURBE adj. et n. ▪ Qui trompe ou agit mal en se cachant, en feignant l'honnêteté. ⇒ **faux, hypocrite, perfide, sournois.** *Il est fourbe et menteur. Un air fourbe.* - n. *Le fourbe nous a trompés !*

FOURBERIE n. f. ▪ **1.** Caractère du fourbe. ⇒ **duplicité, fausseté, hypocrisie. 2.** LITTÉR. Tromperie hypocrite. ⇒ **ruse, trahison.** *"Les Fourberies de Scapin"* (comédie de Molière).

FOURBI n. m. ▪ FAM. **1.** Toutes les armes, tous les objets que possède un soldat. ⇒ **attirail, barda. 2.** Les affaires, les effets que possède qqn. - Choses en désordre. *Quel fourbi !* **3.** Objet dont on ne peut dire le nom. ⇒ **machin, truc.**

FOURBIR v. tr. ② ▪ **1.** Nettoyer (un objet de métal) de façon à le rendre brillant. ⇒ **astiquer.** - LITTÉR. *Fourbir ses armes* : s'armer, se préparer à la guerre, à un combat. **2.** fig. *Fourbir des arguments.*

FOURBU, UE adj. ▪ **1.** *Cheval, animal fourbu,* épuisé de fatigue. **2.** (personnes) Qui est harassé, très fatigué. ⇒ **éreinté, moulu, rompu.**

FOURCHE n. f. ▪ **1.** Instrument agricole à long manche muni de deux dents (⇒ **fourchon**) ou plus. **2.** Disposition en forme de fourche. *La fourche d'un arbre,* endroit où les grosses branches se séparent du tronc. *Fourche de bicyclette,* partie du cadre où est fixée la roue. **3.** HIST. *Les fourches caudines* (défilé près de Caudium, où les Romains furent battus). - loc. *Passer sous les fourches caudines* : subir une cuisante humiliation.

FOURCHER v. intr. ① ▪ loc. *La langue lui a fourché,* il a prononcé un mot au lieu d'un autre.

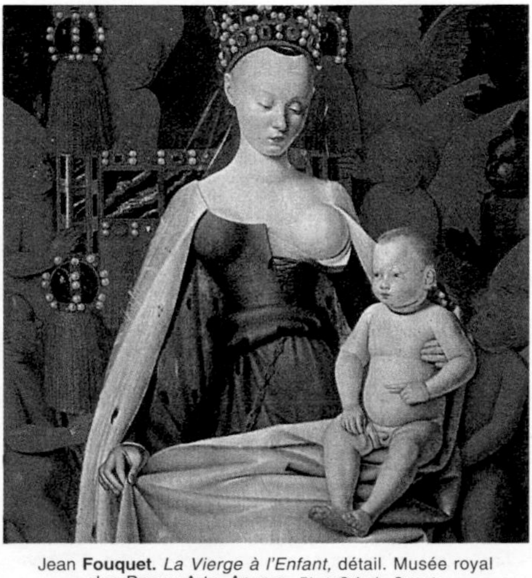

Jean **Fouquet.** *La Vierge à l'Enfant,* détail. Musée royal des Beaux-Arts, Anvers. *Phot. © Arch. Smeets*

FOURCHETTE n. f. ▪ **I. 1.** Ustensile de table, à dents, dont on se sert pour piquer les aliments et les porter à la bouche. *La fourchette et le couteau.* ⇒ **couvert.** - loc. *Avoir un bon coup de fourchette,* être gros mangeur. **2.** Pièce ou organe en forme de fourchette. **II. 1.** loc. *Prendre son adversaire en fourchette,* avoir deux cartes, l'une supérieure, l'autre inférieure à celle d'un adversaire. **2.** Écart entre deux valeurs extrêmes.

FOURCHON n. m. ▪ TECHN. Dent (d'une fourche, d'une fourchette).

FOURCHU, UE adj. ▪ Qui a la forme, l'aspect d'une fourche ; qui fait une fourche. *Chemin fourchu. Arbre fourchu.* - *Le pied fourchu des satyres, des démons.*

① **FOURGON** n. m. ▪ Barre métallique servant à attiser le feu (⇒ **fourgonner**).

② **FOURGON** n. m. ▪ **1.** Long véhicule couvert pour le transport de bagages, de meubles, d'animaux. - *Fourgon blindé.* - allus. *Les fourgons de l'étranger* (qui ramenèrent les émigrés, après la Restauration). **2.** Wagon servant au transport des bagages. *Fourgon de queue.*

FOURGONNER v. intr. ① ▪ **1.** VX Remuer la braise du four, le combustible d'un feu avec un fourgon. ⇒ **tisonner. 2.** Fouiller (dans qqch.) en dérangeant tout. ⇒ **fourrager.**

FOURGONNETTE n. f. ▪ Petite camionnette.

FOURGUER v. tr. ① ▪ **1.** ARGOT Vendre à un receleur (ou *fourgue* n. m.). **2.** FAM. Vendre, placer (une mauvaise marchandise). ⇒ **refiler.**

Joseph FOURIER (1768-1830) ▪ Mathématicien français. *Séries de Fourier* : séries trigonométriques, essentielles en physique (théorie de la chaleur).

Charles FOURIER (1772-1837) ▪ Philosophe et économiste français. Théoricien de l'harmonie et de l'organisation communautaire de groupes de travailleurs (« phalanstères »).

FOURME n. f. ▪ Fromage de lait de vache à pâte ferme, chauffée et pressée. *Fourme d'Ambert* (fromage bleu).

fourmi.
Formica rufa, fourmi rousse des bois.
Phot. © Summ/Jacana

FOURMI n. f. ▪ **1.** Petit insecte hyménoptère qui vit en colonies nombreuses et organisées dans des fourmilières. *Fourmi noire, rouge. Fourmis ailées.* **2.** loc. fig. *Avoir des fourmis dans les membres,* y éprouver une sensation de picotement. **3.** (symbole de petitesse) *D'avion, on voyait les gens comme des fourmis.* - (allus. au travail obstiné, à la prévoyance des fourmis ; cf. *"La Cigale et la Fourmi",* fable de La Fontaine) *C'est une fourmi,* une personne laborieuse, économe. *Un travail de fourmi.*

FOURMIES ▪ Commune du Nord. 14 505 hab. *(les Fourmisiens).* Musées. Le 1er mai 1891, la troupe y tira sur des manifestants ouvriers.

FOURMILIER n. m. ▪ Mammifère à langue visqueuse qui se nourrit de fourmis et de termites. *Grand fourmilier.* ⇒ **tamanoir.**

FOURMILIÈRE n. f. ▪ **1.** Colonie de fourmis. **2.** fig. Lieu où vit et s'agite une multitude de personnes. ⇒ **ruche.**

FOURMI-LION n. m. ▪ Insecte dont la larve se nourrit des fourmis qui tombent dans l'entonnoir qu'elle a creusé. *Des fourmis-lions.*

FOURMILLANT, ANTE adj. ▪ Qui s'agite, qui grouille. ⇒ **grouillant.**

FOURMILLEMENT n. m. ▪ **1.** Agitation désordonnée et continuelle d'une multitude d'êtres. ⇒ **grouillement, pullulement.** - fig. *Un fourmillement d'idées.* **2.** Sensation comparable à celle que donnent des fourmis courant sur la peau. ⇒ **picotement.**

FOURMILLER v. intr. [1] ▪ **1.** S'agiter ou être en grand nombre (comme les fourmis). ⇒ **pulluler.** *Les erreurs fourmillent dans ce texte.* ▬ *FOURMILLER DE :* être rempli d'un grand nombre de. **2.** Être le siège d'une sensation de picotement. ⇒ **démanger.**

FOURNAISE n. f. ▪ **1.** Grand four où brûle un feu violent. **2.** Endroit très chaud, surchauffé. ⇒ **étuve, four.** ▬ Foyer, centre d'un combat.

FOURNEAU n. m. ▪ **1.** Four dans lequel on soumet à un feu violent des substances à fondre, à calciner. ▬ *HAUT FOURNEAU,* destiné à fondre le minerai de fer et dans lequel le coke est en contact avec le minerai. **2.** Petite cuisinière à bois, à charbon ou à gaz. ▬ au plur. *Le chef est à ses fourneaux,* fait la cuisine. **3.** *Fourneau de mine :* cavité garnie d'explosifs. **4.** Partie évasée (d'une pipe) où brûle le tabac.

FOURNÉE n. f. ▪ **1.** Quantité de pain que l'on fait cuire à la fois dans un four. **2.** FAM. Ensemble de personnes nommées à la fois. ▬ Groupe de personnes qui font ou subissent qqch. en même temps. *Des fournées de personnes licenciées.*

FOURNIL [-ni] n. m. ▪ Local où est placé le four* du boulanger et où l'on peut pétrir la pâte.

FOURNIMENT n. m. ▪ Ensemble des objets composant l'équipement (du soldat, d'une profession). ⇒ **matériel.**

FOURNIR v. tr. [2] ▪ **I.** v. tr. dir. **1.** Pourvoir de ce qui est nécessaire. ⇒ **alimenter, approvisionner.** *Fournir qqn de, en qqch.* (⇒ **fournisseur**). ▬ *Fournir une famille, une cantine.* ▬ pronom. *Se fournir chez un marchand.* ⇒ se **ravitailler,** se **servir. 2.** *Fournir qqch. à qqn,* faire avoir (qqch. à qqn). *Je vous en fournirai les moyens. Fournir une occasion à qqn.* ▬ Procurer (à un client). ⇒ **vendre ; livrer. 3.** Produire. *Ce vignoble fournit un vin estimé.* ▬ *Il a dû fournir un effort considérable.* ⇒ **faire. II.** v. tr. ind. *FOURNIR À :* contribuer, en tout ou en partie, à. ⇒ **participer.** *Fournir à la dépense, à l'entretien de...* ► **FOURNI, IE** adj. **1.** Approvisionné, pourvu, rempli. **2.** Où la matière abonde. *Une barbe, une chevelure fournie.* ⇒ **dru, épais.**

FOURNISSEUR n. m. ▪ Personne qui fournit des marchandises à un client, à un marchand. *Changer de fournisseur.* ▬ appos. *Les pays fournisseurs de pétrole,* producteurs et exportateurs.

FOURNITURE n. f. ▪ **1.** Action de fournir. ⇒ **approvisionnement. 2.** Ce qu'on fournit, ce qu'on livre (surtout plur.). ⇒ **provision.** *Fournitures scolaires.*

Les FOURONS en néerlandais ***VOEREN*** ▪ Commune de Belgique, à majorité francophone, rattachée à la province du Limbourg (néerlandophone). 4 226 hab. Lieu symbolique de la querelle linguistique belge.

FOURRAGE n. m. ▪ Plantes servant à la nourriture du bétail. *Fourrage vert ; sec.*

① **FOURRAGER, ÈRE** adj. ▪ surtout au fém. Qui fournit du fourrage. *Betterave fourragère.*

② **FOURRAGER** v. [3] ▪ **I.** v. intr. VX Couper, distribuer le fourrage. **II. 1.** v. intr. Chercher en remuant, en mettant du désordre. ⇒ **fouiller, fourgonner.** *Fourrager dans un tiroir, dans des papiers.* **2.** v. tr. Mettre en désordre en manipulant. *Fourrager des papiers.*

① **FOURRAGÈRE** n. f. ▪ **1.** Champ consacré à la production du fourrage. **2.** Charrette servant au transport du fourrage.

② **FOURRAGÈRE** n. f. ▪ Ornement de l'uniforme militaire ou insigne formé d'une tresse agrafée à l'épaule. *La fourragère d'un régiment.*

① **FOURRÉ** n. m. ▪ Massif épais et touffu de végétaux de taille moyenne, d'arbustes à branches basses. *Les fourrés d'un bois.* ⇒ **buisson, taillis.**

② **FOURRÉ, ÉE** adj. ⇒ FOURRER

FOURREAU n. m. ▪ **1.** Enveloppe allongée, destinée à recevoir une chose de même forme. ⇒ **étui, gaine.** *Fourreau d'épée. Fourreau de parapluie.* **2.** Robe de femme très moulante. ▬ appos. *Robe, jupe fourreau.* **3.** ANAT. *Le fourreau de la verge* (du cheval).

FOURRER v. tr. [1] ▪ **I. 1.** VX Doubler intérieurement ou extérieurement. *Fourrer un cordage.* **2.** Doubler de fourrure, de ce qui tient chaud. *Fourrer un manteau avec du lapin.* **3.** Garnir l'intérieur (d'une confiserie, d'une pâtisserie). **II. 1.** Faire entrer, mettre (dans une chose creuse). *Fourrer ses mains dans ses poches.* ▬ FAM. *Fourrer son nez dans les affaires des autres.* **2.** Faire entrer brutalement ou sans ordre. ⇒ **enfourner, mettre.** *Fourrer des objets dans un sac.* ⇒ FAM. **ficher, flanquer, foutre.** *Fourrer une valise sous un meuble.* ▬ *Fourrer qqch. dans la tête, le crâne de qqn* (pour le faire apprendre ou pour le faire croire, accepter). **3.** Placer sans soin. *Je ne sais plus où j'ai fourré mes lunettes.* ► SE **FOURRER** v. pron. FAM. **1.** Se mettre, se placer (dans, sous qqch.). ▬ péj. *Il est tout le temps fourré chez nous.* **2.** *Se fourrer dans une mauvaise affaire.* ⇒ se **jeter.** ► ② **FOURRÉ, ÉE** adj. **1.** Garni. *Monnaie fourrée* (doublée d'or, d'argent, pour tromper). ▬ *Bonbons fourrés.* **2.** *Paix fourrée,* qui cache une tromperie. ♦ *COUP FOURRÉ :* en escrime Coup par lequel on touche l'attaquant, qui croit toucher. ▬ fig. Attaque hypocrite, coup en traître. ⇒ **traîtrise. 3.** Garni de ce qui tient chaud. *Bonnet, manteau fourré.*

FOURRE-TOUT n. m. invar. ▪ FAM. Pièce, placard, meuble, sac où l'on met, fourre toutes sortes de choses.

FOURREUR n. m. ▪ Personne qui confectionne et vend des vêtements de fourrure.

FOURRIER n. m. ▪ Sous-officier chargé du cantonnement des troupes, des distributions de vivres. ▬ fig. LITTÉR. (les fourriers viennent avant l'armée) Signe avant-coureur. *Le fourrier du printemps.*

FOURRIÈRE n. f. ▪ Lieu de dépôt d'animaux, de voitures, saisis et retenus par la police jusqu'au paiement d'une amende. *Mise en fourrière.*

FOURRURE n. f. ▪ **1.** Peau d'animal munie de son poil, préparée pour servir de vêtement, de doublure ou d'ornement. ⇒ **pelleterie.** *Chasseur de fourrures.* ⇒ **trappeur.** *Manteau de fourrure.* **2.** Pelage épais. *La fourrure du chat angora.*

FOURVIÈRE ▪ Colline dominant Lyon sur laquelle est bâtie la basilique Notre-Dame-de-Fourvière.

FOURVOIEMENT n. m. ▪ LITTÉR. Le fait de s'égarer, de se tromper.

FOURVOYER v. tr. [8] ▪ LITTÉR. **1.** Mettre hors de la voie, détourner du bon chemin. ⇒ **égarer. 2.** Tromper. *Les mauvais exemples l'ont fourvoyé.* ► SE **FOURVOYER** v. pron. Faire fausse route, se tromper. *Ici, le traducteur s'est fourvoyé.*

le FOUTA-DJALON ▪ Massif montagneux de Guinée, « château d'eau » de l'ouest de l'Afrique. Cultures vivrières, élevage.

le **Fouta-Djalon.** *Phot. © Lerat/Hoa-Qui*

FOUTAISE n. f. ▪ FAM. Chose insignifiante, sans intérêt. *C'est de la foutaise !*

FOUTOIR n. m. ▪ FAM. et vulg. Grand désordre.

① **FOUTRE** v. tr. (*je fous, nous foutons ; je foutais ; je foutrai ; je foutrais ; que je foute, que nous foutions ; foutant, foutu ;* inusité aux passés simple et antérieur de l'indic., aux passé et plus-que-parfait du subj.) ▪ **I.** VX vulg. Posséder sexuellement. ▬ fig. *Va te faire foutre !* **II.** fig. FAM. **1.** Faire. *Il ne fout rien de la journée.* ▬ *J'en ai rien à foutre,* ça ne me concerne pas. **2.** Donner (avec violence). *Tais-toi, ou je te fous une baffe !* ⇒ **flanquer.**

- Mettre. *Il a tout foutu par terre.* - pronom. *Elle s'est foutue par terre.* - *Foutre qqn à la porte.* - loc. *Foutre le camp,* s'en aller. *Ça la fout mal,* c'est fâcheux, regrettable. ► SE FOUTRE (DE) v. pron. Se moquer. ⇒ se **contrefoutre,** se **ficher.** *Il s'en fout complètement. Se foutre de tout.* ⇒ **je-m'en-foutiste.**

② **FOUTRE** interj. ▪ VULG. ⇒ **fichtre.**

FOUTRIQUET n. m. ▪ FAM. Personnage insignifiant, incapable.

FOUTU, UE adj. ▪ **1.** (avant le n.) Mauvais. *Il a un foutu caractère.* ⇒ **sacré, sale. 2.** (après le n.) Perdu, ruiné ou condamné. *C'est un type foutu.* **3.** Dans tel ou tel état. *Bien, mal foutu. Être mal foutu,* malade, fatigué. - Capable. *Il n'est pas foutu de réussir.*

George FOX (1624 - 1691) ▪ Fondateur, anglais, de la secte des quakers*. Convaincu d'être appelé par le Saint-Esprit, il commença à prêcher en 1647.

Charles James FOX (1749 - 1806) ▪ Homme politique britannique. Réformiste favorable à un rapprochement avec la France. Grand orateur, porte-parole du parti whig.

FOX-TERRIER ou **FOX** [fɔks] n. m. ▪ Chien terrier à poils lisses et durs, blancs avec des taches fauves ou noires. *Des fox-terriers.*

FOX-TROT [fɔkstʀɔt] n. m. invar. ▪ Danse à quatre temps, d'allure saccadée.

FOYER n. m. ▪ **I. 1.** Espace ouvert aménagé dans une maison pour y faire du feu. ⇒ **âtre. 2.** Feu qui brûle dans cet espace. - *Foyer d'incendie,* brasier d'où se propage l'incendie. **3.** Partie fermée (d'un appareil de chauffage) où brûle le combustible. *Le foyer d'une chaudière.* **II. 1.** Lieu où habite la famille. ⇒ **demeure, maison.** - La famille. *Le foyer conjugal.* ⇒ **domicile.** *Fonder un foyer,* se marier. ⇒ **ménage.** *Femme* au foyer.* - au plur. *Soldat qui rentre dans ses foyers,* chez lui. **2.** Local servant de lieu de réunion, d'asile. *Foyer d'étudiants.* **3.** Salle d'un théâtre où l'on fume, boit. **III. 1.** Point d'où rayonne la chaleur, la lumière. *Un puissant foyer lumineux.* ⇒ **source.** - Point où convergent des rayons lumineux. *Lunettes, verres à double foyer.* ⇒ **focal. 2.** Point par rapport auquel se définit une courbe. *Les foyers d'une ellipse.* **3.** Lieu d'origine (d'un phénomène). *Le foyer de la révolte. Un foyer d'intrigues.* **4.** Siège principal d'une maladie. *Foyer d'infection.*

FRAC n. m. ▪ anciennt Habit d'homme, noir et à basques.

FRACAS n. m. ▪ Bruit violent. - loc. *Avec perte et fracas,* brutalement.

FRACASSANT, ANTE adj. ▪ **1.** Très bruyant. **2.** *Déclaration fracassante,* qui fait un effet violent. ⇒ **tonitruant.**

FRACASSER v. tr. ① ▪ Mettre en pièces, briser avec violence. ⇒ **briser, casser.** - pronom. *La barque s'est fracassée sur un écueil.*

FRACTAL, ALE, ALS adj. ▪ MATH. Qui représente des formes découpées, fragmentaires, laissant apparaître des motifs similaires à des échelles d'observation de plus en plus fines (ex. flocons de neige, éponges). - *Objets fractals,* présentant ce type de formes. - n. f. *Une fractale :* un objet fractal.

FRACTION n. f. ▪ **I.** VX ou RELIG. Action de briser. *La fraction du pain* (eucharistique). **II. 1.** Quantité qui représente une ou plusieurs parties égales de l'unité ; symbole formé d'un dénominateur et d'un numérateur. *Barre de fraction.* **2.** Partie d'une totalité. ⇒ **morceau, parcelle, portion.** *Une fraction de seconde. Fractions et fragments** (cit. Balzac).

la FRACTION ARMÉE ROUGE en allemand ***DIE ROTE ARMEE FRAKTION*** ou ***RAF*** ▪ Organisation terroriste ouest-allemande d'extrême gauche des années 1970, appelée aussi *bande à Baader* (du nom de l'un de ses fondateurs).

FRACTIONNAIRE adj. ▪ Qui est sous forme de fraction. *Nombre fractionnaire.*

FRACTIONNEL, ELLE adj. ▪ Qui tend à diviser. *Activité fractionnelle au sein d'un parti.*

FRACTIONNEMENT n. m. ▪ Action de fractionner. ⇒ **division.**

FRACTIONNER v. tr. ① ▪ Diviser (une totalité) en parties, en fractions. ⇒ **partager, rompre, séparer.** - pronom. *L'assemblée s'est fractionnée en trois groupes* (⇒ **fractionnel**).

FRACTURE n. f. ▪ **1.** Rupture d'un os. *Fracture ouverte,* avec plaie. *Fracture incomplète.* ⇒ **fêlure.** *Fracture du crâne.* **2.** Cassure (de l'écorce terrestre, etc.). ⇒ **faille. 3.** fig. Rupture, cassure (d'une relation, d'un équilibre). - spécialt *Fracture sociale.*

FRACTURER v. tr. ① ▪ **1.** Blesser par une fracture. *Elle s'est fracturé une côte.* ⇒ **casser, rompre. 2.** Briser avec effort. *Fracturer une porte, une serrure.*

FRAGILE adj. ▪ **1.** Qui se brise, se casse facilement. ⇒ **cassant. 2.** (personnes) De constitution faible. ⇒ **délicat, faible.** *Cet enfant est très fragile, il attrape toutes les maladies.* ⇒ **chétif, malingre.** *Il a l'estomac fragile. Une santé fragile.* ♦ Qui manque de résistance morale, psychique. **3.** Qui est facile à ébranler, menacé de ruine. *Autorité fragile.* ⇒ **changeant, inconstant.**

FRAGILITÉ n. f. ▪ **1.** Caractère de ce qui peut se casser facilement. *La fragilité du verre, de la porcelaine.* **2.** Manque de solidité. *La fragilité d'un mécanisme.* **3.** Faiblesse de constitution. - Manque de résistance psychique. **4.** Caractère éphémère. *La fragilité des choses humaines.* ⇒ **instabilité.**

FRAGMENT n. m. ▪ **1.** Morceau d'une chose qui a été cassée, brisée. ⇒ **bout, débris, éclat, morceau.** *Les fragments d'un vase, d'une statue.* **2.** Partie (d'une œuvre). *Fragment d'un texte.* ⇒ **citation, extrait, passage.**

FRAGMENTAIRE adj. ▪ Qui existe à l'état de fragments. *Documentation fragmentaire.* ⇒ **incomplet, partiel.**

FRAGMENTATION n. f. ▪ Action de fragmenter ; son résultat.

FRAGMENTER v. tr. ① ▪ Partager, séparer en fragments. ⇒ **diviser, morceler.** *Fragmenter un ouvrage, un capital.*

Jean-Honoré FRAGONARD (1732 - 1806) ▪ Peintre français, élève de Boucher. Style plein de grâce et de vivacité. Scènes galantes, portraits. *"Les Hasards heureux de l'escarpolette"* (1766) ; *"La Fête à Saint-Cloud"* (1775).

Fragonard. *L'Inspiration.* Musée du Louvre, Paris.
Phot. © Lauros/Giraudon

FRAGRANCE n. f. ▪ LITTÉR. Parfum subtil, odeur agréable.

FRAI n. m. ▪ **1.** Ponte des œufs (par la femelle des poissons). **2.** Œufs (de batraciens, de poissons). *Du frai de carpes.*

À LA **FRAÎCHE** loc. adv. ▪ À l'heure où il fait frais (matin et, surtout, soir) (→ prendre le frais).

FRAÎCHEMENT adv. ▪ **1.** Depuis très peu de temps. ⇒ **récemment.** *Il est fraîchement arrivé.* **2.** Avec une froideur marquée. ⇒ **froidement.** *Elle fut accueillie fraîchement.*

FRAÎCHEUR n. f. ▪ **I. 1.** Propriété de ce qui est frais. *La fraîcheur d'une eau de source.* **2.** Température fraîche. *La fraîcheur de l'air.* ♦ Sensation de fraîcheur. **II. 1.** Qualité d'un produit frais, non altéré. *La fraîcheur d'un œuf, d'un fruit.* **2.** Qualité de ce qui a un aspect sain, vigoureux, de ce qui garde son éclat. *La fraîcheur de son teint.* - *La fraîcheur d'un coloris.* - (sentiments, idées) *Fraîcheur d'âme.* ⇒ **innocence, jeunesse.**

FRAÎCHIR v. intr. ② ▪ Devenir frais, ou plus frais. ⇒ se **rafraîchir.** *Le temps fraîchit depuis quelques jours.* – MAR. *Le vent fraîchit,* devient plus fort. ⇒ **forcir.**

① **FRAIS, FRAÎCHE** adj. ▪ **I. 1.** Un peu froid. *Un vent frais. Servir un vin frais. Boire de l'eau fraîche.* – adv. *Il fait frais ce matin.* – n. m. *Prendre le frais,* respirer l'air frais (→ à la fraîche). – RÉGIONAL Fraîcheur. *Le frais de la nuit.* **2.** Sans chaleur, sans cordialité. *Un accueil plutôt frais.* **II. 1.** Qui vient d'arriver, de se produire, d'être fait. ⇒ **neuf, nouveau, récent.** *Découvrir des traces toutes fraîches. Des nouvelles fraîches. De fraîche date,* récent. – *Peinture fraîche,* pas encore séchée. – adv. (devant un p. p.) Depuis très peu de temps. *Un collègue frais émoulu* de l'université.* **2.** Qui est tout nouvellement produit, n'a rien perdu de ses qualités naturelles. *Un fruit, des œufs frais. Du pain frais* (opposé à *rassis*). – Consommé sans préparation de conservation. *Légumes, fruits frais* (opposé à *en conserve, sec, surgelé*). **3.** Qui a ou garde des qualités inaltérées d'éclat, de vitalité, de jeunesse. *Une fille fraîche et jolie. Être frais et dispos. Avoir le teint frais.* **4.** FAM. Dans une fâcheuse situation. *Nous voilà frais !* ⇒ **propre. 5.** En bon état, dans l'aspect du neuf. *Ce costume n'est pas très frais ; il faudrait le repasser.* **6.** Qui donne une impression vivifiante de pureté, de jeunesse. *Le frais parfum du muguet.*

② **FRAIS** n. m. pl. ▪ **1.** Dépenses occasionnées par une opération. ⇒ **coût.** *Frais professionnels. Avoir de gros frais.* loc. *Rentrer dans ses frais,* en être remboursé par un gain (⇒ **défrayer**). **2.** loc. – (avec *à*) *À grands frais,* en dépensant beaucoup, en se donnant beaucoup de peine. *À peu de frais, à moindre frais,* économiquement. *Aux frais de qqn,* les frais étant couverts par lui. – *Se mettre EN FRAIS :* s'engager dans des dépenses inhabituelles ; faire des efforts. – *FAIRE LES FRAIS DE qqch.,* en être la victime, en subir les conséquences. *Faire les frais de la conversation,* en être le sujet malgré soi. – *EN ÊTRE POUR SES FRAIS :* ne rien obtenir en échange de ses dépenses, de ses efforts. **3.** *FAUX FRAIS :* dépense accidentelle s'ajoutant aux dépenses principales.

① **FRAISE** n. f. ▪ **1.** Fruit du fraisier. *Fraises des bois. Fraises cultivées* (plus grosses). *Tarte aux fraises. Confiture de fraises.* – adj. invar. De la nuance de rouge propre à la fraise. *Des rubans fraise.* **2.** loc. *Aller aux fraises,* aller cueillir des fraises ; fig. aller en galante compagnie. – FAM. *Sucrer les fraises,* être agité d'un tremblement (malades, vieillards). **3.** FAM. Figure. *Ramener* sa fraise.*

fraise.
Phot. © Carré/Jacana

② **FRAISE** n. f. ▪ Petit outil d'acier, de forme conique ou cylindrique, servant à évaser l'orifice d'un trou (⇒ **fraiser** (3)). – Roulette de dentiste.

③ **FRAISE** n. f. ▪ **I.** Membrane qui enveloppe les intestins du veau et de l'agneau. **II.** Grand col blanc, plissé et empesé, porté au XVIe siècle.

FRAISER v. tr. ① ▪ **1.** VX Écosser. **2.** Briser (la pâte). **3.** TECHN. Évaser l'orifice d'un trou.

FRAISEUR n. m. ▪ TECHN. Ouvrier qualifié conducteur d'une fraiseuse. ⇒ **ajusteur, tourneur.**

FRAISEUSE n. f. ▪ TECHN. Machine-outil servant à fraiser les métaux.

FRAISIER n. m. ▪ **I.** Plante qui produit les fraises. **II.** Gâteau (génoise) à la crème et aux fraises.

FRAMBOISE n. f. ▪ **1.** Fruit composé, de couleur rouge sombre, très parfumé, produit par le framboisier. *Sirop de framboise.* **2.** Liqueur, eau-de-vie de framboise.

framboise. *Phot. © Lacoste/Jacana*

FRAMBOISIER n. m. ▪ Arbrisseau qui produit les framboises.

FRAMÉE n. f. ▪ HIST. Long javelot dont se servaient les Francs.

① **FRANC, FRANQUE** [fʀɑ̃, fʀɑ̃k] adj. ▪ Des Francs*. *La langue franque.* ⇒ **francique.** *La Gaule franque,* conquise par les Francs.

② **FRANC, FRANCHE** [fʀɑ̃, fʀɑ̃ʃ] adj. ▪ **I. 1.** VX Libre. ⇒ **franc-maçon.** – en loc. Sans entrave, ni gêne, ni obligation. *Avoir les coudées* franches.* – *CORPS FRANCS :* troupes ne faisant pas partie des unités combattantes régulières. ⇒ **franc-tireur.** – *COUP FRANC* (football, etc.) : coup tiré sans opposition de l'adversaire, pour sanctionner une faute. **2.** Affranchi, libéré de certaines servitudes ; exempt de charges, taxes (⇒ **franchise ; affranchir**). *Port franc. Zone franche. Expédition franc de port.* ⇒ **franco** (1). **II. 1.** Qui s'exprime ou se présente ouvertement, sans artifice, ni réticence. ⇒ **droit, honnête, loyal, sincère.** *Il est franc comme l'or,* très franc. *Une explication franche et loyale.* ♦ loc. *Jouer FRANC JEU :* agir loyalement, en respectant les règles. ⇒ **fair-play. 2.** Qui présente des caractères de pureté, de naturel. ⇒ **pur, simple.** *Couleurs franches.* **3.** (précédant le n.) péj. Qui est véritablement tel. ⇒ **achevé, fieffé, vrai.** *Une franche canaille.* **4.** adv. *À parler franc,* franchement.

③ **FRANC** [fʀɑ̃] n. m. ▪ **1.** Unité monétaire légale de la France, divisée en cent centimes *(anciens francs). Cinquante mille francs.* **2.** *Franc belge, franc suisse,* unité monétaire de la Belgique, de la Suisse. ◇ On dit *franc* en Belgique, en Suisse et *franc français* pour le sens 1.

FRANÇAIS, AISE adj. et n. ▪ **1.** adj. Qui appartient, est relatif à la France et à ses habitants. *La République française.* – n. Personne de nationalité française. **2.** n. m. *LE FRANÇAIS :* langue romane parlée en France, Belgique, Suisse, au Canada (Québec, Nouveau-Brunswick, etc.), et comme seconde langue en Afrique, aux Caraïbes, etc. ⇒ **francophonie.** *Ancien français* (IXe-XIIIe siècle) ; *moyen français* (XIVe-XVIe siècle) ; *français classique* (XVIIe-XVIIIe siècle) ; *français moderne.* ♦ adj. Du français (langue). *La grammaire française.*

Pierre **FRANCASTEL** (1900 - 1970) ▪ Historien français, théoricien de l'art. *"Peinture et société"* (1951).

la **FRANCE** ▪ État occupant l'extrémité ouest du continent européen, bordé par l'Atlantique, la Manche et la mer du Nord et au sud par la Méditerranée. Elle est séparée de la Belgique et du Luxembourg par les Ardennes, de l'Allemagne par le Rhin, de la Suisse et de l'Italie par le Jura et les Alpes, de l'Espagne par les Pyrénées. Elle comprend des îles (Corse...), ainsi que quatre départements d'outre-mer (Guadeloupe, Guyane, Martinique, Réunion), trois territoires d'outre-mer (Nouvelle-Calédonie, Polynésie-Française, Wallis-et-Futuna, deux collectivités territoriales (Mayotte, Saint-Pierre-et-Miquelon). 543 965 km^2. 56 614 493 hab. *(les Français).* Capitale : Paris. Langue officielle : français. Autres langues : alsacien, basque, breton, catalan, corse, dialectes de langue d'oïl (au Nord) et d'oc (au Sud). Monnaie : franc. La France est une république parlementaire comprenant deux assemblées (l'Assemblée nationale et le Sénat*), un président de la République (chef de l'État) et un Premier ministre qui dirige le gouvernement. □ **ÉCONOMIE** Le climat tempéré, le relief varié font de la France un pays agricole (élevage, blé, maïs, cultures maraîchères et fruitières, viticulture). L'industrie joue cependant un rôle économique important avec notamment l'agroalimentaire et quelques secteurs de pointe (armement, industries aéronautiques et spatiales). Mais la

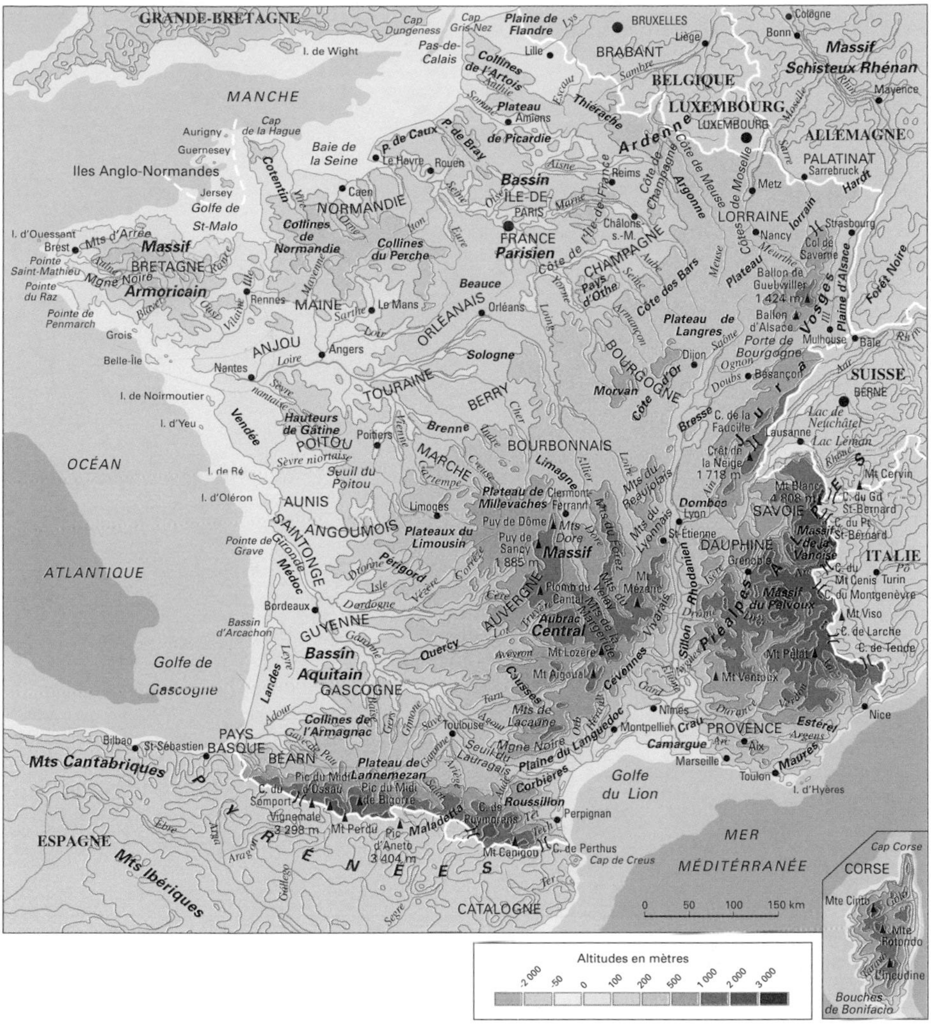

France (relief).

sidérurgie, le textile et les industries mécaniques (automobiles, chantiers navals) connaissent une grave crise depuis les années 80. Le secteur tertiaire est devenu le premier domaine d'activité économique (services, commerce, tourisme). L'État assure certains services (éducation, santé, postes et télécommunications) et possède de nombreuses entreprises (Électricité de France, chemins de fer, quelques groupes industriels, une partie des banques...) dont certaines ont cependant été privatisées afin de réduire le déficit des finances publiques ; ses décisions influent sur l'économie privée : ainsi l'entrée dans le Marché commun a entraîné des mesures de soutien à l'agriculture qui rencontre des difficultés (aggravant le risque de désertification de certaines campagnes) et a accru le commerce avec les autres pays d'Europe. Globalement, les importations (pétrole, biens de consommation) l'emportent sur les exportations (biens d'équipement et de consommation, agroalimentaire). En outre, on a tenté de corriger les disparités régionales et le rôle excessivement important de Paris par rapport à la province en favorisant la décentralisation et en créant 22 régions administratives en France métropolitaine : *Alsace, Aquitaine, Auvergne, Bourgogne, Bretagne, Centre, Champagne-Ardenne, Corse, Franche-Comté, Île-de-France, Languedoc-Roussillon, Limousin, Lorraine, Midi-Pyrénées, Nord-Pas-de-Calais, Basse-Normandie, Haute-Normandie, Pays de la Loire, Picardie, Poitou-Charentes, Provence-Alpes-Côte d'Azur, Rhône-Alpes* (se reporter à l'article concernant chaque région pour connaître les départements qui la composent). □ **HISTOIRE** Située à la pointe de l'Eurasie, la Gaule* est devenue une partie de l'Empire romain. À l'époque des grandes invasions germaniques, elle s'est transformée en un royaume barbare, le royaume des Francs*, avec la dynastie des Mérovingiens*. Divisé dès la mort de Clovis* (511) en Neustrie, Austrasie, Bourgogne et Aquitaine, réunifié un temps par Dagobert, le royaume fut intégré à l'empire de Charlemagne (v. 800). Le lien entre la papauté et les dynasties régnantes s'affirma alors et fit de la France « la fille aînée de l'Église ». Le traité de Verdun (843) fixa la frontière de la *Francia Occidentalis*, que reçut en partage l'un des petits-fils de Charlemagne, Charles le Chauve. Mais le pouvoir effectif passait aux mains des grands féodaux. Ce fut l'œuvre des Capétiens, succédant aux Carolingiens en 987 (sacre de Hugues Capet), d'annexer progressivement à leur propre territoire les comtés ou duchés qui fragmentaient le royaume (→ **féodalité**). Pour y parvenir, ils surent, à partir de Louis VI (v. 1130), encourager la renaissance des villes qui

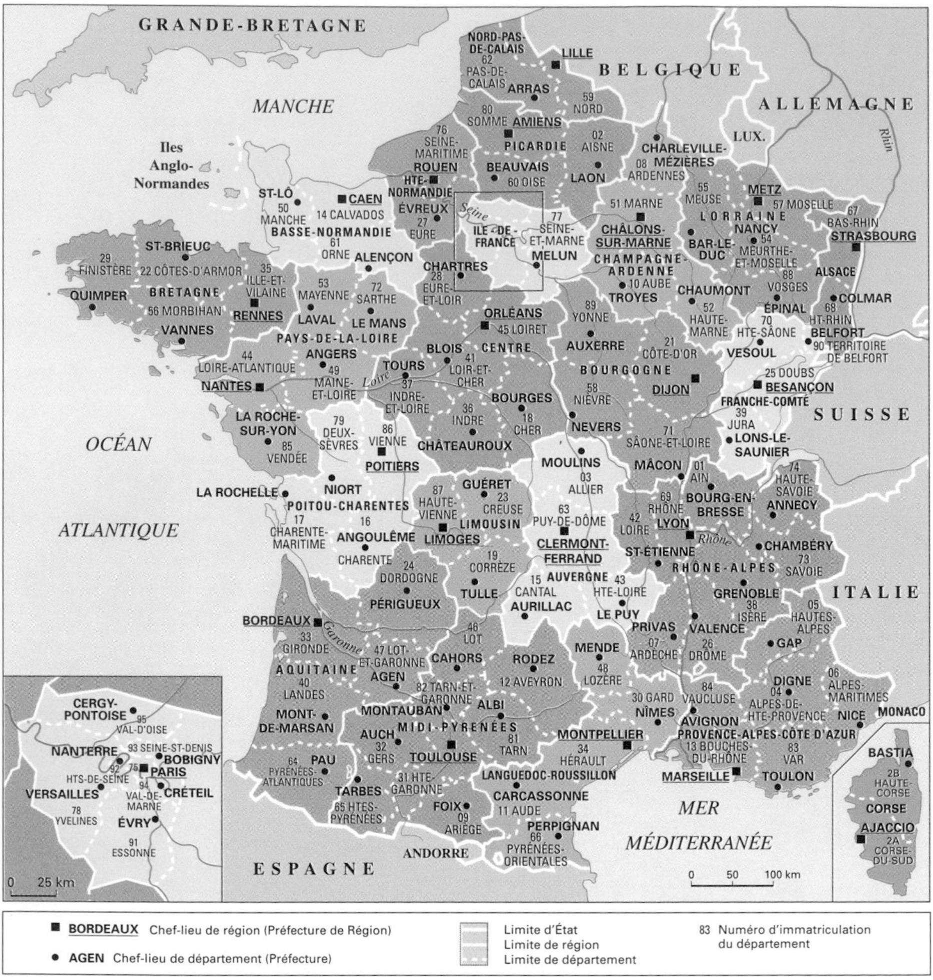

France (divisions administratives).

cherchaient à s'affranchir des seigneurs. La victoire de Philippe* Auguste à Bouvines (1214), le prestige de Louis IX (Saint Louis) au temps des croisades (v. 1250), enfin les réformes de Philippe* le Bel (v. 1300) imposèrent le rayonnement de la France au XIIIe s., dont témoigne son influence culturelle (université de Paris) et artistique (cathédrales gothiques). Mais, le roi d'Angleterre prétendant à la succession de Philippe le Bel, la guerre de Cent* Ans plongea le pays dans une profonde instabilité, qui ne cessa qu'avec les succès définitifs de Charles VII (→ **Jeanne d'Arc**) et Louis XI. Ce dernier acheva la politique d'annexion, notamment en neutralisant le duc de Bourgogne Charles le Téméraire; il laissa aux rois de la Renaissance un domaine et des institutions consolidés. François Ier dut lutter contre la puissance des Habsbourg (Charles Quint) et les troubles nés de la Réforme. Après son règne éclatèrent les guerres de Religion*, guerres civiles où chaque parti trouvait des soutiens à l'étranger; Henri IV, prince protestant rallié au catholicisme, y mit fin en 1598 par le compromis de l'édit de Nantes. Il redressa l'économie nationale et renforça le pouvoir royal. Cette tendance à l'absolutisme fut accentuée par Louis XIII, les ministres Richelieu* et Mazarin* (qui soumit la Fronde*), et surtout Louis* XIV. Vers 1680, la France dominait l'Europe. Mais les ressources économiques étaient sacrifiées à la Cour, installée à Versailles, à la gloire, aux grands desseins diplomatiques et militaires. De même, l'art du Grand Siècle (→ **classicisme**) était au service de la monarchie absolue. Au XVIIIe s. ceux qu'on appela les « philosophes » (→ **Lumières**) entreprirent une critique des modes de pensée et des institutions; l'Angleterre faisait figure de nouvelle grande puissance, alors que la France échouait dans ses entreprises coloniales, que la situation financière de l'État et les tensions sociales s'aggravaient. Les ministres de Louis XV puis de Louis XVI ne purent imposer leurs réformes : la noblesse conserva ses privilèges; la convocation des états* généraux (1789) ne suffit pas à débloquer la situation. La Révolution* emporta la royauté (exécution de Louis XVI en 1793) et mit fin à l'Ancien* Régime au profit de la bourgeoisie. Les révolutionnaires entreprirent une œuvre de réformes administratives, sociales et religieuses tandis qu'affrontant l'Europe entière, ils diffusèrent leurs principes politiques. Mais leurs divisions, les conflits entre partisans et adversaires de la monarchie, entre modérés (Girondins, Danton) et radicaux (Jacobins, Montagnards), qui, sous l'impulsion de Robespierre, instaurèrent la Terreur* (1793-1794), et la faiblesse du Directoire* (1795) qui succéda à la Convention*, suscitèrent l'apparition d'un pouvoir fort : le Consulat* (1799) puis l'Empire* (1804). Napoléon* Ier engagea la France dans une épopée conquérante, d'abord couronnée de succès, puis réduite à néant (1814-1815) par la résistance de l'Angleterre, alliée à la

Russie et l'Autriche. L'Empire fit place à la Restauration* (Louis XVIII, Charles X), puis après la révolution* de 1830 à la monarchie* de Juillet (Louis-Philippe), mais la royauté ne survécut pas, cependant, à la révolution* de 1848, suivie du rétablissement de l'Empire par Napoléon III (1852). Le second Empire fut une période de prodigieux essor économique (expansion du capitalisme libéral, industries, transports, urbanisation). Après la défaite contre la Prusse (1870) et la révolution avortée de la Commune*, le régime républicain (IIIe République*) s'imposa progressivement en s'appuyant sur l'instruction gratuite, laïque et obligatoire et sur l'expansion coloniale. Toutefois l'économie française évoluait lentement, à la différence de celle de l'Allemagne. La Première Guerre* mondiale (1914-1918), dont la France sortit vainqueur, lui rendit l'Alsace et la Lorraine, mais la ruina humainement (1,4 million de morts) et économiquement. En France, l'entre-deux-guerres fut marqué par les mesures sociales des gouvernements du Front* populaire (1936). Face aux menées expansionnistes de Hitler, la France, après l'échec d'une politique de conciliation (→ **Munich**), entra en guerre contre l'Allemagne (1939). La défaite de 1940 entraîna l'occupation de la France et la chute de la IIIe République. Le parlement français donna les pleins pouvoirs au maréchal Pétain, qui choisit la collaboration avec le vainqueur (gouvernement de Vichy). Mais grâce aux Alliés (États-Unis, Grande-Bretagne, URSS), à l'action du général de Gaulle* à la tête de la France libre et à l'organisation de la Résistance dans les régions occupées, la France fut libérée en 1944. Après la Libération et le gouvernement d'union (GPRF) de Charles de Gaulle, la IVe République* fut proclamée. Elle poursuivit une œuvre de reconstruction économique et financière et d'intégration européenne (création de la CEE en 1957), malgré l'instabilité ministérielle et les graves problèmes de la décolonisation (→ **Viêtnam**). La guerre d'Algérie* provoqua le retour au pouvoir de Charles de Gaulle (1958) et la proclamation de la Ve République*, dont il fut élu président. Il inspira directement la politique de ses gouvernements. En mai 1968, de forts mouvements contestataires le mirent en difficulté. Son ancien Premier ministre, Georges Pompidou, lui succéda en 1969. L'élection du centriste libéral Valéry Giscard d'Estaing en 1974 plaça le parti gaulliste à la droite de l'échiquier politique mais les institutions gaullistes ne furent plus guère contestées : le socialiste François Mitterrand, devenu président de la République en 1981, usa des pouvoirs que lui conférait la Constitution pour mener ses réformes (nationalisations, décentralisation) avec le soutien des communistes jusqu'en 1984. Devant les effets persistants (en particulier le chômage) de la crise qu'a connue le monde depuis 1973, il entreprit ensuite une « politique de rigueur ». Les élections législatives de 1986 imposèrent la « cohabitation » avec un gouvernement de droite dirigé par Jacques Chirac. Réélu en 1988, F. Mitterrand nomma Michel Rocard Premier ministre, puis Édith Cresson (1991) et Pierre Bérégovoy (1992) à qui succéda Édouard Balladur en 1993 à la suite de la victoire de la droite aux élections législatives. Sur le plan extérieur, François Mitterrand ne remit jamais en cause les choix effectués par ses prédécesseurs : affirmation à la fois de l'indépendance de la France et de son maintien au sein de l'alliance atlantique ; participation aux côtés des Alliés à la guerre du Golfe (1991) ; accélération de la construction européenne. Jacques Chirac fut élu président de la République en 1995 et nomma Alain Juppé Premier ministre.

Anatole FRANCE (1844-1924) ▪ Écrivain français. Humaniste ironique et sceptique. Il soutint Dreyfus aux côtés de Zola. *"L'Histoire contemporaine"* (1897 à 1901) rattacha son anticléricalisme à sa critique de l'ordre social. *"Le Crime de Sylvestre Bonnard"* (1881) ; *"Les Dieux ont soif"* (1912). Prix Nobel 1921.

l'île de FRANCE ▪ Ancien nom de l'île Maurice. (≠ Île-de-France).

Piero della FRANCESCA → Piero della Francesca

FRANCFORT-SUR-LE-MAIN en allemand ***FRANKFURT AM MAIN*** ▪ Ville d'Allemagne (Hesse). 641 300 hab. Durant la Deuxième Guerre mondiale, la ville fut détruite à 60 %. Place commerciale et financière depuis le Moyen Âge, pôle industriel et culturel (presse, université, édition ; Foire internationale du livre). Aéroport. ► **le traité de FRANCFORT** (10 mai 1871) mit fin à la guerre franco-allemande de 1870. ► **l'école de FRANCFORT,** courant philosophique ayant pour but d'unir philosophie et sciences sociales, illustré par Max Horkheimer (1895-1973), Adorno, Marcuse, puis Habermas.

FRANCFORT-SUR-L'ODER en allemand ***FRANKFURT AN DER ODER*** ▪ Ville d'Allemagne (Brandebourg), à la frontière polonaise. 86 200 hab.

France. Souverains et chefs d'État

Les Capétiens	
1° Les Capétiens directs	
Hugues Capet	987-996
Robert II le Pieux	996-1031
Henri Ier	1031-1060
Philippe Ier	1060-1108
Louis VI le Gros	1108-1137
Louis VII le Jeune	1137-1180
Philippe II Auguste	1180-1223
Louis VIII le Lion	1223-1226
Louis IX (saint Louis)	1226-1270
Philippe III le Hardi	1270-1285
Philippe IV le Bel	1285-1314
Louis X le Hutin	1314-1316
Jean Ier le Posthume	1316
Philippe V le Long	1316-1322
Charles IV le Bel	1322-1328
2° Les Valois	
Philippe VI	1328-1350
Jean II le Bon	1350-1364
Charles V le Sage	1364-1380
Charles VI	1380-1422
Charles VII	1422-1461
Louis XI	1461-1483
Charles VIII	1483-1498
Louis XII	1498-1515
François Ier	1515-1547
Henri II	1547-1559
François II	1559-1560
Charles IX	1560-1574
Henri III	1574-1589
3° Les Bourbons	
Henri IV	1589-1610
Louis XIII	1610-1643
Louis XIV	1643-1715
Louis XV	1715-1774
Louis XVI	1774-1792
Ire République	
Assemblée législative	1791-1792
Convention	1793-1795
Directoire	1795-1799
Consulat	
Napoléon Bonaparte	1799-1804
Ier Empire	
Napoléon Ier	1804-1814
Les Bourbons	
Louis XVIII	1814
Ier Empire (les Cent-Jours)	
Napoléon Ier	1815
Les Bourbons	
Louis XVIII	1815-1824
Charles X	1824-1830
Les Bourbons-Orléans	
Louis-Philippe Ier	1830-1848
IIe République	
Louis-Napoléon Bonaparte	1848-1852
Second Empire	
Napoléon III	1852-1870
IIIe République	
Thiers	1871-1873
Mac-Mahon	1873-1879
Grévy	1879-1887
Carnot	1887-1894
Casimir-Perier	1894-1895
Faure	1895-1899
Loubet	1899-1906
Fallières	1906-1913
Poincaré	1913-1920
Deschanel	1920
Millerand	1920-1924
Doumergue	1924-1931
Doumer	1931-1932
Lebrun	1932-1940
État français	
Pétain	1940-1944
Gouvernement provisoire	
De Gaulle	1944-1946
Gouin	1946
Blum	1946-1947
IVe République	
Auriol	1947-1954
Coty	1954-1958
Ve République	
De Gaulle	1959-1969
Pompidou	1969-1974
Giscard d'Estaing	1974-1981
Mitterrand	1981-1995

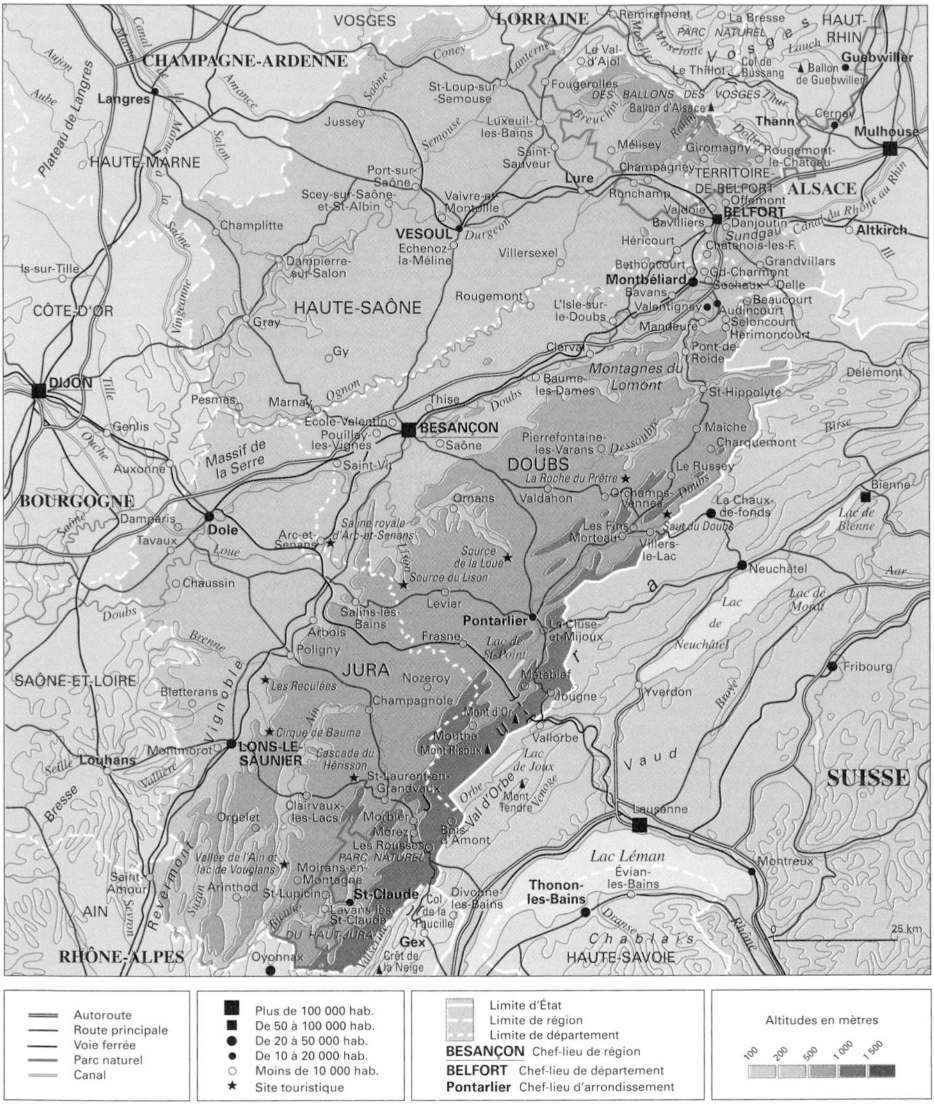

Franche-Comté.

la **FRANCHE-COMTÉ** ▪ Région administrative de l'est de la France, comprenant les départements du Doubs, du Jura, de la Haute-Saône et du Territoire-de-Belfort. 16 202 km². 1 097 276 hab. *(les Francs-Comtois)*. Chef-lieu : Besançon. Pays de forêts et de prairies, favorisant traditionnellement l'élevage laitier (fromages) et l'industrie (grâce au bois). L'horlogerie (Besançon), l'automobile et les cycles (Belfort, Montbéliard), l'informatique et l'agroalimentaire en font une grande région industrielle. Cette ancienne province fut longtemps disputée entre la France et l'Empire germanique et définitivement acquise à la France par la paix de Nimègue (1678).

FRANCHEMENT adv. ▪ **1.** Sans hésitation, d'une manière décidée. ⇒ **carrément, résolument.** *Allez-y franchement.* **2.** Sans équivoque, nettement. ▸ (devant un adj.) Indiscutablement, vraiment. *C'est franchement mauvais.* **3.** Sans détour, sans dissimulation (dans les rapports humains). ⇒ **loyalement, sincèrement.** *Je vous le dis franchement.*

Louis Félix Marie François **FRANCHET D'ESPEREY** (1856 - 1942) ▪ Maréchal de France. Commandant en chef des armées alliées d'Orient (1918), il lança une offensive victorieuse contre les Bulgares qu'il contraignit à signer l'armistice (sept. 1918).

FRANCHEVILLE ▪ Commune du Rhône. 10 863 hab.

FRANCHIR v. tr. [2] ▪ **1.** Passer par-dessus (un obstacle), en sautant, en grimpant. *Franchir un ruisseau, un mur.* ▸ Surmonter, vaincre (une difficulté). **2.** Aller au-delà de (une limite). ⇒ **passer.** *Franchir une frontière.* **3.** Traverser (un passage) ; aller d'un bout à l'autre de. ⇒ **parcourir.** *Franchir un pont.* ▸ (temps) *Sa réputation a franchi les siècles.*

FRANCHISE n. f. ▪ **I. 1.** Droit qui limitait l'autorité souveraine au profit d'une ville, d'un corps ou d'un individu. **2.** Exemption (d'une taxe). *Franchise postale. Envoi en franchise.* ⇒ **franco** (1). **3.** *Commerce en franchise,* boutique, magasin dont l'exploitant est propriétaire du fonds, mais reste lié par contrat à une marque et à ses produits (*franchisé, ée* adj.). **II.** Qualité d'une personne franche. ⇒ **droiture, loyauté, sincérité.**

Sam **Francis.** *Sans titre,* 1977. MNAMGP, Paris. *Phot. © MNAMGP*

FRANCHISSABLE adj. ▪ Qui peut être franchi (s'oppose à *infranchissable*).

FRANCHISSEMENT n. m. ▪ Action de franchir. ⇒ **passage.** *Le franchissement d'un col, d'un obstacle.*

FRANCHOUILLARD, ARDE adj. ▪ péj. Caractéristique du Français moyen et de ses défauts.

FRANCIEN n. m. ▪ LING. Parler issu des dialectes centraux de langue d'oïl, au Moyen Âge, devenu le noyau de la langue nationale (le français).

FRANCIQUE n. m. ▪ LING. **1.** Langue germanique des anciens Francs (qui apporta de nombreux mots au latin populaire des Gaules). **2.** Dialecte allemand.

Sam FRANCIS (1923 - 1994) ▪ Peintre américain. Représentant de « l'abstraction lyrique ».

FRANCISATION n. f. ▪ Fait de franciser.

FRANCISCAIN, AINE n. ▪ Religieux, religieuse de l'ordre des Frères mineurs, fondé en 1210 par saint François d'Assise. - adj. *L'art franciscain.* ▪ Voué à la pauvreté mendiante et à la prédication itinérante, l'ordre des Franciscains connut de graves dissensions à la fin du XVe siècle (→ **capucin**).

FRANCISER v. tr. 1 ▪ Donner une forme française à (un mot étranger). - au p. p. « *Fioul* » *et* « *gazole* » *sont des anglicismes francisés.*

FRANCISQUE n. f. ▪ **1.** Hache de guerre des Francs à double fer. **2.** Emblème du pétainisme (comparable aux *faisceaux* du fascisme italien).

César FRANCK (1822 - 1890) ▪ Compositeur et organiste français d'origine belge. Son chromatisme marque un refus délibéré des conventions harmoniques. Sa musique de chambre et son enseignement ont influencé les musiciens français de la fin du XIXe s. *"Les Béatitudes"* (oratorio, 1869-1879); *"Symphonie en ré"* (1888).

François Ier. Portrait par Titien. Musée du Louvre, Paris. *Phot. © Carlo Bevilacqua/Ricciarini*

FRANC-MAÇON, ONNE [fʀɑ̃-] n. m. ▪ Adepte, membre de la franc-maçonnerie. *Des francs-maçons.* - adj. *Les influences franc-maçonnes.*

FRANC-MAÇONNERIE [fʀɑ̃-] n. f. ▪ **1.** Association internationale, de caractère mutualiste et philanthropique, de nature initiatique et ésotérique. **2.** péj. Alliance secrète entre personnes de même profession, de mêmes idées. ⇒ **coterie.** ▪ Héritière des corporations de maçons du Moyen Âge, la franc-maçonnerie est apparue en Angleterre au XVIIIe s., puis se répandit dans le monde entier, notamment en France sous l'impulsion du duc d'Orléans. Les positions libérales et républicaines et la philosophie positiviste du Grand Orient de France, qui supprima en 1877 toute référence au « Grand Architecte de l'Univers », entraîna une rupture avec la maçonnerie anglaise, tandis qu'une partie des maçons français resta fidèle à la tendance spiritualiste (Grande Loge de France). Condamnée par l'Église dès 1738, la franc-maçonnerie regroupe sept millions de frères, recrutés par cooptation selon un rituel initiatique, dans des loges de diverses obédiences.

franc-maçonnerie. Tablier de franc-maçon en cuir peint, XVIIIe s. Musée Dobrée, Nantes. *Phot. © Dagli Orti*

FRANC-MAÇONNIQUE adj. ⇒ MAÇONNIQUE

FRANCO adv. ▪ **1.** Sans avoir à payer le transport (opposé à *en port dû*). *Franco de port.* **2.** FAM. Franchement, carrément. *Allez-y franco.*

FRANCO- Élément tiré du radical de *français,* qui signifie « français et... ». *Les relations franco-allemandes.*

la guerre FRANCO-ALLEMANDE DE 1870 ▪ Conflit entre Napoléon III et Guillaume Ier (1870-1871). La défaite de Sedan provoqua la chute de l'Empire français, la proclamation de la République et le soulèvement de la Commune. La guerre s'acheva par le traité de Francfort*. L'unité allemande, œuvre de Bismarck, fut confirmée au bénéfice de la Prusse, dont le roi fut proclamé empereur d'Allemagne. L'annexion de l'Alsace-Lorraine par l'Allemagne suscita une opposition durable entre les deux pays.

Francisco FRANCO BAHAMONDE (1892 - 1975) ▪ Homme politique espagnol. Après avoir conduit le soulèvement nationaliste contre les républicains, et remporté la victoire (1939), il instaura un régime autoritaire, catholique et corporatiste, prit le titre de *caudillo* (« guide ») et restaura la monarchie (1947), tout en exerçant jusqu'à sa mort le pouvoir comme régent.

FRANÇOIS ▪ NOM DE PLUSIEURS SOUVERAINS EUROPÉENS **1.** empereurs germaniques ► **FRANÇOIS Ier** (1708 - 1765) Duc de Lorraine, il obtint la couronne, en 1745, à l'issue de la guerre de Succession* d'Autriche mais laissa gouverner sa femme, l'impératrice Marie-Thérèse. ► **FRANÇOIS II** (1768 - 1835) Dernier souverain du Saint Empire romain germanique (anéanti par Napoléon en 1806) et premier empereur d'Autriche, en 1804, sous le nom de François Ier.**2.** empereur d'AUTRICHE ► **FRANÇOIS Ier.** → 1. empereurs germaniques, **François II. 3.** rois de FRANCE ► **FRANÇOIS Ier** (1494 - 1547) Dès son avènement, il poursuivit les guerres d'Italie, remportant la victoire de Marignan (1515), qui lui ouvrit le Milanais. Il voulut s'opposer à la puissance de Charles Quint, cherchant en vain une alliance avec l'Angleterre (entrevue du Camp du Drap d'or avec Henri VIII en 1520), et fut fait prisonnier à Pavie (1525). À l'intérieur, son règne fut marqué par un renforcement de l'absolutisme royal, par la répression des protestants, qu'il avait d'abord tolérés, et par l'ordonnance de Villers-Cotterêts* (1539), qui imposa l'utilisation du français pour les actes juridiques. Il favorisa l'essor des lettres (Collège de France), des arts, et introduisit la Renaissance italienne en France. ► **FRANÇOIS II** (1544-1560), roi en 1559, fut dominé par les Guises.

FRANÇOIS ▪ Commune de Martinique. 17 065 hab. *(les Franciscains).*

saint FRANÇOIS D'ASSISE (v. 1182-1226) ▪ Religieux italien. Fils d'un riche marchand, il fonda l'ordre des Franciscains. Sa vie légendaire est racontée dans les *"Fioretti"* (recueil anonyme du XIVe s.).

saint FRANÇOIS DE SALES (1567-1622) ▪ Prélat savoyard, évêque de Genève. *"Introduction à la vie dévote"* (1608-1619), modèle de prose française préclassique.

FRANÇOIS-FERDINAND DE HABSBOURG (1863-1914) ▪ Archiduc d'Autriche. Neveu et héritier de François-Joseph. Son assassinat à Sarajevo par un nationaliste bosniaque déclencha la Première Guerre mondiale.

FRANÇOIS-JOSEPH Ier (1830-1916) ▪ Empereur d'Autriche de 1848 à sa mort. Confronté aux nationalismes d'Europe centrale, il prit le titre de roi de Hongrie (1867). La guerre contre la Serbie entraîna peu après sa mort la fin de la monarchie austro-hongroise (1918).

l'archipel FRANÇOIS-JOSEPH ▪ Archipel russe de l'Arctique. Env. 20 000 km².

saint FRANÇOIS XAVIER (1506-1552) ▪ Missionnaire espagnol. Un des membres fondateurs de la Compagnie de Jésus, qu'il implanta en Inde, en Chine et au Japon.

la FRANCONIE ▪ Ancien État d'Allemagne, nom aujourd'hui de trois régences de Bavière. Ancien royaume des Francs orientaux (c'est-à-dire ceux de l'est du Rhin).

FRANCONVILLE ▪ Commune du Val-d'Oise. 33 802 hab. *(les Franconvillois).*

FRANCOPHILE adj. ▪ Qui aime la France et les Français. - **n.** *Un francophile.* ► **n. f.** FRANCOPHILIE

FRANCOPHOBE adj. ▪ Hostile à la France et aux Français (opposé à *francophile*). ► **n. f.** FRANCOPHOBIE

FRANCOPHONE adj. ▪ **1.** Qui parle habituellement le français. *Les Africains francophones.* - **n.** *Les francophones du Canada.* **2.** De la francophonie. *Les littératures francophones.*

FRANCOPHONIE n. f. ▪ Communauté des peuples francophones.

FRANC-PARLER [fʀɑ̃-] **n. m. sing.** ▪ Liberté de dire ce qu'on pense. *Avoir son franc-parler.*

les FRANCS ▪ Peuplades germaniques qui, au début du Ve siècle, s'établirent sur les rives du Rhin *(Francs rhénans)* et dans la région maritime de la Belgique et de la Hollande *(Francs Saliens).* Leur expansion se poursuivit avec l'invasion de la Gaule dès 430 (→ Clovis).

FRANC-TIREUR [fʀɑ̃-] **n. m.** ▪ **1.** Combattant qui n'appartient pas à une armée régulière. ⇒ **guérillero, partisan ; franc** (corps francs). - Tireur isolé. **2.** fig. Personne qui mène une action indépendante, n'observe pas la discipline d'un groupe. ⇒ **indépendant.** *Agir en franc-tireur.*

FRANCS-TIREURS ET PARTISANS [FTP] ▪ Organisation militaire de résistance, créée en 1942. Constitués en grande partie de communistes, dont beaucoup avaient combattu dans les Brigades internationales en Espagne, les FTP furent intégrés aux Forces françaises de l'intérieur.

FRANGE n. f. ▪ **1.** Bande de tissu d'où pendent des fils, servant à orner en bordure des vêtements, des meubles, etc. ⇒ **passementerie.** *La frange d'un tapis.* **2.** Cheveux coupés couvrant le front sur toute sa largeur. **3.** Contour. *Une frange de lumière.* **4.** Limite imprécise entre deux états, deux notions. ⇒ **marge.** *Agir à la frange de la légalité.* **5.** Minorité marginale. *Une frange de la population.*

FRANGER v. tr. [3] ▪ Garnir, orner de franges. - au p. p. (fig.) *Des vagues frangées d'écume.*

FRANGIN, INE n. ▪ FAM. Frère, sœur.

FRANGIPANE n. f. ▪ Crème pâtissière à base d'amandes.

FRANGLAIS n. m. ▪ Usage du français où l'anglicisme est excessif.

Georges FRANJU (1912-1987) ▪ Cinéaste français. Un des fondateurs de la Cinémathèque française. Documentaires et films de fiction (*"Thérèse Desqueyroux"*, d'après Mauriac*, 1962; *"Judex"*, 1964).

Robert FRANK (né en 1924) ▪ Photographe et cinéaste américain d'origine suisse. Il a privilégié l'inachevé et l'arbitraire contre le rigorisme formel du reportage classique. *"Les Américains"* (1958).

Annelies Marie Frank dite Anne FRANK (1929-1945) ▪ Jeune Allemande de famille juive, auteur d'un *"Journal"* qui est un témoignage poignant du martyre enduré par les Juifs sous le nazisme. Elle mourut à 16 ans au camp de Bergen-Belsen.

FRANKENSTEIN ▪ Personnage d'un roman noir de Mary Shelley*.

FRANKFORT ▪ Ville des États-Unis, capitale du Kentucky. 26 000 hab.

Benjamin FRANKLIN (1706-1790) ▪ Publiciste, savant et homme politique américain. Il obtint l'aide de la France contre l'Angleterre dans la guerre d'Indépendance des colonies anglaises d'Amérique et participa aux actes fondateurs des États-Unis. Il inventa le paratonnerre et contribua à l'étude de l'électricité.

sir John FRANKLIN (1786-1847) ▪ Marin et explorateur britannique. Il explora la côte septentrionale de l'Amérique du Nord, fut gouverneur de Tasmanie et mourut au cours d'une expédition dans l'Arctique.

À LA BONNE **FRANQUETTE loc.** ▪ Sans façon, sans cérémonie. ⇒ **simplement.** *Restez donc, on dînera à la bonne franquette.*

FRANQUISME n. m. ▪ HIST. Doctrine politique, économique du régime conservateur et autoritaire du général Franco (en Espagne). ► **adj.** et **n.** FRANQUISTE

FRAPPANT, ANTE adj. ▪ Qui frappe, fait une vive impression. ⇒ **impressionnant, saisissant.** *Une ressemblance frappante.* ⇒ **étonnant.** *Le contraste est frappant.*

① **FRAPPE n. f.** ▪ FAM. Voyou. *Une petite frappe.* ◇ var. FRAPE.

② **FRAPPE n. f.** ▪ **1.** Action, manière de taper à la machine. ⇒ **dactylographie.** *Le manuscrit est à la frappe. Faute de frappe.* **2.** *FORCE DE FRAPPE.* ⇒ **force** (II, 1).

FRAPPER v. [1] ▪ **I. v. tr. dir. 1.** Toucher plus ou moins rudement en portant un ou plusieurs coups. ⇒ **battre.** *Frapper qqn au menton.* - *Frapper le sol du pied.* **2.** Marquer (qqch.) d'une empreinte par un choc, une pression. *Frapper la monnaie,* la marquer d'une empreinte (avec le coin, le poinçon, etc.). **3.** *Frapper du vin,* le refroidir avec de la glace. - au p. p. *Champagne frappé.* **4.** Atteindre d'un coup porté avec une arme. **5.** Donner, porter (un coup). *Frapper les trois coups* (indiquant que le rideau va se lever, au théâtre). **6.** Atteindre d'un mal. *Le grand malheur qui la frappait.* **7.** Affecter d'une impression vive et soudaine. ⇒ **étonner, saisir, surprendre.** *Il a frappé tout le monde par son énergie.* - *Être frappé de stupeur.* **II. v. tr. ind.** Donner un coup, des coups. *Frapper sur la table, contre un mur.* - *Entrez sans frapper.* **III.** *SE FRAPPER* **v. pron.** S'inquiéter, se faire du souci. *Ne vous frappez pas !*

FRAPPEUR, EUSE adj. et **n.** ▪ RARE (Personne) qui frappe. - loc. *Esprit frappeur,* esprit qui, dans les séances de spiritisme, est censé se manifester en frappant des coups.

FRASCATI ▪ Ville d'Italie dans le Latium. 19 954 hab. Lieu de villégiature, l'un des Castelli Romani du Moyen Âge.

le FRASER ▪ Fleuve de l'ouest du Canada, qui se jette dans le Pacifique, près de Vancouver. 1 200 km.

Naim FRASHËRI (1846-1900) ▪ Écrivain et patriote albanais. Il participa à l'exaltation du sentiment national et écrivit de nombreux poèmes lyriques.

FRASQUE n. f. ▪ Écart de conduite. ⇒ **fredaine.**

les FRATELLINI ▪ Clowns français d'origine italienne. La troupe réunissait les frères Paul (1877-1940), François (1879-1951) et Albert (1885-1961).

FRATERNEL, ELLE adj. ▪ **1.** Qui concerne les relations entre frères ou entre frères et sœurs. *L'amour fraternel.* **2.** Propre

Frédéric Ier Barberousse. Château Sforza, Milan. *Phot. © Carlo Bevilacqua/Ricciarini*

à des êtres qui se traitent en frères. ⇒ **affectueux, amical, cordial.** *Un sourire, un geste fraternel.* - (personnes) Qui se conduit comme un frère (envers qqn). *Il s'est montré très fraternel avec moi.*

FRATERNELLEMENT adv. ▪ D'une manière fraternelle. *Partager fraternellement.*

FRATERNISER v. intr. [1] ▪ Faire acte de fraternité, de sympathie ou de solidarité. *Fraterniser avec qqn* (homme ou femme). ► n. f. FRATERNISATION

FRATERNITÉ n. f. ▪ 1. Lien existant entre personnes considérées comme membres de la famille humaine ; sentiment profond de ce lien. ⇒ **solidarité.** *Un élan de fraternité. Liberté, égalité, fraternité,* devise de la République française. **2.** Lien particulier établissant des rapports fraternels. ⇒ **camaraderie.** *Fraternité d'armes.*

FRATRICIDE n. et adj. ▪ 1. n. m. Meurtre d'un frère, d'une sœur. **2.** n. Personne qui tue son frère ou sa sœur. **3.** adj. Qui conduit les humains à s'entre-tuer. *Des guerres, des haines fratricides.*

FRATRIE n. f. ▪ ANTHROPOL. Ensemble des frères et sœurs de la même famille.

FRAUDE n. f. ▪ Tromperie ou falsification punie par la loi. ⇒ **délit.** *La répression des fraudes. Fraude électorale.* - *EN FRAUDE* loc. adv. ⇒ **clandestinement, illégalement.**

FRAUDER v. [1] ▪ 1. v. tr. Commettre une fraude au détriment de. ⇒ **voler.** *Frauder le fisc.* **2.** v. intr. Être coupable de fraude. *Frauder à un examen.* ⇒ **tricher.**

FRAUDEUR, EUSE n. ▪ Personne qui fraude. ⇒ **falsificateur.**

FRAUDULEUX, EUSE adj. ▪ 1. Entaché de fraude. *Faillite frauduleuse.* **2.** Faux, falsifié. ► adv. FRAUDULEUSEMENT

FRAUENFELD ▪ Ville de Suisse, chef-lieu du canton de Thurgovie. 19 698 hab.

Joseph von **FRAUNHOFER** (1787 - 1826) ▪ Physicien et astronome allemand. Fondateur de la spectroscopie.

FRAYER v. [8] ▪ I. v. tr. 1. VX *Frayer une monnaie,* la rogner. **2.** Tracer ou ouvrir (un chemin) au milieu d'obstacles. *Ecarter les branches pour frayer un passage à qqn. Se frayer un chemin à travers la foule.* **II.** v. intr. 1. Se dit de la femelle du poisson qui dépose ses œufs, et du mâle qui les féconde. ⇒ **frai. 2.** (personnes) Avoir des relations familières et suivies, fréquenter. *Il frayait peu avec ses collègues.*

FRAYEUR n. f. ▪ Peur très vive, généralement passagère et peu justifiée. *Vous êtes remis de vos frayeurs ? Trembler de frayeur.*

sir James George **FRAZER** (1854 - 1941) ▪ Ethnologue britannique. Il tenta de distinguer religions constituées et « magie » primitive. *"Le Rameau d'or"* (1890, 1900, 1915).

Louis **FRÉCHETTE** (1839 - 1908) ▪ Poète, conteur, dramaturge et journaliste canadien d'expression française. *"Les Fleurs boréales"* (1879); *"La Légende d'un peuple"* (1887).

FREDAINE n. f. ▪ Écart de conduite sans gravité. ⇒ **frasque.**

FRÉDÉGONDE (v. 545 - 597) ▪ Reine de Neustrie, épouse de Chilpéric Ier. Elle arriva au trône, et le conserva, grâce à divers crimes qu'elle suscita (→ **Brunehaut**).

FRÉDÉRIC ▪ NOM DE PLUSIEURS SOUVERAINS EUROPÉENS **1.** empereurs germaniques ► **FRÉDÉRIC Ier BARBEROUSSE** (v. 1122 - 1190), empereur en 1155, raffermit l'autorité impériale et fut l'un des chefs de la troisième croisade. ► **FRÉDÉRIC II** ou **FRÉDÉRIC Ier ROGER** (1194 - 1250), son petit-fils, fut le dernier Hohenstaufen (empereur en 1220) à dominer l'Allemagne et l'Italie ; il préféra son royaume de Sicile à l'empire, qui se désagrégea après sa mort ; sa brillante cour de Palerme, ouverte en particulier à l'islam, annonçait la Renaissance ; il fut excommunié et déposé par le pape en 1245. ► **FRÉDÉRIC III** (1415 - 1493) inaugura, en 1452, le long règne des Habsbourg sur l'empire.**2.** roi du DANEMARK ► **FRÉDÉRIC III** (1609 - 1670), roi de 1648 à sa mort, vaincu par la Suède. Il institua l'hérédité de la monarchie.**3.** roi de PRUSSE ► **FRÉDÉRIC II LE GRAND** (1712 - 1786), roi de 1740 à sa mort, fils de Frédéric-Guillaume Ier dont il poursuivit la politique centralisatrice. Son conflit avec l'Autriche révéla la puissance militaire de la Prusse alors à son apogée (→ guerre de **Sept Ans**). Modèle du despote éclairé, il accueillit Voltaire de 1750 à 1753.

FRÉDÉRIC-AUGUSTE III (1750 - 1827) ▪ Électeur de Saxe puis roi en 1806 sous le nom de Frédéric-Auguste Ier le Juste, grâce à son alliance avec Napoléon Ier.

FRÉDÉRIC-GUILLAUME ▪ NOM DE QUATRE ROIS DE PRUSSE ► **FRÉDÉRIC-GUILLAUME Ier** dit **le Roi-Sergent** (1688 - 1740) Roi en 1713, il laissa à son fils Frédéric II une armée et une administration modernes. ► **FRÉDÉRIC-GUILLAUME II** (1744 - 1797) succéda à son oncle Frédéric II, et lutta contre la Révolution française. ► **FRÉDÉRIC-GUILLAUME III** (1770 - 1840), son fils, d'abord vaincu par Napoléon Ier, rétablit la puissance prussienne au congrès de Vienne (1815), affermit ses ambitions face aux autres États allemands et passa à une politique réactionnaire, après les réformes libérales de ses débuts (création de l'université de Berlin en 1809). ► **FRÉDÉRIC-GUILLAUME IV** (1795 - 1861), atteint de démence précoce, céda le pouvoir à son frère, le futur Guillaume Ier en 1858.

FREDERICTON ▪ Ville du Canada, capitale du Nouveau-Brunswick. 46 466 hab.

FREDERIKSBORG ▪ Château royal du Danemark, sur l'île de Sjælland. Musée national.

Frederiksborg. Le château. *Phot. © Wysocki/Explorer*

FREDONNEMENT n. m. ▪ Chant à mi-voix.

FREDONNER v. tr. [1] ▪ Chanter (un air) à mi-voix, à bouche fermée. ⇒ **chantonner.**

FREETOWN ▪ Capitale de la Sierra Leone. 690 000 hab. Industries alimentaires. Base navale.

FREEZER [fʀizœʀ] n. m. ▪ anglic. Congélateur.

FRÉGATE n. f. ▪ I. 1. Ancien bateau de guerre à trois mâts, plus rapide que le vaisseau. **2.** Bâtiment de combat, entre la corvette et le croiseur. **II.** Oiseau de mer aux grandes ailes fines, au bec très long et crochu.

Gottlob FREGE (1848 - 1925) ▪ Mathématicien et philosophe allemand, créateur de la logique moderne, précurseur de la sémantique.

le cap FRÉHEL ▪ Cap de la côte bretonne (Côtes-d'Armor), au nord-est de Saint-Brieuc. Falaises dominant la mer d'une hauteur de 70 m. Réserve ornithologique.

FREIN n. m. ▪ **1.** Morceau de la bride* qui entre dans la bouche du cheval et permet de l'arrêter. ♦ loc. *Ronger son frein,* contenir difficilement son impatience (comme le cheval qui ronge son mors). **2.** Dispositif servant à ralentir, à arrêter le mouvement d'un ensemble mécanique. *Freins à disque, à tambour. Frein à main. La pédale de frein d'une automobile. Donner un coup de frein,* freiner. - *Frein moteur,* résistance opposée par le moteur ralenti au mouvement des roues. **3.** Ce qui ralentit, entrave un développement. *Mettre un frein à qqch. Une imagination sans frein.* ⇒ **effréné.**

FREINAGE n. m. ▪ Action de freiner.

FREINER v. [1] ▪ **I. 1.** v. tr. Ralentir dans son mouvement. *Le vent freinait les coureurs.* **2.** Ralentir (une évolution, un essor). ⇒ **contrarier, gêner.** *Freiner le progrès.* **II.** v. intr. Ralentir, arrêter la marche d'une machine au moyen de freins. *Mon vélo ne freine plus.*

Célestin FREINET (1896 - 1966) ▪ Éducateur français. L'école et la pédagogie expérimentales qu'il a créées ont connu un large écho : techniques de motivation, d'expression, d'insertion dans le groupe.

FRÉJUS ▪ Commune du Var. 41 486 hab. *(les Fréjusiens).* Importants monuments romains et gallo-romains. Tourisme à *Fréjus-Plage.*

le col de FRÉJUS ▪ Passage des Alpes reliant la France (vallée de la Maurienne) et l'Italie (Piémont). 2 542 m.

FRELATER v. tr. [1] ▪ Altérer la pureté de (⇒ **falsifier**). ► **FRELATÉ, ÉE** adj. **1.** Altéré dans sa pureté. ⇒ **dénaturé.** *Un vin frelaté.* **2.** fig. Qui n'est pas pur, pas naturel. *Des plaisirs frelatés.*

FRÊLE adj. ▪ **1.** Dont l'aspect ténu donne une impression de fragilité. *Des jambes frêles.* **2.** (personnes) *Une jeune fille un peu frêle,* délicate, fragile. **3.** LITTÉR. Fragile, périssable. **4.** Qui a peu de force (son). ⇒ **ténu.** *Une voix frêle.*

FRELON n. m. ▪ Grosse guêpe rousse et jaune, à corselet noir.

FRELUQUET n. m. ▪ Jeune homme frivole et prétentieux. ⇒ **godelureau.**

Emmanuel FREMIET (1824 - 1910) ▪ Sculpteur français. Il prolongea la tradition du romantisme historique en réalisant de nombreuses statues équestres (*"Jeanne d'Arc"*, à Paris).

Martin FRÉMINET (1567 - 1619) ▪ Peintre maniériste français. Il décora la voûte de la chapelle du château de Fontainebleau (1608).

FRÉMIR v. intr. [2] ▪ **1.** Être agité d'un faible mouvement d'oscillation ou de vibration qui produit un son léger, confus. ⇒ **bruire, frissonner, vibrer.** - (liquide) Être sur le point de bouillir. **2.** (personnes) Être agité d'un tremblement. *Frémir de,* sous l'action de. *Frémir d'espoir, d'horreur.*

FRÉMISSANT, ANTE adj. ▪ **1.** Qui frémit. ⇒ **tremblant. 2.** Toujours prêt à s'émouvoir. ⇒ **vibrant.** *Une sensibilité frémissante.*

FRÉMISSEMENT n. m. ▪ **1.** Faible mouvement d'oscillation ou de vibration qui rend un léger bruit. ⇒ **bruissement, murmure. 2.** Tremblement léger, causé par une émotion. ⇒ **frisson.** - Agitation qui se propage dans une foule. **3.** Changement positif à peine perceptible (en politique, économie).

André FRÉNAUD (1907 - 1993) ▪ Poète français. *"Les Rois mages"* (1943, 1977). Par le sarcasme et l'invective, il exprime la quête désespérée d'un absolu insaisissable.

FRÊNE n. m. ▪ Arbre à bois clair, dur et élastique. ♦ Bois de cet arbre.

FRÉNÉSIE n. f. ▪ **1.** État d'exaltation violente qui met hors de soi. **2.** Ardeur ou violence extrême. ⇒ **fureur.** *Elle se mit à travailler avec frénésie.*

FRÉNÉTIQUE adj. ▪ Qui marque de la frénésie, est poussé jusqu'à la frénésie. ⇒ **délirant, effréné, violent.** *Des applaudissements frénétiques.* ► adv. **FRÉNÉTIQUEMENT**

FRÉQUEMMENT [-amɑ̃] adv. ▪ D'une manière fréquente. ⇒ **souvent.** *Cela arrive fréquemment.*

Frénaud. *Phot. © Allard/Agence Vu*

FRÉQUENCE n. f. ▪ **1.** Caractère de ce qui se reproduit à intervalles plus ou moins rapprochés. *La fréquence de ses visites.* **2.** SC. Nombre de périodes ou de cycles complets de variations qui se succèdent en une seconde. *Courants alternatifs à basse, à haute fréquence. Modulation* de fréquence* (radio). - spécialt Nombre de vibrations sonores par unité de temps (dont dépend la sensation de hauteur).

FRÉQUENT, ENTE adj. ▪ **1.** Qui se produit souvent, se répète à intervalles rapprochés. ⇒ **nombreux, répété.** *De fréquents orages.* **2.** Dont on voit de nombreux exemples dans une circonstance donnée. ⇒ **commun, courant.** *C'est une situation fréquente dans les crises. C'est, il est fréquent de..., que...*

FRÉQUENTABLE adj. ▪ Que l'on peut fréquenter. *Un individu peu fréquentable.*

FRÉQUENTATIF, IVE adj. ▪ LING. Qui marque la fréquence, la répétition de l'action (verbes).

FRÉQUENTATION n. f. ▪ **1.** Action de fréquenter (un lieu, un être vivant). *La fréquentation des théâtres, des musées.* **2.** Personne qu'on fréquente. *Il a de mauvaises fréquentations.*

FRÉQUENTER v. tr. [1] ▪ **1.** Aller souvent, habituellement dans (un lieu). *Fréquenter les bals.* - au p. p. *Un établissement mal fréquenté* (→ mal famé). **2.** Avoir des relations habituelles (avec qqn) ; rencontrer, voir fréquemment. *Il fréquentait des voisins.* - pronom. *Ils ont cessé de se fréquenter.* **3.** Voir (qqn) fréquemment pour des raisons sentimentales ; courtiser.

FRÉQUENTIEL, ELLE adj. ▪ DIDACT. De la fréquence (2).

FRÈRE n. m. ▪ **1.** Celui qui est né des mêmes parents que la personne considérée, ou seulement du même père ou de la même mère. ⇒ **demi-frère** ; FAM. **frangin, frérot.** *La sœur* et le frère. Son frère aîné, cadet* (FAM. *son grand, son petit frère*). ⇒ **benjamin, puîné.** - *Frère de lait*.* **2.** (surtout plur.) Homme, considéré comme membre de la famille humaine ; fidèle d'une même religion. *Mes très chers, mes bien chers frères...* - Appellation des membres d'ordres religieux. *Les frères des écoles chrétiennes.* **3.** Homme qui a une communauté d'origine, d'intérêts, d'idées (avec d'autres). ⇒ **ami, camarade, compagnon.** *Des frères d'armes.* - appos. (avec un n. m.) *Des peuples frères.* - loc. *Un faux frère :* un homme qui trahit ses amis, ses associés.

Aubert FRÈRE (1881 - 1944) ▪ Général français. Il contribua à la création de l'Organisation de résistance de l'armée en 1942, fut arrêté par les Allemands et mourut en déportation.

frêne. *Fraxinus excelsior,* frêne commun.
Phot. © Berthoule/Jacana

Le Triomphe de la Mort, attribué à Buffalmaco, XIVe s., Camposanto, Pise.
À gauche, détail de la *sinopia,* dessin sous-jacent retrouvé en détachant la fresque de la paroi.
À droite, le détail correspondant de la fresque. *Phot. © Scala*

fresque.

les **FRÈRES MUSULMANS** ▪ Mouvement religieux sunnite fondé en Égypte en 1928. Actif surtout en Égypte (où il contribua à la chute du roi Farouk), mais s'étendant dans tout le monde arabe, il a eu recours à des actions terroristes et joue encore un rôle politique important. Devenu légaliste, il est aujourd'hui débordé par des mouvements islamistes prônant la lutte armée.

Élie **FRÉRON** (1718-1776) ▪ Critique français. Auteur de pamphlets contre Voltaire et les philosophes, il fonda la revue *L'Année littéraire.*

FRÉROT n. m. ▪ FAM. Petit frère.

Girolamo **FRESCOBALDI** (1583-1643) ▪ Compositeur et organiste italien. Ses œuvres baroques pour la voix, l'orgue et le clavecin influencèrent Buxtehude et surtout J.-S. Bach.

Pierre **FRESNAY** (1897-1975) ▪ Acteur français de théâtre et de cinéma : *"Marius"* de Pagnol (1931) ; *"La Grande Illusion"* de Renoir (1937).

Augustin **FRESNEL** (1788-1827) ▪ Physicien français. Sa théorie ondulatoire de la lumière ouvre la voie à l'optique moderne.

FRESNES ▪ Commune du Val-de-Marne. 26 959 hab. *(les Fresnois).* Établissement pénitentiaire.

FRESNES-SUR-ESCAUT ▪ Commune du Nord. 8 107 hab. *(les Fresnois).*

FRESNO ▪ Ville des États-Unis (Californie). 354 000 hab. Important marché agricole.

FRESQUE n. f. ▪ **1.** Procédé de peinture qui consiste à utiliser des couleurs à l'eau sur un enduit de mortier frais. *Peindre à fresque.* ◆ Œuvre peinte d'après ce procédé. *Les fresques de la chapelle Sixtine.* **2.** (abusif en art) Vaste peinture murale. **3.** Vaste composition littéraire, tableau d'ensemble d'une époque, d'une société.

FRESSURE n. f. ▪ Ensemble des gros viscères d'un animal (cœur, foie, rate, poumons).

FRET [fʀɛ(t)] n. m. ▪ **1.** Prix du transport des marchandises ; leur transport. **2.** Cargaison (d'un navire) ; chargement (d'un avion, d'un camion). *Débarquer, décharger son fret.*

FRÉTER v. tr. [6] ▪ **1.** Donner en location (un navire). ◆ Armer (un navire), mettre en état de prendre la mer. **2.** Prendre en location (un navire, un véhicule). ⇒ **affréter, noliser.**

FRÉTILLANT, ANTE adj. ▪ **1.** Qui frétille. *Des goujons frétillants.* **2.** Gai, sémillant.

FRÉTILLEMENT n. m. ▪ Mouvement de ce qui frétille.

FRÉTILLER v. intr. [1] ▪ **1.** Remuer, s'agiter par petits mouvements rapides. *Poissons qui frétillent.* **2.** (personnes) S'agiter, se trémousser.

FRETIN n. m. ▪ **1.** Petits poissons. *Rejeter le fretin à l'eau.* **2.** dans un groupe, une collection Ce qu'on considère comme négligeable ou insignifiant. ◆ loc. *Le menu fretin.*

FRETTE n. f. ▪ TECHN. Cercle métallique servant de renfort.

FRETTER v. tr. [1] ▪ TECHN. Garnir d'une frette.

Sigmund **FREUD** (1856-1939) ▪ Neurologue et psychiatre autrichien, fondateur de la psychanalyse. Délaissant les explications médicales de l'hystérie ou des névroses, il explora, grâce aux rêves et à la pratique de l'analyse, un psychisme inconscient centré sur la sexualité (libido ; pulsions de vie et de mort) et qui structure la personnalité. *"L'Interprétation des rêves"* (1899-1900) ; *"Totem et Tabou"* (1913) ; *"Au-delà du principe de plaisir"* (1920) ; *"Malaise dans la civilisation"* (1930). ► **Anna FREUD** (1895-1982), sa fille, naturalisée britannique, développa la psychanalyse infantile.

FREUDIEN, IENNE adj. ▪ Propre ou relatif à Freud. ◆ **adj.** et **n.** Partisan de Freud, de sa psychanalyse. ► **n. m.** FREUDISME

Gisèle **FREUND** (née en 1908) ▪ Photographe française d'origine allemande. Elle fut la première à utiliser la couleur dans ses photographies de presse et dans ses portraits.

FREUX n. m. ▪ Corneille à bec étroit.

Charles Louis de Saulces de **FREYCINET** (1828-1923) ▪ Ingénieur et homme politique français. Collaborateur de Gambetta, président du Conseil en 1879-1880, 1882, 1886 et 1890-1892, il réorganisa l'armée et les transports.

FREYJA ▪ Déesse germanique de la Fécondité, souvent confondue avec Frîja.

FREYMING-MERLEBACH ▪ Commune de la Moselle. 15 224 hab. *(les Freyming-Merlebachois).* Charbon.

FREYR ▪ Dieu germanique de la Prospérité.

FRIABLE adj. ▪ Qui peut facilement se réduire en menus fragments, en poudre. *Galette à pâte friable.*

FRIAND, ANDE adj. ▪ **I. 1.** VX ou RÉGIONAL Gourmand. **2.** fig. Qui recherche et aime (qqch.). ⇒ **avide.** *Être friand de compli-*

ments. **II. 1.** adj. VX Fin et délicat à manger. **2.** n. m. Petit pâté feuilleté garni d'un hachis de viande. ⇒ **feuilleté.** ♦ Petit gâteau à la pâte d'amandes.

FRIANDISE n. f. ▪ Petite pièce de confiserie ou de pâtisserie. ⇒ **douceur, gâterie.**

FRIBOURG en allemand ***FREIBURG*** ▪ Commune de Suisse. 34 322 hab. *(les Fribourgeois).* Ville ancienne, dans un site pittoresque. ► **le canton de FRIBOURG** 1 671 km². 212 884 hab. Grande région agricole : gruyère, céréales, fruits, vins. Chef-lieu : Fribourg.

FRIBOURG-EN-BRISGAU en allemand ***FREIBURG IM BRISGAU*** ▪ Ville d'Allemagne (Bade-Wurtemberg). 189 300 hab. Cathédrale gothique. Université. Important centre commercial et industriel.

Fribourg-en-Brisgau. Vue du Schwabentor, XIIIe s. et de la cathédrale en grès rouge (commencée en 1170). *Phot. © Boutin/Explorer*

FRIC n. m. sing. ▪ FAM. Argent (II).

FRICANDEAU n. m. ▪ Morceau de poisson, de viande (spécialt de veau) cuit dans son jus. *Des fricandeaux à l'oseille.*

FRICASSÉE n. f. ▪ **1.** Ragoût fait de morceaux de poulet ou de lapin cuits à la casserole. ⇒ **gibelotte. 2.** (Belgique) Œufs au plat avec du lard. **3.** fig. VX Mélange disparate.

FRICASSER v. tr. [1] ▪ **1.** Faire cuire en fricassée. **2.** FAM. et VX Dissiper, gaspiller.

FRIC-FRAC n. m. ▪ FAM. Effraction, cambriolage avec effraction. *Une série de fric-fracs.*

FRICHE n. f. ▪ **1.** Terre non cultivée. **2.** *EN FRICHE* loc. adv. ou adj. : inculte. ⇒ à **l'abandon.** *Laisser des champs en friche.* – fig. *Laisser ses dons en friche,* ne pas les employer.

FRICHTI n. m. ▪ FAM. Repas, plat que l'on cuisine. ⇒ FAM. **fricot, tambouille.** *Préparer le frichti.*

FRICOT n. m. ▪ FAM. VIEILLI Mets grossièrement cuisiné. ⇒ FAM. **frichti, rata.** ♦ Nourriture.

FRICOTER v. [1] ▪ FAM. **1.** v. tr. Manigancer, mijoter. *Qu'est-ce qu'il fricote encore ?* **2.** v. intr. S'occuper d'affaires louches, trafiquer. ► n. m. FRICOTAGE

FRICOTEUR, EUSE n. ▪ FAM. Trafiquant(e) malhonnête. ⇒ **magouilleur.**

FRICTION n. f. ▪ **I. 1.** TECHN. Résistance au mouvement qui se produit entre deux surfaces en contact. ⇒ **frottement.** *Entraînement par friction.* **2.** Désaccord entre personnes. – *Point de friction :* motif de querelle. **II.** Fait de frotter vigoureusement une partie du corps.

FRICTIONNER v. tr. [1] ▪ Administrer une friction à (qqn, une partie du corps). ⇒ **frotter.** – pronom. *Se frictionner après le bain.*

Milton **FRIEDMAN** (né en 1912) ▪ Économiste américain. Chef de file de « l'école de Chicago », il développe une théorie néo-libérale de la monnaie, remettant en cause l'efficacité d'une intervention de l'État pour favoriser l'expansion économique. Prix Nobel 1976.

Georges **FRIEDMANN** (1902 - 1977) ▪ Sociologue français. Critique du machinisme industriel. *"Le Travail en miettes"* (1956).

Caspar David **FRIEDRICH** (1774 - 1840) ▪ Peintre allemand. Sa recherche d'un symbolisme inspiré par la nature fait de lui un des peintres les plus représentatifs du romantisme allemand.

FRIGIDAIRE n. m. invar. (nom déposé) ▪ Réfrigérateur (de cette marque). ⇒ FAM. **frigo.**

FRIGIDE adj. ▪ **1.** LITTÉR. Froid, glacé (fig.). *Un abord frigide.* **2.** COUR. Qui n'éprouve pas le plaisir sexuel. *Femme frigide.*

FRIGIDITÉ n. f. ▪ Incapacité de parvenir à l'orgasme. – Absence de désir et de plaisir sexuel.

FRIGO n. m. ▪ FAM. **1.** VX Viande congelée. **2.** Chambre frigorifique, réfrigérateur. *Mettre un rôti au frigo.*

FRIGORIFIER v. tr. [7] ▪ **1.** Soumettre au froid pour conserver (les viandes). ⇒ **congeler, réfrigérer. 2.** FAM. *Le vent nous frigorifiait.* – au p. p. *Je suis frigorifié :* j'ai très froid. ⇒ **gelé.**

FRIGORIFIQUE adj. ▪ Qui sert à produire le froid. ⇒ **réfrigérant.** *Mélange frigorifique.* – *Wagon, camion, chambre frigorifique.*

FRIGORISTE n. ▪ TECHN. Technicien des installations frigorifiques.

FRÏJA ▪ Déesse germanique de l'amour, épouse d'Odin.

FRILEUSEMENT adv. ▪ D'une manière frileuse.

FRILEUX, EUSE adj. ▪ **I.** VX ou LITTÉR. Qui donne une impression de froid. *Un ciel frileux.* **II.** COUR. **1.** (personnes, animaux) Qui craint beaucoup le froid, y est très sensible. **2.** Qui indique qu'on a froid, qu'on est sensible au froid. *Une posture un peu frileuse.* **3.** fig. Craintif, apeuré. *Une attitude frileuse devant la vie.*

FRILOSITÉ n. f. ▪ Caractère frileux (surtout II, 3).

FRIMAIRE n. m. ▪ Troisième mois du calendrier révolutionnaire (21-22 novembre au 20-21 décembre).

FRIMAS n. m. ▪ **1.** POÉT. (surtout plur.) Brouillard formant des dépôts de givre ; grésil. – *Les frimas :* les temps froids de l'hiver. **2.** VX *Être poudré à frimas,* avec une légère couche de poudre blanche.

FRIME n. f. ▪ FAM. Apparence trompeuse. ⇒ **comédie.** *C'est de la frime.* ⇒ **bluff.**

FRIMER v. intr. [1] ▪ **1.** ARGOT Regarder ; avoir à l'œil. **2.** FAM. Chercher à se faire remarquer ; faire de l'esbroufe*. ► n. FRIMEUR, EUSE

FRIMOUSSE n. f. ▪ Visage enfantin. ⇒ **minois.**

FRINGALE n. f. ▪ **1.** Faim violente et pressante. *J'ai la fringale, une de ces fringales !* **2.** Désir violent, irrésistible. ⇒ **envie.** *Une fringale de cinéma.*

FRINGANT, ANTE adj. ▪ **1.** (chevaux) Très vif, toujours en mouvement. **2.** (personnes) Dont l'allure vive, la mise élégante

Friedrich. *Le Voyageur devant la mer de nuages.* Kunsthalle, Hambourg. *Phot. © Bridgeman/Giraudon*

dénotent de la vitalité, une belle humeur. ⇒ **alerte, guilleret, pimpant, sémillant.**

FRINGUER v. tr. ① ▪ FAM. Habiller. – pronom. *Elle s'était bien fringuée pour sortir.* – au p. p. *Bien, mal fringué.*

FRINGUES n. f. pl. ▪ FAM. Vêtements.

le **FRIOUL** ▪ Région historique partagée entre la Slovénie (c'est-à-dire autrefois l'Autriche) et l'Italie, où elle forme la région administrative autonome de **Frioul-Vénétie-Julienne** (7 846 km^2; 1 202 877 hab.; Chef-lieu : Trieste).

FRIPE n. f. ▪ **1.** VX Haillon. **2.** MOD. *La fripe :* les vêtements d'occasion.

FRIPER v. tr. ① ▪ Défraîchir en froissant. *Elle a fripé sa robe.* ♦ au p. p. *Des vêtements fripés. – Une peau fripée.*

FRIPERIE n. f. ▪ **1.** Vieux habits, linge usagé. **2.** Commerce, boutique de fripier.

FRIPIER, IÈRE n. ▪ Personne qui revend d'occasion des habits (⇒ **fripe**), du linge.

FRIPON, ONNE n. et adj. ▪ **1.** VX Personne malhonnête. ⇒ **coquin. 2.** Enfant, personne espiègle. ⇒ **brigand, coquin. 3.** adj. Qui a qqch. de malin, d'un peu provocant. *Un petit air fripon.*

FRIPONNERIE n. f. ▪ VX ou LITTÉR. Caractère ; action de fripon (1).

FRIPOUILLE n. f. ▪ **1.** VX (collectif) Racaille. **2.** Personne malhonnête, qui se livre à l'escroquerie. ⇒ **canaille, crapule, escroc.**

FRIPOUILLERIE n. f. ▪ Escroquerie.

FRIQUÉ, ÉE adj. ▪ FAM. Riche. ⇒ **rupin.**

FRIQUET n. m. ▪ Moineau des champs.

FRIRE v. ▪ **1.** v. tr. Faire cuire en plongeant dans un corps gras bouillant. *Poêle à frire.* **2.** v. intr. Cuire dans la friture. *Faire frire, mettre à frire des pommes de terre.* ► **FRIT, FRITE** adj. **1.** *Petits poissons frits.* ⇒ **friture.** *Pommes de terre frites.* ⇒ **frite. 2.** fig. FAM. Perdu, fichu. *Nous sommes frits.* ⇒ **cuit.**

Karl von **FRISCH** (1886 - 1982) ▪ Zoologiste autrichien. Il étudia le mode de communication des abeilles. Prix Nobel de physiologie ou médecine 1973, avec K. Lorenz et N. Tinbergen.

Ragnar **FRISCH** (1895 - 1973) ▪ Économiste norvégien. Prix Nobel 1969 pour ses travaux fondamentaux en économétrie.

Max **FRISCH** (1911 - 1991) ▪ Auteur dramatique suisse de langue allemande. Ses pièces sont conçues comme des paraboles. *"Biedermann et les incendiaires"* (1958), satire de la bourgeoisie zurichoise.

① **FRISE** n. f. ▪ **1.** Bande située au-dessus de la corniche (elle-même au-dessus d'une colonnade). *La frise des Panathénées, au Parthénon, est l'œuvre de Phidias.* **2.** Ornement en forme de bande continue.

② CHEVAL DE **FRISE** n. m. ▪ Pièce de bois ou de fer hérissée de pointes. *Des chevaux de frise.*

la **FRISE** en néerlandais ***FRIESLAND*** ▪ Province des Pays-Bas. 3 357 km^2. 601 839 hab. Chef-lieu : Leeuwarden. Polders, élevage bovin (race frisonne). □ HISTOIRE Région autrefois habitée par les Frisons, partagée aujourd'hui entre l'Allemagne *(Frise-Orientale)* et les Pays-Bas.

FRISÉE n. f. ▪ Chicorée frisée.

FRISELIS n. m. ▪ LITTÉR. Faible frémissement.

FRISER v. ① ▪ **I.** v. tr. **1.** Mettre en boucles (des cheveux, poils, fibres, etc.). ⇒ **boucler.** *Fer à friser.* **2.** Passer au ras de, effleurer. ⇒ **frôler, raser. 3.** Approcher de très près. *Friser la soixantaine. Cela frise le ridicule.* **II.** v. intr. Être ou devenir frisé. *Ses cheveux frisent.* ► **FRISÉ, ÉE** adj. *Cheveux frisés. Elle était frisée comme un mouton.* ♦ *Chou frisé, chicorée frisée.*

① **FRISETTE** n. f. ▪ Petite boucle de cheveux frisés. ⇒ **frisure.**

② **FRISETTE** n. f. ▪ Ensemble de planches fines de sapin ou de pin. *Faux plafond en frisette.*

FRISON, ONNE adj. et n. ▪ De la Frise (néerlandaise et orientale). *L'archipel frison.* spécialt *Race frisonne,* race de vaches laitières (originaire de la Frise néerlandaise). – n. *Les Frisons.* ♦ n. m. Langue germanique dont subsistent trois dialectes parlés dans la province de Frise, au Schleswig, etc.

les îles **FRISONNES** ▪ Archipel du nord des Pays-Bas (réserve d'oiseaux). ► les îles **FRISONNES ORIENTALES**, archipel d'Allemagne. ► les îles **FRISONNES SEPTENTRIONALES**, partagées entre l'Allemagne et le Danemark.

Roger **FRISON-ROCHE** (né en 1906) ▪ Romancier français et guide de haute montagne. *"Premier de cordée"* (1941).

FRISOTTER v. ① ▪ **1.** v. tr. Friser, enrouler en petites boucles serrées. – au p. p. *Cheveux frisottés.* **2.** v. intr. Friser (II) en petites ondulations serrées. ► adj. FRISOTTANT, ANTE ► n. m. FRISOTTEMENT

FRISQUET, ETTE adj. ▪ Un peu froid. ⇒ **frais.** *Il fait frisquet, ce matin.* – fig. ⇒ **frais.**

FRISSON n. m. ▪ **1.** Tremblement irrégulier, dû à la fièvre, accompagné d'une sensation de froid. *Être secoué de frissons.* **2.** Frémissement qui accompagne une émotion. *Avoir un frisson de terreur, de plaisir. Donner le frisson :* faire peur. – FAM. *Le grand frisson,* l'orgasme. **3.** Émotion intense ; courant d'émotion (collectif). **4.** POÉT. Léger mouvement. – Bruit léger. *Le frisson des herbes agitées par le vent.* ⇒ **friselis.**

FRISSONNANT, ANTE adj. ▪ Qui frissonne.

FRISSONNEMENT n. m. ▪ LITTÉR. ▪ **1.** Léger frisson. **2.** Fait de frissonner.

FRISSONNER v. intr. ① ▪ **1.** Avoir le frisson, être agité de frissons. *Frissonner de fièvre.* **2.** Être saisi d'un léger tremblement produit par une vive émotion. ⇒ **frémir, tressaillir.** *Frissonner de peur.* **3.** (choses) Trembler légèrement.

FRISURE n. f. ▪ **1.** Façon de friser, état des cheveux frisés. *Frisure légère.* ⇒ **indéfrisable, permanente. 2.** Boucle. ⇒ ① **frisette.**

FRIT, FRITE adj. ⇒ FRIRE

FRITE n. f. ▪ **1.** Petit morceau allongé de pomme de terre frite. *Un cornet de frites. Bifteck frites,* accompagné de frites. *Moules et frites.* **2.** FAM. *Avoir la frite :* se sentir en forme.

FRITERIE n. f. ▪ **1.** Installation pour la friture des poissons. **2.** (Belgique) Échoppe de marchand de frites.

FRITEUSE n. f. ▪ Récipient pourvu d'un couvercle et d'un égouttoir, destiné aux fritures.

FRITURE n. f. ▪ **I. 1.** Action, manière de frire un aliment. *Friture à l'huile, à la graisse.* **2.** Matière grasse servant à frire les aliments. **3.** Aliment, poisson frit. *De la petite friture.* **II.** Grésillement parasite (téléphone, radio).

FRIVOLE adj. ▪ **1.** Qui a peu de sérieux et, par suite, d'importance. ⇒ **futile.** *Une discussion frivole.* **2.** (personnes) Qui ne s'occupe que de choses futiles ou traite à la légère les choses sérieuses. **3.** Inconstant en amour. ⇒ **volage.**

FRIVOLITÉ n. f. ▪ **1.** Caractère d'une personne, d'une action frivole. ⇒ **légèreté. 2.** Chose frivole. ⇒ **bagatelle, futilité. 3.** au plur. Petits articles de mode, de parure. ⇒ **colifichet, fanfreluche.** *Marchande de frivolités.*

Johann Jakob **FROBERGER** (1616 - 1667) ▪ Compositeur et organiste allemand. Son œuvre fait la synthèse des styles italien, français et allemand.

la **Frise.** Façade du musée de la Frise-Occidentale, construit à Hoorn par Hendrik de Keyser en 1632. Armoiries de sept villes de la région, blasons de la Frise et de la maison d'Orange.
Phot. © E. Lessing/Magnum

sir Martin FROBISHER (1535-1594) ▪ Navigateur anglais. Il explora les régions arctiques.

FROC n. m. ▪ **I.** VX Habit de moine. - loc. *Jeter le froc aux orties :* abandonner l'état de moine, de prêtre. ⇒ **défroqué. II.** FAM. Pantalon.

FROID, FROIDE ▪ **I.** adj. (opposé à *chaud*) **1.** Qui est à une température sensiblement plus basse que celle du corps humain (dans l'échelle : *glacial, glacé, froid, frais*). *Rendre plus froid.* ⇒ **refroidir.** *Eau froide. Un vent froid.* - *Teintes, couleurs froides,* qui ont peu d'éclat. - *Des sueurs* froides.* **2.** Qui s'est refroidi, qu'on a laissé refroidir. *Le moteur est froid.* **II.** adj. (humains) **1.** Qui ne s'anime ou ne s'émeut pas facilement. ⇒ **calme, flegmatique.** *Un caractère froid.* - *Une femme froide.* ⇒ **frigide.** - loc. *Garder la tête froide* (⇒ **sang-froid**). *Une colère froide,* qui n'éclate pas, rentrée. **2.** Dont la réserve marque de l'indifférence ou de l'hostilité. ⇒ **distant, réservé, sévère ;** opposé à *chaleureux. Ça me laisse froid,* indifférent. **3.** en art Qui ne suscite aucune émotion, par défaut de sensibilité, de vie. ⇒ **inexpressif, terne. 4.** loc. *Guerre* froide* (tension internationale sans conflit déclaré). **III.** *À FROID* loc. adv. : sans mettre au feu, sans chauffer. *Pour démarrer à froid, tirez le starter.* ♦ fig. *Prendre, cueillir un adversaire À FROID,* le surprendre par une action ou un coup rapide. - Sans chaleur apparente, sans émotion véritable. *S'emporter, s'exciter à froid sur un sujet.* **IV.** n. m. (opposé à *chaleur*) **1.** État de la matière, spécialt de l'atmosphère quand elle est froide ; sensation résultant du contact de la peau avec un corps ou un milieu froid. *La saison des grands froids. Vague de froid. Un froid de canard, de chien, de loup, de gueux :* un grand froid. - *Il fait froid, grand froid,* FAM. *très froid :* le temps est froid. *Avoir froid :* éprouver une sensation de froid. *Prendre, attraper froid,* un refroidissement. - loc. *N'avoir pas froid aux yeux :* n'avoir peur de rien. ♦ *Froid artificiel,* produit par réfrigération ou congélation. ⇒ **cryo-.** *La chaîne du froid.* **2.** Diminution pénible de la vitalité. *Le froid de l'âge, de la mort.* ♦ Absence d'émotion, de chaleur humaine. - loc. *Cela me fait froid dans le dos* (de peur, d'horreur) *rien que d'y penser. Jeter un froid :* provoquer un malaise. ♦ loc. *EN FROID. Nous sommes en froid,* brouillés, fâchés. *Être en froid avec qqn.*

FROIDEMENT adv. ▪ **1.** Avec réserve (⇒ **froid** (II, 2)). *On l'a reçu froidement.* **2.** En gardant la tête froide, lucide. ⇒ **calmement. 3.** Avec insensibilité. *Abattre, achever froidement qqn.*

FROIDEUR n. f. ▪ **1.** Absence relative d'émotivité, de sensibilité. ⇒ **flegme, impassibilité.** - Manque de sensualité (⇒ **frigidité**). **2.** Indifférence marquée, manque d'empressement et d'intérêt. ⇒ **détachement, réserve.** *Une froideur méprisante.* **3.** en art Défaut de chaleur, d'éclat. ⇒ **sécheresse.**

FROIDURE n. f. ▪ Grand froid de l'hiver.

FROISSABLE adj. ▪ Qui est facilement froissé (opposé à *infroissable*).

Jean FROISSART (v. 1337-v. 1400) ▪ Écrivain français. Ses *"Chroniques"* (1370-1400) relatent les guerres de l'époque avec une objectivité nouvelle qui s'affranchit de la technique de la compilation pour s'appuyer sur des sources orales.

Froissart. *Chroniques,* « L'auteur présente son ouvrage », miniature d'un manuscrit du XVe s. Musée Condé, Chantilly. *Phot. © Giraudon*

FROISSEMENT n. m. ▪ **1.** Action de froisser, de chiffonner ; son résultat. - par ext. *Le froissement d'un muscle,* claquage. ♦ Bruissement de ce qui est froissé. **2.** LITTÉR. Ce qui blesse qqn dans son amour-propre, sa sensibilité. ⇒ **blessure, vexation.**

FROISSER v. tr. [1] ▪ **I. 1.** VX Rompre ; meurtrir par un choc. - MOD. *Froisser, se froisser un muscle.* **2.** Endommager en comprimant, en écrasant. **3.** Faire prendre des faux plis à (une étoffe). ⇒ **friper.** - pronom. *Un tissu qui ne se froisse pas,* infroissable. **II.** (abstrait) Blesser légèrement (qqn) dans son amour-propre, dans sa délicatesse. ⇒ **désobliger, vexer.** *Il ne voulait pas vous froisser.* - pronom. Se vexer. *Ne vous froissez pas.*

FRÔLEMENT n. m. ▪ Léger et rapide contact d'un objet qui se déplace le long d'un autre.

FRÔLER v. tr. [1] ▪ **1.** Toucher légèrement en glissant, en passant. ⇒ **effleurer. 2.** Passer très près de, en touchant presque. ⇒ **raser.** *La voiture a frôlé le trottoir.* - fig. *Frôler le ridicule.*

FROMAGE n. m. ▪ **1.** Aliment obtenu par la coagulation du lait, suivie ou non de cuisson, de fermentation ; masse moulée de cet aliment. *Fromage (de lait) de vache, de chèvre. Fromages frais,* avec lait écrémé. *Fromage blanc. Fromage à moisissures* (bleu). *Marchand de fromages* (⇒ **crémier**). - loc. *Faire un fromage de qqch.,* en faire toute une histoire (→ en faire un plat). **2.** Situation, place aussi avantageuse que peu fatigante. ⇒ **sinécure. 3.** *FROMAGE DE TÊTE :* pâté de tête de porc en gelée.

① **FROMAGER, ÈRE** ▪ **1.** adj. Relatif au fromage. *Industrie fromagère.* **2.** n. m. Fabricant, marchand de fromages.

② **FROMAGER** n. m. ▪ Grand arbre tropical, à racines énormes dont les fruits fournissent le kapok.

fromager. *Ceiba pentandra.* *Phot. © Hervy/Jacana*

FROMAGERIE n. f. ▪ Local où l'on fabrique (⇒ **fruitière**) et où l'on vend en gros des fromages. - Industrie, commerce des fromages.

FROMENT n. m. ▪ Blé. - Grains de blé. *Farine de froment.*

Nicolas **Froment.** « La Vierge à l'Enfant apparaissant à Moïse », détail du triptyque du *Buisson ardent.* Cathédrale Saint-Sauveur, Aix-en-Provence. *Phot. © Dagli Orti*

Fromentin. *Chasse au faucon en Algérie.* Musée d'Orsay, Paris. *Phot. © Giraudon*

Nicolas FROMENT (v. 1425 - v. 1484) ▪ Peintre français. Style éclectique, influences flamandes et florentines. Il travailla à Avignon. Auteur du triptyque du *"Buisson ardent"* (1475-1476), à la cathédrale d'Aix-en-Provence.

Eugène FROMENTIN (1820 - 1876) ▪ Peintre, écrivain et critique d'art français. *"Dominique"* (1863, un des chefs-d'œuvre du roman idéaliste); *"Les Maîtres d'autrefois"* (1876), sur les peintres flamands et hollandais.

Erich FROMM (1900 - 1980) ▪ Psychanalyste américain d'origine allemande. Il tenta de concilier Marx et Freud, notamment en insistant sur le rôle des facteurs socio-économiques dans les causes de la névrose. *"Essais sur Freud, Marx et la psychologie"* (1971).

FRONCE n. f. ▪ Pli court et serré donné à une étoffe en tirant sur un fil. *Jupe à fronces.*

FRONCEMENT n. m. ▪ Action de froncer. *Un froncement de sourcils.*

FRONCER v. tr. [3] ▪ **1.** Plisser, rider en contractant, en resserrant. *Froncer les sourcils.* **2.** Plisser (une étoffe) en formant des fronces. - intrans. *Étoffe qui fronce.*

FRONDAISON n. f. ▪ LITTÉR. Feuillage (des arbres). *Des frondaisons luxuriantes.*

① **FRONDE** n. f. ▪ BOT. Feuille des plantes sans cotylédons. *Les frondes des fougères.*

② **FRONDE** n. f. ▪ **1.** Arme de jet utilisant la force centrifuge, poche de cuir suspendue par deux cordes et contenant un projectile (balle ou pierre). **2.** Lance-pierres à élastique.

③ **FRONDE** n. f. ▪ **1.** avec maj. Sédition qui éclata contre Mazarin (1648-1653). **2.** fig. *Un esprit de fronde, un vent de fronde,* de révolte. ▪ Opposition politique et militaire à la politique absolutiste de Mazarin, durant la minorité de Louis XIV, la Fronde connut deux phases : la Fronde parlementaire (1648-1649), marquée par l'édification de barricades à Paris, les intrigues politiques du cardinal de Retz et la retraite de la Cour à Saint-Germain, et la Fronde des princes (1649-1653), dans laquelle Condé, avec l'appui de l'Espagne, affronta les troupes royales commandées par Turenne. La royauté sortit renforcée de l'épreuve.

FRONDER v. [1] ▪ **I.** v. intr. HIST. Être en sédition, appartenir à la Fronde. **II.** v. tr. Attaquer ou railler (ce qui est généralement entouré de respect). ⇒ **attaquer, critiquer.** *Fronder le gouvernement, le pouvoir.*

FRONDEUR, EUSE n. ▪ **1.** Personne qui appartenait au parti de la Fronde. **2.** Personne qui critique le gouvernement, l'autorité. - adj. *Un esprit frondeur.*

FRONT n. m. ▪ **I. 1.** Partie supérieure du visage entre les sourcils et la racine des cheveux, s'étendant d'une tempe à l'autre. *Un front haut, bombé, fuyant.* ♦ Partie antérieure et supérieure de la tête (d'animaux). *Certains chevaux ont une étoile au front.* ♦ loc. *Courber, relever le front,* la tête. **2.** *Avoir le front de,* l'audace, la prétention de. ⇒ **culot. II. 1.** Face antérieure d'une certaine étendue. VX *Le front d'un bâtiment.* ⇒ **façade, fronton.** - loc. *FRONT DE MER :* avenue en bordure de la mer. **2.** Ligne des positions occupées face à l'ennemi. ♦ Zone des batailles (s'oppose à *l'arrière*). *Les combattants du front.* - loc. *FAIRE FRONT :* faire face pour résister. **3.** Union politique étroite entre des partis ou des individus. ⇒ **bloc, groupement, ligue.** spécialt *Le Front populaire.* **4.** Face, plan vertical. TECHN. *Front de taille.* - MÉTÉOROL. Ligne entre des masses d'air. *Front froid, chaud.* **5.** *DE FRONT* loc. adv. : par-devant. *Aborder de front un problème.* - Sur la même ligne, côte à côte. *Chevaux attelés de front. Mener de front plusieurs affaires.*

▪ **FRONT DE LIBÉRATION NATIONALE** → F.L.N.

▪ **le FRONT NATIONAL [FN]** ▪ Parti politique français d'extrême droite, créé en 1972, dirigé par Jean-Marie Le Pen.

▪ **le FRONT POPULAIRE** ▪ Coalition des forces de gauche (révolutionnaires et réformistes) opposées à la montée du totalitarisme en Europe dans les années 1930. En Espagne, le *Frente popular* remporta les élections législatives de 1936, mais la guerre civile l'empêcha de gouverner. En France, le Front populaire, constitué en 1935 et rassemblant principalement le Parti communiste, la SFIO et le parti radical, remporta les élections de 1936 et gouverna jusqu'en 1938 (ministères Blum, Chautemps et Daladier). Malgré la prudence des réformes structurelles et de la politique étrangère, il est resté une référence dans l'histoire des acquis sociaux : congés payés, semaine de 40 heures.

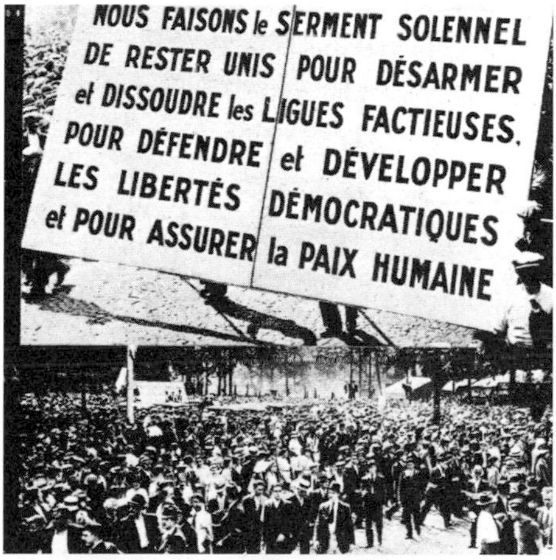

Front populaire. Le serment du 14 juillet 1935 et le défilé du 14 juillet 1936. *Phot. © B.N.F.*

FRONTAL, ALE, AUX ▪ **I.** adj. Du front (I). *Os frontal.* **II.** n. m. anciennt Bandeau de front. - Pièce du casque. ♦ Partie du harnais d'un cheval, sur le front (var. FRONTAIL n. m.).

FRONTALIER, IÈRE n. et adj. ▪ Habitant d'une région frontière. - adj. *Ville frontalière.*

Louis de Buade, comte de Palluau et de FRONTENAC (1622 - 1698) ▪ Administrateur français. Nommé en 1672 gouverneur général de la Nouvelle-France (Canada), il contribua à étendre et affermir les possessions françaises, y compris lors des attaques menées par les Iroquois et par les Britanniques.

FRONTIÈRE n. f. ▪ **1.** Limite d'un territoire, ou séparant deux États. ⇒ **démarcation.** *Frontières naturelles* (obstacle géographique). *Postes de police et de douane installés à la frontière.* - *Incident de frontière.* ♦ Région près d'une frontière. ⇒ ② **marche.** *À la frontière allemande.* - appos. *Région, zone frontière. Des villes frontière* ou *frontières.* ♦ loc. *Sans frontières,* international. **2.** Limite, séparation. *Aux frontières de la vie et de la mort.* ⇒ **confins.**

FRONTIGNAN ▪ Commune de l'Hérault. 16 245 hab. *(les Frontignanais).* Vins muscats.

FRONTISPICE n. m. ▪ 1. Grand titre d'un ouvrage. 2. Gravure placée face au titre.

FRONTON n. m. ▪ 1. Ornement vertical, le plus souvent triangulaire, au-dessus de l'entrée d'un édifice. *Le fronton d'un temple grec.* 2. Mur contre lequel on joue à la pelote basque.

Robert Lee FROST (1874-1963) ▪ Poète américain, chantre de la Nouvelle-Angleterre. *"North of Boston"* (1914).

FROTTEMENT n. m. ▪ 1. Action de frotter ; contact et friction de deux corps dont l'un se déplace par rapport à l'autre. *Un bruit de frottement.* 2. SC., TECHN. Force qui s'oppose au glissement d'une surface sur une autre. 3. Difficulté. ⇒ **friction.**

FROTTER v. [1] ▪ I. v. tr. 1. Exercer une pression accompagnée de mouvement. *Frotter son doigt contre, sur une table.* 2. Rendre plus propre, plus luisant en frottant. *Frotter le parquet.* ⇒ **astiquer, briquer.** 3. loc. *Se frotter les yeux.* - *Se frotter les mains,* en signe de contentement. 4. *Frotter qqch. de (avec...),* enduire par frottement. II. v. intr. *Pièces d'un mécanisme qui frottent.* ⇒ **gripper.** ► SE FROTTER v. pron. 1. Frotter son corps. ⇒ **frictionner, masser.** 2. S'enduire. 3. *Se frotter à qqn.* ⇒ **défier, provoquer.** *Ne vous y frottez pas.*

FROTTIS n. m. ▪ 1. Mince couche de couleur, en peinture. 2. Préparation en couche mince d'une substance organique (pour examen au microscope). *Frottis vaginal.*

FROTTOIR n. m. ▪ Objet, ustensile dont on se sert pour frotter. *Le frottoir d'une boîte d'allumettes.*

FROUFROU ou **FROU-FROU** n. m. ▪ Bruit léger produit par le frôlement ou le froissement d'une étoffe soyeuse. ⇒ **bruissement.**

FROUFROUTANT, ANTE adj. ▪ Qui froufroute. *Des dessous froufroutants.*

FROUFROUTER v. intr. [1] ▪ Produire un froufrou.

FROUNZE → Bichkek

FROUSSARD, ARDE adj. et n. ▪ FAM. Peureux, poltron.

FROUSSE n. f. ▪ FAM. Peur. ⇒ FAM. **trouille.** *Il m'a flanqué une de ces frousses. Avoir la frousse.*

FRUCTIDOR n. m. ▪ Douzième mois du calendrier révolutionnaire (18-19 août au 17-18 septembre).

fructidor. Calendrier révolutionnaire de Louis Lafitte, vers 1794. Musée Carnavalet, Paris. *Phot. © Giraudon*

le coup d'État du 18 FRUCTIDOR AN V → Directoire

FRUCTIFICATION n. f. ▪ 1. Formation, production de fruits. 2. Fait de fructifier (2).

FRUCTIFIER v. intr. [7] ▪ 1. Produire, donner des récoltes. 2. Produire des résultats avantageux, des bénéfices. *Faire fructifier un capital.* ⇒ **rapporter.**

FRUCTUEUX, EUSE adj. ▪ Qui donne des résultats avantageux (s'oppose à *infructueux*). *Une spéculation fructueuse.* ⇒ **avantageux, profitable ; lucratif, rentable.** *Ses efforts ont été fructueux.*

FRUGAL, ALE, AUX adj. ▪ 1. Qui consiste en aliments simples et peu abondants. *Nourriture frugale.* 2. Qui se contente d'une nourriture simple. ⇒ **sobre.** - *Vie frugale.* ⇒ **austère, simple.**

FRUGALITÉ n. f. ▪ Caractère frugal.

FRUGIVORE adj. ▪ ZOOL. Qui se nourrit de fruits.

FRUIT n. m. ▪ I. (Produit) 1. VX *Le fruit d'une union, d'un mariage,* l'enfant. 2. Résultat avantageux que produit qqch. ⇒ **avantage, profit ; fructueux, fructifier.** *Perdre le fruit d'un an de travail. Le fruit de l'expérience.* - *AVEC, SANS FRUIT :* avec, sans profit. 3. loc. *FRUITS DE MER :* coquillages comestibles, oursins, crustacés. II. 1. Production des plantes qui apparaît après la fleur, surtout comestible et sucrée. *Arbre à fruits.* ⇒ **fruitier.** *Fruit à pépins, à noyau. Fruit vert, fruit mûr. Fruit frais, fruit sec* (ou *séché*). *Jus de fruits.* 2. loc. *LE FRUIT DÉFENDU :* fruit de l'arbre de la science du bien et du mal, que Dieu avait défendu à Adam et Ève de manger ; chose qu'on désire et dont on doit s'abstenir.

FRUITÉ, ÉE adj. ▪ Qui a un goût de fruit frais. *Un vin fruité.*

FRUITERIE n. f. ▪ Boutique où l'on vend au détail des fruits et accessoirement des légumes, des laitages.

FRUITIER, IÈRE ▪ I. adj. Qui donne des fruits comestibles. *Arbres fruitiers.* II. 1. n. m. Lieu planté d'arbres fruitiers. ⇒ **verger.** ♦ Local où l'on garde les fruits frais. 2. n. Marchand, marchande qui tient une fruiterie.

FRUITIÈRE n. f. ▪ RÉGIONAL (Suisse, Savoie) Fromagerie.

FRUSQUES n. f. pl. ▪ FAM. Vieux habits ; habits. ⇒ **fringues, hardes.**

FRUSTE adj. ▪ 1. DIDACT. Usé, altéré par le temps, le frottement. *Médaille, sculpture fruste.* 2. COUR. (personnes) Mal dégrossi. *Il est un peu fruste.* ⇒ **inculte, primitif.**

FRUSTRANT, ANTE adj. ▪ Qui frustre (2).

FRUSTRATION n. f. ▪ 1. DR. Action de frustrer (1). 2. Action de frustrer (2) ; état d'une personne frustrée. *Il supporte mal les frustrations. Sentiment de frustration.*

FRUSTRER v. tr. [1] ▪ 1. DR. Priver (qqn) d'un bien, d'un avantage sur lequel il croyait pouvoir compter. *Frustrer un héritier de sa part.* ⇒ **déposséder, dépouiller.** 2. Priver (qqn) d'une satisfaction. *Cet échec l'a frustré.* - au p. p. *Être, se sentir frustré.*

F. T. P. → Francs-tireurs et partisans.

FUCHSIA [fyʃja ; fyksja] n. m. ▪ 1. Arbrisseau aux fleurs pourpres, roses, en clochettes pendantes. 2. Couleur des fleurs de fuchsia. - appos. *Rose fuchsia.*

FUCHSINE [fyksin] n. f. ▪ Colorant rouge.

FUCUS [-ys] n. m. ▪ BOT. Algue brune, formant pour l'essentiel le goémon*.

FUEL ou **FIOUL** [fjul] n. m. ▪ Combustible liquide issu de la distillation du pétrole brut. ⇒ **mazout.**

Carlos FUENTES (né en 1928) ▪ Romancier mexicain. Critique de la société mexicaine contemporaine. *"La Muerte de Artemio Cruz"* (1962); *"Terra Nostra"* (1975).

FUGACE adj. ▪ Qui disparaît vite, dure très peu. ⇒ **fugitif.** *Beauté fugace.* ⇒ **éphémère, passager, périssable.** *Impression, sensation, souvenir fugace.*

FUGACITÉ n. f. ▪ Caractère fugace.

-FUGE Élément (du latin *fugere* « fuir ») qui signifie « qui évite, s'écarte de » (ex. *centrifuge*) ou « qui fait fuir, neutralise » (ex. *fébrifuge*).

les FUGGER ▪ Banquiers allemands, financiers des Habsbourg aux XVe et XVIe s. ► **Jakob II FUGGER** (1459-1525) soutint Charles Quint.

FUGITIF, IVE adj. ▪ 1. Qui s'enfuit, qui s'est échappé. *Prisonnier fugitif.* - n. Personne qui s'est enfuie. ⇒ **évadé, fuyard.** *On n'a pas retrouvé les fugitifs.* 2. Qui passe et disparaît rapidement. ⇒ **bref, fugace.** *Vision fugitive. Idée, émotion fugitive.* ⇒ **passager.** ► adv. FUGITIVEMENT

FUGUE n. f. ▪ I. Action, fait de s'enfuir momentanément du lieu où l'on vit habituellement. ⇒ **escapade, fuite.** *Faire une fugue.* II. Composition musicale écrite dans le style du contrepoint et dans laquelle un thème et ses imitations successives forment plusieurs parties. *Fugue à deux, trois voix.*

FUGUÉ, ÉE adj. ▪ MUS. Dont la forme est semblable ou comparable à celle de la fugue.

FUGUER v. intr. [1] ▪ Faire une fugue.

FUGUEUR, EUSE adj. et n. ▪ (Personne) qui fait des fugues. *Un enfant fugueur.*

le FÜHRER ▪ Titre (« le Guide ») pris par Hitler.

FUIR v. [17] ▪ I. v. intr. 1. S'éloigner en toute hâte, partir pour échapper à une difficulté. ⇒ s'**enfuir.** *Fuir devant qqn, devant un danger. Fuir précipitamment.* ⇒ **décamper, détaler, filer ;** → ficher le camp. - Partir au loin. 2. (choses) S'éloigner ou sembler s'éloigner par un mouvement rapide. - (du temps)

Passer rapidement. *Les beaux jours ont fui.* ⇒ s'**écouler,** s'**évanouir.** **3.** Présenter une issue, une fente par où s'échappe ce qui est contenu. *Tonneau qui fuit.* **II.** v. tr. **1.** Chercher à éviter en s'éloignant, en se tenant à l'écart. *Fuir qqn, la présence de qqn. Fuir un danger.* ⇒ **esquiver, éviter.** *Fuir les responsabilités.* **2.** (sujet chose) LITTÉR. Échapper à la possession de, se refuser à (qqn). *Le sommeil me fuit.*

FUITE n. f. ▪ **I.** (êtres vivants) **1.** Action de fuir ; mouvement d'une personne qui fuit. *Une fuite éperdue, précipitée.* ⇒ **débâcle, débandade, déroute.** – loc. *Être en fuite* (⇒ **fugitif, fuyard**). *Prendre la fuite,* se mettre à fuir. *Mettre en fuite,* faire fuir. – DR. *Délit de fuite,* commis par une personne qui s'enfuit après avoir causé un accident. – loc. *Fuite en avant,* accélération risquée d'un processus. **2.** Action de se dérober (à une difficulté, à un devoir). **II.** (choses) **1.** Action de fuir, de s'éloigner. *La fuite des galaxies.* – *La fuite des capitaux* (à l'étranger). ♦ *La fuite du temps, des années.* ⇒ **écoulement, passage.** **2.** Écoulement par une issue étroite ou cachée. *Fuite d'eau, de gaz.* ♦ Fissure. *Il y a une fuite dans le tuyau.* **3.** (surtout plur.) Disparition de documents ou d'informations destinés à demeurer secrets. *Une affaire de fuites.*

FUJAÏRAH ▪ Un des Émirats arabes unis, sur le golfe d'Oman. 1 150 km². 62 000 hab. Pétrole.

FUJIAN ou **FOU-KIEN** ▪ Province côtière du sud-est de la Chine, en face de Taiwan. 120 000 km². 31 500 000 hab. Capitale : Fuzhou. Région fertile et riche en ressources minières. Céréales, riz, patates douces.

les FUJIWARA ▪ Famille noble du Japon, associée au pouvoir dès son apparition au VIIe s., puis supplantée par des rivaux au XIIe s. (Taira et Minamoto). Elle compta beaucoup d'artistes.

le FUJI YAMA en japonais ***FUJI SAN*** ▪ Le plus haut sommet du Japon (3 776 m), volcan de l'île de Honshū. Il fut un des sujets de prédilection des peintres japonais.

le **Fuji Yama**. *Phot. © René Burri/Magnum*

FUKUOKA ▪ Ville et port du Japon, centre politique et culturel de Kyūshū. 1 204 923 hab. Complexe industriel.

FULBERT (v. 960 - 1028) ▪ Évêque de Chartres. Il tint à Chartres une école célèbre et fit commencer la construction de la cathédrale.

FULDA ▪ Ville d'Allemagne (Hesse). 55 800 hab. Abbaye fondée au VIIIe s., foyer culturel et religieux au Moyen Âge, où se tient chaque année l'assemblée épiscopale allemande.

FULGURANT, ANTE adj. ▪ **1.** Qui jette une lueur vive et rapide. ⇒ **brillant, éclatant.** *Clarté fulgurante. Regard fulgurant.* **2.** Qui frappe vivement et soudainement l'esprit, l'imagination. *Idée, découverte fulgurante.* **3.** Très vif, très fort et rapide. *Une douleur fulgurante. Des progrès fulgurants.* ⇒ **foudroyant.**

FULGURATION n. f. ▪ LITTÉR. Lueur fulgurante. – Choc électrique (foudre).

FULGURER v. intr. [1] ▪ LITTÉR. Briller soudainement.

FULIGINEUX, EUSE adj. ▪ Qui rappelle la suie, ou en dégage ; qui en a la couleur. ⇒ **noirâtre.**

Richard Buckminster FULLER (1895 - 1983) ▪ Architecte américain. Créateur de structures d'avant-garde en acier.

Samuel FULLER (né en 1911) ▪ Cinéaste américain. Il cultive la violence sans pourtant l'exalter. *"Le Jugement des flèches"* (1957) ; *"Les Bas-Fonds new-yorkais"* (1961) ; *"Shock Corridor"* (1963).

FULMINANT, ANTE adj. ▪ **1.** CHIM. Qui peut détoner sous l'influence de la chaleur ou par l'effet d'un choc. ⇒ **détonant.** **2.** Qui est en colère et profère des menaces.

FULMINATION n. f. ▪ LITTÉR. Fait de fulminer (II) une condamnation, des reproches.

FULMINER v. [1] ▪ **I.** v. intr. **1.** CHIM. Faire explosion. ⇒ **détoner, exploser.** **2.** Éclater en menaces, en reproches. ⇒ s'**emporter, tonner.** *Fulminer contre qqn.* **II.** v. tr. **1.** DR. CANON Lancer (une condamnation) dans les formes. **2.** LITTÉR. Formuler avec véhémence. *Fulminer des reproches contre qqn.*

Robert FULTON (1765 - 1815) ▪ Ingénieur américain. Constructeur du premier sous-marin à hélice en 1800.

FUMABLE adj. ▪ (tabac) Qui est bon à fumer.

① **FUMAGE** n. m. ▪ Action d'exposer (des aliments) à la fumée. ⇒ ① **fumer.** *Le fumage des jambons.* ◇ syn. FUMAISON n. f.

② **FUMAGE** n. m. ▪ Action de fumer une terre.

FUMANT, ANTE adj. ▪ **1.** Qui émet de la fumée, qui fume ①. *Cendres encore fumantes.* **2.** Qui émet (ou semble émettre) de la vapeur. *Soupe fumante.* **3.** FAM. *Un coup fumant,* admirablement réussi.

FUMÉ, ÉE adj. ▪ **1.** Préparé par fumage (①). *Le haddock est de l'églefin fumé. Saumon fumé.* **2.** Obscurci comme par de la fumée. *Des lunettes en verre fumé.* – (couleur) *Terre de Sienne fumée,* sombre.

FUME-CIGARETTE n. m. ▪ Petit tube au bout duquel on adapte une cigarette pour la fumer. *Des fume-cigarette(s).*

FUMÉE n. f. ▪ **1.** Produit gazeux, plus ou moins coloré, qui se dégage d'un feu. *La fumée des usines. Nuage, panache de fumée. Rideau de fumée.* – prov. *Il n'y a pas de fumée sans feu,* il doit y avoir qqch. de vrai dans le bruit qui court. – loc. *S'en aller, s'évanouir* EN FUMÉE : être consommé sans profit. **2.** Vapeur qui se dégage d'une surface liquide plus chaude que l'air. *Une fumée légère monte de l'étang.* **3.** au plur. Vapeurs qui sont supposées monter au cerveau, brouiller les idées. *Les fumées du vin, de l'ivresse.* ⇒ **vapeur(s), vertige.**

① **FUMER** v. [1] ▪ **I.** v. intr. **1.** Dégager de la fumée. *Le cratère du Vésuve fume.* **2.** Exhaler de la vapeur. *Potage qui fume.* **II.** v. tr. Exposer, soumettre à l'action de la fumée. ⇒ **boucaner.** *Fumer du lard, du poisson,* pour les sécher et les conserver. – au p. p. ⇒ **fumé, ée.** **III.** v. tr. Faire brûler (du tabac*, des herbes) en aspirant la fumée par la bouche. *Fumer une cigarette, un cigare.* ⇒ FAM. **griller.** *Fumer la pipe. Fumer du haschisch.* – absolt *Il fume trop. Défense de fumer.*

② **FUMER** v. tr. [1] ▪ Répandre du fumier, de la fumure, sur (une terre). ⇒ **fertiliser.** *Fumer un champ.*

FUMERIE n. f. ▪ Lieu où l'on fume l'opium. ≠ *fumoir.*

FUMEROLLE n. f. ▪ Émanation de gaz qui s'échappe d'un volcan.

FUMERON n. m. ▪ **I. 1.** Morceau de charbon de bois encore fumant. **2.** Petite lampe qui fume. **II.** POP. Jambe maigre.

FUMET n. m. ▪ **1.** Odeur agréable et pénétrante d'un plat pendant ou après la cuisson. *Le fumet du rôti.* **2.** Odeur puissante que dégagent certains animaux sauvages. *Un fumet de ménagerie.*

FUMETERRE n. f. ▪ Plante à feuilles très découpées et à fleurs roses.

FUMEUR, EUSE n. ▪ Personne qui a l'habitude de fumer (III). *Un fumeur de pipe. George Sand fut une grande fumeuse.* – (d'un lieu) *Fumeurs, non-fumeurs :* où il est permis, interdit de fumer.

FUMEUX, EUSE adj. ▪ **1.** Qui répand de la fumée. *Flamme fumeuse.* **2.** Qui manque de clarté ou de netteté. ⇒ **obscur, vague.** *Idées, explications fumeuses.*

FUMIER n. m. ▪ **1.** Mélange des litières (paille, fourrage, etc.) et des excréments des animaux d'élevage, utilisé comme engrais. **2.** FAM. (très injurieux) Personne méprisable. ⇒ **ordure.**

FUMIGATION n. f. ▪ **1.** Destruction de germes, de parasites par la fumée de substances chimiques. **2.** Remède consistant à respirer des vapeurs médicamenteuses. ⇒ **inhalation.**

FUMIGÈNE adj. ▪ Qui produit de la fumée. *Bombe, grenade fumigène.* ➝ n. m. *Des fumigènes.*

① **FUMISTE** n. m. ▪ Personne dont le métier est d'installer ou de réparer les cheminées et appareils de chauffage. ⇒ **chauffagiste.**

② **FUMISTE** n. ▪ FAM. Personne qui ne fait rien sérieusement, sur qui on ne peut compter. ⇒ **amateur, fantaisiste.** *Il n'a pas tenu sa promesse. Quel fumiste !* ➝ adj. *Elle est un peu fumiste.*

FUMISTERIE n. f. ▪ FAM. Action, chose entièrement dépourvue de sérieux. ⇒ **farce.** *Ce beau programme n'est qu'une vaste fumisterie.*

FUMIVORE adj. ▪ Qui absorbe de la fumée. *Appareils fumivores des usines.*

FUMOIR n. m. ▪ Local, salon disposé pour les fumeurs.

FUMURE n. f. ▪ Amélioration des terres par le fumier, par un fertilisant.

FUNAMBULE n. ▪ Personne qui marche, danse sur la corde raide. ⇒ **acrobate, danseur** de corde.

FUNAMBULESQUE adj. ▪ **1.** Du funambule. **2.** Bizarre, extravagant. *Un projet funambulesque.* ⇒ **abracadabrant, rocambolesque.**

FUNCHAL ▪ Capitale de la région autonome de Madère (Portugal). 126 000 hab.

la baie de **FUNDY** ▪ Baie de l'océan Atlantique, sur la côte est du Canada et des États-Unis. Elle sépare le Nouveau-Brunswick et le nord du Maine de la Nouvelle-Écosse.

FUNÈBRE adj. ▪ **1.** Qui a rapport aux funérailles. *Ornements funèbres.* ⇒ **funéraire, mortuaire.** *Service funèbre,* messe d'enterrement. ➝ *POMPES FUNÈBRES :* entreprise spécialisée dans l'organisation des obsèques. ➝ *Marche funèbre. Oraison funèbre.* **2.** Qui évoque la mort. ♦ Qui inspire un sentiment de sombre tristesse. ⇒ **lugubre, sinistre.** *Un visage, un ton funèbre.*

FUNÉRAILLES n. f. pl. ▪ Ensemble des cérémonies civiles (et religieuses) accomplies pour rendre les honneurs suprêmes à un mort. ⇒ **enterrement, obsèques.**

FUNÉRAIRE adj. ▪ Qui concerne le culte des morts. ⇒ **funèbre.**

Louis de **FUNÈS** (1914 - 1983) ▪ Acteur français. Il fut l'un des comiques les plus célèbres du cinéma français. *"La Traversée de Paris"* (1956); *"Le Gendarme de Saint-Tropez"* (1964).

FUNESTE adj. ▪ Qui porte avec soi le malheur et la désolation, est de nature à entraîner de graves dommages. ⇒ **désastreux.** *Erreurs funestes.* ➝ *FUNESTE À.* ⇒ **fatal.** *Son audace lui a été funeste.*

FUNICULAIRE n. m. ▪ Chemin de fer tiré par des câbles (sur une voie en forte pente).

FURAX [-aks] adj. ▪ FAM. Furieux. *Elle est furax !*

FURET n. m. ▪ **1.** Petit mammifère carnivore, au pelage blanc et aux yeux rouges. *Chasser le lapin au furet.* **2.** Jeu de société dans lequel des joueurs assis en rond se passent rapidement de main en main un objet *(le furet)* qu'il faut déceler.

furet. Furet domestique. *Phot. © Labat/Jacana*

AU **FUR ET À MESURE** loc. adv. et conj. ▪ En même temps et proportionnellement. ⇒ à **mesure.** *Au fur et à mesure de* (+ n.), *que* (+ indic.).

FURETER v. intr. [5] ▪ Chercher, s'introduire partout avec curiosité dans l'espoir d'une découverte. ⇒ **fouiller, fouiner.**

FURETEUR, EUSE adj. et n. ▪ (Personne) qui cherche partout avec curiosité. ⇒ **curieux, fouineur, indiscret.** *Il est fureteur. Des yeux fureteurs.*

Antoine **FURETIÈRE** (1619 - 1688) ▪ Écrivain et lexicographe français. *"Le Roman bourgeois"* (1666), satire de la littérature romanesque. Il fut exclu de l'Académie française pour avoir rivalisé avec elle en élaborant un *"Dictionnaire universel"* (posthume, 1690).

FUREUR n. f. ▪ **I. 1.** VX Délire, frénésie (d'un dément). **2.** Colère sans mesure. *Entrer, être en fureur ; mettre qqn en fureur. Se battre avec fureur.* ⇒ **furie. 3.** (choses) Caractère d'extrême violence. *La fureur des combats.* ➝ POÉT. *La fureur des flots, de l'océan.* **II. 1.** LITTÉR. Passion irrésistible. *La fureur de vivre.* **2.** loc. *FAIRE FUREUR :* avoir un immense succès. *Chanson qui fait fureur.*

FURIBARD, ARDE adj. ▪ FAM. Furibond.

FURIBOND, ONDE adj. ▪ Qui ressent ou annonce une grande fureur, généralement disproportionnée à l'objet qui l'inspire, au point d'en être légèrement comique. ⇒ **furieux.** *Rouler des yeux furibonds.*

FURIE n. f. ▪ **1.** Fureur brutale. ⇒ **rage.** *Mer en furie,* déchaînée par la tempête. **2.** (cf. le n. mythol.) Femme haineuse, méchante, coléreuse. ⇒ **mégère.**

les **FURIES** ▪ Divinités romaines des Enfers, assimilées aux Érinyes grecques.

FURIEUSEMENT adv. ▪ **1.** Avec fureur. **2.** (mot des Précieux) Terriblement.

FURIEUX, EUSE adj. ▪ **1.** En proie à la fureur (I, 1), au délire. *Un fou furieux.* ⇒ **forcené. 2.** En proie à une folle colère. ⇒ **furibond.** *Être furieux contre qqn. Elle est furieuse qu'on l'ait dérangée.* ➝ *Un lion, un taureau furieux.* **3.** (choses) Dont la force va jusqu'à la violence. *Vent, torrent furieux.*

FURONCLE n. m. ▪ Abcès fermé, volumineux et douloureux, dû à un staphylocoque. ⇒ **anthrax, clou.**

FURONCULOSE n. f. ▪ Éruption de furoncles.

Walter **FÜRST** (fin XIIIe s.) ▪ Héros légendaire de l'histoire suisse. Beau-père de Guillaume Tell, il aurait représenté le canton d'Uri au serment de Rütli.

FURTIF, IVE adj. ▪ **1.** Qui se fait à la dérobée, qui passe presque inaperçu. *Regard, sourire furtif. Visite furtive,* rapide et discrète. **2.** *Avion furtif,* impossible à déceler au radar.

FURTIVEMENT adv. ▪ D'une manière furtive. *S'esquiver furtivement.*

Wilhelm **FURTWÄNGLER** (1886 - 1954) ▪ Chef d'orchestre allemand, l'un des plus grands interprètes de Beethoven, Brahms et Wagner.

FUSAIN n. m. ▪ **1.** Arbrisseau à feuilles sombres et luisantes et à fruits rouges. *Haie de fusains.* **2.** Charbon à dessiner (fait avec le bois du fusain). **3.** Dessin exécuté au fusain.

FUSANT, ANTE adj. ▪ Qui fuse. *Obus fusant.* ➝ n. m. *Un fusant.*

FUSEAU n. m. ▪ **1.** Petite toupie allongée qui sert à tordre puis à enrouler le fil, lorsqu'on file à la quenouille. *Le fuseau et la navette.* ➝ Petite bobine de fil à coudre, à broder. **2.** *EN FUSEAU :* de forme allongée, le centre étant légèrement renflé. ⇒ **fuselé, fusiforme.** *Colonne en fuseau.* ➝ appos. *Pantalon fuseau,* à jambes progressivement plus étroites vers le bas. **3.** GÉOM. Portion de la surface d'une sphère entre deux demi-grands cercles à diamètre commun. ➝ *FUSEAU HORAIRE :* chacun des 24 fuseaux imaginaires à la surface de la Terre, d'un pôle à l'autre, servant à fixer l'heure locale légale.

FUSÉE n. f. ▪ **I. 1.** Pièce de feu d'artifice propulsée par de la poudre et qui éclate en dégageant une vive lumière colorée. *Fusée de détresse.* **2.** Engin militaire, propulsé par un propergol ou des gaz liquéfiés. *Des fusées antichars.* ⇒ **missile, roquette. 3.** Moteur, lanceur d'un véhicule spatial. *Une fusée de deux, trois étages.* ➝ Ce véhicule. *La fusée européenne Ariane.* **II.** *FUSÉE D'OBUS :* amorce déclenchant l'explosion de l'obus qui heurte le sol ou son objectif. **III.** TECHN. Pièce mécanique en forme de fuseau (1).

FUSELAGE n. m. ▪ Corps d'un avion, auquel sont fixées les ailes. ⇒ **cellule.**

FUSELÉ, ÉE adj. ▪ En forme de fuseau. ⇒ **fusiforme.** *Doigts fuselés,* longs et minces.

fustanelle. Gardes place Sindagma, à Athènes. *Phot. © Guiziou/Pix*

FUSER v. intr. 1 ▪ **1.** Couler, se répandre en fondant. *Cire, bougie qui fuse.* **2.** CHIM. (explosifs) Éclater lentement, crépiter. **3.** Jaillir comme une fusée. *Les plaisanteries, les rires fusaient.*

FUSHUN ou **FOU-CHOUEN** ▪ Ville de Chine (Liaoning). 1 346 300 hab. Industries.

FUSIBILITÉ n. f. ▪ DIDACT. Qualité de ce qui est fusible.

FUSIBLE ▪ **I.** adj. DIDACT. Qui peut fondre, passer à l'état liquide sous l'effet de la chaleur. **II.** n. m. Petit fil d'un alliage fusible qu'on interpose dans un circuit électrique pour protéger une installation, un appareil. ⇒ **coupe-circuit, plomb.** ♦ fig. Personne qui peut perdre sa fonction (« sauter ») quand les circonstances l'exigent (en politique, notamment).

FUSIFORME adj. ▪ DIDACT. Qui a la forme d'un fuseau. ⇒ **fuselé.** *Poisson fusiforme.*

FUSIL [-zi] n. m. ▪ **I. 1.** Tige d'acier munie d'un manche, sur laquelle on aiguise les couteaux. **2.** *PIERRE À FUSIL* : silex donnant une étincelle par percussion sur une petite pièce d'acier. **II. 1.** Arme à feu portative à long canon. *Fusil de guerre. Balle de fusil. Fusil de chasse,* à deux canons et à cartouches. *Fusil à simple canon.* ⇒ **carabine.** - *Fusil sous-marin,* tirant une flèche, un harpon attaché par un fil. - *Coup de fusil.* **2.** *Un excellent fusil* : un bon tireur. **3.** loc. *Changer son fusil d'épaule* : changer de projet, d'opinion, de décision. - FAM. *Coup de fusil,* addition très élevée, dans un restaurant, un hôtel.

FUSILIER n. m. ▪ Soldat armé d'un fusil. - spécialt *FUSILIER MARIN* : matelot initié aux manœuvres de l'infanterie.

FUSILLADE n. f. ▪ **1.** Échange de coups de feu. **2.** Décharge simultanée de coups de fusil.

FUSILLÉ, ÉE adj. et n. ▪ (Personne) qui a été mise à mort par fusillade.

FUSILLER v. tr. 1 ▪ **1.** Tuer (un condamné) par une décharge de coups de fusil (→ passer par les armes). **2.** fig. FAM. *Fusiller du regard.* ⇒ **foudroyer. 3.** FAM. Abîmer, détériorer.

FUSILLEUR n. m. ▪ Celui qui fusille (un, des condamnés).

FUSIL-MITRAILLEUR [fyzi-] n. m. ▪ Arme automatique, alimentée par chargeur (abrév. F.-M.). ⇒ aussi **pistolet-mitrailleur.**

FUSION n. f. ▪ **I. 1.** Passage d'un corps solide à l'état liquide sous l'action de la chaleur. ⇒ **fonte, liquéfaction ; fondre.** *Point de fusion.* **2.** État d'une matière liquéfiée par la chaleur. *Métal en fusion.* **3.** *Fusion nucléaire,* dans laquelle deux noyaux atomiques légers (par exemple d'hydrogène) s'unissent en un seul et libèrent de l'énergie. **II.** Union intime résultant de la combinaison ou de l'interpénétration d'êtres ou de choses. ⇒ **réunion.** *La fusion des cœurs.* - (personnes morales, réalités sociales, historiques) *La fusion de plusieurs religions. Fusion de sociétés, d'entreprises.* ⇒ **absorption.**

FUSIONNER v. 1 ▪ **1.** v. tr. Unir par fusion (des collectivités auparavant distinctes). ⇒ **fondre. 2.** v. intr. S'unir par fusion.

Johann Heinrich **FÜSSLI** (1741 - 1825) ▪ Artiste suisse, établi à Londres. Sa peinture traite de sujets mythologiques ou tragiques. Scènes fantastiques et irréelles. *"Le Cauchemar"* (1782).

Milán **FÜST** (1888 - 1967) ▪ Écrivain hongrois, initiateur du vers libre dans la poésie hongroise. *"L'Histoire de ma femme"* (1942).

FUSTANELLE n. f. ▪ Court jupon masculin, tuyauté et empesé, qui fait partie du costume national grec.

Numa Denis **FUSTEL DE COULANGES** (1830 - 1889) ▪ Historien français. Dans *"La Cité antique"* (1864), il fait du sentiment religieux le principe constitutif de la famille et de l'organisation sociale dans l'Antiquité.

FUSTIGER v. tr. 3 ▪ **1.** VX Battre à coups de bâton. **2.** LITTÉR. Blâmer violemment. ⇒ **fouailler, fouetter.**

FÛT n. m. ▪ **I. 1.** Tronc d'arbre dans sa partie droite et dépourvue de branches. **2.** Tige d'une colonne entre la base et le chapiteau. *Fût à cannelures.* **3.** Monture de bois (d'une arme, d'un instrument). **II.** Tonneau. ⇒ **baril, futaille.** *Eau-de-vie vieillie en fûts de chêne.*

FUTAIE n. f. ▪ Forêt de grands arbres aux fûts dégagés. - loc. *(Arbres) DE HAUTE FUTAIE,* entièrement développés.

FUTAILLE n. f. ▪ **1.** Récipient de bois en forme de tonneau, pour le vin, les alcools, l'huile. ⇒ **fût.** *Futailles de vin.* ⇒ **barrique,** ② **foudre, tonneau. 2.** (collectif) Tonneaux, fûts. *Ranger la futaille dans un chai.*

FUTAINE n. f. ▪ Tissu à chaîne de fil et trame de coton.

FUTAL n. m. ▪ FAM. Pantalon. *Des futals.*

FUTÉ, ÉE adj. ▪ Qui est plein de finesse, de malice, sait déjouer les pièges. ⇒ **finaud, malin, rusé.** *Un gamin futé.* - n. *C'est une petite futée.* - *Un air, un sourire futé.*

FUTILE adj. ▪ **1.** Qui est dépourvu de sérieux, qui ne mérite pas qu'on s'y arrête. ⇒ **insignifiant.** *Discours, propos futiles. Sous le prétexte le plus futile.* ⇒ **léger. 2.** (personnes) Qui ne se préoccupe que de choses sans importance. ⇒ **frivole, léger, superficiel.** ► adv. FUTILEMENT

FUTILITÉ n. f. ▪ **1.** Caractère futile. ⇒ **frivolité. 2.** Chose futile. *S'attacher à des futilités.*

FUTUNA ET ALOFI ▪ Îles de Polynésie faisant partie du territoire français de Wallis-et-Futuna. Futuna : 64 km². 4 324 hab. Alofi : 51 km² (inhabitée).

FUTUR, URE ▪ **I.** adj. **1.** Qui appartient à l'avenir. ⇒ **prochain, ultérieur.** *Les générations futures.* - *Croire en une vie future* (après la mort). **2.** (avant le nom) Qui sera tel dans l'avenir. *Vos futurs collègues. Sa future épouse.* - n. VIEILLI *Son futur, sa future.* ⇒ **fiancé. II.** n. m. **1.** Partie du temps qui vient après le présent. ⇒ **avenir.** *Dans le futur.* **2.** Ensemble des formes d'un verbe qui expriment qu'une action, un état sont placés dans un moment de l'avenir. *Futur simple* (ex. *je parlerai*) ; *antérieur* (ex. *j'aurai parlé*). *Futur du passé* (mêmes formes que le cond.) (ex. *je lui ai écrit que je viendrais*).

Füssli. *Le Réveil de Titania.* Kunsthaus, Zurich.
Phot. © Arch. Smeets

Larionov, *Promenade, Vénus de boulevard,* 1912. MNAMGP, Paris. *Phot. © MNAMGP*

Balla, *Vitesse d'automobile.* Musée d'Art moderne, Stockholm. *Phot. © Dagli Orti*

Severini, *La Danse de l'ours au Moulin-Rouge,* 1913. MNAMGP, Paris. *Phot. © MNAMGP*

futurisme.

FUTURISME n. m. ▪ Mouvement littéraire et esthétique né en Italie, exaltant tout ce qui dans le présent (vie ardente, vitesse, machinisme, etc.) préfigurerait le monde futur. ▪ Le premier *Manifeste du futurisme,* rédigé en 1909 par Marinetti, fut suivi d'une longue série d'écrits théoriques, concernant d'abord les arts figuratifs (Balla, Boccioni, Severini), puis la littérature, le théâtre, le cinéma, la musique. — Mêlant les influences du futurisme italien et du cubisme, le **futurisme russe** réunit à partir de 1913 les pionniers de l'avant-garde (Malevitch, Tatline, Larionov) et éclata en autant de tendances. Ce fut aussi un mouvement littéraire, proche du marxisme, auquel appartenaient Maïakovski et Khlebnikov.

FUTURISTE ▪ **1.** adj. et n. Partisan du futurisme. **2.** adj. Qui évoque l'état futur de l'humanité tel qu'on peut l'imaginer. *Une architecture futuriste.*

FUTUROLOGIE n. f. ▪ DIDACT. Recherches concernant les évolutions futures. ⇒ **prospective.** ► n. FUTUROLOGUE

le FUTUROSCOPE ▪ Parc d'attractions scientifiques et techniques inauguré en 1986 à Jaunay-Clan, près de Poitiers. Architecture néofuturiste.

Johann Joseph FUX (1660 - 1741) ▪ Compositeur autrichien. Auteur d'un magistral traité du contrepoint : *"Gradus ad Parnassum"* (1725).

FUYANT, ANTE adj. ▪ **1.** VIEILLI Qui fuit, s'éloigne. **2.** Qui échappe, qui se dérobe. ⇒ **insaisissable.** *Regard fuyant.* - *Caractère fuyant,* qu'on ne peut retenir, comprendre. ⇒ **évasif. 3.** Qui paraît s'éloigner, s'enfoncer dans le lointain. *Une perspective fuyante.* **4.** Dont les lignes s'incurvent vers l'arrière. *Front, menton fuyant.*

FUYARD, ARDE ▪ **1.** adj. Qui fuit, s'enfuit ; qui est porté à s'enfuir. **2.** n. Personne qui s'enfuit. ⇒ **fugitif.** ♦ spécialt Soldat qui abandonne son poste de combat et fuit devant l'ennemi.

FUZHOU ou **FOU-TCHEOU** ▪ Ville et port du sud de la Chine, capitale de la province du Fujian. 1 292 400 hab. Industries.

Süleyman FUZULI (v. 1494 - 1560) ▪ Poète turc d'origine kurde. Il composa trois *"Divans"* en turc, persan et arabe.

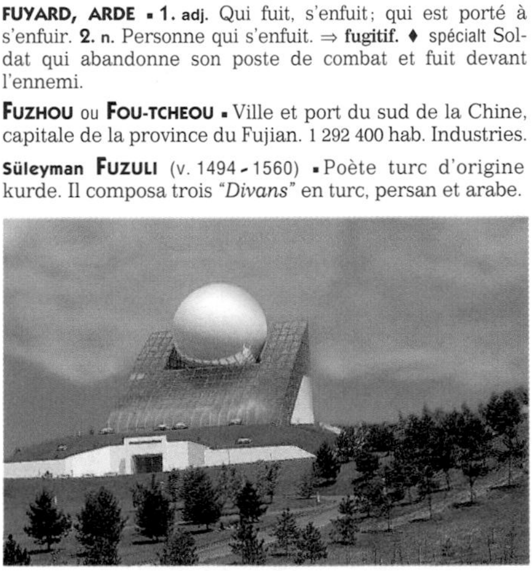

le **Futuroscope.** *Phot. © Régent/Diaf*

G

G [ʒe] **n. m. invar.** ▪ **1.** Septième lettre, cinquième consonne de l'alphabet. **2.** Symbole du *gramme*. **3.** SC. *G :* symbole de giga-.

GABARDINE **n. f.** ▪ **1.** Tissu serré de laine ou de coton. **2.** Imperméable en gabardine.

GABARIT **n. m.** ▪ **1.** TECHN. Modèle en grandeur réelle d'une pièce de construction navale ou architecturale. **2.** Appareil de mesure pour vérifier une forme ou des dimensions. **3.** Type, modèle ; format. ♦ Carrure, stature. *Un grand gabarit.* ♦ fig. *Du même gabarit.* ⇒ **acabit.**

GABARRE **n. f.** ▪ anciennt Ancien bâtiment de charge, bateau plat. ◇ var. GABARE.

GABBRO **n. m.** ▪ GÉOL. Roche éruptive grenue.

GABEGIE **n. f.** ▪ Désordre résultant d'une mauvaise gestion. ⇒ **gaspillage.**

GABELLE **n. f.** ▪ HIST. Impôt indirect sur le sel (sous l'Ancien Régime, en France).

GABELOU **n. m.** ▪ HIST. ou plais. Commis de la gabelle ; douanier.

GABÈS ▪ Ville et port de Tunisie. 110 000 hab.

GABIER **n. m** ▪ Matelot chargé de l'entretien et de la manœuvre de la voilure.

Jean GABIN (1904 - 1976) ▪ Acteur de cinéma français. Au cours d'une longue carrière, il tourna sous la direction de Renoir, Duvivier, Carné, Becker. *"La Grande Illusion"* (1937) ; *"Pépé le Moko"* (1937) ; *"Le Quai des brumes"* (1938) ; *"Touchez pas au grisbi"* (1954).

Gabin
avec M. Morgan
dans *Le Quai des brumes*
de M. Carné, 1938.
Phot. © Doc Pelé/Stills

GABION **n. m.** ▪ Cylindre de matières tressées, de grillage, rempli de terre pour servir de protection. ♦ Abri pour les chasseurs.

GABLE ou **GÂBLE** **n. m.** ▪ Pignon décoratif aigu.

Clark GABLE (1901 - 1960) ▪ Acteur américain. Alliant charme et autorité, il fut l'une des figures marquantes de Hollywood. *"Autant en emporte le vent"* (1939) ; *"Les Désaxés"* (1961).

Naum Pevsner dit **Naum GABO** (1890 - 1977) ▪ Sculpteur américain d'origine russe, frère du sculpteur Antoine Pevsner. Théoricien et professeur au Bauhaus, théoricien du constructivisme.

le GABON ▪ État d'Afrique équatoriale. 267 667 km². 1 226 000 hab. *(les Gabonais).* Capitale : Libreville. Langue officielle : français. Monnaie : franc CFA. L'un des pays les plus riches d'Afrique : forêt (elle couvre 78 % du territoire), sous-sol (manganèse, uranium, pétrole, fer). ▫ **HISTOIRE** Aux XVIIe et XVIIIe s., le pays connut la traite des esclaves. Exploré par Savorgnan de Brazza au XIXe s., territoire de l'Afrique-Équatoriale française en 1910, il devint indépendant en 1960. Au président M'Ba a succédé en 1967 Omar Bongo. En 1990, sous la pression populaire, le gouvernement engagea un processus de démocratisation du régime en instaurant, notamment, le multipartisme.

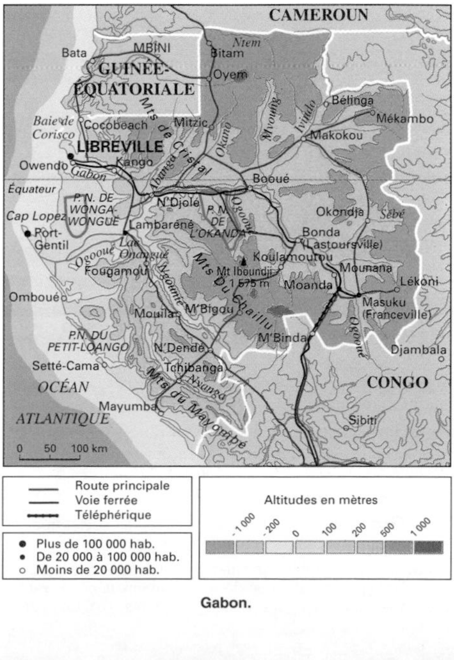

Gabon.

Dennis GABOR (1900-1979) ▪ Physicien britannique d'origine hongroise. Prix Nobel 1971 pour sa découverte du principe de l'holographie.

Émile GABORIAU (1832-1873) ▪ Romancier français. Il créa le prototype du roman policier à énigme avec *"L'Affaire Lerouge"* (1866).

GABORONE ▪ Capitale du Botswana. 140 000 hab.

saint GABRIEL ▪ Un des archanges des traditions juive, chrétienne et musulmane. Dans l'Évangile, il annonce à Marie la naissance de Jésus et, dans le Coran, il annonce à Mahomet sa vocation de prophète.

Jacques GABRIEL (1667-1742) ▪ Architecte français. Il acheva la construction du palais Bourbon. ► **Jacques Ange GABRIEL** (1698-1782), son fils, architecte de Louis XV, bâtit le Petit Trianon à Versailles et la place Louis-XV à Paris, aujourd'hui place de la Concorde.

GABRIELI ▪ Compositeurs et organistes italiens. ► **Andrea GABRIELI** (v. 1515-1586) Novateur dans le domaine de la polyphonie vocale, il fut l'un des maîtres de la musique vénitienne au XVIe s. ► **Giovanni GABRIELI** (1557-1612) Neveu du précédent, il employa de grands ensembles vocaux et instrumentaux (jusqu'à 33 instruments) qui font de lui un véritable créateur du style concertant.

GÂCHAGE n. m. ▪ Action de gâcher.

GÂCHE n. f. ▪ Pièce de métal munie d'une ouverture dans laquelle s'engage le pêne* d'une serrure.

GÂCHER v. tr. 1 ▪ **1.** Délayer (du mortier, du plâtre) avec de l'eau. **2.** fig. Faire (un travail) sans soin. ⇒ **bâcler, saboter.** ♦ Mal employer, manquer (qqch.) faute de savoir en tirer parti. ⇒ **gaspiller.** *Gâcher du tissu ; une occasion.* - au p. p. *Une vie gâchée.* **3.** *Gâcher le métier :* travailler à trop bon marché.

GÂCHETTE n. f. ▪ **1.** vx Petite gâche. **2.** Pièce immobilisant le percuteur d'une arme à feu. ♦ abusivt La détente de cette arme. *Appuyer sur la gâchette.*

GÂCHEUR, EUSE n. ▪ Personne qui gâche (2), gaspille.

GÂCHIS n. m. ▪ **1.** Mortier gâché*. ♦ Terrain détrempé. **2.** Mauvais emploi d'un produit, ou fig. d'une ressource, d'une occasion. ⇒ **gaspillage.** *Sa vie est un gâchis.* **3.** Situation confuse et dangereuse. ⇒ **désordre, pagaille.**

Carlo Emilio GADDA (1893-1973) ▪ Romancier italien. Mêlant italien courant, dialecte et langage technique, il écrivit des nouvelles et des romans sur un mode bouffon et parodique. *"La Connaissance de la douleur"* (1938-1963); *"L'Affreux Pastis de la rue des Merles"* (1957).

GADGET [gadʒɛt] n. m. ▪ anglic. Objet amusant et nouveau, plus ou moins futile. *Des gadgets inutiles.*

GADIN n. m. ▪ FAM. Chute (d'une personne). *Ramasser un gadin :* tomber.

GADOUE n. f. ▪ Terre détrempée. ⇒ **boue.** *Patauger dans la gadoue.* ◇ syn. FAM. GADOUILLE.

GAÉLIQUE ▪ **1.** adj. Relatif aux populations celtes du nord de l'Écosse. **2.** n. m. Groupe des dialectes celtiques* d'Irlande et de Grande-Bretagne.

① **GAFFE** n. f. ▪ Perche munie d'un croc et d'une pointe de fer.

② **GAFFE** n. f. ▪ FAM. **1.** *FAIRE GAFFE :* faire attention. **2.** Action, parole intempestive ou maladroite. ⇒ **bévue, impair, maladresse.** *Faire, commettre une gaffe.*

GAFFER v. intr. 1 ▪ **I.** Accrocher avec une gaffe. **II.** fig. FAM. **1.** Surveiller, regarder avec attention. **2.** Faire une, des gaffes. *Il a encore gaffé.*

GAFFEUR, EUSE n. ▪ FAM. Personne qui fait des gaffes. ⇒ **maladroit.** - adj. *Il est très gaffeur.*

GAG [gag] n. m ▪ anglic. **1.** au cinéma Brève action comique. *Un enchaînement de gags.* **2.** Situation burlesque dans la vie réelle.

GAGA adj. et n. ▪ FAM. surtout attribut Gâteux.

Youri GAGARINE (1934-1968) ▪ Cosmonaute soviétique. Le premier homme qui effectua un vol spatial (1961).

GAGE n. m. ▪ **I. 1.** Objet de valeur, bien mobilier remis pour garantir le paiement d'une dette. ⇒ **caution, dépôt, garantie.** *Mettre sa montre en gage. Prêteur sur gages.* - DR. *Contrat de gage.* **2.** jeux de société Pénitence que le joueur perdant doit exécuter. **3.** Ce qui représente une garantie, une preuve de sincérité. ⇒ **assurance, promesse.** *Donner à qqn des gages d'amour. Accepte ce cadeau, en gage d'amitié.* ⇒ **témoignage. II.** au plur. **1.** Salaire d'un domestique. ⇒ **appointements.** *Les gages d'une cuisinière.* **2.** loc. *TUEUR À GAGES,* payé pour assassiner.

GAGER v. tr. 3 ▪ **1.** LITTÉR. *GAGER QUE* (+ indic.) : parier, supposer que. *Gageons qu'il ne tiendra pas ses promesses.* **2.** FIN. Garantir par un gage. *Gager un emprunt.*

GAGEURE [-ʒyʀ] n. f. ▪ **1.** vx Pari (assorti de gages). **2.** LITTÉR. Action, projet, opinion qui semble relever d'un défi, d'un pari.

GAGNANT, ANTE ▪ s'oppose à *perdant* **1.** adj. Qui gagne. *Numéro gagnant.* **2.** n. La personne qui gagne (≠ *gagneur*). *Le gagnant du gros lot.*

GAGNE-PAIN n. m. invar. ▪ Ce qui permet à qqn de gagner modestement sa vie.

GAGNE-PETIT n. m. invar. ▪ Personne dont le métier rapporte peu.

GAGNER v. tr. 1 ▪ **I.** S'assurer (un profit matériel). **1.** (Par un travail, par une activité) *Gagner de l'argent.* ⇒ **gain.** *Gagner tant de l'heure, tant par mois.* ⇒ **toucher.** *Gagner sa vie,* FAM. *sa croûte :* gagner suffisamment d'argent pour vivre, en travaillant. - au p. p. *Un salaire honnêtement gagné.* **2.** (Par le jeu, par un hasard favorable) ⇒ **empocher, ramasser ;** s'oppose à *perdre. Gagner le gros lot. À tous les coups l'on gagne !* **II. 1.** Acquérir, obtenir (un avantage). *Gagner des galons, de l'avancement.* - au p. p. *Repos bien gagné,* mérité. ♦ *Gagner du temps :* disposer de plus de temps en différant une échéance (⇒ **temporiser**) ; faire une économie de temps. - *Ne vous embarquez pas dans cette affaire, vous n'y gagnerez rien de bon.* ⇒ **retirer, tirer.** - absolt *Vous y gagnerez :* vous y trouverez un avantage. ♦ *GAGNER EN,* sous le rapport de. *Il a gagné trois centimètres en hauteur.* ⇒ **augmenter, croître.** *Son style a gagné en force.* ♦ intrans. *GAGNER À* (+ inf.) : retirer des avantages, avoir une meilleure position. *Il gagne, il ne gagne pas à être connu.* ♦ *GAGNER DE* (+ inf.) : obtenir l'avantage de. *Vous y gagnerez d'être enfin tranquille.* **2.** Obtenir par son mérite. ⇒ **mériter.** *Gagner son salut, le paradis.* **3.** Obtenir (les dispositions favorables d'autrui). ⇒ s'**attirer, conquérir.** *Il a gagné l'estime de tous.* ♦ Se rendre favorable (qqn). ⇒ **amadouer,** se **concilier.** *Elle s'est laissé gagner par mes prières.* ⇒ **convaincre, persuader.** *Gagner qqn à sa cause.* **III.** (Dans une compétition, une rivalité ; opposé à *perdre*) **1.** Obtenir, remporter (un enjeu, un prix). **2.** Être vainqueur dans (la compétition). *Gagner une bataille, un match, un pari (contre qqn).* - absolt L'emporter, vaincre. *On a gagné !* **3.** L'emporter sur (qqn). *Gagner qqn de vitesse,* arriver avant lui en allant plus vite. ⇒ **dépasser, devancer. 4.** *GAGNER DU TERRAIN sur qqn,* se rapprocher de qqn (si on le poursuit), s'en éloigner (si l'on est poursuivi). - (choses) *L'incendie gagne du terrain.* ⇒ s'**étendre. 5.** intrans. S'étendre au détriment de (qqn, qqch.). *L'obscurité gagne.* ⇒ se **propager. IV.** Atteindre (une position) en parcourant la distance qui en sépare. **1.** Atteindre en se déplaçant (⇒ **regagner**). *Le navire a gagné le rivage. Gagner la sortie.* **2.** Atteindre en s'étendant. ⇒ se **propager ; progresser,** se **répandre.** - (le sujet désigne une impression) *Le froid, le sommeil le gagnait,* s'emparait de lui.

GAGNEUR, EUSE n. ▪ **I.** Personne qui gagne. - *Un gagneur d'argent.* ♦ n. f. *Gagneuse :* prostituée qui rapporte. **II.** Personne animée par la volonté de gagner, de réussir.

Gagarine.
Phot. © Blanche Shone/ Gamma

Gainsborough. *Conversation dans un parc.* Musée du Louvre, Paris. *Phot. © Arch. Smeets*

GAGNY ▪ Commune de Seine-Saint-Denis. 36 059 hab.

GAI, GAIE adj. ▪ **I. 1.** Qui a de la gaieté (opposé à *triste*). ⇒ **content, enjoué, guilleret, joyeux, réjoui.** *Il est bien gai, aujourd'hui. Un gai luron.* loc. *Gai comme un pinson.* - *Rendre (plus) gai.* ⇒ **égayer.** ♦ Dont la gaieté provient d'une légère ivresse. ⇒ **éméché, gris. 2.** (choses) Qui marque de la gaieté ; où règne la gaieté. *Un air gai. Une soirée très gaie.* **3.** Qui inspire de la gaieté. *Un film gai.* ⇒ **amusant, comique, divertissant, drôle, réjouissant.** *Couleurs gaies.* ⇒ **riant, vif.** - iron. *Nous voilà encore en panne, c'est gai !* **II.** anglic. **adj.** et **n.** Homosexuel. ⇒ **gay.**

GAÏA, GÉ ou **GÊ** ▪ La Terre, dans la cosmogonie hésiodique. Elle fut associée plus tard à Cybèle ou à Déméter.

GAIEMENT adv. ▪ Avec gaieté. ⇒ **joyeusement.** - *Allons-y gaiement !,* de bon cœur. ◇ var. anc. *gaîment.*

GAIETÉ n. f. ▪ var. anc. *gaîté* **1.** Comportement, état d'esprit d'une personne animée par la joie de vivre, la bonne humeur. ⇒ **enjouement, entrain, joie.** *Une gaieté communicative. Mettre en gaieté.* ⇒ **égayer, réjouir.** - loc. adv. (après une négation) *Je n'y vais pas* DE GAIETÉ DE CŒUR, pas volontiers. **2.** Caractère de ce qui est gai. *La gaieté d'une comédie, d'un film.* **3.** *(Une, des gaietés)* Chose drôle, plaisante. *"Les Gaietés de l'escadron"* (de Courteline).

GAILLAC ▪ Commune du Tarn. 10 376 hab. *(les Gaillacois).* Vignobles.

① **GAILLARD, ARDE** ▪ **I.** adj. **1.** Plein de vie, grâce à sa bonne santé. ⇒ **alerte, allègre, vif.** *Un vieillard encore très gaillard.* ⇒ **vert.** *Rendre gaillard.* ⇒ **ragaillardir. 2.** D'une gaieté un peu osée. *Des chansons gaillardes.* ⇒ **leste, licencieux. II. n. 1.** Homme plein de vigueur et d'entrain. *Un grand et solide gaillard.* **2.** FAM. Garçon, homme. ⇒ **gars, lascar.** *Ah ! je t'y prends, mon gaillard !*

② **GAILLARD** n. m. ▪ MAR. Superstructure située sur le pont supérieur d'un navire. *Gaillard d'arrière.* ⇒ **dunette.** *Gaillard d'avant.*

GAILLARD ▪ Commune de Haute-Savoie. 9 592 hab.

GAILLARDEMENT adv. ▪ Avec vigueur et entrain.

GAILLARDISE n. f. ▪ **1.** Gaieté un peu osée. **2.** Propos gaillards, libres.

GAILLON ▪ Commune de l'Eure, dans la vallée de la Seine. 6 303 hab. Vestiges d'un château construit de 1497 à 1510.

GAÎMENT; GAÎTÉ ⇒ GAIEMENT; GAIETÉ

GAIN n. m. ▪ **1.** Action, fait de gagner. *Le gain d'une bataille.* ⇒ **succès, victoire.** - loc. *Avoir, obtenir* GAIN DE CAUSE : obtenir ce qu'on voulait. **2.** Ce qu'on gagne. ⇒ **bénéfice, profit, rapport, rémunération, revenu, salaire.** *Les gains et les pertes d'une entreprise. L'appât du gain.* **3.** Avantage. *Le gain que l'on retire d'une lecture.* ⇒ **fruit, profit.** *Un gain de temps, de place.* ⇒ **économie.**

GAINE n. f. ▪ **1.** Enveloppe ayant la forme de l'objet qu'elle protège. ⇒ **étui, fourreau.** *La gaine d'un pistolet* (⇒ **dégainer**). **2.** Ce qui enserre (comme une gaine). ♦ spécialt Sous-vêtement féminin en tissu élastique enserrant les hanches et la taille. **3.** Support (d'une statue) plus étroit à la base. **4.** ANAT. Enveloppe protectrice.

GAINER v. tr. 1 ▪ **1.** Mettre une gaine à. *Gainer un fil électrique.* **2.** Mouler comme fait une gaine. - au p. p. *Jambes gainées de soie.*

Thomas **GAINSBOROUGH** (1727 - 1788) ▪ Peintre anglais. Rival de Reynolds. Il associa l'art du portrait à celui du paysage, s'attachant à l'intégration du sujet dans la nature. *"Blue Boy"* (1770).

Serge **GAINSBOURG** (1928 - 1991) ▪ Auteur-compositeur et interprète de chansons français. Il exprima, derrière le personnage provocateur de « Gainsbar », une profonde sensibilité et une ironie désabusée. *"Le Poinçonneur des Lilas"* (1958); *"La Javanaise"* (1963); *"Je t'aime, moi non plus"* (1969).

GALA n. m. ▪ Grande fête officielle. ⇒ **cérémonie, réception.** *Une soirée de gala. Des galas.*

GALACTIQUE adj. ▪ Relatif à la Voie lactée. ♦ D'une galaxie (celle qui correspond à la Voie lactée ou une autre) (→ extragalactique). *Nuage galactique.*

GALACT(O)- Élément, du grec *gala, galaktos* « lait » (ex. *galactogène* adj. « qui détermine ou stimule la production de lait »).

GALAMMENT adv. ▪ Avec galanterie (1).

GALANT, ANTE adj. ▪ **I. 1.** VX Vif, hardi. - n. m. loc. *Vert galant :* bandit posté dans les bois, fig. séducteur (surnom d'Henri IV). **2.** (homme) Qui cherche à plaire aux femmes. ♦ Poli, délicat, attentionné à l'égard des femmes. *Soyez galant et offrez votre place à cette dame.* **3.** VX Qui a de l'honneur. *C'est un galant homme* (→ gentilhomme). **4.** Qui a rapport aux relations amoureuses. *Il a été surpris en galante compagnie. Un rendez-vous galant.* - *Femme galante,* de mœurs légères. **II.** n. m. VX ⇒ **amoureux, soupirant.**

GALANTERIE n. f. ▪ **1.** Courtoisie empressée auprès des femmes. *La vieille galanterie française.* **2.** Propos flatteur adressé à une femme. *Débiter des galanteries.*

GALANTINE n. f. ▪ Charcuterie à base de viande ou de volaille, servie en gelée. *Une tranche de galantine.*

les îles **GALÁPAGOS** ▪ Archipel de l'océan Pacifique, formant une province de l'Équateur. 7 000 km². 9 800 hab. Réserve d'animaux (iguanes, oiseaux). Darwin y fit un séjour en 1835.

GALAPIAT n. m. ▪ FAM. Vaurien. *Un petit galapiat.* ⇒ **polisson.**

GALATES n. m. pl. ▪ Peuple celte qui envahit l'Asie Mineure au IIIe s. av. J.-C. et occupa une région limitée par la Paphlagonie, la Phrygie, la Cappadoce et le Pont. Annexée par l'Empire romain, celle-ci devint la province de Galatie en 25 av. J.-C. Les Galates furent évangélisés par saint Paul au Ier s.

GALAȚI ▪ Ville et port de Roumanie, sur le Danube. 325 788 hab.

Gainsbourg. *Phot. © Bernier/Gamma*

GALAXIE n. f. ▪ **1.** *(La Galaxie)* La Voie lactée, galaxie (2) où se trouve le Soleil (⇒ **galactique**). **2.** *(Une, des galaxies)* Vaste amas d'étoiles, l'une des structures essentielles de l'Univers, et dont la Galaxie (1) est un exemple. *Galaxie elliptique, lenticulaire, en forme de spirale* (→ VX nébuleuse spirale), *irrégulière.* ♦ fig. *"La galaxie Gutenberg"* (de McLuhan) : l'univers de la communication par l'imprimerie.

GALBA (5 av. J.-C. - 69) ▪ Empereur romain. Il fut reconnu empereur par le Sénat en 68, ce qui provoqua le suicide de Néron. Il fut assassiné par les prétoriens.

GALBE n. m. ▪ **1.** Contour harmonieux (d'une construction, d'un objet d'art aux lignes courbes). *Le galbe d'une commode.* **2.** Contour harmonieux (d'un corps, d'un visage humain).

GALBÉ, ÉE adj. ▪ Dont le contour est courbe et harmonieux. *Des jambes bien galbées.*

John Kenneth GALBRAITH (né en 1908) ▪ Économiste américain. Collaborateur de Roosevelt, analyste de la société de consommation et de la technostructure. *"Le Nouvel État industriel"* (1967).

GALE n. f. ▪ **1.** Maladie contagieuse de la peau, due à un acarien parasite, et caractérisée par des démangeaisons. *Avoir la gale.* ♦ (personnes) *Mauvais comme la gale* : très méchant. - *Ce type est une gale.* ⇒ **teigne. 2.** Maladie cryptogamique des végétaux.

GALÉJADE n. f. ▪ RÉGIONAL (Provence) Histoire inventée ou exagérée, pour plaisanter ou duper qqn.

GALÈNE n. f. ▪ MINÉR. Sulfate naturel de plomb. anciennt *Poste, radio à galène* (détecteur en cristaux de galène).

GALÈRE n. f. ▪ **1.** Grand navire à rames et à voiles, utilisé de l'Antiquité au XVIIIe siècle. ⇒ **galiote.** - loc. « *Que diable allait-il faire dans cette galère ?* » (Molière, d'après Cyrano de Bergerac) : comment a-t-il pu s'embarquer dans cette entreprise ? **2.** au plur. Peine de ceux qui étaient condamnés à ramer sur les galères du roi (⇒ **galérien**). **3.** FAM. Métier pénible, situation désagréable, difficile. *Ce travail, c'est la galère.* ⇒ **bagne.**

GALÈRE (v. 250 - 311) ▪ Empereur romain. Il reçut de Dioclétien le titre de césar pour l'Illyrie, l'Achaïe et le Danube. Il fut en 303 l'instigateur de la persécution dite « de Dioclétien » contre les chrétiens et devint auguste en 305 à l'abdication de Dioclétien et de Maximien. Il publia avant de mourir un édit de tolérance envers les chrétiens.

GALÉRER v. intr. [6] ▪ FAM. Être dans une situation pénible, sans argent.

GALERIE n. f. ▪ **1.** Lieu de passage ou de promenade, couvert, beaucoup plus long que large. *Galerie vitrée.* ⇒ **véranda.** *La galerie des Glaces, à Versailles.* - *Une galerie marchande.* **2.** Salle où sont réunies des collections d'œuvres d'art. ⇒ **exposition, musée.** - Magasin où sont exposées des œuvres d'art en vue de la vente. *Galerie de peinture.* **3.** Balcon à plusieurs rangs de spectateurs, au théâtre. ♦ loc. *Parler pour la galerie ; amuser, épater la galerie,* le public, l'assistance. **4.** Cadre métallique fixé sur le toit d'une voiture pour servir de porte-bagages. **5.** Passage souterrain. ⇒ **boyau, tunnel.** *Galeries de mine. La taupe creuse des galeries.*

GALÉRIEN n. m. ▪ Homme condamné à ramer sur les galères. - loc. *Une vie de galérien,* extrêmement pénible. ⇒ **bagnard, forçat.**

GALET n. m. ▪ **1.** Caillou usé et poli par le frottement de l'eau. *Plage de galets.* **2.** TECHN. Disque, petite roue. *Les galets d'un fauteuil.* ⇒ **roulette.** *Mécanisme à galets.*

GALETAS n. m. ▪ Logement très pauvre, sordide. ⇒ **réduit, taudis.**

GALETTE n. f. ▪ **I. 1.** Gâteau plat et rond fait d'un mélange très simple. *Galette des Rois.* - Petit gâteau sec de même forme. ♦ Crêpe de sarrasin ou de maïs. ♦ loc. *Plat comme une galette,* très plat. **2.** Objet en forme de galette. *Siège recouvert d'une galette de cuir.* **II.** FAM. Argent. ⇒ **blé.** *Avoir de la galette. La grosse galette :* la fortune.

GALEUX, EUSE adj. et n. ▪ **1.** Atteint de la gale. *Chien galeux.* **2.** MÉD. Qui a rapport à la gale. *Éruption galeuse.* **3.** Dont la surface est sale, pelée. *Des façades galeuses.*

le col du GALIBIER ▪ Col des Hautes-Alpes (2 645 m).

GALIBOT n. m. ▪ anciennt Jeune manœuvre dans les mines de charbon.

la GALICE en espagnol *GALICIA* ▪ Communauté autonome du nord-ouest de l'Espagne. 29 434 km². 2 700 288 hab. *(les Galiciens).* Langues : galicien, castillan. Capitale : Saint-Jacques-de-Compostelle. Réunie à la Castille en 1071.

la GALICIE ▪ Région d'Europe centrale partagée depuis 1945 entre la Pologne et l'Ukraine. Ancienne province de l'empire d'Autriche.

GALICIEN, IENNE adj. et n. ▪ **I. 1.** De Galice (en Espagne). - n. *Les Galiciens.* ♦ n. m. Langue régionale de la Galice, proche du portugais. **II.** De Galicie (Pologne et Ukraine).

Claude GALIEN (v. 131 - v. 201) ▪ Médecin grec. Ses traités, écrits en latin, eurent une grande influence jusqu'au XVIIe s.

GALILÉE (1564 - 1642) ▪ Mathématicien, physicien et astronome italien. Il découvrit les lois du mouvement pendulaire, formula la loi concernant la chute des corps, construisit une lunette astronomique avec laquelle il observa le Soleil, Jupiter et Saturne. La condamnation de ses thèses sur la rotation de la Terre sur elle-même et autour du Soleil (reprises de Copernic) par l'Église romaine en 1633 marque une rupture dans l'histoire de la pensée : la naissance de la physique moderne, qui s'affranchira progressivement de la métaphysique et de la religion. *"Dialogue sur les deux principaux systèmes du monde"* (1632).

la GALILÉE ▪ Région du nord d'Israël, entre la Méditerranée et le lac de Tibériade. Les Évangiles y situent la prédication de Jésus-Christ.

GALIMATIAS [-tja] n. m. ▪ Discours, écrit confus, incompréhensible. ⇒ **charabia.**

GALION n. m. ▪ Ancien navire de commerce colonial entre l'Amérique et l'Espagne.

GALIOTE n. f. ▪ Petite galère.

GALIPETTE n. f. ▪ FAM. Cabriole, culbute. *Faire la galipette.*

Franz Joseph GALL (1758 - 1828) ▪ Médecin allemand. Créateur de la phrénologie (étude du caractère d'après la forme du crâne).

GALLE n. f. ▪ Tumeur d'un tissu végétal due à des insectes parasites. *La galle du chêne* (appelée aussi *noix de galle*).

Émile GALLÉ (1846 - 1904) ▪ Verrier et ébéniste français. Fondateur de l'école de Nancy, il est l'un des maîtres de l'Art nouveau.

Gallé. Vase en verre décoré de libellules.
Coll. part. *Phot. © Dagli Orti*

Rómulo GALLEGOS (1884 - 1969) ▪ Romancier et homme politique vénézuélien. *"Doña Bárbara"* (1929), roman sur la vie des pampas vénézuéliennes.

le pays de GALLES en anglais *WALES* ▪ Pays de l'ouest de la Grande-Bretagne. 20 768 km². 2 850 000 hab. *(les Gallois).* Capitale : Cardiff. Le pays de Galles est un *country,* divisé en huit comtés : Clwyd, Dyfed, Gwent, Gwynedd, Glamorgan (du Sud, du Nord et du Centre), Powys. Haut plateau très arrosé. L'intérieur du pays vit de l'élevage ovin. Les 3/4 de la population sont installés dans le sud, où l'exploitation du bassin houiller est en crise, alors que se

gallo-romain. Scène de halage, bas-relief gallo-romain provenant de Cabrières d'Aygues. Musée Lapidaire, Avignon.
Phot. © Dagli Orti

développe, sur la côte, le raffinage du pétrole. Ancienne colonie romaine, le pays fut rattaché à l'Angleterre en 1536, après de longues luttes.

le prince de GALLES ▪ Titre porté par les fils aînés des souverains d'Angleterre depuis 1301.

GALLICAN, ANE adj. ▪ Qui concerne l'Église catholique de France, considérée comme jouissant d'une certaine indépendance à l'égard du Saint-Siège. ♦ adj. et n. Partisan des libertés de cette Église (opposé à *ultramontain*).

GALLICANISME n. m. ▪ Principes et doctrines de l'Église gallicane.

GALLICISME n. m. ▪ **1.** Construction ou emploi propre à la langue française. **2.** Emprunt fait au français par une autre langue.

GALLIEN (v. 218 - 268) ▪ Empereur romain. Empereur de 253 à 268, il mit fin à la persécution contre les chrétiens, réforma l'armée et ne gouverna que l'Italie, trente de ses généraux s'étant proclamés empereurs dans les provinces. Il écrasa les Alamans à Milan (261) et refoula l'invasion des Goths dans les Balkans (265-267). Il fut assassiné par ses officiers.

Joseph GALLIENI (1849 - 1916) ▪ Maréchal de France. Gouverneur général de Madagascar (1896-1905), gouverneur de Paris en 1914 (il prit une part décisive à la victoire de la Marne en faisant transporter les troupes par les taxis parisiens), ministre de la Guerre en 1915-1916.

Gaston de GALLIFFET (1830 - 1909) ▪ Général français. Il réprima durement la Commune. Ministre de la Guerre du Bloc des gauches (1899-1900).

GALLINACÉ n. m. ▪ Oiseau de la famille de la poule et du coq (caille, dindon, faisan, perdrix, pintade...).

GALLIUM [-jɔm] n. m. ▪ Corps simple (symb. Ga), métal rare proche de l'aluminium.

GALLOIS, OISE adj. et n. ▪ Du pays de Galles. - n. *Les Gallois.* ♦ n. m. *Le gallois* (langue celtique).

GALLON n. m. ▪ Mesure de capacité utilisée dans les pays anglo-saxons pour les grains et les liquides (4,54 litres en Grande-Bretagne ; 3,78 litres aux États-Unis). *Un gallon de whisky.*

GALLO-ROMAIN, AINE adj. et n. ▪ Relatif à la population, à la civilisation née du mélange des Romains et des Gaulois après la conquête de la Gaule. - n. *Les Gallo-Romains.*

GALLO-ROMAN n. m. ▪ Langue romane parlée en Gaule ; ensemble des dialectes issus du latin populaire des Gaules (avant le roman).

George Horace GALLUP (1901 - 1984) ▪ Journaliste et statisticien américain, créateur en 1935 d'un institut de sondages d'opinion.

GALOCHE n. f. ▪ Chaussure de cuir grossière à semelle de bois. ♦ fig. FAM. *Menton en galoche,* long et relevé vers l'avant.

Évariste GALOIS (1811 - 1832) ▪ Mathématicien français. Sa théorie des groupes, qui ne fut pas comprise en son temps, devint fondamentale en algèbre. Ardent républicain, il fut emprisonné après 1830. Il fut tué en duel.

GALON n. m. ▪ **1.** Ruban de tissu épais, qui sert à orner. *Rideau bordé d'un galon.* **2.** Signe distinctif des grades dans l'armée. *Lieutenant à deux galons.* - loc. *Prendre du galon :* monter en grade.

GALONNER v. tr. [1] ▪ Orner de galons. ► **GALONNÉ, ÉE** adj. et n. *Revers galonnés.* - n. m. FAM. *UN GALONNÉ :* un officier ou un sous-officier.

GALOP [-o] n. m. ▪ **1.** Allure la plus rapide que prend naturellement le cheval (et certains animaux de la même famille). *Cheval qui part au grand galop.* **2.** loc. *GALOP D'ESSAI :* examen d'entraînement. - *AU GALOP :* vite. **3.** Ancienne danse au mouvement très vif.

GALOPADE n. f. ▪ **1.** Chevauchée faite au galop. **2.** Course précipitée.

GALOPANT, ANTE adj. ▪ Qui augmente, empire très rapidement. *Inflation galopante.*

GALOPER v. intr. [1] ▪ **1.** Aller au galop. *Galoper ventre à terre.* **2.** Courir rapidement. **3.** fig. Aller très vite. *Son imagination galope.*

GALOPIN n. m. ▪ Gamin qui court les rues. - Enfant espiègle, effronté. ⇒ **chenapan, garnement, polisson.**

GALOUBET n. m. ▪ Flûte provençale au son très aigu.

John GALSWORTHY (1867 - 1933) ▪ Écrivain britannique. Il fit une peinture satirique de la haute bourgeoisie : *"La Saga des Forsyte"* (1906-1928, romans). Prix Nobel de littérature 1932.

sir Francis GALTON (1822 - 1911) ▪ Physiologiste, anthropologue et psychologue britannique. Cousin de Darwin, il fut l'un des premiers à appliquer la méthode statistique à l'étude de l'hérédité et des différences individuelles.

GALUCHAT n. m. ▪ Peau de certains poissons (squale, raie), traitée et utilisée en maroquinerie.

GALURIN n. m. ▪ FAM. Chapeau. ◇ syn. GALURE.

Luigi GALVANI (1737 - 1798) ▪ Médecin et physicien italien. Il étudia les effets de l'électricité sur les muscles et les nerfs (« galvanisme »). À cette occasion, il découvrit ce qu'il pensait être le fameux « fluide vital » des Anciens : en réalité, les contractions spontanées qu'il avait observées n'étaient pas dues à une quelconque « électricité animale », mais, comme le montra Volta, à des phénomènes électrochimiques.

GALVANIQUE adj. ▪ SC. Relatif aux courants électriques continus de basse tension. *Pile galvanique.*

GALVANISATION n. f. ▪ Action de galvaniser.

GALVANISER v. tr. [1] ▪ **1.** SC. Électriser au moyen d'un courant galvanique. **2.** fig. Animer d'une énergie soudaine, souvent passagère. ⇒ **électriser, entraîner, exalter, exciter.** **3.** TECHN. Recouvrir (un métal) d'une mince couche d'un autre métal par électrolyse (⇒ **galvanoplastie**). - au p. p. *Tôle galvanisée,* recouverte de zinc.

GALVANISME n. m. ▪ SC. Phénomènes électriques physiologiques des muscles et des nerfs.

GALVANOMÈTRE n. m. ▪ PHYS. Instrument mesurant de faibles intensités de courant électrique.

GALVANOPLASTIE n. f. ▪ TECHN. Procédé de galvanisation (⇒ **galvaniser** (3)) du métal, notamment pour en prendre l'empreinte.

GALVAUDER v. tr. [1] ▪ Compromettre (un avantage, un don, une qualité) par un mauvais usage. *Galvauder son talent.* ⇒ **gâcher.**

Vasco de **Gama.** Musée de la Marine, Lisbonne. *Phot. © Prato/Ricciarini*

Vasco de GAMA (1469 - 1524) ▪ Navigateur portugais. Il atteignit les Indes par le cap de Bonne-Espérance (1497), puis fonda des comptoirs portugais sur les côtes sud-est de l'Afrique (Mozambique). Il devint vice-roi des Indes portugaises.

GAMBADE n. f. ▪ Bond joyeux et spontané. ⇒ **cabriole, entrechat, galipette.**

GAMBADER v. intr. [1] ▪ Faire des gambades. *Gambader de joie.* - fig. *Son esprit gambade,* suit sa fantaisie.

GAMBAS [-as] n. f. pl. ▪ Grosses crevettes de la Méditerranée.

GAMBE ⇒ VIOLE DE GAMBE

GAMBERGER v. intr. [3] ▪ ARGOT FAM. Réfléchir. - trans. Calculer, combiner. ► n. f. GAMBERGE

Léon GAMBETTA (1838 - 1882) ▪ Homme politique français. Il fut l'un des fondateurs de la IIIe République. Après la défaite de Sedan (1870), il organisa la Défense nationale, quittant en ballon Paris assiégé pour organiser la résistance en province. Président du Conseil de novembre 1881 à janvier 1882.

GAMBETTE n. f. ▪ FAM. Jambe (contexte de la danse).

la GAMBIE ▪ État d'Afrique occidentale, situé de part et d'autre du cours inférieur du fleuve Gambie (1 130 km), qui forme une encoche sur la façade maritime du Sénégal. 11 300 km². 875 000 hab. *(les Gambiens).* Capitale : Banjul. Langue officielle : anglais. Monnaie : dalasi. Arachides. Élevage. Tourisme. Colonie anglaise en 1888, le pays devint un État indépendant, membre du Commonwealth, en 1965. La création d'une confédération de Sénégambie avec le Sénégal (1981-1989) ne déboucha pas sur l'intégration souhaitée.

les îles GAMBIER ▪ Archipel de la Polynésie-Française, au sud-est des Tuamotu. 36 km². 582 hab. Chef-lieu : Rikitea.

GAMBILLER v. intr. [1] ▪ FAM. Danser.

GAMBISTE n. ▪ Instrumentiste qui joue de la viole* de gambe.

GAMBIT n. m. ▪ aux échecs Sacrifice d'un pion (pour dégager le jeu, préparer une attaque).

-GAME, -GAMIE Éléments, du grec *gamos* « mariage » (ex. *polygame, polygamie*).

GAMELAN n. m. ▪ Orchestre traditionnel indonésien, comprenant xylophones, gongs, tambours.

Maurice GAMELIN (1872 - 1958) ▪ Général français. Chef de l'état-major en 1939-1940.

GAMELLE n. f. ▪ **1.** Récipient individuel pour la nourriture, que l'on peut faire chauffer. *La gamelle du soldat, du campeur.* **2.** FAM. *Ramasser une gamelle :* tomber ; fig. subir un échec.

GAMÈTE n. m. ▪ BIOL. Cellule reproductrice mâle ou femelle qui contient un seul chromosome*. *Le gamète mâle* (spermatozoïde) *peut s'unir au gamète femelle* (ovule) *pour former un œuf.*

GAMIN, INE ▪ **I.** n. **1.** n. m. VX Petit garçon servant d'aide. **2.** n. VIEILLI Petit garçon, petite fille vivant dans la rue. *Gamins des rues.* **3.** MOD. Enfant ou adolescent. ⇒ **gosse.** *Une gamine de onze ans.* ♦ POP. Fils, fille encore jeune. *Son gamin est malade.* **II.** adj. Jeune et espiègle. *Elle est restée très gamine.*

GAMINERIE n. f. ▪ Comportement, acte, propos dignes d'un gamin. ⇒ **enfantillage, puérilité.** *Il a passé l'âge de ces gamineries.*

GAMMA n. m. invar. ▪ Troisième lettre de l'alphabet grec (Γ, γ), correspondant au G (g).

GAMMAGLOBULINE n. f. ▪ BIOL. Fraction du sérum sanguin contenant la plupart des anticorps.

GAMME n. f. ▪ **1.** MUS. Suite montante ou descendante de notes comprises dans une octave, suivant des intervalles déterminés. ⇒ **échelle, mode.** *Gamme diatonique majeure : do ré mi fa sol la si do. Faire ses gammes au piano.* **2.** Série de couleurs qui passent insensiblement d'un ton à un autre. *Une gamme de gris.* **3.** Série continue où tous les degrés, toutes les espèces sont représentés. *Toute la gamme des sentiments.* ♦ COMM. *Une gamme de produits de beauté.* - loc. *HAUT DE GAMME, BAS DE GAMME :* ensemble des produits les plus chers, les moins chers d'une série. appos. *Téléviseurs haut de gamme.*

GAMMÉE adj. f. ▪ *CROIX GAMMÉE,* dont les branches sont coudées en forme de gamma majuscule. ⇒ **svastika.** *La croix gammée, emblème des nazis.*

George GAMOW (1904 - 1968) ▪ Physicien américain d'origine russe. Auteur de la théorie de la radioactivité α, il fut le premier, dans les années 1940, à émettre l'hypothèse (confirmée dans les années 1960) de l'existence d'un rayon thermique fossile du big bang.

① **GANACHE** n. f. ▪ Personne incapable, sans intelligence. ⇒ **imbécile.**

② **GANACHE** n. f. ▪ Crème à base de chocolat fondu et de crème fraîche.

Abel GANCE (1889 - 1981) ▪ Cinéaste français. Le premier à utiliser des techniques modernes au service d'un langage cinématographique ambitieux pour son époque. *"La Roue"* (1921) ; *"Napoléon"* (1927).

GAND en néerlandais ***GENT*** ▪ Ville et port de Belgique, chef-lieu de la Flandre-Orientale (Région flamande). 230 246 hab. *(les Gantois).* Cathédrale gothique Saint-Bavon avec un polyptyque célèbre de Van Eyck, *"L'Agneau mystique"* (1426-1432). Château (XIe-XIIIe s.). Maisons anciennes. Industries textile et alimentaire.

GANDHARA ▪ Ancienne région couvrant le nord-ouest de l'Inde, le nord du Pakistan et l'est de l'Afghanistan. La civilisation grecque y influença fortement l'art et la religion bouddhiques. Une école de sculpture bouddhique s'y développa du Ier au Ve s.

Mohandas Karamehand GANDHI (1869 - 1948) ▪ Homme politique et philosophe indien, fondateur de l'Inde moderne. Il fut surnommé le *Mahatma* (« grande âme »). Par la

Gambie. Le fleuve Gambie. *Phot. © Gleizes/Explorer*

Gandhi.
Phot. © Lochon/Gamma

résistance passive et la non-violence, il obtint des Anglais l'indépendance pour son pays (1947). Il fut assassiné par un brahmane fanatique.

Indira GANDHI (1917-1984) ▪ Femme politique indienne. Fille de Nehru. Premier ministre de 1966 à 1977 puis de 1980 à son assassinat. ► **Rajiv GANDHI** (1944-1991), son fils, lui succéda (1984-1989). Il fut également assassiné.

GANDIN n. m. ▪ VX Jeune homme d'une élégance excessive.

GANDJA de 1935 à 1989 ***KIROVABAD*** ▪ Ville d'Azerbaïdjan. 281 000 hab.

GANDOURA n. f. ▪ Tunique sans manches, qui se porte en Afrique du Nord sous le burnous.

GANG [gɑ̃g] n. m. ▪ anglic. Bande organisée, association de malfaiteurs. *Un chef de gang* (⇒ **gangster**). *Lutte contre les gangs* (⇒ **antigang**).

le GANGE ▪ Fleuve du nord de l'Inde qui descend de l'Himalaya, arrose Bénarès et Patna puis se jette dans le golfe du Bengale par un vaste delta marécageux (2 700 km). Fleuve sacré et purificateur pour les hindouistes, qui y viennent en pèlerinage.

le **Gange**. Le fleuve à Bénarès. *Phot. © Prato/Ricciarini*

GANGLION n. m. ▪ Renflement sur le trajet d'un vaisseau lymphatique ou d'un nerf. *Les ganglions du cou, de l'aine.* - FAM. *Cet enfant a des ganglions*, ses ganglions lymphatiques ont enflé. ► adj. GANGLIONNAIRE

GANGRÈNE n. f. ▪ **1.** Mort et putréfaction des tissus animaux. *Amputer un membre rongé par la gangrène.* **2.** fig. Ce qui pourrit, corrompt. ⇒ **corruption, pourriture.**

GANGRENER [-gʀə- ; -gʀe-] v. tr. [5] ▪ **1.** Attaquer (qqch.) par la gangrène (1). - pronom. *Plaie qui se gangrène.* - au p. p. *Membre gangrené.* **2.** fig. ⇒ **empoisonner, pervertir.** - au p. p. *Gouvernement gangrené par la corruption.*

GANGRENEUX, EUSE [-gʀə- ; -gʀe-] adj. ▪ Qui est de la nature de la gangrène. *Plaie gangreneuse.*

GANGSTER [gɑ̃gstɛʀ] n. m. ▪ anglic. Membre d'un gang. ⇒ **bandit, malfaiteur.** *Un film de gangsters.* ♦ Crapule. *Ce financier est un gangster !* ⇒ **escroc, pirate.**

GANGSTÉRISME n. m. ▪ Méfaits des gangsters. ⇒ **banditisme.** ♦ Comportement digne d'un gangster.

GANGUE n. f. ▪ **1.** Matière sans valeur qui entoure un minerai, une pierre précieuse à l'état naturel. ♦ par analogie *Une gangue de boue.* **2.** fig. Ce qui enveloppe, dissimule. *Briser la gangue des préjugés.*

GANSE n. f. ▪ Cordonnet ou ruban tressé servant à orner. *Coudre une ganse sur une robe.*

GANSER v. tr. [1] ▪ Garnir d'une ganse. - au p. p. *Veste gansée de noir.*

GANSU ou **KAN-SOU** ▪ Province du nord de la Chine. 454 300 km². 2 345 000 hab. Capitale : Lanzhou.

GANT n. m. ▪ **1.** Pièce de l'habillement qui s'adapte exactement à la main en couvrant chaque doigt séparément. *Une paire de gants de peau. Gants fourrés.* **2.** Objet analogue, qui enveloppe la main sans séparer les doigts. ⇒ **moufle.** - *GANT DE BOXE :* moufle de cuir bourrée de crin. - *GANT DE CRIN,* avec lequel on frictionne la peau. - *GANT DE TOILETTE :* poche en tissu éponge servant à faire sa toilette. **3.** loc. *Retourner qqn comme un gant,* le faire changer complètement d'avis. - *Aller comme un gant à qqn,* lui convenir parfaitement. - *Jeter le gant* (à qqn) : défier, provoquer. *Relever le gant,* le défi. - FAM. *Prendre des gants :* agir avec ménagement (→ y mettre les formes). - *Se donner les gants* (de qqch.) : s'attribuer à tort le mérite (de qqch.). ⇒ se **vanter.**

GANTELET n. m. ▪ **1.** Gant (d'une armure). **2.** Morceau de cuir avec lequel certains artisans protègent la paume de leurs mains.

GANTER v. tr. [1] ▪ Mettre des gants à. *Des mains faciles à ganter.* - pronom. *Se ganter de soie.* - au p. p. *Un monsieur ganté et cravaté.*

GANTERIE n. f. ▪ Industrie, commerce, atelier du gantier.

GANTIER, IÈRE n. ▪ Personne qui confectionne, qui vend des gants.

GANYMÈDE ▪ Prince légendaire de Troie, fils de Tros et de Callirrhoé. Adolescent fameux pour sa beauté, il est aimé de Zeus qui, changé en aigle, l'enlève et l'emporte sur l'Olympe, où il devient l'échanson des dieux.

GAO ▪ Ville du Mali. 40 000 hab. Capitale du royaume des Songhaïs au XVIᵉ s.

GAP ▪ Chef-lieu des Hautes-Alpes. 33 444 hab. *(les Gapençais).*

le viaduc de GARABIT ▪ Viaduc (564 m) permettant au chemin de fer (ligne Béziers - Clermont-Ferrand) de franchir la gorge de la Truyère, profonde de 125 m, à Faverolles dans le Cantal. Construit par Eiffel (1882-1884).

GARAGE n. m. ▪ **I.** Action de garer. ♦ spécialt Action de ranger des wagons à l'écart de la voie principale. - *VOIE DE GARAGE,* pour les trains, les wagons ; fig. situation sans avenir. **II.** (Lieu) **1.** Abri généralement clos, destiné à recevoir des véhicules. *Un garage de cycles. Un garage d'autobus.* ⇒ **dépôt.** - spécialt *Rentrer sa voiture au garage.* ⇒ **box.** **2.** Entreprise qui s'occupe de la garde, de l'entretien et de la réparation des automobiles.

GARAGISTE n. ▪ Personne qui tient un garage (II, 2).

GARANCE adj. invar. ▪ Rouge vif. *Les pantalons garance de l'ancienne infanterie de ligne française* (jusqu'en 1915).

GARANT, ANTE n. ▪ **1.** DR. Personne qui s'engage, devant une autre, à répondre (de qqch.). *Vous serez garant des avaries.* ⇒ **responsable.** - Personne qui répond de la dette d'autrui. **2.** *ÊTRE, SE PORTER GARANT DE :* répondre de. *Je me porte garant de sa conduite.* **3.** Chose qui constitue une garantie (2), assurance, caution, gage.

GARANTIE n. f. ▪ **1.** Engagement par lequel une entreprise répond de la qualité de ce qu'elle vend (produit, service). *Contrat de garantie. Montre encore sous garantie.* **2.** Ce qui constitue une assurance de la valeur de qqch., de qqn. *Présenter des garanties de sérieux.* - *Garantie de l'emploi.* ⇒ **sécurité.**

GARANTIR v. tr. [2] ▪ **I.** Assurer sous sa responsabilité (qqch.) à qqn. **1.** DR. (sujet : la personne garante) ⇒ **cautionner.** - (sujet chose) *Lois garantissant les libertés du citoyen.* **2.** Assurer de la qualité ou du bon fonctionnement. *Vendeur qui garantit* *une voiture d'occasion.* – au p. p. *Appareil garanti un an.* **3.** Donner (qqch.) pour certain, véridique. ⇒ **certifier.** *Je peux garantir le fait.* – GARANTIR QUE (+ indic.). *Je te garantis que tout ira bien.* **II. 1.** DR. Assurer (qqn) par une garantie. **2.** VIEILLI Mettre à l'abri (de). ⇒ **défendre, préserver, protéger.** *Un store garantit du soleil.*

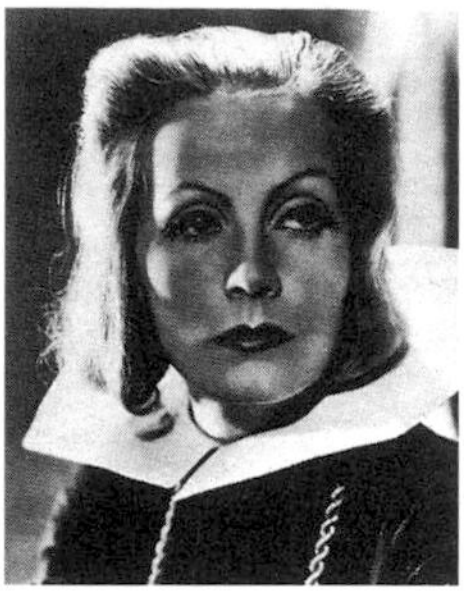

Garbo dans *La Reine Christine*, film de R. Mamoulian, 1933. *Phot. © Coll. Rui Nogueira*

Greta GARBO (1905 - 1990) ▪ Actrice de cinéma suédoise naturalisée américaine, surnommée « la Divine ». *"La Reine Christine"* (1933).

GARBURE n. f. ▪ RÉGIONAL (Sud-Ouest) Soupe épaisse au chou, au lard ou au confit d'oie.

GARCE n. f. ▪ **1.** VX Femme, fille. **2.** FAM. Femme de mauvaise vie. **3.** FAM. Femme, fille méchante, désagréable. *Ah ! la garce !* – fig. *Cette garce de vie.*

GARCHES ▪ Commune des Hauts-de-Seine. 17 957 hab. *(les Garchois).* Hôpital.

Federico GARCÍA LORCA (1899 - 1936) ▪ Écrivain espagnol. Il a concilié, dans sa poésie et son théâtre, les traditions populaires andalouses et le souci d'une écriture moderne. *"Romancero gitan"* (1928), synthèse de poésie populaire et précieuse ; *"La Maison de Bernarda"* (1936), pièce à la dramaturgie proche de la tragédie grecque. Il fut fusillé par les franquistes.

Gabriel GARCÍA MÁRQUEZ (né en 1928) ▪ Écrivain colombien. Son œuvre, couronnée par le prix Nobel (1982), est une méditation sur la violence et la mort. *"Cent ans de solitude"* (1967), composition foisonnante, mêlant réalisme et fantastique, sur l'histoire d'une bourgade imaginaire.

García Márquez. *Phot. © Ulf Andersen/ Gamma*

GARCILASO DE LA VEGA (1503 - 1536) ▪ Premier grand poète de l'âge d'or de la littérature espagnole. L'amour, contrarié et douloureux, est la source principale de son lyrisme.

GARÇON n. m. ▪ **I. 1.** Enfant du sexe masculin. *Les filles et les garçons.* – loc. GARÇON MANQUÉ : fille qui a des gestes brusques, aime les jeux violents. – PETIT GARÇON : garçon avant l'adolescence. – GRAND GARÇON. *Tu es un grand garçon,* se dit à un petit garçon pour faire appel à sa raison. – JEUNE GARÇON : adolescent. **2.** Jeune homme. *Un garçon de vingt ans.* ⇒ **gars.** – loc. *Il est beau garçon.* – *Un garçon bien élevé.* – MAUVAIS GARÇON : voyou. ♦ (emploi fam. ou amical) Homme. *J'ai connu ce garçon il y a très longtemps.* **3.** VIEILLI Jeune homme non marié. ⇒ **célibataire.** *Il est resté garçon.* ♦ MOD. *Vieux garçon.* – loc. *Garçons d'honneur,* dans le cortège d'un mariage. **II.** spécialt ou dans des loc. **1.** Homme qui travaille comme aide, comme commis. *Garçon boucher. Garçon de course.* ⇒ **coursier. 2.** Employé chargé de servir la clientèle d'un établissement. *Garçon de café.* ⇒ **serveur.**

GARÇONNET n. m. ▪ Petit garçon (contexte de la confection).

GARÇONNIER, IÈRE adj. ▪ Qui, chez une fille, rappelle les allures d'un garçon. *Manières garçonnières.*

GARÇONNIÈRE n. f. ▪ Petit appartement pour un homme seul. ⇒ **studio.**

le GARD n. m. ▪ Rivière du Languedoc. 130 km. Affluent du Rhône.

le GARD [30] ▪ Département français de la région Languedoc-Roussillon. 5 848 km^2. 585 000 hab. Chef-lieu : Nîmes. Chefs-lieux d'arrondissement : Alès, Le Vigan.

le pont du GARD ▪ Célèbre aqueduc romain construit v. 19 av. J.-C. 273 m de long, 49 m de haut.

GARDANNE ▪ Commune des Bouches-du-Rhône, près d'Aix-en-Provence. 17 864 hab. *(les Gardannais).* Lignite.

① **GARDE** n. f. ▪ **I.** (Action) **1.** Action de conserver ou protéger (qqch.) en le surveillant. *Confier à un ami la garde de ses affaires.* – loc. *Mettre, tenir sous bonne garde.* **2.** Action de veiller sur (une personne). ⇒ **protection, surveillance.** *Confier un enfant à la garde d'une étudiante. Père divorcé qui a la garde des enfants.* **3.** Surveillance. *Faire bonne garde.* – CHIEN DE GARDE, qui veille sur une maison et ses dépendances. – DE GARDE. *Être de garde :* être chargé de rester à un poste, d'assurer un service. *Le médecin, l'interne de garde. Tour de garde.* ♦ Surveillance militaire. *Monter la garde.* **4.** Fait de surveiller, de garder (des personnes). *Assurer la garde de détenus* (⇒ **gardien**). DR. GARDE À VUE : mesure judiciaire par laquelle on retient qqn (suspect, témoin) dans les locaux de la police, pendant un délai légal. **II. 1.** Position de défense (en escrime, boxe...). *Être en garde.* ellipt *En garde !* **2.** *Mettre qqn* EN GARDE, l'avertir, le prévenir. *Mise en garde :* avertissement. ♦ *Être, se tenir* SUR SES GARDES : être vigilant. ⇒ se **méfier. 3.** PRENDRE GARDE : faire attention (pour éviter un danger). ⇒ **veiller.** *Prends garde de rester discret ; qu'on ne remarque rien.* **4.** LITTÉR. N'AVOIR GARDE DE (faire qqch.), s'abstenir soigneusement, n'avoir aucune intention de (le faire). **III. 1.** Groupe de personnes chargées de veiller sur qqn, qqch. ; spécialt corps de troupe. – *La* GARDE RÉPUBLICAINE : corps de gendarmerie chargé de missions de sécurité, et de rendre les honneurs. ♦ HIST. *La garde impériale* (de Napoléon Ier). – loc. LA VIEILLE GARDE : les partisans les plus anciens et les plus fidèles d'un homme politique, d'un régime. **2.** Ensemble des soldats en armes qui occupent un poste, exercent une surveillance. *Garde montante.* – CORPS DE GARDE : groupe de soldats chargés de garder un poste. *Plaisanterie de corps de garde,* grossière. **3.** Service de garde. *La garde de nuit.* **IV.** (Chose qui protège) **1.** *La garde d'une épée, d'un sabre,* rebord placé entre la lame et la poignée. *Enfoncer un poignard jusqu'à la garde.* **2.** *Pages de garde :* pages vierges placées au début et à la fin d'un livre. **3.** TECHN. *Garde de la pédale de frein, d'embrayage,* espace à parcourir avant qu'elle soit efficace.

② **GARDE** ▪ **I.** n. m. **1.** Personne qui garde (une chose, un dépôt, un lieu). ⇒ **conservateur, dépositaire, gardien, surveillant.** – *Le garde des Sceaux :* le ministre de la Justice. – *Garde forestier,* chargé de surveiller les forêts domaniales ou privées. ⇒ **garde-chasse.** – GARDE CHAMPÊTRE : agent communal, préposé à la garde des propriétés rurales. **2.** Personne qui a la garde d'un prisonnier. ⇒ **gardien, geôlier. 3.** Personne qui veille sur la personne d'un souverain, d'un chef d'État, d'une personnalité. – *Garde du corps,* personne qui suit qqn pour le protéger. **4.** Soldat d'une garde. *Un garde républicain.* **II.** n. f. Celle qui garde un malade, un enfant. ⇒ **garde-malade, infirmier, nurse.**

GARDE- Élément de mots composés, tiré du verbe *garder.*

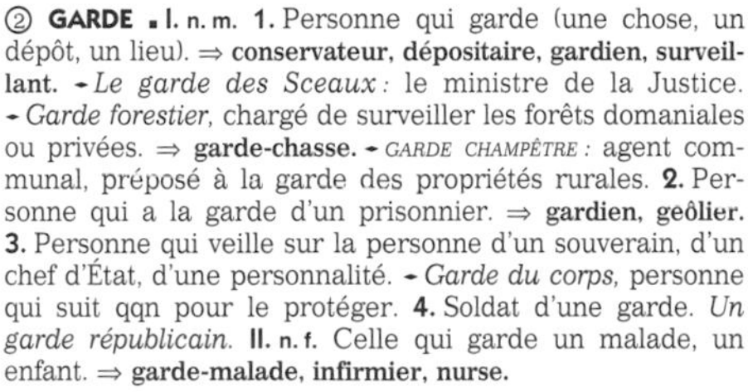

le **Gard.** Le pont du Gard, aqueduc romain, Ier s. *Phot. © Hétier*

La GARDE ▪ Commune du Var. 22 412 hab. *(les Gardéens).*

le lac de GARDE ▪ Lac glaciaire d'Italie du Nord. 370 km². Tourisme.

GARDÉ, ÉE adj. ▪ **1.** *CHASSE GARDÉE,* réservée (au propriétaire, à un groupe de personnes). **2.** *Toutes proportions gardées.* ⇒ **garder** (II, 7).

GARDE-À-VOUS n. m. invar. ▪ Position immobile du soldat debout qui est prêt à exécuter un ordre. *Se mettre au garde-à-vous.* - *Garde à vous ! Fixe !*

GARDE-BARRIÈRE n. ▪ Personne qui surveille un passage à niveau. *La maison des gardes-barrières.*

GARDE-BŒUF [-bœf] n. m. ▪ Petit échassier qui se pose sur de gros animaux (bœufs, etc.) pour manger les larves parasites qu'ils portent. *Des garde-bœufs* [-bø].

GARDE-BOUE n. m. invar. ▪ Bande de métal qui recouvre le dessus d'une roue de bicyclette, de moto, etc. pour éviter les éclaboussures.

GARDE CHAMPÊTRE ⇒ ② GARDE

GARDE-CHASSE n. m. ▪ Homme préposé à la garde du gibier. *Des gardes-chasse.*

GARDE-CHIOURME n. m. ▪ anciennt Surveillant des galériens, des forçats. - péj. Surveillant brutal. *Des gardes-chiourme.*

GARDE-CORPS [-kɔʀ] ⇒ GARDE-FOU

GARDE-CÔTE n. m. ▪ Bateau chargé de la surveillance des côtes (pêche, douane). *Des garde-côtes.*

GARDE-FOU n. m. ▪ Parapet établi pour empêcher les gens de tomber. ⇒ **barrière, rambarde.** *Des garde-fous.* ◇ syn. GARDE-CORPS **n. m. invar.**

GARDE-MAGASIN n. m. ▪ Militaire chargé de surveiller les magasins d'un corps de troupe. ⇒ **magasinier.** *Des gardes-magasins.*

GARDE-MALADE n. ▪ Personne qui garde les malades et leur donne des soins élémentaires. ⇒ ② **garde** (II). *Des gardes-malades.*

GARDE-MANGER n. m. invar. ▪ Petite armoire garnie de toile métallique, dans laquelle on conserve des aliments.

GARDE-MEUBLE n. m. ▪ Lieu où l'on entrepose des meubles pour un temps limité. *Des garde-meubles.*

GARDÉNAL n. m. ▪ Nom d'un médicament calmant.

GARDÉNIA n. m. ▪ Arbuste exotique à feuilles persistantes, à fleurs d'un beau blanc mat.

GARDEN-PARTY [gaʀdɛn-] n. f. ▪ anglic. VIEILLI Réception mondaine donnée dans un grand jardin ou dans un parc. *Des garden-parties* ou *garden-partys.*

GARDE-PÊCHE n. m. ▪ **1.** Personne chargée de faire observer les règlements sur la pêche. *Des gardes-pêche.* **2.** Navire qui assure le même service. *Des garde-pêche.* ⇒ **garde-côte.**

GARDER v. tr. 1 ▪ **I. 1.** Prendre soin de (une personne, un animal). ⇒ **surveiller, veiller** sur. *Garder un troupeau.* - *Garder des enfants,* rester avec eux et les surveiller. **2.** Empêcher (une personne) de sortir, de s'en aller. *Garder un prisonnier.* ⇒ **détenir ; gardien. 3.** Rester dans (un lieu) pour le surveiller, pour défendre qqn ou qqch. *Garder une maison, l'entrée d'un bâtiment.* **4.** LITTÉR. Protéger, préserver (qqn de qqch.). ⇒ **garantir.** *Garder qqn de l'erreur.* - au subj. sans *que* (valeur de souhait) *Dieu m'en garde !* **II.** Conserver. **1.** Empêcher que (qqch.) ne se gâte, ne disparaisse. *Garder des marchandises dans un entrepôt. Garder du beurre au frais.* **2.** Conserver pour soi, ne pas se dessaisir de. *Garder le double d'une lettre.* **3.** Conserver sur soi (un vêtement, un bijou). *Gardez votre chapeau.* **4.** dans des loc. Ne pas quitter (un lieu). *Garder la chambre, le lit.* **5.** Retenir (une personne) avec soi. *Garder qqn à dîner. Il m'a gardé une heure.* ⇒ **tenir. 6.** Ne pas divulguer, ne pas communiquer. *Garder un secret. Gardez cela pour vous :* n'en parlez pas. **7.** fig. Continuer à avoir. *Suivre un régime pour garder la ligne. Garder son sérieux. Garder rancune à qqn.* - loc. *TOUTES PROPORTIONS GARDÉES :* en tenant compte des proportions de chacun des termes d'une comparaison. **8.** *Garder l'œil sur* (qqn, qqch.) : surveiller du regard. - (avec un adj. attribut) *Garder les yeux baissés, la tête froide.* **III.** Mettre de côté, en réserve. ⇒ **réserver.** *Garder qqch. pour, à qqn. Garde-moi une place.* **IV.** Observer fidèlement, avec soin. ⇒ **pratiquer, respecter.** *Garder le silence. Garder ses distances*.* ► SE **GARDER** v. pron. **1.** VX Se protéger, se défendre. **2.** *Se garder de* (+ n.) : prendre garde à. ⇒ se **défier,** se **méfier.** *Gardons-nous des jugements hâtifs.* - *Se garder de* (+ inf.) : s'abstenir de. *Elle s'est bien gardée d'intervenir.* **3.** (passif) Pouvoir être conservé. *Fromage qui ne se garde pas.*

GARDERIE n. f. ▪ Local où l'on garde de jeunes enfants. ⇒ **crèche.**

GARDE-ROBE n. f. ▪ **I. 1.** Armoire où l'on range les vêtements. ⇒ **penderie. 2.** Ensemble des vêtements d'une personne. *Renouveler sa garde-robe. Des garde-robes.* **II.** anciennt Lieu où l'on mettait la chaise percée. ⇒ **cabinet(s).**

GARDEUR, EUSE n. ▪ Personne qui garde (des animaux). ⇒ **berger, gardien.** *Gardeuse d'oies. Des gardeurs de chèvres.*

GARDIAN n. m. ▪ Gardien d'un troupeau (manade) de gros bétail, en Camargue.

GARDIEN, IENNE n. ▪ **1.** Personne qui a charge de garder (qqn, un animal, un lieu, un bâtiment...). ⇒ **garde.** *Gardien de prison.* ⇒ **geôlier** (VX), **surveillant ;** → POP. maton. *Le gardien d'un hôtel, d'un immeuble.* ⇒ **concierge, portier.** *Gardien de nuit.* ⇒ **veilleur.** *Gardiens d'un parking, d'un centre commercial.* ⇒ **vigile ; gardiennage.** - *Gardien de phare.* - *GARDIEN DE BUT :* le joueur chargé de défendre le but dans un sport d'équipe (football, etc.). **2.** Ce qui défend, protège. *Le Sénat, gardien de la Constitution.* **3. n. m.** anciennt *GARDIEN DE LA PAIX :* agent de police.

GARDIENNAGE n. m. ▪ Emploi de gardien (1). - Service du gardien.

Ava GARDNER (1922 - 1990) ▪ Actrice américaine. Sa beauté sculpturale et sa secrète fragilité en firent une des actrices les plus prisées d'Hollywood. *"Pandora"* (1951); *"La Comtesse aux pieds nus"* (1954); *"La Nuit de l'iguane"* (1964).

GARDON n. m. ▪ Petit poisson d'eau douce, comestible. - loc. *Frais comme un gardon,* en bonne santé, en bonne forme.

① **GARE** n. f. ▪ Ensemble des bâtiments et installations établis aux stations des lignes de chemin de fer. *Salle d'attente, guichets, quais d'une gare. Chef de gare. Le train entre EN GARE.* ♦ *Gare routière,* pour les cars, les camions. - *Gare de fret,* dans un aéroport.

② **GARE** interj. ▪ Exclamation pour avertir de laisser passer qqn, qqch., de prendre garde à un danger. ⇒ **attention.** - *GARE À... Gare à la secousse.* - (menace) *Gare à toi, si tu désobéis !* - loc. *SANS CRIER GARE :* à l'improviste.

GARENNE n. f. ▪ Lieu boisé où les lapins vivent à l'état sauvage. loc. *Lapin de garenne.*

La GARENNE-COLOMBES ▪ Commune des Hauts-de-Seine, dans la banlieue nord ouest de Paris. 21 754 hab. *(les Garennois).*

GARER v. tr. 1 ▪ Ranger (un bateau, un véhicule) à l'écart de la circulation, ou dans un lieu abrité (⇒ **garage**). *Garer sa voiture.* - FAM. *Je suis mal garé.* ► SE **GARER** v. pron. **1.** Mettre son véhicule en un lieu de stationnement. **2.** Se ranger de côté pour laisser passer. **3.** *SE GARER DE.* Faire en sorte d'éviter. *Se garer des coups.* ⇒ se **protéger** de.

James Abram GARFIELD (1831 - 1881) ▪ 20e président (républicain) des États-Unis, de mars 1881 à son assassinat en septembre.

GARGANTUA ▪ Héros d'un roman de Rabelais (1534). Géant repris de la tradition populaire, il reçoit une éducation humaniste, défait l'envahisseur Picrochole et fonde l'abbaye de Thélème. Il est le père de Pantagruel.

GARGANTUESQUE adj. ▪ Digne de Gargantua. ⇒ aussi **pantagruélique.** *Repas gargantuesque.*

SE **GARGARISER** v. pron. 1 ▪ **1.** Se rincer le fond de la bouche avec un liquide. **2.** fig. FAM. ⇒ se **délecter, savourer.** *Se gargariser de compliments.*

GARGARISME n. m. ▪ Médicament liquide avec lequel on se gargarise. - Fait de se gargariser (1).

GARGES-LÈS-GONESSE ▪ Commune du Val-d'Oise. 42 144 hab. *(les Gargeois).*

GARGOTE n. f. ▪ Restaurant à bon marché, où la cuisine est médiocre.

GARGOUILLE n. f. ▪ Issue, gouttière en saillie par laquelle s'éjectent les eaux de pluie, souvent sculptée en forme d'animal, de démon, de monstre.

GARGOUILLEMENT n. m. ▪ Bruit analogue à celui de l'eau tombant d'une gargouille. ⇒ **glouglou.** *Les gargouillements d'une* *tuyauterie.* ➝ Ce bruit, dans un viscère de l'appareil digestif. *Gargouillements intestinaux.* ⇒ **borborygme.**

GARGOUILLER v. intr. 1 ▪ Produire un gargouillement.

GARGOUILLIS n. m. ▪ FAM. Gargouillement.

GARGOULETTE n. f. ▪ RÉGIONAL Vase poreux dans lequel les liquides se rafraîchissent par évaporation.

GARGOUSSE n. f. ▪ anciennt Charge de poudre à canon dans son enveloppe.

Giuseppe GARIBALDI (1807 - 1882) ▪ Homme politique et révolutionnaire italien, héros de l'unification italienne. En 1860, il organisa « l'expédition des Mille » (conquête de la Sicile) et s'empara de Naples. Il prit part à la guerre de 1870 aux côtés de la France.

GARIGLIANO ▪ Fleuve d'Italie. Les Français y furent battus par Fernández de Córdoba en 1503 (Bayard en défendit seul un pont). En mai 1944, le corps expéditionnaire français y remporta une victoire qui ouvrit aux Alliés la route de Rome.

GARMISCH-PARTENKIRCHEN ▪ Ville d'Allemagne (Bavière). 26 700 hab. Station de sports d'hiver proche de Munich. Jeux Olympiques d'hiver en 1936.

François-Xavier GARNEAU (1809 - 1866) ▪ Historien canadien français. Le père de l'historiographie canadienne. *"Histoire du Canada"* (1845-1848).

Hector de Saint-Denys GARNEAU (1912 - 1943) ▪ Écrivain canadien d'expression française. Son œuvre poétique, influencée par le symbolisme, témoigne d'une quête spirituelle traversée par les crises intérieures et la fascination de la mort.

GARNEMENT n. m. ▪ Jeune garçon turbulent, insupportable. ⇒ **galopin.**

GARNI n. m. ▪ VX Maison, chambre qu'on loue meublée. ⇒ **meublé.**

Robert GARNIER (1544 ou 1545 - 1590) ▪ Poète tragique français. La puissance de son style et une grande variété rythmique font de lui un des grands poètes du XVIe s. français. Il fut aussi l'un des précurseurs de la tragédie classique. *"Les Juives"* (1583).

Charles GARNIER (1825 - 1898) ▪ Architecte français. Opéra de Paris (1862-1875).

Marie Joseph François Garnier dit **Francis GARNIER** (1839 - 1873) ▪ Officier de marine français. Il contribua à l'établissement de la France au Tonkin et fut tué devant Hanoi par des pirates chinois.

Tony GARNIER (1869 - 1948) ▪ Architecte et urbaniste français. Stade olympique de Lyon (1913-1916).

GARNIR v. tr. 2 ▪ **1.** Pourvoir d'éléments destinés à protéger ou à renforcer (⇒ **garniture**). ➝ au p. p. *Mur garni d'un revêtement étanche.* **2.** Pourvoir de tous les éléments nécessaires ou normaux. ⇒ **équiper.** *Garnir un fauteuil de tissu.* ⇒ **recouvrir.** ➝ pronom. *Salle qui se garnit peu à peu* (de personnes). ⇒ se **remplir.** ➝ au p. p. *Un portefeuille bien garni.* **3.** Pourvoir d'accessoires ou d'ornements. *Garnir une robe de broderies.* ⇒ **décorer.** ➝ au p. p. *Plat de viande garni* (de légumes). **4.** (sujet chose) *Des livres garnissent les étagères.* ⇒ **remplir.** ➝ *Un ruban garnit ses cheveux.* ⇒ **orner.**

GARNISON n. f. ▪ Corps de troupes caserné dans une ville. ➝ Cette ville.

GARNISSAGE n. m. ▪ Action de garnir ; son résultat. ⇒ **garniture.**

GARNITURE n. f. ▪ **1.** Ce qui sert à garnir qqch. ⇒ **ornement, parure.** *Garniture de cheminée.* ➝ TECHN. *Garniture de frein.* **2.** CUIS. Ce qui remplit, accompagne. *La garniture d'un vol-au-vent.*

la GARONNE ▪ Fleuve du nord de l'Espagne et du sud-ouest de la France. 650 km avec la Gironde. Elle traverse Toulouse et se jette dans l'Atlantique, par l'estuaire de la Gironde, à Bordeaux.

GAROU ⇒ LOUP-GAROU

Almeida GARRETT (1799 - 1854) ▪ Écrivain et homme politique portugais. Initiateur du romantisme dans son pays, il est l'auteur de romans, de poèmes et de drames romantiques.

GARRIGUE n. f. ▪ Terrain acide et calcaire de la région méditerranéenne ; végétation broussailleuse qui couvre ce terrain. ⇒ **maquis.**

Roland GARROS (1888 - 1918) ▪ Aviateur français, le premier à franchir la Méditerranée (1913).

① **GARROT** n. m. ▪ chez les grands quadrupèdes Partie du corps située au-dessus de l'épaule et qui prolonge l'encolure. *Le garrot d'un cheval. Hauteur au garrot.*

② **GARROT** n. m. ▪ **1.** Lien servant à comprimer les vaisseaux d'un membre pour arrêter une hémorragie. **2.** Instrument de supplice pour étrangler, sorte de collier de fer serré par une vis.

GARROTTER v. tr. 1 ▪ **1.** Serrer, étrangler avec un garrot. **2.** Attacher, lier très solidement. *Garrotter un prisonnier.*

GARS [ga] n. m. ▪ FAM. Garçon, homme. *Un petit gars. C'est un drôle de gars.* ⇒ **type.** ➝ appellatif FAM. *Eh les gars !*

la GARTEMPE ▪ Rivière du Poitou et du Limousin (190 km), affluent de la Creuse.

Romain GARY (1914 - 1980) ▪ Romancier français d'origine russe. *"Les Racines du ciel"* (1956). Il écrivit aussi des romans sous le pseudonyme d'Émile Ajar, comme *"La Vie devant soi"* (1975). Le seul auteur qui ait reçu deux fois le prix Goncourt.

GARY ▪ Ville des États-Unis (Indiana). 117 000 hab. Industries métallurgiques.

la GASCOGNE ▪ Ancienne région française située entre la Garonne et les Pyrénées, rattachée à l'Aquitaine en 1058. ► **le golfe de GASCOGNE**, golfe de l'Atlantique qui borde la France et l'Espagne.

GASCON, ONNE adj. ▪ De Gascogne. ➝ n. *Les Gascons.* loc. *Une promesse de Gascon,* non tenue. ♦ n. m. *Le gascon* (dialecte d'oc très spécifique).

GAS-OIL ⇒ GAZOLE

GASPARD ▪ Un des Rois mages de la légende chrétienne.

la GASPÉSIE ou **la péninsule de GASPÉ** ▪ Péninsule du Canada (Québec), entre le golfe du Saint-Laurent et la baie des Chaleurs. Parc provincial. J. Cartier y débarqua en 1534 et prit possession du territoire au nom du roi de France.

la **Gaspésie.** Le rocher Percé. *Phot. © Boutin/Explorer*

GASPILLAGE n. m. ▪ Action de gaspiller. ⇒ **dilapidation, dissipation, prodigalité.** ➝ *Un gaspillage d'énergie.*

GASPILLER v. tr. 1 ▪ Dépenser, consommer sans discernement, inutilement. *Gaspiller son argent.* ➝ Gaspiller l'électricité. ➝ *Gaspiller son temps, ses forces.*

GASPILLEUR, EUSE adj. et n. ▪ (Personne) qui gaspille.

Pierre Gassend dit **GASSENDI** (1592 - 1655) ▪ Philosophe et savant français. Adversaire de Descartes, il se réclama du matérialisme d'Épicure et fut au centre d'un groupe de libertins érudits.

Vittorio GASSMAN (né en 1922) ▪ Acteur et metteur en scène italien, vedette de la « comédie à l'italienne » au cinéma. *"Le Pigeon"* (1958); *"Le Fanfaron"* (1962); *"Parfum de femme"* (1974).

GASTÉRO-, GASTR(O)-, -GASTRE Éléments, du grec *gastêr, gastros* « ventre ; estomac » (ex. *gastro-intestinal, épigastre*).

GASTÉROPODE n. m. ▪ Mollusque au large pied charnu qui lui sert à ramper (escargot, limace). *La classe des Gastéropodes.*

Gaston III de Foix dit **GASTON PHŒBUS** (1331 - 1391) ▪ Comte de Foix et vicomte de Béarn. Il protégea les lettres et les arts.

GASTRALGIE n. f. ▪ MÉD. Douleur à l'estomac. ► adj. GASTRALGIQUE

GASTRECTOMIE n. f. ■ MÉD. Ablation totale ou partielle de l'estomac.

GASTRIQUE adj. ■ De l'estomac. *Suc gastrique.*

GASTRITE n. f. ■ MÉD. Inflammation de la muqueuse de l'estomac.

GASTROENTÉROLOGIE n. f. ■ Médecine du tube digestif (estomac, œsophage, intestins). ◇ abrév. GASTROENTÉRO. ► adj. GASTROENTÉROLOGIQUE

GASTROENTÉROLOGUE n. ■ Spécialiste de gastroentérologie. ◇ abrév. *Un, une* GASTROENTÉRO.

GASTRONOME n. ■ Amateur de bonne chère. ⇒ **gourmet.**

GASTRONOMIE n. f. ■ Art de la bonne chère (cuisine, vins, ordonnance des repas, etc.). ► GASTRONOMIQUE adj. *Restaurant, menu gastronomique.*

GÂTEAU n. m. ■ I. 1. Pâtisserie à base de farine, de beurre et d'œufs, le plus souvent sucrée. *Gâteaux secs,* qui se conservent (souvent industriels). *Petits gâteaux* (même sens). *Gâteau de riz, de semoule,* entremets. – FAM. *C'est du gâteau !,* c'est agréable et facile, c'est tout simple. *Ça sera pas du gâteau !* ⇒ **tarte. 2.** *Gâteau de cire, de miel :* ensemble des alvéoles dans lesquels les abeilles déposent leur miel et leurs œufs. ⇒ **rayon. II.** appos. (invar.) FAM. Qui gâte les enfants. *Des mamans gâteau.*

GÂTER v. tr. 1 ■ I. 1. (surtout passif) Détériorer en pourrissant. ⇒ **corrompre ; avarié.** *L'humidité a gâté ces fruits.* – au p. p. *Une dent gâtée,* cariée. **2.** Priver de sa beauté, de ses qualités naturelles. ⇒ **déparer, enlaidir.** *Cet immeuble gâte la vue.* **3.** Enrayer la bonne marche, les possibilités de succès de (qqch.). ⇒ **compromettre.** – loc. *Ça ne gâte rien :* c'est un avantage de plus. **4.** Diminuer, détruire en supprimant l'effet agréable de (qqch.). *Cette mauvaise nouvelle a gâté nos vacances, nous les a gâtées.* ⇒ **empoisonner, gâcher. II.** Combler (qqn) d'attentions, de cadeaux (⇒ **gâteau**). *Sa grand-mère l'a gâté pour Noël.* – au p. p. *ENFANT GÂTÉ,* dont on satisfait tous les désirs. ► SE GÂTER v. pron. **1.** S'abîmer, pourrir. **2.** Se détériorer. *Le temps se gâte,* commence à devenir mauvais. *Ça se gâte :* la situation se dégrade.

GÂTERIE n. f. ■ **1.** Moyen de gâter (qqn). **2.** Petit cadeau (surprise, friandise). *Apporter une gâterie à un malade.*

GÂTE-SAUCE n. m. ■ VX Mauvais cuisinier. ♦ MOD. Marmiton. *Des gâte-sauces.*

GÂTEUX, EUSE adj. ■ **1.** Dont les facultés intellectuelles sont amoindries par l'âge. *Un vieillard gâteux.* **2.** Qui devient stupide sous l'empire d'un sentiment violent. *Il adore cette petite, il en est gâteux.* ⇒ FAM. **gaga.**

le **GÂTINAIS** ■ Région du Bassin parisien, située de part et d'autre du Loing.

GATINEAU ■ Rivière du Canada (Québec), affluent de la rivière des Outaouais, confluant à Hull. 440 km.

GÂTISME n. m. ■ État d'une personne gâteuse. *C'est du gâtisme précoce !*

le **G.A.T.T.** ou **GATT, General Agreement on Tariffs and Trade** ■ Accord douanier international signé en 1947, offrant un cadre juridique aux négociations destinées à réglementer le commerce mondial.

Armand **GATTI** (né en 1924) ■ Auteur dramatique et metteur en scène français. Il a mis au service de sa foi révolutionnaire toutes les ressources d'un théâtre militant. *"La Vie imaginaire de l'éboueur Auguste G."* (1962).

GAUCHE ■ I. adj. **1.** Qui est de travers, dévié par rapport à une surface plane. *Planche gauche.* – *Courbe gauche,* qui n'est pas contenue dans un plan. **2.** (personnes) Maladroit et disgracieux (⇒ **gaucherie**). *Un enfant gauche. Geste gauche.* ⇒ **embarrassé. II. 1.** adj. (par rapport à une personne) Situé du côté du cœur. *Côté droit et côté gauche. Main gauche.* – n. m. BOXE *Un crochet du gauche,* du poing gauche. ♦ n. f. Le côté gauche. *Assieds-toi à ma gauche.* – loc. FAM. *Jusqu'à la gauche :* complètement. – *À GAUCHE* loc. adv. : du côté gauche. *La première rue à gauche.* – loc. FAM. *Mettre de l'argent à gauche,* de côté. ♦ *À GAUCHE DE* loc. prép. *À gauche de l'église.* **2.** n. f. *LA GAUCHE :* les gens qui professent des idées politiques avancées, progressistes (opposé à la *droite* et au *centre*). *Un gouvernement de gauche. Journal d'extrême gauche.* – loc. *Être à gauche, de gauche :* avoir des opinions de gauche.

GAUCHEMENT adv. ■ Maladroitement.

GAUCHER, ÈRE adj. ■ Qui se sert ordinairement de la main gauche. *Ce joueur de tennis est gaucher.* – n. *Un gaucher contrarié* (qu'on a contraint de se servir de sa main droite). *Gauchers et ambidextres.*

GAUCHERIE n. f. ■ Manque d'aisance ; maladresse.

GAUCHIR v. 2 ■ I. v. intr. (choses planes) Perdre sa forme. ⇒ se **courber,** se **déformer.** *La porte a gauchi, elle ne peut plus fermer.* **II.** v. tr. **1.** Rendre gauche. ⇒ **tordre. 2.** fig. Altérer, déformer, fausser. *Gauchir un fait, une idée.*

GAUCHISANT, ANTE adj. et n. ■ Dont les opinions politiques se rapprochent de celles de la gauche.

GAUCHISME n. m. ■ Courant politique d'extrême gauche. ► adj. et n. GAUCHISTE ◇ abrév. FAM. GAUCHO. ■ Regroupant à l'origine ceux qui se situaient à gauche des communistes, stigmatisé par Lénine dans *Le Gauchisme, maladie infantile du communisme* (1920), le gauchisme désigne, depuis Mai 68, un ensemble de mouvements politiques (maoïstes, trotskistes) ou non, contestant radicalement la société capitaliste, parfois même par le terrorisme (Brigades rouges) et se situant en marge de l'institution.

GAUCHISSEMENT n. m. ■ Action de gauchir ; son résultat.

GAUCHO [go(t)ʃo] n. m. ■ en Amérique du Sud Cavalier qui garde les troupeaux de bovins dans la pampa. *Des gauchos.*

Martin Charles **GAUDIN**, duc de Gaète (1756-1841) ■ Ministre des Finances sous le Consulat et l'Empire. Créateur du cadastre. Il entreprit d'importantes réformes économiques.

Antonio **GAUDÍ Y CORNET** (1852-1926) ■ Architecte espagnol. Il inventa des formes fantastiques en s'inspirant des styles baroque et gothique et en intégrant des formes végétales et animales. Église de la Sagrada Familia et parc Güell, à Barcelone.

GAUDRIOLE n. f. ■ FAM. **1.** Plaisanterie un peu leste. ⇒ **gauloiserie.** *Débiter des gaudrioles.* **2.** *La gaudriole :* l'amour physique.

GAUFRAGE n. m. ■ **1.** Action de gaufrer. **2.** Ornement gaufré.

GAUFRE n. f. ■ Gâteau léger cuit entre deux plaques qui lui impriment un dessin quadrillé en relief.

GAUFRER v. tr. 1 ■ Imprimer des motifs ornementaux en relief ou en creux sur (qqch.). *Plaques à gaufrer le cuir.* – au p. p. *Papier gaufré.*

GAUFRETTE n. f. ■ Petite gaufre sèche feuilletée.

GAUFRIER n. m. ■ Moule à gaufres.

Paul **GAUGUIN** (1848-1903) ■ Peintre et sculpteur français. Le maître de l'école de Pont-Aven et l'inspirateur des nabis. Il s'intéressa aux conceptions symbolistes et voulut rejoindre les sources primitives de l'art. Il eut recours, sous l'influence des estampes japonaises, à des formes simplifiées, à des couleurs étalées par aplats, et abandonna souvent la perspective traditionnelle au profit d'un espace sans profondeur. Il vécut en Océanie où il puisa alors l'essentiel de son inspiration. *"La Vision après le sermon"* (1889); *"D'où venons-nous? Que sommes-nous? Où allons-nous?"* (1897).

GAULE n. f. ■ Longue perche utilisée pour faire tomber les fruits d'un arbre. – Canne à pêche.

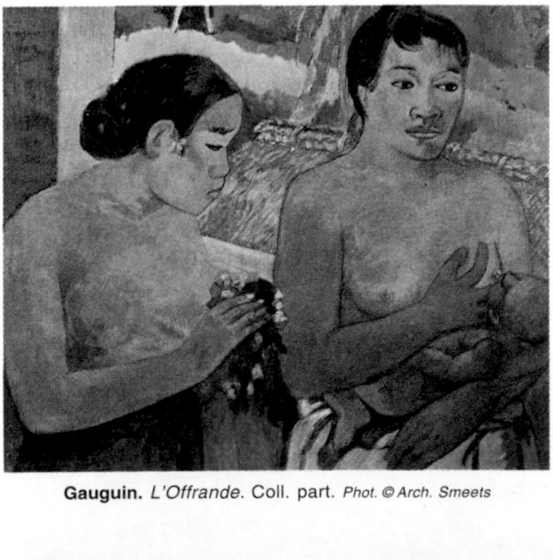

Gauguin. *L'Offrande.* Coll. part. Phot. © Arch. Smeets

la GAULE ▪ Nom donné à deux régions du monde antique, la *Gaule cisalpine* (Italie du Nord) et la *Gaule transalpine*, ou Gaule proprement dite, qui correspond à peu près à la France et à la Belgique actuelles. Surtout peuplé de Celtes (les *Gaulois*), le pays était divisé entre de nombreux peuples rivaux (Éduens, Arvernes, Séquanes...) et n'avait pas de véritable unité politique (sinon lors de la brève résistance aux armées romaines, menée par le chef arverne Vercingétorix), mais une communauté de culture : religion des druides, art gaulois ou celtique. Au lendemain de la conquête par César en 51 av. J.-C., les Romains divisèrent la Gaule en quatre provinces : la Narbonnaise qui, occupée par Rome depuis le IIe s. av. J.-C., était la plus fortement urbanisée et la plus soumise aux influences de la culture gréco-romaine ; l'Aquitaine ; la Lyonnaise au centre et la Belgique à l'est et au nord d'où fut menée la conquête de la Germanie et de la Bretagne (Angleterre actuelle). L'assimilation à l'Empire produisit une civilisation originale, dite *gallo-romaine*, marquée par l'urbanisation et les grands travaux (routes, aqueducs, monuments), l'organisation de l'agriculture autour de grandes propriétés (« villas »), l'abandon de la langue gauloise au profit du latin, une romanisation de la religion et l'introduction du christianisme à partir du IIe s. Elle prit fin avec les invasions barbares et la naissance du royaume des Francs (Clovis, VIe s.).

la **Gaule.** Dieu au torque, assis en tailleur, provenant de Bouray, émail et bronze. Musée des Antiquités nationales, Saint-Germain-en-Laye.
Phot. © Lauros/Giraudon

GAULER v. tr. [1] ▪ Faire tomber (des fruits) avec une gaule. *Gauler les noix.* ► n. m. GAULAGE

Charles de GAULLE (1890 - 1970) ▪ Général et homme politique français. Refusant l'armistice de 1940 et le gouvernement de Vichy, il lança de Londres un appel, le 18 juin 1940, invitant à poursuivre les combats contre l'Allemagne, et organisa les Forces françaises libres. À la Libération, il devint président du Gouvernement provisoire de la République française mais démissionna le 20 janvier 1946. Hostile au « régime des partis » qui caractérisait selon lui la IVe République (→ **R.P.F.**), il se retira jusqu'en 1958, quand la crise de la guerre d'Algérie le ramena au pouvoir, comme chef du gouvernement puis comme président de la République (1959) dans le cadre d'institutions renouvelées (→ **France**). Réélu à la tête de l'État en 1965, il affronta l'opposition de la gauche, des syndicats et des étudiants (mai 1968) et démissionna après l'échec d'un référendum en 1969.

GAULLISME n. m. ▪ Courant politique se réclamant du général de Gaulle.

GAULLISTE adj. et n. ▪ Du gaullisme. - Partisan du gaullisme.

GAULOIS, OISE ▪ **I.** adj. De Gaule. *Les peuples gaulois.* ⇒ **celtique.** - n. *"Les Aventures d'Astérix le Gaulois"* (bande dessinée de Goscinny et Uderzo). allus. *Nos ancêtres* les Gaulois.* - *Moustache à la gauloise,* longue et tombante. - n. m. *Le gaulois,* langue celtique qui fut parlée en Gaule. ♦ par ext. Français, en tant que descendant des Gaulois. *Le coq gaulois.* **II.** adj. D'une gaieté un peu leste. *Plaisanterie gauloise.* ⇒ **grivois. III.** n. f. Cigarette de tabac brun (puis aussi blond) de la Régie française.

GAULOISERIE n. f. ▪ Propos licencieux.

Léon GAUMONT (1864 - 1946) ▪ Inventeur et industriel français, pionnier du cinéma. Il installa aux Buttes-Chaumont les premiers studios français de cinéma en 1906.

Carl Friedrich GAUSS (1777 - 1855) ▪ Mathématicien allemand, physicien et astronome. Auteur de travaux importants sur le magnétisme, l'électromagnétisme et l'optique, il a dominé la science de son temps, anticipant sur le travail de Galois en algèbre, de Cauchy en analyse, et surtout de Lobatchevski en géométrie.

SE GAUSSER v. pron. [1] ▪ LITTÉR. Se moquer ouvertement (de qqn ou de qqch.). ⇒ **railler.**

Théophile GAUTIER (1811 - 1872) ▪ Écrivain français, précurseur de l'école du Parnasse, partisan de l'art pour l'art. *"Mademoiselle de Maupin"* (1835-1836), *"Le Capitaine Fracasse"* (1863) ; *"Émaux et Camées"* (poèmes, 1852).

GAVAGE n. m. ▪ Action de gaver. *Le gavage des oies.*

Sulpice Guillaume Chevalier dit **Paul GAVARNI** (1804 - 1866) ▪ Dessinateur, lithographe, aquarelliste et peintre français. Il exécuta plus de 8 000 gravures décrivant d'une manière alerte et mordante la société parisienne de son temps.

le cirque de GAVARNIE ▪ Cirque de rochers aux parois verticales dans la haute vallée du gave de Pau (Hautes-Pyrénées).

GAVE n. m. ▪ Torrent pyrénéen.

GAVER v. tr. [1] ▪ **1.** Faire manger de force et abondamment (les animaux qu'on veut engraisser). *Gaver des canards.* **2.** *Gaver qqn de,* lui faire manger trop de. ► SE **GAVER** v. pron. Manger énormément. *Il se gave de gâteaux.* ⇒ **bourrer.** - fig. *Se gaver de films de terreur.*

GAVIAL, ALS n. m. ▪ Animal voisin du crocodile, à longues mâchoires étroites. *Les gavials du Gange.*

GAVOTTE n. f. ▪ Ancienne danse à deux temps ; air sur lequel on la danse.

GAVROCHE n. m. ▪ (du n. pr.) Gamin de Paris, spirituel et moqueur. ⇒ **titi.** - adj. *Un petit air gavroche.*

GAVROCHE ▪ Personnage du roman de V. Hugo, « *Les Misérables* », type du « gamin » parisien, symbole de l'esprit irréductible de liberté dans le peuple.

GAY adj. et n. ▪ anglic. Relatif aux homosexuels. *Magazine gay.* - n. *Les gays.* ◇ forme francisée *gai.*

John GAY (1685 - 1732) ▪ Auteur dramatique anglais. L'*"Opéra du gueux"* (1728) dénonce les tares de la haute société londonienne. Bertolt Brecht le transposa dans son *"Opéra de quat'sous"*.

GAYA ▪ Ville de l'Inde (Bihār). 294 000 hab. Lieu de pèlerinage.

Louis Joseph GAY-LUSSAC (1778 - 1850) ▪ Physicien et chimiste français. En collaboration avec Thenard, il découvrit le bore, isola le silicium, démontra que le chlore est un corps simple. *Loi de Gay-Lussac,* sur la dilatation des gaz.

GAZ [gɑz] n. m. ▪ **1.** Tout corps qui se présente à l'état de fluide expansible et compressible (état gazeux) dans les conditions normales de température et de pression. *Gaz comprimé, raréfié. Gaz carbonique.* - *GAZ RARES :* hélium, néon, argon, krypton, xénon, radon. ♦ *Avoir des gaz.*

de **Gaulle** à l'Élysée en 1968.
Phot. © Erwitt/Magnum

⇒ **flatuosité.** **2.** Produit gazeux, naturel ou manufacturé, utilisé comme combustible ou carburant. *L'exploitation du gaz naturel et du pétrole. Gaz de ville. Éclairage au gaz. Compteur à gaz.* - loc. FAM. *Il y a de l'eau dans le gaz :* l'atmosphère est à la querelle. **3.** (Dans les moteurs à explosion) *Gaz d'admission, d'échappement. Rouler* (À) *PLEINS GAZ,* à pleine puissance. ⇒ ② **gazer.** - *Mettre, remettre les gaz* (avions). **4.** Corps gazeux destiné à produire des effets nocifs sur l'organisme. *Gaz de combat. Gaz asphyxiants. Chambres à gaz,* utilisées dans des camps d'extermination et pour l'exécution des condamnés à mort.

GAZA ▪ Ville du sud de la Palestine. 120 000 hab. Capitale du *territoire de Gaza,* occupé par Israël en 1967 et devenu autonome en mai 1994 à la suite de l'accord de 1993 entre l'O.L.P. et Israël. Gaza est le siège de l'Autorité palestinienne présidée par Y. Arafat.

GAZE n. f. ▪ Tissu lâche et très léger, de soie ou de coton. *Une écharpe de gaze. Compresse de gaze hydrophile.*

GAZÉIFIER v. tr. 7 ▪ **1.** Faire passer à l'état de gaz. ⇒ **sublimer, vaporiser.** **2.** Faire dissoudre du gaz carbonique dans (un liquide). - au p. p. *Une boisson gazéifiée.* ► n. f. GAZÉIFICATION

GAZELLE n. f. ▪ Mammifère ruminant d'Afrique et d'Asie, à longues pattes fines et à cornes annelées.

gazelle. *Gazella thomsoni,* gazelle de Thomson, mâle. *Phot. © Ferrero-Labat/Jacana*

① **GAZER** v. tr. 1 ▪ VX Couvrir d'une gaze. ♦ fig. Dissimuler, voiler.

② **GAZER** v. 1 ▪ **I.** v. tr. Intoxiquer (qqn) avec un gaz de combat. ⇒ **asphyxier.** - au p. p. subst. *Les gazés de 14-18.* **II.** v. intr. VIEILLI FAM. **1.** Aller à toute vitesse, à pleins gaz. ⇒ **filer, foncer.** **2.** *Ça gaze :* ça marche, ça va bien.

GAZETTE n. f. ▪ VX ou plais. Journal, revue. *On lit dans les gazettes...*

GAZEUX, EUSE adj. ▪ **1.** Relatif au gaz ; sous forme de gaz. *Fluide gazeux.* **2.** Qui contient du gaz carbonique dissous. *Eau, boisson gazeuse.* ⇒ **pétillant.**

GAZIANTEP ▪ Ville de Turquie. 603 434 hab.

GAZODUC n. m. ▪ Canalisation qui alimente en gaz sur de très longues distances.

GAZOGÈNE n. m. ▪ TECHN. Appareil transformant le bois ou le charbon en gaz combustible. - (en 1940-1945) Véhicule, automobile à gazogène.

GAZOLE n. m. ▪ Produit pétrolier utilisé comme carburant dans les moteurs diesel. ◇ syn. GAS-OIL (anglic.).

GAZOMÈTRE n. m. ▪ Grand réservoir où l'on stocke le gaz de ville avant de le distribuer.

GAZON n. m. ▪ **1.** VX ou TECHN. Motte de terre garnie d'herbe. *Remettre des gazons sur une pelouse.* **2.** Herbe courte, dense et fine. ⇒ **pelouse.** *Tondeuse à gazon.*

GAZONNER v. tr. 1 ▪ Planter en gazon. - au p. p. *Jardin gazonné.*

GAZOUILLANT, ANTE adj. ▪ Qui gazouille.

GAZOUILLEMENT n. m. ▪ Action de gazouiller ; bruit qui en résulte.

GAZOUILLER v. intr. 1 ▪ **1.** Produire un bruit léger et doux. ⇒ **bruire, murmurer.** *Oiseaux qui gazouillent.* ⇒ **chanter.** **2.** (nourrisson) Émettre de petits sons à peine articulés. ⇒ **babiller.**

Gdańsk. Vue des quais. *Phot. © Courau/Explorer*

GAZOUILLIS n. m. ▪ Bruit léger produit par un ensemble de gazouillements. *Le gazouillis des oiseaux ; d'un bébé.*

GDAŃSK autrefois en allemand ***DANZIG*** et en français ***DANTZIG*** ▪ Ville et principal port de Pologne. 465 000 hab. Cœur d'une conurbation de 800 000 hab. formée avec Gdynia et Sopot. Chantiers navals où éclatèrent en 1980 les grèves qui furent à l'origine du syndicat Solidarność. Nombreux monuments. □ HISTOIRE La ville fut disputée entre l'Allemagne, la Prusse et la Pologne, et le corridor de Dantzig, qui reliait la Pologne à la mer, fut occupé par Hitler en 1939, ce qui provoqua la Deuxième Guerre mondiale. Elle fut réintégrée à la Pologne après 1945.

GDYNIA ▪ Ville et port de Pologne, conurbation de Gdańsk*. 251 000 hab.

GEAI n. m. ▪ Oiseau passereau de la taille du pigeon, à plumage bigarré. *Des geais bleus. Le geai jase.* - loc. (allus. à une fable de La Fontaine) *Geai paré des plumes du paon :* personne qui se fait gloire d'une chose empruntée.

GÉANT, ANTE ▪ **I.** n. **1.** (dans la mythologie grecque) *Les Géants :* monstres gigantesques, fils de Gaïa fécondée par le sang d'Ouranos, frères des Titans. ♦ Être fabuleux, d'une taille gigantesque. ⇒ **ogre.** *Le géant Gargantua.* - *Des pas de géant,* des très grands pas. **2.** Personne dont la taille dépasse anormalement la moyenne (⇒ **gigantisme**). **3.** Génie, héros, surhomme. *Les géants de l'art, du sport.* **II.** adj. **1.** Dont la taille dépasse de beaucoup la moyenne. ⇒ **colossal, énorme, gigantesque.** *Tortue géante. Écran géant.* - *Slalom géant* (n. m. *le géant*). **2.** FAM. (intensif) *C'est géant !* ⇒ **fabuleux, formidable.**

GEBER ▪ Nom latinisé de Jābir ibn Hayyān à qui fut attribué un ensemble de textes alchimiques et philosophiques.

GECKO n. m. ▪ Lézard grimpeur des régions chaudes.

gecko. *Phot. © Axel/Jacana*

GÉHENNE n. f. ▪ **1.** (dans la Bible) Enfer. **2.** fig. Torture ; souffrance intolérable.

Hans **GEIGER** (1882-1945) ▪ Physicien allemand. Inventeur du compteur de particules qui porte son nom.

GEIGNARD, ARDE adj. ▪ FAM. Qui se lamente à tout propos. ⇒ **pleurnicheur.**

GEINDRE v. intr. 52 ▪ **1.** Faire entendre des plaintes faibles et inarticulées. ⇒ **gémir,** se **plaindre.** *Malade qui geint. Geindre de douleur.* - (choses) Produire un bruit plaintif. **2.** Se lamenter à tout propos, sans raison valable (⇒ **geignard**).

GEISHA [gɛʃa ; gɛjʃa] n. f. ▪ Chanteuse et danseuse professionnelle japonaise qui reçoit et divertit les hommes dans les maisons de thé.

GEL n. m. ▪ **I. 1.** Temps de gelée. *Une nuit de gel.* **2.** Congélation des eaux (et de la vapeur d'eau atmosphérique). ⇒ **givre, glace.** *Le gel a fendu la roche.* **3.** Arrêt, blocage (d'une activité politique ou économique). *Le gel des crédits.* **II. 1.** SC. Substance souple, gélatineuse, obtenue par formation de petits flocons dans une solution colloïdale. **2.** Produit translucide à base d'eau ou d'huile. ⇒ **gelée.** *Gel démaquillant.*

GÉLATINE n. f. ▪ Substance extraite, sous forme de gelée, de certains tissus animaux.

GÉLATINEUX, EUSE adj. ▪ Qui a la nature, la consistance ou l'apparence de la gélatine. *Un entremets gélatineux.*

GELÉ, ÉE adj. ▪ **1.** Transformé en glace. *Étang gelé.* **2.** Dont les tissus organiques sont brûlés par le froid. *Orteils gelés* (⇒ **gelure**). **3.** Qui a très froid. *Avoir les pieds gelés.* ⇒ **glacé.** – *Être gelé.* ⇒ **transi. 4.** fig. (argent) Qui ne circule plus. *Crédits gelés.*

GELÉE n. f. ▪ **I.** Abaissement de la température au-dessous de zéro, ce qui provoque la congélation de l'eau. ⇒ **gel, glace, verglas.** – *Gelée blanche,* congélation de la rosée avant le lever du soleil, par nuit claire. **II. 1.** Suc de substance animale (viande, os) qui s'est coagulé en se refroidissant. *Bœuf en gelée.* **2.** Jus de fruits cuit au sucre et coagulé. *Gelée de groseille.* **3.** Corps de consistance gélatineuse.

GELER v. [5] ▪ **I.** v. intr. **1.** Se transformer en glace (s'oppose à *dégeler, fondre*). *La rivière a gelé.* **2.** (tissus organiques) Être endommagé par le gel. *Les bourgeons risquent de geler.* **3.** Souffrir du froid. ⇒ **grelotter.** – pronom. *Ne reste pas dehors à te geler !* **II.** impers. *Il a gelé cette nuit.* **III.** v. tr. **1.** Rendre gelé. *Cette humidité nous gelait.* **2.** fig. Arrêter, bloquer. *Geler les prix, les salaires.*

GÉLIFIANT n. m. ▪ Additif destiné à donner la consistance d'un gel à une préparation (notamment alimentaire).

GÉLIFIER v. tr. [7] ▪ SC. Transformer en gel (II).

GÉLINOTTE n. f. ▪ Oiseau très voisin de la perdrix (communément appelé *coq des marais*).

Claude **GELLÉE** → le **Lorrain**

Murray **GELL-MANN** (né en 1929) ▪ Physicien américain. L'hypothèse de l'existence des quarks, qu'il émit en même temps que G. Zweig (1964), est à la base des théories modernes des interactions fondamentales. Prix Nobel de physique 1969.

GELSENKIRCHEN ▪ Ville d'Allemagne (Rhénanie-du-Nord-Westphalie). 292 200 hab. Premier centre charbonnier de la Ruhr.

GÉLULE n. f. ▪ Capsule en gélatine dure qui contient un médicament en poudre.

GELURE n. f. ▪ Lésion grave de la peau causée par le froid.

GÉMEAU n. m. ▪ **1.** VX Jumeau. **2.** au plur. Troisième signe du zodiaque (21 mai-21 juin). – *Être Gémeaux,* de ce signe.

GÉMELLAIRE adj. ▪ Relatif aux jumeaux. *Grossesse gémellaire.*

Firmin **GÉMIER** (1869-1933) ▪ Acteur et directeur de théâtre français. Il eut l'initiative du premier Théâtre national populaire en 1920.

GÉMINÉ, ÉE adj. ▪ Disposé par paires. *Colonnes géminées.*

GÉMIR v. intr. [2] ▪ **1.** Exprimer sa souffrance d'une voix plaintive et inarticulée. ⇒ **geindre,** se **plaindre.** *Le malade gémit.* **2.** Se plaindre à l'aide de mots. *Gémir sur son sort.* **3.** (choses) Émettre un son plaintif et prolongé. *Le vent gémit dans les branches.*

GÉMISSANT, ANTE adj. ▪ Qui gémit. *Voix gémissante.* ⇒ **plaintif.**

GÉMISSEMENT n. m. ▪ **1.** Son vocal inarticulé et plaintif. ⇒ **lamentation, plainte.** *Pousser un gémissement de douleur.* **2.** Son plaintif. *Le gémissement du violon.*

GEMME ▪ **1.** n. f. Pierre précieuse. **2.** adj. *Sel gemme,* qu'on tire des mines (opposé à *sel marin*).

GEMMER v. tr. [1] ▪ TECHN. Inciser l'écorce de (certains pins) pour recueillir leur résine *(la gemme).* ▸ n. m. GEMMAGE

GEMMOLOGIE n. f. ▪ DIDACT. Science ayant pour objet la connaissance des gemmes (1).

GEMMULE n. f. ▪ BOT. Bourgeon de l'embryon contenu dans la graine.

GÉMONIES n. f. pl. ▪ loc. *VOUER qqn AUX GÉMONIES,* l'accabler publiquement de son mépris, de sa haine.

GÉN- ⇒ GÉNO-

GÊNANT, ANTE adj. ▪ Qui gêne, crée de la gêne. ⇒ **embarrassant, pénible.** *Une infirmité gênante. Un témoin gênant.*

GENAS ▪ Commune du Rhône. 9 316 hab.

GENCIVE n. f. ▪ Muqueuse épaisse qui recouvre la base des dents. *Inflammation des gencives.* ⇒ **gingivite.** ♦ FAM. *Les gencives :* la mâchoire, les dents. *Prendre un coup dans les gencives.*

GENDARME n. m. ▪ **I.** anciennt Homme de guerre à cheval. **II.** Militaire appartenant à la gendarmerie. *Il s'est fait arrêter par les gendarmes.* – loc. FAM. *Faire le gendarme :* faire régner l'ordre de manière autoritaire. *La peur du gendarme,* de la loi, de la punition. **III.** fig. FAM. **1.** Saucisson sec, plat et très dur. **2.** Hareng saur.

SE **GENDARMER** v. pron. [1] ▪ Protester, réagir vivement. *Se gendarmer contre qqn, qqch.*

GENDARMERIE n. f. ▪ **I.** anciennt Corps de cavalerie lourde. **II. 1.** Corps militaire, chargé de maintenir l'ordre et la sécurité publics, et de collaborer à la police judiciaire. *Groupe d'intervention de la gendarmerie nationale* (G.I.G.N.). **2.** Caserne où les gendarmes sont logés ; bureaux où ils remplissent leurs fonctions.

GENDRE n. m. ▪ Le mari d'une femme, par rapport au père et à la mère de celle-ci. ⇒ **beau-fils.**

GÈNE n. m. ▪ BIOL. Unité définie localisée sur un chromosome, grâce à laquelle se transmet un caractère héréditaire (⇒ **génétique ; génique**).

-GÈNE Élément, du grec *genos* « famille, race », qui signifie « origine ».

GÊNE n. f. ▪ **I.** VX Torture. **II. 1.** Malaise ou trouble physique dû à une situation désagréable. *Éprouver une sensation de gêne.* **2.** Situation embarrassante, imposant une contrainte, un désagrément. ⇒ **dérangement, embarras, ennui, incommodité.** *Je ne voudrais pas vous causer une gêne supplémentaire.* – prov. *Où (il) y a de la gêne, (il n')y a pas de plaisir.* ♦ *Être dans la gêne,* manquer d'argent (⇒ **gêné**). **3.** Impression désagréable que l'on éprouve devant qqn quand on se sent mal à l'aise. ⇒ **confusion, embarras.** *Il y eut un moment de gêne, de silence. Parler sans gêne* (⇒ **sans-gêne**).

GÉNÉALOGIE n. f. ▪ **1.** Liste qui donne la succession des ancêtres de (qqn) (⇒ **ascendance, descendance, lignée**). **2.** Science qui a pour objet la recherche des filiations. ▸ GÉNÉALOGIQUE adj. *Arbre* généalogique.*

GÉNÉALOGISTE n. ▪ Personne qui recherche et dresse les généalogies.

GÉNÉPI n. m. ▪ Armoise naine, plante des hautes montagnes. ♦ Liqueur faite avec cette plante.

GÊNER v. tr. [1] ▪ **1.** Mettre (qqn) à l'étroit ou mal à l'aise, physiquement. *Ces souliers me gênent.* ⇒ **serrer.** *Est-ce que la fumée vous gêne ?* ⇒ **déranger, incommoder, indisposer.** *Ce paquet vous gêne.* ⇒ **embarrasser, encombrer. 2.** Entraver (une action). *Gêner la circulation, le passage.* **3.** Mettre dans une situation embarrassante, difficile. ⇒ **embarrasser, empêcher.** – passif *Être gêné par le manque de temps.* ♦ Infliger à (qqn) l'importunité d'une présence, d'une démarche. ⇒ **déranger, importuner ; gêneur.** *Je crains de vous gêner en m'installant chez vous.* **4.** Mettre mal à l'aise. ⇒ **intimider, troubler.** *Votre question me gêne.* ▸ SE **GÊNER** v. pron. S'imposer une contrainte physique ou morale. *Ne pas se gêner pour dire ce qu'on pense. Ne vous gênez pas pour moi.* ▸ **GÊNÉ, ÉE** adj. **1.** Qui a, manifeste de la gêne. **2.** (personnes) Dans une situation financière difficile.

① **GÉNÉRAL, ALE, AUX** adj. ▪ **1.** Qui s'applique, se rapporte à un ensemble de cas ou d'individus. *Idées générales. D'une manière générale.* – n. m. *Aller du particulier au général.* ⇒ **généraliser.** – *En règle générale,* dans la plupart des cas. **2.** Qui concerne, réunit la totalité ou la majorité des membres d'un groupe. *Assemblée générale. Grève générale.* – *Répétition générale,* ou ellipt *LA GÉNÉRALE :* dernière répétition d'ensemble d'une pièce. ♦ *Culture générale,* concernant l'ensemble des connaissances. ♦ *Anesthésie générale,* qui intéresse tout l'organisme. – *Médecine générale* (⇒ **généraliste**). **3.** Qui embrasse l'ensemble d'un service, d'une organisation. *Direction générale.* – Qui est à la tête de toute une organisation. *Président-directeur général.* **4.** *EN GÉNÉRAL* loc. adv. : sans considérer les détails. ♦ Dans la plupart des cas, le plus souvent (opposé à *en particulier*). ⇒ **généralement.** *C'est en général ce qui arrive.*

② **GÉNÉRAL, ALE, AUX** ■ **I.** n. m. **1.** Celui qui commande en chef une armée. *Alexandre le Grand, général fameux* (→ soldat). *Général en chef.* **2.** Celui qui est à la tête d'un ordre religieux. ⇒ **supérieur.** *Le général des Jésuites.* **3.** Officier du plus haut grade commandant une grande unité dans les armées de terre et de l'air. *Général de brigade* (2 étoiles), *de division* (3), *de corps d'armée* (4), *d'armée et commandant en chef* (5). **4.** HIST. Personne placée à la tête d'une administration. *Général des galères.* **II.** n. f. Femme d'un général. *Madame la générale.*

GÉNÉRALEMENT adv. ■ **1.** D'un point de vue général. **2.** Dans l'ensemble ou la grande majorité des individus. ⇒ **communément.** *Usage généralement répandu.* **3.** Dans la plupart des cas. ⇒ **habituellement, ordinairement.**

GÉNÉRALISATEUR, TRICE adj. ■ Qui généralise. *Un esprit généralisateur.*

GÉNÉRALISATION n. f. ■ Action de (se) généraliser. *Souhaiter la généralisation d'une mesure.* ♦ fig. *Généralisation hâtive, imprudente.*

GÉNÉRALISER v. tr. 1 ■ **1.** Étendre, appliquer (qqch.) à l'ensemble ou à la majorité des individus. *Généraliser une méthode, une hypothèse.* - pronom. *Mode qui se généralise.* - au p. p. *Crise généralisée.* **2.** Tirer une conclusion générale de l'observation d'un cas limité. *Il a tendance à généraliser.*

GÉNÉRALISSIME n. m. ■ Général chargé du commandement en chef.

GÉNÉRALISTE adj. ■ **1.** Qui pratique la médecine générale. - n. *Une généraliste.* ⇒ **omnipraticien.** **2.** Qui n'est pas spécialisé. *Un éditeur généraliste.*

① **GÉNÉRALITÉ** n. f. ■ **1.** Caractère de ce qui est général (1). ⇒ **universalité. 2.** Idée, notion générale, trop générale (surtout au plur.). *Se perdre dans des généralités.* **3.** *La généralité des,* le plus grand nombre des (→ la majorité, la plupart). *Dans la généralité des cas.*

② **GÉNÉRALITÉ** n. f. ■ **I.** HIST. Circonscription financière dirigée par un *général des finances.* **II.** Gouvernement de la province autonome de Catalogne, en Espagne.

GÉNÉRATEUR, TRICE adj. ■ **1.** Qui engendre, produit. *Crise génératrice de chômage.* **2.** n. m. TECHN. Appareil ou dispositif qui produit qqch. ⇒ **génératrice.**

GÉNÉRATIF, IVE adj. ■ **I.** VX Générateur. **II.** LING. *Grammaire générative* : description systématique, plus ou moins formalisée, des lois de production des phrases d'une langue.

GÉNÉRATION n. f. ■ **I.** Action d'engendrer. **1.** VX Reproduction (I). *Génération spontanée* : théorie ancienne d'après laquelle certains êtres vivants pourraient naître spontanément à partir de matière non vivante. **2.** fig. Fait de faire exister. ⇒ **genèse, production. II. 1.** Ensemble des êtres qui descendent de qqn à chacun des degrés de filiation. ⇒ **progéniture.** *De génération en génération,* de père en fils. *La suite des générations.* **2.** Espace de temps d'une trentaine d'années. **3.** Ensemble des individus qui, à la même époque, sont dans la même tranche d'âge. *La jeune génération.* **4.** Série de produits d'un même niveau de la technique. *Une génération nouvelle d'ordinateurs.*

GÉNÉRATRICE n. f. ■ Machine produisant de l'énergie électrique. ⇒ **dynamo.**

GÉNÉRER v. tr. 6 ■ **I.** VX Engendrer. **II.** anglic. Produire.

GÉNÉREUSEMENT adv. ■ **1.** Avec générosité. **2.** Abondamment. *Servir généreusement à boire.*

GÉNÉREUX, EUSE adj. ■ **1.** Qui a de nobles sentiments qui le portent au désintéressement, au dévouement. *Un cœur généreux.* ⇒ **bon, charitable, humain. 2.** Qui donne sans compter. *Un généreux donateur.* - *Geste généreux.* - n. *Faire le généreux.* **3.** D'une nature riche, abondante. *Vin généreux,* riche en alcool. *Une poitrine généreuse.*

genette. *Genetta genetta.*
Phot. © Varin/Jacana

Gênes. Le port. *Phot. © Ostuni-Diamante/Ricciarini*

GÉNÉRIQUE ■ **I.** adj. DIDACT. Qui appartient au genre ; qui convient à un ensemble de personnes ou de choses (opposé à *spécifique*). *« Voie » est le terme générique désignant les chemins, routes, rues, sentiers...* **II.** n. m. Partie (d'un film, d'une émission) où sont indiqués les noms de ceux qui ont participé à sa réalisation. *Son nom figure au générique.*

GÉNÉROSITÉ n. f. ■ **1.** Caractère d'une personne généreuse, d'une action généreuse. **2.** Qualité qui dispose à sacrifier son intérêt personnel. ⇒ **bonté, indulgence ; abnégation, altruisme.** ♦ Disposition à donner sans compter. ⇒ **largesse, libéralité. 3.** *(Une, des générosités)* Dons. *Ses générosités l'ont ruiné.*

GÊNES en italien ***GENOVA*** ■ Ville d'Italie, située au fond du golfe de Gênes, capitale de la Ligurie. 706 754 hab. *(les Génois).* Nombreux monuments (tourisme). Port. Centre industriel (métallurgie, chimie). Indépendante au XIIe s., Gênes constitua (du XIIIe au XVIe s.) un empire commercial en Orient qui fit d'elle la rivale de Venise. Rattachée à la France en 1805 puis au royaume du Piémont en 1815.

GÉNÉSARETH ■ Dans les Évangiles, nom donné à une localité située au nord-ouest du lac de Tibériade, et, par extension, au lac lui-même.

GENÈSE n. f. ■ **1.** (avec maj.) Premier livre de la Bible, qui contient le récit de la création du monde. **2.** Manière dont une chose se forme, se développe. ⇒ **formation ; génétique.** *La genèse d'une œuvre d'art.*

-GENÈSE ou (VIEILLI) **-GÉNÈSE** Élément savant, du grec *genesis* « création, formation », qui signifie « processus de formation ».

GÉNÉSIQUE adj. ■ VX ou DIDACT. De la génération. *Instinct génésique.* ⇒ **sexuel.**

Jean GENET (1910 - 1986) ■ Écrivain français. Révolté contre le mensonge social, délibérément profanateur, il a exploré certains aspects de la délinquance et de l'homosexualité, qu'il a érigées en valeurs morales et esthétiques. *"Journal du voleur"*, 1949 (roman) ; *"Les Bonnes"*, 1947 ; *"Le Balcon"*, 1956 (théâtre).

Genet.
Phot. © Louis Monier

GENÊT n. m. ■ Arbrisseau sauvage, à fleurs jaunes odorantes.

GÉNÉTICIEN, IENNE n. ■ Spécialiste de la génétique.

GÉNÉTIQUE ■ **I.** adj. Relatif à une genèse (2). *Psychologie génétique.* **II. 1.** adj. Relatif aux gènes, à l'hérédité. ⇒ **héréditaire.** *Mutation génétique. Patrimoine génétique.* ⇒ **génome. 2.** n. f. Science des lois de l'hérédité. *La génétique des populations.*

GENETTE n. f. ■ Petit mammifère *(Carnivores),* à la robe tachetée, à la longue queue rayée.

GÊNEUR, EUSE n. ▪ Personne qui gêne, empêche d'agir librement.

GENÈVE ▪ Ville de Suisse, à l'extrémité sud-ouest du lac Léman. 169 491 hab. *(les Genevois).* Centre industriel (horlogerie, chimie, textile), commercial et financier. Organismes internationaux (Croix-Rouge, ONU). Principal foyer du calvinisme au XVIe s. ► **le canton de GENÈVE** correspond à l'agglomération de Genève (282 km^2 ; 376 539 hab.). ► **la conférence de GENÈVE** (1954) mit fin à la guerre d'Indochine (→ **Viêtnam**). ► **les conventions de GENÈVE** concernent la protection des victimes de guerre.

sainte GENEVIÈVE (v. 422 - 502) ▪ Vierge chrétienne. Ses prières auraient détourné de Paris (alors Lutèce) les armées d'Attila (451). Patronne de Paris.

Maurice GENEVOIX (1890 - 1980) ▪ Romancier français. *"Raboliot"* (1925) ; *"Ceux de Quatorze"* (1916-1923).

le col du Mont-GENÈVRE ▪ Passage des Alpes, entre la France (vallée de Briançon) et l'Italie. 1850 m.

GENÉVRIER n. m. ▪ Arbre ou arbuste à feuilles piquantes, dont les fruits sont des petites baies d'un noir violacé. ⇒ **genièvre.**

GENGIS KHĀN ou **TEMÜJIN** (v. 1167 - 1227) ▪ Grand conquérant, il devint en 1206 le maître de la Mongolie et se fit alors proclamer *Gengis Khān*, « chef (khan) suprême ». Il prit Pékin en 1215, s'empara du Turkestan oriental, de l'Afghanistan et de la Perse, bâtissant un empire démesuré, de la Chine à la Volga.

GÉNIAL, ALE, AUX adj. ▪ **1.** Inspiré par le génie. *Géniale invention. Idée géniale.* **2.** Qui a du génie. *Un mathématicien génial.* **3.** FAM. Extraordinaire, sensationnel. ► adv. **GÉNIALEMENT**

GÉNIE n. m. ▪ **I. 1.** Personnage surnaturel. ⇒ **démon, esprit.** *Un bon, un mauvais génie.* **2.** Représentation d'un génie, d'une allégorie. **II. 1.** *LE GÉNIE DE qqch.* : l'ensemble des tendances caractéristiques (d'un groupe, d'une réalité vivante). *Le génie d'une langue, d'un peuple.* ♦ Disposition naturelle. *Il a le génie des affaires.* **2.** Aptitude supérieure de l'esprit qui rend qqn capable de créations, d'inventions qui paraissent extraordinaires. *Il a du génie.* - *DE GÉNIE* loc. adj. : qui a du génie ou qui en porte la marque. ⇒ **génial.** *Homme, invention de génie. Trait de génie.* **3.** Personne qui a du génie. *Un génie méconnu.* **III. 1.** *Le génie militaire*, l'ensemble des services de travaux de l'armée. *Soldats du génie.* **2.** *Génie civil* : art des constructions ; ensemble des ingénieurs civils. ♦ *Génie chimique, génétique, informatique.* ⇒ **ingénierie.**

GENIÈVRE n. m. ▪ **1.** Genévrier. - Fruit de cet arbre. **2.** Eau-de-vie parfumée aux baies de genièvre (différente du gin).

GÉNIQUE adj. ▪ BIOL. Relatif aux gènes.

GÉNISSE n. f. ▪ Jeune vache qui n'a pas encore eu de veau. *Foie de génisse.*

GÉNITAL, ALE, AUX adj. ▪ Qui se rapporte, qui sert à la reproduction sexuée des animaux et des hommes. *Parties génitales, organes génitaux.* ⇒ **sexe.** - *Vie génitale.* ⇒ **sexuel.**

GÉNITEUR, TRICE n. ▪ VX ou plais. Mère ou père. ♦ n. m. TECHN. Animal mâle destiné à la reproduction.

GÉNITIF n. m. ▪ dans les langues à déclinaisons Cas des noms, adjectifs, pronoms, participes, qui exprime le plus souvent la dépendance ou l'appartenance.

GENJI → **Minamoto**

GENK ▪ Ville de Belgique (Limbourg). 61 339 hab.

Pierre-Gilles de GENNES (né en 1932) ▪ Physicien français. Ses travaux en physique de la matière condensée ont de nombreuses applications : cristaux liquides, aimants, supraconducteurs. Prix Nobel de physique 1991.

GENNEVILLIERS ▪ Commune des Hauts-de-Seine. 44 818 hab. *(les Gennevillois).* Port sur la Seine. Centre industriel (métallurgie, chimie).

GÉN(O)- Élément savant, du grec *genos* « famille, race », qui signifie « groupe » et « propre aux gènes ».

GÉNOCIDE n. m. ▪ Destruction méthodique d'un groupe humain. *L'extermination des Juifs par les nazis est un génocide. Le génocide des Arméniens.*

GÉNOIS, OISE adj. et n. ▪ **1.** De Gênes. ♦ n. *Les Génois.* **2.** n. f. *GÉNOISE* : pâtisserie légère, à base d'œufs fouettés et de sucre.

GÉNOME n. m. ▪ BIOL. Ensemble des chromosomes et des gènes (d'une espèce, d'un individu).

GÉNOTYPE n. m. ▪ BIOL. Patrimoine héréditaire (d'un individu) dépendant de l'ensemble des gènes (⇒ **génome**).

GENOU n. m. ▪ **1.** Partie du corps humain où la jambe s'articule avec la cuisse. ⇒ **rotule.** *Fléchir le genou.* ⇒ **génuflexion.** *Pantalon usé aux genoux*, à l'endroit des genoux. ♦ *Prendre un enfant sur ses genoux* (⇒ **giron**). ♦ FAM. *Être sur les genoux*, très fatigué. ♦ *À GENOUX* loc. adv. : avec le poids du corps sur les genoux posés au sol. *Se mettre à genoux.* ⇒ s'**agenouiller.** - *C'est à se mettre à genoux* : c'est admirable. ♦ *Faire du genou à qqn.* **2.** chez les quadrupèdes Articulation du membre antérieur. *Un cheval à genoux couronnés.*

GENOUILLÈRE n. f. ▪ Ce qu'on met sur le genou pour le protéger. *Genouillères de gardien de but* (en cuir rembourré).

GENRE n. m. ▪ **I.** VX Descendance. - MOD. *Le genre humain* : l'ensemble des hommes, l'espèce humaine. ⇒ **humanité.** **II.** (Ensemble abstrait) **1.** DIDACT. Idée générale, concept ; classe d'êtres (plus générale que l'espèce). **2.** Groupe d'êtres ou d'objets présentant des caractères communs (⇒ **générique**). *Du même genre.* ⇒ **espèce, sorte.** *Elle est unique en son genre.* ♦ *Genre de vie.* ⇒ **mode. 3.** SC. NAT. Subdivision de la famille. *Le genre, les espèces et les individus.* **4.** Catégorie d'œuvres, définie par la tradition (d'après le sujet, le ton, le style). **III.** Catégorie grammaticale suivant laquelle un nom est dit masculin, féminin ou neutre. **IV. 1.** Façons de s'habiller, de se comporter. ⇒ **allure, manière(s).** *Il a plutôt mauvais genre.* (adj.) *Il est très bon genre.* péj. *Bon chic bon genre.* ⇒ **B.C.B.G.** - (+ n. ou adj. en appos.) *Le genre bohème, le genre artiste.* **2.** loc. *Faire du genre, se donner un genre* : affecter certaines manières pour être distingué par autrui.

GENS [ʒɑ̃] n. m. pl. et f. pl. REM. l'adj. placé avant *gens* se met au fém. bien que ce qui suit reste au masc. : *ces vieilles gens semblent fort las* ▪ **1.** Personnes, en nombre indéterminé. ⇒ **homme, personne.** *Peu de gens, beaucoup de gens. Ces gens-là* (mais on dit : *quelques, plusieurs personnes*). - *Des gens sympathiques, de braves gens. Des petites gens*, des personnes à revenus modestes. - *Les gens* : les humains. **2.** *JEUNES GENS* : jeunes célibataires, filles et garçons. ⇒ **adolescent.** *Les jeunes filles et les jeunes gens.* **3.** *GENS DE* (et n. de profession). *Gens de loi. Les gens de lettres*, écrivains professionnels. **4.** *Le droit des gens* : droit des nations, droit international public.

GENSÉRIC ou **GEISÉRIC** ▪ Roi des Vandales Asdings (de 428 à 477, date de sa mort). Il se rendit maître d'une partie de l'Afrique romaine (442) et dépouilla les Romains de leurs terres. Converti à l'arianisme, il persécuta les catholiques.

GENT [ʒɑ̃(t)] n. f. ▪ LITTÉR. ou plais. Espèce, race. *La gent canine.*

GENTIANE n. f. ▪ **1.** Plante des montagnes à suc amer. **2.** Boisson apéritive à base de racine de gentiane.

① **GENTIL** [-ti] n. m. ▪ Nom que les juifs et les premiers chrétiens donnaient aux personnes étrangères à leur religion. ⇒ **infidèle.**

Pierre-Gilles de **Gennes.**
Phot. © Francis Apesteguy/Gamma

Gentile da Fabriano. *Adoration des Mages.*
Musée des Offices, Florence. *Phot. © Dagli Orti*

② **GENTIL, ILLE** [-ti, ij] **adj.** ▪ **1.** Qui plaît par sa grâce. ⇒ **agréable, aimable, mignon.** - (choses) ⇒ **charmant.** *Une gentille petite robe.* **2.** Qui plaît par sa délicatesse morale, sa douceur. ⇒ **délicat, généreux.** *Une très gentille lettre. Vous êtes trop gentil.* **3.** (enfants) ⇒ **sage, tranquille.** *Tu as été gentille ?* **4.** *Une gentille somme d'argent,* d'une certaine importance. ⇒ **coquet, rondelet.**

GENTILÉ n. m. ▪ DIDACT. Dénomination des habitants d'un lieu, relativement à ce lieu.

GENTILE DA FABRIANO (1370 - 1427) ▪ Peintre italien. Maître du gothique international. *"L'Adoration des Mages"* (1423), aux Offices, à Florence.

Orazio GENTILESCHI (1563 - 1639) ▪ Peintre italien. Avec sa fille **Artemisia Gentileschi** (1593-1652), elle-même peintre, il propagea le style du Caravage.

GENTILHOMME [-ijɔ-] **n. m.** ▪ **1.** VIEILLI Homme d'origine noble. *Les gentilshommes campagnards.* ⇒ **hobereau.** *"Le Bourgeois gentilhomme"* (pièce de Molière). **2.** LITTÉR. Homme généreux, distingué. ⇒ **gentleman.**

GENTILHOMMIÈRE [-ijɔ-] **n. f.** ▪ Petit château à la campagne. ⇒ **castel, manoir.**

GENTILLESSE n. f. ▪ **1.** Qualité d'une personne gentille. ⇒ **amabilité, complaisance, obligeance.** *Il a eu la gentillesse de m'aider.* **2.** Action, parole pleine de gentillesse. ⇒ **attention, prévenance.** *Toutes les gentillesses qu'il a eues pour moi.*

GENTILLET, ETTE adj. ▪ **1.** Assez gentil ; petit et gentil. **2.** péj. Aimable et insignifiant.

GENTILLY ▪ Commune du Val-de-Marne. 17 093 hab. *(les Gentilléens).*

GENTIMENT adv. ▪ D'une manière gentille. *Accueillez-le gentiment.* ⇒ **aimablement.** ♦ Sagement. *S'amuser gentiment.*

GENTLEMAN [ʒɑ̃tləman ; dʒɛntləman] **n. m.** ▪ anglic. Homme distingué, d'une parfaite éducation. *Des gentlemen* ou (francisé) *gentlemans.*

GÉNUFLEXION n. f. ▪ Action de fléchir le genou, les genoux, en signe d'adoration, de respect, de soumission. ⇒ **agenouillement.**

GÉO- Élément savant, du grec *gê* « Terre ».

GÉODE n. f. ▪ **1.** Pierre ou roche de forme arrondie, creuse, dont l'intérieur est tapissé de cristaux. **2.** Construction de cette forme. *La géode du parc de la Villette, à Paris.*

GÉODÉSIE n. f. ▪ Science qui a pour objet la détermination de la forme de la Terre, la mesure de ses dimensions, l'établissement des cartes. ► **adj.** GÉODÉSIQUE

Étienne GEOFFROY SAINT-HILAIRE (1772 - 1844) ▪ Naturaliste français. Il affirma l'existence d'un plan unique dans l'organisation des êtres vivants et posa les bases de l'anatomie comparée. Contre Cuvier, il soutint que les modifications des espèces sont dues à l'influence du milieu (transformisme).

GÉOGRAPHE n. ▪ Spécialiste de la géographie.

GÉOGRAPHIE n. f. ▪ **1.** Science qui a pour objet la description de l'aspect actuel du globe terrestre, au point de vue naturel et humain. *Géographie physique. Géographie humaine, économique. Carte de géographie.* **2.** La réalité physique, biologique, humaine que cette science étudie. *La géographie de la France, de la Méditerranée.*

GÉOGRAPHIQUE adj. ▪ Relatif à la géographie. *Carte géographique. Le milieu géographique.* ► **adv.** GÉOGRAPHIQUEMENT

GEÔLE [ʒol] **n. f.** ▪ LITTÉR. Cachot, prison.

GEÔLIER, IÈRE [ʒolje, jɛʀ] **n.** ▪ LITTÉR. Personne qui garde les prisonniers.

GÉOLOGIE n. f. ▪ **1.** Science qui étudie la structure et l'évolution de l'écorce terrestre. **2.** Terrains, formations que la géologie étudie.

GÉOLOGIQUE adj. ▪ Relatif à la géologie. *Les grandes périodes, les ères géologiques.* ► **adv.** GÉOLOGIQUEMENT

GÉOLOGUE n. ▪ Spécialiste de la géologie.

GÉOMAGNÉTISME n. m. ▪ Magnétisme terrestre.

GÉOMANCIE n. f. ▪ DIDACT. Divination par l'apparence du sol, des figures sur le sol. ► **n.** GÉOMANCIEN, IENNE

GÉOMÈTRE n. ▪ **1.** Spécialiste de la géométrie. **2.** Professionnel(le) qui s'occupe de relever des plans de terrains (syn. *arpenteur géomètre*).

GÉOMÉTRIE n. f. ▪ **1.** Science de l'espace ; partie des mathématiques qui a pour objet l'étude des figures dans l'espace. *Géométrie plane, géométrie dans l'espace. Figures de géométrie.* **2.** VX Mathématiques. allus. *Esprit* de géométrie et esprit de finesse* (Pascal). **3.** loc. *À géométrie variable :* qui peut varier dans ses dimensions.

GÉOMÉTRIQUE adj. ▪ **1.** De la géométrie. *Figure géométrique.* - *Progression géométrique* (opposé à *arithmétique*), dont chaque terme s'obtient en multipliant le précédent par un nombre constant (ex. 2, 6, 18, 54). **2.** Simple et régulier comme les figures géométriques. *Les formes géométriques d'un édifice.* **3.** Qui procède avec rigueur et précision. *Une exactitude géométrique.* ⇒ **mathématique.** ► **adv.** GÉOMÉTRIQUEMENT

GÉOMORPHOLOGIE n. f. ▪ Étude de la forme et de l'évolution du relief terrestre.

GÉOPHYSICIEN, IENNE n. ▪ Spécialiste de géophysique.

GÉOPHYSIQUE n. f. ▪ Étude des propriétés physiques du globe terrestre (mouvements de l'écorce, magnétisme terrestre, électricité terrestre, météorologie). - **adj.** *Études, prospection géophysiques.*

GÉOPOLITIQUE n. f. ▪ Étude des rapports entre les données de la géographie et la politique. - **adj.** *Théories géopolitiques.*

GEORGE ▪ NOM DE SIX ROIS BRITANNIQUES ► **GEORGE Ier** (1660 - 1727), électeur de Hanovre, fut désigné comme successeur d'Anne Stuart (roi de Grande-Bretagne) en 1714. Il laissa le pouvoir aux whigs (Stanhope, puis Walpole). ► **GEORGE II** (1683 - 1760), son fils, roi de Grande-Bretagne de 1727 à sa mort. ► **GEORGE III** (1738 - 1820), roi de Grande-Bretagne (et d'Irlande à partir de 1801) de 1760 à sa mort, s'aliéna l'opinion par une politique autoritaire. Après sept ans de guerre, il dut accepter l'indépendance des États-Unis. Atteint de troubles mentaux, il se laissa dominer par le Second Pitt. ► **GEORGE IV** (1762 - 1830), son fils, roi de Grande-Bretagne et d'Irlande de 1820 à sa mort. ► **GEORGE V** (1865 - 1936), roi de Grande-Bretagne et d'Irlande (du Nord à partir de 1921) de 1910 à sa mort. ► **GEORGE VI** (1895 - 1952), père d'Élisabeth II, succéda en 1936 (roi de Grande-Bretagne et d'Irlande du Nord) à son frère Édouard VIII.

Lloyd GEORGE → **Lloyd George**

Stefan GEORGE (1868 - 1933) ▪ Poète allemand. Son esthétisme aristocratique s'opposait au naturalisme et à la littérature sociale.

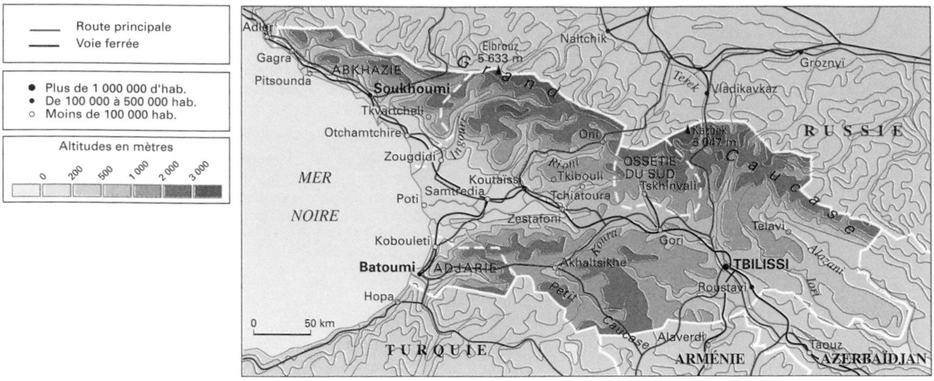

Géorgie.

saint GEORGES ▪ Martyr chrétien, souvent représenté à cheval, tuant un dragon. Son culte se répandit à partir du VIe s. en Orient et en Occident.

GEORGETOWN ▪ Capitale du Guyana. 200 000 hab. Principal port du pays.

GEORGETOWN communément ***PENANG*** ▪ Ville de Malaysia, capitale du Pulau Pinang. 322 713 hab. Port. Université.

la GÉORGIE en angl. ***GEORGIA*** ▪ État du sud-est des États-Unis, sur l'Atlantique. 152 589 km². 6 478 000 hab. Capitale : Atlanta. État cotonnier ravagé par la guerre de Sécession, reconverti depuis les années 1920 dans le tabac, l'élevage, les industries du bois. Universités.

la GÉORGIE en géorgien ***SAKARTVELO*** ▪ République située au bord de la mer Noire, comprenant les républiques autonomes d'Abkhazie et d'Adjarie et la région autonome d'Ossétie-du-Sud. 69 700 km². 5 482 000 hab. *(les Géorgiens).* Capitale : Tbilissi. Langues : géorgien, russe. Religion : orthodoxe. Monnaie : rouble. Thé, agrumes, tabac, vigne, élevage, industrie lourde, chimie. Au carrefour des civilisations méditerranéennes et orientales dans l'Antiquité, puissant royaume chrétien au Moyen Âge, la Géorgie, devenue l'enjeu des rivalités entre la Perse et la Turquie, se mit sous la protection de la Russie qui l'annexa en 1801. Un fort sentiment nationaliste s'y développa (indépendance de 1918 à 1921), réprimé notamment par Staline, lui-même géorgien, et réapparut ouvertement à la faveur de la perestroïka. La Géorgie a proclamé son indépendance en 1991. À partir de 1992, elle a été en proie à une guerre civile opposant les séparatistes abkhazes et ossètes aux Géorgiens soutenus par la Russie. Elle a adhéré à la CÉI en 1993.

GÉORGIEN, IENNE adj. et n. ▪ **I.** De la Géorgie (république caucasienne). ► n. *Les Géorgiens.* - *Le géorgien* (langue caucasienne). **II.** De la Géorgie (État des États-Unis).

GÉOSTATIONNAIRE adj. ▪ *Satellite géostationnaire,* dont l'orbite est telle qu'il semble immobile par rapport à un observateur terrestre.

GÉOSYNCLINAL, AUX [-s-] n. m. ▪ GÉOL. Vaste dépression caractérisée par une grande épaisseur de sédiments (⇒ **fosse**).

GÉOTHERMIE n. f. ▪ TECHN. Forme d'énergie utilisant la chaleur des profondeurs de la Terre. ► adj. GÉOTHERMIQUE

GERA ▪ Ville d'Allemagne (Thuringe). 129 700 hab.

GÉRANCE n. f. ▪ Fonction de gérant. ⇒ **administration, gestion.** *Prendre la gérance d'une entreprise.* ♦ Durée de cette fonction. *Une gérance de dix ans.*

GÉRANIUM [-jɔm] n. m. ▪ **1.** BOT. Plante sauvage à fleurs odorantes, souvent ornementale. **2.** COUR. (erroné en bot.) Plante à feuilles arrondies et velues, à fleurs en ombelles roses, blanches ou rouges (syn. BOT. pélargonium). *Il a un pot de géraniums sur sa fenêtre.*

GÉRANT, ANTE n. ▪ Personne qui gère pour le compte d'autrui. ⇒ **administrateur, directeur.** *Le gérant d'un immeuble, d'une société.*

le baron François GÉRARD (1770-1837) ▪ Peintre français. Portraitiste officiel du Premier Empire et de la Restauration. *"Madame Récamier"* (1802).

GÉRARDMER ▪ Commune des Vosges. 8 951 hab. *(les Géromois).* Tourisme (*lac de Gérardmer,* 115 ha). Festival du film fantastique

GERBE n. f. ▪ **1.** Botte de céréales coupées, où les épis sont disposés d'un même côté, et qui va s'élargissant des queues aux têtes. *Une gerbe de blé.* **2.** Botte de fleurs coupées à longues tiges. *Offrir une gerbe de roses.* **3.** fig. Bouquet, faisceau. - (en parlant de qqch. qui jaillit en se déployant) *Une gerbe d'eau.*

GERBER v. [1] ▪ **I.** v. tr. Mettre en gerbes. ♦ Entasser, ranger en hauteur. **II.** v. intr. FAM. Vomir.

GERBERT D'AURILLAC (v. 938-1003) ▪ Un des hommes les plus savants de son temps, moine, évêque, pape en 999 sous le nom de Sylvestre II.

GERBIER n. m. ▪ Grand tas de gerbes isolé dans les champs. ⇒ **meule.**

le mont GERBIER-DE-JONC ▪ Mont d'origine volcanique, en Ardèche. La Loire y prend sa source. 1551 m.

GERBOISE n. f. ▪ Petit rongeur à pattes antérieures très courtes, à pattes postérieures et à queue très longues.

gerboise. *Jaculus blanfordi.*
Phot. © Chaumeton/Jacana

GERCER v. tr. [3] ▪ (froid, sécheresse) Provoquer des petites crevasses dans l'épiderme. ⇒ **crevasser.** - pronom. *Mains qui se gercent.* - au p. p. *Lèvres gercées.*

GERÇURE n. f. ▪ Petite fissure de l'épiderme.

GÉRER v. tr. [6] ▪ **1.** Administrer (les intérêts, les affaires d'un autre). ⇒ **gestion.** *Gérer un commerce, un immeuble, une affaire* (⇒ **gérance, gérant**). **2.** Administrer (ses propres affaires). *Gérer son budget.* **3.** *Gérer une situation, une crise,* y faire face, s'en occuper.

GERFAUT n. m. ▪ Grand faucon à plumage gris clair.

GERGOVIE ▪ Ancienne ville de Gaule, dans le pays des Arvernes (Auvergne). Victoire de Vercingétorix sur César en 52 av. J.-C.

GÉRIATRIE n. f. ▪ DIDACT. Médecine de la vieillesse, des personnes âgées et de leurs troubles spécifiques. ► n. GÉRIATRE ► adj. GÉRIATRIQUE

Théodore GÉRICAULT (1791 - 1824) ▪ Peintre français. Il devint l'un des chefs de l'école romantique avec son œuvre majeure, *"Le Radeau de la Méduse"* (1819). Il fut aussi l'un des initiateurs du mouvement réaliste, notamment par ses portraits de fous.

Géricault. *Officier de chasseurs à cheval de la garde impériale chargeant.* Musée du Louvre, Paris. *Phot. © Dagli Orti*

① **GERMAIN, AINE** adj. ▪ *COUSINS GERMAINS :* cousins ayant une grand-mère ou un grand-père commun. - n. *Cousins issus de germains,* ayant un arrière-grand-père ou une arrière-grand-mère en commun.

② **GERMAIN, AINE** adj. ▪ HIST. De la Germanie ancienne. ⇒ **germanique.** *Guerriers germains.*

les GERMAIN ▪ Famille d'orfèvres parisiens. Les plus célèbres furent Thomas (1673-1748) et son fils François-Thomas (1726 - 1791).

Sophie GERMAIN (1776 - 1831) ▪ Mathématicienne française. Auteur de travaux sur les surfaces élastiques en vibration, elle approfondit également les études entreprises par Le Gendre sur la théorie des nombres.

les GERMAINS ▪ Peuples probablement originaires de Scandinavie. Ils émigrèrent vers le sud au IIIe s. av. J.-C. et furent arrêtés par les Romains qui les fixèrent dans les nouvelles provinces de Germanie. À partir du IIIe s., ils envahirent la Gaule, l'Espagne, l'Italie, la Bretagne.

GERMANICUS (15 av. J.-C. - 19) ▪ Général romain. Il battit Arminius et rétablit l'ordre en Germanie, d'où son nom. Époux d'Agrippine l'Aînée, qui accusa Pison, gouverneur de Syrie, de l'avoir empoisonné.

le royaume de GERMANIE ▪ État né du démembrement de l'Empire carolingien en 843 (traité de Verdun) et attribué à Louis II le Germanique. Sous Othon Ier, il constitua avec les royaumes d'Italie et de Bourgogne le Saint Empire romain germanique (962).

GERMANIQUE adj. ▪ **1.** Qui a rapport aux Germains, à la Germanie. *Empire romain germanique.* - *Langues germaniques :* langues des peuples que les Romains nommaient Germains, et celles qui en dérivent (ancien norrois, francique, gotique... ; allemand, anglais, néerlandais, langues scandinaves). **2.** De l'Allemagne. ⇒ **allemand.**

GERMANISER v. tr. 1 ▪ Rendre germain, allemand. ► n. f. GERMANISATION

GERMANISME n. m. ▪ Façon d'exprimer propre à l'allemand. ♦ Emprunt à la langue allemande.

GERMANISTE n. ▪ Spécialiste de la langue et de la culture allemandes.

GERMANIUM [-jɔm] n. m. ▪ Élément (symb. Ge), métal du même groupe que le carbone et le silicium, utilisé en électronique.

GERMANO- Élément, du latin *germanus* « allemand » (ex. *germanophile* adj. et n. « qui aime les Allemands » ; *germanophobe* adj. et n. « qui déteste les Allemands » ; *germanophone* adj. et n. « qui parle l'allemand »).

GERME n. m. ▪ **1.** VX Forme initiale à partir de laquelle se développent les êtres vivants. **2.** Élément microscopique qui, en se développant, produit un organisme (ferment, bactérie, spore, œuf). *Germes microbiens* (absolt *germes).* - Première pousse qui sort de la graine, du bulbe, du tubercule (⇒ **germer**). *Des germes de pommes de terre.* **3.** fig. Principe, élément de développement (de qqch.). ⇒ **cause.** *Un germe de vie, de corruption.* - *EN GERME. Ses premiers romans contiennent en germe toute son œuvre.*

GERMER v. intr. 1 ▪ **1.** (semence, bulbe, tubercule) Pousser son germe au-dehors. *Le blé a germé.* - au p. p. *Orge germé :* malt. *Des pommes de terre germées.* **2.** fig. Commencer à se développer. ⇒ se **former, naître.** *L'espoir germe dans les esprits.*

GERMINAL n. m. ▪ HIST. Septième mois du calendrier révolutionnaire (21-22 mars au 18-19 avril). - *"Germinal"* (roman de Zola).

GERMINATIF, IVE adj. ▪ Relatif à la germination.

GERMINATION n. f. ▪ Ensemble des phénomènes par lesquels une graine se développe et donne naissance à une nouvelle plante.

GERMON n. m. ▪ RÉGIONAL Thon blanc.

GÉRONDIF n. m. ▪ **1.** Forme verbale, déclinaison de l'infinitif en latin (ex. *cantandi, cantandum, cantando,* de *cantare* « chanter »). **2.** en franç. Participe présent généralement précédé de la préposition *en,* et servant à exprimer des compléments circonstanciels (ex. en forgeant, on devient forgeron).

GÉRONE en espagnol ***GERONA*** ▪ Ville d'Espagne (Catalogne). 66 852 hab. Cathédrale.

GERONIMO (1829 - 1908) ▪ Chef des Apaches chiricahuas. Il prit en 1874 la tête de la révolte des Apaches de la réserve de San Carlos, en Arizona.

GÉRONT(O)- Élément, du grec *gerôn, gerontos* « vieillard ».

GÉRONTOCRATIE n. f. ▪ DIDACT. Gouvernement, domination par des vieillards.

GÉRONTOLOGIE n. f. ▪ Étude des phénomènes de vieillissement et des problèmes particuliers aux personnes âgées. ⇒ **gériatrie.** ► adj. GÉRONTOLOGIQUE ► n. GÉRONTOLOGUE

le GERS n. m. ▪ Rivière du bassin d'Aquitaine. 178 km. Affluent de la Garonne.

le GERS [32] ▪ Département français de la région Midi-Pyrénées. 6 291 km². 174 587 hab. *(les Gersois).* Chef-lieu : Auch. Chefs-lieux d'arrondissement : Condom, Mirande.

George GERSHWIN (1898 - 1937) ▪ Compositeur américain. Son œuvre relève à la fois du jazz et de la musique classique. *"Rhapsody in Blue"* (1924), pièce pour piano et orchestre ; *"Un Américain à Paris"* (1928), poème symphonique ; *"Porgy and Bess"* (1935), opéra inspiré du folklore noir.

Jean Charlier dit **Jean de GERSON** (1363 - 1429) ▪ Théologien et prédicateur français. Grand chancelier de l'université de Paris, il joua un rôle essentiel au concile de Constance (1414-1418), pour tenter de mettre fin au Grand Schisme d'Occident.

GÉRYON ▪ Géant de la mythologie grecque à trois têtes et à trois troncs. Héraclès le tue et s'empare de ses troupeaux.

GERZAT ▪ Commune du Puy-de-Dôme. 9 229 hab.

GÉSIER n. m. ▪ Troisième poche digestive des oiseaux, très musclée. *Un gésier de poulet.* ♦ FAM. Estomac.

GÉSINE n. f. ▪ VX *EN GÉSINE :* en train d'accoucher (femme).

GÉSIR v. intr. défectif (*je gis, tu gis, il gît, nous gisons, vous gisez, ils gisent ; je gisais,* etc. ; *gisant*) ▪ LITTÉR. **1.** Être couché, étendu, sans mouvement (⇒ **gisant**). *Le malade gît sur son lit, épuisé.* ♦ *CI-GÎT, ICI-GÎT :* ici repose (formule d'épitaphe). **2.** Se trouver. *C'est là que gît le problème.*

GESSE n. f. ▪ Plante légumineuse cultivée comme fourrage.

GESSLER ▪ Autrichien représentant les Habsbourg en Suisse et qui, selon la légende, aurait ordonné à Guillaume Tell de tirer une flèche sur une pomme posée sur la tête de son propre fils.

la GESTAPO ▪ Abréviation de *Geheime Staatspolizei,* « police secrète d'État ». Créée en 1933, elle devint à partir de 1936, sous la direction de Himmler, la toute-puissante police politique du régime nazi, en Allemagne et en Europe occupée.

GESTATION n. f. ▪ **1.** État d'une femelle vivipare qui porte son petit, depuis la conception jusqu'à la naissance. ⇒ **grossesse.** **2.** fig. Travail d'élaboration lent. *Une œuvre artistique en gestation.*

① **GESTE** n. m. ▪ **1.** Mouvement du corps (surtout des bras, des mains, de la tête), révélant un état d'esprit ou visant à exprimer, à exécuter qqch. ⇒ **attitude, mouvement ; gesticuler.** *S'exprimer par gestes. Faire un geste de la main.* ⇒ **signe. 2.** fig. ⇒ **acte, action.** *Un geste d'autorité, de générosité.* ▸ loc. *Les faits et gestes de qqn,* sa conduite, ses actes. *Faire un geste,* une bonne action.

② **GESTE** n. f. ▪ Ensemble de poèmes épiques du Moyen Âge relatant les exploits d'un héros. ⇒ **cycle.** *Chanson de geste.*

GESTICULATION n. f. ▪ Action de gesticuler ; gestes excessifs. ▸ fig. *Des gesticulations politiques.*

GESTICULER v. intr. [1] ▪ Faire beaucoup de gestes, trop de gestes. *Gesticuler en parlant.* ♦ fig. Agir de manière trop démonstrative.

GESTION n. f. ▪ Action de gérer. ⇒ **administration, direction.** *La gestion d'un budget.* ▸ *Compte de gestion.*

GESTIONNAIRE adj. et n. ▪ Qui concerne la gestion d'une affaire ou qui en est chargé. *Administrateur gestionnaire.* ▸ n. Gérant. *Un bon gestionnaire.*

GESTUEL, ELLE adj. ▪ DIDACT. Du geste. *Langage gestuel.* ♦ n. f. Ensemble des gestes constituant un système signifiant.

Carlo GESUALDO, duc de Venosa (v. 1560 - 1613) ▪ Compositeur italien. Virtuose du luth, il composa de la musique religieuse et profane d'un langage harmonique hardi et d'un style expressif dont l'intensité dramatique préfigure le baroque.

GETHSÉMANI ▪ Jardin du mont des Oliviers à Jérusalem, où, selon les Évangiles, Jésus pria durant la nuit qui précéda sa Passion.

Les GETS ▪ Commune de Haute-Savoie, arr. de Bonneville. 1 287 hab. Station d'été et de sports d'hiver (1 172 à 1 850 m).

GETTYSBURG ▪ Ville des États-Unis (Pennsylvanie). 7 000 hab. En 1863, les nordistes y remportèrent une victoire décisive qui marqua un tournant dans la guerre de Sécession.

le GÉVAUDAN ▪ Plateau d'élevage situé en Lozère, hanté au XVIIIe s. par la « bête du Gévaudan » (un chien ou un loup).

GEVREY-CHAMBERTIN ▪ Commune de la Côte-d'Or. 2 825 hab. *(les Gibriaçois).* Vignoble célèbre.

GEX ▪ Chef-lieu d'arrondissement de l'Ain. 6 615 hab. (*les Gessiens* ou *Gexois*).

GEYSER [ʒɛzɛʀ] n. m. ▪ Source d'eau chaude qui jaillit violemment, par intermittence. ♦ Grande gerbe jaillissante. *Des geysers.*

geyser.
Grand geyser en Islande.
Phot. © Herman/Explorer

Guido GEZELLE (1830 - 1899) ▪ Poète belge d'expression flamande. Prêtre, il défendit le nationalisme littéraire flamand et célébra la nature dans des vers d'une grande fraîcheur mystique. *"Guirlande du temps"* (1893); *"Collier de rimes"* (1897).

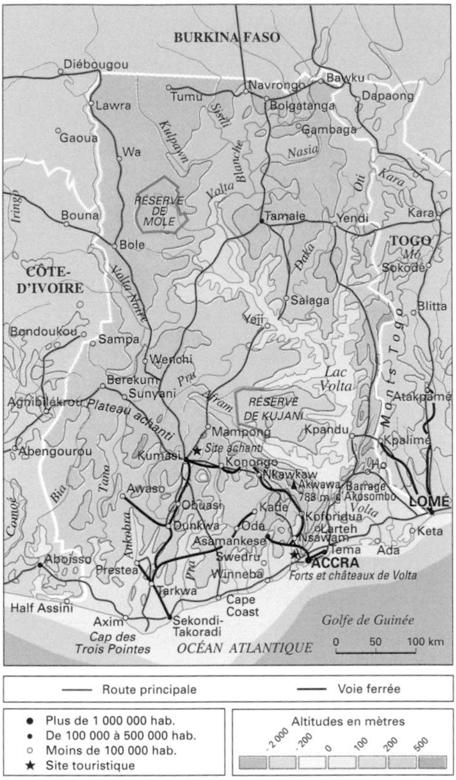

Ghana.

le GHANA ▪ État de l'Afrique occidentale, drainé par la Volta. 239 460 km². 15 millions d'hab. *(les Ghanéens).* Capitale : Accra. Langue officielle : anglais. Monnaie : cedi. Économie essentiellement agricole. Importante production de cacao, d'or, de diamants, de manganèse et de bauxite. Ancienne colonie britannique (Gold Coast ou Côte-de-l'Or), indépendante en 1957 et membre du Commonwealth.

l'empire du GHANA ▪ Ancien État africain du Soudan occidental (IVe-XIe s.). Il tirait sa puissance de l'or et du commerce transsaharien.

al-GHAZĀLĪ (1058 - 1111) ▪ Penseur arabe d'origine iranienne. Il fut pèlerin errant, soufi, et écrivit de nombreux traités de polémique philosophique. Sa doctrine religieuse est conservatrice et mystique.

GHAZNAVIDES ▪ Dynastie turque qui régna sur l'Afghanistan et le Panjab (Xe-XIIe s.). Elle connut son apogée sous le règne de Mahmud de Ghazni (998-1030).

Adémar Martens dit Michel de GHELDERODE (1898 - 1962) ▪ Auteur dramatique belge d'expression française. Une angoisse métaphysique s'incarne dans les personnages bouffons de ses farces, où la mort est toujours présente. *"Barrabas"* (1929); *"La Ballade du Grand Macabre"* (1935).

les GHERARDESCA ▪ Famille italienne qui joua un rôle important à Pise dans la querelle des guelfes et des gibelins (XIIIe-XIVe s.).

GHETTO n. m. ▪ **1.** Quartier où les Juifs étaient forcés de résider. *L'insurrection du ghetto de Varsovie.* **2.** fig. Quartier où une communauté vit à l'écart. *Les ghettos noirs des villes américaines.*

Lorenzo GHIBERTI (v. 1378 - 1455) ▪ Orfèvre, sculpteur et architecte italien. Il réalisa les portes de bronze du baptistère de Florence. Style gothique international.

Ghirlandaio. *Vieillard avec un enfant.* Musée du Louvre, Paris. *Phot. © Arch. Smeets*

GHIRLANDAIO (1449 - 1494) ▪ Peintre italien. Il fut influencé par le réalisme de l'art flamand. *"Vieillard avec un enfant"*.

Alberto GIACOMETTI (1901 - 1966) ▪ Sculpteur et peintre suisse. Ses figures aux formes allongées et décharnées expriment le tragique de la destinée humaine.

GIAMBOLOGNA ou **JEAN DE BOLOGNE** (1529 - 1608) ▪ Sculpteur maniériste flamand. Il travailla à Florence à la cour des Médicis. Statue de *"Mercure"*, dit *"de Médicis"* (1580).

GIÁP → Võ Nguyên Giáp

GIBBON n. m. ▪ Singe d'Asie, sans queue et à longs bras.

Edward GIBBON (1737 - 1794) ▪ Historien britannique. Sa vaste *"Histoire du déclin et de la chute de l'Empire romain"* (1776) est une des premières synthèses historiques à ambition scientifique.

Orlando GIBBONS (1583 - 1625) ▪ Compositeur et organiste anglais. Organiste de la chapelle royale, puis de l'abbaye de Westminster, il porta à son sommet la musique élisabéthaine, à l'égal de Byrd.

GIBBOSITÉ n. f. ▪ LITTÉR. Bosse.

Josiah Willard GIBBS (1839 - 1903) ▪ Physicien américain. Il jeta les bases de la physico-chimie et de la mécanique statistique.

GIBECIÈRE n. f. ▪ Sac où le chasseur met son gibier. ♦ Sac en bandoulière.

GIBELIN n. m. ▪ HIST. Partisan des empereurs d'Allemagne, dans l'Italie médiévale. *Les gibelins, ennemis des guelfes**.

GIBELOTTE n. f. ▪ Fricassée au vin blanc. *Gibelotte de lapin.*

GIBERNE n. f. ▪ Ancienne boîte à cartouche des soldats. ⇒ **cartouchière.**

GIBET n. m. ▪ Potence où l'on exécutait les condamnés à la pendaison.

GIBIER n. m. ▪ **1.** Animaux sauvages à chair comestible que l'on prend à la chasse. *Pays riche en gibier* (⇒ **giboyeux**). *Gros gibier :* cerf, chevreuil, daim, sanglier. *Poursuivre, rabattre le gibier.* **2.** fig. Personne que l'on cherche à prendre, à attraper, à duper. - loc. *Gibier de potence :* personne qui mérite d'être pendue.

GIBOULÉE n. f. ▪ Grosse averse parfois accompagnée de grêle, de neige. ⇒ **ondée.**

GIBOYEUX, EUSE adj. ▪ Riche en gibier. *Pays giboyeux.*

GIBRALTAR ▪ Port et base militaire britannique, à l'extrême sud de l'Espagne. 5,8 km². 30 000 hab. Elle appartient aux Britanniques depuis 1704 (guerre de Succession d'Espagne). ► **le détroit de GIBRALTAR**, bras de mer qui sépare l'Europe de l'Afrique et réunit l'Atlantique à la Méditerranée (15 km de large).

Gibraltar. *Phot. © Gerster/Rapho*

GIBUS [-ys] n. m. ▪ Chapeau haut de forme à ressorts (appelé aussi *chapeau claque*).

GICLÉE n. f. ▪ Jet de ce qui gicle.

GICLEMENT n. m. ▪ Action ou fait de gicler.

GICLER v. intr. 1 ▪ (liquide) Jaillir, rejaillir avec force. *La boue a giclé sur les passants.* ⇒ **éclabousser.** ♦ FAM. Être expulsé, vidé.

GICLEUR n. m. ▪ Petit tube du carburateur servant à doser l'arrivée d'essence.

André GIDE (1869 - 1951) ▪ Écrivain français. Son œuvre eut un important retentissement sur ses contemporains pour ses théories littéraires, sa critique des conventions morales et ses engagements politiques. Il fut un des

Giacometti. *Femme nue debout,* bronze. MNAMGP, Paris. *Phot. © MNAMGP*

fondateurs de *La Nouvelle Revue française* en 1909. *"Les Nourritures terrestres"* (1895); *"Les Caves du Vatican"* (1914); *"La Symphonie pastorale"* (1919); *"Les Faux-Monnayeurs"* (1925); *"Voyage au Congo"* (1927); *"Retour de l'U.R.S.S."* (1936); *"Journal"*. Prix Nobel de littérature 1947.

Gide.
Phot. © Gisèle Freund

GIEN ▪ Commune du Loiret. 16 477 hab. *(les Giennois)*. Château du xve s. Faïencerie.

la presqu'île de GIENS ▪ Presqu'île du Var, entre le golfe de Giens et la rade d'Hyères.

GIFLE n. f. ▪ **1.** Coup donné du plat ou du revers de la main sur la joue de qqn. ⇒ **soufflet** ; FAM. **baffe.** *Donner, recevoir une paire de gifles.* **2.** fig. Humiliation, affront.

GIFLER v. tr. [1] ▪ Frapper d'une gifle. *Gifler un enfant.* – au p. p. *Visage giflé par la pluie, giflé de pluie.* ⇒ **cingler, fouetter.**

GIF-SUR-YVETTE ▪ Commune de l'Essonne. 19 754 hab. *(les Giffois).* Laboratoires.

GIFU ▪ Ville du Japon (Honshū). 406 226 hab. Centre industriel important.

GIGA- SC. Élément du système international d'unités de mesure (du grec *gigas* « géant »), qui multiplie par 10^9 l'unité (ex. *gigahertz, gigawatt*).

GIGANTESQUE adj. ▪ **1.** Qui dépasse de beaucoup la taille ordinaire ; qui paraît extrêmement grand. ⇒ **colossal, démesuré, énorme, géant.** *Le séquoia, arbre gigantesque.* **2.** Qui dépasse la commune mesure. ⇒ **énorme, étonnant.** *L'œuvre gigantesque de Balzac.*

GIGANTISME n. m. ▪ Développement excessif de la taille (de qqn, de qqch.).

GIGNAC-LA-NERTHE ▪ Commune des Bouches-du-Rhône, près d'Aix-en-Provence. 8 772 hab.

GIGOGNE adj. ▪ toujours épithète Se dit d'objets qui s'emboîtent les uns dans les autres ou se glissent les uns sous les autres. *Tables gigognes. Poupées gigognes.*

GIGOLO n. m. ▪ FAM. Jeune amant d'une femme plus âgée par laquelle il est entretenu.

GIGONDAS ▪ Commune du Vaucluse, 612 hab. Viticulture (vins rouges réputés).

GIGOT n. m. ▪ **1.** Cuisse de mouton, d'agneau, coupée pour être mangée. *Découper un gigot.* **2.** *Manches gigot,* bouffantes aux épaules et serrées au coude.

GIGOTER v. intr. [1] ▪ FAM. Agiter ses membres, son corps. ⇒ **se trémousser.** *Bébé qui gigote dans son berceau.*

① **GIGUE** n. f. ▪ VX Jambe. ♦ *Gigue de chevreuil.* ⇒ **cuissot, gigot.**

② **GIGUE** n. f. ▪ Danse ancienne très rythmée et rapide.

GIJÓN ▪ Ville et port industriel d'Espagne (Asturies). 260 254 hab. Sidérurgie, chimie.

William GILBERT (v. 1540 - 1603) ▪ Médecin et physicien anglais. Il fut premier médecin de la reine Élisabeth. Il établit une théorie d'ensemble du magnétisme terrestre, et donna les premières notions sur l'électricité.

Walter GILBERT (né en 1932) ▪ Biochimiste américain. Il mit au point une technique permettant de couper sélectivement l'A.D.N. et fut le premier à lancer l'idée de séquencer le génome humain. Prix Nobel de chimie 1980, avec P. Berg et F. Sanger.

les îles GILBERT ET ELLICE ▪ Archipels et ancienne colonie britannique du Pacifique Ouest et central divisés aujourd'hui entre la république de Kiribati et Tuvalu.

GILET n. m. ▪ **1.** Vêtement court sans manches. *Costume d'homme avec gilet* (costume trois-pièces). – loc. *Venir pleurer dans le gilet de qqn,* venir se plaindre et chercher une consolation. **2.** *Gilet de sauvetage,* gonflé à l'air comprimé, qui permet de flotter. ♦ *Gilet pare-balles,* à l'épreuve des balles. **3.** *Gilet de corps.* ⇒ **maillot. 4.** Tricot à manches longues fermé devant. ⇒ **cardigan.**

GILGAMESH ▪ Héros d'une épopée mésopotamienne du IIIe millénaire av. J.-C. Roi d'Uruk, il part en quête de l'immortalité, puis finit par se résigner à la condition mortelle.

Dizzy GILLESPIE (1917 - 1993) ▪ Trompettiste de jazz. Il fut l'un des créateurs du *be-bop* à partir de 1943, joua avec Charlie Parker et dirigea un grand orchestre mondialement célèbre.

Claude GILLOT (1673 - 1721) ▪ Peintre, graveur et décorateur français. Il dirigea les décors et les costumes de l'Opéra et fut le maître de Watteau et de Lancret.

la GIMONE ▪ Rivière de Gascogne (122 km), affluent de la Garonne.

GIN [dʒin] n. m. ▪ Eau-de-vie de grains, fabriquée dans les pays anglo-saxons. *Deux gins. Cocktail au gin et au citron* (GIN-FIZZ **n. m. invar.**).

GINGEMBRE n. m. ▪ Plante tropicale. ♦ Rhizome de cette plante utilisé comme condiment. *Biscuits au gingembre.*

GINGIVAL, ALE, AUX adj. ▪ Des gencives. – Pour les gencives. *Pâte gingivale.*

GINGIVITE n. f. ▪ Inflammation des gencives.

Allen GINSBERG (né en 1926) ▪ Poète américain. Porte-parole de la *beat generation,* proche de W.S. Burroughs, il s'oppose à la civilisation américaine. *"Hurlement"* (1956).

GINSENG [ʒinsɛŋ] n. m. ▪ Plante qui pousse en Chine et dont la racine possède des qualités toniques. – Cette racine.

Vincenzo GIOBERTI (1801 - 1852) ▪ Prêtre, philosophe et homme politique italien. Libéral, il défendit l'idée d'une fédération italienne sous la direction du pape. Lors du soulèvement du Piémont en 1848, il joua un rôle politique auprès du roi Charles-Albert.

Giovanni GIOLITTI (1842 - 1928) ▪ Homme politique italien. Il fut plusieurs fois président du Conseil entre 1892 et 1921 et s'opposa à Mussolini.

Jean GIONO (1895 - 1970) ▪ Écrivain français. Il a exalté la vie rustique de haute Provence (*"Regain"*, 1930) avant de renouveler son inspiration, notamment avec *"Le Hussard sur le toit"* (1951), qui présente des héros aristocratiques pris dans une épidémie de choléra.

Luca GIORDANO (1632 - 1705) ▪ Peintre et décorateur baroque italien. Tableaux religieux et mythologiques.

Giovanni GIORGI (1871 - 1950) ▪ Physicien italien. Créateur en 1901 du système d'unités rationnelles, dit MKSA (mètre-kilogramme-seconde-ampère).

GIORGIONE (1477 - 1510) ▪ Peintre italien. Il fut l'un des premiers peintres vénitiens à donner une très grande importance à l'étude de la lumière. *"La Tempête"* (v. 1506-1508).

Giorgione. *Les Trois Philosophes.* Kunsthistorisches Museum, Vienne. *Phot. © Arch. Smeets*

A GIORNO [adʒɔʀno ; -ʒjɔʀ-] **loc. adv.** ▪ Aussi brillamment que par la lumière du jour. *Salon éclairé a giorno.*

GIOTTO (v. 1266 - 1337) ▪ Peintre florentin. Il fut le premier à représenter plastiquement un espace à trois dimensions et eut, de son vivant, un grand rayonnement. Fresques de la *"Vie de la Vierge et du Christ"* à Padoue. On lui attribue aussi les fresques de la *"Vie de saint François"* à Assise et la construction du campanile de la cathédrale de Florence.

GIOVANNI DA UDINE (1487 - 1564) ▪ Peintre italien. Il inventa un système décoratif dit « des grotesques », inspiré des motifs découverts dans les « grottes » de la Maison dorée de Néron.

GIOVANNI PISANO (v. 1248 - v. 1314) ▪ Sculpteur et architecte italien. Fils de Nicola Pisano. Il s'inspira de l'expression mouvementée de la sculpture gothique. Façade de la cathédrale de Sienne.

GIRAFE **n. f.** ▪ Grand mammifère, à cou très long et rigide, dont le pelage roux présente des dessins polygonaux. *Une girafe et son petit* (GIRAFON ou GIRAFEAU **n. m.**). - **loc.** FAM. *PEIGNER LA GIRAFE :* faire un travail inutile, ne rien faire.

girafe. *Giraffa camelopardalis.*
Phot. © Ferrero-Labat/Jacana

GIRANDOLE **n. f.** ▪ **1.** Gerbe de fusées de feu d'artifice qui tournoie. **2.** Candélabre orné de pendeloques de cristal. **3.** Guirlande lumineuse qui décore une fête, un manège.

Émile de GIRARDIN (1806 - 1881) ▪ Journaliste français. Il créa à partir de 1836 les premiers journaux à prix modiques. Il tua son confrère Armand Carrel en duel.

François GIRARDON (1628 - 1715) ▪ Sculpteur français, représentant du classicisme. Œuvres pour les jardins de Versailles, notamment *"Apollon servi par les nymphes"* (1666-1675). Tombeau de Richelieu à la Sorbonne (1675-1694).

GIRATION **n. f.** ▪ DIDACT. Mouvement circulaire. ⇒ **rotation.**

GIRATOIRE **adj.** ▪ (mouvement) Circulaire. *Sens giratoire :* sens obligatoire que doivent suivre les véhicules autour d'un rond-point.

Henri GIRAUD (1879 - 1949) ▪ Général français. Rival de De Gaulle avec qui il dirigeait le Comité français de libération nationale, il fut, à Alger, de 1942 à 1944, le dirigeant en titre des forces françaises hostiles à l'Allemagne.

Jean GIRAUDOUX (1882 - 1944) ▪ Écrivain français. Son œuvre, d'un style précieux, pleine de fantaisie et d'humour, oscille entre un humanisme optimiste et une inquiétude désespérée. *"Suzanne et le Pacifique"* (1921, roman); *"La guerre de Troie n'aura pas lieu"* (1935, théâtre); *"La Folle de Chaillot"* (1945, théâtre).

GIRL [gœʀl] **n. f.** ▪ anglic. Jeune danseuse de music-hall faisant partie d'une troupe. *Des girls.*

Anne Louis GIRODET-TRIOSON (1767 - 1824) ▪ Peintre français. Élève de David. Son style est à la charnière du néoclassicisme et du romantisme. Il s'inspira de Chateaubriand pour *"Les Funérailles d'Atala"* (1808).

GIROFLE **n. m.** ▪ *CLOU DE GIROFLE :* bouton des fleurs d'un arbre exotique (le *giroflier*), utilisé comme condiment.

GIROFLÉE **n. f** ▪ **1.** Plante à fleurs jaunes ou rousses qui sentent le clou de girofle. **2.** fig. FAM. *Giroflée (à cinq feuilles) :* gifle.

GIROLLE **n. f.** ▪ Champignon jaune très apprécié. ⇒ **chanterelle.** *Poulet aux girolles.*

GIRON **n. m.** ▪ **1.** VX Partie du corps allant de la ceinture aux genoux, chez une personne assise. **2.** LITTÉR. Milieu qui offre un refuge. *Quitter le giron familial.*

GIROND, ONDE **adj.** ▪ FAM. (personnes) Bien fait et un peu rond. *Une femme gironde.*

la GIRONDE ▪ Estuaire formé par la Garonne et la Dordogne entre Bordeaux et l'Atlantique (75 km).

la GIRONDE [33] ▪ Département français de la région Aquitaine. 10 725 km². 1 213 499 hab. Chef-lieu : Bordeaux. Chefs-lieux d'arrondissement : Blaye, Langon, Lesparre-Médoc, Libourne.

GIRONDIN, INE **adj.** et **n.** ▪ **1.** De la Gironde. *Le vignoble girondin.* **2.** HIST. *Le parti girondin,* parti qui se forma en 1791 autour de quelques députés de la Gironde. - **n.** *Les Girondins et les Jacobins.* ■ Appartenant pour la plupart à la grande bourgeoisie d'affaires, les Girondins étaient des républicains modérés, adversaires des Feuillants. Ils dominèrent l'Assemblée législative en 1792 et les débuts de la Convention en 1792-1793, puis furent débordés par les Montagnards et les mouvements populaires. Leur élimination — plusieurs furent guillotinés — donna naissance à l'Insurrection fédéraliste.

GIROUETTE **n. f.** ▪ **1.** Plaque mobile autour d'un axe vertical, placée au sommet d'un édifice pour indiquer l'orientation du vent. **2.** fig. Personne qui change facilement d'avis.

GISANT **n. m.** ▪ Statue funéraire représentant le défunt étendu. (s'oppose à *orant*). *Un gisant de pierre.*

Valéry GISCARD D'ESTAING (né en 1926) ▪ Homme d'État français. Ministre des Finances de 1962 à 1966 et de 1969 à 1974, puis président de la République de 1974 à 1981. Centriste, il a été président de l'U.D.F. de 1988 à 1996.

GISEMENT **n. m.** ▪ Masse importante de minerai. *Les gisements d'un bassin. Exploiter un gisement de pétrole.*

GISORS ▪ Commune de l'Eure. 9 481 hab. *(les Gisorsiens).*

GÎT ⇒ GÉSIR

GITAN, ANE **n.** et **adj.** ▪ Tsigane d'Espagne. - par ext. Tsigane. ♦ **adj.** *Danses gitanes et flamenco.*

GÎTE ▪ **I.** **n. m.** **1.** LITTÉR. Lieu où l'on trouve à se loger, où l'on peut coucher. ⇒ **abri, demeure, logement, maison.** *Offrir le gîte et le couvert à qqn.* - COUR. *Gîte rural.* **2.** Lieu où s'abrite le gibier. *Lever un lièvre au gîte.* **3.** Partie inférieure de la cuisse du bœuf (en boucherie). *Gîte à la noix,* où se trouve la noix. **II.** **n. f. loc.** (navire) *DONNER DE LA GÎTE :* pencher, s'incliner sur un bord. ⇒ **gîter** (II).

GÎTER **v. intr.** [1] ▪ **I.** LITTÉR. Avoir son gîte. *Terrier où gîte un renard.* **II.** (navire) Donner de la gîte, pencher.

GITON **n. m.** ▪ LITTÉR. Jeune homme, adolescent entretenu par un amant.

GIULIANO DA MAIANO (v. 1432 - v. 1490) ▪ Architecte et sculpteur italien. Il réalisa notamment le palais Spannocchi à Sienne et la chapelle Santa Fina de la collégiale de San Gimignano.

GIVERNY ▪ Commune de l'Eure, 548 hab. Le peintre Claude Monet y vécut de 1883 à sa mort. Sa maison et son jardin ont été transformés en musée. Le Musée américain détient des œuvres des impressionnistes américains.

GIVET ▪ Commune des Ardennes, sur la Meuse. 7 775 hab. *(les Givetois).*

GIVORS ▪ Commune du Rhône, sur le Rhône. 19 777 hab. *(les Givordins).*

GIVRAGE **n. m.** ▪ Formation de givre.

GIVRANT, ANTE **adj.** ▪ Qui produit du givre. *Brouillard givrant.*

GIVRE **n. m.** ▪ Fine couche de glace qui se forme par temps brumeux. *Cristaux de givre.*

GIVRÉ, ÉE **adj.** ▪ **I.** **1.** Couvert de givre. *Arbres givrés.* **2.** *Citron givré, orange givrée,* sorbet présenté dans l'écorce du fruit. **II.** FAM. Fou ; ivre.

GIVRER **v. tr.** [1] ▪ **1.** Couvrir de givre. **2.** Couvrir d'une couche blanche comme le givre. *Givrer des verres avec du sucre cristallisé.*

Gizeh. Le sphinx. *Phot. © Hétier*

GIZEH ou **GUIZEH** ▪ Ville d'Égypte, faubourg du Caire. 1 800 000 hab. À proximité se trouvent le Sphinx et les pyramides de Khéops, Khéphren et Mykérinos.

Karl **GJELLERUP** (1857 - 1919) ▪ Écrivain danois. *"Le Moulin"* (roman, 1896, a influencé la philosophie de Schopenhauer). Prix Nobel de littérature 1917.

GLABRE adj. ▪ Dépourvu de poils (imberbe ou rasé). *Menton, visage glabre.*

GLAÇAGE n. m. ▪ **1.** Action de glacer (II). **2.** Fine couche de sucre fondu, parfois aromatisée. *Gâteau garni d'un glaçage au chocolat.*

GLAÇANT, ANTE adj. ▪ Qui glace (I, 3). *Des manières glaçantes.* ⇒ **réfrigérant.**

GLACE n. f. ▪ **I. 1.** Eau congelée. *Patiner sur la glace. Patin* à glace. Mettre un cube de glace dans une boisson.* ⇒ **glaçon.** ♦ loc. ÊTRE, RESTER DE GLACE, insensible et imperturbable. *Un accueil de glace.* ⇒ **glacial.** - *Rompre, briser la glace :* dissiper la gêne. **2.** Crème glacée ou sorbet. *Manger une glace à la vanille.* **II. 1.** Plaque de verre transparente. *La glace de la vitrine est fendue.* **2.** Vitre fixe ou mobile (d'une voiture, d'un wagon). *Baisser, lever les glaces.* **3.** Plaque de verre étamée. ⇒ **miroir.** *Se regarder dans la glace. Armoire* à glace.* **4.** ⇒ **glaçage.** - *Sucre glace,* en poudre très fine, servant à glacer (II, 3).

la mer de **GLACE** ▪ Glacier des Alpes françaises, dans le massif du Mont-Blanc.

GLACER v. tr. [3] ▪ **I. 1.** RARE Convertir (un liquide) en glace. ⇒ **congeler, geler.** - fig. pronom. *Son sang se glaça dans ses veines.* **2.** (compl. personne) Causer une vive sensation de froid, pénétrer d'un froid très vif. *Cette petite pluie fine me glace.* ⇒ **transir. 3.** fig. Paralyser, décourager par sa froideur, son aspect (⇒ **glaçant, glacial**). *Son attitude me glace.* **4.** Frapper d'une émotion violente et profonde, qui paralyse. ⇒ **pétrifier.** *Ce drame les glaçait d'horreur.* **II. 1.** Garnir d'un apprêt, d'un enduit brillant (⇒ **glaçage**). *Glacer des étoffes, des peaux.* **2.** Revêtir d'un glacis (②). **3.** Recouvrir de sucre transparent. ► **GLACÉ, ÉE** adj. **1.** Converti en glace. ⇒ **gelé.** *Neige glacée.* - *Crème glacée* (opposé à *sorbet*). ⇒ **glace** (I, 2). **2.** Très froid. *Eau glacée. Un vent glacé.* ⇒ **glacial.** - Refroidi à l'aide de glace ou de glaçons. *Jus de fruits glacé.* **3.** (en parlant du corps) *J'ai les mains glacées.* ⇒ **gelé.** *Il est glacé,* il a très froid. **4.** fig. D'une grande froideur. *Une politesse glacée.* **5.** *Papier glacé.* ♦ *Marrons glacés.*

GLACIAIRE adj. ▪ Propre aux glaciers. *Calotte, relief glaciaire.* - *Période glaciaire :* période géologique durant laquelle les glaciers ont couvert de très grandes étendues. ⇒ **glaciation.**

GLACIAL, ALE, ALS ou (RARE) **AUX** adj. ▪ **1.** Qui est très froid, qui pénètre d'un froid très vif. *Vent glacial,* glacé. *La maison est glaciale.* **2.** fig. D'une froideur qui glace, paralyse. ⇒ **glaçant, glacé.** *Un accueil glacial.* ⇒ **froid, sec.** *Un homme glacial.*

GLACIATION n. f. ▪ GÉOL. Période glaciaire.

① **GLACIER** n. m. ▪ Champ de glace éternelle qui s'écoule très lentement.

② **GLACIER** n. m. ▪ Personne qui prépare ou vend des glaces (I, 2). *Pâtissier-glacier.*

GLACIÈRE n. f. ▪ **1.** Armoire ou coffre isotherme refroidis par de la glace, pour conserver les aliments. **2.** fig. FAM. Lieu extrêmement froid.

GLACIOLOGIE n. f. ▪ Étude scientifique des glaciers et des terres glacées. ► n. GLACIOLOGUE

① **GLACIS** n. m. ▪ Talus incliné (notamment devant une fortification).

② **GLACIS** n. m. ▪ Vernis coloré que l'on passe sur les couleurs sèches d'un tableau. ⇒ **glacer** (II, 2).

GLAÇON n. m. ▪ **1.** Morceau de glace. *Fleuve qui charrie des glaçons.* ♦ Petit cube de glace artificielle. **2.** fig. FAM. Personne froide et indifférente.

GLADIATEUR n. m. ▪ Homme qui combattait armé dans les jeux du cirque, à Rome.

William Ewart **GLADSTONE** (1809 - 1898) ▪ Homme politique britannique. Chef du parti libéral, rival de Disraeli, quatre fois Premier ministre sous le règne de Victoria. Il se prononça en vain, à diverses reprises, pour l'autonomie de l'Irlande *(« Home Rule »)* et fit voter une loi qui rendit le suffrage presque universel (1884).

GLAÏEUL n. m. ▪ Plante à feuilles en forme de glaive, à grandes fleurs décoratives ; ces fleurs. *Gerbe de glaïeuls.*

GLAIRE n. f. ▪ **1.** RARE Blanc d'œuf cru. **2.** Liquide visqueux comme du blanc d'œuf, sécrété par les muqueuses.

GLAIREUX, EUSE adj. ▪ Qui a la nature ou l'aspect de la glaire.

GLAISE n. f. ▪ Terre grasse compacte et plastique, imperméable. ⇒ **argile, marne.** *L'ébauche en glaise d'une statue.* - adj. *Terre glaise.*

GLAISEUX, EUSE adj. ▪ Qui contient de la glaise. *Sol glaiseux.*

GLAIVE n. m. ▪ Ancienne épée de combat à deux tranchants. ♦ LITTÉR. Symbole du combat, de la guerre, de l'extermination, du châtiment. *Brandir le glaive de la vengeance.*

le **GLAMORGAN** ▪ Région du sud-ouest du pays de Galles divisée en trois comtés : le Glamorgan de l'Ouest (*West Glamorgan ;* 815 km^2 ; 365 000 hab. ; chef-lieu : Cardiff), le Glamorgan du Centre (*Mid Glamorgan ;* 1 019 km^2 ; 540 000 hab. ; chef-lieu : Swansea) et le Glamorgan du Sud (*South Glamorgan ;* 416 km^2 ; 410 000 hab. ; chef-lieu : également Cardiff).

GLAND n. m. ▪ **1.** Fruit du chêne. *Ramasser des glands pour les cochons.* **2.** Ornement de passementerie en forme de gland. *Rideau garni de glands à franges.* **3.** Extrémité de la verge. - fig. vulg. Imbécile, crétin. ♦ Extrémité du clitoris.

GLANDE n. f. ▪ **1.** Organe dont la fonction est de produire une sécrétion. *Glandes salivaires, sudoripares, lymphatiques.* **2.** FAM. Ganglion lymphatique enflammé. *Votre fillette a des glandes.* **3.** loc. FAM. *Avoir les glandes :* être de mauvaise humeur, ennuyé par qqch. ⇒ **boule.**

GLANDER v. intr. [1] ▪ FAM. Ne rien faire, perdre son temps. ◇ syn. GLANDOUILLER.

GLANDULAIRE adj. ▪ Des glandes. *Troubles glandulaires.* ♦ Qui est de la nature d'une glande.

GLANER v. tr. [1] ▪ **1.** Ramasser dans les champs les épis qui ont échappé aux moissonneurs. - absolt *S'en aller glaner aux champs.* **2.** fig. Recueillir par-ci par-là (des bribes dont on peut tirer parti). *Glaner des renseignements sur qqn.*

GLANEUR, EUSE n. ▪ Personne qui glane.

GLANUM ▪ Site gallo-grec puis gallo-romain, près de Saint-Rémy-de-Provence.

Glanum. La maison des Antes. *Phot. © Dagli Orti*

GLAPIR v. intr. 2 ▪ **1.** (animaux) Pousser un cri bref et aigu. *Le renard, la grue glapissent.* **2.** (personnes) Crier d'une voix aigre, aiguë. ▸ trans. *Glapir des injures.* ► adj. GLAPISSANT, ANTE

GLAPISSEMENT n. m. ▪ Cri aigu.

GLARIS en allemand ***GLARUS*** ▪ Ville de Suisse. 5 592 hab. ► **le canton de GLARIS** 685 km². 38 506 hab. Chef-lieu : Glaris. Industrie textile.

GLAS n. m. ▪ Tintement d'une cloche d'église pour annoncer une mort ou un enterrement. *Sonner le glas pour qqn.* ▸ loc. *SONNER LE GLAS DE qqch.*, en annoncer la fin, la chute.

GLASGOW ▪ Ville d'Écosse. 740 000 hab. Métropole commerciale et industrielle, elle doit son développement au commerce colonial et à son bassin houiller, mais connaît aujourd'hui des problèmes de chômage.

Glasgow. Vue du centre-ville. *Phot. © Lewis/Network/Rapho*

Sheldon Lee GLASHOW (né en 1932) ▪ Physicien américain. Il est l'auteur, avec Salam et Weinberg, de la théorie dite *électrofaible* qui unifie deux interactions fondamentales : la force électromagnétique et la force nucléaire faible. Prix Nobel de physique 1979, avec Salam et Weinberg.

GLATIR v. intr. 2 ▪ Crier, en parlant de l'aigle.

GLAUCOME n. m. ▪ Maladie des yeux (dureté du globe, compression du nerf optique).

GLAUQUE adj. ▪ **1.** D'un vert qui tire sur le bleu. ⇒ **verdâtre.** *Lumière glauque.* ▸ *Une eau glauque.* **2.** fig. Qui donne une impression de tristesse, de misère.

Alexandre GLAZOUNOV (1865-1936) ▪ Compositeur russe. Symphonies, concertos, quatuors, d'inspiration russe, qui ont influencé Chostakovitch, Prokofiev et Stravinski.

GLÈBE n. f. ▪ LITTÉR. Terre cultivée. *Les serfs attachés à la glèbe.*

GLEIZÉ ▪ Commune du Rhône. 8 317 hab.

Albert GLEIZES (1881-1953) ▪ Peintre français et théoricien du cubisme.

les îles de GLÉNAN ▪ Groupe de neuf îlots (nommés à tort *les Glénans*) de l'océan Atlantique dépendant de la commune de Fouesnant, Finistère. Centre nautique.

le plateau des GLIÈRES ▪ Plateau des Préalpes en Haute-Savoie. Maquis de résistants anéanti en 1944 après de furieux combats.

Mikhaïl GLINKA (1804-1857) ▪ Compositeur russe. Œuvre partagée entre la tradition folklorique russe et l'influence occidentale. *"La Vie pour le tsar"* (1836), opéra.

GLISSADE n. f. ▪ Action de glisser ; mouvement que l'on fait en glissant. *Faire des glissades sur la glace.*

GLISSANT, ANTE adj. ▪ **1.** Qui fait glisser. *Attention, chaussée glissante.* **2.** Qui glisse facilement entre les mains. *Une rampe glissante.*

GLISSE n. f. ▪ *Sports de glisse :* ensemble des sports où l'on glisse (ski, planche à voile, surf, etc.).

GLISSEMENT n. m. ▪ **1.** Action de glisser ; mouvement de ce qui glisse. *Le glissement d'un traîneau sur la neige.* ♦ *Glissement de terrain.* **2.** fig. Changement progressif et sans heurts. ⇒ **évolution.** *Un glissement dans l'opinion publique.*

GLISSER v. 1 ▪ **I.** v. intr. **1.** Se déplacer d'un mouvement continu, sur une surface lisse ou le long d'un autre corps. *Glisser sur une pente raide. Son pied a glissé.* ⇒ **déraper.** ▸ *L'objet lui a glissé des mains.* ⇒ **échapper, tomber. 2.** Avancer comme en glissant. *La barque glisse sur l'eau.* ♦ fig. Évoluer doucement, graduellement (vers). *L'opinion publique glisse vers la droite.* **3.** Passer légèrement (sur qqch.). ⇒ **courir, passer.** *Son regard glisse sur les choses.* ⇒ **effleurer.** *Les injures glissent sur lui,* ne l'atteignent pas. **4.** fig. Ne pas approfondir. **II.** v. tr. Faire passer, introduire adroitement ou furtivement (qqch.). *Glisser un levier sous une pierre.* ⇒ **engager.** *Glisser une lettre sous la porte.* ▸ *Glisser un mot à l'oreille de qqn.* ► SE **GLISSER** v. pron. Passer, pénétrer adroitement ou subrepticement quelque part. ⇒ se **faufiler.** *Se glisser sous les couvertures.* ▸ *Une erreur s'est glissée dans le texte.*

GLISSIÈRE n. f. ▪ **1.** Pièce métallique rainurée dans laquelle glisse une autre pièce. *Porte à glissière.* ⇒ **coulisse.** *Fermeture* à glissière.* ♦ *Glissière de sécurité :* bordure métallique de protection, le long d'une route, d'une autoroute. **2.** Glissoire.

GLISSOIRE n. f. ▪ Étendue de glace où l'on peut glisser. ♦ Dispositif où l'on peut glisser, faire glisser des objets.

GLIWICE ▪ Ville de Pologne (haute Silésie). 222 000 hab.

GLOBAL, ALE, AUX adj. ▪ Qui s'applique à un ensemble (s'oppose à *partiel*). ⇒ **entier, total.** *Analyser un résultat global. La somme globale. Avoir une vision globale de la situation.*

GLOBALEMENT adv. ▪ Dans l'ensemble.

GLOBALITÉ n. f. ▪ DIDACT. Caractère global, intégral. ⇒ **intégralité, totalité.**

GLOBE n. m. ▪ **1.** Boule, sphère. ▸ *Le globe oculaire,* l'œil. **2.** *Le globe terrestre* ou *le globe :* la Terre. *Un globe terrestre :* sphère sur laquelle est dessinée une carte de la Terre. **3.** Sphère ou demi-sphère creuse de verre, de cristal. *Pendule sous globe. Globes lumineux.*

GLOBE-TROTTER [-œʀ ; -ɛʀ] n. ▪ VIEILLI Voyageur qui parcourt la terre. *Des globe-trotters.*

GLOBULAIRE adj. ▪ **1.** Qui a la forme d'un globe, d'une sphère. SC. *Amas globulaire* (d'étoiles). **2.** Relatif aux globules du sang. *Numération globulaire.*

GLOBULE n. m. ▪ Cellule qui se trouve en suspension dans le sang, la lymphe. *Les globules du sang : globules rouges* (hématies), *blancs* (leucocytes).

GLOBULEUX, EUSE adj. ▪ **1.** VIEILLI Formé de globules. ▸ En globule. **2.** *Œil globuleux,* dont le globe est saillant.

GLOIRE n. f. ▪ **I. 1.** Grande renommée répandue dans un très vaste public. ⇒ **célébrité, honneur, renom.** *Se couvrir de gloire* (⇒ **glorieux**). ▸ *À la gloire de qqn, qqch.*, en l'honneur de, qui fait l'éloge de. *Monument à la gloire des héros.* ▸ *"La Gloire de mon père"* (de M. Pagnol). **2.** Honneur acquis par une action, un mérite. *S'attribuer toute la gloire d'une réussite.* ⇒ **mérite.** ▸ *Se faire gloire de qqch.*, s'en vanter. **3.** Personne célèbre. ⇒ **célébrité.** *Il fut une des gloires de son pays.* **II. 1.** VX Rayonnement, splendeur (spécialt de Dieu). **2.** RELIG.

Gleizes. *Composition.* Coll. part. *Phot. © Arch. Smeets*

Hommage à la divinité. *RENDRE GLOIRE À :* rendre un hommage de respect, d'admiration (⇒ **glorifier**). *Gloire à Dieu !* **3.** RELIG. État de béatitude des saints, des élus. **4.** ARTS Auréole enveloppant tout le corps du Christ. *Représenter le Christ en gloire.* – Faisceau de rayons émanant du triangle de la Trinité.

GLORIA **n. m. invar.** ▪ Hymne de la messe chanté ou récité à la gloire de Dieu.

GLORIETTE **n. f.** ▪ Petit pavillon (dans un château, un parc).

GLORIEUSEMENT **adv.** ▪ D'une manière glorieuse.

les Trois GLORIEUSES ▪ Nom donné aux journées révolutionnaires des 27, 28, 29 juillet 1830 qui mirent fin à la Restauration. → **révolution française de 1830**.

GLORIEUX, EUSE **adj.** ▪ **1.** (choses) Qui procure de la gloire ou qui est plein de gloire. ⇒ **célèbre, fameux, illustre, mémorable.** *Glorieux exploits. Mort glorieuse.* – *Journée glorieuse.* – FAM. *Ce n'est pas très glorieux,* c'est médiocre. **2.** Qui s'est acquis de la gloire (surtout militaire). **3.** VIEILLI péj. *ÊTRE GLORIEUX DE qqch.*, en tirer vanité (⇒ **gloriole**).

GLORIFICATION **n. f.** ▪ Action de glorifier, célébration, louange. ⇒ **apologie.**

GLORIFIER **v. tr.** 7 ▪ **1.** Proclamer la gloire de (qqn, qqch.). ⇒ **célébrer, exalter.** *Glorifier une révolution. Poème qui glorifie la liberté.* **2.** Rendre gloire à (Dieu). ► SE **GLORIFIER** **v. pron.** Se faire gloire, tirer gloire de. ⇒ se **flatter.** *Se glorifier de ses succès.*

GLORIOLE **n. f.** ▪ Vanité qu'on tire de petites choses. *Raconter ses succès par pure gloriole.*

GLOSE **n. f.** ▪ Note en marge ou au bas d'un texte, pour expliquer un mot difficile, éclaircir un passage obscur.

GLOSER **v. tr.** 1 ▪ **1.** Expliquer par une glose. *Gloser un texte.* ⇒ **annoter, commenter. 2.** *Gloser sur (qqn, qqch.),* critiquer.

GLOSSAIRE **n. m.** ▪ Lexique expliquant les mots difficiles, mal connus (d'un texte, d'un livre). ♦ Lexique d'un dialecte, d'un patois.

-GLOSSE, GLOSSO- Éléments savants, du grec *glôssa* « langue ».

GLOTTE **n. f.** ▪ Partie du larynx située entre les cordes vocales inférieures.

GLOUCESTER ▪ Ville et port d'Angleterre, chef-lieu du Gloucestershire. 91 000 hab. Monuments médiévaux, cathédrale.

GLOUGLOU **n. m.** ▪ **1.** FAM. Bruit que fait un liquide qui coule dans un conduit, d'un récipient, etc. *Des glouglous de bouteilles qui se vident.* **2.** Cri de la dinde et du dindon.

GLOUGLOUTER **v. intr.** 1 ▪ **1.** Produire un glouglou. ⇒ **gargouiller. 2.** Crier (dinde, dindon).

GLOUSSEMENT **n. m.** ▪ **1.** Cri de la poule, de certains gallinacés. **2.** Rire et petits cris étouffés.

GLOUSSER **v. intr.** 1 ▪ **1.** Pousser un gloussement. *La poule glousse pour appeler ses petits.* **2.** (personnes) Rire en poussant de petits cris.

GLOUTON, ONNE ▪ **1. adj.** Qui mange avidement, excessivement, en engloutissant les morceaux. ⇒ **goinfre, goulu, vorace.** *Un enfant glouton.* – **n.** *Quel glouton !* **2. n. m.** Petit mammifère carnivore qui vit dans la toundra (syn. *carcajou*).

GLOUTONNEMENT **adv.** ▪ Avec gloutonnerie.

GLOUTONNERIE **n. f.** ▪ Avidité d'un glouton. ⇒ **goinfrerie, voracité.**

GLU **n. f.** ▪ Matière végétale visqueuse et collante (⇒ **engluer**). *Piéger les oiseaux à la glu.* ♦ fig. FAM. Personne importune et tenace.

GLUANT, ANTE **adj.** ▪ Visqueux et collant (d'une manière désagréable). *Mains gluantes.* ⇒ **poisseux.**

GLUCIDE **n. m.** ▪ SC. Composant de la matière vivante formé de carbone, d'hydrogène et d'oxygène. *Les glucides et les lipides,* les « sucres » et les corps gras. ► **adj.** GLUCIDIQUE

Christoph Willibald von GLUCK (1714-1787) ▪ Compositeur allemand. Il procéda à un renouvellement de l'opéra, s'attachant au resserrement de l'action, faisant participer le chœur et l'orchestre à celle-ci. Ses succès provoquèrent une querelle avec les partisans de l'opéra italien. *"Orphée et Euridice"* (1762); *"Alceste"* (1767).

GLUC(O)-, GLYC(O)- Élément savant, du grec *glukus* « sucré », qui signifie « sucre, sucré ».

GLUCOSE **n. m.** ▪ Glucide à six atomes de carbone, sucre très répandu dans la nature (miel, raisin, amidon), source d'énergie essentielle de l'organisme (→ glycémie).

GLUTAMATE **n. m.** ▪ CHIM. Sel d'un acide aminé, utilisé en cuisine (notamment asiatique).

GLUTEN [-ɛn] **n. m.** ▪ Matière azotée visqueuse qui subsiste après l'élimination de l'amidon des farines de céréales. ► **adj.** GLUTINEUX, EUSE

GLYCÉMIE **n. f.** ▪ MÉD. Teneur du sang en glucose.

GLYCÉRINE **n. f.** ▪ Liquide incolore, sirupeux, de saveur sucrée, provenant de corps gras.

GLYCINE **n. f.** ▪ Arbre grimpant, à grappes de fleurs mauves et odorantes.

GLYC(O)- ⇒ GLUC(O)-

GNANGNAN [ɲɑ̃ɲɑ̃] **adj. invar.** ▪ FAM. Mou, sans énergie ; mièvre. *Elles sont un peu gnangnan.*

GNEISS [gnɛs] **n. m.** ▪ Roche composée de feldspath, de quartz, de mica.

GNOCCHI [ɲɔki] **n. m.** ▪ Boulette de pâte pochée, puis cuite au four.

GNOGNOTE ou **GNOGNOTTE** **n. f.** ▪ FAM. *C'est de la gnognote,* c'est quelque chose de tout à fait négligeable.

GNÔLE ou **GNIOLE** ▪ FAM. Eau-de-vie, alcool. *Un petit verre de gnôle.*

GNOME [gnom] **n. m.** ▪ Petit personnage de contes, laid et difforme. ⇒ **lutin, nain.**

GNOMIQUE [gn-] **adj.** ▪ DIDACT. Formé de sentences, de maximes. *Poésie gnomique.*

GNOMON [gnɔmɔ̃] **n. m.** ▪ DIDACT. Tige faisant ombre portée, marquant les points de la marche apparente du Soleil (heures [cadran solaire], équinoxes, solstices...).

GNON **n. m.** ▪ Coup. – Marque laissée par un coup.

GNOSE [gnoz] **n. f.** ▪ DIDACT. Philosophie selon laquelle il est possible de connaître les choses divines. ♦ Philosophie ésotérique, connaissance initiatique.

GNOSTICISME [gn-] **n. m.** ▪ DIDACT. Ensemble des doctrines de la gnose*, dans les premiers siècles du christianisme. ▪ Le gnosticisme, condamné par l'Église chrétienne, considérait le monde comme l'œuvre d'un être suprême, auquel Dieu et le Christ étaient subordonnés. L'âme pouvait se libérer de la matière, identifiée au mal, par une connaissance ésotérique des choses divines.

GNOSTIQUE [gn-] ▪ DIDACT. **1. adj.** De la gnose, de ses doctrines. **2. n.** Adepte des connaissances, des secrets de la gnose.

GNOU [gnu] **n. m.** ▪ Mammifère (antilope) d'Afrique, au corps lourd, à tête épaisse et barbue, et à grosses cornes. *Des gnous.*

gnou. *Connochaetes taurinus,*
gnou à queue noire, femelle.
Phot. © Dressler/Jacana

① **GO** **n. m.** ▪ Jeu de stratégie à deux partenaires, qui se joue avec des pions sur un damier.

② TOUT DE **GO** **loc. adv.** ▪ FAM. Directement, sans préambule. *N'allez pas lui avouer cela tout de go.*

GOA ▪ Territoire de la côte occidentale indienne, colonie portugaise de 1510 à 1961, devenu État de l'Union indienne en 1987. 3 702 km². 1 168 622 hab. Capitale : Panaji (76 800 hab.).

GOAL [gol] n. m. ▪ anglic. Gardien de but. *Des goals.*

GOBELET n. m. ▪ **1.** Récipient pour boire, généralement plus haut que large et sans pied. ⇒ **godet, timbale. 2.** Récipient servant à lancer les dés.

GOBELIN n. m. ▪ Tapisserie provenant de la manufacture des Gobelins.

les GOBELINS ▪ Manufacture de tapisseries fondée à Paris par Colbert en 1662, sur le site d'un ancien atelier de teinturerie appartenant à la famille Gobelin.

GOBE-MOUCHES n. m. invar. ▪ **1.** Oiseau passereau (se nourrissant d'insectes volants). **2.** VIEILLI Personne crédule et niaise. ◇ var. GOBE-MOUCHE **n. m.** *Des gobe-mouches.*

GOBER v. tr. [1] ▪ **1.** Avaler brusquement en aspirant, et sans mâcher. *Gober un œuf cru.* **2.** fig. FAM. Croire sans examen. ⇒ **avaler.** *Il gobe tout ce qu'on lui dit.* **3.** FAM. (surtout négatif) Estimer, apprécier. *Je ne peux pas le gober.*

SE **GOBERGER** v. pron. [3] ▪ Prendre ses aises, se prélasser. ▸ Faire bombance.

GOBEUR, EUSE n. ▪ FAM. Personne crédule, naïve. ⇒ **gobe-mouches.**

le désert de GOBI ▪ Un des plus grands déserts du monde. Il s'étend en Chine et en Mongolie. Vents violents. Grands écarts de température.

le désert de **Gobi.** *Phot. © Landau/Rapho*

Joseph Arthur de GOBINEAU (1816 - 1882) ▪ Diplomate et écrivain français. *"Les Pléiades"* (1874, roman). Théoricien du racisme. Son *"Essai sur l'inégalité des races humaines"* (1853-1855) fut exploité par les théoriciens du national-socialisme.

Jean-Luc GODARD (né en 1930) ▪ Cinéaste français. Un des principaux représentants de la Nouvelle Vague française, il est l'auteur d'une œuvre au rythme haletant, rebelle à la logique, reflet critique de l'absurdité contemporaine. *"À bout de souffle"* (1960); *"Pierrot le Fou"* (1965); *"Sauve qui peut (la vie)"* (1980); *"Hélas pour moi"* (1993).

GODASSE n. f. ▪ FAM. Chaussure.

la GODAVARI ▪ L'un des fleuves sacrés de l'Inde. 1 500 km.

Jacques GODBOUT (né en 1933) ▪ Écrivain et cinéaste canadien d'expression française. Il se fait l'interprète de la condition québécoise à la recherche de son identité. *"L'Isle au dragon"* (1976, roman).

Robert Hutchings GODDARD (1882 - 1945) ▪ Ingénieur et physicien américain. Chercheur solitaire, il parvint à réaliser des fusées qui, à la veille de la Deuxième Guerre mondiale, possédaient déjà tous les organes des futurs lanceurs d'engins spatiaux.

GODEFROY DE BOUILLON (1061 - 1100) ▪ Chef de la première croisade*, il conduisit l'armée des chevaliers depuis la Meuse et le Rhin jusqu'à Jérusalem. Après la prise de la ville (1099), il fut élu roi de Jérusalem.

Kurt GÖDEL (1906 - 1978) ▪ Logicien autrichien naturalisé américain. Ses « théorèmes d'incomplétude » (1931) ont montré les limites de la formalisation en mathématiques.

GODELUREAU n. m. ▪ FAM. et péj. Jeune homme qui se fait remarquer par ses manières trop galantes.

GODEMICHÉ n. m. ▪ Phallus artificiel destiné au plaisir sexuel.

GODER v. intr. [1] ▪ Faire des faux plis. *Jupe qui gode.* ◇ syn. GODAILLER.

GODET n. m. ▪ **I. 1.** Petit récipient sans pied ni anse. ⇒ **gobelet.** *Les godets d'un peintre.* **2.** FAM. Verre. *Prendre un godet.* **3.** *Roue à godets, chaîne à godets,* à auges. **II.** Faux pli ou large pli d'un vêtement, d'une étoffe. ⇒ **goder.** *Jupe à godets.*

GODICHE adj. ▪ FAM. Benêt, maladroit. *Qu'il est godiche ! Quel air godiche !* ▸ **n. f.** *Quelle godiche, cette fille !*

GODILLE n. f. ▪ **1.** Aviron placé à l'arrière d'une embarcation. *Avancer à la godille.* **2.** Mouvements latéraux pour ralentir la descente à skis.

GODILLER v. intr. [1] ▪ Manœuvrer avec la godille.

GODILLOT n. m. ▪ **1.** Chaussure militaire. **2.** FAM. Gros soulier. ⇒ **godasse.**

Manuel de GODOY (1767 - 1851) ▪ Homme politique espagnol, Premier ministre de Charles IV. Considéré comme responsable de la soumission de son pays à la France, il s'exila en 1808.

GODRON n. m. ▪ **1.** Ornement ovoïde au bord de la vaisselle d'argent. ▸ Ornement d'architecture de même forme. **2.** anciennt Gros pli rond et empesé. *Fraise à godrons.*

GODTHÅB → **Nuuk**

Joseph Paul GOEBBELS (1897 - 1945) ▪ Homme politique allemand. Chargé par Hitler de la propagande nazie.

GOÉLAND n. m. ▪ Oiseau de mer à tête blanche, de la taille d'une grosse mouette. *Une colonie de goélands.*

GOÉLETTE n. f. ▪ Bateau léger à deux mâts.

GOÉMON n. m. ▪ Algues marines. ⇒ **varech.** *Ramasseur de goémon* (GOÉMONIER, IÈRE **n.**).

Johann Wolfgang von GOETHE (1749 - 1832) ▪ Écrivain, homme politique et savant allemand. Poète éminent, reconnu comme l'une des plus grandes personnalités de son temps, il fut dans sa jeunesse un des représentants du mouvement préromantique allemand « Sturm und Drang » (*"Les Souffrances du jeune Werther"*, 1744, roman épistolaire) puis il évolua vers un art plus classique avec les romans *"Les Affinités électives"* (1809) et *"Wilhelm Meister"* (1796 et 1821). Son écriture prit parfois une forme symbolique : *"Faust"* (1808 et 1832), poème dramatique; *"Poésie et Vérité"* (1811-1833).

① À **GOGO** loc. adv. ▪ FAM. Abondamment ; à volonté. *Avoir tout à gogo. Aujourd'hui, vin à gogo !*

② **GOGO** n. m. ▪ FAM. Personne crédule et niaise. ⇒ **naïf.** *C'est bon pour les gogos.*

Nikolaï GOGOL (1809 - 1852) ▪ Écrivain russe. Son œuvre, satire réaliste, mêle le rire et le cauchemar. *"Tarass Boulba"* (1835) évoque la lutte des cosaques ukrainiens contre les Polonais au XVIIe s.; *"Les Âmes mortes"* (1842), suite de tableaux de la vie provinciale russe à l'époque du servage.

Gogol.
Phot. © San/Viollet

GOGUENARD, ARDE adj. ▪ Qui a l'air de se moquer familièrement d'autrui. ⇒ **narquois.** *Ton, sourire, œil goguenard.*

GOGUETTE n. f. ▪ FAM. *EN GOGUETTE :* émoustillé, légèrement ivre.

GOIÂNIA ▪ Ville du Brésil, capitale de l'État de Goiás. 920 000 hab.

GOIÁS ▪ État du centre du Brésil, dont la partie nord devint en 1988 l'État de Tocantins. 340 166 km². 4 490 000 hab. Capitale : Goiânia.

GOINFRE n. m. ▪ Personne qui mange avec excès et salement. ⇒ **glouton, goulu.** *Il se jette sur les plats comme un goinfre.* ▸ **adj.** *Être très goinfre.*

SE **GOINFRER** v. pron. [1] ▪ Manger comme un goinfre. *Se goinfrer de chocolat.* ⇒ s'**empiffrer.** ➝ FAM. *Se goinfrer qqch.*, l'avaler ; fig. le supporter.

GOINFRERIE n. f. ▪ Manière de manger du goinfre.

GOITRE n. m. ▪ Tumeur du corps thyroïde, qui déforme la partie antérieure du cou.

GOITREUX, EUSE adj. ▪ **1.** De la nature du goitre. *Tumeur goitreuse.* **2.** Atteint d'un goitre. ➝ n. *Un goitreux.*

le **GOLAN** ▪ Plateau du sud de la Syrie, en partie occupé par Israël depuis 1967. Combats en 1973.

GOLBEY ▪ Commune des Vosges. 7 892 hab. *(les Golbéens).*

GOLDEN [-ɛn] n. f. invar. ▪ Pomme jaune à chair juteuse. *Un kilo de golden.*

William **GOLDING** (1911 - 1993) ▪ Écrivain britannique. Le thème central de son œuvre est l'omniprésence du mal chez l'homme. Prix Nobel 1983. *"Sa Majesté-des-Mouches"* (1954).

Carlo **GOLDONI** (1707 - 1793) ▪ Auteur de pièces comiques italien. Il a écrit 150 pièces, donnant aux jeux de la commedia dell'arte plus de sobriété. *"Arlequin, serviteur de deux maîtres"* (1745); *"La Locandiera"* (1753).

Oliver **GOLDSMITH** (1730 - 1774) ▪ Écrivain britannique. Auteur de romans marqués par le sentimentalisme (*"Le Vicaire de Wakefield"*, 1766); comédies.

Kurt **GOLDSTEIN** (1878 - 1965) ▪ Neuropsychologue et psychiatre américain d'origine allemande.

GOLEM [-ɛm] n. m. ▪ Être artificiel à forme humaine, animé par un verset biblique (légendes juives).

GOLF n. m. ▪ **1.** Sport qui consiste à envoyer une balle au moyen d'une canne (⇒ **club**) dans des trous disposés le long d'un parcours. **2.** Terrain gazonné de ce parcours (⇒ **green**). **3.** *Golf miniature,* jeu de jardin ou de salon. **4.** *Culottes de golf,* bouffantes, serrées au-dessous du genou.

GOLFE n. m. ▪ Vaste échancrure d'une côte où avance la mer. *Le golfe du Mexique. Petit golfe.* ⇒ **baie.**

le **GOLFE** ▪ Le golfe Arabo-Persique. ⇒ **Arabo-Persique.** ► **la guerre du GOLFE** Conflit diplomatique puis militaire qui opposa l'Irak, après son invasion du Koweït en août 1990, à une coalition de 30 pays, principalement arabes et occidentaux. Les forces alliées, dirigées par les États-Unis et mandatées par l'O.N.U., obtinrent, après un conflit violent et bref (janvier-février 1991), le retrait des troupes irakiennes du Koweït.

GOLFE-JUAN ▪ Station balnéaire des Alpes-Maritimes (commune de Vallauris), entre le cap d'Antibes et les îles de Lérins. Napoléon y débarqua de l'île d'Elbe le 1er mars 1815.

Gonçalves. Panneau de l'Infant du *Polyptyque de saint Vincent.* Musée d'Art antique, Lisbonne. *Phot. © Dagli Orti*

GOLFEUR, EUSE n. ▪ Joueur, joueuse de golf.

le **GOLGOTHA** ▪ En araméen « lieu du crâne », site près de Jérusalem, où Jésus fut crucifié.

GOLIARD n. m. ▪ HIST. au Moyen Âge Étudiant mendiant et itinérant, clerc vivant en marge de l'Église. *La poésie satirique des goliards.*

GOLIATH ▪ Géant de la Bible, vaincu par David*. Ce combat symbolise la supériorité de l'intelligence sur la force.

GOMBO n. m. ▪ Plante potagère tropicale dont on consomme les fruits comme légume ou comme condiment.

Ernst **GOMBRICH** (né en 1909) ▪ Historien d'art britannique d'origine autrichienne. *"Histoire de l'art"* (1950).

Witold **GOMBROWICZ** (1904 - 1969) ▪ Écrivain polonais. Œuvre grinçante et pessimiste dominée par l'érotisme. *"Ferdydurke"* (1937).

Gombrowicz. *Phot. © Bassouls/Sygma*

GOMEL ▪ Ville de Biélorussie. 506 000 hab. Industries mécaniques.

Ramón **GÓMEZ DE LA SERNA** (1888 - 1963) ▪ Écrivain espagnol. Romans et aphorismes humoristiques (les *greguerías*).

GOMINA n. f. (n. déposé) ▪ Pommade pour les cheveux. ⇒ **brillantine.**

SE **GOMINER** v. pron. [1] ▪ Enduire ses cheveux de gomina. ➝ au p. p. *Des danseurs gominés.*

GOMMAGE n. m. ▪ Action de gommer.

① **GOMME** n. f. ▪ **I. 1.** Substance visqueuse et transparente qui suinte de l'écorce de certains arbres (gommiers). *Gomme arabique* (d'un acacia). *Gomme-résine.* **2.** (Substances analogues) *Gomme laque.* **3.** Composition de gomme arabique et de sucre. ➝ *BOULE DE GOMME.* **4.** *Gomme à mâcher.* **II.** Petit bloc de caoutchouc ou d'élastomère servant à effacer. *Effacer qqch. d'un coup de gomme.* **III.** Substance caoutchoutée des pneus. ♦ loc. FAM. *METTRE LA GOMME :* accélérer l'allure d'un véhicule.

② À LA **GOMME** loc. adv. ▪ Sans valeur (→ à la noix).

GOMMER v. tr. [1] ▪ **I.** Enduire d'une solution de gomme, pour coller. ➝ au p. p. *Papier gommé,* qui colle si on l'humecte. **II.** Effacer avec une gomme. ➝ fig. *Gommer un souvenir de sa mémoire.*

GOMMEUX n. m. ▪ VIEILLI Jeune homme désœuvré, d'une élégance excessive et ridicule.

GOMMIER n. m. ▪ Arbre fournissant la gomme.

GOMORRHE → **Sodome**

Władysław **GOMUŁKA** (1905 - 1982) ▪ Homme politique polonais. Secrétaire général du parti communiste (1956), il dut démissionner après les révoltes ouvrières de 1970.

GONADE n. f. ▪ BIOL. Organe sexuel qui produit les gamètes. *Gonade femelle* (ovaire), *mâle* (testicule).

Les **GONAÏVES** ▪ Ville d'Haïti. 38 200 hab.

Nuno **GONÇALVES** ▪ Peintre portugais, actif de 1450 à 1480. *"Polyptyque de saint Vincent"*, exécuté pour la cathédrale de Lisbonne.

les frères **GONCOURT** ▪ Écrivains français. Edmond (1822 - 1896) et Jules (1830 - 1870). Auteurs de romans naturalistes (*"Germinie Lacerteux"*, 1865) et d'un *"Journal"*, qui retrace la vie artistique de leur époque. Edmond fonda l'académie Goncourt, jury qui décerne chaque année depuis 1903 un prix littéraire, le *prix Goncourt.*

GOND n. m. ▪ **1.** Pièce métallique autour de laquelle pivote le battant d'une porte ou d'une fenêtre. ⇒ **charnière.** *La porte tourna lentement sur ses gonds.* **2.** loc. *SORTIR DE SES GONDS :* se mettre en colère. *Il m'a fait sortir de mes gonds. Mettre qqn hors de ses gonds.*

GONDAR ▪ Ville d'Éthiopie. 70 000 hab. Capitale du pays du XVIe au XIXe s. Vestiges du *royaume de Gondar* (XVIIe-XVIIIe s.).

GONDOLAGE n. m. ▪ Fait de se gondoler (1) ; son résultat. ◇ syn. GONDOLEMENT.

GONDOLANT, ANTE adj. ▪ FAM. Très drôle, très amusant. ⇒ **tordant.**

GONDOLE n. f. ▪ **1.** Barque vénitienne à un seul aviron, longue et plate, aux extrémités relevées et recourbées. **2.** Siège à dossier incurvé (style Empire). - appos. *Chaises gondoles.* **3.** Comptoir de vente. *Tête de gondole.*

GONDOLER v. intr. ① ▪ **1.** Se bomber anormalement dans certaines parties. *Planche, carton, tôle, vernis qui gondole.* - pronom. *Cette planche s'est gondolée.* **2.** *SE GONDOLER* v. pron. FAM. Se tordre de rire (⇒ **gondolant**).

GONDOLIER n. m. ▪ Batelier qui conduit une gondole.

le **GONDWANA** ▪ Continent hypothétique qui aurait réuni, à l'ère primaire, l'Inde, l'Afrique, l'Australie, l'Amérique du Sud et l'Antarctique.

① **-GONE, -GONAL** Éléments, du grec *gônia* « angle ». ⇒ **gonio-.**

② **-GONE, -GONIE** Éléments, du grec *gonos* « procréation ».

GONESSE ▪ Commune du Val-d'Oise. 23 152 hab. *(les Gonessiens).* Églises des XIIe-XIIIe s.

GONFLABLE adj. ▪ Qui se gonfle. *Matelas, canot gonflable.*

GONFLAGE n. m. ▪ Action de remplir d'air, de gaz ; son résultat. *Vérifier le gonflage des pneus.*

GONFLANT, ANTE adj. ▪ **1.** Qui gonfle, se gonfle. - n. m. *Le gonflant des cheveux.* **2.** fig. FAM. Énervant, irritant.

GONFLEMENT n. m. ▪ **1.** Action d'augmenter de volume ; son résultat. **2.** fig. Augmentation exagérée.

GONFLER v. ① ▪ **I.** v. tr. **1.** Distendre en remplissant d'air, de gaz. *Gonfler un ballon, un pneu. Gonfler ses joues.* ⇒ **dilater, enfler.** **2.** Faire augmenter de volume, sous l'action d'une cause quelconque. *L'averse a gonflé la rivière.* **3.** Surestimer volontairement (un chiffre, une évaluation). ⇒ **grossir.** *Les journaux ont gonflé l'importance de l'affaire.* - passif et p. p. *Être gonflé de son importance.* **4.** fig. FAM. Ennuyer, importuner. *Tu commences à nous gonfler !* **II.** v. intr. Augmenter de volume. *Son genou a gonflé.*⇒ **enfler.** ► SE **GONFLER** v. pron. Se distendre. *La voile se gonfle au vent.* ♦ Augmenter de volume. - fig. *Son cœur se gonfle d'amertume.* ► **GONFLÉ, ÉE** adj. **1.** *Pneus gonflés.* - *Yeux gonflés* (de larmes, de fatigue). **2.** fig. *Prix gonflés.* - *Moteur gonflé.* **3.** FAM. *(Être) gonflé, gonflé à bloc,* plein d'ardeur, d'assurance. - Courageux ; audacieux, prétentieux. ⇒ **culotté.**

GONFLEUR n. m. ▪ Appareil servant à gonfler. *Gonfleur à air comprimé.*

GONFREVILLE-L'ORCHER ▪ Commune de la Seine-Maritime. 10 202 hab. *(les Gonfrevillais).* Pétrochimie.

GONG [gɔ̃(g)] n. m. ▪ Plateau de métal suspendu, sur lequel on frappe pour qu'il résonne. *Des gongs chinois. Le coup de gong annonce le début du round de boxe.*

Luis de **GÓNGORA Y ARGOTE** (1561 - 1627) ▪ Poète baroque espagnol. Son style virtuose et raffiné fut imité (le *gongorisme*).

GONIO- Élément, du grec *gônia* « angle ». ⇒ ① **-gone.**

GONIOMÈTRE n. m. ▪ Instrument servant à mesurer les angles. - Radiogoniomètre (abrév. GONIO).

GONOCOQUE n. m. ▪ Microbe spécifique de la blennorragie.

Ivan **GONTCHAROV** (1812 - 1891) ▪ Romancier russe. *"Oblomov"* (1859).

Natalia **GONTCHAROVA** (1881 - 1962) ▪ Peintre russe. Elle fit une synthèse entre l'art populaire russe et l'art moderne. Compagne du peintre Larionov.

les **GONZAGUE** ▪ Famille princière d'Italie qui gouverna le duché de Mantoue du XIVe au XVIIIe s.

Felipe **GONZÁLEZ** (né en 1942) ▪ Premier ministre (socialiste) espagnol de 1982 à 1996.

González.
Phot. © Antonio Ribeiro/ Gamma

Benjamin David Goodman dit Benny **GOODMAN** (1909 - 1986) ▪ Clarinettiste et chef d'orchestre de jazz américain. Son orchestre, créé en 1932, contribua pour beaucoup au succès du swing. *"Sing Sing Sing"* (1937) ; *"Air Mail Special"* (1941).

GORAKHPUR ▪ Ville de l'Inde (Uttar Pradesh), près du Népal. 489 800 hab.

Mikhaïl **GORBATCHEV** (né en 1931) ▪ Homme d'État soviétique. Secrétaire général du parti communiste (1985) et chef de l'État (1988). Sa politique de réformes *(perestroïka)* a modifié toutes les données politiques en U.R.S.S. et en Europe orientale (1989). Contesté dans son pays, il démissionna de toutes ses fonctions en décembre 1991, après la création de la C.É.I. Prix Nobel de la paix 1990. → **U.R.S.S.**

Gorbatchev.
Phot. © Satoru Ohmori/ Gamma

GORDES ▪ Commune du Vaucluse. 2 031 hab. Village perché pittoresque. Musée Vasarely, dans un château du XVIe s.

Nadine **GORDIMER** (née en 1923) ▪ Écrivain sud-africaine. Elle prit position contre l'apartheid et le racisme. *"Ceux de July"* (1981). Prix Nobel de littérature en 1991.

GORDION ▪ Ancienne capitale de la Phrygie, fondée par Gordias, où un oracle avait promis l'empire de l'Asie à qui saurait défaire le lien inextricable (le *nœud gordien*) retenant le char royal. Alexandre le Grand, plutôt que de le dénouer, trancha le nœud d'un coup d'épée.

Charles Gordon dit **GORDON PACHA** (1833 - 1885) ▪ Général britannique, gouverneur du Soudan pour le compte de l'Égypte. Tué à Khartoum par les troupes du Mahdī.

l'île de **GORÉE** ▪ Île du Sénégal, face à Dakar. Ancien point de transit français de la traite des esclaves vers l'Amérique.

GORET n. m. ▪ Jeune cochon.

GORFOU n. m. ▪ Palmipède des mers australes. *Colonies de gorfous.*

GORGE n. f. ▪ **I. 1.** Partie antérieure du cou. *Serrer la gorge.* ⇒ **étrangler.** *De la gorge.* ⇒ **jugulaire.** *Couper la gorge à qqn.* ⇒ **égorger.** - loc. *PRENDRE qqn À LA GORGE,* le contraindre par la violence. *AVOIR LE COUTEAU SUR, SOUS LA GORGE :* subir une contrainte (qui oblige à faire qqch. sur-le-champ). **2.** LITTÉR. Seins de femme. ⇒ **buste, poitrine. II. 1.** Cavité intérieure du cou, à partir de l'arrière-bouche (larynx, pharynx). ⇒ **gosier.** *Mal de gorge. Avoir la gorge serrée.* ‑ *Voix de gorge.* ⇒ **guttural.** ‑ *Rire à gorge déployée,* très fort. ♦ *FAIRE RENDRE GORGE à qqn,* lui faire restituer par force ce qu'il a pris par des moyens illicites. **2.** loc. *FAIRE DES GORGES CHAUDES de qqch.,* se répandre en plaisanteries malveillantes. ⇒ se **moquer. III.** fig. **1.** Vallée étroite et encaissée. *Les gorges du Tarn.* **2.** Partie creuse, cannelure (dans une pièce métallique). *La gorge d'une poulie.*

GORGE-DE-PIGEON adj. invar. ▪ D'une couleur à reflets changeants comme la gorge du pigeon. *Des soieries gorge-de-pigeon.*

GORGÉE n. f. ▪ Quantité de liquide qu'on avale naturellement en une seule fois. ⇒ **lampée.** *Boire à petites gorgées.* ‑ *Une gorgée d'alcool* (syn. FAM. GORGEON **n. m.**).

GORGER v. tr. 3 ▪ **1.** Remplir (qqn) de nourriture avec excès. *Gorger un enfant de sucreries.* **2.** fig. Remplir complètement. **3.** fig. Pourvoir à profusion. ► SE **GORGER** v. pron. ⇒ se **bourrer,** s'**empiffrer,** se **gaver.** ► **GORGÉ, ÉE** p. p. *Gorgé de nourriture.* ‑ *Une terre gorgée d'eau.*

GORGIAS (v. 487 ‑ v. 380 av. J.-C.) ▪ Un des plus importants sophistes grecs.

les **GORGONES** n. f. ▪ Trois monstres de la mythologie grecque, à la chevelure faite de serpents. Ces trois sœurs (Méduse, Euryalé et Sthéno) changeaient en pierre quiconque les regardait.

GORGONZOLA n. m. ▪ Fromage (bleu) italien à moisissures internes.

GORGONZOLA ▪ Ville d'Italie (Lombardie). 15 860 hab. Fromages réputés.

GORILLE n. m. ▪ **1.** Grand singe anthropoïde d'Afrique. **2.** FAM. Garde du corps.

gorille.
Gorilla gorilla.
Phot. © Mc Hugh T./PHR/Jacana

Hermann **GÖRING** ou **GOERING** (1893 ‑ 1946) ▪ Maréchal allemand, dauphin de Hitler. Héros de la guerre de 1914, nazi dès 1922, chef de la *Luftwaffe* (armée de l'air) de 1935 à 1945. Désavoué par Hitler, condamné à mort par le tribunal de Nuremberg, il se suicida.

Alekseï Maksimovitch Pechkov dit Maxime **GORKI** (1868 ‑ 1936) ▪ Écrivain russe. Emprisonné en 1905 pour ses idées révolutionnaires, il devint le premier représentant de la littérature sociale soviétique. *"Les Bas-Fonds"* (1902), théâtre ; *"La Mère"* (1907), roman.

Gorki.
Phot. © Coll. Hilda/Explorer

GORKI → Nijni-Novgorod

Vosdanig Adoian devenu Arshile **GORKY** (1904 ‑ 1948) ▪ Peintre américain d'origine arménienne. Il fut l'initiateur de l'Abstraction lyrique new-yorkaise, annonçant l'art de Pollock.

GOSIER n. m. ▪ **1.** Arrière-gorge et pharynx. **2.** Siège de la voix, prolongement du pharynx communiquant avec le larynx. *Chanter, crier à plein gosier,* à pleine gorge. ⇒ s'**égosiller.**

Le **GOSIER** ▪ Commune de la Guadeloupe. 20 708 hab.

GOSPEL n.m. ▪ ANGLIC. Musique vocale sacrée, chrétienne, des Noirs d'Amérique du Nord. ⇒ **négro-spiritual.**

Jan **GOSSART** ou **GOSSAERT** dit ***MABUSE*** (v. 1478 ‑ v. 1535) ▪ Peintre flamand. Il propagea les valeurs de la Renaissance dans son pays. Scènes mythologiques.

GOSSE n. ▪ FAM. **1.** Enfant. ⇒ **môme.** *Les gosses du quartier. Il a deux gosses.* ‑ *Un sale gosse* (insupportable). *C'est un vrai gosse,* il est resté très enfant. ‑ **adj.** *Elle était encore toute gosse.* **2.** *Un beau gosse, une belle gosse,* beau garçon, belle fille. ‑ **adj.** *Être beau gosse.*

François Joseph **GOSSEC** (1734 ‑ 1829) ▪ Compositeur français. Révolutionnaire convaincu, il composa de nombreux hymnes et chants de guerre. Musique religieuse, opéras, symphonies.

GÖTEBORG ▪ Ville de Suède. 465 474 hab. Port important.

GOTHA ▪ Ville d'Allemagne (Thuringe) et ancienne capitale du duché de Saxe-Cobourg-Gotha, au pied du Thüringerwald. L'*Almanach de Gotha* (édité à Gotha de 1764 à 1945) établit la généalogie des grandes familles nobles d'Europe.

GOTHIQUE adj. ▪ **I.** VX Des Goths, des barbares du haut Moyen Âge. ‑ Médiéval, grossier, peu civilisé. ♦ De l'art du Moyen Âge avant la Renaissance (y compris le roman) [emploi péj. aux XVIIe et XVIIIe siècles]. **II.** MOD. **1.** *Le style gothique* ou **n. m.** *le gothique,* le style répandu en Europe du XIIe au XVIe siècle entre le style roman et le style Renaissance. ‑ *Architecture gothique.* ⇒ VX **ogival.** *Cathédrale gothique.* **2.** *Écriture gothique,* à caractères droits, à angles et à crochets. ‑ **n. m.** *Le gothique.* ⇒ **gotique.** ■ D'abord style architectural lié à la voûte sur croisée d'ogives*, le gothique apparaît au XIIe siècle en Île-de-France (Saint-Denis, Sens, Noyon, Laon, Paris). Ce style entraîne un programme décoratif (arcs brisés, fenêtres et roses...), sculptural et pictural (vitraux, fresques). Le gothique se répand en Europe, évolue (*gothique rayonnant,* milieu XIIIe ; *gothique perpendiculaire* [anglais], milieu XIVe ; *gothique flamboyant,* fin XIVe). — Le *gothique international* est un style raffiné de peinture et de sculpture des XIVe et XVe siècles.

les **GOTHS** ▪ Peuple de Germains, installé sur la mer Noire au IIe s., puis en Dacie (275). Il se divisa au IVe s. entre Ostrogoths et Wisigoths.

GOTIQUE n. m. ▪ LING. Langue germanique disparue, connue par une traduction de la Bible (IVe siècle), qui était parlée par les Goths.

GOTLAND ▪ Île de Suède, dans la mer Baltique. 3 140 km². 57 100 hab. Tourisme.

GÖTTINGEN ▪ Ville d'Allemagne (Basse-Saxe). 120 900 hab. Célèbre université fondée en 1737. Hôtel de ville du XVIe s.

GOUACHE n. f. ▪ Peinture à l'eau faite de matières colorantes opaques. *Tube de gouache. Peindre à la gouache.* ♦ Tableau peint par ce procédé.

GOUACHER v. tr. 1 ▪ Rehausser de touches de gouache. *Gouacher un dessin.* ‑ au p. p. *Dessin gouaché.*

GOUAILLE n. f. ▪ Attitude insolente et railleuse. ◇ syn. GOUAILLERIE.

GOUAILLER v. intr. 1 ▪ LITTÉR. Dire des railleries. ⇒ se **moquer.**

GOUAILLEUR, EUSE adj. ▪ Qui gouaille. ‑ *Sourire gouailleur.* ⇒ **moqueur, railleur.** *Une verve gouailleuse.*

GOUALANTE n. f. ▪ Chanson populaire.

GOUALER v. tr. 1 ▪ ARGOT, VX Chanter.

GOUALEUSE n. f. ▪ Chanteuse des rues.

GOUAPE n. f. ▪ ARGOT Voyou. *Ce type est une petite gouape.*

GOUDA n. m. ▪ Fromage de Hollande à pâte cuite. *Gouda au cumin.*

Cathédrale Notre-Dame de Chartres, détail des statues du portail Royal. *Phot. © Dagli Orti*

Cathédrale Notre-Dame de Reims, intérieur. *Phot. © Dagli Orti*

Maître anonyme (v. 1500), *La Fontaine de Vie.* Narodni galeri, Prague. *Phot. © Giraudon*

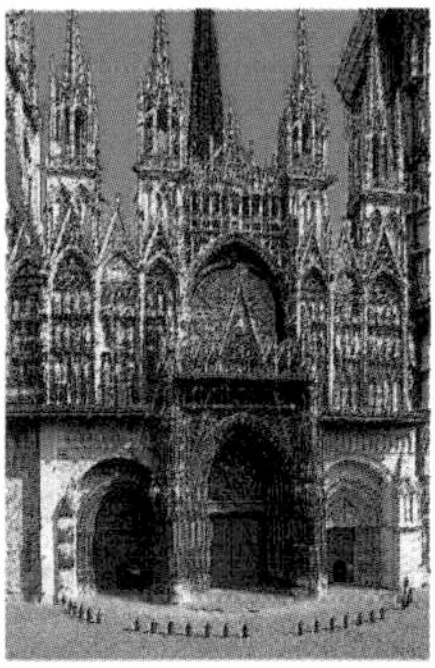

Cathédrale Notre-Dame de Rouen. *Phot. © Jalain/Explorer*

art **gothique.**

GOUDA ▪ Ville des Pays-Bas (Hollande-Méridionale). 67 416 hab. Célèbres fromages.

Claude GOUDIMEL (v. 1520 - 1572) ▪ Compositeur français. Gagné à la Réforme, il se consacra à l'interprétation polyphonique du psautier (150 *"Psaumes de David"*), s'affirmant comme un maître du contrepoint. Il fut assassiné lors de la Saint-Barthélemy.

GOUDRON n. m. ▪ Produit visqueux, brun ou noir, obtenu par distillation de matières végétales ou minérales. *Goudron de houille. Goudron pour route.* ⇒ **asphalte, bitume.**

GOUDRONNER v. tr. 1 ▪ Enduire ou imbiber de goudron. - au p. p. *Une route goudronnée.* ► n. m. GOUDRONNAGE

GOUFFRE n. m. ▪ **1.** Trou vertical, impressionnant par sa profondeur et sa largeur. ⇒ **abîme, précipice.** - Cavité naturelle souterraine. ⇒ **aven.** *Le gouffre de Padirac. L'exploration des gouffres par la spéléologie.* **2.** Courant tourbillonnaire. *Le gouffre du Maelström.* **3.** fig. LITTÉR. Abîme. *Le gouffre du néant, de l'oubli. Un gouffre de malheurs, de souffrances.* - loc. *ÊTRE AU BORD DU GOUFFRE*, devant un péril imminent. **4.** Ce qui engloutit de l'argent. *Ce procès est un gouffre.* ⇒ **ruine.**

GOUGE n. f. ▪ TECHN. Outil en demi-tube, servant à creuser. ► GOUGER v. tr. 3

GOUGÈRE n. f. ▪ Couronne ou boulette de pâte à choux au fromage.

Olympe de GOUGES (1748 - 1793) ▪ Féministe française, auteur d'une *"Déclaration des droits de la femme et de la citoyenne"* (1792).

GOUINE n. f. ▪ FAM. et péj. (injurieux) Homosexuelle.

GOUJAT n. m. ▪ **1.** VX Valet d'armée. - Valet. **2.** Homme grossier, indélicat (surtout envers les femmes). ⇒ **malotru, mufle.** *Il s'est conduit en goujat.*

GOUJATERIE n. f. ▪ Caractère, conduite d'un goujat. ⇒ **grossièreté, impolitesse, muflerie.**

① **GOUJON** n. m. ▪ TECHN. Cheville d'assemblage ; broche.

② **GOUJON** n. m. ▪ Petit poisson d'eau douce très répandu. - loc. *Taquiner le goujon,* pêcher à la ligne.

Jean GOUJON (v. 1510 - v. 1566) ▪ Sculpteur et architecte français de la Renaissance, aux tendances maniéristes. Il réalisa à Paris les bas-reliefs du jubé de Saint-Germain-l'Auxerrois (1544) et les six *Nymphes* de la fontaine des Innocents (1549).

GOULAG [-ag] n. m. ▪ Camp de travail forcé et concentrationnaire ; système concentrationnaire (dans l'ex-U.R.S.S.).

GOULASH ou **GOULACHE** n. m. ou f. ▪ Ragoût de bœuf au paprika.

Glenn GOULD (1932 - 1982) ▪ Pianiste canadien. Après une carrière de concertiste, il se consacra à l'enregistrement et à la diffusion télévisée d'œuvres musicales (surtout J.-S. Bach).

GOULE n. f. ▪ Vampire femelle des légendes orientales.

GOULÉE n. f. ▪ FAM. Grande gorgée. *Prendre, aspirer une goulée d'air frais.*

GOULET n. m. ▪ **1.** Passage, couloir étroit dans un relief naturel. ⇒ **défilé. 2.** Entrée étroite d'un port, d'une rade. *Le navire franchit le goulet.*

GOULEYANT, ANTE adj. ▪ (vin) Frais et léger, facile et agréable à boire.

GOULOT n. m. ▪ Col étroit d'un récipient. *Le goulot d'une bouteille. Boire au goulot.*

GOULU, UE adj. ▪ Qui mange avec avidité. ⇒ **glouton.** - n. *Un goulu.* ► GOULÛMENT adv. ⇒ **avidement.**

Charles **GOUNOD** (1818 - 1893) ▪ Compositeur français. Il fut un grand mélodiste, auteur d'opéras (*"Faust"*, 1859; *"Mireille"*, 1864) et de musique religieuse.

GOUPIL [-i(l)] n. m. ▪ ARCHAÏSME Renard.

GOUPILLE n. f. ▪ Cheville métallique qui sert à faire un assemblage démontable. *La goupille d'une grenade.*

GOUPILLER v. tr. 1 ▪ **1.** Fixer avec des goupilles. *Goupiller une roue sur un axe.* **2.** FAM. Arranger, combiner. - pronom. *Ça se goupille mal.*

GOUPILLON n. m. ▪ **1.** Instrument liturgique pour asperger d'eau bénite. - loc. *Le sabre et le goupillon,* l'armée et l'Église. **2.** Longue brosse cylindrique pour nettoyer les objets creux. *Nettoyer une bouteille avec un goupillon.* ⇒ **écouvillon.**

GOURBI n. m. ▪ **1.** Habitation sommaire en Afrique du Nord. ⇒ **cabane. 2.** anciennt Abri de tranchée (1914-1918). **3.** FAM. Habitation misérable et sale.

GOURD, GOURDE adj. ▪ Engourdi par le froid. *Avoir les doigts gourds.*

GOURDE n. f. ▪ **I. 1.** Variété de courge, de coloquinte (pouvant servir de récipient → calebasse). **2.** Bouteille ou bidon pour transporter de la boisson. **II.** Personne niaise et maladroite. ⇒ **cruche.** *Quelle gourde !* - adj. ⇒ **stupide.** *Il a l'air gourde.*

GOURDIN n. m. ▪ Gros bâton solide qui sert à frapper. ⇒ **trique.** *Un coup de gourdin.*

GOURDON ▪ Chef-lieu d'arrondissement du Lot. 4 851 hab. *(les Gourdonnais).*

SE **GOURER** v. pron. 1 ▪ FAM. Se tromper.

GOURGANDINE n. f. ▪ VX Femme facile.

le baron **GOURGAUD** (1783 - 1852) ▪ Général français. Il suivit Napoléon Ier à Sainte-Hélène (→ **Montholon**) puis fut l'aide de camp de Louis-Philippe.

GOURMAND, ANDE adj. ▪ **I. 1.** Qui aime la bonne nourriture, mange par plaisir. *Elle est gourmande. Il est très gourmand de gibier.* ⇒ **friand.** - n. *Un gourmand avide* (⇒ **goinfre**), raffiné. ⇒ **gastronome, gourmet. 2.** *Un regard gourmand,* avide, qui se délecte. **3.** Exigeant en matière d'argent. *Son associé est trop gourmand.* **II.** TECHN. *Branche gourmande,* dont la pousse absorbe la sève des rameaux fruitiers. - n. m. *Un gourmand.*

GOURMANDER v. tr. 1 ▪ LITTÉR. Réprimander (qqn) en lui adressant des reproches sévères. ⇒ **gronder, sermonner.**

GOURMANDISE n. f. ▪ **1.** Goût de la nourriture. **2.** au plur. Mets délicieux, friandises. ⇒ **gâterie.**

GOURME n. f. ▪ **1.** Maladie de peau au visage, au cuir chevelu. ⇒ **impétigo. 2.** Maladie du cheval, inflammation des voies respiratoires. **3.** loc. fig. *JETER SA GOURME :* en parlant d'un jeune homme, faire ses premières frasques.

GOURMÉ, ÉE adj. ▪ Dont le maintien est grave et raide. *Une personne gourmée.* - *Air gourmé.* ⇒ **affecté, compassé, guindé.**

GOURMET n. m. ▪ Personne qui apprécie le raffinement en matière de boire et de manger. ⇒ **gastronome.** *Il est gros mangeur, mais ce n'est pas un gourmet.*

GOURMETTE n. f. ▪ **1.** Chaînette qui fixe le mors dans la bouche du cheval. **2.** Bracelet à mailles de métal aplaties. *Une gourmette en or.*

Remy de **GOURMONT** (1858 - 1915) ▪ Écrivain français. Il fut, au « *Mercure de France* », l'un des principaux animateurs du symbolisme. *"Sixtine"*, roman (1890); *"Lettres à l'Amazone"* (1914).

GOUROU n. m. ▪ Maître spirituel dans la religion brahmanique. ♦ Maître à penser.

GOUSSAINVILLE ▪ Commune du Val-d'Oise. 24 812 hab. *(les Goussainvillois).*

GOUSSE n. f. ▪ **1.** Fruit des légumineuses et de quelques plantes, de forme allongée, s'ouvrant en deux fentes (⇒ **cosse**). *Des gousses de vanille.* **2.** *Gousse d'ail,* chacun des éléments de la tête d'ail.

GOUSSET n. m. ▪ **1.** anciennt Petite bourse. **2.** Petite poche de gilet ou de pantalon. *Montre de gousset.*

GOÛT n. m. ▪ **I. 1.** Sens grâce auquel l'homme et les animaux perçoivent les saveurs des aliments (⇒ **goûter ; gustatif**). *La langue et le palais sont les organes du goût.* **2.** Saveur. *Goût acide, amer, sucré, fade, fort d'un aliment.* - *Cette eau a un goût,* un goût anormal et désagréable. **3.** Appétit, envie (s'oppose à *dégoût*). - fig. *Elle n'a plus le goût de vivre, elle n'a plus goût à la vie.* **4.** *GOÛT DE, POUR qqch. :* penchant. ⇒ **disposition, vocation.** *Le goût du travail. Le goût de la provocation. Il a peu de goût pour ce genre de travail.* - *Prendre goût à,* se mettre à apprécier. - *Être au goût de qqn.* ⇒ **plaire.** *Il la trouve à son goût,* elle lui plaît. **II. 1.** Aptitude à sentir, à discerner les beautés et les défauts (d'une œuvre, etc.). *Avoir le goût délicat, difficile. Je trouve que ces gens ont mauvais goût.* - Avis, jugement. *À mon goût, ceci ne vaut rien.* **2.** *LE BON GOÛT* ou *LE GOÛT :* jugement sûr en matière esthétique. *Avoir du goût ; manquer de goût. Une femme habillée, coiffée avec goût.* ⇒ **élégance.** - *Un homme, des gens de goût.* **3.** au plur. Tendances, préférences qui se manifestent dans le genre de vie, les habitudes de chacun. *Être liés par des goûts communs.* - loc. prov. *Des goûts et des couleurs on ne discute pas. Tous les goûts sont dans la nature ; chacun ses goûts.* ♦ *DE* (tel ou tel) *GOÛT :* se dit des choses qui dénotent, révèlent un goût (bon ou mauvais). *Une plaisanterie d'un goût douteux. Des vêtements de bon goût. Il serait de mauvais goût d'insister.* **4.** *DANS LE GOÛT.* ⇒ **genre, manière, mode, style.** *Tableau dans le goût classique.*

① **GOÛTER** v. 1 ▪ **I.** v. tr. **1.** Manger ou boire un peu de (qqch.) pour connaître le goût. *Goûtez notre vin.* ⇒ **déguster.** *Goûter un plat.* **2.** Éprouver avec plaisir (une sensation, une émotion). ⇒ **savourer.** *Goûter le plaisir de ne rien faire.* **3.** LITTÉR. Trouver à son goût, juger favorablement. ⇒ **aimer, apprécier, estimer.** *Il ne goûte pas la plaisanterie.* **4.** RÉGIONAL (Québec) Avoir le goût de. **II.** v. tr. ind. **1.** *GOÛTER À :* prendre un peu d'une chose dont on n'a pas encore bu ou mangé. ⇒ **entamer.** *Il y a à peine goûté.* ⇒ **toucher. 2.** *GOÛTER DE :* boire ou manger pour la première fois. - Faire l'expérience de. *Il a goûté du métier.* ⇒ **tâter. III.** v. intr. Faire une collation, entre le déjeuner et le dîner. *Goûter à cinq heures.*

② **GOÛTER** n. m. ▪ Nourriture (et boisson) que l'on prend dans l'après-midi. ⇒ **collation.**

① **GOUTTE** n. f. ▪ **I. 1.** Très petite quantité de liquide qui prend une forme arrondie. *Goutte d'eau. Il n'est pas tombé une goutte depuis des mois.* - loc. *Se ressembler comme deux gouttes d'eau,* trait pour trait. *Passer entre les gouttes :* ne pas se mouiller. *Suer à grosses gouttes,* transpirer abondamment. - FAM. *Avoir la goutte au nez,* avoir le nez qui coule. ♦ *GOUTTE À GOUTTE* loc. adv. : une goutte après l'autre. *Couler goutte à goutte.* ⇒ s'**égoutter, goutter ; goutte-à-goutte. 2.** Très petite quantité de boisson. *Voulez-vous du café ? Juste une goutte.* ⇒ **doigt, larme.** ♦ FAM. *Boire la goutte,* boire un petit verre d'alcool. **3.** au plur. *Gouttes,* médicament prescrit et administré en gouttes. *Se mettre des gouttes dans le nez.* **II.** Petit objet, petite tache ronde (comparés à une goutte).

② **GOUTTE** adv. de négation ▪ VX ou plais. *NE... GOUTTE :* ne... pas. *Allume la lumière, on n'y voit goutte.*

③ **GOUTTE** n. f. ▪ Inflammation douloureuse des articulations. ⇒ **rhumatisme.** *Avoir la goutte* (⇒ **goutteux**), une attaque de goutte.

GOUTTE-À-GOUTTE n. m. ▪ Appareil médical permettant une perfusion lente et régulière.

GOUTTELETTE n. f. ▪ Petite goutte de liquide.

GOUTTER v. intr. 1 ▪ Couler goutte à goutte. *Eau qui goutte d'un robinet.* ⇒ **dégoutter,** s'**égoutter.**

GOUTTEUX, EUSE adj. ▪ Atteint de la goutte. *Un vieillard goutteux.* - n. *Un goutteux.*

GOUTTIÈRE n. f. ▪ **1.** Canal demi-cylindrique, fixé au bord inférieur des toits, permettant l'écoulement des eaux de

Goya. *Maja desnuda.* Musée du Prado, Madrid. *Phot. © Dagli Orti*

pluie. ⇒ **chéneau.** *Gouttière en zinc.* ▸ Tuyau de descente des eaux. **2.** Appareil qui sert à immobiliser un membre fracturé. *Une gouttière de plâtre.*

GOUVERNABLE adj. ▪ Susceptible d'être gouverné. *Peuple difficilement gouvernable.*

GOUVERNAIL n. m. ▪ **1.** Plan mince orientable que l'on manœuvre à l'aide de la barre, et qui sert à diriger un bateau. *Des gouvernails.* ♦ (avions) *Gouvernail de direction, de profondeur.* ⇒ **gouverne. 2.** Direction des affaires. *Prendre, tenir, abandonner le gouvernail.* ⇒ **barre.**

GOUVERNANT n. m. ▪ *Les gouvernants,* les personnes qui détiennent et exercent le pouvoir politique, le pouvoir exécutif (opposé à *gouvernés*).

GOUVERNANTE n. f. ▪ **1.** VIEILLI Femme à qui l'on confie la garde et l'éducation d'enfants. ⇒ **nurse, préceptrice. 2.** Femme chargée de s'occuper du ménage d'un homme seul.

GOUVERNE n. f. ▪ **I.** Dispositif externe orientable qui fait partie des commandes d'un engin aérien (avion, etc.). ⇒ **gouvernail. II.** loc. *POUR MA (TA, SA...) GOUVERNE :* pour servir de règle de conduite ; pour informer.

GOUVERNEMENT n. m. ▪ **I. 1.** VX Action de diriger. ♦ POLIT. *Le gouvernement des peuples* (des États). ♦ absolt *Une méthode de gouvernement,* pour gouverner. **2.** anciennt Direction politique, administrative ; charge de gouverneur. **II.** MOD. **1.** Le pouvoir politique ; les organes de ce pouvoir (exécutif, législatif). ⇒ **État.** *Gouvernement central, gouvernements locaux d'un État fédéral. Un gouvernement instable.* **2.** Pouvoir exécutif suprême (opposé à *administration*) ; organes qui l'exercent (opposé à *pouvoir législatif*). *Le gouvernement français* (chef de l'État ; conseil des ministres). **3.** dans les régimes parlementaires Le corps des ministres. ⇒ **cabinet, conseil, ministère.** *Le chef du gouvernement :* le Premier ministre. **III.** Constitution politique de l'État. ⇒ **institution(s), régime, système.** *Gouvernements démocratiques et gouvernements totalitaires.*

le GOUVERNEMENT PROVISOIRE DE LA RÉPUBLIQUE FRANÇAISE ou **G.P.R.F.** ▪ Gouvernement mis en place dès 1944 par la Résistance et qui succéda au Comité français de libération nationale. Après la dissolution de la IIIe République et le régime de Pétain, le G.P.R.F. eut pour mission d'établir de nouvelles institutions : il prit fin avec l'adoption de la Constitution de la IVe République (fin 1946). Le général de Gaulle le dirigea jusqu'en janvier 1946. Il fut marqué par une politique de reconstruction, de nationalisations, et par l'épuration des collaborateurs.

GOUVERNEMENTAL, ALE, AUX adj. ▪ **1.** Relatif au pouvoir exécutif. *Organes gouvernementaux.* **2.** Relatif au ministère. ⇒ **ministériel.** *L'équipe gouvernementale.* **3.** Qui soutient le ministère. *Journal gouvernemental.*

GOUVERNER v. tr. [1] ▪ **I.** Diriger la conduite de (qqch., qqn). **1.** VX ou LITTÉR. Exercer une influence déterminante sur la conduite de (qqn). ⇒ **commander, guider.** *Il se laisse gouverner par sa femme. Gouverner ses sentiments.* ⇒ **maîtriser. 2.** Exercer son empire sur. ⇒ **dominer.** *L'amour gouverne le monde.* **3.** GRAMM. Régir. *En latin, le verbe actif gouverne l'accusatif.* **II.** Exercer le pouvoir politique sur. *Gouverner les peuples, les hommes.* ⇒ **conduire, diriger.** ▸ au p. p. subst. *Les gouvernés,* ceux qui doivent obéir au pouvoir politique. ♦ Diriger les affaires publiques d'un État, détenir et exercer le pouvoir politique, et spécialt le pouvoir exécutif. ▸ *SE GOUVERNER* v. pron. : exercer le pouvoir politique sur soi-même (société). **III.** VX Diriger (une embarcation, un navire). ▸ MOD. absolt *Gouverner vent arrière, à la lame* (en maniant le gouvernail* ⇒ **barrer**).

GOUVERNEUR n. m. ▪ **1.** anciennt HIST. Haut fonctionnaire royal. ♦ Représentant de la métropole dans une colonie. ▸ au Canada Représentant du souverain du Royaume-Uni. *Gouverneur général ; lieutenants-gouverneurs.* **2.** Personne qui est à la tête d'une région militaire ou administrative. *Gouverneur militaire. Le gouverneur d'une province de l'Empire romain.* ♦ *Le gouverneur de la Banque de France.* ♦ Aux États-Unis, Chef du pouvoir exécutif d'un État de la fédération.

GOUVIEUX ▪ Commune de l'Oise. 9 756 hab. *(les Godviciens).*

GOY [gɔj] n. ▪ Non-juif, chrétien, pour les Israélites. *Des goyim* (plur. hébreu) ou *des goys.*

Francisco de GOYA y Lucientes (1746-1828) ▪ Peintre espagnol. Un des précurseurs de la peinture moderne *("Maja vestida"; "Maja desnuda").* Portraits *("Famille de Charles IV"* 1800); gravures *(" Les Caprices",* 1799; *"Les Désastres de la guerre",* 1810-1823) et tableaux dénonçant les tares de la société et les horreurs de la guerre (le *"Dos"* et le *"Tres de Mayo",* 1814). À la fin de sa vie, sourd et isolé, il pratiqua un art sombre et visionnaire (fresques de sa maison, la Quinta del Sordo), qui présente un univers d'angoisse et de cauchemar.

GOYAVE [-ɔj-] n. f. ▪ Fruit d'un arbre d'Amérique tropicale (le *goyavier,* n. m.).

Juan GOYTISOLO (né en 1931) ▪ Écrivain espagnol. *"Deuil au paradis"* (1955), critique de la société espagnole de l'après-guerre.

Carlo GOZZI ▪ Auteur dramatique italien (1720-1806). Il s'opposa au réalisme de Goldoni en écrivant dans les années 1761-1765 des féeries dramatiques. *"Turandot".*

Benozzo GOZZOLI (1420-1497) ▪ Peintre italien. Il décora la chapelle du palais Médicis à Florence *("Cortège des Mages")* dans un style narratif et précieux.

le G.P.R.F. → **Gouvernement provisoire de la République française**

le GRAAL ou **SAINT-GRAAL** ▪ Vase sacré qui aurait servi à la Cène et dans lequel aurait été recueilli le sang du Christ. Divers romans du Moyen Âge racontent la quête (recherche) du Graal par les chevaliers de la Table ronde, Perceval, Lancelot, Galaad.

GRABAT n. m. ▪ Lit misérable.

GRABATAIRE adj. et n. ▪ (personnes) Qui ne peut quitter son lit (par maladie, faiblesse, vieillesse).

GRABUGE n. m. ▪ FAM. Dispute, querelle bruyante ; désordre qui en résulte. ⇒ **bagarre, bataille.** *Faire du grabuge.*

les frères GRACCHUS ▪ Tribuns romains. Tiberius (v. 162-133 av. J.-C.) et son frère Caius (v. 154-121 av. J.-C.). Ils firent voter une loi agraire favorisant les petits propriétaires contre l'aristocratie foncière.

GRÂCE n. f. ▪ **I. 1.** Faveur accordée librement à qqn. ⇒ **bienfait, don.** *Demander, solliciter, obtenir une grâce.* ▸ *LES BONNES GRÂCES DE qqn,* les faveurs qu'il accorde ; ses dispositions favorables. **2.** Disposition à faire des faveurs, à être agréable à qqn. ♦ loc. *Rentrer EN GRÂCE auprès de qqn,* se faire pardonner. *TROUVER GRÂCE devant, auprès de qqn, aux yeux de qqn,* lui plaire, gagner sa bienveillance. ▸ *DE GRÂCE :* je vous en prie. ♦ *BONNE GRÂCE :* bonne volonté naturelle et aimable. ⇒ **affabilité, amabilité, douceur, gentillesse.** *Faire qqch. de bonne grâce,* volontiers. ▸ *MAUVAISE GRÂCE :* mauvaise volonté. *Il aurait mauvaise grâce à se plaindre.* **3.** Titre d'honneur (dans les pays anglo-saxons). *Votre Grâce.* **4.** La bonté divine ; les faveurs qu'elle dispense. ⇒ **bénédiction, faveur.** *La grâce de Dieu.* ♦ loc. *À la grâce de Dieu :* comme il plaira à Dieu, en laissant les choses évoluer sans intervenir. ▸ *An de grâce,* année de l'ère chrétienne. *En l'an de grâce 1654, Louis XIV fut sacré roi.* **5.** Aide de Dieu qui rend l'homme capable de parvenir au salut. *Touché par la grâce. Être en état de grâce.* **6.** *AVOIR LA GRÂCE,* avoir le don, l'inspiration. *Pour créer de telles œuvres, il faut avoir la grâce.* **II. 1.** Pardon, remise de peine, de dette accordée bénévolement. ⇒ **amnistie, sursis.** *Recours en grâce d'un condamné à mort.* ▸ (sans article) *Demander grâce. Crier grâce,* supplier. ellipt *Grâce !* ⇒ **pitié.** *Faire grâce.* ⇒ **gracier.** ▸ *Je vous fais grâce du travail qui reste,* je vous en dispense. **2.** *COUP DE GRÂCE :* coup qui achève définitivement qqn (qui est blessé, qui souffre). **III. 1.** Reconnaissance, remerciements. *Rendre grâce, rendre grâces à qqn.* ⇒ **remercier.** ▸ *Action de grâce, de grâces,* acte, prière qui exprime de la gratitude envers Dieu. ♦ *Les grâces,* prière de remerciement à Dieu (après les repas). **2.** loc. prép. *GRÂCE À qqn, qqch. :* à l'aide, au moyen de (en parlant d'un résultat heureux). *Grâce à Dieu, tout s'est bien passé,* par bonheur. *Grâce à toi, grâce à ton aide, nous avons fini notre ouvrage à temps.* **IV. 1.** Charme, agrément. *Elle a de la grâce.* ⇒ **gracieux.** *La grâce des gestes, des mouvements.* ⇒ **aisance.** *Évoluer, danser avec grâce.* ⇒ **élégance, facilité. 2.** au plur. *LES GRÂCES.* ⇒ **beauté.** *Les grâces d'une personne* (vieilli). ⇒ **attrait, charme.** ▸ (iron.) Manières gracieuses. ⇒ **façon.** *Faire des grâces.*

les trois GRÂCES ▪ Déesses de la Beauté, chez les Grecs et les Romains (Aglaé, Thalie, Euphrosyne).

GRACIER v. tr. 7 ▪ Faire grâce (II) à (qqn). ▸ passif *Le condamné a été gracié par le président de la République.*

GRACIEUSEMENT adv. ▪ **I.** Avec grâce. **II.** Gratuitement.

GRACIEUSETÉ n. f. ▪ LITTÉR. Manière aimable, gracieuse. *Faire mille gracieusetés.*

GRACIEUX, IEUSE adj. ▪ **I.** Qui a de la grâce, de l'agrément ; qui est aimable. ⇒ **charmant, élégant, gentil ;** s'oppose à *disgracieux. Un corps svelte et gracieux. Une enfant gracieuse.* **II.** Qui est accordé, sans être dû, sans que rien soit exigé en retour. ⇒ **bénévole, gratuit.** *Prêter un concours gracieux. À titre gracieux :* gratuitement.

GRACILE adj. ▪ Mince et délicat. ⇒ **élancé, frêle.** *Une fillette au corps gracile.*

GRACILITÉ n. f. ▪ LITTÉR. Minceur délicate.

Louis Poirier dit **Julien GRACQ** (né en 1910) ▪ Écrivain français. Proche d'André Breton et du surréalisme, il a donné des romans d'une grande richesse poétique et des essais critiques. *"Le Rivage des Syrtes"* (1951).

GRADATION n. f. ▪ **1.** Progression par degrés successifs, et le plus souvent ascendante. *Une gradation de tons, de couleurs. Par gradation.* ⇒ **graduellement. 2.** Degré. *Passer par une suite de gradations.*

GRADE n. m. ▪ **I. 1.** Degré d'une hiérarchie (surtout militaire). ⇒ **échelon.** *Le grade d'un officier. Avancer, monter EN GRADE* (⇒ **avancement, promotion**). **2.** loc. FAM. *EN PRENDRE POUR SON GRADE :* se faire réprimander. **II. 1.** Centième partie d'un quadrant (quart de cercle). **2.** Degré de viscosité (d'une huile).

-GRADE Élément, du latin *gradus* « pas ; marche », qui signifie « façon de marcher » (ex. *plantigrade*).

GRADÉ, ÉE ▪ **1.** adj. et n. Qui a un grade. **2.** n. m. Personne qui a un grade inférieur à celui des officiers (caporal, sous-officier).

GRADIENT [-jɑ̃] n. m. ▪ SC. Taux de variation spatiale (d'une grandeur physique).

GRADIGNAN ▪ Commune de la Gironde. 21 727 hab. *(les Gradignanais).*

GRADIN n. m. ▪ **1.** Chacun des bancs disposés en étages dans un amphithéâtre. *Les gradins d'un stade.* **2.** *EN GRADINS :* disposé par paliers successifs. *Un jardin, des cultures en gradins.*

GRADUATION n. f. ▪ Action de graduer (2). ▸ Échelle graduée d'un instrument de mesure. *La graduation d'un thermomètre.* ▸ Système de division. *La graduation de Fahrenheit.*

GRADUEL, ELLE adj. ▪ Qui va par degrés. ⇒ **progressif.** *Effort graduel.*

GRADUELLEMENT adv. ▪ Progressivement.

GRADUER v. tr. 1 ▪ **1.** Augmenter graduellement. *Graduer les difficultés.* ▸ au p. p. *Exercices gradués,* progressifs. **2.** Diviser en degrés. ⇒ **étalonner.** *Graduer une éprouvette, une règle* (⇒ **graduation**). ▸ au p. p. *Thermomètre gradué.*

Urs GRAF (1485-1527) ▪ Graveur, dessinateur et peintre suisse. Il fut, avec N. Manuel Deutsch, un représentant de l'école dite des « lansquenets ». Le thème de la mort hante ses féroces évocations de la guerre et de la prostitution.

GRAFFITI n. m. ▪ Inscription, dessin griffonné sur les murs. *Des graffitis* (ou *graffiti*) *politiques. Des graffitis et des tags.*
▸ GRAFFITER v. tr. 1 ▸ n. GRAFFITEUR, EUSE

Martha GRAHAM (1894-1991) ▪ Danseuse et chorégraphe américaine. Contre l'académisme elle voulut rendre à la danse son sens rituel et fut une pionnière de la *modern dance.*

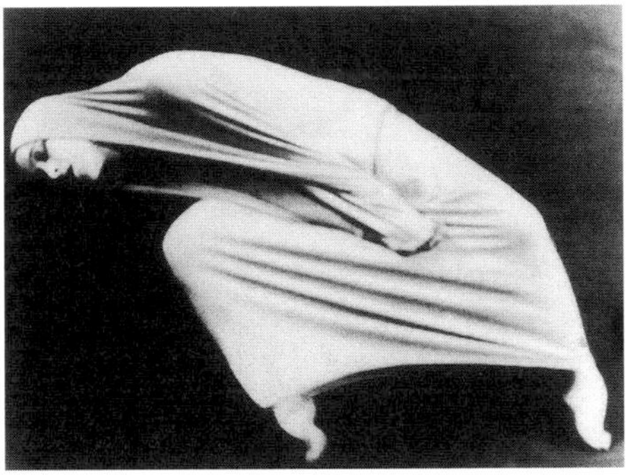

Martha **Graham.** *Lamentations* (1930). *Phot. © Dite/IPS*

la terre de GRAHAM ▪ Nom donné à la péninsule Antarctique baignée par la mer de Weddell. Elle a été revendiquée par la Grande-Bretagne, puis par l'Argentine et le Chili.

GRAILLON n. m. ▪ **1.** au plur. Morceaux de gras frits qui restent dans un plat. **2.** péj. Odeur de graisse brûlée, de mauvaise cuisine. ▸ adj. GRAILLONNEUX, EUSE

GRAILLONNER v. intr. 1 ▪ FAM. **1.** Tousser en crachant. **2.** Parler d'une voix grasse, enrouée.

GRAIN n. m. ▪ **I. 1.** Fruit comestible des graminées*. *Grain de blé, de riz. Ôter les grains d'un épi.* ⇒ **égrener.** ▸ *LES GRAINS* ou *LE GRAIN* (collectif) : les grains récoltés des céréales. *Séparer le grain de la balle.* ▸ *Poulet de grain,* nourri exclusivement de grain. **2.** Semence. ⇒ **graine.** *Semer le grain.* **3.** Fruit, petite graine arrondie. *Grain de raisin. Grain de poivre, de café.* ▸ *Café, poivre en grains* (opposé à *moulu*). **4.** Petite parcelle arrondie. *Grain de sable.* ▸ *Grain de sel.* loc. FAM. *Mettre, mêler son grain de sel,* intervenir sans y être invité. **5.** *GRAIN DE BEAUTÉ :* petite tache brune de la peau. **6.** *LE GRAIN :* aspect d'une surface grenue. *Le grain de la peau. Le grain d'un papier.* **7.** Très petite quantité. ⇒ **atome, once.** *Avoir un grain de fantaisie, de folie.* ▸ loc. *AVOIR UN (PETIT) GRAIN :* être un peu fou. **8.** anciennt Très petite unité de poids (0,053 g). **II. 1.** Coup de vent soudain et violent, en mer. ▸ Averse accompagnée de vent. ⇒ **ondée. 2.** *VEILLER AU GRAIN :* être vigilant, en prévision d'un danger.

① **GRAINE** n. f. ▪ **1.** Partie des plantes à fleurs qui, une fois germée, assure leur reproduction (⇒ **grain**). *Semer des graines d'œillets. La germination d'une graine. Graines* *comestibles.* **2.** loc. MONTER EN GRAINE, se dit d'une plante qui a poussé jusqu'à porter des graines. fig. *Un enfant monté en graine.* ➝ *En prendre de la graine :* tirer un exemple, une leçon (de qqch.). **3.** péj. GRAINE DE, personne qui risque de mal tourner. *C'est de la graine de voyou.* ➝ MAUVAISE GRAINE (même sens).

② **GRAINE** n. f. ▪ FAM. *Casser la graine :* manger. ⇒ **croûte.**

GRAINETERIE [gʀɛntʀi ; gʀɛnɛtʀi] n. f. ▪ Commerce, magasin du grainetier.

GRAINETIER, IÈRE [gʀɛntje] n. ▪ Personne qui vend des grains, des graines comestibles, ou des graines de semence, des oignons, des bulbes.

GRAISSAGE n. m. ▪ Action de graisser. *Vidange et graissage d'une voiture.*

GRAISSE n. f. ▪ **1.** Substance onctueuse répandue en diverses parties du corps de l'homme et des animaux, sous la peau, dans le tissu conjonctif. ⇒ **lipo-.** *Faire de la graisse :* engraisser. *De la mauvaise graisse. Exercices, massages pour faire perdre la graisse.* **2.** Cette substance, tirée de certains animaux et utilisée dans l'alimentation. ⇒ **gras ; lipide.** *Haricots à la graisse d'oie.* **3.** Corps gras. *Graisses végétales* (huiles, margarine), *animales* (beurre, saindoux...). ➝ *Graisses alimentaires, industrielles. Graisse et cambouis.*

GRAISSER v. tr. ① ▪ **1.** Enduire, frotter d'un corps gras. *Graisser les engrenages d'une machine.* ⇒ **lubrifier.** **2.** loc. fig. GRAISSER LA PATTE *à qqn,* lui donner de l'argent pour en obtenir un avantage, le soudoyer.

GRAISSEUR n. m. ▪ Ouvrier ou appareil automatique qui opère le graissage.

GRAISSEUX, EUSE adj. ▪ **1.** De la nature de la graisse. ⇒ **adipeux.** *Les tissus graisseux.* **2.** Taché, enduit de graisse. ⇒ **gras.** *Cheveux graisseux. Évier graisseux.*

GRAMINÉE n. f. ▪ Toute plante à fleurs minuscules groupées en épis, à tige creuse. *Les céréales sont des graminées.* ⇒ **grain.**

GRAMMAGE n. m. ▪ TECHN. Poids de l'unité de surface (du papier, du carton), en grammes.

GRAMMAIRE n. f. ▪ **1.** Ensemble des règles à suivre pour parler et écrire correctement une langue. *Règle, faute de grammaire.* **2.** Partie de la linguistique qui regroupe la phonologie, la morphologie et la syntaxe. *Grammaire descriptive.* ➝ spécialt Syntaxe. **3.** Système grammatical (d'une langue). **4.** Livre, traité, manuel de grammaire. *Une grammaire anglaise.*

GRAMMAIRIEN, IENNE n. ▪ **1.** Lettré qui fixe les règles du bon usage d'une langue. *Un grammairien puriste.* **2.** Linguiste spécialisé dans l'étude de la morphologie et de la syntaxe.

GRAMMATICAL, ALE, AUX adj. ▪ **1.** Relatif à la grammaire ; de la grammaire. *Exercices grammaticaux. Analyse grammaticale.* **2.** Conforme aux règles de la grammaire, au système et à la norme d'une langue. *Cette phrase est grammaticale* (s'oppose à *agrammatical*).

GRAMME n. m. ▪ **1.** Unité de masse du système métrique valant un millième de kilogramme (équivalant à la masse d'un cm^3 d'eau pure à 4 °C) [symb. g]. **2.** Très petite quantité. *Il n'a pas un gramme de bon sens.* ⇒ **grain.**

-GRAMME ▪ **1.** Élément, du grec *gramma,* signifiant « lettre » (ex. *télégramme*) et correspondant souvent à *-graphe**. **2.** (de *gramme*) → centi-, déci-, hecto-, kilo-, milligramme.

Zénobe **GRAMME** (1826 - 1901) ▪ Électricien belge. Inventeur de la dynamo.

GRAMOPHONE n. m. ▪ anciennt Phonographe à disques, à plateau et grand pavillon.

le **GRAMPIAN** ▪ Région administrative du nord-est de l'Écosse. 8 550 km^2. 450 000 hab. Chef-lieu : Aberdeen.

Antonio **GRAMSCI** (1891 - 1937) ▪ Philosophe et homme politique italien. L'un des principaux théoriciens d'un marxisme renouvelé.

Enrique **GRANADOS Y CAMPIÑA** (1867 - 1916) ▪ Compositeur espagnol. Sa musique puise aux sources de l'art populaire. Œuvres pour piano : *"Danses espagnoles"* (1892); *"Goyescas"* (1911).

le **GRAN CHACO** → Chaco

GRAND, GRANDE adj. ▪ **I.** dans l'ordre physique (avec possibilité de mesure) [opposé à *petit*] **1.** Dont la hauteur, la taille dépasse la moyenne. *Un homme grand et mince. De grands arbres.* **2.** Qui atteint toute sa taille. ⇒ **adulte.** *Tu comprendras quand tu seras grand. Les grandes personnes :* les adultes. ➝ n. *Tu iras tout seul, comme un grand. Les grands,* les aînés ; les élèves plus âgés. ➝ (appellatif) *Mon grand, ma grande.* ➝ loc. *Être assez grand pour* (qqch, faire qqch.), être capable de (sans avoir besoin de l'aide de personne). **3.** Dont la longueur dépasse la moyenne. ⇒ **long.** *Grand nez. Grand couteau. Marcher à grands pas.* **4.** Dont la surface dépasse la moyenne. ⇒ **étendu, spacieux, vaste.** *Les grandes villes. Chercher un appartement plus grand.* **5.** Dont le volume, l'ensemble des dimensions en général dépasse la moyenne. *Le plus grand barrage du monde.* **6.** (mesures) *Une grande taille, un poids plus grand.* ⇒ **important.** *Une grande quantité. Grand nombre. Grand âge. À grande vitesse.* ➝ (temps) Qui paraît long. *Deux grandes heures.* **7.** Très abondant ou très intense, très important. ⇒ **nombreux.** loc. *Il n'y a pas grand monde,* il y a peu de monde. *Laver à grande eau,* avec beaucoup d'eau. ➝ loc. *À grands frais.* ➝ *Grande chaleur, grand froid.* ⇒ **intense.** *Grand bruit. Grand coup.* ➝ loc. *Au grand air :* en plein air. *Au grand jour.* **II.** dans l'ordre qualitatif (mettant en relief la notion exprimée) **1.** ⇒ **important.** *De grands événements. C'est un grand jour.* ➝ *Avoir grand besoin de...* **2.** (équivalent d'un superlatif) *C'est un grand travailleur.* ⇒ **gros.** *Grand blessé,* blessé grave. **3.** (superlatif) *Les grandes puissances.* ⇒ **principal.** ➝ n. m. *Les grands.* ➝ *Les grandes écoles.* **III.** (personnes ; actions) **1.** Qui est d'une condition sociale ou politique élevée. *Un grand personnage.* anciennt *Grand seigneur. Grande dame.* ➝ n. *Les grands, les grands de ce monde.* **2.** Supérieur en raison de ses talents, de ses qualités, de son importance. ⇒ **fameux, glorieux, illustre, supérieur.** *Un grand homme.* ⇒ **génie, héros.** *Les grands créateurs.* ♦ (choses, actions, qualités humaines) ⇒ **beau, grandiose, magnifique, noble.** *Grandes actions. Rien de grand ne se fait sans audace. C'est du grand art.* ♦ (personnages, époques historiques) *Le grand Corneille. La grande Catherine de Russie. Le grand siècle.* ➝ n. *Alexandre le Grand.* **IV.** (vx ou dans des expr.) GRAND- (+ n. f.). *La grand-rue :* la rue principale. *Grand-messe. Avoir grand-faim, grand-soif.* ➝ À GRAND-PEINE loc. adv. : très difficilement. ➝ ⇒ **grand-chose.** **V.** adv. (s'accorde avec le n. qui précède) *Grand ouvert, grande ouverte,* ouvert(e) au maximum. ➝ VOIR GRAND : avoir de grands projets, prévoir largement. **VI.** EN GRAND loc. adv. : sur de grandes dimensions, un vaste plan. *Il faut voir les choses en grand.*

GRAND-ANGLE [gʀɑ̃t-] n. m. ▪ Objectif photographique couvrant un large champ. *Des grands-angles.* ◇ syn. GRAND-ANGULAIRE.

Alain **GRANDBOIS** (1900 - 1975) ▪ Poète canadien d'expression française. *"Rivages de l'homme"* (1948).

Le **GRAND-BORNAND** ▪ Commune de Haute-Savoie, dans le massif des Bornes. 1 925 hab. *(les Bornandins).* Station de sports d'hiver (950 à 1 850 m). Fromages (reblochon).

GRAND-BOURG ▪ Commune de Marie-Galante (dépendance de la Guadeloupe). 6 268 hab.

le **GRAND CANYON** ▪ Gorge du Colorado au nord-ouest de l'Arizona (États-Unis). 1 600 m de profondeur. Tourisme.

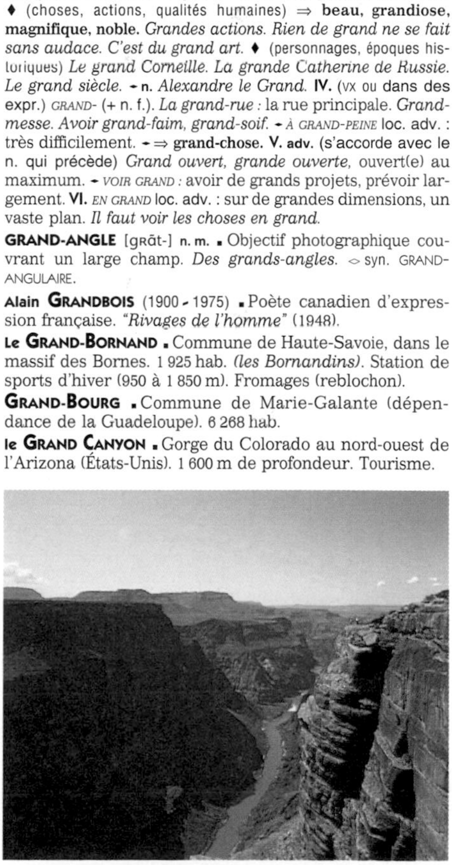

le **Grand Canyon.** *Phot. © Gohier/Explorer*

GRAND-CHOSE ▪ **1.** pron. indéf. PAS GRAND-CHOSE : peu de chose. *Cela ne vaut pas grand-chose.* **2.** n. invar. FAM. UN, UNE PAS GRAND-CHOSE, personne qui ne mérite pas d'estime.

GRAND-COURONNE ▪ Commune de la Seine-Maritime. 9 792 hab. *(les Couronnais)*. Industries.

GRAND-CROIX ▪ **1.** n. f. invar. Décoration la plus élevée dans l'ordre de la Légion d'honneur. **2.** n. m. Titulaire de ce grade. *Des grands-croix.*

GRAND-DUC n. m. ▪ **I. 1.** Titre de princes souverains (fém. GRANDE-DUCHESSE). **2.** FAM. *Faire la tournée des grands-ducs,* la tournée des restaurants, des cabarets luxueux. **II.** ⇒ **duc** (rapace).

GRAND-DUCHÉ n. m. ▪ Pays gouverné par un grand-duc, une grande-duchesse. *Le grand-duché de Luxembourg. Des grands-duchés.*

la **GRANDE-BRETAGNE** ▪ La plus grande des îles de l'archipel britannique. 225 000 km^2. 55 600 000 hab. *(les Britanniques).* Elle comprend trois grandes régions (→ **Angleterre, Écosse,** pays de **Galles**).

la **GRANDE-BRETAGNE** off. ***ROYAUME-UNI DE GRANDE-BRETAGNE ET D'IRLANDE DU NORD*** ▪ (voir carte à **Royaume-Uni**) État d'Europe occidentale formé par l'Angleterre, le pays de Galles, l'Écosse et l'Irlande du Nord. Monarchie constitutionnelle. 244 046 km^2. 57 240 000 hab. *(les Britanniques).* Capitale : Londres. Langue officielle : anglais. Religion : Église anglicane (à la tête de laquelle se trouve le souverain), protestantisme, catholicisme. Monnaie : livre sterling. L'économie est dominée par les secteurs bancaire, financier et celui des assurances. Des pans entiers de l'industrie sont menacés : charbonnages, chantiers navals, sidérurgie, industrie textile. Les constructions mécaniques et l'automobile sont en déclin. La désindustrialisation touche plus particulièrement l'ouest et le nord (pays de Galles, Lancashire, Midlands, Cumbria, Écosse). Le développement des ressources pétrolières en mer du Nord accentue encore ce déséquilibre régional. L'agriculture, caractérisée par une forte productivité, est dominée par l'élevage et entretient une puissante industrie agroalimentaire; toutefois, le cheptel bovin est gravement menacé depuis le début des années 1990 (maladie dite « de la vache folle »). Le Parlement est composé de la Chambre des communes et de la Chambre des lords. Le Premier ministre, chef de la majorité aux Communes, dirige le gouvernement et définit les options politiques du pays. Le souverain est chef de l'État et du Commonwealth. → **Angleterre, Écosse,** pays de **Galles, Irlande.** ▫ HISTOIRE Avec l'avènement de Jacques Ier et des Stuarts* en 1603 (→ **Angleterre**) commence l'histoire de la Grande-Bretagne. Le XVIIe s. fut celui des révolutions : guerre civile (1642-1646) et lutte entre le roi et le Parlement qui aboutirent à l'exécution de Charles Ier (1649), république de Cromwell* (1649-1658), fuite de Jacques II en France (1688) et couronnement de Guillaume III d'Orange-Nassau, l'Angleterre réprimant les catholiques (→ **jacobites**) d'Irlande et d'Écosse. L'acte d'Union de 1707 instaura le Royaume de Grande-Bretagne (avec un Parlement unique pour les royaumes d'Écosse et d'Angleterre), qui devint, en 1801, par un acte d'Union signé l'année précédente, le Royaume-Uni de Grande-Bretagne et d'Irlande. Les structures politiques modernes se dessinèrent : Premier ministre chef de la majorité parlementaire (whig ou tory), essor de la Chambre des communes. La révolution industrielle se développa. La politique extérieure fut marquée par la création d'un immense domaine colonial en Amérique du Nord, l'acquisition des Indes françaises (1763), puis la guerre de l'Indépendance américaine (1775-1783) et la guerre contre la Révolution française et le Premier Empire (1793-1815). Au XIXe s., possédant la maîtrise des mers, la Grande-Bretagne connut une forte expansion de son empire tandis que des réformes la firent évoluer vers un régime démocratique sous le règne de Victoria*, symbole de l'impérialisme triomphant et du puritanisme bourgeois, dominé par l'opposition entre le conservateur Disraeli* et le libéral Gladstone*; le royaume devint la première puissance mondiale. Il ne put néanmoins résoudre la question irlandaise. Les difficultés sociales et économiques (nombreux mouvements ouvriers) assurèrent une percée au jeune parti travailliste qui, avec les conservateurs, domine la vie politique au XXe s. Pour s'opposer à la menace allemande, le Royaume-Uni se rapprocha de la France (Entente* cordiale, 1904), de la Russie (Triple-Entente*) et prit une part déterminante dans la Première Guerre* mondiale. L'entre-deux-guerres fut marqué par de profonds changements : adoption de mesures protectionnistes lors de la crise de 1929; transformation de l'empire en Commonwealth (1931). Au lendemain de l'échec de la politique d'« apaisement » avec Hitler et Mussolini, menée par Chamberlain, la Grande-Bretagne prit part à la Deuxième Guerre* mondiale. Victime des attaques aériennes allemandes (bataille d'Angleterre), le pays, à l'image de son Premier ministre, Churchill, opposa une farouche résistance à l'Allemagne nazie. Après 1945, le gouvernement d'Attlee* fut marqué par la mainmise de l'État sur l'économie (nationalisations) et la décolonisation volontaire. L'adhésion à la CEE (1973) et le percement du tunnel sous la Manche (1988-1994) mirent fin à l'isolement de la Grande-Bretagne, malgré les réticences notamment des conservateurs à l'égard de la construction européenne. Durement frappé par les difficultés économiques et sociales, le pays s'engagea à partir de 1979, sous l'impulsion des conservateurs, Margaret Thatcher puis John Major, dans une politique de libéralisme économique.

le massif de la **GRANDE CHARTREUSE** ▪ Massif des Préalpes françaises. Tourisme. Couvent de la Grande Chartreuse*.

la **GRANDE GRÈCE** ▪ Nom donné dans l'Antiquité au sud de l'Italie et à la Sicile, colonisés par les Grecs. → **Grèce.**

GRANDEMENT adv. ▪ **1.** Beaucoup, tout à fait. *Il a grandement contribué au succès.* ⇒ **fortement.** ‑ Largement, en abondance. *Il a grandement de quoi vivre.* ⇒ **amplement. 2.** Dans des proportions et avec une ampleur qui dépassent l'ordinaire. *Être logé grandement. Faire les choses grandement,* sans rien épargner. ⇒ **généreusement.**

La **GRANDE-MOTTE** ▪ Commune de l'Hérault, sur la Méditerranée (immeubles en forme de pyramides). 5 016 hab. Station balnéaire.

La **Grande-Motte.** Vue de la Grande Pyramide et de la Pyramide Eden. *Phot. © Loirat/Explorer*

GRANDE SURFACE n. f. ▪ Magasin de grande taille en libre service. ⇒ **hypermarché, supermarché.** ‑ (collectif) *En grande surface :* dans les grandes surfaces.

GRANDE-SYNTHE ▪ Commune du Nord, banlieue de Dunkerque. 24 362 hab. *(les Grand-Synthois).*

GRANDEUR n. f. ▪ **I.** (sens absolu) **1.** Caractère de ce qui est grand, important. ⇒ **étendue, importance.** *La grandeur d'un sacrifice.* **2.** Importance sociale, politique. ⇒ **gloire, pouvoir, puissance.** *Du temps de sa grandeur.* ‑ au plur. *Avoir la folie des grandeurs.* ⇒ **mégalomanie. 3.** Élévation, noblesse. *Grandeur et misère de l'homme selon Pascal. Grandeur d'âme.* **II.** (sens relatif) **1.** Qualité de ce qui est plus ou moins grand. ⇒ **dimension, étendue, taille.** *De faible grandeur. Choses d'égale grandeur. Des livres de toutes les grandeurs.* **2.** *GRANDEUR NATURE* loc. adj. invar. : qui est représenté selon ses dimensions réelles. *Des portraits grandeur nature.* **3.** Unité de mesure de l'éclat des étoiles. ⇒ **magnitude.** *Les étoiles de première grandeur,* les plus brillantes. **III.** SC. Ce qui est susceptible de mesure. ⇒ **quantité.** *Définition, mesure d'une grandeur.*

le **GRAND-GUIGNOL** ▪ Théâtre parisien fondé en 1897, spécialisé dans les mélodrames horrifiants.

GRAND-GUIGNOLESQUE adj. ▪ Digne du Grand-Guignol.

Urbain **GRANDIER** (1590 ‑ 1634) ▪ Curé français de Loudun qui fut brûlé après qu'on l'eut accusé d'avoir envoûté plusieurs religieuses ursulines.

GRANDILOQUENCE n. f. ▪ péj. Forme d'expression qui abuse des grands mots et des effets faciles.

GRANDILOQUENT, ENTE adj. ■ Qui s'exprime avec grandiloquence. - Où il entre de la grandiloquence. ⇒ **pompeux.** *Un ton grandiloquent.*

GRANDIOSE adj. ■ (choses) Qui frappe, impressionne par son caractère de grandeur, son aspect majestueux. ⇒ **imposant, magnifique, majestueux.** *Paysage, spectacle grandiose. Œuvre grandiose.*

GRANDIR v. 2 ■ **I.** v. intr. **1.** Devenir plus grand. *Cet enfant a beaucoup grandi.* **2.** Devenir plus intense. ⇒ **augmenter.** *Le mécontentement grandissait.* **3.** Gagner en valeur humaine, en réputation, en gloire. - au p. p. *Sortir grandi d'une épreuve.* **II.** v. tr. **1.** Rendre ou faire paraître plus grand. *Ses hauts talons la grandissent.* **2.** Donner plus de grandeur, de noblesse. ⇒ **ennoblir.** *Cela ne le grandit pas à mes yeux.*

GRANDISSANT, ANTE adj. ■ Qui grandit peu à peu, qui va croissant. *Une impatience grandissante.*

GRAND-MÈRE n. f. ■ **1.** Mère du père ou de la mère de qqn. ⇒ **aïeule.** *Grand-mère maternelle, paternelle. Des grands-mères* (ou VX *grand-mères*). - (appellatif) *Oui, grand-mère.* ◇ syn. VIEILLI GRAND-MAMAN. **2.** FAM. Vieille femme. *Des vieilles grands-mères.* ⇒ **mémé** ; anglic. **mamie.**

GRAND-ONCLE [gʀɑ̃t-] n. m. ■ Frère du grand-père ou de la grand-mère. *Un de mes grands-oncles.*

GRAND-PÈRE n. m. ■ **1.** Père du père ou de la mère de qqn. ⇒ **aïeul.** *Grand-père paternel, maternel.* - appellatif *Oui, grand-père.* ◇ syn. VIEILLI GRAND-PAPA. **2.** FAM. Homme âgé, vieillard. *Des vieux grands-pères.* ⇒ **pépé** ; enfantin **papi.**

Le GRAND-QUEVILLY ■ Commune de la Seine-Maritime. 27 658 hab. *(les Grand-Quevillais).* Chimie. Papeterie.

GRAND RAPIDS ■ Ville des États-Unis (Michigan). 189 000 hab.

les GRANDS LACS ■ Ensemble de lacs d'Amérique du Nord, reliés entre eux, de Duluth à la baie du Saint-Laurent : lac Supérieur (82 380 km²), lac Michigan (57 994 km²), lac Huron (59 500 km²), lac Érié (25 800 km²), lac Ontario (18 000 km²). Zone d'activité économique intense entre le Canada et les États-Unis.

GRANDS-PARENTS n. m. pl. ■ Le grand-père et la grand-mère du côté paternel et maternel.

GRAND-TANTE n. f. ■ Sœur du grand-père ou de la grand-mère. *Une de ses grands-tantes.*

Jean Ignace Isidore Gérard dit **GRANDVILLE** (1803 - 1847) ■ Illustrateur et caricaturiste français. Dans ses dessins, d'inspiration fantastique, il transforme souvent hommes et objets en animaux ou en végétaux.

François GRANET (1775 - 1849) ■ Peintre français. Portraits. Paysages. Il travailla avec David et Ingres.

GRANGE n. f. ■ Bâtiment clos servant à abriter la récolte dans une exploitation agricole. *Mettre le foin dans la grange.* ⇒ **engranger.**

GRANIT ou **GRANITE** [-it] n. m. ■ Roche dure, formée de cristaux de feldspath, de quartz, de mica, etc. *Une falaise de granit rose.* - *Une maison de granit.* - fig. LITTÉR. *Un cœur* DE GRANIT : de pierre.

GRANITÉ, ÉE ■ **I.** adj. Qui présente des grains comme le granit. ⇒ **grenu.** *Papier granité.* **II.** n. m. Sorbet granuleux. *Un granité au café.*

GRANITIQUE adj. ■ De la nature du granit. *Roches granitiques.*

GRANIVORE adj. ■ Qui se nourrit de grains. *Oiseaux granivores.*

la GRANJA ■ Résidence royale d'Espagne, au sud-est de Ségovie.

GRANNY SMITH [gʀanismis] n. f. invar. ■ anglic. Pomme verte à chair ferme et acidulée.

Ulysses Simpson GRANT (1822 - 1885) ■ Général américain, commandant des armées nordistes durant la guerre de Sécession, 18ᵉ président (républicain) des États-Unis de 1869 à 1877.

Archibald Alexander Leach dit **Cary GRANT** (1904 - 1986) ■ Acteur américain d'origine britannique. Créateur d'un personnage désinvolte, il tourna des comédies : *"L'Impossible M. Bébé"* (1938); *"Arsenic et vieilles dentelles"* (1944). Nombreux films avec Hitchcock : *"Les Enchaînés"* (1946); *"La Mort aux trousses"* (1959).

GRANULATION n. f. ■ surtout plur. Aspect granuleux. *Surface qui présente des granulations.*

GRANULE n. m. ■ Petite pilule. *Granules homéopathiques.*

GRANULÉ n. m. ■ Préparation pharmaceutique présentée sous forme de petits grains irréguliers et fondants. *Prendre des granulés pour la digestion.*

GRANULEUX, EUSE adj. ■ Formé de petits grains ou d'aspérités en forme de grains. *Papier granuleux. Peau granuleuse.*

GRANULOMATOSE n. f. ■ MÉD. Affection caractérisée par de nombreux granulomes.

GRANULOME n. m. ■ MÉD. Tumeur inflammatoire, au sein d'un tissu.

GRANVILLE ■ Commune de la Manche. 12 413 hab. *(les Granvillais).*

GRAPEFRUIT ou **GRAPE-FRUIT** [gʀɛpfʀut] n. m. ■ anglic. Gros agrume, pomélo. ⇒ **pamplemousse.** *Des grapefruits ; des grape-fruits.*

GRAPHE n. m. ■ MATH. *Graphe d'une relation entre deux ensembles* : ensemble des couples [ex. (A, B)] qui vérifient cette relation. ♦ Représentation graphique d'un graphe, d'une application.

-GRAPHE, -GRAPHIE, -GRAPHIQUE Éléments savants, du grec *graphein* « écrire ». ⇒ aussi **-gramme** (1).

GRAPHÈME n. m. ■ Lettre ou groupe de lettres transcrivant un phonème.

GRAPHIE n. f. ■ Manière dont un mot est écrit. *Graphie correcte.* ⇒ **orthographe.**

GRAPHIQUE ■ **I.** adj. **1.** Qui représente, par des signes ou des lignes, des figures sur une surface. *Arts graphiques,* dessin, peinture, gravure, etc. *Procédés graphiques.* **2.** Relatif à une écriture. *L'alphabet est un système graphique.* **II.** n. m. Transcription de données par le dessin. - spécialt Représentation des variations d'un phénomène (en fonction du temps, du coût, etc.) à l'aide d'une ligne droite, courbe, ou brisée. ⇒ **courbe, diagramme** ; **-gramme.** *Graphique tracé par un appareil enregistreur.*

GRAPHIQUEMENT adv. ■ Par le dessin, l'écriture.

GRAPHISME n. m. ■ **1.** Manière de former les lettres, d'écrire, qui fournit des indications sur la psychologie de la personne qui les trace. *Une écriture d'un graphisme arrondi.* **2.** Manière de dessiner, d'écrire, considérée sur le plan esthétique. *Le graphisme de Picasso.*

GRAPHISTE n. ■ Spécialiste en techniques et arts graphiques (dessin, illustration, typographie...).

GRAPHITE n. m. ■ Variété de carbone cristallisé, gris noir, dont on se sert pour écrire (appelé aussi *mine de plomb*).

GRAPHO- Élément savant, du grec *graphein* « écrire ».

GRAPHOLOGIE n. f. ■ Étude du graphisme (1) individuel en relation avec la personne qui a écrit. ► adj. GRAPHOLOGIQUE

GRAPHOLOGUE n. ■ Personne qui pratique la graphologie. *Expert-graphologue.*

GRAPPE n. f. ■ **1.** Assemblage de fleurs (⇒ **inflorescence**) ou de fruits portés par des pédoncules étagés sur un axe commun. *Grappe de glycine.* - spécialt Grappe de raisins. **2.** Assemblage serré (de petits objets ou de personnes). *Des grappes d'œufs de seiche.* - *Des grappes humaines.*

Stéphane GRAPPELLI (né en 1908) ■ Violoniste et pianiste français de jazz.

Grappelli.
Phot. © Ulf Andersen/ Gamma

GRAPPILLAGE n. m. ▪ Action de grappiller. ‑ Petits larcins. ⇒ **gratte.**

GRAPPILLER v. tr. ① ▪ **1.** Prendre de-ci, de-là (des fruits, des fleurs). ⇒ **cueillir, ramasser.** ‑ spécialt Ramasser les raisins qui subsistent, après la vendange. **2.** fig. Prendre, recueillir au hasard. *Grappiller des connaissances.* ⇒ **glaner.** *Grappiller quelques sous.*

GRAPPIN n. m. ▪ **1.** Instrument en fer muni de crochets et fixé au bout d'une corde. ⇒ **crampon, croc. 2.** loc. fig. *METTRE LE GRAPPIN SUR :* accaparer. *Attention, ce raseur va nous mettre le grappin dessus.*

GRAS, GRASSE adj. ▪ **I. 1.** Formé de graisse ; qui contient de la graisse. *Les corps gras,* les graisses*, les lipides. *Aliment gras. Matières grasses* (alimentaires). *Cette charcuterie est trop grasse pour moi.* ‑ n. m. *Le gras,* la partie grasse de la viande. **2.** *Jour gras,* où l'Église catholique permet aux fidèles de manger de la viande (opposé à *jours maigres*). *Mardi* gras.* ‑ adv. *Faire gras,* manger de la viande. **3.** (personnes) Qui a beaucoup de graisse. ⇒ **adipeux, gros.** *Être gros et gras, gras à lard. Elle est un peu grasse.* ⇒ **grassouillet.** ‑ n. *Les gras, les grasses et les maigres.* ♦ n. m. *Le gras de la jambe,* le mollet. **4.** Enduit de graisse. ⇒ **graisseux, huileux, poisseux.** *Des papiers gras.* ‑ *Avoir les cheveux gras.* **II.** par analogie **1.** Qui évoque la graisse par sa consistance. ⇒ **onctueux.** *Terre argileuse et grasse.* ‑ *Toux grasse,* accompagnée d'une expectoration de mucosités (⇒ **graillonner**). **2.** (en imprimerie) *Caractères gras,* caractères épais et noirs. ‑ n. m. *Du gras et du demi-gras.* ♦ *Crayon gras,* à mine tendre. **3.** *Plantes grasses,* à feuilles épaisses et charnues (ex. les cactus). **4.** Abondant. *La prime n'est pas grasse.* ‑ loc. *La grasse matinée** ; ellipt FAM. *faire la grasse.* ♦ adv. FAM. *Il n'y a pas gras à manger,* pas beaucoup.

GRAS-DOUBLE n. m. ▪ Membrane comestible de l'estomac du bœuf. *Des gras-doubles à la lyonnaise.*

Günter **GRASS** (né en 1927) ▪ Écrivain allemand. Membre du Groupe 47, il a été le porte-parole d'une génération avilie par le nazisme et vaincue en 1945. *"Le Tambour"* (1959); *"Les Années de chien"* (1963); *"Le Turbot"* (1977).

GRASSE ▪ Chef-lieu d'arrondissement des Alpes-Maritimes. 41 388 hab. *(les Grassois).* Parfumerie, cultures florales.

GRASSEMENT adv. ▪ Abondamment, largement. *Il est grassement payé.* ⇒ **généreusement.**

GRASSEYER v. intr. ① ▪ Parler de manière gutturale. ‑ spécialt Prononcer les *r* sans les rouler. ‑ au p. p. *Des r grasseyés.*

GRASSOUILLET, ETTE adj. ▪ Assez gras et rebondi. ⇒ **potelé.** *Un petit homme grassouillet.*

GRATIFIANT, ANTE adj. ▪ Qui procure une satisfaction psychologique.

GRATIFICATION n. f. ▪ **I.** Somme d'argent donnée à qqn en sus de ce qui lui est dû. ⇒ **prime. II.** anglic. Ce qui gratifie psychologiquement.

GRATIFIER v. tr. ⑦ ▪ **I.** Pourvoir libéralement de quelque avantage (don, faveur, honneur). *Gratifier qqn d'un sourire.* ‑ iron. *Gratifier un garnement d'une paire de gifles.* **II.** anglic. Procurer une satisfaction psychologique à (qqn), valoriser (s'oppose à *frustrer*).

GRATIN n. m. ▪ **I. 1.** *AU GRATIN,* se dit de plats cuits au four après avoir été saupoudrés de chapelure ou de fromage râpé. *Macaronis au gratin.* **2.** Mets ainsi préparé. *Gratin dauphinois.* ‑ Croûte dorée qui se forme à la surface de ce plat. **II.** FAM. Partie d'une société particulièrement relevée par ses titres, son élégance, sa richesse. ⇒ **élite.** *Fréquenter le gratin.*

GRATINÉ, ÉE adj. ▪ **I. 1.** Cuit au gratin. **2.** n. f. *UNE GRATINÉE :* soupe à l'oignon, au gratin. **II.** FAM. Remarquable, par l'excès ou le ridicule. *Il est gratiné, son chapeau !*

GRATINER v. ① ▪ **1.** v. intr. Produire un gratin. *Faire gratiner des légumes.* **2.** v. tr. *Gratiner des pommes de terre.*

GRATIS [-is] adv. ▪ FAM. ⇒ **gratuitement.** *Assister gratis à un spectacle.* ‑ adj. *L'entrée est gratis.*

GRATITUDE n. f. ▪ Sentiment affectueux que l'on éprouve envers qqn dont on est l'obligé. ⇒ **reconnaissance** ; s'oppose à *ingratitude.*

GRATOUILLER ou **GRATTOUILLER** v. tr. ① ▪ Démanger (→ chatouiller).

GRATTAGE n. m. ▪ Action de gratter (I, 1 et 4) ; son résultat.

GRATTE n. f. ▪ FAM. **I.** Petit profit obtenu en grattant. ⇒ **gratter** (I, 5). *Faire de la gratte.* **II.** Guitare.

GRATTE-CIEL n. m. invar. ▪ Immeuble à très nombreux étages, atteignant une grande hauteur. ⇒ **tour.**

GRATTE-CUL [-ky] n. m. ▪ Fruit du rosier, de l'églantier, petite baie orange remplie de poil* à gratter. *Des gratte-cul* ou *des gratte-culs.*

GRATTEMENT n. m. ▪ Action de se gratter. ‑ Bruit de ce qui gratte. *On entend un léger grattement à la porte.*

GRATTE-PAPIER n. m. ▪ péj. Modeste employé de bureau. ⇒ **scribouillard.** *Des gratte-papier* ou *des gratte-papiers.*

GRATTER v. ① ▪ **I.** v. tr. **1.** Frotter avec qqch. de dur en entamant très légèrement la surface de. ⇒ **racler.** *Gratter une porte pour en ôter la peinture. Gratter une allumette.* **2.** (En employant les ongles, les griffes) *Chien qui gratte le sol. Se gratter la tête, le nez.* ‑ *Gratte-moi le dos, il me démange.* **3.** FAM. Faire éprouver une démangeaison à (qqn). *Ce pull me gratte.* ‑ *Poil* à gratter.* **4.** Faire disparaître (ce qui est sur la surface ainsi frottée). ⇒ **effacer, enlever.** *Gratter un vernis qui s'écaille.* **5.** fig. FAM. Prélever à son profit, mettre de côté de petites sommes. ⇒ **grappiller. II.** v. intr. **1.** Faire entendre un grattement. *Gratter au carreau.* ‑ *Gratter de la guitare,* en jouer médiocrement. **2.** FAM. Travailler. ► **SE GRATTER** v. pron. Gratter l'endroit qui démange. *Se gratter jusqu'au sang.*

GRATTOIR n. m. ▪ **1.** Instrument qui sert à gratter, à racler. **2.** Enduit sur lequel on enflamme une allumette.

GRATTON n. m. ▪ **I.** RÉGIONAL Petite aspérité (de rocher, de neige). **II.** *GRATTONS* plur. Morceaux de graisse (de porc, d'oie...) salés et frits.

GRATUIT, UITE adj. ▪ **1.** Que l'on donne sans faire payer ; dont on profite sans payer. *Enseignement gratuit et obligatoire. L'entrée du spectacle est gratuite.* ⇒ **libre** ; FAM. **gratis.** *Échantillon gratuit. À titre gratuit.* ⇒ **gratuitement. 2.** Qui n'a pas de fondement, de preuve. ⇒ **arbitraire, hasardeux.** *Accusation gratuite.* **3.** *Acte gratuit,* sans motif apparent.

GRATUITÉ n. f. ▪ **1.** Caractère de ce qui est gratuit (1), non payant. *La gratuité de l'enseignement public* (en France). **2.** Caractère de ce qui est injustifié, non motivé ou désintéressé.

GRATUITEMENT adv. ▪ **1.** Sans rétribution, sans contrepartie. ⇒ **gracieusement** ; FAM. **gratis. 2.** Sans motif, sans fondement. *Il lui prête gratuitement des intentions mauvaises.* **3.** Sans motif ni but rationnels. *Agir gratuitement.*

GRAU n. m. ▪ RÉGIONAL Chenal entre un cours d'eau, un étang, et la mer.

Le GRAU-DU-ROI ▪ Commune du Gard. 5 253 hab. Port de pêche relié à Aigues-Mortes par un chenal maritime (grau) qui sépare en deux la station balnéaire.

GRAULHET ▪ Commune du Tarn. 13 523 hab. *(les Graulhétois).* Industrie des peaux.

GRAVATS n. m. pl. ▪ Débris provenant d'une démolition. ⇒ **décombres, plâtras.** *Un tas de gravats.*

GRAVE adj. ▪ **I.** VX Lourd, pesant. **II.** abstrait **1.** Qui se comporte, agit avec réserve et dignité ; qui donne de l'importance aux choses. ⇒ **austère, digne, posé, sérieux.** *Un grave magistrat.* ‑ *Un air grave et solennel.* **2.** Qui a de l'importance, du poids. ⇒ **important, sérieux.** *C'est une grave question, un problème grave.* **3.** Susceptible de suites fâcheuses, dangereuses. *De graves ennuis. Le moment est grave.* ⇒ **critique, dramatique, tragique.** *Maladie grave.* **4.** *Blessé grave,* gravement touché. **III. 1.** (son) Qui occupe le bas du registre musical (opposé à *aigu*). *Son, note grave. Voix grave.* ♦ n. m. *Le grave,* le registre des sons graves. *Les graves :* les sons graves. **2.** *Accent grave,* en français, signe (`) servant à noter le timbre de l'*e* ouvert et à distinguer certains mots de leurs homonymes (*à, où, là*).

La GRAVE ▪ Commune des Hautes-Alpes, au pied de la Meije, sur la Romanche. 455 hab. Centre d'alpinisme et station de sports d'hiver (1 526 à 2 200 m).

GRAVELEUX, EUSE adj. ▪ **I.** Qui contient du gravier, des pierres. *Terre graveleuse.* **II.** fig. LITTÉR. Très licencieux. *Raconter des histoires graveleuses.*

GRAVELINES ▪ Commune du Nord. 12 336 hab. *(les Gravelinois).* Centrale nucléaire.

grèbe. *Prodiceps cristatus.* Phot. © Polking/Jacana

GRAVELLE n. f. ▪ VX Maladie qui provoque des calculs dans le rein. ⇒ **pierre.**

GRAVEMENT adv. ▪ **1.** Avec gravité. ⇒ **dignement.** *Marcher, parler gravement.* **2.** D'une manière importante, dangereuse. *Être gravement blessé.* ⇒ **grièvement.**

GRAVER v. tr. [1] ▪ **1.** Tracer en creux sur une matière dure, au moyen d'un instrument pointu. *Graver une inscription.* **2.** Tracer en creux (un dessin, des caractères, etc.), sur une matière dure, dans le but de les reproduire (⇒ **gravure**). *Graver un portrait au burin. Graver un disque.* **3.** Reproduire par le procédé de la gravure. *Faire graver des cartes de visite.* **4.** fig. Rendre durable (dans l'esprit, le cœur). ⇒ **fixer, imprimer.** *Ce souvenir est gravé,* (pronom.) *s'est gravé dans ma mémoire.*

GRAVEUR, EUSE n. ▪ Professionnel(le) de la gravure. *Graveur sur métaux, sur bois. Elle est graveur* (gravure artistique), *graveuse* (gravure industrielle).

GRAVIDE adj. ▪ (mammifère femelle) En gestation. *Jument gravide,* pleine.

GRAVIDIQUE adj. ▪ MÉD. Relatif à la grossesse. *Toxémie gravidique.*

GRAVIER n. m. ▪ **1.** Roche détritique, sable grossier mêlé de cailloux qui se trouve dans le lit des rivières ou au bord de la mer. **2.** Ensemble de petits cailloux servant de revêtement. *Allée de gravier. Ratisser le gravier.* ♦ Petit caillou.

GRAVILLON n. m. ▪ Fin gravier. *Répandre du gravillon sur une route goudronnée.* - *Un, des gravillons,* petits cailloux du gravillon. *Une pluie de gravillons s'abat sur le pare-brise.*

GRAVIMÉTRIE n. f. ▪ PHYS. Mesure de l'intensité de la pesanteur. ► adj. GRAVIMÉTRIQUE

GRAVIR v. tr. [2] ▪ Monter avec effort (une pente rude). *Gravir une montagne.* ⇒ **escalader.** - fig. *Gravir les échelons de la hiérarchie.*

GRAVISSIME adj. ▪ Extrêmement grave.

GRAVITATION n. f. ▪ Phénomène par lequel deux corps quelconques s'attirent avec une force proportionnelle au produit de leur masse et inversement proportionnelle au carré de leur distance. ⇒ **attraction.** *La loi de la gravitation universelle.* ► adj. GRAVITATIONNEL, ELLE, ELS

GRAVITÉ n. f. ▪ **I. 1.** Qualité d'une personne grave ; air, maintien grave. ⇒ **austérité, componction, dignité.** *Un air de gravité.* **2.** Caractère de ce qui a de l'importance, de ce qui peut entraîner de graves conséquences. *La gravité de la situation.Un accident sans gravité.* **II.** Phénomène par lequel un corps subit l'attraction de la Terre. ⇒ **pesanteur ; gravitation.** *Centre* de gravité.* - TECHN. *Triage par gravité* (des wagons).

GRAVITER v. intr. [1] ▪ *GRAVITER AUTOUR :* tourner autour (d'un centre d'attraction). *Les planètes gravitent autour du Soleil.* - fig. (personnes) *Les gens qui gravitent autour du ministre.*

GRAVURE n. f. ▪ **I. 1.** Action de graver. *La gravure d'une inscription.* ♦ Manière dont un objet est gravé. *Examiner la gravure d'un bijou.* **2.** Fait de graver un disque. *L'enregistrement et la gravure d'un disque.* **II. 1.** Art, technique de la décoration obtenue en gravant une matière dure. *Gravure sur métaux, en pierres dures* (camées, intailles), *sur verre. Gravure d'orfèvrerie.* **2.** Art de graver une surface dure pour obtenir une œuvre graphique, spécialt pour reproduire, interpréter une œuvre (peinture). *Gravure sur bois* (xylographie), *sur pierre* (lithographie), *à l'eau-forte sur cuivre, en taille-douce...* **3.** Impression ou reproduction d'une œuvre graphique gravée (estampe, lithographie...). *Ouvrage illustré de gravures.* ⇒ **illustration.** ♦ Image, reproduction.

Stephen GRAY (v. 1670 - 1736) ▪ Physicien anglais. Étude de l'électricité (notion de corps conducteur).

GRAY ▪ Commune de la Haute-Saône, sur la Saône. 6 916 hab. *(les Graylois).*

GRAZ ▪ Ville d'Autriche et capitale de la Styrie. 232 200 hab. Marché important au XIIe s.

GRÉ n. m. ▪ **1.** VX Ce qui plaît ; ce qui est souhaité ; volonté. **2.** loc. *AU GRÉ DE :* selon le goût, le caprice, la volonté de. *Trouver qqn, qqch. à son gré* (⇒ **agréer**). *Agissez à votre gré.* ⇒ **convenance, guise.** - *Au gré des événements,* selon le caprice des événements. *Au gré du vent.* - *DE SON PLEIN GRÉ :* sans contrainte. *Je suis venu de mon plein gré.* ⇒ **volontairement.** - *DE BON GRÉ :* de bon cœur. - *DE GRÉ OU DE FORCE :* qu'on le veuille ou pas. - *CONTRE LE GRÉ DE :* contre la volonté de. *Faire qqch. contre le gré de ses parents, contre son gré.* - *BON GRÉ, MAL GRÉ :* en se résignant, malgré soi. *J'accepte bon gré mal gré cette solution.* - DR. *DE GRÉ À GRÉ :* à l'amiable. **3.** *SAVOIR GRÉ à qqn :* avoir de la reconnaissance pour qqn. *Je lui sais gré de son aide, de m'avoir aidé.*

GRÈBE n. m. ou f. ▪ Oiseau palmipède à plumage argenté, duveteux.

GREC, GRECQUE ▪ **1.** adj. De Grèce. ⇒ **hellénique.** **2.** n. *Les Grecs.* ⇒ **hellène.** **3.** n. m. La langue grecque. *Le grec ancien, le grec moderne.* **4.** loc. *À la grecque,* à l'huile d'olive et aux aromates. *Champignons à la grecque.*

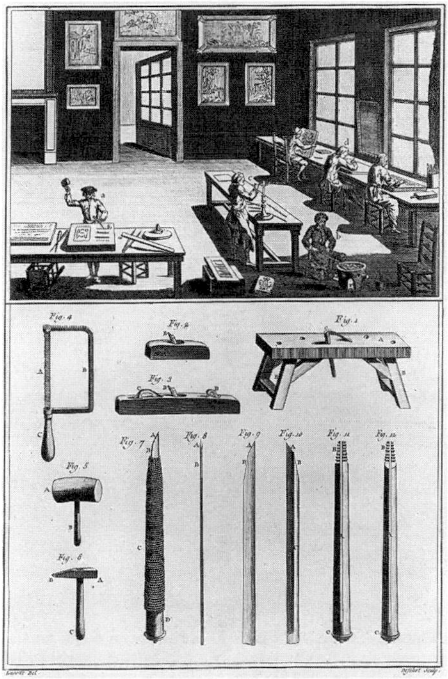

Gravure. Planches de l'*Encyclopédie* de Diderot, XVIIIe s.
En haut, gravure sur bois, atelier et outils.
En bas, gravure, planche explicative (pl. n° 1).

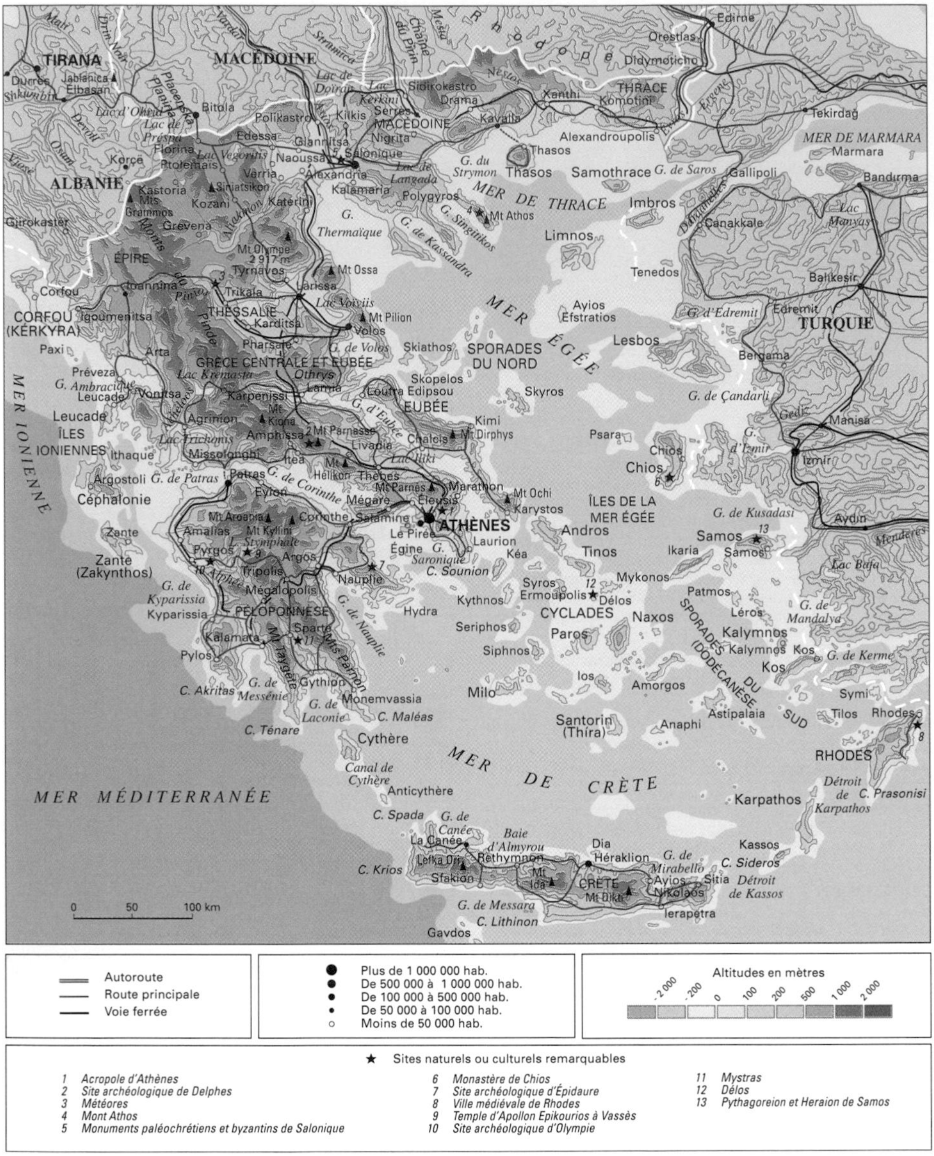

Grèce.

la GRÈCE ▪ État du sud-est de l'Europe formé d'une partie continentale (extrémité de la péninsule des Balkans) et de plus de 430 îles. 131 957 km^2. 10 964 156 hab. *(les Grecs).* Démocratie parlementaire. Capitale : Athènes. Langue officielle : grec. Religion : christianisme orthodoxe. Monnaie : drachme. Divisée en neuf régions — la Grèce centrale et Eubée (24 391 km^2 ; 1 100 000 hab.), le Péloponnèse, les îles Ioniennes, l'Épire, la Thessalie, la Macédoine, la Thrace, les îles de la mer Égée et la Crète — auxquelles il convient d'ajouter le Grand Athènes. Pays montagneux, morcelé et fortement imbriqué dans la mer. Son économie est essentiellement agricole (cultures méditerranéennes : olive, vigne, blé); ce secteur emploie plus d'un tiers des actifs, chiffre le plus élevé de l'Union européenne. La faiblesse de l'industrie est compensée par une flotte commerciale importante, le tourisme et l'exploitation des quelques produits du sous-sol (lignite, bauxite). □ HISTOIRE La **Grèce antique** fut le centre d'une des plus brillantes civilisations de l'histoire : elle apparut au IIe millénaire av. J.-C. et atteignit son apogée au ve s. av. J.-C. Vers 1600 av. J.-C., au temps des Achéens, une première civilisation dite *mycénienne* se développa à partir des influences crétoises (→ **Crète, Mycènes**). Vers 1200 av. J.-C., l'invasion des Doriens ouvrit une période de régression appelée le *Moyen Âge grec*. Au IXe s. av. J.-C., époque d'Homère (récits mythologiques, sanctuaires religieux à Delphes, Délos, Olympie), la cité commença à s'organiser. Le développement de l'économie mercantile à l'époque *archaïque* (VIIIe-VIe s. av. J.-C.) suscita la création des premières colonies en Grande Grèce, l'enrichissement des cités (Corinthe, Athènes) et l'épanouissement de la littérature et de la pensée (Sappho, Anacréon, Pindare, Héraclite, Pythagore). Au ve s., la Perse déclara la guerre aux cités grecques (guerres médiques* de 490 à 479 av. J.-C.). Victorieuse, Athènes devint le foyer de la *culture classique* grecque, qui atteignit son apogée sous le règne de

Périclès* : en politique (démocratie), en philosophie (Socrate), en littérature (Eschyle, Sophocle, Euripide créent la tragédie), en histoire (Hérodote, Thucydide, Xénophon) et en architecture (Phidias réalise l'Acropole). La guerre du Péloponnèse entre Sparte et Athènes (431-404 av. J.-C.) mit fin à l'hégémonie athénienne. La civilisation classique resta florissante, avec Platon, Aristote, Protagoras, Démosthène et Aristophane ; mais la rivalité entre les cités facilita l'invasion de la Grèce par Philippe II* de Macédoine (337 av. J.-C.) suivie par l'empire d'Alexandre* le Grand, puis par la conquête romaine en 146 av. J.-C. En 395, la Grèce fut intégrée à l'empire d'Orient (→ **Byzance**). Ravagée par les invasions barbares, puis annexée par les croisés (prise de Constantinople en 1204), elle passa sous la domination turque après la prise d'Athènes (1456). À partir du XVIIIe s., l'éveil du sentiment national et le philhellénisme des Occidentaux conduisirent à la naissance de la Grèce moderne : la révolution fut déclenchée en 1821 et l'indépendance, proclamée au congrès d'Épidaure (1822), fut reconnue par les grandes puissances en 1830, après la *guerre d'indépendance* (→ **Missolonghi, Chios**) et en 1832 par la Turquie. Au terme d'une longue lutte, la Grèce s'unifia et abolit la monarchie pour devenir une république (1924). La royauté fut rétablie à la suite d'un plébiscite organisé par le général Condylis en 1935. Après les épreuves de l'occupation allemande (1941-1944) et de la guerre civile (1946-1949), la Grèce devint une démocratie du camp atlantique (membre de l'Otan en 1952), mais son régime restait fragile. Le putsch de 1967 instaura une dictature, le « régime des colonels », qui proclama la république en 1973. L'année suivante, après la défaite grecque à Chypre* face aux Turcs, le régime fut contraint d'accepter le retour à la démocratie. Les élections portèrent au pouvoir C. Caramanlis (modéré). Depuis 1981, date à laquelle la Grèce devenait membre de la CEE, les socialistes, avec à leur tête A. Papandréou, ont dirigé le pays à l'exception d'une brève période (1990-1993) où ils cédèrent le pouvoir à la Nouvelle Démocratie (droite). En 1996, C. Simitis (socialiste) succéda à A. Papandréou.

Domenikos Theotokopoulos dit **le GRECO** (1541-1614) ▪ Peintre espagnol d'origine crétoise. D'abord influencé par le maniérisme italien, il s'installa définitivement à Tolède en 1577. Ses œuvres, révélatrices d'un mysticisme exalté, se caractérisent par l'allongement extrême des figures, des proportions volontairement déformées, une couleur aux éclats parfois stridents. *"L'Enterrement du comte d'Orgaz"* (1586).

le **Greco.** *L'Enterrement du comte d'Orgaz.* Église Santo Tomé, Tolède. *Phot. © Giraudon*

Juliette GRÉCO (née en 1927) ▪ Comédienne et chanteuse française. Une des figures du Saint-Germain-des-Prés de l'après-guerre, au répertoire acide et désinvolte. *"Si tu t'imagines"* (Queneau) ; *"Jolie Môme"* (Ferré).

Juliette **Gréco.** *Phot. © A. Sas/Gamma*

GRÉCO-LATIN, INE adj. ▪ Qui concerne à la fois les langues grecque et latine. *Études gréco-latines.*

GRÉCO-ROMAIN, AINE adj. ▪ Commun aux civilisations grecque et romaine de l'Antiquité. *Art gréco-romain.* ‑ loc. *Lutte gréco-romaine,* excluant coups et clés.

GRECQUE n. f. ▪ Ornement fait de lignes brisées qui reviennent sur elles-mêmes à angle droit.

GREDIN, INE n. ▪ **1.** VX Mendiant, gueux. **2.** VIEILLI Personne malhonnête, méprisable. ⇒ **bandit, coquin, malfaiteur.** ‑ FAM. *Petit gredin !,* petit fripon.

GRÉEMENT n. m. ▪ Ensemble du matériel nécessaire à la manœuvre des navires à voiles ; à l'amarrage et à la sécurité de tous les navires (⇒ **agrès, cordage, mâture, voile**).

GREEN [gʀin] n. m. ▪ anglic. Espace gazonné autour des trous d'un terrain de golf.

Julien GREEN (né en 1900) ▪ Écrivain français d'origine américaine. Catholique tourmenté, créateur d'un univers sombre et violent, il décrit dans son œuvre l'affrontement entre les élans mystiques et les tentations charnelles. *"Moïra"* (1950) ; *"Journal"* (1938-1993).

Graham GREENE (1904-1991) ▪ Écrivain britannique. Dans son œuvre, amère et pessimiste, il confronte des êtres ambigus et une morale d'inspiration chrétienne. *"La Puissance et la Gloire"* (1940), sur la déchéance d'un prêtre mexicain ; *"Le Troisième Homme"* (1949), écrit directement pour le cinéma.

GREENPEACE ▪ Mouvement écologiste international fondé en 1971.

GREENSBORO ▪ Ville des États-Unis (Caroline-du-Nord). 184 000 hab. Textiles.

GREENWICH ▪ Faubourg *(borough)* du Grand Londres. 215 000 hab. C'est par son ancien observatoire que passe le méridien d'origine *(méridien de Greenwhich).*

GREENWICH VILLAGE → **New York**

GRÉER v. tr. [1] ▪ Garnir (un navire, un mât) de gréement. ‑ au p. p. *Navire gréé en goélette.*

GREFFAGE n. m. ▪ Action de greffer.

① **GREFFE** n. m. ▪ Bureau où l'on garde les minutes des actes de procédure. *Le greffe du tribunal.*

② **GREFFE** n. f. ▪ **1.** Greffon végétal. ♦ Opération par laquelle on implante un greffon (⇒ **greffage**) ; son résultat. **2.** Opération par laquelle une portion (tissu, organe) d'un organisme est implantée sur une autre partie du corps du donneur *(autogreffe)* ou sur un autre organisme, le receveur (*allogreffe : homogreffe* ou *hétérogreffe*). *Greffe réparatrice de la peau. Greffes d'organes, du cœur, des reins.* ⇒ **transplantation.**

GREFFER v. tr. [1] ▪ **1.** Soumettre (une plante) à l'opération de la greffe. *Greffer un arbre.* **2.** Insérer, implanter (un greffon (2)) sur un sujet. *On lui a greffé un rein.* **3.** pronom. fig. SE GREFFER SUR : s'ajouter à. *Des complications imprévues sont venues se greffer là-dessus.*

GREFFIER, IÈRE n. ▪ Officier public préposé au greffe. *Le greffier du tribunal civil.*

GREFFON n. m. ▪ **1.** Partie d'une plante (bouton, rameau, bourgeon) que l'on insère sur une autre plante (dite *sujet* ou *porte-greffe*) afin d'obtenir un spécimen nouveau. **2.** Partie de l'organisme humain ou animal prélevée afin d'être greffée.

GRÉGAIRE adj. ▪ **1.** Qui vit par troupeaux. *Animaux grégaires.* **2.** Relatif au groupement des êtres vivants, des humains, à la

Grenade. Le palais de l'Alhambra vu des jardins du Generalife.
Phot. © Dagli Orti

tendance à vivre en groupe. *Instinct grégaire,* qui pousse à se rassembler et à s'imiter. - fig. *Un esprit grégaire et moutonnier.*

GRÉGARISME n. m. ■ DIDACT. Instinct grégaire.

GRÈGE adj. ■ *Soie grège,* soie brute, telle qu'on la dévide du cocon, de couleur gris-beige. - De cette couleur. *Des pulls grèges.*

GRÉGEOIS adj. m. ■ *FEU GRÉGEOIS :* mélange incendiaire utilisé à la guerre (d'abord par les Byzantins).

saint **GRÉGOIRE Ier LE GRAND** (540 - 604) ■ Pape de 590 à sa mort. Il fit de Rome le centre de la chrétienté, réforma la liturgie et le chant d'Église.

saint **GRÉGOIRE VII** dit **HILDEBRAND** (v. 1020 - 1085) ■ Pape de 1073 à sa mort. Il lutta contre l'empereur d'Allemagne Henri IV (querelle des Investitures), qu'il humilia à Canossa*, et rétablit la discipline ecclésiastique.

GRÉGOIRE XIII (1502 - 1585) ■ Pape de 1572 à sa mort. Il fonda ou réorganisa de nombreux collèges, dont il confia la direction aux jésuites. On lui doit également la réforme du calendrier.

Henri **GRÉGOIRE** dit **L'ABBÉ GRÉGOIRE** (1750 - 1831) ■ Ecclésiastique et révolutionnaire français. Défenseur des droits de l'homme (droits civils et politiques aux juifs, abolition de l'esclavage), de la réunion des Églises, de la Constitution civile du clergé et d'une langue française unique éliminant en France les autres idiomes.

saint **GRÉGOIRE DE NAZIANZE** (v. 330 - v. 390) ■ Théologien chrétien de langue grecque, docteur de l'Église.

saint **GRÉGOIRE DE NYSSE** (v. 335 - v. 395) ■ Théologien chrétien de langue grecque, qui lutta contre l'arianisme, Père de l'Église d'Orient.

saint **GRÉGOIRE DE TOURS** (v. 538 - v. 594) ■ Évêque de Tours. Son *"Histoire des Francs"* (en latin) l'a fait considérer comme le père de l'histoire de France.

GRÉGORIEN, IENNE adj. ■ **1.** Se dit de modifications liturgiques introduites par le pape Grégoire Ier. *Rite grégorien. Chant grégorien* et **n. m.** *le grégorien :* le plain-chant. **2.** *Calendrier grégorien* (dû à Grégoire XIII).

James **GREGORY** (1638 - 1675) ■ Mathématicien et opticien écossais. Il conçut et réalisa le télescope à réflexion qui porte son nom. En mathématiques, il est l'auteur de travaux en géométrie pure et en géométrie analytique.

① **GRÊLE** adj. ■ **I. 1.** D'une longueur et d'une finesse excessives. ⇒ **filiforme, fin, fluet, mince.** *Échassier perché sur ses pattes grêles.* **2.** *L'INTESTIN GRÊLE :* portion la plus étroite de l'intestin, comprise entre le duodénum et le cæcum. **II.** (sons) Aigu et sans résonance, peu intense. *Une voix grêle.*

② **GRÊLE** n. f. ■ **1.** Précipitation faite de grains de glace. ⇒ **grêlon.** *Fine grêle.* ⇒ **grésil. 2.** Ce qui tombe comme la grêle. *Une grêle de balles.* - fig. *Accabler qqn sous une grêle d'injures.*

GRÊLÉ, ÉE adj. ■ Marqué par de petites cicatrices (dues à la variole, etc.). *Un visage grêlé.*

GRÊLER v. impers. [1] ■ **1.** (grêle) Tomber. *Il grêle et il vente.* **2.** trans. Gâter, dévaster par la grêle. *Toute cette région a été grêlée.*

GRÊLON n. m. ■ Grain d'eau congelée qui tombe pendant une averse de grêle.

GRELOT n. m. ■ **1.** Sonnette constituée d'une boule de métal creuse, percée de trous, contenant un morceau de métal qui la fait résonner dès qu'on l'agite. *Les grelots des vaches. Le grelot d'une sonnette de campagne.* **2.** loc. FAM. *AVOIR LES GRELOTS :* avoir peur, trembler (→ grelotter).

GRELOTTANT, ANTE adj. ■ Qui grelotte. *Elle est toute grelottante.*

GRELOTTER v. intr. [1] ■ **I.** Produire un son aigu, comme un grelot. **II.** Trembler (de froid, de peur, de fièvre). ⇒ **frissonner.**

Jean **GRÉMILLON** (1901 - 1959) ■ Cinéaste français. *"Remorques"* (1939-1941), *"Lumière d'été"* (1943).

GRENADE n. f. ■ **I.** Fruit comestible du grenadier, grosse baie ronde à la pulpe rouge, pleine de pépins. **II.** Projectile formé d'une charge d'explosif enveloppé de métal, muni d'un détonateur pour en régler l'explosion. *Grenade à main. Grenade lacrymogène. Dégoupiller une grenade.*

GRENADE en espagnol ***GRANADA*** ■ Ville d'Espagne (Andalousie). 286 688 hab. Fondée en 756 par les Arabes, capitale du *royaume musulman de Grenade* (l'Alhambra, palais des XIIIe-XIVe s., est l'ancienne résidence des princes), reconquise par les Rois Catholiques en 1492 (palais de Charles Quint).

GRENADE ■ Île des Petites Antilles (îles du Vent), formant avec les *îles Grenadines du Sud* un État (monarchie constitutionnelle) indépendant. 344 km^2. 94 000 hab. *(les Grenadiens).* Capitale : Saint George's. Langue officielle : anglais. Monnaie : dollar des Caraïbes de l'Est. Agriculture (banane, noix de muscade) et tourisme. Colonie française puis anglaise en 1783, indépendante en 1974, membre du Commonwealth.

① **GRENADIER** n. m. ■ Arbrisseau épineux à feuillage persistant, à fleurs rouges, qui produit les grenades.

② **GRENADIER** n. m. ■ **1.** VX Soldat chargé de lancer des grenades. **2.** HIST. Soldat d'élite. *Les grenadiers de la garde impériale* (sous Napoléon Ier).

GRENADINE n. f. ■ Sirop sucré, rougeâtre, imitant le sirop de grenade.

les îles **GRENADINES** ■ Archipel des Petites Antilles (îles du Vent), partagé entre Grenade et l'État de Saint-Vincent-et-les-Grenadines.

GRENAILLE n. f. ■ Métal réduit en grains. *De la grenaille de plomb* (charge pour les armes de chasse).

GRENAT n. m. ■ **1.** Pierre fine très dure, généralement d'un beau rouge. **2.** adj. invar. Rouge sombre. *Des rubans grenat.*

GRENIER n. m. ■ **1.** Partie d'une ferme, d'ordinaire située sous les combles, où l'on conserve les grains et les fourrages. ⇒ **fenil, grange.** *Grenier à blé, à foin.* ♦ fig. Pays, région fertile en céréales. *La Beauce, grenier de la France.* **2.** Étage supérieur d'une maison particulière, sous les combles, qui sert généralement de débarras et, traditionnellement, de logement très modeste. - loc. *De la cave* au grenier.*

GRENOBLE ■ Chef-lieu de l'Isère, sur l'Isère. 150 758 hab. *(les Grenoblois).* Centre universitaire. Cathédrale (XIIe-XIIIe s.). Musées. Important centre industriel et scientifique.

Grenoble. Le nouveau musée de Peinture et de Sculpture, 1994.
Phot. © Celik Erkul/Gamma

GRENOUILLAGE n. m. ▪ FAM. Intrigues louches, tractations immorales. ⇒ **magouille.**

GRENOUILLE n. f. ▪ Batracien aux pattes postérieures longues et palmées, à peau lisse, nageur et sauteur. *Grenouille verte, rousse. La grenouille coasse. Larve de grenouille.* ⇒ **têtard.** ▸ *Manger des cuisses de grenouille. Mangeurs de grenouilles* (surnom des Français, pour les Anglo-Saxons).

grenouille. *Rana esculenta,* grenouille verte.
Phot. © Hanoteau/Jacana

GRENOUILLER v. intr. [1] ▪ **I.** VX Barboter dans l'eau. **II.** Intriguer (⇒ **grenouillage**).

GRENOUILLÈRE n. f. ▪ **I.** VX Baignade encombrée (titre de tableaux d'impressionnistes : Monet, Renoir). **II.** Combinaison de bébé, enfermant aussi les pieds.

GRENU, UE adj. ▪ (choses) Dont la surface présente de nombreux grains. *Cuir grenu. Roches grenues,* à cristaux visibles.

GRÉOUX-LES-BAINS ▪ Commune des Alpes-de-Haute-Provence, sur le Verdon. 1 718 hab. Station thermale.

GRÈS n. m. ▪ **1.** Roche sédimentaire dure formée de sable dont les grains sont unis par un ciment. *Grès rouge, gris.* **2.** Terre glaise mêlée de sable fin dont on fait des poteries. *Pot de grès.*

GRÉSEUX, EUSE adj. ▪ De la nature du grès ; contenant du grès.

GRÉSIL n. m. ▪ Grêle fine, blanche et dure.

GRÉSILLEMENT n. m. ▪ Léger crépitement. *Le grésillement de la friture.*

GRÉSILLER v. intr. [1] ▪ Produire un crépitement rapide et assez faible.

GRESSIN n. m. ▪ Petite flûte de pain séché, ayant la consistance des biscottes.

André Modeste **GRÉTRY** (1741 - 1813) ▪ Compositeur français. Ses opéras-comiques eurent un grand succès au XVIIIe s. *"Richard Cœur de Lion"* (1784).

Jean-Baptiste **GREUZE** (1725 - 1805) ▪ Peintre français. Scènes moralisatrices (*"Le Fils puni"*), anecdotiques (*"La Cruche cassée"*, 1789), portraits (*"Sophie Arnould"*).

① **GRÈVE** n. f. ▪ Terrain plat formé de sables et de graviers, situé au bord de la mer ou d'un cours d'eau. ⇒ **plage, rivage.** *Navire échoué sur la grève.*

② **GRÈVE** n. f. ▪ (du n. de la place de Grève) **1.** Cessation volontaire et collective du travail décidée par des salariés ou par des personnes ayant des intérêts communs, pour des raisons économiques ou politiques. ⇒ **débrayage.** *Faire grève, se mettre en grève. Grève tournante,* qui affecte successivement tous les secteurs de production. *Piquet de grève. Grève des mineurs, des transports.* **2.** *Grève de la faim,* refus de manger, en manière de protestation.

la place de **GRÈVE** ▪ Place de Paris, aujourd'hui place de l'Hôtel-de-Ville, où avaient lieu les exécutions capitales et où se réunissaient les ouvriers sans travail.

GREVENMACHER ▪ Ville du Luxembourg. 3 022 hab.

GREVER [gʀə-] v. tr. [5] ▪ Frapper de charges financières, de servitudes. *Dépenses qui grèvent un budget.* ⇒ **alourdir.** ▸ au p. p. *Un pays grevé d'impôts.*

GRÉVISTE n. ▪ Personne qui fait grève.

Jules **GRÉVY** (1807 - 1891) ▪ Homme politique français. Avocat, député, il fut président de la République de 1879 à 1887.

Marcel **GRIAULE** (1898 - 1956) ▪ Ethnologue français. Inaugurant l'ère des enquêtes ethnographiques sur le terrain, il consacra ses recherches aux Dogons. *"Dieu d'eau"* (1948).

GRIBICHE adj. ▪ *Sauce gribiche :* vinaigrette mêlée d'œuf dur, de condiments et de fines herbes. *Tête de veau sauce gribiche.*

Alexandre **GRIBOÏEDOV** (1795 - 1829) ▪ Dramaturge russe. *"Le Malheur d'avoir trop d'esprit"* (1822-1824), satire de la haute société moscovite.

GRIBOUILLAGE n. m. ▪ **1.** Dessin confus, informe. ⇒ **gribouillis, griffonnage.** *Buvard couvert de gribouillages.* **2.** Écriture informe, illisible.

GRIBOUILLE n. ▪ Personne naïve qui se jette stupidement dans les ennuis qu'elle voulait éviter. *Une politique de gribouille.*

GRIBOUILLER v. [1] ▪ **1.** v. intr. Faire des gribouillages. ⇒ **griffonner.** *Enfant qui gribouille sur les murs.* **2.** v. tr. Écrire de manière confuse. ▸ au p. p. *Message gribouillé,* à peine lisible.

GRIBOUILLIS n. m. ▪ Dessin, écriture informe. ⇒ **gribouillage.**

GRIÈCHE ⇒ PIE-GRIÈCHE

GRIEF n. m. ▪ souvent au plur. Sujet, motif de plainte (généralement contre une personne). ⇒ **doléances, reproche.** *Avoir des griefs contre qqn. Exposer, formuler ses griefs,* se plaindre, protester. ▸ loc. *TENIR, FAIRE GRIEF DE qqch. À qqn,* le lui reprocher. *Ne me tenez pas grief de mes absences.*

Edvard **GRIEG** (1843 - 1907) ▪ Compositeur norvégien. La musique de scène de *"Peer Gynt"* d'Ibsen (1875) et le *"Concerto en la"* (1868) s'inspirent du folklore norvégien.

GRIÈVEMENT adv. ▪ *Grièvement blessé :* gravement* blessé.

GRIFFE n. f. ▪ **1.** Ongle pointu et crochu de certains animaux. *Le chat sort ses griffes. Coup de griffe.* ▸ loc. *MONTRER LES GRIFFES :* menacer. *Rentrer ses griffes,* revenir à une attitude moins agressive. *Toutes griffes dehors :* avec agressivité. *Tomber sous les griffes de qqn,* en son pouvoir. **2.** Petit crochet qui maintient une pierre sur un bijou. **3.** Empreinte reproduisant une signature. *Apposer sa griffe.* ▸ Marque au nom d'un fabricant d'objets de luxe, apposée sur ses produits. *La griffe d'un grand couturier. La griffe est enlevée* (⇒ **dégriffé**). **4.** Marque caractéristique du style. *On reconnaît la griffe de l'auteur.*

GRIFFER v. tr. [1] ▪ Égratigner d'un coup de griffe ou d'ongle. *Le chat l'a griffé.*

David Wark **GRIFFITH** (1875 - 1948) ▪ Cinéaste américain. Il fit un usage magistral des procédés techniques de l'époque. *"La Naissance d'une nation"* (1915), sur la guerre de Sécession ; *"Intolérance"* (1916), sur l'injustice et la haine à travers les siècles.

① **GRIFFON** n. m. ▪ **I.** Animal fabuleux, ailé, à corps de lion et à tête d'aigle. **II.** Sortie de l'eau d'une source.

② **GRIFFON** n. m. ▪ Chien de chasse à poils longs et rudes.

GRIFFONNAGE n. m. ▪ **1.** Écriture mal formée, illisible ; dessin informe. ⇒ **gribouillage, gribouillis.** **2.** Ce qu'on rédige hâtivement, avec maladresse. *Des griffonnages de jeunesse.*

Greuze. *Le Guitariste.* Musée des Beaux-Arts, Nantes.
Phot. © Arch. Smeets

GRIFFONNER v. tr. [1] ▪ **1.** Écrire (qqch.) d'une manière confuse, peu lisible. ◂ absolt Tracer des signes, des dessins informes. ⇒ **gribouiller.** *Griffonner sur un buvard.* **2.** Rédiger à la hâte. *Griffonner un billet.*

GRIFFU, UE adj. ▪ Armé de griffes ou d'ongles longs et crochus. *Des pattes griffues.*

GRIFFURE n. f. ▪ Égratignure provoquée par un coup de griffe. ⇒ **écorchure, éraflure.**

GRIGNAN ▪ Commune de la Drôme. 1 300 hab. Château du XVIe s. (restauré en 1913) où mourut Mme de Sévigné.

GRIGNON ▪ Hameau de la commune de Thiverval-Grignon (Yvelines). 923 hab. Le château du XVIIe s. héberge l'Institut national agronomique Paris-Grignon.

GRIGNOTEMENT n. m. ▪ **1.** Action de grignoter ; bruit qui en résulte. **2.** Fait de détruire progressivement. ◇ syn. GRIGNOTAGE.

GRIGNOTER v. [1] ▪ **I.** v. intr. **1.** Manger en rongeant. *Le hamster grignote.* **2.** Manger très peu, du bout des dents. ⇒ **chipoter.** *Le soir, au lieu de dîner, elle grignote.* **II.** v. tr. **1.** Manger (qqch.) petit à petit, lentement, en rongeant. *Grignoter un biscuit. Souris qui grignote un fromage.* **2.** Détruire peu à peu, lentement. *Grignoter ses économies.* **3.** S'approprier, gagner. *Il n'y a rien à grignoter dans cette affaire.* ⇒ **gratter.**

Nicolas de **GRIGNY** (1672 - 1703) ▪ Organiste et compositeur français. D'une nature mystique et passionnée, il écrivit notamment un *"Offertoire"* remarquable. J.-S. Bach recopia intégralement son œuvre.

GRIGNY ▪ Commune de l'Essonne. 24 920 hab. *(les Grignois).*

GRIGNY ▪ Commune du Rhône. 7 498 hab. *(les Grignerots).*

GRIGOU n. m. ▪ FAM. Homme avare. ⇒ **grippe-sou.** *Des vieux grigous.*

GRI-GRI ⇒ GRIS-GRIS

GRIL [gʀil] n. m. ▪ Ustensile de cuisine fait d'une grille métallique ou d'une plaque en fonte permettant une cuisson à feu vif. ◂ loc. fig. *Être sur le gril,* extrêmement anxieux ou impatient.

GRILLADE n. f. ▪ **1.** Viande grillée. *Une grillade de mouton, de thon.* **2.** Morceau de porc à griller.

GRILLAGE n. m. ▪ **1.** Treillis métallique qu'on met aux ouvertures vitrées ou à jour (fenêtres, portes). **2.** Clôture en treillis de fils de fer. *Jardin enclos d'un grillage.* **3.** Treillage laissant passer l'eau.

GRILLAGER v. tr. [3] ▪ Munir d'un grillage. ◂ au p. p. *Fenêtre grillagée.*

GRILLE n. f. ▪ **I. 1.** Assemblage de barreaux entrecroisés ou parallèles fermant une ouverture. *Les grilles et les verrous* (des prisons). **2.** Clôture formée de barreaux métalliques verticaux, plus ou moins ouvragés. *Ouvrir la grille d'un jardin public.* ♦ Porte en grillage. *Fermer la grille du jardin.* **3.** Châssis soutenant le charbon ou le petit bois dans un fourneau, une cheminée. *Grille de foyer.* **4.** Électrode en forme de grille. **II. 1.** Carton ajouré à l'aide duquel on code ou décode un message secret. ⇒ **cryptographie. 2.** *Grille de mots croisés,* l'ensemble des cases à remplir. **3.** Plan, tableau donnant un ensemble d'indications chiffrées. *Une grille d'horaires. La grille des programmes* (radio, télévision). *Grille de salaires.*

GRILLE-PAIN n. m. invar. ▪ Appareil servant à griller des tranches de pain. *Des grille-pain électriques.*

① **GRILLER** v. [1] ▪ **I.** v. tr. **1.** Faire cuire, rôtir sur le gril. *Griller du boudin.* ◂ au p. p. *Viande grillée.* ⇒ **grillade.** *Pain grillé.* **2.** Chauffer à l'excès. *La flambée lui grillait le visage.* **3.** Torréfier. *Griller du café.* **4.** FAM. *Griller une cigarette,* la fumer. **5.** Mettre hors d'usage par un court-circuit ou par un courant trop intense. *Griller une résistance.* **6.** *Griller un feu rouge,* ne pas s'y arrêter. ⇒ **brûler. 7.** FAM. Dépasser, supplanter (un concurrent). **II.** v. intr. **1.** Rôtir sur le gril. *Mettre des châtaignes à griller.* **2.** FAM. Être exposé à une chaleur trop vive. *On grille, ici !* **3.** fig. *GRILLER DE... :* brûler de... *Griller d'impatience, d'envie de...*

② **GRILLER** v. tr. [1] ▪ Fermer, boucher d'une grille. ◂ au p. p. *Fenêtre grillée* (⇒ **grillager**).

GRILLON n. m. ▪ Insecte sauteur, noir ou jaune.

GRIMAÇANT, ANTE adj. ▪ Qui grimace. *Visage grimaçant.*

GRIMACE n. f. ▪ **1.** Contorsion du visage, faite inconsciemment (⇒ **tic**), ou volontairement. *Une grimace de dégoût, de douleur. Les enfants s'amusent à se faire des grimaces.* **2.** fig. *Faire la grimace,* manifester son mécontentement, son dégoût. ◂ loc. *Soupe à la grimace :* mauvais accueil domestique. **3.** au plur. Mines affectées, hypocrites. ⇒ **simagrée, singerie.** *Assez de grimaces !* ♦ LITTÉR. *La grimace :* l'hypocrisie, la simulation.

GRIMACER v. intr. [3] ▪ **1.** Faire des grimaces. *Grimacer de douleur.* **2.** Faire un faux pli. *Sa veste grimace dans le dos.*

GRIMACIER, IÈRE adj. ▪ **1.** Qui a l'habitude de faire des grimaces. *Un enfant grimacier.* **2.** VX Qui minaude avec affectation.

GRIMAGE n. m. ▪ Maquillage de théâtre.

GRIMAUD n. m. ▪ VX **1.** Jeune écolier ignorant. **2.** Maître ignare. ◂ Pédant.

Paul **GRIMAULT** (1905 - 1994) ▪ Réalisateur français de dessins animés. Il collabora avec Prévert qui écrivit le scénario de *"Le Petit Soldat"* (1947) et de *"La Bergère et le Ramoneur"* (1953). Après la mort de Prévert, il reprit et compléta ce dernier film, pour en faire *"Le Roi et l'Oiseau"* (1980).

GRIMER v. tr. [1] ▪ **1.** Maquiller pour le théâtre, le cinéma, etc. ◂ pronom. *Se grimer en vieillard.* **2.** VX Farder excessivement.

Jacob **GRIMM** (1785 - 1863) ▪ Philologue et écrivain allemand. Il publia avec son frère Wilhelm (1786 - 1859) des contes germaniques. *"Contes d'enfants et du foyer"* (1812) : « *Blanche-Neige et les sept nains* », « *Hänsel et Gretel* », etc. Les frères Grimm ont aussi commencé un grand dictionnaire de la langue allemande.

Grimm. *Le Baron de Grimm,* portrait par Carmontelle. Musée Condé, Chantilly. *Phot. © Giraudon*

Hans von **GRIMMELSHAUSEN** (v. 1620 - 1676) ▪ Romancier allemand. *"Les Aventures de Simplicius Simplicissimus"* (1668-1669) tracent un tableau vivant de l'Allemagne à l'époque de la guerre de Trente Ans.

GRIMOIRE n. m. ▪ **1.** Livre de magie. **2.** Écrit indéchiffrable, illisible ou incompréhensible.

GRIMPANT, ANTE ▪ **I.** adj. *Plante grimpante,* dont la tige s'élève en s'accrochant ou en s'enroulant à un support voisin. **II.** n. m. FAM. Pantalon.

GRIMPÉE n. f. ▪ Ascension rude et pénible.

GRIMPER v. [1] ▪ **I.** v. intr. **1.** Monter en s'aidant des mains et des pieds. *Grimper aux arbres, sur un arbre. Grimper à l'échelle.* ◂ n. m. *LE GRIMPER :* exercice de montée d'une corde lisse ou à nœuds. **2.** (plantes) *Le lierre grimpe jusqu'au toit.* **3.** Monter sur un lieu élevé, d'accès difficile. *Grimper sur une montagne.* **4.** (sujet chose) S'élever en pente raide. *La route grimpe dur.* **5.** FAM. Monter, s'élever, augmenter rapidement. *Les prix ont grimpé.* **II.** v. tr. **1.** Gravir. *Grimper un escalier quatre à quatre.* **2.** FAM. vulg. Posséder sexuellement (qqn). ⇒ **sauter.**

GRIMPETTE n. f. ▪ FAM. Chemin court qui monte raide. ⇒ **raidillon.**

GRIMPEUR, EUSE adj. ▪ **1.** (animaux) Qui a l'habitude de grimper. *Le perroquet est un oiseau grimpeur.* **2.** n. Alpiniste ; coureur qui excelle à monter les côtes.

Juan **Gris.** *Le Dé.* MNAMGP, Paris. *Phot. © Simion/Ricciarini*

GRIMSBY ou **GREAT GRIMSBY** ▪ Ville d'Angleterre (Humberside) et premier port de pêche du pays. 90 000 hab.

GRINÇANT, ANTE adj. ▪ **1.** Qui grince. *Sommier aux ressorts grinçants.* **2.** Acerbe. *Humour, sourire grinçant.*

GRINCEMENT n. m. ▪ Action de grincer ; bruit aigre ou strident qui en résulte. *Le grincement d'une porte.* – loc. *Des pleurs et des grincements de dents* (allus. à l'Évangile) : état de désespoir (des damnés).

GRINCER v. intr. [3] ▪ **1.** (sujet chose) Produire un son aigu et prolongé, désagréable. ⇒ **crier.** *Roue qui grince.* **2.** (sujet personne) loc. *GRINCER DES DENTS :* faire entendre un crissement en serrant les mâchoires. – fig. Exprimer la douleur, la colère.

GRINCHEUX, EUSE adj. ▪ D'humeur maussade et revêche. ⇒ **acariâtre, hargneux.** – n. *Un vieux grincheux.*

GRINGALET n. m. ▪ péj. Homme de petite taille, de corps maigre et chétif.

Pierre **GRINGORE** (v. 1475 - v. 1538) ▪ Poète dramatique français. Il est l'auteur de « soties » soutenant Louis XII contre le pape Jules II. *"Jeu du prince des Sots et de la mère Sotte"* (1512).

GRINGUE n. m. ▪ loc. FAM. *Faire du gringue à qqn,* lui faire la cour.

GRIOT n. m. ▪ en Afrique noire Membre d'une caste de poètes musiciens.

GRIOTTE n. f. ▪ **1.** Cerise à queue courte, à chair molle et acide. **2.** Marbre à taches rouges et brunes.

GRIPPAGE n. m. ▪ Action de gripper, de se gripper. *Le grippage d'un moteur.*

GRIPPAL, ALE, AUX adj. ▪ Propre à la grippe. *État grippal.*

GRIPPE n. f. ▪ **I.** loc. *PRENDRE EN GRIPPE :* avoir une aversion soudaine contre (qqn, qqch.), ne plus pouvoir supporter (qqn). *Le professeur a pris ce garçon en grippe.* **II.** Maladie infectieuse, contagieuse, caractérisée par de la fièvre, un abattement général et des symptômes tels que rhume, bronchite, etc. *Vaccin contre la grippe.* – *Grippe espagnole, asiatique...* (selon l'origine de l'épidémie).

GRIPPÉ, ÉE adj. ▪ Atteint de la grippe.

GRIPPER v. [1] ▪ **I.** v. tr. VX Saisir, agripper. – Attraper. **II.** v. intr. Se coincer, s'arrêter par manque de lubrifiant. *Le moteur va gripper* (ou pron. *se gripper*) *si on ne le graisse pas.*

GRIPPE-SOU n. m. ▪ Personne avare qui économise sur tout. – *Des grippe-sous.* – adj. *Elle est assez grippe-sou.*

GRIS, GRISE ▪ **I.** adj. **1.** D'une teinte intermédiaire entre le blanc et le noir. *Les tons gris d'un ciel orageux. Temps gris. Il fait gris,* le ciel est couvert. **2.** *Cheveux gris,* mêlés de cheveux blancs. **3.** loc. *Faire grise mine* à qqn.* **4.** fig. Monotone, morne. ⇒ **terne.** ♦ Indécis, flou. **5.** Légèrement ivre. *À la fin du repas, il était un peu gris.* **II.** n. m. **1.** Couleur grise. *Gris perle. Gris souris. Gris fer. Gris ardoise. Il est habillé en gris.* **2.** Tabac ordinaire (enveloppé de papier gris). *Fumer du gris.*

Juan **GRIS** (1887 - 1927) ▪ Peintre espagnol. Il vécut à Paris et fut l'un des maîtres et des théoriciens importants du cubisme. Série des *"Pierrots et Arlequins"* (1919).

GRISAILLE n. f. ▪ **1.** ARTS Peinture en camaïeu gris. **2.** Teinte grise d'un paysage.

GRISANT, ANTE adj. ▪ Qui grise en exaltant, en surexcitant. ⇒ **enivrant, excitant.** *Un parfum grisant.*

GRISÂTRE adj. ▪ Qui tire sur le gris. *Jour grisâtre.*

GRISÉ n. m. ▪ Teinte grise obtenue par des hachures ou par un pointillé (sur une gravure, une carte).

GRISER v. tr. [1] ▪ **1.** Rendre un peu ivre. ⇒ **enivrer.** *Vin qui grise.* **2.** Mettre dans un état d'excitation physique ou morale comparable aux premières impressions de l'ivresse. ⇒ **étourdir.** *Les succès l'ont grisé.* ► SE **GRISER** v. pron. S'exalter, se repaître. *Se griser de grand air. Se griser de ses propres paroles.*

GRISERIE n. f. ▪ Excitation. *La griserie du succès. La griserie de la vitesse.*

GRISETTE n. f. ▪ VX Jeune ouvrière coquette. *Étudiants et grisettes de l'époque romantique.*

GRIS-GRIS ou **GRI-GRI** n. m. ▪ Amulette. *Des gris-gris.*

Carlotta **GRISI** (1819 - 1899) ▪ Danseuse italienne. Elle fut une des plus célèbres danseuses de son époque, interprétant les grands rôles du ballet romantique (*"Giselle"*, 1841).

GRISONNANT, ANTE adj. ▪ Qui grisonne. *Cheveux grisonnants. Tempes grisonnantes.*

GRISONNER v. intr. [1] ▪ (poil) Commencer à devenir gris. – Avoir le poil gris par l'effet de l'âge. *Ses cheveux grisonnent.* ⇒ **grisonnant.** ► n. m. GRISONNEMENT

les **GRISONS** en allemand *GRAUBÜNDEN* ▪ Le plus vaste canton de Suisse : 7 105 km². 172 566 hab. Chef-lieu : Coire. Langues : romanche, allemand, italien. Tourisme. Économie rurale.

GRISOU n. m. ▪ Gaz inflammable qui se dégage des mines de houille et explose au contact de l'air. – *COUP DE GRISOU :* explosion de grisou. ► adj. GRISOUTEUX, EUSE

GRIVE n. f. ▪ Oiseau passereau au plumage brunâtre, au chant mélodieux. – prov. *Faute de grives, on mange des merles :* faute de ce que l'on désire, il faut se contenter de ce que l'on a. ♦ loc. *Être soûl comme une grive.*

GRIVÈLERIE n. f. ▪ DR. Délit qui consiste à consommer sans payer, dans un café, un restaurant, un hôtel. ⇒ **fraude, resquille.**

GRIVOIS, OISE adj. ▪ Qui est d'une gaieté licencieuse. ⇒ **égrillard, gaulois.** *Un conteur grivois. Chansons grivoises.*

GRIVOISERIE n. f. ▪ **1.** Caractère grivois. **2.** Action ou propos grivois.

GRIZZLI ou **GRIZZLY** n. m. ▪ Ours des montagnes Rocheuses. *Des grizzlis ; des grizzlys.*

grizzli. *Ursus arctos horribilis.* *Phot. © Walker/Jacana*

Adrien Wettach dit **GROCK** (1880 - 1959) ▪ Artiste de cirque suisse. Partenaire du clown Brick (Marius Galante), puis du clown Antonet, il triompha dans le monde entier durant une longue carrière.

Georg GRODDECK (1866 - 1934) ▪ Médecin allemand. Fondateur de la médecine psychosomatique, correspondant de Freud.

GRŒNENDAEL [gʀɔ(n)ɛndal] n. m. ▪ Chien de berger à longs poils noirs.

le GROENLAND ▪ Territoire autonome du Danemark, île au nord-est du Canada, en grande partie couverte de glace. 2 175 600 km^2. 55 533 hab. *(les Groenlandais).* Capitale : Nuuk. Langues : danois (officielle), anglais, inuit (inupik). Religion : luthérienne. Monnaie : couronne danoise. Climat polaire. Pêche. Bases militaires américaines. Le Groenland fut découvert par Erik le Rouge au xe s. Les Danois s'y établirent en 1721.

GROG [gʀɔg] n. m. ▪ Boisson faite d'eau chaude sucrée, de rhum, et de citron. *Des grogs.*

GROGGY [gʀɔgi] adj. invar. ▪ anglic. **1.** Étourdi par les coups, qui semble près de s'écrouler. ⇒ **sonné.** *Boxeur groggy.* **2.** FAM. Étourdi, assommé (par la fatigue, l'ivresse, etc.). *Elles étaient complètement groggy.*

GROGNARD n. m. ▪ Soldat de la vieille garde, sous Napoléon Ier.

GROGNE n. f. ▪ Mécontentement exprimé en grognant. - allus. *La hargne* et la grogne.*

GROGNEMENT n. m. ▪ Action de grogner. **1.** (animaux) *Le grognement du cochon.* **2.** (personnes) *Des grognements de protestation.*

GROGNER v. intr. [1] ▪ **1.** (cochon, sanglier, ours) Pousser son cri. - Émettre un bruit, un grondement. *Chien qui grogne.* **2.** (personnes) Manifester son mécontentement par de sourdes protestations. ⇒ **bougonner, grommeler, ronchonner.** *Obéir en grognant. Grogner contre qqn.*

GROGNON, ONNE adj. et n. ▪ Qui a l'habitude de grogner, qui est d'une humeur maussade, désagréable. ⇒ **bougon.** *Une enfant grognon.* - *Un air grognon.* ◇ au fém. *Grognon* ou *grognonne.* - n. *Un vieux grognon.* ⇒ **ronchon.**

GROIN n. m. ▪ Museau du porc, du sanglier, propre à fouir.

l'île de GROIX ▪ Île de l'Atlantique et commune *(Groix)* formant canton du Morbihan. 15 km^2. 2 472 hab. *(les Groisillons).*

GROLLE ou **GROLE** n. f. ▪ FAM. Chaussure.

Marcel GROMAIRE (1892 - 1971) ▪ Peintre français. Il représente des figures humaines (ouvriers, paysans) aux traits massifs et simplifiés.

Gromaire. *La Guerre.* Musée d'art moderne de la ville de Paris. *Phot. © Lauros/Giraudon*

GROMMELER v. [4] ▪ **1.** v. intr. Murmurer, se plaindre entre ses dents. ⇒ **bougonner, grogner.** *Obéir en grommelant.* **2.** v. tr. Dire en grommelant. *Grommeler des injures.* ⇒ **marmonner.**

GROMMELLEMENT n. m. ▪ Bruit, paroles d'une personne qui grommelle.

Andreï GROMYKO (1909 - 1989) ▪ Homme politique soviétique, chef de la diplomatie soviétique de 1957 à 1985.

GRONDANT, ANTE adj. ▪ Qui gronde. *Une foule grondante.*

GRONDEMENT n. m. ▪ Bruit sourd et prolongé. *Un grondement de tonnerre.*

GRONDER v. [1] ▪ **I.** v. intr. **1.** Produire un bruit sourd, grave et terrible. *Le canon gronde. Le tonnerre gronde.* **2.** fig. Être menaçant, près d'éclater. *L'émeute gronde.* **II.** v. tr. Réprimander (notamment un enfant). ⇒ **attraper, disputer, tancer.** *Se faire gronder.*

GRONDERIE n. f. ▪ Réprimande.

GRONDEUR, EUSE adj. ▪ Qui gronde, réprimande. *Humeur ; voix grondeuse.*

GRONDIN n. m. ▪ Poisson de mer comestible. - appos. *Rouget grondin.*

GRONINGUE en néerlandais ***GRONINGEN*** ▪ Ville des Pays-Bas, chef-lieu de la province du même nom. 169 387 hab. Centre intellectuel (université), industriel (gaz naturel) et commercial. ► **la province de GRONINGUE.** 2 335 km^2. 555 226 hab. Chef-lieu : Groningue.

GROOM [gʀum] n. m. ▪ Jeune employé en livrée, chargé de faire les courses, d'ouvrir les portes, dans les hôtels, restaurants, cercles. ⇒ **chasseur.** *Des grooms.*

Walter GROPIUS (1883 - 1969) ▪ Architecte et théoricien américain d'origine allemande, fondateur du Bauhaus*. Poussé par des préoccupations d'ordre social, il s'intéressa à l'urbanisme et innova dans l'utilisation des matériaux et dans les formes.

GROS, GROSSE ▪ **I.** adj. **1.** Qui, dans son genre, dépasse la mesure ordinaire. ⇒ **grand ; énorme ;** opposé à *petit. Un gros nuage. Une grosse vague. Grosse valise.* ⇒ **volumineux.** *Grosse voiture. Une grosse bête.* **2.** (personnes) Qui est plus large et plus gras que la moyenne. ⇒ **corpulent, empâté, gras, replet, ventripotent ;** opposé à *maigre. Il est gros et gras ; petit et gros. Il est très gros, mais pas obèse. Une grosse femme.* **3.** (dimensions relatives) ⇒ **grand.** *Gros comme le poing, comme une tête d'épingle :* petit. *Gros comme une baleine, un éléphant :* grand, énorme. **4.** Désignant une catégorie de grande taille par rapport à une autre. *Du gros sel. Gros gibier. Le gros intestin et l'intestin grêle.* **5.** Qui est temporairement, anormalement gros. *La mer est grosse,* houleuse. *Gros temps,* mauvais temps, sur mer. ♦ VIEILLI (attribut, ou après le n.) *Femme grosse.* ⇒ **enceinte ; grossesse.** ♦ loc. *Avoir le cœur gros,* avoir du chagrin. **6.** *GROS DE,* qui recèle certaines choses en germe. *Un événement gros de conséquences.* **7.** Abondant, important. *Faire de grosses dépenses.* ⇒ **excessif.** *Une grosse affaire.* - n. m. *Le plus gros est fait.* ⇒ **essentiel, principal. 8.** (personnes) *Gros buveur, gros mangeur,* qui boit, mange en grande quantité (⇒ **grand**). ♦ Important par le rang, par la fortune. ⇒ **influent, opulent, riche.** *Un gros capitaliste.* **9.** Dont les effets sont importants. ⇒ **fort, intense.** *Grosse voix,* forte et grave. *Grosse fièvre.* ⇒ **violent.** *De gros ennuis.* ⇒ **grave. 10.** Qui manque de raffinement, de finesse, de délicatesse. ⇒ **grossier, ordinaire ;** opposé à *fin. Avoir de gros traits.* FAM. *Une bouteille de gros rouge,* de vin ordinaire. *Grosse plaisanterie.* ⇒ **vulgaire.** - *GROS MOT :* mot grossier*. **11.** Exagéré, excessif. *C'est un peu gros.* - loc. *C'est gros comme une maison.* **12.** (renforce une épithète péj.) *Gros fainéant. Espèce de gros nigaud !* **II.** adv. **1.** *Écrire gros,* avec de gros caractères. *Gagner gros,* beaucoup. *Risquer gros.* - *En avoir gros sur le cœur,* avoir du chagrin, du dépit. **2.** *EN GROS* loc. adv. : en grandes dimensions. - En grande quantité. *Vente en gros ou au détail.* ♦ Dans les grandes lignes, sans entrer dans les détails. ⇒ **grosso modo. III.** n. **1.** Personne grosse. *Un bon gros. Un petit gros.* - loc. FAM. *Un gros plein de soupe,* gros et riche. **2.** FAM. *LES GROS :* personnes riches, influentes. *Les petits payent pour les gros.* **3.** n. m. *LE GROS DE :* la plus grande quantité de (qqch.). *Le gros des troupes.* ♦ fig. *Le gros de la tempête,* le plus fort. **4.** *Commerce de gros,* d'achat et de vente en grandes quantités (⇒ **grossiste**). *Prix de gros.* **5.** VX Tissu épais. *Du gros de Naples.* - ⇒ **gros-grain. 6.** Gros poissons. *La pêche au gros.*

Antoine, baron GROS (1771 - 1835) ▪ Peintre français. Élève de David, il se détacha de son enseignement et devint l'un des initiateurs du romantisme. Il fut le peintre officiel de Napoléon. *"Bonaparte visitant les pestiférés de Jaffa"* (1804).

GROSEILLE n. f. ▪ 1. Fruit du groseillier, petite baie acide rouge ou blanche, en grappes. *Gelée de groseille.* - *Groseille à maquereau,* baie d'une autre espèce, entrant dans une sauce pour le maquereau. 2. adj. invar. De la couleur de la groseille rouge.

GROSEILLIER n. m. ▪ Arbuste cultivé pour ses fruits, les groseilles.

GROS-GRAIN n. m. ▪ Large ruban à côtes, résistant, qui sert à renforcer. *Des gros-grains.*

GROS-MORNE ▪ Commune de la Martinique. 9 276 hab.

GROSSE n. f. ▪ 1. Copie exécutoire d'un acte notarié ou d'un jugement. 2. Douze douzaines. *Une grosse de boutons. Une grosse d'huîtres.*

GROSSESSE n. f. ▪ État d'une femme enceinte. *Une grossesse pénible. Pendant sa grossesse. Grossesse extra-utérine.* - *Interruption volontaire de grossesse* (⇒ I. V. G.). - *Grossesse nerveuse,* signes évoquant la grossesse en l'absence d'embryon.

GROSSEUR n. f. ▪ 1. (sens absolu) État d'une personne grosse. ⇒ **corpulence, embonpoint ; obésité.** 2. (sens relatif) Volume, dimension. *Trier des œufs selon leur grosseur.* 3. *(Une, des grosseurs)* Enflure visible à la surface de la peau ou sensible au palper. ⇒ **bosse, tumeur.** *Avoir une grosseur à l'aine.*

GROSSGLOCKNER ▪ Point culminant des Alpes autrichiennes. 3 797 m.

GROSSIER, IÈRE adj. ▪ 1. Qui est de mauvaise qualité ou qui est fait de façon rudimentaire. ⇒ **brut, commun, ordinaire.** *Matière grossière. Outil grossier. Une grossière imitation.* ⇒ **maladroit.** 2. Qui n'est pas assez élaboré, approfondi. *Solution grossière. Je n'en ai qu'une idée grossière.* ⇒ **imprécis, sommaire.** 3. Qui manque de finesse, de grâce. ⇒ **épais, lourd.** *Visage aux traits grossiers.* 4. Sans éducation ni culture. ⇒ **fruste, inculte, primitif.** ♦ Digne d'une personne grossière. *Des appétits grossiers.* - *MOT GROSSIER,* qui offense la pudeur, est contraire aux bienséances (→ gros mot). 5. (personnes) Qui manque d'éducation, de politesse. ⇒ **discourtois, incorrect, insolent.** *Quel grossier personnage !*

GROSSIÈREMENT adv. ▪ 1. D'une manière grossière. *Bois grossièrement équarri.* ⇒ **sommairement.** *Se tromper grossièrement.* ⇒ **lourdement.** 2. D'une façon blessante ou inconvenante. *Répondre grossièrement à qqn.*

GROSSIÈRETÉ n. f. ▪ 1. Ignorance ou mépris des bonnes manières ; action peu délicate, dans les relations sociales. 2. Caractère d'une personne grossière dans son langage. *Il est d'une grossièreté choquante.* 3. Mot, propos grossier. *Dire, débiter des grossièretés.*

GROSSIR v. [2] ▪ I. v. intr. 1. (personnes) Devenir gros, plus gros. ⇒ **engraisser** ; s'oppose à *maigrir. Il a grossi. Régime qui empêche de grossir.* 2. (choses) Enfler, gonfler (s'oppose à *rapetisser*). *Le nuage grossit à vue d'œil.* 3. Augmenter en nombre, en importance, en intensité. *La foule des badauds grossissait.* II. v. tr. 1. Faire paraître gros, plus gros. *Ce vêtement vous grossit. Ce microscope grossit mille fois.* 2. Rendre plus nombreux, plus important en venant s'ajouter. ⇒ **renforcer.** *Il alla grossir le nombre des mécontents.* 3. Amplifier, exagérer. ⇒ **dramatiser.** *On a grossi l'affaire à des fins politiques.*

GROSSISSANT, ANTE adj. ▪ Qui fait paraître plus gros. *Verre grossissant.*

GROSSISSEMENT n. m. ▪ 1. Fait de devenir gros ; augmentation de volume. *Le grossissement anormal d'une personne.* 2. Accroissement apparent, grâce à un instrument. *Télescope à fort grossissement.* 3. Amplification, exagération. *Le grossissement d'un fait divers.*

GROSSISTE n. ▪ Marchand en gros, intermédiaire entre le détaillant et le producteur ou le fabricant.

GROSSO MODO loc. adv. ▪ En gros, sans entrer dans le détail. *Voici, grosso modo, nos objectifs.*

George **GROSZ** (1893-1959) ▪ Peintre et dessinateur américain d'origine allemande. Il participa au mouvement Dada. Par son sens du grotesque, il s'est affirmé comme l'un des dessinateurs les plus impitoyables de son époque.

GROTESQUE ▪ I. n. f. pl. ARTS Ornements faits de compositions fantaisistes, de figures caricaturales. *De belles grotesques italiennes. Peintre de grotesques.* II. adj. 1. Risible par son apparence bizarre, caricaturale. ⇒ **burlesque, extravagant.** *Un personnage grotesque. Accoutrement grotesque.* 2. Qui prête à rire (sans idée de bizarrerie). ⇒ **ridicule.** 3. n. m. Caractère grotesque. ♦ Le comique de caricature poussé jusqu'au fantastique, à l'irréel. 4. n. m. VIEILLI Créateur baroque. *"Les Grotesques"* (œuvre de Gautier).

GROTESQUEMENT adv. ▪ D'une manière grotesque. *Être grotesquement accoutré.*

Hugo De Groot dit **GROTIUS** (1583-1645) ▪ Juriste et diplomate hollandais. Philosophe du droit naturel et du droit des États.

Jerzy **GROTOWSKI** (né en 1933) ▪ Homme de théâtre polonais. Il anima le Théâtre Laboratoire de Wrocław (1965-1982), prônant le dépouillement et le travail corporel de l'acteur.

GROTTE n. f. ▪ Cavité de grande taille dans le rocher, le flanc d'une montagne. ⇒ **caverne ; spéléo-.** *Grottes préhistoriques,* ayant servi d'abri aux premiers hommes.

le marquis de **GROUCHY** (1766-1847) ▪ Officier français. Fait maréchal durant les Cent-Jours, il ne sut pas empêcher la jonction des armées de Blücher et de Wellington à Waterloo, ce qui provoqua la défaite de Napoléon Ier.

GROUILLANT, ANTE adj. ▪ 1. Qui grouille, remue en masse confuse. *Foule grouillante.* 2. Qui grouille (de...). *Une place grouillante de monde.*

GROUILLEMENT n. m. ▪ État de ce qui grouille.

GROUILLER v. intr. [1] ▪ 1. VX OU RÉGIONAL Bouger, se remuer. 2. Remuer, s'agiter en masse confuse, en parlant d'éléments nombreux. *La foule grouille sur la place.* 3. (sujet chose) Présenter une agitation confuse ; être plein de, abonder en (éléments qui s'agitent). *Rue qui grouille de monde.* ► SE GROUILLER v. pron. FAM. Se dépêcher, se hâter.

GROUILLOT n. m. ▪ Garçon de course, coursier (spécialt, à la Bourse).

① **GROUPAGE** n. m. ▪ Action de réunir des colis ayant une même destination.

② **GROUPAGE** n. m. ▪ MÉD. Détermination du groupe sanguin.

GROUPE n. m. ▪ 1. Réunion de plusieurs personnes dans un même lieu. *Former un groupe.* ⇒ **attroupement.** 2. Ensemble de personnes ayant qqch. en commun. *Groupe ethnique. Psychologie de groupe. Travail en groupe. Groupe parlementaire* (d'un même parti). *Groupe littéraire.* ⇒ **cénacle.** - *Groupe financier* (contrôlant plusieurs entreprises). - x*Groupe de pression.* ⇒ anglic. **lobby.** ♦ Petit orchestre. *Un bon groupe de rock.* 3. MILIT. Unité de combat, dans l'infanterie (élément de la *section*), et dans l'armée de l'air. 4. Ensemble. *Des groupes d'arbres.* - (éléments techniques) *Groupe électrogène.* - *GROUPE SCOLAIRE :* ensemble des bâtiments d'une école communale. 5. dans une classification *GROUPES SANGUINS,* permettant la classification des individus selon la composition de leur sang. *Groupe AB* (receveurs universels) ; *groupe 0* (donneurs universels). ♦ *Les trois groupes des verbes français,* répartis selon leur conjugaison. 6. MATH. Ensemble* associé à une loi particulière. *La théorie des groupes.*

le **GROUPE 47** ▪ Société d'écrivains de langue allemande (H. Böll, Eich, Grass, U. Johnson), fondée en 1947 par le romancier Hans Werner Richter (né en 1908). Elle lutta contre les séquelles du nazisme et critiqua le conformisme moral en Allemagne.

GROUPEMENT n. m. ▪ 1. Action de grouper ; fait d'être groupé. ⇒ **assemblage, rassemblement.** *Le groupement de l'habitat rural.* 2. Réunion importante (de personnes ou de choses). ⇒ **association.** *Groupement syndical.* ⇒ **fédération.**

GROUPER v. tr. [1] ▪ (surtout abstrait) Mettre ensemble. ⇒ **assembler, réunir.** - au p. p. *Lignes téléphoniques groupées.* ► SE GROUPER v. pron. *Groupez-vous par trois. Se grouper autour d'un chef.* ⇒ se **rassembler.**

GROUPIE n. ▪ anglic. Jeune admirateur (souvent admiratrice) inconditionnel(le) d'un chanteur, d'un groupe ; par ext. d'une personne. ⇒ aussi **fan.**

GROUPUSCULE n. m. ▪ péj. Petit groupe politique.

GROUSE n. f. ▪ anglic. Coq de bruyère d'Écosse.

GROZNYÏ ▪ Capitale de la Tchétchénie, dans le Caucase. 401 000 hab. Pétrole. Ville en grande partie détruite lors des combats menés par les troupes russes contre les nationalistes tchétchènes (1995).

GRUAU n. m. ▪ **1.** Grains de céréales broyés et privés de son. *Potage au gruau d'avoine.* **2.** Fine fleur de froment. *Pain de gruau.*

GRUE n. f. ▪ **I. 1.** Oiseau échassier migrateur qui vole par bandes. – loc. FAIRE LE PIED DE GRUE : attendre longtemps debout **2.** VX et FAM Femme légère et vénale. ♦ Terme injurieux à l'égard d'une femme. ⇒ **putain. II. 1.** Machine de levage et de manutention. ⇒ **chèvre ; grutier.** *Grue de chantier, de port.* **2.** *Grue de prise de vues :* appareil articulé permettant les mouvements de caméra.

GRUGER v. tr. [3] ▪ LITTÉR. Duper (qqn) en affaires ; le dépouiller. ⇒ **spolier, voler.** *Il s'est fait gruger par son associé.*

GRUME n. f. ▪ *Bois de grume,* encore couvert de son écorce. ♦ Tronc d'arbre non encore équarri.

GRUMEAU n. m. ▪ Petite masse coagulée (dans un liquide, une pâte).

GRUMELEUX, EUSE adj. ▪ **1.** Qui est en grumeaux. *Potage grumeleux.* **2.** Qui présente des granulations. *Une peau grumeleuse.*

Nikolai Frederik Severin **GRUNDTVIG** (1783 - 1872) ▪ Écrivain et penseur danois. Romantique passionné, il étudia la mythologie nordique, puis devint pasteur et lança vers 1830 des « écoles d'adultes », qui eurent une influence considérable sur la formation de la Scandinavie moderne.

Matthias **GRÜNEWALD** (v. 1460 - 1528) ▪ Peintre allemand. Son art violemment expressif et riche en symboles résume la spiritualité tourmentée de la fin du Moyen Âge et amorce l'art de la Renaissance. *"Le Retable d'Issenheim"* (1512-1515) à Colmar.

Grünewald. *Le Christ aux outrages.*
Alte Pinakothek, Munich. *Phot. © Arch. Smeets*

GRUTIER n. m. ▪ Ouvrier ou mécanicien qui manœuvre une grue (II).

GRUYÈRE [gʀyjɛʀ] n. m. ▪ Fromage de lait de vache, à pâte cuite et formant des trous. *Gruyère râpé.*

GRUYÈRES ▪ Ville de Suisse (canton de Fribourg). 1 411 hab. Fromages réputés.

Andreas **GRYPHIUS** (1616 - 1664) ▪ Poète allemand, auteur de comédies et de tragédies historiques. Un des grands représentants de la littérature baroque allemande.

GUADALAJARA ▪ Ville du Mexique. 2 846 000 hab. Cathédrale (XVIe-XVIIe s.) et monuments de style colonial. Université.

GUADALCANAL ▪ Île volcanique des Salomon. 5 336 km^2. 50 400 hab. Importants combats américano-japonais durant la Deuxième Guerre mondiale.

le **GUADALQUIVIR** ▪ Fleuve d'Espagne qui irrigue l'Andalousie avant de se jeter dans l'Atlantique. 680 km.

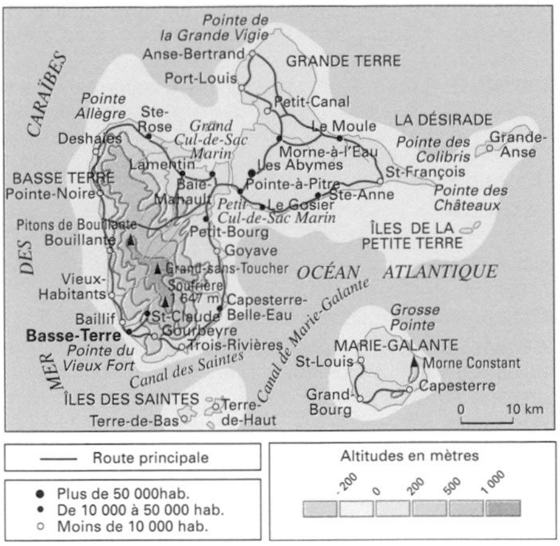

Guadeloupe.

la **GUADELOUPE** [971] ▪ Île des Petites Antilles (formée de deux parties, la Basse Terre et la Grande Terre, séparées par la rivière Salée) qui, avec les îles la Désirade, les Saintes, Marie-Galante, ainsi que l'île Saint-Barthélemy et la moitié nord de l'île Saint-Martin, constitue un département français d'outre-mer. 1 709 km^2. 386 987 hab. *(les Guadeloupéens).* Chef-lieu : Basse-Terre. Chefs-lieux d'arrondissement : Pointe-à-Pitre, Saint-Martin, Saint-Barthélemy. Ressources : banane, canne à sucre, rhum, tourisme. Découverte par Christophe Colomb en 1493, colonisée par la France à partir de 1635, elle devint département français en 1946.

le **GUADIANA** ▪ Fleuve de la péninsule Ibérique qui se jette dans l'Atlantique. 820 km.

GUAM ou **GUAHAM** ▪ Île principale de l'archipel des Mariannes. 549 km^2. 132 000 hab. Capitale : Agana. Langues : anglais (officielle), chamorro. Base aéronavale américaine.

GUANGDONG ou **KOUANG-TONG** ▪ Province côtière du sud-est de la Chine. 178 000 km^2. 66 070 000 hab. Capitale : Canton. Culture intensive du riz. Industries sur la côte.

GUANGXI ou **KOUANG-SI** ▪ Région autonome du sud de la Chine. 236 00 km^2. 44 380 000 hab. Capitale : Nanning.

GUANGZHOU → **Canton**

GUANINE [gwa-] n. f. ▪ CHIM. Base azotée, l'une des quatre qui entrent dans la composition des acides nucléiques (A.D.N. et A.R.N.).

GUANO [gwano] n. m. ▪ Engrais à base d'excréments d'oiseaux de mer, ou, par ext., de débris animaux.

GUANTÁNAMO ▪ Ville de Cuba. 174 000 hab. Base navale américaine.

GUARANI [gwa-] adj. et n. ▪ **1.** (invar. en genre) *Des Guaranis*. La culture guarani.* ♦ n. m. *Le guarani,* langue apparentée au tupi. **2.** n. m. Unité monétaire du Paraguay.

les **GUARANIS** ▪ Indiens d'Amérique du Sud (Paraguay) appartenant au groupe linguistique tupi-guarani.

Francesco **GUARDI** (1712 - 1793) ▪ Peintre italien. Ses vues de Venise, proches de celles de Canaletto par les sujets, sont plus lumineuses et moins statiques.

Guarino **GUARINI** (1624 - 1683) ▪ Architecte, mathématicien et théologien italien. Représentant le plus brillant du baroque dans l'Italie du Nord, il réalisa notamment le fastueux palais de Carignan (en briques nues) à Turin (1680).

le **GUATEMALA** ▪ État d'Amérique centrale, au sud-est du Mexique. 108 889 km^2. 9 500 000 hab. *(les Guatémaltèques).* Capitale : Ciudad Guatemala. Langues : espagnol (officielle), langues indiennes. Monnaie : quetzal. Économie essentiellement agricole où coexistent petites exploitations (cultures vivrières : maïs, haricots) et grandes plantations aux mains de quelques propriétaires (banane, café) ;

nickel. Colonie espagnole en 1513, le pays fut indépendant en 1839. Depuis 1954, les alternances de coups d'État et de mouvements de répression déstabilisent le pays qui connaît, en outre, de grandes difficultés économiques.

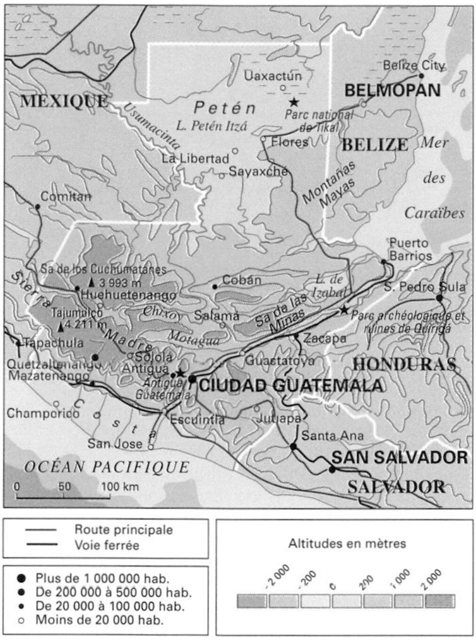

Guatemala.

GUATÉMALTÈQUE adj. et n. ▪ Du Guatemala. ‑ *Un, une Guatémaltèque.*

Félix **GUATTARI** (1930‑1992) ▪ Psychanalyste français. Il a engagé une critique de la psychanalyse et mis en avant la notion de machine désirante. Il a notamment publié, en collaboration avec G. Deleuze : *"L'Anti-Œdipe"* (1972) ; *"Mille Plateaux"* (1980).

GUAYAQUIL ▪ Port de la république de l'Équateur. 1 550 000 hab. Métropole économique du pays : exportation de cacao, café, bananes.

sainte **GUDULE** (morte en 712) ▪ Patronne de Bruxelles.

GUÉ n. m. ▪ Endroit d'une rivière où l'on peut traverser à pied. ⇒ **passage.** ‑ *À GUÉ* loc. adv. *Traverser à gué.*

GUEBWILLER ▪ Chef-lieu d'arrondissement du Haut-Rhin. 10 942 hab. *(les Guebwillerois).* ► **le ballon de GUEBWILLER** est le massif le plus élevé des Vosges (1 424 m) — nommé aussi **Grand Ballon.**

Jean **GUÉHENNO** (1890‑1978) ▪ Écrivain français. Il représenta un socialisme humaniste. Dans *"Caliban parle"* (1928), il dénonce les inégalités culturelles.

la **GUELDRE** en néerlandais ***GELDERLAND*** ▪ Province des Pays-Bas. 5 016 km². 1 828 808 hab. Chef-lieu : Arnhem. Productions agricoles.

GUELFE n. m. ▪ HIST. Partisan du pape contre les empereurs d'Allemagne, dans l'Italie médiévale. *Les guelfes et les gibelins**.

GUELTE n. f. ▪ VIEILLI Pourcentage touché par un employé de commerce sur les ventes qu'il effectue. ⇒ **boni, commission, prime.**

GUENILLE n. f. ▪ **1.** (surtout plur.) Vêtement vieux et déchiré. ⇒ **haillon, loque.** ‑ *EN GUENILLES.* ⇒ **déguenillé. 2.** LITTÉR. Chose vile, méprisable. ⇒ **loque.**

GUENON n. f. ▪ Femelle du singe.

GUÉPARD n. m. ▪ Félin voisin de la panthère, au pelage tacheté de noir, haut sur pattes, aux griffes non rétractiles.

guépard. *Acinonyx jubatus,* femelle.
Phot. © Dressler/Jacana

GUÊPE n. f. ▪ **1.** Insecte hyménoptère, dont la femelle porte un aiguillon venimeux. ‑ *Taille de guêpe,* très fine. **2.** loc. *Pas folle, la guêpe !,* elle a trop de ruse pour se laisser tromper.

la **GUÉPÉOU** ou **G.P.U.** ▪ Abréviation désignant en russe l'« Administration politique d'État » (1922-1934). Police politique toute-puissante, la Guépéou fut un instrument de la dictature de Staline (goulag, exécutions) en U.R.S.S.

GUÊPIER n. m. ▪ **1.** Nid de guêpes. *Enfumer un guêpier.* **2.** Affaire dangereuse, piège. *Se fourrer dans un guêpier.*

GUÊPIÈRE n. f. ▪ Corset très serré.

GUER ▪ Commune du Morbihan. 5 794 hab. *(les Guérois).*

GUÉRANDE ▪ Commune de la Loire-Atlantique entourée de remparts. Marais salants. 11 665 hab. *(les Guérandais).*

le **GUERCHIN** (1591‑1666) ▪ Peintre italien. *"L'Aurore"*, au casino de la villa Ludovisi (1621).

Guardi. *Régate sur le Grand Canal près du Rialto à Venise.* Fondation Gulbenkian, Lisbonne.
Phot. © Dagli Orti

Guernica y Luno. *Guernica,* tableau de Pablo Picasso. Musée du Prado, Madrid. *Phot. © Hubert Josse*

GUÈRE adv. ▪ *NE... GUÈRE* **1.** Pas beaucoup, pas très. ⇒ **médiocrement, peu.** *Vous n'êtes guère raisonnable. Je n'ai guère de courage. Il ne va guère mieux. Cela ne se dit guère, plus guère. Il n'y a guère de temps.* ⇒ **naguère.** - (avec *NE... QUE*) *Il n'y a guère que deux heures qu'il est parti.* **2.** Pas longtemps. *La paix ne dura guère.* - Pas souvent, presque jamais. ⇒ **rarement.**

GUÉRET n. m. ▪ Terre labourée et non ensemencée. ♦ par ext. Jachère.

GUÉRET ▪ Chef-lieu de la Creuse. 14 706 hab. *(les Guérétois).* Marché agricole.

Otto von GUERICKE (1602-1686) ▪ Physicien allemand. Il inventa la première machine électrostatique. Il mit en évidence la pression atmosphérique (expérience des *hémisphères de Magdeburg*).

GUÉRIDON n. m. ▪ Petite table ronde ou ovale, généralement à pied central.

GUÉRILLA n. f. ▪ Guerre de coups de main. *Guérilla urbaine. Des guérillas.*

GUÉRILLERO [geʀijeʀo] n. m. ▪ Celui qui se bat dans une guérilla. *Des guérilleros.*

le baron Pierre GUÉRIN (1774-1833) ▪ Peintre néoclassique français. Thèmes antiques.

Maurice de GUÉRIN (1810-1839) ▪ Poète français. Auteur de poèmes en prose (*"Le Centaure"*, posth. 1840).

Camille GUÉRIN (1872-1961) ▪ Biologiste français. Il mit au point le B.C.G. avec Calmette.

GUÉRIR v. [2] ▪ **I.** v. tr. **1.** Délivrer d'un mal physique ; rendre la santé à (qqn). *Le médecin, le traitement a fini par guérir le malade.* ♦ Faire cesser (une maladie). *Traitement qui guérit de la bronchite.* **2.** fig. Délivrer d'un mal moral. *Il faut le guérir de cette mauvaise habitude.* ⇒ **débarrasser. II.** v. intr. **1.** Recouvrer la santé. ⇒ se **rétablir.** *Elle a vite guéri.* ♦ (de la maladie) Disparaître. *Mon rhume ne veut pas guérir.* **2.** fig. *Sa souffrance, sa passion ne peut pas guérir* (⇒ **inguérissable**). ► SE **GUÉRIR** v. pron. **1.** Se délivrer (d'un mal physique). *Elle s'est guérie de son cancer.* **2.** fig. Se délivrer (d'une imperfection morale, d'une mauvaise habitude). *Il finira par se guérir de cette manie, de ses préjugés.* ⇒ se **corriger,** se **débarrasser.** ► **GUÉRI, IE** p. p. **1.** Rétabli d'un mal physique. *Elle est complètement guérie de sa grippe.* **2.** fig. *Être guéri de,* ne plus vouloir de... pour l'avoir expérimenté. ⇒ **revenu** de. *L'amour, il en est guéri !*

GUÉRISON n. f. ▪ Fait de guérir. ⇒ **rétablissement.** *Malade en voie de guérison.*

GUÉRISSABLE adj. ▪ (maladie, personne) Qui peut être guéri.

GUÉRISSEUR, EUSE n. ▪ Personne qui soigne les malades sans avoir la qualité officielle de médecin, et par des procédés non reconnus par la médecine. ⇒ **rebouteux.**

GUÉRITE n. f. ▪ **1.** Abri d'une sentinelle. **2.** Baraque aménagée pour abriter un travailleur, faire office de bureau sur un chantier, etc.

GUERNESEY ▪ La plus occidentale des îles Anglo-Normandes. 63 km². 59 000 hab. Chef-lieu : Saint Peter Port. Victor Hugo y vécut en exil de 1855 à 1870.

GUERNICA Y LUNO ▪ Ville du nord de l'Espagne (Biscaye). 15 999 hab. « Cité sainte » du Pays basque, bombardée en 1937 par les Allemands alliés de Franco (thème du célèbre tableau de Picasso).

GUERRE n. f. ▪ **I. 1.** Lutte armée entre États, considérée comme un phénomène historique et social (s'oppose à *paix*). *Déclarer la guerre à un pays.* prov. *Si tu veux la paix, prépare la guerre.* - *Faire la guerre. Soldat qui va à la guerre.* - loc. *Le nerf de la guerre,* l'argent. - *EN GUERRE :* en état de guerre. *Entrer en guerre contre un pays voisin.* - *DE GUERRE. Le correspondant de guerre d'un journal. Blessé, prisonnier de guerre. Navire de guerre.* - prov. *À la guerre comme à la guerre :* il faut accepter les inconvénients qu'imposent les circonstances. ♦ *Nom de guerre :* pseudonyme. **2.** Les questions militaires ; l'organisation des armées (en temps de paix comme en temps de guerre). *Conseil de guerre.* **3.** Conflit particulier, localisé dans l'espace et dans le temps. ⇒ **conflit, hostilité.** *Gagner, perdre une guerre. La Grande Guerre, la guerre de 14* (1914). *La drôle de guerre :* pour les Français, la période de guerre qui précéda l'invasion allemande en France (septembre 1939-mai 1940). *Une guerre de libération, de conquête. Guerre de partisans.* ⇒ **guérilla.** ♦ *Guerre sainte,* que mènent les fidèles d'une religion au nom de leur foi. ⇒ **croisade, djihad.** *Guerres de religion.* ♦ *GUERRE CIVILE :* lutte armée entre groupes et citoyens d'un même État. ⇒ **révolution. 4.** Lutte n'allant pas jusqu'au conflit armé. *Guerre économique.* - loc. *Guerre des nerfs,* visant à briser la résistance morale de l'adversaire. - *Guerre froide :* état de tension prolongée entre États (voir ci-dessous) ; fig. entre personnes. **II. 1.** Lutte. *Vivre en guerre avec tout le monde. Faire la guerre à qqn.* ⇒ **combattre. 2.** loc. *DE GUERRE LASSE :* en renonçant à résister, par lassitude. - *C'est de bonne guerre,* légitime, sans hypocrisie.

▪ **la GUERRE DE 1870** → guerre **franco-allemande**

▪ **la GUERRE FROIDE** ▪ Tension diplomatique et militaire entre, d'une part, les États-Unis et leurs alliés (→ **O.T.A.N.**), d'autre part, le bloc soviétique (→ pacte de **Varsovie**). La guerre froide débuta avec l'installation des régimes communistes dans les pays d'Europe orientale (à partir de 1946) et culmina avec la crise de Cuba* en 1962. Les bonnes relations établies entre l'U.R.S.S. et les États-Unis par M. Gorbatchev à la fin des années 1980 mirent fin à cette période.

▪ **la Première GUERRE MONDIALE** ▪ Conflit qui dura de 1914 à 1918. Il opposa deux blocs : d'une part la Serbie, les États de la Triple-Entente (France, Royaume-Uni, Russie) et leurs alliés (Belgique, Japon ; Italie en 1915 ; Roumanie en 1916 ; Grèce et États-Unis en 1917) ; d'autre part les puissances centrales (Allemagne, Autriche-Hongrie), l'Empire ottoman et la Bulgarie. La cause immédiate en fut l'assassinat de l'archiduc autrichien François-Ferdinand* (28 juin 1914) qui provoqua l'entrée en guerre de l'Autriche contre la Serbie ; la cause profonde, les rivalités entre impérialismes européens. Déconsidéré par ses défaites, l'Empire russe fut renversé par la révolution de 1917 et une paix séparée fut signée à Brest-Litovsk en mars 1918. L'Autriche occupait les Balkans et le nord de l'Italie. La Turquie contrôlait le détroit des Dardanelles. À l'ouest, l'offensive allemande fut arrêtée par Joffre sur la Marne dès septembre 1914. Le front resta à peu près stable durant trois ans, opposant les armées dans une épuisante guerre de tranchées (→ **Verdun**). L'appui des États-Unis permit aux Alliés, commandés par Foch, de prendre définitivement l'avantage en 1918 (armistice avec l'Allemagne le 11 novembre). Les traités de paix (Versailles*, Saint-Germain*, 1919) entérinèrent la dislocation des empires centraux et l'apparition de nations nouvelles. Le bilan de la guerre fut lourd en pertes humaines (8 millions de morts) et économiques. Elle amorça le déclin de l'Europe et la montée de nouvelles puissances : l'U.R.S.S. et surtout les États-Unis.

Première **Guerre mondiale.** *Pièce d'artillerie lourde sur voie ferrée,* par Flameng. Musée de l'Armée, Paris.
Phot. © Lauros/Giraudon

▪ **la Deuxième GUERRE MONDIALE** ▪ Conflit le plus meurtrier de l'histoire (50 à 55 millions de morts dont 20 millions de civils), de 1939 à 1945. Il opposa les forces de l'Axe (Allemagne, Italie, Japon) aux Alliés (France, Royaume-Uni, U.R.S.S., États-Unis). La cause en fut l'impérialisme des dictatures (fascisme, nazisme, militarisme nippon, alliés dès 1936) qui attisa les oppositions d'intérêts économiques. Hitler amorçait la renaissance d'un Empire allemand (IIIe Reich). La guerre d'Espagne (1936-1939) avait révélé l'attitude timorée des pays démocratiques. En 1938-1939, l'Allemagne annexa l'Autriche (Anschluss) puis la Tchécoslovaquie. Une paix illusoire fut maintenue à la conférence de Munich*. La signature du pacte secret germano-soviétique (août 1939), neutralisant le front est, permit à Hitler d'envahir la Pologne ; aussitôt la France et l'Angleterre lui déclarèrent la guerre (3 septembre 1939). L'Axe s'imposa par une guerre éclair en Europe. Les Pays-Bas, la Belgique et le Luxembourg furent occupés, puis le Danemark et la Norvège. La France capitula en juin 1940 et mit en œuvre une politique de collaboration* (→ **Pétain**, gouvernement de **Vichy**) : antibolchevisme, déportation massive des juifs, contribution à l'effort de guerre allemand. Mais, en 1941-1942, la rupture du pacte germano-soviétique et la résistance de l'U.R.S.S. aux armées allemandes (→ **Stalingrad**), l'entrée en guerre des États-Unis (après Pearl* Harbor), l'opiniâtreté de Churchill et des Anglais, l'organisation de la Résistance (→ de **Gaulle**) et la conquête de l'Afrique du Nord par les Alliés marquèrent un tournant. Mussolini fut vaincu dès septembre 1943. Un nouveau front fut ouvert en Normandie par le débarquement du 6 juin 1944. À l'est, l'armée Rouge progressa irrésistiblement jusqu'à Berlin (avril 1945). Après le suicide de Hitler, l'Allemagne signa une capitulation sans conditions (8 mai 1945). La lutte se poursuivit dans le Pacifique jusqu'au lancement des bombes atomiques américaines sur Hiroshima et Nagasaki (août 1945) qui provoqua la capitulation du Japon (2 septembre 1945). Au-delà de l'extermination massive et systématique par les nazis de communistes, d'homosexuels, de handicapés et de certaines populations (Tziganes, Slaves et surtout juifs [→ **Shoah**]...), la guerre modifia la carte politique de l'Europe ; la conférence de Yalta* (avec Staline, Churchill et Roosevelt) préparait la division en deux blocs, l'Ouest, allié des États-Unis, et l'Est, dominé par l'U.R.S.S.

GUERRIER, IÈRE ▪ **I.** n. anciennt Personne dont le métier était de faire la guerre. ⇒ **soldat.** *Les guerriers romains.* ▪ *Le guerrier,* l'homme de guerre, le soldat. *La psychologie du guerrier.* loc. fig. *Le repos du guerrier,* de l'homme, auprès d'une femme. **II.** adj. **1.** LITTÉR. Relatif à la guerre. ⇒ **militaire.** *Chant guerrier.* **2.** Qui aime la guerre. ⇒ **belliqueux.** *Un peuple guerrier.*

GUERROYER v. intr. [8] ▪ HIST. ou LITTÉR. Faire la guerre (contre qqn). *Le seigneur guerroyait contre ses voisins.*

Bertrand Du GUESCLIN → Du Guesclin

Jules GUESDE (1845-1922) ▪ Socialiste français. Opposé au réformisme de Jaurès, il s'affirmait collectiviste, internationaliste et révolutionnaire. Il contribua à la diffusion du marxisme en France.

GUET n. m. ▪ **1.** Action de guetter. *Faire le guet. Avoir l'œil, l'oreille au guet.* **2.** anciennt Surveillance exercée de nuit par la troupe ou la police. **3.** HIST. Patrouille, garde chargée de cette surveillance.

GUET-APENS [gɛtapɑ̃] n. m. ▪ **1.** Fait d'attendre qqn dans un endroit afin de l'attaquer par surprise. ⇒ **piège.** *Attirer qqn dans un guet-apens.* **2.** Machination perfidement préparée en vue de nuire gravement à qqn. ⇒ **embûche, traquenard.** *Des guets-apens.*

GUÊTRE n. f. ▪ Enveloppe de tissu ou de cuir qui recouvre le haut de la chaussure et le bas de la jambe. *Une paire de guêtres.* ▪ loc. fig. *Traîner ses guêtres* (quelque part) : flâner, se déplacer sans but précis.

GUETTER v. tr. [1] ▪ **1.** Observer en cachette pour surprendre. *Guetter l'ennemi. Le chat guette la souris.* **2.** Attendre avec impatience (qqn, qqch.) en étant attentif à ne pas (le) laisser échapper (→ être à l'affût de). *Guetter une occasion favorable. Je guetterai ton signal. Guetter la place de qqn.* ⇒ **convoiter, guigner.** **3.** (sujet chose) Menacer. *La ruine le guette.*

GUETTEUR n. m. ▪ Personne chargée de surveiller et de donner l'alerte. ⇒ **sentinelle.** *Guetteurs postés au sommet d'une tour. "Le Guetteur mélancolique"* (poèmes d'Apollinaire).

GUEUGNON ▪ Commune de Saône-et-Loire. 9 697 hab. *(les Gueugnonnais).*

GUEULANTE n. f. ▪ FAM. Clameur de protestation ou d'acclamation. *Pousser une gueulante.*

① **GUEULARD** n. m. ▪ Ouverture supérieure d'un haut fourneau, d'une chaudière (de locomotive, de bateau).

② **GUEULARD, ARDE** adj. ▪ **I.** FAM. Qui a l'habitude de gueuler, de parler haut et fort. ▪ n. *Faites taire ce gueulard !* ⇒ **braillard.** **II.** RÉGIONAL Gourmand.

GUEULE n. f. ▪ **I.** Bouche (d'animaux, surtout carnassiers). *La gueule d'un chien, d'un reptile.* ▪ loc. *SE JETER DANS LA GUEULE DU LOUP :* aller au-devant d'un danger certain, avec imprudence. **II.** FAM. Bouche humaine. **1.** (La bouche servant à parler ou crier) *(Ferme) ta gueule ! :* tais-toi ! *Un fort en gueule. Coup de gueule :* vive protestation, engueulade*. ▪ *Une grande gueule :* qqn qui parle très fort et avec autorité (⇒ **braillard,** ② **gueulard**) ou encore qui est plus fort en paroles qu'en actes. **2.** (La bouche servant à manger) *Piment qui emporte la*

Deuxième **Guerre mondiale.** La ligne Maginot, transport de troupes. Bibliothèque nationale de France, Paris.
Phot. © Hubert Josse

gueule. ◆ loc. *AVOIR LA GUEULE DE BOIS :* avoir la bouche empâtée et la tête lourde après avoir trop bu. *Une sévère gueule de bois.* ◆ *Une fine gueule,* un gourmet. **III.** FAM. **1.** Figure, visage. ⇒ **tête.** *Il a une bonne gueule, une sale gueule.* ◆ loc. *Faire la gueule :* bouder (→ faire la tête). ◆ *Se casser la gueule :* tomber. *Casser la gueule à qqn,* le frapper. ◆ ARGOT MILIT. *Une gueule cassée :* un mutilé de guerre, blessé au visage. ◆ ARGOT DU NORD *Les gueules noires :* les mineurs. **2.** FAM. Aspect, forme d'un objet. ⇒ **allure.** *Ce chapeau a une drôle de gueule.* ◆ *Ce tableau a de la gueule,* il fait grand effet. **IV.** Ouverture par laquelle entre ou sort qqch. *La gueule d'un haut fourneau* (⇒ ① **gueulard**), d'un canon.

GUEULE-DE-LOUP n. f. ▪ Plante ornementale dont la fleur s'ouvre comme une gueule. *Des gueules-de-loup.*

GUEULEMENT n. m. ▪ FAM. Cri.

GUEULER v. [1] ▪ FAM. **I.** v. intr. **1.** Chanter, crier, parler très fort. *Il gueule pour un rien.* ⇒ **hurler.** ♦ *Faire gueuler sa radio.* ⇒ **beugler, brailler. 2.** Protester bruyamment. **II.** v. tr. Proférer en criant. *Gueuler des ordres.*

GUEULES n. f. pl. ▪ La couleur rouge, en blason.

GUEULETON n. m. ▪ FAM. Très bon repas, copieux, et souvent gai.

GUEULETONNER v. intr. [1] ▪ FAM. Faire un gueuleton ; festoyer.

GUEUSE n. f. ▪ TECHN. Masse de métal fondu sortant du haut fourneau. *Une gueuse de fonte.*

GUEUX, EUSE n. ▪ **1.** VX Personne qui vit d'aumônes. ⇒ **mendiant, miséreux. 2.** fém. VIEILLI Femme de mauvaise vie. loc. *Courir la gueuse :* se débaucher.

Ernesto dit **Che GUEVARA** (1928 - 1967) ▪ Révolutionnaire argentin. Avec Fidel Castro, il renversa la dictature militaire de Batista à Cuba et créa un gouvernement révolutionnaire (1959). Il mena ensuite la guérilla en Bolivie, où il fut tué. Il incarna dans les années soixante et soixante-dix le mythe du révolutionnaire romantique.

Che **Guevara.** *Phot. © Ian Berry/Magnum*

Germaine GUÈVREMONT (1893 - 1968) ▪ Femme de lettres canadienne d'expression française. Elle donne une analyse réaliste du monde paysan du Québec. *"Le Survenant"* (1945).

musée Solomon R. GUGGENHEIM ▪ Musée d'art contemporain de New York, édifié selon un plan circulaire et avec un parcours en plan incliné en spirale par F. L. Wright (1956-1959), commandité par le collectionneur Guggenheim.

① **GUI** n. m. ▪ Plante parasite à baies blanches qui vit sur les branches de certains arbres. *S'embrasser sous le gui* (à l'occasion du nouvel an).

② **GUI** n. m. ▪ MAR. Forte vergue sur laquelle on borde une voile à corne. *Gui d'artimon.*

GUIBOLLE n. f. ▪ FAM. Jambe. ◇ var. GUIBOLE.

François GUICHARDIN (1483 - 1540) ▪ Historien et homme politique italien. Conseiller de Clément VII et de Laurent de Médicis. *"Histoire d'Italie".*

GUICHE n. f. ▪ Mèche de cheveux bouclée et plaquée sur le front, les tempes. ⇒ **accroche-cœur.**

GUICHET n. m. ▪ **1.** Petite ouverture, pratiquée dans une porte, un mur et par laquelle on peut parler à qqn. *Guichet grillagé.* ⇒ **judas. 2.** Petite ouverture (ou comptoir, etc.) par laquelle le public communique avec les employés d'une administration, d'un bureau. *Faire la queue au guichet de la poste, d'une banque.* ♦ *Guichet automatique d'une banque* (⇒ **billet, billetterie**).

GUICHETIER, IÈRE n. ▪ Personne préposée à un guichet.

GUIDAGE n. m. ▪ Action de guider. ◆ spécialt Aide apportée aux avions en vol par des stations radioélectriques. ⇒ **radioguidage.**

GUI D'AREZZO (v. 990 - v. 1050) ▪ Bénédictin italien, théoricien de la musique. Il est le fondateur du système de notation musicale actuel.

GUIDE n. ▪ **I. 1.** Personne qui accompagne pour montrer le chemin. *Servir de guide à qqn.* ⇒ **cicérone.** ◆ *Un, une guide de montagne :* alpiniste professionnel diplômé. ◆ *Le guide du musée. Suivez le guide !* **2.** n. m. Celui, celle qui conduit d'autres personnes dans la vie, les affaires. ⇒ **conseiller.** *Guide moral, spirituel. Elle est son guide.* ◆ (en parlant d'une chose) *N'avoir d'autre guide que sa fantaisie.* **3.** n. m. Ouvrage contenant des renseignements utiles. *Le guide des bons vins.* ◆ Description d'une région, d'un pays à l'usage des voyageurs. *Guide touristique.* **II.** n. f. Jeune fille appartenant à un mouvement féminin de scoutisme. **III. 1.** n. f. (souvent au plur.) Lanière de cuir qui sert à diriger un cheval de trait. ◆ loc. fig. *Mener la vie à grandes guides :* mener grand train. **2.** n. m. TECHN. Objet ou système servant à guider (un outil, des radiations, etc.). *Guide d'ondes.*

GUIDEL ▪ Commune du Morbihan. 8 241 hab.

GUIDER v. tr. [1] ▪ **1.** Accompagner en montrant le chemin. ⇒ **conduire, piloter.** *Guider un touriste.* **2.** Faire aller dans une certaine direction. ⇒ **diriger, mener.** ◆ au p. p. *Bateau, avion, fusée guidés par radio.* ⇒ **téléguidé. 3.** (sujet chose) Mettre sur la voie, aider à reconnaître le chemin. **4.** fig. Entraîner dans une certaine direction morale, intellectuelle ; aider à choisir. ⇒ **conseiller, éclairer, orienter.** *Guider un enfant dans le choix d'une carrière. Il se laisse guider par son flair.* ► **SE GUIDER** (SUR) v. pron. Se diriger (d'après qqch. que l'on prend pour repère). ◆ *Se guider sur le soleil.* ⇒ se **repérer.** ◆ *Se guider sur l'exemple de qqn.*

GUIDON n. m. ▪ **I. 1.** VX Étendard, fanion. **2.** Saillie à l'extrémité du canon d'une arme (extrémité de la ligne de mire). **II.** MOD. COUR. Tube de métal muni de poignées qui commande la roue directrice d'une bicyclette, d'une motocyclette. *Un guidon de course.*

① **GUIGNE** n. f. ▪ **1.** Petite cerise rouge foncé ou noire, à chair ferme et sucrée. **2.** *SE SOUCIER DE qqn, qqch. COMME D'UNE GUIGNE,* très peu, pas du tout.

② **GUIGNE** n. f. ▪ FAM. Malchance. *Avoir la guigne.* ⇒ **poisse.** *Quelle guigne !*

GUIGNER v. tr. [1] ▪ **1.** Regarder à la dérobée. *Guigner le jeu du voisin.* **2.** fig. Considérer avec convoitise. ⇒ **guetter.** *Guigner une place, un beau parti.*

GUIGNIER n. m. ▪ RÉGIONAL Cerisier qui produit des guignes (①).

GUIGNOL n. m. ▪ (du n. pr.) **I. 1.** Marionnette à gaine de la tradition lyonnaise. ◆ Personnage caricatural et comique. **2.** Personne volontairement comique ou ridicule. ⇒ **pantin.** *Arrête de faire le guignol.* ⇒ **pitre.** ◇ var. FAM. GUIGNOLO. **II.** Théâtre de marionnettes lyonnais, dont Guignol est le héros.

GUIGNOL ▪ Personnage de marionnettes créé vers 1808 par Mourguet.

GUIGNOLET n. m. ▪ Liqueur de guignes (①) ou de griottes.

Yvette GUILBERT (1867 - 1944) ▪ Chanteuse française. Elle se fit l'ambassadrice de la chanson populaire française. Toulouse-Lautrec a immortalisé sa silhouette dégingandée, son visage blafard et sa chevelure rousse.

GUILDE n. f. ▪ **1.** Au Moyen Âge, Association de secours mutuel entre marchands, artisans, bourgeois. **2.** Association qui procure à ses adhérents des conditions d'achat particulières.

GUILHERAND ▪ Commune de l'Ardèche. 10 492 hab.

Guilin. Vue de la ville. *Phot. © Reffet/Explorer*

GUILIN ou **KOUEI-LIN** ▪ Ville de Chine (Guangxi). 509 600 hab. Ses paysages (en pains de sucre) ont inspiré les peintres et les poètes chinois.

GUILLAUME ▪ NOM DE PLUSIEURS SOUVERAINS EUROPÉENS

1. empereurs germaniques ► **GUILLAUME Ier** (1797 - 1888), fils de Frédéric-Guillaume III, roi de Prusse en 1861. Il établit l'unité allemande avec l'aide de Bismarck. Après ses victoires sur l'Autriche (1866) et sur la France (1870), il fut proclamé empereur d'Allemagne à Versailles en janvier 1871. ► **GUILLAUME II** (1859 - 1941), petit-fils du précédent, fit de son pays une grande puissance industrielle et coloniale, mais ses ambitions expansionnistes provoquèrent la Première Guerre mondiale. Il abdiqua le 9 novembre 1918.

2. rois d'ANGLETERRE ► **GUILLAUME Ier** dit ***GUILLAUME LE CONQUÉRANT*** (1027 ou 1028 - 1087), duc de Normandie, s'assura le trône après avoir éliminé son rival Harold II à Hastings en 1066, et fonda une monarchie puissante. ► **GUILLAUME III D'ORANGE-NASSAU** (1650 - 1702), stathouder de Hollande (1672), appelé en 1689 par les parlementaires protestants anglais pour prendre la place de Jacques II. Il régna avec sa femme Marie II Stuart jusqu'à la mort de celle-ci en 1694.

3. duc de NORMANDIE ► **GUILLAUME LE CONQUÉRANT** → rois d'ANGLETERRE, **Guillaume Ier**.

4. stathouders des PAYS-BAS ► **GUILLAUME Ier D'ORANGE-NASSAU** dit ***GUILLAUME LE TACITURNE*** (1533 - 1584), stathouder de la Hollande (1559), s'opposa à l'autorité espagnole et devint le chef des insurgés (« gueux ») lors du soulèvement de 1572. ► **GUILLAUME II D'ORANGE-NASSAU** (1626 - 1650), petit-fils du précédent, stathouder de la Hollande en 1647. ► **GUILLAUME III D'ORANGE-NASSAU**, fils du précédent. → rois d'ANGLETERRE, **Guillaume III.**

Paul **GUILLAUME** (1878 - 1962) ▪ Psychologue français. Il fit connaître en France le gestaltisme.

Gustave **GUILLAUME** (1883 - 1960) ▪ Linguiste français. *"Psychosystématique"* du langage.

GUILLAUME DE LORRIS (v. 1200 - v. 1238) ▪ Poète français. Auteur de la première partie du *"Roman de la rose"* (vers 1236), long poème allégorique qui est un code de l'amour courtois, poursuivi plus tard par Jean de Meung.

GUILLAUME DE MACHAUT ou **DE MACHAULT** (v. 1300 - 1377) ▪ Compositeur et poète français. Un des grands maîtres de la polyphonie, représentant de l'Ars nova (école musicale du XIVe s. dont le principal apport est le motet ayant un même rythme dans ses différentes parties). *"Messe de Notre-Dame"*; *"Dits"*.

GUILLAUME D'OCCAM ou **D'OCKHAM** (v. 1290 - v. 1349) ▪ Franciscain anglais, théologien et logicien. Sa théorie, l'*ockhamisme*, est typique du nominalisme, et annonce l'empirisme.

GUILLAUME TELL ▪ Héros légendaire de l'indépendance suisse (fin du XIIIe s.). Rebelle à l'autorité des Habsbourg, il fut condamné par Gessler à tirer une flèche sur une pomme placée sur la tête de son fils et réussit l'épreuve.

GUILLEDOU n. m. ▪ loc. FAM. *COURIR LE GUILLEDOU* : aller en quête d'aventures galantes.

GUILLEMET n. m. ▪ surtout au plur. Signe typographique (« ... ») qu'on emploie pour isoler un mot, un groupe de mots, etc., cités, rapportés, ou simplement mis en valeur. *Ouvrez, fermez les guillemets. Mettre une citation entre guillemets.* fig. *Entre guillemets,* prétendu (→ soi-disant).

Roger **GUILLEMIN** (né en 1924) ▪ Endocrinologue américain d'origine française. Prix Nobel de médecine 1977.

Nicolás **GUILLÉN** (1904 - 1989) ▪ Poète cubain. Il a su allier la tradition noire et son folklore national à la culture hispanique et européenne. *"Ballade des deux aïeux"* (1934).

GUILLERET, ETTE adj. ▪ Qui manifeste une gaieté vive, insouciante. ⇒ **frétillant, fringant.** *Il est tout guilleret.* - *Être d'humeur guillerette.* ⇒ **réjoui.**

Eugène **GUILLEVIC** (né en 1907) ▪ Poète français. *"Exécutoire"* (1947).

GUILLOCHER v. tr. [1] ▪ Orner de traits gravés en creux et entrecroisés. - au p. p. *Un boîtier de montre guilloché.*

GUILLOCHURE n. f. ▪ Trait gravé sur un objet guilloché. *Les guillochures d'un bijou.*

le docteur **GUILLOTIN** (1738 - 1814) ▪ Médecin français, député aux États généraux de 1789. Afin d'abréger les souffrances des condamnés, il proposa qu'on leur tranche la tête à l'aide d'une machine. En dépit de ses protestations, l'instrument, construit par le docteur Louis, fut baptisé « guillotine ».

GUILLOTINE n. f. ▪ **1.** En France, Instrument de supplice qui servait à trancher la tête des condamnés à mort (avant l'abolition de la peine de mort). *Dresser la guillotine sur l'échafaud.* **2.** *Fenêtre à guillotine,* dont le châssis glisse verticalement entre deux rainures.

GUILLOTINER v. tr. [1] ▪ Faire mourir par le supplice de la guillotine. ⇒ **décapiter.** - p. p. subst. *Le cadavre d'un guillotiné.*

Louis **GUILLOUX** (1899 - 1980) ▪ Romancier français. *"Le Sang noir"* (1935), critique féroce de la société; *"Le Jeu de patience"* (1949), chronique de la vie provinciale d'entre les deux guerres.

GUILVINEC ▪ Commune du Finistère, sur la côte de Cornouaille. 3 365 hab. Port de pêche chalutier et thonier. Conserveries. Station balnéaire.

Hector **GUIMARD** (1867 - 1942) ▪ Architecte français, représentant de l'Art nouveau. Il réalisa les bouches de métro parisiennes.

Guimard. Porte d'entrée du Castel Béranger au 14, rue La Fontaine, à Auteuil, 1897-1898. *Phot. © Giraudon*

GUIMAUVE n. f. ▪ **1.** Plante à haute tige, à fleurs d'un blanc rosé, qui pousse dans les terrains humides. *Guimauve rose :* rose trémière. **2.** *(Pâte de) guimauve :* pâte comestible molle et sucrée. **3.** fig. Niaiserie sentimentale.

GUIMBARDE n. f. ▪ **1.** Petit instrument de musique rudimentaire que l'on place dans la bouche. **2.** Vieille voiture délabrée. ⇒ **tacot.**

musée **GUIMET** ▪ Département des arts asiatiques des Musées nationaux. Fondé à Lyon en 1879 par Émile Guimet, qui avait constitué une importante collection d'objets d'art (Chine, Inde, Japon), le musée fut transféré à Paris en 1884.

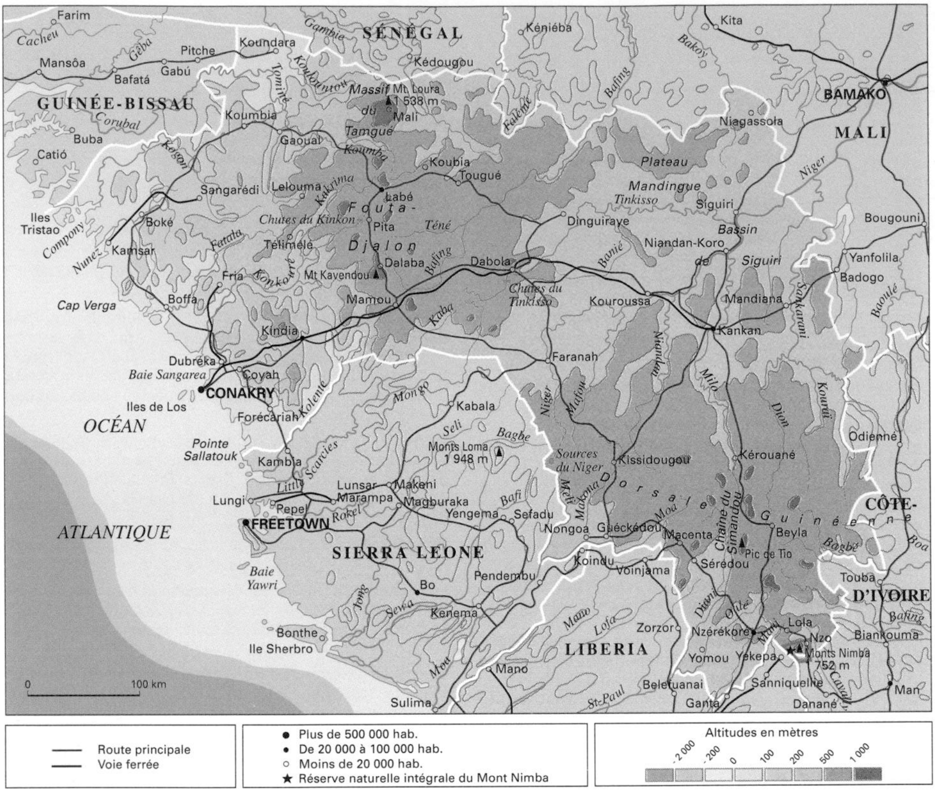

Guinée.

GUIMPE n. f. ▪ **1.** Pièce de toile qui couvre la tête, encadre le visage des religieuses. **2.** Corsage ou plastron léger porté sous une robe décolletée.

GUINCHER v. intr. [1] ▪ FAM. Danser dans un bal public.

GUINDÉ, ÉE adj. ▪ Qui manque de naturel, a de la raideur. ⇒ **contraint.** *Avoir un air guindé dans ses vêtements neufs. Style guindé.*

GUINDEAU n. m. ▪ MAR. Treuil à axe horizontal qui sert à manœuvrer les ancres. *Des guindeaux.* ➛ loc. *Virer au guindeau :* faire effort sur le guindeau pour lever l'ancre.

GUINDER v. tr. [1] ▪ **1.** MAR. Hisser (un mât). ♦ Élever (un fardeau) avec une machine. **2.** LITTÉR. Donner à (qqch.) une tenue factice et raide. *Guinder son style.*

GUINÉE n. f. Ancienne monnaie anglaise (frappée avec de l'or de Guinée), valant 21 shillings.

la **GUINÉE** ▪ Ancien nom de la zone côtière s'étendant du cap Vert à l'Angola, baignée en partie par l'actuel *golfe de Guinée.*

la **GUINÉE** ▪ État d'Afrique occidentale. 245 857 km². 6 710 000 hab. *(les Guinéens).* Capitale : Conakry. Langues : français (officielle), malinké, peul, basari. Monnaie : franc guinéen. Sous-sol riche (bauxite, fer). □ HISTOIRE Le nord du pays fit partie de l'empire du Mali (XIIIe s.). Il fut colonisé, à la fin du XIXe s., par la France qui se heurta à la résistance de Samory Touré. Englobée dans l'Afrique-Occidentale française en 1904, la Guinée refusa le processus de décolonisation proposé par de Gaulle et accéda à l'indépendance dès 1958. Sékou Touré devint le chef de l'anti-impérialisme noir, il s'engagea dans une gestion socialiste de l'économie et gouverna de manière dictatoriale. Sa mort, en 1984, apparut comme une libération et l'armée prit le pouvoir sous la direction du colonel Lansana Conté, qui remporta la première élection présidentielle pluraliste (1993).

la Nouvelle-**GUINÉE** → Nouvelle-Guinée

la **GUINÉE-BISSAU** ▪ État (république) d'Afrique occidentale. 36 125 km². 983 000 hab. *(les Bissau-Guinéens).* Capitale : Bissau. Langues : portugais (officielle), mandingue, balante, peul. Monnaie : peso. Économie essentiellement agricole. Ancienne *Guinée portugaise,* indépendante en 1974, après onze ans de guerre. Sous régime militaire de 1980 à 1991, date à laquelle le chef de l'État, João Bernardo Vieira, mit un terme au principe du parti unique.

la **GUINÉE-ÉQUATORIALE** ▪ État d'Afrique occidentale. 28 051 km². 417 000 hab. *(les Équato-Guinéens).* Capitale : Malabo. Langues : espagnol (officielle), créole fernandino, fang. Monnaie : franc CFA. Café. Cacao. Bois. Ancienne *Guinée espagnole,* indépendante en 1968. Sous régime militaire depuis 1979. Le multipartisme fut autorisé en 1992, mais l'exercice en est limité.

GUINGAMP ▪ Chef-lieu d'arrondissement des Côtes-d'Armor. 7 905 hab. *(les Guingampais).*

DE **GUINGOIS** loc. adv. ▪ FAM. De travers. ⇒ **obliquement.** *S'asseoir de guingois.*

GUINGUETTE n. f. ▪ anciennt Café populaire où l'on consomme et où l'on danse, souvent en plein air.

sir Alec **GUINNESS** (né en 1914) ▪ Comédien britannique. Il joua à l'Old Vic sous la direction de L. Olivier, interprétant Shakespeare mais aussi Sartre et Ionesco. Au cinéma, il tourna en particulier avec D. Lean. *"Oliver Twist"* (1947); *"Le Pont de la rivière Kwaï"* (1957); *"Docteur Jivago"* (1965).

GUIPAVAS ▪ Commune du Finistère. 11 956 hab. *(les Guipavasiens).* Aéroport de Brest.

GUIPER v. tr. [1] ▪ TECHN. Entourer (un fil électrique) d'un isolant. ⇒ **gainer.**

GUIPURE n. f. ▪ Dentelle dont les motifs sont séparés par de grands vides. *Un col de guipure.*

GUIPÚZCOA ▪ L'une des trois provinces basques de l'Espagne. 1 997 km². 671 743 hab. Chef-lieu : Saint-Sébastien.

GUIRLANDE n. f. ▪ Cordon décoratif de végétaux naturels ou artificiels, de papier découpé, etc. *Une guirlande de fleurs.*

Henri GUISAN (1874 - 1960) ▪ Général suisse. Commandant en chef des forces armées suisses pendant la Deuxième Guerre mondiale.

GUISE n. f. ▪ **I.** *À SA GUISE* loc. adv. : selon son goût, sa volonté propre. *Chacun vit à sa guise,* à son gré, à sa fantaisie. *À ta guise :* comme tu voudras. - *Il n'en fait qu'à sa guise,* à sa tête. **II.** *EN GUISE DE* loc. prép. : pour tenir lieu de, comme (mais moins bien). *On lui a donné ce petit cadeau en guise de consolation.* ⇒ à **titre** de. - À la place de. *Un simple ruban en guise de cravate.*

maison de GUISE ▪ Famille noble de Lorraine. François (1519 - 1563) et Henri (1550 - 1588) furent les chefs du parti catholique en France pendant les guerres de Religion. Henri, duc de Guise, fut un des instigateurs de la Saint-Barthélemy (1572). En 1588, la Ligue se souleva en sa faveur. Le roi Henri III l'attira à Blois, où il le fit assassiner.

GUITARE n. f. ▪ Instrument de musique à cordes que l'on pince avec les doigts ou avec un petit instrument (le plectre). - *Guitare électrique,* à son amplifié.

GUITARISTE n. ▪ Personne qui joue de la guitare.

GUITOUNE n. f. ▪ FAM. Tente. ♦ Abri de tranchée.

Sacha GUITRY (1885 - 1957) ▪ Acteur et écrivain français. Fils d'un grand comédien, Lucien Guitry (1860 - 1925), auteur de comédies brillantes et spirituelles comme *"N'écoutez pas, mesdames"* (1942), il fut aussi cinéaste : *"Le Roman d'un tricheur"* (1936); *"Si Versailles m'était conté"* (1953).

GUIYANG ou **KOUEI-YANG** ▪ Ville du sud de la Chine, capitale du Guizhou. 1 581 600 hab.

GUIZHOU ou **KOUEI-TCHEOU** ▪ Province du sud de la Chine. 176 000 km². 34 090 000 hab. Capitale : Guiyang.

François GUIZOT (1787 - 1874) ▪ Historien français, théoricien libéral, ministre de Louis-Philippe. Sa politique favorable à la grande bourgeoisie d'affaires suscita une opposition croissante. Son refus des réformes fut une des causes de la révolution de février 1848.

GUJAN-MESTRAS ▪ Commune de la Gironde. 11 433 hab. *(les Gujanais).*

GUJARAT, GUJRAT ou **GOUDJERATE** ▪ État du nord-ouest de l'Inde. 196 024 km². 41 174 343 hab. Capitale : Gandhinagar (121 746 hab.).

GUJRANWALA ▪ Ville du Pakistan. 700 000 hab.

GULBARGA ▪ Ville de l'Inde (Karnataka). 310 000 hab. Grande mosquée du XIVe s.

le GULF STREAM ▪ Courant marin chaud de l'Atlantique, né dans le golfe du Mexique. Il adoucit le climat de l'Europe occidentale.

GULLIVER ▪ Personnage et narrateur du roman satirique de J. Swift, *Les Voyages de Lemuel Gulliver* (1726), à travers des contrées imaginaires, tel Lilliput, le pays aux habitants minuscules.

GUMRI, de 1840 à 1924 ***ALEKSANDROPOL***, de 1924 à 1990 ***LENINAKAN***, de 1990 à 1993 ***KOUMAÏRI*** ▪ Ville d'Arménie. 123 000 hab. Industries textile, mécanique et alimentaire.

le GUOMINDANG ou **KOUO-MIN-TANG** ▪ Parti nationaliste fondé en 1911 par Sun Yat-sen. Il devint plus tard celui de Jiang Jieshi.

les GUPTA ▪ Dynastie indienne qui régna depuis le Gange jusqu'à l'Indus, de 320 à la fin du Ve s.

Georges GURVITCH (1894 - 1965) ▪ Sociologue français. Rénovateur de la sociologie en France et un des fondateurs de la sociologie structurale.

GUS n. m. ▪ FAM. Individu. ⇒ **type.**

GUSTATIF, IVE adj. ▪ Qui a rapport au goût. *Papilles gustatives.*

GUSTAVE ▪ NOM DE PLUSIEURS ROIS DE SUÈDE ► **GUSTAVE Ier VASA** (1495 - 1560) fut élu roi en 1523 après avoir rompu l'union avec le Danemark (→ **Christian II**). Il fit de son pays une grande puissance et imposa le luthéranisme. ► **GUSTAVE II ADOLPHE** (1594 - 1632), roi en 1611, réorganisa l'État et l'armée et soutint les protestants dans la guerre de Trente Ans contre la maison d'Autriche. ► **GUSTAVE III** (1746 - 1792) gouverna, à partir de 1771, en despote éclairé.

Johannes Gensfleisch dit GUTENBERG (1400 - 1468) ▪ Imprimeur allemand établi à Strasbourg puis à Mayence. Il inventa la presse à imprimer (1438) et mit au point la technique typographique. Son nom symbolise l'apparition du livre imprimé qui, en favorisant la diffusion de textes, contribua à la révolution de pensée des Temps modernes.

GUTTA-PERCHA [-ka] n. f. ▪ Gomme tirée du latex de certains arbres, utilisée comme isolant électrique.

GUTTURAL, ALE, AUX adj. ▪ Émis par le gosier. *Une voix gutturale,* aux intonations rauques.

le GUYANA ▪ État d'Amérique du Sud. 214 970 km². 900 000 hab. *(les Guyaniens).* Capitale : Georgetown. Langue : anglais. Monnaie : dollar de Guyana. La forêt couvre 83 % du territoire. Pêche (crevettes). Bauxite. Ancienne *Guyane britannique,* indépendante en 1966. Membre du Commonwealth.

GUYANCOURT ▪ Commune des Yvelines. 18 307 hab.

la GUYANE [973] ▪ Département français d'outre-mer situé entre le Surinam et le Brésil. 91 000 km². 114 678 hab. *(les Guyanais).* Chef-lieu : Cayenne. Chef-lieu d'arrondissement : Saint-Laurent-du-Maroni. Centre spatial de Kourou. Fruits, légumes, riz, bois. Colonisée par la France au XVIIe s., la Guyane est un département depuis 1946.

les GUYANES n. f. pl. ▪ Région du nord-est de l'Amérique du Sud, partagée entre le Venezuela, le Guyana, le Surinam, la Guyane française et le Brésil.

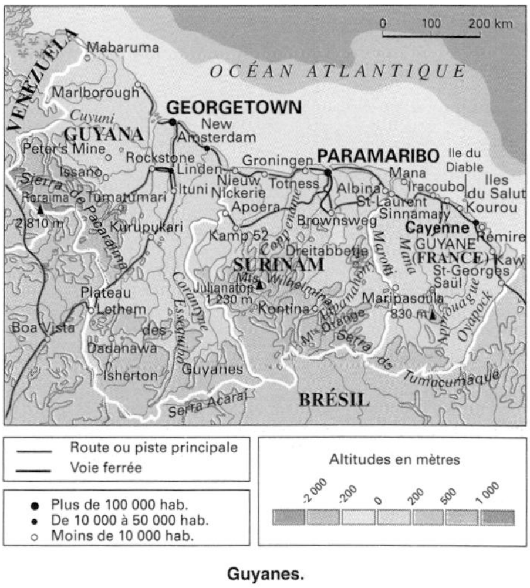

Guyanes.

la GUYENNE ▪ Ancienne province française (Aquitaine), longtemps disputée entre Français et Anglais, reconquise en 1453 et rattachée officiellement à la France en 1472.

Georges GUYNEMER (1894 - 1917) ▪ Héros de l'aviation militaire française. Titulaire de 54 victoires.

Mme GUYON (1648 - 1717) ▪ Mystique française. Ses œuvres, d'inspiration quiétiste (→ **Molinos**), furent condamnées, malgré l'appui de Fénelon.

Constantin GUYS (1802 - 1892) ▪ Dessinateur, aquarelliste et graveur français. Il traita, à la plume ou au fusain rehaussés de lavis, des scènes de la vie militaire (révolution de 1848, guerre de Crimée) et de la vie parisienne et galante.

Louis Bernard, baron GUYTON DE MORVEAU (1737 - 1816) ▪ Magistrat et chimiste français. Député à la Convention, il fut membre du Comité de salut public. Il réalisa la liquéfaction de l'ammoniac, fut le premier à opérer une réforme radicale de la nomenclature chimique et effectua des recherches sur les affinités chimiques.

GWALIOR ▪ Ville de l'Inde (Madhya Pradesh). 693 000 hab. Fort et palais.

GYMKHANA [ʒim-] n. m. ■ Course d'obstacles au parcours compliqué, pratiqué en voiture ou à motocyclette.

GYMN- [ʒimn] ⇒ GYMN(O)-

GYMNASE n. m. ■ **1.** Établissement où sont installés tous les appareils nécessaires à la pratique de la gymnastique. **2.** en Allemagne, en Suisse École secondaire. ⇒ **lycée.**

GYMNASTE n. ■ Athlète qui pratique la gymnastique. ⇒ **acrobate.** *Un gymnaste accompli.*

GYMNASTIQUE n. f. ■ **I.** adj. VIEILLI Des exercices du corps. ⇒ **gymnique.** **II.** n. f. **1.** Art d'assouplir et de fortifier le corps par des exercices ; ces exercices (→ culture physique, éducation physique). *Appareils et instruments de gymnastique* (agrès, barre, anneaux, trapèze, etc.). *Gymnastique corrective* (rééducation), *rythmique, en musique. Faire de la gymnastique.* ◇ abrév. FAM. GYM. ‣ *Pas de gymnastique :* pas de course cadencé. **2.** Série de mouvements plus ou moins acrobatiques. *Quelle gymnastique pour nettoyer ce plafond !* **3.** fig. Exercice intellectuel.

GYMNIQUE adj. ■ DIDACT. De gymnastique. *Exercices gymniques.*

GYMN(O)- [ʒimno] Élément savant, du grec *gumnos* « nu ; à nu, non recouvert ».

GYMNOSPERME n. f. ■ BOT. Plante à l'ovule nu, porté par une feuille fertile (sous-embranchement des *Gymnospermes ;* ex. pin, if). ⇒ **conifère.**

GYMNOTE n. m. ■ ZOOL. Poisson d'eau douce, sans nageoire dorsale, qui paralyse ses proies par des décharges électriques.

-GYNE, GYNÉCO- Éléments savants, du grec *gunê, gunaikos* « femme » (ex. *misogyne*).

GYNÉCÉE n. m. ■ ANTIQ. Appartement réservé aux femmes dans les maisons grecques et romaines.

GYNÉCOLOGIE n. f. ■ Discipline médicale qui a pour objet l'étude de l'appareil génital de la femme. *Gynécologie et obstétrique.* ► adj. GYNÉCOLOGIQUE

GYNÉCOLOGUE n. ■ Médecin spécialiste de la gynécologie. ◇ abrév. FAM. GYNÉCO.

GYÖR ■ Ville de Hongrie. 130 000 hab. Monuments anciens.

GYPAÈTE n. m. ■ ZOOL. Grand oiseau rapace, diurne, qui se nourrit surtout de charognes. *Le gypaète barbu.*

GYPSE n. m. ■ Roche sédimentaire, sulfate de calcium hydraté (appelé aussi *pierre à plâtre*). *Cristaux de gypse.*

GYRO- Élément savant, du grec *guros* « cercle », qui signifie « tourner ».

GYROCOMPAS n. m. ■ TECHN. Compas utilisant un gyroscope entretenu électriquement, utilisé pour garder une orientation constante dans les avions, les navires.

GYROPHARE n. m. ■ Phare rotatif placé sur le toit de certains véhicules prioritaires.

GYROSCOPE n. m. ■ Appareil tournant autour d'un axe qui fournit une direction constante. *Gyroscope à laser. Compas à gyroscope.* ⇒ **gyrocompas.**

GYROSCOPIQUE adj. ■ Relatif au gyroscope ou qui l'utilise. *Compas gyroscopique.* ⇒ **gyrocompas.**

H

***H** [aʃ] **n. m. invar.** ▪ **1.** Huitième lettre, sixième consonne de l'alphabet. ◇ Le *h* dit *aspiré* interdit la liaison et l'élision *(un héros, le héros)* ; dans ce dictionnaire, les mots commençant par un *h aspiré* sont précédés de *. Le *h muet* rend la liaison et l'élision obligatoires *(un homme, l'homme).* **2.** (symboles) *H* : hydrogène. *Bombe H,* bombe atomique à l'hydrogène. ➝ *h* : hecto- ; heure.

***HA** [a ; ha] **interj.** ▪ **1.** Exprime la surprise (⇒ **ah**), ou le soulagement. *Ha, enfin !* **2.** (redoublé) Exprime le rire. *Ha, ha !* ⇒ **hi.**

HAARLEM ▪ Ville des Pays-Bas, chef-lieu de la Hollande-Septentrionale. 149 788 hab. Fleurs. Édifices anciens (XVe-XVIe s.) autour de la place du Grand-Marché. Musée Frans-Hals.

le HAARLEMMERMEER ▪ Polder des Pays-Bas (Hollande-Septentrionale, asséché en 1840-1843). 100 659 hab.

Tryggve HAAVELMO (né en 1911) ▪ Économiste norvégien. Prix Nobel 1989 pour ses travaux en économétrie.

HABACUC ▪ Un des douze petits prophètes de la Bible (fin du VIIe s. av. J.-C.).

HABEAS CORPUS [abeaskɔʀpys] **n. m.** ▪ DR. Institution garantie par la loi anglaise de 1679 *(Habeas corpus Act),* en vue d'assurer le respect de la liberté individuelle.

Jürgen HABERMAS (né en 1929) ▪ Philosophe et sociologue allemand. Membre de l'école de Francfort, il s'est intéressé aux rapports de la science et de la technique avec la démocratie dans les sociétés industrielles avancées.

HABILE **adj.** ▪ **I.** VX **1.** *Habile à...* : apte ; capable. **2.** Savant, compétent. *Un habile homme.* **II.** MOD. **1.** Qui exécute (qqch.) avec adresse et compétence. ⇒ **adroit.** *Artisan habile. Être habile de ses mains.* ➝ *Mains habiles.* ➝ (domaine social) Qui sait trouver les moyens de parvenir à ses fins (souvent péj.). *Politicien habile.* ♦ HABILE À *qqch. Être habile à un jeu d'adresse.* **2.** Qui est fait avec adresse et intelligence. *Compliment habile.* ► **adv.** HABILEMENT

HABILETÉ **n. f.** ▪ **1.** Qualité d'une personne habile, de ce qui est habile. ⇒ **adresse, savoir-faire.** *L'habileté d'un artisan, d'un artiste ; d'un homme politique.* **2.** Action habile.

HABILITER **v. tr.** [1] ▪ Rendre légalement capable d'exercer certains pouvoirs, d'accomplir certains actes. ➝ au passif *Être habilité à* (+ inf.) : avoir qualité pour. ► **n. f.** HABILITATION

HABILLAGE **n. m.** ▪ **I.** Apprêt. ⇒ **habiller** (I). **II. 1.** Action d'habiller, de s'habiller. *Salon d'habillage.* **2.** Action d'habiller (II, 3), de recouvrir. ♦ Ce qui enveloppe et protège (un appareil). *L'habillage d'un poste de télévision.*

HABILLEMENT **n. m.** ▪ **1.** Action de (se) pourvoir de vêtements. *Dépenses d'habillement.* **2.** Ensemble des habits dont on est vêtu. ⇒ **mise, tenue. 3.** Ensemble des professions du vêtement.

HABILLER **v. tr.** [1] ▪ **I.** TECHN. Apprêter. *Habiller une bête de boucherie.* **II.** COUR. **1.** Couvrir (qqn) de vêtements, d'habits. ⇒ **vêtir.** *Habiller un enfant.* ➝ HABILLER EN. ⇒ **costumer, déguiser.** *On l'habillera en Sioux.* ➝ Fournir (qqn) en vêtements. *Habiller ses enfants pour la rentrée.* ♦ Fabriquer les vêtements de (qqn). *Le grand couturier qui l'habille.* **2.** (sujet vêtement) ⇒ **aller, convenir.** ➝ loc. *Un rien l'habille* : tout lui va. **3.** Couvrir, recouvrir (qqch.). *Habiller un livre d'une jaquette illustrée.* ► **S'HABILLER** **v. pron. 1.** Mettre ses habits. ⇒ se **vêtir.** *Aider un malade à s'habiller.* ♦ absolt Revêtir une tenue de cérémonie, de soirée. *Faut-il s'habiller pour ce dîner ?* ♦ S'HABILLER EN. ⇒ se **déguiser.** *S'habiller en Pierrot.* **2.** Se vêtir d'une certaine façon ; se pourvoir d'habits. *S'habiller court, long. S'habiller sur mesure. S'habiller de neuf.* ► **HABILLÉ, ÉE** **adj. 1.** Couvert de vêtements. *Dormir tout habillé.* ➝ *Être mal habillé.* ⇒ **accoutré, fagoté. 2.** Dans une tenue élégante, une tenue de soirée. ♦ par ext. *Robe très habillée.* ➝ *Dîner habillé.*

HABILLEUR, EUSE **n.** ▪ (surtout au fém.) Personne qui aide les acteurs, les mannequins à s'habiller et qui prend soin de leurs costumes.

HABIT **n. m.** ▪ **1.** au plur. LES HABITS : l'ensemble des pièces qui composent l'habillement ; spécialt vêtements visibles, de dessus. ⇒ **affaire(s), vêtement(s).** *Habits de tous les jours. Mettre, enlever les habits* (⇒ **habiller ; déshabiller**). *Brosse à habits.* **2.** Vêtement propre à une fonction (⇒ **livrée, uniforme**) ou à une circonstance mondaine. *Habit de gala.* ⇒ **costume.** *Un habit d'Arlequin. L'habit militaire.* ➝ *L'habit vert,* tenue officielle des académiciens. ♦ loc. PRENDRE L'HABIT : devenir prêtre, moine. ➝ prov. *L'habit ne fait pas le moine* : on ne doit pas juger les gens sur leur aspect. **3.** anciennt Costume de cérémonie masculin, à longues basques par-derrière. ⇒ **frac, queue-de-pie.**

HABITABILITÉ **n. f.** ▪ **1.** Qualité de ce qui est habitable. **2.** Qualité de ce qui offre plus ou moins de place pour des personnes. *L'habitabilité d'une voiture.*

HABITABLE **adj.** ▪ Où l'on peut habiter, vivre. *Maison habitable,* en bon état, salubre. ➝ *Surface habitable,* disponible pour être habitée.

HABITACLE **n. m.** ▪ **I.** VX Demeure. **II. 1.** MAR. Abri pour le compas et les lampes, sur un navire. **2.** Poste de pilotage d'un avion. ♦ Partie d'un véhicule spatial où peut séjourner l'équipage. **3.** Intérieur d'une voiture.

HABITANT, ANTE **n.** ▪ **1.** (souvent au plur.) Être vivant qui peuple un lieu. *Les habitants de la Terre.* **2.** Personne qui réside habituellement en un lieu déterminé. *Nombre d'habitants au kilomètre carré* (densité). ➝ (collectif) *Loger chez l'habitant,* chez les gens du pays. **3.** Personne qui habite (une maison, un immeuble). ⇒ **occupant. 4.** RÉGIONAL (Québec) Paysan.

HABITAT **n. m.** ▪ **1.** Milieu géographique propre à la vie d'une espèce animale ou végétale. ⇒ **biotope. 2.** Mode d'organisation et de peuplement par l'homme du milieu où il vit. *Habitat rural dispersé.* ➝ Ensemble des conditions d'habitation, de logement. *L'amélioration de l'habitat.*

HABITATION n. f. ▪ **1.** Fait d'habiter quelque part. *Locaux à usage d'habitation. Taxe d'habitation.* **2.** Lieu où l'on habite. ⇒ **domicile, logement, maison.** *Une habitation neuve.* – loc. *Habitation à loyer modéré.* ⇒ **H.L.M.**

HABITER v. 1 ▪ **I.** v. intr. Avoir sa demeure. ⇒ **demeurer, loger, résider, vivre.** *Habiter à la campagne, en ville. Il habite 2, rue Martin. Habiter avec qqn.* ⇒ **cohabiter. II.** v. tr. **1.** Demeurer, vivre dans. *Habiter un studio.* – *Habiter la banlieue.* **2.** fig. Être comme dans une demeure. *La passion qui l'habite.* ⇒ **animer, posséder.** ► **HABITÉ, ÉE** adj. Qui a des habitants. *Régions habitées.* ♦ Qui est occupé (maison). *Château habité l'été.*

HABITUDE n. f. ▪ **1.** Manière usuelle d'agir, de se comporter (d'une personne). *Prendre une bonne, une mauvaise habitude.* ⇒ **pli.** *Être esclave de ses habitudes. Cela n'est pas dans ses habitudes :* il n'agit pas ainsi d'ordinaire. – loc. *PAR HABITUDE :* machinalement, parce qu'on a toujours agi ainsi. ⇒ **routine.** – *À son habitude, selon, suivant son habitude, comme à son habitude :* comme il fait d'ordinaire. – *AVOIR, PRENDRE, PERDRE L'HABITUDE DE (qqch., de faire qqch.). Donner l'habitude de la propreté. Je n'ai pas l'habitude de dîner si tôt.* ♦ (collectif) *L'HABITUDE :* l'ensemble des habitudes de qqn. prov. *L'habitude est une seconde nature.* **2.** Usage d'une collectivité, d'un lieu. ⇒ **coutume, mœurs, usage.** *Ce sont les habitudes du pays. Il a des habitudes de bourgeois.* ⇒ **manière. 3.** Fait d'être accoutumé, par un phénomène de répétition (à qqn, qqch.). *Elle a l'habitude des enfants.* ⇒ **expérience.** *C'est une question d'habitude.* **4.** *D'HABITUDE* loc. adv. : de manière courante, d'ordinaire. ⇒ **habituellement.** *D'habitude, je me lève tôt.* ⇒ **généralement.** *C'est meilleur que d'habitude.* – *COMME D'HABITUDE :* comme toujours.

HABITUÉ, ÉE n. ▪ Personne qui fréquente habituellement un lieu. *Un habitué de la maison.* ⇒ **familier.**

HABITUEL, ELLE adj. ▪ **1.** Passé à l'état d'habitude. ⇒ **coutumier, ordinaire.** *Cette agressivité lui est habituelle.* **2.** Constant, ou très fréquent. *Au sens habituel du terme.* ⇒ **courant.** *C'est le coup habituel.* ⇒ **classique.**

HABITUELLEMENT adv. ▪ D'ordinaire, généralement.

HABITUER v. tr. 1 ▪ *HABITUER À.* **1.** Faire prendre à (qqn, un animal) l'habitude de (par accoutumance, éducation). *Habituer un enfant au froid, à faire son lit.* **2.** passif *ÊTRE HABITUÉ À :* avoir l'habitude de. *Être habitué au bruit, habitué à réagir vite.* ► **S'HABITUER** À v. pron. Prendre l'habitude de. *Les yeux s'habituent à l'obscurité.* ⇒ **s'adapter.** *Je me suis habitué à ses retards. S'habituer à parler en public.*

***HÂBLERIE** n. f. ▪ LITTÉR. Manière d'être du hâbleur.

***HÂBLEUR, EUSE** n. et adj. ▪ Personne qui a l'habitude de parler beaucoup, en exagérant, en se vantant.

Hissène HABRÉ (né en 1942) ▪ Homme d'État tchadien. Rebelle du Nord, il devint président de la République en 1982, lutta contre la Libye mais fut chassé du pouvoir en 1990.

Hissène **Habré.**
Phot. © Artault/Gamma

la maison de HABSBOURG ▪ Maison féodale allemande, originaire de Suisse, qui fut la plus grande dynastie européenne du XVe s. au début du XXe s. Rodolphe Ier devint empereur du Saint Empire romain germanique en 1273 et il enrichit les possessions habsbourgeoises des duchés d'Autriche, de Styrie et de Carniole, auxquels s'ajoutèrent par la suite la Carinthie, le Tyrol, le Vorarlberg, Fribourg, Trieste. En 1492, le titre impérial revint dans la famille et y resta (sauf de 1740 à 1745) jusqu'à l'extinction du Saint Empire en 1806. L'ascension de la maison se fit par des mariages. Sa puissance fut à son apogée sous le règne de Charles* Quint. Après lui, sous Philippe II, la famille se divisa en une branche espagnole qui s'éteignit en 1700, et une branche autrichienne qui se partagea en trois : la ligne autrichienne directe qui disparut en 1619 ; la ligne styrienne dont fut issu Ferdinand II ; la ligne viennoise qui hérita au XVIIIe s. des Pays-Bas espagnols, du Milanais et de la Hongrie. En 1740, les Habsbourg d'Autriche s'éteignirent et le mariage de Marie-Thérèse* avec le duc François de Lorraine fonda la nouvelle dynastie des Habsbourg-Lorraine, qui conserva le titre d'empereur d'Autriche (et de roi de Hongrie à partir de 1867) jusqu'en 1918.

***HACHE** n. f. ▪ Instrument à lame tranchante, servant à fendre. *Fendre du bois avec une hache, à la hache.* – (armes) *Hache d'armes. Hache d'abordage. Hache de guerre des Amérindiens* (⇒ **tomahawk**). loc. *Enterrer, déterrer la hache de guerre :* suspendre, ouvrir les hostilités.

les HACHÉMITES ou **HACHIMITES** ▪ Famille qui serait descendante de Hāchim (arrière-grand-père de Mahomet). Elle régna à La Mecque du Xe s. à 1924 et fonda, au XXe s., les monarchies d'Irak et de Jordanie.

***HACHER** v. tr. 1 ▪ Couper en petits morceaux avec un instrument tranchant. *Hacher du persil.* – loc. *(Se faire) hacher menu comme chair à pâté* (dans les contes de Perrault). ► ***HACHÉ, ÉE** adj. **1.** Coupé en petits morceaux. *Steak haché.* – n. m. *Du haché :* de la viande hachée. **2.** fig. Entrecoupé, interrompu (langage). *Style haché.* ⇒ **heurté, saccadé.**

***HACHETTE** n. f. ▪ Petite hache.

Jeanne Laisné dite **Jeanne HACHETTE** (v. 1454 - apr. 1472) ▪ Héroïne française. Elle défendit Beauvais contre Charles le Téméraire (1472).

Louis HACHETTE (1800 - 1864) ▪ Éditeur français. Fondateur de la Librairie Hachette, qui édita des ouvrages scolaires, des dictionnaires et les œuvres de Hugo, Sand ou Michelet avant de devenir un puissant groupe d'édition.

***HACHIS** n. m. ▪ Préparation de viande ou de poisson hachés très fins. *Hachis de porc.* ⇒ **chair** à saucisse. *Hachis Parmentier* : hachis de bœuf mélangé à de la purée de pommes de terre.

***HACHISCH** ⇒ HASCHISCH

***HACHOIR** n. m. ▪ Large couteau ou appareil servant à hacher.

***HACHURE** n. f. ▪ Traits parallèles ou croisés qui figurent les ombres, les reliefs d'un dessin, d'une gravure.

***HACHURER** v. tr. 1 ▪ Couvrir de hachures. ⇒ **rayer.** – au p. p. *Les parties hachurées d'une carte.*

HACIENDA [asjɛnda] n. f. ▪ Grande exploitation rurale, en Amérique latine ; habitation du maître.

Jacques HADAMARD (1865 - 1963) ▪ Mathématicien français.

***HADDOCK** n. m. ▪ Églefin fumé.

HADÈS ▪ Dieu des Enfers dans la mythologie grecque, fils de Cronos et de Rhéa. Il correspond au Pluton des Romains.

***HADITH** n. m. ▪ DIDACT. Recueil des actes et paroles de Mahomet. *Les hadiths complètent le Coran.*

***HADJI** [adʒi] n. m. ▪ Musulman qui a fait le pèlerinage de La Mecque. *Les hadjis.*

l'HADRAMAOUT n. m. ▪ Région du Yémen, qui s'étend parallèlement au littoral du golfe d'Aden et de la mer d'Oman.

HADRIEN ou **ADRIEN** (76 - 138) ▪ Empereur romain de 117 à sa mort. Succédant à Trajan, il mena une politique de paix, réforma l'administration de l'empire et encouragea les arts. Il fit construire, entre l'Angleterre et l'Écosse, un mur *(mur d'Hadrien)* destiné à repousser les invasions. Son mausolée devint le château Saint-Ange à Rome.

HADRON n. m. ▪ PHYS. Particule élémentaire lourde (ex. neutron, proton).

Ernst HAECKEL (1834 - 1919) ▪ Zoologiste allemand. Il fut un partisan de la théorie de l'évolution de Darwin. Sa "loi biogénétique", selon laquelle l'ontogenèse récapitule la phylogenèse, resta très en vogue jusqu'à la fin du XIXe siècle.

Georg Friedrich HAENDEL (1685 - 1759) ▪ Compositeur anglais d'origine allemande. Auteur du *"Messie"* (1742) et de nombreux oratorios. Possédant un incomparable don mélodique, maître du contrepoint et de l'harmonie, ouvert à tous les styles, il a préparé la venue des grands maîtres viennois (Haydn, Mozart, Beethoven). Opéras (*"Rinaldo"*, 1711) et suites (*"Water Music"*, 1717).

Haendel. Portrait, école italienne du XVIIIe s. Académie Rossini, Bologne.
Phot. © Giraudon

Muhammad HAFIZ (v. 1320 - v. 1389) ▪ Poète lyrique persan. Maître de l'exégèse du Coran et du poème d'amour, encore très populaire en Iran.

les HAFSIDES ▪ Dynastie maghrébine qui régna sur la Tunisie du XIIIe au XVIe s.

HAGARD, ARDE adj. ▪ Qui a une expression égarée et farouche. ⇒ **effaré.** *Œil hagard. - Air, visage, gestes hagards.*

HAGIOGRAPHE n. ▪ Auteur d'une hagiographie.

HAGIOGRAPHIE n. f. ▪ DIDACT. Rédaction des vies des saints. ♦ Biographie excessivement élogieuse. ► adj. HAGIOGRAPHIQUE

HAGONDANGE ▪ Commune de la Moselle. 8 222 hab. *(les Hagondangeois)*. Sidérurgie.

la HAGUE ▪ Cap du Cotentin, au nord-ouest de la presqu'île. Usine de traitement des déchets radioactifs.

HAGUENAU ▪ Chef-lieu d'arrondissement du Bas-Rhin. 27 675 hab. *(les Haguenoviens)*. Églises (XIIe-XIIIe s.).

Reynaldo HAHN (1874 - 1947) ▪ Compositeur français. Ami de Proust et de Sarah Bernhardt. Mélodies, opérettes (*"Ciboulette"*, 1923).

Otto HAHN (1879 - 1968) ▪ Chimiste allemand. Il découvrit de nombreux isotopes radioactifs et, en étudiant la formation des éléments transuraniens par bombardement de l'uranium par les neutrons, la fission nucléaire (avec Strassmann). Prix Nobel 1944.

Christian HAHNEMANN (1755 - 1843) ▪ Médecin allemand. Fondateur de l'homéopathie.

***HAIE** n. f. ▪ **1.** Clôture végétale servant à limiter ou à protéger un champ, un jardin. ⇒ **bordure.** *Haie d'aubépines. Haie vive :* formée d'arbustes en pleine végétation. ♦ *COURSE DE HAIES,* où les chevaux, les coureurs ont à franchir des haies, des barrières. *Courir le 110 mètres haies.* **2.** File de personnes bordant une voie pour laisser le passage à qqn, à un cortège. *Défiler entre deux haies de spectateurs. Haie d'honneur.*

HAÏFA ou **HAIFFA** ▪ Ville et principal port d'Israël. 245 000 hab. Raffinage de pétrole.

***HAÏK** n. m. ▪ Pièce d'étoffe drapée sur les autres vêtements et qui peut servir à cacher le bas du visage (vêtement féminin).

***HAÏKU** [ajku ; aiku] n. m. ▪ Poème classique japonais de dix-sept syllabes réparties en trois vers. ◇ syn. (forme anc.) HAÏ-KAÏ.

HAILÉ SÉLASSIÉ Ier (1892 - 1975) ▪ Empereur d'Éthiopie de 1930 à 1974. Exilé (1936) lors de l'invasion de son pays par les Italiens, il retrouva son trône en 1941, mais fut déposé en 1974.

***HAILLON** n. m. ▪ Vieux lambeau d'étoffe servant de vêtement. ⇒ **guenille, loque.** *Mendiant en haillons, couvert de haillons.* ► *HAILLONNEUX, EUSE adj. et n. En haillons.

HAINAN ▪ Île et province du sud de la Chine. 34 000 km². 7 010 000 hab. Capitale : Haikou (370 400 hab.).

le HAINAUT ▪ Région historique partagée entre la France (Valenciennes, Maubeuge) et la Belgique. ► **le HAINAUT** L'une des neuf provinces de Belgique. 3 785 km². 1 278 791 hab. *(les Hainuyers)*. Chef-lieu : Mons.

***HAINE** n. f. ▪ **1.** Sentiment violent qui pousse à vouloir du mal à qqn et à se réjouir du mal qui lui arrive. ⇒ **aversion, répulsion ; -phobie.** *Vouer à qqn une haine implacable. Éprouver de la haine pour qqn. Prendre qqn en haine. Cri de haine. - De vieilles haines.* **2.** Aversion profonde (pour qqch). *La haine de l'hypocrisie, pour, contre l'hypocrisie.* **3.** FAM. Colère, hostilité furieuse (seulement : *la haine*). *J'avais la haine.*

***HAINEUX, EUSE** adj. ▪ **1.** Naturellement porté à la haine. ⇒ **malveillant, méchant, vindicatif. 2.** Qui trahit la haine. *Regard haineux.* **3.** Inspiré par la haine. ⇒ **fielleux, venimeux.** *Propos haineux.* ► adv. *HAINEUSEMENT

HAIPHONG ▪ Principal centre industriel du nord du Viêtnam, port sur le delta du fleuve Rouge. 447 523 hab.

***HAÏR** v. tr. [10] ▪ **1.** Avoir (qqn) en haine. ⇒ **détester, exécrer.** *Haïr qqn à mort. - Je le hais de m'avoir toujours trompé.* **2.** Avoir (qqch.) en haine. *Haïr la contrainte.* ► SE HAÏR v. pron. **1.** réfl. *Il se hait.* **2.** récipr. *Les deux frères se haïssent cordialement.*

HAIRE n. f. ▪ VX Chemise rugueuse portée par mortification.

***HAÏSSABLE** adj. ▪ Qui mérite d'être haï (choses, personnes). ⇒ **détestable, exécrable, odieux.**

la république d'HAÏTI ▪ État des Grandes Antilles, sur l'île d'Hispaniola. 27 750 km². 6 647 000 hab. *(les Haïtiens)*. Capitale : Port-au-Prince. Langues : créole, français. Religions : catholicisme, vaudou. Monnaie : gourde. Cultures de subsistance majoritaires. □ HISTOIRE Colonie française prospère, le pays fut en 1804 le premier État noir indépendant (→ **Toussaint-Louverture, Dessalines, Pétion,** H. **Christophe**). Cultures d'exportation : café, cacao, canne à sucre. Sous la dictature de la famille Duvalier (de 1957 à 1986), il est devenu le pays le plus pauvre de l'Amérique. L'exil de J.-C. Duvalier ne mit pas un terme à la gravité des tensions politiques internes. Au pouvoir depuis 1988, le régime militaire, sous la pression populaire, fit place un court moment à un régime civil. Élu en décembre 1990 à la présidence, J. B. Aristide fut renversé en mars 1991 par un putsch militaire. Il revint cependant à la tête de l'État à la suite de l'intervention de l'armée américaine sous l'égide de l'O.N.U. d'octobre 1994 à décembre 1995, date à laquelle R. Préval lui succéda.

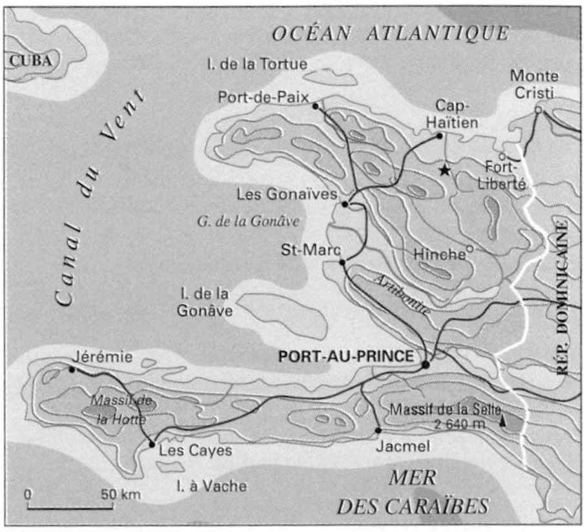

Haïti.

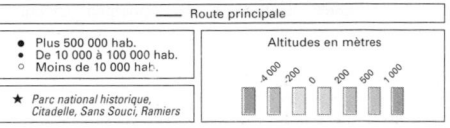

HAÏTIEN, ENNE adj. et n. ▪ D'Haïti. - n. *Les Haïtiens.*

***HALAGE** n. m. ▪ Action de haler un bateau. *Chemin de halage,* qui longe un cours d'eau pour permettre le halage des bateaux.

***HALBRAN** n. m. ▪ Jeune canard sauvage.

Maurice HALBWACHS (1877-1945) ▪ Sociologue français. Élève de Durkheim, il s'est intéressé aux rapports entre la psychologie et la sociologie. Mort en déportation.

John Burdon Sanderson HALDANE (1892-1964) ▪ Biologiste indien d'origine britannique. Il fut le premier à donner une estimation du taux de mutations génétiques chez l'homme.

George Ellery HALE (1868-1938) ▪ Astronome américain. Il inventa le spectrohéliographe, révéla l'existence d'un champ magnétique dipôle dans le Soleil, et mesura les champs magnétiques dans les taches solaires, dont il établit la théorie du mouvement.

***HÂLE** n. m. ▪ Couleur plus ou moins brune que prend la peau exposée à l'air et au soleil. ⇒ **bronzage.** *Un léger hâle.*

HALEINE n. f. ▪ **1.** Mélange gazeux qui sort des poumons pendant l'expiration. *Haleine fraîche. Avoir mauvaise haleine,* sentir mauvais de la bouche. **2.** La respiration (inspiration et expiration). ⇒ **souffle.** ♦ loc. *ÊTRE HORS D'HALEINE,* à bout de souffle (⇒ **haletant**). *RETENIR SON HALEINE,* sa respiration. *REPRENDRE HALEINE :* reprendre sa respiration après un effort. – *À PERDRE HALEINE* loc. adv. : au point de ne plus pouvoir respirer ; fig. sans s'arrêter. *Courir à perdre haleine.* **3.** (dans des loc.) Intervalle entre deux inspirations. *D'UNE (SEULE) HALEINE :* sans s'arrêter pour respirer. ⇒ d'un **trait.** *Débiter une phrase d'une seule haleine.* – *TENIR qqn EN HALEINE,* maintenir son attention en éveil ; maintenir dans un état d'incertitude, d'attente. – *Travail DE LONGUE HALEINE,* qui exige beaucoup de temps et d'efforts.

***HALER** v. tr. ⊡1 ▪ **1.** Tirer à soi, spécialt à l'aide d'un cordage. **2.** Remorquer (un bateau) à l'aide d'un câble tiré du rivage. *Tracteur qui hale une péniche* (⇒ **halage, haleur**).

***HÂLER** v. tr. ⊡1 ▪ (air, soleil) Rendre (la peau, le teint) brun ou rougeâtre. ⇒ **bronzer, brunir.** *L'air marin hâle le teint.* ► ***HÂLÉ, ÉE** adj. *Visage, teint hâlé.*

Stephen HALES (1677-1761) ▪ Physicien, naturaliste et inventeur anglais. Il mit au point un appareil permettant de recueillir les gaz.

***HALETANT, ANTE** adj. ▪ **1.** Qui halète. ⇒ **essoufflé.** *Chien haletant.* – *Respiration haletante.* ⇒ **précipité.** – fig. *Être haletant d'impatience.* **2.** Qui tient en haleine. *Une intrigue haletante.*

***HALÈTEMENT** n. m. ▪ Respiration précipitée.

***HALETER** v. intr. ⊡5 ▪ **1.** Respirer avec gêne à un rythme anormalement précipité ; être hors d'haleine. *Haleter d'émotion.* – *Chien qui halète.* **2.** fig. Être tenu en haleine. *L'auditoire haletait.*

***HALEUR, EUSE** n. ▪ Personne qui hale les bateaux le long des cours d'eau.

Ludovic HALÉVY (1834-1908) ▪ Auteur français de livrets d'opérettes, notamment pour Offenbach. *"La Belle Hélène"* (1864). Collaborateur de Meilhac.

HALICARNASSE ▪ Ancienne ville d'Asie Mineure (Carie), où s'élevait le tombeau (Mausolée) du satrape Mausole.

HALIEUTIQUE adj. ▪ DIDACT. Qui concerne la pêche.

HALIFAX ▪ Ville du Canada, capitale de la Nouvelle-Écosse. 90 203 hab. (zone urbaine de 320 501 hab.). Port important sur l'Atlantique.

***HALL** [ol] n. m. ▪ anglic. Grande salle servant d'entrée, d'accès. *Hall de gare. Hall d'accueil.* ♦ Vaste local. *Hall d'exposition.*

Granville Stanley HALL (1844-1924) ▪ Psychologue et pédagogue américain. Il étudia le développement affectif et intellectuel de l'enfant et de l'adolescent, par la méthode des questionnaires.

al-HALLĀJ (858-922) ▪ Mystique musulman condamné à mort à Bagdad pour ses idées inspirées du soufisme.

HALLALI n. m. ▪ CHASSE Cri ou sonnerie de cor annonçant que l'animal est aux abois. *Sonner l'hallali.*

***HALLE** n. f. ▪ **1.** Vaste emplacement couvert ou bâtiment où se tient un marché, un commerce de gros. *Halle au blé, aux vins.* **2.** au plur. *LES HALLES :* emplacement, bâtiment où se tient le marché central de denrées alimentaires d'une ville. *Les Halles* (de Paris) : ancien quartier des halles (aujourd'hui à Rungis). **3.** VX *Le langage des halles,* populaire et cru.

HALLE ▪ Ville d'Allemagne (Saxe-Anhalt). 311 400 hab. Université. Centre industriel important.

HALLE ▪ Ville de Belgique (Brabant flamand). 32 768 hab. Basilique du XVIe s.

***HALLEBARDE** n. f. ▪ anciennt Arme d'hast munie de deux fers latéraux supplémentaires, l'un en croissant, l'autre en pointe. ♦ loc. FAM. *Il pleut, il tombe des hallebardes :* il pleut à verse.

***HALLEBARDIER** n. m. ▪ anciennt Homme d'armes portant la hallebarde.

Edmond HALLEY (1656-1742) ▪ Astronome anglais. Le premier, il a prédit le retour périodique (tous les 76 ans environ) d'une comète qu'il avait observée en 1681-1682 *(comète de Halley).*

***HALLIER** n. m. ▪ Groupe de buissons serrés et touffus.

HALLOWEEN [alɔwin] n. f. ▪ En Amérique du Nord, fête (31 octobre) où les enfants masqués, déguisés, quêtent des friandises, utilisant des citrouilles vidées, percées d'yeux et éclairées de l'intérieur.

HALLSTATT ▪ Village autrichien (Haute-Autriche) où furent découvertes de nombreuses sépultures datant de la première époque de l'âge du fer, qui fut alors nommée *période de Hallstatt* (IXe-VIe s. av. J.-C. → les **Celtes**).

Hallstatt. *Guerrier,* bronze de la période de Hallstatt. Naturhistorisches Museum, Vienne.
Phot. © Arch. Smeets

HALLUCINANT, ANTE adj. ▪ Qui a une grande puissance d'illusion, d'évocation. *Ressemblance hallucinante.* ⇒ **saisissant.** ♦ FAM. Énorme, extraordinaire, exagéré.

HALLUCINATION n. f. ▪ **1.** MÉD. Perception pathologique de faits, d'objets qui n'existent pas, de sensations en l'absence de stimulus extérieur. ⇒ **illusion.** *Hallucinations visuelles* (⇒ **vision**), *auditives* (→ entendre des voix). *Les hallucinations d'un toxicomane.* **2.** Erreur des sens, illusion. *Être le jouet d'une hallucination. J'ai cru le voir ici, je dois avoir des hallucinations.*

HALLUCINATOIRE adj. ▪ DIDACT. **1.** De l'hallucination. *Vision hallucinatoire.* **2.** Qui provoque l'hallucination.

HALLUCINÉ, ÉE adj. et n. ▪ Qui a des hallucinations. *Fou halluciné.* – *Un air halluciné.* ⇒ **égaré ; bizarre.** fig. *"Les Campagnes hallucinées"* (poèmes de Verhaeren).

HALLUCINER v. tr. ⊡1 ▪ Rendre halluciné.

HALLUCINOGÈNE adj. et n. m. ▪ Qui donne des hallucinations. *Champignon hallucinogène.* – n. m. Drogue provoquant un état psychédélique.

HALLUIN ▪ Commune du Nord. 17 629 hab. *(les Halluinois).* Industries textile et alimentaire.

Jean-Philippe Smet dit **Johnny HALLYDAY** (né en 1943) ▪ Chanteur français. Il devint en 1960 la première « idole » française du rock'n roll.

***HALO** n. m. ▪ **1.** Auréole lumineuse diffuse autour d'une source lumineuse. *Le halo des réverbères dans le brouillard.* **2.** fig. ⇒ **auréole.** *Un halo de gloire.*

HALO- Élément savant, du grec *hals, halos* « sel ».

HALOGÈNE n. m. ▪ **1.** CHIM. Se dit de chacun des cinq éléments qui figurent dans la même colonne que le chlore, dans la classification périodique des éléments (fluor, chlore, brome, iode, astate). **2.** *Lampe (à) halogène,* dont l'atmosphère gazeuse contient un halogène et qui permet un éclairage progressif.

Bernard **HALPERN** (1904 - 1978) ▪ Médecin français. Travaux sur la physiopathologie et la thérapeutique des maladies allergiques.

Frans **HALS** (v. 1581 ou 1585 - 1666) ▪ Peintre hollandais qui fit pratiquement toute sa carrière à Haarlem. Il excella dans l'art du portrait par sa facture très libre, étonnamment moderne. *"La Bohémienne"; "Portrait des régentes de l'hospice des vieillards"* (1664).

Hals. *Portrait d'Andries Van der Horn.* Musée d'Art, São Paulo. *Phot. © Dagli Orti*

***HALTE** n. f. ▪ **1.** Temps d'arrêt consacré au repos, au cours d'une marche, d'un voyage. *Faire halte quelque part. Une courte halte.* **2.** Lieu où l'on fait halte. ⇒ **escale, étape.** *Une halte de routiers.* **3.** interj. *HALTE ! :* commandement par lequel on ordonne à qqn de s'arrêter. *Section, halte !* - fig. *Dire halte à la guerre. HALTE-LÀ !* (pour enjoindre à un suspect de s'arrêter). ⇒ **qui-vive.**

***HALTE-GARDERIE** n. f. ▪ Crèche accueillant des enfants pour une courte durée. *Des haltes-garderies.*

HALTÈRE n. m. ▪ Instrument de gymnastique fait de deux boules ou disques de métal réunis par une tige. *Faire des haltères.* ♦ *Poids et haltères :* sport consistant à soulever des haltères les plus lourds possible, en exécutant certains mouvements (syn. *haltérophilie*).

HALTÉROPHILE n. ▪ Athlète qui pratique l'haltérophilie.

HALTÉROPHILIE n. f. ▪ Sport des poids et haltères*.

***HALVA** n. m. ▪ Confiserie orientale à base d'huile de sésame, de farine et de miel. *Du halva à la pistache.*

HAM ▪ Commune de la Somme, sur la Somme. 5 532 hab. Vestiges d'un château des XIIIe-XVe s., où Louis Napoléon Bonaparte, futur Napoléon III, fut détenu.

HAMĀ ▪ Ville de Syrie. 274 000 hab. Centre textile.

***HAMAC** n. m. ▪ Rectangle de toile ou de filet suspendu par deux extrémités, utilisé comme lit. *Se balancer dans un hamac.*

HAMADĀN ou **HAMADHĀN,** anc. ***ECBATANE*** ▪ Ville d'Iran. 272 499 hab. Monuments. Au VIIe s. av. J.-C., Ecbatane fut la capitale des Mèdes.

HAMADRYADE n. f. ▪ DIDACT. Nymphe des bois identifiée à un arbre qu'elle habite. ⇒ **dryade.**

HAMAMATSU ▪ Ville du Japon (Honshū). 545 863 hab.

HAMAMÉLIS [-is] n. m. ▪ Arbuste dont l'écorce et les feuilles sont employées en pharmacie.

HAMBOURG en allemand ***HAMBURG*** ▪ Ville et principal port d'Allemagne, capitale de l'État (Land) du même nom (755 km^2), située sur l'Elbe. 1 689 000 hab. *(les Hambourgeois).* Grand centre économique du pays. Chantiers navals. Très endommagée durant la Deuxième Guerre mondiale.

***HAMBURGER** [ɑ̃buʀgœʀ ; ɑ̃bœʀgœʀ] n. m. ▪ anglic. Bifteck haché, souvent servi dans un pain rond. *Des hamburgers.*

***HAMEAU** n. m. ▪ Petit groupe de maisons à l'écart d'un village.

HAMEÇON n. m. ▪ **1.** Crochet pointu qu'on adapte au bout d'une ligne et qu'on garnit d'un appât, pour prendre le poisson. **2.** fig. Piège, appât. loc. *Mordre à l'hameçon,* se laisser prendre au piège d'une proposition avantageuse.

HAMHŬNG ▪ Ville de Corée du Nord. 430 000 hab.

HAMILCAR BARCA (v. 290 - v. 229 av. J.-C.) ▪ Chef de guerre carthaginois. Il participa à la première guerre punique et conquit le sud de l'Espagne. Père d'Hannibal.

Alexander **HAMILTON** (1757 - 1804) ▪ Homme politique américain. Un des inspirateurs de la Constitution, secrétaire du Trésor de 1789 à 1795, créateur de la Banque nationale.

sir William Rowan **HAMILTON** (1805 - 1865) ▪ Mathématicien et astronome irlandais. Géométrie vectorielle. Nombres complexes.

HAMILTON ▪ Ville du Canada (Ontario). 318 500 hab. (zone urbaine de 599 760 hab.). Port actif sur le lac Ontario. Métallurgie.

HAMILTON ▪ Ville de Nouvelle-Zélande. 148 625 hab. Université.

HAMLET (IIe s. ?) ▪ Prince danois dont la légende inspira Shakespeare* : pour venger son père assassiné, Hamlet simule la folie, tue son oncle et beau-père Claudius, abandonne sa fiancée, Ophélie, qui se noie ; lui-même meurt, blessé par une épée empoisonnée.

HAMM ▪ Ville d'Allemagne (Rhénanie-du-Nord-Westphalie). 178 200 hab.

les **HAMMADIDES** ou **BANŪ ḤAMMĀD** ▪ Dynastie berbère qui régna sur le Maghreb central de 1017 à 1152.

***HAMMAM** [amam] n. m. ▪ Établissement de bains de vapeur. ⇒ bain **turc.**

HAMMAMET ▪ Ville de Tunisie. 42 799 hab. Station balnéaire.

Dashiell **HAMMETT** (1894 - 1961) ▪ Auteur américain de romans policiers. *"Le Faucon maltais"* (1930) (adapté au cinéma par Huston).

HAMMOURABI ou **HAMMURABI** (XVIIe s. av. J.-C.) ▪ Le plus grand souverain de la Mésopotamie ancienne. Son règne de 43 ans marqua l'âge d'or de la civilisation babylonienne. Il érigea un code de lois dit *code de Hammourabi.*

① ***HAMPE** n. f. ▪ **1.** Long manche de bois auquel on fixe une arme, un symbole. **2.** BOT. Tige portant une ou des fleurs. **3.** Trait vertical de certaines lettres. *La hampe du p.*

② ***HAMPE** n. f. ▪ Partie supérieure et latérale du ventre du bœuf, du côté de la cuisse. *Steak dans la hampe.*

Hambourg. Le port. *Phot. © Erich Lessing/Magnum*

le Hampshire ▪ Comté du sud de l'Angleterre. 3 772 km^2. 1 600 00 hab. Chef-lieu : Winchester.

Lionel Hampton (né en 1909) ▪ Vibraphoniste, batteur et chef d'orchestre américain de jazz.

Lionel **Hampton.** *Phot. © Ducasse/Gamma*

Hampton ▪ Ville des États-Unis (Virginie). 34 000 hab. Port de *Hampton Roads,* commun avec Newport News, Norfolk et Portsmouth, sur la baie de Chesapeake.

***HAMSTER** [amstɛʀ] **n. m.** ▪ Petit rongeur roux et blanc.

Knut Pedersen dit **Knut Hamsun** (1859 - 1952) ▪ Romancier norvégien. Adversaire virulent de la société moderne et de la démocratie. *"La Faim"* (1890). Prix Nobel 1920.

***HAN** [ɑ̃ ; hɑ̃] **interj.** ▪ Onomatopée traduisant le cri sourd d'une personne qui fait un violent effort. - **n. m.** *Pousser un han.*

les Han ▪ Dynastie chinoise qui régna pendant plus de quatre siècles (de 256 av. J.-C. à 220 apr. J.-C.). Un des sommets de la civilisation chinoise : apparition du bouddhisme, commerce (par la route de la soie).

***HANAP** [-ap] **n. m.** ▪ anciennt (Moyen Âge) Grand vase à boire en métal, avec un pied et un couvercle.

***HANCHE** **n. f.** ▪ Chacune des deux régions symétriques du corps formant saillie au-dessous de la taille (⇒ os **iliaque**). *Hanches étroites, larges. Rouler les* (ou *des*) *hanches.* ⇒ se **déhancher.** *Mettre les poings sur les hanches.*

***HANDBALL** [ɑ̃dbal] **n. m.** ▪ Sport d'équipe qui se joue à la main avec un ballon rond. ► **n.** *HANDBALLEUR, EUSE

***HANDICAP** [-ap] **n. m.** ▪ **1.** Course de chevaux ou épreuve sportive où l'on impose aux meilleurs concurrents certains désavantages au départ afin d'équilibrer les chances de succès. **2.** Déficience physique ou mentale, congénitale ou acquise (⇒ **handicapé**). **3.** fig. Désavantage, infériorité. *Son manque d'expérience constitue un sévère handicap.*

***HANDICAPANT, ANTE** **adj.** ▪ Qui handicape (2). *Maladie handicapante.* ⇒ **invalidant.**

***HANDICAPÉ, ÉE** **adj.** et **n.** ▪ Qui présente un handicap physique ou mental. - **n.** *Un handicapé moteur.* ⇒ **infirme, invalide.** *Une handicapée mentale.*

***HANDICAPER** **v. tr.** [1] ▪ **1.** Imposer à (un cheval, un concurrent) un désavantage, selon la formule du handicap (1). **2.** Donner un handicap (2) à. ⇒ **handicapé. 3.** fig. ⇒ **défavoriser, désavantager.** *Sa timidité l'a longtemps handicapé.*

***HANDISPORT** **adj.** ▪ Relatif au sport pratiqué par les handicapés physiques. *Jeux olympiques handisports.*

Peter Handke (né en 1942) ▪ Romancier, auteur dramatique et poète autrichien. Son œuvre évoque le malaise provoqué par l'angoisse et la solitude. *"L'Angoisse du gardien de but au moment du penalty"* (1970), roman ; *"La Femme gauchère"* (1978), film.

Handke. *Phot. © Ayral/Gamma*

***HANGAR** **n. m.** ▪ Construction plus ou moins sommaire destinée à abriter du gros matériel, certaines marchandises. ⇒ **entrepôt, remise.** - Vaste garage pour avions.

Hangzhou ou **Hang-tcheou** ▪ Ville de Chine, capitale du Zhejiang. 1 338 900 hab. Centre culturel (monuments, universités) et industriel (textile, sidérurgie, chimie).

Hankou ou **Han-k'eou** ▪ Partie de la conurbation de Wuhan.

***HANNETON** **n. m.** ▪ **1.** Coléoptère ordinairement roux, au vol lourd et bruyant. **2.** loc. FAM. *(Qui n'est) pas piqué des hannetons :* (qui est) intense, extrême.

Hannibal (v. 247 - 183 av. J.-C.) ▪ Chef de guerre carthaginois. Fils d'Hamilcar Barca. Il déclencha la deuxième guerre punique* : traversée des Alpes, victoire sur les Romains à Trasimène (217) et à Cannes (Cannæ, en Italie du Sud, en 216). Mais il fut vaincu par Scipion l'Africain à Zama (202).

Hannon le Grand (IIIe s. av. J.-C.) ▪ Chef de guerre carthaginois. Il favorisa la paix avec Rome.

Hanoi ou **Hanoï** ▪ Capitale du Viêtnam sur le delta du fleuve Rouge. 1 000 000 hab. Fondée par les Chinois au IIIe s., siège du gouvernement de l'Indochine française de 1887 à 1954, elle subit de violents bombardements américains en 1972.

Hanoi. Vue du lac Hoan Kiem avec la pagode de la Tortue (XVIIIe s.). *Phot. © de Selva/Tapabor*

le Hanovre ▪ Ancien État d'Allemagne du Nord, devenu, avec les territoires de la maison de Brunswick, l'électorat de Brunswick-Lunebourg en 1692. Gouverné par les rois d'Angleterre de 1714 à 1837, institué en royaume par le congrès de Vienne, province prussienne en 1866, il fut incorporé en 1945 au Land de Basse-Saxe.

Hanovre en allemand ***Hannover*** ▪ Ville d'Allemagne, capitale de la Basse-Saxe, ancienne résidence des princes de Hanovre (1495-1866). 509 800 hab. Importantes activités commerciales (foires), industrielles, culturelles.

***HANSE** **n. f.** ▪ HIST. (au Moyen Âge) Association de marchands ayant le monopole du commerce par eau, dans une région. - *La Hanse germanique* et absolt *la Hanse :* association de villes commerçantes de la mer du Nord et de la Baltique, qui domina le commerce de ces régions du XIIe au XVIIe siècle.

***HANSÉATIQUE** **adj.** ▪ De la Hanse (germanique). *Ville, ligue hanséatique.*

Gerhard A. Hansen (1841 - 1912) ▪ Médecin norvégien. On lui doit la découverte du *bacille de Hansen* (lèpre).

Jean-Jacques Waltz dit **Hansi** (1872 - 1951) ▪ Dessinateur et écrivain français. Alsacien, il fit dans ses dessins la caricature de l'occupation de l'Alsace par les Allemands. *"Mon village"* (1913).

***HANTER** **v. tr.** [1] ▪ **1.** LITTÉR. Fréquenter (un lieu) d'une manière habituelle. *Hanter les tripots.* **2.** (esprits, fantômes) Fréquenter (un lieu). *On dit qu'un revenant hante le château.* - au p. p. *Maison hantée.* **3.** fig. Habiter l'esprit de (qqn) en tourmentant. ⇒ **obséder, poursuivre.** *Cette crainte le hante.*

***HANTISE** **n. f.** ▪ Caractère obsédant d'une pensée, d'un souvenir ; crainte, tourment constants. ⇒ **obsession.** *La hantise de la mort.*

les HAOUSSAS ▪ Peuple noir islamisé d'Afrique occidentale (Niger, Nigeria), métissé de Peuls.

HAPAX [-aks] **n. m.** ▪ DIDACT. Mot, forme, emploi dont on ne peut relever qu'un exemple (dans un corpus donné).

HAPLOÏDE adj. ▪ BIOL. (Gamète) dont chaque paire de chromosomes est dédoublée, après la méiose*.

***HAPPENING n. m.** ▪ anglic. Spectacle où la part d'imprévu et de spontanéité est essentielle.

***HAPPER v. tr.** [1] ▪ **1.** Saisir, attraper brusquement et avec violence. – passif *Être happé par un train.* **2.** (animaux) Saisir brusquement dans la gueule, le bec. *Chien qui happe un sucre au vol.*

HAPTONOMIE n. f. ▪ MÉD. Méthode de communication avec le fœtus par le toucher, à travers la paroi du ventre de la mère.

***HAQUENÉE n. f.** ▪ VX Cheval ou jument d'allure douce, que montaient les dames.

***HAQUET n. m.** ▪ Charrette étroite et longue, sans ridelles.

***HARA-KIRI n. m.** ▪ Suicide par éventration, particulièrement honorable, au Japon. *Les samouraïs condamnés à mort avaient le privilège du hara-kiri. Des hara-kiris.* ♦ par ext. *(Se) faire hara-kiri :* se suicider ; fig. se sacrifier.

***HARANGUE n. f.** ▪ **1.** Discours solennel prononcé devant une assemblée, un haut personnage. **2.** Discours pompeux et ennuyeux ; remontrance interminable. ⇒ **sermon.**

***HARANGUER v. tr.** [1] ▪ Adresser une harangue à. *Haranguer la foule.* ► **n.** *HARANGUEUR, EUSE

HARARE ▪ Capitale du Zimbabwe. 700 000 hab. Nombreuses industries (tabac). La ville s'est appelée **Salisbury** jusqu'en 1982.

***HARAS n. m.** ▪ Lieu, établissement destiné à la sélection, à la reproduction et à l'élevage des chevaux. *Les prés d'un haras.*

***HARASSANT, ANTE adj.** ▪ ⇒ **épuisant.** *Travail harassant.*

***HARASSER v. tr.** [1] ▪ Accabler de fatigue. ⇒ **exténuer.** – passif *Être harassé de travail.* ► ***HARASSÉ, ÉE adj.** ⇒ **épuisé, fourbu.** ► **n. m.** *HARASSEMENT

HARBIN ou **HAERBIN** en russe ***KHARBIN*** ▪ Ville du nord-est de la Chine, capitale du Heilongjiang. 2 827 100 hab. Grand centre d'industrie grâce aux ressources minières voisines.

***HARCÈLEMENT n. m.** ▪ Action de harceler (en actes ou en paroles). – *Harcèlement sexuel* (de la part d'un supérieur hiérarchique).

***HARCELER v. tr.** [5] ▪ Soumettre sans répit à de petites attaques. *Harceler l'ennemi.* – *Ses créanciers le harcèlent depuis des mois.* ⇒ **talonner.** – *Harceler qqn de questions.* ► *HARCELANT, ANTE **adj.** *Créanciers harcelants.* – *Occupations harcelantes.*

***HARDE n. f.** ▪ Troupe de bêtes sauvages vivant ensemble. *Une harde de cerfs.* ≠ *horde.*

***HARDES n. f. pl.** ▪ péj. Vêtements pauvres et usagés. ⇒ **guenille(s), haillon(s).**

***HARDI, IE adj.** ▪ **1.** Qui ose sans se laisser intimider. ⇒ **audacieux, aventureux, intrépide.** *Être hardi à l'excès.* ⇒ **téméraire.** – *Une initiative hardie.* **2.** péj. VIEILLI ⇒ **effronté, insolent.** ♦ spécialt Provocant. *Une fille hardie.* – *Décolleté hardi.* ⇒ **audacieux.** *Ce livre contient des passages un peu hardis.* ⇒ **osé.** **3.** Original, nouveau. *Des rimes hardies.* **4. interj.** *HARDI !* Formule servant à encourager et pousser en avant. ⇒ **courage.** *Hardi, les gars ! Hardi petit !*

***HARDIESSE n. f.** ▪ LITTÉR. **1.** Qualité d'une personne, d'une action hardie. ⇒ **audace, bravoure, courage, intrépidité.** *Avoir, montrer de la hardiesse.* ♦ péj. VIEILLI Effronterie, impudence. **2.** Action, idée, parole, expression hardie. *Se permettre certaines hardiesses.* ⇒ **liberté.**

***HARDIMENT adv.** ▪ Avec hardiesse. ⇒ **courageusement.** – *Nier hardiment.* ⇒ **effrontément.**

Warren HARDING (1865-1923) ▪ 29e président (républicain) des États-Unis, de 1921 à sa mort. Il rétablit un protectionnisme rigide.

Jules Hardouin dit **HARDOUIN-MANSART** (1646-1708) ▪ Architecte français. Neveu de Mansart, maître du classicisme français, il acheva le château de Versailles (avec le Grand Trianon) et réalisa la place Vendôme et la place des Victoires à Paris.

la HARDT ou **HAARDT** ▪ Massif gréseux d'Allemagne, prolongeant au nord les Vosges et culminant à 687 m au Donnersberg.

***HARDWARE** [-wɛʀ] **n. m.** ▪ anglic. Les éléments matériels d'un système informatique. ⇒ **matériel** (recomm. off.).

Alexandre HARDY (1570-1632) ▪ Auteur dramatique français. Dramaturgie où le récit est subordonné à une action débridée. *"La Force du sang"*, tragicomédie inspirée de Cervantès.

Thomas HARDY (1840-1928) ▪ Écrivain britannique. Ses critiques de la morale victorienne firent scandale. *"Tess d'Urberville"* (1891) ; *"Jude l'Obscur"* (1895).

Oliver HARDY → Stan **Laurel**

***HAREM** [aʀɛm] **n. m.** ▪ Appartement réservé aux femmes (chez un grand personnage musulman). – Ensemble des femmes du harem.

***HARENG** [aʀɑ̃] **n. m.** ▪ Poisson de mer, vivant en bancs souvent immenses. – *Hareng saur.* – loc. FAM. *Être serrés comme des harengs (en caque),* très serrés (⇒ **sardine**).

***HARENGÈRE n. f.** ▪ Femme grossière et criarde. ⇒ **poissarde.** *Elles s'insultaient comme des harengères* (pour les hommes → charretier).

***HARET adj. et n. m.** ▪ *Chat haret* ou **n. m.** *un haret :* chat domestique retourné à l'état sauvage.

HARFLEUR ▪ Commune de la Seine-Maritime. 9 180 hab. *(les Harfleurais).* Château du XVIIe s.

HARGEISA ▪ Ville de Somalie. 90 000 hab. Elle fut presque entièrement détruite en 1991 lors de la guerre civile.

***HARGNE n. f.** ▪ Mauvaise humeur se traduisant par des propos acerbes, une attitude agressive, méchante ou haineuse. *Répondre avec hargne.* ♦ Ténacité rageuse.

***HARGNEUX, EUSE adj.** ▪ Qui est plein de hargne. ⇒ **acariâtre.** *Individu hargneux.* – *Propos hargneux.* ⇒ **acerbe.** ► **adv.** *HARGNEUSEMENT

***HARICOT n. m.** ▪ **I.** *Un haricot de mouton :* un ragoût de mouton. **II. 1.** Plante légumineuse à fruits comestibles. *Un pied de haricot.* **2.** au plur. Gousses de cette plante qui se consomment encore vertes *(haricots verts),* ou contenant les graines *(haricots mange-tout).* ⇒ **flageolet.** absolt Ces graines, fraîches ou sèches. *Haricots secs. Haricots blancs* (⇒ FAM. **fayot**), *rouges.* ♦ *Un haricot :* une gousse ; une graine. **3.** fig. FAM. *Travailler pour des haricots,* pour presque rien. *C'est la fin des haricots,* la fin de tout. **4.** Récipient en forme de graine de haricot, utilisé en chirurgie.

***HARIDELLE n. f.** ▪ Mauvais cheval efflanqué.

***HARISSA n. f.** ou **m.** ▪ Poudre ou purée de piments utilisée comme condiment dans la cuisine maghrébine.

***HARKI n. m.** ▪ Militaire indigène d'Afrique du Nord qui servait dans une milice supplétive aux côtés des Français.

HARLEM → **New York**

HARMATTAN n. m. ▪ Alizé chaud et sec qui souffle sur l'Afrique occidentale.

HARMONICA n. m. ▪ **I.** VX Instrument formé de récipients de verre qui, frottés, donnent chacun une note. – Clavecin à lames de verre. **II.** MOD. Instrument de musique en forme de petite boîte plate, dont on fait vibrer les anches par le souffle.

HARMONIE n. f. ▪ **I. 1.** LITTÉR. Combinaison de sons agréables à l'oreille. ⇒ **euphonie.** *L'harmonie des sphères :* les sons harmonieux produits par le mouvement des corps célestes, le cosmos. **2.** MUS. Ensemble des principes qui règlent l'emploi et la combinaison des sons simultanés ; science des accords et des simultanéités des sons (opposé à *mélodie*). *Traité d'harmonie.* **3.** Orchestre de bois, de cuivres et de percussions. *L'harmonie municipale.* ⇒ **fanfare.** **4.** LITTÉR. L'expression poétique (notamment chez les romantiques). *"Harmonies poétiques et religieuses"* (de Lamartine). **II. 1.** Rapports entre les parties d'un tout, qui font qu'elles concourent à un même effet d'ensemble ; cet effet. ⇒ **unité ; ordre, organisation.** – *Être* EN HARMONIE *avec.* ⇒ **convenir, correspondre, s'harmoniser.** *Sa vie est en harmonie avec ses idées.* ♦ Beauté régulière. *L'harmonie des tons dans un tableau. L'harmonie d'un visage.* ⇒ **beauté, régularité.**

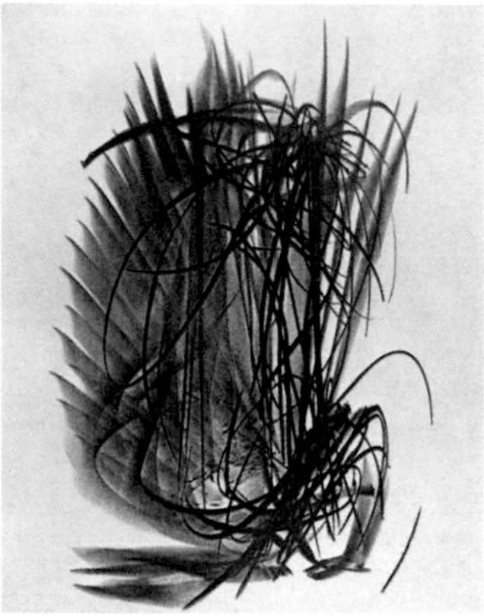

Hartung. Lithographie. Coll. part.
Phot. © Garanger/Giraudon

2. Accord, bonnes relations entre personnes. ⇒ **entente, paix, union.** *L'harmonie qui règne dans une équipe. Vivre en parfaite harmonie.* ⇒ **amitié, entente, sympathie.**

HARMONIEUSEMENT adv. ▪ D'une manière harmonieuse.

HARMONIEUX, EUSE adj. ▪ **1.** Agréable à l'oreille. ⇒ **mélodieux.** *Voix harmonieuse.* **2.** Qui a, qui produit de l'harmonie ; qui est en harmonie avec les autres éléments. *Harmonieux équilibre.* – *Couleurs harmonieuses.* – *Style harmonieux.*

HARMONIQUE adj. et n. ▪ **1.** Relatif à l'harmonie (I, 2) en musique. – *Son harmonique* ou **n.** *un* ou *une harmonique* : vibration, son dont la fréquence est un multiple entier de celle du son fondamental. **2.** MATH. *Division harmonique,* de quatre points alignés, lorsque leurs distances deux à deux sont dans un rapport inverse. – *Série harmonique* (1+1/2+1/3+1/4...). ► adv. HARMONIQUEMENT

HARMONISATION n. f. ▪ Action d'harmoniser. – Manière dont une musique est harmonisée.

HARMONISER v. tr. ⊡ ▪ **1.** Mettre en harmonie, en accord. ⇒ **accorder, coordonner, équilibrer.** *Harmoniser des couleurs.* **2.** MUS. Combiner (une mélodie) avec d'autres parties ou des suites d'accords. *Harmoniser un air,* composer un accompagnement. ⇒ **arranger, orchestrer.** ► **S'HARMONISER** v. pron. Se mettre, être en harmonie. ⇒ s'**accorder.** *Teintes qui s'harmonisent. Ses sentiments s'harmonisaient avec le paysage.*

HARMONISTE n. ▪ Musicien, compositeur qui accorde de l'importance à l'harmonie (I, 2).

HARMONIUM [-jɔm] n. m. ▪ Instrument à clavier et à soufflerie, comme l'orgue, mais muni d'anches libres au lieu de tuyaux. *Tenir l'harmonium de l'église.*

***HARNACHEMENT** n. m. ▪ **1.** Action de harnacher. – Ensemble des harnais. **2.** fig. Habillement lourd et incommode.

***HARNACHER** v. tr. ⊡ ▪ **1.** Mettre le harnais à (un animal de selle ou de trait). **2.** Accoutrer (qqn) comme d'un harnais (surtout passif et p. p.). *Touriste harnaché d'appareils photo.*

Adolf von **HARNACK** (1851 - 1930) ▪ Historien et théologien protestant allemand. *"Histoire des dogmes"* (1886-1889).

***HARNAIS** n. m. ▪ **1.** anciennt Équipement complet d'un homme d'armes. – loc. *Blanchi sous le harnais* ou (forme anc.) *sous le harnois* : vieilli dans le métier (des armes, etc.). **2.** Équipement d'un animal de selle ou de trait (bât, brancard, mors, licou, rêne...). ⇒ **harnachement. 3.** Système de sangles pour s'attacher (dans certains sports).

HARNES ▪ Commune du Pas-de-Calais. 14 309 hab. *(les Harnésiens).*

***HARNOIS** ⇒ HARNAIS

Nikolaus **HARNONCOURT** (né en 1929) ▪ Chef d'orchestre autrichien. Il s'est attaché à restituer à la musique baroque son interprétation d'époque.

***HARO** n. m. ▪ loc. *Crier haro sur le baudet* (allus. à La Fontaine) : dénoncer (qqn, qqch.) à l'indignation de tous.

HAROLD II (v. 1022 - 1066) ▪ Dernier roi des Anglo-Saxons, vaincu et tué à Hastings par Guillaume Ier le Conquérant.

HAROUN AL-RACHID (766 - 809) ▪ Calife de la dynastie des Abbassides. Sous son règne, Bagdad était une des villes les plus riches et les plus cultivées du monde. La vie fastueuse de sa cour fit de lui le héros de plusieurs contes des *"Mille et Une Nuits".*

HARPAGON ▪ Personnage principal de *"L'Avare"* de Molière.

***HARPE** n. f. ▪ **1.** Grand instrument à cordes pincées. *Harpe celtique. La harpe d'Orphée, du prophète David.* – spécialt *Harpe (chromatique),* à 78 cordes de longueur inégale, à cadre triangulaire. **2.** fig. LITTÉR. L'expression poétique.

***HARPIE** n. f. ▪ (du n. mythol.) Femme méchante, acariâtre. ⇒ **mégère.**

les **HARPIES** ou **HARPYES** n. f. ▪ Divinités grecques au corps d'oiseau et à tête de femme. Ravisseuses d'enfants et d'âmes.

***HARPISTE** n. ▪ Personne qui joue de la harpe.

HARPOCRATE ▪ Dieu égyptien figurant Horus enfant. Les Grecs et les Romains en firent le dieu du Silence.

***HARPON** n. m. ▪ Dard emmanché, relié à une ligne, qui sert à prendre les gros poissons, les cétacés. *Pêche au harpon.*

***HARPONNER** v. tr. ⊡ ▪ **1.** Atteindre, accrocher avec un harpon. *Harponner une baleine.* **2.** fig. FAM. Arrêter, saisir brutalement. *Harponner un malfaiteur.* ► n. m. *HARPONNAGE ou (RARE) *HARPONNEMENT

Zellig Sabbetai **HARRIS** (né en 1909) ▪ Linguiste américain d'origine russe. Il a élaboré la théorie distributionnelle et établi (avec son élève Chomsky) les bases de la linguistique transformationnelle.

HARRISBURG ▪ Ville des États-Unis, capitale de la Pennsylvanie. 60 000 hab.

William **HARRISON** (1773 - 1841) ▪ 9e président des États-Unis, il mourut un mois après le début de son mandat. ► **Benjamin HARRISON** (1833 - 1901), son petit-fils, fut le 23e président (républicain) des États-Unis, de 1889 à 1893.

HARROGATE ▪ Ville d'Angleterre (Yorkshire du Nord). 150 000 hab. Importante station thermale.

HARROW ▪ Faubourg *(borough)* résidentiel du Grand Londres. 194 000 hab.

HARTFORD ▪ Ville des États-Unis, capitale du Connecticut. 140 000 hab. Centre financier (assurances).

Hans **HARTUNG** (1904 - 1989) ▪ Peintre allemand naturalisé français. Il est considéré comme l'un des maîtres de l'abstraction lyrique et de la peinture gestuelle.

HARUNOBU (v. 1725 - 1770) ▪ Peintre japonais d'estampes ukiyoe. Il popularisa la technique de la gravure sur bois polychrome et grava des images de beautés féminines.

HARUSPICE ⇒ ARUSPICE

HARVARD → **Cambridge** (Massachusetts)

William **HARVEY** (1578 - 1657) ▪ Médecin anglais. Il découvrit la mécanique de la circulation sanguine et réalisa les premières observations sur le développement de l'embryon et du fœtus.

le **HARYANA** ou **HARIANA** ▪ État du nord de l'Inde. 44 200 km². 16 317 000 hab. Capitale : Chandigarh.

le **HARZ** ▪ Massif montagneux d'Allemagne centrale, entre l'Elbe et la Weser (Brocken, 1 142 m.).

***HASARD** n. m. ▪ **I.** VX Jeu de dés. **II. 1.** Cas, événement fortuit ; concours de circonstances inattendu et inexplicable. ⇒ **coïncidence.** *C'est un pur hasard,* rien n'était calculé, prémédité. *Un heureux hasard.* ⇒ **chance ; occasion.** *Un hasard malheureux.* ⇒ **accident, malchance. 2.** LITTÉR. Risque, circonstance dangereuse. *Les hasards de la guerre.* ⇒ **aléa. III. 1.** *LE HASARD* : cause attribuée à des événements significatifs pour l'être humain et apparemment inexplicables. *Les lois du hasard.* ⇒ **probabilité.** (PHILOS.) *Le hasard et la causalité, et la nécessité*. Le hasard fait bien les choses* (se dit d'un concours de circonstances heureux). *Les caprices du hasard.* ⇒ **destin, fatalité, sort.** *Ne rien laisser au hasard* : tout prévoir. *S'en remettre au hasard.* **2.** *AU HASARD* loc. adv. : n'importe où. *Coups tirés au hasard.* – Sans réflexion. *Donner une réponse au hasard.* ⇒ au petit **bonheur.** ♦ *AU HASARD DE* loc. prép. : selon les hasards de. *Au hasard des rencontres,* *des circonstances.* ♦ *À TOUT HASARD* loc. adv. : en prévision ou dans l'attente de tout ce qui pourrait se présenter. *Laissez-moi votre adresse, à tout hasard.* ♦ *PAR HASARD* loc. adv. ⇒ **accidentellement, fortuitement.** *Je l'ai rencontré par hasard. Comme par hasard :* comme si c'était un hasard. *Si par hasard :* au cas où. **3.** *JEU DE HASARD,* où le calcul, l'habileté n'ont aucune part (dés, roulette, baccara, loterie). *Un fervent des jeux de hasard.*

***HASARDER** v. tr. ① ▪ **1.** LITTÉR. Livrer (qqch.) au hasard, aux aléas du sort. ⇒ **aventurer, exposer, risquer.** *Hasarder sa réputation.* **2.** Entreprendre (qqch.) en courant le risque d'échouer ou de déplaire. ⇒ **tenter.** *Hasarder une démarche.* **3.** Se risquer à exprimer. *Il hasarda timidement une remarque.* ► SE **HASARDER** v. pron. Aller, se risquer (en un lieu où il y a du danger). *Ne vous hasardez pas le soir dans ce quartier.* ⇒ s'**aventurer.** – *SE HASARDER À :* se risquer à. *Se hasarder à demander qqch.*

***HASARDEUX, EUSE** adj. ▪ Qui expose à des périls ; qui comporte des risques. *Entreprise hasardeuse.* ⇒ **aléatoire, aventuré, dangereux.**

***HASCHISCH** n. m. ▪ Chanvre indien avec lequel on prépare une drogue enivrante ; cette drogue. ⇒ **cannabis, marijuana.** *Fumer du haschisch. "Le Poème du hachisch"* (dans *Les Paradis artificiels* de Baudelaire). ◇ var. HACHISCH ; abrév. COUR. HASCH.

HASDRUBAL ▪ NOM DE PLUSIEURS GÉNÉRAUX CARTHAGINOIS ► **HASDRUBAL LE BEAU** (v. 270 - 221 av. J.-C.), fondateur de Carthagène. ► **HASDRUBAL BARCA** (v. 245 - 207 av. J.-C.), vaincu par Scipion l'Africain. ► **HASDRUBAL** (mort v. 146 av. J.-C.), battu lors de la troisième guerre punique.

***HASE** n. f. ▪ Femelle du lièvre ou du lapin de garenne. ⇒ **lapine.**

Jaroslav **HAŠEK** (1883 - 1923) ▪ Écrivain tchèque. Il créa le type populaire de Chveik dans *"Les Aventures du brave soldat Chveik"* (1912), épopée héroïcomique.

Clara **HASKIL** (1895 - 1960) ▪ Pianiste roumaine. Elle fut une interprète exceptionnelle de Mozart, Schubert et Schumann.

HASSAN II (né en 1929) ▪ Roi du Maroc depuis 1961. → **Maroc.**

Hassan II.
Phot. © Benyatouille/ Gamma

HASSELT ▪ Ville de Belgique, chef-lieu du Limbourg. 66 611 hab.

***HASSIDISME** n. m. ▪ Nom de divers courants religieux juifs de tendance mystique (et dont les fidèles s'appellent des *hassidim* n. m. pl.).

HASSI MESSAOUD ▪ Ville du Sahara algérien. 11 428 hab. Gisement pétrolifère.

HAST [ast] n. m. ▪ anciennt *Arme d'hast :* toute arme dont le fer est monté sur une longue hampe.

HASTINGS ▪ Ville et port d'Angleterre (Sussex-Oriental). 75 000 hab. En 1066, Guillaume le Conquérant y vainquit le dernier roi anglo-saxon Harold II.

HATCHEPSOUT ▪ Reine d'Égypte de 1503 à 1482 av. J.-C., épouse de Thoutmôsis II. Elle fit construire de nombreux monuments, dont le temple de Deir el-Bahari.

***HÂTE** n. f. ▪ Grande promptitude (dans l'exécution d'un travail, etc.). ⇒ **célérité, empressement.** *Hâte excessive.* ⇒ **précipitation.** *Mettre de la hâte, peu de hâte à faire qqch.* – *Avoir hâte de* (+ inf.), *n'avoir qu'une hâte :* être pressé, impatient. *Avoir hâte d'en finir.* ♦ loc. adv. *SANS HÂTE :* calmement, en prenant son temps. – *EN HÂTE.* ⇒ **promptement, rapidement, vite.** *Venez en toute hâte !* ⇒ d'**urgence.** – *À LA HÂTE :* avec précipitation, sans soin. *Travail fait à la hâte.* ⇒ **bâclé.**

***HÂTER** v. tr. ① ▪ **1.** LITTÉR. Faire arriver plus tôt, plus vite. ⇒ **avancer, brusquer, précipiter.** *Hâter son départ.* **2.** Faire évoluer plus vite, rendre plus rapide. ⇒ **accélérer, activer.** *Hâter le pas.* ⇒ **presser.** ► SE **HÂTER** v. pron. Se dépêcher, se presser. *Hâtez-vous. Se hâter vers la sortie.* ⇒ se **précipiter.** – *Se hâter de terminer un travail.* – allus. *Hâte-toi lentement .*

HATHOR ▪ Déesse de l'Amour, dans la mythologie égyptienne, identifiée à l'Aphrodite des Grecs. Temple à Dendérah.

***HÂTIF, IVE** adj. ▪ **1.** Qui est fait trop vite, à la hâte. ⇒ **précipité.** *Travail hâtif.* ⇒ **bâclé.** *Conclusion hâtive.* ⇒ **prématuré. 2.** Dont la maturité est naturellement précoce. *Petits pois hâtifs.* ► adv. *HÂTIVEMENT

les **HATTIS** ▪ Populations d'Anatolie vaincues par les Hittites au IIe millénaire av. J.-C. et dont la langue était le *hatti* ou protohittite.

***HAUBAN** n. m. ▪ Cordage, câble servant à assujettir le mât d'un navire. *Haubans de misaine, d'artimon.* – par ext. *Les haubans d'un pont suspendu* (⇒ **haubanage**).

***HAUBANAGE** n. m. ▪ **1.** Action de haubaner. **2.** Haubans de consolidation.

***HAUBANER** v. tr. ① ▪ Consolider par des haubans.

***HAUBERT** n. m. ▪ Chemise de mailles à manches et à capuchon, que portaient les hommes d'armes au Moyen Âge. ⇒ **cotte** de mailles.

HAUBOURDIN ▪ Commune du Nord, banlieue de Lille. 14 321 hab. *(les Haubourdinois).*

Gerhart **HAUPTMANN** (1862 - 1946) ▪ Écrivain allemand. Ses drames sont tantôt naturalistes réalistes (*"Les Tisserands"*, 1892), tantôt mystiques (*"La Cloche engloutie"*, 1896). Prix Nobel 1912.

***HAUSSE** n. f. ▪ **1.** TECHN. Objet ou dispositif qui sert à hausser. **2.** Augmentation (d'une grandeur numérique). *Hausse de la température. La hausse des prix.* ⇒ **montée.** *On enregistre une hausse sensible du coût de la vie.* – loc. *Jouer à la hausse :* spéculer sur la hausse du cours des valeurs boursières. – *Être en hausse :* être en train d'augmenter.

***HAUSSEMENT** n. m. ▪ *Haussement d'épaules :* mouvement (⇒ **hausser**) que l'on fait en signe de dédain, d'irritation, de résignation, d'indifférence.

***HAUSSER** v. tr. ① ▪ **1.** Donner plus de hauteur à. *Hausser une maison d'un étage.* **2.** Mettre à un niveau plus élevé. ⇒ **lever, relever.** *Hausser les épaules* (⇒ **haussement**). – pronom. *Se hausser sur la pointe des pieds.* ⇒ se **dresser,** se **hisser.** ♦ *Hausser les prix.* ⇒ **augmenter, majorer. 3.** Donner plus d'ampleur, d'intensité à. *Hausser la voix, le ton.* ⇒ **enfler.**

Georges Eugène, baron **HAUSSMANN** (1809 - 1891) ▪ Préfet de la Seine sous le second Empire. Il dirigea une politique de grands travaux qui transforma Paris en détruisant les vieux quartiers et en créant des grandes avenues.

① ***HAUT, *HAUTE** adj. ▪ (opposé à *bas*) **I. 1.** D'une dimension déterminée *(haut de..., comme...)* ou supérieure à la moyenne, dans le sens vertical. *Mur haut de deux mètres.* loc. *Haut comme trois pommes :* tout petit. – *De hautes montagnes.* ⇒ **élevé.** *Hautes herbes. Pièce haute de plafond. Un homme de haute taille.* – *Talons hauts.* **2.** Dans sa position la plus élevée. *Le soleil est haut dans le ciel.* ♦ loc. *Marcher la tête haute, le front haut,* sans craindre de reproches ni d'affronts. *Avoir la HAUTE MAIN dans une affaire,* la diriger, en avoir le contrôle. – *Marée* haute.* – *La haute mer*.* **3.** Situé au-dessus. *Hauts plateaux. Le plus haut massif.* ⇒ **culminant.** *Haute note.* ⇒ **aigu.** – *Le haut Rhin, la haute Égypte* (régions les plus proches de la source ou les plus éloignées de la mer). – *La ville haute et la ville basse.* **4.** dans le temps (avant le nom) ⇒ **ancien, éloigné, reculé.** *Le haut Moyen Âge. Objet d'art de haute époque.* **5.** en intensité ⇒ **fort, grand.** *Haute pression. Haute fréquence.* ♦ *À haute voix. Lire à voix haute* (opposé à *tout bas*). – loc. *Pousser les hauts cris*.* **6.** (en parlant des prix, des valeurs cotées) *Le dollar est haut.* – *Hauts salaires.* ⇒ **élevé. II.** abstrait (avant le nom) **1.** (dans l'ordre de la puissance) ⇒ **éminent, grand, important.** *Haut fonctionnaire. La haute finance. La haute société* et ellipt n. f. FAM. *LA HAUTE.* – *EN HAUT LIEU*.* – n. m. *Le Très-Haut,* Dieu. **2.** (dans l'échelle des valeurs) ⇒ **supérieur.** *Haute intelligence.* – loc. *Les hauts faits.* ⇒ **héroïque.** – *Haute couture, coiffure.* **3.** Très grand.

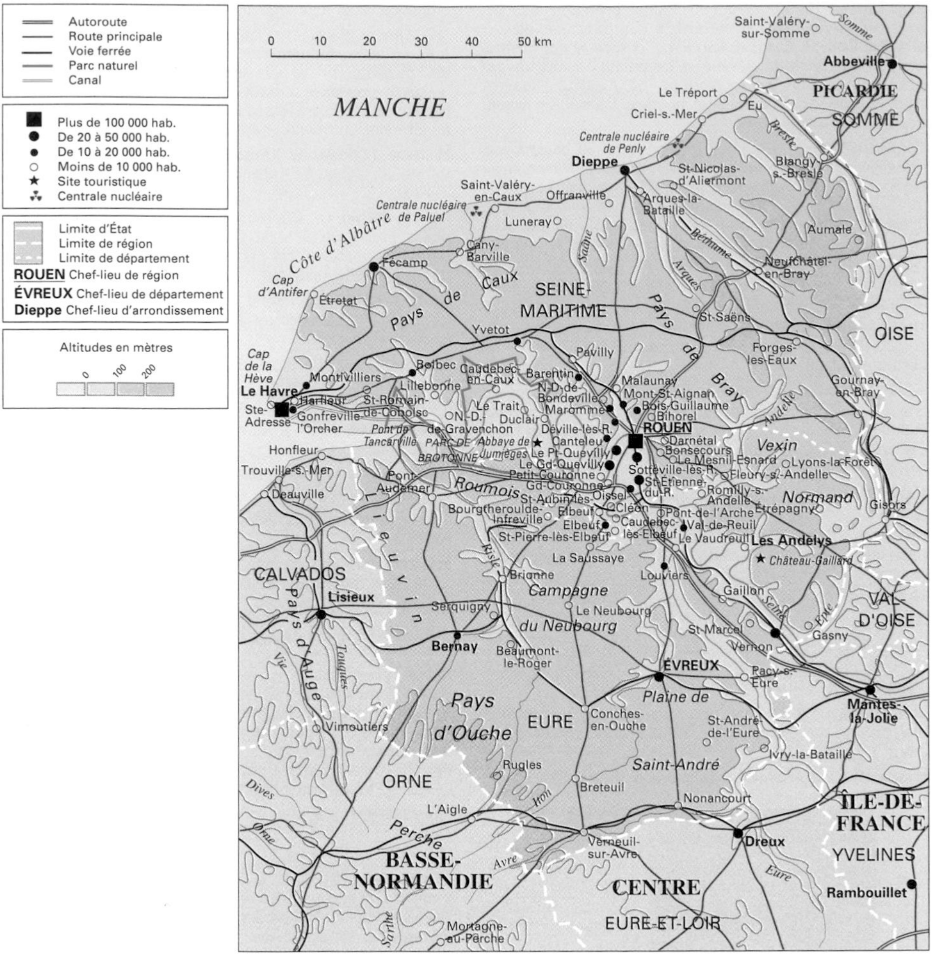

Haute-Normandie.

⇒ **extrême.** *Tenir qqn en haute estime. Une communication de la plus haute importance.* - HAUTE-FIDÉLITÉ. ⇒ **fidélité.** - *Haute surveillance. Quartier* de haute sécurité.*

② ***HAUT** ▪ **I.** n. m. **1.** Dimension verticale déterminée, de la base au sommet. ⇒ **altitude, hauteur.** *Édifice de cent mètres de haut.* - loc. TOMBER DE (TOUT) SON HAUT, de toute sa hauteur ; fig. être stupéfait. **2.** Position déterminée sur la verticale. *Voler à mille mètres de haut.* **3.** Partie, région haute d'une chose. *Le tiroir du haut. Les voisins du haut.* ⇒ **dessus.** - *Le haut d'une robe, d'un maillot de bain.* **4.** Partie la plus haute, point culminant. ⇒ **sommet.** *Prendre un meuble par le haut.* ♦ DU HAUT DE. *Se jeter du haut d'une tour.* - fig. *Regarder qqn du haut de sa grandeur.* ♦ DE (DU) HAUT EN BAS. *Laver la cuisine du haut en bas,* partout, complètement. **5.** DES HAUTS ET DES BAS : des alternances de bon et de mauvais état. **6.** dans des expr. Terrain élevé. *Les hauts de Meuse.* **II.** adv. **1.** En un point élevé sur la verticale. *Sauter haut.* **2.** (adj. à valeur adverbiale) En position haute. HAUT LES MAINS ! : sommation faite à qqn de lever les mains ouvertes. - HAUT LA MAIN : avec brio, en surmontant aisément tous les obstacles. *Gagner haut la main.* **3.** En un point reculé dans le temps. ⇒ **loin.** *Si haut que l'on remonte dans l'histoire.* - (dans un texte) *Voir plus haut.* ⇒ ci-**dessus, supra.** **4.** (intensité) À haute voix, d'une voix forte. ⇒ **fort.** *Parlez plus haut. Lire tout haut.* - Sans craindre de se faire entendre. *Je le dirai bien haut, s'il le faut !* ⇒ **franchement, hautement.** ♦ (sons) *Monter haut :* atteindre des notes aiguës. **5.** (puissance) *Des personnes haut placées. Il vise haut,* il est ambitieux. **6.** (prix, valeurs) *La dépense monte haut,* s'élève à un prix considérable. - *Placer qqn très haut dans son estime.* **III.** loc. adv. **1.** DE HAUT : d'un lieu élevé. - loc. fig. TOMBER DE HAUT : perdre ses illusions. *Voir les choses de haut,* d'une vue générale et sereine. *Le prendre de (très) haut,* réagir avec arrogance. *Regarder, traiter qqn de haut,* avec arrogance (⇒ **hautain**). **2.** EN HAUT : dans la région (la plus) haute. *Jusqu'en haut. Tout en haut :* au point le plus haut. *Par en haut.* - En direction du haut. *Regarder en haut. De bas en haut.* ♦ EN HAUT DE loc. prép. *En haut de la côte.* **3.** D'EN HAUT. *La lumière de l'atelier vient d'en haut.* - fig. *Des ordres qui viennent d'en haut,* d'une autorité supérieure.

***HAUTAIN, AINE** adj. ▪ Dont les manières sont dédaigneuses ; qui montre de l'arrogance. ⇒ **altier, orgueilleux.** *Un homme hautain.* - *Ton hautain.*

***HAUTBOIS** n. m. ▪ **1.** Instrument de musique à vent, à anche double. **2.** Hautboïste.

***HAUTBOÏSTE** [obɔist] n. ▪ Personne qui joue du hautbois.

***HAUT-DE-CHAUSSES** n. m. ▪ anciennt Partie de l'habillement masculin allant de la ceinture aux genoux. ⇒ **chausses, culotte.** *Des hauts-de-chausses.* ◇ var. HAUT-DE-CHAUSSE. *Des hauts-de-chausse.*

***HAUT-DE-FORME** n. m. ▪ Chapeau d'homme en soie, haut et cylindrique, qui se porte avec la redingote ou l'habit. *Des hauts-de-forme.*

***HAUTE-CONTRE** ▪ **1.** n. f. Voix d'homme aiguë, plus étendue dans le haut que celle d'un ténor. ⇒ **contre-ténor.** **2.** n. m. Chanteur qui a cette voix. *Des hautes-contre.*

la **HAUTE-CORSE** [2B] ▪ Département français de la région Corse. 4 555 km². 131 563 hab. Chef-lieu : Bastia (centre économique). Chefs-lieux d'arrondissement : Calvi, Corte.

***HAUTE-FIDÉLITÉ** n. f. ⇒ FIDÉLITÉ

la **HAUTE-GARONNE** [31] ▪ Département français de la région Midi-Pyrénées. 6 309 km². 925 962 hab. Chef-lieu : Toulouse. Chefs-lieux d'arrondissement : Muret, Saint-Gaudens.

la **HAUTE-LOIRE** [43] ▪ Département français de la région Auvergne. 5 001 km². 206 568 hab. Chef-lieu : Le Puy-en-Velay. Chefs-lieux d'arrondissement : Brioude, Yssingeaux.

la **HAUTE-MARNE** [52] ▪ Département français de la région Champagne-Ardenne. 6 210 km². 204 067 hab. Chef-lieu : Chaumont. Chefs-lieux d'arrondissement : Langres, Saint-Dizier.

***HAUTEMENT** adv. ▪ **1.** LITTÉR. Tout haut et sans craindre de se faire entendre. ⇒ **franchement, ouvertement.** *Dire hautement sa réprobation.* **2.** À un degré supérieur, fortement. *Un matériel hautement sophistiqué.*

la **HAUTE-NORMANDIE** ▪ Région administrative de l'Ouest de la France. Elle comprend les départements de l'Eure et de la Seine-Maritime. 12 379 km². 1 737 247 hab. Chef-lieu : Rouen. Paysage de plateaux creusés de vallées profondes et tombant en falaises abruptes sur la Manche. Élevage bovin et produits laitiers, mais la région est surtout industrielle grâce aux ports (Le Havre et Rouen) et à la proximité de Paris : raffinage du pétrole, chimie, industries du papier.

les **HAUTES-ALPES** [05] ▪ Département français de la région Provence-Alpes-Côte d'Azur. 5 632 km². 113 300 hab. Chef-lieu : Gap. Chef-lieu d'arrondissement : Briançon.

la **HAUTE-SAÔNE** [70] ▪ Département français de la région Franche-Comté. 5 360 km². 231 962 hab. Chef-lieu : Vesoul. Chef-lieu d'arrondissement : Lure.

la **HAUTE-SAVOIE** [74] ▪ Département français de la région Rhône-Alpes, à la frontière suisse. 4 391 km². 568 286 hab. Chef-lieu : Annecy. Chefs-lieux d'arrondissement : Bonneville, Saint-Julien-en-Genevois, Thonon-les-Bains.

les **HAUTES-FAGNES** ▪ Plateau de l'Ardenne belge (694 m au signal de Botrange).

les **HAUTES-PYRÉNÉES** [65] ▪ Département français de la région Midi-Pyrénées. 4 504 km². 224 759 hab. Chef-lieu : Tarbes. Chef-lieu d'arrondissement : Argelès-Gazost, Bagnères-de-Bigorre.

***HAUTEUR** n. f. ▪ **I. 1.** Dimension dans le sens vertical, de la base au sommet. *La hauteur d'un mur. Dix mètres de hauteur,* de haut*. ◂ (personnes) ⇒ **taille.** *Se dresser de toute sa hauteur.* ♦ GÉOM. Droite abaissée perpendiculairement du sommet à la base d'une figure ; longueur de cette droite. *Les hauteurs d'un triangle.* **2.** Position déterminée sur la verticale. *Aigle qui vole à une hauteur vertigineuse.* ◂ *Rebord de fenêtre à hauteur d'appui.* ◂ *Saut en hauteur.* ♦ *Prendre de la hauteur :* s'élever dans l'espace (avion, engin). **3.** *À LA HAUTEUR DE* loc. prép. *Placer une pancarte à la hauteur des yeux.* ⇒ **niveau.** ♦ fig. *Il sait se mettre à la hauteur des enfants.* ⇒ **portée.** *Être à la hauteur de la situation, des circonstances,* avoir les qualités requises pour y faire face. ◂ absolt *Être à la hauteur :* faire preuve de compétence, d'efficacité. ♦ À côté de, en face de (en passant). **4.** Terrain, lieu élevé. *Maison située sur une hauteur.* **II.** fig. **1.** Supériorité (d'ordre moral ou intellectuel). ⇒ **grandeur, noblesse.** loc. *Hauteur de vue.* **2.** péj. Attitude de la personne qui regarde les autres de haut, avec mépris.

la **HAUTE-VIENNE** [87] ▪ Département français de la région Limousin. 5 520 km². 353 593 hab. Chef-lieu : Limoges. Chefs-lieux d'arrondissement : Bellac, Rochechouart.

la **HAUTE-VOLTA** → le **Burkina Faso**

***HAUT-FOND** n. m. ▪ Sommet sous-marin recouvert de peu d'eau et dangereux pour la navigation. *Des hauts-fonds.*

***HAUT FOURNEAU** n. m. ▪ Grand four à cuve destiné à fondre le minerai de fer. *Des hauts fourneaux.*

***HAUT-LE-CŒUR** n. m. invar. ▪ Soulèvement de l'estomac. ⇒ **nausée.** *Avoir un, des haut-le-cœur. Cela me donne des haut-le-cœur :* cela me dégoûte.

***HAUT-LE-CORPS** n. m. invar. ▪ Mouvement brusque et involontaire du buste vers le haut sous l'effet de la surprise ou de l'indignation. *Avoir, réprimer un haut-le-corps.* ⇒ **sursaut.**

HAUTMONT ▪ Commune du Nord. 17 475 hab. *(les Hautmontois).*

***HAUT-PARLEUR** n. m. ▪ Appareil qui transforme en ondes sonores les courants électriques détectés par le récepteur. *Haut-parleurs dans des baffles.*

***HAUT-RELIEF** n. m. ▪ Sculpture présentant un relief très saillant sans se détacher toutefois du fond dans toute son épaisseur (opposé à *bas-relief*).

le **HAUT-RHIN** [68] ▪ Département français de la région Alsace. 3 522 km². 671 319 hab. Chef-lieu : Colmar. Chefs-lieux d'arrondissement : Altkirch, Guebwiller, Mulhouse, Ribeauvillé, Thann.

les **HAUTS-DE-SEINE** [92] ▪ Département français de la région Île-de-France. 175 km². 1 391 658 hab. Chef-lieu : Nanterre. Chefs-lieux d'arrondissement : Antony, Boulogne-Billancourt.

***HAUTURIER, IÈRE** adj. ▪ De la haute mer*. *Navigation hauturière.*

l'abbé **René Just HAÜY** (1743 - 1822) ▪ Minéralogiste français. Fondateur de l'étude structurale des cristaux. ► **Valentin HAÜY** (1745 - 1822), son frère, se consacra à l'éducation des aveugles et mit au point un système de caractères en relief qui fut perfectionné par Braille.

***HAVAGE** n. m. ▪ TECHN. Opération par laquelle on have le charbon.

***HAVANE** ▪ **1.** n. m. Tabac de La Havane. *Fumer du havane.* ◂ Cigare réputé, fabriqué avec ce tabac. *Une boîte de havanes.* **2.** adj. invar. De la couleur marron clair des havanes. *Des gants havane.*

La HAVANE ▪ Capitale de Cuba. 2 077 900 hab. Principal port et centre commercial de l'île. Tabac (cigares).

La **Havane.** Vue générale. *Phot. © Boutin/Explorer*

***HÂVE** adj. ▪ LITTÉR. Amaigri et pâli par la faim, les épreuves. ⇒ **émacié.** *Joues hâves.* ◂ *Teint hâve.* ⇒ **blafard, blême.**

Václav HAVEL (né en 1936) ▪ Dramaturge et homme d'État tchèque. Opposant au régime communiste, il fut président de la république de 1989 à 1992. Président de la République tchèque depuis 1993.

la **HAVEL** ▪ Rivière d'Allemagne, affluent de l'Elbe. 341 km.

Václav **Havel.** *Phot. © Gaillarde/Gamma*

***HAVER** v. tr. 1 ▪ Entailler (le charbon) dans une mine.

***HAVRE** n. m. ▪ **1.** VX Petit port bien abrité. **2.** LITTÉR. Ce qui constitue un abri, un refuge sûr et calme. *Cette maison est un havre de paix.*

Le HAVRE ▪ Chef-lieu d'arrondissement de la Seine-Maritime, à l'embouchure de la Seine. 195 854 hab. *(les Havrais).* 2e port de commerce français après Marseille. Raffineries de pétrole.

***HAVRESAC** [-s-] n. m. ▪ anciennt Sac que le fantassin portait sur le dos, et qui contenait son équipement.

HAWAÏEN, ENNE adj. ▪ Des îles Hawaii. ➝ n. *Une Hawaïenne.*

les îles HAWAII autrefois *îles* ***SANDWICH*** ▪ Archipel de Polynésie, comprenant notamment les îles d'Hawaii, Molokai, Oahu (la plus peuplée), Maui et Kauai. Les États-Unis l'annexèrent en 1898, mais il n'en devint l'un des États (le 50e) qu'en 1959. 16 600 km². 1 108 000 hab. *(les Hawaiiens).* Capitale : Honolulu. Cultures tropicales. Tourisme. Base militaire (→ **Pearl Harbor**)

Stephen HAWKING (né en 1942) ▪ Physicien britannique. Ses travaux portent notamment sur la théorie de la relativité générale, en particulier ses applications à la cosmologie et à l'origine de l'univers. *"Une brève histoire du temps"* (1988).

Coleman HAWKINS (1901 - 1969) ▪ Saxophoniste de jazz américain. Il transforma le saxophone ténor en instrument soliste majeur et joua avec les plus grands jazzmen de son temps. *"Body and Soul"* (1939).

Howard HAWKS (1896 - 1977) ▪ Cinéaste américain. Il fut un maître de la comédie (*"L'Impossible Monsieur Bébé"*, 1938) et du film d'action (*"Scarface"*, 1932; *"Le Grand Sommeil"*, 1946; *"Rio Bravo"*, 1959.

Nathaniel HAWTHORNE (1804 - 1864) ▪ Romancier américain. *"La Lettre écarlate"* (1850), œuvre noire sur la société puritaine du XVIIe s., est considérée comme le premier grand roman de la tradition américaine.

HAYANGE ▪ Commune de la Moselle. 15 638 hab. *(les Hayangeois).* Sidérurgie.

Joseph HAYDN (1732 - 1809) ▪ Compositeur autrichien. Il marqua l'apogée du style classique, fixant les règles de la symphonie et de la sonate. De son œuvre immense, qui a influencé Mozart puis Beethoven, on retient surtout les oratorios (*"La Création"*, 1798), les messes et les quatuors.

La HAYE en néerlandais ***DEN HAAG*** ou ***'S GRAVENHAGE*** ▪ Ville des Pays-Bas, chef-lieu de la Hollande-Méridionale, siège du gouvernement. 445 287 hab. Monuments (XIIIe-XVIIe s.). Musées (Mauritshuis). Ville administrative et diplomatique, siège de la Cour internationale de justice. Résidence de la famille royale.

Friedrich August von HAYEK (1899 - 1992) ▪ Économiste autrichien enseignant en Angleterre. Partisan du libéralisme. Prix Nobel 1974.

Rutherford HAYES (1822 - 1893) ▪ 19e président (républicain) des États-Unis, de 1877 à 1881.

Muhammad Hussayn HAYKAL (1888 - 1956) ▪ Écrivain égyptien. Auteur du premier roman arabe moderne : *"Zaynab"* (1914), sur les mœurs paysannes.

L'HAŸ-LES-ROSES ▪ Chef-lieu d'arrondissement du Val-de-Marne. 29 746 hab. *(les L'Haÿssiens).*

***HAYON** n. m. ▪ Partie mobile articulée tenant lieu de porte à l'arrière d'un véhicule. ➝ *Hayon élévateur :* élévateur situé à l'arrière d'un camion.

Hébron. La mosquée. *Phot. © Francolon/Gamma*

Margarita Cansino dite **Rita HAYWORTH** (1918 - 1987) ▪ Actrice américaine. Symbole du *glamour* hollywoodien, elle atteignit le sommet de la célébrité avec *"Gilda"* (1946) et fut dirigée par O. Welles dans *"La Dame de Shanghai"* (1948).

HAZEBROUCK ▪ Commune du Nord. 20 567 hab. *(les Hazebrouckois).*

***HÉ** [e ; he] interj. ▪ Sert à interpeller, à appeler, à attirer l'attention. *Hé ! vous, là-bas.* ⇒ **hep.** ➝ *Hé ! Hé !* (approbation, appréciation, ironie, moquerie selon le ton). *Hé là !* ⇒ **holà.**

Seamus HEANEY (né en 1939) ▪ Poète irlandais. Il chante la terre irlandaise et ses mythes. Prix Nobel 1995.

William Randolph HEARST (1863 - 1951) ▪ Journaliste américain. Magnat tout-puissant, propriétaire d'une chaîne de 40 journaux et magazines, il fut l'un des créateurs de la presse à sensation, en couleurs et à grand tirage.

***HEAUME** n. m. ▪ au Moyen Âge Casque enveloppant toute la tête et le visage du combattant.

Oliver HEAVISIDE (1850 - 1925) ▪ Mathématicien et physicien britannique. Ses travaux portèrent sur la télégraphie et la propagation des ondes électromagnétiques dans l'atmosphère. Il émit l'hypothèse de l'existence de l'ionosphère.

Friedrich HEBBEL (1813 - 1863) ▪ Auteur dramatique allemand. Son théâtre décrit le conflit entre la morale individuelle et un milieu social médiocre. Il est également l'auteur de la trilogie des *"Nibelungen"* (1861), d'après la légende médiévale.

HEBDOMADAIRE ▪ **1.** adj. Qui s'effectue dans l'intervalle d'une semaine. *Temps de travail hebdomadaire.* ➝ Qui se renouvelle chaque semaine. *Repos hebdomadaire.* **2.** n. m. *Un hebdomadaire :* publication qui paraît une fois par semaine. ◇ abrév. FAM. HEBDO. *Des hebdos.* ► adv. HEBDOMADAIREMENT

le HEBEI ou **HO-PEI** ▪ Province de la Chine orientale. 187 700 km². 63 340 000 hab. Capitale : Shijiazhuang.

HÉBERGER v. tr. 3 ▪ **1.** Loger (qqn) chez soi. *Peux-tu m'héberger pour la nuit ?* ⇒ **abriter, recevoir.** ➝ passif *Être hébergé par un ami.* **2.** Accueillir, recevoir sur son sol. *Pays qui héberge des réfugiés.* **3.** (lieu) Servir de logement à ; pouvoir abriter. ► HÉBERGEMENT n. m. *Centre d'hébergement.*

Jacques HÉBERT (1757 - 1794) ▪ Révolutionnaire français. Son journal *Le Père Duchesne* représentait l'extrême gauche : les sans-culottes et la Commune de Paris. Il fut éliminé par Robespierre avec ses partisans, les *hébertistes.*

Anne HÉBERT (née en 1916) ▪ Écrivain canadienne d'expression française. Poésies (*"Le Tombeau des rois"*, 1953) et romans (*"Kamouraska"*, 1970; *"Les Fous de Bassan"*, 1982).

HÉBÉTER v. tr. 6 ▪ Rendre obtus, stupide. ► **HÉBÉTÉ, ÉE** adj. Rendu stupide. ⇒ **abruti, ahuri.** *Être hébété de fatigue.* ➝ *Air, regard hébété. Des yeux hébétés.*

HÉBÉTUDE n. f. ▪ LITTÉR. État d'une personne hébétée. ⇒ **abrutissement, stupeur.**

HÉBRAÏQUE adj. ▪ Qui concerne la langue ou la civilisation des Hébreux. *La langue hébraïque :* l'hébreu.

HÉBREU ▪ **I. 1.** n. Membre du peuple sémitique dont la Bible retrace l'histoire. ⇒ **juif. 2.** n. m. Langue sémitique parlée autrefois par les Hébreux, et aujourd'hui par les Israéliens. *La renaissance de l'hébreu en Israël.* ➝ loc. fig. *C'est de l'hébreu,* c'est inintelligible. **II.** adj. m. Se dit du peuple, de la langue des Hébreux. *L'alphabet hébreu.* ⇒ **hébraïque.**

les HÉBREUX ▪ Peuple sémitique du Moyen-Orient formé de tribus nomades originaires du désert syrien qui s'installèrent au pays de Canaan vers 2000 av. J.-C. Ils eurent pour premiers patriarches Abraham, Isaac et Jacob. La Bible retrace leur histoire : le séjour en Égypte, l'exode sous la conduite de Moïse (1250 av. J.-C.), la conquête de la Palestine avec Josué (1220-1200 av. J.-C.), le siècle d'or (1030-931 av. J.-C.) sous le règne de Saül, David et Salomon, la scission en deux royaumes (Israël et Juda), l'exil à Babylone (587-538 av. J.-C.), le retour et la restauration de Jérusalem, le règne des Asmonéens. Après le retour de l'Exil (IVe s.), le terme "Hébreu" laissera la place à « Juif ».

les îles HÉBRIDES ou **WESTERN ISLANDS** ▪ Archipel britannique d'environ 500 îlots, à l'ouest de l'Écosse, dont une partie forme une zone d'autorité insulaire écossaise. 2 901 km². 32 000 hab. Capitale : Stornoway.

les Nouvelles-HÉBRIDES → **Vanuatu**

HÉBRON aujourd'hui ***AL-KHALĪL*** ▪ Ville de Palestine, en Cisjordanie. 60 000 hab. Abraham y ensevelit Sarah, selon la Bible. Les traditions juive, musulmane et chrétienne y situent le tombeau d'Abraham.

HÉCATE ▪ Déesse grecque. Considérée primitivement comme une déesse bienveillante identifiée à Artémis ou à Séléné, elle acquiert plus tard un caractère maléfique, et est alors identifiée à Perséphone.

HÉCATOMBE n. f. ▪ Massacre d'un grand nombre de personnes ou d'animaux. ⇒ **boucherie, carnage, tuerie.** – fig. *Quatre-vingts pour cent de recalés, quelle hécatombe !*

Erich **HECKEL** (1883 - 1970). ▪ Peintre et graveur allemand. Un des fondateurs du mouvement Die Brücke.

HECTARE n. m. ▪ Mesure de superficie équivalant à cent ares (symb. ha).

HECTO n. m. ⇒ HECTOLITRE

HECT(O)- Élément savant, du grec *hekaton* « cent » (ex. *hectogramme* n. m. « masse de cent grammes » ; *hectowatt* n. m.).

HECTOLITRE n. m. ▪ Mesure de cent litres (symb. hl). ◇ abrév. FAM. HECTO. *Mille hectos de vin.*

HECTOMÈTRE n. m. ▪ Longueur de cent mètres (symb. hm).

HECTOPASCAL n. m. ▪ MÉTÉOROL. Unité de mesure de pression valant cent pascals (symb. hPa). *L'hectopascal équivaut au millibar, ancienne unité.*

HECTOR ▪ Héros de l'*"Iliade"*, fils de Priam, époux d'Andromaque. Le plus brave des Troyens. Il tue Patrocle et est tué par Achille.

le **HEDJAZ** ▪ Région montagneuse du nord-ouest de l'Arabie saoudite, parallèle à la mer Rouge (3 000 m).

HÉDONISME n. m. ▪ PHILOS. Doctrine d'Aristippe (IVe s.) et de ses disciples (les cyrénaïques), qui fait du plaisir le souverain bien ; par ext. toute doctrine qui prend pour principe de la morale la recherche du plaisir. ⇒ **épicurisme.** ► n. et adj. HÉDONISTE

HEFEI ou **HO-FEI** ▪ Ville de Chine, capitale de la province du Anhui. 1 002 000 hab. Sidérurgie, chimie.

Georg Wilhelm Friedrich **HEGEL** (1770 - 1831) ▪ Philosophe allemand. Englobant l'ensemble de l'histoire et des savoirs, son système définit réel et rationnel comme identiques ; sa valeur suprême est l'Esprit. *"La Phénoménologie de l'esprit"* (1807).

Hegel.
Phot. © Coll. ES/Explorer

HÉGÉLIANISME [egel-] n.m. ▪ PHILOS. Doctrine de Hegel ; mouvement de pensée qui se développa à partir de sa philosophie.

HÉGÉLIEN, IENNE [egel-] adj. ▪ PHILOS. De Hegel. *La philosophie hégélienne de l'histoire.* – n. Partisan de Hegel, de sa doctrine.

HÉGÉMONIE n. f. ▪ Suprématie d'un État, d'une nation sur d'autres. *Soumettre des peuples à son hégémonie. Conquérir l'hégémonie du monde.* ► adj. HÉGÉMONIQUE

HÉGIRE n. f. ▪ Ère des musulmans (qui commence en l'an 622 de l'ère chrétienne, année où Muhammad dut se réfugier à Médine). *L'an deux cent de l'hégire.*

Martin **HEIDEGGER** (1889 - 1976) ▪ Philosophe allemand. Sollicitant les poètes (Hölderlin notamment), il déplaça la phénoménologie de Husserl vers la « question de l'être », approchée dans l'existence et la parole humaines. *"L'Être et le Temps"* (*"Sein und Zeit"*, 1927). Ses positions politiques furent très proches du nazisme.

HEIDELBERG ▪ Ville d'Allemagne (Bade-Wurtemberg). 135 800 hab. Célèbre université fondée en 1386. Château (XVe-XVIIe s.). Tourisme.

Jascha **HEIFETZ** (1901 - 1987) ▪ Violoniste américain d'origine polonaise. Il a donné, dans le répertoire romantique et néoromantique, des interprétations d'une exceptionnelle richesse.

HEILBRONN ▪ Ville d'Allemagne (Bade-Wurtemberg). 115 100 hab. Église gothique (XIIIe-XVe s.).

HEILONG JIANG → **Amour**

le **HEILONGJIANG** ou **HEI-LONG-KIANG** ▪ Province de l'extrême nord-est de la Chine. 454 000 km². 36 400 000 hab. Capitale : Harbin. Ressources minières importantes. Centre industriel.

***HEIN** [ɛ̃ ; hɛ̃] interj. ▪ FAM. ▪ **1.** Pour faire répéter qqn, ou pour l'interrompre avec impatience. ⇒ **comment, pardon.** *Hein ? Qu'est-ce que tu dis ?* **2.** Renforce une phrase interrogative ou exclamative. *Tu viendras, hein ?* ⇒ **n'est-ce pas.**

Heinrich **HEINE** (1797 - 1856) ▪ Poète et publiciste allemand. Romantique et lyrique, il fut un médiateur entre les cultures allemande et française. Il sut retrouver les rythmes de la mélodie populaire, comme dans sa *"Lorelei"*.

Werner **HEISENBERG** (1901 - 1976) ▪ Physicien allemand. Principal fondateur et interprète philosophique de la mécanique quantique. Il a formulé le « principe d'incertitude », selon lequel les observations à l'échelle atomique ne peuvent être complètes (1927). Prix Nobel 1932.

le **HEKLA** ▪ Volcan en activité au sud de l'Islande. 1 447 m. Ses dernières éruptions datent de 1947 et de 1970.

HÉLAS [-ɑs] interj. ▪ Interjection de plainte, exprimant la douleur, le regret. *Va-t-il mieux ? Hélas ! non.* – loc. *Hélas, trois fois hélas !*

HÉLÈNE ▪ Héroïne de l'*"Iliade"*. Célèbre pour sa beauté. Pâris l'enlève, déclenchant ainsi la guerre de Troie.

***HÉLER** v. tr. [6] ▪ Appeler de loin. *Héler un taxi.*

HÉLIANTHE n. m. ▪ Plante à grands capitules jaunes. *Hélianthe annuel.* ⇒ **tournesol.**

HÉLICE n. f. ▪ **1.** MATH. Courbe engendrée par une droite oblique s'enroulant sur un cylindre. *L'hélice est une courbe dans l'espace, la spirale* est dans un plan.* ♦ *Escalier en hélice.* ⇒ (abusivt) en **spirale. 2.** Appareil de propulsion, de traction ou de sustentation, constitué de plusieurs pales solidaires d'un arbre. *L'hélice d'un navire. Les hélices d'un avion.*

HÉLICICULTURE n. f. ▪ DIDACT. Élevage des escargots destinés à l'alimentation.

HÉLICOÏDAL, ALE, AUX adj. ▪ En forme d'hélice (1). – *Mouvement hélicoïdal.*

HÉLICON n. m. ▪ Tuba contrebasse que sa forme circulaire permet de porter autour du corps en le faisant reposer sur une épaule.

HÉLICOPTÈRE n. m. ▪ Aéronef muni d'une ou de plusieurs hélices horizontales, et qui décolle à la verticale.

HÉLIGARE n. f. ▪ Gare pour les passagers des hélicoptères.

HÉLI(O)-, -HÉLIE Éléments savants, du grec *hêlios* « soleil ».

HÉLIODORE (IIIe s.) ▪ Romancier grec. *"Les Éthiopiques ou Théogène et Chariclée"*, roman qui fut imité jusqu'au XVIIe s.

HÉLIOGABALE → **Élagabal**

HÉLIOGRAVURE n. f. ▪ Procédé de photogravure en creux. *Livre d'art imprimé en héliogravure.* – Gravure obtenue par ce procédé.

HÉLIOMARIN, INE adj. ▪ MÉD. Qui utilise l'action simultanée des rayons solaires et de l'air marin.

Jean **HÉLION** (1904 - 1987) ▪ Peintre français. Il fonda en 1930 le groupe Art Concret qui devint le mouvement Abstraction-Création. Il évolua d'un style abstrait à un art figuratif. *"Marchés"* (1973-1976).

Hélion. *Composition verticale,* 1936. Musée Cantini, Marseille. *Phot. © Giraudon*

HÉLIOPOLIS ▪ Ancienne ville de l'Égypte (aujourd'hui dans la banlieue du Caire), consacrée à l'origine au culte du Soleil.

HÉLIOS ▪ Divinité grecque personnifiant le Soleil.

HÉLIOTHÉRAPIE n. f. ▪ Traitement médical par la lumière et la chaleur solaires (bains de soleil).

HÉLIOTROPE n. m. ▪ Plante à fleurs odorantes, des régions chaudes et tempérées.

HÉLIPORT n. m. ▪ Aéroport pour hélicoptères.

HÉLIPORTÉ, ÉE adj. ▪ Transporté par hélicoptère. *Commando héliporté.*

HÉLIUM [eljɔm] n. m. ▪ Gaz rare le plus léger, ininflammable, découvert dans l'atmosphère solaire. *Ballon gonflé à l'hélium.*

HÉLIX [eliks] n. m. ▪ **1.** Ourlet du pavillon de l'oreille. **2.** Nom scientifique de l'escargot (⇒ **héliciculture**).

HELLÈNE adj. et n. ▪ De la Grèce ancienne *(Hellade)* ou moderne. ⇒ **grec.** - n. *Les Hellènes.*

HELLÉNIQUE adj. ▪ De la Grèce. ⇒ **grec.** *Civilisation, langue hellénique.*

HELLÉNISME n. m. ▪ **1.** Construction ou emploi propre à la langue grecque. **2.** Civilisation grecque (dans son ensemble).

HELLÉNISTE n. ▪ **1.** HIST. Juif converti au paganisme grec. **2.** Personne qui s'occupe de philologie, de littérature grecques.

HELLÉNISTIQUE adj. ▪ De la civilisation de langue grecque, après la mort d'Alexandre et jusqu'à la conquête romaine.

Franz **HELLENS** (1881 - 1972) ▪ Poète et romancier belge d'expression française. L'analyse psychologique laisse parfois place au fantastique.

l'**HELLESPONT** n. m. ▪ Ancien nom des Dardanelles.

Hermann von **HELMHOLTZ** (1821 - 1894) ▪ Physicien et physiologiste allemand. On lui doit des contributions fondamentales en énergétique et en neurophysiologie. Il découvrit que le timbre du son est dû à l'existence d'harmoniques.

HELMINTHE n. m. ▪ Ver parasite de l'homme et de certains mammifères.

HELMINTHIASE n. f. ▪ MÉD. Parasitose causée par les helminthes.

HELMINTHOLOGIE n. f. ▪ ZOOL. Étude des vers.

HÉLOÏSE (1101 - 1164) ▪ Nièce du chanoine Fulbert, célèbre pour ses amours tragiques avec Abélard. Devenue abbesse du Paraclet, elle entretint avec Abélard une longue correspondance.

HELSINKI ▪ Capitale de la Finlande. 497 542 hab. Principal port et centre industriel du pays. Siège en 1975 de la Conférence sur la sécurité et la coopération en Europe.

Helsinki. La cathédrale Saint-Nicolas. *Phot. © Boutin/Explorer*

l'**HELVÉTIE** n. f. ▪ Ancienne partie orientale de la Gaule correspondant à peu près à la Suisse actuelle.

HELVÉTIQUE adj. ▪ Relatif à la Suisse. ⇒ **suisse.** *La Confédération helvétique.*

HELVÉTISME n. m. ▪ LING. Mot, tournure propre au français de la Suisse romande.

Claude Adrien **HELVÉTIUS** (1715 - 1771) ▪ Philosophe français. Dans *"De l'esprit"* (1758), il formula une philosophie matérialiste, sensualiste et athée.

***HEM** [ɛm ; hɛm] interj. ⇒ HUM

HEM ▪ Commune du Nord. 20 200 hab. *(les Hémois).*

HÉMA-, HÉMAT(O)-, HÉMO- Éléments savants, du grec *haima, haimatos* « sang ». ⇒ **-émie.**

HÉMATIE n. f. ▪ Globule rouge du sang.

HÉMATITE n. f. ▪ Minerai de fer de couleur rougeâtre ou brune.

HÉMAT(O)- ⇒ HÉMA-

HÉMATOLOGIE n. f. ▪ DIDACT. Étude du sang et de ses maladies.

HÉMATOLOGUE n. ▪ Spécialiste de l'hématologie. ◇ var. HÉMATOLOGISTE.

HÉMATOME n. m. ▪ Accumulation de sang dans un tissu (surtout tissu cutané), due à des lésions vasculaires. ⇒ **bleu, ecchymose.**

HÉMATOSE n. f. ▪ PHYSIOL. Échanges gazeux (passage de l'oxygène dans le sang et rejet par celui-ci du gaz carbonique) qui se produisent dans le poumon au cours de la respiration.

HÉMATURIE n. f. ▪ MÉD. Présence anormale de sang dans l'urine.

HÉMI- Élément savant, du grec *hêmi* « demi ».

HÉMICYCLE n. m. ▪ **1.** Espace, construction en demi-cercle. *L'hémicycle d'un théâtre.* **2.** Rangées de gradins disposées en demi-cercle. *L'hémicycle de l'Assemblée nationale* (ou absolt *l'hémicycle*).

Ernest **HEMINGWAY** (1899 - 1961) ▪ Écrivain américain. Son œuvre, refusant le sentimentalisme et l'analyse psychologique, exprime, dans un style elliptique, un désarroi qui se mue en engagement. *"L'Adieu aux armes"* (1929), roman sur la Première Guerre mondiale ; *"Pour qui sonne le glas"* (1940), sur la guerre d'Espagne. *"Le Vieil Homme et la mer"* (1952). Prix Nobel 1954.

Hemingway. *Phot. © Tore Johnson/Magnum*

HÉMIONE n. m. ▪ ZOOL. Équidé d'Asie occidentale, proche du cheval.

HÉMIPLÉGIE n. f. ▪ Paralysie frappant une moitié latérale du corps.

HÉMIPLÉGIQUE adj. ▪ Qui a rapport à l'hémiplégie. ♦ Atteint d'hémiplégie. – n. *Un, une hémiplégique.*

HÉMIPTÈRE n. m. ▪ Insecte suceur, aux ailes antérieures courtes (ordre des *Hémiptères ;* ex. pucerons, cigales, punaises). – adj. *Insecte hémiptère.*

HÉMISPHÈRE n. m. ▪ **1.** Moitié d'une sphère. **2.** Moitié du globe terrestre (surtout, moitié limitée par l'équateur). *L'hémisphère nord* ou *boréal, sud* ou *austral.* **3.** *Hémisphères cérébraux :* les deux moitiés latérales du cerveau (syn. *cerveau droit, gauche*).

HÉMISPHÉRIQUE adj. ▪ Qui a la forme d'un hémisphère.

HÉMISTICHE n. m. ▪ Moitié d'un vers, marquée par une césure. – Cette césure. *Rime intérieure à l'hémistiche.*

HÉMO- ⇒ HÉMA-

HÉMOCULTURE n. f. ▪ DIDACT. Ensemencement d'un milieu de culture avec du sang pour y rechercher les microbes.

HÉMOGLOBINE n. f. ▪ **1.** Protéine contenue dans les hématies, qui donne au sang sa couleur rouge. **2.** FAM. Sang. *Il y a trop d'hémoglobine dans ce film.*

HÉMOGRAMME n. m. ▪ MÉD. Résultat de l'étude quantitative et qualitative des globules du sang.

HÉMOLYSE n. f. ▪ MÉD. Destruction des hématies*.

Louis **HÉMON** (1880 - 1913) ▪ Écrivain français établi au Canada en 1911. *"Maria Chapdelaine, récit du Canada français"* (posth. 1916); *"Monsieur Ripois et la Némésis"* (posth. 1950), adapté au cinéma par René Clément.

HÉMOPHILE adj. ▪ Atteint d'hémophilie. – n. *Un hémophile.*

HÉMOPHILIE n. f. ▪ Maladie héréditaire qui se traduit par une incapacité du sang à coaguler. *L'hémophilie se transmet par les femmes, mais seuls les hommes en sont atteints.*

HÉMOPTYSIE n. f. ▪ MÉD. Crachement de sang provenant des voies respiratoires. ► adj. et n. HÉMOPTYSIQUE

HÉMORRAGIE n. f. ▪ **1.** Fuite de sang hors d'un vaisseau sanguin. ⇒ **saignement.** *Hémorragie interne ; sous-cutanée* (⇒ **hématome**). *Hémorragie cérébrale.* ⇒ **apoplexie.** *Arrêter une hémorragie par un garrot.* **2.** fig. Perte de vies humaines. *L'hémorragie causée par une guerre.* – Perte, fuite. *L'hémorragie des capitaux.* ► HÉMORRAGIQUE adj. *Accidents hémorragiques.*

HÉMORROÏDE n. f. ▪ surtout au plur. Varice qui se forme à l'anus et au rectum. ► adj. et n. HÉMORROÏDAIRE ► adj. HÉMORROÏDAL, ALE, AUX

HÉMOSTASE n. f. ▪ MÉD. Arrêt d'une hémorragie.

HÉMOSTATIQUE adj. ▪ Propre à arrêter les hémorragies. *Pinces hémostatiques.* – n. m. *Les hémostatiques* (médicaments).

Henri **VIII** d'Angleterre, à l'âge de 49 ans. Portrait de Hans Holbein, dit le Jeune, 1540. Palazzo Barberini, Rome. *Phot. © Giraudon*

le **HENAN** ou **HO-NAN** ▪ Province du centre est de la Chine. 167 000 km². 89 490 000 hab. Capitale : Zhengzhou. Une des provinces les plus fertiles et les plus peuplées de Chine.

Philip Showalter **HENCH** (1896 - 1965) ▪ Médecin américain. Il découvrit, avec Kendall et Reichstein, la constitution chimique de la cortisone et ses effets thérapeutiques. Prix Nobel 1950, décerné aux trois chercheurs.

HENDAYE ▪ Commune des Pyrénées-Atlantiques, à la frontière espagnole. 11 578 hab. *(les Hendayais).*

HENDÉCA- [ɛ̃deka] Élément, du grec *hendeka* « onze » (ex. *hendécagone* n. m. « polygone qui a onze angles et onze côtés »).

James Marshall dit Jimi **HENDRIX** (1945 - 1970) ▪ Guitariste et chanteur américain de musique pop. Il s'imposa comme un instrumentiste hors pair, sans jamais renier l'esprit du blues. *"Hey Joe"* (1967); *"Electric Ladyland"* (1968).

Jimi **Hendrix.**
Phot. © Onyx/Knight/Stills

le **HENG SHAN** ou **HENG-CHAN** ▪ Une des cinq montagnes sacrées du bouddhisme, en Chine (Hunan). 1 290 m.

HÉNIN-BEAUMONT ▪ Commune du Pas-de-Calais. 26 257 hab. *(les Héninois).* Charbon.

***HENNÉ** n. m. ▪ Poudre jaune ou rouge d'origine végétale utilisée pour teindre les cheveux, les lèvres, etc. (surtout dans les pays musulmans). *Shampooing au henné.*

HENNEBONT ▪ Commune du Morbihan. 13 624 hab. *(les Hennebontais).* Cité médiévale.

***HENNIN** n. m. ▪ ancienn Coiffure féminine du Moyen Âge, bonnet conique très haut et rigide.

***HENNIR** v. intr. [2] ▪ (cheval) Pousser un hennissement.

***HENNISSANT, ANTE** adj. ▪ Qui hennit. – par analogie *Rire hennissant.*

***HENNISSEMENT** n. m. ▪ Cri spécifique du cheval.

HENRI ▪ NOM DE PLUSIEURS SOUVERAINS EUROPÉENS
1. empereurs germaniques ► **HENRI III** (1017 - 1056) affermit l'autorité de l'empereur (qu'il devint en 1046) sur le pape. ► **HENRI IV** (1050 - 1106), fils du précédent, empereur en 1084, se heurta à une crise intérieure qui dura vingt ans (révolte des princes, querelle des Investitures). ► **HENRI V** (1086 - 1125), fils du précédent, empereur en 1111 mit fin à la querelle des Investitures.
2. rois d'ANGLETERRE ► **HENRI II** (1133 - 1189), époux d'Aliénor d'Aquitaine, affermit l'autorité monarchique (1154), s'opposant à l'Église jusqu'à faire assassiner Thomas Becket. Son fils, Richard Cœur de Lion, lui succéda. ► **HENRI III** (1207 - 1272), après une révolte des barons, fut obligé de confirmer la Grande Charte (1265). ► **HENRI IV** (1366 - 1413), roi en 1399 et fondateur de la dynastie des Lancastre. ► **HENRI V** (1387 - 1422), son fils, roi en 1413. Aimé des Anglais comme un héros de légendes, il vainquit les Français à Azincourt (1415). ► **HENRI VI** (1421 - 1471), roi en 1422, dut faire face à de nombreuses révoltes. ► **HENRI VII** (1457 - 1509), roi en 1485 et dernier descendant des Lancastre, il mit fin à la guerre des Deux-Roses. ► **HENRI VIII** (1491 - 1547), son fils, lui succéda en 1509. Souhaitant annuler son mariage avec Catherine d'Aragon, il provoqua le schisme avec la papauté (→ **anglicanisme**) et devint chef suprême de

l'Église d'Angleterre. De ses six femmes (Catherine d'Aragon, Anne Boleyn, Jeanne Seymour, Anne de Clèves, Catherine Howard et Catherine Parr), il eut deux filles, Marie Tudor et Élisabeth Ire, et un fils, Édouard VI.
3. rois de FRANCE ► **HENRI Ier** (1008 - 1060), roi de 1031 à sa mort. ► **HENRI II** (1519 - 1559), fils de François* Ier auquel il succéda en 1547, opposé comme lui à Charles Quint et à la Réforme; sa maîtresse Diane de Poitiers protégea les Guise. Père de François II, Charles IX et Henri III. ► **HENRI III** (1551 - 1589) accéda au trône en 1574 et chercha une voie médiane entre les protestants et les catholiques de la Ligue (dont il fit assassiner le chef, Henri de Guise), soutenue par l'Espagne. Il fut tué par un moine ligueur, Jacques Clément. ► **HENRI IV** (1553 - 1610), prince Bourbon, roi de Navarre, lui succéda en 1589. Chef des protestants, il se convertit au catholicisme et mit fin aux guerres de Religion par l'édit de Nantes (1598). Aidé de ministres remarquables, comme Sully, il redressa l'économie du pays. Il fut assassiné par le moine fanatique Ravaillac. Sa popularité fut immense.

Henri IV. École française du XVIe s. Musée national du château, Versailles.
Phot. © Giraudon

HENRIETTE-ANNE D'ANGLETERRE (1644 - 1670) ▪ Duchesse d'Orléans. Fille du roi Charles Ier et d'Henriette-Marie de France, elle épousa Philippe d'Orléans, frère de Louis XIV. Bossuet fit son oraison funèbre.

HENRIETTE-MARIE DE FRANCE (1609 - 1669) ▪ Reine d'Angleterre. Fille de Henri IV, elle épousa Charles Ier d'Angleterre en 1625. Son influence contribua à orienter ce dernier vers le catholicisme et l'absolutisme. Son oraison funèbre fut prononcée par Bossuet.

HENRI LE NAVIGATEUR (1394 - 1460) ▪ Prince portugais. Il dirigea l'exploration du littoral occidental de l'Afrique.

Pierre HENRY (né en 1927) ▪ Compositeur français. Pionnier de la musique concrète et électroacoustique. *"Symphonie pour un homme seul"* (1950); *"Messe pour le temps présent"* (1967).

Hans Werner HENZE (né en 1926) ▪ Compositeur allemand. *"Boulevard Solitude"* (1952), opéra.

***HEP** [ɛp ; hɛp] **interj.** ▪ Interjection servant à appeler. *Hep ! taxi !*

HÉPARINE n. f. ▪ Substance acide anticoagulante, abondante dans le foie.

HÉPATIQUE adj. ▪ **1.** Qui a rapport au foie. *Insuffisance hépatique.* - *Colique hépatique :* crise douloureuse des voies biliaires. **2.** Qui souffre du foie. - **n.** *Un, une hépatique.*

HÉPATITE n. f. ▪ Inflammation du foie. ⇒ **cirrhose, ictère, jaunisse.** *Hépatite virale.*

HÉPAT(O)- Élément savant, du grec *hêpar, hêpatos* « foie ».

Katharine HEPBURN (née en 1907) ▪ Actrice américaine. Sportive, volontaire, elle imposa à l'écran un type de féminité hors norme. *"Sylvia Scarlett"* (1935); *"African Queen"* (1952); *"La Maison du lac"* (1981).

HÉPHAÏSTOS ▪ Dieu du Feu et des Forgerons, chez les Grecs, identifié avec le Vulcain des Romains.

HEPTA- Élément savant, du grec *hepta* « sept » (ex. *heptaèdre* **n. m.** « solide à sept faces » ; *heptagone* **n. m.** « polygone qui a sept angles et sept côtés » ; *heptamètre* **n. m.** et **adj.** « vers de sept pieds »).

Barbara HEPWORTH (1903 - 1975) ▪ Sculpteur britannique. Elle produisit une œuvre abstraite rigoureuse, le plus souvent en utilisant le bois, caractérisée par la monumentalité et la recherche d'harmonie avec le paysage.

HÉRA ▪ L'une des épouses de Zeus, déesse du Mariage chez les Grecs. Elle est Junon chez les Romains.

HÉRACLÈS ▪ Héros le plus populaire de la mythologie grecque (*Hercule* chez les Latins). Célèbre pour sa force et ses exploits : les « Douze Travaux » (→ **Némée, Lerne, Érymanthe, Augias, Crète, Diomède, Géryon, Hespérides, Cerbère**). Brûlé par la tunique imprégnée du sang empoisonné du Centaure Nessos, il se fait mourir par le feu sur le mont Œta. ► **les HÉRACLIDES**, descendants d'Héraclès.

HÉRACLITE (v. 576 - v. 480 av. J.-C.) ▪ Penseur grec. Il fut un philosophe du temps et de l'éternel changement. Souvent considéré comme le père de la pensée dialectique moderne.

HÉRACLIUS Ier (v. 575 - 641) ▪ Empereur byzantin de 610 à sa mort.

HÉRAKLION ▪ Principale ville de Crète, sur la côte nord. 127 600 hab. Port.

HÉRALDIQUE ▪ **1. adj.** Relatif au blason. *Ornement héraldique.* **2. n. f.** *L'héraldique :* connaissance des armoiries. ⇒ **blason.**

HÉRALDISTE n. ▪ Spécialiste du blason.

HERĀT ▪ Ville de l'ouest de l'Afghanistan, à 920 m d'altitude, sur les marges d'une riche oasis irriguée par les eaux du Harī rūd. 140 000 hab. Centre artisanal et commercial contrôlant les échanges entre l'Afghanistan et l'Iran.

l'HÉRAULT [34] **n. m.** ▪ Département français de la région Languedoc-Roussillon. Il doit son nom à la rivière qui le traverse. 6 224 km^2. 794 603 hab. Chef-lieu : Montpellier. Chefs-lieux d'arrondissement : Béziers, Lodève.

***HÉRAUT n. m.** ▪ **1.** *HÉRAUT D'ARMES* ou *héraut :* au Moyen Âge, officier dont les fonctions étaient entre autres la transmission des messages, les proclamations solennelles. **2.** fig. LITTÉR. ⇒ **annonciateur, messager.** *Se faire le héraut de l'avant-garde.*

HERBACÉ, ÉE adj. ▪ BOT. De la nature de l'herbe. *Plante herbacée* (opposé à *ligneuse*).

HERBAGE n. m. ▪ Prairie naturelle dont l'herbe est consommée sur place par le bétail.

HERBE n. f. ▪ **1.** BOT. Végétal non ligneux, dont les parties aériennes meurent chaque année. ♦ COUR. Ce végétal, lorsqu'il est de petite taille et souple. *Herbes aquatiques. Herbes officinales* (⇒ **herboriste ; simple(s)**). ♦ *FINES HERBES :* herbes aromatiques qui servent à l'assaisonnement (cerfeuil, ciboulette, estragon, persil). *Omelette aux fines herbes.* ♦ *HERBES DE PROVENCE :* mélange de thym, romarin, origan, sarriette, marjolaine, basilic. **2.** Plante herbacée, graminée sauvage. *Les hautes herbes des savanes. Herbes folles. Une propriété envahie par les herbes.* - *MAUVAISE HERBE :* herbe qui nuit aux cultures qu'elle envahit. **3.** sing. collectif Végétation naturelle de plantes herbacées peu élevées. *Touffe, brin d'herbe. L'herbe des prés. Marcher dans l'herbe. Déjeuner sur l'herbe. Herbe séchée.* ⇒ **foin.** - loc. *Couper l'herbe sous les pieds de qqn,* le frustrer d'un avantage en le décevant, en le supplantant. - *Herbe des pelouses.* ⇒ **gazon. 4.** FAM. ⇒ **haschisch, marijuana.** *Fumer de l'herbe.* **5.** *EN HERBE,* se dit des céréales qui, au début de leur croissance, sont vertes et molles. *Blé en herbe.* - loc. *Manger son blé en herbe,* dépenser un capital avant qu'il n'ait rapporté. - (en parlant d'enfants, de jeunes gens qui ont des dispositions pour qqch.) *Un cinéaste en herbe.* ⇒ **apprenti, futur.**

Frank HERBERT (1920 - 1986) ▪ Auteur de science-fiction américain. Il est surtout connu pour le cycle de romans *"Dune"* (1965-1985), consacré à une civilisation imaginaire.

HERBEUX, EUSE adj. ▪ Où il pousse de l'herbe (⇒ **herbu**). *Sentier herbeux.*

HERBICIDE adj. ▪ DIDACT. Qui détruit les mauvaises herbes. *Produit herbicide.* - **n. m.** *Un herbicide.* ⇒ **défoliant, désherbant.**

HERBIER n. m. ▪ Collection de plantes séchées destinées à l'étude, et conservées aplaties entre des feuillets.

Les HERBIERS ▪ Commune de Vendée. 13 413 hab. *(les Herbretais).*

Auguste HERBIN (1882 - 1960) ▪ Peintre français. Formes géométriques. Il participa en 1931 à la création du groupe Abstraction-Création.

HERBIVORE adj. ▪ Qui se nourrit exclusivement de végétaux. *Animal herbivore.* ♦ n. m. pl. *Les herbivores,* groupe de mammifères herbivores. *Les ruminants sont des herbivores.*

HERBLAY ▪ Commune du Val-d'Oise. 22 135 hab. *(les Herblaisiens).*

HERBORISER v. intr. [1] ▪ Recueillir des plantes dans la nature pour les étudier ou utiliser leurs vertus médicinales. ► n. f. HERBORISATION

HERBORISTE n. ▪ Personne qui vend des plantes médicinales, des préparations à base de plantes.

HERBORISTERIE n. f. ▪ Commerce, boutique d'herboriste.

HERBU, UE adj. ▪ Où l'herbe foisonne (⇒ **herbeux**). *Prairie herbue.*

Alexandre **HERCULANO** (1810-1877) ▪ Écrivain portugais. Défenseur du libéralisme, historien du Portugal.

HERCULANUM ▪ Ville de l'Italie ancienne (Campanie), ensevelie sous les cendres du Vésuve en 79. → **Pompéi.**

Herculanum. Maison de Neptune et Amphitrite, le Nymphéum.
Phot. © Lauros/Giraudon

HERCULE n. m. ▪ (du n. pr.) Homme d'une force physique exceptionnelle. *Il est bâti en hercule.*

HERCULE → Héraclès

HERCULÉEN, ÉENNE adj. ▪ Digne d'Hercule. *Force herculéenne.* ⇒ **colossal.**

HERCYNIEN, IENNE adj. ▪ GÉOL. Se dit de terrains, de plissements datant du carbonifère. *Chaîne hercynienne.*

Johann Gottfried **HERDER** (1744-1803) ▪ Écrivain et philosophe allemand. Il exalta le génie populaire contre l'idéal classique. *"Idées sur la philosophie de l'histoire de l'humanité"* (1784-1791).

***HÈRE** n. m. ▪ loc. *PAUVRE HÈRE :* homme pauvre, misérable.

Emmanuel **HÉRÉ DE CORNY** (1705-1763) ▪ Architecte lorrain. On lui doit la place Stanislas à Nancy (1752-1760), chef-d'œuvre de l'architecture Louis XV.

José Maria de **HEREDIA** (1842-1905) ▪ Poète français d'origine cubaine. L'un des maîtres du Parnasse. Les *"Trophées"* (1893), recueil de sonnets.

HÉRÉDITAIRE adj. ▪ **1.** Relatif à l'hérédité (I). *Droit héréditaire :* droit de recueillir une succession. - *Monarchie, titre héréditaire.* **2.** Qui se transmet par voie de reproduction, des parents aux descendants (⇒ **hérédité** (II)). *Caractères héréditaires. Patrimoine héréditaire.* ⇒ **génétique.** - *Maladie héréditaire.* **3.** Hérité des parents, des ancêtres par l'habitude, la tradition. *Ennemi héréditaire.* ► adv. HÉRÉDITAIREMENT

HÉRÉDITÉ n. f. ▪ **I.** Transmission par voie de succession (d'un bien, d'un titre). *L'hérédité de la couronne.* **II. 1.** Transmission des caractères d'un être vivant à ses descendants par l'intermédiaire des gènes. *Science de l'hérédité.* ⇒ **génétique. 2.** Ensemble des caractères, des dispositions hérités des parents, des ascendants. *Une lourde hérédité, une hérédité chargée,* comportant des tares physiques ou mentales.

le **HEREFORD AND WORCESTER** ▪ Comté d'Angleterre, à la frontière galloise. 3 927 km². 675 000 hab. Chef-lieu : Worcester (75 000 hab.).

HERENTALS ▪ Ville de Belgique (Anvers). 24 500 hab. Monuments anciens.

HÉRÉSIARQUE n. m. ▪ RELIG. Auteur d'une hérésie ; chef d'une secte hérétique. *"L'Hérésiarque et Cie"* (nouvelles d'Apollinaire).

HÉRÉSIE n. f. ▪ **1.** Doctrine, opinion émise au sein de l'Église catholique et condamnée par elle. ⇒ **hétérodoxie ; hérésiarque. 2.** Idée, théorie, pratique qui heurte les opinions communément admises. *Une hérésie scientifique.* - par plais. *Servir du bourgogne rouge avec le poisson ! Quelle hérésie !* ⇒ **sacrilège.**

HÉRÉTIQUE adj. ▪ **1.** Dans la religion catholique Qui soutient une hérésie. - n. *L'Église excommunie les hérétiques.* **2.** Entaché d'hérésie. ⇒ **hétérodoxe.** *Doctrine hérétique.* **3.** Qui soutient une opinion, une doctrine contraire aux idées reçues (par un groupe). ⇒ **dissident.** *Penseur hérétique.*

Georges Remi dit **HERGÉ** (1907-1983) ▪ Auteur belge de bandes dessinées, créateur du personnage de Tintin (1929) et fondateur de l'« école de Bruxelles ».

HÉRICOURT ▪ Commune de la Haute-Saône. 9 742 hab. *(les Héricourtois).*

HERISAU ▪ Ville de Suisse, chef-lieu du canton d'Appenzell-Rhodes-Extérieures. 15 710 hab.

HÉRISSEMENT n. m. ▪ LITTÉR. ▪ **1.** Fait d'être hérissé. **2.** Disposition de choses hérissées.

***HÉRISSER** v. tr. [1] ▪ **1.** (animaux) Dresser (ses poils, ses plumes). *Chat qui hérisse ses poils.* - par ext. *Le froid hérisse les poils.* **2.** *HÉRISSER qqch. DE,* garnir, munir de choses pointues. *Hérisser un mur de tessons de bouteilles.* - au p. p. fig. ⇒ **surchargé.** *Parcours hérissé d'obstacles. Dictée hérissée de pièges.* **3.** fig. Disposer défavorablement (qqn) en inspirant de la colère, de l'aversion. ⇒ **horripiler, irriter.** *Cela me hérisse.* ► SE **HÉRISSER** v. pron. **1.** (sujet poils, plumes...) Se dresser. *Ses cheveux se hérissent sur sa tête.* **2.** Manifester son opposition, sa colère. ⇒ se **fâcher,** s'**irriter.** *Se hérisser à la moindre remarque.* ► **HÉRISSÉ, ÉE** adj. **1.** Dressé. *Cheveux hérissés.* **2.** Garni de pointes. *Cactus hérissé.* ⇒ **épineux.**

***HÉRISSON** n. m. ▪ **1.** Petit mammifère au corps recouvert de piquants, qui se nourrit essentiellement d'insectes. *Le hérisson se roule en boule et hérisse ses piquants à l'approche du danger.* **2.** fig. Personne d'un abord difficile. **3.** TECHN. Appareil, instrument muni de pointes. ♦ MILIT. Centre de résistance. *La tactique des hérissons.*

hérisson. *Erinaceus europaeus.*
Phot. © Danegger/Jacana

HÉRITAGE n. m. ▪ **1.** Patrimoine laissé par une personne décédée et transmis par succession. *Faire un héritage,* le recueillir. - *Laisser, transmettre en héritage* (⇒ **léguer ; testament**). **2.** fig. Ce qui est transmis comme par succession. *Héritage culturel.* ⇒ **patrimoine.**

HÉRITER v. [1] ▪ **1.** *HÉRITER DE* v. tr. ind. Devenir propriétaire de (qqch.), titulaire de (un droit) par voie de succession. *Hériter d'un immeuble, d'une fortune.* ♦ FAM. Recueillir, recevoir (qqch.) par un don. *J'ai hérité d'un beau tapis.* ♦ fig. *Il a hérité des qualités de son père.* **2.** v. tr. dir. Recevoir (un bien, un titre) par voie de succession. *Une maison qu'il a héritée de son père.* - sans compl. dir. Recevoir un héritage. *Il a hérité d'un oncle.* ► **HÉRITÉ, ÉE** adj. *Patrimoine hérité.* - *Mot hérité :* en français, mot issu, par évolution phonétique, du latin parlé en Gaule (par oppos. à *emprunt*).

HÉRITIER, IÈRE n. ▪ **1.** Personne qui doit recevoir ou qui reçoit des biens en héritage. ⇒ **légataire, successeur.** *Héritier direct. L'héritier d'une grosse fortune.* - *Une riche héritière,* fille qui doit hériter d'une grosse fortune. **2.** fig. ⇒ **continuateur, successeur. 3.** VX ou plais. Enfant. *Ils attendent un héritier.*

HERMAPHRODISME n. m. ▪ BIOL. Caractère d'un organisme capable d'élaborer des gamètes de l'un et de l'autre sexe.

HERMAPHRODITE ▪ (du n. mythol.) **I. n. m.** BIOL. Être humain possédant à la fois ovaire(s) et testicule(s). ⇒ **bisexué ; androgyne. II. adj. 1.** Qui est doté de caractères des deux sexes. *Statue de dieu hermaphrodite.* **2.** BOT. Dont la fleur porte à la fois les organes mâles (étamines) et femelles (pistil). ⇒ **bisexué.** – ZOOL. À la fois mâle et femelle. *L'escargot est hermaphrodite.*

HERMAPHRODITE ▪ Personnage de la mythologie grecque, fils d'Hermès et d'Aphrodite (d'où son nom), qui est à la fois mâle et femelle.

HERMÉNEUTIQUE adj. et **n. f.** ▪ DIDACT. Qui a pour objet l'interprétation des textes (philosophiques, religieux). – **n. f.** *L'herméneutique :* « l'ensemble des connaissances et des techniques qui permettent de faire parler les signes et de découvrir leur sens » (M. Foucault). ⇒ **interprétation.**

HERMÈS ▪ Dieu du Commerce et messager des dieux, dans la mythologie grecque. Identifié à Mercure chez les Romains. Patron des voyageurs, des marchands et des voleurs, il a pour attributs des sandales ailées et un caducée. À l'époque hellénistique, il fut assimilé au dieu égyptien Thot, maître de la magie, et reçut le nom d'*Hermès Trismégiste* ("trois fois très grand").

HERMÉTIQUE adj. ▪ **I.** DIDACT. Relatif à l'alchimie, à sa partie occulte. **II. 1.** Se dit d'une fermeture aussi parfaite que possible. ⇒ **étanche.** – *Bocal hermétique.* ♦ fig. *Être hermétique à qqch.*, y être fermé, insensible. *Il est hermétique à ce genre d'humour.* **2.** Impénétrable, difficile ou impossible à comprendre. ⇒ **obscur.** *Écrivain, prose hermétique. Visage hermétique,* sans expression. ⇒ **fermé, impénétrable.** ► **n. f.** HERMÉTICITÉ

HERMÉTIQUEMENT adv. ▪ Par une fermeture hermétique. *Volets hermétiquement clos.*

HERMÉTISME n. m. ▪ **1.** DIDACT. Ensemble des doctrines ésotériques des alchimistes. **2.** LITTÉR. Caractère de ce qui est incompréhensible, obscur.

HERMINE n. f. ▪ **1.** Mammifère carnivore voisin de la belette. *Le pelage de l'hermine est blanc en hiver.* **2.** Fourrure de l'hermine.

hermine. *Mustela erminea.*
Phot. © Danegger/Jacana

HERMINETTE n. f. ▪ Hachette à tranchant recourbé (comme le museau de l'hermine).

Charles HERMITE (1822 - 1901) ▪ Mathématicien français. Étude des nombres transcendants.

HERMOSILLO ▪ Ville du Mexique. 449 000 hab. Mines de cuivre.

Gregorio HERNÁNDEZ ou **FERNÁNDEZ** (v. 1576 - 1636) ▪ Sculpteur baroque espagnol. Sculpture religieuse polychrome, à l'expression pathétique.

José HERNÁNDEZ (1834 - 1886) ▪ Écrivain argentin. *"Martín Fierro"* (1872-1879), poème épique sur la vie des gauchos.

HERNE ▪ Ville d'Allemagne (Rhénanie-du-Nord-Westphalie), dans la Ruhr. 177 400 hab.

***HERNIAIRE adj.** ▪ MÉD. Qui a rapport à une hernie. *Bandage herniaire,* pour comprimer une hernie.

***HERNIE n. f.** ▪ **1.** Tumeur molle formée par un organe totalement ou partiellement sorti de sa cavité naturelle. *Hernie discale.* – COUR. Hernie abdominale. **2.** Gonflement localisé d'une chambre à air.

HÉRODE Ier LE GRAND (73 - 4 av. J.-C.) ▪ Roi des Juifs de 40 av. J.-C. à sa mort. Il fit reconstruire le temple de Jérusalem dans le style hellénistique et, selon l'Évangile, il ordonna le « massacre des Innocents ».

HÉRODE ANTIPAS (v. 20 av. J.-C. - 39) ▪ Fils du précédent. Dans l'Évangile, il emprisonne Jean-Baptiste et le fait décapiter. → **Hérodiade, Salomé.** C'est devant lui que Pilate renvoie Jésus.

HÉRODIADE ou **HERODIAS** (7 av. J.-C. - 39) ▪ Princesse juive, épouse d'Hérode dit Philippe, puis d'Hérode Antipas. Selon l'Évangile, elle fit demander, par sa fille Salomé, la tête de Jean-Baptiste.

HÉRODOTE (v. 484 - v. 425 av. J.-C.) ▪ Historien grec, considéré comme le « père de l'histoire ». Les Guerres médiques sont le sujet principal de ses *"Histoires"*, qui se caractérisent par l'ampleur et la diversité des recherches et par l'importance accordée au cadre géographique.

HÉROÏCOMIQUE adj. ▪ Qui tient du genre héroïque, épique, et du comique (en littérature). « *Le Lutrin* », *de Boileau, poème héroïcomique.*

① **HÉROÏNE n. f.** ▪ **1.** Femme qui fait preuve de vertus exceptionnelles, se dévoue à une cause. *Jeanne d'Arc, héroïne nationale française.* **2.** Principal personnage féminin (d'une œuvre, d'une aventure...). *L'héroïne du film.*

② **HÉROÏNE n. f.** ▪ Médicament et stupéfiant dérivé de la morphine.

HÉROÏNOMANE n. et **adj.** ▪ Toxicomane à l'héroïne.

HÉROÏQUE adj. ▪ **1.** Qui a trait aux héros anciens, à leurs exploits. *Poésie héroïque.* ⇒ **épique.** – loc. *Temps héroïques :* époque très reculée. *Les temps héroïques de (qqch.),* les débuts. *Les temps héroïques du cinéma.* **2.** LITTÉR. Qui célèbre les héros. ⇒ **épique.** *Poème héroïque.* **3.** Qui est digne d'un héros. *Attitude héroïque. Décision héroïque.* **4.** Qui fait preuve d'héroïsme. ⇒ **brave, courageux.** *Combattant ; armée héroïque. Une femme héroïque.* ► **adv.** HÉROÏQUEMENT

HÉROÏSME n. m. ▪ Courage propre aux héros. *L'héroïsme d'un martyr, d'un soldat.* – *L'héroïsme d'une vie.* ⇒ **grandeur.**

***HÉRON n. m.** ▪ Grand oiseau échassier à long cou grêle et à très long bec. *Héron cendré.*

HÉRON L'ANCIEN ou **D'ALEXANDRIE** (Ier s.) ▪ Mathématicien et ingénieur grec. Son traité *"La Dioptre"* contient la description et les usages de ce premier instrument universel de mesure.

***HÉROS n. m.** ▪ **1.** Personnage légendaire auquel on prête un courage et des exploits remarquables. *Les héros de la mythologie grecque, romaine.* ⇒ **demi-dieu. 2.** Celui qui se distingue par ses exploits ou un courage extraordinaire (dans le domaine des armes). ⇒ **brave ;** ① **héroïne.** *Se conduire, mourir en héros. Les héros de la Résistance.* – allus. *"Les héros sont fatigués"* (roman de C. Garnier ; film de Y. Ciampi). **3.** Homme digne de gloire par son courage, son génie, son dévouement. *Pierre le Grand, héros national russe.* – *Les héros de la science.* **4.** Personnage principal (d'une œuvre, d'une aventure, etc. ⇒ ① **héroïne**). *Le héros d'un film, d'un roman.* – *Le triste héros d'un fait divers.* – *Le héros du jour :* celui qui occupe le premier rang de l'actualité du moment. ♦ *Un anti-héros :* un héros (au sens 4) très ordinaire.

Paul HÉROULT (1863 - 1914) ▪ Chimiste français. Pionnier de l'industrie de l'aluminium.

HÉROUVILLE-SAINT-CLAIR ▪ Commune du Calvados, banlieue de Caen. 24 795 hab. *(les Hérouvillais).*

HERPÈS [-ɛs] **n. m.** ▪ Affection cutanée d'origine virale (éruption de petites vésicules transparentes sur une tache congestive). ► **adj.** HERPÉTIQUE

Juan de HERRERA (1530 - 1597) ▪ Architecte espagnol. Le plus important représentant de la Renaissance dans son pays. Il continua les travaux du palais de l'Escurial, près de Madrid.

Francisco de HERRERA LE VIEUX (v. 1576 - 1656) ▪ Peintre espagnol. Il développa un style aux accents réalistes. *"Apothéose de saint Herménégilde"*.

Édouard HERRIOT (1872 - 1957) ▪ Écrivain et homme politique français. Maire de Lyon, symbole du radicalisme, président du Conseil en 1924-1925 (Cartel des gauches) et 1932.

William HERSCHEL (1738 - 1822) ▪ Astronome britannique d'origine allemande. Il découvrit la planète Uranus et entreprit l'étude systématique des étoiles.

***HERSE** n. f. ▪ **1.** Instrument à dents, qu'on traîne sur une terre labourée pour briser les mottes, enfouir les semences. *Passer la herse* (*herser* v. tr. [1]). **2.** Grille mobile armée par le bas de fortes pointes, à l'entrée d'un château fort. *Relever la herse.*

le **HERTFORDSHIRE** ▪ Comté d'Angleterre, au nord de Londres. 1 634 km². 980 000 hab. Chef-lieu : Hertford (22 000 hab.).

***HERTZ** [ɛʀts] n. m. ▪ PHYS. Unité de mesure de fréquence (symb. Hz).

Heinrich **HERTZ** (1857 - 1894) ▪ Physicien allemand. Il établit la similitude de nature entre ondes électromagnétiques (*ondes hertziennes*) et ondes lumineuses.

Gustav **HERTZ** (1887 - 1975) ▪ Physicien allemand. Neveu d'Heinrich Hertz. Il élabora avec J. Franck en 1913 le concept de niveau d'énergie des électrons dans l'atome, confirmant la théorie atomique de N. Bohr. Prix Nobel 1925, avec Franck.

***HERTZIEN, IENNE** [ɛʀtsjɛ̃ ; ɛʀdzjɛ̃, jɛn] adj. ▪ Qui a rapport aux ondes électromagnétiques (⇒ **radio**). *Ondes hertziennes.*

l'**HERZÉGOVINE** n. f. ▪ Province méridionale de la Bosnie-Herzégovine, ravagée par la guerre civile déclenchée en 1992 (→ **Bosnie-Herzégovine**). Ville principale : Mostar.

Alexandre **HERZEN** ou **GUERTSEN** (1812 - 1870) ▪ Philosophe et écrivain russe. Révolutionnaire, il prône, dans ses écrits, un socialisme utopique à tendance slavophile.

Theodor **HERZL** (1860 - 1904) ▪ Écrivain juif hongrois, fondateur du sionisme. *"L'État des Juifs"* (1896). Il peut être considéré comme le promoteur de l'État d'Israël.

Werner Stipetic dit Werner **HERZOG** (né en 1942) ▪ Cinéaste allemand. Le talent de cet auteur visionnaire, fasciné par la démesure et l'irrationnel, s'est affirmé dans *"Aguirre, la colère de Dieu"* (1972); *"L'Énigme de Kaspar Hauser"* (1974); *"Nosferatu, fantôme de la nuit"* (1979).

HÉSIODE (VIIIe - VIIe s. av. J.-C.) ▪ Poète grec. Auteur d'œuvres mythologiques et didactiques. *"Les Travaux et les Jours"*.

HÉSITANT, ANTE adj. ▪ **1.** (personnes) Qui hésite, a de la peine à se décider. ⇒ **incertain, irrésolu. 2.** Qui n'est pas déterminé. *La victoire demeura longtemps hésitante.* ⇒ **douteux. 3.** Qui manque d'assurance, de fermeté. *Voix hésitante. Geste, pas hésitant.*

HÉSITATION n. f. ▪ Fait d'hésiter. *Accepter qqch. sans hésitation. Agir après bien des hésitations.* - Attitude qui traduit de l'indécision, de l'embarras. *Il perçut l'hésitation de son interlocuteur.*

HÉSITER v. intr. [1] ▪ **1.** Être dans un état d'incertitude, d'irrésolution. *N'hésitez plus, le temps presse.* ⇒ **attendre, tergiverser.** *Il n'y a pas à hésiter. Répondre sans hésiter.* - HÉSITER SUR. *Hésiter sur la marche à suivre.* - HÉSITER ENTRE. ⇒ **osciller.** *Hésiter entre deux solutions.* - HÉSITER À (+ inf.). *Hésiter à aborder qqn.* **2.** Marquer de l'indécision (par un temps d'arrêt, un mouvement de recul). *Cheval qui hésite devant l'obstacle.* - *Hésiter en parlant,* par timidité, défaut de mémoire ou d'élocution (→ chercher* ses mots).

les **HESPÉRIDES** n. f. ▪ Nymphes de la mythologie grecque qui avec un dragon gardaient le jardin des dieux, où poussaient les arbres produisant des pommes d'or. Héraclès tua le dragon et ravit les fruits divins.

Victor Franz **HESS** (1883 - 1964) ▪ Physicien américain d'origine autrichienne. Il affirma l'origine extraterrestre du rayonnement qu'on appela cosmique. Prix Nobel 1936, avec C. Anderson.

Rudolf **HESS** (1894 - 1987) ▪ Homme politique allemand, collaborateur de Hitler. Condamné, lors du procès de Nuremberg, à la prison à vie.

Hermann **HESSE** (1877 - 1962) ▪ Romancier allemand naturalisé suisse. Son œuvre est une interrogation sur le sens de la vie : *"Le Loup des steppes"* (1927); *"Narcisse et Goldmund"* (1930). Prix Nobel 1946.

la **HESSE** ▪ État (land) d'Allemagne. 21 114 km². 5 923 000 hab. Capitale : Wiesbaden.

HESTIA ▪ Déesse grecque du Foyer, identifiée avec la Vesta des Romains.

HÉTAÏRE n. f. ▪ ANTIQ. GRECQUE Prostituée d'un rang social élevé. ⇒ **courtisane.**

HÉTÉR(O)- Élément savant, du grec *heteros* « autre, différent » (contr. *homo-*).

HÉTÉROCHROMOSOME [-kʀo-] n. m. ▪ BIOL. Chromosome qui détermine le sexe.

HÉTÉROCLITE adj. ▪ Qui est fait de parties de styles différents. *Édifice hétéroclite.* ⇒ **composite, disparate.** - Composé d'éléments variés peu homogènes. *Objets hétéroclites.*

HÉTÉRODOXE adj. ▪ opposé à *orthodoxe* **1.** RELIG. Qui s'écarte du dogme d'une religion. *Théologien hétérodoxe.* ⇒ **hérétique. 2.** DIDACT. Qui n'est pas conformiste. *Un savant aux idées hétérodoxes.* ► n. f. HÉTÉRODOXIE

HÉTÉROGAMIE n. f. ▪ BIOL. Reproduction sexuée par deux gamètes de morphologie différente (par ex. ovule et spermatozoïde).

HÉTÉROGÈNE adj. ▪ contr. *homogène* **1.** Qui est composé d'éléments de nature différente. *Roche hétérogène.* **2.** abstrait Qui n'a pas d'unité. ⇒ **composite, disparate, divers, hétéroclite.** *Nation hétérogène.* ► n. f. HÉTÉROGÉNÉITÉ

HÉTÉROSEXUEL, ELLE [-s-] adj. et n. ▪ Qui éprouve une attirance sexuelle pour les individus du sexe opposé (et non pour ceux du même sexe) (s'oppose à *homosexuel*). - n. *Un hétérosexuel, une hétérosexuelle.* ◇ abrév. FAM. HÉTÉRO. ► n. f. HÉTÉROSEXUALITÉ

HÉTÉROZYGOTE adj. et n. ▪ BIOL. Se dit d'une cellule ou d'un individu qui possède deux gènes différents (récessif et dominant) sur chaque chromosome de la même paire (opposé à *homozygote*).

***HÊTRAIE** n. f. ▪ Lieu planté de hêtres.

***HÊTRE** n. m. ▪ Grand arbre forestier à écorce lisse gris clair, à feuilles ovales. - Son bois.

***HEU** interj. ▪ Marque l'embarras, la difficulté à trouver ses mots. « *Quel jour sommes-nous ? — Heu... Attendez...* »

HEUR n. m. ▪ VX Bonne fortune. ⇒ **bonheur ; heureux.** - loc. MOD. *N'avoir pas l'heur de :* n'avoir pas la chance de. *Je n'ai pas eu l'heur de lui plaire.* - *Mal* (mauvais) *heur.* ⇒ **malheur.**

HEURE n. f. ▪ **1.** Espace de temps égal à la vingt-quatrième partie du jour. *L'heure est subdivisée en 60 minutes. Vingt-quatre heures* (un jour), *quarante-huit heures* (deux jours). - HEURE DE : heure consacrée à, occupée par. *Avoir une heure de liberté devant soi. Une heure de route.* - *Habiter à une heure* (de trajet) *de Paris.* - *Journée de huit heures* (de travail). - *Faire cent kilomètres à l'heure, du cent à l'heure.* - *Être payé à l'heure. Gagner cinquante francs de l'heure, par heure.* loc. FAM. *S'embêter à cent sous de l'heure,* au plus haut point. - *Une bonne heure :* un peu plus d'une heure. **2.** Point précis du jour, chiffré sur la base des 24 divisions du jour (symb. h). *L'heure d'été, l'heure d'hiver.* - *0 heure.* ⇒ **minuit.** *12 heures.* ⇒ **midi.** *15 heures* ou *3 heures de l'après-midi. 7 heures du matin. 7 heures du soir.* - *L'heure locale* (différente d'un méridien à l'autre). *L'heure légale,* déterminée par le gouvernement de chaque pays. ♦ *Demander, donner l'heure à qqn. Quelle heure est-il ? Il est huit heures passées,* plus de huit heures. *Trois heures dix ; trois heures moins vingt* (minutes). - loc. FAM. *Je ne te demande pas l'heure qu'il est ! :* mêle-toi de tes affaires. - *À cinq heures juste, pile, tapant(es).* - ellipt *De deux à trois* (heures). ♦ absolt L'HEURE : l'heure fixée, prévue. *Commencer à l'heure, avant l'heure, après l'heure. Laisser passer l'heure. Avant l'heure c'est pas l'heure, après l'heure c'est plus l'heure. L'heure a sonné. N'avoir pas d'heure.* FAM. *Se coucher à pas d'heure,* très tard. ♦ loc. À L'HEURE : exact, ponctuel. *Il n'est jamais à l'heure. Montre à l'heure,* exacte. **3.** Moment de la journée, selon son emploi ou l'aspect sous lequel il est considéré. *Aux heures des repas. Heures d'affluence. Les heures de pointe. Une heure indue, avancée.* ⇒ **tard.** *C'est l'heure de la sieste, d'aller se coucher.* ♦ *À la première heure :* de très bon matin. fig. *Les combattants de la première heure,* les premiers à avoir combattu. ♦ (avec un possessif) Moment habituel ou agréable à qqn pour faire telle ou telle chose. *Ce doit être lui qui appelle, c'est son heure. Il est poète* À SES HEURES, quand ça lui plaît. ♦ À LA BONNE HEURE loc. adv. : à propos ; par ext. c'est parfait. *À la bonne heure, je vois que nous sommes d'accord.* **4.** spécialt Moment où l'on doit réciter les différentes parties du bréviaire (ex. matines, vêpres). ♦ *Livre d'heures, heures :* recueil de prières. *"Les Très Riches Heures du duc de Berry"* (célèbre manuscrit enluminé). **5.** Moment de la vie d'un individu ou d'une société. ⇒ **époque, instant, temps.** *Il a connu des heures difficiles. À l'heure du danger.* - *L'heure suprême,* *dernière* : les derniers instants d'une vie. *Sa dernière heure*, ellipt *son heure est venue, a sonné* : il va bientôt mourir. ♦ (avec un possessif) Moment particulier de la vie, qui en modifie le cours. *Il aura son heure, son heure viendra* (en bonne ou mauvaise part). ⇒ **tour.** *Avoir son heure de gloire.* ♦ absolt *L'HEURE* : le moment présent. *L'heure est grave.* ⇒ **circonstance.** ♦ *L'HEURE H* : l'heure prévue pour l'attaque ; l'heure de la décision. ♦ *Dernière heure* (d'une information très récente). **6.** loc. *À CETTE HEURE* (VIEILLI ou RÉGIONAL) : maintenant, présentement. – *À L'HEURE QU'IL EST* : en ce moment. *À l'heure qu'il est, il doit être loin.* – *À TOUTE HEURE* : à tout moment de la journée. ⇒ **continuellement.** *Ouvert à toute heure.* – *POUR L'HEURE* : pour le moment. – VIEILLI *SUR L'HEURE* : sur-le-champ. ⇒ **immédiatement.** ♦ *TOUT À L'HEURE* : dans un moment. *J'irai tout à l'heure.* – Il y a très peu de temps. *Je l'ai vu tout à l'heure.* ♦ *D'HEURE EN HEURE* : à mesure que le temps passe. *La situation s'aggrave d'heure en heure.* – *D'UNE HEURE À L'AUTRE* : en l'espace d'une heure, d'un moment à l'autre. *L'orage peut éclater d'une heure à l'autre.* ♦ *DE BONNE HEURE* : à une heure matinale (⇒ **tôt**), ou en avance. *Se lever de bonne heure.* – Avant l'époque habituelle. *Se marier de bonne heure.* ⇒ **précocement.**

les HEURES n. f. pl. ▪ Les trois divinités grecques des Saisons, qui président au cycle de la végétation et assurent l'ordre dans la société.

HEUREUSEMENT adv. ▪ **1.** D'une manière heureuse, avantageuse ; avec succès. *L'affaire s'est terminée heureusement.* **2.** D'une manière esthétiquement heureuse. *Cela est heureusement exprimé.* **3.** Par une heureuse chance, par bonheur (→ Dieu merci ; grâce à Dieu). *Heureusement, il est indemne.* – *Heureusement pour moi* (→ tant mieux). – *Heureusement qu'il était là !*

HEUREUX, EUSE adj. ▪ **I. 1.** Qui bénéficie d'une chance favorable, que le sort favorise (correspond à *bonheur*). ⇒ **chanceux.** *Être heureux au jeu, en affaires.* – *S'estimer heureux de* (+ inf.), *que* (+ subj.) : estimer qu'on a de la chance de, que. – (politesse) *Trop heureux, si je peux vous être utile.* **2.** Favorable. ⇒ **avantageux, bon.** *Heureux hasard. Une heureuse issue.* – Que le succès accompagne. *Heureuse initiative.* *Avoir LA MAIN HEUREUSE* : réussir ordinairement dans ses entreprises, ses choix. ♦ impers. *C'est heureux pour vous* : c'est une chance pour vous. iron. *Vous en convenez, c'est heureux !* ellipt *Encore heureux qu'il soit venu !* **3.** Qui semble marquer une disposition favorable de la nature. *Heureux caractère.* ⇒ **bon.** *Heureuse nature,* portée à l'optimisme. **4.** domaine esthétique Dont l'habileté semble due à la chance ; bien trouvé. ⇒ **réussi.** *Heureux équilibre. La formule n'est pas très heureuse.* **II. 1.** Qui jouit du bonheur. *Elle a tout pour être heureuse.* – loc. *Être heureux comme un roi, comme un pape, comme un poisson dans l'eau,* très heureux. – exclam. *Heureux celui qui... !* ⇒ **bienheureux.** ♦ *ÊTRE HEUREUX DE.* ⇒ se **réjouir.** *Je suis très heureux de votre succès.* – ellipt *Très heureux de vous connaître !* ⇒ **charmé, enchanté, ravi.** ♦ n. *Faire un heureux, des heureux* : faire le bonheur de qqn, de quelques personnes. **2.** Qui exprime le bonheur. *Un air heureux.* ⇒ **radieux.** **3.** Marqué par le bonheur. *Vie heureuse. Bonne et heureuse année !*

HEURISTIQUE ▪ DIDACT. **1.** adj. Qui sert à la découverte. – *Méthode heuristique,* consistant à faire découvrir à l'élève ce qu'on veut lui enseigner. **2.** n. f. Partie de la science qui a pour objet la découverte des faits.

***HEURT** n. m. ▪ **1.** Action de heurter ; son résultat. ⇒ **choc, coup.** *Déplacer qqch. sans heurt.* ♦ *Heurts entre les manifestants et la police.* ⇒ **accrochage, brutalité.** **2.** abstrait Opposition brutale, choc résultant d'un désaccord. ⇒ **conflit, friction.** *Leur collaboration ne va pas sans quelques heurts.*

***HEURTER** v. [1] ▪ **I.** v. tr. dir. **1.** Toucher rudement, en entrant brusquement en contact avec. ⇒ **cogner.** *Heurter qqn du coude. La voiture a heurté un arbre.* ⇒ **percuter, tamponner.** ♦ Faire entrer brutalement en contact. *Heurter sa tête contre qqch., à qqch.* **2.** abstrait Contrecarrer (qqn) d'une façon qui choque et provoque une résistance. ⇒ **blesser, froisser, offenser.** *Heurter de front qqn. Heurter les préjugés, l'opinion.* **II. 1.** v. intr. VIEILLI *Heurter contre qqch.* ⇒ **buter, cogner.** **2.** v. tr. ind. *HEURTER À* : frapper avec intention à. *Heurter à la porte.* ► SE ***HEURTER** v. pron. **1.** (réfl.) ⇒ se **cogner.** *Se heurter à, contre qqch.* (de concret). – fig. Rencontrer un obstacle d'ordre humain, moral. *Se heurter à un refus.* **2.** (récipr.) *Les deux motos se sont heurtées de plein fouet.* ♦ fig. Entrer en conflit. ⇒ s'**accrocher,** s'**affronter.** *Étant si différents, ils ne peuvent que se heurter.* – Faire un violent contraste. *Couleurs qui se heurtent.* ► ***HEURTÉ, ÉE** adj. Qui est fait de contrastes trop appuyés. *Tons heurtés.* – *Style heurté.* ⇒ **abrupt.**

***HEURTOIR** n. m. ▪ Marteau adapté à la porte d'entrée d'une maison, dont on se sert pour frapper.

HÉVÉA n. m. ▪ Grand arbre originaire de la Guyane, cultivé pour son latex.

Georg HEVESY DE HEVES (1885-1966) ▪ Chimiste suédois d'origine hongroise. Il fut le premier à utiliser les isotopes radioactifs comme traceurs. Prix Nobel 1943.

Antony HEWISH (né en 1924) ▪ Radioastronome britannique. Prix Nobel de physique en 1974 pour sa découverte des pulsars (sources de rayonnement radioastronomique).

HEXA- [ɛgza] Élément savant, du grec *hex* « six » (ex. *hexaèdre* n. m. « polyèdre à six faces »).

HEXAGONE n. m. ▪ **1.** Polygone à six côtés. **2.** *L'Hexagone* : la France métropolitaine (à cause de la forme de sa carte). ► adj. HEXAGONAL, ALE, AUX

HEXAMÈTRE adj. ▪ Qui a six pieds ou six syllabes. *Vers hexamètre.* – n. m. *Un hexamètre.*

HEXAPODE adj. ▪ ZOOL. Qui a six pattes. – n. m. *Les insectes sont tous des hexapodes.*

Cornelius HEYMANS (1892-1968) ▪ Médecin et pharmacologue belge. Il étudia le métabolisme des fonctions respiratoires et circulatoires et mit en évidence le rôle des sinus et de l'aorte dans la régulation de la respiration. Prix Nobel 1938.

***HI** [i ; hi] interj. ▪ Onomatopée qui, répétée, figure le rire (⇒ **ha**) et, parfois, les pleurs.

(*)HIATUS [-ys] n. m. ▪ **1.** Rencontre de deux voyelles prononcées, à l'intérieur d'un mot (ex. *aérer*), ou entre deux mots énoncés sans pause (ex. *il a été*). **2.** fig. Coupure, discontinuité, interruption.

HIBERNAL, ALE, AUX adj. ▪ DIDACT. Relatif à l'engourdissement d'hiver. *Sommeil hibernal.* ⇒ **hiémal.**

HIBERNATION n. f. ▪ État d'engourdissement où tombent certains mammifères pendant l'hiver. ♦ *Hibernation artificielle* : refroidissement du corps humain dans un but thérapeutique.

HIBERNER v. intr. [1] ▪ Passer l'hiver en hibernation. *Le loir hiberne.* ► HIBERNANT, ANTE adj. *Animaux hibernants* (ex. chauve-souris, marmotte, loir, hérisson).

HIBISCUS [-ys] n. m. ▪ Arbre tropical à grandes fleurs de couleurs vives.

hibiscus. *Hibiscus moesiana,* fleur cultivée.
Phot. © Berthoule/Jacana

***HIBOU** n. m. ▪ Oiseau rapace nocturne voisin de la chouette, mais portant des aigrettes. ⇒ **duc, grand(-)duc.** *Les hiboux hululent.*

***HIC** n. m. ▪ FAM. Point difficile, délicat. *Le hic, c'est que... Il y a un hic.*

John HICKS (1904-1989) ▪ Économiste britannique. Il est l'auteur d'études sur la théorie de la valeur et des prix, et sur l'analyse mathématique des fluctuations économiques. Prix Nobel 1972.

HIDALGO n. m. ▪ Noble espagnol.

***HIDEUR** n. f. ▪ Caractère de ce qui est hideux ; laideur extrême.

***HIDEUX, EUSE** adj. ▪ D'une laideur repoussante, horrible. *Visage hideux.* ⇒ **ignoble, répugnant.** – *Un hideux spectacle.* ♦ Moralement ignoble ; affreux. *Un crime hideux.* ► adv. *HIDEUSEMENT

HIDEYOSHI (1536-1598) ▪ Homme de guerre et homme d'État japonais. Après avoir presque réussi à unifier le Japon, il conçut le projet de conquérir la Chine et trouva la mort alors que ses troupes étaient repoussées de Corée.

***HIE** n. f. ▪ TECHN. Instrument formé d'une lourde masse et d'un manche, servant à enfoncer (des pavés, etc.). ⇒ **dame, mouton.**

HIÉMAL, ALE, AUX adj. ▪ DIDACT. De l'hiver. *Sommeil hiémal. Plantes hiémales.*

HIER [jɛʀ] adv. ▪ **1.** Le jour qui précède immédiatement celui où l'on est. ⇒ **veille.** *Hier matin, hier (au) soir. Le journal d'hier.* - n. m. *Vous aviez tout hier pour y penser.* **2.** Dans un passé récent, à une date récente. *Ça ne date pas d'hier* : c'est très ancien. *Je m'en souviens comme si c'était hier,* très bien. - loc. FAM. *N'être pas né d'hier* : avoir de l'expérience, être averti.

***HIÉRARCHIE** n. f. ▪ **1.** Organisation sociale fondée sur des rapports de subordination (selon les pouvoirs, la situation de chacun). *Les degrés, les échelons de la hiérarchie. Être au sommet de la hiérarchie.* **2.** Organisation d'un ensemble en une série où chaque terme est supérieur au terme suivant. ⇒ **classement, ordre.** *Hiérarchie des valeurs.*

***HIÉRARCHIQUE** adj. ▪ Relatif à la hiérarchie. *Adressez-vous à vos supérieurs hiérarchiques. Suivre la voie hiérarchique.* ► adv. *HIÉRARCHIQUEMENT

***HIÉRARCHISER** v. tr. [1] ▪ Organiser, régler selon une hiérarchie. - p. p. adj. *Société fortement hiérarchisée.* ► n. f. *HIÉRARCHISATION

***HIÉRARQUE** n. m. ▪ Personnage important dans une hiérarchie (surtout politique).

***HIÉRATIQUE** adj. ▪ **1.** DIDACT. Qui concerne les choses sacrées, et spécialt le formalisme religieux, la liturgie. **2.** LITTÉR. Qui semble réglé, imposé par un rite, un cérémonial, une tradition. ⇒ **solennel.** *Attitude, gestes hiératiques.*

***HIÉRATISME** n. m. ▪ DIDACT. ou LITTÉR. Caractère hiératique.

***HIÉR(O)-** Élément savant, du grec *hieros* « sacré » (ex. *hiérarchie, hiératique, hiéroglyphe, hiérophante*).

hiéroglyphe. La tombe de Séthi Ier, XIXe dynastie. Vallée des Rois, Thèbes. *Phot. © Giraudon*

***HIÉROGLYPHE** n. m. ▪ **1.** Caractère, signe des plus anciennes écritures égyptiennes. *Valeur figurative, idéographique ou phonétique des hiéroglyphes. Champollion déchiffra les hiéroglyphes de la pierre de Rosette.* **2.** fig. au plur. Écriture difficile à déchiffrer.

***HIÉROGLYPHIQUE** adj. ▪ **1.** Formé de hiéroglyphes ; qui constitue un hiéroglyphe. **2.** fig. Indéchiffrable.

HIÉRON Ier (mort v. 466 av. J.-C.) ▪ Tyran de Syracuse de 478 à 466 av. J.-C. Frère et successeur de Gélon, il étendit sa domination sur toute la Sicile et battit les Étrusques à Cumes. Il rassembla à sa cour les meilleurs écrivains grecs.

***HIÉROPHANTE** n. m. ▪ **1.** ANTIQ. GRECQUE Prêtre qui présidait aux mystères d'Éleusis et instruisait les initiés. **2.** fig. Prêtre, pontife.

***HI-FI** n. f. invar. et adj. invar. ▪ anglic. Haute fidélité. ⇒ **fidélité.** - adj. *Des chaînes hi-fi.*

les HIGHLANDS n. f. pl. ▪ Région montagneuse du nord de l'Écosse (le nom signifie les « Hautes Terres »). Parsemée de lacs (ou *lochs*), démunie de ressources, la région vit de la pêche et du tourisme. ► **le HIGHLAND** Région administrative de l'Écosse. 26 136 km². 200 000 hab. Chef-lieu : Inverness.

Patricia **HIGHSMITH** (1921-1995) ▪ Écrivain américaine. Auteur de romans policiers. *"L'Inconnu du Nord-Express"* (1950) ; *"Monsieur Ripley"* (1955).

***HI-HAN** interj. ▪ Onomatopée évoquant le cri de l'âne. - n. m. invar. *Des hi-han.* ⇒ **braiment.**

Nazım **HIKMET** (1902-1963) ▪ Écrivain turc, d'inspiration marxiste. *"C'est un dur métier que l'exil"* (1957, poèmes).

saint **HILAIRE** (v. 315-v. 367) ▪ Évêque de Poitiers, Père et docteur de l'Église. Il combattit l'arianisme.

HILARANT, ANTE adj. ▪ Qui provoque le rire.

HILARE adj. ▪ Qui est dans un état de gaieté extrême. *Public hilare.* - *Visage hilare.* ⇒ **réjoui.**

HILARITÉ n. f. ▪ Brusque accès de gaieté ; explosion de rires. *Déchaîner, déclencher l'hilarité générale.*

David **HILBERT** (1862-1943) ▪ Mathématicien allemand. Il aborda tous les domaines de la mathématique contemporaine et formalisa la géométrie. En 1900, il dressa une liste de 23 problèmes encore ouverts dont il soupçonnait — à raison — que l'étude marquerait les mathématiques du XXe siècle.

HILDEBRAND → **Grégoire VII**

Johann Lukas von **HILDEBRANDT** (1668-1745) ▪ Architecte baroque autrichien. Palais du Belvédère à Vienne.

HILDESHEIM ▪ Ville d'Allemagne (Basse-Saxe). 104 800 hab. Églises romanes.

***HILE** n. m. ▪ ANAT. Point d'insertion, généralement déprimé, des vaisseaux et des conduits excréteurs sur un organe. *Le hile du foie.*

sir Edmund Percival **HILLARY** (né en 1919) ▪ Alpiniste et explorateur néo-zélandais. Il atteignit le sommet de l'Everest en 1953.

HILLEL L'ANCIEN (né v. 75 av. J.-C.) ▪ Docteur juif pharisien. Président du sanhédrin *(nasi)* pendant une vingtaine d'années vers le début de l'ère chrétienne, il renouvela l'herméneutique, interprétant la Loi dans un sens libéral.

HIMACHAL PRADESH ▪ État du nord de l'Inde, sur les versants de l'Himalaya. 55 673 km². 5 111 000 hab. Capitale : Simla (109 800 hab.).

l'HIMALAYA n. m. ▪ En sanskrit, le « séjour des neiges », la plus haute chaîne de montagnes du monde (8 846 m à l'Everest), longue de 2 700 km, large de 200 à 500 km, située aux frontières de la Chine (Tibet) avec le sous-continent indien (Pakistan, Inde, Népal, Bhoutan).

HIMEJI ▪ Ville du Japon (Honshū). 456 940 hab.

Heinrich **HIMMLER** (1900-1945) ▪ Homme politique allemand. Chef de la Gestapo (1934) et des S.S., il fut l'organisateur des camps d'extermination. Il se suicida.

Bernard **HINAULT** (né en 1954) ▪ Coureur cycliste français. Il remporta cinq Tours de France (1978, 1979, 1981, 1982, 1983) et le Championnat du monde professionnel en 1980.

Paul **HINDEMITH** (1895-1963) ▪ Compositeur et théoricien allemand. Il s'est intéressé à tous les genres musicaux.

l'Himalaya. *Phot. © Charles Lénars*

"Mathis le peintre" (1934), opéra, *"Nobilissima visione"* (1938), *"Hérodiade"* (1944), ballets.

Paul von HINDENBURG (1847-1934) ▪ Maréchal et homme d'État allemand. Général en chef lors de la Première Guerre mondiale. Président de la République en 1925, réélu en 1932, il nomma Hitler chancelier en 1933.

(*)HINDI [indi] **n. m.** ▪ Langue indo-européenne dérivée du sanskrit (syn. *hindoustani*). *L'hindi est la langue officielle de l'Union indienne.*

HINDOU, OUE adj. et **n.** ▪ De l'Inde et relatif à la civilisation brahmanique. *Les castes de la société hindoue.* - **n.** Adepte de l'hindouisme.

HINDOUISME n. m. ▪ Religion brahmanique pratiquée en Inde. ⇒ **brahmanisme.** ► **adj.** et **n.** HINDOUISTE ▪ De constitution très ancienne, l'hindouisme est issu de textes sacrés : les Veda (1000 av. J.-C.) et les Upanishad. Il postule l'existence d'un principe universel selon lequel le monde peut être comparé à une roue qui tourne, où les hommes naissent et renaissent à l'intérieur de castes, dont la plus élevée est celle des brahmanes, en fonction des actions accomplies dans leurs vies antérieures (karma). Ce processus n'est interrompu que par l'accession au nirvana. L'hindouisme possède un riche panthéon (Brahma, Shiva, Vishnou).

l'HINDŪ KUSH n. m. ▪ Chaîne montagneuse d'Afghanistan, prolongement occidental de l'Himalaya qui culmine à 7 706 m.

le HINGGAN LING ou **KHINGAN** ▪ Massif montagneux de Chine, culminant à 2 091 m.

HIPPARQUE (IIe s. av. J.-C.) ▪ Astronome grec. Il fut l'auteur du premier catalogue d'étoiles et découvrit la précession des équinoxes.

***HIPPIE** ou ***HIPPY n.** et **adj.** ▪ anglic. Adepte d'un mouvement des années 1970, fondé sur le refus de la société de consommation et prônant la liberté des mœurs et la non-violence. *Des hippies, des hippys.* - **adj.** *Le mouvement hippie.*

HIPPIQUE adj. ▪ Qui a rapport à l'hippisme. *Concours hippique.* ⇒ **équestre.**

HIPPISME n. m. ▪ Ensemble des sports pratiqués à cheval ou avec un cheval (course, équitation, polo) et des activités (paris) qui en dépendent. ⇒ **turf.**

HIPP(O)- Élément, du grec *hippos* « cheval ».

HIPPOCAMPE n. m. ▪ Petit poisson de mer qui nage en position verticale et dont la tête rabattue contre la gorge rappelle celle d'un cheval.

hippocampe.
Hippocampus ramulosus, hippocampe moucheté.
Phot. © de Wilde/Jacana

HIPPOCRATE (460-377 av. J.-C.) ▪ Médecin grec. Référence majeure pour Galien et la pensée médicale jusqu'au XIXe s. Sa physiologie repose sur la théorie des humeurs (sang, lymphe, bile jaune et bile noire), l'excès ou le défaut de l'une d'entre elles entraînant la maladie. Avant d'exercer, les médecins prêtent le « serment d'Hippocrate ».

HIPPOCRATIQUE adj. ▪ DIDACT. D'Hippocrate, de sa doctrine médicale. *Le serment hippocratique.*

HIPPODROME n. m. ▪ Terrain de sport hippique ; champ de courses.

HIPPOGRIFFE n. m. ▪ Animal fabuleux, monstre ailé moitié cheval, moitié griffon.

HIPPOLOGIE n. f. ▪ DIDACT. Étude du cheval.

HIPPOLYTE ▪ Fils de Thésée dans la mythologie grecque. Personnage des tragédies *"Hippolyte porte-couronne"* d'Euripide et *"Phèdre"* de Racine.

HIPPOMOBILE adj. ▪ DIDACT. Tiré par un ou plusieurs chevaux. *Voiture hippomobile.*

HIPPONE ▪ Ancienne ville de Numidie. Saint Augustin en fut l'évêque de 395 à 430. Ruines près d'Annaba (Algérie).

HIPPOPHAGIQUE adj. ▪ *Boucherie hippophagique,* où l'on vend de la viande de cheval. ⇒ **chevalin.**

HIPPOPOTAME n. m. ▪ **1.** Gros mammifère amphibie, aux membres trapus à quatre doigts. **2.** fig. FAM. Personne énorme.

HIROHITO (1901-1989) ▪ Empereur du Japon de 1926 à sa mort. Après 1945, il ne garda que des fonctions honorifiques. Son fils Akihito lui a succédé.

HIRONDELLE n. f. ▪ **1.** Oiseau migrateur noir et blanc, aux ailes fines et longues, à la queue fourchue. - prov. *Une hirondelle ne fait pas le printemps :* un seul exemple n'autorise pas de conclusion générale. **2.** *Hirondelle de mer.* ⇒ **sterne.** **3.** *Nid d'hirondelle :* nid d'un martinet qui constitue un mets très apprécié en Extrême-Orient.

HIROSHIGE ou **ANDŌ HIROSHIGE** (1797-1858) ▪ Dessinateur japonais. Ses estampes font de lui le maître de l'art du paysage à l'égal de Hokusai.

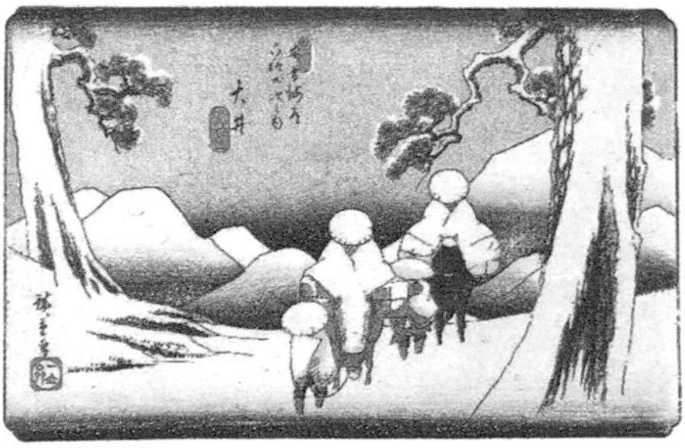

Hiroshige. *Voyageurs dans la neige,* estampe de la série des « 53 étapes du Tōkaidō », 1833. Victoria and Albert Museum, Londres. *Phot. © Bridgeman/Giraudon*

HIROSHIMA ▪ Un des principaux ports du Japon, sur l'île de Honshū. 1 066 183 hab. Autrefois base militaire. La bombe atomique lancée par les Américains le 6 août 1945 détruisit 90 % de la ville et fit plus de 130 000 victimes dont 80 000 tués.

HIRSON ▪ Commune de l'Aisne. 10 173 hab. *(les Hirsonnais).*

HIRSUTE adj. ▪ Qui a le poil, le cheveu très fourni et en désordre. ⇒ **ébouriffé.** *Gamin hirsute.* - *Tignasse hirsute.*

HISHIKAWA MORONOBU (v. 1618-1694) ▪ Peintre japonais. Il est considéré par certains comme le créateur de l'estampe japonaise.

l'HISPANIE n. f. ▪ Nom donné par les Romains à la péninsule Ibérique (→ **Espagne**).

HISPANIOLA ▪ Île des Grandes Antilles partagée, depuis 1844, entre la République dominicaine à l'est et la république d'Haïti à l'ouest.

HISPANIQUE adj. ▪ Qui a trait à l'Espagne, aux Espagnols. *Institut d'études hispaniques.*

HISPANISANT, ANTE n. ▪ DIDACT. Linguiste spécialisé dans l'étude de la langue espagnole. - Spécialiste de l'Espagne. ◇ syn. HISPANISTE.

HISPANISME n. m. ▪ LING. Construction ou emploi propre à la langue espagnole.

HISPANO- Élément, du latin *hispanus* « espagnol ».

HISPANO-AMÉRICAIN, AINE adj. ▪ **1.** Qui a rapport à l'Amérique et à l'Espagne. **2.** Relatif à la partie de l'Amérique latine où l'on parle espagnol. - **n.** *Les Hispano-Américains.*

HISPANOPHONE adj. et **n.** ▪ Qui parle l'espagnol, le castillan. *L'Amérique hispanophone.*

OH ***HISSE interj.** ⇒ HISSER (2)

***HISSER v. tr.** 1 ▪ **1.** Élever, faire monter au moyen d'une manœuvre, d'un cordage. *Hisser un mât. Hisser les couleurs.*

2. Tirer en haut et avec effort. ⇒ **élever.** *Hisser un fardeau au moyen d'une grue.* ♦ interj. *OH ! HISSE !* (pour accompagner un effort collectif). ► SE **HISSER** v. pron. S'élever avec effort. ⇒ **grimper, monter.** *Se hisser sur la pointe des pieds.* ⇒ se **hausser.**

HISTAMINE n. f. ▪ Amine présente dans la plupart des tissus animaux, et dont le rôle est important dans les manifestations allergiques. ► adj. HISTAMINIQUE

HIST(O)- Élément savant, du grec *histos* « tissu », qui signifie « tissu vivant ».

HISTOGÉNÈSE n. f. ▪ DIDACT. Formation des divers tissus au cours du développement embryonnaire.

HISTOIRE n. f. ▪ **I. 1.** Connaissance et récit des événements du passé jugés dignes de mémoire ; les faits ainsi relatés. *L'histoire ancienne, contemporaine. L'histoire politique, économique. L'histoire de l'art, des sciences, des mentalités.* ♦ *HISTOIRE SAINTE :* les récits de la Bible. - *LA PETITE HISTOIRE :* les anecdotes qui se rattachent à une période historique. ♦ *L'histoire d'un homme.* ⇒ **biographie, vie. 2.** Étude scientifique d'une évolution. *L'histoire du globe. L'histoire d'un mot.* **3.** absolt Science et méthode permettant d'acquérir et de transmettre la connaissance du passé. *Les sources, les documents de l'histoire :* annales, archives, chroniques... ♦ École, méthode historique. *La nouvelle histoire* (école française issue des *Annales*). **4.** La mémoire des hommes, le jugement de la postérité. *L'histoire jugera,* dira si la personne a eu raison d'agir ainsi. ♦ La vérité historique. *Mélanger l'histoire et la fiction.* **5.** La suite des événements qu'étudie l'histoire (⇒ **passé**). *Au cours de l'histoire. Le sens de l'histoire.* **6.** La partie du passé de l'humanité connue par des documents écrits (par oppos. à *préhistoire*). *L'histoire a-t-elle commencé à Sumer ?* **7.** Livre d'histoire. *Acheter une Histoire de France.* **II. 1.** VX Connaissances mettant en jeu la mémoire (non pas la raison [science], ou l'imagination). *"Histoire et Théorie de la Terre"* (ouvrage de Buffon). **2.** *HISTOIRE NATURELLE :* ancienne désignation des sciences* naturelles. **III.** *UNE, DES HISTOIRES* **1.** Récit d'actions, d'événements réels ou imaginaires. *C'est une histoire vraie. Raconter, lire une histoire à un enfant. La morale de cette histoire.* ♦ *HISTOIRE DRÔLE :* bref récit dont la chute est comique. **2.** Histoire inventée, invraisemblable ou destinée à tromper, à mystifier. ⇒ **conte, fable ; mensonge.** *Tout ça, ce sont des histoires.* ⇒ **baliverne, blague.** *Ne me racontez pas d'histoires.* **3.** Suite, succession d'événements concernant qqn. ⇒ **affaire.** *Quelle histoire !* ⇒ **aventure.** *Se brouiller pour une histoire d'argent.* ⇒ **question. 4.** Succession d'événements compliqués, malencontreux. *Se fourrer dans une sale histoire.* - *C'est toujours la même histoire :* les mêmes choses se reproduisent, les mêmes ennuis se répètent. ♦ *Il va s'attirer des histoires.* ⇒ **ennui.** - *Allons, pas d'histoires !* ⇒ **embarras, façon, manière ;** FAM. **chichi.** *Faire des histoires pour rien. Pour le faire manger, c'est toute une histoire,* c'est très compliqué. ♦ *SANS HISTOIRE :* sans problème, sans rien d'exceptionnel. *Un voyage sans histoire.* ♦ loc. FAM. *HISTOIRE DE* (+ inf.) : marque le but, l'intention. ⇒ **pour.** *Il a dit cela histoire de rire.*

HISTOLOGIE n. f. ▪ Branche de la biologie qui traite de la structure des tissus vivants. ► adj. HISTOLOGIQUE

HISTORICITÉ n. f. ▪ Caractère de ce qui est historique. *Une preuve d'historicité.* ⇒ **authenticité.**

HISTORIÉ, ÉE adj. ▪ Décoré de scènes à personnages. *Chapiteau historié.*

HISTORIEN, IENNE n. ▪ Spécialiste de l'histoire ; auteur de travaux historiques. *Les historiens du nazisme. Un historien de l'art.*

HISTORIETTE n. f. ▪ Récit d'une petite aventure, d'événements de peu d'importance. ⇒ **anecdote, conte, nouvelle.**

HISTORIOGRAPHE n. ▪ Écrivain chargé officiellement d'écrire l'histoire de son temps. *Racine, Boileau, historiographes de Louis XIV.*

HISTORIOGRAPHIE n. f. ▪ DIDACT. **1.** Travail de l'historiographe. - Ensemble d'ouvrages d'historiographes. **2.** Aspect narratif du travail de l'historien. ► adj. HISTORIOGRAPHIQUE

HISTORIQUE adj. ▪ **1.** Qui a rapport à l'histoire. *Ouvrage historique. Méthode historique.* - *L'exactitude historique.* **2.** (opposé à *légendaire*) Réel, vrai. *Personnage historique.* - *Roman historique,* dont le sujet est emprunté partiellement à l'histoire. **3.** Qui est ou mérite d'être conservé par l'histoire. *Journée historique. Mot historique.* - *Monument historique,* présentant un intérêt au regard de l'histoire, de l'art ou de la science, et protégé par l'État. **4.** n. m. Exposé chronologique des faits. *Faire l'historique d'une question.* ► HISTORIQUEMENT adv. *Fait historiquement exact.*

HISTRION n. m. ▪ péj. LITTÉR. Comédien.

sir Alfred HITCHCOCK (1899 - 1980) ▪ Cinéaste britannique naturalisé américain. Le grand maître du suspense. *"L'Inconnu du Nord-Express"* (1951) ; *"La Mort aux trousses"* (1959) ; *"Psychose"* (1960) ; *"Les Oiseaux"* (1963).

Hitchcock. *Phot. © Coll. Rui Nogueira*

Adolf HITLER (1889 - 1945) ▪ Homme politique allemand d'origine autrichienne. Ancien combattant de 1914-1918, chef du parti nazi (national-socialiste), il se fit connaître par un putsch manqué à Munich en 1923. Emprisonné, il rédigea *"Mein Kampf"* (« mon combat »), où il expose son idéologie (→ **nazisme**). Excellent propagandiste, il séduisit l'opinion allemande, humiliée par la défaite de 1918 et ruinée par la crise économique de 1929. S'appuyant sur les organisations paramilitaires des S.A. (Röhm) puis des S.S. (Himmler), il devint chancelier en 1933 et chef *(Führer)* du IIIe Reich à la mort de Hindenburg en 1934. Cumulant tous les pouvoirs, il organisa avec Göring une redoutable police d'État, la Gestapo. Il mit en œuvre son programme : réarmement, annexion des pays voisins (Autriche, Tchécoslovaquie), violence antisémite, puis extermination systématique des Juifs (*solution finale* à partir de 1941 ; → **Shoah**) et des populations supposées inférieures (homosexuels, Tziganes). Il provoqua la Deuxième Guerre mondiale. Finalement vaincu, il se suicida le 30 avril 1945.

HITLÉRIEN, IENNE adj. ▪ Qui a rapport à Hitler. ⇒ **national-socialiste, nazi.** - n. et adj. Adepte de Hitler.

HITLÉRISME n. m. ▪ Doctrine de Hitler. ⇒ **nazisme.**

***HIT-PARADE** [it-] n. m. ▪ anglic. Palmarès des meilleures ventes dans le domaine des disques de variétés. - par ext. Classement selon une certaine popularité. *Des hit-parades.* ◇ recomm. off. *palmarès.*

***HITTITE** adj. et n. ▪ Relatif aux Hittites*. *L'art hittite.* - n. m. *Le hittite* (langue indo-européenne).

les HITTITES ▪ Peuple d'Anatolie centrale qui forma un puissant empire du XXe au XIIe s. av. J.-C. Le secret de la métallurgie du fer leur assura la suprématie militaire.

Hittites. Double statue du dieu Hadad et de la déesse Ishtar. Musée archéologique, Alep. *Phot. © Dagli Orti*

***H.I.V.** [aʃive] **n. m.** (sigle angl., de *Human Immunodeficiency Virus*) ▪ anglic. BIOL. Virus tenu pour l'agent responsable du sida. ⇒ **L.A.V., V.I.H.**

HIVER **n. m.** ▪ **1.** La plus froide des quatre saisons de l'année (dans les zones tempérée et polaire), qui succède à l'automne. *L'hiver commence au solstice d'hiver* (22 décembre) *et s'achève à l'équinoxe de printemps* (20 ou 21 mars). *Longues soirées d'hiver.* ⇒ **hivernal.** *Plantes d'hiver.* ⇒ **hiémal.** ♦ SPORTS D'HIVER, qui se pratiquent sur la neige, la glace (ski, luge, patinage, bobsleigh, etc.). - loc. *Été comme hiver :* en toutes saisons. **2.** Les conditions créées par l'hiver (froid, neige...).

HIVERNAGE **n. m.** ▪ **1.** Temps de la mauvaise saison que les navires passent en relâche, à l'abri ; cet abri. *"Un hivernage dans les glaces"* (de Jules Verne). **2.** Séjour du bétail à l'étable pendant l'hiver. **3.** Saison des pluies, dans les régions tropicales.

HIVERNAL, ALE, AUX **adj.** ▪ Propre à l'hiver, de l'hiver. ⇒ **hibernal, hiémal.** *Froid hivernal.*

HIVERNANT, ANTE **n.** ▪ Personne qui séjourne dans un lieu pendant l'hiver (opposé à *estivant*).

HIVERNER **v.** [1] ▪ **1. v. intr.** Passer l'hiver à l'abri (navires, troupes) ou dans un lieu tempéré (animaux). **2. v. tr.** *Hiverner les bestiaux.*

Louis **HJELMSLEV** (1899 - 1965) ▪ Linguiste et sémiologue danois. Il a établi une théorie générale et structurale du langage *(glossématique).*

***H.L.M.** [aʃɛlɛm] **n. m.** ou (plus correct) **n. f.** (sigle de *habitation à loyer modéré*) ▪ Grand immeuble construit par une collectivité et affecté aux foyers qui ont de petits revenus. - appos. *Une cité H.L.M.*

***HO** [o ; ho] **interj.** ▪ Interjection servant à appeler. ⇒ **eh, hé, holà.** - VIEILLI Servant à exprimer l'étonnement, l'indignation. ⇒ **oh.**

HOBART ▪ Ville et port d'Australie, capitale de la Tasmanie. 175 082 hab.

Meindert **HOBBEMA** (1638 - 1709) ▪ Peintre et dessinateur hollandais. Il se consacra au paysage et subit fortement l'influence de Ruysdael. *"Allée de Middelharnis"*.

Thomas **HOBBES** (1588 - 1679) ▪ Philosophe anglais. Son ouvrage, le *"Léviathan"* (1651), expose sa théorie politique : les hommes sont conduits à vivre selon un contrat social, dont seul un pouvoir absolu peut garantir l'exécution.

***HOBBY** **n. m.** ▪ anglic. Passe-temps, activité de loisir. ⇒ **violon** d'Ingres. *Des hobbys* ou *des hobbies.*

***HOBEREAU** **n. m.** ▪ Gentilhomme campagnard de petite noblesse, qui vit sur ses terres.

Lazare **HOCHE** (1768 - 1797) ▪ L'un des meilleurs généraux de la Révolution française. Il fut commandant en chef de l'armée de Moselle, puis chargé par la Convention de la pacification de la Vendée (→ guerre de **Vendée**).

***HOCHEQUEUE** **n. m.** ▪ Bergeronnette.

***HOCHER** **v. tr.** [1] ▪ loc. HOCHER LA TÊTE, la secouer (de haut en bas pour signifier « oui », de droite à gauche pour signifier « non »). *Il hocha la tête en signe d'acquiescement.* ▸ ***HOCHEMENT** **n. m.** *Hochement de tête approbateur.*

***HOCHET** **n. m.** ▪ **1.** Jouet de bébé formé d'un manche et d'une partie qui fait du bruit quand on la secoue. **2.** fig. LITTÉR. Chose futile qui flatte ou console.

HÔ CHÍ MINH (1890 - 1969) ▪ Homme politique vietnamien. L'inspirateur du nationalisme révolutionnaire (→ **Viêtminh, Viêtnam**). Il lutta contre les Français et remporta la bataille de Điện Biên Phủ (1954), devint président de la République démocratique et s'opposa aux Américains au Viêtnam-du-Sud.

HÔ CHÍ MINH-VILLE autrefois ***SAIGON*** ▪ Ville du sud du Viêtnam. 3 200 000 hab. Métropole économique du pays. Port fluvial sur le delta du Mékong. Anc. capitale du Viêtnam-du-Sud.

***HOCKEY** **n. m.** ▪ anglic. Sport d'équipe qui consiste à faire passer une balle entre deux poteaux *(buts)* au moyen d'une crosse. *Hockey sur gazon.* - *Hockey sur glace,* joué avec un palet par deux équipes de patineurs.

***HOCKEYEUR, EUSE** **n.** ▪ Joueur, joueuse de hockey.

David **HOCKNEY** (né en 1937) ▪ Peintre britannique. Empruntant au pop art le caractère faussement naïf de ses toiles, il évolue, dès la fin des années 60, vers un réalisme sophistiqué. Il a créé des décors et des costumes de théâtre.

HODEÏDA ▪ Ville et port du Yémen. 155 110 hab.

Enver **HODJA** → Enver **Hoxha**

Ferdinand **HODLER** (1853 - 1918) ▪ Peintre suisse de tendance symboliste. Paysages, décorations murales. *"La Nuit"* (1890).

l'île **HOËDIC** ▪ Île de l'Atlantique et commune (Hoëdic) du Morbihan. 140 hab. *(les Hoëdicais).*

HŒNHEIM ▪ Commune du Bas-Rhin. 10 566 hab.

Ernst Theodor Amadeus **HOFFMANN** (1776 - 1822) ▪ Écrivain et compositeur allemand. Auteur de contes fantastiques et de romans. *"Les Élixirs du diable"* (1816). *"Les Contes des frères Sérapion"* (1819-1821). Son œuvre inspira Schumann, Tchaïkovski et Offenbach.

Josef **HOFFMANN** (1870 - 1956) ▪ Architecte et décorateur autrichien. Un des principaux représentants de l'Art nouveau, il édifia le palais Stoclet à Bruxelles.

Hugo von **HOFMANNSTHAL** (1874 - 1929) ▪ Auteur dramatique autrichien, à la sensibilité à la fois raffinée et décadente. Il écrivit des livrets pour les opéras de R. Strauss. *"Le Chevalier à la rose"* (1911).

William **HOGARTH** (1697 - 1764) ▪ Peintre et graveur anglais. Il fit la caricature des mœurs de son époque. Il donna plusieurs séries de planches d'après des modèles peints, créant un nouveau genre à forme narrative : *"Le Mariage à la mode"* (1743), *"La Carrière du roué"*.

le **HOGGAR** ou **AHAGGAR** ▪ Massif volcanique du Sahara algérien, peuplé par les Touaregs.

les **HOHENSTAUFEN** ou **STAUFEN** ▪ Famille allemande (dite aussi *maison de Souabe*) qui régna sur le Saint Empire : Conrad III de 1138 à 1152, Frédéric Ier Barberousse de 1152 à 1190, Henri VI de 1190 à 1197, Philippe de Souabe de 1198 à 1208, Frédéric II de 1220 à 1250, Conrad IV de 1250 à 1254. Elle régna sur Naples de 1194 à 1268 et s'éteignit à la mort de Conradin (1268), rival malheureux de Charles Ier d'Anjou en Sicile.

les **HOHENZOLLERN** ▪ Famille allemande qui se divisa en 1227 en une ligne de Souabe et une ligne de Franconie. La ligne de Souabe céda ses principautés à la Prusse en 1849. La ligne de Franconie régna à partir de Frédéric VI (1415) sur le Brandebourg (électorat en 1417) et sur la Prusse (Frédéric III, Guillaume Ier) jusqu'en 1918.

le **HOHNECK** ▪ Sommet des Vosges. 1 361 m.

HOIR **n. m.** ▪ VX Héritier.

HOIRIE **n. f.** ▪ DR. VX Héritage. - MOD. *Avancement d'hoirie :* donation faite à un héritier présomptif, par anticipation. - (Suisse) Héritage indivis.

HOKKAIDŌ ▪ Île du nord du Japon jalonnée de volcans. 78 521 km². 5 649 829 hab. L'agriculture est la principale richesse.

HOKUSAI (1760 - 1849) ▪ Peintre et graveur japonais. Il renouvela l'art de l'estampe. *"36 Vues du mont Fuji"*.

Hokusai.
Autoportrait.
Musée Guimet, Paris.
Phot. © Nimatallah/Ricciarini

Holbein le Jeune. *Les Ambassadeurs.* National Gallery, Londres. *Phot. © Bridgeman/Giraudon*

***HOLÀ** [ɔla ; hɔla] ■ **1.** interj. Sert à appeler ; sert à modérer, à arrêter. ⇒ **assez, doucement.** *Holà ! Du calme !* ⇒ **hé. 2.** n. m. loc. METTRE LE HOLÀ À (qqch.) : mettre fin, bon ordre à.

Vladimír **HOLAN** (1905 - 1980) ■ Poète tchèque. Il élabora une œuvre aux accents visionnaires, marquée par un travail rigoureux sur la langue. *"Douleur"* (1949-1953) ; *"Une Nuit avec Hamlet"* (1964).

Paul Henry, baron d'**HOLBACH** (1723 - 1789) ■ Philosophe et savant français d'origine allemande. Collaborateur de l'Encyclopédie. Il exposa dans son *"Système de la nature"* (1770) un matérialisme mécaniste et athée.

HOLBEIN L'ANCIEN (1465 - 1524) ■ Peintre allemand. Il exécuta des retables et des portraits. ► **HOLBEIN LE JEUNE** (1497 - 1543), son fils, devint le peintre du roi Henri VIII d'Angleterre. Ses portraits (*"Érasme"* ; *"Les Ambassadeurs"*, 1533) allient l'exactitude du dessin, la science de la composition et la volonté humaniste de comprendre le modèle. Il joint à la rigueur et au réalisme allemands le goût et le savoir de la Renaissance.

Ludvig, baron **HOLBERG** (1684 - 1754) ■ Écrivain danois d'origine norvégienne. Considéré comme le « père de la littérature dano-norvégienne », il écrivit d'abord de nombreuses comédies inspirées de Molière, puis des études historiques et, à la fin de sa vie, des *"Pensées morales"* (1744).

Friedrich **HÖLDERLIN** (1770 - 1843) ■ Poète romantique allemand. L'un des plus grands poètes lyriques du XIXe s. Il célébra la communion avec la nature et évoqua avec nostalgie le monde de la Grèce antique. *"Hypérion"* (1799), roman.

***HOLDING** n. m. ou f. ■ anglic. Société qui prend des participations financières dans d'autres sociétés afin de diriger ou de contrôler leur activité. ⇒ **trust.**

***HOLD-UP** [ɔldœp] n. m. invar. ■ anglic. Vol à main armée dans un lieu public. ⇒ FAM. **braquage.** *Commettre des hold-up.*

HOLGUÍN ■ Ville de Cuba. 222 800 hab. Centre commercial.

Eleonora Holiday dite Billie **HOLIDAY** (1915 - 1959) ■ Chanteuse de jazz américaine. Elle enregistra avec Teddy Wilson et Lester Young. Elle conféra à son répertoire souvent désespéré une grande liberté rythmique. *"Billie's Blues"* (1936) ; *"Strange Fruit"* (1939).

***HOLLANDAIS, AISE** adj. et n. ■ De Hollande ; abusivt des Pays-Bas. ⇒ **néerlandais.** - n. *Les Hollandais.* ♦ n. m. *Le hollandais* (langue germanique). ⇒ **néerlandais.**

***HOLLANDE** n. m. ■ **1.** Fromage de Hollande à pâte dure. **2.** Papier de luxe.

la **HOLLANDE** ■ Région la plus riche et la plus peuplée des Pays-Bas, divisée en deux provinces. ► la **HOLLANDE-MÉRIDIONALE** 2 905 km². 3 271 507 hab. Chef-lieu : La Haye. ► la **HOLLANDE-SEPTENTRIONALE** 2 668 km². 2 421 665 hab. Chef-lieu : Haarlem. Son rôle fut essentiel dans la formation des Pays-Bas.

la guerre de **HOLLANDE** ■ Guerre qui opposa Louis XIV à la république des Provinces-Unies et à ses alliés, de 1672 à 1679. Les traités de Nimègue y mirent fin.

HOLLYWOOD ■ L'un des faubourgs de Los Angeles (Californie), célèbre pour ses studios de cinéma et de télévision.

HOLLYWOOD ■ Ville des États-Unis (Floride), dans la zone urbaine de Fort Lauderdale. 122 000 hab.

Sherlock **HOLMES** → Conan **Doyle**

HOLO- Élément savant, du grec *holos* « entier ».

HOLOCAUSTE n. m. ■ **1.** Sacrifice religieux où la victime était entièrement consumée par le feu, chez les Hébreux. - fig. Sacrifice total. *S'offrir en holocauste à une cause.* **2.** *L'Holocauste :* le génocide des Juifs par les nazis. ⇒ **Shoah.** *Les victimes de l'Holocauste.*

HOLOGRAMME n. m. ■ Image obtenue par holographie.

HOLOGRAPHIE n. f. ■ Procédé photographique qui restitue le relief des objets, en utilisant les interférences de deux faisceaux laser.

HOLON ■ Ville d'Israël. 162 000 hab.

HOLOPHERNE ou **OLOPHERNE** ▪ Général assyrien, dans la Bible, séduit et décapité par Judith.

HOLOTHURIE n. f. ▪ Animal marin, échinoderme muni de ventouses sur la face ventrale et de papilles rétractiles sur la face dorsale.

le HOLSTEIN → **le Schleswig-Holstein**

***HOMARD** n. m. ▪ Grand crustacé marin décapode, aux pattes antérieures armées de grosses pinces, pêché pour sa chair fine. ‣ loc. FAM. *Être rouge comme un homard,* très rouge.

HOMBOURG-HAUT ▪ Commune de la Moselle. 9 580 hab. *(les Hombourgeois).*

***HOME** [om] n. m. ▪ anglic. **1.** Le foyer, le logis. ⇒ **chez-soi.** *L'intimité du home.* **2.** *HOME D'ENFANTS :* centre d'accueil, foyer pour enfants.

HOMÉLIE n. f. ▪ **1.** Discours simple prononcé au cours de la messe. ⇒ **prêche, sermon. 2.** LITTÉR. Longue et ennuyeuse leçon de morale.

HOMÉO- Élément savant, du grec *homoios* « semblable ». ⇒ **homo-.**

HOMÉOPATHE n. ▪ Médecin qui pratique l'homéopathie (opposé à *allopathe*). ‣ adj. *Médecin homéopathe.*

HOMÉOPATHIE n. f. ▪ Méthode thérapeutique qui consiste à administrer à doses infinitésimales des remèdes capables, à doses plus élevées, de produire des symptômes semblables à ceux de la maladie à combattre. *Homéopathie et allopathie.*

HOMÉOPATHIQUE adj. ▪ Qui a rapport à l'homéopathie. *Granules homéopathiques.* ‣ fig. *À dose homéopathique :* à très petite dose.

HOMÉOSTASIE n. f. ▪ PHYSIOL. Réglage des constantes physiologiques d'un organisme.

HOMÈRE (IXe s. av. J.-C.) ▪ Poète épique grec. Son nom signifie « l'aveugle » ou « l'otage ». Bien que son existence soit controversée, la tradition lui attribue l'*"Iliade"** et l'*"Odyssée"** et le représente récitant ses épopées devant des auditeurs venus de toute la Grèce. Ces œuvres demeurent des références capitales pour les littératures occidentales.

HOMÉRIQUE adj. ▪ **1.** Qui a rapport à l'ensemble de textes placés sous le nom d'Homère. **2.** Qui a un caractère épique, spectaculaire. *Lutte homérique.* ‣ loc. *Rire homérique :* fou rire bruyant.

le HOME RULE → **Irlande**

① **HOMICIDE** ▪ **I.** n. LITTÉR. Personne qui tue un être humain. ⇒ **assassin, meurtrier ; -cide. II.** adj. Qui cause la mort d'une ou de plusieurs personnes. ⇒ **meurtrier.** *Folie, guerre homicide.*

② **HOMICIDE** n. m. ▪ Action de tuer un être humain. *Être accusé d'homicide volontaire.* ⇒ **assassinat, crime, meurtre ; -cide.**

HOMINIENS n. m. pl. ▪ SC. Sous-ordre de primates auquel appartient l'espèce humaine (deux familles : *Australopithèques* et *Hominidés* n. m. pl.). ‣ au sing. *Un hominien.*

HOMMAGE n. m. ▪ **1.** HIST. Acte, serment du vassal qui se déclarait l'homme de son seigneur. **2.** Acte de courtoisie, preuve de dévouement d'un homme à une femme. ‣ au plur. (formules de politesse) ⇒ **civilité, respect.** *Présentez mes hommages à votre épouse. Daignez agréer, Madame, mes respectueux hommages.* ellipt *Mes hommages, Madame.* **3.** (dans des loc.) Témoignage de respect, d'admiration, de reconnaissance. *RENDRE HOMMAGE À.* ⇒ **honorer.** *Rendre hommage au talent, au courage de qqn.* ‣ *Rendre un dernier hommage* (à un défunt). ‣ *EN HOMMAGE :* en signe d'hommage. **4.** VIEILLI Don respectueux. *L'auteur m'a fait l'hommage de son livre,* m'en a offert un exemplaire.

HOMMASSE adj. ▪ péj. (femme) Qui ressemble à un homme par la carrure, les manières. ⇒ **masculin.**

HOMME n. m. ▪ **I. 1.** Être (mâle ou femelle) appartenant à l'espèce animale la plus évoluée de la Terre, mammifère de la famille des hominiens, seul représentant actuel de son espèce *(Homo sapiens),* vivant en société, caractérisé par une intelligence développée et un langage articulé. ⇒ **anthropo-.** *Hommes fossiles :* espèces disparues de la famille de l'homme actuel. *L'homme de Cro-Magnon.* ♦ L'être humain actuel. *Les origines de l'homme.* ▪ Voir ill. p. suiv. **2.** L'être humain, en général. *Les hommes* ou (collectif) *l'homme.* ⇒ **humanité.** *Les droits de l'homme. Les dieux et les hommes.* ⇒ **créature, mortel.** ‣ *Le commun des hommes.* ⇒ **foule ; gens.** ‣ *Le fils de Dieu fait homme, le Fils de l'homme :* le Christ. ♦ *Être digne du nom d'homme,* en avoir les vertus. *Ce n'est qu'un homme* (avec toutes ses faiblesses). **II.** Être humain mâle. **1.** (dans tous les âges de la vie) ⇒ **garçon, mâle ; masculin, viril ; andro-.** *Les hommes et les femmes.* **2.** Être humain mâle et adulte. *Comment s'appelle cet homme ?* ⇒ **monsieur.** *Parvenir à l'âge d'homme. Un homme fait :* un adulte. *À quinze ans il était déjà un homme.* ‣ *Une voix d'homme.* ‣ *Homme marié* (⇒ **époux, mari**), qui a des enfants (⇒ **père**). ♦ *HOMME DE. Homme d'action, de bien, de génie.* ‣ (condition) *Homme du monde. Homme du peuple.* ‣ (collectif) *L'homme de la rue :* l'homme moyen quelconque. ‣ (profession) *Homme d'État, de loi, d'affaires, de lettres. Homme de science :* savant, chercheur. ♦ *HOMME À. Un homme à passions, à idées.* loc. *Homme à femmes :* séducteur. ‣ loc. *ÊTRE HOMME À* (+ inf.) : être capable de. *Il est homme à tenir ses promesses.* ♦ (précédé d'un possessif) L'homme qui convient, dont on a besoin. *Le parti a trouvé son homme. Je suis votre homme.* ‣ spécialt POP. *C'est mon homme,* mon mari, mon amant. ‣ *Être l'homme de qqch.,* qui convient à (qqch.). *C'est l'homme de la situation.* ♦ loc. *D'HOMME À HOMME :* directement, en toute franchise et sans intermédiaire. ♦ *L'honnête homme* (au XVIIe siècle). ⇒ **honnête. 3.** L'homme, considéré en tant qu'adulte responsable, courageux, fort. *Ose le répéter si tu es un homme ! Parole d'homme.* **III.** Individu considéré comme dépendant d'une autorité. *Homme lige.* ⇒ **vassal ; hommage.** ‣ *Trente mille hommes en ligne.* ⇒ **soldat.** *Le chef de chantier et ses hommes.* ⇒ **ouvrier.** ‣ loc. *COMME UN SEUL HOMME :* avec un ensemble parfait. *Ils se levèrent comme un seul homme.* **IV.** *JEUNE HOMME* **1.** Homme jeune. *Il n'a plus des jambes de jeune homme.* **2.** Garçon pubère, homme jeune célibataire. ⇒ **adolescent, garçon ;** FAM. **gars.** *Un jeune homme et une jeune fille* (plur. *des jeunes gens*). *Un tout jeune homme,* qui sort à peine de l'enfance. **3.** POP. ⇒ **fils.** *Votre jeune homme.* ♦ FAM. Petit garçon. *Que veut ce jeune homme ?*

HOMME-GRENOUILLE n. m. ▪ Plongeur muni d'un scaphandre autonome, qui travaille sous l'eau. *Des hommes-grenouilles.*

HOMME-ORCHESTRE [-kɛstʀ] n. m. ▪ **1.** Musicien qui joue simultanément de plusieurs instruments. **2.** fig. Personne qui accomplit des fonctions diverses, qui a des compétences variées. *Des hommes-orchestres.*

HOMME-SANDWICH [-sɑ̃dwitʃ] n. m. ▪ Homme qui promène dans les rues deux panneaux publicitaires, l'un sur la poitrine, l'autre dans le dos. *Des hommes-sandwichs.*

HOMO- Élément savant, du grec *homos* « semblable, le même ». ⇒ **homéo- ;** contr. *hétéro-.*

HOMOGÈNE adj. ▪ contr. *hétérogène* **1.** (en parlant d'un tout) Formé d'éléments de même nature ou répartis de façon uniforme. *Ensemble homogène. Pâte homogène.* ‣ abstrait *Équipe homogène,* qui a une grande unité. **2.** au plur. (en parlant des parties d'un tout) Qui sont de même nature. *Les éléments homogènes d'une substance chimiquement pure.*

HOMOGÉNÉISER v. tr. 1 ▪ Rendre homogène. ► **HOMOGÉNÉISÉ, ÉE** adj. *Lait homogénéisé,* dont les globules gras ont été réduits et mélangés. ► n. f. HOMOGÉNÉISATION

HOMOGÉNÉITÉ n. f. ▪ Caractère de ce qui est homogène (contr. *hétérogénéité*). ‣ abstrait ⇒ **cohérence, cohésion, unité.** *L'homogénéité d'un parti.*

HOMOGRAPHE adj. ▪ LING. Se dit des mots qui ont même orthographe. « *Son* » (adj.) *et "son"* (n. m.) *sont homographes et homophones* (⇒ **homonyme**). ‣ n. m. « *Couvent* » (n. m.) *et* « ils *couvent* » *sont des homographes non homophones.*

HOMOLOGIE n. f. ▪ État d'éléments homologues. ‣ MATH. Type de correspondance entre deux points. ► adj. HOMOLOGIQUE

HOMOLOGUE adj. ▪ Équivalent. *Le grade d'amiral est homologue de celui de général.* ‣ n. *Le ministre des Affaires étrangères a rencontré son homologue allemand.*

HOMOLOGUER v. tr. 1 ▪ **1.** DR. Entériner (un acte) afin de permettre son exécution. ⇒ **ratifier, sanctionner, valider.** *Le tribunal a homologué le testament.* **2.** Reconnaître, enregistrer officiellement après vérification (une performance, un record). **3.** Reconnaître officiellement conforme aux normes en vigueur. *Homologuer une piscine.* ► **HOMOLOGUÉ, ÉE adj.** *Tarif homologué.* - *Record homologué.* ► **n. f.** HOMOLOGATION

HOMONCULE n. m. ▪ **1.** Petit être vivant à forme humaine, que les alchimistes prétendaient fabriquer. **2.** VX Petit homme. ⇒ **avorton.** ◇ var. HOMUNCULE.

HOMONYME adj. et **n. m.** ▪ Se dit des mots de prononciation identique (⇒ **homophone**) et de sens différents, qu'ils soient de même orthographe (⇒ **homographe**) ou non (ex. *ceint, sain, sein, seing*). ♦ **n. m.** *Un homonyme.* - par ext. (en parlant de personnes, de villes...) *Troyes et son homonyme Troie.* ► **HOMONYMIE n. f.** *Il y a homonymie entre « pain » et « pin ».*

HOMOPHOBE adj. ▪ Qui manifeste de l'hostilité à l'égard des homosexuels. - **n.** *Un, une homophobe.* ► **n. f.** HOMOPHOBIE

HOMOPHONE adj. et **n. m.** ▪ LING. Se dit de mots qui ont la même prononciation. « *Eau* » *et* « *haut* » *sont homophones.* ⇒ **homonyme.**

HOMOSEXUALITÉ [-s-] **n. f.** ▪ Fait d'être homosexuel ; comportement homosexuel. ⇒ **inversion.** *Homosexualité masculine* (⇒ aussi **pédérastie**), *féminine* (⇒ **lesbianisme, saphisme**).

HOMOSEXUEL, ELLE [-s-] **n.** et **adj.** ▪ (Personne) qui éprouve une attirance sexuelle plus ou moins exclusive pour les individus de son propre sexe (opposé à *hétérosexuel*). ⇒ **gay** (anglic.) ; **inverti ; lesbienne ; pédéraste.** ◇ abrév. FAM. HOMO. *Des homos.* ♦ **adj.** *Tendances homosexuelles.*

HOMOTHÉTIE n. f. ▪ GÉOM. Transformation qui fait correspondre à tout point de l'espace un autre point dans un rapport constant avec le premier, par rapport à un point fixe. ► **adj.** HOMOTHÉTIQUE

HOMOZYGOTE adj. et **n.** ▪ BIOL. Se dit d'une cellule ou d'un individu qui possède deux gènes identiques sur chaque chromosome de la même paire (contr. *hétérozygote*).

HOMS ▪ Ville de Syrie, centre d'une riche région agricole. 440 000 hab.

HONDŌ ▪ Ancien nom de l'île japonaise Honshū.

le **HONDURAS** ▪ État d'Amérique centrale, bordé au nord par la mer des Caraïbes. 112 088 km². 5 800 000 hab. *(les Honduriens).* Capitale : Tegucigalpa. Langues : espagnol (officielle), langues indiennes. Monnaie : lempira. Pays montagneux dont l'économie (principales ressources, la banane et le café) est en grande difficulté (chômage important). □ HISTOIRE Colonisé par les Espagnols au XVIe s., devenu indépendant en 1821, le pays ne forma un État qu'en 1838, sous l'influence britannique puis américaine. De nombreuses querelles de frontières aboutirent à une guerre sanglante avec le Salvador (1969). Après une longue période d'instabilité politique (dictatures, coups d'État militaires), il a vu le retour du pouvoir civil en 1981 mais les militaires continuent à contrôler le pays.

Erich **HONECKER** (1912 - 1994) ▪ Homme politique allemand. Il ordonna la construction du mur de Berlin (août 1961) et fut l'artisan d'un alignement renforcé sur l'U.R.S.S. Président du Conseil d'État (1978 à 1989), jugé après la chute du mur de Berlin, il fut autorisé à s'expatrier au Chili.

Honduras.

Arthur **HONEGGER** (1892 - 1955) ▪ Compositeur suisse. Il trouva son inspiration dans la Bible. *"Le Roi David"* (1921), psaume symphonique qui renoue avec la tradition de l'oratorio biblique ; *"Jeanne d'Arc au bûcher"* (1935), oratorio sur un texte de Paul Claudel.

HONFLEUR ▪ Commune du Calvados. 8 272 hab. *(les Honfleurais).* Port historique. Monuments, musée. Tourisme.

HONG-KONG ▪ Territoire du sud de la Chine, constitué par *l'île de Hong-Kong* et une péninsule continentale *(Kowloon).* 5 760 000 hab. sur 1 068 km² (l'une des plus fortes densités du monde). Capitale : Victoria. Langues : anglais, chinois. Monnaie : dollar de Hong-Kong. Activité commerciale et bancaire intense. Nombreuses industries légères (textile, électronique, jouets, matériel électrique, audiovisuel, bijoux). □ HISTOIRE Cédé au Royaume-Uni par le traité de Nankin (1842), Hong-Kong devint une colonie britannique. Loué depuis 1898 pour 99 ans, il sera rendu à la Chine le 1er juillet 1997.

Hong-Kong. *Phot. © de Selva/Tapabor*

***HONGRE adj.** et **n. m.** ▪ (cheval) Châtré. *Poulain hongre.*

la **HONGRIE** ▪ État d'Europe centrale. 93 030 km². 10 277 000 hab. (*les Hongrois* ou *Magyars*). Capitale : Budapest. Langue : hongrois. Monnaie : forint. À partir de 1949, suivant le modèle soviétique, la Hongrie a développé son industrie lourde. Après la libéralisation de 1968 (introduction d'un secteur privé), elle a diversifié son économie et entrepris un effort dans les industries de consommation (alimentation). Avec l'ouverture à l'Ouest, la Hongrie a retrouvé des relations économiques et culturelles importantes avec l'Autriche et l'Allemagne. Tourisme. □ HISTOIRE Succédant aux Romains, aux Huns et aux Avars, les Hongrois, peuple finno-ougrien, s'établirent dans le pays en 896. Étienne Ier (dynastie des Árpád) créa l'État hongrois et le christianisa (v. 1000). Du XVIe au XIXe s., il fut rattaché à la maison de Habsbourg. La révolution de 1848 et le mouvement d'indépendance conduit par Kossuth aboutit à la formation d'une monarchie austro-hongroise (1867). La défaite de l'Autriche en 1918 provoqua le morcellement de l'empire des Habsbourg et l'indépendance de la Hongrie (1920, traité de Trianon). Après les tentatives de gouvernement socialiste de Béla Kun, l'amiral Horthy obtint le titre de régent et mena une politique réactionnaire. Le pays se rapprocha progressivement de l'Allemagne nazie mais fut occupé par Hitler en 1944 et Horthy fut destitué. Passé sous l'influence soviétique, il devint une démocratie populaire en 1949, dirigée par Mátyás Rákosi auquel succéda Imre Nagy. En 1956 éclata l'insurrection de Budapest, réprimée directement par les Soviétiques qui exécutèrent Nagy et le remplacèrent par J. Kádár qui entreprit toutefois de libéraliser progressivement le régime. Un processus de démocratisation, amorcé depuis quelques années, se développa en 1989 avec de profondes réformes : instauration du multipartisme, le parti communiste se transformant en parti socialiste. La proclamation de la

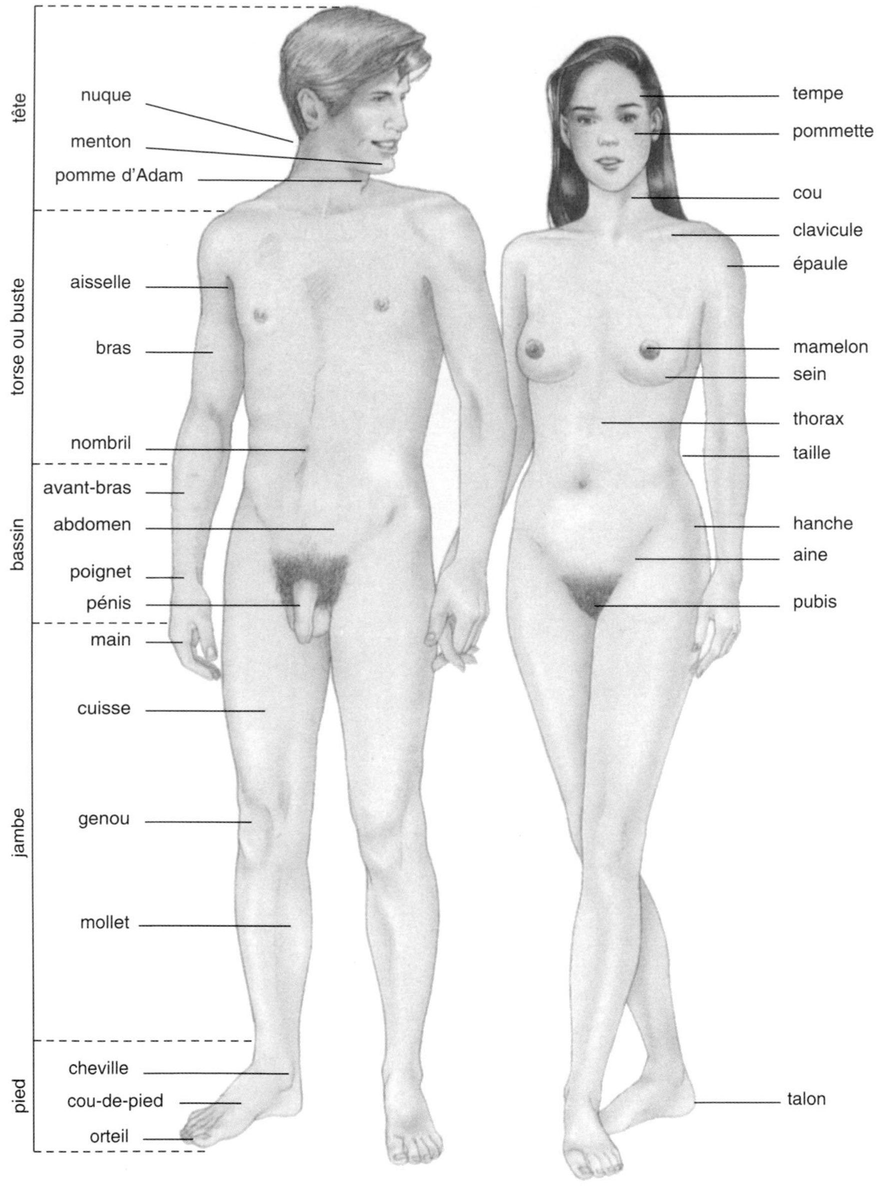

homme ; anatomie.

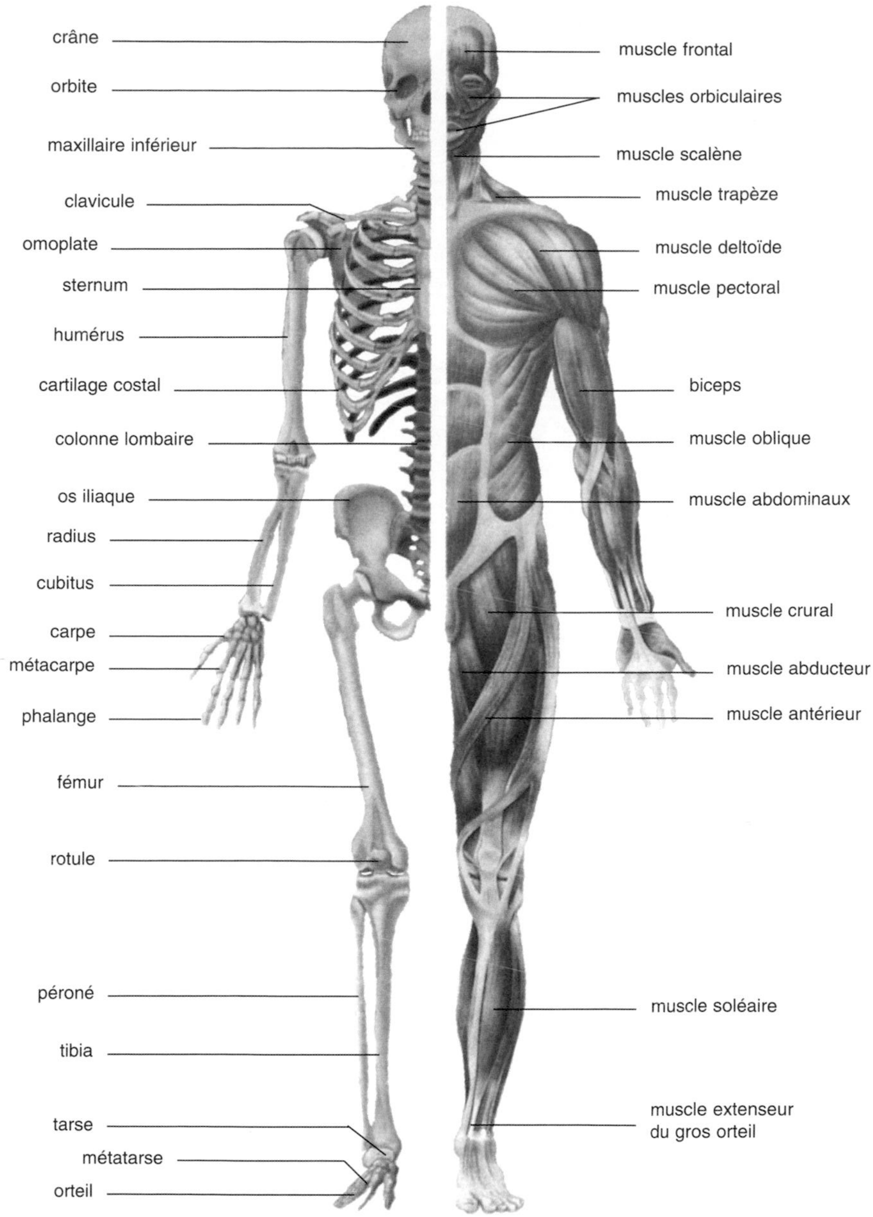
crâne
orbite
maxillaire inférieur
clavicule
omoplate
sternum
humérus
cartilage costal
colonne lombaire
os iliaque
radius
cubitus
carpe
métacarpe
phalange
fémur
rotule
péroné
tibia
tarse
métatarse
orteil
muscle frontal
muscles orbiculaires
muscle scalène
muscle trapèze
muscle deltoïde
muscle pectoral
biceps
muscle oblique
muscle abdominaux
muscle crural
muscle abducteur
muscle antérieur
muscle soléaire
muscle extenseur
du gros orteil

homme ; squelette et muscles.

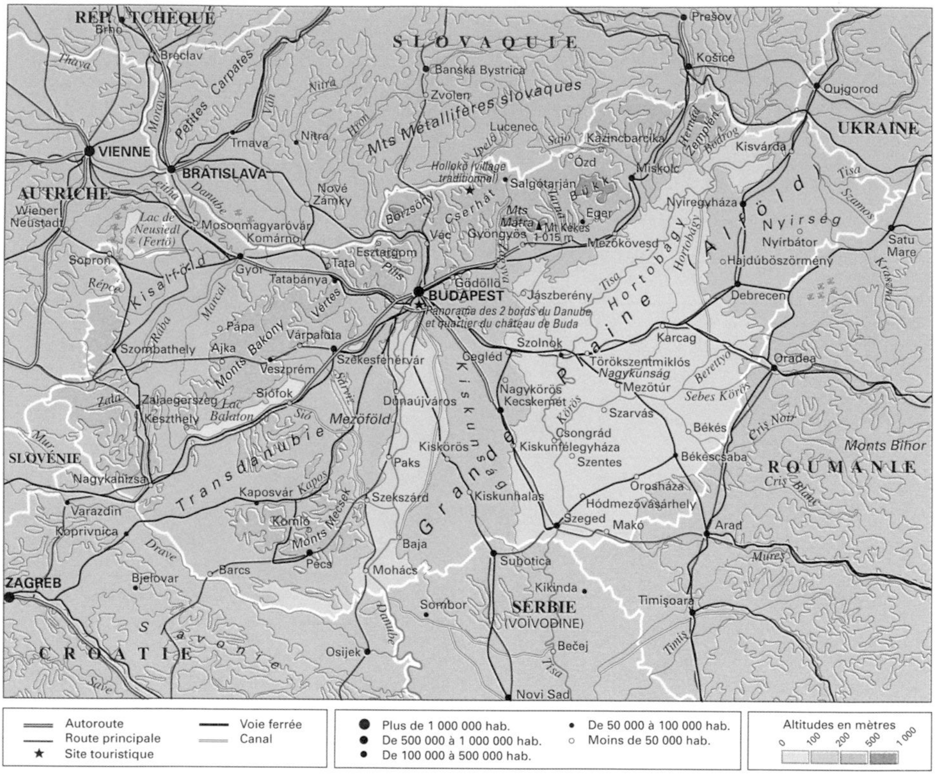

Hongrie.

IVe République en 1989 et la victoire de l'opposition aux premières élections libres en 1990 marquèrent la fin du régime communiste et le passage à l'économie de marché. Toutefois, la transition entraînant des difficultés, les socialistes revinrent au pouvoir en 1994 à l'intérieur d'un gouvernement de coalition.

***HONGROIS, OISE** adj. et n. ▪ De Hongrie. ⇒ **magyar.** *Danses hongroises.* – n. *Les Hongrois.* ♦ n. m. *Le hongrois* (langue).

HONIARA ▪ Capitale des îles Salomon. 33 749 hab.

HONNÊTE adj. ▪ **I. 1.** Qui se conforme aux lois de la probité, du devoir, de la vertu. ⇒ **droit, franc, intègre, loyal.** ♦ VIEILLI (femmes) Irréprochable dans sa conduite. ⇒ **vertueux.** ♦ spécialt Qui respecte le bien d'autrui ; scrupuleux en matière d'argent. *Commerçant honnête. Il est foncièrement honnête.* **2.** (choses) ⇒ **bon, louable, moral.** *Une vie honnête. Intentions honnêtes.* **II.** Qui se conforme à certaines normes sociales. **1.** (aux XVIIe et XVIIIe siècles) *Honnête homme,* homme de manières et d'esprit agréables en société. **2.** VX ou RÉGIONAL Qui fait preuve de savoir-vivre. *Vous êtes bien honnête.* **3.** VX Bienséant, décent. **III.** MOD. Satisfaisant. ⇒ **convenable, correct, honorable, passable, suffisant.** *Des résultats honnêtes, plus qu'honnêtes. Un repas honnête, sans plus.*

HONNÊTEMENT adv. ▪ **I. 1.** Selon le devoir, la vertu, la probité. *Gérer honnêtement une affaire. Il m'a honnêtement mis en garde.* ⇒ **loyalement. 2.** Franchement. *Honnêtement, qu'en penses-tu ?* **II.** Selon des normes raisonnables ou moyennes. ⇒ **correctement, passablement.** *Il s'en tire très honnêtement,* plutôt bien.

HONNÊTETÉ n. f. ▪ **1.** Qualité d'une personne honnête (I) ou de ce qui est honnête. ⇒ **intégrité, probité.** ♦ Droiture, franchise. *Aie au moins l'honnêteté de reconnaître ton erreur.* – *En toute honnêteté.* ⇒ bonne **foi. 2.** VIEILLI Décence. **3.** VX Politesse.

HONNEUR n. m. ▪ **I.** Dignité morale. **1.** Fait de mériter la considération, l'estime (d'autrui et de soi-même) sur le plan moral et selon les valeurs de la société. ⇒ **dignité, fierté.** *Défendre, sauver, venger son honneur. Mon honneur est en jeu.* ♦ POINT D'HONNEUR : ce qui met en jeu, en premier lieu, l'honneur. *Se faire un point d'honneur de* (+ inf.) ; *mettre son point d'honneur, un point d'honneur à* (+ inf.). ♦ AFFAIRE D'HONNEUR, où l'honneur est engagé (spécialt, duel). ♦ *Donner sa* PAROLE D'HONNEUR : jurer. – ellipt (exclam.) *Parole d'honneur !* – *Je l'atteste, j'en réponds sur l'honneur :* je le jure. ♦ VIEILLI *L'honneur d'une femme,* réputation liée au caractère irréprochable de ses mœurs (selon la morale sexuelle d'une époque). ♦ (collectivité) *Compromettre l'honneur de sa famille,* sa réputation. **2.** Sentiment qui pousse à obtenir ou préserver l'estime d'autrui ou de soi-même. *Le code de l'honneur.* HOMME D'HONNEUR : homme de probité, de vertu. BANDIT D'HONNEUR, qui s'est fait bandit pour conserver son honneur. **II.** Considération accordée au mérite reconnu. **1.** Considération qui s'attache au mérite, à la vertu, aux talents. ⇒ **gloire, réputation.** *Il s'en est tiré avec honneur. C'est tout à son honneur. Travailler pour l'honneur,* de façon désintéressée. ♦ (sujet chose) *Être* EN HONNEUR, entouré de considération. ⇒ **estimé.** *Cette coutume est toujours en honneur.* ♦ LITTÉR. *ÊTRE L'HONNEUR DE,* une source d'honneur pour. ⇒ **fierté.** ♦ *CHAMP D'HONNEUR :* champ de bataille, à la guerre. ♦ *Mourir au champ d'honneur,* à la guerre. **2.** Traitement spécial destiné à honorer qqn. *À toi l'honneur !,* à toi de commencer. prov. *À tout seigneur tout honneur,* à chacun selon son rang ; nous vous devons bien cela. – *C'est lui faire trop d'honneur,* il ne mérite pas tant d'égards. ♦ RENDRE HONNEUR À : célébrer. ♦ EN L'HONNEUR DE *qqn, d'un événement,* en vue de fêter, de célébrer. *En l'honneur de nos retrouvailles.* – FAM. *En quel honneur ?,* pourquoi, pour qui ? *En quel honneur cette nouvelle robe ?* ♦ L'HONNEUR DE (+ inf.). *Il m'a fait l'honneur de me recevoir.* ⇒ **faveur, grâce.** *Avoir l'honneur de.* ⇒ **privilège.** – sens affaibli (formules de politesse) *Faites-moi l'honneur d'être mon témoin.* ellipt *À qui ai-je l'honneur* (de parler) ?, formule par laquelle on demande son nom à qqn. **3.** (après un subst.) D'HONNEUR (qui rend ou confère un honneur). *Garçon, demoiselle d'honneur. La cour d'honneur d'un édifice. Place d'honneur. Vin d'honneur. Prix, tableau d'honneur. La Légion d'honneur.* – *Président d'honneur.* ⇒ **hono-**

raire. **4.** *FAIRE HONNEUR À qqn,* lui valoir de la considération. *Élève qui fait honneur à son maître. Ces scrupules vous font honneur.* ⇒ **honorer.** ♦ *FAIRE HONNEUR À qqch.,* le respecter, s'en montrer digne. ⇒ **honorer.** *Faire honneur à ses engagements, à sa signature.* - FAM. *Faire honneur à un repas,* manger abondamment. **5.** *VOTRE HONNEUR :* traduction d'un titre usité en Grande-Bretagne, dans l'ancienne Russie, lorsque l'on s'adresse à certains hauts personnages. **III.** *LES HONNEURS.* **1.** Témoignages d'honneur. *Il a été reçu avec tous les honneurs dus à son rang.* ⇒ **égard.** *Dédaigner, refuser les honneurs.* - *Honneurs militaires :* saluts, salves d'artillerie, sonneries. - loc. *Obtenir les honneurs de la guerre :* bénéficier dans une capitulation de conditions honorables. ♦ *Faire à qqn les honneurs d'une maison,* l'y accueillir et l'y guider soi-même avec une politesse marquée. **2.** Tout ce qui confère éclat ou supériorité dans la société. ⇒ **grandeur ; dignité, privilège.** **3.** Les cartes les plus hautes à certains jeux (notamment au bridge).

***HONNIR** v. tr. 2 ▪ VIEILLI ou LITTÉR. Vouer à la haine et au mépris publics de façon à couvrir de honte. ♦ au p. p. *Gouvernement honni.* - loc. (souvent iron.) *Honni soit qui mal y pense !,* honte à qui y voit du mal (devise en français de l'ordre de la Jarretière, en Angleterre).

HONOLULU ▪ Ville des États-Unis, capitale de Hawaii. 365 000 hab. Tourisme. Université.

HONORABILITÉ n. f. ▪ Qualité d'une personne honorable.

HONORABLE adj. ▪ **I. 1.** Qui mérite d'être honoré, estimé. ⇒ **digne, estimable, respectable.** *Une famille honorable.* **2.** Qui honore, qui attire la considération, le respect. *Profession honorable.* **3.** Qui sauvegarde l'honneur, la dignité. *Capituler à des conditions honorables.* **II.** (sens affaibli) ⇒ **convenable, honnête** (III), **moyen.** *Un résultat plus qu'honorable.*

HONORABLEMENT adv. ▪ **1.** D'une manière respectable, avec honneur. *Il est honorablement connu dans le quartier.* **2.** D'une manière suffisante, convenable. *Il a de quoi vivre honorablement.*

HONORAIRE adj. ▪ **1.** Qui, ayant cessé d'exercer une fonction, en garde le titre et les prérogatives honorifiques. *Professeur honoraire.* **2.** Qui, sans exercer la fonction, en a le titre honorifique. *Président, membre honoraire d'une société.* ⇒ d'**honneur.**

HONORAIRES n. m. pl. ▪ Rétribution perçue par les personnes exerçant une profession libérale. ⇒ **émoluments.** *Les honoraires d'un médecin, d'un avocat.*

HONORER v. tr. 1 ▪ **1.** Faire honneur à (s'oppose à *déshonorer*). *Ces scrupules vous honorent.* **2.** Rendre honneur à, traiter avec beaucoup de respect et d'égard. *Honorer Dieu.* ⇒ **adorer.** *Honorer son père et sa mère.* ⇒ **vénérer.** - *Honorer la mémoire de qqn.* ⇒ **célébrer,** rendre **hommage.** - *HONORER qqn DE qqch.* ⇒ **gratifier.** *Il veut bien m'honorer de son amitié. Votre confiance m'honore.* **3.** Tenir en haute estime. ⇒ **respecter.** **4.** Acquitter, payer afin de faire honneur à un engagement. *Honorer un chèque.* - par ext. *Honorer sa signature.* ► **S'HONORER** v. pron. *S'honorer de :* tirer honneur, fierté de. ⇒ s'**enorgueillir.** *Je m'honore d'être son ami.* ► **HONORÉ, ÉE** adj. **1.** Respecté. **2.** (politesse) Flatté. *Je suis très honoré.* ♦ (en s'adressant à qqn) Que l'on honore. *Mon honoré confrère.* ⇒ **estimé, honorable.** **3.** n. f. (dans la correspondance commerciale) Lettre. *Votre honorée du trois août.*

HONORIFIQUE adj. ▪ Qui confère des honneurs (sans avantages matériels). *Titres, distinctions honorifiques.* - *Président À TITRE HONORIFIQUE.* ⇒ d'**honneur, honoraire ; honoris causa.**

HONORIS CAUSA [ɔnɔʀiskoza] loc. adj. ▪ *Docteur honoris causa* (d'une université), à titre honorifique.

HONORIUS (384 - 423) ▪ Premier empereur d'Occident. Il succéda à son père Théodose Ier en 395.

HONSHŪ anc. ***HONDŌ*** ▪ La plus grande et la plus peuplée des îles du Japon. 230 822 km². 99 152 996 hab. Le centre de l'île est montagneux (point culminant : le Fuji-Yama). Les côtes sont parsemées de grandes villes industrielles : Tōkyō, Ōsaka, Yokohama.

***HONTE** n. f. ▪ **1.** Déshonneur humiliant. ⇒ **opprobre.** *Essuyer la honte d'un affront. Couvrir qqn de honte.* - *À la honte de qqn,* en lui infligeant un déshonneur. *À sa grande honte.* - *Être la honte de sa famille.* - *C'est une honte ! Quelle honte !,* c'est une chose honteuse. - *Honte à celui qui...,* que le déshonneur soit sur lui. ⇒ **honni.** **2.** Sentiment pénible d'infériorité ou d'humiliation devant autrui. ⇒ **confusion.** *Rougir de honte.* ♦ *AVOIR HONTE :* éprouver de la honte. *Avoir honte de qqn, de qqch., d'avoir fait qqch. Tu devrais avoir honte !* - loc. LITTÉR. *Avoir toute honte bue :* être devenu insensible au déshonneur. **3.** *FAIRE HONTE À qqn,* être pour lui un sujet de honte, de déshonneur. *Il fait honte à ses parents.* - *Faire honte à qqn de sa conduite,* lui en faire des reproches. **4.** *FAUSSE HONTE :* scrupule excessif à propos de qqch. qui n'est pas blâmable. ⇒ **réserve, retenue.** *Acceptez sans fausse honte.* **5.** Sentiment de gêne éprouvé par scrupule de conscience, crainte du ridicule, etc. *Étaler son luxe sans honte.* ⇒ **vergogne.**

***HONTEUSEMENT** adv. ▪ **1.** LITTÉR. D'une manière honteuse. *Fuir honteusement.* **2.** D'une manière très insuffisante. *Être honteusement mal payé.*

***HONTEUX, EUSE** adj. ▪ **1.** Qui cause de la honte. ⇒ **avilissant, dégradant, déshonorant.** *Acte honteux.* ⇒ **abject, infâme, méprisable, vil.** *C'est honteux !* ♦ Dont on a honte. *Pensée honteuse.* ⇒ **inavouable.** - spécialt VIEILLI *Les parties honteuses,* les organes génitaux. *Maladies honteuses.* ⇒ **vénérien.** **2.** Qui éprouve un sentiment de honte. ⇒ **confus.** *Être honteux de son ignorance. Honteux d'avoir été ridicule.* ⇒ **penaud.** - *Air honteux.* **3.** (épithète ; après le n.) VX Gêné, timide. ♦ MOD. Qui se cache d'être (ce qu'il est). *Un gourmand honteux.*

Pieter De HOOCH ou **De HOOGH** → De Hooch

Robert HOOKE (1635 - 1703) ▪ Physicien, astronome et naturaliste anglais. *Loi de Hooke :* loi de déformation élastique des solides.

***HOOLIGAN** ou ***HOULIGAN** [uligan ; uligɑ̃] n. m. ▪ Voyou qui exerce la violence, le vandalisme, notamment lors de rencontres sportives (football, etc.).

Philippe de Montmorency, comte de HOORNE ou **HORNES** (v. 1518 - 1568) ▪ Général hollandais. Exécuté avec le comte d'Egmont pour son opposition aux Espagnols.

Herbert HOOVER (1874 - 1964) ▪ 31e président (républicain) des États-Unis, de 1929 à 1933. Il se heurta à la crise économique de 1929 que des mesures trop timides ne purent résoudre.

***HOP** [ɔp ; hɔp] interj. ▪ Interjection servant à stimuler, à faire sauter, à évoquer une action brusque. *Allez, hop ! Hop là !*

les HOPIS ▪ Un des groupes des Indiens Pueblos (ouest de l'Arizona). Ils ont su préserver leurs rituels religieux et sont célèbres comme potiers.

HÔPITAL, AUX n. m. ▪ **1.** ancienn Établissement charitable où l'on recevait les gens sans ressources, pour les entretenir, les soigner. ⇒ **hospice.** **2.** MOD. Établissement public qui reçoit ou traite les malades, les blessés et les femmes en couches. ⇒ FAM. **hosto.** *Hôpitaux et cliniques. Médecins, internes, externes d'un hôpital. Lit d'hôpital. Admettre un malade dans un hôpital, à l'hôpital.* ⇒ **hospitaliser.** *Hôpital psychiatrique* (ancienn *asile*).

Honshū. Culture du riz et industries à Nagano.
Phot. © Nacivet/Explorer

Hopper. *Chambre à Brooklyn.*The Museum of Fine Arts, Boston. *Phot. © Lauros/Giraudon*

Gerard Manley **HOPKINS** (1844 - 1889) ▪ Poète britannique influencé par la tradition chrétienne et les mythes universels.

HOPLITE n. m. ▪ DIDACT. (Antiq. grecque) Fantassin lourdement armé.

Edward **HOPPER** (1882 - 1967) ▪ Peintre américain. Il représenta des scènes de la vie urbaine américaine avec un réalisme délibérément impersonnel, qui en fait un précurseur de l'hyperréalisme. *"Nighthawks"* (*"Les Rôdeurs nocturnes"*, 1942).

***HOQUET** n. m. ▪ Contraction spasmodique du diaphragme produisant un appel d'air sonore ; bruit qui en résulte. *Avoir le hoquet.*

***HOQUETER** v. intr. [4] ▪ Avoir le hoquet, un hoquet. *Sangloter en hoquetant.* ♦ (choses) Émettre par à-coups un bruit qui rappelle le hoquet. *Le moteur hoquette.*

***HOQUETON** n. m. ▪ anciennt Veste de grosse toile.

HORACE (65 - 8 av. J.-C.) ▪ Poète latin. Dans les *"Satires"*, les *"Odes"* et les *"Épîtres"*, il s'interroge sur les mœurs, la morale et la poésie (*"Art poétique"*, épître qui constitue un véritable traité). Épicurien, il insista aussi sur la simplicité rustique comme l'une des conditions du bonheur.

les trois **HORACES** ▪ Nom de trois frères romains (VIIe s. av. J.-C.). Lors de la guerre entre Rome et Albe, ils furent désignés comme champions de Rome contre les trois Curiaces, champions d'Albe. Leur légende a inspiré Corneille : *"Horace"* (1640).

HORAIRE ▪ **I.** adj. **1.** Relatif aux heures. *Tableau horaire. Décalage* horaire.* - Qui correspond à une durée d'une heure. *Vitesse horaire.* **2.** Qui a lieu toutes les heures. *Pause horaire.* **II.** n. m. **1.** Relevé des heures de départ, de passage, d'arrivée des services de transport. *Changement d'horaire. Train en avance sur l'horaire, sur son horaire.* - Tableau, livret... indiquant un horaire (⇒ **indicateur**). - *L'horaire des films.* **2.** Emploi du temps heure par heure. ⇒ **programme.** *Avoir un horaire chargé.* - Répartition des heures de travail. *Horaire flexible.*

***HORDE** n. f. ▪ **1.** DIDACT. Tribu errante, nomade. *Les hordes mongoles.* **2.** Troupe ou groupe d'hommes indisciplinés. ⇒ **bande.** *Une horde de brigands.* - par ext. *Des hordes de touristes.*

la **HORDE D'OR** ▪ Nom de l'empire constitué par les Mongols, des plaines russes au Caucase (XIIIe-XVe s.).

***HORION** n. m. ▪ LITTÉR. surtout au plur. Coup violent.

HORIZON n. m. ▪ **1.** Limite circulaire de la vue, pour un observateur qui en est le centre. *Le soleil descend sur, à l'horizon. La ligne d'horizon,* la ligne qui semble séparer le ciel de la terre (ou de la mer), à l'horizon. **2.** Les parties de la surface terrestre (ou de la mer) et du ciel voisines de l'horizon visuel, de la ligne d'horizon. *Un horizon, des horizons nets, brumeux, bleuâtres.* - appos. invar. *Bleu horizon.* - *Scruter l'horizon. Les quatre points de l'horizon,* les points cardinaux. - *À L'HORIZON :* au loin. ♦ *N'avoir pour horizon que les immeubles de son quartier.* ⇒ **paysage, vue.** *Changer d'horizon :* voir autre chose. **3.** fig. Domaine qui s'ouvre à la pensée, à l'activité de qqn. *Ce stage m'a ouvert des horizons insoupçonnés.* ⇒ **champ** d'action, **perspective.** - *L'horizon politique, économique :* les perspectives politiques, économiques. *Menace de crise à l'horizon,* pour l'avenir. - *Faire un TOUR D'HORIZON :* aborder, étudier successivement et succinctement toutes les questions.

HORIZONTAL, ALE, AUX ▪ **I.** adj. Qui est perpendiculaire à la direction de la pesanteur en un lieu (opposé à *vertical*). *Plan horizontal.* - loc. FAM. *Prendre la position horizontale :* se coucher, s'allonger. ♦ GÉOM. *Droite horizontale* ou n. f. *une horizontale.* **II.** n. f. Position horizontale. *Amener ses bras À L'HORIZONTALE.* ► adv. HORIZONTALEMENT

HORIZONTALITÉ n. f. ▪ Caractère de ce qui est horizontal. *L'horizontalité d'une surface.*

Max **HORKHEIMER** (1895 - 1973) ▪ Philosophe allemand. Auteur du programme théorique de l'école de Francfort (1937). *"La Dialectique de la raison"* (1947), en collaboration avec Adorno.

HORLOGE n. f. ▪ **1.** Grand appareil, souvent muni d'une sonnerie, destiné à indiquer l'heure. *Horloge à poids, à balancier. Le tic-tac, le carillon d'une horloge. Horloge électrique.* - *L'horloge parlante,* qui diffuse l'heure par téléphone. **2.** loc. *Être réglé comme une horloge :* avoir des habitudes très régulières. **3.** par métaphore *Horloge interne* ou *biologique :* mécanismes qui règlent, chez les êtres vivants, la répartition dans le temps de l'activité de l'organisme.

HORLOGER, ÈRE ▪ **1.** n. Personne qui s'occupe d'horlogerie. *Horloger bijoutier.* **2.** adj. Relatif à l'horlogerie.

HORLOGERIE n. f. ▪ **1.** Industrie et commerce des instruments destinés à la mesure du temps. - *Tenir une horlogerie* (magasin). **2.** Ouvrages de cette industrie (chronomètres, horloges, pendules, montres).

***HORMIS** prép. ▪ VX ou LITTÉR. À part. ⇒ **excepté, hors, sauf.** *Hormis les cas de force majeure.*

HORMONAL, ALE, AUX adj. ▪ Relatif à une hormone, aux hormones.

HORMONE n. f. ▪ Substance chimique élaborée par un groupe de cellules ou une glande endocrine et qui exerce une action spécifique sur le fonctionnement d'un organe. *Hormones de croissance. Hormones mâles, femelles.* ♦ *Poulet, veau... aux hormones,* élevé avec des hormones de synthèse.

Arvid Bernard, comte de HORN (1664-1742) ▪ Premier ministre de Suède de 1720 à 1738.

le cap HORN ▪ Cap du Chili, marquant l'extrémité sud de l'Amérique latine.

***HORNBLENDE** [ɔʀnblɛ̃d] n. f. ▪ Minéral noir ou vert foncé, silicate de fer, d'aluminium et de magnésium.

HORO- Élément savant, du grec *hôra* « heure ».

HORODATÉ, ÉE adj. ▪ Qui mentionne l'heure à laquelle il a été établi (document). *Ticket horodaté.* - *Stationnement horodaté,* dont la durée limitée est indiquée sur un ticket horodaté.

HORODATEUR, TRICE ▪ **1.** adj. Qui imprime automatiquement la date et l'heure. *Horloge horodatrice.* **2.** n. m. Appareil horodateur.

HOROSCOPE n. m. ▪ Étude de la destinée de qqn, effectuée d'après les données zodiacales et astrologiques que fournissent sa date, son heure et son lieu de naissance (⇒ **ascendant**). *Dresser un horoscope.*

Vladimir HOROWITZ (1904-1989) ▪ Pianiste américain d'origine russe, virtuose exceptionnel.

Horowitz.
Phot. © Walker/Liaison/Gamma

HORREUR n. f. ▪ **I.** (sens subjectif) **1.** Impression violente causée par la vue ou la pensée d'une chose qui fait peur ou qui répugne. ⇒ **effroi, épouvante, répulsion.** *Frémir d'horreur. Cri d'horreur.* - *FAIRE HORREUR (À) :* répugner ; dégoûter, écœurer. *Action, chose, idée, personne qui fait horreur.* **2.** Sentiment extrêmement défavorable qu'une chose inspire. ⇒ **aversion, dégoût, répugnance.** *L'horreur de l'eau, des lieux clos...* ⇒ **phobie.** ♦ *AVOIR HORREUR DE.* ⇒ **détester, exécrer, haïr.** - (sens affaibli) *Il a horreur de se lever tôt.* ♦ *Avoir, prendre qqn, qqch. EN HORREUR.* ⇒ en **haine** ; en **grippe.** **II.** (sens objectif) **1.** Caractère de ce qui inspire de l'effroi, de la répulsion (⇒ **effroyable, horrible**). *L'horreur d'un supplice.* ⇒ **atrocité.** *C'est la misère dans toute son horreur. Vision d'horreur.* - *Un film d'horreur.* **2.** La chose qui inspire un sentiment d'horreur. ⇒ **monstruosité.** ♦ par exagér. Personne ou chose repoussante d'aspect ou simplement désagréable. *Ce tableau est une horreur.* - *Quelle horreur !* (marquant le dégoût, la répulsion, l'indignation). **3.** au plur. Aspects horribles d'une chose ; choses horribles. *Les horreurs de la guerre.* ♦ Objets horribles. *C'est le musée des horreurs, ici.* **4.** au plur. Propos outrageants, calomnieux. *Répandre des horreurs sur le compte de qqn.* ♦ Propos obscènes. ⇒ **cochonnerie.**

HORRIBLE adj. ▪ **1.** Qui fait horreur, remplit d'horreur ou de dégoût. ⇒ **affreux, atroce, effroyable, épouvantable.** *Une mort horrible. Des cris horribles. Monstre horrible.* **2.** Très laid, très mauvais. ⇒ **affreux, exécrable.** *Un temps horrible.* ⇒ **infect.** *Un horrible petit chapeau.* **3.** Excessif (d'une chose désagréable ou dangereuse). ⇒ **abominable, terrible.** *Chaleur, soif horrible.* ⇒ **intolérable.**

HORRIBLEMENT adv. ▪ **1.** D'une manière horrible. *Jurer horriblement.* **2.** par exagér. ⇒ **extrêmement.** *C'est horriblement cher.*

HORRIFIANT, ANTE adj. ▪ Qui horrifie. ⇒ **épouvantable, terrifiant.** *Faire un tableau horrifiant de la situation.*

HORRIFIER v. tr. [7] ▪ Remplir, frapper d'horreur. ♦ passif et p. p. *Être horrifié par un fait divers.* - *Un air horrifié.*

HORRIFIQUE adj. ▪ VX ou plais. Qui cause de l'horreur.

HORRIPILANT, ANTE adj. ▪ Qui horripile. *Une voix horripilante.* - *C'est horripilant !*

HORRIPILATION n. f. ▪ **1.** Érection des poils (frisson). **2.** Agacement, exaspération.

HORRIPILER v. tr. [1] ▪ Agacer, irriter fortement (qqn). ⇒ **énerver, exaspérer, impatienter.** *Il m'horripile, avec ses grands airs.*

***HORS** prép. ▪ **I.** En dehors de, à l'extérieur de, au-delà de (dans des expr.). *Hors saison.* - *Ingénieur hors classe. Modèle hors série.* - *Talent hors ligne, hors pair.* - *Hors la loi.* ⇒ **hors-la-loi.** **II.** *HORS DE* loc. prép. **1.** À l'extérieur de. *Il s'élança hors de sa chambre. Poisson qui saute hors de l'eau.* - ellipt *Hors d'ici !,* sortez ! ♦ *Hors du temps.* **2.** loc. *Hors d'atteinte, de portée.* - *Hors de saison :* déplacé. - *Hors de danger. Hors d'état de nuire. Être hors d'affaire,* tiré d'affaire. - *Hors d'usage, de proportion. Hors de prix :* très cher. - *C'est hors de doute :* c'est certain. ♦ *HORS DE SOI :* furieux ; très agité. *Elle semblait hors d'elle.*

***HORSAIN** n. m. ▪ RÉGIONAL (Normandie) Étranger.

***HORS-BORD** n. m. invar. ▪ **1.** Moteur placé en dehors de la coque d'une embarcation. **2.** Canot automobile propulsé par un moteur hors-bord. *Courses de hors-bord.*

***HORS-CONCOURS** n. m. ▪ Personne qui ne peut participer à un concours (ancien lauréat ou membre du jury). ♦ adj. (sans trait d'union) *Être hors concours.*

***HORS-D'ŒUVRE** n. m. invar. ▪ Petit plat que l'on sert au début du repas, avant les entrées ou le plat principal. *Hors-d'œuvre variés.* - *En hors-d'œuvre.*

***HORS-JEU** n. m. invar. ▪ (sports d'équipe) Faute d'un joueur dont la position sur le terrain est interdite par les règles. ♦ adj. invar. (sans trait d'union) *Joueur hors jeu.*

***HORS-LA-LOI** n. invar. ▪ Personne qui s'affranchit des lois, vit en marge des lois (⇒ **desperado**). ♦ adj. invar. (sans trait d'union) *Être hors la loi :* ne plus bénéficier de la protection des lois et être passible d'une certaine peine sans jugement.

***HORS-PISTE** n. m. invar. ▪ Ski pratiqué en dehors des pistes balisées. - appos. *Ski hors-piste.*

***HORS SERVICE** adj. invar. ▪ Qui n'est pas ou plus en service, temporairement ou définitivement. *Ascenseur hors service.* ♦ abrév. H. S. *Ordinateur H. S.* - fig. FAM. (personnes) Très fatigué, indisponible pour agir. *Je suis complètement H. S.*

***HORS-TEXTE** n. m. invar. ▪ Illustration imprimée à part, intercalée dans un livre.

***HORS TOUT** adj. invar. ▪ *Dimensions hors tout,* mesurées sans que rien ne dépasse (en parlant d'un objet).

Victor HORTA (1861-1947) ▪ Architecte belge. Principal créateur du style Art nouveau avec Van de Velde. Maisons *"Tassel"* et *"Horta"* à Bruxelles.

Horta. Le musée Horta à Bruxelles.
Phot. © Lescouret/Explorer

HORTENSE DE BEAUHARNAIS → **Beauharnais**

HORTENSIA n. m. ▪ Arbrisseau ornemental, cultivé pour ses fleurs groupées en grosses boules ; ces fleurs.

Miklós HORTHY DE NAGYBÁNYA (1868 - 1957) ▪ Homme d'État hongrois. Régent de 1920 à son arrestation par les nazis (1944), il mena une politique ultraconservatrice et autoritaire.

HORTICOLE adj. ▪ Relatif à la culture des jardins, à l'horticulture. *Exposition horticole.*

HORTICULTEUR, TRICE n. ▪ Personne qui pratique l'horticulture. ⇒ **jardinier, maraîcher.** - spécialt Personne qui cultive des plantes d'ornement. ⇒ **arboriculteur, fleuriste, pépiniériste.**

HORTICULTURE n. f. ▪ Culture des plantes d'ornement, des jardins ; culture maraîchère, potagère.

HORTILLONNAGE n. m. ▪ (en Picardie) Marais où l'on cultive des légumes ; mode de culture qui y est pratiqué.

HORUS ▪ Dieu de l'Égypte ancienne, fils d'Isis et d'Osiris (→ **Harpocrate**), représenté sous la forme d'un faucon ou d'un soleil ailé. Il était le dieu du pharaon, et fut aussi considéré parfois comme le dieu du Soleil.

HŌRYŪJI ▪ Célèbre temple bouddhique japonais près de Nara (Honshū). Construction en bois la plus ancienne du monde (607).

Hōryūji. Pagode à cinq étages.
Phot. © Charles Lénars

HOSANNA n. m. ▪ Chant, hymne de joie (relig. juive et chrét.).

HOSPICE n. m. ▪ **1.** Maison où des religieux donnent l'hospitalité aux pèlerins, aux voyageurs. *L'hospice du Grand-Saint-Bernard.* **2.** *Hospice (de vieillards) :* établissement où l'on accueille les personnes âgées démunies.

L'HOSPITALET DE LLOBREGAT ▪ Ville d'Espagne (Catalogne), banlieue industrielle de Barcelone. 269 345 hab.

HOSPITALIER, IÈRE adj. ▪ **I. 1.** anciennt Qui recueille, abrite, nourrit les voyageurs, les indigents (en parlant des religieux et religieuses de certains ordres). *Frères hospitaliers.* **2.** MOD. Relatif aux hôpitaux. *Établissements, services hospitaliers.* - D'un hôpital. *Personnel hospitalier.* **II. 1.** Qui pratique volontiers l'hospitalité. ⇒ **accueillant.** *Il est très hospitalier,* sa maison est ouverte à tous. **2.** Où l'hospitalité est pratiquée. *Ville hospitalière.*

les HOSPITALIERS DE SAINT-JEAN-DE-JÉRUSALEM ▪ Ordre fondé en 1113 pour protéger les pèlerins qui se rendaient en Palestine. Après la perte de la Terre sainte, puis devant l'avancée des Turcs, ils se réfugièrent à Malte, qui leur fut cédée par Charles Quint en 1530, et prirent le nom de *chevaliers de Malte.* Le titre n'est plus aujourd'hui qu'honorifique.

HOSPITALISATION n. f. ▪ Admission dans un hôpital ; séjour dans un hôpital. *Durant son hospitalisation.* ♦ *Hospitalisation à domicile :* soins à domicile délivrés sous contrôle de la médecine hospitalière.

HOSPITALISER v. tr. [1] ▪ Faire entrer, admettre (qqn) dans un hôpital. *Hospitaliser un malade. Se faire hospitaliser.*

HOSPITALITÉ n. f. ▪ Fait de recevoir qqn sous son toit, de le loger gratuitement. *Donner, offrir l'hospitalité à qqn. Demander, accepter, recevoir l'hospitalité.* ♦ Action de recevoir chez soi, d'accueillir. ⇒ **accueil, réception.** *Merci de votre aimable hospitalité.*

HOSPITALO-UNIVERSITAIRE adj. ▪ De l'hôpital, dans la mesure où les futurs médecins y font leurs études. *Centres hospitalo-universitaires.*

HOSSEGOR ▪ Station balnéaire et climatique des Landes (commune de Soorts-Hossegor), près de l'étang d'Hossegor, sur la côte atlantique.

HOSTELLERIE n. f. ▪ COMM. Hôtellerie (I).

HOSTIE n. f. ▪ Petite rondelle de pain, généralement azyme, que le prêtre consacre pendant la messe. *Ciboire contenant des hosties* (⇒ **eucharistie ; communion**).

HOSTILE adj. ▪ **1.** Qui manifeste de l'agressivité, se conduit en ennemi. *Pays, puissance hostile. Foule hostile.* - *Nature, milieu hostile.* ⇒ **inhospitalier.** *Forces hostiles.* ⇒ **néfaste.** ♦ *HOSTILE À.* ⇒ **défavorable ; contraire, opposé** à. *Être hostile à un projet* (→ être contre). - *Un journal hostile au gouvernement.* **2.** Qui est d'un ennemi, annonce, caractérise un ennemi. *Attitude hostile. Silence, regard hostile.* ⇒ **inamical.** ► adv. HOSTILEMENT

HOSTILITÉ n. f. ▪ **1.** *LES HOSTILITÉS :* ensemble des opérations de guerre. ⇒ **conflit.** *Déclencher, engager les hostilités. Cessation des hostilités* (⇒ **armistice, trêve**). **2.** Disposition hostile, inamicale. ⇒ **antipathie, haine.** *Hostilité envers, contre qqn.*

HOSTO n. m. ▪ FAM. Hôpital.

***HOT-DOG** [ɔtdɔg] n. m. ▪ anglic. Saucisse de Francfort servie chaude dans un petit pain. *Des hot-dogs.*

HÔTE, HÔTESSE n. ▪ **I.** *UN HÔTE, UNE HÔTESSE.* **1.** Personne qui donne l'hospitalité, qui reçoit qqn. ⇒ **maître** de maison. *Remercier ses hôtes.* **2.** VX Aubergiste, hôtelier. ♦ loc. *TABLE D'HÔTE :* table commune où l'on mange à prix fixe. **3.** Organisme animal ou végétal qui héberge un parasite. **II. 1.** *UN HÔTE, UNE HÔTE.* Personne qui reçoit l'hospitalité. *Vous êtes mon hôte.* ⇒ **invité.** *Un, une hôte de marque.* ♦ *Hôte payant,* qui prend pension chez qqn, moyennant redevance. - *Chambre d'hôte,* louée au voyageur par un particulier. **2.** LITTÉR. *Les hôtes de l'air, des bois :* les oiseaux, les animaux.

HÔTEL n. m. ▪ **1.** VX Maison, demeure. **2.** Maison meublée où on loge et où l'on trouve toutes les commodités du service (à la différence du *meublé*), pour un prix journalier. ⇒ **auberge, hôtellerie.** *Hôtel trois étoiles. Hôtel luxueux, grand hôtel.* ⇒ **palace.** *Hôtel de tourisme. Hôtel-restaurant.* - *Chambre d'hôtel.* - *Descendre à l'hôtel.* **3.** Demeure citadine d'un grand seigneur (anciennt) ou d'un riche particulier *(hôtel particulier). Un hôtel du XVIIIe siècle.* **4.** *MAÎTRE D'HÔTEL :* personne qui dirige les services de table, chez un riche particulier (⇒ **majordome**), ou dans un restaurant. **5.** Grand édifice destiné à un établissement public. *Hôtel de la Monnaie. Hôtel des ventes :* salle des ventes. - *HÔTEL DE VILLE :* où siège l'autorité municipale. ⇒ **mairie.**

HÔTEL-DIEU n. m. ▪ Hôpital principal de certaines villes. *Des hôtels-Dieu.*

HÔTELIER, IÈRE ▪ **I.** n. Personne qui tient un hôtel, une hôtellerie, une auberge (⇒ VX **hôte**). **II.** adj. Relatif aux hôtels, à l'hôtellerie (II). *École hôtelière,* formant ses élèves aux professions de l'hôtellerie.

HÔTELLERIE n. f. ▪ **I. 1.** Hôtel ou restaurant d'apparence rustique, confortable ou même luxueux. **2.** Bâtiment d'une abbaye où l'on reçoit les hôtes laïcs. **II.** Métier, profession d'hôtelier ; industrie hôtelière.

HÔTESSE n. f. ▪ **1.** *HÔTESSE (DE L'AIR) :* jeune femme chargée de veiller au confort, à la sécurité des passagers d'un avion, d'assurer le service avec les stewards*. **2.** Jeune femme chargée de l'accueil de visiteurs, de clients.

***HOTTE** n. f. ▪ **1.** Grand panier ou cuve, souvent tronconique, qu'on porte sur le dos. *Hotte de vendangeur. La hotte du père Noël.* **2.** Construction en forme de hotte renversée, se raccordant au bas d'un tuyau de cheminée, d'un conduit d'aération. *Hotte aspirante,* qui fait évacuer les émanations d'une cuisine grâce à un dispositif électrique.

***HOTTENTOT, OTE** adj. ▪ Des Hottentots*. ♦ n. m. Ensemble des langues parlées par les Hottentots.

les HOTTENTOTS ▪ Population de pasteurs nomades de Namibie et de l'Afrique du Sud (20 000 environ).

***HOU** [u ; hu] interj. ▪ 1. Interjection pour railler, faire peur ou honte. *Hou ! la vilaine !* 2. (redoublé) Servant à appeler. *Hou ! Hou ! Il y a quelqu'un ?*

HOUA KOUO-FONG → Hua Guofeng

HOUANG-HO → Huang he

l'île d'HOUAT ▪ Île française de l'Atlantique, au large de Quiberon, et commune *(L'Île-d'Houat)* dépendant du Morbihan. 390 hab. *(les Houatais).*

***HOUBLON** n. m. ▪ Plante vivace grimpante dont les fleurs servent à aromatiser la bière.

houblon. Récolte en Belgique.
Phot. © Vogel/Explorer

***HOUBLONNIÈRE** n. f. ▪ Champ de houblon.

Les HOUCHES ▪ Commune de Haute-Savoie, sur l'Arve. 1 947 hab. *(les Houchards).* Station d'été et de sports d'hiver (1 008 à 1 900 m).

HOUDAIN ▪ Commune du Pas-de-Calais. 7 930 hab. *(les Houdinois).*

Jean-Antoine HOUDON (1741 - 1828) ▪ Sculpteur français. Bustes : *"Diderot"* (1771) ; *"Rousseau"* (1779) ; *"Voltaire"* (1781) ; *"Washington"* (1785).

Houdon.
Buste d'Alexandre Brongniart, enfant. Paris, Musée du Louvre.
Phot. © Giraudon

***HOUE** n. f. ▪ Pioche à lame assez large dont on se sert pour biner la terre. *Sarcler à la houe.*

***HOUILLE** n. f. ▪ 1. Combustible minéral de formation sédimentaire, noir, à facettes brillantes, à forte teneur en carbone. *Gisement, mine* de houille.* ⇒ **houillère.** *La houille, charbon naturel fossile. Produits de la distillation de la houille.* ⇒ **coke, goudron ; gaz** d'éclairage. 2. *HOUILLE BLANCHE :* énergie hydraulique fournie par les chutes d'eau en montagne. ⇒ **barrage ; hydroélectrique.** - *Houille verte* (énergie hydraulique des cours d'eau), *bleue* (de la mer).

***HOUILLER, ÈRE** adj. ▪ Qui renferme des couches de houille. *Bassin houiller.* - Relatif à la houille.

***HOUILLÈRE** n. f. ▪ Mine de houille.

HOUILLES ▪ Commune des Yvelines. 29 650 hab. *(les Ovillois).* Fonderies.

***HOULE** n. f. ▪ 1. Mouvement d'ondulation qui agite la mer sans faire déferler les vagues. *Navire balancé par la houle.* ⇒ **roulis, tangage.** 2. fig. Ce qui rappelle la surface d'une mer houleuse. *Une houle humaine.*

***HOULETTE** n. f. ▪ Bâton de berger. ♦ loc. *Sous la houlette de qqn,* sous sa conduite.

***HOULEUX, EUSE** adj. ▪ 1. Agité par la houle. *Mer houleuse.* 2. fig. Agité par des mouvements collectifs. *Salle houleuse. Débat houleux.* ⇒ **mouvementé, orageux.**

HOULGATE ▪ Commune du Calvados, sur la Manche. 1 654 hab. Station balnéaire.

***HOULIGAN** n. m. ⇒ HOOLIGAN

Houphouët-Boigny.
Phot. © Uzan/Gamma

Félix HOUPHOUËT-BOIGNY (1905 - 1993) ▪ Homme politique ivoirien. Plusieurs fois ministre dans les gouvernements français de 1956 à 1959, il obtint l'indépendance de la Côte-d'Ivoire en 1960 et fut président de la République de 1960 à sa mort.

HOUPLINES ▪ Commune du Nord. 7 609 hab. *(les Houplinois).*

***HOUPPE** n. f. ▪ 1. Assemblage de brins (de fil, de laine...) formant une touffe. ⇒ **houppette.** 2. Touffe. *Houppe de cheveux.* ⇒ **toupet.** *Houppe de plumes.* ⇒ **aigrette, huppe.**

***HOUPPELANDE** n. f. ▪ anciennt Long vêtement de dessus, chaud, très ample et ouvert par-devant. ⇒ **cape.**

***HOUPPETTE** n. f. ▪ Petite houppe. - *Houppette à poudre :* petit tampon arrondi (de coton, de duvet) pour se poudrer.

***HOURDIS** n. m. ▪ Maçonnerie légère garnissant un colombage.

***HOURI** n. f. ▪ Beauté céleste du paradis d'Allah. - vx Femme belle et sensuelle.

***HOURRA** n. m. ▪ Cri d'enthousiasme, d'acclamation. *Pousser un hourra, des hourras.* - interj. *Hip, hip, hip, hourra !*

les HOURRITES ou **HURRITES** ▪ Peuple asiatique de l'Antiquité, installé en Mésopotamie dès le IIIᵉ millénaire av. J.-C. Avec l'apport de cavaliers aryens, il constitua l'empire du Mitanni (XVᵉ-XIVᵉ s. av. J.-C.).

***HOURVARI** n. m. ▪ LITTÉR. Grand tumulte.

***HOUSPILLER** v. tr. [1] ▪ Harceler (qqn) de reproches, de critiques. *Il s'est fait houspiller rudement.*

Bernardo Alberto HOUSSAY (1887 - 1971) ▪ Médecin argentin. Il contribua à la compréhension du diabète en découvrant le rôle de l'hormone du lobe hypophysaire antérieur dans le métabolisme du sucre. Prix Nobel 1947.

***HOUSSE** n. f. ▪ Enveloppe souple dont on recouvre certains objets pour les protéger, et qui épouse leur forme. *Housse à vêtements.* - *Housse de couette.*

HOUSTON ▪ Ville des États-Unis (Texas). Port relié par un canal au golfe du Mexique. 1 631 000 hab. Centre spatial. Pétrochimie. Commerce. Université.

***HOUX** n. m. ▪ Arbre ou arbuste à feuilles coriaces bordées de piquants, à petites baies rouge vif.

HOVERCRAFT [ovœʀkʀaft] n. m. ▪ anglic. ⇒ **aéroglisseur.**

Enver HOXHA ou **HODJA** (1908 - 1985) ▪ Homme politique albanais. Il mena la libération du pays (→ **Albanie**), créa puis dirigea le parti communiste albanais (de 1941 à sa mort), et fut président de la République de 1946 à 1954.

HRADEC KRÁLOVÉ ▪ Ville de la République tchèque. 100 000 hab. Cathédrale gothique.

H. S. [aʃɛs] **adj.** ⇒ HORS SERVICE

HUA GUOFENG ou **HOUA KOUO-FONG** (né en 1920) ▪ Homme politique chinois. Président du parti communiste chinois de 1976 (mort de Mao Zedong) à 1981 et Premier ministre de 1976 à 1980, il fut écarté du pouvoir par les réformistes menés par Deng Xiaoping.

HUAINAN ou **HOUAI-NAN** ▪ Ville de Chine (Anhui). 1 200 700 hab. Centre industriel.

HUANCAYO ▪ Ville du Pérou (à 3 200 m d'altitude). 115 000 hab. Centre commercial important.

HUANG GONGWANG ou **HOUANG KONG-WANG** (1269 - 1354) ▪ Peintre paysagiste chinois.

le HUANG HE ou **HOUANG-HO** en français *le fleuve* **JAUNE** ▪ Le deuxième fleuve de Chine par la longueur, après le Yangzi jiang (fleuve Bleu), situé en Chine du Nord. 5 464 km. De débit très irrégulier, il a dû être aménagé.

le **Huang He.** Le fleuve dans le Qinghai. *Phot. © Reffet/Explorer*

les HUAXTÈQUES ▪ Peuple de langue maya qui s'établit sur la côte du golfe du Mexique (État de Veracruz). La culture huaxtèque s'est épanouie du xᵉ au xvᵉ s.

Edwin Powell HUBBLE (1889 - 1953) ▪ Astronome américain. Il établit en 1924 l'existence de galaxies autres que la Voie lactée, et il formula la théorie de l'expansion de l'univers en observant que les galaxies s'éloignent à une vitesse proportionnelle à leur distance (1929).

le HUBEI ou **HOU-PEI** ▪ Province du centre est de la Chine. 185 900 km². 56 630 000 hab. Capitale : Wuhan. Agriculture.

saint HUBERT (viiᵉ - viiiᵉ s.) ▪ Évêque de Tongres, Maastricht et Liège. Patron des chasseurs.

HUBLI-DHARWAR ▪ Ville de l'Inde (Karnataka). 647 400 hab.

***HUBLOT** **n. m.** ▪ **1.** Petite fenêtre étanche, généralement ronde, munie d'un verre épais pour donner du jour et de l'air à l'intérieur d'un navire. ♦ Fenêtre dans un avion de transport. **2.** Partie vitrée de la porte (d'une machine à laver, d'un four).

***HUCHE** **n. f.** ▪ Grand coffre de bois rectangulaire à couvercle plat. *Huche à pain.*

HUDDERSFIELD ▪ Ville d'Angleterre (Yorkshire de l'Ouest). 133 000 hab. Industrie textile.

Henry HUDSON (v. 1550 - 1611) ▪ Navigateur anglais. Il découvrit le fleuve (1609) et la baie (1610) qui portent son nom.

l'HUDSON **n. m.** ▪ Fleuve des États-Unis, né dans les Adirondacks et débouchant dans l'Atlantique à New York. 500 km. Rôle économique très important.

la baie d'HUDSON ▪ Vaste golfe du Canada, pris par les glaces de janvier à mai, qui s'ouvre sur l'Atlantique par un détroit. 822 324 km².

la Compagnie de la baie d'HUDSON ▪ Compagnie commerciale créée par les Anglais, en 1670, pour le négoce des fourrures avec les Indiens, autour de la baie d'Hudson.

Huế. La tombe de l'empereur Khái Dinh. *Phot. © Gutierrez/Explorer*

***HUE** [y ; hy] **interj.** ▪ Mot dont on se sert pour faire avancer un cheval, ou le faire tourner à droite. *Hue cocotte ! Allez, hue !* - loc. *Tirer à hue et à dia,* tirer dans des directions contraires ; fig. employer des moyens contradictoires.

HUẾ ▪ Ville du Viêtnam. 260 000 hab. Ancienne capitale impériale de l'Annam, elle eut un grand rayonnement culturel.

***HUÉE** **n. f.** ▪ surtout au plur. Cri de dérision, de réprobation poussé par une réunion de personnes. ⇒ **tollé.** *S'enfuir sous les huées.*

HUELVA ▪ Ville d'Espagne (Andalousie). 143 576 hab.

***HUER** **v. tr.** [1] ▪ Pousser des cris de dérision, des cris hostiles contre (qqn). ⇒ **conspuer, siffler.** *L'actrice, l'orateur s'est fait huer.* - *Huer un spectacle.*

Paul HUET (1803 - 1869) ▪ Peintre paysagiste français.

Victor HUGO (1802 - 1885) ▪ Écrivain français. Chef de file des romantiques et animateur du Cénacle. Il est l'auteur d'une œuvre immense et variée, caractérisée par un art lyrique et visionnaire, « écho sonore » des préoccupations de son siècle. Son imagination puissante apparaît également dans ses dessins. En politique, il fut légitimiste puis libéral. Républicain et démocrate, il s'exila à Guernesey après le coup d'État de Napoléon III (1851) et revint en France en 1870. Il eut des funérailles nationales. Œuvres principales : POÉSIE *"Odes et Ballades"* (1822-1828); *"Les Feuilles d'automne"* (1831); *"Les Chants du crépuscule"* (1835); *"Les Voix intérieures"* (1837); *"Les Rayons et les Ombres"* (1840); *"Les Châtiments"* (1853); *"Les Contemplations"* (1856); *"La Légende des siècles"* (1859-1883). THÉÂTRE *"Cromwell"* (1827); *"Hernani"* (1830); *"Marion Delorme"* (1831); *"Lucrèce Borgia"* (1833); *"Ruy Blas"* (1838). ROMANS *"Notre-Dame de Paris"* (1831); *"Les Misérables"* (1862); *"Les Travailleurs de la mer"* (1866); *"Quatrevingt-treize"* (1874).

l'**Hudson.** Le sud de la baie d'Hudson. *Phot. © Nino Cirani/Ricciarini*

Hugo. Dessin représentant le château de Vianden. Musée Victor-Hugo, Paris. *Phot. © Bulloz*

***HUGUENOT, OTE** n. ▪ Surnom (péjoratif à l'origine) donné par les catholiques aux protestants calvinistes, en France, du XVIe au XVIIIe siècle. *Papistes et huguenots.* ‑ **adj.** *Parti huguenot.*

HUGUES Ier CAPET (v. 941 ‑ 996) ▪ Duc des Francs, puis roi de France de 987 à sa mort. Il fonda la dynastie des Capétiens.

HUHHOT ▪ Ville de Chine, capitale de la Mongolie-Intérieure. 886 000 hab.

HUILE n. f. ▪ **1.** Liquide gras, inflammable, insoluble dans l'eau, d'origine végétale, animale ou minérale. ⇒ **graisse ; oléi-.** *Huiles végétales alimentaires (huile d'arachide, de tournesol, d'olive...). Huile de ricin,* purgatif. ‑ *Huiles animales. Huile de foie de morue.* ‑ *Huiles minérales :* hydrocarbures liquides. *Huile de graissage, de vidange.* ♦ *Huiles médicinales. Huile d'amandes douces. Huile solaire,* pour protéger la peau du soleil et faire bronzer. ‑ *Huiles essentielles,* obtenues par distillation de substances aromatiques contenues dans diverses plantes. ⇒ **essence. 2.** (emplois spéciaux) Huile comestible. *Cuisine, plat à l'huile. L'huile de la vinaigrette.* ♦ Huile de graissage. ⇒ **lubrifiant.** *Burette, bidon d'huile. Vidanger l'huile d'une voiture.* ♦ Huile de lampe. *Lampe à huile.* **3.** *Peinture à l'huile,* dont les pigments sont liés avec de l'huile (de lin, d'œillette...). ‑ *Une huile :* un tableau peint à l'huile. **4.** *Les saintes huiles.* ⇒ **chrême. 5.** loc. *Mer d'huile,* très calme, sans vagues (comme une nappe d'huile). ‑ *Faire tache d'huile,* se propager de manière insensible, lente et continue. ‑ *Jeter de l'huile sur le feu,* attiser un désir ; pousser à la dispute. ‑ *Ça baigne* dans l'huile.* ♦ FAM. *Huile de coude, de bras :* énergie déployée dans un effort physique. **6.** FAM. (souvent au plur.) Personnage important, autorité. ⇒ FAM. grosse **légume.**

HUILER v. tr. [1] ▪ Frotter avec de l'huile. ⇒ **graisser, lubrifier.** *Huiler une serrure.* ‑ au p. p. *Mécanisme bien huilé.* ► **n. m.** HUILAGE

HUILERIE n. f. ▪ **1.** Usine où l'on fabrique des huiles végétales. **2.** Industrie de la fabrication des huiles végétales.

HUILEUX, EUSE adj. ▪ **1.** Qui contient de l'huile. *Solution huileuse.* **2.** Qui évoque l'huile. ⇒ **onctueux, visqueux.** *Sirop huileux.* **3.** Qui est ou semble imbibé d'huile. ⇒ **graisseux, gras.** *Peau huileuse.*

① **HUILIER** n. m. ▪ Ustensile de table composé de deux flacons pour l'huile et le vinaigre.

② **HUILIER, IÈRE** adj. ▪ Qui a rapport à la fabrication des huiles.

HUIS n. m. ▪ **1.** VX Porte. *Fermer l'huis.* **2.** loc. *À HUIS CLOS :* toutes portes fermées ; DR. sans que le public soit admis. *Audience à huis clos.* ♦ **HUIS CLOS* n. m.** *Tribunal qui ordonne le huis clos. "Huis clos"* (pièce de Sartre).

la HUISNE ▪ Rivière de l'ouest de la France, affluent de la Sarthe. 130 km.

HUISSERIE n. f. ▪ TECHN. Bâti formant l'encadrement d'une baie. ⇒ **dormant.**

HUISSIER n. m. ▪ **1.** Celui qui a pour métier d'accueillir, d'annoncer et d'introduire les visiteurs (dans un ministère, une administration). *Donner son nom à l'huissier.* **2.** Employé préposé au service de certaines assemblées. *Les huissiers du Palais-Bourbon.* ⇒ **appariteur. 3.** *Huissier (de justice),* officier ministériel chargé de signifier les actes de procédure et de mettre à exécution les décisions de justice. *Constat d'huissier.*

***HUIT** [ɥi(t)] ▪ **I. adj. numéral invar.** (prononcé [ɥi] devant un n. commençant par une consonne ou un *h* aspiré, [ɥit] dans tous les autres cas) **1.** (cardinal) Sept plus un (8). ⇒ **oct-.** *Journée de huit heures.* ♦ *HUIT JOURS :* une semaine (bien qu'elle n'ait que sept jours). ‑ loc. *Donner ses huit jours* (à qqn), le congédier ; (sujet domestique, employé) quitter son emploi. ‑ *Jeudi en huit :* le jeudi après celui qui vient. **2.** (ordinal) Huitième. ‑ *Le 8 mai. Henri VIII.* **II. n. m. invar.** [ɥit] *Huit et deux, dix. Dix-huit.* ‑ Carte marquée de huit signes. *Le huit de pique.* ‑ Numéro huit (d'une rue). *J'habite au huit.* ‑ Chiffre qui représente ce nombre. *Huit romain* (VIII), *arabe* (8).

***HUITAINE** n. f. ▪ Ensemble de huit, d'environ huit éléments de même sorte. *Il part dans une huitaine (de jours).*

***HUITIÈME** [‑tjɛm] ▪ **I. adj. numéral 1.** (ordinal) Qui suit le septième. ‑ loc. *La huitième merveille du monde,* se dit d'une chose merveilleuse qui paraît pouvoir s'ajouter aux sept merveilles traditionnelles. ♦ **n. m.** *Habiter au huitième* (étage). **2.** Se dit d'une partie d'un tout divisé également en huit. ♦ **n. m.** *Trois huitièmes* (3/8). ‑ SPORTS *Huitième de finale :* phase éliminatoire opposant deux à deux seize concurrents ou seize équipes. **II. n.** *Être le, la huitième à passer.* ► **adv.** *HUITIÈMEMENT [‑tjɛm‑]

HUÎTRE n. f. ▪ Mollusque bivalve, à coquille feuilletée ou rugueuse, comestible ou recherché pour sa sécrétion minérale (nacre, perle). *Huîtres perlières.* ♦ Huître comestible. *Élevage d'huîtres* (⇒ **ostréiculture**). *Huître plate.* ⇒ **belon.** *Huître portugaise, fine de claire*. Bourriche d'huîtres. Couteau à huîtres.*

***HUIT-REFLETS** n. m. invar. ▪ Chapeau de soie haut de forme très brillant.

HŪLĀGŪ (v. 1217 ‑ 1265) ▪ Khan mongol. Petit-fils de Gengis Khān et frère du grand khan Möngke et de Kūbilaï Khān, il régna sur l'Iran à partir de 1256. Il conquit la Perse et la Mésopotamie, mais fut battu par les mamelouks de Syrie en 1260.

HULL ▪ Ville du Canada (Québec) située face à Ottawa. 60 707 hab. Industries du bois et du papier.

***HULOTTE** n. f. ▪ Grande chouette au plumage brun qui se nourrit principalement d'insectes et de petits rongeurs (syn. *chat-huant*).

hulotte.
Strix aluco.
Phot. © Layer/Jacana

***HULULEMENT** ou **ULULEMENT** n. m. ▪ Cri des oiseaux de nuit.

***HULULER** ou **ULULER** v. intr. [1] ▪ Crier, en parlant des oiseaux de nuit. *Le hibou hulule.*

***HUM** [œm ; hœm] interj. ▪ Interjection qui exprime généralement le doute, la réticence. *Hum ! cela cache quelque chose !* ♦ Note une petite toux, un raclement de gorge.

HUMAIN, AINE ▪ **I. adj. 1.** De l'homme (I), propre à l'homme en tant qu'espèce. *La nature humaine. Le corps humain. La condition humaine. C'est au-dessus des forces humaines.* ⇒ **surhumain.** ♦ *Un être humain.* ⇒ **femme, homme ; individu, personne.** ♦ Formé, composé d'hommes. *L'espèce humaine. Le genre humain.* ⇒ **humanité.** ♦ Qui traite de l'homme. *Sciences humaines. Anatomie humaine.* **2.** Qui est compréhensif et compatissant, manifeste de la sensibilité. ⇒ **bon.** *Un patron humain.* ‑ *Sentiments humains.* ⇒ **humanitaire. 3.** Qui a les qualités ou les faiblesses propres à l'homme (opposé à *inhumain, surhumain*). *Faiblesse, dignité humaine.* - *C'est humain, c'est une réaction bien humaine :* c'est excusable. **II.** n. m. **1.** Ce qui est humain. *L'humain et le divin.* **2.** LITTÉR. Être humain. *Les humains.* ⇒ **humanité ; gens.**

HUMAINEMENT adv. ▪ **1.** En tant qu'être humain. *Elle a fait tout ce qui était humainement possible pour le sauver.* **2.** Avec humanité. ⇒ **charitablement.** *Traiter humainement un prisonnier.*

HUMANISER v. tr. [1] ▪ Rendre plus humain. *Humaniser les conditions de travail.* - pronom. *Cette personne s'humanise,* devient plus sociable, plus accommodante. ► n. f. HUMANISATION

HUMANISME n. m. ▪ **1.** PHILOS. Théorie, doctrine qui place la personne humaine et son épanouissement au-dessus de toutes les autres valeurs. **2.** HIST. Mouvement de la Renaissance, caractérisé par un effort pour relever la dignité de l'esprit humain et le mettre en valeur, et un retour aux sources gréco-latines.

HUMANISTE n. m. ▪ **1.** PHILOS. Partisan de l'humanisme. - adj. *Philosophie humaniste.* **2.** Spécialiste des langues et littératures grecques et latines (⇒ **humanité** (4)). - spécialt Lettré de la Renaissance qui se consacrait à l'étude et à la diffusion des auteurs antiques. *Érasme, Budé, Estienne furent de grands humanistes.*

HUMANITAIRE adj. ▪ **1.** Qui vise au bien de l'humanité. ⇒ **philanthropique.** *Organisations humanitaires.* **2.** spécialt Qui agit pour sauver des vies humaines, dans une situation de conflit. *Action humanitaire.* - n. m. *L'humanitaire et le droit d'ingérence.*

HUMANITARISME n. m. ▪ DIDACT. (souvent péj.) Conceptions humanitaires (jugées utopiques ou dangereuses). ► adj. et n. HUMANITARISTE

HUMANITÉ n. f. ▪ **1.** PHILOS. Caractère de ce qui est humain ; nature humaine (opposé à *divinité,* à *animalité*). **2.** Sentiment de bienveillance, de compassion envers autrui. ⇒ **bonté, pitié, sensibilité.** *Traiter un coupable avec humanité.* **3.** Le genre humain, les hommes en général. *Un bienfaiteur de l'humanité. Crime contre l'humanité.* **4.** DIDACT. et VIEILLI *LES HUMANITÉS :* étude de la langue et de la littérature grecques et latines. *Faire ses humanités.*

HUMANOÏDE ▪ **1.** adj. Qui rappelle l'homme (I). **2.** n. (lang. de la science-fiction) Être vivant ou robot d'apparence humaine. ⇒ **androïde.**

l'HUMBER n. f. ▪ Estuaire commun à l'Ouse, à la Trent, au Don et à la Derwent, sur la côte orientale de l'Angleterre.

l'HUMBERSIDE n. m. ▪ Comté d'Angleterre. 3 512 km². 860 000 hab. Chef-lieu : Kingston-upon-Hull (250 000 hab.).

HUMBLE adj. ▪ **I. 1.** Qui s'abaisse volontiers, par modestie ou par déférence. ⇒ **effacé, modeste. 2.** Qui est d'une condition sociale modeste. ⇒ **obscur, pauvre, simple.** - n. VIEILLI *Les humbles :* les petites gens. **II.** (choses) **1.** Qui marque de l'humilité, de la déférence. *Air, ton humble.* ⇒ **embarrassé, timide.** - (Par modestie réelle ou affectée) *À mon humble avis, tu te trompes.* **2.** LITTÉR. Qui est sans éclat, sans prétention. ⇒ **modeste.** *Une humble demeure.* ⇒ **pauvre.**

HUMBLEMENT adv. ▪ D'une manière humble. *Remercier humblement.* - (Par modestie affectée) *Je vous ferai humblement remarquer que c'est faux.*

Wilhelm von HUMBOLDT (1767 - 1835) ▪ Philologue et homme politique allemand. Il élabora une théorie générale du langage. Il créa l'université de Berlin en 1809. ► **Alexander von HUMBOLDT** (1769 - 1859), son frère. Naturaliste, grand voyageur, pionnier des sciences de la Terre. ► **le courant de HUMBOLDT** est un courant froid du Pacifique qui longe les côtes du Chili et du Pérou.

David HUME (1711 - 1776) ▪ Philosophe, historien et essayiste britannique. Son empirisme radical en fait le père du positivisme. Sa critique de la causalité eut une influence décisive sur Kant. *"Essais philosophiques sur l'entendement humain"* (1748).

HUMECTER v. tr. [1] ▪ Rendre humide, mouiller légèrement. *Humecter du linge avant de le repasser.* ⇒ **humidifier.** *S'humecter les lèvres.* - au p. p. *Yeux humectés* (de larmes). - pronom. *Ses yeux s'humectèrent.* ⇒ s'**embuer.** ► n. m. HUMECTAGE

***HUMER** v. tr. [1] ▪ **1.** Aspirer par le nez. *Humer l'air, le vent.* ⇒ **inspirer, respirer. 2.** Aspirer par le nez pour sentir. *Humer un parfum.* - *Humer un plat.*

HUMÉRUS [-ys] n. m. ▪ Os long constituant le squelette du bras, de l'épaule au coude. ► HUMÉRAL, ALE, AUX adj. *Artère humérale.*

HUMEUR n. f. ▪ **I.** MÉD. VX *LES HUMEURS :* les liquides organiques du corps humain (sang, lymphe, etc.). ♦ MOD. *Humeur aqueuse, humeur vitrée* de l'œil.* **II. 1.** Ensemble des tendances dominantes qui forment le tempérament de qqn (attribuées autrefois aux *humeurs* (I) du corps). ⇒ **naturel, tempérament.** *Incompatibilité d'humeur entre deux personnes. Être d'humeur égale. Avoir des sautes d'humeur.* **2.** LITTÉR. Ensemble des tendances spontanées, irréfléchies. ⇒ **caprice, fantaisie, impulsion.** *Se livrer à son humeur.* **3.** Disposition momentanée qui ne constitue pas un trait de caractère. *Cela dépendra de mon humeur.* - loc. *Être, se sentir D'HUMEUR À* (+ inf.). ⇒ **disposé, enclin.** *Je ne suis pas d'humeur à plaisanter.* **4.** *BONNE HUMEUR, belle humeur :* disposition passagère à la gaieté, à l'optimisme. ⇒ **enjouement, entrain.** *Être de bonne, d'excellente humeur.* ⇒ **gai, réjoui.** ♦ *MAUVAISE HUMEUR, méchante humeur :* disposition passagère à la tristesse, à l'irritation, à la colère. *Manifester de la mauvaise humeur. Être de très mauvaise humeur, d'une humeur massacrante, d'une humeur de chien.* ♦ *HUMEUR NOIRE :* mélancolie profonde ; tristesse, abattement. ⇒ **cafard. 5.** LITTÉR. Mauvaise humeur. ⇒ **colère, irritation.** *Accès, mouvement d'humeur.*

HUMIDE adj. ▪ Chargé, imprégné d'eau, de liquide, de vapeur (s'oppose à *sec*). *Éponge humide. Murs humides.* ⇒ **suintant.** *Rendre humide.* ⇒ **humecter, humidifier.** - *Temps, chaleur humide.* - *Yeux humides de larmes. Regards humides.* ⇒ **mouillé.**

HUMIDIFICATEUR n. m. ▪ Appareil utilisé pour accroître le degré d'humidité de l'air.

HUMIDIFIER v. tr. [7] ▪ Rendre humide. ► n. f. HUMIDIFICATION

HUMIDITÉ n. f. ▪ Caractère de ce qui est humide ; l'eau, la vapeur imprégnant un corps, un lieu. ⇒ **hygro-.** *Métal rongé par l'humidité.*

HUMILIANT, ANTE adj. ▪ Qui cause de l'humiliation. *Aveu, échec humiliant.* ⇒ **avilissant, dégradant, mortifiant.**

HUMILIATION n. f. ▪ **1.** Action d'humilier ou de s'humilier ; sentiment qui en découle. ⇒ **abaissement ; confusion, honte.** *Rougir d'humiliation.* **2.** Ce qui humilie, blesse l'amour-propre. ⇒ **affront, vexation.** *Infliger, subir une cruelle humiliation.*

HUMILIER v. tr. [7] ▪ **1.** VX ou RELIG. Rendre humble. **2.** Rabaisser d'une manière insultante. ⇒ **mortifier.** *Humilier qqn en public.* - pronom. *S'humilier devant qqn.* **3.** (sujet chose) Faire honte à (qqn). *Cet échec l'a profondément humilié.* ► **HUMILIÉ, ÉE** adj. *Se sentir humilié.*

HUMILITÉ n. f ▪ **1.** Sentiment de sa propre insuffisance qui pousse à réprimer tout mouvement d'orgueil. ⇒ **modestie.** - *En toute humilité :* très humblement. **2.** LITTÉR. Caractère humble, modeste (de la nature humaine, ou d'une condition sociale).

HUMORAL, ALE, AUX adj. ▪ DIDACT. Relatif aux humeurs (I), aux liquides organiques.

HUMORISTE adj. et n. ▪ (personnes) Qui a de l'humour. *Écrivain humoriste.* ♦ n. *Alphonse Allais, célèbre humoriste.* - spécialt Auteur de dessins satiriques ou comiques.

HUMORISTIQUE adj. ▪ Qui s'exprime avec humour ; empreint d'humour. *Dessinateur, dessin humoristique.*

HUMOUR n. m. ▪ Forme d'esprit qui consiste à dégager les aspects plaisants et insolites de la réalité, avec un certain détachement. *L'humour britannique.* *HUMOUR NOIR,* qui s'exerce à propos de situations graves, voire macabres. - *Avoir de l'humour, le sens de l'humour,* être capable d'humour, même à ses dépens.

Doris HUMPHREY (1895 - 1958) ▪ Danseuse et chorégraphe américaine. Ses recherches s'inspirent d'une analyse méthodique des rythmes du corps humain.

HUMUS [-ys] n. m. ▪ Terre provenant de la décomposition des végétaux. ⇒ **terreau.** *Couche d'humus.*

Hunan. Rizières près de Shaoshan. *Phot. © Cros/Explorer*

HUNAN ou **HOU-NAN** ▪ Province du sud-est de la Chine. 210 000 km^2. 63 110 000 hab. Capitale : Changsha. Région montagneuse. Cultures en terrasses.

***HUNE** n. f. ▪ Plate-forme arrondie fixée au mât d'un navire, à une certaine hauteur. *Mât de hune,* situé au-dessus de la hune.

***HUNIER** n. m. ▪ Voile carrée du mât de hune.

les HUNS ▪ Peuples asiatiques nomades qui dévastèrent l'Europe aux IVe et Ve s. → **Attila.** Les *Huns hephthalites* occupèrent la Sogdiane et la Bactriane au Ve s., puis l'Iran et le nord de l'Inde au VIe s.

William HUNT (1827 - 1910) ▪ Peintre préraphaélite britannique. *"Claudio et Isabella"* (1850).

Jean ou János HUNYADI (v. 1387 - 1456) ▪ Homme de guerre hongrois. Il se distingua dans des campagnes contre les Turcs, reconquérant une grande partie des Balkans et défendant victorieusement Belgrade. Régent de 1446 à 1453.

***HUPPE** n. f. ▪ **1.** Touffe de plumes que certains oiseaux ont sur la tête. ⇒ **aigrette, houppe.** *La huppe du cacatoès.* **2.** Oiseau passereau qui porte une huppe.

***HUPPÉ, ÉE** adj. ▪ **1.** Qui porte une huppe. **2.** FAM. Haut placé, et spécialt riche. *Des gens chic, très huppés.*

***HURE** n. f. ▪ **1.** Tête du sanglier, du cochon, et de certains poissons à tête allongée. **2.** Charcuterie à base de morceaux de hure de porc.

le HUREPOIX ▪ Région historique coïncidant approximativement avec le département de l'Essonne, en Île-de-France.

***HURLANT, ANTE** adj. ▪ **1.** Qui hurle. *Foule hurlante.* **2.** Qui produit un effet violent. *Couleurs hurlantes.* ⇒ **criard.**

***HURLEMENT** n. m. ▪ **1.** Cri aigu et prolongé que poussent certains animaux (loup, chien). **2.** (personnes) *Hurlement de rage, de terreur, de souffrance.* - par analogie *Les hurlements du vent.*

***HURLER** v. [1] ▪ **I.** v. intr. **1.** (animaux) Pousser des hurlements. *Chien qui hurle à la mort.* ⇒ **aboyer.** - loc. *Hurler avec les loups,* se ranger du côté du plus fort ; faire comme les autres. **2.** (personnes) *Hurler de douleur.* - FAM. *Hurler de rire.* **3.** Parler, crier, chanter de toutes ses forces. ⇒ **brailler, vociférer ;** FAM. **gueuler.** *La foule hurlait.* - *La radio hurle.* **4.** Produire un son, un bruit semblable à un hurlement. *Le vent hurle dans la cheminée.* **5.** fig. Jurer (couleurs). **II.** v. tr. Exprimer par des hurlements. *Hurler sa colère.* - Dire avec fureur, en criant très fort. ⇒ **clamer.** *Hurler des injures.*

***HURLEUR, EUSE** adj. ▪ Qui hurle. - ZOOL. *Singe hurleur* ou n. m. *un hurleur* (singe d'Amérique du Sud).

HURLUBERLU n. m. ▪ Personne extravagante, qui parle et agit d'une manière inconsidérée. ⇒ **écervelé.** *Quel est cet hurluberlu ?* - adj. *Il, elle est un peu hurluberlu.*

***HURON, ONNE** n. ▪ **1.** VX Grossier personnage. **2.** (d'abord sobriquet insultant) Membre d'un peuple amérindien du groupe algonquin (qui furent les alliés des Français contre les Iroquois au XVIIe siècle). - *"Le Huron ou l'Ingénu"* (conte de Voltaire).

le lac HURON → **Grands Lacs**

***HURRAH** ⇒ HOURRA

***HURRICANE** [yʀikan ; œʀikan] n. m. ▪ anglic. Cyclone, en Amérique centrale.

Jan HUS (v. 1371 - 1415) ▪ Réformateur religieux tchèque. Son exécution sur le bûcher pour hérésie, décidée par l'Église catholique, provoqua un soulèvement chez ses adeptes (les *hussites*) et déclencha une guerre civile.

HU SHI ou **HOU CHE** (1891 - 1962) ▪ Philosophe et écrivain chinois. Formé aux États-Unis, il participa en 1917 à la première revue de littérature chinoise moderne, *Xin Qingnían,* et introduisit la langue populaire dans la littérature.

***HUSKY** [œski] n. m. ▪ anglic. Chien de traîneau à fourrure beige et noire, aux yeux bleus. *Des huskys* ou *des huskies.*

***HUSSARD** n. m. ▪ anciennt Soldat de la cavalerie légère, dans diverses armées.

***HUSSARDE** n. f. ▪ loc. *À la hussarde :* brutalement, sans retenue ni délicatesse. *Faire l'amour à la hussarde.*

Hussein de Jordanie *Phot. © Chip Hires/ Gamma*

HUSSEIN ou **ḤUSAYN IBN TALĀL** (né en 1935) ▪ Roi de Jordanie depuis 1952. Il engagea son pays dans la guerre israélo-arabe de 1967, mais conclut un accord de paix avec Israël en 1994.

Saddam HUSSEIN (né en 1937) ▪ Homme d'État irakien. Secrétaire général du Baas, chef de l'État depuis 1979. Il engagea son pays dans une politique expansionniste et belliciste : conflit avec l'Iran (1980-1988) ; invasion du Koweït (1990-1991). → guerre du **Golfe.**

Edmund HUSSERL (1859 - 1938) ▪ Philosophe allemand. Il a fondé la phénoménologie et a notamment influencé son élève Heidegger, les philosophes français Sartre et Merleau-Ponty, ses traducteurs Ricœur et Lévinas. *"Logique formelle et logique transcendantale"* (1929).

John HUSTON (1906 - 1987) ▪ Cinéaste américain. Ses films montrent l'aventure et la désillusion. *"Le Faucon maltais"* (1941) ; *"Les Désaxés"* (*"The Misfits"*, 1961).

***HUTTE** n. f. ▪ Abri rudimentaire fait de bois, de terre, de paille... ⇒ **cabane, cahute, case.** *Huttes gauloises.*

James HUTTON (1726 - 1797) ▪ Géologue britannique. Le premier à introduire en géologie la notion de l'évolution dans le temps.

HUTUS ▪ Peuple d'Afrique orientale, démographiquement majoritaire au Rwanda et au Burundi.

Thomas HUXLEY (1825 - 1895) ▪ Naturaliste britannique. Il défendit les thèses de son ami Darwin.

Aldous HUXLEY (1894 - 1963) ▪ Écrivain britannique, petit-fils de T. Huxley. Dans ses essais et ses romans, il a dénoncé les dangers des civilisations techniciennes. *"Le Meilleur des mondes"* (1932).

HUY ▪ Ville de Belgique (Liège), sur la Meuse. 18 197 hab. Collégiale des XIVe-XVIe s. Couvent du XVIIe s. (musée). Pont suspendu.

Christiaan HUYGENS (1629 - 1695) ▪ Physicien, mathématicien et astronome néerlandais. Il est l'auteur du premier grand traité de dynamique (*"Horologium oscillatorium"*, 1673), dans lequel on trouve la notion de force centrifuge. Il découvrit l'anneau de Saturne et mit au point une théorie ondulatoire de la lumière.

Joris-Karl HUYSMANS (1848 - 1907) ▪ Écrivain français. D'abord naturaliste, il s'attacha ensuite à une esthétique raffinée et à une quête spirituelle. *"À rebours"* (1884) ; *"La Cathédrale"* (1898).

HYACINTHE n. f. ▪ Pierre fine, variété de zircon jaune rougeâtre.

HYALIN, INE adj. ▪ Qui a la transparence du verre. *Quartz hyalin :* cristal* de roche.

HYBRIDATION n. f. ▪ BIOL. Croisement entre deux variétés d'une même espèce, entre deux espèces.

HYBRIDE adj. et n. m. ▪ **1.** Qui provient du croisement de variétés ou d'espèces différentes. *Maïs hybride. Animal hybride.* ➝ n. m. *Le mulet est un hybride.* **2.** LING. *Mot hybride,* formé d'éléments empruntés à des langues différentes (ex. *hypertension : hyper* vient du grec, *tension* du latin). **3.** Composé de deux ou plusieurs éléments de nature, genre, style... différents. *Le centaure, créature hybride. Œuvre hybride.* ⇒ **composite.**

HYDERABAD ▪ Ville de l'Inde, capitale de l'État d'Andhra Pradesh. 4 280 200 hab.

Hyderabad (Inde). Le Char Minar. *Phot. © Michaud/Rapho*

HYDERABAD ▪ Ville du Pakistan. 900 000 hab.

HYDRATANT, ANTE adj. ▪ Qui fixe l'eau, permet l'hydratation. *Crème hydratante,* qui hydrate la peau.

HYDRATATION n. f. ▪ **1.** CHIM. Transformation en hydrate. **2.** Introduction d'eau dans l'organisme.

HYDRATE n. m. ▪ **1.** Composé contenant une ou plusieurs molécules d'eau. *Hydrate de calcium.* **2.** VIEILLI *Hydrate de carbone :* glucide.

HYDRATER v. tr. 1 ▪ **1.** CHIM. Combiner avec de l'eau. **2.** Introduire de l'eau dans (les tissus, l'organisme).

HYDRAULICIEN, IENNE n. ▪ Spécialiste de l'hydraulique.

HYDRAULIQUE ▪ **I.** adj. **1.** Mû par l'eau ; qui utilise l'énergie de l'eau. *Moteur hydraulique. Usine hydraulique.* **2.** *Énergie, électricité hydraulique,* fournie par les cours et les chutes d'eau (⇒ **houille** blanche), les marées. ⇒ **hydroélectricité.** **3.** Relatif à la circulation, la distribution de l'eau. *Installation hydraulique.* **II.** n. f. Science, technique des liquides en mouvement.

HYDRAVION n. m. ▪ Avion spécialement conçu pour décoller et se poser à la surface de l'eau.

HYDRE n. f. ▪ MYTHOL. *L'hydre de Lerne :* serpent à sept têtes qui repoussaient sitôt coupées. ♦ fig. Mal qui se renouvelle en dépit des efforts faits pour l'éradiquer. *L'hydre du racisme.*

HYDRIQUE adj. ▪ DIDACT. Qui a rapport à l'eau ; qui se fait par l'eau.

① **HYDR(O)-, -HYDRE** Éléments savants, du grec *hudôr* « eau ».

② **HYDR(O)-** Élément signifiant « hydrogène ».

HYDROCARBURE n. m. ▪ Composé contenant seulement du carbone et de l'hydrogène. *Le pétrole, l'essence sont des hydrocarbures.*

HYDROCÉPHALE adj. et n. ▪ Qui est atteint d'un épanchement de sérosité à l'intérieur du cerveau, entraînant notamment un accroissement de la taille du crâne. ➝ n. *Un, une hydrocéphale.*

HYDROCUTION n. f. ▪ Syncope due au contact trop brutal du corps avec l'eau froide, et pouvant entraîner la mort par noyade.

HYDRODYNAMIQUE n. f. ▪ Partie de la mécanique des fluides qui traite des liquides.

HYDROÉLECTRICITÉ ou **HYDRO-ÉLECTRICITÉ** n. f. ▪ Électricité produite par l'énergie hydraulique.

HYDROÉLECTRIQUE ou **HYDRO-ÉLECTRIQUE** adj. ▪ Relatif à la production d'électricité par l'énergie hydraulique. *Usine hydroélectrique.*

HYDROFOIL [-fɔjl] n. m. ▪ anglic. Navire rapide dont la coque, munie d'ailes portantes, se soulève hors de l'eau à grande vitesse. ◇ recomm. off. HYDROPTÈRE.

HYDROFUGE adj. ▪ DIDACT. Qui préserve de l'eau, de l'humidité.

HYDROGÈNE n. m. ▪ Corps simple le plus léger (symb. H), gaz inflammable, incolore et inodore. *L'atome d'hydrogène est formé d'un proton et d'un électron.* ➝ *Hydrogène lourd,* isotope de l'hydrogène. ➝ *Bombe à hydrogène* ou *bombe H.* ⇒ **thermonucléaire.**

HYDROGÉNER v. tr. 6 ▪ Combiner avec de l'hydrogène. ► adj. **HYDROGÉNÉ, ÉE** ► n. f. HYDROGÉNATION

HYDROGLISSEUR n. m. ▪ Bateau à fond plat mû par une hélice aérienne ou un moteur à réaction.

HYDROGRAPHE n. ▪ DIDACT. Spécialiste de l'hydrographie.

HYDROGRAPHIE n. f. ▪ DIDACT. **1.** Partie de la géographie physique qui traite des océans (⇒ **océanographie**), des mers, des lacs et des cours d'eau. **2.** Topographie maritime. **3.** Ensemble des cours d'eau et des lacs d'une région. ► adj. HYDROGRAPHIQUE

HYDROLAT n. m. ▪ PHARM. Eau chargée, par distillation, de principes végétaux volatils. *Hydrolat de roses.*

HYDROLOGIE n. f. ▪ DIDACT. Étude des eaux, de leurs propriétés.

HYDROLOGUE n. ▪ DIDACT. Géophysicien spécialiste de l'hydrologie.

HYDROLYSE n. f. ▪ CHIM. Décomposition chimique d'un corps par fixation d'eau.

HYDROMEL n. m. ▪ Boisson faite d'eau et de miel, souvent fermentée.

HYDROPATHE adj. ▪ VX Qui soigne par l'eau (n. m. pl., nom d'un groupe littéraire de la fin du XIXe siècle).

HYDROPHILE adj. ▪ (choses) Qui absorbe l'eau, les liquides. *Coton, gaze hydrophile.*

HYDROPHOBE ▪ DIDACT. **1.** adj. et n. Qui a une peur morbide de l'eau. **2.** adj. CHIM. Que l'eau ne mouille pas (opposé à *hydrophile*).

HYDROPHOBIE n. f. ▪ DIDACT. Peur morbide de l'eau.

HYDROPIQUE adj. et n. ▪ Atteint d'hydropisie.

HYDROPISIE n. f. ▪ Épanchement de sérosité dans une partie du corps (spécialt l'abdomen).

HYDROSPHÈRE n. f. ▪ GÉOGR. L'élément liquide de la Terre (eau liquide, glaces et neiges, vapeur d'eau).

HYDROSTATIQUE ▪ SC. **1.** n. f. Partie de la mécanique qui étudie les conditions d'équilibre des liquides. **2.** adj. Relatif à l'hydrostatique.

HYDROTHÉRAPIE n. f. ▪ MÉD. Emploi thérapeutique de l'eau (bains, douches, etc.). ► adj. HYDROTHÉRAPIQUE

(*) **HYÈNE** n. f. ▪ Mammifère carnassier d'Afrique et d'Asie, se nourrissant surtout de charognes. *L'hyène* ou *la hyène.*

HYÈRES ▪ Commune du Var, à 4 km de la Méditerranée. 48 043 hab. *(les Hyérois).* ► **les îles d'HYÈRES** ferment la *rade d'Hyères* et comprennent Porquerolles, Port-Cros, l'île du Levant. Tourisme.

HYGIAPHONE n. m. (n. déposé) ▪ Dispositif (plaque transparente perforée) dont on équipe les guichets pour éviter la contamination. *Parlez devant l'hygiaphone.*

HYGIÈNE n. f. ▪ Ensemble des principes et des pratiques tendant à préserver, à améliorer la santé. *Précautions*

Don Eddy, *Peinture,* 1971. Musée d'Art de l'Industrie, Saint-Étienne. *Phot. © Dagli Orti*

Duane Hanson, *Tourists,* 1970. Coll. Steinberg, New York. *Phot. © Edimédia*

hyperréalisme.

d'hygiène. *Hygiène alimentaire.* ♦ *Hygiène publique :* ensemble des moyens mis en œuvre par l'État pour sauvegarder la santé publique. ♦ spécialt Ensemble des soins visant à la propreté du corps. *Hygiène corporelle, dentaire. Rayon d'hygiène d'un magasin.*

HYGIÉNIQUE adj. ▪ **1.** Qui a rapport à l'hygiène, à la propreté, spécialt des parties intimes du corps. *Papier hygiénique.* **2.** Bon pour la santé. ⇒ **sain.** *Faire une promenade hygiénique.*

HYGIÉNISTE n. ▪ Médecin spécialiste des questions d'hygiène.

HYGRO- Élément savant, du grec *hugros* « humide ».

HYGROMÈTRE n. m. ▪ Instrument de précision pour mesurer le degré d'humidité de l'air.

HYGROMÉTRIE n. f. ▪ Mesure du degré d'humidité de l'atmosphère ; cette humidité. ► adj. HYGROMÉTRIQUE

les HYKSOS ▪ Envahisseurs asiatiques qui dominèrent l'Égypte de 1785 à 1580 av. J.-C. Ils y apportèrent l'usage du char de guerre attelé de chevaux.

① **HYMEN** [-ɛn] n. m. ▪ LITTÉR. et VX Mariage. *Les liens, les nœuds de l'hymen.*

② **HYMEN** [-ɛn] n. m. ▪ ANAT. Membrane qui obstrue partiellement l'orifice vaginal, chez une femme vierge.

HYMÉNÉE n. m. ▪ VX Hymen, noces.

HYMÉNÉE ▪ Dieu du Mariage, dans la mythologie grecque.

HYMÉNOPTÈRE n. m. ▪ Insecte caractérisé par quatre ailes membraneuses transparentes (ordre des *Hyménoptères ;* ex. les abeilles).

le mont HYMETTE ▪ Montagne de la Grèce au sud-est d'Athènes (1 026 m). Célèbre pour son miel et son marbre.

HYMNE ▪ **1.** n. m. ou f. dans la tradition chrét. Chant à la louange de Dieu. ⇒ **cantique, psaume.** *Chanter un, une hymne.* **2.** n. m. Chant, poème lyrique exprimant la joie, l'enthousiasme, célébrant une personne, une chose. *Un hymne à la nature, à l'amour.* – Chant solennel en l'honneur de la patrie, de ses défenseurs. *"La Marseillaise" est l'hymne national français.*

HYOÏDE adj. ▪ ANAT. *Os hyoïde :* os en forme de fer à cheval situé à la partie antérieure du cou, au-dessus du larynx.

HYPER n. m. ⇒ HYPERMARCHÉ

HYPER- [ipɛʀ] ▪ **1.** Préfixe (du grec *huper* « au-dessus, au-delà ») qui exprime l'exagération, l'excès, le plus haut degré (ex. *hyperactivité* n. f., *hyperactif, ive* adj. et n. ; *hyperémotivité* n. f., *hyperémotif, ive* adj. et n. ; *hypersécrétion* n. f.). ⇒ **super-** ; contr. *hypo-.* **2.** Préfixe familier. ⇒ **super-.** *C'était hyper-chouette, hyperbeau.*

HYPERBOLE n. f. ▪ **I.** Figure de style qui consiste à exagérer l'expression pour mettre en relief une idée. ⇒ **exagération. II.** MATH. Courbe géométrique formée par l'ensemble des points d'un plan dont la différence des distances à deux points fixes de ce plan (foyers) est constante.

HYPERBOLIQUE adj. ▪ **I.** Caractérisé par l'hyperbole (I). *Louanges hyperboliques.* ⇒ **exagéré. II.** MATH. Relatif à l'hyperbole (II).

HYPERBORÉEN, ENNE adj. ▪ DIDACT. ou LITTÉR. De l'extrême Nord. ⇒ **arctique.** *Contrées hyperboréennes.*

HYPERGLYCÉMIE n. f. ▪ MÉD. Excès de sucre dans le sang (→ diabète).

HYPERMARCHÉ n. m. ▪ Magasin à libre service dont la surface de vente est supérieure à 2 500 m^2. ◇ abrév. FAM. *Un* HYPER.

HYPERMÉTROPE adj. et n. ▪ Atteint d'hypermétropie ; qui ne distingue pas avec netteté les objets rapprochés (opposé à *myope*). ⇒ **presbyte.**

HYPERMÉTROPIE n. f. ▪ Défaut de l'œil qui fait que l'image se forme en arrière de la rétine (opposé à *myopie*).

HYPERNERVEUX, EUSE adj. et n. ▪ Qui est d'une nervosité excessive, pathologique.

HYPERRÉALISME n. m. ▪ Courant artistique (peinture, sculpture) né aux États-Unis, caractérisé par un rendu minutieux de la réalité inspiré d'images photographiques. ► adj. et n. HYPERRÉALISTE ■ Apparu dans les années 60, dans la mouvance du pop art, l'hyperréalisme adhère au réel par imitation de la technique précise des gros plans photographiques, tout en en manipulant certains détails, amenant le spectateur à une réflexion sur la notion même de réalité (Chuck Close, Don Eddy, Richard Estes en peinture ; John De Andrea, Duane Hanson en sculpture).

HYPERSÉCRÉTION n. f. ▪ PHYSIOL. Sécrétion excessive d'une glande.

HYPERSENSIBILITÉ n. f. ▪ Sensibilité exagérée.

HYPERSENSIBLE adj. et n. ▪ Qui est d'une sensibilité extrême, exagérée.

HYPERTENDU, UE adj. et n. ▪ Qui souffre d'hypertension.

HYPERTENSION n. f. ▪ Tension artérielle supérieure à la normale ; augmentation de la tension.

HYPERTROPHIE n. f. ▪ **1.** PHYSIOL. Augmentation de volume d'un organe avec ou sans altération anatomique (s'oppose à *atrophie*). **2.** fig. Développement excessif, anormal. ⇒ **exagération.** *Hypertrophie du moi.* ► adj. HYPERTROPHIQUE

HYPERTROPHIER v. tr. [7] ▪ Produire l'hypertrophie de. - pronom. Se développer exagérément. *Organe qui s'hypertrophie.* ► **HYPERTROPHIÉ, ÉE** adj. *Cœur hypertrophié.* - fig. *Une sensibilité hypertrophiée.*

HYPNAGOGIQUE adj. ▪ DIDACT. Qui précède immédiatement le sommeil. *Visions hypnagogiques.*

HYPN(O)- Élément savant, du grec *hupnos* « sommeil ».

HYPNOS ▪ Personnification du sommeil dans la mythologie grecque, fils de la Nuit et frère de la Mort.

HYPNOSE n. f. ▪ **1.** État voisin du sommeil, provoqué par des manœuvres de suggestion (⇒ **hypnotisme, magnétisme**), ou des moyens chimiques (⇒ **narcose**). **2.** fig. État d'engourdissement ou d'abolition de la volonté. *L'auditoire était en état d'hypnose* (→ sous le charme).

HYPNOTIQUE adj. ▪ **1.** MÉD. Qui provoque l'hypnose. ⇒ **narcotique, somnifère. 2.** Qui a rapport à l'hypnose, à l'hypnotisme. *Catalepsie hypnotique.*

HYPNOTISER v. tr. [1] ▪ **1.** Endormir (qqn) par les procédés de l'hypnotisme. **2.** fig. Fasciner (qqn) au point qu'il oublie tout le reste.

HYPNOTISEUR n. m. ▪ Personne qui hypnotise. ⇒ **magnétiseur.**

HYPNOTISME n. m. ▪ **1.** Ensemble des procédés (surtout mécanismes de suggestion) mis en œuvre pour provoquer un état d'hypnose. *Séance d'hypnotisme.* **2.** Science qui traite des phénomènes hypnotiques.

HYPO- Préfixe, du grec *hupo* « au-dessous, en deçà » qui exprime la diminution, l'insuffisance, la situation inférieure (contr. *hyper-*).

HYPOALLERGÉNIQUE adj. ▪ PHARM. Dont la composition minimise les risques d'allergie. ⇒ **anallergique.**

HYPOCAGNE ⇒ HYPOKHÂGNE

HYPOCALORIQUE adj. ▪ Qui comporte peu de calories. *Régime, aliment hypocalorique.*

HYPOCONDRIAQUE adj. et n. ▪ Qui est atteint d'hypocondrie, a constamment peur d'être malade.

HYPOCONDRIE n. f. ▪ Anxiété habituelle et excessive (de qqn) à propos de sa santé.

HYPOCORISTIQUE adj. ▪ LING. Qui exprime une intention affectueuse. *Diminutif hypocoristique.*

HYPOCRISIE n. f. ▪ **1.** Fait de déguiser son véritable caractère, d'exprimer des opinions, des sentiments qu'on n'a pas. ⇒ **dissimulation, duplicité, fausseté.** *Il est d'une hypocrisie révoltante.* **2.** Caractère de ce qui est hypocrite. **3.** Acte, manifestation hypocrite. ⇒ **comédie, mensonge, simagrée.** *Tout cela est pure hypocrisie.*

HYPOCRITE ▪ **I.** n. Personne qui fait preuve d'hypocrisie. ⇒ **fourbe.** *Quel hypocrite !* (→ faux jeton). **II.** adj. Qui se comporte avec hypocrisie. ⇒ **dissimulé, faux, sournois.** *Un homme hypocrite.* - *Un sourire, un ton hypocrite.* ► adv. HYPOCRITEMENT

HYPODERMIQUE adj. ▪ Qui concerne le tissu sous-cutané (ou *hypoderme* n. m.). *Piqûre hypodermique.* - *Seringue hypodermique.*

HYPOGÉE n. m. ▪ DIDACT. Sépulture souterraine. *Un hypogée égyptien.*

HYPOGLOSSE adj. ▪ ANAT. *Nerf grand hypoglosse* ou n. m *l'hypoglosse* : nerf crânien qui se distribue aux muscles de la langue.

HYPOGLYCÉMIE n. f. ▪ MÉD. Diminution ou insuffisance du taux de glucose du sang.

HYPOKHÂGNE ou **HYPOCAGNE** n. f. ▪ FAM. Classe de préparation à l'École normale supérieure (lettres), précédant la khâgne.

HYPOPHYSE n. f. ▪ Glande endocrine située à la base du crâne. ► HYPOPHYSAIRE adj. *Hormones hypophysaires.*

HYPOSODÉ, ÉE [-s-] adj. ▪ DIDACT. Qui comporte peu de sel ajouté. *Régime hyposodé.*

HYPOSTASE n. f. ▪ DIDACT. Substance distincte ; spécialt chacune des trois personnes de la Trinité (en tant qu'*hypostase divine*).

HYPOSTASIER v. tr. [7] ▪ Considérer comme une substance.

HYPOSTYLE adj. ▪ ARCHÉOL. Dont le plafond est soutenu par des colonnes. *Salle hypostyle d'un temple égyptien.*

HYPOTAUPE n. f. ▪ FAM. Classe de mathématiques supérieures précédant la taupe (⇒ ② **taupe**).

HYPOTENDU, UE adj. et n. ▪ Qui a une tension artérielle insuffisante.

HYPOTENSEUR adj. m. ▪ MÉD. Qui fait baisser la tension artérielle. *Médicament hypotenseur* ou n. m. *un hypotenseur.*

HYPOTENSION n. f. ▪ Tension artérielle inférieure à la normale ; diminution de la tension.

HYPOTÉNUSE n. f. ▪ Le côté opposé à l'angle droit, dans un triangle rectangle. *Le carré de l'hypoténuse est égal à la somme des carrés des deux autres côtés* (théorème de Pythagore).

HYPOTHALAMUS [-ys] n. m. ▪ ANAT. Partie du cerveau, située sous le thalamus*, qui joue un rôle capital dans la régulation des fonctions vitales.

HYPOTHÉCAIRE adj. ▪ Relatif à l'hypothèque. *Garantie hypothécaire. Prêts hypothécaires.*

HYPOTHÈQUE n. f. ▪ **1.** Droit accordé à un créancier sur un bien immeuble en garantie d'une dette, sans que le propriétaire du bien en soit dépossédé. ⇒ **gage, garantie.** *Prêter sur hypothèque. Grever un immeuble d'une hypothèque.* **2.** fig. Obstacle, difficulté qui entrave ou empêche l'accomplissement de qqch. *L'hypothèque qui pèse sur les relations entre deux pays.*

HYPOTHÉQUER v. tr. [6] ▪ **1.** Grever d'une hypothèque. - au p. p. *Maison hypothéquée.* ♦ fig. Engager d'une façon compromettante. *Hypothéquer l'avenir.* **2.** DR. Garantir par une hypothèque. *Hypothéquer une créance.*

HYPOTHÈSE n. f. ▪ **I.** SC. **1.** Proposition admise soit comme donnée d'un problème, soit pour la démonstration d'un théorème (⇒ **axiome ; postulat**). *"La Science et l'Hypothèse"* (ouvrage de H. Poincaré). **2.** Proposition relative à l'explication de phénomènes naturels, admise provisoirement avant d'être soumise au contrôle de l'expérience. ⇒ **conjecture.** *Hypothèse de travail. Vérifier une hypothèse.* **II.** Conjecture concernant l'explication ou la possibilité d'un événement. ⇒ **supposition.** *Émettre, énoncer, faire une hypothèse. Nous en sommes réduits aux hypothèses.* - *En toute hypothèse* : en tout cas. *Dans l'hypothèse où.* ⇒ **éventualité.**

HYPOTHÉTIQUE adj. ▪ **1.** SC. Qui est de la nature de l'hypothèse, n'existe qu'à l'état d'hypothèse. *Cas hypothétique.* ⇒ **présumé. 2.** Qui n'est pas certain. ⇒ **douteux, incertain, problématique.** *Un héritage hypothétique.* ► adv. HYPOTHÉTIQUEMENT

HYSOPE n. f. ▪ Arbrisseau méditerranéen à feuilles persistantes et à fleurs bleues. - allus. biblique « *Depuis le cèdre jusqu'à l'hysope* » : du plus grand au plus petit.

HYSTÉRECTOMIE n. f. ▪ MÉD. Ablation de l'utérus (≠ *hystérotomie* « incision de l'utérus »).

HYSTÉRIE n. f. ▪ **1.** PSYCH. Névrose caractérisée par une tendance aux manifestations émotives spectaculaires, qui peut se traduire par des symptômes d'apparence organique et par des manifestations psychiques pathologiques (délire, angoisse, mythomanie...). *Crise d'hystérie.* **2.** COUR. Excitation intense. *Manifestations d'hystérie collective.*

HYSTÉRIQUE adj. ▪ **1.** PSYCH. Atteint d'hystérie (1). - n. *Un, une hystérique.* ♦ Relatif à l'hystérie. *Amnésie hystérique.* **2.** COUR. Exalté, surexcité. *Foule hystérique* (→ en délire). - *Rire hystérique.* ► adv. HYSTÉRIQUEMENT

I

I [i] **n. m. invar.** ▪ Neuvième lettre (I, i), troisième voyelle de l'alphabet. – loc. *Mettre les points sur les i :* préciser. *Se tenir droit comme un I,* très droit. ♦ *I :* chiffre romain signifiant 1.

IAHVÉ ▪ Nom du Dieu d'Israël dans la Bible, révélé à Moïse.

la IAKOUTIE-SAKHA → Sakha

IAMBE **n. m.** ▪ DIDACT. **1.** Pied de deux syllabes, la première brève, la seconde longue. **2.** Vers grec ou latin, dont certains pieds étaient des iambes. **3.** Pièce de vers satiriques (à la manière des iambes antiques). *Les iambes de Chénier.* ◇ var. ÏAMBE. ► **adj.** IAMBIQUE

IAROSLAVL ▪ Ville de Russie et port sur la Volga. 636 000 hab. Nombreux monuments religieux. Centre économique.

IAROSLAV VLADIMIROVITCH LE SAGE (978 - 1054) ▪ Grand-prince de Kiev de 1019 à sa mort. Grand bâtisseur et législateur, il fit de l'empire de Kiev un des plus puissants États d'Europe.

IAŞI autrefois francisé en ***JASSY*** ▪ Ville de Roumanie, ancienne capitale de la Moldavie. 342 994 hab. Centre industriel.

-IATRE, -IATRIE Éléments (du grec *iatros* « médecin ») qui signifient « médecin » et « médecine » (ex. *pédiatre, psychiatrie*).

IBADAN ▪ Ville champignon du Nigeria. 1 361 000 hab. Centre commercial. Universités.

Ibadan. Une mosquée. *Phot. © Brian Brake/Rapho*

IBAGUÉ ▪ Ville de Colombie. 360 000 hab. Café.

Dolorès IBÁRRURI dite ***LA PASIONARIA*** (1895 - 1989) ▪ Militante communiste espagnole. Tribun ardent, elle harangua les troupes républicaines lors de la guerre d'Espagne.

IBÈRE **adj.** ▪ Des Ibères*. *La langue ibère.*

les IBÈRES ▪ Peuple originaire du Caucase ou d'Afrique septentrionale, qui, après s'être répandu en Europe à l'époque proto-historique, habitait le sud de la Gaule et le nord de l'Espagne vers le ve siècle av. J.-C.

IBÉRIQUE **adj.** ▪ Relatif à l'Espagne et au Portugal. *L'art ibérique. La péninsule Ibérique.*

la chaîne ou **cordillère IBÉRIQUE** ▪ Chaîne montagneuse de l'Espagne centrale.

Jacques IBERT (1890 - 1962) ▪ Compositeur français. Il a abordé des genres très divers : l'opéra bouffe (*"Le Roi d'Yvetot"*, 1927), le ballet (*"Diane de Poitiers"*, 1934), la musique de scène et de film (*"Don Quichotte"*, de Pabst, 1933).

IBIDEM [-ɛm] **adv.** ▪ Dans le même ouvrage, dans le même passage d'un ouvrage déjà cité (abrév. *ibid.*).

IBIS [ibis] **n. m.** ▪ Oiseau échassier des régions chaudes d'Afrique et d'Amérique, à bec long, mince et arqué.

ibis. *Threskiornis aethiopica,* ibis sacré. *Phot. © Renson/Jacana*

IBIZA ▪ Île de l'archipel des Baléares. 572 km^2. 61 000 hab. Tourisme.

IBN AL-FĀRIḌ (v. 1182 - 1235) ▪ Poète et mystique arabe. Considéré comme le plus grand poète arabe du soufisme.

IBN 'ARABĪ (1165 - 1241) ▪ Philosophe, poète et mystique musulman arabe. Le grand maître de la tradition soufie (→ **soufisme**).

IBN BĀJĀ ou **BĀJJĀ** (mort en 1138) ▪ Philosophe et médecin musulman arabe d'Espagne. Connu des chrétiens sous le nom d'Avempace.

IBN BAṬṬŪṬA (1304 - 1377) ▪ Voyageur arabe. Il visita le Proche-Orient, l'Inde, les Maldives, la Chine, puis l'Espagne et l'Afrique jusqu'à Tombouctou. Sa *"Riḥla"* est un document historique et littéraire précieux.

IBN GABIROL → **Avicebron**

IBN ḤAZM (993 - 1064) ▪ Écrivain et philosophe arabe. Célèbre pour ses écrits non conformistes.

IBN KHALDOUN (1332 - 1406) ▪ Historien arabe. Théoricien de l'histoire et précurseur de la sociologie. Il a exposé sa philosophie de l'histoire dans des *"Prolégomènes" (Muqaddima).*

IBN MUQAFFAA (v. 721 - 757) ▪ Écrivain arabe, un des premiers grands prosateurs.

IBN SÉOUD (1887 - 1953) ▪ Émir arabe qui fonda l'Arabie Saoudite, roi de 1932 à sa mort.

les IBOS ▪ Peuple du Nigeria oriental (Biafra).

Henrik IBSEN (1828 - 1906) ▪ Auteur dramatique norvégien. Ses pièces sont souvent pessimistes, animées par une critique sociale véhémente. *"Peer Gynt"* (1867); *"Maison de poupée"* (1879); *"Le Canard sauvage"* (1884).

Ibsen. Portrait par E. Werenskiold.
Coll. Rasmus Mayer, Bergen.
Phot. © Dagli Orti

ICARE ▪ Fils de Dédale, dans la mythologie grecque. Il s'échappe du Labyrinthe avec son père au moyen d'ailes, mais il s'approche trop du Soleil, la cire qui tient les plumes fond et il se noie.

ICEBERG [isbɛʀg ; ajsbɛʀg] **n. m.** ▪ Masse de glace flottante, détachée de la banquise ou d'un glacier polaire. - loc. *La partie cachée de l'iceberg* : la partie cachée et souvent la plus importante d'une chose (par oppos. à *la partie visible, émergée de l'iceberg*).

iceberg. *Phot. © Trouillet/Explorer*

ICELUI, ICELLE, ICEUX, ICELLES **pron.** et **adj. dém.** ▪ archaïsme littér. Celui-ci, celle-ci.

ICHTYO- [iktjo] Élément, du grec *ikhthus* « poisson ».

ICHTYOLOGIE **n. f.** [ikt-] ▪ Partie de la zoologie qui traite des poissons.

ICHTYOSAURE [iktjozɔʀ] **n. m.** ▪ PALÉONT. Grand reptile marin fossile au museau allongé.

ICI **adv.** ▪ **I.** (lieu) **1.** Dans le lieu où se trouve celui qui parle (opposé à *là, là-bas*). *Il fait plus frais ici qu'à Paris.* - À cet endroit. *Veuillez signer ici.* ♦ *D'ICI* : de ce lieu, de ce pays. *Sortez d'ici ! Vous n'êtes pas d'ici ?* - loc. *Je vois ça d'ici* : j'imagine la chose. ♦ *PAR ICI* : par cet endroit, dans cette direction. *Par ici la sortie.* - Dans les environs, dans ce pays. *Il habite par ici.* **2.** *ICI-BAS* loc. adv. : dans ce bas monde ; sur la terre (par oppos. à *là-haut*, le paradis). **3.** À l'endroit où l'on se trouve, que l'on désigne. *Ce que j'ai voulu dire ici*, dans ce livre. **II.** (temps) *Jusqu'ici* : jusqu'à présent. - *D'ICI*, marquant le point de départ dans le temps. *D'ici (à) demain. D'ici peu* : dans peu de temps.

ICÔNE **n. f.** ▪ Dans l'Église d'Orient, Peinture religieuse exécutée sur un panneau de bois. *Icônes byzantines.*

ICONO- Élément, du grec *eikôn* « image ».

ICONOCLASME **n. m.** ▪ HIST. Mouvement religieux des iconoclastes, à Byzance (VIIIe et IXe siècle).

ICONOCLASTE **n.** et **adj.** ▪ **1.** HIST. Partisan des empereurs byzantins qui, aux VIIIe et IXe siècles, s'opposèrent à l'adoration et au culte des images saintes. *Les iconoclastes furent déclarés hérétiques par le IIe concile de Nicée (787).* **2.** (Personne) qui interdit ou détruit les images saintes et par ext. les œuvres d'art.

ICONOGRAPHIE **n. f.** ▪ DIDACT. **1.** Étude des représentations figurées d'un sujet (personnage, époque, religion, etc.) ; ces représentations. *L'iconographie de la Révolution française.* **2.** Ensemble des illustrations d'un livre. *L'iconographie d'une revue d'art.*

ICONOGRAPHIQUE **adj.** ▪ Relatif à l'iconographie. *Documents iconographiques.*

ICONOLOGIE **n. f.** ▪ DIDACT. Art de représenter les figures allégoriques. ♦ Étude des modes de représentation dans les arts graphiques et plastiques.

ICONOSTASE **n. f.** ▪ Dans les églises orthodoxes, Cloison décorée d'images, d'icônes, qui sépare la nef du sanctuaire.

ICTÈRE **n. m.** ▪ MÉD. Coloration jaune de la peau et des muqueuses, qui révèle la présence de pigments biliaires dans les tissus. ⇒ **jaunisse.**

ICTINOS (Ve s. av. J.-C.) ▪ Architecte grec. Avec Callicratès, il assista Phidias dans la construction du Parthénon.

l'IDAHO **n. m.** ▪ État du nord-ouest des États-Unis, dans les Rocheuses. 216 413 km^2. 1 007 000 hab. Capitale : Boise. Importantes richesses minières (argent, ruée vers l'or v. 1860), pommes de terre, exploitation de la forêt.

IDÉAL, ALE, ALS ou **AUX** ▪ **I. adj. 1.** Qui est conçu et représenté dans l'esprit sans être ou pouvoir être perçu par les sens. ⇒ **théorique.** *Les objets idéaux de la géométrie.* **2.** Qui atteint toute la perfection que l'on peut concevoir ou souhaiter. ⇒ **absolu, accompli.** *Le beau idéal.* **3.** Parfait en son genre. *C'est la solution idéale.* **II. n. m. 1.** Ce que l'on se représente ou se propose comme type parfait ou modèle absolu (dans l'ordre pratique, esthétique ou intellectuel). *L'idéal démocratique. Avoir un idéal* (⇒ **idéaliste**). *Les idéaux (idéals) d'une époque.* **2.** *L'IDÉAL* : ce qui donnerait une parfaite satisfaction aux aspirations du cœur ou de l'esprit. - loc. *Dans l'idéal* : sans tenir compte de la réalité, des difficultés matérielles. ⇒ **théoriquement.** - *L'idéal, ce serait de* (+ inf.), *que* (+ subj.) : ce qu'il y aurait de mieux, ce serait...

IDÉALEMENT **adv.** ▪ D'une manière idéale. - Parfaitement.

IDÉALISATION **n. f.** ▪ Action d'idéaliser ; son résultat.

IDÉALISER **v. tr.** [1] ▪ Revêtir d'un caractère idéal. *Ce peintre a idéalisé son modèle.*

IDÉALISME **n. m.** ▪ **1.** Système philosophique qui ramène l'être à la pensée, et les choses à l'esprit (s'oppose à *matérialisme*). *Un idéalisme spiritualiste. L'idéalisme dialectique de Hegel.* **2.** Attitude d'esprit qui pousse à faire une large place à l'idéal, au sentiment.

IDÉALISTE **adj.** ▪ Propre à l'idéalisme, attaché à l'idéalisme (opposé à *réaliste*). *Ce sont des vues idéalistes.* - **n.** *C'est un, une idéaliste.*

IDÉALITÉ **n. f.** ▪ **1.** Caractère de ce qui est idéal. **2.** Être, objet idéal. *Les idéalités des mathématiques.*

IDÉE **n. f.** ▪ **I. 1.** Représentation intellectuelle (d'un être, d'une manière d'être, d'un rapport). *Idée générale, abstraite.* ⇒ **concept, notion.** *L'idée de nombre, d'étendue.* ♦ HIST. PHILOS. (chez Platon, les platoniciens) Essence éternelle qui rend les choses intelligibles. **2.** Toute représentation élaborée par la pensée correspondant à un mot ou à une phrase (qu'il existe ou non un objet qui lui corresponde). *Une idée juste, fausse. Perdre le fil de ses idées.* - *À l'idée de se retrouver seul* : en pensant qu'il va se retrouver seul. - *Se faire, se former une idée (juste, exacte, fausse...) de qqch., de qqn.* **3.** Vue élémentaire, approximative. ⇒ **aperçu.** *Pour vous en donner une idée. Je n'en ai pas la moindre idée. On n'a pas idée (de cela)* : c'est inimaginable, invraisemblable. *Quelle idée !* (même sens). - *J'ai idée que* : il me semble que. **4.** Conception imaginaire, fausse ou irréalisable. ⇒ **chimère, rêve.** *Se faire des idées* : s'imaginer qqch. qui n'est pas. *Donner des idées à*

icône. À gauche, *Crucifixion*, XVIe s., provenant de Novgorod. Musée du Louvre, Paris. *Phot. © Dagli Orti*
À droite, *Christ*, détail d'une iconostase de style byzantin, 1665. Église Saint-Nicolas, Podvrh, Monténégro. *Phot. © Lauros/Giraudon*

qqn : exciter son imagination. **5.** Vue, plus ou moins originale, dans le domaine de la connaissance, de l'action ou de la création artistique. ⇒ **plan, projet.** *Il me vient une idée. C'est une bonne idée. Changer d'idée. Lancer une idée.* - *L'idée directrice d'un texte.* - au plur. Pensées neuves, fortes, heureuses. *Un ouvrage plein d'idées.* **6.** Façon particulière de se représenter le réel. ⇒ **opinion.** *J'ai mon idée sur la question. Juger, agir à son idée,* sans s'occuper de l'opinion d'autrui. *Fais à ton idée. Une idée reçue :* une opinion courante. *Le "Dictionnaire des idées reçues"* (de Flaubert). - au plur. Ensemble des opinions (d'un individu, d'un groupe). ⇒ **théorie.** *Cela n'est pas dans mes idées. Idées politiques. Il a des idées avancées. Avoir les idées larges.* absolt *Les idées :* spéculations touchant aux grands problèmes. *L'histoire des idées. Les idées mènent le monde.* **7.** Façon d'envisager la réalité. *Avoir des idées noires* (→ voir tout en noir). **II.** *L'idée :* l'esprit qui élabore les idées. - loc. *J'ai dans l'idée qu'il ne viendra pas,* dans l'esprit.

IDEM [idɛm] adv. ▪ (êtres, objets) Le même. ◇ S'emploie généralement (abrév. *id.*) pour éviter la répétition d'un nom, d'une référence.

IDENTIFIABLE adj. ▪ Qui peut être identifié.

IDENTIFICATION n. f. ▪ Action d'identifier, de s'identifier. *L'identification d'un cadavre.* - *L'identification d'un acteur à son personnage.*

IDENTIFIER v. tr. 7 ▪ **1.** Considérer comme identique, comme assimilable à autre chose ou comme ne faisant qu'un (avec qqch.). ⇒ **assimiler, confondre.** *Identifier une chose avec, à une autre, et une autre, deux choses.* **2.** Reconnaître la nature de. *Identifier qqn.* ♦ Reconnaître, du point de vue de l'état civil. *Identifier un cambrioleur grâce à ses empreintes* (⇒ **identité** (II)). **3.** Reconnaître comme appartenant à une espèce ou une classe. ⇒ **caractériser.** ► **S'IDENTIFIER** v. pron. Se faire ou devenir identique, se confondre, en pensée ou en fait. *S'identifier au héros d'un roman.*

IDENTIQUE adj. ▪ **1.** (êtres, objets) Tout à fait semblable, mais distinct. ⇒ **pareil.** *Deux couteaux identiques.* - n. m. *Reproduire à l'identique.* **2.** DIDACT. Qui est unique, quoique perçu, conçu ou nommé de manières différentes. **3.** Qui reste le même à des moments différents. ► adv. **IDENTIQUEMENT**

IDENTITÉ n. f. ▪ **I. 1.** Caractère de deux choses identiques. *Identité de goûts entre deux êtres.* ♦ DIDACT. Relation entre deux termes identiques. **2.** Caractère de ce qui est un (⇒ **unité**), de ce qui demeure identique à soi-même. **II.** Ce qui permet de reconnaître une personne parmi toutes les autres (état civil, signalement). *Vérifier l'identité de qqn. Carte d'identité.* ♦ *Identité judiciaire :* service de police chargé d'établir l'identité des malfaiteurs.

IDÉO- Élément, du grec *idea* « idée ».

IDÉOGRAMME n. m. ▪ Signe graphique qui représente le sens d'un mot (concret ou abstrait) et non les sons qui le composent. ⇒ **hiéroglyphe.** *Pictogrammes et idéogrammes.*

IDÉOGRAPHIQUE adj. ▪ Se dit d'une écriture, d'un système de signes à idéogrammes.

IDÉOLOGIE n. f. ▪ **1.** HIST. PHILOS. Science des idées, des concepts, en relation avec les signes (→ sémantique). **2.** Ensemble des idées, des croyances et des doctrines propres à une époque, à une société ou à une classe. *L'idéologie s'oppose à la science.* ♦ Philosophie du monde et de la vie. *L'idéologie pacifiste. Les idéologies politiques.*

IDÉOLOGIQUE adj. ▪ Relatif à l'idéologie. ► adv. **IDÉOLOGIQUEMENT**

IDÉOLOGUE n. ▪ **1.** HIST. PHILOS. Philosophe adepte de l'idéologie (1). ▪ Délaissant la métaphysique au profit des sciences de l'homme, les idéologues (Destutt de Tracy, Cabanis, Volney...) accordèrent une place importante à l'analyse du langage, à la grammaire et à la logique. **2.** péj. Personne qui prétend interpréter la réalité en fonction d'idées, de théories préconçues.

IDES n. f. pl. ▪ Dans le calendrier romain, Division du mois qui tombait vers son milieu. *César fut assassiné aux ides de mars.*

-IDÉS Élément servant à former des noms de familles d'animaux.

IDFŪ → Edfou

IDIO- Élément savant, du grec *idios* « particulier, propre » (ex. *idiolecte* n. m. « emploi particulier d'une langue par une personne »).

IDIOMATIQUE adj. ▪ Spécifique à un idiome, une langue. *Tournures idiomatiques anglaises.* ⇒ **idiotisme.**

IDIOME n. m. ▪ Langue envisagée comme ensemble des moyens d'expression propres à une communauté.

IDIOSYNCRASIE [-sɛ̃-] n. f. ▪ DIDACT. Caractère individuel, tempérament personnel. *L'idiosyncrasie d'un malade.*

IDIOT, IDIOTE ▪ **I.** adj. Qui manque d'intelligence, de bon sens. ⇒ **bête.** *Il est complètement idiot.* - *Une réflexion idiote.* ⇒ **inepte, stupide.** *Un film idiot.* - impers. *Ce serait idiot de refuser.* **II.** n. **1.** Personne sans intelligence. - (injure) *Espèce d'idiot !* ♦ *Faire l'idiot :* simuler la bêtise ; agir de manière absurde. **2.** MÉD. Personne atteinte d'idiotie. *Un idiot congénital.* - loc. *L'idiot du village :* le simple d'esprit, l'innocent.

IDIOTEMENT adv. ▪ D'une façon idiote.

IDIOTIE n. f. ▪ **1.** Manque d'intelligence, de bon sens. ⇒ **stupidité.** *L'idiotie d'une remarque.* **2.** Action, parole qui traduit un manque d'intelligence, de bon sens. ⇒ **bêtise.** *Faire, dire des idioties.* ♦ FAM. Œuvre stupide. *Ne lisez pas cette idiotie.* **3.** MÉD. Insuffisance mentale, arriération très grave. ⇒ **crétinisme.**

IDIOTISME n. m. ▪ Forme, locution propre à une seule langue, intraduisible (gallicisme, anglicisme, italianisme...), ou à un usage.

IDOINE adj. ▪ VX ou plais. Qui convient parfaitement, approprié. ⇒ **adéquat.** *Vous avez trouvé l'homme idoine.*

IDOLÂTRE adj. ▪ **1.** Qui rend un culte divin aux idoles. *Les peuples idolâtres de l'Antiquité.* **2.** LITTÉR. Qui voue une adoration (à qqn, à qqch.). *Un mélomane idolâtre de Mozart.* ‒ *Passion idolâtre.*

IDOLÂTRER v. tr. [1] ▪ LITTÉR. Aimer avec passion en rendant une sorte de culte. ⇒ **adorer.**

IDOLÂTRIE n. f. ▪ **1.** Culte rendu à l'image d'un dieu comme si elle était le dieu en personne. **2.** Amour passionné, admiration outrée. *Un culte de la personnalité qui va jusqu'à l'idolâtrie.*

IDOLE n. f. ▪ **1.** Représentation d'une divinité (image, statue...), adorée comme si elle était la divinité elle-même. **2.** Personne ou chose qui est l'objet d'une adoration. ♦ Vedette de la chanson, du spectacle adulée du public.

IDOMÉNÉE ▪ Roi légendaire de Crète, héros de l'*"Iliade"*.

al-**IDRĪSĪ** ou **EDRISI** (v. 1100 ‒ v. 1166) ▪ Géographe arabe. Il réalisa une célèbre mappemonde pour Roger II de Sicile.

IDYLLE n. f. ▪ **1.** Petit poème à sujet pastoral et amoureux. ⇒ **églogue, pastorale. 2.** Aventure amoureuse naïve et tendre. ♦ iron. Situation sans conflit ; bonne entente parfaite.

IDYLLIQUE adj. ▪ Qui rappelle l'idylle par le décor champêtre, l'amour tendre, les sentiments idéalisés. *Paysage idyllique.* ‒ *Une vision idyllique des choses.*

IEKATERINBOURG de 1924 à 1991 ***SVERDLOVSK*** ▪ Ville de Russie. 1 372 000 hab. Centre culturel et minier.

IÉNA en allemand ***JENA*** ▪ Ville d'Allemagne (Thuringe). 102 700 hab. Industries (optique). Importante université où enseignèrent Fichte et Hegel. Victoire de Napoléon Ier sur les Prussiens en 1806.

l'**IENISSEÏ** n. m. ▪ Fleuve de Russie. Né en Mongolie, il traverse la Sibérie et se jette dans l'océan Arctique. 3 487 km.

IF n. m. ▪ Arbre (conifère) à fruits rouges, décoratifs. *Des ifs bien taillés.*

if. *Taxus baccata,* if commun. *Phot. © Soler/Jacana*

IF ▪ Îlot français de la Méditerranée, en face de Marseille, célèbre pour le *château d'If,* château fort qui servit de prison d'État.

IFE ou **IFÉ** ▪ Ville du Nigeria. 210 000 hab. Art yorouba.

IGLOO [iglu] n. m. ▪ Abri des Inuits, construit avec des blocs de glace ou de neige. *Des igloos.* ◇ var. IGLOU.

saint **IGNACE DE LOYOLA** (1491 ? ‒ 1556) ▪ Religieux espagnol. Gentilhomme, il se convertit à la vie religieuse et, avec ses premiers disciples dont saint François Xavier, fonda la Compagnie de Jésus ou ordre des Jésuites (approuvée en 1540). Auteur des *"Exercices spirituels"*, qui demeurent la base de la spiritualité des jésuites.

IGNAME [iɲam ; ignam] n. f. ▪ Plante tropicale à gros tubercules farineux ; ce tubercule (utilisé en Afrique pour l'alimentation).

IGNARE adj. ▪ Totalement ignorant. *Il est ignare en musique.* ‒ n. *Quel ignare !*

IGNÉ, ÉE [igne ; iɲe] adj. ▪ Produit par l'action du feu. *Roches ignées.*

IGNIFUGE [iɲi- ; igni-] adj. ▪ Qui rend ininflammables les objets naturellement combustibles. *Une substance ignifuge.*

IGNIFUGER [iɲi- ; igni-] v. tr. [3] ▪ Rendre ininflammable. ‒ au p. p. *Charpentes ignifugées.*

Ife. Tête de femme en terre cuite. Museum für Völkerkunde, Berlin. *Phot. © Arch. Smeets*

IGNITION [iɲi- ; igni-] n. f. ▪ DIDACT. État de ce qui est en feu. ⇒ **combustion.**

IGNOBLE adj. ▪ **1.** Vil, moralement bas. ⇒ **abject, infâme.** *Un ignoble individu. Une conduite ignoble.* **2.** D'une laideur affreuse ou d'une saleté repoussante. ⇒ **immonde, répugnant.** *Un taudis ignoble.* ♦ par ext. Affreux, très mauvais. *Un temps ignoble.* ► adv. IGNOBLEMENT

IGNOMINIE n. f. ▪ LITTÉR. **1.** Déshonneur extrême causé par un outrage public, une peine, une action infamante. ⇒ **honte, infamie, opprobre.** *Il s'est couvert d'ignominie.* **2.** Caractère de ce qui déshonore. *L'ignominie d'une condamnation.* **3.** Action ignoble. ⇒ **turpitude.**

IGNOMINIEUSEMENT adv. ▪ LITTÉR. D'une manière ignominieuse. *Mourir ignominieusement.*

IGNOMINIEUX, EUSE adj. ▪ LITTÉR. Qui apporte, cause de l'ignominie. ⇒ **honteux.** *Une condamnation ignominieuse.*

IGNORANCE n. f. ▪ **1.** État d'une personne qui ignore ; fait de ne pas connaître qqch. *Être dans l'ignorance des nouvelles.* ♦ Défaut de connaissances. ⇒ **incompétence.** *Je reconnais mon ignorance dans ce domaine.* **2.** Manque d'instruction, de savoir, de culture générale. *Combattre l'ignorance.* ♦ *(Une, des ignorances)* Manifestation d'ignorance. ⇒ **lacune.**

IGNORANT, ANTE adj. ▪ **1.** *IGNORANT DE :* qui n'a pas la connaissance de (une chose) ; qui n'est pas informé de. *Je suis encore ignorant des usages du pays.* ‒ n. *Faire l'ignorant.* **2.** Qui manque de connaissance ou de pratique (dans un certain domaine). **3.** Qui manque d'instruction, de savoir. ⇒ **ignare, inculte.** *Il est intelligent mais ignorant.* ‒ n. *Un fieffé ignorant.*

IGNORER v. tr. [1] ▪ **1.** Ne pas connaître, ne pas savoir. *Nul n'est censé ignorer la loi. J'ignore tout de cette affaire.* ‒ *Ignorer qqn,* le traiter comme si sa personne ne méritait aucune considération. ♦ (suivi d'une proposition) *Il ignore qui je suis. J'ignorais si vous viendriez.* **2.** Ne pas avoir l'expérience de. *Un peuple qui ignore la guerre.* ► S'IGNORER v. pron. (récipr.) *Des ennemis qui s'ignorent.* ‒ (réfl.) *C'est un artiste qui s'ignore,* qui n'a pas conscience de ses dons artistiques. ► IGNORÉ, ÉE adj. Qui n'est pas su, connu. ⇒ **inconnu.** *Des faits ignorés.*

IGNY ▪ Commune de l'Essonne. 9 428 hab. *(les Ignissois).*

l'**IGUAÇU** n. m. ▪ Rivière du Brésil. 1 045 km. Elle marque la frontière entre le Brésil et l'Argentine. Chutes spectaculaires.

IGUANE [igwan] n. m. ▪ Reptile saurien de l'Amérique tropicale, qui a l'aspect d'un grand lézard.

IGUANODON [igwa-] n. m. ▪ Reptile fossile bipède, à très grosse queue, qui vivait à l'époque crétacée.

iguane. *Phot. © Charles Lénars*

IHARA Saikaku (1642 - 1693) ▪ Poète et écrivain japonais. Il fonda une école de littérature populaire qui connut un grand succès, puis écrivit des romans érotiques. *"Vie d'une amie de la volupté"* (1686).

IJEVSK ▪ Capitale de l'Oudmourtie (Russie). 650 000 hab.

l'IJSSELMEER ou **le lac d'IJSSEL** n. m. ▪ Lac d'eau douce des Pays-Bas. Séparé de la mer des Wadden par une digue, il occupe une partie de l'ancien Zuiderzee.

IKEBANA [ike-] n. m. ▪ Art floral japonais.

IKE NO TAIGA (1723 - 1776) ▪ Peintre japonais. Calligraphe et poète réputé, il est célèbre pour ses paysages et figures.

IL, ILS pron. pers. m. ▪ **I. 1.** Pronom personnel masculin de la troisième personne, faisant fonction de sujet. *Pierre cherche son briquet et il s'énerve. Sont-ils venus ?* - (reprenant le nom en interrogation) *Ton frère part-il avec nous ?* - (renforçant le nom) *Ton ami, il est en retard.* - (*Ils*, plur. commun pour représenter le masculin et le féminin) *Ton père et ta mère t'accompagneront-ils ?* **2.** *Ils* : des personnes indéterminées (gouvernement, administration, riches, etc.). ⇒ **on.** *Ils vont augmenter les impôts.* **II.** au sing. Sert à introduire les verbes impersonnels, et tous les verbes employés impersonnellement. *Il a neigé. Il était une fois. Quelle heure est-il ? Il se fait tard.* - LITTÉR. *Il est vrai* : c'est vrai.

ILANG-ILANG [ilɑ̃ilɑ̃] n. m. ▪ Arbre cultivé en Indonésie et dans la région de Madagascar, pour ses fleurs utilisées en parfumerie. ◇ var. YLANG-YLANG.

ÎLE n. f. ▪ **1.** Étendue de terre ferme émergée d'une manière durable dans les eaux. *Petite île rocheuse.* ⇒ **îlot.** *Groupe d'îles.* ⇒ **archipel.** *Les îles Anglo-Normandes. Une île déserte. "L'Île mystérieuse"* (de Jules Verne). *"L'Île au trésor"* (de Stevenson). **2.** *Les Îles* : les Antilles. - *Bois des îles*, exotique. **3.** *Île flottante* : entremets composé de blancs d'œufs battus flottant sur de la crème anglaise.

ÎLE-AUX-MOINES ▪ Commune du Morbihan, dans l'île aux Moines. 617 hab. *(les Îlois)*.

l'ÎLE-DE-FRANCE ▪ La plus importante région économique et administrative française, correspondant à l'ancienne

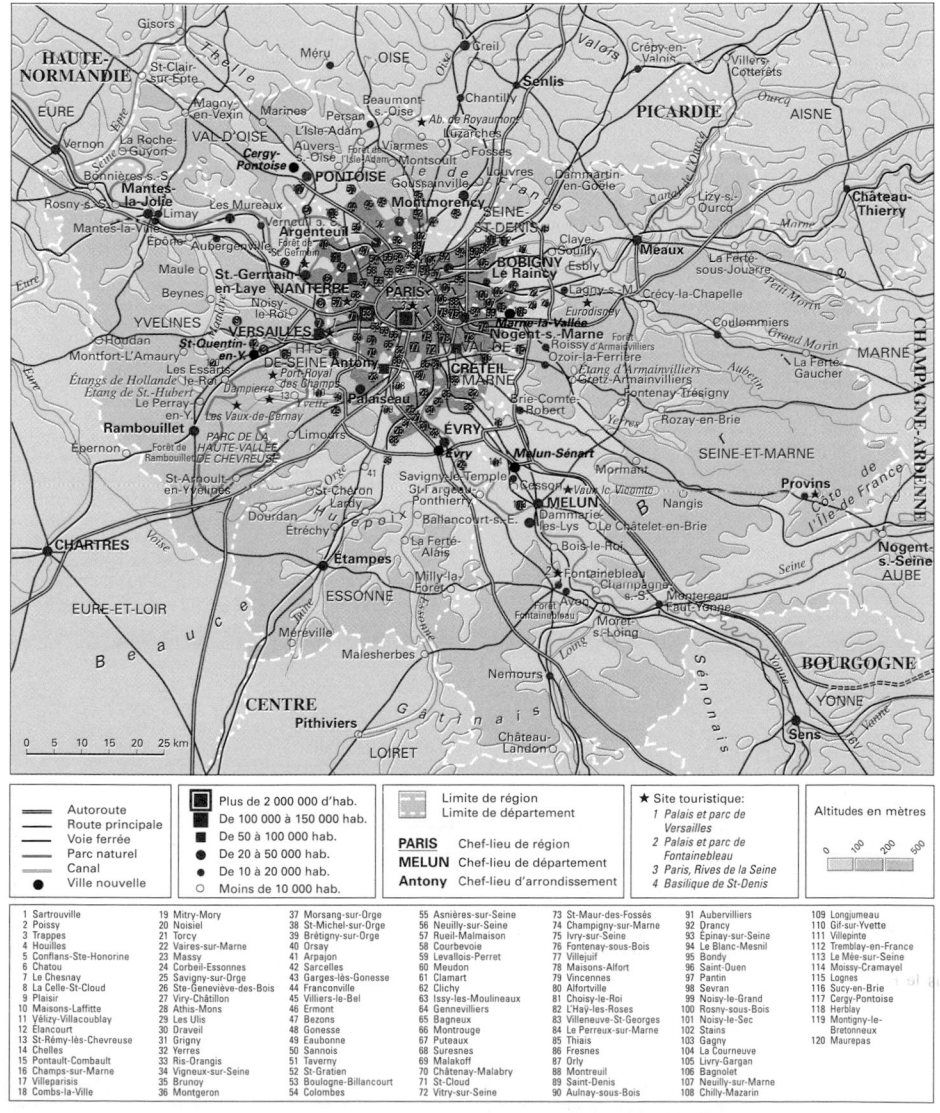

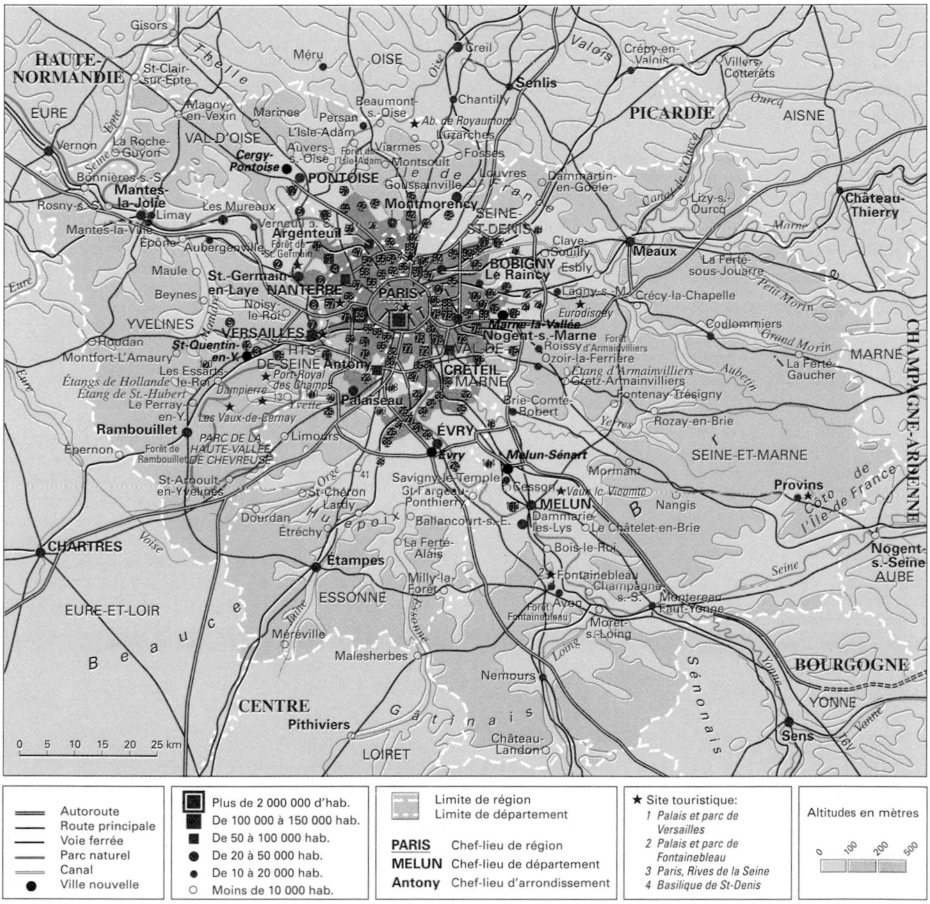

1 Sartrouville
2 Poissy
3 Trappes
4 Houilles
5 Conflans-Ste-Honorine
6 Chatou
7 Le Chesnay
8 La Celle-St-Cloud
9 Plaisir
10 Maisons-Laffitte
11 Vélizy-Villacoublay
12 Élancourt
13 St-Rémy-lès-Chevreuse
14 Chelles
15 Pontault-Combault
16 Champs-sur-Marne
17 Villeparisis
18 Combs-la-Ville
19 Mitry-Mory
20 Noisiel
21 Torcy
22 Vaires-sur-Marne
23 Massy
24 Corbeil-Essonnes
25 Savigny-sur-Orge
26 Ste-Geneviève-des-Bois
27 Viry-Châtillon
28 Athis-Mons
29 Les Ulis
30 Draveil
31 Grigny
32 Yerres
33 Ris-Orangis
34 Vigneux-sur-Seine
35 Brunoy
36 Montgeron
37 Morsang-sur-Orge
38 St-Michel-sur-Orge
39 Brétigny-sur-Orge
40 Orsay
41 Arpajon
42 Sarcelles
43 Garges-lès-Gonesse
44 Franconville
45 Villiers-le-Bel
46 Ermont
47 Bezons
48 Gonesse
49 Eaubonne
50 Sannois
51 Taverny
52 St-Gratien
53 Boulogne-Billancourt
54 Colombes
55 Asnières-sur-Seine
56 Neuilly-sur-Seine
57 Rueil-Malmaison
58 Courbevoie
59 Levallois-Perret
60 Meudon
61 Clamart
62 Clichy
63 Issy-les-Moulineaux
64 Gennevilliers
65 Bagneux
66 Montrouge
67 Puteaux
68 Suresnes
69 Malakoff
70 Châtenay-Malabry
71 St-Cloud
72 Vitry-sur-Seine
73 St-Maur-des-Fossés
74 Champigny-sur-Marne
75 Ivry-sur-Seine
76 Fontenay-sous-Bois
77 Villejuif
78 Maisons-Alfort
79 Vincennes
80 Alfortville
81 Choisy-le-Roi
82 L'Haÿ-les-Roses
83 Villeneuve-St-Georges
84 Le Perreux-sur-Marne
85 Thiais
86 Fresnes
87 Orly
88 Montreuil
89 Saint-Denis
90 Aulnay-sous-Bois
91 Aubervilliers
92 Drancy
93 Épinay-sur-Seine
94 Le Blanc-Mesnil
95 Bondy
96 Saint-Ouen
97 Pantin
98 Sevran
99 Noisy-le-Grand
100 Rosny-sous-Bois
101 Noisy-le-Sec
102 Stains
103 Gagny
104 La Courneuve
105 Livry-Gargan
106 Bagnolet
107 Neuilly-sur-Marne
108 Chilly-Mazarin
109 Longjumeau
110 Gif-sur-Yvette
111 Villepinte
112 Tremblay-en-France
113 Le Mée-sur-Seine
114 Moissy-Cramayel
115 Lognes
116 Sucy-en-Brie
117 Cergy-Pontoise
118 Herblay
119 Montigny-le-Bretonneux
120 Maurepas

Île-de-France.

région parisienne, au cœur du Bassin parisien. Huit départements : Paris, Hauts-de-Seine, Seine-Saint-Denis, Val-de-Marne, Essonne, Val-d'Oise, Yvelines, Seine-et-Marne. 12 012 km^2. 10 660 554 hab. *(les Franciliens)* ; la plupart viennent de province et beaucoup sont immigrés du Maghreb, du Portugal, etc. Très forte urbanisation : l'expansion de Paris, qui absorbe les villes proches, est contrebalancée par des villes satellites (Rambouillet, Meaux, Étampes, etc.) et cinq villes nouvelles (Cergy, Saint-Quentin-en-Yvelines, Évry, Marne-la-Vallée, Melun-Sénart). Une des régions agricoles les plus riches de France (céréales, betteraves, légumes). Les industries sont nombreuses (construction électrique, électronique, automobile, chimie, édition) mais ont été limitées par la politique de décentralisation dès 1955. Le secteur tertiaire se développe : plus de « cols blancs », moins d'ouvriers. □ HISTOIRE L'Île-de-France était le centre du domaine royal capétien. Le dialecte qui y était parlé (le francien) devint le français, langue du royaume de France. → **Paris.**

L'ÎLE-D'YEU ▪ Canton et commune de Vendée formé par l'île d'Yeu. 4 941 hab. *(les Ogiens).*

ILÉON n. m. ▪ ANAT. Troisième partie de l'intestin grêle, qui précède le gros intestin.

L'ÎLE-ROUSSE ▪ Commune de la Haute-Corse. 2 288 hab. Tourisme.

ÎLET n. m. ▪ RÉGIONAL (Antilles) Îlot.

l'ILIADE ▪ Épopée grecque attribuée à Homère, écrite au début du VIIIe s. av. J.-C. Elle raconte un épisode de la guerre de Troie* (ou *Ilion*) : pour venger son ami Patrocle, tué par Hector, Achille revient au combat, refoule les ennemis dans leur ville et tue Hector.

ILIAQUE adj. ▪ *Os iliaque :* os de la hanche.

ÎLIEN, ÎLIENNE adj. et n. ▪ Qui habite une île. ⇒ **insulaire.**

ILION n. m. ▪ Partie supérieure de l'os de la hanche.

Sergueï **ILIOUCHINE** (1894-1977) ▪ Ingénieur soviétique, constructeur d'avions.

l'ILL n. m. ▪ Rivière d'Alsace qui traverse Mulhouse et Strasbourg, affluent du Rhin. 208 km.

l'ILL n. m. ▪ Rivière d'Autriche, affluent du Rhin. 75 km. Vallée industrialisée.

l'ILLAMPU n. m. ▪ Sommet des Andes de Bolivie, au-dessus du lac Titicaca. 6 500 m.

l'ILLE-ET-VILAINE [35] n. f. ▪ Département français de la région Bretagne, arrosé par l'Ille et la Vilaine. 6 852 km^2. 798 718 hab. Chef-lieu : Rennes. Chefs-lieux d'arrondissement : Fougères, Redon, Saint-Malo.

ILLÉGAL, ALE, AUX [i(l)l-] adj. ▪ Qui est contraire à la loi. ⇒ **illicite, irrégulier.** *Des mesures illégales.* ⇒ **arbitraire.** *Exercice illégal de la médecine.*

ILLÉGALEMENT [i(l)l-] adv. ▪ D'une manière contraire à la loi. *Il est détenu illégalement.*

ILLÉGALITÉ [i(l)l-] n. f. ▪ **1.** Caractère de ce qui est illégal. *L'illégalité d'une mesure administrative.* ♦ Acte illégal. *Il y a eu des illégalités dans ce procès.* **2.** Situation d'une personne, d'un groupe qui contrevient à la loi. *Vivre dans l'illégalité* (⇒ **hors-la-loi**).

ILLÉGITIME [i(l)l-] adj. ▪ **1.** (enfant) Né hors du mariage. ⇒ **naturel.** **2.** Qui n'est pas conforme au droit moral, qui est injustifié. *Actes illégitimes.* ⇒ **illégal, irrégulier.** - *Des craintes illégitimes,* sans objet réel.

ILLÉGITIMITÉ [i(l)l-] n. f. ▪ Caractère de ce qui est illégitime. *L'illégitimité d'une naissance.*

ILLETTRÉ, ÉE [i(l)l-] adj. ▪ **1.** VIEILLI Non lettré, inculte. **2.** Qui est partiellement ou complètement incapable de lire et d'écrire. ⇒ aussi **analphabète.** - n. *Alphabétiser les illettrés.*

ILLETTRISME [i(l)l-] n. m. ▪ Incapacité de déchiffrer un texte simple (≠ *analphabétisme*).

ILLICITE [i(l)l-] adj. ▪ Qui n'est pas licite, qui est défendu par la morale ou par la loi. ⇒ **interdit, prohibé.** *Des moyens illicites. Profits illicites.*

ILLICO [i(l)l-] adv. ▪ FAM. Sur-le-champ. ⇒ **aussitôt, immédiatement.** *Il faut revenir illico.* - loc. *Illico presto* (même sens).

ILLIMITÉ, ÉE [i(l)l-] adj. ▪ **1.** Qui n'a pas de bornes, de limites visibles. ⇒ **immense, infini.** *Un pouvoir illimité.* **2.** Dont la grandeur n'est pas fixée. ⇒ **indéterminé.** *Pour une durée illimitée.*

l'ILLINOIS n. m. ▪ État du centre des États-Unis. 146 756 km^2. 11 430 000 hab. Capitale : Springfield. Ville principale : Chicago. Agriculture (maïs, élevage). Industries (métallurgie, chimie). Universités.

ILLISIBLE [i(l)l-] adj. ▪ **1.** Que l'on ne peut pas lire, très difficile à lire. ⇒ **indéchiffrable.** *La signature est illisible.* **2.** Dont la lecture est insupportable. *Un ouvrage illisible.*

ILLKIRCH-GRAFFENSTADEN ▪ Commune du Bas-Rhin. 22 307 hab. *(les Illkirchois).*

ILLOGIQUE [i(l)l-] adj. ▪ Qui n'est pas logique. *Un raisonnement illogique.* ⇒ **incohérent.** ► adv. ILLOGIQUEMENT

ILLOGISME [i(l)l-] n. m. ▪ DIDACT. Caractère de ce qui manque de logique. *L'illogisme de sa conduite.*

ILLUMINATION [i(l)l-] n. f. ▪ **I. 1.** Lumière divine. ♦ Inspiration subite, lumière qui se fait dans l'esprit. **2.** Action d'éclairer, de baigner de lumière. *L'illumination d'un monument par des projecteurs.* ♦ au plur. Ensemble de lumières en vue d'une fête. *Les illuminations du 14 Juillet.* **II.** Enluminure. *Les "Illuminations"* (poèmes de Rimbaud).

ILLUMINÉ, ÉE [i(l)l-] ▪ **1.** n. Mystique qui se croit inspiré par Dieu. ♦ péj. Esprit chimérique qui ne doute pas de ses inspirations. **2.** adj. Éclairé de nombreuses lumières. *Édifice illuminé.*

ILLUMINER [i(l)l-] v. tr. [1] ▪ **1.** Éclairer d'une vive lumière. *Éclair qui illumine le ciel.* - (sujet personne) Orner de lumières (un monument, une rue) à l'occasion d'une fête. **2.** Mettre un reflet, un éclat lumineux sur. *La joie illumine son visage.*

ILLUMINISME [i(l)l-] n. m. ▪ HIST. RELIG. Doctrine, mouvement des illuminés. *"Illuminés et Illuminisme"* (texte de Nerval).

ILLUSION [i(l)l-] n. f. ▪ **I. 1.** Interprétation fausse de ce que l'on perçoit. *Être victime d'une illusion.* - loc. *Illusion d'optique,* provenant des lois de l'optique ; fig. erreur de point de vue. **2.** Apparence dépourvue de réalité. *Ce petit jardin donnait une illusion de fraîcheur.* ♦ *Les illusions d'un magicien.* ⇒ **illusionnisme.** *"L'Illusion comique"* (« théâtrale »), de Corneille. **II.** Opinion fausse, croyance erronée qui trompe par son caractère séduisant. ⇒ **chimère, rêve, utopie.** *Les illusions généreuses de la jeunesse. Bercer qqn d'illusions. Nourrir une illusion. "Illusions perdues"* (de Balzac). *Ne vous faites pas trop d'illusions ! :* voyez les choses en face. ♦ absolt *L'homme a besoin d'illusion.* ♦ *FAIRE ILLUSION :* donner l'impression trompeuse de la valeur, de la qualité.

ILLUSIONNER [i(l)l-] v. tr. [1] ▪ Tromper par une illusion. ► **S'ILLUSIONNER** v. pron. Se faire des illusions. ⇒ s'**abuser,** se **leurrer.** *Il s'illusionne sur ses chances de succès.*

ILLUSIONNISME [i(l)l-] n. m. ▪ **1.** Art de créer l'illusion par des trucages, des tours de prestidigitation, etc. **2.** Recherche de l'illusion du réel, en art.

ILLUSIONNISTE [i(l)l-] n. ▪ Personne qui pratique l'illusionnisme. ⇒ **prestidigitateur.** *Matériel d'illusionniste.*

ILLUSOIRE [i(l)l-] adj. ▪ Qui peut faire illusion, mais ne repose sur rien de réel, de sérieux. ⇒ **faux, trompeur, vain.** *Une sécurité illusoire. Il est illusoire d'espérer que...*

ILLUSTRATEUR, TRICE [i(l)l-] n. ▪ Artiste spécialisé dans l'illustration (III). *L'illustratrice d'un livre d'enfants.*

ILLUSTRATION [i(l)l-] n. f. ▪ **I.** VX Action de rendre illustre, de donner de l'éclat, du prestige (à qqn, qqch.). *"Défense et illustration de la langue française"* (de Du Bellay). **II.** Action d'éclairer, d'illustrer (II) par des explications, des exemples. *Vous avez là l'illustration de nos idées.* **III.** Figure (gravure, reproduction, etc.) illustrant un texte (⇒ **illustré**). *Un livre comprenant des illustrations en couleurs.* - sing. collectif *Une abondante illustration.* ⇒ **iconographie.**

ILLUSTRE [i(l)l-] adj. ▪ Qui est très connu, du fait d'un mérite ou de qualités extraordinaires. ⇒ **célèbre, fameux.** *Un écrivain, un général illustre.* - plais. *Un illustre inconnu.*

ILLUSTRÉ, ÉE [i(l)l-] ▪ **1.** adj. Orné d'illustrations. *Un livre illustré.* - n. m. *Des illustrés romantiques.* **2.** n. m. Périodique qui comporte de nombreuses illustrations (dessins, photographies, etc.) accompagnées de légendes.

ILLUSTRER [i(l)l-] v. tr. [1] ▪ **I.** LITTÉR. Rendre illustre, célèbre. - pronom. *S'illustrer par des découvertes.* ⇒ se **distinguer.** **II.** Rendre plus clair par des exemples. *Illustrer la définition*

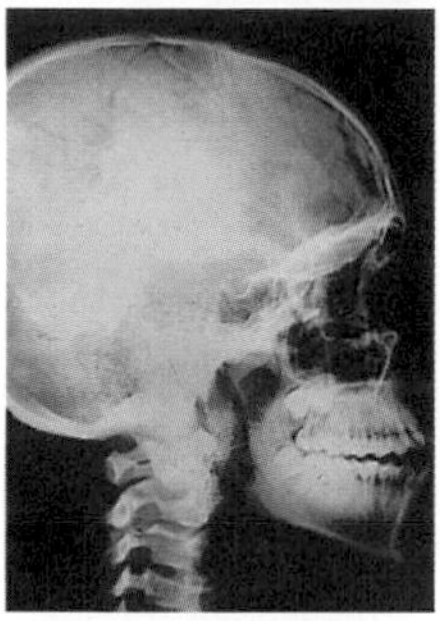

Radiographie : tête humaine. *Phot. © Omikron/Science source/Explorer*

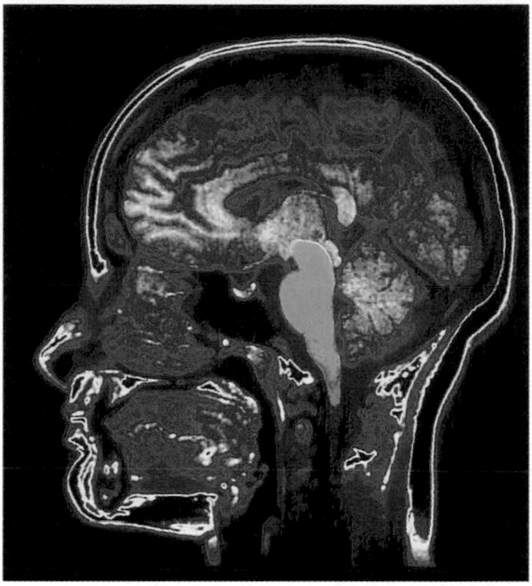

I.R.M. : cerveau humain normal ; en bleu, le mésencéphale. *Phot. © Camazine S/ P. Resear/Explorer*

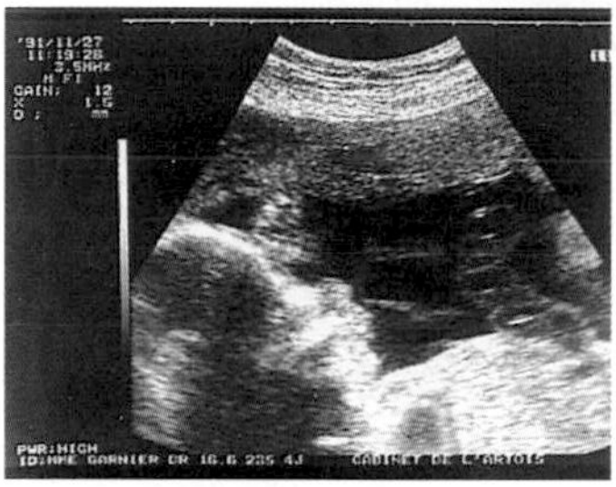

Échographie : fœtus au 5e mois de grossesse. *Phot. © Garnier/Explorer*

imagerie médicale.

d'un mot par des citations. **III.** Orner de figures, d'images (un ouvrage). *Illustrer des livres d'enfants.*

Gyula ILLYÉS (1902 - 1983) ▪ Écrivain hongrois. Après avoir été proche du mouvement surréaliste à Paris, il devint le chef de file de la poésie hongroise et s'opposa à la dictature au pouvoir, dans sa poésie, ses essais et ses drames. *"Peuple de la Puszta"* (1934); *"Une phrase sur la tyrannie"* (1956).

l'ILLYRIE n. f. ▪ Région balkanique montagneuse proche de l'Adriatique. Colonisée par les Grecs au VIIe s. av. J.-C., elle devint province romaine en 27 av. J.-C., puis passa sous domination slave au VIIe s.

ILLZACH ▪ Commune du Haut-Rhin, près de Mulhouse. 15 485 hab. *(les Illzachois).*

ILORIN ▪ Ville du Nigeria. 572 178 hab.

ÎLOT n. m. ▪ **1.** Très petite île. *Îlot dans un lac.* **2.** Petit espace isolé. *Des îlots de verdure.* - ANAT. Groupe de cellules, dans le tissu pancréatique, sécrétant l'insuline. ♦ fig. Point isolé. *Des îlots de résistance.* **3.** Groupe de maisons. *Démolir un îlot insalubre.*

ILOTE n. ▪ **1.** ANTIQ. GRECQUE Habitant de Laconie réduit en esclavage par les Spartiates. *L'ilote ivre* (les Spartiates enivraient les ilotes pour inciter leurs enfants à la sobriété). **2.** LITTÉR. Personne asservie, réduite à la misère et à l'ignorance.

IMAGE n. f. ▪ **I.** Reproduction visuelle d'un objet réel. **1.** Reproduction inversée (d'un objet qui se réfléchit). ⇒ **reflet.** *Voir son image dans la glace.* **2.** SC. Reproduction (d'un objet) par l'intermédiaire d'un système optique. *Image réelle et image virtuelle* (en optique). ♦ Production de figures qui font reconnaître ou évoquent une réalité (par la photographie, le cinéma, la télévision). *L'image et le son* (⇒ **audiovisuel ; vidéo-**). *L'image est très nette. Images en relief.* ⇒ **hologramme.** *Images de synthèse, images virtuelles.* **3.** Représentation (d'un objet) par les arts graphiques ou plastiques. ⇒ **dessin, figure, gravure, illustration** (III). *Livre d'images. Images pieuses. Images d'Épinal* (images naïves du XIXe siècle). - loc. FAM. *Sage comme une image,* se dit d'un enfant calme, posé. **II.** fig. **1.** Reproduction ou représentation analogique (d'un être, d'une chose). *Il est l'image de son père.* ⇒ **portrait.** - *À l'image de.* ⇒ **ressemblance.** « *Si Dieu nous a faits à son image, nous le lui avons bien rendu* » (Voltaire). **2.** Ce qui évoque une réalité. ⇒ **symbole.** *C'est l'image de la vie moderne. Donner une image très sombre de la situation.* ♦ loc. *Image de marque :* symbole d'un produit, d'une firme, d'une personne ; représentation qu'on en a ; réputation. *Soigner, améliorer son image (de marque).* **3.** Expression de l'abstrait par le concret, dans le langage. ⇒ **comparaison, figure, métaphore.** *Une image neuve, banale.* **4.** MATH. Élément d'un ensemble qui, par une relation déterminée (application), correspond à un élément (appelé *antécédent*) d'un premier ensemble. **III. 1.** PHILOS. Reproduction mentale d'une perception (ou impression) antérieure, en l'absence de l'objet extérieur. *Image visuelle, auditive. Conserver, évoquer l'image d'un être.* ⇒ **souvenir. 2.** Produit de l'imagination, du rêve. ⇒ **illusion, vision.**

IMAGÉ, ÉE adj. ▪ (style) Orné d'images, de métaphores. *Un langage imagé.* ⇒ **figuré.**

IMAGERIE n. f. ▪ **1.** Ensemble d'images de même origine, ou de même inspiration, caractéristiques d'un genre, d'une époque. *L'imagerie populaire.* **2.** DIDACT. Technique permettant d'obtenir des images grâce à différents types de rayonnements ; ensemble des images ainsi obtenues. *Imagerie médicale* (échographie, scanographie, I.R.M., etc.).

IMAGIER n. m. ▪ **1.** Peintre ou sculpteur du Moyen Âge. *Les imagiers des cathédrales.* **2.** Livre d'images.

IMAGINABLE adj. ▪ Que l'on peut imaginer, concevoir. ⇒ **concevable.** *C'est une solution difficilement imaginable.* - loc. *Utiliser tous les moyens possibles et imaginables.*

IMAGINAIRE ▪ **I.** adj. **1.** Qui n'existe que dans l'imagination, qui est sans réalité. ⇒ **irréel ; fictif, mystique.** *Animaux, personnages imaginaires.* - MATH. *Partie imaginaire d'un nombre complexe* (écrit $a + ib$, avec $i^2 = -1$) : le nombre réel b. **2.** Qui n'est tel que dans sa propre imagination. *"Le Malade imaginaire"* (pièce de Molière). **II.** n. m. Domaine de l'imagination. *Préférer l'imaginaire au réel. Mythe et imaginaire collectif.*

IMAGINATIF, IVE adj. et n. ▪ Qui a l'imagination fertile, qui imagine aisément. ⇒ **inventif.** *C'est un esprit imaginatif.* - n. *Une grande imaginative.*

IMAGINATION n. f. ▪ **I.** L'IMAGINATION **1.** Faculté que possède l'esprit de se représenter des images *(imagination constructrice, créatrice)* ou d'évoquer les images d'objets déjà perçus. *Cette histoire a frappé mon imagination.* **2.** Faculté de former des images d'objets qu'on n'a pas perçus ou de faire des combinaisons nouvelles d'images ou d'idées, de se représenter des situations possibles. *Avoir de l'imagination. Une imagination débordante, vagabonde.* – *Cela n'existe que dans votre imagination,* dans l'imaginaire. **II.** *UNE, DES IMAGINATIONS* LITTÉR. Ce que qqn imagine ; chose imaginaire ou imaginée. ⇒ **chimère, rêve.** *C'est une pure imagination !* ⇒ **fable, invention.**

IMAGINÉ, ÉE adj. ▪ Inventé. *Une histoire imaginée de toutes pièces.*

IMAGINER v. tr. ① ▪ **1.** Se représenter dans l'esprit. ⇒ **concevoir.** *J'imagine très bien la scène. Qu'allez-vous donc imaginer ?* ⇒ **chercher.** – Concevoir comme existant. – *IMAGINER QUE.* ⇒ **penser, supposer.** *Imaginez qu'il arrive à l'improviste. Je n'imagine pas qu'il puisse nous mentir.* **2.** Inventer. *Il a imaginé un moyen d'en sortir.* – *Imaginer de* (+ inf.) : avoir l'idée de. ► **S'IMAGINER** v. pron. **1.** Se représenter, concevoir. ⇒ se **figurer.** *Je me l'imaginais autrement.* **2.** Croire à tort. *Elle s'était imaginé avoir tout compris.*

IMAM [imam] n. m. ▪ **1.** HIST. Titre donné au successeur de Mahomet et à ceux d'Ali chez les chiites*. **2.** Fonctionnaire laïque qui dirige la prière dans une mosquée.

IMBATTABLE adj. ▪ Qui ne peut être battu, vaincu. *Il est imbattable sur cette distance* (⇒ **invincible**), *sur cette matière* (⇒ **incollable**). – *Des prix imbattables,* plus avantageux que partout ailleurs.

IMBÉCILE adj. et n. ▪ **1.** VX Faible. **2.** Dont l'intelligence est faible. – n. Arriéré mental, faible d'esprit. **3.** Dépourvu d'intelligence ; qui manifeste de la bêtise. *Une réflexion imbécile.* ⇒ **bête, idiot, stupide.** – n. Personne sans intelligence. ⇒ **abruti, crétin, idiot.** *C'est le dernier des imbéciles. Imbécile heureux,* satisfait de lui. ► adv. **IMBÉCILEMENT**

IMBÉCILLITÉ [-ili-] n. f. ▪ **1.** VX Faiblesse. **2.** Faiblesse d'esprit, arriération mentale. **3.** Grave manque d'intelligence. ♦ *(Une, des imbécillités)* Acte, parole, idée imbécile. *Il ne dit que des imbécillités.* ⇒ **ânerie, bêtise, idiotie.** ◇ var. proposée : IMBÉCILITÉ.

IMBERBE adj. ▪ Qui est sans barbe (⇒ **glabre**), n'a pas encore de barbe. *Un garçon imberbe.*

IMBIBER v. tr. ① ▪ Pénétrer, imprégner d'eau, d'un liquide. ⇒ **tremper.** *Imbiber une éponge.* ► **S'IMBIBER** v. pron. Absorber un liquide. *Le bois s'est imbibé.* ♦ FAM. *S'imbiber d'alcool, de vin :* boire à l'excès. – au p. p. *Il est complètement imbibé.*

IMBRICATION n. f. ▪ Disposition de choses imbriquées. *L'imbrication des tuiles d'un toit.*

IMBRIQUÉ, ÉE adj. ▪ **1.** Se dit de choses qui se recouvrent partiellement (à la manière des tuiles d'un toit). *Des écailles imbriquées.* **2.** fig. Se dit de choses étroitement liées. *Une suite d'événements imbriqués.*

S'IMBRIQUER v. pron. ① ▪ **1.** Être disposé de façon à se chevaucher. *Ardoises, écailles qui s'imbriquent.* **2.** fig. S'enchevêtrer, être étroitement lié. *Dans ce roman, plusieurs intrigues s'imbriquent.*

IMBROGLIO [ɛ̃bʀɔljo ; ɛ̃bʀɔglijo] n. m. ▪ Situation confuse, embrouillée. ⇒ **complication.** *Des imbroglios.*

IMBU, UE adj. ▪ Imprégné, pénétré (de sentiments, d'idées, de préjugés...). – péj. *Être imbu de soi-même, de sa supériorité :* se croire supérieur aux autres. ⇒ **infatué.**

IMBUVABLE adj. ▪ **1.** Qui n'est pas buvable. *Un café imbuvable,* mauvais. **2.** (personnes) FAM. Insupportable. *Un prétentieux imbuvable.*

IMHOTEP (v. 2800 av. J.-C.) ▪ Architecte égyptien. Auteur de la première pyramide à degrés (Saqqara). Il fut divinisé après sa mort.

IMITABLE adj. ▪ Qui peut être imité (s'oppose à *inimitable*). *Un accent facilement imitable.*

IMITATEUR, TRICE n. ▪ **1.** Personne qui imite (les gestes, le comportement d'autrui). – Artiste qui imite des personnages connus. **2.** Personne qui imite (les œuvres d'autrui). ⇒ **plagiaire.**

IMITATIF, IVE adj. ▪ Qui imite (notamment les sons de la nature). *Musique, harmonie imitative.*

IMITATION n. f. ▪ **1.** Action de reproduire volontairement ou de chercher à reproduire (une apparence, un geste, un acte). *Imitation fidèle, réussie.* ♦ Reproduction consciente ou inconsciente de gestes, d'actes. *L'instinct d'imitation des enfants.* ♦ DIDACT. Expression, extériorisation d'un caractère humain ou représentation d'une réalité sensible. *Les théories de l'imitation, en art.* **2.** Fait de prendre une personne, une œuvre pour modèle. **3.** Œuvre sans originalité imitée d'un modèle. *Imitation servile.* ⇒ **copie, plagiat. 4.** Reproduction d'un objet, d'une matière qui imite l'original ; objet imité. ⇒ **copie, ersatz, reproduction ; contrefaçon ; simili-.** *Fabriquer des imitations de meubles anciens.* – appos. *Reliure imitation cuir.* **5.** *À L'IMITATION DE* loc. prép. : sur le modèle de.

IMITER v. tr. ① ▪ **1.** Chercher à reproduire. *Imiter le cri d'un animal.* ♦ Faire comme (qqn). *Il leva son verre et tout le monde l'imita.* ⇒ **copier, reproduire ;** péj. **singer. 2.** Prendre pour modèle, pour exemple. *Imiter un maître, son action.* **3.** Prendre pour modèle (l'œuvre, le style d'un autre). ⇒ s'**inspirer** de. **4.** S'efforcer de reproduire dans l'intention de faire passer la reproduction pour authentique. ⇒ **contrefaire.** *Faussaire qui imite une signature.* – au p. p. *C'est bien imité !* **5.** (choses) Produire le même effet que. ⇒ **ressembler** à. *Ces peintures imitent la mosaïque.*

IMMACULÉ, ÉE adj. ▪ **1.** RELIG. CHRÉT. Qui est sans péché. *L'Immaculée Conception :* la Sainte Vierge. **2.** (choses) Sans une tache ; d'une propreté, d'une blancheur parfaite. *Une neige immaculée.*

IMMANENCE n. f. ▪ PHILOS. Caractère de ce qui est immanent (s'oppose à *transcendance*).

IMMANENT, ENTE adj. ▪ PHILOS. Qui est contenu dans la nature d'un être, ne provient pas d'un principe extérieur (s'oppose à *transcendant*). ♦ *Justice immanente,* dont le principe est contenu dans les actions commises ; qui en découle naturellement.

IMMANGEABLE [ɛ̃m-] adj. ▪ Qui n'est pas bon à manger ; très mauvais. *Le rôti, trop cuit, était immangeable.*

IMMANQUABLE [ɛ̃m-] adj. ▪ **1.** Qui ne peut manquer d'arriver. ⇒ **fatal, inévitable. 2.** Qui ne peut manquer d'atteindre son but. ⇒ **infaillible.** *Un coup immanquable.*

IMMANQUABLEMENT [ɛ̃m-] adv. ▪ D'une manière immanquable. ⇒ **fatalement, inévitablement.**

IMMATÉRIEL, ELLE adj. ▪ **1.** Qui n'est pas formé de matière, ou ne concerne pas les sens. ⇒ **spirituel ; abstrait. 2.** Qui ne semble pas de nature matérielle. *Un tissu d'une finesse immatérielle.*

IMMATRICULATION n. f. ▪ Action d'immatriculer ; résultat de cette action. *Numéro d'immatriculation à la Sécurité sociale. Plaque d'immatriculation d'une voiture.*

IMMATRICULER v. tr. ① ▪ Inscrire sur un registre public. *Il s'est fait immatriculer à la faculté de droit.* – au p. p. *Voiture immatriculée en Belgique.*

IMMATURE adj. ▪ anglic. Qui manque de maturité intellectuelle, affective. *Un adolescent immature.*

IMMÉDIAT, ATE adj. ▪ **1.** Qui précède ou suit sans intermédiaire (dans l'espace ou dans le temps). *Le successeur immédiat de qqn. Au voisinage immédiat de votre maison.* ♦ PHILOS. Qui agit ou se produit sans intermédiaire (s'oppose à *médiat*). *Cause immédiate. "Essai sur les données immédiates de la conscience"* (de Bergson). **2.** Qui suit sans intervalle de temps ; qui a lieu tout de suite. *L'immédiat après-*

Imhotep. Musée du Louvre, Paris.
Phot. © Giraudon

guerre. Une réaction immédiate. La mort a été immédiate. ⇒ **instantané.** ‑ n. m. loc. *Dans l'immédiat :* pour le moment. *Ne venez pas dans l'immédiat.*

IMMÉDIATEMENT adv. ▪ **1.** DIDACT. De manière immédiate (1). **2.** Tout de suite avant ou après. *Précéder, suivre immédiatement une date.* ♦ À l'instant même, tout de suite. ⇒ **aussitôt.** *Sortez immédiatement !*

IMMÉMORIAL, ALE, AUX adj. ▪ Qui remonte à une époque si ancienne qu'elle est sortie de la mémoire. *Des coutumes immémoriales.*

IMMENSE adj. ▪ **1.** VX Illimité, infini. **2.** Dont l'étendue, les dimensions sont considérables. ⇒ **grand, illimité, vaste.** *Perdu dans l'immense océan.* **3.** Qui est très considérable en son genre (par la force, l'importance, la quantité). ⇒ **colossal, énorme.** *D'immenses conséquences. Une immense fortune.*

IMMENSÉMENT adv. ▪ Extrêmement. *Il est immensément riche.*

IMMENSITÉ n. f. ▪ **1.** VX Étendue illimitée. **2.** Étendue trop vaste pour être facilement mesurée. *L'immensité du ciel.* ‑ absolt *L'immensité :* l'espace. *Perdu dans l'immensité.* **3.** Grandeur considérable (de qqch.). *L'immensité de ses richesses.*

IMMERGER v. tr. [3] ▪ Plonger (dans un liquide, dans la mer). *On a immergé un nouveau câble.* ► **s'IMMERGER** v. pron. *Le sous-marin s'immergeait rapidement.* ⇒ **plonger.** ♦ fig. *S'immerger dans la foule ; dans ses souvenirs.* ► **IMMERGÉ, ÉE** adj. *Rochers immergés à marée haute. Plantes immergées,* qui croissent sous l'eau.

IMMÉRITÉ, ÉE adj. ▪ Qui n'est pas mérité. ⇒ **injuste.** *Des reproches immérités. Un succès immérité.*

IMMERSION n. f. ▪ Action d'immerger, de plonger (dans un liquide, un milieu). *L'immersion d'un câble dans la mer.*

IMMETTABLE [ɛ̃me-] adj. ▪ (vêtement) Que l'on ne peut ou que l'on n'ose pas mettre. ⇒ ② **importable.**

IMMEUBLE ▪ **I.** adj. DR. Qui ne peut être déplacé (ou qui est réputé tel par la loi) [opposé à *meuble*]. *Biens immeubles.* ⇒ **immobilier. II.** n. m. Grand bâtiment urbain à plusieurs étages ; grande maison de rapport. *Un immeuble de quarante étages.* ⇒ **gratte-ciel, tour.** *Louer un appartement dans un immeuble ancien.*

IMMIGRANT, ANTE n. ▪ Personne qui immigre dans un pays ou qui y a immigré récemment (opposé à *émigrant*).

IMMIGRATION n. f. ▪ **1.** Entrée dans un pays, une région, de personnes qui vivaient à l'extérieur et qui viennent s'y établir, y chercher un emploi. *Les grands courants d'immigration en Europe. Immigration clandestine.* **2.** Ensemble d'immigrés. *L'immigration maghrébine en voie d'assimilation.*

IMMIGRÉ, ÉE adj. et n. ▪ Qui est venu de l'étranger, souvent d'un pays peu développé, et qui s'établit dans un pays industrialisé. *Les travailleurs immigrés.* ‑ n. *Des immigrés bien intégrés.*

IMMIGRER v. intr. [1] ▪ Entrer dans un pays étranger pour s'y établir (opposé à *émigrer*). *Immigrer en Europe, aux États-Unis.*

IMMINENCE n. f. ▪ Caractère de ce qui est imminent. *L'imminence d'une décision. Devant l'imminence du danger.* ⇒ **proximité.**

IMMINENT, ENTE adj. ▪ Qui va se produire dans très peu de temps. ⇒ **immédiat, proche.** *Un danger imminent.*

s'IMMISCER v. pron. [3] ▪ Intervenir mal à propos ou sans en avoir le droit (dans une affaire). ⇒ s'**ingérer,** se **mêler ; immixtion.** *S'immiscer dans la vie privée de qqn.*

IMMIXTION [imiksjɔ̃] n. f. ▪ Action de s'immiscer. *Immixtion dans la vie privée de qqn.*

IMMOBILE adj. ▪ **1.** Qui ne se déplace pas, reste sans bouger. *Rester, se tenir immobile.* ‑ (choses) Que rien ne fait mouvoir. *Mer, lac immobile.* ⇒ **étale. 2.** fig. Fixé. ⇒ **invariable.** *Des dogmes immobiles.*

IMMOBILIER, IÈRE adj. ▪ **1.** Qui est immeuble, composé de biens immeubles. *Succession immobilière.* **2.** Qui concerne un immeuble, des immeubles. *Un scandale immobilier. Société immobilière,* s'occupant de la construction, de la vente d'immeubles. *Promoteur immobilier.*

IMMOBILISATION n. f. ▪ **1.** Action de rendre immobile ; résultat de cette action. *L'immobilisation d'un membre fracturé.* **2.** au plur. FIN. Les éléments de l'actif (d'une entreprise) qui servent de façon durable à son exploitation.

IMMOBILISER v. tr. [1] ▪ Rendre immobile, maintenir dans l'inactivité. ⇒ **arrêter, fixer.** *Sa fracture l'a immobilisé un mois. La peur l'a immobilisé sur place.* ‑ au p. p. *Voiture immobilisée par une panne.* ► **s'IMMOBILISER** v. pron. S'arrêter et rester immobile. *Le train s'immobilise en rase campagne.*

IMMOBILISME n. m. ▪ Disposition à se satisfaire de l'état présent des choses, à refuser le mouvement ou le progrès.

IMMOBILITÉ n. f. ▪ État de ce qui est immobile. *Malade condamné à l'immobilité. Immobilité des traits du visage.* ⇒ **impassibilité.** ♦ fig. État de ce qui ne change pas. *Immobilité d'une situation.*

IMMODÉRÉ, ÉE adj. ▪ Qui n'est pas modéré, qui dépasse la mesure, la normale. ⇒ **abusif, excessif.** *Un goût, un désir immodéré... Un usage immodéré de l'alcool.*

IMMODÉRÉMENT adv. ▪ LITTÉR. D'une manière immodérée. ⇒ **excessivement.**

IMMODESTE adj. ▪ VIEILLI Qui manque à la pudeur. ► n. f. IMMODESTIE

IMMOLATION n. f. ▪ LITTÉR. Action d'immoler ; résultat de cette action. ⇒ **sacrifice.** *L'immolation d'une victime.*

IMMOLER v. tr. [1] ▪ **1.** RELIG. Tuer en sacrifice à une divinité. ⇒ **sacrifier.** *Immoler une victime sur l'autel.* **2.** fig. LITTÉR. Abandonner (qqch.) dans un esprit de sacrifice ou d'obéissance. *Immoler ses intérêts à son devoir.* ► **s'IMMOLER** v. pron. Faire le sacrifice de sa vie.

IMMONDE adj. ▪ **1.** LITTÉR. Impur selon la loi religieuse. **2.** D'une saleté ou d'une hideur qui soulève le dégoût. ⇒ **répugnant.** *Un taudis immonde.* ‑ fig. *La bête immonde :* le nazisme, le totalitarisme (d'après B. Brecht). **3.** D'une immoralité ou d'une bassesse qui révolte la conscience. ⇒ **ignoble.** *Un crime immonde. Des propos immondes.*

IMMONDICE n. f. ▪ **1.** VX Caractère de ce qui est immonde. **2.** plur. Déchets de la vie humaine et animale, résidus. ⇒ **ordure.** *Enlèvement des immondices par les services de la voirie.*

IMMORAL, ALE, AUX adj. ▪ Contraire aux principes de la morale, des bonnes mœurs (selon la définition d'une société et d'une époque). ⇒ **corrompu, dépravé.** *Une conduite immorale.* ‑ *Un homme foncièrement immoral.*

IMMORALISME n. m. ▪ Doctrine qui propose des règles d'action différentes, voire inverses de celles qu'admet la morale courante. ► IMMORALISTE adj. et n. *"L'Immoraliste"* (roman de Gide).

IMMORALITÉ n. f. ▪ Caractère immoral (d'une société, d'une personne, d'actions, de discours). *L'immoralité d'un homme, d'un ouvrage.*

IMMORTALISER v. tr. [1] ▪ Rendre immortel dans la mémoire des hommes. *Ce tableau a immortalisé son nom.* ‑ pronom. *Il s'est immortalisé par ses découvertes.*

IMMORTALITÉ n. f. ▪ **1.** Qualité, état d'une personne ou d'une chose qui est immortelle. *L'immortalité des dieux grecs. La croyance à l'immortalité de l'âme.* **2.** LITTÉR. État de ce qui survit sans fin dans la mémoire des hommes.

IMMORTEL, ELLE adj. et n. ▪ **1.** Qui n'est pas sujet à la mort. *Les dieux immortels.* ‑ n. LITTÉR. *Les immortels :* les dieux. **2.** Que l'on suppose ne devoir jamais finir, que rien ne pourra détruire. ⇒ **éternel, impérissable.** *Un amour immortel.* **3.** Qui survit et doit survivre éternellement dans la mémoire des hommes. *Cervantes, l'immortel auteur de « Don Quichotte ». Les immortels principes de 1789.* **4.** n. Membre de l'Académie française.

IMMORTELLE n. f. ▪ Plante dont la fleur desséchée présente une collerette de feuilles colorées persistantes.

IMMOTIVÉ, ÉE adj. ▪ Qui n'a pas de motif. *Action immotivée.* ⇒ **gratuit.**

IMMUABLE adj. ▪ **1.** Qui reste identique, ne change pas. *Les lois immuables de la nature.* **2.** Qui ne change guère, qui dure longtemps. ⇒ **constant, invariable.** *Une attitude immuable. Rester immuable dans ses convictions.* ► n. f. IMMUABILITÉ ► adv. IMMUABLEMENT.

IMMUNISER v. tr. [1] ▪ **1.** Rendre réfractaire aux causes de maladies, à une maladie infectieuse. *Immuniser par un vaccin.* ⇒ **vacciner.** ‑ au p. p. *Personne immunisée contre la diphtérie.* **2.** fig. *Immuniser contre... :* protéger contre, mettre à l'abri de... *Ses échecs ne l'ont pas immunisé contre les illusions.* ► n. f. IMMUNISATION

IMMUNITAIRE adj. ▪ DIDACT. De l'immunité (II). *Les défenses immunitaires de l'organisme.*

IMMUNITÉ n. f. ▪ **I.** Prérogative accordée par la loi à une catégorie de personnes. ⇒ **franchise, privilège.** *Immunité parlementaire,* assurant aux parlementaires une protection contre les actions judiciaires. ➝ *Immunité diplomatique,* soustrayant les diplomates étrangers aux juridictions du pays où ils résident. **II.** Propriété (d'un organisme) de résister à une cause de maladie. *Immunité à un virus.*

IMMUNO- Élément savant qui signifie « immunité (II) ».

IMMUNODÉFICIENCE [-jɑ̃s] n. f. ▪ MÉD. Incapacité de résister à l'infection, par déficience du système immunitaire. *Syndrome d'immunodéficience acquise.* ⇒ **sida.** *Virus de l'immunodéficience humaine.* ⇒ **V.I.H.** ► adj. IMMUNODÉFICITAIRE

IMMUNOLOGIE n. f. ▪ Branche de la médecine et de la biologie qui étudie les phénomènes d'immunité.

IMMUNOTHÉRAPIE n. f. ▪ MÉD. Traitement destiné à augmenter ou à provoquer l'immunité de l'organisme par l'injection d'anticorps ou d'antigènes.

IMPACT [-akt] n. m. ▪ **1.** Collision, heurt. ➝ *POINT D'IMPACT,* endroit où un projectile vient frapper et, par ext., trace qu'il laisse. *Relever les points d'impact des balles.* **2.** fig. Effet produit, action exercée. *L'impact d'une campagne publicitaire.*

IMPAIR, AIRE ▪ **I.** adj. (nombre) Dont la division par deux ne donne pas un nombre entier. *Un, trois... dix-sept sont des nombres impairs. Jours pairs et jours impairs. Numéros impairs,* aux jeux de hasard. **II.** n. m. Maladresse choquante ou préjudiciable. ⇒ **gaffe.** *Faire, commettre un impair.*

IMPALA [impala] n. m. ▪ Petite antilope qui vit dans les savanes de l'Afrique du Sud-Ouest.

impala. *Aepyceros melampus.*
Phot. © Ferrero/Labat/Jacana

IMPALPABLE adj. ▪ **1.** Immatériel, imperceptible au toucher, fig. à la perception. **2.** Dont les éléments séparés sont si petits qu'on ne les sent pas au toucher. ⇒ **fin.** *Une poussière impalpable.*

IMPARABLE adj. ▪ Qu'on ne peut éviter, parer. *Un coup imparable.*

IMPARDONNABLE adj. ▪ Qui ne mérite pas de pardon, d'excuse. *Une faute impardonnable.* ⇒ **inexcusable.** *Il est impardonnable.*

IMPARFAIT, AITE ▪ **I.** adj. **1.** LITTÉR. Qui n'est pas achevé, pas complet. ⇒ **incomplet.** *Une connaissance imparfaite.* **2.** Qui présente des défauts, des imperfections. ⇒ **critiquable, inégal.** *Une œuvre imparfaite.* **II.** n. m. Temps du verbe ayant essentiellement pour fonction d'énoncer une action en voie d'accomplissement dans le passé et conçue comme non achevée. *Imparfait de l'indicatif, du subjonctif* (ex. *il riait* quand je suis entré ; il aurait fallu qu'elle le *vît*).

IMPARFAITEMENT adv. ▪ D'une manière imparfaite. *Connaître imparfaitement un pays.* ⇒ **incomplètement, insuffisamment.**

IMPARTIAL, ALE, AUX adj. ▪ Qui est sans parti pris, ne manifeste aucun parti pris. ⇒ **juste, neutre, objectif.** *Juge impartial. Compte rendu impartial.* ► adv. IMPARTIALEMENT

IMPARTIALITÉ n. f. ▪ Fait d'être impartial. *L'impartialité d'un jugement.*

IMPARTIR v. tr. [2] seulement inf., indic. prés. et p. p. ▪ LITTÉR. Donner en partage. *Les dons que la nature nous a impartis.* ➝ Accorder par décision de justice. *Impartir un délai à qqn.* ➝ au p. p. *Les délais impartis.*

IMPASSE n. f. ▪ **1.** Rue sans issue. ⇒ **cul-de-sac.** *S'engager dans une impasse.* ➝ fig. Situation sans issue favorable. *Les négociations sont dans une impasse.* **2.** *Impasse budgétaire :* déficit qui sera couvert par l'emprunt, etc. **3.** au bridge, à la belote *Faire l'impasse au roi :* jouer la dame, quand on a l'as, pour prendre la carte intermédiaire. ♦ Partie du programme qu'un étudiant prend le risque de ne pas apprendre. ➝ *Faire l'impasse sur qqch.,* ne pas prendre en compte (en prenant un risque).

IMPASSIBILITÉ n. f. ▪ Calme, sang-froid. *Sans se départir de son impassibilité.*

IMPASSIBLE adj. ▪ Qui n'éprouve ou ne trahit aucune émotion, aucun sentiment. ⇒ **calme, froid, imperturbable.** *Un visage impassible.* ⇒ **fermé, impénétrable.** ► adv. IMPASSIBLEMENT

IMPATIEMMENT [-amɑ̃] adv. ▪ Avec impatience. *Attendre impatiemment une réponse.*

IMPATIENCE [-jɑ̃s] n. f. ▪ **1.** Manque de patience habituel, naturel. *L'impatience de la jeunesse.* **2.** Incapacité de se contraindre pour supporter, attendre qqch. ou qqn. ⇒ **énervement.** *Calmer l'impatience de qqn. Donner des signes d'impatience. Brûler d'impatience de faire qqch.*

IMPATIENT, ENTE [-jɑ̃, -ɑ̃t] adj. ▪ **1.** Qui manque de patience, qui est incapable de se contenir, de patienter. **2.** Qui supporte ou attend avec impatience. *Il est impatient de vous revoir.* ➝ *Un geste impatient,* qui marque de l'impatience. **3.** n. f. *L'impatiente :* la balsamine.

IMPATIENTANT, ANTE [-sjɑ̃-] adj. ▪ Qui impatiente.

IMPATIENTER [-sjɑ̃-] v. tr. [1] ▪ Faire perdre patience à. ⇒ **agacer, énerver.** ► **S'IMPATIENTER** v. pron. Perdre patience, manifester de l'impatience. *Venez vite, il commence à s'impatienter.*

IMPAVIDE adj. ▪ LITTÉR. Qui n'éprouve ou ne montre aucune crainte. *Rester impavide devant le danger.* ⇒ **impassible.** ► n. f. IMPAVIDITÉ

IMPAYABLE adj. ▪ FAM. D'une bizarrerie extraordinaire ou très comique. *Une aventure impayable.* ⇒ **cocasse.**

IMPAYÉ, ÉE adj. ▪ Qui n'a pas été payé. *Traite impayée.* ➝ n. *Les impayés :* les effets de commerce impayés.

IMPECCABLE adj. ▪ **1.** LITTÉR. Incapable de pécher, de commettre une erreur (⇒ **infaillible**), une faute morale. **2.** Sans défaut. ⇒ **irréprochable.** *Un impeccable garde-à-vous.* ➝ FAM. Parfait. *Il a été impeccable en cette occasion.* ◇ abrév. FAM. IMPEC. **3.** D'une propreté parfaite. *Une chemise impeccable.* ➝ (personnes) *Il est toujours impeccable,* d'une tenue parfaite.

IMPECCABLEMENT adv. ▪ D'une manière impeccable (2 ou 3). *Être habillé impeccablement.*

IMPÉCUNIEUX, IEUSE adj. ▪ LITTÉR. Qui manque d'argent. ⇒ **besogneux.**

IMPÉDANCE n. f. ▪ ÉLECTR. Grandeur qui est, pour les courants alternatifs, l'équivalent de la résistance pour les courants continus.

IMPEDIMENTA [ɛ̃pedimɛ̃ta] n. m. pl. ▪ LITTÉR. Ce qui entrave le déplacement, l'activité.

IMPÉNÉTRABILITÉ n. f. ▪ LITTÉR. État de ce qui est impénétrable.

IMPÉNÉTRABLE adj. ▪ **1.** Où l'on ne peut pénétrer ; qui ne peut être traversé. *Forêt tropicale impénétrable.* **2.** fig. Qu'il est difficile ou impossible de connaître, d'expliquer. ⇒ **incompréhensible, insondable.** *Ses intentions sont impénétrables. Impénétrable à qqn, pour qqn.* **3.** Qui ne laisse rien deviner de lui-même. *Un homme impénétrable.* ➝ *Un air impénétrable.*

IMPÉNITENCE n. f. ▪ RELIG. État du pécheur impénitent.

IMPÉNITENT, ENTE adj. ▪ **1.** RELIG. Qui ne se repent pas de ses péchés. **2.** Qui ne renonce pas à une habitude. ⇒ **incorrigible, invétéré.** *Un joueur, un rêveur impénitent.*

IMPENSABLE adj. ▪ Que l'on a du mal à imaginer. ⇒ **incroyable, inimaginable.**

IMPÉRATIF, IVE ▪ **I.** n. m. **1.** Mode grammatical qui exprime le commandement et la défense. *Les trois personnes de l'impératif* (ex. *donne, donnons, donnez*). **2.** Prescription d'ordre moral, esthétique, etc. *Les impératifs de la mode.* **II.** adj. Qui exprime ou impose un ordre. *Une consigne impérative. Un geste impératif.* ⇒ **impérieux.**

IMPÉRATIVEMENT adv. ▪ D'une manière impérative. *Il doit impérativement partir demain.* ⇒ **obligatoirement.**

IMPÉRATRICE n. f. ▪ **1.** Épouse d'un empereur. **2.** Souveraine d'un empire. *Catherine, impératrice de Russie.*

IMPERCEPTIBLE adj. ▪ 1. Qu'il est impossible de percevoir par les seuls organes des sens. *Imperceptible à l'œil nu* (⇒ **invisible**), *au toucher* (⇒ **impalpable**). ♦ *Un bruit imperceptible,* très faible. 2. Impossible ou très difficile à apprécier par l'esprit. *Des nuances d'ironie imperceptibles.*

IMPERCEPTIBLEMENT adv. ▪ D'une manière imperceptible. *Le paysage se modifiait imperceptiblement.* ⇒ **insensiblement.**

IMPERDABLE adj. ▪ Qu'on ne peut, ne devrait pas perdre. *Procès, match imperdable.*

IMPERFECTIF adj. ▪ GRAMM. *Aspect, verbe imperfectif,* qui exprime la durée (opposé à *perfectif*). – n. m. *Un imperfectif.*

IMPERFECTION n. f. ▪ 1. État de ce qui est imparfait. *L'imperfection d'une solution.* 2. Ce qui rend (qqch.) imparfait. ⇒ **défaut.** *Corriger les imperfections d'un ouvrage.*

IMPÉRIAL, ALE, AUX adj. ▪ 1. Qui appartient à un empereur, à son autorité, à ses États. *La garde impériale de Napoléon.* ♦ *Un air impérial,* majestueux et autoritaire. 2. Relatif à l'Empire romain, instauré après la république. *Le latin impérial.*

IMPÉRIALE n. f. ▪ Étage supérieur de certains véhicules publics. *Autobus à impériale.*

IMPÉRIALISME n. m. ▪ 1. Politique d'un État visant à réduire d'autres États sous sa dépendance politique ou économique. ⇒ **colonialisme.** *"L'Impérialisme, stade suprême du capitalisme"* (texte de Lénine). *L'impérialisme soviétique.* 2. Caractère dominateur (de qqn, qqch.).

IMPÉRIALISTE adj. ▪ I. VX Partisan d'un empereur. II. 1. Qui soutient l'impérialisme. *Politique impérialiste.* – n. *Les impérialistes.* 2. Dominateur.

IMPÉRIEUX, EUSE adj. ▪ 1. Qui commande d'une façon qui n'admet ni résistance ni réplique. ⇒ **autoritaire, tyrannique.** *Un ton impérieux.* 2. (choses) Qui force à céder ; auquel on ne peut résister. ⇒ **irrésistible, pressant.** *Un besoin impérieux.* ▶ adv. IMPÉRIEUSEMENT

IMPÉRISSABLE adj. ▪ (choses) Qui ne peut périr, qui dure très longtemps. ⇒ **immortel.** *Un souvenir impérissable.*

IMPÉRITIE n. f. ▪ LITTÉR. Manque d'aptitude, d'habileté. ⇒ **incapacité.** *L'impéritie d'un ministre, d'un général.*

IMPERMÉABILISER v. tr. [1] ▪ Rendre imperméable (1). *Imperméabiliser un tissu.* – au p. p. *Gabardine imperméabilisée.*

IMPERMÉABILITÉ n. f. ▪ 1. Caractère de ce qui est imperméable. *L'imperméabilité d'un sol, d'un tissu.* 2. fig. Insensibilité.

IMPERMÉABLE adj. ▪ 1. Qui ne se laisse pas traverser par un liquide, notamment par l'eau. *Terrains imperméables.* – *Un vêtement imperméable* ou n. m. *un imperméable,* vêtement de pluie en tissu imperméabilisé. ◇ abrév. FAM. IMPER. *Des impers.* 2. fig. Qui ne se laisse pas atteindre ; qui est absolument étranger (à). *Être imperméable à l'art, à la poésie.* ⇒ **insensible.**

IMPERSONNALITÉ n. f. ▪ Caractère impersonnel. *L'impersonnalité de la science* (→ objectivité).

IMPERSONNEL, ELLE adj. ▪ 1. GRAMM. Qui exprime une action sans sujet réel ou déterminé. *Verbes impersonnels,* ne s'employant qu'à la troisième personne du singulier et à l'infinitif (ex. pleuvoir, geler). 2. Qui ne constitue pas une personne. – Qui n'appartient pas à une personne, ne s'adresse pas à une personne. *La loi est impersonnelle.* 3. Qui n'a aucune particularité individuelle. *Un style impersonnel.* ⇒ **neutre.** ▶ adv. IMPERSONNELLEMENT

IMPERTINENCE n. f. ▪ Attitude, conduite d'une personne impertinente. ⇒ **insolence.** ♦ *(Une, des impertinences)* Parole, action impertinente.

IMPERTINENT, ENTE adj. ▪ 1. VX Qui n'est pas pertinent. 2. VIEILLI Qui agit sottement. – Effronté. – n. *Petit impertinent !* 3. MOD. Qui montre de l'irrévérence, qui manque de respect. ⇒ **impoli, incorrect, insolent.** – n. *C'est une impertinente.* ♦ *Ton, rire impertinent.*

IMPERTURBABLE adj. ▪ Que rien ne peut troubler, émouvoir. ⇒ **impassible.** *On peut l'insulter, il reste imperturbable.* – (choses) *Une confiance absolue, imperturbable.* ⇒ **inébranlable.** ▶ adv. IMPERTURBABLEMENT

IMPÉTIGO n. m. ▪ MÉD. Maladie de la peau caractérisée par la formation de petites vésicules.

IMPÉTRANT, ANTE n. ▪ ADMIN. Personne qui a obtenu qqch. (titre, diplôme, etc.) d'une autorité. *Signature de l'impétrant.*

IMPÉTUEUSEMENT adv. ▪ Avec impétuosité. ⇒ **fougueusement.**

IMPÉTUEUX, EUSE adj. ▪ LITTÉR. 1. Dont l'impulsion est violente et rapide. *Torrent impétueux.* 2. Qui a de la rapidité et de la violence dans son comportement. ⇒ **ardent, fougueux.** *Un orateur impétueux.*

IMPÉTUOSITÉ n. f. ▪ Caractère impétueux, très vif. *S'élancer avec impétuosité.* ⇒ **ardeur, fougue, violence.**

IMPIE ▪ 1. adj. (choses) Qui marque le mépris de la religion, des croyances religieuses. *Des paroles impies.* ⇒ **blasphématoire.** 2. n. LITTÉR. OU RELIG. Personne qui insulte à la religion. ⇒ **blasphémateur, sacrilège.**

IMPIÉTÉ n. f. ▪ 1. LITTÉR. OU RELIG. Mépris pour la religion. 2. Action impie. *Commettre une impiété.*

IMPITOYABLE adj. ▪ Qui est sans pitié. ⇒ **cruel, implacable, inflexible.** *Un ennemi impitoyable. Être impitoyable pour qqn.* ♦ Qui juge sans indulgence, ne fait grâce de rien. *Un critique impitoyable.*

IMPITOYABLEMENT adv. ▪ Sans indulgence, sans pitié. *Traiter qqn impitoyablement.*

IMPLACABLE adj. ▪ 1. LITTÉR. Qu'on ne peut apaiser, fléchir. ⇒ **impitoyable, inflexible.** *Une haine implacable.* 2. À quoi l'on ne peut se soustraire. ⇒ **irrésistible.** *Une logique implacable.* ♦ *Un soleil implacable,* très fort, terrible. ▶ adv. IMPLACABLEMENT

IMPLANT n. m. ▪ MÉD. Comprimé ou objet introduit sous la peau ou dans un tissu organique à des fins thérapeutiques. ♦ *Implant dentaire :* tige métallique implantée dans le maxillaire pour y fixer une prothèse.

IMPLANTATION n. f. ▪ Action d'implanter, de s'implanter. *L'implantation d'industries en zone rurale.*

IMPLANTER v. tr. [1] ▪ Introduire et faire se développer d'une manière durable (dans un nouveau milieu). *Implanter des industries nouvelles dans une région.* – au p. p. *Un préjugé bien implanté.* ▶ **S'IMPLANTER** v. pron. Se fixer, s'établir. *Cette mode s'est facilement implantée.*

IMPLICATION n. f. ▪ 1. Action d'impliquer qqn dans une affaire. 2. Relation par laquelle une chose en implique une autre. ♦ au plur. Conséquences. *Les implications d'une mesure sociale.* ⇒ **incidence, retombée.**

IMPLICITE adj. ▪ Qui est virtuellement contenu dans une proposition, un fait, sans être formellement exprimé. *Une condition implicite.*

IMPLICITEMENT adv. ▪ D'une manière implicite. *Faire intervenir implicitement une condition.*

IMPLIQUER v. tr. [1] ▪ 1. Engager (dans une affaire fâcheuse), mettre en cause (dans une accusation). ⇒ **compromettre, mêler.** *Impliquer des personnalités dans une affaire. Être impliqué dans un trafic.* 2. (choses) Comporter de façon implicite, entraîner comme conséquence. *Décision qui implique une rupture.* – *IMPLIQUER QUE :* supposer que (par conséquence logique). *Son silence implique qu'il a des doutes.* 3. Engager dans une action, un processus. – pronom. *S'impliquer dans son travail.* – au p. p. *Se sentir impliqué.* ⇒ **concerné.**

IMPLORANT, ANTE adj. ▪ LITTÉR. Suppliant. *Une voix implorante.*

IMPLORATION n. f. ▪ LITTÉR. Action d'implorer ; supplication.

IMPLORER v. tr. [1] ▪ 1. Supplier (qqn) d'une manière humble. ⇒ **adjurer, prier.** *Implorer Dieu.* 2. Demander (une aide, une faveur) avec insistance. ⇒ **solliciter.** *J'implore votre indulgence.*

IMPLOSER v. intr. [1] ▪ Faire implosion.

IMPLOSION n. f. ▪ Irruption très brutale d'un fluide, d'un gaz dans une enceinte dont la pression est beaucoup plus faible que la pression extérieure. *L'implosion d'un téléviseur.*

IMPLUVIUM [-jɔm] n. m. ▪ ANTIQ. ROMAINE Bassin creusé au milieu de l'atrium pour recueillir les eaux de pluie.

IMPOLI, IE adj. ▪ Qui manque à la politesse. ⇒ **grossier, incorrect.** *Être impoli envers qqn.* – (choses) Qui dénote un manque de politesse. *Des manières impolies. Il est impoli d'arriver en retard.*

IMPOLIMENT adv. ▪ De manière impolie. *Répondre impoliment.*

IMPOLITESSE n. f. ▪ 1. Manque de politesse. ⇒ **grossièreté, incorrection.** *Sa franchise frise l'impolitesse.* 2. Acte, manifestation d'impolitesse. *Commettre une impolitesse.*

IMPONDÉRABLE adj. ▪ 1. DIDACT. Qui n'a pas de poids appréciable, mesurable. *Des particules impondérables.* 2. fig. Dont l'action, quoique effective, ne peut être appréciée ni prévue. – n. m. *Il faut toujours compter avec les impondérables.*

IMPOPULAIRE adj. ▪ Qui déplaît au peuple. *Un ministre impopulaire.* – *Des mesures impopulaires.*

IMPOPULARITÉ n. f. ▪ Caractère impopulaire. *L'impopularité d'une réforme.*

① **IMPORTABLE** adj. ▪ Qu'il est permis ou possible d'importer.

② **IMPORTABLE** adj. ▪ (vêtement) Impossible à porter. ⇒ **immettable.**

IMPORTANCE n. f. ▪ 1. Caractère de ce qui est important. ⇒ **gravité, intérêt.** *Mesurer l'importance d'un événement. Un fait de la plus haute importance. Cela n'a aucune importance, c'est sans importance :* cela ne fait rien. *Attacher trop d'importance à un petit détail.* 2. (personnes) Autorité que confèrent un rang social élevé, de graves responsabilités. *Il est pénétré de son importance.* 3. *D'IMPORTANCE* loc. adj. : important. *L'affaire est d'importance.* ⇒ de **taille.**

IMPORTANT, ANTE adj. ▪ I. (choses) 1. Qui importe (②) ; qui a de grandes conséquences, beaucoup d'intérêt. ⇒ **considérable.** *Un rôle important. C'est le point le plus important.* ⇒ **intéressant.** – *Il est important d'agir vite, c'est important.* – n. m. Ce qui importe. *L'important est de, est que... Le plus important est fait.* 2. Considérable. *Une somme importante. Une majorité importante.* II. (personnes) Qui a de l'importance par sa situation. ⇒ **influent.** *D'importants personnages.* – n. péj. *Faire l'important.* ♦ *Se donner des airs importants.*

IMPORTATEUR, TRICE n. et adj. ▪ Personne qui fait le commerce d'importation. *Importateur de coton.* – adj. *Pays importateur.*

IMPORTATION n. f. ▪ 1. Action d'importer (des marchandises). – abrév. IMPORT n. m. ♦ Ce qui est importé. *Le coût des importations.* 2. Action d'introduire (qqch.) dans un pays. *L'importation de la pomme de terre en Europe.*

① **IMPORTER** v. tr. [1] ▪ 1. Introduire sur le territoire national (des produits en provenance de pays étrangers) [opposé à *exporter*]. *La France importe du café.* – au p. p. *Des marchandises importées.* 2. Introduire (qqch., une coutume) dans un pays. *Importer une mode des États-Unis.* – au p. p. *Musique importée des Caraïbes.*

② **IMPORTER** v. [1] seulement à l'inf. et aux 3es pers. ▪ 1. v. tr. ind. (choses) *IMPORTER À qqn :* avoir de l'importance*, de l'intérêt pour qqn. ⇒ **intéresser ; important.** *Votre opinion nous importe peu.* – loc. *Peu m'importe :* cela m'est indifférent. *Peu lui importe, peu lui importent vos remarques.* – impers. *Il lui importe que vous réussissiez.* 2. v. intr. Avoir de l'importance (dans une situation donnée). ⇒ **compter.** *C'est la seule chose qui importe.* – loc. *Peu importe. Qu'importe !* 3. v. impers. *Il importe de réfléchir, que nous réfléchissions avant de...* – *IL N'IMPORTE* (LITTÉR.), *N'IMPORTE.* « *Lequel choisis-tu ? — N'importe.* » 4. *N'IMPORTE QUI, QUOI* loc. pron. indéf. : une personne, une chose quelconque. *N'importe qui pourrait entrer.* – *N'importe lequel d'entre nous.* – *N'IMPORTE QUEL, QUELLE* (chose, personne) loc. adj. indéf. : quelconque, quel qu'il soit. *Manger à n'importe quelle heure. À n'importe quel prix.* – *N'IMPORTE COMMENT, OÙ, QUAND* loc. adv. : d'une manière, dans un endroit, à un moment quelconque, indifférent. *S'habiller n'importe comment,* mal.

IMPORT-EXPORT n. m. ▪ anglic. Commerce de produits importés et exportés. *Une société d'import-export.*

IMPORTUN, UNE adj. ▪ 1. Qui ennuie, gêne par sa présence ou sa conduite. ⇒ **indiscret.** *Je ne voudrais pas être importun.* – n. *Éviter un importun.* ⇒ **gêneur.** 2. (choses) Gênant, qui dérange. *Une visite importune.*

IMPORTUNER v. tr. [1] ▪ LITTÉR. Ennuyer en étant importun. ⇒ **déranger.** *Le bruit m'importune.* ⇒ **gêner.**

IMPORTUNITÉ n. f. ▪ 1. LITTÉR. Caractère de ce qui est importun. *L'importunité d'une démarche.* 2. VIEILLI Sollicitations pressantes et importunes.

IMPOSABLE adj. ▪ Qui peut être imposé, assujetti à l'impôt. *Revenu imposable.*

IMPOSANT, ANTE adj. ▪ 1. Qui impose le respect, décourage toute familiarité. ⇒ **majestueux, noble.** *Une grande dame à l'air imposant.* 2. Qui impressionne par l'importance, la quantité. ⇒ **considérable.** *Une imposante majorité.*

① **IMPOSER** v. tr. [1] ▪ I. 1. Faire payer obligatoirement. *Le vainqueur leur imposa un tribut.* 2. Assujettir (qqn) à l'impôt. ⇒ **taxer.** 3. *IMPOSER qqch. À qqn :* prescrire ou faire subir à qqn (une chose pénible). *Imposer sa volonté, ses conditions...* – Faire admettre (qqch.) par une contrainte morale. *Il est arrivé à imposer ses façons de voir. S'imposer des sacrifices.* 4. Faire accepter (qqn) par force, autorité, prestige, etc. *Il nous a imposé son protégé.* II. trans. ind. 1. VX Mettre dans l'esprit de (qqn). – *En imposer :* tromper. 2. MOD. *EN IMPOSER À* (qqn) : faire une forte impression sur. *Il en impose à tout le monde. Ne pas s'en laisser imposer.* ► **S'IMPOSER** v. pron. 1. (sujet chose) Être obligatoire, inévitable. *Les réformes qui s'imposent.* 2. Se faire admettre, reconnaître (par sa valeur, etc.). *Il s'est imposé à ce poste.* ► **IMPOSÉ, ÉE** adj. 1. Qui doit être observé strictement. *Prix imposé. Figures libres et figures imposées* (en patinage). 2. Soumis à l'impôt. *Bénéfices lourdement imposés.*

② **IMPOSER** v. tr. [1] ▪ Poser, mettre (sur), par un geste liturgique. *Imposer les mains* (pour bénir...).

① **IMPOSITION** n. f. ▪ 1. Fait d'imposer (une contribution). 2. Impôt*, contribution.

② **IMPOSITION** n. f. ▪ Action d'imposer (les mains). *L'imposition des mains* (pour conférer certains sacrements, etc.).

IMPOSSIBILITÉ n. f. ▪ 1. Caractère de ce qui est impossible ; défaut de possibilité. *Être dans l'impossibilité matérielle de faire qqch.* 2. Chose impossible. *Nous nous heurtons à une impossibilité.*

IMPOSSIBLE ▪ I. adj. 1. Qui ne peut se produire, être réalisé. *Il s'est attelé à une tâche impossible.* – *Impossible à* (+ inf.), qu'on ne peut... *Une idée impossible à admettre.* – impers. *Il est impossible de* (+ inf.). ellipt *Impossible de le savoir.* – absolt *Impossible !,* c'est impossible. – *Il est impossible que...* (+ subj.). *Il n'est pas impossible qu'il revienne.* 2. Très difficile, très pénible (à faire, imaginer, supporter). *Il nous rend la vie impossible.* 3. FAM. Extravagant, invraisemblable. *Il lui arrive toujours des aventures impossibles.* 4. (personnes) Que l'on ne peut accepter ou supporter. ⇒ **insupportable.** *Il a un caractère impossible.* II. n. m. 1. Ce qui n'est pas possible. *Vous demandez l'impossible.* – par exagér. *Nous ferons l'impossible pour vous satisfaire,* tout le possible. 2. *PAR IMPOSSIBLE* loc. adv. : par une hypothèse peu vraisemblable. *Si, par impossible, cette affaire réussissait.*

IMPOSTE n. f. ▪ 1. Tablette saillante sur un pied-droit. 2. Partie supérieure (d'une porte, d'une fenêtre). *Imposte vitrée.*

IMPOSTEUR n. m. ▪ Personne qui abuse de la confiance d'autrui par des mensonges, en usurpant une qualité. *Le prétendu général était un imposteur.* ⇒ **escroc.** *"Thomas l'Imposteur"* (récit de Cocteau).

IMPOSTURE n. f. ▪ 1. LITTÉR. Tromperie d'un imposteur. 2. VX Mensonge, tromperie. ♦ Fausse apparence, illusion.

IMPÔT n. m. ▪ 1. Prélèvement que l'État opère sur les ressources des particuliers afin de subvenir aux charges publiques ; sommes prélevées. ⇒ **contribution, fiscalité, imposition, taxe.** *Administration chargée des impôts.* ⇒ **fisc.** *Remplir sa feuille d'impôts. Payer ses impôts.* – *Impôts directs,* prélèvement d'une partie du revenu du contribuable. *Impôts indirects,* taxes sur les prix. *Impôts locaux,* perçus par les communes, les départements, les régions. 2. VIEILLI ou LITTÉR. Obligation imposée. loc. *L'impôt du sang,* l'obligation militaire.

IMPOTENCE n. f. ▪ État d'une personne impotente.

IMPOTENT, ENTE adj. ▪ Qui ne peut pas se déplacer, ou se déplace très difficilement. ⇒ **infirme, invalide.** *Un vieillard impotent.* – n. *Des impotents.*

IMPRATICABLE adj. ▪ 1. LITTÉR. Que l'on ne peut mettre en pratique. ⇒ **irréalisable.** *Des méthodes impraticables.* ⇒ **inapplicable.** 2. Où l'on ne peut passer, où l'on passe très difficilement. *Piste impraticable pour les voitures.*

IMPRÉCATEUR, TRICE n. ▪ LITTÉR. Personne qui profère des imprécations.

IMPRÉCATION n. f. ▪ LITTÉR. Souhait de malheur contre qqn. ⇒ **malédiction.** *Lancer, proférer des imprécations.*

IMPRÉCATOIRE adj. ▪ LITTÉR. Qui a le caractère d'une imprécation.

IMPRÉCIS, ISE adj. ▪ Qui n'est pas précis, manque de netteté. ⇒ **flou, incertain, vague.** *Souvenirs, renseignements imprécis.*

IMPRÉCISION n. f. ▪ Manque de précision, de netteté. *L'imprécision du vocabulaire, d'un tir.*

IMPRÉGNATION n. f. ▪ Fait de s'imprégner, d'être imprégné.

Renoir, *Le Moulin de la Galette,* 1876. Musée d'Orsay, Paris. *Phot. © Nimatallah/ Ricciarini*

Monet, *Impression, soleil levant,* 1872. Musée Marmottan, Paris. *Phot. © Giraudon*

Caillebotte, *Le Pont de l'Europe.* Anc. coll. Brame et Lorenceau. *Phot. © BL-Giraudon*

impressionnisme.

IMPRÉGNER v. tr. 6 ▪ **1.** Pénétrer (un corps) de liquide dans toutes ses parties. ⇒ **imbiber.** *Teinture dont on imprègne les cuirs.* – au p. p. *Mouchoir imprégné de parfum.* **2.** fig. Pénétrer, influencer profondément. *Son éducation l'a imprégné de préjugés ; il en est imprégné.* – pronom. *S'imprégner d'une idée, d'un sentiment.*

IMPRENABLE adj. ▪ **1.** Qui ne peut être pris. *Une forteresse imprenable.* ⇒ **inexpugnable.** **2.** *Vue imprenable,* qui ne peut être masquée par de nouvelles constructions.

IMPRÉPARATION n. f. ▪ Manque de préparation (en sports, avant un examen...).

IMPRÉSARIO [ɛ̃presaʀjo ; -z-] n. ▪ Personne qui s'occupe de l'organisation matérielle d'un spectacle, d'un concert, de la vie professionnelle et des engagements d'un artiste. *L'imprésario d'un chanteur. Des imprésarios ;* RARE *des impresarii* (plur. italien).

IMPRESCRIPTIBLE adj. ▪ (droit, bien) Qui ne peut pas être supprimé, enlevé par un délai (⇒ **prescription**).

IMPRESSION n. f. ▪ **I. 1.** VX Empreinte. **2.** Procédé de reproduction par pression d'une surface sur une autre qui en garde l'empreinte. *Impression des papiers peints.* ♦ Reproduction d'un texte par l'imprimerie. *Manuscrit remis à l'impression. Fautes d'impression.* ⇒ **coquille.** – *L'impression d'un fichier informatique* (par une imprimante*). **II. 1.** Marque morale, effet qu'une cause produit sur une personne. *Produire une forte impression.* – absolt *Faire impression :* attirer vivement l'attention (⇒ **impressionner**). **2.** Connaissance élémentaire, immédiate et vague. ⇒ **sentiment, sensation.** *Éprouver, ressentir une impression. Faire bonne, mauvaise impression sur qqn. Impressions de voyage.* – loc. *Donner une impression de :* faire naître le sentiment, l'illusion de (ce dont on suggère l'image, l'idée). – *J'ai l'impression de perdre, que je perds mon temps,* il me semble que... *Je n'ai pas l'impression qu'il ait compris.* **3.** PSYCH. État physiologique provoquant l'apparition d'une sensation. *Impression tactile, visuelle.*

IMPRESSIONNABLE adj. ▪ **1.** RARE Qui reçoit une, des impressions. **2.** COUR. Facile à impressionner. *Un enfant impressionnable.* ⇒ **émotif, sensible.** ► n. f. IMPRESSIONNABILITÉ

IMPRESSIONNANT, ANTE adj. ▪ Qui impressionne. ⇒ **étonnant, frappant.** *Un spectacle impressionnant.* – Important. *Le chiffre impressionnant de plusieurs millions.*

IMPRESSIONNER v. tr. 1 ▪ **I.** Affecter d'une vive impression. ⇒ **frapper, toucher.** *Cette mort m'a impressionné. Ne te laisse pas impressionner.* ⇒ **influencer, intimider.** **II.** *Impressionner une pellicule photographique,* y laisser une impression, une image.

IMPRESSIONNISME n. m. ▪ **1.** Style des peintres, écrivains et musiciens qui se proposent d'exprimer les impressions fugitives. *L'impressionnisme de Debussy.* **2.** Manière littéraire, musicale, qui cherche à rendre des impressions (II, 2).

IMPRESSIONNISTE n. ▪ **1.** n. Se dit de peintres qui, à la fin du XIXᵉ siècle, s'efforcèrent d'exprimer les impressions que les

L'Impression des livres, gravure de Stradan, XVIe s.
Bibliothèque nationale de France, Paris. *Phot. © Giraudon*

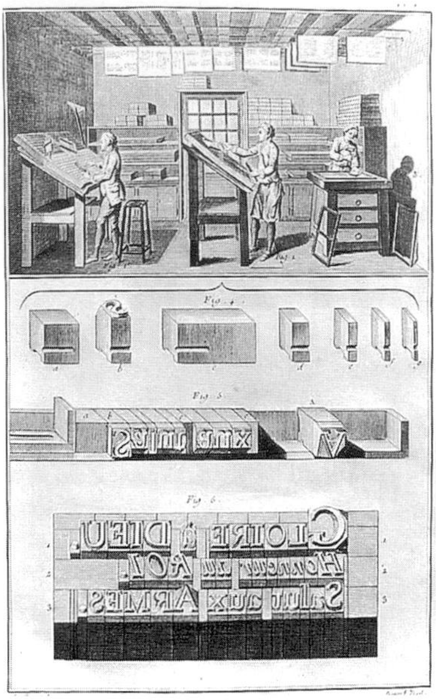

Opération de la casse,
planche gravée en 1715 par Gousater
et Benard, extraite de l'*Encyclopédie* de Diderot,
1751. *Phot. © Coll. Lausat/Explorer*

Imprimerie moderne : *une rotative.*
Phot. © Bourcart/Rapho

imprimerie.

objets et la lumière suscitent. ◆ **adj.** *Peintre impressionniste. Un tableau impressionniste.* **2. adj.** De l'impressionnisme (2). ■ L'impressionnisme est apparu en France dans les années 1860-1865. La première exposition impressionniste eut lieu à Paris en 1874 ; un groupe de jeunes peintres (Cézanne, Monet, Degas, Sisley, Pissarro, Renoir, Berthe Morisot...), refusés aux Salons officiels, présenta plus de 150 toiles qui déclenchèrent l'hilarité des critiques. Rejetant les sujets académiques, les impressionnistes s'attachèrent à représenter la nature, la vie urbaine, le mouvement. Travaillant en plein air, « sur le motif », avec une grande rapidité dans l'exécution, ils souhaitaient capter les jeux de la lumière qui modifient l'impression visuelle, et procédaient par petites touches, suggérant les formes par des vibrations de couleurs.

IMPRÉVISIBLE adj. ■ Qui ne peut être prévu. *Des événements imprévisibles.* ▶ **n. f.** IMPRÉVISIBILITÉ

IMPRÉVOYANCE n. f. ■ Caractère d'une personne imprévoyante. ♦ Action imprévoyante.

IMPRÉVOYANT, ANTE adj. ■ Qui manque de prévoyance. ⇒ **insouciant.** ◆ **n.** *Un imprévoyant.*

IMPRÉVU, UE adj. ■ Qui n'a pas été prévu ; qui arrive lorsqu'on ne s'y attend pas. ⇒ **inattendu, inopiné.** *Un ennui imprévu. Des dépenses imprévues.* ◆ **n. m.** *Un voyage plein d'imprévu. En cas d'imprévu, prévenez-moi.*

IMPRIMANTE n. f. ■ INFORM. Périphérique d'ordinateur qui imprime sur papier des textes ou des éléments graphiques. *Imprimante à laser, à jet d'encre.* ◆ **adj.** *Calculatrice imprimante.*

IMPRIMATUR n. m. invar. ■ Autorisation d'imprimer (accordée par l'autorité ecclésiastique ou par l'Université).

IMPRIMÉ, ÉE adj. ■ **I.** Reproduit par impression ; orné de motifs ainsi reproduits. *Tissu imprimé.* ◆ **n. m.** *Un imprimé à fleurs.* **II. 1.** Reproduit par l'imprimerie. *Les premiers exemplaires imprimés de ce manuscrit.* ◆ *La chose imprimée ;* **n. m.** *l'imprimé :* les textes imprimés. **2. n. m.** Impression ou reproduction sur papier ou sur une matière analogue (opposé à *manuscrit*). ♦ Feuille, formule imprimée. *Remplir un imprimé.*

IMPRIMER v. tr. [1] ■ **I. 1.** LITTÉR. Faire pénétrer profondément (dans le cœur, l'esprit de qqn) en laissant une empreinte durable. ⇒ **inspirer ; inculquer ; impression.** ◆ au p. p. *Souvenirs imprimés dans la mémoire.* **2.** Communiquer, transmettre (un mouvement, une impulsion...). *Imprimer des secousses, des oscillations. La vitesse imprimée à l'engin par la fusée.* **II. 1.** LITTÉR. Faire, laisser (une marque, une trace) par pression. *Imprimer la trace de ses pas dans le sable.* **2.** Reproduire (une figure, une image) par l'application et la pression d'une surface sur une autre (⇒ **impression**). *Imprimer la marque d'un cachet. Imprimer une estampe, une lithographie. Imprimer un tissu.* **3.** Reproduire (un texte) par la technique de l'imprimerie. *Imprimer un ouvrage.* ♦ Faire paraître. ⇒ **éditer.** *Imprimer un livre à trente mille exemplaires.* ♦ Publier l'œuvre de (un auteur).

IMPRIMERIE n. f. ■ **1.** Action d'imprimer (II, 3) ; techniques permettant la reproduction d'un texte par impression de caractères mobiles (⇒ **typographie**), ou report sur plaques (⇒ **offset, photocomposition**). ◆ Ensemble des textes imprimés. **2.** Établissement, lieu où l'on imprime (des livres, des journaux). *Une grande imprimerie.* ♦ Matériel artisanal servant à l'impression (presse, etc.).

IMPRIMEUR n. m. ■ **1.** Propriétaire, directeur d'une imprimerie. *L'imprimeur d'un journal. L'imprimeur travaille pour les éditeurs*. Elle est imprimeur.* **2.** Ouvrier travaillant dans une imprimerie (typographe, etc.).

IMPROBABILITÉ n. f. ■ Caractère de ce qui est improbable.

IMPROBABLE adj. ■ **1.** VX Que l'on ne peut prouver. Invraisemblable. **2.** Qui n'est pas probable ; qui a peu de chances de se produire. ⇒ **douteux.** *Événement improbable.*

IMPROBATION n. f. ■ LITTÉR. Action de désapprouver, de condamner. ⇒ **désapprobation, réprobation.** *Cris d'improbation.* ⇒ **huée.**

IMPRODUCTIF, IVE adj. ▪ Qui ne produit, ne rapporte rien. *Un sol improductif.* ⇒ **stérile.** ‒ n. Personne qui ne contribue pas à produire des biens. *Les improductifs.* ► n. f. IMPRODUCTIVITÉ

IMPROMPTU, UE [-ɔ̃pty] ▪ I. n. m. Petite pièce (de vers, de musique) de composition simple. ‒ Courte pièce de théâtre. *"L'Impromptu de Versailles"* (de Molière). ♦ en musique *Les "Impromptus" de Chopin.* II. adj. Improvisé. *Un dîner impromptu.* III. adv. À l'improviste, sans préparation. *Une allocution prononcée impromptu.*

IMPRONONÇABLE adj. ▪ Impossible à prononcer. *Un groupe de consonnes imprononçable.*

IMPROPRE adj. ▪ 1. Qui ne convient pas, n'exprime pas exactement l'idée. *Mot impropre.* 2. LITTÉR. *IMPROPRE À :* qui n'est pas propre, apte à (un travail, un service). ⇒ **inapte.** ‒ (choses) Qui ne convient pas. *Une eau impropre à la consommation.*

IMPROPREMENT adv. ▪ D'une manière impropre. *L'araignée, improprement appelée insecte.*

IMPROPRIÉTÉ n. f. ▪ Caractère d'un mot, d'une expression impropre. ♦ Emploi impropre d'un mot. *Une impropriété de langage.*

IMPROVISATEUR, TRICE n. ▪ Personne qui improvise.

IMPROVISATION n. f. ▪ 1. Action, art d'improviser. 2. Ce qui est improvisé (discours, vers, musique, etc.). *Une improvisation de jazz. Improvisation collective.*

IMPROVISER v. tr. [1] ▪ 1. Composer sur-le-champ et sans préparation. *Improviser un discours.* ‒ absolt *Il improvise au piano.* ‒ (au théâtre) *"Ce soir on improvise"* (pièce de Pirandello). 2. Organiser sur-le-champ, à la hâte. *Improviser une rencontre.* 3. Pourvoir inopinément (qqn) d'une fonction. *On l'improvisa* (pronom. *il s'improvisa*) *cuisinier pour la circonstance.*

À L'**IMPROVISTE** loc. adv. ▪ D'une manière imprévue, au moment où l'on s'y attend le moins. ⇒ **inopinément.** *Il a débarqué chez nous à l'improviste.*

IMPRUDEMMENT [-amɑ̃] adv. ▪ D'une manière imprudente. *Conduire imprudemment.*

IMPRUDENCE n. f. ▪ 1. Manque de prudence. *Son imprudence l'expose à de sérieux ennuis.* ‒ DR. *Homicide par imprudence :* homicide involontaire mais qui engage la responsabilité. ♦ Caractère de ce qui est imprudent. *L'imprudence de sa conduite.* 2. Action imprudente. *Ne faites pas d'imprudences.*

IMPRUDENT, ENTE adj. ▪ Qui manque de prudence. ⇒ **aventureux, téméraire.** *Un automobiliste imprudent. Il est, il serait imprudent de...* (+ inf.) ; *c'est très imprudent.* ‒ n. *Une imprudente.* ♦ (choses) *Des paroles imprudentes.*

IMPUBÈRE n. ▪ LITTÉR. Personne qui n'a pas atteint la puberté. ‒ adj. *Un corps impubère.* ► n. f. IMPUBERTÉ

IMPUBLIABLE adj. ▪ Qu'on ne peut pas publier (pour des raisons esthétiques, morales, sociales...). *Un article impubliable.*

IMPUDEMMENT [-amɑ̃] adv. ▪ LITTÉR. D'une manière impudente. *Mentir impudemment.*

IMPUDENCE n. f. ▪ LITTÉR. 1. Effronterie audacieuse ou cynique qui choque, indigne. *Mentir avec impudence.* ♦ Caractère de ce qui est impudent. 2. Action, parole impudente.

IMPUDENT, ENTE adj. ▪ LITTÉR. Qui montre de l'impudence. ⇒ **cynique, effronté, insolent.** *Des propos impudents.*

IMPUDEUR n. f. ▪ 1. VX Absence de retenue, indiscrétion. 2. Manque de pudeur. ⇒ **impudicité, indécence.** 3. RARE Impudence, cynisme. *Il a eu l'impudeur de redemander de l'argent.*

IMPUDICITÉ n. f. ▪ VIEILLI Caractère de ce qui est impudique ; comportement impudique. ⇒ **indécence, obscénité.**

IMPUDIQUE adj. ▪ Qui outrage la pudeur en étalant l'immoralité de sa conduite. ⇒ **immodeste.** ‒ (choses) *Gestes, paroles impudiques.* ⇒ **impur, indécent, obscène.** ► adv. IMPUDIQUEMENT

IMPUISSANCE n. f. ▪ 1. Manque de moyens suffisants pour faire qqch. ⇒ **faiblesse, incapacité.** *Un sentiment d'impuissance. Frapper d'impuissance,* paralyser. *Leur impuissance à se faire obéir.* ♦ Caractère de ce qui est impuissant. *L'impuissance d'un pays, de la politique.* 2. (pour l'homme) Incapacité physique d'accomplir l'acte sexuel normal et complet.

IMPUISSANT, ANTE adj. ▪ 1. Qui n'a pas de moyens suffisants pour faire qqch. *Il reste impuissant devant ce désastre.* ‒ (choses) Sans effet, inefficace. *Impuissant à* (+ inf.). 2. (homme) Physiquement incapable d'accomplir l'acte sexuel. ‒ n. m. *Un impuissant.*

IMPULSIF, IVE adj. ▪ Qui agit sous l'impulsion de mouvements spontanés ou plus forts que sa volonté. *Un homme impulsif.* ‒ n. *Un impulsif.* ♦ *Une réaction impulsive.*

IMPULSION n. f. ▪ 1. Action de pousser. ‒ Ce qui pousse. ⇒ **poussée.** *Communiquer une impulsion à un mobile.* 2. fig. Le fait d'inciter ; ce qui anime. *L'impulsion donnée aux affaires.* 3. LITTÉR. Action de pousser (qqn) à faire qqch. ⇒ **influence.** *Agir sous l'impulsion de la colère.* ♦ Force, tendance spontanée qui pousse à agir. *Céder à ses impulsions* (⇒ **impulsif**).

IMPULSIVEMENT adv. ▪ D'une manière impulsive. *Agir impulsivement.*

IMPULSIVITÉ n. f. ▪ LITTÉR. Caractère impulsif.

IMPUNÉMENT adv. ▪ 1. Sans subir de punition. *Braver impunément l'autorité.* 2. Sans dommage pour soi, sans s'exposer à aucun risque.

IMPUNI, IE adj. ▪ Qui n'est pas puni, ne reçoit pas de punition. *Ce crime est resté impuni. "Ce vice impuni, la lecture"* (de V. Larbaud).

IMPUNITÉ n. f. ▪ Absence de punition. *Se croire assuré de l'impunité.*

IMPUR, URE adj. ▪ 1. VX Altéré, corrompu par des éléments étrangers. 2. Dont la loi religieuse commande de fuir le contact. ‒ RELIG., VX *Les esprits impurs :* les démons. 3. LITTÉR. Qui est mauvais (moralement). ⇒ **immoral.** *Un cœur impur.* ♦ Impudique, indécent. *Des pensées impures.*

IMPURETÉ n. f. ▪ 1. Corruption résultant d'une altération, d'un mélange. *L'impureté de l'air.* ♦ Ce qui rend impur. *Les impuretés se déposent au fond d'un récipient.* 2. RELIG., VX Caractère impur (2). 3. LITTÉR. Impudicité.

IMPUTABLE adj. ▪ 1. Qui peut, qui doit être imputé, attribué. *Un accident imputable à la négligence.* 2. Qui doit être imputé, prélevé (sur un compte, un crédit).

IMPUTATION n. f. ▪ 1. Action d'imputer à qqn, de mettre sur le compte de qqn (une action blâmable, une faute). ⇒ **accusation.** *Une imputation de vol sans fondement.* 2. Affectation d'une somme à un compte déterminé. *L'imputation d'une somme au crédit d'un compte.*

IMPUTER v. tr. [1] ▪ I. *IMPUTER À* 1. Attribuer (à qqn) une chose digne de blâme (faute, crime...). *On lui impute cette erreur.* 2. LITTÉR. *On lui impute à crime un simple oubli,* on considère comme un crime... II. Appliquer à un compte déterminé. ⇒ **affecter.** *Imputer des dépenses à un budget.*

IMPUTRESCIBLE adj. ▪ Qui ne peut pas pourrir (contr. *putrescible*).

IMRU'AL-QAYS (mort v. 535) ▪ Prince et poète arabe. Auteur de poèmes lyriques et sensuels.

① **IN-** Élément (préfixe) qui signifie « dans, en ».

② **IN-** Élément, préfixe négatif d'adjectifs (*im-* devant *b, m, p ; il-* devant *l ; ir-* devant *r,* sauf *inracontable*).

INABORDABLE adj. ▪ 1. LITTÉR. Qu'il est impossible ou très difficile d'approcher. ⇒ **inaccessible.** *Une côte inabordable.* ‒ fig. *Un homme inabordable.* ⇒ **inaccessible.** 2. D'un prix très élevé. ⇒ **cher.** *Les asperges sont inabordables cette semaine.*

IN ABSTRACTO [in-] loc. adv. ▪ Abstraitement. *Raisonner in abstracto.*

INACCENTUÉ, ÉE adj. ▪ Qui ne porte pas d'accent (1). ⇒ **atone.** *« Me », « te », « se », formes inaccentuées du pronom personnel* (en regard de « moi », « toi », « soi »).

INACCEPTABLE adj. ▪ Que l'on ne peut, que l'on ne doit pas accepter. ⇒ **inadmissible.** *Des propositions inacceptables.*

INACCESSIBLE adj. ▪ 1. Dont l'accès est impossible. *Un sommet inaccessible.* ♦ (personnes) Qui est d'un abord difficile. *Un personnage inaccessible.* ⇒ **inabordable.** ♦ Qu'on ne peut atteindre. *Un objectif inaccessible.* 2. *INACCESSIBLE À qqch.,* qui ne se laisse ni convaincre ni toucher par, qui est fermé à (certains sentiments). ⇒ **insensible.** *Un homme inaccessible à la pitié.* ► n. f. INACCESSIBILITÉ

INACCOUTUMÉ, ÉE adj. ▪ Qui n'a pas coutume de se produire. ⇒ **inhabituel, insolite.** *Une agitation inaccoutumée dans cette rue.*

INACHEVÉ, ÉE adj. ▪ Qui n'est pas achevé. *"La Symphonie inachevée"* (de Schubert).

INACHÈVEMENT n. m. ▪ État de ce qui n'est pas achevé. *L'inachèvement d'une route.*

INACTIF, IVE adj. ▪ **1.** Qui est sans activité. *Rester inactif.* ⇒ **oisif.** ♦ ÉCON. Qui n'a pas d'activité professionnelle régulière. ➝ n. *Les inactifs.* **2.** Qui est sans action. *Un médicament inactif.* ⇒ **inefficace.**

INACTION n. f. ▪ Absence ou cessation de toute action. ⇒ **inactivité, oisiveté.** *Il ne peut supporter l'inaction.*

INACTIVER v. tr. [1] ▪ BIOL. Rendre inactif. ➝ au p. p. *Virus inactivé.* ► n. f. INACTIVATION

INACTIVITÉ n. f. ▪ **1.** Manque d'activité. ⇒ **inaction.** *L'inactivité forcée d'un malade.* **2.** Situation d'un fonctionnaire, d'un militaire qui n'est pas en service actif.

INACTUEL, ELLE adj. ▪ Qui n'est pas d'actualité. *Des idées inactuelles.* ⇒ **périmé.**

INADAPTATION n. f. ▪ Défaut d'adaptation. ➝ État d'une personne inadaptée.

INADAPTÉ, ÉE adj. ▪ Qui n'est pas adapté (à qqch.). *Méthodes inadaptées au but poursuivi.* ♦ absolt *Enfant inadapté* (à la vie scolaire, sociale). ➝ n. *La rééducation des inadaptés.*

INADÉQUAT, ATE [-kwa(t), at] adj. ▪ Qui n'est pas adéquat. *Cette expression est inadéquate.* ⇒ **impropre.**

INADÉQUATION [-kwa-] n. f. ▪ Caractère de ce qui n'est pas adéquat. *Il existe une inadéquation entre ses paroles et ses actes.*

INADMISSIBLE adj. ▪ Qu'il est impossible d'admettre. ⇒ **inacceptable.** *Une attitude inadmissible.*

INADVERTANCE n. f. ▪ **1.** VX Défaut d'attention. ♦ Erreur, négligence. **2.** COUR. *PAR INADVERTANCE* loc. adv. : par défaut d'attention, par mégarde.

INALIÉNABLE adj. ▪ Qui ne peut être aliéné, cédé, vendu. *Les biens du domaine public sont inaliénables.*

INALTÉRABILITÉ n. f. ▪ Caractère de ce qui est inaltérable. *L'inaltérabilité d'un métal ;* fig. *d'un principe.*

INALTÉRABLE adj. ▪ **1.** Qui ne peut être altéré ; qui garde ses qualités. *Couleurs inaltérables. L'or est inaltérable.* **2.** fig. Que rien ne peut changer. ⇒ **constant, éternel.** *Une bonne humeur inaltérable.*

INALTÉRÉ, ÉE adj. ▪ Qui n'a subi aucune altération.

INAMICAL, ALE, AUX adj. ▪ Qui n'est pas amical. ⇒ **hostile.** *Un geste inamical.*

INAMOVIBILITÉ n. f. ▪ Caractère d'une personne inamovible. *L'inamovibilité d'un magistrat.*

INAMOVIBLE adj. ▪ **1.** Qui n'est pas amovible, qui ne peut être destitué, suspendu ou déplacé. *Des magistrats inamovibles.* **2.** plais. Qu'on ne peut déplacer, qui ne change pas. *Il est là, avec son inamovible casquette.*

INANIMÉ, ÉE adj. ▪ **1.** Qui, par essence, est sans vie. *La matière inanimée.* **2.** Mort ou sans connaissance. *Il est tombé inanimé.* **3.** LITTÉR. Inexpressif, froid.

INANITÉ n. f. ▪ **1.** VX Vide, néant. **2.** LITTÉR. Caractère de ce qui est inutile. ⇒ **futilité, inutilité.** *L'inanité de nos efforts.*

INANITION n. f. ▪ Épuisement par défaut de nourriture. *Mourir d'inanition,* de faim.

INAPERÇU, UE adj. ▪ Qui n'est pas aperçu, remarqué. *Un geste inaperçu.* ➝ *PASSER INAPERÇU,* ne pas être remarqué.

INAPPÉTENCE n. f. ▪ LITTÉR. Absence de besoin, de désir. *Inappétence sexuelle.* ➝ spécialt Absence d'appétit, anorexie.

INAPPLICABLE adj. ▪ Qui ne peut être appliqué. *Réforme inapplicable.*

INAPPRÉCIABLE adj. ▪ Qu'on ne saurait trop apprécier, estimer ; de grande valeur. ⇒ **inestimable, précieux.** *D'inappréciables avantages.* ➝ (personnes) *Un ami inappréciable.*

INAPTE adj. ▪ **1.** Qui n'est pas apte, qui manque d'aptitude. ⇒ **incapable.** *Inapte aux affaires ; à diriger une affaire.* **2.** MILIT. Impropre au service militaire ou à une arme en particulier.

INAPTITUDE n. f. ▪ **1.** Défaut d'aptitude (à qqch.). ⇒ **incapacité.** **2.** État d'un soldat inapte.

INARTICULÉ, ÉE adj. ▪ Qui n'est pas articulé, qui est prononcé sans netteté. *Des sons inarticulés.*

INASSIMILABLE adj. ▪ Qui n'est pas assimilable. *Substances ; connaissances inassimilables.* ♦ (personnes) Qui ne peut s'intégrer dans une société.

INASSOUVI, IE adj. ▪ LITTÉR. Qui n'est pas assouvi, satisfait. ⇒ **insatisfait.** *Désir inassouvi.* ► n. m. INASSOUVISSEMENT

INATTAQUABLE adj. ▪ **1.** Qu'on ne peut attaquer ou mettre en cause avec quelque chance de succès. *Une théorie inattaquable.* ➝ *Un homme inattaquable,* irréprochable. **2.** Qui ne peut être altéré. *Un métal inattaquable.* ⇒ **inaltérable.**

INATTENDU, UE adj. ▪ Qu'on n'attendait pas, à quoi on ne s'attendait pas. ⇒ **imprévu, inopiné.** *Une rencontre inattendue.* ➝ (personnes) *Un visiteur inattendu.* ➝ n. m. *Être déconcerté par l'inattendu.*

INATTENTIF, IVE adj. ▪ Qui ne prête pas attention. ⇒ **distrait.** *Un lecteur inattentif. Être inattentif à ce qui se passe.*

INATTENTION n. f. ▪ Manque d'attention. ⇒ **distraction.** *Un instant d'inattention. Une faute d'inattention :* une étourderie.

INAUDIBLE adj. ▪ Qu'on ne peut entendre. *Vibrations inaudibles* (infrasons, ultrasons). *Un murmure presque inaudible.*

INAUGURAL, ALE, AUX adj. ▪ Qui a rapport à une inauguration. *Séance inaugurale d'un congrès.*

INAUGURATION n. f. ▪ **1.** Cérémonie par laquelle on inaugure (2). **2.** LITTÉR. Commencement, début.

INAUGURER v. tr. [1] ▪ **1.** VX Consacrer solennellement (un souverain). **2.** Ouvrir au public pour la première fois (un monument, un édifice nouveau). **3.** Utiliser pour la première fois. ⇒ **étrenner.** **4.** Entreprendre, mettre en pratique pour la première fois. *Inaugurer une nouvelle politique.*

INAUTHENTIQUE adj. ▪ **1.** Qui n'est pas authentique. ⇒ **apocryphe, faux.** **2.** LITTÉR. *Une vie inauthentique.* ► n. f. INAUTHENTICITÉ

INAVOUABLE adj. ▪ Qui n'est pas avouable. ⇒ **honteux.** *Des intentions inavouables.*

INAVOUÉ, ÉE adj. ▪ Qui n'est pas avoué, qu'on ne s'avoue pas. *Sentiments inavoués.*

INCA ▪ **1.** n. m. *L'Inca :* le chef de l'Empire inca. **2.** adj. Relatif à la puissance politique établie au Pérou avant la conquête espagnole. *Les tribus incas.* ➝ n. *Les Incas. Une Inca.*

l'Empire INCA ▪ Puissant empire de l'Amérique précolombienne dont la capitale était Cuzco (Pérou). Fondé par Manco Cápac au XIIe s., il connut son apogée au XVe s. et fut détruit par les conquistadores espagnols de Pizarro en 1532. — Peuple de conquérants, grands bâtisseurs (site de Machu Picchu) dominés par un souverain absolu, les Incas se dotèrent d'une administration remarquable et d'un réseau routier. Leur économie était fondée sur l'agriculture et l'artisanat d'objets précieux.

INCALCULABLE adj. ▪ Impossible ou difficile à apprécier. ⇒ **considérable.** *Un événement aux conséquences incalculables.*

INCANDESCENCE n. f. ▪ État d'un corps incandescent. *Porter un métal à l'incandescence. Lampe à incandescence.* ♦ fig. Violente excitation.

INCANDESCENT, ENTE adj. ▪ Chauffé à blanc ou au rouge vif ; rendu lumineux par une chaleur intense. ⇒ **ardent.** *Charbon incandescent. Manchon, filament incandescent* (pour l'éclairage). ♦ fig. *Une passion incandescente.*

INCANTATION n. f. ▪ Emploi de paroles magiques. ♦ Paroles magiques pour opérer un charme, un sortilège (⇒ **enchantement**).

INCANTATOIRE adj. ▪ Qui forme une incantation, a un pouvoir magique (du langage).

INCAPABLE adj. ▪ **1.** *INCAPABLE DE* (+ inf.) : qui n'est pas capable (par nature ou par accident, de façon temporaire ou définitive) de. ⇒ **impuissant, inapte.** *Elle est incapable de mentir.* ➝ (+ n.) *Être incapable de générosité.* ♦ (choses) VX Non susceptible de. *Une terre incapable de rien produire.* **2.** absolt Qui n'a pas l'aptitude, la capacité nécessaire. ➝ n. *C'est un, une incapable.* ⇒ **nullité.** **3.** DR. Qui est en état d'incapacité (3) **juridique.**

INCAPACITÉ n. f. ▪ **1.** État d'une personne incapable (de faire qqch.). ⇒ **impossibilité.** *Je suis dans l'incapacité de vous répondre.* ➝ absolt Incompétence. **2.** État d'une personne qu'une blessure, une maladie a rendue incapable de travailler. *Incapacité totale, partielle.* ⇒ **invalidité.** **3.** DR. Absence

les **Incas.** Le Machu Picchu. *Phot. © Dagli Orti*

de l'aptitude à jouir d'un droit ou à l'exercer par soi-même. *L'incapacité d'exercice des mineurs.*

INCARCÉRATION n. f. ▪ Action d'incarcérer. ⇒ **emprisonnement.** ♦ État d'une personne incarcérée. ⇒ **captivité.**

INCARCÉRER v. tr. 6 ▪ Mettre en prison. ⇒ **emprisonner.** *Incarcérer un condamné.*

INCARNAT, ATE adj. ▪ D'un rouge clair et vif. *Un velours incarnat.*

INCARNATION n. f. ▪ **1.** RELIG. CHRÉT. Union intime en Jésus-Christ de la nature divine avec une nature humaine. **2.** Ce qui incarne, représente. ⇒ **personnification.** *Elle est l'incarnation de la douceur.*

INCARNER v. tr. 1 ▪ **1.** Revêtir (un être spirituel) d'un corps charnel, d'une forme humaine ou animale. **2.** Représenter en soi, soi-même (une chose abstraite). *Robespierre incarnait la Révolution.* **3.** Représenter (un personnage) dans un spectacle. ⇒ **jouer.** *Falconetti incarne Jeanne d'Arc dans le film de Dreyer.* ► **INCARNÉ, ÉE** adj. ▪ **I. 1.** *Le Verbe incarné* : le Christ. **2.** (abstraction) Personnifié. *Il est la jalousie incarnée.* **II.** *Ongle incarné,* qui a pénétré dans la chair.

INCARTADE n. f. ▪ **1.** VX Attaque soudaine ; brusquerie. **2.** MOD. Léger écart de conduite. *Ce n'est pas sa première incartade.*

INCASSABLE adj. ▪ Qui ne se casse pas, ou pas facilement. *Verre incassable.*

Thomas Harper INCE (1882 - 1924) ▪ Réalisateur et producteur américain de cinéma. L'un des fondateurs de la dramaturgie du film. Il est considéré comme le véritable inventeur du genre du western. *"Civilisation"* (1916).

INCENDIAIRE ▪ **I.** n. Personne qui allume un incendie. ⇒ **pyromane. II.** adj. **1.** Propre à causer un incendie. *Des bombes incendiaires.* **2.** fig. Propre à enflammer les esprits, à allumer la révolte. *Des déclarations incendiaires.* ♦ Qui éveille les désirs amoureux. *Une œillade incendiaire.*

INCENDIE n. m. ▪ **1.** Grand feu qui se propage en causant des dégâts. *Les pompiers ont maîtrisé l'incendie. Des incendies de forêt.* **2.** fig. Explosion de passions, de sentiments violents. ♦ Bouleversement social important. ⇒ **conflagration.**

INCENDIER v. tr. 7 ▪ **1.** Mettre en feu en provoquant un incendie. ⇒ **brûler.** *Incendier une maison.* **2.** Irriter en provoquant une impression de brûlure. **3.** LITTÉR. Colorer d'une lueur ardente. *Le soleil incendiait l'horizon.* **4.** LITTÉR. Enflammer, exciter (les passions). ♦ FAM. *Incendier qqn,* l'accabler de reproches.

INCERTAIN, AINE adj. ▪ **I. 1.** Qui n'est pas fixé d'avance, certain, assuré. ⇒ **aléatoire, douteux, hypothétique, problématique.** *Le résultat est bien incertain.* ♦ Sur lequel on ne peut compter. *Le temps est incertain.* ⇒ **changeant.** - n. m. *Le certain et l'incertain* (⇒ **possible**). **2.** Qui n'est pas connu avec certitude. *Un mot d'origine incertaine.* **3.** LITTÉR. Dont la forme, la nature n'est pas nette. ⇒ **confus, imprécis, vague.** *Une silhouette aux contours incertains.* **II. 1.** (personnes) Qui manque de certitude, de décision, qui est dans le doute. ⇒ **embarrassé, hésitant, indécis, irrésolu.** *Être incertain du parti à prendre.* **2.** Hésitant, peu assuré. *Une démarche incertaine.*

INCERTITUDE n. f. ▪ **I. 1.** État de ce qui est incertain. *L'incertitude de notre avenir.* ⇒ **précarité. 2.** Chose imprévisible. *Il y a trop d'incertitudes dans cette affaire.* ♦ SC. Indétermination. *Principe d'incertitude de Heisenberg :* en physique quantique, impossibilité de déterminer avec précision à la fois la position et la vitesse d'une particule. **II.** État d'une personne incertaine, qui ne sait pas ce qu'elle doit faire. ⇒ **doute, embarras, indécision, perplexité.** *Être dans l'incertitude.*

INCESSAMMENT adv. ▪ **1.** VIEILLI Continuellement. **2.** MOD. Très prochainement, sans délai. ⇒ **bientôt.** *Il doit arriver incessamment.*

INCESSANT, ANTE adj. ▪ Qui ne cesse pas, dure sans interruption. ⇒ **continuel, ininterrompu.** *Un bruit incessant.* - *D'incessantes récriminations.* ⇒ **répété.**

INCESSIBLE adj. ▪ DR. Qui ne peut être cédé. ⇒ **inaliénable.** ► n. f. INCESSIBILITÉ

INCESTE n. m. ▪ Relations sexuelles entre proches parents (dont le mariage est interdit) ; amour incestueux. *Inceste entre frère et sœur.* - par ext. (Entre alliés) *L'inceste de Phèdre.*

INCESTUEUX, EUSE adj. ▪ **1.** Coupable d'inceste. *Un père incestueux.* **2.** Caractérisé par l'inceste. *Amour incestueux.* **3.** Né d'un inceste.

INCHANGÉ, ÉE adj. ▪ Qui n'a pas changé. *La situation demeure inchangée,* reste la même. ⇒ **identique.**

INCHOATIF, IVE [-kɔ-] adj. ▪ LING. Qui sert à exprimer une action qui commence, une progression, par une forme spécifique (ex. en latin les verbes en *-escere*) ou non (ex. en français *s'endormir, vieillir*).

INCH'ŎN ou **INCHEON** ▪ Ville et port de Corée-du-Sud. 1 818 300 hab.

INCIDEMMENT [-amɑ̃] adv. ▪ D'une manière incidente ; sans y attacher une importance capitale. *Il en a parlé, mais incidemment.*

INCIDENCE n. f. ▪ **1.** PHYS. Rencontre d'un rayon et d'une surface. *Point, angle d'incidence.* **2.** Conséquence, influence. *L'incidence des salaires sur les prix de revient.* ♦ *L'incidence d'un impôt.*

① **INCIDENT** n. m. ▪ **1.** Petit événement qui survient. ♦ Petite difficulté imprévue au cours d'une entreprise. ⇒ **anicroche.** *Le voyage s'est passé sans incident. Incidents de* *parcours.* **2.** Événement peu important en lui-même mais capable d'entraîner de graves conséquences. *Un incident de frontière.* ♦ Désordre. *Provoquer des incidents pendant une réunion.* ♦ Objection, difficulté (dans un débat). *Des incidents de séance.* ➝ *L'incident est clos :* la querelle est terminée.

② **INCIDENT, ENTE** adj. ▪ **1.** DR., POLIT. Qui survient accessoirement, qui n'est pas essentiel. ⇒ **accessoire.** *Une question incidente.* **2.** PHYS. *Rayon incident (à une surface),* qui la rencontre. **3.** GRAMM. (proposition, remarque) Qui suspend une phrase, un exposé, pour y introduire un énoncé accessoire. ➝ n. f. *Mettre une incidente entre parenthèses, entre tirets* (ex. *Vous viendrez — je le suppose — avec vos parents*).

INCINÉRATEUR n. m. ▪ Dispositif pour incinérer (spécialt les ordures).

INCINÉRATION n. f. ▪ Action d'incinérer. *Incinération d'un cadavre.* ⇒ **crémation.**

INCINÉRER v. tr. [6] ▪ Réduire en cendres. ⇒ **brûler.** *Appareil à incinérer les ordures* (⇒ **incinérateur**). ➝ *Son cadavre a été incinéré.*

INCIPIT [ɛ̃sipit] n. m. invar. ▪ Premiers mots d'un livre.

INCISE n. f. ▪ GRAMM. Courte proposition insérée dans une phrase, pour indiquer qu'on rapporte les paroles de qqn (ex. *dit-elle,* dans *dès demain, dit-elle, je pars*).

INCISER v. tr. [1] ▪ Fendre avec un instrument tranchant. ⇒ **couper, entailler.** *Inciser l'écorce d'un arbre pour le greffer.*

INCISIF, IVE adj. ▪ **1.** VX Tranchant (⇒ **incisive**). **2.** fig. Acéré, mordant dans l'expression. *Une ironie incisive.*

INCISION n. f. ▪ **1.** Action d'inciser. ⇒ **entaille.** *Chirurgien qui pratique une incision.* **2.** Coupure, fente (faite en incisant). *Une incision profonde.*

INCISIVE n. f. ▪ Dent aplatie et tranchante, sur le devant de la mâchoire. *Incisives inférieures, supérieures.*

INCITATIF, IVE adj. ▪ Qui incite à faire qqch. ⇒ **motivant, stimulant.** ➝ *Prix incitatifs.*

INCITATION n. f. ▪ Action d'inciter ; ce qui incite. ⇒ **encouragement.** ➝ DR. *Incitation à la débauche, au meurtre.* ⇒ **provocation.**

INCITER v. tr. [1] ▪ **1.** Entraîner, pousser. *Inciter qqn à qqch., à faire qqch.* **2.** (choses) Conduire (qqn) à un sentiment, un comportement. ⇒ **engager, incliner.** *Sa réponse m'incite à penser qu'il est innocent.*

INCIVIL, ILE adj. ▪ LITTÉR. Impoli. *Un homme incivil.*

INCIVILITÉ n. f. ▪ LITTÉR. Impolitesse.

INCLASSABLE adj. ▪ Qu'on ne peut définir, rapporter à un ensemble connu. *Une œuvre inclassable.*

INCLÉMENCE n. f. ▪ LITTÉR. Caractère pénible (des éléments). *L'inclémence du temps.*

INCLÉMENT, ENTE adj. ▪ LITTÉR. Rigoureux. *Un hiver inclément.*

INCLINABLE adj. ▪ Que l'on peut incliner. *Siège à dossier inclinable.*

INCLINAISON n. f. ▪ **1.** État de ce qui est incliné ; obliquité. *L'inclinaison d'un toit.* ⇒ **pente.** **2.** *Inclinaison d'un plan, d'une ligne,* angle qu'ils font avec une autre surface ou ligne. ➝ PHYS. *Inclinaison magnétique :* angle formé avec l'horizon par une aiguille aimantée. **3.** Action de pencher ; position penchée (de la tête, du buste).

INCLINATION n. f. ▪ **I.** Action d'incliner (la tête ou le corps) en signe d'acquiescement ou de déférence. ⇒ **révérence, salut.** *Saluer qqn d'une inclination de tête.* **II.** fig. **1.** Mouvement affectif, spontané vers une chose, une personne ou une fin. ⇒ **goût, penchant, tendance.** *Combattre, suivre ses inclinations. Son inclination le porte, l'incite à...* **2.** LITTÉR. Mouvement qui porte à aimer qqn. *Mariage d'inclination.*

INCLINER v. [1] ▪ **I.** v. tr. **1.** Rendre oblique (ce qui est vertical ou horizontal). ⇒ **baisser, courber, pencher.** *Inclinez le flacon et versez doucement.* ➝ au p. p. *Plan* incliné. Une écriture inclinée.* **2.** fig. *INCLINER qqn À,* le rendre enclin à. ⇒ **inciter, porter.** *Les circonstances l'inclinent à réagir.* **II.** v. intr. LITTÉR. *INCLINER À :* être enclin, porté à (qqch.). *Le juge semblait incliner à l'indulgence.* ⇒ **pencher.** *J'incline à penser qu'il a raison.* ► **S'INCLINER** v. pron. **1.** Se courber, se pencher. *Saluer en s'inclinant.* **2.** fig. *S'incliner devant qqn,* reconnaître sa supériorité. ♦ S'avouer vaincu, renoncer à lutter. ⇒ **abandonner, obéir.** *Je m'incline.*

INCLURE v. tr. [35] ▪ **1.** Mettre (qqch.) dans un ensemble (envoi, texte, compte, etc.). ⇒ **insérer, introduire.** *Inclure une clause dans un contrat.* **2.** abstrait Comporter, impliquer. *Le sens du mot « fleur » inclut celui de « rose ».*

INCLUS, USE adj. ▪ **1.** Contenu, compris (dans). *Dépense incluse. Jusqu'à la page dix incluse.* ➝ MATH. *Ensemble inclus dans un autre* (⇒ **inclusion**). **2.** *CI-INCLUS, CI-INCLUSE,* inclus ici, ci-joint. *Vous trouverez ci-inclus les documents nécessaires. La lettre ci-incluse.* ➝ (invar. avant le n.) *Ci-inclus notre facture.*

INCLUSIF, IVE adj. ▪ DIDACT. Qui inclut (qqch.) en soi. ➝ LOG. « *Ou* » *inclusif* (s'oppose à *exclusif*).

INCLUSION n. f. ▪ **1.** Action d'inclure ; ce qui est inclus. *L'inclusion d'une clause dans un contrat.* **2.** MATH., LOG. Rapport entre deux ensembles dont l'un est entièrement compris dans l'autre.

INCLUSIVEMENT adv. ▪ En comprenant (la chose dont on vient de parler). *Jusqu'au* XVe *siècle inclusivement.* ⇒ **compris.**

INCOERCIBLE [-kɔɛʀ-] adj. ▪ LITTÉR. Qu'on ne peut contenir, réprimer. ⇒ **irrépressible.** *Un fou rire incoercible.*

INCOGNITO ▪ **1.** adv. En faisant en sorte qu'on ne soit pas reconnu (dans un lieu). *Voyager incognito.* **2.** n. m. Situation d'une personne qui cherche à ne pas être reconnue. *Garder l'incognito.*

INCOHÉRENCE n. f. ▪ **1.** Caractère de ce qui est incohérent. *L'incohérence d'un discours.* **2.** Parole, idée, action incohérente. *Son récit est plein d'incohérences. Un tissu d'incohérences.*

INCOHÉRENT, ENTE adj. ▪ **1.** Qui n'est pas cohérent, manque de suite, de logique, d'unité. *Des propos incohérents.* ⇒ **illogique, incompréhensible.** **2.** Qui est sans unité, n'est pas homogène.

INCOLLABLE adj. ▪ **I.** FAM. Qu'on ne peut coller, qui répond à toutes les questions. *Il est incollable en histoire.* ⇒ **imbattable.** **II.** Qui ne colle pas. *Riz incollable.*

INCOLORE adj. ▪ **1.** Qui n'est pas coloré. *Gaz incolore et inodore. Vernis incolore.* **2.** fig. Sans éclat. ⇒ **terne.** *Un style incolore,* sans images.

INCOMBER v. tr. ind. [1] 3es pers. seulement ▪ (charge, obligation) *INCOMBER À :* peser sur (qqn), être imposé à (qqn). *Ces responsabilités lui incombent.* ➝ impers. *C'est à vous qu'il incombe de,* qu'il revient de.

INCOMBUSTIBLE adj. ▪ Qui ne brûle pas ou très mal. *Des matériaux incombustibles.* ⇒ **ininflammable.**

INCOMMENSURABLE adj. ▪ **1.** MATH. au plur. (grandeurs) Dont le rapport est un nombre irrationnel. *Nombres incommensurables.* **2.** DIDACT. Non mesurable. ♦ COUR. Si grand qu'il ne peut être mesuré. ⇒ **démesuré, illimité, immense.** *Sa vanité, sa bêtise est incommensurable.*

INCOMMODANT, ANTE adj. ▪ Qui incommode physiquement. ⇒ **gênant.** *Un parfum incommodant.*

INCOMMODE adj. ▪ **1.** Qui est peu pratique à l'usage. *Un outil incommode.* **2.** LITTÉR. Qui est désagréable, qui gêne. *Une posture incommode.* ⇒ **inconfortable.** ► adv. INCOMMODÉMENT

INCOMMODER v. tr. [1] ▪ **1.** VX Gêner. **2.** MOD. Causer une gêne physique à (qqn), mettre mal à l'aise. ⇒ **fatiguer, gêner, indisposer.** *Le bruit l'incommodait.* ➝ LITTÉR. *Être incommodé :* se sentir un peu souffrant.

INCOMMODITÉ n. f. ▪ **1.** Caractère de ce qui n'est pas pratique. *L'incommodité de cette installation.* **2.** LITTÉR. Gêne causée par (qqch.). *L'incommodité d'un voisinage bruyant.*

INCOMMUNICABILITÉ n. f. ▪ LITTÉR. Caractère de ce qui est incommunicable. ♦ Impossibilité de communiquer avec d'autres personnes.

INCOMMUNICABLE adj. ▪ **1.** Dont on ne peut faire part à personne. ⇒ **inexprimable.** *Un état d'âme incommunicable.* **2.** au plur. Qui ne peuvent être mis en communication. *Deux domaines incommunicables.*

INCOMPARABLE adj. ▪ **1.** au plur. Qui ne peuvent être mis en comparaison. *Deux choses absolument incomparables.* **2.** À qui ou à quoi rien ne semble pouvoir être comparé (en bien) ; sans pareil. ⇒ **inégalable, supérieur.** *Un talent incomparable.* ➝ (personnes) *Un musicien incomparable.*

INCOMPARABLEMENT adv. ▪ Sans comparaison possible. *Il est incomparablement plus adroit.*

INCOMPATIBILITÉ n. f. ▪ **1.** Impossibilité de s'accorder, d'exister ensemble. ⇒ **désaccord, opposition.** *Divorce pour incompatibilité d'humeur.* ▸ MÉD. *L'incompatibilité de deux groupes sanguins.* **2.** Impossibilité légale de cumuler certaines fonctions ou occupations.

INCOMPATIBLE adj. ▪ **1.** Qui ne peut coexister, être associé (avec une autre chose). ⇒ **inconciliable, opposé.** *Choses incompatibles, incompatibles les unes avec les autres, incompatibles entre elles. Caractères, humeurs incompatibles.* **2.** (fonctions, mandats...) Dont la loi interdit le cumul.

INCOMPÉTENCE n. f. ▪ Défaut de compétence. ⇒ **ignorance.** *Son incompétence en matière de finances, en politique. Une incompétence notoire.*

INCOMPÉTENT, ENTE adj. ▪ **1.** Qui n'a pas les connaissances suffisantes pour juger, décider d'une chose. *Il est incompétent dans ce domaine.* **2.** DR. Qui n'est pas juridiquement compétent. *Le tribunal s'est déclaré incompétent.*

INCOMPLET, ÈTE adj. ▪ Qui n'est pas complet ; auquel il manque qqch., un élément. *Une liste incomplète.* ▸ *Avoir une vue incomplète de la situation.*

INCOMPLÈTEMENT adv. ▪ D'une manière incomplète. ⇒ **imparfaitement.**

INCOMPRÉHENSIBLE adj. ▪ **1.** (sens fort) Inconcevable. **2.** (sens faible) Impossible ou très difficile à comprendre, à expliquer. *Texte incompréhensible.* ⇒ **obscur.** *Sa disparition est incompréhensible.* ⇒ **inexplicable, mystérieux.** *Ce discours m'est incompréhensible.* ▸ *Une attitude, un caractère incompréhensible.* ▶ n. f. INCOMPRÉHENSIBILITÉ

INCOMPRÉHENSIF, IVE adj. ▪ (personnes) Qui ne comprend pas autrui, qui ne se met pas à la portée des autres. *Des parents incompréhensifs.*

INCOMPRÉHENSION n. f. ▪ Incapacité ou refus de comprendre qqn ou qqch., de lui rendre justice. *L'incompréhension entre deux personnes.*

INCOMPRESSIBLE adj. ▪ Qui n'est pas compressible. ♦ fig. Qu'on ne peut réduire. *Dépenses incompressibles.*

INCOMPRIS, ISE adj. ▪ Qui n'est pas compris, apprécié à sa juste valeur. *Un génie incompris.* ▸ n. *Une incomprise.*

INCONCEVABLE adj. ▪ **1.** Dont l'esprit humain ne peut se former aucune représentation. *L'infini est inconcevable.* ⇒ **incompréhensible** (1). **2.** Impossible ou difficile à comprendre, à imaginer, à croire. ⇒ **incompréhensible, incroyable, inimaginable.** *Une légèreté inconcevable.* ▸ péj. *C'est inconcevable !* ⇒ **inadmissible.** ▸ n. m. *L'inconcevable.*

INCONCILIABLE adj. ▪ Qui n'est pas conciliable. ⇒ **incompatible.** *Des intérêts inconciliables.*

INCONDITIONNEL, ELLE adj. ▪ **1.** Qui ne dépend d'aucune condition. ⇒ **absolu.** *Une acceptation inconditionnelle. Soutien inconditionnel.* **2.** Qui suit en toute circonstance et sans discussion les décisions (d'un homme, d'un parti). ▸ n. *Les inconditionnels d'un parti.* ▶ adv. INCONDITIONNELLEMENT

INCONDUITE n. f. ▪ Mauvaise conduite sur le plan moral. ⇒ **débauche.** *Une inconduite scandaleuse.*

INCONFORT n. m. ▪ Manque de confort. *Vivre dans l'inconfort.* ▸ fig. *Inconfort intellectuel.*

INCONFORTABLE adj. ▪ Qui n'est pas confortable. *Un logement inconfortable.* ▸ fig. *Être dans une situation inconfortable.* ⇒ **délicat, gênant.** ▶ adv. INCONFORTABLEMENT

INCONGRU, UE adj. ▪ Contraire aux usages, à la bienséance. *Une remarque incongrue.*

INCONGRUITÉ n. f. ▪ Action ou parole incongrue, déplacée. *Il ne dit que des incongruités.*

INCONNAISSABLE adj. ▪ Qui ne peut être connu. ▸ n. m. Ce qui échappe à la connaissance humaine.

INCONNU, UE adj. ▪ **1.** (choses) Dont on ignore l'existence ou la nature. *Découvrir un monde inconnu.* ⇒ **mystérieux, secret.** *Partir pour une destination inconnue.* ▸ n. m. *La soif, la peur de l'inconnu.* **2.** (personnes) Dont on ignore l'identité. *Enfant né de père inconnu. L'auteur a voulu rester inconnu,* garder l'anonymat, l'incognito. ▸ FAM. *Inconnu au bataillon,* complètement inconnu (de la personne qui parle). ▸ n. *Une inconnue. Déposer une plainte contre (un) inconnu* (→ contre X). **3.** Qu'on connaît très peu, faute d'étude, d'expérience. ▸ *INCONNU À, DE qqn. Une coutume inconnue de nous.* ⇒ **étranger.** ♦ Qu'on n'a encore jamais ressenti. ⇒ **nouveau.** *Une impression inconnue (de moi...).* **4.** (personnes) Dont on n'a jamais fait connaissance. ▸ n. *Un inconnu l'a abordé.* ♦ Qui n'est pas connu, notoire, célèbre. ▸ n. plais. *Un illustre inconnu.*

INCONNUE n. f. ▪ MATH. Quantité inconnue (d'une équation). *Équation à deux inconnues.* ♦ Élément inconnu d'un problème, d'une situation envisagée.

INCONSCIEMMENT [-amɑ̃] adv. ▪ De façon inconsciente, sans s'en rendre compte.

INCONSCIENCE [-jɑ̃s] n. f. ▪ **1.** Privation permanente ou momentanée de la conscience. *Le malade a sombré dans l'inconscience.* **2.** Absence de jugement, de conscience claire du risque. *C'est de l'inconscience.* ⇒ **aveuglement, folie.**

INCONSCIENT, ENTE [-jɑ̃, -ɑ̃t] ▪ **I.** adj. **1.** À qui la conscience fait défaut, de façon permanente ou temporaire. *Il est resté inconscient pendant une heure.* ⇒ **évanoui.** **2.** Qui n'a pas conscience (de qqch.). *Il était inconscient du danger.* ▸ absolt *Il est complètement inconscient.* ⇒ **fou.** ▸ n. *C'est un inconscient.* **3.** (choses) Dont on n'a pas conscience ; qui échappe à la conscience. *Un mouvement inconscient.* ⇒ **instinctif, machinal.** **II.** n. m. *L'INCONSCIENT :* ce qui échappe entièrement à la conscience, même quand le sujet cherche à le percevoir. ▸ *Les théories de l'inconscient* (⇒ **psychanalyse**). *L'inconscient freudien .* ▸ *L'inconscient collectif* (Jung).

INCONSÉQUENCE n. f. ▪ **1.** Manque de suite dans les idées, de réflexion dans la conduite. *L'inconséquence de sa conduite.* ⇒ **légèreté.** **2.** Action ou parole inconséquente. ⇒ **contradiction.**

INCONSÉQUENT, ENTE adj. ▪ LITTÉR. **1.** (choses) Qui n'est pas conforme à la logique. ♦ Dont on n'a pas calculé les conséquences (qui risquent d'être fâcheuses). ⇒ **inconsidéré.** *Sa conduite est inconséquente.* **2.** (personnes) Qui est en contradiction avec soi-même. ♦ Qui ne calcule pas les conséquences de ses actes.

INCONSIDÉRÉ, ÉE adj. ▪ Qui témoigne d'un manque de réflexion. ⇒ **imprudent, irréfléchi.** *Une initiative inconsidérée.*

INCONSIDÉRÉMENT adv. ▪ Sans réflexion suffisante. ⇒ **étourdiment.** *Répondre inconsidérément.*

INCONSISTANCE n. f. ▪ Manque de logique, de fermeté ; faiblesse. *L'inconsistance d'un raisonnement.*

INCONSISTANT, ANTE adj. ▪ **1.** Qui manque de consistance morale, de cohérence, de solidité. *Un caractère inconsistant.* ⇒ **faible.** ▸ *Une argumentation inconsistante.* **2.** Sans intérêt, sans profondeur (récit, œuvre).

INCONSOLABLE adj. ▪ Qu'on ne peut consoler. *Une veuve inconsolable.* ▸ *Une peine inconsolable.*

INCONSOLÉ, ÉE adj. ▪ Qui n'est pas consolé. *Une veuve inconsolée.* ▸ *Une douleur inconsolée.*

INCONSTANCE n. f. ▪ Caractère d'une personne, d'une chose inconstante. *L'inconstance du public.* ⇒ **versatilité.** *"La Double Inconstance"* (pièce de Marivaux). ⇒ **infidélité.** *L'inconstance des choses humaines.* ⇒ **fragilité.**

INCONSTANT, ANTE adj. ▪ **1.** Qui n'est pas constant, change facilement (d'opinion, de sentiment, de conduite). ⇒ **changeant, instable, versatile.** *Être inconstant dans ses goûts, dans ses idées.* ♦ Qui a tendance à être infidèle en amour. **2.** (choses) LITTÉR. Qui est sujet à changer. ⇒ **changeant.** *Un bonheur inconstant.*

INCONSTITUTIONNALITÉ n. f. ▪ Caractère inconstitutionnel.

INCONSTITUTIONNEL, ELLE adj. ▪ Qui n'est pas en accord avec la Constitution d'un État. *Loi inconstitutionnelle.* ⇒ **anticonstitutionnel.**

INCONSTRUCTIBLE adj. ▪ (terrain) Où l'on ne peut construire.

INCONTESTABLE adj. ▪ **1.** Que l'on ne peut contester, mettre en doute. ⇒ **certain, indiscutable, sûr.** *Des faits incontestables. Il est incontestable qu'il y a une crise.* **2.** Indiscutable. *C'est un incontestable chef-d'œuvre.*

INCONTESTABLEMENT adv. ▪ D'une manière incontestable. ⇒ **assurément.** *Il a incontestablement beaucoup de talent.*

INCONTESTÉ, ÉE adj. ▪ Qui n'est pas contesté. *Le chef incontesté du parti.*

INCONTINENCE n. f. ▪ **1.** LITTÉR. Absence de retenue (en matière de langage). **2.** Émission involontaire d'urine. ⇒ **énurésie.**

① **INCONTINENT, ENTE** adj. ▪ 1. LITTÉR. Qui manque de retenue, de modération. 2. Qui ne peut contrôler ses émissions d'urine. *Un enfant incontinent.* ▸ n. *Les incontinents.*

② **INCONTINENT** adv. ▪ VIEILLI Tout de suite, sur-le-champ.

INCONTOURNABLE adj. ▪ Qu'on ne peut se dispenser de connaître ; que l'on ne peut éviter ; dont il faut tenir compte.

INCONTRÔLABLE adj. ▪ Qui n'est pas contrôlable. *Des témoignages incontrôlables.* ⇒ **invérifiable.**

INCONTRÔLÉ, ÉE adj. ▪ Qui n'est pas contrôlé. *Des nouvelles incontrôlées.* Qui échappe à toute autorité. *Des bandes incontrôlées. Des éléments incontrôlés* (dans une manifestation).

INCONVENANCE n. f. ▪ LITTÉR. 1. Caractère de ce qui est inconvenant. ⇒ **incorrection, indécence.** 2. Parole, action inconvenante. ⇒ **grossièreté, impolitesse.** *Commettre des inconvenances.*

INCONVENANT, ANTE adj. ▪ LITTÉR. Qui est contraire aux convenances, aux usages. *Un luxe inconvenant.* ⇒ **choquant, indécent.** spécialt Qui enfreint les règles sociales, en matière sexuelle. *Des sous-entendus inconvenants.* ⇒ **déplacé, incorrect, indécent.**

INCONVÉNIENT [jɑ̃] n. m. ▪ 1. VX Malheur. ▸ Désagrément. 2. Conséquence fâcheuse (d'une action, d'une situation). *Subir les inconvénients d'un déménagement. Si vous n'y voyez pas d'inconvénient :* si cela ne vous dérange pas. 3. Désavantage inhérent à une chose qui, par ailleurs, est ou peut être bonne. *Les avantages et les inconvénients d'une situation,* le bon et le mauvais côté.

INCONVERTIBLE adj. ▪ Qu'on ne peut convertir (2). *Monnaie inconvertible,* qui ne peut être échangée contre une autre.

INCORPORATION n. f. ▪ 1. Action de faire entrer (une substance) dans une autre. ⇒ **mélange.** *L'incorporation de crème dans une sauce.* 2. Action d'incorporer (2). ⇒ **intégration.** 3. Inscription (des recrues) sur les registres de l'armée. ⇒ **appel.** *Sursis d'incorporation.*

INCORPOREL, ELLE adj. ▪ 1. Qui n'a pas de corps. 2. Qui n'est pas matériel. ♦ DR. *Biens incorporels :* les droits, à l'exception du droit de propriété d'une chose matérielle.

INCORPORER v. tr. [1] ▪ 1. Unir intimement (une matière à une autre). ⇒ **mélanger.** *Incorporer de l'eau au plâtre en poudre.* 2. Faire entrer comme partie dans un tout. ⇒ **réunir.** ▸ (compl. personne) *Incorporer qqn dans une association.* ⇒ **intégrer.** 3. Enrôler (un conscrit). ▸ au p. p. *Jeunes gens incorporés.* ⇒ **appelé.**

INCORRECT, ECTE [-ɛkt] adj. ▪ 1. Qui n'est pas correct (dans le domaine intellectuel, technique...). *Expression incorrecte.* ⇒ **impropre.** *Une interprétation incorrecte des faits.* ⇒ **inexact.** 2. Contraire aux usages, aux bienséances. ⇒ **déplacé, inconvenant.** *Tenue incorrecte.* ▸ (personnes) *Être incorrect avec qqn,* manquer envers lui aux usages, aux règles (de la politesse, des affaires, etc.).

INCORRECTEMENT adv. ▪ D'une manière incorrecte.

INCORRECTION n. f. ▪ 1. Défaut de correction du style. ♦ Expression incorrecte. ⇒ **faute, impropriété.** 2. Caractère de ce qui est contraire aux usages, au savoir-vivre, à la morale sociale. ⇒ **inconvenance.** ▸ *Incorrection en affaires.* ⇒ **indélicatesse.** ♦ Parole ou action incorrecte. ⇒ **impolitesse.** *Une grossière incorrection.*

INCORRIGIBLE adj. ▪ 1. (personnes) Qui persévère dans ses défauts, ses erreurs. *Cet enfant est incorrigible.* ▸ plais. *Un incorrigible optimiste.* ⇒ **impénitent.** 2. (erreurs, défauts) Qui persiste chez qqn. ⇒ **incurable.** *Son incorrigible étourderie.* ► adv. INCORRIGIBLEMENT

INCORRUPTIBLE adj. ▪ 1. (choses) Qui n'est pas corruptible. ⇒ **inaltérable.** *L'essence incorruptible de Dieu. Du bois incorruptible.* 2. (personnes) Qui ne se laisse pas corrompre. ⇒ **intègre.** *Un juge incorruptible.* ▸ n. m. *L'Incorruptible,* surnom de Robespierre. ► n. f. INCORRUPTIBILITÉ

INCRÉDULE adj. ▪ 1. LITTÉR. Qui ne croit pas, qui doute (en matière de religion). ⇒ **sceptique ;** ≠ *incroyant.* ▸ n. *Les incrédules.* 2. Qui se laisse difficilement persuader, convaincre. *Ses affirmations me laissent incrédule.* ▸ Qui marque un doute. *Un sourire incrédule.*

INCRÉDULITÉ n. f. ▪ 1. LITTÉR. Manque de foi, de croyance religieuse. ⇒ **incroyance.** 2. État d'une personne incrédule. ⇒ **doute, scepticisme.** *La nouvelle n'a suscité que de l'incrédulité.*

INCRÉÉ, ÉE adj. ▪ Qui existe sans avoir été créé.

INCRÉMENT n. m. ▪ SC. Accroissement. ▸ Augmentation minimale d'une fonction qui prend des valeurs discrètes.

INCREVABLE adj. ▪ 1. Qui ne peut être crevé. *Un pneu increvable.* 2. FAM. Qui n'est jamais fatigué. ⇒ **infatigable.**

INCRIMINER v. tr. [1] ▪ Mettre (qqn, qqch.) en cause ; considérer (qqn) comme coupable. ⇒ **accuser.** *On incriminait son entourage plus que lui-même.*

INCROYABLE ▪ I. adj. 1. Qu'il est impossible ou très difficile de croire. ⇒ **étonnant, invraisemblable.** *D'incroyables nouvelles.* ▸ impers. *C'est (il est) incroyable que tu n'aies rien vu.* 2. Peu commun, peu ordinaire. ⇒ **extraordinaire, fantastique, inouï.** *Il a fait des progrès incroyables.* ⇒ **stupéfiant.** ▸ *Un culot incroyable,* inadmissible. 3. (personnes) Dont le comportement étonne. *Il est incroyable avec ses prétentions !* II. n. HIST. *Les Incroyables :* sous le Directoire, Jeunes gens qui affichaient une recherche extravagante dans leur mise et dans leur langage (ils prononçaient « incwayabl »).

INCROYABLEMENT adv. ▪ D'une manière incroyable. *Il est incroyablement prétentieux.* ⇒ **extrêmement.**

INCROYANCE n. f. ▪ Absence, refus de la croyance religieuse. ⇒ **athéisme, incrédulité.**

INCROYANT, ANTE adj. ▪ Qui n'est pas croyant, refuse la foi religieuse. ▸ n. *Les incroyants.* ⇒ **athée.** *Incroyants et incrédules* (agnostiques, sceptiques...).

INCRUSTATION n. f. ▪ 1. Action d'incruster. *La mosaïque se fait par incrustation.* 2. surtout plur. Ornement incrusté. *Meuble orné d'incrustations.* 3. Dépôt pierreux laissé par une eau calcaire. 4. TECHN. Insertion d'une image dans une autre.

INCRUSTER v. tr. [1] ▪ surtout passif 1. Orner (un objet, une surface), suivant un dessin gravé en creux, avec des fragments d'une autre matière. ▸ au p. p. *Poignard incrusté d'or.* ♦ Insérer dans une surface évidée (des matériaux d'ornement taillés en fragments). *Incruster de l'émail.* 2. (sujet chose) Couvrir d'un dépôt (⇒ **incrustation** (3)). ► S'INCRUSTER v. pron. 1. Adhérer fortement à un corps, s'y implanter. *Coquillage qui s'est incrusté dans la pierre.* 2. fig. FAM. (personnes) *S'incruster chez qqn,* ne plus en déloger.

INCUBATEUR n. m. ▪ 1. Couveuse utilisée pour l'incubation des œufs. 2. Couveuse artificielle pour les nouveau-nés fragiles, prématurés.

INCUBATION n. f. ▪ 1. Action de couver des œufs ; développement de l'embryon dans l'œuf. *Les œufs éclosent après incubation. Incubation artificielle* (en couveuse ⇒ **incubateur**). 2. Temps qui s'écoule entre l'époque de la contagion et l'apparition des symptômes d'une maladie. 3. fig. Période pendant laquelle un événement, une création se prépare.

INCUBE n. m. ▪ DIDACT. Démon masculin censé abuser d'une femme pendant son sommeil. *Les incubes et les succubes.*

INCULPATION n. f. ▪ Action d'inculper (qqn).

INCULPER v. tr. [1] ▪ Imputer à (qqn) une infraction sanctionnée pénalement. *Le juge l'a inculpé de vol.* ► INCULPÉ, ÉE p. p. *Suspect inculpé.* ▸ n. Personne qui est sous le coup d'une inculpation.

INCULQUER v. tr. [1] ▪ Faire entrer (qqch.) dans l'esprit d'une façon durable, profonde. *On leur a inculqué de bons principes.*

INCULTE adj. ▪ I. 1. (terre, sol...) Qui n'est pas cultivé. 2. (cheveux, barbe...) Qui n'est pas soigné. II. (personnes) Sans culture intellectuelle. ⇒ **ignorant.**

INCULTURE n. f. ▪ Absence de culture intellectuelle.

INCUNABLE n. m. ▪ Ouvrage imprimé antérieur à 1500, tiré à peu d'exemplaires et très rare.

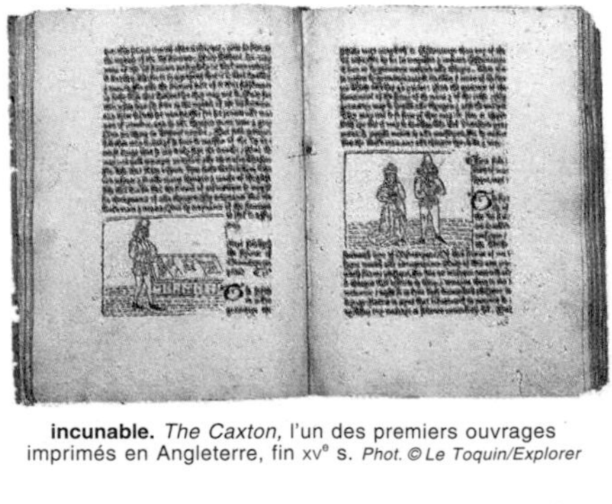

incunable. *The Caxton,* l'un des premiers ouvrages imprimés en Angleterre, fin XVe s. *Phot. © Le Toquin/Explorer*

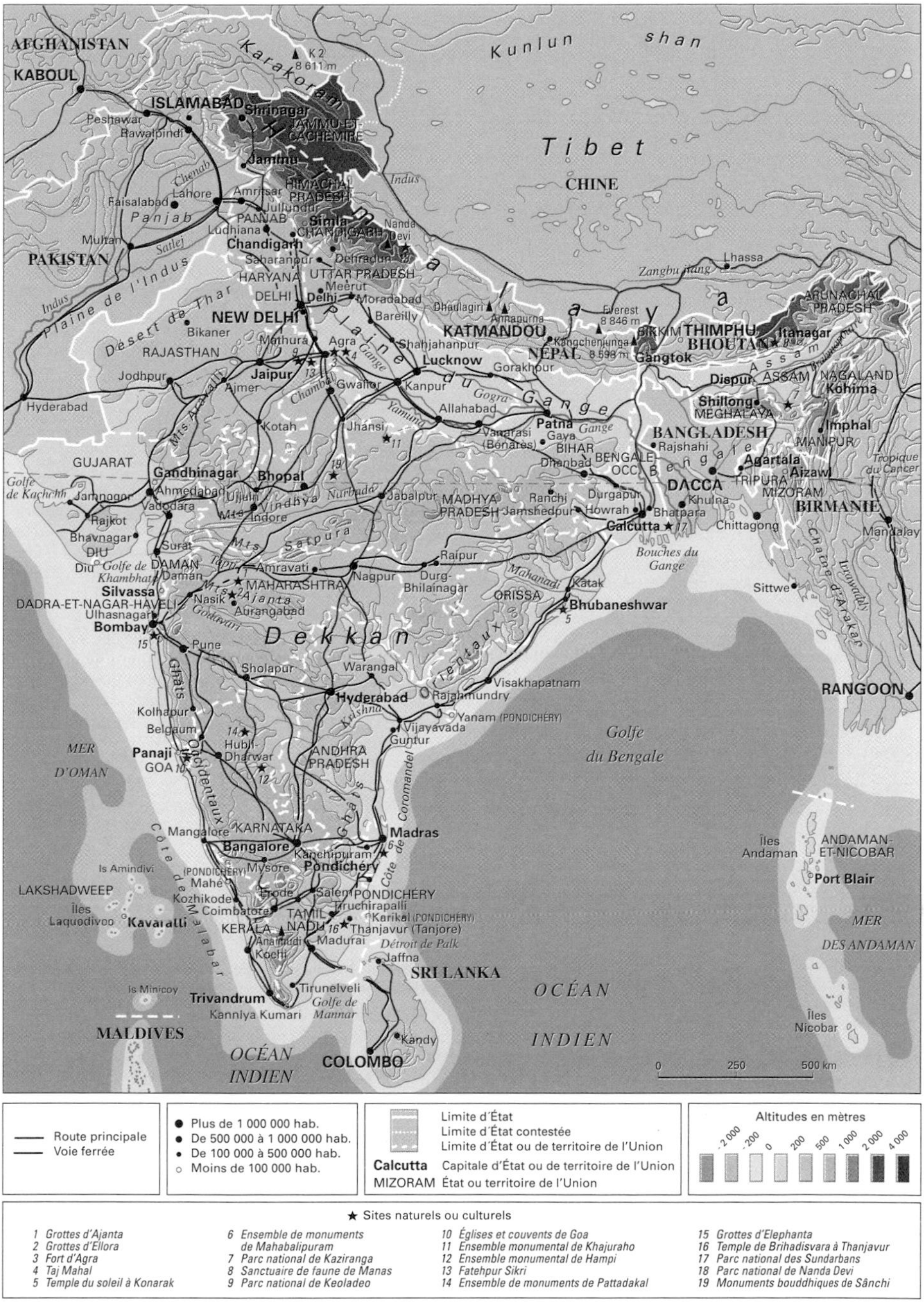

Inde.

INCURABLE adj. ▪ Qui ne peut être guéri. ⇒ **inguérissable.** *Mal, malade incurable.* ♦ péj. *Une vanité incurable.* ⇒ **incorrigible.** ► adv. INCURABLEMENT

INCURIE n. f. ▪ Manque de soin, d'organisation. ⇒ **négligence.** *L'incurie des dirigeants.*

INCURIOSITÉ n. f. ▪ Absence de curiosité.

INCURSION n. f. ▪ **1.** Entrée, court séjour d'envahisseurs en pays ennemi. ⇒ **attaque, invasion.** *Une incursion de bandes armées.* ╸ loc. *Faire incursion chez qqn, quelque part.* **2.** fig. Fait de pénétrer momentanément dans un domaine étranger. *Une brève incursion dans une discipline nouvelle.*

INCURVER v. tr. [1] ▪ Rendre courbe. ⇒ **courber.** ╸ au p. p. *Meuble aux pieds incurvés.*

l'INDE n. f. ▪ État d'Asie, le plus peuplé du monde après la Chine. 844 324 222 hab. *(les Indiens).* 3 287 263 km². République fédérale de 25 États et de 7 territoires de l'Union. Capitale : New Delhi. Villes principales : Bombay, Calcutta, Madras. Langues : hindi et anglais (officielles), bengali ; chaque État a une ou plusieurs langues officielles :

indo-européennes et (au sud) dravidiennes (tamoul, télougou, etc.). Religions : hindouisme, islam, sikhisme, parsisme, jaïnisme. Monnaie : roupie indienne. Climat de mousson. L'agriculture (riz, blé, sucre, thé) occupe 70 % de la population mais, malgré la modernisation des techniques, des millions d'Indiens sont sous-alimentés. Niveau de vie très bas aggravé par le fort taux de croissance de la population et le conservatisme hérité de l'ancienne division de la société en castes et hors castes (intouchables ou parias). Industrie traditionnelle (textile) et industrie récente, favorisée par les ressources minières (métallurgie, chimie, mécanique). L'économie est planifiée et fortement étatisée. Le secteur privé est contrôlé, le commerce extérieur et les investissements sont réglementés. □ HISTOIRE L'Inde entre dans l'histoire avec la civilisation dite de l'Indus (de 2500 à 1200 av. J.-C.). Elle fut envahie par les Indo-Européens, auxquels on doit la rédaction des *Veda* et l'émergence du brahmanisme. Une brillante civilisation se développa sous la dynastie des Gupta (IVe-VIe s.). Du XIIIe au XVIe siècle, les musulmans dominèrent le pays. Babur, un prince turc, fonda l'Empire moghol en 1526 (→ **Aurangzeb**). Toutefois, dès 1510 les Occidentaux (Portugais, Hollandais, Français, Britanniques) rivalisèrent pour installer des comptoirs destinés au commerce des épices et du coton (création par Colbert de la Compagnie française des Indes orientales en 1664). L'Inde devint totalement colonie britannique en 1858, après l'écrasement de la révolte des Cipayes; la reine Victoria fut proclamée impératrice des Indes le 1er janvier 1877. Le pays obtint son indépendance en 1947 grâce à l'action de Gandhi* mais au prix d'une sécession d'une partie du pays qui forma l'État islamique du Pakistan. Après l'assassinat de Gandhi en 1948, l'Inde fut dirigée par Nehru puis par Indira Gandhi, sa fille, et fut le théâtre de violents affrontements entre les diverses religions (hindous et musulmans, le bouddhisme ayant presque disparu) et communautés sikhs; après l'assassinat d'Indira Gandhi (1984) par des sikhs, puis celui de son fils, Rajiv Gandhi (1991), ces difficultés n'ont pas cessé.
► **les établissements français de l'INDE** Territoires indiens qui furent sous contrôle français du XVIIe s. à 1954 et qui comprenaient surtout des ports (Pondichéry, Karikal, Chandernagor, Yanaon, aujourd'hui Yanam, Mahé).

INDÉCEMMENT [-amɑ̃] **adv.** ▪ De manière indécente.

INDÉCENCE n. f. ▪ **1.** Manque de correction. ⇒ **incorrection.** *L'indécence d'une démarche.* ⇒ **inconvenance. 2.** Caractère indécent, impudique. ⇒ **impudicité.** *L'indécence de ses plaisanteries.* **3.** Action, parole indécente.

INDÉCENT, ENTE adj. ▪ **1.** VIEILLI Choquant. *Un luxe indécent.* **2.** Contraire à la décence. ⇒ **déshonnête, impudique, obscène.** *Une posture indécente.* **3.** Qui choque par sa démesure. ⇒ **insolent.** *Il a une veine indécente.*

INDÉCHIFFRABLE adj. ▪ Qui ne peut être déchiffré, illisible. *Code, écriture indéchiffrable.* ♦ Incompréhensible. *Une énigme indéchiffrable.*

INDÉCIS, ISE adj. ▪ **1.** (choses) Qui n'est pas certain. ⇒ **douteux, incertain.** *La victoire demeura longtemps indécise.* ♦ Qui n'est pas bien déterminé, qu'il est difficile de distinguer. ⇒ **imprécis, vague.** *Des formes indécises.* ⇒ **flou. 2.** (personnes) Qui n'a pas encore pris une décision. ⇒ **hésitant, perplexe.** ♦ Qui ne sait pas prendre une décision. → **n.** *C'est un perpétuel indécis.*

la guerre de l'**Indépendance américaine.**
Les généraux Rochambeau et Washington préparant le siège de Yorktown, 1781, tableau de Couder.
Musée national du château, Versailles. *Phot. © Hubert Josse*

INDÉCISION n. f. ▪ Hésitation, incertitude. *Son indécision lui fait manquer bien des occasions.*

INDÉCOMPOSABLE adj. ▪ Qui ne peut être décomposé. *Corps simple indécomposable.*

INDÉCROTTABLE adj. ▪ Qu'on ne parvient pas à débarrasser de ses manières grossières, de ses mauvaises habitudes. ⇒ **incorrigible.**

INDÉFECTIBLE adj. ▪ LITTÉR. Qui ne peut cesser d'être, qui dure toujours. ⇒ **éternel, indestructible.** *Un attachement, une amitié indéfectible.*

INDÉFENDABLE adj. ▪ **1.** RARE Qui ne peut être défendu contre l'ennemi. **2.** fig. Trop mauvais pour être défendu. *Une cause indéfendable.*

INDÉFINI, IE adj. ▪ **1.** Dont les limites ne sont ou ne peuvent être déterminées. ⇒ **illimité.** *Des éléments en nombre indéfini.* **2.** Qui n'est pas défini, qu'on ne peut définir. ⇒ **imprécis, indéterminé, vague.** *Une couleur indéfinie.* **3.** GRAMM. (mot) Qui sert à désigner ou à présenter une chose, une personne (ou plusieurs) qui ne sont ni déterminées ni désignées par un démonstratif. *« Un, une, des », articles indéfinis. Pronoms, adjectifs indéfinis.* → **n. m.** *Un indéfini.*

INDÉFINIMENT adv. ▪ D'une manière indéfinie. ⇒ **éternellement.** *Il ne peut pas attendre indéfiniment.* ⇒ **toujours.**

INDÉFINISSABLE adj. ▪ **1.** Qu'on ne peut définir. → **n. m.** Mot, terme indéfinissable. **2.** Dont on ne saurait préciser la nature. *Une saveur ; un sentiment indéfinissable.* ⇒ **indescriptible, indicible.**

INDÉFORMABLE adj. ▪ Qui ne peut être déformé.

INDÉFRISABLE n. f. ▪ VIEILLI Frisure artificielle destinée à durer assez longtemps. ⇒ **permanente.**

INDÉLÉBILE adj. ▪ Qui ne peut s'effacer. ⇒ **ineffaçable.** *Une tache indélébile.* → fig. *Souvenir indélébile.*

INDÉLICAT, ATE adj. ▪ **1.** Qui manque de délicatesse morale. *Une personne indélicate.* ⇒ **grossier. 2.** Malhonnête. *Un associé indélicat.*

INDÉLICATESSE n. f. ▪ **1.** Défaut d'une personne indélicate. *Son indélicatesse est choquante.* ⇒ **grossièreté, impolitesse. 2.** Procédé, acte indélicat. *Commettre une indélicatesse.* ⇒ **malhonnêteté.**

INDÉMAILLABLE adj. ▪ (tissu) Dont les mailles ne peuvent se défaire. → **n. m.** *Une combinaison en indémaillable.*

INDEMNE adj. ▪ Qui n'a éprouvé aucun dommage, aucun mal ou influence néfaste. *Sortir indemne d'un accident.* ⇒ **sain** et sauf.

INDEMNISATION n. f. ▪ Action d'indemniser. ⇒ **dédommagement.** ♦ Somme fixée pour indemniser.

INDEMNISER v. tr. [1] ▪ Dédommager (qqn) de ses pertes, de ses frais, etc. *Les sinistrés ont été indemnisés.*

INDEMNITÉ n. f. ▪ **1.** Ce qui est attribué à qqn en réparation d'un dommage. ⇒ **dédommagement.** *Indemnité de licenciement.* **2.** Ce qui est attribué en compensation de certains frais. ⇒ **allocation.** *Indemnités de logement.*

INDÉMODABLE adj. ▪ Qui ne risque pas de se démoder.

INDÉMONTRABLE adj. ▪ Qui ne peut être démontré, prouvé. *Axiome, postulat indémontrable.*

INDÉNIABLE adj. ▪ Qu'on ne peut nier ou réfuter. ⇒ **certain, incontestable.** *Des preuves indéniables.* → *C'est indéniable.* ⇒ **indiscutable.**

INDÉNIABLEMENT adv. ▪ Incontestablement.

INDÉPENDAMMENT adv. ▪ *INDÉPENDAMMENT DE* loc. prép. **1.** En faisant abstraction de. *Indépendamment de ses problèmes financiers, il va bien.* **2.** En plus de. *Indépendamment de son travail, il s'occupe d'un ciné-club.* ⇒ ② **outre.**

INDÉPENDANCE n. f. ▪ **I. 1.** État d'une personne indépendante. ⇒ **liberté.** *Conserver son indépendance.* → *Indépendance matérielle, financière.* **2.** Caractère indépendant, nonconformisme. *Indépendance d'esprit.* **3.** Situation d'une collectivité qui n'est pas soumise à une autre. ⇒ **autonomie.** *Les pays colonisés ont acquis leur indépendance.* **II.** Absence de relation, de dépendance (entre plusieurs phénomènes ou choses). *L'indépendance de deux événements.*

la guerre de l'INDÉPENDANCE AMÉRICAINE ▪ Guerre qui opposa le Royaume-Uni à ses colonies d'Amérique du Nord de

1775 à 1782. Sous les ordres de Washington, aidés par les volontaires français (dont La Fayette) commandés par Rochambeau, les Américains obtinrent l'indépendance en 1783 et créèrent les États-Unis par la Constitution de 1787. ► **la déclaration d'INDÉPENDANCE** Document historique de la proclamation d'indépendance des 13 colonies anglaises d'Amérique en 1776, dû à Thomas Jefferson et Benjamin Franklin.

INDÉPENDANT, ANTE adj. ▪ **I. 1.** Qui ne dépend pas (d'une personne, d'une chose) ; libre de toute dépendance. *Une femme indépendante.* ⇒ **autonome.** ‑ loc. *Travailleur indépendant,* non salarié par un employeur. **2.** Qui aime l'indépendance, ne veut être soumis à personne. *Un esprit indépendant.* **3.** Qui jouit de l'indépendance politique. *État indépendant et souverain.* **II. 1.** *INDÉPENDANT DE :* qui ne varie pas en fonction de (qqch.). *Ce phénomène est indépendant du climat.* ♦ Qui n'a pas de rapport avec (qqch.). *Pour des raisons indépendantes de notre volonté.* **2.** au plur. Sans dépendance mutuelle. *Roues avant indépendantes.* **3.** (logement, pièce) Qui est séparé des logements contigus, avec une entrée particulière. **4.** GRAMM. *Proposition indépendante,* qui ne dépend d'aucune autre et, pour certains grammairiens, dont aucune autre ne dépend (ex. Il court vite). ‑ **n. f.** *Une indépendante.*

INDÉPENDANTISTE adj. et n. ▪ Partisan de l'indépendance, de l'autonomie politique. *Parti indépendantiste.* ‑ n. *Les indépendantistes.* ⇒ **autonomiste, séparatiste.** ► n. m. INDÉPENDANTISME

INDÉRACINABLE adj. ▪ Qu'on ne peut arracher de l'esprit, de la conscience. *Un espoir, un préjugé indéracinable.*

INDESCRIPTIBLE adj. ▪ Si fort, si important qu'on ne peut le décrire. *Un désordre indescriptible.* ‑ Indicible, inexprimable. *Une joie indescriptible.*

INDÉSIRABLE adj. ▪ **1.** RARE Qui n'est pas désiré. **2.** Qu'on ne désire pas accueillir dans un pays, dans un groupe. *Le parti a exclu des éléments indésirables.* ‑ n. *Un, une indésirable.*

INDESTRUCTIBLE adj. ▪ **1.** Qui ne peut pas être détruit ou semble impossible à détruire. *Une matière indestructible.* **2.** abstrait Que rien ne peut altérer. *Une indestructible solidité.*

INDÉTECTABLE adj. ▪ Qui ne peut être détecté. *Avion « furtif », indétectable par les radars.*

INDÉTERMINATION n. f. ▪ **1.** Caractère de ce qui n'est pas défini ou connu avec précision. ⇒ **imprécision. 2.** État d'une personne qui n'a pas encore pris de détermination, qui hésite. ⇒ **indécision, irrésolution.** *Demeurer, être dans l'indétermination.*

INDÉTERMINÉ, ÉE adj. ▪ **1.** Qui n'est pas déterminé, fixé. ⇒ **imprécis, incertain.** *À une date indéterminée.* ‑ MATH. *Quantité, valeur indéterminée.* **2.** (personnes) Qui ne se détermine pas. ⇒ **indécis.**

INDÉTERMINISME n. m. ▪ PHILOS. Théorie selon laquelle les phénomènes ne sont pas soumis à une détermination causale stricte. ‑ Indétermination (d'un phénomène).

l'océan **Indien.** L'océan au large de Trincomalee (Sri Lanka). *Phot. © Fred Mayer/Magnum*

INDEX [‑ɛks] n. m. ▪ **I.** Doigt de la main le plus proche du pouce. *Prendre un objet entre le pouce et l'index.* **II. 1.** Table alphabétique (de sujets traités, de noms cités dans un livre) accompagnée de références. *Index des matières.* **2.** *L'Index :* catalogue des livres interdits par l'Église catholique, créé en 1557 et supprimé en 1965. ♦ loc. *Mettre qqn, qqch. à l'index,* condamner comme indésirable. ⇒ **exclure, proscrire. 3.** VX Indice.

INDEXATION n. f. ▪ Fait d'indexer (1 et 2). *L'indexation des salaires sur le coût de la vie.*

INDEXER v. tr. [1] ▪ **1.** Lier les variations de (une valeur) à celles d'un élément de référence, d'un indice déterminé. *Indexer un emprunt sur le cours de l'or.* **2.** Attribuer à (un document) une marque distinctive.

l'INDIANA n. m. ▪ État du centre des États-Unis. 94 153 km². 5 544 000 hab. Capitale : Indianapolis. Agriculture prospère (céréales, élevage). Métallurgie.

INDIANAPOLIS ▪ Ville des États-Unis, capitale de l'Indiana. 731 000 hab. Centre économique, universitaire et culturel. Courses automobiles.

Indianapolis. Vue du Monument Circle. *Phot. © Boutin/Explorer*

INDICATEUR, TRICE ▪ **I.** n. Personne qui renseigne la police en échange d'argent ou de protection. ⇒ **mouchard.** ◇ abrév. FAM. INDIC. **II.** n. m. **1.** Livre, brochure donnant des renseignements. *L'indicateur des chemins de fer.* **2.** Instrument, substance servant à fournir des indications sur un phénomène. *Indicateur d'altitude, de vitesse.* **3.** Variable significative (en économie, statistique). **III.** adj. Qui fournit une indication. *Poteau indicateur.*

INDICATIF, IVE ▪ **I.** adj. Qui indique. *Voici quelques prix, à titre indicatif.* **II.** n. m. **1.** Mode verbal convenant à l'énoncé de la réalité (s'oppose à *subjonctif,* etc.). *Le présent, le passé composé de l'indicatif.* **2.** Fragment musical qui annonce une émission (de radio, de télévision...). *L'indicatif du journal télévisé.*

INDICATION n. f. ▪ **1.** Action d'indiquer ; résultat de cette action. *L'indication de travaux sur un panneau.* **2.** Ce qui indique, révèle qqch. ⇒ **indice, signe.** *C'est une indication sur les projets du gouvernement.* **3.** Information indiquée. **4.** MÉD. Cas où un traitement est indiqué (opposé à *contre-indication*).

INDICE n. m. ▪ **I.** Signe apparent qui indique avec probabilité. *Être l'indice de qqch.* ⇒ **indiquer, révéler, signaler. II. 1.** Indication (nombre ou lettre) qui sert à caractériser un signe mathématique. *a_n se lit « a indice n ».* **2.** Nombre qui sert à exprimer un rapport. *Lier une quantité à un indice.* ⇒ **indexer.** ‑ *Indice de production. Indice des prix,* par rapport à un prix de référence exprimé par le nombre 100. *Indice d'écoute, d'audience d'une émission.*

INDICIBLE adj. ▪ LITTÉR. Qu'on ne peut dire, exprimer. ⇒ **inexprimable.** *Éprouver une joie indicible.*

INDICIEL, IELLE adj. ▪ Relatif à un indice, à des indices.

① **INDIEN, IENNE** adj. et n. ▪ De l'Inde. *La péninsule indienne.* ‑ n. *La plupart des Indiens sont hindous ou musulmans.*

② **INDIEN, IENNE** adj. et n. ▪ Des Indiens*. ⇒ **amérindien.** ‑ n. *Les Indiens et les cow-boys.*

l'océan INDIEN ▪ 3e océan du monde par sa superficie. 75 millions de km². Il s'étend entre l'Afrique, l'Asie et l'Australie. Nombreuses îles : Madagascar, la Réunion, l'île Maurice, les Comores.

les **Indiens.** Masque représentant un oiseau de proie, Indiens kwakiutls. National Museum of Man, Ottawa.
Phot. © Musée de l'Homme, Paris.

INDIENNE n. f. ▪ Toile de coton peinte ou imprimée, fabriquée primitivement aux Indes.

les INDIENS ▪ Les premiers occupants du continent américain, autrefois nommé « Indes occidentales ». Arrivés d'Asie il y a environ 40 000 ans par le détroit de Béring, ils peuplèrent progressivement l'Amérique du Nord (Sioux, Cheyennes, Comanches, Hurons, Iroquois, Pueblos, Navajos, Apaches), l'Amérique centrale (Aztèques, Mayas, Olmèques, Toltèques) et l'Amérique du Sud (Incas, Guaranis, Mapuches). L'arrivée des Européens à partir du XVIe s. entraîna la destruction violente de leur civilisation et la disparition de la plupart d'entre eux. Aujourd'hui ils vivent généralement dans des réserves en Amérique du Nord, tandis qu'ils sont en voie d'acculturation en Amérique centrale et du Sud.

INDIFFÉREMMENT [-amɑ̃] adv. ▪ Sans distinction, sans faire de différence. ⇒ **indistinctement.** *Il soutient indifféremment le pour et le contre.*

INDIFFÉRENCE n. f. ▪ **1.** État de la personne qui n'éprouve ni douleur, ni plaisir, ni crainte, ni désir. ⇒ **apathie, insensibilité. 2.** *INDIFFÉRENCE À, POUR* (qqch.), détachement à l'égard d'une chose, d'un événement. **3.** Absence d'intérêt à l'égard d'un être, des hommes. ⇒ **froideur.** *L'indifférence que lui témoigne son entourage.* ▬ Absence d'amour. *N'avoir que de l'indifférence l'un pour l'autre.*

INDIFFÉRENCIÉ, ÉE adj. ▪ Qui n'est pas différencié. *Cellules vivantes indifférenciées.*

INDIFFÉRENT, ENTE adj. ▪ **I.** (choses, personnes) **1.** Sans intérêt, sans importance. *Causer de choses indifférentes.* ♦ *INDIFFÉRENT À :* qui n'intéresse pas, ne touche pas. *Elle m'est indifférente. Son sort m'est indifférent.* **2.** Qui ne fait pas de différence (pour qqn). *Ici ou là, cela m'est indifférent.* ⇒ **égal. II.** (personnes) **1.** Qui n'est pas intéressé, préoccupé, ému (par qqch., qqn). ⇒ **froid, insensible.** *Être complètement indifférent aux malheurs des autres.* ♦ Qui marque de l'indifférence en amour. ▬ n. *"Le Bel Indifférent"* (pièce de Cocteau). **2.** absolt Qui n'est touché par rien. ♦ Qui manifeste de l'indifférence. *Un air indifférent et blasé.*

INDIFFÉRER v. tr. ind. [6] ▪ FAM. Être indifférent (surtout 3e pers. ; avec pronom compl.). *Cela m'indiffère complètement,* cela m'est égal.

INDIGENCE n. f. ▪ **1.** État d'une personne indigente. ⇒ **misère, pauvreté.** *Tomber dans l'indigence.* **2.** LITTÉR. Pauvreté (intellectuelle, morale). *Un texte d'une rare indigence.*

INDIGÈNE adj. ▪ **1.** DIDACT. Qui est né dans le pays dont il est question. ⇒ **aborigène, autochtone.** ▬ Qui est originaire du pays où il, elle vit. ▬ n. *Les indigènes de l'Amérique.* ♦ (animal, plante) Qui vit, croît naturellement dans une région. **2.** VX ou HIST. Qui appartient à un groupe ethnique existant dans un pays d'outre-mer avant sa colonisation.

INDIGENT, ENTE adj. ▪ **1.** Qui manque des choses les plus nécessaires à la vie. ⇒ **nécessiteux, pauvre.** ▬ n. Personne sans ressources. *Aide aux indigents.* **2.** LITTÉR. Pauvre ; peu fourni. *Éclairage indigent.* ▬ *Une imagination indigente.*

INDIGESTE adj. ▪ **1.** Difficile à digérer. *Une nourriture indigeste.* ⇒ **lourd. 2.** fig. Mal ordonné et peu assimilable. *Un recueil indigeste.*

INDIGESTION n. f. ▪ **1.** Indisposition momentanée due à une mauvaise digestion. **2.** par métaphore ou fig. *Avoir une indigestion de qqch.,* en avoir trop, jusqu'à en éprouver la satiété, le dégoût.

INDIGNATION n. f. ▪ Sentiment de colère que soulève une action qui heurte la conscience morale, le sentiment de la justice (⇒ **indigner**). *Protester avec indignation.*

INDIGNE adj. ▪ **I.** *INDIGNE DE* **1.** Qui n'est pas digne de (qqch.), qui ne mérite pas. *Il est indigne de notre confiance.* **2.** Qui n'est pas à la hauteur (de qqn). *Ce travail lui paraissait indigne de lui.* **II.** absolt **1.** Qui n'est pas digne de sa fonction, de son rôle. *Un père indigne.* **2.** (choses) Très condamnable. ⇒ **déshonorant, odieux, révoltant.** *Une action indigne.*

INDIGNÉ, ÉE adj. ▪ (personnes) Qui éprouve de l'indignation. ⇒ **outré.** ♦ Qui marque l'indignation. *Un regard indigné.*

INDIGNEMENT adv. ▪ D'une manière indigne. *On l'a indignement trompé.*

INDIGNER v. tr. [1] ▪ Remplir d'indignation. ⇒ **révolter, scandaliser.** *Sa conduite a indigné tout le monde.* ► **S'INDIGNER** v. pron. Être saisi d'indignation. *Il s'indignait de ces procédés.*

INDIGNITÉ n. f. ▪ **1.** LITTÉR. Caractère d'une personne indigne. ▬ *Indignité nationale,* sanctionnant les faits de collaboration avec l'ennemi. **2.** Caractère de ce qui est indigne. ⇒ **bassesse.** *L'indignité d'une action.* **3.** Action, conduite indigne. *C'est une indignité.*

INDIGO n. m. ▪ **1.** Teinture bleue, aujourd'hui synthétique, extraite autrefois d'un arbrisseau exotique (l'*indigotier* n. m.). **2.** Bleu violacé très sombre. *Des indigos.* ▬ adj. invar. *Des étoffes indigo.*

indigo. *Indigofera gerardiana.*
Phot. © Nardin/Jacana

l'INDIGUIRKA n. f. ▪ Fleuve de Sibérie (Russie) qui se jette dans l'Arctique. 1 726 km.

INDIQUER v. tr. [1] ▪ **1.** Faire voir d'une manière précise, par un geste, un repère, un signal. ⇒ **désigner, montrer, signaler ; indication.** *Indiquer la bonne direction. L'horloge indique l'heure.* **2.** Faire connaître (à qqn) la chose ou la personne qu'il a besoin de connaître. *Pouvez-vous m'indiquer un hôtel* (⇒ **recommander**), quand arrive le train ? (⇒ **dire**). ▬ Déterminer et faire connaître (une date, un lieu choisis). ⇒ **fixer.** *Indiquez-moi quand et où nous nous retrouverons.* **3.** (choses) Faire connaître (l'existence ou le caractère de qqn, qqch.) en servant d'indice. ⇒ **annoncer, manifester, signaler.** *Les symptômes qui indiquent la maladie. Les traces de pas indiquent son passage.* **4.** Représenter en s'en tenant aux traits essentiels, sans s'attacher aux détails. ⇒ **esquisser, tracer.** *L'auteur n'a fait qu'indiquer ce caractère.* ► **INDIQUÉ, ÉE** adj. **1.** Déterminé, fixé. *À l'heure indiquée.* **2.** Signalé comme étant bon, efficace, sans danger (remède, traitement). *Le traitement indiqué dans, pour une maladie.* **3.** Adéquat, opportun. *C'est un moyen tout indiqué !*

INDIRECT, ECTE [-ɛkt] adj. ▪ **1.** Qui n'est pas direct, qui fait des détours. *Itinéraire indirect. Éclairage indirect.* ▬ *Une critique* *indirecte.* **2.** Qui comporte un ou plusieurs intermédiaires. ⇒ **médiat.** *Une cause indirecte.* ♦ *Complément indirect,* rattaché au verbe par une préposition. *Verbe transitif indirect* (ex. parler à qqn). – *Style, discours indirect,* qui consiste à rapporter les paroles de qqn sous forme de propositions subordonnées (ex. Il m'a dit qu'il accepterait).

INDIRECTEMENT adv. ▪ D'une manière indirecte. *Je ne l'ai appris qu'indirectement.*

INDISCERNABLE adj. ▪ **1.** Qui ne peut être discerné (d'une autre chose de même nature). *Copie indiscernable de l'original.* **2.** Dont on ne peut se rendre compte précisément. *Des nuances indiscernables.*

INDISCIPLINE n. f. ▪ Manque de discipline. *Faire acte d'indiscipline.*

INDISCIPLINÉ, ÉE adj. ▪ Qui n'est pas discipliné, qui n'observe pas la discipline. ⇒ **désobéissant, indocile.** *Des troupes indisciplinées.* ♦ *Cheveux indisciplinés,* difficiles à coiffer.

INDISCRET, ÈTE adj. ▪ **1.** VX Sans jugement, sans discernement. **2.** (personnes) Qui manque de discrétion, de retenue dans les relations sociales. *Un visiteur indiscret.* ⇒ **intrus.** – n. *Un coin tranquille à l'abri des indiscrets.* ⇒ **gêneur.** **3.** (comportements) Qui dénote de l'indiscrétion. *Une curiosité indiscrète.* **4.** (personnes) Qui ne sait pas garder un secret. ⇒ **bavard.** ▶ adv. INDISCRÈTEMENT

INDISCRÉTION n. f. ▪ **1.** VX Manque de discernement. **2.** Manque de discrétion, de retenue dans les relations sociales. *Il a l'indiscrétion de lire mon courrier. Sans indiscrétion, peut-on savoir votre adresse ?* **3.** Fait de révéler un secret. ♦ Déclaration indiscrète. *La moindre indiscrétion peut faire échouer son plan.*

INDISCUTABLE adj. ▪ Qui s'impose par son évidence, son authenticité. ⇒ **certain, évident, incontestable.** *Une supériorité indiscutable.*

INDISCUTABLEMENT adv. ▪ D'une manière indiscutable. *Prouver indiscutablement qqch.* – Certainement.

INDISPENSABLE adj. ▪ Dont on ne peut pas se passer. *Acquérir les connaissances indispensables.* – n. m. *Son mobilier ne comprend que l'indispensable.* – (personnes) *Il se croit indispensable.* ▶ adv. INDISPENSABLEMENT

INDISPONIBILITÉ n. f. ▪ État d'une chose, d'une personne indisponible.

INDISPONIBLE adj. ▪ **1.** Qui n'est pas disponible. **2.** (personnes) Dont on ne peut disposer pour un service.

INDISPOSÉ, ÉE adj. ▪ **1.** Qui est affecté d'une indisposition. ⇒ **souffrant.** **2.** (femmes) Qui a ses règles.

INDISPOSER v. tr. [1] ▪ **1.** Altérer légèrement la santé de. ⇒ **incommoder.** *Ce long voyage l'a indisposé.* **2.** Mettre dans une disposition peu favorable. ⇒ **déplaire** à. *Sa prétention indispose tout le monde.*

INDISPOSITION n. f. ▪ Légère altération de la santé. ⇒ **fatigue.** *Il est remis de son indisposition.*

INDISSOCIABLE adj. ▪ Qu'on ne peut dissocier, séparer. *Le corps et l'esprit humain sont indissociables.*

INDISSOLUBILITÉ n. f. ▪ Caractère de ce qui est indissoluble.

INDISSOLUBLE adj. ▪ Qui ne peut être dissous, délié. *Des liens indissolubles.* ▶ adv. INDISSOLUBLEMENT

INDISTINCT, INCTE [-ɛ̃(kt), ɛ̃kt] adj. ▪ Qui n'est pas distinct, que l'on distingue mal. ⇒ **confus, imprécis, vague.** *Des objets indistincts. Un bruit de voix encore indistinct.*

INDISTINCTEMENT adv. ▪ **1.** D'une manière indistincte. ⇒ **confusément.** **2.** Sans distinction, sans faire de différence. ⇒ **indifféremment.** *Tous les Français indistinctement.*

INDIVIDU n. m. ▪ **I.** **1.** SC. Être formant une unité distincte (dans une classification). ⇒ **exemplaire, spécimen.** **2.** Corps organisé vivant d'une existence propre et qui ne saurait être divisé sans être détruit (plante, animal...). **3.** Unité élémentaire dont se composent les sociétés, notamment la collectivité humaine (⇒ **femme, homme ; personne**). *Sacrifier l'individu à l'espèce.* ♦ Être humain, en tant qu'être particulier, différent de tous les autres. ⇒ **individualité.** – collectif *L'individu et l'État.* **II.** péj. Homme quelconque. ⇒ **bonhomme, gars, type.** *Un individu sans scrupules.*

INDIVIDUALISATION n. f. ▪ Fait d'individualiser, de s'individualiser. *L'individualisation des peines,* leur adaptation à la situation des délinquants.

INDIVIDUALISER v. tr. [1] ▪ **1.** Différencier par des caractères individuels. ⇒ **caractériser, distinguer.** **2.** Rendre individuel (en adaptant...). – au p. p. *Un enseignement individualisé.* ▶ S'INDIVIDUALISER v. pron. Acquérir ou accentuer des caractères distinctifs.

INDIVIDUALISME n. m. ▪ **1.** Théorie ou tendance qui privilégie la valeur et les droits de l'individu par rapport à ceux de la société. **2.** Indépendance, absence de conformisme.

INDIVIDUALISTE adj. ▪ **1.** Qui donne la primauté à l'individu. **2.** Qui montre de l'individualisme dans sa vie, dans sa conduite. – n. *Les individualistes.*

INDIVIDUALITÉ n. f. ▪ **1.** Caractères par lesquels une personne ou une chose diffère des autres. ⇒ **originalité, particularité.** **2.** Individu, considéré dans ce qui le différencie des autres. ⇒ **personnalité.**

INDIVIDUEL, ELLE adj. ▪ **1.** Qui concerne l'individu, est propre à un individu. *Caractères individuels. Liberté individuelle.* ⇒ **personnel.** **2.** Qui concerne une seule personne (opposé à *collectif*). *Sports individuels et sports d'équipe. Chambre individuelle.*

INDIVIDUELLEMENT adv. ▪ Chacun en particulier, à part.

INDIVIS, ISE adj. ▪ Se dit d'un bien sur lequel plusieurs personnes ont un droit et qui n'est pas matériellement divisé entre elles. *Propriété indivise* (⇒ **indivision**).

INDIVISIBILITÉ n. f. ▪ Caractère de ce qui est indivisible (1 et 2).

INDIVISIBLE adj. ▪ **1.** Qui n'est pas divisible. *La République française proclamée une et indivisible en 1791.* **2.** DR. Qui n'est pas susceptible d'une exécution partielle (obligation).

INDIVISION n. f. ▪ DR. État d'une chose indivise. *Propriété en indivision.*

l'INDOCHINE n. f. ▪ Péninsule asiatique située entre l'Inde et la Chine. Elle comprend la Birmanie, le Laos, la Thaïlande, le Cambodge, le Viêtnam et une partie de la Malaysia. Ce terme désigne aussi les anciennes colonies françaises, conquises sous Napoléon III : la Cochinchine, l'Annam, le Tonkin, le Cambodge, le Laos, qui formaient l'Indochine française ou Union indochinoise. ▶ **la guerre d'INDOCHINE** → **Viêtnam.**

INDOCILE adj. ▪ LITTÉR. Qui n'est pas docile. ⇒ **désobéissant, rebelle.** *Cheval capricieux et indocile.* – (humains) *Esprit, caractère indocile.*

INDOCILITÉ n. f. ▪ LITTÉR. Caractère d'une personne, d'un animal indocile.

INDO-EUROPÉEN, ÉENNE adj. ▪ Se dit de langues d'Europe et d'Asie qui ont une origine commune, de l'Inde à l'Europe occidentale et au reste du monde par l'Europe (sanskrit, hittite, iranien, arménien, grec, latin et langues romanes, langues slaves, germaniques, baltes, celtiques...). ♦ Se dit des peuples qui parlent ces langues. – n. *Les Indo-Européens.* ◇ var. INDOEUROPÉEN, ÉENNE.

INDOLENCE n. f. ▪ **1.** VX Insensibilité (à la souffrance). **2.** LITTÉR. Disposition à éviter l'effort physique ou moral. ⇒ **mollesse, nonchalance.**

INDOLENT, ENTE adj. ▪ **1.** VX Qui ne souffre pas. Insensible. **2.** LITTÉR. Qui évite de faire des efforts. *Personne indolente.* ⇒ **mou, paresseux.** – *Une démarche indolente.* ⇒ **alangui.** ▶ adv. INDOLEMMENT [-amɑ̃]

INDOLORE adj. ▪ (choses) Qui n'est pas douloureux. *L'opération est indolore.*

INDOMPTABLE [-dɔ̃(p)t-] adj. ▪ **1.** Qu'on ne peut dompter (animaux). **2.** LITTÉR. Qu'on ne peut soumettre à aucune autorité ; dont rien ne peut venir à bout. *Une volonté indomptable.* ⇒ **inflexible.**

l'INDONÉSIE n. f. ▪ État (république) d'Asie du Sud-Est, formé d'un archipel dont les îles principales sont Java, Bali, Sumatra, les Célèbes, une partie de la Nouvelle-Guinée (Irian Jaya) et de l'île de Bornéo (Kalimantan). 1 919 400 km². 180 000 000 hab. *(les Indonésiens).* Capitale : Jakarta. Langues : indonésien et plus de 530 langues dont le javanais est la plus importante. Religions : musulmans, chrétiens, bouddhistes, hindouistes et animistes. Monnaie : roupie indonésienne. Climat équatorial. L'économie est fondée sur l'agriculture : riz, caoutchouc, tabac, café. L'industrie qui s'est tout d'abord développée grâce au pétrole se diversifie : textile, bois. Exploitation du gaz naturel. Tourisme. Colonisée par les Hollandais à partir

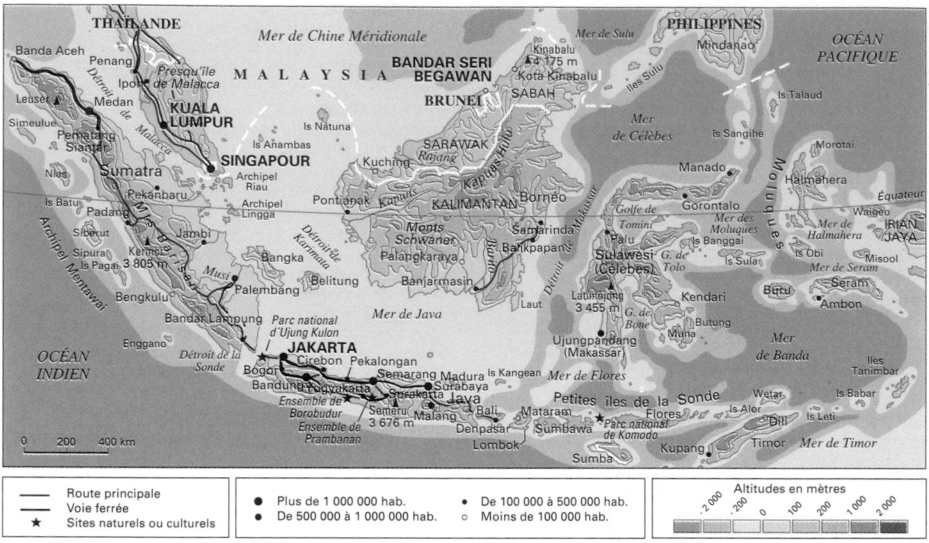

Indonésie.

de la fin du XVIe s., l'Indonésie obtint son indépendance en 1945 avec Sukarno, qui mena une politique anti-américaine et fut éliminé par le général Suharto en 1967.

INDONÉSIEN, ENNE adj. et n. ▪ De l'Indonésie. *L'archipel indonésien.* - *Les Indonésiens.* - n. m. *L'indonésien* (langue).

INDORE ▪ Ville de l'Inde (Madhya Pradesh). 1 104 000 hab. Université.

INDRA ▪ Dieu de la Foudre et de la Guerre, considéré comme le « roi des dieux » dans l'Inde de l'époque védique.

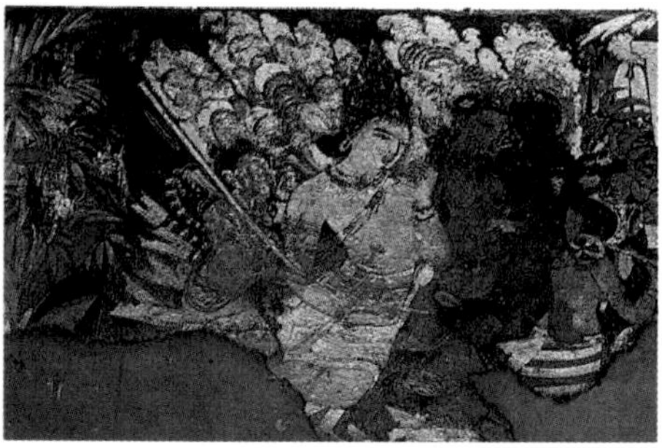

Indra. *Le Dieu Indra entouré de nymphes célestes,* Ve s., art gupta, grotte 17, Ajanta. *Phot. © Charles Lénars*

l'INDRE n. f. ▪ Rivière du sud du Bassin parisien. 265 km. Affluent de la Loire.

l'INDRE [36] n. f. ▪ Département français de la région Centre. 6 824 km². 237 510 hab. Chef-lieu : Châteauroux. Chefs-lieux d'arrondissement : Le Blanc, La Châtre, Issoudun.

l'INDRE-ET-LOIRE [37] n. f. ▪ Département français de la région Centre, au nord-ouest de l'Indre. 6 126 km². 529 345 hab. Chef-lieu : Tours. Chefs-lieux d'arrondissement : Chinon, Loches.

INDU, UE adj. ▪ Qui va à l'encontre de la règle, de l'usage. *Rentrer à une heure indue,* anormale. - Qui n'est pas fondé. *Une réclamation indue* (⇒ **indûment**).

INDUBITABLE adj. ▪ LITTÉR. Dont on ne peut douter. ⇒ **certain, incontestable, indiscutable.** *Preuve indubitable.*

INDUBITABLEMENT adv. ▪ LITTÉR. Sans aucun doute. ⇒ **assurément, sûrement.**

INDUCTANCE n. f. ▪ PHYS. Quotient du flux d'induction créé par un courant (dans un circuit) par l'intensité de ce courant.

INDUCTEUR, TRICE ▪ **1.** adj. Qui produit l'induction électrique. **2.** n. m. Aimant ou électroaimant produisant le champ inducteur dans une machine électrique.

INDUCTIF, IVE adj. ▪ DIDACT. **I.** Qui procède par induction (I), résulte d'une induction. ► adv. INDUCTIVEMENT **II.** PHYS. D'induction (II). *Courant inductif.*

INDUCTION n. f. ▪ **I.** Opération mentale qui consiste à remonter des faits à la loi, de cas particuliers à une proposition plus générale (opposé à *déduction*). ⇒ **généralisation.** *Raisonnement par induction.* ⇒ **inférence. II.** Transmission d'énergie électrique ou magnétique par l'intermédiaire d'un aimant ou d'un courant (⇒ **induit**). *Bobine d'induction. Flux d'induction. Induction électromagnétique.*

INDUIRE v. tr. [38] p. p. *induit, ite* ▪ **1.** VX Inciter, conduire (qqn) à faire qqch. ♦ MOD. loc. *Induire qqn en erreur,* le tromper. **2.** DIDACT. Trouver par l'induction. ⇒ **inférer.** ◇ On emploie souvent *déduire,* à tort, dans ce sens. ⇒ **induction** (I).

INDUIT, ITE adj. ▪ PHYS. *Courant induit,* produit par une variation de flux dans un circuit. - *Circuit induit* ou n. m. *un induit :* organe dans lequel prennent naissance les forces électromotrices produites par un inducteur.

INDULGENCE n. f. ▪ **1.** Facilité à excuser, à pardonner. ⇒ **bienveillance, bonté, compréhension.** *Avoir de l'indulgence pour qqn ; pour les fautes de qqn.* - *Jugement sans indulgence.* **2.** RELIG. CATHOL. Remise des peines méritées par les péchés, accordée par l'Église dans une circonstance particulière.

INDULGENT, ENTE adj. ▪ **1.** Qui excuse, pardonne facilement. ⇒ **bienveillant, bon.** *Un père indulgent. Être indulgent avec, envers, pour qqn.* **2.** (choses) Qui marque l'indulgence. *Un sourire indulgent.*

INDÛMENT adv. ▪ D'une manière indue. ⇒ à **tort.** *Détenir indûment des biens.*

Miguel INDURAIN (né en 1964) ▪ Coureur cycliste espagnol. Il a remporté cinq fois le Tour de France (de 1991 à 1995) et deux fois le Tour d'Italie (1992, 1993).

INDURATION n. f. ▪ MÉD. Durcissement d'un tissu organique (peau, etc.) ; callosité qui en résulte.

l'INDUS n. m. ▪ Fleuve de l'Inde et du Pakistan. 3 180 km. Né dans le Tibet, il se jette dans la mer d'Oman à Karāchi par un vaste delta. Ses rives abritèrent une civilisation brillante du IIIe au IIe millénaire av. J.-C.

Indus. Buste de roi-prêtre en stéatite, 2500 av. J.-C., site de Mohenjo-Daro.
Phot. © Charles Lénars

INDUSTRIALISATION n. f. ▪ Application des techniques industrielles. ♦ Action d'équiper d'industries. *L'industrialisation de la France au XIXe siècle.*

INDUSTRIALISER v. tr. [1] ▪ 1. Exploiter industriellement, organiser en industrie. *Industrialiser l'agriculture.* 2. Équiper d'industries (une région, un pays...). *Pays en voie de développement qui s'industrialise.* ▸ au p. p. *Les pays industrialisés.*

INDUSTRIE n. f. ▪ I. VX Habileté, art (→ industrieux). ♦ LITTÉR. Métier. ▸ plais. *Le voleur exerçait sa coupable industrie.* II. 1. VIEILLI Activités techniques qui produisent et font circuler les richesses. ⇒ **économie.** *L'industrie des transports.* 2. Ensemble des activités économiques ayant pour objet l'exploitation des richesses minérales et des sources d'énergie, la transformation des matières premières en produits fabriqués. *L'agriculture, le commerce et l'industrie. Industrie lourde,* la grande industrie de première transformation (fer, charbon...). *L'industrie automobile. Industries chimiques ; alimentaires, agroalimentaires.* 3. Ensemble des entreprises et activités industrielles. *L'industrie belge.* 4. Branche, secteur industriel. *Une industrie prospère.*

INDUSTRIEL, ELLE ▪ I. adj. 1. Qui a rapport à l'industrie (II). *La révolution industrielle. Entreprise industrielle* (⇒ **usine**). 2. Qui est produit par l'industrie. *Pain industriel.* ▸ loc. FAM. *En quantité industrielle :* en très grande quantité. ♦ Qui emploie les procédés de l'industrie (opposé à *artisanal*). *Boulangerie industrielle.* 3. Où l'industrie est développée. *Région, zone industrielle.* II. n. (fém. rare) Propriétaire d'une usine ; chef d'industrie. ⇒ **fabricant.** *Les industriels du textile.*

INDUSTRIELLEMENT adv. ▪ 1. Par les moyens et méthodes de l'industrie. *Produit fabriqué industriellement.* 2. Relativement à l'industrie. *Les pays industriellement avancés.*

INDUSTRIEUX, EUSE adj. ▪ LITTÉR. Qui montre de l'adresse, de l'habileté. ⇒ **ingénieux.**

Vincent d'INDY (1851-1931) ▪ Compositeur et pédagogue français. L'un des fondateurs de la Schola cantorum. *"Wallenstein"* (1873-1879), pages symphoniques ; *"La Légende de saint Christophe"* (1920), opéra.

Vincent d'**Indy.** Détail du tableau de Fantin-Latour, *Autour du piano,* 1885. Musée d'Orsay, Paris.
Phot. © Lauros/Giraudon

-INE Élément du vocabulaire de la chimie et de la biologie, très productif dans les appellations commerciales, qui sert notamment à former les noms d'alcaloïdes (ex. *caféine*).

INÉBRANLABLE adj. ▪ 1. Qu'on ne peut ébranler, dont on ne peut compromettre la solidité. *Un mur inébranlable.* 2. (personnes) Qui ne se laisse pas abattre. ⇒ **constant.** ♦ Qu'on ne peut faire changer de dessein, d'opinion. ⇒ **inflexible.** *Être, rester inébranlable dans ses résolutions.* ▸ (comportements, attitudes) Qui ne change pas. *Une certitude inébranlable.*

INÉDIT, ITE adj. ▪ 1. Qui n'a pas été édité (texte). *La correspondance inédite d'un écrivain.* ▸ n. m. *Publier des inédits.* 2. Qui n'est pas connu. ⇒ **nouveau, original.** *Un moyen inédit de réussir.* ▸ n. m. *Voilà de l'inédit !*

INEFFABLE adj. ▪ 1. LITTÉR. Qui ne peut être exprimé par des paroles (se dit de choses agréables). ⇒ **inexprimable.** *Un bonheur ineffable.* ▸ n. m. *L'ineffable.* 2. FAM. péj. Dont on ne peut parler sans rire. ⇒ **inénarrable.** *L'ineffable Untel.*

INEFFAÇABLE adj. ▪ Qui ne peut être effacé ou détruit. ⇒ **indélébile.**

INEFFICACE adj. ▪ Qui n'est pas efficace, qui ne produit pas l'effet souhaité. *Un remède inefficace.* ▸ *Collaborateur inefficace.* ▶ adv. INEFFICACEMENT

INEFFICACITÉ n. f. ▪ Caractère de ce qui est inefficace.

INÉGAL, ALE, AUX adj. ▪ I. 1. au plur. Dont la quantité, la nature, la qualité n'est pas la même dans plusieurs objets ou cas. *Des forces inégales.* ▸ au sing. Dont la mesure, la dimension diffère. ⇒ **différent.** *Des cordes d'inégale grosseur.* 2. Dont les éléments ou les participants ne sont pas égaux. *Un combat inégal.* II. 1. Qui n'est pas uni, lisse. *Une surface inégale.* 2. Irrégulier. *Le pouls est inégal.* 3. Qui n'est pas constant. ▸ Dont la qualité n'est pas constamment bonne. *C'est une œuvre assez, très inégale.*

INÉGALABLE adj. ▪ Qui ne peut être égalé. *Une habileté inégalable.* ⇒ **incomparable.**

INÉGALÉ, ÉE adj. ▪ Qui n'est pas égalé, qui n'a pas de rival.

INÉGALEMENT adv. ▪ 1. D'une manière inégale. *Des biens inégalement répartis.* 2. Irrégulièrement.

INÉGALITAIRE adj. ▪ Qui crée ou est caractérisé par des inégalités sociales (s'oppose à *égalitaire*). *Une société fortement inégalitaire.*

INÉGALITÉ n. f. ▪ I. 1. Défaut d'égalité. ⇒ **différence, disproportion.** *L'inégalité de deux quantités.* ▸ Absence d'égalité (entre les humains). *"Discours sur l'origine et les fondements de l'inégalité parmi les hommes"* (de Rousseau). *L'inégalité naturelle, biologique et l'inégalité sociale.* 2. Expression mathématique dans laquelle on compare deux quantités inégales (ex. $a>b$ [a plus grand que b]). II. Défaut d'uniformité, de régularité. ⇒ **irrégularité.** *Des inégalités de terrain.* ⇒ **accident.** ▸ *Des inégalités d'humeur.*

INÉLÉGANCE n. f. ▪ Manque d'élégance.

INÉLÉGANT, ANTE adj. ▪ 1. Qui n'est pas élégant. *Personne ; démarche inélégante.* 2. Qui n'est pas très correct. *Un procédé inélégant.* ⇒ **indélicat.**

INÉLIGIBILITÉ n. f. ▪ Fait d'être inéligible.

INÉLIGIBLE adj. ▪ Qui ne peut pas être élu.

INÉLUCTABLE adj. ▪ Qu'on ne peut empêcher, éviter. *Un sort inéluctable. Conséquences inéluctables.* ⇒ **inévitable ; fatal.** *Une nécessité inéluctable.* ▶ adv. INÉLUCTABLEMENT

INEMPLOYÉ, ÉE adj. ▪ (choses) Qui n'est pas employé. ⇒ **inutilisé.** *Des talents inemployés.*

INÉNARRABLE adj. ▪ 1. VX Qu'on ne peut raconter ; inexprimable. 2. MOD. Dont on ne peut parler sans rire. ⇒ **comique, ineffable, risible.** *Un personnage, un spectacle inénarrable.*

INEPTE adj. ▪ I. VX Inapte. II. MOD. Tout à fait absurde ou stupide. *Une histoire inepte.*

INEPTIE n. f. ▪ 1. Caractère de ce qui est inepte. ⇒ **bêtise, stupidité.** 2. Action, parole inepte. ⇒ **idiotie.** *Débiter des inepties.*

INÉPUISABLE adj. ▪ 1. Qu'on ne peut épuiser. *Source inépuisable.* ▸ *Une mine inépuisable de renseignements.* ▸ *Bonté inépuisable.* 2. (personnes) Intarissable. *Il est inépuisable sur ce chapitre.* ▶ adv. INÉPUISABLEMENT

INÉQUATION [-kwa-] n. f. ▪ MATH. Inégalité conditionnelle existant entre deux quantités et dépendant de certaines variables (ou inconnues).

INERTE adj. ▪ 1. Qui n'a ni activité ni mouvement propre. *La matière inerte.* ▸ *Gaz, liquide inerte,* qui ne provoque aucune réaction des corps avec lesquels il est en contact. 2. Qui ne donne pas signe de vie. *Un corps inerte.* ⇒ **inanimé.** ▸ *Visage inerte.* ♦ fig. (personnes) Qui reste sans réaction. *Il est demeuré inerte devant le drame.*

INERTIE n. f. ▪ **1.** SC. Propriété qu'ont les corps de ne pouvoir d'eux-mêmes changer l'état de repos ou de mouvement où ils se trouvent. ➝ *FORCE D'INERTIE :* résistance que les corps opposent au mouvement ; fig. apathie, volonté de ne rien faire. **2.** PHYSIOL. *Inertie d'un muscle,* perte de sa capacité de changer de forme, de se contracter. **3.** COUR. Manque absolu d'activité, d'énergie intellectuelle ou morale. ⇒ **paresse, passivité.** *Arracher qqn à son inertie.*

INÉS DE CASTRO (v. 1320 - 1355) ▪ Héroïne espagnole. Elle avait épousé secrètement l'infant Pierre de Portugal. Apprenant ce mariage, le roi Alphonse IV, père de Pierre, la fit assassiner. Sa vie a inspiré Camoens et Montherlant (*"La Reine morte"*).

Inés de Castro. Tombeau d'Inés de Castro. Monastère Santa Maria, Alcobaça. *Phot. © Giraudon*

INESPÉRÉ adj. ▪ (événement) Que l'on n'espérait pas, ou plus. *Une victoire inespérée.* ♦ Qui dépasse toute espérance. *Des résultats inespérés.* ➝ n. m. *L'inespéré.*

INESSENTIEL, ELLE adj. ▪ DIDACT. Qui n'est pas essentiel.

INESTHÉTIQUE adj. ▪ **1.** DIDACT. Sans rapport avec l'esthétique. **2.** (objets, comportements) Sans beauté. ⇒ **laid.** *Une construction inesthétique.*

INESTIMABLE adj. ▪ **1.** DIDACT. Impossible à estimer, à évaluer. **2.** COUR. Dont la valeur dépasse toute estimation. *Trésor inestimable. Il m'a rendu un service inestimable.* ⇒ **immense.**

INÉVITABLE adj. ▪ **1.** Qu'on ne peut pas éviter. ⇒ **certain, immanquable, inéluctable.** *La catastrophe est inévitable.* ➝ n. m. *Se résigner à accepter l'inévitable.* **2.** plais. Qui est toujours présent et qu'il faut toujours supporter. *Son inévitable cortège d'admirateurs.* ► adv. INÉVITABLEMENT

INEXACT, ACTE [-a(kt), akt] adj. ▪ **1.** Qui n'est pas exact. ⇒ **faux.** *Un renseignement inexact.* **2.** (personnes) Qui manque de ponctualité. *Il est inexact à ses rendez-vous.*

INEXACTEMENT adv. ▪ D'une manière inexacte (1).

INEXACTITUDE n. f. ▪ **1.** Manque d'exactitude. *L'inexactitude d'un calcul.* **2.** Erreur. *Récit rempli d'inexactitudes.* **3.** Manque de ponctualité.

INEXCUSABLE adj. ▪ (choses, personnes) Qu'il est impossible d'excuser. ⇒ **impardonnable.** *Une négligence inexcusable.*

INEXÉCUTION n. f. ▪ DR. Fait de n'être pas exécuté. *L'inexécution d'un contrat.*

INEXISTANT, ANTE adj. ▪ **1.** LITTÉR. Qui n'existe pas. ⇒ **irréel.** *Le monde inexistant de la légende.* **2.** Sans valeur, sans efficacité. ⇒ **nul.** *L'aide qu'il m'apporte est inexistante.*

INEXISTENCE n. f. ▪ LITTÉR. Fait de ne pas exister.

INEXORABLE adj. ▪ LITTÉR. **1.** Qu'on ne peut fléchir par des prières ; sans pitié. ⇒ **impitoyable, inflexible. 2.** À quoi l'on ne peut se soustraire. ⇒ **implacable.** *Une fatalité inexorable.*

INEXORABLEMENT adv. ▪ LITTÉR. D'une manière inévitable, fatale. *Il va inexorablement à la catastrophe.*

INEXPÉRIENCE n. f. ▪ Manque d'expérience. *L'inexpérience d'un débutant.*

INEXPÉRIMENTÉ, ÉE adj. ▪ Qui n'a pas d'expérience. ⇒ **novice.** *Un alpiniste inexpérimenté.*

INEXPIABLE adj. ▪ LITTÉR. **1.** Qui ne peut être expié. *Crime inexpiable.* **2.** Que rien ne peut apaiser, faire cesser. *Une lutte inexpiable.*

INEXPLICABLE adj. ▪ Qu'il est impossible ou très difficile d'expliquer, de s'expliquer. ⇒ **incompréhensible.** *Un accident inexplicable.* ♦ (personnes) Dont le comportement ne s'explique pas. ⇒ **étrange.** ► adv. INEXPLICABLEMENT

INEXPLIQUÉ, ÉE adj. ▪ Qui n'a pas reçu d'explication. *Cet accident reste inexpliqué.* ⇒ **mystérieux.**

INEXPLOITABLE adj. ▪ Qu'on ne peut exploiter. *Gisement inexploitable.* ➝ Inutilisable.

INEXPLOITÉ, ÉE adj. ▪ Qui n'est pas exploité. *Ressources inexploitées.* ➝ *Une hypothèse inexploitée.*

INEXPLORÉ, ÉE adj. ▪ Qui n'a pas été exploré. *Régions inexplorées.* ⇒ **inconnu.**

INEXPRESSIF, IVE adj. ▪ **1.** Qui n'est pas expressif. *Un style inexpressif et plat.* **2.** Qui manque d'expression. *Un regard inexpressif.*

INEXPRIMABLE adj. ▪ Qu'il est impossible ou très difficile d'exprimer ; qui est au-delà de toute expression. ⇒ **indicible.** *Des pensées inexprimables. Une émotion inexprimable.* ⇒ **indescriptible, ineffable.**

INEXPRIMÉ, ÉE adj. ▪ Qui n'est pas exprimé. *Regrets inexprimés.*

INEXPUGNABLE [-pygnabl ; -pyɲabl] adj. ▪ LITTÉR. Qu'on ne peut prendre d'assaut. *Une forteresse inexpugnable.*

IN EXTENSO [inɛkstɛ̃so] loc. adv. ▪ LITTÉR. Dans toute son étendue, toute sa longueur (d'un texte). *Publier un discours in extenso.* ⇒ **intégralement.** ➝ adj. invar. *Le compte rendu in extenso d'un débat.*

INEXTINGUIBLE adj. ▪ LITTÉR. Qu'il est impossible d'éteindre, d'apaiser. *Une soif inextinguible.* ➝ *Rire inextinguible,* fou rire qu'on ne peut arrêter.

IN EXTREMIS [inɛkstʀemis] loc. adv et adj. invar. ▪ **1.** À l'article de la mort, à la dernière extrémité*. **2.** Au tout dernier moment. *Il s'est rattrapé in extremis. Préparatifs in extremis.*

INEXTRICABLE adj. ▪ Qu'on ne peut démêler. *Un fouillis inextricable.* ➝ *Un embouteillage inextricable,* dont on ne peut sortir. ♦ fig. *Une affaire inextricable,* très embrouillée. ► adv. INEXTRICABLEMENT

INFAILLIBILITÉ n. f. ▪ **1.** Caractère de ce qui ne peut manquer de réussir. *L'infaillibilité de ce procédé.* **2.** Caractère d'une personne infaillible. *Le dogme de l'infaillibilité pontificale* (le pape est infaillible quand il parle ex cathedra pour définir la doctrine de l'Église).

INFAILLIBLE adj. ▪ **1.** VX Qui ne peut manquer de se produire ; inévitable. **2.** Qui ne peut manquer de réussir. *Un moyen infaillible.* **3.** (personnes) Qui ne peut pas se tromper, qui n'est pas sujet à l'erreur. *Personne n'est infaillible.* ➝ (choses) *Un instinct infaillible.* ⇒ **sûr.**

INFAILLIBLEMENT adv. ▪ D'une manière certaine, inévitable. ⇒ **immanquablement.**

INFAISABLE [-fə-] adj. ▪ Qui ne peut être fait. ⇒ **impossible.** *Un travail infaisable.* ⇒ **irréalisable.**

INFAMANT, ANTE adj. ▪ LITTÉR. Qui entache l'honneur, la réputation. ⇒ **avilissant, déshonorant.** *Une accusation infamante.* ➝ DR. *Peines afflictives et peines infamantes.*

INFÂME adj. ▪ *infâme* est le seul mot de cette famille à avoir un accent circonflexe **1.** LITTÉR. Infamant. *Un infâme trafic.* ⇒ **dégradant, honteux. 2.** Détestable, odieux. *Une infâme canaille.* ⇒ **ignoble, vil.** ➝ n. m. *L'infâme* (selon Voltaire) : la superstition et l'intolérance. **3.** Répugnant. *Un infâme taudis.* ⇒ **infect.** *Une infâme saloperie.*

INFAMIE n. f. ▪ **1.** VX Flétrissure sociale ou légale faite à la réputation de qqn. ⇒ **déshonneur. 2.** VX Caractère d'une personne infâme. ⇒ **abjection, bassesse. 3.** LITTÉR. Action, parole infâme. *C'est une infamie !*

INFANT, ANTE n. ▪ Titre donné aux enfants des rois d'Espagne et du Portugal qui n'étaient pas les aînés.

INFANTERIE n. f. ▪ **1.** anciennt Ensemble des soldats qui allaient et combattaient à pied. **2.** L'arme qui est chargée de la conquête et de l'occupation du terrain (⇒ **fantassin**). *L'infanterie, selon Napoléon, est « la reine des batailles ». Régiment d'infanterie. L'infanterie de marine.*

INFANTICIDE ▪ **I.** n. m. Meurtre d'un enfant (spécialt d'un nouveau-né). **II. 1.** adj. Qui tue volontairement un enfant (spécialt un nouveau-né). *Une mère infanticide.* **2.** n. *Un, une infanticide.*

INFANTILE adj. ▪ **1.** MÉD. Relatif à la première enfance. *Maladies infantiles.* **2.** COUR. péj. (pour un adulte) Caractérisé par des insuffisances intellectuelles et affectives (qu'on rapporte à une image conventionnelle de l'enfance) (s'oppose à *adulte*). *Une réaction infantile.* ⇒ **enfantin, puéril.**

INFANTILISER v. tr. [1] ▪ Rendre infantile (2), donner à (qqn) un comportement, une mentalité infantiles.

INFANTILISME n. m. ▪ **1.** DIDACT. État d'un adulte qui présente des caractères propres à l'enfant. **2.** Caractère, comportement puéril, infantile (2).

INFARCTUS [ɛ̃farktys] n. m. ▪ MÉD. Altération d'un tissu, d'un organe par obstruction de l'artère qui assure son irrigation. *Infarctus (du myocarde),* lésion du cœur.

INFATIGABLE adj. ▪ Qui ne peut se fatiguer, qui ne se fatigue pas facilement. *Un travailleur infatigable. Un esprit infatigable.*

INFATIGABLEMENT adv. ▪ Sans se fatiguer, sans se lasser. *Répéter infatigablement la même histoire.* ⇒ **inlassablement.**

INFATUATION n. f. ▪ LITTÉR. Satisfaction de soi, d'une personne infatuée. ⇒ **fatuité, suffisance, vanité.**

INFATUER v. tr. [1] ▪ LITTÉR. Inspirer à (qqn) un engouement excessif. ‑ pronom. *S'infatuer de qqch.* ; spécialt, *de ses qualités, de soi.* ► **INFATUÉ, ÉE** p. p. Trop pénétré de ses mérites ; content de soi. ⇒ **fat, prétentieux, vaniteux.** ‑ *Être* INFATUÉ DE *soi-même, de ses mérites.*

INFÉCOND, ONDE adj. ▪ DIDACT. ou LITTÉR. **1.** Qui n'est pas fécond. ⇒ **stérile.** *Fleur inféconde.* **2.** Qui ne produit rien. *Une terre inféconde.* ⇒ **infertile.**

INFÉCONDITÉ n. f. ▪ **1.** Caractère de ce qui n'est pas fécond. ♦ DIDACT. ou LITTÉR. État d'une femelle, d'une femme inféconde **2.** fig. *Infécondité d'esprit.*

INFECT, ECTE [-ɛkt] adj. ▪ **1.** (odeur, goût...) Particulièrement répugnant. **2.** Très mauvais dans son genre. *Repas ; temps infect.* **3.** Moralement ignoble. ⇒ **infâme.** *Un type infect.*

INFECTER v. tr. [1] ▪ **I.** VX Imprégner (l'air) d'émanations malsaines, puantes. ⇒ **empuantir, polluer. II. 1.** Communiquer, transmettre (à l'organisme) des germes pathogènes. ‑ pronom. *La plaie s'est infectée.* **2.** fig. VIEILLI Contaminer de manière à corrompre.

INFECTIEUX, EUSE adj. ▪ Qui communique l'infection. *Germes infectieux.* ♦ Qui s'accompagne d'infection. *Maladies infectieuses.* ⇒ **bactérien, viral.**

INFECTION n. f. ▪ **I. 1.** VX Grande puanteur. **2.** Chose qui suscite le dégoût. ‑ FAM. Chose mauvaise. ⇒ **saleté, saloperie. II. 1.** Pénétration dans l'organisme de germes pathogènes. *Infection généralisée.* **2.** Maladie infectieuse. *Infection intestinale. Infection par septicémie.*

INFÉODER v. tr. [1] ▪ **1.** au Moyen Âge Donner (une terre) en fief. **2.** Soumettre (à une autorité absolue). *Inféoder un journal à un groupe financier.* ‑ au p. p. *Être inféodé à un parti.*

INFÉRENCE n. f. ▪ DIDACT. Opération logique par laquelle on admet une proposition en vertu de sa liaison avec d'autres propositions déjà tenues pour vraies. ⇒ **induction.**

INFÉRER v. tr. [6] ▪ LITTÉR. Établir par inférence. ⇒ **conclure, induire.** *J'infère de ce que vous me dites, j'en infère que...*

INFÉRIEUR, EURE adj. ▪ **I.** concret **1.** Qui est au-dessous, plus bas, en bas (opposé à *supérieur*). *Les étages inférieurs d'un immeuble. La mâchoire, la lèvre inférieure.* **2.** Qui est plus bas, plus près du niveau de la mer. *Le cours inférieur d'un fleuve.* **II.** abstrait **1.** Qui a une valeur moins grande ; qui occupe une place au-dessous, dans une classification, une hiérarchie. *Il lui est très inférieur. Qualité inférieure.* ‑ *Il n'a pas été inférieur à sa tâche :* il a été à la hauteur. **2.** Plus petit que. *Nombre inférieur à 10* (< 10), *inférieur ou égal à 10* (⩽ 10). **3.** Moins avancé, peu avancé dans l'évolution. *Les animaux inférieurs.* **4.** n. Personne qui occupe une position sociale inférieure (par rapport à une autre). ⇒ **subalterne, subordonné.** *Traité qqn en inférieur.*

INFÉRIORISER v. tr. [1] ▪ Rendre inférieur ; donner à (qqn) un sentiment d'infériorité. ‑ passif *Être infériorisé par un handicap.* ► n. f. INFÉRIORISATION

INFÉRIORITÉ n. f. ▪ **1.** État de ce qui est inférieur (en rang, force, valeur, mérite). *L'infériorité numérique de nos troupes.* ♦ *Sentiment d'infériorité :* impression pénible d'être inférieur (à la normale, aux autres, à un idéal désiré). ⇒ **complexe.**

INFERNAL, ALE, AUX adj. ▪ **1.** LITTÉR. Qui appartient aux enfers, à l'enfer. *Les puissances infernales.* **2.** Qui évoque l'enfer, le mal. *Une cruauté infernale.* ⇒ **diabolique. 3.** Difficilement supportable, terrible. *Une chaleur, une allure infernale.* ⇒ d'**enfer.** ♦ (personnes) ⇒ **insupportable.** *Ces gamins sont infernaux !* ► adv. INFERNALEMENT

INFERTILE adj. ▪ LITTÉR. Qui n'est pas fertile. ⇒ **aride, stérile.** *Sol infertile.*

INFESTER v. tr. [1] ▪ **1.** VX Ravager, rendre peu sûr (un pays) par des attaques incessantes. *Les pirates infestaient les côtes.* **2.** (animaux ou plantes nuisibles) Envahir. *Les rats qui infestent la cave.* ‑ au p. p. *Mer infestée de requins.*

INFIBULATION n. f. ▪ Opération par laquelle on empêche les relations sexuelles en suturant ou en passant un anneau à travers les petites lèvres de la vulve. *Excision et infibulation.*

INFIDÈLE adj. ▪ **I.** HIST. Qui ne professe pas la religion considérée comme vraie. ⇒ **païen.** ‑ n. *Croisade contre les infidèles.* **II. 1.** Qui est changeant dans ses sentiments, notamment en amour. *Une femme infidèle. Il lui est infidèle.* ‑ n. *Une belle infidèle.* **2.** Qui ne respecte pas (qqch. qui engage). *Être infidèle à sa parole.* **3.** Qui manque à la vérité, à l'exactitude. *Une traduction infidèle.* ‑ loc. fig. *Les « belles infidèles »* (Ménage) : les traductions élégantes mais approximatives. ♦ *Une mémoire infidèle.*

INFIDÉLITÉ n. f. ▪ **1.** Manque de fidélité (dans les sentiments, en amour) ; acte qui en résulte. ⇒ **inconstance, trahison.** *Faire des infidélités à sa femme, à son amant.* ‑ plais. *Faire des infidélités à son fournisseur habituel.* **2.** RARE Manque de fidélité (à une obligation). *Infidélité à la parole donnée.* **3.** Manque d'exactitude. *L'infidélité de la mémoire.* ‑ *Les infidélités d'une traduction.* ⇒ **inexactitude.**

INFILTRATION n. f. ▪ **1.** Fait de s'infiltrer. *L'infiltration de l'eau dans la terre.* ‑ Pénétration accidentelle d'eau. *Il y a des infiltrations dans le mur, le plafond.* **2.** Envahissement du tissu cellulaire par un liquide, par des gaz. ⇒ **épanchement.** *Infiltration graisseuse.* **3.** MÉD. Injection d'un médicament qui se répandra lentement dans une région du corps. **4.** Pénétration de personnes étrangères dans un pays, un milieu.

INFILTRER v. tr. [1] ▪ **1.** (liquide...) Pénétrer peu à peu (un corps). ♦ Faire entrer (un liquide) dans un corps. **2.** Introduire des éléments dans (un groupe) afin d'obtenir des renseignements. ► **S'INFILTRER** v. pron. **1.** *L'eau s'infiltre dans certains terrains.* **2.** ⇒ se **glisser,** s'**introduire.** *S'infiltrer à travers les lignes ennemies.*

INFIME adj. ▪ **1.** Situé au plus bas (d'une série, d'une hiérarchie). **2.** Tout petit, qui ne compte pas. ⇒ **minime, minuscule.** *En nombre infime.* ‑ *Un infime logement.* ‑ *Des détails infimes, d'infimes détails.* ► INFIMITÉ n. f. DIDACT.

INFINI, IE ▪ **I.** adj. **1.** En quoi on ne peut observer ni concevoir aucune limite. ‑ (dans le temps) Qui n'a pas de fin, de terme. ⇒ **éternel. 2.** Très considérable (par la grandeur, la durée, le nombre, l'intensité). ⇒ **illimité, immense.** *Une patience infinie,* sans bornes. **II.** n. m. **1.** Ce qui est infini, plus grand que tout ce qui a une limite. *L'infini mathématique* (signe ∞). *Les « deux infinis », selon Pascal :* l'infiniment grand et l'infiniment petit. ♦ PHOTOGR. Zone éloignée où les objets donnent une image nette dans le plan focal. *Régler l'objectif sur l'infini.* **2.** Ce qui semble infini. *L'infini de l'océan.* **3.** *À L'INFINI* loc. adv. : sans qu'il y ait de borne, de fin (perceptible ou imaginable). *Droite prolongée à l'infini.* ‑ Indéfiniment. *On peut discuter là-dessus à l'infini.*

INFINIMENT adv. ▪ **1.** D'une manière infinie. *Infiniment grand,* plus grand que toute quantité donnée. *Nombres infiniment petits ; les infiniment petits* (⇒ **infinitésimal). 2.** Beaucoup, extrêmement. *Je regrette infiniment.* ‑ (avec un adj., un compar.) *Je vous suis infiniment reconnaissant. C'est infiniment mieux.* ‑ *Merci infiniment.*

INFINITÉ n. f. ▪ **1.** DIDACT. Quantité infinie, nombre infini. ⇒ **infini. 2.** Très grande quantité. *Une infinité de gens.* ⇒ **multitude.**

INFINITÉSIMAL, ALE, AUX adj. ▪ **1.** MATH. Relatif aux quantités infiniment petites. *Calcul infinitésimal,* fondé sur l'étude des infiniment petits et des limites, et comprenant le calcul différentiel et le calcul intégral. **2.** COUR. Extrêmement petit. ⇒ **infime.** *Une dose infinitésimale.*

INFINITIF, IVE ▪ **I.** n. m. Forme nominale du verbe (mode impersonnel) exprimant l'idée de l'action ou de l'état d'une façon abstraite et indéterminée. *Ce dictionnaire donne les verbes à l'infinitif.* **II.** adj. *Proposition infinitive,* dont le verbe est à l'infinitif.

INFIRME adj. ▪ **I.** VX Faible, impotent. ♦ *Esprit, intelligence infirme.* **II.** MOD. Atteint d'infirmités (II). ⇒ **handicapé, impotent, invalide.** *Être infirme d'un bras.* ‑ n. *Un, une infirme.*

INFIRMER v. tr. 1 ▪ 1. Affaiblir (qqch.) dans son autorité, sa force, son crédit. *L'expertise a infirmé ce témoignage.* 2. DR. Annuler ou réformer (un jugement).

INFIRMERIE n. f. ▪ Local destiné à recevoir et soigner les malades, les blessés, dans une communauté. *L'infirmerie d'une école, d'une entreprise.* ♦ VX Hospice de vieillards.

INFIRMIER, IÈRE n. ▪ Personne qui, par profession, soigne des malades et s'en occupe, sous la direction des médecins. *Faire des études d'infirmier. Les infirmières d'un hôpital, d'une clinique. L'infirmière-chef.*

INFIRMITÉ n. f. ▪ I. LITTÉR. Faiblesse. II. 1. VX Maladie, indisposition. 2. MOD. État d'un individu ne jouissant pas d'une de ses fonctions ou n'en jouissant qu'imparfaitement (sans que sa santé générale en souffre) ; déficit physiologique durable ou permanent. *Devenu sourd, il supportait mal son infirmité.*

INFLAMMABLE adj. ▪ Qui a la propriété de s'enflammer facilement. *Matières inflammables.*

INFLAMMATION n. f. ▪ I. VX Fait de s'enflammer. II. Ensemble des réactions qui se produisent au point de l'organisme irrité par un agent pathogène. ⇒ suff. -ite. *Inflammation des amygdales.*

INFLAMMATOIRE adj. ▪ Caractérisé par une inflammation. *Maladie inflammatoire d'origine virale.*

INFLATION n. f. ▪ 1. Accroissement excessif des instruments de paiement (billets de banque, capitaux) entraînant une hausse des prix et une dépréciation de la monnaie (s'oppose à *déflation*). 2. par ext. Augmentation, extension excessive (d'un phénomène). *Inflation verbale.*

INFLATIONNISTE adj. ▪ Qui tend à l'inflation. *Le danger inflationniste.*

INFLÉCHIR v. tr. 2 ▪ 1. Fléchir de manière à former une courbe. ⇒ **courber.** ➝ pronom. *La tringle s'est infléchie sous le poids.* 2. fig. Modifier la direction, l'orientation de. *Infléchir la politique du gouvernement.* ► **INFLÉCHI, IE** adj. *Arc infléchi* (ARCHIT.).

INFLÉCHISSEMENT n. m. ▪ 1. Fait de s'infléchir. 2. Modification légère, atténuation (d'un phénomène, d'une situation).

INFLEXIBILITÉ n. f. ▪ Fait de ne pas céder. *L'inflexibilité d'un caractère.*

INFLEXIBLE adj. ▪ Que rien ne peut fléchir ni émouvoir ; qui résiste à toutes les influences. ⇒ **ferme, intransigeant.** *Rester inflexible.* ⇒ **inébranlable.** ➝ *Une volonté inflexible.* ► adv. INFLEXIBLEMENT

INFLEXION n. f. ▪ 1. Mouvement par lequel une chose s'infléchit. ⇒ **courbure, flexion.** *L'inflexion des rayons lumineux. Saluer d'une inflexion de la tête.* ⇒ **inclination.** 2. Changement subit d'accent ou de ton dans la voix. *Sa voix eut une inflexion douce, suppliante.* ➝ PHONÉT. Changement de timbre des voyelles.

INFLIGER v. tr. 3 ▪ 1. Appliquer (une peine matérielle ou morale). *On lui a infligé une amende.* 2. Faire subir (qqch. à qqn). *Infliger un affront, un démenti à qqn.* ➝ *Infliger sa présence.* ➝ *S'infliger des sacrifices.* ⇒ **imposer.**

INFLORESCENCE n. f. ▪ Mode de groupement des fleurs d'une plante (ex. en grappes, en ombelles...). ♦ Groupe de fleurs ainsi formé (souvent appelé *fleur*).

INFLUENÇABLE adj. ▪ (personnes) Qui se laisse influencer. ➝ *Un caractère influençable.*

INFLUENCE n. f. ▪ 1. VX Fluide provenant des astres et agissant sur la destinée humaine. ➝ MOD. par ext. *Influences magiques, occultes.* 2. Action exercée sur (qqn ou qqch.). ⇒ **effet.** *L'influence de l'éducation sur la personnalité. Agir sous l'influence de la colère.* 3. (personnes) Action volontaire ou non (sur qqn). ⇒ **ascendant, empire, emprise, pouvoir.** *Il a une mauvaise influence sur elle.* 4. Pouvoir social (d'une personne qui amène les autres à se ranger à son avis). ⇒ **autorité, crédit.** *User de son influence en faveur de qqn.* ➝ *Trafic d'influence.* 5. Action morale, intellectuelle. *On sent dans ce tableau l'influence de Miró. Les critiques étudient les influences en littérature.* 6. Autorité politique (d'un État). *L'influence des États-Unis en Amérique du Sud.*

INFLUENCER v. tr. 3 ▪ 1. (personnes) Soumettre à son influence (3). *Je ne veux pas vous influencer, influencer votre choix. Se laisser influencer.* 2. (choses) Agir sur.

INFLUENT, ENTE adj. ▪ Qui a de l'influence (4), du prestige. ⇒ **important.** *Un personnage influent.* ➝ *Un journal très influent.*

INFLUER v. intr. 1 ▪ *INFLUER SUR* : exercer sur une personne ou une chose une action de nature à la modifier. *Le temps influe sur notre humeur.* ⇒ **influencer.**

INFLUX n. m. ▪ 1. Fluide* (hypothétique) transmettant une force. 2. *Influx nerveux* : phénomène par lequel on explique la propagation des effets de l'excitation dans les nerfs.

INFOGRAPHIE n. f. (n. déposé) ▪ TECHN. Traitement informatique de l'image, des représentations graphiques (P.A.O., etc.). ► n. INFOGRAPHISTE

IN-FOLIO [infɔljo] adj. invar. ▪ (format) Dont la feuille d'impression est pliée en deux, formant quatre pages. *Des gros dictionnaires in-folio.* ➝ n. m. invar. Livre de ce grand format.

INFORMATEUR, TRICE n. ▪ Personne qui donne des informations. *Il dispose d'informateurs discrets. Les informateurs d'un ethnologue.* ➝ spécialt Personne qui informe la police sans en faire partie. *Disposer d'informateurs dans tous les milieux.* ⇒ **espion, indicateur, mouchard.**

INFORMATICIEN, IENNE n. ▪ Spécialiste en informatique. *Une bonne informaticienne.* ➝ appos. *Ingénieur informaticien.*

INFORMATION n. f. ▪ I. DR. Enquête pour établir la preuve d'une infraction, pour en découvrir les auteurs. *Ouvrir une information contre X.* II. 1. Renseignement (sur qqn, sur qqch.). *Des informations confidentielles.* 2. Action de s'informer. *Une réunion d'information.* 3. Renseignement ou événement qu'on porte à la connaissance d'une personne, d'un public. *Une information exclusive* (⇒ anglic. **scoop**). *Les informations politiques, sportives.* ⇒ **nouvelle.** *Bulletin d'informations.* ◇ abrév. FAM. INFO. *Les infos télévisées.* ♦ *L'INFORMATION* : action d'informer le public, l'opinion (par les médias). *Journal d'information et journal d'opinion.* III. SC. Ce qui peut être transmis par un signal ou une combinaison de signaux (message) selon un code* commun et par un canal ; ce qui est transmis (objet de connaissance, de mémoire). *Théorie de l'information et de la communication. Traitement informatique de l'information.* ⇒ **informatique.**

INFORMATIQUE n. f. ▪ Théorie et traitement de l'information (III) à l'aide de programmes mis en œuvre sur ordinateurs. *Informatique personnelle* (⇒ **micro-informatique**). *Informatique bancaire, de gestion* (⇒ aussi **bureautique, télématique**). ♦ adj. *L'industrie informatique. Fichier informatique.*

INFORMATIQUEMENT adv. ▪ Par des moyens informatiques.

INFORMATISATION n. f. ▪ Action d'informatiser. *L'informatisation de la presse, des réservations.*

INFORMATISER v. tr. 1 ▪ Traiter (un problème), organiser par les méthodes de l'informatique. *Informatiser la gestion, la banque.* ➝ au p. p. *Un secteur informatisé.* ► adj. INFORMATISABLE

INFORME adj. ▪ 1. Qui n'a pas de forme propre, définissable. 2. Dont la forme n'est pas achevée. ⇒ **grossier.** *Un brouillon informe.* ♦ Laid, disgracieux. *Un assemblage, un mouvement informe.*

INFORMÉ, ÉE ▪ 1. adj. Qui sait ce qu'il faut savoir. *Un public informé.* ⇒ **averti, documenté, renseigné.** *Journal bien informé*, dont les informations sont sérieuses. 2. n. m. loc. *Jusqu'à plus ample informé* : avant d'en savoir plus sur l'affaire.

INFORMEL, ELLE adj. ▪ I. ARTS Qui ne représente et ne produit pas de formes classables. ➝ *Un peintre informel.* II. anglic. Qui n'est pas organisé de manière officielle. *Une réunion informelle.*

INFORMER v. tr. 1 ▪ I. 1. v. tr. PHILOS., DIDACT. Donner une forme, une structure à. 2. v. tr. ind. DR. Faire une instruction en matière criminelle. *Informer d'un fait, sur un fait.* ⇒ **information** (I). II. COUR. Transmettre des connaissances, des renseignements (⇒ **information**) à (qqn). ⇒ **avertir, aviser, instruire, renseigner** ; → mettre au courant. *Informer qqn de son arrivée. Il m'a informé qu'il refusait.* ► **S'INFORMER** v. pron. S'enquérir en vue de se mettre au courant. *S'informer de la santé de qqn.* ➝ absolt Recueillir des informations. *S'informer avant d'agir.*

INFORTUNE n. f. ▪ LITTÉR. Malheur. *Pour comble d'infortune.* ⇒ **malchance.** ➝ *Compagnon d'infortune* : personne qui supporte les mêmes malheurs.

INFORTUNÉ, ÉE adj. ▪ LITTÉR. Qui est dans l'infortune. ⇒ **malheureux.** *Les infortunées victimes.*

INFRA adv. ▪ Sert à renvoyer à un passage qui se trouve plus loin dans un texte. ⇒ ci-**dessous.** *Voir infra, page tant.*

INFRA- Élément (du latin *infra* « au-dessous ») qui signifie « inférieur », « en dessous » (ex. *infrarouge, infrason, infrastructure*).

INFRACTION n. f. ▪ 1. Violation (d'un engagement, d'une règle ou loi). *Aucune infraction ne sera tolérée. Infraction au*

règlement, à la discipline, aux habitudes. **2.** DR. Violation d'une loi sanctionnée par le droit. *Commettre une infraction grave.* – COUR. Faute sans gravité ; situation du fautif. *Être en infraction au code de la route. Contravention pour une infraction.*

INFRANCHI, IE adj. ▪ LITTÉR. Qui n'a pas été franchi.

INFRANCHISSABLE adj. ▪ Qu'on ne peut franchir. *Un obstacle infranchissable.*

INFRAROUGE adj. ▪ Se dit des radiations invisibles qui sont en deçà du rouge, dans le spectre solaire. *Rayons infrarouges.* – n. m. *Four à infrarouge.*

INFRASON [-sɔ̃] n. m. ▪ Vibration inaudible, de fréquence inférieure à 20 hertz. *Les infrasons et les ultrasons.*

INFRASTRUCTURE n. f. ▪ **1.** Parties inférieures (d'une construction) (opposé à *superstructure*). ⇒ **fondation.** – Terrassements et ouvrages (d'une voie). – Ensemble des installations au sol (aviation) ; d'installations militaires. **2.** Ensemble des équipements économiques ou techniques. *L'infrastructure routière d'un pays.* **3.** vocabulaire marxiste Organisation économique de la société, considérée comme le fondement de son idéologie.

INFRÉQUENTABLE adj. ▪ Qu'on ne veut pas fréquenter. *Des gens vulgaires, infréquentables.*

INFROISSABLE adj. ▪ Qui se froisse peu ou ne se froisse pas. *Tissu infroissable.*

INFRUCTUEUX, EUSE adj. ▪ Sans profit, sans résultat. ⇒ **inefficace, inutile.** *Tentative infructueuse.* ► adv. INFRUCTUEUSEMENT

INFUS, USE adj. ▪ VX Inné. – MOD. loc. *Avoir la* SCIENCE INFUSE : être savant sans avoir étudié.

INFUSER v. tr. [1] ▪ **1.** Laisser tremper (une substance) dans un liquide afin qu'il se charge des principes qu'elle contient. ⇒ **macérer.** *Infuser du tilleul.* – au p. p. *Thé bien infusé.* – intrans. *Laisse infuser encore un peu.* **2.** par métaphore LITTÉR. Faire pénétrer, communiquer. *Infuser un sang nouveau à qqn, à qqch.*

INFUSION n. f. ▪ **1.** Action d'infuser dans un liquide (une substance dont on veut extraire les principes solubles). **2.** Tisane de plantes (camomille, menthe, tilleul, verveine). *Prendrez-vous du café ou une infusion ?*

INFUSOIRE n. m. ▪ ZOOL. (VX) Protozoaire cilié qui vit dans les liquides.

INGAMBE adj. ▪ VX ou plais. Qui a un usage normal de ses jambes. ⇒ **alerte, vif.** *Un vieillard encore ingambe.*

Jan INGENHOUSZ (1730 - 1799) ▪ Médecin et physicien néerlandais. Il montra le rôle de la lumière dans la fixation du carbone par les végétaux, et expérimenta la conductibilité thermique des métaux.

S'INGÉNIER v. pron. [7] ▪ Mettre en jeu toutes les ressources de son esprit. ⇒ **s'évertuer.** *Il s'ingéniait à nous faire plaisir.*

INGÉNIERIE n. f. ▪ Étude globale d'un projet industriel. ♦ SC. Discipline d'applications scientifiques. *Ingénierie génétique.* ⇒ **génie.**

INGÉNIEUR n. m. ▪ Personne qui a reçu une formation scientifique et technique la rendant apte à diriger certains travaux, à participer aux applications de la science. *Ingénieur agronome, chimiste, électricien. Elle est ingénieur* (au Canada : *une ingénieure*).

INGÉNIEUSEMENT adv. ▪ Avec ingéniosité. ⇒ **habilement.**

INGÉNIEUX, EUSE adj. ▪ **1.** Qui a l'esprit inventif. ⇒ **adroit, habile.** *Un bricoleur ingénieux.* **2.** (choses) Qui marque beaucoup d'invention, d'imagination. *Un mécanisme ingénieux. Une explication très ingénieuse.*

INGÉNIOSITÉ n. f. ▪ Adresse inventive. *Faire preuve d'ingéniosité. Une merveille d'ingéniosité.*

INGÉNU, UE adj. ▪ Qui a une sincérité innocente et naïve. ⇒ **candide, naïf, simple.** *Un jeune garçon ingénu.* – *Air, regard ingénu.* ♦ n. *Un rôle d'ingénue au théâtre.* ► adv. INGÉNUMENT

INGÉNUITÉ n. f. ▪ LITTÉR. Sincérité naïve. ⇒ **candeur, naïveté.**

INGÉRABLE adj. ▪ Qu'on ne peut gérer*.

INGÉRENCE n. f. ▪ Fait de s'ingérer. *Une ingérence intolérable dans sa vie privée.* – *Droit d'ingérence* (en politique internationale) *pour raisons humanitaires.*

① **S'INGÉRER** v. pron. [6] ▪ LITTÉR. Intervenir sans en avoir le droit. ⇒ **s'immiscer.** *S'ingérer dans une discussion. État qui s'ingère dans les affaires d'un pays voisin.* ⇒ **ingérence.**

② **INGÉRER** v. tr. [6] ▪ DIDACT. Introduire par la bouche (dans les voies digestives). ⇒ **avaler ; ingestion.**

INGESTION n. f. ▪ Action d'ingérer. *L'ingestion d'un médicament.*

INGOLSTADT ▪ Ville d'Allemagne (Bavière). 103 600 hab. Monuments (XIVe-XVIIIe s.).

l'INGOUCHIE n. f. ▪ Une des républiques de la Fédération de Russie, dans le Caucase. 2 700 km². 190 000 hab. *(les Ingouches).* Capitale : Nazran.

INGOUVERNABLE adj. ▪ Impossible à gouverner. *Peuple ingouvernable.*

INGRAT, ATE adj. ▪ **1.** Qui n'a aucune reconnaissance, ne sait pas gré* à qqn (de qqch.). *Se montrer ingrat envers un bienfaiteur.* – n. *Ce n'est pas une ingrate.* **2.** (choses) Qui ne dédommage guère de la peine qu'il donne, des efforts qu'il coûte. *Une terre ingrate. Étudier un sujet ingrat.* **3.** Qui manque d'agrément, de grâce. ⇒ **désagréable, disgracieux.** *Un visage ingrat.* – *Âge ingrat,* celui de la puberté.

INGRATITUDE n. f. ▪ Caractère d'une personne ingrate ; manque de reconnaissance.

INGRÉDIENT [-jɑ̃] n. m. ▪ Élément qui entre dans la composition (d'une préparation ou d'un mélange). *Les ingrédients d'une sauce.*

Dominique INGRES (1780 - 1867) ▪ Peintre français. Il se posa comme le défenseur de la tradition classique et se voulut le continuateur de David. Malgré leur retenue formelle, ses portraits sont d'une grande intensité (*"Mlle Rivière"*, 1805) et ses nus d'une riche sensualité (*"Grande Odalisque"*, 1814 ; *"Le Bain turc"*, 1863).

Ingres. *Grande Odalisque.* Musée du Louvre, Paris. *Phot. © Dagli Orti*

INGUÉRISSABLE adj. ▪ Qui n'est pas guérissable. *Maladie inguérissable.* ⇒ **incurable.**

INGUINAL, ALE, AUX [-gɥi-] adj. ▪ DIDACT. De l'aine, de la région de l'aine. *Hernie inguinale.*

INGURGITER v. tr. [1] ▪ Avaler avidement et en quantité. ⇒ **engloutir.** ♦ fig. *Ingurgiter un ouvrage de mathématiques.* ► n. f. INGURGITATION

INHABILE adj. ▪ LITTÉR. Qui manque d'habileté. *Des gestes inhabiles.* ⇒ **malhabile.**

INHABILETÉ n. f. ▪ Manque d'habileté. ⇒ **maladresse.**

INHABITABLE adj. ▪ Qui n'est pas habitable, ou difficilement habitable.

INHABITÉ, ÉE adj. ▪ Qui n'est pas habité. *Régions inhabitées.* ⇒ **désert.** *Maison inhabitée,* inoccupée.

INHABITUEL, ELLE adj. ▪ Qui n'est pas habituel. ⇒ **inaccoutumé, insolite.** *Une animation inhabituelle régnait dans la rue.*

INHALATEUR n. m. ▪ Appareil servant aux inhalations.

INHALATION n. f. ▪ Action d'inhaler (un gaz, une vapeur). *L'inhalation d'un gaz toxique.* ♦ absolt Aspiration par le nez de vapeurs qui désinfectent, décongestionnent. ⇒ **fumigation.** *Faire des inhalations.*

INHALER v. tr. [1] ▪ Absorber par les voies respiratoires.

INHÉRENT, ENTE adj. ▪ Qui appartient essentiellement (à un être, à une chose), qui est inséparable (de). ⇒ **essentiel, intrinsèque.** *Les contradictions inhérentes à ce régime.*

INHIBER v. tr. [1] ▪ **1.** (sujet chose) Empêcher (qqn) d'agir, de manifester ses sentiments, ses opinions. ⇒ **bloquer, paralyser.** *Sa crainte d'être ridicule l'inhibe.* - au p. p. *Il est inhibé.* n. *C'est un inhibé.* **2.** DIDACT. Réduire ou empêcher une réaction chimique ou psychologique, le fonctionnement de (un organe). *La pilule contraceptive inhibe l'ovulation.*

INHIBITEUR, TRICE adj. ▪ Qui inhibe. - n. m. (sens 2 de *inhiber*) *Un inhibiteur de croissance.*

INHIBITION n. f. ▪ **1.** Fait d'être inhibé. *Il faut vaincre vos inhibitions.* ⇒ **crainte, timidité.** **2.** Action d'inhiber.

INHOSPITALIER, IÈRE adj. ▪ **1.** Qui ne pratique pas l'hospitalité. *Un peuple inhospitalier.* **2.** (choses) Peu accueillant, où la vie est difficile. *Une côte inhospitalière.*

INHUMAIN, AINE adj. ▪ **1.** Qui manque d'humanité. ⇒ **barbare, cruel.** *Un tyran inhumain.* - spécialt n. f. VX Femme insensible, qui se refuse (→ cruelle). ♦ (actions) *Un traitement inhumain.* **2.** Qui n'a rien d'humain. *Un hurlement inhumain. Un travail inhumain,* très pénible. ► adv. INHUMAINEMENT

INHUMANITÉ n. f. ▪ LITTÉR. Caractère inhumain (d'une personne, d'une chose). ⇒ **cruauté, férocité.**

INHUMATION n. f. ▪ Action d'inhumer. *L'inhumation du corps dans un caveau.* ⇒ **enterrement.**

INHUMER v. tr. [1] ▪ Mettre en terre (un corps humain), avec les cérémonies d'usage. ⇒ **ensevelir, enterrer.** *Permis d'inhumer,* donné par le médecin.

INIMAGINABLE adj. ▪ **1.** Qu'on ne peut imaginer, dont on n'a pas idée. ⇒ **extraordinaire, incroyable.** - Invraisemblable (souvent péj.). **2.** Très grand, intense. ⇒ **impensable.** *Un désordre inimaginable.*

INIMITABLE adj. ▪ **1.** Qui ne peut être imité. **2.** Très remarquable. ⇒ **unique.**

INIMITIÉ [-tje] n. f. ▪ Sentiment hostile (envers qqn). ⇒ **antipathie, hostilité.** *Avoir de l'inimitié contre, à l'égard de qqn.*

ININFLAMMABLE adj. ▪ Qui n'est pas inflammable. *Revêtement ininflammable.*

ININTELLIGENCE n. f. ▪ Manque d'intelligence.

ININTELLIGENT, ENTE adj. ▪ Qui n'est pas intelligent. ⇒ **bête.**

ININTELLIGIBILITÉ n. f. ▪ LITTÉR. Caractère de ce qui est inintelligible. *L'inintelligibilité d'un texte.*

ININTELLIGIBLE adj. ▪ Qu'on ne peut comprendre. ⇒ **incompréhensible.** *Des bredouillements inintelligibles.* ► adv. ININTELLIGIBLEMENT

ININTÉRESSANT, ANTE adj. ▪ Dépourvu d'intérêt. *Un film inintéressant. Ce n'est pas inintéressant, mais...*

ININTERROMPU, UE adj. ▪ Qui n'est pas interrompu (dans l'espace ou dans le temps). ⇒ **continu.** *Des files ininterrompues de voitures. Une heure de musique ininterrompue.*

INIQUE adj. ▪ LITTÉR. Qui manque gravement à l'équité ; très injuste (s'oppose à *équitable*). *Une décision inique.*

INIQUITÉ n. f. ▪ **1.** VX Péché. **2.** LITTÉR. Injustice extrême, flagrante (s'oppose à *équité*). *L'iniquité d'un jugement.* ♦ Acte, chose inique.

INITIAL, ALE, AUX adj. ▪ **1.** Qui est au commencement, qui caractérise le commencement (de qqch.). ⇒ **originel, premier.** *La cause initiale de nos malentendus.* - *Vitesse initiale d'un projectile.* **2.** Qui commence (qqch., spécialt un mot). *La consonne initiale d'un nom.* - n. f. Première lettre (d'un nom propre). *Signer de ses initiales.*

INITIALEMENT adv. ▪ Dans la période initiale ; au commencement.

INITIATEUR, TRICE n. ▪ Personne qui initie (qqn), qui enseigne ou propose le premier (qqch.). *Les initiateurs de ce mouvement.* ⇒ **précurseur.**

INITIATION n. f. ▪ Action d'initier. *Rites d'initiation* (dans les sociétés traditionnelles), permettant aux jeunes d'accéder au statut d'adultes. - Action de donner ou de recevoir les premiers éléments (d'un art, d'une technique...). *Stage d'initiation à l'informatique.*

INITIATIQUE adj. ▪ DIDACT. Relatif à l'initiation. *Rites initiatiques.*

INITIATIVE n. f. ▪ **1.** Action d'une personne qui propose, entreprend, organise (qqch.) en étant la première. *Prendre l'initiative d'une démarche.* ♦ *Une initiative intéressante. Sur, à l'initiative de qqn.* **2.** POLIT. Droit de soumettre à l'autorité compétente une proposition en vue de la faire adopter. *Le Parlement a l'initiative des lois.* **3.** Qualité d'une personne disposée à entreprendre, à oser. *Ce travail exige de l'initiative.*

INITIÉ, ÉE n. ▪ **1.** Personne qui a bénéficié de l'initiation (religieuse, sociale). **2.** Personne qui est dans le secret (d'une entreprise, d'un art). *Une poésie réservée à des initiés* (⇒ **ésotérique**).

INITIER v. tr. [7] ▪ **1.** Admettre (qqn) à la connaissance, à la pratique de savoirs, de cultes secrets, ésotériques (⇒ **initiation**). **2.** Recevoir (qqn) au sein d'un groupe fermé (société secrète...). **3.** Introduire à une connaissance ; être le premier à instruire, à mettre au fait. ⇒ **apprendre, enseigner.** *On l'a initié très jeune à la musique.* - pronom. *S'initier à* : acquérir les premiers éléments de (un art, une science...). *S'initier à la peinture.*

INJECTABLE adj. ▪ Qu'on peut ou doit injecter. *Ampoule injectable* (opposé à *buvable*).

INJECTÉ, ÉE adj. ▪ *Yeux injectés de sang,* colorés par l'afflux du sang.

INJECTER v. tr. [1] ▪ **1.** Introduire (un liquide en jet, un gaz sous pression) dans un organisme. *Injecter un sérum à qqn.* **2.** Faire pénétrer (un liquide sous pression) dans un matériau. *Injecter du ciment dans un mur,* pour le consolider. **3.** Apporter (des capitaux) dans un secteur de l'économie pour le relancer. *Injecter de l'argent dans une entreprise.* **4.** fig. Introduire (une chose abstraite).

INJECTEUR n. m. ▪ **1.** Appareil servant à injecter un liquide dans l'organisme. **2.** Dispositif assurant l'alimentation en eau (chaudière), en carburant (moteur).

INJECTION n. f. ▪ **1.** Introduction d'un fluide sous pression dans l'organisme. *Poire à injections.* - Piqûre. *Injection intraveineuse.* **2.** Pénétration d'un liquide sous pression (dans une substance). - *Moteur à injection,* dont l'alimentation en carburant est assurée par un injecteur (sans carburateur).

INJONCTION n. f. ▪ Action d'enjoindre ; ordre exprès, formel. *Se soumettre, obtempérer à une injonction.*

INJOUABLE adj. ▪ Qui ne peut être joué. *Pièce, rôle ; partie injouable.*

INJURE n. f. ▪ **1.** LITTÉR. Offense grave. ⇒ **affront, outrage.** - loc. *Faire injure à qqn,* l'offenser. **2.** Parole offensante et violente. ⇒ **insulte.** *Dire, proférer des injures.* - DR. Expression outrageante sans imputation de faits.

INJURIER v. tr. [7] ▪ Dire des injures à (qqn). ⇒ **insulter** ; FAM. **engueuler.** *Il s'est fait copieusement injurier.*

INJURIEUX, EUSE adj. ▪ Qui contient des injures, constitue une injure (1 ou 2). ⇒ **blessant, insultant, offensant.** *Des soupçons injurieux pour lui. Employer des termes injurieux.*

INJUSTE adj. ▪ **1.** Qui agit contre la justice ou l'équité. *Vous avez été injuste envers lui.* **2.** (choses) Qui est contraire à la justice. ⇒ **inique.** *Sentence, punition injuste.*

INJUSTEMENT adv. ▪ D'une façon injuste. *Un innocent injustement accusé, condamné.*

INJUSTICE n. f. ▪ **1.** Caractère d'une personne, d'une chose injuste ; manque de justice. ⇒ **iniquité.** *L'injustice sociale.* – absolt Ce qui est injuste. *Se révolter contre l'injustice.* **2.** Acte, décision contraire à la justice. *Être victime d'une injustice.*

INJUSTIFIABLE adj. ▪ Qu'on ne peut justifier. ⇒ **inexcusable.** *Votre refus est injustifiable.*

INJUSTIFIÉ, ÉE adj. ▪ Qui n'est pas justifié. *Sa méfiance est injustifiée. Une réclamation injustifiée.* ⇒ **immotivé.**

INLANDSIS [inlɑ̃dsis] n. m. ▪ GÉOGR. Glacier continental (régions polaires).

inlandsis du Groenland. *Phot. © Charles Lénars*

INLASSABLE adj. ▪ Qui ne se lasse pas. ⇒ **infatigable.** *Une patience inlassable.*

INLASSABLEMENT adv. ▪ Sans se lasser. *Répéter inlassablement le même conseil.*

l'INN n. m. ▪ Rivière de Suisse, d'Autriche et d'Allemagne, affluent du Danube. 525 km. Hydroélectricité.

INNÉ, ÉE adj. ▪ Que l'on a en naissant, dès la naissance (opposé à *acquis*). *C'est un don inné.* ⇒ **naturel.** – (Chez Descartes) *Idées innées,* antérieures à toute expérience. ♦ Qui ne dépend que du patrimoine génétique. *Aptitudes innées.*

INNÉISME n. m. ▪ DIDACT. Théorie selon laquelle les idées, les aptitudes sont innées (*innéité* n. f. [des idées, etc.]).

INNERVATION n. f. ▪ Distribution des nerfs (dans une région du corps).

INNERVER v. tr. [1] ▪ (tronc nerveux) Fournir de nerfs (un organe). – au p. p. *Une région du corps peu innervée.*

INNOCEMMENT [-amɑ̃] adv. ▪ Avec innocence, sans faire ou sans vouloir faire le mal.

INNOCENCE n. f. ▪ **1.** RELIG. État de l'être qui n'est pas souillé par le mal. ⇒ **pureté.** *L'innocence de l'homme avant le péché originel.* ♦ État d'une personne qui ignore le mal. ⇒ **candeur, ingénuité.** *Elle l'a dit en toute innocence.* ⇒ **innocemment.** **2.** État d'une personne qui n'est pas coupable (d'une chose particulière). *L'accusé proclame son innocence.*

INNOCENT, ENTE adj. ▪ **I. 1.** RELIG. Qui n'est pas souillé par le mal. ⇒ **pur.** ♦ Qui ignore le mal. ⇒ **candide.** **2.** Trop naïf. ⇒ **crédule, niais.** – n. *Et tu le crois ? Pauvre innocent !* – prov. *Aux innocents les mains pleines :* les simples sont heureux dans leurs entreprises. ♦ n. Jeune enfant (encore innocent). *Le massacre des Innocents* (Évangile selon saint Matthieu). **3.** (action) Qui n'est pas blâmable. *Des jeux, des plaisirs innocents.* **II.** Qui n'est pas coupable. *Il est innocent du crime dont on l'accuse.* – n. *On a condamné un innocent.* loc. *Faire l'innocent,* prendre la contenance de celui qui ne sait pas, ne comprend pas.

INNOCENT III (1160 - 1216) ▪ Le plus puissant des papes du Moyen Âge. Il lutta contre Philippe Auguste, contre Jean sans Terre et fut à l'origine de la quatrième croisade et de la croisade contre les albigeois.

INNOCENT XI (1611 - 1689) ▪ Pape qui se heurta à Louis XIV et au gallicanisme.

INNOCENTER v. tr. [1] ▪ Déclarer innocent, faire reconnaître non coupable. ⇒ **disculper.** *Cette déclaration du témoin innocente l'accusé.*

INNOCUITÉ n. f. ▪ DIDACT. Qualité de ce qui n'est pas nuisible.

INNOMBRABLE adj. ▪ Extrêmement nombreux. *Une foule innombrable.* ⇒ **immense.** *Des détails innombrables.*

INNOMMABLE adj. ▪ **1.** DIDACT. Qui ne peut être nommé. ⇒ **indicible.** – n. m. *"L'Innommable"* (texte de S. Beckett). **2.** COUR. Méprisable, ignoble. *Des procédés innommables.* – Très mauvais. ⇒ **infect.** *Une nourriture innommable.*

INNOVATEUR, TRICE n. et adj. ▪ (Personne) qui innove. ⇒ **créateur, novateur.**

INNOVATION n. f. ▪ Action d'innover ; chose nouvellement introduite. ⇒ **changement, nouveauté.** *Des innovations techniques.*

INNOVER v. intr. [1] ▪ Introduire qqch. de nouveau (dans un domaine). *Innover en art, en matière économique.*

INNSBRUCK ▪ Ville d'Autriche, capitale du Tyrol, sur l'Inn. 115 000 hab. Station de tourisme (nombreux monuments baroques). Sports d'hiver aux alentours.

INOCCUPÉ, ÉE adj. ▪ **1.** (lieux) Où il n'y a personne. *Place inoccupée.* ⇒ **libre.** *Appartement inoccupé.* ⇒ **inhabité, vide.** **2.** (personnes) Qui n'a pas d'occupation. ⇒ **désœuvré.** *Rester inoccupé.* ⇒ **oisif.**

IN-OCTAVO [inɔktavo] adj. invar. ▪ (format) Où la feuille d'impression est pliée en huit feuillets (ou seize pages). – n. m. invar. Livre de ce format.

INOCULATION n. f. ▪ Action d'inoculer ; spécialt vaccination.

INOCULER v. tr. [1] ▪ **1.** Introduire dans l'organisme (les germes d'une maladie). *Inoculer la variole.* ⇒ **vacciner.** **2.** fig. Communiquer, transmettre (une passion, une idée mauvaise comparée à un virus). *Il lui a inoculé son vice.*

INODORE adj. ▪ **1.** Qui ne dégage aucune odeur. *Gaz inodore et sans saveur.* **2.** fig. Sans intérêt ; plat. *Un personnage tout à fait inodore.*

INOFFENSIF, IVE adj. ▪ Qui est incapable de nuire ; qui ne fait pas de mal à autrui. *Chien absolument inoffensif.* – (choses) *Une plaisanterie inoffensive.* ⇒ **anodin.**

INONDABLE adj. ▪ Susceptible d'être inondé. *Zone inondable en bordure d'un fleuve.*

INONDATION n. f. ▪ **1.** Débordement d'eaux qui inondent le pays environnant. *Les inondations périodiques du Nil.* **2.** Grande quantité d'eau qui se répand. **3.** fig. Afflux massif. *Une inondation de produits importés.*

INONDER v. tr. [1] ▪ **1.** Couvrir d'eaux qui débordent ou affluent. *Le fleuve a inondé les prés.* – au p. p. *Terrains inondés.* **2.** Mouiller abondamment, couvrir d'eau, de liquide. ⇒ **arroser, tremper.** *S'inonder les cheveux d'eau de Cologne.* – au p. p. *Joues inondées de larmes.* **3.** fig. Envahir massivement. – au p. p. *Marché inondé d'un produit.* **4.** LITTÉR. (sentiments, impressions) Submerger, remplir. ♦ au p. p. Baigné (de). *Une terrasse inondée de soleil.*

Ismet INÖNÜ (1884 - 1973) ▪ Général et homme politique turc. Premier ministre (1923-1937 puis 1961-1965) et président de la République (1938-1950), succédant à Mustafa Kemal, dont il avait été le collaborateur le plus proche.

Innsbruck. Vue de l'église Saint-Jacques.
Phot. © Carbonare/Explorer

INOPÉRABLE adj. ▪ Qui ne peut être opéré. *Malade inopérable.*

INOPÉRANT, ANTE adj. ▪ Qui ne produit aucun effet. ⇒ **inefficace.** *Des mesures inopérantes.*

INOPINÉ, ÉE adj. ▪ Qui arrive, se produit alors qu'on ne s'y attendait pas. ⇒ **imprévu, inattendu.** *Une visite inopinée.*

INOPINÉMENT adv. ▪ À l'improviste. *Il est arrivé inopinément.*

INOPPORTUN, UNE adj. ▪ Qui n'est pas opportun. ⇒ **déplacé, intempestif.** *Une demande inopportune. Le moment est inopportun,* mal choisi. ► adv. INOPPORTUNÉMENT

INOPPORTUNITÉ n. f. ▪ LITTÉR. Caractère de ce qui est inopportun. *L'inopportunité d'une démarche.*

INORGANIQUE adj. ▪ Qui n'a pas l'organisation d'un être vivant ; dont l'origine n'est ni animale ni végétale. *Substances inorganiques.*

INORGANISATION n. f. ▪ Absence, manque d'organisation.

INORGANISÉ, ÉE adj. ▪ **1.** SC. Qui n'est pas constitué en organisme. ⇒ **inorganique. 2.** Qui manque d'organisation. **3.** Qui n'appartient pas à une organisation syndicale, politique.

INOUBLIABLE adj. ▪ Que l'on ne peut oublier (du fait de sa qualité, de son caractère exceptionnel). ⇒ **mémorable.** *Une soirée inoubliable.*

INOUÏ, ÏE adj. ▪ **1.** LITTÉR. Qu'on n'a jamais entendu. *Des accords inouïs.* **2.** COUR. Extraordinaire, incroyable. *Avec une violence inouïe. Il a un succès inouï.* ♦ péj. Excessif. – (personnes) *Il est inouï !*

INOX [-ɔks] n. m. ▪ Acier inoxydable. *Évier en inox.* – appos. *Couteaux inox.*

INOXYDABLE adj. ▪ Qui ne s'oxyde pas. – n. m. Métal inoxydable. *Des couverts en inoxydable.* ⇒ **inox.**

IN PACE [inpase ; inpatʃe] n. m. ▪ HIST. Cachot secret où on enfermait qqn à perpétuité.

IN PETTO [in-] loc. adv. ▪ LITTÉR. ou plais. Intérieurement, à part soi.

INQUALIFIABLE adj. ▪ Qu'on ne peut qualifier (assez sévèrement). ⇒ **indigne.** *Sa conduite est inqualifiable.*

IN-QUARTO [inkwaʀto] adj. invar. ▪ (format) Dont la feuille, pliée en quatre feuillets, forme huit pages. – n. m. invar. Livre de ce format. *Des in-quarto.*

INQUIET, ÈTE adj. ▪ **1.** VX Agité. **2.** MOD. Qui est agité par la crainte, l'incertitude. ⇒ **anxieux, soucieux, tourmenté.** *Elle est inquiète de votre silence. Je suis inquiet à son sujet.* – n. *C'est un inquiet.* **3.** Empreint d'inquiétude. *Une attente inquiète. Un regard, un air inquiet.*

INQUIÉTANT, ANTE adj. ▪ Qui inquiète (3). ⇒ **alarmant.** *Des nouvelles inquiétantes. L'état du malade est inquiétant.* – *Un personnage inquiétant,* qui fait peur.

INQUIÉTER v. tr. [6] ▪ **1.** VX Troubler, agiter. **2.** MOD. Poursuivre, menacer (qqn) d'une sanction. *La police ne l'a plus inquiété.* **3.** Remplir d'inquiétude, rendre inquiet (qqn). ⇒ **alarmer, tourmenter.** *Sa santé m'inquiète. Vous m'inquiétez.* ► **S'INQUIÉTER** v. pron. Commencer à être inquiet. *Il n'y a pas de quoi s'inquiéter.* – *S'inquiéter de,* se préoccuper de.

INQUIÉTUDE n. f. ▪ **1.** État pénible déterminé par l'attente d'un événement, d'une souffrance que l'on craint, par l'incertitude où l'on est. ⇒ **appréhension, souci, tourment.** *Je comprends votre inquiétude. Des inquiétudes motivées, excessives, vagues. Soyez sans inquiétude,* ne vous inquiétez pas. ♦ *J'ai des inquiétudes,* des sujets d'inquiétude. **2.** LITTÉR. Insatisfaction de l'esprit tourmenté. *L'inquiétude métaphysique.*

INQUISITEUR, TRICE ▪ **1.** n. m. HIST. Juge du tribunal de l'Inquisition. **2.** adj. Qui interroge indiscrètement ou de façon autoritaire. *Un regard inquisiteur.*

INQUISITION n. f. ▪ **1.** HIST. *L'Inquisition :* juridiction ecclésiastique d'exception, active du XIIIe au XVIe siècle pour la répression des crimes d'hérésie, des faits de sorcellerie, etc. **2.** fig. LITTÉR. Enquête ou recherche vexatoire et arbitraire. *L'inquisition fiscale.* ■ Les tribunaux de l'Inquisition et leurs juges dirigés par Torquemada en Espagne étaient craints pour leur sévérité impitoyable et leurs méthodes (tortures, autodafés). Ils s'acharnèrent contre les albigeois, les vaudois, les sorciers et, en Espagne, contre les juifs. L'Inquisition fut réorganisée par le futur pape Paul IV en 1542.

INQUISITORIAL, ALE, AUX adj. ▪ HIST. Qui a rapport à l'Inquisition. *Juges inquisitoriaux.*

INRACONTABLE adj. ▪ Impossible à raconter. ⇒ **inénarrable.** *Un film inracontable.* ◇ syn. IRRACONTABLE.

I. N. R. I. ou **INRI** ▪ Abréviation de l'inscription latine posée sur la croix de Jésus : *Iesus Nazarenus Rex Iudaeorum* (« Jésus le Nazaréen, roi des Juifs »).

INSAISISSABLE adj. ▪ **1.** Qui ne peut faire l'objet d'une saisie. *La partie insaisissable du salaire.* **2.** Qu'on ne peut saisir, attraper. *Un ennemi insaisissable.* **3.** Qui échappe aux sens. *Des nuances insaisissables.* ⇒ **imperceptible.**

INSALUBRE adj. ▪ Qui n'est pas salubre. ⇒ **malsain.** *Un logement insalubre. Îlots insalubres en cours de réhabilitation.*

INSALUBRITÉ n. f. ▪ Caractère de ce qui est insalubre. *L'insalubrité d'un climat.*

INSANE adj. ▪ VX ou LITTÉR. Qui est contraire à la saine raison, au bon sens. ⇒ **absurde, inepte, insensé.** *Des projets insanes.*

INSANITÉ n. f. ▪ LITTÉR. **1.** Caractère de ce qui est déraisonnable. *L'insanité de ses remarques.* **2.** *(Une, des insanités)* Action ou parole absurde, insensée. ⇒ **absurdité, ineptie.** *Un tissu d'insanités.*

INSATIABLE adj. ▪ Qui ne peut être satisfait. *Tu en veux encore ? Tu es insatiable.* – *Une avidité, une curiosité insatiable.*

INSATISFACTION n. f. ▪ État d'une personne qui n'est pas satisfaite, n'a pas ce qu'elle souhaite. ⇒ **mécontentement.**

INSATISFAIT, AITE adj. ▪ (personnes) Qui n'est pas satisfait(e), n'a pas obtenu ce qu'il ou elle souhaitait. – n. *Un éternel insatisfait.* ⇒ **mécontent.** ♦ (désir, passion) Qui n'est pas assouvi.

INSCRIPTION n. f. ▪ **1.** Ensemble de caractères écrits ou gravés pour conserver un souvenir, indiquer une destination, etc. ⇒ **épigraphe, graffiti.** *Murs couverts d'inscriptions. Inscription funéraire.* ⇒ **épitaphe.** – Courte indication écrite. **2.** Action d'inscrire (qqn, qqch.) sur un registre, une liste ; ce qui est inscrit. ⇒ **immatriculation.** *L'inscription d'un étudiant dans une faculté.* – *Inscription maritime,* enregistrement des navigateurs professionnels. – DR. *Inscription en faux,* procédure qui tend à établir la fausseté d'un écrit.

INSCRIRE v. tr. [39] ▪ **1.** Écrire, graver (sur une matière dure). **2.** Écrire (ce qui ne doit pas être oublié). ⇒ **noter.** *Inscrivez la*

l'**Inquisition.** *Autodafé présidé par saint Dominique de Guzmán,* tableau de Berruguete. Musée du Prado, Madrid.
Phot. © Carlo Bevilacqua/Ricciarini

date sur votre carnet. ➝ pronom. Inscrire ou faire inscrire son nom. *Je me suis inscrit au club.* ➝ au p. p. *Les personnes inscrites.* n. *Les inscrits.* ♦ loc. *S'INSCRIRE EN FAUX* (DR. ⇒ **inscription**) ; *(contre)*, opposer un démenti (à). **3.** Tracer dans l'intérieur d'une figure (une autre figure). *Inscrire un triangle dans un cercle.* ➝ au p. p. *Angle inscrit,* dont le sommet appartient à un cercle et dont les côtés coupent ce cercle. **4.** Placer dans un cadre plus général. ➝ pronom. S'insérer. *Ce projet s'inscrit dans un plan de réformes.*

INSÉCABLE adj. ▪ LITTÉR. ou DIDACT. Qui ne peut être coupé, divisé. *Mot insécable.*

INSECTE n. m. ▪ **1.** Petit animal invertébré articulé *(Arthropodes)*, à six pattes, le plus souvent ailé, respirant par des trachées et subissant des métamorphoses. *Étude des insectes.* ⇒ **entomologie.** ◇ Dans le langage courant, les petits arachnides (araignées) et myriapodes (mille-pattes) sont souvent appelés à tort *insectes.* **2.** VX et péj. Être insignifiant.

INSECTICIDE adj. ▪ Qui tue, détruit les insectes. *Poudre insecticide.* ➝ n. m. *Un insecticide.*

INSECTIVORE adj. ▪ Qui se nourrit d'insectes. *Oiseaux insectivores.* ➝ n. m. pl. *Les Insectivores* (ordre de mammifères).

INSÉCURITÉ n. f. ▪ Manque de sécurité. *Vivre dans l'insécurité.* ➝ *L'insécurité d'une région.*

INSÉMINATION n. f. ▪ *Insémination artificielle,* introduction de sperme dans les voies génitales femelles sans qu'il y ait accouplement.

INSÉMINER v. tr. [1] ▪ Féconder par insémination artificielle.

INSENSÉ, ÉE adj. ▪ **1.** VX Fou. ➝ n. *Un pauvre insensé.* **2.** Contraire au bon sens. ⇒ **absurde, déraisonnable, extravagant.** *Des projets, des désirs insensés. Un espoir insensé. C'est insensé.* **3.** Incroyablement grand. *Il a une chance insensée.* ⇒ **inouï** (2).

INSENSIBILISATION n. f. ▪ Action d'insensibiliser ; son résultat. ⇒ **anesthésie.**

INSENSIBILISER v. tr. [1] ▪ Rendre insensible (I, 1). ⇒ **anesthésier.**

INSENSIBILITÉ n. f. ▪ **1.** Absence de sensibilité physique. *Insensibilité à la douleur.* **2.** Absence de sensibilité morale. ⇒ **indifférence.**

INSENSIBLE adj. ▪ **I. 1.** Qui n'a pas de sensibilité physique. *Le nerf est devenu insensible. Être insensible au froid.* **2.** Qui n'a pas ou a peu d'émotions. ⇒ **froid, impassible, indifférent.** *Il est resté insensible.* ➝ *Un homme insensible à la poésie.* **II. 1.** Qu'on ne sent pas, qui est à peine sensible. ⇒ **imperceptible.** *La force insensible du courant.* **2.** Graduel, progressif. *Une pente insensible.*

INSENSIBLEMENT adv. ▪ D'une manière insensible (II), graduelle.

INSÉPARABLE adj. ▪ **1.** (abstractions) Que l'on ne peut séparer, considérer isolément. ⇒ **joint ; inhérent.** *La théorie est inséparable des applications pratiques.* **2.** (personnes) Qui est toujours avec (qqn) ; qui sont toujours ensemble. *Don Quichotte et son inséparable Sancho. Deux amis inséparables.* ➝ n. *Des inséparables.* ➝ spécialt n. m. pl. Perruches mâle et femelle qui ne peuvent vivre qu'en couple. ► INSÉPARABLEMENT adv. *Ils sont inséparablement unis.*

INSÉRER v. tr. [6] ▪ **1.** Introduire (une chose) dans une autre de façon à incorporer. *Insérer une feuille dans un livre.* **2.** Faire entrer (un texte) dans. *Le communiqué qui a été inséré dans le journal* (⇒ **insertion** (1)). ► **S'INSÉRER** v. pron. **1.** S'attacher à, sur. *Les muscles s'insèrent sur les os.* **2.** Trouver sa place dans un ensemble. ⇒ s'**intégrer.** *S'insérer dans une société* (⇒ **insertion** (3)).

INSERMENTÉ adj. m. ▪ HIST. Se dit des prêtres qui refusèrent de prêter serment lorsque la Constitution civile du clergé fut proclamée en 1790.

INSERTION n. f. ▪ **1.** Action d'insérer ; son résultat. ➝ Introduction d'un élément supplémentaire (dans un texte). *Insertion légale,* publication dans les journaux prescrite par la loi ou par un jugement. **2.** Mode d'attache (des muscles, etc.). **3.** Intégration sociale. *L'insertion des immigrés.*

INSIDIEUX, EUSE adj. ▪ **1.** Qui a le caractère d'un piège. ⇒ **trompeur.** *Une question insidieuse.* **2.** (maladie) Dont l'apparence bénigne masque au début la gravité réelle. *Formes insidieuses et larvées d'un mal.*

① **INSIGNE** adj. ▪ LITTÉR. Qui s'impose ou qui est digne de s'imposer à l'attention. ⇒ **remarquable.** *C'est une faveur insigne.* ➝ iron. *Une insigne maladresse.*

② **INSIGNE** n. m. ▪ **1.** Marque extérieure et distinctive d'une dignité, d'un grade. ⇒ **emblème, marque, signe, symbole.** *Un insigne honorifique.* **2.** Signe distinctif des membres (d'un groupe, d'un groupement). ⇒ anglic. **badge.** *Porter un insigne à la boutonnière.*

INSIGNIFIANCE n. f. ▪ **I.** VX ou DIDACT. Absence de signification, de sens. **II.** COUR. Caractère de ce qui est insignifiant, sans importance.

INSIGNIFIANT, ANTE adj. ▪ **I.** VX ou DIDACT. Dénué de signification, de sens. **II. 1.** Qui ne présente aucun intérêt. ⇒ **effacé, quelconque, terne.** *Des faits, des discours insignifiants.* ➝ (personnes) *Un type insignifiant.* **2.** Qui n'est pas important. *Des détails insignifiants.* ⇒ **minime.** *Pour une somme insignifiante.* ⇒ **infime.**

INSINUANT, ANTE adj. ▪ **1.** VIEILLI Qui s'insinue auprès des gens. **2.** LITTÉR. (action) Qui cherche à réussir par la ruse. *Des façons insinuantes.*

INSINUATION n. f. ▪ **1.** VX Fait de s'insinuer. **2.** Ce que l'on fait comprendre sans le dire, sans l'affirmer. ⇒ **allusion, sous-entendu.** *Des insinuations perfides.*

INSINUER v. tr. [1] ▪ Donner à entendre (qqch.) sans dire expressément (surtout avec un mauvais dessein). *Qu'est-ce que vous insinuez ?* ► **S'INSINUER** v. pron. **1.** VX S'infiltrer. **2.** Pénétrer en se glissant. **3.** (personnes) S'introduire habilement auprès de qqn. *Intrigant qui s'insinue partout.*

INSIPIDE adj. ▪ **1.** Qui n'a aucune saveur, aucun goût. *Un breuvage insipide.* **2.** Qui manque d'agrément, d'intérêt. *Je trouve cette comédie insipide.* ⇒ **ennuyeux, fade, fastidieux.**

INSIPIDITÉ n. f. ▪ Caractère de ce qui est insipide. *L'insipidité d'un plat.* ➝ fig. *L'insipidité d'un spectacle.*

INSISTANCE n. f. ▪ Action d'insister. *Réclamer qqch. avec insistance. Regarder qqn avec insistance.*

INSISTANT, ANTE adj. ▪ Qui insiste, marque de l'insistance. *Un regard insistant.* ⇒ **appuyé.**

INSISTER v. intr. [1] ▪ **1.** S'arrêter avec force sur un point particulier ; mettre l'accent sur. *Il insistait sur un sujet qui lui tenait à cœur.* ➝ absolt *J'ai compris, inutile d'insister.* **2.** Persévérer à demander (qqch.). *Il insiste pour vous voir. N'insistez pas.* **3.** FAM. Persévérer dans son effort. *Il s'est vu battu et n'a pas insisté.*

INSOCIABLE adj. ▪ LITTÉR. (personnes) Qui n'est pas sociable (≠ *asocial*).

INSOLATION n. f. ▪ **1.** Exposition à la chaleur, à la lumière solaire ou à une source lumineuse. ⇒ **insoler.** ➝ Ensoleillement. *L'insolation faible des mois d'hiver.* **2.** Troubles provoqués par l'exposition prolongée au soleil. *Attraper une insolation.*

INSOLEMMENT [amɑ̃] adv. ▪ D'une manière insolente.

INSOLENCE n. f. ▪ **1.** Manque de respect injurieux. ➝ *(Une, des insolences)* Parole insolente. ⇒ **impertinence.** *Je ne supporterai pas plus longtemps vos insolences.* **2.** Orgueil offensant (pour des inférieurs ou des personnes traitées comme telles). ⇒ **arrogance, morgue.**

INSOLENT, ENTE adj. ▪ **1.** Dont le manque de respect est offensant. ⇒ **impertinent, impoli.** ➝ n. *Un insolent.* **2.** Arrogant. *Un vainqueur insolent.* **3.** Qui, par son caractère extraordinaire, apparaît comme un défi, une provocation. *Elle a une chance insolente.* ⇒ **indécent** (3).

INSOLER v. tr. [1] ▪ DIDACT. Exposer à la lumière solaire ou à celle d'une source lumineuse. *Insoler une plaque photographique.* ➝ au p. p. *Papier insolé.*

INSOLITE adj. ▪ Qui étonne, surprend par son caractère inaccoutumé. ⇒ **anormal, bizarre, étrange, inhabituel.** *Une apparence insolite. Une visite insolite.* ➝ n. m. *Un artiste qui recherche l'insolite.*

INSOLUBLE adj. ▪ **1.** Qu'on ne peut résoudre. *Un problème insoluble.* **2.** Qui ne peut se dissoudre. *Substance insoluble dans l'eau.*

INSOLVABLE adj. ▪ Qui est hors d'état de payer ses dettes. ► n. f. INSOLVABILITÉ

INSOMNIAQUE adj. ▪ Qui souffre d'insomnie. ➝ n. *Un, une insomniaque.*

INSOMNIE n. f. ▪ Difficulté à s'endormir ou à dormir suffisamment. *Remède contre l'insomnie.* ⇒ **somnifère.** ➝ Période pendant laquelle une personne qui le souhaite ne peut dormir. *Avoir des insomnies.*

INSONDABLE adj. ▪ **1.** Qui ne peut être sondé, dont on ne peut atteindre le fond. *Un gouffre insondable.* **2.** fig. Qu'il est difficile ou impossible d'expliquer. *Un mystère insondable.* **3.** péj. Immense. *Une insondable bêtise.*

INSONORE adj. ▪ Qui amortit les sons. *Le liège est un matériau insonore.*

INSONORISATION n. f. ▪ Fait d'insonoriser ; son résultat.

INSONORISER v. tr. [1] ▪ Rendre moins sonore, plus silencieux en isolant. *Insonoriser une pièce.* – au p. p. *Studio insonorisé.*

INSORTABLE adj. ▪ (personnes) Qui n'est pas sortable.

INSOUCIANCE n. f. ▪ État ou caractère d'une personne insouciante. *L'insouciance de la jeunesse. Avoir un geste d'insouciance.*

INSOUCIANT, ANTE adj. ▪ **1.** LITTÉR. *INSOUCIANT DE :* qui ne se soucie pas de (qqch.). ⇒ **indifférent.** *Être insouciant du danger.* **2.** Qui ne se préoccupe de rien, vit sans souci. *Ils sont gais et insouciants.*

INSOUCIEUX, EUSE adj. ▪ LITTÉR. Insouciant. *Une vie insoucieuse. Être insoucieux de l'heure.*

INSOUMIS, ISE adj. ▪ **1.** Qui n'est pas soumis, refuse de se soumettre. ⇒ **rebelle, révolté. 2.** *Soldat insoumis* et n. m. *un insoumis,* militaire qui ne s'est pas rendu là où il devait dans les délais prévus. ⇒ **déserteur, réfractaire.**

INSOUMISSION n. f. ▪ **1.** Caractère, état d'une personne insoumise. ⇒ **désobéissance, révolte.** *Un acte d'insoumission.* **2.** Délit du militaire insoumis*.

INSOUPÇONNABLE adj. ▪ Qui est à l'abri de tout soupçon. *Il est d'une honnêteté insoupçonnable.*

INSOUPÇONNÉ, ÉE adj. ▪ Dont l'existence n'est pas soupçonnée. *Un domaine nouveau, aux richesses insoupçonnées.* ⇒ **inconnu.**

INSOUTENABLE adj. ▪ **1.** Qu'on ne peut soutenir, défendre. ⇒ **indéfendable.** *Une théorie insoutenable.* **2.** Qu'on ne peut supporter. *Des images d'une violence insoutenable.* ⇒ **insupportable.**

INSPECTER v. tr. [1] ▪ **1.** Examiner (ce dont on a la surveillance). ⇒ **contrôler, surveiller.** *Inspecter des travaux* (⇒ **inspecteur**). **2.** Examiner avec attention. *Inspecter qqn de la tête aux pieds. Inspecter un lieu.*

INSPECTEUR, TRICE n. ▪ Personne qui est chargée de surveiller, de contrôler. ⇒ **contrôleur.** *Inspecteur du travail. Inspecteur, inspectrice de l'enseignement. Inspecteur d'académie :* directeur de l'enseignement dans une académie. – *INSPECTEUR DES FINANCES :* membre de l'inspection générale des Finances. ♦ spécialt *INSPECTEUR (DE POLICE) :* agent en civil chargé de tâches de direction et d'encadrement. ◇ En France, dans les titres, *inspecteur* s'applique aussi aux femmes.

INSPECTION n. f. ▪ **1.** Examen attentif dans un but de contrôle, de surveillance, de vérification ; travail, fonction d'inspecteur. *Faire une inspection, une tournée d'inspection.* **2.** Ensemble des inspecteurs d'une administration ; le service qui les emploie.

INSPIRATEUR, TRICE n. ▪ **1.** Personne qui inspire, anime (une personne, un mouvement, une entreprise). **2.** n. f. Femme qui inspire (un artiste). ⇒ **muse.**

INSPIRATION n. f. ▪ **1.** DIDACT. Souffle émanant d'un être surnaturel, qui apporterait aux hommes des révélations. *L'inspiration du Saint-Esprit.* **2.** Souffle créateur qui anime les artistes, les chercheurs. *L'inspiration poétique. Attendre l'inspiration.* **3.** Action d'inspirer, de conseiller qqch. à qqn ; résultat de cette action. ⇒ **influence, instigation. 4.** (œuvre, art) *D'INSPIRATION* (+ adj.), qui s'inspire de (une œuvre du passé...). *Une musique d'inspiration romantique.* **5.** Idée, résolution spontanée, soudaine. *Une heureuse inspiration.*

INSPIRÉ, ÉE adj. ▪ **1.** Animé par un souffle créateur. *Un poète inspiré.* **2.** *Bien, mal inspiré,* qui a une bonne, une mauvaise idée (pour agir). *Il a été bien inspiré de vendre avant la crise.*

INSPIRER v. [1] ▪ **I.** v. tr. **1.** Animer d'un souffle divin. *Dieu inspira les prophètes.* **2.** Donner l'inspiration à (qqn), déterminer le souffle créateur (dans l'art, les activités intellectuelles). *Les événements qui ont inspiré l'artiste.* – FAM. *Ça ne m'inspire pas,* ça ne me dit rien. **3.** Faire naître (un sentiment, une idée). *Cela peut lui inspirer des regrets. Voilà ce qui a inspiré ma conduite.* ⇒ **commander.** ♦ Être la cause de (un sentiment) chez qqn. ⇒ **donner.** *Il ne m'inspire pas confiance. Sa santé nous inspire de vives inquiétudes.* **4.** *S'INSPIRER DE* v. pron. Prendre, emprunter des idées, des éléments à (un auteur, un sujet, un milieu...). **II.** v. intr. Faire entrer l'air dans ses poumons (s'oppose à *expirer*). ⇒ **aspirer.**

INSTABILITÉ n. f. ▪ **1.** État de ce qui est instable (1 et 2). **2.** Mobilité. **3.** Précarité.

INSTABLE adj. ▪ **1.** Mal équilibré. ⇒ **branlant.** *Cette chaise est instable.* – *Équilibre instable.* **2.** CHIM. *Combinaison instable,* qui se décompose facilement en ses éléments. **3.** Qui se déplace, n'est pas stable en un lieu. *Une population instable.* ⇒ **nomade. 4.** Qui n'est pas fixe, durable. ⇒ **fragile, précaire.** *Temps instable.* ⇒ **variable. 5.** (personnes) Qui change constamment d'état affectif, de comportement. ⇒ **changeant.** – n. *C'est un instable.*

INSTALLATEUR, TRICE n. ▪ Personne (commerçant, artisan) qui s'occupe d'installations. *Installateur de chauffage.*

INSTALLATION n. f. ▪ **1.** Action de s'installer dans un logement. *Il a fêté son installation* (→ pendre la crémaillère). – Manière dont on est installé. **2.** Action d'installer (qqch.). ⇒ **aménagement.** *Installation de l'électricité dans un immeuble.* **3.** *(Une, des installations)* Ensemble des objets, dispositifs, bâtiments, etc., installés en vue d'un usage déterminé. ⇒ **équipement.** *Les installations sanitaires.*

INSTALLER v. tr. [1] ▪ **1.** RELIG. VX Introniser (un pape, un évêque). ⇒ **instituer. 2.** MOD. Mettre (qqn) dans la demeure, dans l'endroit qui lui était destiné. *Nous l'avons installé dans son nouveau logement.* ♦ Placer ou loger d'une façon déterminée. *Installez le malade dans son lit.* **3.** Disposer, établir (qqch.) dans un lieu désigné ou selon un ordre. ⇒ **mettre, placer.** *Installer un télécopieur dans un bureau.* – Aménager (un appartement, une pièce). *Il a fini d'installer sa chambre.* – au p. p. *C'est bien installé, ici.* ► **S'INSTALLER** v. pron. **1.** Se mettre, se loger à une place déterminée ou d'une façon déterminée. *S'installer chez qqn, à l'hôtel.* **2.** fig. S'établir de façon durable. *Le beau temps semble s'être installé.*

INSTAMMENT adv. ▪ D'une manière instante (①), avec force. *Je vous le demande instamment.*

INSTANCE n. f. ▪ **I.** surtout au plur. Sollicitation pressante, instante. *Céder aux instances de qqn.* **II. 1.** Poursuite en justice ; procédure concernant un litige. *Introduire une instance. Tribunal d'instance,* jugeant en matière pénale les contraventions. *Tribunal de grande instance* (délits). **2.** *EN INSTANCE (DE) :* en cours (de). *Affaire en instance. Être en instance de divorce. Courrier en instance,* en attente. **3.** Juridiction. *L'instance supérieure.* ♦ Autorité, corps constitué qui détient un pouvoir de décision. *Les instances internationales.* **4.** fig. PSYCH. Partie du psychisme, élément dynamique de la personnalité (selon Freud : moi, surmoi et ça).

① **INSTANT, ANTE** adj. ▪ LITTÉR. Très pressant. *Une prière instante. De manière instante.* ⇒ **instamment.** ♦ VX Instantané ou imminent.

② **INSTANT** n. m. ▪ Durée très courte que la conscience saisit comme un tout. ⇒ **moment.** *Attendre l'instant propice. Jouir de l'instant présent.* – *Un instant,* un temps très court. *Attendez un instant.* – loc. adv. *EN UN INSTANT :* rapidement, très vite. – *DANS UN INSTANT :* bientôt. *Je reviens dans un instant.* – *À L'INSTANT :* tout de suite. ⇒ **aussitôt.** – *À CHAQUE, À TOUT INSTANT :* très souvent. ⇒ **continuellement.** *Il changeait d'idée à chaque instant.* – *POUR L'INSTANT :* pour le moment. *Pour l'instant, nous restons avec vous.* – *PAR INSTANTS :* par moments, de temps en temps. – *DE TOUS LES INSTANTS* loc. adj. : constant, perpétuel. *Une attention de tous les instants.* – *DÈS L'INSTANT OÙ, QUE* loc. conj. : dès que, puisque.

INSTANTANÉ, ÉE adj. ▪ **1.** Qui se produit en un instant, soudainement. ⇒ **immédiat, subit. 2.** *Photographie instantanée,* obtenue par une exposition de très courte durée. – n. m. *Prendre un instantané* (opposé à *pose*). **3.** Qui se dissout instantanément. *Cacao instantané.*

INSTANTANÉITÉ n. f. ▪ Caractère instantané.

INSTANTANÉMENT adv. ▪ Tout de suite, aussitôt. *Il s'est arrêté instantanément.*

À L'**INSTAR** DE loc. prép. ▪ LITTÉR. À l'exemple, à la manière de.

INSTAURATION n. f. ▪ LITTÉR. Action d'instaurer. *L'instauration d'une mode.*

INSTAURER v. tr. [1] ▪ Établir pour la première fois. ⇒ **fonder, instituer.** *La révolution qui instaura la république.* – pronom. Se mettre en place. *De nouvelles habitudes s'instaurent.*

INSTIGATEUR, TRICE n. ▪ Personne qui incite, qui pousse à faire qqch. *Les principaux instigateurs du mouvement.*

INSTIGATION n. f. ▪ **1.** RARE Incitation. **2.** loc. *À, sous l'instigation de qqn,* sous son influence, sur ses conseils. *Nous avons agi à son instigation.*

INSTILLATION [-il-] n. f. ▪ Action d'instiller. *Instillations nasales.*

INSTILLER [-ile] v. tr. [1] ▪ Verser goutte à goutte. *Un collyre à instiller dans l'œil.*

INSTINCT [ɛ̃stɛ̃] n. m. ▪ **1.** Tendance innée et puissante, commune à tous les êtres vivants ou à tous les individus d'une même espèce. *L'instinct de conservation. L'instinct sexuel ; maternel.* **2.** Tendance innée à des actes déterminés, exécutés parfaitement sans expérience préalable. *L'instinct migratoire.* **3.** (chez l'être humain) *L'instinct, les instincts d'une personne. Avoir l'instinct de l'ordre, de la discipline.* ♦ absolt L'intuition, le sentiment (opposé à *raison*). *Se fier à son instinct, à l'instinct.* ➝ *D'INSTINCT* loc. adv. : d'une manière naturelle et spontanée. *Il a fait cela d'instinct.* ♦ Faculté naturelle de sentir, de deviner. *Un secret instinct l'avertissait.* ♦ Don, disposition naturelle. *Avoir l'instinct du commerce.* **4.** Tendance innée et irréfléchie. *Céder à ses instincts.* ⇒ **impulsion, pulsion.**

INSTINCTIF, IVE adj. ▪ **1.** DIDACT. De l'instinct animal. **2.** Qui naît d'un instinct, de l'instinct. ⇒ **irréfléchi, spontané.** *Une antipathie instinctive.* ⇒ **viscéral.** *C'est instinctif !,* c'est une chose qu'on fait, qu'on sent d'instinct. *Un geste instinctif.* **3.** En qui domine l'impulsion, la spontanéité de l'instinct. *Un être instinctif.*

INSTINCTIVEMENT adv. ▪ Par l'instinct, spontanément.

INSTITUER v. tr. [1] ▪ **1.** Établir officiellement en fonction (un dignitaire ecclésiastique). ➝ DR. *Instituer héritier qqn,* nommer héritier par testament. ⇒ **constituer. 2.** Établir de manière durable. *Instituer une exposition annuelle.* ➝ au p. p. *Le régime institué par la Ve République.* ⇒ **créer, fonder, instaurer ; institution** (I). ➝ pronom. *De bonnes relations se sont instituées entre ces deux pays.*

INSTITUT n. m. ▪ **1.** Corps constitué de savants, d'artistes, d'écrivains. *Un institut de recherche.* ➝ spécialt *L'Institut de France* ou absolt *l'Institut* (voir ci-dessous). **2.** Établissement où l'on donne des soins. *Institut de beauté.* **3.** Institution scolaire (privée).

▪ **l'INSTITUT DE FRANCE** ▪ Fondé en 1795, il se compose des cinq Académies : française, des inscriptions et belles-lettres, des sciences, des beaux-arts, des sciences morales et politiques.

INSTITUTEUR, TRICE n. ▪ (ancienntt, en France) Personne qui enseigne dans une école primaire. ⇒ **maître, maîtresse ;** → professeur d'école. ◇ abrév. FAM. INSTIT [-it].

INSTITUTION n. f. ▪ **I. 1.** Action d'instituer. ⇒ **création, établissement.** *L'institution des jeux Olympiques.* **2.** La chose instituée (personne morale, groupement, régime). *Les institutions nationales, internationales.* ➝ *Les institutions :* l'ensemble des formes ou organisations sociales établies par la loi ou la coutume. ⇒ **constitution, régime.** *La réforme des institutions.* ➝ collectif *L'institution.* **3.** iron. Se dit de qqch. qui est entré dans les mœurs, se pratique couramment. **II. 1.** VX Éducation, instruction. **2.** Établissement privé d'éducation et d'instruction. ⇒ **institut** (3).

INSTITUTIONNALISER v. tr. [1] ▪ Donner à (qqch.) le caractère (stable, officiel) d'une institution. *Institutionnaliser le dialogue entre les chefs d'entreprise et les syndicats.* ► n. f. INSTITUTIONNALISATION

INSTITUTIONNEL, ELLE adj. ▪ Relatif aux institutions.

INSTRUCTEUR n. m. ▪ **1.** Militaire chargé de l'instruction des recrues. ➝ adj. *Sergent instructeur.* **2.** Personne qui instruit une affaire (⇒ **instruction** (III)). ➝ adj. *Juge instructeur.*

INSTRUCTIF, IVE adj. ▪ (choses) Qui instruit. ⇒ **éducatif.**

INSTRUCTION n. f. ▪ **I. 1.** Action d'enrichir et de former l'esprit (de la jeunesse). ⇒ **enseignement, pédagogie.** *L'instruction publique (laïque, gratuite et obligatoire),* dispensée par l'État (en France). ➝ *Instruction civique. Instruction militaire* (⇒ **instructeur**). **2.** Savoir d'une personne instruite. ⇒ **connaissance(s), culture.** *Avoir de l'instruction. Un homme sans instruction.* **II. 1.** VX Leçon, précepte. **2.** au plur. Explications à l'usage de la personne chargée d'une entreprise, d'une mission. ⇒ **consigne, directive, ordre.** *Conformément aux instructions reçues.* ➝ Ordre de service, document émanant d'une autorité supérieure. *Instructions gouvernementales. Instructions et circulaires.* ➝ Mode d'emploi d'un produit. **3.** INFORM. Consigne exprimée dans un langage de programmation. *Instructions de traitement.* **III.** Action d'instruire (II) une cause. ⇒ **information.** *Juge d'instruction.*

INSTRUIRE v. tr. [38] ▪ **I. 1.** LITTÉR. Mettre en possession de connaissances nouvelles. *Instruire qqn par l'exemple.* ➝ au p. p. *Instruit par l'expérience, il est devenu méfiant.* **2.** Dispenser un enseignement à (un élève). ⇒ **éduquer, former.** *Instruire un élève en sciences, sur un sujet.* ➝ spécialt *Instruire de jeunes soldats,* leur apprendre le maniement des armes. ♦ pronom. Enrichir ses connaissances ou son expérience. ⇒ **apprendre.** *On s'instruit à tout âge.* **3.** LITTÉR. *INSTRUIRE qqn DE :* le mettre au courant, l'informer de (qqch.). *Instruisez-moi de ce qui s'est passé.* **II.** Mettre (une cause) en état d'être jugée. *Le juge s'est chargé d'instruire l'affaire.*

INSTRUIT, ITE adj. ▪ Qui a des connaissances étendues dénotant une solide instruction. *Un homme très instruit.* ⇒ **cultivé, érudit, savant.**

INSTRUMENT n. m. ▪ **I. 1.** Objet fabriqué servant à exécuter qqch., à faire une opération. ⇒ **appareil, machine, outil.** *Instruments de mesure* (⇒ **-mètre**), *d'observation* (⇒ **-scope**), *enregistreurs* (⇒ **-graphe**). ➝ *Instrument tranchant.* **2.** *Instrument de musique* et absolt *instrument,* destiné à produire des sons musicaux. *Jouer d'un instrument. Instruments à cordes, à vent.* **II.** fig. **1.** LITTÉR. Personne ou chose servant à obtenir un résultat. *L'instrument de sa réussite. Être l'instrument de qqn.* **2.** DR. Acte authentique. ➝ Titre propre à faire valoir des droits.

INSTRUMENTAL, ALE, AUX adj. ▪ **1.** DIDACT. Utilitaire. **2.** Qui s'exécute avec des instruments. *Musique instrumentale* (opposé à *vocal*). *Ensemble instrumental,* composé d'instruments.

INSTRUMENTALISME n. m. ▪ PHILOS. Doctrine pragmatique suivant laquelle toute théorie est un outil, un instrument (II) pour l'action.

INSTRUMENTATION n. f. ▪ Connaissance des instruments (de musique) ; application de leurs qualités propres à l'écriture musicale. *Instrumentation orchestrale.* ⇒ **orchestration.**

INSTRUMENTER v. intr. [1] ▪ DR. Dresser un instrument (contrat, exploit, procès-verbal).

INSTRUMENTISTE n. ▪ Musicien qui joue d'un instrument. *Une instrumentiste soliste.*

À L'**INSU** DE loc. prép. ▪ Sans que la chose soit sue de (qqn). *À l'insu de sa famille. À mon insu.* ♦ Sans en avoir conscience. *Tu t'es trahi à ton insu.*

INSUBMERSIBLE adj. ▪ Qui ne peut être submergé, coulé. *Canot insubmersible.*

INSUBORDINATION n. f. ▪ Refus de se soumettre. *Esprit d'insubordination.* ⇒ **désobéissance, indiscipline.** ➝ spécialt Refus d'obéissance d'un militaire aux ordres d'un supérieur.

INSUBORDONNÉ, ÉE adj. ▪ Qui refuse de se soumettre. ⇒ **désobéissant, indiscipliné.**

INSUCCÈS n. m. ▪ Fait de ne pas réussir. ⇒ **échec.** *Reconnaître son insuccès. Un projet voué à l'insuccès.*

INSUFFISAMMENT adv. ▪ D'une manière insuffisante.

INSUFFISANCE n. f. ▪ **1.** Caractère, état de ce qui ne suffit pas. ⇒ **manque.** *Par insuffisance de moyens. L'insuffisance des ressources.* **2.** au plur. Défaut, lacune. *Ce travail, cette étude révèle de graves insuffisances.* **3.** Déficience (d'un organe). *Insuffisance hépatique.*

INSUFFISANT, ANTE adj. ▪ **1.** Qui ne suffit pas. *En quantité insuffisante. Des connaissances insuffisantes. Une lumière insuffisante,* trop faible. **2.** (personnes) Qui manque de dons, de talent. ⇒ **inapte.**

INSUFFLATION n. f. ▪ MÉD. Action d'insuffler (2), en particulier de l'azote dans la plèvre.

INSUFFLER v. tr. [1] ▪ **1.** LITTÉR. Faire pénétrer par le souffle. *Dieu insuffla la vie à sa créature.* ➝ Inspirer (un sentiment). **2.** Faire pénétrer (de l'air, un gaz) dans les poumons, une cavité de l'organisme. *Insuffler de l'oxygène à un asphyxié.*

INSULAIRE adj. ▪ Qui habite une île, appartient à une île (s'oppose à *continental*). *Des traditions insulaires.* ➝ n. *Les insulaires.* ⇒ **îlien.**

INSULARITÉ n. f. ▪ Caractère de ce qui forme une ou des îles. *L'insularité de l'Irlande.* ‑ Caractère de ce qui est insulaire.

l'INSULINDE n. f. ▪ Nom des îles du Sud-Est asiatique : Indonésie et Philippines.

l'**Insulinde.** Village de l'ethnie sasak de Batu Rintang, à Lombok en Indonésie. *Phot. © Charles Lénars*

INSULINE n. f. ▪ Hormone sécrétée par le pancréas. *Faire des injections d'insuline à un diabétique.* ► adj. INSULINIQUE

INSULTANT, ANTE adj. ▪ Qui insulte, constitue une insulte. ⇒ **injurieux, offensant, outrageant.** *Des propos insultants. Un air insultant.*

INSULTE n. f. ▪ **1.** Acte ou parole qui vise à outrager ou constitue un outrage. ⇒ **injure.** *Adresser des insultes à qqn.* **2.** Atteinte, offense. *C'est une insulte à notre chagrin.*

INSULTER v. tr. [1] ▪ **1.** Attaquer (qqn) par des propos ou des actes outrageants. ⇒ **injurier, offenser.** *Se faire insulter.* **2.** v. tr. ind. LITTÉR. *INSULTER À :* constituer une atteinte, un défi à.

INSULTEUR, EUSE n. et adj. ▪ LITTÉR. (Personne) qui insulte.

INSUPPORTABLE adj. ▪ **1.** Qu'on ne peut supporter, endurer. *Une douleur insupportable.* ⇒ **intolérable.** ♦ Extrêmement désagréable. *Ce vacarme est insupportable. Cela m'est insupportable.* **2.** (personnes) Particulièrement désagréable ou agaçant. ⇒ **infernal, odieux.** ‑ *Il est d'une humeur insupportable.*

INSUPPORTER v. tr. [1] ▪ Indisposer.

INSURGÉ, ÉE adj. ▪ Qui s'est insurgé, soulevé. *Les populations insurgées.* ‑ n. *"L'Insurgé"* (roman de J. Vallès).

S'INSURGER v. pron. [3] ▪ **1.** Se soulever (contre l'autorité). ⇒ se **révolter ; insurrection. 2.** Protester vivement. *Je m'insurge contre cette interprétation.*

INSURMONTABLE adj. ▪ **1.** Qu'on ne peut surmonter. *Un obstacle insurmontable.* ⇒ **infranchissable. 2.** (sentiments) Qu'on ne peut dominer, réprimer. *Une angoisse insurmontable.*

INSURRECTION n. f. ▪ **1.** Action de s'insurger ; soulèvement qui vise à renverser le pouvoir établi. ⇒ **révolte, sédition.** *L'insurrection de la Commune, en 1871.* **2.** LITTÉR. Révolte, opposition indignée.

INSURRECTIONNEL, ELLE adj. ▪ Qui tient de l'insurrection. *Mouvement insurrectionnel.*

INTACT, ACTE [ɛ̃takt] adj. ▪ **1.** Qui n'a pas subi de dommage. *Les fresques des tombeaux étaient intactes.* **2.** Qui n'a souffert aucune atteinte, dont l'intégrité est assurée. *Sa réputation est intacte.*

INTAILLE n. f. ▪ ARTS Pierre fine gravée en creux.

INTANGIBLE adj. ▪ LITTÉR. À quoi l'on ne doit pas toucher, porter atteinte ; que l'on doit maintenir intact*. ⇒ **inviolable, sacré.** *Des principes intangibles.* ► n. f. INTANGIBILITÉ

INTARISSABLE adj. ▪ **1.** LITTÉR. Qui coule sans arrêt. *Des larmes intarissables.* **2.** (personnes) Qui n'épuise pas ce qu'il a à dire. *Il est intarissable sur ce sujet.* ► adv. INTARISSABLEMENT

INTÉGRAL, ALE, AUX adj. ▪ **I.** Qui n'est l'objet d'aucune diminution, d'aucune restriction. ⇒ **complet, entier.** *Un remboursement intégral. Bronzage intégral* (du corps nu). ‑ *Casque intégral,* casque de motocycliste qui protège entièrement la tête. ♦ n. f. Édition intégrale. *Acheter en disques l'intégrale des symphonies de Beethoven.* **II. 1.** *Calcul intégral :* ensemble des méthodes de calcul des primitives et des intégrales. **2.** n. f. *UNE INTÉGRALE :* résultat de l'opération fondamentale du calcul intégral, l'intégration (II).

INTÉGRALEMENT adv. ▪ D'une manière intégrale, complètement.

INTÉGRALITÉ n. f. ▪ État d'une chose complète. *Dans son intégralité,* dans sa totalité.

INTÉGRANT, ANTE adj. ▪ *Partie intégrante,* sans laquelle un ensemble ne serait pas complet. *Faire partie intégrante de qqch.*

INTÉGRATION n. f. ▪ **I. 1.** Incorporation (de nouveaux éléments) à un système. *L'intégration d'une dépense dans un budget.* **2.** Assimilation (d'un individu, d'un groupe) à une communauté, à un groupe social (⇒ **intégrer**). *L'intégration raciale* (opposé à *ségrégation*). **3.** PHILOS., SC. Établissement d'une interdépendance plus étroite entre des parties. **4.** ÉCON. Fait d'intégrer des activités en un tout. **II.** MATH. Opération par laquelle on détermine la grandeur limite de la somme de quantités infinitésimales en nombre indéfiniment croissant.

INTÉGRATIONNISTE adj. et n. ▪ Favorable à l'intégration politique ou raciale.

INTÉGRÉ, ÉE adj. ▪ *Dispositif intégré,* qui unit des éléments divers. ‑ *Circuit* intégré.* ‑ INFORM. *Traitement intégré* (des données), réalisant automatiquement une série complexe d'opérations.

INTÈGRE adj. ▪ D'une probité absolue. ⇒ **honnête, incorruptible.** *Un juge intègre.*

INTÉGRER v. [6] ▪ **I.** v. tr. Faire entrer dans un ensemble en tant que partie intégrante. ⇒ **assimiler, incorporer.** ‑ pronom. *Ils ont du mal à s'intégrer dans la collectivité.* ‑ au p. p. *Être bien, mal intégré* (à un groupe, dans une société). **II.** v. tr. MATH. Faire l'intégration (II) de. **III.** v. tr. et intr. ARGOT SCOL. Être reçu au concours d'entrée d'une grande école. *Elle a intégré (à) Centrale.*

INTÉGRISME n. m. ▪ Attitude qui consiste à refuser toute évolution d'une doctrine (spécialt d'une religion). *L'intégrisme musulman.*

INTÉGRISTE adj. et n. ▪ Partisan de l'intégrisme (spécialt religieux). *Les intégristes catholiques, musulmans.* ‑ adj. *Positions, mouvements intégristes.*

INTÉGRITÉ n. f. ▪ **I.** État d'une chose qui demeure intacte, entière. *L'intégrité du territoire. L'intégrité d'une doctrine* (⇒ **intégrisme**). **II.** Honnêteté, probité absolue.

INTELLECT [-ɛkt] n. m. ▪ L'esprit dans son fonctionnement intellectuel. ⇒ **entendement, esprit, intelligence.**

INTELLECTION n. f. ▪ DIDACT. Action de l'intellect. ⇒ **conception.**

INTELLECTUALISER v. tr. [1] ▪ Revêtir d'un caractère intellectuel. ‑ Transformer par l'action de l'intelligence.

INTELLECTUALISME n. m. ▪ Tendance à tout subordonner à la vie intellectuelle.

INTELLECTUEL, ELLE adj. et n. ▪ **1.** Qui se rapporte à l'intelligence (connaissance ou entendement). *La vie intellectuelle.* ‑ *Quotient intellectuel* (Q. I.). *L'effort, le travail intellectuel.* ⇒ **mental. 2.** Qui a un goût prononcé (ou excessif) pour les choses de l'esprit. ⇒ **cérébral.** ♦ Dont la vie est consacrée aux activités de l'esprit. *Les travailleurs intellectuels et les travailleurs manuels.* ‑ n. *Les intellectuels.* ⇒ **intelligentsia.** ◇ abrév. FAM. INTELLO.

INTELLECTUELLEMENT adv. ▪ Sous le rapport de l'intelligence, de l'activité intellectuelle.

INTELLIGEMMENT [-amɑ̃] adv. ▪ Avec intelligence.

INTELLIGENCE n. f. ▪ **I. 1.** Faculté de connaître, de comprendre ; qualité de l'esprit qui comprend et s'adapte facilement. ‑ (Objet d'une évaluation selon les individus) *Une vive intelligence.* ‑ *Intelligence développée. Manquer d'intelligence.* **2.** L'ensemble des fonctions mentales ayant pour objet la connaissance rationnelle (opposé à *sensation* et à *intuition*). ⇒ **entendement, intellect, raison. 3.** *INTELLIGENCE ARTIFICIELLE :* ensemble des théories et des techniques développant des programmes informatiques complexes capables d'assurer des fonctions qui requièrent de l'intelligence. **4.** Personne intelligente. *C'est une intelligence remarquable.* ⇒ **cerveau. 5.** *L'INTELLIGENCE DE qqch. :* acte ou capacité de comprendre (qqch.). ⇒ **compréhension, sens.** *Avoir l'intelligence des affaires. Pour l'intelligence de ce qui va suivre, notons que...* **II. 1.** LITTÉR. *D'INTELLIGENCE :* de complicité, par complicité. ⇒ de **concert.** ‑ Complice. *Être d'intelligence avec qqn.* **2.** au plur. Complicités secrètes entre personnes de camps opposés. *Condamné pour intelligences avec l'ennemi.*

Avoir des intelligences dans la place. **3.** EN *bonne, mauvaise...* *INTELLIGENCE :* en s'entendant bien, mal. *Ils vivent en bonne intelligence.*

l'INTELLIGENCE SERVICE n. m. ▪ Service britannique de renseignements et de contre-espionnage.

INTELLIGENT, ENTE adj. ▪ **1.** Qui a la faculté de connaître et de comprendre. ⇒ **pensant.** **2.** Qui est, à un degré variable, doué d'intelligence. *Un garçon très, peu intelligent.* ➝ absolt Qui comprend vite et bien, s'adapte facilement aux situations. ➝ (animaux) *Ce chien est remarquablement intelligent.* **3.** (actes) Qui dénote de l'intelligence. *Un visage, un regard intelligent. Une réponse intelligente.*

INTELLIGENTSIA [ɛ̃teliʒɛnsja ; inteligɛnsja] n. f. ▪ parfois péj. Le groupe des intellectuels (dans une société, un pays).

INTELLIGIBILITÉ n. f. ▪ Caractère intelligible.

INTELLIGIBLE adj. ▪ **1.** Qui ne peut être connu que par l'entendement (opposé à *sensible*). **2.** Qui peut être compris, est aisé à comprendre. ⇒ **clair, compréhensible** ; opposé à *inintelligible. Un texte intelligible.* **3.** Qui peut être distinctement entendu. ➝ loc. *Parler à haute et intelligible voix.* ► adv. INTELLIGIBLEMENT

INTEMPÉRANCE n. f. ▪ **1.** VX Manque de modération, liberté excessive. *Son intempérance de langage nous choque.* **2.** Abus des plaisirs de la table et des plaisirs sexuels.

INTEMPÉRANT, ANTE adj. ▪ **1.** VX Qui n'est pas modéré. **2.** LITTÉR. Qui manque de modération dans les plaisirs de la table et les plaisirs sexuels.

INTEMPÉRIES n. f. pl. ▪ Rigueurs du climat (pluie, vent). *Être exposé aux intempéries.*

INTEMPESTIF, IVE adj. ▪ Qui se fait ou se manifeste à contretemps. ⇒ **déplacé, inopportun.** *Une démarche intempestive. Pas de zèle intempestif.* ► adv. INTEMPESTIVEMENT

INTEMPOREL, ELLE adj. ▪ **1.** Qui, par sa nature, est étranger au temps, invariable. ⇒ **éternel.** **2.** Immatériel.

INTENABLE adj. ▪ **1.** Que l'on ne peut tenir ou soutenir. *Une position intenable.* **2.** Insupportable. ➝ (personnes) Que l'on ne peut faire tenir tranquille.

INTENDANCE n. f. ▪ **1.** Charge, fonction, circonscription des intendants (I). **2.** Service administratif chargé du ravitaillement et de l'entretien (d'une armée, d'une collectivité).

INTENDANT, ANTE n. ▪ **I.** n. m. HIST. Agent du pouvoir royal dans une province. **II. 1.** Fonctionnaire chargé de l'intendance (militaire, universitaire). **2.** Personne chargée d'administrer la maison d'un riche particulier. ⇒ **régisseur.**

INTENSE adj. ▪ (choses) Qui agit avec force, est porté à un haut degré. ⇒ **vif.** *Une lumière intense.* ➝ *Un plaisir intense.*

INTENSÉMENT adv. ▪ Avec intensité. *Vivre intensément.*

INTENSIF, IVE adj. ▪ **1.** Qui est l'objet d'un effort intense, soutenu, pour accroître l'effet. *Une propagande intensive.* **2.** (opposé à *extensif*) *Culture intensive,* à haut rendement par unité de surface.

INTENSIFICATION n. f. ▪ Action d'intensifier, de s'intensifier. ⇒ **augmentation.**

INTENSIFIER v. tr. [7] ▪ Rendre plus intense, au prix d'un effort. ⇒ **augmenter.** *Intensifier la lutte contre la drogue.* ➝ pronom. Devenir plus intense. *Les échanges commerciaux s'intensifient.*

INTENSITÉ n. f. ▪ **1.** Degré d'activité, de force ou de puissance. *Une crise de faible intensité.* ♦ *Intensité d'un courant électrique,* quantité d'électricité traversant un conducteur pendant l'unité de temps (seconde). **2.** Caractère de ce qui est intense, très vif. *L'intensité du regard. L'intensité d'une émotion.* ⇒ **violence.** *Intensité dramatique.*

INTENSIVEMENT adv. ▪ D'une manière intensive.

INTENTER v. tr. [1] ▪ Entreprendre contre qqn (une action en justice). *Intenter un procès à qqn.*

INTENTION n. f. ▪ Fait de se proposer un certain but. ⇒ **dessein.** *Un acte commis avec l'intention de nuire. Je l'ai fait sans mauvaise intention.* prov. *L'enfer* est pavé de bonnes intentions. Il n'est pas dans mes intentions d'accepter.* ➝ *AVOIR L'INTENTION DE* (+ inf.) : se proposer de, vouloir. ➝ *DANS L'INTENTION DE* (+ inf.) : en vue de, pour. ➝ *À L'INTENTION de qqn,* pour lui, en son honneur ; à son adresse. *Une fête à l'intention des enfants.*

INTENTIONNÉ, ÉE adj. ▪ *Bien, mal intentionné :* qui a de bonnes, de mauvaises intentions.

INTENTIONNEL, ELLE adj. ▪ Qui est fait exprès. ⇒ **prémédité, volontaire.**

INTENTIONNELLEMENT adv. ▪ Avec intention, de propos délibéré. ⇒ **exprès, volontairement.**

INTER [ɛ̃tɛʀ] n. m. ▪ au football Avant placé entre un ailier et l'avant-centre.

INTER- [ɛ̃tɛʀ] Élément, du latin *inter* « entre », exprimant l'espacement, la répartition ou une relation réciproque.

INTERACTIF, IVE adj. ▪ Qui permet une interaction. ➝ INFORM. Qui permet un échange aisé entre l'utilisateur d'un ordinateur et la machine (notamment par l'intermédiaire de l'écran). ⇒ aussi **conversationnel.** ► n. f. INTERACTIVITÉ

INTERACTION n. f. ▪ Réaction réciproque. ⇒ **interdépendance.** *Phénomènes en interaction.*

INTERALLIÉ, ÉE adj. ▪ Qui concerne les nations alliées.

INTERBANCAIRE adj. ▪ Qui relève des relations entre les banques. ➝ *Carte (de crédit) interbancaire,* acceptée par différentes banques.

INTERCALAIRE adj. ▪ Qui peut s'intercaler, être inséré. *Jour intercalaire,* ajouté au mois de février, les années bissextiles. *Feuillet, fiche intercalaire.* ➝ n. m. *Un intercalaire.*

INTERCALATION n. f. ▪ DIDACT. Action d'intercaler. ⇒ **insertion, introduction.**

INTERCALER v. tr. [1] ▪ Faire entrer après coup dans une série, dans un ensemble ; mettre (une chose) entre deux autres. ⇒ **insérer, introduire.** *Intercaler des exemples dans un texte.*

INTERCÉDER v. intr. [6] ▪ Intervenir, user de son influence (en faveur de qqn). *Intercéder en faveur de qqn, pour qqn.* ⇒ **intervenir** ; **intercesseur, intercession.**

INTERCEPTER v. tr. [1] ▪ **1.** Prendre au passage et par surprise (ce qui est adressé, envoyé ou destiné à qqn). *Ses parents ont intercepté la lettre. Le joueur a intercepté le ballon.* **2.** Arrêter (une action, spécialt un bruit, la lumière), cacher (une source lumineuse).

INTERCEPTION n. f. ▪ Action d'intercepter (spécialt, en sport).

INTERCESSEUR n. m. ▪ LITTÉR. Personne qui intercède. *Il m'a demandé d'être son intercesseur auprès de vous.*

INTERCESSION n. f. ▪ LITTÉR. Action d'intercéder. ⇒ **intervention.**

INTERCHANGEABLE adj. ▪ Se dit d'objets semblables, de même destination, qui peuvent être mis à la place les uns des autres. *Des pneus interchangeables.* ➝ fig. *Des ministres interchangeables.*

INTERCLASSE n. m. ▪ Court intervalle entre deux cours.

INTERCLASSER v. tr. [1] ▪ Classer (les éléments de deux ou plusieurs séries) en une série unique. ➝ au p. p. *Fiches interclassées.* ► n. m. INTERCLASSEMENT

INTERCOMMUNAL, ALE, AUX adj. ▪ Qui concerne plusieurs communes. *Décisions intercommunales.*

INTERCOMMUNICATION n. f. ▪ Communication réciproque.

INTERCONNECTER v. tr. [1] ▪ Relier entre eux (des réseaux, des appareils, etc.). ➝ au p. p. *Ordinateurs, réseaux interconnectés.* ► n. f. INTERCONNEXION

INTERCONTINENTAL, ALE, AUX adj. ▪ Qui concerne les relations entre deux continents. *Lignes aériennes intercontinentales.*

INTERCOSTAL, ALE, AUX adj. ▪ Qui est situé ou se fait sentir entre deux côtes. *Douleurs intercostales.*

INTERDÉPENDANCE n. f. ▪ Dépendance réciproque. ⇒ **corrélation, interaction.**

INTERDÉPENDANT, ANTE adj. ▪ Qui est dans un état d'interdépendance. *Des événements interdépendants.*

INTERDICTION n. f. ▪ **1.** Action d'interdire. ⇒ **défense.** *Interdiction de stationner. Lever une interdiction.* **2.** Action d'interdire (à qqn) l'exercice de ses fonctions. ➝ Action d'ôter à une personne majeure la libre disposition et l'administration de ses biens. *Mesure d'interdiction.* ➝ *Interdiction de séjour,* défense faite à un condamné libéré de se trouver dans certains lieux. ➝ *Interdiction bancaire,* défense d'émettre des chèques.

INTERDIRE v. tr. [37] sauf *vous interdisez* ▪ **1.** Défendre (qqch. à qqn). *Le médecin lui interdit l'alcool. Interdire un film.* ⇒ **censurer.** *S'interdire tout effort,* s'imposer de ne faire aucun effort. ➝ (avec *que* + subj.) *Il a interdit que nous restions ici.* **2.** (choses) Empêcher. ⇒ **exclure.** *Leur attitude interdit tout espoir de paix.* **3.** Frapper (qqn) d'interdiction (2).

INTERDISCIPLINAIRE adj. ▪ Qui concerne plusieurs domaines de connaissances (disciplines) et leurs relations. ► n. f. INTERDISCIPLINARITÉ

① **INTERDIT, ITE** adj. ▪ **I. 1.** Non autorisé. *Stationnement, passage interdit.* **2.** (personnes) Frappé d'interdiction. ➝ n. *Un interdit de séjour.* **II.** Très étonné, stupide d'étonnement. ⇒ **ahuri, ébahi.**

② **INTERDIT** n. m. ▪ **1.** RELIG. Interdiction de célébrer l'office, certains sacrements. **2.** Interdiction émanant d'un groupe social ou religieux. *Braver, transgresser les interdits.* ♦ PSYCH. *Des interdits moraux.* ⇒ **tabou.**

INTÉRESSANT, ANTE adj. ▪ **1.** Qui retient l'attention, captive l'esprit. ⇒ **captivant, passionnant.** *Un livre intéressant. Il est intéressant de* (+ inf.). *C'est très intéressant.* ➝ (personnes) Qui intéresse par son esprit, sa personnalité. *Un auteur intéressant.* ♦ péj. *Chercher à se rendre intéressant,* à se faire remarquer. ➝ n. *Faire l'intéressant, l'intéressante.* **2.** Qui touche moralement, qui est digne d'intérêt, de considération. *Ces gens-là ne sont pas intéressants.* ➝ par euphémisme VIEILLI *Un état, une situation intéressant(e),* d'une femme enceinte. **3.** Avantageux. *Acheter qqch. à un prix intéressant. Une affaire intéressante.*

INTÉRESSÉ, ÉE adj. ▪ **I.** Qui a un rôle (dans qqch.) ; qui est en cause. *Les parties intéressées.* ➝ n. *Sans consulter les intéressés. Être le principal intéressé.* **II.** Qui recherche avant tout son intérêt matériel, est avide et avare (s'oppose à *désintéressé*). ♦ Inspiré par la recherche d'un avantage personnel. *Un service intéressé.*

INTÉRESSEMENT n. m. ▪ Action d'intéresser (une personne) aux bénéfices de l'entreprise, par une rémunération qui s'ajoute au salaire. ⇒ **participation.**

INTÉRESSER v. tr. [1] ▪ **I. 1.** (choses) Avoir de l'importance pour (qqn, qqch.). ⇒ **concerner, regarder.** *Cette loi intéresse l'ordre public.* **2.** Avoir un intérêt matériel, financier pour (qqn). ⇒ **intéressé.** *Votre offre ne m'intéresse pas.* **3.** (sujet personne) Associer (qqn) à un profit. *Intéresser qqn dans une affaire, aux bénéfices.* **II. 1.** Éveiller et retenir l'attention de (qqn) ; constituer un objet d'intérêt pour. *Cette conférence nous a intéressés.* ⇒ **captiver, passionner.** *Ça ne m'intéresse pas.* ♦ (personnes) *Il ne sait pas intéresser les élèves.* ➝ iron. *Continue, tu m'intéresses !* **2.** Toucher (qqn), tenir à cœur à (qqn). *Leur sort n'intéresse personne.* ► **S'INTÉRESSER** v. pron. Prendre intérêt (à). *Il s'intéresse à tout.*

INTÉRÊT n. m. ▪ **I. 1.** VX Préjudice. ➝ MOD., DR. *Dommages* et intérêts.* **2.** Somme due par l'emprunteur au prêteur. *Prêt à intérêt. Le taux de l'intérêt.* ➝ Ce que rapporte un capital placé. ⇒ **dividende. 3.** Ce qui importe, ce qui convient (à qqn, un groupe). *Les intérêts privés et l'intérêt général. Agir dans, contre son intérêt. Avoir intérêt à* (faire qqch). ⇒ **avantage.** ➝ loc. FAM. *Y a intérêt,* c'est évident, nécessaire. **4.** Recherche d'un avantage personnel. *Il ne voit que son intérêt.* **II.** (domaine intellectuel) **1.** Attention favorable que l'on porte à qqn, part que l'on prend à ce qui le concerne. *Témoigner de l'intérêt à qqn. Une marque, un témoignage d'intérêt.* **2.** État de l'esprit qui prend part à ce qu'il trouve digne d'attention, à ce qu'il juge important. *Éveiller l'intérêt d'un auditoire.* ⇒ **attention. 3.** Qualité de ce qui est intéressant. *Histoire pleine d'intérêt. C'est sans intérêt. Cela présente, offre de l'intérêt.*

INTERFACE n. f. ▪ **1.** SC. Surface de séparation entre deux phases (de la matière). **2.** INFORM. Jonction entre deux éléments d'un système informatique, permettant un transfert d'informations.

INTERFÉRENCE n. f. ▪ Rencontre d'ondes (lumineuses, sonores...) de même direction, qui se détruisent ou se renforcent. *Interférences sonores.*

INTERFÉRER v. intr. [6] ▪ **1.** Produire des interférences. *Vibrations, ondes qui interfèrent.* **2.** (actions simultanées) Se faire tort, se gêner. *Leurs initiatives risquent d'interférer.*

INTERGALACTIQUE adj. ▪ Situé entre des galaxies. *L'espace intergalactique.* ➝ (contexte de la fiction) *Vaisseau, voyage intergalactique.*

INTÉRIEUR, EURE ▪ **I.** adj. **1.** Qui est au-dedans, tourné vers le dedans (opposé à *extérieur*). ⇒ **interne.** *Point intérieur à un cercle. Une cour intérieure. La poche intérieure d'un vêtement.* **2.** Qui concerne un pays, indépendamment de ses relations avec les autres pays. *La politique intérieure.* **3.** Qui concerne la vie psychologique, qui se passe dans l'esprit. *La vie intérieure. For* intérieur.* ➝ *Musique intérieure. "Les Voix intérieures"* (poèmes de Hugo). *Monologue intérieur* (en littérature). **II.** n. m. **1.** Espace compris entre les limites (d'une chose). ⇒ **dedans.** *L'intérieur d'une boîte.* absolt *Attendez-moi à l'intérieur* (de la maison). **2.** Habitation considérée surtout dans son aménagement. ⇒ **chez-soi, foyer.** *Un intérieur confortable.* ➝ *Femme, homme d'intérieur,* qui se plaît à tenir sa maison. **3.** Espace compris entre les frontières d'un pays ; vie, politique du pays dans ses frontières. *Le ministère de l'Intérieur.* ➝ *L'intérieur d'un groupe, d'une communauté. Voir les choses de l'intérieur.* **4.** SPORTS ⇒ **inter.**

INTÉRIEUREMENT adv. ▪ **1.** Au-dedans. ➝ Par l'intérieur. **2.** Dans l'esprit, dans le cœur. *Pester intérieurement,* à part soi. ⇒ **in petto.**

INTÉRIM [ɛ̃teʀim] n. m. ▪ Intervalle de temps pendant lequel une fonction vacante est exercée par une autre personne que le titulaire ; exercice d'une fonction pendant ce temps. *Assurer un intérim, des intérims. Président par intérim.* ➝ Organisation de travail temporaire. *Agence d'intérim.*

INTÉRIMAIRE adj. ▪ **1.** Relatif à un intérim ; qui assure l'intérim. *Ministre intérimaire.* **2.** *Travail intérimaire.* ⇒ **temporaire.** *Personnel intérimaire.* ➝ n. *Un(e) intérimaire.*

INTÉRIORISER v. tr. [1] ▪ Ramener à la vie intérieure. ➝ au p. p. *Un sentiment intériorisé.*

INTÉRIORITÉ n. f. ▪ Caractère de ce qui est intérieur (I, 3), psychologique et non exprimé.

INTERJECTION n. f. ▪ Mot invariable pouvant être employé isolément pour traduire une attitude affective de la personne qui s'exprime (ex. ah !, oh !, zut !). ⇒ **exclamation.**

INTERLAKEN ▪ Ville de Suisse (canton de Berne), entre le lac de Thoune et le lac de Brienz. 5 091 hab. Station estivale.

INTERLIGNE n. f. ▪ Espace qui est entre deux lignes écrites ou imprimées. ⇒ **blanc.** *Interligne simple, double.*

INTERLIGNER v. tr. [1] ▪ **1.** Écrire dans les interlignes. **2.** Séparer par des interlignes. ➝ au p. p. *Texte interligné.*

INTERLOCUTEUR, TRICE n. ▪ **1.** Personne qui parle, converse avec une autre. **2.** Personne avec laquelle on peut engager une négociation, une discussion. *Un interlocuteur valable.*

INTERLOPE adj. ▪ **1.** Dont l'activité n'est pas légale. *Un commerce interlope.* **2.** D'apparence louche, suspecte. *Un bar interlope.*

INTERLOQUER v. tr. [1] ▪ Rendre (qqn) interdit (II). ⇒ **décontenancer.** *Cette remarque l'a interloqué.* ► **INTERLOQUÉ, ÉE** adj. (plus cour.) Déconcerté, interdit.

INTERLUDE n. m. ▪ **1.** Petit intermède dans un programme. **2.** Courte pièce musicale exécutée entre deux autres plus importantes. **3.** fig. Épisode (entre deux périodes).

INTERMÈDE n. m. ▪ **1.** Divertissement entre les actes d'une pièce de théâtre, les parties d'un spectacle. *Intermède en musique* (→ intermezzo). **2.** Ce qui interrompt momentanément une activité. *Après cet intermède, nous pouvons reprendre.*

INTERMÉDIAIRE ▪ **I.** adj. Qui, étant entre deux termes, forme une transition ou assure une communication. *Les chaînons intermédiaires d'une évolution. Choisir une solution intermédiaire.* ⇒ **compromis. II. 1.** n. m. Terme, état intermédiaire. *Sans intermédiaire :* directement. ➝ *Par l'intermédiaire de,* par l'entremise*, le moyen de. **2.** n. Personne qui met en relation deux personnes ou deux groupes. ⇒ **médiateur.** *Servir d'intermédiaire dans une négociation.* ➝ Personne qui intervient dans un circuit commercial (entre le producteur et le consommateur).

INTERMEZZO [ɛ̃tɛʀmɛdzo] n. m. ▪ Intermède musical. ➝ fig. *"Intermezzo"* (pièce de Giraudoux).

INTERMINABLE adj. ▪ Qui n'a pas ou ne semble pas avoir de terme, de limite (dans l'espace ou dans le temps). *Une file interminable. Un discours interminable,* trop long.

INTERMINABLEMENT adv. ▪ Sans fin.

INTERMINISTÉRIEL, ELLE adj. ▪ Commun à plusieurs ministères. *Une conférence interministérielle.*

INTERMITTENCE n. f. ▪ Caractère intermittent, arrêt momentané. *"Les intermittences du cœur"* (Proust ; titre d'un chapitre de *Sodome et Gomorrhe*). *Par intermittence,* irrégulièrement, par accès. *Travailler par intermittence.*

INTERMITTENT, ENTE adj. ▪ Qui s'arrête et reprend par intervalle. ⇒ **discontinu, irrégulier.** *Pouls intermittent. Pluie intermittente.* – plur. *Bruits, cris intermittents.*

INTERNAT n. m. ▪ **1.** État d'élève interne ; temps que dure cet état. – École où vivent des internes. ⇒ **pensionnat.** *Surveillant d'internat.* **2.** Fonction d'interne des hôpitaux. *Concours d'internat.*

INTERNATIONAL, ALE, AUX adj. ▪ **1.** Qui a lieu de nation à nation, entre plusieurs nations ; qui concerne les rapports entre nations. *La politique internationale. Les organismes internationaux* (O.N.U., Unesco, etc.). ♦ en sports *Rencontre internationale,* opposant deux ou plusieurs nations. **2.** (personnes) *Fonctionnaire international.* – *Joueur international.* n. *Un international.* **3.** n. f. *L'Internationale :* groupement de prolétaires de diverses nations, unis pour défendre leurs revendications communes. ■ La *Ire Internationale* fut fondée à Londres en 1864, sous l'impulsion de Marx ; la *IIe Internationale* (sociale-démocrate) à Paris en 1889 ; la *IIIe Internationale* ou *Komintern* (communiste) par Lénine à Moscou en 1919 ; la *IVe Internationale* par des partisans de Trotski à Paris en 1938. *L'Internationale socialiste,* créée en 1951, regroupe des partis réformistes et sociaux-démocrates. L'hymne révolutionnaire « *L'Internationale* », composé par E. Pottier (texte) et P. Degeyter (musique), fut joué pour la première fois à Lille en 1888.

INTERNATIONALISER v. tr. [1] ▪ Rendre international. *Internationaliser un conflit.* – Mettre sous régime international. ► n. f. INTERNATIONALISATION

INTERNATIONALISME n. m. ▪ Doctrine préconisant l'union internationale des peuples, par-delà les frontières.

INTERNATIONALISTE adj. et n. ▪ Partisan de l'internationalisme.

① **INTERNE** ▪ **I.** adj. **1.** DIDACT. Qui est situé en dedans, est tourné vers l'intérieur (s'oppose à *externe*). ⇒ **intérieur.** *La face interne d'un organe.* **2.** Qui appartient au dedans. *Glandes endocrines à sécrétion interne. Structure interne. Décision interne* (dans un groupe, un organisme). – *EN INTERNE* loc. adv. : avec ses propres ressources. **II.** n. Élève logé (e) et nourri(e) dans l'établissement scolaire qu'il (elle) fréquente. ⇒ **pensionnaire.** ♦ Étudiant(e) en médecine reçu(e) au concours de l'internat, qui lui permet d'être attaché(e) à un hôpital. *Le docteur X, ancien interne des hôpitaux de Paris. Elle est interne.*

② **INTERNE** adj. ▪ anglic. *Médecine interne* (proprement dite, sans autres activités : chirurgie, etc.) : médecine générale, dans les hôpitaux (exercée par des internistes).

INTERNEMENT n. m. ▪ Action d'interner (qqn) ; le fait d'être interné. *Camp d'internement.* ♦ Placement d'une personne dans un hôpital psychiatrique. *Prescrire l'internement d'un aliéné.*

INTERNER v. tr. [1] ▪ Enfermer par mesure administrative (des réfugiés, des étrangers...). ♦ Enfermer dans un hôpital psychiatrique. – au p. p. *Malades internés.* – n. *Des internés politiques.*

INTERNET ▪ Réseau mondial de télécommunications permettant l'accès à de nombreux serveurs.

INTERPELLATEUR, TRICE n. ▪ Personne qui interpelle.

INTERPELLATION n. f. ▪ **1.** Action d'interpeller. ⇒ **apostrophe.** **2.** Demande d'explications adressée au gouvernement par un membre du Parlement en séance publique. **3.** DR. Sommation d'avoir à répondre. ⇒ **interpeller** (I, 3).

INTERPELLER [-pəle] v. tr. [1] ▪ **I. 1.** Adresser la parole brusquement à (qqn) pour demander qqch., l'insulter. ⇒ **apostropher.** **2.** Adresser une interpellation à (un ministre). **3.** DR. Questionner (un suspect) sur son identité. *La police a interpellé une trentaine de manifestants.* **II.** (sujet chose) critiqué (ou parfois iron.) Susciter un écho chez (qqn), avoir un intérêt psychologique pour (qqn). *Ça m'interpelle quelque part.*

INTERPHONE n. m. ▪ Appareil de communication téléphonique intérieur. *Parler à qqn par l'interphone.*

INTERPLANÉTAIRE adj. ▪ Qui est, a lieu entre les planètes. *Espaces ; voyages interplanétaires.*

INTERPOL ▪ Organisation internationale de police criminelle, créée en 1923, regroupant plus de 150 pays.

INTERPOLATION n. f. ▪ Action d'interpoler ; son résultat. *Texte modifié par des interpolations.*

INTERPOLER v. tr. [1] ▪ **1.** Introduire dans un texte, par erreur ou par fraude (des mots ou des phrases n'appartenant pas à l'original). – p. p. *Passages interpolés et postérieurs.* **2.** Intercaler dans une série de valeurs ou de termes connus (des termes et valeurs intermédiaires).

INTERPOSER v. tr. [1] ▪ **1.** Poser entre deux choses. *Interposer un écran entre une source lumineuse et l'œil.* **2.** Faire intervenir. *Interposer son autorité, un médiateur.* ► **S'INTERPOSER** v. pron. *S'interposer dans une dispute,* intervenir pour y mettre fin. ⇒ s'**entremettre.** ► **INTERPOSÉ, ÉE** adj. *Objets interposés.* – *Par personnes interposées :* avec des intermédiaires.

INTERPOSITION n. f. ▪ Action d'interposer.

INTERPRÉTABLE adj. ▪ Qu'on peut interpréter.

INTERPRÉTATION n. f. ▪ **1.** Action d'expliquer, de donner une signification claire à une chose obscure ; son résultat. ⇒ **explication.** *Il a donné une interprétation nouvelle du texte. L'interprétation des rêves.* ⇒ **déchiffrage, lecture.** **2.** Action d'interpréter (2). *Les diverses interprétations d'un même fait. Une erreur d'interprétation.* **3.** Action d'interpréter (3). *Interprétation simultanée,* qui se fait à mesure. *École d'interprétation.* **4.** Façon dont une œuvre dramatique, musicale est jouée, exécutée. ⇒ **exécution.** *Prix d'interprétation.*

INTERPRÈTE n. ▪ **1.** Personne qui explique, éclaircit le sens (d'un texte, d'un rêve, etc.). ♦ fig. (choses) *Les yeux, interprètes du cœur.* ⇒ **expression.** **2.** Personne qui donne oralement l'équivalent en une autre langue (⇒ **traducteur**) de ce qui est dit. *Servir d'interprète.* ⇒ **truchement.** *École d'interprètes* (⇒ **interprétation**). *Interprète de conférence.* **3.** Personne qui fait connaître les sentiments, les volontés d'une autre. ⇒ **porte-parole.** *Soyez mon interprète auprès de lui.* **4.** Acteur, musicien qui interprète (4). *Un interprète du rôle de don Juan.*

INTERPRÉTER v. tr. [6] ▪ **1.** Expliquer (un texte, un rêve, un acte, un phénomène, etc.) en rendant clair ce qui est obscur. ⇒ **commenter.** *Interpréter un vers d'après le contexte.* **2.** Donner un sens à (qqch.), tirer une signification de. *On peut interpréter son attitude de plusieurs façons.* **3.** Traduire oralement en tant qu'interprète (2). *Le discours anglais fut interprété en russe.* **4.** Jouer (une œuvre) de manière à exprimer le contenu. *Interpréter une pièce, un rôle ; une sonate.* – au p. p. *Symphonie bien interprétée.*

INTERPROFESSIONNEL, ELLE adj. ▪ Commun à plusieurs professions. *Salaire minimum interprofessionnel de croissance* (S.M.I.C.).

INTERRACIAL, IALE, IAUX [-ɛʀʀ-] adj. ▪ Qui se produit entre personnes de races différentes. *Mariage interracial.* ⇒ **mixte.**

INTERRÈGNE [-ɛʀʀ-] n. m. ▪ Temps qui s'écoule entre deux règnes ; intervalle pendant lequel un État est sans chef.

INTERROGATEUR, TRICE ▪ **1.** n. Personne qui fait subir une interrogation orale à un candidat. ⇒ **examinateur.** **2.** adj. Qui contient une interrogation. ⇒ **interrogatif.** *Un regard, un air interrogateur.*

INTERROGATIF, IVE adj. ▪ **1.** Qui exprime l'interrogation. ⇒ **interrogateur** (2). *Une intonation interrogative.* **2.** GRAMM. Qui sert à interroger. *Pronoms interrogatifs* (ex. lequel), *adjectifs interrogatifs* (ex. quel), *adverbes interrogatifs* (ex. combien, où). – n. f. Proposition interrogative.

INTERROGATION n. f. ▪ **1.** Action de questionner, d'interroger (qqn). – Question ou ensemble de questions que l'on pose à un élève, à un candidat. ⇒ **épreuve.** *Interrogation écrite, orale.* **2.** Acte de langage par lequel on pose une question ou on implique un doute ; type de phrase incomplète qui correspond à l'interrogation directe. *Interrogation directe* (ex. quelle heure est-il ?), *indirecte* (ex. je me demande quelle heure il est). – *Point d'interrogation* (?). loc. *C'est un point d'interrogation,* une question à laquelle on ne peut donner de réponse certaine.

INTERROGATIVEMENT adv. ▪ D'une manière interrogative.

INTERROGATOIRE n. m. ▪ Questions posées à qqn pour connaître la vérité dans une affaire juridique. *Procéder à un interrogatoire.* – Ensemble de questions posées à qqn.

INTERROGEABLE adj. ▪ Qui peut être interrogé. *Répondeur interrogeable à distance.*

INTERROGER v. tr. [3] ▪ **1.** Questionner (qqn), avec l'idée qu'il doit une réponse. *La police interroge les témoins.* – au p. p.

Les candidats interrogés par l'examinateur, l'interrogateur. - pronom. *S'interroger* : se poser des questions. ♦ par ext. *Interroger une base de données.* **2.** Examiner avec attention (qqch.) pour trouver une réponse à des questions. *L'expérimentateur interroge les faits. Interroger le passé.*

INTERROMPRE v. tr. [41] ▪ **1.** Rompre (qqch.) dans sa continuité. ⇒ **arrêter, couper, suspendre.** *Il a dû interrompre ses études. Interrompre un voyage.* **2.** Empêcher (qqn) de continuer ce qu'il est en train de faire. **3.** Couper la parole à. *Ne m'interrompez pas tout le temps.* ► **S'INTERROMPRE** v. pron. S'arrêter (de faire qqch., de parler...). *Il s'interrompit de lire pour m'aider. Parler sans s'interrompre.*

INTERRUPTEUR n. m. ▪ **1.** RARE Ce qui interrompt qqn (personne, chose). **2.** Dispositif permettant d'interrompre et de rétablir le passage du courant électrique dans un circuit. ⇒ **commutateur, disjoncteur.**

INTERRUPTION n. f. ▪ **1.** Action d'interrompre ; état de ce qui est interrompu. ⇒ **arrêt, coupure, suspension.** *L'interruption des communications. Sans interruption,* sans arrêt. - spécialt *Interruption volontaire de grossesse.* ⇒ **I.V.G.** **2.** Action d'interrompre qqn. *Vives interruptions sur les bancs de l'opposition.*

INTERSECTION n. f. ▪ Rencontre, lieu de rencontre (de deux lignes, de deux surfaces, ou de deux volumes qui se coupent). *À l'intersection des deux routes.*

INTERSIDÉRAL, ALE, AUX adj. ▪ Qui est situé, se passe entre les astres.

INTERSPÉCIFIQUE adj. ▪ BIOL. Qui concerne deux espèces différentes et leurs relations.

INTERSTELLAIRE adj. ▪ Qui est situé entre les étoiles. *Espaces interstellaires.*

INTERSTICE n. m. ▪ Très petit espace vide (entre les parties d'un corps ou entre différents corps). *Les interstices d'un plancher. Dans les interstices.*

INTERTROPICAL, ALE, AUX adj. ▪ GÉOGR. Qui est situé entre les tropiques.

INTERURBAIN, AINE adj. ▪ Qui assure les communications entre des villes. - n. m. anciennt Téléphone interurbain.

INTERVALLE n. m. ▪ **1.** Distance d'un point à un autre, d'un objet à un autre. ⇒ **espacement.** *Augmenter l'intervalle entre deux paragraphes. Bornes placées à trois mètres d'intervalle,* tous les trois mètres. **2.** Écart entre deux sons, mesuré par le rapport de leurs fréquences. *Intervalles de tierce, de quarte.* **3.** Espace de temps qui sépare deux époques, deux faits. *Un intervalle d'une heure. À intervalles rapprochés, à longs intervalles. Dans l'intervalle, pendant cet intervalle.* ⇒ **entretemps.** *PAR INTERVALLES* : de temps à autre. ⇒ par **moments.**

INTERVENANT, ANTE n. ▪ Personne qui prend la parole au cours d'un débat, d'une discussion.

INTERVENIR v. intr. [22] ▪ **1.** Arriver, se produire au cours d'un procès, d'une discussion. *Un accord est intervenu entre la direction et les grévistes.* **2.** (personnes) Prendre part à une action, à une affaire en cours. *Il se propose d'intervenir dans le débat. Il est intervenu en votre faveur.* ⇒ **intercéder.** - absolt Entrer en action. *La police est prête à intervenir.* **3.** (choses) Agir, jouer un rôle. *Plusieurs facteurs interviennent dans le processus.*

INTERVENTION n. f. ▪ **1.** Action d'intervenir. *L'intervention de l'État.* - *Politique d'intervention* (dans les affaires d'un pays étranger). ⇒ **ingérence.** *Forces d'intervention de l'O.N.U. Intervention militaire.* ⇒ **action, opération.** **2.** Acte chirurgical. *Subir une intervention.* ⇒ **opération.** **3.** Action, rôle (de qqch.).

INTERVENTIONNISME n. m. ▪ Doctrine qui préconise l'intervention de l'État dans le domaine économique. ⇒ **dirigisme.** - Politique d'intervention d'une nation dans les affaires internationales. ► adj. et n. **INTERVENTIONNISTE**

INTERVERSION n. f. ▪ Renversement de l'ordre naturel, habituel ou logique. *Interversion de deux lettres dans un mot.*

INTERVERTIR v. tr. [2] ▪ Déplacer (les éléments d'un tout, d'une série) en renversant l'ordre, en mettant les éléments chacun à la place de l'autre. *Intervertir l'ordre des mots.* - *Intervertir les rôles,* prendre envers une autre personne l'attitude qui lui est normalement réservée.

INTERVIEW [ɛ̃tɛʀvju] n. f. ▪ anglic. Entrevue au cours de laquelle un journaliste (*interviewer* [ɛ̃tɛʀvjuvœʀ] n. m.) interroge une personne dans l'intention de publier une relation de l'entretien ; cette relation. *Demander, accorder une interview. "Interviews imaginaires"* (ouvrage de Gide). - Genre journalistique consistant dans ces entretiens.

INTERVIEWER [ɛ̃tɛʀvjuve] v. tr. [1] ▪ anglic. Soumettre (qqn) à une interview. *Interviewer un acteur.*

INTESTAT adj. ▪ Qui n'a pas fait de testament. *Elle est morte intestat.*

① **INTESTIN, INE** adj. ▪ (surtout au fém.) Qui se passe à l'intérieur d'un groupe social. *Luttes, guerres intestines.*

② **INTESTIN** n. m. ▪ Partie du tube digestif qui fait suite à l'estomac. *L'intestin, les intestins.* ⇒ **entrailles.** *L'intestin grêle* (⇒ **duodénum**) et le gros intestin.

INTESTINAL, ALE, AUX adj. ▪ De l'intestin. *Flore intestinale.*

INTIME adj. ▪ **1.** LITTÉR. Qui correspond à la réalité profonde, à l'essence (d'un être conscient). ⇒ **profond.** *Avoir l'intime conviction de qqch.* ♦ par ext. *La structure intime de la matière.* **2.** Qui lie étroitement, par ce qu'il y a de plus profond. *Avoir des relations intimes avec une personne,* être très étroitement lié avec elle. - spécialt De nature sexuelle. *Rapports, relations intimes.* ♦ (personnes) Très uni. *Être intime avec qqn. Ami intime.* - n. *Une réunion entre intimes.* **3.** Qui est tout à fait privé et généralement tenu caché aux autres (opposé à *public*). *La vie intime,* celle que les autres ignorent. ⇒ **personnel, privé.** ♦ Qui concerne les parties génitales. *Toilette intime.* **4.** Qui crée ou évoque l'intimité. *Une petite fête intime. Un petit restaurant intime.*

INTIMEMENT adv. ▪ **1.** Très profondément. *J'en suis intimement persuadé.* **2.** Étroitement. *Personnes intimement liées.*

INTIMER v. tr. [1] ▪ Signifier (qqch. à qqn) avec autorité. ⇒ **enjoindre, notifier.** *Il m'a intimé l'ordre de rester.*

INTIMIDANT, ANTE adj. ▪ Qui intimide (2), trouble. *Il est plutôt intimidant.*

INTIMIDATION n. f. ▪ Action d'intimider (1) volontairement. ⇒ **menace, pression.** *Des manœuvres d'intimidation.*

INTIMIDER v. tr. [1] ▪ **1.** Remplir (qqn) de peur, en imposant sa force, son autorité. ⇒ **effrayer.** *Il ne se laissera pas intimider par vos menaces.* **2.** Remplir involontairement de timidité, de gêne. ⇒ **impressionner, troubler.** *Se laisser intimider par son directeur.* - (sujet chose) *Tout ce luxe l'intimidait.*

INTIMISTE n. ▪ **1.** Peintre de scènes d'intérieur. - adj. *Peintre intimiste.* **2.** Poète, écrivain qui prend pour sujet des sentiments délicats, intimes. ♦ adj. *Atmosphère intimiste d'un film.* ► n. m. **INTIMISME**

INTIMITÉ n. f. ▪ **1.** LITTÉR. Caractère intime et profond ; ce qui est intérieur et secret. *Dans l'intimité de la conscience.* **2.** Liaison, relations étroites et familières. ⇒ **union.** *Vivre dans l'intimité avec qqn.* **3.** La vie privée. *Il entend préserver son intimité.* - absolt *Dans l'intimité,* dans les relations avec les intimes. *Le mariage aura lieu dans la plus stricte intimité.* **4.** Agrément (d'un endroit intime (4)). *L'intimité d'un petit appartement.*

INTITULÉ n. m. ▪ Titre (d'un livre, d'un chapitre).

INTITULER v. tr. [1] ▪ Donner un titre à (un livre, etc.). ► **S'INTITULER** v. pron. Avoir pour titre. *Je ne sais plus comment s'intitule ce film.* - Se donner le titre, le nom de.

INTOLÉRABLE adj. ▪ **1.** Qu'on ne peut supporter. ⇒ **insupportable.** *Une douleur intolérable.* - Pénible, désagréable. **2.** Qu'on ne peut admettre, tolérer. ⇒ **inacceptable, inadmissible.** *Des pratiques intolérables.*

INTOLÉRANCE n. f. ▪ **1.** Tendance à ne pas supporter, à condamner ce qui déplaît dans les opinions ou la conduite d'autrui. ⇒ **fanatisme, intransigeance, sectarisme.** *Intolérance religieuse, politique.* ♦ (sens faible) Absence d'indulgence, de compréhension. **2.** Inaptitude (d'un organisme, d'un organe) à tolérer un agent extérieur (aliment, remède).

INTOLÉRANT, ANTE adj. ▪ Qui fait preuve d'intolérance (1).

INTONATION n. f. ▪ **1.** MUS. Action, manière d'émettre les sons. **2.** Ton que l'on prend en parlant, en lisant. ⇒ **accent, inflexion.** *Une grande variété d'intonation.* - Élément de l'intonation. *Une voix aux intonations tendres.*

INTOUCHABLE adj. ▪ **1.** Qu'on ne doit pas toucher. - n. *Un, une intouchable* (en Inde). ⇒ **paria** (1). **2.** Qui ne peut être l'objet d'aucun blâme, d'aucune sanction. *Personne intouchable.*

INTOXICATION n. f. ▪ **1.** Action d'intoxiquer ; son résultat. *Une intoxication alimentaire.* **2.** fig. Action insidieuse sur les esprits (pour accréditer une opinion, démoraliser, influencer). *L'intoxication par la publicité, la propagande.* ◇ abrév. FAM. INTOXE ou INTOX. *Faire de l'intoxe.*

INTOXIQUER v. tr. [1] ▪ **1.** Affecter (un être vivant) de troubles plus ou moins graves par l'effet de substances toxiques. ⇒ **empoisonner.** *Il a été intoxiqué par l'oxyde de carbone.* ‑ pronom. *Il fume trop, il s'intoxique.* ♦ spécialt (par l'action des drogues) n. *Un intoxiqué.* ⇒ **toxicomane. 2.** fig. Influencer les esprits insidieusement.

INTRA‑ Élément savant, du latin *intra* « à l'intérieur de ».

INTRADERMIQUE adj. ▪ Qui se fait dans l'épaisseur du derme. *Une injection intradermique* ou n. f. *une intradermique.*

INTRADUISIBLE adj. ▪ Qu'il est impossible de traduire ou d'interpréter. *Une locution intraduisible.*

INTRAITABLE adj. ▪ Qu'on ne peut pas faire changer d'avis, qui refuse de céder. ⇒ **intransigeant.** *Il est intraitable sur ce chapitre.*

INTRA‑MUROS [ɛ̃tʀamyʀos] adv. ▪ À l'intérieur de la ville. *Habiter intra‑muros.* ‑ adj. *Paris intra‑muros.*

INTRAMUSCULAIRE adj. ▪ Qui se fait dans l'épaisseur d'un muscle. *Une injection intramusculaire* ou n. f. *une intramusculaire.*

INTRANSIGEANCE [‑tʀɑ̃z‑] n. f. ▪ Caractère d'une personne intransigeante.

INTRANSIGEANT, ANTE [‑tʀɑ̃z‑] adj. ▪ Qui ne transige pas, n'admet aucune concession, aucun compromis. ⇒ **intraitable, irréductible.** *Vous êtes trop intransigeant.* ‑ *Un caractère intransigeant.* ♦ Absolu, inflexible. *Une vertu intransigeante.*

INTRANSITIF, IVE [‑tʀɑ̃z‑] adj. ▪ (verbe) Qui n'admet aucun complément d'objet. ‑ n. m. *Un intransitif.*

INTRANSITIVEMENT [‑tʀɑ̃z‑] adv. ▪ D'une manière intransitive. *Verbe transitif qui s'emploie intransitivement.* ⇒ **absolument.**

INTRANSPORTABLE adj. ▪ Qui n'est pas transportable. *Un colis énorme, intransportable. Des blessés intransportables,* qui ne pourraient supporter le transport.

INTRA‑UTÉRIN, INE adj. ▪ Qui a lieu, se situe dans l'utérus. *Vie intra‑utérine du fœtus.*

INTRAVEINEUX, EUSE adj. ▪ Qui se fait à l'intérieur des veines. *Une piqûre intraveineuse* ; n. f. *une intraveineuse.*

INTRÉPIDE adj. ▪ **1.** Qui ne tremble pas devant le danger. ⇒ **courageux.** *Un alpiniste intrépide.* ‑ (actes, sentiments) *Un courage, une défense intrépide.* **2.** fig. Déterminé, imperturbable. *Un menteur intrépide.* ► adv. INTRÉPIDEMENT

INTRÉPIDITÉ n. f. ▪ Caractère d'une personne intrépide. ⇒ **courage, hardiesse.** *Lutter avec intrépidité.*

INTRICATION n. f. ▪ État de ce qui est entremêlé ; enchevêtrement.

INTRIGANT, ANTE adj. ▪ Qui recourt à l'intrigue (3) pour parvenir à ses fins. ‑ n. *Un intrigant, une intrigante sans scrupules.* ⇒ **arriviste.**

INTRIGUE n. f. ▪ **1.** VX Affaire embrouillée. ‑ Habileté de l'intrigant. **2.** LITTÉR. Liaison amoureuse généralement clandestine et peu durable. ⇒ **aventure.** *Avoir une intrigue avec qqn.* **3.** Ensemble de combinaisons secrètes et compliquées. ⇒ **manœuvre.** *Des intrigues politiques. L'intrigue a été déjouée.* **4.** Ensemble des événements principaux (d'un récit, d'un film, etc.). ⇒ **action, scénario.** *Le dénouement d'une intrigue.*

INTRIGUER v. [1] ▪ **I.** v. tr. **1.** VX Mettre dans l'embarras (qqn). **2.** MOD. Embarrasser ou étonner (qqn) en excitant la curiosité. *Sa disparition intriguait les voisins.* **II.** v. intr. Mener une intrigue, recourir à l'intrigue. ⇒ **manœuvrer ; intrigant.** *Obtenir un poste en intriguant.*

INTRINSÈQUE adj. ▪ Qui est intérieur et propre à ce dont il s'agit. *Qualités intrinsèques. La valeur intrinsèque d'une monnaie,* qu'elle tient de sa nature (et non d'une convention).

INTRINSÈQUEMENT adv. ▪ En soi.

INTRODUCTEUR, TRICE n. ▪ Personne qui introduit (qqn, qqch.).

INTRODUCTION n. f. ▪ **I. 1.** Action d'introduire, de faire entrer (qqn). *Lettre d'introduction,* par laquelle on recommande qqn. **2.** Action de faire adopter (une mode, un produit...). ⇒ **adoption.** *L'introduction d'une mode dans un pays.* **3.** (concret) Action de faire entrer (une chose dans une autre). *L'introduction d'une sonde dans l'organisme.* **II. 1.** Ce qui prépare qqn à la connaissance, à la pratique d'une chose (texte, etc.). *C'est une bonne introduction à la psychanalyse.* **2.** Préface explicative. *Ce livre commence par une brève introduction.* ‑ Entrée en matière (d'un exposé). *Introduction, développement et conclusion.*

INTRODUIRE v. tr. [38] ▪ **1.** Faire entrer (qqn) dans un lieu. *L'huissier l'a introduit dans le bureau du ministre.* ‑ Faire admettre (qqn) dans un groupe, une société. *Introduire qqn dans un club.* ‑ au p. p. Qui a ses entrées, qui est reçu habituellement. **2.** Faire adopter (qqch.). *Introduire une mode, de nouvelles idées dans un milieu.* **3.** Faire entrer (une chose). ⇒ **engager, insérer.** *Il n'arrivait pas à introduire la clé dans la serrure.* ‑ au p. p. *Une marchandise introduite en contrebande.* ► S'INTRODUIRE v. pron. **1.** Entrer, pénétrer. *Le cambrioleur s'est introduit dans l'appartement.* **2.** Se faire admettre. *Il a réussi à s'introduire dans l'association.*

INTROMISSION n. f. ▪ DIDACT. Action d'introduire, de mettre dans. ♦ spécialt Copulation.

INTRONISATION n. m. ▪ Action d'introniser.

INTRONISER v. tr. [1] ▪ **1.** Placer solennellement sur le trône, sur la chaire pontificale (un roi, un pape). *Introniser un souverain.* **2.** Introduire qqch. de manière officielle ou solennelle. *Introniser une politique nouvelle.*

INTROSPECTION n. f. ▪ LITTÉR. Observation, analyse de ses sentiments, de ses motivations par le sujet lui‑même. ♦ Étude psychologique par ce procédé.

INTROUVABLE adj. ▪ **1.** Qu'on ne parvient pas à trouver. *Le voleur reste introuvable.* **2.** Très difficile à trouver (du fait de sa rareté). *Une édition originale introuvable.* **3.** allus. *La Chambre introuvable* (mot de Louis XVIII), qui assurait une majorité très forte, inespérée.

INTROVERSION n. f. ▪ PSYCH. Orientation de l'énergie psychique sur le sujet lui‑même.

INTROVERTI, IE adj. ▪ PSYCH. Qui est tourné vers son moi, son monde intérieur. ‑ n. *C'est un introverti.*

INTRUS, USE n. ▪ Personne qui s'introduit quelque part sans y être invitée, ni désirée. ⇒ **indésirable.** *Elle se sentait comme une intruse dans ce milieu.*

INTRUSION n. f. ▪ Action de s'introduire, sans en avoir le droit, dans une place, une société. *Faire intrusion quelque part, chez qqn.*

INTUITIF, IVE adj. ▪ **1.** Qui est le résultat d'une intuition. *Connaissance intuitive.* **2.** (personnes) Qui fait ordinairement preuve d'intuition. *Être intuitif en affaire.* ‑ n. *C'est un intuitif.*

INTUITION n. f. ▪ **1.** Forme de connaissance immédiate qui ne recourt pas au raisonnement. *Comprendre par intuition. L'intuition sensible ; l'intuition mathématique.* **2.** Sentiment ou conviction de ce qu'on ne peut vérifier, de ce qui n'existe pas encore. ⇒ **pressentiment.** *Se fier à ses intuitions. J'en ai l'intuition.* ‑ *Avoir de l'intuition,* sentir ou deviner les choses. ⇒ **flair.**

INTUITIVEMENT adv. ▪ Par l'intuition.

INTUMESCENCE n. f. ▪ DIDACT. Fait de gonfler. Gonflement. ‑ GÉOL. Relief par soulèvement des couches superficielles.

INUIT [inɥit] adj. et n. (invar. en genre) ▪ Des Inuits* (naguère appelés *Eskimos*). *La civilisation inuit.* ◇ REM. On emploie parfois *Inuk* au sing. et *Inuit* au plur.

art **inuit.** Masque de chaman. Smithsonian Institution, Washington. *Phot. © Charles Lénars*

les INUITS, ESKIMOS ou **ESQUIMAUX** ▪ Peuple des régions arctiques et subarctiques (Groenland, Labrador, Alaska, Sibérie). Langues : inupik et yupik. Leur civilisation disparaît peu à peu au contact des populations nord-américaines. À la suite d'un accord en 1992, les 18 000 Inuits canadiens sont devenus propriétaires d'un territoire de 350 000 km^2, appelé territoire du Nunavut. Le Nunavut représente un cinquième du Canada et doit voir le jour en 1999.

INUSABLE adj. ▪ Qui ne peut s'user, dure très longtemps. *Des chaussures inusables.* ▸ *Une formule inusable.*

INUSITÉ, ÉE adj. ▪ **1.** (mot, expression) Que personne ou presque personne n'emploie (s'oppose à *usuel*). ⇒ **rare.** *Mot inusité.* **2.** Inhabituel. *Un événement inusité.*

INUTILE adj. ▪ **1.** Qui n'est pas utile. ⇒ **superflu.** *S'encombrer de bagages inutiles. Éviter toute fatigue inutile.* ▸ impers. *Il est inutile d'essayer,* ce n'est pas la peine. *Inutile d'insister.* ▸ n. m. *Supprimer, retrancher l'inutile.* **2.** (personnes) Qui ne rend pas de services. *Les personnes, les bouches inutiles.* ▸ n. *Un inutile.*

INUTILEMENT adv. ▪ Pour rien. *Ne vous dérangez pas inutilement.*

INUTILISABLE adj. ▪ Qui ne peut être utilisé.

INUTILISÉ, ÉE adj. ▪ Qui n'est pas utilisé.

INUTILITÉ n. f. ▪ Caractère de ce qui est inutile. *Inutilité d'une démarche.*

INVAGINATION n. f. ▪ DIDACT. Repliement, fait de se retourner vers l'intérieur (organe, etc.).

INVAINCU, UE adj. ▪ LITTÉR. Qui n'a jamais été vaincu (→ invincible).

INVALIDANT, ANTE adj. ▪ MÉD. Qui invalide, rend invalide. *Maladie invalidante.*

INVALIDATION n. f. ▪ Action d'invalider.

INVALIDE adj. ▪ **I.** (choses) VX ou DIDACT. Qui n'est pas validé ou valable. **II.** (personnes) Qui n'est pas en état de mener une vie active, du fait de sa mauvaise santé, de ses infirmités, etc. ⇒ **handicapé, impotent, infirme.** ▸ n. Militaire, travailleur que l'âge, les blessures rendent incapable de servir, de travailler. *Les invalides du travail.*

▪ **l'hôtel des INVALIDES** ▪ Monument de Paris conçu par Louis XIV pour abriter les invalides de guerre, commencé en 1670 par Libéral Bruant, et achevé en 1706 par Hardouin-Mansart. Tombeau de Napoléon Ier sous le dôme de l'église. Musée de l'Armée.

l'hôtel des **Invalides.** Le dôme.
Phot. © Dagli Orti

INVALIDER v. tr. [1] ▪ **I.** DR. Rendre non valable. ⇒ **annuler.** *Son élection a été invalidée.* **II.** MÉD. Rendre invalide (II).

INVALIDITÉ n. f. ▪ **I.** DR. Défaut de validité entraînant la nullité. **II.** État d'une personne invalide. ▸ Diminution de la capacité de travail (des deux tiers au moins). *Pension d'invalidité.*

INVARIABLE adj. ▪ **1.** Qui ne varie pas, ne change pas. ⇒ **constant, immuable.** *Des règles invariables.* ▸ (mot) Qui ne comporte pas de modifications dans sa forme. *Les adverbes sont invariables. Adjectif invariable en genre.* **2.** Qui se répète sans varier. *Un menu invariable.* ► n. f. INVARIABILITÉ

INVARIABLEMENT adv. ▪ D'une manière invariable, constante. ⇒ **toujours.**

INVARIANT, ANTE ▪ **1.** adj. Qui se conserve dans une transformation physique ou mathématique. *Grandeur, relation, propriété invariante.* **2.** n. m. *Les variantes et l'invariant.*

INVASION n. f. ▪ **1.** Pénétration massive (de forces armées qui envahissent le territoire d'un autre État). **2.** Action d'envahir, de se répandre dangereusement. *Une invasion de sauterelles.* **3.** (sans idée de danger) Entrée soudaine et massive. ⇒ **irruption.**

▪ **les Grandes INVASIONS** ▪ Nom donné aux migrations des peuples « barbares » (Goths, Wisigoths, Vandales, etc.), en majorité germaniques, qui, sous la poussée des Huns, s'installèrent dans l'Empire romain aux IVe et Ve s.

INVECTIVE n. f. ▪ Parole ou suite de paroles violentes (contre qqn ou qqch.). *Se répandre en invectives contre qqn.* ▸ (collectif) ⇒ **injure.** *Recourir à l'invective et à l'insulte.*

INVECTIVER v. [1] ▪ **1.** v. intr. Lancer des invectives. **2.** v. tr. Couvrir (qqn) d'invectives. ⇒ **injurier.** *Se faire invectiver.*

INVENDABLE adj. ▪ Qui n'est pas vendable, ne peut trouver d'acheteur.

INVENDU, UE adj. ▪ Qui n'a pas été vendu. *Marchandises invendues. Les journaux invendus.* ▸ n. m. *Les invendus.*

INVENTAIRE n. m. ▪ **1.** Opération qui consiste à recenser l'actif et le passif (d'une communauté, d'un commerce, etc.) ; état descriptif. *Dresser un inventaire.* ⇒ **inventorier.** *Inventaire de fin d'année.* **2.** Revue et étude minutieuse. *Inventaire scientifique. L'inventaire des monuments d'une région.*

INVENTER v. tr. [1] ▪ **1.** Créer ou découvrir (qqch. de nouveau). *Les Chinois ont inventé l'imprimerie.* **2.** Trouver, imaginer pour un usage particulier. *Il ne sait pas quoi inventer pour nous ennuyer.* **3.** Imaginer de façon arbitraire. *J'ai inventé une histoire pour m'excuser. Crois-moi, je n'invente rien,* c'est la vérité. ▸ pronom. *Ce sont des choses qui ne s'inventent pas,* qui sont sûrement vraies. ▸ au p. p. *Une histoire inventée de toutes pièces.* ⇒ ① **faux.**

INVENTEUR, TRICE n. ▪ **1.** Personne qui invente, qui a inventé. *L'inventeur d'une machine.* ▸ Auteur d'inventions importantes. *Les grands inventeurs.* **2.** Personne qui trouve (un trésor, un objet, etc.). *L'inventeur d'une épave de l'Antiquité.*

INVENTIF, IVE adj. ▪ **1.** Qui a le don d'inventer. *Un génie inventif.* **2.** Fertile en ressources, en expédients. ⇒ **ingénieux.**

INVENTION n. f. ▪ **I.** DIDACT. Fait de trouver. (RELIG.) *L'invention de la croix, de reliques.* ▸ *L'invention d'un trésor.* ⇒ **inventeur** (2). **II.** COUR. **1.** *L'invention de qqch. ; une invention,* action d'inventer. ⇒ **découverte.** *L'invention de l'imprimerie.* ▸ *(Une, des inventions)* Chose inventée, nouveauté scientifique ou technique. **2.** *L'invention,* faculté, don d'inventer. ⇒ **imagination, inventivité.** *Il manque d'invention.* **3.** Action d'imaginer (un moyen) ; d'inventer (une histoire). **4.** Chose imaginée. *C'est une pure invention.* ⇒ **fiction, mensonge.** **5.** MUS. Petite pièce instrumentale (surtout pour clavier) en style fugué. *Les "Inventions" de Bach.*

INVENTIVITÉ n. f. ▪ Capacité d'inventer, d'innover. *L'inventivité des enfants.*

INVENTORIER v. tr. [7] ▪ Faire l'inventaire de. *Inventorier les meubles d'une maison.*

INVÉRIFIABLE adj. ▪ Qui ne peut être vérifié.

INVERNESS ▪ Ville du nord de l'Écosse, chef-lieu du Highland. 40 000 hab.

INVERSE ▪ **I.** adj. **1.** (direction, ordre) Qui est exactement opposé, contraire. *En sens inverse.* **2.** *Rapport, raison inverse* (quantité dont l'une augmente dans la même proportion que l'autre diminue). **II.** n. m. *L'inverse,* la chose inverse (soit par changement d'ordre ou de sens, soit par contradiction totale). ⇒ **contraire.** *C'est justement l'inverse. Supposons l'inverse.* ▸ loc. *À l'inverse,* tout au contraire.

INVERSEMENT adv. ▪ **1.** D'une manière inverse. *Inversement proportionnel.* **2.** (en tête de phrase) Par un phénomène, un raisonnement inverse. *Inversement, on peut dire que...* ▸ (à la fin de la proposition) *Ou inversement :* ou c'est l'inverse. ⇒ **vice versa.**

INVERSER v. tr. [1] ▪ **1.** Changer (la position, l'ordre de). ⇒ **intervertir.** **2.** Renverser le sens de (un courant électrique, un mouvement).

INVERSION n. f. ▪ **I. 1.** Déplacement (d'un mot ou d'un groupe de mot) par rapport à l'ordre habituel de la construction. *L'inversion du sujet dans l'interrogation directe* (viens-tu ?). **2.** Changement de sens (d'un courant électrique). **II.** *Inversion sexuelle* : homosexualité. ⇒ **inverti.**

INVERTÉBRÉ adj. ▪ **1.** Qui n'a pas de vertèbres, de squelette. ◆ n. *LES INVERTÉBRÉS* : les animaux qui ne possèdent pas de colonne vertébrale. *L'escargot est un invertébré.* **2.** fig. Qui manque de force et d'organisation. *Un récit invertébré.*

INVERTI, IE n. ▪ Homosexuel, homosexuelle.

INVESTIGATION n. f. ▪ Recherche suivie, systématique. ⇒ **enquête.** *Les investigations de l'historien. Investigations scientifiques.*

INVESTIR v. tr. 2 ▪ **I. 1.** Mettre (qqn) en possession, revêtir (d'un pouvoir, d'un droit, d'une fonction) (⇒ **investiture**). *Investir un ambassadeur de pouvoirs extraordinaires.* **2.** Désigner officiellement (un candidat aux élections). **II.** Entourer avec des troupes (un objectif militaire). ⇒ **cerner.** *Investir une ville.* **III. 1.** Employer, placer (des capitaux) dans une entreprise. *Il a investi son argent dans l'immobilier.* **2.** intrans. Mettre son énergie psychique dans une activité, un objet. *Elle a beaucoup investi dans ses enfants.*

INVESTISSEMENT n. m. ▪ **I.** Action d'investir ; son résultat. *L'investissement d'une place forte.* **II.** Action d'investir dans une entreprise des capitaux destinés à son équipement, à l'acquisition de moyens de production ; ces capitaux.

INVESTISSEUR, EUSE n. ▪ Personne ou collectivité qui investit (III) des capitaux.

INVESTITURE n. f. ▪ **1.** Acte solennel qui accompagnait la mise en possession (d'un fief, d'un évêché...). **2.** Acte par lequel un parti investit un candidat à une élection. *Recevoir l'investiture.*

▪ **la querelle des INVESTITURES** ▪ Conflit entre la papauté et le Saint Empire romain germanique au sujet de l'investiture des évêques (1074-1122). → **Grégoire VII.**

INVÉTÉRÉ, ÉE adj. ▪ péj. **1.** Fortifié et rendu immuable par la durée. *Une habitude invétérée.* **2.** (personnes) Qui a depuis longtemps (un caractère, un vice) et ne change pas. ⇒ **endurci.** *Un alcoolique invétéré.*

INVINCIBLE adj. ▪ **1.** (personnes) Qui ne peut être vaincu. ◆ Qui ne se laisse pas abattre. *Un courage invincible.* **2.** (choses) Dont on ne peut triompher. *Un obstacle invincible.* ◆ À quoi l'on ne peut résister. ⇒ **irrésistible.** *Une répugnance invincible. Une invincible timidité.* ▶ adv. INVINCIBLEMENT

INVIOLABLE adj. ▪ Qu'il n'est pas permis de violer, d'enfreindre. ⇒ **sacré.** *Des droits inviolables.*

INVISIBILITÉ n. f. ▪ Caractère de ce qui n'est pas visible. *L'invisibilité d'un gaz.*

INVISIBLE adj. ▪ **1.** Qui n'est pas visible, qui échappe à la vue. *Les nuages rendent la lune invisible. Un micro-organisme, une étoile invisible à l'œil nu.* ◆ fig. Imperceptible, insensible. **2.** (personnes) Qui se dérobe aux regards et qu'on ne peut rencontrer. *Le directeur restait invisible.*

INVITATION n. f. ▪ **1.** Action d'inviter ; son résultat. *Accepter, refuser une invitation à dîner. Des formules d'invitation.* **2.** Action d'inciter, d'engager (à). *Une invitation à la rêverie.* ◆ *Sur l'invitation de,* sur la prière, le conseil de.

INVITE n. f. ▪ Invitation discrète (à faire qqch.). → appel du pied. *C'était une invite à le laisser tranquille.*

INVITÉ, ÉE n. ▪ Personne invitée par une autre. ⇒ **convive, hôte.** *Des invités de marque.*

INVITER v. tr. 1 ▪ **1.** Prier (qqn) de se rendre, de se trouver à un endroit, d'assister à qqch. ⇒ **convier.** *Invitons-les à dîner. Ils ont été invités au mariage.* ◆ pronom. *Elle s'est invitée toute seule.* ◆ au p. p. *Des amis invités à dîner.* ⇒ **invité.** **2.** Engager (qqn) de façon courtoise mais nette (à faire qqch.). *Je vous invite à me suivre.* ◆ (sujet chose) Inciter, porter (à). *Le temps invitait à se promener, à la flânerie.*

IN VITRO [invitʀo] loc. adv. ▪ En milieu artificiel, en laboratoire. *Fécondation in vitro.* ◇ s'oppose à IN VIVO **loc. adv.** « dans l'organisme vivant ».

INVIVABLE adj. ▪ **1.** Très difficile à vivre, à supporter. *Une situation invivable.* **2.** (personnes) Insupportable. *Il est devenu invivable.*

INVOCATION n. f. ▪ Action d'invoquer (⇒ **prière**) ; son résultat. *Formules d'invocation.*

INVOLONTAIRE adj. ▪ **1.** Qui échappe au contrôle de la volonté. *Un geste involontaire.* **2.** (personnes) Qui agit ou se trouve dans une situation, sans le vouloir. *Être le témoin involontaire d'un drame.*

INVOLONTAIREMENT adv. ▪ Sans le vouloir. *Si je vous ai peiné, c'est bien involontairement.*

INVOLUTION n. f. ▪ DIDACT. Mouvement de repli vers l'intérieur (concret ou abstrait).

INVOQUER v. tr. 1 ▪ **1.** Appeler à l'aide par des prières. *Invoquer Dieu, les dieux.* **2.** Faire appel, avoir recours à (qqch. qui peut aider). *Nous invoquerons son témoignage. Invoquer une référence, un livre. Invoquer des prétextes.* ◇ ≠ *évoquer.*

INVRAISEMBLABLE [-s-] adj. ▪ **1.** Qui n'est pas vraisemblable. ⇒ **incroyable.** *C'est une histoire invraisemblable.* **2.** (concret) Très étonnant (et souvent comique). ⇒ **extravagant, inimaginable.** *Elle porte toujours des chapeaux invraisemblables.* ◆ Excessif. *Il a une chance invraisemblable.* ⇒ **inouï.**

INVRAISEMBLANCE [-s-] n. f. ▪ **1.** Défaut de vraisemblance. *L'invraisemblance d'une nouvelle.* **2.** Chose invraisemblable. *Un récit plein d'invraisemblances.*

INVULNÉRABILITÉ n. f. ▪ Caractère de ce qui est invulnérable.

INVULNÉRABLE adj. ▪ **1.** Qui ne peut pas être blessé, n'est pas vulnérable. *Se croire invulnérable.* **2.** Qui ne peut être atteint. *Une foi invulnérable.*

IO ▪ Prêtresse d'Héra, aimée de Zeus et changée par lui en génisse.

IOCHKAR-OLA ▪ Capitale de la république autonome des Maris (Russie). 276 000 hab.

IODE n. m. ▪ Corps (métalloïde) très volatil, présent dans l'eau de mer, qui donne naissance à des vapeurs violettes quand on le chauffe. *Phares à iode. Teinture d'iode* (désinfectant). ◆ L'iode de la mer, des végétaux marins.

IODÉ, ÉE adj. ▪ Qui contient de l'iode. *L'air iodé du bord de mer.*

IODLER ou **JODLER** v. int. 1 ▪ Vocaliser en passant de la voix de tête à la voix de poitrine et vice versa, sans transition.

IODOFORME n. m. ▪ PHARM. Composé à base d'iode, antiseptique.

IODURE n. m. ▪ Nom de composés de l'iode. *Iodure d'argent,* utilisé en photographie.

IŌJIMA ou **IWŌ-JIMA** ▪ Île du Pacifique, du groupe des îles Kazan, appartenant au Japon. Elle fut défendue avec acharnement en février 1945 par les Japonais assiégés par les Américains.

ION n. m. ▪ Atome ou groupement d'atomes portant une charge électrique, notamment ayant gagné ou perdu un ou plusieurs électrons. *Ion positif* (cation), *négatif* (anion).

Eugène **IONESCO** (1912-1994) ▪ Auteur dramatique français d'origine roumaine. Il exploite les ambiguïtés du langage, dans des pièces où le comique naît de l'absurde et engendre le désespoir. *"La Cantatrice chauve"* (1950); *"Rhinocéros"* (1958); *"Le roi se meurt"* (1962).

Ionesco.
Phot. © Louis Monier

l'IONIE n. f. ▪ Ancienne région d'Asie Mineure sur la mer Égée, colonisée au XIIe s. av. J.-C. par des Ioniens venus de Grèce. Premier foyer de la civilisation hellénique, l'Ionie est la patrie d'Homère et des premiers philosophes. Soumise par les Perses (guerres médiques), Alexandre le Grand puis les Séleucides, elle fut intégrée ensuite à l'Empire romain.

IONIEN, IENNE adj. ▪ D'Ionie; des Ioniens*. - *Les philosophes ioniens*, les premiers philosophes grecs (Thalès de Milet, Héraclite...). ♦ n. m. Dialecte grec d'Ionie.

la mer IONIENNE ▪ Partie de la Méditerranée qui s'étend entre l'Italie et la Grèce.

les îles IONIENNES ▪ Archipel (Corfou, Ithaque, Leucade, Céphalonie, Zante...) de la mer Ionienne, qui forme l'une des neuf régions géographiques de la Grèce. 2 307 km^2. 191 003 hab.

les IONIENS ▪ Peuple indo-européen venu du Nord, qui envahit la Grèce au début du IIe millénaire. Fuyant la domination des Doriens, les Ioniens s'installèrent sur la côte lydienne de l'Asie Mineure, qui prit alors le nom d'Ionie. Ils y fondèrent douze cités prospères (Samos, Chios, Éphèse, Phocée, Milet...). Leur rôle fut déterminant dans la culture grecque.

① **IONIQUE** adj. ▪ *Ordre ionique*, un des trois styles d'architecture grecque (avec le dorique et le corinthien) caractérisé par un chapiteau orné de deux volutes latérales. *Colonne ionique.*

② **IONIQUE** adj. ▪ SC. Relatif aux ions. *Charge ionique.*

IONISATION n. f. ▪ SC. Formation, présence d'ions positifs et négatifs (dans un gaz).

IONISER v. tr. [1] ▪ SC. Modifier en créant des ions; charger d'électricité. ► **IONISÉ, ÉE** adj. Chargé d'ions. *Gaz ionisé.*

IONOSPHÈRE n. f. ▪ Couche supérieure ionisée de l'atmosphère.

IOS ▪ Île grecque de la mer Égée (Cyclades). Homère y serait enterré. 1 659 hab.

IOTA n. m. invar. ▪ Neuvième lettre de l'alphabet grec (ι), qui correspond à *i*. - *Sans changer d'un iota*, sans rien changer.

l'IOWA n. m. ▪ État du centre des États-Unis. 145 791 km^2. 2 777 000 hab. Capitale : Des Moines. Élevage, agriculture et industries dérivées. Universités.

IPÉCA n. m. ▪ Racine à propriétés vomitives d'un arbrisseau du Brésil. *Sirop, pastille d'ipéca.*

IPHIGÉNIE ▪ Personnage de la mythologie grecque, fille d'Agamemnon et de Clytemnestre. Pour obtenir des vents favorables au départ de la flotte hellène vers Troie, son père la sacrifie à Artémis. Elle a inspiré Euripide, Racine, Gluck.

IPOH ▪ Ville de Malaysia. 382 004 hab. Centre d'extraction de l'étain.

Jean Robert IPOUSTÉGUY (né en 1920) ▪ Sculpteur français. Œuvres souvent monumentales, où dominent des formes humaines meurtries et convulsées.

IPSO FACTO adj. ▪ Par voie de conséquence, automatiquement.

IPSOS ▪ Bourg d'Asie Mineure (Phrygie), célèbre pour la bataille qui y opposa les généraux successeurs d'Alexandre le Grand en 301 av. J.-C, et qui eut pour conséquence le démembrement de l'empire.

IPSWICH ▪ Ville d'Angleterre, chef-lieu du Suffolk. 115 000 hab. Port sur la mer du Nord.

Muhammad IQBĀL (1873 - 1938) ▪ Philosophe et poète indien. Musulman, il écrivit en urdū, en persan et en anglais de nombreux poèmes ainsi qu'une œuvre philosophique et politique qui fait de lui l'un des principaux représentants du Réveil musulman *("Nahda")* et l'inspirateur de la création du Pakistan.

l'I. R. A. ou **IRA, Irish Republican Army** ▪ Organisation nationaliste irlandaise fondée en 1919 pour l'indépendance et l'unité de l'Irlande. L'action de l'IRA prit, notamment en Irlande du Nord (Ulster), le plus souvent la forme d'une lutte armée (terrorisme) contre les autorités britanniques. En 1994, l'IRA annonça une « complète cessation de la violence » afin de permettre au Sinn* Féin d'ouvrir des négociations avec Londres au sujet de l'Ulster, mais reprit les attentats en 1996. → **Irlande.**

l'IRAK ou **IRAQ** n. m. ▪ État (république) du Proche-Orient. 440 000 km^2. 18 100 000 hab. *(les Irakiens* ou *Iraquiens).* Capitale : Bagdad. Langues : arabe, kurde. Religion officielle : islam. Monnaie : dinar irakien. La richesse principale est le pétrole. □ HISTOIRE Ancienne Mésopotamie*, le pays prit le nom d'Irak lors des conquêtes arabes du VIIe s. Soumis par l'Empire ottoman, il passa sous domination anglaise en 1920 et devint un royaume indépendant en 1932. La république fut proclamée en 1958. En 1980, l'Irak, dirigé depuis 1979 par Ṣaddām Hussein, déclara la guerre à l'Iran. Le conflit s'interrompit en 1988. En août 1990, l'Irak envahit le Koweït, déclenchant la guerre du Golfe*. Sa défaite (février 1991) entraîna des révoltes chez les Kurdes et parmi les chiites, ainsi qu'un embargo décrété par l'ONU très préjudiciable à son économie.

IRAKIEN, IENNE adj. et n. ▪ De l'Irak. - n. *Les Irakiens.* ◇ var. IRAQUIEN, IENNE.

l'IRAN n. m. ▪ État (république islamique) du Proche-Orient. 1 648 000 km^2. 60 000 000 hab. *(les Iraniens).* Capitale : Téhéran. Langue officielle : persan. Religion officielle : islam chiite duodécimain. Monnaie : rial. Pays de hauts plateaux entourés de montagnes au climat aride. Agriculture céréalière et élevage nomade. Pêche (caviar). Industrie traditionnelle (célèbres tapis persans); pétrole, principale richesse du pays, gaz. □ HISTOIRE L'Empire perse fut fondé vers 550 av. J.-C. par Cyrus II, qui mit fin à la domination des Mèdes et annexa Babylone. Son fils Cambyse II conquit l'Égypte. C'est avec Darios* le Grand que l'Empire atteignit son apogée, devenant le plus vaste de l'Antiquité; il était organisé en provinces régies par des gouverneurs (les *satrapes*). Darios fonda Persépolis. En guerre contre les Grecs (→ guerres **médiques**), il fut vaincu à Marathon en 490 av. J.-C.; peu après, son fils Xerxès Ier fut battu à Salamine. L'Empire, affaibli, fut conquis et ruiné par Alexandre* le Grand puis soumis aux Parthes. La Perse connut une nouvelle période de gloire du IIIe au Ve s. avec la dynastie des Sassanides. Conquise par les Arabes au VIIe s., elle fut islamisée. Elle fut ensuite dominée par les Turcs (1055) puis par les Mongols jusqu'à l'avènement d'Ismā'īl Ier (1502), qui fit du chiisme la religion d'État. Sous la dynastie des Kadjars (1786-1925), la Perse subit l'influence de la Russie puis de l'Angleterre, intéressée par son pétrole. En 1925, Rizā* Chāh prit le pouvoir; la Perse devint officiellement l'Iran en 1935. Rizā Chāh engagea des réformes provoquant l'hostilité des traditionalistes; après la politique de nationalisations (1951) du Premier ministre Mossadegh, destitué par le chah en 1953, c'est sur le pétrole que se fonda la modernisation du pays. La révolution islamique (chiite) et le renversement du

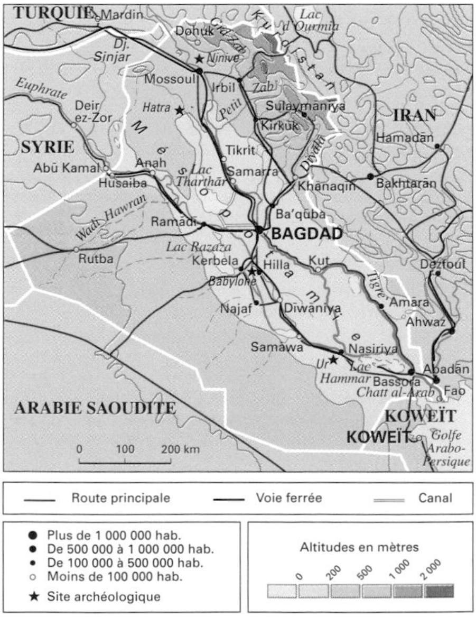

Irak.

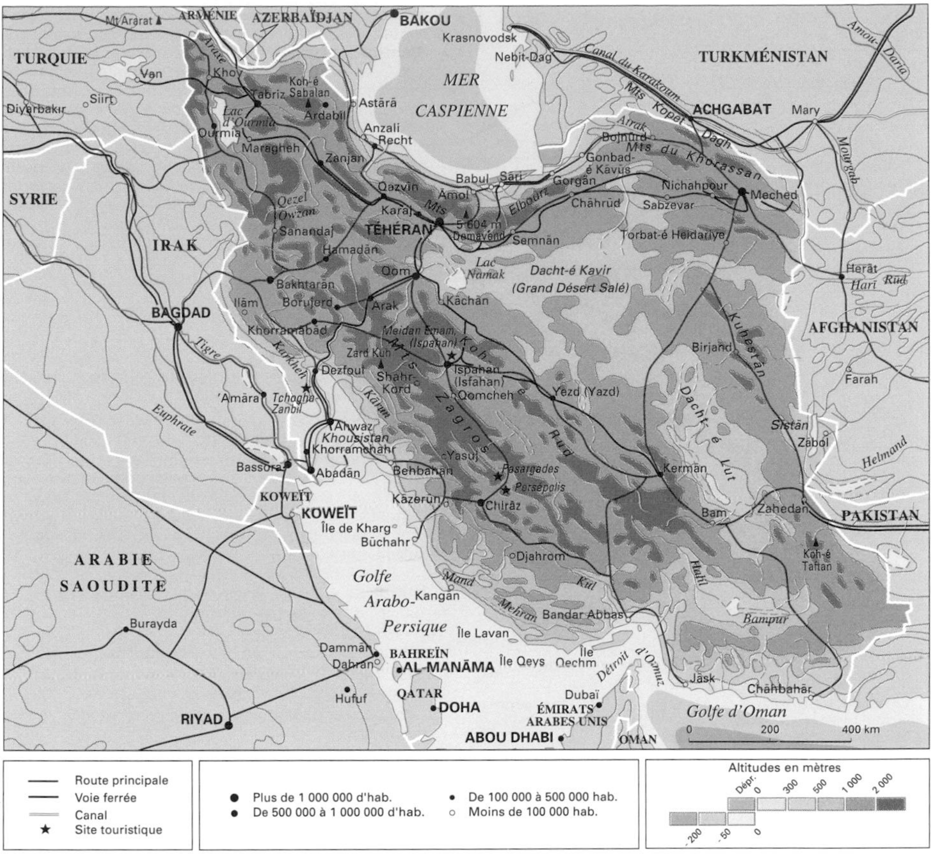

Iran.

chah, sous la direction de l'ayatollah Khomeiny (1979), provoquèrent la dégradation de l'économie, aggravée par la guerre contre l'Irak (1980-1988). L'Iran développe un activisme islamique dans tout le Proche-Orient.

IRANIEN, IENNE adj. et n. ▪ De l'Iran. ▸ n. *Les Iraniens.*

IRAPUATO ▪ Ville du Mexique. 362 000 hab. Centre industriel.

IRAQ → Irak

IRASCIBLE adj. ▪ LITTÉR. Qui s'irrite, s'emporte facilement. ⇒ **coléreux ; irritable.** *Une humeur irascible.*

IRBID ▪ Ville de Jordanie. 314 680 hab. Marché agricole.

IRE n. f. ▪ archaïsme Colère.

IRÈNE (v. 752 - 803) ▪ Impératrice d'Orient. Elle réunit en 787 le IIe concile de Nicée, qui rétablit le culte des images (→ **iconoclaste**).

saint **IRÉNÉE** (v. 130 - v. 208) ▪ Évêque de Lyon. Père de l'Église, adversaire des gnostiques.

l'**IRIAN JAYA** n. m. ▪ Partie occidentale de la Nouvelle-Guinée, qui, avec plusieurs îles, forme une province de l'Indonésie. 442 000 km^{2}. 1 641 430 hab. (en majorité Papous). Chef-lieu : Jayapura.

IRID-, IRIDO- Élément savant qui signifie « de l'iris (I ou II) ».

IRIDIUM [-jɔm] n. m. ▪ Métal blanc très dur, cassant, qu'on extrait de minerais de platine.

IRIGNY ▪ Commune du Rhône. 7 955 hab.

IRIS [iʀis] n. m. ▪ **I.** Plante à haute tige portant de grandes fleurs ornementales bleues, violettes, blanches. **II. 1.** Membrane de l'œil, située derrière la cornée et présentant un orifice (pupille) en son centre. *Iris bleu, brun.* **2.** Diaphragme (photographique).

IRIS ▪ Messagère des dieux dans la mythologie grecque, personnification de l'arc-en-ciel.

IRISATION n. f. ▪ Production des couleurs de l'arc-en-ciel par décomposition du prisme.

IRISER v. tr. [1] ▪ Colorer des couleurs du prisme, de manière changeante. ▸ pronom. *Toit qui s'irise au soleil.* ► **IRISÉ, ÉE** adj. *Reflets irisés.*

Cornell George Hopley-Woolrich dit **William IRISH** (1903 - 1968) ▪ Romancier américain. Il se consacra au genre policier avec un immense succès. La plupart de ses romans ont été adaptés au cinéma. *"La mariée était en noir"* (1940); *"La Sirène du Mississippi"* (1947); *"J'ai épousé une ombre"* (1949).

IRKOUTSK ▪ Ville de la Russie. 639 000 hab. Centre culturel et industriel de la Sibérie orientale.

iris. Fleurs cultivées. *Phot. © Favardin/Jacana*

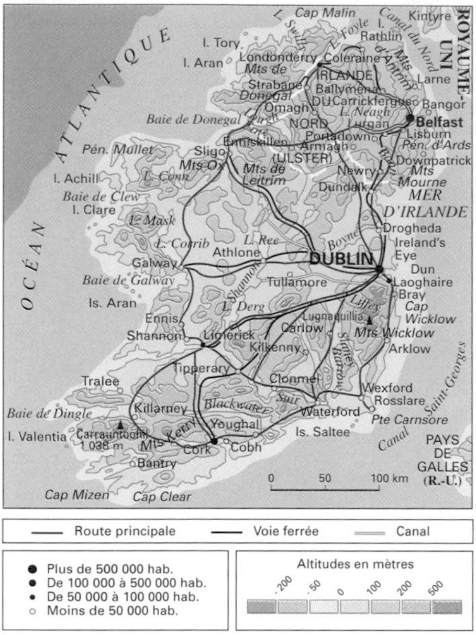

Irlande.

IRLANDAIS, AISE adj. et n. ▪ D'Irlande. ➝ spécialt *Café irlandais,* avec du whisky et de la crème fraîche (angl. *irish coffee*). ♦ n. m. *L'irlandais,* les dialectes celtiques parlés en Irlande.

l'IRLANDE n. f. ▪ Île située à l'ouest de la Grande-Bretagne. 84 000 km². 5 200 000 hab. Le Nord-Est fait partie du Royaume-Uni, et le reste de l'île forme un État indépendant. L'Irlande a été historiquement constituée de quatre provinces (Leinster, Munster, Connaught, Ulster). □ **HISTOIRE** Peuplée par les Celtes à partir du IVe s. av. J.-C., divisée en royaumes, l'Irlande resta à l'écart de la conquête romaine. Au Ve s., elle fut christianisée par saint Patrick (nombreux monastères). Progressivement envahie par les Anglais au XIIe s., elle commença une longue lutte contre l'Angleterre. En 1541, Henri VIII prit le titre de roi d'Irlande. La confiscation des terres et les tentatives pour imposer le protestantisme provoquèrent des révoltes dont celle de 1649, réprimée par Cromwell, fut l'une des plus sanglantes. L'acte d'Union de 1800 créa le Royaume-Uni de Grande-Bretagne et d'Irlande, celle-ci devenant le fournisseur agricole d'une Grande-Bretagne en pleine industrialisation. En 1829, O'Connell obtint l'émancipation des catholiques. La situation d'exploitation coloniale, la surpopulation et la terrible famine de 1845 provoquèrent une vaste émigration et débouchèrent sur une grave crise économique et sociale. En 1881, Gladstone accorda une réforme agraire rendant progressivement les terres aux Irlandais. Le renouveau du patriotisme irlandais entraîna la revendication du *Home Rule* (autonomie) à partir de 1870, sous l'impulsion de Parnell. Le *Home Rule* fut voté en 1914 mais son application fut retardée par la guerre. La répression brutale de la rébellion nationaliste de Pâques 1916 renforça le sentiment indépendantiste qui se traduisit par la victoire du Sinn Féin (parti nationaliste et républicain) aux élections de 1918. En 1921, après trois ans de guérilla avec l'Angleterre, l'Irlande devint un dominion au sein du Commonwealth, mais les comtés majoritairement protestants de l'Ulster restaient unis au Royaume-Uni. Une guerre civile s'ensuivit, opposant partisans et adversaires de la partition. Les républicains, dirigés par De Valera*, proclamèrent la création de l'*Eire* en 1937 puis, reconnaissant la partition de l'île (1948), celle de la *république d'Irlande,* qui quitta le Commonwealth. ► **la république d'IRLANDE** ou **EIRE** couvre la majeure partie de l'île. 70 280 km². 3 600 000 hab. *(les Irlandais).* Capitale : Dublin. Langues officielles : anglais, gaélique. Religion officielle : catholicisme. Monnaie : livre irlandaise. L'économie repose sur l'élevage (bovins, ovins, chevaux) et l'industrie agroalimentaire (bière, whisky). Tourisme important. ► **l'IRLANDE DU NORD** ou **ULSTER** 14 121 km². 1 500 000 hab. Capitale : Belfast. La population est majoritairement protestante. La minorité catholique, d'origine irlandaise (un tiers de la population), revendiqua à partir de 1968 la reconnaissance de ses droits civiques (politiques, économiques). Des affrontements entre les deux communautés — protestants, d'origine écossaise ou anglaise, partisans du maintien de l'Irlande du Nord au sein du Royaume-Uni, et catholiques, soutenus par la république d'Irlande, partisans de l'union avec la partie sud de l'île — provoquèrent l'intervention de l'armée britannique. Un appel lancé en 1993 par Londres et Dublin aboutit à un cessez-le-feu de l'IRA et des milices protestantes ainsi qu'à des négociations avec le Sinn Féin (aile politique de l'IRA), compromises en 1996 par la reprise des attentats par l'IRA.

I. R. M. [iɛʀɛm] (sigle de *imagerie par résonance magnétique*) ▪ MÉD. Ensemble des techniques permettant d'obtenir des images à partir de la résonance* magnétique nucléaire. ◇ var. IRM.

la mer d'IROISE ▪ Bras de mer de la côte occidentale de Bretagne, entre les îles d'Ouessant et de Sein.

IRONIE n. f. ▪ **1.** Manière de se moquer (de qqn ou de qqch.) en disant le contraire de ce qu'on veut exprimer. ⇒ **moquerie.** *Une ironie amère ; légère.* ♦ LING. Procédé par lequel on fait entendre le contraire de ce qui est explicité. ⇒ **antiphrase. 2.** Disposition moqueuse. *Une lueur d'ironie dans le regard.* **3.** *IRONIE DU SORT,* intention de moquerie méchante qu'on prête au sort.

IRONIQUE adj. ▪ Qui use de l'ironie ; où il entre de l'ironie. ⇒ **moqueur, railleur, sarcastique.** *Il est ironique à notre égard. Un sourire, un ton ironique.*

IRONIQUEMENT adv. ▪ D'une manière ironique.

IRONISER v. intr. [1] ▪ Employer l'ironie. ⇒ se **moquer, railler.** *Ironiser sur, à propos de qqn, qqch.*

IRONISTE n. ▪ VIEILLI Personne, écrivain qui pratique l'ironie. ⇒ **humoriste.**

IROQUOIS, OISE adj. ▪ Des Iroquois*. ♦ n. m. Famille de langues indiennes (comprenant le huron, le mohawk, le cherokee).

les IROQUOIS ▪ Indiens d'Amérique du Nord, installés dans la région des Grands Lacs. Ils luttèrent, pendant un siècle (XVIIe-XVIIIe s.), contre les Français et les Hurons, parfois pour le compte des Britanniques.

les **Iroquois.** *Sauvage iroquois,* gravure de Grasset et Saint-Sauveur, *Encyclopédie des voyages,* 1796. Bibliothèque des Arts décoratifs, Paris. *Phot. © Dagli Orti*

IRRACONTABLE ⇒ INRACONTABLE

IRRADIATION n. f. ▪ **1.** Émission de radiations. *L'irradiation du soleil.* **2.** Action d'irradier (2). *L'irradiation d'une tumeur. Danger d'irradiation.*

IRRADIER v. 7 ▪ **1.** v. intr. (lumière, douleur) Se propager en rayonnant à partir d'un centre. *La douleur irradie dans toute la jambe.* **2.** v. tr. Exposer (des organismes ou des substances d'origine animale ou végétale) à l'action de radiations (notamment à la radioactivité). – au p. p. *Personnel d'une centrale nucléaire accidentellement irradié.*

IRRAISONNÉ, ÉE adj. ▪ Qui n'est pas raisonné, qui n'a pas de raison précise. *Une peur irraisonnée.*

IRRATIONALISME n. m. ▪ DIDACT. Hostilité au rationalisme ; croyance en des pratiques irrationnelles.

IRRATIONNEL, ELLE adj. ▪ **1.** Qui n'est pas rationnel, n'est pas du domaine de la raison. *Des croyances irrationnelles.* – n. m. *Le vertige de l'irrationnel.* **2.** *Nombre irrationnel,* qui ne peut être mis sous la forme d'un rapport entre deux nombres entiers (ex. le nombre π [pi]).

l'IRRAWADDY depuis 1989 ***AYEYARWADDY*** n. m. ▪ Principal fleuve de Birmanie. 1 800 km. Né dans le Yunnan, en Chine, il se jette dans le golfe du Bengale.

IRRÉALISABLE adj. ▪ Qui ne peut se réaliser. ⇒ **chimérique.** *Un projet irréalisable.* – n. m. *L'irréalisable.*

IRRÉALISME n. m. ▪ Manque de réalisme, de sens des réalités. ► adj. IRRÉALISTE

IRRÉALITÉ n. f. ▪ Caractère irréel. *Une impression d'irréalité, de rêve.*

IRRECEVABLE adj. ▪ Qui n'est pas recevable, qui ne peut être admis. ⇒ **inacceptable.** *Votre demande est irrecevable.*

IRRÉCONCILIABLE adj. ▪ Avec lequel, entre lesquels il n'y a pas de réconciliation possible. *Des ennemis irréconciliables.*

IRRÉCUPÉRABLE adj. ▪ Qui ne peut être récupéré (choses, personnes). – n. *Des irrécupérables.*

IRRÉCUSABLE adj. ▪ **1.** Qui ne peut être récusé en justice. *Un témoignage irrécusable.* **2.** Qu'on ne peut contester, mettre en doute. *Une preuve irrécusable.* ⇒ **irréfragable, irréfutable.**

IRRÉDENTISME n. m. ▪ POLIT. Mouvement nationaliste réclamant l'annexion des territoires où vivent des nationaux « non rachetés » (sous domination étrangère). ► adj. IRRÉDENTISTE

IRRÉDUCTIBLE adj. ▪ Qui ne peut être réduit ; dont on ne peut venir à bout. *Une opposition irréductible. Un ennemi irréductible.* – n. *Des irréductibles.*

IRRÉEL, ELLE adj. ▪ **1.** Qui n'est pas réel, qui est en dehors de la réalité. ⇒ **abstrait, fantastique ; irréalité.** *Vos craintes sont irréelles.* – n. m. Caractère irréel ; choses irréelles (et évoquées). **2.** Qui ne semble pas du domaine de la réalité. *Des couleurs absolument irréelles.* ⇒ **merveilleux.**

IRRÉFLÉCHI, IE adj. ▪ Qui agit ou se fait sans réflexion. *Un homme irréfléchi. Des propos irréfléchis.*

IRRÉFLEXION n. f. ▪ Manque de réflexion. ⇒ **étourderie, imprévoyance.**

IRRÉFRAGABLE adj. ▪ LITTÉR. (preuve, témoignage...) Qu'on ne peut contredire, récuser. ⇒ **irrécusable.**

IRRÉFUTABLE adj. ▪ Qui ne peut être réfuté. *Un argument, un raisonnement irréfutable.* ⇒ **irrécusable.**

IRRÉFUTABLEMENT adv. ▪ D'une manière irréfutable.

IRRÉGULARITÉ n. f. ▪ **1.** Caractère, aspect irrégulier (d'un objet, un phénomène, une situation...). *L'irrégularité d'un pouls.* **2.** Chose ou action irrégulière. *Les irrégularités d'une conjugaison.* – Chose contraire à la loi, à un règlement. *Des irrégularités ont été commises au cours de l'élection.*

IRRÉGULIER, IÈRE adj. ▪ **I. 1.** Qui n'est pas régulier dans sa forme, ses dimensions, sa disposition... *Un visage aux traits irréguliers.* – (dans le temps) *Un pouls irrégulier.* ⇒ **intermittent.** ♦ Qui a des valeurs inégales. *Des résultats irréguliers.* **2.** Qui n'est pas conforme à la règle, à l'usage commun. *Une situation irrégulière.* – Qui n'est pas conforme à une règle grammaticale. *Verbes irréguliers.* **II.** (personnes) **1.** *Troupes irrégulières,* qui n'appartiennent pas à l'armée régulière. **2.** Qui n'est pas constamment égal à soi-même. ⇒ **inégal.** *Un élève, un athlète irrégulier.*

IRRÉGULIÈREMENT adv. ▪ **1.** D'une manière irrégulière. ⇒ **illégalement.** **2.** Sans régularité.

IRRÉLIGIEUX, EUSE adj. ▪ Qui n'a pas de croyance religieuse, s'oppose à la religion. *Un esprit irréligieux.* ⇒ **incrédule, incroyant, sceptique.** *Opinions irréligieuses.*

IRRÉLIGION n. f. ▪ LITTÉR. Manque de religion, d'esprit religieux. ⇒ **impiété, incroyance.**

IRRÉMÉDIABLE adj. ▪ À quoi on ne peut remédier. ⇒ **irréparable.** *Des pertes irrémédiables.* ► adv. IRRÉMÉDIABLEMENT

IRRÉMISSIBLE adj. ▪ LITTÉR. (crime, faute) Impardonnable.

IRREMPLAÇABLE adj. ▪ Qui ne peut être remplacé (par qqch. ou qqn de même valeur). *Un collaborateur irremplaçable.*

IRRÉPARABLE adj. ▪ **1.** Qui ne peut être réparé. *La voiture est irréparable.* **2.** fig. ⇒ **irrémédiable.** *C'est une perte irréparable.* – n. m. *L'irréparable est accompli.*

IRRÉPRESSIBLE adj. ▪ LITTÉR. Qu'on ne peut réprimer, contenir. ⇒ **irrésistible.** *Un tic, un rire irrépressible.*

IRRÉPROCHABLE adj. ▪ À qui, à quoi on ne peut faire aucun reproche. ⇒ **parfait.** *Une conduite irréprochable.* ⇒ **impeccable.**

IRRÉSISTIBLE adj. ▪ **1.** À quoi on ne peut résister. *Une tentation irrésistible. C'est irrésistible.* **2.** (personnes) À qui on ne peut résister. *Elle était irrésistible.* **3.** Qui fait rire. *Un spectacle irrésistible.* ► adv. IRRÉSISTIBLEMENT

IRRÉSOLU, UE adj. ▪ LITTÉR. Qui a peine à se résoudre, à se déterminer. ⇒ **hésitant, indécis.**

IRRÉSOLUTION n. f. ▪ État ou caractère d'une personne irrésolue. ⇒ **hésitation, indécision.**

IRRESPECT [-pɛ] n. m. ▪ LITTÉR. Manque de respect. ⇒ **insolence.**

IRRESPECTUEUX, EUSE adj. ▪ Qui n'est pas respectueux. ⇒ **impertinent, insolent.**

IRRESPIRABLE adj. ▪ Qui est pénible ou dangereux à respirer. *Une atmosphère irrespirable* (aussi au fig.).

IRRESPONSABILITÉ n. f. ▪ Caractère d'une personne irresponsable ou qui agit à la légère.

IRRESPONSABLE adj. ▪ **1.** Qui, devant la loi, n'est pas responsable, n'a pas à répondre de ses actes. *Les aliénés sont irresponsables.* **2.** Qui se conduit sans assumer de responsabilités, sans envisager les conséquences. *Désavouer les initiatives d'éléments irresponsables.* – n. *C'est un irresponsable.* ♦ (comportements...) *Une attitude irresponsable.*

IRRÉTRÉCISSABLE adj. ▪ Qui ne peut rétrécir. *Tissu irrétrécissable au lavage.*

IRRÉVÉRENCE n. f. ▪ LITTÉR. Manque de respect. ⇒ **impertinence, irrespect.** *Agir avec irrévérence.*

IRRÉVÉRENCIEUX, EUSE adj. ▪ LITTÉR. Qui fait preuve d'irrévérence. *Propos irrévérencieux.*

IRRÉVERSIBLE adj. ▪ Qui ne peut se produire que dans un seul sens, sans pouvoir être arrêté ni renversé. *C'est un phénomène, un processus, une évolution irréversible.*

IRRÉVOCABLE adj. ▪ Qui ne peut être révoqué, repris. *Un jugement irrévocable. Ma décision est irrévocable.* ⇒ **définitif.**

IRRÉVOCABLEMENT adv. ▪ LITTÉR. D'une manière irrévocable.

IRRIGATION n. f. ▪ Arrosement artificiel et méthodique des terres. *Ce barrage a permis l'irrigation des régions arides.*

IRRIGUER v. tr. 1 ▪ Arroser par irrigation. *Irriguer des champs.* – fig. *Les vaisseaux qui irriguent le cœur.* ► IRRIGUÉ, ÉE adj. *Terres, cultures irriguées.*

IRRITABILITÉ n. f. ▪ Disposition à s'irriter. *Elle est d'une extrême irritabilité.*

IRRITABLE adj. ▪ Qui se met facilement en colère. ⇒ **emporté, irascible.**

IRRITANT, ANTE adj. ▪ **1.** Qui irrite, met en colère. ⇒ **agaçant, énervant.** **2.** Qui détermine de l'irritation, de l'inflammation.

IRRITATION n. f. ▪ **1.** État d'une personne irritée. ⇒ **colère, exaspération.** *Il était au comble de l'irritation.* ⇒ **agacement.** **2.** Inflammation légère. *Une irritation de la gorge.*

IRRITER v. tr. 1 ▪ **1.** Mettre en colère. ⇒ **agacer, énerver, exaspérer.** – pronom. ⇒ se **fâcher.** *Il s'est irrité contre lui, de son retard.* – au p. p. *Il avait l'air très irrité.* **2.** LITTÉR. Rendre plus vif, plus fort. ⇒ **aviver.** *Irriter les passions, la curiosité.* **3.** Rendre douloureux, sensible en déterminant une légère inflammation. ⇒ **enflammer.** – au p. p. *Gorge irritée.*

IRRUPTION n. f. ▪ **1.** VX Invasion soudaine et violente (d'éléments hostiles, dans un pays). **2.** Entrée de force, en masse ou de façon inattendue (dans un lieu). *Une irruption de manifestants sur un plateau de télévision.* - FAIRE IRRUPTION. *Il a fait irruption dans mon bureau.*

l'IRTYCH n. m. ▪ Rivière de Sibérie, affluent de l'Ob. 4 248 km.

IRÚN ▪ Ville du Pays basque espagnol (Guipúzcoa), à la frontière française. 53 570 hab.

Washington IRVING (1783 - 1859) ▪ Écrivain américain. *"Les Esquisses"* (1820) où figure le conte fantastique de *"Rip Van Winkle"*, récit dont le héros dort pendant vingt ans.

John IRVING (né en 1942) ▪ Écrivain américain. Son œuvre est un éloge de la liberté. *"Le Monde selon Garp"* (1978).

ISAAC ▪ Un des patriarches de la Bible, fils d'Abraham et de Sarah. Le *sacrifice d'Isaac.* → **Abraham.**

ISABEAU DE BAVIÈRE (1371 - 1435) ▪ Reine de France. La folie de son époux Charles VI lui donna un rôle politique, entre les Armagnacs et les Bourguignons. Elle se fit la complice du traité de Troyes (1420), qui reconnaissait le roi d'Angleterre comme héritier légitime du royaume de France.

ISABELLE IRE LA CATHOLIQUE (1451 - 1504) ▪ Reine de Castille. Son mariage en 1469 avec le roi d'Aragon Ferdinand le Catholique prépara l'unification de l'Espagne. Elle soutint Christophe Colomb et favorisa l'Inquisition.

Isabelle Ire la Catholique. *Isabelle de Castille,* détail du tableau *La Vierge des rois catholiques.* Art gothique, XVe s. Musée du Prado, Madrid. *Phot. © Giraudon*

ISABELLE II (1830 - 1904) ▪ Reine d'Espagne de 1833 à 1868. Succédant à son père, elle écarta du trône don Carlos, son oncle, mais dut s'exiler en 1868 après un soulèvement militaire.

ISAÏE ou **ÉSAÏE** (VIIIe s. av. J.-C) ▪ Le premier des grands prophètes de la Bible.

l'ISAR n. m. ▪ Rivière d'Allemagne, affluent du Danube. 352 km. Elle arrose Munich.

ISARD n. m. ▪ Chamois des Pyrénées.

ISBA n. f. ▪ Petite maison de bois des paysans russes. *Des isbas.*

ISCHION [iskjɔ̃] n. m. ▪ ANAT. Partie inférieure et postérieure de l'os iliaque.

ISE ▪ Ville du Japon (Honshū). 104 646 hab. Célèbres sanctuaires shintoïstes.

le col de l'ISERAN ▪ Col des Alpes françaises, entre les sources de l'Arc et de l'Isère. 2 770 m.

l'ISÈRE n. f. ▪ Rivière des Alpes, affluent du Rhône. 290 km.

l'ISÈRE [38] n. f. ▪ Département français de la région Rhône-Alpes. 7 467 km^2. 1 016 228 hab. Chef-lieu : Grenoble. Chefs-lieux d'arrondissement : La Tour-du-Pin, Vienne.

ISEULT → **Tristan et Iseult**

ISHTAR en phénicien ***ASHTART*** ▪ Déesse de la Fécondité, dans les religions anciennes de l'Asie antérieure. Elle correspond à la déesse grecque Astarté, et fut finalement assimilée à Aphrodite.

saint **Isidore de Séville.** Miniature du *Miroir historial* de Vincent de Beauvais, XVe s. Musée Condé, Chantilly. *Phot. © Lauros/Giraudon*

saint ISIDORE DE SÉVILLE (v. 570 - 636) ▪ Évêque espagnol, érudit et écrivain latin, Père de l'Église. Il organisa l'Église d'Espagne et fut l'auteur d'un ouvrage encyclopédique, *"Les Étymologies"*, où il ébaucha une classification des connaissances.

ISIS ▪ Déesse de l'ancienne Égypte, épouse et sœur d'Osiris, mère d'Horus, adorée comme la Mère universelle. Son culte se répandit en Grèce et à Rome.

ISLAM [islam] n. m. ▪ **1.** Religion prêchée par Mahomet (Mohammed) et fondée sur le Coran. **2.** (avec maj.) L'ensemble des peuples musulmans et leur civilisation. *Histoire de l'Islam.* ■ Les cinq règles fondamentales de l'islam sont admises par presque tous les musulmans, par-delà les schismes, les sectes et les rites (sunnites, chiites, ismaïliens, kharijites, soufis...) : 1° croire en un seul Dieu (Allah) dont Mahomet est le dernier prophète après Abraham et Jésus ; 2° faire cinq prières par jour ; 3° pratiquer la charité ; 4° jeûner au mois de ramadan ; 5° faire un pèlerinage à La Mecque (→ **Kaaba**). Il y a plus de 500 millions de musulmans (la majorité en Afrique et en Asie).

ISLAMABAD ▪ Capitale du Pakistan, ville administrative et universitaire construite en 1959. 400 000 hab.

ISLAMIQUE adj. ▪ Qui a rapport à l'islam. ⇒ **musulman.** *École islamique.* ⇒ **coranique.** - *Loi islamique,* la loi religieuse de l'Islam, qui fixe les devoirs des croyants. ⇒ **charia.**

ISLAMISER v. tr. [1] ▪ Convertir, intégrer à l'islam. - au p. p. *Populations islamisées d'Afrique noire.* ► n. f. ISLAMISATION

Islam. Mosquée d'Alkazimayn à Bagdad, période abbasside. *Phot. © Dagli Orti*

ISLAMISME n. m. ▪ Religion musulmane, islam. ♦ Propagande en faveur de l'islam. ► adj. et n. ISLAMISTE

ISLANDAIS, AISE adj. et n. ▪ D'Islande. – n. *Les Islandais.* ♦ n. m. *L'islandais,* la langue germanique parlée en Islande.

l'ISLANDE n. f. ▪ Île volcanique de l'Atlantique, près du Groenland, et république de 102 828 km^2. 259 581 hab. *(les Islandais).* Capitale : Reykjavík. Langue : islandais. Religion officielle : luthérienne. Monnaie : couronne islandaise. La pêche est la principale activité économique (hareng, morue). Des colons norvégiens y constituèrent au xe s. une sorte d'État républicain dirigé par une assemblée aristocratique. La « Terre de glace » passa sous domination norvégienne au XIIIe s. puis devint au XIVe s. colonie danoise. Elle acquit son indépendance en 1944.

l'ISLE n. f. ▪ Rivière du sud-ouest de la France, affluent de la Dordogne. 235 km.

L'ISLE-ADAM ▪ Commune du Val-d'Oise. 9 979 hab. *(les Adamois).*

L'ISLE-SUR-LA-SORGUE ▪ Commune du Vaucluse. 15 564 hab. *(les Islois).*

ISMAËL ▪ Fils d'Abraham et de sa servante, considéré comme l'ancêtre des Arabes dans la tradition islamique.

ISMĀ'ĪL Ier (1487-1524) ▪ Chah de Perse. Il propagea le chiisme.

ISMAÏLIA ▪ Ville d'Égypte, sur le canal de Suez. 191 700 hab.

les ISMAÏLIENS ▪ Membres d'une secte musulmane extrémiste, branche du chiisme, qui veut rester fidèle à la pensée d'Ismā'īl (mort en 762), considéré comme le dernier imam. Les Assassins et les Druzes s'y rattachent.

ISMAÏL PACHA (1830-1895) ▪ Souverain d'Égypte de 1863 à 1879. Il modernisa son pays. Il inaugura le canal de Suez (1869).

Ismaïl Pacha. Gravure, 1876.
Phot. © Coll. Viollet

ISO- Élément, du grec *isos* « égal ».

ISOBARE adj. ▪ D'égale pression atmosphérique. *Lignes isobares,* qui relient des points de pression atmosphérique égale.

ISOCÈLE adj. ▪ *Triangle, trapèze isocèle,* qui a deux côtés égaux.

ISOCRATE (436-338 av. J.-C.) ▪ Orateur athénien.

ISOLANT, ANTE adj. ▪ Qui isole, empêche la propagation des vibrations, ou n'est pas conducteur d'électricité. *Matériaux isolants.* – n. m. *Un isolant électrique, phonique, thermique.*

ISOLATEUR, TRICE adj. ▪ Qui isole (⇒ **isolant**). – n. m. Support isolant pour les conducteurs d'électricité.

ISOLATION n. f. ▪ Action de protéger une pièce contre la chaleur, le froid, le bruit ; son résultat. *Isolation acoustique, phonique.* ⇒ **insonorisation.** *Isolation thermique.*

ISOLATIONNISME n. m. ▪ Politique d'isolement. *Ce pays pratique l'isolationnisme.* ► adj. ISOLATIONNISTE

ISOLÉ, ÉE adj. ▪ **1.** Séparé des choses de même nature ou de l'ensemble auquel il (elle) appartient. *Un monument, un arbre isolé.* ⇒ **solitaire. 2.** Éloigné de toute habitation. ⇒ **perdu, reculé.** *Un endroit isolé.* **3.** (personnes) Séparé des autres humains. ⇒ **seul, solitaire. 4.** fig. Seul de sa sorte, non représentatif. *Ce n'est qu'un cas isolé.*

ISOLEMENT n. m. ▪ **1.** État d'une chose isolée. *L'isolement d'une maison.* **2.** État, situation d'une personne isolée (⇒ **solitude**) ou qu'on isole. **3.** Absence d'engagement avec les autres nations. allus. *Le « splendide isolement » de l'Angleterre à la fin du XIXe siècle.* ⇒ **isolationnisme.**

ISOLÉMENT adv. ▪ Séparément. *Chacun pris isolément.*

ISOLER v. tr. [1] ▪ **1.** Séparer (qqch.) des objets environnants ; empêcher d'être en contact. *La tempête a isolé le village.* – Protéger avec un isolant (spécialt, électrique). – *Isoler un corps,* le séparer d'une combinaison chimique. *Isoler un microbe, un virus* (pour l'étudier, ou l'identifier). **2.** Éloigner (qqn) de la société des autres hommes. *Isoler un malade contagieux. Isoler un adversaire pour le combattre.* – pronom. *S'isoler dans un coin.* **3.** fig. Considérer à part, hors d'un contexte. ⇒ **abstraire, distinguer.**

ISOLOIR n. m. ▪ Cabine où l'électeur s'isole pour préparer son bulletin de vote.

ISOMÈRE adj. ▪ CHIM. Se dit de composés ayant la même formule d'ensemble, mais des propriétés différentes dues à un agencement différent des atomes dans la molécule (≠ *isotope*). – n. m. *Des isomères.*

ISOMÉRIE n. f. ▪ CHIM. Caractère des corps isomères.

ISOMORPHE adj. ▪ Se dit de corps de constitution chimique analogue qui ont la propriété (*isomorphisme* n. m.) d'avoir des formes cristallines voisines.

ISOPET ⇒ YSOPET

ISOTHERME adj. ▪ **1.** Qui a même température. *Ligne isotherme* (ou n. f. *une isotherme*), reliant sur une carte les points ayant même température moyenne. **2.** PHYS. Qui se produit à température constante. *Dilatation isotherme d'un gaz.* **3.** Qui est isolé thermiquement. *Sac isotherme.*

ISOTHERMIQUE adj. ▪ Relatif à l'égalité des températures, aux isothermes.

ISOTOPE n. m. ▪ Chacun des éléments de même numéro atomique, mais de masses atomiques différentes. *Isotopes radioactifs.* – adj. *L'hydrogène lourd (deutérium) est isotope de l'hydrogène.*

ISPAHAN ou **ISFAHAN** ▪ Ville d'Iran. 986 753 hab. Nombreux monuments (Grande Mosquée, XIe-XVIIe s.). Industrie textile (tapis).

ISRAËL ▪ Mot hébreu qui désigne dans la Bible : 1° Jacob ; 2° les douze tribus issues des douze fils de Jacob ; 3° le royaume fondé par ce peuple en Palestine après la mort de Salomon, par opposition au royaume de Juda (→ **Hébreux**) ; 4° l'ensemble du peuple juif. ► **l'État d'ISRAËL** République du Proche-Orient. 20 700 km^2. 5 470 600 hab. *(les Israéliens).* Capitale : Jérusalem (non reconnue par la communauté internationale). Langues officielles : hébreu et arabe. Religions : judaïsme, minorités musulmane et chrétienne. Monnaie : nouveau shekel. Le climat méditerranéen, au nord et le long du littoral, permet la culture d'agrumes, de céréales... L'intérieur du pays (désert du Néguev) a nécessité de gros travaux d'irrigation (vigne). L'exploitation agricole se fait dans des kibboutzim et des

Ispahan. La place Royale. *Phot. © Dagli Orti*

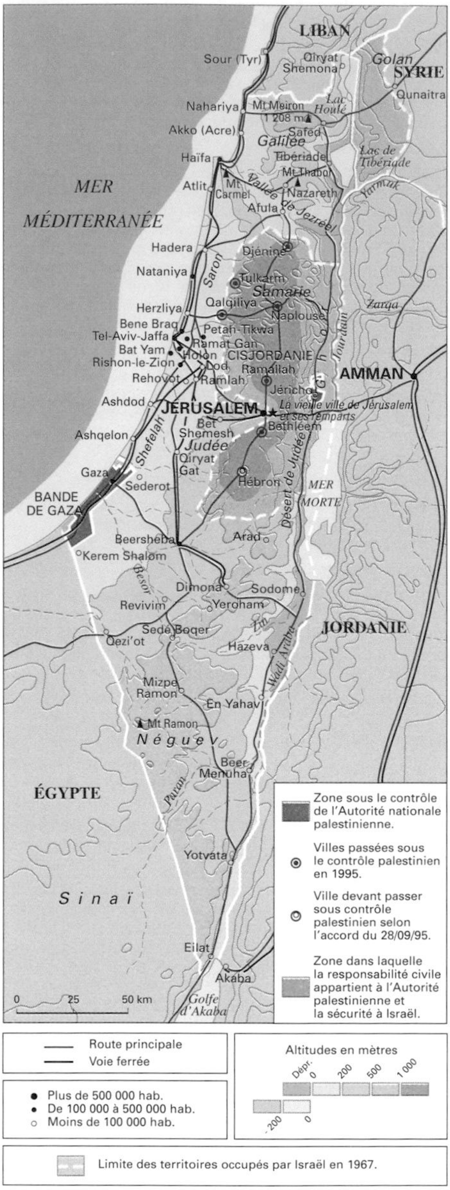

Israël.

moshavim (coopératives). Bien que pauvre en ressources naturelles, le pays a développé des industries de pointe (électronique, taille de diamants). Tourisme. □ **HISTOIRE** L'État d'Israël fut créé en 1948 après le partage de la Palestine par l'O.N.U. et proclamé par Ben* Gourion qui présida le gouvernement. Ce fut l'aboutissement de l'immigration juive qui commença à la fin du XIXe siècle et du mouvement sioniste créé par T. Herzl. Cet État ne fut pas reconnu par les pays arabes. Dès lors, son histoire se confond avec celle de ses relations avec ces pays, tandis que la vie politique est dominée par le parti travailliste (Ben Gourion, G. Meir, Y. Rabin) et le Likoud (M. Begin, Y. Shamir). ► **les guerres ISRAÉLO-ARABES** **Première guerre israélo-arabe** (1948-1949) : Israël conquit le Néguev et la Galilée. **Deuxième guerre israélo-arabe** (1956) : attaque éclair de Moshe Dayan dans le Sinaï. L'O.N.U. obtint l'évacuation des troupes israéliennes. **Troisième guerre israélo-arabe** (1967) ou *guerre des Six Jours* : les Israéliens occupèrent de nouveau le Sinaï, la Cisjordanie, le Golan et la partie arabe de Jérusalem. **Quatrième guerre israélo-arabe** ou *guerre du Kippour* (1973) : attaque surprise de l'Égypte et de la Syrie. Israël se retira du Sinaï mais continua d'occuper Gaza, la Cisjordanie et une partie du Golan. La paix séparée signée par M. Begin avec le président égyptien A. al-Sadate en 1979, à Camp David, ne désamorça pas les tensions avec les autres pays arabes. **Cinquième guerre israélo-arabe** (1982-1985) : offensive israélienne contre les bases militaires de l'O.L.P. au Liban. Israël se retira en 1985 en conservant au sud une « zone de sécurité ». Confronté depuis 1987 au soulèvement populaire palestinien (Intifada) dans les Territoires occupés, Israël entama des négociations avec les pays arabes et les Palestiniens sous l'égide des États-Unis. Elles aboutirent, après la victoire des travaillistes emmenés par Y. Rabin aux élections de 1992, à la signature d'accords (sept. 1993 ; mai 1994 ; sept. 1995), plaçant sous autogouvernement palestinien la bande de Gaza et une partie de la Cisjordanie (notamment la région autour de Jéricho). Mais l'assassinat de Y. Rabin par un extrémiste israélien (1995) et les attentats du Hamas palestinien ont fragilisé le processus de paix, tandis qu'en 1996 les élections législatives ont porté au pouvoir le Likoud (droite) dirigé par B. Netanyahou.

ISRAÉLIEN, IENNE adj. et n. ▪ De l'État d'Israël. *L'économie israélienne.* ▸ n. *Les Israéliens.*

ISRAÉLITE n. ▪ Personne qui appartient à la communauté, à la religion juive. ⇒ **hébreu, juif.** ▸ adj. *Culte israélite.*

ISSENHEIM ▪ Commune du Haut-Rhin. 2 838 hab. Grünewald peignit son célèbre retable (aujourd'hui au musée de Colmar) pour le couvent des Antonites.

ISSOIRE ▪ Chef-lieu d'arrondissement du Puy-de-Dôme. 13 559 hab. *(les Issoiriens).*

ISSOUDUN ▪ Chef-lieu d'arrondissement de l'Indre. 13 859 hab. *(les Issoldunois).*

ISSU, UE adj. ▪ Qui est né (de qqn). *Il est issu d'une famille modeste.* ▸ Qui provient (de qqch.). *Les progrès issus des travaux scientifiques.*

ISSUE n. f. ▪ **1.** Ouverture, passage offrant la possibilité de sortir. ⇒ **sortie.** *Issue de secours. Rue sans issue,* en cul-de-sac. ⇒ **impasse. 2.** fig. Moyen de se dégager d'une situation difficile. ⇒ **échappatoire, solution.** *Je ne vois pas d'autre issue.* ♦ Manière dont on sort d'une affaire, dont une chose arrive à son terme. ⇒ **fin.** *L'issue des pourparlers. Une heureuse issue.* **3.** À L'ISSUE DE : à la fin de. *À l'issue du spectacle.*

ISSY-LES-MOULINEAUX ▪ Commune des Hauts-de-Seine. 46 127 hab. *(les Isséens).*

İSTANBUL ▪ Ville de Turquie, sur la rive européenne du Bosphore, carrefour entre l'Europe et l'Asie. 6 620 241 hab. 1er port du pays et capitale économique : industries chimique, électrique, chantiers navals. Basilique Sainte-Sophie (transformée en mosquée, puis en musée) ; mosquées Süleymaniye (XVIe s.) et du sultan Ahmed (XVIIe s.), dite Mosquée bleue, palais de Topkapı. Ancienne Byzance, capitale de l'Empire byzantin, puis Constantinople, elle devint İstanbul, capitale de l'Empire ottoman, après la prise de la ville par les Turcs en 1453, jusqu'en 1923.

İstanbul. La ville ancienne et la mosquée Süleymaniye.
Phot. © Nino Cirani/Ricciarini

Italie.

ISTHME [ism] n. m. ▪ **1.** Bande de terre resserrée entre deux mers ou deux golfes et réunissant deux terres. *L'isthme de Panama.* **2.** ANAT. Partie rétrécie (d'un organe). *L'isthme du gosier.* ► adj. ISTHMIQUE

l'ISTIQLĀL n. m. ▪ Parti nationaliste marocain fondé (1937) par ʿAllāl al-Fāsī. Il fut l'élément moteur de l'indépendance (1956).

Panait ISTRATI (1884-1935) ▪ Écrivain roumain. Son œuvre s'inspire de la société des Balkans en mutation au début du siècle (*"Les Chardons du Baragan"*, 1928).

ISTRES ▪ Commune des Bouches-du-Rhône. 35 163 hab. *(les Istréens).*

l'ISTRIE n. f. ▪ Région de la Croatie et de Slovénie, en face de Venise, longtemps disputée entre l'Autriche et l'Italie.

ITALIANISME n. m. ▪ Manière de parler, mot propre à l'italien, dans une autre langue.

l'ITALIE n. f. ▪ État d'Europe méridionale. Elle comprend une péninsule et deux grandes îles (Sicile et Sardaigne), et est divisée en 20 régions administratives. 301 230 km². 57 576 429 hab. *(les Italiens).* Capitale : Rome. Langue : italien. Religion : catholicisme. Monnaie : lire. Climat méditerranéen. Contraste géographique et déséquilibre économique entre le Nord et le Sud. L'Italie du Nord est très industrialisée (Milan, Turin, Gênes suivies de Rome, Bologne et Florence) : construction automobile, industrie de pointe, chimie, textile, agroalimentaire. Les terres y sont riches (céréales, fruits). Le Sud (le Mezzogiorno), pauvre, reste surtout agricole : agrumes, oliviers, vignes (1er producteur mondial de vin), élevage ovin. Pays très touristique, par son riche passé historique et culturel : villes d'art (Venise, Florence, Rome). □ **HISTOIRE** À partir du IVe s. av. J.-C., la péninsule fut conquise par Rome (→ **Rome**). Après la chute de l'Empire romain d'Occident (476) et les invasions barbares, elle fut dominée par Byzance puis par les Lombards. À partir du XIIe s., l'Italie se redressa lentement : essor économique et artistique des villes de Pise, Gênes, Florence et Venise. Elle devint à partir du XVe s. le foyer de la Renaissance. Mais affaiblie par le morcellement en petits États indépendants (dont les États de l'Église), elle devint l'enjeu de la rivalité des puissances européennes. Après les guerres d'Italie menées par les rois de France, Charles VIII, Louis XII et François Ier, le pays passa en partie sous le contrôle des Espagnols (XVIe-XVIIe s.), puis des Autrichiens (traité d'Utrecht, 1713) dont la domination, momentanément remise en cause par les campagnes d'Italie de Bonaparte, se perpétua jusqu'au XIXe s. Mais un sentiment national, le Risorgimento, s'éveilla dans la seconde moitié du XVIIIe s. : l'unité du pays se fit à partir du Piémont (→ **Garibaldi, Cavour**) ; la Lombardie, la Sicile et le royaume de Naples furent libérés et Victor-Emmanuel* II fut proclamé roi d'Italie en 1861. Lors de la Première Guerre mondiale, l'Italie se plaça dans le camp des Alliés (1915). En 1922, Mussolini* arriva au pouvoir ; l'Italie, fasciste, entra dans la Deuxième Guerre* mondiale aux côtés de l'Allemagne le 10 juin 1940. Après la défaite, elle devint une république (1946). Membre fondateur de la C.E.E., l'Italie connut en 1957 sous l'impulsion de De Gasperi un rapide essor économique malgré l'instabilité gouvernementale (Fanfani, Andreotti) et le terrorisme (Brigades rouges). Au terme d'une grave crise liée à l'existence d'une criminalité organisée (Mafia) et aux nombreux scandales politico-financiers, la Démocratie chrétienne au pouvoir depuis 1945 s'effondra en 1994. Après diverses tentatives (gouvernement Berlusconi, représentant la droite alliée aux néofascistes, mai-décembre 1994), les élections de 1996 amenèrent un gouvernement de centre gauche (R. Prodi), avec des ex-communistes.

ITALIEN, IENNE adj. et n. ▪ De l'Italie. ➝ n. *Les Italiens.* ➝ n. m. *L'italien,* groupe de langues et dialectes romans parlés en Italie (à l'exception du sarde) ; la langue officielle de l'Italie issue du toscan.

ITALIQUE adj. ▪ **I.** Qui a rapport à l'Italie ancienne. *Les peuples italiques.* ➝ n. m. *L'italique :* les langues des peuples italiques (groupe comprenant le latin). **II.** *Lettres, caractères italiques* (inventés en Italie), légèrement inclinés vers la droite. ➝ n. m. *Mettre un mot en italique.*

ITALO- Premier élément de composés, signifiant « italien » (ex. *italo-américain, aine*).

-ITE Élément servant à former des noms de maladies de nature inflammatoire (→ aussi ② -ose).

① **ITEM** [itɛm] adv. ▪ COMM., COMPTAB. De même, en outre.

② **ITEM** [itɛm] n. m. ▪ anglic. SC. Élément, unité (d'un ensemble).

ITÉRATIF, IVE adj. ▪ Qui est répété plusieurs fois.

ITHAQUE ▪ Une des îles Ioniennes, patrie d'Ulysse dans l'*"Odyssée"*. 96 km². 1 747 hab. Chef-lieu : Ithaque.

Ivens avec les cinéastes chinois de *Comment Yu-Kong déplaça les montagnes.* *Phot. © Coll. Cahiers du Cinéma*

ITINÉRAIRE ▪ **I.** n. m. **1.** Chemin à suivre ou suivi pour aller d'un lieu à un autre. *Vous avez pris un itinéraire bien compliqué.* ➝ (Description) *"L'Itinéraire de Paris à Jérusalem"* (de Chateaubriand). **2.** fig. *Un itinéraire spirituel.* **II.** adj. DIDACT. Qui a rapport aux voies de circulation. *Mesures itinéraires.*

ITINÉRANT, ANTE adj. ▪ **1.** Qui se déplace dans l'exercice de ses fonctions. *Un ambassadeur itinérant.* **2.** (choses) Qui se déplace. *Exposition itinérante.*

l'**ITON** n. m. ▪ Rivière de Normandie, affluent de l'Eure. 118 km.

ITOU adv. ▪ FAM. et VIEILLI Aussi, de même. *Et moi, itou.*

Johannes **ITTEN** (1888 - 1967) ▪ Peintre et pédagogue suisse. Peintures géométriques. Directeur du cours préliminaire du Bauhaus.

Agustín de **ITURBIDE** (1783 - 1824) ▪ Homme politique mexicain. Général dans l'armée espagnole, il négocia avec les insurgés nationalistes. Devenu très populaire, il se fit proclamer empereur du Mexique (1822), mais fut renversé par Santa Anna en 1823.

I. U. T. [iyte] n. m. (sigle) ▪ Institut universitaire de technologie.

IVAN III LE GRAND (1440 - 1505) ▪ Grand-prince de Moscou. Il renforça l'unité et l'autonomie du pays (contre les Mongols et l'État polono-lituanien), ainsi que le prestige du pouvoir, en faisant de Moscou la capitale de la religion orthodoxe et l'héritière de Byzance.

Ivan le Terrible. Gravure du XVIe s.
Bibliothèque des Arts décoratifs, Paris.
Phot. © Dagli Orti

IVAN IV dit **IVAN LE TERRIBLE** (1530 - 1584) ▪ Grand-prince de Moscou qui, le premier (en 1547), prit le titre de tsar (empereur) de Russie. Son règne, caractérisé par un absolutisme de droit divin, commença par d'importantes réformes et finit dans la terreur. Son expansionnisme fut freiné à l'ouest par Étienne Ier Báthory. Il inspira un film d'Eisenstein.

Viatcheslav **IVANOV** (1866 - 1949) ▪ Poète symboliste russe. *"Étoiles pilotes"* (1903).

IVANOVO ▪ Ville de Russie. 480 000 hab. Industrie cotonnière.

Joris **IVENS** (1898 - 1989) ▪ Cinéaste néerlandais. Témoin, par ses documentaires politiques, des bouleversements du siècle. *"Comment Yu-Kong déplaça les montagnes"* (1976).

Charles **IVES** (1874 - 1954) ▪ Compositeur américain, auteur de nombreuses mélodies. Pionnier de la musique contemporaine.

I. V. G. [iveʒe] n. f. (sigle de *interruption volontaire de grossesse*) ▪ Avortement volontaire et légal.

IVOIRE n. m. ▪ **1.** Matière résistante, d'un blanc un peu jaune, qui constitue les défenses de l'éléphant. *Des billes d'ivoire, en ivoire.* ➝ *D'ivoire,* très blanc (peau). ➝ loc. *Tour* d'ivoire.*

ivoire. Défense sculptée (hauteur : 1,56 m), art du Bénin. Musée des Arts africains et océaniens, Paris. *Phot. © RMN*

♦ Objet d'art en ivoire. *Des ivoires chinois.* **2.** Partie dure des dents, revêtue d'émail à la couronne.

IVRAIE n. f. ▪ Plante herbacée, nuisible aux céréales. – loc. (Évangile) *Séparer le bon grain de l'ivraie,* les bons des méchants, le bien du mal.

IVRE adj. ▪ **1.** Qui est sous l'effet de l'alcool. ⇒ **soûl ; ivrogne.** *Il était complètement ivre, ivre mort.* **2.** Qui est transporté hors de soi (sous l'effet d'une émotion violente). *Ivre d'amour, d'orgueil.*

IVRESSE n. f. ▪ **1.** État d'une personne ivre ; intoxication produite par l'alcool et causant des perturbations dans l'adaptation nerveuse et la coordination motrice. ⇒ **ébriété.** *Les effets de l'ivresse. Conduite en état d'ivresse.* **2.** État d'euphorie ou d'exaltation. *Dans l'ivresse du succès.* ⇒ **enivrement, extase.** *L'ivresse des sens.* ♦ Exaltation ; cause d'exaltation.

IVROGNE adj. ▪ Qui a l'habitude de s'enivrer et en témoigne par son comportement. ⇒ **alcoolique.** – n. *C'est un vieil ivrogne* (fém. vx *une ivrognesse*). ⇒ **poivrot, soûlard.** *Serment d'ivrogne,* qui ne sera pas tenu.

IVROGNERIE n. f. ▪ Habitude de s'enivrer. ⇒ **alcoolisme.**

IVRY-SUR-SEINE ▪ Commune du Val-de-Marne. 53 619 hab. *(les Ivryens).*

Jarosław IWASZKIEWICZ (1894-1980) ▪ Écrivain polonais. *"Mère Jeanne des Anges"* (1947); *"Les Demoiselles de Wilko"* (1933), porté à l'écran par A. Wajda.

IXELLES en néerlandais ***ELSENE*** ▪ Ville de Belgique (Région de Bruxelles-Capitale). 72 610 hab. Université libre de Bruxelles.

Alija IZET-BEGOVIĆ (né en 1925) ▪ Homme d'État bosniaque. Président de la république de Bosnie-Herzégovine depuis 1990.

İZMIR anc. ***SMYRNE*** ▪ Ville de Turquie, sur la mer Égée. 1 757 414 hab. Port.

İZMIT autrefois ***NICOMÉDIE*** ▪ Ville du nord-ouest de la Turquie. 256 882 hab.

le col de l'IZOARD ▪ Col des Hautes-Alpes à 2 360 m d'altitude.

J

J [ʒi] n. m. invar. ▪ Dixième lettre, septième consonne de l'alphabet.

JABALPUR ou **JUBBULPORE** ▪ Ville de l'Inde (Madhya Pradesh). 877 200 hab. Industries.

Edmond **JABÈS** (1912-1991) ▪ Écrivain français d'origine égyptienne. Œuvre poétique inspirée par l'exil et la judéité. *"Le Seuil Le Sable"* (1990).

JABOT n. m. ▪ **1.** Poche de l'œsophage des oiseaux, dans laquelle les aliments séjournent. **2.** Ornement (de dentelle, de mousseline) attaché à la base du col d'une chemise, et qui s'étale sur la poitrine.

JABOTER v. intr. [1] ▪ FAM. VIEILLI Bavarder.

JACA ▪ Ville d'Espagne (Aragón). 14 217 hab. Célèbre pour ses monuments.

JACARANDA n. m. ▪ Arbre d'Amérique tropicale à bois recherché.

JACASSEMENT n. m. ▪ **1.** Cri de la pie. **2.** Bavardage incessant et bruyant. ⇒ **jacasserie.**

JACASSER v. intr. [1] ▪ **1.** Pousser son cri (en parlant de la pie). **2.** Parler avec volubilité et d'une voix criarde. ⇒ **bavarder, caqueter.**

JACASSERIE n. f. ▪ VIEILLI Bavardage de personnes qui jacassent.

JACASSEUR, EUSE n. et adj. ▪ (Personne) qui jacasse. ⇒ **bavard.**

Philippe **JACCOTTET** (né en 1925) ▪ Poète et traducteur suisse d'expression française. Poésie de l'indicible. *"À la lumière d'hiver"* (1977).

JACHÈRE n. f. ▪ État d'une terre labourable qu'on laisse temporairement reposer ; cette terre. – fig. *Laisser qqn, qqch. en jachère,* le laisser en repos, ne pas en tirer parti.

JACINTHE n. f. ▪ Plante à bulbe, à feuilles allongées, à hampe florale portant une grappe simple de fleurs colorées et parfumées.

jacinthe.
Fleur cultivée.
Phot. © Rouxaime/Jacana

JACKPOT [(d)ʒakpɔt] n. m. ▪ Combinaison gagnante qui déclenche un mécanisme envoyant au joueur la totalité de l'argent accumulé dans la machine à sous ; cet argent. *Gagner, toucher le jackpot.*

Andrew **JACKSON** (1767-1845) ▪ Homme d'État américain. 7e président (démocrate) des États-Unis, de 1829 à 1837. Son origine modeste, sa personnalité autoritaire, sa volonté expansionniste et isolationniste marquèrent une rupture dans la vie politique américaine.

John **JACKSON** (1835-1911) ▪ Neurologue britannique. Un des fondateurs de la neurologie moderne, il étudia particulièrement l'épilepsie et l'aphasie.

Mahalia **JACKSON** (1911-1972) ▪ Chanteuse américaine de negro spirituals. Remarquable interprète d'un répertoire religieux (gospels et spirituals). *"In the Upper Room"* (1952) ; *"When the Saints Go Marching in"* (1954).

JACKSON ▪ Ville des États-Unis, capitale du Mississippi. 150 000 hab. Industrie textile.

JACKSONVILLE ▪ Ville et port des États-Unis (Floride). 635 000 hab. Tourisme.

JACOB ▪ Fils d'Isaac et de Rebecca, dans la Bible, appelé Israël par son Dieu. Il achète son droit d'aînesse à son frère Ésaü. Ses douze fils furent les pères des douze tribus d'Israël.

Max **JACOB** (1876-1944) ▪ Poète français. Son œuvre allie fantaisie et mysticisme. *"Le Cornet à dés"* (1917), recueil de poèmes en prose.

Max **Jacob.** Portrait par Modigliani. Coll. part., Paris. *Phot. © Arch. Rencontre*

le club des **Jacobins.** *Grande séance aux Jacobins en 1792,* gravure. Bibliothèque nationale de France, Paris. *Phot. © Lauros/Giraudon*

François JACOB (né en 1920) ▪ Biochimiste français. Il a démontré, avec J. Monod, l'existence de l'ARN messager. Prix Nobel de physiologie ou médecine 1965 (→ **Lwoff**).

Friedrich Heinrich JACOBI (1743-1819) ▪ Philosophe et écrivain allemand. Représentant du fidéisme, il opposa un sentimentalisme religieux aux systèmes rationalistes.

Carl JACOBI (1804-1851) ▪ Mathématicien allemand. Il étudia les fonctions elliptiques.

JACOBIN, INE ▪ **1.** n. m. VX Dominicain. **2.** n. m. HIST. Membre d'une société politique révolutionnaire (établie à Paris dans un ancien couvent de jacobins). ♦ n. fig. Républicain intransigeant, partisan d'un État centralisé. – adj. *Politique jacobine.* ► n. m. JACOBINISME ▪ Le club des Jacobins, formé en 1789, se scinda après la fuite du roi à Varennes : les éléments modérés (Barnave, La Fayette...) constituèrent le club des Feuillants, tandis que les membres les plus hostiles à Louis XVI (Robespierre, Brissot...) adoptèrent résolument des positions républicaines. Le club des Jacobins devint l'âme de la Convention montagnarde, du gouvernement révolutionnaire, jusqu'à la chute de Robespierre qui mit un terme à la « dictature jacobine ».

① **JACOBITE** n. ▪ RELIG. Membre de l'Église chrétienne de Syrie occidentale, monophysite, organisée au VIe siècle par Jacques Baradée.

② **JACOBITE** n. ▪ HIST. Catholique partisan de Jacques II, après la révolution anglaise de 1688.

Jens Peter JACOBSEN (1847-1885) ▪ Écrivain danois. *"Niels Lyhne"* (1880), portrait semi-autobiographique de l'homme fin de siècle.

Jacopo di Pietro d'Agnolo dit **JACOPO DELLA QUERCIA** (v. 1370-1438) ▪ Sculpteur italien. Il est l'auteur d'œuvres dont le style puissant et le mouvement annoncent Michel-Ange.

JACOPONE DA TODI (1230-1306) ▪ Poète italien. Auteur présumé du *"Stabat Mater"*, abondamment mis en musique par les compositeurs baroques.

JACQUARD n. m. ▪ **1.** Métier à tisser conçu par Jacquard. **2.** Tricot qui présente des dessins géométriques variés et multicolores ; ces motifs. – adj. invar. *Des pulls jacquard.*

Joseph-Marie JACQUARD (1752-1834) ▪ Mécanicien français. Inventeur d'un métier à tisser automatique qui porte son nom.

JACQUEMART n. m. ⇒ JAQUEMART

JACQUEMART DE HESDIN ▪ Miniaturiste et enlumineur français, connu de 1384 à 1410. Il est l'auteur des *"Très Belles Heures du duc de Berry"* (v. 1402).

JACQUERIE n. f. ▪ **1.** HIST. Soulèvement de paysans français contre les seigneurs (en 1358). ▪ Née dans le Beauvaisis, la jacquerie fut soutenue un temps par Étienne Marcel, puis écrasée par le roi de Navarre Charles II le Mauvais. **2.** par ext. Révolte des classes pauvres de la paysannerie.

JACQUES n. m. ▪ **1.** HIST. Ancien sobriquet du paysan français (⇒ **jacquerie**). ♦ loc. FAM. *Faire le jacques* (ou *le Jacques*) : faire l'idiot. **2.** *Maître Jacques* (du nom d'un personnage de *"L'Avare"* de Molière) : factotum.

saint JACQUES dit **le MAJEUR** (mort en 44 ?) ▪ Apôtre de Jésus. Considéré comme l'évangélisateur de l'Espagne, il fait l'objet d'un des plus célèbres pèlerinages chrétiens, à Saint-Jacques-de-Compostelle.

saint JACQUES dit **le JUSTE** ou **le MINEUR** ▪ Premier chef de l'Église de Jérusalem. Il serait mort lapidé en 62.

JACQUES Ier STUART (1566-1625) ▪ Roi d'Écosse (en 1567 sous le nom de Jacques VI), d'Angleterre et d'Irlande de 1603 à sa mort. Il s'aliéna l'opinion par son attachement à l'absolutisme.

JACQUES II (1633-1701) ▪ Roi de Grande-Bretagne de 1685 à 1688. Converti au catholicisme, il fut chassé du trône par Guillaume III d'Orange-Nassau et se réfugia en France.

JACQUET n. m. ▪ Jeu de table, proche du trictrac et du backgammon.

JACQUIER n. m. ⇒ JAQUIER

① **JACTANCE** n. f. ▪ LITTÉR. Attitude d'une personne qui manifeste avec arrogance ou emphase la haute opinion qu'elle a d'elle-même. ⇒ **vanité, vantardise.**

② **JACTANCE** n. f. ▪ FAM. et VIEILLI Bavardage.

JACTER v. intr. [1] ▪ FAM. Parler, bavarder.

JACULATOIRE adj. ▪ RELIG. *Oraison jaculatoire* : prière courte et fervente.

JACUZZI [ʒakyzi] n. m. (n. déposé) ▪ anglic. Bassin ou baignoire muni(e) d'un dispositif qui provoque des remous dans l'eau.

JADE n. m. ▪ **1.** Pierre fine très dure, dont la couleur varie du blanc olivâtre au vert sombre. **2.** Objet en jade. *Jades chinois.*

JADIS [-is] adv. ▪ Dans le temps passé, il y a longtemps. ⇒ **autrefois.** *Les coutumes de jadis.* ⇒ d'**antan.** *"Jadis et Naguère"* (recueil de Verlaine). – adj. *Au temps jadis.*

JAFFA ▪ Ancienne ville de Palestine, aujourd'hui incluse dans l'agglomération de Tel-Aviv-Jaffa. Commerce d'agrumes. Bonaparte s'en empara en 1799 (célèbre tableau de Gros).

JAGANNĀTH ou **JAGGERNAUT** ▪ Incarnation du dieu hindou Vishnou, représenté par une statue au grand temple de Puri en Inde (Orissa). Célèbres processions annuelles de chars sculptés.

les **JAGELLONS** ▪ Dynastie lituanienne qui régna sur la Pologne de 1386 à 1572.

JAGGERNAUT → Jagannāth

JAGUAR [-gwa-] n. m. ▪ Grand félin d'Amérique du Sud, à pelage fauve tacheté de noir.

jaguar. *Leo onca.* Phot. © Amsler Kurt/Jacana

'Amr ibn Bahr al-**JĀḤIZ** (v. 780 - 869) ▪ Écrivain arabe. En combinant des principes de la tradition arabe avec des données de la pensée grecque, il a apporté les bases de la culture arabo-musulmane.

JAHVÉ → Iahvé

JAILLIR v. intr. 2 ▪ **1.** (liquide, fluide) Sortir, s'élancer en un jet subit et puissant. *Sang qui jaillit d'une blessure.* ♦ par analogie *Éclair qui jaillit. Faire jaillir des étincelles.* - *Des rires jaillissaient.* ⇒ **fuser.** **2.** Apparaître, se manifester soudainement. ⇒ **surgir.** *Inspiration, idée qui jaillit.* - loc. prov. *De la discussion jaillit la lumière.* ► adj. JAILLISSANT, ANTE

JAILLISSEMENT n. m. ▪ Action de jaillir, mouvement de ce qui jaillit.

JAIPUR, JAYPUR ou **JAYPOUR** ▪ Ville de l'Inde, capitale du Rajasthan. 1 541 400 hab. Palais du XVIIIe s.

Jaipur. L'observatoire de Jai Singh II, XVIIIe s. *Phot. © Charles Lénars*

JAIS n. m. ▪ Variété de lignite dure, d'un noir luisant, qu'on peut tailler, polir. - *Noir comme (du) jais.* ellipt *Des yeux de jais.*

JAKARTA autrefois ***BATAVIA*** ▪ Capitale fédérale, principal port, centre économique et culturel de l'Indonésie, dans l'île de Java. 8 222 515 hab.

Roman **JAKOBSON** (1896 - 1982) ▪ Linguiste russe naturalisé américain. Fondateur, avec Troubetskoï, de la phonologie. Son œuvre très variée a notamment influencé son élève Chomsky et son ami Lévi-Strauss. *"Essais de linguistique générale".*

JALĀL AL-DĪN RŪMĪ (1207 - 1273) ▪ Poète mystique persan. Créateur d'une école qui est à l'origine de l'ordre des derviches tourneurs.

JALAPA ou **JALAPA ENRÍQUEZ** ▪ Ville du Mexique. 288 000 hab. Musée d'art précolombien.

JALON n. m. ▪ **1.** Tige qu'on plante en terre pour prendre un alignement, déterminer une direction. *Planter, aligner des jalons.* **2.** fig. Ce qui sert à situer, diriger. ⇒ **marque, repère.** - loc. *Poser, planter des jalons :* faire les premières démarches, préparer une action.

JALONNER v. 1 ▪ **I.** v. intr. Planter des jalons. **II.** v. tr. **1.** Déterminer, marquer la direction, l'alignement, les limites de (qqch.) au moyen de jalons, de repères. *Jalonner une ligne téléphonique.* **2.** (choses) Marquer en se suivant (à la manière de jalons). *Poteaux jalonnant les limites d'un champ.* - fig. *Les succès jalonnent sa carrière.* ► n. m. JALONNEMENT

JALOUSEMENT adv. ▪ **1.** *Garder jalousement un secret.* **2.** Avec jalousie. *Observer jalousement les progrès d'un rival.* **3.** Avec jalousie amoureuse.

JALOUSER v. tr. 1 ▪ Être jaloux (2) de, considérer avec jalousie. ⇒ **envier.** *Jalouser qqn, la réussite de qqn.* - pronom. *Rivaux qui se jalousent.*

① **JALOUSIE** n. f. ▪ **1.** VX Treillis de bois ou de métal au travers duquel on peut voir sans être vu. **2.** Volet à lames orientables. ⇒ **store.** *"La Jalousie"* (de Robbe-Grillet).

② **JALOUSIE** n. f. ▪ **1.** Sentiment hostile qu'on éprouve en voyant un autre jouir d'un avantage qu'on ne possède pas ou qu'on désirerait posséder seul. ⇒ **dépit, envie.** *Jalousie entre rivaux. Éprouver de la jalousie ; crever de jalousie.* **2.** Sentiment douloureux que font naître les exigences d'un amour inquiet, le désir de possession exclusive de la personne aimée, la crainte de son infidélité. *Crise, scène de jalousie*

JALOUX, OUSE adj. ▪ **1.** LITTÉR. JALOUX DE *qqch.*, très attaché à. *Être jaloux de son indépendance.* - *Le Dieu jaloux :* dans la Bible, Iahvé, qui exige d'être servi et aimé sans partage. - loc. *Avec un soin jaloux :* avec une vigilance particulière, ombrageuse. **2.** Qui éprouve de la jalousie (1), de l'envie. ⇒ **envieux.** *Être jaloux de qqn, du succès de qqn.* - n. *Sa réussite fait des jaloux.* **3.** Qui éprouve de la jalousie en amour. *Mari jaloux.* loc. *Jaloux comme un tigre.* - *Elle est jalouse de son mari,* elle le soupçonne d'infidélité. ♦ n. *Un jaloux, une jalouse. Othello, personnage de jaloux.*

la **JAMAÏQUE** ▪ Île et État des Grandes Antilles, dans la mer des Caraïbes. 10 991 km². 2 551 000 hab. *(les Jamaïcains).* Capitale : Kingston. Langue : anglais. Monnaie : dollar de la Jamaïque. Production de sucre et de bananes. 3e producteur de bauxite du monde. Tourisme. Ancienne colonie espagnole puis anglaise, indépendante en 1962. Membre du Commonwealth.

JAMAIS adv. de temps ▪ **I.** sens positif En un temps quelconque, un jour. *On n'en finira jamais ! A-t-on jamais vu cela ?* ⇒ **déjà.** *Si jamais :* au cas où. - *À (TOUT) JAMAIS ; POUR JAMAIS* loc. adv. : pour toujours. ⇒ **éternellement.** *C'est fini à jamais.* - *C'est pire que jamais.* **II.** sens négatif **1.** (avec *ne*) En aucun temps, à aucun moment. *Il ne l'a jamais vue. Jamais, au grand jamais, je ne vous mentirai.* - loc. *On ne sait jamais :* on ne sait pas ce qui peut arriver. - *Ne... jamais que... Il n'a jamais fait que s'amuser :* il s'est toujours amusé. - *Ne... jamais plus, ne plus jamais. Je ne l'ai jamais plus revu.* - *SANS JAMAIS* (+ inf.). *Il l'écoute sans jamais s'impatienter.* **2.** (sans *ne*) À aucun moment. *JAMAIS DE LA VIE :* certainement pas. - *C'est le moment ou jamais (de...),* il faut agir, l'occasion ne se représentera pas. - *Une impression de jamais vu.*

JAMBAGE n. m. ▪ Trait vertical des lettres *m, n* et *u.* - Trait vertical du *p,* du *q. Hampes et jambages.*

JAMBE n. f. ▪ **1.** ANAT. Partie de chacun des membres inférieurs de l'homme, qui s'étend du genou au pied. *Os de la jambe.* ⇒ **péroné, tibia.** ♦ COUR. Cette partie, ou le membre inférieur tout entier (y compris la cuisse). *Avoir de belles, de jolies jambes. Croiser les jambes. Ne plus pouvoir se tenir sur ses jambes.* - en sport *JEU DE JAMBES :* aptitude à mouvoir les jambes. ♦ loc. *Jouer des jambes :* partir en courant. *Courir, s'enfuir À TOUTES JAMBES,* le plus vite possible. - *Prendre ses jambes à son cou.* - *Être dans les jambes de qqn,* être trop près de lui, le gêner. - FAM. *Tenir la jambe à qqn,* le retenir en lui parlant. - *Traiter qqn par-dessous* (VIEILLI), *par-dessus la jambe,* de façon désinvolte. - *Partie de jambes en l'air :* ébats sexuels. - iron. *Cela me fait une belle jambe :* c'est un avantage que je n'apprécie pas, cela ne me sert à rien. **2.** par analogie *Jambe de bois :* pièce en bois adaptée au moignon d'un amputé ⇒ **pilon.** *Jambe artificielle, articulée* (prothèse). **3.** Patte des quadrupèdes. *Les jambes fines de la gazelle.* **4.** *Jambe d'un pantalon :* chacune des deux parties qui couvrent les jambes. **5.** *Les jambes d'un compas,* ses branches.

JAMBIER, IÈRE adj. ▪ ANAT. Relatif à la jambe. *Muscles jambiers.*

JAMBIÈRE n. f. ▪ Pièce d'une armure (ancienn^t) ou d'un équipement, qui enveloppe et protège la jambe. ⇒ **guêtre.**

JAMBON n. m. ▪ **1.** Cuisse ou épaule de porc préparée (par salaison ou cuisson) pour être conservée. *Jambon de pays. Tranches de jambon. Acheter un jambon, du jambon.* **2.** FAM. Cuisse. *Il, elle a de gros jambons.*

JAMBONNEAU n. m. ▪ Petit jambon fait avec la partie inférieure de la jambe du porc.

JAMBOREE [ʒɑ̃bɔʀe ; ʒambɔʀi] n. m. ▪ anglic. Réunion internationale de scouts.

William **JAMES** (1842 - 1910) ▪ Psychologue américain, philosophe des religions, tenant du pragmatisme.

Henry **JAMES** (1843 - 1916) ▪ Romancier britannique d'origine américaine, frère de William James. L'histoire des consciences, leurs drames et leurs révoltes intérieures inspirent son œuvre où les analyses psychologiques se mêlent à des points de vue aigus sur la société et, parfois, à un fantastique subtil. *"Le Tour d'écrou"* (1898); *"Les Ailes de la colombe"* (1902); *"Les Ambassadeurs"* (1903).

baie **JAMES** ▪ Baie du Canada, prolongeant au sud la baie d'Hudson entre l'Ontario et le Québec. Gigantesque complexe hydroélectrique en voie d'achèvement sur la Grande Rivière (partie québécoise).

JAMESTOWN ▪ Ville des États-Unis (Virginie). Site du premier établissement permanent anglais en Amérique (1607).

Francis **JAMMES** (1868 - 1938) ▪ Écrivain français. Poète d'inspiration lyrique et religieuse. *"Géorgiques chrétiennes"* (1911-1912).

Jammes. Portrait par Dornac, photographie.
Phot. © Archives Larousse/Giraudon/DR

JAMMU ▪ Ville de l'Inde (206 000 hab.), capitale de l'État de *Jammu-et-Cachemire.* ► le **JAMMU-ET-CACHEMIRE** État de l'Inde. 220 000 km². 7 718 000 hab. Capitales : Jammu et Shrinagar. Une ligne de cessez-le-feu le sépare depuis 1949 de la province pakistanaise du Cachemire, mais il est le théâtre de nombreux troubles politiques et de guérillas.

JAMNA → Yamuna

JAMNAGAR ▪ Ville de l'Inde (Gujarat). 365 400 hab.

JAM-SESSION [dʒam-] n. f. ▪ anglic. Réunion de musiciens de jazz qui improvisent. ⇒ ARGOT **bœuf** (II). *Des jam-sessions.*

JAMSHEDPUR ▪ Ville de l'Inde (Bihar), centre métallurgique créé en 1912. 834 535 hab.

Leoš **JANÁČEK** (1854 - 1928) ▪ Compositeur tchèque. Opéras (*"Jenufa"*, 1916) et œuvres instrumentales (*"Sinfonietta"*, 1926) d'inspiration folklorique.

Miklós **JANCSÓ** (né en 1921) ▪ Cinéaste hongrois. Ses films dénoncent la répression des aspirations populaires par le pouvoir, dans un style très dépouillé. *"Les Sans-Espoir"* (1965).

Clément **JANEQUIN** (v. 1485 - 1558) ▪ Compositeur français. Il renouvela la chanson polyphonique, notamment par l'évocation imitative de la nature. *"La Guerre"*, dite *"La Bataille de Marignan"*; *"Le Chant des oiseaux"*; *"Les Cris de Paris"*.

Pierre **JANET** (1859 - 1947) ▪ Psychologue français. Étude de la pathologie mentale.

Jansénius. *Cornelius Jansen, dit Jansénius, évêque d'Ypres,* portrait par Dutielt. Musée national du château, Versailles. *Phot. © Lauros/Giraudon*

le **JANICULE** ▪ Ensemble de collines de Rome, à l'est des « sept collines ».

JANISSAIRE n. m. ▪ HIST. Soldat d'élite de l'infanterie ottomane, qui appartenait à la garde du sultan.

Vladimir **JANKÉLÉVITCH** (1903 - 1985) ▪ Philosophe et musicologue français. *"Le Je-ne-sais-quoi et le Presque-rien"* (1981).

JANSÉNISME n. m. ▪ Doctrine chrétienne de Jansénius sur la grâce et la prédestination ; mouvement religieux et intellectuel animé par ses partisans. - par ext. Morale austère, rigoriste. ■ Le jansénisme reprend la théorie de saint Augustin sur la prédestination : le salut n'est possible que par la grâce divine. D'où une querelle entre jésuites et *jansénistes* (Duvergier de Hauranne, Arnauld, Nicole, Molina), notamment en France, qui aboutit à la condamnation du jansénisme, malgré la contre-attaque de Pascal (« *Les Provinciales* », 1656-1657). → **Port-Royal.**

JANSÉNISTE ▪ **1.** n. Partisan du jansénisme. **2.** adj. *Parti janséniste.* - *Éducation janséniste,* austère. ⇒ **puritain, rigide.**

JANSÉNIUS (1585 - 1638) ▪ Théologien néerlandais. Il est l'auteur de l'*Augustinus* (posth. 1640), dont les thèses furent à l'origine du jansénisme.

Jules **JANSSEN** (1824 - 1907) ▪ Astronome français. Découvreur de l'hélium avec Lockyer (1836 - 1920) en 1868. Fondateur de l'Observatoire de Meudon.

JANTE n. f. ▪ Cercle qui constitue la périphérie d'une roue ; roue d'un véhicule automobile, hormis le pneu. - loc. fig. *Être sur la jante :* être épuisé.

JANUS ▪ Dieu italique et romain, gardien des portes. Représenté avec deux visages opposés. Il aurait accueilli Saturne chassé de Grèce par Jupiter et civilisé les premiers habitants du Latium.

JANVIER n. m. ▪ Premier mois de l'année. *Le 1er janvier, jour de l'an.* - loc. *Du 1er janvier à la Saint-Sylvestre :* toute l'année.

le **JAPON** ▪ État (monarchie constitutionnelle) et archipel d'Asie. 377 765 km². 123 700 000 hab. *(les Japonais).* Capitale : Tōkyō. Langue : japonais. Monnaie : yen. Les îles principales sont Hokkaidō, Honshū, Kyūshū, Shikoku et Ryūkyū. Les montagnes, souvent des volcans (Fuji Yama, 3 776 m), couvrent les trois quarts du pays : la faible surface cultivable et la très forte densité imposent une agriculture intensive (riz, thé). Pêche active (1er rang mondial). Une des premières puissances industrielles du monde : sidérurgie, construction navale (la première du monde) et automobile, électronique réputée, chimie. Réussite économique liée à une grande compétence technique et commerciale. Mais le Japon, qui investit ses capitaux dans le monde entier, dépend de l'extérieur pour les matières premières et les produits industriels qu'il ne fabrique plus. □ HISTOIRE Du VIe au IXe s., le Japon fut très influencé par la Chine : il adopta une de ses religions (le bouddhisme) et son écriture. Du XIIe au XIXe s., il devint un État féodal dirigé par un shogun, dont le premier fut Minamoto no Yori-

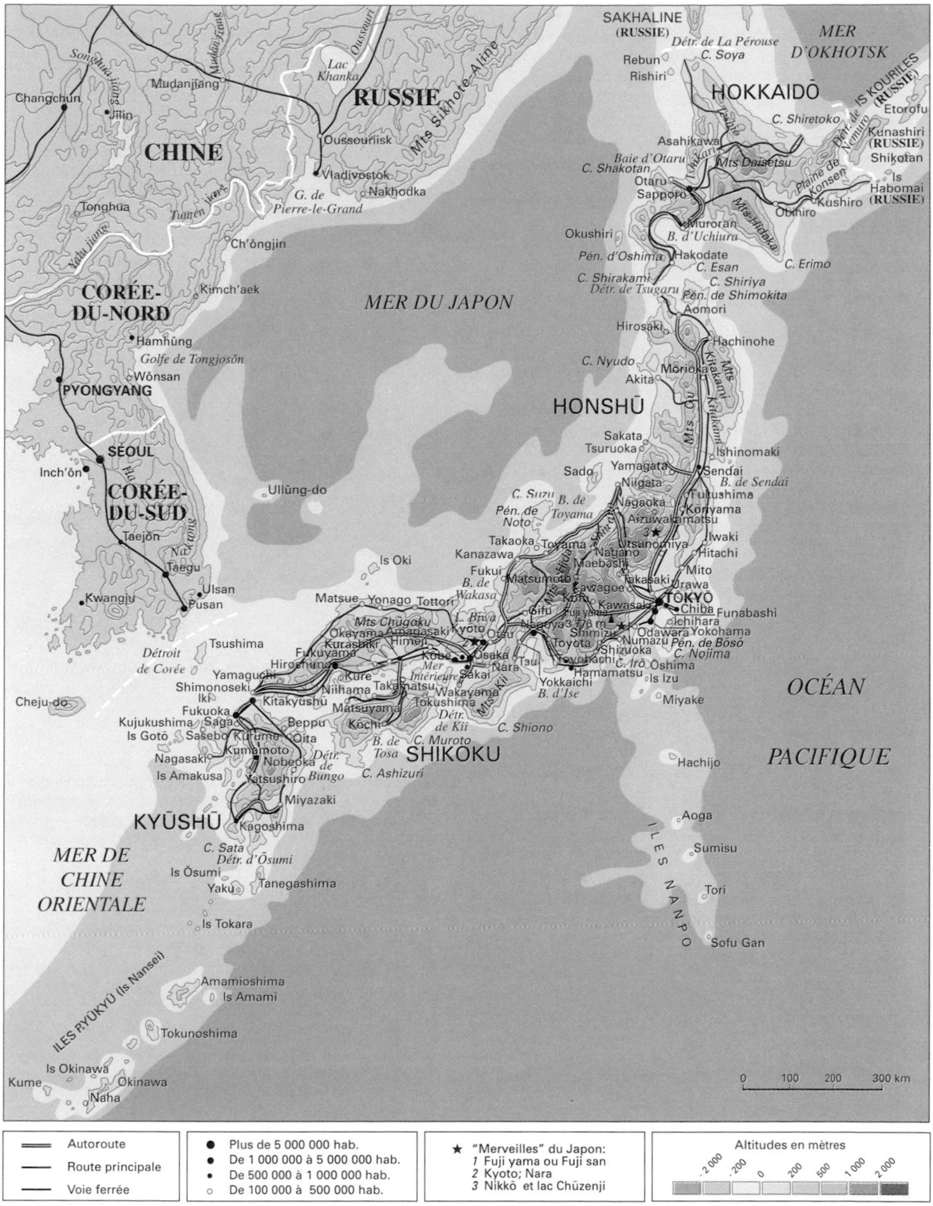

Japon.

tomo, avec Kamakura pour capitale; l'empereur n'avait plus qu'une autorité religieuse. Le dernier shogun remit ses pouvoirs à l'empereur installé à Tōkyō en 1867. Confronté aux impérialismes occidentaux, le pays se modernisa rapidement (ère Meiji*). Devenu une puissance militaire et menacé de surpopulation, le Japon attaqua la Chine, s'empara de Taiwan en 1894, vainquit la Russie (1905), annexa la Corée en 1910 et la Mandchourie* en 1931. Occupant depuis 1937 le nord-est de la Chine, il entra en 1941 dans la Deuxième* Guerre mondiale aux côtés de l'Allemagne nazie (→ **Pearl Harbor**). Il dut capituler après que les Américains eurent lâché des bombes atomiques sur Hiroshima* et Nagasaki*. Avec l'aide américaine, il a rapidement reconstruit son économie, devenant une des premières puissances économiques et financières mondiales.

JAPON n. m. ▪ Papier de couleur ivoire. *Exemplaire de luxe sur japon impérial.*

JAPONAIS, AISE adj. et n. ▪ Du Japon. ⇒ **nippon.** *Estampes japonaises.* - n. *Les Japonais.* ♦ n. m. *Le japonais* (langue).

JAPONAISERIE n. f. ▪ Objet d'art, bibelot de style japonais.

JAPONISANT, ANTE n. ▪ Spécialiste de la langue, de l'histoire ou de la civilisation japonaise.

JAPPEMENT n. m. ▪ Action de japper; cri d'un animal qui jappe.

JAPPER v. intr. 1 ▪ Pousser des aboiements aigus et clairs. ⇒ **aboyer, glapir.** *Chiot qui jappe.* - Crier (chacal).

JAPURÁ ou **CAQUETÁ** ▪ Rivière du Brésil, affluent de l'Amazone. 1 945 km.

JAQUE n. m. ▪ Fruit du jaquier.

JAQUEMART ou **JACQUEMART** n. m. ▪ Automate figurant un homme d'armes muni d'un marteau avec lequel il frappe les heures sur la cloche d'une horloge monumentale.

① **JAQUETTE** n. f. ▪ **1.** Vêtement masculin de cérémonie à pans ouverts descendant jusqu'aux genoux. **2.** VIEILLI Veste de femme ajustée et à basques.

② **JAQUETTE** n. f. ▪ **1.** Chemise protégeant la couverture d'un livre. *Jaquette illustrée.* – par analogie *La jaquette d'une cassette.* **2.** Couronne en céramique ou en résine employée en prothèse dentaire.

JAQUIER ou **JACQUIER** n. m. ▪ Arbre des régions tropicales, voisin de l'arbre à pain.

JARDIN n. m. ▪ **1.** Terrain, généralement clos, où l'on cultive des végétaux utiles ou d'agrément. *Jardin potager. Dessinateur de jardins* (⇒ **paysagiste**). – *Faire son jardin,* l'entretenir. – *Jardins suspendus*.* *Jardin à la française,* dont les parties sont disposées symétriquement. *Jardin anglais,* imitant la nature. – *Jardin public.* ⇒ **parc, square.** *Jardin zoologique.* ⇒ **zoo.** – loc. *C'est une pierre dans son jardin,* une attaque voilée. **2.** *JARDIN D'HIVER :* pièce vitrée où les plantes sont à l'abri du froid. ⇒ **serre. 3.** *JARDIN JAPONAIS :* vasque contenant un jardin en miniature (⇒ **bonsaï**) évoquant le Japon et ses jardins. **4.** *JARDIN D'ENFANTS :* établissement privé pour enfants d'âge préscolaire. ⇒ école **maternelle. 5.** au théâtre *Côté* jardin.* **6.** fig. *Jardin secret :* domaine des sentiments, des pensées les plus intimes.

JARDINAGE n. m. ▪ Culture des jardins, notamment des plantes décoratives et alimentaires. *Faire du jardinage.*

JARDINER v. intr. [1] ▪ Cultiver, entretenir un jardin en amateur.

JARDINET n. m. ▪ Petit jardin.

JARDINIER, IÈRE ▪ **I. 1.** n. Personne dont le métier est de cultiver les jardins. ⇒ **arboriculteur, fleuriste, horticulteur, maraîcher, pépiniériste.** – spécialt Personne qui entretient un jardin pour le compte d'autrui. **2.** n. f. *Jardinière d'enfants :* éducatrice d'un jardin* d'enfants. **II.** adj. Des jardins. *Cultures, plantes jardinières.*

JARDINIÈRE n. f. ▪ **I.** Meuble, caisse où l'on fait pousser des plantes ou des arbres d'agrément. **II.** Mets composé d'un mélange de légumes cuits (essentiellement carottes et petits pois). ⇒ **macédoine.**

JARGON n. m. ▪ **1.** Langage déformé, fait d'éléments disparates ; par ext. langage incompréhensible. ⇒ **baragouin, charabia. 2.** Façon de s'exprimer propre à un groupe, une profession, une activité, difficilement compréhensible pour le profane. *Le jargon du sport.* **3.** LING. Argot ancien. *Les ballades en jargon attribuées à Villon.*

JARGONNER v. intr. [1] ▪ Parler un jargon ; s'exprimer de façon peu intelligible.

le baron de JARNAC (1505 - apr. 1572) ▪ Gentilhomme français. Dans un duel, il frappa son adversaire au jarret d'un coup inattendu (« coup de Jarnac »).

JARNAC ▪ Chef-lieu de canton de la Charente. 4 786 hab. *(les Jarnacais).* Victoire du futur Henri III sur les protestants du prince de Condé (1569).

JARNICOTON interj. ▪ VX Juron destiné à remplacer *je renie Dieu.*

JARNY ▪ Commune de Meurthe-et-Moselle. 8 401 hab. *(les Jarnysiens).*

JARRE n. f. ▪ Grand récipient de forme ovoïde, en grès, en terre cuite... *Une jarre d'huile.*

Maurice JARRE (né en 1924) ▪ Élève de Honegger, il a écrit la musique des principaux spectacles de J. Vilar au TNP, et de la musique de films. (*"Lawrence d'Arabie"*, 1962 ; *"Le Docteur Jivago"*, 1965). ► **Jean-Michel JARRE** (né en 1948), son fils, a produit de nombreux spectacles de sons, couleurs, images et lumières.

JARRET n. m. ▪ **1.** Région postérieure du genou humain. ⇒ creux **poplité. 2.** Endroit où se plie la jambe de derrière, chez les mammifères ongulés. – Partie inférieure de la noix et de l'épaule, en boucherie. *Jarret de veau* (→ osso buco).

JARRETELLE n. f. ▪ Chacune des bandes élastiques d'un porte-jarretelles, terminée par une petite pince.

JARRETIÈRE n. f. ▪ Cordon, bande élastique destinée à fixer les bas en les entourant au-dessus (⇒ **porte-jarretelles**) ou au-dessous du genou.

Très noble ordre de la JARRETIÈRE ▪ Ordre de chevalerie anglais fondé en 1346 par le roi Édouard III. « Honni soit qui mal y pense » est sa devise.

Alfred JARRY (1873 - 1907) ▪ Écrivain français. Ses pièces *"Ubu Roi"* (1896) et *"Ubu enchaîné"* (1900) mettent en scène le personnage grotesque d'Ubu. Il fut par ailleurs un romancier volontiers paradoxal ou hermétique. « *Le Surmâle* » (1902), « *Gestes et Opinions du Docteur Faustroll, pataphysicien* » (1911, posth.).

Jarry. *Phot. © Harlingue/Viollet*

JARS n. m. ▪ Mâle de l'oie domestique.

le général JARUZELSKI (né en 1923) ▪ Homme d'État polonais, communiste. Premier ministre (1981-1985), il combattit le syndicat Solidarité et instaura l'« état de guerre ». À la tête du Conseil d'État à partir de 1985, il devint président de la République (1989-1990).

JARVILLE-LA-MALGRANGE ▪ Commune de Meurthe-et-Moselle. 9 992 hab. *(les Jarvillois).*

JASER v. intr. [1] ▪ **1.** VIEILLI Babiller sans arrêt pour le plaisir de parler. ⇒ **bavarder. 2.** Parler avec indiscrétion de ce qu'on devrait taire. **3.** Faire des commentaires plus ou moins désobligeants et médisants. ⇒ **cancaner, médire.** *Cela fait jaser.* **4.** Émettre des cris ou des sons évoquant un babil. *La pie jase.* ⇒ **jacasser.** ► JASEUR, EUSE adj. et n. ⇒ **babillard, bavard.**

JASMIN n. m. ▪ **1.** Arbuste vivace à fleurs jaunes ou blanches très odorantes. – Ces fleurs. *Thé au jasmin. Essence de jasmin.* **2.** Parfum extrait de cette fleur.

Jacques Boé dit JASMIN (1798 - 1864) ▪ Poète français de langue d'oc. Il travailla au renouveau de la culture occitane et publia des poèmes gascons. *"Las Papillotos"* (1835-1863).

JASON ▪ Roi mythique d'Iolcos (Thessalie), chef des Argonautes, dans la mythologie grecque. Il partit à la conquête de la Toison d'or. Il épousa la magicienne Médée puis la répudia pour épouser Créüse.

JASPE n. m. ▪ **1.** Roche siliceuse, généralement rouge, présentant des taches ou des bandes diversement colorées. **2.** Objet d'art en jaspe.

JASPÉ, ÉE adj. ▪ Dont la bigarrure évoque le jaspe. *Marbre jaspé.*

Karl JASPERS (1883 - 1969) ▪ Psychologue et philosophe allemand. Philosophe existentialiste, proche de Kierkegaard.

JASPINER v. [1] ▪ FAM. Parler.

JASPURE n. f. ▪ Bigarrure de ce qui est jaspé. ⇒ **marbrure.**

JATTE n. f. ▪ Récipient de forme arrondie, très évasé, sans rebord ni anse. ⇒ ① **bol,** ① **coupe.**

JAUGE n. f. ▪ **1.** Capacité que doit avoir un récipient déterminé. – MAR. Capacité d'un navire exprimée en tonneaux.

⇒ **tonnage.** **2.** Instrument étalonné (baguette, règle...) qui sert à mesurer la contenance d'un récipient ou le niveau de son contenu. *Jauge d'essence, de niveau d'huile.*

JAUGER v. 3 ▪ **I.** v. tr. **1.** Prendre la jauge de (un récipient) ; mesurer ou contrôler avec une jauge. *Jauger un réservoir, un navire.* **2.** fig. Apprécier par un jugement de valeur. ⇒ **évaluer, juger.** *Jauger qqn d'un coup d'œil.* **II.** v. intr. **1.** Avoir un tirant d'eau de. *Péniche jaugeant un mètre.* **2.** Avoir une capacité de. *Ce navire jauge mille tonneaux.* ► n. m. JAUGEAGE

JAUNÂTRE adj. ▪ Qui tire sur le jaune, d'un jaune terne.

JAUNE ▪ **I.** adj. **1.** Qui est d'une couleur placée dans le spectre entre le vert et l'orangé et dont la nature offre de nombreux exemples (soufre, citron...). ⇒ **ambré, blond, doré.** **2.** Qui est jaune (1) ou tire sur le jaune, par rapport à qqch. de même nature mais d'une autre couleur. *Ocre jaune. Dents jaunes.* - loc. *Le métal jaune :* l'or. - *Race jaune,* race humaine, en majeure partie asiatique, caractérisée par une peau d'un brun très clair. **II.** n. m. **1.** Une des sept couleurs fondamentales du spectre solaire, placée entre le vert et l'orangé. *Un jaune vif.* - (vêtements) *Le jaune ne lui va pas.* - adj. invar. *Fleurs jaune d'or. Étoffes jaune citron.* **2.** Matière colorante jaune. *Un tube de jaune.* **3.** *Le jaune (de l'œuf), un jaune (d'œuf)* [opposé à *blanc*]. **III.** n. **1.** Personne de race jaune (emploi désobligeant). ⇒ **asiatique.** **2.** Ouvrier, ouvrière qui refuse de prendre part à une grève. **IV.** adv. *Rire jaune,* d'un rire forcé.

le fleuve JAUNE → **Huang he**

la mer JAUNE ▪ Mer entre la Chine et la Corée. 380 000 km^2.

JAUNIR v. 2 ▪ **I.** v. tr. Rendre jaune, colorer de jaune. - au p. p. *Doigts jaunis par la nicotine.* **II.** v. intr. Devenir jaune. *Papier qui a jauni.*

JAUNISSANT, ANTE adj. ▪ Qui est en train de devenir jaune.

JAUNISSE n. f. ▪ Synonyme courant de *ictère.* *Avoir la jaunisse.* - fig. FAM. *En faire une jaunisse,* éprouver un violent dépit de (qqch.) [→ en faire une maladie].

JAUNISSEMENT n. m. ▪ Action de rendre jaune ; fait de devenir jaune.

Jean JAURÈS (1859-1914) ▪ Homme politique français, figure marquante du socialisme. Fondateur du journal *L'Humanité* en 1904, leader de la S.F.I.O., orateur de talent, pacifiste militant, il fut assassiné à la veille de la Première Guerre mondiale. *"Histoire socialiste de la Révolution française"* (1901-1908).

JAVA n. f. ▪ **1.** Danse de bal musette à trois temps, assez rapide. - Air, musique qui l'accompagne. **2.** loc. FAM. *Faire la java :* faire la fête.

JAVA ▪ Île volcanique d'Indonésie. 132 186 km^2. 107 573 549 hab. *(les Javanais),* une des plus fortes densités du monde. Ville principale : Jakarta. Terres très fertiles : riz, canne à sucre, thé. Ancien royaume des îles de la Sonde, puis colonie hollandaise, Java est rattachée à l'Indonésie depuis sa création en 1950.

① **JAVANAIS, AISE** adj. ▪ De l'île de Java. - n. *Les Javanais.* ♦ n. m. Groupe de langues indonésiennes parlées à Java et à Sumatra.

② **JAVANAIS** n. m. ▪ Argot conventionnel consistant à intercaler dans les mots les syllabes *va* ou *av* (ex. *salut* devient *savalavut*).

EAU DE JAVEL n. f. ▪ Mélange de dérivés du chlore en solution aqueuse, utilisé comme détersif, décolorant et antiseptique. *De l'eau de Javel.* FAM. *De la javel.*

JAVELINE n. f. ▪ Arme de jet, javelot* mince et léger.

JAVELLE n. f. ▪ Brassée de céréales, coupées et non liées, qu'on laisse sur le sillon avant de les mettre en gerbe.

JAVELLISER v. tr. 1 ▪ Stériliser (l'eau) par addition d'eau de Javel. - au p. p. *Eau javellisée.* ► n. f. JAVELLISATION

JAVELOT n. m. ▪ **1.** Arme de trait assez longue et lourde. ⇒ **lance, pilum.** **2.** Instrument de lancer en forme de lance employé en athlétisme.

Jawlensky. *Jeune fille aux pivoines,* 1909.
Von der Heydt Museum, Wuppertal. *Phot. © Giraudon*

Alexej von JAWLENSKY (1864-1941) ▪ Peintre russe. À Munich, il se lia avec Kandinsky et produisit des œuvres amples et colorées, proches de l'expressionnisme.

JAYAPURA autrefois ***HOLLANDIA*** ▪ Capitale de l'Irian Jaya, en Indonésie (Nouvelle-Guinée). 130 287 hab.

JAYAVARMAN VII ▪ Roi du Cambodge de 1181 à 1218. Ses nombreuses guerres et son zèle de constructeur (Angkor) affaiblirent son royaume.

JAZZ [dʒaz] n. m. ▪ Musique issue de la musique profane des Noirs des États-Unis (par exemple le blues), caractérisée entre autres par une articulation particulière du rythme et du phrasé (le swing).

JAZZMAN [dʒazman] n. m. ▪ anglic. Musicien, instrumentiste de jazz. *Des jazzmans* ou *des jazzmen* [-mɛn].

JDANOV → **Marioupol**

JE pron. pers. ▪ **1.** Pronom personnel de la première personne du singulier des deux genres, au cas sujet (⇒ **me, moi**). *Je parle. J'entends.* ◇ REM. En cas d'inversion, le *e* devient muet : *où suis-je ?* - (renforcé par *moi*) *Moi, j'y crois.* **2.** n. m. invar. *Employer le « je » dans un récit :* parler à la première personne.

JEAN [dʒin] n. m. ▪ **1.** Toile très solide servant à confectionner des vêtements. *Blouson en jean vert.* **2.** Pantalon en jean (bleu à l'origine ⇒ **blue-jean**), à coutures apparentes. *Il était en jean* ou *en jeans.* **3.** Pantalon coupé comme un jean. *Jean de velours.*

Jayapura. Vue générale. *Phot. © Charles Lénars*

saint **Jean de la Croix.** Tableau anonyme du XVIIe s. Coll. du Carmel, Beaune.
Phot. © Dagli Orti

saint **JEAN** ▪ Apôtre de Jésus. On lui attribue le quatrième Évangile, l'Apocalypse et trois Épîtres. Son emblème est un aigle.

JEAN XXII (1245 - 1334) ▪ Deuxième pape d'Avignon, de 1316 à sa mort. Il condamna comme hérétiques les « spirituels » franciscains, partisans de la pauvreté.

JEAN XXIII (1881 - 1963) ▪ Pape de 1958 à sa mort. Il convoqua en 1962 le IIe concile du Vatican et voulut adapter l'Église au monde contemporain.

JEAN ▪ NOM DE PLUSIEURS SOUVERAINS EUROPÉENS
1. roi d'ANGLETERRE ► **JEAN SANS TERRE** (1167 - 1216) succéda en 1199 à son frère Richard Ier Cœur de Lion. Il fut condamné par la cour des pairs de France à perdre ses terres françaises pour avoir enlevé Isabelle d'Angoulême.
2. duc de BOURGOGNE ► **JEAN SANS PEUR** (1371 - 1419), duc de 1404 à sa mort, fut à l'origine de la guerre des armagnacs et des bourguignons par sa volonté d'obtenir la couronne de France. Il s'allia aux Anglais et mourut assassiné.
3. rois de FRANCE ► **JEAN Ier LE POSTHUME**, fils posthume de Louis X. Il ne vécut que cinq jours (1316). ► **JEAN II LE BON** (1319 - 1364) Roi de 1350 à sa mort, il fut capturé à Poitiers par les Anglais lors de la guerre de Cent* Ans (1356); son fils, le futur Charles V, assuma la régence.
4. roi de POLOGNE ► **JEAN III SOBIESKI** (1624 - 1696), roi de 1674 à sa mort, proclamé « héros de la chrétienté » après ses victoires sur les Turcs.
5. rois du PORTUGAL ► **JEAN Ier LE GRAND** (1357 - 1433), roi de 1385 à sa mort, fit de son pays une grande puissance et encouragea les voyages de son fils Henri le Navigateur. ► **JEAN IV LE FORTUNÉ** (1604 - 1656) libéra son pays de la domination espagnole en 1640 et devint roi. Fondateur de la maison de Bragance. ► **JEAN VI** (1767 - 1826), régent jusqu'à la mort de sa mère en 1816, puis roi de 1816 à sa mort. Il fut chassé par les Français en 1807, se réfugia au Brésil et ne put revenir qu'en 1821. Son fils Pierre Ier proclama alors le Brésil indépendant et en devint empereur (1822).
6. grand-duc de LUXEMBOURG ► **JEAN** (né en 1921) succéda à sa mère, après son abdication, en 1964.

saint **JEAN-BAPTISTE** (mort v. 28) ▪ Prophète juif. Il reconnut Jésus comme Messie et le baptisa dans l'eau du Jourdain. Il fut décapité à la demande de Salomé.

saint **JEAN-BAPTISTE DE LA SALLE** (1651 - 1719) ▪ Prêtre français. Fondateur de la congrégation des Frères des Écoles chrétiennes.

saint **JEAN-BAPTISTE MARIE VIANNEY** (1786 - 1859) ▪ Prêtre français. Il fut curé d'Ars (Ain) pendant 41 ans, où sa renommée, comme confesseur, attira les foules. Patron des curés.

André **JEAN BON SAINT-ANDRÉ** (1749 - 1813) ▪ Révolutionnaire français. Membre du Comité de salut public chargé des affaires maritimes, employé par le Directoire, puis par Napoléon Ier.

saint **JEAN BOSCO** (1815 - 1888) ▪ Prêtre italien. Fondateur des congrégations des salésiens et des salésiennes, consacrées à l'éducation des enfants pauvres.

saint **JEAN CHRYSOSTOME** (v. 349 - 407) ▪ Docteur de l'Église, patriarche de Constantinople. Son surnom (Chrysostome : « Bouche d'or » en grec) lui vient de sa remarquable éloquence.

saint **JEAN DAMASCÈNE** (fin du VIIe s. - v. 749) ▪ Théologien chrétien de Damas, docteur de l'Église grecque. Il combattit l'hérésie iconoclaste.

JEAN DE BOLOGNE → Giambologna

saint **JEAN DE LA CROIX** (1542 - 1591) ▪ Moine espagnol. Auteur de poèmes et de traités mystiques, chefs-d'œuvre du Siècle d'or espagnol. Après sainte Thérèse d'Ávila, il réforma les carmels et participa à la fondation de l'ordre des carmes déchaussés.

JEAN DE MEUNG ou **DE MEUN** (1250 - v. 1305) ▪ Érudit et poète français. Il est l'auteur de la seconde partie du *"Roman de la rose"*, commencé par Guillaume de Lorris.

saint **JEAN FISHER** (v. 1469 - 1535) ▪ Prélat anglais, ami d'Érasme. Il s'opposa au second mariage d'Henri VIII et fut exécuté.

JEAN-FOUTRE [ʒɑ̃-] **n. m. invar.** ▪ FAM. **1.** VX Gredin. **2.** Individu incapable, sur lequel on ne peut compter. ⇒ **je-m'en-fichiste.**

sainte **JEANNE D'ARC** dite **LA PUCELLE D'ORLÉANS** (v. 1412 - 1431) ▪ Héroïne française. Pendant la guerre de Cent Ans, elle entendit des voix surnaturelles lui ordonnant de délivrer le pays et obtint de Charles VII une armée. En 1429, elle obligea les Anglais à lever le siège d'Orléans, les vainquit à Patay, puis fit sacrer Charles VII à Reims. Capturée par les bourguignons, elle fut livrée aux Anglais et condamnée comme sorcière à Rouen (1431), où elle fut brûlée vive. Elle fut réhabilitée en 1456 et canonisée en 1920.

sainte **JEANNE DE CHANTAL** (1572 - 1641) ▪ Religieuse française qui fonda l'ordre de la Visitation.

JEANNE LA FOLLE (1479 - 1555) ▪ Reine de Castille. Fille de Ferdinand d'Aragón et d'Isabelle la Catholique, mère de Charles Quint, épouse de Philippe le Beau.

JEANNE SEYMOUR (v. 1509 - 1537) ▪ Troisième épouse d'Henri VIII, mère d'Édouard VI.

① **JEANNETTE n. f.** ▪ Planchette à repasser montée sur pied.

② **JEANNETTE n. f.** ▪ Petite fille appartenant au scoutisme catholique.

JEAN-PAUL → Johann Paul **Richter**

JEAN-PAUL II (né en 1920) ▪ Le premier pape polonais (de son vrai nom Karol Wojtyla), élu en 1978. Il a parcouru le monde, proclamant la nécessité, face au matérialisme grandissant, d'une « nouvelle évangélisation » fondée sur les valeurs essentielles de la foi et de la morale chrétiennes, notamment en matière d'avortement et de contraception.

Jean-Paul II.
Phot. © Lochon/Gamma

sir James Hopwood **JEANS** (1877 - 1946) ▪ Astronome, mathématicien et physicien britannique. Il élabora une théorie cosmogonique dite catastrophique (abandonnée aujourd'hui) selon laquelle les planètes du Système solaire seraient issues du Soleil lui-même. Ses travaux sur le rayonnement du corps noir ouvrirent la voie à la théorie des quanta de Planck.

JEEP [(d)ʒip] **n. f.** (n. déposé) ▪ Automobile tout terrain à quatre roues motrices. ⇒ **quatre-quatre.** *Des jeeps.*

Thomas **JEFFERSON** (1743 - 1826) ▪ Homme d'État américain. Auteur de la Déclaration d'indépendance en 1776. 3e président des États-Unis, de 1801 à 1809. Son idéalisme humanitaire exerça une influence profonde.

JEFFERSON CITY ▪ Ville des États-Unis, capitale de l'État du Missouri. 35 000 hab.

JÉHOVAH ▪ Nom parfois donné au Dieu de la Bible. C'est un barbarisme obtenu par la lecture des consonnes YHWH (qui forment le nom sacré de Dieu *Yahweh*) et des voyelles d'*Adonaï*, « mon Seigneur », qui l'accompagnent toujours pour rappeler qu'il faut dire *Adonaï*.

JÉJUNUM [-ɔm] n. m. ▪ ANAT. Deuxième segment de l'intestin grêle, entre le duodénum et l'iléon.

el-JEM → el-Djem

JEMAPPES anciennt *JEMMAPES* ▪ Ancienne commune de Belgique, aujourd'hui rattachée à Mons. Dumouriez y vainquit les Autrichiens en novembre 1792.

JE-M'EN-FICHISME ou **JE-M'EN-FOUTISME** n. m. ▪ FAM. Attitude d'indifférence envers ce qui devrait intéresser ou préoccuper. ⇒ **désinvolture, insouciance.** ► JE-M'EN-FICHISTE ou JE-M'EN-FOUTISTE n. et adj. FAM. *Des je-m'en-fichistes.*

JE-NE-SAIS-QUOI n. m. invar. ▪ Chose qu'on ne peut définir ou exprimer, bien qu'on en sente nettement l'existence ou les effets. *Il a un je-ne-sais-quoi de déplaisant.*

Edward **JENNER** (1749 - 1823) ▪ Médecin britannique. Inventeur en 1796 du premier vaccin (contre la variole).

Johannes Vilhelm **JENSEN** (1873 - 1950) ▪ Écrivain danois. Auteur d'une fresque épique *"Le Long Voyage"* (6 vol., 1908-1921) allant de la préhistoire à Christophe Colomb et dans laquelle il exalte les Goths. Prix Nobel de littérature 1944.

JÉRÉMIADE n. f. ▪ FAM. surtout au plur. Plainte sans fin qui importune. ⇒ **lamentation.**

JÉRÉMIE (v. 650 - v. 580 av. J.-C.) ▪ Un des quatre grands prophètes de la Bible. On lui attribue les *"Lamentations"* sur Jérusalem dévastée par les Babyloniens.

JEREZ n. m. ⇒ XÉRÈS

JEREZ DE LA FRONTERA ▪ Ville d'Espagne (Andalousie). 184 018 hab. Réputée pour ses vins.

JÉRICHO ▪ Ville de Cisjordanie dans le territoire autonome palestinien. 20 000 hab. Considérée comme la plus ancienne ville du monde, fondée en 8000 av. J.-C. Selon la Bible, les murailles s'écroulèrent au son des trompettes et des cris des Hébreux qui s'emparèrent alors de la ville, conduits par Josué. Située dans les territoires occupés par les Israéliens, Jéricho, ainsi que la bande de Gaza, est placée depuis 1994 sous autogouvernement palestinien.

JERK [(d)ʒɛʀk] n. m. ▪ anglic. Danse moderne dans laquelle tout le corps est agité de secousses rythmées.

JÉROBOAM [-bɔam] n. m. ▪ Grosse bouteille d'une contenance de quatre bouteilles normales (soit 3 litres).

JÉROBOAM Ier ▪ Fondateur et premier roi d'Israël (de 931 à 910 av. J.-C.).

saint **JÉRÔME** (v. 347 - 420) ▪ Père et docteur de l'Église. Sa traduction de la Bible en latin, la Vulgate, fut adoptée par l'Église et joua un grand rôle dans la culture des pays catholiques. Les peintres l'ont souvent représenté en ermite.

JERRYCAN [(d)ʒeʀikan] n. m. ▪ anglic. Bidon quadrangulaire à poignée, d'environ 20 litres. ⇒ **nourrice** (II). *Des jerrycans d'essence.* ◇ var. JERRICANE [(d)ʒ-].

JERSEY n. m. ▪ Tissu très souple à mailles toujours semblables sur une même face. *Jersey de laine.* - Tissu tricoté. ⇒ **maille.** *Robe en jersey.* ♦ *Point de jersey* (au tricot).

JERSEY ▪ La plus grande des îles Anglo-Normandes. 116 km². 85 000 hab. Chef-lieu : Saint-Hélier. Tourisme.

JERSEY CITY ▪ Ville des États-Unis (New Jersey). 229 000 hab.

JÉRUSALEM ▪ Ville de Palestine, proclamée en 1980 par la Knesset capitale d'Israël, cité sainte et lieu de pèlerinage pour les religions juive, chrétienne et musulmane. 524 500 hab. Nombreuses synagogues, mur des Lamentations, mosquées (Coupole du Rocher, VIIe s. ; al-Aqsa, XIe s.), églises. Vers l'an 1000 av. J.-C., le roi David en fit la capitale de la Judée, puis Salomon y construisit son Temple. Détruite par Nabuchodonosor* II, conquise par les Romains en 63 av. J.-C. (→ **Hérode**), elle fut le lieu de la mort de Jésus-Christ. En 1099, après la première croisade, les chrétiens y fondèrent le *royaume latin de Jérusalem* (→ **Godefroy de Bouillon**). Occupée par les musulmans du XIIIe au XXe s., puis par les Anglais qui partagèrent la ville entre Juifs et Arabes en 1948. En 1967, les Israéliens prirent possession de la partie arabe, réunifiant de fait la ville (→ guerres **israélo-arabes**).

Jérusalem. Le Dôme du Rocher. *Phot. © Prato/Ricciarini*

JÉSUITE n. m. ▪ **I. 1.** Membre de la Compagnie de Jésus. **2.** adj. Se dit d'un style d'architecture baroque (XVIIe siècle). **II.** péj. Personne qui recourt à des astuces hypocrites. - adj. *Un air jésuite.* ⇒ **hypocrite.**

JÉSUITIQUE adj. ▪ péj. **1.** Propre aux jésuites. **2.** Digne d'un jésuite (II). ⇒ **hypocrite.** *Formule, procédé jésuitique.*

JÉSUITISME n. m. ▪ péj. **1.** Système moral de restriction mentale et d'accommodement reproché aux jésuites. **2.** Attitude, conduite jésuitique (2). ⇒ **hypocrisie.**

JÉSUS ▪ **I.** interj. Marquant la surprise, l'indignation, la peur. *Jésus ! Doux Jésus !* **II.** n. m. Représentation de Jésus enfant. *Un jésus en plâtre.* ♦ *Mon jésus,* terme d'affection à l'adresse d'un enfant. **III.** n. m. Gros saucisson court. *Un jésus de Lyon.*

JÉSUS ou **JÉSUS-CHRIST** ▪ Fondateur de la religion chrétienne, pour laquelle il est le fils de Dieu, venu sur la Terre pour sauver l'humanité. Il serait né en 4 ou 5 avant l'ère qui porte son nom, et mort en 28 ou 29 de cette ère. Les Évangiles racontent sa naissance à Bethléem, sa jeunesse à Nazareth, sa prédication et ses miracles en Galilée, sa condamnation à mort devant Ponce* Pilate, sa crucifixion et sa résurrection le troisième jour. → **Christ.**

la Compagnie de **JÉSUS** ▪ Ordre de clercs réguliers fondé en 1540 par Ignace de Loyola. Les nécessités de l'apostolat l'amenèrent à développer l'enseignement, dont il fit l'une de ses spécialités. Les jésuites furent aussi de grands missionnaires en Asie (→ saint **François Xavier**) et au Paraguay. Ils soutinrent le molinisme contre le jansénisme. Ordre aboli en 1773 et rétabli en 1814.

① **JET** [ʒɛ] n. m. ▪ **I. 1.** Action de jeter ; mouvement d'une chose lancée parcourant une certaine trajectoire. ⇒ ② **lancer.** *Armes de jet.* **2.** Distance parcourue par une chose jetée. *À un jet de pierre.* **3.** loc. *D'un seul jet, d'un jet :* d'un coup, d'une seule venue. *Texte écrit d'un seul jet.* - *Premier jet :* première expression de l'œuvre d'un créateur. ⇒ **ébauche, esquisse.** **II. 1.** Mouvement par lequel une chose jaillit avec plus ou moins de force. *Jet de vapeur.* - loc. FAM. *À jet continu :* sans discontinuer. **2.** *JET D'EAU :* gerbe d'eau jaillissant verticalement et retombant dans un bassin. - abusivt Tuyau d'arrosage. **3.** Rayons qui jaillissent. *Un jet de lumière.* **4.** Nouvelle pousse d'un arbre. ⇒ **rejet.**

② **JET** [dʒɛt] n. m. ▪ anglic. Avion à réaction. *Des jets.*

JETABLE adj. ▪ Destiné à être remplacé et non entretenu. *Briquet jetable.*

① **JETÉ** n. m. ▪ **1.** DANSE Saut lancé par une seule jambe et reçu par l'autre. **2.** Mouvement consistant à amener la barre des haltères au bout des bras tendus verticalement. ⇒ aussi **épaulé-jeté.** **3.** Tissu que l'on étend sur un meuble en guise d'ornement. *Un jeté de lit.* ⇒ **couvre-lit.**

② **JETÉ, ÉE** adj. ▪ FAM. Fou, cinglé.

JETÉE n. f. ▪ Construction formant une chaussée qui s'avance dans l'eau. ⇒ **digue, estacade, môle.** *Se promener sur la jetée.*

JETER v. tr. [4] ▪ **I.** Envoyer (qqch.) à quelque distance de soi. **1.** Lancer. *Jeter une pierre. Jeter qqch. à la tête de qqn.* - fig. *Il* *nous jette à la tête son érudition,* il en fait étalage d'une manière déplaisante. ➝ loc. FAM. *N'en jetez plus (la cour est pleine) :* cela suffit, assez. ♦ (vers le bas) *Jeter qqch. par la fenêtre.* ➝ *Jeter l'ancre.* **2.** Disposer, établir dans l'espace, d'un point à un autre. *Jeter une passerelle sur un fossé.* ♦ Établir, poser. *Jeter les bases d'une société.* **3.** Abandonner, rejeter comme encombrant ou inutile. *Vieux papiers bons à jeter.* ➝ *Jeter qqch. au panier, à la poubelle.* ⇒ **mettre.** ♦ FAM. *Se faire jeter :* se faire rejeter, exclure, renvoyer. **4.** Déposer, mettre avec vivacité ou sans soin. *Jeter ses clés sur la table.* ➝ *Jeter une lettre à la boîte.* ➝ FAM. *S'en jeter un* (verre), *s'en jeter un derrière la cravate :* boire qqch. ♦ Disposer rapidement. *Jeter une nappe sur une table.* ➝ fig. au p. p. *Une idée jetée sur le papier,* notée rapidement. **5.** Répandre. *Jeter de l'ombre sur qqch.* **6.** *Jeter l'effroi, l'épouvante.* ⇒ **semer.** *Jeter un froid.* **II. 1.** Diriger (une partie du corps). *Jeter sa tête en avant. Elle lui jeta ses bras autour du cou.* **2.** Faire sortir de soi. ⇒ **émettre.** *Jeter un cri.* ➝ *Diamants qui jettent mille feux.* **III. 1.** Pousser, diriger avec force. *Jeter qqn dehors,* le mettre à la porte. *Jeter qqn en prison.* ♦ *JETER BAS, À BAS, À TERRE :* faire tomber brutalement. **2.** fig. ⇒ **plonger.** *Jeter qqn dans le désarroi.* ► **SE JETER** v. pron. **1.** Sauter, se laisser choir. *Se jeter à l'eau ;* fig. prendre soudainement une décision audacieuse. *Se jeter par la fenêtre.* **2.** Aller d'un mouvement précipité. ⇒ s'**élancer,** se **précipiter.** *Se jeter dans les bras de qqn. Se jeter sur la nourriture.* **3.** fig. S'engager avec fougue, sans mesurer les risques. *Se jeter dans la bagarre.* **4.** (cours d'eau) Déverser ses eaux. *Les rivières qui se jettent dans la Seine.*

JETEUR, EUSE n. ▪ *Jeteur de sort :* sorcier qui jette un sort.

JETON n. m. ▪ **1.** Pièce plate représentant une certaine valeur ou servant de marque. *Jeton de téléphone.* **2.** *JETON DE PRÉSENCE :* honoraires perçus par les membres d'un conseil d'administration. **3.** FAM. *Faux comme un jeton :* dissimulé, hypocrite. ♦ *UN FAUX JETON* [foʒtɔ̃] : un hypocrite. ➝ **adj.** *Il, elle est un peu faux jeton.* **4.** FAM. Coup. *Il a pris un jeton.* **5.** FAM. *Avoir les jetons :* avoir peur. *Donner les jetons :* faire peur. *Ça m'a filé les jetons.*

JEU n. m. ▪ **I. 1.** Activité physique ou mentale dont le but essentiel est le plaisir qu'elle procure. ⇒ **amusement, divertissement, récréation ; ludique.** *LE JEU. Le besoin du jeu chez l'enfant.* ➝ loc. adv. *PAR JEU. Faire qqch. par jeu.* ♦ *UN JEU. Prendre part à un jeu. S'adonner à son jeu favori.* ⇒ **passe-temps.** ➝ prov. *Jeu(x) de main, jeu(x) de vilain*.* **2.** Activité qui présente un ou plusieurs caractères du jeu (gratuité, futilité, facilité). *Un simple jeu d'esprit.* ➝ *JEU DE MOTS :* allusion plaisante fondée sur l'équivoque de mots qui ont une ressemblance phonétique. ⇒ **calembour.** *Jeu de mots facile ; mauvais jeu de mots.* ♦ Chose qui ne tire pas à conséquence, ou qui n'offre pas grande difficulté. ⇒ **bagatelle.** *Ce n'est qu'un jeu pour lui. C'est un jeu d'enfant*.* **3.** *JEU D'ÉCRITURE :* opération comptable purement formelle. **II. 1.** Cette activité organisée par un système de règles définissant un succès et un échec, un gain et une perte. *Gagner, perdre, tricher au jeu. La règle du jeu.* ♦ *Le jeu :* l'ensemble des règles à respecter. *C'EST LE JEU.* ⇒ **correct, régulier.** FAM. *Ce n'est pas de jeu* (ou *pas du jeu*) (→ c'est de la triche). ➝ *JOUER LE JEU :* se conformer strictement aux règles (du jeu, et fig. d'une activité). ♦ *Jeux de plein air. Jeu d'adresse. Jeu éducatif. Jeux de société.* ♦ au plur. ANTIQ. Compétitions sportives. *Jeux du cirque, du stade.* ➝ *JEUX OLYMPIQUES*.* **2.** *LE JEU :* les jeux où l'on risque de l'argent. *Se ruiner au jeu* (⇒ **jouer ; joueur**). *Maison de jeu ; table de jeu. Dette de jeu.* ➝ prov. *Heureux au jeu, malheureux en amour.* ♦ dans des expr. Argent joué, mise. *JOUER GROS JEU ;* fig. prendre de grands risques. ➝ *Faites vos jeux :* misez. *LES JEUX SONT FAITS (rien ne va plus) ;* fig. tout est décidé. **3.** Partie qui se joue. *Suivre le jeu.* ♦ loc. *ENTRER EN JEU.* ⇒ **intervenir.** *Entrer dans le jeu de qqn,* favoriser ses intérêts. ➝ *ÊTRE EN JEU :* être en cause, en question. *Sa vie, sa fortune est en jeu.* ➝ *Se prendre, se piquer AU JEU :* se laisser passionner ; s'obstiner. ♦ Division de la partie, au tennis. *Une manche en six jeux.* **4.** HIST. LITTÉR. Pièce de théâtre en vers, au Moyen Âge. **III.** Ce qui sert à jouer. **1.** Instruments du jeu. *Un jeu d'échecs en ivoire. Jeu de 32, de 52 cartes.* **2.** Assemblage de cartes plus ou moins favorable qu'un joueur a en main. *Avoir du jeu, un beau jeu.* ♦ loc. *AVOIR BEAU JEU :* être en situation de triompher aisément. ➝ *CACHER* SON JEU.* **3.** Série complète d'objets de même nature et d'emploi analogue. *Un jeu de clés.* ➝ *JEU D'ORGUE(S) :* dans un orgue, rangée de tuyaux de même espèce. **IV. 1.** La manière dont on joue. *Un jeu habile, prudent.* ♦ fig. *Jouer un jeu dangereux.* ➝ *JOUER DOUBLE JEU :* agir de deux façons différentes pour tromper. *Jouer franc* jeu. FAIRE LE JEU DE qqn,* servir involontairement ses intérêts. *Lire dans le jeu de qqn :* déchiffrer ses intentions. **2.** Façon de jouer d'un instrument, d'une arme. *Le jeu d'un violoniste.* **3.** Manière de jouer un rôle. ⇒ **interprétation.** *Le jeu d'un acteur.* ➝ *Jeu de scène :* ensemble d'attitudes qui concourent à un effet scénique. ♦ Rôle, comédie qu'on joue (dans la vie). loc. *Être pris à son propre jeu.* ➝ *Jouer le grand jeu :* utiliser tous ses talents pour séduire, convaincre. ♦ loc. fig. *VIEUX JEU :* démodé, archaïque. **4.** Manière de mettre en œuvre. *JEU*

Le serment du **Jeu de paume.** Tableau d'après David. Musée Carnavalet, Paris. *Phot. © Musée de la ville de Paris, musée Carnavalet/Giraudon*

DE. *Le jeu de mains d'un pianiste. Jeux de physionomie.* ♦ *Jeu de lumière :* combinaison de reflets mobiles et changeants. *"Jeux d'eau"* (de Ravel). **V. 1.** Mouvement aisé, régulier d'un objet, d'un organe, d'un mécanisme. ⇒ **fonctionnement.** *Le jeu des muscles.* **2.** fig. ⇒ **action.** *Par le jeu d'alliances secrètes. Le jeu de l'offre et de la demande.* **3.** Espace ménagé pour le mouvement aisé d'un objet. *Donner du jeu à un tiroir.* ♦ Défaut de serrage entre deux pièces d'un mécanisme. *Cette pièce a du jeu, il faut la revisser.*

le serment du JEU DE PAUME ▪ Serment prêté le 20 juin 1789 par les députés du tiers état, réunis dans une salle de jeu de paume à Versailles (la salle habituelle leur étant interdite) : ils jurèrent de ne pas se séparer avant d'avoir donné une Constitution à la France.

JEUDI n. m. ▪ Quatrième jour de la semaine, qui succède au mercredi. *Tous les jeudis soirs.* - loc. FAM. *La semaine des quatre jeudis :* jamais.

JEUMONT ▪ Commune du Nord. 11 048 hab. *(les Jeumontois).*

À **JEUN** [ʒœ̃] loc. adv. ▪ Sans avoir rien mangé. *Ils sont venus à jeun.*

JEUNE ▪ **I.** adj. Peu avancé en âge (opposé à *vieux*). **1.** (personnes) Qui est dans la jeunesse. *Être jeune, tout jeune, encore jeune. N'être plus très jeune. Mourir jeune. Ils se sont mariés jeunes.* - *Jeune femme*, jeune fille*, jeune homme*.* - loc. *Faire jeune.* ♦ *S'adresser à un public jeune.* ♦ (valeur comparative) *Son jeune frère, sa jeune sœur.* ⇒ **benjamin, cadet.** ♦ *Être jeune de caractère. Rester jeune.* **2.** (animaux) *Jeune chat, jeune chien.* ♦ (plantes) *Jeune chêne.* **3.** (choses) Nouveau, récent. *Une industrie jeune. Cette eau-de-vie est trop jeune.* **4.** (qualifiant une période) *Dès son plus jeune âge.* ⇒ **enfance.** *Dans mon jeune temps.* ⇒ **jeunesse.** - POÉT. *Nos jeunes années.* ♦ Propre à la jeunesse. *Elle a conservé une allure jeune.* **5.** Qui convient, sied à la jeunesse. *Une coiffure jeune.* - adv. *S'habiller jeune.* **6.** Qui est nouveau (dans un état, une occupation). *Jeunes mariés :* personnes récemment mariées. - FAM. *Être jeune dans le métier.* ⇒ **inexpérimenté, novice. 7.** FAM. ⇒ **insuffisant, léger.** *C'est un peu jeune, comme argument.* **II.** n. Personne jeune. *Les jeunes.* ⇒ **adolescent ; jeunesse ;** → jeunes gens. *Film pour les jeunes.* - *Les jeunes dans la société. L'insertion, le chômage des jeunes.*

JEÛNE n. m. ▪ Privation volontaire de toute nourriture. ⇒ **abstinence ; diète.** *Jeûne du ramadan, du carême.*

JEÛNER v. intr. [1] ▪ Se priver volontairement de nourriture ou en être privé ; rester à jeun. *Jeûner pour protester* (→ grève* de la faim).

JEUNESSE n. f. ▪ **I. 1.** Temps de la vie entre l'enfance et la maturité. *L'adolescence, première partie de la jeunesse. N'être plus de la première jeunesse :* n'être plus jeune. - *Folie, erreur de jeunesse.* - prov. *Il faut que jeunesse se passe :* il faut être indulgent pour les écarts des jeunes gens. **2.** Fait d'être jeune ; état d'une personne jeune. *Tant de jeunesse désarme.* - *L'intransigeance de la jeunesse.* ♦ Ensemble de caractères propres à la jeunesse, mais qui peuvent se conserver jusque dans la vieillesse. *Une éternelle jeunesse.* ⇒ **fraîcheur, vigueur.** - *Jeunesse de cœur.* **II. 1.** Les personnes jeunes ; les jeunes. prov. *Si jeunesse savait, si vieillesse pouvait :* si les jeunes avaient l'expérience des vieux et les vieux la vigueur des jeunes. ♦ Les enfants et les adolescents. *Publications destinées à la jeunesse.* **2.** FAM. Fille ou femme très jeune. *Il a épousé une jeunesse.* ⇒ **tendron. 3.** au plur. Groupes organisés de jeunes gens. *Les jeunesses hitlériennes.*

JEUNES-TURCS ▪ Groupe de jeunes intellectuels et officiers turcs, fondé en 1868, partisans de la modernisation des institutions du pays. Ils prirent le pouvoir en 1909, entraînèrent l'Empire ottoman dans la Première Guerre mondiale aux côtés de l'Allemagne. Après la défaite, l'arrivée de Mustafa Kemal au pouvoir les fit disparaître.

JEUNET, ETTE adj. ▪ FAM. Bien jeune. ⇒ **jeunot.** *Elle est toute jeunette.*

JEÛNEUR, EUSE n. ▪ Personne qui jeûne.

JEUNOT, OTTE adj. ▪ FAM. Jeune. ⇒ **jeunet.** - n. m. *Un petit jeunot.*

William Stanley JEVONS (1835 - 1882) ▪ Économiste et logicien britannique. Un des fondateurs de l'économie mathématique et du marginalisme.

JÉZABEL (IXe s. av. J.-C.) ▪ Princesse tyrienne, épouse du roi d'Israël Achab et mère d'Athalie. Despotique et idolâtre, elle s'attira la vindicte d'Élie et fut assassinée par ordre de Jéhu.

JIANG Jieshi, TSIANG Kiai-che, CHIANG Kai-shek ou **TCHANG Kaï-chek** (1887 - 1975) ▪ Maréchal et homme politique chinois. Formé et appuyé par les Soviétiques, il devint le chef du Guomindang en 1927 et entreprit d'établir son hégémonie sur la Chine en luttant contre les communistes de Mao Zedong avant de s'allier temporairement avec eux contre l'envahisseur japonais (1938). Son régime, corrompu, fut vaincu par les partisans de Mao Zedong (1945-1949). Il dut se réfugier à Taiwan où il dirigea jusqu'à sa mort la République de Chine (nationaliste).

JIANG Zemin ou **KIANG Tsö-min** (né en 1926) ▪ Homme d'État chinois. Il a été nommé en 1989 par Deng Xiaoping secrétaire général du Parti communiste chinois. Président de la République depuis 1993.

JIANGSU ou **KIANG-SOU** ▪ Province côtière de l'est de la Chine. 102 600 km². 69 670 000 hab. Capitale : Nankin. Riz. Blé. Coton.

JIANGXI ou **KIANG-SI** ▪ Province du sud de la Chine. 167 000 km². 37 710 281 hab. Capitale : Nanchang. Tungstène. Riz.

Jiangxi. Les faubourgs de Ruijin. *Phot. © Gerster/Rapho*

JILIN, KI-LIN ou **KIRIN** ▪ Province du nord-est de la Chine. 187 400 km². 25 550 000 hab. Capitale : Changchun. Houille. Bois.

Juan Ramón JIMÉNEZ (1881 - 1958) ▪ Poète espagnol. Il quitta l'Espagne en 1936 pour ne pas prendre parti dans la guerre civile. Il considéra la poésie comme une « religion immanente ». Prix Nobel de littérature 1956. *"Platero et moi"* (prose, 1914), « *Dieu désiré et désirant* » (poésie, 1949).

Juan Ramón **Jiménez.** *Phot. © Mary Evans Picture Library/Explorer*

Francisco JIMÉNEZ DE CISNEROS (1436 - 1517) ▪ Cardinal espagnol. Confesseur d'Isabelle de Castille, il fut archevêque de Tolède, cardinal, puis Grand Inquisiteur de Castille, et exigea la conversion des Maures de Grenade. Il fut nommé régent en 1516 par le testament de Ferdinand le Catholique et facilita l'avènement du futur Charles Quint.

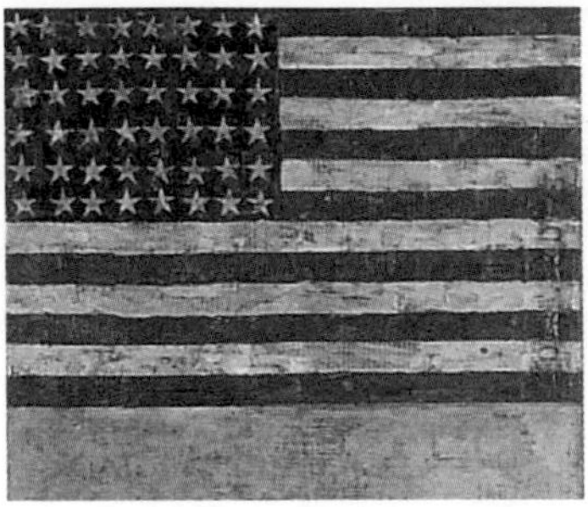

Johns. *Drapeau sur fond blanc avec collage.* Coll. de l'artiste. *Phot. © Documentation du MNAMGP, Paris/Béatrice Hatala*

JINAN ou **TSI-NAN** ▪ Ville de Chine, capitale de la province de Shangdong. 2 327 700 hab. Important carrefour ferroviaire.

JINDEZHEN ou **KING-TÖ-TCHEN** ▪ Ville de Chine (Jiangxi) célèbre pour ses porcelaines (gisements de kaolin). 357 700 hab.

JINGLE [dʒingœl] **n. m.** ▪ anglic. Court motif sonore destiné à introduire une émission (⇒ **indicatif**) ou un message publicitaire. ◇ recomm. off. SONAL.

Muhammad 'Alī JINNĀH (1876 - 1948) ▪ Homme politique pakistanais. Opposé à Gandhi, il obtint, lors de l'indépendance de l'Inde, la création d'un État musulman : le Pakistan.

JINNAMPO ou **NAMPO** ▪ Ville et port de Corée-du-Nord. 130 000 hab.

JITOMIR → Jytomyr

JIU-JITSU **n. m.** ▪ Technique japonaise de combat sans armes, d'où dérive le judo (→ arts martiaux*).

les JIVAROS ▪ Indiens d'Amazonie qui coupaient et réduisaient la tête de leurs ennemis pour en faire des trophées.

saint JOACHIM ▪ Père de la Vierge Marie et époux de sainte Anne, dans la tradition chrétienne.

JOACHIM DE FLORE (v. 1130 - 1202) ▪ Mystique italien. Abbé cistercien, il fonda la congrégation « de Flore ». Ses thèses inspirèrent, au XIIIe s., un vaste mouvement d'opposition à l'Église établie et d'attente d'un « âge de l'Esprit ».

JOAILLERIE **n. f.** ▪ **1.** Art de monter les pierres précieuses ou fines pour en faire des joyaux. **2.** Métier, commerce du joaillier ; atelier, magasin de joaillier. ⇒ **bijouterie.**

JOAILLIER, IÈRE **n.** ▪ Personne qui fabrique des joyaux, qui en fait commerce. *Bijoutier-joaillier. Joaillier-orfèvre.*

JOÃO PESSOA ▪ Ville du Brésil, capitale de l'État du Paraíba. 497 000 hab.

JOB **n. m.** ▪ anglic. FAM. **1.** Travail rémunéré, qu'on ne considère ni comme un métier, ni comme une situation. *Étudiant qui cherche un job.* **2.** Emploi rémunéré. ⇒ FAM. ② **boulot.** *Il a un bon job.*

JOB ▪ Personnage de la Bible *("Livre de Job")*. Pour éprouver sa foi, Dieu le priva de ses enfants et de ses biens. Job est la figure exemplaire du juste frappé par le malheur.

JOBARD, ARDE **adj.** et **n.** ▪ Crédule jusqu'à la bêtise. ⇒ **naïf, niais.**

JOBARDERIE **n. f.** ▪ Crédulité, niaiserie. ◇ syn. JOBARDISE.

JOCASTE ▪ Dans la mythologie grecque, mère d'Œdipe. Elle l'épouse et se pend quand elle découvre qu'il était son fils.

JOCKEY **n. m.** ▪ Personne dont le métier est de monter les chevaux dans les courses. ⇒ **cavalier.** *Le régime sévère des jockeys.* - appos. *Une femme jockey.*

JOCRISSE **n. m.** ▪ VX Benêt, nigaud.

Étienne JODELLE (1532 - 1573) ▪ Poète et auteur dramatique français, membre de la Pléiade. *"Cléopâtre captive"* (1553) est la première tragédie classique française.

JODHPUR **n. m.** ▪ (du n. pr.) anglic. Pantalon de cheval serrant la jambe du genou au pied. *Porter un jodhpur, des jodhpurs.*

JODHPUR ▪ Ville de l'Inde fondée en 1212, dans le Rajasthan. 648 600 hab.

JODLER ⇒ IODLER

JŒUF ▪ Commune de Meurthe-et-Moselle. 7 875 hab. *(les Joviciens).*

Joseph JOFFRE (1852 - 1931) ▪ Maréchal de France. Vainqueur de la bataille de la Marne en 1914, généralissime jusqu'en 1916.

JOGGING [(d)ʒɔgiŋ] **n. m.** ▪ anglic. **1.** Course à pied, à allure modérée, faite par exercice. ⇒ **footing. 2.** Survêtement.

JOGJAKARTA → Yogyakarta

JOHANNESBURG ▪ La plus grande ville d'Afrique du Sud, capitale de la province du Gauteng, construite près de mines d'or. 1 609 408 hab. Métropole économique du pays (sidérurgie, construction mécanique).

Wilhelm JOHANNSEN (1857 - 1927) ▪ Botaniste et généticien danois. Définition des notions fondamentales de la génétique.

Jasper JOHNS (né en 1930) ▪ Peintre et sculpteur américain. Proche du pop art et du minimalisme, il a suivi une voie personnelle en peignant des drapeaux américains, des « cibles », des chiffres, des lettres et des cartes géographiques.

Samuel JOHNSON (1709 - 1784) ▪ Écrivain britannique. Célèbre pour son *"Dictionnaire de la langue anglaise"* (1747-1755), un des premiers ouvrages de référence de la lexicographie moderne.

Andrew JOHNSON (1808 - 1875) ▪ 17e président (démocrate) des États-Unis, de 1865 à 1869, après l'assassinat de Lincoln.

Lyndon Baines JOHNSON (1908 - 1973) ▪ 36e président (démocrate) des États-Unis de 1963 à 1969. Successeur de Kennedy, il mena une politique d'« escalade » au Viêtnam.

Daniel JOHNSON (1915 - 1968) ▪ Homme politique canadien. Chef de l'Union nationale, il fut Premier ministre du Québec de 1966 à sa mort. ► **Daniel JOHNSON** (né en 1945), son fils, a été Premier ministre (libéral) du Québec de janvier à septembre 1994. ► **Pierre-Marc JOHNSON** (né en 1946), son autre fils, succéda à R. Levesque comme Premier ministre du Québec en 1985.

Uwe JOHNSON (1934 - 1984) ▪ Écrivain allemand. Membre du Groupe 47. *"Une année dans la vie de Gesine Cresspahl"* (1971-1983).

JOHOR BAHRU ▪ Ville de Malaysia. 329 900 hab.

JOIE **n. f.** ▪ **1.** Émotion agréable et profonde, sentiment exaltant ressenti par toute la conscience. *Joie intense, extrême.* ⇒ **allégresse, jubilation, ravissement.** *La joie intérieure. Joie mystique. Pleurer de joie. Être fou de joie. Mettre en joie* (⇒ **réjouir**). - *Respirer la joie de vivre.* **2.** Cette émotion liée à une cause particulière. *C'est une joie de vous revoir. Se faire une joie de :* se réjouir de. ♦ au plur. *Une vie sans joies.* ⇒ **agrément, douceur, plaisir.** - iron. Ennuis, désagréments. *Les joies du mariage.*

JOIGNABLE **adj.** ▪ Que l'on peut joindre (5).

JOIGNY ▪ Commune de l'Yonne. 9 697 hab. *(les Joviniens).*

JOINDRE **v.** [49] ▪ **I. v. tr. 1.** Mettre (des choses) ensemble, de façon qu'elles se touchent ou tiennent ensemble (⇒ **jonction**). *Joindre les mains. Joindre bout à bout.* - loc. *Joindre les deux bouts* (du mois) : équilibrer son budget. **2.** (sujet chose) Mettre en communication. *Bretelle qui joint deux autoroutes.* ⇒ **relier. 3.** Mettre ensemble. ⇒ **rassembler, réunir. 4.** *JOINDRE À :* mettre avec. ⇒ **ajouter.** *Joindre le geste à la parole.* - ellipt *Joindre une enveloppe timbrée pour la réponse.* ♦ Unir en soi (tel caractère à tel autre). *Il joint la force à la beauté.* - *Joindre l'utile à l'agréable.* **5.** Entrer en communication avec (qqn). ⇒ **contacter, rencontrer, toucher.** *À quel numéro* (de téléphone) *peut-on vous joindre ?* (⇒ **joignable**). **II. v. intr.** Se toucher sans laisser d'interstice. *Planches qui joignent bien.* ► SE **JOINDRE v. pron.** *Les deux routes se joignent ici.* ⇒ se **rejoindre.** ♦ *SE JOINDRE À :* se mettre avec, s'associer à. *Mon mari se joint à moi pour vous envoyer tous nos vœux.* - Participer à. *Se joindre à la conversation.*

① **JOINT, JOINTE** adj. ▪ **1.** Qui est, qui a été joint. *Sauter à pieds joints.* – *Pièces solidement jointes.* ♦ *JOINT À. Lettre jointe à un paquet.* **2.** *CI-JOINT* **adj.** Joint ici même, joint à ceci (→ ci-inclus). *Les documents ci-joints.* – (invar., avant le n.) *Ci-joint la copie.*

② **JOINT** n. m. ▪ **1.** Espace qui subsiste entre des éléments joints. *Les joints d'une fenêtre.* **2.** Articulation entre deux pièces. *Joint de cardan.* **3.** Garniture assurant l'étanchéité d'un assemblage. *Joint de robinet.* **4.** loc. *Chercher, trouver le joint,* le moyen de résoudre une difficulté.

③ **JOINT** n. m. ▪ anglic. FAM. Cigarette de haschisch.

JOINTIF, IVE adj. ▪ TECHN. Qui est joint, qui est en contact par les bords. *Planches jointives.*

JOINTOYER v. tr. 8 ▪ TECHN. Remplir les joints de (une maçonnerie) avec du mortier.

JOINTURE n. f. ▪ **1.** Endroit où les os se joignent. ⇒ **articulation, attache. 2.** Endroit où deux parties se joignent ; façon dont elles sont jointes. ⇒ **assemblage.**

Jean de **JOINVILLE** (1225-1317) ▪ Chroniqueur français. Il participa à la septième croisade (1248), dirigée par Louis IX (saint Louis), qui lui accorda sa confiance. *"Livre des saintes paroles et des bons faits de notre saint roi Louis"* (1272-1309).

JOINVILLE-LE-PONT ▪ Commune du Val-de-Marne. 16 657 hab. *(les Joinvillais).*

Mór **JÓKAI** (1825-1904) ▪ Romancier hongrois. Il eut un immense succès populaire. *"L'Homme en or"* (1872).

JOKER [-ɛʀ] n. m. ▪ anglic. Carte à jouer à laquelle le détenteur est libre d'attribuer telle ou telle valeur.

JOLI, IE adj. ▪ **1.** Très agréable à voir. ⇒ **gracieux, mignon.** *Jolie fille. Elle est jolie comme un cœur. Joli garçon.* – *Une jolie maison.* ⇒ **ravissant.** ♦ Très agréable à entendre. *Jolie voix.* **2.** FAM. Digne de retenir l'attention, qui mérite d'être considéré. *Une jolie somme.* ⇒ **considérable, coquet.** *Réussir un joli coup.* – loc. *C'est bien joli, mais... :* ce n'est pas sans intérêt, mais... **3.** iron. *Un joli coco :* un individu peu recommandable. ♦ **n. m.** *C'est du joli !,* c'est mal (→ c'est du beau, c'est du propre).

JOLIESSE n. f. ▪ LITTÉR. Caractère de ce qui est joli, délicat.

Louis **JOLIET** ou **JOLLIET** (1645-1700) ▪ Explorateur français. Il prit possession, au nom du roi de France, de la région des Grands Lacs canadiens, puis des cours du Wisconsin, du Mississippi (fleuve Colbert) et de l'Illinois (1672).

JOLIMENT adv. ▪ **1.** D'une manière jolie, agréable. *Compliment joliment tourné.* **2.** D'une façon considérable. *On est joliment bien ici.* ⇒ FAM. **rudement.**

les **JOLIOT-CURIE**, **Irène** (1897-1956), et son époux **Frédéric** (1900-1958) ▪ Physiciens français. Prix Nobel de chimie 1935, pour leur découverte de la radioactivité artificielle. Fille de Pierre et Marie Curie, Irène Joliot-Curie fut en 1936 sous-secrétaire d'État à la Recherche scientifique dans le gouvernement de L. Blum. Communiste militant, pacifiste convaincu, Frédéric Joliot-Curie fut un pionnier du nucléaire civil.

André **JOLIVET** (1905-1974) ▪ Compositeur français. Il composa d'abord une suite d'œuvres à sujets incantatoires. Son écriture, influencée par le dodécaphonisme, devint ensuite plus proche du style modal. *"Mana"* (1935) ; *"Concerto pour ondes Martenot"* (1947).

Niccolò **JOMELLI** ou **JOMMELLI** (1714-1774) ▪ Compositeur italien, auteur d'une soixantaine d'opéras. Précurseur de Gluck. *"Miserere"*.

Antoine Henri, baron de **JOMINI** (1779-1869) ▪ Général suisse au service de Napoléon Ier, puis à partir de 1813 de la Russie, théoricien de la guerre.

JONAS ▪ Un des douze « petits prophètes » de la Bible. Avalé par une baleine, il passe trois jours dans son ventre (le christianisme a vu là un symbole de la Résurrection).

JONC [ʒɔ̃] n. m. ▪ **1.** Plante à hautes tiges droites et flexibles, qui croît dans l'eau, les terrains très humides. – Sa tige. *Corbeille, panier de jonc* (⇒ **vannerie**). **2.** Canne, badine (de jonc, etc.). **3.** Bague, bracelet dont le cercle est partout de même grosseur.

jonc. *Juncus affusus. Phot. © Nardin/Jacana*

JONCHÉE n. f. ▪ LITTÉR. Amas (de branchages, de fleurs, etc.) qui jonchent le sol.

JONCHER v. tr. 1 ▪ **1.** Parsemer (le sol, un lieu) de branchages, etc. – au p. p. *Des allées jonchées de fleurs.* **2.** (le sujet désigne les choses éparses) ⇒ **couvrir.** – passif et p. p. *Le tapis était jonché de livres.*

JONCHET n. m. ▪ Chacun des bâtonnets que l'on joue à retirer, avec un crochet, du tas où on les a jetés en vrac, sans faire bouger les autres. *Jouer aux jonchets.*

JONCTION n. f. ▪ **1.** Action de joindre une chose à une autre ; fait d'être joint. ⇒ **assemblage, réunion.** *Point de jonction.* ♦ Lieu de rencontre. *À la jonction des deux routes.* **2.** (troupes, groupes) Action de se joindre. *Les deux armées ont opéré leur jonction.*

Inigo **JONES** (1573-1652) ▪ Architecte anglais. Initiateur du palladianisme en Angleterre, il réalisa la maison de la reine à Greenwich et la salle des Banquets de Whitehall, dans un style sobre et dépouillé.

Johan Barthold **JONGKIND** (1819-1891) ▪ Peintre et aquarelliste néerlandais. Ses paysages annoncent l'impressionnisme. *"Couchant sur la Meuse"* (1866).

JONGLER v. intr. 1 ▪ **1.** Lancer en l'air plusieurs objets qu'on reçoit et relance alternativement en entrecroisant leurs trajectoires. *Jongler avec des balles, des torches.* **2.** fig. *Jongler avec :* manier de façon adroite et désinvolte. ⇒ **jouer.** *Jongler avec les chiffres.*

JONGLERIE n. f. ▪ **1.** Art du jongleur. **2.** fig. (souvent péj.) Exercice de virtuosité pure.

JONGLEUR, EUSE n. ▪ **1.** anciennt Ménestrel qui récitait ou chantait des vers, en s'accompagnant d'un instrument. **2.** Personne dont le métier est de jongler.

JÖNKÖPING ▪ Ville et port de Suède. 81 615 hab. Industrie des allumettes.

JONQUE n. f. ▪ Voilier d'Extrême-Orient, dont les voiles sont tendues par des lattes horizontales en bambou.

JONQUIÈRE ▪ Ville du Canada (Québec), dans la région du Saguenay. 67 867 hab.

JONQUILLE n. f. ▪ Variété de narcisse à fleurs jaunes et odorantes ; cette fleur. – **adj. invar.** De la couleur (jaune vif) de cette fleur. *Rubans jonquille.*

Ben **JONSON** (1572-1637) ▪ Écrivain anglais, ami et rival de Shakespeare. Auteur de ballets, de divertissements et de comédies : *"Volpone ou le Renard"* (1605).

JONZAC ▪ Chef-lieu d'arrondissement de la Charente-Maritime. 3 998 hab. *(les Jonzacais).*

Kurt **JOOSS** (1901-1979) ▪ Danseur et chorégraphe allemand. *"La Table verte"* (1932).

Janis **JOPLIN** (1943-1970) ▪ Chanteuse de rock américaine. La violence et la sensibilité de son chant en firent la première vedette féminine du monde du rock.

les Grandes **JORASSES** ▪ Sommets du massif du Mont-Blanc. 4 206 m.

Jacob **JORDAENS** (1593-1678) ▪ Peintre baroque flamand. Scènes populaires *("Le roi boit!")* et religieuses *("Les Quatre Évangélistes"),* influencées par Rubens.

Camille JORDAN (1838 - 1922) ▪ Mathématicien français. Théorie des groupes. Analyse.

Pascual JORDAN (1902 - 1980) ▪ Physicien allemand. Fondateur, avec Max Born, de la mécanique quantique. Philosophie des sciences.

la JORDANIE ▪ État (monarchie constitutionnelle) du Proche-Orient, à l'est d'Israël. 92 000 km². 4 300 000 hab. *(les Jordaniens),* dont la moitié de réfugiés palestiniens. Capitale : Amman. Langue : arabe. Religion : islam. Monnaie : dinar jordanien. Mines de phosphate. Pays désertique à l'exception des vallées du Jourdain et du Cédron, dotées d'un système d'irrigation. Avec une économie desservie par le manque d'eau, la Jordanie reçoit l'aide des pays pétroliers. ◻ HISTOIRE Ancien protectorat britannique (sous le nom de Transjordanie), royaume indépendant en 1946, il prit le nom de Jordanie en 1949. Hussein accéda au trône en 1952. La Jordanie prit part à la première guerre israélo*-arabe, ainsi qu'à la troisième, qui se solda en 1967 par l'occupation par Israël de la Cisjordanie. Cette perte aggrava la tension entre le pouvoir et les Palestiniens qui aboutit en 1970 à l'élimination de toute présence de la résistance palestinienne en Jordanie ("septembre noir"). Lorsqu'éclata l'Intifada en 1988, la Jordanie rompit tous liens administratifs avec la Cisjordanie. En 1994, elle signa un accord de paix avec Israël.

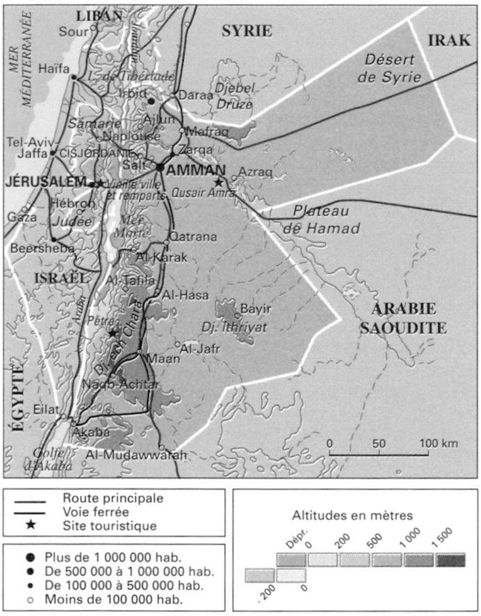

Jordanie.

JORDANIEN, ENNE adj. et n. ▪ De la Jordanie. - n. *Les Jordaniens.*

Asger Oluf Jørgensen dit **Asger JORN** (1914 - 1973) ▪ Peintre danois. Il fut l'un des promoteurs du groupe Cobra (1948-1951) et fonda à Paris l'Internationale situationniste (1955). L'essentiel de son œuvre relève de l'expressionnisme abstrait.

la vallée de JOSAPHAT ▪ Lieu de la Résurrection des morts, selon la prophétie biblique de Joël, IV, 2, et traditionnellement identifié avec la vallée du Cédron, près de Jérusalem.

JOSEPH ▪ Fils de Jacob, dans la Bible. Vendu par ses frères, il devient ministre du pharaon en Égypte et y installe Jacob et toute sa famille.

saint JOSEPH ▪ Dans les Évangiles, charpentier, époux de Marie et père nourricier de Jésus.

le père JOSEPH (1577 - 1638) ▪ Capucin français, collaborateur intime de Richelieu, surnommé « l'Éminence grise ».

JOSEPH II (1741 - 1790) ▪ Empereur germanique de 1765 à sa mort. Despote éclairé, il poursuivit l'œuvre de centralisation et de modernisation commencée par sa mère Marie-Thérèse. Sa politique anticléricale fut appelée le *joséphisme.*

Flavius JOSÈPHE → **Flavius Josèphe**

JOSÉPHINE née **Marie-Josèphe Tascher de La Pagerie** (1763 - 1814) ▪ Impératrice des Français. Veuve de Beauharnais, elle épousa en 1796 Napoléon Bonaparte qui, devenu Napoléon Ier, la répudia en 1809 pour Marie-Louise, faute d'héritier.

JOSIAS ▪ Roi de Juda (de 640 à 609 av. J.-C.). Son règne fut marqué par une importante réforme religieuse.

JOSQUIN DES PRÉS (v. 1440 - 1521) ▪ Compositeur français. Un des maîtres de la chanson polyphonique. Auteur de nombreuses messes, il a exercé une influence considérable sur l'évolution de l'art religieux.

JOSUÉ (v. XIIe s. av. J.-C.) ▪ Personnage de la Bible. Il fait tomber les murs de Jéricho au son des trompettes et mène les Hébreux à la conquête de la Terre promise (épisode retracé dans le livre biblique de Josué). On lui attribue aussi l'arrêt du Soleil lors de la bataille de Gabaon.

① **JOTA** [xɔta] n. f. ▪ Danse populaire aragonaise à trois temps.

② **JOTA** [xɔta] n. f. ▪ Consonne gutturale [x], notée *j,* de la langue castillane.

JOUABLE adj. ▪ Qui peut être joué.

JOUAL n. m. ▪ Français populaire canadien, marqué par des écarts phonétiques, lexicaux et des anglicismes.

JOUBARBE n. f. ▪ Plante grasse à feuilles charnues groupées en rosettes, à fleurs roses.

Joseph JOUBERT (1754 - 1824) ▪ Moraliste français. Ami de Chateaubriand. Ses jugements sur l'homme et la littérature furent réunis sous le titre de *"Pensées, essais, maximes"* (posthume, 1838).

JOUE n. f. ▪ **1.** Partie latérale de la face s'étendant entre le nez et l'oreille, du dessous de l'œil au menton. *Joues creuses. Joue pendante.* ⇒ **bajoue.** *Grosses joues* (⇒ **joufflu**). *Embrasser qqn sur la joue, sur les deux joues. Danser joue contre joue.* - allus. biblique *Présenter, tendre l'autre joue :* s'exposer volontairement à un redoublement d'outrages. ♦ loc. *Coucher, mettre* EN JOUE *un fusil,* contre la joue, pour tirer. ⇒ **épauler.** - ellipt *En joue !* (commandement militaire). - *Coucher, mettre en joue* (qqn, une cible). ⇒ **viser. 2.** (animaux) *Joues du singe, du bœuf.*

JOUÉ-LÈS-TOURS ▪ Commune d'Indre-et-Loire. 36 798 hab. *(les Jocondiens).*

JOUER v. ① ▪ **I. v. intr. 1.** Se livrer au jeu. ⇒ **s'amuser.** *Allez jouer dehors !* **2.** Pratiquer un jeu déterminé. *Il joue trop bien pour moi.* ♦ Pratiquer les jeux d'argent (⇒ **joueur**). *Il devrait arrêter de jouer.* **3.** Agir à son tour, lors d'une partie. *À vous de jouer ;* fig. à vous d'agir. - loc. fig. *Bien joué !,* c'est très bien, bravo ! **4.** Exercer l'activité d'acteur. *Jouer dans un film.* **5.** (choses) Exercer librement son action. *Le soleil joue dans les feuillages.* **6.** (choses) Fonctionner à l'aise, sans frotter ni accrocher. *Faire jouer la clé dans la serrure.* - *Meuble qui a joué,* dont l'assemblage ne joint plus exactement. **7.** Intervenir, entrer, être en jeu. *La question d'intérêt ne joue pas entre eux.* - *Faire jouer ses relations,* les faire inter-

Jorn. *Kyotosmorama.* MNAMGP, Paris. *Phot. © MNAMGP*

venir. **II. v. intr.** (+ prép.) **1.** *JOUER AVEC. Fillette qui joue avec sa poupée.* ⇒ s'**amuser.** – Manier, pour s'amuser ou distraitement. *Ne jouez pas avec le feu.* – *Jouer avec sa santé,* risquer de la perdre, de la compromettre. **2.** *JOUER À* (un jeu déterminé). *Jouer aux cartes, au tennis, à la roulette.* – abstrait Affecter d'être. *Jouer au héros.* **3.** *JOUER SUR. Jouer sur le cours des devises.* ⇒ **spéculer.** – *Jouer sur un mot, sur les mots,* tirer parti des équivoques, des doubles sens (⇒ **jeu** de mots). **4.** *JOUER DE qqch.* : se servir avec plus ou moins d'adresse de. *Jouer du couteau.* – *Jouer des coudes**. – *Jouer d'un instrument. Savoir jouer du piano.* ♦ fig. *Jouer de malchance* : accumuler les ennuis. – Exploiter, tirer parti de. *Jouer de son infirmité.* **III. v. tr. 1.** Faire (une partie). *Jouer la revanche.* – loc. *C'est joué d'avance* : le résultat est certain. ♦ Mettre en jeu. *Jouer une carte ; jouer pique.* – *Jouer un cheval,* miser sur lui. – *JOUER LE JEU**. *JOUER DOUBLE JEU**. **2.** Hasarder, risquer au jeu. *Jouer une grosse somme.* – fig. Risquer. *Jouer sa réputation, sa vie.* ⇒ **exposer. 3.** Tromper en ridiculisant. ⇒ **berner, duper.** *Il vous a joué.* **4.** Interpréter avec un instrument. *Jouer un air, une sonate. Jouer du Mozart.* **5.** Représenter ou interpréter sur scène ou à l'écran. *L'acteur qui joue le Cid. Jouer du Molière.* ♦ *JOUER UN TOUR**. – *JOUER LA COMÉDIE**. – fig. *Jouer les héros, les victimes, les incompris.* – *Jouer la surprise.* ⇒ **feindre.** ♦ *Jouer un film,* le projeter. *Qu'est-ce qu'on joue ce soir au cinéma de quartier ?* ► SE **JOUER v. pron. 1.** *Faire qqch. (comme) en se jouant,* très facilement. **2.** *SE JOUER DE qqn* : se moquer de. *Se jouer des difficultés,* les résoudre facilement. **3.** passif *Ce jeu se joue à six.*

JOUET n. m. ▪ **1.** Objet dont les enfants se servent pour jouer. ⇒ **jeu, joujou.** *Jouets éducatifs. Jouets électroniques.* **2.** *Être le jouet de* : être entièrement réglé, gouverné par. *Il est le jouet d'une illusion,* la victime.

JOUEUR, EUSE n. ▪ **1.** Personne qui joue (actuellement ou habituellement) à un jeu. *Distribuer les cartes aux joueurs.* – *JOUEUR DE. Joueur de boules, d'échecs, de tennis.* ♦ **adj.** Qui aime jouer. *Chaton joueur.* **2.** Personne qui joue à des jeux d'argent, qui a la passion du jeu. *Un joueur invétéré.* – **adj.** *Il est très joueur.* **3.** loc. (sens pr. et fig.) *BEAU JOUEUR* : personne qui s'incline loyalement devant la victoire, la supériorité de l'adversaire. *MAUVAIS JOUEUR,* qui refuse d'accepter sa défaite. **4.** Personne qui joue d'un instrument (lorsque le mot particulier n'est pas très courant ; on ne dit pas *joueur de piano, de violon*). *Joueur de cornemuse.*

JOUFFLU, UE adj. ▪ Qui a de grosses joues.

Claude François, marquis de JOUFFROY D'ABBANS (1751 - 1832) ▪ Ingénieur français. Il réalisa le premier bateau à vapeur (1776), mais ne put, faute de moyens, exploiter l'invention.

JOUG [ʒu] **n. m.** ▪ **1.** Pièce de bois qu'on met sur la tête des bœufs pour les atteler. **2.** fig. Contrainte matérielle ou morale. *Le joug du tyran, des préjugés. Mettre sous le joug.* ⇒ **asservir.**

Marcel JOUHANDEAU (1888 - 1979) ▪ Écrivain français. Romans, essais, autobiographies. *"Chroniques maritales"* (1935-1938), analyse impitoyable de sa vie conjugale.

Léon JOUHAUX (1879 - 1954) ▪ Syndicaliste français. Secrétaire général de la C.G.T. de 1909 à 1947, un des fondateurs de la C.G.T.-F.O. Prix Nobel de la paix 1951.

JOUIR v. tr. ind. [2] ▪ **I.** Avoir du plaisir. **1.** *JOUIR DE* : tirer plaisir, agrément, profit (de qqch.). ⇒ **goûter, savourer ; profiter** de. *Jouir de la vie.* – DR. *Jouir d'un bien,* en percevoir les fruits (⇒ **jouissance, usufruit**). **2.** absolt Éprouver le plaisir sexuel (⇒ **orgasme**). **II.** *JOUIR DE* : avoir la possession (de qqch.). ⇒ **avoir, bénéficier** de, **posséder.** *Jouir d'une bonne santé, de toutes ses facultés.* – DR. *Jouir d'un droit,* en être titulaire.

JOUISSANCE n. f. ▪ **1.** Plaisir que l'on goûte pleinement. ⇒ **délice, satisfaction.** *Jouissance des sens.* ⇒ **volupté.** – absolt Plaisir sexuel. *Parvenir à la jouissance.* ⇒ **orgasme. 2.** Action de se servir d'une chose, d'en tirer les satisfactions qu'elle est capable de procurer. *La jouissance d'un jardin.* ⇒ **usage.** – DR. Fait de jouir (I, 1) d'un bien. **3.** DR. Fait d'être titulaire d'un droit.

JOUISSEUR, EUSE n. ▪ Personne qui ne songe qu'aux jouissances matérielles de la vie. ⇒ **épicurien, hédoniste, sybarite, viveur.**

JOUISSIF, IVE adj. ▪ FAM. Qui procure un vif plaisir.

JOUJOU n. m. ▪ lang. enfantin **1.** *FAIRE JOUJOU* : jouer. **2.** VIEILLI Jouet. *Des joujoux. "La Morale du joujou"* (de Baudelaire).

Gueorgui JOUKOV (1896 - 1974) ▪ Maréchal et homme politique soviétique. Vainqueur de la bataille de Stalingrad, signataire de la capitulation allemande (1945) et ministre de la Défense sous Khrouchtchev.

Vassili JOUKOVSKI (1783 - 1852) ▪ Poète russe. Il introduisit le romantisme en Russie et fut chargé de l'éducation du futur Alexandre II.

Nikolaï JOUKOVSKI (1847 - 1921) ▪ Physicien russe, spécialiste de l'aérodynamique. Il réalisa le premier tunnel aérodynamique (1902).

JOULE n. m. ▪ PHYS. Unité de mesure (symb. J) de travail, d'énergie et de quantité de chaleur.

James Prescott JOULE (1818 - 1889) ▪ Physicien britannique. Il établit certaines lois fondamentales de la thermodynamique et définit l'équivalent mécanique de la calorie.

JOUR n. m. ▪ **I.** Clarté, lumière. **1.** Clarté que le Soleil répand sur la Terre. *Lumière du jour. Le jour se lève. Le petit jour* : la faible clarté de l'aube. *En plein jour* : au milieu de la journée ; fig. devant tout le monde. *Au grand jour* : sans se cacher. *Le jour tombe* (⇒ **crépuscule**). – *Il fait jour.* – loc. *C'est le jour et la nuit,* se dit pour marquer l'opposition entre deux choses, deux personnes. **2.** *DONNER LE JOUR à un enfant,* le mettre au monde. *VOIR LE JOUR* : naître. *SE FAIRE JOUR* : apparaître, se montrer. *La vérité commence à se faire jour.* **3.** *SOUS UN JOUR* : sous un éclairage, un aspect particulier. *Présenter qqn, qqch. sous un jour favorable, flatteur.* **4.** *FAUX JOUR* : mauvais éclairage. **II. 1.** Ouverture qui laisse passer le jour. *Percer un jour dans une muraille.* ⇒ **fenêtre. 2.** Ouverture décorative dans un tissu. *Drap à jours* (⇒ **ajouré**). **III. 1.** Espace de temps entre le lever et le coucher du soleil. ⇒ **journée ; diurne.** *Le début* (matin), *le milieu* (midi), *la fin* (soir) *du jour. Les jours raccourcissent.* – loc. *Nuit et jour ; jour et nuit* : sans arrêt. **2.** Espace de temps qui s'écoule pendant une rotation de la Terre sur elle-même (24 heures). – prov. *Les jours se suivent et ne se ressemblent pas.* ♦ *Le jour d'avant* (⇒ **veille**), d'après (⇒ **lendemain**). *Ce jour-là.* ⇒ **fois.** – *L'autre jour* : un jour récent. – *Le jour de l'an**. ♦ loc. *UN JOUR* : un certain jour dans le passé *(un jour, il vint me voir)* ; dans l'avenir *(un jour, un de ces jours, un jour ou l'autre, il viendra).* – *UN BEAU** *JOUR.* – *CHAQUE JOUR. Les tâches de chaque jour.* ⇒ **journalier, quotidien.** – *TOUS LES JOURS* : couramment. *Ces choses-là arrivent tous les jours. De tous les jours* : ordinaire. *Les habits de tous les jours.* – *JOUR APRÈS JOUR* : quotidiennement. – *DE JOUR EN JOUR* : graduellement, peu à peu. – *D'UN JOUR À L'AUTRE* : dans peu de jours. *Je l'attends d'un jour à l'autre.* ⇒ **incessamment.** – *DU JOUR* : du jour même. *Nouvelles du jour.* – *DU JOUR AU LENDEMAIN* : sans transition. *Il s'est métamorphosé du jour au lendemain.* – *À JOUR* : en tenant compte des données du jour. *Mettre, mise à jour. Avoir ses comptes à jour.* **3.** Durée d'un jour. ⇒ **journée.** *Tout le jour.* – *PAR JOUR* : dans une journée. ⇒ **quotidiennement.** *Une fois, trois fois par jour.* – *AU JOUR LE JOUR. Vivre au jour le jour,* sans projets, sans se préoccuper de l'avenir. **4.** Journée. *Les beaux jours,* le printemps, l'été. – *Le jour de Pâques.* – *Jour férié. Jours ouvrables. Jour de travail, de repos.* – *LE JOUR J,* fixé pour une attaque, une opération militaire. – *Il est dans un bon (mauvais) jour* : il est de bonne (mauvaise) humeur. **5.** Espace de temps, époque. *DU JOUR* : de notre époque. *Le goût du jour.* – *DE NOS JOURS* loc. adv. ⇒ **actuellement, aujourd'hui. 6.** au plur. *LES JOURS.* ⇒ **vie.** *Abréger, finir ses jours. Vieux jours* : la vieillesse.

le JOURDAIN ▪ Fleuve de Palestine qui traverse le lac de Tibériade, sépare la Jordanie de la Cisjordanie et se jette dans la mer Morte. 350 km. Important rôle d'irrigation. Dans l'Évangile, les eaux du Jourdain sont le lieu du baptême conféré par Jean-Baptiste et que reçoit notamment Jésus.

Jean-Baptiste JOURDAN (1762 - 1833) ▪ Officier français, maréchal d'Empire. Il vainquit les Autrichiens à Fleurus (1794).

JOURNAL, AUX n. m. ▪ **I.** COMM. Registre de comptes. **II. 1.** Relation quotidienne des événements ; écrit portant cette relation. *Tenir un journal. Écrire son journal. Journal intime.* – *Journal de bord* (sur un navire). **2.** Publication périodique relatant les événements saillants dans un ou plusieurs domaines. ⇒ **bulletin, gazette, hebdomadaire, magazine, périodique, revue ; presse.** *Kiosque à journaux.* ♦ Publication quotidienne consacrée à l'actualité. ⇒ **quotidien ;** FAM. **canard.** *Le Journal officiel. Journal régional. Le tirage d'un journal. La une d'un journal.* appos. *Papier journal.* – Un exemplaire de journal. *Lire le, son journal. Lire qqch. dans le journal,* FAM. *sur le journal.* ♦ L'administration, la direction, les bureaux d'un journal. *Écrire au journal.* **3.** Bulletin quotidien d'information. *Journal parlé* (radiodiffusé), *télévisé. Le présentateur du journal.*

JOURNALIER, IÈRE ▪ **1.** adj. Qui se fait chaque jour. ⇒ **quotidien.** - *Indemnités journalières.* **2.** n. Ouvrier, ouvrière agricole payé(e) à la journée.

JOURNALISME n. m. ▪ **1.** Métier de journaliste. *Faire du journalisme.* **2.** Le genre, le style propre aux journaux. *C'est du bon journalisme.*

JOURNALISTE n. ▪ Personne qui collabore à la rédaction d'un journal. ⇒ **rédacteur ; chroniqueur, correspondant, critique, éditorialiste, envoyé** spécial, **reporter.** *Journaliste politique, sportif. Journaliste de radio, de télévision.*

JOURNALISTIQUE adj. ▪ Propre aux journaux, aux journalistes. *Style journalistique.*

JOURNÉE n. f. ▪ **1.** Espace de temps qui s'écoule du lever au coucher du soleil. ⇒ **jour** (III). *Passer ses journées à dormir. À longueur de journée* : continuellement. **2.** *Journée de travail* et absolt *journée* : le travail effectué et le gain obtenu pendant la journée. - loc. *Journée continue,* où le travail n'est pas (ou est à peine) interrompu pour le repas, et qui se termine plus tôt. *Faire la journée continue.*

JOURNELLEMENT adv. ▪ **1.** Tous les jours, chaque jour. ⇒ **quotidiennement. 2.** Souvent. *Cela se rencontre journellement.*

JOUTE n. f. ▪ **1.** Combat singulier à la lance et à cheval au Moyen Âge. **2.** fig. Combat verbal. *Joutes oratoires.*

JOUTER v. intr. 1 ▪ **1.** anciennt Combattre de près, à cheval, avec une lance (⇒ **joute**). **2.** fig. LITTÉR. Rivaliser dans une lutte. *Jouter de ruse avec qqn.*

Pierre Jean JOUVE (1887 - 1976) ▪ Poète et romancier français. Son œuvre est marquée par la psychanalyse et le mysticisme. *"Paulina 1880"* (1925), roman ; *"Sueur de sang"* (1933-1935), recueil poétique.

JOUVENCE n. f. ▪ *Fontaine de jouvence,* dont les eaux, selon la légende, avaient la propriété de rajeunir. ♦ fig. Source de jeunesse, de rajeunissement. *Bain, cure de jouvence.*

JOUVENCEAU, ELLE n. ▪ VX ou par plais. Jeune homme, jeune fille. *Des jouvenceaux.*

Jean-Baptiste JOUVENET (1644 - 1717) ▪ Peintre français. Grandes compositions religieuses. *"La Descente de croix"* (1697).

Louis JOUVET (1887 - 1951) ▪ Acteur, metteur en scène et directeur de théâtre français. Il mit notamment en scène des pièces de Molière et de Giraudoux. Il interpréta de nombreux films, dont *"Drôle de drame"* (1937) et *"Hôtel du Nord"* (1938).

Jouvet dans le film *Knock*, 1933
Phot. © Coll. Rui Nogueira

JOUXTER v. tr. 1 ▪ VX ou LITTÉR. Avoisiner, être près de (⇒ **contigu**). *Le bois jouxtant la maison.*

JOUY-EN-JOSAS ▪ Commune des Yvelines. 7 687 hab. *(les Jovaciens).*

JOUY-LE-MOUTIER ▪ Commune du Val-d'Oise. 16 910 hab.

Gaspar Melchor de JOVELLANOS (1744 - 1811) ▪ Essayiste espagnol. Sous l'influence des Encyclopédistes, il tenta de réformer la société espagnole et s'attaqua aux privilèges.

JOVIAL, ALE, AUX adj. ▪ Qui est plein de gaieté franche, simple et communicative. ⇒ **enjoué, gai, joyeux.** *Un homme jovial.* - *Humeur joviale.* ► adv. JOVIALEMENT

JOVIALITÉ n. f. ▪ Caractère jovial ; humeur joviale.

JOYAU n. m. ▪ **1.** Bijou de grande valeur, généralement unique en son genre (⇒ **joaillerie**). *Les joyaux de la couronne,* transmis héréditairement de souverain à souverain. **2.** fig. Chose rare et belle, de grande valeur. *Le Mont-Saint-Michel, joyau de l'art médiéval.*

James JOYCE (1882 - 1941) ▪ Écrivain irlandais. Créant de nouveaux procédés de narration et restituant le flux de la conscience (le « monologue intérieur »), il a fait du langage la réalité fondamentale du roman. *"Ulysse"* (1922) ; *"Finnegans Wake"* (1939).

Joyce.
Phot. © Lipnitzki/Viollet

JOYEUSEMENT adv. ▪ Avec joie. *Accepter joyeusement une offre.*

JOYEUSETÉ n. f. ▪ LITTÉR. Propos, action qui amuse. ⇒ **plaisanterie.**

JOYEUX, EUSE adj. ▪ **1.** Qui éprouve de la joie. ⇒ **gai, heureux.** *Se sentir tout joyeux.* ♦ Qui aime à manifester sa joie. ⇒ **enjoué.** *Joyeux luron**. - *Être de joyeuse humeur.* ⇒ **jovial.** - loc. *Mener joyeuse vie,* une vie de plaisirs. **2.** Qui exprime la joie. *Cris joyeux.* **3.** Qui apporte la joie. *Une joyeuse nouvelle. Joyeux Noël !*

Attila JÓZSEF (1905 - 1937) ▪ Poète hongrois. Défenseur de l'humanisme, il tenta de concilier Marx et Freud. Son œuvre poétique traduit la souffrance et le désespoir. *"Nuit de faubourg"* (1932).

JUAN CARLOS Ier (né en 1938) ▪ Roi d'Espagne depuis 1975. Il a permis la démocratisation de son pays après la mort de Franco.

Juan Carlos Ier.
Phot. © Vandeville/Gamma

don JUAN D'AUTRICHE (1545 - 1578) ▪ Prince espagnol. Fils de Charles Quint, demi-frère de Philippe II. Il remporta la victoire de Lépante sur les Turcs (1571) et devint gouverneur général des Pays-Bas (1576).

JUAN-LES-PINS ▪ Station balnéaire de la Côte d'Azur se trouvant sur le territoire de la commune d'Antibes.

Benito JUÁREZ (1806 - 1872) ▪ Homme politique mexicain. Vainqueur de l'expédition française, il fit fusiller l'empereur Maximilien (1867). Président de la République de 1861 à sa mort.

JUBÉ n. m. ▪ Tribune transversale élevée entre la nef et le chœur, dans certaines églises.

JUBILATION n. f. ▪ Joie vive, expansive, exubérante.

JUBILATOIRE adj. ▪ Qui exprime ou provoque la jubilation.

JUBILÉ n. m. ▪ **1.** RELIG. Indulgence plénière accordée par le pape pour une année. **2.** Fête célébrée à l'occasion du cinquantenaire de l'entrée dans une fonction, dans une profession. ► JUBILAIRE adj. *Année jubilaire.*

JUBILER v. intr. [1] ▪ Se réjouir vivement de qqch. ; spécialt se réjouir des malheurs d'autrui.

le JÚCAR ▪ Fleuve d'Espagne orientale, qui se jette dans le golfe de Valence. 506 km.

JUCHER v. [1] ▪ **1.** v. intr. Se percher en un lieu élevé pour dormir (oiseaux). **2.** v. tr. Placer très haut. *Jucher un enfant sur ses épaules.* - pronom. *Se jucher sur un escabeau.* ⇒ se **percher.** - au p. p. *Maison juchée sur la colline.*

JUCHOIR n. m. ▪ Perchoir des oiseaux de basse-cour.

JUDA ▪ Fils de Jacob, dans la Bible, ancêtre d'une des tribus d'Israël. ► **le royaume de JUDA** fut fondé après la mort de Salomon (v. 931 av. J.-C.) par les tribus du sud de la Palestine (capitale : Jérusalem) et détruit par Nabuchodonosor II en 587 av. J.-C.

JUDAÏQUE adj. ▪ Qui appartient aux anciens Juifs ; à la religion juive. ⇒ **juif.** *Religion, loi judaïque.*

JUDAÏSME n. m. ▪ Religion des Juifs, descendants des Hébreux et héritiers de leurs livres sacrés. - Communauté des Juifs. *Le judaïsme français.* ▪ L'affirmation fondamentale du judaïsme est celle d'un Dieu unique (→ **Iahvé, Jéhovah**), qui a fait alliance avec Abraham et a transmis sa Loi à Moïse ; un Messie futur établira sur terre le règne de la justice. La Bible, la Mishnah et le Talmud sont ses livres sacrés. → **Hébreux, Kabbale.**

JUDAS n. m. ▪ (du n. pr.) **I.** Personne qui trahit. ⇒ **fourbe, traître.** *C'est un Judas.* **II.** Petite ouverture pratiquée dans un plancher, un mur, une porte, pour épier sans être vu. *Regarder par le judas.*

JUDAS dit **L'ISCARIOTE** ou **L'ISCARIOTH** ▪ Un des douze apôtres de l'Évangile. Il trahit Jésus pour de l'argent.

saint JUDE ou **THADDÉE** ▪ Un des douze apôtres de l'Évangile.

la JUDÉE ▪ Région du sud de la Palestine, le cœur du pays juif dans l'Antiquité.

JUDÉO- Élément savant, du latin *judaeus* « juif ».

JUDÉO-CHRÉTIEN, IENNE [-kretjɛ̃, jɛn] adj. ▪ Qui appartient à la fois au judaïsme et au christianisme. *La civilisation judéo-chrétienne.*

JUDICIAIRE adj. ▪ **1.** Relatif à la justice et à son administration. *Pouvoirs législatif, exécutif et judiciaire. Police judiciaire.* **2.** Qui se fait en justice ; par autorité de justice. *Acte judiciaire.* ⇒ **juridique.** *Casier* judiciaire. Une erreur judiciaire.*

JUDICIEUSEMENT adv. ▪ D'une manière judicieuse. *Il a judicieusement fait remarquer ceci,* avec à-propos, à bon escient.

JUDICIEUX, EUSE adj. ▪ **1.** Qui a le jugement bon, sain. ⇒ **sensé.** *Esprit judicieux.* **2.** Qui résulte d'un bon jugement. ⇒ **intelligent, pertinent.** *Choix judicieux. Remarque judicieuse.* - *Il serait plus judicieux de renoncer.*

JUDITH ▪ Héroïne de la Bible. Elle sauve la ville de Béthulie en séduisant le général ennemi Holopherne et en lui coupant la tête pendant son ivresse.

JUDO n. m. ▪ Sport de combat d'origine japonaise (⇒ **jiu-jitsu**) qui se pratique à mains nues, sans porter de coups. *Prise de judo. Ceinture noire de judo.* ⇒ aussi **dan.**

JUDOKA n. ▪ Personne qui pratique le judo. *Un, une judoka. Des judokas.*

JUGE n. m. ▪ **1.** Magistrat chargé de rendre la justice. *Les juges siègent, délibèrent, se prononcent.* - (en France) *Juge d'instruction :* magistrat chargé d'informer en matière criminelle ou correctionnelle. *Juge de paix* (anciennt) ; *juge d'instance :* magistrat qui statue comme juge unique sur des affaires généralement peu importantes. **2.** Personne appelée à faire partie d'un jury, à se prononcer comme arbitre. *Les juges d'un concours. Le juge-arbitre d'un tournoi de tennis.* **3.** Personne, autorité qui juge. *Au théâtre, le public est le juge absolu.* - loc. *Être à la fois juge et partie*.* **4.** Personne qui est appelée à donner une opinion, à porter un jugement. *Je vous en fais juge.* - *Être bon, mauvais juge,* plus ou moins capable de porter un jugement. ⇒ **expert.**

▪ **les JUGES** ▪ Dans la Bible, chefs militaires et porte-parole de Dieu qui gouvernèrent les Hébreux aux XIIe et XIe s. av. J.-C. *"Le livre des Juges"* (dans l'Ancien Testament).

JUGÉ n. m. ▪ *AU JUGÉ* loc. adv. D'une manière approximative, selon une estimation sommaire. *Tirer au jugé.*

JUGEMENT n. m. ▪ **1.** Action de juger ; décision en justice. *Le jugement d'un procès, d'un accusé. Prononcer, rendre un jugement.* ⇒ **décision ; arrêt, sentence, verdict.** - RELIG. CHRÉT. *JUGEMENT DERNIER,* celui que Dieu prononcera à la fin du monde. **2.** Opinion favorable ou défavorable. *Émettre, porter un jugement. Revenir sur ses jugements :* se déjuger. *Jugement préconçu.* ⇒ **préjugé.** - *Jugement de valeur*.* - Façon de voir (les choses) particulière à qqn. ⇒ **opinion, point de vue ; avis, sentiment.** *S'en remettre au jugement d'autrui.* **3.** Faculté de l'esprit permettant de bien juger de choses qui ne font pas l'objet d'une connaissance immédiate certaine, ni d'une démonstration rigoureuse. ⇒ **discernement, perspicacité,** bon **sens.** *Avoir du jugement, manquer de jugement.*

JUGEOTE n. f. ▪ FAM. Jugement (3), bon sens. *Il n'a pas pour deux sous de jugeote !*

JUGER v. tr. [3] ▪ **1.** Soumettre (une cause, une personne) à la décision de sa juridiction. *Juger une affaire, un crime ; un accusé.* - absolt Rendre la justice. *Le tribunal jugera.* ⇒ **conclure, décider, statuer. 2.** Prendre nettement position sur (une question). *C'est à vous de juger ce qu'il faut faire, si nous devons partir, comment il faut agir.* **3.** Soumettre (qqn, qqch.) au jugement de la raison, de la conscience, pour se faire une opinion ; émettre une opinion sur. ⇒ **apprécier, considérer, examiner.** *Juger un ouvrage.* - passif *Être jugé à sa juste valeur.* ⇒ **évaluer.** ♦ trans. indir. *JUGER DE. Il juge de tout sans être informé.* ⇒ **trancher.** *Si j'en juge par sa réaction. À en juger par son attitude. Autant qu'on puisse en juger :* à ce qu'il me semble. **4.** (avec un adj. attribut ou une complétive) Considérer comme. ⇒ **estimer, trouver.** *Si vous le jugez bon. Il jugea qu'il était trop tard.* - pronom. *Se juger perdu.* **5.** v. tr. indir. (surtout à l'impér.) ⇒ **imaginer,** se **représenter.** *Jugez de ma surprise.*

Clément JUGLAR (1819 - 1905) ▪ Économiste français. Théorie des cycles économiques.

JUGULAIRE n. f. ▪ **1.** adj. ANAT. De la gorge. *Veines jugulaires :* les quatre veines sur les côtés du cou. **2.** n. f. Attache qui maintient une coiffure d'uniforme en passant sous le menton. ⇒ **bride, mentonnière.**

JUGULER v. tr. [1] ▪ Arrêter le développement de (qqch.). ⇒ **enrayer, étouffer, stopper.** *Juguler une maladie. Juguler une révolte.*

JUGURTHA (v. 160 - v. 104 av. J.-C.) ▪ Roi de Numidie. Petit-fils de Masinissa, il lutta contre les Romains. Trahi et capturé, il mourut en prison à Rome.

JUIF, JUIVE n. et adj. ▪ **1.** n. Nom donné depuis l'Exil (IVe siècle av. J.-C.) aux descendants d'Abraham, peuple sémite monothéiste qui vivait en Palestine. ⇒ **Hébreu, Israélite.** - Personne descendant de ce peuple. *Un Juif allemand. La dispersion des Juifs.* ⇒ **diaspora.** *Haine des Juifs.* ⇒ **antisémitisme. 2.** (n. m.) loc. FAM. *Le petit juif :* endroit sensible du coude. **3.** adj. Relatif à la communauté des Juifs. *Le peuple juif. Religion juive* (⇒ **judaïsme**). *Quartier juif* (⇒ **ghetto**). **4.** n. m. et adj. (emploi diffamatoire) Personne âpre au gain, avare. - VX Usurier.

JUILLET [ʒɥijɛ] n. m. ▪ Septième mois de l'année, de trente et un jours. *Prendre ses vacances au mois de juillet.*

▪ **le 14 JUILLET 1789** → **Bastille**

▪ **la monarchie de JUILLET** → **monarchie de Juillet**

JUIN n. m. ▪ Sixième mois de l'année, de trente jours. *L'été commence au solstice de juin.*

Alphonse JUIN (1888 - 1967) ▪ Maréchal de France. Commandant en 1943-1944 des corps expéditionnaires français en Italie, il fut résident général au Maroc de 1947 à 1951.

JUJUBE n. m. ▪ **1.** Fruit comestible d'un arbre épineux (le *jujubier*). **2.** Pâte extraite de ce fruit.

JUKE-BOX [ʒykbɔks ; dʒukbɔks] n. m. ▪ anglic. Machine faisant passer automatiquement le disque demandé.

JULES n. m. ▪ FAM. Amant, amoureux, mari. *C'est son jules.*

JULES II (1443 - 1513) ▪ Pape de 1503 à sa mort, surnommé « le Terrible ». Voulant restaurer le pouvoir temporel de l'Église, il lutta contre les Vénitiens (1508) et organisa la « Sainte Ligue » contre les Français (1512). Mécène et bâtisseur, il fit travailler Bramante, Michel-Ange, Raphaël à la reconstruction de Saint-Pierre de Rome.

Jules II. Portrait par Raphaël. Musée des Offices, Florence. *Phot. © Giraudon*

JULES CÉSAR → Jules César

JULES ROMAIN en italien ***GIULIO ROMANO*** (1492 ou 1499 - 1546) ▪ Peintre et architecte italien. Disciple de Raphaël, maniériste. Il édifia et décora le palais du Té à Mantoue.

la gens JULIA ▪ Illustre famille romaine à laquelle appartenait Jules César.

Louise Emma Marie Wilhelmine JULIANA (née en 1909) ▪ Reine des Pays-Bas de 1948 à 1980. Elle épousa le prince Bernard de Lippe-Biesterfeld. Elle abdiqua en faveur de sa fille Béatrix Ire en 1980.

JULIE (39 av. J.-C. - 14 apr. J.-C.) ▪ Fille d'Auguste, bannie par son père pour son inconduite.

JULIEN, IENNE adj. ▪ *Calendrier julien,* réformé par Jules César, et modifié ensuite par Grégoire XIII (⇒ **grégorien**). *Année julienne,* de 365 jours ou de 366 jours (bissextile).

JULIEN L'APOSTAT (331 - 363) ▪ Empereur romain de 361 à sa mort. Il rejeta le christianisme, instauré par son oncle Constantin Ier, et tenta de restaurer la religion païenne.

saint JULIEN L'HOSPITALIER ▪ Personnage légendaire du XIIIe s. qui a inspiré un conte de Flaubert.

JULIENNE n. f. ▪ Préparation de légumes variés coupés en bâtonnets. - Potage contenant cette préparation.

JULLUNDUR ou **JALHANDAR** ▪ Ville de l'Inde (Panjab), au pied de l'Himalaya. 519 500 hab.

JUMEAU, ELLE adj. et n. ▪ **1.** Se dit d'enfants nés d'un même accouchement. *Frères jumeaux, sœurs jumelles.* - n. *C'est sa jumelle. Vrais jumeaux,* provenant d'un seul œuf divisé en deux. **2.** fig. Réplique physique ou morale d'une personne. ⇒ **sosie. 3.** Se dit de deux choses semblables. *Lits jumeaux.*

JUMELAGE n. m. ▪ Action de jumeler ; son résultat. - *Jumelage de villes,* coutume consistant à déclarer jumelles deux villes situées dans deux pays différents, afin de susciter entre elles des échanges.

JUMELER v. tr. [4] ▪ Ajuster ensemble (deux choses semblables). *Jumeler les roues d'un camion.* - fig. ⇒ **associer.** ► **JUMELÉ, ÉE** adj. Disposé par couples. ⇒ **géminé.** *Fenêtres jumelées.* - fig. *Villes jumelées* (⇒ **jumelage**).

JUMELLE n. f. ▪ Instrument portatif à deux lunettes ; double lorgnette. *Une jumelle marine.* - au plur. *Des jumelles de spectacle.* abusivt *Une paire de jumelles.*

JUMENT n. f. ▪ Femelle du cheval. *Jeune jument.* ⇒ **pouliche.**

l'abbaye de JUMIÈGES ▪ Abbaye fondée en 654 près de Rouen, dont subsistent notamment les ruines d'une remarquable église abbatiale du XIe siècle.

JUMPING [dʒœmpiŋ] n. m. ▪ anglic. Saut d'obstacles à cheval.

JUNEAU ▪ Ville des États-Unis, capitale de l'Alaska. 27 000 hab.

Carl Gustav JUNG (1875 - 1961) ▪ Psychiatre suisse. Disciple dissident de Freud, il élargit l'analyse à l'« inconscient collectif » et à ses « archétypes », communs à toute l'humanité. Il s'intéressa aux mythes, aux symboles, à l'alchimie. *"L'Homme à la découverte de son âme"* (1943).

Jung. *Phot. © Harlingue/Viollet*

Ernst JÜNGER (né en 1895) ▪ Écrivain allemand. Il a donné une œuvre d'inspiration romantique, où la guerre, la nature, le refus du modernisme sont les thèmes majeurs. *"Héliopolis"* (1949) ; *"le Livre du sablier"* (1954).

la JUNGFRAU ▪ Sommet des Alpes suisses (4 158 m).

JUNGLE [ʒœ̃gl ; ʒɔ̃gl] n. f. ▪ **1.** dans les pays de mousson Forme de savane touffue (hautes herbes, broussailles, arbres) où vivent les grands fauves. *"Le Livre de la jungle"* (de R. Kipling). **2.** fig. Milieu humain où règne la loi de la sélection naturelle. *La loi de la jungle :* la loi du plus fort.

Juan de JUNI (1507 - 1577) ▪ Sculpteur espagnol. Il exécuta des retables et des statues en bois où prévaut la recherche de l'expression pathétique.

JUNIOR ▪ anglic. **1.** adj. Se dit quelquefois (dans le commerce ou plaisamment) du frère plus jeune (⇒ **cadet, puîné**), ou du fils pour le distinguer du père. *Durand junior.* **2.** adj. SPORTS Se dit d'une catégorie intermédiaire entre celle des seniors et celle des cadets. *Catégorie junior.* - n. *Les juniors.* **3.** adj. et n. américanisme Jeune, cadet.

Hugo JUNKERS (1859 - 1935) ▪ Industriel allemand de l'aéronautique. Il construisit le premier avion en métal.

JUNON ▪ Épouse de Jupiter, déesse de la Nature féminine, chez les Romains. Elle est Héra, chez les Grecs.

Andoche JUNOT, duc d'Abrantès (1771 - 1813) ▪ Général français. Ami de Bonaparte, il participa à l'expédition d'Égypte et fit la guerre au Portugal. ► **Laure JUNOT, duchesse d'Abrantès** (1784 - 1838), sa femme, a laissé des *"Mémoires"* (1831-1835).

JUNTE n. f. ▪ **1.** HIST. Assemblée administrative, politique, dans les pays ibériques. **2.** *Junte (militaire) :* groupe de militaires de haut rang qui se saisissent du pouvoir politique.

JUPE n. f. ▪ **1.** Vêtement féminin qui descend de la ceinture à une hauteur variable de la jambe. *Jupe longue. Jupe très courte.* ⇒ **minijupe.** *Jupe droite, plissée.* - loc. *Être dans les jupes de sa mère,* ne jamais la quitter. **2.** TECHN. Se dit de divers objets cylindriques. *La jupe d'un aéroglisseur,* qui enferme le coussin d'air.

la **Jungfrau.** *Phot. © Tétrel*

JUPE-CULOTTE n. f. ▪ Vêtement féminin, culotte ample qui présente l'aspect d'une jupe. *Des jupes-culottes.*

JUPETTE n. f. ▪ Jupe très courte. ⇒ **minijupe.**

JUPITER ▪ Principal dieu romain, assimilé au Zeus des Grecs. Dieu du Ciel, de la Foudre et du Tonnerre, protecteur de Rome.

JUPITER ▪ La plus grosse planète du système solaire, la cinquième dans l'ordre croissant des distances au Soleil. 143 000 km de diamètre (soit 11,2 fois celui de la Terre). Température : –140 °C. On lui connaît seize satellites.

JUPON n. m. ▪ **1.** Jupe de dessous. *Jupon de dentelle.* **2.** fig. collectif Les femmes, les filles. *Courir le jupon.*

Alain **JUPPÉ** (né en 1945) ▪ Homme politique français. Premier ministre au lendemain de l'élection de Jacques Chirac à la tête de l'État (1995).

le **JURA** ▪ Chaîne de montagnes d'Europe (est de la France, Suisse, Allemagne). Point culminant : le Crêt de la Neige (1 723 m). Climat rude et humide dans le Jura franco-suisse : élevage laitier (comté, gruyère), exploitation de la forêt, tourisme, énergie hydroélectrique. ► **le JURA** [39], département français de la région Franche-Comté*. 5 053 km^2. 248 759 hab. Chef-lieu : Lons-le-Saunier. Chefs-lieux d'arrondissement : Dole, Saint-Claude. ► **le JURA SUISSE**, 23e canton de la Suisse, créé en 1979. 836 km^2. 65 836 hab. Chef-lieu : Delémont.

JURANÇON ▪ Commune des Pyrénées-Atlantiques, près de Pau. 7 538 hab. *(les Jurançonnais).* Vins.

JURANDE n. f. ▪ HIST. Charge de juré dans une corporation ; ensemble des jurés (I, 1).

JURASSIEN, IENNE adj. et n. ▪ Du Jura.

JURASSIQUE adj. ▪ GÉOL. Se dit des terrains secondaires dont le Jura est constitué en majeure partie. – n. m. *Le jurassique :* partie centrale de l'ère secondaire. *Les grands reptiles* (dinosauriens) *du jurassique.*

JURÉ, ÉE ▪ **I.** adj. **1.** ANC. DR. Qui a prêté serment en accédant à la maîtrise, dans une corporation (⇒ **jurande**). – n. *Les maîtres et jurés d'un métier.* **2.** *ENNEMI JURÉ :* ennemi déclaré et acharné. **II.** n. Citoyen, citoyenne appelé(e) par tirage au sort à faire partie d'un jury ; membre d'un jury (1). *Les jurés ont déclaré l'accusé innocent.*

JUREMENT n. m. ▪ VIEILLI Exclamation, imprécation sacrilège. ⇒ **blasphème, juron.**

JURER v. [1] ▪ **I.** v. tr. **1.** Promettre (qqch.) solennellement (⇒ **serment**). *Jurer fidélité, obéissance à qqn.* – *Jurer de faire qqch.* ⇒ s'**engager** à. *Jurez (-moi) que vous garderez le secret.* – pronom. *Ils se sont juré de ne pas se séparer. Elle s'est juré de ne rien dévoiler.* **2.** LITTÉR. Décider avec solennité ou avec force. *Ils ont juré sa perte.* **3.** Affirmer solennellement, fortement. ⇒ **assurer, déclarer.** *Je vous jure que ce n'est pas moi. Jurer de ne pas recommencer.* – FAM. *Je te (vous) jure !* (exprimant l'indignation). *Quel salaud, je te jure !* **4.** *JURER DE* (qqch.) : affirmer de façon catégorique (qu'une chose est ou n'est pas, se produira ou non). *"Il ne faut jurer de rien"* (de Musset). *Je n'en jurerais pas :* je ne le crois pas. **II.** v. intr. (ou absolt) **1.** Faire un serment. *Jurer sur la Bible.* – loc. *On ne jure plus que par lui,* on l'admire, on l'imite en tout. **2.** Dire des jurons, des imprécations. ⇒ **sacrer.** loc. *Jurer comme un charretier.* **3.** fig. (choses) Produire une discordance, aller mal ensemble. *Ces couleurs jurent.*

JURIDICTION n. f. ▪ **1.** Pouvoir de juger, de rendre la justice ; étendue de ce pouvoir. ⇒ **compétence, ressort.** *Juge, magistrat, tribunal qui exerce sa juridiction. Cela ne relève pas de sa juridiction.* **2.** Tribunal, ensemble de tribunaux de même catégorie. ⇒ **chambre, conseil, cour.** *Juridictions administratives, civiles.*

JURIDIQUE adj. ▪ **1.** Qui se fait, s'exerce en justice, devant la justice. ⇒ **judiciaire.** *Intenter une action juridique.* **2.** Qui a rapport au droit. *Acte juridique.* ⇒ **légal.** *Études juridiques.* – *Vide juridique :* absence de législation sur une situation, un cas.

JURIDIQUEMENT adv. ▪ **1.** Devant la justice. **2.** Au point de vue du droit. *Juridiquement, il est dans son tort.*

JURISCONSULTE n. m. ▪ Juriste qui donne des avis sur des questions de droit.

JURISPRUDENCE n. f. ▪ **1.** Ensemble des décisions des juridictions en tant qu'elles constituent une source de droit ; principes juridiques qui s'en dégagent (droit coutumier*). *Se conformer à la jurisprudence. Faire jurisprudence :* faire autorité. **2.** Manière dont un tribunal juge habituellement une question.

Jupiter.
Phot. © Nasa/Liaison/Gamma

JURISTE n. ▪ Personne qui a de grandes connaissances juridiques ; auteur d'études juridiques. ⇒ **jurisconsulte, légiste.**

JURON n. m. ▪ Terme plus ou moins grossier (→ gros mot) ou familier dont on se sert pour jurer. ⇒ aussi **blasphème, sacre.**

JURUÁ ▪ Rivière du Brésil, affluent de l'Amazone. 2 782 km.

JURY n. m. ▪ **1.** Commission de jurés (II) chargée de l'examen d'une question criminelle. *Après délibération, le jury et la cour ont rendu leur verdict.* **2.** Ensemble d'examinateurs. *Le président, les membres du jury. Jury de concours. Le jury d'un prix littéraire.*

JUS n. m. ▪ **1.** Liquide contenu dans une substance végétale. ⇒ **suc.** *Le jus des fruits. Boire un jus de fruits, un jus de carottes.* **2.** Liquide rendu par une substance animale qui cuit ou macère. *Jus de viande.* ⇒ **sauce.** – loc. FAM. *Laisser qqn cuire, mijoter dans son jus,* le laisser aux prises avec des difficultés ou en proie à sa mauvaise humeur. **3.** FAM. Café noir. *Un bon jus.* **4.** FAM. Courant électrique. *Il n'y a plus de jus. Un court-jus :* un court-circuit. *Des courts-jus.* **5.** loc. FAM. *Ça vaut le jus,* la peine, le coup.

JUSANT n. m. ▪ Marée descendante. ⇒ **reflux.**

JUSQU'AU-BOUTISME n. m. ▪ Politique, conduite du jusqu'au-boutiste. ⇒ **extrémisme.**

JUSQU'AU-BOUTISTE n. ▪ Personne qui va jusqu'au bout de ses idées, de son action (notamment en politique). ⇒ **extrémiste.**

JUSQUE ▪ Marque le terme final, la limite que l'on ne dépasse pas. **I.** prép. (suivi le plus souvent de *à*, d'une autre prép. ou d'un adv.) **1.** *JUSQU'À* ♦ (lieu) *Aller jusqu'au terminus. Avoir de l'eau jusqu'aux genoux.* – fig. *Jusqu'à un certain point.* – (suivi d'un n. abstrait, pour marquer l'excès) *Poli jusqu'à l'obséquiosité.* – (devant un inf. après *aller, pousser,* etc.) *Il est allé jusqu'à nous insulter.* ♦ (temps) *J'ai dormi jusqu'à midi. Jusqu'à nouvel ordre. Jusqu'au 2 mai inclus.* ♦ (totalité) *Tous, jusqu'à sa femme, l'ont abandonné.* **2.** (suivi d'une prép. autre que *à*) *Il l'accompagna jusque chez lui. C'est fermé jusqu'en mars. Il a patienté jusque vers midi.* **3.** (suivi d'un adv.) *Jusqu'alors, jusqu'à présent, jusqu'ici. Jusqu'à quand ?* – loc. fig. FAM. *En avoir jusque-là :* être excédé. *S'en mettre jusque-là :* manger beaucoup. – *Jusqu'où* (relatif ou interrogatif). **II. 1.** adv. *JUSQU'À.* ⇒ **même.** *Il n'est pas jusqu'à son regard qui n'ait changé :* même son regard a changé. **2.** conj. *JUSQU'À CE QUE* (+ subj.) : jusqu'au moment où. *Jusqu'à ce que je revienne.* – *JUSQU'À TANT QUE* (même sens). ► **JUSQUES** prép. VX et POÉT. Jusque.

JUSQUIAME n. f. ▪ Plante à fleurs jaunes rayées de pourpre, à propriétés narcotiques et toxiques.

les **JUSSIEU** ▪ Famille de médecins et botanistes français ► **Antoine Laurent de JUSSIEU** (1748 - 1836), botaniste. Il fournit les principes de base à la méthode naturelle de la classification des plantes.

JUSTAUCORPS [-kɔʀ] n. m. ▪ **1.** anciennt Vêtement serré à la taille et muni de basques. ⇒ **pourpoint.** **2.** Maillot collant d'une seule pièce qui couvre le tronc, utilisé pour la danse et la gymnastique.

JUSTE ▪ **I.** adj. et n. m. **1.** Qui se comporte, agit conformément à la justice, à l'équité. ⇒ **équitable.** *Il est sévère mais juste. Être juste pour, envers, à l'égard de qqn. Il faut être juste,* sans parti pris. ⇒ **honnête.** ♦ n. m. *Un juste, les justes.* – spécialt Personne qui respecte les devoirs religieux. loc. *Dormir du sommeil du juste,* d'un sommeil paisible. **2.** (choses) Qui est conforme à la justice, au droit, à l'équité. *Une loi juste.* **3.** (devant le n.) ⇒ **fondé, légitime.** *De justes revendications. À juste titre :* à bon droit. **II.** adj. **1.** Qui a de la justesse, qui convient bien, est bien tel qu'il doit être. *Chercher le mot juste.* ⇒ **adéquat, propre.** *Estimer les choses à leur juste prix.* ⇒ **réel.** *L'addition est juste. L'heure juste.* ⇒ **exact.** ♦ (d'un son ; s'oppose à *faux*) *Note juste. Voix juste.* **2.** Qui fonctionne avec précision. *Ma montre est juste.* **3.** Conforme à la vérité, à la raison, au bon sens. ⇒ **authentique, exact, logique, vrai.** *Idée, remarque très juste.* – *C'est juste* : vous avez raison. *Très juste !* plais. *Tout juste, Auguste !* ♦ Qui apprécie bien, avec exactitude. ⇒ **pertinent.** *Avoir le coup d'œil juste, l'oreille juste.* **4.** (vêtements, chaussures) Qui est trop ajusté. ⇒ **étroit, petit.** *Ce pantalon est juste.* ♦ Qui suffit à peine. *Repas trop juste pour dix personnes.* – FAM. (personnes) *Être un peu juste* : manquer d'argent. **III. adv. 1.** Avec justesse, exactitude, comme il faut, comme il convient. *Deviner juste. Chanter juste.* – *Division qui tombe juste,* où il n'y a pas de reste. – Avec précision. *Viser juste. Frapper, toucher juste* : atteindre exactement le but visé. **2.** Exactement, précisément. *Il est midi juste. C'est juste à côté. C'est juste le contraire. Il vient (tout) juste de m'appeler.* ♦ *TOUT JUSTE !* : en effet, c'est bien cela. **3.** D'une manière trop stricte, en quantité à peine suffisante. *Prévoir un peu juste* (opposé à *largement*). *Il a bu juste un verre.* ⇒ **seulement. 4.** loc. adv. *AU JUSTE.* ⇒ **exactement, précisément.** *On ne savait pas au juste ce que c'était.* – *COMME DE JUSTE* : comme il se doit. *Comme de juste, il est en retard.*

les JUSTE ▪ Famille de sculpteurs italiens de la Renaissance établis en France en 1504. Antoine (1479-1519) et son frère Jean Ier (1485-1549) travaillèrent notamment au mausolée de Louis XII et d'Anne de Bretagne.

JUSTEMENT adv. ▪ **I. 1.** RARE Conformément à la justice. *Être justement puni.* **2.** À bon droit, avec raison. *Craindre justement pour son sort.* **3.** Avec justesse. *On dira plus justement que...* ⇒ **pertinemment. II. adv. de phrase 1.** (pour marquer l'exacte concordance de deux faits, d'une idée et d'un fait) ⇒ **précisément.** *C'est justement ce qu'il ne fallait pas faire.* **2.** Précisément, à plus forte raison (en tête de phrase). *Il sera peiné de l'apprendre. — Justement, ne lui dites rien !*

JUSTE-MILIEU n. m. ▪ **1.** VX Modération. **2.** HIST. Gouvernement modéré de Louis-Philippe. – **adj.** Qui est partisan de ce gouvernement; qui s'y rapporte.

JUSTESSE n. f. ▪ **1.** Qualité qui rend une chose parfaitement, exactement adaptée. *Justesse et précision d'une balance.* ♦ fig. ⇒ **exactitude.** *Cette comparaison manque de justesse.* **2.** Qualité qui permet d'exécuter très exactement une chose ; manière dont on l'exécute sans erreur. ⇒ **précision.** *Justesse de tir.* **3.** loc. adv. *DE JUSTESSE* : de peu, sans rien de trop. *Éviter de justesse une collision.*

JUSTICE n. f. ▪ **1.** Juste appréciation, reconnaissance et respect des droits et du mérite de chacun. ⇒ **droiture, équité, impartialité, intégrité.** *Agir avec justice.* **2.** Principe moral de conformité au droit. *Faire régner la justice.* – *Ce n'est que justice* (⇒ **juste** (I, 2)). **3.** Pouvoir de faire régner le droit ; exercice de ce pouvoir. *La justice punit et récompense.* – *RENDRE LA JUSTICE.* ⇒ **juger.** *Cour de justice.* ♦ Reconnaissance du droit, du bon droit. *Obtenir justice.* – *FAIRE JUSTICE DE qqch.* : récuser, réfuter. *Le temps a fait justice de cette renommée usurpée.* – *FAIRE, RENDRE JUSTICE À qqn,* lui reconnaître son droit ; par ext. rendre hommage, récompenser. *L'avenir lui rendra justice.* – *SE FAIRE JUSTICE* : se venger ; en parlant d'un coupable, se tuer. *L'auteur de l'attentat s'est fait justice.* **4.** Organisation du pouvoir judiciaire ; ensemble des organes chargés d'administrer la justice (⇒ **judiciaire, juridique**). *Litige soumis à la justice* (⇒ **procès**). – *Palais de justice. Ministère de la Justice.* ♦ Police judiciaire. *La justice le recherche.* **5.** Ensemble des juridictions de même catégorie. *Justice administrative, civile, commerciale.*

JUSTICIABLE adj. et **n.** ▪ **1.** Qui relève de certains juges, de leur juridiction. **2.** fig. Qui relève (d'une mesure, d'un traitement). *Malade justiciable d'une cure thermale.*

JUSTICIER, IÈRE n. ▪ **1.** Personne qui rend justice, qui fait régner la justice. *Saint Louis, roi et justicier.* **2.** Personne qui agit en redresseur de torts, vengeant les innocents et punissant les coupables. *Les justiciers des films d'aventures.*

JUSTIFIABLE adj. ▪ **1.** Qui peut être justifié. ⇒ **défendable, excusable.** *Conduite peu justifiable.* **2.** Qui peut être expliqué, motivé. *Un choix justifiable.*

JUSTIFICATEUR, TRICE adj. ▪ Qui justifie.

JUSTIFICATIF, IVE adj. et **n. m.** ▪ **1.** Qui sert à justifier qqn. **2.** Qui sert à prouver. *Documents justificatifs.* – **n. m.** Pièce justificative. *Produire des justificatifs pour une note de frais.*

JUSTIFICATION n. f. ▪ **I. 1.** Action de justifier (qqn, qqch.), de se justifier. ⇒ **décharge, défense.** *Demander des justifications.* ⇒ **compte, explication. 2.** Action d'établir (une chose) comme réelle ; résultat de cette action. ⇒ **preuve.** *Justification d'une identité, d'un paiement.* **II.** IMPRIM. Action de fixer la longueur d'une ligne ; cette longueur.

JUSTIFIER v. tr. 7 ▪ **I. 1.** Innocenter (qqn) en expliquant sa conduite, en démontrant que l'accusation n'est pas fondée. ⇒ **décharger, disculper.** *Avocat qui cherche à justifier son client.* **2.** Rendre (qqch.) légitime. *Théorie qui justifie tous les excès.* ⇒ **autoriser, légitimer.** – prov. *La fin justifie les moyens.* **3.** Faire admettre ou s'efforcer de faire reconnaître (qqch.) comme juste, légitime. ⇒ **expliquer, motiver.** *Justifiez vos critiques.* – au p. p. *Un reproche tout à fait justifié.* ⇒ **fondé. 4.** (sujet chose) Confirmer après coup. *Les faits ont justifié ses craintes.* **5.** Montrer (qqch.) comme vrai, juste, réel, par des arguments, des preuves. ⇒ **démontrer, prouver.** *Justifier ce que l'on affirme. Justifier l'emploi des sommes reçues.* **6. v. tr. indir.** DR. *Justifier de son identité,* la prouver. **II.** IMPRIM. Mettre (une ligne) à la longueur requise. ► **SE JUSTIFIER v. pron.** Prouver son innocence. *Essayer de se justifier. Se justifier de sa conduite.* ♦ (passif) Être fondé sur de bonnes raisons. *Cela se justifie.*

JUSTINIEN Ier (482 - 565) ▪ Empereur romain d'Orient de 527 à sa mort. Grand conquérant et législateur ("*Code justinien*", fondement du droit civil moderne), il contribua à la grandeur et à la prospérité de la civilisation byzantine. Il édifia des grands monuments à Ravenne et Constantinople (basilique Sainte-Sophie).

Justinien Ier. *L'Empereur Justinien et sa suite,* mosaïque. Basilique San Vitale, Ravenne. *Phot. © Carlo Bevilacqua/Ricciarini*

JUTE n. m. ▪ **1.** Plante exotique cultivée pour les fibres textiles de ses tiges. **2.** Fibre qu'on en tire. *Toile de jute.*

JUTER v. intr. 1 ▪ Rendre du jus.

① **JUTEUX, EUSE adj.** ▪ **1.** Qui a beaucoup de jus. *Poire juteuse.* ⇒ **fondant. 2.** FAM. Qui rapporte beaucoup. *Un commerce juteux.*

② **JUTEUX n. m.** ▪ ARGOT Adjudant.

le JUTLAND en danois ***JYLLAND*** ▪ Presqu'île continentale du Danemark. Bataille navale anglo-allemande en 1916.

Filippo JUVARA ou **JUVARRA** (1676 - 1736) ▪ Architecte et décorateur italien. Il construisit notamment le château Stupinigi, près de Turin, la basilique et le monastère de Superga, d'esprit baroque.

JUVÉNAL (v. 55 - v. 140) ▪ Poète latin. Auteur de "*Satires*" où il critique les mœurs dissolues de son temps, qu'il oppose à celles, vertueuses, de la Rome de Cicéron et de Tite-Live.

JUVÉNILE adj. ▪ Propre à la jeunesse. ⇒ **jeune.** *Grâce juvénile. La délinquance juvénile,* des mineurs. ► **JUVÉNILITÉ n. f.** LITTÉR. *La juvénilité de ses enthousiasmes.*

JUXTA- Élément savant, du latin *juxta* « près de ».

JUVISY-SUR-ORGE ▪ Commune de l'Essonne. 11 816 hab. *(les Juvisiens).*

JUXTALINÉAIRE adj. ▪ DIDACT. *Traduction juxtalinéaire,* où le texte et la version se répondent ligne à ligne dans deux colonnes contiguës.

JUXTAPOSER v. tr. 1 ▪ Poser, mettre (une, des choses) près d'une ou plusieurs autres, sans liaison. *Juxtaposer deux mots par une apposition.* ► **JUXTAPOSÉ, ÉE adj.** *Les touches juxtaposées des impressionnistes.* ► **n. f.** JUXTAPOSITION

JYTOMYR anc. **JITOMIR** ▪ Ville d'Ukraine. 296 000 hab. Marché agricole, lin.

K

K [ka] n. m. ▪ **1.** Onzième lettre, huitième consonne de l'alphabet *(k, K)* servant à noter la consonne occlusive vélaire sourde [k]. **2.** *k* : symbole de *kilo-*.

K2 → Dapsang

la **KAABA** ou al-**KA'BA** ▪ Édifice cubique de la fin du VIIe s., au centre de la mosquée de La Mecque. La Pierre noire, apportée selon la tradition par saint Gabriel à Abraham, y est scellée. C'est le point vers lequel se tournent tous les musulmans pour prier.

Dmitri **KABALEVSKI** (1904 - 1987) ▪ Compositeur soviétique. *"Colas Breugnon"* (1937), opéra.

la **KABARDINO-BALKARIE** ▪ République de la Fédération de Russie, dans le Caucase. 12 500 km^2. 768 000 hab. (*les Kabardes* et *Balkars*). Capitale : Naltchik. Agriculture. Industrie mécanique.

KABBALE n. f. ▪ Tradition juive donnant une interprétation mystique et allégorique de l'Ancien Testament. ◇ var. archaïque CABALE. ► adj. KABBALISTIQUE

KABIG [kabik] n. m. ▪ Manteau court à capuche, avec une poche sur le devant formant manchon.

KABOUL ou **KĀBUL** ▪ Capitale de l'Afghanistan. 913 000 hab. Centre caravanier et artisanal. Ville universitaire et administrative.

KABUKI [kabuki] n. m. ▪ Genre théâtre japonais traditionnel, avec musique et danses.

KABYLE adj. et n. ▪ De la Kabylie, région montagneuse d'Algérie. - n. *Les Kabyles.* ♦ n. m. *Le kabyle,* ensemble des dialectes et parlers berbères de Kabylie.

la **KABYLIE** ▪ Massifs montagneux d'Algérie bordant la Méditerranée. ► les **KABYLES**, population d'origine et de langue berbères*.

János **KÁDÁR** (1912 - 1989) ▪ Homme politique hongrois. Premier secrétaire du parti communiste hongrois (1956-1988), congédié peu avant sa mort (→ **Hongrie**).

Ismaïl **KADARÉ** (né en 1936) ▪ Écrivain albanais. Ses romans retracent, de façon parfois métaphorique, l'histoire de son pays. *"Le Général de l'armée morte"* (1963); *"Le Palais des rêves"* (1981).

Muammar al-**KADHAFI** (né en 1942) ▪ Officier et homme politique libyen. Arrivé au pouvoir à la faveur d'un coup d'État militaire (1969), « guide de la révolution », il dirige depuis lors la politique de son pays prônant une troisième voie entre marxisme et capitalisme, qui mêle panarabisme, islam et socialisme.

les **KADJARS** ou **QĀDJĀRS** ▪ Dynastie perse qui régna de 1794 à 1925.

KADUNA ▪ Ville du Nigeria. 1 028 000 hab. Culture et industrie du coton.

KAÉDI ▪ Ville de Mauritanie. 32 500 hab.

KAESŎNG ou **GAESONG** ▪ Ville de la Corée-du-Nord. 140 000 hab.

Franz **KAFKA** (1883 - 1924) ▪ Écrivain tchèque d'expression allemande. Ses récits et ses romans mettent en scène des personnages livrés à un monde étrange, à la solitude et à leur sentiment de culpabilité. *"La Métamorphose"* (1915); *"Le Procès"* (1925); *"Le Château"* (1926).

KAFKAÏEN, ÏENNE adj. ▪ Qui rappelle l'atmosphère absurde et oppressante des romans de Kafka.

KAFR AL-ZAYYĀT ▪ Ville de Basse-Égypte. 51 544 hab.

Mauricio **KAGEL** (né en 1931) ▪ Compositeur argentin. Son œuvre mêle l'humour et la provocation. *"Der Schall"* (1968).

KAGOSHIMA ▪ Ville du Japon (Kyūshū). 530 489 hab. Centre commercial. Université.

Gustave **KAHN** (1859 - 1936) ▪ Poète symboliste français. Un des théoriciens du vers libre. *"Les Palais nomades"* (1887).

Louis **KAHN** (1901 - 1974) ▪ Architecte américain d'origine estonienne. Représentant de l'architecture rationaliste. Galerie d'art de Yale (1952-1954); centre de recherches médicales de l'université de Pennsylvanie à Philadelphie (1959-1962).

Daniel-Henry **KAHNWEILER** (1884 - 1979) ▪ Critique et marchand de tableaux français. Premier défenseur des cubistes.

KAIFENG ou **K'AI-FONG** ▪ Ville de Chine (Henan), sur le Huang he. Ancienne capitale impériale. 691 800 hab. Industrie alimentaire.

KAIROUAN ▪ Ville de Tunisie. 85 000 hab. Ville sainte de l'islam. Mosquées. Fabrication de tapis.

Kairouan. La Grande Mosquée Djama Sidi Okba.
Phot. © Boutin/Explorer

le **KAISER** ▪ L'empereur d'Allemagne (de 1870 à 1918), et plus particulièrement Guillaume II.

KAISERSLAUTERN ▪ Ville d'Allemagne (Rhénanie-Palatinat). 98 400 hab. Centre industriel.

KAKÉMONO n. m. ▪ Peinture japonaise, étroite et haute, pouvant se rouler autour d'un bâton.

① **KAKI** adj. invar. ▪ D'une couleur jaunâtre tirant sur le brun. *Chemises kaki.* ~ n. m. invar. *Militaire en kaki.*

② **KAKI** n. m. ▪ Arbre dont les fruits d'un jaune orangé ont la forme de tomates. ~ Ce fruit.

le désert du KALAHARI ▪ Cuvette fermée et désertique du sud de l'Afrique, située en majeure partie au Botswana.

Nicholas KALDOR (1908-1986) ▪ Économiste britannique dans la lignée de Keynes.

KALÉIDOSCOPE n. m. ▪ **1.** Petit tube dont le fond est occupé par des fragments mobiles de verre colorié qui, en se réfléchissant sur un jeu de miroirs, y produisent d'infinies combinaisons d'images. **2.** fig. Succession rapide et changeante (d'impressions, de sensations).

le KALEVALA ▪ Épopée populaire finnoise connue par la tradition orale et transcrite au XIXe s.

KALGAN → **Zhangjiakou**

KĀLĪ ▪ Divinité hindoue, destructrice. Une des épouses de Shiva, honorée par des sacrifices sanglants.

KALIMANTAN ▪ Partie indonésienne de l'île de Bornéo. 539 460 km². 9 109 804 hab.

Mikhaïl KALININE (1875-1946) ▪ Homme politique soviétique. Président du præsidium du Soviet suprême de 1938 à sa mort.

KALININE → **Tver**

KALININGRAD jusqu'en 1946 ***KÖNIGSBERG*** ▪ Ville de Russie (enclave entre la Pologne et la Lituanie), près de la Baltique. 410 000 hab. Constructions navales, port. Célèbre université où enseigna Kant. Capitale de l'ancienne Prusse-Orientale. Prise par l'U.R.S.S. en 1945.

KALMOUK, E adj. et n. ▪ De Kalmoukie. ~ n. *Les Kalmouks.* ♦ n. m. *Le kalmouk* (langue).

la KALMOUKIE ▪ République de la Fédération de Russie. 75 900 km². 327 000 hab. *(les Kalmouks).* Capitale : Elista (95 000 hab.). Agriculture.

KALOUGA ▪ Ville de Russie, au sud-ouest de Moscou. 364 000 hab. Région agricole et minière.

KĀMA ▪ Divinité hindoue de l'amour et du plaisir charnel.

la KAMA ▪ Rivière de Russie, affluent de la Volga. 1 805 km.

le KĀMA SŪTRA ▪ Ouvrage indien des IVe-Ve s. consacré à l'amour.

KAMAKURA ▪ Ville du Japon (Honshū). 175 527 hab. Ancienne capitale, de 1185 à 1333. Nombreux temples. Statue de Bouddha du XIIIe s.

Lev Borissovitch KAMENEV (1883-1936) ▪ Homme politique russe. Compagnon de Lénine, il fut jugé comme opposant au régime puis exécuté avec Zinoviev sous Staline. Réhabilité en 1988.

Heike KAMERLINGH ONNES (1853-1926) ▪ Physicien néerlandais. Un des créateurs de la physique des très basses températures. Prix Nobel de physique 1913.

KAMIKAZE n. m. ▪ Avion-suicide, piloté par un volontaire (au Japon, en 1944-1945) ; ce volontaire. ~ par ext. Personne d'une grande témérité.

KAMPALA ▪ Capitale de l'Ouganda. 1 998 000 hab. Centre commercial.

le KAMPUCHEA ▪ Nom officiel du Cambodge de 1976 à 1989.

le KAMTCHATKA ▪ Presqu'île de Russie, à l'extrême est de la Sibérie. 370 000 km². Bois. Pêche.

KANA n. m. ▪ Signe syllabique de l'écriture japonaise. *Il existe deux systèmes de kanas.* ≠ *kanji.*

KANAK, E ou **CANAQUE** n. et adj. ▪ Autochtone de Nouvelle-Calédonie. *Les Kanaks.* ~ adj. *L'identité kanake.*

KANANGA ▪ Ville du Zaïre. 300 000 hab. Centre commercial.

Konstantínos KANARIS (1790-1877) ▪ Marin grec, héros de l'indépendance de son pays.

KANCHIPURAM ou **KANCHI** ▪ Ville du sud de l'Inde (Tamil Nadu). 169 800 hab. Une des sept villes sacrées de l'Inde. Nombreux temples.

KANDAHAR ou **QANDAHĀR** ▪ Ville d'Afghanistan. 178 000 hab. Marché important.

Wassily KANDINSKY (1866-1944) ▪ Peintre et théoricien russe naturalisé allemand, puis français. Fondateur avec Franz Marc du Cavalier bleu, puis professeur au Bauhaus. Il s'est imposé comme l'un des maîtres de l'art abstrait. *"Première aquarelle abstraite"* (1912). *"Du spirituel dans l'art"* (essai, 1911).

KANDY ▪ Ville de Sri Lanka. 100 000 hab. Pèlerinage bouddhique. Capitale de Ceylan du XVIe au XIXe s.

Hamidou KANE (né en 1928) ▪ Écrivain sénégalais d'expression française. *"L'Aventure ambiguë"* (1961), sur les difficultés du métissage culturel.

le KANEM ▪ Région du Tchad située au nord et à l'est du lac Tchad. Le royaume de Kanem fut fondé vers 800 par les Toubous. Il fut islamisé au XIe s.

le KANGCHENJUNGA ▪ Sommet de l'Himalaya, dans le Sikkim (8 598 m).

KANGOUROU n. m. ▪ Grand marsupial australien herbivore, à pattes postérieures très développées lui permettant des sauts de plusieurs mètres. *Des kangourous.*

KANGXI ou **K'ANG-HI** (1654-1722) ▪ Empereur de Chine de 1662 à sa mort. Cet empereur lettré, de la dynastie des Qing, poursuivit l'unification du pays et permit à la Chine de redevenir une grande puissance.

KANG Youwei ou **K'ANG Yeou-wei** (1858-1927) ▪ Homme politique et philosophe chinois. Il est surnommé « le Jean-Jacques Rousseau chinois ».

KANJI [kɑ̃(d)ʒi] n. m. ▪ Caractère chinois de l'écriture japonaise. ≠ *kana.*

KANKAN ▪ Ville de Guinée. 90 000 hab.

KANO ▪ Ville du Nigeria. 1 700 000 hab. Ancienne capitale d'un royaume haoussa (XIe-XIXe s.).

l'école KANŌ ▪ École de peinture japonaise active du XVe au XXe s. ► **KANŌ MASANOBU** (1434-1530) et **KANŌ EITOKU** (1543-1590) sont ses représentants principaux.

KANPUR anciennt ***CAWNPORE*** ▪ Ville de l'Inde (Uttar Pradesh). 2 111 000 hab. Centre industriel (textile, cuir, métallurgie).

le KANSAS ▪ État du centre des États-Unis. 213 095 km². 2 478 000 hab. Capitale : Topeka. État agricole (1er producteur de blé des États-Unis); élevage bovin. Pétrole, gaz. Industrie agroalimentaire, engrais. Universités.

KANSAS CITY ▪ Centre urbain des États-Unis, formé par deux villes du même nom, de part et d'autre du Missouri. *Kansas City* (Missouri), 435 000 hab. et *Kansas City* (Kansas), 150 000 hab.

Emmanuel KANT (1724-1804) ▪ Philosophe allemand. Sa critique de la raison tire la leçon de la révolution accomplie depuis Copernic dans les sciences : n'est connu que ce qui est conforme à notre faculté de connaître. Elle ruine la théologie rationnelle, repense la morale et l'esthétique. *"Critique de la raison pure"* (1781); *"Critique de la raison pratique"* (1788); *"Critique du jugement"* (1790).

Antioche KANTEMIR → Antioch Dimitrievitch **Cantemir**

KANTIEN, IENNE [kɑ̃sjɛ̃ ; -tjɛ̃, jɛn] adj. ▪ PHILOS. Qui a rapport à la philosophie de Kant.

KANTISME n. m. ▪ PHILOS. Doctrine de Kant, idéalisme transcendantal et philosophie critique.

Tadeusz KANTOR (1915-1990) ▪ Metteur en scène et peintre polonais. Ses pièces (qu'il dirigeait à la manière d'un chef d'orchestre) mêlent ironie, réalisme fragmenté et absurde. *"La Classe morte"* (1975).

Leonid KANTOROVITCH (1912-1986) ▪ Économiste soviétique. Il étudia le problème de l'utilisation optimale des moyens de production. Prix Nobel 1975.

KAOHSIUNG ou **GAOXIONG** ▪ Ville et deuxième port de Taiwan. 1 416 248 hab.

KAOLACK ▪ Ville et port du Sénégal. 150 000 hab.

KAOLIN n. m. ▪ Argile blanche, réfractaire et friable qui entre dans la composition de la porcelaine.

Piotr KAPITSA (1894-1984) ▪ Physicien soviétique. Découverte du phénomène de la superfluidité. Prix Nobel 1978.

KAPO ou **CAPO** n. m. ▪ Détenu chargé de commander les autres prisonniers dans un camp allemand.

KAPOK n. m. ▪ Fibre végétale faite du duvet qui recouvre les graines d'un arbre exotique (le *kapokier*). *Coussins rembourrés de kapok.*

KAPPA n. m. ▪ Lettre de l'alphabet grec (κ), correspondant au son du *k*.

la mer de **KARA** ▪ Mer bordière de l'océan Arctique, au nord de la Russie. 883 km².

le Haut-**KARABAGH** ▪ Région autonome d'Azerbaïdjan, dans le Petit Caucase. 4 400 km². 192 000 hab., dont 21 % d'Azéris et 77 % d'Arméniens. Capitale : Stepanakert. Depuis 1988, les Arméniens réclament leur rattachement à l'Arménie, ce qui a provoqué un conflit sanglant entre les deux républiques.

KARACHI ▪ Ancienne capitale, principale ville et port du Pakistan, sur le golfe d'Oman. 8 000 000 hab. Centre industriel.

Vuk **KARADŽIĆ** (1787 - 1864) ▪ Écrivain et réformateur de la langue serbe. Il s'intéressa au folklore, publia une *"Grammaire"* (1814) et le premier *"Dictionnaire serbe"* (1818).

KARAGANDA → **Qaraghandy**

Djordje Petrović dit **KARAGEORGES** ou **KARADJORDJE** (1752 - 1817) ▪ Homme politique serbe. Chef de l'insurrection serbe contre les Turcs (1804), fondateur de la dynastie des *Karageorgévitch* ou *Karadjordjević*, princes de Serbie de 1808 à 1941.

Herbert von **KARAJAN** (1908 - 1989) ▪ Chef d'orchestre autrichien. Il dirigea l'orchestre philharmonique de Berlin et le festival de Salzbourg.

la **KARAKALPAKIE** ou **KARAKALPAKSTAN** ▪ République autonome d'Ouzbékistan. 164 900 km². 1 245 000 hab. *(les Karakalpaks)*. Capitale : Noukous (175 000 hab.). Région agricole.

le **KARAKORAM** ou **QARAQORAM** ▪ Massif montagneux de l'ouest de l'Himalaya, abritant le mont Dapsang (8 611 m) et de nombreux pics de plus de 8 000 m.

Konstandínos **KARAMANLÍS** → Constantin **Caramanlis**

Nikolaï **KARAMZIN** (1766 - 1826) ▪ Écrivain russe. Il a donné naissance au russe littéraire moderne.

KARAOKÉ n. m. ▪ Assemblée où l'on chante des airs à succès, sur l'accompagnement musical d'une bande vidéo ; établissement où se pratique ce divertissement.

la **KARATCHAÏEVO-TCHERKESSIE** ▪ République de la fédération de Russie, dans le Caucase. 14 100 km². 434 500 hab. (*les Karatchaïs* et *les Tcherkesses*). Capitale : Tcherkessk (118 000 hab.).

KARATÉ n. m. ▪ Art martial japonais, sport de combat dans lequel les coups sont retenus avant l'impact.

KARATÉKA n. ▪ Personne qui pratique le karaté.

Abram **KARDINER** (1891 - 1981) ▪ Psychanalyste et ethnologue américain. Un des créateurs de l'anthropologie culturelle.

KARIKAL ▪ Ville de l'Inde, sur la côte du delta de la Cauvery. 61 800 hab. Ancien comptoir français (jusqu'en 1954), la ville conserve le statut de Territoire de l'Union, administré depuis Pondichéry.

KARITÉ n. m. ▪ Arbre d'Afrique équatoriale dont la graine renferme une substance grasse, le *beurre de karité*.

KARKEMISH ▪ Ancienne ville de haute Syrie (aujourd'hui Jarabulus), sur la rive droite de l'Euphrate. Elle contrôlait le gué sur l'itinéraire de la Mésopotamie vers la Syro-Palestine et l'Égypte, en évitant le désert.

Erik Axel **KARLFELDT** (1864 - 1931) ▪ Poète suédois. Il se rendit célèbre par ses chants populaires et régionalistes, louant sa province, la Dalécarlie. Prix Nobel de littérature 1931.

KARL-MARX-STADT → **Chemnitz**

Boris **KARLOFF** (1887 - 1969) ▪ Acteur de cinéma britannique naturalisé américain. Célèbre pour son interprétation du monstre dans *"Frankenstein"* (1931).

KARLOVY VARY anciennt en allemand *KARLSBAD* ▪ Ville de la République tchèque. 56 000 hab. Station thermale. Cathédrale baroque.

KARLSRUHE ▪ Ville d'Allemagne (Bade-Wurtemberg). 272 800 hab. Port sur le Rhin. Industries mécaniques. Raffinerie.

KARMA n. m. ▪ Dogme central de l'hindouisme, du bouddhisme, selon lequel la destinée d'un être vivant et conscient est déterminée par la totalité de ses actions passées, de ses vies antérieures.

KARNAK ▪ Site archéologique d'Égypte (partie nord de Thèbes). Célèbre temple d'Amon, construit du XVIe au XIIIe s. av. J.-C.

Karnak. Le grand temple d'Amon. *Phot. © Dagli Orti*

le **KARNATAKA** anc. *MYSORE* ▪ État du sud-ouest de l'Inde. 191 773 km². 44 800 000 hab. Capitale : Bangalore.

Alphonse **KARR** (1808 - 1890) ▪ Journaliste et écrivain français. Il fut directeur du *Figaro* (1839). « *Sous les tilleuls* » (roman, 1832).

Paul **KARRER** (1889 - 1971) ▪ Chimiste suisse. Ses études sur les vitamines lui valurent le prix Nobel en 1937.

KARS ▪ Ville de Turquie. 78 455 hab. Capitale de l'Arménie au Xe s.

KARST [kaʀst] n. m. ▪ GÉOGR. Ensemble des phénomènes de corrosion du calcaire ; région calcaire où prédominent ces phénomènes. ► KARSTIQUE adj. *Relief karstique.*

le **KARST** ▪ Région de Slovénie (Istrie) formée de plateaux calcaires, modelés par l'érosion des eaux souterraines.

KART [kaʀt] n. m. ▪ anglic. Petit véhicule automobile de compétition, sans carrosserie, ni boîte de vitesses, ni suspension.

KARTING n. m. ▪ anglic. Sport pratiqué avec le kart.

le **KASAÏ** ou **KASSAÏ** ▪ Rivière d'Afrique centrale, affluent du Zaïre. 1 940 km.

KASCHER [kaʃɛʀ] adj. invar. ⇒ CASHER

KASHMIR → le **Cachemire**

Jan **KASPROWICZ** (1860 - 1926) ▪ Poète polonais. Dans *"Christ"* (1890) il exprime une révolte prométhéenne contre Dieu.

KASSEL ▪ Ville d'Allemagne (Hesse), ancienne capitale de la Hesse. 193 400 hab. Château impérial (IXe s.). Centre industriel et culturel.

les **KASSITES** ▪ Peuple asiatique de l'Antiquité, qui conquit, au XVIIIe s. av. J.-C., la Mésopotamie.

Alfred **KASTLER** (1902 - 1984) ▪ Physicien français. Il a mis au point le « pompage optique », qui a trouvé une application dans le laser. Prix Nobel de physique 1966.

Erich **KÄSTNER** (1899 - 1974) ▪ Romancier allemand. Il critiqua avec humour l'Allemagne de son temps. *"Émile et les détectives"* (1928).

Valentin **KATAÏEV** (1897 - 1986) ▪ Écrivain soviétique. *"Les Vagues de la mer Noire"* (1936-1961), cycle romanesque sur la révolution russe.

le **KATANGA** → **Shaba**

KATEB Yacine (1929 - 1989) ▪ Écrivain algérien d'expression française. *"Nedjma"* (1956, roman) et *"Le Cercle des représailles"* (1959, théâtre) expriment une Algérie « en gestation ».

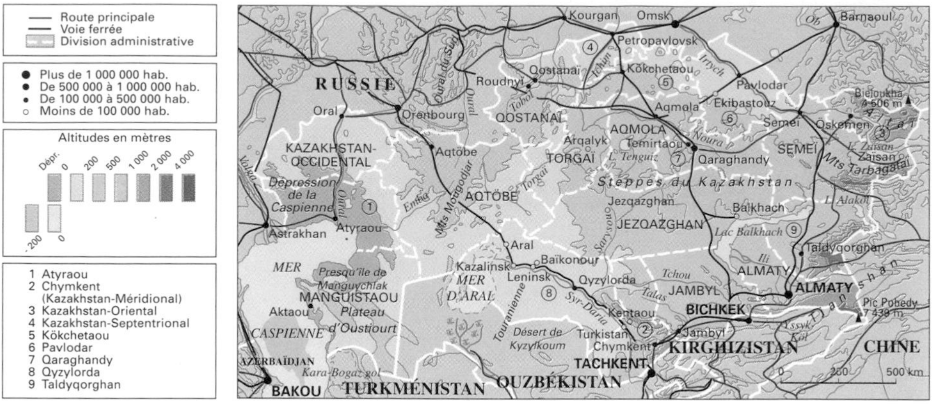

Kazakhstan.

KATMANDOU ou **KATMANDU** ▪ Capitale du Népal. 421 258 hab. Monuments hindous et bouddhiques. Pèlerinages. Artisanat. Tourisme.

KATOWICE ▪ Ville de Pologne. 367 000 hab. Grand centre industriel et minier de haute Silésie.

KATYN ▪ Localité de Russie à l'ouest de Smolensk. Les Allemands y découvrirent en 1943 un charnier d'officiers polonais exécutés par la police politique soviétique. Le *massacre de Katyn* a gravement affecté les relations russo-polonaises.

KAUNAS ▪ Ville et port fluvial de Lituanie. 430 000 hab. Centre culturel. Industries.

le prince von KAUNITZ-RITTBERG (1711 - 1794) ▪ Homme politique autrichien. Il allia l'Autriche à la France au début de la guerre de Sept Ans et soutint la politique de Joseph II.

Karl KAUTSKY (1854 - 1938) ▪ Homme politique allemand. Théoricien marxiste du parti social-démocrate, qu'il dirigea avec Eduard Bernstein (1880). Ses thèses évoluant vers le réformisme furent sévèrement critiquées par Lénine.

KAWABATA Yasunari (1899 - 1972) ▪ Écrivain japonais, attaché au Japon traditionnel. *"Pays de neige"* (1935-1948). Prix Nobel 1968.

KAWASAKI ▪ Ville du Japon (Honshū). 161 936 hab. Grand centre d'industrie lourde.

KAYAK [kajak] **n. m.** ▪ Embarcation de sport, monoplace ou biplace, qui se manœuvre à la pagaie. ► **n.** KAYAKISTE

KAYSERI autrefois ***CÉSARÉE*** ▪ Ville de Turquie. 421 362 hab. Ancienne capitale de la Cappadoce.

KAZAKH, E adj. et **n.** ▪ Du Kazakhstan. - **n.** *Un Kazakh, une Kazakhe.* ♦ **n. m.** *Le kazakh* (langue).

le KAZAKHSTAN ▪ État (république) d'Asie centrale, au nord-ouest de la Chine, s'étendant de l'Europe au Turkestan. 2 717 300 km². 17 008 000 hab. *(les Kazakhs)*. Capitale : Almaty. Langues : kazakh, russe. Monnaie : tengue. Sous-sol très riche. Agriculture (céréales, moutons). Industries (sidérurgie, cuir). Base aérospatiale à Baïkonour. La population, musulmane, d'origine turque, a été dominée par les Russes qui ont colonisé la région à partir du XVIIIe s. République fédérée d'URSS de 1936 à 1991. Membre de la C.É.I.

Elia KAZAN (né en 1909) ▪ Cinéaste américain. Il exprime des passions violentes et dénonce les corruptions. *"Un tramway nommé Désir"* (1951); *"Sur les quais"* (1954); *"À l'est d'Éden"* (1955).

KAZAN ▪ Capitale de la république autonome des Tatars (Russie). 1 106 000 hab. Port fluvial sur la Volga. Grand centre industriel et culturel. Capitale du royaume bulgare de la Volga, puis (XIVe s.) d'un État mongol.

Nikos KAZANTZAKIS (1885 - 1957) ▪ Écrivain grec. Penseur angoissé, il s'exprima par des poèmes et par des romans ancrés dans la Grèce populaire : *"Alexis Zorba"* (1946); *"Le Christ recrucifié"* (1954).

Edmund KEAN (1787 - 1833) ▪ Le plus célèbre acteur du théâtre britannique à l'époque romantique, interprète de Shakespeare. Sa vie inspira une comédie à Dumas (adaptée par Sartre).

Buster KEATON (1895 - 1966) ▪ Acteur et cinéaste américain. Une des plus grandes vedettes du cinéma comique muet. *"La Croisière du « Navigator »"* (1924); *"Le Mécano de la « General »"* (1926).

John KEATS (1795 - 1821) ▪ Poète romantique britannique. Il a célébré la supériorité et la pérennité de l'art et le thème platonicien de la beauté éternelle. *"Endymion"* (1818); *"Odes"* (1820).

KEEPSAKE [kipsɛk] **n. m.** ▪ anglic. (anciennt) Livre-album romantique, illustré.

KEFFIEH [kefje ; kefjɛ] **n. m.** ▪ Coiffure des Bédouins, carré de tissu plié et retenu par un lien. *Keffiehs palestiniens.*

KÉFIR n. m. ⇒ KÉPHIR

KEHL ▪ Ville d'Allemagne (Bade-Wurtemberg), en face de Strasbourg. 30 000 hab.

le KEIHIN ▪ Immense conurbation japonaise qui s'étend de Tōkyō à Yokohama. 14 866 709 hab.

Wilhelm KEITEL (1882 - 1946) ▪ Maréchal allemand, chef de la Wehrmacht de 1938 à 1945, il fut condamné à mort par les Alliés (procès de Nuremberg) et pendu.

Urho KEKKONEN (1900 - 1986) ▪ Homme d'État finlandais. Plusieurs fois Premier ministre entre 1950 et 1956, il fut président de la République de 1956 à 1981.

Friedrich August KEKULÉ VON STRADONITZ (1829 - 1896) ▪ Chimiste allemand. Son étude du carbone inaugure la chimie organique structurale.

Gottfried KELLER (1819 - 1890) ▪ Écrivain suisse d'expression allemande. *"Henri le Vert"* (1854-1855), roman d'éducation à caractère autobiographique.

François KELLERMANN, duc de Valmy (1735 - 1820) ▪ Officier français. Vainqueur à Valmy (1792), maréchal d'Empire.

Frank Billings KELLOGG (1856 - 1937) ▪ Diplomate américain. Prix Nobel de la paix 1929 après la signature par 57 pays du *pacte Briand-Kellogg* (1928), qui condamnait la guerre.

KELLS en gaélique ***CAENANNUS MÓR*** ▪ Ville de la république d'Irlande (Meath). 3 000 hab. Foyer culturel et religieux du Moyen Âge.

Eugene Curran dit **Gene KELLY** (1912 - 1996) ▪ Acteur, danseur, chorégraphe et cinéaste américain. Il fut, avec son aîné Fred Astaire, le meilleur représentant de la comédie musicale. *"Un Américain à Paris"* (1951); *"Chantons sous la pluie"* (1952).

Hans KELSEN (1881 - 1973) ▪ Juriste américain d'origine autrichienne. Il a élaboré une théorie du droit selon laquelle l'ordre juridique serait fondé sur un ensemble de normes fondamentales hiérarchisées.

KELVIN [kɛlvin] n. m. ▪ Unité de mesure thermodynamique de température (symb. K), partant du zéro absolu (– 273,16 °C).

lord **KELVIN** → sir William **Thomson**

Mustafa **KEMAL** → **Mustafa Kemal Pacha**

Zsigmond, baron **KEMÉNY** (1814 - 1875) ▪ Écrivain hongrois. Auteur de romans historiques. *"Les Exaltés"* (1858).

KEMEROVO ▪ Ville de Russie, dans le Kouzbass. 521 000 hab. Chimie.

Edward **KENDALL** (1886 - 1972) ▪ Chimiste américain. Importants travaux sur les hormones. Prix Nobel de physiologie ou médecine 1950.

KENDO [kɛndo] n. m. ▪ Art martial japonais pratiqué avec un sabre de bambou.

KENITRA autrefois ***PORT-LYAUTEY*** ▪ Ville et port artificiel du Maroc. 237 000 hab.

John Fitzgerald **KENNEDY** (1917 - 1963) ▪ 35e président (démocrate) des États-Unis, de 1961 à son assassinat. Il défendit un programme de réformes sociales et d'intégration raciale, et permit aux États-Unis de regagner leur retard dans le domaine spatial. Ferme à l'égard de l'U.R.S.S. et de Cuba, il annonça l'intervention militaire américaine au Viêtnam. ► Robert **KENNEDY** (1925 - 1968), son frère, ministre de la Justice, fut lui aussi assassiné.

John **Kennedy**.
Phot. © Capa/Magnum

KENSINGTON ▪ Quartier résidentiel de l'ouest de Londres, formant avec Chelsea un faubourg *(borough)* du Grand Londres. 130 000 hab.

William **KENT** (1685 - 1748) ▪ Peintre, architecte et paysagiste britannique. Ses jardins (Stowe House, Holkham Hall) sont des œuvres d'art à part entière intégrant et mettant en valeur ponts, arches, statues.

le **KENT** ▪ Comté du sud-est de l'Angleterre. 3 732 km². 1 550 000 hab. Chef-lieu : Maidstone (137 000 hab.). Agriculture. Tourisme (Canterbury, Douvres).

le **KENTUCKY** ▪ État du centre des États-Unis. 104 623 km². 3 685 000 hab. Capitale : Frankfort. Agriculture, élevage de chevaux. Industrie du tabac. Whisky (bourbon). Universités. Réserve d'or de Fort Knox.

le **KENYA** ▪ État de l'Afrique de l'Ouest. 582 646 km². 24 030 000 hab. *(les Kényans).* Capitale : Nairobi. Langues officielles : anglais et souahéli. Monnaie : shilling du Kenya. Climat équatorial souvent modifié par l'altitude (mont Kenya : 5 199 m). Agriculture (café, thé). Hydroélectricité. Tourisme (safaris). Ancienne colonie anglaise, indépendant dans le cadre du Commonwealth depuis 1963, le Kenya fut dirigé par J. Kenyatta* jusqu'en 1978 puis par D. Arap Moi qui fut contraint d'adopter le multipartisme en 1991 et doit faire face aux violences interethniques.

Jomo **KENYATTA** (1893 - 1978) ▪ Homme politique kenyan. Principal artisan de l'indépendance du Kenya, il fut président de la République de 1964 à sa mort.

KÉPHIR ou **KÉFIR** n. m. ▪ Boisson gazeuse et acidulée, obtenue par fermentation de petit-lait avec une levure dite *grains de képhir.*

KÉPI n. m. ▪ Coiffure militaire rigide, à fond plat et surélevé, munie d'une visière. *Képi de gendarme, de légionnaire.*

Johannes **KEPLER** (1571 - 1630) ▪ Astronome allemand. Disciple de Copernic et de Tycho Brahé, il énonça les lois du mouvement des planètes autour du Soleil *(lois de Kepler).*

le **KERALA** ▪ État de l'extrême sud-ouest de l'Inde. 38 864 km². 29 032 800 hab. Capitale : Trivandrum.

KÉRATINE n. f. ▪ Substance protéique présente dans les productions épidermiques de l'homme et des animaux (cheveux, ongles, cornes, laine...).

KÉRATITE n. f. ▪ MÉD. Inflammation de la cornée.

KÉRAT(O)- Élément savant (du grec *keras, keratos* « corne ») qui signifie « corne » et « cornée ».

KÉRATOSE n. f. ▪ MÉD. Épaississement de la couche cornée de l'épiderme.

KERBELA ▪ Ville d'Irak. 350 000 hab. Centre de pèlerinage pour les chiites.

Aleksandr **KERENSKI** (1881 - 1970) ▪ Homme politique russe. Socialiste, chef du gouvernement provisoire de juillet à octobre 1917, renversé par les bolcheviks.

les îles **KERGUELEN** ▪ Archipel français du sud de l'océan Indien (terres Australes), nommé d'après Yves Kerguelen de Trémarec (1734 - 1797), qui fut le premier à y aborder (1772). 7 215 km². Importante base scientifique.

le **KERINCI** ▪ Volcan de Sumatra, point culminant de l'île. 3 805 m.

KERMĀN ▪ Ville d'Iran. 257 284 hab. Mosquée. Premier centre d'exportation de tapis.

KERMANCHĀH → **Bakhtarān**

KERMÈS [-ɛs] n. m. ▪ **1.** Cochenille parasite de certains chênes. **2.** *Kermès* ou *chêne-kermès :* chêne des garrigues méditerranéennes, arbuste à feuilles persistantes et épineuses.

KERMESSE n. f. ▪ **1.** Hollande, Belgique, nord de la France Fête patronale villageoise, foire annuelle. ⇒ **ducasse. 2.** Fête de bienfaisance, souvent en plein air. *La kermesse de l'école.*

KÉROSÈNE n. m. ▪ Produit pétrolier liquide utilisé notamment pour l'alimentation des réacteurs d'avions.

Jack **KEROUAC** (1922 - 1969) ▪ Écrivain américain. Il fut un des principaux représentants du mouvement beatnik en littérature. Ses romans, qui glorifient l'errance, les drogues douces et le mysticisme zen, eurent une grande influence sur la jeunesse occidentale. *"Sur la route"* (1957).

KERTCH ▪ Ville et port de l'Ukraine. 176 000 hab. ► le détroit de **KERTCH** fait communiquer la mer d'Azov et la mer Noire.

André **KERTÉSZ** (1894 - 1985) ▪ Photographe américain d'origine hongroise. Portraits, vues de Paris. Nus exécutés avec un miroir déformant *"Distorsions"*, 1933.

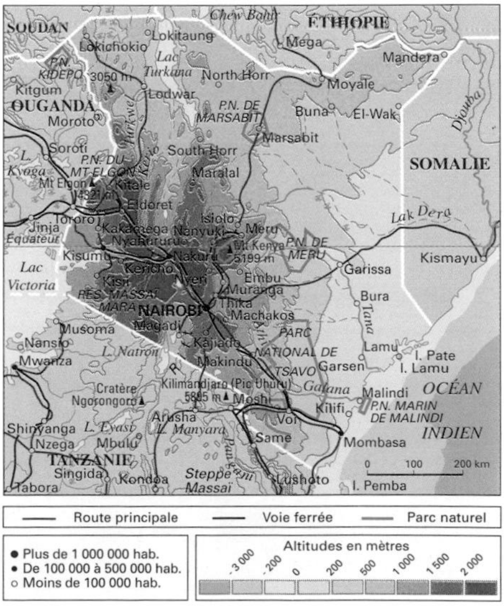

Kenya.

Joseph KESSEL (1898 - 1979) ▪ Écrivain et journaliste français. Le voyage, l'action et la fraternité sont les thèmes de ses romans. *"L'Équipage"* (1923); *"Le Lion"* (1958).

KETCHUP [kɛtʃœp] **n. m.** ▪ anglic. Sauce à base de tomates, légèrement sucrée et épicée.

Wilhelm KETTELER (1811 - 1877) ▪ Prélat allemand. Un des fondateurs du catholicisme social.

John Maynard KEYNES (1883 - 1946) ▪ Économiste britannique. Il préconisa l'intervention de l'État pour garantir le plein emploi, tout en voulant préserver au maximum les principes du libéralisme. Sa doctrine eut une influence considérable sur les politiques économiques des États occidentaux. *"Théorie générale de l'emploi, de l'intérêt et de la monnaie"* (1936).

le K.G.B. ou **KGB, Komitet Gossoudarstvennoï Bezopasnostij, « Comité pour la sécurité d'État »** ▪ Organisme soviétique qui était chargé du renseignement à l'intérieur et à l'extérieur de l'U.R.S.S.

KHABAROVSK ▪ Ville de Russie, sur l'Amour. 614 000 hab. Métropole de la Sibérie extrême-orientale.

KHADĪJA (morte en 619) ▪ Première épouse de Mahomet. Mère de Fatima.

KHÂGNE ou **CAGNE n. f.** ▪ FAM. Classe préparatoire à l'École normale supérieure (lettres), qui fait suite à l'hypokhâgne.

KHÂGNEUX, EUSE ou **CAGNEUX, EUSE n.** ▪ FAM. Élève d'une classe de khâgne.

KHAIBAR → **Khyber**

Mohammed KHAÏR-EDDINE (1941-1995) ▪ Écrivain marocain d'expression française. *"Le Déterreur"* (1973).

KHAJURAHO ▪ Ville de l'Inde (Madhya Pradesh). 6 400 hab. Ancienne capitale de la dynastie Chandella. Des fouilles (1906) ont mis au jour 22 temples, célèbres par leurs sculptures, érotiques notamment (XIe-XIIIe s.).

la KHAKASSIE ▪ République de la Fédération de Russie. 61 900 km^2. 581 100 hab. (les *Khakasses*). Capitale : Abakan (158 200 hab.). La population comporte 79 % de Russes et 11 % de Khakasses. Région du territoire de Krasnoïarsk, devenue république en 1991.

KHALIFE ; KHALIFAT ⇒ CALIFE ; CALIFAT

al-KHALĪL IBN AHMAD (mort v. 791) ▪ Grammairien arabe. Il composa le premier dictionnaire arabe.

KHAMSIN [xamsin] **n. m.** ▪ Vent de sable analogue au sirocco, en Égypte. ◇ var. anc. CHAMSIN.

KHAN n. m. ▪ Titre que prenaient les souverains mongols, les chefs tartares, et encore porté de nos jours par des chefs religieux islamiques.

KHANAT n. m. ▪ Dignité, territoire d'un khan.

KHARBIN → **Harbin**

KHAREZM → **Khorezm**

art **khmer.** *Le Devin,* bas-relief à Angkor Thom. *Phot. © Hétier*

KHARIJISME n. m. ▪ Doctrine d'un mouvement politico-religieux de l'Islam, puritain et fanatique, qui se forma à propos d'une controverse sur la légitimité du califat (657). ◇ var. KHARIDJISME. ► **KHARIJISTE adj.** et **n.** ◇ var. KHARIDJISTE.

KHARKIV anc. ***KHARKOV*** ▪ Ville de l'Ukraine. 1 618 000 hab. Grand centre industriel, commercial et culturel. Bataille soviéto-allemande (1941-1943).

KHARTOUM ▪ Capitale de la république du Soudan, au confluent du Nil Blanc et du Nil Bleu (banlieues : Omdourman, Khartoum-Nord). 1 400 000 hab. Prise en 1884 par les mahdistes, qui y tuèrent Gordon Pacha.

Aram KHATCHATOURIAN (1903 - 1978) ▪ Compositeur arménien soviétique, marqué par les folklores arménien et géorgien. *"La Danse du sabre"* (1942).

'Umar KHAYYĀM ou **Omar KHAYAM** (v. 1050 - v. 1123) ▪ Savant et poète persan. Ses poèmes (*robāyat* ou « quatrains ») expriment une sensibilité à la fois épicurienne et désespérée.

les KHAZARS ▪ Ancien peuple d'origine turque. Du VIIe au XIe s., ils dominèrent un empire situé dans l'Ukraine et la Russie actuelles, et finalement réduit à la Crimée.

KHÉDIVE n. m. ▪ Titre porté par le vice-roi d'Égypte entre 1867 et 1914.

KHÉOPS ou **CHÉOPS** (v. 2650 av. J.-C.) ▪ Deuxième pharaon de la IVe dynastie. Il fit construire la grande pyramide de Gizeh.

KHÉPHREN ou **CHÉPHRÈN** (v. 2620 av. J.-C.) ▪ Fils et successeur de Khéops, troisième pharaon de la IVe dynastie. Il fit construire la seconde pyramide de Gizeh. → **Mykérinos.**

Khéphren. De gauche à droite, les pyramides de Mykérinos, Képhren et Khéops. *Phot. © Mattes/Explorer*

KHERSON ▪ Ville et port de l'Ukraine. 361 000 hab. Conserveries. Combinat textile. Raffinerie de pétrole.

KHI n. m. ▪ Lettre de l'alphabet grec (χ) notant une gutturale sourde aspirée [x].

KHIVA ▪ Oasis d'Ouzbékistan. 40 000 hab. Ancienne capitale du Khorezm, entourée d'une double enceinte du XIXe s.

Velemir KHLEBNIKOV (1885 - 1922) ▪ Poète russe. Un des fondateurs de l'école futuriste russe. Ses poèmes expriment ses idées nihilistes.

KHMER, KHMÈRE [kmɛʀ] **adj.** ▪ Des Khmers*. *Art khmer :* art ancien du Cambodge. ♦ **n. m.** *Le khmer* (langue).

les KHMERS ▪ Peuple du Cambodge d'origine proto-indochinoise. Ils créèrent une civilisation brillante au Cambodge entre le VIIe et le XIVe s. Angkor fut détruite par les Siamois en 1431. ► **les KHMERS ROUGES** Nom donné aux communistes cambodgiens, partisans de Pol Pot (→ **Cambodge**).

KHÔL ou **KOHOL n. m.** ▪ Fard de couleur sombre appliqué sur les paupières, les cils, les sourcils, à l'origine dans le monde arabe.

l'imam KHOMEINY (1902 - 1989) ▪ Chef chiite iranien, fondateur de la république islamique d'Iran en 1979.

le KHOREZM, KHAREZM ou **KHWAREZM** ▪ Ancien État d'Asie centrale, devenu russe en 1873, partagé en 1924 entre l'Ouzbékistan, la Karakalpakie et le Turkménistan.

KHORRAMCHAHR ou **KHURRAMCHAHR** ▪ Ville et port d'Iran. 140 490 hab.

KHORSABAD ou **KHURSABĀD** ▪ Site archéologique d'Irak. Capitale créée de 713 à 707 av. J.-C. par le roi d'Assyrie Sargon II.

KHOSRÔ Ier ANOCHARVAN (531 - 579) ▪ Roi sassanide de Perse. Il combattit Byzance. Célèbre par sa sagesse et le raffinement de la société de son temps.

KHOURIBGA ▪ Ville du Maroc. 127 181 hab. Extraction de phosphates.

Nikita KHROUCHTCHEV (1894 - 1971) ▪ Homme politique soviétique. Après la mort de Staline, il devint Premier secrétaire du parti communiste et mena une politique de « déstalinisation ». Ses échecs économiques et diplomatiques, notamment lors de la crise de Cuba, l'obligèrent à quitter ses fonctions en 1964.

Muḥammad al-KHUWĀRIZMĪ (début du IXe s.) ▪ Savant et mathématicien arabe. Il a imposé le terme *algèbre* (*al-jabr*, « la réduction »). Son nom latinisé a donné le mot *algorithme*.

la passe de KHYBER ou **KHAIBAR** ▪ Célèbre défilé entre l'Afghanistan et le Pakistan. Bataille anglo-afghane en 1842.

KIBBOUTZ [-uts] n. m. ▪ Ferme collective, en Israël. *Des kibboutz* ou (plur. hébreu) *des kibboutzim.*

KICHINEV → **Chisinau**

KICK n. m. ▪ anglic. Dispositif de mise en marche d'un moteur de motocyclette à l'aide du pied.

KIDNAPPAGE n. m. ▪ Enlèvement, rapt. ◇ syn. KIDNAPPING.

KIDNAPPER v. tr. [1] ▪ Enlever (une personne), en général pour en tirer une rançon (⇒ **kidnappage, rapt**). *Kidnapper un enfant.* ► n. KIDNAPPEUR, EUSE

KIEL ▪ Ville et port d'Allemagne, capitale du Schleswig-Holstein. 244 800 hab. Ancienne base navale. Important port de pêche, de commerce et de plaisance. Industrie. Le *canal de Kiel* (98 km) joint la mer du Nord à la Baltique.

KIELCE ▪ Ville de Pologne. 213 000 hab. Métallurgie, chimie.

Alexander KIELLAND (1849 - 1906) ▪ Écrivain norvégien. *"Travailleurs"* (1881), roman ironique et engagé.

Edward KIENHOLZ (1927 - 1994) ▪ Artiste américain. Les « environnements », tableaux-assemblages intégrant des mannequins et des objets du quotidien, sont autant de critiques sociales de l'Amérique d'aujourd'hui. *"The State Hospital"* (1966).

Søren KIERKEGAARD (1813 - 1855) ▪ Théologien et penseur danois. À l'idéalisme hégélien il oppose le tragique de l'expérience et de l'angoisse individuelles. Son influence sur les philosophies existentialistes et le renouveau de la théologie protestante est considérable. *"Ou bien... ou bien"* (1843); *"Le Journal du séducteur"* (1843); *"La Maladie mortelle ou le Concept du désespoir"* (1849).

Krzysztof KIEŚLOWSKI (1941 - 1996) ▪ Cinéaste polonais. Observateur lucide de la vie quotidienne, il a notamment réalisé une transposition moderne et amorale des Dix Commandements (*"Le Décalogue"*, 10 films, 1988-1990) ainsi que *"La Double Vie de Véronique"* (1991) et une trilogie, *"Trois couleurs : Bleu; Blanc; Rouge"* (1993-1994).

KIEV ▪ Capitale de l'Ukraine, sur le Dniepr. 2 616 000 hab. Édifices religieux du XIe s. (la Laure, ancien monastère). Grand centre industriel, commercial et culturel. Vladimir Ier puis Iaroslav Vladimirovitch (XIe s.) en firent la capitale du premier État russe, rivale de Constantinople dans le monde orthodoxe. Elle fut rattachée à la Lituanie en 1361 puis à la Russie en 1667.

KIF n. m. ▪ Mélange de tabac et de chanvre indien. ⇒ **haschisch.**

KIF-KIF adj. invar. ▪ FAM. Pareil, la même chose. *Faire ça ou rien, c'est kif-kif !*

KIGALI ▪ Capitale du Rwanda. 232 270 hab.

KIKI n. m. ▪ FAM. Gorge, gosier. *Serrer le kiki :* étrangler.

KIL n. m. ▪ POP. *Un kil de rouge :* un litre de vin rouge.

KILIM [kilim] n. m. ▪ Tapis d'Orient tissé.

le KILIMANDJARO aujourd'hui *pic* ***UHURU*** ▪ Massif volcanique de la Tanzanie et point culminant de l'Afrique (5 895 m).

Jean-Claude KILLY (né en 1943) ▪ Skieur français. Il a remporté aux jeux Olympiques de Grenoble (1968) les trois titres (descente, slalom spécial, slalom géant).

KILO n. m. ▪ Kilogramme. *Il pèse 70 kilos. Pommes à dix francs le kilo.*

KILO- Élément savant, du grec *khilioi* « mille ».

KILOFRANC n. m. ▪ Unité de compte correspondant à mille francs (abrév. kF).

KILOGRAMME n. m. ▪ Unité de base du système international de mesure de masse, valant mille grammes (symb. kg). ⇒ abrév. COUR. **kilo.**

KILOMÉTRAGE n. m. ▪ **1.** Mesure en kilomètres. **2.** Nombre de kilomètres parcourus. *Le kilométrage d'une voiture.*

KILOMÈTRE n. m. ▪ Unité pratique de distance qui vaut mille mètres (symb. km). - *Faire dix kilomètres à pied. Voiture qui fait 130 kilomètres à l'heure, du 130 kilomètres-heure,* ou ellipt *du 130.* ► KILOMÉTRIQUE adj. *Distance kilométrique. Bornes kilométriques.*

KILOWATT [-wat] n. m. ▪ Ancienne unité de puissance (système M.T.S.), valant 1 000 watts (symb. kW).

KILOWATTHEURE n. m. ▪ Unité pratique de travail ; travail accompli en une heure par un moteur d'une puissance de 1 000 watts (symb. kWh).

Volter KILPI (1874 - 1939) ▪ Écrivain finlandais d'expression finnoise. Affinités avec Proust et Joyce. *"Dans la salle d'Alastalo"* (1933).

KILT [kilt] n. m. ▪ Jupe courte et plissée, pièce du costume national des Écossais. *Un Écossais en kilt.* - Cette jupe, portée par les femmes.

KIMBERLEY ▪ Ville d'Afrique du Sud (province du Cap-Nord). 149 667 hab. Centre d'extraction du diamant.

KIM ILSŎNG ou **KIM IL SUNG** ou **GIM IL SEONG** (1912 - 1994) ▪ Homme d'État nord-coréen. Communiste, il lutta contre les Japonais (1943-1945), devint Premier ministre (1948), puis chef de l'État de 1972 à sa mort. Il exerça un pouvoir dictatorial. ► **KIM JONG IL**, son fils, lui a succédé.

Kim Ilsŏng. *Phot. © Fornaciari/ Gamma*

KIMONO n. m. ▪ **1.** Longue tunique japonaise à manches, croisée devant, et maintenue par une large ceinture. **2.** appos. invar. *Manches kimono,* manches non rapportées, qui font corps avec le vêtement.

le mont KINABALU ▪ Point culminant de l'île de Bornéo. 4 175 m.

Hans KINCK (1865 - 1926) ▪ Écrivain norvégien. Son thème préféré est celui de la lutte des deux classes bourgeoise et paysanne. *"La neige s'effondre"* (1918-1919).

le **Kilimandjaro.** *Phot. © Veiller/Explorer*

Abū Yūsuf ibn Ichaq al-KINDĪ (v. 796 - v. 873) ▪ Philosophe arabo-islamique. Représentant un courant à la fois aristotélicien et platonicien, il écrivit plusieurs traités, qui furent traduits en latin au Moyen Âge.

KINDIA ▪ Ville de Guinée. 100 000 hab.

KINÉSI- Élément savant, du grec *kinêsis* « mouvement ».

KINÉSITHÉRAPEUTE **n.** ▪ Praticien, praticienne de la kinésithérapie. *Masseur kinésithérapeute.* ◇ abrév. FAM. KINÉ.

KINÉSITHÉRAPIE **n. f.** ▪ Traitement des affections osseuses, articulaires, musculaires, par des mouvements imposés combinés à des massages. ◇ abrév. KINÉ.

KINESTHÉSIE **n. f.** ▪ DIDACT. Perception des déplacements des différentes parties du corps, assurée par le sens musculaire et les excitations de l'oreille interne. ► **adj.** KINESTHÉSIQUE

William Lyon Mackenzie KING (1874 - 1950) ▪ Homme politique canadien. Premier ministre de 1921 à 1926, de 1926 à 1930 et de 1935 à 1948, il conduisit son pays vers l'émancipation presque complète à l'égard de la Grande-Bretagne.

Martin Luther KING (1929 - 1968) ▪ Pasteur baptiste noir américain. Il lutta pour l'intégration des Noirs dans la société américaine en prêchant la non-violence (→ **Panthères noires**). Prix Nobel de la paix 1964. Assassiné le 4 avril 1968.

Martin Luther **King.**
Phot. © Schiller/Magnum

KINGERSHEIM ▪ Commune du Haut-Rhin. 11 258 hab.

KINGSTON ▪ Capitale et port de la Jamaïque. 525 000 hab. Centre culturel, commercial et industriel. Exportation de bauxite.

KINGSTON-UPON-HULL ou **HULL** ▪ Ville et port de commerce de l'Angleterre (Humberside). 250 000 hab. Importantes activités de pêche.

KINKAJOU **n. m.** ▪ Mammifère arboricole à longue queue préhensile, qui vit en Amérique tropicale.

le KINKI ou **KANSAI** ▪ Région du centre-ouest de l'île de Honshū au Japon, considérée comme le cœur du « vieux Japon ». Elle comprend aujourd'hui les municipalités d'Ōsaka et de Kyōto.

Alfred KINSEY (1894 - 1956) ▪ Zoologiste et médecin américain. *Rapports Kinsey* : enquêtes sur la sexualité humaine.

KINSHASA autrefois ***LÉOPOLDVILLE*** ▪ Capitale du Zaïre. 4 046 000 hab. Centre administratif, commercial et industriel.

KIOSQUE **n. m.** ▪ **1.** Pavillon de jardin ouvert. *Kiosque à musique.* **2.** Édicule où l'on vend des journaux, des fleurs, etc. *Kiosque à journaux* (tenu par un ou une *kiosquiste*). **3.** Superstructure du sous-marin.

Rudyard KIPLING (1865 - 1936) ▪ Écrivain britannique. C'est un narrateur exceptionnel, dont les romans et les contes exaltent l'énergie, la grandeur de l'empire britannique, et cultivent parfois le fantastique. *"Le Livre de la jungle"* (1894); *"Kim"* (1901). Prix Nobel 1907.

KIPPA **n. f.** ▪ Calotte portée par les juifs pratiquants.

KIR **n. m.** ▪ Apéritif composé de vin blanc et de liqueur de cassis. - *Kir royal,* au champagne.

Athanasius KIRCHER (1601 - 1680) ▪ Jésuite et savant allemand. Il s'intéressa aux domaines les plus divers de la science (linguistique, géologie, astronomie, mathématiques).

Gustav KIRCHHOFF (1824 - 1887) ▪ Physicien allemand. Étudiant le rayonnement thermique, il aboutit au concept de corps noir et fonda avec Bunsen l'analyse spectrale.

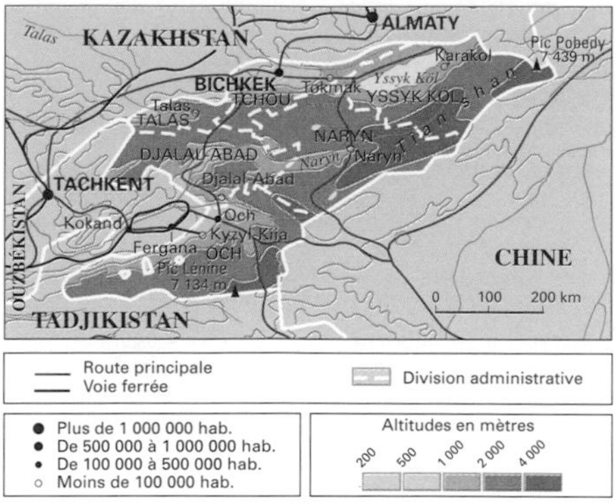

Kirghizstan.

Ernst KIRCHNER (1880 - 1938) ▪ Peintre et graveur allemand. Fondateur en 1905 du groupe expressionniste Die Brücke.

le KIRGHIZSTAN, KIRGHIZISTAN ou **la KIRGHIZIE** ▪ État (république) d'Asie centrale. 198 500 km². 4 367 000 hab. *(les Kirghiz).* Capitale : Bichkek. Langues : kirghize, russe. Monnaie : som. Pays de montagnes. Élevage, coton. Sous-sol riche. Industries. La Kirghizie fut annexée par la Russie en 1870 et devint une république fédérée de l'URSS en 1936. Le Kirghizstan est indépendant depuis 1991 et membre de la C.É.I.

KIRIBATI ▪ État (république) du Pacifique constitué de l'île Banaba et de plusieurs îles de trois archipels (Gilbert, Phoenix, Ligne). 717 km². 72 298 hab. Capitale : Bairiki, dans l'île Tarawa. Langues : gilbertien, anglais. Monnaie : dollar australien. Coprah. Colonie britannique sous le nom d'*îles Gilbert* jusqu'en 1979. Membre du Commonwealth.

KIRIN → **Jilin**

KIRKŪK ▪ Ville du nord de l'Irak. 700 000 hab. Marché agricole. Raffineries.

Sergueï KIROV (1886 - 1934) ▪ Homme politique soviétique. Son assassinat fut le prétexte de la première grande purge stalinienne.

KIROV jusqu'en 1934 ***VIATKA*** ▪ Ville de Russie. 492 000 hab. Métallurgie et textile. Région agricole.

KIROVABAD → **Gandja**

KIROVOHRAD ▪ Ville d'Ukraine. 274 000 hab.

KIRSCH **n. m.** ▪ Eau-de-vie de cerise.

Danilo KIŠ (1935 - 1989) ▪ Écrivain yougoslave. Dans *"Sablier"* (1972) il s'efforce d'arracher de l'oubli le sort des Juifs d'Europe centrale sous Hitler et Staline.

KISANGANI autrefois ***STANLEYVILLE*** ▪ Ville du Zaïre sur le fleuve Zaïre. 290 000 hab. Université.

Károly KISFALUDY (1788 - 1830) ▪ Écrivain hongrois. Chef de file du romantisme hongrois. *"Les Tartares en Hongrie"* (1819).

Henry KISSINGER (né en 1923) ▪ Universitaire et homme politique américain. Inspirateur de la politique extérieure des présidents Nixon et Ford. Prix Nobel de la paix 1973.

KIT [kit] **n. m.** ▪ anglic. Ensemble des éléments constitutifs d'un objet vendu prêt à être monté. *Acheter un lit en kit.*

KITĀKYŪSHŪ ▪ Ville du Japon (Kyūshū). 1 016 232 hab. Le plus grand centre sidérurgique du monde. Port artificiel.

lord Herbert KITCHENER (1850 - 1916) ▪ Maréchal britannique. Il reconquit le Soudan (1898) et mit fin, de façon brutale, à la guerre des Boers (1902). Ministre de la Guerre en 1914.

KITCHENER ▪ Ville du Canada (Ontario). 110 950 hab. Centre commercial et financier.

KITCHENETTE **n. f.** ▪ anglic. Petite cuisine, coin cuisine. ◇ recomm. off. *cuisinette.*

KITSCH **adj. invar.** ▪ Caractérisé par l'usage volontaire d'éléments démodés, de mauvais goût. *Décoration kitsch.* - **n. m. invar.** *Le kitsch.*

KITWE-NKANA ▪ Ville de Zambie. 500 000 hab. Industrie liée aux mines de cuivre.

KITZBÜHEL ▪ Ville des Alpes autrichiennes, au Tyrol. 8 200 hab. Station de sports d'hiver.

Aleksis KIVI (1834 - 1872) ▪ Écrivain finlandais de langue finnoise. *"Les Sept Frères"* (1870).

le lac KIVU ▪ Lac d'Afrique. 2 650 km². Frontière entre le Zaïre et le Rwanda.

① **KIWI** [kiwi] **n. m.** ▪ Oiseau coureur de Nouvelle-Zélande, qui n'a que des rudiments d'ailes (aussi appelé *aptéryx*).

kiwi. *Apteryx australis.*
Phot. © Varin/Visage/Jacana

② **KIWI** [kiwi] **n. m.** ▪ Fruit oblong, à pulpe verte, d'un arbuste originaire de Chine.

le KIZIL IRMAK ▪ Fleuve de Turquie, qui se jette dans la mer Noire. 1 355 km.

KLAGENFURT ▪ Ville d'Autriche, capitale de la Carinthie. 89 500 hab.

Ludwig KLAGES (1872 - 1956) ▪ Psychologue allemand. *"L'Esprit comme adversaire de l'âme"* (1929-1932). Il fut l'un des créateurs de la graphologie scientifique.

KLAÏPEDA avant 1923 ***MEMEL*** ▪ Ville et port de Lituanie, sur la Baltique. 206 000 hab.

KLAXON [klaksɔn] **n. m.** (n. déposé) ▪ Avertisseur sonore. *Donner un coup de klaxon.* ⇒ recomm. off. *avertisseur.*

KLAXONNER **v.** 1 ▪ **1. v. intr.** Actionner le klaxon. *Interdiction de klaxonner.* ⇒ recomm. off. *avertir.* **2. v. tr.** FAM. *Klaxonner un cycliste.*

Jean-Baptiste KLÉBER (1753 - 1800) ▪ Général français. Il réprima la contre-révolution en Vendée et se distingua à la bataille de Fleurus (1794). Successeur de Bonaparte lors de la campagne d'Égypte, il fut assassiné au Caire.

Paul KLEE (1879 - 1940) ▪ Peintre et théoricien suisse allemand. Membre du Cavalier bleu, puis professeur au Bauhaus. Il fut un perpétuel inventeur de formes, de matières, de rythmes colorés, tirant la figuration vers un style linéaire, parfois onirique ou « enfantin », et allant jusqu'à l'abstraction pure. Série des *Carrés magiques*, à partir de 1922.

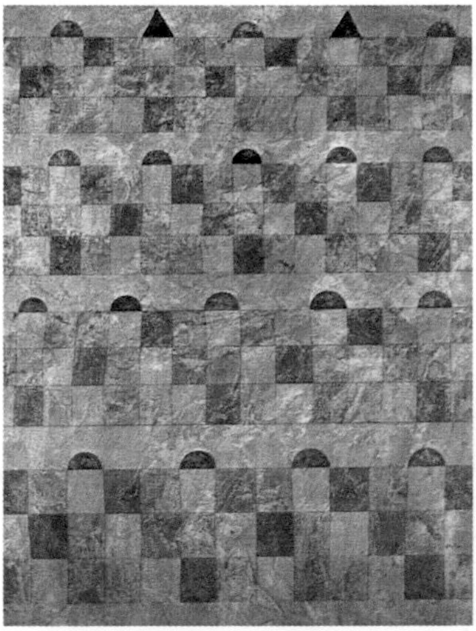

Klee. *Palace fait de quatre parties.* Coll. part.
Phot. © Arch. Smeets

Felix KLEIN (1849 - 1925) ▪ Mathématicien allemand. Unification de la géométrie par la théorie des groupes.

Melanie KLEIN (1882 - 1960) ▪ Psychanalyste autrichienne naturalisée britannique. *"La Psychanalyse des enfants"* (1932).

Yves KLEIN (1928 - 1962) ▪ Peintre français. Théoricien de la couleur pure : monochromes bleus.

Heinrich von KLEIST (1777 - 1811) ▪ Écrivain romantique allemand. Son génie fut méconnu par ses contemporains. Il se suicida. *"Catherine de Heilbronn"* (1810); *"Le Prince de Hombourg"* (1810).

KLEPTOMANE ou **CLEPTOMANE** **n. et adj.** ▪ (Personne) qui a une propension pathologique à commettre des vols.

KLEPTOMANIE ou **CLEPTOMANIE** **n. f.** ▪ Obsession du kleptomane.

Gustav KLIMT (1862 - 1918) ▪ Peintre et décorateur autrichien. Principal représentant de l'Art nouveau à Vienne. Portraits et paysages symboliques ornés de motifs décoratifs précieux.

Klimt. *Les Trois Âges.* Galerie d'Art moderne, Rome.
Phot. © Carlo Bevilacqua/Ricciarini

Franz KLINE (1910 - 1962) ▪ Peintre américain. Ses puissants tracés noirs relèvent de l'*action painting.*

Friedrich von KLINGER (1752 - 1831) ▪ Auteur dramatique allemand. Sa pièce *"Sturm und Drang"* (1776, « Orage et Passion ») donna son nom au mouvement intellectuel et artistique animé par Goethe qui jeta les bases du romantisme.

Tristan KLINGSOR (1874 - 1966) ▪ Poète français. *"Schéhérazade"* (1903), poèmes mis en musique par Ravel.

le KLONDIKE ▪ Rivière du Canada, affluent du Yukon. 150 km. La découverte de riches gisements d'or en 1896 déclencha une véritable ruée et une activité intense, jusque vers 1906.

Friedrich KLOPSTOCK (1724 - 1803) ▪ Écrivain allemand. Ses poèmes et ses tragédies ont marqué un retour aux sources de la littérature germanique. *"Messiade"* (1748-1777), poème épique chrétien.

Pierre KLOSSOWSKI (né en 1905) ▪ Écrivain français. Il compose des fictions romanesques où s'affrontent érotisme et mysticisme. *"Les Lois de l'hospitalité"* (1959-1960).

km ▪ Symbole du kilomètre.

la KNESSET ou **KNESSETH** ▪ Le Parlement israélien.

KNICKERS [(k)nikœʀ(s) ; -ɛʀ(s)] **n. m. pl.** ▪ **1.** anciennt Pantalon de golf. **2.** MOD. Pantalon de sport court resserré au-dessous du genou.

KNOCK-OUT [(k)nɔkaut] ▪ anglic. ▪ **1. n. m. invar.** Mise hors de combat du boxeur resté à terre plus de dix secondes. *Battu par knock-out à la cinquième reprise.* ⇒ K.-O. **2. adj. invar.** *Mettre un boxeur knock-out.* ♦ FAM. Assommé, épuisé. ⇒ groggy, K.-O.

KNOKKE-HEIST ▪ Commune de Belgique (Région flamande, province de Flandre-Occidentale). 31 787 hab. Station balnéaire.

KNOSSOS → Cnossos

KNOUT [knut] **n. m.** ▪ Fouet à lanières de cuir terminées par des crochets ou des boules de métal, instrument de supplice de l'ancienne Russie ; ce supplice. *Condamner qqn au knout.*

John KNOX (v. 1505 - 1572) ▪ Réformateur religieux écossais. Il fut lié à Calvin. Fondateur de l'Église presbytérienne.

Fort KNOX ▪ Zone militaire des États-Unis (Kentucky). Réserve fédérale d'or.

KNOXVILLE ▪ Ville des États-Unis (Tennessee). 165 000 hab. Université.

KNUD ou **KNUT** → **Canut**

K.-O. [kao] ▪ **1. n. m. invar.** *Battu par K.-O.* **2. adj. invar.** *Il a été mis K.-O.* ♦ FAM. Assommé, très fatigué. *Je suis complètement K.-O.*

KOALA **n. m.** ▪ Marsupial grimpeur australien au pelage gris très fourni, ressemblant à un petit ours.

KOB ou **COB** **n. m.** ▪ Grande antilope (deux espèces).

KŌBE ▪ Ville et port du Japon (Honshū). 1 458 698 hab. Sidérurgie. Constructions navales. Chimie. Un tremblement de terre en 1995 endommagea gravement la ville.

KOBOLD [-ɔld] **n. m.** ▪ Esprit familier, dans les contes allemands.

Robert KOCH (1843 - 1910) ▪ Médecin allemand. Prix Nobel 1905. Il découvrit en 1882 le bacille de la tuberculose, dit *bacille de Koch,* infectant le plus souvent le poumon, parfois sans symptômes.

Jan KOCHANOWSKI (1530 - 1584) ▪ Poète polonais. Fondateur de la poésie polonaise. *"La Concorde"* (1562).

Ludwig von KÖCHEL (1800 - 1877) ▪ Musicographe autrichien. Catalogue des œuvres de Mozart.

KOCHI anc. ***COCHIN*** ▪ Ville et port de l'Inde (Kerala) sur la côte sud-est. 1 139 000 hab. Industrie textile. Commerce de thé et du coprah.

Zoltán KODÁLY (1882 - 1967) ▪ Compositeur et folkloriste hongrois. Avec Bartók, il étudia la musique populaire de Hongrie. Œuvres symphoniques (*"Danses de Galánta"*, 1933) et pour chœurs.

Charles KŒCHLIN (1867 - 1950) ▪ Compositeur français. *"La Nuit de Walpurgis"* (1907), musique symphonique.

Marie Pierre KŒNIG (1898 - 1970) ▪ Maréchal de France. Vainqueur à Bir-Hakeim (1942), il commanda les Forces françaises de l'intérieur (1944).

Arthur KOESTLER (1905 - 1983) ▪ Écrivain britannique d'origine hongroise. Membre du parti communiste allemand (1931-1937), combattant aux côtés des républicains lors de la guerre d'Espagne, il dénonça les procès staliniens dans *"Le Zéro et l'Infini"* (1941).

Kurt KOFFKA (1886 - 1941) ▪ Psychologue allemand naturalisé américain. Il participa à l'élaboration de la Gestalttheorie. → **Köhler.**

korê. *Korê à la pomme,* marbre. Musée de l'Acropole, Athènes.
Phot. © Dagli Orti

Helmut KOHL (né en 1930) ▪ Homme politique allemand. Président de la C.D.U. dès 1973, il devint chancelier en octobre 1982 et fut reconduit dans ses fonctions lors des premières élections de l'Allemagne réunifiée en 1990 et, de nouveau, en 1994.

Kohl.
Phot. © Patrick Piel/ Gamma

Wolfgang KÖHLER (1887 - 1967) ▪ Psychologue allemand. Un des principaux théoriciens, avec Koffka et Wertheimer, du *gestaltisme* (ou « psychologie de la forme »).

Pavel KOHOUT (né en 1928) ▪ Auteur dramatique tchèque. *"August, August, August"* (1967).

KOINÈ [kɔine ; -nɛ] **n. f.** ▪ DIDACT. **1.** Langue commune du monde grec aux époques hellénistique et romaine. **2.** par ext. Langue étrangère véhiculaire, pour les locuteurs ayant des langues maternelles différentes. **3.** Ensemble de traits culturels communs. *Une koinè idéologique.*

KOKAND ▪ Ville d'Ouzbékistan. 176 000 hab. Industries. Capitale de l'ancien khanat de Kokand, de 1740 à l'invasion russe (1876).

Oskar KOKOSCHKA (1886 - 1980) ▪ Peintre autrichien. Portraits expressionnistes à la psychologie exacerbée. Paysages.

KOLA ⇒ COLA

la presqu'île de KOLA ▪ Péninsule de Russie, entre la mer Blanche et la mer de Barents. 100 000 km².

Robert KOLDEWEY (1855 - 1925) ▪ Archéologue allemand. Fouilles de Babylone.

KOLHAPUR ▪ Ville de l'Inde (Maharashtra). 417 000 hab.

KOLKHOZE **n. m.** ▪ HIST. Exploitation agricole collective, dans l'ex-U.R.S.S. ► **adj.** et **n.** KOLKHOZIEN, IENNE

Aleksandra KOLLONTAÏ (1872 - 1952) ▪ Révolutionnaire russe. Elle lutta pour l'égalité des sexes et l'amour libre.

Andreï KOLMOGOROV (1903 - 1987) ▪ Mathématicien russe. L'un des fondateurs de la théorie axiomatique des probabilités.

Aleksandr KOLTCHAK (1874 - 1920) ▪ Amiral russe. Chef de 1918 à 1920 de l'armée contre-révolutionnaire, qui occupa la Sibérie, l'Oural et la région de la Volga.

la KOLYMA ▪ Fleuve de Russie, en Sibérie orientale, qui se jette dans l'Arctique. 2 129 km.

le KOMINTERN → **la IIIe Internationale**

la république des KOMIS ▪ République de la Fédération de Russie, au nord de l'Oural. 415 000 km². 1 265 000 hab. Capitale : Syktyvkar (225 000 hab.). Houille. Pétrole. Gaz. Élevage (bovins, rennes).

KOMSOMOLSK-SUR-AMOUR ▪ Ville de Russie, port fluvial sur l'Amour. 318 000 hab. Centre culturel et économique de Sibérie extrême-orientale, fondé en 1932 par des *Komsomols* (Jeunesses communistes).

KONGZI ou **KONG-TSEU** → **Confucius**

Ivan KONIEV (1897 - 1973) ▪ Maréchal et homme politique soviétique, un des vainqueurs de l'Allemagne nazie.

KÖNIGSBERG → **Kaliningrad**

KONYA ▪ Ville de Turquie. 613 346 hab. Mosquée du XIIIe s. et couvent des derviches tourneurs, de la même époque.

KOPECK **n. m.** ▪ Monnaie de la Russie, puis de l'U.R.S.S., puis de la C.E.I., valant le centième du rouble.

les KÖPRÜLÜ ▪ Famille turque d'origine albanaise qui donna cinq grands vizirs à l'Empire ottoman, de 1656 à 1710.

Mehmet KÖPRÜLÜ (1890 - 1966) ▪ Historien et homme d'État turc. *"Les Origines de l'Empire ottoman"* (1935).

KORÊ **n. f.** ▪ DIDACT. Statue de l'art grec archaïque représentant une jeune fille (→ kouros). ◇ var. CORÊ.

Lavr KORNILOV (1870-1918) ▪ Général russe. Chef de l'armée contre-révolutionnaire en 1917-1918.

KORRIGAN, ANE n. ▪ Esprit malfaisant, dans les traditions populaires bretonnes.

Sergueï KORSAKOV (1854-1900) ▪ Neuropsychiatre russe. Il a décrit la psychose d'origine alcoolique, caractérisée par des troubles de la mémoire *(syndrome de Korsakov)*.

Tadeusz KOŚCIUSZKO (1746-1817) ▪ Officier et patriote polonais. Il lutta toute sa vie pour l'indépendance de la Pologne.

KOŠICE ▪ Ville de Slovaquie. 235 000 hab. Édifices anciens. Centre industriel et agricole.

le KOSOVO-METOHIJA ▪ Province autonome de la Serbie. 10 887 km². 1 956 196 hab. Capitale : Priština (108 083 hab.). Région la moins développée du pays. Population majoritairement albanaise qui réclame son indépendance. Troubles interethniques depuis 1988. L'autonomie de la province a été supprimée par le gouvernement serbe en 1989.

Lajos KOSSUTH (1802-1894) ▪ Homme politique et écrivain hongrois. Partisan de réformes sociales et de l'indépendance nationale, il joua un rôle capital dans la révolution de 1848.

Alekseï KOSSYGUINE (1904-1980) ▪ Homme politique soviétique. Président du Conseil des ministres de 1964 à 1980.

KOSTROMA ▪ Ville de Russie. 282 000 hab. Port fluvial sur la Volga.

KOTO n. m. ▪ Instrument à cordes japonais traditionnel (cithare).

KOTOHIRA ▪ Ville du Japon (Shikoku). 2 639 hab. Important pèlerinage shintoïste.

KOUBÎLÂÏ → Kūbilaï Khān

KOUGLOF n. m. ▪ Gâteau alsacien garni de raisins secs.

KOUÏBYCHEV → Samara

KOULAK n. m. ▪ HIST. Riche paysan propriétaire, en Russie.

Lev KOULECHOV (1899-1970) ▪ Cinéaste soviétique. Théoricien du montage (« effet Koulechov »), précurseur de Poudovkine et Eisenstein. *"Dura Lex"* (1926).

KOULIBIAC n. m. ▪ Pâté de poisson servi chaud (plat russe).

KOUMASSI ▪ Ville du Ghana. 400 000 hab. Or. Cacao.

Aleksandr KOUPRINE (1870-1938) ▪ Écrivain russe, auteur de récits réalistes. *"Le Bracelet de grenats"* (1911).

la KOURA ▪ Fleuve né au sud du Caucase en Turquie, qui traverse la Géorgie et l'Azerbaïdjan et se jette dans la mer Caspienne. 1 364 km.

KOURGAN ▪ Ville de Russie, en Sibérie occidentale. 371 000 hab.

les îles KOURILES ▪ Archipel russe au nord du Japon. 15 600 km².

KOUROS [-os] n. m. ▪ DIDACT. Statue grecque archaïque représentant un jeune homme (→ korê).

KOUROU ▪ Commune de la Guyane française. 13 962 hab. Base de lancement de fusées (Ariane).

KOURSK ▪ Ville de Russie. 435 000 hab. Industrie métallurgique.

KOUTAÏSSI ▪ Ville de Géorgie. 236 000 hab. L'une des plus vieilles villes de Transcaucasie. Cathédrale des xᵉ-xɪᵉ s.

Mikhaïl KOUTOUZOV (1745-1813) ▪ Feld-maréchal russe. Il mena l'offensive russe de 1812 contre l'armée de Napoléon Iᵉʳ.

le KOUZBASS ▪ Le plus grand bassin houiller de la Russie en Sibérie occidentale. Mines de fer et de métaux non ferreux.

Sofia KOVALEVSKAÏA (1850-1891) ▪ Mathématicienne russe.

Lew KOWARSKI (1907-1979) ▪ Physicien et chimiste français d'origine russe. Pionnier du nucléaire civil français et européen.

le KOWEÏT ou **KUWAIT** ▪ Émirat arabe (monarchie constitutionnelle), situé entre l'Irak et l'Arabie Saoudite. 17 818 km². Env. 1 830 000 hab. *(les Koweïtiens)*. Capitale : Koweït. Langue : arabe. Religion : islam. Monnaie : dinar koweïtien. Immenses gisements de pétrole et de gaz naturel. □ HISTOIRE Ancien protectorat anglais, indépendant en 1961. Envahi par l'Irak en août 1990, libéré en février 1991 (→ guerre du **Golfe**), le pays a subi la destruction de ses installations pétrolières qui furent restaurées un an plus tard.

KOWEÏTIEN, IENNE adj. et n. ▪ Du Koweït. → n. *Les Koweïtiens.*

le KŌYA SAN ▪ Montagne sacrée du Japon (Honshū). Sanctuaire bouddhique.

Alexandre KOYRÉ (1902-1964) ▪ Philosophe et historien des sciences français d'origine russe. *"Du monde clos à l'univers infini"* (1957).

KOZHIKODE ▪ Nom indien de l'ancien comptoir de *Calicut*, sur la côte de Malabar. 800 900 hab. Célèbre pour ses étoffes.

KRACH [kʀak] n. m. ▪ Effondrement des cours de la Bourse. ⇒ **banqueroute, débâcle.** *Des krachs.*

KRAFT n. m. ▪ Papier d'emballage très résistant. *Du kraft brun.* → appos. *Papier kraft.*

KRAK n. m. ▪ HIST. Château fort établi au xɪɪᵉ siècle par les croisés, en Syrie. *Le krak des Chevaliers.*

le KRAKATAU ▪ Îlot volcanique d'Indonésie, entre Java et Sumatra. L'explosion de son volcan, en 1883, fut l'une des plus violentes manifestations volcaniques de l'histoire.

KRAKEN [-ɛn] n. m. ▪ Monstre marin fabuleux des légendes scandinaves.

Ignacy KRASICKI (1735-1801) ▪ Poète polonais. Prince-évêque de Warmie, il fut le représentant de la poésie des Lumières en Pologne. *"Satires"* (1779) ; *"Fables"* (1779).

KRASNODAR ▪ Ville de Russie, dans le Caucase. 634 000 hab.

KRASNOÏARSK ▪ Ville de Russie, port sur l'Iénisseï. 925 000 hab. Centre culturel de la Sibérie orientale.

Karl KRAUS (1874-1936) ▪ Écrivain polémiste autrichien. Juge impitoyable de la société autrichienne. *"Les Derniers Jours de l'humanité"* (1914).

sir Hans Adolf KREBS (1900-1981) ▪ Biochimiste britannique d'origine allemande. Il est l'auteur de travaux sur le métabolisme des glucides (cycle de Krebs). Prix Nobel de physiologie ou médecine 1953, avec Lipmann.

KREFELD ▪ Ville d'Allemagne (Rhénanie-du-Nord-Westphalie), dans la Ruhr. 242 600 hab. Textile.

Bruno KREISKY (1911-1990) ▪ Homme politique autrichien. Chancelier (socialiste) de 1970 à 1983, il joua un rôle diplomatique important.

KREMLIN n. m. ▪ Partie centrale et fortifiée des anciennes villes russes. ♦ absolt *Le Kremlin*, celui de Moscou. ▪ Ancienne résidence des tsars jusqu'à Pierre le Grand, le Kremlin de Moscou est le siège de la présidence et du gouvernement de la Fédération de Russie.

Le KREMLIN-BICÊTRE ▪ Commune du Val-de-Marne. 19 348 hab. *(les Kremlinois)*.

Ernst KRETSCHMER (1888-1964) ▪ Psychiatre allemand. Il constata une corrélation entre la structure morphologique des individus et le genre de maladie mentale qui les affecte (typologie morphopsychologique).

KRILL [kʀil] n. m. ▪ Plancton des mers froides, constitué de petits crustacés.

KRISHNA, KRIṢNA ou **KRṢNA** ▪ Une des divinités hindoues les plus populaires, huitième incarnation du dieu Vishnou. Vénéré comme le « berger de l'amour ».

la KRISHNA ▪ Fleuve de l'Inde qui se jette dans le golfe du Bengale. 1 280 km.

KRISS n. m. ▪ Poignard malais à lame sinueuse. ◇ var. CRISS.

KRISTIANSAND ▪ Ville et port de Norvège. 55 099 hab.

KRIVOÏ-ROG → Kryvyï Rih

Miroslav KRLEŽA (1893-1981) ▪ Écrivain croate. Il a dénoncé avec virulence le conformisme de la société austro-hongroise puis yougoslave (entre les deux guerres).

Helge KROG (1889-1962) ▪ Auteur dramatique norvégien. Il se révéla féministe romantique dans *"Départ"* (1936).

Leopold KRONECKER (1823-1891) ▪ Mathématicien allemand. Élève de Kummer. Théorie des nombres algébriques.

KRONSTADT ▪ Base navale de Russie, fondée sur une île de la Baltique par Pierre le Grand pour défendre Saint-Pétersbourg. Mutineries révolutionnaires en 1825, 1905, 1917 et 1921.

Petr, prince **KROPOTKINE** (1842 - 1921) ▪ Révolutionnaire et théoricien anarchiste russe. *"Les Bases scientifiques de l'anarchie"* (1887).

Paul **KRUGER** (1825 - 1904) ▪ Homme d'État sud-africain. Président de la république du Transvaal en 1883, il mena la guerre contre le Royaume-Uni de 1899 à 1902.

Alfred **KRUPP** (1812 - 1887) ▪ Industriel allemand. Il créa dans le bassin de la Ruhr un des groupes sidérurgiques les plus importants de l'époque.

Ivan **KRYLOV** (1769 - 1844) ▪ Fabuliste russe. Auteur de neuf recueils de fables qui connaissent toujours le succès.

KRYPTON n. m. ▪ Gaz rare de l'atmosphère (symb. Kr). *Ampoule au krypton.*

KRYVYÏ-RIH ▪ Ville d'Ukraine. 717 000 hab. Minerai de fer. Sidérurgie.

KSI [ksi] n. m. ▪ Lettre de l'alphabet grec (ξ), correspondant à *x*. ◇ var. XI.

les monts des **KSOUR** ▪ Massif montagneux de l'Algérie, dans l'Atlas algérien, à la frontière marocaine.

KSS KSS interj. ▪ Onomatopée servant à provoquer, à narguer.

KUALA LUMPUR ▪ Capitale fédérale de la Malaysia. 1 145 075 hab. Industrie de l'étain et du caoutchouc.

KŪBILAÏ KHĀN, KOUBILAÏ KHAN ou **KUBLAI KHAN** (1215 - 1294) ▪ Empereur mongol, de 1260 à sa mort. Il acheva la conquête de la Chine. Son règne fut une période de prospérité. Il reçut Marco Polo* à sa cour de Cambaluc (Pékin).

Stanley **KUBRICK** (né en 1928) ▪ Cinéaste américain. Avec *"2001 : l'odyssée de l'espace"* (1968) et *"Orange mécanique"* (1971), il mêla de façon spectaculaire le fantastique, la science-fiction et la satire sociale.

le **KU KLUX KLAN** ▪ Mouvement originaire du sud des États-Unis contre l'émancipation des Noirs après la guerre de Sécession. Vers 1920-1930, il reparut avec un caractère ultranationaliste, xénophobe et raciste. Interdit, il s'est manifesté sporadiquement depuis 1960.

le **KULTURKAMPF** en français ***COMBAT POUR LA CIVILISATION*** ▪ Ensemble de mesures (dans l'enseignement, etc.) prises par Bismarck de 1871 à 1878 afin de préserver l'unité allemande contre le clergé catholique, soupçonné de favoriser les particularismes locaux.

KUMAMOTO ▪ Ville du Japon (Kyūshū). 619 731 hab. Célèbre château féodal (XVIe s.).

KUMBAKONAM ▪ Ville de l'Inde (Tamil Nadu). 150 500 hab. Temples. Pèlerinage en l'honneur de Shiva.

KUMMEL n. m. ▪ Alcool parfumé au cumin.

Ernst **KUMMER** (1810 - 1893) ▪ Mathématicien allemand. Avec ses « nombres idéaux » il contribua à la théorie des nombres algébriques.

KUMQUAT [kɔmkwat ; kumkwat] n. m. ▪ Très petite orange qui se mange souvent confite. - Arbuste qui produit ce fruit.

Béla **KUN** (1886 - 1937) ▪ Homme politique hongrois. Fondateur du parti communiste, il prit le pouvoir en 1919 puis fut chassé par Horthy.

Milan **KUNDERA** (né en 1929) ▪ Écrivain tchèque naturalisé français. *"La Plaisanterie"* (1967); *"L'Insoutenable Légèreté de l'être"* (1984), romans.

KUNG-FU [kuŋfu] n. m. ▪ Art martial chinois, proche du karaté. *Film de kung-fu.*

KUNMING ou **KOUEN-MING** ▪ Ville de Chine, capitale du Yunnan. 1 524 600 hab. Centre commercial.

le **KUO-MIN-TANG** → **Guomindang**

KUPANG ▪ Ville d'Indonésie (île de Timor). 522 780 hab.

František **KUPKA** (1871 - 1957) ▪ Peintre tchèque installé à Paris. L'un des pionniers de l'art abstrait, souvent inspiré par la musique.

KURDE adj. ▪ Du Kurdistan; des Kurdes*. ♦ n. m. *Le kurde* (langue du groupe iranien).

les **KURDES** ▪ Peuple de l'ouest de l'Asie. Ils sont 16 millions, répartis en Turquie, Iran, Irak, Syrie, Arménie et Azerbaïdjan, en grande majorité musulmans sunnites. Ils résistent aux politiques d'assimilation forcée et répressive.

le **KURDISTAN** ▪ Région de montagnes et de hauts plateaux, partagée entre la Turquie, l'Iran et la Syrie, peuplée par les Kurdes. Agriculture et élevage. Richesses minières.

Akira **KUROSAWA** (né en 1910) ▪ Cinéaste japonais. Son œuvre, abondante et violente, exprime souvent une révolte contre l'injustice sociale. *"Rashōmon"* (1950); *"Les Sept Samouraïs"* (1954); *"Dersou Ouzala"* (1975).

le **KUROSHIO** ou **KUROSHIVO** ▪ Courant marin chaud baignant les côtes orientales du Japon avant de se heurter à l'Oyashio.

les **KUSHANS** ou **KUṢĀNA** ▪ Dynastie d'Asie moyenne. Au IIe s. av. J.-C., elle fonda un empire qui, à son apogée, engloba l'Afghanistan, le Pakistan et l'Inde du Nord. Il disparut au Ve s.

Simon **KUZNETS** (1901 - 1985) ▪ Économiste américain d'origine russe. Prix Nobel 1971.

KWANGJU ou **GWANGJU** ▪ Ville de Corée-du-Sud. 1 144 700 hab.

KWAS [kvɑs] n. m. ▪ Boisson russe alcoolisée, obtenue par la fermentation de seigle et d'orge ou de fruits acides.

KWASHIORKOR [kwaʃjɔʀkɔʀ] n. m. ▪ MÉD. Syndrome de dénutrition infantile extrême.

Thomas **KYD** (1558 - 1594) ▪ Auteur dramatique anglais. Ses pièces mettent en scène des personnages violents et cruels. *"La Tragédie espagnole"* (1589).

KYŌTO ▪ Ville du Japon (Honshū) et ancienne capitale du pays. 1 398 181 hab. Ville historique (nombreux temples). Centre culturel et artisanal. Fondée en 794, elle fut la résidence impériale jusqu'en 1868. Elle connut des périodes fastes, marquées par un développement religieux, culturel et architectural important.

Kyōto. Sanctuaire shinto de Fushimi-Inari.
Phot. © Charles Lénars

KYRIE ou **KYRIE ELEISON** [kiʀ(i)jeeleisɔn] n. m. invar. ▪ Invocation par laquelle commencent les litanies, au cours de la messe.

KYRIELLE n. f. ▪ **1.** Longue suite (de paroles). *Une kyrielle de reproches.* **2.** Suite, série interminable. *Une kyrielle d'ennuis.*

KYSTE n. m. ▪ Production pathologique, cavité contenant une substance généralement liquide. *Kyste de l'ovaire.* ► adj. KYSTIQUE

KYŪSHŪ ▪ La plus méridionale des quatre principales îles du Japon. 42 780 km². 13 000 000 hab. Côtes découpées et abritées. Nombreux ports (Nagasaki, Kagoshima). Agriculture tropicale. Complexes industriels au nord (Kitākyūshū, Fukuoka).

le **KYZYLKOUM** ▪ Désert partagé entre le Kazakhstan, l'Ouzbékistan et le Turkménistan. Environ 300 000 km².

KZYL-ORDA → **Qyzylorda**

L

L [ɛl] n. m. ou f. ▪ Douzième lettre, neuvième consonne de l'alphabet. *L'l* ou *le l.* ♦ *l,* abrév. du *litre* et de la *livre* (demi-kilo). ♦ *L* (majuscule), chiffre romain valant 50.

① **LA** ⇒ ① LE

② **LA** ⇒ ② LE

③ **LA** n. m. invar. ▪ **1.** Sixième note de la gamme. *Donner le la avec un diapason.* ‑ loc. fig. *Donner le la,* donner le ton. **2.** Ton correspondant à cette note. *Concerto en la bémol.*

LÀ ▪ **I.** adv. de lieu ou de temps **1.** Dans un lieu autre que celui où l'on est (opposé à *ici*). *Ne restez pas ici, allez là.* ‑ *Les faits sont là,* présents. ‑ FAM. *Être un peu là,* être important. **2.** À ce moment. *Là, il interrompit son récit.* **3.** Dans, en cela. *Ne voyez là aucune malveillance.* ‑ *Restons-en là,* à ce point. *Nous n'en sommes pas là.* **4.** (suivi d'une relative) *C'EST LÀ QUE... :* dans ce lieu ; alors. *C'est là que nous irons.* ‑ *LÀ OÙ :* à l'endroit où. **5.** (renforçant un pron. ou un adj. dém.) *C'est là le problème. Ce jour-là. En ce temps-là.* **6.** loc. (précédé d'une prép.) *DE LÀ :* en partant de. *De là au village.* ‑ *De là à prétendre qu'il est infaillible...* ♦ *D'ici là...,* entre le moment présent et un moment postérieur. ‑ *De-ci de-là,* en divers endroits ; en diverses occasions. ‑ *PAR LÀ :* par cet endroit. *Passons par là. Par-ci par-là,* en différents endroits, au hasard. ‑ *ÇÀ ET LÀ :* de côté et d'autre. **7.** *LÀ-BAS :* à une distance assez grande (opposé à *ici*). ‑ *LÀ-DEDANS :* à l'intérieur de ce lieu. fig. Dans cela. *Je ne vois rien d'étonnant là-dedans !* ‑ *LÀ-HAUT :* dans ce lieu au-dessus. **II.** interj. *LÀ !* (parfois *là ! là !*), pour exhorter, apaiser, rassurer. *Hé là ! doucement. Là ! là !, calme-toi.*

LÅLAND → **Lolland**

Rudolf von LABAN (1879 ‑ 1958) ▪ Chorégraphe autrichien et théoricien de la danse. Il fut l'un des plus féconds novateurs de la danse moderne, et l'inventeur d'un système de notation chorégraphique.

le chevalier de LA BARRE (1747 ‑ 1766) ▪ Gentilhomme français. Accusé de sacrilège par l'Église, il fut décapité. Sa réhabilitation, demandée par Voltaire, n'eut lieu qu'en 1793.

Louise LABÉ (v. 1524 ‑ 1566) ▪ Poétesse française. Surnommée « la Belle Cordière ». Élégies et sonnets qui expriment un amour sensuel.

LABÉ ▪ Ville de Guinée. 65 439 hab.

LABEL n. m. ▪ anglic. Étiquette ou marque sur un produit (pour en garantir l'origine, la qualité). *Label de garantie.*

LABEUR n. m. ▪ LITTÉR. Travail pénible et soutenu. ⇒ **besogne.** *Un dur, un pénible labeur.*

LABIAL, ALE, AUX adj. ▪ ANAT. Relatif aux lèvres. *Muscle labial.* ‑ n. f. *Une labiale,* consonne qui s'articule avec les lèvres (ex. *b, p, m*).

Eugène LABICHE (1815 ‑ 1888) ▪ Auteur dramatique français. Le maître du vaudeville. *"Un chapeau de paille d'Italie"* (1851); *"Le Voyage de Monsieur Perrichon"* (1860).

LABIÉ, ÉE adj. ▪ BOT. Se dit des fleurs, des plantes dont la corolle présente deux lobes en forme de lèvres. ‑ n. f. pl. *Les LABIÉES,* famille de plantes (ex. menthe, romarin, verveine). ◇ syn. LABIACÉES.

LABILE adj. ▪ DIDACT. Précaire, changeant. ► n. f. LABILITÉ

Étienne de LA BOÉTIE (1530 ‑ 1563) ▪ Écrivain français. Ami de Montaigne, qui le célébra dans ses *"Essais"*. *"Discours de la servitude volontaire"* (publié en 1576).

LABORANTIN, INE n. ▪ Assistant, ante dans un laboratoire. ⇒ **préparateur.**

LABORATOIRE n. m. ▪ Local aménagé pour faire des expériences, des analyses biologiques, des recherches (abrév. FAM. LABO). *Laboratoire d'analyses.* ‑ par ext. *Laboratoire de photo.* ♦ *Laboratoire de langues,* pour l'apprentissage et la pratique orale des langues étrangères.

LABORIEUSEMENT adv. ▪ Avec peine.

LABORIEUX, EUSE adj. ▪ **1.** LITTÉR. Qui coûte beaucoup de peine, de travail. ⇒ **fatigant, pénible.** *Une laborieuse entreprise.* ♦ Qui sent l'effort. *Un style pesant et laborieux. C'est laborieux !* **2.** (personnes) Qui travaille beaucoup. ⇒ **actif, travailleur.** ‑ *Les classes, les masses laborieuses,* qui n'ont pour vivre que leur travail (→ **prolétaire**).

LABOUR n. m. ▪ **1.** Action de retourner et d'ameublir la terre. ⇒ **labourage.** *Labour à la bêche, à la charrue.* **2.** au plur. Terre labourée. ⇒ **guéret.** *Marcher dans les labours.*

LABOURABLE adj. ▪ Qu'on peut labourer (1). ⇒ **arable.**

LABOURAGE n. m. ▪ Action de labourer la terre. ⇒ **labour.**

Bertrand François Mahé de LA BOURDONNAIS (1699 ‑ 1753) ▪ Marin français. Il soutint la politique coloniale de Dupleix et combattit les Anglais en Inde, mais fut désavoué.

LABOURER v. tr. 1 ▪ **1.** Ouvrir et retourner (la terre) avec un instrument aratoire. ⇒ **bêcher, biner, défoncer.** *Labourer un champ.* ‑ au p. p. *Terre labourée.* ⇒ **labour** (2). **2.** (surtout au passif) Creuser, ouvrir (comme le soc laboure la terre). *Piste labourée par le galop des chevaux.* ‑ au p. p. *Visage labouré de rides.* ⇒ **sillonné.**

LABOUREUR n. m. ▪ Personne qui laboure un champ.

le LABOUR PARTY ▪ Parti travailliste britannique.

LABRADOR n. m. ▪ Chien du Labrador (chien de chasse).

labrador. *Phot. © Claye/Jacana*

le **Labrador.** *Phot. © Gleizes/Explorer*

le LABRADOR ▪ Vaste péninsule formant l'extrémité nord-est du Canada (provinces du Québec et de Terre-Neuve). Plateau glaciaire, nombreux lacs. Hydroélectricité. Immenses gisements de fer.

LABRE n. m. ▪ Poisson marin à lèvres épaisses et double dentition. ⇒ **vieille.**

Henri LABROUSTE (1801 - 1875) ▪ Architecte français. Le parti qu'il tira de l'utilisation du fer (bibliothèque Sainte-Geneviève, Bibliothèque nationale) le fait considérer comme un précurseur de l'architecture fonctionnaliste.

Jean de LA BRUYÈRE (1645 - 1696) ▪ Écrivain français. *"Les Caractères"* (1688), maximes et portraits d'une écriture dense et incisive, qui peignent de façon souvent cruelle les mœurs de son temps.

LABYRINTHE n. m. ▪ **I. 1.** Dans l'Antiquité, Édifice comprenant un vaste réseau de galeries aménagé de telle sorte qu'il était presque impossible d'accéder au centre ou d'en sortir. - spécialt *Le Labyrinthe :* le palais de Minos, construit par Dédale* (dans la mythologie grecque). **2.** Réseau compliqué de chemins, de galeries dont on a peine à sortir. ⇒ **dédale.** *Un labyrinthe de ruelles.* **3.** Complication inextricable. ⇒ **enchevêtrement.** *Le labyrinthe des démarches à suivre.* **II.** ANAT. Ensemble des cavités sinueuses de l'oreille interne.

LAC n. m. ▪ **1.** Grande nappe naturelle d'eau à l'intérieur des terres. ⇒ **étang.** *Le lac Léman. Des lacs* (≠ *lacs*). *"Le Lac"* (poème de Lamartine). *Lac artificiel,* destiné à l'agrément ou à l'utilité. - loc. FAM. *TOMBER, ÊTRE DANS LE LAC :* échouer. *Son projet est dans le lac.* **2.** LITTÉR. Quantité considérable de liquide répandu. ⇒ **mare.**

▪ **le Grand LAC SALÉ** ▪ Marécage salé de l'ouest des États-Unis (Utah). La surface plane de ses rives a servi de piste pour des essais de vitesse d'engins terrestres. 5 000 km².

▪ **les Grands LACS** → Grands Lacs

LAÇAGE n. m. ▪ Action de lacer.

Gautier de Costes de LA CALPRENÈDE (1610 - 1663) ▪ Écrivain français. Auteur de tragédies et de romans « précieux » qu'admirèrent ses contemporains, il créa le personnage d'Artaban.

Lacan.
Phot. © Fouchet/Top

Jacques LACAN (1901 - 1981) ▪ Psychiatre et psychanalyste français. Il a rapproché les théories de Freud de la linguistique et du structuralisme. *"Le Stade du miroir..."* (1936); *"Écrits"* (1966).

LACANAU ▪ Commune de la Gironde, arr. de Bordeaux, sur l'étang de Lacanau (2 000 ha). 2 405 hab. *(les Calaunais).* Station balnéaire (Lacanau-Océan).

les monts de LACAUNE ▪ Massif cristallin du sud du Massif central, culminant à 1 259 m au pic de Montalet. Il est en partie englobé dans le parc naturel régional du Haut-Languedoc.

LACÉDÉMONE → Sparte

Étienne de La Ville, comte de LACEPÈDE (1756 - 1825) ▪ Naturaliste et écrivain français. Il continua l'*"Histoire naturelle"* de Buffon.

LACER v. tr. 3 ▪ Attacher avec un lacet. ⇒ **attacher, lier ;** s'oppose à *délacer. Lacer ses souliers.*

LACÉRER v. tr. 6 ▪ Mettre en lambeaux, en pièces. ⇒ **déchirer.** *Lacérer une affiche.* - au p. p. *Des vêtements lacérés.* ► n. f. LACÉRATION

LACET n. m. ▪ **1.** Cordon étroit, qu'on passe dans des œillets pour serrer, attacher. *Une paire de lacets. Serrer, nouer un lacet de soulier.* **2.** Succession d'angles aigus de part et d'autre d'un axe. ⇒ **zigzag.** *Les lacets d'un chemin de montagne. Virage en lacet.* **3.** Nœud coulant pour capturer le gibier. ⇒ **lacs.** *Poser, tendre des lacets.* ⇒ **collet.**

LÂCHAGE n. m. ▪ **1.** Action de lâcher (qqch.). **2.** FAM. Action d'abandonner (qqn). ⇒ **abandon.**

le père LA CHAISE ou **LA CHAIZE** (1624 - 1709) ▪ Jésuite français. Confesseur de Louis XIV. ► **le cimetière du PÈRE-LACHAISE** Le plus grand et le plus célèbre des cimetières parisiens, situé sur l'ancienne propriété de campagne des jésuites.

Pierre Claude Nivelle de LA CHAUSSÉE (1692 - 1754) ▪ Auteur dramatique français. Créateur du drame bourgeois (« comédie larmoyante »). *"Le Préjugé à la mode"* (1735).

LÂCHE adj. ▪ **I. 1.** Qui n'est pas tendu. ⇒ **détendu.** *Fil, ressort lâche.* - Qui n'est pas serré. *Vêtement lâche.* ⇒ **flottant, flou, vague. 2.** Qui manque d'énergie et de concision. *Un style lâche et inexpressif.* **II. 1.** (personnes) Qui manque de vigueur morale, de courage, qui recule devant le danger. ⇒ **pusillanime ; peureux.** - n. ⇒ FAM. **dégonflé. 2.** Qui est cruel sans risque. *Son lâche agresseur.* **3.** Qui porte la marque de la lâcheté. ⇒ **bas, méprisable, vil.** *Un lâche attentat.*

LÂCHEMENT adv. ▪ **1.** De manière lâche (I). **2.** Avec lâcheté. *Fuir lâchement. Ils l'ont lâchement assassiné.*

① **LÂCHER** v. 1 ▪ **I.** v. tr. **1.** Cesser de tenir (qqch.). *Lâche-moi, tu me fais mal.* ♦ FAM. Donner. *Il ne lâchera pas un sou. Il ne les lâche pas facilement.* **2.** Cesser de retenir, laisser aller (qqch., un animal). ⇒ **relâcher.** *Lâcher des pigeons, un ballon* (⇒ ② **lâcher**). - *Lâcher du lest*.* **3.** loc. *Lâcher la bride (à un cheval),* la rendre plus lâche, moins tendue ; fig. laisser plus libre (qqn). - FAM. *Lâcher le morceau,* tout avouer. **4.** Émettre brusquement et avec incongruité (des paroles, etc.). ⇒ **lancer.** *Il vient de lâcher une bêtise.* **5.** Lancer (un animal) à la poursuite (de qqn, du gibier). *Lâcher les chiens après, sur le cerf.* **II.** v. tr. (compl. personne) **1.** Laisser aller, partir (qqn). ⇒ **quitter.** *Il ne le lâche pas une minute, pas d'une semelle,* il reste avec lui. - loc. FAM. *Lâcher les baskets, la grappe à qqn,* le laisser tranquille. **2.** Distancer (un concurrent) dans une course. *Il vient de lâcher le peloton.* **3.** FAM. Abandonner brusquement (qqn). ⇒ **plaquer.** *Tu ne vas pas nous lâcher en plein travail !* (⇒ **lâcheur**). **4.** loc. *Lâcher prise*.* **III.** v. intr. (sujet chose) Se rompre, se détacher brusquement. ⇒ **casser, céder.** *Le nœud a lâché.*

② **LÂCHER** n. m. ▪ Action de lâcher (dans quelques emplois). *Un lâcher de pigeons, de ballons.*

LÂCHETÉ n. f. ▪ **1.** Manque de bravoure, de courage devant le danger. ⇒ **couardise. 2.** Passivité excessive ; manque d'énergie morale. *Céder par lâcheté.* **3.** Manque de courage moral qui porte à profiter de l'impunité. ⇒ **bassesse. 4.** Action, manière d'agir d'un lâche. ⇒ **bassesse, indignité.** *Être capable des pires lâchetés.*

LÂCHEUR, EUSE n. ▪ FAM. Personne qui abandonne sans scrupule (qqn, un groupe). *Ne comptez pas sur lui, c'est un lâcheur.*

LACIS n. m. ▪ **1.** Réseau de fils entrelacés. *Un lacis de soie.* **2.** LITTÉR. Réseau. *Un lacis de ruelles.* ⇒ **labyrinthe.**

Pierre Choderlos de LACLOS (1741 - 1803) ▪ Écrivain et officier français. *"Les Liaisons dangereuses"* (1782), roman par lettres qui, par sa subtilité et son cynisme, eut une grande influence sur la littérature des XIXe et XXe s.

Laclos. Portrait par Boilly. Musée national du château, Versailles.
Phot. © Giraudon

Charles Marie de LA CONDAMINE (1701 - 1774) ▪ Savant et voyageur français. Il fit connaître le caoutchouc en Europe et participa à une expédition au Pérou pour mesurer la longueur d'un arc de méridien.

LACONIQUE adj. ▪ Qui s'exprime en peu de mots. ⇒ **bref, concis** ; s'oppose à *bavard, prolixe. Langage, réponse laconique. Style laconique.* ⇒ **lapidaire.** ▸ adv. LACONIQUEMENT

LACONISME n. m. ▪ LITTÉR. Manière de s'exprimer en peu de mots. ⇒ **brièveté, concision.**

Henri LACORDAIRE (1802 - 1861) ▪ Prêtre et prédicateur français. Dominicain, il fut l'un des principaux représentants du catholicisme libéral, avec Lamennais.

LACQ ▪ Commune des Pyrénées-Atlantiques où fut découvert, en 1951, un gisement de gaz naturel *(gaz de Lacq).* 657 hab. *(les Lacquois).*

Jacques de LACRETELLE (1888 - 1985) ▪ Écrivain français. *"Silbermann"* (1922), roman.

LACRYMA-CHRISTI [-kristi] n. m. invar. ▪ Vin provenant de vignes du Vésuve.

LACRYMAL, ALE, AUX adj. ▪ Qui a rapport aux larmes. *Glande lacrymale,* qui sécrète les larmes.

LACRYMOGÈNE adj. ▪ Qui fait pleurer, par une action chimique. *Gaz lacrymogène, grenades lacrymogènes.*

LACS [lɑ] n. m. ▪ LITTÉR. Nœud coulant, lacet (3).

LACTATION n. f. ▪ Sécrétion et écoulement du lait, chez la femme et les femelles des mammifères.

LACTÉ, ÉE adj. ▪ **I. 1.** Qui a rapport au lait. *Sécrétion lactée.* **2.** Qui est à base de lait. *Farine lactée.* - *Régime lacté,* où l'on ne prend que du lait. **II.** *VOIE LACTÉE* : bande blanchâtre et floue qu'on aperçoit dans le ciel pendant les nuits claires ; apparence de la galaxie où se trouve le système solaire.

LACTIQUE adj. ▪ *Acide lactique,* acide-alcool qui existe dans le lait aigri. - *Ferment lactique.*

LACT(O)- Élément, du latin *lac, lactis* « lait » (ex. *lactalbumine* n. f. ; *lactoflavine* n. f. « vitamine B2 »).

LACUNAIRE adj. ▪ DIDACT. Qui a des lacunes, incomplet. *Documentation lacunaire.*

LACUNE n. f. ▪ Interruption involontaire et fâcheuse dans un texte, un enchaînement de faits ou d'idées. ⇒ **manque, omission, trou** de mémoire. *Remplir, combler une lacune. De graves lacunes.*

LACUSTRE adj. ▪ Qui se trouve, vit auprès d'un lac, dans un lac. *Plantes lacustres.* - *Cités, villages lacustres,* bâtis sur pilotis.

LAD [lad] n. m. ▪ anglic. Jeune garçon d'écurie chargé de garder, de soigner les chevaux de course. *Des lads.*

le LADAKH ▪ Région montagneuse (de 3 000 à 6 000 m) du Cachemire, dans la partie attribuée à l'Inde, mais revendiquée par le Pakistan puis par la Chine. Population d'origine mongole.

al-LĀDHIQIYA → **Lattaquié**

saint LADISLAS Ier ÁRPÁD (1040 - 1095) ▪ Roi de Hongrie (1077), pays qu'il acheva de christianiser.

LADISLAS Ier ou IV ŁOKIETEK (1260 - 1333) ▪ Roi de Pologne en 1320. Il réunifia partiellement le pays.

le lac LADOGA ▪ Le plus grand lac d'Europe, en Carélie (Russie). 17 700 km^2.

Jules LADOUMÈGUE (1906 - 1973) ▪ Athlète français. Remarquable et populaire coureur de fond.

LADRE ▪ **1.** adj. et n. VX Lépreux. ♦ adj. (animaux) Qui souffre de larves de ténia *(ladrerie). Porc ladre.* **2.** n. LITTÉR. Avare (insensible à la misère des autres). - adj. *Elle est un peu ladre.* ⇒ **pingre.**

LADRERIE n. f. ▪ LITTÉR. Avarice sordide.

LAEKEN ou LAKEN ▪ Ancienne commune de Belgique, réunie à Bruxelles en 1921. Résidence royale (parc et château du XVIIIe s.).

René LAENNEC (1781 - 1826) ▪ Médecin français. Il travailla sur l'acoustique appliquée aux maladies de poitrine et inventa le stéthoscope.

LAËRTE ▪ Personnage de l'*"Odyssée"*. Roi d'Ithaque et père d'Ulysse.

LAETHEM-SAINT-MARTIN → **Sint-Martens-Latem**

Paul LAFARGUE (1842 - 1911) ▪ Socialiste français. Gendre de Marx, auteur du pamphlet *"Le Droit à la paresse"* (1880).

Madame de LA FAYETTE (1634 - 1693) ▪ Écrivain français. *"La Princesse de Clèves"* (1678), l'un des premiers romans psychologiques modernes.

La Fayette. Portrait par Court. Musée national du Château, Versailles.
Phot. © Bulloz

Marie-Joseph, marquis de LA FAYETTE (1757 - 1834) ▪ Général et homme politique français. Héros de la guerre d'Indépendance* américaine, il fut de 1789 à 1792 le champion de la monarchie constitutionnelle, dont l'échec l'obligea à quitter la France. Opposant libéral sous la Restauration, il participa à la révolution de juillet 1830 et favorisa l'avènement de Louis-Philippe, qui l'écarta.

Barthélemy de LAFFEMAS (1545 - v. 1612) ▪ Ministre d'Henri IV. Il favorisa le commerce et l'industrie, soutint Olivier de Serres. Ses thèses économiques annoncent Colbert.

le **Ladakh.** Palais des anciens rajahs dans la chaîne du Karakoram *Phot. © Charles Lénars*

La Fresnaye. *L'Homme assis.* MNAMGP, Paris.
Phot. © Arch. Smeets

Jacques **LAFFITTE** (1767-1844) ▪ Banquier français, ministre de Louis-Philippe. Président du Conseil en 1830-1831.

Jean de **LA FONTAINE** (1621-1695) ▪ Poète français. Ses *"Fables"* (1668-1695), dont les sujets sont généralement inspirés d'Ésope et de Phèdre, mettent souvent en scène des animaux, et sont extrêmement populaires pour la virtuosité de leur style et leur morale épicurienne. *"Contes et nouvelles"* (1665-1682).

sir Louis Hippolyte **LAFONTAINE** (1807-1864) ▪ Homme politique canadien. Il forma, avec R. Baldwin, deux ministères (1842-1843; 1848-1851).

Jules **LAFORGUE** (1860-1887) ▪ Poète français. Il a caché sous un masque fantaisiste et railleur son désespoir métaphysique. *"Complaintes"* (1885).

Roger de **LA FRESNAYE** (1885-1925) ▪ Peintre français. Portraits, paysages et natures mortes traités par plans de couleur, dans un style proche du cubisme.

LAGASH aujourd'hui ***TELL AL-HIBĀ*** ▪ Cité de Sumer, en Mésopotamie (Irak). Grand foyer artistique vers 2100 av. J.-C.

Pär **LAGERKVIST** (1891-1974) ▪ Écrivain suédois. Il prit position contre les dictatures. *"Le Bourreau"* (1933), théâtre; *"Barabbas"* (1950), roman. Prix Nobel 1951.

Selma **LAGERLÖF** (1858-1940) ▪ Romancière suédoise. Grand talent de conteuse. Son *"Merveilleux Voyage de Nils Holgersson"* (1906) lui apporta une notoriété mondiale. Prix Nobel 1909.

Lagash. *Goudéa,* statue sumérienne.
Musée du Louvre, Paris.
Phot. © Nimatallah/Ricciarini

les **LAGIDES** → les **Ptolémées**

LAGNY-SUR-MARNE ▪ Commune de Seine-et-Marne. 18 643 hab. (*les Laniaques* ou *les Latignaciens*). Église du XIIIe s.

LAGON n. m. ▪ Petit lac d'eau salée entre la terre et un récif corallien.

LAGOPÈDE n. m. ▪ Oiseau, gallinacé des montagnes neigeuses d'Europe, aux pattes couvertes de plumes.

Lagopède.
Lagopus lagopus.
Phot. © Walker/Jacana

LAGOS ▪ Anc. capitale et port principal du Nigeria. 5 856 000 hab. Centre industriel du pays, pôle commercial, politique et culturel.

Alexandre **LAGOYA** (né en 1929) ▪ Guitariste français d'origine égyptienne. Il épousa en 1952 la guitariste Ida Presti et, jusqu'à la mort de celle-ci en 1967, forma avec elle un célèbre duo.

Joseph Louis de **LAGRANGE** (1736-1813) ▪ Mathématicien français. Il donna le premier traité systématique de mécanique analytique, développa le calcul des variations, la résolution algébrique des équations et la théorie des nombres.

Léo **LAGRANGE** (1900-1940) ▪ Homme politique français. Membre (socialiste) des gouvernements du Front populaire, il développa le sport et le tourisme populaires.

LAGUIOLE [la(g)jɔl] n. m. ▪ **1.** Fromage de vache, voisin du cantal. **2.** Couteau de poche.

LAGUIOLE ▪ Commune de l'Aveyron. 1 235 hab. Coutellerie. Fromages. Station de sports d'hiver (1 200-1 410 m).

LAGUNE n. f. ▪ Étendue d'eau de mer, comprise entre la terre ferme et un cordon littoral *(lido).*

Frédéric César de **LA HARPE** ou **LAHARPE** (1754-1838) ▪ Homme politique suisse. Membre du Directoire de la République helvétique, il obtint, en 1814, au congrès de Vienne, la neutralité de la Suisse et l'indépendance de plusieurs cantons.

Laurent de **LA HIRE** ou **LA HYRE** (1606-1656) ▪ Peintre français. Paysages à la composition classique; allégories.

LAHORE ▪ 2e ville du Pakistan. 3 500 000 hab. Capitale du Panjab (pakistanais). Nombreux monuments moghols. La plus grande mosquée du monde.

① **LAI** n. m. ▪ Poème narratif ou lyrique, au Moyen Âge. *"Le Lai du chèvrefeuille"* (de Marie de France).

② **LAI, LAIE** adj. ▪ VX Laïque. – *Frère lai :* frère servant, dans un couvent.

LAÏC n. m. ▪ Chrétien qui ne fait pas partie du clergé (⇒ **laïque**). *Les laïcs.*

LAÏCISATION n. f. ▪ Action de laïciser. *Laïcisation de l'enseignement.*

LAÏCISER v. tr. ① ▪ **1.** Rendre laïque. **2.** Organiser suivant les principes de la laïcité. *La Révolution française a laïcisé l'état civil.*

LAÏCITÉ n. f. ▪ **1.** Caractère laïque. **2.** (en France) Principe de séparation de la société civile et de la société religieuse. – *Laïcité de l'enseignement.*

LAID, LAIDE adj. ▪ **1.** Qui produit une impression désagréable en heurtant le sens esthétique (opposé à *beau*). ⇒ **affreux, disgracieux, hideux, horrible, repoussant, vilain ;** FAM. **moche, tarte.** *Rendre laid* (⇒ **enlaidir**). – spécialt (personnes) Qui déplaît par ses imperfections physiques, surtout celles du visage. *Être laid comme un pou ; laid à faire peur,* très laid. **2.** Qui inspire le dégoût, le mépris moral. ⇒ **honteux, ignoble.** *Une action laide.* - lang. enfantin *C'est très laid de mentir.* ⇒ **vilain.** - n. *Hou ! le laid !,* le vilain. **3.** n. m. LE LAID. ⇒ **laideur.** *Le laid et le beau.*

LAIDEMENT adv. ▪ *Maison laidement décorée.*

LAIDERON n. m. ▪ Jeune fille ou jeune femme laide. VX *Une laideron ;* MOD. *un laideron ;* parfois forme fém. *une* LAIDERONNE.

LAIDEUR n. f. ▪ **1.** (physique) Caractère, état de ce qui est laid. ⇒ **hideur ;** FAM. **mocheté ;** opposé à *beauté. Être d'une laideur repoussante. La laideur d'un spectacle, d'un monument.* **2.** (moral) ⇒ **bassesse, turpitude.** *La laideur d'une action.* **3.** Chose ou action laide. *Les laideurs de la vie.* ⇒ **misère.**

① **LAIE** n. f. ▪ Femelle du sanglier. *La laie et ses marcassins.*

② **LAIE** n. f. ▪ TECHN. Espace déboisé rectiligne. - Layon*.

LAINAGE n. m. ▪ **1.** Étoffe de laine. *Robe de lainage. Gros lainage.* **2.** Vêtement de laine (tricotée, en général). *Prends un lainage pour sortir.*

LAINE n. f. ▪ **1.** Matière souple provenant du poil de l'épiderme des moutons (et de quelques mammifères). *Laine brute ; cardée, peignée. Filer la laine. Tissage de la laine. Laine à tricoter. Pelote de laine.* - *Vêtements en laine,* en tissu de laine, ou en laine tricotée. ♦ FAM. *Une (petite) laine,* un vêtement de laine. ⇒ **lainage.** ♦ Toison laineuse. loc. fig. *Se laisser manger la laine sur le dos :* se laisser exploiter (⇒ **tondre**). **2.** Produits fibreux fabriqués pour être utilisés comme la laine (en isolants, textiles). *Laine de verre.*

LAINEUX, EUSE adj. ▪ **1.** Garni de laine, qui a beaucoup de laine. *Des moutons laineux. Drap laineux, étoffe très laineuse.* - *Plante, tige laineuse,* couverte de duvet. **2.** Qui a l'apparence de la laine. *Cheveux laineux.*

Ronald **LAING** (1927-1989) ▪ Psychiatre britannique. Fondateur avec D. Cooper (1931-1986) de l'« antipsychiatrie ». *"Le Moi divisé"* (1959).

LAINIER, IÈRE adj. ▪ Relatif à la laine, matière première ou marchandise. *L'industrie lainière.*

LAÏOS ▪ Roi légendaire de Thèbes. Il est l'époux de Jocaste et le père d'Œdipe.

LAÏQUE adj. ▪ **1.** Qui ne fait pas partie du clergé. *Juridictions religieuse et laïque* (⇒ **séculier**). - n. *Un, une laïque.* ⇒ **laïc. 2.** Indépendant des religions, des confessions religieuses. *Enseignement laïque. L'école laïque.* - n. f. VIEILLI *La laïque.*

LAIS n. m. ▪ **1.** VX Legs. - *Les lais de Villon (*poèmes où il lègue son avoir : les *Testaments).* **2.** DR. Terrain que les eaux découvrent en se retirant.

LAISSE n. f. ▪ **I.** Lien avec lequel on attache un chien, un animal pour le mener. *Laisse de cuir.* - *Tenir, mener un chien en laisse.* **II.** LITTÉR. Tirade, couplet d'une chanson de geste.

LAISSÉ(E)-POUR-COMPTE [-kɔ̃t] adj. ▪ (chose ou personne) Dont personne ne veut. *Marchandise laissée-pour-compte,* que le destinataire a refusée. n. *Des laissés-pour-compte.* ♦ *Les laissés-pour-compte de la société.* ⇒ **exclu.**

LAISSER v. tr. [1] ▪ **I.** (Ne pas intervenir) **1.** (semi-auxiliaire ; + inf.) Ne pas empêcher de. ⇒ **consentir, permettre.** *Laisser faire qqn, le laisser agir. Laisser aller, partir* (qqn, un animal). - *Laisser voir son trouble,* le montrer. - absolt *Laisser faire, laisser dire :* ne pas se préoccuper de ce que disent, font les autres. - *Laisser tomber* :* abandonner. ♦ SE LAISSER (+ inf.) : ne pas s'empêcher de, ne pas se priver de. ⇒ **s'abandonner,** se **détendre.** *Elle s'est laissée aller.* ♦ Ne pas empêcher qqn ou qqch. de faire qqch. sur soi. *Elle s'est laissé injurier. Se laisser impressionner. Se laisser faire,* n'opposer aucune résistance. - FAM. (choses) *Un vin qui se laisse boire, un film qui se laisse voir,* qu'on boit, voit sans déplaisir. **2.** (avec un compl. déterminé) Maintenir (qqn, qqch.) dans un état, un lieu, une situation. ⇒ **garder.** *Laisser qqn debout. Laisser tranquille, laisser en paix,* ne pas importuner. *Cela me laisse indifférent.* **3.** *Laisser qqch. à qqn,* maintenir avec ; ne pas priver de. *Laisser les enfants à leur mère.* - *Laissez-lui le temps (d'agir).* **II. 1.** Ne pas prendre (ce qui se présente). *Manger les raisins et laisser les pépins.* loc. *C'est à prendre ou à laisser.* ♦ Ne pas supprimer. *Le correcteur a laissé quelques fautes.* **2.** LAISSER À : ne pas prendre pour soi (afin qu'un autre prenne). ⇒ **réserver.** *Laissez-nous de la place. Il lui a laissé le plus gros morceau.* ♦ Ne pas faire soi-même. *Laisser un travail à qqn.* ♦ loc. LAISSER À PENSER, À JUGER : laisser (à qqn) le soin de penser, de juger par soi-même, ne pas expliquer. **III.** Ne pas garder avec soi, pour soi. ⇒ **abandonner, délaisser. 1.** Se séparer de (qqn, qqch.). ⇒ **quitter.** *Je vous laisse pour un instant.* ♦ Quitter volontairement et définitivement. *Elle a laissé son mari.* ⇒ **lâcher. 2.** Abandonner (qqch. de soi). ⇒ **perdre.** *Y laisser sa (la) peau.* - (choses) *Liquide qui laisse un dépôt. Cette affaire ne doit pas laisser de trace.* **3.** Remettre (qqch. à qqn) en partant. ⇒ **confier.** *Laisser sa clé au gardien, chez le gardien, dans un tiroir. Laisser ses bagages à la consigne.* **4.** Vendre à un prix avantageux. ⇒ **céder.** *Je vous laisse ce tapis pour mille francs, à mille francs.* **5.** Donner (un bien, une somme) par voie de succession. ⇒ **léguer. 6.** (même sens que I, 2) Ne pas s'occuper de. *Laissez cela, je m'en charge.* - absolt *Laissez, c'est moi qui paie.* **IV.** VX LAISSER DE (+ inf.) : ne pas continuer de. - LITTÉR. NE PAS LAISSER DE : ne pas cesser de. *Malgré leurs disputes, elles ne laissaient pas d'être amies,* elles n'en étaient pas moins amies.

La Hire. *L'Astronomie,* détail. Musée des Beaux-Arts, Orléans. *Phot. © Lauros/Giraudon*

LAISSER-ALLER n. m. invar. ▪ **1.** Absence de contrainte. ⇒ **abandon, désinvolture. 2.** péj. Absence de soin. *Le laisser-aller de sa tenue.* ⇒ **débraillé.** *Le laisser-aller dans le travail.* ⇒ **négligence.**

LAISSEZ-PASSER n. m. invar. ▪ Pièce autorisant une personne à circuler librement. ⇒ **sauf-conduit.** *Montrez vos laissez-passer.*

LAIT n. m. ▪ **I. 1.** Liquide blanc, opaque, très nutritif, sécrété par les glandes mammaires des femmes, des femelles de mammifères. ⇒ **galact(o)-, lact(o)-.** *Nourrir un nouveau-né, un petit de son lait.* ⇒ **allaiter.** - *Cochon* DE LAIT, qui tète encore. - *Frères, sœurs de lait,* enfants qui ont eu la même nourrice. **2.** Lait de mammifères domestiques destiné à l'alimentation humaine. *Lait de vache, de chèvre.* - *Vache* à lait* (⇒ ① **laitier** (II)). *Lait écrémé.* - PETIT-LAIT : ce qui reste du lait caillé en fromage ; liquide (sérum) qui s'écoule du fromage frais. loc. *Boire qqch. comme (du) petit-lait ; boire du petit-lait,* éprouver une vive satisfaction d'amour-propre. - *Lait stérilisé, pasteurisé.* - *Lait condensé, concentré. Lait en poudre.* - *Café, chocolat* AU LAIT. - loc. *Soupe* au lait.* - *Sucer qqch. avec le lait,* s'en imprégner dans la petite enfance. **II. 1.** Suc blanchâtre (de végétaux). *Lait de coco.* **2.** Préparation d'apparence laiteuse. *Lait d'amandes.* - *Lait de beauté, lait démaquillant.*

LAITAGE n. m. ▪ Le lait ou les substances alimentaires tirées du lait. *Aimer les laitages.*

LAITANCE ou **LAITE** n. f. ▪ Liquide laiteux constitué par le sperme des poissons.

LAITERIE n. f. ▪ **1.** Lieu où s'effectuent la collecte et le traitement du lait, la fabrication du beurre. - Industrie laitière. **2.** VX Crémerie.

LAITEUX, EUSE adj. ▪ Qui a l'aspect, la couleur blanchâtre du lait. *Une lumière laiteuse.*

① **LAITIER, IÈRE** ▪ **I.** n. **1.** VX Personne qui vend du lait. ⇒ **crémier. 2.** Personne qui livre le lait (à domicile, chez les détaillants). *"La Laitière et le Pot au lait"* (fable de La Fontaine). **II.** adj. **1.** *Vache laitière,* élevée pour son lait. - n. f. *Une laitière.* **2.** Relatif au lait, matière première alimentaire. *Industrie, coopérative laitière. Produits laitiers.*

② **LAITIER** n. m. ▪ Masse d'impuretés qui se forme à la surface des métaux en fusion.

Lalique. Vase serpent en verre ambré, vers 1925. Musée des Arts décoratifs, Paris. *Phot. © Dagli Orti*

LAITON n. m. ▪ Alliage de cuivre et de zinc. *Fil de laiton.*

LAITUE n. f. ▪ Salade à feuilles tendres. *Assaisonner une laitue. Cœurs de laitues.*

LAÏUS [lajys] n. m. ▪ **1.** FAM. Allocution. **2.** Discours vague et emphatique. ⇒ **blabla.**

LAÏUSSER v. intr. ⊡ ▪ FAM. Faire des laïus.

Joseph LAKANAL (1762 - 1845) ▪ Enseignant et révolutionnaire français. Organisateur de l'enseignement public sous la Révolution puis sous le Consulat et l'Empire.

LAKSHADWEEP → Laquedives

Michel Richard de LALANDE → Delalande

Joseph Jérôme Lefrançois de LALANDE (1732 - 1807) ▪ Astronome français. Il calcula avec La Caille la parallaxe lunaire (1751), améliora les tables de Halley et recueillit les positions de 50 000 étoiles (1789-1798).

René LALIQUE (1860 - 1945) ▪ Verrier et décorateur français. L'un des principaux créateurs de l'Art nouveau.

LALLAING ▪ Commune du Nord. 8 001 hab. *(les Lallinois).*

Thomas de LALLY-TOLLENDAL (1702 - 1766) ▪ Général français. Condamné à mort pour trahison après sa capitulation devant les Anglais en Inde. Voltaire obtint sa réhabilitation en 1778.

Édouard LALO (1823 - 1892) ▪ Compositeur français. Ses œuvres pour orchestre, et un opéra influencé par Wagner, ont une grande richesse d'instrumentation. *"Symphonie espagnole"* (1873).

Wilfredo LAM (1902 - 1982) ▪ Peintre cubain. Il s'inspira de l'art africain et adhéra au surréalisme.

Lam. *Le Bruit,* 1942. MNAMGP, Paris. *Phot. © MNAMGP*

① **LAMA** n. m. ▪ Mammifère plus petit que le chameau et sans bosse, qui vit dans les régions montagneuses d'Amérique du Sud. ⇒ **vigogne.** *Tissu en poil, en laine de lama.* ⇒ **alpaga.**

② **LAMA** n. m. ▪ Prêtre, moine bouddhiste au Tibet et chez les Mongols. ♦ *Grand lama* (VX) ou *dalaï-lama,* souverain spirituel et temporel du Tibet.

LAMAÏSME n. m. ▪ Forme de bouddhisme (Tibet, Mongolie). ► adj. et n. LAMAÏSTE

LAMALOU-LES-BAINS ▪ Commune de l'Hérault. 2 194 hab. *(les Lamalousiens).* Station thermale et centre d'excursions.

LAMANTIN n. m. ▪ Mammifère marin plus gros que le phoque, au corps en fuseau épais, à nageoire non échancrée.

Jean-Baptiste de Monet, chevalier de LAMARCK (1744 - 1829) ▪ Naturaliste français. Sa *"Philosophie zoologique"* (1809) fut la première théorie positive de l'évolution biologique. Son « transformisme » (ou « lamarckisme ») affirme que « la fonction crée l'organe » et que les caractères acquis sous l'influence du milieu et des besoins se transmettent par hédérité. Il fut combattu par Cuvier et influença fortement Darwin.

Maximilien, comte LAMARQUE (1770 - 1832) ▪ Général et homme politique français. Il fut un opposant républicain sous Louis XVIII et ses obsèques furent l'occasion de la première insurrection républicaine sous la monarchie de Juillet (5 et 6 juin 1832).

Alphonse de LAMARTINE (1790 - 1869) ▪ Écrivain et homme politique français. Ses *"Méditations poétiques"* (1820) et ses *"Harmonies poétiques et religieuses"* (1830) exercèrent une profonde influence sur le romantisme français. Partisan d'un christianisme libéral et social, il fut membre du gouvernement provisoire de 1848.

Lamartine. Portrait par Couture. Musée d'Art et d'Histoire, Genève. *Phot. © Arch. Smeets*

LAMASERIE n. f. ▪ Monastère bouddhique où vivent les lamas (②).

Charles LAMB (1775 - 1834) ▪ Écrivain romantique britannique. *"Essais d'Élia"* (1823).

LAMBALLE ▪ Commune des Côtes-d'Armor. 9 894 hab. *(les Lamballais).* Églises médiévales.

LAMBARÉNÉ ▪ Ville du Gabon où le docteur Schweitzer fonda un centre médical. 30 000 hab.

LAMBDA n. m. ▪ **1.** Onzième lettre de l'alphabet grec (correspondant au *l* latin). **2.** fig. Moyen, très quelconque. *L'auditeur, le téléspectateur lambda.*

LAMBEAU n. m. ▪ **1.** souvent au plur. Morceau d'une étoffe déchirée. *Vêtements en lambeaux.* ⇒ **haillon. 2.** Morceau arraché. *Une affiche en lambeaux. Partir en lambeaux.* **3.** fig. Fragment, partie détachée. *Des lambeaux du passé.* ⇒ **bribe.**

LAMBERSART ▪ Commune du Nord. 28 275 hab. *(les Lambersartois).* Textile.

Johann Heinrich LAMBERT (1728 - 1777) ▪ Mathématicien allemand. Il démontra l'irrationalité du nombre π et s'intéressa à l'astronomie et à la géométrie projective. Sa théorie de la connaissance influença Kant.

LAMBETH ▪ Faubourg *(borough)* du Grand Londres, où se trouve la résidence de l'archevêque de Canterbury, primat de l'Église anglicane. 240 000 hab.

LAMBIN, INE n. ▪ FAM. Personne qui agit habituellement avec lenteur et mollesse. ⇒ **traînard.** *Quel lambin, toujours le dernier !* - adj. Lent. *Elle est un peu lambine.*

lamantin. *Trichechus manatus.* *Phot. © Soury/Jacana*

LAMBINER v. intr. 1 ▪ FAM. Agir avec lenteur, mollesse. ⇒ **lanterner, traîner.**

LAMBOURDE n. f. ▪ TECHN. Poutrelle supportant un parquet.

LAMBREQUIN n. m. ▪ Bordure à festons et à franges.

LAMBRIS n. m. ▪ Revêtement décoratif de murs ou de plafond. *Des lambris de bois.* – *Des lambris dorés :* un intérieur de palais.

LAMBRISSER v. tr. 1 ▪ Revêtir (les murs, etc.) de lambris. – au p. p. *Salon lambrissé.*

① **LAME** n. f. ▪ **1.** Bande plate et mince d'une matière dure (métal, verre, bois). *Lames de parquet.* **2.** Fer (d'un instrument, d'un outil tranchant). *La lame d'un ciseau, d'une scie. Une lame de couteau. Couteau de poche à lame rentrante.* – loc. *Visage en lame de couteau,* maigre et très allongé. – *Lame d'épée.* loc. *Une fine lame,* un bon escrimeur. **3.** *Lame (de rasoir),* rectangle d'acier tranchant qui s'adapte à un rasoir mécanique. **4.** SC. Formation naturelle mince et allongée (en anat., etc.).

② **LAME** n. f. ▪ Ondulation de la mer sous l'action du vent. ⇒ **vague.** *La crête, le creux d'une lame. Lame de fond,* provenant d'un phénomène sous-marin ; fig. phénomène puissant et soudain, qui emporte tout.

LAMÉ, ÉE adj. ▪ (tissu) Où entre un fil entouré de métal. *Tissu lamé or.* – n. m. *Une robe de lamé.*

Gabriel LAMÉ (1795 - 1870) ▪ Mathématicien et ingénieur français. Il participa à l'établissement des chemins de fer et établit les équations générales de l'élasticité.

LAMELLE n. f. ▪ Petite lame très mince. *Lamelle de verre pour examen microscopique.*

LAMELLIBRANCHE n. m. ▪ ZOOL. Mollusque aux branchies en forme de lamelles (classe des *Lamellibranches ;* ex. moule, pétoncle).

Félicité de LAMENNAIS ou **LA MENNAIS** (1782 - 1854) ▪ Écrivain et penseur catholique français. Il fonda le journal *"L'Avenir"* avec Lacordaire et Montalembert (1830). Dans *"Paroles d'un croyant"* (1834), il exprima sa rupture avec l'Église. Condamné par le pape comme tenant du libéralisme, il quitta la prêtrise.

LAMENTABLE adj. ▪ **1.** VX Qui mérite des lamentations. **2.** LITTÉR. Qui exprime une lamentation, une plainte. *Voix, ton lamentable.* **3.** Très mauvais. ⇒ **minable, pitoyable.** *Cette émission était lamentable.* ⇒ **nul.**

LAMENTABLEMENT adv. ▪ *Échouer lamentablement.*

LAMENTATION n. f. ▪ souvent au plur. Suite de paroles exprimant le regret douloureux, la récrimination. *Se répandre en lamentations.* ⇒ **jérémiade.**

SE **LAMENTER** v. pron. 1 ▪ Se plaindre longuement. ⇒ **gémir.** *Se lamenter sur son sort.*

LAMENTIN ▪ Commune de la Guadeloupe. 11 429 hab. *(les Lamentinois).* Sucrerie. Sources thermales.

Le LAMENTIN ▪ Commune de la Martinique. 30 596 hab. *(les Lamentinois).* Distilleries. Sucrerie.

LAMENTO [lamɛnto] n. m. ▪ Air triste et plaintif, chant de douleur. *Des lamentos.*

Alexandre, comte de LAMETH (1760 - 1829) ▪ Révolutionnaire français. Rallié, comme ses frères Théodore (1756 - 1854) et Charles (1757 - 1832), aux feuillants. Les frères Lameth firent une carrière de notables sous l'Empire et la Restauration.

Julien Offray de LA METTRIE (1709 - 1751) ▪ Médecin et philosophe matérialiste français. *"L'Homme-Machine"* (1748).

LAMINAGE n. m. ▪ Opération consistant à laminer un métal. *Laminage à chaud, à froid.*

LAMINER v. tr. 1 ▪ **1.** Amincir (une masse métallique) en feuilles, lames, par une forte pression. – au p. p. *Acier, fer laminé.* **2.** Diminuer (qqch.) jusqu'à l'anéantissement. *Laminer la marge bénéficiaire.*

LAMINOIR n. m. ▪ Machine, dispositif servant à laminer. *Les cylindres d'un laminoir. Trains de laminoirs.* – fig. loc. *Passer au laminoir,* être soumis à de rudes épreuves.

LAMORLAYE ▪ Commune de l'Oise. 7 709 hab.

François de LA MOTHE LE VAYER (1588 - 1672) ▪ Écrivain et philosophe français. Sceptique et libertin, devenu précepteur de Louis XIV.

Friedrich, baron de LA MOTTE-FOUQUÉ (1777 - 1843) ▪ Écrivain romantique allemand. *"Ondine"* (1811).

Toussaint Guillaume, comte Picquet de La Motte dit **LA MOTTE-PICQUET** (1720 - 1791) ▪ Marin français. Héros de la guerre d'Indépendance américaine.

LAMPADAIRE n. m. ▪ Appareil d'éclairage électrique monté sur un haut support.

LAMPANT, ANTE adj. ▪ *Pétrole lampant,* raffiné pour l'éclairage.

LAMPARO n. m. ▪ RÉGIONAL Source de lumière, phare pour attirer le poisson.

LAMPE n. f. ▪ **I. 1.** Récipient contenant un liquide ou un gaz combustible, pour éclairer. *Lampes à huile.* ⇒ **quinquet.** *Lampe à pétrole.* – *Lampe-tempête,* dont la flamme est protégée du vent. ♦ ⇒ **cul-de-lampe. 2.** Appareil d'éclairage par l'électricité. *Changer l'ampoule d'une lampe. Lampe au néon. Lampe témoin,* qui atteste le fonctionnement d'un appareil. – *Lampe de bureau, de chevet, à pied* (⇒ **lampadaire**). *Lampe de poche,* à pile. *Lampe torche.* **3.** *LAMPE À SOUDER,* dont le combustible est destiné à produire de la chaleur, pour le soudage. **4.** Tube électronique. *Lampe de radio.* **II.** fig. FAM. *S'en mettre PLEIN LA LAMPE :* manger et boire abondamment.

Giuseppe Tomasi di LAMPEDUSA (1896 - 1957) ▪ Romancier italien. *"Le Guépard"* (posth. 1958) décrit son milieu, l'aristocratie sicilienne, à l'époque du Risorgimento.

LAMPÉE n. f. ▪ FAM. Grande gorgée de liquide avalée d'un trait.

LAMPER v. tr. 1 ▪ Boire d'un trait ou à grandes gorgées.

LAMPION n. m. ▪ **1.** anciennt Godet contenant une matière combustible et une mèche. **2.** Lanterne vénitienne. *Les lampions du 14 Juillet.*

LAMPISTE n. m. ▪ **1.** Personne chargée de l'entretien des lampes, de l'éclairage. **2.** Subalterne au poste le plus modeste, et à qui on fait souvent endosser injustement les responsabilités.

LAMPISTERIE n. f. ▪ **1.** VX Industrie, commerce des lampes. **2.** Entrepôt des lampes et lanternes (dans une gare).

LAMPROIE n. f. ▪ Poisson au corps cylindrique, ayant l'apparence d'une anguille.

LAMPYRE n. m. ▪ ZOOL. Ver luisant.

le LANCASHIRE ▪ Comté d'Angleterre au nord de Liverpool et Manchester. 3 043 km². 1 400 000 hab. Chef-lieu : Preston. Cette région a été le berceau de l'industrie anglaise (textile). Raffineries, métallurgie, sidérurgie et industrie chimique.

Burt LANCASTER (1912 - 1994) ▪ Acteur américain. Il élargit un répertoire voué aux rôles de baroudeur sympathique grâce à Visconti (*"Le Guépard"*, 1963) et à Bertolucci (*"1900"*, 1976).

la maison de LANCASTRE ▪ Famille noble anglaise. Avec Henri IV, Henri V et Henri VI, les Lancastre régnèrent sur l'Angleterre de 1399 à 1471. Mettant fin à la guerre des Deux-Roses*, Henri VII, descendant des Lancastre, fonda la dynastie des Tudors.

LANCE n. f. ▪ **I.** Arme à longue hampe terminée par un fer pointu. ⇒ **javelot, pique.** *Coup de lance.* – loc. *Rompre une*

Lancret. *La Balançoire.* Art Museum, Cincinnati.
Phot. © Arch. Smeets

lance avec ou *contre,* lutter. ♦ loc. *En* FER DE LANCE : en forme de feuille allongée et pointue. **II.** *Lance à eau,* pièce métallique à l'extrémité d'un tuyau de pompe ou d'arrosage, servant à diriger le jet. *Des lances d'incendie.*

LANCÉE n. f. ■ Élan de ce qui est lancé, vitesse acquise. – loc. *Continuer sur sa lancée.*

LANCE-FLAMMES n. m. invar. ■ Engin de combat servant à projeter des liquides enflammés.

LANCE-FUSÉES n. m. invar. ■ Dispositif de guidage et de lancement de projectiles autopropulsés. ⇒ **bazooka.** *Des lance-fusées antichars.* ◇ syn. LANCE-ROQUETTES.

LANCE-GRENADES n. m. invar. ■ Engin servant à lancer des grenades.

Lancelot du Lac. *Livre de Messire Lancelot du Lac,* illustration de « Lors hurta le cheval », manuscrit du début du XVe s. Bibliothèque de l'Arsenal, Paris. *Phot. © Giraudon*

LANCELOT DU LAC ■ L'un des chevaliers de la Table ronde, élevé au fond d'un lac par la fée Viviane. Héros d'exception, il est l'amant de la reine Guenièvre, femme du roi Arthur. Les principaux ouvrages qui lui sont consacrés sont *"Lancelot ou le Chevalier à la charrette"* de Chrétien de Troyes (v. 1170) et le *"Lancelot-Graal"* (v. 1220-1230).

LANCEMENT n. m. ■ **1.** Action de lancer, de projeter. *Lancement du javelot.* – Projection au moyen d'un dispositif de propulsion. *Rampe de lancement* (pour fusées). **2.** *Lancement d'un navire,* mise à l'eau. **3.** Action de lancer (①, 6). ⇒ **promotion.** *Le lancement d'un produit. Le lancement d'un emprunt.*

LANCE-MISSILES n. m. invar. ■ Engin servant à lancer des missiles. ⇒ **lanceur.**

LANCÉOLÉ, ÉE adj. ■ **1.** En fer de lance (forme). **2.** ARCHIT. Qui présente des arcs brisés très aigus (lancettes).

LANCE-PIERRES n. m. ■ Petite fronde d'enfant. *Des lance-pierres.* – loc. FAM. *Manger avec un lance-pierres,* vite et peu. ◇ var. LANCE-PIERRE. *Des lance-pierres.*

① **LANCER** v. tr. [3] ■ **I. 1.** Envoyer loin de soi dans une direction déterminée. ⇒ **jeter, projeter.** *Lancer des pierres. Lancer le disque, le javelot. Lancer une balle à qqn.* – (à l'aide d'un dispositif, d'un engin) *Lancer des flèches, une fusée.* **2.** Faire sortir de soi, avec force. ⇒ **émettre.** *Volcan qui lance des cendres. Ses yeux lancent des éclairs.* – Faire mouvoir avec rapidité dans une certaine direction. *Lancer les bras en avant.* ♦ Envoyer dans la direction de qqn. *Lancer un clin d'œil.* **3.** Envoyer sans ménagement à l'adresse de qqn. **4.** Faire partir vite et avec force. *Lancer un cheval au galop.* **5.** Mettre en mouvement. *Lancer un moteur.* ♦ FAM. Engager (qqn) dans un sujet de conversation. – au p. p. *Le voilà lancé, il ne s'arrêtera plus.* **6.** Pousser (qqn, qqch.) en faisant connaître, en mettant en valeur, en crédit. *Lancer un artiste, une idée.* – *Être lancé,* en vogue. ♦ Employer les moyens de communication propres à mettre en circulation, à faire connaître. *Lancer une marque, un produit.* ⇒ **promotion.** ► SE LANCER v. pron. **1.** Se jeter, s'élancer. ⇒ se **précipiter. 2.** S'engager hardiment. *Se lancer dans de grosses dépenses.* **3.** Se faire connaître.

② **LANCER** n. m. ■ **1.** *Lancer* ou *pêche au lancer,* pêche à la ligne, qui consiste à lancer un leurre. *Lancer léger, lourd.* **2.** Épreuve d'athlétisme consistant à lancer le plus loin possible un poids, un disque, un javelot ou un marteau.

LANCE-SATELLITES n. m. invar. ■ Lanceur de satellites artificiels.

LANCE-TORPILLES n. m. invar. ■ Dispositif aménagé à bord d'un sous-marin ou d'un navire de guerre pour le lancement des torpilles.

LANCETTE n. f. ■ **1.** Petit instrument de chirurgie utilisé pour les petites incisions. **2.** ARCHIT. Arc brisé surhaussé (en fer de lance) (⇒ **lancéolé**).

LANCEUR, EUSE n. ■ **1.** Personne qui lance (qqch.). – Athlète spécialisé dans les lancers. *Lanceur de javelot.* **2.** n. m. Fusée chargée d'envoyer un satellite, un missile, etc. dans l'espace. – *Lanceur de missiles, de satellites.* ⇒ **lance-missiles, lance-satellites.**

LANCIER n. m. ■ HIST. Soldat, cavalier armé d'une lance. – loc. *Quadrille des lanciers,* ancienne danse à quatre.

LANCINANT, ANTE adj. ■ **1.** Qui se fait sentir par des élancements aigus. *Douleur lancinante.* **2.** Qui obsède. *Une musique lancinante.*

LANCINER v. [1] ■ LITTÉR. **1.** v. intr. (douleur) Donner des élancements douloureux. **2.** v. tr. Tourmenter de façon lancinante. *Une idée le lancine depuis des jours.*

Nicolas LANCRET (1690 – 1743) ■ Peintre et graveur français. Il peignit des séries de tableaux aimables et frivoles, et des sanguines pleines de verve et d'élégance.

LAND [lɑ̃d], plur. **LÄNDER** [lɛndœʀ] n. m. ■ État fédéré de l'Allemagne. *Le land de Bavière.*

le LAND ART ■ Mouvement artistique qui se développa à la fin des années 1960 aux États-Unis, caractérisé par un traitement artistique du paysage, pris comme matériau brut. Les artistes du land art (W. de Maria, D. Oppenheim, Christo...) travaillent le plus souvent sur la nature, qu'ils modifient de manière plus ou moins durable (traces sur le sol, la neige, accumulation de roches...).

LANDAU n. m. ■ **1.** anciennt Voiture à cheval à quatre roues, à capote formée de deux soufflets pliants. **2.** Voiture d'enfant à caisse suspendue.

le **Land Art.** Smithson, *Spiral Jetty,* 1970.
Phot. © Documentation du MNAMGP

Lev **LANDAU** (1908 - 1968) ▪ Physicien soviétique. Importants travaux dans divers domaines. Prix Nobel de physique 1962.

LANDE n. f. ▪ Étendue de terre où ne croissent que certaines plantes sauvages (ajonc, bruyère, genêt, etc.). ⇒ **garrigue, maquis.** *La lande bretonne.*

LANDERNEAU ▪ Commune du Finistère. 14 269 hab. *(les Landernéens).* Édifices anciens. Pêche.

les **LANDES** ▪ Région de l'Aquitaine, baignée par l'Atlantique (tourisme sur la côte) et couverte de pins (1 million d'hectares de forêts).

les **LANDES** [40] ▪ Département français de la région Aquitaine. 9 316 km^2. 311 461 hab. Chef-lieu : Mont-de-Marsan. Chef-lieu d'arrondissement : Dax.

LANDGRAVE [lɑ̃dgʀav] n. m. ▪ HIST. Titre de princes souverains allemands.

LANDIVISIAU ▪ Commune du Finistère. 8 254 hab. *(les Landivisiens).* Base aéronavale.

Tommaso **LANDOLFI** (1908 - 1979) ▪ Écrivain italien, auteur de romans aux confins du rêve et du réel. *"La Pierre de lune"* (1939).

Wanda **LANDOWSKA** (1877 - 1959) ▪ Claveciniste polonaise.

Paul **LANDOWSKI** (1875 - 1961) ▪ Sculpteur français. Le *"Christ"* du Corcovado (à Rio de Janeiro). ► Marcel **LANDOWSKI** (né en 1915), son fils, compositeur. *"Le Fou"* (1954) et *"Montségur"* (1985), opéras.

Henri Désiré **LANDRU** (1869 - 1922) ▪ Criminel français. Accusé d'avoir étranglé dix femmes et un jeune garçon, puis d'avoir brûlé leurs corps dans sa cuisinière, il fut condamné à mort et exécuté.

Karl **LANDSTEINER** (1868 - 1943) ▪ Médecin américain d'origine autrichienne. Père de l'immunologie sanguine (découverte des groupes sanguins et du facteur Rhésus). Prix Nobel 1930.

LANESTER ▪ Commune du Morbihan. 22 102 hab. *(les Lanestériens).*

Giovanni **LANFRANCO** (1582 - 1647) ▪ Peintre italien. Il réalisa les premières décorations baroques à Rome et à Naples.

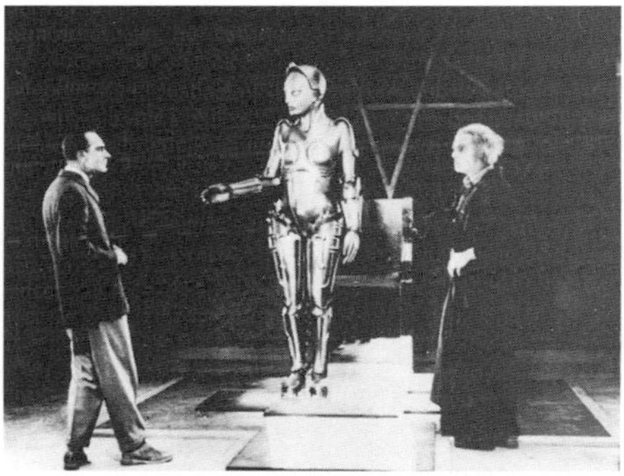

Lang. *Métropolis.* *Phot. © Coll. Rui Nogueira*

Fritz **LANG** (1890 - 1976) ▪ Cinéaste autrichien naturalisé américain. Il fut un des maîtres du cinéma expressionniste allemand, puis s'exila aux États-Unis sous le nazisme. Son œuvre montre l'homme aux prises avec la société moderne. *"Metropolis"* (1927); *"M le Maudit"* (1931); *"La Femme au portrait"* (1944).

LANGAGE n. m. ▪ **I. 1.** Fonction d'expression de la pensée et de communication entre les humains, mise en œuvre par la parole ou par l'écriture. *Étude du langage.* ⇒ **linguistique.** *Le langage et les langues* (II). **2.** Tout système de signes permettant la communication. *Langage chiffré. Le langage des animaux.* - INFORM. Ensemble codé de signes utilisé pour la programmation. *Langage machine,* avec lequel on donne des instructions à un ordinateur. ♦ fig. Communication. *Le langage des yeux.* **II.** Façon de s'exprimer propre à un groupe ou à un individu. ⇒ **langue** (II), **usage.** *Langage courant, parlé, littéraire. Langage administratif.* ♦ (qualité de l'expression) *Le beau langage. C'est son maître en langage.* ♦ Discours. *Tenir un double langage.*

les **Landes.** Récolte de la résine sur les pins. *Phot. © Hétier*

LANGAGIER, IÈRE adj. ▪ Relatif à l'usage du langage. *Habitudes langagières.*

LANGE n. m. ▪ Carré de laine ou de coton dont on emmaillotait un bébé. - loc. *Dans les langes,* dans l'enfance.

Dorothea **LANGE** (1895 - 1965) ▪ Photographe américaine. Elle fit des reportages pour l'Administration américaine lors de la crise économique de 1929, puis élargit ses sujets à l'ensemble de la société américaine.

LANGEAIS ▪ Commune de l'Indre-et-Loire. 3 960 hab. *(les Langeaisiens).* Château du XVe s.

LANGER v. tr. [3] ▪ Envelopper d'un lange, de langes.

Paul **LANGEVIN** (1872 - 1946) ▪ Physicien français. Il étudia le paramagnétisme, mit au point le sonar et contribua à la diffusion des thèses d'Einstein et de L. de Broglie. Progressiste, il s'intéressa aux questions d'éducation.

Henri **LANGLOIS** (1914 - 1977) ▪ Fondateur, avec G. Franju, de la Cinémathèque française.

Irving **LANGMUIR** (1881 - 1957) ▪ Physicien et chimiste américain. Auteur de travaux sur les gaz ionisés (lampes à incandescence, tubes électroniques). Prix Nobel de chimie 1932.

LANGON ▪ Chef-lieu d'arrondissement de la Gironde. 5 842 hab. *(les Langonnais).* Marché des vins de Bordeaux. Vin blanc.

LANGOUREUSEMENT adv. ▪ D'une manière langoureuse. *Les amoureux se regardaient langoureusement.*

LANGOUREUX, EUSE adj. ▪ Qui manifeste une mélancolie sentimentale, de la langueur (2). ⇒ **alangui, languide.** *Prendre une pose langoureuse. Air, regard langoureux.* - *Un tango langoureux.*

LANGOUSTE n. f. ▪ Grand crustacé marin comestible, aux longues antennes, sans pinces aux pattes antérieures (à la différence du homard).

langouste. *Palinurus vulgaris.*
Phot. © Labat/Lanceau/Jacana

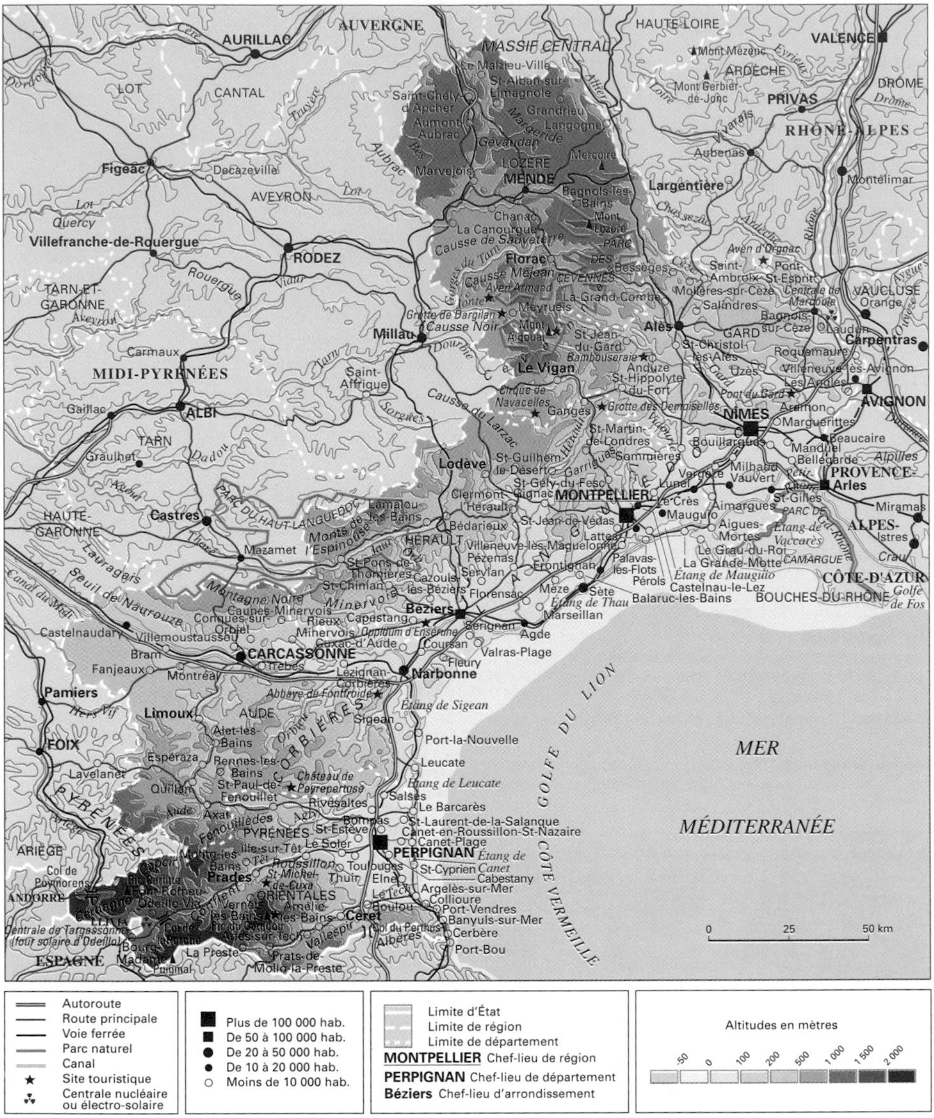

Languedoc-Roussillon.

LANGOUSTIER n. m. ▪ Bateau équipé pour la pêche à la langouste.

LANGOUSTINE n. f. ▪ Homard de Norvège, petit crustacé marin comestible aux longues pinces.

LANGRES ▪ Chef-lieu d'arrondissement de la Haute-Marne, sur le plateau de Langres. 9 987 hab. *(les Langrois).* Anciens remparts. Cathédrale (XIIe-XIIIe s.). Industries alimentaires.

LANGUE n. f. ▪ **I. 1.** Organe charnu, musculeux, allongé et mobile, placé dans la bouche. *Avoir la langue blanche, sèche. Se brûler la langue.* ‑ *Tirer la langue à qqn,* pour le narguer. fig. *Tirer la langue,* avoir soif, être dans le besoin. ♦ Langue comestible de certains animaux. *Langue de bœuf à la tomate.* ♦ (en tant qu'organe de la parole) loc. *Avoir la langue bien pendue,* être bavard. *Ne pas savoir tenir sa langue,* être indiscret. *Se mordre la langue,* se retenir de parler, ou se repentir d'avoir parlé. *Donner sa langue au chat,* renoncer à deviner. *Tourner sept fois sa langue dans sa bouche,* réfléchir avant de parler. ♦ *Une mauvaise langue, une langue de vipère,* une personne médisante. *Elle est très mauvaise langue.* ♦ LANGUE-DE-CHAT : petit gâteau sec. *Des langues-de-chat.* **2.** Chose, objet en forme de langue. *Langue de feu,* flamme allongée. *Langue de terre,* bande de terre allongée et étroite. **II. 1.** Système d'expression et de communication, commun à un groupe social (communauté linguistique). ⇒ **idiome ; dialecte, parler, patois.** *Le langage* et les langues. La langue, système abstrait et la parole, selon Saussure. Lexique et syntaxe d'une langue. Étude des langues.* ⇒ **linguistique.** *Langues romanes, germaniques, slaves (indo-européennes). Langues mortes, vivantes.* ‑ *Parler une, plusieurs langues. Langue maternelle,* apprise dans la petite enfance. **2.** Langage parlé ou écrit spécial à certaines matières *(langues de spécialités)* ou à certains milieux. ⇒ **usage.** *La langue verte :* l'argot. **3.** Façon de s'exprimer par le langage. *La langue de cet écrivain est riche en images.* ‑ loc. *Langue de bois :*

discours figé, stéréotypé (notamment, du pouvoir politique). **4.** fig. Mode d'expression. *La langue des signes* (autres que ceux du langage). ⇒ **sémiotique.**

le **LANGUEDOC** ▪ Province historique du sud de la France. Elle tire son nom de la « langue d'oc » (l'occitan) que parlaient ses habitants. Capitale : Toulouse. Riche et florissante au Moyen Âge, sa civilisation déclina après la croisade contre les albigeois.

le **LANGUEDOC-ROUSSILLON** ▪ Région administrative du sud de la France. Elle comprend cinq départements : Aude, Gard, Hérault, Lozère, Pyrénées-Orientales. 27 376 km². 2 114 985 hab. Chef-lieu : Montpellier. La population s'est concentrée dans la plaine et sur le littoral (exode rural en Lozère). 1re région viticole de France. Cultures fruitières et maraîchères. Tourisme actif sur la Méditerranée. Peu d'industries, excepté dans le secteur agroalimentaire.

LANGUETTE n. f. ▪ Objet plat et allongé. *Languette d'une chaussure.*

LANGUEUR n. f. ▪ **1.** VIEILLI État d'un malade dont les forces diminuent lentement. ⇒ **dépérissement ; languir.** *Maladie de langueur.* **2.** Mélancolie douce et rêveuse. *Langueur amoureuse* (⇒ **langoureux**). **3.** Manque d'activité ou d'énergie. ⇒ **apathie, indolence.**

LANGUIDE adj. ▪ LITTÉR. Languissant, langoureux. *Des yeux languides.*

LANGUIR v. intr. [2] ▪ **1.** (personnes) Manquer d'activité, d'énergie (⇒ **langueur**). *Languir dans l'inaction.* ‑ (choses) Manquer d'animation, d'entrain. *La conversation languit.* ⇒ **traîner. 2.** Attendre qqch. avec impatience. *Languir après une lettre.* ⇒ **soupirer.** *Dépêche-toi, tu nous fais languir !* ‑ RÉGIONAL *Se languir.*

LANGUISSANT, ANTE adj. ▪ **1.** VX Faible, mourant. **2.** LITTÉR. ou plais. Qui exprime la langueur amoureuse. ⇒ **alangui.** *Un regard languissant.* **3.** Qui manque d'énergie, de vie. *Un récit ennuyeux et languissant.* ⇒ **morne.**

LANIÈRE n. f. ▪ Longue et étroite bande (de cuir, etc.). ⇒ **courroie.**

LANNEMEZAN ▪ Commune des Hautes-Pyrénées. 6 704 hab. *(les Lannemezannais).*

Jean **LANNES, duc de Montebello** (1769 ‑ 1809) ▪ Un des maréchaux de Napoléon Ier.

LANNION ▪ Chef-lieu d'arrondissement et port des Côtes-d'Armor. 16 958 hab. *(les Lannionnais).*

LANOLINE n. f. ▪ Substance onctueuse utilisée dans la préparation des pommades, crèmes.

LANSING ▪ Ville des États-Unis, capitale du Michigan. 127 000 hab. Université. Industries mécaniques.

Gustave **LANSON** (1857 ‑ 1934) ▪ Universitaire et critique littéraire français. *"Histoire de la littérature française"* (1894).

LANSQUENET n. m. ▪ **1.** HIST. Fantassin allemand, mercenaire en France (XVe-XVIe siècle). **2.** anciennt Jeu de cartes (introduit en France par les lansquenets).

LANTERNE n. f. ▪ **I. 1.** Boîte à parois ajourées, translucides ou transparentes, contenant une source de lumière. ⇒ **falot, fanal.** *Lanternes vénitiennes,* en papier de couleur. ⇒ **lampion** (2). ‑ *Lanterne rouge,* à l'arrière du dernier véhicule d'un convoi. fig. *La lanterne rouge,* le dernier (d'un classement, d'une file). ♦ Feux de position (d'une automobile). **2.** loc. *Prendre des vessies* pour des lanternes.* **3.** Appareil de projection. ‑ *LANTERNE MAGIQUE,* qui projetait des images peintes. ‑ loc. *Éclairer la lanterne de qqn,* lui fournir les explications nécessaires pour qu'il comprenne. **II.** ARCHIT. Dôme vitré éclairant par en haut un édifice. ‑ Tourelle ajourée surmontant un dôme, une coupole (⇒ **lanternon**).

LANTERNER v. intr. [1] ▪ **1.** Perdre son temps. ⇒ **lambiner, musarder, traîner. 2.** *Faire lanterner qqn,* le faire attendre.

LANTERNON ou **LANTERNEAU** n. m. ▪ Petite lanterne au sommet d'une coupole ; cage vitrée au-dessus d'un escalier, d'un atelier.

LANZA DEL VASTO (1901 ‑ 1981) ▪ Penseur et écrivain français. Disciple de Gandhi. *"Le Pèlerinage aux sources"* (1944).

LANZHOU, LAN-TCHEOU ou **LANCHOW** ▪ Ville de Chine, capitale de la province de Gansu. 1 506 700 hab. Important centre industriel et commercial.

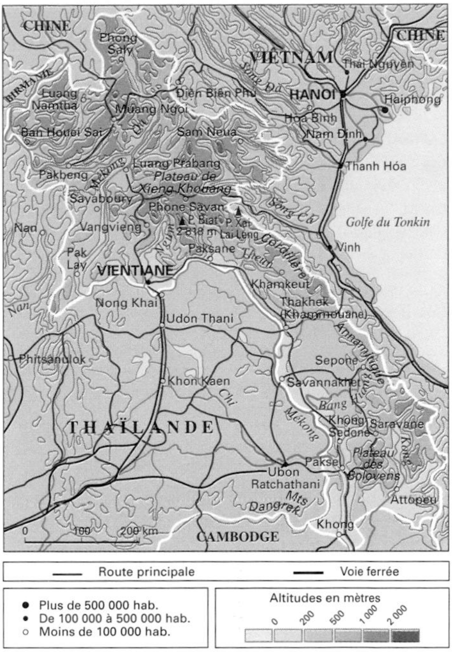

Laos.

LAOCOON ▪ Prêtre d'Apollon à Troie, que le dieu fit étouffer, avec ses fils, par des serpents. Sujet d'une célèbre sculpture antique.

LAODICÉE ▪ Ancienne ville d'Asie Mineure, près de l'actuelle *Denizli* (Turquie). Un des premiers centres du christianisme.

LAON ▪ Chef-lieu de l'Aisne. 26 490 hab. *(les Laonnois).* Cathédrale gothique (XIIe-XIIIe s.).

le **LAOS** ▪ État (république démocratique populaire) d'Asie du Sud-Est. 236 800 km². Env. 4 600 000 hab. *(les Laotiens).* Capitale : Vientiane. Langue officielle : laotien. Monnaie : kip. Pays montagneux au climat tropical (mousson). La culture du riz, surtout dans les plaines du Mékong, occupe 90 % de la population. □ HISTOIRE Royaume fondé en 1353, il fut peu à peu annexé par ses voisins. Il devint protectorat français en 1893 et accéda à l'indépendance en 1953. Monarchie, puis république socialiste en 1975, le pays est économiquement et militairement lié au Viêtnam.

LAO SHE ou **LAO CHO** (1897 ‑ 1966) ▪ Écrivain chinois. Auteur de romans sur le petit peuple de Pékin (*"Le Tireur de pousse"* 1936), de nouvelles et d'œuvres théâtrales.

LAOTIEN, IENNE adj. et n. ▪ Du Laos. ‑ n. *Les Laotiens.* ♦ n. m. *Le laotien* (langue du groupe thaï).

LAO-TSEU ou **LAOZI** (v. 570 ‑ 490 av. J.-C.) ▪ Philosophe chinois. Il est traditionnellement considéré comme l'auteur du *Daodejing (Tao-tö-king)* et le fondateur du taoïsme*.

Jacques de Chabannes, seigneur de **LA PALICE** (1470 ‑ 1525) ▪ Maréchal de France, tué à la bataille de Pavie. Une chanson (« Un quart d'heure avant sa mort/Il était encore en vie ») célèbre son courage avec une naïveté injustement attribuée à La Palice lui-même.

LAPALISSADE n. f. ▪ Affirmation évidente qui prête à rire (ex. *S'il est malade, c'est qu'il n'est pas en bonne santé*). *Dire des lapalissades.*

LAPEMENT n. m. ▪ Action de laper ; bruit ainsi produit.

LAPER v. tr. [1] ▪ (animal) Boire à coups de langue. *Chat qui lape du lait.* ‑ absolt *Le chien lapait bruyamment.*

LAPEREAU n. m. ▪ Jeune lapin. *Des lapereaux.*

Jean-François de Galaup, comte de **LA PÉROUSE** (1741 ‑ 1788) ▪ Marin français. Il entreprit une expédition autour du monde, mais disparut dans le Pacifique, laissant un récit de ses voyages.

① **LAPIDAIRE** n. m. ▪ **1.** Artisan qui taille, grave les pierres précieuses. **2.** Commerçant en pierres précieuses autres que le diamant.

② **LAPIDAIRE** adj. ▪ LITTÉR. Qui évoque par sa concision et sa vigueur le style des inscriptions sur pierre. ⇒ **concis, laconique.** *Formules lapidaires.*

LAPIDATION n. f. ▪ Action de lapider.

LAPIDER v. tr. [1] ▪ Attaquer, poursuivre ou tuer à coups de pierres. *Se faire lapider.*

LAPILLI [lapi(l)li] n. m. pl. ▪ Petites pierres poreuses projetées par les volcans en éruption.

LAPIN n. m. ▪ **I. 1.** Petit mammifère rongeur à grandes oreilles. *Femelle* (⇒ **lapine**), petit (⇒ **lapereau**) du lapin. *Lapin de garenne,* vivant en liberté. *Lapin de clapier.* – loc. *Courir comme un lapin,* très vite. ♦ Sa chair comestible. *Lapin en civet. Pâté de lapin.* **2.** Fourrure de cet animal. **3.** loc. FAM. *Un chaud, un sacré lapin,* un homme porté sur les plaisirs sexuels. **4.** terme d'affection (pour les deux sexes) *Sois gentil, mon petit lapin.* **II.** loc. POSER UN LAPIN *à qqn :* ne pas venir au rendez-vous qu'on a donné.

lapin. *Oryctolagus cuniculus,* lapin de Garenne. *Phot. © Boet M & A/Jacana*

LAPINE n. f. ▪ **1.** Femelle du lapin. **2.** fig. *(Mère) lapine :* femme très féconde.

LAPIS-LAZULI [lapis-] n. m. ▪ Pierre d'un beau bleu d'azur ou d'outremer. *Des lapis-lazulis.*

les **LAPITHES** ▪ Peuple légendaire de Thessalie. Connus pour leur combat contre les Centaures.

Pierre Simon de **LAPLACE** (1749-1827) ▪ Mathématicien et astronome français. Il participa à la création de l'École polytechnique et de l'École normale, fut le promoteur du calcul des probabilités, s'intéressa à la mécanique céleste (travaux sur les planètes et les marées) et s'illustra par l'hypothèse cosmogonique qui porte son nom.

LAPON, ONNE adj. et n. ▪ De Laponie. – n. *Les Lapons.* ♦ n. m. *Le lapon :* langue finno-ougrienne parlée en Laponie.

la **LAPONIE** ▪ Région d'Europe du Nord partagée entre le nord de la Norvège, de la Suède, de la Finlande et une partie de la Russie. 50 000 hab. *(les Lapons).* Langue : lapon. Élevage de rennes. Fourrures.

les **Lapons.** Lapon et caravane de traîneaux. *Phot. © Charles Lénars*

LAPS [laps] n. m. invar. ▪ LAPS DE TEMPS *:* espace de temps.

LAPSUS [-ys] n. m. invar. ▪ Emploi involontaire d'un mot pour un autre, en langage parlé ou écrit.

LAQUAGE n. m. ▪ Action de laquer. *Le laquage d'un meuble.*

LAQUAIS n. m. invar. ▪ anciennt Valet portant une livrée.

laque. Détail d'un panneau en laque de Coromandel, médaillier du XVIIIe s. Bibliothèque nationale de France, Paris. *Phot. © B.N.F.*

LAQUE n. ▪ **I.** n. f. **1.** Matière résineuse d'un rouge brun extraite d'arbres d'Extrême-Orient. **2.** Vernis chimique. **3.** Produit que l'on vaporise sur les cheveux pour les fixer. *Une bombe de laque.* **II. 1.** n. m. ou f. Vernis préparé avec la résine d'arbre à laque. **2.** n. m. Objet d'art en laque. *Un beau laque.*

LAQUÉ, ÉE adj. ▪ **1.** Enduit de laque. *Bibelot laqué.* **2.** Fixé par de la laque. *Cheveux laqués.* **3.** *Canard laqué,* badigeonné d'une sauce spéciale pendant la cuisson.

les **LAQUEDIVES** ou **LACCADIVE**, off. **LAKSHADWEEP** ▪ Territoire de l'Union indienne, formé des îles Laquedives, Amindivi et Minicoy. 32 km². 51 000 hab. Capitale : Kavaratti.

LAQUER v. tr. [1] ▪ **1.** Enduire de laque. *Laquer un meuble de bois blanc.* **2.** Vaporiser de la laque (I, 3).

Valery **LARBAUD** (1881-1957) ▪ Écrivain français. Grand traducteur, il fit connaître de nombreux auteurs étrangers en France. Poèmes, récits, romans. *"Fermina Márquez"* (1911); *"A. O. Barnabooth"* (1913).

LARBIN n. m. ▪ **1.** FAM. péj. Domestique. **2.** Individu servile.

le col de **LARCHE** ou de **l'ARGENTIÈRE** ▪ Passage des Alpes du Sud, entre la France et l'Italie. 1 997 m.

LARCIN n. m. ▪ LITTÉR. Petit vol commis sans violence. *Commettre un larcin.*

LARD n. m. ▪ **1.** Graisse ferme formant une couche épaisse dans le tissu sous-cutané du porc, employée dans l'alimentation. *Lard gras, maigre. Lard fumé.* **2.** FAM. Graisse de l'homme. – *Se faire du lard,* engraisser ; fainéanter. – *Rentrer dans le lard à qqn,* l'agresser. **3.** FAM. *Un gros lard :* un homme gros et gras. – TÊTE DE LARD *:* entêté. ♦ *Se demander si c'est du lard ou du cochon,* de quoi il s'agit.

LARDER v. tr. [1] ▪ **I.** Garnir (une pièce de viande) de lard, de lardons. **II.** fig. **1.** Piquer à plusieurs reprises. *Larder qqn de coups de couteau.* **2.** Entremêler. *Larder un texte de citations.* ⇒ **entrelarder, truffer.**

LARDON n. m. ▪ **I.** Morceau de lard (pour la cuisine). **II.** FAM. Petit enfant. *Elle est venue avec ses deux lardons.*

LARE n. m. ▪ chez les Romains Divinité protectrice de la famille, du foyer domestique. *Les lares et les pénates.* – adj. *Les dieux lares.*

Louis Marie de **LA RÉVELLIÈRE-LÉPEAUX** (1753-1824) ▪ Révolutionnaire français, membre de la Convention thermidorienne, puis du Directoire.

Gabriel de **LA REYNIE** (1625-1709) ▪ Lieutenant de police de Paris, il assainit la ville en améliorant l'hygiène et la sécurité.

LARGABLE adj. ▪ Qui peut être largué (d'un avion, d'un véhicule spatial). *Cabine éjectable et largable.*

LARGAGE n. m. ▪ Action de larguer. *Le largage de bombes.*

LARGE ▪ **I.** adj. **1.** Qui a une étendue supérieure à la moyenne dans le sens de la largeur (s'oppose à *étroit*). *Une large avenue. Rendre plus large* (⇒ **élargir**). **2.** LARGE DE *:* qui a une largeur de. *Ici, le fleuve est large de cent mètres.* **3.** (vêtement) Qui n'est pas serré. ⇒ **ample, lâche.** *Jupe large.* **4.** Étendu, vaste. *Décrire un large cercle.* **5.** Qui a une grande importance. ⇒ **considérable, important.** *Faire une large part à qqch.* **6.** (personnes ; idées) Qui n'est pas borné. *Esprit large. Large d'idées,* libéral. **7.** Qui ne se restreint pas dans ses dépenses (⇒ **largesse**). *Une vie large.* ⇒ **aisé.** - *Vous n'avez pas été très large,* très généreux. **II.** n. m. **1.** *DE LARGE :* de largeur. *Deux mètres de large.* **2.** loc. *Il m'a tout expliqué EN LONG ET EN LARGE :* dans tous les sens. *Se promener de long en large,* dans les deux sens en faisant le même trajet. **3.** *Être AU LARGE :* avoir beaucoup de place ; fig. être dans l'aisance. **4.** La haute mer. *Gagner le large. Vers le large.* - loc. FAM. *Prendre le large,* partir, s'enfuir. **III.** adv. **1.** D'une manière ample. *Habiller large,* de vêtements larges. **2.** D'une manière peu rigoureuse. *Calculer large. Voir large,* voir grand. **3.** loc. *Il n'en mène pas large,* il a peur.

LARGEMENT adv. ▪ **1.** Sur une grande largeur, un large espace. *Col largement ouvert.* - *Idée largement répandue,* abondamment. **2.** Sans compter. *Donner largement.* **3.** En calculant large. *Il est parti il y a largement une heure.*

LARGENTIÈRE ▪ Chef-lieu d'arrondissement de l'Ardèche. 1 990 hab. *(les Largentièrois).* Soie.

LARGESSE n. f. ▪ souvent plur. Don généreux (⇒ **large** (I, 7)). *Faire des largesses.*

LARGEUR n. f. ▪ **1.** La plus petite dimension d'une surface (opposé à *longueur*), la dimension moyenne d'un volume (opposé à *longueur* et *hauteur*) ; son étendue. *La largeur d'un tronc d'arbre.* ⇒ **diamètre, grosseur.** *Largeur d'épaules.* ⇒ **carrure.** *Sur toute la largeur de la rue.* - loc. FAM. *Il se trompe dans les grandes largeurs,* grandement, complètement. **2.** Caractère de ce qui n'est pas borné, restreint. *Largeur d'esprit, de vues.*

Nicolas de LARGILLIÈRE ou **LARGILLIERRE** (1656 - 1746) ▪ Peintre français. Portraitiste favori de la grande bourgeoisie.

LARGO ▪ MUS. adv. Avec un mouvement lent et ample, majestueux. - n. m. Mouvement joué largo. *Des largo* ou *des largos.*

LARGUER v. tr. [1] ▪ **1.** Lâcher ou détacher (un cordage). *Larguer les amarres ;* fig. partir. **2.** Lâcher, laisser tomber d'un avion. *Larguer des parachutistes.* **3.** fig. FAM. Se débarrasser de. *Se faire larguer par ses amis.* ⇒ **abandonner, lâcher.** - *Être largué :* ne plus comprendre, ne plus suivre.

Michel LARIONOV (1881 - 1964) ▪ Peintre russe naturalisé français. Il peignit des œuvres constituées de stries colorées, créant ainsi le *rayonnisme,* une des premières manifestations de l'art abstrait. Compagnon de Natalia Gontcharova.

LARISSA ▪ Ville de Grèce (Thessalie). 113 426 hab.

LARME n. f. ▪ **1.** Goutte de liquide salé qui humecte l'œil en permanence, et s'en écoule sous l'effet d'une douleur, d'une émotion. ⇒ **pleur.** *Des larmes de dépit.* loc. *Pleurer à chaudes larmes,* abondamment. ⇒ **sangloter.** *Fondre en larmes. Être au bord des larmes,* prêt à pleurer. - *Avoir toujours la larme à l'œil :* montrer une sensibilité excessive. *Avec des larmes dans la voix :* d'une voix émue. - FAM. *Larmes de crocodile,* hypocrites. **2.** fig. LITTÉR. (au plur.) Affliction, chagrin. *Cette vallée de larmes :* le monde terrestre. **3.** FAM. Très petite quantité (de boisson). ⇒ **goutte.** *Une larme de cognac.*

LARMIER n. m. ▪ **1.** TECHN. Moulure présentant une rainure pour les eaux de pluie. **2.** Angle interne de l'œil, d'où les larmes s'écoulent.

LARMOIEMENT n. m. ▪ **1.** Écoulement continuel de larmes. **2.** Pleurnicherie.

LARMOR-PLAGE ▪ Commune du Morbihan. 8 078 hab. *(les Larmoriens).* Station balnéaire.

LARMOYANT, ANTE adj. ▪ **1.** Qui larmoie. *Des yeux larmoyants.* **2.** fig. Plaintif. *Voix larmoyante.* - D'une sensiblerie extrême. *Un mélo larmoyant.*

LARMOYER v. intr. [8] ▪ **1.** Être atteint de larmoiement. **2.** fig. Se lamenter. ⇒ **pleurnicher.**

LARNAKA en grec *LARNAX* ▪ Ville de Chypre. 55 000 hab. Aéroport.

François, duc de LA ROCHEFOUCAULD (1613 - 1680) ▪ Écrivain français. Ses *"Maximes"* (1664) dénonçaient les motivations égoïstes des hommes. Cette vision résolument pessimiste fit scandale.

Henri de LA ROCHEJAQUELEIN (1772 - 1794) ▪ Un des chefs de l'insurrection vendéenne.

Pierre LAROUSSE (1817 - 1875) ▪ Encyclopédiste et éditeur français. Ancien instituteur, il publia des ouvrages pédagogiques et le *"Grand Dictionnaire universel du XIXe siècle"* (de 1864 à 1876).

LARRON n. m. ▪ VX Voleur. *Le bon, le mauvais larron,* crucifiés en même temps que le Christ. - prov. *L'occasion fait le larron.* - loc. *S'entendre comme larrons en foire,* à merveille (comme des voleurs de connivence). *Le troisième larron :* la personne qui profite du conflit des deux autres.

LARSEN [-ɛn] n. m. ▪ PHYS. et COUR. *Effet larsen ; larsen :* oscillations parasites qui se manifestent par un sifflement, dans la diffusion du son par haut-parleurs.

Jacques Henri LARTIGUE (1894 - 1986) ▪ Photographe et peintre français qui représenta essentiellement le milieu grand bourgeois.

LARVAIRE adj. ▪ **1.** Propre aux larves. *Stade larvaire.* **2.** fig. À l'état d'ébauche. ⇒ **embryonnaire.** *Passion à l'état larvaire.*

LARVE n. f. ▪ **I.** DIDACT. **1.** dans l'Antiquité romaine Esprit des morts, dangereux pour les vivants. **2.** Fantôme. **II. 1.** Forme embryonnaire (des animaux à métamorphoses), à vie libre hors de l'œuf. *Larves d'insectes ; de batraciens* (têtards). **2.** fig. et péj. Être inférieur. - Personne molle, sans énergie.

LARVÉ, ÉE adj. ▪ **1.** (maladie) Qui se manifeste par des symptômes atténués. **2.** Qui n'éclate pas, n'éclot pas. *Conflit larvé.*

LARYNGÉ, ÉE adj. ▪ ANAT., MÉD. Du larynx.

LARYNGITE n. f. ▪ Inflammation du larynx.

LARYNG(O)- Élément savant, du grec *larunx* « gosier », qui signifie « larynx ».

LARYNGOLOGIE n. f. ▪ MÉD. Étude du larynx. ⇒ **oto-rhino-laryngologie.**

LARYNGOLOGUE ou **LARYNGOLOGISTE** n. ▪ Spécialiste en laryngologie. ⇒ **oto-rhino-laryngologiste.**

LARYNX [-ɛ̃ks] n. m. ▪ Partie supérieure du canal respiratoire, entre le pharynx et la trachée, où se trouvent les cordes vocales.

le causse du LARZAC ▪ Le plus grand causse du sud du Massif central (1 000 km^2). Élevage de brebis. Camp militaire.

① **LAS, LASSE** [la] adj. ▪ **1.** Qui éprouve une sensation de fatigue générale et vague. ⇒ **fatigué ; lassitude.** *Se sentir las.* - *Avoir les jambes lasses.* **2.** LITTÉR. *LAS DE :* fatigué et dégoûté de. *Las de tout.* → **désenchanté.** - *Las de vivre.*

② **LAS** [las] interj. ▪ VX Hélas.

LASAGNE n. f. ▪ au plur. Pâtes en forme de large ruban. *Lasagnes en gratin.*

Antoine de LA SALE (v. 1386 - v. 1462) ▪ Écrivain français. *"Le Petit Jehan de Saintré"* (1456), un des premiers romans français.

René Robert Cavelier de LA SALLE → **Cavelier de La Salle**

LASCAR n. m. ▪ FAM. ▪ **1.** Homme hardi et rusé. **2.** Homme malin, ou qui fait le malin. *Un drôle de lascar.*

les LASCARIS ou **LASKARIS** ▪ Famille byzantine qui donna les empereurs de Nicée (1208-1261).

Larionov. *Rayonnisme.* Coll. de l'artiste. *Phot. © Arch.Smeets*

Bartolomé de LAS CASAS (1470 - 1566) ▪ Dominicain espagnol, évêque au Mexique. Il prit la défense des Indiens et dénonça dans ses écrits les atrocités commises par les conquistadores.

Emmanuel, comte de LAS CASES (1766 - 1842) ▪ Écrivain français. Son *"Mémorial de Sainte-Hélène"* (1823), qui rapporte les propos de Napoléon Ier après sa déportation, contribua à diffuser la légende napoléonienne.

la grotte de LASCAUX ▪ Site préhistorique de Dordogne, découvert en 1940. Un des hauts lieux de la peinture rupestre (taureaux et vaches, bisons, chevaux, cerfs), datant du magdalénien (environ 15 000 ans av. J.-C.). La grotte a été fermée en 1963 et une réplique partielle, Lascaux II, a été réalisée à proximité.

Lascaux. Mur de gauche de la grande salle. *Phot. ©Arch. Smeets*

LASCIF, IVE adj. ▪ **1.** VIEILLI Fortement enclin aux plaisirs amoureux. ⇒ **sensuel.** **2.** Très sensuel. ⇒ **érotique, lubrique.** *Démarche lascive. Regards lascifs.* ► **adv.** LASCIVEMENT ► LASCIVITÉ **n. f.** LITTÉR.

LASER [lazɛʀ] **n. m.** (sigle de l'angl. *Light Amplification by Stimulated Emission of Radiations*) ▪ PHYS. Générateur d'ondes lumineuses, émettant des faisceaux très puissants et très fins. - appos. COUR. *Rayon laser. Impression laser. Disque laser.* ⇒ **compact.**

Ferdinand LASSALLE (1825 - 1864) ▪ Homme politique allemand. Démocrate radical et socialiste, il évolua vers un socialisme réformiste à tendance nationaliste et féodale.

LASSANT, ANTE adj. ▪ Qui lasse. *Tu es lassant. Cela devient lassant.*

LASSER v. tr. [1] ▪ Fatiguer en ennuyant. *Lasser son auditoire.* ♦ Décourager, rebuter. *Lasser la patience de qqn.* - au p. p. *Un sourire lassé.* ► SE **LASSER** (DE) **v. pron.** Devenir las (de). *On se lasse de tout.* - *On ne se lasse pas de l'écouter. Sans se lasser.* ⇒ **inlassablement.**

LASSITUDE n. f. ▪ **1.** État d'une personne lasse. ⇒ **épuisement, fatigue.** **2.** Abattement mêlé d'ennui, de découragement. *Répondre avec lassitude.*

LASSO n. m. ▪ Longue corde à nœud coulant servant à attraper les chevaux sauvages, le bétail.

Roland de LASSUS (v. 1532 - 1594) ▪ Compositeur franco-flamand. Son œuvre abondante (plus de 2 000 compositions dont plus de 1 000 motets) a bouleversé la musique polyphonique de son temps, qui était restée inchangée depuis le Moyen Âge.

LASTEX [-ɛks] **n. m.** (n. déposé) ▪ Fil de latex recouvert de fibres textiles.

LAS VEGAS ▪ Ville des États-Unis (Nevada). 258 000 hab. Sa prospérité repose sur ses salles de jeux et de spectacles.

LATENCE n. f. ▪ **1.** Phénomène, sentiment latent. **2.** PSYCH. *Période de latence,* où la sexualité est latente chez l'enfant (de 5-6 ans à la puberté).

LATENT, ENTE adj. ▪ Qui reste caché, ne se manifeste pas. *À l'état latent. Conflit latent,* qui couve. - BIOL. *Caractère* (génétique) *latent. L'hémophilie reste latente chez la femme.*

LATÉRAL, ALE, AUX adj. ▪ **1.** Qui appartient au côté ; situé sur le côté. *Rue latérale. Nef latérale.* ⇒ **collatéral.** **2.** Annexe, secondaire. *Problème latéral.* ► LATÉRALEMENT **adv.** De côté, sur le côté.

LATÉRALISÉ, ÉE adj. ▪ DIDACT. Dont la latéralité est (bien ou mal) établie. *Il est mal latéralisé.*

LATÉRALITÉ n. f. ▪ DIDACT. Prépondérance droite ou gauche dans l'utilisation d'organes pairs (main, pied, œil), en relation avec le fonctionnement des deux hémisphères cérébraux.

LATÉRITE n. f. ▪ Roche rouge riche en fer et en alumine. - Sol fait de cette roche.

LATEX [-ɛks] **n. m.** ▪ Liquide visqueux, d'aspect laiteux, sécrété par certains végétaux (surtout l'hévéa). ⇒ **caoutchouc.** - *Latex artificiel.*

Hugh LATIMER (v. 1485 - 1555) ▪ Prélat et théologien anglais. Un des fondateurs de l'anglicanisme, conseiller d'Henri VIII, il fut brûlé sur l'ordre de Marie Tudor.

LATIN, INE ▪ **I. adj. 1.** Qui appartient au Latium ancien, au pouvoir de Rome, puis à l'Empire romain antique. ⇒ **romain.** *Les peuples latins. La langue latine* (→ ci-dessous, II). - **n.** *Les Latins et les Germains.* ♦ De la langue latine. *Version latine. Dictionnaire latin.* ♦ *QUARTIER LATIN* : quartier de Paris où se trouvent des facultés. **2.** D'origine latine. ⇒ ② **roman.** *Les langues latines.* ♦ Où l'on parle des langues latines. *Amérique latine.* ⇒ **latino-américain.** - *Le tempérament latin.* ⇒ **méditerranéen.** - **n.** *Les Latins et les Anglo-Saxons.* **II. n. m.** La langue latine. *Latin classique. Latin tardif, bas latin. Latin populaire de Gaule* (d'où est issu le français). *Latin d'Église, latin chrétien. Latin médiéval, moderne.* - *Études de latin* (classique). - *Latin de cuisine* : jargon imitant le latin. - loc. *Y perdre son latin* : n'y rien comprendre.

LATINISME n. m. ▪ Construction ou emploi propre à la langue latine ; emprunt au latin.

LATINISTE n. ▪ Spécialiste de philologie ou de littérature latine. - Étudiant du latin.

LATINITÉ n. f. ▪ La civilisation latine.

LATINO-AMÉRICAIN, AINE adj. ▪ De l'Amérique latine, de langues espagnole (hispano-américain) et portugaise (Brésil), indépendamment des langues amérindiennes.

LATINUS ▪ Héros mythologique qui a donné son nom aux Latins. Selon Virgile, il accueillit Énée en Italie.

LATITUDE n. f. ▪ **I.** LITTÉR. *Avoir TOUTE LATITUDE de, pour* (+ inf.) : pouvoir agir à son gré. *Donner, laisser à qqn toute latitude de refuser.* ⇒ **facilité, liberté.** **II. 1.** (opposé à *longitude*) Distance angulaire d'un point de la Terre à l'équateur. *Paris est à 48° 50' de latitude nord.* **2.** (au plur.) Région, climat. *Sous nos latitudes.*

le LATIUM en italien ***LAZIO*** ▪ Région de l'Italie centrale. 17 203 km². 5 170 672 hab. Chef-lieu : Rome. □ **HISTOIRE** Peuplé au — IIe millénaire par les Latins, le Latium subit d'abord la domination étrusque (VIe s. av. J.-C.), contre laquelle se constitua au Ve s. av. J.-C., la *Ligue latine* regroupant une trentaine de cités dont Albe. Au siècle suivant, les latins entrèrent en lutte contre Rome qui les soumit définitivement en 338 av. J.-C.

LATOMIES n. f. pl. ▪ ANTIQ. Carrières servant de prison. *Les latomies de Syracuse.*

Georges de LA TOUR (1593 - 1652) ▪ Peintre français. La lumière est le sujet central de son œuvre qui comprend des peintures « diurnes » (scènes profanes) et « nocturnes » (scènes religieuses). *"Le Tricheur à l'as de carreau"* (v. 1635).

Maurice Quentin de LA TOUR (1704 - 1788) ▪ Peintre français. Il excella dans l'art du portrait au pastel. *"Madame de Pompadour"* (1755).

René, marquis de LA TOUR DU PIN (1834 - 1924) ▪ Sociologue français. Un des principaux représentants du catholicisme social en France.

Patrice de LA TOUR DU PIN (1911 - 1975) ▪ Poète français d'inspiration mystique. *"Une somme de poésie"* (1946).

le LATRAN ▪ Résidence des papes à Rome de 313 à 1304, avant leur installation au Vatican. La basilique *Saint-Jean-de-Latran,* de style baroque, est la cathédrale de Rome. ► **les accords du LATRAN** furent signés le 11 février 1929 entre le Saint-Siège et Mussolini (convention financière et

Georges de **La Tour.** *Le Tricheur à l'as de carreau.* Musée du Louvre, Paris. *Phot. © Dagli Orti*

concordat religieux). Ils marquent la naissance de l'État de la Cité du Vatican.

-LÂTRE, -LÂTRIE Éléments savants, du grec *latreuein* « servir », qui signifient « adorateur », « adoration ».

Pierre-André LATREILLE (1762 - 1833) ▪ Naturaliste français. Un des fondateurs de l'entomologie.

LATRINES **n. f. pl.** ▪ Lieux d'aisances sommaires (sans installation sanitaire).

LATTAQUIÉ ou **LATAKIEH** en arabe *al-LĀDHIQIYA* ▪ Ville et port de Syrie. 240 000 hab.

LATTE **n. f.** ▪ Longue pièce de bois ou d'autre matériau, étroite et plate. ⇒ **planche.** *Sommier à lattes.*

LATTER **v. tr.** [1] ▪ Garnir de lattes. ► **LATTÉ, ÉE** **adj.** Garni de lattes. *Plafond latté.* - **n. m.** *Du latté* (contreplaqué).

LATTES ▪ Commune de l'Hérault. 10 203 hab. *(les Lattois).* Port de Montpellier dès l'époque romaine.

LATTIS **n. m.** ▪ Ouvrage en lattes. *Le lattis d'un toit.*

Jean-Marie de LATTRE DE TASSIGNY (1889 - 1952) ▪ Maréchal de France. Il commanda la Ire Armée française, qu'il conduisit de la Provence au Rhin et au Danube (1944-1945). Haut-commissaire en Indochine de 1950 à 1952.

LAUDANUM [-ɔm] **n. m.** ▪ Teinture alcoolique d'opium, soporifique et calmante.

le **Latran.** Façade de la basilique Saint-Jean-de-Latran. *Phot. © Dagli Orti*

LAUDATEUR, TRICE **n.** ▪ LITTÉR. Personne qui fait un éloge.

LAUDATIF, IVE **adj.** ▪ **1.** Qui contient un éloge. ⇒ **élogieux, louangeur.** *Terme laudatif.* **2.** Qui fait un éloge. *Un critique rarement laudatif.*

Max von LAUE (1879 - 1960) ▪ Physicien allemand. Prix Nobel 1914 pour ses travaux sur la diffraction des rayons X, qui permirent l'optique cristalline.

Charles LAUGHTON (1899 - 1962) ▪ Acteur et cinéaste américain d'origine britannique. Il eut une brillante carrière d'acteur et réalisa un seul film, *"La Nuit du chasseur"* (1955).

le LAURAGAIS ou **LAURAGUAIS** ▪ Région du sud de la France, en lisière du Massif central, dans le sud-est aquitain. Polyculture. Élevage de moutons.

Francesco LAURANA (v. 1430 - v. 1502) ▪ Sculpteur italien. Bustes féminins.

Laurana. Buste d'Éléonore d'Aragon. Musée national, Palerme. *Phot. © Arch. Smeets*

LAURE (1308 - 1348) ▪ Dame provençale (Laure de Noves) à laquelle est consacré le *"Canzoniere"* de Pétrarque*.

LAURÉAT, ATE **n.** ▪ Personne qui a remporté un prix dans un concours. ⇒ **vainqueur.** *Les lauréats du prix Nobel.* - **adj.** *L'étudiante lauréate.*

Stan LAUREL (1890 - 1965) ▪ Acteur américain d'origine britannique. Il forma avec **Oliver Hardy** (1892 - 1957) un tandem où sa maigreur contrastait avec l'embonpoint de son partenaire.

Marie LAURENCIN (1885 - 1956) ▪ Peintre française. Amie d'Apollinaire et des cubistes. Utilisant des couleurs fluides

Marie **Laurencin.** *Composition,* 1934. Musée d'Art Marie Laurencin, São Paulo. *Phot. © Dagli Orti*

et suaves, elle eut une prédilection pour les figures féminines allongées et gracieuses.

Henri LAURENS (1885 - 1954) ▪ Sculpteur français. Son art, d'inspiration cubiste, évolua vers des formes amples et sensuelles.

Auguste LAURENT (1807 - 1853) ▪ Chimiste français. Précurseur de la chimie structurelle et de la notation atomique.

les LAURENTIDES ▪ Région de collines du Canada (Québec). Parc national. Tourisme.

LAURIER n. m. ▪ **I. 1.** Arbre à feuilles allongées, luisantes, persistantes et aromatiques. **2.** Feuilles de cet arbre. *Un bouquet de thym et de laurier* (assaisonnement, d'où *laurier-sauce :* le laurier). ♦ *Couronne de laurier,* dont on ornait le front des vainqueurs (⇒ **lauréat**). - loc. *Être couvert de lauriers.* ⇒ **gloire.** *Se reposer, s'endormir sur ses lauriers :* ne plus agir, après un premier succès. **II.** *LAURIER(-)ROSE :* arbuste ornemental (toxique) à grandes fleurs roses ou blanches. *Des lauriers(-)roses.*

sir Wilfrid LAURIER (1841 - 1919) ▪ Homme politique canadien. Premier ministre (libéral) de 1896 à 1911, il renforça l'autonomie du pays.

LAURION ▪ Ville de Grèce (Attique), où se trouvaient des mines (plomb, argent) qui firent, dans l'Antiquité, la richesse d'Athènes. 10 551 hab.

LAUSANNE ▪ Ville de Suisse située au bord du lac Léman, chef-lieu du canton de Vaud. 124 746 hab. *(les Lausannois).* Tourisme.

LAUSE ou **LAUZE** n. f. ▪ Pierre plate et fine, utilisée comme tuile *(toit de lauses)* ou comme dalle.

le col du LAUTARET ▪ Col routier des Hautes-Alpes qui relie l'Oisans au Briançonnais (2 058 m).

Isidore Ducasse dit **le comte de LAUTRÉAMONT** (1846 - 1870) ▪ Écrivain français. Son œuvre, violente jusqu'au culte du fantasme et à la parodie, est une des sources de la poésie du XXe s. et du surréalisme. *"Chants de Maldoror"* (1868); *"Poésies"* (deux fragments en prose, 1870).

Laurens. *Petites Ondines.* MNAMGP, Paris. *Phot. © Lauros/Giraudon*

Toulouse-LAUTREC → Toulouse-Lautrec

L.A.V. [ɛlave] n. m. (sigle de l'amér. *Lymphadenopathy Aids Virus*) ▪ anglic. Virus du sida. ⇒ **H.I.V.** et (franç.) **V.I.H.** ◇ var. **LAV.**

LAVABLE adj. ▪ Qui peut être lavé. *Peinture lavable. Pull lavable en machine.*

LAVABO n. m. ▪ **I.** Prière dite par le prêtre avant la consécration, au moment où il se lave les mains. **II. 1.** Dispositif de toilette à hauteur de table, avec cuvette, robinets d'eau courante et système de vidange. **2.** (surtout au plur.) Pièce réservée à ce dispositif. ♦ Toilettes publiques. *La dame des lavabos.*

LAVAGE n. m. ▪ **1.** Action de laver. ⇒ **nettoyage ; lessive.** *Produits de lavage* (⇒ **détergent**). - *Lavage d'estomac.* **2.** *Lavage de cerveau :* actions psychologiques menées pour modifier de force les opinions de qqn.

Pierre LAVAL (1883 - 1945) ▪ Homme politique français. Socialiste indépendant rallié à Pétain, vice-président du gouvernement de Vichy* il mena la politique de collaboration. Condamné à mort et fusillé à la Libération.

LAVAL ▪ Ville du Canada (Québec), dans l'agglomération de Montréal. 325 000 hab.

l'université LAVAL ▪ Université de l'agglomération de Québec (Canada). Elle porte le nom du premier évêque du pays, François de Montmorency-Laval (1623 - 1708).

LAVAL ▪ Chef-lieu de la Mayenne. 50 473 hab. *(les Lavallois).* Château (XIIe-XVIe s., musée). Édifices civils et religieux anciens. Violents combats pendant la guerre de Vendée. Industries alimentaire et mécanique.

LAVALLIÈRE n. f. ▪ Cravate large et souple, nouée en deux coques.

la duchesse de LA VALLIÈRE (1644 - 1710) ▪ Une des favorites de Louis XIV.

LAVANDE n. f. ▪ **1.** Arbrisseau vivace aux fleurs bleues en épi, très odorantes. *Un champ de lavande.* - Feuilles et fleurs séchées de cette plante. **2.** Eau, essence de lavande. *Un flacon de lavande.* **3.** appos. invar. *Bleu lavande :* bleu mauve, assez clair.

lavande. *Phot. © Thomas/Jacana*

LAVANDIÈRE n. f. ▪ **1.** Femme qui lave le linge à la main. **2.** Bergeronnette.

LAVANDIN n. m. ▪ Lavande hybride. *Essence de lavandin.*

Le LAVANDOU ▪ Commune du Var. 5 212 hab. *(les Lavandourains).* Station balnéaire et port de plaisance.

LAVASSE n. f. ▪ FAM. Boisson, soupe trop étendue d'eau. *Ce café, c'est de la lavasse.*

Johann LAVATER (1741 - 1801) ▪ Écrivain et penseur suisse de langue allemande. Sa *"Physiognomonie",* art de déduire le caractère des traits du visage, connut une grande vogue au XIXe s.

LAVAUR ▪ Commune du Tarn. 8 148 hab. *(les Lavaurois).* Cathédrale (XIIIe-XVIe s.). Édifices anciens.

LAVE n. f. ▪ **1.** Matière en fusion qui se répand hors du volcan. *Coulée de lave. Lave refroidie.* **2.** Lave pétrifiée utilisée comme pierre de construction. *Toit de lave.*

LAVE-GLACE n. m. ▪ Dans une automobile, appareil qui envoie un jet de liquide sur le pare-brise, les vitres. *Des lave-glaces.*

LAVELANET ▪ Commune de l'Ariège. 7 740 hab. *(les Lavelanétiens).* Industrie textile.

LAVE-LINGE n. m. invar. ▪ Machine à laver le linge.

LAVEMENT n. m. ▪ **1.** VX Lavage. - LITURGIE CATHOL. *Le lavement des mains* (du prêtre). - *Lavement des pieds :* cérémonie du jeudi saint, commémorant l'acte de Jésus lavant les pieds des apôtres par humilité. **2.** Injection d'un liquide par l'anus, dans le gros intestin. *Poire à lavements.* ⇒ aussi **clystère.**

LAVER v. tr. 1 ▪ **I. 1.** Nettoyer avec de l'eau, avec un liquide. ⇒ **nettoyer.** *Laver du linge.* ▸ *MACHINE À LAVER :* appareil ménager qui brasse le linge dans un liquide détersif. ⇒ **lave-linge.** ▸ *Machine à laver la vaisselle.* ⇒ **lave-vaisselle.** ▸ loc. *Il faut laver son linge sale en famille,* régler les conflits intimes entre soi, sans témoins. **2.** (corps, partie du corps) *Laver la figure d'un enfant.* ⇒ **débarbouiller.** ▸ fig. *Laver la tête à qqn,* le réprimander vertement. **3.** *SE LAVER* (et compl. d'objet). *Se laver les mains, les dents.* ▸ loc. *Se laver les mains de qqch. :* décliner toute responsabilité dans une affaire (allus. à l'attitude de Ponce Pilate, dans l'Évangile). **4.** *SE LAVER* **v. pron.** (passif) *La soie se lave à l'eau froide.* ▸ (réfl.) Faire sa toilette. *Se laver à grande eau.* **5.** fig. *Laver qqn, se laver d'un soupçon, d'une accusation.* ⇒ **disculper. II. 1.** Enlever, faire disparaître au moyen d'un liquide. *Laver une tache.* **2.** fig. *Laver un affront, une injure,* s'en venger.

LAVÉRA ▪ Port pétrolier des Bouches-du-Rhône, près de Fos-sur-Mer.

Pierre Gaultier de Varennes de LA VÉRENDRYE (1685 - 1749) ▪ Explorateur canadien français. Il parcourut l'intérieur du Canada, du lac Supérieur à la Saskatchewan. Deux de ses fils atteignirent les Rocheuses.

LAVERIE n. f. ▪ *Laverie automatique :* établissement équipé de machines à laver que les clients font eux-mêmes fonctionner.

LAVETTE n. f. ▪ **I.** Morceau de linge servant à nettoyer. **II.** fig. FAM. Personne veule, lâche, sans énergie.

LAVEUR, EUSE n. ▪ Professionnel(le) du lavage. *Laveur de vaisselle.* ⇒ **plongeur.** *Laveur de carreaux* (pour le linge, on dit *blanchisseur, euse*).

LAVE-VAISSELLE n. m. invar. ▪ Machine à laver la vaisselle.

Charles Martial LAVIGERIE (1825 - 1892) ▪ Cardinal français. Il œuvra pour l'évangélisation de l'Afrique et préconisa le rapprochement de l'Église et de la République (toast d'Alger en 1890). Il fonda la société des Pères Blancs (1868), puis celle des Sœurs missionnaires d'Afrique (1869).

LAVIS n. m. ▪ Passage d'encres ou de couleurs étendues d'eau sur un dessin. *Un lavis de sépia.* ▸ Dessin obtenu par ce procédé.

Ernest LAVISSE (1842 - 1922) ▪ Historien français. Il dirigea une grande *"Histoire de la France"* (1900-1912).

LAVOIR n. m. ▪ **1.** Lieu public où on lave le linge à la main. **2.** Bac en ciment pour laver le linge. **3.** TECHN. Atelier de lavage du minerai.

Antoine Laurent de LAVOISIER (1743 - 1794) ▪ Savant français, créateur de la chimie moderne. Il a introduit la mesure objective des quantités dans l'analyse des composants, mis en évidence le rôle de l'oxygène dans la combustion, découvert la composition de l'eau et élaboré (avec Guyton de Morveau, Berthollet et Fourcroy) une nomenclature rationnelle. Fermier général, il fut guillotiné.

John LAW (1671 - 1729) ▪ Financier écossais, ministre du Régent. Son échec à introduire le papier-monnaie empêcha l'instauration en France du crédit et d'une banque d'État jusqu'au Consulat.

sir Thomas LAWRENCE (1769 - 1830) ▪ Peintre anglais. Il succéda à Reynolds comme portraitiste officiel.

David Herbert LAWRENCE (1885 - 1930) ▪ Écrivain britannique. Ses romans font souvent l'apologie de la sensualité. Le plus connu, *"L'Amant de lady Chatterley"* (1928), récit de la liaison d'une dame de la haute société avec un garde-chasse, provoqua un énorme scandale.

Ernest Orlando LAWRENCE (1901 - 1958) ▪ Physicien américain. Inventeur du cyclotron. Prix Nobel 1939.

Thomas Edward dit **LAWRENCE D'ARABIE** (1888 - 1935) ▪ Officier et écrivain britannique. Il combattit avec les Arabes contre les Turcs pour établir au Proche-Orient un vaste empire arabe sous influence britannique. *"Les Sept Piliers de la sagesse"* (1926).

LAXATIF, IVE adj. ▪ Qui aide à évacuer les selles. ⇒ **purgatif.** *Remède laxatif.* ▸ n. m. *Un laxatif.*

LAXISME n. m. ▪ Tendance excessive à la conciliation, à la tolérance (s'oppose à *purisme*).

LAXISTE adj. ▪ Qui professe ou concerne le laxisme. ▸ n. *Un, une laxiste.*

Halldór Kiljan LAXNESS (né en 1902) ▪ Écrivain islandais. *"La Cloche d'Islande"* (1943-1946); *"Lumière du monde"* (1937-1941). Prix Nobel 1955.

LAXOU ▪ Commune de Meurthe-et-Moselle. 15 490 hab. *(les Laxoviens).* Fonderies.

le LAY ▪ Fleuve côtier de Vendée, qui se jette dans l'Atlantique. 125 km.

LAYETTE n. f. ▪ Linge, habits du nouveau-né. *De la layette.* ▸ appos. *Robe bleu layette.*

LAYON n. m. ▪ Sentier en forêt.

saint LAZARE ▪ Dans l'Évangile de saint Jean, il est ressuscité par Jésus.

LAZARET n. m. ▪ Établissement où s'effectue le contrôle sanitaire, l'isolement des voyageurs susceptibles de maladies contagieuses. *Subir une quarantaine au lazaret.*

Paul LAZARSFELD (1901 - 1976) ▪ Sociologue et statisticien américain d'origine autrichienne.

LAZZI [la(d)zi] n. m. ▪ (surtout au plur.) Plaisanterie, moquerie bouffonne. *Sous les lazzi(s) de la foule.* ⇒ **quolibet.**

① **LE, LA, LES** art. déf. ▪ *Le, la* se réduisent à *l'* devant une voyelle ou un *h* muet : *l'école, l'habit.* ◇ *De + le, les* devient *du, des ; à + le, les* devient *au, aux* **I.** devant un nom **1.** (devant un nom générique) *L'homme est un mammifère. Aimer les enfants.* ♦ (désignant qqch. de connu) *Le soleil.* **2.** (devant un nom déterminé par la situation) *Ferme le verrou.* ⇒ **ce.** *Il partit le lendemain.* ▸ (la situation étant déterminée par la suite de la phrase) *Il vit dans la maison d'à côté.* **3.** (remplaçant l'adj. poss. devant le nom d'une partie du corps) *Je me lave les mains. Elle a mal aux dents.* **4.** (devant un nom propre) ▸ (lieu) *Le Japon, la Provence, la Baltique, le Rhône.* ▸ (devant un nom de personne ou de ville) LITTÉR. *Le Paris de ma jeunesse. Le Napoléon de l'exil.* ▸ RÉGIONAL ou RURAL *Le Pierre. La Marie.* ▸ *Les Dupont :* la famille Dupont. **5.** (pour transformer toute partie du discours en subst.) *Le boire et le manger. Le moi. Le pourquoi du comment. Les moins de vingt ans.* **6.** (valeur distributive) ⇒ **chaque, par.** *Dix francs le kilo. Trois fois la semaine* (plus cour. : *par semaine*). **II.** (devant un adj. lorsque le nom n'est pas répété) *Quelle main, la droite ou la gauche ?* **III.** (avec le superl.) *C'est le plus beau. C'est elle qui chante le mieux.* ▸ *Ce jour-là, elle fut la plus heureuse. C'est ce jour-là qu'elle a été le plus heureuse. C'est la femme que j'ai le plus aimée.* **IV.** *L'UN... L'AUTRE ; L'UN OU L'AUTRE ; L'UN ET L'AUTRE.* ⇒ **autre, un.** ▸ *LE (LA) MÊME, LES MÊMES.* ⇒ **même.** ▸ *L'ON.* ⇒ **on.** ▸ *TOUT LE, TOUTE LA, TOUS LES.* ⇒ **tout.** ▸ *LE MIEN, LE TIEN,* etc. ⇒ **mien.** ▸ *LA PLUPART.* ⇒ la **plupart.** ▸ *À LA...* (*légère*, etc.). ⇒ **à.**

② **LE, LA, LES** pron. pers. ▪ Pronom personnel objet ou attribut de la 3e personne ◇ *Le, la* sont élidés en *l'* devant une voyelle ou un *h* muet *(je l'entends ; ils l'hébergent ; elle l'y a mis ; je l'en remercie),* sauf après un impér. *(faites-le entrer ; faites-le apporter)* **I.** (objet direct) **1.** (représentant un nom, un pronom qui vient d'être exprimé ou qui va être exprimé) *Claire ? Je la connais.* ▸ (compl. de *voici, voilà*) *Mon billet ? Le voilà.* **2.** *LE*, de valeur neutre. ⇒ **cela.** *Je vais vous le dire.* **3.** (dans des gallicismes) *Je vous le donne en mille. L'échapper belle. Se la couler douce.* **II.** *LE* (attribut). *J'étais naïve, mais je ne le suis plus. Cette femme est mon amie et le sera toujours.*

LÉ n. m. ▪ **1.** Largeur d'une étoffe. ▸ Chaque partie verticale d'une jupe. **2.** Largeur d'une bande de papier peint. *Des lés.*

les LÊ ▪ Nom de deux dynasties qui régnèrent sur le Viêtnam du Xe au XVIIIe s.

LEADER [lidœʀ] n. m. ▪ anglic. **1.** Chef, porte-parole (d'un parti, d'un mouvement politique). *Les leaders de l'opposition.* ▸ *Les leaders d'opinion :* ceux qui orientent l'opinion publique. **2.** Concurrent qui est en tête (course, compétition).

Louis Seymour Bazett LEAKEY (1903 - 1972) ▪ Paléontologue et préhistorien britannique. Au cours d'importantes fouilles au Kenya et en Tanzanie, il découvrit un spécimen d'*Homo habilis* (1960) datant de deux millions d'années.

David LEAN (1908 - 1991) ▪ Cinéaste britannique. Ses plus grands succès furent *"Le Pont de la rivière Kwaï"* (1957), *"Lawrence d'Arabie"* (1962) et *"Le Docteur Jivago"* (1966).

LEASING [liziŋ] n. m. ▪ anglic. Location, avec achat en option, de biens d'équipement. *Une société de leasing.* ◇ recomm. off. CRÉDIT-BAIL.

Paul LÉAUTAUD (1872 - 1956) ▪ Écrivain français. Son esprit à la fois cynique et cocasse se donne libre cours dans le *"Journal littéraire"* (1954-1966) et les récits de *"Passe-Temps"* (1929 et 1964).

Léautaud.
Phot. © Henri Cartier-Bresson/Magnum

Achille LE BEL (1847 - 1930) ▪ Chimiste français. Il introduisit la notion de carbone asymétrique et jeta les bases de la stéréochimie. → **Van't Hoff**.

Henri LEBESGUE (1875 - 1941) ▪ Mathématicien français. Théorie des fonctions, *intégrale de Lebesgue* (1902).

Maurice LEBLANC (1864 - 1941) ▪ Romancier français. Créateur en 1907 du personnage d'Arsène Lupin, « gentleman cambrioleur ».

Gustave LE BON (1841 - 1931) ▪ Sociologue français, vulgarisateur en France des notions de psychologie collective. *"Psychologie des foules"* (1895).

Charles LE BRUN (1619 - 1690) ▪ Peintre français. Son influence fut capitale sur l'art du siècle de Louis XIV, dont il assura, par ses fonctions, l'unité stylistique (il fut directeur de l'Académie royale de peinture et de sculpture et de la manufacture des Gobelins, ainsi que premier peintre du roi).

Charles François LEBRUN, duc de Plaisance (1739 - 1824) ▪ Homme politique français. Troisième consul lors du Consulat.

Albert LEBRUN (1871 - 1950) ▪ Homme d'État français. Dernier président de la IIIe République, de 1932 à 1940.

LECCE ▪ Ville d'Italie du Sud (Pouilles). 101 957 hab. Monuments baroques.

LÉCHAGE n. m. ▪ Action de lécher.

Isaac LE CHAPELIER (1754 - 1794) ▪ Révolutionnaire français. ► **la loi LE CHAPELIER** (1791), qui interdisait les « coalitions » et associations professionnelles, fut à la base du capitalisme libéral.

Le Brun. *Le Chancelier Séguier.*
Musée du Louvre, Paris. *Phot. © CFL/Giraudon*

Henry LE CHATELIER (1850 - 1936) ▪ Chimiste français. Il est l'auteur des premières recherches sur la structure des métaux et des alliages.

LÈCHE n. f. ▪ FAM. *Faire de la lèche à qqn,* le flatter servilement.

LÈCHE-BOTTES n. et adj. invar. ▪ FAM. Flatteur servile. ◇ syn. (TRÈS FAM.) LÈCHE-CUL. « *Je ne veux pas être de ces lèche-culs qui craignent de déplaire aux pions* » (Baudelaire).

LÈCHEFRITE n. f. ▪ Ustensile de cuisine placé sous la broche pour recevoir la graisse et le jus.

LÉCHER v. tr. 6 ▪ **1.** Passer la langue sur (qqch.). *Chien qui lèche un plat.* - fig. et FAM. *Se, s'en lécher les babines.* - *Les vagues lèchent la falaise.* **2.** loc. FAM. *Lécher les bottes* (ou vulg. *le cul*) *à qqn,* le flatter bassement. ⇒ **lèche ; lèche-bottes.** - *UN OURS MAL LÉCHÉ :* un individu d'aspect rébarbatif, aux manières grossières (de la légende selon laquelle l'ourse lèche son petit pour le parfaire). **3.** fig. Finir, polir avec un soin trop minutieux. ⇒ **fignoler.** - au p. p. *Dessin trop léché.*

LÉCHEUR, EUSE n. ▪ péj. Flatteur.

LÈCHE-VITRINE ou **LÈCHE-VITRINES** n. m. ▪ *Faire du lèche-vitrine :* flâner en regardant les vitrines, les étalages.

LÉCITHINE n. f. ▪ CHIM., BIOL. Lipide phosphoré. *La lécithine du jaune d'œuf, du soja.*

Jean-Marie LECLAIR (1697 - 1764) ▪ Compositeur et violoniste français. Il est le fondateur de l'école française de violon.

Philippe de Hauteclocque dit LECLERC (1902 - 1947) ▪ Maréchal de France. Rallié à de Gaulle dès 1940, il combattit au Fezzan et en Tunisie. Commandant de la « 2e D. B. », il libéra Paris et Strasbourg en 1944 et entra en Bavière jusqu'à Berchtesgaden. Chef des armées en Indochine en 1945.

Félix LECLERC (1914 - 1988) ▪ Chanteur, auteur et compositeur québécois, l'un des rénovateurs de la chanson populaire au Québec.

Jean-Marie Gustave LE CLÉZIO (né en 1940) ▪ Écrivain français. Ses personnages sont habités par la hantise de la mort mais aussi par la recherche de « l'extase matérielle » constante. *"Le Procès-Verbal"* (1963), roman ; *"Le Chercheur d'or"* (1985), roman.

Le Clézio.
Phot. © Stevens/Gamma

Charles LECOCQ (1832 - 1918) ▪ Compositeur français d'opérettes. *"La Fille de Madame Angot"* (1872).

LEÇON n. f. ▪ **1.** Ce qu'un élève doit apprendre. *Réviser ses leçons.* **2.** Enseignement donné par un professeur à une classe, un auditoire. ⇒ **conférence, cours.** *Leçon inaugurale.* - loc. anciennt *LEÇONS DE CHOSES :* activités d'éveil, par l'observation de la nature, des activités de travail, etc. - *Leçons particulières. Prendre des leçons de dessin.* **3.** Conseils, règles de conduite donnés à qqn. *Je n'ai pas de leçons à recevoir de vous.* - loc. *Faire la leçon à qqn,* lui dicter sa conduite ; le réprimander. **4.** Enseignement profitable, morale que l'on peut tirer de qqch. *Dégager, tirer la leçon des événements.* - *Cela lui donnera une leçon, une bonne leçon ; cela lui servira de leçon* (→ FAM. ça lui fera les pieds).

Charles Marie Leconte dit LECONTE DE LISLE (1818 - 1894) ▪ Poète français. Chef de file du Parnasse, il préconisa une poésie vouée à la beauté, indépendamment de la vérité, de l'utilité et de la morale. *"Poèmes antiques"* (1852) ; *"Poèmes barbares"* (1862) ; *"Poèmes tragiques"* (1884).

Charles-Édouard Jeanneret dit LE CORBUSIER (1887 - 1965) ▪ Architecte et théoricien français d'origine suisse. Il révolutionna l'architecture et l'urbanisme en créant de nouveaux types d'habitation, reposant sur des pilotis, avec de vastes baies. Cités-jardins. Chapelle Notre-Dame-du-Haut à Ronchamp. Ville de Chandigarh (Inde).

LECTEUR, TRICE n. ▪ **1.** Personne qui lit. *Un grand lecteur,* qui lit beaucoup. ⇒ **liseur.** - *Le courrier des lecteurs* (dans un journal). - Personne dont la fonction est de lire et de juger des œuvres. *Être lecteur dans une maison d'édition.* **2.** Personne qui lit à haute voix. ♦ Assistant étranger, dans l'enseignement supérieur des langues vivantes. **3.** n. m. Dispositif qui reproduit des sons enregistrés. *Lecteur de cassettes.* ♦ Dispositif de lecture (II, 2).

LECTURE n. f. ▪ **I. 1.** Action matérielle de lire, de déchiffrer (ce qui est écrit). *Technique de lecture rapide.* - *Livre de lecture* (apprentissage). **2.** Action de lire, de prendre connaissance du contenu (d'un écrit). *La lecture d'un livre, d'un auteur.* - absolt *Aimer la lecture.* ♦ Livre, ouvrage lu. *Mauvaises lectures. Apporter de la lecture à qqn.* ♦ *Comité de lecture* (chez un éditeur). **3.** Déchiffrage (d'un système graphique). *La lecture d'une carte ; d'une partition musicale.* **4.** Action de lire à haute voix (à d'autres personnes). *Donner lecture d'une proclamation. Faire la lecture à qqn.* **5.** Délibération d'une assemblée législative sur un projet de loi. *Loi adoptée en première, en seconde lecture.* **II. 1.** Première phase de la reproduction des sons enregistrés. *Tête de lecture.* **2.** Reconnaissance d'informations par une unité de traitement. *Lecture optique des codes-barres.*

LÉDA ▪ Dans la mythologie grecque, mère de Castor, Pollux, Clytemnestre et Hélène. Zeus prit la forme d'un cygne pour la séduire.

LEDIT, LADITE ⇒ DIT

Claude Nicolas LEDOUX (1736 - 1806) ▪ Architecte français. Œuvre visionnaire dans sa conception et son style. Saline royale d'Arc-et-Senans, où il voulait construire une ville idéale.

Alexandre Auguste LEDRU-ROLLIN (1807 - 1874) ▪ Homme politique français. Républicain, opposé à la monarchie de Juillet, candidat malheureux à la présidence de la République (1848), député sous la IIe République, il s'exila pendant le Second Empire.

Robert Edward LEE (1807 - 1870) ▪ Général américain, chef des armées sudistes pendant la guerre de Sécession. Sa reddition, à Appomattox (1865), mit fin à la guerre.

LEEDS ▪ Ville du nord de l'Angleterre (Yorkshire de l'Ouest). 710 000 hab. Industrie textile (laine).

LEERS ▪ Commune du Nord. 9 627 hab.

LEEUWARDEN ▪ Ville des Pays-Bas, chef-lieu de la Frise. 86 405 hab. Industrie laitière.

François LEFEBVRE (1755 - 1820) ▪ Un des maréchaux de Napoléon Ier. Il se distingua à la bataille de Fleurus (1794) et assiégea Dantzig (1807). Il épousa la blanchisseuse de son régiment que V. Sardou popularisa dans une comédie sous le nom de *"Madame Sans-Gêne"* (1893).

Jacques LEFÈVRE D'ÉTAPLES (v. 1450 - 1537) ▪ Humaniste français. On lui doit une des premières traductions de la Bible en français.

LÉGAL, ALE, AUX adj. ▪ **1.** Qui a valeur de loi, résulte de la loi, est conforme à la loi. ⇒ **juridique, réglementaire ;** s'oppose à *illégal ;* ≠ *légitime. Formalités légales. Monnaie légale.* **2.** Défini ou fourni par la loi. *Heure légale. Âge légal,* requis par la loi. *Moyens légaux. Fêtes légales.* - *Tuteur légal.* **3.** *Pays légal,* la partie de la population qui a des droits politiques.

LÉGALEMENT adv. ▪ D'une manière légale.

LÉGALISER v. tr. 1 ▪ **1.** Certifier authentique en vertu d'une autorité officielle. *Faire légaliser sa signature.* **2.** Rendre légal. *Légaliser l'avortement.* ► n. f. LÉGALISATION

LÉGALITÉ n. f. ▪ **1.** Caractère de ce qui est légal. *La légalité d'un acte* (≠ *légitimité*). **2.** Ce qui est légal. *Sortir de la légalité* (⇒ **hors-la-loi**). *Respecter la légalité.*

LÉGAT n. m. ▪ Ambassadeur du Saint-Siège. ⇒ **nonce.**

LÉGATAIRE n. ▪ Bénéficiaire d'un legs. ⇒ **héritier.** *Légataire universel,* de tous les biens de qqn (titre d'une pièce de Regnard).

Le Corbusier. La chapelle Notre-Dame-du-Haut, à Ronchamp.
Phot. © Marc Paygnard/Rapho

LÉGATION n. f. ▪ **1.** Charge, fonction de légat. **2.** Représentation diplomatique entretenue à défaut d'ambassade. ♦ Résidence d'une légation.

LEGATO [legato] adv. ▪ MUS. D'une manière liée, sans détacher les notes. *Chanter legato.* - n. m. Passage lié. *Des legato* ou *des legatos.*

LÉGENDAIRE adj. ▪ **1.** Qui n'existe que dans les légendes. ⇒ **fabuleux, imaginaire, mythique.** *Animaux légendaires.* **2.** Qui tient de la légende. *Récit légendaire* (opposé à *historique*). **3.** Qui est entré dans la légende par sa célébrité. ⇒ **célèbre.** - *Paresse légendaire.* ⇒ **notoire.**

LÉGENDE n. f. ▪ **I. 1.** Récit populaire traditionnel, plus ou moins fabuleux. ⇒ **fable, mythe.** *La légende de Faust. Pays de légende.* - *C'est une légende,* une histoire inventée. **2.** Représentation traditionnelle de faits ou de personnages réels, déformée ou amplifiée. *Napoléon est entré dans la légende.* **II. 1.** Inscription d'une médaille, d'une monnaie. **2.** Texte qui accompagne une image et l'explique. - (dessins humoristiques) *Sans légende.* **3.** (plans, cartes) Liste explicative de signes conventionnels.

LÉGENDER v. tr. 1 ▪ Accompagner (un dessin, une carte...) d'une légende (II).

Adrien Marie LEGENDRE (1752 - 1833) ▪ Mathématicien français. Il fut l'auteur de travaux portant sur la géométrie, l'analyse et la théorie des nombres.

LÉGER, ÈRE adj. ▪ **I. 1.** Qui a peu de poids, se soulève facilement (opposé à *lourd*). *Léger comme une plume. Sac léger à porter.* - BOXE *Poids* léger* (57 à 60 kg). ♦ De faible densité. *Huiles légères.* ♦ Qui ne pèse pas sur l'estomac. *Cuisine légère.* ⇒ **allégé. 2.** Qui est peu chargé. *Avoir l'estomac léger.* ⇒ **creux.** - fig. *Avoir la tête légère :* être écervelé. - loc. *Le cœur léger :* sans inquiétude ni remords. **3.** Qui se meut avec aisance et rapidité. ⇒ **agile, vif.** *Se sentir léger.* - *D'un pas léger.* - loc. *Avoir la main légère :* ne pas faire sentir l'autorité qu'on exerce. **4.** Peu appuyé. *Peindre par touches légères.* ⇒ **délicat. 5.** *Soprano léger, ténor léger,* dont la voix monte aisément dans les aigus. **II.** Qui a peu de substance (opposé à *épais*). *Une légère couche de neige.* ⇒ **mince.** *Robe légère.* - (opposé à *fort, concentré*) *Thé léger. Tabac léger.*

Ledoux. Barrière de la Villette dite aussi Rotonde de la Villette, Paris, construite en 1789. *Phot. © Giraudon*

Léger. *Les Constructeurs.* Musée national Fernand-Léger, Biot.
Phot. © Agence Top

- (opposé à *intense, profond*) *Sommeil léger.* **III.** Peu sensible ; peu important. ⇒ **faible, petit.** *Un léger mouvement.* ⇒ **imperceptible.** *Un léger goût. Malaise léger.* ♦ (opposé à *grave*) *Blessé léger.* - *Condamné à une peine légère.* - *Un léger doute.* **IV. 1.** Qui a peu de profondeur, de sérieux. ⇒ **frivole, superficiel.** *Être léger dans sa conduite.* ⇒ **irréfléchi.** - *Tempérament léger.* ♦ FAM. *C'est un peu léger.* ⇒ **inconsistant, insuffisant. 2.** Qui est trop libre. *Propos légers.* ⇒ **grivois.** - *Femme légère,* volage, facile. **3.** (choses) Qui a de la grâce, de la délicatesse, de la désinvolture. ⇒ **désinvolte.** *Ironie légère.* **4.** Gai et facile. *Musique légère.* **5.** *À LA LÉGÈRE* loc. adv. : sans avoir pesé les choses, sans réfléchir. ⇒ **inconsidérément, légèrement** (3). *Parler à la légère. Prendre les choses à la légère,* avec insouciance.

Fernand LÉGER (1881 - 1955) ▪ Peintre et décorateur français. Après avoir pratiqué le cubisme, il emprunta au monde de la mécanique et de la machine de nombreux motifs. *"Les Constructeurs"* (1950).

LÉGÈREMENT adv. ▪ **1.** D'une manière légère. *Être vêtu légèrement.* ♦ Sans appuyer, sans violence. ⇒ **délicatement, doucement.** *Toucher légèrement qqn.* **2.** Un peu, à peine. *Légèrement blessé.* - (+ compar.) *Il est légèrement plus, moins gros.* **3.** À la légère, inconsidérément. - Avec désinvolture. *Il parle de tout légèrement.*

LÉGÈRETÉ n. f. ▪ **I. 1.** Caractère d'un objet peu pesant, de faible densité. **2.** Aisance dans les mouvements. ⇒ **souplesse.** *Marcher avec légèreté.* **3.** Caractère de ce qui est peu épais. ⇒ **finesse.** *La légèreté d'une étoffe.* **4.** Caractère de ce qui est peu grave. *Légèreté d'une punition.* **5.** Délicatesse, grâce. **II. 1.** Manque de profondeur, de sérieux, de constance. ⇒ **insouciance, irréflexion ; désinvolture. 2.** Délicatesse et agrément (de la conversation, du ton, du style). *La légèreté de son style.*

LÉGIFÉRER v. intr. 6 ▪ Faire des lois. *Le pouvoir de légiférer.*

LÉGION n. f. ▪ **I. 1.** HIST. dans l'Antiquité romaine Corps d'armée composé d'infanterie et de cavalerie. **2.** *LÉGION (ÉTRANGÈRE) :* en France, corps composé de volontaires, généralement étrangers. **II.** *LÉGION D'HONNEUR :* ordre national français créé en 1802 par Bonaparte pour récompenser les services militaires et civils. - Décoration de cet ordre. *Le ruban, la rosette de la Légion d'honneur.* **III.** LITTÉR. Grande quantité. *Une légion de cousins.* - loc. *ÊTRE LÉGION :* être très nombreux.

LÉGIONNAIRE n. m. ▪ **1.** HIST. Soldat d'une légion romaine. **2.** Soldat de la Légion étrangère. **3.** DR. Membre de la Légion d'honneur.

LÉGISLATEUR, TRICE ▪ **1.** n. Personne qui fait les lois. - adj. *La nation, législatrice et souveraine.* **2.** n. m. Le pouvoir qui fait les lois. ⇒ **législatif.**

LÉGISLATIF, IVE adj. ▪ **1.** Qui fait les lois, légifère. *Assemblée législative.* - n. m. Le Parlement. *Le législatif et l'exécutif.* **2.** Qui concerne l'Assemblée législative. *Élections législatives,* des députés. - n. f. pl. *Les législatives.* **3.** Qui a le caractère d'une loi. *Acte législatif.*

LÉGISLATION n. f. ▪ **1.** Ensemble des lois, dans un pays, un domaine déterminé. ⇒ **droit.** *La législation du travail.* **2.** Science, connaissance des lois.

LÉGISLATURE n. f. ▪ Période durant laquelle une assemblée législative exerce ses pouvoirs.

LÉGISTE ▪ **1.** n. Spécialiste des lois. ⇒ **jurisconsulte, juriste.** - adj. *Médecin légiste,* chargé d'expertises en matière légale. **2.** n. m. HIST. Conseiller juridique d'un roi de France.

LÉGITIMATION n. f. ▪ **1.** Fait de rendre (un enfant) légitime. **2.** LITTÉR. Action de légitimer (2).

LÉGITIME adj. ▪ **1.** Qui est consacré par la loi ou reconnu conforme au droit (≠ *légal*). *Union légitime* (opposé à *union libre*). - (opposé à *naturel*) *Père légitime. Enfant légitime.* **2.** Conforme à la justice, à l'équité. ⇒ **équitable.** *Salaire légitime,* mérité. - DR. *Légitime défense**. **3.** Justifié (par le bon droit, la raison, le bon sens). ⇒ **juste.** *Excuse légitime.* ⇒ **fondé.** *Colère, satisfaction légitime.* - *C'est légitime,* normal, compréhensible. ► adv. LÉGITIMEMENT

LÉGITIMER v. tr. 1 ▪ **1.** Rendre légitime juridiquement. *Légitimer un enfant naturel.* **2.** LITTÉR. Faire admettre comme juste, raisonnable, excusable. ⇒ **justifier.** *Tenter de légitimer sa conduite.*

LÉGITIMISTE n. et adj. ▪ HIST. Partisan d'une dynastie considérée comme seule légitime. - spécialt (en France) Partisan de la branche aînée des Bourbons, après la révolution de 1830. *Légitimistes et orléanistes.* ► n. m. LÉGITIMISME

LÉGITIMITÉ n. f. ▪ **1.** État de ce qui est légitime ou considéré comme tel (≠ *légalité*). *La légitimité d'un enfant.* - *Légitimité du pouvoir.* **2.** LITTÉR. Qualité de ce qui est juste, équitable. *Légitimité d'une requête.*

LEGS [lɛg ; lɛ] n. m. ▪ **1.** Don par testament. *Le bénéficiaire d'un legs.* ⇒ **légataire. 2.** fig. et LITTÉR. *Le legs du passé.* ⇒ **héritage.**

LÉGUER v. tr. 6 ▪ **1.** Donner par disposition testamentaire (⇒ **laisser ; legs ; légataire**). **2.** fig. ⇒ **donner, transmettre.** *Léguer une œuvre à la postérité.* - pronom. *Les traditions qu'on se lègue.*

LÉGUME ▪ **I.** n. m. Plante potagère dont certaines parties peuvent entrer dans l'alimentation humaine. *Légumes verts. Légumes secs. Bouillon de légumes.* **II.** n. f. FAM. *Une GROSSE LÉGUME :* un personnage important, influent (→ une huile).

LÉGUMIER, IÈRE ▪ **1.** adj. Relatif aux légumes. **2.** n. m. Plat à légumes.

LÉGUMINEUSE n. f. ▪ Plante dont le fruit est une gousse. *La famille des légumineuses* (haricot, lentille...).

Franz LEHÁR (1870 - 1948) ▪ Compositeur d'opérettes, autrichien d'origine hongroise. *"La Veuve joyeuse"* (1905).

Jean-Marie LEHN (né en 1939) ▪ Chimiste français. Il définit le nouveau domaine de la chimie supramoléculaire (étudiant les liaisons entre les édifices moléculaires entiers ou entre ions et particules). Prix Nobel 1987, avec Cram et Pedersen.

Joel LEHTONEN (1881 - 1934) ▪ Romancier et poète finlandais d'expression finnoise. Romantique, puis naturaliste, il se montra soucieux des questions politiques et sociales. *"La Combe aux mauvaises herbes"* (1920); *"Les Opprimés"* (1923).

Wilhelm LEIBL (1844 - 1900) ▪ Peintre allemand. Ses scènes paysannes traduisent l'influence de Courbet.

Gottfried Wilhelm LEIBNIZ (1646 - 1716) ▪ Philosophe et savant allemand. Précurseur de la logique moderne, créateur, au même titre que Newton, du calcul infinitésimal, diplomate, juriste, historien. Son œuvre est l'une des plus hautes expressions du rationalisme chrétien et de l'optimisme. *"Nouveaux Essais sur l'entendement humain"* (1704); *"Monadologie"* (1714).

René LEIBOWITZ (1913 - 1972) ▪ Compositeur français d'origine polonaise. Théoricien du dodécaphonisme.

LEICESTER ▪ Ville d'Angleterre, chef-lieu du comté du Leicestershire. 280 000 hab. Ancienne ville romaine. ► **le LEICESTERSHIRE** Comté d'Angleterre, dans les Midlands. 2 553 km². 890 000 hab. Chef-lieu : Leicester.

LEIF ou **LEIV Eriksson** dit *l'HEUREUX* (v. 970 - v. 1021) ▪ Explorateur norvégien. Fils d'Erik le Rouge. Il aurait découvert l'Amérique en l'an 1000.

le LEINSTER en gaélique *LAIGIN* ▪ Province de l'est de la république d'Irlande. 19 633 km². 1 860 000 hab. Chef-lieu : Dublin.

LEIPZIG ▪ Ville d'Allemagne (Saxe). 513 600 hab. Centre intellectuel et carrefour commercial depuis le Moyen Âge. Monuments (XVIe s.). ► **la bataille de LEIPZIG** ou **bataille des NATIONS** La défaite de Napoléon Ier devant les Autrichiens, les Prussiens et les Russes, le 19 octobre 1813, marqua la fin de la domination française en Allemagne et entraîna l'invasion de la France par les Alliés.

Michel LEIRIS (1901 - 1990) ▪ Écrivain et ethnologue français. Il a mené avec rigueur une entreprise autobiographique où le langage devient un moyen de révélation. *"L'Âge d'homme"* (1939); *"La Règle du jeu"* (1948-1976). Comme ethnologue il a notamment participé à la mission Dakar-Djibouti (1931-1933). *"L'Afrique fantôme"* (1934).

Leiris. *Phot. © Henri Cartier-Bresson/Magnum*

LEITMOTIV [lɛtmɔtiv ; lajtmɔtif] n. m. ▪ **1.** MUS. Motif musical répété dans une œuvre. **2.** fig. Phrase, formule qui revient à plusieurs reprises. *Revenir comme un leitmotiv.*

Claude LE JEUNE (v. 1530 - 1600) ▪ Compositeur français. Psaumes, motets.

Claude LELOUCH (né en 1937) ▪ Cinéaste français. *"Un homme et une femme"* (1966).

Jean LEMAIRE DE BELGES (1473 - v. 1525) ▪ Poète et chroniqueur français. Historiographe d'Anne de Bretagne, il écrivit en prose une histoire mythologique et érudite des peuples d'Europe : *"Les Illustrations de Gaule et singularités de Troye"* (1509-1513).

Antoine LEMAISTRE ou **LE MAÎTRE** (1608 - 1658) ▪ Janséniste français. ► **Isaac LEMAISTRE** ou **LE MAÎTRE DE SACY** (1613 - 1684), son frère, traduisit la Bible et fut le directeur de conscience de Pascal et des religieuses de Port-Royal.

Jules LEMAITRE (1853 - 1914) ▪ Écrivain français, critique littéraire et dramatique conservateur.

Frédérick LEMAÎTRE (1800 - 1876) ▪ Acteur français. Il triompha dans le mélodrame (rôle de Robert Macaire dans *"L'Auberge des Adrets"*, 1823) et dans le drame romantique.

le chanoine Georges Henri LEMAÎTRE (1894 - 1966) ▪ Astrophysicien et mathématicien belge. Pionnier de la cosmologie dynamique, il fut l'un des premiers à imaginer l'univers en expansion (1927).

le lac LÉMAN ou **lac de GENÈVE** ▪ Lac d'Europe dont la rive sud est française, la rive nord, suisse. 582 km².

Roger LEMELIN (1919 - 1992) ▪ Écrivain canadien d'expression française. Ses intrigues ont pour cadre les quartiers populaires de Québec *"Les Plouffe"* (1948).

Jacques LEMERCIER (v. 1585 - 1654) ▪ Architecte français. Un des initiateurs du classicisme. Il est l'auteur du pavillon de l'Horloge au Louvre.

LEMME n. m. ▪ **1.** DIDACT. Proposition intermédiaire ou accessoire (d'un raisonnement). - Majeure (d'un syllogisme). **2.** Forme qu'affecte un contenu documentaire précisé.

LEMMING n. m. ▪ Petit rongeur des régions boréales.

lemming. *Lemmus lemmus.*
Phot. © Varin/Visage/Jacana

LEMNOS aujourd'hui *LIMNOS* ▪ Île grecque de la mer Égée. 476 km². 15 192 hab. Chef-lieu : Myrina.

Camille LEMONNIER (1844 - 1913) ▪ Écrivain belge d'expression française. Romans naturalistes. *"Un mâle"* (1881), sur le monde paysan.

François LEMOYNE ou **LEMOINE** (1688 - 1737) ▪ Peintre français. Il fut également un des grands décorateurs de son époque (Salon d'Hercule au château de Versailles).

Jean-Baptiste LEMOYNE (1704 - 1778) ▪ Sculpteur français. Auteur de bustes.

Jean-Baptiste LE MOYNE DE BIENVILLE (1680 - 1768) ▪ Gouverneur français. Il succéda à son frère Pierre comme gouverneur de la Louisiane (1713-1717, 1717-1726 et 1733-1743), mais fut disgracié pour n'avoir pas suffisamment mis en valeur les ressources du pays.

Pierre LE MOYNE D'IBERVILLE (1661 - 1706) ▪ Navigateur et gouverneur français. Il participa à la lutte contre les Anglais sur la baie d'Hudson, en Acadie et à Terre-Neuve (1686-1697). Il fonda la Louisiane (1702), dont il fut le premier gouverneur.

LEMPDES ▪ Commune du Puy-de-Dôme. 8 591 hab.

LÉMURIEN n. m. ▪ Primate nocturne des régions tropicales, proche du singe (sous-ordre des *lémuriens*).

la LENA ▪ Fleuve de Russie, en Sibérie centrale, qui se jette dans l'océan Arctique. 4 400 km.

les frères LE NAIN (Antoine, Louis et Mathieu) ▪ Peintres français du XVIIe s. qui signaient ensemble leurs œuvres. Leurs

Frédérick **Lemaître** dans *L'Auberge des Adrets.*
Phot. © Coll. Viollet

Louis **Le Nain.** *Famille de paysans.* Musée du Louvre, Paris.
Phot. © Coll. E.S./Explorer

scènes de la vie paysanne, en particulier celles attribuées à Louis, comme *"Famille de paysans"*, influencèrent les artistes réalistes au XIXe s.

Nikolaus LENAU (1802-1850) ▪ Poète autrichien, à l'œuvre empreinte de mélancolie.

Ninon de LENCLOS (1616-1706) ▪ Dame française. Elle réunissait dans son salon une société spirituelle qui faisait, comme elle, profession de libertinage.

LENDEMAIN n. m. ▪ **1.** Jour qui suit immédiatement celui dont il est question. *Le lendemain soir.* - loc. *Du jour au lendemain :* en très peu de temps. *Remettre* au lendemain (ce qu'on peut faire le jour même).* **2.** L'avenir. *La peur du lendemain.* - *Sans lendemain :* sans suite (⇒ **éphémère**). - *Des lendemains heureux.* **3.** Temps qui suit de très près un événement. *Au lendemain de la guerre.*

Suzanne LENGLEN (1899-1938) ▪ Joueuse de tennis française. Sept fois championne du monde entre 1914 et 1926.

LÉNIFIANT, ANTE adj. ▪ **1.** MÉD. Qui lénifie. ⇒ **lénitif. 2.** fig. Apaisant. *Propos lénifiants.*

LÉNIFIER v. tr. 7 ▪ MÉD. ou LITTÉR. Calmer, apaiser.

LENINAKAN → Gumri

Vladimir Ilitch Oulianov dit **LÉNINE** (1870-1924) ▪ Homme politique russe. Militant et théoricien marxiste, il fonda le parti bolchevik et organisa la révolution* d'Octobre 1917. Il fit adopter le décret sur la paix avec l'Allemagne (1918) et, à la tête du Conseil des commissaires du peuple, il se consacra ensuite à la construction du socialisme en URSS, en mettant en œuvre la doctrine de la « dictature du prolétariat ». Il fonda l'URSS en 1922 et renouvela le marxisme, donnant naissance au marxisme-léninisme. *"L'Impérialisme, stade suprême du capitalisme"* (1916); *"L'État et la Révolution"* (1917).

LENINGRAD → Saint-Pétersbourg

LÉNINISME n. m. ▪ Doctrine marxiste de Lénine. - appos. *Le marxisme-léninisme.* ► **adj.** et **n.** LÉNINISTE

LÉNITIF, IVE adj. ▪ **1.** MÉD. Qui lénifie. - VX *Remède lénitif.* - **n. m.** *Un lénitif.* **2.** fig. Qui apaise. ⇒ **lénifiant.**

John LENNON (1940-1980) ▪ Auteur-compositeur et interprète britannique de musique pop. Membre des Beatles, il composa une grande partie des titres du groupe. Il fut assassiné par un déséquilibré.

André LE NÔTRE (1613-1700) ▪ Architecte français de jardins, créateur du jardin « à la française ». Parcs de Versailles et de Vaux-le-Vicomte.

LENS ▪ Chef-lieu d'arrondissement du Pas-de-Calais. 35 017 hab. *(les Lensois).* Industries liées au bassin charbonnier, aujourd'hui en déclin.

LENT, LENTE adj. ▪ **1.** Qui manque de rapidité, met plus, trop de temps (opposé à *rapide*). *L'escargot est lent. Être lent à comprendre, à agir.* ⇒ **long.** - *Avoir l'esprit lent :* ne pas comprendre vite. - *À pas lents. Un rythme lent. Rendre plus lent.* ⇒ **ralentir. 2.** Qui met du temps à agir, à opérer, à s'accomplir. *Une lente progression. Mort lente. Combustion lente.*

LENTE n. f. ▪ Œuf de pou.

LENTEMENT adv. ▪ Avec lenteur. - *Le temps passe lentement.*

LENTEUR n. f. ▪ **1.** Manque de rapidité, de vivacité. *Agir avec lenteur* (→ prendre son temps). - *Lenteur d'esprit.* - *La lenteur du courrier.* **2.** au plur. Actions, décisions lentes. *Les lenteurs de la procédure.*

LENTICULAIRE adj. ▪ DIDACT. Qui a la forme d'une lentille. ◇ syn. LENTIFORME .

LENTIGO n. m. ▪ MÉD. Petite tache de la peau, pigmentée et ronde. ⇒ **grain** de beauté.

LENTILLE n. f. ▪ **I. 1.** Plante aux gousses plates contenant deux graines arrondies. **2.** surtout plur. Graine comestible de la lentille, en forme de disque bombé. *Lentille blonde, verte. Petit salé aux lentilles.* **3.** *LENTILLE D'EAU :* plante flottante à petites feuilles rondes. **II.** Disque transparent à surface courbe, dispositif faisant converger ou diverger un faisceau de rayons qui le traverse. *Lentilles convexes* (convergentes), *concaves* (divergentes). - *Lentilles cornéennes, lentilles de contact,* pour corriger la vision. **III.** Tache de rousseur lenticulaire. ⇒ **lentigo.**

LENTISQUE n. m. ▪ Pistachier (arbuste) des régions méditerranéennes.

LENTO [lɛnto] adv. ▪ MUS. Avec lenteur (plus lentement qu'adagio). - **n. m.** *Un lento. Des lento* ou *des lentos.*

Jakob LENZ (1751-1792) ▪ Auteur dramatique allemand. Un des pionniers du romantisme. *"Les Soldats"* (1776).

LÉOGNAN ▪ Commune de la Gironde. 8 008 hab.

LEÓN ▪ Ville du Nicaragua. 167 000 hab. Grand centre culturel.

LÉON ▪ NOM DE PLUSIEURS PAPES ► **saint LÉON Ier LE GRAND**, pape de 440 à sa mort (en 461), arrêta l'invasion des Huns en Italie en 452. ► **LÉON X** (1475-1521), pape de 1513 à sa mort, fils de Laurent de Médicis, protégea les arts et les lettres, et condamna Luther en 1520. ► **LÉON XIII** (1810-1903), pape de 1878 à sa mort, promut un catholicisme social.

le LÉON en espagnol ***LEÓN*** ▪ Province du nord-ouest de l'Espagne (communauté autonome de Castille-et-León). 15 468 km². 525 896 hab. Foyer de l'art roman. *Le royaume de Léon* se constitua lorsque les rois des Asturies choisirent comme capitale la ville de Léon (914); il fut par la suite réuni à la Castille en 1230. → **Castille.** ► **LÉON** Chef-lieu de *la province de Léon.* 146 270 hab. Évêché. Cathédrale gothique. Textile.

le LÉON ▪ Région du nord-ouest de la Bretagne, autour de Saint-Pol-de-Léon.

LÉONARD DE PISE → Leonardo **Fibonacci**

LÉONARD DE VINCI (1452-1519) ▪ Artiste italien. Déployant une activité prodigieuse, il fut à la fois peintre, architecte, savant et mena parallèlement à ses travaux une importante réflexion théorique. Par son universalisme et son rayonnement, son œuvre est capitale dans l'histoire de la Renaissance. En peinture, il réalisa la *"Joconde"* (v. 1503-1507), célèbre illustration de ses découvertes sur le clair-obscur et le *sfumato,* art d'adoucir les contours. Il travailla à Florence et à Milan où il devint célèbre *("La Cène"),* puis fut appelé en France par François Ier en 1516.

Sergio LEONE (1929-1989) ▪ Cinéaste italien. Créateur du western italien (« western spaghetti »). *"Il était une fois dans l'Ouest"* (1968).

LÉONIDAS Ier (mort v. 480 av. J.-C.) ▪ Roi de Sparte. Il se sacrifia avec trois cents Spartiates à la bataille du défilé des Thermopyles*.

LÉONIN, INE adj. ▪ **1.** LITTÉR. Du lion, qui rappelle le lion. *Une tête léonine.* **2.** *CONTRAT LÉONIN :* qui attribue tous les avantages, qui fait la part du lion* à qqn. ⇒ **abusif, injuste.**

LÉON L'AFRICAIN (v. 1483-v. 1554) ▪ Érudit et géographe arabe, au service du pape Léon X.

Wassily LEONTIEFF (né en 1906) ▪ Économiste américain d'origine russe. Analyse interindustrielle. Prix Nobel 1973.

LÉOPARD n. m. ▪ Panthère d'Afrique. ♦ Sa fourrure. *Manteau de léopard.*

Giacomo comte LEOPARDI (1798-1837) ▪ Écrivain romantique italien. Il est à l'origine de la poésie italienne moderne. *"Canti"* (1831-1845).

LÉOPOLD ▪ NOM DE PLUSIEURS SOUVERAINS DE BELGIQUE ► **LÉOPOLD Ier, prince de SAXE-COBOURG** (1790-1865), roi des

Léonard de Vinci. *La Joconde.* Musée du Louvre, Paris.
Phot. © RMN

Belges de 1831 à sa mort. Habile diplomate, il protégea la Belgique contre les ambitions des pays voisins. ► **LÉOPOLD II** (1835 - 1909), roi des Belges de 1865 à sa mort. Sous son règne, la Belgique devint une puissance coloniale, avec l'annexion du Congo. ► **LÉOPOLD III** (1901 - 1983), roi des Belges de 1934 à 1951. Critiqué pour avoir capitulé en 1940, il dut accepter la régence de son frère Charles (1945-1950) et abdiqua en 1951 en faveur de son fils Baudouin.

LÉOPOLDVILLE ▪ Ancien nom de Kinshasa.

LÉPANTE ▪ Ville de Grèce (Péloponnèse). Victoire des marines chrétiennes commandées par don Juan d'Autriche sur la flotte ottomane d'Ali Pacha (1571).

Jean-Marie LE PEN (né en 1928) ▪ Homme politique français. Il préside depuis 1972 le Front national, parti d'extrême droite.

LÉPIDOPTÈRE n. m. ▪ Nom savant des papillons (ordre des *Lépidoptères*).

Louis LÉPINE (1846 - 1933) ▪ Préfet de police sous la IIIe République, il créa les brigades cyclistes (les « hirondelles ») et, en 1902, le concours des inventeurs qui porte son nom.

Pierre LÉPINE (1901 - 1989) ▪ Médecin français. Il mit au point un vaccin contre la poliomyélite.

LÉPIOTE n. f. ▪ Champignon dont une espèce (la coulemelle) est comestible.

Frédéric LE PLAY (1806 - 1882) ▪ Sociologue français. Il appuya ses travaux sur des enquêtes de terrain. Inspirateur du mouvement social patronal (paternalisme).

LÈPRE n. f. ▪ **1.** Maladie infectieuse et contagieuse due à un bacille. *Vaccin contre la lèpre.* **2.** Ce qui ronge. *Une façade rongée de lèpre.* ⇒ **lépreux** (2). **3.** LITTÉR. Mal qui s'étend et gagne de proche en proche. *Le racisme est une lèpre.* ⇒ **cancer.**

LÉPREUX, EUSE adj. ▪ **1.** Atteint de la lèpre. ⇒ VX **ladre.** - n. *Hôpital pour les lépreux.* **2.** Qui présente une surface pelée. ⇒ **galeux.** *Murs lépreux.*

Jeanne-Marie LEPRINCE DE BEAUMONT (1711 - 1780) ▪ Écrivain français. Célèbres contes dont *"La Belle et la Bête"* (1757).

Louis LEPRINCE-RINGUET (né en 1901) ▪ Physicien français. Auteur de recherches sur les rayons cosmiques et les particules élémentaires.

LÉPROSERIE n. f. ▪ Hôpital où l'on soigne les lépreux.

-LEPTIQUE Élément, du grec *lêptikos*, qui signifie « qui calme, diminue l'effet », en médecine (ex. *neuroleptique*).

LEPTO- Élément, du grec *leptos* « mince », servant à former des mots de sciences naturelles, de médecine, de physique (ex. *lepton* n. m. « particule légère » [électron, muon, neutrino]).

LEQUEL, LAQUELLE, LESQUELS, LESQUELLES pron. ▪ avec les prép. *à* et *de*, *lequel* se contracte en *auquel (auxquels), duquel (desquels)* ▪ **I.** pron. rel. **1.** (sujet) ⇒ **qui.** - LITTÉR. (pour éviter une équivoque) *Une de ses amies, laquelle l'a aidé.* **2.** (compl. indir.) *La personne à laquelle vous venez de parler,* à qui. **3.** LITTÉR. adj. rel. *Vous serez peut-être absent, auquel cas vous me préviendrez.* **II.** pron. interrog. *Demandez à un passant, n'importe lequel. Lequel des deux préférez-vous ?*

René LERICHE (1879 - 1955) ▪ Chirurgien français. Spécialiste de la chirurgie du sympathique et du phénomène de la douleur.

LÉRIDA → Lleida

les îles de LÉRINS ▪ Îles de la Côte d'Azur (Alpes-Maritimes) au large de Cannes. Foyer religieux aux Ve et VIe s. Tourisme.

le duc de LERMA (1553 - 1625) ▪ Homme politique espagnol. Favori et ministre de Philippe III, il exerça le pouvoir de 1598 à 1618.

Mikhaïl LERMONTOV (1814 - 1841) ▪ Écrivain romantique russe. *"La Mort du poète"* (1837) inspiré par la mort de Pouchkine; *"Un héros de notre temps"* (1839-1840).

LERNE ▪ Marais d'Argolide, en Grèce. La mythologie en fait l'habitat d'un serpent géant *(l'hydre* de Lerne),* vaincu par Héraclès.

André LEROI-GOURHAN (1911 - 1986) ▪ Ethnologue et préhistorien français. *"Le Geste et la Parole"* (1964-1965).

Everett LEROI JONES (né en 1934) ▪ Écrivain noir américain. Champion de la cause noire. *"Le Peuple du blues"* (1963); *"L'Esclave"* (1964).

LÉROT n. m. ▪ Petit rongeur, hibernant, qui ressemble au loir.

Pierre LEROUX (1797 - 1871) ▪ Philosophe et publiciste français. Théoricien d'un socialisme à caractère religieux.

Gaston LEROUX (1868 - 1927) ▪ Écrivain français. Créateur des personnages de Rouletabille, journaliste-détective (*"Le Mystère de la chambre jaune"*, 1907; *"Le Parfum de la dame en noir"*, 1907) et de Chéri-Bibi, bagnard évadé au grand cœur.

Emmanuel LE ROY LADURIE (né en 1929) ▪ Historien français. Il s'est attaché à l'étude de phénomènes de très lente évolution. *"Histoire du climat depuis l'an mil"* (1967); *"Montaillou, village occitan, de 1294 à 1324"* (1975).

① **LES** ⇒ ① LE

② **LES** ⇒ ② LE

Alain René LESAGE (1668 - 1747) ▪ Écrivain français. Satire réaliste de la société de la Régence dans *"Le Diable boiteux"* (1707, roman de mœurs), *"Turcaret"* (1709, comédie) et *"L'Histoire de Gil Blas de Santillane"* (1715-1735, roman picaresque).

Jean LESAGE (1912 - 1980) ▪ Homme politique canadien. Député libéral, Premier ministre du Québec de 1960 à 1966, il préconisa un réformisme hardi (la « révolution tranquille »).

LESBIANISME n. m. ▪ DIDACT. Homosexualité féminine. ⇒ **saphisme.**

LESBIEN, IENNE ▪ **1.** adj. (rare au masc.) De l'homosexualité féminine. ⇒ **saphique.** **2.** n. f. et adj. Homosexuelle.

LESBOS ou **MYTILÈNE** ▪ Île grecque de la mer Égée. 1 630 km². 88 600 hab. *(les Lesbiens).* Foyer de la civilisation des Éoliens.

Pierre LESCOT (1515 - 1578) ▪ Architecte français de la Renaissance. Il a conçu une aile de la cour Carrée du Louvre.

LÈSE-MAJESTÉ n. f. ▪ *Crime de lèse-majesté,* atteinte à la majesté du souverain, attentat contre un souverain.

LÉSER v. tr. [6] ▪ **1.** Blesser (qqn) dans ses intérêts, ses droits ; causer du tort à. ⇒ **désavantager.** *Être lésé dans un partage.*

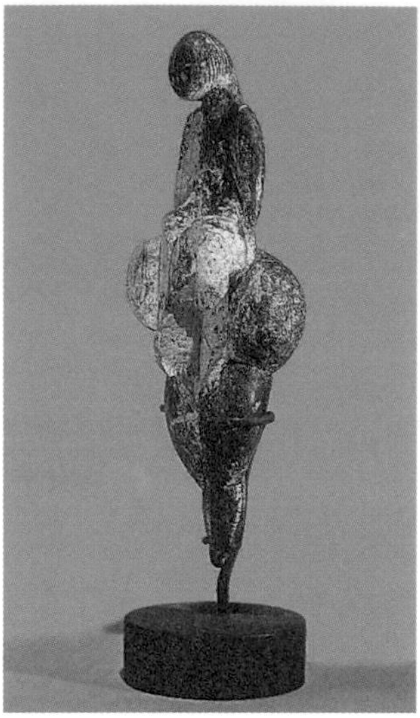

Lespugue. La *Vénus de Lespugue.*
Musée de l'Homme, Paris.
Phot. © Coll. musée de l'Homme

- *Léser les intérêts de qqn.* ⇒ **nuire** à. **2.** concret Blesser (un organe). *La balle a lésé le poumon* (⇒ **lésion**). - au p. p. *Organe lésé.*

LÉSIGNY ▪ Commune de Seine-et-Marne. 7 865 hab. *(les Lésigniens).*

LÉSINE n. f. ▪ LITTÉR. Épargne sordide. ⇒ **avarice, ladrerie.**

LÉSINER v. intr. [1] ▪ Épargner avec avarice. - plus cour. *Il ne lésine pas sur l'éducation de ses enfants.*

LÉSION n. f. ▪ Changement grave produit dans un organe par une maladie, un accident. ⇒ **blessure, contusion ; brûlure.** *Lésion ulcéreuse, tuberculeuse.*

Nikolaï **LESKOV** (1831 - 1895) ▪ Écrivain russe. Défenseur de l'orthodoxie. *"Gens d'Église"* (1872); *"Contes de Noël"* (1886).

le **LESOTHO** autrefois ***BASUTOLAND*** ▪ État montagneux enclavé dans l'Afrique du Sud dont il dépend économiquement. 30 355 km^2. 1 800 000 hab. *(les Lesothans).* Capitale : Maseru. Langues : anglais (officielle), sotho. Élevage, diamant, industrie textile. Religion : christianisme. Monnaie : loti (plur. : maloti). Ancien protectorat britannique indépendant depuis 1966, membre du Commonwealth.

LESPARRE-MÉDOC ▪ Chef-lieu d'arrondissement de la Gironde. 4 661 hab. *(les Lesparrains).* Marché des vins du Médoc.

LESPUGUE ▪ Commune de la Haute-Garonne. 491 hab. Grotte préhistorique des Rideaux, où fut découverte, en 1922, une statuette féminine en ivoire de mammouth datant du Gravettien (entre 27 000 et 19 000 ans av. J.-C.), la *Vénus de Lespugue.*

Ferdinand de **LESSEPS** (1805 - 1894) ▪ Diplomate français. Il conçut et fit creuser le canal de Suez (1869), mais ne put mener à bien celui de Panamá, la société chargée de son percement ayant fait faillite.

Gotthold Ephraim **LESSING** (1729 - 1781) ▪ Auteur dramatique allemand et théoricien du théâtre. Il voulut libérer le théâtre allemand de l'imitation de la tragédie française, notamment dans son recueil d'écrits théoriques *"Dramaturgie de Hambourg"* (1767-1769).

Doris **LESSING** (née en 1919) ▪ Écrivain britannique. Son œuvre est sensible aux revendications sociales et politiques, à la condition féminine, au racisme (l'apartheid). *"Les Enfants de la violence"* (1952-1959).

LESSIVE n. f. ▪ **1.** Liquide alcalin qui sert à nettoyer (notamment le linge). - Substance alcaline liquide ou en poudre (à dissoudre) pour le lavage du linge. *Acheter un paquet de lessive* (⇒ **détersif**). **2.** Action de lessiver, de laver le linge. ⇒ **blanchissage, lavage.** *Faire sa lessive dans une machine à laver.* **3.** Le linge qui doit être lavé, ou qui vient d'être lavé. *Elle a une grosse lessive à étendre.*

LESSIVER v. tr. [1] ▪ **1.** Nettoyer avec une solution détersive. *Lessiver les murs.* **2.** FAM. Dépouiller (son adversaire au jeu) ; éliminer. *Il s'est fait lessiver.* - au p. p. fig. FAM. Épuisé, très fatigué. ⇒ **vidé.** ► adj. LESSIVABLE ► n. m. LESSIVAGE

LESSIVEUSE n. f. ▪ Récipient en métal conçu pour le lavage du linge.

LESSIVIEL, ELLE adj. ▪ COMM. Pour le lavage du linge. *Produits lessiviels.*

LEST [lɛst] n. m. ▪ **1.** Poids dont on charge un navire pour assurer la stabilité. **2.** Corps pesant (sacs de sable, etc.) pour régler le mouvement d'un aérostat. - loc. *Jeter, lâcher du lest,* faire des concessions pour éviter un échec.

LESTE adj. ▪ **1.** Qui a de la souplesse, de la légèreté dans ses mouvements. ⇒ **agile, alerte, vif.** *Marcher d'un pas leste,* rapide. - loc. *Avoir la main leste,* être prompt à frapper. **2.** (langage) Qui manque de réserve, de sérieux. ⇒ **libre, licencieux.** *Des plaisanteries un peu lestes.* ► LESTEMENT adv. *Sauter lestement.*

LESTER v. tr. [1] ▪ **1.** Garnir, charger de lest (s'oppose à *délester*). **2.** FAM. Charger, munir, remplir. *Lester son estomac, ses poches.* ► n. m. LESTAGE

Eustache **LE SUEUR** (1617 - 1655) ▪ Peintre et décorateur français d'inspiration classique. Cycle de la *"Vie de saint Bruno"* (1644-1648).

Jean-François **LESUEUR** (1760 - 1837) ▪ Compositeur français de musique religieuse et d'opéras. Il influença Berlioz et Gounod, qui furent ses élèves.

LESZCZYŃSKI ▪ Famille polonaise dont sont issus le roi Stanislas* et sa fille Marie Leszczyńska, reine de France par son mariage avec Louis XV.

LÉTAL, ALE, AUX adj. ▪ DIDACT. Mortel. *Dose létale d'un produit toxique.* ► n. f. LÉTALITÉ

Michel **LE TELLIER** (1603 - 1685) ▪ Ministre d'Anne d'Autriche puis de Louis XIV. Père de Louvois. Signataire de la révocation de l'édit de Nantes.

LÉTHARGIE n. f. ▪ **1.** Sommeil profond et prolongé dans lequel les fonctions de la vie semblent suspendues. ⇒ **catalepsie, torpeur.** *Tomber en léthargie.* **2.** Engourdissement complet. ⇒ **apathie, torpeur.**

LÉTHARGIQUE adj. ▪ **1.** Qui tient de la léthargie. *Sommeil léthargique.* **2.** (personnes) Qui manifeste de la léthargie.

LETTON, ONE adj. et n. ▪ De Lettonie. - n. *Les Lettons.* ♦ n. m. *Le letton* (langue indo-européenne).

la **LETTONIE** ▪ L'une des trois républiques baltes, sur la mer Baltique. 64 500 km^2. 2 680 000 hab. *(les Lettons).* Capitale : Riga. Langues : letton, russe. Monnaie : lats. Élevage, pêche. Industries, activités portuaires (transit entre l'Europe et la Russie). La Lettonie fut intégrée à l'URSS en 1940 (→ pays **baltes**). La résistance des Lettons à l'emprise soviétique aboutit à son indépendance en 1991, reconnue par l'URSS, posant le problème de l'intégration d'une forte minorité russophone.

Le Sueur. *Agar et l'ange.*
Musée des Beaux-Arts et d'Archéologie, Rennes.
Phot. © Dagli Orti

LETTRE n. f. ▪ **I. 1.** Signe de l'écriture. ⇒ **caractère.** *Les lettres représentent les sons de la parole. Les 26 lettres de l'alphabet français. Lettre majuscule, minuscule. Lettre qui commence un mot.* ⇒ **initiale.** *Les chiffres et les lettres.* ‑ loc. FAM. *Les cinq lettres,* le mot « merde ». *EN TOUTES LETTRES :* sans abréviation. **2.** Caractère d'imprimerie représentant une lettre. **3.** fig. LITTÉR. La forme stricte, le mot à mot (d'un texte). ‑ loc. *Ce qu'on lui a dit est resté LETTRE MORTE,* inutile. ♦ Le sens strict des mots, la forme (opposé à *l'esprit*). ‑ *À LA LETTRE, AU PIED DE LA LETTRE :* au sens propre du terme ; rigoureusement. *Suivre le règlement à la lettre,* s'y conformer rigoureusement. **II. 1.** Écrit que l'on adresse à qqn pour lui communiquer qqch. ⇒ **épître, message, missive ; correspondance.** *Écrire une lettre. Papier à lettres. Lettre anonyme. Envoyer, recevoir une lettre. Lettre recommandée, exprès.* ‑ loc. *Passer comme une lettre à la poste,* facilement et sans incident. ‑ *LETTRE OUVERTE :* article de journal en forme de lettre. **2.** loc. (écrits officiels) *Lettres de créance,* accréditant un diplomate. ‑ *Lettre de crédit,* mettant de l'argent à la disposition de qqn. *Lettre de change,* effet de commerce. **III.** *LETTRES* n. f. pl. **1.** VX Les études (par les livres). ♦ LITTÉR. La culture littéraire. *Avoir des lettres. Les belles-lettres,* la littérature. ‑ *Homme, femme de lettres,* écrivain professionnel. *Société des Gens de lettres.* **2.** (opposé à *sciences*) Enseignement de la littérature, de la philosophie, de l'histoire, des langues. *Faculté des lettres. Les lettres classiques,* comprenant le grec et le latin.

LETTRÉ, ÉE adj. ▪ Qui a des lettres, de la culture humaniste. ⇒ **cultivé.** ‑ n. *Un lettré, des lettrés.*

LETTRINE n. f. ▪ Lettre (ornée, etc.) qui commence un chapitre, un paragraphe.

l'étang de LEUCATE ou **de SALSES** ▪ Étang de l'Aude, près de Narbonne. 10 000 ha. Il est alimenté par les deux sources salées de Salses et communique avec la Méditerranée par des graus.

LEUCÉMIE n. f. ▪ Affection générale caractérisée par l'augmentation considérable des globules blancs dans le sang (« cancer du sang »).

LEUCÉMIQUE adj. ▪ De la leucémie. *État leucémique.* ♦ Atteint de leucémie. *Malade leucémique.* ‑ n. *Un, une leucémique.*

LEUC(O)- Élément savant, du grec *leukos* « blanc ».

LEUCOCYTAIRE adj. ▪ Des leucocytes. ‑ *Formule leucocytaire* (taux des différents types de leucocytes dans 1 mm^3 de sang).

LEUCOCYTE n. m. ▪ Globule blanc à un (mononucléaire) ou à plusieurs (polynucléaire) noyaux.

① **LEUR** pron. pers. invar. ▪ pron. pers. compl. À eux, à elles (au sing. ⇒ **lui** (I)). *Les services que nous leur rendons. Je le leur dirai. Donnez-la-leur.*

② **LEUR**, plur. **LEURS** ▪ **1.** adj. Qui est (sont) à eux, à elles. *Elles ont mis leur chapeau, leurs chapeaux. Ils partent chacun de leur côté* (ou *chacun de son côté*). **2.** *LE LEUR, LA LEUR, LES LEURS* pron. poss. Celui, celle (ceux ou celles) qui est (sont) à eux, à elles. *J'étais un des leurs,* un familier. *J'étais des leurs la semaine dernière,* parmi eux.

LEURRE n. m. ▪ **1.** Ce qui abuse, trompe. ⇒ **illusion, tromperie.** *Cet espoir n'est qu'un leurre.* **2.** Appât pour le poisson, imitant un appât naturel.

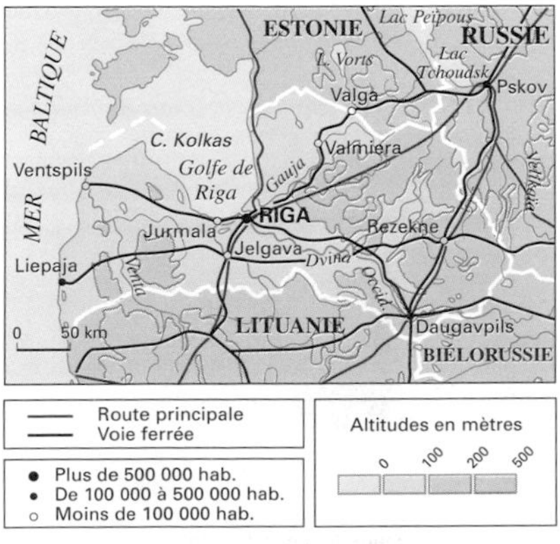

Lettonie.

LEURRER v. tr. ① ▪ Attirer par des apparences séduisantes, de fausses espérances. ⇒ **abuser, duper, tromper.** ► SE **LEURRER** v. pron. Se faire des illusions. ⇒ s'**illusionner.** *Il ne faut pas se leurrer, ce sera difficile.*

LEVAGE n. m. ▪ Action de lever, de soulever. ⇒ **chargement.** *Appareils de levage* (⇒ **manutention**).

LEVAIN n. m. ▪ **1.** Pâte de farine qu'on a laissée fermenter ou qu'on a mélangée à de la levure. *Pain sans levain* (⇒ **azyme**). **2.** fig. LITTÉR. Ce qui est capable d'exciter, d'aviver (les sentiments, les idées). ⇒ **ferment, germe.** *Un levain de vengeance.*

LEVALLOIS-PERRET ▪ Commune des Hauts-de-Seine, dans la banlieue de Paris. 47 548 hab. *(les Levalloisiens).* Centre industriel.

LEVANT ▪ **1.** adj. *Soleil levant,* qui se lève (opposé à *couchant*). **2.** n. m. Côté de l'horizon où le soleil se lève. ⇒ **est, orient. 3.** VIEILLI *Le Levant,* les régions de la Méditerranée orientale (Proche-Orient, Moyen-Orient).

le LEVANT en espagnol ***LEVANTE*** ▪ Frange côtière de l'Espagne orientale, correspondant aux quatre provinces de Castellón de la Plana, de Valence, d'Alicante et de Murcie. Oranges, céréales.

le **Levant.** Huerta de Murcie. *Phot. © Hétier*

l'île du LEVANT ▪ Île de la Méditerranée, dépendant de la commune d'Hyères.

LEVANTIN, INE adj. ▪ VIEILLI Qui est originaire du Levant. *Les peuples levantins.* ‑ n. *Un Levantin.*

Émile LEVASSOR (1844 ‑ 1897) ▪ Industriel français. → **Panhard.**

Louis LE VAU (1612 ‑ 1670) ▪ Architecte et décorateur français. L'un des maîtres du classicisme. Il réalisa le château de Vaux-le-Vicomte, remania le Louvre et commença la construction du château de Versailles.

Le Vau. Hôtel de Lauzun : enfilade du salon de musique sur le salon d'entrée. Paris. *Phot. © Giraudon*

LEVÉ n. m. ▪ Action d'établir (une carte, un plan). *Faire un levé de terrains.*

LEVÉE n. f. ▪ **1.** Remblai (de terre, de pierres...). ⇒ **chaussée, digue.** *Levée pour retenir les eaux d'un lac.* **2.** Action d'enlever, de retirer. – spécialt *La levée du corps* (avant l'enterrement). **3.** Action de mettre fin à. *La levée d'un siège. Levée de séance.* **4.** Collecte des lettres de la boîte. *La levée du matin est faite.* **5.** Action de ramasser les cartes lorsqu'on gagne un coup ; ces cartes. *Ne faire aucune levée.* **6.** Action d'enrôler des troupes. ⇒ **enrôlement.** *Levée en masse.*

① **LEVER** v. 5 ▪ **I.** v. tr. **1.** Faire mouvoir de bas en haut. ⇒ **élever, hausser, soulever** (plus cour.). *Lever un fardeau, un poids. Lever l'ancre,* appareiller. **2.** Mettre plus haut, soulever (une partie du corps). *Lever la main. Lever les bras au ciel* (indignation ou impuissance). *Lever le coude :* boire. *Lever le pied :* ne plus accélérer (d'un conducteur). – au p. p. *Voter à mains levées. Au pied levé,* sans préparation. ⇒ **impromptu.** ♦ Diriger vers le haut. *Lever la tête, le nez, les yeux.* **3.** Relever de façon à découvrir ce qui est derrière ou dessous. ⇒ **soulever.** *Lever le voile.* ⇒ **découvrir. 4.** *Lever un lièvre, une perdrix,* à la chasse, les faire sortir de leur gîte. – FAM. Entraîner (qqn) avec soi. *Lever une femme.* **5.** Rendre (qqch.) vertical. ⇒ **dresser.** *Lever une échelle, un pont-levis.* **6.** *Lever une carte, un plan,* l'établir. ⇒ **dresser. 7.** *LEVER LE CAMP :* replier les tentes ; s'en aller, fuir. ⇒ **décamper. 8.** Faire cesser. *Lever une ambiguïté.* – loc. *Lever le siège. Lever la séance.* – *Lever une punition.* ⇒ **supprimer. 9.** Remonter pour prendre. *Lever les filets.* ♦ Ramasser. *Lever les cartes.* – *Lever des impôts.* ⇒ **percevoir.** – *Lever une armée, des troupes.* ⇒ **mobiliser, recruter. II.** v. intr. Se mouvoir vers le haut. ⇒ se **dresser, monter. 1.** (plantes) Commencer à sortir de terre. ⇒ **pousser.** *Le blé lève.* **2.** (pâte) Se gonfler sous l'effet de la fermentation. ⇒ **fermenter.** *La levure fait lever la pâte.* ► SE **LEVER** v. pron. réfl. **1.** Se mettre debout, se dresser sur ses pieds. *Se lever de table,* quitter la table. **2.** Sortir de son lit (s'oppose à *se coucher*). *Se lever tôt, de bonne heure.* **3.** Apparaître à l'horizon (phénomène céleste). *Le soleil se lève.* ⇒ **levant.** – *Le jour se lève.* **4.** (vent) Commencer à souffler. *La brise, le vent se lève.* ⇒ **fraîchir.**

② **LEVER** n. m. ▪ **1.** Moment où un phénomène céleste paraît. *Lever de soleil. Le lever du jour.* **2.** Action de se lever, de sortir du lit. *Au lever, à son lever.* **3.** *Le lever du rideau,* début d'un spectacle. – *Un lever de rideau* (courte pièce).

LEVERKUSEN ▪ Ville d'Allemagne (Rhénanie-du-Nord-Westphalie), sur le Rhin. 159 800 hab. Important centre chimique.

Urbain LE VERRIER (1811 - 1877) ▪ Astronome français. Il révisa les tables des mouvements planétaires et découvrit Neptune par le calcul.

René LÉVESQUE (1922 - 1987) ▪ Homme politique canadien. Premier ministre du Québec de 1976 à 1985, il fut un ardent défenseur de l'identité québécoise.

le LÉVEZOU ou **LÉVÉZOU** ▪ Plateau cristallin du Massif central, entre le Tarn, le Viaur et l'Aveyron, culminant à 1 155 m au Puech del Pal. Tourisme. Hydroélectricité.

Carlo LEVI (1902 - 1975) ▪ Écrivain italien. *"Le Christ s'est arrêté à Eboli"* (1945), récit autobiographique sur son exil à l'époque du fascisme.

Primo LEVI (1919 - 1987) ▪ Écrivain italien. De son expérience du camp d'Auschwitz, il tira son premier livre (*"Si c'est un homme"*, 1947), suivi, après presque vingt ans de silence, d'une œuvre en majorité autobiographique.

Primo **Levi.** *Phot. © René Burri/Magnum*

LÉVI ▪ Dans la Bible, fils de Jacob. Ancêtre éponyme d'une des douze tribus d'Israël, dont les membres *(lévites)* avaient la responsabilité du culte.

le LÉVIATHAN ▪ Monstre marin décrit dans la Bible.

LEVIER n. m. ▪ **1.** Corps solide, mobile autour d'un point d'appui, permettant de multiplier une force. **2.** Organe de commande (d'une machine, d'un mécanisme). ⇒ **commande, manette.** *Levier de changement de vitesse.* – loc. *Être aux leviers de commande,* occuper un poste de direction. **3.** fig. Ce qui sert à vaincre une résistance ; moyen d'action. *L'argent lui a servi de levier.*

Emmanuel LEVINAS (1905 - 1995) ▪ Philosophe français. Traducteur de Husserl. Éthique inspirée du judaïsme. *"De l'existence à l'existant"* (1947); *"Totalité et Infini"* (1961).

Claude LÉVI-STRAUSS (né en 1908) ▪ Ethnologue et anthropologue français. Il a cherché à mettre en évidence la structure des sociétés. *"Structures élémentaires de la parenté"* (1949); *"Tristes tropiques"* (1955); *"Anthropologie structurale"* (1958, 1973); *"La Pensée sauvage"* (1962).

Lévi-Strauss.
Phot. © Louis Monier

LÉVITATION n. f. ▪ Élévation (de qqn) au-dessus du sol, sans aucune aide.

LÉVITE ▪ **1.** n. m. RELIG. Membre de la tribu de Lévi, voué au service du culte. **2.** n. f. VX Longue redingote.

LEVRAUT n. m. ▪ Jeune lièvre.

LÈVRE n. f. ▪ **I. 1.** Chacune des deux parties charnues, plus pigmentées que la face, qui bordent extérieurement la bouche et s'amincissent pour se joindre aux commissures (⇒ **labial**). *Lèvres charnues, épaisses ; minces. Se mettre du rouge à lèvres.* – loc. *Avoir le sourire aux lèvres. Tremper ses lèvres* (dans une boisson). *Manger du bout des lèvres,* sans appétit. – *Embrasser qqn sur les lèvres.* ♦ (servant à parler) *Ne pas desserrer les lèvres,* garder le silence. *Être suspendu aux lèvres de qqn,* l'écouter avec une grande attention. *Rire, parler, approuver DU BOUT DES LÈVRES,* de façon peu convaincue. **2.** ANAT. Partie qui borde la bouche entre les lèvres et le nez *(lèvre supérieure),* et le menton *(lèvre inférieure).* **II. 1.** au plur. Bords saillants (d'un organe). *Les grandes, les petites* (nymphes) *lèvres* (de la vulve). ♦ Bords de l'ouverture (d'un coquillage). **2.** Bord (d'une plaie).

LEVRETTE n. f. ▪ **1.** Femelle du lévrier. **2.** Petit lévrier d'Italie.

LÉVRIER n. m. ▪ Chien à jambes hautes, au corps allongé, agile et rapide. *Course de lévriers.*

LEVURE n. f. ▪ **1.** COUR. Ferment végétal. *Levure de bière. Levure de boulanger.* ⇒ **levain.** ♦ *Levure chimique.* **2.** SC. Champignon unicellulaire qui se multiplie par bourgeonnement et produit la levure (1).

Lucien LÉVY-BRUHL (1857 - 1939) ▪ Sociologue français. Il établit une opposition entre la pensée rationnelle, objective, et la mentalité prélogique et mystique. *"La Morale et la science des mœurs"* (1903); *"La Mentalité primitive"* (1922).

Kurt LEWIN (1890 - 1947) ▪ Psychologue allemand naturalisé américain. Il a introduit le concept de champ psychologique en sciences sociales.

Matthew Gregory LEWIS (1775 - 1818) ▪ Écrivain britannique. Un des créateurs du « roman noir ». *"Le Moine"* (1795).

Gilbert Newton LEWIS (1875 - 1946) ▪ Physicien et chimiste américain. Il développa la théorie de la liaison chimique (1913), fondée sur la formation de doublets d'électrons. Appliquant les lois de la thermodynamique à l'étude des équilibres chimiques, il conçut une théorie acide-base (1923-1938).

Sinclair LEWIS (1885 - 1951) ▪ Écrivain américain. Dans la lignée du « Nouveau Réalisme », il est l'auteur de romans satiriques sur la société américaine de l'entre-deux-guerres. *"Babbitt"* (1922). Prix Nobel 1930.

Joseph Levitch dit **Jerry LEWIS** (né en 1926) ▪ Acteur et metteur en scène américain. Il se révéla dans ses propres films comme l'un des grands burlesques américains. *"Dr Jerry et Mr Love"* (1963).

LEXICAL, ALE, AUX adj. ▪ Qui concerne le lexique, le vocabulaire.

SE **LEXICALISER** v. pron. ▪ Devenir une unité du lexique (mot composé, expression figée, locution, etc.). - au p. p. *Expression lexicalisée.*

LEXICOGRAPHE n. ▪ Personne qui fait un dictionnaire de langue.

LEXICOGRAPHIE n. f. ▪ Recensement et étude des mots d'une langue. ► adj. LEXICOGRAPHIQUE

LEXICOLOGIE n. f. ▪ Science des mots, de leurs fonctions, de leurs relations dans la langue (⇒ **lexique**). ► adj. LEXICOLOGIQUE

LEXICOLOGUE n. ▪ Spécialiste de l'étude du lexique.

LEXINGTON ▪ Ville des États-Unis (Kentucky). 225 000 hab. Centre de la région d'élevage dite *Blue Grass* (« herbe bleue »). Tabac, chevaux de course. Université.

LEXIQUE n. m. ▪ **1.** Dictionnaire succinct (d'une science, d'un art ; bilingue). ⇒ **vocabulaire. 2.** Ensemble des mots (d'une langue). *Le lexique du français.* - Ensemble des mots employés par une personne, un groupe. *Le lexique d'un écrivain.* ⇒ **vocabulaire.**

LEYDE en néerlandais ***LEIDEN*** ▪ Ville des Pays-Bas (Hollande-Méridionale). 112 976 hab. Ville culturelle (université créée en 1575, musées).

LEYSIN ▪ Ville de Suisse (canton de Vaud), au nord-est d'Aigle. 2 751 hab. Station d'été et de sports d'hiver (1 250 à 2 175 m d'alt.).

LEYTE ▪ Île des Philippines (Visayas), reliée à Samar par le pont San Juanico. 7 215 km². La flotte japonaise y fut en partie détruite par celle des États-Unis lors de la bataille aéronavale d'octobre 1944.

LÉZARD n. m. ▪ **1.** Petit reptile à longue queue effilée, au corps allongé et recouvert d'écailles. *Lézard gris, lézard vert.* - loc. FAM. *Faire le lézard,* se chauffer paresseusement au soleil (⇒ ① **lézarder**). **2.** Peau de cet animal. *Sac à main en lézard.*

LÉZARDE n. f. ▪ Crevasse plus ou moins profonde, étroite et irrégulière, dans un ouvrage de maçonnerie. ⇒ **fente, fissure.**

LÉZARDÉ, ÉE adj. ▪ Fendu par une ou plusieurs lézardes. ⇒ **crevassé.** *Un mur lézardé.*

① **LÉZARDER** v. intr. [1] ▪ FAM. Se chauffer au soleil ; rester sans rien faire.

② **LÉZARDER** v. tr. [1] ▪ Fendre par une ou plusieurs lézardes. *Les intempéries ont lézardé le mur.* ⇒ **crevasser.** - pronom. *Le mur s'est lézardé.*

LÉZIGNAN-CORBIÈRES ▪ Commune de l'Aude. 7 881 hab. *(les Lézignanais).* Église du XVe s. Vin.

LHASSA ou **LHASA** ▪ Capitale du Tibet (Chine), à 3 650 m d'altitude. 123 200 hab. Palais des dalaï-lamas, le Potala (XVIIe s.).

Lhassa. Le Potala. *Phot. © Charles Lénars*

Marcel L'HERBIER (1888 - 1979) ▪ Cinéaste français. Il voulut assigner au cinéma une fonction humaniste. *"Eldorado"* (1921); *"L'Inhumaine"* (1924); *"L'Argent"* (1928).

Tristan L'HERMITE → **Tristan l'Hermite**

Michel de L'HOSPITAL (v. 1504 - 1573) ▪ Ministre de Catherine de Médicis. Ses réformes et sa politique de tolérance envers les protestants (qui échoua) annoncent Henri IV.

Guillaume de L'HOSPITAL (1661 - 1704) ▪ Mathématicien français. Il publia le premier traité de calcul infinitésimal, diffusant les résultats de Leibniz et de Jean Bernoulli.

André LHOTE (1885 - 1962) ▪ Peintre cubiste et critique d'art français.

Lhote. *Rugby.* MNAMGP, Paris.
Phot. © Nimatallah/Ricciarini

LIAISON n. f. ▪ **I.** (choses) **1.** Ce qui lie, relie logiquement les éléments du discours. ⇒ **enchaînement.** *Manque de liaison dans les idées.* ⇒ **cohérence, suite.** - *Mot, terme de liaison,* conjonctions et prépositions. **2.** Prononciation en discours de la dernière consonne d'un mot (non prononcée devant consonne) unie à la première voyelle du mot suivant (ex. *les petits enfants*). **3.** Épaississement (d'une sauce) par ajout d'ingrédients. **4.** CHIM. Relation d'interaction entre éléments. **II.** (personnes) **1.** Fait d'être lié avec qqn ; relations que deux personnes entretiennent entre elles. *Liaison d'amitié, d'affaires.* ⇒ **relation.** *Il a rompu toute liaison avec ce milieu.* ⇒ **attache, lien.** - *Liaison amoureuse. "Les Liaisons dangereuses"* (roman [par lettres] de Laclos). *Avoir une liaison avec qqn.* **2.** Communication (des ordres), transmission (des nouvelles). *Liaisons téléphoniques.* - *EN, DE LIAISON. Entrer, rester en liaison étroite (avec qqn). Officier, agent de liaison.* **3.** Communication régulière entre deux lieux. *Des liaisons aériennes.*

LIANE n. f. ▪ Plante grimpante des forêts tropicales, de la jungle. *Un fouillis de lianes.*

LIANT, LIANTE ▪ **1.** adj. (personnes) Qui se lie facilement avec autrui. ⇒ **affable, sociable.** *Il est peu liant. Un caractère liant.* **2.** n. m. LITTÉR. Disposition favorable aux relations sociales. *Avoir du liant.*

le **LIAONING** ou **LEAONING** ▪ Province du nord-est de la Chine. 145 700 km². 40 420 000 hab. Capitale : Shenyang. Riche région agricole et minière. Industries.

LIARD n. m. ▪ Ancienne monnaie française (le quart d'un sou). *Pas un liard* : pas un sou.

LIASSE n. f. ▪ Ensemble de papiers superposés (attachés ou non). *Une liasse de lettres, de billets.*

LI BAI, LI BO ou **LI PO** ou **LI T'AI-PO** (701 - 762) ▪ Un des plus grands poètes de la Chine médiévale. Sa vie aventureuse a inspiré de nombreuses légendes.

le **LIBAN** ▪ État (république) du Proche-Orient qui borde la Méditerranée, entre la Syrie et Israël. 10 452 km². Environ 3 500 000 hab. *(les Libanais).* Capitale : Beyrouth. Langues : arabe (officielle), français, anglais, arménien. Religions : islam (sunnites, chiites, druzes) et christianisme (maronites). Monnaie : livre libanaise. La reconstruction du pays, ruiné par la guerre, est lente faute de crédits. Industries textiles et alimentaires. □ HISTOIRE Ancienne patrie des Phéniciens, le Liban fut successivement occupé par les Grecs, les Perses, les Romains, les Byzantins, les croisés, les

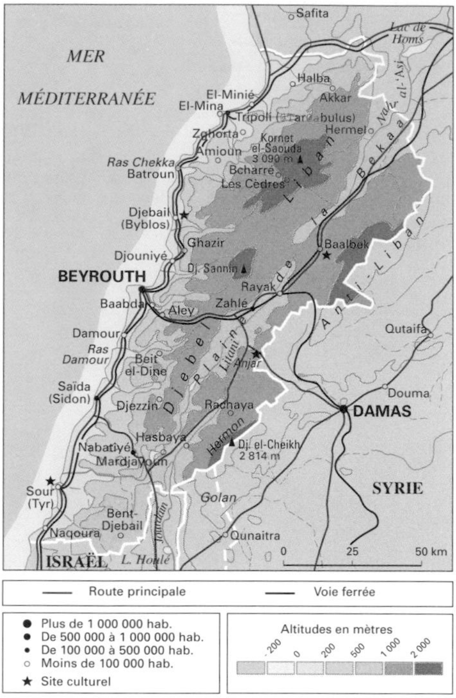

Liban.

Turcs, avant d'être administré par la France en 1920. Indépendant en 1943, le pays vécut, à partir de 1975, en état de guerre civile meurtrière opposant milices chrétiennes et milices islamo-progressistes alliées aux Palestiniens. L'extension du conflit entraîna l'intervention de la Syrie (1976) puis, à partir de 1982, d'Israël (→ **Israël, guerre israélo-arabe**) qui se retira en 1985, conservant au sud une « zone de sécurité ». En 1989, un accord fut signé par les différentes communautés religieuses sous l'égide de la Syrie qui interrompit la guerre civile et permit l'instauration de la IIe république avec une nouvelle Constitution en 1990. Toutefois, la persistance de l'affrontement entre Israël et le Hezbollah pro-iranien dans le Sud et l'échec des négociations au sujet d'un traité de paix entre Jérusalem et Damas restent un obstacle à l'émergence d'une solution globale de paix au Liban.

LIBANAIS, AISE adj. et n. ▪ Du Liban. ‑ n. *Une Libanaise. Les Libanais.*

LIBATION n. f. ▪ 1. ANTIQ. Action de répandre un liquide en offrande à une divinité, lors d'un sacrifice. 2. au plur. *Faire des libations,* boire abondamment (du vin, de l'alcool).

Willard **LIBBY** (1908‑1980) ▪ Chimiste américain. Méthode de datation au carbone 14. Prix Nobel 1960.

LIBELLE n. m. ▪ LITTÉR. Court écrit satirique, diffamatoire. ⇒ **pamphlet.** *Faire, répandre des libelles contre qqn.*

LIBELLÉ n. m. ▪ Termes dans lesquels un texte est rédigé. *Le libellé d'une lettre.*

LIBELLER v. tr. [1] ▪ 1. Rédiger dans les formes. *Libeller un acte, un contrat.* 2. Exposer, formuler par écrit. ‑ au p. p. *Réclamation libellée en termes violents.*

LIBELLULE n. f. ▪ Insecte à tête ronde, à corps allongé, aux quatre ailes transparentes et nervurées, qui vit auprès de l'eau.

LIBER [-ɛʀ] n. m. ▪ Partie d'un arbre entre l'écorce et le bois. ♦ Tissu végétal de cette partie, contenant des vaisseaux où circule la sève. ⇒ **aubier.** *Des libers.*

LIBÉRABLE adj. ▪ 1. Qui peut être libéré (notamment, du service militaire). *Contingent libérable.* 2. *Permission libérable,* qui anticipe sur la libération d'un soldat.

LIBÉRAL, ALE, AUX adj. ▪ I. LITTÉR. Qui donne facilement, largement. ⇒ **généreux.** *Il est plus libéral de promesses que d'argent.* II. 1. *PROFESSIONS LIBÉRALES :* de caractère intellectuel (architecte, avocat, médecin, etc.) et que l'on exerce librement. 2. Favorable aux libertés individuelles, en politique, en économie (⇒ **libéralisme**). *Doctrines, idées libérales.* ♦ adj. et n. (personnes) Partisan du libéralisme (2). *La bourgeoisie libérale. Parti libéral.* ‑ n. *Un libéral.* 3. Qui respecte les opinions, l'indépendance d'autrui. ⇒ **tolérant.**

LIBÉRALEMENT adv. ▪ Avec générosité. *Distribuer libéralement.*

LIBÉRALISER v. tr. [1] ▪ Rendre plus libéral (un régime politique, une activité économique). ► **LIBÉRALISATION** n. f. *La libéralisation des échanges internationaux, du régime de la presse.*

LIBÉRALISME n. m. ▪ 1. Attitude, doctrine des libéraux*, partisans des libertés individuelles. 2. (opposé à *étatisme, socialisme*) Doctrine selon laquelle la liberté économique, le libre jeu de l'entreprise ne doivent pas être entravés. *Le libéralisme préconise la libre concurrence.* 3. Respect à l'égard de l'indépendance, des opinions d'autrui. ⇒ **tolérance.**

LIBÉRALITÉ n. f. ▪ LITTÉR. 1. Disposition à donner généreusement. ⇒ **générosité, largesse.** 2. Don généreux.

LIBÉRATEUR, TRICE ▪ 1. n. Personne qui libère, délivre. *Les libérateurs du pays.* 2. adj. Qui libère. *Guerre libératrice,* de libération. ♦ fig. *Un humour libérateur. Rôle libérateur de l'éducation.*

LIBÉRATION n. f. ▪ 1. Action de rendre libre. ⇒ **délivrance.** *La libération d'otages.* ♦ DR. Mise en liberté (d'un détenu) après l'expiration de sa peine. *Libération conditionnelle.* ‑ Renvoi d'un militaire dans ses foyers à l'expiration de son temps de service. 2. fig. Délivrance d'une sujétion, d'un lien. ⇒ **affranchissement.** *Mouvement de libération de la femme* (M. L. F.). *La libération sexuelle.* 3. Délivrance (d'un pays occupé, d'un peuple). ‑ HIST. *La Libération,* celle des territoires français occupés par les troupes allemandes durant la Deuxième Guerre mondiale. 4. Mise en liberté (de matière, d'énergie). *Libération d'énergie.*

LIBÉRATOIRE adj. ▪ DR. Qui libère d'une obligation, d'une dette.

LIBERCOURT ▪ Commune du Pas-de-Calais. 9 760 hab. *(les Libercourtois).*

LIBEREC ▪ Ville de la République tchèque, en Bohême. 102 000 hab.

LIBÉRER v. tr. [6] ▪ 1. Mettre en liberté. ⇒ **relâcher.** ‑ Renvoyer (un soldat) dans ses foyers. 2. Délivrer, dégager de ce qui lie, de ce qui gêne, retient. *Libérer le passage.* ‑ pronom. *Se libérer d'une entrave.* ⇒ se **dégager.** ‑ Se rendre libre (I, 4). *Je n'ai pas pu me libérer plus tôt.* 3. Rendre libre, affranchi (d'une servitude, d'une obligation). ⇒ **dégager, exempter.** *Je vous libère de vos engagements.* 4. Délivrer (un pays, un peuple) d'une occupation, d'un asservissement. ⇒ **libération.** 5. *Libérer sa conscience,* la délivrer du remords (en avouant). ♦ Laisser se manifester. *Libérer ses instincts.* 6. SC. Dégager (une substance, une énergie). *Réaction chimique qui libère un gaz.* ► **LIBÉRÉ, ÉE** adj. 1. Mis en liberté. ‑ n. *Les libérés.* 2. Délivré d'une occupation militaire. *Pays libéré.* 3. Affranchi d'une servitude.

le **LIBERIA** ▪ État (république) d'Afrique de l'Ouest, bordant l'Atlantique. 111 370 km². 2 500 000 hab. *(les Libériens).* Capitale : Monrovia. Langues : anglais (officielle), mandé,

libellule. *Orthetrum brunneum,* libellule brune (le mâle est bleu).
Phot. © Molton C & M/Jacana

krou. Monnaie : dollar libérien. La forêt recouvre la majeure partie du pays (hévéa). État fondé en 1847 par d'anciens esclaves noirs américains libérés, il fut, pendant la colonisation, le seul État africain à rester indépendant. Depuis 1990, une violente guerre civile qui a abouti au renversement du gouvernement a entraîné la ruine du pays.

LIBERTAIRE adj. ▪ Qui n'admet aucune limitation de la liberté politique. ⇒ **anarchiste.** *Les traditions libertaires.* ‑ n. *Un, une libertaire.*

LIBERTÉ n. f. ▪ **I. 1.** Situation de la personne qui n'est pas sous la dépendance de qqn (opposé à *esclavage, servitude*), ou qui n'est pas enfermée (opposé à *captivité*). ⇒ **libre.** *Rendre la liberté à un prisonnier.* ⇒ **délivrer.** ‑ *Élever des animaux en liberté,* sans les enfermer. **2.** Possibilité, pouvoir d'agir sans contrainte ; autonomie. *Liberté de décision, d'action. Il a toute liberté pour agir.* ⇒ **facilité, faculté.** *J'ai pris la liberté de refuser. Agir en toute liberté,* librement. ‑ *Pendant ses moments de liberté.* ⇒ **loisir.** ♦ *Liberté d'esprit,* indépendance d'esprit. *Liberté de langage, de mœurs.* **3.** au plur. Acte accompli sans respecter les règles usuelles. *Prendre des libertés avec...* **II. 1.** Pouvoir d'agir, dans une société organisée, selon sa propre détermination, dans la limite de règles. *Liberté politique.* ‑ *LA LIBERTÉ :* absence de contrainte illégitime. *Défenseur de la liberté. Vive la liberté ! "Liberté"* (poème d'Éluard). ‑ allus. *La liberté ou la mort.* **2.** Pouvoir que la loi reconnaît aux individus dans un domaine. ⇒ **droit.** *Liberté d'opinion. Liberté de la presse. Liberté religieuse,* droit de choisir sa religion, ou de n'en pas avoir (liberté de conscience). *La défense des libertés et des droits de l'homme.* **3.** Indépendance nationale. *Combattre pour la liberté de sa patrie.* ⇒ **libération. III.** PHILOS. Caractère indéterminé de la volonté humaine ; libre arbitre. *La liberté, fondement du devoir, de la responsabilité, de la morale.*

LIBERTIN, INE adj. et n. ▪ **1.** HIST. Qui rejette la contrainte, spécialt en matière de religion. ‑ Impie, incrédule. **2.** LITTÉR. Qui est déréglé dans ses mœurs, dans sa conduite, s'adonne sans retenue aux plaisirs charnels. ⇒ **dissolu.** ‑ *Propos, livres, vers libertins.* ⇒ **grivois, leste.**

LIBERTINAGE n. m. ▪ **1.** HIST. Indépendance d'esprit ; spécialt incrédulité, rationalisme areligieux. **2.** Licence des mœurs.

LIBIDINEUX, EUSE adj. ▪ LITTÉR. ou plais. Qui recherche constamment et sans pudeur des satisfactions sexuelles (alors qu'il ou elle ne devrait pas). *Un vieillard libidineux.* ‑ *Regards libidineux.* ⇒ **vicieux.**

LIBIDO n. f. ▪ **1.** Recherche instinctive du plaisir et, spécialt, du plaisir sexuel. **2.** PSYCH. Énergie qui sous-tend les instincts de vie et, en particulier, les instincts sexuels.

LIBOURNE ▪ Chef-lieu d'arrondissement de la Gironde. 21 012 hab. *(les Libournais).* Vignobles et marché des vins de Bordeaux.

LIBRAIRE n. ▪ **1.** VX Éditeur et marchand de livres. **2.** MOD. Commerçant qui vend des livres.

LIBRAIRIE n. f. ▪ **1.** VX Bibliothèque. *La librairie de Montaigne.* **2.** MOD. Commerce des livres. **3.** Magasin où l'on vend des livres. *Librairie d'occasion, d'ancien. Une librairie-papeterie.*

LIBRE adj. ▪ **I. 1.** (opposé à *esclave, serf,* ou à *captif, prisonnier*) Qui n'est pas privé de sa liberté. *Rendre libre un esclave.* ⇒ **affranchir. 2.** Qui a le pouvoir, le droit de décider, d'agir par soi-même. ⇒ **autonome, indépendant.** ‑ *Libre comme l'air,* tout à fait libre. ‑ *Garder l'esprit libre, la tête libre,* exempt de préoccupations ou de préjugés. ‑ loc. *Libre penseur.* **3.** LITTÉR. *LIBRE DE* (+ nom) : libéré, affranchi de. *Esprit libre de préoccupations.* ⇒ **exempt.** ‑ *LIBRE DE* (+ inf.). *Libre de décider, d'agir.* **4.** Qui n'est pas retenu (par un engagement, une obligation, une occupation). *Se rendre libre. Il, elle est libre,* non engagé(e) par un contrat (de travail, de mariage). **5.** (choses) Qui s'accomplit librement, sans contrainte extérieure. *Mouvements libres. Union libre :* concubinage. ‑ loc. *Elle a donné LIBRE COURS à sa colère.* **6.** Qui ne se contraint pas. *Être libre, très libre avec qqn,* ne pas se gêner avec lui. *Il a des manières libres.* ⇒ **spontané. 7.** Qui transgresse les convenances. *Propos libres, un peu libres.* ⇒ **cru, licencieux, osé. II. 1.** Qui n'est pas soumis à une autorité arbitraire, tyrannique ; qui jouit de l'indépendance, de libertés* reconnues et garanties. *Peuple, société, nation libre.* **2.** Dont le libre exercice est reconnu par la loi. *Enseignement libre. Écoles libres,* écoles privées, religieuses ou non. *Radios libres.* **III.** Qui jouit de liberté (II). *Une presse libre.* **IV.** (choses) **1.** Autorisé, permis (opposé à *interdit, réglementé*). *Accès libre. Entrée libre,* qui n'est soumise à

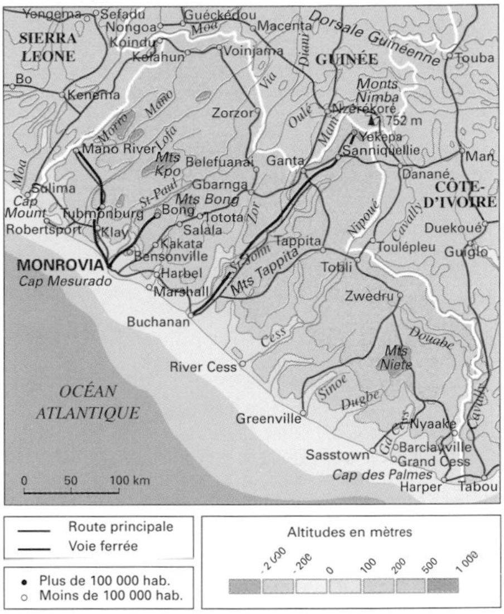

Liberia.

aucune formalité, gratuite. ‑ impers. *Libre à vous (de),* vous êtes libre (de). *Libre à vous de refuser.* **2.** Qui n'est pas attaché, retenu ou serré. *Vêtement qui laisse la taille libre.* **3.** Qui n'est pas occupé, ne présente pas d'obstacle empêchant le passage. *Place libre.* ⇒ **vacant, vide.** *La voie est libre. Il n'y a pas une chambre de libre dans cet hôtel.* ‑ *Temps libre,* que l'on peut employer à sa guise. **4.** Dont la forme n'est pas imposée. *Vers libres. Figures libres et imposées* (patinage, gymnastique). *Traduction libre.* ‑ *Papier libre* (opposé à *papier timbré*).

LIBRE ARBITRE n. m. ▪ Volonté libre, non contrainte. *Il n'avait pas son libre arbitre, il a agi sous la menace.*

LIBRE-ÉCHANGE n. m. sing. ▪ Système dans lequel les échanges commerciaux entre États sont libres (s'oppose à *protectionnisme*). *Une zone de libre-échange.*

LIBREMENT adv. ▪ **1.** Sans restriction d'ordre juridique ou sans obstacle. *Circuler librement.* **2.** En toute liberté de choix. *Discipline librement consentie.* **3.** Avec franchise. *Je vous parlerai très librement.* **4.** D'une manière libre (IV).

LIBRE PENSEUR, EUSE n. ▪ Personne qui pense librement, ne se fiant qu'à sa raison. *Des libres penseurs.*

LIBRE-SERVICE n. m. ▪ **1.** Service assuré par le client lui-même, dans un magasin, un restaurant. **2.** Établissement commercial où l'on se sert soi-même. *Déjeuner dans un libre-service.* ⇒ anglic. **self-service.** *Des libres-services.*

LIBRETTISTE n. ▪ Auteur d'un livret d'opéra, d'opérette.

LIBREVILLE ▪ Capitale et port du Gabon. 400 000 hab. Industries alimentaires.

Libreville. La mosquée et le ministère de l'Information.
Phot. © Boutin/Explorer

la LIBYE ▪ État d'Afrique du Nord. 1 759 540 km². 4 700 000 hab. *(les Libyens).* Capitale : Tripoli. Langue officielle : arabe. Religion : islam. Monnaie : dinar libyen. Les 9/10 du territoire sont recouverts par le désert du Sahara. Pétrole. Sous domination arabe puis colonie italienne, royaume indépendant en 1951, le pays fut dirigé par Idrīs Iᵉʳ jusqu'au coup d'État du colonel Kadhafi* en 1969. République islamique, championne du panarabisme, la Libye fut en guerre avec le Tchad de 1979 à 1989.

LIBYEN, ENNE adj. et n. ▪ De la Libye. *La côte libyenne.* ▸ n. *Les Libyens.*

① **LICE** n. f. ▪ **1.** Palissade, enclos (autour d'un château, etc.). **2.** HIST. Champ clos où se déroulaient des joutes, des tournois. ▸ loc. *Entrer en lice,* s'engager dans une compétition ou intervenir dans un débat. ≠ *lis, lisse.*

② **LICE** ou **LISSE** n. f. ▪ TECHN. Pièce d'un métier à tisser qui maintient les fils de chaîne. ▸ *Haute lice* (chaîne verticale), *basse lisse* (horizontale).

③ **LICE** n. f. ▪ Chien de chasse femelle.

LICENCE n. f. ▪ **I. 1.** LITTÉR. *Vous avez toute licence de rester ici.* ⇒ **liberté** (I, 2). **2.** Liberté que prend un écrivain avec les règles de la versification, de la grammaire. *Licence poétique.* **3.** VIEILLI Désordre moral, anarchie qu'entraîne une liberté sans contrôle. **4.** LITTÉR. Absence de décence. *La licence des mœurs* (⇒ **licencieux**). **II. 1.** Grade universitaire intermédiaire entre le baccalauréat et la maîtrise. *Licence en droit, licence ès lettres.* **2.** Autorisation administrative permettant d'exercer une activité réglementée (commerce, sport, etc.). *Licence d'importation.* ▸ *Licence de pêche.* ⇒ **permis.**

① **LICENCIÉ, ÉE** n. ▪ **1.** Personne qui a passé avec succès les épreuves de la licence (II). *Une licenciée de sciences, ès sciences.* ▸ adj. *Professeur licencié.* **2.** Titulaire d'une licence (II). *Footballeur licencié.*

LICENCIEMENT n. m. ▪ Fait de licencier. *Licenciements d'ouvriers.* ⇒ **renvoi.** *Licenciement pour raisons économiques. Les licenciements d'un « plan social ».*

LICENCIER v. tr. ⑦ ▪ Priver (qqn) de son emploi, de sa fonction. ⇒ **congédier, renvoyer.** *Elle s'est fait licencier.* ▸ adj. et n. ② **LICENCIÉ, ÉE** *Employés licenciés.*

LICENCIEUX, EUSE adj. ▪ LITTÉR. Qui manque de pudeur, de décence. ⇒ **libertin.** *Propos licencieux.* ⇒ **grivois, scabreux.**

LICHEN [likɛn] n. m. ▪ Végétal formé de l'association d'un champignon et d'une algue, qui ressemble à la mousse. *Des lichens.*

LICHETTE n. f. ▪ FAM. Petite tranche, petit morceau d'un aliment. *Une lichette de pain, de beurre.*

LICHT ▪ Site archéologique d'Égypte. Capitale de la XIIᵉ dynastie (Moyen Empire).

Georg Christoph LICHTENBERG (1742-1799) ▪ Écrivain allemand. Ses *"Aphorismes"* révèlent un esprit lucide et caustique.

Roy LICHTENSTEIN (né en 1923) ▪ Peintre américain. Représentant majeur du pop art, il reprit en les détournant l'iconographie et les thèmes de la bande dessinée et des publicités.

LICITE adj. ▪ Qui est permis par la loi, par l'autorité établie. ⇒ **permis.** *Profits licites et illicites.*

Lichtenstein. *En Voiture.* Scottish National Gallery of Modern Art, Édimbourg. *Phot. © Bridgeman/Giraudon*

Libye.

LICOL ou **LICOU** n. m. ▪ VX Pièce de harnais qu'on met autour du cou des animaux attelés. *Retenir un cheval par son licol.*

LICORNE n. f. ▪ Animal fabuleux à corps et tête de cheval (ou de cerf), avec une corne unique au milieu du front.

LICTEUR n. m. ▪ ANTIQ. ROMAINE Garde portant une hache dans un faisceau de verges, qui marchait devant les hauts magistrats (dictateur, etc.).

LI DAZHAO ou **LI TA-TCHAO** (1889-1927) ▪ Philosophe et homme politique chinois. Il introduisit en Chine la pensée marxiste et fonda le parti communiste chinois en 1921.

LIDICE ▪ Village de Bohême, dont la population fut victime des atrocités nazies en 1942.

LIDO n. m. ▪ GÉOGR. Lagune derrière un cordon littoral ; le cordon littoral. *Des lidos. Le lido de Venise* ou absolt *le Lido.*

▪ **le LIDO (de Venise)** ▪ Étroite et longue bande de terre qui sépare Venise de l'Adriatique. Palais du Festival international du cinéma.

LIE n. f. ▪ **1.** Dépôt qui se forme au fond des récipients contenant des boissons fermentées. ▸ adj. invar. *LIE(-)DE(-)VIN :* rouge violacé. ▸ loc. *Boire* (*le calice,* etc.) *jusqu'à la lie :* endurer jusqu'au bout une situation pénible. **2.** LITTÉR. *La lie de la société.* ⇒ **rebut.**

Jonas LIE (1833-1908) ▪ Poète et romancier norvégien. Ses romans allient avec force réalisme et sens du mystère. *"Le Pilote et sa femme"* (1874).

Sophus LIE (1842-1899) ▪ Mathématicien norvégien. Il a donné à la théorie des groupes (→ **Galois**) des développements remarquables, concernant aussi bien la géométrie que l'analyse.

Justus, baron von LIEBIG (1803-1873) ▪ Chimiste allemand. Il fut un des fondateurs de la chimie agricole.

Wilhelm LIEBKNECHT (1826-1900) ▪ Socialiste allemand. Il créa avec August Bebel le parti ouvrier social-démocrate. ▸ **Karl LIEBKNECHT** (1871-1919), son fils. Fondateur, avec Rosa Luxemburg, du parti communiste allemand. Il fut assassiné. → **Spartakus.**

le LIECHTENSTEIN ▪ Principauté indépendante d'Europe centrale (monarchie constitutionnelle), entre la Suisse et l'Autriche. 160 km². 28 000 hab. *(les Liechtensteinois).* Capitale : Vaduz. Langue officielle : allemand. Religion : catholicisme. Monnaie : franc suisse. État rattaché à la Suisse pour les questions monétaires, postales et douanières. Hydroélectricité. Tourisme.

LIED [lid] n. m. ▪ Chanson ou mélodie populaire allemande. *Les lieds, les lieder* (plur. allemand) *de Schubert.*

LIÈGE n. m. ▪ Matériau léger, imperméable et élastique, formé par la couche externe de l'écorce de certains arbres, en particulier du chêne-liège. *Bouchon, flotteur en liège.*

LIÈGE en néerlandais ***LUIK*** ▪ Ville de Belgique (la plus grande de la Région wallonne), au centre d'un réseau de communications et située sur un bassin houiller. 194 596 hab. *(les Liégeois).* Nombreux monuments : palais des Princes-Évêques (XVIe-XVIIIe s.), églises, musées. Port pétrolier. Elle devint en 710 un évêché dont les princes-évêques conservèrent jusqu'au XVIIIe s. un pouvoir important. ► **la province de LIÈGE** Province de Belgique (Région wallonne). 3 862 km² dont 853 km² pour la communauté germanophone. 999 646 hab. Chef-lieu : Liège.

Liège. Façade ouest du palais des Princes-Évêques.
Phot. © Berger/Rapho

LIÉGEOIS, OISE adj. et n. ▪ De Liège (ville de Belgique). - loc. *Café, chocolat liégeois,* glace au café, au chocolat, avec de la crème Chantilly.

LIEN n. m. ▪ **1.** Chose flexible et allongée servant à lier, à attacher qqch. ⇒ **attache, bande, corde, courroie, ficelle, sangle ; lier. 2.** fig. Ce qui relie, unit. *Ces faits n'ont aucun lien entre eux.* **3.** Ce qui unit des personnes. ⇒ **liaison, relation.** *Lien de parenté, de famille. Les liens de l'amitié.* **4.** LITTÉR. Élément (affectif, intellectuel) qui attache qqn à qqch. ⇒ **affinité. 5.** Ce qui retient, enchaîne. ⇒ **servitude.**

LIER v. tr. [7] ▪ **I.** (compl. chose) **1.** Entourer, serrer avec un lien (plusieurs choses ou parties). ⇒ **attacher** (opposé à *délier*). *Lier de la paille en bottes, en gerbes. On lui a lié les pieds.* - p. p. *Pieds et poings liés.* **2.** Assembler, joindre. - au p. p. *Écriture liée. Notes liées.* ⇒ **legato. 3.** Joindre à l'aide d'une substance qui opère la réunion ou le mélange. *Lier des pierres avec du mortier.* - *Lier une sauce,* l'épaissir. **4.** fig. Unir par un rapport logique, fonctionnel. *Lier ses idées.* ⇒ **coordonner, relier.** *Rapport qui lie la cause à l'effet.* - passif et p. p. *Dans cette affaire, tout est lié,* tout se tient. **5.** loc. (compl. sans article) Faire naître (un lien). *Lier amitié* (avec qqn), contracter un lien d'amitié. *Lier conversation.* ⇒ **nouer.** - loc. *Avoir partie liée* (avec qqn), se mettre ou être d'accord pour une affaire commune. **II.** (compl. personne) **1.** Attacher, enchaîner. *On l'avait lié sur une chaise.* ⇒ **ligoter.** loc. *Être fou à lier,* complètement fou. - *LIER À :* attacher. *Lier qqn à un arbre.* **2.** Imposer une obligation juridique, morale à. ⇒ **astreindre, obliger.** *Cette promesse me lie.* ⇒ **engager.** *Être lié par un serment.* **3.** Unir par des relations d'affection, de goût, d'intérêt. *Des souvenirs communs les liaient.* - pronom. *SE LIER (avec qqn) :* avoir des relations d'amitié. *Il ne se lie pas facilement.* - au p. p. *Ils sont très liés* (ensemble). *Des amis très liés.*

LIER en français ***LIERRE*** ▪ Ville de Belgique (Région flamande, province d'Anvers). 31 203 hab.

LIERRE n. m. ▪ Arbrisseau rampant et grimpant, à feuilles luisantes toujours vertes.

LIESSE n. f. ▪ LITTÉR. Joie collective. - loc. *Peuple, assemblée EN LIESSE.*

LIESTAL ▪ Ville de Suisse, chef-lieu du canton de Bâle-Campagne. 12 570 hab.

① **LIEU** n. m. ▪ **I. 1.** Portion déterminée de l'espace (considérée de façon générale et abstraite). ⇒ **endroit, place.** *Être, se trouver dans un lieu. Dans ce lieu.* ⇒ **ici, là.** *La date et le lieu d'un événement. Nom de lieu* (toponyme). ⇒ aussi **chef-lieu, lieu-dit.** *En lieu sûr,* en sûreté. - *Lieu de promenade, de passage. Lieu de travail. Le lieu de l'action. L'unité de lieu est une des règles du théâtre classique.* - *Mauvais lieu,* endroit mal fréquenté. - loc. *N'avoir ni feu ni lieu,* être sans domicile. - *Adverbe, complément de lieu,* qui indiquent le lieu. ♦ *Le lieu géométrique d'un point :* l'ensemble des positions qu'il peut occuper. **2.** loc. *HAUT LIEU :* endroit où se sont passées des choses mémorables. - *EN HAUT LIEU :* auprès des personnes haut placées. *Il s'est plaint en haut lieu.* - *LIEU SAINT :* temple, sanctuaire. au plur. *Les Lieux saints,* les lieux de la Passion de Jésus ; la Terre sainte. **3.** *LIEU PUBLIC :* lieu qui par destination admet le public (rue, jardin, mairie), ou auquel le public peut accéder (café, cinéma). **II.** *LES LIEUX* (plur. à valeur de sing.). **1.** Endroit précis où un fait s'est passé. *Être sur les lieux,* sur place. **2.** Appartement, maison, propriété. *État des lieux. Quitter, vider les lieux.* **3.** *Lieux d'aisances ;* VX *les lieux.* ⇒ **cabinet(s). III. 1.** Espace ou temps déterminé (dans un ensemble, une succession). *En son lieu,* à son tour. - loc. adv. *En temps et lieu,* au moment et à la place convenables. **2.** Point successif d'un discours, d'un écrit. *En premier lieu,* d'abord. *En dernier lieu.* ♦ *Les lieux d'un discours :* les passages du texte. - loc. *LIEU COMMUN* (LOG., PHILOS.) : argument, raisonnement applicable à tous sujets ; (VX) citation célèbre ; (MOD.) idée, sujet traité dans tous les textes ; banalité. **3.** *AVOIR LIEU :* se passer, exister (à un endroit, à un moment). - Être, se faire, s'accomplir. *"La guerre de Troie n'aura pas lieu"* (pièce de Giraudoux). **4.** *AU LIEU DE* loc. prép. : à la place de. *Employer un mot au lieu d'un autre.* ⇒ **pour.** - (+ inf., exprime l'opposition) *Vous rêvez au lieu de réfléchir.* **5.** *TENIR LIEU DE.* ⇒ **remplacer, servir de.** *Cette pièce me tient lieu de chambre et de salon à la fois.* - *AVOIR LIEU DE* (+ inf.) : des raisons de. *Elle n'a pas lieu de se plaindre.* - *Il y a lieu de,* il convient de. *Il y a lieu de s'inquiéter.* - *S'il y a lieu* (de faire qqch.), le cas échéant. *Nous vous rappellerons, s'il y a lieu.* - *DONNER LIEU :* fournir l'occasion. ⇒ **produire, provoquer.** *Avec lui, tout donne lieu à des plaisanteries.*

② **LIEU** n. m. ▪ Poisson de la famille du merlan. *Des lieus jaunes.* - *Lieu noir.* ⇒ **colin.**

LIEU-DIT ou **LIEUDIT** n. m. ▪ Lieu de la campagne qui porte un nom traditionnel. *L'autocar s'arrête au lieudit des Trois-Chênes. Des lieux-dits ; des lieudits.*

LIEUE n. f. ▪ **1.** Ancienne mesure de distance (environ 4 km). *Les bottes de sept lieues du Petit Poucet* (contes de Perrault). **2.** loc. *À CENT LIEUES à la ronde :* loin autour (d'un endroit). - fig. *Être à cent, à mille lieues de* (+ inf.), très loin de. **3.** *Lieue marine* (5 555 m). *"Vingt Mille Lieues sous les mers"* (roman de Jules Verne).

LIEUSE n. f. ▪ Machine servant à lier les gerbes. - appos. *Moissonneuse-lieuse.*

LIEUTENANT n. m. ▪ **1.** Adjoint direct (qui peut remplacer le chef). *Les lieutenants d'un conquérant.* ♦ HIST. *Lieutenant général du royaume,* remplaçant ou représentant le roi. *Lieutenant général :* haut magistrat ; officier (au-dessous du général). **2.** MOD. Officier dont le grade est immédiatement inférieur à celui de capitaine, et qui commande une section. **3.** *Lieutenant de vaisseau,* officier de marine dont le grade correspond à celui de capitaine dans l'armée de terre. **4.** Adjoint (d'un chef).

LIEUTENANT-COLONEL n. m. ▪ Officier dont le grade est immédiatement inférieur à celui de colonel. *Des lieutenants-colonels.*

LIÉVIN ▪ Commune du Pas-de-Calais. 33 623 hab. *(les Liévinois).* Charbon. Chimie.

lierre. *Hedera helix.* *Phot. © Soler/Jacana*

LIÈVRE n. m. ▪ **1.** Mammifère rongeur, voisin du lapin, et qui vit en liberté. ⇒ **hase** (femelle), **levraut** (petit). - Chair (comestible et appréciée) de cet animal. *Civet de lièvre.* **2.** loc. *Il ne faut pas courir deux lièvres à la fois,* mener de front plusieurs activités. - *C'est là que gît le lièvre,* là est le nœud de l'affaire. - *Lever, soulever un lièvre,* soulever à l'improviste une question embarrassante. **3.** ⇒ **bec-de-lièvre.**

lièvre.
Lepus europaeus.
Phot. © Danegger/Jacana

Serge **LIFAR** (1905-1986) ▪ Danseur et chorégraphe français d'origine russe. Avec les Ballets russes de Diaghilev puis à l'Opéra de Paris, il rénova la tradition académique.

LIFT [lift] n. m. ▪ anglic. Effet d'une balle liftée.

LIFTER v. tr. 1 ▪ anglic. SPORTS Donner à (une balle) un effet particulier qui lui fait décrire une courbe assez haute et qui l'accélère quand elle rebondit. - au p. p. *Balle liftée.*

LIFTIER, IÈRE n. ▪ anglic. Personne qui manœuvre un ascenseur.

LIFTING n. m. ▪ anglic. Opération de chirurgie esthétique, visant à remonter et tendre la peau du visage. *Elle s'est fait faire un lifting.*

LIGAMENT n. m. ▪ Faisceau de tissu fibreux blanchâtre, très résistant, unissant les éléments (cartilages, os) d'une articulation. *Déchirure des ligaments.*

LIGATURE n. f. ▪ **1.** Opération consistant à réunir, à fixer avec un lien. *Faire une ligature. Ligatures des greffes.* **2.** Lien permettant cette opération.

LIGATURER v. tr. 1 ▪ Serrer, fixer avec une ligature. *Ligaturer une artère.*

LIGE adj. ▪ *HOMME LIGE (de qqn) :* homme entièrement dévoué (à une personne, un groupe). *Être l'homme lige d'un parti.*

György **LIGETI** (né en 1923) ▪ Compositeur hongrois. *"Le Grand Macabre"* (1978), opéra d'après Ghelderode.

LIGNAGE n. m. ▪ **1.** LITTÉR. Ascendance. *Être de haut, d'ancien lignage.* **2.** DIDACT. Ensemble des descendants d'un ancêtre commun. ⇒ **lignée. 3.** Filiation linéaire.

LIGNE n. f. ▪ **I. 1.** Trait continu allongé, sans épaisseur. *Tracer, tirer des lignes. Ligne droite, courbe.* **2.** Trait réel ou imaginaire qui sépare deux choses. ⇒ **frontière, limite.** *Ligne de démarcation.* - *Ligne de flottaison,* qui correspond au niveau normal de l'eau sur la coque d'un navire. - *Ligne blanche* (autrefois *jaune*), marquant la division d'une route en plusieurs bandes. ♦ absolt L'équateur. *Le passage de la ligne.* **3.** Chacun des traits qui sillonnent la paume de la main. *Ligne de vie, de cœur.* **4.** Contour, tracé. ⇒ **dessin, forme.** *Harmonie des lignes.* **5.** *La ligne,* effet produit par une combinaison de lignes (silhouette, dessin). *Cette voiture a une belle ligne.* - loc. *Garder la ligne,* rester mince. **6.** fig. Élément, point. *Les lignes essentielles, les grandes lignes d'un programme. Dans ses grandes lignes,* en gros. **II. 1.** Direction. *En ligne droite.* - fig. *Ligne de conduite.* - *Être dans la ligne (du parti),* suivre l'orthodoxie qu'il a définie. **2.** Tracé idéal dans une direction déterminée. *Ligne de tir.* **3.** Trajet emprunté par un service de transport ; ce service. *Lignes d'autobus. Ligne aérienne ; la ligne. Pilote de ligne.* **III. 1.** Fil (soie, crin, nylon) portant à l'une de ses extrémités un hameçon pour la pêche. *Pêche, pêcher à la ligne. Ligne dormante. Ligne de fond,* qui repose au fond de l'eau. **2.** Fils ou câbles conduisant et transportant l'énergie électrique. *Ligne électrique, téléphonique.* **IV. 1.** Suite alignée (de choses, de personnes). *Être placé EN LIGNE, SUR UNE LIGNE. En ligne pour le départ !* - *HORS LIGNE,* hors pair, supérieur. *Une intelligence hors ligne.* **2.** Série alignée d'ouvrages ou de positions (militaires). *Lignes de fortifications. Première, seconde ligne.* - *Avoir raison, être battu sur toute la ligne,* tout à fait. **3.** Suite de caractères disposés dans la page sur une ligne horizontale. *Point à la ligne. Aller, revenir à la ligne. De la première à la dernière ligne.* - loc. *Lire entre les lignes,* deviner ce qui est sous-entendu. **4.** loc. *Entrer EN LIGNE DE COMPTE :* compter, avoir de l'importance. **5.** Suite des degrés de parenté. ⇒ **filiation, lignée.** *Descendre en droite ligne d'un homme célèbre.* **6.** INFORM. *Calculateur en ligne,* connecté à un ordinateur central.

Lifar dans *Icare,* mai 1936. *Phot. © Lipnitszki/Viollet*

le prince de **LIGNE** (1735-1814) ▪ Maréchal autrichien, auteur d'écrits en langue française. Il est un des représentants du cosmopolitisme du XVIIIe s. *"Mélanges militaires, littéraires et sentimentaires".*

LIGNÉ, ÉE adj. ▪ Marqué de lignes. *Papier ligné ou quadrillé.*

LIGNÉE n. f. ▪ **1.** Ensemble des descendants d'une personne. ⇒ **descendance, lignage, postérité.** *Avoir une lignée.* **2.** Filiation spirituelle. *La lignée d'un écrivain.*

LIGNEUX, EUSE adj. ▪ De la nature du bois.

LIGNI- Élément savant, du latin *lignum* « bois (matière) » (ex. *lignicole* adj. « qui vit dans le bois »).

SE **LIGNIFIER** v. pron. 7 ▪ Se convertir en bois.

LIGNITE n. m. ▪ Charbon naturel fossile, noir ou brun, compact.

LIGOTER v. tr. 1 ▪ **1.** Attacher, lier (qqn) solidement en privant de l'usage des bras et des jambes. *Les voleurs ont ligoté le gardien.* **2.** fig. Priver (qqn) de sa liberté ; contraindre.

LIGUE n. f. ▪ **1.** Alliance entre États, pour défendre des intérêts communs, poursuivre une politique concertée. ⇒ **alliance, coalition, union.** *La ligue d'Augsbourg*. La ligue arabe*.* **2.** Association formée à l'intérieur d'un État pour défendre des intérêts politiques, religieux. - HIST. *La (Sainte) Ligue* (voir ci-dessous). **3.** Association qui se propose des buts d'ordre moral, humanitaire, civique, etc. *La Ligue des droits de l'homme.*

▪ la **LIGUE** ou **SAINTE LIGUE** ou **SAINTE UNION** ▪ Confédération de catholiques français (1576-1594). Formée pour défendre la foi catholique, elle visait aussi, soutenue par l'Espagne, à détrôner Henri III au profit d'Henri de Guise*. Elle joua un rôle important pendant les guerres de Religion*.

▪ la **LIGUE ARABE** → Ligue **arabe**

▪ la **LIGUE DES DROITS DE L'HOMME** ▪ Ligue fondée en 1898, pendant l'affaire Dreyfus. Elle exprima les positions de la gauche, dreyfusarde puis laïque et pacifiste.

LIGUER v. tr. 1 ▪ **1.** Unir dans une ligue. ⇒ **allier, coaliser. 2.** Associer dans un mouvement, dans une action. - pronom. *Ils se sont tous ligués contre leur camarade.*

LIGUEUR n. m. ▪ Membre d'une ligue (2).

LIGUGÉ ▪ Commune de la Vienne, sur le Clain. 2 771 hab. *(les Ligugéens).* Saint Martin y fonda en 361 le premier monastère de Gaule, occupé depuis 1853 par une communauté de bénédictins.

les **LIGURES** ▪ Ancien peuple du nord de l'Italie, vaincu par les Romains.

la LIGURIE en italien ***LIGURIA*** ▪ Région administrative de l'Italie. 5 416 km². 1 768 663 hab. Chef-lieu : Gênes. Industrie, tourisme.

LILAS **n. m.** ▪ **1.** Arbuste ornemental aux fleurs en grappes très parfumées, violettes ou blanches. ➝ Ces fleurs. *Lilas blanc, violet.* **2. adj.** De couleur violette tirant sur le rose, ou mauve. ➝ **n. m. invar.** *Un lilas clair, foncé.*

lilas.
Fleurs cultivées.
Phot. © Rouxaime/Jacana

Les LILAS ▪ Commune de la Seine-Saint-Denis. 20 118 hab. *(les Lilasiens).*

LILIACÉES **n. f. pl.** ▪ BOT. Famille de plantes comprenant le lis, la tulipe, l'ail, etc.

Otto LILIENTHAL (1848 - 1896) ▪ Ingénieur allemand, pionnier du vol à voile.

LILLE ▪ Chef-lieu du Nord et de la région Nord-Pas-de-Calais. 172 142 hab. *(les Lillois).* Édifices des XVIIe-XVIIIe s. (ancienne Bourse, citadelle de Vauban). Musées. Importante cité des Flandres au Moyen Âge, résidence des ducs de Bourgogne au XVe s., Lille, rattachée à la France en 1668, devint l'une des premières métropoles industrielles du pays (textile, métallurgie). Le déclin de la sidérurgie du Nord l'engage à développer sa vocation commerciale aux portes du Benelux. Agglomération de près de un million d'hab., comprenant Roubaix et Tourcoing. Université.

LILLEBONNE ▪ Commune de la Seine-Maritime. 9 310 hab. *(les Lillebonnais).*

LILLEHAMMER ▪ Ville de Norvège. 16 994 hab. Centre touristique. Jeux Olympiques d'hiver en 1994.

LILLERS ▪ Commune du Pas-de-Calais. 9 666 hab. *(les Lillérois).*

LILLIPUTIEN, IENNE [lili-] **adj.** et **n.** ▪ Très petit, minuscule.

LILONGWE ▪ Ville nouvelle, capitale du Malawi depuis 1975. 235 000 hab.

LIMA ▪ Capitale du Pérou. Agglomération de plus de 6 000 000 hab. Métropole administrative, commerciale, industrielle et économique du pays. Monuments de l'époque baroque (cathédrale, églises, palais). Musée de l'Or (arts précolombiens). Fondée en 1535 par Pizarro et capitale du vice-royaume du Pérou, elle dut son rayonnement aux richesses minières et au commerce.

Lima. La place d'Armes et le palais du gouverneur.
Phot. © Nino Cirani/Ricciarini

LIMACE **n. f.** ▪ Mollusque gastéropode terrestre, sans coquille. ⇒ **loche** (2). *Limace rouge, noire.* ➝ FAM. péj. Personne lente et molle.

LIMAÇON **n. m.** ▪ **1.** Escargot. ⇒ **colimaçon. 2.** Conduit enroulé en spirale, constituant une partie de l'oreille interne.

la LIMAGNE ▪ Région de plaines du Massif central, drainées par l'Allier.

LIMAILLE **n. f.** ▪ Parcelles de métal. *Limaille de fer.*

LIMANDE **n. f.** ▪ Poisson de mer ovale et plat, comestible.

LIMASSOL ▪ Ville et port de la côte sud de Chypre. 121 000 hab.

LIMAY ▪ Commune des Yvelines. 12 660 hab. *(les Limayens).* Ciment.

LIMBE **n. m.** ▪ **1.** Partie graduée en arc de cercle (d'instruments de mesure). **2.** BOT. Partie supérieure (d'une corolle) ; partie plate (d'une feuille).

LIMBES **n. m. pl.** ▪ **1.** THÉOL. CATHOL. Séjour des âmes des justes avant la Rédemption, ou des enfants morts sans baptême. **2.** Région, situation mal définie. *Un ouvrage resté dans les limbes,* jamais fini.

Georges LIMBOUR (1900 - 1970) ▪ Écrivain français. Il est l'auteur de romans poétiques, marqués par le surréalisme. *"Les Vanilliers"* (1938); *"La Chasse au mérou"* (1963).

la **Ligue.** *Procession de la Ligue en 1590,* tableau de François Bunel dit le Jeune.
Musée des Beaux-Arts, Rouen. *Phot. © Lauros/Giraudon*

les frères Pol, Jean et Hermann de LIMBOURG (début du XVe s.) ▪ Enlumineurs et miniaturistes flamands. En 1413-1416, ils illustrèrent les *"Très Riches Heures du duc de Berry"*, qui sont parmi les plus beaux manuscrits enluminés du XVe s.

Limbourg. *Très Riches Heures du duc de Berry,* « Le Mois de juillet ». Musée Condé, Chantilly.
Phot. © Giraudon

le LIMBOURG en néerlandais ***LIMBURG*** ▪ Province de Belgique (Région flamande). 2 422 km^2. 750 435 hab. *(les Limbourgeois).* Chef-lieu : Hasselt. Bassin houiller.

le LIMBOURG en néerlandais ***LIMBURG*** ▪ L'une des douze provinces des Pays-Bas. 2 170 km^2. 1 115 485 hab. Chef-lieu : Maastricht.

① **LIME** n. f. ▪ Outil de métal garni d'aspérités servant à entamer et user par frottement. *Lime d'ajusteur. Cette lime ne mord plus. Lime à ongles.*

② **LIME** n. m. ▪ Citron vert.

LIMEIL-BRÉVANNES ▪ Commune du Val-de-Marne. 16 017 hab. *(les Brévannais).* Château (XVIIIe s.).

LIMER v. tr. ① ▪ Travailler à la lime, pour dégrossir, polir, réduire, etc. *Limer une pièce de fer. Limer ses ongles.*

LIMERICK ▪ Ville et port de la république d'Irlande. 58 000 hab. Édifices anciens. Centre industriel et commercial.

LIMIER n. m. ▪ **1.** Grand chien de chasse employé à chercher et détourner l'animal. **2.** Celui qui suit une piste. ⇒ **détective, policier.** *Un fin limier.*

LIMINAIRE adj. ▪ DIDACT. Placé en tête d'un ouvrage, d'un discours. *Page, déclaration liminaire.* ⇒ **préliminaire.**

LIMITATIF, IVE adj. ▪ Qui limite, fixe ou précise des limites. *Énumération, liste limitative.*

LIMITATION n. f. ▪ Action de fixer des limites ; son résultat. ⇒ **restriction.** *Limitation des naissances.* ⇒ **contrôle.** ➝ *Sans limitation de temps.*

LIMITE n. f. ▪ **1.** Ligne qui sépare deux terrains ou territoires contigus. ⇒ **bord, confins, frontière.** *Établir, tracer des limites. Borne marquant une limite. "Au-delà de cette limite, votre ticket n'est plus valable"* (roman de R. Gary ; ancienne formule du métro parisien). **2.** Partie extrême où se termine une surface, une étendue. **3.** Terme extrême dans le temps (commencement ou fin). *Avant lundi midi, dernière limite. Limite d'âge,* âge au-delà duquel on ne peut plus se présenter à un examen, exercer une fonction. **4.** Point qu'on ne peut dépasser (activité, influence). ⇒ **barrière, borne.** *Les limites du possible. La patience a des limites !* allus. « *Quand les bornes sont franchies, il n'y a plus de limites* » (Pierre Dac). ➝ *Dans une certaine limite.* ⇒ **mesure. 5.** SC. Grandeur dont une variable peut s'approcher indéfiniment, sans jamais l'atteindre (→ asymptote). ➝ COUR. *À LA LIMITE :* dans les circonstances extrêmes. ➝ **adj.** *Cas limite.* ⇒ **extrême.** *Vitesse limite.* **6.** au plur. Point que ne peuvent dépasser les possibilités physiques ou intellectuelles. *Connaître ses limites.* ⇒ **moyen.** ♦ *SANS LIMITES :* illimité. *Une ambition sans limites.*

LIMITER v. tr. ① ▪ **1.** Constituer la limite de. ⇒ **borner, délimiter. 2.** Renfermer dans des limites, restreindre en assignant des limites. *Limiter le pouvoir de qqn. Limiter ses activités à un domaine.* ➝ FAM. *Limiter les dégâts,* les restreindre. ► **SE LIMITER** v. pron. **1.** (réfl.) S'imposer des limites. *Savoir se limiter.* **2.** (passif) Avoir pour limites. *Le monde pour lui se limite à sa famille.* ► **LIMITÉ, ÉE** adj. **1.** Qui a des limites (naturelles ou fixées). ⇒ **fini.** *Édition à tirage limité.* ⇒ **réduit. 2.** fig. *N'avoir qu'une confiance limitée.* ♦ FAM. *Il est un peu limité* (dans ses moyens, physiques ou intellectuels).

LIMITROPHE adj. ▪ **1.** Qui est aux frontières. ⇒ **frontalier. 2.** Qui est voisin, qui a des frontières communes. *Départements limitrophes.*

LIMNÉE n. f. ▪ ZOOL. Mollusque gastéropode des eaux douces.

LIMOGEAGE n. m. ▪ Action de limoger ; son résultat.

LIMOGER v. tr. ③ ▪ Frapper (une personne haut placée) d'une mesure de disgrâce. ⇒ **destituer, révoquer.**

LIMOGES ▪ Chef-lieu de la Haute-Vienne et de la région Limousin. 133 464 hab. *(les Limougeauds).* Cathédrale (XIIIe-XIXe s.), églises et maisons anciennes. Porcelaine, faïence et émaux réputés.

LIMON n. m. ▪ Terre ou fines particules, entraînées par les eaux et déposées sur le lit et les rives des fleuves. ⇒ **alluvion, dépôt ; limoneux.**

LIMONADE n. f. ▪ **1.** Boisson gazeuse d'eau légèrement sucrée et acidulée. *Limonade à la bière* (⇒ **panaché**), à la menthe (⇒ **diabolo**). **2.** Profession, activité de cafetier.

LIMONADIER, IÈRE n. ▪ **1.** Fabricant de limonade, de boissons gazéifiées. **2.** Cafetier.

LIMONAIRE n. m. ▪ Orgue mécanique de grande taille.

LIMONEUX, EUSE adj. ▪ Qui contient du limon. *Fleuve limoneux.*

LIMOUSIN, INE adj. et n. ▪ De la région de Limoges ; du Limousin. ➝ *Race limousine* (ovins, bovins, porcins). ➝ **n.** *Les Limousins.* ♦ **n. m.** *Le limousin,* parler du groupe occitan.

le LIMOUSIN ▪ Région administrative du centre de la France composée de trois départements : Corrèze, Creuse, Haute-Vienne. Chef-lieu : Limoges. 16 942 km^2. 722 850 hab. *(les Limousins).* Région de plateaux étagés, entaillés de gorges, elle a une économie agricole malgré une tradition industrielle ancienne : tapisseries d'Aubusson au XVIe s., manufacture d'armes de Tulle au XVIIe s., porcelaine de Limoges depuis le XVIIIe s. (grâce au kaolin).

LIMOUSINE n. f. ▪ **1.** Grande cape (des bergers limousins). **2.** Voiture longue, à six glaces latérales.

LIMOUX ▪ Chef-lieu d'arrondissement de l'Aude. 9 665 hab. *(les Limouxins).* Maisons anciennes. Centre vinicole *(blanquette de Limoux).*

LIMPIDE adj. ▪ **1.** (liquide) Dont rien ne trouble la transparence. ⇒ **clair, pur, transparent ;** contr. *opaque, trouble. Eau, source limpide.* ➝ *Regard limpide,* clair et pur. **2.** Parfaitement clair, intelligible (contr. *obscur*). *Explication limpide.*

LIMPIDITÉ n. f. ▪ **1.** Clarté, transparence. *La limpidité de l'eau, de l'air.* **2.** Clarté (de la pensée, de l'expression). *Ce texte est d'une limpidité parfaite.*

le LIMPOPO ▪ Fleuve d'Afrique australe qui se jette dans l'océan Indien. 1 600 km.

LIN n. m. ▪ **1.** Herbe à fleurs bleues, à graines oléagineuses, cultivée surtout pour les fibres textiles de sa tige. *Filature du lin. Tissus de lin.* ➝ *Huile de lin.* **2.** Tissu, toile de lin. *Chemises de lin.*

LIN BIAO ou **LIN PIAO** (1907 - 1971) ▪ Maréchal et homme politique chinois. Un des plus proches collaborateurs de Mao Zedong.

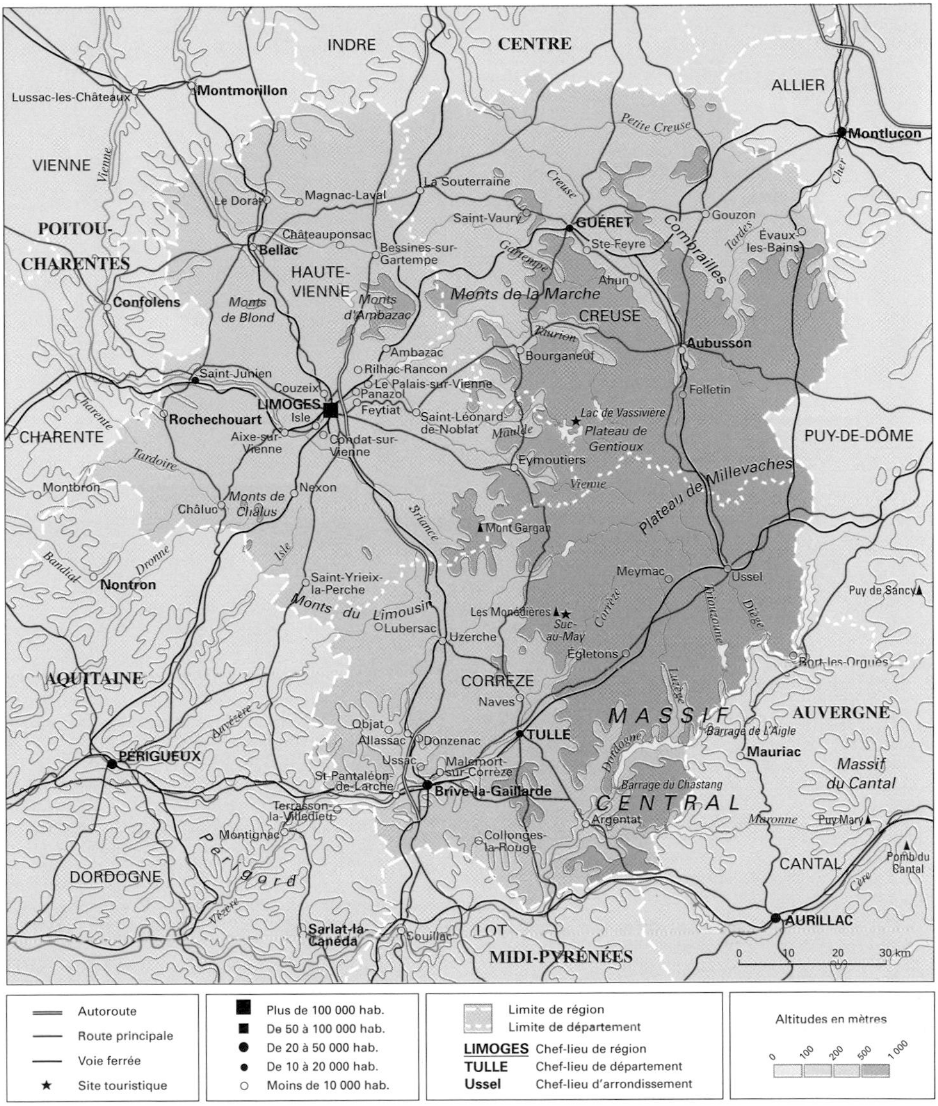

Limousin.

LINCEUL n. m. ▪ Pièce de toile dans laquelle on ensevelit un mort. *Le linceul du Christ.* ⇒ **suaire.**

Abraham LINCOLN (1809 - 1865) ▪ 16e président (républicain) des États-Unis, de 1861 à sa mort. Son élection provoqua la guerre de Sécession. Contre les États du Sud, il abolit l'esclavage (1863). Il fut assassiné par un sudiste fanatique, J. W. Booth, après la victoire du Nord.

LINCOLN ▪ Ville d'Angleterre, chef-lieu du Lincolnshire. 75 000 hab. Célèbre cathédrale gothique. ► **le LINCOLNSHIRE** Comté de l'est de l'Angleterre. 5 885 km^2. 590 000 hab. Chef-lieu : Lincoln.

LINCOLN ▪ Ville des États-Unis, capitale du Nebraska. 192 000 hab. Région agricole.

LINDAU ▪ Ville d'Allemagne (Bavière), sur le lac de Constance. 24 100 hab. Tourisme.

Charles LINDBERGH (1902 - 1974) ▪ Aviateur américain. Première traversée sans escale de l'Atlantique, d'Amérique en France (1927).

Lindbergh.
Phot. © Martinie/Viollet

Max LINDER (1883 - 1925) ▪ Acteur et cinéaste français. Il fut un précurseur des burlesques américains. *"L'Étroit Mousquetaire".*

Max **Linder.**
Phot. © Coll. Rui Nogueira

LINÉAIRE adj. ▪ **1.** Qui a rapport aux lignes, se traduit par des lignes. *Mesure linéaire* (opposé à *mesure de superficie* ou *de volume*). *Perspective linéaire.* **2.** fig. Qui suit l'ordre du temps, sans modifications ni prolongements. *Un récit très linéaire.* ► adv. LINÉAIREMENT

LINÉAMENT n. m. ▪ LITTÉR. **1.** Ligne élémentaire, caractéristique d'une forme, d'un aspect général. *Les linéaments d'un paysage.* **2.** fig. Ébauche partielle. *Les linéaments d'un projet, d'une doctrine.*

LINÉARITÉ n. f. ▪ LITTÉR. Caractère de ce qui est linéaire.

LINGAM [-am] n. m. ▪ DIDACT. Symbole phallique du dieu Shiva.

LINGE n. m. ▪ **1.** (collectif) Ensemble des pièces de tissu employées aux besoins du ménage. *Linge de maison* (pour le lit, la toilette, la table, la cuisine). *Laver, repasser le linge. Étendre le linge* (sur un séchoir, une *corde à linge*, avec des *pinces à linge*). **2.** Ensemble des sous-vêtements et pièces détachables de l'habillement en tissu léger. *Linge de corps.* ⇒ **lingerie.** *Changer de linge. Linge sale.* loc. *Laver* son linge sale en famille.* - loc. FAM. *Du beau linge :* des femmes élégantes ; des gens distingués. **3.** Pièce de linge (1). *Nettoyer une glace avec un linge humide.* - loc. *Blanc comme un linge,* très pâle.

LINGÈRE n. f. ▪ Femme chargée de l'entretien et de la distribution du linge (dans une communauté, une grande maison). *"Lingères légères"* (poèmes d'Éluard).

LINGERIE n. f. ▪ **1.** Local réservé à l'entretien et au repassage du linge. **2.** Linge de corps (surtout pour femmes). *Le rayon (de la) lingerie, dans un grand magasin.*

LINGOLSHEIM ▪ Commune du Bas-Rhin. 16 480 hab. *(les Lingolsheimois).*

LINGOT n. m. ▪ Masse de métal ou d'alliage coulé. *Lingot de plomb, de fonte. Lingot d'or.*

LINGUISTE [lɛ̃gɥist] n. ▪ Spécialiste du langage, des langues.

LINGUISTIQUE [-gɥi-] ▪ **I.** n. f. Science qui a la langue (II) pour objet. *Linguistique générale. Linguistique théorique ; appliquée* (traduction ; pédagogie). **II.** adj. **1.** Relatif à la linguistique. *Études linguistiques.* **2.** Propre à la langue ; envisagé du point de vue des langues. *Géographie linguistique.*

LINGUISTIQUEMENT [-gɥi-] adv. ▪ Du point de vue linguistique.

LINIMENT n. m. ▪ Liquide gras qui contient un médicament, pour frictionner la peau. ⇒ **baume, onguent.**

LINKÖPING ▪ Ville et port de Suède. 82 451 hab. Centre religieux.

Carl von LINNÉ (1707 - 1778) ▪ Naturaliste et écrivain suédois. Il fit prévaloir une classification systématique par genre et espèce dans les sciences naturelles (classification *linnéenne*).

LINOLEUM ou **LINOLÉUM** [-ɛɔm] n. m. ▪ Toile enduite d'un revêtement imperméable. ♦ Tapis, revêtement de sol en linoléum. *Sol recouvert de linoléum.* ◇ abrév. LINO.

LINON n. m. ▪ Tissu fin et transparent, de lin ou de coton. *Mouchoir de linon.*

LINOTTE n. f. ▪ **1.** Petit passereau au plumage brun et rouge. **2.** loc. *TÊTE DE LINOTTE :* personne écervelée, agissant étourdiment.

linotte. *Carduelis cannabina,* linotte mélodieuse. *Phot. © Colas/Jacana*

LINOTYPE n. f. (marque déposée) ▪ IMPRIM. Machine à composer, fondant d'un seul bloc la ligne. ◇ abrév. LINO.

LINOTYPIE n. f. ▪ Composition à la linotype.

LINOTYPISTE n. ▪ Ouvrier, ouvrière composant à la linotype.

LIN PIAO → Lin Biao

LINSELLES ▪ Commune du Nord. 7 674 hab. *(les Linsellois).*

LINTEAU n. m. ▪ Pièce horizontale (de bois, pierre, métal) qui forme la partie supérieure d'une ouverture et soutient la maçonnerie. *Linteau de porte.*

LINZ ▪ Ville d'Autriche, capitale de l'État (land) de Haute-Autriche. 202 900 hab. Monuments de la Renaissance et de l'époque baroque. Université. Sidérurgie.

LION, LIONNE n. ▪ **I. 1.** Grand mammifère carnivore, à pelage fauve, à crinière (chez le mâle), vivant en Afrique et en Asie. *Le lion rugit. Chasse au lion. "Le Lion"* (roman de J. Kessel). *La lionne et ses lionceaux.* - *Fort, courageux comme un lion. Se battre comme un lion.* **2.** loc. (n. m.) *La part du lion,* la plus grosse part que s'adjuge le plus fort. ⇒ **léonin.** - FAM. *Il, elle a mangé, bouffé du lion,* il, elle fait preuve d'une énergie inhabituelle. **3.** n. m. Homme courageux et de caractère noble. *C'est un lion!* **II.** n. m. (avec maj.) Cinquième signe du zodiaque (23 juillet-22 août). - *Être Lion,* de ce signe.

lion. *Panthera leo,* lion et lionne. *Phot. © Labat/Jacana*

le golfe du LION ▪ Golfe de la Méditerranée, baignant les côtes françaises entre le delta du Rhône et les Pyrénées.

LIONCEAU n. m. ▪ Petit du lion et de la lionne.

Le LIORAN ▪ Station d'été et de sports d'hiver du Cantal (commune de Laveissière), à 1 153 m d'alt., dans la vallée de l'Alagnon. ► **les tunnels du LIORAN** Tunnel routier (alt. 1 172 m ; long. : 1 412 m) et tunnel ferroviaire (long. : 1 960 m).

Jean-Étienne LIOTARD (1702 - 1789) ▪ Peintre suisse. Portraits minutieux au pastel.

Joseph LIOUVILLE (1809 - 1882) ▪ Mathématicien français. Il établit l'existence des nombres transcendants.

les îles LIPARI → îles **Éoliennes**

Jacques LIPCHITZ (1891 - 1973) ▪ Sculpteur lituanien naturalisé français. Figures d'une grande puissance expressive, à l'inspiration cubiste puis expressionniste.

LIPETSK ▪ Ville de Russie. 463 000 hab. Industries. Station thermale.

LIPIDE n. m. ▪ DIDACT. Corps gras. ► adj. LIPIDIQUE

LI PO → Li Bai

LIPO- Élément savant, du grec *lipos* « graisse ».

LIPOGRAMME n. m. ▪ DIDACT. Texte d'où une lettre est bannie. *« La disparition », lipogramme de Georges Perec* (écrit sans la lettre *e*).

LIPOSOME n. m. ▪ Vésicule formée de lipides, renfermant une substance active.

LIPPE n. f. ▪ LITTÉR. Lèvre inférieure épaisse et proéminente. - loc. *Faire la lippe,* la moue.

Fra Filippo LIPPI (v. 1406 - 1469) ▪ Peintre italien. Scènes de la vie de la Vierge. Son œuvre se caractérise par l'usage lumineux de la couleur et l'attention portée à la figure humaine. ► **Filippino LIPPI** (1457 - 1504), son fils, fut l'élève de Botticelli. *"L'Apparition de la Vierge à saint Bernard".* On a vu en lui un précurseur du maniérisme.

Gabriel LIPPMANN (1845 - 1921) ▪ Physicien français. Prix Nobel 1908 pour son procédé de reproduction photographique des couleurs.

LIPPU, UE adj. ▪ Qui a une grosse lèvre inférieure.

LI QINGZHAO ou **LI K'ING-TCHAO** (v. 1084 - 1141) ▪ Poétesse chinoise. Élégies.

LIQUÉFACTION n. f. ▪ Passage d'un corps gazeux à l'état liquide. *Point de liquéfaction.*

LIQUÉFIABLE adj. ▪ Qui peut être liquéfié. *Gaz liquéfiables.*

LIQUÉFIER v. tr. [7] ▪ **1.** VIEILLI Faire passer à l'état liquide (un corps solide). ⇒ **fondre. 2.** Faire passer à l'état liquide (un corps gazeux). - pronom. *L'hélium se liquéfie difficilement.* - au p. p. *Gaz liquéfié.* **3.** (personnes) *SE LIQUÉFIER* **v. pron.** : perdre toute énergie, toute résistance morale.

LIQUETTE n. f. ▪ FAM. Chemise. - Vêtement féminin analogue à une chemise d'homme.

LIQUEUR n. f. ▪ **1.** VX Liquide. **2.** Solution pharmaceutique. **3.** COUR. Boisson sucrée et aromatisée, à base d'alcool ou d'eau-de-vie. ⇒ **spiritueux.** *Verres à liqueur. Bonbons à la liqueur.* - *Vin de liqueur,* liquoreux. **4.** (sens large) COMM. Eau-de-vie ou alcool aromatisé (COUR. alcool, spiritueux).

Filippino Lippi. *Portrait de vieillard.* Musée des Offices, Florence. *Phot. © Alinari Giraudon*

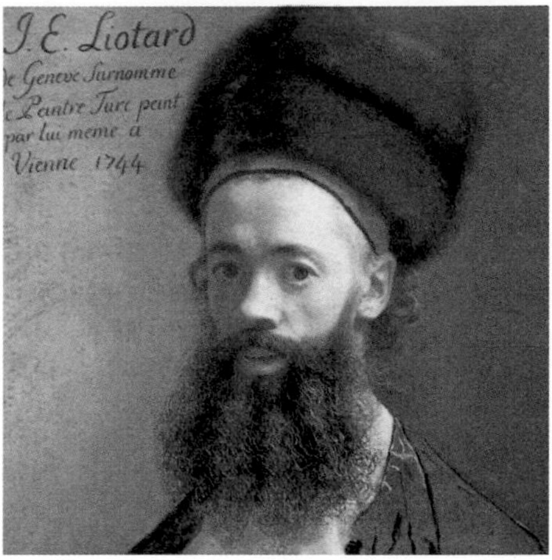

Liotard. *Autoportrait.* Musée des Offices, Florence.
Phot. © Carlo Bevilacqua/Ricciarini

LIQUIDATION n. f. ▪ **1.** Action de liquider (1), règlement d'une somme. *La liquidation d'une succession.* ⇒ **partage. 2.** Vente au rabais en vue d'un écoulement rapide des marchandises. *Liquidation du stock après inventaire.* ⇒ **solde(s).**

① **LIQUIDE** ▪ **I.** adj. **1.** Qui coule ou tend à couler. ⇒ **fluide.** *Rendre liquide.* ⇒ **liquéfier.** *Passage de l'état liquide à l'état gazeux.* - *Air liquide,* conservé à l'état liquide par le froid. - (corps pâteux) Qui n'a pas assez de consistance. **2.** PHONÉT., VIEILLI Se dit des consonnes *l, m, n* et *r.* **II.** n. m. **1.** Corps à l'état liquide. *Tout corps plongé dans un liquide...* ⇒ **fluide.** ♦ Aliment liquide. **2.** *Liquides organiques,* lymphe, sang, sérosité.

② **LIQUIDE** adj. ▪ Qui est librement et immédiatement disponible. *Avoir de l'argent liquide, mille francs liquides,* en espèces. - n. m. *Ne pas avoir assez de liquide. Il a réglé en liquide.*

LIQUIDER v. tr. [1] ▪ **1.** Soumettre à une liquidation. *Liquider un compte, une succession.* **2.** Vendre (des marchandises) au rabais. *Liquider le stock.* **3.** FAM. En finir avec (qqch.). ⇒ **se débarrasser.** *Liquider une affaire.* - loc. *On liquide et on s'en va :* on termine tout. **4.** Se débarrasser de (qqn), notamment en tuant. *Liquider un témoin gênant.*

LIQUIDITÉ n. f. ▪ **1.** État d'un bien liquide. **2.** au plur. Sommes disponibles. *Avoir des liquidités suffisantes.*

LIQUOREUX, EUSE adj. ▪ Qui rappelle la liqueur par la saveur douce, le degré élevé d'alcool. *Vins liquoreux.*

① **LIRE** v. tr. [43] ▪ **I. 1.** Suivre des yeux en identifiant (des caractères, une écriture). *Lire des lettres, des numéros.* - absolt Être capable de lire une écriture. *Savoir lire et écrire.* **2.** Déchiffrer. *Lire un graphique. Lire une partition de musique.* ♦ Reconnaître et interpréter (des informations enregistrées, codées). **3.** Prendre connaissance du contenu de (un texte) par la lecture. *Lire une lettre, un roman. Lire et relire un poème. J'ai lu dans le journal qu'il était mort.* - absolt *Aimer lire.* ⇒ **bouquiner. 4.** Énoncer à haute voix (un texte écrit). *Lire un discours devant l'Assemblée.* ⇒ **prononcer.** - Faire la lecture. *Je vais vous lire cet article.* **II. 1.** Déchiffrer, comprendre (ce qui est caché) par un signe extérieur. *Lire les lignes de la main.* **2.** Discerner, reconnaître comme par un signe. ⇒ **découvrir, pénétrer.** *On lisait la peur dans ses yeux.* - v. pron. *La joie se lit sur son visage.*

② **LIRE** n. f. ▪ Unité monétaire italienne. *Un billet de mille lires.*

LIS ou **LYS** [lis] n. m. ▪ **1.** Plante vivace, à feuilles allongées et pointues, à grandes fleurs blanches. **2.** La fleur blanche du lis. *Blanc comme un lis.* - VIEILLI *DE LIS :* très blanc. *Un teint de lis et de rose.* **3.** *FLEUR DE LYS, DE LIS :* figure héraldique formée de trois fleurs de lis schématisées et unies, emblème de la royauté (⇒ **fleurdelisé**). ≠ *lice, lisse.*

LISBONNE en portugais ***LISBOA*** ▪ Capitale du Portugal, sur l'estuaire du Tage. 675 000 hab. Principal centre commercial et industriel (pétrochimie) du pays. Principal port de l'empire colonial aux XVe-XVIe s., la ville fut alors à son apogée (tour de Belém*, XVIe s.) et déclina après l'annexion espagnole (1580). En partie détruite par un tremblement de terre en 1755, la ville ancienne, en son centre, fut ravagée par un incendie en 1988 (en reconstruction). Place du Commerce (XVIIIe s.).

LISERÉ ou **LISÉRÉ** n. m. ▪ Ruban étroit dont on borde un vêtement, une étoffe. ⇒ **passepoil.** *Liseré de soie.*

LISERON n. m. ▪ Plante à tige grimpante. *Liseron des champs, des haies.* ⇒ **volubilis.**

LISEUR, EUSE n. ▪ Personne qui a l'habitude de lire beaucoup. ⇒ **lecteur.** *C'est une liseuse de romans.*

LISEUSE n. f. ▪ **I.** Couvre-livre interchangeable. *Liseuse en cuir.* **II.** Veste de femme, chaude et légère (pour lire au lit, etc.). **III.** Petite lampe destinée à la lecture (dans un train, une voiture).

LISIBILITÉ n. f. ▪ Caractère de ce qui est lisible. *Texte d'une lisibilité parfaite.*

LISIBLE adj. ▪ **1.** Qui est aisé à lire, à déchiffrer (s'oppose à *illisible*). *Sa signature est à peine lisible.* ⇒ **déchiffrable. 2.** Digne d'être lu. *Cet article est à peine lisible.*

LISIBLEMENT adv. ▪ De manière lisible. *Écrire lisiblement.*

LISIER n. m. ▪ AGRIC. Mélange liquide d'excréments d'animaux, utilisé comme engrais. ⇒ **purin.**

LISIÈRE n. f. ▪ **1.** Bordure limitant de chaque côté une pièce d'étoffe. **2.** Partie extrême (d'un terrain, d'une région). ⇒ **bord, bordure, limite.** *La lisière d'un champ, d'une forêt.* ⇒ **orée.** *À la lisière du bois.*

LISIEUX ▪ Chef-lieu d'arrondissement du Calvados. 23 703 hab. *(les Lexoviens).* Pèlerinage en l'honneur de sainte Thérèse de Lisieux. Basilique.

Prosper LISSAGARAY (1839-1901) ▪ Journaliste et historien français. *"L'Histoire de la Commune de Paris"* (1876).

LISSAGE n. m. ▪ Action de lisser. *Le lissage des cheveux.*

① **LISSE** adj. ▪ Qui n'offre pas d'aspérités au toucher. *Surface lisse.* ⇒ **égal, uni** ; contr. *inégal, rugueux. Une peau lisse,* douce, unie. *Cheveux lisses.* ≠ *lice, lis.*

② **LISSE** n. f. ▪ **1.** Membrure de la coque d'un navire. **2.** Garde-fou.

③ **LISSE** n. f. ⇒ ② **lice**

LISSER v. tr. 1 ▪ Rendre lisse. *L'oiseau lisse ses plumes.* - *Lisser les peaux, les cuirs,* les apprêter en leur donnant le dernier lustre.

Eliezer ou **Lazar Markovitch** dit **El LISSITZKY** (1890-1941) ▪ Peintre, graphiste et architecte russe. Á partir de 1919, il créa les « *Proun* », objets-peintures de style géométrique. Il adhéra au constructivisme qu'il diffusa notamment en Allemagne.

LISTAGE n. m. ▪ Document produit par une imprimante d'ordinateur. *Des listages.*

LISTE n. f. ▪ **1.** Suite de mots, de signes, généralement inscrits les uns au-dessous des autres. ⇒ **catalogue, inventaire.** *Dresser une liste. En tête de liste.* - *Liste électorale.* - *LISTE NOIRE :* liste de gens à surveiller, à abattre. *LISTE ROUGE* (d'abonnés au téléphone qui refusent de figurer dans l'annuaire). **2.** *LISTE CIVILE :* somme allouée au chef de l'État pour subvenir aux dépenses et charges de sa fonction.

LISTEL n. m. ▪ Petite moulure plate (entre des moulures concaves ou convexes).

LISTER v. tr. 1 ▪ **1.** Mettre en liste. ⇒ **répertorier.** *Lister des noms.* **2.** INFORM. Sortir en continu sur une imprimante.

Joseph LISTER (1827-1912) ▪ Chirurgien britannique. Créateur de l'antisepsie.

LISTING n. m. ▪ anglic. ⇒ **listage.**

Franz LISZT (1811-1886) ▪ Compositeur hongrois. Il eut d'abord une carrière de pianiste virtuose. Chef d'orchestre, il dirigea les œuvres majeures de son temps et soutint Wagner. En 1865, il entra en religion. Son œuvre fougueuse, d'inspiration romantique, privilégie le piano et annonce la musique du XXe s. *"Harmonies poétiques et religieuses"* (1834-1850); *"Rhapsodies hongroises"* (1860); *"Sonate en si mineur"* (1853); poèmes symphoniques (*"Les Préludes"*, 1854).

Lisbonne. La tour de Belém. *Phot. © Dagli Orti*

LIT n. m. ▪ **I. 1.** Meuble destiné au coucher. ⇒ FAM. **pageot, pieu, plumard.** *Lit d'une, pour une personne. Ciel de lit* (baldaquin, dais). *Lit d'enfant. Lits jumeaux,* deux lits semblables, à une place. - *Lit clos,* à battants de bois qui se ferment. *Lit pliant. Lit-cage. Lit de camp.* - *Lit d'hôpital.* ♦ Place couchée. *Un hôpital de 300 lits.* **2.** Literie (sommier, matelas) sur laquelle on s'étend. *Un lit moelleux, dur.* **3.** loc. *Aller AU LIT, se mettre au lit.* ⇒ se **coucher.** *Allons, les enfants, au lit ! Dormir DANS son LIT :* chez soi. - *Sortir DU LIT :* se lever. *Au saut du lit :* au réveil. *Arracher, tirer qqn du lit.* - *Faire un lit,* disposer la literie. *Border un lit. Un lit défait.* - *Garder le lit,* rester couché*. ⇒ s'**aliter.** *Mourir dans son lit,* d'une mort naturelle. **4.** (évoquant l'union sexuelle) *Faire lit à part.* - *Enfants du premier lit,* d'un premier mariage. **5.** *LIT DE REPOS :* siège sur lequel on peut s'allonger pour se reposer. ⇒ **canapé, divan, sofa. 6.** Couche où l'on peut s'étendre, dormir. ⇒ **litière, natte.** *Un lit de feuillage, de paille.* **II.** Matière répandue en couche. *Un lit de cendres, de braises.* ♦ Couche de matériaux déposés par les eaux, l'érosion. ⇒ **dépôt, strate. III.** Creux naturel du sol, canal (dans lequel coule un cours d'eau). *Fleuve qui sort de son lit,* qui déborde. *Lit à sec. Détourner une rivière de son lit.* ⇒ **cours.**

LI T'AI-PO → Li Bai

LITANIE n. f. ▪ **1.** au plur. Prières liturgiques où toutes les invocations sont suivies d'une formule brève récitée ou chantée. **2.** sing. ou plur. Répétition ennuyeuse et monotone (de plaintes, de reproches, de demandes). *Encore les mêmes litanies !*

LITCHI n. m. ▪ Petit fruit, à peau marron et dure, à chair blanche parfumée, d'un arbuste originaire d'Extrême-Orient.

LITEAU n. m. ▪ **1.** Baguette de bois (support de tablette). - Rectangle de bois. **2.** Raie de couleur (du linge de maison) parallèle à la lisière. *Serviette à liteaux.*

LITERIE n. f. ▪ Ensemble des objets qui recouvrent le sommier : matelas, traversin, oreiller, couverture, parfois draps ; matériel de couchage.

LITHAM [-am] n. m. ▪ Voile couvrant la partie inférieure du visage. *Le litham des Touaregs.*

-LITHE, -LITHIQUE, LITHO- Éléments savants, du grec *lithos* « pierre » (ex. *aérolithe, mégalithe, monolithe ; paléolithique*).

Liszt. Portrait par G. Tivoli. Académie Rossini, Bologne. *Phot. © Lauros/Giraudon*

LITHIUM [-jɔm] **n. m.** ▪ CHIM. Corps simple, métal alcalin blanc, le plus léger des solides.

LITHOGRAPHE n. ▪ Personne qui imprime par la lithographie. ⇒ **graveur.**

LITHOGRAPHIE n. f. ▪ **1.** Reproduction par impression sur une pierre calcaire. ⇒ **gravure.** **2.** *Une lithographie,* feuille, estampe obtenue par ce procédé. *Les lithographies de Daumier.* ◇ abrév. *Une* LITHO.

LITHOGRAPHIER v. tr. 7 ▪ Reproduire par la lithographie. ⇒ **graver, imprimer.** ➝ au p. p. *Album lithographié.*

LITHOGRAPHIQUE adj. ▪ Qui a rapport, sert à la lithographie. *Encre lithographique.*

LITIÈRE n. f. ▪ **1.** anciennt Lit ambulant porté sur un double brancard. ⇒ **palanquin.** **2.** Paille, fourrage répandu sur le sol d'une écurie, d'une étable pour que les animaux puissent s'y coucher. ♦ *Changer la litière d'un chat.* **3.** loc. LITTÉR. *FAIRE LITIÈRE d'une chose :* n'en tenir aucun compte, la mépriser, la négliger.

LITIGE n. m. ▪ **1.** Contestation donnant matière à procès. *Arbitrer un litige.* **2.** Contestation. ⇒ **dispute.** *Question en litige,* controversée.

LITIGIEUX, IEUSE adj. ▪ Qui est ou qui peut être en litige.

LITOTE n. f. ▪ Figure de rhétorique qui consiste à atténuer l'expression de sa pensée (ex. *ce n'est pas mauvais* pour *c'est très bon*).

LITRE n. m. ▪ **1.** Unité des mesures de capacité du système métrique (volume d'un kilogramme d'eau pure sous la pression atmosphérique normale). **2.** Récipient ayant la contenance d'un litre. ➝ COUR. *Un litre,* une bouteille d'un litre. **3.** Contenu d'un litre. *Boire un litre de bière. Un litre de (vin) rouge.* ⇒ POP. **kil.**

LITRON n. m. ▪ **1.** HIST. Seizième de boisseau (mesure de capacité ⇒ **litre**). **2.** FAM. Litre de vin.

LITTÉRAIRE adj. et **n.** ▪ **1.** Qui a rapport à la littérature. *Œuvres littéraires. Les milieux littéraires.* ➝ Qui étudie les œuvres, qui traite de littérature. *La critique, l'histoire littéraire.* ♦ Qui répond aux exigences esthétiques de la littérature. *Langue littéraire et langue parlée.* **2.** (personnes, esprits) Doué pour les lettres. *Un esprit plus littéraire que scientifique.* ➝ **n.** *Un, une littéraire.*

LITTÉRAIREMENT adv. ▪ Du point de vue littéraire.

LITTÉRAL, ALE, AUX adj. ▪ **1.** Qui utilise les lettres. *Notation littérale.* ➝ *Arabe littéral,* écrit. **2.** Qui suit un texte lettre à lettre. ⇒ **textuel.** *Traduction littérale,* qui se fait, qui est faite mot à mot. **3.** Qui s'en tient, est pris strictement à la lettre. *Le sens littéral d'un mot* (opposé à *figuré*). ⇒ **propre.**

LITTÉRALEMENT adv. ▪ **1.** D'une manière littérale (2). **2.** En prenant le mot, l'expression au sens plein, réel. *Il était littéralement fou.*

LITTÉRARITÉ n. f. ▪ DIDACT. Caractère d'un texte qui appartient à la « littérature ».

LITTÉRATEUR n. m. ▪ souvent péj. Homme de lettres, écrivain de métier. ⇒ **auteur.**

LITTÉRATURE n. f. ▪ **I.** Les œuvres écrites, dans la mesure où elles portent la marque de préoccupations esthétiques ; connaissances, activités qui s'y rapportent. **1.** Œuvres littéraires. *La littérature française, latine, allemande.* **2.** Le travail de l'écrivain. *Faire carrière dans la littérature.* **3.** Ce qu'on trouve dans les œuvres littéraires et qui ne correspond pas à l'expérience, au réel. « *Et tout le reste est littérature* » (Verlaine). **4.** Ensemble des connaissances concernant les œuvres littéraires, leurs auteurs. ➝ Ouvrage portant sur les œuvres littéraires. **II.** Ensemble des ouvrages publiés (sur une question). ⇒ **bibliographie.** *Il existe sur ce sujet une abondante littérature.*

LITTLE ROCK ▪ Ville des États-Unis, capitale de l'Arkansas. 176 000 hab. Des incidents raciaux, en 1957, furent à l'origine du mouvement pour l'intégration des Noirs dans la société (→ **Panthères noires**).

LITTORAL, ALE, AUX ▪ **1. adj.** Relatif à la zone de contact entre la terre et la mer. *Cordons littoraux.* ➝ Côtier. *Les régions littorales. Pêche littorale.* **2. n. m.** *Le littoral,* la zone littorale. ⇒ **bord, côte, rivage.**

Émile LITTRÉ (1801 - 1881) ▪ Philologue et lexicographe français. Disciple de Comte. *"Dictionnaire de la langue française"* (1863-1872).

la LITUANIE ▪ L'une des trois républiques baltes, à la frontière de la Pologne. 65 200 km². 3 723 000 hab. *(les Lituaniens).* Capitale : Vilnius. Langues : lituanien, russe, polonais. Monnaie : litas. Pêche, élevage, industries alimentaires, chimiques, mécanique de précision. □ **HISTOIRE** Principauté indépendante à la fin du Moyen Âge, elle joua un grand rôle dans l'histoire de la Pologne à laquelle elle fut réunie en 1569. En 1795, elle fut annexée à la Russie contre laquelle elle se souleva à plusieurs reprises et devint une république soviétique en 1940, après vingt ans d'indépendance (→ pays **baltes**). La résistance des Lituaniens à l'emprise soviétique aboutit à la proclamation de son indépendance en 1990, officiellement reconnue par l'URSS en 1991.

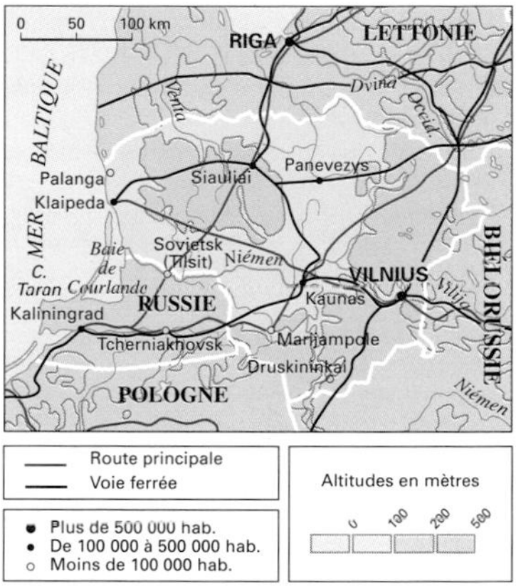

Lituanie.

LITUANIEN, ENNE adj. et **n.** ▪ De Lituanie. ➝ **n.** *Les Lituaniens.* ♦ **n. m.** Langue du groupe balte.

LITURGIE n. f. ▪ RELIG. CHRÉT. Culte public et officiel institué par une Église. ⇒ **cérémonial, culte, service** (divin). *La liturgie anglicane.*

LITURGIQUE adj. ▪ Relatif ou conforme à la liturgie. *Chants, prières liturgiques. Calendrier, fête liturgique.*

LIU SHAOQI ou **LIEOU CHAO-K'I** (1898 - 1969) ▪ Homme d'État chinois. Président de la république populaire de Chine de 1959 à 1968. Principale cible de la Révolution culturelle.

LIVAROT n. m. ▪ Fromage rond, fermenté, à pâte molle, à très forte odeur, fabriqué dans la région de Livarot. *Des livarots.*

LIVAROT ▪ Commune du Calvados. 2 469 hab. *(les Livarotais).* Fromages. Cidrerie.

LIVERDUN ▪ Commune de Meurthe-et-Moselle. 6 435 hab. *(les Liverdunois).* Monuments médiévaux.

LIVERPOOL ▪ Ville industrielle, port d'Angleterre et chef-lieu du Merseyside. 452 450 hab. Son développement, lié au trafic colonial et à l'exportation de produits manufacturés, est en déclin.

Liverpool. Le Royal Liver Building, le Cunard Building et le Dock Board. *Phot. © Boutin/Explorer*

LIVIDE adj. ▪ **1.** LITTÉR. Qui est de couleur plombée, bleuâtre. *La brume couvrait la ville d'un reflet livide.* **2.** D'une pâleur terne. ⇒ **blafard, blême, hâve, pâle.** *Un teint livide.*

LIVIDITÉ n. f. ▪ État de ce qui est livide. – Coloration violacée de la peau. *Lividité cadavérique.*

LIVING-ROOM [liviŋRum] ou (abrév.) **LIVING** n. m. ▪ anglic. Salle de séjour. ⇒ **séjour.** *Des living-rooms ; des livings.*

David **LIVINGSTONE** (1813 - 1873) ▪ Missionnaire et explorateur britannique. Il entreprit plusieurs expéditions en Afrique centrale et australe, reconnut le cours du Zambèze et découvrit plusieurs lacs. En 1871, il fut secouru par Stanley*. Il lutta contre l'esclavage.

la **LIVONIE** ▪ Ancienne région d'Europe du Nord (Estonie et Lettonie actuelles).

LIVOURNE en italien ***LIVORNO*** ▪ Ville d'Italie (Toscane), port sur la mer Tyrrhénienne. 171 346 hab.

LIVRABLE adj. ▪ Qui peut, doit être livré à l'acheteur. *Marchandise livrable à domicile.*

le **LIVRADOIS** ▪ Région du Massif central comprenant le massif du Livradois (1 210 m) et le bassin d'Ambert. Parc naturel régional du Livradois-Forez (env. 300 000 ha).

LIVRAISON n. f. ▪ Remise matérielle (d'un objet) à celui auquel l'objet est dû. *Voiture de livraison. Livraison à domicile.*

① **LIVRE** n. m. ▪ **I. 1.** Assemblage (broché ou relié) d'un nombre assez grand de pages, à l'exclusion des périodiques. ⇒ ① **écrit, ouvrage, volume ;** FAM. **bouquin.** *Des livres et des revues. Livre de poche*. – Livre d'images.* ⇒ **album.** *Livres rares, anciens. Amateur de livres.* ⇒ **bibliophile.** – loc. *Livre blanc,* recueil de pièces officielles, diplomatiques. ♦ *LE LIVRE :* l'imprimerie et ses produits. *Les industries du livre.* **2.** Texte imprimé reproduit dans un certain nombre d'exemplaires. *Livre de classe ; livres scolaires. – Livres religieux ; livre de messe. Les beaux livres* (livres d'art, albums, ouvrages de luxe...). ♦ Texte (imprimé dans un livre ou destiné à l'impression, à la lecture). *Écrire un livre. Lire, feuilleter, parcourir un livre.* – loc. *Livre de chevet,* qu'on relit avec plaisir. – *LES LIVRES :* la lecture, l'étude, la science, la théorie. – loc. *Parler comme un livre,* savamment. – *À livre ouvert,* couramment. **II. 1.** Grande division (d'un long ouvrage). *Le second livre de "l'Énéide".* **2.** Cahier, registre. *Livre de comptes. Le livre de bord* d'un navire.* – anciennt *LIVRE DE RAISON :* livre de comptes ; journal d'un chef de famille. – *LIVRE D'OR :* registre destiné à l'inscription de noms célèbres, à la réunion de commentaires élogieux.

② **LIVRE** n. f. ▪ **I.** Un demi-kilogramme ou cinq cents grammes. *Une demi-livre,* 250 g. **II. 1.** Ancienne monnaie française. **2.** Unité monétaire du Royaume-Uni. *Des livres sterling* (symb. £). – *Livre égyptienne, turque.*

LIVRÉE n. f. ▪ **1.** Vêtements aux couleurs des armes d'un roi, d'un seigneur, que portaient les hommes de leur suite. **2.** Uniforme de certains serviteurs d'une même maison. *Valet en livrée.* **3.** LITTÉR. Apparence révélatrice. *La livrée de la misère.* **4.** Pelage, plumage (d'un animal).

LIVRER v. 1 ▪ **I.** v. tr. **1.** Mettre (qqn) au pouvoir de (qqn). *Livrer un coupable à la justice.* ⇒ **déférer, remettre.** **2.** Soumettre à l'action de qqch. *Livrer qqn à la mort.* – au p. p. *Pays livré à l'anarchie.* **3.** Remettre (qqn) par une trahison entre les mains de. *Livrer son complice à la police.* ⇒ **dénoncer, donner.** **4.** Confier à qqn (une partie de soi, une chose à soi). ⇒ **donner.** *Il a livré son secret.* **5.** Remettre à l'acheteur (ce qui a été commandé, payé). ⇒ **livraison, livreur.** *Livrer une commande, une marchandise à domicile.* **II. 1.** Engager, commencer (un combat, une bataille). *Livrer bataille.* **2.** *LIVRER PASSAGE À :* laisser passer, permettre de passer. ► SE **LIVRER** v. pron. **1.** Se mettre au pouvoir de (qqn, une force). ⇒ se **rendre,** se **soumettre.** *Se livrer après une longue résistance.* **2.** Se confier ; parler de soi. *Il ne se livre pas facilement.* **3.** *SE LIVRER À :* se laisser aller (à un sentiment, une idée, une activité, etc.). ⇒ s'**adonner.** *Se livrer aux pires excès.* ♦ Effectuer (un travail, une tâche), exercer (une activité). *Se livrer à un travail, à une étude.* ⇒ se **consacrer.**

LIVRESQUE adj. ▪ péj. Qui vient des livres, qui est purement littéraire, théorique (opposé à *pratique, réel, vécu, vrai*). *Connaissances livresques.*

LIVRET n. m. ▪ **I. 1.** VIEILLI Catalogue explicatif. *Le livret d'une exposition.* **2.** Petit registre. ⇒ **carnet.** *Livret militaire. Livret de famille,* contenant des informations sur l'état civil des membres de la famille. *Livret scolaire. Livret de caisse d'épargne.* **II.** Texte sur lequel est écrite la musique (d'une œuvre lyrique). *Des livrets d'opéra. Auteur de livrets.* ⇒ **librettiste.**

LIVREUR, EUSE n. ▪ Personne qui livre (I, 5), transporte des marchandises volumineuses (≠ ② *coursier*). *Les livreurs d'un grand magasin.* – *Garçon, employé livreur.*

LIVRON-SUR-DRÔME ▪ Commune de la Drôme. 7 294 hab. *(les Livronnais).*

LIVRY-GARGAN ▪ Commune de la Seine-Saint-Denis. 35 387 hab. *(les Livryens).* Constructions mécaniques.

le cap **LIZARD** ▪ Point le plus méridional de la Grande-Bretagne, au sud-ouest de la Cornouailles.

LJUBLJANA ▪ Capitale de la Slovénie. 276 008 hab. Commerce, tourisme, industrie électrique et électronique.

Ljubljana. Vue générale. *Phot. © Sappa/Rapho*

LLEIDA en français ***LÉRIDA*** ▪ Ville d'Espagne (Catalogne). 119 167 hab.

LLIVIA ▪ Village espagnol enclavé en territoire français (Pyrénées-Orientales) depuis 1659. 930 hab.

Harold **LLOYD** (1893 - 1971) ▪ Acteur américain. Il a créé un personnage comique de jeune homme à grosses lunettes, timide et gauche mais sachant toujours se tirer d'affaire. *"Monte là-dessus"* (1923).

David **LLOYD GEORGE** (1863 - 1945) ▪ Homme politique britannique. Premier ministre (libéral) pendant la Première Guerre mondiale (1916-1922). Il joua un rôle majeur dans le traité de Versailles (1919) par sa modération entre les prétentions de Clemenceau et l'idéalisme de Wilson.

LOB n. m. ▪ anglic. Au tennis, Coup qui consiste à envoyer la balle assez haut pour qu'elle passe par-dessus la tête du joueur opposé.

Nikolaï **LOBATCHEVSKI** (1792 - 1856) ▪ Mathématicien russe, considéré, avec Grauss et Bolyai, comme le créateur de la première géométrie non euclidienne.

LOBBY n. m. ▪ anglic. Groupe de pression. *Des lobbies* ou *des lobbys.*

LOBE n. m. ▪ **1.** Partie arrondie et saillante (d'un organe). *Lobes du poumon, du cerveau.* **2.** *Lobe de l'oreille,* prolongement arrondi et charnu du pavillon. **3.** Partie arrondie entre deux échancrures (des feuilles, des pétales).

LOBÉ, ÉE adj. ▪ Divisé en lobes ; qui présente des découpures arrondies. *Feuilles lobées du chêne, du figuier.*

LOBECTOMIE n. f. ▪ Opération par laquelle on enlève un lobe (du poumon, du cerveau).

LOBER v. tr. 1 ▪ **1.** Envoyer (la balle) par un lob. **2.** Passer (l'adversaire) grâce à un lob.

le **LOB NOR** ou **LUOBU BO** ▪ Étendue marécageuse de Chine, à 780 m d'alt., dans laquelle se déverse le Tarim. 3 000 km². Pêche.

LOBOTOMIE n. f. ▪ Section de fibres nerveuses à l'intérieur du cerveau.

① **LOCAL, ALE, AUX** adj. ▪ **1.** Qui concerne un lieu, une région, lui est particulier. *Averses, éclaircies locales. Coutumes, traditions locales* (opposé à *national*). *La presse locale.* ⇒ **régional.** *Produits locaux.* **2.** *Couleur locale.* ⇒ **couleur.** **3.** Qui n'affecte qu'une partie du corps. *Anesthésie locale.*

locomotive. À gauche, Locomotive 2616 grande vitesse. Dépôt de Paris, 1908. *Phot. © Boyer-Viollet.* À droite, **T.G.V.** *Phot. © SNCF-Cav*

② **LOCAL, AUX** n. m. ▪ Pièce, partie d'un bâtiment à destination déterminée. *Locaux commerciaux, professionnels.*

LOCALEMENT adv. ▪ D'une manière locale.

LOCALISABLE adj. ▪ Qu'on peut localiser.

LOCALISATION n. f. ▪ **1.** Action de localiser (1) ; fait d'être localisé. **2.** Action de limiter dans l'espace. *La localisation d'un conflit.*

LOCALISER v. tr. 1 ▪ **1.** Placer par la pensée en un lieu déterminé de l'espace (un phénomène, l'origine d'un phénomène). *Localiser un bruit. Localiser la cause d'un mal.* ♦ Repérer, par des mesures précises, l'emplacement exact de (qqch.). *Localiser par radar un satellite.* **2.** Circonscrire, renfermer dans des limites. ⇒ **limiter.** *Localiser une épidémie, un conflit,* l'empêcher de s'étendre.

LOCALITÉ n. f. ▪ **1.** Lieu déterminé. **2.** Petite ville, village. ⇒ **agglomération, bourg.**

LOCARNO ▪ Ville de Suisse, dans le Tessin, au bord du lac Majeur. 14 438 hab. En 1925, les puissances européennes y signèrent un pacte garantissant le traité de Versailles.

LOCATAIRE n. ▪ Personne qui prend à bail une maison, un logement (⇒ **louer**). *Avoir des locataires. Hôtel meublé qui prend des locataires au mois.*

① **LOCATIF, IVE** adj. ▪ DR. Qui concerne la location ou le locataire. *Valeur locative,* revenu que peut rapporter un immeuble donné en location (⇒ **louer**). *Charges locatives,* payées par le locataire.

② **LOCATIF, IVE** adj. ▪ Qui marque le lieu. *Prépositions locatives* (ex. à, en, dans).

LOCATION n. f. ▪ **1.** Action de donner ou de prendre à loyer (un logement). *Donner, prendre en location* (⇒ **locataire, locatif**). *Location-vente,* contrat qui permet au locataire de devenir propriétaire de la chose louée. ⇒ anglic. **leasing. 2.** Action de retenir à l'avance une place (dans un théâtre, un moyen de transport). ⇒ **réservation.**

① **LOCH** [lɔk] n. m. ▪ Appareil pour mesurer la vitesse d'un navire. *Des lochs.*

② **LOCH** [lɔk ; lɔx] n. m. ▪ En Écosse, lac qui occupe le fond d'une vallée. *Le loch Ness**. *Des lochs.*

LOCHE n. f. ▪ **1.** Petit poisson d'eau douce à chair comestible. *Loche de rivière.* **2.** Limace grise.

Łódź. Palais et usine textile Pozmanski. *Phot. © Sioen/Rapho*

LOCHES ▪ Chef-lieu d'arrondissement d'Indre-et-Loire. 6 544 hab. *(les Lochois).* Château (XIIe-XVe s.).

Stephan **LOCHNER** (1405/1415 - 1451) ▪ Peintre allemand. Maître le plus célèbre de l'école de Cologne, au style dépouillé et réaliste. *"L'Adoration des mages".*

John **LOCKE** (1632 - 1704) ▪ Philosophe anglais. Son *"Essai sur l'entendement humain"* (1690), opposé aux thèses de Descartes, a marqué le début de l'empirisme anglo-saxon. Avec sa *"Lettre sur la tolérance"* (1689) et son *"Traité sur le gouvernement civil"* (1690), Locke apparaît comme le défenseur du libéralisme en politique.

LOCK-OUT [lɔkaut] n. m. invar. ▪ Fermeture temporaire d'une entreprise décidée par des patrons qui refusent le travail à leurs ouvriers.

LOCK-OUTER [-aute] v. tr. 1 ▪ Fermer par un lock-out. - Priver de travail par un lock-out.

sir Norman **LOCKYER** (1836 - 1920) ▪ Astronome britannique. En étudiant le spectre de la couronne solaire (1868), il conclut à l'existence d'un nouvel élément chimique, l'hélium, qui ne sera observé sur Terre qu'en 1895.

LOCMARIAQUER ▪ Commune du Morbihan, à l'entrée du golfe du Morbihan. 1 309 hab. *(les Locmariaquérois).* Monuments mégalithiques (dolmen dit « Table des Marchands »). Port de pêche. Station balnéaire.

LOCO- Élément savant, du latin *locus* « lieu ».

LOCOMOTEUR, TRICE adj. ▪ Qui permet de se déplacer, qui sert à la locomotion. *Muscles, organes locomoteurs.*

LOCOMOTION n. f. ▪ **1.** Action de se mouvoir, de se déplacer d'un lieu vers un autre ; fonction qui assure ce mouvement. *Muscles de la locomotion.* **2.** Action de se déplacer. ⇒ **déplacement, transport.** *Moyens de locomotion.*

LOCOMOTIVE n. f. ▪ **1.** Engin, véhicule de traction servant à remorquer les trains. ⇒ **machine, motrice.** *Locomotive électrique, Diesel.* ◇ abrév. VIEILLI LOCO. **2.** fig. Personne, chose qui entraîne, joue le rôle d'un élément moteur.

la **LOCRIDE** ▪ Ancienne région de la Grèce centrale.

LOCRONAN ▪ Commune du Finistère. 796 hab. *(les Locronanais).* Ensemble d'édifices des XVe-XVIIe s. Musée des Arts et Traditions populaires. Célèbres pardons (Petite et Grande Troménie).

LOCUTEUR n. m. ▪ DIDACT. Personne qui emploie effectivement le langage, qui parle (opposé à *auditeur*).

LOCUTION n. f. ▪ Groupe de mots figé ou relativement stable ayant la même fonction qu'un mot. ⇒ **expression, formule, tour.** *Locution figée.* - *Locution verbale* (ex. avoir l'air, prendre garde), *adverbiale* (ex. en vain, tout de suite), *conjonctive* (ex. dès que, pour que), *prépositive* (ex. auprès de, jusqu'à).

LODEN [-ɛn] n. m. ▪ Tissu de laine épais et imperméable dont on fait des manteaux, des pardessus. - Manteau de loden. *Des lodens.*

LODÈVE ▪ Chef-lieu d'arrondissement de l'Hérault. 7 602 hab. *(les Lodévois).* Centre textile.

ŁÓDŹ ▪ Ville de Pologne. 852 000 hab. Capitale de l'industrie textile du pays.

LŒSS [løs] n. m. ▪ Limon (terre) calcaire, très fin, déposé par le vent. *Plaine de lœss.*

Otto LOEWI (1873-1961) ▪ Pharmacologue allemand. Il découvrit l'existence d'un médiateur chimique dans la transmission de l'influx nerveux et identifia l'acétylcholine. Prix Nobel de physiologie ou médecine 1936, avec Dale.

Raymond LOEWY (1893-1986) ▪ Dessinateur français naturalisé américain. Il fut le pionnier de l'esthétisme industriel aux États-Unis.

LOF n. m. ▪ MAR. Côté d'un navire qui reçoit le vent. *Virer lof pour lof :* virer de bord vent arrière.

les îles LOFOTEN ▪ Archipel situé au large de la côte nord-ouest de la Norvège, dont il est séparé par le Vestfjord. 1 350 km². 30 000 hab. Pêche à la morue (aujourd'hui en déclin).

LOFT [lɔft] n. m. ▪ anglic. Local à usage commercial ou industriel aménagé en local d'habitation. *Aménager un loft dans un ancien hangar.*

le mont LOGAN ▪ Point culminant du Canada (6 050 m), près de l'Alaska, dans le territoire du Yukon.

LOGARITHME n. m. ▪ Exposant qu'on affecte à un nombre *(la base)* pour en obtenir un autre. *Table de logarithmes.* ◇ abrév. LOG. ▸ **LOGARITHMIQUE** adj. *Calculs logarithmiques.*

LOGE n. f. ▪ **I. 1.** Logement du concierge, du portier. **2.** Pièce où les comédiens se préparent et se reposent. **3.** Compartiment cloisonné. *Les loges d'une écurie, d'une étable.* ⇒ **box, stalle. 4.** dans une salle de spectacle Compartiment contenant plusieurs sièges. ⇒ **avant-scène, baignoire.** *Loges de balcon, de corbeille.* - loc. fig. *Être aux* PREMIÈRES LOGES *:* à la meilleure place. **II.** Association de francs-maçons.

LOGEABLE adj. ▪ Où l'on peut habiter, être logé. *Un réduit à peine logeable.* - Où l'on peut ranger des objets. *Un coffre très logeable.*

LOGEMENT n. m. ▪ **1.** Action de loger ou de se loger. ⇒ **gîte, logis.** - au sing. collectif *Crise, problème du logement.* **2.** Local à usage d'habitation. ⇒ **appartement, domicile, résidence.** *Un logement de deux pièces.*

LOGER v. [3] ▪ **I.** v. intr. Avoir sa demeure (le plus souvent temporaire) en un endroit. ⇒ **demeurer, habiter, vivre ;** FAM. **crécher, percher.** *Loger chez des amis, à l'hôtel, dans une pension.* **II.** v. tr. **1.** Établir dans une maison, de manière temporaire ou durable. ⇒ **installer.** *Je peux vous loger pour la nuit.* - passif et p. p. *Être bien logé. Être logé et nourri.* - pronom. *On ne trouve pas à se loger dans cette ville.* - (sujet chose) Être susceptible d'abriter, d'héberger. *Le collège peut loger trois cents élèves.* ⇒ **recevoir. 2.** Faire entrer, faire pénétrer. *Loger une balle dans la cible.*

LOGEUR, EUSE n. ▪ Personne qui loue des chambres meublées.

LOGGIA [lɔdʒja] n. f. ▪ Balcon couvert et fermé sur les côtés. *Des loggias.*

LOGICIEL n. m. ▪ INFORM. Programmes, procédés et règles relatifs au traitement de l'information. L'un de ces programmes.

LOGICIEN, IENNE n. ▪ **1.** Spécialiste de la logique. **2.** Personne qui raisonne avec méthode, rigueur, en suivant les règles de la logique.

-LOGIE Élément, du grec *logia* « théorie », signifiant « science, discours » et servant à former des noms féminins. ⇒ **-logue.**

① **LOGIQUE** n. f. ▪ **I. 1.** Étude scientifique, surtout formelle, des normes de la vérité. *Logique formelle.* - *Logique symbolique, mathématique. Logique générale,* épistémologie, méthodologie. **2.** Livre, traité de logique. **II. 1.** Manière de raisonner. ⇒ **raisonnement.** *La logique de l'enfant.* **2.** Enchaînement cohérent d'idées, manière de raisonner juste. ⇒ **cohérence, méthode.** *La logique d'une démonstration. Vous manquez de logique !*

② **LOGIQUE** adj. ▪ **1.** Conforme aux règles, aux lois de la logique. *Déduction, conclusion logique.* **2.** Conforme au bon sens. *Raisonnement logique.* ⇒ **cohérent, conséquent.** ♦ Conforme à la nécessité. *La conséquence logique d'un événement.* ⇒ **inévitable. 3.** FAM. surtout impers. Qui est dans l'ordre des choses, normal, explicable. *Il est furieux et c'est logique.* **4.** Qui raisonne bien, avec cohérence, justesse. *Vous n'êtes pas logique !* **5.** Qui se rapporte à l'intelligence et à l'entendement. *Esprits logiques et esprits intuitifs.*

-LOGIQUE Élément d'adjectifs, correspondant à *-logie.*

LOGIQUEMENT adv. ▪ **1.** Conformément à la logique. *Raisonner logiquement.* **2.** (en tête de phrase, en incise) D'une façon nécessaire, logique (3). *Logiquement, les choses devraient s'arranger,* si tout se passait normalement.

LOGIS n. m. ▪ LITTÉR. Endroit où on loge, où on habite. ⇒ **demeure, habitation, logement, maison.** *Quitter le logis familial.* ♦ ⇒ **sans-logis.**

LOGISTIQUE n. f. ▪ **I. 1.** VX Arithmétique des quatre opérations. **2.** Logique symbolique. **II. 1.** MILIT. Techniques de transport, ravitaillement et logement des troupes. **2.** Moyens et méthodes d'organisation matérielle (d'une entreprise). **3.** adj. *Soutien logistique* (sens II, 1 et 2).

LOGNES ▪ Commune de Seine-et-Marne. 12 973 hab.

LOGO n. m. ⇒ LOGOTYPE

LOGOMACHIE n. f. ▪ DIDACT. **1.** Dispute de mots. **2.** Verbalisme, discours creux.

le LOGONE ▪ Rivière d'Afrique qui, née au Tchad, passe au Cameroun dont elle trace une partie de la frontière avant de se jeter dans le Chari à N'Djamena. 900 km.

LOGORRHÉE n. f. ▪ DIDACT. Flux de paroles.

LOGOS [-os ; -ɔs] n. m. ▪ DIDACT. **1.** Être semi-divin, esprit raisonnable. - THÉOL. Le Verbe* divin. **2.** Langage en tant qu'instrument de la raison.

LOGOTYPE n. m. ▪ Groupe de lettres liées. - Symbole graphique d'une marque (abrév. LOGO).

LOGROÑO ▪ Ville d'Espagne et capitale de la communauté autonome de la Rioja. 126 760 hab. Vins.

-LOGUE Élément, du grec *logos* « discours », qui signifie « savant, spécialiste (d'une science) ». ⇒ **-logie.**

LOI n. f. ▪ **I.** Règle impérative. **1.** Règle ou ensemble de règles obligatoires établies par l'autorité souveraine d'une société et sanctionnées par la force publique. *"L'Esprit des lois"* (œuvre de Montesquieu). *Les lois d'un État, d'un pays.* ⇒ **législation ; droit.** *Recueil de lois.* ⇒ **code.** *Lois et institutions*.* - Disposition prise par le pouvoir législatif (Chambre, Parlement). *Projet de loi,* émanant du gouvernement ; *proposition de loi,* d'initiative parlementaire. - *LOI-CADRE :* servant de cadre à des textes d'application. *Des lois-cadres.* **2.** *LA LOI :* l'ensemble des règles juridiques. ⇒ **droit, législation.** *Conforme à la loi.* ⇒ **légal.** *Au nom de la loi, je vous arrête ! Braver la loi. Se mettre en dehors de la loi.* ⇒ **hors-la-loi.** - *Homme de loi,* juriste, magistrat. **3.** (après un v. exprimant l'ordre) Commandement que l'on donne. *Dicter, faire la loi à qqn.* - *FAIRE LA LOI :* commander. *Il ne viendra pas faire la loi chez moi !* **4.** Règle, condition imposée par les choses, les circonstances. *La loi de la jungle. La loi du milieu.* **5.** Règle exprimant la volonté de Dieu. ⇒ **commandement.** *Les tables de la Loi. Loi islamique*.* ⇒ **charia. 6.** au plur. Règles ou conventions établies dans les rapports sociaux, dans la pratique d'un art, d'un jeu, etc. ⇒ **règle. II.** Règle exprimant un idéal, une norme. **1.** Règle dictée à l'homme par sa conscience, sa raison. *Loi morale.* ⇒ **devoir, précepte, principe. 2.** *Les lois du beau, de l'art,* les conditions de la perfection esthétique. ⇒ **canon, norme. III.** Formule générale, non impérative, énonçant un rapport constant entre des phénomènes. - SC. *Lois physiques. Découvrir, trouver une loi. C'est un défi aux lois de l'équilibre.* - *Lois biologiques. Lois économiques.*

LOIN adv. et n. m. ▪ **I.** adv. **1.** À une grande distance (d'un observateur ou d'un point d'origine). *Être loin, très loin* (→ au bout du monde, au diable). *Aller trop loin.* ⇒ **dépasser.** *Les fuyards sont loin* (→ hors d'atteinte, de portée). - loc. *Aller loin* (au futur), réussir. *Elle ira loin.* - *Aller trop loin,* exagérer. - *Une affaire qui peut aller loin,* avoir de graves conséquences. **2.** Dans un temps jugé éloigné (du présent ou d'un temps de référence). *L'été n'est plus bien loin.* - *Comme c'est loin !* ⇒ **vieux.** - *Sans remonter si loin,* il n'y a pas si longtemps. - *Voir loin,* avoir une grande prévoyance. **II.** n. m. (dans des loc.) **1.** *IL Y A LOIN :* il y a une grande distance. *Il y a loin de l'hôtel à la plage. Il y a loin,* il y a une grande différence. **2.** *AU LOIN* loc. adv. : dans un lieu éloigné. *Aller, partir au loin,* s'éloigner. *Voir, apercevoir qqch. au loin.* ⇒ dans le **lointain. 3.** *DE LOIN* loc. adv. : d'un lieu éloigné. *Voir, apercevoir de loin une personne. Suivre de loin les événements,* sans y être mêlé. - *Revenir de loin,* d'une situation très grave. ♦ De beaucoup, par une grande différence. *C'est de loin son meilleur roman.* ♦ (dans le temps) *Dater de loin, de très loin,* d'un temps très ancien. **4.** *DE LOIN EN LOIN* loc. adv. : par intervalles. *Ils ne se voient plus que de loin en loin,* de temps en temps. **III.** *LOIN DE* loc. prép. **1.** À une grande distance. - *Non* *loin de,* assez près de. prov. *Loin des yeux, loin du cœur,* les absents sont vite oubliés. - loc. *Loin de moi la pensée de...,* j'écarte cette pensée avec mépris. *LOIN DE LÀ :* bien au contraire. *Il n'est pas désintéressé, loin de là !* **2.** Dans un temps éloigné, à une époque lointaine (future ou passée). *Tous ces souvenirs sont déjà bien loin de nous.* **3.** *PAS LOIN DE.* ⇒ **presque.** *Il n'est pas loin de minuit.* **4.** *ÊTRE LOIN DE* (+ inf.) (négation emphatique). *Il était loin de s'attendre à cela,* il ne s'y attendait pas du tout. **IV.** *D'AUSSI LOIN QUE, DU PLUS LOIN QUE* loc. conj. : dès que. *D'aussi loin, du plus loin qu'il me vit.*

le LOING ▪ Affluent de la Seine, qui passe à Montargis. 166 km.

LOINTAIN, AINE ▪ **I.** adj. **1.** Qui est à une grande distance dans l'espace. ⇒ **distant, éloigné ; loin ;** s'oppose à *proche. Partir dans un pays lointain. Un lointain exil. Rumeur lointaine.* **2.** fig. Qui n'est pas proche, direct. *Une ressemblance lointaine.* ⇒ **vague. 3.** Très éloigné dans le temps. *Passé, avenir lointain.* **II.** n. m. **1.** Partie d'un tableau représentant des lieux, des objets éloignés du premier plan. *Les lointains de Vinci.* **2.** Plan situé dans l'éloignement. *Dans le lointain, au lointain.* ⇒ **arrière-plan, fond.**

LOIR n. m. ▪ Petit mammifère rongeur, hibernant, à poil gris et à queue touffue. - loc. FAM. *Dormir comme un loir,* beaucoup et profondément. *Être paresseux comme un loir.*

loir. *Glis glis.* *Phot. © Cordier/Jacana*

le LOIR ▪ Affluent de la Sarthe, qui passe à Châteaudun et Vendôme. 311 km.

la LOIRE ▪ Le plus long des fleuves français : 1 012 km. Il naît au mont Gerbier-de-Jonc et se jette dans l'Atlantique. Son régime est irrégulier. ► **les châteaux de la LOIRE** ont été édifiés pendant la Renaissance dans les régions de Blois, de Tours, dans le Berry et en Anjou. ► **le Val de LOIRE** → **Val de Loire.**

la LOIRE [42] ▪ Département français de la région Rhône-Alpes. 4 773 km^2. 746 288 hab. Chef-lieu : Saint-Étienne. Chefs-lieux d'arrondissement : Montbrison, Roanne.

la LOIRE-ATLANTIQUE [44] ▪ Département français de la région Pays de la Loire. 6 979 km^2. 1 052 183 hab. Chef-lieu : Nantes. Chefs-lieux d'arrondissement : Ancenis, Châteaubriant, Saint-Nazaire.

le LOIRET ▪ Rivière du Bassin parisien, résurgence de la Loire, dont il est un affluent.

le LOIRET [45] ▪ Département français de la région Centre. 6 775 km^2. 580 612 hab. Chef-lieu : Orléans. Chefs-lieux d'arrondissement : Montargis, Pithiviers.

le LOIR-ET-CHER [41] ▪ Département français de la région Centre. Il doit son nom aux rivières qui le traversent.

la Loire. Le fleuve à Amboise. *Phot. © Dagli Orti*

la Lombardie. Clusone, province de Bergame. *Phot. © Nino Cirani/Ricciarini*

6 421 km^2. 305 937 hab. Chef-lieu : Blois. Chefs-lieux d'arrondissement : Romorantin, Vendôme.

LOISIBLE adj. ▪ *Il lui est, il m'est loisible de refuser,* il lui est (il m'est) permis, il a (j'ai) la possibilité de.

LOISIR n. m. ▪ **I. 1.** Temps dont on dispose pour faire commodément qqch. *Mes occupations ne me laissent pas le loisir de vous écrire.* **2.** surtout plur. Temps dont on peut librement disposer en dehors de ses occupations habituelles et des contraintes. ⇒ **liberté** (I, 2). *Avoir beaucoup de loisirs.* **3.** au plur. Distractions, pendant le temps de liberté. *Des loisirs coûteux.* **II.** *À LOISIR, TOUT À LOISIR* loc. adv. : en prenant tout son temps, à son aise. - Autant qu'on le désire, avec plaisir et à satiété. *Pouvoir dormir tout à loisir.*

LOKEREN ▪ Ville de Belgique (Région flamande, province de Flandre-Orientale). 34 942 hab.

LOKOUM ⇒ LOUKOUM

LOLLAND ou **LÅLAND** ▪ Île du Danemark. 1 150 km^2. 77 000 hab. Chef-lieu : Maribo.

les LOLLARDS ▪ Hérétiques anglais des XIVe et XVe s., qui réclamaient le retour à la pauvreté. Ils inspirèrent des révoltes populaires et contribuèrent au mouvement qui, au XVIe s., suscita la Réforme. → **Wyclif.**

LOLO n. m. ▪ FAM. Lait.

LOMBAIRE adj. ▪ Qui appartient aux lombes, se situe dans les lombes. *Région lombaire. Les cinq vertèbres lombaires.*

LOMBARD, ARDE adj. et n. **1.** HIST. Relatif aux Lombards*. *Les envahisseurs lombards.* **2.** De Lombardie. *Le pays lombard. L'école lombarde* (en peinture). - n. *Un Lombard, une Lombarde.* ♦ n. m. *Le lombard* (dialecte italien).

la LOMBARDIE en italien ***LOMBARDIA*** ▪ Région administrative du nord de l'Italie. 23 856 km^2. 8 898 951 hab. *(les Lombards).* Chef-lieu : Milan. L'activité industrielle fait de la Lombardie la première région économique d'Italie. □ HISTOIRE Conquise par les Lombards, puis par les Francs, elle passa à l'empereur germanique Othon Ier le Grand (951). Cependant les villes lombardes se liguèrent *(Ligue lombarde)* pour vaincre Frédéric Barberousse en 1176. Devenue possession autrichienne, elle fut annexée au Piémont en 1859, première étape de l'unification de l'Italie.

les LOMBARDS ▪ Peuple germanique établi au Ier s. sur le cours inférieur de l'Elbe, et qui au VIe s. envahit l'Italie du Nord (la *Lombardie*). Ils furent vaincus par Charlemagne en 774 qui prit le titre de roi des Lombards.

LOMBES n. m. pl. ▪ Régions postérieures de l'abdomen, situées symétriquement à droite et à gauche de la colonne vertébrale. ⇒ **rein ; lombaire.**

LOMBOK ▪ Île d'Indonésie. 11 808 km^2. 2 000 000 hab. Île volcanique (mont Rinjani, 3 726 m).

LOMBRIC n. m. ▪ Ver de terre. *Des lombrics.*

Cesare LOMBROSO (1835 - 1909) ▪ Médecin italien, un des fondateurs de la criminologie moderne.

LOMÉ ▪ Capitale du Togo. 514 000 hab. Centre administratif, commercial (port) et industriel.

Étienne de LOMÉNIE DE BRIENNE (1727 - 1794) ▪ Prélat français, ministre de Louis XVI. Comme son prédécesseur Calonne, il échoua dans ses tentatives de réformes financières.

LOMME ▪ Commune du Nord. 26 549 hab. *(les Lommois).*

Londres. Le quartier des docks. *Phot. © Tony Pupkewitz/Rapho*

Mikhaïl LOMONOSSOV (1711-1765) ▪ Écrivain et savant russe. Considéré comme le fondateur de la littérature russe moderne. L'université de Moscou, qu'il créa en 1755, porte son nom.

John Griffith dit **Jack LONDON** (1876-1916) ▪ Écrivain américain. Il fut ouvrier, marin, chercheur d'or et vagabond. Teintée d'un socialisme généreux, son œuvre évoque des personnages en marge de la société et l'aventure. *"L'Appel de la forêt"* (1903); *"Croc-Blanc"* (1906); *"Martin Eden"* (1909).

LONDON ▪ Ville du Canada (Ontario). 331 314 hab.

LONDONDERRY ou **DERRY** ▪ Ville, port et district d'Irlande du Nord. 90 000 hab.

LONDONIEN, IENNE adj. et n. ▪ De Londres. *La population londonienne.* - *Un brouillard londonien.* ♦ n. *Les Londoniens.*

Albert LONDRES (1884-1932) ▪ Journaliste français. Un des premiers à accomplir des reportages internationaux.

LONDRES en anglais ***LONDON*** ▪ Capitale du Royaume-Uni et de l'Angleterre, au fond de l'estuaire de la Tamise. Une des plus grosses agglomérations d'Europe, divisée en 32 faubourgs *(boroughs)*, qui forment le comté du *Grand Londres* : 1 580 km². 6 700 000 hab. *(les Londoniens)*. Principal centre économique de Grande-Bretagne. Capitale politique, elle abrite le palais royal *(Buckingham Palace)* et le Parlement *(Westminster)*. La *City* est la deuxième place d'affaires du monde, après New York. □ HISTOIRE Centre commercial romain, capitale du royaume d'Essex (526), la ville fut agrandie par Guillaume le Conquérant qui fit construire la Tour de Londres. Sa vocation maritime et commerciale en fit un centre économique et artistique important. Dévastée par la peste (1665), puis par un incendie (1666), Londres devint au XIXe s. le plus grand centre bancaire et commercial du monde.

Longhi. *Le Rhinocéros*, 1751. Palais Rezzonico, Venise. *Phot. © Alinari/Giraudon*

LONG, LONGUE [lɔ̃, lɔ̃g] ▪ **I.** adj. **1.** (avant le n.) Qui a une étendue supérieure à la moyenne dans le sens de la longueur. ⇒ **grand.** *Une longue tige. Un long nez.* ♦ Qui couvre une grande étendue, qui s'étend sur une grande distance. *Il faisait de longues enjambées.* **2.** (après le n.) Dont la grande dimension *(longueur)* est importante par rapport aux autres dimensions (opposé à *court*). *Porter les cheveux longs. Robe longue. Muscles longs.* **3.** LONG DE (telle grandeur). *Description trop longue d'un tiers.* **4.** (langage, discours) *Un long roman.* - par ext. *L'orateur a été trop long.* **II.** adj. (dans le temps) **1.** Qui a une durée très étendue. *Un long hiver. Il resta un long moment dans cet état.* ⇒ **longtemps.** *Il guérira mais ce sera long.* - *Trouver le temps long.* ♦ (opposé à *brève*) *Syllabe, voyelle, note longue* (ou *une longue*). ♦ Qui dure longtemps et ne se répète pas souvent. - *À de longs intervalles*, de loin en loin. **2.** Qui remonte loin dans le temps. ⇒ **ancien, vieux.** *Une longue habitude.* DE LONGUE DATE : depuis longtemps. **3.** Éloigné dans l'avenir. *À plus ou moins longue échéance.* - *À LA LONGUE* loc. adv. : avec le temps. *À la longue, il s'y est fait.* ⇒ **finalement.** **4.** *Long (à)*, lent. *Le feu a été long à s'éteindre.* - FAM. *C'est long à venir, cette réponse.* **5.** LONG DE : de telle ou telle durée. *Une absence longue de deux mois.* **III.** n. m. **1.** (précédé de *au, de, en*) *Cette table a, mesure 1,20 m de long.* ⇒ **longueur.** - *Tomber* DE TOUT SON LONG : en s'allongeant par terre. - *DE LONG EN LARGE*, en faisant des allées et venues dans un espace restreint. *Raconter qqch. en long et en large*, sous tous les aspects, dans le détail. - *TOUT DU LONG* : en suivant sur toute la longueur. - *AU LONG, TOUT AU LONG* : complètement. *Racontez-moi cela tout au long*, en détail. **2.** *AU LONG DE, LE LONG DE, TOUT LE LONG, TOUT DU LONG DE* loc. prép. : en suivant sur toute la longueur (de). *Il marchait le long des rues.* ⇒ **longer, suivre.** - (dans le temps) Durant. *Tout le long du jour*, pendant tout le jour. **IV.** adv. **1.** Beaucoup. *En savoir long.* **2.** Avec un vêtement long. *Elle est habillée trop long.*

Marguerite LONG (1874-1966) ▪ Professeur de piano et pianiste française. Elle créa le concours international Long-Thibaud avec Jacques Thibaud.

LONGANIME adj. ▪ LITTÉR. D'une patience tolérante.

LONGANIMITÉ n. f. ▪ LITTÉR. Patience à supporter (les souffrances, ce qu'on aurait le pouvoir de réprimer). ⇒ **indulgence.**

LONG BEACH ▪ Ville et port des États-Unis (Californie). 429 000 hab. Tourisme.

LONG-COURRIER adj. m. ▪ Se dit d'un bâtiment qui navigue au long cours ; des avions de transport sur les longs parcours. *Avions long-courriers.* - n. m. *Des long-courriers.*

① **LONGE** n. f. ▪ *Longe (de veau, de chevreuil...)*, morceau dans la moitié de l'échine.

② **LONGE** n. f. ▪ Corde, courroie qui sert à attacher un cheval, un animal domestique. *Mener un cheval par la longe.*

LONGER v. tr. [3] ▪ **1.** Aller le long de (qqch.), en en suivant le bord, en marchant auprès. ⇒ **côtoyer.** *Longer les murs pour se cacher.* ⇒ **raser.** **2.** (choses) Être, s'étendre le long de. ⇒ **border, côtoyer.** *La route longe la mer.*

LONGERON n. m. ▪ Poutre, pièce transversale (d'une charpente, d'un châssis).

LONGÉVITÉ n. f. ▪ Longue durée de la vie (d'un individu, d'un groupe, d'une espèce).

Henry Wadsworth LONGFELLOW (1807-1882) ▪ Poète américain. Il célébra l'épopée nationale. *"Évangéline"* (1847), sur les Acadiens ; *"Hiawatha"* (1855), poème indien.

Baldassare LONGHENA (1597-1682) ▪ Architecte et décorateur italien. Église Santa Maria della Salute (édifice majeur du baroque vénitien) ; palais Pesaro à Venise.

Pietro LONGHI (1702-1785) ▪ Peintre italien. Scènes pittoresques de la vie vénitienne au XVIIIe s.

LONGI- Élément savant, du latin *longus* « long ».

LONGILIGNE adj. ▪ Dont le corps est mince, élancé ; aux membres longs.

LONG ISLAND ▪ Île des États-Unis, à l'embouchure de l'Hudson, où se trouvent deux quartiers (Brooklyn, Queens) de New York. 7 200 000 hab.

LONGITUDE n. f. ▪ Distance angulaire à un méridien d'origine, vers l'est ou l'ouest. *Île située par 60° de latitude sud et 40° 20' de longitude ouest.*

LONGITUDINAL, ALE, AUX adj. ▪ Qui est dans le sens de la longueur. *Raie longitudinale* (opposé à *transversal*).

LONGJUMEAU ▪ Commune de l'Essonne. 19 864 hab. *(les Longjumellois).*

LONGMEN ou **LONG-MEN** ▪ Site chinois de grottes bouddhiques (plus de 1 000), sculptées du Vᵉ au VIIᵉ s.

Longmen. Grotte bouddhique n° 3, dynastie Wei. *Phot. © Koch/Rapho*

LONGTEMPS [lɔ̃tɑ̃] ▪ **I.** adv. Pendant un long espace de temps. *Parler longtemps.* ⇒ **longuement.** *Il n'y a plus longtemps à attendre.* ⇒ **beaucoup.** **II.** n. m. **1.** (compl. de prép.) *Depuis, pendant, pour longtemps. Des coutumes depuis longtemps disparues. Je n'en ai pas pour longtemps.* FAM. *Est-ce qu'il partira dans longtemps ?* ▸ *DE LONGTEMPS, AVANT LONGTEMPS. Je n'y retournerai pas de longtemps,* pas de sitôt. **2.** *Il y a, voici longtemps.* ⇒ **autrefois, jadis.**

À LA **LONGUE** loc. adv. ⇒ LONG (II, 3)

la **LONGUE MARCHE** ▪ Mouvement de retraite des communistes chinois, partisans de Mao Zedong, à travers la Chine, pourchassés par les troupes nationalistes. Long de plus de 12 000 km, du sud du Jiangxi à Yanan, ce mouvement dura plus d'un an (1934-1936) et apporta à Mao le soutien de la population.

LONGUEMENT adv. ▪ Pendant un long temps, avec longueur et continuité (d'une action). *Raconter longuement une histoire. Il a insisté longuement.*

LONGUENESSE ▪ Commune du Pas-de-Calais. 12 604 hab.

LONGUET, ETTE adj. ▪ FAM. Un peu long (en dimension ou en durée). *Son histoire est un peu longuette.*

LONGUEUIL ▪ Ville du Canada (Québec), sur le Saint-Laurent, en face de Montréal. 111 847 hab.

LONGUEUR n. f. ▪ **I.** (dans l'espace) **1.** Dimension d'une chose dans le sens de sa plus grande étendue (opposé à *largeur, hauteur, profondeur*). *Dans le sens de la longueur.* ⇒ en **long, longitudinal.** *Longueur et largeur d'un rectangle.* ▸ *Saut en longueur.* **2.** Grandeur qui mesure cette dimension. *Une longueur de 10 m ; 10 m de longueur.* **3.** Unité définie par la longueur de la bête, du véhicule, et servant à évaluer la distance qui sépare les concurrents, notamment à l'arrivée d'une course. *Cheval qui gagne d'une longueur.* ▸ *Avoir UNE LONGUEUR D'AVANCE :* un avantage (sur un adversaire). **4.** Grandeur linéaire fondamentale ; grandeur mesurant ce qui n'a qu'une dimension. *Les longueurs, les surfaces et les volumes.* ▸ *Longueur d'onde*.* **II. 1.** Espace de temps. ⇒ **durée.** *Patience et longueur de temps.* ▸ *À LONGUEUR DE* loc. prép. : pendant toute la durée de. *Il travaille à longueur d'année.* **2.** Longue durée. *La longueur des heures d'attente. Tirer les choses en longueur,* les faire durer. **III. 1.** Durée (assez grande) nécessaire à la lecture, à l'expression (d'une œuvre). *Excusez la longueur de ma lettre.* **2.** Passage trop long. *Il y a trop de longueurs dans ce film. Éviter les longueurs, les redites.*

LONGUE-VUE n. f. ▪ Lunette d'approche à fort grossissement. *Des longues-vues.*

LONGUS ou **LONGOS** dit *LE SOPHISTE* (fin du IIᵉ s. - début du IIIᵉ s.) ▪ Écrivain grec. *"Daphnis et Chloé"*, roman pastoral.

LONGVIC ▪ Commune de la Côte-d'Or. 8 273 hab. *(les Longviciens).*

LONGWY ▪ Commune de Meurthe-et-Moselle. 15 439 hab. *(les Longoviciens).* Fortifiée par Vauban. Charbon. Sidérurgie.

Elias **LÖNNROT** (1802 - 1884) ▪ Érudit et folkloriste finlandais d'expression finnoise. Il recueillit les anciens poèmes populaires, dont il tira une épopée, le *"Kalevala"* (1835), et un recueil, *"Kanteletar"* (1840).

LONS ▪ Commune des Pyrénées-Atlantiques. 9 254 hab.

LONS-LE-SAUNIER ▪ Chef-lieu du Jura. 19 144 hab. *(les Lédoniens).* Industries alimentaires. Fromages.

LOOFA ; LOOFAH ⇒ LUFFA

LOOK [luk] n. m. ▪ anglic. Allure ; apparence. *Changer de look.*

LOOPING [lupiŋ] n. m. ▪ anglic. Acrobatie aérienne consistant en une boucle dans le plan vertical. *Faire des loopings.*

Adolf **LOOS** (1870 - 1933) ▪ Architecte autrichien. Un des pionniers de l'architecture moderne. Maison Tzara, à Paris.

LOOS ▪ Commune du Nord. 20 657 hab. *(les Loossois).*

LOPBURI ▪ Ville de Thaïlande. Capitale d'un royaume môn fondé au VIᵉ s., elle fut occupée à plusieurs reprises par les Khmers (XIᵉ-XIIᵉ s.), qui ont laissé de nombreux vestiges et influencé le style dit de Lopburi.

LOPE n. f. ▪ ARGOT Homosexuel. ▸ Homme lâche.

Felix **LOPE DE VEGA** (1562 - 1635) ▪ Auteur dramatique espagnol. Il écrivit, outre 400 pièces religieuses, plus de 1 800 comédies qui exercèrent une profonde influence sur le théâtre français, en particulier sur Corneille et Molière. Ses comédies de mœurs ouvrent la voie au réalisme. *"Font-aux-Cabres"* (1618) ; *"Le Chien du jardinier"* (1618).

LOPIN n. m. ▪ Petit morceau (de terrain), petit champ. *Un lopin de terre.*

LOQUACE adj. ▪ Qui parle volontiers. ⇒ **bavard.** *Vous n'êtes pas très loquace aujourd'hui.*

LOQUACITÉ n. f. ▪ LITTÉR. Disposition à parler beaucoup. ⇒ **bagout, bavardage.**

LOQUE n. f. ▪ **1.** surtout au plur. Vêtement usé et déchiré. ⇒ **guenille, haillon.** ▸ *Être en loques. Un clochard vêtu de loques.* ⇒ **loqueteux. 2.** Personne effondrée, sans énergie. *C'est une loque humaine.*

LOQUET n. m. ▪ Fermeture de porte se composant d'une tige mobile dont l'extrémité se bloque dans une pièce fixée. *Abaisser, soulever le loquet de la porte.*

LOQUETEUX, EUSE adj. ▪ **1.** (personnes) Vêtu de loques, de haillons. ⇒ **déguenillé.** ▸ n. *Un loqueteux.* **2.** LITTÉR. En loques. *Habit loqueteux.*

Federico García **LORCA** → Federico **García Lorca**

LORD [lɔʀ(d)] n. m. ▪ Titre de noblesse en Grande-Bretagne. *La Chambre* des lords.* ▸ Titre attribué à certains hauts fonctionnaires ou ministres britanniques.

LORDOSE n. f. ▪ MÉD. Déformation de la colonne vertébrale.

la **LORELEI** ▪ Falaise sur la rive droite du Rhin (Allemagne), célèbre pour sa sirène légendaire dite *la Lorelei,* qui inspira les poètes Brentano, Heine et Apollinaire.

Sofia Scicolone dite Sophia **LOREN** (née en 1934) ▪ Actrice italienne. Elle fut la grande star du cinéma italien après la guerre. *"La Diablesse en collants roses"* (1960) ; *"La Comtesse de Hong-Kong"* (1967) ; *"Une journée particulière"* (1977).

Hendrik Antoon **LORENTZ** (1853 - 1928) ▪ Physicien néerlandais. Prix Nobel 1902 pour la théorie des électrons. Dans la théorie de la relativité d'Einstein, la *transformation de Lorentz* exprime l'invariance des lois physiques pour tous les systèmes de coordonnées en mouvement uniforme les uns par rapport aux autres.

Konrad **LORENZ** (1903 - 1989) ▪ Zoologiste autrichien. Prix Nobel 1973 pour ses travaux fondateurs en éthologie (étude du comportement animal).

LORENZETTI ▪ Nom de deux peintres toscans du XIVᵉ s. Frères, parfois collaborateurs, ils réalisèrent chacun une

Ambrogio **Lorenzetti.** *La Paix,* détail de l'allégorie *Les Effets du bon gouvernement,* fresque. Palazzo Pubblico, Sienne. *Phot. © Alinari/Giraudon*

synthèse différente des peintures siennoise et florentine. ► **Pietro LORENZETTI** (v. 1280/1285 - 1348), plus florentin, réalisa des fresques à Assise, marquées par l'influence de Giotto et de Giovanni Pisano. ► **Ambrogio LORENZETTI** (v. 1290 - 1348), plus siennois, cultiva la représentation concrète de la vie et de l'univers humain.

LORGNER v. tr. 1 ▪ **1.** Observer de façon particulière (de côté, avec insistance, à l'aide d'un instrument). ⇒ **reluquer.** *Lorgner un joli garçon du coin de l'œil.* **2.** Avoir des vues sur (qqch. que l'on convoite). ⇒ **guigner.** *Lorgner une place.*

LORGNETTE n. f. ▪ Petite lunette grossissante, au spectacle. ⇒ **jumelle.** - loc. *Regarder, voir par le* PETIT BOUT DE LA LORGNETTE : ne voir des choses qu'un petit côté, dont on exagère l'importance ; avoir un esprit étroit.

LORGNON n. m. ▪ Ensemble de deux lentilles et de leur monture sans branches (⇒ **binocle, pince-nez**).

LORIENT ▪ Chef-lieu d'arrondissement du Morbihan. 59 271 hab. *(les Lorientais).* Port de commerce et 2e port de pêche français. Base de sous-marins. Conserveries. Constructions mécaniques. Le port de « l'Orient » fut fondé par la Compagnie des Indes orientales en 1666.

LORIOT n. m. ▪ Oiseau plus petit que le merle, au plumage jaune vif sauf les ailes et la base du cou qui sont noires.

loriot.
Oriolus oriolus.
Phot. © Ermie/Jacana

le LORISTAN ou **LURISTĀN** ▪ Région d'Iran où furent mis au jour en 1929 des bronzes datant du XIXe au XIIe s. av. J.-C.

Marion de LORME (1611 - 1650) ▪ Courtisane française. Héroïne d'un drame de Victor Hugo, *"Marion Delorme"* (1831).

LORMONT ▪ Commune de la Gironde. 21 591 hab. *(les Lormontais).* Port sur la Garonne.

LORRAIN, AINE adj. ▪ De Lorraine. - n. *Les Lorrains.*

Claude Gellée dit **LE LORRAIN** (1600 - 1682) ▪ Peintre français, le grand maître du paysage classique. Son sens rigoureux de la composition, avec une grande sensibilité à la lumière, influença l'école anglaise. *"Port de mer au soleil couchant"* (1639).

la LORRAINE ▪ Région administrative de l'est de la France, composée de quatre départements : Meurthe-et-Moselle, Meuse, Moselle et Vosges. Chef-lieu : Metz. 23 547 km^2. 2 305 726 hab. *(les Lorrains).* Pays de montagnes (→ **Vosges**) et de plateaux, avec une industrie textile traditionnelle dans les vallées. Sur les gisements de charbon et de minerai de fer s'est implantée, au XIXe s., une puissante industrie lourde, actuellement en crise. □ HISTOIRE Constitué au Xe s. (→ **Lotharingie**), le duché de Lorraine fut cédé au roi de Pologne détrôné, Stanisław Leszczyński, en 1736, et au roi de France en 1766. De 1871 à 1918, les territoires lorrains de langue allemande furent annexés par l'Allemagne.

LORS adv. ▪ **1.** *LORS DE* loc. prép. : au moment de, à l'époque de. *Lors de son mariage.* **2.** loc. conj. *DÈS LORS QUE :* du moment que ; étant donné que, puisque. - LITTÉR. *LORS MÊME QUE* (+ indic. ou cond.) : même si, en dépit du fait que. *Lors même que vous insisteriez, il ne céderait pas.*

LORSQUE conj. de temps ▪ Le *e* de *lorsque* s'élide en général devant toutes les voyelles **1.** (simultanéité) Au moment où, quand. *Lorsqu'il est arrivé, nous finissions de déjeuner.* **2.** (opposition et simultanéité) *On fait des discours lorsqu'il faut agir,* alors qu'il faut agir.

LOS ALAMOS ▪ Localité des États-Unis (Nouveau-Mexique). Recherches nucléaires (expérimentation de la première bombe atomique, le 16 juillet 1945).

LOSANGE n. m. ▪ Parallélogramme dont les côtés sont égaux, en particulier lorsqu'il ne s'agit pas d'un carré.

LOS ANGELES ▪ Ville des États-Unis (Californie). 3 485 000 hab. Agglomération d'une très large étendue (2e du pays) : 2 500 km^2. 14 532 000 hab. Célèbre université. Centre industriel et culturel. Elle a absorbé Hollywood*.

Joseph LOSEY (1909 - 1984) ▪ Cinéaste américain. Ses films portent un regard critique sur les relations entre les classes sociales. *"Le Garçon aux cheveux verts"* (1948) ; *"The Servant"* (1963) ; *"Le Messager"* (1971). Il réalisa également une adaptation du *"Don Giovanni"* de Mozart (1979).

LOT n. m. ▪ **1.** Partie (d'un tout que l'on partage entre plusieurs personnes). *Diviser un terrain en lots.* ⇒ **lotissement.** **2.** Quantité (de marchandises). ⇒ **stock.** *Un lot de vêtements.* **3.** Ce qu'on gagne dans une loterie. *Le* GROS LOT : le plus important (→ loterie). **4.** LITTÉR. Ce que le hasard, la nature réserve à qqn. ⇒ **apanage, destin, sort.** *La souffrance est son lot.*

le LOT ▪ Affluent de la Garonne. 481 km.

le LOT [46] ▪ Département français de la région Midi-Pyrénées. 5 215 km^2. 155 816 hab. Chef-lieu : Cahors. Chefs-lieux d'arrondissement : Figeac, Gourdon.

le LOT-ET-GARONNE [47] ▪ Département français de la région Aquitaine. 5 360 km^2. 305 989 hab. Chef-lieu : Agen.

le **Lorrain.** *Ulysse remet Chryséis à son père.* Musée du Louvre, Paris. *Phot. © Dagli Orti*

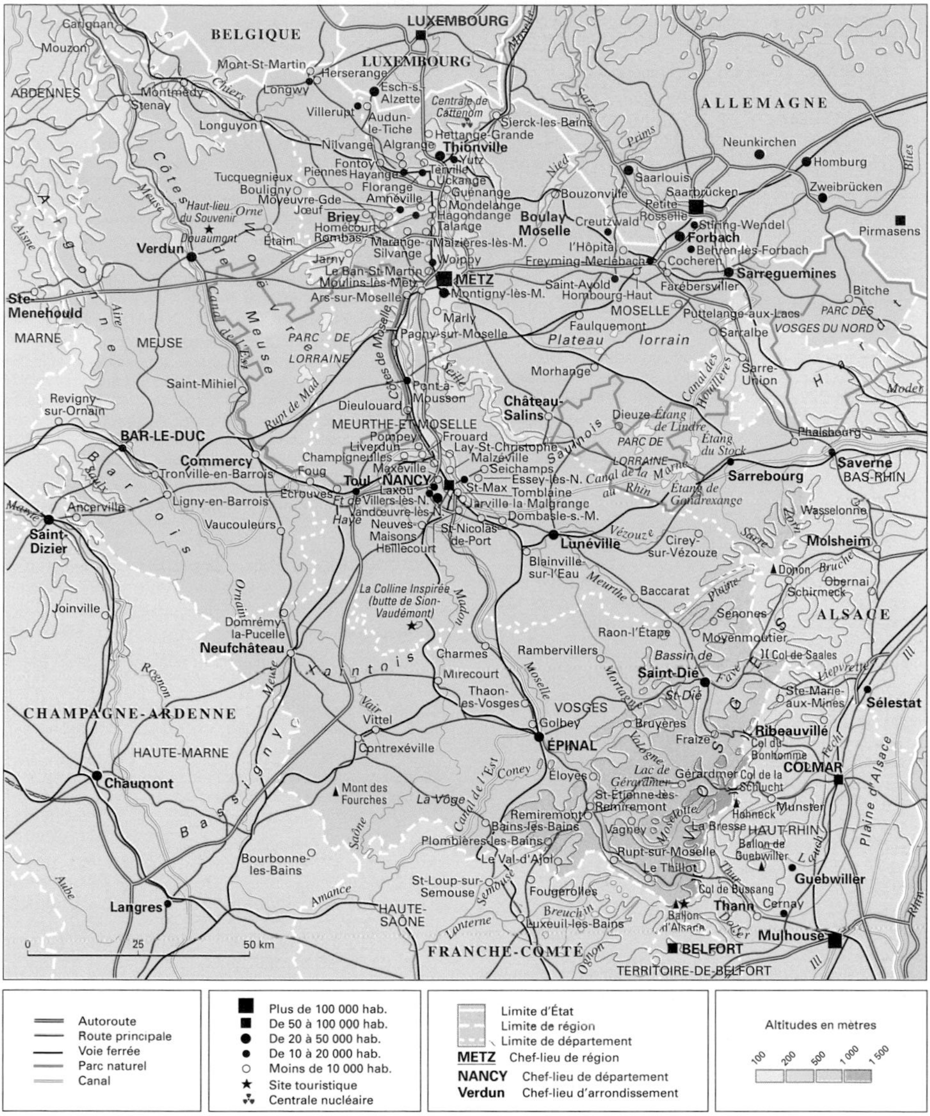

Lorraine.

Chefs-lieux d'arrondissement : Marmande, Nérac, Villeneuve-sur-Lot.

LOTERIE n. f. ▪ **1.** Jeu de hasard où des lots sont attribués à ceux qui sont désignés par le sort. ⇒ **loto, tombola.** *La Loterie nationale* (en France). **2.** Ce qui est gouverné, réglé par le hasard. *La vie est une loterie.*

LOTH ou **LOT** ▪ Personnage de la Bible. Sa femme est changée en statue de sel pour avoir regardé la destruction de Sodome.

LOTHAIRE Ier (795 - 855) ▪ Empereur d'Occident de 840 à sa mort, fils de Louis Ier le Pieux. Le traité de Verdun ne lui laissa que la Lotharingie. ► **LOTHAIRE II** (v. 825 - 869), son fils, roi de Lotharingie de 855 à sa mort.

LOTHAIRE (941 - 986) ▪ Roi de France de 954 à sa mort, fils de Louis IV.

LOTHAIRE II ou **III DE SUPPLINBURG** ou **DE SAXE** (mort en 1137) ▪ Empereur germanique de 1133 à sa mort. Il supplanta Conrad de Hohenstaufen, ce qui déclencha la querelle des guelfes et des gibelins.

la **LOTHARINGIE** ▪ Territoires cédés à Lothaire Ier après le traité de Verdun, et dont le cœur est la Lorraine actuelle. Le royaume fut intégré par Othon Ier le Grand au Saint Empire romain germanique (xe s.).

le **LOTHIAN** ▪ Région administrative du centre est de l'Écosse. 1 756 km². 760 000 hab. Chef-lieu : Édimbourg.

LOTI, IE adj. ▪ *Être* BIEN, MAL LOTI : favorisé, défavorisé par le sort.

Julien Viaud dit **Pierre LOTI** (1850 - 1923) ▪ Officier de marine et romancier français. Son œuvre reflète son goût pour l'exotisme. *"Aziyadé"* (1879); *"Pêcheur d'Islande"* (1886); *"Madame Chrysanthème"* (1887).

LOTION n. f. ▪ Liquide utilisé pour rafraîchir le corps, le soigner. *Lotion capillaire. Lotion après rasage.* – Application de ce liquide. ⇒ **friction.** *Faire des lotions.*

LOTIONNER v. tr. 1 ▪ Soumettre à une lotion. *Lotionner une plaie.*

LOTIR v. tr. 2 ▪ **1.** Partager, répartir par lots. *Terrains à lotir,* à mettre en vente par lots. **2.** Mettre (qqn) en possession d'un lot. *Après le partage, chacun a été loti d'une maison.*

LOTISSEMENT n. m. ▪ **1.** DR. Division par lots. *Le lotissement des immeubles d'une succession.* COUR. Vente ou location de parcelles de terrain. **2.** *Un lotissement,* ensemble des parcelles d'un terrain vendues pour la construction d'habitations.

LOTISSEUR, EUSE n. ▪ Personne qui partage des terrains en lots, les vend par lots.

LOTO n. m. ▪ **1.** Jeu de hasard où l'on doit pour gagner remplir le premier une carte portant plusieurs numéros, auxquels correspondent de petits cylindres de bois *(boules de loto)* ou des cartons numérotés tirés au hasard. – loc. FAM. *Des yeux en* BOULES DE LOTO : tout ronds, surpris. **2.** en France Jeu consistant à choisir des numéros en les cochant sur un bulletin, et où les numéros gagnants sont tirés au sort. ⇒ **loterie.**

LOTTE n. f. ▪ Poisson comestible, à peau épaisse, gluante, couverte d'écailles. *Lotte à l'américaine.*

Lorenzo LOTTO (v. 1480 - 1556) ▪ Peintre italien. Grandes compositions religieuses (*"Le Mariage de sainte Catherine"*, 1523). Portraits, souvent mélancoliques.

LOTUS [-ys] n. m. ▪ Nénuphar blanc (de l'Inde). *Le lotus sacré est un des principaux symboles de l'hindouisme.* ♦ Nénuphar du Nil. *Lotus bleu.*

① **LOUABLE** adj. ▪ Qui est digne de louange, qui mérite d'être loué. ⇒ **estimable.** *Sentiments louables.* ⇒ **honnête.** *De louables efforts.* ⇒ **méritoire.** *C'est très louable de sa part.*

② **LOUABLE** adj. ▪ Qu'on peut louer (②). *Studio louable au mois.*

LOUAGE n. m. ▪ DR. Location ; action de louer (②). *Contrat de louage. Louage de services,* contrat de travail. – *Voiture de louage.*

LOUANGE n. f. ▪ **1.** LITTÉR. Action de louer (①) (qqn ou qqch.) ; fait d'être loué. ⇒ **éloge.** *Rechercher la louange. Il faut dire à sa louange que...* **2.** au plur. Témoignage verbal ou écrit d'admiration ou de grande estime. ⇒ **compliment, félicitation.** *Son attitude mérite de grandes louanges.* – loc. *Chanter les louanges de qqch.,* ses mérites.

LOUANGER v. tr. 3 ▪ LITTÉR. Couvrir de louanges ; faire l'éloge de. ⇒ **louer, glorifier.**

LOUANGEUR, EUSE n. et adj. ▪ LITTÉR. (Personne) qui fait des louanges. – Qui contient ou exprime une louange. ⇒ **élogieux, laudatif.** *Paroles louangeuses.*

LOUBARD n. m. ▪ FAM. Jeune vivant dans une banlieue défavorisée, appartenant à une bande dont le comportement est asocial.

Émile LOUBET (1838 - 1929) ▪ Homme d'État français. Il succéda à Félix Faure, à la présidence de la République (1899-1906) et gracia Dreyfus.

① **LOUCHE** adj. ▪ Qui n'est pas clair, pas honnête. ⇒ **suspect, trouble.** *Affaires, manœuvres louches. C'est louche,* bizarre et suspect. *Un individu louche.*

② **LOUCHE** n. f. ▪ **1.** Grande cuiller à long manche pour servir le potage, les mets liquides. ♦ loc. *À la louche :* par grosses portions ; fig. grossièrement. **2.** FAM. *Serrer la louche à qqn,* la main (syn. *serrer la cuiller*).

LOUCHER v. intr. 1 ▪ **1.** Être atteint de strabisme convergent ; avoir les axes visuels des deux yeux non parallèles. ⇒ FAM. **bigler** ; → FAM. avoir un œil qui dit merde à l'autre, avoir les yeux qui se croisent les bras. **2.** FAM. *Faire loucher qqn,* provoquer sa curiosité, son envie. – *LOUCHER SUR, VERS :* jeter des regards pleins de convoitise sur (qqn ou qqch.). ⇒ **guigner, lorgner.**

LOUDÉAC ▪ Commune des Côtes-d'Armor. 9 820 hab. *(les Loudéaciens).*

LOUDUN ▪ Commune de la Vienne. 7 854 hab. *(les Loudunais).* Le couvent des Ursulines fut en 1632-1634 le siège d'une célèbre affaire de sorcellerie. → Urbain **Grandier.**

la LOUE ▪ Rivière de Franche-Comté, affluent du Doubs. 125 km.

① **LOUER** v. tr. 1 ▪ **1.** Déclarer (qqn ou qqch.) digne d'admiration ou de très grande estime. ⇒ **exalter, louanger.** *Louer qqn sans mesure.* ⇒ **encenser, flatter. 2.** *LOUER qqn DE* ou *POUR qqch.* ⇒ **féliciter. 3.** *Louer Dieu, le Seigneur.* ⇒ **bénir, glorifier.** loc. *Dieu soit loué !,* exclamation de joie, de soulagement. ► SE LOUER v. pron. *Se louer de qqch.,* témoigner ou s'avouer la vive satisfaction qu'on en éprouve. ⇒ s'**applaudir,** se **féliciter.** *Je me loue d'avoir accepté son offre.* – *Se louer de qqn,* être satisfait de lui.

② **LOUER** v. tr. 1 ▪ **I.** Donner (qqch.) en location. *Louer une chambre meublée à un étudiant.* ⇒ aussi **sous-louer.** *Maison à louer.* – pronom. (passif) Être à louer. *Cet appartement doit se louer cher.* **II. 1.** Prendre en location, à bail. *Louer un appartement,* en être locataire. *Louer une voiture pour deux jours.* ⇒ **location, louage. 2.** Réserver, retenir en payant. *Louer sa place dans un train, un avion ; au spectacle.*

LOUEUR, EUSE n. ▪ Personne qui fait métier de donner (des voitures, des sièges, etc.) en location.

LOUFIAT n. m. ▪ POP. Garçon de café.

LOUFOQUE adj. ▪ FAM. Fou. ⇒ **dingue, farfelu.** *Il a l'air un peu loufoque* (var. LOUF, LOUFTINGUE). – *Une histoire loufoque,* absurde et comique.

LOUFOQUERIE n. f. ▪ Caractère loufoque. – Acte absurde.

LOUHANS ▪ Chef-lieu d'arrondissement de la Saône-et-Loire. 6 140 hab. *(les Louhannais).*

LOUHANSK anciennt *VOROCHILOVGRAD* ▪ Ville d'Ukraine, dans le Donbass, fondée en 1795. 501 000 hab. Houillères. Sidérurgie.

LOUIS n. m. ▪ **1.** Ancienne monnaie d'or, à l'effigie du roi de France. **2.** Pièce d'or française de vingt francs. ⇒ **napoléon.** *Des louis d'or.* ♦ VX Somme de vingt francs (or), au jeu.

LOUIS ▪ NOM DE NOMBREUX SOUVERAINS EUROPÉENS
1. empereurs d'OCCIDENT ► **LOUIS Ier LE PIEUX** (778 - 840), fils de Charlemagne, empereur d'Occident de 814 à sa mort. ► **LOUIS II LE GERMANIQUE** (v. 825 - 875), son fils, hérita de la Germanie au traité de Verdun (843).
2. empereurs de GERMANIE ► **LOUIS IV DE BAVIÈRE** (v. 1286 - 1347), empereur germanique de 1328 à sa mort, mena une politique indépendante vis-à-vis de la papauté.
3. roi de BAVIÈRE ► **LOUIS II DE BAVIÈRE** ou **DE WITTELSBACH** (1845 - 1886), roi de 1864 à sa mort, protégea Wagner, fit construire des châteaux fantastiques et mourut fou.
4. rois de FRANCE ► **LOUIS Ier LE PIEUX** → **1. empereurs d'Occident.** ► **LOUIS II LE BÈGUE** ou **LE FAINÉANT** (846 - 879), fils de Charles le Chauve, roi de 877 à sa mort. ► **LOUIS III** (v. 863 - 882), fils du précédent, roi de 879 à sa mort. ► **LOUIS IV D'OUTRE-MER** (921 - 954), fils de Charles le Simple et roi de 936 à sa mort. ► **LOUIS V LE FAINÉANT** (v. 967 - 987), roi en 986-987, dernier des Carolingiens. ► **LOUIS VI LE GROS** (v. 1081 - 1137), roi de 1108 à sa mort, augmenta le domaine et le pouvoir de la monarchie. ► **LOUIS VII LE JEUNE** (v. 1120 - 1180), son fils, roi de 1137 à sa mort, bien conseillé par Suger, poursuivit sa politique ; sa rupture avec Aliénor d'Aquitaine amorça le conflit franco-anglais. ► **LOUIS VIII LE LION** (1187 - 1226), roi de 1223 à sa mort, époux de Blanche de Castille, continua la guerre de son père Philippe Auguste contre l'Angleterre. ► **SAINT LOUIS** ou **LOUIS IX** (1214 - 1270), fils du précédent, huitième roi (de 1226 à sa mort), très chrétien (canonisé en 1297), mort lors de la huitième croisade ; il mena le royaume à son apogée, ayant un rôle moral d'arbitre dans les affaires européennes. ► **LOUIS X LE HUTIN** ou **LE QUERELLEUR** (1289 - 1316), fils de Philippe le Bel, roi de 1314 à sa mort. ► **LOUIS XI** (1423 - 1483), roi de 1461 à sa mort, grand politique, consolida son pouvoir et l'unité du royaume (qu'il agrandit notamment de la Bourgogne, la Picardie, l'Anjou, le Maine et la Provence) en combattant les féodaux, en particulier Charles le Téméraire. ► **LOUIS XII** (1462 - 1515),

À gauche, **Louis XIII.** Portrait par Philippe de Champaigne. Musée du Prado, Madrid. *Phot. © Nimatallah/Ricciarini.* Au centre, **Louis XIV.** Portrait par Rigaud. Musée du Prado, Madrid. *Phot. © Nimatallah/Ricciarini.* À droite, **Louis XV.** Portrait par C. Van Loo. Musée des Beaux-Arts, Orléans. *Phot. © Lauros/Giraudon*

roi de 1498 à sa mort, poursuivit les guerres de Charles VIII en Italie. ► **Louis XIII** (1601 - 1643), roi de 1610 à sa mort, subit d'abord la régence de sa mère, Marie de Médicis, puis l'influence de Luynes; mais, avec Richelieu, il prépara l'absolutisme et l'hégémonie de la France en Europe, qui caractérisa le règne suivant. Il fit frapper une pièce de monnaie à laquelle son nom fut donné (le *louis*). ► **Louis XIV** dit **le Roi Soleil** (1638 - 1715), son fils, roi de 1643 à sa mort; la Fronde* qui éclata sous le règne d'Anne d'Autriche et de Mazarin lui inspira le culte du pouvoir absolu et la crainte de résider à Paris; il fit construire Versailles, favorisa l'épanouissement des arts et des lettres (Molière, Racine, Le Brun, Mansart, Lully); il réduisit le rôle de la noblesse et reçut dans son Conseil des bourgeois (Colbert, Le Tellier, Louvois); la fin du « siècle de Louis XIV » fut cependant assombrie par les limites de sa politique de conquêtes, l'autoritarisme religieux (révocation de l'édit de Nantes en 1685) et les difficultés économiques. Son fils, le *Grand Dauphin* (1661 - 1711), et son petit-fils, *Louis de France* (1682 - 1712), moururent avant lui. ► **Louis XV le Bien-Aimé** (1710 - 1774), arrière-petit-fils de Louis XIV, roi de 1715 à 1774. Pendant sa minorité, les affaires furent dirigées par le Régent, jusqu'en 1723 (→ **Régence**) : il soutint la politique de Fleury, après lequel les ministres réformistes (Orry, Choiseul) se succédèrent sans véritable appui contre l'opposition des Parlements; la tentative de Maupéou arriva trop tard pour consolider la politique royale (1771); le règne de Louis XV, marqué par les guerres de Succession de Pologne, de Succession d'Autriche et de Sept Ans, fut aussi celui des Lumières. ► **Louis XVI** (1754 - 1793), son petit-fils, roi en 1774, ne sut pas dénouer les contradictions du régime, qui débouchèrent sur la Révolution; sans prise réelle sur les événements, il donna son adhésion aux réformes et devint « roi des Français » (1791); mais, sous l'influence de la reine Marie-Antoinette et des monarques étrangers, il prit le parti de la contre-révolution; déchu, le citoyen Louis Capet fut jugé, déclaré « coupable de conspiration contre la liberté de la nation » et guillotiné le 21 janvier 1793. ► **Louis XVII** (1785 - 1795), son fils, prisonnier de la Révolution; plusieurs personnages tentèrent de se faire passer pour lui après la Restauration. ► **Louis XVIII** (1755 - 1824), frère de Louis XVI et du comte d'Artois (le futur Charles X), émigra en 1791; il prit le titre de Régent après l'exécution de Louis XVI, puis celui de roi en 1795 mais ne régna qu'après la chute de Napoléon Ier, de 1814 à 1824. → **Restauration.**

5. roi de HONGRIE ► **Louis Ier le Grand** (1326 - 1382), fils de Charles Ier, roi de Hongrie de 1342 à sa mort et de Pologne en 1370. Il conquit la Bohême (1345), la Lituanie (1352), obtint la Dalmatie (1381).

6. roi de PORTUGAL ► **Louis Ier** (1838 - 1889), roi de 1861 à sa mort, abolit l'esclavage dans les colonies en 1868.

Joseph Dominique, baron Louis (1755 - 1837) ▪ Homme politique français. Collaborateur de Talleyrand et de Mollien, ministre des Finances sous la Restauration et la monarchie de Juillet.

Joseph Louis Barrow dit **Joe Louis** (1914 - 1981) ▪ Boxeur noir américain. Il conquit le titre mondial des poids lourds en 1937 et ne le perdit qu'en 1950.

sainte Louise de Marillac (1591 - 1660) ▪ Religieuse française. Principale collaboratrice de saint Vincent de Paul.

Louise de Savoie (1476 - 1531) ▪ Mère de François Ier et de Marguerite de Navarre, régente du royaume lors des guerres d'Italie.

Louise-Marie d'Orléans (1812 - 1850) ▪ Reine des Belges, épouse de Léopold Ier.

la Louisiane ▪ État du sud des États-Unis. 125 625 km^2. 4 220 000 hab. *(les Louisianais).* Capitale : Baton Rouge. Ville principale : La Nouvelle-Orléans. Agriculture tropicale. Pétrole et gaz naturel. □ HISTOIRE Explorée par Cavelier de La Salle, elle appartint à la France jusqu'à ce que Bonaparte la vendît aux États-Unis (1803); le français y est encore parlé par les Cajuns.

Louis-Philippe Ier (1773 - 1850) ▪ Roi des Français de 1830 à 1848. Il fut, comme son père le duc d'Orléans, partisan des idées révolutionnaires. Lieutenant de Dumouriez, il émigra en 1793 et revint sous la Restauration. Lié aux milieux libéraux, il fut appelé au pouvoir après la révolution de 1830 (→ **monarchie de Juillet**). La révolution de 1848 provoqua sa chute.

Louisville ▪ Ville des États-Unis (Kentucky). 269 000 hab.

LOUKOUM [-um] n. m. ▪ Confiserie orientale, faite d'une pâte aromatisée enrobée de sucre en fine poudre. ◇ var. LOKOUM.

Louksor, **Louxor** ou **Luqsor** ▪ Ville d'Égypte sur le Nil. 137 300 hab. Site archéologique situé dans la partie sud de la Thèbes antique. Temple d'Amon, dont un des obélisques fut érigé en 1836, à Paris, place de la Concorde. Le temple de Karnak et, sur l'autre rive du Nil, la Vallée des Rois et de nombreux sites se trouvent à proximité. Tourisme.

LOULOU n. m. ▪ **I.** Petit chien d'appartement au museau pointu, à long poil, à grosse queue touffue. *Loulou de Poméranie.* **II.** FAM. **1.** terme d'affection (fém. LOULOUTE) *Mon gros loulou.* ⇒ **loup** (I, 2). **2.** Mauvais garçon. ⇒ **loubard, voyou.**

LOUP n. m. ▪ **I. 1.** Mammifère carnivore sauvage, qui ressemble à un grand chien (⇒ **chien-loup**). *Le loup, la louve* et leurs louveteaux. Hurlement de loup.* - loc. *Une faim de loup,* une faim vorace. *Un froid de loup,* très rigoureux. *Être connu comme le loup blanc,* très connu. - loc. prov. *Quand on parle du loup, on en voit la queue,* se dit lorsqu'une personne survient au moment où l'on parle d'elle. - prov. *L'homme est un loup pour l'homme.* ♦ fig. *Un jeune loup,* un jeune arriviste. **2.** FAM. Terme d'affection. *Mon loup, mon petit loup.* ⇒ FAM. **loulou. 3.** FAM. *LOUP DE MER :* vieux marin qui a beaucoup navigué. **4.** Poisson comestible de la Méditerranée. ⇒ **bar.** *Loup au fenouil.* **II.** Masque de velours noir qu'on porte dans les bals masqués. **III.** (idée de « dévorer ») **1.** VX Chancre. ⇒ **lupus. 2.** Défectuosité dans un ouvrage (⇒ **louper**).

LOUP-CERVIER n. m. ▪ Lynx du nord de l'Europe. *Des loups-cerviers.*

① **LOUPE** n. f. ▪ **1.** Excroissance du bois d'un arbre. ⇒ **nœud. 2.** Tumeur, excroissance de la peau.

② **LOUPE** n. f. ▪ Instrument d'optique, lentille convexe et grossissante. *Travailler, lire avec une loupe.* - *Regarder une chose à la loupe,* l'examiner avec une grande minutie.

LOUPER v. tr. 1 ▪ FAM. **1.** Ne pas réussir (un travail, une action). ⇒ **manquer, rater.** *Il a loupé sa composition, son examen. Il n'en loupe pas une,* il fait toutes les sottises. - au p. p. Raté, manqué. **2.** Ne pouvoir prendre, laisser échapper. *Tu vas louper ton train.* **3.** intrans. *Tout a loupé. Ça n'a pas loupé,* ça devait arriver.

LOUP-GAROU n. m. ▪ Personnage malfaisant des légendes populaires, homme-loup qui passait pour errer la nuit dans les campagnes. ⇒ **lycanthrope.** *Des loups-garous.*

LOUPIOT, IOTTE n. ▪ FAM. Enfant.

LOUPIOTE n. f. ▪ FAM. Petite lampe, lumière.

LOURD, LOURDE adj. ▪ **I. 1.** Difficile à déplacer, en raison de son poids (s'oppose à *léger*). ⇒ **pesant.** *Une lourde charge. Une valise très lourde.* ♦ Qui gêne par une impression de pesanteur. *Tête lourde, estomac lourd. Se sentir les jambes lourdes.* ♦ *Terrain lourd,* compact, difficile à labourer ; en sport, détrempé. **2.** Dont le poids est élevé ou supérieur à la moyenne. *Artillerie lourde. Industrie lourde,* grosse* industrie. *Poids* lourd.* ♦ Dont la densité est élevée. *Un gaz, un corps plus lourd que l'air.* - n. m. *Les plus lourds que l'air :* les engins volants qui n'utilisent pas de gaz plus légers que l'air. **3.** loc. *Avoir LA MAIN LOURDE :* frapper fort ; punir sévèrement. *Il a la main lourde avec son fils.* - Peser, verser en trop grande abondance. *Tu as eu la main lourde en te parfumant.* **4.** Difficile à supporter. *Avoir de lourdes charges.* ⇒ **écrasant.** *Lourde responsabilité. Lourde hérédité,* chargée. **5.** Qui accable, oppresse, pèse. *Le temps est lourd.* FAM. *Il fait lourd.* ♦ *Aliments lourds.* ⇒ **indigeste. 6.** *LOURD (DE) :* chargé (de). *Phrase lourde de sous-entendus, de menaces.* ⇒ **plein, rempli. 7.** Qui donne une impression de lourdeur, de pesanteur, sur les sens. - (Sur la vue, par son aspect) *Une architecture lourde.* ⇒ **massif ; épais.** - (Sur l'odorat) *Parfum lourd.* ⇒ **fort.** - (Sur le goût) *Un vin lourd et râpeux.* **8.** adv. *PESER LOURD.* ⇒ **beaucoup.** *Cette malle pèse lourd.* - loc. *Cela ne pèsera pas lourd dans la balance,* n'aura pas grande importance. - FAM. *Il n'en sait, il n'en fait PAS LOURD,* pas beaucoup. **II.** Maladroit. **1.** (personnes) Qui manque de finesse, de subtilité. ⇒ **balourd, épais, grossier, lourdaud.** *Il est plutôt lourd.* **2.** Qui manifeste de la maladresse intellectuelle. ⇒ **gros.** *Style lourd.* ⇒ **embarrassé. 3.** Qui se déplace, se meut avec maladresse, gaucherie, lenteur. ⇒ **empoté.** *Une démarche lourde.*

LOURDAUD, AUDE ▪ **1.** n. Personne lourde, maladroite (au moral et au physique). *C'est un lourdaud.* **2.** adj. ⇒ **balourd.** *Elle est un peu lourdaude.*

LOURDE n. f. ▪ FAM. Porte. *Il a bouclé la lourde.*

LOURDEMENT adv. ▪ **1.** De tout son poids, de toute sa force. *Tomber lourdement.* - *Peser lourdement sur,* avoir des conséquences importantes pour. **2.** Avec une charge, un matériel pesants. ⇒ **pesamment.** *Camions lourdement chargés.* **3.** Maladroitement. *Appuyer, insister lourdement.* - *Se tromper lourdement.* ⇒ **grossièrement.**

LOURDER v. tr. 1 ▪ FAM. Mettre à la porte. *Il s'est fait lourder.* ⇒ **licencier.** - Se débarrasser de (qqn, qqch.).

LOURDES ▪ Commune des Hautes-Pyrénées. 16 300 hab. *(les Lourdais).* Un des principaux centres de pèlerinage pour les catholiques. En 1858, Bernadette Soubirous déclara avoir eu plusieurs visions de la Vierge près de la grotte de Massabielle.

LOURDEUR n. f. ▪ **I. 1.** Caractère de ce qui est difficile à supporter. *La lourdeur de l'impôt.* - *(Une, des lourdeurs)* Impression de pesanteur pénible. *Des lourdeurs d'estomac.* **2.** Caractère massif, pesant. *Lourdeur des formes.* **II.** Gaucherie, maladresse. *Lourdeur de la démarche.* - Manque de finesse, de vivacité, de délicatesse. *Lourdeur d'esprit.* ⇒ **épaisseur, lenteur, pesanteur.** - *La lourdeur d'une phrase, du style.*

LOUSTIC n. m. ▪ Farceur, plaisantin. *Faire le loustic.* ♦ FAM. péj. Homme, type. *C'est un drôle de loustic.*

LOUTRE n. f. ▪ **1.** Petit mammifère carnivore, à pelage brun épais et court, à pattes palmées, se nourrissant de poissons et de gibier d'eau. **2.** Fourrure de cet animal. *Un manteau de loutre.*

loutre. *Lutra lutra.* *Phot. © Cordier/Jacana*

LOUVAIN en néerlandais ***LEUVEN*** ▪ Ville de Belgique (Région flamande, province du Brabant flamand). 85 018 hab. Édifices civils et religieux gothiques, Renaissance et baroques. Le commerce de draps était florissant au XIIIe s., mais c'est surtout sous la domination de la Bourgogne au XVe s. que la ville se développa. Industries alimentaire, chimique et mécanique. Université catholique (créée en 1425) ; sa section francophone a été transférée à Ottignies-Louvain-la-Neuve et à Woluwe-Saint-Lambert.

LOUVE n. f. ▪ Femelle du loup. *La louve et ses louveteaux.*

LOUVECIENNES ▪ Commune des Yvelines. 7 446 hab. *(les Louveciennois).*

Jean-Baptiste **LOUVET DE COUVRAY** (1760 - 1797) ▪ Révolutionnaire et écrivain français. Auteur d'un roman licencieux *"Les Amours du chevalier de Faublas"* (1787-1789), et fondateur d'un journal antiroyaliste *(La Sentinelle).*

LOUVETEAU n. m. ▪ **1.** Petit du loup et de la louve. **2.** Scout de moins de douze ans.

LOUVETERIE n. f. ▪ VX Chasse aux loups et aux grands animaux nuisibles. - MOD. *Lieutenant de louveterie* (ou *louvetier* n. m.).

La **LOUVIÈRE** ▪ Ville de Belgique (Région wallonne, province de Hainaut). 76 432 hab.

LOUVIERS ▪ Commune de l'Eure. 18 658 hab. *(les Lovériens).* Première manufacture de draps en 1681.

LOUVOIEMENT n. m. ▪ Action de louvoyer. ⇒ **détour.**

François Michel Le Tellier, marquis de **LOUVOIS** (1639 - 1691) ▪ Ministre de Louis XIV, fils de Le Tellier. Il réorganisa l'armée. Son influence alla grandissant, aux dépens de Colbert. Il eut une responsabilité importante dans les persécutions contre les protestants (dragonnades).

LOUVOYER v. intr. 8 ▪ **1.** Naviguer en zigzag pour utiliser un vent contraire. **2.** Prendre des détours pour atteindre un but. ⇒ **biaiser, tergiverser.** *Il louvoyait pour éviter de répondre.*

le **LOUVRE** ▪ Ancienne résidence royale, située à Paris sur la rive droite de la Seine. Simple forteresse sous Philippe Auguste, le Louvre fut agrandi et transformé : au XVIe s., *cour Carrée,* par Lescot et Goujon ; au XVIIe s., *galerie du bord de l'eau* et *colonnade ;* au XIXe s., *grande galerie du nord, arc du Carrousel ;* au XXe s., *pyramide de verre* (de Pei). Devenu un musée en 1791, il abrite de très riches collections. La réalisation du « Grand Louvre » (1984-1993) en a fait le plus grand musée du monde.

LOUVRES ▪ Commune du Val-d'Oise. 7 508 hab.

Pierre **LOUŸS** (1870 - 1925) ▪ Écrivain français. Romans inspirés de la littérature érotique grecque. *"Chansons de Bilitis"*, poèmes (1894) ; *"Aphrodite"* (1896).

Howard Phillips **LOVECRAFT** (1890 - 1937) ▪ Écrivain américain. Récits fantastiques où règne l'épouvante. *"La Couleur tombée du ciel"* (1927) ; *"L'Appel de Cthulhu"* (1928).

LOVER v. tr. 1 ▪ terme de marine Ramasser en rond (un câble, un cordage). ► SE **LOVER** v. pron. S'enrouler sur soi-même. *Le serpent se love pour dormir.* - Se pelotonner.

Robert LOWELL (1917 - 1977) ▪ Poète américain, catholique et pacifiste. Deux prix Pulitzer lui furent attribués.

les LOWLANDS n. f. pl. en français ***les BASSES TERRES*** ▪ Région du centre de l'Écosse, la plus peuplée (80 % de la population) et la plus développée. Agriculture et métallurgie. Ville principale : Glasgow.

Malcolm LOWRY (1909 - 1957) ▪ Romancier britannique. Il trouve son inspiration dans les voyages, l'alcool et les interrogations de la conscience. *"Au-dessous du volcan"* (1947).

LOYAL, ALE, AUX adj. ▪ Qui obéit aux lois de l'honneur et de la probité. ⇒ **honnête** ; opposé à *déloyal. Un ami loyal et dévoué.* ⇒ **sincère.** *Adversaire, ennemi loyal.* ⇒ **droit** ; FAM. **régulier.** - *Remercier qqn pour ses bons et loyaux services.* - loc. ARGOT *Se battre à la loyale* : loyalement. ► LOYALEMENT adv. *Combattre, discuter loyalement.*

LOYALISME n. m. ▪ Attachement dévoué à une cause. ⇒ **dévouement.**

LOYAUTÉ n. f. ▪ Caractère loyal, fidélité à tenir ses engagements. ⇒ **droiture, honnêteté.** *Reconnaître avec loyauté les mérites de l'adversaire. La loyauté de sa conduite.*

les îles LOYAUTÉ ▪ Archipel français du Pacifique, dépendant de la Nouvelle-Calédonie. Trois îles principales : Uvea ou Ouvéa, Lifu ou Lifou, et Maré. 1 981 km². 17 912 hab.

LOYER n. m. ▪ **1.** Prix de la location d'un local d'habitation, professionnel. *Loyer élevé, petit loyer. Échéance du loyer.* ⇒ **terme. 2.** *Le loyer de l'argent,* le taux de l'intérêt. **3.** DR. Bail, location (d'une chose quelconque).

le mont LOZÈRE ▪ Massif le plus élevé des Cévennes, couvert de landes et de pins culminant à 1 699 m.

la LOZÈRE [48] ▪ Département français de la région Languedoc-Roussillon. 5 178 km². 72 825 hab. Chef-lieu : Mende. Chef-lieu d'arrondissement : Florac.

L. S. D. [ɛlɛsde] n. m. invar. (sigle) ▪ Substance hallucinogène dérivée d'un acide, l'acide *lysergique.* ⇒ **acide.**

LUANDA ▪ Capitale de l'Angola, sur l'Atlantique. 2 041 000 hab. Raffinerie de pétrole.

Henri Sonier de LUBAC (1896 - 1991) ▪ Théologien jésuite et cardinal français. *"Catholicisme. Les Aspects sociaux du dogme"* (1938).

LUBBOCK ▪ Ville des États-Unis (Texas). 186 000 hab. Centre agricole.

LÜBECK ▪ Ville et port d'Allemagne (Schleswig-Holstein). 214 400 hab. Constructions navales. Conserveries. Fondée au XIIᵉ s., elle fut, avec Hambourg, cofondatrice de la Hanse.

le LUBERON ou **LUBÉRON** ▪ Chaîne calcaire du sud des Alpes, dans le Vaucluse.

le **Louvre.** La pyramide de Pei.
Phot. © de Selva/Tapabor

Lucas de Leyde. *La Tireuse de cartes.* Musée du Louvre, Paris.
Phot. © Lauros/Giraudon

LUBIE n. f. ▪ Idée, envie capricieuse, parfois déraisonnable. ⇒ **caprice, fantaisie, folie.** *C'est sa dernière lubie.*

Ernst LUBITSCH (1892 - 1947) ▪ Cinéaste américain d'origine allemande. Il fut le peintre du libertinage, de l'ironie et de l'humour noir. *"La Veuve joyeuse"* (1934); *"Ninotchka"* (1939); *"To Be or Not to Be"* (1942).

LUBLIN ▪ Ville de Pologne. 350 000 hab. Camp de concentration pendant la Deuxième Guerre mondiale (Majdanek).

LUBRICITÉ n. f. ▪ Penchant effréné ou irrésistible pour la luxure, la sensualité brutale. ⇒ **impudicité.** *Se livrer à la lubricité.* ⇒ **débauche.**

LUBRIFIANT, ANTE adj. ▪ Qui lubrifie. *Liquide lubrifiant.* - n. m. *Un lubrifiant.*

LUBRIFICATION n. f. ▪ Action de lubrifier. *La lubrification des rouages d'une machine.*

LUBRIFIER v. tr. [7] ▪ Enduire d'une matière onctueuse qui atténue les frottements, facilite le fonctionnement. ⇒ **huiler, oindre.** - *Lubrifier un moteur.*

LUBRIQUE adj. ▪ Qui manifeste un fort penchant pour la luxure. - plais. *Un regard lubrique,* concupiscent ; envieux.

LUBUMBASHI autrefois ***ÉLISABETHVILLE*** ▪ Ville du Zaïre, dans le Shaba. 1 120 000 hab. Université.

saint LUC ▪ Auteur, selon la tradition, de l'Évangile qui porte son nom et des *"Actes des Apôtres"*. Patron des médecins et des peintres.

LUCAIN (39 - 65) ▪ Poète latin. Compagnon de Néron, il fut compromis dans la conjuration de Pison, et contraint de se donner la mort. *"La Pharsale"*, épopée sur la guerre entre César et Pompée.

LUCANE n. m. ▪ Cerf-volant (insecte).

LUCARNE n. f. ▪ **1.** Petite fenêtre, pratiquée dans le toit d'un bâtiment. *Les lucarnes d'un grenier.* **2.** Petite ouverture (dans un mur, une paroi). *La lucarne d'un cachot.* - allus. *La petite lucarne, les étranges lucarnes* : la télévision.

LUCAS DE LEYDE (1494 - 1533) ▪ Peintre hollandais. Sa maîtrise de la gravure en fit le rival de Dürer. Il représenta des sujets bibliques et des scènes de la vie populaire.

LUCÉ ▪ Commune d'Eure-et-Loir. 18 796 hab. *(les Lucéens).*

LUCERNE en allemand ***LUZERN*** ▪ Ville de Suisse, sur le lac des Quatre-Cantons. 60 035 hab. *(les Lucernois).* Agglomération de 177 734 hab. Tourisme (pont couvert du XIVᵉ s. détruit en 1993 et reconstruit).

le canton de LUCERNE ▪ 1 493 km². 325 006 hab. Chef-lieu : Lucerne. Il resta catholique durant la Réforme.

LUCIDE adj. ▪ **1.** Qui perçoit, comprend, exprime les choses avec clarté, perspicacité. *Esprit, intelligence lucide.* ⇒ **clair, clairvoyant, pénétrant, perspicace ; conscient. 2.** Clairvoyant sur son propre comportement.

LUCIDEMENT adv. ▪ LITTÉR. D'une manière lucide, avec clarté.

LUCIDITÉ n. f. ▪ **1.** Qualité d'une personne, d'un esprit lucide. ⇒ **acuité, clairvoyance, pénétration.** *Analyse d'une grande lucidité.* **2.** Fonctionnement normal des facultés intellectuelles. ⇒ **conscience.** *Moments, intervalles de lucidité.* ⇒ **raison.**

sainte LUCIE ou **sainte LUCE** (IVe s.) ▪ Vierge et martyre chrétienne. Très populaire en Italie, invoquée pour guérir les maladies des yeux.

LUCIEN DE SAMOSATE (v. 125 - v. 192) ▪ Écrivain satirique grec. Sa critique incisive de la société, de la philosophie et de la religion de son temps a été beaucoup imitée. *"Dialogues des morts"; "Histoire véritable".*

LUCIFER ▪ Autre nom de Satan.

LUCIOLE n. f. ▪ Insecte dont l'adulte est ailé et lumineux (parfois confondu avec le ver luisant).

LUCKNOW ou **LAKHNAU** ▪ Ville de l'Inde, capitale de l'Uttar Pradesh. 1 642 000 hab. Industries textile, alimentaire.

LUÇON ▪ Commune de Vendée. 9 099 hab. *(les Luçonnais).* Cathédrale gothique.

LUÇON ou **LUSÓN** ▪ Île principale de l'archipel des Philippines. 104 684 km². 33 000 000 hab. Ville principale : Manille.

LUCQUES en italien ***LUCCA*** ▪ Ville d'Italie (Toscane). 86 676 hab. Importante cité au Moyen Âge. Cathédrale et églises médiévales.

LUCRATIF, IVE adj. ▪ Qui procure un gain, des profits, des bénéfices. *Travail lucratif. Une place assez lucrative.*

LUCRE n. m. ▪ LITTÉR. péj. Gain, profit recherché avec avidité. *Le goût, l'amour, la passion du lucre.*

LUCRÈCE (morte en 509 av. J.-C.) ▪ Dame romaine. Son viol par Sextus Tarquin (fils de Tarquin le Superbe) et son suicide auraient servi de prétexte pour renverser la royauté.

LUCRÈCE (v. 98 - 55 av. J.-C.) ▪ Poète latin. Son épopée *"De natura rerum"* (« De la nature »), d'inspiration épicurienne (atomiste et matérialiste), est un modèle de poésie philosophique.

LUCULLUS (v. 106 - 56 av. J.-C.) ▪ Général romain. Grâce aux richesses amassées pendant ses campagnes, il mena une vie dont le luxe (notamment gastronomique) est resté proverbial.

LUCY ▪ Nom donné à un squelette d'australopithèque, vieux de trois millions d'années, découvert en Éthiopie en 1974, dans la dépression de l'Afar.

LÜDA, LIU-TA ou **LU-TA** ▪ Agglomération de Chine du Nord (Liaoning), réunissant Lüshun et Dalian. 3 000 600 hab. Métallurgie et sidérurgie.

Le LUDE ▪ Commune de la Sarthe. 4 424 hab. *(les Ludois).* Église Saint-Vincent (XIIe et XVIe s.). Château des XIIIe-XIVe s. Centre touristique. Produits laitiers.

Erich LUDENDORFF (1865 - 1937) ▪ Général allemand. Collaborateur de Hindenburg. Il dirigea les opérations militaires en 1916 et participa au putsch de Munich (1923).

LUDHIANA ▪ Ville de l'Inde, dans le Panjab. 1 012 000 hab.

LUDION n. m. ▪ Dispositif enfermé dans un bocal, qui monte et descend quand on y fait varier la pression. - fig. Personnage ballotté par les circonstances.

LUDIQUE adj. ▪ DIDACT. Relatif au jeu. *Activité ludique des enfants.*

LUDO- Élément, du latin *ludus* « jeu » (ex. *ludothèque* n. f. « centre de prêt de jouets et jeux »).

LUDOVIC SFORZA dit ***LE MORE*** (1451 - 1508) ▪ Duc de Milan. Il tint avec sa femme Béatrice d'Este une cour fastueuse. Il protégea Bramante et Léonard de Vinci.

LUDWIGSHAFEN ▪ Ville d'Allemagne (Rhénanie-Palatinat). 161 000 hab. Industrie chimique.

LUETTE n. f. ▪ Prolongement vertical du bord postérieur du voile du palais, formant un petit appendice charnu, à l'entrée du gosier.

LUEUR n. f. ▪ **1.** Lumière faible, diffuse, ou encore brusque, éphémère. *Les premières lueurs de l'aube. À la lueur d'un feu.* **2.** Expression vive et momentanée (du regard). *Avoir une lueur de colère dans les yeux.* ⇒ **éclair, éclat, flamme. 3.** fig. Illumination soudaine, faible ou passagère ; légère apparence ou trace. *Avoir une lueur de raison.* ⇒ **éclair, étincelle.** - LITTÉR. *Des lueurs,* des connaissances superficielles.

LUFFA [lufa] n. m. ▪ Plante grimpante originaire d'Afrique et d'Asie. - Son fruit, utilisé comme éponge végétale. ◇ var. LOOFA ; LOOFAH.

LUGANO ▪ Ville de Suisse (Tessin), au bord du *lac de Lugano.* 23 600 hab. Station touristique.

LUGDUNUM ▪ Nom de Lyon à l'époque gallo-romaine.

LUGE n. f. ▪ Petit traîneau à patins relevés à l'avant. *Faire une descente sur une luge, en luge.*

Leopoldo LUGONES (1874 - 1938) ▪ Poète argentin. *"La Guerre gauchesque"* (1905), récit de la guerre des gauchos.

LUGUBRE adj. ▪ **1.** LITTÉR. Qui est signe de deuil, de mort. ⇒ **funèbre, macabre. 2.** D'une profonde tristesse. ⇒ **funèbre, sinistre.** *Il a un air lugubre. Mine lugubre. Une atmosphère lugubre.* - *Il est lugubre,* d'une tristesse accablante. ▸ LUGUBREMENT adv. *Un chien hurlait lugubrement.*

LUI pron. pers. ▪ Pronom personnel de la troisième personne du singulier. **I.** (aux deux genres) Représentant un nom de personne ou d'animal (plur. *leur*). **1.** À lui, à elle. *Il lui dit. Nous lui en avons parlé.* - renforçant le nom *Et à Virginie, que lui répondrez-vous ?* - compl. d'un adj. attribut *Il lui est très facile de venir,* c'est très facile pour lui (pour elle). - devant un nom désignant une partie du corps, un élément de la vie psychique *Je lui ai serré la main :* j'ai serré sa main. *Elle lui sauta au cou. Un doute lui effleura l'esprit.* **2.** compl. d'un v. et sujet d'un inf. ayant lui-même un complément *Faites-lui recommencer ce travail. Je lui ai laissé lire cette lettre, je la lui ai laissé lire.* **II.** (masculin ⇒ fém. **elle,** plur. **eux**) **1.** sujet *Lui aussi vous aime.* - (sujet d'un v. au p. p. ou d'une propos. elliptique) *Lui arrivé, elle ne sut que dire. Elle est moins raisonnable que lui* (n'est raisonnable). - (appos. au sujet) *Il travaillait avec elle, lui vite, elle plus lentement.* - *Lui, il a refusé.* **2.** (après *c'est*) *C'est, c'était lui qui...* **3.** (compl. direct) *Je ne veux voir que lui.* **4.** *À LUI,* compl. indirect des verbes énonçant le mouvement (*ALLER, ARRIVER, COURIR*), la pensée (*PENSER, RÊVER, SONGER*), et de quelques transitifs indirects. *Elle renonce à lui* (mais : *elle lui parle*). - compl. d'un v. ayant un autre pronom personnel pour complément d'objet. *Voulez-vous me présenter à lui ?* - (après *c'est*) *C'est à lui de commencer.* - après un nom (possession, appartenance) *Il a une allure bien à lui.* - loc. *À LUI SEUL, À LUI TOUT SEUL.* ♦ *DE LUI, EN LUI, PAR LUI,* etc. *J'ai confiance en lui. Je le fais pour lui.* **5.** réfléchi (au lieu de *soi*) *Un homme content de lui. Il regarda autour de lui.* **6.** *LUI-MÊME.* ⇒ **même.**

Bernardino LUINI (v. 1480/1490 - 1532) ▪ Peintre italien. Il est l'auteur de fresques d'inspiration religieuse, influencées par Léonard de Vinci.

Luini. *Enfant nu, vu à mi-corps.*
Musée Condé, Chantilly. *Phot. © Lauros/Giraudon*

LUIRE v. intr. 38 le p. p. est *lui* (invar.) ▪ **1.** Émettre ou refléter de la lumière. ⇒ **briller, éclairer.** *Le soleil luit.* - *Luire au soleil,* refléter sa lumière. ⇒ **luisant. 2.** LITTÉR. Apparaître, se manifester. *L'espoir n'a pas cessé de luire en nous.*

LUISANT, ANTE adj. ▪ **1.** Qui réfléchit la lumière, qui a des reflets. ⇒ **brillant, clair, étincelant.** *Métal luisant.* ⇒ **poli. 2.** *VER LUISANT :* insecte qui brille la nuit. *Des vers luisants.*

György LUKÁCS (1885 - 1971) ▪ Philosophe et homme politique hongrois. Ministre dans les gouvernements de Béla Kun et d'Imre Nagy. Il chercha à renouveler le marxisme et à jeter les bases d'une esthétique marxiste. *"La Théorie du roman"* (1914-1915); *"Histoire et Conscience de classe"* (1923); *"Existentialisme ou Marxisme"* (1947).

Jan ŁUKASIEWICZ (1878 - 1956) ▪ Philosophe et logicien polonais. Chef de l'école analytique polonaise.

Raymond LULLE en catalan ***RAMÓN LLULL*** (1235 - 1315) ▪ Théologien, logicien et écrivain catalan, l'un des grands esprits de son siècle. *"Ars Magna".*

Jean-Baptiste **LULLY** ou **LULLI** (1632 - 1687) ▪ Compositeur français d'origine italienne. Musicien officiel à la cour de Louis XIV, il régna sur la musique de son époque. Il collabora avec Molière (*"Le Bourgeois gentilhomme"*, 1670). C'est le créateur de l'opéra à la française : *"Atys"* (1676); *"Armide"* (1686).

LUMBAGO [lɔ̃bago ; lœ̃-] n. m. ▪ Douleur des lombes (→ FAM. tour de reins). *Souffrir d'un lumbago.*

LUMBINĪ ▪ Site du Népal où, selon la tradition, Gautama, le futur Bouddha, vit le jour.

LUMEN [-ɛn] n. m. ▪ Unité de mesure des flux lumineux (symb. lm).

LUMIÈRE n. f. ▪ **I. 1.** Ce par quoi les choses sont éclairées. ⇒ **clarté.** *Qui produit de la lumière. Source de lumière.* ⇒ **éclairage.** *Lumière éblouissante, forte, intense, vive.* ⇒ **éclat.** *Lumière diffuse, indécise.* ⇒ **lueur, reflet.** - *La lumière du soleil, du jour. Travailler à la lumière électrique. La lumière d'une lampe. Éteindre la lumière.* allus. « *Que la lumière soit* » (cf. latin *fiat lux*) : paroles divines, dans la Genèse. **2.** *(Une, des lumières)* Source de lumière, point lumineux. *Les lumières de la ville.* **3.** SC. Radiations visibles ou invisibles émises par les corps incandescents ou luminescents. *Intensité, flux de la lumière* (⇒ **candela, lumen**). - *Vitesse de la lumière* (environ 300 000 km/s). *Année lumière.* ⇒ **année-lumière. II.** fig. **1.** Ce qui éclaire l'esprit. ⇒ **clarté, éclaircissement.** *Faire la lumière sur qqch.* ⇒ **élucider. 2.** loc. EN LUMIÈRE : évident pour tous. *Mettre en pleine lumière*, éclairer, signaler. **3.** *LES LUMIÈRES de qqn* : l'intelligence ou le savoir. *Aidez-moi de vos lumières.* - *Le siècle, la philosophie des lumières,* (ou *Lumières*), le XVIIIe siècle (en Europe occidentale); voir ci-dessous). **4.** *UNE LUMIÈRE* : personne de grande intelligence, de grande valeur. loc. *Ce n'est pas une lumière,* il n'est pas très intelligent.

les **LUMIÈRES** ▪ Mouvement d'idées de l'Europe du XVIIIe s. Ses principaux représentants sont les « philosophes » français (qui sont aussi des militants et des écrivains), mais il peut être considéré comme la manifestation d'une conscience européenne (*Aufklärung* en Allemagne, *Enlightenment* en Angleterre...). Il a influencé les despotes « éclairés » (Catherine II en Russie, Frédéric II en Prusse) et les idéologues de la Révolution française. On lui doit l'*"Encyclopédie"*, animée par Diderot et d'Alembert, à laquelle ont collaboré notamment Voltaire, Rousseau, Turgot. Il se caractérise par la confiance dans les progrès de la raison et de la science pour dissiper les ténèbres de l'ignorance et de la superstition, la liberté de pensée et la volonté de réformes.

les frères **LUMIÈRE, Auguste** (1862 - 1954) et **Louis** (1864 - 1948) ▪ Industriels français, inventeurs du cinématographe, appareil permettant à la fois la prise de vues et la projection de films (première séance publique le 28 décembre 1895 à Paris, avec la projection de *"La Sortie des usines Lumière"*).

les frères **Lumière.**
Le cinématographe. *Phot. © Nimatallah/Ricciarini*

LUMIGNON n. m. ▪ Lampe qui éclaire faiblement.

LUMINAIRE n. m. ▪ **1.** LITURG. Ensemble des appareils d'éclairage. *Le luminaire d'une cérémonie.* **2.** Appareil d'éclairage.

LUMINESCENCE n. f. ▪ Émission de lumière par un corps non incandescent.

LUMINESCENT, ENTE adj. ▪ Qui émet de la lumière à froid (après avoir reçu un rayonnement, etc.). *Tube luminescent.* ⇒ **fluorescent.**

LUMINEUSEMENT adv. ▪ De manière lumineuse. *Expliquer lumineusement un problème.* ⇒ **clairement.**

LUMINEUX, EUSE adj. ▪ **I. 1.** Qui émet ou réfléchit la lumière. *Corps, point lumineux.* ⇒ **brillant.** *Source lumineuse.* - *Enseigne lumineuse.* **2.** Clair, radieux. *Un regard lumineux.* **3.** De la nature de la lumière (visible). *Rayon lumineux.* **II.** Qui a beaucoup de clarté, de lucidité. *Une intelligence lumineuse.* - *C'est une idée lumineuse, c'est lumineux* : génial ; très clair.

LUMINOSITÉ n. f. ▪ **1.** Qualité de ce qui est lumineux, brillant. *La luminosité du ciel méditerranéen.* **2.** Puissance lumineuse. *Masse et luminosité des étoiles.*

LUMP [lœ̃p] n. m. ▪ Poisson nordique de forme massive. *Œufs de lump,* œufs de ce poisson présentés comme du caviar.

Patrice **LUMUMBA** (1925 - 1961) ▪ Homme politique du Congo-Kinshasa, aujourd'hui Zaïre. Leader du Mouvement national congolais, il devint Premier ministre dès l'indépendance (1960). Destitué et arrêté, il fut assassiné.

LUNAIRE adj. ▪ **1.** Qui appartient ou a rapport à la lune. *Le sol lunaire. Expédition lunaire.* **2.** Qui évoque la lune. *Paysage lunaire.* - *Face lunaire,* blafarde et ronde.

LUNAISON n. f. ▪ Mois lunaire (environ 29 jours), intervalle de temps compris entre deux nouvelles lunes consécutives.

LUNATIQUE adj. et n. ▪ Qui a l'humeur changeante, déconcertante (comme ceux qui, croyait-on, étaient sous l'influence de la *lune*). ⇒ **capricieux, fantasque.** *Il est lunatique.* - n. *Un, une lunatique.*

LUNCH [lœntʃ ; lœ̃ʃ] n. m. ▪ anglic. Repas léger. *Être invité à un lunch.* ⇒ **buffet, cocktail.** *Des lunchs* ou *des lunches.*

LUNDI n. m. ▪ Premier jour de la semaine*, qui succède au dimanche. *Magasin fermé le lundi,* tous les lundis. *Le lundi de Pâques, de Pentecôte,* le lendemain de ces fêtes.

LUNE n. f. ▪ **1.** Satellite de la Terre, recevant sa lumière du Soleil ; son aspect. *La face cachée de la lune est aujourd'hui connue. Pleine lune, nouvelle lune. Croissant de lune.* - *Le clair de lune. Nuit sans lune,* sans clair de lune. - (avec une maj.) *Atterrir sur la Lune.* ⇒ **alunir. 2.** loc. fig. *Être DANS LA LUNE* : très distrait (→ dans les nuages). - *Demander, promettre la lune,* l'impossible. - *LUNE DE MIEL* : les premiers temps du mariage, d'amour heureux. ♦ *Face de lune* : gros visage rond. **3.** FAM. Derrière. ▪ Située à 384 000 km de la Terre, la Lune décrit une orbite elliptique en 29 jours, 12 heures et 44 minutes. Animée d'un mouvement de rotation sur elle-même, elle présente toujours la même face à la Terre. Diamètre : 3 476 km. Neil Armstrong fut le premier homme à marcher sur la Lune, en 1969. Symbole cosmique de transformation et de croissance, la Lune a fait l'objet de nombreux cultes (Isis, Artémis, Hécate).

LUNÉ, ÉE adj. ▪ *BIEN, MAL LUNÉ* : dans une disposition d'esprit bonne, mauvaise. *Il est mal luné aujourd'hui.*

LUNEL ▪ Commune de l'Hérault. 18 404 hab. (*les Lunellois*).

LUNETIER, IÈRE n. ▪ Fabricant, marchand de lunettes (II, 1). ⇒ **opticien.** - adj. *Industrie lunetière.*

LUNETTE n. f. ▪ **I.** (Ouverture, objet circulaire) **1.** Vitre arrière (d'une automobile). **2.** Ouverture du siège d'aisances ; ce siège. *La lunette des cabinets.* **II. 1.** au plur. Paire de verres (lentilles) enchâssés dans une monture munie de deux branches, posée devant les yeux et servant à corriger ou à protéger la vue. *Porter des lunettes. Un monsieur à lunettes,* qui porte des lunettes. *Lunettes de soleil.* - *Lunettes de plongée, de ski.* **2.** *LUNETTE* : instrument d'optique grossissant, en forme de tube. *Lunette d'approche.* ⇒ **longue-vue, lorgnette.** *Lunette astronomique.* ≠ *télescope.*

LUNETTERIE n. f. ▪ Métier, commerce du lunetier.

LUNÉVILLE ▪ Chef-lieu d'arrondissement de la Meurthe-et-Moselle. 20 711 hab. *(les Lunévillois).* Château (XVIIIe s.); maisons anciennes.

LUNULE n. f. ▪ Tache blanche en demi-cercle, comme un croissant de *lune* (à la base de l'ongle).

LUOYANG ou **LO-YANG** ▪ Ville de Chine (Henan). 1 190 200 hab. Centre archéologique (aux environs : grottes de Longmen), culturel et artistique.

LUPANAR n. m. ▪ LITTÉR. Maison de prostitution. ⇒ **bordel.**

LUPIN n. m. ▪ Plante herbacée des prés à fleurs en grappes.

LUPUS [-ys] n. m. ▪ Maladie de la peau due au bacille tuberculeux, qui laisse des cicatrices.

Jean LURÇAT (1892 - 1966) ▪ Peintre et décorateur français. Il donna une nouvelle impulsion à l'art de la tapisserie.

LURE ▪ Chef-lieu d'arrondissement de la Haute-Saône. 8 843 hab. *(les Lurons).*

LURETTE n. f. ▪ loc. *Il y a, depuis* BELLE LURETTE, *cela (ça) fait* BELLE LURETTE : il y a bien longtemps. *Ça fait belle lurette qu'on ne les a pas vus.* - *"La Belle Lurette"* (récit d'Henri Calet).

LURISTĀN → **Loristan**

LURON, ONNE n. ▪ VIEILLI Personne décidée et énergique. - au masc. *C'est un joyeux, un gai luron,* un bon vivant.

la LUSACE ▪ Région d'Allemagne, située au sud du Brandebourg. Lignite. Industrie textile.

LUSAKA ▪ Capitale de la Zambie, située à 1 300 m d'altitude. 1 795 000 hab. Centre administratif. Université.

LUSHUN ou **LIUCHOUEN**, autrefois ***PORT-ARTHUR*** ▪ Ville et port de Chine (Liaoning), intégrée à l'agglomération de Lüda.

les LUSIGNAN ▪ Famille française originaire du Poitou, qui régna sur Chypre de 1192 à 1489.

la LUSITANIE ▪ Province romaine d'Espagne correspondant à l'actuel Portugal. Capitale : Augusta Emerita (Mérida).

LUSITANIEN, IENNE adj. et n. ▪ Relatif au Portugal, au portugais. *Études lusitaniennes.*

LUSTRAGE n. m. ▪ Action ou manière de lustrer. *Lustrage des étoffes,* opération d'apprêt (glaçage).

LUSTRAL, ALE, AUX adj. ▪ LITTÉR. Qui sert à purifier. *L'eau lustrale du baptême.*

① **LUSTRE** n. m. ▪ LITTÉR. Cinq années. - au plur. *Il y a des lustres,* il y a longtemps.

② **LUSTRE** n. m. ▪ **I. 1.** Éclat (d'un objet brillant ou poli). *Vernis donnant du lustre.* **2.** fig. Éclat qui rehausse, met en valeur. ⇒ **éclat, relief. II.** Appareil d'éclairage comportant plusieurs lampes, qu'on suspend au plafond. ⇒ **suspension.** *Les lustres d'un salon.*

LUSTRER v. tr. [1] ▪ **1.** Rendre brillant, luisant (⇒ **lustrage**). *Le chat lustre son poil en se léchant.* - au p. p. *Des cheveux lustrés.* **2.** Rendre brillant par le frottement, l'usure. - au p. p. *Veste lustrée aux coudes.*

LUSTRINE n. f. ▪ Tissu de coton glacé sur une face. *Doublure en lustrine.*

LUT [lyt] n. m. ▪ TECHN. Enduit servant à boucher hermétiquement, à protéger du feu.

LUTÈCE → **Paris**

LUTER v. tr. [1] ▪ TECHN. Fermer, boucher hermétiquement.

LUTH n. m. ▪ Instrument de musique à cordes pincées, plus ancien que la guitare. *Des luths.* ♦ POÉT. L'instrument de la poésie. ⇒ **lyre.**

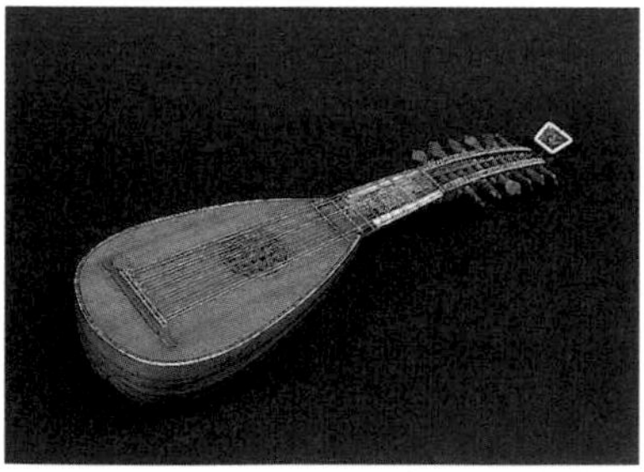

Luth de Carlo Stefanini fait à Mantoue en 1779. Museo del Castello, Milan. *Phot. © Simion/Ricciarini*

Martin LUTHER (1483 - 1546) ▪ Réformateur religieux allemand. Un des fondateurs du protestantisme et un des premiers grands écrivains de langue allemande. En 1517, il afficha sur les portes du château de Wittenberg ses 95 thèses, qui dénonçaient la vente des indulgences et marquèrent le début de la Réforme*. Il traduisit la Bible en allemand et organisa l'Église luthérienne à la tête de laquelle lui succéda Melanchthon.

LUTHÉRANISME n. m. ▪ Doctrine de Luther; religion protestante luthérienne. ▪ Le luthéranisme affirme l'autorité de la Bible, professe le salut par la foi et prend modèle sur l'Église primitive. Il critique la hiérarchie de l'Église romaine et les vœux monastiques. Il s'est implanté en Allemagne du Nord et dans les pays scandinaves.

LUTHERIE n. f. ▪ Fabrication des instruments à cordes et à caisse de résonance (violons, guitares, etc.).

LUTHÉRIEN, IENNE adj. ▪ De Luther, conforme à sa doctrine. *Église luthérienne.* - n. *Les luthériens,* protestants qui professent la religion luthérienne.

Martin LUTHER KING → Martin Luther **King**

LUTHIER n. m. ▪ Artisan en lutherie. *Stradivarius, Guarnerius, célèbres luthiers.*

Albert John LUTHULI ou **LUTULI** (1898 - 1967) ▪ Homme politique sud-africain. Il lutta contre l'apartheid et fut le premier Africain noir à recevoir le prix Nobel de la paix (1960).

LUTIN n. m. ▪ Petit démon espiègle et malicieux. ⇒ **farfadet, gnome.**

LUTINER v. tr. [1] ▪ Taquiner (une femme) de manière érotique. ⇒ **peloter.**

LUTON ▪ Ville d'Angleterre (Bedfordshire), près de Londres. 170 000 hab.

Witold LUTOSŁAWSKI (1913 - 1994) ▪ Compositeur polonais. Il subit l'influence de Bartók et du dodécaphonisme. Symphonies, concertos.

LUTRIN n. m. ▪ Pupitre sur lequel on met les livres de chant, à l'église. *"Le Lutrin"* (poème héroïcomique de Boileau).

LUTTE n. f. ▪ **1.** Combat corps à corps de deux adversaires qui s'efforcent de se terrasser. *Lutte gréco-romaine. Lutte libre.* **2.** Opposition violente entre deux adversaires (individus, groupes), où chacun s'efforce de faire triompher sa cause. *Engager, abandonner la lutte. Luttes politiques, religieuses.* - loc. (marxisme) *La lutte des classes* (sociales). **3.** *Lutte contre, pour...,* action soutenue et énergique. ⇒ **effort.** *La lutte d'un peuple pour son indépendance.* - LUTTE POUR LA VIE : sélection naturelle des espèces. - Efforts pour survivre. **4.** Antagonisme entre forces contraires. ⇒ **duel.** *La lutte entre le bien et le mal.* **5.** DE HAUTE LUTTE loc. adv. : avec tous les efforts nécessaires.

LUTTER v. intr. [1] ▪ **1.** Combattre à la lutte (1). *Lutter avec, contre qqn.* **2.** S'opposer dans une lutte, un conflit. ⇒ se **battre, combattre.** - LUTTER DE : rivaliser par, au moyen de, dans (une activité). *Lutter de vitesse avec qqn.* **3.** Mener une action énergique (contre ou pour qqch.). *Lutter contre la maladie. Lutter pour l'indépendance.* - *Lutter contre sa timidité.* - absolt *Pour vivre, il faut lutter.*

LUTTEUR, EUSE n. ▪ **1.** Athlète qui pratique la lutte. *Des épaules de lutteur.* **2.** fig. Personne qui aime la lutte, l'action. *Tempérament de lutteur.* ⇒ **battant.**

LUXATION n. f. ▪ Déplacement anormal des surfaces d'une articulation (⇒ **luxer**). *Luxation de l'épaule, de la hanche.*

LUXE n. m. ▪ **1.** Mode de vie caractérisé par de grandes dépenses consacrées au superflu. *Aimer le luxe, vivre dans le luxe. Le luxe et le confort.* - FAM. *Ce n'est* PAS DU LUXE : c'est utile, indispensable. **2.** Caractère coûteux, somptueux (d'un bien, d'un service). ⇒ **somptuosité.** - DE LUXE : qui présente ce caractère. *Produits, articles de luxe.* - *Des créatures de luxe.* **3.** *Un luxe,* bien ou plaisir (relativement) coûteux. *Le cinéma est mon seul luxe.* - *Se donner,* SE PAYER LE LUXE *de dire, de faire :* se permettre, comme chose inhabituelle et agréable. **4.** *Un luxe de,* abondance ou profusion. *Avec un grand luxe de détails.*

le LUXEMBOURG ▪ Province de Belgique (Région wallonne). 4 439 km². 232 813 hab. Chef-lieu : Arlon.

le grand-duché de LUXEMBOURG ▪ État (monarchie constitutionnelle) d'Europe limité par la Belgique, l'Allemagne et la France. 2 586 km². 384 062 hab. *(les Luxembourgeois).* Capitale : Luxembourg. Langues : français, allemand, luxembourgeois. Monnaie : franc luxembourgeois. Agriculture, industrie métallurgique, secteur tertiaire développé (banques, institutions européennes). Le pays est divisé en trois districts : Diekirch, Grevenmacher et Luxembourg (904 km²; 272 000 hab.). □ **HISTOIRE** Le comté de Luxembourg, fondé en 963, devint duché en 1354 puis grand-duché en 1815. Possession de la maison de Bourgogne et réuni aux Pays-Bas à partir de 1443, il passa à l'Espagne, à l'Autriche (1714), fut occupé par la France (1795), puis revint aux Pays-Bas (1815). En 1831, il fut divisé entre une partie belge (province de Luxembourg) et une partie revenant au roi de Hollande, qui correspond au grand-duché actuel, indépendant depuis 1867. Renonçant

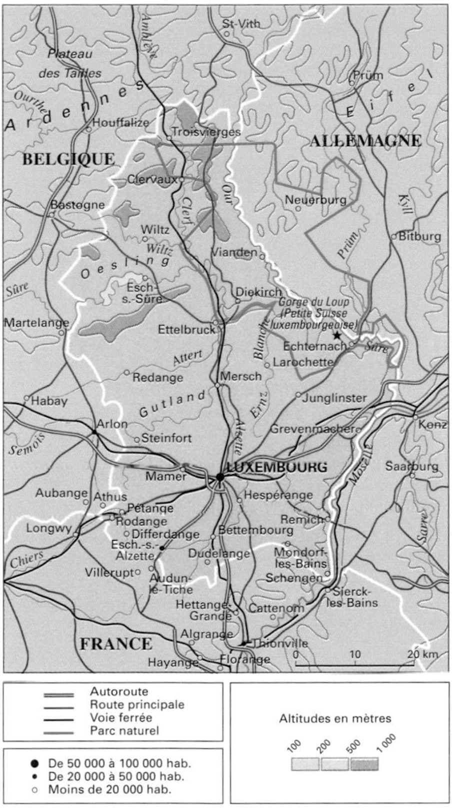

Luxembourg.

à sa neutralité, il entra dans l'OTAN en 1949, et participa à la fondation du Benelux puis de la C.E.E.

LUXEMBOURG ▪ Capitale du grand-duché de Luxembourg. 75 000 hab. Siège d'institutions européennes (Cour européenne de justice) et internationales. Industrie métallurgique. Constructions mécaniques. Industries textile et alimentaire.

le palais du LUXEMBOURG ▪ Palais de Paris, construit de 1615 à 1620, par Salomon de Brosse pour Marie de Médicis. Il abrite le Sénat. Célèbre jardin « à la française ».

LUXEMBOURGEOIS, OISE adj. et n. ▪ Du grand-duché du Luxembourg; de la ville de Luxembourg. - n. *Les Luxembourgeois.*

Rosa LUXEMBURG (1870 - 1919) ▪ Socialiste révolutionnaire et théoricienne polonaise naturalisée allemande. Elle fonda la *ligue Spartakus* (futur parti communiste) avec Karl Liebknecht et, comme lui, fut assassinée lors de la répression de l'insurrection spartakiste. *"L'Accumulation du capital"* (1913).

Rosa **Luxemburg.**
Phot. © Coll. Viollet

LUXER v. tr. 1 ▪ Provoquer la luxation de (certains os, une articulation). ⇒ **déboîter.** *Elle s'est luxé la rotule.* ⇒ se **démettre.**

LUXEUIL-LES-BAINS ▪ Commune de la Haute-Saône. 8 790 hab. *(les Luxoviens).* Station thermale.

LUXUEUSEMENT adv. ▪ De manière luxueuse. *Un appartement luxueusement meublé.*

LUXUEUX, EUSE adj. ▪ Qui se signale par son luxe. ⇒ **fastueux, magnifique, somptueux.** *Installation luxueuse. Un hôtel luxueux,* un palace.

LU XUN ou **LOU SIUN** (1881 - 1936) ▪ Écrivain chinois. Homme de gauche indépendant, il fut revendiqué par les communistes de son pays. *"La Véridique Histoire d'Ah Q"* (1921).

LUXURE n. f. ▪ LITTÉR. Goût immodéré, recherche et pratique des plaisirs sexuels. ⇒ **impureté, lascivité, lubricité.** - Acte luxurieux.

LUXURIANCE n. f. ▪ Caractère luxuriant. *La luxuriance de la végétation.* - fig. *La luxuriance des images dans un poème.*

LUXURIANT, ANTE adj. ▪ Qui pousse, se développe avec une remarquable abondance. ⇒ **abondant, riche, surabondant.** *Une végétation luxuriante.*

LUXURIEUX, EUSE adj. ▪ LITTÉR. Adonné ou porté à la luxure. ⇒ **débauché, lascif.**

Charles d'Albert de LUYNES (1578 - 1621) ▪ Favori de Louis XIII, au pouvoir de 1617 à 1621, après l'élimination de Concini.

LUZERNE n. f. ▪ Plante fourragère, à petites fleurs violettes. *Champ de luzerne.*

luzerne. *Medicago sativa.* Phot. © *Pilloud/Jacana*

LVOV ▪ Ville d'Ukraine. 798 000 hab. Centre culturel, commercial et industriel. Polonaise *(Lwów)* puis allemande *(Lemberg),* elle fut annexée par l'URSS en 1945.

André LWOFF (1902 - 1994) ▪ Biologiste français. Il partagea avec Jacob et Monod le prix Nobel 1965 de médecine pour des recherches fondamentales en génétique moléculaire.

LYALLPUR → **Faisalabad**

Louis Hubert LYAUTEY (1854 - 1934) ▪ Maréchal de France. Administrateur colonial en Indochine, à Madagascar et surtout au Maroc, où il fut résident général de 1912 à 1925.

le LYCABETTE ▪ Colline de l'Attique entourée par la ville moderne d'Athènes. 277 m.

LYCANTHROPE n. m. ▪ DIDACT. Loup-garou.

LYCAON [likaɔ̃] n. m. ▪ ZOOL. Mammifère carnivore d'Afrique, tenant du loup et de l'hyène.

LYCÉE n. m. ▪ (du n. pr.) **1.** Établissement public d'enseignement secondaire (classique, moderne ou technique). *Les professeurs d'un lycée.* ⇒ **gymnase** (Suisse) ; **collège. 2.** Époque des études secondaires. *Il ne l'a pas revu depuis le lycée.*

le LYCÉE ▪ Quartier d'Athènes qui donna son nom à l'école qu'y fonda Aristote.

LYCÉEN, ENNE ▪ **1.** n. Élève d'un lycée. *Écoliers et lycéens.* **2.** adj. De lycéens. *Une manifestation lycéenne.*

LYCOPODE n. m. ▪ BOT. Plante cryptogame à tige grêle, dont les spores renferment un alcaloïde. *Poudre de lycopode* (syn. *soufre végétal*).

LYCURGUE ▪ Législateur mythique de Sparte qui aurait vécu au IXe s. av. J.-C.

la LYDIE ▪ Ancienne contrée d'Asie Mineure sur la mer Égée. Elle est associée aux légendes d'Héraclès et d'Omphale, de Tantale et de Pélops. Le dernier roi de Lydie fut Crésus.

LYDIEN, ENNE adj. et n. ▪ De la Lydie. - n. *Les Lydiens.*

sir Charles LYELL (1797 - 1875) ▪ Géologue britannique. L'un des fondateurs de la géologie scientifique. S'opposant aux théories créationnistes et catastrophistes, il émit l'hypothèse d'une Terre très âgée, ayant évolué — et évoluant toujours — lentement, régulièrement et naturellement.

John LYLY (v. 1553 - 1606) ▪ Écrivain anglais. *"Euphues ou l'Anatomie de l'esprit"* (1579), roman allégorique, est une satire de la société londonienne. La préciosité de cet ouvrage fut à l'origine d'une mode, l'« euphuisme ».

LYMPHATIQUE adj. ▪ **I.** Relatif à la lymphe. *Vaisseaux lymphatiques. Ganglions lymphatiques.* **II.** Apathique, lent. *Un adolescent lymphatique.* - n. *Un, une lymphatique.*

LYMPHATISME n. m. ▪ LITTÉR. État d'une personne lymphatique.

LYMPHE n. f. ▪ Liquide organique incolore ou ambré, d'une composition comparable à celle du plasma sanguin.

LYMPHOCYTE n. m. ▪ Petit leucocyte immobile qui prend naissance dans les ganglions lymphatiques, la rate.

LYNCHAGE n. m. ▪ Action de lyncher.

LYNCHER v. tr. [1] ▪ **1.** Exécuter sommairement (qqn, un accusé) sans jugement régulier et par une décision collective. **2.** (foule) Exercer de graves violences sur (qqn).

lynx. *Felis lynx lynx,* lynx boréal. *Phot. © Layer/Jacana*

LYNX [lɛ̃ks] n. m. ▪ Mammifère carnivore, fort et agile, aux oreilles pointues garnies d'un pinceau de poils. ⇒ **loup-cervier.** - loc. *Avoir des yeux de lynx,* une vue perçante.

LYON ▪ Chef-lieu du Rhône et de la région Rhône-Alpes, au confluent du Rhône et de la Saône. Troisième ville française. 415 487 hab. *(les Lyonnais).* Deuxième agglomération (1 262 223 hab.). La ville, fondée en 43 av. J.-C. par les Romains *(Lugdunum),* a toujours bénéficié de sa situation de carrefour fluvial et routier. C'est un centre commercial (foires célèbres), financier et industriel (soie) depuis la fin du Moyen Âge. Aujourd'hui, les textiles artificiels et la chimie (liée au pétrole), la métallurgie et l'industrie automobile dominent. Fonctions tertiaires en développement. Nombreux monuments et sites célèbres : vestiges gallo-romains, cathédrales et églises médiévales, édifices de la Renaissance et de la période classique, place Bellecour (XVIIIe s.), « traboules » (passages) de la Croix-Rousse, Fourvière (basilique du XIXe s.), quartier moderne de la Part-Dieu. Musées. Université.

LYONNAIS, AISE adj. ▪ De Lyon. *La cuisine lyonnaise.* - n. *Un, une Lyonnaise.*

les monts du LYONNAIS ▪ Massif montagneux de l'est du Massif central.

LYOPHILISER v. tr. [1] ▪ Déshydrater (une substance alimentaire) par dessiccation. - au p. p. *Café lyophilisé.*

Bernard LYOT (1897 - 1952) ▪ Astronome français. Il obtint les premières photographies d'éruptions solaires.

LYRE n. f. ▪ **1.** Instrument de musique antique à cordes pincées, fixées sur une caisse de résonance. *Jouer de la lyre.* **2.** LITTÉR. Symbole de la poésie, de l'expression poétique. *"Toute la lyre"* (recueil poétique de Hugo).

LYRIQUE adj. et n. ▪ **I. 1.** Qui exprime des sentiments intimes au moyen de rythmes et d'images propres à communiquer au lecteur l'émotion du poète. *Poésie lyrique. La nature, l'amour, thèmes lyriques.* ♦ n. m. Poète lyrique. **2.** Plein d'un enthousiasme, d'une exaltation de poète. ⇒ **passionné.** *Quand il parle de sa jeunesse, il est lyrique.* **II.** Destiné à être mis en musique et chanté, joué sur une scène. *Drame lyrique,* opéra, oratorio. *Comédie lyrique,* opéra-comique, opérette. - *Théâtre lyrique,* réservé à la musique dramatique. *Artiste lyrique.*

LYRIQUEMENT adv. ▪ LITTÉR. Avec lyrisme.

LYRISME n. m. ▪ **1.** Poésie, genre lyrique. *Le lyrisme romantique.* - *Le lyrisme de Chopin.* **2.** Manière passionnée, poétique, de sentir, de vivre.

LYS [lis] ⇒ LIS

la LYS ▪ Rivière de France et de Belgique. Née en Artois, elle arrose Courtrai et Gand avant de se jeter dans l'Escaut. 214 km.

LYSANDRE (mort en 395 av. J.-C.) ▪ Général spartiate. Il vainquit les Athéniens à la bataille de l'Aigos Potamos et prit Athènes lors de la guerre du Péloponnèse.

LYSE n. f. ▪ SC. Destruction d'éléments organiques par des agents physiques, chimiques ou biologiques. ► LYSER v. tr. [1]

-LYSE, -LYTIQUE Éléments savants, du grec *lusis* « dissolution » (ex. *électrolyse*).

LYSIMAQUE (v. 361 - 281 av. J.-C.) ▪ Général macédonien. Il fut un des lieutenants d'Alexandre le Grand, puis se fit proclamer roi de Macédoine.

LYSIPPE (v. 390 - v. 310 av. J.-C.) ▪ Sculpteur grec. Avec Praxitèle et Scopas, il renouvela le style de la sculpture grecque, donnant au corps humain un aspect plus élancé.

LYS-LEZ-LANNOY ▪ Commune du Nord. 12 300 hab. *(les Lyssois).*

Trofim LYSSENKO (1898 - 1976) ▪ Généticien soviétique. Ses théories, erronées, sur l'hérédité des caractères acquis dans l'évolution des espèces furent érigées en dogme par le régime soviétique avant d'être complètement abandonnées.

LYTIQUE adj. ▪ Qui provoque une lyse.

-LYTIQUE ⇒ -LYSE

Edward Bulwer, lord LYTTON (1803 - 1873) ▪ Homme politique et romancier britannique. *"Les Derniers Jours de Pompéi"* (1834), roman historique.

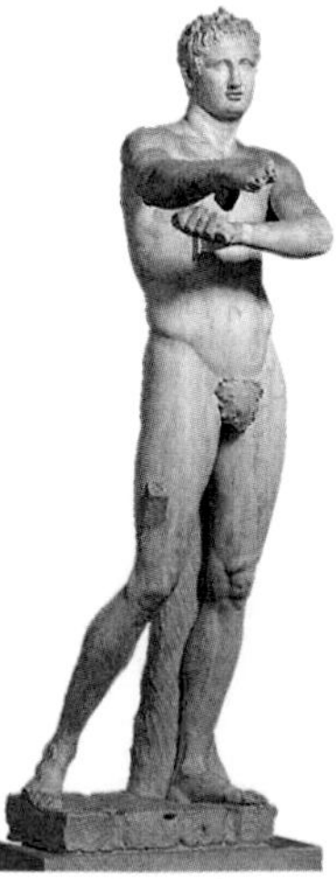

Lysippe. *L'Apoxyomène.* Musée du Vatican, Rome. *Phot. © M. Sarri*

M

M [ɛm] **n. m. invar.** ▪ **I. 1.** Treizième lettre, dixième consonne de l'alphabet. **2.** *M.*, abrév. de *Monsieur ; MM.*, de *Messieurs.* **II.** *m,* symb. de *mètre.* **III.** *M,* chiffre romain (1 000).

MA ⇒ MON

MAASEIK ▪ Ville de Belgique (Région flamande, province de Limbourg), sur la Meuse, à la frontière des Pays-Bas. 21 326 hab.

MAASTRICHT ou **MAËSTRICHT** ▪ Ville des Pays-Bas, chef-lieu du Limbourg. 118 152 hab. Centre culturel et industriel. ► **le traité de MAASTRICHT sur l'Union européenne** (signé en 1992) prévoit une union économique et monétaire, ainsi qu'une politique étrangère et une défense communes.

Lorin MAAZEL (né en 1930) ▪ Chef d'orchestre américain. Il a dirigé l'orchestre de Cleveland, l'Opéra de Vienne, l'Orchestre national de France et, depuis 1988, l'Orchestre symphonique de Pittsburgh.

Jean MABILLON (1632 - 1707) ▪ Bénédictin et érudit français. Créateur de la *diplomatique,* science des chartes anciennes.

Gabriel Bonnot de MABLY (1709 - 1785) ▪ Philosophe français. Adversaire des physiocrates, il affirma la nécessité de réformes, en particulier dans le domaine agraire où il préconisa la communauté des biens.

MABLY ▪ Commune de la Loire. 8 291 hab. *(les Mablyrots).*

MABOUL, E **n.** et **adj.** ▪ FAM. Fou.

MACABRE **adj.** ▪ **1.** Qui évoque la mort. ⇒ **funèbre.** *Danse macabre.* **2.** Qui concerne les cadavres, les squelettes. *Scène, plaisanterie macabre.*

MACADAM [-am] **n. m.** ▪ Revêtement de routes, de chemins, fait de pierre concassée et de sable agglomérés.

John Loudon MCADAM (1756 - 1836) ▪ Ingénieur britannique. Il fut le premier à mettre en œuvre le procédé de revêtement des routes qui porte son nom *(macadam).*

MACAIRE (v. 1482 - 1563) ▪ Prélat russe. Métropolite de Moscou, conseiller d'Ivan IV, il renforça la puissance de l'Église orthodoxe.

MACAO ▪ Enclave portugaise en Chine du Sud, face à Hong-Kong (depuis 1557). 16 km^2. 380 000 hab. dont 8 000 Européens. Monuments portugais du XVIe s. Tourisme. Jeu (casino, courses). Macao doit être rendu à la Chine en 1999.

MACAQUE **n. m.** ▪ **1.** Singe d'Asie. ⇒ ① **magot.** *Le macaque rhésus.* **2.** FAM. Personne très laide.

MACAREUX **n. m.** ▪ Oiseau palmipède des mers septentrionales, variété de pingouin.

MACARON **n. m.** ▪ **1.** Gâteau sec, rond, à la pâte d'amandes. **2.** Natte de cheveux roulée sur l'oreille. **3.** FAM. Insigne rond. - Badge.

MACARONI **n. m.** ▪ Pâte alimentaire en tube creux. *Manger des macaronis* ou (au sing. collectif) *du macaroni.*

MACARONIQUE **adj.** ▪ *Poésie macaronique,* poésie burlesque italienne ou française, entremêlée de mots latins (XVIe-XVIIe siècle).

Douglas MACARTHUR (1880 - 1964) ▪ Général américain. Commandant des forces alliées du Pacifique Sud (1942-1945) (il reçut la reddition du Japon le 2 septembre 1945), puis des forces de l'O.N.U. en Corée (1950-1951).

MACASSAR → **Ujungpandang**

Thomas MACAULAY (1800 - 1859) ▪ Historien et homme politique britannique. *"Histoire d'Angleterre depuis l'avènement de Jacques II"* (1849-1861).

MACBETH (mort en 1057) ▪ Roi d'Écosse de 1040 à sa mort. Pour monter sur le trône, il assassina Duncan Ier. Il a inspiré une célèbre tragédie de Shakespeare.

les MACCABÉES ▪ Nom des guerriers juifs, Judas (v. 200-160 av. J.-C.) et ses frères, qui dirigèrent la révolte contre le roi de Syrie Antiochos IV Épiphane (165 av. J.-C.). ► **les livres des MACCABÉES**, livres bibliques deutérocanoniques et apocryphes.

Joseph MCCARTHY (1908 - 1957) ▪ Sénateur républicain américain. Créateur, en 1950, d'une commission d'enquête visant à « démasquer » les communistes infiltrés dans l'administration américaine (voir **maccarthysme**). Blâmé par le Sénat en 1954.

Mary MCCARTHY (1912 - 1989) ▪ Romancière américaine. Son œuvre est un témoignage critique sur la société américaine contemporaine. *"Le Groupe"* (1963).

MACCARTHYSME **n. m.** ▪ Politique de délation et de persécution menée aux États-Unis contre les communistes ou

macareux. *Fratercula arctica,* macareux moine.
Phot. © Prigent/Jacana

sympathisants communistes, et mise en œuvre par le sénateur McCarthy de 1950 à 1954 ; cette période. ► **adj.** et **n.** MACCARTHYSTE

MACCHABÉE [-ka-] **n. m.** ▪ FAM. Cadavre.

Barbara McCLINTOCK (1902 - 1992) ▪ Généticienne américaine. Elle démontra que le patrimoine héréditaire peut subir certaines restructurations et découvrit les éléments génétiques mobiles. Prix Nobel de physiologie ou médecine en 1983.

Carson McCULLERS (1917 - 1967) ▪ Romancière américaine. Son œuvre développe le thème de la solitude humaine. *"Le cœur est un chasseur solitaire"* (1940).

sir John Alexander MACDONALD (1815 - 1891) ▪ Homme politique canadien. Principal artisan de la création de la Confédération canadienne en 1867, il en fut le Premier ministre (conservateur) jusqu'en 1873, puis de 1878 à sa mort.

James Ramsay MACDONALD (1866 - 1937) ▪ Homme politique britannique. Un des fondateurs du parti travailliste et chef du premier gouvernement travailliste (1924).

MACÉDOINE **n. f.** ▪ Mets composé d'un mélange de légumes ou de fruits. ⇒ **salade.**

la MACÉDOINE ▪ Région historique de l'Europe dans la péninsule des Balkans, aujourd'hui partagée entre la Grèce (34 144 km²; 2 263 099 hab. ; ville principale : Salonique), la Macédoine et la Bulgarie. □ **HISTOIRE** Monarchie puissante, le royaume de Macédoine étendit progressivement son hégémonie sur la Grèce (→ **Philippe II de Macédoine**) puis sur l'Empire perse (→ **Alexandre le Grand**). Il connut ensuite le déclin et fut conquis par Rome en 146 av. J.-C. Intégrée à l'Empire byzantin, la région fut ensuite conquise par les Turcs (1430) puis fut au cœur des guerres balkaniques (1912-1913). Annexée par la Bulgarie (1941-1944), elle fut rendue, en majeure partie, à la Grèce et à la Yougoslavie en 1947.

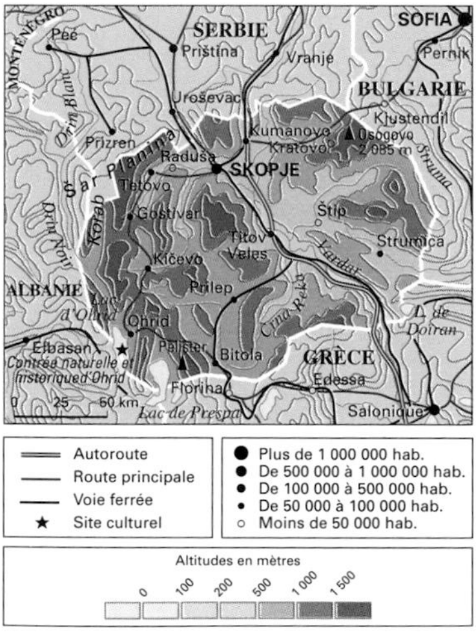

Macédoine.

la MACÉDOINE off. **Ancienne République yougoslave de Macédoine** ▪ État d'Europe méridionale. 25 713 km². 1 936 877 hab. *(les Macédoniens)*. Capitale : Skopje. Langue : macédonien. Monnaie : denar. Ancienne république fédérée de Yougoslavie, elle proclama son indépendance en 1991 et devint membre de l'O.N.U. en 1993. Sa reconnaissance internationale se heurta à l'opposition de la Grèce qui lui imposa un embargo (1994-1995) jusqu'à ce que les deux pays signent un accord sur la normalisation de leurs relations.

MACÉDONIEN, ENNE **adj.** et **n.** ▪ De la Macédoine. - **n.** *Les Macédoniens.* ♦ **n. m.** *Le macédonien* (langue slave).

MACEIÓ ▪ Ville et port du Brésil, capitale de l'État d'Alagoas. 628 000 hab. Port. Exportation de sucre.

MACÉRATION **n. f.** ▪ **I.** Pratique d'ascétisme qu'on s'impose pour racheter ses fautes. ⇒ **mortification. II.** Action de macérer (II), son résultat.

MACÉRER **v. tr.** [6] ▪ **I.** RELIG. Mortifier (son corps). **II. 1. v. tr.** Mettre à tremper. *Macérer des fruits dans l'eau-de-vie.* **2. v. intr.** Tremper longtemps. ⇒ **mariner.**

MACFARLANE **n. m.** ▪ anciennt Manteau d'homme, sorte de cape à grand collet.

Ernst MACH (1838 - 1916) ▪ Physicien et philosophe autrichien. Il établit le rôle de la vitesse du son en aérodynamique. Sa philosophie des sciences influença profondément le néopositivisme du cercle de Vienne, ainsi que les travaux d'Einstein sur la relativité restreinte. — *Nombre de Mach,* rapport d'une vitesse à celle du son. ellipt *Voler à Mach 2, à Mach 3,* à 2, à 3 fois la vitesse du son.

Karl Ignac Mácha dit **Karel Hynek MÁCHA** (1810 - 1836) ▪ Poète tchèque. Il a laissé le poème métaphysique *"Mai"* (1834-1836), texte majeur de la littérature tchèque du XIXe s.

Antonio MACHADO (1875 - 1939) ▪ Poète espagnol. Membre de la « génération de 98 », il renoua avec la tradition lyrique. Républicain, mort en exil en France. *"Champs de Castille"* (1912).

Guillaume de MACHAULT ou **MACHAUT** → **Guillaume de Machaut**

MÂCHE **n. f.** ▪ Plante à petites feuilles allongées qui se mangent en salade. - Cette salade.

MACHECOUL ▪ Commune de Loire-Atlantique. 5 072 hab. *(les Machecoulais)*. La ville fut l'un des premiers foyers de l'insurrection vendéenne.

MÂCHEFER [-fɛʀ] **n. m.** ▪ Scories, déchets solides provenant de la combustion de la houille.

MÂCHER **v. tr.** [1] ▪ **1.** Broyer avec les dents, par le mouvement des mâchoires, avant d'avaler (⇒ **mastication**). *Mâcher du pain, de la viande.* ⇒ **mastiquer.** - loc. fig. *Mâcher le travail à qqn,* le lui préparer, le lui faciliter. *Il faut tout lui mâcher.* - *Ne pas mâcher ses mots,* s'exprimer avec une franchise brutale. **2.** Triturer longuement dans sa bouche, avant de rejeter. *Mâcher du tabac, du bétel.* ⇒ **chiquer.** - *Gomme à mâcher* : chewing-gum.

MACHETTE **n. f.** ▪ Grand coutelas utilisé pour abattre les arbres, se frayer un chemin, ou servant d'arme.

MÂCHEUR, EUSE **n.** ▪ Personne, animal qui mâche (qqch.).

Nicolas MACHIAVEL (1469 - 1527) ▪ Homme politique et philosophe florentin. L'un des premiers à avoir une approche réaliste de l'histoire et de la politique. La réputation de cynisme de son ouvrage *"Le Prince"* (1513), dédié à Laurent le Magnifique, a donné naissance au terme *machiavélisme.*

MACHIAVÉLIQUE [-kja-] **adj.** ▪ Rusé et perfide. *Une manœuvre, un procédé machiavélique.*

MACHIAVÉLISME [-kja-] **n. m.** ▪ **1.** DIDACT. Doctrine politique de Machiavel ; art de gouverner efficacement, sans préoccupation morale quant aux moyens. **2.** fig. Attitude d'une personne qui emploie la ruse et la mauvaise foi pour parvenir à ses fins. ⇒ **artifice, perfidie.**

MÂCHICOULIS **n. m.** ▪ Balcon au sommet des murailles ou des tours des châteaux forts, percé d'ouvertures à sa partie inférieure (permettant de laisser tomber des projectiles sur l'ennemi).

MACHIN **n. m.** ▪ FAM. Objet (quelconque). ⇒ **bidule, chose, fourbi, truc.** *Qu'est-ce que c'est que ce machin-là ?* - (pseudo-nom propre) *Tu as vu Machin ?* (au fém.) *J'ai rencontré Machine dans la rue.*

MACHINAL, ALE, AUX **adj.** ▪ Qui est fait sans intervention de la volonté, de l'intelligence, comme par une machine. ⇒ **automatique, instinctif.** *Réactions machinales.*

MACHINALEMENT **adv.** ▪ *Agir machinalement.*

MACHINATION **n. f.** ▪ Ensemble de manœuvres secrètes déloyales. ⇒ **complot, intrigue, manœuvre.** *C'est une machination pour le faire condamner.*

MACHINE **n. f.** ▪ **I.** VX Ruse, machination. **II. 1.** Objet fabriqué, généralement complexe (⇒ **mécanisme**), qui transforme l'énergie (⇒ **moteur**) pour produire un travail (l'appareil et l'outil ne font qu'utiliser l'énergie). *Mettre une machine en marche. La machine fonctionne, marche, tourne.* - *Machine à vapeur. Machine électrique.* - MACHINE À... (+ inf.). *Machine à laver* (⇒ **lave-linge**), *à laver la vaisselle* (⇒ **lave-vaisselle**). *Machine à coudre. Machine à calculer.* ⇒ **calculette.** *Machine à écrire.* - absolt *Une pleine machine* (à laver) *de linge. Taper à la machine* (à écrire). *Clavier, touches d'une machine.* ♦ MACHINE À SOUS : appareil où l'on mise et où l'on peut gagner des pièces de monnaie. ♦ *Machines agricoles, industrielles.* - MACHINE-OUTIL : machine portant un outil amovible. *Des machines-outils.* - MACHINE-TRANSFERT : ensemble de machines-outils coordonnées. - *Machines automatiques.* ⇒ **robot.** ♦ spécialt Machine électronique, ordinateur. *Langage machine.* ♦ *La machine* : le machinisme industriel. **2.** *Les machines* (assurant la propulsion d'un navire). *La salle, la chambre des machines.* ⇒ **machinerie.** - loc. *Faire machine arrière, machine en arrière* : reculer ; fig. revenir sur ses pas, sur ses dires. **3.** *Machines de guerre,* engins de guerre. - *Machine infernale,* engin terroriste à base d'explosifs. ⇒ **bombe. 4.** Véhicule comportant un mécanisme. ♦ VX Locomotive. **5.** SC. *Machines simples* (levier, plan incliné, poulie, treuil, vis). **III. 1.** Être vivant assimilé à un mécanisme. *La théorie des animaux machines, de Descartes.* **2.** Personne qui agit comme un automate. ⇒ **robot.** - MACHINE À... (+ inf.) : personne qui fait qqch. de manière quasi automatique. **3.** fig. Ensemble complexe qui fonctionne de façon implacable. *La machine administrative, économique.* ♦ loc. VX *La machine ronde* : la Terre. **4.** péj. *Une grande machine* : une grande peinture à sujet compliqué.

MACHINER v. tr. 1 ▪ VX Former des « machines » (I), des machinations. ⇒ **comploter, ourdir, tramer.** *Machiner un complot, une trahison.* - au p. p. *Machiné* : arrangé, combiné.

MACHINERIE n. f. ▪ **1.** Ensemble des machines réunies en un même lieu et concourant à un but commun. **2.** Salle des machines d'un navire.

MACHINISME n. m. ▪ HIST. Emploi généralisé des machines dans la production économique (agriculture, industrie).

MACHINISTE n. ▪ **1.** Ouvrier(ère) qui s'occupe des machines, des changements de décor, des truquages, au théâtre, dans les studios de cinéma. **2.** VIEILLI Conducteur (d'un véhicule). ⇒ **mécanicien.** *Défense de parler au machiniste.*

MACHISME n. m. ▪ Comportement de macho. ⇒ **phallocratie.**

MACHISTE n. et adj. ▪ (Personne) qui agit, qui parle en macho. ⇒ **phallocrate.**

MACHO [matʃo] n. m. ▪ Homme qui prétend faire sentir aux femmes sa supériorité de mâle. - adj. Machiste. *Elles sont plus machos que leur frère.*

MÂCHOIRE n. f. ▪ **1.** Chacun des deux arcs osseux, en haut et en bas de la bouche, dans lesquelles sont implantées les dents. *Mâchoire supérieure* (fixe), *inférieure* (mobile). ⇒ **maxillaire.** - loc. *Bâiller à se décrocher la mâchoire.* - *Jouer, travailler des mâchoires,* manger. ♦ *Mâchoires d'animaux.* **2.** Chacune des pièces jumelées qui, dans un outil, un mécanisme, s'éloignent et se rapprochent pour serrer, tenir. *Les mâchoires d'un étau. Mâchoires de frein.*

MÂCHONNER v. tr. 1 ▪ **1.** Mâcher lentement, longuement. **2.** Parler en articulant mal. ⇒ **marmonner, marmotter.** *Il mâchonnait des bouts de phrases.* ► n. m. MÂCHONNEMENT

MÂCHOUILLER v. tr. 1 ▪ FAM. Mâchonner ; mâcher sans avaler.

le MACHREK ▪ Les pays islamiques de l'« Orient » (Syrie, Irak, Liban, Égypte), par opposition au Maghreb.

MACHU PICCHU ▪ Site archéologique inca du Pérou, situé à 2 000 m d'altitude, au nord de Cuzco. Découverte en 1911, cette citadelle, en gradins, semble avoir été construite vers le XVe s.

August MACKE (1887 - 1914) ▪ Peintre allemand. Membre du Cavalier bleu. Vision expressionniste de la vie moderne.

le MACKENZIE ▪ Fleuve du Canada (Territoires du Nord-Ouest). Son estuaire forme une vaste baie dans l'Arctique. 4 600 km.

William McKINLEY (1843 - 1901) ▪ 25e président (républicain) des États-Unis, de 1897 à son assassinat par un anarchiste. ► **le mont McKINLEY** Point culminant de l'Amérique du Nord (Alaska). 6 194 m.

MACKINTOSH [makintɔʃ] n. m. ▪ anciennt Manteau imperméable.

Charles Rennie MACKINTOSH (1868 - 1928) ▪ Architecte, décorateur et aquarelliste britannique, un des principaux représentants de l'Art nouveau en Grande-Bretagne.

Norman McLAREN (1914 - 1987) ▪ Cinéaste canadien d'origine britannique. Il se spécialisa dans l'animation expérimentale et réalisa des courts métrages tendant de plus en plus vers l'abstraction. *"A Little Phantasy"* (1946).

Colin MACLAURIN (1698 - 1746) ▪ Mathématicien écossais. Disciple de Newton. *"Traité des fluxions"* (1742).

① **MACLE** n. f. ▪ **I.** BLASON Losange. **II. 1.** Minéral à inclusions symétriques, en losanges. **2.** Cristal complexe, formé de cristaux simples de la même espèce orientés différemment.

② **MACLE** n. f. ▪ Plante aquatique à fleurs blanches (châtaigne d'eau).

Archibald MACLEISH (1892 - 1982) ▪ Poète américain. Trois prix Pulitzer. *"Conquistador"* (1932), sur le patrimoine historique nord-américain ; *"Panic"* (1935), contre le fascisme.

Marshall McLUHAN (1911 - 1980) ▪ Universitaire canadien, auteur d'essais sur les médias et la communication. *"La Galaxie Gutenberg"* (1962) ; *"Understanding Media"* (1964).

Patrice, comte de MAC-MAHON, duc de Magenta (1808 - 1893) ▪ Maréchal de France et homme d'État. Il se distingua dans les armées de Napoléon III et soutint Thiers contre la Commune (1871). Quoique monarchiste, il fut président de la République de 1873 à 1879, mais fut contraint de démissionner.

Harold MACMILLAN (1894 - 1986) ▪ Premier ministre (conservateur) de la Grande-Bretagne, de 1957 à sa démission en 1963.

Edwin Mattison McMILLAN (1907 - 1991) ▪ Physicien américain. Avec Abelson, il produisit et identifia le neptunium, puis les actinides. Il mit ensuite au point un nouveau type d'accélérateur de particules, le synchrotron. Prix Nobel de chimie 1951, avec Seaborg.

MAÇON, ONNE n. ▪ **I.** Personne qui bâtit les maisons, fait des travaux de maçonnerie. **II.** ⇒ **franc-maçon.**

MÂCON ▪ Chef-lieu de la Saône-et-Loire. 37 275 hab. *(les Mâconnais).* Hôtel-Dieu du XVIIe s. Port fluvial sur la Saône. Centre commercial et administratif. ► **le MÂCONNAIS**, ensemble de plateaux situés à l'est du Massif central. Vignobles réputés.

MAÇONNER v. tr. 1 ▪ **1.** Construire ou réparer en maçonnerie. *Maçonner un mur.* **2.** Revêtir de maçonnerie.

MAÇONNERIE n. f. ▪ **I. 1.** Partie des travaux de construction comprenant l'édification du gros œuvre et certains travaux de revêtement. *Grosse maçonnerie. Entrepreneur de maçonnerie.* **2.** Construction, partie de construction faite d'éléments assemblés et joints. *Une maçonnerie de briques, de béton.* **II.** Franc-maçonnerie.

MAÇONNIQUE adj. ▪ Relatif à la franc-maçonnerie, aux francs-maçons*. *Assemblée, loge* maçonnique.*

Pierre MAC ORLAN (1882 - 1970) ▪ Écrivain français. Ses romans évoquent l'aventure et ses illusions, et cultivent le « fantastique social ». *"Le Chant de l'équipage"* (1918) ; *"Le Quai des brumes"* (1927) ; *"L'Ancre de miséricorde"* (1941).

James MACPHERSON (1736 - 1796) ▪ Poète britannique. → **Ossian.**

MACRAMÉ n. m. ▪ Ouvrage de fils tressés et noués, présentant des jours.

MACREUSE n. f. ▪ **I.** Oiseau palmipède, migrateur, voisin du canard. **II.** Viande maigre sur l'os de l'épaule du bœuf.

MACRO- Élément, du grec *makros* « long, grand » (s'oppose à *micro-*) (ex. *macro-économie* n. f. ; *macro-économique* adj. ; *macrophotographie* n. f. « photographie de très petits sujets, fortement agrandis »).

MACROBIOTIQUE adj. ▪ *Zen macrobiotique* : doctrine diététique fondée sur des concepts bouddhiques. ♦ n. f. Régime alimentaire végétarien.

MACROCÉPHALE adj. ▪ DIDACT. Qui a une grosse tête.

MACROCOSME n. m. ▪ LITTÉR. Le cosmos, l'univers.

MACROCOSMIQUE adj. ▪ DIDACT. **1.** Relatif au macrocosme. **2.** Synthétique, global.

MACROMOLÉCULE n. f. ▪ SC. Très grosse molécule formée de groupements d'atomes répétés (ex. les polymères). ► adj. MACROMOLÉCULAIRE

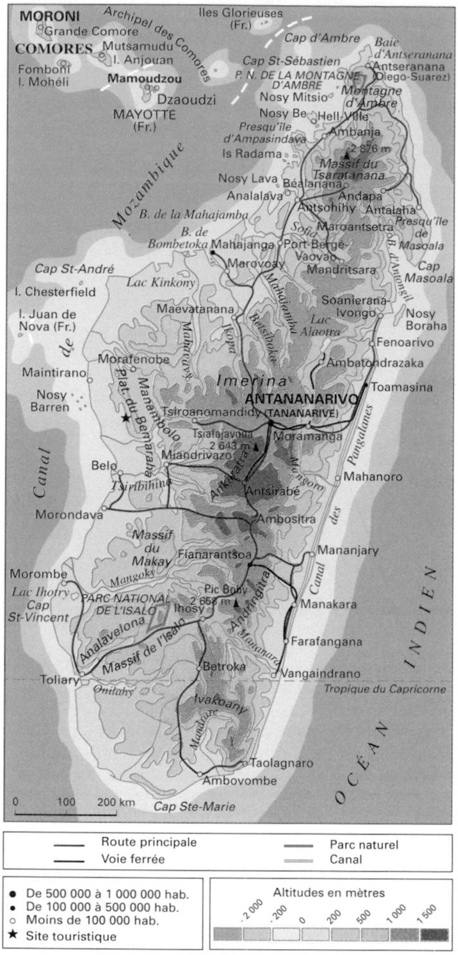

Madagascar.

MACROSCOPIQUE adj. ▪ DIDACT. **1.** Qui se voit à l'œil nu (opposé à *microscopique*). **2.** Qui est à l'échelle du macrocosme.

MACULE n. f. ▪ DIDACT. Tache. spécialt Tache d'encre.

MACULER v. tr. ① ▪ LITTÉR. Couvrir, souiller de taches. ⇒ **salir, souiller, tacher.** – surtout p. p. (s'oppose à *immaculé*) *Une nappe maculée de vin.*

Imre **MADÁCH** (1823 - 1864) ▪ Écrivain hongrois. *"La Tragédie de l'homme"* (1861), poème philosophique.

MADAGASCAR ▪ Île et État (république) de l'océan Indien, au sud-est de l'Afrique, séparée du continent par le canal de Mozambique. 587 014 km². 11 443 000 hab. *(les Malgaches).* Capitale : Antananarivo. Langues : malgache (officielle), français. Monnaie : franc malgache. Économie essentiellement agricole : riz, tabac, café, canne à sucre, vanille. □ HISTOIRE Peuplée par des Indonésiens et des Africains, l'île fut longtemps composée de petits royaumes. Elle devint colonie française en 1896. Après de dures luttes (« pacification » sous le gouvernement de Gallieni, 1896-1903 ; impitoyable répression du soulèvement de 1947), elle devint une république indépendante (1960). En 1975, D. Ratsiraka présida à une révolution de type socialiste, qui conduisit à une dégradation de l'économie. Sous la pression populaire, une démocratisation du régime fut engagée en 1991 et aboutit en 1993, à l'élection de A. Zafy à la présidence de la République.

MADAME n. f. ▪ **1.** Titre donné à une femme qui est ou a été mariée. *Madame Durand ; Mme Durand. Chère madame. Bonsoir mesdames.* **2.** Titre donné par respect à une femme mariée ou non. *Madame la directrice.* ♦ HIST. Titre donné à la femme du frère du roi, à la cour de France. **3.** La maîtresse de maison. *Madame est servie.*

MADE IN [mɛdin] loc. adj. invar. ▪ anglic. Fabriqué en (tel pays).

le **MADEIRA** ▪ Rivière du Brésil, affluent de l'Amazone. 3 200 km.

MADELEINE n. f. ▪ **I.** loc. FAM. *Pleurer comme une Madeleine,* pleurer abondamment (comme sainte Madeleine, dans l'Évangile). **II.** Petit gâteau sucré à pâte molle, de forme arrondie.

La **MADELEINE** ▪ Commune du Nord. 21 601 hab. *(les Madeleinois).*

l'abri de la **MADELEINE** ▪ Site préhistorique de Dordogne, sur la rive droite de la Vézère. Il a donné son nom à la dernière culture du paléolithique supérieur (le magdalénien*).

les monts de la **MADELEINE** ▪ Massif granitique du Massif central, dans le prolongement des monts du Forez, entre la Loire et l'Allier. Point culminant : 1 165 m.

MADEMOISELLE n. f. ▪ **1.** Titre donné aux jeunes filles et aux femmes célibataires (abrév. POP. *mam'selle* ou *mam'zelle*). *Mademoiselle Untel ; Mlle Untel. Bonjour, mesdemoiselles.* **2.** HIST. *La Grande Mademoiselle,* la duchesse de Montpensier, fille aînée du frère du roi Louis XIII.

MADÈRE n. m. ▪ Vin de Madère.

Madère. Camara de Lobos, la ville et le port.
Phot. © Géopress/Explorer

MADÈRE en portugais **MADEIRA** ▪ Archipel de l'Atlantique, région autonome du Portugal, situé à l'ouest du Maroc. 794 km². 263 000 hab. Capitale : Funchal. Relief volcanique. Tourisme. Économie agricole : célèbres vins liquoreux.

MADÉRISÉ, ÉE adj. ▪ (vin) Qui a pris une saveur anormalement sucrée.

Bruno **MADERNA** (1920 - 1973) ▪ Compositeur italien. Musique sérielle et postsérielle. *"Hypérion"* (1964).

Carlo **MADERNO** (1556 - 1629) ▪ Architecte italien. Il travailla à la basilique Saint-Pierre à Rome.

le **MADHYA PRADESH** ▪ Le plus grand État de l'Inde, au centre du pays. 442 841 km². 66 100 000 hab. Capitale : Bhopal. Blé, canne à sucre. Richesses minières (charbon, manganèse, fer, bauxite) exploitées dans de grands centres industriels.

James **MADISON** (1751 - 1836) ▪ 4e président des États-Unis, de 1809 à 1817. Il créa avec Jefferson le parti républicain.

MADISON ▪ Ville des États-Unis, capitale du Wisconsin. 191 000 hab. Centre administratif et économique. Université.

MADIUN ▪ Ville d'Indonésie, au centre de Java. 165 807 hab.

MADONE n. f. ▪ **1.** Représentation de la Vierge. **2.** (avec maj.) La Vierge. ♦ fig. *"La Madone des sleepings"* (roman de M. Dekobra), type de femme fatale.

MADONNA DI CAMPIGLIO ▪ Station de sports d'hiver italienne, dans le Trentin.

MADRAS [-ɑs] n. m. ▪ **1.** Étoffe de soie et coton, de couleurs vives. **2.** Mouchoir noué sur la tête et servant de coiffure (typiquement, aux Antilles).

MADRAS ▪ Ville et port de l'Inde du Sud, capitale du Tamil Nadu. 5 361 168 hab. Célèbres tissus imprimés (les *madras*). Centre universitaire et touristique.

la sierra MADRE ▪ Nom donné aux principales chaînes de montagnes du Mexique, qui longent les côtes du Pacifique *(sierra Madre occidentale, sierra Madre du Sud)* et celles de l'Atlantique *(sierra Madre orientale)*. Agriculture. Richesses minières.

MADRÉ, ÉE adj. ▪ Malin, rusé. *Un paysan madré.*

MADRÉPORE n. m. ▪ Animal *(Cnidaires)*, variété de corail des mers chaudes.

MADRÉPORIQUE adj. ▪ Formé de madrépores. ⇒ **corallien.** *L'atoll, île madréporique.*

MADRID ▪ Capitale de l'Espagne, au centre du pays. 2 984 576 hab. *(les Madrilènes).* Ville historique, centre administratif, commercial, industriel et culturel (université, musée du Prado). Plaza Mayor (XVIIe s.). Palais royal (XVIIIe s.). □ HISTOIRE Elle succéda à Tolède, comme capitale, en 1561. Embellie au XVIIIe s. sous Charles III, la ville se souleva contre l'occupation française (1808) et fut le théâtre de violents combats pendant la guerre civile (1939). ► **MADRID** Communauté autonome de l'Espagne. 7 995 km^2. 4 935 642 hab. Capitale : Madrid.

Madrid. Plaza de la Cibeles. *Phot. © Pat Lam/Explorer*

MADRIER n. m. ▪ Planche très épaisse. ⇒ **poutre.**

MADRIGAL, AUX n. m. ▪ **1.** Courte pièce de vers galants. **2.** Pièce musicale vocale, à plusieurs voix, sur un poème profane. *Les livres de madrigaux de Monteverdi.*

MADRIGALISTE n. ▪ DIDACT. Auteur de madrigaux.

MADRILÈNE adj. et n. ▪ De Madrid. ➝ n. *Un, une Madrilène.*

MADURA ▪ Île d'Indonésie située au nord-ouest de Java. 4 500 km^2. 3 000 000 hab. Problèmes liés à la surpopulation.

MADURAI ou **MADURA** ▪ Ville de l'Inde du Sud, dans le Tamil Nadu. 1 093 000 hab. Textile. Le grand temple est un lieu de pèlerinage.

Madurai. Le grand temple de Minakshi. *Phot. © Charles Lénars*

MAELSTROM [malstʀøm] n. m. ▪ Courant marin formant un tourbillon. *Des maelstroms.* ♦ fig. *Un maelstrom d'émotions.* ◇ var. MAELSTRÖM, MALSTROM.

Nicolaes MAES (v. 1634 - 1693) ▪ Peintre hollandais. Élève et disciple de Rembrandt. Scènes de genre. Portraits.

MAESTRIA [maɛstʀija] n. f. ▪ Maîtrise, facilité et perfection dans l'exécution (d'une œuvre d'art, d'un exercice). ⇒ **brio.**

MAËSTRICHT → Maastricht

MAESTRO [maɛstʀo] n. m. ▪ Compositeur de musique ou chef d'orchestre célèbre. *Des maestros.*

Maurice MAETERLINCK (1862 - 1949) ▪ Écrivain belge d'expression française. *"Les Serres chaudes"* (1889), poèmes; *"Pelléas et Mélisande"* (1892), drame symboliste dont il fit un livret pour Debussy; *"La Vie des abeilles"*, essai. Prix Nobel 1911.

MAFIA n. f. ▪ **1.** *La Mafia :* réseau d'associations secrètes, d'origine sicilienne, servant des intérêts privés par des moyens illicites et recourant à la violence. ➝ Groupe secret analogue. **2.** Groupe d'intérêt occulte. ◇ var. MAFFIA.

■ Constituée au début du XIXe s. par de grands propriétaires terriens désireux de faire régner l'ordre eux-mêmes, la Mafia dégénéra peu à peu en une association de malfaiteurs qui domina, à partir de 1910, l'activité économique et politique de la Sicile. Avec la forte émigration sicilienne aux États-Unis s'est développée une Mafia urbaine liée aux « syndicats du crime » américains.

MAFIEUX, EUSE adj. ▪ De la Mafia ; d'une mafia. *Des pratiques mafieuses.* ➝ adj. et n. Membre d'une mafia. ◇ var. MAFFIEUX, EUSE.

MAGASIN n. m. ▪ **I. 1.** Endroit où l'on conserve des marchandises. ⇒ **entrepôt.** *Mettre des caisses en magasin.* → **emmagasiner.** *Magasin d'armes, d'explosifs.* **2.** Partie creuse (d'un appareil) destinée à être chargée. *Mettre un chargeur dans le magasin d'une arme.* **II.** Local où l'on conserve, où l'on expose des marchandises pour les vendre. ⇒ **boutique, commerce.** *Magasin d'alimentation. La vitrine d'un magasin.* ➝ *GRAND MAGASIN :* grand établissement de vente comportant de nombreux rayons spécialisés. ➝ *Chaîne de magasins. Magasin en libre-service, de grande surface.* ⇒ **supermarché, grande surface. III.** VX Magazine. *Le Magasin d'éducation.*

MAGASINAGE n. m. ▪ (Canada) Fait d'aller dans les magasins (*magasiner* v. intr. ①) pour faire des achats (remplace l'anglic. *shopping*).

MAGASINIER, IÈRE n. ▪ Personne qui garde les marchandises déposées dans un magasin, un entrepôt.

MAGAZINE n. m. ▪ **1.** Publication périodique, généralement illustrée. ⇒ **revue. 2.** Émission périodique de radio, de télévision, sur des sujets d'actualité.

le MAGDALENA ▪ Fleuve de Colombie qui se jette dans la mer des Caraïbes à Barranquilla. 1 550 km. Voie de communication importante.

MAGDALÉNIEN, IENNE adj. ▪ DIDACT. D'une période de la préhistoire définie par les vestiges découverts sur le site de la Madeleine* (Dordogne). ➝ n. m. *Le magdalénien :* la dernière période du paléolithique supérieur (entre —15000 et —8000 ; art pariétal).

le **magdalénien.** *Bison se léchant*, sculpture en bois de renne provenant de la grotte de la Madeleine. Musée des Antiquités nationales, Saint-Germain-en-Laye. *Phot. © RMN*

MAGDEBURG en franç. **Magdebourg** ▪ Ville d'Allemagne, capitale de l'État (Land) de Saxe-Anhalt. 279 900 hab. Cathédrale gothique. Carrefour de communications. Important port fluvial. Jusqu'à la Deuxième Guerre mondiale, centre sidérurgique (usines Krupp). Industrie chimique.

MAGE n. ▪ **1.** n. m. Prêtre, astrologue, dans la Babylone antique, en Assyrie. **2.** loc. *Les Rois mages,* sages d'Orient qui, selon l'Évangile, vinrent rendre hommage à l'Enfant Jésus. ▪ La tradition postérieure en fera trois rois, appelés Balthazar, Gaspard et Melchior. **3.** n. Personne qui pratique les sciences occultes, la magie. ⇒ **magicien, sorcier.** - RARE *Une mage.* ♦ fig. Prophète, voyant. *Pour Hugo, le poète est un mage.*

MAGELANG ▪ Ville d'Indonésie, au milieu de l'île de Java. 123 156 hab. Temple de Borobudur à proximité.

Fernand de MAGELLAN (v. 1480 - 1521) ▪ Navigateur portugais. Il entreprit en 1520 le premier voyage autour du monde mais fut tué aux Philippines. ► **le détroit de MAGELLAN** relie l'Atlantique au Pacifique, entre l'Amérique du Sud et la Terre de Feu.

François MAGENDIE (1783 - 1855) ▪ Physiologiste et neurologue français. Précurseur de la pharmacologie moderne, il fut le maître de Claude Bernard.

MAGENTA ▪ Ville d'Italie (Lombardie). 23 795 hab. Victoire française sur les troupes autrichiennes en 1859.

le MAGHREB en arabe « le couchant, l'occident » ▪ Ensemble des pays du nord-ouest de l'Afrique compris entre la Méditerranée et le Sahara, l'Atlantique et le désert de Libye (Maroc, Algérie, Tunisie). Formant une unité géographique, il doit à la conquête arabe du VIIe s. son unité religieuse et culturelle. ► **l'Union du MAGHREB ARABE** Traité, signé en 1989, par l'Algérie, la Libye, le Maroc, la Tunisie et la Mauritanie afin d'accroître leur coopération économique.

MAGHRÉBIN, INE adj. et n. ▪ Du Maghreb. - n. *Les Maghrébins.*

MAGICIEN, IENNE n. ▪ **1.** Personne qui pratique la magie. ⇒ **mage. 2.** Personne qui produit, comme par magie, des effets extraordinaires. *Cet écrivain, ce conteur est un magicien.* ⇒ **enchanteur.**

MAGIE n. f. ▪ **1.** Art de produire, par des procédés occultes, des phénomènes inexplicables ou qui semblent tels. ⇒ **alchimie, astrologie, sorcellerie.** *La magie est à l'origine des sciences.* - *Magie noire,* magie qui ferait intervenir les démons pour produire des effets maléfiques. *Magie blanche.* - loc. *(Comme) par magie,* d'une manière incompréhensible. **2.** Impression forte, inexplicable (que produisent l'art, la nature, les passions). ⇒ **charme, prestige, puissance, séduction.** *La magie de l'art, de la couleur, des mots.*

André MAGINOT (1877 - 1932) ▪ Homme politique français. Député radical, il fit ériger des fortifications (la *ligne Maginot*) à la frontière nord-est de la France (1927-1932).

MAGIQUE adj. ▪ **1.** Qui tient de la magie ; utilisé, produit par la magie. ⇒ **occulte, surnaturel.** *Pouvoir magique. Formules magiques.* - *Baguette magique.* **2.** Qui produit des effets extraordinaires. ⇒ **étonnant, merveilleux, surprenant.**

MAGIQUEMENT adv. ▪ Par magie.

MAGISTÈRE n. m. ▪ **1.** DIDACT. Autorité absolue. **2.** Diplôme universitaire de formation professionnelle supérieure.

MAGISTRAL, ALE, AUX adj. ▪ **1.** D'un maître. *Cours magistral. Ton magistral.* ⇒ **doctoral. 2.** Digne d'un maître, qui fait preuve de maîtrise. *Réussir un coup magistral.* ► MAGISTRALEMENT adv. *Elle a magistralement interprété cet air d'opéra.*

MAGISTRAT n. m. ▪ Fonctionnaire public de l'ordre judiciaire, ayant pour fonction de rendre la justice (juge) ou de réclamer, au nom de l'État, l'application de la loi (procureur général, substitut, en France).

MAGISTRATURE n. f. ▪ **1.** Fonction, charge de magistrat. **2.** Corps des magistrats. - en France *Magistrature debout,* les procureurs, substituts, avocats généraux (le ministère public). *Magistrature assise,* les juges.

MAGMA n. m. ▪ **1.** Masse épaisse, de consistance pâteuse. ♦ GÉOL. Masse minérale profonde, située dans une zone de température très élevée et de très fortes pressions, où s'opère la fusion des roches. **2.** fig. Mélange confus. ► adj. MAGMATIQUE

MAGNANERIE n. f. ▪ Local où se pratique l'élevage des vers à soie.

Anna MAGNANI (1908 - 1973) ▪ Actrice italienne. Elle s'inscrit dans la lignée des grandes tragédiennes de l'écran. *"Rome, ville ouverte"* (1945); *"Amore"* (1948); *"Le Carrosse d'or"* (1953); *"Mamma Roma"* (1962).

MAGNANIME adj. ▪ Qui pardonne les injures, est bienveillant envers les faibles. ⇒ **généreux.** *Se montrer magnanime envers qqn. Sentiment magnanime.*

MAGNANIMITÉ n. f. ▪ Clémence, générosité. *Faire appel à la magnanimité du vainqueur.*

Alessandro MAGNASCO (1667 - 1749) ▪ Peintre italien. Scènes de genre animées de petites figures, traitées dans un style nerveux. Portraits.

MAGNAT [-gna ; -ɲa] n. m. ▪ Puissant capitaliste. *Les magnats du pétrole.*

SE **MAGNER** v. pron. [1] ▪ FAM. Se remuer, se dépêcher.

MAGNÉSIE n. f. ▪ CHIM. Poudre blanche d'oxyde de magnésium, dont un sulfate sert de purgatif.

MAGNÉSIUM [-jɔm] n. m. ▪ Métal léger, blanc argenté et malléable, qui brûle à l'air avec une flamme blanche éblouissante. *L'éclair de magnésium d'un flash.*

MAGNÉTIQUE adj. ▪ **1.** Qui a rapport à l'aimant, en possède les propriétés ; du magnétisme. *Effets, phénomènes magnétiques. Bande, ruban magnétique d'un magnétophone.* **2.** Qui a rapport au magnétisme animal. *Influx, fluide magnétique.* ♦ Qui exerce une influence occulte sur le psychisme ; qui fascine, envoûte.

MAGNÉTISER v. tr. [1] ▪ **1.** Rendre (une substance) magnétique, donner les propriétés de l'aimant à. ⇒ **aimanter. 2.** Soumettre (un être vivant) à l'action du magnétisme animal. ⇒ **hypnotiser.** ► n. f. MAGNÉTISATION

MAGNÉTISEUR, EUSE n. ▪ Personne qui pratique le magnétisme animal. ⇒ **hypnotiseur.**

MAGNÉTISME n. m. ▪ **1.** Partie de la physique qui étudie les propriétés des aimants (naturels ou artificiels) et les phénomènes qui s'y rattachent. *Le magnétisme s'est développé parallèlement à la théorie de l'électricité.* ⇒ **électromagnétisme.** - *Magnétisme terrestre,* champ magnétique de la Terre (orienté dans la direction sud-nord). **2.** *Magnétisme animal,* force occulte (fluide*) dont disposeraient les êtres ; phénomènes (hypnose, suggestion) produits par l'action de cette force. **3.** Charme, fascination. *Subir le magnétisme de qqn.*

MAGNÉTO n. f. ▪ Génératrice de courant électrique continu utilisant un aimant.

MAGNÉTO- Élément qui signifie « aimant » et « magnétophone ».

MAGNÉTOPHONE n. m. ▪ Appareil d'enregistrement et de reproduction des sons par aimantation durable d'un ruban d'acier ou d'un film (bande magnétique). *Magnétophone à cassettes.*

MAGNÉTOSCOPE n. m. ▪ Appareil permettant l'enregistrement des images et du son sur bande magnétique. ⇒ **vidéo.**

MAGNIFICAT [maɲifikat ; -gni-] n. m. ▪ RELIG. CATHOL. Cantique de la Vierge Marie. - Musique composée sur ce cantique. *Le "Magnificat" de J.-S. Bach.*

MAGNIFICENCE n. f. ▪ **1.** Beauté magnifique, pleine de grandeur. ⇒ **éclat, luxe, splendeur.** *Château meublé avec magnificence.* **2.** LITTÉR. Disposition à dépenser sans compter. ⇒ **magnifique** (II). *Il nous a reçus avec magnificence.* ⇒ **prodigalité.** ≠ *munificence.*

MAGNIFIER v. tr. [7] ▪ LITTÉR. **1.** Célébrer, glorifier. **2.** Idéaliser. *La légende magnifie les héros.* ⇒ **grandir.** - *Passé magnifié par le souvenir.*

MAGNIFIQUE adj. ▪ **I.** VX (personnes) Qui est très riche, dépense avec générosité et ostentation. ⇒ **magnificence** (2). **II. 1.** Qui est d'une beauté luxueuse, éclatante. ⇒ **somptueux.** *De magnifiques palais.* **2.** Très beau. ⇒ **splendide, superbe.** *Un magnifique paysage (ou un paysage magnifique). Il fait un temps magnifique.* ♦ Remarquable, admirable en son genre. *Il a une situation magnifique.*

MAGNIFIQUEMENT adv. ▪ **1.** D'une manière magnifique, somptueuse. ⇒ **somptueusement, superbement. 2.** Très bien. *Elle s'en est magnifiquement tirée.*

MAGNITOGORSK ▪ Ville de Russie, dans l'Oural. 441 000 hab. Sidérurgie.

MAGNITUDE n. f. ▪ **1.** ASTRON. Grandeur qui caractérise l'éclat des astres visibles. *Astre de magnitude 1* (les plus brillants). **2.** Nombre qui caractérise l'énergie d'un séisme.

MAGNOLIA n. m. ▪ Arbre à feuilles luisantes, à grandes fleurs blanches, très odorantes. *Des magnolias.*

MAGNUM [magnɔm] **n. m.** ▪ Grosse bouteille contenant environ un litre et demi. *Des magnums de champagne.*

MAGNY-LES-HAMEAUX ▪ Commune des Yvelines. 7 800 hab.

① **MAGOT** **n. m.** ▪ **1.** VX Singe du genre macaque. **2.** Figurine trapue de l'Extrême-Orient. *Un magot en jade.*

② **MAGOT** **n. m.** ▪ Somme d'argent amassée et mise en réserve, cachée. ⇒ **économie(s), trésor.**

MAGOUILLAGE **n. m.** ▪ Fait de magouiller ; ensemble de magouilles.

MAGOUILLE **n. f.** ▪ FAM. Manœuvre, tractation malhonnête. ⇒ **combine.**

MAGOUILLER **v.** [1] ▪ **1. v. intr.** Se livrer à des magouilles. **2. v. tr.** Manigancer.

MAGOUILLEUR, EUSE **n.** ▪ Personne qui magouille. ▸ **adj.** *Elle est un peu magouilleuse.*

MAGRET **n. m.** ▪ Filet (maigre) de canard ou d'oie.

René **MAGRITTE** (1898 - 1967) ▪ Peintre belge, un des principaux surréalistes. Dans ses œuvres, personnages, paysages et objets sont agencés de façon à mettre en question le réel et sa représentation : *"Ceci n'est pas une pipe"*.

MAGUELONNE ▪ Hameau de la commune de Villeneuve-lès-Maguelonne (Hérault), sur l'étroit cordon de sable qui sépare l'étang de Vic de la Méditerranée. Cathédrale Saint-Pierre (XIe-XIIe s.).

MAGUILEV ▪ Ville de la Biélorussie. 363 000 hab.

MAGYAR, ARE [magjaʀ] **adj.** ▪ Des Magyars*. ♦ De la Hongrie actuelle. ⇒ **hongrois.**

les **MAGYARS** ▪ Peuple d'origine finno-ougrienne établi au IXe s. dans la vallée du Danube, et qui constitue la grande majorité de la population de Hongrie.

MAHABALIPURAM ▪ Site archéologique de l'Inde (Tamil Nadu). Temples du VIIIe s. sculptés dans les rochers.

Mahabalipuram. Le temple du Rivage.
Phot. © Charles Lénars

le **MAHĀBHĀRATA** ▪ Grand récit épique indien composé sur plusieurs siècles (du IXe av. J.-C. au VIe s.). C'est aussi une encyclopédie des connaissances sacrées et profanes des Indo-Européens. Le *"Bhagavad-gītā"* en fait partie.

MAHAJANGA ▪ Ville et port de Madagascar. 125 000 hab.

MAHARAJAH ou **MAHARADJAH** [ma(a)ʀadʒa] **n. m.** ▪ Prince hindou. ⇒ **rajah.** *La maharané* ou *maharani, épouse du maharajah.* ◇ var. MAHARADJA.

le **MAHARASHTRA** ▪ État de l'Inde. 307 760 km². 78 700 000 hab. Capitale : Bombay. Coton.

MAHATMA **n. m.** ▪ Nom donné, en Inde, à des chefs spirituels. *Le mahatma Gandhi.*

MAHDI **n. m.** ▪ Envoyé d'Allah, attendu pour compléter l'œuvre de Mahomet. ♦ Chef revendiquant la qualité de mahdi. ▪ Selon les musulmans chiites, le mahdi viendra délivrer l'homme du mal. Plusieurs souverains musulmans prirent ce titre, notamment Muḥammad Aḥmad ibn 'Abd Allāh (1844 - 1885). Ce dernier conquit le Soudan et s'empara

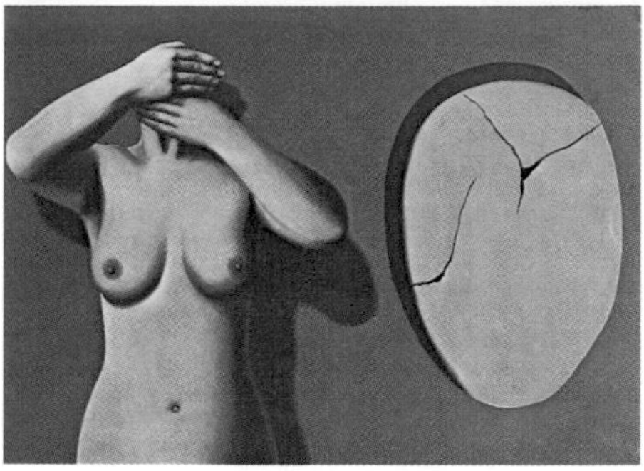

Magritte. *Pièce nocturne.* Coll. E.L.T. Mesens, Londres.
Phot. © de Gregorio/Ricciarini

de Khartoum. Ses partisans, les *mahdistes*, furent battus par Kitchener en 1898.

Naguib **MAHFOUZ** (né en 1912) ▪ Romancier égyptien. Ses récits évoquent sa ville natale, Le Caire, et retracent l'évolution de la vie sociale égyptienne. Prix Nobel de littérature 1988.

MAH-JONG [maʒɔ̃g] **n. m.** ▪ Jeu chinois voisin des dominos. *Des mah-jongs.*

Gustav **MAHLER** (1860 - 1911) ▪ Compositeur et chef d'orchestre autrichien. Auteur de dix symphonies, remarquables par leur vaste architecture, et de mélodies (*"Chants pour les enfants morts"*, 1901-1904).

MAHOMET (v. 570 - 632) ▪ Prophète et fondateur de l'islam*. Il épousa Khadīja et mena jusqu'à quarante ans une vie prospère. Vers 610, il reçut ses premières révélations et commença son enseignement à La Mecque (→ **Coran**). Des persécutions l'obligèrent à fuir vers Médine en 622 (Hégire, marquant l'an I de l'ère musulmane). Homme de guerre remarquable, il conquit La Mecque, puis la péninsule Arabique, et instaura une nouvelle législation religieuse. Son épouse préférée fut Aïcha. Ses successeurs, ou *califes*, furent Abou Bakr, Omar, Othman, Ali.

MAHOMÉTAN, ANE **n.** et **adj.** ▪ VIEILLI Musulman.

MAHOUS ; MAHOUSSE ⇒ MAOUS

MAI **n. m.** ▪ Cinquième mois de l'année. *Muguet du premier mai. Arbre de mai. Des mais pluvieux. En mai.* ▸ *Mai* (COUR.), *le mai* (POÉT.).

▪ le **13 MAI 1958** ▪ Insurrection des partisans de l'Algérie française à Alger pour protester contre la politique suivie en Algérie par la IVe République. Elle déclencha le processus du retour de De Gaulle au pouvoir, la fin de la IVe République et la naissance de la Ve République.

▪ **MAI 1968** ▪ Crise culturelle, politique et sociale que traversa la Ve République. Lancé et mené par les étudiants, le mouvement fut relayé par les ouvriers (grèves) avant de s'achever par des élections législatives, en juin, et la reprise en main du général de Gaulle. Contemporains d'une révolte estudiantine internationale, ces événements furent révélateurs d'un malaise profond face à la société de consommation.

Vladimir **MAÏAKOVSKI** (1893 - 1930) ▪ Poète soviétique. Animateur du mouvement futuriste, partisan de la Révolution de 1917. Il se suicida. *"Le Nuage en pantalon"* (1915).

MAIE **n. f.** ▪ Coffre à pain. ⇒ **huche.**

MAÏEUTIQUE **n. f.** ▪ PHILOS. Méthode suscitant la mise en forme des pensées confuses, par le dialogue (Socrate, dans les œuvres de Platon).

MAIGRE **adj.** ▪ **1.** Dont le corps a peu de graisse ; qui pèse relativement peu. ⇒ **efflanqué, étique, sec, squelettique ;** opposé à *gros. Un homme grand et maigre.* ▸ loc. *Être maigre comme un clou.* ▸ *Visage maigre.* ⇒ **émacié.** ▸ **n.** *Les gros et les maigres.* ▸ loc. *Une fausse maigre.* **2.** Qui n'a, qui ne contient pas de graisse (opposé à *gras*). *Viande maigre.* **n. m.** *Un morceau de maigre.* ▸ *Fromages maigres,* faits avec du lait écrémé. ▸ **n. m.** loc. *FAIRE MAIGRE :* ne manger ni viande ni aliment gras. **3.** Peu épais. *Imprimé en caractères maigres.* **4.** (végétation) Peu abondant. **5.** De peu d'importance. ⇒ **médiocre, piètre.** *De biens maigres résultats. Un maigre* *salaire.* ⇒ **petit.** *C'est maigre, c'est un peu maigre :* c'est peu, bien peu.

MAIGRELET, ETTE adj. ⇒ MAIGRIOT

MAIGREMENT adv. ▪ Chichement, petitement. *Être maigrement payé.* ⇒ **peu.**

MAIGREUR n. f. ▪ **1.** État d'une personne ou d'un animal maigre ; absence de graisse. **2.** Caractère de ce qui est peu fourni, peu abondant. *La maigreur d'une végétation. La maigreur d'un profit.*

MAIGRIOT, OTTE adj. ▪ Un peu trop maigre. *Un gamin maigriot.* ◇ syn. MAIGRELET, ETTE ; MAIGRICHON, ONNE.

MAIGRIR v. [2] ▪ **I.** v. intr. Devenir maigre. *Régime pour maigrir.* ⇒ **amaigrissant.** - au p. p. *Je te trouve maigri.* **II.** v. tr. Faire paraître maigre. ⇒ **amincir.** *Cette robe la maigrit.*

MAIL [maj] n. m. ▪ **I.** Maillet pour un jeu ; ce jeu (croquet). **II.** Allée, promenade bordée d'arbres, dans certaines villes. *Des mails.*

Norman MAILER (né en 1923) ▪ Écrivain et journaliste américain. Il critique les mythes de la société américaine. *"Les Nus et les Morts"* (prix Pulitzer, 1948).

MAILING [meliŋ] n. m. ▪ anglic. Prospection auprès d'une clientèle au moyen de documents expédiés par la poste. ◇ recomm. off. ⇒ **publipostage.**

① **MAILLE** n. f. ▪ **1.** Chacune des petites boucles de matière textile dont l'entrelacement forme un tissu. *Maille à l'endroit, à l'envers* (au tricot). ⇒ **point.** *Une maille qui file.* - *L'industrie de la maille,* des textiles tricotés. - *Les mailles d'un filet.* **2.** Trou formé par chaque maille. *Le poisson est passé à travers les mailles.* **3.** Anneau de métal. loc. *Cotte* de mailles.* - Anneau (d'une chaîne). ⇒ **chaînon, maillon.**

② **MAILLE** n. f. ▪ VX (au Moyen Âge) Un demi-denier. ♦ loc. *SANS SOU NI MAILLE :* sans argent. - *AVOIR MAILLE À PARTIR avec qqn,* avoir un différend, une dispute .

MAILLECHORT n. m. ▪ Alliage inaltérable de cuivre, de zinc et de nickel qui imite l'argent.

MAILLER v. [1] ▪ **I.** v. tr. Faire avec des mailles. **II.** v. intr. (filet) Retenir le poisson.

MAILLET n. m. ▪ Outil fait d'une masse dure emmanchée en son milieu et qui sert à frapper, à enfoncer. ⇒ **mailloche, masse.** - *Maillet de croquet, de polo.* ♦ *Maillet de sculpteur,* à une seule tête tronconique.

Antonine MAILLET (née en 1929) ▪ Écrivain canadien d'expression française. *"La Sagouine"* (1971); *"Pélagie-la-Charrette"* (1979). Acadienne, elle donne de sa région une vision épique.

MAILLOCHE n. f. ▪ **1.** Gros maillet de bois. **2.** Baguette terminée par une boule recouverte de peau, pour frapper un instrument à percussion.

Aristide MAILLOL (1861 - 1944) ▪ Sculpteur et peintre français. Ses nus féminins (bronzes) s'imposent par leur monumentalité et leur pureté de ligne.

MAILLON n. m. ▪ Anneau (d'une chaîne). ⇒ **chaînon.** - loc. *Être un maillon de la chaîne,* un élément d'un ensemble complexe.

MAILLOT n. m. ▪ **I.** Lange qui enferme les jambes et le corps du nouveau-né jusqu'aux aisselles (⇒ **emmailloter**). loc. *Enfant au maillot,* en bas âge. **II. 1.** Vêtement souple porté à même la peau et qui moule le corps (comme le maillot (I) serre celui de l'enfant). *Maillot de danseur.* **2.** Vêtement collant qui couvre le haut du corps. *Maillot de cycliste.* - *Le maillot jaune,* que porte le coureur cycliste qui est en tête du classement du Tour de France ; ce coureur. - *Maillot de corps,* sous-vêtement en tissu à mailles. ⇒ **tricot. 3.** *MAILLOT DE BAIN, MAILLOT :* costume de bain collant. *Maillot de bain une pièce, deux pièces.* ⇒ **deux-pièces.** *Maillot de bain d'homme* (slip ou boxer).

Moïse MAÏMONIDE (1135 - 1204) ▪ Philosophe et médecin juif, principal théologien du judaïsme. *"Le Guide des égarés"* (1190).

MAIN n. f. ▪ **I.** Partie du corps humain, servant à toucher et à prendre, située à l'extrémité du bras et munie de cinq doigts. **1.** *Main droite, gauche. Creux, paume, dos, plat, revers de la main. De grosses mains.* ⇒ **patte.** *Petites mains.* ⇒ **menotte.** - *Baiser la main d'une femme.* ⇒ **baisemain.** *Se laver les mains ;* fig. *il s'en lave* les mains. Se frotter les mains* (en signe de satisfaction). *Se tordre les mains* (de désespoir). - loc. *À main droite, gauche :* à droite, gauche. - *En un tour* de main.* **2.** (La main qui prend, qui possède) *Prendre qqch. d'une main, des deux mains. Prendre la main de qqn.* - loc. *À LA MAIN. Tenir un sac à la main.* - *À MAIN :* qui se tient, se manipule avec la main. *Sac à main. Frein à main.* - *METTRE LA MAIN sur qqn, qqch.,* le trouver. *Faire MAIN BASSE sur qqch.,* emporter, voler. - *Il a été pris la main dans le sac,* en train de voler ; en flagrant délit. ♦ *Une poignée* de main. Se serrer la main* (pour se saluer ou en signe de réconciliation). *Tendre la main à qqn,* fig. lui offrir son amitié, son aide, son pardon. - *Demander, obtenir la main d'une jeune fille,* le mariage avec elle. - *EN MAIN. Preuve en main :* en montrant une preuve (→ preuve à l'appui). *Avoir (une affaire) en main,* la mener comme on veut. *Prendre en main,* en charge, s'occuper de. - *EN BONNES MAINS :* sous la responsabilité d'une personne sérieuse. ♦ *Tomber aux mains des ennemis,* en leur pouvoir. - *Une main de fer dans un gant de velours :* une autorité très forte sous une apparence de douceur. **3.** (La main qui frappe) loc. *Lever la main sur qqn* (pour le frapper). *En venir aux mains,* aux coups. - FAM. *Ne pas y aller de main morte :* agir avec brutalité ou vigueur. ♦ *Homme de main,* celui qui commet des actions criminelles pour le compte d'un autre. - *Faire le coup de main,* une attaque rapide. **4.** (La main qui donne, reçoit) *Remettre qqch. EN MAIN(S) PROPRE(S),* au destinataire en personne. *DE LA MAIN À LA MAIN :* sans intermédiaire. - *DE PREMIÈRE MAIN :* directement, de la source. *Une information de première main. Une voiture d'occasion, de seconde main,* qui a eu deux propriétaires. **5.** (La main qui travaille, agit ⇒ **manuel**) *Être adroit de ses mains.* loc. *Avoir des mains en or :* être très habile. *La main verte*.* - fig. *Avoir les mains libres :* être libre d'agir. - *Faire des pieds et des mains :* multiplier les efforts (en vue d'un résultat). - FAM. *Avoir un poil dans la main :* être paresseux. - *FAIT (À LA) MAIN,* sans machines. *Écrit à la main.* ⇒ **manuscrit.** - *Mettre la main à la pâte :* participer à un travail. *Mettre la dernière main à* (un travail), le finir. *Donner un COUP DE MAIN à qqn,* l'aider (→ prêter main-forte). - *Forcer la main à qqn,* le forcer d'agir. ♦ (Symbolisant l'habileté professionnelle) *Se faire la main :* apprendre. ⇒ s'**exercer.** *Perdre la main. Avoir le coup de main. De main de maître :* parfaitement exécuté. **6.** L'initiative, au jeu. *Avoir, passer la main.* - loc. fig. *Passer la main :* abandonner. ♦ *Avoir une belle main,* un beau jeu. **II.** (objets) **1.** *Main de justice :* sceptre terminé par une main d'ivoire ou de métal précieux. **2.** *Main de Fatma,* amulette arabe en forme de main. **3.** *Main courante :* rampe d'escalier fixée au mur. **4.** Assemblage de vingt-cinq feuilles de papier. *Une rame se compose de vingt mains.* **III.** (personnes) *PETITE MAIN :* apprentie couturière ; ouvrière débutante. - *PREMIÈRE MAIN :* première couturière d'un atelier.

Maillol. Sculpture. Jardin des Tuileries, Paris. *Phot. © Louis Monier*

le MAIN ▪ Rivière d'Allemagne qui arrose Bayreuth, Francfort puis devient l'affluent du Rhin à Mayence. 524 km. Il forme une partie de la liaison Rhin-Danube.

MAINATE n. m. ▪ Oiseau passereau noir au bec rouge, originaire de Malaisie.

MAIN-D'ŒUVRE n. f. ▪ **1.** Travail de l'ouvrier engagé dans la confection d'un ouvrage. ⇒ **façon.** *Frais de main-d'œuvre.* **2.** Ensemble des salariés, des ouvriers. *Des mains-d'œuvre.*

le MAINE ▪ État du nord-est des États-Unis. 86 027 km². 1 228 000 hab. Capitale : Augusta. Agriculture, pêche, industrie du bois.

le MAINE ▪ Ancienne région de l'ouest de la France, qui forme aujourd'hui les départements de la Mayenne et de la Sarthe. Ses habitants sont *les Manceaux.* Ville principale : Le Mans. Bocages voués à l'élevage et aux arbres fruitiers. Céréales.

Marie François Pierre MAINE DE BIRAN (1766 - 1824) ▪ Philosophe français. Il affirma l'unité fondamentale de la conscience puis s'orienta vers un spiritualisme mystique. *"Journal intime".*

le MAINE-ET-LOIRE [49] ▪ Département français de la région Pays de la Loire*. 7 151 km². 705 882 hab. Chef-lieu : Angers. Chefs-lieux d'arrondissement : Cholet, Saumur, Segré.

MAIN-FORTE n. f. ▪ *DONNER, PRÊTER MAIN-FORTE à qqn,* l'assister, lui venir en aide.

MAINLEVÉE n. f. ▪ DR. Acte qui met fin, qui lève les effets d'une saisie, d'une opposition, d'une hypothèque.

MAINMISE n. f. ▪ Action de s'emparer. ⇒ **prise.** *La mainmise d'un État sur des territoires étrangers.* - péj. Influence exclusive. ⇒ **emprise.**

MAINMORTE n. f. ▪ **1.** HIST. Droit du seigneur sur les biens de son vassal mort. **2.** DR. *Biens de mainmorte :* biens des collectivités qui ont une existence indépendante des personnes qui les constituent.

MAINT, MAINTE adj. ▪ dans des loc. Nombreux. *À maintes reprises. Maintes et maintes fois.* - au sing. *En mainte occasion.*

MAINTENANCE n. f. ▪ Ensemble des opérations d'entretien d'un matériel technique.

MAINTENANT adv. ▪ **1.** Dans le temps actuel, au moment présent. ⇒ **actuellement,** à **présent.** *Et maintenant, que faire ? C'est maintenant ou jamais.* - À partir du moment présent (+ futur). *Maintenant, tout ira bien.* - *Dès maintenant. À partir de maintenant.* ⇒ **désormais.** - *MAINTENANT QUE* loc. conj. (+ indic.) : à présent que, en ce moment où. **2.** (en tête de phrase, marque une pause où l'on considère une possibilité nouvelle) *Voilà les faits ; maintenant croyez ce que vous voulez.*

MAINTENIR v. tr. [22] ▪ **1.** Conserver dans le même état ; faire ou laisser durer. ⇒ **entretenir, garder.** *Maintenir la paix.* - *Maintenir un malade en vie.* **2.** Affirmer avec constance, fermeté. ⇒ **soutenir.** *Je l'ai dit et je le maintiens.* - *Maintenir sa candidature.* ⇒ **confirmer.** **3.** Tenir dans une même position, empêcher de bouger. ⇒ **fixer, tenir.** *Maintenir la tête hors de l'eau.* ► **SE MAINTENIR** v. pron. Rester dans le même état ; ne pas aller plus mal. *Le beau temps se maintient.* - *Se maintenir en forme.* - impers. FAM. *Alors, ça va ? ça se maintient ?*

Françoise d'Aubigné, marquise de MAINTENON (1635 - 1719) ▪ Petite-fille d'Agrippa d'Aubigné, épouse de Scarron puis maîtresse de Louis XIV qui l'épousa en secret. Très dévote, elle influa sur les affaires religieuses du royaume. À la mort du roi (1715), elle se retira à Saint-Cyr, maison qu'elle avait fondée pour l'éducation des jeunes filles nobles sans fortune.

MAINTENON ▪ Commune d'Eure-et-Loir, sur l'Eure. 4 161 hab. Château Renaissance et classique (XVIe s.). Vestiges d'un aqueduc construit par Vauban.

MAINTIEN [-tjɛ̃] n. m. ▪ **1.** Action de maintenir, de faire durer. *Assurer le maintien de l'ordre.* **2.** Manière de se tenir en société. ⇒ **attitude, contenance.** *Un maintien étudié* (⇒ **pose**). - anciennt *Leçons de maintien.*

MAINVILLIERS ▪ Commune d'Eure-et-Loir. 9 956 hab.

MAIRE n. m. ▪ **1.** Premier officier municipal élu par le conseil municipal, parmi ses membres. *Le maire et ses administrés. Monsieur, madame le maire.* ◇ En Belgique, en Suisse, on dit *bourgmestre.* **2.** HIST. *MAIRE DU PALAIS :* sous les Mérovingiens, Intendant du palais, jouant le rôle de premier ministre ou de régent du royaume.

Jean MAIRET (1604 - 1686) ▪ Auteur dramatique français. *"Sophonisbe"* (1634) est une des premières tragédies conformes à la règle des trois unités.

MAIRIE n. f. ▪ **1.** Administration municipale. *Secrétaire de mairie.* **2.** Bâtiment où sont les bureaux du maire et de l'administration municipale. ⇒ **hôtel** de ville.

MAIS ▪ **I.** conj. **1.** marquant l'opposition (comme transition en tête de phrase) *Mais voyons, c'est tout naturel.* **2.** (introduisant une idée contraire) *Je n'en veux pas un, mais deux.* **3.** (restriction, correction, précision) ⇒ en **revanche.** *C'est beau, mais c'est cher. Non seulement..., mais, mais encore, mais aussi, mais même, mais en outre.* **4.** (objection) *Mais pourtant vous étiez prévenu ? Oui, mais...* - n. m. *Que signifie ce mais ?* **II.** adv. **1.** loc. VX ou LITTÉR. *N'EN POUVOIR MAIS :* n'y pouvoir rien. **2.** (renforçant un mot exprimé) « *Tu viens avec moi ? — Mais bien sûr !* » **III.** exclam. (surprise) *Eh mais ! c'est toi ?* - (défi, menace) *Ah mais !* - (indignation) *Non, mais !*

MAÏS [mais] n. m. ▪ Céréale de la famille des graminées cultivée pour ses grains comestibles. *Champ de maïs.* ♦ Les grains de cette plante. *Farine de maïs* (⇒ **polenta**). *Grains de maïs soufflés.* ⇒ **pop-corn.** *Galette de maïs. Couleur (de) maïs.* - appos. *Papier maïs.*

MAISON n. f. ▪ **I. 1.** Bâtiment d'habitation (⇒ **immeuble, logement, résidence**) ; spécialt bâtiment conçu pour un seul ou un petit nombre de foyers (⇒ **pavillon, villa**). *La façade, les murs, le toit d'une maison.* - *Maison de campagne,* résidence secondaire d'un citadin. - loc. *C'est gros comme une maison,* énorme, évident. **2.** Habitation, logement (qu'il s'agisse ou non d'un bâtiment entier). ⇒ **domicile, foyer, logis ; appartement.** *Les clés de la maison.* - *À LA MAISON :* chez soi. *Rentrer à la maison.* ⇒ **bercail.** - *S'occuper de la maison,* y faire les tâches domestiques. **3.** Place (d'un domestique). *Elle a fait de nombreuses maisons.* - loc. *Les gens de maison :* les domestiques. **II.** (+ adj. ; + *de* et n.) Bâtiment, édifice destiné à un usage spécial. *Maison centrale, de correction, d'arrêt.* ⇒ **prison.** - *Maison de santé* (⇒ **clinique, hôpital**), de repos. - *Maison de retraite.* - *Maison des jeunes et de la culture.* - *Maison de jeux.* ⇒ **tripot.** - *Maison de rendez-vous. Maison close, maison de tolérance.* ⇒ **bordel.** **III.** Entreprise commerciale. ⇒ **établissement, firme.** *Maison de détail, de gros. La maison mère et ses succursales.* - *La maison ne fait pas de crédit.* ♦ L'établissement où l'on travaille. *Les traditions de la maison.* **IV.** fig. **1.** VX Famille. *Une maison princière.* - loc. *Faire la jeune fille de la maison,* le service au cours d'une réception. **2.** HIST. Ensemble des personnes employées au service des grands personnages. *La maison du roi.* **3.** Descendance, lignée des familles nobles. *La maison d'Autriche.* **V.** appos. invar. **1.** Qui a été fait à la maison, sur place. *Tarte maison.* **2.** FAM. Particulièrement réussi, soigné. *Une bagarre maison.* **3.** Particulier à une entreprise. *L'esprit maison.*

la MAISON-BLANCHE ▪ Résidence du président des États-Unis, à Washington, édifiée de 1792 à 1800.

la **Maison-Blanche.** *Phot. © Charles Lénars*

la **Maison carrée.** *Phot. © Wolf/Explorer*

▪ **la MAISON CARRÉE** ▪ Temple romain de style corinthien, érigé à Nîmes en 16 av. J.-C.

MAISONNÉE n. f. ▪ Les habitants d'une maison ; famille. *Toute la maisonnée était réunie.*

MAISONNETTE n. f. ▪ Petite maison.

Paul de Chomedey de MAISONNEUVE (1612 - 1676) ▪ Gentilhomme français. Il fonda, au Canada en 1642, le bourg de Ville-Marie, la future Montréal.

MAISONS-ALFORT ▪ Commune du Val-de-Marne. 53 375 hab. *(les Maisonnais).* École nationale vétérinaire.

MAISONS-LAFFITTE ▪ Commune des Yvelines. 22 173 hab. *(les Mansonniens).* Hippodrome. Château construit par Mansart.

le comte Joseph de MAISTRE (1753 - 1821) ▪ Écrivain français. Critique de la Révolution et défenseur de la papauté. *"Les Soirées de Saint-Pétersbourg"* (1821). ► **le comte Xavier de MAISTRE** (1763 - 1852), son frère, écrivain, auteur du *"Voyage autour de ma chambre"* (1795) et du *"Lépreux de la cité d'Aoste"* (1811).

MAÎTRE, MAÎTRESSE n. ▪ **I.** Personne qui exerce une domination. **1.** Personne qui a pouvoir et autorité (sur qqn) pour se faire servir, obéir. *Le maître et l'esclave.* - prov. *On ne peut servir deux maîtres à la fois.* - loc. *L'œil du maître,* la vigilance du maître à qui rien n'échappe. - *Parler, agir en maître.* - *Trouver son maître :* trouver plus fort, plus habile que soi. **2.** Possesseur d'un animal domestique. *Ce chien reconnaît son maître et sa maîtresse.* **3.** *(Maître de...)* Personne qui dirige. ⇒ **chef.** - loc. *MAÎTRE, MAÎTRESSE DE MAISON :* personne (d'une famille) qui dirige la maison. *Maître de maison qui reçoit.* ⇒ **hôte.** ♦ *Le maître d'un pays.* ⇒ **dirigeant.** *Les maîtres du monde,* ceux qui ont le pouvoir. **4.** *ÊTRE (LE) MAÎTRE quelque part :* diriger, commander. *Je suis le maître chez moi.* - loc. *Être seul maître à bord :* être seul à décider. ♦ aux cartes *Je suis maître* (à telle couleur), j'(en) ai la carte maîtresse. **5.** *ÊTRE SON MAÎTRE :* être libre et indépendant. - *ÊTRE MAÎTRE, MAÎTRESSE DE SOI :* avoir de l'empire sur soi-même. ⇒ se **maîtriser,** se **dominer.** - *ÊTRE MAÎTRE DE FAIRE QQCH.* ⇒ **libre. 6.** Personne qui possède une chose, en dispose. ⇒ **possesseur, propriétaire.** - *Voiture, maison* DE MAÎTRE, dont l'usager est le propriétaire (opposé à *de louage*). - *SE RENDRE MAÎTRE de qqch., de qqn.* ⇒ **capturer, maîtriser.** - (choses abstraites) *Se trouver maître d'un secret. Être maître de la situation.* **II.** Personne compétente pour diriger. **1.** dans des loc. (direction, surveillance) ⇒ **chef.** *Maître d'œuvre,* personne qui dirige un travail collectif. *Maître de ballet* (fém. *maître* ou *maîtresse*), personne qui dirige un ballet dans un théâtre. *Maître de chapelle**. *Maître d'hôtel**. - Nom donné aux marins officiers. *Premier maître, quartier-maître. Maître d'équipage.* - *Grand maître de l'ordre,* chef d'un ordre militaire. *"Le Maître de Santiago"* (pièce de Montherlant). **2.** anciennt *Maître, maîtresse d'école.* ⇒ **instituteur, professeur.** - *Maître nageur.* **3.** n. m. Artisan qui dirige le travail et enseigne aux apprentis, dans le système corporatif. ♦ loc. *ÊTRE, PASSER MAÎTRE EN, DANS :* devenir particulièrement adroit à. *Passer maître dans l'art de mentir.* **4.** n. m. Peintre, sculpteur qui dirigeait un atelier. - *Le Maître de* (et n. de lieu ou d'œuvre), désignation d'un peintre ancien anonyme de qualité. *Le Maître de Moulins. Le Maître de Flémalle.* ♦ Artiste, créateur célèbre, qui excellait dans son art, qui a fait école. **5.** n. m. Personne dont on est le disciple, que l'on prend pour modèle. *Un maître à penser. Maître spirituel.* ⇒ gourou. **III.** (Titre) n. m. **1.** VX Appellatif donné à des hommes, artisans, paysans propriétaires. *Maître Pierre.* - loc. *Un maître Jacques**. **2.** Employé au lieu de Monsieur, Madame, en parlant des gens de loi ou en s'adressant à eux (avocat, huissier, notaire). *Maître X, avocate à la cour.* - Titre que l'on donne en s'adressant à un professeur éminent, à un artiste ou un écrivain célèbre. *Monsieur (Madame) et cher Maître.* **IV.** *MAÎTRE, MAÎTRESSE* appos. ou adj. **1.** Qui a les qualités d'un maître, d'une maîtresse. *Une maîtresse femme.* ⇒ **déterminé, énergique. 2.** Qui est le premier, le chef de ceux qui exercent la même profession dans un corps de métier. *Maître queux**. *Maître teinturier.* - fig. VX ⇒ **fieffé.** *Maître filou.* **3.** (choses) Le plus important, la plus importante. ⇒ **principal.** *La maîtresse branche d'un arbre,* la plus grosse. *La maîtresse poutre. Maître-autel* (d'une église). - jeux de cartes *Atout maître. Carte maîtresse.* - fig. *La pièce maîtresse d'une collection, d'un dossier.* ⇒ **essentiel.**

MAÎTRE CHANTEUR n. m. ▪ Personne (homme ou femme) qui exerce un chantage*. *Des maîtres chanteurs.*

les MAÎTRES CHANTEURS en allemand ***MEISTERSINGER*** ▪ Membres de confréries religieuses allemandes dont les chants étaient destinés à embellir l'office, et qui devinrent, au XIVe s., des confréries de poètes. Wagner s'inspira d'eux pour *"Les Maîtres chanteurs de Nuremberg"* (1868).

MAÎTRE-CHIEN n. m. ▪ Personne responsable du dressage d'un chien, et de son emploi pour certains services (garde, sauvetage...).

MAÎTRESSE n. f. ▪ **I.** Féminin de *maître* dans certains emplois. ⇒ **maître. II.** *La maîtresse d'un homme.* **1.** VX (langue classique) Jeune fille ou femme aimée d'un homme. ⇒ **bien-aimée, fiancée. 2.** MOD. Femme qui a des relations sexuelles durables avec un homme, en dehors du mariage (→ concubine). *Ils sont amant et maîtresse* (⇒ **liaison**).

MAÎTRISABLE adj. ▪ Qui peut être maîtrisé, surmonté.

MAÎTRISE n. f. ▪ **I. 1.** *MAÎTRISE DE SOI :* qualité d'une personne qui sait se dominer, se contrôler (⇒ **sang-froid ; maître** de soi). **2.** Contrôle militaire d'un lieu. ⇒ **suprématie.** *L'Angleterre avait la maîtrise des mers.* **II. 1.** École de chant attachée à une église ; le chœur lui-même. ⇒ **manécanterie. 2.** Qualité, grade, fonction de maître dans certains corps de métiers. **3.** Ensemble des maîtres d'une corporation. ♦ *AGENT DE MAÎTRISE,* technicien appartenant aux cadres subalternes d'une entreprise. **4.** Diplôme universitaire du second cycle. *Un mémoire de maîtrise.* **5.** Perfection digne d'un maître, dans la technique. ⇒ **maestria, virtuosité.** ♦ Fait de connaître à fond (un sujet, une langue).

MAÎTRISER v. tr. [1] ▪ **1.** Se rendre maître de, par la contrainte physique. *Maîtriser un cheval.* - *Maîtriser un incendie.* **2.** Dominer (une passion, une émotion, un réflexe). ⇒ **contenir, réprimer, vaincre.** *Maîtriser sa colère, ses nerfs.* - pronom. ⇒ se **contrôler,** se **dominer** (→ prendre sur soi). **3.** Dominer (ce que l'on fait, ce dont on se sert). *Il maîtrise parfaitement la langue française.*

MAIZIÈRES-LÈS-METZ ▪ Commune de la Moselle. 8 901 hab. *(les Maiziérois).*

MAJESTÉ n. f. ▪ **I. 1.** Grandeur suprême. ⇒ **gloire.** *La majesté divine.* - ARTS *Christ en majesté,* représenté de face, sur un trône. **2.** Titre donné aux souverains héréditaires. ⇒ **altesse.** *Votre Majesté. Sa Majesté le roi.* **II.** Caractère de grandeur, de noblesse dans l'apparence, l'allure, les attitudes. *Un air de majesté. Une majesté solennelle.*

MAJESTUEUSEMENT adv. ▪ Avec majesté.

MAJESTUEUX, EUSE adj. ▪ **1.** Qui a de la majesté. ⇒ **imposant.** *Air, port majestueux.* ⇒ **fier. 2.** D'une beauté pleine de grandeur, de noblesse. ⇒ **grandiose.** *Un fleuve majestueux.*

① **MAJEUR, EURE** ▪ **I.** adj. compar. (opposé à *mineur*). **1.** Plus grand, plus important. *La majeure partie* (⇒ **majorité** (3)). *En majeure partie :* pour la plupart. **2.** MUS. *Intervalle majeur,* plus grand d'un demi-ton chromatique que l'intervalle mineur. - n. m. *Morceau en majeur.* **3.** Très grand, très important. ⇒ **primordial.** *Préoccupation majeure. Cas de force majeure.* **II.** n. m. Le plus grand doigt de la main. ⇒ **médius.**

② **MAJEUR, EURE** adj. ▪ Qui a atteint l'âge de la majorité légale. *Héritier majeur.* - FAM. *Il est majeur, il sait ce qu'il fait.* - plais. *Majeur et vacciné.* - fig. *Un peuple majeur.*

le lac MAJEUR ▪ Lac d'Italie du Nord dont l'extrémité nord (Locarno) appartient à la Suisse. 212 km². Îles Borromées.

MAJOLIQUE n. f. ▪ Faïence italienne, notamment de la Renaissance.

MAJOR ▪ **I.** adj. Supérieur par le rang (dans quelques composés). *Sergent**-major. Infirmière-major.* – ⇒ **tambour-major. II.** n. m. **1.** (jusqu'en 1975) Officier supérieur chargé de l'administration. – *Major général.* **2.** Chef de bataillon (⇒ **commandant**), sous l'Ancien Régime français ; et aujourd'hui dans certaines armées. **3.** anciennt Médecin militaire. **4.** Candidat reçu premier au concours d'une grande école. *Elle est le major de sa promotion.*

John MAJOR (né en 1943) ▪ Homme politique britannique. Premier ministre (conservateur) depuis 1990, successeur de Margaret Thatcher.

MAJORATION n. f. ▪ Action de majorer. *Majoration de prix* (⇒ **augmentation**), d'impôts (⇒ **redressement**).

MAJORDOME n. m. ▪ Maître d'hôtel de grande maison.

Louis MAJORELLE (1859 - 1926) ▪ Ébéniste français. Membre de l'école de Nancy, influencé par Gallé, il créa des meubles et des boiseries dans le style Art nouveau.

Majorelle. *Lit nénuphar.* Musée d'Orsay, Paris. *Phot. © Giraudon*

MAJORER v. tr. [1] ▪ Porter à un chiffre plus élevé (s'oppose à *minorer*). *Majorer une facture. Majorer les prix.* ⇒ **augmenter.**

MAJORETTE n. f. ▪ Jeune fille en uniforme militaire de fantaisie, qui défile en maniant une canne de tambour-major.

MAJORITAIRE adj. ▪ **1.** (système électoral) Dans lequel la majorité l'emporte. *Scrutin majoritaire* (opposé à *proportionnel*). **2.** Qui fait partie d'une majorité ; qui détient la majorité. – n. *Les majoritaires d'un parti.* ► adv. MAJORITAIREMENT

① **MAJORITÉ** n. f. ▪ **1.** Groupement de voix qui l'emporte par le nombre, dans un vote. *La majorité des suffrages. Majorité absolue,* réunissant (au moins) la moitié plus un des suffrages exprimés. *Majorité relative,* supérieure en nombre mais inférieure à la majorité absolue. *Majorité qualifiée* ou *renforcée,* exigeant un nombre de voix supérieur à celui de la majorité absolue. **2.** Parti, fraction qui réunit la majorité des suffrages. *La majorité et l'opposition.* **3.** Le plus grand nombre. *Assemblée composée en majorité de femmes. La majorité de la population.* – *Les Français dans leur immense majorité... L'opinion de la majorité. La majorité silencieuse* (invoquée en politique).

② **MAJORITÉ** n. f. ▪ DR. Âge légal à partir duquel une personne devient pleinement capable *(majorité civile)* ou responsable *(majorité pénale).* – absolt COUR. *La majorité,* cet âge (dix-huit ans en France).

MAJORQUE en espagnol ***MALLORCA*** ▪ Île espagnole des Baléares. 3 064 km^2. 570 000 hab. *(les Majorquins).* Capitale : Palma. Agriculture. Centre touristique.

MAJUSCULE ▪ adj. *Lettre majuscule,* plus grande que la minuscule et d'une forme différente, qui se met au commencement des phrases, des noms propres. – n. f. *Une majuscule.* ⇒ **capitale.**

Anton MAKARENKO (1888 - 1939) ▪ Pédagogue soviétique. Il se consacra à l'éducation des délinquants.

MAKARIOS III (1913 - 1977) ▪ Prélat et homme d'État chypriote. Partisan de l'indépendance de l'île, il fut président de la République de 1959 à juillet 1974, puis de décembre 1974 à sa mort.

MAKHATCHKALA ▪ Ville et port de Russie, capitale du Daghestan, sur la mer Caspienne. 339 000 hab. Centre culturel et industriel.

MAKI n. m. ▪ ZOOL. Lémurien de Madagascar, au pelage épais, à queue longue et touffue.

MAKIÏVKA ▪ Ville d'Ukraine, dans le Donbass. 427 000 hab. Centre sidérurgique et charbonnier.

Yannis MAKRIYANNIS (1797 - 1864) ▪ Général et écrivain grec. Héros de la guerre d'indépendance, auteur de *"Mémoires".*

① **MAL, MALE** adj. ▪ **I.** dans des loc. (vx au fém.) Mauvais. *Bon gré, mal gré. Bon an, mal an.* ♦ VX *À la male heure :* à l'heure de la mort. *Mourir de male mort,* de mort violente. **II. 1.** Contraire à un principe moral, à une obligation (opposé à *bien*). *C'est mal de* (+ inf.). *C'est mal, ce que tu as fait là. Faire, dire qqch. de mal. Je n'ai rien fait de mal.* **2.** *PAS MAL* loc. adj. : plutôt bien. *Elle n'est pas mal :* elle est assez jolie. – *Ce n'est pas plus mal :* c'est plutôt mieux.

② **MAL** adv. ▪ (opposé à *bien*) **I. 1.** D'une manière contraire à l'intérêt ou au plaisir de qqn. *Ça commence mal ! Ça tombe mal. L'affaire va mal. Ça a failli mal tourner,* se gâter. **2.** Avec malaise, douleur. *Se sentir mal :* éprouver un malaise. *Être mal dans sa peau. SE TROUVER MAL :* s'évanouir. *Aller, se porter mal :* être malade. *Être AU PLUS MAL,* dans un état de santé très grave. **3.** D'une façon défavorable, avec malveillance. *Il est mal vu* (opposé à *bien*). *Être, se mettre mal avec qqn,* se brouiller avec lui. *Ne le prenez pas mal* (→ en mauvaise part). **II. 1.** Autrement qu'il ne convient. *Travail mal fait. Il parle assez mal le français. Mal élevé. Elle écrit mal.* – *Vous êtes mal renseigné.* ♦ (sens moral) *Il s'est mal conduit. Elle a mal tourné.* prov. *Bien mal acquis ne profite jamais.* **2.** Insuffisamment (en qualité ou quantité). ⇒ **médiocrement.** *Travail, employé mal payé. J'ai mal dormi.* – Peu, pas. *Être mal à l'aise.* **3.** Difficilement, avec effort. *Le malade respire mal. Je vous comprends mal.* **III. 1.** *PAS MAL* (+ négation) loc. adv. : assez bien, bien. – *Cela ne t'irait pas mal du tout.* – ellipt *Comment vas-tu ? — Pas mal, et toi ? Il ne s'en est pas mal tiré.* **2.** *PAS MAL* (sans négation) loc. adv. : assez, beaucoup (opposé à *peu*). ⇒ **passablement.** *Il a pas mal voyagé. Je m'en moque pas mal.* **3.** *PAS MAL DE* (sans négation) : un assez grand nombre de, beaucoup de.

③ **MAL, MAUX** n. m. ▪ **I. 1.** Ce qui cause de la douleur, de la peine, du malheur ; ce qui est mauvais, pénible (pour qqn). ⇒ **dommage, perte, préjudice, tort.** *Faire du mal à qqn. Rendre le mal pour le mal. Cela n'a jamais fait de mal à personne.* – loc. *Il, elle ne ferait pas de mal à une mouche.* – *UN MAL, DES MAUX.* ⇒ **malheur, peine.** – loc. prov. *De deux maux, il faut choisir le moindre.* **2.** Souffrance, malaise physique. ⇒ **douleur.** *(Avoir un, des) mal, maux de tête* (⇒ **migraine**), de gorge. – prov. *Aux grands maux, les grands remèdes.* – *AVOIR MAL.* ⇒ **souffrir.** *Où as-tu mal ? J'ai mal au dos. Avoir mal au cœur**. – *(Avoir le) mal de mer, mal de l'air,* des nausées (en bateau, en avion). – *FAIRE MAL :* causer de la douleur. *Se faire mal en tombant.* – fig. FAM. *Ça va faire mal* (à la concurrence). ♦ (formule de politesse) *Il n'y a pas de mal,* ce n'est rien, ne vous excusez pas. **3.** Maladie. *Prendre mal, du mal :* tomber malade ; spécialt prendre froid. *Le remède est pire que le mal.* ♦ VX *Le haut mal, le mal sacré :* l'épilepsie. **4.** Souffrance morale. *Des mots qui font du mal.* ⇒ **blesser.** *Le mal du siècle,* mélancolie profonde de la jeunesse romantique. *Le mal du pays.* ⇒ **nostalgie.** – *Être EN MAL DE :* souffrir de l'absence, du défaut de qqch. *En mal d'affection.* – *Journaliste en mal de copie.* **5.** Difficulté, peine. *Avoir du mal, beaucoup de mal à faire qqch. Se donner du mal,* FAM. *un mal de chien. On n'a rien sans mal.* **6.** *Dire, penser du mal de qqn.* ⇒ **calomnier, médire. II.** *LE MAL.* **1.** Ce qui est contraire à la loi morale, à la vertu, au bien. *Faire le mal pour le mal. "Par delà le Bien et le Mal"* (ouvrage de Nietzsche). *Je n'y vois aucun mal.* – *À MAL. Sans penser, songer à mal :* sans avoir d'intentions mauvaises. **2.** Ce qui est l'objet de désapprobation ou de blâme. *Le bien et le mal. Satan, incarnation du mal* (⇒ **malin** (I, 1)).

MAL- Préfixe tiré de *mal* (ex. *malaise ; malpoli, malmener ; malfaiteur*). ⇒ **mé-.** ◇ var. MAU- (ex. *maudire*) ; souvent opposé à *bien.*

MALABAR n. m. ▪ FAM. Homme très fort. ⇒ **costaud.**

la côte de MALABAR ▪ Région littorale de l'Inde de l'Ouest, au sud de Goa. Agriculture.

MALABO ▪ Capitale et port de la Guinée équatoriale. 15 000 hab.

la presqu'île de MALACCA ▪ Péninsule de l'Asie du Sud-Est, baignée par l'océan Indien et partagée entre la Malaysia (1 650 km²; 504 502 hab.) et la Thaïlande. La fondation (XVe s.) et l'essor du port de *Malacca* ou *Melaka* (117 700 hab.) donnèrent naissance au premier État malais.

saint MALACHIE (1094 - 1148) ▪ Prélat d'Irlande. Ami de saint Bernard de Clairvaux, il réforma l'Église d'Irlande.

MALACHITE [-ʃit ; -kit] **n. f.** ▪ Pierre d'un beau vert diapré, carbonate de cuivre naturel.

MALACOLOGIE n. f. ▪ DIDACT. Étude des mollusques.

MALADE ▪ **I. adj. 1.** Qui souffre de troubles organiques ou fonctionnels ; qui est en mauvaise santé. *Gravement malade. Un peu malade* (⇒ **indisposé, souffrant**). *Tomber malade. Être malade du cœur.* - *Avoir le cœur malade.* - *Se rendre malade.* ♦ spécialt FAM. *Tu es complètement malade !* ⇒ **cinglé, fou.** ♦ *Être malade d'anxiété.* - FAM. *J'en suis malade, rien que d'y penser.* ♦ (plantes) *La vigne est malade cette année.* **2.** FAM. (choses) Détérioré, en mauvais état, très usé. *La reliure de ce bouquin est bien malade.* - *Une économie malade.* **II. n.** Personne malade. *La malade garde la chambre. Le médecin et les malades. Guérir, opérer un malade.* ⇒ **patient.** ♦ *MALADE MENTAL.* ⇒ **aliéné, fou.** *C'est un malade.* ⇒ **désaxé, détraqué.** - FAM. *Travailler comme un malade,* énormément. ♦ *Un, une malade imaginaire :* personne qui se croit malade, mais ne l'est pas. ⇒ **hypocondriaque.** *"Le Malade imaginaire"* (comédie de Molière).

la MALADETTA, la MALADETA ou les MONTES MALDITOS ▪ Massif des Pyrénées où se trouve son point culminant, le pic d'Aneto (3 404 m).

MALADIE n. f. ▪ **I.** Altération, trouble de l'organisme (⇒ **affection,** ③ **mal ; -pathie**). *Maladie bénigne, grave, incurable. Maladie de cœur, de peau. Maladie infectieuse, contagieuse. Maladie sexuellement transmissible (M. S. T.). Maladie mentale :* psychose. *Les symptômes d'une maladie. Attraper ; transmettre une maladie. Guérir une maladie. Relever de maladie* (⇒ **convalescent**). - loc. FAM. *En faire une maladie :* être très contrarié. - *LA MALADIE :* l'état des organismes malades ; les maladies en général. *Être miné, rongé par la maladie.* ♦ *Les maladies des plantes.* **II.** fig. **1.** Ce qui trouble, épuise. *Sa jalousie est une maladie incurable.* **2.** Habitude, comportement anormal, excessif. ⇒ **manie.** *Cesse de gigoter ! c'est une maladie !*

MALADIF, IVE adj. ▪ **1.** Qui est de constitution fragile, souvent malade ou sujet à l'être. ⇒ **chétif, malingre, souffreteux. 2.** Qui présente le caractère de la maladie. *Pâleur maladive.* **3.** Anormal, excessif et irrépressible. *Sensibilité ; peur maladive.* ⇒ **pathologique.** ► **adv.** MALADIVEMENT

MALADRERIE n. f. ▪ VX Léproserie.

MALADRESSE n. f. ▪ **1.** Manque d'adresse. *La maladresse d'un apprenti.* - *La maladresse d'un dessin.* **2.** Manque d'habileté ou de tact. *Sa maladresse à dire ce qu'il ressent.* ⇒ **gaucherie. 3.** Action maladroite. ⇒ **bêtise, bévue, erreur.** *Une série de maladresses.*

MALADROIT, OITE adj. et n. ▪ **1.** Qui manque d'adresse, n'est pas adroit. ⇒ **gauche, inhabile, malhabile.** *Elle n'est pas maladroite de ses mains.* - **n.** *Il a tout cassé, le maladroit.* **2.** (comportement, relations sociales) *Un amoureux maladroit.* - **n.** *Maladroit, c'était ce qu'il ne fallait pas dire !* ⇒ **balourd, gaffeur. 3.** Qui dénote de la maladresse. *Geste maladroit. Remarque maladroite.*

MALADROITEMENT adv. ▪ D'une manière maladroite. ⇒ **gauchement,** ② **mal** (II).

MALAGA n. m. ▪ **1.** Vin liquoreux de la région de Málaga. **2.** Raisin sec de Málaga.

MÁLAGA ▪ Ville et port d'Espagne, en Andalousie. 556 455 hab. Vin réputé. Tourisme.

MAL-AIMÉ, ÉE ou MAL AIMÉ, ÉE adj. ▪ Qui n'est pas assez aimé. - **n.** *"La Chanson du Mal Aimé"* (poème d'Apollinaire).

MALAIS, AISE adj. et n. ▪ De Malaisie. - **n. m.** *Le malais :* langue (du groupe indonésien) parlée en Malaisie, en Indonésie (à la base de la langue nationale de l'Indonésie).

les MALAIS ▪ Peuple asiatique occupant la plupart des îles de l'Océanie et des Philippines, ainsi que la presqu'île de Malacca et les îles de la Sonde.

MALAISE n. m. ▪ **1.** Sensation pénible et vague d'un trouble physiologique. ⇒ **dérangement, indisposition.** - spécialt Évanouissement. **2.** Sentiment pénible et irraisonné dont on ne peut se défendre. ⇒ **angoisse, inquiétude.** *Provoquer un malaise.* ⇒ **troubler. 3.** Crise, mécontentement social inexprimé. *Le malaise paysan.*

MALAISÉ, ÉE adj. ▪ LITTÉR. Qui ne se fait pas facilement. ⇒ **difficile.** *Tâche malaisée.* ⇒ **ardu, délicat.** - VIEILLI ⇒ **incommode, pénible.** *Un chemin malaisé.*

MALAISÉMENT adv. ▪ D'une manière malaisée. ⇒ **difficilement.**

la fédération de MALAISIE → fédération de **Malaysia**

MALAKOFF ▪ Commune des Hauts-de-Seine, dans la banlieue sud de Paris. 30 959 hab. *(les Malakoffiots).* Centre industriel.

Bernard MALAMUD (1914 - 1986) ▪ Écrivain américain. Il décrivit dans ses nouvelles et ses romans la vie des Juifs pauvres de l'Amérique urbaine. *"L'Assistant"* (1957); *"Le Tonneau magique"* (1963).

MALANDRIN n. m. ▪ VIEILLI ou LITTÉR. Voleur ou vagabond dangereux. ⇒ **bandit, brigand.**

MALANG ▪ Ville d'Indonésie, dans l'est de Java. 649 766 hab.

Curzio MALAPARTE (1898 - 1957) ▪ Écrivain italien. *"Kaputt"* (1944) et *"La Peau"* (1949) évoquent la guerre et la décomposition de l'Europe.

MALAPPRIS, ISE n. ▪ (rare au fém.) Personne sans éducation. ⇒ **malotru, malpoli.** *Espèce de malappris !*

le lac MÄLAR ou MÄLAREN ▪ Grand lac de Suède, près de Stockholm. 1 140 km².

le lac **Mälar.** *Phot. © Roy/Explorer*

MALARIA n. f. ▪ Paludisme.

les MALATESTA ▪ Famille de condottieres italiens qui régna sur Rimini et sur la Romagne, du XIIIe au XVe s. ► **Sigismond MALATESTA** (1417 - 1468) combattit pour Venise contre Pie II et Frédéric de Montefeltre mais fut vaincu à Senigallia (1461).

MALATYA ▪ Ville de Turquie, en Anatolie. 281 776 hab. Ruines assyriennes (palais de Sargon II).

le MALAWI ▪ État montagneux d'Afrique de l'Ouest. 119 310 km². 8 560 000 hab. Capitale : Lilongwe. Langues officielles : anglais et chichewa. Monnaie : kwacha. Économie essentiellement agricole (tabac, thé, coton, arachide). Protectorat britannique à partir de 1891 (sous le nom de *Nyasaland*), le pays devint indépendant en 1964 et la république fut proclamée en 1966. Hastings Banda dirigea le pays de 1966 à 1994. Membre du Commonwealth. ► **le lac MALAWI** le sépare de la Tanzanie. 26 000 km².

MALAXER v. tr. ① ▪ **1.** Pétrir (une substance) pour la rendre plus molle, plus homogène. *Malaxer le plâtre.* **2.** Remuer ensemble pour mélanger. *Malaxez le beurre et la farine.* ► **n. m.** MALAXAGE

MALAXEUR n. m. ▪ Appareil, machine servant à malaxer. *Malaxeur à béton.* ⇒ **bétonnière.**

la fédération de MALAYSIA ou de MALAISIE ▪ État fédéral (monarchie constitutionnelle) d'Asie du Sud-Est constitué par la *Malaysia occidentale* (le sud de la presqu'île de Malacca) et la *Malaysia orientale* (le Sarawak et le Sabah, au nord de l'île de Bornéo). 329 300 km². 17 900 000 hab. *(les Malais).* Capitale : Kuala Lumpur. Langues : malais (officielle), chinois, tamoul. Religion officielle : islam. Monnaie : ringgit. Exportation d'étain (1er producteur mondial), de caoutchouc, d'huile de palme, de bois, de poivre, de cacao.

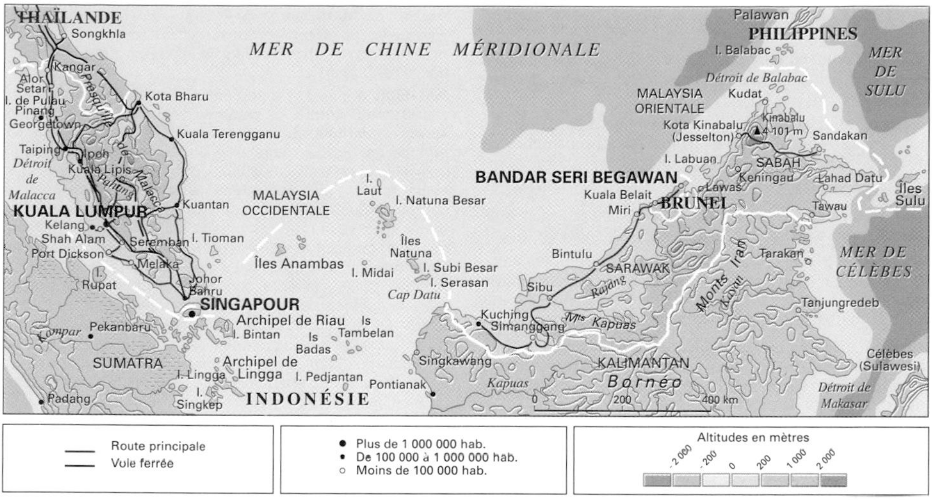

Malaysia.

Pétrole. Forte croissance économique. □ HISTOIRE Protectorat britannique depuis le XIXe s., le pays est devenu indépendant en 1957 ; membre du Commonwealth. Il a pris le nom de Malaysia après le rattachement des colonies britanniques du Nord-Bornéo (1963). Brunei et Singapour forment des enclaves indépendantes. Instabilité politique liée à la diversité ethnique (importante communauté chinoise, réfugiés vietnamiens) et géographique.

La MALBAIE ▪ Ville du Canada (Québec), à l'embouchure du Saint-Laurent. 6 921 hab. Pâte à papier. Villégiature.

MALCHANCE n. f. ▪ Mauvaise chance (1). ⇒ **adversité, déveine** ; FAM. **guigne, poisse.** *Par malchance.* – loc. *Jouer de malchance* (→ jouer de malheur). – *Une série de malchances.*

MALCHANCEUX, EUSE adj. ▪ Qui a de la malchance. *Un joueur malchanceux.* – n. *C'est un malchanceux.*

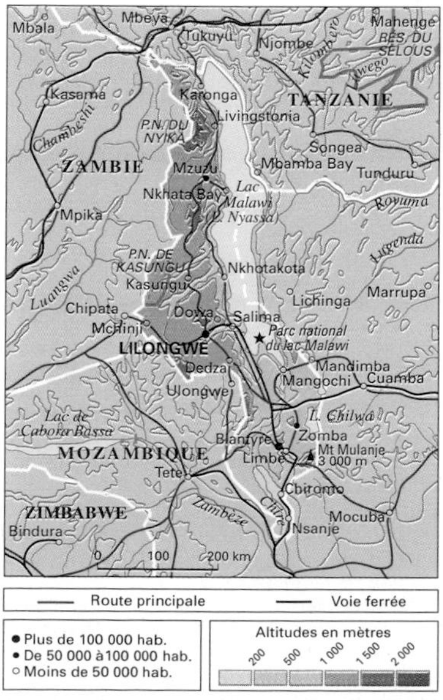

Malawi.

MALCOLM X (1925 - 1965) ▪ Dirigeant des Black Muslims, qui mourut assassiné.

MALCOMMODE adj. ▪ Peu pratique. ⇒ **incommode.**

Antoine MALCZEWSKI (1793 - 1826) ▪ Poète polonais. Il fut influencé par Byron. *"Maria"* (1825), sur la vie en Pologne au XVIIe s.

les îles MALDIVES ▪ État (république) constitué par un archipel de l'océan Indien, situé au sud-ouest de l'Inde. 298 km^2. 214 000 hab. *(les Maldiviens).* Capitale : Malé. Langue officielle : divehi. Religion officielle : islam. Monnaie : rufiyaa. Cocoteraies, pêcheries. Ce pays tire l'essentiel de ses revenus du tourisme et des échanges avec l'Inde et le Sri Lanka. Protectorat britannique de 1887 à l'indépendance, en 1965. République depuis 1968. Membre du Commonwealth.

MALDONNE n. f. ▪ **1.** Mauvaise donne, erreur dans la distribution des cartes. **2.** fig. Erreur, malentendu. *Il y a maldonne !*

MÂLE ▪ **I.** n. m. **1.** Individu appartenant au sexe doué du pouvoir de fécondation. *Le mâle et la femelle.* **2.** FAM. Homme viril. *Un beau mâle.* **II.** adj. **1.** DR. Masculin. *Héritier mâle.* **2.** Du sexe mâle. *Animaux, souris, grenouilles mâles.* – *Hormones mâles.* **3.** Qui est caractéristique du sexe masculin (force, énergie...). ⇒ **viril.** *Une mâle résolution.* ⇒ **courageux, énergique. 4.** Se dit d'une pièce de mécanisme qui s'insère dans une autre, dite *femelle. Prise (de courant) mâle.*

le MALEBO POOL ▪ Section du fleuve Zaïre formant un lac de 450 km^2 avant d'entamer sa descente vers l'océan par les rapides et les chutes d'Inga (anc. Livingstone). Sur sa rive droite se trouve Brazzaville, sur sa rive gauche Kinshasa.

Nicolas MALEBRANCHE (1638 - 1715) ▪ Philosophe français, prêtre oratorien. Il chercha à concilier, en s'appuyant sur Descartes et saint Augustin, la raison et la foi. *"De la recherche de la vérité"* (1674).

Ivo MALEC (né en 1925) ▪ Compositeur croate. Il s'associa dès ses débuts au Groupe de recherches musicales de l'ORTF créé par Schaeffer. Il s'est consacré depuis à l'électroacoustique.

MALÉDICTION n. f. ▪ **1.** LITTÉR. Paroles par lesquelles on souhaite du mal à qqn en appelant sur lui la colère de Dieu. – Condamnation au malheur prononcée par Dieu (⇒ **anathème ; maudire**). *Les malédictions des prophètes.* **2.** Malheur auquel on semble voué par le sort. ⇒ **fatalité, malchance.** *La malédiction qui pèse sur qqn.* – interj. *Malédiction !*

MALÉFICE n. m. ▪ Opération magique visant à nuire. ⇒ **ensorcellement, envoûtement, sortilège.** *Il se croit victime d'un maléfice.*

MALÉFIQUE adj. ▪ Doué d'une action néfaste et occulte. *Charme, pouvoir maléfique.*

MALENCONTREUX, EUSE adj. ▪ Qui se produit, survient mal à propos. ⇒ **fâcheux.** *Geste, mot malencontreux.* ▶ adv. MALENCONTREUSEMENT

Gueorgui MALENKOV (1902-1988) ▪ Homme politique soviétique. Successeur de Staline, évincé par Khrouchtchev en 1955.

MAL-EN-POINT ⇒ ② POINT

MALENTENDANT, ANTE n. et adj. ▪ (Personne) qui souffre de troubles de l'audition. *Les sourds et les malentendants.*

MALENTENDU n. m. ▪ **1.** Divergence d'interprétation entre personnes qui croyaient se comprendre. ⇒ **méprise, quiproquo.** - *C'est un simple malentendu* (le désaccord peut prendre fin). **2.** Mésentente sentimentale.

Chrétien Guillaume de Lamoignon de MALESHERBES (1721-1794) ▪ Magistrat et homme politique français. Sous Louis XV, il protégea la publication de l'*"Encyclopédie"*. Il défendit Louis XVI pendant son procès et fut exécuté.

Claude François de MALET (1754-1812) ▪ Général français. Républicain, il complota contre Napoléon et fut exécuté.

Léo MALET (1909-1996) ▪ Écrivain français. Il a créé le personnage de Nestor Burma, héros de romans policiers. *"Les Nouveaux Mystères de Paris"* (1954-1959).

Kazimir MALEVITCH (1878-1935) ▪ Peintre russe. L'un des pionniers de la peinture abstraite qu'il poussa jusqu'à ses limites : *"Carré blanc sur fond blanc"* (1917).

Malevitch. *Suprême.* Stedelijk Museum, Amsterdam.
Phot. © Arch. Smeets

MALFAÇON n. f. ▪ Défaut dans un ouvrage mal exécuté.

MALFAISANCE [-fə-] n. f. ▪ LITTÉR. Disposition à faire du mal à autrui.

MALFAISANT, ANTE [-fə-] adj. ▪ **1.** Qui fait ou cherche à faire du mal à autrui. ⇒ **mauvais, nuisible.** *Un être malfaisant.* **2.** Dont les effets sont néfastes. *Idées malfaisantes.* ⇒ **pernicieux ;** s'oppose à *bienfaisant.*

MALFAITEUR n. m. ▪ Personne qui commet des méfaits, des actes criminels. ⇒ **bandit, brigand, criminel, gangster.** *Dangereux malfaiteur.*

MAL FAMÉ, ÉE adj. ⇒ MAL FAMÉ

MALFORMATION n. f. ▪ Anomalie, vice de conformation congénitale. ⇒ **difformité, infirmité.** *Elle est née avec une malformation de la hanche.*

MALFRAT n. m. ▪ FAM. Malfaiteur. ⇒ **truand.** *Un petit malfrat.*

MALGACHE adj. et n. ▪ De Madagascar. - n. *Les Malgaches.* - n. m. Langue parlée à Madagascar, dont une forme, le *merina*, est devenue langue officielle.

MALGRÉ prép. ▪ **I. 1.** Contre le gré de (qqn), en dépit de son opposition, de sa résistance. *Malgré son père. Malgré soi* : à contrecœur ; involontairement. **2.** En dépit de (qqch.). *Malgré cela.* ⇒ **cependant.** *Malgré la consigne.* - *MALGRÉ TOUT* : quoi qu'il arrive ; quand même, pourtant. *C'était beau, malgré tout.* **II.** *MALGRÉ QUE* loc. conj. (+ subj.). **1.** loc. LITTÉR. *Malgré que j'en aie* : en dépit de mes réticences. **2.** (emploi critiqué) Bien que.

MALHABILE adj. ▪ Qui manque d'habileté, de savoir-faire. ⇒ **gauche, inhabile, maladroit.** *Des mains malhabiles.*

François de MALHERBE (1555-1628) ▪ Poète français. Son lyrisme et son éloquence mesurée, son exigence d'harmonie et de clarté ouvraient la voie au classicisme. *"Consolation à M. Du Périer"*.

MALHEUR n. m. ▪ **1.** Événement qui affecte péniblement, cruellement (qqn). ⇒ **calamité, catastrophe, désastre, épreuve, infortune, malchance, revers.** *Un grand malheur. Un affreux, un terrible malheur.* - loc. *Un malheur est si vite arrivé ! Il lui est arrivé malheur.* - prov. *À quelque chose malheur est bon* : tout événement pénible comporte quelque compensation. *Raconter ses malheurs.* ♦ Désagrément, ennui, inconvénient. *C'est un petit malheur.* ♦ FAM. *Faire un malheur*, un éclat. *Retenez-moi ou je fais un malheur !* - fig. Remporter un triomphe. **2.** *Le malheur*, situation, condition pénible, triste (opposé à *bonheur*). ⇒ **affliction, désespoir, détresse, peine, tristesse.** *Faire le malheur de ses proches.* - prov. *Le malheur des uns fait le bonheur des autres. C'est dans le malheur qu'on connaît ses amis.* - interj. *Malheur !* **3.** Malchance. *Le malheur a voulu qu'il tombe malade. Jouer de malheur* : avoir une malchance persistante. *Pour comble de malheur.* - *Porter malheur.* - *Avoir le malheur de* (+ inf.), la malchance ou la maladresse de. *Si tu as le malheur d'en parler, gare à toi !* - *Par malheur* : par l'effet de la malchance. ♦ *DE MALHEUR* : qui porte malheur. ⇒ **funeste.** *Oiseau* de malheur.* - FAM. ⇒ **maudit.** *Encore cette pluie de malheur !* **4.** *MALHEUR À.* ⇒ **malédiction.** *Malheur aux vaincus !* (en latin : *vae victis !*).

MALHEUREUSEMENT adv. ▪ Par malheur. *C'est malheureusement impossible.*

MALHEUREUX, EUSE adj. et n. ▪ **I. 1.** Qui est accablé de malheurs. ⇒ **infortuné, misérable.** *Les malheureuses victimes.* - n. Personne qui est dans le malheur, spécialt dépourvue de ressources. *Secourir les malheureux.* ⇒ **indigent, miséreux.** - Personne qui inspire une pitié un peu méprisante. *Malheureux ! que faites-vous ? Le malheureux n'a rien compris.* **2.** Qui n'est pas heureux. ⇒ **désespéré, triste.** loc. *Être malheureux comme les pierres.* - *Regard malheureux. Traîner une existence malheureuse.* ♦ Contrarié, mal à l'aise. *Être malheureux de ne pouvoir fumer.* **3.** (choses) Qui cause du malheur, a de fâcheuses conséquences. ⇒ **affligeant, déplorable, désastreux, fâcheux, malencontreux.** *L'affaire a eu des suites malheureuses. Par un malheureux hasard.* - *C'est (bien) malheureux.* ⇒ **regrettable.** - *Avoir un mot malheureux*, qui offense ou peine l'interlocuteur. **II.** Qui a de la malchance ; qui ne réussit pas. ⇒ **malchanceux.** prov. *Heureux au jeu, malheureux en amour.* ♦ *Candidat malheureux*, qui a échoué. - *Initiative, tentative malheureuse.* **III.** (avant le n.) Qui mérite peu d'attention, qui est sans importance, sans valeur. ⇒ **insignifiant, pauvre.** *Quelle histoire pour un malheureux billet de cent francs !*

MALHONNÊTE adj. ▪ **I.** Qui manque de probité ; qui n'est pas honnête. ⇒ **déloyal, voleur.** *Un financier malhonnête.* - *Procédés malhonnêtes.* **II.** VX Qui manque à la civilité, aux convenances. ♦ spécialt MOD. *Intentions, propositions malhonnêtes*, contraires à la pudeur.

MALHONNÊTEMENT adv. ▪ D'une manière malhonnête (I).

MALHONNÊTETÉ n. f. ▪ Caractère d'une personne malhonnête. - *Malhonnêteté intellectuelle* : emploi d'arguments déloyaux ; mauvaise foi.

le MALI ▪ État d'Afrique de l'Ouest. 1 240 142 km². 9 092 000 hab. *(les Maliens).* Capitale : Bamako. Langues : français (officielle), bambara, songhaï, dogon, hassanya, berbère. Monnaie : franc CFA. Économie essentiellement agricole (coton, arachide, canne à sucre). □ **HISTOIRE** Le Mali fut un puissant royaume musulman à partir du XIIIe s., allant de l'Atlantique au Niger. Il devint une colonie française au XIXe s. *(Soudan français)* et fut indépendant en 1960. Le pays fut dirigé par le lieutenant Moussa Traoré de 1968 à 1992, date à laquelle des élections libres portèrent au pouvoir Alpha Oumar Konaré.

l'empire du MALI ▪ Empire d'Afrique occidentale qui s'étendait de l'Atlantique au Niger. Fondé au XIIIe s., il connut son apogée avec Mansa Moussa (1307-1332), puis s'effaça au XVe s. au profit de l'Empire songhaï.

MALIA ou **MALLIA** ▪ Site archéologique de Crète, à l'est de Cnossos. Ruines d'une ville et d'un palais minoens (v. 1650 av. J.-C.).

Maria Garcia dite **la MALIBRAN** (1808-1836) ▪ Cantatrice (mezzo-soprano) française d'origine espagnole. Elle fascina les romantiques.

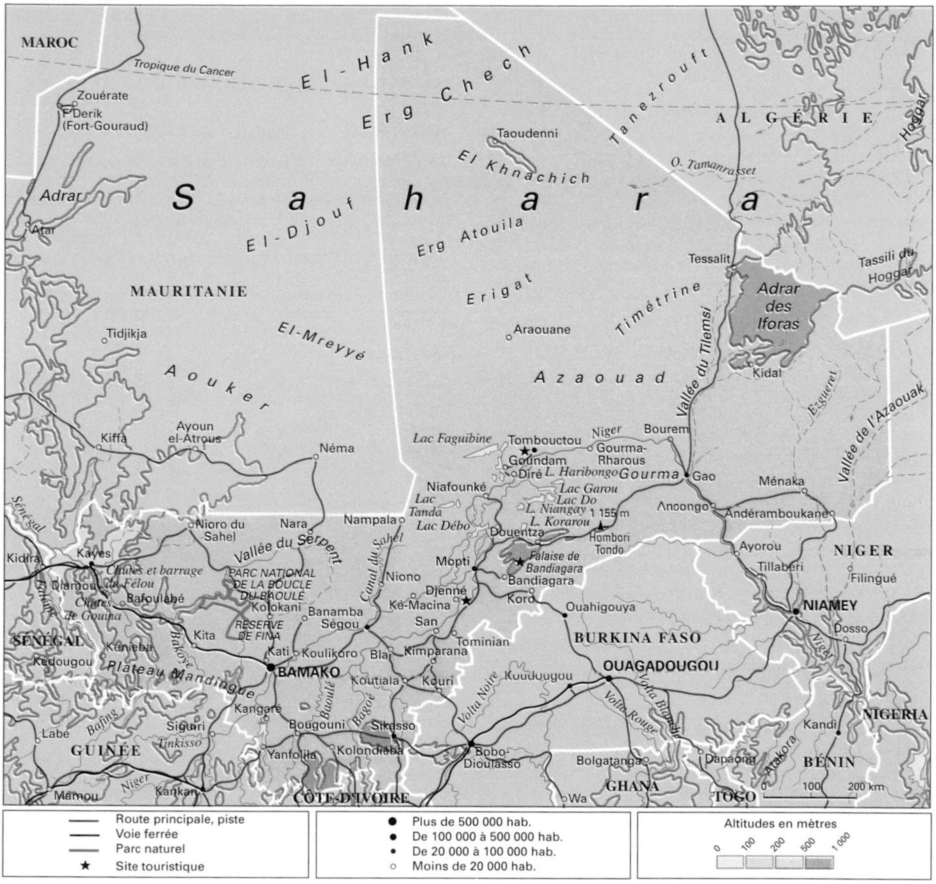

Mali.

MALICE n. f. ▪ 1. vx Méchanceté. – loc. MOD. *Sans malice :* sans songer à mal. 2. MOD. Tournure d'esprit de la personne qui prend plaisir à s'amuser aux dépens d'autrui. *Une pointe de malice.* 3. loc. *SAC À MALICE :* sac des prestidigitateurs ; fig. ensemble des ressources, des tours dont une personne dispose.

MALICIEUSEMENT adv. ▪ D'une manière malicieuse.

MALICIEUX, EUSE adj. ▪ 1. vx Méchant, mauvais. ⇒ **malin** (I), **malfaisant.** 2. MOD. Qui s'amuse, rit volontiers aux dépens d'autrui. ⇒ **espiègle, spirituel, taquin.** *Avoir un esprit vif et malicieux.* – *Un sourire malicieux.* ⇒ **narquois.**

MALIEN, ENNE adj. et n. ▪ Du Mali. – n. *Les Maliens.*

MALIGNITÉ n. f. ▪ 1. Caractère d'une personne qui cherche à nuire à autrui de façon dissimulée. ⇒ **malveillance, méchanceté, perversité.** 2. Tendance d'une maladie (surtout cancer) à s'aggraver.

MALIN, MALIGNE adj. et n. ▪ I. 1. vx Mauvais, méchant. – MOD. *L'esprit malin* et n. m. *le malin :* Satan. – *Prendre un malin plaisir à faire souffrir qqn.* 2. Se dit d'une maladie grave, d'une tumeur, pouvant se généraliser et entraîner la mort (opposé à *bénin*). *Fièvre maligne. Tumeur maligne* (⇒ **cancer**). II. 1. Qui a de la ruse et de la finesse, pour se divertir aux dépens d'autrui, se tirer d'embarras, réussir. ⇒ **astucieux, débrouillard, fin, futé, ingénieux, rusé.** *Jouer au plus malin.* ♦ Intelligent. *Vous vous croyez malin !* – n. prov. *À malin, malin et demi.* – *FAIRE LE MALIN :* vouloir faire de l'esprit ; faire l'intéressant. 2. impers. FAM. *C'est malin !* ⇒ **fin, intelligent.** ♦ *Ce n'est pas bien malin,* pas difficile. ⇒ **compliqué.**

MALINES en néerlandais ***MECHELEN*** ▪ Ville de Belgique. (Région flamande, province d'Anvers). 75 313 hab. Nombreux édifices religieux et civils médiévaux, Renaissance et baroques. Centre culturel, métropole religieuse. Cité prospère au XIIIe s. (draps), elle connut son apogée au XVe s. La dentelle fit sa renommée dès le XVIIIe s.

MALINGRE adj. ▪ Qui est d'une constitution faible, délicate. ⇒ **chétif, frêle, maladif.** *Un enfant malingre.*

les MALINKÉS ▪ Principale ethnie mandingue à l'origine de l'empire du Mali, islamisée à partir du XIe s. On la trouve aujourd'hui principalement en Guinée.

Rodion MALINOVSKI (1898-1967) ▪ Maréchal soviétique. Successeur de Joukov au ministère de la Défense en 1957.

Bronisław Kasper MALINOWSKI (1884-1942) ▪ Anthropologue et ethnologue britannique d'origine polonaise. Il fit des recherches sur des peuples des îles Trobriand (Nouvelle-Guinée) et élabora la théorie du *fonctionnalisme,* qui explique les comportements par la fonction sociale qu'ils rempliraient. *"Les Argonautes du Pacifique occidental"* (1922).

MALINTENTIONNÉ, ÉE adj. ▪ Qui a de mauvaises intentions, l'intention de nuire. ⇒ **mauvais, méchant.** *Des gens malintentionnés.*

Stéphane MALLARMÉ (1842-1898) ▪ Poète symboliste français. Créant une langue poétique allusive et elliptique, il tenta une quête de l'absolu, ayant le projet d'une œuvre ambitieuse qu'il appelait « le Livre ». Maître de la génération symboliste, il a exercé une influence considérable sur la poésie du XXe s. *"L'Après-midi d'un faune"* (1876); *"Un coup de dés jamais n'abolira le hasard"* (1897). Sonnets. Traduction des poèmes de Poe.

MALLE n. f. ▪ **I. 1.** Bagage de grande dimension. ⇒ **cantine, coffre.** *Faire sa malle, ses malles,* se préparer à partir ; et fig. partir, s'en aller. ‑ loc. FAM. *Se faire la malle :* s'enfuir. **2.** Coffre d'une automobile. *La malle arrière.* **II. 1.** *MALLE-POSTE :* ancienne voiture des services postaux. **2.** HIST. *La malle des Indes :* service postal entre Londres et les Indes.

Louis **MALLE** (1932 ‑ 1995) ▪ Cinéaste français. C'est un observateur des relations sociales entre individus. *"Ascenseur pour l'échafaud"* (1957) ; *"Lacombe Lucien"* (1973) ; *"Au revoir les enfants"* (1987).

MALLÉABILITÉ n. f. ▪ Caractère de ce qui est malléable.

MALLÉABLE adj. ▪ **1.** Qui a la propriété de s'aplatir et de s'étendre en lames, en feuilles. ⇒ **ductile ;** contr. *cassant. L'or est le plus malléable des métaux.* **2.** (personnes) Qui se laisse manier, influencer. ⇒ **docile, maniable, souple.**

MALLÉOLE n. f. ▪ ANAT. Saillie osseuse de la cheville (en forme de petit maillet). ► adj. MALLÉOLAIRE

Robert **MALLET-STEVENS** (1886 ‑ 1945) ▪ Architecte français. Il fut l'un des meilleurs adeptes du style dit international (emploi systématique du béton armé, volumes cubiques). Maisons particulières à Auteuil.

MALLETTE n. f. ▪ Petite valise contenant souvent un nécessaire de voyage ou de travail. ⇒ **attaché-case.**

MALMEDY ▪ Ville de Belgique. (Région wallonne, province de Liège). 10 291 hab. → **Eupen.**

MALMENER v. tr. 5 ▪ **1.** Traiter (qqn) rudement. ⇒ **maltraiter ; brutaliser.** *La critique l'a rudement malmené.* ⇒ **éreinter. 2.** Mettre (l'adversaire) en danger, par une action vive.

MALMÖ ▪ 3e ville et port de Suède. 223 663 hab. Chantiers navals.

MALNUTRITION n. f. ▪ Alimentation mal équilibrée ou mal adaptée à un individu ou à une population. *Souffrir de malnutrition.*

MALODORANT, ANTE adj. ▪ Qui a une mauvaise odeur. ⇒ **puant.**

sir Thomas **MALORY** (v. 1408 ‑ 1471) ▪ Écrivain anglais. Ses romans reprenant le cycle de la Table ronde furent réunis après sa mort sous le titre *"Le Morte Darthur"* (« La Mort d'Arthur »), un des premiers livres imprimés en anglais (1485).

Hector **MALOT** (1830 ‑ 1907) ▪ Écrivain français. Populaire par ses romans pour la jeunesse. *"Romain Kalbris"* (1869) ; *"Sans famille"* (1878).

MALOTRU, UE n. ▪ Personne de manières grossières. ⇒ **goujat, mufle, rustre.**

les îles **MALOUINES,** en espagnol ***MALVINAS***, en anglais ***FALKLAND ISLANDS*** ▪ Colonie britannique située au large des côtes de l'Argentine. 12 000 km². 2 000 hab. Capitale : Port Stanley (1 000 hab.). En 1982, une guerre de revendication territoriale, qui échoua, fut déclenchée par l'Argentine.

les îles **Malouines.** Port Stanley. *Phot. © Baumgartner/Explorer*

Marcello **MALPIGHI** (1628 ‑ 1694) ▪ Médecin et anatomiste italien. Fondateur de l'anatomie microscopique.

MALPOLI, IE adj. et n. ▪ POP. Mal élevé, grossier. ⇒ **impoli.**

MALPROPRE adj. ▪ **1.** Qui manque de propreté, de netteté. ⇒ **sale.** *Enfant malpropre.* ♦ *Travail malpropre,* mal fait. **2.** Qui manque d'honnêteté, de délicatesse. *Procédé malpropre.* ⇒ **malhonnête.** ‑ n. *Se faire renvoyer comme un malpropre,* sans ménagement.

MALPROPREMENT adv. ▪ D'une façon malpropre (1). ⇒ **salement.**

MALPROPRETÉ n. f. ▪ Caractère malpropre. ⇒ **saleté.**

André **MALRAUX** (1901 ‑ 1976) ▪ Écrivain français. Il tira de ses voyages en Extrême-Orient et de son engagement contre le fascisme les sujets de ses romans (*"La Condition humaine"*, 1933, sur la situation en Chine en 1927 ; *"L'Espoir"*, 1937, sur la guerre d'Espagne). Auteur d'une importante réflexion sur l'art et la culture (*"Le Musée imaginaire"*, 1947), ministre de De Gaulle, il a laissé des Mémoires, *"Le Miroir des limbes"* (1976), en deux parties (*"Antimémoires"* et *"La Corde et les Souris"*).

Malraux en 1935.
Phot. © Harlingue/Viollet

MALSAIN, AINE adj. ▪ **1.** VIEILLI Dont la nature n'est pas saine ; qui semble voué à la maladie. ⇒ **maladif.** *Des enfants chétifs et malsains. Apparence malsaine.* **2.** Qui n'est pas normal, manifeste de la perversité. *Curiosité malsaine.* ⇒ **morbide. 3.** Qui engendre la maladie, est contraire à la santé. ⇒ **nuisible.** *Humidité malsaine. Logement malsain.* ⇒ **insalubre.** ‑ FAM. *Le coin est malsain !* ⇒ **dangereux.** ♦ fig. Pernicieux, qui corrompt l'esprit. *Des influences malsaines.*

MALSÉANT, ANTE adj. ▪ LITTÉR. Contraire à la bienséance. ⇒ **choquant, incongru, inconvenant.** ‑ impers. *Il serait malséant de refuser.* ⇒ **déplacé.**

MALSONNANT, ANTE adj. ▪ **1.** VX, RELIG. Qui n'est pas orthodoxe. **2.** LITTÉR. Inconvenant.

MALT [malt] n. m. ▪ Orge germée artificiellement et séchée, puis séparée de ses germes. *Le malt est utilisé en brasserie. Whisky pur malt* ou ellipt *du pur malt.*

MALTAIS, AISE adj. et n. ▪ **1.** De Malte. ‑ n. *Les Maltais.* ♦ n. m. *Le maltais,* dialecte arabe de Malte. **2.** *Orange maltaise* et n. f. *une maltaise :* variété d'orange juteuse et sucrée.

MALTE ▪ État (république) constitué par un archipel de la Méditerranée au sud de la Sicile qui comprend *l'île de Malte*, la principale, Gozo, Comino et Filfola. 316 km². 360 000 hab. *(les Maltais).* Capitale : La Valette. Langues officielles : maltais, anglais. Religion officielle : catholicisme. Monnaie : livre maltaise. Malgré quelques industries, l'économie de Malte dépend de l'étranger. Tourisme. Enjeu stratégique dès l'Antiquité, l'île fut donnée à l'*ordre de Malte* par Charles Quint en 1530 (→ **hospitaliers**). Colonie anglaise en 1800, elle devint indépendante en 1964. Membre du Commonwealth.

MALTÉ, ÉE adj. ▪ Mêlé de malt. *Levure maltée.*

Thomas Robert **MALTHUS** (1766 ‑ 1834) ▪ Pasteur et économiste britannique. Dans son *"Essai sur le principe de population"* (1798), il attribue la misère et la pauvreté au fait que la population croît beaucoup plus vite que les ressources alimentaires, et préconise la restriction des naissances.

MALTHUSIANISME n. m. ▪ **1.** Doctrine de Malthus, qui préconisait la limitation des naissances pour remédier au danger de surpopulation. ‑ par ext. Doctrine qui préconise les pratiques anticonceptionnelles, dite aussi *néomalthusianisme.* **2.** *Malthusianisme économique,* restriction volontaire de la production.

MALTHUSIEN, IENNE adj. ▪ Du malthusianisme. - Partisan du malthusianisme (1 et 2).

MALTRAITER v. tr. [1] ▪ **1.** Traiter avec brutalité. ⇒ **brutaliser, malmener. 2.** Traiter sévèrement en paroles. ⇒ **critiquer, éreinter.** *Cet auteur a été maltraité par la critique.* - *Maltraiter un film dans un article.*

MALUS [-ys] n. m. ▪ Majoration d'une prime d'assurance automobile en fonction du nombre d'accidents causés par l'assuré (opposé à *bonus*). *Avoir un malus de 25 %.*

Étienne Louis MALUS (1775-1812) ▪ Physicien français. Optique *(loi de Malus).*

MALVEILLANCE n. f. ▪ **1.** Tendance à blâmer autrui, à lui vouloir du mal. ⇒ **hostilité.** *Malveillance manifeste.* ⇒ **animosité. 2.** Intention de nuire, visée criminelle. *Incendie dû à la malveillance.* ⇒ **sabotage.**

MALVEILLANT, ANTE adj. ▪ Qui a de la malveillance. ⇒ **haineux, malintentionné.** - (choses) *Des propos malveillants.* ⇒ **aigre, désobligeant, hostile.**

MALVENU, UE adj. ▪ **1.** LITTÉR. Qui n'est pas fondé à, n'a pas le droit de (faire telle chose). *Vous êtes malvenu de vous plaindre, à vous plaindre.* - *Requête malvenue,* hors de propos. ⇒ **déplacé.** - impers. *Il serait malvenu d'en parler.* **2.** Mal ou incomplètement développé. *Arbre malvenu.*

MALVERSATION n. f. ▪ Faute grave (spécialt détournement de fonds), commise dans l'exercice d'une charge. *Fonctionnaire coupable de malversations.* ⇒ **concussion, exaction, prévarication.**

MALVOISIE n. f. ▪ Vin grec liquoreux.

MALVOYANT, ANTE adj. et n. ▪ (Personne) dont l'acuité visuelle est très diminuée. *Aveugles et malvoyants.*

MALZÉVILLE ▪ Commune de Meurthe-et-Moselle. 8 090 hab. *(les Malzévillois).*

MAMAN n. f. ▪ Terme affectueux par lequel on s'adresse à sa mère (notamment les enfants), ou par lequel on la désigne entre intimes. - (avec un déterminant) *Une maman très affectueuse. Comment va la future maman ?* ⇒ **mère.** *Jouer au papa et à la maman.* ♦ *Bonne(-)maman* : grand-mère.

MAMELLE n. f. ▪ **1.** Organe des femelles des mammifères, sécrétant le lait. ⇒ **pis, tétine ; mammaire. 2.** VX Sein de femme. - loc. MOD. *Enfant à la mamelle,* nourri au sein. ⇒ **nourrisson. 3.** VX Le même organe, atrophié, chez l'homme. - loc. LITTÉR. *Sous la mamelle gauche* : dans le cœur. **4.** fig. Ce qui nourrit. allus. « *Les deux mamelles de la France* », *labourage* et pâturage.*

MAMELON n. m. ▪ **I.** Bout du sein, chez la femme. **II.** fig. Sommet arrondi d'une colline, d'une montagne. *Le village est construit sur un mamelon.*

MAMELONNÉ, ÉE adj. ▪ Couvert, formé de collines arrondies. *Un paysage mamelonné.*

MAMELOUK ou **MAMELUK** [-uk] n. m. ▪ HIST. **1.** Cavalier des anciennes milices égyptiennes. **2.** Cavalier de la garde impériale de Napoléon. ▪ Membres d'une milice d'élite qui prit le pouvoir en Égypte et le détint de 1250 à 1517, les mamelouks gardèrent un rôle important jusqu'au XIXe s. Pendant la campagne d'Égypte, une partie des mamelouks se rallièrent à Napoléon et le suivirent en France, où ils constituèrent un escadron de la garde impériale.

MAMERS ▪ Chef-lieu d'arrondissement de la Sarthe. 6 071 hab. *(les Mamertins).*

MAMIE n. f. ▪ anglic. **1.** Grand-mère. ⇒ **bonne-maman, mémé.** *Papi et mamie.* **2.** Vieille femme. *Des petites mamies.*

MAMMAIRE adj. ▪ Relatif aux mamelles. *Glandes mammaires* (de la lactation). *Artère mammaire.*

MAMMIFÈRE n. m. ▪ Animal vertébré, à température constante, respirant par des poumons, à système nerveux central développé, dont les femelles portent des mamelles. *La classe des mammifères inclut l'espèce humaine. Mammifères terrestres ; mammifères aquatiques* (cétacés).

MAMMOGRAPHIE n. f. ▪ MÉD. Radiographie du sein, chez la femme.

MAMMON ▪ Dieu syrien qui présidait aux richesses. Dans les Évangiles, le nom désigne les richesses injustement acquises.

MAMMOUTH n. m. ▪ Très grand éléphant fossile de l'ère quaternaire.

MAMOURS n. m. pl. ▪ FAM. Démonstrations de tendresse. ⇒ **cajolerie, caresse.** *Faire des mamours à qqn.*

l'île de MAN ▪ Île près de la Grande-Bretagne, en mer d'Irlande, dépendant du Royaume-Uni. 572 km^2. 65 000 hab. Chef-lieu : Douglas.

MANADE n. f. ▪ En Provence, Troupeau (de taureaux, de chevaux), conduit par un *manadier.*

MANADO autrefois ***MENADO*** ▪ Ville d'Indonésie. 275 214 hab. Port exportateur.

MANAGEMENT [manaʒmɑ̃ ; manadʒmɛnt] n. m. ▪ anglic. Techniques d'organisation et de gestion des entreprises.

MANAGER [-dʒɛʀ ; -dʒœʀ] n. m. ▪ anglic. **1.** Personne qui veille à l'organisation matérielle de spectacles, concerts, rencontres sportives, ou qui gère la vie professionnelle et les intérêts d'un artiste (→ impresario), d'un sportif. *Le manager d'un boxeur.* **2.** Dirigeant d'une entreprise.

MANAGUA ▪ Capitale du Nicaragua sur la rive du *lac de Managua* (1 035 km^2). 1 000 000 hab. Centre administratif, commercial et industriel. La ville a souffert de nombreux tremblements de terre.

al-MANĀMA ▪ Capitale de l'émirat de Bahreïn. 138 784 hab. Commerce de perles. Raffineries de pétrole.

MANANT n. m. ▪ **1.** HIST. au Moyen Âge Roturier assujetti à la justice seigneuriale. *Manants et vilains*.* **2.** VX Paysan. **3.** fig. VX Homme grossier, sans éducation. ⇒ **rustre.**

MANAUS autrefois ***MANÁOS*** ▪ Ville du Brésil, capitale de l'État d'Amazonas. 890 000 hab. Port fluvial et principal centre commercial de l'Amazonie. Capitale du caoutchouc au début du XXe s., époque de sa prospérité. Raffinage de pétrole. Tourisme (zone franche).

① **MANCHE** n. f. ▪ **I.** Partie du vêtement qui entoure le bras. *Manches longues ; manches courtes. Un vêtement sans manches.* - loc. *Relever, retrousser ses manches* ; fig. se mettre au travail avec ardeur. - *Avoir qqn dans sa manche,* en disposer à son gré. - FAM. *C'est une autre paire de manches,* c'est tout à fait différent ; c'est plus difficile. **II.** Chacune des deux parties liées d'un jeu. *La seconde manche.* ⇒ **revanche. III.** *MANCHE À AIR* : conduit pour aérer l'entrepont et la cale d'un navire. - Tube en toile pour indiquer la direction du vent.

② **MANCHE** n. m. ▪ **1.** Partie allongée (d'un outil, d'un instrument) par laquelle on le tient. *Le manche d'une pelle. Manche de pioche. Manche de couteau, de cuiller.* - *Manche à balai* ; loc. commande manuelle des gouvernails d'un avion. ♦ loc. fig. *Être, se mettre du côté du manche,* du côté du plus fort. - (situation, affaire) *Branler dans le manche* : marcher mal. **2.** Partie par laquelle on tient un gigot, une épaule, pour les découper ; os (de gigot, de côtelette). **3.** Partie (d'un instrument de musique), le long de laquelle sont tendues les cordes. *Manche de violon.*

③ **MANCHE** n. m. ▪ Maladroit, incapable. *Il se débrouille comme un manche.* - adj. *Il, elle est un peu manche.*

④ **MANCHE** n. f. ▪ loc. FAM. *FAIRE LA MANCHE* : faire la quête, mendier. *Faire la manche dans le métro.*

la MANCHE en espagnol ***LA MANCHA*** ▪ Plateau du centre de l'Espagne, dans le sud-est de la Castille, immortalisé par Cervantès *("Don Quichotte").* 25 000 km^2.

la MANCHE en anglais ***THE ENGLISH CHANNEL*** ou ***THE CHANNEL*** ▪ Mer de l'Europe de l'Ouest, entre le sud de la Grande-Bretagne et le nord-ouest de la France. Le trafic maritime y est très intense. ► **le tunnel sous la MANCHE**, dont le percement a débuté en 1988, fut inauguré en 1994 ; il relie Sheriton (Kent, en Grande-Bretagne) à Fréthun (Pas-de-Calais, en France).

Mandalay. La pagode Kuthodaw. *Phot. © Prato/Ricciarini*

la MANCHE [50] ▪ Département français de la région Basse-Normandie, bordé par la Manche. 5 947 km². 479 636 hab. Chef-lieu : Saint-Lô. Chefs-lieux d'arrondissement : Avranches, Cherbourg, Coutances.

MANCHESTER ▪ Ville d'Angleterre (comté du Grand Manchester). 450 000 hab. Son développement, dès le XVIIIe s., est lié à l'industrie du coton. ► **le comté du GRAND MANCHESTER** 1 286 km². 2 499 441 hab. Chef-lieu : Manchester.

MANCHETTE n. f. ▪ **I. 1.** Poignet à revers d'une chemise. *Boutons de manchettes.* **2.** Manche amovible de protection. *Des manchettes de lustrine.* **3.** SPORTS Coup porté avec l'avant-bras. **II.** Titre très large et en gros caractères, à la une d'un journal.

MANCHON n. m. ▪ **1.** Fourreau cylindrique pour protéger les mains du froid. *Manchon de fourrure.* **2.** TECHN. Pièce cylindrique (pour assembler ; isoler ; protéger).

MANCHOT, OTE adj. et n. ▪ **I. 1.** Qui est privé d'une ou des deux mains ; d'un bras ou des deux. ▸ n. *Le moignon d'un manchot, d'une manchote.* **2.** FAM. Maladroit. ⇒ ③ **manche.** *N'être pas manchot ;* fig. ne pas rechigner à la besogne. **II.** n. m. Oiseau marin palmipède des régions antarctiques à moignons d'ailes, incapable de voler. *Manchots et pingouins.*

-MANCIE ; -MANCIEN, ENNE Éléments savants, du grec *manteia* « divination » (ex. *chiromancie ; cartomancienne*).

MANCINI ▪ Famille italienne apparentée au cardinal Mazarin.

MANCO CÁPAC Ier ▪ Fondateur légendaire de l'Empire inca qui se fit appeler « fils du Soleil ».

MANDALA n. m. ▪ DIDACT. Dans le bouddhisme, Représentation symbolique de l'univers, géométrique et centré, servant de support à la méditation.

MANDALAY ▪ Ancienne capitale de la Birmanie. 600 000 hab. Centre culturel et artisanal.

MANDARIN n. m. ▪ **1.** HIST. Haut fonctionnaire de l'Empire chinois, recruté parmi les lettrés. **2.** Personne d'un grand savoir, et très puissante. *"Les Mandarins"* (roman de S. de Beauvoir). **3.** Langue chinoise moderne la plus répandue.

MANDARINAL, ALE, AUX adj. ▪ **1.** Des mandarins chinois. *La hiérarchie, l'administration mandarinale.* **2.** Du mandarinat (2).

MANDARINAT n. m. ▪ **1.** HIST. Charge de mandarin ; ensemble des mandarins. **2.** Corps social prétendant s'ériger en élite et exerçant une autorité intellectuelle.

MANDARINE n. f. ▪ Petit agrume à la peau orange, épaisse et facilement détachable, de saveur douce. ⇒ aussi **clémentine.** ♦ adj. invar. De couleur orange.

MANDARINIER n. m. ▪ Arbre dont le fruit est la mandarine.

MANDAT n. m. ▪ **1.** Acte par lequel une personne donne à une autre (⇒ **mandataire**) le pouvoir de faire qqch. en son nom. ⇒ ② **pouvoir, procuration.** *Donner mandat à qqn de* (+ inf.). ⇒ **mandater. 2.** Mission conférée par voix électorale. *Mandat législatif, parlementaire.* ⇒ **députation.** *Mandat présidentiel.* **3.** *Mandat (postal) :* titre remis contre une somme d'argent par la Poste, qu'elle se charge de verser au destinataire (sans transfert matériel de fonds) ; la somme versée. *Toucher un mandat.* ▸ *MANDAT-CARTE, MANDAT-LETTRE,* transmis sous forme de carte, de lettre. *Des mandats-cartes.* **4.** Ordre écrit émanant de la justice. *Mandat d'arrêt ; d'amener ; de comparution ; de perquisition.*

MANDATAIRE n. ▪ Personne à qui est conféré un mandat (1). ⇒ **agent, commissionnaire, délégué, gérant, représentant.**

MANDATER v. tr. ① ▪ Investir d'un mandat. *Mandater qqn pour négocier ; pour une négociation.* ⇒ **déléguer.**

MANDCHOU, OUE adj. ▪ Des Mandchous* ; de la Mandchourie. ▸ n. m. *Le mandchou* (langue toungouze méridionale). ◇ var. MANCHOU, OUE [mɑ̃tʃu].

la MANDCHOURIE ▪ Région du nord-est de la Chine. Capitale : Shenyang. Richesses naturelles (minéraux, forêts). Grands centres industriels (Dalian, Lüshun, Lüda). □ HISTOIRE La région fut occupée par les Japonais qui y établirent un État vassal (le Mandchoukouo) de 1932 à 1945, à la tête duquel ils placèrent Puyi.

les MANDCHOUS ▪ Groupe ethnique de Mandchourie apparenté aux Toungouzes et métissé d'éléments chinois. Les Mandchous conquirent la Chine au début du XVIIe s. et établirent la dynastie des Qing sur le trône.

Nelson MANDELA (né en 1918) ▪ Avocat et homme d'État noir sud-africain. Chef historique de l'opposition noire (A.N.C.) au pouvoir blanc sud-africain, en détention de 1962 à février 1990. Il devint président de la République d'Afrique du Sud en 1994. Prix Nobel de la paix en 1993, avec De Klerk.

Mandela. *Phot. © Rotolo/Liaison/Gamma*

Benoît MANDELBROT (né en 1924) ▪ Mathématicien français d'origine polonaise. Il découvrit les fractales et construisit l'ensemble qui porte son nom et dont il décrivit les propriétés.

MANDELIEU-LA-NAPOULE ▪ Commune des Alpes-Maritimes. 16 493 hab. *(les Mandolociens).* Station balnéaire.

Ossip MANDELSTAM (1891-1938) ▪ Poète soviétique. Membre de l'école acméiste. Il mourut en déportation. *"Tristia"* (1922).

MANDER v. tr. ① ▪ VX ou LITTÉR. **1.** Transmettre (un ordre, une instruction). **2.** Faire venir (qqn) par un ordre ou un avis. ⇒ **appeler, convoquer.** *Mander qqn d'urgence.* **3.** *Mander qqch. à qqn,* le lui faire savoir par lettre.

MANDIBULE n. f. ▪ **1.** SC. Maxillaire inférieur. ▸ FAM. (au plur.) Mâchoires. loc. *Jouer des mandibules :* manger. **2.** ZOOL. Chacune des deux parties du bec des oiseaux, des pièces buccales des arthropodes (sauf les arachnides).

les MANDINGUES ▪ Groupe ethnique d'Afrique occidentale, réparti dans les régions du haut Sénégal et du haut Niger (Malinkés en Guinée, Bambaras au Mali).

MANDOLINE n. f. ▪ Instrument de musique à caisse de résonance bombée et à cordes pincées.

MANDRAGORE n. f. ▪ Plante dont la racine fourchue évoque une forme humaine ; cette racine.

MANDRILL [-dRil] n. m. ▪ Singe des forêts d'Afrique tropicale, au museau rouge bordé de raies bleuâtres.

mandrill. *Mandrillus sphynx.*
Phot. © Van Nostrand/PHR/Jacana

MANDRIN n. m. ▪ Outil cylindrique pour forer, emboutir. ♦ Pièce cylindrique de fixation. *Le mandrin d'une perceuse.*

Louis MANDRIN (v. 1725 - 1755) ▪ Brigand français. Il s'attaquait aux collecteurs d'impôts.

① **-MANE** Élément savant, du latin *manus* « main » (ex. *quadrumane*).

② **-MANE, -MANIE** Éléments savants, du grec *mania* « folie, manie » (ex. *kleptomane, mégalomanie*).

MANÉCANTERIE n. f. ▪ École de chant choral (principalement sacré) pour les jeunes garçons.

MANÈGE n. m. ▪ **I. 1.** Exercice que l'on fait faire à un cheval pour le dresser. ⇒ **équitation. 2.** Lieu où l'on dresse, monte les chevaux. **3.** *Manège (de chevaux de bois)* : attraction foraine, plate-forme circulaire tournante garnie d'animaux, de véhicules, etc. servant de montures. *Un tour de manège.* **II.** Comportement rusé pour arriver à ses fins. ⇒ **intrigue, machination.** *Je comprends son petit manège.* ⇒ **jeu.**

MÂNES n. m. pl. ▪ dans la religion romaine Âmes des morts. ⇒ **esprit, lare.**

Alfred MANESSIER (1911 - 1993) ▪ Peintre français d'inspiration chrétienne. Tableaux et vitraux abstraits.

Édouard MANET (1832 - 1883) ▪ Peintre français. Il contesta les principes trop rigides de l'académisme et chercha à fixer sur la toile les impressions visuelles fugitives de la vie moderne, puis à construire des formes amples par le dessin et les couleurs mises à plat. Chef de file des artistes indépendants, il incarna la « modernité » chère aux naturalistes et fut l'un des pères de l'impressionnisme. *"Le Déjeuner sur l'herbe"* (1862) et *"Olympia"* (1863) firent scandale; *"Un bar aux Folies-Bergère"* (1881).

Manet. *Le Déjeuner sur l'herbe.* Musée d'Orsay, Paris.
Phot. © Hubert Josse

MANETTE n. f. ▪ Clé, levier, poignée de commande manuelle d'un mécanisme.

MANGALORE ▪ Ville et port de l'Inde sur la côte de Malabar (Karnātaka). 425 785 hab. Tuileries.

MANGANÈSE n. m. ▪ Métal gris clair, dur et cassant. *Alliage au manganèse.*

MANGEABLE adj. ▪ **1.** RARE Qui peut se manger. ⇒ **comestible. 2.** COUR. Tout juste bon à manger, sans rien d'appétissant.

MANGEAILLE n. f. ▪ Nourriture abondante et médiocre. - FAM. Nourriture. ⇒ **boustifaille.**

MANGEOIRE n. f. ▪ Auge pour les aliments de certains animaux domestiques (chevaux, bestiaux, volaille).

① **MANGER** v. tr. [3] ▪ **1.** Avaler pour se nourrir (un aliment solide ou consistant) après avoir mâché. ⇒ **absorber, consommer, ingérer, ingurgiter, prendre ;** FAM. **bouffer.** *Manger du pain. Bon à manger.* ⇒ **comestible, mangeable.** *Ne rien manger.* ⇒ **jeûner.** - absolt S'alimenter. ⇒ se **nourrir.** *Manger peu.* ⇒ **grignoter.** - prov. *Il faut manger pour vivre et non vivre pour manger.* ♦ Prendre un repas. ⇒ **déjeuner, dîner, souper.** *Manger souvent au restaurant.* loc. *Salle à manger.* - loc. fig. *Manger dans la main de qqn,* lui être soumis. **2.** Dévorer (un être vivant, une proie). ♦ loc. fig. *Manger qqn des yeux.* - *Il ne vous mangera pas :* il n'est pas si terrible qu'il en a l'air. **3.** Faire disparaître en altérant. *Laine mangée par les mites, aux mites.* - Dissimuler. *Sa barbe lui mange le visage.* **4.** fig. *Manger ses mots,* les prononcer indistinctement. ⇒ **avaler.** - *Manger la consigne, la commission,* les oublier. **5.** Consommer, dépenser. *Manger son capital.* ⇒ **dilapider.**

② **MANGER** n. m. ▪ FAM. Nourriture, repas. *Ici on peut apporter son manger.*

MANGE-TOUT n. m. invar. ▪ Variété de pois, de haricots dont on mange la cosse avec la graine. - **adj. invar.** *Haricot, pois mange-tout.*

MANGEUR, EUSE n. ▪ **1.** Personne qui mange (beaucoup, peu). *Un grand, un gros mangeur. C'est un très petit mangeur.* **2.** *Mangeur de... :* personne, animal qui mange (telle ou telle chose). ⇒ **-phage, -vore.** *Un mangeur de viande. Mangeurs d'hommes.* ⇒ **anthropophage.** - loc. fig. *Une mangeuse d'hommes :* une séductrice.

Charles MANGIN (1866 - 1925) ▪ Général français. Après une carrière dans les colonies, il s'illustra lors de la Première Guerre mondiale (offensives de 1918).

MANGOUSTE n. f. ▪ Petit mammifère carnivore d'Afrique et d'Asie, proche de la belette, et prédateur des serpents.

MANGROVE n. f. ▪ GÉOGR. Forêt impénétrable à base de palétuviers, poussant dans la vase des littoraux tropicaux.

Manessier. *Barrabas,* 1952. Stedelijk Van Abbemuseum, Eindhoven. *Phot. © Lauros/Giraudon*

MANGUE n. f. ▪ Fruit d'un arbre tropical (le *manguier*), à chair jaune très parfumée.

MANHATTAN ▪ Un des cinq districts *(boroughs)* de New York dans l'île du même nom. 1 488 000 hab. Wall Street. Nombreux musées.

MANI ou **MANÈS** (216-277) ▪ Prophète perse, fondateur de manichéisme.

MANIABILITÉ n. f. ▪ Qualité de ce qui est maniable.

MANIABLE adj. ▪ 1. Qu'on manie et utilise facilement. ⇒ **pratique.** *Outil maniable.* ♦ (véhicule) Qu'on manœuvre facilement. 2. fig. Qui se laisse aisément diriger. ⇒ **docile, souple.** *Tempérament maniable.* ⇒ **malléable.**

MANIACODÉPRESSIF, IVE adj. ▪ PSYCH. *Psychose maniacodépressive,* faisant alterner l'excitation maniaque et la dépression. ♦ adj. et n. Se dit d'une personne atteinte de cette psychose.

MANIAQUE adj. ▪ I. PSYCH. 1. Qui a une idée fixe ou la maladie mentale appelée manie (I). - n. *Un dangereux maniaque. Un maniaque dépressif.* ⇒ **maniacodépressif.** 2. De la manie (I). *Psychose maniaque.* II. COUR. 1. Qui a une manie (2). 2. Exagérément attaché à ses petites manies, à ses habitudes. *Un célibataire maniaque.* - n. *Un maniaque de l'ordre.* ♦ Propre à un maniaque. *Soin maniaque.*

MANIAQUERIE n. f. ▪ Caractère d'une personne maniaque (II, 2).

MANICHÉEN, ENNE [-keɛ̃] adj. ▪ 1. Relatif au manichéisme. 2. adj. et n. Partisan du manichéisme. - *Il est très manichéen ; pour lui, c'est tout bien ou tout mal.*

MANICHÉISME [-ke-] n. m. ▪ DIDACT. 1. Doctrine religieuse due au Persan Mani (IIIe s.), selon laquelle le bien et le mal sont deux principes fondamentaux antagonistes. ■ Le manichéisme, alliant des éléments du zoroastrisme et du christianisme, se répandit en Asie, en Europe, en Afrique du Nord, et survécut jusqu'au XIVe s. 2. Conception dualiste du bien et du mal. ⇒ **dualisme.**

MANICOUAGAN ▪ Rivière du Canada (Québec), affluent (rive gauche) du Saint-Laurent qu'il rejoint à son estuaire. 500 km. Usines hydroélectriques.

MANIE n. f. ▪ I. PSYCH. 1. Maladie mentale caractérisée par divers troubles de l'humeur (exaltation euphorique, incohérence). 2. Trouble de l'esprit possédé par une idée fixe. ⇒ **obsession.** *Avoir la manie de la persécution.* II. COUR. 1. Goût excessif, déraisonnable (pour qqch.). ⇒ **marotte, passion.** *La manie de collectionner. La manie de l'ordre.* - *C'est sa nouvelle manie.* 2. Habitude bizarre et tyrannique, souvent agaçante ou ridicule. *À chacun ses (petites) manies.* - *Ça devient une manie !* ⇒ **tic.**

MANIEMENT n. m. ▪ 1. Action ou façon de manier, d'utiliser avec les mains. ⇒ **manipulation, usage.** - loc. *Maniement d'armes :* suite de mouvements exécutés au commandement par les soldats. 2. fig. Action, manière d'employer ; de diriger, d'administrer. ⇒ **emploi ; direction, gestion.**

① **MANIER** v. tr. 7 ▪ 1. Avoir en main, entre les mains tout en déplaçant, en remuant. *Manier un paquet avec précaution.* ⇒ **manipuler.** 2. Utiliser en ayant en main. *Savoir manier une arme.* - *Voiture facile à manier.* ⇒ **manœuvrer.** ♦ *Manier de l'argent* (⇒ **brasser**), des fonds (⇒ **gérer**). 3. Mener à son gré (qqn). ⇒ **diriger, manipuler.** 4. fig. Employer plus ou moins habilement. *Savoir manier l'ironie.*

② SE **MANIER** v. pron. seulement inf. ▪ FAM. Se remuer, se dépêcher. ⇒ se **magner.**

MANIÈRE n. f. ▪ I. 1. Forme particulière que revêt l'accomplissement d'une action, le déroulement d'un fait. ⇒ **façon,** ② **mode.** *Manière d'agir, de vivre.* ⇒ **conduite.** - loc. *Avoir la manière :* savoir s'y prendre. - loc. adv. *De cette manière :* ainsi. *De toute manière :* en tout cas. *D'une manière générale :* dans la plupart des cas. *En aucune manière :* aucunement. - loc. prép. *À la manière de :* comme. *De manière à* (+ inf.) : afin de (produire telle conséquence). - loc. conj. *De (telle) manière que, de manière (à ce) que* (+ subj.) : de telle sorte que, si bien que. 2. Forme de comportement personnelle et habituelle. *À sa manière, il est heureux.* ♦ *La manière d'un peintre,* son mode d'expression caractéristique. ⇒ **genre, style.** 3. LITTÉR. Espèce, sorte. *J'ai dit cela en manière de plaisanterie,* comme une plaisanterie. 4. *Complément, adverbe de manière,* qui indique la manière dont se fait qqch. (ex. avec joie, à la hâte ; lourdement). II. au plur. Comportement considéré surtout dans son effet sur autrui. *Apprendre les bonnes manières.* ⇒ **courtoisie, politesse.** - FAM. *Sans manières :* simplement, sans cérémonie. ♦ *En voilà des manières !* FAIRE DES MANIÈRES : être affecté, se faire prier. ⇒ **chichi.**

MANIÉRÉ, ÉE adj. ▪ péj. 1. Qui montre de l'affectation, manque de naturel ou de simplicité. ⇒ **affecté, poseur.** - *Politesse maniérée.* 2. ARTS Qui manque de spontanéité, est trop recherché. ⇒ **apprêté, précieux.**

MANIÉRISME n. m. ▪ 1. Tendance au genre maniéré en art. 2. ARTS Tendance de l'art italien au XVIe siècle, caractérisé par un raffinement technique et la mise en évidence de l'artifice. ■ Se répandant en Europe dès 1530, le maniérisme prend pour référence la « manière » des grands maîtres de la Renaissance (Michel-Ange, Léonard de Vinci, Raphaël...). Il se caractérise par l'élégance raffinée des formes, le goût de l'exagération et la recherche d'effets de style allant parfois jusqu'à l'affectation ou le paradoxe. Les peintres maniéristes choisissent des couleurs acides et souvent dissonantes, créant un climat étrange et inquiétant, reflet du malaise politique et religieux de l'époque. Ses principaux représentants furent Jules Romain, le Parmesan, Pontormo, Bronzino, le sculpteur Giambologna pour l'Italie, les artistes de l'école de Fontainebleau pour la France, Spranger à Prague.

MANIÉRISTE adj. et n. ▪ 1. péj. Qui verse dans le genre maniéré. 2. ARTS Du maniérisme (2). - n. *Les grands maniéristes du XVIe siècle italien.*

MANIEUR, EUSE n. ▪ (avec un compl.) Personne qui manie (qqch.). - loc. *Un manieur d'argent :* un financier.

MANIFESTANT, ANTE n. ▪ Personne qui participe à une manifestation.

MANIFESTATION n. f. ▪ I. Action ou manière de manifester, de se manifester. *Des manifestations de joie, de tendresse.* ⇒ **démonstration, marque.** II. 1. Événement culturel, commercial, organisé pour attirer un large public. 2. Réunion publique, défilé organisé pour manifester une opinion ou une volonté. *Appeler, aller à une manifestation.* ◇ abrév. FAM. MANIF.

① **MANIFESTE** adj. ▪ Dont l'existence ou la nature est évidente. ⇒ **flagrant, indiscutable, patent.** *Erreur manifeste.*

② **MANIFESTE** n. m. ▪ Déclaration écrite, publique et solennelle, par laquelle une instance politique, un groupement expose son programme, justifie sa position. ⇒ **proclamation.** *"Le Manifeste du Parti communiste"* (de Marx et Engels). ♦ Exposé théorique lançant un mouvement artistique, littéraire. *Les "Manifestes du surréalisme"* (d'André Breton).

MANIFESTEMENT adv. ▪ D'une manière manifeste, à l'évidence ; visiblement.

MANIFESTER v. 1 ▪ I. v. tr. 1. Faire connaître de façon manifeste. ⇒ **déclarer, exprimer.** *Manifester ses intentions, sa sympathie à qqn.* 2. Faire ou laisser apparaître clairement. *Manifester de la crainte. Son trouble manifeste un certain désarroi.* ⇒ **révéler, trahir.** II. v. intr. Participer à une manifestation (II, 2). ► SE **MANIFESTER** v. pron. Se révéler clairement ; apparaître, se montrer. - Donner de ses nouvelles. *Il ne s'est pas manifesté depuis des mois.*

MANIGANCE n. f. ▪ Manœuvre secrète et suspecte, sans grande portée. ⇒ **intrigue ;** FAM. **magouille.**

MANIGANCER v. tr. 3 ▪ Combiner par manigances. ⇒ **comploter.** *Il a bien manigancé son coup.*

① **MANILLE** n. f. ▪ Jeu de cartes où les plus fortes sont le dix *(manille),* puis l'as (*manillon* n. m.).

② **MANILLE** n. f. ▪ 1. anciennt Anneau pour assujettir la chaîne (d'un forçat). 2. TECHN. Étrier métallique arrondi servant à fixer des câbles, des chaînes.

MANILLE ou **MANILA** ▪ Capitale des Philippines, située dans l'île de Luçon. 1 587 000 hab. Banlieues : Quezon City, Caloocan City (761 000 hab.), Makati. Principal centre industriel du pays.

MANIOC n. m. ▪ Arbrisseau des régions tropicales dont la racine fournit une fécule alimentaire, le tapioca. - Farine de cette fécule.

MANIPULATEUR, TRICE ▪ I. n. 1. Personne qui procède à des manipulations. ⇒ **opérateur.** *Manipulateur de laboratoire.* 2. fig. Personne qui en manipule (4) d'autres. II. n. m. Appareil servant à la transmission des signaux télégraphiques.

maniérisme. Jules Romain, plafond de la salle de Psyché, 1524-1530. Palais du Tè, Mantoue. *Phot. © Dagli Orti*

MANIPULATION n. f. ▪ **1.** Action, manière de manipuler (des substances, des produits, des appareils). ♦ Expérience de laboratoire. *Manipulations génétiques.* **2.** Massage visant à remettre des os déplacés. *Manipulations vertébrales* (⇒ **chiropraxie**). **3.** Branche de la prestidigitation reposant sur la seule habileté des mains. **4.** fig. Manœuvre malhonnête. *Manipulations électorales.* ♦ FAM. Plan, manœuvre. ◇ abrév. MANIP. *C'est le but de la manip, de l'opération.*

MANIPULER v. tr. 1 ▪ **1.** Manier avec soin en vue d'expériences, d'opérations scientifiques ou techniques. *Manipuler des tubes à essai ; des explosifs.* **2.** Manier et transporter (⇒ **manutention**). *Manipuler des colis.* **3.** fig. Modifier de façon malhonnête. *Manipuler des statistiques.* ⇒ **trafiquer. 4.** fig. Amener habilement (qqn) à faire ce qu'on veut. ⇒ ① **manier** (3). *Tu te fais manipuler.* - *Manipuler l'opinion.*

le MANIPUR ▪ État de l'Inde à la frontière avec la Birmanie. 23 356 km². 1 800 000 hab. Capitale : Imphal (200 600 hab.).

le MANITOBA ▪ Province (État fédéré) du centre du Canada. 650 000 km². 1 091 342 hab. *(les Manitobains).* Capitale : Winnipeg. Lacs, forêts, minerais. Hivers très froids (– 40 °C, moyenne de janvier). ► **le lac MANITOBA** 4 706 km².

MANITOU n. m. ▪ FAM. Personnage important et puissant. *Les (grands) manitous du pétrole.*

MANIVELLE n. f. ▪ **1.** Levier coudé, manœuvré à la main pour imprimer un mouvement de rotation. *La manivelle d'un cric.* - *Retour* de manivelle.* - loc. *Premier tour de manivelle :* commencement du tournage d'un film. **2.** TECHN. Pièce servant à transmettre un mouvement. - loc. FAM. *Appuyer sur les manivelles,* sur les pédales (d'une bicyclette).

MANIZALES ▪ Ville de Colombie. 360 000 hab. Commerce du café.

Joseph MANKIEWICZ (1909 - 1993) ▪ Cinéaste américain. *"Ève"* (1950); *"La Comtesse aux pieds nus"* (1954).

Thomas MANN (1875 - 1955) ▪ Écrivain allemand. L'analyse de la décadence, les affinités de l'art avec la mort sont les thèmes favoris de ses romans. Avec son frère, il quitta l'Allemagne nazie en 1933. Prix Nobel 1929. *"Les Buddenbrook"* (1901); *"La Mort à Venise"* (1912), porté à l'écran par Visconti; *"La Montagne magique"* (1924); *"Docteur Faustus"* (1947). ► **Heinrich MANN** (1871 - 1950), son frère, écrivain allemand. *"Professeur Unrat"* (1905), dont Sternberg tira le film *"L'Ange bleu"*.

① **MANNE** n. f. ▪ Nourriture miraculeuse envoyée aux Hébreux dans le désert. ♦ fig. et LITTÉR. Don ou avantage inespéré.

② **MANNE** n. f. ▪ VIEILLI Grand panier d'osier.

le MANNEKEN-PIS ▪ Sculpture de Jérôme Duquesnoy le Vieux (1619), ornant une fontaine à Bruxelles. Symbole de la verdeur des Brabançons, elle représente un garçonnet urinant.

MANNEQUIN n. m. ▪ **1.** Statue articulée servant de modèle aux artistes. ♦ Forme humaine utilisée pour la confection, l'essayage, la présentation de modèles de vêtements. - appos. *Taille mannequin.* **2.** Personne dont le métier est de présenter sur elle-même les modèles des couturiers.

Carl Gustav Emil, baron de MANNERHEIM (1867 - 1951) ▪ Maréchal et homme d'État finlandais. Il dirigea la guerre d'indépendance contre les bolcheviks en 1917 et devint régent (1918-1919). À la tête de l'armée en 1939, il fut le héros de la guerre finlandaise contre l'URSS (1939-1940 et 1941-1944). Président de la République de 1944 à 1946.

MANNHEIM ▪ Ville d'Allemagne (Bade-Wurtemberg). Important port fluvial. 308 400 hab. Palais baroque. Château du XVIIIᵉ s. Industries mécaniques.

MANŒUVRABILITÉ n. f. ▪ (bateau, véhicule) Aptitude à être manœuvré.

MANŒUVRABLE adj. ▪ (bateau, véhicule) Apte à être manœuvré.

① **MANŒUVRE** n. f. ▪ **I. 1.** Action sur les cordages, les voiles, le gouvernail, etc., destinée à régler le mouvement d'un bateau. - (sur la direction, les commandes d'un véhicule) *Faire une manœuvre pour se garer.* - FAUSSE MANŒUVRE : erreur de manœuvre ; fig. décision, démarche maladroite et sans résultat. ♦ Opérations permettant la marche d'un appareil, d'une machine. *La manœuvre d'un fusil, d'une grue.* **2.** Exercice militaire. *Champ de manœuvre. Grandes manœuvres,*

Mansart. La cour intérieure de l'hôtel Guénégaud à Paris.
Phot. © Lauros/Giraudon

avec de gros effectifs. **II.** Moyen mis en œuvre pour atteindre un but (souvent avec ruse). ⇒ **combinaison, intrigue, machination, manigance, manipulation.** *Nous avons toute liberté de manœuvre.* **III.** surtout au plur. Cordage du gréement d'un navire. *Manœuvres dormantes ; courantes.*

② **MANŒUVRE** n. m. ▪ Ouvrier exécutant des travaux qui n'exigent pas d'apprentissage préalable. *Les manœuvres d'un chantier.*

MANŒUVRER v. ⊡ ▪ **I.** v. intr. **1.** Effectuer une manœuvre sur un bateau, un véhicule. *Manœuvrer pour garer sa voiture.* **2.** (militaires) Faire l'exercice. *Les troupes manœuvrent.* **3.** fig. Employer des moyens adroits pour arriver à ses fins. *Il a bien manœuvré.* **II.** v. tr. **1.** Manier de façon à faire fonctionner. *Manœuvrer le gouvernail, le volant.* ‑ *Manœuvrer une voiture.* **2.** fig. Faire agir (qqn) comme on le veut, par une tactique habile. ⇒ **gouverner, manier.** ‑ *Manœuvrer la presse.*

MANŒUVRIER, IÈRE n. ▪ Personne qui manœuvre habilement.

MANOIR n. m. ▪ Petit château ancien à la campagne. ⇒ **gentilhommière.**

Manuel Rodríguez Sánchez, dit **MANOLETE** (1917 ‑ 1947) ▪ Matador espagnol. Son style dépouillé en fit le plus célèbre matador de son temps. Mort dans l'arène.

MANOMÈTRE n. m. ▪ sc. Appareil servant à mesurer la pression d'un fluide dans un espace fermé. ► adj. MANOMÉTRIQUE

MANOSQUE ▪ Commune des Alpes-de-Haute-Provence. 19 107 hab. *(les Manosquins).*

MANOUCHE n. ▪ **1.** Gitan nomade. ⇒ **bohémien** ; péj. **romanichel. 2.** n. m. Langue de gitans (*romani*) à lexique germanisé.

MANQUANT, ANTE adj. ▪ Qui manque, est en moins. ‑ n. *Les manquants* (choses, personnes). ‑ loc. *Le chaînon* manquant.*

① **MANQUE** n. m. ▪ **1.** Fait de manquer, absence ou grave insuffisance d'une chose nécessaire. ⇒ **défaut.** *Manque d'argent, de main-d'œuvre.* ⇒ **carence, pénurie, rareté.** *Manque de repos, d'imagination.* ♦ *ÉTAT DE MANQUE :* état d'un toxicomane privé de drogue ou d'alcool. ‑ loc. *Être en manque.* ♦ *PAR MANQUE DE* loc. prép. : faute de. *Il n'est pas venu par manque de temps.* ‑ *Manque de chance :* malchance. ‑ loc. adv. FAM. *Manque de pot, il a échoué.* **2.** au plur. LITTÉR. ⇒ **insuffisance, lacune.** *Il est conscient de ses manques.* **3.** loc. *MANQUE À GAGNER :* somme que l'on aurait pu gagner ; fig. occasion manquée de faire une affaire profitable.

② **MANQUE** adj. ▪ **1.** VX Défectueux. **2.** loc. *À LA MANQUE.* FAM. Raté, défectueux, mauvais. ⇒ FAM. à la **gomme,** à la **noix.** *Un champion à la manque.*

MANQUEMENT n. m. ▪ Le fait de manquer à un devoir. ⇒ **faute.** *Un manquement à la discipline.*

MANQUER v. ⊡ ▪ **I.** v. intr. **1.** Ne pas être, lorsqu'il le faudrait ; être absent, faire défaut. *Si l'eau venait à manquer.* ‑ impers. *Il manque un bouton. Il en manque un.* ‑ loc. *Il ne manquait plus que cela !, que ça !,* c'est le comble. *Il ne manquerait plus qu'il pleuve !* ♦ (personnes) *Il manque trop souvent en classe* (⇒ **absentéisme**). **2.** *MANQUER À qqn :* faire défaut, être insuffisant. *Le temps me manque. Les mots me manquent.* ‑ impers. *Il me manque dix francs.* ♦ (nuance affective) *Son frère lui manque.* ‑ impers. *Il te manque un ami.* **3.** (choses) Ne pas tenir, ne plus fonctionner. *Le cœur lui a manqué.* **4.** (choses) Échouer. *Faire manquer une expérience.* ⇒ **rater. II.** v. tr. ind. Ne pas avoir, ne pas faire. **1.** *MANQUER DE :* ne pas avoir lorsqu'il le faudrait, ne pas avoir en quantité suffisante. *Elle manque d'amis. Il ne manque de rien.* ‑ absolt *Avoir peur de manquer,* d'être dans le besoin. ‑ Être dépourvu (d'une qualité). *Manquer d'humour.* ‑ FAM. *Il ne manque pas d'air, de culot* (⇒ **culotté**). ‑ *Manquer de respect* à qqn.* ♦ *La sauce manque de sel.* **2.** *MANQUER À qqch. :* ne pas se conformer à (qqch. qu'on doit observer). *Manquer à sa parole. Il a manqué à tous ses devoirs.* **3.** *NE PAS MANQUER DE* (+ inf.) : faire de manière certaine. *Je ne manquerai pas de vous informer.* ‑ *Je n'y manquerai pas.* **4.** semi-auxiliaire (+ inf. ; + *de* et inf.) Être tout près de, sur le point de. ⇒ **faillir.** *Elle avait manqué mourir, de mourir.* **III.** v. tr. dir. **1.** Ne pas réussir. ⇒ **rater** ; FAM. **louper.** *Manquer son coup.* **2.** Ne pas atteindre, ne pas toucher. *Manquer une marche. Manquer la cible.* ‑ *Manqué !,* à côté ! ‑ *La prochaine fois, je ne te manquerai pas,* je me vengerai de toi, je t'aurai. ‑ pronom. *SE MANQUER :* ne pas réussir son suicide. **3.** Ne pas rencontrer (qqn qu'on voulait voir). *Je vous ai manqué de peu.* ‑ pronom. *Nous nous sommes manqués à la gare.* ♦ *Manquer son train,* arriver après son départ. ‑ *Manquer le début d'un film.* **4.** Laisser échapper (qqch. de profitable). *Manquer une occasion.* ‑ FAM. *Il n'en manque pas une,* pas une occasion de faire (une maladresse, une gaffe). **5.** S'abstenir d'assister, d'être présent à. *Manquer un cours.* ⇒ FAM. **sécher.** ‑ *Un spectacle à ne pas manquer.* ► **MANQUÉ, ÉE** adj. Qui n'est pas réussi. *Photo manquée.* ‑ *Poète manqué.* ♦ loc. *Acte manqué.* ‑ *Garçon* manqué.*

MAN RAY → Man Ray

Jorge MANRIQUE (1440 ‑ 1479) ▪ Poète espagnol. Stances *"Sur la mort de son père"* (1476), où il développe le thème de la désillusion.

Le MANS ▪ Chef-lieu de la Sarthe. 145 052 hab. *(les Manceaux).* Enceinte gallo-romaine, cathédrale romane et gothique. Centre commercial, industriel (constructions automobile et ferroviaire), administratif (assurances). Produits alimentaires (rillettes, cidre). Célèbre course automobile des *Vingt-Quatre Heures du Mans,* disputée annuellement depuis 1923.

MANSARDE n. f. ▪ (du n. de l'architecte Mansart) **1.** Toit brisé à quatre pans. **2.** Chambre aménagée dans un comble et dont un mur est en pente.

MANSARDÉ, ÉE adj. ▪ Dont une paroi est inclinée, du fait de la pente du toit.

François MANSART (1598 ‑ 1666) ▪ Architecte français. Son style ample et symétrique annonce le classicisme français. Château de Maisons-Laffitte.

Katherine MANSFIELD (1888 ‑ 1923) ▪ Écrivain néo-zélandais. Les premiers émois des jeunes filles et les tragédies enfantines constituent ses sujets favoris. *"Pension allemande",* nouvelle (1911); *"La Maison de poupée",* nouvelle (1922).

MANSOURA en arabe **AL-MANDURA** ▪ Ville d'Égypte, dans le delta du Nil. 328 700 hab. Centre commercial et industriel.

MANSUÉTUDE n. f. ▪ LITTÉR. Disposition à pardonner généreusement. ⇒ **bonté, indulgence.**

① **MANTE** n. f. ▪ *Mante (religieuse) :* insecte carnassier à tête triangulaire, à fortes pattes antérieures. *La mante femelle dévore souvent le mâle après l'accouplement.*

mante. *Manta religiosa,* cannibalisme nuptial. *Phot. © Rouxaime/Jacana*

② **MANTE** n. f. ▪ anciennt Manteau de femme ample et sans manches.

MANTEAU n. m. ▪ **I. 1.** Vêtement à manches qui se porte pardessus les autres vêtements. ⇒ **capote, imperméable, pardessus, pelisse. 2.** loc. fig. *SOUS LE MANTEAU :* clandestinement. *Livre vendu sous le manteau.* **II.** *Manteau de cheminée :* partie de la cheminée en saillie au-dessus du foyer.

Mantegna. Fresques de la chambre des Époux. Palais ducal, Mantoue. *Phot. © Scala*

Andrea MANTEGNA (1431 - 1506) ▪ Peintre et graveur italien de la Renaissance. Grand dessinateur, il explora les effets dramatiques de la perspective : *"Christ mort"* (1465-1466) ; chambre des Époux du palais ducal à Mantoue (1472-1474).

MANTES-LA-JOLIE ▪ Chef-lieu d'arrondissement des Yvelines. 45 087 hab. *(les Mantais).* Collégiale (XIIe-XIIIe s.). Centre industriel et commercial. Pétrochimie.

MANTES-LA-VILLE ▪ Commune des Yvelines. 19 081 hab. *(les Mantevillois).*

MANTILLE n. f. ▪ Écharpe de dentelle drapée sur la tête (coiffure féminine).

MANTOUE en italien ***MANTOVA*** ▪ Ville d'Italie, en Lombardie. 54 808 hab. Nombreux monuments (palais ducal, églises, palais du Tè) dus à la famille Gonzague, qui y régna de 1328 à 1708.

MANTRA n. m. ▪ DIDACT. dans l'hindouisme et le bouddhisme Formule sacrée dotée d'un pouvoir spirituel. *Réciter un mantra.*

MANU ▪ Selon la mythologie de l'Inde, ancêtre de la race humaine et premier législateur.

Alde MANUCE (v. 1450 - 1515) ▪ Imprimeur et humaniste de Venise. La dynastie d'imprimeurs qu'il fonda est connue sous le nom d'**Aldes**; leurs éditions d'œuvres antiques furent parmi les plus célèbres de la Renaissance.

MANUCURE n. ▪ Personne chargée des soins esthétiques des mains, des ongles.

MANUCURER v. tr. [1] ▪ Faire les mains, les ongles de (qqn).

① **MANUEL, ELLE** adj. ▪ **1.** Qui se fait avec la main ; qui nécessite une activité physique. *Travail manuel.* **2.** Qui fait appel à l'intervention humaine (opposé à *automatique*). *Commande manuelle.* **3.** Qui emploie surtout ses mains. *Travailleur manuel.* - n. *Un, une manuel(le) :* personne plus apte, plus disposée à l'activité manuelle qu'à l'activité intellectuelle.

② **MANUEL** n. m. ▪ Ouvrage didactique présentant les notions essentielles d'une science, d'une technique. ⇒ **abrégé, cours.** *Un manuel de chimie. Le manuel du parfait jardinier.*

MANUEL Ier dit **LE GRAND** (1469 - 1521) ▪ Roi du Portugal de 1495 à sa mort. Il encouragea les grandes explorations (Cabral, Vasco de Gama) et favorisa l'architecture. ► **MANUEL II** (1889 - 1932) Dernier roi du Portugal, de 1908 à 1910.

Niklaus MANUEL DEUTSCH (1484 - 1530) ▪ Peintre, graveur et homme d'État suisse. Scènes mythologiques hantées par l'érotisme et la cruauté.

MANUELLEMENT adv. ▪ En se servant de ses mains ; par une opération manuelle.

MANUFACTURE n. f. ▪ **1.** VX Fabrique, usine. *Les manufactures royales sous Louis XIV.* **2.** Établissement industriel où la qualité de la main-d'œuvre est primordiale. *La manufacture de porcelaine de Sèvres.*

MANUFACTURER v. tr. [1] ▪ Faire subir à (une matière première) une transformation industrielle. - au p. p. COUR. (opposé à *brut*). *Produits manufacturés et semi-manufacturés.*

MANU MILITARI loc. adv. ▪ En employant la force armée, la force publique. *Les grévistes ont été expulsés manu militari.*

MANUSCRIT, ITE ▪ **I.** adj. Écrit à la main. *Notes manuscrites.* **II.** n. m. **1.** Texte, ouvrage écrit ou copié à la main. ⇒ **écrit.** *Manuscrit enluminé.* **2.** Œuvre originale écrite de la main de l'auteur ou dactylographiée (⇒ **tapuscrit**). *Apporter un manuscrit à un éditeur.*

MANUTENTION n. f. ▪ **1.** Manipulation, déplacement manuel ou mécanique de marchandises, en vue de l'emmagasinage, de l'expédition ou de la vente. *Engins de manutention.* **2.** Local réservé à ces opérations.

MANUTENTIONNAIRE n. ▪ Personne employée aux travaux de manutention.

MANUTENTIONNER v. tr. [1] ▪ Préparer (des marchandises) pour la manutention.

Alessandro MANZONI (1785 - 1873) ▪ Écrivain italien. Théoricien du romantisme, il œuvra pour l'élaboration de la langue nationale et l'unité de l'Italie. *"La Lettre sur le romantisme"* (1823) ; *"Les Fiancés"* (1840-1842), roman historique qui a pour cadre la Lombardie du XVIIe s., sous la domination espagnole.

MAO n. appos. ▪ (du n. pr.) loc. *COL MAO,* col droit semblable à celui des vestes chinoises. *Des cols Mao.*

MAO DUN ou **MAO TOUEN** (1896 - 1981) ▪ Écrivain chinois. Il fut ministre de la Culture de 1949 à 1964.

MAOÏSME n. m. ▪ Mouvement gauchiste se réclamant de la politique de Mao Zedong.

MAOÏSTE adj. et n. ▪ Propre au maoïsme ; partisan du maoïsme. ◇ abrév. FAM. MAO adj. et n. *Les maos.*

les MAORIS ▪ Population polynésienne de Nouvelle-Zélande. Ils opposèrent une résistance farouche à la colonisation britannique (1842-1868).

MAOUS, OUSSE [maus] adj. ▪ FAM. Gros, énorme. ◇ var. MAHOUS ; MAHOUSSE.

MAO ZEDONG, MAO TSÖ-TONG ou **MAO TSÉ-TOUNG** (1893-1976) ▪ Homme d'État chinois. Un des fondateurs du parti communiste chinois, à sa tête de 1935 à sa mort. Face aux nationalistes de Jiang Jieshi (Chiang Kai-shek), il organisa la Longue* Marche qui lui apporta le soutien de la population. Vainqueur des nationalistes (qui se replièrent à Taiwan), il proclama la république populaire de Chine en 1949. « Grand Timonier » de la révolution (→ **Chine**), il prit ses distances avec l'URSS, donnant le modèle d'un marxisme original, diffusant sa pensée militaire et politique dans le *"Petit Livre rouge"*, et orchestrant la Révolution culturelle prolétarienne (1965-1968).

MAPPEMONDE n. f. ▪ **1.** Carte plane représentant le globe terrestre divisé en deux hémisphères. ⇒ **planisphère. 2.** abusivt Sphère représentant le globe terrestre. ⇒ **globe.**

les MAPUCHES ▪ Peuple indien du Chili. Ces agriculteurs et artisans, que ni les Incas ni les Espagnols ne réussirent à vaincre, ont maintenu leur identité culturelle, qu'ils défendent auprès des instances internationales.

MAPUTO avant 1976 ***LOURENÇO MARQUES*** ▪ Capitale du Mozambique, sur l'océan Indien. 2 004 000 hab. Centre industriel. Raffinerie de pétrole.

MAQUER v. tr. 1 ▪ ARGOT FAM. Mettre ensemble, marier. ► **SE MAQUER** v. pron. Se mettre en ménage.

① **MAQUEREAU** n. m. ▪ Poisson de mer comestible au dos vert et bleu, vivant en bancs.

② **MAQUEREAU, ELLE** n. ▪ FAM. et vulg. Personne qui vit de la prostitution des femmes. ⇒ **proxénète.**

MAQUETTE n. f. ▪ **1.** Modèle en réduction (d'une sculpture). **2.** Modèle réduit (de décor, d'un bâtiment, d'un véhicule). *La maquette d'une ville, d'un avion.* - Modèle réduit servant de jouet. **3.** Projet servant de référence pour la réalisation d'un imprimé. *La maquette d'un livre, d'un journal, d'une publicité.*

MAQUETTISTE n. ▪ **1.** Spécialiste qui exécute des maquettes (typographie, construction, mécanique). **2.** Personne qui exécute ou conçoit des maquettes (3).

MAQUIGNON n. m. ▪ **1.** Marchand de chevaux. ♦ Marchand de bestiaux peu scrupuleux et truqueur. **2.** Homme d'affaires ou entremetteur malhonnête.

MAQUIGNONNAGE n. m. ▪ **1.** VX Métier de maquignon. **2.** fig. Manœuvres, transactions frauduleuses.

MAQUILLAGE n. m. ▪ **1.** Action ou manière de maquiller, de se maquiller. *Trousse à maquillage.* - *Refaire son maquillage.* - Service chargé du maquillage. **2.** Ensemble des produits (fond de teint, fards, rouge) servant à se maquiller. **3.** Modification frauduleuse de l'aspect (d'une chose). *Le maquillage d'une voiture volée.*

MAQUILLER v. tr. 1 ▪ **1.** Modifier ou embellir (le visage) par des procédés et produits appropriés (s'oppose à *démaquiller*). *Se maquiller les yeux.* - *SE MAQUILLER* v. pron. : se grimer (théâtre) ; se farder. - au p. p. *Une femme très maquillée.* **2.** Modifier de façon trompeuse l'apparence de (qqch.). ⇒ **falsifier, truquer.** *Maquiller un passeport, une voiture.* **3.** fig. Dénaturer, fausser volontairement. *Maquiller un meurtre en accident.*

MAQUILLEUR, EUSE n. ▪ Spécialiste du maquillage.

MAQUIS n. m. ▪ **I. 1.** Végétation d'arbrisseaux touffus, dans les régions méditerranéennes. **2.** fig. Complication inextricable. *Le maquis de la procédure.* **II.** France, sous l'occupation allemande Lieu peu accessible où se regroupaient les résistants. - loc. *Prendre le maquis,* s'y cacher pour entrer dans la clandestinité. - *Un maquis,* organisation de résistance armée.

MAQUISARD n. m. ▪ Résistant appartenant à un maquis.

MARABOUT n. m. ▪ **I. 1.** Pieux ermite, saint de l'islam, dont le tombeau est un lieu de pèlerinage. **2.** Musulman sage et respecté. **3.** français d'Afrique Envoûteur, sorcier (d'où *marabouter* v. tr. 1 « envoûter » ; *maraboutage* n. m. « sort jeté sur qqn »). **II.** Tombeau d'un saint de l'islam. **III.** Grand échassier d'Afrique au bec épais et au cou déplumé.

MARACAIBO ▪ 2e ville et port du Venezuela, reliée au *lac Maracaibo* (13 600 km²). 1 365 000 hab. Centre industriel et pétrolier (80 % de la production nationale).

Mao Zedong. *Phot. © Roger Pic*

MARACAY ▪ Ville du Venezuela. 923 000 hab.

MARADI ▪ Ville du Niger. 115 000 hab.

MARAÎCHER, ÈRE ▪ n. Exploitant agricole qui cultive des légumes. - adj. *Production maraîchère.*

MARAIS n. m. ▪ **1.** Nappe d'eau stagnante recouvrant un terrain partiellement envahi par la végétation. ⇒ **étang, marécage, marigot, tourbière. 2.** *MARAIS SALANT* : bassin creusé à proximité des côtes pour extraire le sel de l'eau de mer par évaporation. ⇒ **saline.**

Marin MARAIS (1656-1728) ▪ Compositeur français. Il est l'auteur d'opéras et d'environ 760 pièces pour viole.

Jean MARAIS (né en 1913) ▪ Acteur français, interprète de prédilection de Cocteau. *"La Belle et la Bête"* (1946); *"Orphée"* (1951).

le MARAIS → **la Plaine**

le MARAIS ▪ Quartier du centre de Paris. Ancien quartier aristocratique, il reste de nombreux édifices anciens (hôtel Carnavalet, le Temple).

le MARAIS POITEVIN ▪ Région du littoral atlantique, en Charente-Maritime et en Vendée, au nord de La Rochelle. Surnommé la « Venise verte », il fait partie du parc naturel régional du Marais poitevin-Val de Sèvre-Vendée créé en 1979 (env. 200 000 hab).

l'île de MARAJÓ ▪ Grande île du Brésil (Pará), à l'embouchure de l'Amazone. 48 000 km².

le MARANHÃO ▪ État du Brésil (Nordeste). 329 555 km². 5 250 000 hab. Capitale : São Luís.

le MARAÑÓN ▪ Rivière du Pérou, qui forme une des branches mères de l'Amazone. 1 800 km.

MARASME n. m. ▪ **1.** Accablement, apathie profonde. **2.** fig. Situation stagnante. *Le marasme économique.*

MARASQUIN n. m. ▪ Liqueur parfumée avec une cerise acide (la *marasque*).

Jean-Paul MARAT (1743-1793) ▪ Révolutionnaire français. Ancien médecin, il fonda en 1789 le journal révolutionnaire *L'Ami du peuple.* Il exigea des mesures extrêmes contre les ennemis du peuple et, élu comme montagnard à la Convention, dénonça la politique des Girondins. Son assassinat par Charlotte Corday en fit le héros des sans-culottes.

les MARATHES ou **MAHRĀTA** ▪ Habitants du Maharashtra (Inde occidentale). Ils se soulevèrent contre les Moghols au XVIIe s. et établirent un empire immense, qui s'étendait jusqu'au Bengale. Il fut annexé par la Grande-Bretagne au XIXe s. et rattaché à celui des Indes britanniques.

MARATHON n. m. ▪ (du n. pr.) **1.** Course à pied de grand fond (42,195 km) sur route. **2.** fig. Épreuve prolongée qui exige une grande résistance. *Un marathon de danse.* ♦ Délibération

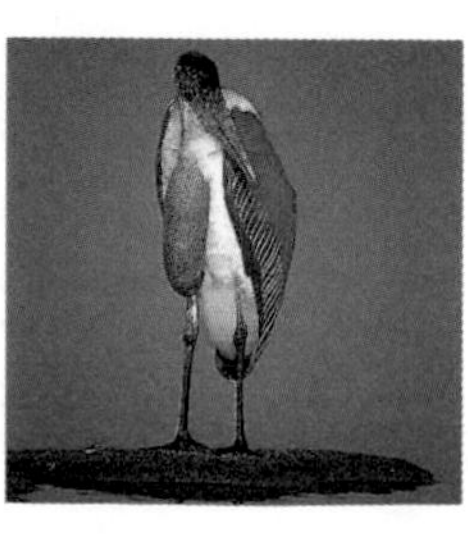

marabout. *Leptoptilus crumeniferus.* *Phot. © Ferrero/Labat/Jacana* longue et laborieuse. *Le marathon budgétaire.* → appos. *Une séance-marathon.*

MARATHON ▪ Ancienne ville de Grèce, au nord-ouest d'Athènes. Miltiade y vainquit les Perses en 490 av. J.-C. (→ guerres **médiques**). Un soldat envoyé à Athènes pour annoncer la victoire serait mort d'épuisement en y arrivant.

MARÂTRE n. f. ▪ **1.** VX Femme du père, par rapport aux enfants qu'il a eus d'un premier mariage. ⇒ **belle-mère.** **2.** Mauvaise mère.

MARAUD, AUDE n. ▪ VX Misérable, vaurien.

MARAUDAGE n. m. ▪ Action de marauder.

MARAUDE n. f. ▪ **1.** Vols, larcins commis en maraudant. **2.** *Taxi en maraude* (⇒ **marauder** (2)).

MARAUDER v. intr. [1] ▪ **1.** Voler des fruits, des légumes, des volailles dans les jardins et les fermes. **2.** Circuler à vide, lentement, à la recherche de clients (d'un taxi).

MARAUDEUR, EUSE n. et adj. ▪ Personne qui maraude.

MARBELLA ▪ Ville d'Espagne, en Andalousie (prov. de Málaga), sur la Costa del Sol. 80 645 hab. Port et station balnéaire.

MARBRE n. m. ▪ **I. 1.** Roche calcaire, souvent veinée de couleurs variées et susceptible de prendre un beau poli. *Colonnes, cheminée de marbre, en marbre.* **2.** Plateau de marbre d'une table, d'une commode. *Le marbre est fêlé.* → Statue de marbre. **3.** loc. *Blanc, froid comme le marbre* (⇒ **marmoréen**). *Être, rester de marbre,* impassible. **II.** Surface, table (à l'origine en marbre), utilisée pour diverses opérations techniques. *Le marbre d'une imprimerie,* où se faisait la mise en page et la correction des épreuves.

MARBRER v. tr. [1] ▪ **1.** Marquer (une surface) de veines, de taches pour donner l'apparence du marbre. → au p. p. *Papier marbré.* **2.** Marquer (la peau) de marbrures. → au p. p. *Peau marbrée.*

MARBRERIE n. f. ▪ **1.** Art, métier du marbrier ; son atelier. **2.** Industrie du marbre. *Marbrerie funéraire.*

MARBRIER n. m. ▪ **1.** Ouvrier spécialisé dans le sciage, la taille, le polissage des blocs ou objets en marbre ou en pierre à tailler. **2.** Fabricant, marchand d'ouvrages de marbrerie.

MARBRIÈRE n. f. ▪ Carrière de marbre.

MARBRURE n. f. ▪ **1.** Imitation des veines et taches du marbre. **2.** Marques sur la peau.

MARBURG parfois en français ***MARBOURG*** ▪ Ville d'Allemagne (Hesse). 73 200 hab. Château des landgraves de Hesse (XIIIe s.). Les partisans de Luther et de Zwingli s'y réunirent en 1529 pour élaborer une doctrine théologique commune mais échouèrent dans leur entreprise.

① **MARC** [maʀ] n. m. ▪ HIST. Poids de huit onces. *Marc d'argent.* → DR. loc. *Au marc le franc :* proportionnellement.

② **MARC** [maʀ] n. m. ▪ **1.** Résidu des fruits que l'on a pressés. *Marc de raisin.* **2.** Eau-de-vie de marc de raisin distillé. *Du marc de Bourgogne. Marc égrappé.* **3.** Résidu (d'une substance que l'on a fait infuser, bouillir). *Lire dans le marc de café* (pour prédire l'avenir).

saint **MARC** ▪ Selon la tradition, auteur du IIe Évangile. Patron de Venise. Son emblème est le lion ailé.

Franz **MARC** (1880 - 1916) ▪ Peintre allemand. Membre du Cavalier bleu, il fut fasciné par le thème de l'animal.

Franz **Marc.** *Chevaux rouge et bleu.* Lenbachhaus, Munich. *Phot. © Arch. Smeets*

MARCASSIN n. m. ▪ Petit sanglier qui suit encore sa mère.

MARC AURÈLE (121 - 180) ▪ Empereur et philosophe romain. Il succéda à Antonin en 161. Il rénova l'administration de l'empire et écrivit des *"Pensées"* d'inspiration stoïcienne.

François Séverin **MARCEAU** (1769 - 1796) ▪ Général révolutionnaire français. Il combattit les insurgés vendéens (1793) et contribua à assurer la victoire des troupes françaises à Fleurus (1794).

Marcel **MARCEAU** (né en 1923) ▪ Mime français. Il a créé le personnage de Bip.

Marcel **Marceau.** *Phot. © Dupin/Stills*

Étienne **MARCEL** (v. 1315 - 1358) ▪ Prévôt des marchands de Paris. Il prit la tête de la révolte de la capitale contre le Dauphin (futur Charles V). Il fut vaincu et assassiné.

Gabriel **MARCEL** (1889 - 1973) ▪ Philosophe et écrivain français. Un des représentants de l'existentialisme chrétien. *"Être et Avoir"* (1935).

Benedetto **MARCELLO** (1686 - 1739) ▪ Compositeur italien. Il fut célèbre pour sa musique vocale.

Georges **MARCHAIS** (né en 1920) ▪ Homme politique français. Secrétaire général du parti communiste de 1972 à 1994.

Jean-Baptiste **MARCHAND** (1863 - 1934) ▪ Général et explorateur français. Parti du Congo (1897), il atteignit Fachoda (1898), qu'il dut évacuer au profit de Kitchener.

MARCHAND, ANDE ▪ **I.** n. Commerçant qui vend des marchandises. ⇒ **fournisseur, vendeur.** *Marchand de gros, en gros* (⇒ **grossiste**), au détail (⇒ **détaillant**). *Marchand ambulant.* ⇒ **colporteur.** *Marchande de journaux.* → *Marchand de biens :* agent immobilier. *Marchand, marchande des quatre-saisons,* qui vend des fruits, des légumes, dans une petite voiture. ♦ loc. péj. *Marchand de canons,* fabricant d'armes de guerre. → *Marchand de soupe :* personne qui ne songe qu'au profit. **II.** adj. **1.** Commercial. *Prix marchand,* prix de facture. *Valeur marchande,* valeur commerciale. **2.** *Galerie marchande,* où se trouvent de nombreux commerces. ⇒ **commerçant.** **3.** *Marine marchande,* qui effectue les transports commerciaux.

MARCHANDAGE n. m. ▪ **1.** Discussion pour obtenir ou vendre (qqch.) au meilleur prix. *Faire du marchandage.* **2.** Tractation effectuée sans scrupule. *Un marchandage électoral.*

MARCHANDER v. tr. [1] ▪ Essayer d'acheter (une chose) à meilleur marché, en discutant avec le vendeur. *Marchander un bibelot ancien.* → fig. *Il ne lui a pas marchandé les éloges,* il l'a beaucoup loué.

MARCHANDISE n. f. ▪ **1.** Objet destiné à la vente. ⇒ **article, denrée.** *Train de marchandises* (opposé à *de voyageurs*). **2.** Ce qu'on veut vendre, placer. loc. *Faire valoir sa marchandise.*

① **MARCHE** n. f. ▪ **I.** Surface plane sur laquelle on pose le pied pour passer d'un plan horizontal à un autre. *Les marches d'un escalier.* ⇒ **degré.** **II. 1.** Action de marcher, suite de pas ; déplacement fait en marchant. *Aimer la marche.* ⇒ **promenade.** *Faire une longue marche. En avant, marche !* → loc. *MARCHE À SUIVRE :* série d'opérations, de démarches. **2.** Mouvement de personnes marchant dans un ordre déterminé. *Nous avons pris part à une marche de protestation.* → *Ouvrir, fermer la marche.* **3.** Morceau de musique dont le rythme règle la marche. *Une marche militaire.* **4.** (choses) Déplacement continu dans une direction déterminée. *Le sens de la marche d'un train. Marche arrière.* → Mouvement. *Régler la marche d'une horloge.* **5.** Cours. *La marche du temps.* **6.** Fonctionnement. *Assurer la (bonne) marche d'un service.* → *En état de marche,* capable de

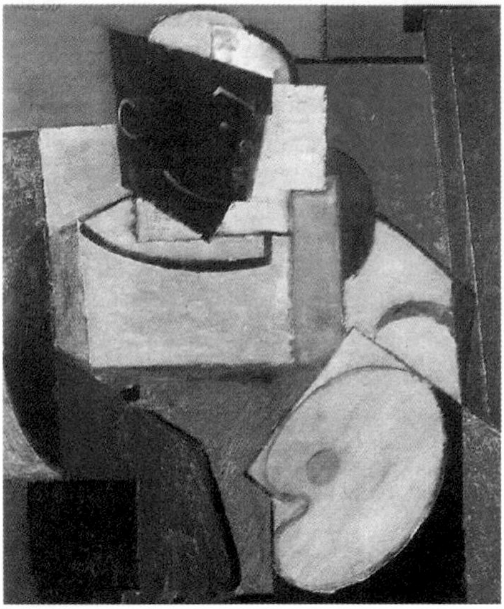

Marcoussis. *Autoportrait.* Coll. part.
Phot. © Arch. Smeets

fonctionner. **7.** loc. adv. *EN MARCHE :* en train d'avancer. - En fonctionnement. *Mettre un moteur en marche.* ⇒ **démarrer.**

▪ **la LONGUE MARCHE** → Longue Marche

② **MARCHE** n. f. ▪ surtout plur. HIST. Région frontière d'un État.

la MARCHE ▪ Ancienne province du centre de la France (Creuse et Haute-Vienne actuelles), rattachée à la France par François Ier en 1531.

MARCHÉ n. m. ▪ **I. 1.** Lieu où se tient une réunion périodique des marchands, notamment de denrées alimentaires. *Marché couvert.* ⇒ **halle.** *La place du marché. Marché aux fleurs. Jours de marché. Faire le, son marché,* aller acheter les denrées nécessaires à la vie quotidienne (→ faire les commissions, les courses). **2.** Opérations commerciales, financières, concernant une catégorie de biens dans une zone ; cette zone. *Marché financier, des devises. Marché à terme. Le marché du travail.* - anciennt *MARCHÉ COMMUN :* Communauté économique européenne (C.E.E.). - *MARCHÉ NOIR :* marché clandestin résultant de l'insuffisance de l'offre. **3.** Débouché pour un produit. *Conquérir un marché.* ⇒ **clientèle.** *Étude de marché* (⇒ **mercatique** ; anglic. **marketing**). **II. 1.** Accord portant sur la fourniture de marchandises, de valeurs ou de services. ⇒ **affaire, contrat.** *Conclure, passer un marché.* - loc. *Mettre* (à qqn) *le marché en main,* le sommer d'accepter ou non. - loc. *Par-dessus le marché,* en plus de ce qui a été convenu ; fig. en plus, en outre. **2.** *À BON MARCHÉ :* à bas prix. *Fabriquer à meilleur marché,* moins cher. ⇒ **bon marché.**

le MARCHÉ COMMUN → C.E.E.

MARCHE-EN-FAMENNE ▪ Ville de Belgique (Région wallonne, province de Luxembourg). 15 425 hab.

MARCHEPIED n. m. ▪ Degré ou série de degrés qui servent à monter dans une voiture ou à en descendre.

MARCHER v. intr. [1] ▪ **I. 1.** Se déplacer par mouvements et appuis successifs des jambes et des pieds (⇒ **pas**), sans interrompre le contact avec le sol (par oppos. à *courir*). ⇒ **marche.** *Enfant qui apprend, qui commence à marcher. Marcher à petits pas rapides.* ⇒ **trotter, trottiner.** *Manière de marcher.* ⇒ **démarche.** - par ext. *Marcher sur les mains.* **2.** Aller à pied. ⇒ **déambuler,** se **promener.** *Marcher sans but, à l'aventure.* ⇒ **errer, flâner.** - *Marcher sur* (qqn, l'ennemi), se diriger avec décision et violence. **3.** (choses) Se mouvoir de manière continue. *Le bateau marchait droit contre le vent.* ⇒ **naviguer. 4.** (mécanisme) Fonctionner. *La radio ne marche plus.* **5.** Produire l'effet souhaité. *Ses affaires, ses études marchent bien.* ⇒ **réussir.** *Ça n'a pas marché.* **II. 1.** Avancer à pied. *Marcher dans la rue, sur le trottoir.* - loc. *Marcher sur les traces de qqn,* l'imiter. **2.** Poser le, les pieds. *Marcher dans une flaque d'eau. Marcher sur les pieds de qqn.* **III.** FAM. Acquiescer, donner son adhésion à qqch. ⇒ **accepter, consentir.** *Non, je ne marche pas ! Ça marche !,* c'est d'accord. - Croire naïvement quelque histoire. *Il a marché. Faire marcher qqn,* obtenir de lui ce qu'on veut en le trompant. ⇒ **berner.**

les MARCHES n. f. pl. en italien *MARCHE* ▪ Région de l'Italie entre l'Apennin et l'Adriatique. 9 694 km². 1 429 223 hab. Chef-lieu : Ancône. Agriculture.

MARCHEUR, EUSE ▪ **1.** n. Personne qui peut marcher longtemps, sans fatigue. *Elle est bonne marcheuse.* **2.** adj. *Oiseaux marcheurs,* qui marchent (et volent difficilement).

MARCK ▪ Commune du Pas-de-Calais. 9 069 hab.

Guglielmo MARCONI (1874 - 1937) ▪ Physicien italien qui travailla en Angleterre. Il fabriqua le premier poste de télégraphie sans fil. Prix Nobel 1909.

MARCOTTE n. f. ▪ Tige, branche qui a pris racine, ou qui est destinée à former une plante nouvelle (*marcottage* n. m.).

MARCOULE ▪ Centre d'énergie atomique français dans le Gard. Production de plutonium.

Ludwik Markus dit **Louis MARCOUSSIS** (1883 - 1941) ▪ Peintre français d'origine polonaise. Cubiste, il fit de nombreuses peintures sur verre.

MARCQ-EN-BARŒUL ▪ Commune du Nord. 36 601 hab. *(les Marcquois).*

Herbert MARCUSE (1898 - 1979) ▪ Philosophe américain d'origine allemande. Théoricien de la révolution permanente, il se réclame de Freud et de Marx. Critique de la société de consommation, il eut une certaine influence sur les mouvements étudiants de mai 1968. *"L'Homme unidimensionnel"* (1964).

MAR DEL PLATA ▪ Ville et port d'Argentine sur l'Atlantique. 519 000 hab. Pêche. Station balnéaire.

MARDI n. m. ▪ **1.** Deuxième jour de la semaine*, qui succède au lundi. *Il vient le mardi, tous les mardis.* - *Nous partirons mardi (prochain).* **2.** *Mardi gras,* dernier jour du carnaval, qui précède le carême.

MARDOCHÉE ▪ Personnage biblique du Livre d'Esther. Il aide Esther et institue avec elle la fête des Sorts *(Pourim).*

MARE n. f. ▪ **1.** Petite nappe d'eau peu profonde qui stagne. ⇒ **flaque. 2.** Grande quantité (de liquide répandu). *Une mare de sang.*

MARÉCAGE n. m. ▪ Lieu inculte et humide où s'étendent des marais.

MARÉCAGEUX, EUSE adj. ▪ De la nature du marécage. ⇒ **bourbeux.** *Terrain marécageux.*

MARÉCHAL, AUX n. m. ▪ **I.** VX ⇒ **maréchal-ferrant. II. 1.** HIST. Officier général. *Maréchal de camp.* **2.** MOD. Officier général qui a la dignité la plus élevée dans la hiérarchie militaire (on lui dit : *Monsieur le Maréchal*). - au fém. *Madame la Maréchale,* la femme du maréchal.

MARÉCHAL DES LOGIS n. m. ▪ Sous-officier de cavalerie ou d'artillerie (grade qui correspond à celui de sergent, dans l'infanterie).

MARÉCHAL-FERRANT n. m. ▪ Artisan qui ferre les animaux de trait, les chevaux. *Des maréchaux-ferrants.*

MARÉCHAUSSÉE n. f. ▪ plais. Gendarmerie.

MARÉE n. f. ▪ **1.** Mouvement journalier d'oscillation de la mer, dû à l'attraction lunaire. *Marée montante* (⇒ **flux**), descendante (⇒ **jusant, reflux**). *À marée haute, basse. Grandes marées,* à fortes amplitudes, lorsque l'attraction du Soleil se conjugue avec celle de la Lune. - loc. fig. *Contre vents et marées,* malgré tous les obstacles. **2.** *MARÉE NOIRE :* mazout polluant l'eau de mer et atteignant les côtes ; pollution des rivages. **3.** fig. ⇒ **flot.** *Une marée humaine.* **4.** Poissons, crustacés, fruits de mer frais. *Train de marée.*

MARELLE n. f. ▪ Jeu d'enfants qui consiste à pousser à cloche-pied un palet dans les cases numérotées d'une figure tracée sur le sol. *Jouer à la marelle.* - La figure tracée.

MARÉMOTRICE adj. f. ▪ *Usine marémotrice,* produisant de l'énergie électrique avec la force motrice des marées.

MARENGO [-Rɛ̃-] n. appos. ▪ *Poulet, veau marengo,* qu'on a fait revenir dans l'huile avec des tomates, des champignons et du vin blanc.

MARENGO ▪ Ville d'Italie (Piémont). Le 14 juin 1800, Napoléon y remporta une victoire sur les Autrichiens.

MARENNES ▪ Commune de Charente-Maritime. 4 634 hab. *(les Marennais)*. Ostréiculture.

Luca MARENZIO (v. 1553 - 1599) ▪ Compositeur italien. Un des plus grands auteurs de madrigaux du XVIe s.

Étienne Jules MAREY (1830 - 1904) ▪ Physiologiste français. Ses recherches sur l'enregistrement du mouvement (« chronophotographie ») en firent l'un des précurseurs du cinéma.

MAREYEUR, EUSE n. ▪ Grossiste qui achète sur place les produits de la pêche et les expédie aux marchands de poisson.

MARGARINE n. f. ▪ Corps gras alimentaire, végétal ou (plus rarement) animal. *Cuisine à la margarine.*

MARGAUX ▪ Commune de Gironde. 1 387 hab. *(les Margalais)*. Vignobles de Château-Margaux, premier grand cru du haut Médoc.

MARGE n. f. ▪ **1.** Espace blanc (autour d'un texte écrit ou imprimé). ⇒ **bord.** *Laissez de grandes marges.* - Espace laissé à gauche (d'une page manuscrite ou dactylographiée). *Les corrections sont dans la marge.* **2.** Intervalle d'espace ou de temps ; possibilité d'action. *Avoir une marge de liberté, de réflexion.* ⇒ **délai.** *Ça ne nous laisse aucune marge. Marge de sécurité.* **3.** *Marge (bénéficiaire)* : différence entre prix de vente et coût. **4.** *EN MARGE DE* : en dehors de, mais qui se rapporte à. *Émission en marge de l'actualité.* - *EN MARGE* loc. adv. *Vivre en marge,* sans se mêler à la société (⇒ **marginal**).

MARGELLE n. f. ▪ Assise de pierre qui forme le rebord (d'un puits, du bassin d'une fontaine).

la MARGERIDE ▪ Plateau cristallin du sud de l'Auvergne, culminant à 1 551 m au signal de Randon. Élevage. Gisements d'uranium.

MARGINAL, ALE, AUX adj. ▪ **1.** DIDACT. Qui est mis dans la marge. *Note marginale.* **2.** Qui n'est pas central, principal. *Occupations, préoccupations marginales.* ⇒ **secondaire. 3.** COUR. Qui vit en marge de la société. ⇒ **asocial.** - n. *Des marginaux.*

MARGINALISER v. tr. [1] ▪ Mettre à l'écart, tendre à exclure.

MARGINALISME n. m. ▪ ÉCON. Théorie selon laquelle la valeur d'échange est déterminée par celle de la dernière unité disponible d'un produit. ► adj. et n. MARGINALISTE

MARGINALITÉ n. f. ▪ Caractère marginal (2 et 3).

MARGOULETTE n. f. ▪ FAM. Figure (d'une personne). - loc. *Se casser la margoulette,* tomber. *Elle s'est cassé la margoulette en descendant.*

MARGOULIN n. m. ▪ péj. Individu peu scrupuleux qui fait de petites affaires.

MARGRAVE n. ▪ HIST. Ancien titre de princes souverains d'Allemagne. ► n. m. MARGRAVIAT

MARGUERITE n. f. ▪ **I.** VX Perle. **II.** Fleur blanche à cœur jaune, commune dans les prés. ⇒ **pâquerette.**

MARGUERITE II (née en 1940) ▪ Reine du Danemark. Elle succéda à son père Frédéric IX en 1972.

MARGUERITE D'AUTRICHE (1480 - 1530) ▪ Duchesse de Savoie, gouvernante des Pays-Bas de 1506 à sa mort. Elle joua un rôle important dans la politique européenne.

MARGUERITE DE VALOIS ou **DE NAVARRE** ou **D'ANGOULÊME** (1492 - 1549) ▪ Reine de Navarre, sœur de François Ier, protectrice des humanistes et écrivain. *"L'Heptaméron"* (posthume, 1579), recueil de nouvelles qui s'inspire du *"Décaméron"* de Boccace.

MARGUERITE DE VALOIS dite ***LA REINE MARGOT*** (1553 - 1615) ▪ Reine de Navarre. Son mariage avec Henri de Navarre (le futur Henri IV) fut une des causes de la Saint-Barthélemy (1572) et fut annulé en 1599. Elle tint à Nérac une cour brillante.

MARGUERITE VALDEMARSDOTTER (1353 - 1412) ▪ Reine du Danemark, de Norvège et de Suède. Elle réalisa l'union de ces trois États au bénéfice de son neveu Éric de Poméranie.

MARGUERITTES ▪ Commune du Gard. 7 548 hab. *(les Marguerittois)*.

MARI n. m. ▪ Homme marié, par rapport à sa femme. ⇒ **conjoint, époux ; marital.** *Le mari de Mme C. Le second mari d'une divorcée.*

MARI ▪ Ancienne cité de Mésopotamie, sur l'Euphrate, fondée vers 3000 av. J.-C. Vestiges du palais des rois de Mari (XVIIIe s. av. J.-C.), découverts par André Parrot en 1935.

Mari. *Ebih-Il, l'intendant,* art mésopotamien du IIIe millénaire av. J.-C. Musée du Louvre, Paris. *Phot. © Nimatallah/Ricciarini*

MARIAGE n. m. ▪ **I. 1.** Union légitime d'un homme et d'une femme. *Du mariage.* ⇒ **matrimonial.** *Mariage civil ; religieux. Contrat de mariage.* - Action, fait de se marier. *Il l'a demandée en mariage.* ⇒ demander la **main.** *Mariage d'amour ; de raison.* **2.** Cérémonie du mariage. ⇒ **noce.** *Aller, assister, être témoin à un mariage.* **3.** État, situation d'une personne mariée, d'un couple marié (opposé à *célibat*). **II.** Alliance, union. *Le mariage entre deux entreprises.* - *Le mariage de deux couleurs, de deux parfums. Un heureux mariage de mots.*

MARIANNE ▪ Nom donné à la République française, représentée sous les traits d'une jeune femme coiffée du bonnet phrygien. À l'origine, c'était le nom d'une société secrète républicaine opposée au second Empire.

les îles MARIANNES ▪ Archipel de la Micronésie, en Océanie, dont l'île principale est Guam. ► **la fosse des MARIANNES** est profonde de plus de 10 000 m.

le Commonwealth des MARIANNES-DU-NORD ▪ État du Pacifique occidental qui regroupe 16 îles (à l'exception de Guam). Depuis 1976, les Mariannes-du-Nord forment un État « librement associé » aux États-Unis. 477 km^2. 23 300 hab. Capitale : Garapan (Saipan). Langue officielle : anglais. Monnaie : dollar américain.

MARIÁNSKÉ LÁZNE ▪ Ville de la République tchèque, en Bohême occidentale, au sud de Karlovy Vary. 15 000 hab. Station thermale.

MARIBOR ▪ Ville de Slovénie. 103 961 hab. Centre industriel.

la MARICA ou **MARITZA** ▪ Fleuve des Balkans qui se jette dans la mer Égée. 450 km.

sainte MARIE ou **la VIERGE MARIE** ▪ Dans la tradition chrétienne, épouse — demeurée vierge — de Joseph, elle enfante Jésus par l'intervention de l'Esprit saint. Son culte s'est développé à partir du IVe s. ; il a été rejeté par la Réforme et encouragé par la Contre-Réforme. La thèse de l'Immaculée Conception de Marie a été érigée en dogme par Pie IX (1854).

MARIE II DE BRAGANCE (1819 - 1853) ▪ Reine du Portugal. Elle reçut la couronne de son père Pierre Ier en 1826. Évincée en 1828, elle retrouva son pouvoir en 1834.

MARIE DE FRANCE (1154 - 1189) ▪ Poétesse française. Ses *"Lais"* en vers octosyllabes, transcriptions de légendes bretonnes, traitent les thèmes de l'amour courtois.

Barbe Jeanne Avrillot en religion **MARIE DE L'INCARNATION** (1566 - 1618) ▪ Religieuse française. Avec Bérulle, elle établit en France les Carmélites.

Marie Guyard en religion **MARIE DE L'INCARNATION** (1599 - 1672) ▪ Religieuse française. Fondatrice du couvent des Ursulines au Canada (1639), elle a écrit des *"Relations"* et des *"Lettres"*, précieux documents historiques.

MARIE DE MÉDICIS (1573 - 1642) ▪ Reine de France, de la famille italienne des Médicis. Régente à la mort de son époux Henri IV. Elle entra en conflit avec son fils Louis XIII après le meurtre de Concini (1617). Réconciliée avec le roi, elle fit entrer Richelieu au Conseil. Elle tenta ensuite en vain de le faire disgracier (journée des Dupes, 1630) et dut s'exiler.

MARIE Ire STUART (1542 - 1587) ▪ Reine d'Écosse. Mariée à François II, reine de France en 1559-1560. Réfugiée en Angleterre en 1568, le parti catholique se regroupa derrière elle et en fit l'adversaire d'Élisabeth Ire d'Angleterre, qui la fit exécuter après dix-huit ans de captivité.

Marie Ire Stuart. Portrait anonyme, XVIe s. Musée Condé, Chantilly. *Phot. © Giraudon*

MARIE II STUART (1662 - 1694) ▪ Reine de Grande-Bretagne et d'Irlande de 1689 à sa mort. Fille de Jacques II et épouse de Guillaume III* d'Orange-Nassau.

MARIE Ire TUDOR dite **Marie la Catholique** ou **Marie la Sanglante** (1516 - 1558) ▪ Reine d'Angleterre, fille d'Henri VIII et de Catherine d'Aragon. Pendant ses cinq années de règne (de 1553 à sa mort), elle rétablit le catholicisme et persécuta les protestants.

MARIE-ANTOINETTE (1755 - 1793) ▪ Reine de France. Archiduchesse d'Autriche, mariée au futur Louis XVI. Impopulaire, surnommée « l'Autrichienne », elle était opposée à toute réforme. Elle fut guillotinée.

MARIÉ, ÉE adj. et n. ▪ **1.** Qui est uni, qui sont unis par le mariage (s'oppose à *célibataire*). - **n.** *JEUNE MARIÉ(E) ; MARIÉ(E) :* celui, celle qui est marié(e) depuis peu. *"Les Mariés de la Tour Eiffel"* (pièce de Cocteau). **2.** **n.** Personne dont on célèbre le mariage. *Robe de mariée. Vive la mariée !* - loc. prov. *Se plaindre que la mariée est trop belle,* se plaindre d'une chose dont on devrait se réjouir.

MARIE-GALANTE ▪ Petite île des Antilles françaises, dépendant du département de la Guadeloupe. 158 km². 13 512 hab. Commune principale : Grand-Bourg.

MARIE-LOUISE DE HABSBOURG-LORRAINE (1791 - 1847) ▪ Impératrice des Français. Elle épousa Napoléon Ier en 1810 et rejoignit son père François Ier d'Autriche en 1814.

sainte MARIE MADELEINE ▪ Une des saintes femmes qui assistent à la Passion de Jésus, dans l'Évangile. Identifiée traditionnellement avec la pécheresse anonyme qui parfume les pieds de Jésus et avec la sœur de Lazare.

MARIER v. tr. 7 ▪ **1.** Unir (un homme et une femme) en célébrant le mariage. ♦ Donner en mariage. *Ils marient leur fils.* **2.** fig. *Marier deux entreprises.* - Unir. ⇒ **assortir, combiner.** *Marier des couleurs.* ► SE **MARIER** v. pron. **1.** S'unir par le mariage. *Ils se sont mariés à l'église.* **2.** Contracter mariage. *Il va se marier avec elle.* ⇒ **épouser. 3.** fig. *Des couleurs qui se marient bien.* ⇒ s'**harmoniser.**

MARIE-THÉRÈSE (1717 - 1780) ▪ Impératrice d'Autriche de 1740 à sa mort. Fille de Charles VI. Son accession au trône déclencha la guerre de Succession* d'Autriche (1740-1748). Elle mena une politique centralisatrice, associant son fils Joseph II au trône dès 1765. Ayant épousé François Ier de Lorraine, elle fonda la dynastie des Habsbourg-Lorraine.

MARIE-THÉRÈSE D'AUTRICHE (1638 - 1683) ▪ Reine de France par son mariage avec Louis XIV en 1660.

Auguste MARIETTE (1821 - 1881) ▪ Égyptologue français. Il découvrit le Serapeum à Saqqara (1850) et fonda en 1863 un musée dont les collections constituent le fonds de l'actuel musée du Caire.

MARIGNAN ▪ Ville d'Italie, en Lombardie. 16 827 hab. Célèbre victoire de François Ier sur les Suisses du duc de Milan en 1515.

MARIGNANE ▪ Commune des Bouches-du-Rhône. 32 325 hab. *(les Marignanais).* Aéroport de Marseille.

MARIGOT n. m. ▪ Bras mort d'un fleuve, marais*, eau morte, dans une région tropicale.

MARIJUANA [maʀiʀwana ; -ʒɥana] n. f. ▪ Stupéfiant tiré du chanvre indien. *Il fume de la marijuana.*

Michel de MARILLAC (1563 - 1632) ▪ Juriste français. Chef du parti dévot, il fut ministre de Louis XIII, puis écarté par Richelieu après la journée des Dupes (1630).

① **MARIN, INE** adj. ▪ **1.** De la mer. *Air marin. Sel marin. Animaux marins.* **2.** Relatif à la navigation sur la mer. *Carte marine. Mille marin.* - loc. *Avoir le pied marin,* garder son équilibre sur un bateau.

② **MARIN** n. m. ▪ **1.** Personne habile dans l'art de la navigation sur mer. ⇒ **navigateur. 2.** Personne (surtout homme) dont la profession est de naviguer sur la mer. ⇒ **matelot.** - loc. FAM. *Marin d'eau douce,* médiocre marin. **3.** adj. *Costume marin, col marin,* qui rappelle celui des marins.

MARINA n. f. ▪ anglic. Ensemble touristique, comportant un port de plaisance, en bord de mer.

MARINADE n. f. ▪ **1.** Liquide (vin, etc.) salé et épicé dans lequel on met du poisson, de la viande avant la cuisson. **2.** Aliment mariné. *Nous avons mangé une marinade de veau.*

① **MARINE** ▪ **I.** n. f. **1.** Ce qui concerne l'art de la navigation sur mer. **2.** Ensemble des navires appartenant à une même nation ou entrant dans une même catégorie. *La marine anglaise. Marine militaire* (→ la Royale). *Officiers de marine.* **II.** adj. invar. *BLEU MARINE* ou *MARINE :* bleu foncé semblable au bleu des uniformes de la marine. *Des chaussettes bleu marine, marine.* - n. m. *Porter du marine.* **III.** n. f. Peinture ayant la mer pour sujet.

② **MARINE** n. m. ▪ Soldat de l'infanterie de marine américaine ou anglaise.

MARINER v. intr. 1 ▪ **1.** Tremper dans une marinade. ⇒ **macérer. 2.** FAM. (sujet personne) Rester longtemps dans un lieu ou une situation désagréable. *Ils l'ont laissé mariner trois jours avant de l'interroger.* ► **MARINÉ, ÉE** adj. Trempé, conservé dans une marinade. *Harengs marinés.*

Filippo MARINETTI (1876 - 1944) ▪ Écrivain italien. Fondateur et théoricien du futurisme.

MARINGOUIN n. m. ▪ (Tropiques ; Canada) Moustique.

MARINIER, IÈRE n. ▪ Personne (surtout homme) dont la profession est de naviguer sur les fleuves, les canaux. ⇒ **batelier.**

MARINIÈRE n. f. ▪ **I.** *(À LA) MARINIÈRE :* à la manière des pêcheurs, des marins. *Moules à la marinière* ou *moules marinière,* préparées dans leur jus, avec des oignons. **II.** Blouse sans ouverture sur le devant et qui descend un peu plus bas que la taille.

Giambattista MARINO dit **LE CAVALIER MARIN** (1569 - 1625) ▪ Poète italien. Son style précieux (marinisme) influença la littérature européenne de son temps. *"Adonis"* (1623), poème mythologique.

MARIOL ou **MARIOLLE** adj. et n. ▪ FAM. Malin. *Faire le mariolle,* se vanter, faire l'intéressant.

MARIONNETTE n. f. ▪ **1.** Figurine représentant un être humain ou un animal, actionnée à la main par une personne cachée. *Marionnettes à fils, à tige, à gaine.* ⇒ **guignol.** - *S'agiter comme une marionnette.* **2.** Personne qu'on manœuvre à son gré. ⇒ **pantin.**

marionnette. *Théâtre de marionnettes,* aquarelle d'Achille Pinelli, XIXe s. Museo di Roma, Rome. *Phot. © Giraudon*

MARIONNETTISTE n. ▪ Montreur de marionnettes.

l'abbé Edme MARIOTTE (v. 1620 - 1684) ▪ Physicien français. Il étudia la compressibilité des gaz. *Loi de Boyle-Mariotte.* → **Boyle.**

MARIOUPOL, de 1948 à 1989 **JDANOV** ▪ Ville et port d'Ukraine sur la mer d'Azov, dans le Donbass. 520 000 hab.

la république des MARIS ▪ République de la Fédération de Russie, sur la Volga. 23 200 km². 754 000 hab. Langues : mari, russe. Capitale : Iochkar-Ola. Agriculture. Industrie.

Jacques MARITAIN (1882 - 1973) ▪ Philosophe français. Il a renouvelé le thomisme.

MARITAL, ALE, AUX adj. ▪ Du mari. *Autorisation maritale.*

MARITALEMENT adv. ▪ Comme mari et femme. *Vivre maritalement.*

MARITIME adj. ▪ **1.** Qui est au bord de la mer, subit l'influence de la mer. *Ports maritimes et ports fluviaux.* **2.** Qui se fait sur mer, par mer. *Navigation maritime.* **3.** Qui concerne la marine, la navigation. ⇒ **naval.** *Forces maritimes. Droit maritime.*

les Provinces MARITIMES ▪ Provinces canadiennes comprenant la Nouvelle-Écosse, le Nouveau-Brunswick et l'Île-du-Prince-Édouard.

MARITORNE n. f. ▪ Femme laide et malpropre. ⇒ **souillon.**

Caius MARIUS (157 - 86 av. J.-C.) ▪ Général romain. Élu consul par le parti populaire (107 av. J.-C.), glorieux vainqueur de Jugurtha et des Teutons*. Il fut l'adversaire de Sylla.

MARIVAUDAGE n. m. ▪ Action de marivauder ; propos galants.

MARIVAUDER v. intr. [1] ▪ Tenir, échanger des propos d'une galanterie délicate et recherchée. ⇒ **badiner.**

Pierre Carlet de MARIVAUX (1688 - 1763) ▪ Romancier et auteur dramatique français. Il fut l'analyste subtil de l'amour naissant et un observateur lucide de l'injustice sociale. Romans : *"La Vie de Marianne"* (1731-1741). Théâtre : *"La Double Inconstance"* (1723); *"L'Île des esclaves"* (1725); *"Le Jeu de l'amour et du hasard"* (1730); *"Les Fausses Confidences"* (1737).

MARJOLAINE n. f. ▪ Plante sauvage utilisée comme aromate. ⇒ **origan.** *Le thym et la marjolaine.*

MARK [maʀk] n. m. ▪ Unité monétaire allemande. *Cent marks.*

MARKETING [-ke-] n. m. ▪ anglic. Ensemble des techniques qui ont pour objet la stratégie commerciale et notamment l'étude de marché. ◇ recomm. off. *mercatique* n. f.

Andreï MARKOV (1856 - 1922) ▪ Mathématicien russe. Théorie des probabilités.

le duc de MARLBOROUGH (1650 - 1722) ▪ Général et homme politique anglais. Il s'illustra dans la guerre de Succession d'Espagne. Il a inspiré la chanson *"Malbrough s'en va-t-en guerre".*

MARLOU n. m. ▪ FAM. Souteneur. ⇒ FAM. ② **maquereau.** *Des marlous.*

Christopher MARLOWE (1564 - 1593) ▪ Auteur dramatique anglais. Œuvre pathétique qui fait l'apologie de la révolte individuelle. *"Tamerlan le Grand"* (1587-1588); *"La Tragique Histoire du docteur Faust"* (1588).

MARLY ▪ Commune de la Moselle. 9 511 hab.

MARLY ▪ Commune du Nord. 12 081 hab. *(les Marlytrons).* Aéroport de Valenciennes.

MARLY-LE-ROI ▪ Commune des Yvelines. 16 741 hab. *(les Marlychois).* Hardouin-Mansart y construisit un château pour Louis XIV, détruit au XIXe s.

MARMAILLE n. f. ▪ FAM. Groupe nombreux de jeunes enfants bruyants.

MARMANDE ▪ Chef-lieu d'arrondissement du Lot-et-Garonne. 17 568 hab. *(les Marmandais).* Fruits, légumes (tomates), tabac. Industrie alimentaire.

la mer de MARMARA ▪ Mer située entre les détroits des Dardanelles et du Bosphore. 11 500 km².

MARMELADE n. f. ▪ **1.** Préparation de fruits écrasés et cuits avec du sucre, du sirop. ≠ *compote, confiture. Marmelade d'oranges.* **2.** *EN MARMELADE :* réduit en bouillie. ⇒ en **capilotade.**

MARMITE n. f. ▪ **1.** Récipient muni d'un couvercle et généralement d'anses, dans lequel on fait bouillir l'eau, cuire des aliments. ⇒ **cocotte, fait-tout.** - loc. *Nez en pied de marmite,* épaté. *Faire bouillir la marmite,* assurer la subsistance de sa famille. **2.** HIST. *Marmite de Papin* (machine à vapeur primitive). **3.** GÉOL. *Marmite de géants :* cuvette creusée par érosion tourbillonnaire. **4.** ARGOT ANC. Gros obus.

MARMITON n. m. ▪ Jeune aide-cuisinier.

MARMONNER v. tr. [1] ▪ Dire, murmurer entre ses dents, d'une façon confuse. ⇒ **bredouiller, marmotter.** *Marmonner des injures.* ► n. m. MARMONNEMENT

Auguste Viesse de MARMONT (1774 - 1852) ▪ Officier français. Maréchal d'Empire, il rallia Louis XVIII et Charles X.

Jean-François MARMONTEL (1723 - 1799) ▪ Écrivain français des Lumières. Il a attaqué l'intolérance et l'esclavage. *"Bélisaire"*, roman idéologique (1767); *"Contes moraux"* (1761-1771).

MARMORÉEN, ÉENNE adj. ▪ LITTÉR. Qui a l'apparence (blancheur, éclat, froideur) du marbre.

MARMOT n. m. ▪ **1.** FAM. Jeune enfant. **2.** loc. *Croquer le marmot,* attendre longtemps.

MARMOTTE n. f. ▪ **I.** Mammifère rongeur au corps ramassé, au pelage fourni. *La marmotte s'engourdit par le froid. Les petits ramoneurs savoyards montraient des marmottes.* - loc. *Dormir comme une marmotte,* profondément (→ comme un loir). ♦ Fourrure de cet animal. **II.** Malle à deux parties qui s'emboîtent.

marmotte. *Marmota marmota.*
Phot. © Dragesco/Jacana

MARMOTTER v. tr. [1] ▪ Dire confusément, en parlant entre ses dents. ⇒ **bredouiller, marmonner.** *Marmotter des prières.* ► n. m. MARMOTTEMENT

MARMOUSET n. m. ▪ VX Figurine grotesque. ♦ Petit homme contrefait.

MARMOUTIER ▪ Commune du Bas-Rhin. 2 235 hab. *(les Maurimonastériens).* Église (ancienne abbatiale bénédictine à façade romane des XIe et XIIe s.).

MARNE n. f. ▪ Mélange naturel d'argile et de calcaire.

la MARNE ▪ Rivière de France qui prend sa source sur le plateau de Langres et se jette dans la Seine. 525 km. Pendant la Première Guerre mondiale (en 1914 [→ **Gallieni**] et 1918), d'importantes batailles opposèrent les Français, commandés par Joffre, aux Allemands.

la MARNE [51] ▪ Département français de la région Champagne-Ardenne. 8 205 km². 558 217 hab. Chef-lieu : Châlons-en-Champagne. Chefs-lieux d'arrondissement : Épernay, Reims, Sainte-Menehould, Vitry-le-François.

MARNE-LA-VALLÉE ▪ Ville nouvelle créée à l'est de Paris (Seine-et-Marne) en 1970. Parc d'attractions Disneyland-Paris.

MARNER v. intr. [1] ▪ **1.** Amender (la terre) avec de la marne. **2.** fig. FAM. Travailler dur (→ trimer).

MARNEUX, EUSE adj. ▪ Qui contient de la marne. *Terrain, sol marneux.*

le royaume du MAROC ▪ État d'Afrique du Nord, le plus occidental du Maghreb. 706 550 km² (y compris le Sahara occidental). 25 200 000 hab. *(les Marocains).* Capitale : Rabat. Langues : arabe (officielle), berbère, français. Religion officielle : islam. Monnaie : dirham marocain. Pays au relief montagneux (le Rif et l'Atlas) doté d'importantes ressources minières (3e producteur de phosphates). Son

Maroc.

économie est essentiellement agricole, mais l'industrie (chimique, agroalimentaire, confection) et le tourisme sont en plein essor. □ **HISTOIRE** Des colonies phéniciennes puis carthaginoises s'implantèrent au Maroc, jusqu'à l'annexion par Rome, au Ier s. av. J.-C. Le pays opposa une forte identité berbère à la conquête arabe. Les dynasties berbères islamisées dominèrent le Maroc de la fin du VIIe s. au XVe s. : les Idrissides (capitale : Fès) jusqu'en 985, les Almoravides (capitale : Marrakech), conquérants de l'Espagne et du Maghreb, jusqu'en 1147, les Almohades, qui portèrent l'empire à son apogée, jusqu'en 1269, les Marinides enfin, qui durent quitter l'Espagne et furent progressivement dominés par elle et le Portugal. Il en résulta, sous l'impulsion des marabouts, un réveil religieux qui porta au pouvoir des dynasties chérifiennes (*chérif* signifie « descendant » de Mahomet). À la fin du XVIe s., les Saadiens entreprirent une guerre sainte pour la reconquête du pays. Al-Rachid fonda en 1666 la dynastie des Alaouites, qui règne encore aujourd'hui. Son successeur, Ismaïl, célèbre en Europe, donna un nouvel éclat à la civilisation de son pays (capitale : Meknès). Mais les difficultés s'accumulaient. Au XIXe s., les puissances européennes n'eurent pas de mal à pénétrer économiquement le royaume, affaibli par ses divisions. En 1912, il devint protectorat français, à l'exception du Nord (Rif) et du Sud concédés à l'Espagne. Tanger fut dotée d'un statut international en 1923. La guerre du Rif* (1921-1926), dirigée par Abd el-Krim annonça le mouvement nationaliste (→ **Istiqlâl**). Le sultan Mohammed V, déposé en 1953 puis exilé en 1955, réussit à cristalliser l'opposition à la France. Ayant obtenu l'indépendance (1956), il fut proclamé roi en 1957. Son fils Hassan II lui succéda en 1961. Il réussit à affaiblir l'opposition politique puis échappa à deux tentatives d'attentats militaires (1971, 1972). Depuis 1975, le Maroc combat le Polisario qui réclame l'indépendance du Sahara* occidental. Malgré l'acceptation par les deux parties du plan de paix de l'O.N.U. (1988), le règlement du conflit demeure bloqué. ► **le MAROC ESPAGNOL** Ancien protectorat espagnol sur le Rif et les zones d'Ifni et Tarfaya. L'Espagne a conservé les présides de Ceuta et Melilla.

MAROCAIN, AINE adj. ▪ Du Maroc. ➛ n. *Les Marocains.*

MAROILLES ▪ Commune du Nord. 1 453 hab. *(les Maroillais).* Bâtiments (XVIIe s.) d'une ancienne abbaye bénédictine. Fromages (maroilles).

MAROMME ▪ Commune de la Seine-Maritime. 12 744 hab. *(les Marommais).*

le MARONI ▪ Fleuve d'Amérique du Sud, qui sépare la Guyane française et le Surinam avant de se jeter dans l'Atlantique. 680 km.

MARONITE n. ▪ Membre de l'Église catholique de rite syrien, au Liban. ➛ adj. *Prêtre maronite.* ■ Apparus au Ve s., les maronites affirmèrent la communion avec Rome à partir du XIIe s., devenant ainsi la principale Église catholique orientale.

MARONNER v. intr. [1] ▪ RÉGIONAL Maugréer, protester.

MAROQUIN n. m. ▪ Peau de chèvre, de mouton, tannée et teinte. *Une reliure en plein maroquin.*

MAROQUINERIE n. f. ▪ Industrie des cuirs fins pour la fabrication ou le revêtement d'articles de luxe (portefeuilles, porte-monnaie, sacs à main, sous-main, etc.). ♦ Commerce de ces articles. *Une maroquinerie :* le magasin.

MAROQUINIER, IÈRE n. ▪ Personne qui fabrique ou qui vend des articles de maroquinerie.

Clément MAROT (1496-1544) ▪ Poète français. Il est l'auteur de poésies de cour et de savoureuses épîtres en vers (*"Épître au roi pour le délivrer de prison"*). Il contribua à épurer la langue de son temps. *"Adolescence clémentine"* (1532).

MAROTTE n. f. ▪ **1.** VX Marionnette. ♦ Sceptre surmonté d'une tête à capuchon garni de grelots, attribut des bouffons ou fous. **2.** MOD. Idée fixe, manie. ⇒ **dada, folie.** *C'est devenu une marotte.* ⇒ **habitude.**

MAROUFLER v. tr. [1] ▪ Appliquer (une toile peinte) sur une surface (mur, toile) avec de la colle forte (appelée *maroufle,* n. f.). ► n. m. MAROUFLAGE

MAR-PA (1012-1096) ▪ Religieux bouddhiste tibétain, maître de Milarepa*.

MARQUAGE n. m. ▪ **1.** Opération par laquelle on marque des animaux, des arbres, des marchandises. **2.** SPORTS Action de marquer (I, 8) un joueur.

MARQUANT, ANTE adj. ▪ Qui marque, laisse une trace, un souvenir. ⇒ **mémorable, remarquable** ; contr. *insignifiant. Événement marquant.*

MARQUE n. f. ▪ **I. 1.** Signe matériel, empreinte sur une chose, servant à la distinguer, à la reconnaître ou servant de repère. *Coudre une marque à son linge. Faire des marques sur des papiers, des dossiers.* **2.** SPORTS Trait, repère fait sur le sol ou dispositif pour régler certains mouvements. ⇒ anglic. **starting-block.** *À vos marques !* **3.** Signe attestant un contrôle, le paiement de droits. ⇒ **cachet, estampille, poinçon.** *La marque de la douane.* **4.** *Marque de fabrique, commerce.* ⇒ **étiquette, label** (anglic.). *Produits de marque,* qui portent une marque connue, appréciée. ♦ Entreprise qui fabrique des produits de marque ; ces produits. *Les grandes marques d'automobiles. Sous-marques.* - loc. *IMAGE* DE MARQUE.* **II. 1.** Trace naturelle dont l'origine est reconnaissable. ⇒ **impression, indice, trace.** *Des marques de pas. Marques de coups sur la peau.* **2.** Objet qui sert à faire reconnaître, à retrouver une chose. *Mettre une marque dans un livre.* ⇒ **signet. 3.** Insigne, signe. *Les marques de sa fonction, de son grade.* - *DE MARQUE :* distingué. ⇒ de **qualité.** *Hôtes de marque.* **4.** fig. Caractère, signe particulier qui permet de reconnaître, d'identifier (qqch.). ⇒ **critère, indice, symptôme, témoignage.** *Être la marque de qqch.* ⇒ **révéler.** *Donner des marques d'estime.* ⇒ **preuve.** *Une marque d'amitié.* **III.** SPORTS Décompte des points (→ anglic. score).

le MARQUENTERRE ▪ Plaine côtière de Picardie entre Étaples et l'embouchure de la Somme. Élevage, céréales. Stations balnéaires. Parc ornithologique.

MARQUER v. [1] ▪ **I.** v. tr. concret **1.** Distinguer, rendre reconnaissable au moyen d'une marque (I), d'un repère. ⇒ **repérer, signaler.** *Marquer un emplacement d'un signe, d'une croix. Marquer des animaux.* **2.** FAM. Écrire, noter. *J'ai marqué son numéro de téléphone sur mon carnet.* - *C'est marqué sur l'étiquette.* **3.** Former, laisser une trace, une marque sur (qqch.). *Des traces de doigts marquaient les glaces.* - fig. *Ces événements l'ont marqué.* - passif et p. p. *Il reste marqué par cet échec.* **4.** Indiquer, signaler par une marque, un jalon. *Marquer une limite.* ⇒ **délimiter. 5.** (instrument) Indiquer. *Cette montre ne marque pas les secondes.* **6.** *Marquer les points, au cours d'une partie, d'un jeu,* les enregistrer (⇒ **marque** (III)). *Marquer les coups.* - loc. *MARQUER LE COUP :* souligner, par une réaction, l'importance que l'on attache à qqch. ; manifester que l'on a été atteint, touché. - *MARQUER UN POINT,* obtenir un avantage. - SPORTS *Marquer un but* (football), *un essai* (rugby), réussir un but, un essai. **7.** Rendre sensible ou plus sensible. ⇒ **accentuer, souligner.** *Marquer la mesure.* loc. *MARQUER LE PAS :* piétiner sur place en cadence ; fig. être gêné, ralenti dans son activité. **8.** SPORTS Attirer l'attention sur (un joueur) en le surveillant de près, en le serrant. **II.** fig. **1.** Faire connaître, extérioriser (un sentiment, une pensée). ⇒ **exprimer, manifester, montrer.** *Marquer son assentiment, son refus.* **2.** (choses) Faire connaître, révéler par un signe, un caractère. ⇒ **annoncer, attester, dénoter, indiquer, révéler, témoigner.** *Des yeux écarquillés qui marquent la surprise.* **III.** v. intr. **1.** Faire une impression assez forte pour laisser un souvenir. *Des événements qui marquent.* ⇒ **dater ; marquant. 2.** Laisser une trace, une marque. *Ce tampon ne marque plus.* ► SE MARQUER v. pron. Être marqué, se distinguer. *La fatigue se marque sur son visage.* ► **MARQUÉ, ÉE** adj. Pourvu d'une marque. *Linge marqué.* - *Visage marqué,* ridé. ♦ Qui se reconnaît facilement. *Une différence très marquée.*

Albert MARQUET (1875-1947) ▪ Peintre français. Paysages parisiens, ports. Ami de Matisse.

Marquet. *Paysage au chaland, port de Conflans,* 1911.
Musée d'Art moderne de la ville de Paris. *Phot. © Lauros/Giraudon*

MARQUETÉ, ÉE adj. ▪ **1.** Bigarré, tacheté. **2.** Formé ou décoré en marqueterie. *Une commode marquetée.*

MARQUETERIE [-kɛtri ; -kətri] n. f. ▪ **1.** Assemblage décoratif de pièces de bois précieux (ou d'écaille, d'ivoire) appliquées sur un fond de menuiserie. *Coffret en marqueterie.* **2.** Technique d'ébénisterie pour produire ce type d'ouvrage.

MARQUETTE-LEZ-LILLE ▪ Commune du Nord. 11 013 hab.

MARQUEUR, EUSE ▪ **I.** n. **1.** Personne qui appose des marques. **2.** Personne qui compte les points, les inscrit. **II.** n. m. **1.** Instrument pour marquer. **2.** Crayon feutre traçant de larges traits. **3.** SC. Élément repérable. ⇒ **traceur.** *Marqueurs radioactifs.*

MARQUIS, ISE n. ▪ Noble qui prend rang après le duc et avant le comte. *Monsieur le marquis. La marquise de Sévigné.*

MARQUISE n. f. ▪ Auvent généralement vitré au-dessus d'une porte d'entrée, d'un perron. *Les marquises d'une gare,* vitrages qui abritent les quais.

les îles MARQUISES ▪ Archipel de la Polynésie française au nord-est de Tahiti. 1 274 km². 7 538 hab. Centre administratif : Taiohae, sur l'île Nuku Hiva. Coprah.

MARRAINE n. f. ▪ **1.** Femme qui tient (ou a tenu) un enfant (son filleul, sa filleule) à son baptême. *Le parrain et la marraine.* **2.** Celle qui préside au baptême d'une cloche, au lancement d'un navire, etc.

MARRAKECH ▪ Ville du Maroc, au pied du Haut Atlas. 618 000 hab. Centre commercial et touristique. Nombreux édifices : Mosquée (Koutoubia), palais. Ancienne capitale des Almohades.

MARRANT, ANTE adj. ▪ FAM. **1.** Amusant, drôle. *Un film marrant.* **2.** Bizarre, curieux, étonnant. *C'est marrant qu'elle n'ait rien dit.* ♦ (personnes) Dont le comportement, les paroles sont étranges.

MARRE adv. ▪ FAM. *EN AVOIR MARRE :* en avoir assez, être dégoûté (→ en avoir ras* le bol). *J'en ai marre de ses histoires.* - impers. *(Il) y en a marre,* en voilà assez. - POP. *C'est marre,* ça suffit, c'est tout.

SE **MARRER** v. pron. [1] ▪ FAM. S'amuser, rire. *Ils se sont bien marrés.* ⇒ **rigoler.** - *Faire marrer qqn,* le faire rire. *Tu me fais marrer.*

MARRI, IE adj. ▪ VX ou LITTÉR. Triste, fâché.

① **MARRON** n. m. ▪ **I. 1.** Fruit comestible (cuit) du châtaignier cultivé. ⇒ **châtaigne.** *Dinde aux marrons.* - *Marrons glacés,* confits dans du sucre. - loc. (dans une fable de La Fontaine) *Tirer les marrons du feu,* se donner de la peine pour le seul profit d'autrui. **2.** *Marron d'Inde* ou *marron,* graine non comestible du marronnier d'Inde (qui ressemble à la châtaigne). **3. adj. invar.** D'une couleur brune et foncée. *Des robes marron.* – **n. m.** *Elle porte du marron.* **II.** FAM. Coup de poing. ⇒ **châtaigne.**

② **MARRON, ONNE adj.** ▪ **1.** anciennt ESCLAVE MARRON, qui s'était enfui pour vivre en liberté. **2.** Qui se livre à l'exercice illégal d'une profession, ou à des pratiques illicites (surtout *médecin, avocat marron*). **3. adj. masc. invar.** FAM. *Être (fait) marron,* pris, attrapé, trompé, dupé. *Elles sont marron.*

MARRONNIER n. m. ▪ **1.** Châtaignier cultivé. **2.** Grand arbre d'ornement à fleurs blanches ou roses disposées en pyramides.

MARS [maʀs] **n. m.** ▪ Troisième mois de l'année dans le calendrier actuel. *Les giboulées de mars.*

MARS ▪ Dieu romain de la Guerre, de la Végétation et du Printemps, identifié à l'Arès grec. Père de Romulus et Remus.

MARS ▪ Planète du système solaire qui tourne autour du Soleil en 687 j 23 h et sur elle-même en 58 j 16 h 48 min. Elle a deux satellites, Deimos et Phobos. Présence de nombreux grands volcans, tous éteints. L'atmosphère se compose essentiellement de gaz carbonique.

Mars. Photographie prise lors de l'expédition « Viking » en 1976. *Phot. © M. Salaber/Liaison/Gamma*

César Chesneau, sieur du MARSAIS (1676 - 1756) ▪ Grammairien français. Il collabora à l'*"Encyclopédie"*. *"Traité des tropes"* (1730).

MARSALA ▪ Ville d'Italie (Sicile). 80 869 hab. Célèbre pour ses vins doux.

MARSEILLAIS, AISE adj. et n. ▪ De Marseille. *Histoires marseillaises* (histoires comiques). – **n.** *Les Marseillais.*

la MARSEILLAISE ▪ Chant patriotique dont les paroles et la musique furent composées en 1792 par l'officier Rouget de Lisle. Intitulé *"Chant de guerre pour l'armée du Rhin"*, il devint l'hymne national français le 14 juillet 1795, après avoir été rendu célèbre par les fédérés marseillais.

MARSEILLE ▪ Chef-lieu des Bouches-du-Rhône et de la région Provence-Alpes-Côte d'Azur, la deuxième ville de France. 800 550 hab. *(les Marseillais).* Ville universitaire et culturelle (musées). Basilique Saint-Victor (crypte, Ve s.). Édifices des XVIIe-XVIIIe s. (hôtel de ville, hôpital de la Charité). Basilique Notre-Dame de la Garde (XIXe s.). Célèbre avenue de la Canebière. 1er port de commerce français (hydrocarbures) et port de voyageurs. Grand centre industriel : raffinage du pétrole, chimie, agroalimentaire. □ HISTOIRE *Massalia,* fondée vers 600 av. J.-C. par des Grecs de Phocée (d'où l'appellation de « Cité phocéenne »), fut très prospère jusqu'à la conquête romaine (49 av. J.-C.). Le commerce avec l'Orient lui donna un nouvel essor au Moyen Âge. Réunie à la France avec la Provence, en 1481. Elle fut décimée par la peste en 1720. En déclin pendant la Révolution et l'Empire, elle retrouva sa prospérité avec l'ouverture du canal de Suez.

Alfred MARSHALL (1842 - 1924) ▪ Économiste britannique. Professeur de Keynes à Cambridge, il concilia les thèses classiques de Smith et le marginalisme de Menger.

George Catlett MARSHALL (1880 - 1959) ▪ Général et homme politique américain. Il proposa en 1947 un plan d'assistance pour la reconstruction de l'Europe qui fut refusé par l'U.R.S.S. et les pays socialistes d'Europe orientale. La France reçut au titre du *plan Marshall* 2,8 milliards de dollars. Prix Nobel de la paix 1953.

les îles MARSHALL ▪ État et archipel de Micronésie. 181 km^2. 45 630 hab. Capitale : Dalap-Uliga-Darrit. Après avoir été sous la tutelle de l'Allemagne, du Japon et des États-Unis, les îles forment, depuis 1986, un État (république) « librement associé » à ces derniers, qui y maintiennent leur présence militaire (bases de missiles ; essais nucléaires à Bikini de 1946 à 1956). Elles sont membres de l'O.N.U. depuis 1991.

MARSOUIN n. m. ▪ Mammifère cétacé des mers froides et tempérées, plus petit que le dauphin.

MARSUPIAUX n. m. pl. ▪ **1.** Ordre de mammifères vivipares, dont le développement embryonnaire s'achève dans la cavité ventrale de la mère, qui renferme les mamelles (ex. kangourou, koala). – au sing. *Un marsupial.* **2.** FAM. (à des personnes) *Tas de marsupiaux !*

MARTE ⇒ MARTRE

MARTEAU n. m. ▪ **I. 1.** Outil pour frapper, composé d'une masse métallique fixée à un manche. *Enfoncer un clou avec un marteau.* – *"Le Marteau sans maître"* (de René Char, musique de Pierre Boulez). – Symbole du travail industriel. *La faucille et le marteau.* **2.** Machine-outil agissant par percussion. MARTEAU PNEUMATIQUE, dans lequel un piston fonctionnant à l'air comprimé frappe avec force sur un outil. MARTEAU-PIQUEUR (→ perforatrice). *Des marteaux-piqueurs.* – MARTEAU-PILON : masse pesante agissant verticalement. *Des marteaux-pilons.* **3.** Petit maillet de commissaire-priseur pour adjuger (en frappant sur la table). **4.** Pièce de bois, dont l'extrémité supérieure garnie de feutre frappe une corde du piano quand on abaisse une touche du clavier. **5.** Heurtoir fixé au vantail d'une porte. **6. appos.** REQUIN MARTEAU, dont la tête présente deux prolongements latéraux symétriques portant les yeux. **7.** Un des quatre osselets de l'oreille moyenne. **8.** Sphère métallique, reliée à une poignée, que les athlètes lancent en pivotant sur eux-mêmes. *Le lancement, le lancer du marteau.* ♦ Cette discipline (concours) d'athlétisme. *Être champion au (de) marteau.* **II. adj.** FAM. *Être marteau,* fou, cinglé.

MARTEL n. m. ▪ VX Marteau. – loc. SE METTRE MARTEL EN TÊTE : se faire du souci.

Édouard Alfred MARTEL (1859 - 1938) ▪ Spéléologue français. Il explora notamment le gouffre de Padirac. *"La Spéléologie ou la Science des cavernes"* (1900) ; *"La France ignorée"* (1928-1930).

MARTELAGE n. m. ▪ Opération par laquelle on martèle (1).

MARTÈLEMENT ou **MARTELLEMENT n. m.** ▪ **1.** Bruit, choc du marteau. **2.** Action de marteler (2).

MARTELER v. tr. 5 ▪ **1.** Battre, frapper à coups de marteau. *Marteler un métal sur l'enclume.* – au p. p. *Cuivre martelé,* travaillé au marteau. **2.** Frapper fort et à coups répétés sur (qqch.). *Il martelait la table à coups de poing.* – *Une idée qui martèle la cervelle.* **3.** Prononcer en articulant avec force, en détachant les syllabes. *Elle martèle ses mots.*

Étienne Ange Martel dit MARTELLANGE (1569 - 1641) ▪ Jésuite et architecte français. Il fut le maître d'œuvre de nombreuses églises bâties en France par les jésuites et de collèges (du Puy, de La Flèche, de Roanne, notamment).

Maurice MARTENOT (1898 - 1980) ▪ Ingénieur français. Il est l'inventeur d'un instrument de musique électronique qui porte son nom *(ondes Martenot).*

Wilfried MARTENS (né en 1936) ▪ Homme politique belge. Premier ministre (social-chrétien) de 1979 à 1991.

Marseille. Le Vieux-Port et Notre-Dame-de-la-Garde. *Phot. © de Selva/Tapabor*

José MARTÍ (1853 - 1895) ▪ Révolutionnaire et écrivain cubain. Ses œuvres et ses idées jouèrent un rôle fondamental dans la libération de l'Amérique latine.

MARTIAL, ALE, AUX adj. ▪ **1.** Relatif à la guerre, à la force armée. *Loi martiale,* autorisant le recours à la force armée. - *Cour martiale,* tribunal militaire exceptionnel. **2.** Qui dénote ou rappelle les habitudes militaires. *Allure, voix martiale.* **3.** *Arts martiaux,* sports de combat d'origine asiatique (aïkido, jiu-jitsu, judo, karaté, kung-fu...).

MARTIAL (v. 40 - v. 104) ▪ Poète latin. Ses *"Épigrammes"* infléchirent le genre vers la satire.

MARTIEN, IENNE ▪ **1.** adj. De la planète Mars. *L'observation martienne.* **2.** n. Habitant (fictif) de la planète Mars ; extraterrestre.

MARTIGUES ▪ Commune des Bouches-du-Rhône, sur l'étang de Berre. 42 678 hab. *(les Martégaux).* Port de pêche. Raffineries.

saint MARTIN (316 - 397) ▪ Évêque de Tours. Selon la tradition, il partagea son manteau avec un pauvre. Il fonda le premier monastère de Gaule (à Ligugé, près de Poitiers) et eut un grand rôle missionnaire.

MARTIN V (1368 - 1431) ▪ Pape élu en 1417. Son élection mit fin au grand schisme d'Occident.

Roger MARTIN DU GARD (1881 - 1958) ▪ Écrivain français. Auteur de *"Jean Barois"* (1913), sur l'affaire Dreyfus, et de l'importante somme romanesque des *"Thibault"* (1922-1940). Ami et correspondant de Gide. Prix Nobel de littérature 1937.

① **MARTINET** n. m. ▪ Oiseau passereau, à longues ailes, qui ressemble à l'hirondelle.

② **MARTINET** n. m. ▪ Petit fouet à plusieurs lanières.

André MARTINET (né en 1908) ▪ Linguiste français. *"Éléments de linguistique générale",* 1960, classique de l'approche « fonctionnaliste ».

MARTINGALE n. f. ▪ **I.** Bande de tissu, de cuir, etc., placée horizontalement dans le dos d'un vêtement, à hauteur de la taille. *Veste à martingale.* **II.** Combinaison basée sur le calcul des probabilités au jeu. *Inventer, suivre une martingale.*

Simone MARTINI (v. 1284 - 1344) ▪ Peintre italien. Un des maîtres de l'école de Sienne. Fresques au dessin et aux couleurs raffinés. *"Annonciation"* (1333) au musée des Offices (Florence). Il travailla pour les papes d'Avignon.

Francesco di Giorgio MARTINI (1439 - 1502) ▪ Architecte, peintre et sculpteur italien. Église du Calcinaio (Cortona).

le père MARTINI (1706 - 1784) ▪ Compositeur et musicologue italien. Il fut l'ami et le conseiller des musiciens de son époque (Mozart, Gluck, Rameau).

MARTINIQUAIS, AISE, adj. et n. ▪ De la Martinique. - n. *Les Martiniquais.*

la MARTINIQUE [972] ▪ Île des Petites Antilles (îles du Vent) formant un département français, à 7 000 km de la métropole, au sud de la Guadeloupe. 1 106 km². 359 572 hab. *(les Martiniquais).* Le chômage et le manque d'infrastructure ont entraîné une forte émigration vers la métropole. Chef-lieu : Fort-de-France. Chefs-lieux d'arrondissement : Le Marin, La Trinité. Agriculture (café, cacao, épices) et industrie alimentaire (sucreries, rhum). Tourisme. □ HISTOIRE Découverte par Christophe Colomb en 1502, l'île a été colonisée à partir de 1635 par la France, qui utilisa une main-d'œuvre d'esclaves africains. Département d'outre-mer depuis 1946.

MARTIN-PÊCHEUR n. m. ▪ Petit oiseau à long bec, à plumage bleu et roux, qui se nourrit de poissons. *Des martins-pêcheurs.*

martin-pêcheur. *Alcedo athis.*
Phot. © Gandolfi/Jacana

Harry MARTINSON (1904 - 1978) ▪ Écrivain suédois. Humaniste, auteur de poèmes et de romans. Il raconta son enfance misérable dans *"Les orties fleurissent"* (1935) et *"Départ"* (1936). Prix Nobel de littérature 1974.

Bohuslav MARTINŮ (1890 - 1959) ▪ Compositeur tchèque. Imprégné du folklore de son pays, il composa une œuvre abondante (symphonies, opéras, concertos, musique de chambre).

Emmanuel de MARTONNE (1873 - 1955) ▪ Géographe français. *"Traité de géographie physique"* (1909).

MARTRE n. f. ▪ Mammifère carnivore au corps allongé, au museau pointu, au pelage brun. - Sa fourrure. ◇ var. MARTE.

martre. *Martes martes.*
Phot. © Danegger/Jacana

André MARTY (1886 - 1956) ▪ Homme politique français. Il participa à une mutinerie sur un bâtiment français envoyé contre les bolcheviks, en 1919. Il fut élu député communiste, mais exclu du parti en 1953.

MARTYR, YRE n. ▪ **1.** Personne qui a souffert, a été mise à mort pour avoir refusé d'abjurer sa foi, sa religion. *Vierge et martyre* (christianisme). - loc. *Prendre, se donner des airs de martyr, jouer les martyrs.* **2.** Personne qui meurt, souffre pour une cause. *Être le martyr d'un idéal, de la liberté.* **3.** Personne que les autres maltraitent, martyrisent. ⇒ **souffre-douleur.** - appos. *Enfant martyr,* gravement maltraité par ses parents.

MARTYRE n. m. ▪ **1.** La mort, les tourments qu'un(e) martyr(e) endure pour sa religion, pour une cause. **2.** Peine cruelle,

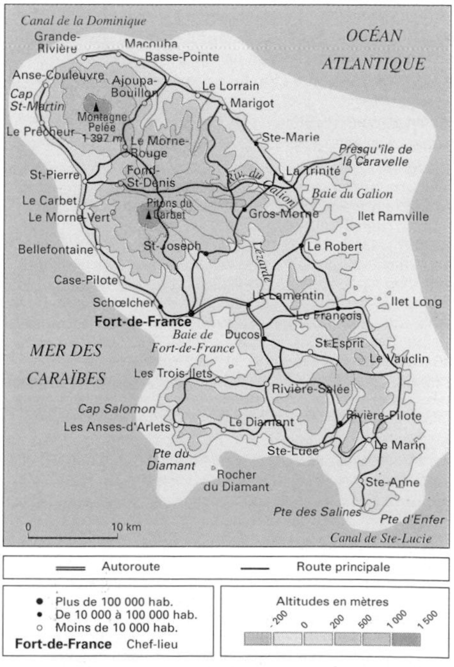

Martinique.

Masaccio. *Adam et Ève chassés du Paradis.* Chapelle Brancacci, église Santa Maria del Carmine, Florence.
Phot. © Alinari/Giraudon

grande souffrance (physique ou morale). ⇒ **calvaire, supplice, torture.** *Sa maladie fut un martyre.* - loc. *Souffrir le martyre.*

MARTYRISER v. tr. 1 ▪ Faire souffrir beaucoup, physiquement ou moralement. ⇒ **torturer, tourmenter.**

MARTYROLOGE n. m. ▪ Liste de martyrs. - fig. *Le martyrologe de la liberté.*

MARVEJOLS ▪ Commune de la Lozère. 5 476 hab. *(les Marvejolais).* Ancienne ville forte.

Karl **MARX** (1818 - 1883) ▪ Philosophe, économiste et homme politique allemand. Il critiqua la pensée de Hegel et de Feuerbach, et affirma avec Engels la nécessité d'un dépassement de la philosophie théorique (*"L'Idéologie allemande"*, 1846). En 1848, Engels et Marx rédigèrent le *"Manifeste du parti communiste"* où se trouve exposée leur conception de la société, fondée sur la lutte des classes, et de l'action qui vise à favoriser la création des conditions du passage révolutionnaire vers le communisme. Dans *"Le Capital"* (publié de 1867 à 1909), Marx voulut élaborer une science, le « matérialisme historique », mettant en évidence les contradictions liées au développement du système capitaliste. À la tête de la Ire Internationale, il joua un rôle éminent dans l'organisation du mouvement ouvrier.

les **MARX BROTHERS** ▪ Acteurs américains : Leonard dit **Chico** (1891 - 1961), ses frères Arthur dit **Harpo** (1893 - 1964), Julius dit **Groucho** (1895 - 1977) et Herbert dit **Zeppo** (1901 - 1979). Ils ont introduit au cinéma un univers burlesque et absurde. *"Soupe au canard"* (1933); *"Une nuit à l'Opéra"* (1935).

MARXISME n. m. ▪ Doctrine philosophique, sociale et économique élaborée par Karl Marx, Friedrich Engels et leurs continuateurs. ⇒ **communisme, socialisme.** *Marxisme-léninisme.* ▪ Après la mort de Marx et d'Engels, le marxisme connut un important développement et donna naissance à divers courants idéologiques et politiques. Au courant réformiste (Kautsky, Bernstein) s'opposèrent Lénine et Rosa Luxemburg qui privilégièrent l'action révolutionnaire. À partir de la révolution russe de 1917, le marxisme a inspiré les régimes communistes, notamment en URSS où Staline et les dirigeants soviétiques prônèrent le marxisme-léninisme. On peut également citer les apports de Trotski, de Mao, de Gramsci, de Lukács et d'Althusser.

MARXISTE adj. et n. ▪ Relatif au marxisme. - n. *Un, une marxiste,* partisan du marxisme.

le **MARYLAND** ▪ État de l'est des États-Unis. 31 296 km². 4 781 000 hab. Capitale : Annapolis. Le district de Columbia est enclavé au sud de l'État. Agriculture. Industrie lourde autour de la baie de Chesapeake.

MAS [ma(s)] n. m. ▪ Maison rurale, ferme (en Provence).

Tommaso Casai dit **MASACCIO** (1401 - 1428) ▪ Peintre italien, actif à Florence. Il prit conscience de principes qui ont révolutionné la peinture : cohérence de l'espace structuré par la perspective, importance plastique de la lumière, vraisemblance des personnages, influencée par la sculpture. Fresques de la chapelle Brancacci (église du Carmine, Florence) avec Masolino da Panicale.

Tomáš **MASARYK** (1850 - 1937) ▪ Homme d'État tchèque. Il fonda la République tchécoslovaque en 1918 et en fut le premier président jusqu'en 1935.

Pietro **MASCAGNI** (1863 - 1945) ▪ Compositeur vériste italien. *"Cavalleria rusticana"* (1890), opéra.

MASCARA n. m. ▪ Fard pour les cils. ⇒ **rimmel.** *Elle s'est mis du mascara.*

MASCARADE n. f. ▪ **1.** Divertissement où les participants sont déguisés et masqués. - Personnes déguisées. **2.** Déguisement, accoutrement ridicule ou bizarre. **3.** Actions, manifestations hypocrites ; mise en scène trompeuse. *Ce procès n'est qu'une mascarade.*

les îles **MASCAREIGNES** ▪ Archipel de l'océan Indien, formé principalement par l'île Maurice et l'île de la Réunion.

MASCARET n. m. ▪ Longue vague déferlante produite dans certains estuaires par la rencontre du flux et du reflux. ⇒ **barre.**

MASCATE ou **MASQAT** ▪ Ville portuaire, capitale du sultanat d'Oman. 70 000 hab. Port de commerce.

MASCOTTE n. f. ▪ Animal, personne ou objet considérés comme portant bonheur. ⇒ **fétiche.**

MASCULIN, INE adj. ▪ **I. 1.** Qui a les caractères de l'homme (mâle), tient de l'homme (opposé à *féminin*). ⇒ **viril.** *Le corps masculin. Les préjugés masculins.* **2.** Qui a rapport à l'homme, est réservé aux hommes. **3.** Composé d'hommes. *La population masculine.* **II.** GRAMM. **1.** Se dit d'une forme des noms (et adjectifs) opposée à d'autres (féminin, neutre) et qui s'applique à l'origine aux êtres mâles (opposé à *féminin*). *Genre masculin.* - n. m. *Le masculin,* le genre masculin. **2.** *Rime masculine,* qui ne se termine pas par un e muet (opposé à *féminine*).

Le **MAS-D'AZIL** ▪ Commune de l'Ariège. 1 307 hab. *(les Mas-d'Aziliens).* Grotte où furent découverts de nombreux objets préhistoriques (magdaléniens) et qui servit de refuge aux premiers chrétiens, aux cathares et aux huguenots.

John **MASEFIELD** (1878 - 1967) ▪ Écrivain britannique. *"Les Ballades de la mer"* (1902), poèmes inspirés par son expérience de mousse sur un voilier.

MASERU ▪ Capitale du Lesotho. 120 000 hab.

les **Marx Brothers.** Une scène du film *Plumes de cheval,* 1932.
Phot. © Coll. Rui Nogueira

MASINISSA ou **MASSINISSA** (v. 240 - 148 av. J.-C.) ▪ Roi de Numidie. Il aida les Romains à vaincre Carthage.

MASOCHISME n. m. ▪ Comportement d'une personne qui trouve du plaisir à souffrir, qui recherche la douleur et l'humiliation. ⇒ aussi **sadomasochisme.**

MASOCHISTE adj. ▪ Du masochisme. *Un plaisir masochiste.* - adj. et n. (Personne) dont le comportement, les goûts relèvent du masochisme. ◇ abrév. FAM. MASO.

MASOLINO DA PANICALE (1383 - av. 1447) ▪ Peintre italien. Il travailla avec Masaccio à la chapelle Brancacci de l'église du Carmine à Florence.

Gaston **MASPERO** (1846 - 1916) ▪ Égyptologue français. Il poursuivit l'œuvre de Mariette, organisant de nombreuses fouilles (Sphinx de Gizeh, temple de Louxor). ▸ Henri **MASPERO** (1883 - 1945), son fils, sinologue.

MASQAT → Mascate

MASQUAGE n. m. ▪ Action de masquer.

MASQUE n. m. ▪ **I. 1.** Objet dont on couvre le visage humain pour transformer son aspect naturel. *Masques africains, polynésiens. Masques de théâtre* (Grèce antique, Chine...). *Masques de carnaval.* - loc. *Lever, jeter le masque,* se montrer tel qu'on est. ♦ Personne masquée. ▪ *Le Masque de fer :* personnage mystérieux qui ne quittait pas son masque (de velours, muni d'une fermeture en acier), dans la prison où le maintenait Louis XIV. **2.** Dehors trompeur. ⇒ **apparence, extérieur.** *Un masque de froideur, d'indifférence.* **3.** Aspect du visage. ⇒ **physionomie.** *Avoir un masque impénétrable.* ⇒ **air, expression. II. 1.** Empreinte prise sur le visage d'une personne, en particulier d'un mort. **2.** Appareil qui sert à protéger le visage. *Masque d'escrime, de plongée (sous-marine).* ♦ *MASQUE À GAZ :* appareil protégeant les voies respiratoires et le visage. - Dispositif placé sur le visage d'une personne pour lui faire respirer des vapeurs anesthésiques. *On l'a endormi au masque.* **3.** Couche de crème, etc., appliquée sur le visage pour resserrer, tonifier, adoucir l'épiderme. **III.** Abri, masse de terre ou obstacle naturel formant écran. *Installer une pièce de mortier derrière un masque.*

MASQUÉ, ÉE adj. ▪ **1.** Couvert d'un masque. *Visage masqué. Bandits masqués.* **2.** *BAL MASQUÉ :* où l'on porte des masques.

MASQUER v. tr. [1] ▪ **1.** Déguiser sous une fausse apparence. ⇒ **dissimuler.** *Masquer la vérité.* **2.** Cacher à la vue. *Cette maison masque le paysage.*

le **MASSACHUSETTS** ▪ État du nord-est des États-Unis, sur la côte atlantique (Nouvelle-Angleterre). 21 408 km². 6 016 000 hab. Capitale : Boston. Universités (dont Harvard) et centres de recherche (dont le *M.I.T., Massachusetts Institute of Technology*). C'est là que s'installèrent les puritains anglais venus à bord du *Mayflower* (1620) et que commença le mouvement qui mena à la guerre d'Indépendance (v. 1770).

MASSACRANT, ANTE adj. ▪ loc. *HUMEUR MASSACRANTE,* très mauvaise. *Être d'une humeur massacrante.*

MASSACRE n. m. ▪ **I. 1.** Action de massacrer ; résultat de cette action. ⇒ **carnage, hécatombe, tuerie.** *Le massacre d'un peuple, d'une minorité ethnique.* ⇒ **extermination ; génocide, holocauste.** *Les massacres de septembre* (1792). - *Envoyer des soldats au massacre,* les exposer à une mort certaine. ♦ *JEU DE MASSACRE,* qui consiste à abattre des poupées à bascule, en lançant des balles de son. **2.** fig. Combat dans lequel la personne qui a le dessus met à mal son adversaire. *Ce match de boxe a tourné au massacre.* **3.** Fait d'endommager gravement. *Le massacre d'une forêt.* ♦ Travail très mal exécuté. - Exécution ou interprétation qui défigure une œuvre. **II.** Tête (par ext. bois) de cerf, de daim, servant de trophée.

MASSACRER v. tr. [1] ▪ **1.** Tuer avec sauvagerie et en masse (des êtres qui ne peuvent pas se défendre). ⇒ **exterminer.** *Ils ont massacré les prisonniers.* **2.** Mettre à mal (un adversaire en état d'infériorité). *Le catcheur a massacré son adversaire.* ⇒ FAM. **démolir, esquinter. 3.** FAM. Mettre (une chose) en très mauvais état. ⇒ **abîmer, saccager.** ♦ Endommager involontairement par un travail maladroit et brutal. ⇒ FAM. **bousiller.** *Massacrer un texte en le récitant, en le traduisant.*

MASSACREUR, EUSE n. ▪ Personne qui massacre. ⇒ **assassin, tueur.** *Les massacreurs de la Saint-Barthélemy, de septembre 1792.*

MASSADA ou **MASADA** ▪ Forteresse d'Israël, construite par Hérode Ier le Grand, au-dessus de la mer Morte, célèbre pour les résistants juifs (les zélotes) qui préférèrent s'y donner la mort plutôt que de se rendre aux Romains (73).

MASSAGE n. m. ▪ Action de masser ②; technique du masseur.

les **MASSAÏS** ou **MASAIS** ▪ Population d'éleveurs nomades du Kenya et de la Tanzanie.

① **MASSE** n. f. ▪ **I. 1.** Quantité relativement grande (de substance solide ou pâteuse) qui n'a pas de forme définie. *Une masse de pâte, de chair.* - loc. *Tomber, s'écrouler comme une masse,* pesamment. ♦ Quantité relativement grande (d'une matière fluide). *Masse d'air froid.* - Volume important (de qqch.). - *Pris, taillé dans la masse,* dans un seul bloc de matière. **2.** ARTS Éléments principaux perçus comme des unités (dans une œuvre). *Une juxtaposition de masses colorées.* - MUS. *Masses instrumentales, vocales.* **3.** *MASSE DE* (suivi d'un mot au plur.) : réunion de nombreux éléments distincts. ⇒ **amas.** *Réunir une masse de documents,* une grande quantité. *La grande masse des...,* la majorité. FAM. *Il n'y en a pas des masses,* pas beaucoup. **4.** Multitude de personnes constituant un ensemble. *Civilisation, culture de masse. Les médias de masse.* ⇒ anglic. **mass media.** *Les masses laborieuses, populaires.* - absolt *LES MASSES.* ⇒ **peuple.** ♦ *La masse,* la majorité, le grand public. **II.** *EN MASSE* loc. adv. **1.** En un groupe nombreux. ⇒ en **bloc,** en **foule.** *Ils sont arrivés en masse.* **2.** FAM. En grande quantité. **III.** SC. **1.** Quantité de matière (d'un corps) ; rapport constant qui existe entre les forces qui sont appliquées à un corps et les accélérations correspondantes. *Le poids est proportionnel à la masse. Masse spécifique* (de l'unité de volume). ⇒ **densité.** - *Masses atomiques, moléculaires.* **2.** Conducteur électrique commun auquel sont reliés les points de même potentiel d'un circuit. - loc. fig. *Être à la masse,* un peu fou.

② **MASSE** n. f. ▪ **1.** HIST. *MASSE (D'ARMES) :* arme de choc. ⇒ **massue. 2.** Gros maillet utilisé pour enfoncer, frapper. *Une masse de sculpteur.* **3.** FAM. *COUP DE MASSE :* choc violent, accablant ; prix excessif. *N'allez pas dans ce restaurant, c'est le coup de masse !* (→ coup de barre, de massue).

André **MASSÉNA, duc de Rivoli, prince d'Essling** (1758 - 1817) ▪ Maréchal de Napoléon Ier. Il se distingua aux batailles de Zurich (1799), Essling (1809), Wagram (1809), mais fut vaincu au Portugal en 1811.

Jules **MASSENET** (1842 - 1912) ▪ Compositeur français d'opéras. Influencé par Wagner. *"Manon"* (1884); *"Werther"* (1892); *"Thaïs"* (1894).

MASSEPAIN n. m. ▪ Pâtisserie faite d'amandes pilées, de sucre et de blancs d'œufs.

① **MASSER** v. tr. [1] ▪ Disposer, rassembler en une masse, en masses. ⇒ **amasser, assembler.** *Masser des soldats sur une place.* ⇒ **réunir.** - pronom. *La foule s'était massée pour protester.*

② **MASSER** v. tr. [1] ▪ Frotter, presser, pétrir (des parties du corps) avec les mains ou à l'aide d'appareils, dans une intention thérapeutique ou hygiénique. *Masser qqn ; se faire masser* (⇒ **massage**).

MASSÉTER [-ɛʀ] n. m. ▪ ANAT. Muscle élévateur du maxillaire inférieur. ⇒ **masticateur.**

MASSETTE n. f. ▪ Plante aquatique à épi compact, brun et velouté.

MASSEUR, EUSE ▪ **1.** n. Personne qui pratique professionnellement le massage. *Le masseur d'un sportif.* ⇒ **soigneur.** *Masseur kinésithérapeute.* **2.** n. m. Instrument, appareil servant à masser. *Masseur à rouleau.* ⇒ **vibromasseur.**

MASSICOT n. m. ▪ TECHN. Machine à rogner le papier.

MASSICOTER v. tr. [1] ▪ TECHN. Rogner (le papier) au massicot.

① **MASSIF, IVE** adj. ▪ **1.** Dont la masse occupe tout le volume apparent ; qui n'est pas creux (⇒ **plein**). *Bijou d'or massif. Porte en chêne massif.* **2.** Qui présente l'apparence d'une masse épaisse ou compacte. ⇒ **épais, gros, lourd, pesant ;** péj. **mastoc.** *Une colonne massive. Un homme massif.* ⇒ **trapu. 3.** Qui est fait, donné, qui se produit en masse. *Dose massive.*

② **MASSIF** n. m. ▪ **1.** Ouvrage de maçonnerie formant une masse pleine. **2.** Groupe compact (d'arbres, d'arbrisseaux, de fleurs). *Les massifs et les parterres d'un parc.* **3.** Ensemble montagneux de forme massive (opposé à *chaîne*).

Mastroianni avec Anita Ekberg dans *La Dolce Vita* de Fellini. *Phot. © Coll. Christophe L.*

▪ **le MASSIF ARMORICAIN** → le Massif **armoricain**

▪ **le MASSIF CENTRAL** ▪ Région montagneuse du centre de la France. Massif primaire, soulevé par le contrecoup du plissement alpin au tertiaire (Morvan, Charolais, Beaujolais, Cévennes) qui provoqua des éruptions volcaniques. Point culminant : le puy de Sancy (dans les monts Dore), 1 886 m. Pour l'économie → **Auvergne.**

MASSIFICATION n. f. ▪ DIDACT. Transformation (d'un groupe humain, d'une activité humaine) en masse indifférenciée.

Louis **MASSIGNON** (1883-1962) ▪ Orientaliste français. Il a laissé d'importants travaux sur la mystique musulmane.

Jean-Baptiste **MASSILLON** (1663-1742) ▪ Prédicateur français. Il prononça des *Sermons* à l'éloquence simple et persuasive. Il fit l'oraison funèbre de Louis XIV.

Léonide **MASSINE** (1896-1979) ▪ Danseur et chorégraphe américain d'origine russe. Il fit partie des Ballets russes de Diaghilev et créa notamment la chorégraphie de *"Parade"* (1917) et du *"Tricorne"* (1919). Il fit ensuite une carrière internationale.

Philip **MASSINGER** (1583-1640) ▪ Poète dramatique anglais. Collaborateur de Dekker et de Fletcher, il signa de son nom une quinzaine de comédies, tragédies ou drames romanesques. *"La Dame de la Cité"* (1619), peinture de la pègre.

MASSIVEMENT adv. ▪ **1.** D'une manière massive. **2.** En masse. *Ils ont répondu massivement à cet appel.*

MASS MEDIA [masmedja] n. m. pl. ▪ anglic. Ensemble des supports de diffusion massive de l'information. ⇒ **média.** ◇ var. MASS-MÉDIAS.

André **MASSON** (1896-1987) ▪ Peintre français. Proche des surréalistes par sa violence érotique et poétique, et ses matières insolites (sable, plumes).

André **Masson.** *Les Prétendants.* MNAMGP, Paris. *Phot. © Nimatallah/Ricciarini*

Loÿs **MASSON** (1915-1969) ▪ Écrivain français d'origine mauricienne. *"Les Tortues"* (1956).

MASSORE n. f. ▪ RELIG. Ensemble des annotations portées sur le texte hébreu de la Bible par les docteurs juifs (VIe-XIIe s.) et destinées à en fixer la lecture.

MASSORÈTE n. ▪ RELIG. Docteur juif, l'un des auteurs des travaux d'exégèse sur le texte biblique.

Le **MAS-SOUBEYRAN** ▪ Hameau des Cévennes, haut lieu de la résistance protestante des camisards (1685-1710). Musée du *Désert.*

MASSUE n. f. ▪ **1.** Bâton à grosse tête noueuse, servant d'arme. ⇒ **casse-tête, masse.** - fig. *Coup de massue,* événement imprévu et accablant ; dépense, facture excessive (→ coup de barre, de masse). **2.** appos. *Des ARGUMENTS MASSUE :* qui laissent sans réplique.

MASSY ▪ Commune de l'Essonne. 38 574 hab. *(les Massicois).* Plastique. Électronique. Aéronautique.

MASTABA n. m. ▪ ARCHÉOL. Tombeau égyptien en pyramide tronquée.

MASTIC n. m. ▪ **I. 1.** Mélange pâteux et adhésif durcissant à l'air. *Mastic pour fixer les vitres aux fenêtres.* **2.** adj. invar. D'une couleur gris-beige clair. *Des imperméables mastic.* **II.** IMPRIM. Erreur d'impression, mélange de caractères ou interversion de deux lignes, de deux passages.

MASTICATEUR, TRICE adj. ▪ Qui sert à mâcher. *Muscles masticateurs.* ⇒ **masséter.**

MASTICATION n. f. ▪ Action de mâcher, de mastiquer.

MASTICATOIRE adj. ▪ DIDACT. Qui sert à la mastication. ♦ n. m. Médicament à mâcher.

① **MASTIQUER** v. tr. 1 ▪ Joindre ou boucher avec du mastic. *Mastiquer des vitres.*

② **MASTIQUER** v. tr. 1 ▪ Broyer, triturer avec les dents (un aliment avant de l'avaler ou une substance non comestible qu'on rejette). ⇒ **mâcher.** *Il mastique du chewing-gum.* - sans compl. *Mastiquez bien en mangeant !*

MASTOC adj. invar. ▪ péj. Massif et sans grâce. *Des formes mastoc.*

MASTODONTE n. m. ▪ **1.** Énorme animal fossile proche de l'éléphant et du mammouth. **2.** Personne d'une énorme corpulence. **3.** Machine, véhicule gigantesque.

MASTOÏDITE n. f. ▪ Inflammation de la muqueuse de la partie postérieure de l'os temporal (*mastoïde* n. m.), en arrière de l'oreille.

Marcello **MASTROIANNI** (né en 1924) ▪ Acteur italien. Interprète favori de Fellini, il a tourné également avec Antonioni, Scola, les frères Taviani, etc. *"La Dolce Vita"* (1959); *"Huit et demi"* (1963); *"Une journée particulière"* (1977).

MASTROQUET n. m. ▪ VX Tenancier de débit de boissons. ⇒ **troquet.** - Café populaire.

MASTURBATION n. f. ▪ Pratique qui consiste à provoquer (sur soi-même ou sur un, une partenaire) le plaisir sexuel par des contacts manuels.

MASTURBER v. tr. 1 ▪ Procurer à (qqn) le plaisir par la masturbation. ► SE **MASTURBER** v. pron. Se livrer à la masturbation.

M'AS-TU-VU n. et adj. invar. ▪ Prétentieux, vaniteux. *De jeunes m'as-tu-vu.*

MASUKU anc. **FRANCEVILLE** ▪ Ville du Gabon. 40 000 hab. Gisements d'or, de manganèse, d'uranium.

MASURE n. f. ▪ Petite habitation misérable, maison vétuste et délabrée. ⇒ **baraque, cabane.**

① **MAT, MATE** [mat] adj. ▪ **1.** Qui n'est pas brillant ou poli. *Le côté mat et le côté brillant d'un tissu.* **2.** *Teint mat,* assez foncé et peu coloré (contr. *clair*). *Il a la peau mate.* **3.** (sons, bruits) Qui a peu de résonance. ⇒ **sourd.** *Bruit, son mat.*

② **MAT** [mat] adj. invar. et n. m. ▪ Se dit, aux échecs, du roi qui est mis en échec et ne peut plus quitter sa place sans être pris. *Le roi est mat. Échec et mat !*

MÂT n. m. ▪ **1.** Long poteau dressé sur le pont d'un navire pour porter, à bord des voiliers, les voiles et leur gréement (⇒ **mâture**), et, à bord des autres bâtiments, les installations radioélectriques, etc. *Les trois mâts d'une caravelle.* ⇒ **trois-mâts.** - *Mât de charge* (pour l'embarquement et le débarquement des marchandises). **2.** Long poteau de bois. - Longue perche lisse. *Il a grimpé au mât. Mât de cocagne*.*

MATADOR n. m. ▪ Torero chargé de la mise à mort du taureau. *Des matadors.*

MATA HARI (1876-1917) ▪ Danseuse hollandaise. Elle fut fusillée pour espionnage au profit de l'Allemagne.

MATAMORE n. m. ▪ Faux brave, vantard. ⇒ **fanfaron.** *Il n'arrête pas de faire le matamore.*

MATAMOROS ▪ Ville du Mexique, à la frontière des États-Unis. 302 000 hab.

MATANZAS ▪ Ville et port de Cuba. 105 400 hab. Sucre. Tourisme.

MATCH n. m. ▪ Compétition entre deux ou plusieurs concurrents, deux ou plusieurs équipes. *Des matchs* ou *des matches. Match de boxe.* ⇒ **combat, rencontre.** *Disputer un match (avec qqn). Faire match nul,* terminer le match à égalité.

MATÉ n. m. ▪ Variété de houx dont les feuilles séchées et torréfiées peuvent être infusées ; cette infusion, riche en caféine (comme le thé).

MATELAS n. m. ▪ **1.** Pièce de literie, long et large coussin rembourré qu'on étend d'ordinaire sur le sommier d'un lit. *Matelas en mousse, à ressorts.* - *Matelas pneumatique,* enveloppe qu'on gonfle d'air pour s'y allonger. **2.** FAM. *Un matelas de billets,* une grosse liasse.

MATELASSER v. tr. [1] ▪ **1.** Rembourrer à la manière d'un matelas. *Matelasser un fauteuil.* **2.** Doubler de tissu ouaté. - au p. p. *Manteau matelassé.* ► n. m. MATELASSAGE

MATELOT n. m. ▪ Homme d'équipage d'un navire. ⇒ **marin ;** cf. ARGOT *mataf. Apprenti matelot.* ⇒ ③ **mousse.**

MATELOTE n. f. ▪ Plat composé de poissons coupés en morceaux et accommodés avec du vin rouge et des oignons. *Matelote d'anguille.*

① **MATER** v. tr. [1] ▪ **1.** Rendre définitivement docile (un être, une collectivité). ⇒ **dompter, dresser.** *Ils ont maté les prisonniers.* **2.** Réprimer ; abattre (qqch.). *Mater une révolte.* - *Mater ses passions,* les maîtriser.

② **MATER** v. tr. [1] ▪ FAM. Regarder. *Il aime bien mater les filles. Mate un peu !* ⇒ **reluquer, viser.** ♦ Surveiller (→ maton).

MÂTER v. tr. [1] ▪ MAR. Pourvoir de mâts (un navire).

MATÉRIALISATION n. f. ▪ Action de matérialiser, de se matérialiser ; son résultat. *La matérialisation de l'énergie, d'une idée.*

MATÉRIALISER v. tr. [1] ▪ **1.** Représenter (une idée, une action abstraite) sous forme matérielle. ⇒ **symboliser. 2.** Transformer (l'énergie) en matière. ► SE **MATÉRIALISER** v. pron. Devenir sensible, réel, matériel. *Si nos projets se matérialisent.* ⇒ se **concrétiser,** se **réaliser.**

MATÉRIALISME n. m. ▪ **I.** PHILOS. **1.** Doctrine d'après laquelle il n'existe d'autre substance que la matière (s'oppose à *idéalisme,* à *spiritualisme*). **2.** *Matérialisme historique, matérialisme dialectique,* le marxisme. **II.** État d'esprit caractérisé par la recherche des jouissances et des biens matériels.

MATÉRIALISTE n. ▪ **1.** Personne qui adopte ou professe le matérialisme. - adj. *Philosophie matérialiste.* **2.** Personne qui recherche des jouissances et des biens matériels. *Vivre en matérialiste.* - adj. *Esprit matérialiste. Il est bassement matérialiste.*

MATÉRIALITÉ n. f. ▪ DR. Caractère matériel (①, 2) et vérifiable. *La matérialité du fait.*

MATÉRIAU n. m. ▪ Matière servant à construire, à fabriquer. *Un matériau solide. Ce tissu est un bon matériau.*

MATÉRIAUX n. m. pl. ▪ **1.** Les diverses matières nécessaires à la construction (d'un bâtiment, d'un ouvrage, d'un navire, d'une machine). *Matériaux de construction.* **2.** Éléments constitutifs (d'un tout, d'une œuvre). *Matériaux documentaires.*

① **MATÉRIEL, ELLE** adj. ▪ **1.** Qui est de la nature de la matière, constitué par de la matière (s'oppose à *idéal, spirituel*). *Substance matérielle. Le monde, l'univers matériel.* ⇒ **physique. 2.** De nature concrète, physique. *Impossibilités matérielles. J'ai la preuve matérielle de son erreur.* ⇒ **tangible.** *Erreur matérielle,* qui ne concerne que la forme (⇒ **matérialité**). - *Temps matériel,* nécessaire pour l'accomplissement d'une action. **3.** Qui concerne les aspects extérieurs, concrets (des êtres ou des choses). *L'organisation matérielle d'un spectacle. Travail matériel.* **4.** Qui est constitué par des biens tangibles (spécialt de l'argent), ou lié à leur possession. *Avantages, biens matériels.* ⇒ **concret.** *Gêne, difficultés matérielles,* financières.

② **MATÉRIEL** n. m. ▪ **1.** Ensemble des objets, instruments, machines utilisés dans un service, une exploitation (opposé à *personnel*). ⇒ **équipement, outillage.** *Matériel d'exploitation. Matériel de guerre,* les armes, équipements. - *Le matériel humain.* **2.** INFORM. *LE MATÉRIEL :* ensemble des éléments constituant les machines informatiques (remplace l'anglic. *hardware*). **3.** Ensemble des objets nécessaires à un exercice (sport, etc.). *Matériel de camping, de pêche.* **4.** Ensemble d'éléments soumis à l'analyse (en sociologie, psychologie, etc.). ⇒ **donnée, matériaux.**

MATÉRIELLEMENT adv. ▪ **1.** Dans le domaine de la matière. ♦ Concrètement, physiquement. **2.** En ce qui concerne les biens matériels, l'argent. *Les gens favorisés matériellement.* **3.** En fait, effectivement. ⇒ **positivement, pratiquement.** *C'est matériellement impossible.*

MATERNEL, ELLE adj. et n. f. ▪ **1.** Qui appartient à la mère. *Le lait maternel. Amour, instinct maternel.* ♦ De la mère. *Il craignait les réprimandes maternelles.* **2.** Qui a le comportement, joue le rôle d'une mère. *Elle est maternelle avec son mari.* - *Geste, ton maternel.* - *ÉCOLE MATERNELLE* ou n. f. *MATERNELLE :* établissement d'enseignement primaire pour les enfants âgés de deux à six ans. **3.** Qui a rapport à la mère, quant à la filiation (opposé à *paternel*). *Un oncle du côté maternel. Grand-mère maternelle.* **4.** *Langue maternelle,* la première langue apprise par un enfant.

MATERNELLEMENT adv. ▪ Comme une mère.

MATERNER v. tr. [1] ▪ PSYCH. Soigner en recréant pour le patient la relation de la « bonne mère » à l'enfant (*maternage* n. m.). ♦ COUR. Traiter (qqn) comme le ferait une mère.

MATERNITÉ n. f. ▪ **I. 1.** État, qualité de mère. *Les joies et les peines de la maternité.* **2.** Le fait de porter et de mettre au monde un enfant. ⇒ **accouchement. II.** Établissement ou service hospitalier réservé aux femmes qui accouchent. *Il est allé voir sa femme à la maternité.*

MATH ⇒ MATHS

MATHÉMATICIEN, IENNE n. ▪ Spécialiste, chercheur en mathématiques.

MATHÉMATIQUE ▪ **I.** adj. **1.** Relatif aux mathématiques ; qui utilise les mathématiques. *Logique mathématique. Raisonnement mathématique.* **2.** Qui présente les caractères de la pensée mathématique. ⇒ **précis, rigoureux.** *Une précision mathématique.* - FAM. Absolument certain, nécessaire. *Il doit réussir, c'est mathématique.* ⇒ **automatique, logique. II.** n. f. **1.** *LES MATHÉMATIQUES* ou DIDACT. *LA MATHÉMATIQUE :* ensemble des sciences qui ont pour objet la quantité et l'ordre. ⇒ **algèbre, analyse, arithmétique, calcul, géométrie, mécanique, probabilité(s) ; nombre.** - *Mathématiques modernes* (fondées sur la théorie des ensembles*). **2.** Classe spécialisée dans l'enseignement des mathématiques. ⇒ **maths.** *Mathématiques élémentaires* (FAM. *maths élém.*). *Mathématiques supérieures* (FAM. *maths sup.*), *spéciales* (FAM. *maths spé.*), préparation aux grandes écoles scientifiques. ⇒ ② **taupe.**

MATHÉMATIQUEMENT adv. ▪ **1.** Selon les méthodes des mathématiques. **2.** Exactement, rigoureusement.

MATHEUX, EUSE adj. et n. ▪ FAM. Qui étudie les maths ; fort en maths.

MATHIAS Ier CORVIN (1440-1490) ▪ Roi de Hongrie de 1458 à sa mort. Il lutta pour l'indépendance de la Hongrie contre les Autrichiens et les Turcs. Roi humaniste, il fonda l'université de Buda (1465).

Georges **MATHIEU** (né en 1921) ▪ Peintre français. Théoricien de l'art abstrait lyrique, il utilisa des coulées et des éclaboussures de couleurs étalées à la main ou au chiffon.

Mathieu. *Noir sur fond apprêt,* 1954. MNAMGP, Paris. *Phot. © Giraudon*

Matisse. *La Blouse roumaine.*
Musée national d'Art moderne, Paris.
Phot. © Giraudon – © Succession H. Matisse

la princesse MATHILDE → Bonaparte

MATHILDE DE FLANDRE dite *LA REINE MATHILDE* (morte en 1083) ▪ Épouse de Guillaume le Conquérant, duchesse de Normandie, puis reine d'Angleterre. On lui attribua à tort la « tapisserie (broderie) de Bayeux ».

MATHS n. f. pl. ▪ FAM. Mathématiques. ◇ On a écrit MATH.

MATHURA ▪ Une des sept villes saintes de l'Inde (Uttar Pradesh). Lieu de naissance de Krishna. 233 000 hab. Centre de pèlerinage.

MATHUSALEM ou **MATHUSALA** ▪ Patriarche de la Bible qui aurait vécu 969 ans. D'où l'expression *vieux comme Mathusalem.*

MATIÈRE n. f. ▪ **I. 1.** PHILOS. Substance qui constitue le monde sensible, les corps. *Les trois états de la matière,* solide, liquide, gazeux. *La matière est faite de particules et d'énergie.* **2.** Substance que l'on peut connaître par les sens, qu'elle prenne ou non une forme déterminée. *Matière précieuse. Les matières utilisées pour construire, fabriquer qqch.* ⇒ **matériau, matériaux.** – *MATIÈRE PREMIÈRE :* produit ou substance non encore transformé(e) par le travail, par la machine. – *MATIÈRES GRASSES :* graisses alimentaires. **3.** (dans le corps humain) *Matières fécales* et, ellipt, *matières.* ⇒ **excrément.** ♦ FAM. *MATIÈRE GRISE :* le cerveau ; l'intelligence, la réflexion. **II.** fig. Ce qui constitue l'objet, le point de départ ou d'application de la pensée. **1.** Contenu, sujet (d'un ouvrage). *Cela fournirait la matière d'un livre.* – *ENTRÉE EN MATIÈRE (d'un discours) :* commencement. **2.** Ce qui est objet d'études scolaires, d'enseignement. ⇒ **discipline, domaine.** *Il est bon dans toutes les matières.* **3.** (après *en, sur*) Ce sur quoi s'exerce ou peut s'exercer l'activité humaine. ⇒ **sujet ; point, question.** *Je suis incompétent en la matière, sur cette matière.* ⇒ **article, chapitre.** – *EN MATIÈRE* (+ adj.). *En matière poétique :* en ce qui concerne la poésie. – *EN MATIÈRE DE* loc. prép. : dans le domaine, sous le rapport de. *En matière d'art.* **4.** *Avoir, donner MATIÈRE À...,* motif, raison. *Sa conduite donne matière à (la) critique.* ⇒ **lieu.**

l'hôtel MATIGNON ▪ Hôtel parisien, construit de 1715 à 1720, attribué depuis 1935 au chef du gouvernement français.

MATIN n. m. ▪ **1.** Début du jour. ⇒ **aube, aurore, lever, point** du jour. *La rosée du matin. L'étoile du matin :* Vénus. *Le petit matin :* le moment où se lève le jour. – *De bon matin :* très tôt. – *Du matin au soir :* toute la journée, continuellement. – *(Le) matin et (le) soir. Médicament à prendre matin et soir.* – loc. *Être du matin :* être actif le matin. – allus. *Le premier matin du monde.* **2.** La première partie de la journée qui se termine à midi. ⇒ **matinée.** *Ce matin :* aujourd'hui, avant midi. *Hier matin. Tous les matins.* – *Tous les dimanches matin.* – *Un beau matin :* un beau jour. **3.** (dans le décompte des heures) L'espace de temps qui va de minuit à midi, divisé en douze heures (opposé à *après-midi* ou à *soir*). *Une heure du matin* (abrév. FAM. *du mat'*). **4.** fig. Commencement. ⇒ **aurore.** *Le matin de la vie.*

MÂTIN ▪ **I.** n. m. **1.** Grand et gros chien de garde ou de chasse. **2.** (fém. *mâtine*) FAM. et VX Personne malicieuse, turbulente. ⇒ **coquin.** *Ah ! la mâtine !* **II.** interj. VIEILLI *Mâtin, vous ne vous refusez rien !*

MATINAL, ALE, AUX adj. ▪ **1.** Du matin. *Gymnastique matinale.* **2.** Qui s'éveille, se lève tôt. *Vous êtes bien matinal aujourd'hui.*

MATINÉE n. f. ▪ **1.** La partie de la journée qui va du lever du soleil à midi, considérée dans sa durée. *Début, fin de matinée.* – loc. *Faire la GRASSE MATINÉE :* se lever tard, paresser au lit. **2.** Réunion, spectacle qui a lieu avant le dîner, l'après-midi. *Il y a une matinée le dimanche. Jouer en matinée.*

MÂTINER v. tr. [1] ▪ **1.** Couvrir (une chienne de race), en parlant d'un chien de race différente, moins pure. – au p. p. *Chien mâtiné.* **2.** *MÂTINÉ DE :* mêlé de. *Un français mâtiné d'anglicismes.*

MATINES n. f. plur. ▪ RELIG. CATHOL. Office nocturne. *Les matines se chantent entre minuit et le lever du jour. Sonnez les matines !*

Henri MATISSE (1869-1954) ▪ Peintre et sculpteur français. D'abord chef de file des « fauves », il simplifia les lignes et les couleurs pour leur donner toute leur force expressive (*"La Danse"*, 1931). Les gouaches découpées (*"Nus bleus"*, 1952) et les vitraux de la chapelle de Vence (1951) marquent l'aboutissement de cette recherche.

MATITÉ n. f. ▪ Caractère de ce qui est mat.

le MATO GROSSO ▪ État de l'ouest du Brésil. 901 420 km². 2 410 000 hab. Capitale : Cuiabá. Agriculture (élevage, café, maté). Gisements de minerais. ► **le MATO GROSSO DO SUL** État voisin du précédent. 357 471 km². 2 050 000 hab. Capitale : Campo Grande.

MATOIS, OISE adj. ▪ LITTÉR. Qui a de la ruse sous des dehors de bonhomie. ⇒ **finaud, madré.** *Un vieux paysan matois.*

MATON, ONNE n. ▪ ARGOT Gardien(ne) de prison (qui *mate,* surveille les détenus).

MATOU n. m. ▪ Chat domestique mâle et non châtré. *Un gros matou.*

MATRAQUAGE n. m. ▪ Action de matraquer (1 et 3). *Le matraquage des manifestants.* ♦ *Matraquage publicitaire.*

MATRAQUE n. f. ▪ Arme contondante assez courte (pour frapper, assommer). ⇒ **gourdin, trique.** *Un coup de matraque.*

MATRAQUER v. tr. [1] ▪ **1.** Frapper à coups de matraque sur (qqn). **2.** Présenter une addition excessive à (qqn). *Ce restaurant matraque les clients.* **3.** Infliger d'une manière répétée (un message : publicité, thème, musique). *Matraquer une chanson à la radio.*

MATRAS n. m. ▪ TECHN. Récipient au col étroit et long (utilisé en alchimie, puis en chimie).

MATRI- Élément, du latin *mater,* signifiant « mère, par la mère », dans des mots didactiques, notamment en anthropologie (*matrilinéaire* adj. « par les femmes » (filiation) ; *matrilocal, ale, aux* adj. « dans le lieu de résidence de la mère »).

MATRIARCAL, ALE AUX adj. ▪ DIDACT. Relatif au matriarcat. *Société matriarcale.*

MATRIARCAT n. m. ▪ DIDACT. Régime juridique ou social où la mère est le chef de la famille (opposé à *patriarcat*).

MATRICE n. f. ▪ **I.** VX Utérus. **II.** Moule qui, après avoir reçu une empreinte particulière en creux et en relief, permet de la reproduire. *La matrice d'un disque, d'une médaille.* **III.** SC. Tableau rectangulaire de nombres, sur lesquels on définit certaines opérations.

MATRICIEL, IELLE adj. ▪ SC. Où interviennent les matrices (III). *Calcul matriciel.*

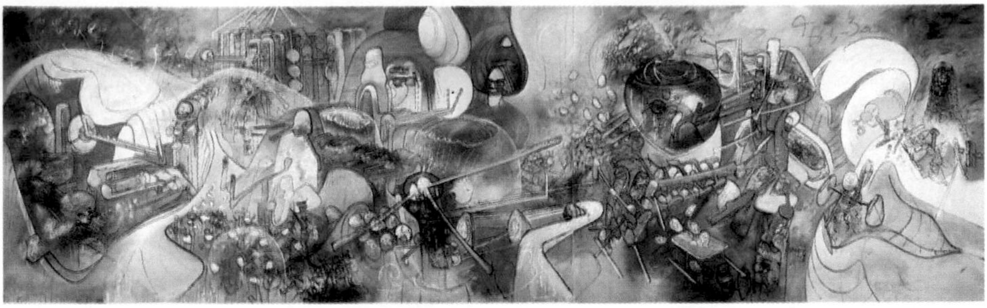

Matta. *Les Puissances du désordre.* MNAMGP, Paris. *Phot. © MNAMGP*

MATRICULE n. ▪ **1.** n. f. Registre, liste où sont inscrits des noms avec un numéro. *Inscription sur la matricule.* ⇒ **immatriculation.** ▸ adj. *Livret matricule d'un soldat. Numéro matricule.* **2.** n. m. Numéro d'inscription sur un registre matricule. *Le* (prisonnier) *matricule 85.* ▸ loc. FAM. *Ça barde, ça va barder pour son matricule :* il a, il va avoir des ennuis.

MATRIMONIAL, ALE, AUX adj. ▪ Qui a rapport au mariage. *Lien matrimonial.* ⇒ **conjugal.** *Régimes matrimoniaux,* régimes juridiques régissant les patrimoines des époux. ▸ *Agence matrimoniale,* qui met en rapport des personnes désirant se marier.

MATRONE n. f. ▪ **1.** ANTIQ. Épouse d'un citoyen romain. **2.** VIEILLI Femme d'un certain âge, corpulente et vulgaire. *Une grosse matrone.* **3.** VX Sage-femme.

Quentin MATSYS → Metsys

Roberto MATTA (né en 1911) ▪ Peintre français d'origine chilienne. Son œuvre mêle des formes organiques et technologiques, avec des effets de transparence. Il fut lié aux surréalistes.

Giacomo MATTEOTTI (1885 - 1924) ▪ Homme politique italien. Socialiste, il voulut lutter contre les fascistes, qui l'assassinèrent, discréditant le régime de Mussolini.

saint MATTHIEU ▪ L'un des douze apôtres de Jésus, auteur, selon la tradition, de l'Évangile qui porte son nom. Son emblème est un homme ailé.

MATURATION n. f. ▪ Le fait de mûrir. *Hâter la maturation des fruits.*

MÂTURE n. f. ▪ Ensemble des mâts (d'un navire).

Charles Robert MATURIN (1782 - 1824) ▪ Écrivain irlandais. *"Melmoth ou l'Homme errant"* (1820), roman noir qui influença Balzac.

MATURITÉ n. f. ▪ **I. 1.** État d'un fruit mûr. *On cueille les bananes avant leur complète maturité.* ▸ État de ce qui est mûr. **2.** fig. Plein développement. *Idée qui vient à maturité. Maturité d'esprit.* **3.** L'âge mûr, qui suit immédiatement la jeunesse. *Il est en pleine maturité* (→ la force de l'âge). **4.** Sûreté de jugement. *Tu manques de maturité.* ⇒ **circonspection, sagesse.** *Maturité précoce.* **II.** (Suisse) Examen de fin d'études secondaires. ◇ abrév. FAM. MATU.

Ana María MATUTE (née en 1926) ▪ Romancière espagnole. Ses romans ont souvent pour cadre la guerre civile. *"La Trappe"* (1969).

MAUBEUGE ▪ Commune du Nord. 34 989 hab. *(les Maubeugeois).*

MAUDIRE v. tr. 2 sauf pour l'inf. et le p. p. *maudit, ite* ▪ Vouer au malheur ; appeler sur (qqn) la malédiction, la colère divine (s'oppose à *bénir*). *Maudire un ennemi, la guerre.* ⇒ **abominer, exécrer.** ♦ Vouer (qqn) à la damnation éternelle. ⇒ **condamner.**

MAUDIT, ITE adj. ▪ **1.** Qui est rejeté par Dieu. ▸ Condamné, repoussé par la société. ⇒ **réprouvé.** *Les poètes maudits.* ▸ n. *"M le Maudit"* (film de Fritz Lang). *Les maudits,* ceux qui sont condamnés, rejetés. ⇒ **paria. 2.** (avant le n.) Dont on a sujet de se plaindre. ⇒ **détestable, exécrable** ; FAM. **damné, fichu, sacré.** *Cette maudite histoire le tracasse beaucoup.*

Jacques MAUDUIT (1557 - 1627) ▪ Compositeur français. Ami des poètes Ronsard et Baïf, il composa des messes, motets, psaumes et des *"Chansonnettes mesurées"* (sur des textes de Baïf).

les MAUGES n. m. pl. ▪ Région de l'ouest de la France, aux confins de l'Anjou et de la Vendée, autour de Cholet.

Somerset MAUGHAM (1874 - 1965) ▪ Écrivain britannique. Il traite dans ses romans des problèmes religieux et moraux. *"Servitude humaine"* (1915), *"Le Fil du rasoir"* (1944).

MAUGRÉER v. intr. 1 ▪ Manifester son mécontentement, sa mauvaise humeur, en protestant à mi-voix. ⇒ **grogner, pester, ronchonner.**

MAUGUIO ▪ Commune de l'Hérault. 11 487 hab. *(les Melgoriens).* Vignobles et arbres fruitiers.

Franz Anton MAULBERTSCH ou **MAULPERTSCH** (1724 - 1796) ▪ Peintre et décorateur allemand. Il fut un représentant caractéristique de la peinture baroque.

MAULÉON ▪ Commune des Deux-Sèvres. 8 779 hab. *(les Mauléonnais).*

MAUNA KEA ▪ Volcan éteint, point culminant de Hawaï, près du volcan actif Mauna Loa. 4 205 m.

Guy de MAUPASSANT (1850 - 1893) ▪ Écrivain français. Proche de Flaubert, il fut un maître de la nouvelle et du court roman réalistes (*"Boule-de-Suif"*, 1880; *"Une vie"*, 1883; *"Bel-Ami"*, 1885) ou fantastiques (*"Le Horla"*, 1887).

Maupassant. Portrait par Feyen-Perrin. Musée national du château, Versailles. *Phot. © Lauros/Giraudon*

le chancelier de MAUPEOU (1714 - 1792) ▪ Ministre de Louis XV. Il jugula l'agitation parlementaire (1771) mais son renvoi par Louis XVI anéantit ses réformes.

Pierre Louis Moreau de MAUPERTUIS (1698 - 1759) ▪ Mathématicien français. Partisan de Newton, il énonça, en mécanique, le principe de moindre action, et dirigea en Laponie une expédition pour mesurer la longueur d'un arc de méridien de 1°.

MAURE ou **MORE** adj. et n. ▪ **I.** De la Maurétanie antique. ▸ n. *Numides et Maures* (Berbères). ♦ au Moyen Âge Des Berbères islamisés qui conquirent l'Espagne. ⇒ **arabe, sarrasin.** *L'art maure.* ⇒ **mauresque. II.** De Mauritanie. ▸ n. *Othello, le Maure de Venise. Les Maures du Soudan, du Sénégal.*

MAUREPAS ▪ Commune des Yvelines. 19 718 hab.

les MAURES n. m. pl. ▪ Massif côtier de Provence qui s'étend d'Hyères à Fréjus. Il culmine à 780 m.

MAURESQUE ou **MORESQUE** n. et adj. ▪ VX Arabe, musulman (surtout style d'architecture).

la MAURÉTANIE ▪ Dans l'Antiquité, royaume d'Afrique du Nord (à l'ouest de la Numidie, du Maroc à la Kabylie), conquis au Ier s. par les Romains, puis v. 700 par les Arabes.

François MAURIAC (1885 - 1970) ▪ Écrivain français. Son œuvre, romanesque, critique et journalistique *("Bloc-Notes")* évoque l'inquiétude du chrétien dans sa lutte contre la tentation charnelle et dans son engagement dans le monde. *"Le Baiser au lépreux"* (1922); *"Thérèse Desqueyroux"* (1927). Prix Nobel 1952.

MAURIAC ▪ Chef-lieu d'arrondissement du Cantal. 4 224 hab. *(les Mauriacois)*. Basilique romane.

l'île MAURICE ▪ État (république) formé de quatre îles de l'archipel des Mascareignes (océan Indien), dont l'*île Maurice*. 2 040 km². 1 091 682 hab. *(les Mauriciens)*. Capitale : Port-Louis. Langues : anglais et français (officielles), créole, langues indiennes. Monnaie : roupie mauricienne. Canne à sucre, thé. Décollage économique remarquable dans les années 80. Tourisme. □ **HISTOIRE** D'abord possession hollandaise, colonie française de 1715 à 1810 *(île de France)*, britannique en 1814, elle accéda à l'indépendance en 1968 et devint une république en 1992. Membre du Commonwealth.

MAURICE DE NASSAU (1567 - 1625) ▪ Stathouder des Provinces-Unies. Il succéda à son père Guillaume le Taciturne en 1584, et fut un grand chef de guerre, luttant avec succès contre l'Espagne.

la MAURICIE ▪ Partie du Québec (Canada), plaine située entre Montréal et Québec. Ville principale : Trois-Rivières.

MAURICIEN, IENNE adj. et n. ▪ De l'île Maurice. - n. *Les Mauriciens.*

la MAURIENNE ▪ Vallée de la Savoie, voie de passage entre la France et l'Italie. Hydroélectricité ; électrométallurgie.

la MAURITANIE ▪ État (république islamique) de l'Afrique de l'Ouest bordé par l'Atlantique. 1 031 000 km². 1 969 000 hab. *(les Mauritaniens)*. Capitale : Nouakchott. Langues : arabe hassanya (officielle), français, peul, ouolof. Religion officielle : islam. Monnaie : ouguiya. Les 2/3 du pays sont recouverts par le désert saharien. Agriculture, élevage, pêche. Minerai de fer, cuivre. □ **HISTOIRE** Envahie par les Almoravides et islamisée (XIe s.), la région fut arabisée au XIVe s. La Mauritanie fut occupée par la France en 1855, devint en 1904 un protectorat et en 1920 l'une des colonies de l'Afrique-Occidentale française. Indépendante en 1960, elle annexa une partie du Sahara* occidental (1975) qu'elle dut abandonner en 1979 après une guerre contre le Polisario. Un processus de démocratisation du régime est en cours depuis 1991 : instauration du multipartisme, adoption d'une nouvelle Constitution et élections libres en 1992.

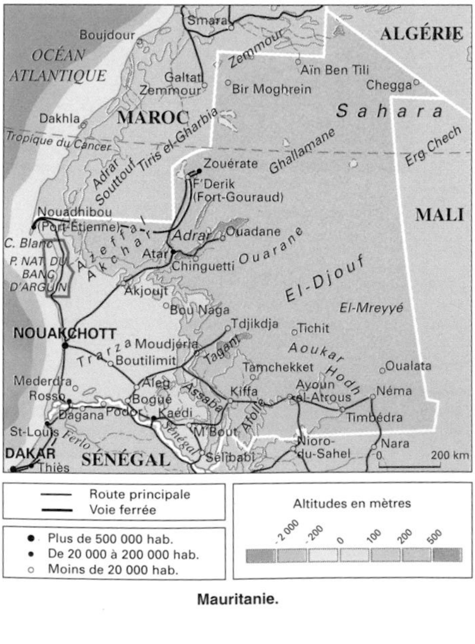

Mauritanie.

MAURITANIEN, ENNE adj. et n. ▪ De Mauritanie. - n. *Les Mauritaniens.*

Émile Herzog dit **André MAUROIS** (1885 - 1967) ▪ Écrivain français. *"Les Silences du colonel Bramble"* (1918), souvenirs humoristiques sur la Première Guerre mondiale ; *"Climats"* (1928), roman ; *"Prométhée ou la Vie de Balzac"* (1965), biographie romanesque.

Pierre MAUROY (né en 1928) ▪ Homme politique français. Maire de Lille depuis 1973. Premier ministre (socialiste) de 1981 à 1984.

Charles MAURRAS (1868 - 1952) ▪ Écrivain et homme politique français. Nationaliste, il anima le mouvement de l'Action française. *"Enquête sur la monarchie"* (1900) ; *"Anthinéa"* (1901).

les MAURYA ▪ Dynastie indienne du Magadha, qui contrôla une grande partie de l'Inde et de l'Afghanistan d'environ 322 av. J.-C. jusqu'en 184 av. J.-C. L'art maurya compte parmi les plus anciens témoignages de l'art indien.

MAUSOLE (mort en 353 av. J.-C.) ▪ Satrape de Carie, surtout célèbre pour son tombeau, le *Mausolée.*

MAUSOLÉE n. m. ▪ **1.** *Le Mausolée :* le tombeau de Mausole, que sa sœur et épouse Artémise lui éleva après sa mort (l'une des Sept Merveilles du monde). **2.** Somptueux monument funéraire de très grandes dimensions. ⇒ **tombeau.** *Le mausolée de Lénine, à Moscou.*

Marcel MAUSS (1872 - 1950) ▪ Sociologue et ethnologue français. Disciple de Durkheim. L'*"Essai sur le don, forme archaïque de l'échange"* (1932-1934) annonce l'anthropologie structurale de Lévi-Strauss.

MAUSSADE adj. ▪ **1.** Qui n'est ni gai ni aimable. ⇒ **grognon, revêche.** *Être d'humeur maussade.* **2.** Qui inspire de l'ennui. ⇒ **ennuyeux, terne, triste.** *Ciel, temps maussade.*

MAUSSADERIE n. f. ▪ LITTÉR. Caractère de ce qui est maussade (surtout sens 1).

MAUTHAUSEN ▪ Ville d'Autriche (Haute-Autriche). 3 600 hab. Camp de concentration nazi de 1938 à 1945 (près de 122 000 personnes y moururent).

MAUVAIS, AISE adj. ▪ en épithète, *mauvais* est le plus souvent avant le nom **I.** (opposé à *bon*) **1.** Qui présente un défaut, une imperfection essentielle ; qui a une valeur (utilitaire, esthétique, morale, intellectuelle) faible ou nulle. ⇒ **défectueux, imparfait.** *Assez mauvais* (⇒ **médiocre**), *très mauvais* (⇒ **exécrable, horrible, ignoble, infect**). *Les bons et les mauvais morceaux. Mauvaise affaire,* qui rapporte peu. *Produit de mauvaise qualité. Ce film est mauvais,* ne vaut rien. *Mauvais calcul. Mauvais raisonnement.* ⇒ **faux, inexact.** - Qui ne fonctionne pas correctement. *Il a de mauvais yeux,* il ne voit pas bien. *Être en mauvaise santé. Il a mauvaise mine.* **2.** n. m. Ce qui est mauvais. *Il y a du bon et du mauvais.* **3.** (personnes) Qui ne remplit pas correctement son rôle. ⇒ **lamentable, nul, pauvre.** *Un mauvais acteur.* **4.** Qui est mal choisi, ne convient pas. *Prendre la mauvaise route. Pour de mauvaises raisons.* - impers. *Il n'est pas mauvais qu'il en fasse l'expérience,* ce serait indiqué. **II.** (opposé à *bon, beau, heureux*) Qui cause ou peut causer du mal. ⇒ **néfaste, nuisible. 1.** Qui annonce du malheur. ⇒ **funeste, sinistre.** *De mauvais augure. C'est mauvais signe.* **2.** Qui est cause de mal, de malheur, d'ennuis, de désagrément. ⇒ **dangereux, nuisible.** *L'excès d'alcool est mauvais pour lui.* - VIEILLI *Mauvais à qqn.* - *L'affaire prend une mauvaise tournure. Être en mauvaise posture. Il a reçu un mauvais coup. La mer est mauvaise,* très agitée. **3.** Désagréable aux sens. *Mauvaise odeur, mauvais goût.* - *Mauvais temps* (opposé à *beau*). ⇒ **sale.** *Il fait mauvais.* - Désagréable au goût. *Pas mauvais,* assez bon. **4.** Pénible. *Mauvaise nouvelle. Faire mauvais effet.* - loc. FAM. *La trouver, l'avoir mauvaise* (sous-entendu : *la chose, l'affaire*). **5.** Peu accommodant. *Mauvaise humeur. Mauvais caractère. Mauvaise tête ; mauvaise volonté.* **III.** (opposé à *bon, honnête*) **1.** Qui est contraire à la loi morale. *C'est une mauvaise action. Mauvaise conduite.* **2.** (personnes) Qui fait ou aime à faire le mal. *Il est mauvais comme une teigne.* ⇒ **méchant.** - *MAUVAIS GARÇON :* homme prompt à en venir aux coups. - *Une mauvaise langue* (qui calomnie). - (actions, intentions) *Donner le mauvais exemple.* **3.** (peut s'employer après le nom) Qui dénote de la méchanceté, de la malveillance. *Il a eu un rire mauvais. Une joie mauvaise.* ⇒ **cruel. IV.** adv. *Sentir mauvais.* - fig. *Ça sent mauvais,* les choses prennent une mauvaise tournure.

MAUVE ▪ **I.** n. f. Plante à fleurs roses ou violet pâle. **II.** adj. D'une couleur violet pâle. *Des robes mauves.* ▸ n. m. Couleur mauve.

MAUVIETTE n. f. ▪ **1.** Alouette ou petit oiseau bon à manger. **2.** Personne chétive, au tempérament délicat, maladif. *Quelle mauviette !*

MAUVIS n. m. ▪ VIEILLI Oiseau du genre merle.

MAXENCE (mort en 312) ▪ Empereur romain de 306 à sa mort. Fils de Maximien, il établit son autorité sur l'Italie, l'Afrique et l'Espagne. Il écarta ensuite son père du pouvoir et fut vaincu par Constantin.

MAXÉVILLE ▪ Commune de Meurthe-et-Moselle. 8 667 hab. *(les Maxévillois).* Mine de fer.

MAXI- Élément (→ maximum) signifiant « grand, long » (ex. *une maxibouteille, un maximanteau*). ⇒ **macro-** ; opposé à *mini-*.

MAXILLAIRE [-il-] n. m. ▪ Os des mâchoires. *Le maxillaire supérieur.* ▸ adj. *Os maxillaire.*

MAXIMA ⇒ MAXIMUM

MAXIMAL, ALE, AUX adj. ▪ Qui constitue un maximum. *Obtenir les résultats maximaux.*

MAXIME n. f. ▪ Formule énonçant une règle de conduite, une règle morale. ⇒ **aphorisme, dicton, proverbe, sentence.** *Suivre une maxime.* ⇒ **précepte, principe.**

MAXIMIEN (v. 250 - 310) ▪ Empereur romain. Il fut appelé en 286 par Dioclétien pour partager le pouvoir.

MAXIMILIEN (1832 - 1867) ▪ Empereur du Mexique. Archiduc d'Autriche imposé par Napoléon III comme empereur du Mexique en 1864, il se heurta au nationalisme mexicain et fut fusillé sur l'ordre de Juárez. Sa femme Charlotte (1840 - 1927) en devint folle.

MAXIMILIEN Ier (1459 - 1519) ▪ Archiduc d'Autriche, roi des Romains, empereur germanique de 1493 à sa mort. Par sa politique d'alliance, il fonda la puissance des Habsbourg, léguant à son petit-fils Charles Quint un empire qui dominait la moitié de l'Europe.

MAXIMUM [-ɔm] ▪ **1.** n. m. Valeur la plus grande atteinte par une quantité variable ; limite supérieure (s'oppose à *minimum*). ⇒ **plafond.** *Maximum de vitesse, de force. Les maximums* ou *les maxima.* ▸ (avec un n. au plur.) *Le maximum de chances,* le plus grand nombre. ♦ *Au maximum,* tout au plus, au plus. **2.** adj. Qui constitue un maximum. ⇒ **maximal.** *Rendement maximum.* ▸ au fém. *Tension, amplitude maximum* ou *maxima.* ▸ au plur. *Des prix maximums* ou *maxima.*

James Clerk **MAXWELL** (1831 - 1879) ▪ Physicien britannique. Les *équations de Maxwell* formulent les lois du champ électromagnétique. Le concept de champ a été le point de départ d'Einstein pour unifier la physique.

MAYA [maja] adj. ▪ Relatif aux Mayas*, à leur civilisation. *Des temples mayas.*

les **MAYAS** ▪ Peuple d'Amérique centrale localisé au Guatemala, au Honduras, au Mexique (Yucatán). Leur civilisation connut son apogée du VIIe au IXe s., et brilla par son architecture (pyramides de pierre), son astronomie (premier calendrier), son écriture et ses mathématiques. Elle se mélangea à la civilisation toltèque *(civilisation toltèque-maya)* et s'effondra devant les conquistadores espagnols (XVIe s.). Principaux sites archéologiques : Palenque, Uxmal, Kabah, Tikal, Chichén Itzá.

les **Mayas.** Arc maya, Kabah, Yucatán.
Phot. © Dagli Orti

MAYENCE en allemand *MAINZ* ▪ Ville et port d'Allemagne, capitale de l'État (Land) de Rhénanie-Palatinat. 178 000 hab. Métropole commerciale. Cathédrale romane (Xe-XIIIe s.).

la **MAYENNE** ▪ Rivière de l'ouest de la France, affluent de la Sarthe. 200 km.

la **MAYENNE** [53] ▪ Département français de la région Pays de la Loire. 5 213 km². 278 037 hab. Chef-lieu : Laval. Chefs-lieux d'arrondissement : Château-Gontier, Mayenne, Laval.

MAYENNE ▪ Chef-lieu d'arrondissement de la Mayenne. 13 549 hab. *(les Mayennais).*

Julius Robert von **MAYER** (1814 - 1878) ▪ Physicien et médecin allemand. Il formula (en même temps que Joule) le premier principe de la thermodynamique.

MAYERLING ▪ Localité d'Autriche où, en janvier 1889, l'archiduc Rodolphe et la baronne Marie Vetsera furent trouvés morts dans un pavillon de chasse.

le **MAYFLOWER** ▪ Navire qui, en 1620, transporta un groupe de « pèlerins » puritains (les *Pilgrim Fathers*) en Amérique où ils fondèrent Plymouth en Nouvelle-Angleterre.

Félix **MAYOL** (1872 - 1941) ▪ Chanteur français de café-concert. *"Viens Poupoule"* (1902).

MAYONNAISE [-ajɔ-] n. f. ▪ Sauce froide composée d'huile, d'œufs et d'assaisonnements (moutarde, ail) battus jusqu'à prendre de la consistance (aussi adj. : *sauce mayonnaise*). ▸ loc. *La mayonnaise prend,* au fig. la chose prend tournure, l'action se déclenche. ▸ appos. invar. *Des œufs mayonnaise,* à la mayonnaise (abrév. FAM. DES ŒUFS MAYO).

MAYOTTE ▪ Collectivité territoriale française à l'est des Comores. 373 km². 85 000 hab. *(les Mahorais).* Chef-lieu : Mamoudzou.

MA YUAN (1140 - apr. 1225) ▪ Peintre chinois. Actif entre 1190 et 1225 environ, il fut membre de l'académie des Song du Sud. Il porta à son plus haut point l'esprit synthétique dans l'art du paysage.

MAZAGRAN n. m. ▪ VX Café servi dans une chope ou un verre. ♦ Verre à pied en porcelaine épaisse.

MAZAMET ▪ Commune du Tarn. 11 481 hab. *(les Mazamétains).* Délainage des peaux de moutons.

MAZĀR-É CHARĪF ▪ Ville d'Afghanistan. 103 000 hab. Centre caravanier. Tombeau d'Alī.

Mazarin. Portrait par Mignard. Musée Condé, Chantilly.
Phot. © Nimatallah/ Ricciarini

Jules **MAZARIN** (1602 - 1661) ▪ Cardinal et homme d'État français d'origine italienne. Collaborateur de Richelieu, il lui succéda à la fin du règne de Louis XIII et sous la régence d'Anne d'Autriche. En réprimant la Fronde, en mettant fin à la guerre de Trente Ans et à la guerre contre l'Espagne, il assura le triomphe de l'absolutisme. Il acquit une immense fortune, protégea les arts et les lettres. Il réunit une vaste bibliothèque dont il fit don à l'État (l'actuelle bibliothèque Mazarine).

MAZATLÁN ▪ Ville et port du Mexique. 314 000 hab. Tourisme.

MAZDÉISME n. m. ▪ Religion de l'Iran antique, dualiste, opposant un principe du Bien et un principe du Mal. ⇒ **manichéisme.** ▪ Le mazdéisme est fondé sur les révélations reçues par Zarathoustra* et consignées dans l'Avesta. Le dieu principal, Ahurā Mazdā, guide l'homme vers le bien et s'oppose à Ahriman, l'esprit malfaisant, chef des *daevā* (démons), dont le culte est interdit. Cette lutte entre les deux principes doit se terminer par la victoire d'Ahurā Mazdā. Adopté par les Perses peut-être dès l'époque achéménide, il est encore aujourd'hui pratiqué en Inde (les parsis).

Ivan MAZEPPA ou **MAZEPA** (1644 - 1709) ▪ Chef des Cosaques, gouverneur de l'Ukraine. Il s'allia à la Suède contre Pierre le Grand mais fut vaincu.

MAZETTE ▪ **1.** n. f. VX Mauvais petit cheval. ♦ Personne faible et malhabile. **2.** interj. RÉGIONAL Exclamation d'étonnement, d'admiration. *Un million ? Mazette !*

MAZINGARBE ▪ Commune du Pas-de-Calais. 7 829 hab. *(les Mazingarbois).* Chimie des produits issus de la houille.

MAZOUT [-ut] n. m. ▪ Résidu de la distillation du pétrole, liquide épais, visqueux, brun, utilisé comme combustible. ⇒ **fuel, huile** lourde. *Chauffage au mazout.* ► **MAZOUTÉ, ÉE** adj. Souillé par le mazout répandu. *Plages mazoutées.*

la MAZOVIE ▪ Région historique de la Pologne centrale, s'étendant de part et d'autre de la Vistule, au nord de la petite Pologne, et dont Varsovie est la ville principale.

Ivan MAŽURANIĆ (1814 - 1890) ▪ Poète croate. Fondateur de la littérature croate moderne, il exalte la lutte contre la domination turque.

la MAZURIE ▪ Région lacustre et boisée du nord-est de la Pologne, riveraine de la Baltique. Polonaise depuis 1945. Ville principale : Olsztyn.

MAZURKA n. f. ▪ Danse à trois temps d'origine polonaise. - Air sur lequel on la danse. ♦ Composition musicale de même rythme. *Les mazurkas de Chopin.*

Giuseppe MAZZINI (1805 - 1872) ▪ Patriote et révolutionnaire italien. Fondateur du mouvement Jeune-Italie (1831), il représenta l'idéal républicain, face aux partisans de la monarchie et de Cavour.

MBABANE ▪ Capitale du Swaziland. 52 000 hab.

MBUJI-MAYI ▪ Ville du Zaïre. 430 000 hab. Diamants.

ME pron. pers. s'élide en *m'* devant une voyelle ou un *h* muet : *il m'envoie, il m'habille* ▪ Pronom personnel complément de la première personne du singulier pour les deux genres (⇒ **je, moi**). **1.** compl. d'objet dir. (représente la personne qui parle, qui écrit) *On m'a vu. Tu me présenteras à lui.* - *Je me suis préparé.* - *Me voici de retour.* **2.** compl. d'objet indir. À moi. *Il me fait pitié. Il veut me parler.* - (renforce un ordre) *Va me fermer cette porte !* - (rapport de possession) *Je me lave les mains :* je lave mes *mains.*

MÉ- ou **MÉS-** (devant voyelle) ▪ Préfixe qui signifie « mauvais » (ex. *mésalliance, mésaventure*). ⇒ **mal-.**

MEA-CULPA [mea-] n. m. invar. ▪ *Faire son mea-culpa,* avouer sa faute.

George Herbert MEAD (1863 - 1931) ▪ Philosophe et sociologue américain. Pionnier de la psychologie sociale.

Margaret MEAD (1901 - 1978) ▪ Anthropologue américaine. En s'appuyant sur l'ethnographie océanienne elle remit en cause certains modèles occidentaux, en particulier les modèles d'éducation et de relation entre les sexes. *"Coming of Age in Samoa"* (1927).

MÉANDRE n. m. ▪ (du n. pr.) **1.** Sinuosité (d'un cours d'eau). **2.** fig. *Les méandres de la pensée, d'un exposé.* ⇒ **détour.**

le MÉANDRE auj. **Menderes** ▪ Fleuve de Turquie, célèbre depuis l'Antiquité pour son cours sinueux. 584 km.

MÉAT n. m. ▪ Canal, conduit ou orifice d'un canal anatomique. *Méat urinaire.*

MEAUX ▪ Chef-lieu d'arrondissement de la Seine-et-Marne. 48 305 hab. *(les Meldois).* Évêché et cathédrale. Tombeau de Bossuet (évêque de la ville à partir de 1681, surnommé « l'Aigle de Meaux »).

MEC n. m. ▪ FAM. Homme, individu. ⇒ FAM. **gars, type.** *Un beau mec. Elle vient avec son mec. Les mecs et les nanas.*

MÉCANICIEN, IENNE n. ▪ **1.** DIDACT. Physicien(ne) spécialiste de la mécanique (II, 1). **2.** Personne qui invente des machines, qui en dirige la construction. *Jacquard est un célèbre mécanicien français.* **3.** COUR. Personne qui a pour métier de monter, d'entretenir ou de réparer les machines. *Les mécaniciens d'un garage.* ⇒ FAM. **mécano.** *Mécanicien d'avion.* ♦ Personne qui conduit une locomotive.

MÉCANIQUE ▪ **I.** adj. **1.** Qui est exécuté par un mécanisme ; qui utilise des mécanismes, des machines. *Tissage mécanique.* - Mû par un mécanisme. *Escalier mécanique.* **2.** Qui concerne les machines. *Avoir des ennuis mécaniques,* de moteur. **3.** Qui évoque le fonctionnement d'une machine (opposé à *réfléchi, intelligent*). ⇒ **automatique, machinal.** *Un geste mécanique.* **4.** SC. Qui consiste en mouvements, est produit par un mouvement. *Énergie mécanique.* **II.** n. f. **1.** Partie des mathématiques et de la physique qui a pour objet l'étude du mouvement (cinématique, dynamique) et de l'équilibre (statique) des corps, ainsi que la théorie des machines. *La mécanique des fluides (hydrodynamique).* - Théorie relative aux phénomènes étudiés en mécanique. *La mécanique classique. Mécanique quantique, ondulatoire.* **2.** Science de la construction et du fonctionnement des machines. **3.** fig. VIEILLI Fonctionnement (de ce qui est comparé à une machine). ⇒ **mécanisme** (2). *La mécanique des passions. Une mécanique.* ⇒ **mécanisme.** ♦ loc. FAM. *Rouler les* (ou *des*) *mécaniques,* les muscles des épaules pour montrer sa force.

MÉCANIQUEMENT adv. ▪ D'une manière mécanique. - fig. ⇒ **automatiquement, machinalement.**

MÉCANISATION n. f. ▪ Action de mécaniser ; son résultat. ⇒ **machinisme.** *La mécanisation de l'agriculture.*

MÉCANISER v. tr. [1] ▪ Réduire à un travail mécanique (par l'utilisation de machines). *Mécaniser une production artisanale.*

MÉCANISME n. m. ▪ **1.** Combinaison, agencement de pièces, d'organes, montés en vue d'un fonctionnement. ⇒ **mécanique** (II, 3). **2.** Fonctionnement de ce qu'on assimile à une machine. *Mécanismes biologiques.* ⇒ **processus.** *Les mécanismes économiques.*

MÉCANO n. m. ▪ FAM. Mécanicien, ienne (3). *Des mécanos. Il, elle est mécano.*

MÉCANO- Élément, du grec *mêkhanê* « machine ».

MÉCANOGRAPHIE n. f. ▪ Emploi de machines pour les opérations logiques (calculs, tris, classements) effectuées sur des documents. ► MÉCANOGRAPHIQUE adj. *Fiche mécanographique.*

MÉCÉNAT n. m. ▪ **1.** Qualité, comportement d'un mécène. **2.** Soutien financier d'un mécène (2).

MÉCÈNE n. m. ▪ (du n. pr.) **1.** Personne riche et généreuse qui aide les écrivains, les artistes. **2.** (pour remplacer l'anglic. *sponsor*) Personne, entreprise qui soutient financièrement une activité, notamment culturelle.

MÉCÈNE (v. 69 - 8 av. J.-C.) ▪ Chevalier romain. Ministre d'Auguste, il encouragea les arts.

MÉCHAMMENT adv. ▪ **1.** Avec méchanceté. ⇒ **cruellement, durement.** *Agir, parler méchamment.* **2.** FAM. Fortement, beaucoup.

MÉCHANCETÉ n. f. ▪ **1.** Caractère, comportement d'une personne méchante. ⇒ **cruauté, dureté, malveillance.** *C'est de la pure méchanceté. La méchanceté d'une remarque.* **2.** *Une méchanceté,* parole ou action par laquelle s'exerce la méchanceté. *Dire des méchancetés.* ⇒ FAM. **vacherie.**

MÉCHANT, ANTE adj. ▪ **I. 1.** Qui fait délibérément du mal ou cherche à en faire, le plus souvent de façon ouverte et agressive (opposé à *bon*). ⇒ **cruel, dur, malfaisant, malin** (I), **malveillant, mauvais** (III, 2) ; FAM. **rosse, vache.** *Un homme méchant, un méchant homme. "Est-il bon, est-il méchant ?"* (pièce de Diderot). loc. *Plus bête que méchant. Bête* et méchant.* - *Air, sourire méchant.* ⇒ **mauvais ; haineux. 2.** (enfants) Qui se conduit mal, qui est turbulent (opposé à *gentil*). ⇒ **insupportable, vilain.** *Si tu es méchant, tu seras privé de dessert.* **3.** (animaux) Qui cherche à mordre, à griffer. *Chien méchant,* dangereux. **4.** loc. FAM. *Ce n'est pas bien méchant,* ni grave ni important. **II.** (avant le nom) **1.** LITTÉR. Mauvais, médiocre. *Un méchant livre de rien du tout.* **2.** Dangereux ou désagréable. *Elle s'est attiré une méchante affaire.* **3.** FAM. Remarquable, extraordinaire. *Une méchante moto.* ⇒ **terrible. III.** n. **1.** LITTÉR. Personne méchante. *Faire le méchant,* s'emporter, menacer. - lang. enfantin *Oh, la méchante !* **2.** Personne qui tourmente (qqn).

① **MÈCHE** n. f. ▪ **I. 1.** Cordon, tresse de fils de coton, de chanvre, imprégné(e) de combustible et qu'on fait brûler. *La mèche d'une lampe à huile.* **2.** Cordon fait d'une matière qui prend feu aisément. ♦ loc. fig. *Éventer, découvrir la mèche :* découvrir le secret d'un complot. *Vendre la mèche :* trahir le secret. **II.** Tige d'acier servant à percer le bois, le métal. *La mèche d'un vilebrequin, d'une perceuse.* ⇒ **vrille.** ♦ Instrument fin pour aléser les canaux des dents. **III.** Cheveux distincts (par la couleur, la disposition) dans l'ensemble de la chevelure. *Avoir une mèche sur l'œil.*

② DE **MÈCHE** loc. invar. ▪ loc. FAM. *Être de mèche avec qqn*, être d'accord en secret. ⇒ **complicité, connivence.**

MECHED ou **MACHHAD** ▪ Ville du nord-est de l'Iran. 1 463 508 hab. Lieu de pèlerinage chiite. Capitale de la Perse de 1736 à 1747.

MÉCHOUI n. m. ▪ **1.** Mouton rôti à la broche. **2.** Repas collectif où l'on sert ce plat.

le **MECKLEMBOURG-POMÉRANIE-ANTÉRIEURE** en allemand ***MECKLENBURG-VORPOMMERN*** ▪ État (Land) du nord-est de l'Allemagne. 23 559 km². 1 865 000 hab. Capitale : Schwerin. Tourisme.

MÉCOMPTE [-kɔ̃t] n. m. ▪ Erreur de prévision ; espoir fondé à tort. ⇒ **déception.** *De graves mécomptes.*

MÉCONNAISSABLE adj. ▪ Qui est si changé (en bien ou, plus souvent, en mal) qu'on ne peut le reconnaître. *Je ne l'avais pas revu depuis sa maladie ; il est méconnaissable.*

MÉCONNAISSANCE n. f. ▪ LITTÉR. Action de méconnaître. ⇒ **incompréhension.**

MÉCONNAÎTRE v. tr. 57 ▪ **1.** LITTÉR. Ne pas reconnaître (une chose) pour ce qu'elle est, refuser d'en tenir compte. ⇒ **ignorer, négliger.** *Méconnaître les lois.* **2.** Ne pas apprécier (qqn ou qqch.) à sa juste valeur. ⇒ **méjuger, mésestimer.** *La critique méconnaît souvent les auteurs de son temps.*

MÉCONNU, UE adj. ▪ Qui n'est pas reconnu, estimé à sa juste valeur. *Il se prend pour un génie méconnu.*

MÉCONTENT, ENTE ▪ **1.** adj. Qui n'est pas content, pas satisfait. *Il est rentré déçu et très mécontent.* ⇒ **contrarié, fâché.** *Être mécontent de son sort.* - *Mécontent que* (+ subj.). **2.** n. (rare au fém.) *Un perpétuel mécontent.* ⇒ **insatisfait.**

MÉCONTENTEMENT n. m. ▪ Sentiment pénible d'être frustré dans ses espérances, ses droits. ⇒ **déplaisir, insatisfaction.** *Sujet de mécontentement*, contrariété, ennui.

MÉCONTENTER v. tr. 1 ▪ Rendre mécontent. ⇒ **contrarier, fâcher.** *Cette mesure a mécontenté tout le monde.*

La **MECQUE** ▪ Ville d'Arabie Saoudite, capitale religieuse de l'Islam, interdite aux non-musulmans. 630 000 hab. Berceau du prophète Mahomet. Les musulmans sont tenus de s'y rendre en pèlerinage au moins une fois dans leur vie. La Grande Mosquée contient la Kaaba*.

La **Mecque.** *La Mecque et la plaine Arafat*, miniature d'un Coran du XIXe s. Palais Azem, Damas. *Phot. © Dagli Orti*

MÉCRÉANT, ANTE adj. et n. ▪ LITTÉR. ou plais. Qui n'a aucune religion. ⇒ **athée, irréligieux.** - n. *Un mécréant* (s'oppose à *croyant*).

les **Mèdes.** *Officier mède rendant hommage à Darius*, détail de bas-relief, art achéménide, VIe et Ve s. av. J.-C. Persépolis. *Phot. © Dagli Orti*

MÉDAILLE n. f. ▪ **1.** Pièce de métal, généralement circulaire, frappée ou fondue en l'honneur d'un personnage ou en souvenir d'un événement (⇒ **monnaie**). *Science des médailles.* ⇒ **numismatique. 2.** Pièce de métal donnée en prix à un lauréat. *Médaille d'or, d'argent. Médaille olympique.* ♦ Décoration. *Médaille militaire*, décoration française décernée aux sous-officiers et soldats les plus méritants. **3.** Petite pièce de métal portée autour du cou. *Médaille pieuse.*

MÉDAILLÉ, ÉE adj. et n. ▪ Qui a reçu une médaille (2). - n. *Les médaillés olympiques.*

MÉDAILLON n. m. ▪ **1.** Portrait ou sujet sculpté, dessiné ou gravé dans un cadre circulaire ou ovale. ⇒ **camée. 2.** Bijou de forme ronde ou ovale. **3.** Tranche mince et ronde (de viande). *Un médaillon de foie gras.*

MEDAN ▪ Ville et port de l'Indonésie (Sumatra). 1 685 272 hab.

saint **MÉDARD** (v. 456 - v. 545) ▪ Évêque de Noyon et de Tournai. Invoqué pour la pluie et le beau temps.

Peter Brian **MEDAWAR** (1915 - 1987) ▪ Biologiste britannique. Prix Nobel de physiologie ou de médecine 1960 pour ses travaux sur les greffes.

MÉDECIN n. m. ▪ Personne qui exerce la médecine, est titulaire du diplôme de docteur en médecine. ⇒ **docteur, praticien, thérapeute ;** FAM. **toubib.** *Médecin consultant. Médecin traitant*, qui suit le malade. *Médecin généraliste, spécialiste* (⇒ **-iatre, -logue**).

MÉDECINE n. f. ▪ **I.** VX ou RÉGIONAL Médicament, remède. *Prendre médecine.* **II. 1.** Science qui a pour objet la conservation et le rétablissement de la santé ; art de prévenir et de soigner les maladies de l'homme (⇒ **médecin ; médical**). *"Introduction à l'étude de la médecine expérimentale"* (de Cl. Bernard). *Étudiant en médecine.* ⇒ FAM. **carabin.** - *Médecine préventive. Médecine sociale, médecine du travail. Médecine mentale.* ⇒ **psychiatrie.** *Médecine générale*, qui s'occupe de l'ensemble de l'organisme. *Médecine interne**. - *Médecines douces, alternatives.* - *Médecine légale*, exercée pour aider la justice, notamment en cas de crime supposé. ⇒ **médicolégal. 2.** Profession du médecin. *Guérisseur qui exerce illégalement la médecine.*

MÉDÉE ▪ Magicienne de la mythologie grecque célèbre pour ses crimes (cycle des Argonautes). Elle aide Jason à s'emparer de la Toison d'or. Abandonnée, elle se venge en tuant ses propres enfants.

MEDELLÍN ▪ Deuxième ville de Colombie. 2 400 000 hab. Centre commercial (café) et industriel. Elle a été le centre d'un important trafic de drogue *(cartel de Medellín).*

MÉDERSA n. f. ▪ Établissement d'enseignement religieux musulman.

les **MÈDES** ▪ Ancien peuple d'Asie occidentale, installé au IXe s. avant J.-C. sur le plateau iranien. Leur roi Cyaxare conquit l'Assyrie (612 av. J.-C.), mais ils furent vaincus par les Perses et Cyrus II (550 av. J.-C.).

Médicis. Portrait de Laurent le Magnifique par Vasari. Musée des Offices, Florence. *Phot. © Alinari/Giraudon*

MÉDIA n. m. ▪ anglic. Technique et support de diffusion massive de l'information (presse, radio, télévision, cinéma). *Les médias de masse.* ⇒ **mass media.** *Un événement couvert par les médias. Un nouveau média.*

MÉDIAN, ANE adj. ▪ Qui est situé, placé au milieu. *Ligne médiane.*

MÉDIANE n. f. ▪ Segment de droite joignant un sommet d'un triangle au milieu du côté opposé. ≠ *médiatrice.* ‑ STATIST. Valeur centrale qui sépare en deux parties égales un ensemble. ≠ *moyenne.*

MÉDIANOCHE n. m. ▪ anciennt Repas pris au milieu de la nuit. ⇒ **réveillon.**

MÉDIAT, ATE adj. ▪ DIDACT. Qui se fait indirectement, par intermédiaire. *Action, cause, relation médiate.* ◇ contr. *immédiat* (PHILOS.).

MÉDIATEUR, TRICE n. ▪ Personne qui s'entremet pour faciliter un accord. ⇒ **arbitre, conciliateur, intermédiaire.** ‑ adj. *Puissance médiatrice.*

MÉDIATHÈQUE n. f. ▪ Lieu où sont consultables des données rassemblées sur des supports correspondant aux différents médias.

MÉDIATION n. f. ▪ Entremise destinée à mettre d'accord, à concilier ou à réconcilier des personnes, des partis. ⇒ **arbitrage, conciliation.**

MÉDIATIQUE adj. ▪ **1.** Qui concerne les médias, est transmis par les médias. *L'information médiatique.* **2.** Qui exerce une influence par les médias. *Un politicien très médiatique.*

① **MÉDIATISER** v. tr. [1] ▪ DIDACT. Rendre médiat.

② **MÉDIATISER** v. tr. [1] ▪ Diffuser largement par les médias. ‑ *Événement médiatisé.*

MÉDIATOR n. m. ▪ Lamelle utilisée pour jouer de certains instruments à cordes (banjo, guitare...). ⇒ **plectre.**

MÉDIATRICE n. f. ▪ Lieu géométrique des points équidistants de deux points donnés. ≠ *médiane.*

MÉDICAL, ALE, AUX adj. ▪ Qui concerne la médecine. *Soins médicaux. Visite médicale.* ‑ ⇒ aussi **paramédical.**

MÉDICALEMENT adv. ▪ Du point de vue de la médecine.

MÉDICALISER v. tr. [1] ▪ Développer l'action médicale dans (un domaine), pour (des personnes). ► n. f. MÉDICALISATION

MÉDICAMENT n. m. ▪ Substance spécialement préparée pour servir de remède. ⇒ **médication, remède ;** FAM. **drogue.** *Ordonner, prescrire un médicament à un malade. Acheter un médicament à la pharmacie.*

MÉDICAMENTEUX, EUSE adj. ▪ DIDACT. Qui a des propriétés thérapeutiques.

MÉDICATION n. f. ▪ Emploi d'agents médicaux dans une intention précise. ⇒ **thérapeutique.**

MÉDICINAL, ALE, AUX adj. ▪ Qui a des propriétés curatives. *Les plantes médicinales.*

les MÉDICIS ▪ Famille italienne de marchands et de banquiers qui joua un rôle primordial dans l'histoire de Florence du XVe au XVIIIe s. ainsi que dans la politique, l'économie et les arts d'Europe. Elle détint le titre de duc (1531) puis grand-duc (1569) de Toscane. Les reines françaises Catherine* de Médicis et Marie* de Médicis en étaient issues. ► **Cosme** ou **Cosimo de MÉDICIS** (1389‑1464), le « Père de la Patrie ». ► **LAURENT LE MAGNIFIQUE** (1449‑1492), son petit-fils, protégea les artistes, les savants et favorisa l'imprimerie. ► **Jules de MÉDICIS**, pape sous le nom de Clément VII. ► **Alessandro de MÉDICIS** (v. 1510‑1537) exerça une dictature sur Florence et fut assassiné par son cousin Lorenzaccio. ► **Lorenzino de MÉDICIS** dit ***LORENZACCIO*** (1514‑1548) Cousin et assassin du précédent. Sa vie inspira une pièce de Musset.

MÉDICO- Élément qui signifie « médical ».

MÉDICOLÉGAL, ALE, AUX adj. ▪ Relatif à la médecine légale. *Institut médicolégal,* la morgue.

MÉDICOSOCIAL, ALE, AUX [-sɔ-] adj. ▪ Relatif à la médecine sociale, à la médecine du travail. *Centre médicosocial.*

MÉDIÉVAL, ALE, AUX adj. ▪ Relatif au Moyen Âge. ⇒ **moyenâgeux.** *Art médiéval. Études médiévales.*

MÉDIÉVISTE n. ▪ DIDACT. Spécialiste, notamment historien, du Moyen Âge.

MÉDINA n. f. ▪ Partie musulmane (souvent ancienne) d'une ville, en Afrique du Nord (spécialt au Maroc).

MÉDINE ▪ Ville d'Arabie Saoudite, où Mahomet se réfugia en 622, an I de l'Hégire. Lieu de pèlerinage musulman. 400 000 hab. Tombeaux de Mahomet et de Fatima.

MÉDIO- Élément, du latin *medius* « moyen ; au milieu ».

MÉDIOCRE adj. ▪ **1.** VX Moyen. **2.** MOD. Qui est au-dessous de la moyenne, qui est insuffisant. ⇒ **étriqué, mesquin.** *Un salaire médiocre.* ⇒ **modeste, modique, petit.** ♦ Assez mauvais. ⇒ **faible, pauvre, piètre, quelconque.** *Travail médiocre, réussite médiocre.* **3.** (personnes) Qui ne dépasse pas ou même n'atteint pas la moyenne. ⇒ **inférieur.** *Esprit médiocre.* ‑ n. *C'est un médiocre.*

MÉDIOCREMENT adv. ▪ Assez peu, assez mal. *Il joue du piano, il travaille médiocrement.*

MÉDIOCRITÉ n. f. ▪ **1.** VX Situation moyenne. ‑ Modération, juste milieu. *La « médiocrité dorée »* du poète latin Horace (latin *aurea mediocritas*). **2.** MOD. État de ce qui est médiocre (2). ‑ Insuffisance de qualité, de valeur. ⇒ **imperfection, pauvreté, petitesse.** *La médiocrité d'une œuvre.* ⇒ **faiblesse.**

MÉDIQUE adj. ▪ HIST. Qui concerne les Mèdes (et, par ext., les Perses). *Les guerres médiques.* ▪ Les guerres médiques opposèrent les cités grecques à l'Empire perse au Ve s. av. J.-C. : en 490, les Perses de Darius le Grand furent battus à Marathon. En 480, dirigés par Xerxès Ier, battant les Grecs aux Thermopyles (→ **Léonidas**), les Perses s'emparèrent d'Athènes, mais furent écrasés à Salamine et à Platées.

MÉDIRE v. intr. [37] sauf *vous médisez* ▪ Dire (de qqn) le mal qu'on sait ou croit savoir sur son compte. *Médire de, sur qqn.* ⇒ **attaquer, critiquer, dénigrer ;** ≠ *calomnier.*

MÉDISANCE n. f. ▪ **1.** Action de médire. ⇒ **dénigrement, diffamation.** **2.** Propos d'une personne qui médit. ⇒ **ragot.**

MÉDISANT, ANTE adj. ▪ Qui médit. *Être médisant.* ‑ n. *Des médisants.* ♦ *Bavardages médisants.*

MÉDITATIF, IVE adj. ▪ Qui est porté à la méditation. *Un vieillard méditatif.* ‑ n. *Un méditatif.* ♦ *Esprit méditatif. Avoir un air méditatif.* ⇒ **pensif, préoccupé.**

MÉDITATION n. f. ▪ **1.** Réflexion qui approfondit longuement un sujet. *S'absorber dans la méditation.* **2.** Pensée profonde, attentive, portant sur un sujet particulier. *"Méditations poétiques"* (poèmes de Lamartine).

MÉDITER v. [1] ▪ **I.** v. tr. **1.** Soumettre (qqch.) à une longue et profonde réflexion. ⇒ **approfondir.** *Méditez ce que je vous ai dit.* **2.** Préparer par une longue réflexion (une œuvre, une entreprise). *Méditer un projet.* ⇒ **combiner.** *Méditer de faire qqch.* ⇒ **projeter.** **II.** v. intr. Penser longuement (sur un sujet). ⇒ **réfléchir.** *Méditer sur la condition humaine.*

la mer MÉDITERRANÉE ▪ Mer intérieure comprise entre l'Afrique du Nord, l'Asie de l'Ouest et l'Europe du Sud. Env. 2 969 000 km² (avec la mer Noire et la mer d'Azov). Elle communique avec l'Atlantique par le détroit de Gibraltar, avec la mer Noire par les détroits du Bosphore et des Dardanelles, avec la mer Rouge par le canal de Suez. Activité sismique importante, d'où les volcans (Vésuve, Stromboli, Etna) et les cratères sous-marins. Les activités portuaires, déjà favorisées par la configuration des côtes et la faible amplitude des marées, se sont développées avec l'exploitation du pétrole : oléoducs provenant du golfe Persique, industries lourdes dans les ports français (→ **Fos-sur-Mer**), italiens et espagnols. Le tourisme, favorisé par un cadre exceptionnel, est une ressource essentielle : Costa Brava, Côte d'Azur, Riviera italienne, îles grecques. □ HISTOIRE Jusqu'au Ier s., la Phénicie, Carthage et la Grèce établirent des comptoirs commerciaux sur son pourtour. Pour Rome, qui la nommait *Mare nostrum* (« notre mer »), elle fut un facteur d'expansion et d'unification de l'Empire. Après le IVe s., l'activité commerciale, gênée par les pirates sarrasins, reprit avec les croisades (XIe s.) à Venise, Gênes et en Espagne : la Méditerranée servit de lien entre l'Orient et l'Occident. Mais la découverte de la route des Indes puis celle de l'Amérique firent perdre au commerce de son importance. En 1869, l'ouverture du canal de Suez lui fit retrouver une activité commerciale et un rôle stratégique (contrôle de Gibraltar, Malte et Chypre par le Royaume-Uni). Le conflit israélo-arabe et la fermeture du canal de Suez (de 1967 à 1975) en ont renforcé l'importance stratégique.

MÉDITERRANÉEN, ENNE adj. et n. ▪ Qui appartient, se rapporte à la Méditerranée, à ses rivages. *Un climat méditerranéen. Les peuples méditerranéens.* - n. *Les Méditerranéens.*

① **MÉDIUM** [-jɔm] n. m. ▪ Étendue de la voix, registre des sons entre le grave et l'aigu.

② **MÉDIUM** [-jɔm] n. m. ▪ Personne réputée douée du pouvoir de communiquer avec les esprits (→ télépathie). ► adj. MÉDIUMNIQUE

MÉDIUS [-jys] n. m. ▪ Doigt du milieu de la main. ⇒ **majeur.**

la **MEDJERDA** ▪ Oued d'Afrique du Nord orientale. Il prend sa source en Algérie, passe en Tunisie et se jette au nord du golfe de Tunis.

le **MÉDOC** ▪ Région française, sur la rive gauche de la Gironde. Vins de Bordeaux réputés.

MÉDULLAIRE adj. ▪ Qui a rapport à la moelle épinière ou à la moelle des os.

MÉDUSE n. f. ▪ (du n. pr.) Animal marin formé de tissus transparents d'apparence gélatineuse, ayant la forme d'une cloche (appelée *ombrelle*) sous laquelle se trouvent la bouche et les tentacules. *Piqûre de méduse.*

méduse. *Cotylorhiza tuberculata.*
Phot. © Amsler/Jacana

MÉDUSE ▪ L'une des trois Gorgones. Elle pétrifie ceux qui la regardent. Persée la tue et orne de sa tête le bouclier d'Athéna.

MÉDUSER v. tr. [1] ▪ Frapper de stupeur. ⇒ **pétrifier, stupéfier.** - au p. p. *Il en est resté médusé.*

MEERUT ou **MIRATH** ▪ Ville industrielle de l'Inde (Uttar Pradesh). 846 954 hab.

Le **MÉE-SUR-SEINE** ▪ Commune de Seine-et-Marne. 20 933 hab. *(les Méens).*

MEETING [mitiŋ] n. m. ▪ anglic. **1.** Réunion publique politique, sociale. *Mot d'ordre répété dans les meetings.* **2.** Démonstration, réunion sportive pour un nombreux public. *Meeting d'athlétisme, d'aviation.*

MÉFAIT n. m. ▪ **1.** Action mauvaise, nuisible à autrui. *Il a commis de graves méfaits.* **2.** Résultat pernicieux. *Les méfaits du tabac.*

Paul **MEFANO** (né en 1937) ▪ Compositeur français de musique contemporaine.

MÉFIANCE n. f. ▪ Disposition à se méfier ; état de celui qui se méfie (s'oppose à *confiance*). ⇒ **défiance, doute.** *Éveiller la méfiance de qqn.*

MÉFIANT, ANTE adj. ▪ Qui se méfie, est enclin à la méfiance (s'oppose à *confiant*). ⇒ **défiant, soupçonneux.** *Il est très méfiant.* - *Regard méfiant.*

SE **MÉFIER** v. pron. [7] ▪ **1.** *SE MÉFIER DE :* ne pas se fier (à qqn) ; se tenir en garde (contre les intentions de qqn). ⇒ se **défier.** *Se méfier d'un concurrent, d'un flatteur. Je me méfie de ses bonnes paroles.* ⇒ **douter. 2.** Être sur ses gardes. *Méfiez-vous ! Il y a une marche.*

MÉGA-, MÉGALO- ; -MÉGALIE Éléments, du grec *megas* « grand » (*méga- :* « un million », dans les noms d'unités physiques).

MÉGAHERTZ [-ɛʀts] n. m. ▪ SC. Unité de fréquence valant 1 million de hertz (symb. MHz).

MÉGALITHE n. m. ▪ DIDACT. Monument de pierre brute de grandes dimensions (ex. dolmen, menhir). ► MÉGALITHIQUE adj. *Monuments mégalithiques.*

MÉGALOMANE adj. ▪ Atteint de mégalomanie. - Qui a la folie des grandeurs, est d'un orgueil excessif. - n. *C'est un, une mégalomane.* ◇ abrév. FAM. MÉGALO. *Elle est complètement mégalo.*

MÉGALOMANIE n. f. ▪ **1.** Comportement pathologique caractérisé par le désir excessif de gloire, de puissance (folie des grandeurs). **2.** Ambition, orgueil démesurés.

MÉGALOPOLE n. f. ▪ DIDACT. Très grande agglomération urbaine.

MEGALOPOLIS ▪ Ancienne ville de Grèce, en Arcadie, bâtie par Épaminondas (371-368 av. J.-C.). Elle lutta au sein de la ligue achéenne contre la Macédoine. Plusieurs fois détruite et rebâtie, elle fut rasée au Moyen Âge par les Slaves.

MEGALOPOLIS ▪ Vaste complexe urbain qui s'étend, aux États-Unis, de Boston à Washington, englobant New York, Philadelphie et Baltimore.

MÉGAOCTET n. m. ▪ INFORM. Unité de capacité de mémoire valant 2^{20} octets (symb. Mo).

MÉGAPHONE n. m. ▪ Appareil servant à amplifier les sons. ⇒ **porte-voix.**

PAR **MÉGARDE** loc. adv. ▪ Par inattention, sans le vouloir. ⇒ par **inadvertance.** *J'ai pris votre livre par mégarde.*

MÉGARE ▪ Ville de Grèce, près d'Athènes. 26 562 hab. Très prospère dans l'Antiquité, elle fonda des colonies, dont Byzance. Importante école de philosophie qui influença le stoïcisme.

MÉGATONNE n. f. ▪ Unité de puissance destructrice (1 million de tonnes de T.N.T.). *Une bombe H de 5 mégatonnes.*

MÉGAWATT [-wat] n. m. ▪ TECHN. Unité de puissance électrique valant 1 million de watts (symb. MW).

MÉGÈRE n. f. ▪ Femme méchante et criarde. ⇒ **chipie, furie.** *"La Mégère apprivoisée"* (titre français d'une pièce de Shakespeare).

MEGÈVE ▪ Commune de Haute-Savoie. 4 750 hab. *(les Megèvans).* Station de sports d'hiver.

le **MEGHALAYA** ▪ État du nord-est de l'Inde, à la frontière du Bangladesh. 22 489 km². 1 800 000 hab. Capitale : Shillong (222 200 hab.). Langues : khasi, jaintia, garo.

Méduse. Tête de Méduse représentée sur les arcs du quadriportique du nouveau forum sévérien, Leptis Magna, début du IIe s. *Phot. © Arch. Smeets*

MÉGIS n. m. ▪ Peau traitée et assouplie (par un bain d'alun, de cendre).

MÉGISSERIE n. f. ▪ **1.** Préparation des cuirs utilisés par la ganterie et la pelleterie. ⇒ **tannerie. 2.** Industrie, commerce de ces cuirs. ► MÉGISSIER n. m. appos. *Ouvrier mégissier.*

MÉGOT n. m. ▪ FAM. Bout de cigarette ou de cigare qu'on a fumé. ⇒ FAM. **clope.**

MÉGOTER v. tr. [1] ▪ FAM. Lésiner. *Il ne mégote pas sur les cadeaux.*

MEHALLAH EL-KOUBRA ▪ Ville d'Égypte, au nord du Caire. 160 000 hab.

MÉHARI n. m. ▪ Dromadaire d'Arabie, dressé pour les courses rapides. *Des méharis* ou *des méhara* (de l'arabe).

MÉHÉMET ALI, MOHAMMED ALI ou **MUḤAMMAD 'ALĪ** (1769-1849) ▪ Vice-roi d'Égypte de 1805 à sa mort. Fondateur de l'Égypte moderne (réforme de l'agriculture et de l'enseignement). Il conquit le Soudan.

Méhémet Ali. *Méhémet Ali vice-roi d'Égypte,* tableau de Couder. Musée national du château, Versailles. *Phot. © Lauros/Giraudon*

MEHMET II AL-FATIH (1432-1481) ▪ Sultan ottoman de 1444 à 1446 et de 1451 à 1481. Il prit Constantinople (1453), combattit Venise et fit plusieurs incursions en Europe.

Mehmet II al-Fatih, « le Conquérant ». Portrait par Nakkas Sinan Bey. Musée Topkapı, İstanbul. *Phot. © Explorer/Coll. E.S.*

Étienne **MÉHUL** (1763-1817) ▪ Compositeur français. Auteur d'opéras (*"Joseph"*, 1807) et de la musique du *"Chant du départ"* (1794), sur des paroles de M.-J. de Chénier.

la **MEIJE** ▪ Massif de l'Oisans, aux confins de l'Isère et des Hautes-Alpes, dans le parc national des Écrins. *Meije orientale* (3 890 m); *Meije centrale* ou *Doigt de Dieu* (3 974 m); *Meije occidentale* ou *Grand Pic de la Meije* (3 983 m).

Mutsuhito dit **MEIJI TENNŌ** (1852-1912) ▪ 122e empereur japonais de 1867 à sa mort. Le créateur du Japon moderne (constitution, industrialisation du pays), ouvert sur l'Occident. Il remporta les guerres contre la Chine (1894-1895), puis contre la Russie (1904-1905). ► **l'ère du MEIJI** ou « gouvernement éclairé » désigne l'ère nouvelle qui commença en 1868.

Henri **MEILHAC** (1831-1897) ▪ Auteur dramatique français. Il écrivit avec Halévy les livrets des opérettes d'Offenbach.

Antoine **MEILLET** (1866-1936) ▪ Linguiste français. *"Introduction à l'étude comparative des langues indo-européennes"* (1903).

MEILLEUR, EURE adj. ▪ **I.** Comparatif de supériorité de *bon* (contr. *pire*). **1.** Qui l'emporte (en bonté, qualité, agrément). *Il a trouvé une meilleure place que nous. Être de meilleure humeur. Meilleur marché* (compar. de *bon marché*). - *Rêver d'un monde meilleur.* **2.** adv. *Il fait meilleur aujourd'hui qu'hier,* le temps est meilleur. **II.** *LE MEILLEUR, LA MEILLEURE.* Superlatif de *bon.* **1.** (+ *de* ou adj. poss.) *C'est la meilleure de toutes. Je vous envoie mes meilleurs vœux.* - (avec nom + *que* + subj.) *C'est le meilleur film que j'aie jamais vu.* **2.** (après un nom) *Ils choisissent les vins les meilleurs.* **3.** (sans nom, avec *de*) *La meilleure des solutions. Le meilleur d'entre nous.* - loc. *J'en passe et des meilleures,* je ne dis pas ce qu'il y a de plus intéressant, de plus amusant. **4.** (sans nom et sans *de*) *Être le meilleur.* - *LA MEILLEURE :* l'histoire la plus étonnante. *Tu connais la meilleure ?* - (personnes) *LE MEILLEUR, LES MEILLEURS. Que le meilleur gagne !* ♦ *LE MEILLEUR :* la partie la meilleure. - *Pour le meilleur et pour le pire :* pour toutes circonstances de la vie (notamment, lorsqu'on se marie). **III.** (seul, suivi d'un nom) Superlatif de *bon* dans les formules de souhaits. *Meilleurs vœux !,* acceptez mes vœux les meilleurs. *Meilleure santé !*

Alexius **MEINONG** (1853-1920) ▪ Philosophe et psychologue autrichien. *"Recherches sur une théorie et une psychologie de l'objet"* (1904).

MÉIOSE n. f. ▪ BIOL. Division de la cellule (⇒ **mitose**) en deux étapes, avec réduction de moitié du nombre de chromosomes.

Golda **MEIR** (1898-1978) ▪ Femme politique israélienne. Elle dirigea le gouvernement (travailliste) de 1969 à 1974.

MEISSEN ▪ Ville d'Allemagne (Saxe). 34 700 hab. Manufacture de porcelaine créée en 1709.

Ernest **MEISSONIER** (1815-1891) ▪ Peintre français. Scènes militaires minutieuses, très appréciées de son temps.

Juste Aurèle **MEISSONNIER** (1695-1750) ▪ Peintre, sculpteur, décorateur et ornemaniste français d'origine italienne. Il fut l'un des plus brillants représentants du style rococo.

MÉJUGER v. tr. [3] ▪ **1.** v. tr. ind. *MÉJUGER DE :* estimer trop peu. *Méjuger de qqn.* **2.** v. tr. dir. Juger mal. ⇒ **méconnaître, mésestimer.** *On l'a méjugé.*

MEKHITHAR ou **MECHITHAR** (1676-1749) ▪ Moine et théologien arménien, fondateur de la congrégation des *mékhitaristes.* Il publia une grammaire et un dictionnaire de la langue arménienne.

MEKNÈS ▪ Ville du Maroc. 405 000 hab. Ancienne cité royale (XVIIe et XVIIIe s.). Tourisme, commerce.

le **MÉKONG** ▪ Fleuve d'Asie. 4 200 km. Né au Tibet, il traverse la Birmanie, le Laos, la Thaïlande, fertilise le Cambodge et se jette en mer de Chine en formant un immense delta au Viêtnam. Il est très poissonneux.

le **Mékong.** *Phot. © Charles Lénars*

MÉLAN- ⇒ MÉLAN(O)-

Philipp Schwarzerd dit **MELANCHTHON** (1497-1560) ▪ Réformateur religieux allemand. Principal disciple de Luther, auquel il succéda à la tête de l'Église luthérienne. Il rédigea la Confession d'Augsbourg (1530).

MÉLANCOLIE n. f. ▪ **1.** VX Bile noire, hypocondrie. **2.** LITTÉR. État de tristesse accompagné de rêverie. *Accès, crises de mélancolie.* - loc. *Ne pas engendrer la mélancolie,* être très gai. **3.** Caractère de ce qui inspire un tel état. *La mélancolie d'un paysage.* **4.** PSYCH. État d'asthénie dépressive.

MÉLANCOLIQUE adj. ▪ **1.** VX Atrabilaire, hypocondriaque. **2.** Qui manifeste de la mélancolie (2). ⇒ **triste. 3.** Qui engendre la mélancolie. *Une chanson mélancolique.* ► adv. MÉLANCOLIQUEMENT

la MÉLANÉSIE ▪ Ensemble d'îles du Pacifique (Océanie), comprenant l'est de la Nouvelle-Guinée, l'archipel Bismarck, les îles Salomon, la république de Vanuatu, la Nouvelle-Calédonie et les îles Fidji. Environ 965 000 km^2. 3 500 000 hab. *(les Mélanésiens).*

MÉLANÉSIEN, ENNE adj. et n. ▪ De Mélanésie. - n. *Les Mélanésiens.*

MÉLANGE n. m. ▪ **1.** Action de mêler, de se mêler. *Opérer le mélange de divers éléments.* ⇒ **association, combinaison, fusion, union.** ♦ *SANS MÉLANGE :* pur, parfait. *Substance à l'état isolé et sans mélange. Un bonheur sans mélange.* **2.** Ensemble résultant de l'union de choses différentes, d'éléments divers. ⇒ **amalgame.** *Un mélange de farine et d'œufs.* **3.** fig. ⇒ **assemblage, composé, réunion.** *Un curieux mélange de courage et de faiblesse.* **4.** plur. Réunion d'écrits sur des sujets variés.

MÉLANGER v. tr. [3] ▪ **1.** Unir (des choses différentes) de manière à former un tout (s'oppose à *séparer, trier*). ⇒ **associer, combiner, mêler, réunir.** *Mélanger une chose à une autre, avec une autre.* - pronom. ⇒ **s'amalgamer.** *Les deux liquides se mélangent bien.* **2.** FAM. Mettre ensemble (des choses) sans chercher ou sans parvenir à (les) ordonner. ⇒ **brouiller ;** contr. *classer, trier. Il a mélangé tous les dossiers, toutes les fiches.* - fig. *Vous mélangez tout !,* vous confondez. - loc. FAM. *Se mélanger les pédales, les pinceaux,* s'embrouiller. ► **MÉLANGÉ, ÉE** adj. Hétéroclite. *Une société assez mélangée.* ⇒ **composite, mêlé.** *Des sentiments mélangés,* complexes, contradictoires.

MÉLANGEUR, EUSE n. ▪ **1.** Appareil servant à mélanger diverses substances (→ anglic. ② mixer). - appos. *Robinet mélangeur.* **2.** Dispositif mêlant et dosant les courants reçus de différents micros.

MÉLANINE n. f. ▪ BIOL. Pigment brun foncé (peau, cheveux, iris).

MÉLAN(O)- Élément, du grec *melas, melanos* « noir ».

MÉLASSE n. f. ▪ **I.** Résidu sirupeux de la cristallisation du sucre. **II.** fig. FAM. **1.** Boue. **2.** Situation pénible et inextricable. *Être dans la mélasse.* ⇒ FAM. **panade, pétrin.**

MELBA adj. invar. ▪ *Pêches, fraises Melba,* dressées dans une coupe sur une couche de glace et nappées de crème Chantilly.

William Lamb, lord MELBOURNE (1779-1848) ▪ Homme politique britannique (libéral). Premier ministre au début du règne de Victoria, qu'il initia à la politique.

MELBOURNE ▪ 2e ville et port d'Australie, capitale de l'État de Victoria. 3 080 800 hab. Centre économique du sud du pays. Universités. Industries.

MELCHIOR ▪ Un des Rois mages, dans la tradition chrétienne.

MELCHISÉDECH ▪ Personnage biblique (Genèse, XIV, 18), roi de Salem, prêtre d'un Dieu Très-Haut étranger aux Hébreux. Il bénit Abraham.

MÊLÉCASSE n. m. ▪ **1.** anciennt Mélange d'eau-de-vie et de cassis. **2.** loc. FAM. *Voix de mêlécasse,* rauque, cassée.

MÊLÉE n. f. ▪ **1.** Combattants mêlés dans un corps à corps. - Lutte, conflit. *Se jeter dans la mêlée.* ⇒ **arène.** - loc. *Rester au-dessus de la mêlée,* considérer un conflit sans prendre parti. **2.** Phase du jeu de rugby, dans laquelle plusieurs joueurs de chaque équipe sont groupés autour du ballon. *Demi de mêlée.*

MÊLER v. tr. [1] ▪ **I. 1.** rare en emploi concret Unir, mettre ensemble (plusieurs choses différentes) de manière à former un tout (opposé à *isoler, séparer, trier*). ⇒ **amalgamer, combiner, mélanger.** *Mêler des substances.* ♦ Réunir (des choses abstraites) réellement ou par la pensée. *Mêler plusieurs thèmes dans une œuvre.* ⇒ **entremêler. 2.** Mettre en désordre. ⇒ **brouiller, embrouiller.** *Il a mêlé tous mes papiers.* - *Mêler les cartes.* ⇒ **battre. 3.** *Mêler* (qqch.) *à, avec,* ajouter (une chose) à une autre, mettre (une chose) avec une autre, et les confondre. - Manifester à la fois (des choses différentes, opposées). ⇒ **allier, joindre.** *Il mêle la bêtise à l'ignorance.* **4.** *Mêler* (qqn) *à :* faire participer à. *On l'a mêlé à une affaire dangereuse.* ► SE **MÊLER** v. pron. **1.** (choses) Être mêlé, mis ensemble. *Peuples, races qui se mêlent.* ⇒ **fusionner.** - *Se mêler à, avec :* se joindre, s'unir à, pour former un tout. **2.** (personnes) Se joindre à (un ensemble de gens), aller avec eux. *Se mêler à un groupe, à la foule.* **3.** *SE MÊLER DE :* s'occuper de (qqch.), notamment lorsqu'on ne le devrait pas. *Mêlez-vous de vos affaires, de ce qui vous regarde !* ► **MÊLÉ, ÉE** adj. **1.** Qui forme un mélange. *Couleurs mêlées.* **2.** *Mêlé de :* qui est mélangé à (qqch.). *Noir mêlé de rouge. Plaisir mêlé de peine.*

MÉLÈZE n. m. ▪ Arbre (conifère) à cônes dressés.

Georges MÉLIÈS (1861-1938) ▪ Cinéaste et illusionniste français. Il réalisa 500 petits films inspirés par la féerie, la fiction scientifique (*"Le Voyage dans la Lune"*, 1902) et l'histoire. Il fit du cinéma un art véritable.

Méliès. Dessin pour *Le Voyage dans la Lune.*
Phot. © Coll. Rui Nogueira

MELILLA ▪ Ville et port franc (préside), située au Maroc, sous souveraineté espagnole. 14 km^2. 55 500 hab.

MÉLI-MÉLO n. m. ▪ FAM. Mélange très confus et désordonné. ⇒ **embrouillamini, fouillis.** *Des mélis-mélos* ou (invar.) *des méli-mélo.*

MÉLISSE n. f. ▪ **1.** Plante herbacée et aromatique. ⇒ **citronnelle. 2.** *EAU DE MÉLISSE :* médicament à base d'essence de mélisse.

MELK ▪ Ville d'Autriche (Basse-Autriche). 5 200 hab. Abbaye bénédictine reconstruite au XVIIIe s. dans un style baroque.

MELKART ou **MELQART** ▪ Dieu phénicien, appelé aussi *Baal de Tyr.*

MÉLO n. m. ▪ FAM. Mélodrame. *Des mélos larmoyants.*

MÉLODIE n. f. ▪ **1.** Ensemble de sons successifs (par oppos. à *harmonie*) formant une suite reconnaissable et agréable. ⇒ **air.** *La mélodie et le rythme d'un morceau.* **2.** Pièce vocale composée sur le texte d'un poème, avec accompagnement. ⇒ **chant ; chanson, lied.**

MÉLODIEUX, EUSE adj. ▪ (son, musique) Agréable à l'oreille. ⇒ **harmonieux.** *Une voix mélodieuse.*

MÉLODIQUE adj. ▪ **1.** Qui a rapport à la mélodie. *Période, phrase mélodique.* **2.** Qui a les caractères de la mélodie. *Ce morceau est plus rythmique que mélodique.*

MÉLODISTE n. ▪ MUS. Compositeur, compositrice dont les œuvres sont marquées par l'importance de la mélodie.

MÉLODRAMATIQUE adj. ▪ **1.** Du mélodrame. **2.** fig. *Il roulait des yeux d'un air mélodramatique.*

MÉLODRAME n. m. ▪ **1.** Drame populaire que caractérisent l'invraisemblance de l'intrigue, l'outrance des caractères et du ton. ⇒ FAM. **mélo. 2.** fig. Situation réelle analogue. *Nous voilà en plein mélodrame.*

Memling. *Vierge et Enfant.* Musée d'Art ancien, Lisbonne. *Phot. © Bulloz*

MÉLOMANE n. ▪ Personne qui connaît et aime la musique. ◆ adj. *Peuple mélomane.*

MELON n. m. ▪ **1.** Gros fruit rond à chair juteuse et sucrée, d'une plante herbacée (cucurbitacée). ◆ *Melon d'eau.* ⇒ **pastèque.** *Melon vert* ou *melon d'Espagne,* à peau et à chair jaune. **2.** *Chapeau melon* ou *melon,* chapeau d'homme en feutre rigide, de forme ronde et bombée. *Des chapeaux melon ; des melons.*

MÉLOPÉE n. f. ▪ Chant, mélodie monotone et mélancolique.

Michelozzo degli Ambrogi dit **MELOZZO DA FORLI** (1438 - 1494) ▪ Peintre italien. Il fut un maître de la perspective et du raccourci et un représentant du style monumental, qu'il répandit à Rome. *"Ascension du Christ"*, 1480 (église des Saints-Apôtres).

MELPOMÈNE ▪ Muse de la Tragédie et mère des Sirènes.

MELTING-POT [-pɔt] n. m. ▪ anglic. Brassage d'éléments de population différents.

MELUN ▪ Chef-lieu de la Seine-et-Marne. 35 319 hab. *(les Melunais).* Centre industriel. Monuments. Ancienne cité gallo-romaine, résidence royale sous les premiers Capétiens. ► **MELUN-SÉNART** Ville nouvelle créée en 1969, entre Melun et la forêt de Sénart. 81 725 hab.

MÉLUSINE ▪ Personnage de la légende médiévale. À la suite d'une faute, elle est condamnée à devenir tous les samedis femme-serpent.

Herman MELVILLE (1819 - 1891) ▪ Écrivain américain, auteur de romans maritimes symboliques où domine le thème du mal. *"Moby Dick ou la Baleine blanche"* (1851), récit de la poursuite forcenée d'une baleine géante. Dans ses *"Contes de la véranda"* (1856) figurent « *Benito Cereno* » et « *Bartleby l'écrivain* ».

Jean-Pierre MELVILLE (1917 - 1973) ▪ Metteur en scène français de cinéma. *"Le Silence de la mer"*, 1949 (d'après Vercors) ; *"Le Cercle rouge"*, 1970.

l'île MELVILLE ▪ Île de l'archipel arctique canadien (îles de la Reine-Élisabeth), située à l'ouest du groupe. Gaz naturel.

MEMBRANE n. f. ▪ **1.** Tissu organique animal, mince et souple, qui forme ou enveloppe un organe, tapisse une cavité. ♦ Tissu végétal formant enveloppe, cloison. **2.** Couche cytoplasmique différenciée constituant une limite. *Membrane cellulaire ; nucléaire.* **3.** Mince cloison. *Membrane semi-perméable.*

MEMBRANEUX, EUSE adj. ▪ Qui est de la nature d'une membrane (1).

MEMBRE n. m. ▪ **I. 1.** Chacune des quatre parties appariées du corps humain qui s'attachent au tronc. *Les membres supérieurs* (⇒ **bras**), inférieurs (⇒ **jambe**). ◆ Chacune des quatre parties articulées (ailes, pattes ; moignons sous la peau : serpents) qui s'attachent au corps des vertébrés tétrapodes. **2.** VX Partie du corps, organe. ◆ loc. MOD. *Membre viril,* ou absolt *membre.* ⇒ **pénis. II. 1.** Personne qui fait nommément partie (d'un corps). *Il n'est plus membre du parti.* ◆ Personne (qui appartient à une communauté). *Tous les membres de la famille.* **2.** Groupe, pays qui fait librement partie (d'une union). *Les membres d'une fédération. Les membres de l'O.N.U.* ◆ appos. *Les pays membres.* **III. 1.** Fragment (d'énoncé). *Un membre de phrase.* **2.** Chacune des deux parties d'une équation ou d'une inégalité.

MEMBRURE n. f. ▪ **1.** (avec un adj.) Ensemble des membres (d'une personne). *Avoir une membrure puissante.* **2.** Ensemble des poutres transversales attachées à la quille et soutenant le pont d'un navire.

MÉMÉ n. f. ▪ FAM. **1.** Grand-mère, pour les enfants. ⇒ **mamie, mémère.** *Oui, mémé. Ta mémé va venir.* **2.** Femme qui n'est ni jeune ni élégante. ⇒ **mémère.** ◆ en attribut *Elle fait mémé, coiffée comme ça.*

MÊME ▪ **I.** adj. indéf. **1.** (devant le nom) Identique ou semblable. *Relire les mêmes livres. Elle travaille dans le même bureau que moi. En même temps. Être du même avis.* **2.** (après le nom ou le pronom) *Ce sont les paroles mêmes qu'il a prononcées.* ⇒ **propre.** *Elle est la gentillesse même.* ◆ *Elle(s)-même(s), eux-mêmes,* etc. *Il est toujours égal à lui-même,* le même. ◆ loc. *De lui-même, d'elle-même,* de sa propre décision, spontanément. *Par lui-même, par elle-même,* par ses propres moyens. **II.** pron. indéf. **1.** *Le, la, les même(s). Ce n'est pas le même, c'en est un autre.* **2.** loc. *Cela revient au même,* c'est exactement pareil. **III.** adv. **1.** Marquant un renchérissement, une gradation. *Ça ne coûte même pas, pas même dix francs. Je ne m'en souviens même plus.* **2.** Exactement, précisément. *Je l'ai rencontré ici même. Aujourd'hui même.* ◆ *À MÊME :* directement sur (qqch.). *Il dort à même le sol.* **3.** loc. adv. *DE MÊME :* de la même façon. ⇒ **ainsi, pareillement.** *Vous y allez ? Moi de même.* ⇒ **aussi.** ◆ *Tout de même :* néanmoins, pourtant. ◆ *QUAND MÊME :* malgré tout. *Quand bien même* (+ cond.). *Quand bien même il serait venu, serait-il venu,* même s'il était venu. ◆ interj. FAM. *Il aurait pu le dire, quand même !* ou *tout de même !* **4.** loc. conj. *DE MÊME QUE :* ainsi que, comme. ◆ *De même qu'il n'a pas voulu y aller hier, (de même) il n'ira pas demain.* ◆ *MÊME SI* (introduisant une propos. concessive). *Même si je lui dis, cela ne changera rien.* **5.** *À MÊME DE* loc. prép. : en état, en mesure de. *Il n'est pas à même de répondre.* ⇒ **capable.**

MEMEL → Klaïpeda

MÉMENTO [-mɛ̃-] n. m. ▪ **1.** RELIG. Prière de souvenir. *Le mémento des morts.* **2.** Agenda. *Des mémentos.*

MÉMÈRE n. f. ▪ FAM. **1.** VIEILLI Grand-mère, pour les enfants. ⇒ FAM. **mamie, mémé. 2.** Femme d'un certain âge.

Hans MEMLING ou **MEMLINC** (v. 1433 - 1494) ▪ Peintre flamand. Exerçant à Bruges, il représente l'aboutissement serein de l'art primitif flamand. *"Châsse de sainte Ursule"*, 1489.

Albert MEMMI (né en 1920) ▪ Écrivain tunisien d'expression française. Auteur d'essais sur la condition de colonisé et de Juif, et de romans (*"La Statue de sel"*, 1953).

les colosses de MEMNON ▪ Nom donné par les Grecs et les Romains aux deux statues colossales d'Aménophis III situées devant son temple funéraire près de Thèbes.

les colosses de **Memnon.** *Phot. © Dagli Orti*

① **MÉMOIRE** n. f. ▪ **I. 1.** Faculté de conserver et de rappeler des choses passées et ce qui s'y trouve associé ; l'esprit, en tant qu'il garde le souvenir du passé. ⇒ **souvenir ; mnémo-.** *Événement vivant dans les mémoires. Elle a beaucoup de mémoire. Si j'ai bonne mémoire...* ▪ loc. *Une mémoire d'éléphant,* excellente, fidèle et longue. *Un trou de mémoire. Il a perdu la mémoire.* ⇒ **amnésique.** ▪ *DE MÉMOIRE* loc. adv. : sans avoir sous les yeux les signes concernés. *Réciter, jouer de mémoire.* ⇒ par **cœur.** ♦ PSYCH. Ensemble des fonctions psychiques de représentation du passé reconnu comme tel. *"Matière et Mémoire"* (ouvrage de Bergson). *Niveaux de mémoire. Mémoire affective ; mémoire volontaire, involontaire.* **2.** INFORM. Dispositif permettant de recueillir et de conserver les informations qui seront traitées ultérieurement ; le support de telles informations. *Mise en mémoire des données. La mémoire centrale d'un ordinateur. Mémoire morte* (à informations non modifiables). *Mémoire vive.* **II. 1.** *La mémoire de,* le souvenir (de qqch., de qqn). *Garder la mémoire d'un événement* (⇒ **mémorable**). **2.** Souvenir qu'une personne laisse d'elle à la postérité. ⇒ **renommée.** *Réhabiliter la mémoire de qqn.* ▪ *À la mémoire de qqn,* pour perpétuer, honorer sa mémoire. **3.** (en phrase négative) *De mémoire d'homme,* d'aussi loin qu'on s'en souvienne. **4.** *POUR MÉMOIRE :* à titre de rappel, d'indication. *Signalons ceci, pour mémoire.*

② **MÉMOIRE** n. m. ▪ **I. 1.** État des sommes dues. ⇒ **facture.** **2.** Exposé ou requête. *Les cinq mémoires de Beaumarchais.* **3.** Dissertation. **4.** *Mémoire de maîtrise,* travail personnel présenté par les étudiants après la licence (en France). **II.** plur. Relation écrite des événements dont une personne (⇒ **mémorialiste**) a été témoin. ⇒ **annales, chronique(s).** *Les Mémoires de Saint-Simon. Les "Mémoires d'outre-tombe"* (autobiographie de Chateaubriand, publiée après sa mort).

MÉMORABLE adj. ▪ Dont le souvenir est durable, mérite de l'être. ⇒ **fameux, historique, ineffaçable, inoubliable.** *Jour mémorable.* ▪ iron. *Une cuite mémorable.*

MÉMORANDUM [-ɔm] n. m. ▪ **1.** Note écrite d'un diplomate pour exposer le point de vue de son gouvernement sur une question. *Des mémorandums.* **2.** Note prise pour se souvenir. ▪ Recueil de ces notes.

MÉMORIAL, IAUX n. m. ▪ **1.** Monument commémoratif. *Mémorial élevé en l'honneur des victimes de la guerre.* **2.** Livre de souvenirs. *"Le Mémorial de Sainte-Hélène"* (de Las Cases ; concernant Napoléon en exil).

MÉMORIALISTE n. ▪ Auteur de mémoires historiques (⇒ **chroniqueur, historien**) ou d'un témoignage sur son temps.

MÉMORISATION n. f. ▪ DIDACT. Acquisition volontaire par la mémoire. *Procédés de mémorisation.* ⇒ **mnémotechnique.**

MÉMORISER v. tr. [1] ▪ DIDACT. **1.** Fixer dans la mémoire. **2.** INFORM. Mettre en mémoire (des informations).

MEMPHIS ▪ Ancienne ville d'Égypte. Capitale sous l'Ancien Empire : culte de Ptah, Apis.

MEMPHIS ▪ Ville des États-Unis (Tennessee). 610 000 hab. Haut lieu du jazz et de la musique populaire américaine.

MENAÇANT, ANTE adj. ▪ **1.** Qui menace, exprime une menace. *Des bandes armées menaçantes. Air menaçant.* **2.** (choses) Qui constitue une menace, un danger. ⇒ **dangereux, inquiétant.** *Un geste menaçant.* ▪ *Le temps est menaçant.*

MENACE n. f. ▪ **1.** Manifestation par laquelle on marque (à qqn) de la colère, avec l'intention de lui faire craindre le mal qu'on lui prépare. ⇒ **avertissement.** *Obtenir qqch. par la menace. Menace de mort. Gestes, paroles de menace. Sous la menace.* **2.** Signe par lequel se manifeste ce qu'on doit craindre (de qqch.) ; danger. *Menaces de guerre, d'inflation.*

MENACER v. tr. [3] ▪ **1.** Chercher à intimider par des menaces. **2.** Mettre en danger, constituer une menace (pour qqn). *Aucun malheur ne nous menace.* **3.** Présager, laisser craindre (quelque mal). *Son discours menace d'être long.* ⇒ **risquer.** ▪ *L'orage menace.*

MENADO → Manado

MÉNAGE n. m. ▪ **I. 1.** VX Administration, économie. **2.** MOD. Ensemble des choses domestiques, spécialt des travaux d'entretien et de propreté dans un intérieur. *Faire le ménage.* ▪ *Faire des ménages,* faire le ménage chez d'autres moyennant rétribution. *Femme*, homme de ménage.* **3.** *Tenir son ménage,* son intérieur. ▪ *DE MÉNAGE :* fait à la maison. *Jambon de ménage.* ♦ ⇒ **remue-ménage. II. 1.** (dans des loc.) Vie en commun d'un couple. *Scène* de ménage. Se mettre en ménage,* vivre ensemble, se marier. ▪ *Faire bon, mauvais ménage avec qqn,* s'entendre bien, mal avec qqn. **2.** Couple constituant une communauté domestique. *Un jeune, un vieux ménage.* ♦ Famille, foyer. ▪ Unité de population (famille, personne seule) en tant que consommateur.

Gilles **MÉNAGE** (1613-1692) ▪ Érudit et écrivain français. Premier dictionnaire étymologique du français.

MÉNAGEMENT n. m. ▪ **1.** Réserve dans le comportement envers qqn (par respect, par intérêt). ⇒ **circonspection, prudence.** *Traiter qqn sans ménagement,* brutalement. **2.** Procédé envers qqn que l'on veut ménager (②, I). ⇒ **attention, égard.**

① **MÉNAGER, ÈRE** adj. ▪ **1.** VX Qui emploie avec économie. *Être ménager de son temps.* **2.** MOD. (choses) Qui a rapport aux soins du ménage, à la tenue de l'intérieur domestique. *Travaux ménagers.* ▪ *Appareils* ménagers* (⇒ **électroménager**). **3.** Qui provient du ménage, de la maison. *Eaux, ordures ménagères.*

② **MÉNAGER** v. tr. [3] ▪ **I. 1.** Employer (un bien) avec mesure, avec économie. ⇒ **économiser, épargner ; ménage** (I). *Ménager ses vêtements. Ménager ses forces, son temps.* **2.** Dire avec mesure. *Ménagez vos expressions !* **3.** Employer ou traiter (un être vivant) avec le souci d'épargner ses forces ou sa vie. ▪ loc. *Qui veut voyager loin ménage sa monture. Ménager la chèvre* et le chou.* **4.** Traiter (qqn) avec prudence ou avec modération, indulgence. *Il cherche à ménager tout le monde. Ménager la susceptibilité de qqn.* **II. 1.** Disposer, régler avec soin, habileté. ⇒ **arranger.** *Ménager une entrevue à, avec qqn.* iron. *Je lui ai ménagé une petite surprise.* **2.** S'arranger pour réserver, laisser. *Ménager, se ménager du temps pour faire qqch.* **3.** Installer, disposer. ⇒ **aménager.** *Ménager un escalier dans l'épaisseur du mur.* ► **SE MÉNAGER** v. pron. Avoir soin de sa santé, ne pas abuser de ses forces. *Vous devriez vous ménager.*

MÉNAGÈRE n. f. ▪ **1.** Femme qui tient une maison, s'occupe du ménage. ▪ loc. *Le panier de la ménagère,* les provisions pour la maison ; les produits alimentaires achetés quotidiennement. **2.** Service de couverts de table dans un coffret. *Une ménagère en inox.*

MÉNAGERIE n. f. ▪ Lieu où sont rassemblés des animaux rares, soit pour l'étude, soit pour la présentation au public ; ces animaux. *La ménagerie d'un cirque.*

MÉNANDRE (342-292 av. J.-C.) ▪ Auteur grec de comédies. Il fut l'ami d'Épicure. *"La Belle aux cheveux coupés".*

MENCHEVIK n. ▪ HIST. Membre du parti social-démocrate russe hostile à Lénine (mis en minorité au IIe congrès de 1903 par les bolcheviks*).

MENCIUS en chinois ***MENGZI*** ou ***MONG-TSEU*** (v. 370-v. 290 av. J.-C.) ▪ Philosophe chinois disciple de Confucius.

MENDE ▪ Chef-lieu de la Lozère, sur le Lot. 11 286 hab. *(les Mendois).* Cathédrale (XIVe-XVIe s.). Centre touristique.

Gregor Johann MENDEL (1822-1884) ▪ Botaniste et religieux morave. Il découvrit les lois de l'hybridation, dites *lois de Mendel,* redécouvertes vers 1900, et qui contribuèrent à fonder la génétique.

Memphis. Le sphinx. *Phot. © Carlo Bevilacqua/Ricciarini*

Dmitri MENDELEÏEV (1834 - 1907) ▪ Chimiste russe. Ayant constaté certaines régularités dans les propriétés des éléments* chimiques, il en proposa une classification logique (1869), dont seule la physique quantique, au début du XXe s., permit d'expliquer la justesse.

Shalom Yaakov Abramovitch dit **MENDELE-MOKHER-SEFARIM** (1836 - 1917) ▪ Écrivain russe de langue hébraïque et yiddish. Il est considéré comme le fondateur de la littérature moderne dans ces deux langues. Son œuvre satirique est un combat pour l'émancipation de la communauté juive. *"Les Voyages de Benjamin III"* (1878).

Moses MENDELSSOHN (1729 - 1786) ▪ Philosophe allemand. Son judaïsme est empreint de l'esprit des Lumières.

Felix MENDELSSOHN-BARTHOLDY (1809 - 1847) ▪ Compositeur romantique allemand. Œuvre immense pour orchestre (*"Le Songe d'une nuit d'été"*, 1826) et pour piano (*"Romances sans paroles"*, 1829-1845).

Catulle MENDÈS (1841 - 1909) ▪ Écrivain français. Membre du Parnasse. *"Philoméla"* (1863), recueil de poèmes. *"Gog"* (1896), roman.

Pierre MENDÈS FRANCE (1907 - 1982) ▪ Homme politique français. Président du Conseil (radical) en 1954-1955, il mit fin à la guerre d'Indochine. Symbole, pour la gauche, d'exigence morale dans l'exercice du pouvoir.

Mendès France.
Phot. © Roger-Viollet

MENDIANT, ANTE n. ▪ **1.** Personne qui mendie habituellement pour vivre. ⇒ FAM. **mendigot** ; VX **truand.** - par ext. Personne qui quémande. « *Le mendiant ingrat* », surnom que se donnait Léon Bloy. - **adj.** *Ordres* (religieux) *mendiants*, qui faisaient profession de ne vivre que d'aumônes. **2.** Mélange de fruits secs.

MENDICITÉ n. f. ▪ **1.** Condition de la personne qui mendie. *Être réduit à la mendicité.* **2.** Action de mendier.

MENDIER v. [7] ▪ **1.** v. intr. Demander l'aumône, la charité. ⇒ **quêter** ; FAM. faire la **manche.** **2.** v. tr. Solliciter (qqch.). - péj. Demander de façon servile et humiliante. ⇒ **quémander.** *Mendier des voix, des compliments.*

MENDIGOT, OTE n. ▪ FAM. péj. Mendiant.

MENDIGOTER v. intr. et tr. [1] ▪ FAM. péj. Mendier.

MENDOZA ▪ Ville d'Argentine. 173 000 hab. Vins. Raffinerie de pétrole.

MENEAU n. m. ▪ ARCHÉOL., TECHN. Montant qui divise la baie d'une fenêtre. *Fenêtre à meneaux.*

MENÉES n. f. pl. ▪ Agissements secrets dans un dessein nuisible. ⇒ **intrigue, machination.** *Menées subversives.*

MÉNÉLAS ▪ Roi mythique de Sparte, fils d'Atrée et frère d'Agamemnon. L'enlèvement de son épouse Hélène par Pâris déclencha la guerre de Troie.

MÉNÉLIK II (1844 - 1913) ▪ Négus d'Éthiopie de 1889 à sa mort. Il vainquit les Italiens à Adoua en 1896, agrandit et modernisa l'empire.

Marcelino MENÉNDEZ Y PELAYO (1856 - 1912) ▪ Écrivain et critique espagnol, qui développa une idéologie conservatrice. *"Histoire des idées esthétiques en Espagne"* (1883).

MENER v. tr. [5] ▪ **I.** Faire aller (qqn) avec soi. **1.** *MENER À, EN, DANS ; MENER* (+ inf.) : conduire en accompagnant ou en commandant. ⇒ **amener, emmener.** *Mener un enfant à l'école.* **2.** Être en tête de (un cortège, une file). loc. *Mener la danse.* - absolt *Cette équipe mène deux (à) zéro.* **3.** Diriger. *Mener qqn au doigt et à l'œil.* - *Les idées qui mènent le monde.* **II.** Faire aller en contrôlant. ⇒ **piloter.** loc. *Mener sa barque.* ♦ fig. Faire marcher, évoluer sous sa direction. *Mener rondement une affaire.* - *MENER À... Mener qqch. à bien. Mener une chose à bonne fin, à terme.* **III.** (choses) **1.** Transporter. ⇒ **amener, conduire.** **2.** Permettre d'aller d'un lieu à un autre. *Où mène cette route ?* - *Une profession qui mène à tout. Cela peut vous mener loin,* avoir de graves conséquences. **IV.** GÉOM. Tracer. *Mener une parallèle à une droite.*

MÉNESTREL n. m. ▪ au Moyen Âge Musicien et chanteur ambulant. ⇒ **jongleur.**

MÉNÉTRIER n. m. ▪ anciennt Violoniste de village, qui escortait les noces. ⇒ **violoneux.**

MENEUR, EUSE n. ▪ **1.** VX Conducteur, guide. **2.** *Meneur de jeu,* animateur d'un spectacle ou d'une émission. **3.** souvent péj. Personne qui, par son autorité, prend la tête d'un mouvement populaire. ⇒ **chef, dirigeant.** *On a arrêté les meneurs.* **4.** *Un meneur, une meneuse d'hommes,* personne qui sait mener, manier les hommes.

Carl MENGER (1840 - 1921) ▪ Économiste autrichien. Un des fondateurs de l'école marginaliste. Il élabora une théorie de la valeur.

Anton MENGS (1728 - 1779) ▪ Théoricien et peintre allemand. Il joua un rôle important dans le mouvement néoclassique.

MENHIR [meniʀ] n. m. ▪ Monument mégalithique, pierre allongée dressée verticalement. *Les dolmens et les menhirs.*

MÉNILMONTANT ▪ Un des quartiers de Paris (XXe arrondissement). Symbole, avec Belleville, du Paris populaire.

MENIN, MENINE [menɛ̃, menin] n. ▪ HIST. Jeune noble attaché à une maison princière d'Espagne. *"Les Menines"* (tableau de Vélasquez).

MÉNINGE n. f. ▪ **1.** Chacune des membranes qui entourent le cerveau et la moelle épinière. **2.** FAM. au plur. Le cerveau, l'esprit. *Elle ne s'est pas fatigué les méninges.*

MÉNINGÉ, ÉE adj. ▪ Relatif aux méninges (1).

MÉNINGITE n. f. ▪ Inflammation aiguë ou chronique des méninges. *Méningite cérébro-spinale.* - FAM. *Il ne risque pas d'attraper une méningite,* il ne fait aucun effort intellectuel.

MÉNIPPE (IVe - IIIe s. av. J.-C.) ▪ Philosophe et poète grec de l'école cynique. Esclave affranchi, d'origine phénicienne, il est surtout connu pour être l'auteur d'écrits bouffons combinant prose et vers, et qui sont à l'origine d'un genre appelé « satire ménippée ». Un pamphlet français contre la Ligue porte ce titre (1594).

MÉNISQUE n. m. ▪ Cloison fibro-cartilagineuse disposée entre deux surfaces articulaires mobiles. *Les ménisques du genou.*

MENNECY ▪ Commune de l'Essonne. 11 048 hab. *(les Mennecois).*

MENNONITE n. et adj. ▪ Membre d'une secte anabaptiste modérée, fondée en Suisse par Menno Simons (1496-1561). *Les mennonites sont nombreux encore aujourd'hui aux États-Unis.*

MÉNOPAUSE n. f. ▪ Cessation des règles et de la fonction ovarienne ; époque où elle se produit (syn. *retour d'âge*).

Ménélik II. Son mausolée à Addis-Abeba.
Phot. © Nino Cirani/Ricciarini

MENOTTE n. f. ▪ 1. au plur. Bracelets métalliques réunis par une chaîne, qui se fixent aux poignets d'un prisonnier. *Passer les menottes à un suspect.* 2. Main d'enfant ; petite main.

Gian Carlo **MENOTTI** (né en 1911) ▪ Compositeur italien naturalisé américain. Sujets réalistes, empruntés à l'actualité tragique. *"Le Médium"* (1946), opéra.

MENSONGE n. m. ▪ 1. Assertion sciemment contraire à la vérité. ⇒ **contrevérité, tromperie.** *Faire un mensonge.* ⇒ **mentir.** *Un grossier mensonge. Mensonge pour rire.* ⇒ **blague, canular.** - loc. *Pieux mensonge,* inspiré par la piété ou la pitié. - *Mensonge par omission,* qui consiste à taire la vérité. 2. *Le mensonge,* l'acte de mentir ; les fausses affirmations. 3. Ce qui est trompeur, illusoire. *Le bonheur est un mensonge.*

MENSONGER, ÈRE adj. ▪ Qui repose sur des mensonges ; qui trompe. ⇒ **fallacieux, faux.** *Déclaration mensongère.*

MENSTRUATION n. f. ▪ Fonction physiologique caractérisée par les règles (menstrues), de la puberté à la ménopause.

MENSTRUEL, ELLE adj. ▪ Qui a rapport aux menstrues. *Flux, sang menstruel.*

MENSTRUES n. f. pl. ▪ VX Écoulement sanguin périodique chez la femme. ⇒ **règle(s).**

MENSUALISER v. tr. [1] ▪ Transformer en salaire mensuel ; payer (qqn) au mois. ► n. f. MENSUALISATION

MENSUALITÉ n. f. ▪ Somme payée mensuellement ou perçue chaque mois.

MENSUEL, ELLE adj. ▪ 1. Qui a lieu, se fait tous les mois. *Revue mensuelle.* 2. Calculé pour un mois et payé chaque mois. *Salaire mensuel.* - n. m. Salarié au mois.

MENSUELLEMENT adv. ▪ Tous les mois.

MENSURATION n. f. ▪ Détermination et mesure des dimensions caractéristiques ou importantes du corps humain ; ces mesures. ⇒ **anthropométrie.** *Prendre ses mensurations. Les mensurations d'un mannequin.*

MENTAL, ALE, AUX adj. ▪ 1. Qui se fait dans l'esprit seulement, sans expression orale ou écrite. *Calcul mental.* 2. Qui a rapport aux fonctions intellectuelles de l'esprit. *Les processus mentaux. Maladie mentale.* ⇒ **psychique.** *Débiles mentaux.* - *Âge mental,* degré de développement intellectuel (repéré par rapport à un âge théorique moyen). - FAM. *Il a cinq ans d'âge mental ! :* il est infantile. 3. n. m. *LE MENTAL.* ⇒ **moral.**

MENTALEMENT adv. ▪ 1. Par la pensée. 2. Du point de vue mental (2). *Il est mentalement atteint.*

MENTALITÉ n. f. ▪ 1. Ensemble des croyances et habitudes d'esprit d'une collectivité. *"La Mentalité primitive"* (ouvrage de Lévy-Bruhl). 2. Dispositions psychologiques ou morales ; état d'esprit. *Sa mentalité me déplaît.* - FAM. Morale qui indigne. *Jolie mentalité !*

MENTERIE n. f. ▪ VX ou RÉGIONAL Mensonge.

MENTEUR, EUSE ▪ 1. n. Personne qui ment, qui a l'habitude de mentir. *C'est un grand menteur, un vrai mythomane.* 2. adj. Qui ment. ⇒ **faux, hypocrite.** - (choses, actes) *Son sourire est menteur.* ⇒ **trompeur.**

MENTHE n. f. ▪ 1. Plante très aromatique, qui croît dans les lieux humides. *Feuille de menthe. Thé à la menthe.* - *Alcool de menthe.* 2. Sirop de menthe. *Menthe à l'eau. Diabolo menthe.* - Essence de menthe. *Des bonbons à la menthe.*

MENTHOL n. m. ▪ Alcool terpénique extrait de l'essence de menthe poivrée.

MENTHOLÉ, ÉE adj. ▪ Additionné de menthol. *Dentifrice mentholé.*

MENTION n. f. ▪ 1. Action de nommer, de citer. *Il n'en est pas fait mention dans cet ouvrage.* 2. Brève note donnant une précision, un renseignement. *Rayer les mentions inutiles* (sur un questionnaire). 3. Indication d'une appréciation favorable de la part d'un jury d'examen. *Mention bien, très bien.*

MENTIONNER v. tr. [1] ▪ Faire mention de. ⇒ **citer, nommer, signaler.** *Ne faire que mentionner une chose,* la signaler seulement, sans en parler. - impers. *Il est mentionné de* (+ inf.), *que.*

MENTIR v. intr. [16] ▪ 1. Faire un mensonge, affirmer ce qu'on sait être faux, ou nier, taire ce qu'on devrait dire (⇒ **mensonge**). *Mentir par intérêt, par dérision.* loc. *Mentir comme un arracheur* de dents. Il ment comme il respire,* continuellement. - *Mentir à qqn,* le tromper par un mensonge. - *Sans mentir...,* en vérité, vraiment. 2. (choses) Exprimer une chose fausse. *Son sourire ment.* - loc. *Vous faites mentir le proverbe,* ce que vous faites contredit le proverbe.

MENTON n. m. ▪ Partie saillante du visage, constituée par l'avancée du maxillaire inférieur. *Menton en galoche, pointu.* - *Double, triple menton,* plis sous le menton.

MENTON ▪ Commune des Alpes-Maritimes. 29 141 hab. *(les Mentonnais).* Un des centres touristiques de la Côte d'Azur.

MENTONNET n. m. ▪ TECHN. Pièce saillante (d'un mécanisme).

MENTONNIÈRE n. f. ▪ 1. Jugulaire. 2. Plaquette fixée à la base d'un violon, sur laquelle s'appuie le menton.

MENTOR [mɛ̃-] n. m. ▪ (du n. pr.) LITTÉR. Guide, conseiller sage et expérimenté. *Des mentors.*

MENTOR ▪ Dans l'*"Odyssée,"* ami d'Ulysse. Ce dernier lui confie la gérance de ses biens et l'éducation de son fils Télémaque.

① **MENU, UE** adj. ▪ LITTÉR. 1. Qui a peu de volume. ⇒ **fin, mince, petit.** *Couper qqch. en menus morceaux.* - (personnes) Petit et mince. *Elle est toute menue.* 2. Qui a peu d'importance, peu de valeur. *Menus détails. Menue monnaie.* - n. m. *PAR LE MENU :* en détail. *Raconter une anecdote par le menu.* 3. adv. En menus morceaux. *Viande, oignons hachés menu.* - loc. FAM. *Tu nous les brises menu :* tu nous ennuies.

② **MENU** n. m. ▪ 1. Liste des mets dont se compose un repas. - *Menu de restaurant* (à prix fixe) ; opposé à *carte.* 2. Liste d'opérations proposées sur l'écran d'un ordinateur à l'utilisateur.

MENUET n. m. ▪ 1. Ancienne danse à trois temps. 2. Forme instrumentale, dans la suite, la sonate (3e mouvement), comportant trois parties (la partie centrale est le *trio*).

sir Yehudi **MENUHIN** (né en 1916) ▪ Violoniste américain d'origine russe.

Les **MÉNUIRES** ▪ Station d'été et de sports d'hiver de Savoie (commune de Saint-Martin-de-Belleville), dans les Trois-Vallées (1 800 à 2 880 m).

MENUISERIE n. f. ▪ 1. Travail (assemblage) du bois pour la fabrication des meubles, la décoration des maisons. *Atelier de menuiserie.* 2. Ouvrages ainsi fabriqués. *Plafond en menuiserie,* en bois travaillé. 3. *Menuiserie métallique,* fabrication d'éléments de fermeture en métal.

MENUISIER n. m. ▪ Artisan, ouvrier qui travaille le bois équarri en planches. *Menuisier de bâtiment. Menuisier d'art.* ⇒ **ébéniste.** *Elle est menuisier.*

MÉPHISTOPHÉLÈS ▪ Personnage de la légende de *Faust,* génie du mal qui convainc le docteur Faust de vendre son âme au diable en échange de ses services.

MÉPHITIQUE adj. ▪ (vapeur, exhalaison) Qui sent mauvais et est toxique. - *Des odeurs méphitiques.*

MÉPLAT n. m. ▪ Partie plate, plane (du visage, d'une forme représentée). *Le méplat de la tempe.*

SE **MÉPRENDRE** v. pron. [58] ▪ LITTÉR. Se tromper en prenant une personne, une chose pour une autre. *Ils se ressemblent à s'y méprendre. Elle s'est méprise sur leur compte.*

MÉPRIS n. m. ▪ 1. Fait de considérer comme indigne d'attention. ⇒ **indifférence.** *Le mépris du danger, des richesses.* - *AU MÉPRIS DE* loc. prép. : en dépit de. 2. Sentiment par lequel on considère (qqn) comme indigne d'estime, comme moralement condamnable. ⇒ **dédain, dégoût.** *Avoir, ressentir du mépris pour qqn.* - *Un air plein de mépris.*

MÉPRISABLE adj. ▪ Qui mérite le mépris (2). ⇒ **honteux, indigne.**

MÉPRISANT, ANTE adj. ▪ 1. Qui montre du mépris. ⇒ **arrogant, dédaigneux.** 2. Qui exprime le mépris.

MÉPRISE n. f. ▪ Erreur d'une personne qui se méprend. ⇒ **confusion, malentendu, quiproquo.**

MÉPRISER v. tr. [1] ▪ **1.** Estimer indigne d'attention ou d'intérêt. ⇒ **dédaigner, négliger** ; s'oppose à *priser* (LITTÉR.), à *apprécier. Mépriser le danger.* ⇒ **braver.** *Cet avis n'est pas à mépriser.* **2.** Considérer (qqn) comme indigne d'estime, comme moralement condamnable (s'oppose à *estimer*).

MER [mɛʀ] n. f. ▪ **1.** Vaste étendue d'eau salée qui couvre une grande partie de la surface du globe. ⇒ **océan** ; ① **marin, maritime.** *Poissons de mer. Haute, pleine mer,* partie éloignée des rivages. ⇒ **large** (II, 4). *Eau de mer.* ➝ *Passer ses vacances au bord de la mer, à la mer. Gens de mer :* marins. *Prendre la mer :* partir sur mer. ➝ loc. *Un homme à la mer,* tombé dans la mer. ➝ *Ce n'est pas la mer à boire :* ce n'est pas difficile. ➝ par métaphore *La mer des passions.* ⇒ **océan. 2.** *Une mer,* partie de la mer, délimitée (moins grande qu'un océan). *La mer du Nord.* **3.** Vaste étendue. *La mer de Glace :* grand glacier des Alpes.

MERCANTI n. m. ▪ Commerçant malhonnête ; profiteur. *Des mercantis.*

MERCANTILE adj. ▪ Digne d'un commerçant cupide, d'un profiteur.

MERCANTILISME n. m. ▪ **1.** VIEILLI Esprit mercantile. **2.** HIST. Ancienne doctrine économique (des XVIe et XVIIe siècles) fondée sur le profit monétaire de l'État.

le MERCANTOUR ▪ Massif cristallin des Alpes du Sud, à la frontière italienne (3 143 m à la cime du Gélas), dans le parc national du Mercantour, créé en 1979 (65 000 ha).

MERCATIQUE n. f. ▪ Recommandation officielle pour remplacer l'anglicisme *marketing.*

Gerhard Kremer dit **Gerardus MERCATOR** (1512 - 1594) ▪ Géographe flamand. Fondateur de la géographie mathématique. Le système de représentation plane de la Terre qu'il développa *(projection de Mercator)* marque les débuts de la cartographie moderne.

MERCENAIRE ▪ **I.** adj. LITTÉR. Qui n'agit que pour un salaire. *Troupes mercenaires.* ⇒ **vénal. II.** n. m. Soldat à la solde d'un gouvernement étranger.

MERCERIE n. f. ▪ **1.** Ensemble des marchandises servant aux travaux de couture. **2.** Commerce, boutique de mercier.

MERCI n. f. ▪ **I. 1.** LITTÉR. Pitié, grâce. *"La Belle Dame sans merci"* (poème d'Alain Chartier). *À LA MERCI DE* loc. prép. : dans une situation où l'on dépend entièrement de (qqn, qqch.). *Il est à la merci d'une erreur.* **2.** *DIEU MERCI* loc. adv. : grâce à Dieu. **3.** *SANS MERCI :* impitoyable (lutte, combat). *Une lutte sans merci.* **II. 1.** n. m. Remerciement. *Un grand merci pour ton aide.* **2.** interj. *Merci beaucoup. Merci pour tout. Merci de* (+ inf.) : je vous remercie de bien vouloir... ♦ Formule de politesse accompagnant un refus. *Non merci, sans façons.*

MERCIER, IÈRE n. ▪ Marchand(e) d'articles de mercerie.

Louis Sébastien MERCIER (1740 - 1814) ▪ Écrivain français et théoricien du théâtre. *"La Brouette du vinaigrier"* (mélodrame, 1775); *"Tableau de Paris"* (1782-1788), étude minutieuse de la société à la veille de la Révolution; *"L'An 2440"* (utopie sociale, 1786).

Désiré MERCIER (1851 - 1926) ▪ Cardinal belge. Artisan du renouveau thomiste, il présida les Conversations de Malines (1921-1925) sur l'œcuménisme, avec l'anglican Halifax.

Eddy MERCKX (né en 1945) ▪ Coureur cycliste belge. Champion du monde professionnel (1967, 1971, 1974), vainqueur du Tour d'Italie (1968, 1970, 1972, 1973, 1974) et du Tour de France (de 1969 à 1972 et en 1974).

MERCREDI n. m. ▪ Troisième jour de la semaine*, qui succède au mardi. *Le mercredi, en France, les enfants ne vont pas à l'école. Le mercredi des Cendres*.*

MERCURE n. m. ▪ Métal d'un blanc argenté, liquide à la température ordinaire (symb. Hg). *Baromètre à mercure.*

MERCURE ▪ Dieu romain, protecteur des commerçants et des voyageurs, assimilé à l'Hermès grec.

MERCURE ▪ Planète du système solaire, la plus proche du Soleil, autour duquel elle tourne en 88 jours et sur elle-même en 58,6 jours. 4 878 km de diamètre. Atmosphère composée de gaz rares et de traces d'hydrogène.

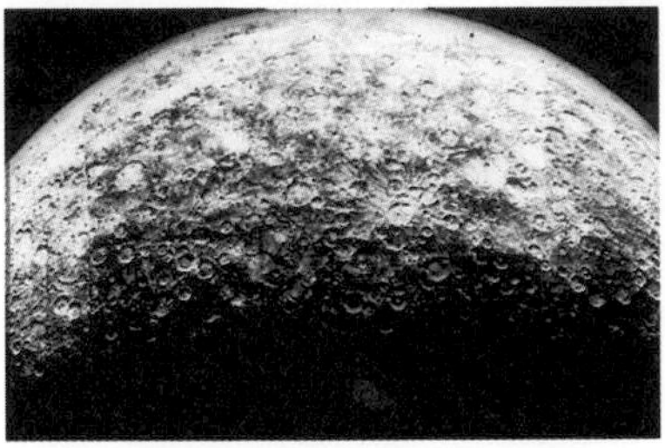

Mercure. *Phot. © Liaison/Gamma*

MERCUROCHROME [-kʀom] n. m. (n. déposé) ▪ Composé chimique rouge vif utilisé comme antiseptique externe.

MERDE ▪ FAM. **I.** n. f. **1.** Matière fécale. ⇒ **excrément.** *Une merde de chien.* ⇒ **crotte.** ➝ loc. *Traîner qqn dans la merde,* le ridiculiser. **2.** Être ou chose méprisable, sans valeur. *Son livre, c'est de la merde. Il ne se prend pas pour une merde.* **3.** Situation mauvaise et confuse. loc. *Foutre la merde* (quelque part) : mettre la pagaille. ➝ Ennui. ⇒ **emmerdement. II.** interj. **1.** Exclamation de colère, d'impatience, de mépris. ⇒ FAM. **crotte** ; → les cinq lettres. *Le général Cambronne répondit merde ! aux Anglais qui le sommaient de se rendre* (→ le mot de Cambronne). **2.** Exclamation d'étonnement, d'admiration.

MERDEUX, EUSE adj. ▪ FAM. **1.** Sali d'excréments. **2.** Mauvais. ⇒ FAM. **foireux.** *Une affaire merdeuse.* ➝ n. Gamin(e), blanc-bec. *Petit merdeux !*

MERDIER n. m. ▪ FAM. Grand désordre, confusion inextricable.

MERDIQUE adj. ▪ FAM. Mauvais, sans valeur, sans intérêt.

MERDOYER v. intr. [8] ▪ FAM. S'embrouiller maladroitement. ⇒ FAM. **vasouiller.**

Antoine Gombaud, chevalier de MÉRÉ (1607 - 1684) ▪ Écrivain et moraliste français. Théoricien des rapports en société, il fixa l'idéal de « l'honnête homme ».

MÈRE n. f. ▪ **I. 1.** Femme qui a mis au monde un ou plusieurs enfants. ⇒ **maman** ; **maternel, maternité.** *Mère de famille.* ➝ RELIG. CHRÉT. *La mère de Dieu, la bonne Mère :* la Vierge Marie. *Bonne mère !,* exclamation (RÉGIONAL : Provence). ♦ par ext. *Mère adoptive.* ➝ *Mère porteuse*.* **2.** Femelle qui a un ou plusieurs petits. *Une mère lionne et ses lionceaux.* **3.** Femme qui est comme une mère. **4.** Titre donné à une religieuse (supérieure d'un couvent, etc.). ➝ appellatif *Oui, ma mère.* **5.** Appellation familière pour une femme d'un certain âge. « *C'est la mère Michel qui a perdu son chat* » (chanson). **II. 1.** *La mère patrie,* la patrie d'origine (d'émigrés, etc.). **2.** Origine, source. prov. *L'oisiveté est mère de tous les vices.* ➝ appos. *Branche mère. Des maisons mères.*

George MEREDITH (1828 - 1909) ▪ Écrivain britannique. *"L'Égoïste"* (1879), roman psychologique, analyse impitoyable des relations entre les sexes.

MÈRE-GRAND n. f. ▪ VX (ou dans les contes de fées) Grand-mère. *Des mères-grand.*

Dmitri Sergueïevitch MEREJKOVSKI (1866 - 1941) ▪ Essayiste et romancier russe. Il chercha à concilier paganisme et christianisme. *"Le Christ et l'Antéchrist"* (trilogie, 1895-1905).

MERGUEZ [-ɛz] n. f. ▪ Petite saucisse fortement pimentée. *Servir le couscous avec des merguez.*

MÉRIBEL-LES-ALLUES ▪ Station de sports d'hiver de Savoie (commune des Allues), dans les Trois-Vallées (1 450 m à 2 700 m).

MÉRICOURT ▪ Commune du Pas-de-Calais. 12 330 hab. *(les Méricourtois).* Houille.

MÉRIDA ▪ Ville d'Espagne, capitale de la Communauté autonome de l'Estrémadure, sur le Guadiana. 49 833 hab. Ruines romaines remarquablement conservées.

MÉRIDA ▪ Ville du Mexique (Yucatán). 610 000 hab. Centre commercial et industriel.

MÉRIDIEN, IENNE ▪ **I.** adj. *Plan méridien* (que le Soleil coupe à midi), plan défini par l'axe de rotation de la Terre et la verticale du lieu. ‑ Relatif au plan méridien. *Hauteur méridienne d'un astre.* **II.** n. m. Cercle imaginaire passant par les deux pôles terrestres. *Heure du méridien de Greenwich* (abrév. angl. G.M.T.). *Le mètre a été défini naguère par rapport au méridien terrestre* (1/40 000 000). ‑ Demi-cercle joignant les pôles. *Méridiens et parallèles sur les cartes.*

MÉRIDIENNE n. f. ▪ **1.** VIEILLI Sieste du milieu du jour. **2.** Canapé à deux chevets de hauteur inégale.

MÉRIDIONAL, ALE, AUX adj. ▪ **1.** Qui est au sud (s'oppose à *septentrional*). **2.** Qui est du Midi, propre aux régions et aux gens du Sud (d'un pays ; de la France). *Climat méridional.* ‑ n. *Les Méridionaux.*

MÉRIGNAC ▪ Commune de la Gironde. 57 273 hab. *(les Mérignacais).* Aéroport de Bordeaux.

Prosper **MÉRIMÉE** (1803 ‑ 1870) ▪ Écrivain français. Il exploita les thèmes romantiques, avec une écriture sobre et concise. Auteur de nouvelles (*"Colomba"*, 1840; *"Carmen"*, 1845), d'un roman historique (*"Chronique du règne de Charles IX"*, 1829), du *"Théâtre de Clara Gazul"* (1825). Inspecteur des Monuments historiques, il soutint Viollet-le-Duc et fit redécouvrir l'art roman.

MERINGUE n. f. ▪ Gâteau très léger fait de blancs d'œufs battus et de sucre.

MERINGUÉ, ÉE adj. ▪ Enrobé, garni de meringue.

les **MÉRINIDES** ▪ Dynastie berbère qui régna sur le Maghreb du XIIIe au XVe s.

MÉRINOS [-os] n. m. ▪ **1.** Mouton de race espagnole (originaire d'Afrique du Nord) à toison épaisse ; sa laine. **2.** loc. FAM. *Laisser pisser le mérinos,* attendre, laisser aller les choses.

MERISE n. f. ▪ Petite cerise sauvage, rose ou noire.

MERISIER n. m. ▪ **1.** Cerisier sauvage. **2.** Bois de cet arbre. *Une armoire en merisier.*

MÉRISTÈME n. m. ▪ BOT. Tissu jeune, à cellules serrées, qui engendre les autres tissus végétaux.

MÉRITANT, ANTE adj. ▪ souvent iron. Qui a du mérite (I, 1).

MÉRITE n. m. ▪ **I. 1.** Ce qui rend (une personne) digne d'estime, de récompense. ⇒ **vertu.** *Avoir du mérite à faire qqch. Il n'en a que plus de mérite.* ‑ *SE FAIRE UN MÉRITE DE* (+ n. ou inf.) : se glorifier de. **2.** Ce qui rend (une conduite) digne d'éloges. *Sa persévérance n'est pas sans mérite.* **II. 1.** Ensemble de qualités intellectuelles et morales (d'une personne) particulièrement estimables. *Un homme de mérite.* ⇒ **valeur.** ‑ Qualité estimable. *Vanter les mérites de qqn, de qqch.* **2.** Avantage (de qqch.). *Cela a au moins le mérite d'exister.* **III.** Nom de certains ordres et décorations (récompenses). *Chevalier du Mérite agricole.*

MÉRITER v. tr. 1 ▪ **1.** (personnes) Être, par sa conduite, en droit d'obtenir (un avantage) ou exposé à subir (un inconvénient). ⇒ **encourir.** *Mériter l'estime, la reconnaissance de qqn.* ‑ *Il l'a bien mérité* (→ c'est bien fait, il ne l'a pas volé). ‑ au p. p. *Un repos bien mérité.* ‑ *Il méritait de réussir. Il mériterait qu'on lui en fasse autant !* ♦ (choses) *Cet effort mérite un encouragement. Ceci mérite réflexion.* ‑ loc. prov. *Tout travail mérite salaire.* **2.** Être digne d'avoir (qqn) à ses côtés, dans sa vie. *Il ne méritait pas de tels amis.*

Mérida (Espagne). Le théâtre romain. *Phot. © Prato/Ricciarini*

MÉRITOIRE adj. ▪ (choses) Où le mérite est grand ; qui est digne d'éloge. ⇒ **louable.** *Œuvre, effort méritoire.*

MERLAN n. m. ▪ **I.** Poisson de mer comestible, à chair légère. ‑ FAM. *Faire des yeux de merlan frit,* rouler, écarquiller les yeux de façon ridicule. **II.** FAM. VIEILLI Coiffeur.

MERLE n. m. ▪ Oiseau passereau au plumage généralement noir chez le mâle. *Siffler comme un merle.* ‑ *Merle blanc :* chose, personne rare.

Maurice **MERLEAU-PONTY** (1908 ‑ 1961) ▪ Philosophe français. Continuateur de la phénoménologie de Husserl. Son attention au sujet le rapprocha des sciences humaines et, comme Sartre, de l'existentialisme et du marxisme. *"Phénoménologie de la perception"* (1945).

MERLIN n. m. ▪ Masse pour assommer les bœufs. *Un coup de merlin.*

MERLIN l'Enchanteur ▪ Magicien de la mythologie celtique, épris de la fée Viviane.

MERLU ou **MERLUS** n. m. ▪ RÉGIONAL Colin (poisson).

MERLUCHE n. f. ▪ Morue séchée.

Jean **MERMOZ** (1901 ‑ 1936) ▪ Aviateur français. Il effectua la première liaison postale aérienne directe Afrique-Amérique du Sud (1930).

Méroé. Pyramides. *Phot. © Gerster/Rapho*

MÉROÉ ▪ Ancienne ville de Nubie, sur le Nil entre Khartoum et Atbara, près de la ville actuelle de Kabu Shiyah. Importants vestiges archéologiques du royaume de Méroé (VIe s. av. J.-C.).

MÉROU n. m. ▪ Grand poisson des côtes de la Méditerranée, à la chair très délicate. *Pêche au mérou. Des mérous.*

MÉROVÉE, MEROWIG ou **MEROVECH** ▪ Roi présumé des Francs (v. 447-v. 458). Père de Childéric Ier, il a donné son nom aux Mérovingiens.

MÉROVINGIEN, IENNE adj. ▪ Relatif aux Mérovingiens*, à leur époque. *Les rois mérovingiens. "Histoire des temps mérovingiens"* (œuvre d'Augustin Thierry).

LES **MÉROVINGIENS** ▪ Première dynastie des rois francs dont le véritable fondateur fut Clovis. Après Dagobert, le pouvoir fut détenu par les maires du palais. Pépin le Bref déposa en 751 le dernier Mérovingien, Childéric III, et fonda la dynastie carolingienne.

MERS EL-KÉBIR en arabe *MARSĀ AL-KEBĪR* ▪ Commune d'Algérie. 11 462 hab. Le 3 juillet 1940, les Britanniques y bombardèrent une escadre française après que celle-ci eut refusé l'ultimatum anglais lui enjoignant de se laisser désarmer ou de continuer la guerre contre l'Allemagne. 1 300 marins français y périrent.

l'abbé Marin **MERSENNE** (1588 ‑ 1648) ▪ Philosophe et savant français. Correspondant de Descartes et de la plupart des savants de son époque, auteur de travaux d'acoustique.

MERSEY ▪ Fleuve d'Angleterre. 130 km. Il passe près de Manchester et se jette dans la mer d'Irlande en un long estuaire qui traverse le port et la ville de Liverpool.

Mésopotamie. Le travail des champs, stèle assyrienne. British Museum, Londres. *Phot. © Explorer/Coll. E.S.*

MERSIN ▪ Ville et port de Turquie. 422 357 hab. Site occupé dès le néolithique et fortifié au IVe millénaire av. J.-C.

Robert King MERTON (né en 1910) ▪ Sociologue américain. Il a étudié de nombreux domaines (déviance, bureaucratie) dans une perspective fonctionnaliste, mais en mettant aussi l'accent sur les dysfonctionnements.

MÉRU ▪ Commune de l'Oise. 11 928 hab. *(les Méruviens).*

MERVEILLE n. f. ▪ Chose qui cause une intense admiration. *Les merveilles de la nature, de l'art. Les Sept Merveilles du monde* (voir ci-dessous). loc. *La huitième* merveille du monde. C'est une pure merveille.* ◆ loc. *Faire merveille :* obtenir ou produire des résultats remarquables. ◆ *À MERVEILLE* loc. adv. : parfaitement. *Il se porte à merveille.*

▪ **les Sept MERVEILLES DU MONDE** ▪ Selon la tradition antique : les pyramides d'Égypte, le phare d'Alexandrie, les jardins de Babylone, le temple de Diane à Éphèse, le Mausolée d'Halicarnasse, la statue de Zeus par Phidias, le colosse de Rhodes.

MERVEILLEUSEMENT adv. ▪ Admirablement, parfaitement.

MERVEILLEUX, EUSE ▪ **I.** adj. **1.** Qui étonne par son caractère inexplicable, surnaturel. ⇒ **magique, miraculeux.** *Aladin, ou la lampe merveilleuse.* ⇒ **enchanté. 2.** Qui est admirable au plus haut point, exceptionnel. ⇒ **divin, extraordinaire, mirifique, prodigieux. II. 1.** n. m. Ce qui, dans une œuvre littéraire, se réfère à l'inexplicable, au surnaturel. *Le fantastique* et le merveilleux.* **2.** n. HIST. Élégant(e) excentrique, pendant la Révolution et le Directoire.

MERVILLE ▪ Commune du Nord. 9 026 hab. *(les Mervillois).*

MES adj. poss. ⇒ MON

MÉS- ⇒ MÉS(O)-

MÉSALLIANCE n. f. ▪ Mariage avec une personne considérée comme socialement inférieure.

MÉSALLIER v. tr. [7] ▪ Marier (qqn) à une personne de condition inférieure. ◆ pronom. *Se mésallier.*

MÉSANGE n. f. ▪ Petit oiseau (passereau), qui se nourrit d'insectes, de graines et de fruits.

mésange. *Parus caeruleus,* mésange bleue. *Phot. © Danegger/Jacana*

MÉSAVENTURE n. f. ▪ Aventure fâcheuse, événement désagréable. ⇒ **accident, malchance.**

MESCALINE n. f. ▪ Substance (alcaloïde) qui provoque des hallucinations (hallucinogène).

MESCLUN [mɛs-] n. m. ▪ Mélange de salades (laitue, mâche, trévise...).

MESDAMES, MESDEMOISELLES [me-] n. f. ▪ Pluriel de *madame, mademoiselle.*

MÉSENTENTE n. f. ▪ Défaut d'entente ou mauvaise entente. ⇒ **brouille, désaccord, mésintelligence.** *Il y a une légère mésentente entre eux.*

MÉSENTÈRE n. m. ▪ ANAT. Repli de la membrane du péritoine qui enveloppe l'intestin.

MÉSESTIMER v. tr. [1] ▪ LITTÉR. Ne pas apprécier (une personne, une chose) à sa juste valeur. ⇒ **méconnaître, sous-estimer.** *Ne mésestimez pas les difficultés.*

la MESETA ▪ Grand plateau hercynien du centre de la péninsule Ibérique, coupé de sierras. En Espagne, il s'étend sur la Castille, l'Estrémadure, le León et une partie du Levant ; il se poursuit à l'ouest au-delà de la frontière portugaise.

la MÉSIE ▪ Ancienne région d'Europe du Sud-Est, entre la Macédoine et la Dacie. Elle devint province romaine au Ier s. av. J.-C.

MÉSINTELLIGENCE n. f. ▪ LITTÉR. Défaut d'accord, d'entente entre les personnes. ⇒ **discorde, dissentiment, mésentente.**

Franz MESMER (1734-1815) ▪ Médecin allemand. Sa thérapie, le « mesmérisme », véritable panacée qui supposait l'existence d'un « magnétisme animal », fut très à la mode à Paris vers 1780.

MÉS(O)- Élément, du grec *mesos* « au milieu, moyen » (ex. *mésencéphale* n. m.).

MÉSOLITHIQUE n. m. ▪ DIDACT. Période de la préhistoire entre le paléolithique et le néolithique. ◆ adj. *Les temps mésolithiques.*

MÉSON n. m. ▪ PHYS. Particule de masse intermédiaire entre celle de l'électron (très faible) et celles du proton et du neutron.

la MÉSOPOTAMIE ▪ Région d'Asie antérieure située entre le Tigre et l'Euphrate. Sa fertilité en fit un intense foyer de civilisation dès le Ve millénaire av. J.-C., peu à peu partagé en cités indépendantes : Kish, Eridu, Uruk, Ur. Des envahisseurs sémites et sumériens fondèrent la civilisation de Sumer qui fleurit à Akkad et à Babylone. À partir du IIe millénaire se constituèrent de grands empires (Assyrie, Mari) au rayonnement important (→ **Hammourabi**). Après avoir résisté aux invasions étrangères (les Araméens, l'Élam), ils furent conquis par les Mèdes et les Perses (539 av. J.-C.), puis par les Grecs (331 av. J.-C.). Les Séleucides contrôlèrent la Mésopotamie jusqu'à sa conquête par les Parthes (141 av. J.-C.) qui se heurtèrent dès le Ier s. à l'expansionnisme de Rome. Elle passa en 224 sous la domination des Sassanides, puis fut intégrée au royaume de Palmyre, avant d'être conquise par Dioclétien (298) et à nouveau par les Perses au IVe s. Après la conquête arabe (637-641), elle devint l'Irak.

MÉSOPOTAMIEN, ENNE adj. et n. ▪ De Mésopotamie. ◆ n. *Les Mésopotamiens.*

MÉSOSPHÈRE n. f. ▪ SC. Couche de l'atmosphère terrestre, au-delà de la stratosphère.

MÉSOZOÏQUE adj. et n. m. ▪ GÉOL. (Ère) secondaire.

MESQUIN, INE adj. ▪ **1.** (personnes) Qui est attaché à ce qui est petit, médiocre ; qui manque de générosité. *Un esprit mesquin.* ⇒ **étriqué, étroit, petit.** *Des idées mesquines.* **2.** Qui témoigne d'avarice. *N'offrez pas si peu, ce serait mesquin. Cela fait mesquin.*

MESQUINERIE n. f. ▪ **1.** Caractère d'une personne, d'une action mesquine. ⇒ **bassesse, médiocrité.** *La mesquinerie d'une vengeance.* **2.** *Une mesquinerie :* attitude, action mesquine.

MESS [mɛs] n. m. ▪ Lieu où se réunissent les officiers ou les sous-officiers d'une même unité, pour prendre leur repas en commun. ⇒ **cantine ;** FAM. **popote.**

MESSAGE n. m. ▪ **1.** Charge de dire, de transmettre (qqch.). ⇒ **ambassade, commission.** *S'acquitter d'un message.* **2.** Information, paroles transmises. ⇒ **annonce, avis, communication.** *Message écrit.* ⇒ **dépêche, lettre.** *Recevoir, transmettre un message. Message publicitaire.* **3.** Contenu de ce qui est révélé, transmis au public. *Le message d'un écrivain. Chanson à message.* **4.** Transmission d'une information. *Le code* d'un message.*

MESSAGER, ÈRE n. ▪ **1.** Personne chargée de transmettre une nouvelle, un objet. **2.** LITTÉR. Ce qui annonce (qqch.). ⇒ **avant-coureur.** *Les oiseaux migrateurs, messagers de l'hiver.* **3.** BIOL. *A.R.N. messager* : forme de l'acide ribonucléique transportant l'information génétique.

André MESSAGER (1853 - 1929) ▪ Compositeur et chef d'orchestre français. *"Les P'tites Michu"* (1897), *"Véronique"* (1898), opérettes.

MESSAGERIE n. f. ▪ **1.** Service de transports de colis et de voyageurs. *Messageries maritimes, aériennes.* **2.** *Messageries de presse* : organismes chargés de la distribution de la presse dans les points de vente. **3.** *Messagerie électronique* : service assurant la transmission télématique de messages.

Jean MESSAGIER (né en 1920) ▪ Peintre et graveur français. Il a réalisé de grandes toiles abstraites d'un lyrisme panthéiste. *"Les Rutileurs d'automne"* (1966); *"Portrait de Juillet"* (1966).

Ahmed MESSALI HADJ (1898 - 1974) ▪ Homme politique algérien. Un des pères du nationalisme algérien, dirigeant du Mouvement national algérien, éliminé par le F.L.N.

MESSALINE (morte en 48) ▪ Impératrice romaine. Femme de Claude, célèbre pour ses débauches.

MESSE n. f. ▪ **1.** Célébration rituelle du culte catholique commémorant le sacrifice de Jésus-Christ. *Aller à la messe. Messe de minuit,* pour Noël. **2.** MESSE NOIRE : parodie sacrilège du saint sacrifice. **3.** Ensemble de compositions musicales sur les paroles des chants liturgiques de la messe. *La Messe en si de J.-S. Bach.* **4.** loc. *Faire des* MESSES BASSES : parler à voix basse, en aparté.

la MESSÉNIE ▪ Région de la ville de *Messène,* en Grèce (Péloponnèse). 2 991 km², 167 292 hab. Chef-lieu : Kalamata. Elle fut conquise par Sparte au VIIIᵉ-VIIᵉ s. av. J.-C., puis par Rome (144 av. J.-C.).

Willy MESSERSCHMITT (1898 - 1978) ▪ Ingénieur allemand. Spécialiste d'aéronautique, il mit au point le premier chasseur à réaction (1938), utilisé en 1944.

Messerschmitt. Le chasseur Messerschmitt 108.
Phot. © Coll. Viollet

Olivier MESSIAEN (1908 - 1992) ▪ Compositeur français. Curieux de sonorités nouvelles, fasciné par le chant des oiseaux, il s'inspira de symboles religieux et mystiques. *"Quatuor pour la fin du temps"* (1941); *"Saint François d'Assise"* (1983), opéra.

MESSIDOR n. m. ▪ Dixième mois du calendrier révolutionnaire (19-20 juin au 19-20 juillet).

MESSIE n. m. ▪ Libérateur désigné et envoyé par Dieu, spécialt Jésus-Christ. - FAM. *Attendre qqn comme le Messie,* avec grande impatience.

MESSIEURS [mesjø] n. m. ▪ Pluriel de *monsieur.*

MESSINE en italien ***MESSINA*** ▪ Ville et port d'Italie, au nord-ouest de la Sicile. 273 570 hab. Raffinerie. Le *détroit de Messine* sépare la péninsule italienne de la Sicile.

MESSIRE n. m. ▪ anciennt Dénomination honorifique réservée aux personnes de qualité.

Pierre MESSMER (né en 1916) ▪ Homme politique français. Gaulliste dès 1940, il a été Premier ministre de juillet 1972 à mai 1974.

MESURABLE adj. ▪ Qui peut être mesuré. *Une grandeur mesurable.*

MESURE n. f. ▪ **I. 1.** Action de déterminer la valeur (de certaines grandeurs) par comparaison avec une grandeur constante de même espèce. ⇒ **évaluation ; -métrie.** *Système de mesure. Théorie mathématique de la mesure.* **2.** Grandeur (dimension) déterminée par la mesure. *Prendre les mesures d'un meuble. Les mesures d'une personne.* ⇒ **mensuration.** - *(Fait)* SUR MESURE : adapté à une personne ou à un but. *Costume sur mesure.* fig. *Rôle sur mesure,* bien adapté à la personnalité d'un comédien. **3.** Valeur, capacité appréciée ou estimée. *Donner sa mesure,* montrer ce dont on est capable. *Prendre la mesure, la juste mesure de qqn.* **4.** loc. À LA MESURE DE : qui correspond, est proportionné à. ⇒ **échelle.** *Un adversaire à sa mesure.* - DANS LA MESURE DE..., OÙ... : dans la proportion de, où ; pour autant que. *Dans la mesure du possible. Dans une certaine mesure.* À MESURE : progressivement. - loc. *Au fur* et à mesure.* À MESURE QUE... : à proportion que ; en même temps que. **II. 1.** Quantité, unité représentable par un étalon concret. *Mesures de longueur, de capacité.* - loc. *Avoir deux poids* et deux mesures.* **2.** Récipient de capacité connue ; ce qu'il contient. **3.** COMMUNE MESURE (en phrase négative) : rapport. *Il n'y a aucune commune mesure entre ces deux événements. C'est sans commune mesure.* **4.** Appréciation par un étalon. « *L'homme est la mesure de toute chose* » (trad. de Protagoras). **III. 1.** Quantité, dimension normale, souhaitable. *La juste, la bonne mesure. Dépasser, excéder la mesure,* exagérer. - loc. OUTRE MESURE : excessivement. **2.** Modération dans le comportement. ⇒ **précaution, retenue ;** s'oppose à *démesure. Avoir de la mesure,* être mesuré (2). *Dépenser avec, sans mesure.* **3.** *Une mesure,* manière d'agir proportionnée à un but à atteindre ; acte officiel. ⇒ **disposition, moyen ; demi-mesure.** *Prendre des mesures d'urgence.* **4.** Division de la durée musicale en parties égales. ⇒ **cadence, mouvement.** *Le métronome donne la mesure.* - EN MESURE loc. adv. : en suivant la mesure, en cadence. ♦ Chacune de ces parties. *Mesure binaire, à deux, à quatre temps*.* **5.** Distance correcte, pour parer les coups, en escrime. *Garder, perdre les mesures.* - loc. fig. *(ÊTRE)* EN MESURE DE : avoir la possibilité de ; être en état. *Je ne suis pas en mesure de te répondre.*

MESURER v. tr. [1] ▪ **I. 1.** Évaluer (une longueur, une surface, un volume) par une comparaison avec un étalon de même espèce. *Mesurer une longueur, un volume. Mesurer qqch. au mètre* (métrer). *Mesurer un appartement* (sa surface). **2.** Déterminer la valeur de (une grandeur mesurable) par l'observation directe, le calcul. **3.** fig. Juger par comparaison. ⇒ **estimer, évaluer.** *Mesurer la portée, l'efficacité d'un acte.* **4.** intrans. Avoir pour mesure. *Cette planche mesure deux mètres. Il mesure un mètre quatre-vingts.* **II.** fig. (Régler par une mesure) *Mesurer qqch. à* (qqn, qqch.). **1.** Donner, régler avec mesure. ⇒ **compter.** *Il lui mesure l'aide qu'il lui donne. Le temps nous est mesuré.* **2.** Donner, répartir avec modération, en restreignant. ⇒ **compter, régler.** *Ils nous mesurent la nourriture.* - *Mesurez vos propos !* - loc. *Ne pas mesurer ses efforts, sa peine.* ► SE MESURER v. pron. **1.** (passif) Être mesurable. *Cette distance se mesure en kilomètres.* **2.** (réfl.) (personnes) *Se mesurer avec, à qqn,* se comparer à lui par une épreuve de force. ⇒ se **battre, lutter.** ► **MESURÉ, ÉE** adj. **1.** Évalué par la mesure. **2.** Qui montre de la mesure (III, 2). ⇒ **circonspect, modéré.** *Il est mesuré en tout.* - *Des éloges mesurés.*

MÉSUSER v. tr. [1] ▪ LITTÉR. Faire mauvais usage (de).

MÉTA- Élément (du grec *meta* « après ») qui exprime la succession, le changement ou encore « ce qui dépasse, englobe » (un objet de pensée ; une science).

Messiaen. Représentation de *Saint François d'Assise,* avec J. Van Dam et S. Rudner à l'Opéra de Paris Bastille.
Phot. © Bernand

MÉTABOLISME n. m. ▪ PHYSIOL. Ensemble des transformations chimiques et biologiques qui s'accomplissent dans l'organisme.

MÉTACARPE n. m. ▪ ANAT. Ensemble des os (dits *métacarpiens*) de la main entre le poignet et les phalanges.

MÉTAIRIE n. f. ▪ Domaine agricole exploité selon le système du métayage* (≠ *ferme*). ♦ Bâtiment d'un tel domaine. ⇒ **ferme.**

MÉTAL, AUX n. m. ▪ **1.** Corps simple, doué d'un éclat particulier (éclat métallique), bon conducteur de la chaleur et de l'électricité, et formant, par combinaison avec l'oxygène, des oxydes basiques (opposé à *métalloïde*, à *non métal*). *Métaux précieux*, argent, or, platine. *Métaux radioactifs. Le minerai d'un métal.* **2.** Substance métallique (métal ou alliage). *Industrie des métaux*, métallurgie. *Lame, plaque de métal.*

MÉTALANGAGE n. m. ▪ DIDACT. Langage qui décrit un autre langage (dit « primaire ») ; « une seconde langue dans laquelle on parle de la première » (R. Barthes). *Métalangage logique.* ⇒ **métalogique.**

MÉTALANGUE n. f. ▪ DIDACT. Langue naturelle qui joue le rôle d'un métalangage.

MÉTALLIQUE adj. ▪ **1.** Qui est fait de métal. *Fil, charpente métallique. Monnaie métallique*, les pièces de monnaie. **2.** Qui appartient au métal, a l'apparence du métal. *Éclat, reflet métallique.* **3.** (son) Qui semble venir d'un corps fait de métal. *Bruit, son métallique.*

MÉTALLISER v. tr. [1] ▪ TECHN. Couvrir d'une couche de métal ; donner un éclat métallique à. ▸ au p. p. *Peinture métallisée.* ► n. f. MÉTALLISATION

MÉTALLO n. m. ▪ FAM. Ouvrier métallurgiste. *Des métallos.*

MÉTALLOGRAPHIE n. f. ▪ Étude de la structure et des propriétés des métaux.

MÉTALLOÏDE n. m. ▪ CHIM. Corps simple qui a certaines propriétés des métaux et des propriétés opposées (absence d'éclat, mauvais conducteurs, composés acides ou neutres avec l'oxygène).

MÉTALLURGIE n. f. ▪ Ensemble des industries et des techniques qui assurent la fabrication des métaux et leur mise en œuvre. *La métallurgie du fer.* ⇒ **sidérurgie.** ► MÉTALLURGIQUE adj. *Les industries métallurgiques.*

MÉTALLURGISTE n. m. ▪ **1.** Ouvrier qui travaille dans la métallurgie (ex. ajusteur, chaudronnier, fondeur). ⇒ FAM. **métallo.** **2.** Industriel de la métallurgie.

MÉTALOGIQUE adj. ▪ DIDACT. Qui étudie les valeurs de vérité en logique. ▸ n. f. Étude formalisée des logiques, grâce à un métalangage.

MÉTAMORPHIQUE adj. ▪ DIDACT. Se dit d'une roche qui a été modifiée dans sa structure par l'action de la chaleur et de la pression.

MÉTAMORPHISME n. m. ▪ DIDACT. Ensemble des phénomènes qui donnent lieu à la formation des roches métamorphiques.

MÉTAMORPHOSE n. f. ▪ **1.** Changement de forme, de nature ou de structure telle que l'objet, la chose n'est plus reconnaissable. *La métamorphose d'un homme en animal.* ▸ *"Les Métamorphoses"* (poème d'Ovide). **2.** Changement brusque survenant dans l'organisme (de batraciens, d'insectes), dans son développement. *Les métamorphoses des insectes* (larve, insecte adulte). **3.** Changement complet (d'une personne, d'une chose) dans son état, ses caractères. ⇒ **transformation.**

MÉTAMORPHOSER v. tr. [1] ▪ **1.** Faire passer (un être) de sa forme primitive à une autre forme. ⇒ **changer, transformer.** **2.** Changer complètement (qqn, qqch.). *L'amour l'a métamorphosé.* ▸ pronom. *Le petit garçon s'est métamorphosé en homme.*

MÉTAPHORE n. f. ▪ Procédé de langage (figure, trope) qui consiste dans une modification de sens (terme concret dans un contexte abstrait) par substitution analogique. ⇒ **image.** *La métaphore procède d'une comparaison* (il est fort comme un lion, d'où : c'est un lion). *Métaphore et métonymie.* « *Donner dans le panneau* » *est une métaphore.*

MÉTAPHORIQUE adj. ▪ **1.** Qui tient de la métaphore. **2.** Qui abonde en métaphores. *Style métaphorique.* ⇒ **imagé.** ► adv. MÉTAPHORIQUEMENT

MÉTAPHYSICIEN, IENNE n. ▪ Philosophe qui s'occupe de métaphysique.

MÉTAPHYSIQUE ▪ **I.** n. f. **1.** Recherche rationnelle ayant pour objet la connaissance de l'être (esprit, nature, Dieu, matière...), des causes de l'univers et des principes premiers de la connaissance. ⇒ **ontologie, philosophie.** **2.** Réflexion abstraite ; abus de l'abstraction théorique. **II.** adj. Qui relève de la métaphysique. *Le problème métaphysique du temps, de la liberté.*

MÉTASTASE n. f. ▪ MÉD. Foyer secondaire éloigné d'un foyer initial (spécialt à propos du cancer).

Pierre **MÉTASTASE** (1698-1782) ▪ Poète et librettiste italien. Précurseur dans le théâtre lyrique des réformes de Gluck. *"La Clémence de Titus"* (1734), livret de l'opéra de Mozart.

MÉTATARSE n. m. ▪ ANAT. Ensemble des os du pied entre le talon et les phalanges des orteils.

MÉTAYAGE n. m. ▪ Mode d'exploitation agricole, louage d'un domaine rural à un métayer qui le cultive pour une partie du produit. ≠ *fermage.*

MÉTAYER, YÈRE n. ▪ Personne qui prend à bail et fait valoir un domaine (⇒ **métairie**) sous le régime du métayage. ≠ *fermier.*

MÉTAZOAIRE n. m. ▪ ZOOL. Organisme animal formé de plusieurs cellules (opposé à *protiste, protozoaire*).

Ilia ou Élie **METCHNIKOV** (1845-1916) ▪ Biologiste russe. Prix Nobel de médecine 1908 pour ses travaux sur l'immunité cellulaire.

MÉTEIL n. m. ▪ Mélange de seigle et de blé.

MÉTEMPSYCHOSE [-koz] n. f. ▪ DIDACT. Doctrine selon laquelle une même âme peut animer successivement plusieurs corps (humains ou animaux). ⇒ **réincarnation.** ◇ var. MÉTEMPSYCOSE.

MÉTÉO ▪ **1.** n. f. Météorologie. ▸ *Les prévisions de la météo.* **2.** adj. invar. Météorologique. *Bulletins météo.*

MÉTÉORE n. m. ▪ **1.** DIDACT. Phénomène atmosphérique, objet de la météorologie. *Le vent, la pluie, les arcs-en-ciel sont des météores. "Les Météores"* (roman de M. Tournier). **2.** COUR. Corps céleste rendu lumineux par son passage dans l'atmosphère terrestre. ⇒ **astéroïde, étoile** filante, **météorite.** ▸ loc. *Passer comme un météore*, si vite qu'on s'en aperçoit à peine. ⇒ **bolide.**

MÉTÉORIQUE adj. ▪ Relatif aux météores (1 et 2).

MÉTÉORISME n. m. ▪ MÉD. Gonflement de l'abdomen par des gaz gastriques et intestinaux.

MÉTÉORITE n. m. ou f. ▪ Fragment de corps céleste qui traverse l'atmosphère. ⇒ **aérolithe, météore** (2). *Chute d'un météorite.*

MÉTÉOROLOGIE n. f. ▪ **1.** Étude scientifique des phénomènes atmosphériques ou *météores* (1). *Prévision du temps par la météorologie.* **2.** Service qui s'occupe de météorologie. ⇒ **météo.** ► MÉTÉOROLOGIQUE adj. *Observations météorologiques.* ► n. MÉTÉOROLOGISTE

MÉTÈQUE n. m. ▪ péj. Étranger (surtout méditerranéen) dont l'aspect physique, les allures sont jugés déplaisants (terme xénophobe).

MÉTEZEAU ▪ FAMILLE D'ARCHITECTES FRANÇAIS. ► **Clément Ier MÉTEZEAU** (mort en 1550) participa à la construction de l'église Saint-Pierre et à celle du beffroi de Dreux. ► **Thibaut MÉTEZEAU** (v. 1533-1593), son fils, travailla à l'édification de la sépulture des Valois à la basilique de Saint-Denis, à Paris. ► **Louis MÉTEZEAU** (v. 1562-1615), petit-fils de Clément Ier, fut architecte d'Henri IV. On lui attribue les façades de la place Royale (actuelle place des Vosges, à Paris). ► **Clément II MÉTEZEAU** (1581-1652), frère du précédent, donna les plans de la place ducale de Charleville, édifia la digue de La Rochelle et construisit probablement la façade de l'église Saint-Gervais-et-Saint-Protais à Paris, qui servit de prototype à plusieurs églises françaises au XVIIe s.

MÉTHADONE n. f. ▪ MÉD. Substance de synthèse, hypnotique et analgésique, voisine de la morphine, utilisée comme drogue de substitution dans le traitement de certains toxicomanes.

MÉTHANE n. m. ▪ Carbure d'hydrogène (appelé parfois *gaz des marais*), gaz incolore, inflammable. ⇒ **grisou.**

MÉTHANIER n. m. ▪ Cargo destiné à transporter du gaz (méthane) liquéfié. ⇒ **pétrolier.**

MÉTHANOL n. m. ▪ Alcool méthylique.

MÉTHODE n. f. ▪ **1.** SC. Ensemble de démarches que suit l'esprit pour découvrir et démontrer la vérité. ⇒ **logique.**

Méthode analytique (analyse), *synthétique* (synthèse). *"Discours de la méthode, pour bien conduire sa raison et chercher la vérité dans les sciences"* (ouvrage de Descartes). **2.** Ensemble de démarches raisonnées, suivies pour parvenir à un but. ⇒ **système.** *Méthode de travail. Agir avec méthode.* **3.** Règles, principes sur lesquels reposent l'enseignement, la pratique (d'une technique, d'un art). *Méthode de violon ; de comptabilité.* ‑ Livre qui contient ces règles. **4.** FAM. Moyen. *Indiquer à qqn la méthode à suivre, la bonne méthode.* ⇒ **formule, procédé.**

saint MÉTHODE → saint **Cyrille**

MÉTHODIQUE adj. ▪ **1.** Fait selon une méthode (s'oppose à *empirique*). *Démonstration, vérifications méthodiques. Classement méthodique.* ⇒ **rationnel. 2.** Qui agit, raisonne avec méthode. *Esprit méthodique.*

MÉTHODIQUEMENT adv. ▪ Avec méthode (2).

MÉTHODISTE adj. et n. ▪ D'un mouvement religieux protestant fondé au XVIIIe siècle en Angleterre par John Wesley. ▶ n. m. MÉTHODISME ■ Issu de l'anglicanisme, le méthodisme s'attache à une pureté de doctrine plus systématique. Les méthodistes forment aujourd'hui le deuxième courant protestant aux États-Unis après les baptistes.

MÉTHODOLOGIE n. f. ▪ DIDACT. Étude des méthodes scientifiques, techniques (⇒ **épistémologie**).

MÉTHYLE n. m. ▪ CHIM. Radical monovalent $-CH_3$. ▶ MÉTHYLIQUE adj. *Alcool méthylique* (méthanol, méthylène).

MÉTHYLÈNE n. m. ▪ **1.** Alcool méthylique dérivé du méthane (esprit de bois). **2.** CHIM. Radical bivalent dérivé du méthane. ‑ loc. COUR. *Bleu de méthylène,* colorant aux propriétés antiseptiques.

MÉTICULEUX, EUSE adj. ▪ Très attentif aux détails. ⇒ **minutieux, pointilleux.** ‑ *Un soin méticuleux. Une propreté méticuleuse.* ▶ adv. MÉTICULEUSEMENT

MÉTICULOSITÉ n. f. ▪ LITTÉR. Caractère méticuleux.

MÉTIER n. m. ▪ **I. 1.** Genre de travail déterminé, reconnu ou toléré par la société et dont on peut tirer des moyens d'existence. ⇒ **emploi, fonction, gagne-pain, profession.** *Métier manuel, intellectuel. Petits métiers.* ⇒ FAM. **boulot, job** (anglic.). ‑ *Il est garagiste de son métier.* ⇒ **état.** *Être du métier,* être spécialiste. *Il connaît son métier.* prov. *Il n'y a pas de sot métier.* **2.** Occupation permanente. *Le métier de roi.* ⇒ **fonction, rôle. 3.** Habileté technique que confère l'expérience d'un métier. *Il a du métier.* **II.** Machine servant à travailler les textiles. *Métier à tisser.* ‑ fig. « *Vingt fois sur le métier remettez votre ouvrage* » (Boileau).

MÉTIS, ISSE [-is] adj. ▪ **I. 1.** Qui est issu d'un croisement de races, de variétés. ‑ n. *Les mulâtres, les Eurasiens sont des métis. Une belle métisse.* **2.** Hybride. *Œillet métis.* **II.** appos. *Toile métisse* ou n. m. *métis :* toile de coton et de lin. *Drap métis.*

MÉTISSAGE n. m. ▪ **1.** Mélange, croisement de races, de variétés. **2.** fig. *Le métissage des cultures.*

MÉTISSER v. tr. [1] ▪ **1.** Croiser (des individus de races, de variétés différentes). **2.** abstrait (surtout p. p.) *Langues, cultures métissées.*

MÉTONYMIE n. f. ▪ DIDACT. Figure par laquelle on exprime un concept au moyen d'un terme désignant un autre concept qui lui est uni par une relation nécessaire (cause et effet, inclusion, ressemblance, etc.). « *Boire un verre* » (boire le contenu) *est une métonymie. Métonymie et métaphore*.* ▶ adj. MÉTONYMIQUE

MÉTOPE n. f. ▪ ARCHÉOL. Intervalle, souvent sculpté, entre deux triglyphes (style dorique).

MÉTRAGE n. m. ▪ **1.** Action de mesurer au mètre. **2.** Longueur de tissu vendu au mètre (la largeur étant connue). **3.** *Le métrage d'un film,* la longueur de la pellicule. *Long, moyen, court métrage :* le film.

Alfred MÉTRAUX (1902‑1963) ▪ Anthropologue français d'origine suisse. Il est l'auteur de travaux sur l'île de Pâques, sur les Indiens d'Amérique et sur le vaudou.

① **MÈTRE** n. m. ▪ **1.** Élément de mesure des vers grecs et latins. **2.** Structure du vers ; type de vers d'après le nombre de syllabes et la coupe.

② **MÈTRE** n. m. ▪ **1.** Unité principale de longueur, base du système métrique (symb. m) (à l'origine, la dix millionième partie du quart du méridien terrestre ; aujourd'hui longueur parcourue par la lumière en une fraction de la seconde [1/299 792 458 s]). ‑ *Un cent mètres,* une course de cent mètres. ♦ *Mètre carré,* unité de superficie (symb. m^2). *Mètre cube,* unité de volume (symb. m^3). **2.** Objet concret servant à mesurer le mètre. ‑ Règle ou ruban gradué en centimètres. *Un mètre pliant.*

-MÈTRE, -MÉTRIE Éléments, du grec *metron* « mesure ».

MÉTRER v. tr. [6] ▪ Mesurer au mètre. *Métrer un terrain.*

MÉTREUR, EUSE n. ▪ Personne qui mètre (spécialt les constructions).

① **MÉTRIQUE** n. f. ▪ Étude de la versification fondée sur l'emploi des mètres ; système de versification. ⇒ **prosodie.**

② **MÉTRIQUE** adj. ▪ Qui a rapport au mètre, unité de mesure. *Système métrique,* système décimal qui a le mètre pour base.

MÉTRITE n. f. ▪ Maladie inflammatoire de l'utérus.

MÉTRO n. m. ▪ Chemin de fer électrique, en général souterrain, qui dessert une grande ville. *Station, bouche de métro. Une rame de métro. Le métro de Montréal, de Lille.*

MÉTRONOME n. m. ▪ Petit instrument à pendule, servant à marquer la mesure pour l'exécution d'un morceau de musique.

MÉTROPOLE n. f. ▪ **I.** Ville principale. ⇒ **capitale.** *Les grandes métropoles économiques.* **II.** État considéré par rapport à ses colonies, aux territoires extérieurs.

① **MÉTROPOLITAIN, AINE** adj. ▪ **I.** RELIG. D'une métropole (I). *Église métropolitaine.* **II.** D'une métropole (II). *Le territoire métropolitain et les départements d'outre-mer* (France). ‑ n. Personne originaire de la métropole (dans un territoire extérieur).

② **MÉTROPOLITAIN** adj. m. ▪ VX *Chemin de fer métropolitain.* ‑ n. m. ADMIN. *Le métropolitain.* ⇒ **métro.**

MÉTROPOLITE n. m. ▪ Archevêque de l'Église orthodoxe.

METS n. m. ▪ LITTÉR. Chacun des aliments qui entrent dans un repas. ⇒ **plat.** *Un mets délicieux. Ces mets sont exquis.*

Gabriel METSU (1629‑1667) ▪ Peintre hollandais. Élève de Gérard Dou, inspiré par Rembrandt et Vermeer. Scènes de la vie domestique. Natures mortes.

Quentin METSYS, MATSYS ou **MASSYS** (1465 ou 1466‑1530) ▪ Peintre flamand actif à Anvers. Ses portraits portent l'empreinte de l'humanisme de la Renaissance. *"Le Changeur et sa femme"* (1514) ouvre la voie à la veine réaliste et moralisatrice de la peinture flamande du XVIe s.

Metsys. *Le Changeur et sa femme.* Musée du Louvre, Paris.
Phot. © Dagli Orti

METTABLE adj. ▪ (vêtements) Qu'on peut mettre. *Ce manteau n'est plus mettable.*

le prince de METTERNICH (1773‑1859) ▪ Diplomate et homme d'État autrichien. Par crainte de la politique de conquête napoléonienne, il favorisa le rapprochement avec la France ; mais ayant échoué, il se rallia à la Quadruple-

Alliance. Il fut partisan d'une politique d'équilibre européen (congrès de Vienne; Sainte-Alliance), mais, très conservateur, il fut renversé par la révolution de 1848.

METTEUR, EUSE n. ▪ (fém. rare) **1.** TECHN. *METTEUR EN ŒUVRE* : ouvrier, technicien qui met en œuvre. – *METTEUR EN PAGES* : typographe qui effectue la mise en pages. – *Metteur au point.* **2.** COUR. *METTEUR EN SCÈNE* : personne qui assure la représentation sur scène d'une œuvre, la réalisation d'un film, d'une émission de télévision. ⇒ **réalisateur.** *Elle est metteur en scène.* ♦ *Metteur en ondes* (radio).

METTRE v. tr. [56] ▪ **I.** Faire changer de lieu. **1.** Faire passer (une chose) dans un lieu, dans un endroit, à une place (où elle n'était pas). ⇒ **placer** ; FAM. **ficher, flanquer, foutre.** *Mettez cela ici, là. Mettre qqch. sur..., dans..., entre...* – *METTRE EN. Mettre du vin en bouteilles.* – *METTRE À un endroit.* ⇒ **placer.** – *Mettre près* (approcher), *loin* (éloigner). *Mettre ses mains derrière le dos, ses pieds sur un tabouret.* **2.** Placer (un être vivant) à un endroit. ⇒ **placer** ; **installer.** *Mettre un enfant sur sa chaise,* asseoir ; *dans son lit,* coucher. – fig. *Mettre qqn sur la voie,* l'aider à comprendre, à trouver qqch. ♦ *Mettre qqn en prison. Mettre un rôti au four.* ♦ (+ inf.) *Mettre du linge à sécher, le mettre sécher.* **3.** Placer (un vêtement, un ornement, etc.) sur qqn, sur soi. *Mettre son manteau.* **4.** Ajouter en adaptant. *Mettre un ingrédient dans un plat.* **5.** Disposer. *Mettre le couvert, la table.* ⇒ **dresser.** – Installer. *Il a fait mettre l'électricité dans la grange.* ♦ *Mettre les voiles* ; fig. s'en aller. – FAM. *Les mettre* : s'en aller, partir, filer. **6.** fig. Ajouter, apporter (un élément moral, affectif). ⇒ **user** de. *Mettre du soin à se cacher, de l'énergie à faire qqch.* – loc. *Y mettre du sien.* ♦ *METTRE... DANS, EN, À* : placer dans, faire consister en. *Mettre de grands espoirs en qqn.* ⇒ **fonder.** **7.** *METTRE* (un certain temps, de l'argent) *À* : dépenser, employer. *Mettre plusieurs jours à faire qqch. Y mettre le prix.* **8.** Provoquer, faire naître. *Il a mis le désordre, le trouble partout.* ⇒ **causer, créer, semer.** **9.** Écrire. *Mettre son nom sur un album.* – FAM. *METTONS QUE* : admettons que. *Mettons que je n'ai* (ou *que je n'aie*) rien dit. **10.** (compl. personne) Occuper, affecter. *On l'a mis à ce travail, sur cette affaire.* **II. 1.** (avec un adv.) Placer dans une position nouvelle (sans déplacement ni modification d'état). *Mettre qqn debout.* – sans compl. *Mettre bas,* accoucher (femelles d'animaux). **2.** Placer, disposer dans une position particulière. *Mettre le loquet* (le baisser), *le verrou* (le pousser). **III.** Faire passer dans un état nouveau ; modifier en faisant passer dans une situation nouvelle. **1.** (concret) *METTRE EN* : transformer en. *Mettre un texte en français,* le traduire. – *METTRE À. Mettre un bassin à sec.* **2.** (abstrait) *METTRE qqch.* ou *qqn DANS, EN, À* : changer, modifier en faisant passer dans, à un état nouveau. *Mettre en contact, en présence. Mettre en lumière, en cause. Mettre au point, en œuvre.* – *Mettre en mouvement, en service, en scène, en vente* (⇒ **metteur, mise** [en]). **3.** Faire fonctionner. *Il met la radio à partir de six heures du matin.* ► **SE METTRE** v. pron. **1.** réfl. Venir occuper un lieu, une situation. ⇒ se **placer.** *Se mettre dans un fauteuil, à la fenêtre. Elle s'est mise au lit.* – loc. *Ne plus savoir où se mettre,* être embarrassé, gêné. **2.** passif (sujet chose) Avoir pour place habituelle. *Je ne sais pas où se mettent les assiettes* : où on les met habituellement. ⇒ se **ranger.** **3.** Devenir. – réfl. *Elle s'est mise en colère.* – *Se mettre bien* (dans une bonne situation). *Dis donc, tu te mets bien !* – récipr. *Elles se sont mises d'accord.* **4.** réfl. Prendre une position, un état, une apparence. *Se mettre à genoux. Se mettre en civil* : s'habiller. – absolt loc. *N'avoir rien à se mettre* (pour s'habiller décemment, à son goût). **5.** *SE METTRE À* : commencer à faire. *Se mettre au travail. Se mettre aux mathématiques,* commencer à les étudier. – Commencer. *Se mettre à faire qqch.* **6.** FAM. récipr. Se donner des coups. *Qu'est-ce qu'ils se mettent !* ► **MIS, MISE** ⇒ **mis.**

METZ ▪ Chef-lieu de la Moselle et de la région de Lorraine. 119 594 hab. *(les Messins).* Vestiges gallo-romains. Cathédrale (XIIIe-XVe s.). Porte des Allemands (XIIIe-XVe s.). Place d'Armes (XVIIIe s.). Centre commercial de la Lorraine, carrefour autoroutier et fluvial (port sur la Moselle). Industries mécaniques, alimentaires et chimiques. Ville importante de la Gaule romaine, capitale de l'Austrasie, elle fit partie des Trois-Évêchés*. Elle fut allemande de 1871 à 1918.

MEUBLE ▪ **I. 1.** adj. (terre) Qui se remue, se laboure facilement. *Un sol meuble.* **2.** adj. et n. m. DR. Se dit d'un bien qui peut être déplacé (opposé à *immeuble*). *Les meubles* (II), *les animaux, marchandises, véhicules sont des meubles, des biens meubles. Des biens meubles et immeubles.* **II.** n. m. **1.** VX Objet utile pour le ménage. **2.** MOD. Objet mobile de formes rigides servant à l'aménagement de l'habitation, des locaux. ⇒ **ameublement, mobilier.** *Marchand de meubles anciens. Meubles rustiques.*

MEUBLER v. tr. [1] ▪ **1.** Garnir de meubles (II). *Meubler sa maison.* **2.** Remplir ou orner. *Meubler ses loisirs avec quelques bons livres.* ⇒ **occuper.** ► **SE MEUBLER** v. pron. Acquérir des meubles. *Ils n'ont pas d'argent pour se meubler.* ► **MEUBLÉ, ÉE** adj. Garni de meubles. *Chambre meublée, louée meublée.* – n. m. *Un meublé* : logement loué meublé. ⇒ **garni.**

MEUDON ▪ Commune des Hauts-de-Seine. 45 339 hab. *(les Meudonnais).* Observatoire d'astronomie physique.

MEUGLER v. intr. [1] ▪ Beugler. ► **MEUGLEMENT** n. m. *Les meuglements des bœufs, des vaches.*

MEUH interj. ▪ Onomatopée imitant le meuglement de la vache.

MEULAN ▪ Commune des Yvelines. 8 101 hab. *(les Meulanais).*

MEULE n. f. ▪ **I. 1.** Cylindre plat et massif, servant à broyer, à moudre. *Meules de moulin.* **2.** Disque en matière abrasive, à grains très fins, servant à user, à aiguiser, à polir. *Affûter un couteau sur la meule.* ⇒ **meuler.** **II. 1.** Gros tas de foin, de gerbes. *Les meules ont été remplacées par des rouleaux faits à la machine.* **2.** Tas de bois servant à la confection du charbon de bois. **3.** Champignonnière.

MEULER v. tr. [1] ▪ Passer, dégrossir, affûter à la meule.

MEULIÈRE adj. f. et n. f. ▪ *Pierre meulière* ou n. f. *meulière* : pierre à surface rugueuse employée en maçonnerie. *Un pavillon en meulière.*

MEUNERIE n. f. ▪ **1.** Industrie de la fabrication des farines. ⇒ **minoterie.** **2.** Ensemble des meuniers.

MEUNG-SUR-LOIRE ▪ Commune du Loiret. 5 993 hab. *(les Magdunois).* Église des XIe-XIIIe s.

MEUNIER, IÈRE n. ▪ **1.** Personne qui possède, exploite un moulin à céréales, ou qui fabrique de la farine. ⇒ **minotier.** *"Le Meunier, son fils et l'âne"* (fable de La Fontaine). – VX *La meunière* : la femme du meunier. *"La Belle Meunière"* (cycle de lieder de Schubert). **2.** appos. invar. Frit dans la farine. *Des soles meunière.* **3.** adj. Qui a rapport à la meunerie. *L'industrie meunière.*

Constantin MEUNIER (1831-1905) ▪ Sculpteur et peintre belge. Il se fit l'interprète de la vie ouvrière. *"Le Coup de grisou"*, bronze, 1887.

MEURETTE n. f. ▪ Sauce au vin rouge (pour les œufs, le poisson). *Des œufs en meurette.*

MEURSAULT ▪ Commune de la Côte-d'Or, en bordure du vignoble de la côte de Beaune. 1 538 hab. *(les Murisaltiens).* Vins.

la MEURTHE ▪ Rivière de Lorraine, affluent de la Moselle. 170 km.

la MEURTHE-ET-MOSELLE [54] ▪ Département français de la région Lorraine*. 5 279 km^2. 711 822 hab. Chef-lieu : Nancy. Chefs-lieux d'arrondissement : Briey, Lunéville, Toul. Le département fut créé en 1871 avec des parties des départements de la Meurthe et de la Moselle restées françaises après le traité de Francfort.

MEURTRE n. m. ▪ Action de tuer volontairement un être humain. ⇒ **assassinat, crime, homicide.**

MEURTRIER, IÈRE ▪ **I.** n. Personne qui a commis un ou des meurtres. ⇒ **assassin, criminel.** **II.** adj. (choses) **1.** Qui cause, entraîne la mort de nombreuses personnes. ⇒ **destructeur, funeste, sanglant.** *Des combats meurtriers. Arme meurtrière.* **2.** Où de nombreuses personnes trouvent la mort. **3.** Qui pousse à tuer. *Fureur meurtrière.*

MEURTRIÈRE n. f. ▪ Fente verticale pratiquée dans un mur de fortification pour jeter des projectiles ou tirer sur les assaillants.

MEURTRIR v. tr. [2] ▪ **1.** Blesser, serrer, heurter au point de laisser une marque sur la peau. ⇒ **contusionner.** *Il lui serrait le poignet à le meurtrir.* **2.** Endommager (un fruit, un légume). **3.** fig. LITTÉR. Blesser. – au p. p. *Avoir le cœur meurtri.*

MEURTRISSURE n. f. ▪ **1.** Marque sur la peau meurtrie. ⇒ **bleu, contusion, coup, noir.** – Tache sur des fruits, des végétaux endommagés. **2.** Marque, trace laissée par la fatigue, la maladie, la vieillesse. **3.** fig. LITTÉR. *Les meurtrissures du cœur.*

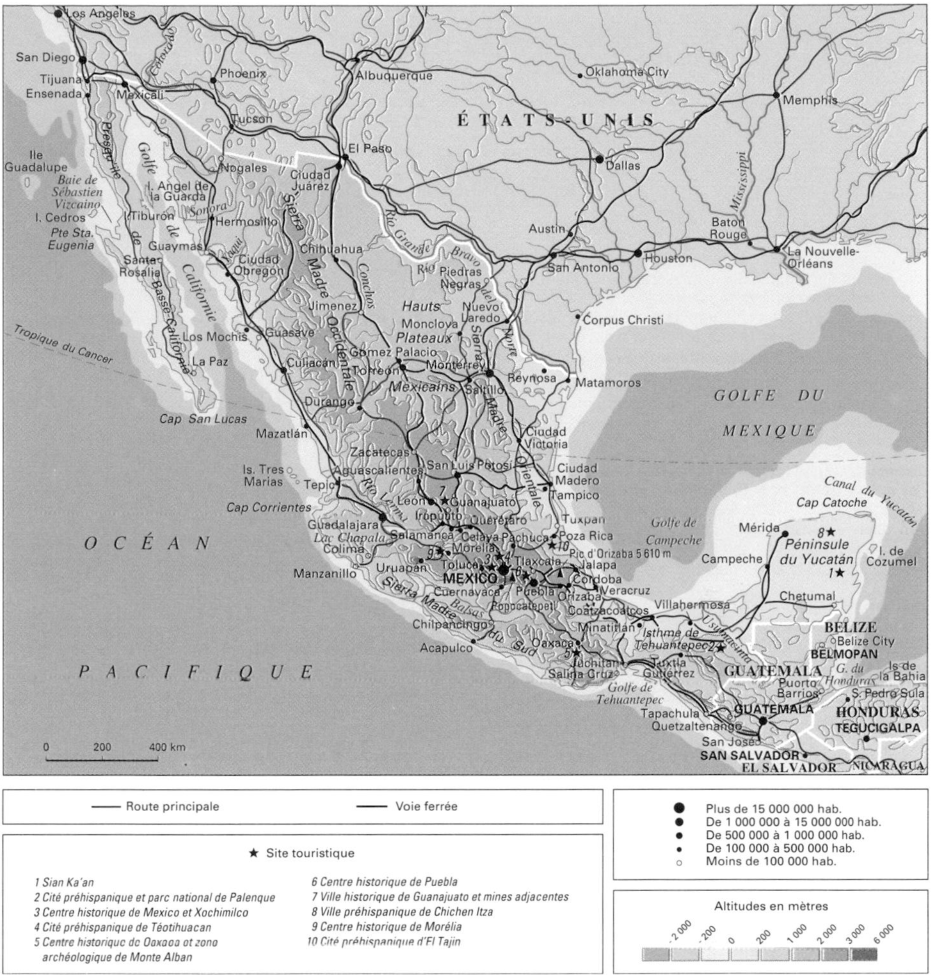

Mexique.

la MEUSE ▪ Fleuve de France, de Belgique et des Pays-Bas. 950 km.

la MEUSE [55] ▪ Département français de la région Lorraine*. 6 220 km². 196 344 hab. Chef-lieu : Bar-le-Duc. Chefs-lieux d'arrondissement : Commercy, Verdun.

MEUTE n. f. ▪ **1.** Troupe de chiens dressés pour la chasse à courre. **2.** Bande, troupe de gens acharnés à la poursuite, à la perte de qqn. → fig. *Être accueilli par une meute de journalistes.*

MÉVENTE n. f. ▪ Insuffisance des ventes.

MEXICAIN, AINE adj. ▪ Du Mexique. → n. *Les Mexicains.*

MEXICALI ▪ Ville du Mexique, à la frontière des États-Unis. 602 000 hab. Coton, blé.

MEXICO ▪ Capitale du Mexique située à 2 200 m d'altitude, sur l'emplacement de l'ancienne capitale aztèque (Tenochtitlán). Conurbation : entre 15 et 20 millions d'hab., y compris Netzahualcoyotl, Coyoacán, Gustavo A. Madero, Xochimilco, etc. Premier centre industriel du pays (31 % de l'industrie nationale), métropole politique et culturelle. Édifices civils et religieux baroques. Place des Trois-Cultures. Musées. La croissance démographique et la pollution constituent des problèmes majeurs. Grave séisme en 1985.

les États-Unis du MEXIQUE ▪ État d'Amérique latine. 1 972 546 km². 81 249 645 hab. *(les Mexicains).* Capitale : Mexico. Langues : espagnol (officielle), langues indiennes. Monnaie : peso. Plateau central limité au sud par un axe volcanique (où domine le Popocatépetl), à l'est par la sierra Madre orientale et à l'ouest par la sierra Madre occidentale. L'isthme de Tehuantepec lie cet ensemble à la péninsule du Yucatán. Climat chaud et humide dans les parties basses et sec dans le Nord. Face à une agriculture peu productive, qui accuse le retard du monde rural, l'industrie est en plein essor notamment dans la zone frontalière des États-Unis avec les industries *maquiladoras* (ateliers de montage, sous-traitants des industries américaines). Mais le pays, très endetté, traverse une grave crise économique et financière, malgré la signature d'un traité de libre-échange avec les États-Unis et le Canada (Alena). 1er producteur mondial d'argent. Pétrole. □ **HISTOIRE** Les plus importantes civilisations précolombiennes se sont épanouies au Mexique entre le Ier s. av. J.-C. et le XVe s. : civilisations olmèque, maya, zapotèque, mixtèque, tltèque et aztèque. De nombreux sites archéologiques subsistent : Chichén Itzá, Monte Albán, Teotihuacán, Palenque, etc. Colonisé par Cortés*, le Mexique devint en 1535 la vice-royauté de la Nouvelle-Espagne. Les Indiens furent réduits en esclavage ou décimés, leurs civilisations détruites. L'indépendance fut proclamée en 1821 et la Constitution républicaine adoptée en 1824. Une période de troubles et de revers militaires débuta alors : guerre contre les États-Unis, interventions militaires de l'Angleterre, de la France et de l'Espagne.

Napoléon III qui souhaitait créer un empire au bénéfice de la France envoya un corps expéditionnaire : Maximilien fut proclamé empereur en 1864, mais il fut déposé et fusillé par Juárez en 1867. De 1876 à 1911, sous la dictature de P. Diaz* (période dite du « Porfiriat »), le pays connut un développement économique rapide dont ne bénéficia pas la population paysanne. Celle-ci, soulevée par Emiliano Zapata et Pancho Villa, se révolta en 1910, exigeant une réforme agraire. Après la révolution, qui s'acheva en 1920, le Mexique, dirigé depuis lors par le P.R.I. (parti de la révolution institutionnelle), se stabilisa et se modernisa grâce à des réformes profondes (réforme agraire, nationalisations, sous la présidence de Cardenas). Le pays doit cependant faire face actuellement à une crise profonde de son système politique ainsi qu'à la résurgence du problème indien (révolte du Chiapas). ► **le golfe du MEXIQUE** Golfe de l'Atlantique qui baigne la côte sud des États-Unis et est du Mexique. Il est fermé au nord-est par la presqu'île de Floride et au sud par celle du Yucatán.

Conrad Ferdinand MEYER (1825 - 1898) ▪ Écrivain suisse d'expression allemande. Ses poèmes contiennent les premiers exemples de lyrisme symbolique dans la littérature allemande. Récits historiques.

Giacomo MEYERBEER (1791 - 1864) ▪ Compositeur allemand. Ses opéras furent très appréciés en France de son vivant. *"Robert le Diable"*, 1831 ; *"Les Huguenots"*, 1836.

Vsevolod MEYERHOLD (1874 - 1940) ▪ Metteur en scène de théâtre soviétique. Il renouvela la mise en scène des textes classiques, dotant la scène d'une architecture.

Émile MEYERSON (1859 - 1933) ▪ Philosophe et historien des sciences français d'origine polonaise. *"De l'explication dans les sciences"* (1921).

MEYLAN ▪ Commune de l'Isère. 17 863 hab. *(les Meylanais).*

MEYTHET ▪ Commune de la Haute-Savoie. 7 581 hab.

MEYZIEU ▪ Commune du Rhône. 28 077 hab. *(les Majolans).* Chimie.

le MÉZENC ▪ Massif volcanique du sud-ouest du Velay (1 754 m), dans le Massif central.

MÉZIGUE **pron.** ▪ ARGOT Moi.

MEZZANINE [mɛdza-] **n. f.** ▪ **1.** Petit entresol. ♦ Étage entre l'orchestre et le premier balcon (d'un théâtre, etc.). ⇒ **corbeille** (II, 2). **2.** Petite plate-forme aménagée dans une pièce haute de plafond.

Michel-Ange.
Esclave rebelle.
Musée du Louvre, Paris.
Phot. © Arch. Smeets

MEZZO [mɛdzo] **n.** ▪ **n. m.** Voix de femme, entre le soprano et le contralto (aussi *mezzo soprano*). – **n. f.** Chanteuse qui a cette voix. – attribut *Elle est mezzo.*

le MEZZOGIORNO ▪ Le « Midi », ensemble des régions du sud de l'Italie, formé par le Latium méridional, les Abruzzes, la Campanie, la Basilicate, la Calabre, les Pouilles, la Sicile et la Sardaigne. 131 000 km^2, 25 977 080 hab. Les efforts du gouvernement pour développer l'économie n'ont pas encore mis fin à la pauvreté et à l'émigration vers le nord.

MI **n. m.** ▪ Troisième note de la gamme d'ut.

MI- ▪ **1.** suivi d'un nom et formant un nom composé Le milieu de. *La mi-janvier.* **2.** loc. adv. *À MI-* (suivi d'un nom) : au milieu, à la moitié de. *À mi-hauteur.* **3.** (formant un adj. composé) *Étoffe mi-fil, mi-coton. Yeux mi-clos.*

MIAMI ▪ Ville côtière des États-Unis (Floride). 359 000 hab. Nombreux Cubains exilés. Tourisme. Université.

MIAM-MIAM [mjammjam] **interj.** ▪ FAM. Exclamation qui exprime le plaisir de manger.

MIAOU **n. m.** ▪ Cri du chat. ⇒ **miaulement.** *Le chat fait miaou. Des miaous.*

MIASME **n. m.** ▪ Émanation à laquelle on attribuait les maladies infectieuses.

MIAULEMENT **n. m.** ▪ **1.** Cri du chat. ⇒ FAM. **miaou. 2.** Léger grincement, sifflement.

MIAULER **v. intr.** [1] ▪ **1.** (chats, certains félins) Pousser un cri (le cri propre à leur espèce). **2.** Siffler, faire un bruit de miaulement.

MI-BAS **n. m. invar.** ▪ Chaussette montante.

MICA **n. m.** ▪ **1.** Minerai constituant des roches volcaniques et métamorphiques. *Roche à mica.* **2.** Plaque de mica blanc transparent pouvant servir de vitre.

MI-CARÊME **n. f.** ▪ Jeudi de la troisième semaine de carême, fête pour laquelle les enfants se déguisent.

MICELLE **n. f.** ▪ **1.** Particule en suspension dans une solution colloïdale. **2.** Très grosse molécule (⇒ **macromolécule**).

Henri MICHAUX (1899 - 1984) ▪ Écrivain et peintre français d'origine belge. En explorant des mondes exotiques, intérieurs et imaginaires, il a cherché, par le poème, le récit et la peinture, à découvrir le fonctionnement de la pensée, de l'inconscient et du rêve. *"Un Barbare en Asie"* (1933) ; *"Plume"* (1938) ; *"Ailleurs"* (1948).

MICHE **n. f.** ▪ **1.** Pain rond assez gros. **2.** FAM. Fesse.

MICHÉ **n. m.** ▪ ARGOT Client d'une prostituée. – Homme qui n'est pas du milieu et qu'on peut tromper, exploiter. ◇ syn. MICHET (VX), MICHETON.

MICHÉE (fin du VIIIe s. av. J.-C.) ▪ Prophète juif, contemporain d'Isaïe.

saint MICHEL ou **MICHAËL** ▪ Archange de la tradition juive et chrétienne. Il a été abondamment représenté en guerrier céleste terrassant un dragon qui symbolise le Mal.

MICHEL III FEDOROVITCH (1596 - 1645) ▪ Premier tsar de la dynastie des Romanov, élu en 1613.

MICHEL VIII PALÉOLOGUE (1224 - 1282) ▪ Empereur de Nicée (1258-1261) et de Constantinople, de 1261 à sa mort. Fondateur de la dernière dynastie byzantine.

Louise MICHEL (1830 - 1905) ▪ Révolutionnaire française. Figure légendaire de la Commune (la « Vierge rouge »), déportée à Nouméa de 1873 à 1880. *"La Commune, histoire et souvenirs"* (1898).

Michelangelo Buonarroti en franç. **MICHEL-ANGE** (1475 - 1564) ▪ Sculpteur, peintre, architecte de la Renaissance italienne, ingénieur et poète. Son œuvre célèbre le divin à travers le culte de la beauté humaine. La sculpture (*"Pietà"*, 1498-1499 ; *"David"*, 1501-1504) y tient la première place car sa peinture, dans sa démarche même, reste sculpturale. Entre 1508 et 1512, il peignit les scènes de la Genèse sur la voûte de la chapelle Sixtine (40 m sur 13 m) puis en 1536-1541 le *"Jugement dernier"*. Il exécuta le mausolée du pape Jules II (avec la sculpture du *Moïse*) et la chapelle funéraire des Médicis. Il devint en 1547 l'architecte officiel de la papauté (coupole de Saint-Pierre, palais Farnèse, place du Capitole).

Jules MICHELET (1798 - 1874) ▪ Historien et écrivain français. Il allie une documentation rigoureuse à une écriture poétique, dans une approche romantique et engagée des grandes figures de l'histoire nationale et de la France elle-même. *"Le Peuple"* (1846); *"Histoire de la Révolution française"* (1847-1853).

les MICHELIN ▪ Industriels français du pneumatique. Édouard (1859-1940) inventa le pneu démontable (1891). André (1853-1931) créa le *"Guide Michelin"* en 1900.

MICHELINE n. f. ▪ ancienn Automotrice montée sur pneumatiques. ⇒ **autorail.**

MICHELOZZO (1396-1472) ▪ Architecte, sculpteur et ornemaniste italien. Disciple de Brunelleschi en architecture, il réalisa notamment le grand palais Médicis (Medici Riccardi) de Florence.

Albert MICHELSON (1852-1931) ▪ Physicien américain. Ses expériences sur la vitesse de la lumière sont à l'origine de la théorie de la relativité d'Einstein. Prix Nobel 1907.

À MI-CHEMIN loc. adv. ▪ Au milieu du chemin, du trajet. ⇒ **à mi-course.** - fig. Sans avoir atteint son but. *S'arrêter à mi-chemin.*

MICHETON n. m. ⇒ MICHÉ

le MICHIGAN ▪ État du centre nord des États-Unis. 150 779 km². 9 295 000 hab. Capitale : Lansing. Gaz naturel. Industrie automobile à Detroit, touchée par la crise économique des années 1980. ► **le lac MICHIGAN** → **Grands Lacs.**

la MICHNA → la Mishnah

MICKEY MOUSE ▪ Personnage de dessins animés puis de bande dessinée, célèbre souris créée par Walt Disney en 1928.

Adam MICKIEWICZ (1798-1855) ▪ Poète polonais. Romantique et patriote, il mit sa célébrité au service de l'indépendance de son pays. *"Monsieur Thadée"* (1834), épopée historique et familière sur les coutumes lituaniennes.

MI-CLOS, MI-CLOSE adj. ▪ LITTÉR. À moitié fermé. *Les yeux mi-clos.*

MICMAC n. m. ▪ FAM. Agissements compliqués et suspects. ⇒ **manigance.**

MICOCOULIER n. m. ▪ Arbre du genre orme, des régions chaudes et tempérées.

À MI-CORPS [-kɔʀ] loc. adv. ▪ Au milieu du corps, jusqu'au niveau de la taille.

À MI-COURSE loc. adv. ▪ Au milieu du parcours, de la course. ⇒ **à mi-chemin.**

MICRO n. ▪ **1.** n. m. Microphone. *Parler, chanter au micro, devant, dans un micro.* **2.** n. m. Micro-ordinateur. *Des micros.* **3.** n. f. Micro-informatique.

MICRO- Élément, du grec *mikros* « petit ». ⇒ **mini-.** ♦ spécialt Élément divisant (une unité) par 10^6 (ex. *microseconde* n. f. « un millionième de seconde »).

MICROBE n. m. ▪ **1.** VIEILLI Micro-organisme unicellulaire pathogène. ⇒ **bacille, bactérie, virus. 2.** FAM. Personne chétive, petite. ⇒ **avorton.**

MICROBIEN, IENNE adj. ▪ De microbes. *Culture microbienne.* - Causé par les microbes. *Maladie microbienne.*

MICROBIOLOGIE n. f. ▪ Science des micro-organismes et des structures biologiques de très petite taille.

MICROCHIRURGIE n. f. ▪ Chirurgie des structures vivantes microscopiques.

MICROCLIMAT n. m. ▪ Conditions climatiques particulières concernant une petite zone. *Ici, nous bénéficions d'un microclimat.*

MICROCOSME n. m. ▪ LITTÉR. Abrégé, image réduite du monde, de la société.

MICROFILM [-film] n. m. ▪ Photographie (de document, etc.) de très petit format sur film (⇒ **microphotographie**).

MICROGRAPHIE n. f. ▪ DIDACT. Microscopie appliquée à l'étude des matériaux. ► adj. MICROGRAPHIQUE

MICRO-INFORMATIQUE n. f. ▪ Informatique des micro-ordinateurs. ⇒ **micro** (3).

MICRON n. m. ▪ Unité de longueur (symb. µ : lettre *mu*) égale à un millionième de mètre.

la MICRONÉSIE ▪ Ensemble d'îlots du Pacifique, à l'est des Philippines. Elle comprend notamment les îles Mariannes, Carolines, Marshall, Kiribati et de Nauru. ► **les États fédérés de MICRONÉSIE** comprennent les îles Carolines (sauf Belau), regroupées en quatre États (Kosrae, Pohnpei, Truk et Yap), mis sous tutelle américaine en 1947, « librement associés » aux États-Unis depuis 1986, ce qui leur donne l'indépendance politique (les États-Unis conservant cependant un droit de regard sur les relations extérieures du pays) malgré des liens économiques et militaires. Membre de l'ONU depuis 1991. 701 km². 107 900 hab. Capitale : Palikir.

MICRO-ONDE n. f. ▪ Onde électromagnétique de très petite longueur. *Four à micro-ondes.*

MICRO-ORDINATEUR n. m. ▪ Ordinateur de format réduit, surtout destiné à l'usage individuel. ⇒ **micro** (2) ; anglic. **P.C.** *Des micro-ordinateurs.*

MICRO-ORGANISME n. m. ▪ DIDACT. Organisme microscopique. ⇒ **microbe.** *Des micro-organismes.*

MICROPHONE n. m. ▪ Appareil électrique qui amplifie les ondes sonores. ⇒ **micro** (1).

MICROPHOTOGRAPHIE n. f. ▪ Photographie à fort coefficient de réduction (par exemple pour obtenir des microfilms).

MICROPHYSIQUE n. f. ▪ Partie de la physique qui étudie l'atome et les phénomènes atomiques (domaine où les conceptions de la physique classique « s'estompent et deviennent sujettes à révision » [de Broglie]).

MICROPROCESSEUR n. m. ▪ Circuits intégrés de très petite dimension *(microcircuits)* formant une unité de traitement de l'information. ⇒ **puce.**

MICROSCOPE n. m. ▪ Instrument d'optique qui permet de voir des objets invisibles à l'œil nu. - *Microscope électronique,* dans lequel un faisceau d'électrons remplace le rayon lumineux. - fig. *Examiner qqch. au microscope,* avec la plus grande minutie.

MICROSCOPIE n. f. ▪ DIDACT. Technique de l'observation au microscope.

MICROSCOPIQUE adj. ▪ **1.** DIDACT. Qui se fait à l'aide du microscope. *Examen, opération microscopique.* **2.** Visible seulement au microscope. ♦ Très petit, minuscule.

MICROSÉISME [-se-] n. m. ▪ Séisme que l'on ne peut détecter qu'à l'enregistrement.

MICROSILLON [-s-] n. m. ▪ ancienn Disque (33 et 45 tours/minute) dont le sillon en spirale est très petit.

MICTION n. f. ▪ MÉD. Action d'uriner. *Miction douloureuse.* ≠ *mixtion.*

MIDAS ▪ Roi légendaire de Phrygie, fils de Gordias. Il reçut la faculté de changer en or tout ce qu'il touchait et, dès lors, manqua mourir de faim et de soif. Pour y mettre fin, il se lava dans la rivière Pactole qui, depuis, roule des paillettes d'or. Choisi comme juge dans un concours musical, il préféra Marsyas à Apollon qui, indigné, se vengea en lui faisant pousser des oreilles d'âne.

MIDDLESBROUGH ▪ Ville et port du nord-ouest de l'Angleterre, chef-lieu du Cleveland. 145 000 hab. Centre industriel.

le MIDDLE WEST ▪ Région des États-Unis, au sud des Grands Lacs. Céréales, élevage. Industrie dans le nord.

MIDI n. m. ▪ **I. 1.** Milieu du jour entre le matin et l'après-midi. *Le repas de midi.* **2.** Heure du milieu du jour, douzième heure. *Il est midi. Midi un quart* (12 h 15) ; *midi dix* (minutes). *Après midi* (⇒ **après-midi**). - loc. *Chercher midi à quatorze heures,* chercher des difficultés où il n'y en a pas, compliquer les choses. **II. 1.** Sud, exposition d'un lieu au sud. *Coteau exposé au midi.* **2.** *Le Midi,* la région qui est au sud d'un pays, d'une zone géographique. - La région du sud de la France. *Avoir l'accent du Midi.* ⇒ **méridional.**

l'aiguille du MIDI ▪ Un des sommets du massif du Mont-Blanc. 3 845 m.

le canal du MIDI ▪ Canal qui relie la Garonne à la Méditerranée, construit par P. de Riquet de 1666 à 1681. 241 km.

Midi-Pyrénées.

le pic du **Midi de Bigorre.** L'observatoire. *Phot. © Salou/Explorer*

le pic du MIDI DE BIGORRE ▪ Un des sommets des Pyrénées (2 865 m). Observatoire et institut de physique. Émetteur.

MIDINETTE n. f. ▪ Jeune fille de la ville, simple, sentimentale ou frivole (type social ancien). *Conversations de midinettes.*

la région MIDI-PYRÉNÉES ▪ Région administrative du sud-ouest de la France composée de huit départements : Lot, Aveyron, Tarn-et-Garonne, Tarn, Gers, Haute-Garonne, Hautes-Pyrénées et Ariège. 45 348 km^2. 2 430 663 hab. Chef-lieu : Toulouse. Essentiellement agricole (céréales, élevage, vignes), la région a souffert du dépeuplement et du manque d'industries. Toulouse, avec l'aéronautique et l'électronique, est désormais un pôle d'expansion industrielle.

les MIDLANDS ▪ Les « terres du milieu », ensemble de plaines du centre de l'Angleterre. Cette région fortement industrialisée (sidérurgie, charbon [Black Country], chimie, textile), durement touchée par la crise, est aujourd'hui en reconversion. Elle est divisée en deux zones : les *Midlands de l'Est* (*East Midlands*; → **Nottingham**) *et les Midlands de l'Ouest (West Midlands),* ces dernières formant un comté : 899 km^2 ; 2 551 671 hab. ; chef-lieu : Birmingham.

les îles MIDWAY ▪ Îles américaines du Pacifique. 5 km^2, 500 hab. Première victoire navale des États-Unis sur le Japon en juin 1942.

① **MIE** ▪ vx **I. n. f.** Miette. **II.** Particule négative. *Ne... mie.* ⇒ **goutte, pas.** « *N'écoutez mie* » (La Fontaine).

② **MIE n. f.** ▪ **1.** Partie molle à l'intérieur du pain. *La croûte et la mie. Pain de mie* (de farine de gruau). *Parcelles de mie* (⇒ **miette**). **2.** FAM. **adj.** *À LA MIE DE PAIN :* sans valeur. ⇒ FAM. à la **gomme,** à la **noix.**

MIEL n. m. ▪ **1.** Substance sirupeuse et sucrée élaborée par les abeilles. **2.** loc. *Être TOUT SUCRE TOUT MIEL :* se faire très doux. *Lune* de miel.* ‑ *Faire son miel de qqch. :* son profit.

MIELLEUX, EUSE adj. ▪ Qui a une douceur affectée. ⇒ **doucereux.** *Paroles, phrases mielleuses.* ‑ Air mielleux.

MIEN, MIENNE ▪ **I. adj. poss.** de la 1re pers. du sing. ⇒ **je, moi 1.** LITTÉR. épithète *Un mien cousin.* **2.** attribut *Ses idées que j'ai faites miennes.* **II. pron. poss.** *LE MIEN, LA MIENNE (les miens, les miennes). Votre fils et les deux miens. Votre prix sera le mien.* **III. n. m. 1.** loc. *J'y ai mis du mien,* j'ai fait un effort (⇒ **sien**). **2.** *LES MIENS :* mes parents, mes amis, mes partisans.

Ludwig MIES VAN DER ROHE (1886 ‑ 1969) ▪ Architecte allemand naturalisé américain. Directeur du Bauhaus de 1930 à 1933. Il conçut dès 1919 les gratte-ciel à ossature d'acier et paroi vitrée. *"Seagram Building"* à New York (1958).

MIESZKO Ier ou **MIECZYSŁAW** (mort en 992) ▪ Prince de Pologne de 960 environ à sa mort. Il introduisit le catholicisme dans son pays et fonda la dynastie des Piast.

MIETTE n. f. ▪ **1.** Petit morceau (de pain, de gâteau...) qui tombe quand on le coupe. *Réduire en miettes.* ⇒ **émietter. 2.** *Les miettes* (d'une fortune, d'un partage), le peu qu'il en reste. ⇒ **bribe. 3.** Petit fragment. *Mettre un verre en miettes.* ⇒ **morceau, pièce. 4.** loc. FAM. *PAS UNE MIETTE :* rien du tout. *Ne pas perdre une miette d'un spectacle.*

MIEUX adv. ▪ Comparatif de *bien.* **I. 1.** D'une manière plus accomplie, meilleure (s'oppose à *plus mal*). *Cette lampe éclaire mieux.* ‑ *ALLER MIEUX :* être en meilleure santé ; dans un état plus prospère. ‑ *FAIRE MIEUX DE* (au cond.) : avoir intérêt, avantage à. *Vous feriez mieux de vous taire.* ‑ *Aimer mieux,* préférer. **2.** *MIEUX QUE... Il réussit mieux que son frère. Mieux que jamais.* **3.** (avec *plus, moins*) *Moins il mange, mieux il se porte.* **4.** loc. adv. *On ne peut mieux,* parfaitement. ‑ *De mieux en mieux,* en progressant dans la qualité. ‑ *À qui mieux mieux,* à qui fera mieux (ou plus) que l'autre. **II.** *LE MIEUX* **1.** De la meilleure façon. *Le mieux qu'il peut. Le mieux du monde.* **2.** loc. *AU MIEUX :* dans le meilleur des cas. ‑ *ÊTRE AU MIEUX (avec une personne),* en excellents termes. **3.** *POUR LE MIEUX :* le mieux possible, très bien. *Tout va pour le mieux.* **III. adj.** attribut **1.** (personnes) En meilleure santé. *Se sentir mieux.* ‑ Plus beau ; plus intéressant. *Il est (beaucoup, cent fois) mieux que son frère.* ‑ Plus à l'aise. *Mettez-vous là, vous serez mieux.* **2.** (choses) Préférable, d'une plus grande qualité, d'un plus grand intérêt (s'oppose à *pire*). *Si vous n'avez rien de mieux à faire.* **3.** loc. *QUI MIEUX EST :* ce qui est mieux encore (s'oppose à *pis*). **IV.** nominal **1.** (sans article) Quelque chose de mieux, une chose meilleure. *En attendant mieux. Il y a* (FAM. *y a*) *mieux, mais c'est plus cher. Faute de mieux. Il a changé en mieux,* à son avantage. **2. n. m. invar.** *LE MIEUX :* ce qui est meilleur. prov. *Le mieux est l'ennemi du bien.* ‑ *Un mieux. Le médecin a constaté un léger mieux,* une amélioration. ‑ *De mon (ton, son) mieux,* aussi bien qu'il est en mon (ton, son) pouvoir. *Faire de son mieux, du mieux qu'on peut.*

MIEUX-ÊTRE [mjøz-] **n. m. invar.** ▪ État plus heureux, amélioration du bien-être*.

MIÈVRE adj. ▪ D'une grâce enfantine et fade. *Poésie mièvre.*

MIÈVRERIE n. f. ▪ Grâce puérile, fade et recherchée.

MI FU ou **MI FOU** ou **MI FEI** ou **MI L'AÎNÉ** (1051 ‑ 1107) ▪ Peintre et poète chinois.

MIGENNES ▪ Commune de l'Yonne. 8 235 hab. *(les Migennois).* Carrefour ferroviaire (Laroche-Migennes).

MIGNARD, ARDE adj. ▪ vx Gentil, mignon. ‑ Affecté.

Pierre MIGNARD (1612 ‑ 1695) ▪ Peintre et décorateur français. Portraitiste à la mode, peintre du roi à la mort de Le Brun. Il décora la voûte du Val-de-Grâce (1663).

Mies van der Rohe. *Seagram Building,* Park Avenue, New York. *Phot. © DITE/IPS*

MIGNARDISE n. f. ▪ **1.** Délicatesse, grâce affectée. *Des mignardises.* ⇒ **chichi, manière, minauderie. 2.** Petit œillet à fleurs odorantes. appos. *Des œillets mignardise.* **3.** Friandises.

MIGNON, ONNE ▪ **I. adj. 1.** (personnes jeunes, objets sans grande valeur) Qui a de la grâce et de l'agrément. ⇒ **charmant, gracieux, joli. 2.** Aimable, gentil. **3.** *FILET MIGNON :* morceau coupé dans la pointe du filet. **II. n. 1.** Personne mignonne. *Une jolie petite mignonne.* **2. n. m.** HIST. *Les mignons d'Henri III,* les favoris homosexuels de ce roi.

MIGRAINE n. f. ▪ Mal de tête. *J'ai une forte migraine.* ► **adj.** et **n.** MIGRAINEUX, EUSE

MIGRANT, ANTE n. ▪ Qui participe à une migration. *Travailleurs migrants :* émigrants, immigrants. ‑ **n.** *Les migrants.*

MIGRATEUR, TRICE adj. et **n. m.** ▪ (animaux) Qui émigre. *Passage d'oiseaux migrateurs.* ‑ **n. m.** *Les migrateurs.*

MIGRATION n. f. ▪ **1.** Déplacement de populations qui passent d'un pays dans un autre pour s'y établir. ⇒ **émigration, immigration.** ‑ Déplacement massif de personnes d'un endroit à un autre. *Les grandes migrations des vacances.* **2.** Déplacement, généralement saisonnier, qu'accomplissent certaines espèces animales (oiseaux, poissons...). **3.** fig. *La migration des capitaux.*

MIGRATOIRE adj. ▪ Relatif aux migrations. *Les mouvements migratoires.*

MIGRER v. intr. [1] ▪ Changer de région. ⇒ **émigrer.**

À MI-JAMBE loc. adv. ▪ Au niveau du milieu de la jambe. *Avoir de l'eau jusqu'à mi-jambe* (aussi *à mi-jambes*).

MIJAURÉE n. f. ▪ Femme, jeune fille aux manières affectées, prétentieuses et ridicules. ⇒ **pimbêche.** *Elle fait sa mijaurée.*

MIJOTER v. tr. [1] ▪ **I. 1.** Faire cuire ou bouillir lentement ; préparer un mets avec soin. ⇒ **mitonner.** *Il nous mijote de bons petits plats.* **2.** FAM. Mûrir, préparer avec réflexion et discrétion (une affaire, un mauvais coup, une plaisanterie). ⇒ **fricoter.** *Qu'est-ce qu'elle mijote ?* **II.** intrans. Cuire à petit feu. *Le ragoût mijote.*

MIKADO n. m. ▪ **1.** Empereur du Japon. **2.** Jeu d'adresse d'inspiration japonaise, voisin du jonchet.

Nikita Sergueïevitch MIKHALKOV (né en 1945) ▪ Cinéaste russe. Il réalisa des films d'un intimisme et d'un lyrisme tchékoviens (*"Partition inachevée pour piano mécanique"*, 1976). *"Les Yeux noirs"* (1987) et *"Urga"* (1991) lui ont valu une renommée internationale.

MÍKONOS → Mykonos

① **MIL** ⇒ ① mille

② **MIL** n. m. ▪ **1.** VX Millet. **2.** MOD. Céréale à petits grains (sorgho, millet) cultivée en Afrique.

MILAN n. m. ▪ Rapace diurne, à plumage brun.

milan. *Milvus milvus*, milan royal. *Phot. © Mero/Jacana*

MILAN en italien **MILANO** ▪ Ville d'Italie du Nord, capitale de la Lombardie. 1 464 127 hab. *(les Milanais)*. Principal centre industriel (mécanique, textile, chimie) et commercial du pays. Nombreux monuments (cathédrale gothique : le Duomo; théâtre de la Scala). Musées (Brera). □ **HISTOIRE** Grand centre marchand dès l'Antiquité, Milan connut une grande prospérité sous les Visconti et les Sforza (XIVe-XVIe s.). Ruinée par les Espagnols, dominée par les Autrichiens, capitale du royaume d'Italie créé par les Français en 1805, puis du royaume lombardo-vénitien créé par les Autrichiens en 1815, la ville fut incorporée au royaume de Piémont-Sardaigne (1859) puis d'Italie (1861).

Milan. La façade de la cathédrale. *Phot. © Scala*

MILAREPA ou **MI-LA-RAS-PA** (XIe s.) ▪ Ascète semi-légendaire tibétain, disciple de Mar-pa. Il serait à l'origine du lamaïsme (bouddhisme tibétain).

MILDIOU n. m. ▪ Maladie causée par des champignons minuscules, et qui attaque diverses plantes. ▸ Maladie de la vigne (rouille des feuilles).

MILE n. m. ▪ Mesure anglo-saxonne de longueur (1 609 m). ⇒ ② **mille.** *Dix miles.*

MILET ▪ Ville d'Asie Mineure, dans l'Antiquité (VIIIe s.-Ve s. av. J.-C.). Cité grecque puissante et centre d'une école de philosophie (→ **Thalès**).

MILFORD HAVEN ▪ Ville et port du pays de Galles (Dyfed). 15 000 hab. Port pétrolier.

Darius **MILHAUD** (1892-1974) ▪ Compositeur français. Il est l'auteur d'une œuvre très diverse, qui a recours aussi bien à la polytonalité qu'au folklore sud-américain ou au jazz. *"Le Bœuf sur le toit"* (1920), ballet sur un texte de Jean Cocteau. Membre du groupe des Six.

MILICE n. f. ▪ **1.** VX Armée. **2.** Troupe de police supplétive qui remplace ou renforce une armée régulière. ▸ spécialt *La Milice :* corps de volontaires français formé en 1943 par le gouvernement de Vichy pour soutenir les occupants allemands contre la Résistance. ■ Créée à l'instigation de J. Darnand, la Milice, avec sa fraction militarisée, les francs-gardes, participa activement à la politique de collaboration, notamment lors de l'attaque contre le marquis des Glières (mars 1944). **3.** Formation paramilitaire ou policière non officielle. *Une milice privée.*

MILICIEN, IENNE n. ▪ Membre d'une milice (et spécialt de la Milice).

MILIEU n. m. ▪ **I. 1.** Partie à égale distance des extrémités. *Scier une planche par le milieu. Le milieu d'une pièce.* ⇒ **centre.** ▸ anciennt *Le milieu du monde. L'Empire du Milieu :* la Chine. **2.** Ce qui est placé entre d'autres. *Le doigt du milieu.* **3.** Période également éloignée du commencement et de la fin. *Le milieu du jour.* ⇒ **midi. 4.** *AU MILIEU :* à mi-distance des extrémités (dans l'espace et le temps). ▸ *AU MILIEU DE. Au milieu de la route. Au milieu du repas.* ▸ *EN PLEIN MILIEU, AU BEAU MILIEU :* exactement au milieu. ▸ fig. *Au milieu de...,* parmi. *Au milieu du danger.* **II. 1.** Ce qui est éloigné des extrêmes, des excès ; position, état intermédiaire. *Il y a un milieu, il n'y a pas de milieu entre...* **2.** *LE JUSTE MILIEU :* la moyenne, la position non extrême. spécialt Gouvernement modéré de Louis-Philippe (*juste-milieu* n. m. et adj.). **III. 1.** PHYS. « Espace matériel dans lequel un corps est placé » (d'Alembert). **2.** Ce qui entoure, ce dans quoi une chose ou un être se trouve. *Placer un malade en milieu stérile.* **3.** Ensemble des objets matériels, des circonstances physiques qui entourent et influencent un organisme vivant. ⇒ **environnement.** *Adaptation au milieu.* **4.** Entourage matériel et moral (d'une personne, d'un groupe). ⇒ **ambiance, atmosphère.** *La théorie de Taine dégage trois facteurs : la race, le milieu, le moment.* ▸ Le groupe social où qqn vit. *Sortir du milieu familial.* ▸ au plur. *Les milieux scientifiques.* ⇒ **sphère. 5.** *Le milieu* (ou *Milieu*), groupe social formé en majorité d'individus vivant de trafics illicites, de la prostitution, du vol...

MILITAIRE ▪ **I.** adj. **1.** Relatif à la force armée, à son organisation, à ses activités. ⇒ **guerrier.** *École militaire. Service militaire. Opération militaire. "Servitude et Grandeur militaires"* (d'Alfred de Vigny). **2.** Fondé sur la force armée. *Gouvernement, dictature militaire. Coup d'État militaire.* **II.** n. m. *UN MILITAIRE :* celui qui fait partie des forces armées. ⇒ **soldat ; officier, sous-officier.**

MILITAIREMENT adv. ▪ **1.** D'une manière militaire. *Saluer militairement.* **2.** Par l'emploi de la force armée. *Occuper militairement un territoire.*

MILITANT, ANTE adj. et n. ▪ **1.** RELIG. CHRÉT. *L'Église militante* (opposé à *triomphante*), qui combat par la foi. **2.** Qui combat activement dans les luttes idéologiques. ⇒ **actif.** *Doctrine, politique militante.* **3.** n. *Militant communiste, chrétien.* ▸ *Militant politique, syndicaliste.*

MILITANTISME n. m. ▪ Attitude de ceux, de celles qui militent activement au sein d'une organisation, d'un parti.

MILITARISER v. tr. [1] ▪ Organiser d'une façon militaire ; pourvoir d'une force armée (s'oppose à *démilitariser*). ▸ p. p. *Zone militarisée.* ► n. f. MILITARISATION

MILITARISME n. m. ▪ **1.** Exaltation des valeurs militaires. **2.** péj. Prépondérance de l'armée, de l'élément militaire (s'oppose à *pacifisme*). ⇒ **bellicisme. 3.** Système politique qui s'appuie sur l'armée.

MILITARISTE adj. et n. ▪ Favorable au militarisme. ▸ adj. Empreint de militarisme. *Un nationalisme militariste.*

MILITARO- Élément tiré de *militaire* (ex. *militaro-industriel*).

MILITER v. intr. [1] ▪ **1.** (choses) *MILITER POUR, CONTRE... :* constituer une raison, un argument (pour ou contre). **2.** (personnes) Agir, lutter sans violence pour ou contre (une cause). ♦ Être un militant, une militante.

John Stuart **MILL** (1806-1873) ▪ Philosophe et économiste britannique. Penseur libéral attiré par le socialisme, utilitariste (dans la lignée de Bentham) en morale, et logicien empiriste. *"L'Utilitarisme"* (1861).

sir John Everett **MILLAIS** (1829-1896) ▪ Peintre britannique. Fondateur de la confrérie des préraphaélites. *"Ophélie"* (1852).

MILLAU ▪ Chef-lieu d'arrondissement de l'Aveyron. 21 788 hab. *(les Millavois)*. Industrie du gant.

① **MILLE** [mil] ▪ **I.** adj. invar. **1.** Numéral cardinal (1 000) ; dix fois cent. *Mille deux cents. Cinq mille.* **2.** Un grand nombre, une grande quantité (→ trente-six, cent). *Je t'envoie mille baisers.* ‑ loc. *Je vous le donne en mille* : vous n'avez pas une chance sur mille de deviner. **3.** adj. numéral ordinal ⇒ **millième.** *Page mille.* ‑ (dans une date ; parfois écrit *mil*) *L'an deux mille.* **II.** n. m. invar. **1.** Le nombre mille. ‑ *POUR MILLE* (précédé d'un numéral) : proportion par rapport à mille. *Natalité de 15 pour mille (15 ‰).* **2.** Partie centrale d'une cible, marquée du chiffre 1 000. *Mettre dans le mille,* dans le but. ‑ fig. *Vous avez mis dans le mille* : vous êtes tombé juste. **3.** Millier. *Objets vendus à tant le mille.* ‑ FAM. *Des mille et des cents* : beaucoup d'argent.

② **MILLE** [mil] n. m. ▪ **1.** Nom d'anciennes mesures de longueur. **2.** *Mille anglais.* ⇒ **mile.** ‑ *Mille marin* (1 852 m).

les **MILLE ET UNE NUITS** ▪ Recueil de contes populaires arabes mentionnés pour la première fois au xe s. La traduction française (1704-1717) d'Antoine Galland (1646-1715) les révéla en Europe (→ **Schéhérazade**).

MILLEFEUILLE [mil-] n. m. ▪ Gâteau à pâte feuilletée. ‑ loc. fig. *C'est pas du millefeuille* (→ du gâteau, de la tarte).

MILLÉNAIRE [mil-] ▪ **1.** adj. Qui a mille ans (ou plus). *Une tradition plusieurs fois millénaire.* **2.** n. m. Période de mille ans. ‑ Millième anniversaire. *Fêter le millénaire de la fondation d'une ville.*

MILLE-PATTES n. m. invar. ▪ Myriapode du groupe des scolopendres (vingt et un segments, quarante-deux pattes).

MILLEPERTUIS [mil-] n. m. ▪ Plante dont la feuille est criblée de petits pores.

Henry **MILLER** (1891-1980) ▪ Écrivain américain. Ses œuvres font l'éloge d'une existence et d'une sexualité libérées. *"Tropique du Cancer"* (Paris, 1934), roman autobiographique, fit scandale.

Arthur **MILLER** (né en 1915) ▪ Auteur dramatique américain. *"Mort d'un commis voyageur"* (1949); *"Les Sorcières de Salem"* (1953). Il fut l'époux de Marilyn Monroe, pour qui il écrivit le film *"Les Désaxés"* (1961).

Alexandre **MILLERAND** (1859-1943) ▪ Homme d'État français. D'abord socialiste, il évolua vers la droite et devint chef du Bloc national, puis président de la République de 1920 à 1924.

MILLÉSIME [mil-] n. m. ▪ **1.** Chiffre exprimant le nombre mille, dans l'énoncé d'une date. **2.** Les chiffres qui indiquent la date d'une monnaie, d'un timbre-poste, d'un vin. *Les grands millésimes.* ⇒ **cru.**

MILLÉSIMÉ, ÉE [mil-] adj. ▪ Qui porte un millésime. *Champagne millésimé,* sans mélange, d'une année remarquable.

MILLET n. m. ▪ Nom courant de plusieurs céréales (maïs, sarrasin, etc.). ⇒ ② **mil.**

Jean-François **MILLET** (1814-1875) ▪ Peintre français, de l'école de Barbizon. Sujets paysans d'inspiration allégorique. *"L'Angélus"* (1857-1859); *"L'Homme à la houe"* (1862).

le plateau des **MILLEVACHES** ▪ Plateau du Limousin, au nord-ouest du Massif central.

MILLI- [mil-] Élément (→ mille) qui signifie « un millième » (ex. *millimètre*).

Millais. *Ophélie.* Tate Gallery, Londres. *Phot. © Nimatallah/Ricciarini*

Millet. *Les Glaneuses.* Musée d'Orsay, Paris. *Phot. © Dagli Orti*

MILLIARD [miljaʀ] n. m. ▪ Nombre de mille millions. *Dix milliards de francs.* ‑ *Des milliards* : une quantité immense. ► adj. et n. MILLIARDIÈME

MILLIARDAIRE [mil-] ▪ adj. Qui possède un milliard (ou plus) d'une unité monétaire. *Cette multinationale est plusieurs fois milliardaire en dollars.* ‑ n. *Un, une milliardaire.*

MILLIBAR n. m. ▪ Ancienne unité de pression atmosphérique d'un millième de bar. ⇒ **hectopascal.**

MILLIÈME [mil-] adj. ▪ **1.** adj. numéral ordinal Qui occupe le rang indiqué par le nombre mille. **2.** Se dit d'une des parties d'un tout divisé en mille parties égales. *La millième partie.* ‑ n. m. *Un millième.*

MILLIER [milje] n. m. ▪ Nombre, quantité de mille ou d'environ mille. *Des centaines de milliers de personnes.* ‑ loc. adv. *PAR MILLIERS* : en très grand nombre.

MILLIGRAMME n. m. ▪ Millième partie du gramme (symb. mg).

Robert Andrews **MILLIKAN** (1868-1953) ▪ Physicien américain. Il réalisa la première mesure de la charge de l'électron (1911). Prix Nobel 1923.

MILLIMÉTRÉ, ÉE adj. ▪ Gradué, divisé en millimètres. *Papier millimétré* (syn. *millimétrique*).

MILLIMÈTRE n. m. ▪ Millième partie du mètre (symb. mm). *Millième de millimètre.* ⇒ **micron.**

MILLION [miljɔ̃] n. m. ▪ Mille fois mille. *Un million, dix millions d'habitants.* ‑ Un million de francs, d'unités monétaires. *Être riche à millions.*

MILLIONIÈME [mil-] adj. ▪ **1.** adj. numéral ordinal Qui occupe le rang marqué par le nombre d'un million. *Le dix millionième visiteur.* **2.** Se dit de chaque partie d'un tout divisé en un million de parties égales. ‑ n. m. *Un millionième de millimètre.*

MILLIONNAIRE [mil-] ▪ adj. Qui possède un ou plusieurs millions (d'une unité monétaire). *Il est plusieurs fois millionnaire.* ⇒ **multimillionnaire.** *Être millionnaire en marks.* ‑ n. *Un, une millionnaire.*

MILLY-LA-FORÊT ▪ Commune de l'Essonne. 4 307 hab. *(les Milliacois)*. Imposantes halles en bois du xve s. Chapelle Saint-Blaise-des-Simples (xiie s.) décorée par Cocteau, qui y est enterré.

MILO en grec ***MÍLOS*** ▪ Île grecque des Cyclades. 151 km², 4 554 hab. Chef-lieu : Mílos. On y a trouvé en 1820 la célèbre statue dite *Vénus de Milo,* aujourd'hui au Louvre.

Slobodan **MILOŠEVIĆ** (né en 1941) ▪ Homme d'État serbe. Président de la République de Serbie depuis 1989.

Oscar Vladislas de Lubicz-**MILOSZ** (1877-1939) ▪ Poète français d'origine lituanienne. *"Miguel Manara"* (1913), drame métaphysique où revit la figure solitaire et tourmentée de don Juan.

Czesław **MIŁOSZ** (né en 1911) ▪ Écrivain polonais. Il s'interroge sur le destin des civilisations. *"Le Salut"* (1945), poèmes sur l'occupation allemande; *"La Pensée captive"* (1953), essai sur les intellectuels et le communisme. Prix Nobel 1980.

MI-LOURD adj. et n. m. ▪ Se dit d'un sportif (boxeur, etc.) de 72 à 79 kilos, dont la catégorie est comprise entre les (poids) moyens et les lourds.

MILTIADE (540 - 489 av. J.-C.) ▪ Stratège athénien. Vainqueur des Perses à Marathon (490 av. J.-C.).

John MILTON (1608 - 1674) ▪ Écrivain anglais. Polémiste puritain, il fit l'apologie du régicide pour justifier l'exécution de Charles Ier, mais fut surtout l'auteur de poèmes bibliques, dont *"Le Paradis perdu"* (1667), épopée dont le personnage central est Satan et qui inspira les romantiques anglais et français.

MILWAUKEE ▪ Ville des États-Unis (Wisconsin), sur le lac Michigan. 628 000 hab. Brasseries. Industrie automobile.

MIME ▪ **I. n.** Acteur qui s'exprime par les attitudes et les gestes, sans paroles. *Le mime Deburau.* - Imitateur. **II. n. m.** Spectacle sans paroles. ⇒ **pantomime.**

MIMER v. tr. [1] ▪ Exprimer ou reproduire par des gestes, des jeux de physionomie, sans le secours de la parole. - au p. p. *Monologue mimé.*

MIMÉTISME n. m. ▪ **1.** Propriété que possèdent certaines espèces animales, pour assurer leur protection, de se rendre semblables par l'apparence au milieu environnant ou à une autre espèce. *Le mimétisme du caméléon.* **2.** Imitation involontaire ; fait de se conformer à qqn d'autre.

MIMIQUE n. f. ▪ **1.** DIDACT. Ensemble des gestes expressifs et des jeux de physionomie qui accompagnent ou remplacent le langage oral. *La mimique des sourds-muets.* **2.** COUR. Expression du visage. ⇒ **grimace.**

MIMIZAN ▪ Commune des Landes. 6 710 hab. *(les Mimizanais).* Station balnéaire à *Mimizan-Plage.*

MIMODRAME n. m. ▪ DIDACT. Œuvre dramatique mimée, sans paroles.

MIMOLETTE n. f. ▪ Fromage de Hollande à pâte demi-tendre, orangée.

MIMOSA n. m. ▪ **1.** Arbre ou arbrisseau des régions chaudes, variété d'acacia portant des fleurs jaunes en petites boules ; ces fleurs. *Un bouquet de mimosa.* **2.** appos. (invar.) *Œufs mimosa :* œufs durs à la mayonnaise, dont le jaune est écrasé.

mimosa. *Acacia decurrens.*
Phot. © Berthoule/Jacana

Alain MIMOUN (né en 1921) ▪ Athlète français. Vainqueur du marathon olympique à Melbourne (1956), il fut le plus grand coureur de fond français depuis Jean Bouin.

MINABLE adj. et n. ▪ FAM. Très médiocre. ⇒ **lamentable, piteux.** *Des résultats minables. Il a été minable.* - **n.** (personnes) *Une bande de minables.*

les MINAMOTO ou **GENJI** ▪ Clan japonais qui joua un rôle important dans l'histoire féodale du Japon du XIe au XIIIe s., en s'opposant aux Taira. ► **MINAMOTO NO YORITOMO** (1147 - 1199) devint le premier shogun du Japon en 1185. ► **MINAMOTO NO YOSHITSUNE** (1159 - 1189), son demi-frère, est l'un des héros chevaleresques les plus populaires du Japon.

MINARET n. m. ▪ Tour d'une mosquée du haut de laquelle le muezzin invite les fidèles musulmans à la prière.

le MINAS GERAIS ▪ État de l'est du Brésil. 586 624 km². 16 330 000 hab. Capitale : Belo Horizonte. Riches ressources minières. Villes coloniales historiques (Ouro Prêto, etc.).

MINAUDER v. intr. [1] ▪ Prendre des manières affectées pour attirer l'attention, plaire, séduire.

MINAUDERIE n. f. ▪ **1.** Action de minauder ; caractère d'une personne qui manque de naturel en voulant plaire. ⇒ **affectation.** **2.** (surtout au plur.) Air, attitude, manière, geste affectés d'une personne qui minaude. ⇒ **chichi, façon, grimace, manière, simagrée.** *Les minauderies d'une coquette.*

MINAUDIER, IÈRE adj. et n. ▪ Qui minaude. *Elle est trop minaudière.*

MINCE adj. ▪ **I. 1.** (opposé à *épais*) Qui a peu d'épaisseur ; fin. *Couper qqch. en tranches minces* (→ émincer). **2.** (opposé à *large*) Étroit, filiforme. **3.** (personnes ; parties du corps) Qui a des formes relativement étroites pour leur longueur, et donne une impression de finesse. ⇒ **élancé, gracile, svelte.** *Jambes minces. Taille mince.* **4.** Qui a peu d'importance, peu de valeur. ⇒ **insignifiant, médiocre.** *Pour un mince profit. Un prétexte bien mince.* **II.** interj. FAM. Exclamation de surprise, de dépit. ⇒ **zut.**

MINCEUR n. f. ▪ Caractère de ce qui est mince. *La minceur d'une feuille de papier.* ♦ (personnes) *La minceur d'un mannequin.*

MINCIR v. intr. [2] ▪ Devenir plus mince. *Elle a beaucoup minci.* ⇒ **amincir.**

MINDANAO ▪ Grande île, montagneuse et volcanique, du sud de l'archipel des Philippines. 94 627 km². 14 000 000 hab.

① **MINE** n. f. ▪ **I.** (aspect physique) Aspect extérieur, apparence (opposé à la nature profonde, aux sentiments). ⇒ **extérieur.** « *Garde-toi, tant que tu vivras / De juger les gens sur la mine* » (La Fontaine). - loc. *Ça ne paie pas de mine :* ça a mauvaise apparence. - FAIRE MINE DE (+ inf.) : paraître disposé à faire qqch. ⇒ faire **semblant** de. - FAM. MINE DE RIEN : sans en avoir l'air. *Tâche de le faire parler, mine de rien.* **II. 1.** Aspect du visage, selon l'état de santé. *Avoir bonne, mauvaise mine.* **2.** Aspect du visage, expression du caractère ou de l'humeur. ⇒ **figure, physionomie.** *Une mine renfrognée, soucieuse.* - loc. *Faire* GRISE MINE *à qqn,* l'accueillir avec froideur, déplaisir. **III.** DES MINES : jeux de physionomie, attitudes, gestes. *Mines affectées.* ⇒ **façon, minauderie.**

② **MINE** n. f. ▪ **I. 1.** VX Minerai. **2.** Petit bâton d'une matière laissant une trace, qui constitue la partie centrale d'un crayon, sert à charger un portemine, un stylomine. *Mine de plomb.* ⇒ **graphite.** *Crayon à mine dure, tendre.* **II. 1.** Terrain d'où l'on peut extraire un métal, du charbon, etc., en grande quantité. ⇒ **gisement.** *Mine de fer, mine de houille. Mine à ciel ouvert.* - plus cour. Un tel gisement, souterrain (opposé à *carrière*) ; cavité pratiquée dans le sous-sol et ensemble d'ouvrages souterrains aménagés pour l'extraction d'un minerai. *Galerie, puits de mine. Le carreau de la mine.* - spécialt *Il travaille à la mine* (de charbon). ⇒ **charbonnage(s), houillère ;** ② **mineur.** - LES MINES : administration spécialisée dans l'étude des terrains et l'exploitation du sous-sol. *L'École des Mines.* **2.** fig. Réserve, source importante. *C'est une mine de renseignements.* **III.** Engin explosif (sur terre ou dans l'eau). *Mines antichars. Champ de mines. Détecteur de mines. Le camion a sauté sur une mine. Dragueur de mines* (démineur).

③ **MINE** n. f. ▪ anciennt Mesure de capacité pour les grains.

MINER v. tr. [1] ▪ **I. 1.** Creuser, attaquer la base ou l'intérieur de (une chose). ⇒ **creuser, saper.** *La mer mine les falaises.* **2.** fig. Attaquer, affaiblir par une action progressive et sournoise. ⇒ **consumer, user.** *Ce chagrin la mine. Il est miné par le souci.* - pronom. *Il se mine.* **II.** Garnir de mines explosives (contr. *déminer*). *Miner un pont.*

MINERAI n. m. ▪ Minéral qui contient des substances qu'on peut isoler, extraire. *Minerai en filon, en gisement.* ⇒ ② **mine.** *Extraire un métal d'un minerai.*

MINÉRAL, ALE, AUX ▪ **I.** adj. **1.** Constitué de matière inorganique (opposé à *végétal*). *Huiles minérales. Sels minéraux.* **2.** Relatif aux corps minéraux. *Chimie minérale et chimie organique.* **3.** EAU MINÉRALE, provenant d'une nappe souterraine et contenant des matières minérales. *Eau minérale gazeuse, non gazeuse (plate).* **II. n. m.** Élément ou composé naturel inorganique, constituant de l'écorce terrestre. ⇒ **minerai, pierre, roche.** *Étude des minéraux.* ⇒ **géologie, minéralogie.**

MINÉRALIER n. m. ▪ Cargo conçu pour le transport des minerais.

MINÉRALOGIE n. f. ▪ Science des minéraux constituant les matériaux de l'écorce terrestre (faisant partie de la géologie).

MINÉRALOGIQUE adj. ▪ **I.** Relatif à la minéralogie. *Collection minéralogique.* **II.** en France *Numéro minéralogique :* numéro

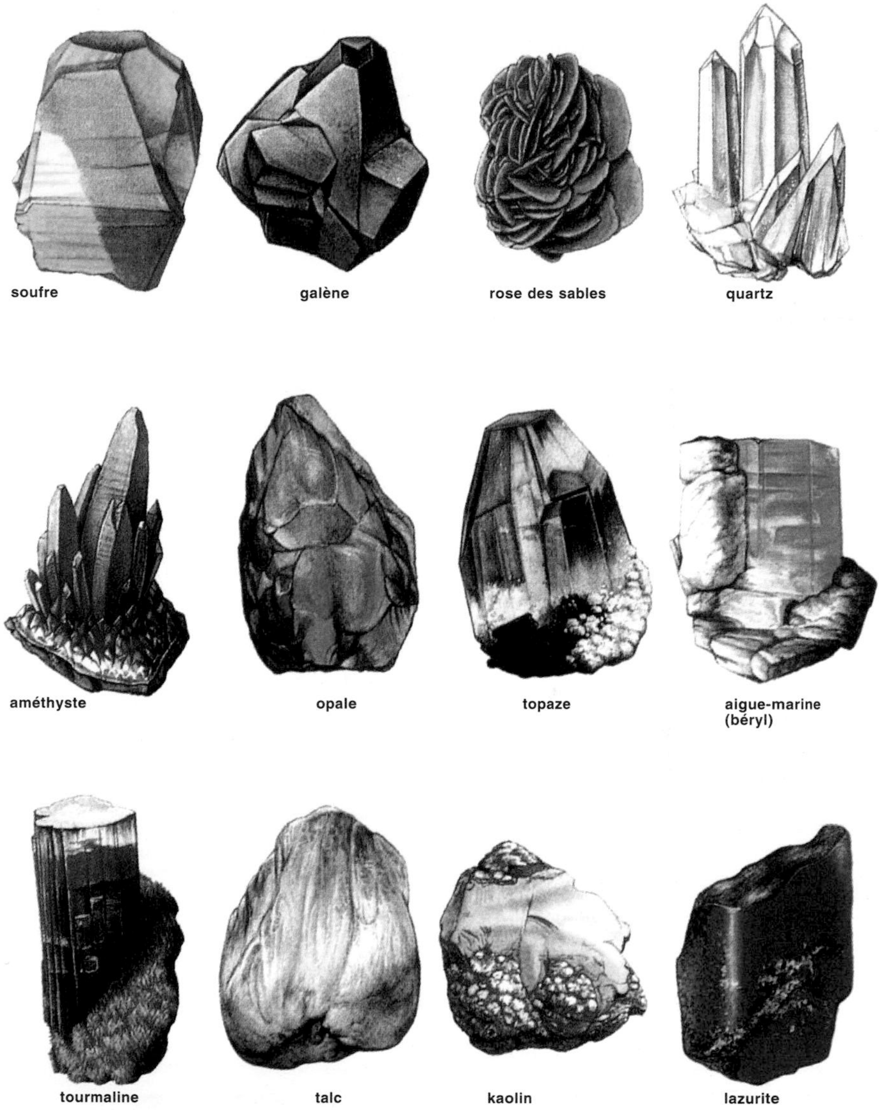
soufre
galène
rose des sables
quartz
améthyste
opale
topaze
aigue-marine (béryl)
tourmaline
talc
kaolin
lazurite

minéraux.

Carl Andre, *Black Creek,* bois, 1978. MNAMGP, Paris. *Phot. © MNAMGP*

Donald Judd, *Sans titre (pile),* acier et plexiglas. MNAMGP, Paris. *Phot. © MNAMGP*

art **minimal.**

d'immatriculation d'un véhicule à moteur (d'abord affecté par le service des Mines). *La plaque minéralogique d'une voiture.*

MINÉRALOGISTE n. ▪ Spécialiste de minéralogie.

MINERVE n. f. ▪ Appareil orthopédique servant à maintenir la tête en bonne position.

MINERVE ▪ Déesse romaine identifiée à l'Athéna des Grecs.

le MINERVOIS ▪ Région du bas Languedoc, située entre la Montagne Noire et la vallée de l'Orb. Elle est constituée par un causse calcaire aride dominant une plaine inclinée vers l'Aude (vins réputés).

MINESTRONE n. m. ▪ Soupe au riz ou aux pâtes et aux légumes (recette italienne).

MINET, ETTE n. ▪ **1.** Petit chat. ⇒ FAM. **minou. 2.** (personnes) terme d'affection *Mon minet.* **3.** n. m. Jeune homme élégant, un peu efféminé. ▸ n. f. Jeune fille à la mode.

① **MINEUR, EURE** adj. ▪ (opposé à *majeur*) **I. 1.** D'importance, d'intérêt secondaire. *Problème, soucis mineurs. Arts mineurs. Peintre, poète mineur.* **2.** en musique *Intervalle mineur,* plus réduit que le majeur. *Tierce mineure. Tons mineurs. En mineur.* ▸ *Sonate en fa mineur.* **II.** (personnes) Qui n'a pas atteint l'âge de la majorité (18 ans, en France, notamment). ⇒ **minorité** (I). ▸ n. *Un mineur, une mineure. Détournement de mineur.*

② **MINEUR** n. m. ▪ Ouvrier qui travaille dans une mine, spécialt de houille. *Mineur de fond. Cité de mineurs.* ⇒ **coron.**

les MING ▪ Dynastie chinoise qui supplanta les Yuan en 1368 et fut remplacée par les Qing en 1644. Période d'essor commercial et artistique.

Charlie MINGUS (1922 - 1979) ▪ Musicien de jazz noir américain, contrebassiste. *"Fables of Faubus"* (1959).

MINI ▪ **1.** adj. invar. Très court. *Une robe, une jupe mini.* ⇒ **minijupe. 2.** n. m. Mini-ordinateur.

MINI- Élément tiré de *minimum,* qui signifie « (plus) petit » (ex. *minijupe*). ⇒ **micro-** ; opposé à *maxi-*.

MINIATURE n. f. ▪ **I. 1.** Peinture fine de petits sujets servant d'illustration aux manuscrits, aux missels. ⇒ **enluminure. 2.** Genre de peinture délicate de très petit format ; cette peinture. *Une miniature.* **II.** Chose, personne très petite. loc. *EN MINIATURE :* en très petit, en réduction. ▸ appos. *Train miniature. Des golfs miniatures.*

MINIATURÉ, ÉE adj. ▪ Orné de miniatures.

MINIATURISER v. tr. ⊡ ▪ Donner à (un objet, un mécanisme) les plus petites dimensions possibles. ▶ n. f. MINIATURISATION

MINIATURISTE n. ▪ Peintre de miniatures.

MINIBUS [-bys] n. m. ▪ Petit autobus.

MINICASSETTE ▪ **1.** n. f. Cassette magnétique de petit format. **2.** n. m. Petit magnétophone portatif.

MINICHAÎNE n. f. ▪ Chaîne haute-fidélité dont les éléments sont de petite taille.

MINIEH ou **MINIEH-EBN-KHASIB** ou **al-MINYA** ▪ Ville d'Égypte, sur le Nil. 191 800 hab.

MINIER, IÈRE adj. ▪ **1.** Qui a rapport aux mines (②). *Gisement minier.* **2.** Où il y a des mines. *Pays minier.*

MINIJUPE n. f. ▪ Jupe très courte. *Des minijupes.*

MINIMA ⇒ MINIMUM

MINIMAL, ALE, AUX adj. ▪ Qui constitue un minimum (s'oppose à *maximal*). *Températures minimales.* ♦ anglic. *Art minimal,* fondé sur la simplification des formes et des matériaux. ▪ Apparu dans les années 60 aux États-Unis, l'art minimal vise à évacuer de l'œuvre tout contenu autre que visuel et utilise des formes géométriques en peinture (J. Johns, Stella) et en sculpture (B. Newman).

MINIME ▪ **1.** adj. Très petit, peu important. ⇒ **infime.** *Des faits minimes. Salaires minimes.* **2.** n. Jeune sportif dont la catégorie d'âge (13 à 15 ans) se situe entre les benjamins et les cadets. *Match de minimes.*

MINIMISER v. tr. ⊡ ▪ Réduire l'importance de (qqch.). *Minimiser des résultats, des incidents ; le rôle de qqn.*

MINIMUM [-ɔm] ▪ **1.** n. m. Valeur la plus petite atteinte par une quantité variable ; limite inférieure (s'oppose à *maximum*). *Un minimum de frais. Les minimums* ou *les minima atteints.* ▸ FAM. *S'il avait un minimum de savoir-vivre.* ⇒ le **moindre.** ▸ loc. *AU MINIMUM :* au moins, pour le moins. *Les travaux dureront au minimum trois jours.* ▸ *MINIMUM VITAL :* le plus petit revenu permettant de subsister (selon les critères d'une société donnée). **2.** adj. Minimal. *Âge minimum. Pertes, gains minimums.*

MINI-ORDINATEUR n. m. ▪ Ordinateur de petite taille, d'une capacité de mémoire moyenne (→ micro-ordinateur). ⇒ **mini** (2).

Mingus. *Phot. © Giuseppe Pino/Ricciarini*

MINISTÈRE n. m. **I. 1.** Corps des ministres et secrétaires d'État. ⇒ **cabinet, gouvernement.** *Former, modifier un ministère.* - (suivi du n. du Premier ministre) *Le ministère Untel.* **2.** Partie des affaires de l'administration centrale dépendant d'un ministre. *Le ministère des Affaires étrangères.* - Bâtiment, services d'un ministère. **3.** Fonction de ministre. ⇒ **portefeuille. II.** *MINISTÈRE PUBLIC :* magistrats qui défendent les intérêts de la société, l'exécution des décisions (avocat général, procureur, etc.). ⇒ **parquet. III.** Charge remplie par le prêtre, le pasteur (⇒ **ministre** (II) ; **sacerdoce**). *Il exerce son ministère dans une petite paroisse.*

MINISTÉRIEL, ELLE adj. ▪ Relatif au ministère (I), au gouvernement. *Crise ministérielle.* - Partisan du ministère. *Député ministériel.* ⇒ **gouvernemental.** - Relatif à un ministère ; qui émane d'un ministre. *Arrêté ministériel.*

MINISTRABLE adj. ▪ Qui a des chances de devenir ministre.

MINISTRE n. m. ▪ **I. 1.** Agent supérieur du pouvoir exécutif ; homme ou femme d'État placé(e) à la tête d'un ministère. *Le Conseil des ministres.* ⇒ **cabinet, gouvernement, ministère.** *Le ministre de l'Éducation nationale. Madame X, ministre de la Santé publique. Elle est ministre.* - *Le Premier ministre :* le chef du gouvernement. ♦ appos. *Bureau ministre :* bureau de grande taille. **2.** Agent diplomatique de rang immédiatement inférieur à celui d'ambassadeur, à la tête d'une légation. *Ministre plénipotentiaire.* **II.** *Ministre du culte :* prêtre. - *Ministre :* pasteur protestant.

MINITEL n. m. (n. déposé) ▪ En France Petit terminal de consultation de banques de données. *Des minitels.*

MINIUM [-jɔm] n. m. ▪ Peinture rouge, à l'oxyde de plomb, préservant le fer de la rouille.

Hermann MINKOWSKI (1864 - 1909) ▪ Mathématicien allemand. Il élabora la « géométrie des nombres » et établit le formalisme quadridimensionnel de la théorie de la relativité d'Einstein.

Georges, baron MINNE (1866 - 1941) ▪ Sculpteur et dessinateur belge. Influencé par les symbolistes, il traita de préférence des sujets religieux.

MINNEAPOLIS ▪ Ville des États-Unis (Minnesota), sur le Mississippi. 368 000 hab. Centre commercial : 1er marché de blé du monde. Conurbation, avec Saint Paul, de 2 500 000 hab.

Vincente MINNELLI (1913 - 1986) ▪ Cinéaste américain. Comédies musicales. *"Un Américain à Paris"* (1950). ► **Lisa MINNELLI** (née en 1946), fille du précédent et de Judy Garland. Chanteuse et actrice américaine. « *Cabaret* » (1972), « *New York, New York* » (1977).

le MINNESOTA ▪ État du centre nord des États-Unis. 217 736 km². 4 375 000 hab. Capitale : Saint Paul. Agriculture. Ressources minières. Électricité. Commerce.

MINOEN, ENNE adj. ▪ Relatif à la période archaïque de la civilisation crétoise (et grecque). *L'art minoen.*

MINOIS n. m. ▪ Jeune visage délicat, éveillé, plein de charme. *Un joli petit minois.* ⇒ **frimousse.**

MINORER v. tr. [1] ▪ DIDACT. (s'oppose à *majorer*) Diminuer l'importance, la valeur de (qqch.).

MINORITAIRE adj. ▪ De la minorité. *Groupe, tendance minoritaire.*

MINORITÉ n. f. ▪ **I.** (opposé à ② *majorité*) État d'une personne qui n'a pas encore atteint l'âge où elle sera légalement considérée comme pleinement capable et responsable de ses actes (⇒ ① **mineur** (II)). - Temps pendant lequel un individu est mineur. **II. 1.** Groupement (de voix) qui est inférieur en nombre dans un vote, une réunion de votants. *Une petite minorité d'électeurs. Ils sont en minorité.* - *Gouvernement mis en minorité,* qui ne recueille pas la majorité des voix. ♦ Parti, groupe qui n'a pas la majorité des suffrages. **2.** *La, une minorité de :* le plus petit nombre de, le très petit nombre. *Dans la minorité des cas, dans une petite minorité de cas.* **3.** Groupe englobé dans une collectivité plus importante. *Minorités ethniques. Droits des minorités.*

MINORQUE en espagnol ***MENORCA*** ▪ Île de l'archipel espagnol des Baléares. 668 km². Env. 60 000 hab. Pêche.

MINOS ▪ Roi légendaire de Crète, fils de Zeus et d'Europe, époux de Pasiphaé. Il fait enfermer le Minotaure dans le Labyrinthe. Après sa mort, il devient un des juges des Enfers.

le MINOTAURE ▪ Monstre mi-homme, mi-taureau de la mythologie grecque, fils de Pasiphaé et d'un taureau envoyé par Poséidon. Enfermé par Minos dans le Labyrinthe et tué par Thésée.

MINOTERIE n. f. ▪ **1.** Établissement industriel pour la transformation des grains en farine. ⇒ **moulin. 2.** Meunerie.

MINOTIER [-tje] n. m. ▪ Industriel qui exploite une minoterie. ⇒ **meunier.**

MINOU n. m. ▪ FAM. lang. enfantin Petit chat. ⇒ **minet.** *Des petits minous.*

MINSK ▪ Capitale de la Biélorussie. 1 613 000 hab. Centre culturel et économique. En 1944, la ville, enjeu d'une grande bataille entre Soviétiques et Allemands, fut détruite et sa population presque totalement exterminée par les Allemands. Elle fut reconstruite après 1945.

MINUIT n. m. ▪ **1.** Milieu de la nuit. *Bain de minuit.* - *Le soleil de minuit* (au-delà du cercle polaire, l'été). **2.** Heure du milieu de la nuit, la douzième après midi (24 heures ou 0 heure). *Messe de minuit* (à Noël).

MINUS [-ys] n. m. ▪ FAM. Individu incapable ou peu intelligent. *Bande de minus !* ⇒ **crétin, débile.** ◇ syn. VIEILLI MINUS HABENS

MINUSCULE adj. ▪ **1.** *Lettre minuscule* (opposé à *majuscule*) : lettre courante, plus petite et d'une forme distincte de celle de la majuscule. - n. f. *Une minuscule.* **2.** Très petit. ⇒ **infime, lilliputien, microscopique.** *Un jardin minuscule.* ⇒ **exigu.** - *Des soucis minuscules.*

① **MINUTE** n. f. ▪ **1.** Division du temps, soixantième partie de l'heure (symb. min ou mn). *La minute se divise en soixante secondes.* **2.** Court espace de temps. ⇒ **instant, moment.** *Jusqu'à la dernière minute. Je reviens dans une minute.* - loc. *D'UNE MINUTE À L'AUTRE :* dans un futur imminent. *À LA MINUTE :* à l'instant même, tout de suite. - en appos. invar. Préparé rapidement. *Des entrecôtes minute. Talon minute* (réparation immédiate). - interj. FAM. *Minute ! :* attendez une minute. **3.** Unité de mesure des angles ; soixantième partie d'un degré de cercle (symb. '). *Angle de deux degrés et cinq minutes* (2° 5').

② **MINUTE** n. f. ▪ DR. Original d'un acte. *La minute d'un jugement. Consulter les minutes d'un procès.*

MINUTER v. tr. [1] ▪ Organiser (une cérémonie, un spectacle, une opération, un travail) selon un horaire précis. - au p. p. *Emploi du temps strictement minuté.* ► n. m. MINUTAGE

MINUTERIE n. f. ▪ Appareil électrique (spécialt éclairage) destiné à assurer, à l'aide d'un mouvement d'horlogerie, un contact pendant un nombre déterminé de minutes. *La minuterie d'un escalier.*

MINUTEUR n. m. ▪ Minuterie (d'un appareil ménager). *Le minuteur d'un four.*

MINUTIE n. f. ▪ Application attentive aux menus détails. ⇒ **méticulosité, soin.** *Faire un travail avec minutie.*

MINUTIEUX, EUSE adj. ▪ **1.** (personnes) Qui s'attache, s'arrête avec minutie aux détails. ⇒ **méticuleux, tatillon. 2.** (choses) Qui marque ou suppose de la minutie. ⇒ **attentif, soigneux.** *Une vérification minutieuse.* ► adv. MINUTIEUSEMENT

MIOCHE n. ▪ FAM. Enfant. ⇒ FAM. **gosse, môme.** *Une bande de mioches.*

MIONS ▪ Commune du Rhône. 9 145 hab.

Richard MIQUE (1728 - 1794) ▪ Architecte français. Il a réalisé la décoration du Petit Trianon et a édifié le hameau de Marie-Antoinette, à Versailles.

MIQUELON ▪ Archipel français de l'Atlantique constitué de deux îles. 216 km². → **Saint-Pierre-et-Miquelon.**

Victor Riqueti, marquis de MIRABEAU (1715 - 1789) ▪ Économiste français. Disciple de Quesnay, représentant des physiocrates ; auteur de *"L'Ami des hommes ou Traité sur la population"* (1756). ► **Honoré Gabriel Riqueti, comte de MIRABEAU** (1749 - 1791), son fils, révolutionnaire français. Personnage ambigu, intrigant, conseiller secret de Louis XVI, partisan d'une monarchie constitutionnelle, il fut le principal orateur des débuts de la Constituante.

Miró. *Le Soupir des amants*, 1953. Galerie d'Art moderne, Rome. *Phot. © Dagli Orti*

MIRABEL ▪ Ville du Canada (Québec). 17 971 hab. Aéroport international de Montréal.

MIRABELLE n. f. ▪ **1.** Petite prune ronde et jaune. *Confiture de mirabelles.* **2.** Eau-de-vie de ce fruit.

MIRABELLIER n. m. ▪ Prunier à mirabelles.

MIRACLE n. m. ▪ **1.** Fait extraordinaire où l'on croit reconnaître une intervention divine. ⇒ **mystère, prodige.** *Les miracles de Lourdes.* - *Cela tient du miracle ! Comme par miracle.* **2.** Drame médiéval sacré, au sujet emprunté à la vie des saints. *"Le Miracle de Théophile"* (de Rutebeuf). *Les miracles et les mystères.* **3.** Chose étonnante et admirable qui se produit contre toute attente. *Faire des miracles d'ingéniosité. Crier miracle, au miracle.* - appos. *Solution miracle.* - *PAR MIRACLE* loc. adv. : d'une façon inattendue et heureuse.

MIRACULER v. tr. 1 ▪ RARE Guérir par un miracle. ► **MIRACULÉ, ÉE** adj. et n. (Personne) sur qui s'est opéré un miracle (1).

MIRACULEUSEMENT adv. ▪ Comme par miracle. ⇒ **extraordinairement.**

MIRACULEUX, EUSE adj. ▪ **1.** Qui est le résultat d'un miracle. ⇒ **surnaturel.** *Apparition miraculeuse.* **2.** Qui produit comme par miracle l'effet souhaité. ⇒ **merveilleux.**

MIRADOR n. m. ▪ **1.** Belvédère. **2.** Poste d'observation, de surveillance (dans un camp, une prison).

MIRAGE n. m. ▪ **1.** Phénomène optique pouvant produire l'illusion d'une nappe d'eau s'étendant à l'horizon. *Les mirages du désert.* **2.** Apparence séduisante et trompeuse. ⇒ **chimère, illusion.** *Les mirages du succès.*

MIRAMAS ▪ Commune des Bouches-du-Rhône. 21 602 hab. *(les Miramasséens).* Industrie chimique.

Francisco MIRANDA (1750 - 1816) ▪ Patriote vénézuélien. Il fit voter la déclaration d'indépendance de son pays (1811).

MIRANDE ▪ Chef-lieu d'arrondissement du Gers. 3 565 hab. *(les Mirandais).*

Octave MIRBEAU (1848 - 1917) ▪ Écrivain français. Ses romans comme son théâtre dénoncent les mensonges de la société et de la politique. *"Le Journal d'une femme de chambre"* (1900).

MIRE n. f. ▪ **1.** *LIGNE DE MIRE,* ligne droite imaginaire déterminée par l'œil du tireur. - fig. *POINT DE MIRE :* centre d'intérêt, d'attention. **2.** Signal fixe servant à déterminer une direction par une visée. **3.** Image fixe de télévision servant à vérifier la qualité de la transmission.

MIRECOURT ▪ Commune des Vosges, sur le Madon. 6 900 hab. *(les Mirecurtiens).* Église du XVe s. Centre renommé de lutherie (depuis le XVIIe s.) et d'archèterie. École nationale de lutherie.

MIRER v. tr. 1 ▪ **1.** VX Regarder attentivement. ♦ Lorgner, convoiter. **2.** spécialt Examiner (un œuf à contre-jour) pour vérifier sa fraîcheur. ► SE **MIRER** v. pron. LITTÉR. Se regarder, se refléter (dans l'eau, etc.).

MIRIBEL ▪ Commune de l'Ain. 7 683 hab. *(les Miribelans).*

MIRIFIQUE adj. ▪ plais. Merveilleux. ⇒ **mirobolant.** *Des promesses mirifiques.*

MIRLIFLORE n. m. ▪ VX Jeune élégant prétentieux. ⇒ **gandin.**

MIRLITON n. m. ▪ Tube creux garni à ses deux extrémités d'une membrane, dans lequel on chantonne un air. - *Vers de mirliton,* mauvaise poésie.

Joan MIRÓ (1893 - 1983) ▪ Peintre et décorateur espagnol. Ses formes schématisées, au point de devenir des signes, ses couleurs vives, créent un monde ludique. Sa peinture fut marquée par le cubisme puis par le surréalisme.

MIROBOLANT, ANTE adj. ▪ FAM. Incroyablement magnifique ; trop beau pour être vrai. ⇒ **mirifique.** *Des gains mirobolants.*

MIROIR n. m. ▪ **1.** Surface polie qui sert à réfléchir la lumière, à refléter les images ; objets qui comporte cette surface. ⇒ **glace.** *Se regarder dans le miroir.* - loc. *MIROIR AUX ALOUETTES :* ce qui trompe en attirant, en fascinant. **2.** LITTÉR. Surface unie (eau, marbre...) qui réfléchit la lumière ou les objets. - *Miroir d'eau :* pièce d'eau. **3.** fig. Ce qui offre à l'esprit l'image des personnes, des choses, du monde. *Les yeux, miroir de l'âme.* **4.** *En miroir :* en fournissant une image inversée (→ spéculaire).

MIROITANT, ANTE adj. ▪ Brillant, chatoyant. *La surface miroitante de la mer.*

MIROITEMENT n. m. ▪ Éclat, reflet de ce qui miroite. ⇒ **chatoiement, reflet, scintillement.** *Le miroitement des vitres au soleil.*

MIROITER v. intr. 1 ▪ **1.** Réfléchir la lumière en produisant des reflets scintillants. ⇒ **briller, chatoyer, scintiller.** *Vitre, eau qui miroite.* **2.** loc. fig. *FAIRE MIROITER :* proposer (qqch.) de manière à séduire, appâter. *Il lui a fait miroiter divers avantages.*

MIROITERIE n. f. ▪ Commerce, industrie des miroirs et des glaces.

MIROITIER, IÈRE n. ▪ Personne, entreprise qui fabrique, vend des miroirs.

Gaston MIRON (né en 1928) ▪ Poète québécois. Il défend l'identité du Québec. *"Deux sangs"* (1953); *"L'Homme rapaillé"* (1970).

MIROTON n. m. ▪ Bœuf bouilli aux oignons. - appos. *Du bœuf miroton.* ◇ altér. FAM. MIRONTON.

MIS, MISE adj. (p.p. de *mettre*) ▪ (personnes) Vêtu, habillé (attribut ou avec adv. : *bien, mal mis*). *Il est toujours mis avec élégance.*

MIS- ⇒ MIS(O)-

MISAINE n. f. ▪ Voile basse du mât de l'avant (d'un navire). *Le mât de misaine.*

MISANTHROPE ▪ **1.** n. Personne qui manifeste de l'aversion pour le genre humain, qui aime la solitude. ⇒ **ours, sauvage, solitaire.** *"Le Misanthrope"* (pièce de Molière). **2.** adj. Qui évite de fréquenter ses semblables. ⇒ **insociable.** *Elle est devenue bien misanthrope.*

MISANTHROPIE n. f. ▪ **1.** DIDACT. Haine du genre humain. **2.** Caractère d'une personne misanthrope. ► adj. MISANTHROPIQUE

MISCIBLE adj. ▪ SC. Qui peut se mêler à une autre substance en un mélange homogène.

MISE n. f. ▪ **I.** avec un compl. **1.** (avec *en*) Action de mettre (quelque part). *Mise en place. Mise en bouteilles.* - loc. fig. et FAM. *Mise en boîte,* moquerie. ♦ *MISE EN SCÈNE :* organisation matérielle de la représentation ; choix des décors, places, mouvements et jeu des acteurs, etc. (théâtre ; cinéma, télévision ⇒ **réalisation ; metteur** en scène). **2.** (dans quelques loc.) Action de mettre (dans une position nouvelle). *La mise sur pied d'un programme.* - *Mise à pied,* sanction pouvant aboutir à un renvoi. **3.** loc. (avec *en, à*) Action de mettre (dans un état nouveau, une situation nouvelle). *Mise au net. Mise en état, en ordre. Mise à prix* (avant des enchères). **II. 1.** (employé seul) Action de mettre de l'argent au jeu ou dans une affaire ; cet argent. ⇒ **enjeu ; miser.** *Déposer une mise. Doubler la mise.* ♦ loc. *MISE DE FONDS :* investissement, placement. **2.** *DE MISE :* qui a cours, est reçu, accepté (souvent au négatif). *Ces manières ne sont plus de mise.* **3.** (employé seul ⇒ **mis**) Manière d'être habillé. ⇒ **habillement, tenue, toilette.** *Soigner sa mise.*

MISER **v. tr.** [1] ▪ **1.** Déposer, mettre (un enjeu). ⇒ **mise** (II, 1). *Miser dix francs.* - *Miser sur un cheval, aux courses.* **2.** FAM. *Miser sur,* compter, faire fond sur. *Miser sur un succès.*

MISÉRABILISTE **adj.** ▪ ARTS Qui représente la réalité sociale sous ses aspects les plus misérables. ► **n. m.** MISÉRABILISME

MISÉRABLE **adj.** et **n.** ▪ **1.** Qui inspire ou mérite d'inspirer la pitié ; qui est dans le malheur, la misère. ⇒ **lamentable, malheureux, pitoyable.** - (choses) Triste, pénible. *Une misérable existence.* **2.** Qui est dans une extrême pauvreté ; qui indique la misère. ⇒ **pauvre ; indigent.** - **n.** VIEILLI *Secourir les misérables.* "*Les Misérables*" (roman de Hugo, d'abord appelé : "*Les Misères*"). **3.** Sans valeur, sans mérite. ⇒ **insignifiant, méprisable, piètre.** *Une argumentation misérable.* ♦ (avant le n.) ⇒ **malheureux, méchant, pauvre.** *Tant d'histoires pour un misérable billet de cinquante francs !* **4.** **n.** Personne méprisable. ⇒ **malheureux.** *C'est un misérable.* - plais. *Ah, petit misérable !*

MISÉRABLEMENT **adv.** ▪ **1.** Pitoyablement, tristement. **2.** Dans l'extrême pauvreté. *Vivre misérablement.*

MISÈRE **n. f.** ▪ **1.** LITTÉR. Sort digne de pitié ; malheur extrême. ⇒ **adversité, détresse.** *La misère des temps. Quelle misère !* - **interj.** *Misère !, misère de nous !* **2.** *Une misère,* événement malheureux, douloureux. ⇒ **malheur, peine.** *Petites misères.* ⇒ **ennui.** - *Faire des misères à qqn,* le tracasser. ⇒ **méchanceté, taquinerie.** **3.** Extrême pauvreté, pouvant aller jusqu'à la privation des choses nécessaires. ⇒ **besoin, indigence.** *Être, tomber dans la misère. Misère noire.* - loc. *Crier, pleurer misère,* se plaindre. *Salaire de misère,* très insuffisant. **4.** *Une misère,* chose, somme de peu d'importance. ⇒ **babiole, bagatelle, broutille.** *Ils se sont fâchés pour une misère.*

MISERERE [mizeʀeʀe] **n. m. invar.** ▪ RELIG. Psaume par lequel le croyant implore la pitié de Dieu. - Musique sur ce psaume.

MISÉREUX, EUSE **adj.** ▪ Qui donne l'impression de la misère (3). ⇒ **famélique, misérable, pauvre.** *Un mendiant miséreux. Quartiers miséreux.* - **n.** *Un miséreux.*

MISÉRICORDE **n. f.** ▪ **1.** Pitié par laquelle on pardonne au coupable. ⇒ **clémence, indulgence.** *Demander, obtenir miséricorde.* **2.** **interj.** Exclamation qui marque une grande surprise accompagnée de douleur, de regret.

MISÉRICORDIEUX, IEUSE **adj.** ▪ Qui a de la miséricorde, de la compassion ; qui pardonne facilement. ⇒ **clément.**

MISHIMA Yukio (1925 - 1970) ▪ Écrivain japonais. Il a incarné les contradictions du Japon moderne : emprunt de certains critères esthétiques à l'Occident, mais défense extrême (jusqu'au suicide) de la tradition. "*La Mer de la fertilité*", tétralogie romanesque achevée le jour de sa mort.

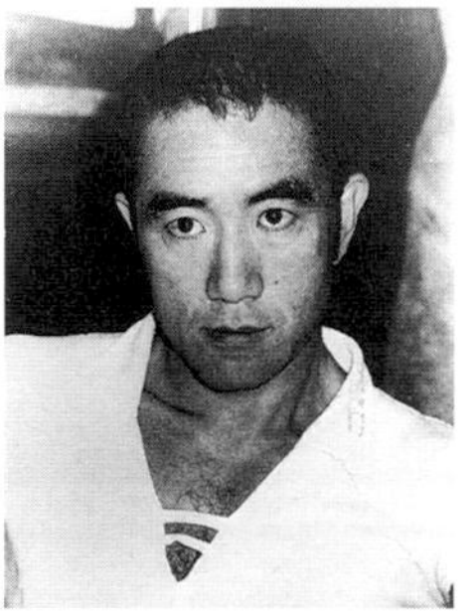

Mishima.
Phot. © Keystone Paris

la MISHNAH ou **MICHNA** ▪ Dans le judaïsme, commentaires des rabbins sur la Torah. Ils furent mis par écrit au IIᵉ s.

MISKOLC ▪ Ville de Hongrie. 194 000 hab. Sidérurgie.

MIS(O)- Élément, du grec *misein* « haïr », qui signifie « qui déteste » (ex. *misanthrope, misogyne*).

MISOGYNE **adj.** et **n.** ▪ Qui hait ou méprise les femmes. - **n.** *Un, une misogyne.*

MISOGYNIE **n. f.** ▪ Mépris (en général masculin) pour les femmes.

MISS **n. f.** ▪ **1.** Mademoiselle, en parlant d'une Anglaise, d'une Américaine. **2.** Nom donné aux jeunes reines de beauté élues dans des concours. *Miss France.*

MISSEL **n. m.** ▪ Livre liturgique qui contient les prières et les lectures nécessaires pour suivre la messe. ⇒ **paroissien.**

les MISSI DOMINICI ▪ Envoyés du roi dans les provinces, à l'époque carolingienne. Ils furent organisés par Charlemagne avant de disparaître au xᵉ s.

MISSILE **n. m.** ▪ Engin de destruction autopropulsé et guidé par autoguidage ou téléguidage. ⇒ **fusée.** *Des missiles sol-air.*

MISSION **n. f.** ▪ **1.** Charge donnée à qqn d'aller accomplir qqch., de faire qqch. ⇒ **mandat.** *On l'a chargé d'une mission. Envoyer qqn en mission. Mission accomplie. Mission impossible. Chargé de mission* (diplomatique). - *Mission scientifique.* ⇒ **expédition.** **2.** Charge de propager une religion ; prédications et œuvres accomplies à cet effet. *Pays de mission.* **3.** Groupe de personnes ayant une mission. *Faire partie d'une mission.* - *Les Missions* (religieuses), chargées de la propagation de la foi. ⇒ **missionnaire.** **4.** Action, but auquel un être semble destiné. ⇒ **fonction, vocation.** *La mission de l'artiste. La mission civilisatrice d'un pays.*

MISSIONNAIRE **n.** ▪ **1.** RARE Personne qui est chargée d'une mission, fait partie d'une mission. **2.** spécialt COUR. Prêtre, religieux, religieuse des Missions. *Un missionnaire catholique.* **3.** **adj.** Qui a la mission de propager sa religion, son idéal. *L'esprit missionnaire.*

MISSISSAUGA ▪ Ville du Canada (Ontario), banlieue de Toronto. 463 388 hab.

le MISSISSIPPI ▪ Fleuve des États-Unis qui traverse le pays du nord au sud. 3 780 km. Immense delta sur le golfe du Mexique. Il forme avec le Missouri la plus longue artère fluviale du monde (6 800 km). ► **le MISSISSIPPI** État du sud des États-Unis. 123 584 km². 2 573 000 hab. Capitale : Jackson. Agriculture (coton).

le **Mississippi.** Vue aérienne. *Phot. © Charles Lénars*

MISSIVE **n. f.** ▪ LITTÉR. Lettre. *Recevoir une missive.*

MISSOLONGHI en grec ***MESSOLÓNYI*** ▪ Ville de Grèce. 12 674 hab. Assiégée de 1821 à 1826, elle est devenue le symbole de la résistance grecque à la Turquie.

le MISSOURI ▪ Rivière des États-Unis. 4 370 km. Affluent du Mississippi. ► **le MISSOURI** État du centre des États-Unis. 180 456 km². 5 117 000 hab. Capitale : Jefferson City. Agriculture, élevage, richesses minérales.

MISTIGRI **n. m.** ▪ **1.** VX Matou. **2.** anciennt Valet de trèfle. - Jeu de cartes (où ce valet domine).

Jeanne Bourgeois dite **MISTINGUETT** (1875 - 1956) ▪ Vedette française de music-hall, chanteuse, actrice et animatrice de nombreux spectacles.

MISTON, ONNE **n.** ▪ RÉGIONAL Gamin, mioche. ◇ var. NISTON.

MISTRA ▪ Site médiéval de Grèce, près de Sparte. Centre intellectuel byzantin (principauté de Morée de 1348 à 1460). Détruit par les Turcs en 1825.

MISTRAL **n. m.** ▪ Vent violent qui souffle du nord ou du nord-ouest vers la mer, notamment dans la vallée du Rhône et sur la Méditerranée. *Le mistral et la tramontane. Les mistrals les plus forts.*

Frédéric MISTRAL (1830 - 1914) ▪ Écrivain français d'expression occitane. Artisan de la renaissance de la langue provençale, fondateur, avec Roumanille et Aubanel, du mouvement du Félibrige. "*Mireille*" ("*Mirèio*", 1859). Prix Nobel 1904.

Gabriela MISTRAL (1889 - 1957) ▪ Poétesse chilienne. Premier écrivain latino-américain à recevoir le prix Nobel (1945).

MITAINE n. f. ▪ Gant qui laisse à nu les deux dernières phalanges des doigts.

MITAN n. m. ▪ **1.** VX ou RÉGIONAL Milieu, centre. *Au mitan, en plein mitan de...* **2.** ARGOT Le Milieu (des malfaiteurs).

le MITANNI ▪ Empire qui domina une partie de l'Asie antérieure (Arménie, Syrie, Assyrie) aux XVe et XIVe s. av. J.-C. Il était composé d'une aristocratie guerrière hourrite et aryenne, dominant une population agricole.

MITARD n. m. ▪ ARGOT Cachot, cellule disciplinaire, dans une prison.

Margaret MITCHELL (1900 - 1949) ▪ Romancière américaine. *"Autant en emporte le vent"* (1936), roman historique sur la guerre de Sécession, fit l'objet d'une adaptation cinématographique de Victor Fleming (1939).

Peter MITCHELL (né en 1920) ▪ Chimiste britannique. Spécialiste de bioénergétique. Prix Nobel 1978.

① **MITE** n. f. ▪ Petit papillon blanchâtre de la famille des teignes, dont les larves rongent les étoffes et les fourrures. *Habit mangé par les mites, troué aux mites.*

② **MITE** n. f. ▪ Chassie (de l'œil). *Avoir la mite à l'œil.*

MITÉ, ÉE adj. ▪ Troué par les mites. *Fourrure mitée.*

MI-TEMPS [-tɑ̃] n. f. invar. ▪ **1.** Temps de repos au milieu d'un match (dans les sports d'équipes : football, rugby, hockey, etc.). ⇒ **pause.** - Chacune des deux moitiés du temps réglementaire (dans un match). **2.** *À MI-TEMPS* loc. adv. *Travailler, être employé à mi-temps,* pendant la moitié de la durée normale du travail (opposé à *à plein temps*). - n. m. *Un mi-temps,* travail à mi-temps.

SE **MITER** v. pron. [1] ▪ Être attaqué, rongé par les mites. ⇒ **mité.**

MITEUX, EUSE adj. ▪ En piteux état ; d'apparence misérable. ⇒ **minable, pauvre, piètre.** *Des vêtements miteux. Un hôtel miteux.* - n. FAM. Personne pauvre, pitoyable. ⇒ FAM. **fauché.**

MITHRA ▪ Dieu solaire de l'ancien Iran. Son culte, le *mithraïsme,* se répandit dans le monde grec et romain.

MITHRIDATE VI EUPATOR (v. 132 - 63 av J.-C.) ▪ Roi du Pont. Il tenta de chasser Rome de l'Asie, mais fut vaincu par Pompée (66 av. J.-C.). Il s'était immunisé contre les poisons (cf. mithridatiser). Il inspira une tragédie à Racine.

MITHRIDATISER v. tr. [1] ▪ DIDACT. Immuniser en accoutumant à un poison.

la MITIDJA ▪ Plaine d'Algérie, dans l'arrière-pays d'Alger. Riche région agricole.

MITIGER v. tr. [3] ▪ VX Rendre plus doux, moins rigoureux. - DR. *Mitiger une peine (mitigation* n. f.*).* ► **MITIGÉ, ÉE** adj. **1.** VIEILLI Adouci, moins strict. *Sévérité mitigée.* **2.** COUR. Mêlé, mélangé. *Des compliments mitigés. Des réactions mitigées.*

MITIGEUR n. m. ▪ Robinet mélangeur.

MITO ▪ Ville du Japon (Honshū). 242 818 hab. Jardin célèbre.

MITOCHONDRIE [-kɔ̃dʀi] n. f. ▪ BIOL. Granule du cytoplasme, indispensable aux réactions énergétiques de la cellule.

MITONNER v. [1] ▪ **I.** v. intr. Cuire longtemps à petit feu. ⇒ **bouillir, mijoter.** *Faire mitonner un plat.* **II.** v. tr. **1.** Préparer soigneusement en faisant cuire longtemps. *Il nous a mitonné un bon petit dîner.* **2.** Préparer tout doucement (une chose, une personne). *Mitonner une affaire.*

MITOSE n. f. ▪ BIOL. Division de la cellule au cours de laquelle chaque chromosome se dédouble.

MITOYEN, ENNE adj. ▪ Qui est entre deux choses, commun à l'une et à l'autre. *Mur mitoyen.*

MITOYENNETÉ n. f. ▪ Caractère de ce qui est mitoyen, contigu.

MITRAILLAGE n. m. ▪ Action de mitrailler.

MITRAILLE n. f. ▪ **1.** anciennt Ferraille, balles de fonte qu'on utilisait dans les canons comme projectiles. **2.** Décharge d'artillerie, de balles. *Fuir sous la mitraille.* **3.** FAM. Petite monnaie de métal. ⇒ **ferraille.**

MITRAILLER v. tr. [1] ▪ **1.** Prendre pour objectif d'un tir de mitrailleuse. *Mitrailler un avion.* **2.** FAM. Photographier ou filmer sans arrêt. *Le président fut mitraillé par les reporters.*

MITRAILLETTE n. f. ▪ Arme portative à tir automatique (syn. *pistolet mitrailleur*).

MITRAILLEUR ▪ **1.** n. m. VX Celui qui mitraille, tire à mitraille. **2.** Servant d'une mitrailleuse, spécialt sur un bombardier. **3.** adj. m. (arme automatique) Qui peut tirer par rafales. - ⇒ aussi **fusil-mitrailleur, pistolet-mitrailleur.**

MITRAILLEUSE n. f. ▪ Arme automatique, sur support, à tir rapide. *Mitrailleuse légère, lourde. Les mitrailleuses d'un char, d'un avion.*

MITRAL, ALE, AUX adj. ▪ ANAT. En forme de mitre. *Valvule mitrale du cœur.* - MÉD. De la valvule mitrale. *Insuffisance mitrale.*

MITRE n. f. ▪ Haute coiffure triangulaire de cérémonie portée par les évêques. *La mitre et la crosse épiscopales.*

MITRON n. m. ▪ Garçon boulanger ou pâtissier.

MITRY-MORY ▪ Commune de la Seine-et-Marne. 15 205 hab. *(les Mitryens).*

Eilhardt MITSCHERLICH (1794 - 1863) ▪ Chimiste allemand. Il découvrit l'isomorphisme cristallin (1820).

François MITTERRAND (1916 - 1996) ▪ Homme d'État français. Plusieurs fois ministre sous la IVe République, chef de l'opposition socialiste au général de Gaulle, élu président de la République en 1981. Il nomma, durant son premier septennat, trois Premiers ministres : Mauroy, Fabius et, après les élections législatives de 1986 qui imposèrent une majorité de droite (cohabitation), Chirac. Réélu en 1988, il désigna M. Rocard pour former un nouveau gouvernement, puis É. Cresson en 1991, P. Bérégovoy en 1992 et, après la victoire de la droite aux élections législatives de 1993, É. Balladur. En 1990, il engagea la France aux côtés des États-Unis dans la coalition contre l'Irak lors de la guerre du Golfe. Ses deux présidences ont été marquées par une accélération de la construction européenne. Au terme de son second mandat (1995), il se retira de la vie politique.

Mitterrand.
Phot. © Chip Hires/Gamma

À **MI-VOIX** loc. adv. ▪ D'une voix faible. *Parler à mi-voix.*

MIXAGE n. m. ▪ anglic. Regroupement sur une même bande de tous les éléments sonores d'un film, d'une chanson.

① **MIXER** v. tr. [1] ▪ anglic. Procéder au mixage de (un film, une chanson).

② **MIXER** ou **MIXEUR** [miksœʀ] n. m. ▪ anglic. Appareil électrique servant à mélanger, à battre des aliments. ⇒ **batteur** (II), **mélangeur.**

MIXITÉ n. f. ▪ Caractère de ce qui est mixte (2).

MIXTE adj. ▪ **1.** DIDACT. Formé de plusieurs éléments de nature différente. ⇒ **combiné, mélangé.** *Mariage mixte,* entre deux personnes de religions différentes. **2.** Qui comprend des personnes des deux sexes. *École, cours, classe mixte. Double mixte* (au tennis, au ping-pong).

les MIXTÈQUES ▪ Peuple indien du Mexique précolombien (près d'Oaxaca). Vers le XIVe s. ils envahirent le territoire zapotèque et eurent une civilisation brillante (sculpture, fresques, enluminure).

MIXTION [mikstjɔ̃] **n. f.** ▪ DIDACT. Action de mélanger, spécialt des drogues (*mixtionner* **v. tr.** 1). ≠ *miction.*

MIXTURE **n. f.** ▪ **1.** Mélange de plusieurs substances chimiques, pharmaceutiques. **2.** péj. Mélange comestible (boisson ou aliment) dont on reconnaît mal les composants.

MIZOGUCHI Kenji (1898 - 1956) ▪ Cinéaste japonais. Apôtre d'un nouvel humanisme, il s'institua le défenseur des valeurs morales et de la dignité humaine. *"Les Contes de la lune vague après la pluie"* (1953); *"L'Intendant Sansho"* (1954).

le MIZORAM ▪ État (depuis 1986) de l'Inde, limitrophe du Bangladesh et de la Birmanie. 21 087 km^2. 689 756 hab. Capitale : Aijal (74 500 hab.). 94 % de la population se réclament du christianisme.

MLLE ▪ Abréviation de *mademoiselle.*

MME ▪ Abréviation de *madame.*

MNÉMO-, -MNÈSE, -MNÉSIE Éléments (du grec *mnêmê* « mémoire ») qui signifient « mémoire ; se souvenir ».

MNÉMONIQUE **adj.** ▪ DIDACT. De la mémoire.

MNÉMOSYNE ▪ Une des Titanides. Déesse grecque de la Mémoire et mère des Muses.

MNÉMOTECHNIQUE [-tɛk-] **adj.** ▪ Capable d'aider la mémoire par des procédés d'association mentale. *Procédés, formules mnémotechniques.*

Ariane MNOUCHKINE (née en 1939) ▪ Metteur en scène français de théâtre. Animatrice du Théâtre du Soleil, installé à la Cartoucherie de Vincennes.

MOAB ▪ Fils de Loth et ancêtre des **Moabites**, dans la Bible.

MOBILE ▪ **I. adj. 1.** Qui peut être mû, dont on peut changer la place ou la position. *Pièces fixes et pièces mobiles d'un mécanisme. Cloisons mobiles.* ⇒ **amovible. 2.** Dont la date, la valeur peut être modifiée, est variable. *Les fêtes mobiles du calendrier.* **3.** (personnes) Qui se déplace ou peut se déplacer. *Une main-d'œuvre mobile.* **4.** Dont l'apparence change sans cesse. ⇒ **mouvant.** *Reflets mobiles.* ⇒ **changeant.** *Visage, regard mobile,* plein de vivacité. **II. n. m. 1.** SC. Corps qui se déplace, considéré dans son mouvement. *Calculer la vitesse d'un mobile.* **2.** Ce qui porte, incite à agir. ⇒ **impulsion.** *Les mobiles d'une action.* ⇒ **cause, motif. 3.** Œuvre d'art, ensemble d'éléments construits en matériaux légers et pouvant prendre des dispositions variées.

MOBILE ▪ Ville des États-Unis (Alabama), port sur le golfe du Mexique. 196 000 hab.

MOBILIER, IÈRE ▪ **I. adj.** (s'oppose à *immobilier*) **1.** Qui consiste en biens meubles (I). *Fortune mobilière.* **2.** DR. Qui est de la nature des biens meubles. *Valeurs mobilières.* **II. n. m.** COUR. Ensemble des meubles (II) destinés à l'usage et à l'aménagement d'une habitation. ⇒ **ameublement.** *Mobilier de bureau.* - *Mobilier urbain,* objets, installations disposés sur la voie ou dans les lieux publics.

MOBILISABLE **adj.** ▪ Susceptible d'être mobilisé (1).

MOBILISATEUR, TRICE **n.** et **adj.** ▪ Qui mobilise (1 ou 2), effectue ou organise une mobilisation.

les **Mixtèques.** Divinités, civilisation d'Oaxaca, codex mixtèque post-cortésien. Musée national d'Anthropologie, Mexico.
Phot. © Dagli Orti

Mizoguchi. *Les Contes de la lune vague après la pluie* avec M. Mori et K. Tanaka.
Phot. © Coll. Christophe L.

MOBILISATION **n. f.** ▪ **1.** Opération qui a pour but de mettre une armée, une troupe sur le pied de guerre. *Décréter la mobilisation générale.* **2.** Mise en jeu. *La mobilisation des ressources, des énergies.*

MOBILISER **v. tr.** 1 ▪ **1.** Mettre sur le pied de guerre (une armée) ; affecter (des citoyens) à des postes militaires. *Être mobilisé dans les services auxiliaires.* ♦ Faire appel à un groupe pour une œuvre ou une action collective. *Le syndicat a mobilisé ses militants.* **2.** Faire appel à, mettre en jeu (des facultés intellectuelles ou morales). *Mobiliser les enthousiasmes.*

MOBILITÉ **n. f.** ▪ **1.** Caractère de ce qui peut se mouvoir, changer de place, de position (s'oppose à *immobilité*). **2.** Caractère de ce qui change rapidement d'aspect ou d'expression. *La mobilité d'un visage.* **3.** fig. *Mobilité des sentiments, de l'humeur.* ⇒ **fluctuation, instabilité.**

August Ferdinand MÖBIUS (1790 - 1868) ▪ Mathématicien et astronome allemand. En topologie, il conçut une surface à un seul côté et à un seul bord *(ruban de Möbius).*

MOBUTU SESE SEKO (né en 1930) ▪ Officier et homme d'État zaïrois. Président depuis le coup d'État de 1965.

le lac MOBUTU anc. **lac Albert** ▪ Lac d'Afrique centrale, traversé par le Nil et formant frontière entre le Zaïre et l'Ouganda. 4 500 km^2.

MOBYLETTE **n. f.** (marque déposée) ▪ Cyclomoteur d'une marque répandue (en France). ◇ abrév. FAM. MOB.

MOCASSIN **n. m.** ▪ **1.** Chaussure des Indiens d'Amérique du Nord, en peau non tannée. **2.** Chaussure basse (de marche, de sport), sans attaches.

MOCHE **adj.** ▪ **1.** FAM. Laid. *Il, elle est vraiment moche.* **2.** Moralement critiquable. *C'est moche ce qu'il a fait là !* ⇒ **méprisable.**

MOCHETÉ **n. f.** ▪ FAM. Personne laide.

MOCTEZUMA ou **MONTEZUMA II** (v. 1479 - 1520) ▪ Empereur aztèque de 1502 à sa mort. Il fut soumis par Cortés.

MODAL, ALE, AUX **adj.** ▪ **1.** Qui a rapport aux modes (en philosophie, logique, grammaire). *Logique modale. Auxiliaires modaux,* qui expriment le nécessaire, le probable, le contingent (ex. *pouvoir, devoir*). ⇒ **modalité. 2.** *Musique modale,* où l'organisation en modes est primordiale (opposé à *tonal*).

MODALISER **v. tr.** 1 ▪ DIDACT. Différencier selon des modes, des modalités.

MODALITÉ **n. f.** ▪ **1.** Forme particulière (d'un acte, d'un fait, d'une pensée, d'un objet). ⇒ **circonstance, manière.** *Modalités de paiement.* **2.** *Adverbe de modalité,* qui modifie le sens d'une phrase entière (ex. *probablement*). **3.** Caractère d'un morceau de musique dépendant du mode (⇒ ② **mode**) auquel il appartient (opposé à *tonalité*).

MODANE ▪ Commune de la Savoie. 4 250 hab. *(les Modanais).* Gare frontière avec l'Italie.

① **MODE** **n. f.** ▪ **1.** VX ou RÉGIONAL Manière, façon. **2.** Manière collective de faire. *Les modes de l'époque.* - *Tripes à la mode de Caen.* **3.** absolt Goûts collectifs, manières passagères de vivre, de sentir qui paraissent de bon ton dans une société déterminée. *Les engouements de la mode.* ⇒ **vogue.** - loc. *À LA MODE* : conforme au goût du jour (→ dans le vent). *Chanson à la mode. Ce n'est plus à la mode, c'est passé de mode.* ⇒ **démodé.** ♦ spécialt Habitudes collectives et passagères en matière d'habillement. *Suivre la mode.* - appos. (invar.) *Teintes, tissus mode.* - *Journal de mode,* concernant la toilette. ⇒ **couture.** *Elle travaille dans la mode.* ♦ *Une mode, les modes :* comportement(s) réglé(s) par la mode.

② **MODE** n. m. ▪ **1.** PHILOS. Manière d'être (d'une substance). *Les modes de l'être* (latin *modi essendi*) *et de la signification* (⇒ ② **modiste**). *Les modes de la pensée selon Spinoza.* **2.** MUS. Chacune des dispositions particulières de la gamme caractérisée par la disposition des tons et demi-tons. *Mode majeur, mineur.* **3.** LING. Caractère d'une forme verbale susceptible d'exprimer l'attitude du sujet vis-à-vis des événements exprimés (pour le français : indicatif, subjonctif, conditionnel, impératif, infinitif, participe). **4.** COUR. *Mode de...,* forme particulière sous laquelle se présente un fait, s'accomplit une action. ⇒ **forme, modalité.** *Mode de vie, d'existence.* ⇒ **genre.** - *Mode d'emploi,* manière de se servir de qqch. ⇒ **indication.** *"La Vie Mode d'emploi"* (de Perec).

MODELAGE n. m. ▪ Action de modeler (une substance plastique). *Le modelage d'une statue en terre glaise.*

MODELÉ n. m. ▪ Relief des formes (dans une sculpture, un dessin, un objet). *Le modelé du corps.*

MODÈLE n. m. ▪ **I.** Ce qu'on doit imiter. **1.** Ce qui sert ou doit servir d'objet d'imitation pour faire ou reproduire qqch. ⇒ **étalon, exemple.** *Sa conduite doit être un modèle pour nous. Servir de modèle. Prendre qqn pour modèle. Sur le modèle de,* à l'imitation de... - adj. *Des employés modèles.* ⇒ **exemplaire, parfait. 2.** Personne ou objet dont l'artiste reproduit l'image. ⇒ **sujet.** *Dessin, dessiner d'après le modèle.* ♦ Personne dont la profession est de poser pour des peintres, des photographes (→ aussi anglic. cover-girl). **3.** *MODÈLE DE :* personne, fait, objet possédant des caractéristiques qui en font le représentant d'une catégorie. *Elle est, c'est un modèle de fidélité, de générosité.* **II. 1.** Catégorie, classe définie par un ensemble de caractères. ⇒ **type.** *Les différents modèles d'organisation industrielle.* **2.** Type déterminé selon lequel des objets semblables peuvent être reproduits. ⇒ **prototype.** *Modèle reproduit en grande série. Un nouveau modèle. Les modèles de la haute couture.* - *Modèle déposé.* **3.** Objet de même forme qu'un objet plus grand. ⇒ **maquette.** - *MODÈLE RÉDUIT. Construire des modèles réduits de bateaux* (⇒ **modélisme**). **4.** SC. Représentation simplifiée, souvent formalisée, d'un processus, d'un système. *Modèles de structure, de fonctionnement. Modèles mathématiques en économie.* **5.** Type d'organisation et de fonctionnement socioéconomique. *Le modèle japonais.*

MODELER v. tr. ⑤ ▪ **1.** Façonner (un objet) en donnant une forme déterminée à une substance molle. *Modeler une poterie, une statuette.* ⇒ **modelage.** - PEINT. Rendre le relief, le modelé. **2.** Pétrir (une substance plastique) pour lui imposer une certaine forme. *Modeler de la terre glaise. Pâte à modeler.* **3.** Conférer une certaine forme à (qqch.). *L'érosion modèle le relief.* ♦ fig. *Modeler son goût sur, d'après celui de qqn.* ⇒ **conformer, régler.** - pronom. *SE MODELER sur qqn, qqch. :* se façonner en empruntant les caractères. ⇒ se **conformer.**

MODÉLISER v. tr. ① ▪ DIDACT. Établir le modèle (II, 4) de. ► n. f. MODÉLISATION

MODÉLISME n. m. ▪ Conception et construction des modèles réduits.

MODÉLISTE n. ▪ **1.** Personne qui fait ou dessine les modèles, dans la couture. **2.** Personne qui fabrique des modèles réduits (de véhicules, avions, trains, etc.).

MODEM [-ɛm] n. m. ▪ INFORM. Appareil utilisé dans le traitement à distance de l'information.

MODÉNATURE n. f. ▪ ARCHIT. Profil d'un ensemble de moulures.

MODÈNE en italien *MODENA* ▪ Ville d'Italie (Émilie-Romagne). 176 857 hab. Université. Cathédrale (XIe s.). Palais ducal.

MODÉRATEUR, TRICE n. et adj. ▪ **1.** Personne, chose qui tend à modérer ce qui est excessif, à concilier les partis opposés. ♦ adj. *Une influence modératrice.* - *Ticket modérateur,* quote-part de frais laissée à la charge du malade par la Sécurité sociale (en France). **2.** n. m. Corps qui, dans une pile atomique, permet de régler une réaction en chaîne.

MODÉRATION n. f. ▪ **1.** Comportement éloigné de tout excès. ⇒ **mesure, réserve, retenue.** *Faire preuve de modération dans sa conduite.* - *À consommer avec modération.* **2.** Action de modérer, de diminuer (qqch.).

MODERATO [-de-] adv. ▪ MUS. Mouvement modéré. *Allegro moderato. "Moderato cantabile"* (roman de M. Duras).

MODÉRÉ, ÉE adj. ▪ **1.** Qui fait preuve de mesure, qui se tient éloigné de tout excès. *Il est toujours modéré dans ses prétentions, ses désirs.* ⇒ **mesuré. 2.** Qui professe des opinions politiques éloignées des extrêmes et conservatrices ou modérément réformistes. *Un parti modéré.* - n. *Les modérés.* **3.** Peu intense, assez faible. ⇒ **moyen.** *Prix modéré.* ⇒ **bas.**

MODÉRÉMENT adv. ▪ Avec modération. *Boire, manger modérément.*

MODÉRER v. tr. ⑥ ▪ Diminuer l'intensité de (un phénomène, un sentiment), réduire à une juste mesure (ce qui est excessif). ⇒ **adoucir, tempérer.** *Modérer sa colère.* ⇒ **apaiser, calmer.** *Modérez vos expressions. Modérer l'allure, la vitesse,* ralentir. - pronom. *Modérez-vous !* ⇒ se **calmer,** se **contenir.**

MODERNE adj. ▪ **I. 1.** Actuel, contemporain ou récent. *La musique moderne.* **2.** Qui bénéficie des progrès récents ; qui correspond au goût actuel. ⇒ **neuf, nouveau** ; opposé à *ancien. Les techniques modernes.* ⇒ de **pointe.** *Immeuble, usine moderne. Mobilier, décor moderne.* - n. m. *Aimer le moderne. Le moderne et le postmoderne, en architecture.* **3.** (personnes) Qui tient compte de l'évolution récente, dans son domaine. - *Des goûts, des idées modernes.* **II. 1.** DIDACT. Qui appartient à une époque postérieure à l'Antiquité. - spécialt n. *Les Modernes :* les écrivains modernes, au XVIIe siècle, opposés aux Anciens*. **2.** *Histoire moderne ; les Temps modernes,* de la fin du Moyen Âge à la Révolution française, début de l'époque dite contemporaine. **3.** (opposé à *classique*) *Enseignement moderne* (sciences et langues vivantes).

MODERNISER v. tr. ① ▪ **1.** Rendre moderne. **2.** Organiser d'une manière conforme aux besoins, aux moyens modernes. *Moderniser une entreprise.* ⇒ **transformer.** ► n. f. MODERNISATION

MODERNISME n. m. ▪ Goût de ce qui est moderne ; recherche de la modernité.

MODERNITÉ n. f. ▪ Caractère de ce qui est moderne, notamment en art.

MODERN STYLE n. m. et adj. invar. ▪ anglic. Tendance artistique du début du XXe siècle, caractérisée par l'utilisation de courbes naturelles stylisées, inspirées de la flore (syn. *style nouille, art nouveau*).

MODESTE adj. ▪ **I. 1.** Qui est simple, sans faste ou sans éclat. *Mise, tenue modeste.* ♦ Qui concerne les couches sociales peu favorisées. *Un milieu modeste.* **2.** Peu important. *Un salaire très modeste.* ⇒ **médiocre, modique. II.** (personnes) Qui a une opinion modérée, réservée, de son propre mérite. ⇒ **effacé, humble ; modestie.** *Un homme simple et modeste. Air, mine modeste.* ⇒ **discret, réservé.**

MODESTEMENT adv. ▪ De manière modeste. *Ils sont logés très modestement.* - *Parler, se comporter modestement.* ⇒ **simplement.**

MODESTIE n. f. ▪ Modération, retenue dans l'appréciation de soi-même. ⇒ **humilité, réserve.** *Manquer de modestie.* - *Fausse modestie,* modestie affectée.

MODICITÉ n. f. ▪ **1.** Caractère de ce qui est modique (pécuniairement). ⇒ **petitesse.** *La modicité de son revenu.* **2.** Médiocrité, petitesse. *La modicité de ses espoirs.*

MODIFIABLE adj. ▪ Qui peut être modifié.

MODIFICATEUR, TRICE adj. ▪ Qui a la propriété de modifier. *Une action modificatrice.*

MODIFICATIF, IVE adj. ▪ Qui modifie. *Texte modificatif. Termes modificatifs.*

MODIFICATION n. f. ▪ **1.** Changement (qui n'affecte pas l'essence de ce qui change). ⇒ **altération, variation.** *Modification matérielle ; quantitative, qualitative.* ♦ *Modification*

rapide, lente d'une situation. **2.** Changement apporté à qqch. *Modifications apportées à un projet de loi.* ⇒ **correction, rectification, remaniement.**

MODIFIER v. tr. [7] ▪ Changer (une chose) sans en altérer la nature. *Modifier ses plans.* ► SE **MODIFIER** v. pron. *Une impression qui se modifie sans cesse.* ⇒ **changer, varier.**

Amedeo **MODIGLIANI** (1884 - 1920) ▪ Peintre et sculpteur italien installé à Paris. Portraits inspirés de l'art nègre. Nus féminins.

MODILLON n. m. ▪ ARCHIT. Ornement placé sous une corniche, un support.

MODIQUE adj. ▪ (somme d'argent) Peu considérable. ⇒ **faible, minime.** *Un salaire modique. Pour la modique somme de 100 francs.* ► MODIQUEMENT adv. *Être modiquement payé, rétribué.*

① **MODISTE** n. f. ▪ Fabricante, marchande de coiffures féminines. *Atelier, boutique de modiste.*

② **MODISTE** n. m. ▪ PHILOS. Grammairien, logicien du Moyen Âge (XIIe-XIIIe siècle), spécialiste des modes* de l'être et de la signification.

MODULATEUR n. m. ▪ Appareil qui module un courant, une onde. *Modulateur-démodulateur.* ⇒ **modem.**

MODULATION n. f. ▪ **1.** Chacun des changements de ton, d'accent, d'intensité, de hauteur dans l'émission d'un son ; action ou façon de moduler. **2.** Passage d'une tonalité à une autre. **3.** Variation (d'amplitude, d'intensité, de fréquence) d'une onde. *Émission en modulation de fréquence.*

MODULE n. m. ▪ **1.** ARTS Unité déterminant des proportions. - Dimension. *Cigare de gros module.* **2.** Unité de mesure de débit. **3.** Coefficient de résistance des matériaux. *Module de rigidité.* **4.** Unité constitutive d'un ensemble. ♦ Élément d'un véhicule spatial. *Module lunaire.* ► adj. MODULAIRE

MODULER v. tr. [1] ▪ **1.** Articuler, émettre (une mélodie, un son varié) par une suite de modulations. *Moduler un air en le sifflant.* **2.** Effectuer une ou plusieurs modulations (2). **3.** RADIO Faire varier les caractéristiques de (un courant électrique ou une onde). **4.** Adapter (qqch.) à des cas particuliers. *Moduler des tarifs.*

MODUS VIVENDI [mɔdysvivɛ̃di] n. m. invar. ▪ Transaction mettant d'accord deux parties en litige.

MOELLE [mwal] n. f. ▪ **I. 1.** Substance molle et grasse de l'intérieur des os. *Os à moelle,* contenant de la moelle. - fig. « *La substantifique* moelle* » (Rabelais). **2.** loc. *Frissonner, être glacé jusqu'à la moelle (des os),* l'intérieur du corps. **II.** *MOELLE ÉPINIÈRE :* cordon nerveux qui va de l'encéphale aux vertèbres lombaires, par l'épine* dorsale (canal rachidien ; ⇒ **médullaire**).

les **Moghols.** Portrait d'Abū-Hasan Qūtb Shāh, miniature indienne, école moghole de Golconde. Galerie Marco Polo, Paris. *Phot. © Dagli Orti*

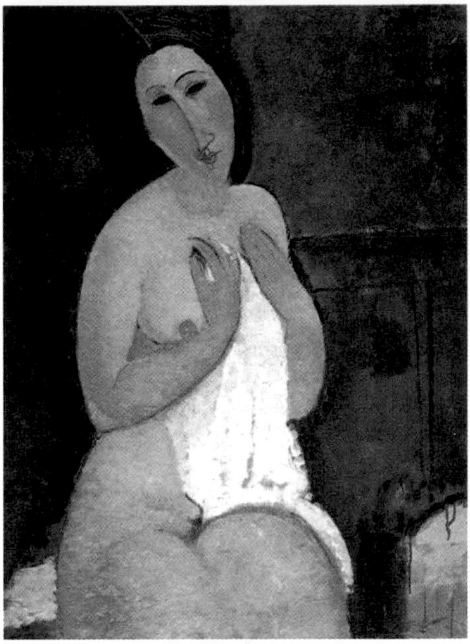

Modigliani. *Nu assis.* Coll. part., Paris. *Phot. © Arch. Smeets*

MOELLEUX, EUSE [mwalø] adj. ▪ **1.** Qui a de la douceur et de la mollesse au toucher. ⇒ **doux, mou.** *Étoffe moelleuse. Siège, lit moelleux,* où l'on enfonce confortablement. **2.** Agréable au palais, au goût. ⇒ **onctueux, savoureux.** *Un vin moelleux.* **3.** Qui a une sonorité pleine et douce. *Son moelleux.* **4.** (formes naturelles ou artistiques) Qui a de la mollesse et de la grâce. ⇒ **gracieux, souple.** *Ligne, touche moelleuse.* ► adv. MOELLEUSEMENT

MOELLON [mwalɔ̃] n. m. ▪ Pierre de construction maniable.

MŒURS [mœʀ(s)] n. f. pl. ▪ **I.** Habitudes (d'une société, d'un individu) relatives à la pratique du bien et du mal. ⇒ **conduite, morale.** *Des mœurs dissolues.* - DR. *Outrages aux bonnes mœurs.* - *Police des mœurs,* ou ellipt *les mœurs* (réglementation de la prostitution). ♦ absolt VX Bonnes mœurs. **II. 1.** Habitudes de vie, coutumes (d'un peuple, d'une société, d'un groupe). ⇒ **usage(s).** *Cette habitude est entrée dans les mœurs.* - *Comédie, peinture* DE MŒURS, qui décrivent les habitudes d'une société. **2.** Habitudes de vie individuelle, comportement (d'une personne). *Avoir des mœurs simples.* **3.** Habitudes de vie (d'une espèce animale). *Les mœurs des abeilles.*

MOGADISCIO ▪ Capitale et port de la Somalie, sur l'océan Indien. 600 000 hab. Centre commercial du pays.

les **MOGHOLS, MOGOLS** ou **MOGHULS** ▪ Dynastie de souverains musulmans, fondée par Bābur, qui régna sur le nord de l'Inde de 1526 à 1857. Ils favorisèrent l'architecture et la peinture (école de miniaturistes). Brillante civilisation dont témoigne le Tāj Mahal.

MOGUILEV → Maguilev

MOHAIR n. m. ▪ Poil de la chèvre angora. - appos. *Laine mohair.* ♦ Étoffe de mohair.

MOHAMMED → Muḥammad, Mahomet, Méhémet, Mehmet

MOHAMMED V ou **MUḤAMMAD IBN YUSUF** (1909 - 1961) ▪ Sultan (1927), puis roi du Maroc de 1957 à sa mort. Favorable au nationalisme, il fut déposé en 1953 mais rappelé en 1955. Il obtint de la France l'indépendance de son pays (1956). Père de Hassan II.

MOHAMMEDIA autrefois ***FÉDALA*** ▪ Ville et port du Maroc. 162 000 hab. Raffinerie de pétrole.

le désert **MOHAVE** → Mojave

Mohenjo-Daro. La cité. *Phot. © Prato/Ricciarini*

MOHENJO-DARO ▪ Site archéologique du Pakistan, sur l'Indus. Une des villes principales de ce que l'on appelle la « civilisation de l'Indus » (vers 2000 av. J.-C.).

les **MOHICANS** ▪ Ancienne tribu d'Indiens d'Amérique du Nord que l'écrivain Fenimore Cooper rendit célèbre dans son roman *"Le Dernier des Mohicans"*.

László **MOHOLY-NAGY** (1895-1946) ▪ Peintre, sculpteur et dessinateur hongrois. Il s'engagea dans une recherche abstraite d'une grande rigueur, marquée par le constructivisme russe. Il enseigna au Bauhaus (1923-1929) et créa en 1937 à Chicago le New Bauhaus (qui devint l'Institute of Design).

Andrija **MOHOROVIČIĆ** (1857-1936) ▪ Géophysicien croate, qui s'intéressa plus particulièrement à la sismologie.

MOI pron. pers. et n. m. invar. ▪ **I.** Pronom personnel de la première personne du singulier et des deux genres (⇒ aussi **me**) représentant la personne qui parle ou qui écrit. ⇒ **je** ; FAM. **bibi**, ma **pomme**. **1.** (compl. d'objet après un impér.) *Regarde-moi* (mais : *ne me* regarde pas*). - (après un autre pron. pers.) *Donnez-la-moi.* ♦ emphatique *Regardez-moi ça !* **2.** (sujet) *Moi, faire cela ? « Qui est là ? — Moi. »* - renforçant *je Moi, je...* - *Moi qui... Moi qui vous parle...* **3.** (coord. à un n., un pron.) *Mon frère et moi.* **4.** (dans une phrase compar.) *Plus, moins que moi. Ne faites pas comme moi.* **5.** (attribut) *C'EST MOI...* (+ propos. rel.) *C'est moi qui vous le dis.* **6.** (précédé d'une prép.) *Avec moi, chez moi. L'idée n'est pas de moi.* - *Pour moi,* à mon égard ; pour ma part. - *Pour moi (selon moi, d'après moi), il est fou.* - *Chez moi.* ⇒ **chez-moi.** - *À moi :* mien. *Un ami à moi* (→ un mien* ami). - *De vous à moi* (→ entre nous). **7.** (renforcé) loc. *MOI-MÊME :* forme renforcée de *moi.* - *MOI SEUL. C'est moi seul qui suis responsable.* - *MOI AUSSI. MOI NON PLUS.* **II.** n. m. invar. **1.** *LE MOI :* ce qui constitue l'individualité, la personnalité d'un être humain. ⇒ **esprit, individu. 2.** Forme que prend une personnalité à un moment particulier. *Notre vrai moi.*

MOIGNON n. m. ▪ **1.** Extrémité d'un membre amputé. *Le moignon d'un manchot.* **2.** Ce qui reste d'une grosse branche cassée ou coupée. **3.** Membre rudimentaire. *Les moignons d'ailes des oiseaux marcheurs, des pingouins.*

MOINDRE adj. compar. ▪ **I.** compar. Plus petit (en quantité, en importance), plus faible. ⇒ **inférieur.** *Un moindre mal.* **II.** superl. *LE MOINDRE :* le plus petit, le moins important. *Les moindres détails. Je n'en ai pas la moindre idée. Sans le moindre doute. C'est le moindre de mes soucis.* ⇒ **cadet, dernier.**

MOINDREMENT adv. ▪ *Le moindrement :* le moins* du monde. *Il ne s'est pas le moindrement étonné.*

MOINE n. m. ▪ **I.** Religieux chrétien vivant à l'écart du monde, en général en communauté. ⇒ **religieux ; monacal ; monastère.** *Des moines et des ermites.* - par ext. *Des moines bouddhistes.* ⇒ **bonze. II.** fig. **1.** IMPRIM. Endroit d'une feuille imprimée resté blanc. **2.** Instrument comportant un réchaud, pour chauffer un lit.

MOINEAU n. m. ▪ **1.** Oiseau passereau à livrée brune, striée de noir. ⇒ **pierrot** ; FAM. **piaf.** *Épouvantail à moineaux.* **2.** fig. *Vilain, sale moineau :* individu désagréable. ⇒ **oiseau.**

MOINS adv. ▪ **I.** (compar. de *peu*) Plus faiblement, d'une manière moins importante (s'oppose à *plus*). *Il travaille moins. Il est moins grand que son frère. Beaucoup ; un peu moins. Trois fois moins cher.* - *Non moins que.* ⇒ **ainsi** que, **comme.** - *Pas moins :* autant. - loc. *Plus ou moins :* à peu près. *Ni plus ni moins.* **II. 1.** *LE MOINS* (superl. de *peu*). *C'est la robe la moins chère que j'aie trouvé.* - loc. *Pas le moins du monde :* pas du tout. ⇒ **moindrement. 2.** *AU MOINS,* s'applique à ce qui atténuerait ou corrigerait ce qu'on déplore. *Si, au moins, il était arrivé à temps !* ⇒ **seulement.** *Il y a au moins une heure,* au minimum. ⇒ **bien.** *Tout au moins. Pour le moins :* au minimum. - *DU MOINS :* néanmoins, en tout cas. **III.** nominal **1.** Une quantité moindre ; une chose moindre. *Cela coûte moins. Ni plus ni moins :* exactement autant. - *MOINS DE. Moins de vingt kilos. Les moins de vingt ans :* ceux qui ont moins de vingt ans. - *DE MOINS, EN MOINS. Cinq de moins, en moins. De moins en moins.* **2.** loc. *À MOINS DE, QUE :* sauf si. **IV.** n. m. **1.** *LE MOINS :* la plus petite quantité, la moindre chose. - loc. *Qui peut le plus peut le moins.* **2.** *Le signe moins* (–) : le signe de la soustraction. **V.** adj. attribut *C'est moins qu'on ne dit.* - *C'est moins que rien :* c'est insignifiant. - subst. *Un, une moins que rien :* une personne sans aucune valeur. **VI.** prép. **1.** En enlevant, en ôtant, en soustrayant. *Six moins quatre font deux.* - *Deux heures moins dix.* (en sous-entendant l'heure) *Dépêchez-vous, il est presque moins dix.* **2.** (introduisant un nombre négatif) *Il fait moins dix (degrés).* - *Dix puissance moins deux* (10^{-2}).

MOIRE n. f. ▪ **1.** Apprêt (de tissus) par écrasement irrégulier du grain. - Tissu qui présente des parties mates et brillantes. **2.** LITTÉR. Aspect changeant, chatoyant (d'une surface).

MOIRÉ, ÉE adj. ▪ **1.** Qui a reçu l'apprêt de la moire. **2.** LITTÉR. Chatoyant.

les **MOIRES** n. f. pl. ▪ Divinités grecques du Destin, représentées comme des fileuses disposant le fil de chaque humain et identifiées aux Parques romaines.

MOIRURE n. f. ▪ **1.** Effet de ce qui est moiré. **2.** LITTÉR. Reflet, chatoiement.

MOIS n. m. ▪ **1.** Chacune des douze divisions de l'année (⇒ **janvier, février, mars, avril, mai, juin, juillet, août, septembre, octobre, novembre, décembre**). *Pendant les mois d'été. Période de trois mois* (⇒ **trimestre**), de six mois (⇒ **semestre**). **2.** Espace de temps égal à trente jours environ. **3.** Rétribution correspondant à un mois de travail. ⇒ **mensualité.** - Somme payable chaque mois. *Un mois de loyer.*

MOÏSE n. m. ▪ Corbeille capitonnée qui sert de berceau. *Des moïses.*

MOÏSE en hébreu *MOSCHÉ* (XIIIe s. av. J.-C.) ▪ Prophète, fondateur de la religion et de la nation d'Israël qu'il guida jusqu'à la Terre promise. La Bible, dans le Pentateuque, et la tradition racontent la sortie d'Égypte (Exode), la traversée de la mer Rouge, le séjour dans le désert pendant 40 ans et la remise des Tables de la Loi (Décalogue) sur le mont Sinaï.

MOISIR v. [2] ▪ **I.** v. intr. **1.** Se détériorer, se gâter sous l'effet de l'humidité, en se couvrant de moisissure. **2.** FAM. Attendre, rester longtemps dans la même situation. ⇒ **croupir, languir.** *Nous n'allons pas moisir ici toute la journée.* **II.** v. tr. Gâter, détériorer en couvrant de moisissure. *L'humidité moisit le pain.* ► **MOISI, IE** adj. Gâté par la moisissure. *Fruit moisi.* - n. m. *Goût, odeur de moisi.*

MOISISSURE n. f. ▪ Corruption d'une substance par de petits champignons ; ces champignons, qui forment une mousse veloutée. *Les moisissures du fromage.*

MOISSAC ▪ Commune du Tarn-et-Garonne. 11 971 hab. *(les Moissagais).* Cloître et tympan romans de l'église abbatiale. Chasselas renommé.

Moissac. Le cloître de l'abbaye. *Phot. © Jalain/Explorer*

Henri MOISSAN (1852 - 1907) ▪ Chimiste français. Prix Nobel 1906 pour ses travaux sur le fluor.

Igor MOÏSSEÏEV (né en 1906) ▪ Danseur et chorégraphe soviétique. Il fonda le groupe folklorique le plus important de l'URSS *(les ballets Moïsseïev)*.

MOISSON n. f. ▪ **1.** Travail agricole qui consiste à récolter les céréales parvenues à maturité. *Faire la moisson, les moissons.* - Les céréales qui sont ou seront l'objet de la moisson. *Une moisson abondante.* **2.** fig. Action de recueillir, d'amasser (des choses) ; ce qu'on recueille. *Une moisson de souvenirs.*

MOISSONNER v. tr. [1] ▪ Couper et récolter (des céréales). ⇒ **faucher.**

MOISSONNEUR, EUSE ▪ **1.** n. Personne qui fait la moisson. **2.** n. f. Machine agricole qui sert à moissonner.

MOISSONNEUSE-BATTEUSE n. f. ▪ Machine agricole qui sert à couper les céréales et à les battre pour en obtenir les grains. *Des moissonneuses-batteuses.*

MOITE adj. ▪ Légèrement humide. *Une peau moite de sueur. Une chaleur moite.*

MOITEUR n. f. ▪ Légère humidité. *La moiteur de l'air. Moiteur (de la peau) due à la fièvre.*

MOITIÉ n. f. ▪ **1.** L'une des deux parties égales d'un tout. ⇒ **demi-, mi-, semi-.** *Le diamètre partage le cercle en deux moitiés. Cinq est la moitié de dix.* - *Une bonne, une petite moitié :* un peu plus, un peu moins de la moitié. **2.** *À MOITIÉ :* à demi, partiellement. *Un verre à moitié plein.* - *À moitié prix :* pour la moitié du prix. ♦ *MOITIÉ... MOITIÉ... Le centaure, moitié homme, moitié cheval.* - *Faire moitié-moitié :* partager également (qqch.) avec qqn. - *De moitié.* - *Partager par moitiés.* **3.** FAM. *Sa moitié* : sa femme.

Abraham de MOIVRE (1667 - 1754) ▪ Mathématicien britannique d'origine française. Trigonométrie, calcul des probabilités.

le désert MOJAVE ou **MOHAVE** ▪ Région désertique du sud-est de la Californie (États-Unis).

le désert **Mojave.** *Phot. © Gohier/Explorer*

MOKA n. m. ▪ **1.** Café d'une variété originaire d'Arabie méridionale. **2.** Gâteau fourré d'une crème au beurre parfumée au café. *Des mokas.*

MOKA ▪ Ville et port du Yémen. 6 000 hab. Café renommé.

MOL ⇒ MOU

① **MOLAIRE** n. f. ▪ Dent de la partie postérieure de la mâchoire, dont la fonction est de broyer.

② **MOLAIRE** adj. ▪ CHIM. De la mole.

la MOLDAVIE ▪ Ancienne principauté des Carpates, unie en 1859 à la Valachie pour former la Roumanie. ► **la république de MOLDAVIE** État d'Europe orientale, à la frontière de la Roumanie. 33 700 km². 4 394 000 hab. *(les Moldaves).* Capitale : Chisinau. Langues : moldave, russe (officielles), ukrainien, turc. Monnaie : leu. Agriculture (vignobles, élevage) et industries dérivées. Ancienne république de l'URSS, la Moldavie est devenue indépendante en 1991. Tensions interethniques entre les Moldaves et la minorité

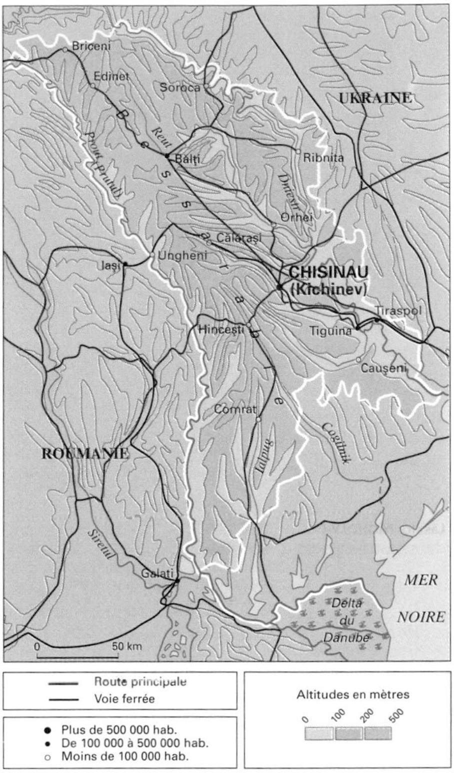

Moldavie.

russophone de Transnitrie hostile à un rattachement à la Roumanie revendiqué par les nationalistes moldaves. Membre de la C.É.I.

MOLE n. f. ▪ CHIM. Unité de quantité de matière équivalant à celle d'un système contenant autant d'entités élémentaires qu'il y a d'atomes dans 12 g de carbone 12.

MÔLE n. m. ▪ Construction en maçonnerie, destinée à protéger l'entrée d'un port. ⇒ **jetée.** - Quai d'embarquement.

MOLÉCULAIRE adj. ▪ De la molécule. *Formule moléculaire d'un corps.*

MOLÉCULE n. f. ▪ **1.** VX Corpuscule. **2.** CHIM. La plus petite partie d'un corps susceptible d'exister à l'état isolé en gardant les caractères de ce corps. *Une molécule est formée d'atomes. Une molécule d'eau. Grosse molécule.* ⇒ **macromolécule, micelle.**

MOLESKINE n. f. ▪ Toile revêtue d'un enduit imitant le cuir.

MOLESTER v. tr. [1] ▪ Maltraiter physiquement.

MOLETÉ, ÉE adj. ▪ Strié à la molette. *Vis moletée.*

MOLETTE n. f. ▪ **1.** Roue étoilée, à l'extrémité de l'éperon. **2.** Outil fait d'une roulette mobile au bout d'un manche. **3.** Roulette de réglage striée. *Clé à molette.*

Jean-Baptiste Poquelin dit **MOLIÈRE** (1622 - 1673) ▪ Comédien, chef de troupe et auteur dramatique français. En 1643, il fonda la troupe de l'Illustre-Théâtre avec Madeleine Béjart. Il connut un immense succès avec *"Les Précieuses ridicules"* (1659) et fut protégé par Louis XIV, malgré les attaques de ses ennemis et de ses rivaux (en particulier pour *"L'École des femmes"* et *"Tartuffe"*). Il a créé un théâtre remarquable par son sens du comique, sa finesse et son observation des caractères humains. *"L'École des femmes"* (1662); *"Tartuffe"* (1664); *"Dom Juan"* (1665); *"Le Misanthrope"* (1666); *"Le Médecin malgré lui"* (1666); *"Amphitryon"* (1668); *"George Dandin ou le Mari confondu"*

Molière. Portrait par Mignard. Musée Condé, Chantilly.
Phot. © Nimatallah/ Ricciarini

(1668); *"L'Avare"* (1668); *"Le Bourgeois gentilhomme"* (1670); *"Psyché"* avec Corneille (1671); *"Les Fourberies de Scapin"* (1671); *"Les Femmes savantes"* (1672); *"Le Malade imaginaire"* (1673).

Luis MOLINA (1535 - 1600) ▪ Théologien jésuite espagnol. Sa doctrine (le *molinisme*) concilie l'action de la grâce divine et la liberté humaine. Elle suscita une controverse avec les tenants du jansénisme.

Tirso de MOLINA → **Tirso de Molina**

Miguel de MOLINOS (1628 - 1696) ▪ Théologien espagnol. Sa doctrine, le quiétisme, fut diffusée en France par Mme Guyon, mais condamnée par le pape en 1687.

le ou **la MOLISE** ▪ Région autonome du centre de l'Italie, sur la côte adriatique. 4 438 km^2. 335 211 hab. Chef-lieu : Campobasso.

MOLLAH n. m. ▪ Chef religieux islamique. *Des mollahs.*

MOLLARD n. m. ▪ FAM. et vulg. Crachat.

MOLLASSE adj. ▪ **1.** Mou et flasque. **2.** Mou, sans énergie. ⇒ **indolent.**

MOLLASSON, ONNE n. ▪ FAM. Personne molle, indolente.

MOLLEMENT adv. ▪ **1.** Sans vigueur, sans énergie. *Il travaille mollement.* **2.** Avec douceur et abandon. ⇒ **indolemment.**

MOLLESSE n. f. ▪ **1.** Caractère de ce qui est mou. *La mollesse d'un matelas.* **2.** Paresse physique, intellectuelle ; manque d'énergie. ⇒ **indolence.**

① **MOLLET** adj. m. ▪ **1.** Agréablement mou. **2.** *Œuf mollet,* à peine cuit dans sa coquille.

② **MOLLET** n. m. ▪ Partie charnue de la jambe, entre le jarret et la cheville.

Guy MOLLET (1905 - 1975) ▪ Homme politique français. Président du Conseil (socialiste) en 1956-1957. Son gouvernement fut marqué par un durcissement vis-à-vis de l'insurrection algérienne, la crise de Suez et la signature du traité de Rome, posant les bases du Marché commun.

MOLLETIÈRE n. f. ▪ Jambière qui s'arrête en haut du mollet. ♦ **(adj.)** *BANDE MOLLETIÈRE,* qu'on enroule autour du mollet.

MOLLETON n. m. ▪ Tissu gratté moelleux.

MOLLETONNÉ, ÉE adj. ▪ Doublé, garni de molleton. *Couvre-lit molletonné.*

Nicolas François, comte MOLLIEN (1758 - 1850) ▪ Homme politique français. Ministre du Trésor public sous l'Empire, il imposa la comptabilité en partie double.

MOLLIR v. intr. [2] ▪ **1.** Perdre sa force. *Sentir ses jambes mollir. Faire mollir.* ⇒ **amollir.** - MAR. *Le vent mollit.* **2.** Commencer à céder. ⇒ **faiblir.** *Courage qui mollit.* - FAM. Hésiter, flancher. ⇒ se **dégonfler.**

MOLLO adv. ▪ FAM. Doucement. *Vas-y mollo !*

MOLLUSQUE n. m. ▪ **1.** Animal invertébré au corps mou (embranchement des *mollusques :* céphalopodes, gastéropodes, bivalves). *Étude des mollusques.* ⇒ **malacologie. 2.** FAM. Personne molle. ⇒ **mollasson.**

le MOLOCH ▪ Divinité mentionnée par la Bible. On lui sacrifiait des enfants.

MOLOSSE n. m. ▪ LITTÉR. Gros chien.

les MOLOSSES ▪ Peuple de l'ancienne Épire. Leur pays donna une race de chiens réputés pour leur sauvagerie.

Viatcheslav Scriabine dit **MOLOTOV** (1890 - 1986) ▪ Diplomate et homme politique soviétique. Signataire du pacte germano-soviétique, proche collaborateur de Staline, évincé en 1956. Durant la Deuxième Guerre mondiale, il fit fabriquer des bouteilles incendiaires (→ cocktail* Molotov).

MOLSHEIM ▪ Chef-lieu d'arrondissement du Bas-Rhin. 7 973 hab. *(les Molsheimiens).* Maisons des XVIe et XVIIe s.

Helmuth, comte von MOLTKE (1800 - 1891) ▪ Maréchal prussien. Disciple de Clausewitz, artisan de la réforme militaire décidée par Bismarck. ▶ **Helmuth von MOLTKE** (1848 - 1916), son neveu. Général allemand, chef de l'état-major de 1906 à septembre 1914 (défaite allemande dans la bataille de la Marne).

les MOLUQUES n. f. pl. ▪ Archipel et province de l'est de l'Indonésie. 74 505 km^2. 1 851 087 hab. Capitale : Ambon (205 193 hab.). □ **HISTOIRE** Le commerce du clou de girofle et de la muscade, dont l'archipel était le seul lieu de production au monde, assura sa prospérité pendant des siècles. Colonisé par les Hollandais au XVIIe s., l'archipel fut inclus dans la République indonésienne, suscitant quelques mouvements indépendantistes.

MOLYBDÈNE n. m. ▪ Métal blanc, dur, peu fusible, utilisé dans la fabrication d'aciers spéciaux.

MOMBASA ou **MOMBASSA** ▪ Ville et principal port du Kenya. 500 000 hab. Raffinerie de pétrole.

MÔME ▪ FAM. **1.** n. Enfant. ⇒ **gosse.** - adj. *Elle est encore toute môme.* **2.** n. f. Jeune fille, jeune femme. *"Jolie Môme"* (chanson de Léo Ferré).

① **MOMENT** n. m. ▪ **1.** Espace de temps limité. ⇒ **instant.** *Le moment où un événement s'est produit. Un long moment.* - *Les succès du moment* (⇒ **actuel**). **2.** Court instant. *Un éclat d'un moment* (⇒ **passager**). *En un moment. Dans un moment.* **3.** Circonstance, temps (caractérisé par son contenu). *De bons moments.* **4.** Point de la durée (en rapport avec un événement). *C'est le moment ou jamais.* ⇒ **occasion.** **5.** loc. prép. *Au moment de.* ⇒ **lors.** - loc. conj. *Au moment où. DU MOMENT OÙ, QUE :* puisque, dès lors que. - loc. adv. *À TOUT MOMENT :* sans cesse. *EN CE MOMENT :* à présent, maintenant. *SUR LE MOMENT :* au moment où une chose a eu lieu. *PAR MOMENTS :* de temps à autre. *D'UN MOMENT À L'AUTRE :* bientôt.

② **MOMENT** n. m. ▪ SC. *Moment d'un bipoint* (A, B) *par rapport à un point* O : le produit vectoriel des vecteurs $\overrightarrow{OA}$ et $\overrightarrow{OB}$. - *Moment magnétique.*

MOMENTANÉ, ÉE adj. ▪ Qui ne dure qu'un moment. ⇒ **court, temporaire.** *Des difficultés momentanées.*

MOMENTANÉMENT adv. ▪ Provisoirement, temporairement.

MOMERIE n. f. ▪ LITTÉR. Attitude, pratique hypocrite ou ridicule.

MOMIE n. f. ▪ Cadavre desséché et embaumé. *La momie de Ramsès II.*

MOMIFICATION n. f. ▪ Action de momifier. - Fait de se momifier.

MOMIFIER v. [7] ▪ **1.** v. tr. Transformer en momie. ⇒ **embaumer.** - p. p. adj. *Cadavre momifié.* **2.** *SE MOMIFIER* v. pron. Se figer. *Esprit qui se momifie.*

Theodor MOMMSEN (1817 - 1903) ▪ Historien allemand. Un maître de l'histoire de l'Antiquité romaine. Prix Nobel de littérature 1902.

MON, MA, MES adj. poss. ▪ **I.** sens subjectif **1.** Qui est à moi, qui m'appartient. *Mon livre. Mon opinion.* - (*mon* pour *ma,* devant voyelle) *Mon écharpe.* - Qui m'est habituel. *Mon café du matin.* - Auquel j'appartiens. *Ma génération.* **2.** (devant un n. de personne ; parenté, relations variées) *Mon père. Mes voisins.* **3.** (en s'adressant à qqn) *Viens, ma fille. Mon cher ami.* **II.** sens objectif De moi, relatif à moi. *Mon juge :* celui qui me juge. *Il est venu à mon aide.*

MON- ⇒ MON(O)-

MONACAL, ALE, AUX adj. ▪ Relatif aux moines. ⇒ **monastique.** ♦ Digne d'un moine. *Une vie monacale.*

la principauté de MONACO ▪ État souverain et indépendant d'Europe, placé sous la protection de la France. Elle forme une enclave dans le département des Alpes-Maritimes sur la côte méditerranéenne. 1,5 km^2. 29 972 hab. *(les Monégasques).* Capitale : Monaco. Langue : français (officielle). Religion officielle : catholicisme. Monnaie : franc français. La principauté est divisée en six quartiers : La Condamine,

Fontvieille, Monte-Carlo, Monaco-Ville, les Révoires et le Larvotto. Casino, tourisme, océanographie. Rainier III en est le prince depuis 1949.

MONADE n. f. ▪ PHILOS. Chez Leibniz, substance qui constitue l'élément dernier des choses.

MONADOLOGIE n. f. ▪ Théorie des monades (Leibniz).

MONARCHIE n. f. ▪ Régime politique dans lequel le chef de l'État est un monarque, un roi héréditaire. ⇒ **royauté.** *Monarchie absolue, constitutionnelle, parlementaire.* ♦ État ainsi gouverné. ⇒ **royaume.** *La Suède est une monarchie.*

▪ **la MONARCHIE DE JUILLET** ▪ Règne de Louis-Philippe Ier (1830-1848), qui incarnait pour les modérés une voie moyenne (*orléanisme*, → maison d'**Orléans**) entre les aspirations républicaines de la révolution de juillet 1830 et le royalisme ultra de Charles X. Le « roi bourgeois » renforça le parlementarisme, mais sur une base électorale étroite. Avec Guizot, la France connut (plusieurs décennies après l'Angleterre) sa première révolution industrielle. Le conservatisme politique de ce régime et la crise économique de 1846-1847 provoquèrent la révolution de 1848.

la **monarchie de Juillet.** *Le roi Louis-Philippe et ses fils sortant de Versailles,* tableau d'Horace Vernet, 1845. Musée national du château, Versailles. *Phot. © Dagli Orti*

MONARCHIQUE adj. ▪ De la monarchie. *Gouvernement monarchique.*

MONARCHISME n. m. ▪ Doctrine des monarchistes.

MONARCHISTE n. et adj. ▪ Partisan de la monarchie. ⇒ **royaliste.**

MONARQUE n. m. ▪ Chef de l'État, dans une monarchie. ⇒ **empereur, prince, roi, souverain.** *Monarque absolu.* ⇒ **autocrate, despote.**

MONASTÈRE n. m. ▪ Établissement où vivent des religieux appartenant à un ordre. ⇒ **couvent.**

MONASTIQUE adj. ▪ Qui concerne les communautés de moines. ⇒ **monacal.** *La discipline monastique.*

MONASTIR ▪ Ville de Tunisie. 35 546 hab. Station balnéaire. Remparts, mosquée.

MONBAZILLAC ▪ Commune de Dordogne. 902 hab. *(les Monbazillacois).* Vins blancs liquoreux.

MONCEAU n. m. ▪ Élévation formée par une grande quantité d'objets entassés. ⇒ **amas.** *Des monceaux d'ordures.*

MÖNCHENGLADBACH ▪ Ville d'Allemagne (Rhénanie-du-Nord-Westphalie). 258 000 hab.

MONCTON ▪ Ville du Canada (Nouveau-Brunswick). 80 744 hab. Centre culturel français de la province (université francophone).

MONDAIN, AINE adj. ▪ **1.** Relatif à la société des gens du monde, à ses divertissements. *La vie mondaine.* **2.** Qui aime les mondanités. *Il est très mondain.* – n. *Les mondains. Une mondaine.* – ⇒ **demi-mondaine. 3.** anciennt *Police, brigade mondaine,* n. f. *la mondaine,* chargée de la répression du trafic de la drogue et du proxénétisme.

MONDANITÉ ▪ **1.** n. f. Caractère de ce qui est mondain. **2.** n. f. pl. Habitudes, comportements des gens du monde (III, 2). *Fuir les mondanités.*

MONDE n. m. ▪ **I. 1.** L'ensemble formé par la Terre et les astres visibles, conçu comme un système organisé. ⇒ **cosmos.** – Tout corps céleste comparé à la Terre. *"La Guerre des mondes"* (roman d'anticipation de H. G. Wells). **2.** L'ensemble de tout ce qui existe. ⇒ **univers.** *La vision du monde de qqn.* prov. *Tout va pour le mieux dans le meilleur* des mondes. L'homme et le monde.* ⇒ **nature.** ♦ (qualifié) *Le monde visible ; le monde des apparences.* **3.** Ensemble de choses considéré comme formant un domaine à part. *Le monde de l'art. Le monde végétal.* ♦ loc. *Faire tout un monde de qqch.*, toute une affaire. – FAM. *C'est un monde !* (marque l'indignation). **II.** (La Terre, habitat de l'homme ; l'humanité) **1.** La planète Terre, sa surface. *Les cinq parties du monde.* ⇒ **continent.** *Faire le tour du monde.* – *Le Nouveau Monde :* les deux Amériques. *L'Ancien Monde :* l'Europe, l'Afrique et l'Asie. ♦ *Le monde, ce monde, ce bas monde* (opposé à *l'autre monde* ⇒ **au-delà**). *Il n'est plus de ce monde :* il est mort. **2.** (Lieu et symbole de la vie humaine) *Être seul au monde.* – *Venir au monde :* naître. **3.** La communauté humaine. ⇒ **humanité.** *Ainsi va le monde. Le monde entier s'en est ému.* loc. *C'est le monde à l'envers.* prov. *Il faut de tout pour faire un monde.* – *Le monde antique. "Regards sur le monde actuel"* (ouvrage de Valéry). ♦ *DU MONDE. C'est le meilleur homme du monde.* – *AU MONDE. Unique au monde. Pour rien au monde :* en aucun cas. **III. 1.** RELIG. La vie profane. *Renoncer au monde.* **2.** La vie en société, dans ses aspects de luxe et de divertissement ; ceux qui vivent cette vie. *Sortir dans le monde.* – *Un homme, une femme du monde.* ⇒ **mondain. 3.** Milieu, groupe social particulier. *Le monde des lettres.* **IV. 1.** *LE MONDE, DU MONDE :* les gens, des gens ; un certain nombre de personnes. *J'entends du monde dans l'escalier. Il y a beaucoup de monde.* – Beaucoup de personnes. *Cela attire du monde.* **2.** *TOUT LE MONDE :* chacun. *Il ne fait rien comme tout le monde.*

MONDER v. tr. [1] ▪ VX Purifier. – MOD. au p. p. *Orge mondé,* nettoyé.

MONDEVILLE ▪ Commune du Calvados. 9 488 hab. *(les Mondevillais).*

MONDIAL, ALE, AUX adj. ▪ Relatif à la terre entière. ⇒ **international, planétaire.**

MONDIALEMENT adv. ▪ Partout dans le monde. ⇒ **universellement.** *Une athlète mondialement connue.*

MONDIALISER v. tr. [1] ▪ Rendre mondial.

MONDIALISME n. m. ▪ **1.** Doctrine visant à constituer l'unité politique du monde. **2.** Perspective politique s'appliquant au monde entier.

MONDOVISION n. f. ▪ Transmission d'images de télévision en diverses parties du globe grâce à des satellites de télécommunications.

Piet **MONDRIAN** (1872 - 1944) ▪ Peintre néerlandais, fondateur du groupe De Stijl (1917) et théoricien du néoplasticisme. Il évolua d'un style figuratif à un art abstrait extrême, géométrique.

MONÉGASQUE adj. et n. ▪ De la ville ou de la principauté de Monaco. – n. *Les Monégasques.*

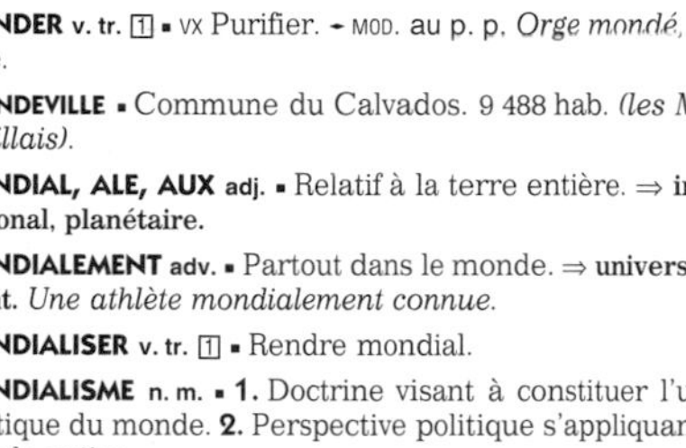

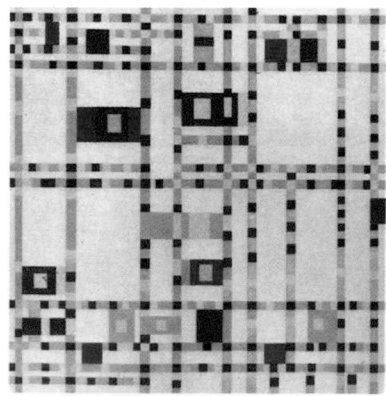

Mondrian. *Broadway Boogie-Woogie.* Museum of Modern Art, New York. *Phot. © Arch. Smeets*

Monet. *Nymphéas, reflets verts,* détail. Musée de l'Orangerie, Paris. *Phot. © Hubert Josse*

Claude MONET (1840 - 1926) ▪ Peintre français. Auteur du premier tableau qualifié d'impressionniste (*"Impression, soleil levant"*, 1872) et principal représentant de ce mouvement. Pour traduire les variations de la lumière, il réalisa des séries (*"Les Meules"*, 1890; *"La Cathédrale de Rouen"*, 1892-1904) et fut un précurseur de l'abstraction dans sa série des *"Nymphéas"* (1897-1926), exécutée dans sa propriété de Giverny.

MONÉTAIRE adj. ▪ Relatif à la monnaie. *Unité monétaire. Le système monétaire international.* - *Le Fonds monétaire international* (F.M.I.).

MONÉTIQUE n. f. ▪ Ensemble des moyens informatiques et électroniques utilisés dans les transactions bancaires.

Henry de MONFREID (1879 - 1974) ▪ Voyageur et écrivain français. Sa vie aventureuse lui inspira des romans d'action insolites. *"Les Secrets de la mer Rouge"* (1932).

Gaspard MONGE, comte de Péluse (1746 - 1818) ▪ Mathématicien français. Créateur de la géométrie descriptive, maître de Poncelet. Ministre sous la Révolution, il fut l'un des fondateurs des grandes écoles.

La MONGIE ▪ Station d'été et de sports d'hiver des Hautes-Pyrénées (commune de Bagnères-de-Bigorre), située sur la route du col du Tourmalet (1 800 à 2 360 m).

MONGOL, OLE adj. ▪ Des Mongols*; de Mongolie. - n. *Les Mongols.* ♦ n. m. *Le mongol* : groupe de langues parlées en Mongolie (dont le khalkha et le bouriate).

la MONGOLIE autrefois ***MONGOLIE-EXTÉRIEURE*** ▪ État du centre est de l'Asie, entre la Russie et la Mongolie-Intérieure. 1 565 000 km². 1 965 000 hab. *(les Mongols).* Capitale : Oulan-Bator. Langue : khalkha. Monnaie : tugrik. Climat continental. Élevage. Industrie lourde qui traverse une grave crise en raison de l'effondrement du bloc communiste, son principal partenaire commercial. La république populaire fut proclamée en 1924, mais elle passa de la tutelle chinoise à l'influence soviétique. Les effets de la perestroïka en URSS sur les pays de la sphère d'influence soviétique et la pression populaire ont obligé le gouvernement à entreprendre la libéralisation du régime en 1990 (multipartisme, élections libres) et à adopter une nouvelle Constitution (1994).

la MONGOLIE-INTÉRIEURE en chinois ***NEI MENGGU*** ▪ Région autonome du nord de la Chine (créée en 1947). 1 183 000 km². 22 320 000 hab. Capitale : Huhhot.

MONGOLIEN, IENNE adj. ▪ Du mongolisme. ♦ Atteint de trisomie 21 (⇒ **trisomique**). - n. *Un mongolien.*

MONGOLISME n. m. ▪ Maladie congénitale (trisomie* 21) se manifestant par un faciès typique et un déficit physiologique et intellectuel.

les MONGOLS ▪ Peuples nomades de Chine et de Sibérie. Ils conquirent la Chine au XIIIe s., puis une partie de l'Europe de l'Est sous l'impulsion de Gengis Khān et de ses descendants (notamment Batū Khān). Ce vaste empire se divisa peu après en plusieurs principautés ou *khanats* : le khanat de Djaghataï situé entre l'Iran et la Chine, qui disparut avec l'avènement de Tamerlan (1374); l'ilkhanat de Perse fondé par Hūlāgū en 1260, qui dura jusqu'en 1335; le khanat de Qiptchak → **Horde d'Or.** En Chine, les Mongols fondèrent la dynastie des Yuan* (→ **Kūbilaï Khān**).

MONIME (morte en 72 av. J.-C.) ▪ Reine du Pont. Captive et épouse de Mithridate VI Eupator.

① **MONITEUR, TRICE** n. ▪ Personne qui enseigne certains sports ou certaines activités. *Moniteur de voile. Elle est monitrice dans une colonie de vacances.* ◇ abrév. FAM. MONO.

② **MONITEUR** n. m. ▪ **1.** INFORM. Programme de contrôle. **2.** MÉD. Appareil électronique de surveillance. *Moniteur cardiaque.* **3.** Écran d'un ordinateur.

MONITORAT n. m. ▪ Formation pour la fonction de moniteur ; cette fonction.

MONITORING n. m. ▪ anglic. MÉD. Surveillance à l'aide d'un moniteur (2). ◇ recomm. off. MONITORAGE n. m.

George MONK ou **MONCK** (1608 - 1670) ▪ Général et homme politique anglais. À la mort de Cromwell, il assura la restauration de la royauté.

Thelonious MONK (1917 - 1982) ▪ Pianiste et compositeur de jazz noir américain. *"'Round About Midnight"* (1947).

Blaise de MONLUC ou **MONTLUC** (v. 1500 - 1577) ▪ Maréchal de France et chroniqueur français. *"Commentaires"* (1592).

MONNAIE n. f. ▪ **1.** Pièces* de métal garanties, moyen d'échange et unité de valeur. *Monnaie d'or. Pièces de monnaie.* **2.** Instrument de mesure et de conservation de la valeur, moyen d'échange des biens (⇒ **argent ; monétaire**). *Monnaie métallique, fiduciaire.* - *Monnaie de papier* (billets). - *Monnaie électronique* (⇒ **monétique**). ♦ Unité de valeur admise et utilisée dans un pays, un ensemble de pays. *Valeurs relatives des monnaies.* ⇒ **change, cours, parité.** ♦ loc. *Servir de monnaie d'échange.* - fig. *C'est monnaie courante* : c'est courant, banal. **3.** *FAUSSE MONNAIE* : contrefaçon frauduleuse de la monnaie (pièces, billets) (⇒ **faussaire, faux-monnayeur**). **4.** Ensemble de pièces, de billets de faible

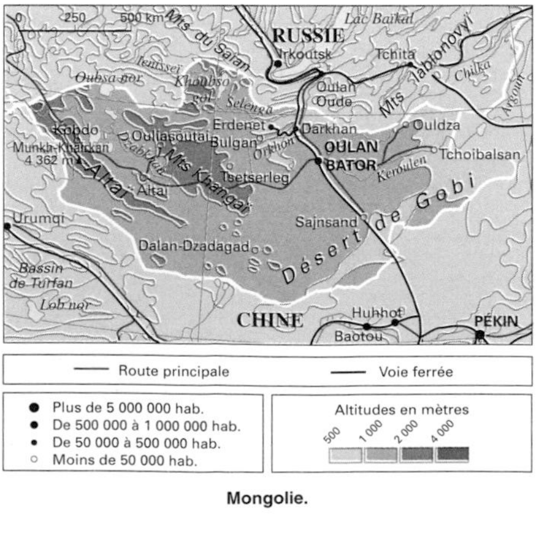

Mongolie.

valeur. *Petite, menue monnaie.* ⇒ FAM. **ferraille, mitraille.** ♦ Somme constituée par les pièces ou billets représentant la valeur d'une seule pièce, d'un seul billet ou la différence entre un billet, une pièce et une somme moindre. ⇒ **appoint.** *Faire la monnaie de cent francs ; rendre la monnaie sur cent francs.* – loc. *Rendre à qqn la monnaie de sa pièce,* lui rendre le mal qu'il a fait (→ payer de retour).

MONNAYABLE adj. ▪ **1.** Que l'on peut monnayer. **2.** Dont on peut tirer de l'argent.

MONNAYER v. tr. [8] ▪ **1.** Convertir en monnaie. **2.** Tirer de l'argent de (qqch.). *Elle ne veut pas monnayer son talent.*

MONNAYEUR n. m. ▪ **1.** RARE Ouvrier qui travaille à la fabrication de la monnaie de l'État. **2.** Appareil permettant de faire automatiquement la monnaie. ⇒ **changeur.** – Appareil commandé par l'introduction d'une pièce de monnaie.

Jean MONNET (1888 - 1979) ▪ Économiste et homme politique français. Père de la planification en France et de l'union économique européenne.

Henri MONNIER (1799 - 1877) ▪ Écrivain et caricaturiste français. *"Joseph Prudhomme"*, type du bourgeois sous Louis-Philippe.

MON(O)- Élément savant, du grec *monos* « seul, unique ». ⇒ **uni-.**

MONOCHROME [-kʀom] adj. ▪ DIDACT. Qui est d'une seule couleur.

MONOCLE n. m. ▪ Petit verre optique que l'on fait tenir dans une des arcades sourcilières.

MONOCLONAL, ALE, AUX adj. ▪ BIOL. Qui appartient à un même clone cellulaire. *Anticorps monoclonaux.*

MONOCOQUE n. m. ▪ Bateau à une seule coque.

MONOCORDE adj. ▪ Qui est sur une seule note, n'a qu'un son. ⇒ **monotone.** *Une voix monocorde.*

MONOCOTYLÉDONE n. f. ▪ BOT. Plante de la classe des *monocotylédones,* qui n'a qu'un seul cotylédon.

MONOCULTURE n. f. ▪ AGRIC. Culture d'une seule plante, d'un seul produit.

MONOCYTE n. m. ▪ Leucocyte mononucléaire de grande taille.

Jacques MONOD (1910 - 1976) ▪ Biochimiste français. Découverte de l'ARN messager. *"Le Hasard et la Nécessité"* (1970). Prix Nobel de physiologie ou médecine 1965 (→ **Lwoff**).

MONOGAME adj. ▪ Qui n'a qu'un seul conjoint à la fois (opposé à *bigame, polygame*). – n. *Un, une monogame.*

MONOGAMIE n. f. ▪ Régime juridique en vertu duquel un homme ou une femme ne peut avoir plusieurs conjoints en même temps.

MONOGRAMME n. m. ▪ Chiffre composé de lettres d'un nom entrelacées.

MONOGRAPHIE n. f. ▪ Étude complète et détaillée sur un sujet précis.

MONOÏ [mɔnɔj] n. m. invar. ▪ Huile parfumée fabriquée à partir des fleurs d'une plante polynésienne (appelée *tiaré*), et de noix de coco.

MONOLINGUE adj. ▪ **1.** DIDACT. Qui ne parle qu'une langue. **2.** En une seule langue. *Dictionnaire monolingue.* ► n. m. MONOLINGUISME

MONOLITHE ▪ **1.** adj. DIDACT. Qui est d'un seul bloc de pierre. *Colonne monolithe.* **2.** n. m. Monument monolithe. *Les menhirs sont des monolithes.* ⇒ aussi **mégalithe.**

MONOLITHIQUE adj. ▪ **1.** ⇒ **monolithe.** **2.** fig. Qui forme un ensemble rigide, homogène. *Parti monolithique.*

MONOLOGUE n. m. ▪ **1.** Scène à un personnage qui parle seul. **2.** Long discours d'une personne qui ne laisse pas intervenir d'interlocuteur. **3.** Discours d'une personne seule qui parle, pense tout haut. ⇒ **soliloque.** **4.** *Monologue intérieur,* longue suite de pensées, rêverie. ♦ LITTÉR. Discours censé transcrire les pensées d'un narrateur.

MONOLOGUER v. intr. [1] ▪ Parler seul, ou comme si l'on était seul.

MONÔME n. m. ▪ **I.** MATH. Expression algébrique à un seul terme. **II.** Cortège formé d'une file d'étudiants se tenant par les épaules. *Formez le monôme !*

MONOMÈRE adj. et n. m. ▪ CHIM. Se dit d'un composé constitué de molécules simples, et capable de former des polymères.

MONOMOTEUR n. m. ▪ TECHN. Avion équipé d'un seul moteur.

MONONUCLÉAIRE adj. ▪ BIOL. (cellule) Qui n'a qu'un seul noyau. *Leucocyte mononucléaire :* monocyte.

MONONUCLÉOSE n. f. ▪ MÉD. *Mononucléose infectieuse :* maladie d'origine virale (leucocytose) caractérisée par l'augmentation du nombre des monocytes.

MONOPARENTAL, ALE, AUX adj. ▪ SOCIOL. (famille) Où il y a un seul parent.

MONOPHYSITE adj. ▪ RELIG. Se dit d'une doctrine (*monophysisme* n. m.) qui ne reconnaît qu'une nature (divine; humaine) au Christ. – n. Partisan d'une telle doctrine.

MONOPLACE adj. ▪ (véhicule) Qui n'a qu'une place. *Voiture, avion monoplace.*

MONOPLAN n. m. ▪ Avion qui n'a qu'un seul plan de sustentation.

MONOPOLE n. m. ▪ **1.** Situation où une entreprise est seule à vendre un produit ; cette entreprise. *Les grands monopoles.* **2.** Possession exclusive. *S'attribuer le monopole du patriotisme.*

MONOPOLISER v. tr. [1] ▪ Exercer un monopole sur. ♦ S'attribuer comme une possession exclusive. ⇒ **accaparer.** *Monopoliser qqn. Monopoliser la parole.* ► n. f. MONOPOLISATION

MONORAIL adj. ▪ TECHN. Qui n'a qu'un seul rail. *Train monorail.* – n. m. *Un monorail.*

Jacques MONORY (né en 1934) ▪ Peintre français. L'un des principaux représentants de la Figuration narrative.

MONOSKI n. m. ▪ Ski unique sur lequel reposent les deux pieds. – Sport pratiqué sur ce ski.

MONOSYLLABE adj. ▪ Qui n'a qu'une syllabe. – n. m. Mot d'une syllabe.

MONOSYLLABIQUE adj. ▪ Monosyllabe. ♦ Qui ne contient que des monosyllabes. *Langue monosyllabique.*

MONOTHÉISME n. m. ▪ Croyance des monothéistes. *"Moïse et le Monothéisme"* (ouvrage de Freud).

MONOTHÉISTE n. et adj. ▪ (Personne) qui croit en un dieu unique. *Religions monothéistes* (judaïsme, christianisme, islam).

MONOTONE adj. ▪ **1.** Qui est toujours sur le même ton, ou dont le ton est peu varié. ⇒ **monocorde.** *Un chant monotone.* **2.** Qui lasse par son uniformité, par la répétition. ⇒ **uniforme.** *Paysage monotone. Une vie monotone.*

MONOTONIE n. f. ▪ Caractère de ce qui est monotone ; uniformité lassante.

MONREALE ▪ Ville d'Italie, en Sicile (province de Palerme). 27 816 hab. Cathédrale de style normand (XIIe s.), ornée de très belles mosaïques; cloître.

James MONROE (1758 - 1831) ▪ 5e président (républicain) des États-Unis, de 1817 à 1825. Il énonça les principes de la doctrine à laquelle son nom est resté attaché et qui s'opposait à toute intervention européenne dans les affaires du continent américain.

Norma Jean Baker dite **Marilyn MONROE** (1926 - 1962) ▪ Actrice américaine de cinéma. Elle représenta un symbole du *sex appeal,* mais aussi de la fragilité (elle se suicida). *"Certains l'aiment chaud"* (1959); *"Les Désaxés"* (*"The Misfits"*, 1961).

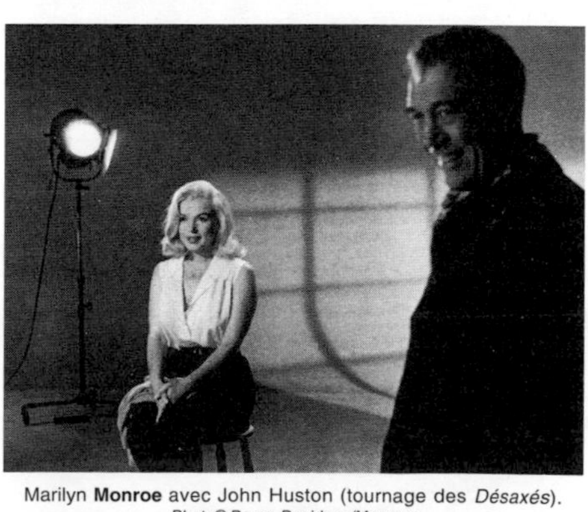

Marilyn **Monroe** avec John Huston (tournage des *Désaxés*).
Phot. © Bruce Davidson/Magnum

Montagna. *Anges musiciens.* Musée des Beaux-Arts, Lyon.
Phot. © Giraudon

MONROVIA ▪ Capitale du Liberia. 668 000 hab. (avant 1990). Centre industriel et commercial. Raffineries. Depuis 1990, la ville est ravagée par la guerre civile.

MONS en néerlandais ***BERGEN*** ▪ Ville de Belgique (Région wallonne, province de Hainaut). 91 726 hab. Monuments (XVIe-XVIIe s.). Pétrochimie.

MONSEIGNEUR, plur. **MESSEIGNEURS** n. m. ▪ Titre donné à certains personnages éminents (prélats, princes des familles souveraines).

MONS-EN-BARŒUL ▪ Commune du Nord. 23 578 hab. *(les Monsois).* Industrie textile.

MONSIEUR [məsjø], plur. **MESSIEURS** [mesjø] n. m. ▪ **I. 1.** Titre autrefois donné aux hommes de condition élevée. *Monsieur, frère du roi.* **2.** Titre donné à un homme à qui l'on s'adresse. *Bonjour, monsieur. Cher monsieur. Mesdames et Messieurs.* ◇ altér. pop. *Môssieu.* **3.** Titre qui précède le nom ou la fonction d'un homme dont on parle. *Monsieur Durand est arrivé. Adressez-vous à monsieur le directeur.* **4.** Titre respectueux donné à un homme. *Monsieur désire ?* **II. 1.** VIEILLI *Un monsieur :* un homme de la bourgeoisie. ♦ MOD. *C'est un (grand) monsieur,* un homme remarquable. **2.** Homme quelconque. *Un vieux monsieur.* ♦ lang. enfantin *Dis merci au monsieur.* ♦ *Un joli, un vilain monsieur :* un individu méprisable.

Pierre Alexandre **MONSIGNY** (1729 - 1817) ▪ Compositeur français d'opéras-comiques. *"Les Aveux indiscrets"* (1759).

MONSTRE ▪ **I.** n. m. **1.** Être, animal fantastique et terrible (des légendes, des mythologies). - Animal réel gigantesque ou effrayant. **2.** Être vivant ou organisme de conformation anormale. *Étude des monstres.* ⇒ **tératologie. 3.** fig. Personne effrayante par sa méchanceté. ♦ par ext. *Un monstre d'égoïsme.* **4.** loc. *MONSTRE SACRÉ :* comédien célèbre ; personnalité importante. **II.** adj. FAM. Très important ; extraordinaire. *Un travail monstre.* ⇒ **monstrueux.**

Montaigne. Portrait anonyme, école française du XVIe s. Musée Condé, Chantilly. *Phot. © Giraudon*

MONSTRUEUSEMENT adv. ▪ D'une manière monstrueuse. - *C'est monstrueusement cher.*

MONSTRUEUX, EUSE adj. ▪ **1.** Qui a la conformation d'un monstre. - Qui rappelle les monstres. *Une laideur monstrueuse.* **2.** D'une taille prodigieuse, extraordinaire. *Une ville monstrueuse.* ⇒ **énorme. 3.** Qui choque extrêmement la raison, la morale. ⇒ **effroyable, horrible.** *Un crime monstrueux.* - par exagér. *Des prix monstrueux.*

MONSTRUOSITÉ n. f. ▪ **1.** Anomalie congénitale grave. **2.** Caractère de ce qui est monstrueux. ♦ *Une monstruosité :* une chose monstrueuse.

MONT n. m. ▪ **1.** VX ou dans des loc. Montagne. *Du haut des monts. Le mont Blanc.* - loc. *PAR MONTS ET PAR VAUX :* à travers tout le pays ; partout. *Promettre MONTS ET MERVEILLES,* des avantages considérables. **2.** fig. ANAT. Petite éminence charnue. - *Mont de Vénus.* ⇒ **pénil.**

MONTAGE n. m. ▪ **1.** Opération par laquelle on assemble les pièces (d'un objet complexe) pour qu'il fonctionne. *Le montage d'un moteur, d'un circuit électrique. Chaîne de montage.* **2.** Assemblage d'images. *Montage photographique.* **3.** Choix et assemblage des plans (d'un film) (⇒ **monteur** (2)). - *Film de montage,* constitué d'éléments préexistants.

Bartolomeo **MONTAGNA** (v. 1450 - 1523) ▪ Peintre italien. Compositions monumentales et Madones.

MONTAGNARD, ARDE ▪ **I.** adj. **1.** Qui vit dans les montagnes. *Peuple montagnard.* - n. *Les montagnard(e)s.* **2.** Relatif à la montagne. *La vie montagnarde.* **II.** n. m. HIST. **1.** Député de la Montagne (4), sous la Révolution. ▪ S'appuyant sur la Commune de Paris et les sans-culottes, les Montagnards triomphèrent des Girondins et restèrent les maîtres de la Convention jusqu'à la chute de Robespierre. **2.** Député de gauche, sous la IIe République.

MONTAGNE n. f. ▪ **1.** Importante élévation de terrain. ⇒ **éminence, hauteur, mont.** *Les deux versants d'une montagne. Chaîne, massif de montagnes.* - loc. *Faire une montagne de qqch.,* en exagérer les difficultés, l'importance. ♦ fig. *Une montagne de livres.* **2.** *LES MONTAGNES, LA MONTAGNE :* ensemble de montagnes ; région de forte altitude. *Pays de montagne.* ⇒ **montagneux.** *Passer ses vacances à la montagne.* - loc. *La MONTAGNE À VACHES :* les zones d'alpages, où paissent les troupeaux. **3.** loc. *MONTAGNES RUSSES :* attraction foraine, suite de montées et de descentes parcourues à grande vitesse par un véhicule sur rails. **4.** HIST. *La Montagne :* les bancs les plus élevés de l'assemblée conventionnelle, où siégeaient les députés de gauche, conduits par Robespierre et Danton.

la **MONTAGNE NOIRE** ▪ Rebord méridional du Massif central dominant la vallée du Thoré et culminant à 1 210 m au pic de Nore. Elle est englobée dans le parc naturel régional du Haut-Languedoc.

MONTAGNEUX, EUSE adj. ▪ Où il y a des montagnes ; formé de montagnes. *Région montagneuse.*

Luc **MONTAGNIER** (né en 1932) ▪ Médecin français. Il identifia, avec son équipe de l'Institut Pasteur, le virus du sida (1983).

Michel Eyquem de **MONTAIGNE** (1533 - 1592) ▪ Écrivain français. De ses *"Essais"* (plusieurs éditions de 1580 à 1595), méditations sur sa vie et ses lectures, découle une morale empreinte d'abord de stoïcisme, puis de scepticisme et de tolérance.

MONTAIGU-ZICHEM → **Scherpenheuvel-Zichem**

Eugenio **MONTALE** (1896 - 1981) ▪ Poète italien. *"La Tourmente et autres poèmes"* (1956). Prix Nobel 1975.

Charles Forbes, comte de **MONTALEMBERT** (1810 - 1870) ▪ Homme politique et historien français. Un des chefs du catholicisme libéral, proche de Lacordaire, Lamennais et Dupanloup.

le **MONTANA** ▪ État du nord-ouest des États-Unis. 381 087 km^2. 799 000 hab. Capitale : Helena. Agriculture. Forêts. Richesses minières. Les Indiens y résistèrent à l'immigration jusqu'en 1881.

Ivo Livi dit Yves **MONTAND** (1921 - 1991) ▪ Comédien et chanteur français. Il chanta Prévert : *"Les Feuilles mortes",* et joua dans de nombreux films : *"Le Salaire de la peur"* (1953) ; *"L'Aveu"* (1969).

MONTANT, ANTE ▪ **I.** adj. Qui monte (I). **1.** Qui se meut de bas en haut. *Marée montante.* ⇒ **flux.** *Gamme montante.* ◆ *La génération montante.* **2.** Qui va, s'étend vers le haut. *Chemin montant.* ◆ *Chaussures montantes.* **II.** n. m. **1.** Pièce verticale dans un dispositif, une construction (opposé à *traverse*). *Les montants d'une fenêtre.* **2.** Chiffre auquel monte, s'élève un compte. ⇒ **somme, total.** *Le montant des frais.*

MONTARGIS ▪ Chef-lieu d'arrondissement du Loiret. 15 020 hab. *(les Montargois).*

MONTATAIRE ▪ Commune de l'Oise. 12 353 hab. Métallurgie.

MONTAUBAN ▪ Chef-lieu du Tarn-et-Garonne. 51 224 hab. *(les Montalbanais).* Ville historique (haut lieu du protestantisme au XVIe s.) et culturelle (musée Ingres).

MONTBARD ▪ Chef-lieu d'arrondissement de la Côte-d'Or. 7 108 hab. *(les Montbardois).* Ancien château des ducs de Bourgogne, acquis par Buffon.

MONTBÉLIARD ▪ Chef-lieu d'arrondissement du Doubs. 29 005 hab. *(les Montbéliardais).* Centre industriel : construction automobile.

le massif du MONT-BLANC → le mont **Blanc**

MONTBRISON ▪ Chef-lieu d'arrondissement de la Loire. 14 064 hab. *(les Montbrisonnais).*

le marquis de MONTCALM de Saint-Véran (1712 - 1759) ▪ Général français. Il commanda l'armée française au Canada et fut tué en combattant les Anglais devant Québec.

MONTCEAU-LES-MINES ▪ Commune de Saône-et-Loire. 22 999 hab. *(les Montcelliens).*

le MONT-CENIS ▪ Massif des Alpes du Nord culminant à 3 377 m au signal du Grand Mont-Cenis. Le *col du Mont-Cenis* (2 803 m) est emprunté par la route qui joint Suse à Modane. Barrage. Le tunnel du Fréjus est parfois appelé, à tort, tunnel du Mont-Cenis.

MONTCHANIN ▪ Commune de Saône-et-Loire. 5 960 hab. *(les Montchaninois).* Gare du T.G.V. Communauté urbaine du Creusot.

Antoine de MONTCHRESTIEN (v. 1575 - 1621) ▪ Auteur dramatique et économiste français. *"Sophonisbe"* (1596), tragédie ; *"Traité d'économie politique"* (1616).

MONT-DE-MARSAN ▪ Chef-lieu des Landes. 28 328 hab. *(les Montois).* Marché agricole. Distilleries de résine.

MONT-DE-PIÉTÉ n. m. ▪ Établissement de prêt sur gage. *Il a engagé sa montre au mont-de-piété. Des monts-de-piété.*

MONTDIDIER ▪ Chef-lieu d'arrondissement de la Somme. 6 262 hab. *(les Montdidériens).* Offensive allemande en 1918.

le massif du MONT-DORE ou **LES MONTS DORE** ▪ Massif volcanique d'Auvergne culminant au puy de Sancy (1 886 m). ► **Le MONT-DORE** Commune du Puy-de-Dôme. 1 975 hab. *(les Mont-Doriens).* Station thermale réputée depuis l'Antiquité.

MONTE n. f. ▪ **1.** Pratique de l'accouplement chez les équidés et les bovidés. ⇒ **saillie. 2.** Fait, manière de monter un cheval en course. *La monte d'un jockey.*

Philippe de MONTE (1521 - 1603) ▪ Compositeur flamand. Il fut au service de Philippe II d'Espagne, puis à celui de Maximilien II, à Vienne et à Prague. Il composa plus de 1 000 madrigaux.

MONTE ALBÁN ▪ Site archéologique du Mexique, autrefois centre de la civilisation des Zapotèques.

Monte Albán. *Phot. © Charles Lénars*

MONTE-CARLO ▪ Quartier de la principauté de Monaco. Casino. Station de radio-télévision.

MONTE-CHARGE n. m. invar. ▪ Appareil servant à monter des marchandises, des fardeaux, d'un étage à l'autre. ⇒ **élévateur.** ≠ *ascenseur.*

MONTECRISTO ▪ Petite île montagneuse de l'Italie, au sud de l'île d'Elbe, rendue célèbre par le roman de Dumas père, *"Le Comte de Monte-Cristo".*

MONTÉE n. f. ▪ **1.** Action de monter, de se hisser. ⇒ **escalade, grimpée** ; opposé à *descente. Une pénible montée.* ◆ (choses) Fait de s'élever. ⇒ **ascension.** *La montée des eaux.* ⇒ **crue. 2.** Pente que l'on gravit. ⇒ **côte, grimpée, rampe.**

MONTEGO BAY ▪ Ville et station balnéaire de la Jamaïque. 70 000 hab.

MONTÉLIMAR ▪ Commune de la Drôme. 29 982 hab. *(les Montiliens).* Marché régional. Nougats.

Jorge de MONTEMAYOR (1520 - 1561) ▪ Écrivain espagnol d'origine portugaise. *"La Diane"* (1559), roman pastoral imité dans toute l'Europe.

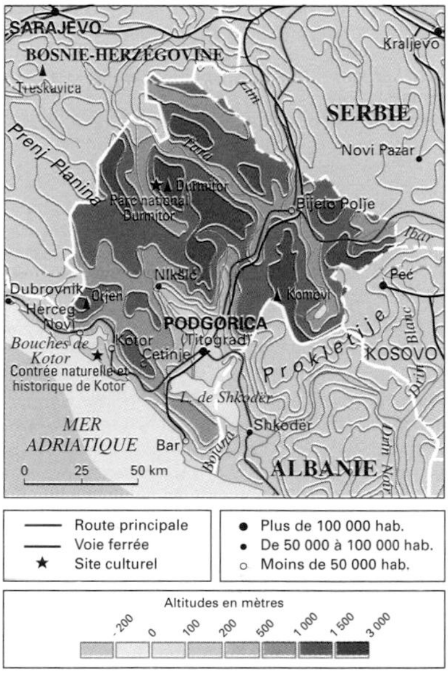

Monténégro.

le MONTÉNÉGRO ▪ République constituant, avec la Serbie, la République fédérale de Yougoslavie. 13 812 km^2. 615 035 hab. *(les Monténégrins).* Capitale : Podgorica (anc. Titograd). Langue : serbe. Cultures méditerranéennes (olives, agrumes, vignes). Bauxite. □ **HISTOIRE** Inclus dans la Grande Serbie (XIe-XIVe s.), sous domination turque de 1479 à 1878, le Monténégro devint un royaume indépendant qui s'agrandit sous Nicolas Ier (1860-1918). Réuni à la Serbie en 1918, république fédérée de la Yougoslavie de 1946 à 1991, le Monténégro a constitué avec la Serbie une nouvelle fédération Yougoslave (→ **Yougoslavie**).

Xavier de MONTÉPIN (1823 - 1902) ▪ Romancier populaire français. *"La Porteuse de pain"* (1884-1885).

MONTER v. [1] ▪ **I.** v. intr. (auxiliaire *être* ou *avoir*) (êtres vivants) **1.** Se déplacer dans un mouvement de bas en haut, vers un lieu plus haut (opposé à *descendre*). ⇒ **grimper.** *Monter au sommet d'une montagne. Monter au grenier. Monter à, sur une échelle. Elle est montée se coucher.* ◆ *Monter à cheval.* absolt *Il monte bien.* ⇒ **monte** (2). ◆ *Monter dans une voiture, en voiture ; monter à bicyclette.* **2.** FAM. Se déplacer du sud vers le nord (en raison de l'orientation des cartes). *Ils sont montés de Lyon à Lille.* **3.** Progresser dans l'échelle sociale, s'élever dans l'ordre moral, intellectuel. *Monter en grade.* ⇒ **avancer.** ◆ FAM. *La vedette qui monte.* **II.** v. intr. (choses)

1. S'élever dans l'air, dans l'espace. *Le soleil monte au-dessus de l'horizon.* ◆ (sons, odeurs, impressions) *Les bruits qui montent de la rue.* ◆ (humeurs, émotions) *La colère fait monter le sang au visage. Les larmes lui montaient aux yeux.* ◆ loc. *Monter à la tête :* exalter, griser, troubler. **2.** S'élever en pente. *La route monte.* ◆ S'étendre (jusqu'à une certaine hauteur). *Ses bottes montent à, jusqu'à mi-cuisse.* **3.** Gagner en hauteur. *Le niveau monte.* **4.** (fluides) Progresser, s'étendre vers le haut. *La rivière, la mer a monté.* **5.** (sons) Aller du grave à l'aigu. ◆ *Le ton monte,* la discussion tourne à la dispute. **6.** (prix) Aller en augmentant* ; valoir plus cher (biens, marchandises, services). ◆ Atteindre un total (⇒ **montant**). **III.** v. tr. (auxiliaire *avoir*) **1.** Parcourir en s'élevant, en se dirigeant vers le haut. ⇒ **gravir.** *Monter une côte.* ⇒ **grimper.** pronom. *La côte se monte facilement.* **2.** Être sur (un animal). ⇒① **monture.** *Ce cheval n'a jamais été monté.* ◆ *POLICE MONTÉE,* à cheval (police fédérale canadienne). **3.** (quadrupèdes ; surtout cheval) Couvrir (la femelle). ⇒ **saillir ; monte** (1). *L'étalon monte la jument.* **4.** Porter, mettre (qqch.) en haut. *Monter une malle au grenier.* **5.** Porter, mettre plus haut, à un niveau plus élevé. ⇒ **élever, remonter.** *Monter une étagère d'un cran.* ♦ loc. fig. *MONTER LA TÊTE à qqn, MONTER qqn,* l'animer, l'exciter contre qqn. *Se monter la tête :* s'exalter. **IV.** v. tr. **1.** Mettre en état de fonctionner, de servir, en assemblant les différentes parties (opposé à *démonter*). ⇒ **ajuster, assembler ; montage, monteur.** *Monter un meuble livré en éléments. Monter la tente.* ⇒ **dresser.** ◆ *Monter un film.* ⇒ **montage** (3). **2.** *Monter une pièce de théâtre,* en préparer la représentation, mettre en scène. ◆ *Monter une affaire, une société,* constituer, organiser. *Monter un coup. Coup* monté.* **3.** Fournir, pourvoir de tout ce qui est nécessaire. *Monter son ménage.* **4.** Fixer définitivement. *Monter un diamant sur une bague.* ⇒ **sertir ; monture.** ► **SE MONTER** v. pron. **1.** S'élever à un certain total. ⇒ **atteindre.** *Les dépenses se sont montées à mille francs.* **2.** Se fournir, se pourvoir (en...). ► **MONTÉ, ÉE** adj. *Pièce* montée. Collet* monté.* ♦ En colère. *Elle est très montée contre lui.*

MONTEREAU-FAULT-YONNE ▪ Commune de Seine-et-Marne. 18 657 hab. *(les Monterelais).* Centre industriel.

MONTEREY ▪ Ville des États-Unis (Californie). 32 000 hab. Ancienne capitale de la Californie. Tourisme.

MONTERREY ▪ Ville du Mexique. 2 579 000 hab. Important centre industriel.

Maria Dolores Eliza Gilbert dite **Lola MONTES** ou **MONTEZ** (1818 - 1861) ▪ Aventurière irlandaise, maîtresse du roi Louis Ier de Bavière. Son influence politique provoqua une insurrection populaire suivie de l'abdication du souverain. Un film de M. Ophuls s'est inspiré très librement de sa vie (*"Lola Montes"*, 1955).

la marquise de MONTESPAN (1641 - 1707) ▪ Maîtresse de Louis XIV de 1667 à 1679. Elle fut compromise dans l'affaire des Poisons.

Montgolfier. Expérience aérostatique réalisée en 1784. Musée de l'Air, Paris. *Phot. © Explorer/Coll. E.S.*

Charles de Secondat, baron de La Brède et de MONTESQUIEU (1689 - 1755) ▪ Magistrat et écrivain français. Ses *"Lettres persanes"* (1721) où s'expriment les surprises de deux Persans voyageant en Europe, sont une satire spirituelle de la société occidentale. Les *"Considérations sur les causes de la grandeur des Romains et de leur décadence"* (1734) fondent sur l'histoire une réflexion politique. *"De l'esprit des lois"* (1748) est un classique de la philosophie politique, avec sa distinction des pouvoirs législatif, exécutif et judiciaire.

MONTESSON ▪ Commune des Yvelines. 12 365 hab. *(les Montessonnais).*

Maria MONTESSORI (1870 - 1952) ▪ Pédagogue italienne. Sa méthode privilégie la liberté de l'enfant et l'éducation des sens.

MONTEUR, EUSE n. ▪ **1.** Personne qui monte des appareils, des machines ; ouvrier, technicien qui effectue des opérations de montage. *Monteur électricien.* **2.** Spécialiste chargé du montage des films. *Chef monteur.*

Pierre MONTEUX (1875 - 1964) ▪ Chef d'orchestre américain d'origine française. Il acquit la célébrité à la tête de l'orchestre des Ballets russes. Il dirigea ensuite les plus grands orchestres symphoniques. Il créa *"Petrouchka"* et *"Le Sacre du printemps"* de Stravinski.

MONTEUX ▪ Commune du Vaucluse. 8 157 hab. *(les Montiliens).*

Claudio MONTEVERDI (1567 - 1643) ▪ Compositeur italien, maître de chapelle à Saint-Marc de Venise. Sa musique vocale (madrigaux et cantates) marque un tournant décisif en Europe. Il substitua la monodie au style polyphonique. *"Orfeo"* (1607), premier drame lyrique ; *"Le Couronnement de Poppée"* (1642) annonce l'opéra moderne.

MONTEVIDEO ▪ Capitale de l'Uruguay, sur le Río de la Plata. 1 548 000 hab. (51 % de la population du pays). Commerce de laine, viande et peaux. Industries. Fondée par les Espagnols en 1726.

MONTEZUMA → **Moctezuma**

MONTFAUCON ▪ Ancien lieu-dit, situé jadis au nord-est de Paris, et où s'élevait depuis le XIIe s. un gibet qui fut utilisé jusqu'au XVIIe s. Il fut ensuite transféré à La Villette (1761) pour disparaître en 1790.

MONTFERMEIL ▪ Commune de Seine-Saint-Denis. 25 556 hab. *(les Montfermeillois).*

Simon IV, comte de MONTFORT (v. 1150 - 1218) ▪ Chef de la croisade contre les albigeois (1209). Il fut tué au siège de Toulouse.

MONTGERON ▪ Commune de l'Essonne. 21 677 hab. *(les Montgeronnais).*

les frères MONTGOLFIER, Joseph (1740 - 1810) et **Étienne** (1745 - 1799) ▪ Papetiers français, inventeurs en 1782 des premiers aérostats, ballons à air chaud, ou *montgolfières.* Ils effectuèrent de célèbres ascensions, entre autres à Annonay et à Versailles en 1783. → **Pilâtre de Rozier.**

MONTGOLFIÈRE [mɔ̃g-] n. f. ▪ Aérostat formé d'une enveloppe remplie d'air chauffé. ⇒ **ballon.**

le comte de MONTGOMERY (v. 1530 - 1574) ▪ Homme de guerre français. Il tua involontairement le roi Henri II lors d'un tournoi (1559), puis devint l'un des chefs protestants. Il fut décapité.

lord MONTGOMERY of Alamein (1887 - 1976) ▪ Maréchal britannique. En 1942, il vainquit Rommel à el-Alamein.

MONTGOMERY ▪ Ville des États-Unis, capitale de l'Alabama. 187 000 hab. Le mouvement de protestation contre la ségrégation raciale y commença en 1955.

Henry Millon de MONTHERLANT (1895 - 1972) ▪ Romancier et auteur dramatique français. Moraliste exigeant, il célébra un modèle de vie héroïque. *"La Reine morte"* (théâtre, 1942) ; *"Port Royal"* (théâtre, 1954).

le comte de MONTHOLON (1783 - 1853) ▪ Général français. Il suivit Napoléon Ier à Sainte-Hélène et publia avec Gourgaud des *"Mémoires pour servir à l'histoire de France sous Napoléon par les généraux qui ont partagé sa captivité"* (1822-1825).

Vincenzo MONTI (1754 - 1828) ▪ Poète néoclassique italien. Il fut le chantre de l'Italie napoléonienne et traduisit magnifiquement l'"*Iliade*".

MONTICULE n. m. ▪ **1.** Petite bosse de terrain. **2.** Tas. *Un monticule de pierres.*

MONTIGNY-EN-GOHELLE ▪ Commune du Pas-de-Calais. 10 629 hab. *(les Montignynois).* Houille.

MONTIGNY-LE-BRETONNEUX ▪ Commune des Yvelines. 31 687 hab. *(les Ignymontains).*

MONTIGNY-LÈS-CORMEILLES ▪ Commune du Val-d'Oise. 17 012 hab. *(les Ignymontains).* Métallurgie.

MONTIGNY-LÈS-METZ ▪ Commune de la Moselle. 21 983 hab. *(les Montigniens).*

MONTIVILLIERS ▪ Commune de la Seine-Maritime. 17 067 hab. *(les Montivillons).*

MONTLHÉRY ▪ Commune de l'Essonne. 5 196 hab. *(les Montlhériens).* Donjon. L'autodrome de Montlhéry est sur la commune de Linas.

MONT-LOUIS ▪ Commune des Pyrénées-Orientales. 200 hab. *(les Mont-Louisiens).* Ancienne place forte de Vauban (remparts). Station d'été et de sports d'hiver (1 600 m).

MONTLOUIS-SUR-LOIRE ▪ Commune d'Indre-et-Loire. 8 309 hab. Vins blancs.

Blaise de MONTLUC → Monluc

MONTLUÇON ▪ Chef-lieu d'arrondissement de l'Allier. 44 248 hab. *(les Montluçonnais).* Château (XVe-XVIe s.). Maisons anciennes.

MONTMAGNY ▪ Commune du Val-d'Oise. 11 505 hab. *(les Magnymontois).* Industrie chimique. Fonderies.

MONTMAJOUR ▪ Écart de la commune d'Arles. Ancienne abbaye bénédictine fondée au Xe s., lieu d'un important pèlerinage à partir du XIe s.

MONTMARTRE ▪ Ancienne commune, rattachée à Paris en 1860, qui forme aujourd'hui un quartier très individualisé du XVIIIe arrondissement (les habitants sont les *Montmartrois*). ► **la butte MONTMARTRE** Sommet de Paris (130 m), sur lequel se dresse le Sacré-Cœur. Vignes, moulins. La Butte inspira les peintres et fut le berceau du cubisme.

les MONTMORENCY ▪ Famille noble française (XIIe-XVIIe s.). Elle compta des grands officiers de la Couronne, des maréchaux et des connétables. ► **Anne, duc de MONTMORENCY** (1493 - 1567), compagnon d'armes de François Ier. ► **Henri II de MONTMORENCY** (1595 - 1632), condamné à mort pour complot contre Richelieu.

MONTMORENCY ▪ Chef-lieu d'arrondissement du Val-d'Oise. 20 920 hab. *(les Montmorencéens).* Ville résidentielle.

MONTMORILLON ▪ Chef-lieu d'arrondissement de la Vienne. 6 667 hab. *(les Montmorillonnais).* Fresques dans l'église Notre-Dame (XIIe-XIVe s.).

MONTOIRE-SUR-LE-LOIR ▪ Commune du Loir-et-Cher. 4 065 hab. *(les Montoiriens).* Peintures murales romanes dans la chapelle Saint-Gilles. Le 24 octobre 1940, l'entrevue de Pétain et Hitler y scella la politique de collaboration.

MONTPARNASSE ▪ Quartier de Paris (XIVe arrondissement). Ses cafés, dans l'entre-deux-guerres, étaient les lieux de rencontre des milieux artistiques parisiens. Aujourd'hui centre commercial et administratif (tour, gare).

MONTPELIER ▪ Ville des États-Unis, capitale du Vermont. 8 200 hab.

MONTPELLIER ▪ Chef-lieu de l'Hérault et de la région Languedoc-Roussillon. 207 996 hab. *(les Montpelliérains).* Cathédrale (XIVe-XIXe s.). Ensemble urbanistique des XVIIe-XVIIIe s. (promenade du Peyrou, hôtels). Quartier Antigone de R. Bofill. Musées. Ville culturelle et universitaire (faculté de médecine fondée dès 1221). Marché viticole. Industrie alimentaire. Électronique. Tourisme. Place commerciale de premier plan. Centre protestant pendant les guerres de Religion.

la duchesse de MONTPENSIER dite *LA GRANDE MADEMOISELLE* (1627 - 1693) ▪ Nièce de Louis XIII. Elle prit part à la Fronde et laissa des "*Mémoires*".

MONTRE n. f. ▪ **I. 1.** VX Démonstration. ♦ loc. *FAIRE MONTRE DE :* faire preuve de. *Il a fait montre de compréhension.* **2.** COMM. *EN MONTRE :* en vitrine. **II.** plus cour. **1.** Petite boîte à cadran (montrant l'heure) contenant un mouvement d'horlogerie et qu'on porte sur soi. *Montre de précision.* ⇒ **chronomètre.** *Montre-bracelet* ou *bracelet-montre. Montre à quartz. Mettre sa montre à l'heure. L'horloger vend des montres, des pendules, des horloges.* **2.** loc. *Montre en main,* en mesurant le temps avec précision. - *Course contre la montre,* où chaque coureur part seul, le classement s'effectuant d'après le temps ; fig. activité urgente.

MONTRÉAL ▪ Ville du Canada, la principale du Québec. 1 015 000 hab. *(les Montréalais),* 3 127 242 pour l'agglomération. Population à majorité francophone (2e ville francophone du monde). Port sur le Saint-Laurent. Centre culturel et économique qui rivalise avec Toronto. Fondée en 1642 par les Français (Maisonneuve) sous le nom de Ville-Marie, elle a gardé des édifices anciens, malgré le modernisme du centre-ville.

Montréal. Le vieux port. *Phot. © B. Régent/Diaf*

MONTRER v. tr. ① ▪ **I. 1.** Faire voir, mettre devant les yeux. *Montrer un objet à qqn. Montrer ses richesses.* ⇒ **déployer, étaler, exhiber.** - Faire voir de loin, par un signe, un geste. ⇒ **désigner, indiquer.** *Montrer qqch. du doigt. Montrer le chemin, la voie.* **2.** (sujet chose) Laisser voir. *Robe qui montre les bras, le cou.* ⇒ **découvrir. II.** (Faire connaître) **1.** Faire imaginer. ⇒ **représenter.** *L'auteur montre dans ses livres toute une société.* ⇒ **décrire, dépeindre, évoquer. 2.** Faire constater, mettre en évidence. ⇒ **démontrer, établir, prouver.** *Montrer ses torts à qqn, lui montrer qu'il a tort. Signes, indices qui montrent qqch.* ⇒ **annoncer, déceler, dénoter. 3.** Faire connaître volontairement par sa conduite. *Montrer ce qu'on sait faire. Montrer l'exemple.* **4.** Laisser paraître ; révéler. ⇒ **exprimer, extérioriser, manifester, témoigner.** *Montrer son étonnement, son émotion. Montrer de l'humeur.* **5.** Faire comprendre ; apprendre (qqch. à qqn) par l'explication, l'exemple. ⇒ **expliquer.** *Montre-moi comment ça marche.* ► **SE MONTRER** v. pron. **1.** Se faire voir. ⇒ **paraître.** *Il n'ose plus se montrer. Se montrer sous un jour favorable, tel qu'on est.* **2.** *Se montrer* (+ attribut), être effectivement, pour un observateur. ⇒ **être.** *Se montrer courageux, habile.*

MONTREUIL ou **MONTREUIL-SOUS-BOIS** ▪ Commune de Seine-Saint-Denis. 94 754 hab. *(les Montreuillois).* Centre industriel.

MONTREUIL ou **MONTREUIL-SUR-MER** ▪ Chef-lieu d'arrondissement du Pas-de-Calais. 2 450 hab. *(les Montreuillois).* Ancienne place forte (citadelle des XVIe et XVIIe s.).

MONTREUR, EUSE n. ▪ Personne qui fait métier de montrer en public (une curiosité). *Montreur d'ours, d'animaux.*

MONTREUX ▪ Ville de Suisse (Vaud), sur la rive droite du lac Léman. 20 036 hab. Vignobles. Festival de jazz.

MONTROUGE ▪ Commune des Hauts-de-Seine. 38 106 hab. *(les Montrougiens).* Centre industriel.

Pierre de Gua, sieur de MONTS (v. 1568 - v. 1630) ▪ Colonisateur français. Parti pour le Canada en 1604, il y fonda le premier établissement français, Port-Royal (Acadie).

MONT-SAINT-AIGNAN ▪ Commune de Seine-Maritime. 19 961 hab. *(les Mont-Saint-Aignanais).*

MONT-SAINT-MARTIN ▪ Commune de Meurthe-et-Moselle. 8 660 hab. *(les Saint-Martinois).*

Le MONT-SAINT-MICHEL ▪ Commune de la Manche, sur un îlot rocheux (le *mont Saint-Michel*) haut de 78 m. 72 hab.

(les Montois). Des marées de forte amplitude entourent très rapidement le Mont. Lieu de pèlerinage à saint Michel. Abbaye bénédictine (XIIe-XIIIe s.) surmontée d'une construction gothique, *la Merveille.*

le **Mont-Saint-Michel.** *Phot. © Mickael St. Maur Sheil/Black Star/Rapho*

MONTSÉGUR ▪ Commune de l'Ariège. 124 hab. *(les Montséguriens).* Ruines d'une des dernières places fortes cathares, à 1 216 m d'altitude.

MONTSERRAT ▪ Île des Antilles (îles Sous-le-Vent), dépendant du Royaume-Uni. 102 km^2. 12 000 hab. Chef-lieu : Plymouth.

le MONTSERRAT ▪ Massif montagneux de Catalogne. Abbaye bénédictine. Pèlerinages.

MONTUEUX, EUSE adj. ▪ VIEILLI Qui présente des monts, des hauteurs. *Un pays montueux.*

① **MONTURE n. f.** ▪ Bête sur laquelle on monte pour se faire transporter (cheval, âne, mulet, dromadaire, éléphant...). *Un cavalier et sa monture.*

② **MONTURE n. f.** ▪ Partie (d'un objet) qui sert à fixer, à supporter l'élément principal. *La monture d'un chevalet. Monture de lunettes,* qui maintient les verres en place.

MONUMENT n. m. ▪ **1.** Ouvrage d'architecture, de sculpture, etc., destiné à perpétuer un souvenir. *Monument funéraire.* ⇒ **mausolée, stèle, tombeau.** – *Monument aux morts,* commémorant les morts (à une guerre) d'une communauté. ♦ fig. VIEILLI Texte qui conserve le souvenir de qqch. (plus élaboré que le document* brut). **2.** Édifice remarquable. ⇒ **bâtiment, palais.** *Monument historique. Monument public.* ♦ FAM. Objet énorme. **3.** Œuvre imposante, digne de durer. – iron. *Un monument d'absurdité, d'extravagance.*

MONUMENTAL, ALE, AUX adj. ▪ **1.** Qui a un caractère de grandeur majestueuse. ⇒ **grand, imposant.** *L'œuvre monumentale de Victor Hugo.* **2.** FAM. Énorme. ⇒ **colossal, gigantesque, immense.** *Une horloge monumentale.* – *Erreur monumentale.*

MONZA ▪ Ville d'Italie (Lombardie), près de Milan. 123 073 hab. Centre industriel. Circuit automobile.

Thomas MOORE (1779 - 1852) ▪ Poète irlandais. Il fut à l'origine de la poésie « angélique ». *"Lalla Rookh"* (1817), romance orientale.

Henry MOORE (1898 - 1986) ▪ Sculpteur britannique. Il est l'auteur de sculptures monumentales qui ont souvent pour thème la mère et l'enfant ou le couple. Il étudia tout particulièrement le rapport des vides et des pleins en sculpture.

MOPTI ▪ Ville du Mali. 80 000 hab.

MOQUER v. tr. [1] ▪ LITTÉR. Tourner en ridicule. ⇒ **railler, ridiculiser.** *Ceux qui le moquaient...* ► SE **MOQUER** (DE) **v. pron.** COUR. **1.** Tourner (qqn) en ridicule, rire de. *Les enfants se moquaient de lui, de son allure.* **2.** Ne pas s'intéresser à, ne pas se soucier de (qqn, qqch.). ⇒ **dédaigner, mépriser.** *Je m'en moque* (→ je m'en balance, je m'en fiche, ça m'est égal). *Se moquer du qu'en-dira-t-on. Il se moque que j'aie raison.* **3.** Tromper ou essayer de tromper (qqn) avec désinvolture. ⇒ **avoir, berner, mystifier, rouler.** *Elle s'est bien moquée de vous. Vous vous moquez du monde.* **4.** absolt LITTÉR. Plaisanter. *Vous vous moquez !*

MOQUERIE n. f. ▪ **1.** Action, habitude de se moquer. ⇒ **ironie, raillerie.** **2.** Action, parole par laquelle on se moque. ⇒ **plaisanterie.** *Être sensible aux moqueries.*

MOQUETTE n. f. ▪ Tapis relativement ras, souvent uni (cloué, collé...) couvrant généralement toute la surface d'une pièce.

MOQUEUR, EUSE adj. ▪ **1.** Qui a l'habitude de se moquer (1). ⇒ **blagueur, goguenard, gouailleur.** – **n.** *C'est un incorrigible moqueur.* **2.** Inspiré par la moquerie. ⇒ **ironique, narquois, railleur.** *Regard, rire moqueur.*

MORAINE n. f. ▪ Débris de roche entraînés par un glacier et formant un grand amas.

① **MORAL, ALE, AUX adj.** ▪ **I. 1.** Qui concerne les mœurs*, les règles admises et pratiquées dans une société. *Attitude, expérience morale. Les valeurs morales. Principes moraux.* **2.** Qui concerne l'étude philosophique de la morale (I, 1). ⇒ **éthique.** **3.** Qui est conforme aux mœurs, à la morale (I, 2). ⇒ **honnête, juste** ; opposé à *amoral* et à *immoral. Une histoire morale,* édifiante. **II.** Relatif à l'esprit, à la pensée (opposé à *matériel*). ⇒ **intellectuel, spirituel.** *Force morale. Portrait moral.* ⇒ **psychologique.** – DR. *Personne* morale.*

② **MORAL n. m.** ▪ Disposition temporaire à supporter plus ou moins bien les difficultés, à être plus ou moins heureux. *Avoir bon, mauvais moral. Le moral des troupes est bon.* ♦ Disposition psychique. ⇒ **mental** (3). – FAM. *Avoir le moral à zéro, ne pas avoir le moral,* avoir mauvais moral (⇒ **démoraliser**).

MORALE n. f. ▪ **I. 1.** Science du bien et du mal ; théorie de l'action humaine soumise au devoir et ayant pour but le bien. ⇒ **éthique.** *La morale stoïcienne, chrétienne.* **2.** Ensemble de règles de conduite considérées comme bonnes. ⇒ **bien, valeur.** *Conforme à la morale :* bien, bon. *Une morale sévère, rigoureuse.* ⇒ **rigorisme.** **II. 1.** loc. *FAIRE LA MORALE, DE LA MORALE à qqn,* lui faire une leçon de morale. ⇒ **sermonner.** **2.** Ce qui constitue une leçon de morale. ⇒ **apologue, maxime, moralité.** *La morale d'une fable. La morale de cette histoire, c'est...* ⇒ **moralité.**

MORALEMENT adv. ▪ **I.** Conformément à une règle de conduite. *Acte moralement condamnable.* **II. 1.** Sur le plan spirituel, intellectuel. *J'en suis moralement convaincu.* **2.** Du point de vue moral (II), psychique. ⇒ **mentalement, psychologiquement.** *Physiquement et moralement.*

Cristóbal de MORALES (1500 - 1553) ▪ Compositeur espagnol de musique religieuse.

Luis de MORALES (v. 1510 - 1586) ▪ Peintre espagnol. Sujets religieux traités dans un style maniériste.

MORALISATEUR, TRICE adj. ▪ Qui fait la morale. ⇒ **édifiant.** *Influence moralisatrice.* – *C'est un moralisateur insupportable.*

MORALISATION n. f. ▪ **1.** Édification. **2.** Fait de devenir (plus) moral (I, 3).

MORALISER v. tr. [1] ▪ **I.** VX Faire des leçons de morale à. ⇒ **morigéner, sermonner.** **II.** Rendre (plus) moral, meilleur.

MORALISTE n. ▪ **1.** Auteur de réflexions sur les mœurs, la nature et la condition humaines. **2.** Personne qui, par ses paroles, son exemple, donne des leçons de morale. ⇒ **moralisateur.** – **adj.** *Elle a toujours été moraliste.*

Henry **Moore.** *Figure étendue.* Tate Gallery, Londres.
Phot. © Nimatallah/Ricciarini

MORALITÉ n. f. ▪ **I. 1.** Caractère moral, valeur au point de vue éthique. ⇒ **mérite.** *La moralité d'une action, d'une attitude.* **2.** Attitude, conduite ou valeur morale. *Faire une enquête sur la moralité de qqn.* ♦ Sens moral. ⇒ **conscience, honnêteté.** *Témoins, certificat de moralité.* **3.** Enseignement moral (d'un événement, d'un récit). *La moralité d'une fable.* ⇒ **morale** (II, 2). *Moralité : soyez prudent.* **II.** HIST. LITTÉR. Pièce de théâtre édifiante, au Moyen Âge.

Paul MORAND (1888 - 1976) ▪ Écrivain français. Récits vifs et rapides sur la vie d'avant-guerre. *"L'Europe galante"* (1925); *"L'Homme pressé"* (1941).

Giorgio MORANDI (1890 - 1964) ▪ Peintre italien. Natures mortes au style dépouillé.

MORANGIS ▪ Commune de l'Essonne. 10 043 hab. *(les Morangissois).*

Elsa MORANTE (1912 - 1985) ▪ Écrivain italien. Ses romans abordent souvent les problèmes de l'enfance. *"L'Île d'Arthur"* (1957); *"La Storia"* (1974). Elle fut l'épouse de A. Moravia.

MORASSE n. f. ▪ IMPRIM. Dernière épreuve d'un journal.

MORAT ▪ Ville de Suisse (canton de Fribourg), sur le lac de Morat *(Murtensee).* 4 567 hab. Remparts du XVe s., maisons anciennes. Les Suisses, alliés de Louis XI, y remportèrent une victoire sur Charles le Téméraire en 1476.

MORATOIRE n. m. ▪ Suspension des actions en justice, des obligations de paiement. ◇ syn. VIEILLI MORATORIUM [-ɔrjɔm]].

la MORAVA ▪ Rivière d'Europe centrale, affluent du Danube. 378 km. Elle forme la frontière entre la Moravie et la Slovaquie, puis entre la Slovaquie et l'Autriche.

MORAVE adj. et n. ▪ De Moravie. - spécialt *Frères moraves :* secte chrétienne hussite apparue au XVe siècle en Bohême. ♦ n. *Les Moraves.*

Alberto MORAVIA (1907 - 1990) ▪ Écrivain italien. La critique de la vie bourgeoise et la sexualité sont les thèmes de ses romans. *"Agostino"* (1945); *"L'Ennui"* (1960); *"Le Mépris"* (1954) (adapté au cinéma par J.-L. Godard). Il fut l'époux d'Elsa Morante.

Moravia.
Phot. © Ulf Andersen/ Gamma

la MORAVIE ▪ Partie orientale de la République tchèque. 26 094 km^2. 4 010 000 hab. *(les Moraves).* Villes principales : Brno, Ostrava. Agriculture riche. L'industrie bénéficie de la houille de Silésie. Royaume indépendant de 830 à 1029, érigé temporairement en margraviat en 1182. Son histoire se confondit ensuite avec celle de la Bohême*.

MORBIDE adj. ▪ **1.** DIDACT. Relatif à la maladie. *État morbide.* ⇒ **pathologique. 2.** Anormal, dépravé. *Curiosité, imagination morbide.* ⇒ **maladif, malsain.** *Une littérature morbide.*

MORBIDITÉ n. f. ▪ Caractère maladif.

MORBIER n. m. ▪ Fromage de vache à pâte pressée.

le MORBIHAN [56] ▪ Département français de la région Bretagne. 6 763 km^2. 619 838 hab. Chef-lieu : Vannes. Chefs-lieux d'arrondissement : Lorient, Pontivy. ► **le golfe du MORBIHAN** communique avec l'Atlantique par un étroit goulet. Tourisme.

MORBLEU interj. ▪ Ancien juron (→ palsambleu).

MORCEAU n. m. ▪ **1.** Partie séparée ou distincte (d'un corps ou d'une substance solide). ⇒ **bout, fraction, fragment, partie, portion.** *Un morceau de ficelle. Couper, déchirer, mettre qqch. en morceaux. Un bon, un gros morceau. Se casser en mille morceaux.* ⇒ **miette.** - (d'un aliment) ⇒ **bouchée, part.** *Un morceau de pain, de sucre. Les bons morceaux.* - fig. FAM. *Manger un morceau,* faire un petit repas. *Manger, casser, lâcher le morceau :* avouer, parler. **2.** Fragment, partie (d'une œuvre littéraire). ⇒ **extrait, passage.** - loc. *MORCEAUX CHOISIS :* recueil de passages d'auteurs ou d'ouvrages. ⇒ **anthologie. 3.** Œuvre musicale. *Un morceau de piano.*

Morandi. *Nature morte,* 1920. Coll. part., Milan.
Phot. © Lauros/Giraudon

MORCELER v. tr. [4] ▪ Partager (une étendue de terrain) en plusieurs parties. ⇒ **démembrer, partager.** *Morceler un terrain en lots.* - au p. p. *Terrain morcelé.*

MORCELLEMENT n. m. ▪ Action de morceler ; état de ce qui est morcelé. ⇒ **division, fractionnement, partage.** *Le morcellement en lots* (lotissement).

MORDACITÉ n. f. ▪ LITTÉR. Causticité.

MORDANT, ANTE ▪ **I.** adj. **1.** VX Qui mord. - fig. *Un froid mordant.* **2.** Qui attaque, avec une violence qui blesse. ⇒ **acerbe, acide, aigre, incisif, vif.** *Répondre à qqn d'une manière mordante. Ironie mordante.* **II.** n. m. Énergie dans l'attaque ; vivacité. *Avoir du mordant.*

MORDICUS [-ys] adv. ▪ FAM. *Affirmer, soutenir qqch. mordicus,* obstinément, sans démordre.

MORDILLER v. tr. [1] ▪ Mordre légèrement et à plusieurs reprises.

MORDORÉ, ÉE adj. et n. m. ▪ D'un brun chaud avec des reflets dorés.

la MORDOVIE ▪ République autonome de la Fédération de Russie, à l'ouest de Kazan. 26 200 km^2. 964 000 hab. Langues : mordve, russe. Capitale : Saransk. Agriculture (tabac). Industries métallurgiques. ► **les MORDVES** Peuple finno-ougrien qui participa aux révoltes de Razine (1670-1671) et de Pougatchev (1773-1775).

MORDRE v. [41] ▪ **I.** v. tr. **1.** Saisir et serrer avec les dents de manière à blesser, à entamer, à retenir. ⇒ **morsure.** *Mon chien l'a mordu. Elle s'est fait mordre.* loc. *Se mordre les doigts* de qqch.* **2.** Avoir l'habitude d'attaquer, de blesser avec les dents. *Mettre une muselière à un chien pour l'empêcher de mordre.* **3.** Blesser au moyen d'un bec, d'un crochet, d'un suçoir. *Se faire mordre, être mordu par un serpent.* ⇒ **piquer. 4.** Entamer. *La lime, l'acide mord le métal.* **II. 1.** v. tr. ind. *MORDRE À :* saisir avec les dents. *Poisson qui mord à l'appât* et, sans compl., *qui mord,* qui se laisse prendre. - fig. *Mordre à l'hameçon*.* **2.** v. intr. *MORDRE DANS :* enfoncer les dents. *Mordre à belles dents dans une pomme.* **3.** *MORDRE SUR* (une chose, une personne) : agir, avoir prise sur elle, l'attaquer. - Empiéter sur.

MORDU, UE adj. ▪ **1.** Qui a subi une morsure. **2.** Amoureux. *Il est mordu, bien mordu.* - n. FAM. *MORDU(E) DE :* personne qui a un goût extrême pour (qqch.). *C'est un mordu du jazz.* ⇒ FAM. **enragé, fou.**

MORE ; MORESQUE ⇒ MAURE ; MAURESQUE

saint Thomas MORE ou **MORUS** (1477-1535) ▪ Humaniste anglais, chancelier d'Henri VIII, décapité pour son opposition à l'anglicanisme. Son livre l'*"Utopie"* (1516) a imposé ce terme, créé pour désigner le territoire de la république imaginaire qu'il décrivait. Ami d'Érasme.

saint Thomas **More.** *Arrestation et supplice de Thomas More,* tableau de Caron. Musée des Beaux-Arts, Blois.
Phot. © Lauros/Giraudon

Jean MORÉAS (1856-1910) ▪ Poète symboliste français d'origine grecque. *"Les Stances"* (1899-1901, 1920).

Jean Victor MOREAU (1763-1813) ▪ Général français. Proche de Pichegru, suspecté par Napoléon, il fut arrêté et exilé. Il mourut dans les rangs russes près de Dresde.

Gustave MOREAU (1826-1898) ▪ Peintre français. Il s'inspira de sujets mythologiques, qu'il chargea d'un symbolisme personnel. (*"Œdipe et le Sphinx"*, 1869). Son enseignement influença le symbolisme.

Jeanne MOREAU (née en 1928) ▪ Comédienne française. Elle fut l'égérie de la Nouvelle Vague, grâce à Malle, Vadim et Truffaut (*"Jules et Jim"*, 1962). Elle a depuis joué dans de nombreux films, tout en poursuivant une carrière au théâtre.

MORÉE → Mistra

MORELIA ▪ Ville du Mexique. 489 000 hab. Industrie alimentaire.

la sierra MORENA ▪ Chaîne montagneuse du sud de l'Espagne, qui s'étend du cours du Guadiana sur la frontière portugaise, aux confins de la Murcie.

Jacob Levy MORENO (1890-1974) ▪ Psychosociologue américain d'origine roumaine. Créateur de la thérapeutique du psychodrame.

Agustín MORETO Y CABAÑA (1618-1669) ▪ Auteur dramatique espagnol. Ses comédies furent souvent imitées par les auteurs français du XVIIe s. *"Dédain pour dédain"* (1652).

MORET-SUR-LOING ▪ Commune de Seine-et-Marne, sur le Loing. 4 174 hab. *(les Morétains)*. Vestiges de fortifications. Église (XIIe-XVe s.). Maisons anciennes.

MOREZ ▪ Commune du Jura, sur la Bienne. 6 957 hab. *(les Moréziens)*. École nationale d'optique et de lunetterie. Centre de tourisme et de sports d'hiver dans le parc naturel régional du Haut-Jura.

MORFAL, ALE, ALS adj. et n. ▪ FAM. Qui dévore, qui a un appétit insatiable. ⇒ **goinfre.**

MORFIL n. m. ▪ TECHN. Petites parties d'acier, barbes métalliques qui restent au tranchant d'une lame affûtée.

MORFLER v. [1] ▪ **1.** v. tr. ARGOT Subir (des coups). **2.** v. intr. FAM. Subir un inconvénient. - Souffrir. - Être endommagé.

SE **MORFONDRE** v. pron. [41] ▪ S'ennuyer, être triste par ennui. ⇒ **languir.** *Se morfondre à attendre.* - au p. p. Ennuyé, déçu. *Un amoureux morfondu.*

Lewis Henry MORGAN (1818-1881) ▪ Ethnologue américain. Il étudia les systèmes de parenté.

John Pierpont MORGAN (1837-1913) ▪ Financier et collectionneur américain. ► **John Pierpont MORGAN Jr.** (1867-1943), son fils, lui succéda à la tête de la *banque Morgan* et du trust de l'acier qu'il avait créé.

Thomas Hunt MORGAN (1866-1945) ▪ Généticien américain. Prix Nobel de médecine 1933 pour ses travaux sur les mutations chez la mouche drosophile.

Simone Roussel dite **Michèle MORGAN** (née en 1920) ▪ Actrice française. Elle acquit la notoriété au cinéma avec *"Gribouille"* (1937), puis *"Le Quai des brumes"* (1938). Elle incarna un personnage rêveur, servi par un regard célèbre.

MORGANATIQUE adj. ▪ Se dit de l'union contractée par un prince et une femme de condition inférieure (qui n'a pas les privilèges d'une épouse). *Mariage morganatique.* - *Épouse morganatique.*

la fée MORGANE ▪ Personnage fabuleux du cycle breton. Elle recueille Arthur.

le MORGARTEN ▪ Montagne de Suisse, au nord de Schwyz, où les confédérés suisses remportèrent, en 1315, une victoire décisive sur les Autrichiens.

MORGAT ▪ Hameau du Finistère (commune de Crozon), sur la baie de Douarnenez. Port de pêche (sardines) et de plaisance. Station balnéaire.

Oskar MORGENSTERN (1902-1977) ▪ Économiste américain d'origine autrichienne. Créateur avec le mathématicien Neumann de la « théorie des jeux ».

① **MORGUE** n. f. ▪ Contenance hautaine et méprisante. ⇒ **arrogance, hauteur, insolence.** *Un homme plein de morgue.*

② **MORGUE** n. f. ▪ Lieu où les cadavres non identifiés sont exposés pour les faire reconnaître. ⇒ institut **médicolégal.** - Salle où reposent momentanément les morts.

MORIBOND, ONDE adj. ▪ Qui est près de mourir. ⇒ **agonisant, mourant.** - n. *Être au chevet d'un moribond.*

MORICAUD, AUDE ▪ **1.** adj. VX Basané. **2.** n. péj. et raciste Personne de couleur.

Zsigmond MÓRICZ (1879-1942) ▪ Écrivain hongrois. Romans réalistes et historiques. *"Sept sous"* (1908).

MORIGÉNER v. tr. [6] ▪ **1.** VX Moraliser, sermonner. **2.** LITTÉR. Réprimander (qqn) en se donnant des airs de moraliste.

Eduard MÖRIKE (1804-1875) ▪ Écrivain allemand. *"Le Voyage de Mozart à Prague"* (1856). Hugo Wolf a mis certains de ses poèmes en musique.

MORILLE n. f. ▪ Champignon comestible très apprécié, au chapeau criblé d'alvéoles. *Poulet aux morilles.*

Edgar MORIN (né en 1921) ▪ Sociologue français. Il étudia les problèmes liés à la communication de masse. *"L'Esprit du temps"* (1962); *"La Méthode"* (1977-1992).

MORION n. m. ▪ anciennt Casque léger, à bords relevés en pointe.

Berthe MORISOT (1841-1895) ▪ Peintre impressionniste français. Modèle et élève de Manet.

Morisot. *Jeune fille en décolleté, la fleur aux cheveux,* 1893.
Musée du Petit Palais. *Phot. © Giraudon*

Karl MORITZ (1757-1793) ▪ Écrivain allemand. Il influença Goethe. *"Anton Reiser"* (1785-1790).

MORLAIX ▪ Chef-lieu d'arrondissement du Finistère. 16 701 hab. *(les Morlaisiens).* Églises anciennes. Maison de la duchesse Anne (XVe s.). Manufacture de tabac (depuis le XVIIe s.). Industries.

MORMON, ONE n. et adj. ▪ Membre d'une secte d'origine américaine fondée par Joseph Smith* en 1830, dont la doctrine admet les principes essentiels du christianisme. *Les mormons s'appellent les Saints des derniers jours.* - adj. *La secte mormone.*

① **MORNE** adj. ▪ **1.** Qui est d'une tristesse ennuyeuse. ⇒ **abattu, morose, sombre, triste.** *Un air morne et buté.* **2.** (choses) Triste et maussade. *Un temps morne. La conversation resta morne.*

② **MORNE** n. m. ▪ aux Antilles Petite montagne isolée, de forme arrondie.

MORNE-À-L'EAU ▪ Commune de la Guadeloupe. 16 058 hab. *(les Mornaliens).* Rhumeries. Sucreries.

Charles, duc de MORNY (1811-1865) ▪ Financier et homme politique français. Demi-frère de Napoléon III, il participa au coup d'État du 2 décembre 1851 et joua un grand rôle sous le Second Empire.

Antonio MORO (1517-1576) ▪ Peintre néerlandais. Portraits de cour exécutés pour Philippe II d'Espagne.

Aldo MORO (1916-1978) ▪ Homme politique italien. Président du Conseil à plusieurs reprises, président du parti démocrate-chrétien, enlevé et assassiné par les Brigades rouges.

MORONI ▪ Capitale des Comores. 25 000 hab. Port de pêche.

① **MOROSE** adj. ▪ Qui est d'une humeur triste, que rien ne peut égayer. ⇒ **chagrin,** ① **morne, renfrogné.**

② **MOROSE** adj. ▪ RELIG. *Délectation morose :* plaisir pris à demeurer dans la tentation.

MOROSITÉ n. f. ▪ Humeur, atmosphère morose. ⇒ **mélancolie.**

-MORPHE ⇒ MORPH(O)-

MORPHÉE ▪ Un des enfants d'Hypnos dans la mythologie grecque. Il suscite les rêves, d'où l'expression *être dans les bras de Morphée* pour signifier « dormir ».

MORPHÈME n. m. ▪ LING. Forme minimum douée de sens (mot simple ou élément de mot). ⇒ **morphologie.** - spécialt Cet élément, quand il a une fonction grammaticale (l'ensemble, avec les « lexèmes », étant alors appelé « monèmes » [chez A. Martinet]).

MORPHINE n. f. ▪ Substance tirée de l'opium, douée de propriétés soporifiques et calmantes.

MORPHINOMANE adj. et n. ▪ (Personne) qui s'intoxique à la morphine. - n. *Un, une morphinomane.*

MORPH(O)-, -MORPHE, -MORPHIQUE, -MORPHISME Éléments savants, du grec *morphê* « forme ». ⇒ **-forme.**

MORPHOLOGIE n. f. ▪ **1.** Étude de la configuration et de la structure externe (d'un organe ou d'un être vivant, d'un objet naturel). *Morphologie végétale, animale.* **2.** Forme, apparence extérieure. **3.** LING. Étude de la formation des mots (par des morphèmes) et de leurs variations de forme.

MORPHOLOGIQUE adj. ▪ Relatif à la morphologie, aux formes.

MORPION n. m. ▪ **1.** Pou du pubis. **2.** Gamin, garçon très jeune. **3.** Jeu à deux joueurs, où le gagnant doit placer plusieurs (cinq) signes d'affilée sur une grille.

Ennio MORRICONE (né en 1928) ▪ Compositeur italien. Spécialisé dans la musique de films, il collabora avec S. Leone. *"Pour une poignée de dollars"* (1964); *"Il était une fois dans l'Ouest"* (1968).

William MORRIS (1834-1896) ▪ Écrivain et décorateur britannique. Il renouvela l'art décoratif en Angleterre et influença l'Art nouveau.

Robert MORRIS (né en 1931) ▪ Sculpteur américain. Théoricien autant que sculpteur, il est l'un des principaux représentants du minimalisme et de l'*anti form art. "Ampoule graduée"* (1962); *"Feutre"* (1974).

Toni MORRISON (née en 1931) ▪ Romancière américaine. L'univers de ses romans est celui de la communauté noire, tiraillée entre les valeurs de ses ancêtres esclaves et celles de la société américaine urbaine. *"L'Œil le plus bleu"* (1970); *"Beloved"* (1987); *"Jazz"* (1992). Prix Nobel de littérature 1993.

MORS n. m. ▪ **1.** Pièce du harnais, levier qui passe dans la bouche du cheval et sert à le diriger. **2.** loc. *Prendre* LE MORS AUX DENTS : s'emballer, s'emporter.

MORSANG-SUR-ORGE ▪ Commune de l'Essonne. 19 401 hab. *(les Morsaintois).*

① **MORSE** n. m. ▪ Grand mammifère marin des régions arctiques, amphibie, que l'on chasse pour son cuir, sa graisse et l'ivoire de ses défenses.

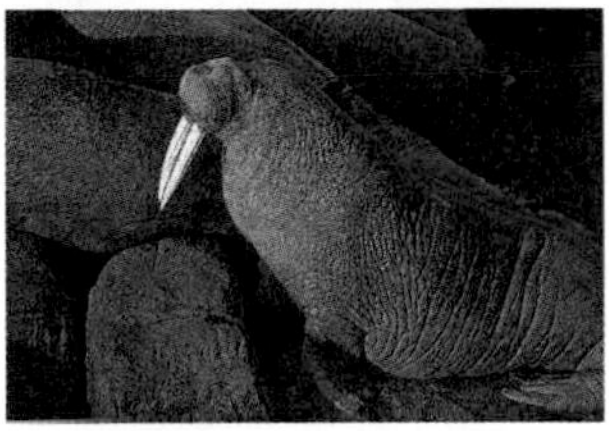

morse. *Odobenus rosmarus.*
Phot. © Cordier/Jacana

② **MORSE** n. m. ▪ (du n. pr.) Système de télégraphie électromagnétique et de code de signaux (utilisant des combinaisons de points et de traits). *Signaux en morse.* - appos. *Alphabet morse.*

Samuel MORSE (1791-1872) ▪ Physicien américain. Il réalisa un télégraphe électrique et conçut également un alphabet conventionnel, qui porte son nom, utilisable sur son appareil.

MORSURE n. f. ▪ **1.** Action de mordre. **2.** Blessure, marque faite en mordant.

Jan MORSZTYN (1613-1693) ▪ Poète baroque polonais. *"La Canicule"* (1647); *"Le Luth"* (1661).

① **MORT** n. f. ▪ **I. 1.** Cessation de la vie (humains et animaux). ⇒ **trépas ; mourir.** - (Personnifiée) *Voir la mort de près.* - PHYSIOL. Arrêt des fonctions de la vie (circulation sanguine, respiration, activité cérébrale...). *Mort clinique suivie de réanimation.* ♦ (Personnifiée) *La mort n'épargne personne.* - (Personnage mythique : squelette armé d'une faux, etc.) **2.** Fin d'une vie humaine, circonstances de cette fin. *Depuis la mort de ses parents.* ⇒ **décès, disparition.** *Mort naturelle, accidentelle. Mort subite.* - loc. *Mourir de sa belle mort,* de vieillesse et sans souffrance. - *Être à l'article de la mort,* tout près de mourir. ⇒ à l'**agonie ; moribond, mourant.** - *C'est une question de vie ou de mort,* une affaire où il y va de la vie. - À MORT : d'une façon qui entraîne la mort. ⇒ **mortellement.** *Être frappé, blessé à mort. En vouloir à mort à qqn.* FAM. À MORT : intensément (quelques emplois). - loc. *À la vie (et) à la mort,* pour toujours. **3.** Cette fin provoquée. ⇒ **assassinat, crime, homicide, meurtre, suicide ; euthanasie.** *Donner la mort.* ⇒ **assassiner, tuer.** *Engin de mort. Peine de mort. Mettre qqn à mort. À mort !,* cri par lequel on réclame la mort de qqn. **II.** fig. **1.** Destruction (d'une chose). *C'est la mort du petit commerce.* ⇒ **fin, ruine. 2.** en loc. Douleur mortelle. ⇒ **agonie.** - loc. *Souffrir mille morts. Avoir la mort dans l'âme,* être désespéré.

② **MORT, MORTE** ▪ **I.** adj. **1.** Qui a cessé de vivre. ⇒ **défunt,** ② **feu, trépassé ;** s'oppose à *vivant. Il est mort depuis longtemps.* ⇒ **décédé.** *Tomber (raide) mort :* mourir subitement. *Il est mort et enterré.* - *Arbre mort. Feuilles mortes.* **2.** Qui semble avoir perdu la vie. *Ivre mort. Mort de fatigue,* épuisé. *Plus mort que vif :* effrayé. - *Mort de peur,* paralysé par la peur. **3.** (choses) Sans activité, sans vie. *Eau morte.* ⇒ **stagnant.** - loc. *Poids* mort. Temps* mort.* **4.** Qui appartient à un passé révolu. *Langue morte.* **5.** FAM. Hors d'usage. ⇒ **cassé, usé ;** FAM. **fichu, foutu, nase.** *La bagnole est morte. Les piles sont mortes.* **II.** n. **1.** Dépouille mortelle d'un être humain. ⇒ **cadavre, corps.** *Ensevelir, incinérer les morts.* - *Être pâle comme un mort.* **2.** Être humain qui ne vit plus que dans la mémoire des hommes ou qui est supposé être dans l'au-delà. ⇒ **défunt.** *Culte, religion des morts.* ⇒ **ancêtre. 3.** Personne tuée. *L'accident a fait un mort et trois blessés.* ⇒ **victime.** - *La place du mort,* dans une voiture, la place avant, à côté du conducteur. ‑ loc. *Faire le mort,* faire semblant d'être mort. **4.** n. m. Joueur qui étale ses cartes et ne participe pas au jeu. *L'as est au mort.*

la vallée de la MORT en anglais ***DEATH VALLEY*** ▪ Vallée désertique des États-Unis (Californie), très aride, au nord du désert Mojave. Parc national.

la vallée de la **Mort.** Zabriskie point.
Phot. © Gianetti/Gamma

MORTADELLE n. f. ▪ Gros saucisson de porc et de bœuf.

MORTAGNE-AU-PERCHE ▪ Chef-lieu d'arrondissement de l'Orne. 4 584 hab. *(les Mortagnais).* Église gothique. Marché aux chevaux.

MORTAISE n. f. ▪ Entaille faite dans une pièce de bois ou de métal pour recevoir une autre pièce (ou sa partie saillante ⇒ **tenon**).

MORTALITÉ n. f. ▪ **1.** VX Fait d'être mortel (opposé à *immortalité*). **2.** Mort d'un certain nombre d'hommes ou d'animaux, succombant pour une même raison (épidémie, fléau). **3.** *Taux de mortalité* ou *la mortalité,* rapport entre le nombre des décès et le chiffre de la population dans un lieu et un espace de temps déterminés. *Mortalité infantile.*

MORT-AUX-RATS [mɔʀ(t)oʀa] n. f. sing. ▪ Préparation empoisonnée destinée à la destruction des rongeurs.

la mer MORTE ▪ Mer intérieure située entre Israël et la Jordanie, à 395 m environ au-dessous du niveau de la mer. L'eau y est si salée qu'aucune vie animale n'y est possible. ► **les manuscrits de la mer MORTE** → **Qumrān.**

MORTEAU ▪ Commune du Doubs. 6 458 hab. *(les Mortuaciens).* Horlogerie. Saucisses fumées.

MORTEL, ELLE adj. ▪ **1.** Qui doit mourir. *Tous les hommes sont mortels* (s'oppose à *immortel*). ♦ (choses) Sujet à disparaître. ⇒ **éphémère, périssable.** ♦ n. Être humain. ⇒ **homme, personne.** *Un heureux mortel,* un homme qui a de la chance. **2.** Qui cause la mort, entraîne la mort. ⇒ **fatal.** *Maladie mortelle. Poison mortel.* ‑ *Ennemi mortel,* qui cherche la mort de son ennemi. ‑ RELIG. CATHOL. *Péché mortel,* qui entraîne la mort de l'âme, la damnation (opposé à *véniel*). **3.** fig. D'une intensité dangereuse et pénible. *Un froid mortel. Un ennui, un silence mortel.* ♦ FAM. Extrêmement ennuyeux. ⇒ **lugubre, sinistre.** *Une soirée mortelle. C'était mortel.*

MORTELLEMENT adv. ▪ **1.** Par un coup mortel. ⇒ **à mort.** *Être mortellement blessé.* **2.** D'une façon intense, extrême. *Il était mortellement pâle.*

MORTE-SAISON n. f. ▪ Période d'activité réduite (dans un secteur de l'économie). *Les mortes-saisons.*

MORTIER n. m. ▪ **I.** Mélange de chaux éteinte (ou de ciment) et de sable, délayé dans l'eau et utilisé en construction pour lier ou recouvrir les pierres. **II.** Récipient servant à broyer certaines substances. *Mortier de pharmacien. Piler de l'ail dans un mortier.* **III.** (analogie de forme) **1.** Pièce d'artillerie portative à tir courbe. **2.** anciennt Toque (de certains dignitaires). *Président à mortier.*

MORTIFIANT, ANTE adj. ▪ Humiliant, vexant.

MORTIFICATION n. f. ▪ **1.** VX Humiliation. **2.** RELIG. Souffrance que s'imposent les croyants pour faire pénitence.

MORTIFIER v. tr. [7] ▪ Faire cruellement souffrir (qqn) dans son amour-propre. ⇒ **blesser, froisser, humilier.** *Votre mépris l'a mortifié* (⇒ **mortifiant**). ► **SE MORTIFIER** v. pron. RELIG. S'imposer des souffrances dans l'intention de racheter ses fautes. ⇒ **mortification.**

Roger de MORTIMER, comte de La Marche (v. 1287 ‑ 1330) ▪ Seigneur gallois. Amant de la reine d'Angleterre Isabelle de France, il fit abdiquer Édouard II (1327) et régna en despote sur l'Angleterre. Condamné à mort sous Édouard III.

MORT-NÉ, MORT-NÉE adj. ▪ **1.** Mort(e) en venant au monde. *Enfants mort-nés.* **2.** (choses) Qui échoue, avorte dès le début. *Une entreprise mort-née.*

MORTUAIRE adj. ▪ Relatif aux morts, aux cérémonies en leur honneur. ⇒ **funèbre, funéraire.** *Cérémonie mortuaire. Couronne mortuaire.*

MORUE n. f. ▪ **1.** Grand poisson (du même genre que le colin, le merlan...), qui vit dans les mers froides. *Morue fraîche* (⇒ **cabillaud**), *séchée* (merluche...). *Huile de foie de morue.* **2.** injurieux Prostituée (terme d'injure pour une femme).

MORULA n. f. ▪ EMBRYOL. Premier stade de l'embryon (masse ronde).

MORUTIER n. m. ▪ Homme, bateau faisant la pêche à la morue.

le MORVAN ▪ Région montagneuse proche de la Bourgogne, fragment isolé du Massif central qui culmine à 901 m. Forêts. Élevage. Tourisme (parc régional).

MORVE n. f. ▪ **1.** VÉTÉR. Grave maladie contagieuse des chevaux. **2.** COUR. Liquide visqueux qui s'écoule du nez. ⇒ **mucosité, mucus.**

MORVEUX, EUSE adj. et n. ▪ **1.** Qui a de la morve (2) au nez. *Enfant morveux.* ‑ loc. *Qui se sent morveux (qu'il) se mouche,* que la personne qui se sent visée par une critique en fasse son profit. **2.** n. FAM. injure Gamin, gamine. *Tu n'es qu'un morveux. Sale morveuse.*

MORZINE ▪ Commune de Haute-Savoie. 2 967 hab. *(les Morzinois).* Station de sports d'hiver de Morzine-Avoriaz.

① **MOSAÏQUE** n. f. ▪ **1.** Assemblage décoratif de petites pièces rapportées (pierre, marbre) dont la combinaison figure un dessin et les couleurs animent la surface (comme en peinture*). *Les mosaïques byzantines de Ravenne.* ‑ *Parquet mosaïque,* fait de petites lames de bois collées. ♦ Art des mosaïques. **2.** Ensemble d'éléments divers juxtaposés. **3.** BOT. Maladie des plantes (taches jaunes). *La mosaïque du tabac.* **4.** adj. BIOL. Qui se juxtapose avec chacun une fonction. *Organisme mosaïque.*

② **MOSAÏQUE** adj. ▪ De Moïse. *La loi mosaïque.*

MOSAÏQUÉ, ÉE adj. ▪ Qui ressemble à une mosaïque. *Reliure mosaïquée.*

MOSAÏSTE n. ▪ Artiste qui fait des mosaïques. ⇒ ① **mosaïque.** *Les grands mosaïstes byzantins.*

Gaetano MOSCA (1858 ‑ 1941) ▪ Sociologue italien. Il opposa à la démocratie un régime élitiste.

MOSCOU ▪ Capitale de la Russie et de l'ex-U.R.S.S., sur la Moskova. 8 956 000 hab. *(les Moscovites).* Centre administratif, culturel et scientifique. Universités Lomonossov et Patrice-Lumumba (pour les étudiants du tiers monde). Bibliothèque Lénine, une des plus grandes du monde. Musées. Théâtres (le Bolchoï). Nombreux monuments : Kremlin, place Rouge. Églises (Basile-le-Bienheureux). Plaque tournante de voies de communication : trois ports fluviaux reliés à cinq mers (Blanche, Baltique, Caspienne, Noire et d'Azov). Quatre aéroports. Nombreuses industries. Grand centre textile. □ **HISTOIRE** Vassale de la Horde d'Or jusqu'à la fin du XVe s. et centre religieux (orthodoxe) de la Russie, elle annexa peu à peu les principautés environnantes (sous Ivan III, Vassili III et Ivan IV le Terrible). Pierre le Grand transféra sa capitale à Saint-Pétersbourg en 1715 mais Moscou resta capitale religieuse de l'empire. Occupée par les troupes de Napoléon Ier (1812), elle fut incendiée et détruite aux trois quarts par les Russes, ce qui contraignit les Français à l'abandonner. Elle prit part à la révolution de 1905 puis à celle de 1917, et devint en 1918 le siège du gouvernement soviétique. En 1936-1938 eurent lieu à Moscou les procès des opposants à Staline (Boukharine, Kamenev, Zinoviev...). En 1941-1942, l'armée allemande connut son premier échec en tentant de s'emparer de Moscou. ► **la MOSCOVIE** Nom donné à la principauté de Moscou jusqu'au XVIIe s.

MOSCOVITE adj. et n. ▪ De Moscou. ‑ n. *Les Moscovites.*

Henry MOSELEY (1887 ‑ 1915) ▪ Physicien britannique. Ses travaux sur le nombre atomique ont complété la classification de Mendeleïev.

Mosaïque de pavement de style byzantin, V^e-VIe s. Musée des Mosaïques byzantines, Istanbul. *Phot. © Giraudon*

Jacopo Torriti, *Nativité,* mosaïque de l'abside de Sainte-Marie-Majeure, Rome. *Phot. © Scala*

mosaïque.

la MOSELLE ▪ Affluent du Rhin. 550 km. Importante voie de navigation.

la MOSELLE [57] ▪ Département français de la région Lorraine. 6 216 km^2. 1 011 302 hab. *(les Mosellans).* Chef-lieu : Metz. Chefs-lieux d'arrondissement : Bouley-Moselle, Château-Salins, Forbach, Sarrebourg, Sarreguemines, Thionville.

la MOSKOVA ▪ Rivière de Russie, qui traverse Moscou. 473 km. Victoire de Napoléon sur les Russes de Koutouzov le 7 sept. 1812.

MOSQUÉE n. f. ▪ Sanctuaire consacré au culte musulman. *Le minaret d'une mosquée.*

Mohammad MOSSADEGH ou **MOSSADEQ** (1880-1967) ▪ Homme politique iranien. Il œuvra pour l'indépendance économique de son pays (nationalisation des pétroles, 1951) mais fut destitué de son poste de Premier ministre en 1953 et emprisonné.

les MOSSIS ▪ Peuple du Burkina Faso parlant une langue soudanaise, le moré. Au XIIIe s., Ouedraogo fut l'ancêtre fondateur du royaume de Tenkodogo, qui donna ensuite naissance aux royaumes du Yatenga et de Ouagadougou.

MOSSOUL ▪ Ville industrielle de l'Irak (textile, raffineries). Centre commercial. 1 000 000 hab. La ville fut sérieusement endommagée durant la guerre avec l'Iran (1980-1988).

Moscou. La basilique Saint-Basile sur la place Rouge. *Phot. © Ancellet/Rapho*

MOSTAGANEM ▪ Ville et port d'Algérie. 115 302 hab.

MOT n. m. ▪ **1.** Chacun des sons ou groupes de sons (de lettres ou groupes de lettres) correspondant à un sens isolable spontanément, dans le langage ; (par écrit) suite ininterrompue de lettres, entre deux blancs. *Une phrase de dix mots. Articuler, manger ses mots. Mot nouveau, courant, rare.* ⇒ **terme, vocable.** *Mot mal écrit, illisible.* loc. *Les grands mots,* les mots emphatiques. *Gros mot* : mot grossier. *Le mot de Cambronne, de cinq lettres :* le mot *merde.* - *Rapporter un propos mot pour mot,* textuellement. *Mot à mot,* un mot après l'autre, littéralement. - (énoncé) *Ne pas dire un (seul) mot :* ne pas parler. *À demi-mot.* ⇒ **demi-mot.** *Chercher ses mots :* ne pas trouver rapidement la bonne expression. ♦ *Mot de passe.* loc. *Se donner le mot.* ♦ *Mots fléchés.* ⇒ **mots croisés. 2.** Élément du lexique, en tant que signe (opposé à *pensée,* à *réalité...*). *Les mots et les actes. "Les Mots et les Choses"* (ouvrage de M. Foucault). - *Le sens des mots.* **3.** dans des loc. Phrase, parole. *Je lui en dirai, en toucherai un mot,* je lui en parlerai brièvement. *En un mot :* en une courte phrase. *Avoir son mot à dire :* être en droit d'exprimer son avis. - *C'est mon dernier mot,* je ne ferai pas une concession de plus. *Avoir le dernier mot,* ne plus avoir de contradicteur. - *Prendre qqn au mot,* se saisir d'une proposition faite sans penser qu'elle serait retenue. **4.** Court message. *Je lui ai glissé un mot sous sa porte. Écrire un mot à qqn.* **5.** Parole, énoncé, phrase exprimant une pensée de façon concise et frappante. *Mots célèbres, historiques.* ⇒ **allusion.** *Mot d'enfant. Mot d'auteur,* où l'on reconnaît l'esprit de l'auteur. - loc. *Le mot de la fin,* l'expression qui résume la situation. *Bon mot, mot d'esprit,* parole drôle et spirituelle. *Il a toujours le mot pour rire.*

MOTARD n. m. ▪ Motocycliste. *Les motards de la police routière.*

MOTEL n. m. ▪ anglic. Hôtel destiné aux automobilistes.

MOTET n. m. ▪ Chant d'église à plusieurs voix.

MOTEUR, TRICE ▪ **I. 1.** n. m. VX Ce qui donne le mouvement. ♦ Mobile, cause agissante. **2.** adj. Qui donne le mouvement. *Nerfs sensitifs et nerfs moteurs. Force motrice.* **3.** n. m. (personnes) Agent, instigateur. *Elle est le moteur de l'entreprise.* **II.** n. m. COUR. **1.** Appareil servant à transformer une énergie quelconque en énergie mécanique. *Moteurs hydrauliques, thermiques. Moteurs à combustion interne* (dits *moteurs à explosion*). *Moteurs électriques.* **2.** spécialt Cet appareil, à explosion et à carburation. *Moteur à 4 cylindres. Moteur de 750 cm^3* (de cylindrée). *Avions à moteurs* (⇒ **bi-, quadri-, trimoteur**) et avions à réaction. - en appos. *BLOC-MOTEUR :* moteur et organes annexes. *Des blocs-moteurs.*

Robert MOTHERWELL (né en 1915) ▪ Peintre américain. Il joua un rôle majeur, avec Newman et Rothko, dans l'expressionnisme abstrait américain.

MOTIF n. f. ▪ **1.** Mobile d'ordre intellectuel, raison d'agir. *Je cherche les motifs de sa conduite.* ⇒ **cause, explication.** *Un motif valable.* - loc. FAM. *Pour le bon motif,* en vue du mariage.

2. Sujet d'une peinture. *Travailler sur le motif.* 3. Ornement servant de thème décoratif. *Tissu imprimé à grands motifs de fleurs.*

MOTILITÉ n. f. ▪ DIDACT. Faculté du mouvement.

MOTION n. f. ▪ I. VX Impulsion. II. Proposition faite dans une assemblée délibérante par un de ses membres. *Faire, rédiger une motion.* – (en France) *Motion de censure,* par laquelle l'Assemblée nationale met en cause la responsabilité du gouvernement.

MOTIVATION n. f. ▪ Ce qui motive un acte, un comportement ; ce qui pousse qqn à agir.

MOTIVER v. tr. 1 ▪ 1. (personnes) Justifier par des motifs. *Pouvez-vous motiver votre action, cette démarche ?* 2. (choses) Être, fournir le motif de (qqch.). ⇒ **causer, expliquer.** *Voilà ce qui a motivé notre décision.* 3. Faire en sorte que qqch. incite (qqn) à agir. ► **MOTIVÉ, ÉE** adj. 1. Dont on donne les motifs. *Un refus motivé.* – Qui a un motif. *Des plaintes motivées.* ⇒ **fondé, justifié.** 2. (personnes) Qui a des motivations pour faire qqch. *Elle est très motivée dans son travail.*

MOTO n. f. ▪ Véhicule à deux roues, à moteur à essence de plus de 125 cm³. *Être à, en moto. Course de motos.*

MOTO- Élément (→ moteur) qui signifie « à moteur ».

MOTO-CROSS n. m. invar. ▪ Course de motos sur parcours accidenté. ◇ abrév. ⇒ **cross.**

MOTOCULTEUR n. m. ▪ Petit engin motorisé à deux roues, dirigé à la main, servant à labourer, biner.

MOTOCYCLETTE n. f. ▪ LITTÉR. Moto. *"La Motocyclette"* (roman de A. Pieyre de Mandiargues).

MOTOCYCLISTE n. ▪ Personne qui conduit une motocyclette. ⇒ **motard.** *Casque de motocycliste.*

MOTORISER v. tr. 1 ▪ Munir de véhicules à moteur, de machines automobiles. *Motoriser l'agriculture.* ⇒ **mécaniser.** ► **MOTORISÉ, ÉE** adj. *Troupes motorisées,* transportées par véhicules à moteur (camions, etc.). – FAM. *Être motorisé,* se déplacer avec un véhicule à moteur. ► n. f. MOTORISATION

MOTORISTE n. ▪ TECHN. 1. Spécialiste des moteurs. 2. Constructeur de moteurs d'avion.

MOTRICE n. f. ▪ Voiture à moteur qui en entraîne d'autres. *Motrice de tramway.*

MOTRICITÉ n. f. ▪ Ensemble des fonctions qui assurent les mouvements. *Motricité volontaire, involontaire.*

MOTS CROISÉS n. m. pl. ▪ Mots qui se recoupent sur une grille de telle façon que chacune des lettres d'un mot horizontal entre dans la composition d'un mot vertical. – Exercice consistant à reconstituer cette grille, en s'aidant de courtes suggestions, dites « définitions ». *Amateur de mots croisés.* ⇒ **cruciverbiste, mots-croisiste.**

MOTS-CROISISTE n. ▪ ⇒ **cruciverbiste.** *Des mots-croisistes.*

MOTTE n. f. ▪ 1. Morceau de terre compacte, comme on en détache en labourant. 2. *Motte de beurre,* masse de beurre des crémiers, pour la vente au détail. *Beurre en motte, à la motte.*

La MOTTE-SERVOLEX ▪ Commune de la Savoie. 9 349 hab. *(les Motterains).*

MOTUS [-ys] interj. ▪ Interjection pour inviter qqn à garder le silence. *Motus et bouche cousue !*

MOU (ou **MOL** devant voyelle ou *h* muet), **MOLLE** ▪ I. adj. 1. Qui cède facilement à la pression, au toucher ; qui se laisse entamer sans effort (s'oppose à *dur*). *Substance molle. Rendre mou.* ⇒ **amollir, ramollir.** – Qui s'enfonce (trop) au contact. loc. *Un mol oreiller.* ⇒ **moelleux.** 2. Qui plie, se déforme facilement (s'oppose à *rigide*). ⇒ **souple.** *Tige molle.* ⇒ **flexible.** *Chapeau mou.* – *Avoir les jambes molles,* faibles. ♦ *De molles ondulations de terrain,* arrondies, douces ou imprécises. 3. (personnes) Qui manque d'énergie, de vitalité (s'oppose à *actif, énergique*). ⇒ **amorphe, apathique, avachi, mollasse, nonchalant.** *Air, gestes mous.* – Faible, lâche. *Il est trop mou avec ses enfants.* 4. (style, exécution d'une œuvre) Qui manque de fermeté, de vigueur. *Dessin mou.* II. adv. FAM. Doucement, sans violence. *Vas-y mou.* ⇒ FAM. **mollo.** III. n. m. 1. FAM. Homme faible. *C'est un mou.* 2. (corde, fil) *Avoir du mou,* n'être pas assez tendu. *Donner du mou.* 3. Poumon des animaux de boucherie (abats). *Mou de veau.* 4. loc. FAM. *Bourrer le mou à qqn,* lui en faire accroire, lui mentir.

MOUANS-SARTOUX ▪ Commune des Alpes-Maritimes. 7 989 hab.

Hosni MOUBARAK (né en 1928) ▪ Homme d'État égyptien. Élu président de la République après l'assassinat de Sadate (1981).

MOUCHARABIEH [-bje] n. m. ▪ Balcon en avant-corps, muni d'un grillage (fréquent dans l'architecture arabe).

MOUCHARD, ARDE n. ▪ 1. FAM. Dénonciateur. ⇒ **indicateur ;** FAM. **mouton.** 2. Appareil de contrôle.

MOUCHARDER v. tr. 1 ▪ FAM. Surveiller en vue de dénoncer ; dénoncer. ► n. m. MOUCHARDAGE

MOUCHE n. f. ▪ I. 1. Insecte ailé (diptère), aux formes ramassées, aux nombreuses espèces. *Mouche domestique* (absolt *mouche*). *Mouche bleue. Mouche tsé-tsé*.* ♦ loc. *Pattes de mouches,* écriture très petite, difficile à lire. – *On aurait entendu une mouche voler,* le plus profond silence régnait. – FAM. *Mourir, tomber comme des mouches,* en masse. – *Faire la mouche du coche* (d'après une fable de La Fontaine), s'agiter sans aider personne. – *Prendre la mouche :* s'emporter. *Quelle mouche le (la) pique ?,* pourquoi se fâche-t-il (elle) soudain ? – *Il ne ferait pas de mal à une mouche,* il est très doux. ♦ Mouche artificielle. *Pêcher à la mouche.* 2. fig. VX Espion. – loc. *FINE MOUCHE :* personne habile et rusée. 3. appos. *BATEAU-MOUCHE :* bateau de passagers (touristes) sur la Seine, à Paris. *Des bateaux-mouches.* ♦ (invar.) *POIDS MOUCHE,* catégorie de boxeurs (48-51 kilos). *Des poids mouche.* II. 1. Petite tache ronde (⇒ **moucheter**). ♦ Petit morceau de taffetas noir que les femmes mettaient sur la peau pour en faire ressortir la blancheur. 2. *FAIRE MOUCHE :* toucher le centre de la cible (→ mettre dans le mille). 3. Touffe de poils au-dessous de la lèvre inférieure. *Napoléon III portait la mouche.*

MOUCHER v. tr. 1 ▪ I. 1. Débarrasser (le nez) de ses mucosités en soufflant par les narines. *Mouche ton nez !* 2. Rejeter par le nez. *Moucher du sang* (→ saigner du nez). 3. *SE MOUCHER* v. pron. Moucher son nez. – loc. *Ne pas se moucher du coude :* se prendre pour quelqu'un d'important. 4. Couper la mèche de (une chandelle, une lampe), pour éteindre. *Moucher la chandelle* (avec des *mouchettes* n. f. pl.). II. Réprimander (qqn) durement. *Elle s'est fait moucher.*

MOUCHERON n. m. ▪ 1. Insecte volant de petite taille. 2. FAM. Petit garçon. ⇒ **moustique.**

MOUCHETER v. tr. 4 ▪ Parsemer de petites marques, de petites taches rondes. – au p. p. *Laine mouchetée.* ⇒ **chiné.**

MOUCHETURE n. f. ▪ 1. Petite marque, tache d'une autre couleur que le fond. 2. Tache naturelle sur un animal.

MOUCHOIR n. m. ▪ 1. Morceau de linge, de papier qui sert à se moucher, à s'essuyer le visage. *Mouchoir brodé* (décoratif). ⇒ **pochette.** – loc. *Grand comme un mouchoir de poche,* très petit. 2. *Mouchoir (de cou, de tête),* pièce d'étoffe dont les femmes se couvrent la tête, les épaules. ⇒ **fichu, foulard.**

MOUCLADE n. f. ▪ Plat de moules à la crème.

MOUDJAHID [-aid] n. m. ▪ Combattant de certains mouvements de libération nationale du monde musulman (Afghanistan, Algérie). *Des moudjahiddin* ou *moudjahidin.*

MOUDRE v. tr. 47 ▪ Broyer (des grains) avec une meule. ⇒ **écraser, pulvériser.** *Appareil pour moudre.* ⇒ **moulin.** *Moudre du café, du poivre* (⇒ **moulu**).

MOUE n. f. ▪ 1. Grimace faite en avançant, en resserrant les lèvres. *Une moue boudeuse.* 2. loc. *Faire la moue à* (qqn, qqch.) : dédaigner. ⇒ **grimace.**

MOUETTE n. f. ▪ Oiseau de mer, palmipède voisin du goéland. – On appelle souvent *mouettes* les goélands (sauf en Bretagne).

MOUFLE ▪ I. n. f. Sorte de gant fourré sans séparation pour les doigts sauf pour le pouce. *Moufles de skieur.* II. n. m. ou f. TECHN. Assemblage de poulies.

MOUFLET, ETTE n. ▪ FAM. Petit enfant. ⇒ **mioche, moutard.**

MOUFLON n. m. ▪ Mammifère ruminant ongulé, très proche du bouquetin.

mouflon.
Ovis musimon.
Phot. © Layer/Jacana

MOUFTER ou **MOUFETER** v. intr. [1] surtout inf. et temps composés, et en emploi négatif ▪ FAM. Broncher, protester. *Elle n'a pas moufté.*

MOUGINS ▪ Commune des Alpes-Maritimes. 13 014 hab. *(les Mouginois).* Tourisme.

MOUILLAGE n. m. ▪ **I. 1.** Action de mettre à l'eau. *Le mouillage des ancres, d'une mine.* **2.** (navire) Emplacement favorable pour mouiller (3). ⇒ **abri. II. 1.** Action de mouiller (qqch.). **2.** Addition d'eau dans un liquide. ⇒ **coupage.** *Le mouillage frauduleux du lait.*

MOUILLER v. tr. [1] ▪ **1.** Imbiber, mettre en contact avec de l'eau, avec un liquide très fluide. ⇒ **arroser, humecter, inonder, tremper.** *Mouiller un linge, une serviette.* ▬ *Se faire mouiller par la pluie, l'orage.* ⇒ **doucher ;** FAM. **saucer.** *Mouiller son doigt de salive.* ▬ loc. *Mouiller sa chemise,* ne pas se ménager, dans le travail. *Mouiller sa culotte :* uriner ; fig. avoir peur. **2.** Étendre d'eau (un liquide). ⇒ **couper, diluer.** *Mouiller une sauce.* **3.** MAR. Mettre à l'eau. *Mouiller l'ancre.* ▬ absolt *Ce paquebot mouille en grande rade.* ▬ Immerger (des mines). **4.** *Mouiller une consonne,* l'articuler en rapprochant la langue du palais comme pour émettre le son [j]. ► **SE MOUILLER** v. pron. **1.** S'imbiber d'eau (ou d'un liquide très fluide), entrer en contact avec l'eau, entrer dans l'eau. **2.** FAM. Se compromettre, prendre des risques. *Il ne veut pas se mouiller.* ► **MOUILLÉ, ÉE** adj. **1.** Humide, trempé. *Avoir les cheveux mouillés.* **2.** *Consonnes mouillées.*

MOUILLETTE n. f. ▪ Petit morceau de pain long et mince qu'on trempe dans un liquide. *Un œuf à la coque et des mouillettes.*

MOUILLEUR n. m. ▪ **1.** Appareil employé pour mouiller, humecter (les étiquettes, les timbres). **2.** *Mouilleur de mines :* navire aménagé pour le mouillage des mines.

MOUILLURE n. f. ▪ **1.** Action de mouiller. ⇒ **mouillage.** ▬ État de ce qui est mouillé. **2.** *Une mouillure :* trace laissée par l'humidité. **3.** Caractère d'une consonne mouillée. *La mouillure du « n » dans « agneau ».*

MOUISE n. f. ▪ FAM. Misère, pauvreté. ⇒ FAM. **débine, dèche, panade.** *Il est dans une sacrée mouise !*

MOUJIK n. m. ▪ Paysan russe. *Des moujiks.*

MOUJINGUE n. m. ▪ FAM. Enfant. ⇒ **môme, mouflet, moutard.**

MOUKDEN → **Shenyang**

MOUKÈRE n. f. ▪ FAM. et sexiste VIEILLI Femme. ◇ var. MOUQUÈRE.

MOULAGE n. m. ▪ **1.** Action de mouler, de fabriquer avec un moule. **2.** Objet, ouvrage obtenu au moyen d'un moule. *Prendre un moulage d'un objet* (l'objet servant de moule). ⇒ **empreinte.**

MOULANT, ANTE adj. ▪ Qui moule (3) le corps. ⇒ **ajusté, collant.** *Une jupe moulante.*

① **MOULE** n. f. ▪ **1.** Mollusque comestible, aux valves oblongues d'un bleu ardoise. *Parc à moules. Moules de bouchot* (piquet d'élevage) (⇒ **mytiliculture**). *Manger des moules marinière.* **2.** FAM. Personne molle ; imbécile. *Quelle moule !* ⇒ **nouille.**

② **MOULE** n. m. ▪ **1.** Corps solide creusé et façonné, dans lequel on verse une substance liquide ou pâteuse qui, solidifiée, conserve la forme ; objet plein sur lequel on applique une substance plastique pour qu'elle en prenne la forme. ⇒ **forme, matrice ; mouler.** *Moule à tarte.* ▬ loc. *Le moule est cassé,* c'est une personne, une chose unique. **2.** loc. VIEILLI *Être fait au moule,* bien fait. **3.** fig. Forme imposée de l'extérieur (à la personnalité, à une œuvre). *Il refuse d'entrer dans le moule officiel.*

Le MOULE ▪ Commune de la Guadeloupe. 18 086 hab. *(les Mouliens).* Rhumeries. Sucreries.

MOULER v. tr. [1] ▪ **1.** Obtenir (un objet) en versant dans un moule creux une substance liquide qui en conserve la forme après solidification. *Mouler des briques.* ♦ au p. p. *Ornements moulés en plâtre.* ▬ *Pain moulé.* **2.** Reproduire (un objet, un modèle plein) en y appliquant une substance plastique qui en prend les contours. *Mouler un buste.* **3.** (sujet chose) Épouser étroitement les contours de. ⇒ s'**ajuster.** *Mouler la taille.* **4.** *Mouler une lettre, un mot,* l'écrire d'une écriture parfaitement formée. ▬ au p. p. *Lettres moulées.*

MOULIN n. m. ▪ **1.** Machine, appareil servant à moudre* le grain des céréales ; bâtiment qui abrite ces machines. *Habiter un vieux moulin. "Les Lettres de mon moulin"* (d'Alphonse Daudet). ▬ loc. fig. *Se battre contre des moulins à vent :* s'en prendre à des ennemis imaginaires (comme don Quichotte). ▬ *Apporter de l'eau au moulin de qqn,* lui donner involontairement des arguments dans un débat. ♦ *L'exploitant d'un moulin.* ⇒ **meunier, minotier.** ▬ loc. fig. *On entre dans cette maison comme dans un moulin,* comme on veut. **2.** Installation, appareil servant à broyer, à extraire le suc par pression. *Moulin à huile* (⇒ **pressoir**). ▬ Appareil ménager pour écraser, moudre. *Moulin à café. Moulin à légumes.* ⇒ **moulinette.** ▬ loc. fig. *MOULIN À PAROLES :* personne trop bavarde. **3.** (religion bouddhiste) *MOULIN À PRIÈRES :* cylindre que l'on fait tourner pour acquérir les mérites attachés à la répétition de la formule sacrée qu'il contient. **4.** FAM. Moteur d'automobile, d'avion. *Faire ronfler son moulin.*

Jean MOULIN (1899-1943) ▪ Résistant français. Délégué du général de Gaulle en France, président du Conseil national de la Résistance, il fut livré aux nazis et torturé. En 1964, il fut inhumé au Panthéon.

Jean **Moulin.**
Phot. © Coll. Viollet

MOULINER v. tr. [1] ▪ FAM. Écraser, passer au moulin à légumes.

MOULINET n. m. ▪ **I.** Objet ou appareil qui fonctionne selon un mouvement de rotation. *Le moulinet d'un treuil, d'une canne à pêche.* **II.** Mouvement de rotation rapide (qu'on fait avec un bâton, une épée, un sabre) pour écarter l'adversaire. ▬ *Faire des moulinets avec ses bras.*

MOULINETTE n. f. (marque déposée) ▪ Moulin à légumes, à viande. *Passer des pommes de terre à la moulinette.*

MOULINS ▪ Chef-lieu de l'Allier. 22 799 hab. *(les Moulinois).* Cathédrale. Industrie alimentaire. Important marché. La ville doit son nom aux moulins établis au bord de l'Allier.

le Maître de MOULINS ▪ Peintre du triptyque du *"Couronnement de la Vierge"* de la cathédrale de Moulins (v. 1498).

MOULMEIN off. depuis 1989 **MAWLAMYINE** ▪ Ville et port de Birmanie. 250 000 hab. Exportation de teck et de riz.

le maître de **Moulins.** *Enfant en prière.*
Musée du Louvre, Paris.
Phot. © Nimatallah/Ricciarini

le MOULOUYA ▪ Fleuve du Maroc qui prend sa source dans le Moyen Atlas, longe son versant est, puis le Rif, et se jette dans la Méditerranée près de la frontière algérienne. 450 km.

MOULT [mult] **adv.** ▪ vx ou plais. Beaucoup, très. *Raconter une histoire avec moult détails.*

MOULU, UE adj. ▪ **1.** Réduit en poudre. *Café moulu.* **2.** fig. Accablé de coups, brisé de fatigue. ⇒ **fourbu, rompu.** *Je suis moulu, moulu de fatigue.*

MOULURE n. f. ▪ Ornement allongé à profil constant, en relief ou en creux. *Les moulures d'un plafond. Profil des moulures.* ⇒ **modénature.**

MOULURER v. tr. [1] ▪ Garnir de moulures.

MOUMOUTE n. f. ▪ FAM. **1.** Cheveux postiches, perruque. *Il porte une moumoute.* **2.** Veste en peau de mouton.

Emmanuel MOUNIER (1905 - 1950) ▪ Philosophe français. Chrétien progressiste, fondateur de la revue *Esprit.* *"Le Personnalisme"* (1949).

Louis, lord MOUNTBATTEN of Burma (1900 - 1979) ▪ Amiral britannique, dernier vice-roi des Indes.

MOURANT, ANTE adj. ▪ **1.** Qui se meurt ; qui va mourir. ⇒ **agonisant, expirant.** - **n.** *Les dernières volontés d'un mourant.* ♦ fig. *Regard mourant.* ⇒ **languissant.** **2.** LITTÉR. Qui cesse, s'arrête, finit. ⇒ **éteint.** *Une flamme mourante.*

MOURENX ▪ Commune des Pyrénées-Atlantiques. 7 460 hab. *(les Mourenxois).*

Laurent MOURGUET (1769 - 1844) ▪ Marionnettiste français. Créateur du personnage et du spectacle de Guignol, à Lyon, vers 1808.

MOURIR v. intr. [19] ▪ **1.** Cesser de vivre, d'exister, d'être. ⇒ ① **mort** ; **décéder, disparaître,** s'**éteindre, expirer, périr, succomber, trépasser** ; FAM. **clamser, claquer, crever** ; → casser sa pipe. *Être sur le point de mourir* (⇒ **moribond, mourant**). *Naître, vivre et mourir.* - *Faire mourir* (⇒ **tuer**). - *Mourir de faim, de maladie, de vieillesse. Mourir assassiné.* - *Mourir jeune.* ♦ Vivre les derniers moments de sa vie. *Mourir subitement ; lentement.* **2.** (végétaux) Cesser de vivre (plantes annuelles) ; perdre sa partie aérienne sans cesser de vivre (plantes vivaces). **3.** fig. Souffrir, dépérir. - *À MOURIR :* au point d'éprouver une grande souffrance. *C'était triste à mourir. S'ennuyer à mourir* (→ à périr). - *MOURIR DE :* être très affecté par ; souffrir de. *Mourir de chagrin, de tristesse, de peur.* - *Mourir de faim, de soif :* avoir très faim, soif. *Mourir d'envie de* (et l'inf.). - *C'est à mourir de rire !* **4.** (choses) Cesser d'exister, d'être, par une évolution lente, progressive. *Civilisation qui meurt.* ⇒ **disparaître.** - *Les vagues viennent mourir sur le sable.* - *Bruit, voix qui meurt.* ⇒ s'**affaiblir, diminuer** ; **mourant.** - *Faire mourir la conversation.* **5.** *SE MOURIR* **v. pron.** LITTÉR. Être sur le point de mourir. ⇒ **languir.** *Elle se meurt.* - *Se mourir d'amour.*

MOURMANSK ▪ Ville et port de Russie, sur la côte nord de la péninsule de Kola, au-delà du cercle polaire. 468 000 hab. Durant les deux guerres mondiales, le port fut utilisé par les Alliés pour ravitailler les Russes.

MOURMELON-LE-GRAND ▪ Commune de la Marne. 4 240 hab. *(les Mourmelonnais).* Camp militaire.

MOUROIR n. m. ▪ Lieu où sont réunis des mourants. - péj. Service hospitalier, hospice où les personnes en fin de vie reçoivent un minimum de soins et d'attentions.

MOURON n. m. ▪ **1.** Plante des régions tempérées, à fleurs rouges ou bleues. *Mouron blanc* ou *mouron des oiseaux.* **2.** loc. FAM. *Se faire du mouron,* du souci.

MOUSCRON en néerlandais ***MOESKROEN*** ▪ Ville de Belgique (Région wallonne, province de Hainaut), à la frontière française. 53 513 hab.

MOUSMÉ n. f. ▪ VIEILLI Jeune fille, jeune femme japonaise.

MOUSQUET n. m. ▪ Ancienne arme à feu portative.

MOUSQUETAIRE n. m. ▪ **1.** HIST. Cavalier armé d'un mousquet et faisant partie des troupes de la maison du roi. *"Les Trois Mousquetaires"* (roman d'A. Dumas). **2.** (pièce d'habillement) *À la mousquetaire :* à revers. *Gants, bottes à la mousquetaire.* - ellipt *Poignet mousquetaire.*

MOUSQUETON n. m. ▪ **1.** Fusil à canon court. **2.** Boucle métallique à système de fermeture rapide.

MOUSSAILLON n. m. ▪ FAM. Petit, très jeune mousse.

MOUSSANT, ANTE adj. ▪ Qui mousse. *Bain moussant.*

① **MOUSSE n. f.** ▪ **I.** Plante rase et douce, généralement verte, sans fleurs, formant tapis. *Mousses et lichens.* - prov. *Pierre qui roule n'amasse pas mousse :* on ne s'enrichit guère à courir le monde, à changer constamment de situation. - appos. *Vert mousse :* vert très clair. **II. 1.** Bulles accumulées à la surface d'un liquide (⇒ **écume**) ; spécialt d'un liquide sous pression. ♦ *Mousse de savon.* ♦ Produit moussant. *Mousse à raser.* **2.** Entremets ou dessert à base de blancs d'œufs en neige. *Mousse au chocolat.* ♦ Pâté léger et mousseux. *Mousse de foie gras.* **3.** (Matière spongieuse). appos. *Caoutchouc mousse.* - *Matelas en mousse* (synthétique). - *Mousse de nylon :* tricot de nylon très extensible. - ellipt *Des bas mousse.* ♦ *Point mousse :* point de tricot obtenu en tricotant toutes les mailles à l'endroit.

② **MOUSSE adj.** ▪ VX ou TECHN. Qui n'est pas aigu ou tranchant. ⇒ **émoussé.** *Pointe mousse.*

③ **MOUSSE n. m.** ▪ Jeune garçon qui fait, sur un navire de commerce, l'apprentissage du métier de marin. ⇒ **moussaillon.**

MOUSSELINE n. f. ▪ **1.** Tissu fin, souple et transparent (coton, soie...). *Voile de mousseline.* **2.** fig. appos. *Pommes mousseline :* purée de pommes de terre fouettée. - *Sauce mousseline :* sauce hollandaise mêlée de crème fouettée.

MOUSSER v. intr. [1] ▪ **1.** Produire de la mousse (II, 1). *Savon qui mousse.* ⇒ **moussant.** **2.** FAM. *FAIRE MOUSSER* (qqn, qqch.) : vanter, mettre exagérément en valeur. *Se faire mousser.*

MOUSSERON n. m. ▪ Champignon comestible à chapeau et à lamelles, qui pousse en cercle dans les prés, les clairières.

MOUSSEUX, EUSE adj. ▪ **1.** Qui mousse, produit de la mousse. *Eau trouble et mousseuse.* ⇒ **écumeux.** *Vins mousseux,* rendus mousseux par fermentation naturelle. ⇒ **pétillant.** - **n. m.** *Du mousseux,* tout vin mousseux, à l'exclusion du champagne*. **2.** fig. Qui a un aspect léger, vaporeux. *Un voile mousseux.*

MOUSSON n. f. ▪ **1.** Vent tropical régulier qui souffle alternativement pendant six mois de la mer vers la terre (*mousson d'été,* humide) et de la terre vers la mer (*mousson d'hiver,* sèche). **2.** Époque du renversement de la mousson. *Les orages, les cyclones de la mousson.*

Modest MOUSSORGSKI (1839 - 1881) ▪ Compositeur russe. Auteur d'opéras au réalisme puissant (*"Boris Godounov"*, 1874), d'œuvres symphoniques (*"Une Nuit sur le mont Chauve"*, 1867) et d'œuvres pour piano (*"Tableaux d'une exposition"*, 1874). Membre du groupe des Cinq.

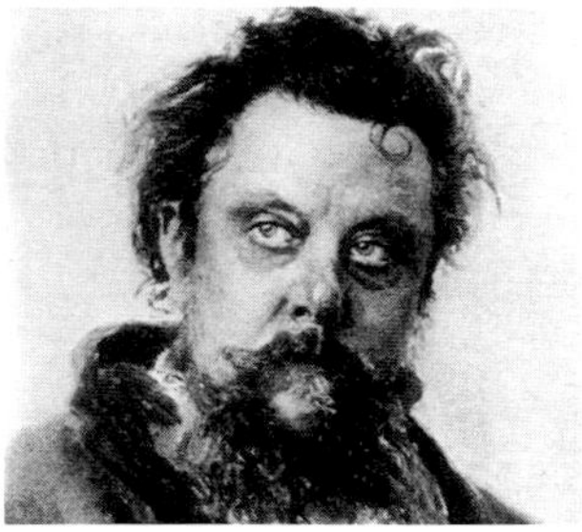

Moussorgski. Portrait par Répine. Galerie Tretiakov, Moscou. *Phot. © Harlingue/Viollet*

MOUSSU, UE adj. ▪ Couvert de mousse (⇒ ① **mousse** (I)). *Pierres moussues.*

MOUSTACHE n. f. ▪ **1.** Poils qui garnissent la lèvre supérieure de l'homme. ⇒ FAM. ② **bacchante.** *Porter la moustache, des moustaches.* ♦ fig. Trace laissée autour des lèvres par un liquide. *Elle s'est fait une belle moustache en buvant du chocolat.* **2.** Longs poils tactiles à la lèvre supérieure de certains carnivores et rongeurs. *Les moustaches du chat* (⇒ **vibrisse**), *du phoque.*

MOUSTACHU, UE adj. ▪ Qui porte la moustache, a de la moustache. - **n. m.** *Un moustachu.*

MOUSTÉRIEN, ENNE adj. ▪ DIDACT. D'une période de la préhistoire définie à partir des vestiges découverts sur le site du Moustier* (Dordogne). - **n. m.** Période du paléolithique moyen (entre – 200 000 et – 35 000 ; outillage sur éclats).

LE MOUSTIER ▪ Écart de la commune de Peyzac-Le-Moustier, en Dordogne, où fut découvert le squelette d'un homme de Neandertal (1908).

MOUSTIERS-SAINTE-MARIE ▪ Commune des Alpes-de-Haute-Provence, à l'entrée d'une crevasse où coule un torrent. 580 hab. *(les Moustiérains).* Faïences. Centre d'excursions au débouché des gorges du Verdon.

MOUSTIQUAIRE n. f. ▪ **1.** Rideau très fin dont on entoure un lit pour se préserver des moustiques. **2.** Toile métallique montée sur un châssis, placée aux fenêtres et aux portes pour empêcher les insectes d'entrer.

MOUSTIQUE n. m. ▪ **1.** Insecte diptère dont la femelle pique la peau pour aspirer le sang. ⇒ **cousin. 2.** fig. FAM. Enfant, personne minuscule. ⇒ **moucheron.**

MOÛT n. m. ▪ **1.** Jus de raisin qui n'a pas encore subi la fermentation alcoolique. **2.** Suc végétal préparé pour subir la fermentation alcoolique. *Moût de betterave.*

MOUTARD n. m. ▪ FAM. Petit garçon. – au plur. Enfants. ⇒ **môme, mioche.**

MOUTARDE n. f. ▪ **1.** Plante crucifère à fleurs jaunes, dont plusieurs espèces sont cultivées pour leurs graines (cuisine, pharmacie). **2.** Condiment préparé avec des graines de moutarde, du vinaigre, etc. *Moutarde forte.* – loc. fig. FAM. *La moutarde lui monte au nez,* l'impatience, la colère le gagnent. **3.** appos. (invar.) De couleur jaune verdâtre.

MOUTARDIER n. m. ▪ **1.** VIEILLI Fabricant de moutarde. – loc. *Se prendre pour le premier moutardier du pape,* pour un grand personnage (charge créée par le pape avignonnais Jean XXII). **2.** Récipient pour servir la moutarde.

MOUTON n. m. ▪ **I. 1.** Mammifère ruminant domestiqué, à toison laineuse et frisée (⇒ **ovidés ; agneau, bélier, brebis**). *Troupeau de moutons. Le mouton bêle. La tonte des moutons.* ♦ (opposé à *bélier, brebis, agneau*) Bélier châtré, élevé pour la boucherie. – loc. fig. *Revenons à nos moutons,* à notre sujet (allusion à *"La Farce de Maître Pathelin"*). *Des moutons de Panurge* (allusion à un épisode du *"Quart Livre"* de Rabelais) : des personnes moutonnières*. – allus. **2.** Fourrure de mouton. *Veste en mouton.* – Peau de mouton. ⇒ **basane. 3.** Chair, viande de mouton. *Gigot de mouton. Mouton à la broche* (⇒ **méchoui**). **II.** fig. **1.** *C'est un mouton,* une personne qui se laisse mener passivement, n'a pas d'opinion personnelle. **2.** Compagnon de cellule que la police donne à un détenu, avec mission de rapporter. ⇒ **délateur, espion, mouchard. 3.** (souvent au plur.) Petite vague surmontée d'écume. – Petit nuage blanc et floconneux. – Flocon de poussière. **III.** TECHN. Lourde masse servant à enfoncer (⇒ **bélier**), à tester la résistance de matériaux.

MOUTONNEMENT n. m. ▪ Fait de moutonner ; aspect de ce qui moutonne.

MOUTONNER v. intr. [1] ▪ **1.** Se couvrir de moutons (II, 3). *Mer qui moutonne.* ⇒ **écumer. 2.** Évoquer par son aspect une toison. *Dunes qui moutonnent à l'horizon.* ► **MOUTONNÉ, ÉE** adj. Qui présente un aspect irrégulier. *Ciel moutonné.* ⇒ **pommelé.** – GÉOGR. *Roches moutonnées :* roches glaciaires, présentant des bosses et des creux.

MOUTONNIER, IÈRE adj. ▪ Qui suit aveuglément les autres, les imite sans discernement. ⇒ **grégaire ; mouton** (II, 1). *Une foule moutonnière.*

MOUTURE n. f. ▪ **1.** Opération de meunerie qui consiste à réduire en farine des grains de céréales. – Produit qui en résulte. – par ext. *Mouture du café.* **2.** fig. Reprise sous une forme plus ou moins différente (d'un sujet déjà traité). *C'est la dernière mouture de son article.* ⇒ **version.**

MOUVANT, ANTE adj. ▪ **1.** Qui change sans cesse de place, de forme, d'aspect. *Une ombre mouvante.* – Qui évolue sans cesse. *Société mouvante.* **2.** Qui n'est pas stable, qui s'écroule, s'enfonce. *Sables mouvants.* – fig. *Avancer en terrain mouvant.*

MOUVAUX ▪ Commune du Nord. 13 566 hab. *(les Mouvallois).*

MOUVEMENT n. m. ▪ **I.** (opposé à *arrêt, immobilité*) **1.** Changement de position dans l'espace ; « action par laquelle un corps passe d'un lieu à un autre » (Descartes). *Étude du mouvement* (⇒ **cinématique, dynamique, mécanique**). *Le mouvement d'un corps.* ⇒ **course, déplacement, trajectoire.** *Force, intensité d'un mouvement.* ⇒ **vitesse.** *Mouvement rapide, lent.* **2.** Changement de position ou de place effectué par le corps ou une de ses parties (⇒ **geste**). *Des mouvements vifs, lents, aisés, maladroits. Un mouvement du bras, du cou, de la jambe. Être gêné dans sa liberté de mouvements.* – loc. *Faux mouvement :* mouvement maladroit, mal adapté. – *Mouvements de gymnastique, de nage. Mouvement inconscient, automatique.* ⇒ **automatisme, réflexe.** – loc. fig. *En deux temps, trois mouvements :* très rapidement. ♦ *LE MOUVEMENT :* la capacité ou le fait de se mouvoir. *Aimer le mouvement :* être actif, remuant. – *Se donner, prendre du mouvement.* ⇒ **exercice. 3.** Déplacement en masse. *Le mouvement d'une foule. Mouvements de population.* ⇒ **migration.** – Déplacement réglé. *Mouvements de troupes.* ⇒ **évolution, manœuvre.** – (véhicules) *Le mouvement des avions sur un aérodrome.* ⇒ **circulation.** – absolt *Il y a du mouvement dans ce quartier* (⇒ **activité ; animé**). **4.** *EN MOUVEMENT :* qui se déplace, bouge (opposé à *au repos*). *Mettre un mécanisme en mouvement,* le faire marcher. – *Toute la maison est en mouvement.* **II. 1.** (récit, œuvre d'art) Ce qui traduit le mouvement, donne l'impression du mouvement, de la vie. ⇒ **action.** *Le mouvement dramatique d'une pièce.* **2.** Degré de rapidité qu'on donne à la mesure, en musique. ⇒ **rythme, tempo.** *Le mouvement est indiqué sur la partition.* – loc. fig. *Presser le mouvement.* ⇒ se **dépêcher.** *Suivre le mouvement,* le rythme, le comportement des autres. ♦ Partie d'une œuvre musicale devant être exécutée dans un mouvement précis. *Les trois mouvements d'une sonate. Le premier mouvement d'un concerto.* **3.** Ligne, courbe. *Mouvement de terrain.* ⇒ **accident. III.** Mécanisme qui produit, entretient un mouvement régulier. *Un mouvement d'horlogerie.* **IV.** fig. Changement, modification. **1.** LITTÉR. *Les mouvements de l'âme, du cœur :* les différents états de la vie psychique. ⇒ **élan, émotion, sentiment.** – COUR. *Un mouvement d'humeur.* – loc. *Un bon mouvement :* une action généreuse, désintéressée, ou simplement amicale. – *Le premier mouvement.* ⇒ **impulsion, réaction.** – *Il y a eu des mouvements dans l'auditoire,* des réactions vives. **2.** Changement dans l'ordre social. *Le parti du mouvement* (opposé à *conservateur*). ⇒ **progrès.** – loc. FAM. *Être dans le mouvement :* suivre les idées en vogue. **3.** Action collective (spontanée ou dirigée) tendant à produire un changement social. *Mouvement de grève.* ♦ Organisation qui mène cette action. *Mouvement syndical. Mouvement littéraire, artistique.* **4.** Changement quantitatif. ⇒ **variation.** *Mouvements démographiques.* – *Mouvements des prix.*

▪ **le MOUVEMENT RÉPUBLICAIN POPULAIRE** ou **M.R.P.** ▪ Ancien parti politique français. Fondé en 1944, il s'inspira des principes de la démocratie chrétienne et joua un rôle majeur sous la IVe République.

MOUVEMENTÉ, ÉE adj. ▪ **1.** Qui présente des mouvements (II, 3). *Terrain mouvementé.* ⇒ **accidenté. 2.** Qui a du mouvement (II, 1), de l'action. *Récit mouvementé.* ⇒ **vivant.** – Qui présente des péripéties variées. *Poursuite mouvementée.*

MOUVOIR v. tr. [27] rare sauf inf., prés. de l'indic. et participes ▪ **1.** Mettre en mouvement. ⇒ **actionner, remuer.** *Mouvoir ses membres.* – au p. p. *Machine mue par l'électricité.* **2.** fig. LITTÉR. Mettre en activité, en action. ⇒ **animer, pousser.** *Les mobiles qui le meuvent.* – au p. p. *Être mû par la curiosité.* ► **SE MOUVOIR** v. pron. **1.** Être en mouvement. ⇒ **bouger,** se **déplacer.** *Il peut à peine se mouvoir.* **2.** fig. Évoluer, vivre. *Se mouvoir dans le mensonge.* – ellipt *Faire mouvoir :* faire se mouvoir.

① **MOYEN, ENNE** adj. ▪ **I. 1.** Qui se trouve entre deux choses. ⇒ **médian ; intermédiaire.** *Le cours moyen d'un fleuve* (opposé à *supérieur* et à *inférieur*). – *MOYEN TERME :* parti intermédiaire entre deux solutions extrêmes, deux prétentions opposées. ⇒ **milieu.** – (en France) *COURS MOYEN première, deuxième année* (C.M.1, C.M.2) : classes précédant directement la sixième. – (dans le temps) Entre ancien et moderne. *Le moyen français,* en usage du XIVe au XVIe siècle. – *Le Moyen Âge* (voir ci-après). **2.** Qui, par ses dimensions ou sa nature, tient le milieu entre deux extrêmes. *Taille moyenne. Poids moyen. Âge moyen.* – *Cadre moyen.* – *Classes moyennes :* petite et moyenne bourgeoisies. **3.** Qui est du type le plus courant. ⇒ **courant, ordinaire.** *Le Français, l'Allemand moyen,* personne représentative. *Le lecteur moyen.* **4.** Qui n'est ni bon, ni mauvais. ⇒ **médiocre** (1). *Qualité moyenne.* ⇒ **correct.** *Des résultats moyens.* ⇒ **honnête, passable.** – *Il est très moyen en français.* **II.** Que l'on établit, calcule en faisant une moyenne*. *Température moyenne annuelle.* – *Le prix moyen d'une denrée.*

② **MOYEN** n. m. ▪ **1.** Ce qui sert pour arriver à un résultat, à une fin. ⇒ **procédé, voie.** *La fin et les moyens.* – *Les moyens de faire qqch. Par quel moyen ?* ⇒ **comment.** *Trouver un moyen.* ⇒ **méthode, recette ;** FAM. **système, truc.** – *Trouver*

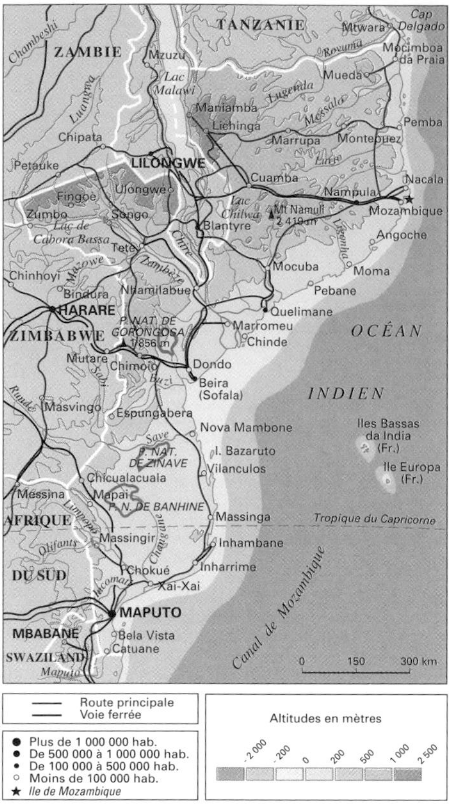

Mozambique.

moyen de : parvenir à. ◆ *S'il en avait le moyen, les moyens* : s'il le pouvait. *Il a essayé tous les moyens* (→ remuer ciel et terre). ◆ *Un moyen efficace ; un bon moyen. Moyen provisoire, imparfait.* ⇒ **expédient.** ◆ loc. *Se débrouiller avec les moyens du bord. Employer les grands moyens,* ceux dont l'effet doit être décisif. ♦ *IL Y A MOYEN ; IL N'Y A PAS MOYEN DE* : il est possible ; il est impossible de. *Il n'y a pas moyen de le calmer, qu'il soit à l'heure. Pas moyen !,* rien à faire ! ♦ *Moyens d'action. Moyens d'expression.* ◆ *Moyens de transport.* ◆ *Moyen de paiement.* ♦ *PAR LE MOYEN DE* : par l'intermédiaire de, grâce à. ◆ *AU MOYEN DE* : à l'aide de (qqch. de concret). ⇒ **avec, grâce à.** *Se diriger au moyen d'une boussole.* **2.** au plur. Aptitudes, capacités (de qqn). ⇒ **faculté, force.** *Moyens physiques d'un sportif. Être en possession de tous ses moyens.* ◆ loc. *Perdre (tous) ses moyens.* ◆ *Par ses propres moyens* : sans aide étrangère. **3.** au plur. Ressources pécuniaires. *Ils n'ont pas les moyens de voyager. C'est au-dessus de ses moyens.* ◆ FAM. *Avoir les moyens* : de l'argent.

MOYEN ÂGE [mwajɛnɑʒ] **n. m.** ▪ Période (de l'histoire de l'Occident) comprise entre l'Antiquité et les Temps modernes (V^{e}-XVe siècle). *Du Moyen Âge.* ⇒ **médiéval, moyenâgeux.** ◇ On écrit aussi *moyen âge.* ■ Le Moyen Âge est compris traditionnellement entre la chute de l'Empire romain (476) et 1492 (découverte de l'Amérique, fin de la *Reconquista* en Espagne). À la suite des grandes invasions entraînant la fin de l'unité de l'Empire romain, le haut Moyen Âge (V^{e}-XIIe s.) vit la naissance de l'Occident auquel l'Église contribua à donner son unité spirituelle et culturelle. Le morcellement politique et le déclin de l'autorité monarchique, après la mort de Charlemagne, favorisèrent l'essor de la féodalité du XIe au XIIIe s. Une civilisation originale se fit alors jour, marquée par le triomphe des valeurs guerrières (exprimées notamment par la chevalerie et dans les chansons de geste), que l'Église entreprit de moraliser avec l'organisation des croisades. L'essor de l'architecture religieuse (roman, gothique) et le renouveau des villes et des échanges économiques à partir du XIIe s. contribuèrent à l'apparition d'une nouvelle classe sociale, la bourgeoisie. Cela se traduisit aussi sur le plan intellectuel par le rôle grandissant accordé à la raison : redécouverte de la philosophie antique (Aristote), sous l'impulsion des universités ; thomisme ; scolastique. Ce passage progressif à une économie ouverte, qui s'accompagna d'un renforcement du pouvoir monarchique, précipita au bas Moyen Âge (XIIIe-XVe s.), marqué par la guerre de Cent Ans, le déclin de la féodalité.

MOYENÂGEUX, EUSE [-jɛn] **adj.** ▪ **1.** Qui a les caractères du Moyen Âge ; qui évoque le Moyen Âge. ⇒ **médiéval.** *Costume moyenâgeux.* **2.** péj. Archaïque, vétuste. *Des procédés moyenâgeux.*

MOYEN-COURRIER n. m. ▪ Avion de transport utilisé sur les moyennes distances (inférieures à 2 000 km). *Des moyen-courriers.*

MOYENNANT prép. ▪ Au moyen de, par le moyen de, à la condition de. *Moyennant récompense* (→ en échange de). ◆ loc. *Moyennant quoi* : en échange de quoi, grâce à quoi.

MOYENNE n. f. ▪ **1.** *Moyenne (arithmétique) de plusieurs nombres,* quotient de leur somme par leur nombre. *Moyenne et médiane*.* ◆ *Rouler à une moyenne de 70 km/h.* FAM. *Faire 70, du 70 de moyenne.* ◆ *La moyenne* : la moitié des points qu'on peut obtenir. *Avoir la moyenne à un examen.* ◆ FAM. (en parlant de ce qui n'est pas mesurable) *Cela fait une moyenne* : cela compense. ◆ *EN MOYENNE* : en évaluant la moyenne. *Il dort en moyenne 8 heures par nuit.* **2.** Type également éloigné des extrêmes et, en général, le plus courant. *La moyenne des Français.* ◆ *Une intelligence au-dessus de la moyenne.*

MOYENNEMENT adv. ▪ D'une manière moyenne, à demi, ni peu ni beaucoup. *Aller moyennement vite. Ça va moyennement.* ⇒ **couci-couça.**

MOYEU n. m. ▪ Partie centrale d'une roue ou d'une pièce qui tourne, que traverse l'essieu, l'axe de rotation.

MOYEUVRE-GRANDE ▪ Commune de la Moselle. 9 203 hab. *(les Moyeuvriens).*

MOZABITE adj. et n. ▪ Relatif aux Berbères (musulmans kharijites) originaires du Mzab. ◆ **n.** *Les Mozabites.* ◇ var. MZABITE.

le MOZAMBIQUE ▪ État (république) du sud de l'Afrique de l'Est sur l'océan Indien. 799 380 km^2. 16 110 000 hab. *(les Mozambicains).* Capitale : Maputo. Langues : portugais (officielle), langues bantoues, souahéli, nilotique (yao). Monnaie : metical (plur. : meticais). Économie surtout agricole. Production d'électricité. Le pays est tributaire de l'aide internationale. □ **HISTOIRE** Colonisé dès 1498 par les Portugais (avec Vasco de Gama), le pays est devenu indépendant en 1975. À partir de 1977, le Frelimo (Front de libération du Mozambique, parti unique, prosoviétique) dut affronter une guérilla menée par la Renamo (Résistance nationale du Mozambique) et financée par l'Afrique du Sud mettant le pays au bord de la faillite. Un accord de paix fut signé en 1992 et aboutit à la tenue d'élections libres remportées par le Frelimo. ► **le canal de MOZAMBIQUE**, bras de mer de l'océan Indien, entre l'Afrique et l'île de Madagascar.

MOZARABE n. et adj. ▪ HIST. Espagnol chrétien arabisé. ◆ ARTS De l'art chrétien d'Espagne influencé par l'art musulman (XIe, XIIe siècle).

Wolfgang Amadeus MOZART (1756-1791) ▪ Compositeur autrichien. Enfant prodige, virtuose du violon et du clavier, il fit dès l'âge de six ans des tournées dans les cours princières d'Europe, se familiarisant avec les différentes formes musicales de son temps, surtout allemandes et italiennes. Il réussit la synthèse des courants contrastés de deux siècles de musique européenne. Malgré la défaveur du public et sa mort prématurée, il a laissé une œuvre immense (près de 700 œuvres, classées par Köchel) : opéras (*"Les Noces de Figaro"*, 1786 ; *"Don Giovanni"*, 1787 ; *"La Flûte enchantée"*, 1791), concertos, symphonies, sonates, sérénades (*"Une Petite Musique de nuit"*, 1787), musique sacrée (*"Requiem"*, 1791), etc. Il fut enterré à Vienne dans la fosse commune. ► **Leopold MOZART** (1719-1787), son père, fut son professeur.

MOZZARELLA [mɔdzaʀela ; -ɛlla] **n. f.** ▪ Fromage italien de lait de bufflonne ou de vache, à pâte non fermentée.

Sławomir **MROŻEK** (né en 1930) ▪ Écrivain français d'origine polonaise. Il a écrit des nouvelles et des pièces cultivant l'absurde et la dérision, dans lesquelles il fustige la bêtise, celle des individus et celle des systèmes. *"La Police"* (1958); *"Le Calvaire de M. Ohey"* (1960); *"Les Émigrés"* (1974); *"L'Ambassadeur"* (1982).

le M.R.P. → **Mouvement républicain populaire**

M.S.T. [ɛmɛste] **n. f.** (sigle) ▪ Maladie sexuellement transmissible. ⇒ VIEILLI maladie **vénérienne.** *Prévention des M.S.T.*

M.T.S. [ɛmteɛs] **n. m.** (sigle) ▪ appos. *Système M.T.S. :* ancien système d'unités physiques (mètre, tonne, seconde).

MÛ, MUE ▪ Participe passé du v. *mouvoir.*

MU'ĀWIYA ou **MOUHAWIYA Ier** (v. 603 - 680) ▪ Fondateur de la dynastie des Omeyyades de Damas.

Alfons **MUCHA** (1860 - 1939) ▪ Peintre et affichiste tchèque longtemps installé à Paris. Représentant du style Art nouveau.

MUCILAGE n. m. ▪ DIDACT. Substance végétale visqueuse, utilisée en pharmacie.

MUCILAGINEUX, EUSE adj. ▪ Formé de mucilage ; qui en a l'aspect.

MUCOSITÉ n. f. ▪ Amas de substance épaisse et filante (constituée surtout de mucus) qui tapisse certaines muqueuses. ⇒ **glaire, morve.**

MUCOVISCIDOSE n. f. ▪ MÉD. Maladie congénitale, caractérisée par la viscosité excessive des sécrétions, provoquant des troubles digestifs et respiratoires.

MUCUS [-ys] **n. m.** ▪ Substance visqueuse sécrétée par les glandes muqueuses (⇒ **muqueuse, muqueux**).

MUE n. f. ▪ **1.** Changement qui affecte la carapace, la peau, le plumage, le poil, etc., de certains animaux à des époques déterminées ; cette époque. **2.** Dépouille (d'un animal qui a mué). *Trouver une mue de serpent.* **3.** Changement dans le timbre de la voix humaine au moment de la puberté (surtout sensible chez les garçons).

MUER v. [1] ▪ **I. v. intr. 1.** Subir la mue (1). *Les libellules muent.* **2.** Subir la mue (3). *Sa voix mue.* - *Les enfants muent entre onze et quatorze ans.* **II. v. tr.** LITTÉR. *MUER EN :* transformer en. - pronom. *Son amour s'est mué en haine.*

MUESLI ou **MUSLI** [mysli] **n. m.** ▪ Mélange de céréales, flocons d'avoine, fruits, consommé avec du lait.

MUET, ETTE adj. ▪ **I. 1.** Qui est privé de l'usage de la parole. *Muet de naissance. Sourd et muet.* ⇒ **sourd-muet** - **n.** *Un muet, une muette.* **2.** Silencieux, incapable de parler. ⇒ **coi.**

Mozart. *Wolfgang Amadeus Mozart enfant, avec son père et sa sœur,* tableau de Carmontelle. Musée Condé, Chantilly.
Phot. © Giraudon

Mucha. *Calendrier.*
Phot. © de Gregorio/Ricciarini

Être muet de stupeur. - (volontairement) *Rester muet et impénétrable.* loc. *Muet comme une carpe.* - *Rôle muet,* sans texte à dire. **II. 1.** Qui ne s'exprime pas par la parole. *De muets reproches.* - *Douleur muette.* **2.** Qui ne contient aucune précision concernant une question. *Le règlement est muet sur ce point.* **3.** Qui, par nature, ne produit aucun son. *Clavier muet* (pour exercer son doigté). ♦ *Cinéma, film muet* (opposé à *parlant*). - **n. m.** *Le muet :* le cinéma muet. **4.** Qui ne se fait pas entendre dans la prononciation. *E, H muet.* **5.** Qui ne porte pas d'inscription. *Médaille muette.* - Où ne figurent pas les indications habituelles. *Carte géographique muette. Carte muette,* sans les prix (au restaurant).

MUEZZIN [mɥɛdzin] **n. m.** ▪ Fonctionnaire religieux musulman attaché à une mosquée, chargé d'appeler, du haut du minaret, les fidèles à la prière.

MUFLE n. m. ▪ **I.** Extrémité du museau (de certains mammifères). *Le mufle du bœuf.* **II.** Individu mal élevé, grossier et indélicat. ⇒ **goujat, malotru.** *Se conduire comme un mufle.* - **adj.** (opposé à *galant*) *Ce qu'il est mufle !*

MUFLERIE n. f. ▪ Caractère, action, parole d'un mufle. ⇒ **goujaterie, grossièreté.**

MUFTI n. m. ▪ Jurisconsulte, interprète officiel du droit canonique musulman. *Des muftis.* ◇ var. VX MUPHTI.

MUGE n. m. ▪ Poisson appelé aussi *mulet*.*

MUGIR v. intr. [2] ▪ **1.** (bovidés) Pousser le cri sourd et prolongé propre à leur espèce. ⇒ **beugler, meugler. 2.** fig. *Sirène d'alarme qui mugit.*

MUGISSEMENT n. m. ▪ **1.** Cri d'un animal qui mugit. ⇒ **beuglement, meuglement. 2.** fig. *Le mugissement des flots.*

MUGUET n. m. ▪ **I.** Plante aux petites fleurs blanches en clochettes, groupées en grappes. *Un brin de muguet.* - Parfum qui en est extrait. **II.** MÉD. Inflammation des muqueuses due à une levure.

MUḤAMMAD 'ALĪ → **Méhémet Ali**

MUḤAMMAD RIZĀ CHĀH (1919 - 1980) ▪ Chah d'Iran. Il succéda à son père Rizā Chāh, tenta de moderniser le pays de manière autoritaire et fut renversé en 1978.

MUID n. m. ▪ **1.** anciennt Mesure de capacité des grains et liquides. **2.** Futaille (d'un muid).

MUKALLĀ ou **MAKALLA** ▪ Ville portuaire du Yémen. 150 000 hab.

MULÂTRE n. ▪ Personne née de l'union d'un Blanc avec une Noire ou d'un Noir avec une Blanche. ⇒ **métis.** - **adj.** *Fillette mulâtre.*

MULÂTRESSE n. f. ▪ VIEILLI ou péj. Femme mulâtre.

① **MULE n. f.** ▪ Pantoufle laissant le talon découvert, aujourd'hui portée par les femmes. - *La mule du pape :* mule blanche brodée d'une croix.

② **MULE n. f.** ▪ Hybride femelle de l'âne et de la jument (ou du cheval et de l'ânesse), généralement stérile. *"La Mule du pape"* (conte de A. Daudet). - loc. FAM. *Têtu comme une mule. Tête de mule :* personne très entêtée.

① **MULET** n. m. ▪ Hybride mâle de l'âne et de la jument *(grand mulet)* ou du cheval et de l'ânesse *(petit mulet)*, toujours infécond. ➝ loc. FAM. *Être chargé comme un mulet* (→ comme un baudet).

mulet. *Phot. © Danegger/Jacana*

② **MULET** n. m. ▪ Poisson de mer à chair blanche et délicate.

MULETA [muleta ; myleta] n. f. ▪ Pièce d'étoffe rouge tendue sur un bâton dont le matador se sert pour provoquer et diriger les charges du taureau. *Passes de muleta.*

MULETIER, IÈRE ▪ **1.** n. m. Conducteur de mulets, de mules. **2.** adj. *Chemin, sentier muletier,* étroit et escarpé.

MÜLHEIM AN DER RUHR ▪ Ville et port fluvial d'Allemagne (Rhénanie-du-Nord-Westphalie). 177 600 hab. Centrale thermique. Métallurgie.

MULHOUSE ▪ Chef-lieu d'arrondissement du Haut-Rhin, port fluvial sur l'Ill. 108 357 hab. *(les Mulhousiens).* Industries (textile, automobile et chimique). Aéroport international Bâle-Mulhouse. République indépendante au XVIe s., Mulhouse fut rattachée à la France en 1798.

Friedrich MÜLLER dit **MALER-MÜLLER** (1749 - 1825) ▪ Peintre et poète allemand. Représentant du Sturm und Drang.

Johannes Peter MÜLLER (1801 - 1858) ▪ Physiologiste et anatomiste allemand. Un des pionniers de l'embryogénie.

Max MÜLLER (1823 - 1900) ▪ Orientaliste, mythologue et linguiste allemand. Auteur de la théorie « naturiste », qui considère les forces naturelles personnalisées comme les premières divinités.

Paul Hermann MÜLLER (1899 - 1965) ▪ Biochimiste suisse. Inventeur du D.D.T. Prix Nobel 1948.

Heiner MÜLLER (1929 - 1995) ▪ Écrivain allemand. Il a écrit des pièces de théâtre engagées, dans la lignée de Brecht, mais avec une écriture et une composition renouvelées. *"Hamlet-machine"* (1977).

Robert Sanderson MULLIKEN (1896 - 1986) ▪ Chimiste et physicien américain. Auteur de la théorie des orbitales moléculaires, il introduisit les notions d'hybridation des orbitales, d'orbitales liantes et non liantes. Prix Nobel de chimie 1966.

MULOT n. m. ▪ Petit mammifère rongeur, appelé aussi *rat des champs.*

mulot. *Apodemus sylvaticus,* mulot sylvestre. *Phot. © Le Moigne/Jacana*

Brian MULRONEY (né en 1939) ▪ Homme politique canadien. Premier ministre (conservateur) de 1984 à 1993.

MULTAN ▪ Ville du Pakistan. 900 000 hab. Art du bijou.

Eduard Douwes Dekker dit **MULTATULI** (1820 - 1887) ▪ Écrivain néerlandais. Fonctionnaire aux Indes néerlandaises de 1852 à 1857, il démissionna et écrivit un roman, critique violente du colonialisme, *"Max Havelaar, ou les Ventes de café de la Société commerciale néerlandaise"* (1860).

MULTI- Élément qui signifie « qui a plusieurs, beaucoup de... ». ⇒ **pluri-, poly-** ; contr. *mono-, uni-.*

MULTICARTE adj. ▪ Se dit d'un courtier qui représente plusieurs maisons de commerce. *Des représentants multicartes.*

MULTICOLORE adj. ▪ Qui présente des couleurs variées. ⇒ **polychrome.** *Étoffe multicolore.* ⇒ **bariolé.**

MULTICOQUE n. m. ▪ Bateau comportant plusieurs coques assemblées (ex. catamaran, trimaran).

MULTIFORME adj. ▪ Qui se présente sous des formes variées, des aspects nombreux.

MULTIGRADE adj. ▪ anglic. *Huile multigrade,* utilisable à toutes températures.

MULTILATÉRAL, ALE, AUX adj. ▪ Qui concerne plusieurs parties contractantes, spécialt plusieurs États. *Accords multilatéraux.*

MULTIMÉDIA adj. ▪ **1.** Qui concerne ou utilise plusieurs médias à la fois. *Une campagne multimédia.* **2.** Qui traite, sur un même support et par des moyens informatiques, des informations de nature différente (texte, son, images). *Encyclopédie multimédia.* ♦ n. m. *Le multimédia* : l'ensemble des supports multimédias ; l'ensemble des services interactifs alliant audiovisuel et informatique (réseaux électroniques, télévision interactive, etc.).

MULTIMILLIONNAIRE [-mil-] adj. et n. ▪ Qui possède beaucoup de millions. ➝ n. *Un(e) multimillionnaire.*

MULTINATIONAL, ALE, AUX adj. ▪ **1.** Qui concerne plusieurs pays. **2.** Qui a des activités dans plusieurs pays. ➝ n. f. *Une multinationale* : une firme multinationale.

MULTINORME adj. et n. m. ▪ (Téléviseur) qui peut recevoir des émissions de normes différentes. ◇ syn. MULTISTANDARD (anglic.).

MULTIPARE adj. et n. f. ▪ DIDACT. **1.** (femelle) Qui met bas plusieurs petits en une portée (opposé à *unipare*). **2.** (femme) Qui a déjà enfanté plusieurs fois. ➝ n. f. *Une multipare.*

MULTIPLE adj. ▪ **1.** (opposé à *simple*) Qui est composé de plusieurs éléments de nature différente, ou qui se manifeste sous des formes différentes. ⇒ **divers.** *Une réalité multiple.* **2.** Qui est constitué de plusieurs éléments analogues. *Prise* (électrique) *multiple.* **3.** MULTIPLE DE : qui contient plusieurs fois exactement un nombre donné. *21 est multiple de 7.* ➝ n. m. *Tout multiple de deux est pair. Le plus petit commun multiple de deux nombres* (abrév. *P. P. C. M.*). **4.** (avec un nom au plur.) (opposé à *unique*) Qui se présentent sous des formes variées. *Aspects, causes multiples.* ➝ *À de multiples reprises.* ⇒ **maint, nombreux.**

MULTIPLEX [-ɛks] adj. ▪ TECHN. Qui permet d'établir plusieurs communications au moyen d'une seule transmission. ➝ n. m. *Émission de radio en multiplex entre Bruxelles et Montréal.*

MULTIPLICANDE n. m. ▪ Dans une multiplication, celui des facteurs qui est énoncé le premier.

MULTIPLICATEUR, TRICE adj. ▪ Qui multiplie, sert à multiplier. ➝ n. m. Dans une multiplication, celui des deux facteurs qui est énoncé le second.

MULTIPLICATIF, IVE adj. ▪ Qui multiplie, marque la multiplication. *Signe multiplicatif* (×). ➝ *Préfixe multiplicatif* (ex. bi-, tri-...).

MULTIPLICATION n. f. ▪ **1.** Augmentation en nombre. ⇒ **accroissement, prolifération.** **2.** BIOL. ⇒ **reproduction.** *Multiplication cellulaire.* ⇒ **mitose.** *Multiplication végétative, asexuée,* sans intervention de gamètes. **3.** Opération qui a pour but d'obtenir à partir de deux nombres a et b (le multiplicande et le multiplicateur) un troisième nombre (le produit) égal à la somme de b termes égaux à a. *Table de multiplication.*

MULTIPLICITÉ n. f. ▪ *Multiplicité de* : caractère de ce qui est multiple ; grand nombre. ⇒ **abondance, quantité.**

MULTIPLIER v. tr. [7] ▪ **1.** Augmenter le nombre, la quantité de. ⇒ **accroître.** *Multiplier les exemplaires d'un texte.* ⇒ **reproduire.** - *Multiplier les essais.* ⇒ **répéter. 2.** Faire la multiplication de. - au p. p. *Sept multiplié par neuf* (7×9) : sept fois neuf. ► SE **MULTIPLIER** v. pron. **1.** Être augmenté, se produire en grand nombre. ⇒ s'**accroître, proliférer. 2.** (êtres vivants) Se reproduire.

MULTIPOINT ou **MULTIPOINTS** adj. ▪ TECHN. (Serrure) qui comporte plusieurs pênes actionnés simultanément avec une seule clé.

MULTIPROPRIÉTÉ n. f. ▪ Régime de propriété collective où chaque propriétaire jouit de son bien pendant une période déterminée de l'année. *Acheter un studio à la montagne en multipropriété.*

MULTIRISQUE adj. ▪ (assurance) Qui couvre plusieurs risques.

MULTISALLE3 ou **MULTISALLES** [-s-] adj. ▪ Qui comporte plusieurs salles de projection. *Cinéma multisalle(s).*

MULTITUDE n. f. ▪ **1.** Grande quantité (d'êtres, d'objets). *Une multitude de visiteurs entra (ou entrèrent).* ⇒ **armée, flot, nuée.** - *Pour une multitude de raisons.* ⇒ **quantité. 2.** (sans compl.) Rassemblement d'un grand nombre de personnes. ⇒ **foule.** *La multitude qui accourait pour le récital.* - LITTÉR. Le commun des hommes.

Albert de MUN (1841 - 1914) ▪ Homme politique français. Un des représentants du catholicisme social.

Edvard MUNCH (1863 - 1944) ▪ Peintre norvégien. L'un des maîtres de l'expressionnisme, obsédé par la mort et le tragique de l'existence. *"Le Cri"* (1893).

Karl, baron de MÜNCHHAUSEN (1720 - 1797) ▪ Officier allemand qui servit dans l'armée russe contre les Turcs. Il est connu par le récit de ses aventures extraordinaires qui en firent un personnage de légende, devenu en français le *baron de Crac.*

MUNICH en allemand ***MÜNCHEN*** ▪ Ville d'Allemagne, capitale de la Bavière. 1 219 000 hab. *(les Munichois).* Nombreux monuments et édifices anciens, notamment baroques. Centre financier et bancaire, métropole industrielle et commerciale qui bénéficie d'un important réseau de communications. Nombreux musées. Université. Fêtes réputées (fête de la bière). □ **HISTOIRE** Résidence des Wittelsbach au XIIIe s., capitale historique de la Bavière. La ville fut le foyer du nazisme (putsch manqué de Hitler en 1923). Travaux importants au XXe s. ► **les accords de MUNICH** (septembre 1938) : conférence qui réunit les représentants de la France (Daladier), du Royaume-Uni (Chamberlain), de l'Italie (Mussolini) et de l'Allemagne (Hitler), et qui laissa Hitler annexer le territoire des Sudètes* et renforça la politique d'expansion de l'Allemagne.

MUNICHOIS, OISE adj. et n. ▪ De Munich. - n. *Les Munichois.*

MUNICIPAL, ALE, AUX adj. ▪ Relatif à l'administration d'une commune. ⇒ **communal.** *Conseil municipal. Élections municipales,* ou n. f. pl. *les municipales.* - Qui appartient à la commune. *Piscine municipale.*

MUNICIPALITÉ n. f. ▪ **1.** Le corps municipal ; l'ensemble des personnes (en France, le maire, ses adjoints, les conseillers municipaux) qui administrent une commune. - VX Siège de l'administration municipale. ⇒ **mairie. 2.** La circonscription administrée par une municipalité. ⇒ **commune.**

MUNIFICENCE n. f. ▪ LITTÉR. Grandeur dans la générosité.

MUNIFICENT, ENTE adj. ▪ LITTÉR. Généreux avec somptuosité.

MUNIR v. tr. [2] ▪ *MUNIR (qqn, qqch.) DE :* pourvoir, garnir de (ce qui est nécessaire, utile pour une fin déterminée). ⇒ **équiper, nantir.** - au p. p. *Caméra munie de deux objectifs.* ► SE **MUNIR** (DE) v. pron. ⇒ **prendre.** *Munissez-vous de vos papiers.* - fig. *Se munir de patience.* ⇒ s'**armer.**

MUNITION n. f. ▪ **1.** VX Moyen de subsistance, provision. *Munitions de bouche.* **2.** MOD. au plur. Explosifs et projectiles nécessaires au chargement des armes à feu (balles, cartouches, obus) ou lâchés par un avion (bombes). *Entrepôt d'armes et de munitions.* ⇒ **arsenal.**

Andrzej MUNK (1921 - 1961) ▪ Cinéaste polonais. Il a été l'un des réalisateurs les plus représentatifs du cinéma polonais de l'après-guerre. *"Un Homme sur la voie"* (1956); *"La Passagère"* (1961-1963, inachevé à sa mort).

Munch. *Le Cri.* Galerie nationale, Oslo.
Phot. © J. Lathion, Nationalgalleriet/NG, 1992

MUNSTER ▪ Commune du Haut-Rhin. 4 657 hab. *(les Munstériens).* Fromage réputé.

le MUNSTER ▪ L'une des quatre provinces de l'Irlande. 24 127 km^2. 1 100 000 hab. Capitale : Cork.

MUNSTER ▪ Ville d'Allemagne (Rhénanie-du-Nord-Westphalie). 255 600 hab. Ville médiévale. Centre commercial et industriel. Membre de la Hanse au XIIIe s. Foyer du mouvement des anabaptistes au XVIe s.

Thomas MÜNZER ou **MÜNTZER** ou **MUNCERUS** (1489 - 1525) ▪ Réformateur religieux allemand. Chef anabaptiste de la révolte des paysans, exécuté. Engels voit en lui un des premiers révolutionnaires modernes.

MUON n. m. ▪ PHYS. Particule élémentaire légère (lepton) de même charge, positive ou négative, que l'électron.

MUPHTI ⇒ MUFTI

MUQUEUSE n. f. ▪ Membrane qui tapisse les cavités de l'organisme (tube digestif, fosses nasales, bronches, anus...) et qui est lubrifiée par la sécrétion de mucus.

MUQUEUX, EUSE adj. ▪ **1.** Qui a le caractère du mucus, des mucosités. **2.** Qui sécrète du mucus. *Glande muqueuse.*

MUR n. m. ▪ **1.** Ouvrage de maçonnerie qui s'élève sur une certaine longueur et qui sert à enclore, à séparer ou à supporter une poussée. *Bâtir, élever, abattre un mur. Un mur de*

Munich. L'hôtel de ville. *Phot. © Kiene/Schuster/Explorer*

la Grande **Muraille de Chine.** *Phot. © Rinaldini/Ricciarini*

pierres sèches, de briques, de béton. Fermer un lieu de murs. ⇒ **murer, emmurer.** - *Mur mitoyen.* - *Mur d'escalade.* ⇒ **paroi.** - *Mur d'enceinte.* ⇒ **rempart.** - *Un vieux mur croulant.* - loc. *Il est arrivé dans nos murs,* dans notre ville. loc. *Raser les murs :* pour se cacher, se protéger. - *Sauter, faire le mur :* sortir sans permission (de la caserne, d'un internat, etc.). - fig. *Se taper la tête contre les murs.* ⇒ se **désespérer.** - *Mettre qqn au pied du mur,* l'acculer, lui enlever toute échappatoire. **2.** Face intérieure des murs, des cloisons d'une habitation. *Mettre des tableaux aux murs. Horaire affiché au mur* (⇒ **mural**). - loc. *Entre quatre murs,* en restant enfermé dans une maison. **3.** fig. Ce qui sépare, forme obstacle. *Un mur d'incompréhension. Se heurter à un mur.* **4.** *LE MUR DU SON :* ensemble des phénomènes (ponctués par un choc sonore) qui se produisent lorsqu'un engin atteint la vitesse du son. *Franchir le mur du son.* **5.** au football Ligne des joueurs placés entre le tireur et le but lors d'un coup franc*.

MÛR, MÛRE adj. ▪ **1.** (fruit, graine) Qui a atteint son plein développement (⇒ **maturation, maturité**). *Un fruit mûr* (opposé à *vert*) ; trop mûr. ⇒ **blet. 2.** (abcès, furoncle) Qui est près de percer. **3.** fig. Qui a atteint le développement nécessaire à sa réalisation, à sa manifestation. *Le projet est mûr.* - (personnes) *Être mûr pour :* être préparé, prêt à. **4.** *L'âge mûr :* où la personne a atteint son plein développement. ⇒ **adulte.** - *L'homme mûr.* ⇒ ① **fait.** - *Esprit mûr* (⇒ **maturité**). - (opposé à *immature*) *Il est très mûr pour son âge.* ⇒ **raisonnable.** - loc. *Après mûre réflexion :* après avoir longuement réfléchi. **5.** FAM. ⇒ **ivre, soûl.** *Il est complètement mûr.*

MURAILLE n. f. ▪ **1.** Étendue de murs épais et assez élevés. *Une haute muraille.* - loc. *(Un manteau, etc.) couleur (de) muraille,* se confondant avec celle des murs. ♦ Mur de fortification. ⇒ **rempart.** *Murailles crénelées.* **2.** fig. Ce qui forme une surface verticale abrupte. ⇒ **mur** (3).

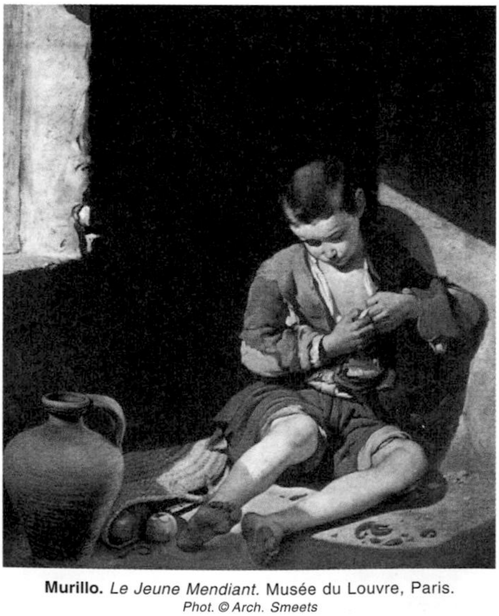

Murillo. *Le Jeune Mendiant.* Musée du Louvre, Paris. *Phot. © Arch. Smeets*

▪ **la Grande MURAILLE DE CHINE** ▪ Constructions défensives, en terre battue, élevées aux IVe et IIIe s. av. J.-C. entre la Chine et les steppes mongoles, afin d'empêcher les invasions des peuples barbares du nord-ouest. L'empereur Shi Huangdi en fit une véritable muraille. L'état actuel date des Ming. On évalue sa longueur à 6 700 km.

MURAL, ALE, AUX adj. ▪ Qui est appliqué sur un mur, comme ornement. *Peintures murales* (⇒ **fresque**). - Qui est fixé au mur et ne repose pas par terre. *Pendule murale.*

MURANO ▪ Île et agglomération de la commune de Venise, célèbre pour ses verreries.

MURASAKI Shikibu (v. 978 - 1015) ▪ Femme de lettres japonaise. Le *"Roman de Genji"* est une vaste fresque de la société et des intrigues de la cour de Kyōto.

Joachim MURAT (1767 - 1815) ▪ Maréchal d'Empire, roi de Naples de 1808 à 1815, époux de Caroline Bonaparte. Il fut un chef de guerre intrépide, mais un mauvais politique.

sir Roderick Impey MURCHISON (1792 - 1871) ▪ Géologue britannique.

MURCIE en espagnol ***MURCIA*** ▪ Ville d'Espagne. 328 842 hab. Cathédrale gothique. Industrie agroalimentaire. ► **la région de MURCIE** Communauté autonome d'Espagne. 11 317 km^2. 1 045 601 hab. Capitale : Murcie.

Iris MURDOCH (née en 1919) ▪ Romancière britannique. Elle mêle la réflexion philosophique à la technique narrative du roman policier. *"La Mer, la mer"* (1978).

MÛRE n. f. ▪ **1.** Fruit du mûrier (utilisé en pharmacie). **2.** Fruit noir de la ronce des haies, comestible, qui ressemble au fruit du mûrier.

Les MUREAUX ▪ Commune des Yvelines. 33 089 hab. *(les Muriotins).*

MÛREMENT adv. ▪ Avec beaucoup de concentration et de temps. *J'y ai mûrement réfléchi.*

MURÈNE n. f. ▪ Poisson long et mince, sans écailles, armé de fortes dents et très vorace.

MURER v. tr. [1] ▪ **1.** Entourer de murs. **2.** Fermer, clore par un mur, une maçonnerie. *Murer une porte.* **3.** Enfermer (qqn) en bouchant les issues. ⇒ **emmurer.** ► SE **MURER** v. pron. S'enfermer (en un lieu), s'isoler. ⇒ se **cacher,** se **cloîtrer.** *Il s'est muré chez lui.* - fig. *Se murer dans son silence.* ► **MURÉ, ÉE** adj. **1.** *Ville murée.* **2.** *Fenêtre murée.* **3.** Enfermé. *Mineurs murés au fond* (par un éboulement). - fig. *Muré dans son orgueil.*

MURET n. m. ▪ Petit mur. ◇ syn. MURETTE n. f.

MURET ▪ Chef-lieu d'arrondissement de la Haute-Garonne. 18 134 hab. *(les Muretains).*

MUREX [-ɛks] n. m. ▪ ZOOL. Mollusque gastéropode à coquille hérissée d'épines, dont les Anciens tiraient la pourpre.

Henri MURGER (1822 - 1861) ▪ Écrivain français. *"Scènes de la vie de bohème"* (1848), dont Puccini tirera l'opéra *"La Bohème".*

MÛRIER n. m. ▪ Arbre d'Orient acclimaté dans le bassin méditerranéen, dont le fruit est la mûre (1). *La chenille du ver à soie se nourrit de feuilles de mûrier.*

Bartolomé Esteban MURILLO (1618 - 1682) ▪ Peintre espagnol. Sujets religieux *("Immaculée Conception").* Scènes de genre *("Le Jeune Mendiant").*

MÛRIR v. [2] ▪ **I.** v. tr. **1.** Rendre mûr. *Le soleil mûrit les fruits.* **2.** fig. Mener (une chose) à point en y appliquant sa réflexion. ⇒ **approfondir.** *Mûrir une pensée, un projet.* ⇒ **méditer. 3.** Donner de la maturité d'esprit à. *Les épreuves l'ont mûri.* **II.** v. intr. **1.** Devenir mûr, venir à maturité. *Les blés mûrissent.* - *L'abcès a mûri.* **2.** fig. Se développer, atteindre son plein développement. *Son plan mûrissait lentement.* **3.** Acquérir de la maturité d'esprit.

MÛRISSANT, ANTE adj. ▪ Qui devient mûr. - (personnes) Qui n'est plus jeune. *Femme mûrissante.*

MURMURE n. m. ▪ **I. 1.** Bruit sourd, léger et continu de voix humaines. ⇒ **chuchotement.** *Rires et murmures d'enfants.* **2.** Commentaire fait à mi-voix par plusieurs personnes. *Un murmure d'approbation, de protestation.* - loc. *Accepter sans hésitation ni murmure,* sans protester. **II.** Bruit continu léger, doux et harmonieux. ⇒ **bruissement, chanson.** *Le murmure d'une fontaine.*

MURMURER v. 1 ▪ **I.** v. intr. (personnes) **1.** Faire entendre un murmure. **2.** Émettre une plainte, une protestation sourde. ⇒ FAM. **bougonner.** *Obéir sans murmurer.* ⇒ **broncher. II.** v. tr. Dire, prononcer à mi-voix ou à voix basse. ⇒ **chuchoter ; marmonner.** *Murmurer une prière.*

Friedrich **MURNAU** (1889-1931) ▪ Cinéaste expressionniste allemand, naturalisé américain. *"Nosferatu le vampire"* (1922), variation sur le thème de Dracula; *"Tabou"* (1931), drame romantique dans les mers du Sud.

le **MURRAY** ▪ Fleuve du sud-est de l'Australie. 2 574 km. La vallée du Murray a une grande importance économique.

MURUROA ▪ Atoll de l'archipel des Tuamotu. Base française d'expérimentations nucléaires.

MUSAGÈTE adj. ▪ DIDACT. (ANTIQ.) Surnom d'Apollon « conducteur des Muses ». *"Apollon musagète"* (ballet de Stravinski).

MUSARAIGNE n. f. ▪ Petit mammifère insectivore, de la taille d'une souris.

MUSARDER v. intr. 1 ▪ Perdre son temps à des riens. ⇒ **flâner, muser.**

MUSARDERIE n. f. ▪ LITTÉR. Fait de musarder.

MUSARDISE n. f. ▪ Comportement d'une personne qui musarde. *"Les Musardises"* (poèmes de E. Rostand).

MUSC n. m. ▪ **1.** Substance brune très odorante, sécrétée par les glandes abdominales de certains mammifères. *Grains de musc séché.* **2.** Parfum à base de musc (naturel ou synthétique).

MUSCADE adj. f. et n. f. ▪ **1.** *Noix muscade* ou ellipt *muscade :* graine du fruit d'un arbre exotique (le *muscadier*), employée comme épice. **2.** n. f. Petite boule utilisée dans les tours de passe-passe. - loc. *Passez muscade :* le tour est joué.

muscade.
Myristica fragrans.
Phot. © Konig/Jacana

MUSCADET n. m. ▪ Vin blanc sec de la région de Nantes.

MUSCADIN n. m. ▪ VX Jeune fat d'une coquetterie ridicule. - spécialt Nom donné, sous la Révolution, aux royalistes à l'élégance recherchée.

MUSCAT, ATE adj. et n. m. ▪ **1.** *Raisin muscat,* à odeur de musc. *"La Treille muscate"* (recueil de Colette). - n. m. *Une grappe de muscat.* **2.** *Vin muscat :* vin de liqueur, produit avec des raisins muscats. - n. m. *Un verre de muscat.*

MUSCLE n. m. ▪ Structure organique formée de fibres contractiles assurant le mouvement (⇒ **my(o)-**). *Muscles striés, volontaires. Muscles lisses, viscéraux.* - *Se claquer, se froisser un muscle.* - (Muscles apparents, sous la peau) *Développer ses muscles* (⇒ **musculation ; musculature**). - *Avoir des muscles,* FAM. *du muscle :* être fort.

MUSCLÉ, ÉE adj. ▪ **1.** Qui est pourvu de muscles bien visibles et puissants. ⇒ **fort. 2.** fig. FAM. Qui utilise la force, la contrainte. *Une politique musclée.*

MUSCLER v. tr. 1 ▪ Pourvoir de muscles développés, puissants. *Des exercices pour muscler le ventre.*

MUSCULAIRE adj. ▪ Relatif aux muscles. *Tissu musculaire. Force musculaire.*

MUSCULATION n. f. ▪ Développement d'un muscle, d'une partie du corps grâce à des exercices. - Ces exercices. *Faire de la musculation.* ⇒ **culturisme.**

MUSCULATURE n. f. ▪ Ensemble et disposition des muscles (d'un organisme ou d'un organe). *La musculature du dos. La musculature d'un athlète.*

MUSCULEUX, EUSE adj. ▪ (partie du corps) Aux muscles développés, forts. ⇒ **musclé.**

MUSE n. f. ▪ **1.** *Les Muses :* les déesses qui président aux arts libéraux, dans la mythologie grecque. **2.** LITTÉR. L'inspiration poétique, souvent évoquée sous les traits d'une femme. - loc. *Taquiner la muse :* faire de la poésie, des vers en amateur. - *La Muse,* inspiratrice du poète. *"La Muse vénale"* (poème de Baudelaire). **3.** Inspiratrice (d'un écrivain, d'un artiste). ▪ Les Muses sont les neuf filles de Zeus et de Mnémosyne : Clio (histoire), Calliope (éloquence), Melpomène (tragédie), Thalie (comédie), Euterpe (musique), Terpsichore (danse), Érato (élégie), Polymnie (lyrisme), Uranie (astronomie).

MUSÉAL, ALE, AUX adj. ▪ DIDACT. Du musée ; des musées. *Architecture muséale.*

MUSEAU n. m. ▪ **1.** Partie antérieure de la face de certains mammifères (⇒ **groin, mufle, truffe**) et de poissons lorsqu'elle est saillante. - *Museau de porc* (⇒ **hure**), de bœuf, préparation de charcuterie. **2.** FAM. Visage, figure. ⇒ **frimousse.**

MUSÉE n. m. ▪ **1.** Établissement dans lequel sont rassemblées et classées des collections d'objets d'intérêt historique, technique, scientifique, artistique, en vue de leur conservation et de leur présentation au public. ⇒ **collection ; pinacothèque ; muséum.** *Exposition temporaire dans un musée. Conservateur de musée.* - loc. *Pièce de musée :* objet digne d'un musée. - spécialt Musée d'art. *Le musée moderne, selon Georges Salles, est un laboratoire et un théâtre.* **2.** Lieu rempli d'objets rares, précieux. *Cette ville est un musée.* - appos. *Une ville-musée.* - loc. FAM. *C'est le musée des horreurs.* - *Le musée imaginaire* (Malraux) : l'ensemble des œuvres d'art connues et confrontées (par exposition, reproduction, etc.).

MUSELER v. tr. 4 ▪ **1.** Empêcher (un animal) d'ouvrir la gueule, de mordre en lui emprisonnant le museau (⇒ **muselière**). **2.** fig. Empêcher de parler, de s'exprimer. ⇒ **bâillonner.** *Museler l'opposition.*

MUSELIÈRE n. f. ▪ Appareil servant à museler (1). *Mettre une muselière de cuir à un chien.*

MUSELLEMENT n. m. ▪ Action de museler (1 et 2).

MUSÉOGRAPHIE n. f. ▪ DIDACT. Technique de la conception des musées, de leur réalisation (classement, présentation des collections...). ⇒ **muséologie.**

MUSÉOLOGIE n. f. ▪ DIDACT. Ensemble des connaissances impliquées par les musées, notamment d'art. ⇒ **muséographie.**

MUSER v. intr. 1 ▪ LITTÉR. Perdre son temps à des bagatelles, à des riens. ⇒ **flâner, musarder.**

MUSETTE n. f. ▪ **I. 1.** Cornemuse alimentée par un soufflet. **2.** appos. *BAL-MUSETTE :* bal populaire où l'on danse, généralement au son de l'accordéon, la java, la valse, le fox-trot, dans un style particulier (appelé *le musette* n. m.). *Des bals-musettes.* - *Une valse musette.* **II.** Sac de toile, qui se porte souvent en bandoulière.

MUSÉUM [-ɔm] n. m. ▪ **1.** VX Musée. **2.** Musée consacré aux sciences naturelles. *Des muséums.*

MUSICAL, ALE, AUX adj. ▪ **1.** Qui est propre, appartient à la musique, concerne la musique. *Son musical. Notation musicale.* - *Critique musical.* ♦ Où il y a de la musique. *Soirée musicale.* ⇒ **concert, récital.** *Comédie musicale,* en partie chantée (spécialt film). **2.** Qui a les caractères de la musique. *Une voix très musicale.* ⇒ **harmonieux, mélodieux.**

MUSICALEMENT adv. ▪ **1.** En ce qui concerne la musique. **2.** D'une manière harmonieuse.

MUSICALITÉ n. f. ▪ Qualité de ce qui est musical.

MUSIC-HALL [-ol] n. m. ▪ anglic. Établissement qui présente un spectacle de variétés. *Chanteuse de music-hall. Des music-halls.* - Ce genre de spectacle. *Aimer le music-hall.*

MUSICIEN, IENNE n. ▪ **1.** Personne qui connaît l'art de la musique ; qui est capable d'apprécier la musique. - adj. *Elle est très musicienne.* **2.** Personne dont la profession est de composer, d'exécuter, de diriger de la musique (compositeur, interprète, chef d'orchestre...). ♦ spécialt Compositeur. *Les grands musiciens.* - Instrumentiste. *Les musiciens qui accompagnent un chanteur. Musicien virtuose.*

MUSICO- Élément qui signifie « musique » (ex. *musicothérapie*).

MUSICOLOGIE n. f. ▪ DIDACT. Science de la théorie, de l'esthétique et de l'histoire de la musique.

MUSICOLOGUE n. ▪ DIDACT. Spécialiste de musicologie.

Robert von MUSIL (1880-1942) ▪ Écrivain autrichien. Il a cherché dans ses romans à analyser le domaine de la subjectivité avec la rigueur de la démarche scientifique. *"Les Désarrois de l'élève Törless"* (1906); *"L'Homme sans qualités"* (1930, 1933).

MUSIQUE n. f. ▪ **I. 1.** Art de combiner des sons d'après des règles (variables selon les lieux et les époques), d'organiser une durée avec des éléments sonores ; production de cet art (sons ou œuvres). *Un amateur de musique* (⇒ **mélomane**). *Musique classique* (FAM. *grande musique*). *Musique occidentale ; indienne, chinoise. Musiques du monde (traditionnelles, folkloriques).* - *Musique ancienne, médiévale, baroque, romantique. Musique moderne, contemporaine. Musique vocale.* ⇒ **chant, voix.** *Musique instrumentale. Musique concrète,* à base de sons naturels, musicaux ou non (bruits). *Musique de chambre,* écrite pour un petit nombre de musiciens. *Musique de danse, de ballet. Musique de film. Musique de cirque. Musique militaire. Musique de jazz. Musique de variétés.* - *Musique modale, tonale. Musique atonale. Musique sérielle.* ⇒ **dodécaphonisme.** *Musique électroacoustique* (⇒ **synthétiseur**). *École, conservatoire de musique.* ♦ *Une musique, de la musique. La "Petite musique de nuit"* (de Mozart ; trad. de l'allemand). *Musique de fond.* - loc. *Dîner, travailler en musique,* en écoutant de la musique. **2.** Œuvre musicale écrite. *Marchand de musique. Jouer sans musique.* ⇒ **partition. 3.** VX Ensemble de musiciens réunis pour jouer. ⇒ **formation, orchestre.** MOD. *La musique d'un régiment,* les musiciens du régiment. ⇒ **clique, fanfare.** *Marcher musique en tête.* **4.** FAM. (en parlant des discours) *C'est toujours la même musique.* ⇒ **chanson, disque, histoire.** - FAM. *Connaître la musique,* savoir de quoi il retourne, savoir comment s'y prendre. **II. 1.** Suite, ensemble de sons rappelant la musique. ⇒ **bruit, harmonie, mélodie.** *La musique des cigales, du vent.* **2.** Harmonie. *La musique d'un poème. La « petite musique »* [d'une œuvre littéraire] (Céline).

MUSQUÉ, ÉE adj. ▪ **1.** Parfumé au musc. **2.** (animaux) Dont l'odeur rappelle celle du musc. *Rat musqué. Bœuf musqué.*

Alfred de MUSSET (1810-1857) ▪ Écrivain romantique français. Auteur de poèmes (*"Les Nuits"*, 1835-1837), de pièces de théâtre (*"Les Caprices de Marianne"*, 1833; *"Lorenzaccio"*, 1834) et d'un roman autobiographique (*"La Confession d'un enfant du siècle"*, 1836).

Musset. Tableau de M. Sand. Musée George Sand et de la Vallée noire, La Châtre.
Phot. © Dagli Orti

Benito MUSSOLINI (1883-1945) ▪ Homme politique italien, fondateur du fascisme. Journaliste socialiste jusqu'en 1914, il créa les Faisceaux italiens de combat en 1919. En 1922, le *Duce* (le « Guide »), comme il se faisait appeler, organisa la marche sur Rome à l'issue de laquelle il s'empara du pouvoir. Pendant la Deuxième Guerre* mondiale, les revers italiens déclenchèrent de vives critiques contre lui. Arrêté sur ordre du roi et emprisonné (1943), libéré par les Allemands, il fut exécuté par les résistants à la Libération.

MUSTAFA KEMAL PACHA dit ***KEMAL ATATÜRK*** (1881-1938) ▪ Homme d'État et nationaliste turc. Dirigeant la Grande Assemblée qu'il avait réunie en 1920, il abolit le sultanat, se fit élire président de la République et affirma l'indépendance de l'État et de la nation contre les grandes puissances et la Grèce. Il appliqua une politique de réformes et de laïcisation (adoption des caractères latins à la place des caractères arabes, imposition du port du costume occidental).

Mustafa Kemal.
Phot. © Coll. Viollet

MUSTANG [-ɑ̃g] n. m. ▪ Cheval à demi sauvage des prairies d'Amérique. *Des mustangs.*

MUSULMAN, ANE adj. et n. ▪ **1.** Qui professe la religion de Mahomet, l'islam*. *Arabes, Indiens musulmans.* **2.** Propre à l'islam, relatif ou conforme à sa loi, à ses rites. ⇒ **islamique.** - n. *Les musulmans.*

MUTANT, ANTE adj. ▪ BIOL. Qui présente, qui a subi une mutation (II). *Gènes mutants.* - n. *Un mutant,* descendant d'une lignée chez lequel apparaît une mutation.

MUTATION n. f. ▪ **I. 1.** Changement, évolution. *Une économie en pleine mutation.* **2.** Affectation à un autre poste. **3.** Transmission d'un droit de propriété ou d'usufruit. *Droits de mutation.* **II.** BIOL. Variation brusque d'un caractère héréditaire (propre à l'espèce ou à la lignée) par changement dans le nombre ou dans la qualité des gènes.

MUTATIONNISME n. m. ▪ BIOL. Théorie d'après laquelle l'évolution* se fait de manière discontinue, par mutations héréditaires, et non par adaptation.

MUTAZILITE adj. et n. ▪ Membre d'une secte musulmane fondée au VIIIe siècle, qui professait un rationalisme rigoureux. ▪ Les mutazilites recueillirent l'appui du calife al-Ma'mūn (833), avant d'être considérés comme hérétiques (847).

MUTER v. tr. [1] ▪ Affecter (qqn) à un autre poste, à un autre emploi. ⇒ **déplacer.** *Il a été muté en province.*

MUTILANT, ANTE adj. ▪ MÉD. Qui peut produire une mutilation. *Plaie, cicatrice mutilante.*

MUTILATION n. f. ▪ **1.** Ablation ou détérioration (d'un membre, d'une partie externe du corps). **2.** Dégradation. *Mutilation de statues.* **3.** Coupure, perte (d'un fragment de texte).

MUTILER v. tr. [1] ▪ **1.** Altérer (un être humain, un animal) dans son intégrité physique par une grave blessure. *Il a été mutilé du bras droit.* **2.** Détériorer, endommager. *Mutiler un arbre.* **3.** Altérer (un texte, un ouvrage littéraire) en retranchant une partie essentielle. ⇒ **tronquer.** ► **MUTILÉ, ÉE** adj. *Bras mutilé.* - *Blessés gravement mutilés.* ♦ n. Personne qui a subi une mutilation. *Mutilé de guerre.* ⇒ **blessé, invalide.** *Les mutilés de la face* (→ FAM. gueule* cassée).

MUTIN n. m. ▪ **I.** Personne qui se révolte avec violence. ⇒ **rebelle ; mutinerie. II.** (affaiblissement de sens) LITTÉR. Qui est d'humeur taquine, qui aime à plaisanter. ⇒ **badin, gai.** - *Un petit air mutin.*

SE **MUTINER** v. pron. [1] ▪ Se dresser contre une autorité, avec violence. ⇒ se **rebeller,** se **révolter.** ► **MUTINÉ, ÉE** adj. et n. Révolté. *Des marins mutinés.*

MUTINERIE n. f. ▪ Action de se mutiner ; son résultat. ⇒ **insurrection, révolte.** *Mutinerie de troupes, de prisonniers.*

MUTISME n. m. ▪ **1.** Refus ou incapacité psychologique de parler (⇒ **muet**). **2.** Attitude, état d'une personne qui refuse de parler. *S'enfermer dans un mutisme obstiné.*

MUTITÉ n. f. ▪ Impossibilité physiologique de parler. ⇒ **surdimutité ; aphasie.**

MUTUALISME n. m. ▪ Doctrine économique basée sur la mutualité. ► MUTUALISTE adj. et n. *Assurances mutualistes.*

MUTUALITÉ n. f. ▪ Forme de prévoyance volontaire par laquelle des personnes s'assurent réciproquement. ⇒ **association, mutuelle.** *Il faut cotiser pour bénéficier de la mutualité.*

Mycènes. La porte des Lions.
Phot. © Dagli Orti

MUTUEL, ELLE adj. ▪ **1.** Qui implique un rapport double et simultané, un échange d'actes, de sentiments. ⇒ **réciproque.** *Complaisance, tolérance, responsabilité mutuelle. Des concessions mutuelles.* **2.** Qui suppose un échange d'actions et de réactions. *Établissement, société d'assurance mutuelle.* ▸ n. f. *Une mutuelle,* société de mutualité.

MUTUELLEMENT adv. ▪ D'une manière qui implique un échange. ⇒ **réciproquement.**

MUTZIG ▪ Commune du Bas-Rhin. 4 552 hab. *(les Mutzigeois).* Brasserie.

l'Union de MYANMAR → Birmanie

MYCÉLIUM [-jɔm] n. m. ▪ BOT. Filaments provenant des spores des champignons.

MYCÈNES ▪ Ancienne ville de Grèce (Péloponnèse). Foyer de la première civilisation hellénique (environ 1600 à 1100 av. J.-C.). Site célèbre pour son palais, son enceinte cyclopéenne (XIVe s. av. J.-C.) et ses sépultures royales découvertes par Schliemann. Lieu de constitution du Panthéon grec (Argonautes, Héraclès, Persée, Atrée, Pélops, Agamemnon, Clytemnestre, Égisthe, Oreste).

MYCÉNIEN, IENNE adj. ▪ De Mycènes, de sa civilisation.

MYCO-, -MYCE Éléments savants, du grec *mukês* « champignon » (ex. *mycologie ; streptomycine*).

MYCOLOGIE n. f. ▪ DIDACT. Étude des champignons.

MYCOSE n. f. ▪ MÉD. Affection cutanée provoquée par des champignons microscopiques.

MYE [mi] n. f. ▪ ZOOL. Mollusque bivalve à très long siphon (une espèce est la clovisse).

MYÉL(O)-, -MYÉLITE Éléments savants, du grec *muelos* « moelle » (ex. *poliomyélite*).

MYGALE n. f. ▪ Grande araignée fouisseuse, velue.

mygale.
Phot. © Roguenant/ Jacana

MYKÉRINOS (v. 2609 av. J.-C.) ▪ Pharaon de la IVe dynastie. Fils et successeur de Khéphren, il fit construire une des trois grandes pyramides de Gizeh.

MYKOLAÏV jusqu'en 1994 ***NIKOLAÏEV*** ▪ Ville et port d'Ukraine, sur la mer Noire. 508 000 hab.

MYKONOS ▪ Île grecque de la mer Égée (Cyclades). 85 km². 5 500 hab. Chef-lieu : Mykonos. Centre touristique.

MY(O)- Élément savant, du grec *mus, muos* « muscle ».

MYOCARDE n. m. ▪ Muscle qui constitue la moyenne partie de la paroi du cœur. *Infarctus du myocarde.*

MYOPATHIE n. f. ▪ MÉD. Maladie des muscles. ▸ spécialt *Myopathie (primitive progressive) :* atrophie progressive des muscles.

MYOPE n. et adj. ▪ **1.** n. Personne qui a la vue courte ; qui ne voit distinctement que les objets rapprochés (s'oppose à *presbyte*). **2.** adj. Atteint de myopie. ▸ FAM. *Il, elle est myope comme une taupe.* ♦ fig. Qui manque de perspicacité, de largeur de vue.

MYOPIE n. f. ▪ Anomalie visuelle du myope. ♦ fig. *Myopie intellectuelle.*

MYOSOTIS [-is] n. m. ▪ Plante à petites fleurs bleues qui croît dans les lieux humides. *Le myosotis est aussi appelé « ne m'oubliez pas ».*

Karl Gunnar MYRDAL (1898-1987) ▪ Homme politique et économiste suédois. *"L'Équilibre monétaire"* (1939). Prix Nobel 1974. ► **Alva Reimer MYRDAL** (1902-1986), son épouse. Diplomate, prix Nobel de la paix 1982.

MYRIADE n. f. ▪ Très grand nombre ; quantité immense.

MYRIAPODES n. m. pl. ▪ ZOOL. Classe d'animaux arthropodes à nombreuses pattes (mille-pattes). ▸ au sing. *Un myriapode.*

MYRMÉCO- Élément savant, du grec *murmêx* « fourmi » (ex. *myrmécologie* n. f. ; *myrmécophile* adj. « qui vit en association avec les fourmis »).

les MYRMIDONS ▪ Peuple de Thessalie. Selon le mythe, ils étaient à l'origine des fourmis que Zeus transforma en hommes afin de peupler l'île d'Égine. Achille fut leur chef pendant la guerre de Troie.

MYRON (Ve s. av. J.-C.) ▪ Sculpteur grec. *"Le Discobole"*, statue en bronze copiée par les Romains.

Myron. *Le Discobole,* d'après Myron. Museum Antiker Kleinkunst, Munich. *Phot. © Explorer/Coll. E.S.*

MYRRHE n. f. ▪ Gomme résine aromatique fournie par un arbuste originaire d'Arabie (le balsamier). *L'or, l'encens et la myrrhe offerts à Jésus par les Rois mages.*

MYRTE n. m. ▪ **1.** Arbre ou arbrisseau à feuilles persistantes, à petites fleurs blanches odorantes (famille des *Myrtacées*). **2.** Feuille de myrte (consacrée à Vénus et associée au laurier comme emblème de gloire).

MYRTILLE n. f. ▪ Baie noire comestible produite par un arbrisseau des montagnes. ⇒ **airelle, bleuet** (Québec). *Tarte aux myrtilles.* ♦ Arbrisseau qui produit cette baie.

la MYSIE ▪ Ancienne région du nord-ouest de l'Asie Mineure, entre la Propontide, la Bithynie et la Phrygie, la Lydie et la mer Égée.

MYSORE ▪ Ville de l'Inde (Karnataka). 652 200 hab. Palais et jardin zoologique.

MYSTAGOGUE n. m. ▪ DIDACT. Prêtre, personne qui initie aux mystères sacrés, à un savoir ésotérique. ► n. f. MYSTAGOGIE

① **MYSTÈRE** n. m. ▪ **I. 1.** Rite, culte religieux secret. *Les mystères d'Orphée.* **2.** RELIG. CHRÉT. Dogme révélé, inaccessible à la raison. *Le mystère de la Trinité.* **II.** Chose cachée, secrète. **1.** Ce qui est (ou est cru) inaccessible à la raison humaine.

Le mystère de la nature. **2.** Ce qui est inconnu, caché (mais qui peut être connu de quelques personnes) ou difficile à comprendre. ⇒ **secret.** *Il y a un mystère là-dessous. Voilà la solution du mystère.* ⇒ **énigme. 3.** Ce qui a un caractère incompréhensible, très obscur. **4.** Ensemble des précautions que l'on prend pour rendre incompréhensible, pour cacher. *S'envelopper, s'entourer de mystère. Ce n'est pas la peine d'en faire un mystère.* ⇒ **secret.** *Chut ! Mystère.* ⇒ **discrétion, silence.** loc. FAM. *Mystère et boule de gomme !* **III.** Pâtisserie meringuée et glacée.

② **MYSTÈRE** **n. m.** ▪ LITTÉR. au Moyen Âge Genre théâtral qui mettait en scène des sujets religieux. ⇒ **miracle** (2). ◇ var. MISTÈRE.

MYSTÉRIEUSEMENT **adv.** ▪ D'une manière mystérieuse, cachée, secrète.

MYSTÉRIEUX, EUSE **adj.** ▪ **1.** Qui est incompréhensible ou évoque la présence de forces cachées. ⇒ **énigmatique, impénétrable, secret.** *Sentiments mystérieux.* - *"L'Île mystérieuse"* (de Jules Verne). **2.** Qui est difficile à comprendre, à expliquer. ⇒ **difficile. 3.** Dont la nature, le contenu sont tenus cachés. ⇒ **secret.** *Un mystérieux personnage.* **4.** Qui cache, tient secret qqch. ⇒ **secret.** *Un homme très mystérieux.*

MYSTICISME **n. m.** ▪ **1.** Croyances et pratiques se donnant pour objet une union intime de l'homme et du principe de l'être (divinité). ⇒ **contemplation, extase ; mystique.** *Mysticisme chrétien, islamique.* **2.** Croyance, doctrine philosophique faisant une part essentielle au sentiment, à l'intuition.

MYSTIFIANT, ANTE **adj.** ▪ Qui mystifie (2). *Une propagande mystifiante.*

MYSTIFICATEUR, TRICE **n.** ▪ Personne qui aime à mystifier. ⇒ **farceur, fumiste.** *Un mystificateur littéraire.* - *Intentions mystificatrices.*

MYSTIFICATION **n. f.** ▪ **1.** Acte ou propos destiné à mystifier qqn, à abuser de sa crédulité. ⇒ FAM. **blague, canular.** *Être le jouet d'une mystification.* **2.** Tromperie collective. *Considérer la religion, le communisme comme une mystification.*

MYSTIFIER **v. tr.** 7 ▪ **1.** Tromper (qqn) en abusant de sa crédulité et pour s'amuser à ses dépens (s'oppose à *démystifier*). ⇒ **abuser, duper, leurrer.** *Les naïfs qu'on mystifie.* **2.** Tromper collectivement sur le plan intellectuel, moral, social. *Mystifier un peuple par la propagande.*

MYSTIQUE ▪ **I. adj. 1.** Qui concerne les pratiques, les croyances visant à une union entre l'homme et la divinité. *Extase, expérience mystique.* **2.** (personnes) Prédisposé au mysticisme, à une foi intense et intuitive. ♦ **n.** *Un, une mystique. Les grands mystiques chrétiens, musulmans.* **3.** Qui a un caractère exalté, absolu, intuitif. *Amour, patriotisme mystique.* **II. n. f. 1.** Pratiques du mysticisme. **2.** Système d'affirmations absolues à propos de ce à quoi on attribue une vertu suprême. *La mystique de la force, de la paix.*

MYTHE **n. m.** ▪ **1.** Récit fabuleux, souvent d'origine populaire, qui met en scène des êtres (dieux, demi-dieux, héros, animaux, forces naturelles) symbolisant des énergies, des puissances, des aspects de la condition humaine. ⇒ **fable, légende ; mythologie.** *Les grands mythes grecs* (Orphée, Prométhée...). *Les mythes totémiques étudiés par Durkheim. Caractère variable des mythes.* ♦ Représentation de faits ou de personnages réels ou imaginaires déformés ou amplifiés par la tradition. ⇒ **légende.** *Le mythe de Faust, de don Juan, de Napoléon.* **2.** Chose imaginaire. FAM. *Son oncle à héritage ? C'est un mythe !*, il n'existe pas. **3.** Représentation idéalisée de l'état de l'humanité. *Le mythe de l'âge d'or, du paradis perdu.* ⇒ **utopie.** - Image simplifiée que des groupes humains élaborent ou acceptent au sujet d'un individu, d'un groupe, d'un fait. *Le mythe de la révolution, de l'argent, de la vitesse.*

MYTHIFIER **v. tr.** 7 ▪ DIDACT. Instaurer en tant que mythe.

MYTHIQUE **adj.** ▪ Du mythe. *Inspiration, tradition mythique. Un héros mythique.* ⇒ **fabuleux, imaginaire, légendaire ;** s'oppose à *réel*, à *historique*. *L'étude de la pensée mythique par Lévi-Strauss.*

MYTHO- Élément savant (du grec *muthos* « parole, discours ») qui signifie « fable, légende ».

MỸ THO ▪ Ville du Viêtnam. 149 203 hab. Ancienne base navale française, dans le delta du Mékong.

MYTHOLOGIE **n. f.** ▪ **1.** Ensemble des mythes (1), des légendes (propres à un peuple, à une civilisation, à une religion). *La mythologie hindoue, grecque.* - spécialt La mythologie gréco-latine. **2.** Ensemble de mythes (3). *La mythologie de la vedette. "Mythologies"* (ouvrage de R. Barthes).

MYTHOLOGIQUE **adj.** ▪ Qui a rapport ou appartient à la mythologie. ⇒ **fabuleux.** *Divinités mythologiques.*

MYTHOMANE **adj.** ▪ Qui est atteint de mythomanie. - **n.** *Un, une mythomane.*

MYTHOMANIE **n. f.** ▪ Tendance pathologique à la fabulation, à la simulation par le mensonge.

MYTILÈNE ▪ Ville de Grèce, chef-lieu de l'île et du nome de Lesbos. 25 440 hab.

MYTIL(I)- Élément, du latin *mytilus*, du grec *mutilos* « coquillage, moule ».

MYTILICULTURE **n. f.** ▪ DIDACT. Élevage des moules. ► **n.** MYTILICULTEUR, TRICE

MYXŒDÈME [-e-] **n. m.** ▪ MÉD. Troubles dus à une insuffisance thyroïdienne (œdème, goitre, anomalies sexuelles, intellectuelles). ► **adj. et n.** MYXŒDÉMATEUX, EUSE

MYXOMATOSE **n. f.** ▪ DIDACT. Grave maladie infectieuse et contagieuse du lapin.

le MZAB ▪ Région du Sahara algérien, peuplée de Mozabites*. Centre principal : Ghardaïa.

MZABITE ⇒ MOZABITE

N

N [ɛn] n. m. invar. ▪ **1.** Quatorzième lettre, onzième consonne de l'alphabet. **2.** abrév. *N°* ou *n°* : numéro. **3.** (symboles mathématiques) *n* : désigne un nombre indéterminé. ⇒ **nième.** ✦ $\mathbb{N}$: ensemble des entiers naturels.

NA interj. ▪ FAM. (renforçant une affirmation ou une négation) *C'est bien fait, na !*

NABAB [-ab] n. m. ▪ **1.** HIST. Titre donné dans l'Inde musulmane aux grands dignitaires, aux gouverneurs de provinces. **2.** Personnage très riche qui vit avec faste. *"Le Nabab"* (roman de A. Daudet).

les **NABATÉENS** ▪ Ancien peuple sémitique d'Arabie, soumis par Trajan en 106. Leur capitale était Pétra.

NABEREJNYE TCHELNY, de 1982 à 1988 **BREJNEV** ▪ Ville de Russie, dans la république des Tatars. 517 000 hab. Industrie lourde.

NABI n. m. ▪ **I.** RELIG. Prophète, homme inspiré par Dieu (chez les Hébreux, les Arabes...). **II.** ARTS Membre d'un groupe de jeunes peintres indépendants créé à Paris en 1888. ▪ Réunis autour de Maurice Denis, théoricien du mouvement, les nabis (Sérusier, Bonnard, Vuillard...) cherchent à mêler arts

Maurice Denis, *Taches de soleil sur la terrasse,* 1890. Musée d'Orsay, Paris. *Phot. © Giraudon*

Pierre Bonnard, *La Revue blanche,* affiche, 1894, lithographie. Bibliothèque nationale de France, Paris. *Phot. © BNF*

Paul Sérusier, *Le Talisman,* 1888. Musée d'Orsay, Paris. *Phot. © Giraudon*

les **nabis.**

Le Douanier Rousseau, *La Carriole du Père Juniet,* 1908
Musée de l'Orangerie, Paris. *Phot. © Dagli Orti*

Camille Bombois, *L'Athlète forain,* 1930
Musée national d'Art moderne, Paris.
Phot. © MNAMGP

art **naïf.**

décoratifs et peinture de chevalet. S'inspirant de l'école de Pont-Aven et de l'art traditionnel japonais, ils privilégient les larges aplats de couleurs pures.

NABIS (mort en 192 av. J.-C.) ▪ Tyran de Sparte de v. 205 av. J.-C. à sa mort.

Vladimir NABOKOV (1899 - 1977) ▪ Écrivain russe naturalisé américain. Il a exploré les thèmes de la méprise et de l'exil et a construit son œuvre sur l'illusion, la parodie et les jeux verbaux. *"Lolita"* (1955); *"Regarde, regarde les arlequins"* (1974).

NABOT, OTE n. ▪ péj. Personne de très petite taille. ⇒ **nain.**

NABUCHODONOSOR II ▪ Roi de Babylone de 605 à 562 av. J.-C. Grand conquérant et bâtisseur, vainqueur des Égyptiens. La Bible raconte comment il prit Jérusalem et déporta le peuple juif à Babylone.

NACELLE n. f. ▪ **1.** VX ou POÉT. Petit bateau à rames, sans voile. **2.** Panier fixé sous un aérostat, où se tiennent les passagers.

Gustav NACHTIGAL (1834 - 1885) ▪ Explorateur allemand. Il explora le Fezzan, le Tibesti, le Bornou, la région du lac Tchad et l'Égypte (1869-1875).

NACRE n. f. ▪ Substance irisée qui tapisse intérieurement la coquille de certains mollusques. *Boutons de nacre.*

NACRÉ, ÉE adj. ▪ Qui a l'aspect irisé de la nacre. *Vernis à ongles nacré.*

Félix Tournachon dit **NADAR** (1820 - 1910) ▪ Photographe français. Il fit les portraits de Nerval, Dumas, George Sand, etc. Il fit construire des ballons et prit les premières photographies aériennes.

Gustave NADAUD (1820 - 1893) ▪ Musicien et chansonnier français. Il écrivit environ 300 chansons dont il mit une centaine en musique, parmi lesquelles *"Les Deux Gendarmes"*.

NĀDÊR CHĀH (1688 - 1747) ▪ Chah de Perse de 1736 à son assassinat, despote et grand conquérant.

NADIR n. m. ▪ DIDACT. Point imaginaire à la verticale de l'observateur, vers le bas (opposé à *zénith*).

NADJD → **Nedjd**

NÆVUS [nevys] **n. m.** ▪ Tache naturelle sur la peau. ⇒ **envie, grain** de beauté. *Des nævus* ou *des nævi.*

le NAGALAND ▪ État de l'Inde, à la frontière de la Birmanie. 16 127 km². 1 215 000 hab. Capitale : Kohima.

NĀGĀRJUNA (IIe - IIIe s.) ▪ Philosophe indien, dont l'enseignement révolutionna le bouddhisme (Mahāyāna).

NAGASAKI ▪ Ville du Japon (Kyūshū) sur laquelle les Américains lancèrent, le 9 août 1945, la seconde bombe atomique, qui fit 80 000 victimes et provoqua la capitulation du Japon. 440 932 hab. Port actif (constructions navales).

NAGE n. f. ▪ **1.** Action, manière de nager. ⇒ **natation ; brasse, crawl.** *Nage sur le dos.* **2.** *À LA NAGE* loc. adv. : en nageant. ♦ fig. CUIS. Cuit au court-bouillon (crustacés, coquillages). **3.** *Être EN NAGE,* inondé de sueur.

NAGEOIRE n. f. ▪ Organe membraneux qui sert d'appareil propulseur aux poissons et à certains animaux marins. *Nageoire caudale, dorsale, ventrale.*

NAGER v. intr. [3] ▪ **I.** MAR. Faire avancer un bateau à la rame. ⇒ **ramer. II.** COUR. **1.** (êtres vivants) Se mouvoir sur ou dans l'eau par des mouvements appropriés. *Nager comme un poisson. Il ne sait pas nager.* - loc. *Nager entre deux eaux :* ménager deux partis, ne pas s'engager à fond. ♦ trans. Pratiquer (un genre de nage) ; parcourir (à la nage). *Nager le crawl. Nager un cent mètres.* **2.** Être immergé dans un liquide (trop) abondant. *Légumes qui nagent dans la sauce.* - LITTÉR. *Nager dans le sang,* en être couvert. **3.** fig. Être dans la plénitude d'un sentiment, d'un état. ⇒ **baigner.** *Il nage dans le bonheur.* **4.** FAM. Être au large (dans ses vêtements). *Il nage dans son costume.* **5.** FAM. Être dans l'embarras. *Je ne comprends pas, je nage complètement.* ⇒ **patauger.**

NAGEUR, EUSE n. ▪ Personne qui nage, qui sait nager. *Un bon nageur.* - *Maître* nageur.*

NAGORNYÏ-KARABAKH → Haut-Karabagh

NAGOYA ▪ Ville du Japon, dans l'île de Honshū. 2 098 022 hab. Important port industriel. Grande région d'industrie lourde.

NAGPUR ▪ Ville de l'Inde (Maharashtra). 1 661 000 hab. Centre industriel (métallurgie, tissage).

NAGUÈRE adv. ▪ **1.** LITTÉR. Il y a peu de temps. ⇒ **récemment.** *"Jadis et Naguère"* (poèmes de Verlaine). **2.** abusivt Autrefois.

Imre NAGY (1896 - 1958) ▪ Homme politique hongrois. Président du Conseil de 1953 à 1955, revenu au pouvoir lors de l'insurrection de 1956, il fut renversé par les Soviétiques et exécuté par le régime de Kádár.

NAHR AL-'ASI anciennt ***ORONTE*** ▪ Fleuve du Liban central, de l'ouest de la Syrie et du sud-ouest de la Turquie. 571 km.

le lac de NAHUEL HUAPÍ ▪ Lac d'Argentine, d'origine glaciaire, dans les Andes de Patagonie. 549 km². Parc national et centre touristique.

NAÏADE n. f. ▪ MYTHOL. Divinité féminine des rivières et des sources. ⇒ **nymphe.**

NAÏF, NAÏVE adj. ▪ **1.** LITTÉR. Qui est naturel, sans artifice, spontané. ♦ *ART NAÏF,* art à caractère populaire, folklorique. - *Un peintre naïf.* ▪ Apparu et reconnu à la fin du XIXe s., l'art naïf séduit les artistes d'avant-garde par son caractère spontané, « primitif ». Les peintres naïfs, dont l'archétype reste le Douanier Rousseau, multiplient les détails minutieux, les couleurs vives posées en aplat. **2.** COUR. Qui est plein de confiance et de simplicité par ignorance, par inexpérience. ⇒ **candide, ingénu, simple.** *Un garçon naïf.* ‐ Qui exprime des choses simples que tout le monde sait. *Remarque naïve.* **3.** Qui est d'une crédulité, d'une confiance excessive, irraisonnée. ⇒ **crédule, niais.** ‐ n. *Vous me prenez pour un naïf !*

NAIN, NAINE ▪ **I.** n. **1.** Personne d'une taille anormalement petite ou atteinte de nanisme* (REM. Par égard pour ces personnes, on dit aussi : *personne de petite taille*). **2.** Personnage légendaire de taille minuscule (gnome, farfadet, lutin). *Blanche-Neige et les sept nains.* **II.** adj. **1.** (personnes) *Elle est presque naine.* **2.** (espèces végétales, animales) *Rosier nain. Poule naine.* **3.** *Étoile naine,* petite et de forte densité.

Vidiadhar Surajprasad NAIPAUL (né en 1932) ▪ Écrivain de Trinité-et-Tobago, d'origine indienne et de langue anglaise. Auteur d'essais et de romans sur les problèmes du tiers monde. *"Une maison pour M. Biswas"* (1961).

NAIROBI ▪ Capitale du Kenya située à 1 700 m d'altitude. 1 814 000 hab. Université. Archevêché. Industrie du bois, caoutchouc. Tourisme. Aéroport.

NAISSANCE n. f. ▪ **I. 1.** Commencement de la vie hors de l'organisme maternel. *Donner naissance à :* enfanter. ‐ *DE NAISSANCE :* qui n'est pas acquis. ⇒ **congénital.** *Aveugle de naissance.* ♦ *Nombre des naissances.* ⇒ **natalité.** ♦ (animaux) *La naissance d'un poussin,* sa sortie hors de l'œuf. **2.** Mise au monde d'un enfant. ⇒ **accouchement ; natal.** *Naissance à terme.* **3.** VIEILLI Origine, extraction. *Être de bonne, de haute naissance.* **II.** fig. **1.** Commencement, apparition. *Naissance d'un conflit, d'une passion. Prendre naissance :* commencer. *Donner naissance à.* ⇒ **créer, engendrer, provoquer.** **2.** Point, endroit où commence qqch. *La naissance du cou.*

NAISSANT, ANTE adj. ▪ **1.** Qui commence à apparaître, à se développer. *Barbe naissante. Jour naissant.* ‐ fig. *Un amour naissant.* **2.** CHIM. *État naissant :* d'un corps qui vient d'être libéré dans une réaction.

NAÎTRE v. intr. 59 ▪ **I. 1.** Venir au monde, sortir de l'organisme maternel. *Enfant qui vient de naître,* nouveau-né. *Le pays où qqn est né.* ⇒ **natal ; natif.** ‐ impers. *Pays où il naît plus de filles que de garçons.* ‐ *Naître, être né de :* être l'enfant de. ‐ spécialt Avoir une situation sociale par sa naissance. **2.** LITTÉR. *NAÎTRE À :* s'éveiller à. *Naître à l'amour.* **II.** fig. (choses) Commencer à exister. *Une nouvelle science est née.* ‐ *Faire naître :* susciter, provoquer. ‐ *NAÎTRE DE :* être causé par. *La superstition naît de l'ignorance.*

NAÏVEMENT adv. ▪ D'une manière naïve. ⇒ **ingénument.**

NAÏVETÉ n. f. ▪ **1.** VX Caractère naturel, simple et vrai (⇒ **naïf** (1)). **2.** Simplicité, grâce naturelle empreinte de confiance et de sincérité. ⇒ **candeur, ingénuité.** **3.** Excès de confiance, de crédulité. *Il est d'une naïveté touchante.* ‐ *La naïveté d'une question. Il a eu la naïveté de le croire.*

NAJA n. m. ▪ ZOOL. Cobra.

NAJAF ou **NEDJEF** ▪ Ville d'Irak. 180 000 hab. Centre de pèlerinage. Tombeau d'Ali.

le NAKHITCHEVAN ▪ République autonome qui fait partie de l'Azerbaïdjan, mais en est territorialement séparée par l'Arménie. 5 500 km². 300 000 hab. Capitale : Nakhitchevan (60 000 hab.). Agriculture (coton, tabac).

NAKHON PATHOM ▪ Ville de Thaïlande. 40 000 hab. Immense stûpa restauré au XIXe s.

NALTCHIK ▪ Ville de la Russie, capitale de la Kabardino-Balkarie. 242 000 hab.

le désert du NAMIB ▪ Région côtière aride de la Namibie (diamant).

la NAMIBIE ▪ État d'Afrique, sur l'Atlantique. 824 268 km². 1 425 000 hab. *(les Namibiens).* Capitale : Windhoek. Langues officielles : afrikaans, anglais. Monnaie : dollar namibien. Richesses minières (diamant, uranium) et pêche. ▫ **HISTOIRE** Peuplée par les Boshimans, les Hottentots puis les Ovambos, la Namibie, ancienne colonie allemande, fut conquise par l'Afrique du Sud en 1915, et s'appela jusqu'en 1968 le Sud-Ouest africain. L'Afrique du Sud, dont l'armée dut affronter la guérilla (S.W.A.P.O.), aidée par l'Angola et soutenue par l'O.N.U., retira ses troupes en 1990. Le pays devint alors officiellement indépendant et membre du Commonwealth.

NAMIBIEN, ENNE adj. et n. ▪ De Namibie. ‐ n. *Les Namibiens.*

NAMPO → **Jinnampo**

NAMPULA ▪ Ville du Mozambique. 202 600 hab.

NAMUR en néerlandais ***NAMEN*** ▪ Ville de Belgique, capitale de la Région wallonne, chef-lieu de province. 103 443 hab. *(les Namurois).* Monuments XIVe-XVIIIe s. Activités tertiaires, tourisme. Ancienne place forte, sa situation stratégique lui donna un rôle important dans le passé. ► **la province de NAMUR** Province de Belgique (Région wallonne). 3 666 km². 423 317 hab. Chef-lieu : Namur.

NANA n. f. ▪ FAM. Jeune fille, jeune femme. *Les mecs et les nanas. C'est sa nana,* son amie, sa compagne.

NĀNAK (1469 ‐ 1539) ▪ Maître spirituel indien, fondateur de la secte des sikhs, dont il fut le premier « gourou ».

NANAN n. m. ▪ FAM. et VX Friandise. ‐ MOD. *C'est du nanan :* c'est très agréable, très facile.

NANCHANG ou **NAN-TCH'ONG** ▪ Ville de Chine, capitale du Jiangxi. 1 354 100 hab. Important centre industriel : constructions mécaniques, chimie, textile.

NANCY ▪ Chef-lieu de la Meurthe-et-Moselle. 99 351 hab. *(les Nancéiens).* Porte de la Craffe (XIVe s.). Église des Cordeliers (XVe s.). Palais ducal (XVIe s., Musée lorrain). Places Stanislas (grilles de Jean Lamour) et de la Carrière, œuvre d'Héré (XVIIIe s.). Centre industriel (métallurgie, textile, chaussures, cristal) et culturel (musée, écoles scientifiques). Capitale des ducs de Lorraine dès le XIIIe s., embellie par le roi Stanislas au XVIIIe s. ► **l'école de NANCY**, fondée par Gallé à la fin du XIXe s. pour renouveler les arts décoratifs. Style inspiré des motifs végétaux (→ **Art nouveau**).

NANDOU n. m. ▪ ZOOL. Grand oiseau coureur (plus petit que l'autruche).

nandou. *Rhea americana.* *Phot. © Lanceau/Jacana*

le NANGA PARBAT ▪ Un des plus hauts sommets de l'Himalaya, dans le Cachemire. 8 126 m.

NANISME n. m. ▪ Anomalie physique caractérisée par la petitesse de la taille, très inférieure à la moyenne (⇒ **nain**).

NANKIN n. m. ▪ **1.** Étoffe de coton unie, souvent jaune. **2.** appos. D'une couleur jaune clair.

NANKIN en chinois ***NANJING*** ou ***NAN-KING*** ▪ Ville de Chine, capitale du Jiangsu. 2 497 500 hab. Port fluvial sur le Chang jiang. Tombeau de l'empereur Ming Hongwu. La ville fut plusieurs fois capitale du pays, notamment sous les Ming. Le *traité de Nankin,* signé par les Chinois et les Anglais en 1842, mit fin à la guerre de l'Opium*. En 1937, l'armée japonaise, après avoir occupé la ville, se livra à un massacre systématique, faisant 300 000 victimes.

Nakhon Pathom. Le stûpa de Phra Pathom.
Phot. © Nacivet/Explorer

Napoléon Ier. *Bonaparte au pont d'Arcole* par Gros, détail. Musée du Louvre, Paris.
Phot. © Arch. Smeets

NANNING ou **NAN-NING** ▪ Ville et port de Chine, capitale du Guangxi. 1 070 000 hab.

NANO- Élément, du grec *nannos* « nain », qui signifie « petit ».

Fridtjof NANSEN (1861 - 1930) ▪ Savant, explorateur et pacifiste norvégien. Il traversa le Groenland (1888) et explora l'Arctique (1893-1896). Après la Première Guerre mondiale, il se consacra à l'aide au retour des prisonniers et à l'installation des réfugiés.

NANTERRE ▪ Chef-lieu des Hauts-de-Seine, dans la banlieue ouest de Paris. 84 565 hab. *(les Nanterriens).* Université. Industries automobile et chimique.

NANTES ▪ Chef-lieu de la Loire-Atlantique et de la région Pays de la Loire. 244 995 hab. *(les Nantais).* Port important (sur l'estuaire de la Loire), base d'une grande activité industrielle : chantiers navals, métallurgie, biscuiteries. Château ducal (XVe s., musée). Cathédrale gothique. Demeures anciennes. Capitale des ducs de Bretagne à partir du XIIe s., elle se développa au XVIIIe s. grâce au commerce triangulaire avec l'Afrique et l'Amérique. Massacres pendant la Terreur par Carrier.

L'ÉDIT DE NANTES ▪ Édit signé par Henri IV en 1598, qui mit fin aux guerres de Religion en donnant aux protestants la liberté de culte et de conscience. ► **la révocation de l'édit de NANTES**, signée par Louis XIV en 1685, provoqua l'émigration de plus de 200 000 protestants et la révolte des camisards.

Robert NANTEUIL (v. 1623 - 1678) ▪ Graveur français. Portraits. Graveur de Louis XIV.

NANTIR v. tr. 2 ▪ Mettre (qqn) en possession de qqch. ⇒ **munir, pourvoir.** *On l'a nanti d'un titre.* ► **NANTI, IE** adj. *Des gens nantis, bien nantis,* riches. - n. péj. *Les nantis.*

NANTISSEMENT n. m. ▪ Garantie en nature que le débiteur remet à un créancier. ⇒ **gage.**

NANTUA ▪ Chef-lieu d'arrondissement de l'Ain. 3 602 hab. *(les Nantuatiens).* Église du XIIe s.

NAPALM [-alm] n. m. ▪ Essence solidifiée. *Bombes au napalm.*

NAPHTALINE n. f. ▪ Produit antimite fait d'un dérivé du goudron de houille.

NAPHTE n. m. ▪ **1.** Pétrole brut. **2.** Produit distillé du pétrole, utilisé comme combustible, dissolvant ou dégraissant.

John NAPIER ou **NEPER, baron de Merchiston** (1550 - 1617) ▪ Mathématicien écossais. Il inventa les logarithmes.

NAPLES en italien ***NAPOLI*** ▪ Ville d'Italie, port au pied du Vésuve, capitale de la Campanie. 1 202 582 hab. *(les Napolitains).* Nombreux monuments ; site magnifique, mais avec des zones misérables. Castel Nuovo (XIIIe s.). Églises gothiques. Palais royal (XVIIe s.). Théâtre San Carlo (XVIIIe s.). Chartreuse San Martino (XIVe-XVIIe s.). Musées. Centre économique de la région du Mezzogiorno : raffinage du pétrole, industries chimique, mécanique. ► **le royaume de NAPLES** puis **ROYAUME DES DEUX-SICILES** s'étendait autrefois sur le sud de l'Italie et la Sicile. Fondé par les Normands au XIe s., dominé par les Espagnols à partir de 1442, il fut confisqué par Napoléon Ier et attribué à son frère Joseph puis à Murat. Les Bourbons furent restaurés en 1815. Après la victoire de Garibaldi en 1860, le royaume fut intégré au nouveau royaume d'Italie.

NAPLOUSE, NABLUS ou **NĀBULUS** ▪ Ville de Cisjordanie. 83 000 hab. Occupée par Israël à la suite de la guerre des Six Jours, elle est sous autogouvernement palestinien depuis décembre 1995.

NAPOLÉON n. m. ▪ Ancienne pièce d'or de vingt francs à l'effigie de Napoléon. *Des napoléons.*

NAPOLÉON Ier (1769 - 1821) ▪ Napoléon Bonaparte, empereur des Français de 1804 à 1815. Officier corse rallié, contre Paoli, à la Révolution française, brillant conquérant de l'Italie où il organisa des républiques (1796-1797), il fut remarqué par Barras et Sieyès qui l'utilisèrent pour réprimer leurs adversaires politiques. Après le coup d'État du 18 Brumaire (1799), il les supplanta immédiatement. Premier consul (1799), consul à vie (1802) puis empereur des Français en 1804 (→ **Consulat** et premier **Empire**), il conduisit une série de campagnes militaires contre des coalitions d'États adverses (victoires d'Austerlitz*, d'Iéna*, d'Eylau*, de Wagram*) et domina l'histoire de l'Europe jusqu'à la retraite de Russie après l'occupation de Moscou (1812) et sa défaite militaire devant l'Autriche, la Prusse, l'Angleterre et la Russie (1814). Forcé d'abdiquer, souverain de l'île d'Elbe, il réussit à reprendre le pouvoir en 1815 pendant les Cent-Jours, mais fut définitivement vaincu à Waterloo* et déporté à Sainte-Hélène, où il mourut. Il avait organisé les finances, la justice, créé les lycées, la Légion d'honneur, la Banque de France et fait promulguer le Code civil (code Napoléon). Son génie politique et militaire a inspiré un véritable mythe, forgé dès son vivant par des artistes tels que David, continué par des écrivains (Hugo, Béranger) et des mémorialistes (Las Cases) après sa mort, parallèlement à la « Légende noire » de l'« ogre de Corse » qu'entretenaient ses ennemis, notamment les Anglais. ► **NAPOLÉON II** (1811 - 1832), son fils, roi de Rome, duc de Reichstadt, ne régna pas. Edmond Rostand en fit le héros de *"L'Aiglon"*.

▪ **la route NAPOLÉON** ▪ Route reliant Cannes à Grenoble, à travers les Alpes, empruntée par Napoléon Ier lors de son retour de l'île d'Elbe.

NAPOLÉON III (1808 - 1873) ▪ Louis Napoléon Bonaparte, empereur des Français de 1852 à 1870. Bénéficiant du prestige de son oncle Napoléon Ier, il tenta par deux fois de prendre le pouvoir (1836, 1840). Élu président de la IIe République* (1848) avec l'appui des conservateurs, il neutralisa l'Assemblée (coup d'État du 2 décembre 1851), obtint par plébiscite le droit d'établir une Constitution renforçant considérablement ses pouvoirs puis, par un second plébiscite, rétablit l'Empire (→ second **Empire**). Déchu après la défaite de Sedan face à la Prusse en 1870, il s'exila en Angleterre (Farnborough), où il mourut.

Napoléon III. Portrait par Flandrin. Musée national du château, Versailles.
Phot. © Giraudon

NAPOLÉONIEN, IENNE adj. ▪ Qui a rapport à Napoléon Ier ou à Napoléon III.

NAPOLITAIN, AINE adj. et n. ▪ **1.** De Naples. **2.** *Tranche napolitaine :* glace disposée en couches diversement parfumées.

NAPPE n. f. ▪ **I.** Linge qui sert à couvrir la table du repas. – par ext. *Nappe en papier.* **II.** fig. Vaste couche ou étendue plane (de fluide). *Des nappes de brume.* – *Nappe d'eau. Nappe phréatique*.*

NAPPER v. tr. [1] ▪ Recouvrir (un mets) d'une couche de sauce, de gelée, etc. ► NAPPAGE n. m. *Nappage au chocolat.*

NAPPERON n. m. ▪ Petit linge décoratif isolant un objet du meuble qui le supporte.

NAQCH-É RUSTAM ▪ Nécropole située en Iran, près de Persépolis, et qui réunit de précieux témoignages artistiques sur les dynasties perses achéménide et sassanide.

NARA ▪ Ville du Japon, près de Kyōto (Honshū). 350 674 hab. Capitale du Japon au VIIIe s. Temple Hōryū-ji.

NARBONNE ▪ Chef-lieu d'arrondissement de l'Aude. 45 849 hab. *(les Narbonnais).* Cathédrale gothique. Important marché du vin. Grand port à l'époque romaine et jusqu'au XVIe s., métropole d'une des quatre provinces de la Gaule romaine, la **Narbonnaise**, vaste région englobant les villes de Narbonne, Toulouse, Aix-en-Provence, Vienne.

NARCISSE n. m. ▪ (du n. mythol.) **I.** Plante bulbeuse à fleurs blanches très odorantes, ou jaunes. ⇒ **coucou, jonquille. II.** LITTÉR. Homme qui se contemple, s'admire.

NARCISSE ▪ Jeune homme de la mythologie grecque, amoureux de son image, reflétée dans l'eau d'une fontaine.

NARCISSIQUE adj. et n. ▪ Qui relève du narcissisme. *Un comportement narcissique.*

NARCISSISME n. m. ▪ **1.** Admiration, contemplation de soi-même. **2.** PSYCH. Fixation affective à soi-même.

NARCO- Élément, du grec *narkê* « torpeur », qui signifie « engourdissement » et par ext. « narcotique, drogue ».

NARCOSE n. f. ▪ MÉD. Sommeil provoqué artificiellement (narcotique, hypnose...).

NARCOTIQUE ▪ **1.** adj. Qui assoupit, engourdit la sensibilité. **2.** n. m. Médicament qui provoque la narcose. ⇒ **barbiturique, hypnotique.**

NARD n. m. ▪ **1.** Plante aromatique originaire de l'Inde *(nard indien).* **2.** Parfum tiré de cette plante.

NARGUER v. tr. [1] ▪ Braver avec un mépris moqueur. *Narguer qqn. Narguer le danger.*

NARGUILÉ ou **NARGHILEH** [-gile] n. m. ▪ Pipe orientale, à long tuyau souple communiquant avec un flacon d'eau aromatisée.

NARINE n. f. ▪ Chacun des deux orifices extérieurs du nez. *Pincer les narines.*

la **NARMADA** ▪ Un des grands fleuves sacrés de l'Inde. 1 200 km.

NARQUOIS, OISE ▪ **I.** n. m. VX Soldat vagabond. – Voleur. ♦ Argot des voleurs. **II.** adj. Moqueur et malicieux. ⇒ **ironique, railleur.** *Sourire narquois.* ► adv. NARQUOISEMENT

NARRATEUR, TRICE n. ▪ Personne qui raconte (certains événements). ⇒ **conteur.** *Le narrateur, la narratrice :* dans un texte littéraire de fiction, celui, celle qui dit « je ».

NARRATIF, IVE adj. ▪ **1.** Composé de récits ; propre à la narration. **2.** Qui étudie le récit et ses caractéristiques. *Grammaire narrative.* ► n. f. NARRATIVITÉ

NARRATION n. f. ▪ **1.** Exposé écrit et détaillé d'une suite de faits, dans une forme littéraire. ⇒ **récit, relation. 2.** Exercice scolaire de rédaction. **3.** DIDACT. Récit, texte narratif.

NARRER v. tr. [1] ▪ LITTÉR. Raconter. ⇒ **conter, relater.**

NARTHEX [-ɛks] n. m. ▪ ARCHIT. Vestibule d'une église.

NARVAL, ALS n. m. ▪ Grand cétacé dont le mâle possède une longue défense horizontale.

NARVIK ▪ Ville et port du nord-ouest de la Norvège. 13 976 hab. La ville, centre d'exportation de fer, fut le lieu de violents combats pour la maîtrise de la « route du fer », entre Alliés et Allemands, en 1940.

la **N.A.S.A.** ou **NASA, National Aeronautics and Space Administration** ▪ Organisme officiel des États-Unis fondé en 1958 pour la recherche civile spatiale et aéronautique.

NASAL, ALE, AUX adj. ▪ **1.** Du nez. *Fosses nasales,* les deux cavités par lesquelles l'air pénètre en venant des narines. **2.** Dont la prononciation comporte une résonance de la cavité nasale. *Consonnes (m, n, gn), voyelles nasales (an, en, in, on, un).* – n. *Une nasale.*

NASE ou **NAZE** adj. ▪ FAM. En très mauvais état. *La télé est naze.* ⇒ ② **fichu.** – (personnes) Très fatigué. ⇒ **crevé.**

NASEAU n. m. ▪ Narine (de certains grands mammifères : cheval, etc.). *Des naseaux.*

John **NASH** (1752 - 1835) ▪ Architecte britannique. Auteur du pavillon royal de Brighton et des plans de Regent's Park et de Regent Street à Londres.

NASHVILLE-DAVIDSON anc. ***NASHVILLE*** ▪ Ville des États-Unis, capitale du Tennessee. 488 000 hab. Édition et production musicales (surtout musique country).

NASIK ▪ Ville de l'Inde (Maharashtra). Important centre de pèlerinage. Grottes bouddhiques à proximité (Ier-VIIe s.). 722 100 hab.

NASILLARD, ARDE adj. ▪ Qui nasille. *Voix nasillarde.*

NASILLER v. intr. [1] ▪ **1.** Parler du nez. **2.** (sujet chose) Faire entendre des sons qui rappellent la voix d'une personne parlant du nez. *Micro qui nasille* ► n. m. NASILLEMENT

les **NASRIDES** ▪ Dernière dynastie arabe d'Espagne. Elle régna à Grenade de 1238 à 1492.

la maison de **NASSAU** ▪ Famille qui s'installa en Rhénanie au XIIe s. et qui se divisa en plusieurs branches. La lignée d'*Orange-Nassau* domina l'histoire des Provinces-Unies. → **Guillaume, stathouders des Pays-Bas.**

NASSAU ▪ Capitale des Bahamas. 168 800 hab.

NASSE n. f. ▪ Panier de pêche oblong, muni à son entrée d'un goulet.

Gamal Abdel **NASSER** (1918 - 1970) ▪ Président de la République égyptienne de 1956 à sa mort. Créateur de l'Égypte moderne et champion de l'unité arabe, malgré sa défaite contre l'armée israélienne en 1967 lors de la guerre des Six Jours. Il nationalisa le canal de Suez (1956) et mit en pratique la politique du « non-alignement » (→ **Bandung**).

NATAL, ALE, ALS adj. ▪ **1.** Où l'on est né. *La maison natale d'un grand écrivain.* **2.** Relatif à la naissance.

le **NATAL** ▪ Région d'Afrique du Sud. Charbon. Canne à sucre.

NATAL ▪ Ville et port du Brésil sur l'Atlantique, capitale du Rio Grande do Norte. 606 500 hab.

NATALITÉ n. f. ▪ Rapport entre le nombre des naissances et le chiffre de la population. *Taux de natalité.*

NATANIYA ou **NETANYA** ▪ Ville et port d'Israël. 142 000 hab. Centre industriel actif et station balnéaire sur la Méditerranée.

NATATION n. f. ▪ Exercice, sport de la nage. *Épreuves de natation.*

NATATOIRE adj. ▪ ZOOL. *Vessie* natatoire.*

les **NATCHEZ** ▪ Ancienne tribu d'Indiens d'Amérique du Nord. Évoqués par Chateaubriand dans *"Atala", "René"* et *"Les Natchez".*

NATHAN ▪ Prophète biblique, conseiller de David. Il le dissuade de bâtir un temple, lui reproche le meurtre d'Urie

la **NASA.** Johnson Space Center, salle de contrôle.
Phot. © Dite/Nasa

et son adultère avec Bethsabée, et assure à Salomon sa succession contre Adonias.

NATIF, IVE adj. ▪ **1.** *NATIF DE* (tel lieu) : qui est né à. ➝ **n.** *Les natifs d'Alsace.* **2.** Qu'on a de naissance. ⇒ **inné, naturel.** *Fierté native.* **3.** *Métal natif,* qui se trouve naturellement à l'état pur. *Or natif.*

NATION n. f. ▪ **1.** Groupe humain assez vaste, qui se caractérise par la conscience de son unité et la volonté de vivre en commun. ⇒ **peuple.** ➝ loc. *La sagesse* des nations.* **2.** Communauté politique établie sur un territoire défini, et personnifiée par une autorité souveraine. ⇒ **État, pays ; puissance.** *Organisation des Nations unies* (O.N.U.). ➝ *Adresser un appel à la nation,* à l'ensemble des individus qui la composent. ⇒ **population.**

NATIONAL, ALE, AUX adj. ▪ **1.** Qui appartient à une nation. *Le territoire national. Fête nationale.* **2.** Qui intéresse la nation entière, qui appartient à l'État (opposé à *local, régional, privé*). *Défense nationale. Assemblée nationale.* ➝ *Route nationale* (abrév. R.N.) ou **n. f.** *une nationale.* **3.** Qui est issu de la nation, la représente. *La représentation nationale :* les élus. **4. n. m. pl.** Personnes de telle nationalité. *Les nationaux et ressortissants français.*

NATIONALISATION n. f. ▪ Transfert à la collectivité nationale de la propriété de moyens de production privés (s'oppose à *privatisation*). ⇒ **étatisation.**

NATIONALISER v. tr. [1] ▪ Opérer la nationalisation de (opposé à *privatiser*). ► **NATIONALISÉ, ÉE** adj. *Entreprises, banques nationalisées.*

NATIONALISME n. m. ▪ **1.** Doctrine, mouvement politique qui revendique pour une nationalité le droit de former une nation. **2.** Exaltation du sentiment national ; attachement passionné à la nation (⇒ **patriotisme**) ; doctrine fondée sur ce sentiment.

NATIONALISTE adj. ▪ Relatif au nationalisme ; partisan du nationalisme. *Parti nationaliste.* ➝ **n.** *Des nationalistes.*

NATIONALITÉ n. f. ▪ **1.** Groupe humain uni par une communauté de territoire, de langue, de traditions, d'aspirations et qui maintient ou revendique son existence en tant que nation. **2.** État d'une personne qui est membre d'une nation. *Être de nationalité belge, helvétique. Avoir la (une) double nationalité. Nationalité acquise.* ⇒ **naturalisation.** *Sans nationalité légale.* ⇒ **apatride.**

NATIONAL-SOCIALISME n. m. ▪ Doctrine du « parti ouvrier allemand » de Hitler. ⇒ **nazisme.** ► **adj.** et **n.** (invar. en genre) NATIONAL-SOCIALISTE

NATIVITÉ n. f. ▪ RELIG. CHRÉT. Naissance (s'agissant du Christ ou de quelques saints) ; fête qui la commémore. *La Nativité,* celle du Christ ; fête de Noël.

la **Nativité.** *Nativité,* tableau de Robert Campin, ou le maître de Flémalle (v. 1425). Musée des Beaux-Arts, Dijon.
Phot. © Lauros/Giraudon

Charles Joseph NATOIRE (1700-1777) ▪ Peintre et décorateur français. Un des maîtres de la peinture rococo.

Sōseki NATSUME (1867-1916) ▪ Écrivain japonais. Poète renommé de haïkaï, il occupa la chaire de littérature anglaise à l'université de Tōkyō, avant de se consacrer à son œuvre romanesque. *"Clair-Obscur"* (inachevé, 1916).

NATTE n. f. ▪ **1.** Pièce d'un tissu fait de brins végétaux entrelacés, servant de tapis, de couchette. *Natte de raphia.* **2.** Tresse plate. **3.** Tresse de cheveux.

NATTER v. tr. [1] ▪ Entrelacer, tresser.

Jean-Marc NATTIER (1685-1766) ▪ Peintre français. Portraits précieux à caractère mythologique et allégorique.

NATURALISATION n. f. ▪ **I.** Action de conférer la nationalité d'un pays donné à une personne qui ne la possède pas à raison de sa naissance. **II.** Opération par laquelle on conserve un animal mort, une plante coupée, en lui donnant l'apparence de la nature vivante. ⇒ **empaillage, taxidermie.**

NATURALISER v. tr. [1] ▪ **I.** Assimiler (qqn) aux nationaux d'un État par naturalisation. **II.** Conserver (un animal, une plante) par naturalisation. ⇒ **empailler.**

NATURALISME n. m. ▪ Représentation réaliste de la nature en peinture. ♦ HIST. LITTÉR. Doctrine, école qui proscrit toute idéalisation du réel en littérature et insiste principalement sur les aspects qui, dans l'homme, relèvent de la nature et de ses lois. Sous l'impulsion de Zola, le naturalisme français radicalise le réalisme* en ajoutant à la reproduction fidèle du réel une investigation scientifique : le romancier « miroir » devient le romancier « savant ». Au théâtre, l'influence du naturalisme se traduisit par un bouleversement de la mise en scène (Antoine et le Théâtre-Libre). Un courant naturaliste se développa également en Russie, où il évolua vers le populisme, en Italie (vérisme) et dans les pays scandinaves, où Ibsen et Strindberg devaient profondément marquer les metteurs en scène allemands et russes du début du xxe s.

NATURALISTE ▪ **I. n. 1.** Spécialiste des sciences naturelles. ⇒ **botaniste, minéralogiste, zoologiste. 2.** Empailleur, taxidermiste. **II. adj.** Qui s'inspire du naturalisme. ⇒ **réaliste.** *Écrivain, peintre naturaliste.*

NATURE n. f. ▪ **I. 1.** Ensemble des caractères, des propriétés qui définissent un être, une chose concrète ou abstraite. ⇒ **essence.** *Connaître la nature d'une substance, la nature exacte de son action.* ➝ *La nature humaine.* ♦ *De cette nature :* de ce genre. *De toute nature :* de toute sorte. ♦ loc. *DE NATURE À :* propre à. **2.** Ensemble des caractères innés de l'espèce, spécialt de l'espèce humaine. *La nature de qqn, une nature :* ensemble des éléments innés d'un individu. ⇒ **caractère, naturel, tempérament.** *Ce n'est pas sa vraie nature.* ➝ *DE NATURE, PAR NATURE :* de manière innée. *Un peuple badaud de nature.* **3.** par ext. *Une nature* (qualifié) : une personne de tel ou tel tempérament. *C'est une heureuse nature. Une petite nature :* une personne faible physiquement ou moralement. ➝ absolt *C'est une nature,* une forte personnalité. **II. 1.** Principe actif qui anime, organise l'ensemble de ce qui existe selon un certain ordre. *Les lois de la nature.* ➝ VIEILLI *Vices contre nature :* perversions sexuelles. ♦ PHILOS. Ensemble des choses qui sont indépendamment des sociétés humaines, dans la mesure où elles manifestent un ordre, des lois, et fondent les jugements normatifs. *L'état de nature chez Rousseau* (opposé à *la société*). **2.** Tout ce qui existe dans l'univers hors de l'être humain et de son action ; le milieu physique où vit l'humanité (⇒ **environnement, milieu ; Terre**). *Respecter ; détruire la nature. Protection de la nature.* ⇒ **écologie.** ➝ Les paysages, source d'émotion esthétique. *Aimer la nature.* ♦ spécialt La campagne. ♦ FAM. *Il a disparu dans la nature :* on ne sait pas où il est. **3.** Modèle que l'art se propose de suivre ou de reproduire. *Dessiner D'APRÈS NATURE. Grandeur* nature.* **4.** loc. *EN NATURE :* en objets réels, dans un échange, une transaction, et non en argent. *Paiement en nature.* **III. adj. invar. 1.** Préparé simplement ; sans accompagnement, au naturel. *Des yaourts nature.* **2.** FAM. (personnes ; actes) Naturel. *Ils sont nature,* spontanés, francs.

NATUREL, ELLE ▪ **I. adj. 1.** Qui appartient à la nature d'un être, d'une chose. *Caractères naturels.* **2.** Relatif à la nature (II). *Phénomènes naturels. Sciences* naturelles* (⇒ **naturaliste**). **3.** Propre au monde physique, à l'exception de l'homme et de ses œuvres (opposé à *humain, artificiel*). *Frontières* naturelles.* ♦ spécialt Qui n'a pas été modifié, traité par l'homme ou altéré. ⇒ **brut.** *Eau minérale naturelle.* **4.** MATH. *Nombre* *entier naturel* : nombre entier positif de la suite 1, 2, 3, 4... **5.** Qui correspond à l'ordre habituel, est considéré comme normal. *Votre étonnement est naturel. Un sentiment naturel. C'est (tout) naturel* : cela va de soi. **6.** *Enfant naturel*, né hors mariage. **II. adj. 1.** Relatif à la nature humaine. *Langage naturel et langage formel, et langages informatiques.* ➝ Relatif aux fonctions de la vie. *Besoins naturels.* **2.** Qui est inné en une personne (opposé à *acquis, appris*). *Sa gentillesse naturelle.* ➝ *Ce comportement lui est naturel.* **3.** Qui appartient réellement à qqn, n'a pas été modifié. *C'est son teint naturel.* ➝ *Mort naturelle* (opposé à *accidentel, provoqué*). **4.** Qui traduit la nature d'un individu en excluant toute affectation. ⇒ **sincère, spontané.** *Attitude naturelle. Savoir rester naturel.* **III. n. m. 1.** Ensemble des caractères physiques et moraux qu'un individu possède en naissant. ⇒ **caractère, humeur, nature, tempérament.** *Elle est d'un naturel méfiant.* **2.** Aisance avec laquelle on se comporte, spontanéité sans affectation. *Elle manque de naturel. Il récite avec beaucoup de naturel.* **3.** loc. *AU NATUREL* : sans assaisonnement, non préparé. *Thon au naturel.* ➝ En réalité. *Elle est mieux au naturel qu'en photo.*

NATURELLEMENT adv. ▪ **1.** De par sa nature. *Elle est naturellement blonde.* **2.** Par un enchaînement logique ou naturel. *Cela s'est fait tout naturellement.* ➝ FAM. Bien sûr, forcément. *Naturellement, il a oublié.* **3.** Avec naturel. *Il joue très naturellement.*

NATURE MORTE n. f. ▪ Peinture qui représente des objets ou des êtres inanimés.

NATUREMORTISTE n. ▪ DIDACT. Peintre de natures mortes.

NATURISME n. m. ▪ **1.** VX Naturalisme. **2.** Doctrine prônant le retour à la nature dans la manière de vivre (vie en plein air, aliments naturels, nudisme).

NATURISTE n. et adj. ▪ (Personne) qui pratique le naturisme. ▪ adj. *Revue naturiste.*

Charles NAUDIN (1815-1899) ▪ Botaniste français. Fondateur, avec Mendel, de la génétique, il hybrida de nombreuses espèces et variétés de plantes.

NAUFRAGE n. m. ▪ **1.** Perte d'un navire par un accident de navigation. *Faire naufrage.* ⇒ **couler, sombrer. 2.** fig. Ruine totale. *Le naufrage de ses espoirs.*

NAUFRAGÉ, ÉE adj. ▪ Qui a fait naufrage. ➝ n. *Sauvetage des naufragés.* ♦ *L'épave d'un vaisseau naufragé.*

NAUFRAGEUR n. m. ▪ Personne qui cause volontairement un naufrage.

le seuil de NAUROUZE ▪ Passage situé sur la ligne de partage des eaux entre Méditerranée et Atlantique, reliant le Languedoc au Bassin aquitain. Il est emprunté par le canal du Midi.

NAURU ▪ Île de Micronésie. L'un des plus petits États du monde (république, 22 km²). 9 000 hab. *(les Nauruans).* Capitale : Yaren. Monnaie : dollar australien. Langues : anglais (officielle), nauruan. Phosphate. Indépendante depuis 1968, membre spécial du Commonwealth.

NAUSÉABOND, ONDE adj. ▪ Qui cause des nausées, écœure. *Odeur nauséabonde.* ⇒ **fétide.** *Cave nauséabonde*, à l'odeur nauséabonde.

NAUSÉE n. f. ▪ **1.** Envie de vomir. ⇒ **haut-le-cœur.** *Avoir la nausée, des nausées.* **2.** Sensation de dégoût insurmontable. *Ce livre est ignoble, il donne la nausée.* ➝ *"La Nausée"* (roman de Sartre).

NAUSÉEUX, EUSE adj. ▪ **1.** Qui provoque des nausées. **2.** (personnes) Qui souffre de nausées.

NAUSICAA ▪ Fille du roi des Phéaciens dans l'*"Odyssée"*. Elle recueille Ulysse naufragé.

-NAUTE, -NAUTIQUE Éléments savants, du grec *nautês* « navigateur » et *nautikos* « nautique » (ex. *aéronaute, argonaute, cosmonaute*).

NAUTILE n. m. ▪ ZOOL. Mollusque céphalopode à coquille cloisonnée.

NAUTIQUE adj. ▪ **1.** Relatif à la navigation. *La science nautique.* **2.** Relatif aux sports de l'eau. *Les sports nautiques. Club nautique.* ➝ *Ski nautique.*

NAUTONIER n. m. ▪ VX Celui qui conduit un bateau, une barque. ➝ MYTHOL. *Charon, le nautonier des Enfers.*

le cirque de NAVACELLES ▪ Site des Grands Causses (Hérault), formé par un méandre de la Vis entaillant profondément le calcaire, entre le causse du Larzac et celui de Blandas.

NAVAJA n. f. ▪ Long couteau à lame effilée. *Des navajas.*

les NAVAJOS ▪ La plus grande ethnie indienne des États-Unis. Ils sont environ 50 000 et vivent en Utah, en Arizona et au Nouveau-Mexique.

NAVAL, ALE, ALS adj. ▪ **1.** Qui concerne les navires, la navigation. *Chantiers navals.* **2.** Relatif à la marine militaire. *Forces navales.* ⇒ **flotte, marine.** *Combat naval.*

NAVARIN n. m. ▪ Mouton en ragoût.

NAVARIN → Pylos

la NAVARRE en espagnol *NAVARRA* ▪ Communauté autonome d'Espagne. 10 421 km². 521 940 hab. Capitale : Pampelune. Région montagneuse sillonnée de vallées et vouée à l'agriculture (élevage, maïs, olivier). La Navarre fut un royaume indépendant jusqu'à son annexion par Ferdinand d'Aragon (1515), sauf la *Basse-Navarre* (région de Saint-Jean-Pied-de-Port), devenue française après l'accession au trône d'Henri IV, roi de Navarre. Population et langue basques.

NAVET n. m. ▪ **1.** Plante cultivée pour ses racines comestibles ; cette racine. **2.** FAM. Œuvre sans valeur (spécialt, mauvais film...).

NAVETTE n. f. ▪ **1.** Instrument de tissage en forme de barquette, qui engage la trame entre les fils de chaîne et se déplace selon un mouvement alternatif horizontal. **2.** *Faire la navette* : faire régulièrement l'aller-retour entre deux lieux déterminés. **3.** Véhicule assurant des liaisons fréquentes entre deux lieux peu éloignés. *Navette gratuite entre une station de métro et un théâtre.* ♦ *Navette spatiale* : vaisseau spatial récupérable, qui peut faire l'aller et le retour. **4.** RÉGIONAL (Marseille) Biscuit sec, de forme allongée, parfumé à la fleur d'oranger.

navette spatiale. Lancement à Cap Canaveral, le 21 juin 1993. *Phot. © Brown/Florida today/ Liaison/Gamma*

NAVIGABLE adj. ▪ Où l'on peut naviguer. *Voies* navigables* (cours d'eau, canaux).

NAVIGANT, ANTE adj. ▪ MAR., AVIAT. Qui navigue. *Le personnel navigant* (opposé à *au sol, rampant*).

NAVIGATEUR, TRICE n. ▪ **1.** LITTÉR. Personne qui fait de longs voyages sur mer. *Navigateur solitaire.* **2.** Membre de l'équipage d'un navire ou d'un avion chargé de la direction à suivre.

NAVIGATION n. f. ▪ **1.** Fait de naviguer, de se déplacer sur l'eau à bord d'un bateau. *Navigation au long cours, maritime, fluviale, de plaisance.* **2.** Manœuvre, pilotage des navires. **3.** Trafic maritime. *Lignes, compagnies de navigation.* **4.** Circulation aérienne. ➝ *Navigation spatiale.*

NAVIGUER v. intr. [1] ▪ **1.** (navires et passagers) Se déplacer sur l'eau. **2.** Voyager comme marin sur un navire. *"Matelot navigue sur les flots"* (chanson enfantine). **3.** Diriger la marche d'un bateau, d'un avion. ➝ fig. *Savoir naviguer* : être débrouillard. **4.** fig. FAM. Voyager, se déplacer beaucoup, souvent. ⇒ **bourlinguer.**

NAVIRE n. m. ▪ Bateau de fort tonnage, ponté, destiné aux transports sur mer. ⇒ **bâtiment ; cargo, paquebot ; vaisseau.** *Navire de guerre. Navire de commerce.*

NAVRANT, ANTE adj. ▪ **1.** Affligeant, désolant. *Une histoire navrante.* **2.** Tout à fait fâcheux. *Il n'écoute personne, c'est navrant.*

NAVRER v. tr. [1] ▪ **1.** Affliger profondément. ⇒ **attrister, désoler.** *Sa détresse me navre.* **2.** passif et p. p. *ÊTRE NAVRÉ DE*, désolé, contrarié par. *Je suis navré de vous avoir dérangé. Navré, mais vous vous trompez.*

NAXOS ▪ Île grecque, la plus grande des Cyclades. 428 km². 14 037 hab. Chef-lieu : Naxos. Vins liquoreux. Dans la mythologie, Thésée y abandonne Ariane.

NAZARETH ▪ Ville d'Israël, en Galilée. 53 600 hab. D'après les Évangiles, Jésus, surnommé « le Nazaréen », y passa son enfance.

NAZCA ▪ Site archéologique précolombien de la côte sud du Pérou. De gigantesques lignes et dessins incrustés dans le sol constituent, encore aujourd'hui, une énigme.

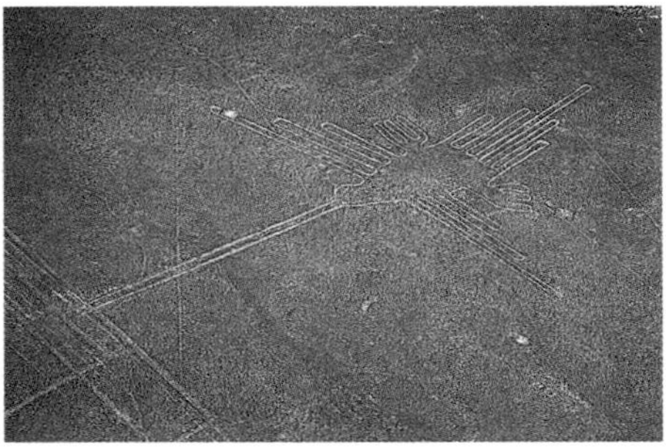

Nazca. Géoglyphe du Colibri. *Phot. © Charles Lénars*

NAZE adj. ⇒ NASE

NAZI, IE n. ▪ Membre du parti national-socialiste de Hitler. *Les nazis.* ➝ adj. *Les victimes de la barbarie nazie.*

NAZISME n. m. ▪ Mouvement, régime nazi. ▪ L'idéologie du nazisme fut exposée par Hitler dans *"Mein Kampf"* (1924) : fondée sur l'ultranationalisme, l'apologie de la force et un racisme exacerbé (notamment antisémite) affirmant la supériorité des "Aryens", elle fut mise en application dans l'Allemagne du IIIe Reich de 1933 à 1945. Après la guerre, les principaux organismes nazis (état major du parti, SS, Gestapo...) furent déclarés criminels (→ procès de **Nuremberg**).

N. B. ⇒ NOTA BENE

N'DJAMENA ▪ Capitale du Tchad, port sur le fleuve Chari. 600 000 hab. Autrefois **Fort-Lamy**, fondée par les Français en 1900.

NDOLA ▪ Ville de Zambie. 450 000 hab.

nébuleuse. Nébuleuse dite de la Tête de cheval dans Orion.
Phot. © PPP/Gamma

NE (ou **N'** devant une voyelle ou un *h* muet) **adv. de négation** ▪ *ne* précède immédiatement le verbe conjugué ; seuls les pron. pers. compl. et les adv. *y* et *en* peuvent s'intercaler entre *ne* et le verbe **I.** exprimant une négation **1.** *NE... PAS, NE POINT* (VX), *NE... PLUS, NE... GUÈRE, NE... JAMAIS, NE... QUE. Il n'était pas*, plus*, jamais* là. Je n'en ai point*. Je ne veux pas que tu y ailles.* ⇒ aussi **guère,** ① **goutte, mais,** ① **mie.** *N'est-ce pas ?* ⇒ **n'est-ce pas. 2.** *ne*, avec un indéfini à sens négatif, avec *ni* répété, etc. *Je n'ai aucune nouvelle. Il ne veut voir personne. Vous ne direz rien. Rien n'est encore fait. Nul ne l'ignore. Il n'est ni beau ni laid.* **3.** employé seul avec certains verbes *Je n'ose, je ne peux l'affirmer.* ➝ après le *si* conditionnel *Si je ne me trompe. Si je ne m'abuse.* **4.** toujours employé seul, dans quelques loc. *N'ayez crainte ! N'empêche qu'il est furieux. On ne peut mieux.* **II.** *ne* explétif* **1.** dans une phrase affirmative, et après des verbes exprimant la crainte, l'impossibilité. *Je crains qu'il ne se fâche. Pour éviter qu'il ne se blesse.* **2.** dans une phrase négative, après des verbes ou des expressions verbales exprimant le doute ou la négation. *Nul doute qu'il ne pleuve.* **3.** après un compar. d'inégalité introduit par *autre, autrement, meilleur, mieux, moindre, moins, pire, pis, plus. Il est plus malin qu'on ne croit.* **4.** avec *avant que, à moins que. Décidez-vous avant qu'il ne soit trop tard.*

NÉ, NÉE adj. ▪ **1.** Venu au monde. ♦ VIEILLI *Bien né,* qui a un bon naturel ; qui est de haute naissance. ♦ *Mme Dupont née Durand,* dont le nom de jeune fille est Durand. ♦ *NÉ POUR :* doté d'aptitudes pour. **2.** (comme second élément d'un mot composé) De naissance, par un don naturel. *Un orateur-né.*

NEANDERTAL anciennt ***NEANDERTHAL*** ▪ Vallée d'Allemagne occidentale où fut découvert en 1856 un crâne fossile, type de l'*Homo sapiens neandertalensis* qui vécut en Europe, au Proche-Orient et en Afrique du Nord au paléolithique moyen (–150 000 à –35 000 ans).

NÉANMOINS adv. et conj. ▪ Malgré ce qui vient d'être dit. ⇒ **cependant, pourtant, toutefois.** *Je n'ai rien à ajouter. Néanmoins...*

NÉANT n. m. ▪ **I.** dans des loc. Rien. *Réduire qqch. à néant.* ⇒ **anéantir, annihiler.** ➝ ellipt *NÉANT :* rien à signaler. *Signes particuliers : néant.* **II. 1.** Valeur, importance nulle ; chose, être de valeur nulle. *Avoir le sentiment de son néant.* **2.** Ce qui n'est pas encore ou n'existe plus. *Retourner au néant.* **3.** PHILOS. Non-être. *"L'Être et le Néant"* (ouvrage de Sartre).

NÉARQUE (IVe s. av. J.-C.) ▪ Navigateur grec, lieutenant d'Alexandre le Grand.

le **NEBRASKA** ▪ État du centre des États-Unis. 200 018 km². 1 578 000 hab. Capitale : Lincoln. Vaste plaine agricole (bovins, céréales).

NÉBULEUSE n. f. ▪ **1.** ASTRON. Amas de gaz et de poussières interstellaires. ♦ VIEILLI Immense amas d'étoiles. (VX) *Nébuleuse spirale.* ⇒ **galaxie. 2.** fig. Amas diffus. *Une nébuleuse de souvenirs.*

NÉBULEUX, EUSE adj. ▪ **1.** Obscurci par les nuages ou le brouillard. ⇒ **brumeux, nuageux.** *Ciel nébuleux.* **2.** Constitué de nuages, de vapeurs ou qui en a l'aspect. ⇒ **vaporeux. 3.** fig. Qui manque de clarté, de netteté. ⇒ **confus, flou, vague.** *Idées nébuleuses.*

NÉBULISER v. tr. [1] ▪ TECHN. Disperser (un liquide) en très fines gouttelettes. ► n. f. NÉBULISATION

NÉBULISEUR n. m. ▪ Vaporisateur projetant une substance en très fines gouttelettes. ⇒ **aérosol, atomiseur.**

NÉBULOSITÉ n. f. ▪ État, caractère de ce qui est nébuleux. ➝ Couverture nuageuse.

NÉCESSAIRE ▪ **I.** adj. **1.** Se dit d'une condition, d'un moyen dont la présence ou l'action rend seule possible un but ou un effet. *Condition nécessaire et suffisante.* **2.** *NÉCESSAIRE À :* dont l'existence, la présence, est requise pour répondre au besoin de qqn, au fonctionnement de qqch. ⇒ **indispensable, utile.** *Les outils nécessaires à l'électricien, à une opération, pour faire qqch.* **3.** Dont on ne peut se passer ; qui s'impose (s'oppose à *inutile*, à *superflu*). ⇒ **essentiel, primordial.** *Manquer de tout ce qui est nécessaire.* ➝ *Se sentir nécessaire.* ➝ impers. *Il devient nécessaire d'en parler, que nous en parlions.* **4.** DIDACT. Qui doit se produire immanquablement. *Effet, résultat nécessaire.* ⇒ **inéluctable, inévitable. II.** n. m. **1.** Bien dont on ne peut se passer (opposé à *luxe, superflu*). *Le strict nécessaire.* **2.** Ce qu'il faut faire ou dire, et qui suffit. *Nous ferons le nécessaire.* **III.** n. m. Boîte, étui renfermant les ustensiles indispensables (à la toilette, à un ouvrage). *Un nécessaire de toilette.*

NÉCESSAIREMENT adv. ▪ Par une obligation imposée (⇒ **absolument**) ; par voie de conséquence (⇒ **forcément, inévitablement**).

NÉCESSITÉ n. f. ▪ **I. 1.** Caractère nécessaire (d'une chose, d'une action). ⇒ **obligation.** *Se trouver dans la nécessité d'accepter. Sans nécessité.* ⇒ **gratuitement, inutilement. 2.** Besoin impérieux. *Dépenses de première nécessité.* ⇒ **indispensable. II.** absolt **1.** Les forces qui contraignent, entraînent l'homme (besoin, destin...). ♦ PHILOS. Enchaînement des causes et des effets. *"Le Hasard et la Nécessité"* (titre d'un ouvrage de J. Monod). **2.** État de contrainte. loc. *Faire de nécessité vertu :* accepter une situation contraignante avec courage.

NÉCESSITER v. tr. [1] ▪ (sujet chose) Rendre indispensable, nécessaire. ⇒ **exiger, réclamer, requérir.** *Cette lecture nécessite beaucoup d'attention.*

NÉCESSITEUX, EUSE adj. et n. ▪ VIEILLI Qui est dans le dénuement, manque du nécessaire. ⇒ **indigent, pauvre.** ▸ n. *Aider les nécessiteux.*

le NECKAR ▪ Rivière d'Allemagne, affluent du Rhin, en partie navigable. 370 km.

Jacques NECKER (1732-1804) ▪ Banquier genevois, ministre de Louis XVI. Il se rendit populaire par sa politique d'économie et la publication des dépenses de la Cour (1777-1781). Il fut rappelé en 1788. Son renvoi le 11 juillet 1789 précipita le mouvement révolutionnaire. De nouveau rappelé après la prise de la Bastille, il se retira en 1790. Sa fille fut Mme de Staël.

NEC PLUS ULTRA [nɛkplysyltʀa] n. m. invar. ▪ Ce qu'il y a de mieux. ⇒ **summum.** *C'est le nec plus ultra.*

NÉCR(O)- Élément savant, du grec *nekros* « mort, cadavre » (ex. *nécrophage, nécrophagie, nécrophile, nécrophilie*).

NÉCROLOGIE n. f. ▪ **1.** Notice biographique consacrée à une personne morte récemment. **2.** Liste ou avis des décès publiés par un journal. ◇ abrév. FAM. NÉCRO. ▶ **NÉCROLOGIQUE** adj. *Rubrique nécrologique.*

NÉCROMANCIE n. f. ▪ Divination par l'évocation des morts. ⇒ **spiritisme.**

NÉCROMANT n. m. ▪ Magicien qui évoque les morts. ◇ syn. NÉCROMANCIEN, IENNE n.

NÉCROPOLE n. f. ▪ ANTIQ. Vaste cimetière.

NÉCROSE n. f. ▪ DIDACT. Mort d'un tissu vivant. ⇒ **gangrène.**

NECTAIRE n. m. ▪ BOT. Élément (des plantes) qui sécrète le nectar (2), turgescence de la feuille ou de la fleur (*nectaires extrafloraux* et *floraux*).

NECTAR n. m. ▪ **1.** MYTHOL. Breuvage des dieux antiques. *Le nectar et l'ambroisie.* ▸ LITTÉR. Boisson exquise. **2.** BOT. Liquide sucré que sécrètent les nectaires*. *Abeilles qui butinent le nectar.*

NECTARINE n. f. ▪ Variété de pêche à peau lisse, à noyau non-adhérent. ⇒ **brugnon.**

NEDERLAND → Pays-Bas

NEDJD, NADJD ou **NAJD** ▪ Vaste plateau désertique d'Arabie Saoudite, patrie des Wahhabites.

NEDJEF → Najaf

Louis NÉEL (né en 1904) ▪ Physicien français. Il établit une théorie quantitative des ferromagnétiques qui a contribué au progrès de la technique des ferrites, et, plus généralement, à celle des matériaux magnétiques isolants. Prix Nobel de physique 1970, avec Alfvén.

NÉERLANDAIS, AISE adj. et n. ▪ Des Pays-Bas. ⇒ **hollandais.** ♦ n. m. *Le néerlandais* (langue germanique).

NEF n. f. ▪ **I.** VX ou POÉT. Navire à voiles. *Une nef figure sur les armes de Paris.* **II.** Partie (d'une église) comprise entre le portail et le chœur, où se tiennent les fidèles. *Nef centrale, principale. Nef latérale.* ⇒ **bas-côté.**

NÉFASTE adj. ▪ **1.** LITTÉR. Marqué par des événements malheureux. *Jour néfaste.* **2.** Qui cause du mal. ⇒ **funeste, mauvais.** *Influence néfaste. Néfaste à.* ⇒ **nuisible.** ▸ *Individu néfaste.* ⇒ **dangereux.**

NÉFERTITI (XIVe s. av. J.-C.) ▪ Reine d'Égypte, épouse du pharaon Aménophis IV (Akhenaton). Célèbre pour sa beauté et ses nombreux portraits (buste polychrome trouvé à Tell el-Amarna).

NÈFLE n. f. ▪ Fruit du néflier, qui se consomme blet. ▸ loc. FAM. *Des nèfles !,* rien du tout.

NÉFLIER n. m. ▪ Arbre des régions tempérées (famille des Rosacées), au tronc tordu, et qui produit les nèfles.

NÉGATIF, IVE adj. ▪ **I.** (opposé à *affirmatif*) Qui exprime un refus. *Réponse négative.* ▸ Qui exprime la négation. *Particules négatives* (ne, non). ♦ n. f. *LA NÉGATIVE. Répondre par la négative.* ▸ loc. adv. *Dans la négative :* si c'est non. **II.** (opposé à *positif*) **1.** Qui est dépourvu d'éléments constructifs, se définit par le refus. *Une attitude négative.* ▸ (personnes) Qui ne fait que des critiques. **2.** Qui ne se définit que par l'absence de son contraire. *Résultat négatif.* ⇒ **nul.** ▸ MÉD. *Examen négatif,* qui ne révèle pas d'éléments pathologiques. *Réaction négative,* qui ne se produit pas. *Cuti négative.* **3.** Qui a des effets nuisibles, mauvais. ⇒ **néfaste, nocif. 4.** MATH. *Nombre négatif :* nombre réel inférieur à zéro, affecté du signe moins (écrit – ; ex. – 10). ▸ *Température négative. Solde négatif.* **5.** Se dit de ce qui peut être considéré comme opposé, inverse. *Ion négatif.* ♦ Se dit d'une image photographique sur laquelle les parties lumineuses des objets correspondent à des taches sombres et inversement. ▸ n. m. *Un négatif,* le support (film, plaque) d'une telle image.

NÉGATION n. f. ▪ **1.** Acte de l'esprit qui consiste à nier, à rejeter. *Négation des valeurs.* ⇒ **nihilisme. 2.** Ce qui va à l'encontre de qqch. *Cette méthode est la négation de la science.* **3.** Manière de nier, de refuser ; mot ou groupe de mots qui sert à nier. *Adverbes de négation* (ne, non).

NÉGATIVEMENT adv. ▪ De façon négative (I et II).

NÉGATIVITÉ n. f. ▪ DIDACT. **1.** Caractère de ce qui est négatif (II, 1). **2.** Activité de la négation (dans un processus dialectique ; dans le langage et le sens).

NÉGLIGÉ n. m. ▪ **1.** État d'une personne mise sans recherche. *Le négligé de sa toilette.* ▸ péj. ⇒ **débraillé. 2.** Tenue féminine légère portée dans l'intimité. ⇒ **déshabillé.** *Elle était en négligé.*

NÉGLIGEABLE adj. ▪ Qui peut être négligé, qui ne vaut pas la peine qu'on en tienne compte. ⇒ **dérisoire, insignifiant.** *Risque non négligeable.* ▸ loc. *Quantité* négligeable.*

NÉGLIGEMMENT [-amɑ̃] adv. ▪ **1.** D'une manière négligente, sans soin. **2.** Sans s'y appliquer, avec une négligence apparente ou feinte. *Foulard négligemment noué.* **3.** Avec un air d'indifférence. *Répondre négligemment.*

NÉGLIGENCE n. f. ▪ **1.** Attitude, état d'une personne dont l'esprit ne s'applique pas à ce qu'elle fait ou devrait faire. ⇒ **désinvolture.** *Travail fait avec négligence.* **2.** *Une négligence :* faute non intentionnelle, due à un oubli, au manque de soin. *Accident dû à une négligence.*

NÉGLIGENT, ENTE adj. ▪ Qui fait preuve de négligence. ⇒ **inattentif.** *Il est trop négligent* (opposé à *appliqué, consciencieux*). ▸ *Jeter un coup d'œil négligent.*

NÉGLIGER v. tr. [3] ▪ **1.** Laisser (qqch.) manquer du soin, de l'application, de l'attention qu'on lui devrait ; ne pas accorder d'importance à. *Négliger ses intérêts, sa santé.* ⇒ se **désintéresser** de. ▸ pronom. *Se négliger :* ne pas avoir soin de sa personne, de sa mise. ▸ *NÉGLIGER DE* (+ inf.) : ne pas prendre soin de. *Il a négligé de nous prévenir.* ⇒ **omettre, oublier. 2.** Porter à (qqn) moins d'attention, d'affection qu'on le devrait. *Il néglige sa femme.* ⇒ **délaisser. 3.** Ne pas tenir compte, ne faire aucun cas de. ⇒ **dédaigner.** *Cet avantage n'est pas à négliger.* ▸ Laisser passer. *Sans négliger les moindres détails.* ▶ **NÉGLIGÉ, ÉE** adj. Laissé sans soin. ▸ spécialt (personnes) Peu soigné. VIEILLI *Une beauté négligée.*

NÉGOCE n. m. ▪ VIEILLI Commerce.

NÉGOCIABLE adj. ▪ Qui peut être négocié.

NÉGOCIANT, ANTE n. ▪ Personne qui se livre au négoce, au commerce en gros. *Négociant en vins.*

NÉGOCIATEUR, TRICE n. ▪ Personne qui a la charge de négocier (une affaire ; un accord, un traité).

NÉGOCIATION n. f. ▪ **1.** Opération d'achat et de vente portant sur un effet de commerce. **2.** Série d'entretiens, de démarches qu'on entreprend pour parvenir à un accord, pour conclure une affaire. *Ouverture de négociations internationales.* ⇒ **pourparlers.**

NÉGOCIER v. [7] ▪ **I.** v. intr. **1.** VX Faire du négoce. **2.** MOD. Mener une négociation (2). *Gouvernement qui négocie avec une* *puissance étrangère.* ⇒ **traiter.** **II.** v. tr. **1.** Établir, régler (un accord) entre deux parties. *Négocier un contrat.* **2.** Transmettre à un tiers (un effet de commerce). **3.** *Négocier un virage,* manœuvrer de manière à bien prendre son virage à grande vitesse.

NÈGRE, NÉGRESSE n. et adj. ▪ **I. 1.** VIEILLI et péj. Personne de race noire. ⇒ **noir; négritude.** Terme devenu raciste, sauf quand il est employé et revendiqué par les Noirs eux-mêmes. – loc. *Travailler comme un nègre,* très durement, sans relâche. **2.** n. m. fig. Auteur payé par une personne pour écrire les ouvrages qu'elle signe. ♦ Le premier de la promotion à l'école militaire de Saint-Cyr. **3.** PETIT-NÈGRE : français à la syntaxe simplifiée (verbes à l'infinitif, par ex.) parlé en Afrique pendant la colonisation. ◇ syn. *petit français, français tirailleur.* **II.** adj. (fém. NÈGRE) VIEILLI ou péj. Qui appartient, est relatif à la race noire. – MOD. sans péjoration *Art nègre,* des Noirs d'Afrique.

NÉGRIER, IÈRE ▪ **1.** adj. Relatif à la traite des Noirs ; **2.** n. m. Celui qui se livrait à la traite des Noirs ; marchand d'esclaves. – Navire qui servait à la traite des Noirs.

NÉGRILLON, ONNE n. ▪ VIEILLI et péj. Enfant de race noire.

les NÉGRITOS ▪ Nom donné par les Espagnols aux minorités Aytas des Philippines, du reste de l'Insulinde et des îles Andaman.

NÉGRITUDE n. f. ▪ LITTÉR. Ensemble des caractères culturels propres à la race noire ; appartenance à la race noire.

le rio NEGRO ▪ Rivière d'Amérique du Sud, affluent de l'Amazone. 2 200 km.

NEGRO-SPIRITUAL [negrospiritɥɔl] n. m. ▪ Chant chrétien des Noirs des États-Unis. ⇒ **gospel.** *Des negro-spirituals.*

le NÉGUEV ▪ Région désertique du sud d'Israël mise en valeur grâce aux travaux d'irrigation : coton, oranges, blé.

le **Néguev.** Paysage. *Phot. © Brun/Explorer*

NÉGUS [-ys] n. m. ▪ Titre porté par les souverains éthiopiens.

NÉHÉMIE ▪ Personnage biblique, fonctionnaire juif auprès d'Artaxerxès Ier. Il seconde Esdras dans la restauration de Jérusalem (Ve s. av. J.-C.).

Jawaharlal NEHRU (1889 - 1964) ▪ Homme politique indien. Il lutta avec Gandhi pour l'indépendance de l'Inde et devint Premier ministre lors de l'indépendance (1947). Il fut l'un des principaux initiateurs de la conférence de Bandung* (1955), et prôna le non-alignement.

NEIGE n. f. ▪ **1.** Eau congelée dans les hautes régions de l'atmosphère, et qui tombe en flocons blancs et légers. ⇒ **niv(o)-.** *Chute de neige. Accumulation de neige.* ⇒ **congère, névé.** ♦ La neige, répandue sur le sol. *Un horizon de neige.* – spécialt *Les sports de neige. Classes* de neige.* **2.** par analogie *Neige artificielle,* substance chimique qui simule la neige. *Neige carbonique.* – ARGOT Cocaïne en poudre. – *Battre des blancs (d'œufs) en neige,* de manière à obtenir une mousse blanche et ferme. *Œufs à la neige,* entremets fait de blancs d'œufs battus et pochés, servis avec une crème. **3.** DE NEIGE loc. adj. D'une blancheur parfaite. *Une barbe, des cheveux de neige.*

le crêt de la NEIGE ▪ Point culminant du Jura, dans l'Ain. 1 723 m.

NEIGER v. impers. [3] ▪ (neige) Tomber. *Il a neigé très tôt cette année.*

le piton des NEIGES ▪ Ancien volcan, point culminant de l'île de la Réunion. 3 069 m.

NEIGEUX, EUSE adj. ▪ Couvert de neige, constitué par de la neige. *Cimes neigeuses.* – fig. *Peau, chevelure neigeuse.* ⇒ **blanc.**

Alexander NEILL (1883 - 1973) ▪ Pédagogue britannique. Il prôna une pédagogie centrée sur l'auto-responsabilité. *"Libres Enfants de Summerhill"* (1960).

la NEISSE de Lusace ▪ Rivière qui naît en République tchèque, puis marque la frontière entre la Pologne et l'Allemagne, avant de rejoindre l'Oder *(ligne Oder-Neisse).* 256 km.

Nikolaï NEKRASSOV (1821 - 1877) ▪ Poète et journaliste russe. Il a évoqué la misère du peuple. *"Qui vit heureux en Russie ?"* (1865-1876), poème satirique et réaliste.

Émile NELLIGAN (1879 - 1941) ▪ Poète canadien d'expression française. Poèmes d'inspiration parnassienne et symboliste (Rimbaud, Baudelaire), mais au ton personnel.

Horatio NELSON (1758 - 1805) ▪ Amiral britannique qui vainquit les Français à Aboukir (1798) et à Trafalgar, où il fut tué.

le NELSON ▪ Fleuve du Canada (Manitoba). Env. 650 km. Issu du lac Winnipeg, il se jette dans la baie d'Hudson.

NEM [nɛm] n. m. ▪ Préparation composée d'une petite crêpe de riz fourrée de viande, de soja, etc., frite et servie chaude (→ pâté impérial).

NÉMÉE ▪ Localité de la Grèce antique où étaient célébrés les « jeux Néméens » et où Héraclès, dans la légende, tue un lion en l'étouffant.

NÉMÉSIS ▪ Déesse grecque de la Vengeance.

NEMOURS ▪ Commune de Seine-et-Marne. 12 072 hab. *(les Nemouriens).* Château (XIIe s.).

NEMROD ▪ Selon la Bible, roi de Babel et fondateur de Ninive. Il est qualifié de « courageux chasseur devant l'Éternel ».

NÉNÉ n. m. ▪ FAM. Sein de femme. ⇒ **nichon.**

① **NÉNETTE** n. f. ▪ FAM. Tête. *Se casser, se creuser la nénette.*

② **NÉNETTE** n. f. ▪ FAM. Jeune fille, jeune femme. ⇒ **nana.** *Une belle nénette.*

NENNI adv. ▪ VX Non, non pas.

Pietro NENNI (1891 - 1980) ▪ Homme politique italien. Figure importante du parti socialiste italien, il fut plusieurs fois ministre dans des gouvernements de centre-gauche.

NÉNUPHAR ou **NÉNUFAR** n. m. ▪ Plante aquatique à grandes feuilles rondes étalées sur l'eau.

NÉO- Élément savant, du grec *neos* « nouveau ».

NÉO-CALÉDONIEN, IENNE adj. et n. ▪ De la Nouvelle-Calédonie. ⇒ **kanak.**

NÉOCLASSICISME n. m. ▪ Mouvement littéraire préconisant le retour au classicisme. ♦ Courant artistique (architecture, sculpture...) de la fin du XVIIIe siècle, qui prône un retour aux modèles de l'Antiquité et au « beau idéal ». ▪ En réaction aux excès du rococo, et encouragé par de nombreuses découvertes archéologiques (→ **Winckelmann**), le néoclassicisme apparaît en Italie vers 1760 et se répand en Europe jusque vers 1830. Ses principaux représentants furent Mengs et David en peinture, Canova en sculpture, Robert Adam et Pierre Fontaine en architecture.

NÉOCLASSIQUE adj. ▪ Qui ressemble à l'art classique, cherche à l'imiter.

NÉOCOLONIALISME n. m. ▪ Nouvelle forme de colonialisme qui impose la domination économique à une ancienne colonie devenue indépendante. ► adj. et n. NÉOCOLONIALISTE

NÉOGOTHIQUE adj. ▪ ARCHIT. Qui imite le gothique.

J.-F. Chalgrin, intérieur de l'église Saint-Philippe-du-Roule, Paris. *Phot. © L.S.*

J.-L. David, *Le Serment des Horaces.* Musée du Louvre, Paris. *Phot. © Telarci/Giraudon*

néoclassicisme.

NÉOLIBÉRAL, ALE, AUX adj. ▪ Qui prône une forme de libéralisme qui admet une intervention limitée de l'État.

NÉOLIBÉRALISME n. m. ▪ ÉCON., POLIT. Doctrine ; politique néolibérale.

NÉOLITHIQUE adj. ▪ Relatif à l'âge de la pierre polie, période la plus récente de l'âge de pierre (après le *paléolithique* et le *mésolithique*). ➝ n. m. *Le néolithique.*

NÉOLOGIE n. f. ▪ DIDACT. Création de mots nouveaux et d'expressions ou de constructions nouvelles, dans une langue. ► adj. NÉOLOGIQUE

NÉOLOGISME n. m. ▪ Mot nouveau ou sens nouveau.

NÉON n. m. ▪ Gaz de la série des gaz rares. *Enseigne lumineuse au néon.* ➝ abusivt *Tube au néon* : tout tube fluorescent.

NÉONATAL, ALE, ALS adj. ▪ DIDACT. Du nouveau-né. *Médecine néonatale.*

NÉOPHYTE n. et adj. ▪ Personne qui a récemment adhéré à une doctrine, un parti, une association. ⇒ **novice, prosélyte.** *Le zèle du néophyte.*

NÉOPLASME n. m. ▪ MÉD. Tumeur cancéreuse.

NÉORÉALISME n. m. ▪ Théorie artistique, littéraire, renouvelée du réalisme. ➝ spécialt École cinématographique italienne caractérisée par le réalisme des situations et des décors, les préoccupations sociales. ► adj. et n. NÉORÉALISTE ▪ Renouant avec le courant vériste du début du XXᵉ siècle et rompant radicalement avec le cinéma de l'époque fasciste, le néoréalisme est représenté principalement par Rossellini, De Sica, Visconti (à ses débuts).

le massif du NÉOUVIELLE ▪ Massif granitique des Hautes-Pyrénées, entre le gave de Pau et la Neste d'Aure, culminant à 3 192 m au pic Long. Hydroélectricité. Réserve naturelle.

NÉO-ZÉLANDAIS, AISE adj. et n. ▪ De Nouvelle-Zélande. ➝ n. *Les Néo-Zélandais.*

la N.E.P. ou NEP, Novaïa Ekonomitcheskaïa Politika ▪ « Nouvelle politique économique », libéralisation temporaire préconisée par Lénine (1921-1928).

le royaume du NÉPAL ▪ État (monarchie constitutionnelle) d'Asie, charnière entre le Tibet et l'Inde. 140 797 km². 18 500 000 hab. *(les Népalais).* Capitale : Katmandou. Langue : népali. Religion officielle : hindouisme. Monnaie : roupie népalaise. Pays des plus hautes montagnes du monde, dans l'Himalaya. Les Népalais vivent dans les plaines : culture du maïs et du riz, élevage de yacks. Leur niveau de vie est bas malgré le tourisme (trekking). L'économie est tributaire des échanges avec l'Inde. Nombreux temples bouddhiques. ▫ HISTOIRE Indépendant depuis 1769, le Népal ayant passé des accords spéciaux avec les Britanniques lorsque ceux-ci colonisèrent l'Inde (XIXᵉ s.). En 1990, à la suite de manifestations violemment réprimées, le roi accepta le rétablissement du multipartisme, supprimé depuis 1960, et la suppression de l'ancienne structure politique et administrative (le *Panchayat*).

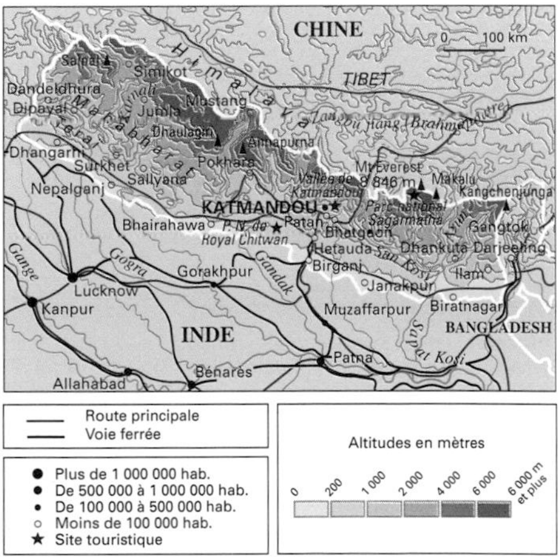

Népal.

NÉPALAIS, AISE adj. et n. ▪ Du Népal. ➝ n. *Les Népalais.*

NÉPHRÉTIQUE adj. ▪ MÉD. Relatif au rein. *Colique* néphrétique.*

NÉPHRITE n. f. ▪ MÉD. Inflammation du rein.

NÉPHR(O)- Élément savant, du grec *nephros* « rein ».

NÉPOTISME n. m. ▪ DIDACT. Abus qu'une personne en place fait de son influence en faveur de sa famille, de ses amis.

NEPTUNE ▪ Dieu romain de la mer. Comme le Poséidon grec, il est armé d'un trident.

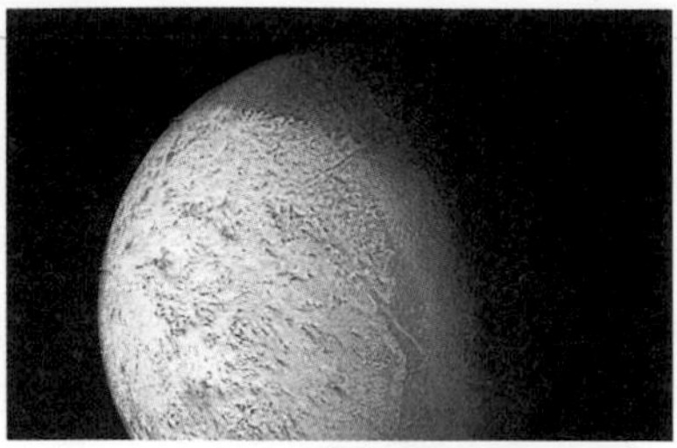

Neptune. Vue de la sonde *Voyager.*
Phot. © Coll. Bauer B/Explorer

NEPTUNE ▪ Huitième planète du système solaire, découverte en 1846. 50 000 km de diamètre. Elle tourne sur elle-même en 15 h et 48 min, et autour du Soleil en 164 ans et 280 jours.

NÉRAC ▪ Chef-lieu d'arrondissement du Lot-et-Garonne. 7 015 hab. *(les Néracais).* Maisons du Moyen Âge et de la Renaissance.

NÉRÉE ▪ Dieu grec, appelé « le Vieillard de la mer ». Père des 50 néréides.

NÉRÉIDE n. f. ▪ 1. MYTHOL. Nymphe de la mer. 2. ZOOL. Ver marin qui vit dans les fonds vaseux.

NERF [nɛʀ] n. m. ▪ **I.** 1. VX Ligament, tendon des muscles. *Viande pleine de nerfs.* ⇒ **nerveux.** 2. *NERF DE BŒUF :* matraque faite d'un ligament de bœuf desséché. 3. fig. Force active, énergie. *Avoir du nerf.* – FAM. *Allons, du nerf !* – loc. *Le nerf de la guerre*.* 4. RELIURE Cordelette au dos d'un livre relié, qui forme une saillie (⇒ **nervure**). **II.** 1. Filament qui relie un centre nerveux (moelle, cerveau) à un organe ou à une structure organique. ⇒ **neur(o)-.** *Nerf moteur, nerf sensitif. Le nerf sciatique.* 2. *LES NERFS,* considérés comme ce qui supporte les excitations extérieures ou les tensions intérieures. *Avoir les nerfs fragiles, solides.* – loc. *C'est un paquet de nerfs,* une personne très nerveuse. *Porter, taper sur les nerfs.* ⇒ **exaspérer.** *Avoir les nerfs à vif,* FAM. *en pelote ; à fleur de peau :* être très énervé. *Être, vivre sur les nerfs. Passer ses nerfs sur qqn,* reporter son énervement sur qqn qui n'en est pas la cause. *Être à bout de nerfs,* surexcité. – *CRISE DE NERFS :* cris, pleurs, gestes désordonnés (⇒ **hystérie**). *Faire, piquer une crise de nerfs.* – *La guerre* des nerfs.*

NÉRIS-LES-BAINS ▪ Commune de l'Allier. 2 831 hab. *(les Nérisiens).* Église romane des XIe-XIIe s. Nécropole mérovingienne. Restes d'arènes et de piscines romaines. Station thermale réputée.

Walther NERNST (1864 - 1941) ▪ Physicien et chimiste allemand. Inventeur d'une des premières lampes à incandescence. Il effectua des mesures aux très basses températures pour la détermination des chaleurs spécifiques. Prix Nobel de chimie 1920.

NÉRON (37 - 68) ▪ Empereur romain de 54 à sa mort, symbole du tyran fou et sanguinaire. Il empoisonna Britannicus* et fit assassiner sa mère Agrippine*. Accusé d'avoir mis le feu à Rome (64), il détourna la responsabilité de ce crime sur les chrétiens et les fit persécuter.

Pablo NERUDA (1904 - 1973) ▪ Poète chilien. Son œuvre est inséparable de son engagement social et révolutionnaire. *"Chant général"* (1950). Prix Nobel 1971.

NERVA (26 - 98) ▪ Empereur romain de 96 à 98. Proclamé empereur après l'assassinat de Domitien, il adopta Trajan qu'il désigna comme successeur.

Gérard Labrunie dit **Gérard de NERVAL** (1808 - 1855) ▪ Écrivain français. Son œuvre est marquée par le voyage, le mysticisme et le rêve : *"Les Chimères"* (1854), poèmes. *"Les Filles du feu"* comprenant *"Sylvie"* (1854), *"Aurélia"* (posth. 1855), récits. Traduction célèbre du *"Faust"* (1827) de Goethe. Atteint de crises de folie, il se pendit.

NERVEUSEMENT adv. ▪ 1. Par l'action du système nerveux. *Épuisé nerveusement.* 2. D'une manière nerveuse, excitée. *Rire nerveusement.*

NERVEUX, EUSE adj. et n. ▪ **I.** 1. Qui a des tendons vigoureux, apparents. *Mains nerveuses.* – *Viande nerveuse,* qui présente des tendons, qui est trop dure. 2. Qui a du nerf, de l'énergie. ⇒ **vigoureux.** *Un coureur nerveux.* – *Voiture nerveuse,* qui a de bonnes reprises. – *Style nerveux,* concis et vigoureux. **II.** 1. Relatif au nerf, aux nerfs (II). *Cellule nerveuse :* neurone. *SYSTÈME NERVEUX :* ensemble des structures, des éléments de tissu nerveux qui commandent les fonctions vitales (sensibilité, motricité, nutrition, respiration, etc.) et, chez les mammifères supérieurs, notamment l'homme, les facultés intellectuelles et affectives. 2. Qui concerne les nerfs, supports de l'émotivité, des tensions psychologiques. *Des rires nerveux.* – *Maladies nerveuses* (⇒ **névrose**). *Dépression nerveuse.* 3. Émotif et agité, qui ne peut garder son calme. *Un tempérament nerveux. L'attente rend nerveux.* ⇒ **énervé, fébrile.** – n. *C'est un grand nerveux.* ♦ Qui a des réactions vives, incontrôlées. ⇒ **énervé.** *Il est un peu nerveux.*

NERVI n. m. ▪ Homme de main, tueur.

Pier Luigi NERVI (1891 - 1979) ▪ Architecte italien. L'un des maîtres de l'architecture en béton armé. Palais du Travail à Turin (1967).

NERVOSITÉ n. f. ▪ État d'excitation nerveuse passagère. ⇒ **énervement, irritation, surexcitation.** *Son attitude révèle, traduit sa nervosité.*

NERVURE n. f. ▪ 1. Fine saillie traversant la feuille d'une plante. 2. (insectes) Filet corné qui se ramifie et soutient la membrane de l'aile. 3. ARCHIT. Moulure arrondie, arête saillante (d'une voûte). *Les nervures d'une voûte gothique.* – ⇒ aussi **nerf** (I, 4).

le loch NESS ▪ Lac d'Écosse célèbre pour son hypothétique « monstre du loch Ness ».

NESSOS ou **NESSUS** ▪ Centaure tué par Héraclès. Ce dernier, ayant revêtu la tunique de Nessos, éprouva de telles douleurs qu'il se donna la mort.

N'EST-CE PAS adv. interrog. ▪ Formule requérant l'adhésion, une réponse positive. *Vous viendrez, vous êtes d'accord, n'est-ce pas ? N'est-ce pas que j'ai raison ?*

NESTOR ▪ Roi légendaire de Pylos, fils de Chloris. Il joue un rôle de conseiller auprès des Grecs pendant la guerre de Troie.

NESTORIUS (v. 380 - 451) ▪ Patriarche de Constantinople, condamné par le concile d'Éphèse (431) pour sa doctrine (le nestorianisme), jugée hérétique.

NESTORIANISME n. m. ▪ Doctrine de Nestorius, selon laquelle les deux natures du Christ (divine ; humaine) possèdent une individualité propre. ■ Condamné par le concile d'Éphèse (431), le nestorianisme se répandit toutefois en Orient, où il subsiste aujourd'hui *(Église nestorienne).*

NESTORIEN, ENNE adj. et n. ▪ Adepte du nestorianisme.

NET, NETTE [nɛt] ▪ **I.** adj. 1. Que rien ne ternit ou ne salit. ⇒ **propre.** *Rendre net.* ⇒ **nettoyer.** – loc. fig. *Avoir les mains nettes :* n'avoir rien à se reprocher. *Avoir la conscience nette :* se sentir irréprochable. 2. Qui est débarrassé (de ce qui salit, encombre). *Faire place nette :* vider les lieux. – loc. *EN AVOIR LE CŒUR NET,* en être assuré. 3. Dont on a déduit tout élément étranger (opposé à *brut*). *Bénéfice net. Poids net.* – invar. *Il reste net 140 francs.* – *NET DE :* exempt de. *Gain net d'impôt.* 4. (dans l'ordre intellectuel) Clair. *Avoir des idées nettes. Explication claire et nette.* ⇒ **lumineux.** *Avoir la sensation très nette que... Une nette amélioration,* très sensible. *Une différence très nette.* ⇒ **marqué.** ♦ Qui ne laisse pas de place au doute, à l'hésitation. *Ma position est nette.* ⇒ **catégorique.** – *Il a été très net* (en paroles). 5. Clair, précis et distinct. *L'image n'est pas nette* (⇒ **flou**). – *Diction très nette.* **II.** adv. 1. D'une manière précise, tout d'un coup. *S'arrêter net. La balle l'a tué net.* 2. *Je lui ai dit TOUT NET ce que j'en pensais,* franchement. ⇒ **carrément, crûment.**

NETANYA → **Nataniya**

Sergueï Guennadievitch NETCHAÏEV (1847 - 1882) ▪ Révolutionnaire russe. Il fonda un groupe nihiliste et terroriste, rédigea avec Bakounine le *"Catéchisme révolutionnaire"* (1868-1869), avant d'être désavoué par la Ire Internationale pour le meurtre d'un membre de son groupe. Condamné à la réclusion à perpétuité (1873), il mourut en prison.

NETTEMENT adv. ▪ 1. Avec clarté. ⇒ **clairement.** *S'expliquer nettement.* – D'une manière qui paraît claire, incontestable. *Il va nettement mieux.* 2. D'une manière claire, très visible. *Ombre qui se découpe nettement sur un mur.* ⇒ **distinctement.**

Johann Balthasar **Neumann.** L'escalier de la Résidence de Würzburg, fresques de Tiepolo. *Phot. © Scala*

NETTETÉ n. f. ▪ Caractère de ce qui est net. ⇒ **clarté, précision.** – *La netteté d'une photographie.*

NETTOIEMENT n. m. ▪ Ensemble des opérations ayant pour but de nettoyer.

NETTOYAGE n. m. ▪ **1.** Action de nettoyer ; son résultat. *Nettoyage d'une façade* (⇒ **ravalement**), du linge blanchissage, lavage). *Nettoyage à sec en teinturerie.* – *Nettoyage par le vide.* **2.** MILIT. Action de débarrasser un lieu d'ennemis. *Le nettoyage d'une position.*

NETTOYER v. tr. [8] ▪ **1.** Rendre net, propre. *Nettoyer des vêtements* (⇒ **laver**), la maison (→ faire le ménage). **2.** FAM. Vider (un lieu) de son contenu. – Vider (qqn) de son argent. *Se faire nettoyer au jeu.* **3.** Débarrasser (un lieu) de gens dangereux, d'ennemis. *L'armée a nettoyé la région.* – FAM. Éliminer en tuant. ⇒ **liquider.**

NETTOYEUR, EUSE n. ▪ Personne qui nettoie.

NEUBRANDENBURG ▪ Ville d'Allemagne (Mecklembourg-Poméranie-Occidentale). 89 500 hab.

NEUCHÂTEL en allemand ***NEUENBURG*** ▪ Ville de Suisse sur le *lac de Neuchâtel.* 33 060 hab. *(les Neuchâtelois).* Université. Tourisme. Horlogerie. ▸ **le canton de NEUCHÂTEL** s'étend sur le Jura. 803 km². 163 169 hab. Chef-lieu : Neuchâtel.

① **NEUF** ▪ **1.** adj. numéral cardinal Huit plus un (9). *Les neuf Muses.* – loc. *Neuf fois sur dix.* **2.** adj. numéral ordinal Neuvième. *Le chapitre neuf.* **3.** n. m. invar. Le nombre neuf. *La preuve par neuf.* – Le chiffre, le numéro neuf. *Neuf arabe* (9), *romain* (IX). – Carte marquée de neuf points. *Le neuf de cœur.*

② **NEUF, NEUVE** ▪ **I.** adj. **1.** Qui vient d'être fait et n'a pas encore servi (opposé à *ancien, vieux ; usé*). *Étrenner un costume neuf. Livres neufs et livres d'occasion.* – *À l'état neuf ; tout neuf ;* loc. *flambant neuf :* en très bon état, qui semble n'avoir jamais servi. – fig. *Un cœur, un regard neuf.* **2.** Qui est nouveau, original. *Des idées, des images neuves.* **3.** FAM. *QQCH. DE NEUF :* des faits récents pouvant amener un changement. *Rien de neuf dans cette affaire. Alors, quoi de neuf ?* **II.** n. m. sing. **1.** *Le neuf :* ce qui est neuf. *Il ne vend que du neuf.* **2.** *DE NEUF :* avec qqch. de neuf. *Être vêtu de neuf.* **3.** *À NEUF :* de manière à rendre l'état ou l'apparence du neuf. *Studio refait à neuf. Remettre à neuf.* ⇒ **rafraîchir, rénover.**

NEUFCHÂTEAU ▪ Ville de Belgique (Région wallonne, province de Luxembourg). 5 937 hab.

NEUFCHÂTEAU ▪ Chef-lieu d'arrondissement des Vosges. 7 813 hab. *(les Néocastriens).* Industrie du bois (jouets).

NEUFCHÂTEL-EN-BRAY ▪ Commune de Seine-Maritime. 5 322 hab. *(les Neufchâtelois).* Fromages.

NEUILLY-PLAISANCE ▪ Commune de Seine-Saint-Denis, à l'est de Paris. 18 195 hab. *(les Nocéens).*

NEUILLY-SUR-MARNE ▪ Commune de Seine-Saint-Denis. 31 461 hab. *(les Nocéens).*

NEUILLY-SUR-SEINE ▪ Commune des Hauts-de-Seine, à l'ouest de Paris. 61 768 hab. *(les Neuilléens).* Ville résidentielle.

Johann Balthasar NEUMANN (1687 - 1753) ▪ Architecte allemand. Nombreux châteaux de style rococo.

John von NEUMANN (1903 - 1957) ▪ Mathématicien américain d'origine hongroise. Il a travaillé sur la théorie des ensembles, l'axiomatisation de la mécanique quantique, la théorie des jeux (avec Morgenstern) et la cybernétique.

NEUME n. m. ▪ HIST. MUS. Signe servant à noter le plain-chant.

NEURASTHÉNIE n. f. ▪ État durable d'abattement accompagné de tristesse. *Faire de la neurasthénie.*

NEURASTHÉNIQUE adj. ▪ Abattu, triste, sans motifs précis et de manière durable. – n. *Un, une neurasthénique.*

NEUR(O)- Élément savant, du grec *neuron* « nerf, fibre, tendon », qui signifie « nerf » (ex. *neurobiologie* n. f. ; *neurochirurgie* n. f. ; *neuromusculaire* adj. ; *neurophysiologie* n. f. ; *neuropsychiatrie* n. f.). ◇ var. anc. NÉVR(O)-.

NEUROBLASTE n. m. ▪ BIOL. Cellule nerveuse embryonnaire.

NEURODÉPRESSEUR n. m. ▪ MÉD. Médicament qui fait baisser la tension, ralentit des activités cérébrales diverses, en agissant sur le système nerveux central.

NEUROLEPTIQUE adj. et n. m. ▪ MÉD. (médicament) Qui exerce une action calmante globale sur le système nerveux. – n. m. *Les neuroleptiques entrent dans le traitement des psychoses.*

NEUROLOGIE n. f. ▪ Branche de la médecine qui étudie le système nerveux et en traite les maladies.

NEUROLOGIQUE adj. ▪ Qui a rapport aux nerfs ou à la neurologie.

NEUROLOGUE n. ▪ Médecin spécialisé en neurologie.

NEURONE n. m. ▪ BIOL. Cellule nerveuse.

NEUROPSYCHIATRE [-psikjatʀ] n. ▪ DIDACT. Spécialiste de neurophsychiatrie.

NEUROPSYCHIATRIE n. f. ▪ DIDACT. Discipline médicale ui englobe la psychiatrie, la neurologie et leurs relations.

NEUROSCIENCES [-sjɑ̃s] n. f. pl. ▪ DIDACT. Ensemble des disciplines étudiant le système nerveux.

NEUROVÉGÉTATIF, IVE adj. ▪ PHYSIOL. *Système neurovégétatif,* qui contrôle les grandes fonctions involontaires (vie végétative) : circulation, excrétion, etc.

le lac NEUSIEDL ou **lac de FERTÖ** ▪ Lac d'Europe centrale, à la frontière austro-hongroise. 200 km².

NEUSS ▪ Ville et port d'Allemagne (Rhénanie-du-Nord-Westphalie), sur le Rhin. 146 400 hab.

la NEUSTRIE ▪ Royaume mérovingien de l'est de la Gaule, réuni à l'Austrasie à la fin du VIIe s.

Richard Joseph NEUTRA (1892 - 1970) ▪ Architecte américain d'origine autrichienne. Auteur de résidences luxueuses. Influencé par F.L. Wright.

NEUTRALISATION n. f. ▪ **1.** Action de neutraliser, d'équilibrer. **2.** Action de déclarer neutre (un territoire), de retirer (à qqn) la qualité de belligérant.

NEUTRALISER v. tr. [1] ▪ Rendre neutre. **1.** Assurer la qualité de neutre à (un État, un territoire, une ville). **2.** Empêcher d'agir, par une action contraire qui tend à annuler les efforts ou les effets ; rendre inoffensif. *Neutraliser l'adversaire. Neutraliser la concurrence.* - *Neutraliser le trafic, la circulation,* l'arrêter momentanément. ♦ CHIM. *Neutraliser une solution* (⇒ **neutre** (4)). - *Neutraliser une couleur.*

NEUTRALISME n. m. ▪ (pays, État) Doctrine qui tend à maintenir l'indépendance vis-à-vis de puissances antagonistes.

NEUTRALISTE adj. ▪ Favorable à la neutralité. *Les pays neutralistes.* - n. *Les neutralistes.*

NEUTRALITÉ n. f. ▪ **1.** Caractère, état d'une personne qui reste neutre (2). - spécialt *Neutralité bienveillante* (de l'analyste au cours d'une cure). **2.** État d'une nation qui ne participe pas à une guerre.

NEUTRE adj. ▪ **1.** Qui ne participe pas à un conflit. *État, pays neutre.* - n. *Les neutres* : les nations neutres. - *Navire neutre.* **2.** Qui s'abstient de prendre parti. ⇒ **impartial**, ① **objectif.** *Rester neutre dans un débat.* **3.** Qui appartient à une catégorie grammaticale où ne se manifestent pas les formes du masculin et du féminin. *Le genre neutre en latin.* - n. m. *Le neutre.* **4.** CHIM. Qui n'est ni acide, ni basique. *Solution neutre. pH neutre.* - SC., TECHN. Qui n'a pas de charge électrique. *Particule neutre.* ⇒ **neutron.** *Fil neutre.* **5.** *Couleur neutre,* indécise, sans éclat (opposé à *vif*). **6.** Dépourvu de passion ; froid, détaché, objectif. *Répondre d'un ton neutre.*

NEUTRINO n. m. ▪ Particule élémentaire neutre, de masse infime.

NEUTRON n. m. ▪ Particule élémentaire, électriquement neutre, constitutive du noyau atomique (sauf du noyau d'hydrogène normal). *Neutrons et protons.*

NEUVAINE n. f. ▪ RELIG. CATHOL. Série d'exercices de piété et de prières poursuivie pendant neuf jours.

NEUVIÈME adj. ▪ **1.** adj. numéral ordinal Qui suit le huitième. loc. *Le neuvième art* : la bande dessinée. - *Être neuvième dans un classement.* - n. *Le, la neuvième.* **2.** (fraction) *La neuvième partie d'un tout.* ► adv. NEUVIÈMEMENT

NEUVILLE-EN-FERRAIN ▪ Commune du Nord. 9 895 hab.

la NEVA ▪ Fleuve de Russie, issu du lac Ladoga, qui traverse Saint-Pétersbourg et se jette dans le golfe de Finlande. 74 km. Victoire décisive d'Alexandre Nevski (d'où son surnom) sur les Suédois (1242).

le NEVADA ▪ État de l'ouest des États-Unis. 286 299 km^2. 1 202 000 hab. Capitale : Carson City. Villes principales : Las Vegas, Reno. Zones désertiques. Tourisme, jeux d'argent.

la sierra NEVADA ▪ Chaîne montagneuse du sud de l'Espagne, culminant au Mulhacén (3 481 m).

NÉVÉ n. m. ▪ Amas de neige durcie qui alimente parfois un glacier, en haute montagne.

NEVERS ▪ Chef-lieu de la Nièvre. 41 968 hab. *(les Nivernais).* Cathédrale (XIe-XVIe s.), palais ducal (XVe-XVIe s.). Fabrique de faïence d'art depuis le XVIIe s. Constructions mécaniques.

NEVEU n. m. ▪ Fils du frère, de la sœur ou (par alliance) du beau-frère ou de la belle-sœur. *Neveux et nièces.* - loc. *Neveu à la mode de Bretagne* : fils d'un cousin germain ou d'une cousine germaine. ♦ loc. FAM. *Un peu, mon neveu !* (→ et comment !).

NÉVRALGIE n. f. ▪ **1.** Douleur ressentie sur le trajet d'un nerf sensitif. *Névralgie faciale.* **2.** (abusif en méd.) Mal de tête. ⇒ **migraine.**

NÉVRALGIQUE adj. ▪ **1.** Relatif à la névralgie. *Douleur, point névralgique.* **2.** loc. fig. *POINT NÉVRALGIQUE* : endroit le plus sensible. *Le point névralgique d'une situation.*

NÉVRITE n. f. ▪ Lésion inflammatoire des nerfs (⇒ **polynévrite**).

NÉVR(O)- ⇒ NEUR(O)-

NÉVROPATHE adj. et n. ▪ VIEILLI Qui souffre de névrose. ⇒ **névrosé.**

NÉVROSE n. f. ▪ Affection caractérisée par des troubles nerveux sans cause anatomique, et intimement liée à la vie psychique du sujet. *Névrose obsessionnelle, hystérique, traumatique. Les névroses et les psychoses.*

NÉVROSÉ, ÉE adj. et n. ▪ Qui souffre d'une névrose.

NÉVROTIQUE adj. ▪ Relatif à une névrose. *Troubles névrotiques.* - *Un comportement névrotique.*

Alexandre NEVSKI → **Alexandre Nevski**

NEWARK ▪ Ville des États-Unis (New Jersey), port appartenant à la conurbation de New York. 275 000 hab.

NEWCASTLE ▪ Ville et port d'Australie (Nouvelle-Galles-du-Sud). 429 300 hab. Sidérurgie, chimie.

NEWCASTLE UPON TYNE ▪ Ville d'Angleterre, chef-lieu du Northumberland et principal centre industriel du nord du pays : extraction de la houille, sidérurgie, raffinage du pétrole. 280 000 hab.

le NEW DEAL ▪ La « nouvelle donne », politique de F. D. Roosevelt contre la crise de 1929, caractérisée par une intervention de l'État dans la vie économique et sociale.

NEW DELHI ▪ Faubourg moderne de la ville de Delhi et capitale de l'Inde. 300 000 hab.

NEWFOUNDLAND → **Terre-Neuve**

le NEW HAMPSHIRE ▪ État du nord-est des États-Unis. 24 192 km^2 (dont 80 % en forêts). 1 109 000 hab. Capitale : Concord.

NEW HAVEN ▪ Ville des États-Unis (Connecticut), port du détroit de Long Island, près de New York. 130 000 hab. Siège de l'université Yale.

le NEW JERSEY ▪ État de l'est des États-Unis. 21 300 km^2. 7 730 000 hab. Capitale : Trenton. État industriel grâce à la proximité de New York et de Philadelphie. Tourisme sur la côte atlantique. Université de Princeton.

John Henry NEWMAN (1801 - 1890) ▪ Homme d'Église britannique. Membre de l'Église anglicane, il se fit catholique (1845) et devint cardinal.

Barnett NEWMAN (1905 - 1970) ▪ Peintre américain. Champs verticaux de couleurs pures sur de grandes surfaces. Il fonda l'école de New York avec M. Rothko.

Paul NEWMAN (né en 1925) ▪ Acteur et cinéaste américain. Il a notamment tourné avec A. Penn (*"Le Gaucher"*, 1958), McCarey, Preminger, R. Rossen (*"L'Arnaqueur"*, 1961).

NEW ORLEANS → **La Nouvelle-Orléans**

NEWPORT ▪ Ville et port des États-Unis (Rhode Island). 28 000 hab. Festival de jazz.

NEWPORT ▪ Ville et port du pays de Galles (Gwent). 130 000 hab. Centre industriel.

NEWPORT NEWS ▪ Ville et port des États-Unis (Virginie). 170 000 hab. Chantiers navals. → **Hampton.**

NEWTON [njutɔn] n. m. ▪ SC. Unité de mesure de force (symb. N), correspondant à une accélération de 1 m/s^2 communiquée à une masse de 1 kg.

sir Isaac NEWTON (1642 - 1727) ▪ Mathématicien, physicien et astronome anglais. Grâce à la loi de l'attraction universelle, il accomplit la synthèse, annoncée par Galilée, de la physique et de l'astronomie, retrouvant les lois de Kepler et donnant à la science moderne le modèle du rapport entre les mathématiques et l'expérience. On lui doit aussi l'analyse spectrale de la lumière et l'invention, en même temps que Leibniz, du calcul infinitésimal. *"Principes mathématiques de philosophie naturelle"* (1687).

NEW YORK ▪ La plus grande ville des États-Unis. 7 323 000 hab. *(les New-Yorkais).* Conurbation de 18 millions d'hab., située à l'embouchure de l'Hudson, sur l'Atlantique (État de New York). La partie la plus célèbre est l'île de *Manhattan* où les Hollandais fondèrent en 1626 la ville de *Nieuwe Amsterdam,* rebaptisée *New York* par les Anglais en 1664; aujourd'hui, elle regroupe les quartiers des affaires et les quartiers résidentiels avec leurs gratte-ciel, le quartier intellectuel *(Greenwich Village),* le quartier de Harlem (où les Noirs ont cédé la place aux

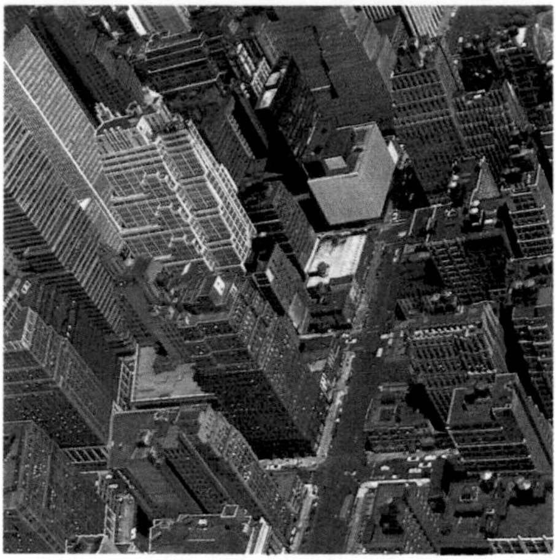

New York. La ville vue de l'Empire State Building.
Phot. © Gérard Dimier

Hispaniques) au nord et le quartier chinois de Chinatown au sud. Autres districts *(boroughs)* : le *Bronx, Brooklyn, Queens, Staten Island.* New York est le siège de l'O.N.U., la capitale financière *(Wall Street)* et économique du pays et un grand centre culturel (musées, opéras). Universités. ► **l'État de NEW YORK** État du nord-est des États-Unis. 127 433 km². 17 990 000 hab. Capitale : Albany. Villes principales : New York, Buffalo, Rochester. 1er rang industriel, commercial et financier.

NEW-YORKAIS, AISE adj. et n. ▪ De New York. - **n.** *Les New-Yorkais.*

Michel NEY (1769 - 1815) ▪ « Le brave des braves », le plus populaire des maréchaux d'Empire, duc d'Elchingen, prince de la Moskova. Héros de la retraite de Russie. Rallié à Louis XVIII, il devait arrêter Napoléon Ier à son retour de l'île d'Elbe mais se remit à son service. Il fut fusillé après les Cent-Jours.

NEZ n. m. ▪ **I. 1.** Partie saillante du visage, entre le front et la lèvre supérieure, et qui abrite l'organe de l'odorat (fosses nasales). ⇒ FAM. **pif, tarin.** *Le bout du nez.* - FAM. *Les trous de nez* : les narines. - *Nez droit, grec. Nez camus. Nez aquilin, en bec d'aigle. Nez en trompette. Grand, gros nez. La tirade du nez du "Cyrano" de Rostand.* - *Se boucher le nez,* pour ne pas sentir une odeur désagréable. - *Parler du nez.* ⇒ **nasiller.** *Saigner du nez.* - loc. *Ça sent le gaz* À PLEIN NEZ, très fort. - *Avoir le nez bouché. Nez qui coule.* **2.** loc. fig. *Mener qqn par le bout du nez,* le mener à sa guise. - *Ne pas voir plus loin que le bout de son nez* : manquer de discernement, de clairvoyance. - *À vue de nez* : à première estimation. - *Cela lui pend au nez* : cela va lui arriver. ♦ FAM. *Les doigts dans le nez* : sans aucune difficulté. - *Se bouffer le nez* : se disputer violemment. *Avoir un verre dans le nez* : être éméché. - VX *Un pied* (mesure) *de nez.* ⇒ **pied de nez. 3.** Face, figure, visage (dans des loc.). *Montrer son nez, le bout de son nez* : se montrer à peine. *Mettre le nez, son nez à la fenêtre.* - FAM. (surtout négatif) *Mettre le nez dehors* : sortir. - *Piquer du nez,* laisser tomber sa tête en avant (en s'endormant). ♦ fig. *Fourrer son nez partout* : être très curieux, indiscret. - *Se casser le nez* : trouver porte close ; essuyer un échec. - *Se trouver* NEZ À NEZ *avec qqn,* le rencontrer brusquement, à l'improviste. - *Au nez de qqn* : devant lui, sans se cacher (avec une idée de bravade, d'impudence). *Il lui a ri au nez.* - (choses) *Passer sous le nez,* échapper à (qqn) après avoir semblé être à sa portée. **4.** (le nez, organe de l'odorat) loc. FAM. *Avoir qqn dans le nez,* le détester. - (symbole du flair, de la perspicacité) loc. *Avoir du nez ; avoir le nez creux.* **5.** (animaux) ⇒ **mufle, museau ; groin. II.** par analogie Partie saillante située à l'avant (de qqch.). ⇒ ② **avant.** *L'avion pique du nez.*

Vítězslav NEZVAL (1900 - 1958) ▪ Poète tchèque. Il passa de la poésie pure au surréalisme (*"Poèmes à la nuit"*, 1930), puis devint le poète officiel du régime communiste.

NGAN-HOUEI → Anhui

NGÔ DINH DIÊM (1901 - 1963) ▪ Homme d'État vietnamien. Il imposa une dictature au Viêtnam du Sud à partir de 1955 puis fut renversé par un putsch et assassiné.

NGWANE → Swaziland

NI conj. ▪ Conjonction servant à nier *et* et *ou.* **I.** *ni* accompagné de *ne* **1.** joignant deux (ou plusieurs) mots ou groupes de mots à l'intérieur d'une proposition négative (avec *ne... pas, point, rien*) *Je n'ai pas de cigarettes ni de feu. Rien de doux ni d'agréable.* - (avec *ne* seul ; *ni* est répété devant chaque terme) *Je n'ai ni cigarette ni feu. Ne dire ni oui ni non. Ce n'est ni bon ni mauvais. Il ne veut ni manger ni boire. Ni elle ni lui ne me plaisent.* (accord au sing. lorsque les sujets s'excluent) *Ce n'est ni ton projet ni le sien qui sera choisi.* - NI MÊME (*même* renforce *ni*). *Je ne crois pas le connaître, ni même en avoir entendu parler.* **2.** LITTÉR. (joignant plusieurs propositions négatives) *Jamais il ne dort ni ne se repose.* **II.** *ni,* sans *ne* **1.** dans des propositions sans verbe *Irez-vous ? Ni ce soir ni demain.* **2.** loc. (après *sans, sans que* + subj.) *Du thé sans sucre ni lait. Il est parti sans qu'elle ni moi le sachions.* **3.** (avec un compar. d'inégalité) « *Patience et longueur de temps/ Font plus que force ni que rage* » (La Fontaine).

NIABLE adj. ▪ (surtout négatif) Qui peut être nié (opposé à *indéniable*).

le NIAGARA ▪ Cours d'eau reliant les lacs Érié et Ontario, à la frontière du Canada et des États-Unis. 54 km. ► **les chutes du NIAGARA**, en anglais **Niagara Falls**, sont spectaculaires (50 m de haut). Tourisme (plus de 2 millions de visiteurs par an). Centrale hydroélectrique alimentant les industries de la ville de **Niagara Falls** (État de New York) 62 000 hab.

les chutes du **Niagara.** *Phot. © Charles Lénars*

NIAIS, NIAISE adj. ▪ Dont la simplicité, l'inexpérience va jusqu'à la bêtise. ⇒ **nigaud, simplet ;** FAM. **godiche.** - **n.** *Pauvre niais ! - Air, sourire niais.* ⇒ **béat.**

NIAISEMENT adv. ▪ D'une façon niaise.

NIAISERIE n. f. ▪ **1.** Caractère d'une personne ou d'une chose niaise. ⇒ **bêtise, crédulité. 2.** *Une, des niaiseries* : action, parole de niais. ⇒ **ânerie, bêtise.** - Sujet futile. *S'occuper à des niaiseries.*

NIAISEUX, EUSE adj. ▪ (Canada) Niais, sot.

NIAMEY ▪ Capitale du Niger sur le fleuve Niger. 400 000 hab. Marché de bétail.

les NIBELUNGEN n. m. ▪ Nains de la mythologie germanique, habitant le monde souterrain, possesseurs d'un trésor que Siegfried conquiert après avoir tué leur roi Nibelung. Ils ont inspiré Wagner.

le NICARAGUA ▪ État (république) d'Amérique centrale. 139 682 km². 4 300 000 hab. *(les Nicaraguayens).* Capitale : Managua. Langues : espagnol (officielle), langues indiennes. Monnaie : cordoba. L'agriculture de plantation (coton, bananes, canne à sucre), le café et l'élevage bovin constituent les bases de l'économie. ◻ **HISTOIRE** Ancienne colonie espagnole, le pays acquit son indépendance en 1821. Après un siècle de troubles et de guerres civiles, il fut soumis à la dictature de Somoza (1937-1956), puis de son fils, renversé par les sandinistes en 1979. Ceux-ci instaurèrent un régime socialiste lié à Cuba, en conflit avec les États-Unis qui soutinrent l'opposition armée des

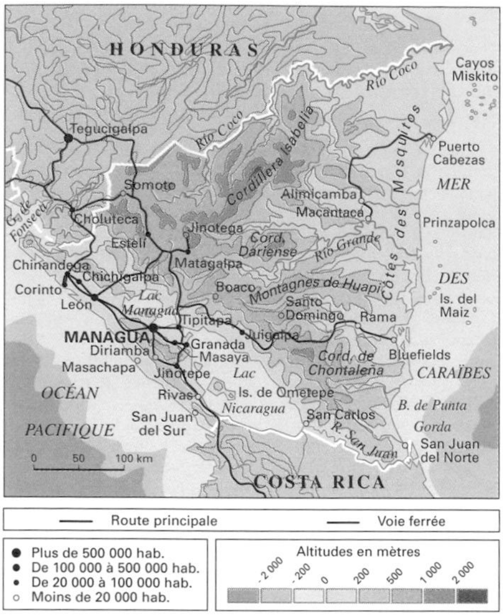

Nicaragua.

contras. Violeta Chamorro, candidate des conservateurs, fut élue présidente de la République aux élections libres de 1990.

le lac NICARAGUA ▪ Lac du Nicaragua, le 2e d'Amérique latine en étendue. 8 200 km².

NICCOLÒ DELL'ABATE (1509 - 1571) ▪ Peintre italien. Collaborateur du Primatice. Il influença l'évolution de l'école de Fontainebleau.

Niccolò dell'Abate. *Le Sommeil de Vénus.* Musée des Beaux-Arts, Quimper. *Phot. © Giraudon*

NICE ▪ Chef-lieu des Alpes-Maritimes, sur la baie des Anges. 342 439 hab. *(les Niçois)*. Grand centre touristique sur la Méditerranée : promenade des Anglais, Vieux Nice, carnaval. Musées. Université. Ancienne colonie grecque puis romaine, rattachée à la Savoie (1388), au Piémont (1814), enfin à la France en 1860.

NICÉE aujourd'hui ***IZNIK*** ▪ Ancienne ville d'Asie Mineure (Turquie). ► **l'empire de NICÉE** s'étendit sur une grande partie de l'Asie Mineure de 1204 à 1261. ► **le premier concile de NICÉE** (325) condamna l'arianisme. ► **le second concile de NICÉE**, réuni en 787 par Constantin et l'impératrice Irène, condamna les iconoclastes.

saint NICÉPHORE (v. 758 - 829) ▪ Patriarche de Constantinople. Il se prononça contre les iconoclastes.

NICÉPHORE II PHOCAS (v. 912 - 969) ▪ Empereur byzantin de 963 à sa mort. Brillant chef de guerre.

① **NICHE** n. f. ▪ **1.** Enfoncement pratiqué dans l'épaisseur d'une paroi pour abriter un objet décoratif. **2.** Petit abri où couche un chien. **3.** *Niche écologique :* milieu occupé par une espèce, du point de vue de ses relations avec les autres espèces et de son mode d'alimentation.

② **NICHE** n. f. ▪ Tour malicieux et sans méchanceté. ⇒ **farce, tour.** *Faire des niches à qqn.*

NICHÉE n. f. ▪ Les oiseaux d'une même couvée qui sont encore au nid. *Une nichée de poussins. Une nichée de chiots.*

NICHER v. [1] ▪ **I.** v. intr. **1.** (oiseau) Faire son nid. ⇒ **nidifier.** - Se tenir dans son nid, y couver. **2.** FAM. (personnes) Habiter, loger. **II.** *SE NICHER* v. pron. **1.** (oiseau) Faire son nid. **2.** Se blottir, se cacher. *Où est-il allé se nicher ?*

Ben NICHOLSON (1894 - 1982) ▪ Peintre et sculpteur britannique. D'abord marqué par le cubisme, il se tourna vers l'abstraction. Il fut membre des groupes Unit One et Abstraction-Création.

NICHON n. m. ▪ FAM. Sein (de femme). ⇒ **néné.**

NICKEL n. m. ▪ **1.** Métal d'un blanc argenté, malléable et ductile. **2.** adj. invar. FAM. D'une propreté parfaite. *C'est nickel, chez toi.*

① **NICKELÉ, ÉE** adj. ▪ Qu'on a nickelé. *Acier nickelé.*

② **NICKELÉ, ÉE** adj. ▪ loc. *Avoir les pieds nickelés :* être paresseux, inactif. *"Les Aventures des Pieds-Nickelés"* (bande dessinée de Forton).

NICKELER v. tr. [4] ▪ Couvrir d'une mince couche de nickel.

NICOBAR ▪ Archipel de l'Inde dans l'océan Indien. 1 953 km². 277 000 hab. → **Andaman et Nicobar.**

NIÇOIS, OISE adj. et n. ▪ De Nice. *La population niçoise.* - *Salade* niçoise.* ♦ n. *Les Niçois.*

NICOLA PISANO (v. 1220 - v. 1283) ▪ Sculpteur et architecte italien. Il sculpta les chaires monumentales des baptistères de Pise et de Sienne dans un style vigoureux.

saint NICOLAS (IVe s.) ▪ Évêque de Myre en Lycie (Asie Mineure), patron de la Russie et des enfants. Dans les pays nordiques, il est l'équivalent du Père Noël sous le nom de *Santa Claus.*

NICOLAS Ier (1796 - 1855) ▪ Tsar de Russie de 1825 à sa mort. Surnommé le « tsar de fer » pour sa politique antiprogressiste. Il écrasa les révoltes polonaise (1831) et hongroise (1849) et déclara la guerre de Crimée.

NICOLAS II (1868 - 1918) ▪ Dernier tsar de Russie, de 1894 à 1917. Partisan de l'autocratie, surnommé « Nicolas le Sanglant » pour sa répression des révoltes, renversé en 1917 et exécuté avec sa famille par les révolutionnaires. → **Russie.**

NICOLAS DE CUSE ou **DE KUES** (1401 - 1464) ▪ Cardinal, théologien et savant allemand. Précurseur de Copernic. *"La Docte Ignorance"* (1440).

Pierre NICOLE (1625 - 1695) ▪ Moraliste français. Professeur à Port-Royal, il soutint le jansénisme. *"Logique de Port-Royal"* (1662), avec Arnauld.

Charles NICOLLE (1866 - 1936) ▪ Bactériologiste français. Il décrivit la transmission du typhus. Prix Nobel de médecine 1928.

NICOSIE en grec ***LEFKOSÍA*** ▪ Capitale de l'île de Chypre, actuellement partagée en deux secteurs par une ligne de démarcation entre Grecs et Turcs. 165 000 hab. Marché agricole, tourisme.

Jean NICOT (v. 1530 - 1600) ▪ Diplomate et érudit français. *"Trésor de la langue française"*, dictionnaire (1606). Il introduisit en France le tabac, d'abord appelé *herbe à Nicot* ou *nicotiane.*

NICOTINE n. f. ▪ Alcaloïde du tabac.

NID n. m. ▪ **1.** Abri que les oiseaux se construisent pour y pondre, couver leurs œufs et élever leurs petits (⇒ **nicher**). - loc. *Nid d'hirondelle*.* - loc. fig. *NID D'AIGLE :* construction en un lieu élevé, escarpé. - *NID-DE-POULE :* petite dépression dans une chaussée. *Des nids-de-poule.* - prov. *Petit à petit, l'oiseau fait son nid,* les choses se font progressivement. **2.** Abri de certains animaux. *Nid d'écureuil, de souris. Nid de guêpes* (guêpier). ♦ fig. *NID-D'ABEILLES :* broderie en forme d'alvéoles de ruche. **3.** Logis intime. *Un nid douillet.* **4.** *NID DE :* endroit où sont rassemblées des personnes ou des choses dangereuses. ⇒ **repaire.** *Un nid de brigands.* **5.** FAM. *Nid à :* lieu propice à l'accumulation de. *Ce débarras est un nid à poussière.*

NIDIFIER v. intr. [7] ▪ DIDACT. (oiseau) Faire son nid. ⇒ **nicher.** ▸ n. f. NIDIFICATION

NIÈCE n. f. ▪ Fille du frère ou de la sœur ou (par alliance) du beau-frère ou de la belle-sœur. *Ses neveux et nièces.*

① **NIELLE** n. m. ▪ TECHN. Incrustation décorative d'émail noir dans une plaque de métal.

② **NIELLE** n. f. ▪ Maladie de l'épi des céréales. *La nielle du blé.*

NIELLER v. tr. [1] ▪ TECHN. Orner, incruster de nielles.

NIÈME ou **ÉNIÈME** [ɛnjɛm] adj. et n. ▪ Qui occupe un rang non précisé (mais élevé). *Je vous le répète pour la nième, la énième fois.*

le NIÉMEN en russe ***NIÉMAN*** ▪ Fleuve de Biélorussie, de Lituanie et de la région de Königsberg. 937 km.

Oscar NIEMEYER (né en 1907) ▪ Architecte brésilien. Il a réalisé les principaux bâtiments de Brasília.

Niemeyer. La chapelle Saint-François-d'Assise de Pampulha, Brésil.
Phot. © Lauros/Giraudon

Nicéphore NIÉPCE (1765 - 1833) ▪ Physicien français, inventeur de la photographie. Il s'associa avec Daguerre.

NIEPPE ▪ Commune du Nord. 7 417 hab.

NIER v. tr. [7] ▪ Rejeter (une proposition) ; penser, se représenter comme inexistant ; déclarer irréel (⇒ **contester, démentir ; dénégation, négation**). *Nier l'évidence. Nier un fait, un événement.* ♦ absolt - *L'accusé persiste à nier* (ce dont on l'accuse). - (+ inf. passé) *Il nie avoir vu l'accident.* - *NIER QUE* (+ indic.). *Il nie qu'il est venu à quatre heures* (il est pourtant venu). - (+ subj.) *Je ne nie pas qu'il ait du talent.*

Friedrich NIETZSCHE (1844 - 1900) ▪ Philosophe allemand. Philologue de formation, il entreprit une critique des valeurs occidentales (esthétiques, philosophiques, religieuses, scientifiques) servie par un style éblouissant. De nombreux thèmes nietzschéens ont influencé la pensée contemporaine : généalogie des valeurs, volonté de puissance, surhomme, « mort de Dieu », opposition entre Dionysos* et Apollon, retour aux présocratiques. *"La Naissance de la tragédie"* (1872); *"Ainsi parlait Zarathoustra"* (1883); *"Par-delà le bien et le mal"* (1886). Certains de ses thèmes ont été récupérés par l'idéologie nazie.

la NIÈVRE ▪ Affluent de la Loire. 53 km.

la NIÈVRE [58] ▪ Département français de la région Bourgogne. 6 888 km². 233 278 hab. Chef-lieu : Nevers. Chefs-lieux d'arrondissement : Château-Chinon, Clamecy, Cosne-Cours-sur-Loire.

NIGAUD, AUDE adj. ▪ Qui se conduit d'une manière niaise. ⇒ **sot.** ♦ n. ⇒ **benêt, niais.** - (avec une nuance affectueuse, en parlant à un enfant) ⇒ **bêta.** *Allons, gros nigaud, ne pleure pas !*

le NIGER ▪ 3e fleuve d'Afrique, navigable toute l'année. 4 200 km. Son cours forme une boucle à travers la Guinée, le Mali, le Niger et le Nigeria. Il se jette dans l'Atlantique.

le NIGER ▪ État (république) d'Afrique de l'Ouest. 1 267 000 km². 8 400 000 hab. *(les Nigériens).* Capitale : Niamey. Langue officielle : français. Monnaie : franc CFA. En grande partie désertique, il est doté de l'un des climats les plus chauds du monde. L'élevage est la ressource principale. Le riz et le coton sont cultivés dans la vallée du Niger. Gisements d'uranium dont la production est tributaire des cours mondiaux. □ HISTOIRE Le pays fut partagé entre les Haoussas et les Songhaïs, puis dominé et islamisé par les Peuls, avant d'être colonisé par la France au début du xxe s. (partie de l'Afrique-Occidentale française). Il devint indépendant en 1960. À la suite d'un coup d'État, le pays, confronté par ailleurs à l'indépendantisme des Touaregs, a été dirigé de 1974 à 1991 par les militaires. En 1993 après l'instauration du multipartisme, Mahamane Ousmane, économiste de la gauche réformiste, fut élu président, avant d'être renversé par un coup d'État militaire en 1996.

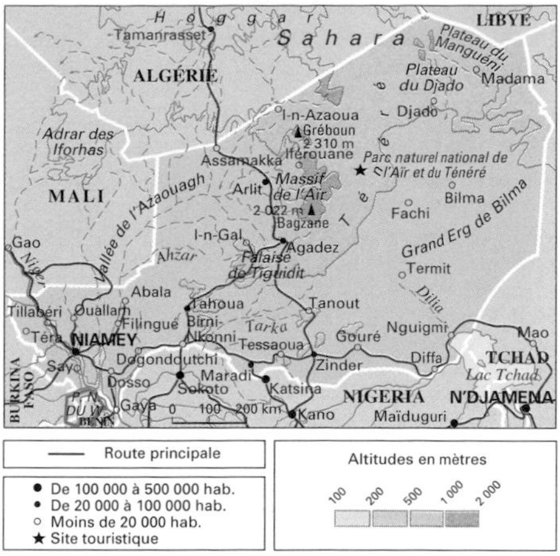

Niger.

le NIGERIA ▪ État (république fédérale) d'Afrique de l'Ouest sur l'océan Atlantique. 923 773 km². 88 514 501 hab. *(les Nigérians).* Capitale : Abuja. Langues : anglais (officielle) et 200 langues dont le haoussa, l'ibo et le yorouba. Monnaie : naira. Agriculture commerciale (cacao, palmier à huile, coton, arachide, etc.) et élevage en voie de sédentarisation. Grand producteur de pétrole, membre de l'O.P.E.P., il connaît une crise depuis la chute des cours du pétrole. □ HISTOIRE Avant l'arrivée des colons anglais au xixe s., deux civilisations s'affrontaient : les féodalités musulmanes du Nord et les royaumes du Sud. Indépendant en 1960, le pays, qui fut le théâtre d'une violente guerre civile en 1967 (→ **Biafra**), est membre du Commonwealth et sous régime militaire depuis le coup d'État de 1983. En 1993, le général Babangida (président depuis 1985) autorisa la tenue d'élections pluralistes dont les résultats furent contestés et annulés par les militaires. Le général Abacha accéda au pouvoir en 1993. Des problèmes ethniques et religieux entre le nord, musulman, et le sud, chrétien, débouchent régulièrement sur des affrontements armés.

Nigeria.

NIGÉRIAN, ANE adj. et n. ▪ Du Nigeria. ◆ n. *Les Nigérians.*

NIGÉRIEN, IENNE adj. et n. ▪ Du Niger (pays). ◆ n. *Les Nigériens.*

NIHILISME n. m. ▪ Idéologie qui rejette toute croyance ; qui refuse toute contrainte sociale.

NIHILISTE adj. ▪ Relatif au nihilisme. ◆ n. et adj. Adepte du nihilisme. *Les nihilistes russes de la fin du XIXe siècle.*

NIHON ou **NIPPON** ▪ Nom japonais désignant les îles japonaises et signifiant « origine du soleil ».

Vaslav **NIJINSKI** (1890 - 1950) ▪ Danseur et chorégraphe russe. Le plus célèbre interprète des Ballets russes de Diaghilev.

NIJNI-NOVGOROD, de 1932 à 1990 **GORKI** ▪ Ville de la Russie, grand port sur la Volga. 1 440 000 hab. Industries. Ville fondée en 1221. Centre culturel et commercial aux foires célèbres de 1817 à 1917.

NIJNI TAGUIL ▪ Ville de la Russie, dans l'Oural. 437 000 hab. Industries.

NIKOLAÏEV → Mykolaïv

Nikita Minine **NIKON** (1605 - 1681) ▪ Prélat russe. Il fit réviser les traductions de l'Écriture et épurer les rites russes, suscitant en retour le schisme des « vieux-croyants ».

le **NIL** ▪ Fleuve d'Afrique du Nord-Est. 6 671 km. Né au Burundi, il passe au Soudan où il est appelé le *Nil blanc,* reçoit le *Nil bleu* à Khartoum, puis traverse les déserts de Nubie et d'Égypte par une série de cataractes, et se jette dans la Méditerranée par un vaste delta marécageux. Le fleuve, aujourd'hui régularisé par le barrage d'Assouan, a façonné l'Égypte, son économie (voie de communication), son agriculture (crues fertilisantes) et sa religion (Osiris).

le **Nil.** Labour et culture près de Louksor. *Phot. © Sioen/Rapho*

NIMBE n. m. ▪ Zone lumineuse qui entoure la tête des représentations de Dieu, des anges, des saints. ⇒ **auréole.**

NIMBER v. tr. [1] ▪ Orner d'un nimbe. ⇒ **auréoler.** ◆ au p. p. *Apparition nimbée de lumière.*

NIMBUS [-ys] n. m. ▪ Gros nuage gris porteur de pluie ou de neige. *Des nimbus et des cumulus* (→ cumulo-nimbus).

NIMÈGUE en néerlandais ***NIJMEGEN*** ▪ Ville des Pays-Bas (Gueldre). 146 000 hab. Monuments du Moyen Âge et de la Renaissance. Les *traités de Nimègue* (1678-1679) mirent fin à la guerre de Hollande, l'Espagne cédant à la France la Franche-Comté ainsi qu'un certain nombre de places.

NÎMES ▪ Chef-lieu du Gard. 128 471 hab. *(les Nîmois).* Centre touristique et commercial (fruits, légumes, vins). Ancienne cité de l'Empire romain : arènes, Maison carrée. Jardin de la Fontaine (XVIIIe s.). Musées.

Roger **NIMIER** (1925 - 1962) ▪ Romancier français. Il se voulut le témoin d'une jeunesse désengagée. *"Le Hussard bleu"* (1950).

Chester **NIMITZ** (1885 - 1966) ▪ Amiral américain. Commandant en chef de la flotte du Pacifique pendant la Deuxième Guerre mondiale, il dirigea les opérations contre les Japonais avec MacArthur.

N'IMPORTE (QUI, QUEL...) ⇒ ② IMPORTER

NIMRUD ▪ Site archéologique situé au sud-est de Mossoul en Irak. Ruines de l'ancienne *Kalkhu* (la *Kalah* biblique), capitale assyrienne fondée par Assurnazirpal II en 879 av. J.-C.

Anaïs **NIN** (1903 - 1977) ▪ Écrivain américain. Connue surtout pour son *"Journal"* (1966-1980) et son poème en prose *"La Maison de l'inceste"* (1936). Amie de D.H. Lawrence et de H. Miller.

NINGBO ou **NING-PO** ▪ Ville et port de Chine (Zhejiang). 1 085 400 hab. Pêche.

NINGXIA ▪ Région autonome du nord de la Chine. 66 400 km². 4 950 000 hab. Capitale : Yinchuan (480 200 hab.). Culture du blé et du soja. Gypse. Artisanat de tapis et de feutre.

NINIVE ▪ Capitale de l'Assyrie dans l'Antiquité, détruite en 612 av. J.-C.

NIOBÉ ▪ Personnage mythologique. Fille de Tantale et épouse d'Amphion, roi de Thèbes, elle en a sept filles et sept garçons qui seront tous tués, à l'exception de Chloris, par Apollon et Artémis.

NIORT ▪ Chef-lieu des Deux-Sèvres. 57 012 hab. *(les Niortais).* Travail du cuir (gants, chaussures). Industries alimentaire, mécanique, électrique. Siège de plusieurs sociétés d'assurances mutuelles.

le lac **NIPIGON** ▪ Lac du Canada (Ontario). 4 450 km².

NIPPE n. f. ▪ au plur. Vêtements pauvres et usés, ou ridicules et laids. ⇒ **hardes.** ◆ FAM. Les vêtements. ⇒ **fringues.**

NIPPER v. tr. [1] ▪ FAM. Habiller. ⇒ **fringuer.** ◆ pronom. *Se nipper de neuf.* ◆ au p. p. *Être bien, mal nippé.*

NIPPON, ONE ou **ONNE** adj. et n. ▪ Japonais.

NIPPUR ▪ Ancienne ville de basse Mésopotamie, principal centre religieux de Sumer à la fin du IVe et au IIIe millénaire av. J.-C.

NIQUE n. f. ▪ *FAIRE LA NIQUE à qqn,* lui faire un signe de mépris, de bravade.

NIQUER v. tr. [1] ▪ FAM. et vulg. **1.** Posséder charnellement. ⇒ **baiser. 2.** fig. Attraper, posséder (qqn). ⇒ **avoir, baiser** (fig.). *Il s'est fait niquer.* **3.** Abîmer, détériorer ; détruire.

NIRVANA ou **NIRVÂNA** n. m. ▪ (dans le bouddhisme) Extinction du désir humain, entraînant la fin du cycle des réincarnations.

NIŠ ▪ Ville de Serbie. 175 555 hab. Monuments byzantins. Centre commercial et industriel.

NITERÓI ▪ Ville du Brésil. 416 000 hab. Capitale de l'État de Rio de Janeiro jusqu'en 1975.

NITOUCHE n. f. ⇒ SAINTE NITOUCHE

NITRATE n. m. ▪ Sel de l'acide nitrique. *Nitrate de sodium, de potassium* (⇒ **salpêtre**). ◆ *Nitrate d'argent,* utilisé en médecine comme antiseptique, caustique et cicatrisant. ◆ *Nitrates utilisés comme engrais.*

NITRE n. m. ▪ VX Salpêtre (nitrate de potassium).

NITRÉ, ÉE adj. ▪ CHIM. VX Qui contient du nitre. ◆ MOD. Qui contient le radical NO_2 (substitué à l'hydrogène).

NITRIQUE adj. ▪ *Acide nitrique :* acide dérivé de l'azote, très corrosif.

NITROGLYCÉRINE n. f. ▪ Nitrate triple de glycérine, explosif puissant (constituant essentiel de la dynamite).

NIUE ▪ Île du Pacifique, formant un territoire librement associé à la Nouvelle-Zélande. 258 km². 2 190 hab. Capitale : Alofi (811 hab.).

NIV- ⇒ NIV(O)-

NIVAL, ALE, AUX adj. ▪ GÉOGR. De la neige. *Régime nival des cours d'eau.*

NIVÉAL, ALE, AUX adj. ▪ LITTÉR. Qui fleurit dans la neige, en hiver.

NIVEAU n. m. ▪ **I.** Instrument qui sert à vérifier l'horizontalité. *Niveau à bulle* (d'air). **II. 1.** Degré d'élévation, par rapport à un plan horizontal. ⇒ **hauteur.** *Jauge indiquant le niveau d'essence. Inégalité de niveau* (⇒ **dénivellation**). ◆ *Être au même niveau que...,* à fleur, à ras de. *Mettre de niveau* (⇒ **niveler**). ◆ loc. *Passage* à niveau.* ◆ *Niveau de la mer :* niveau zéro à partir duquel on évalue les altitudes. ♦ *AU NIVEAU DE :* à la même hauteur que. *L'eau lui arrivait au niveau de la taille.* ◆ À côté de. *Arrivé au niveau du groupe, il ralentit.* **2.** Étage d'un bâtiment. *Centre commercial sur deux niveaux.* **3.** fig. Élévation comparative, degré comparatif (selon un jugement d'importance, de valeur). *Mettre au même niveau,* sur le même plan. ♦ *Niveau intellectuel* (culture, intelligence). *Des élèves de même niveau.* – *Niveau de langue.* ⇒ **style.** ♦ *AU NIVEAU DE :* à l'échelon, au plan, sur le plan de. *Se mettre au niveau de qqn,* à sa portée. *Au niveau de la commune ou du département.* – (emploi critiqué) En ce qui concerne. *Au niveau des finances.* (par plais.) *Au niveau du vécu.* **4.** *NIVEAU DE VIE :* façon de vivre selon le revenu moyen, dans un pays.

NIVELER v. tr. [4] ▪ **1.** Mettre de niveau, rendre horizontal, plan, uni. ⇒ **aplanir, égaliser.** *L'érosion tend à niveler les reliefs.* **2.** fig. Mettre au même niveau, rendre égal. ⇒ **égaliser.** *Niveler les profits, les revenus.*

NIVELEUR, EUSE ▪ **1.** n. Personne qui nivelle. **2.** n. f. TECHN. Engin de terrassement servant à niveler.

Pierre Claude NIVELLE DE LA CHAUSSÉE → Nivelle de **La Chaussée**

NIVELLEMENT n. m. ▪ **1.** TECHN. Mesure des hauteurs relatives de différents points d'un terrain. **2.** Action d'égaliser (une surface). *Le nivellement d'un terrain par des travaux de terrassement.* **3.** fig. *Le nivellement des conditions sociales. Nivellement par le bas.*

NIVELLES ▪ Ville de Belgique (Région wallonne, province du Brabant wallon). 23 217 hab. Nombreux monuments anciens restaurés après les destructions de la Deuxième Guerre mondiale : collégiale Sainte-Gertrude commencée au XIe s.

le NIVERNAIS ▪ Région du centre de la France, pays de plateaux forestiers. Chef-lieu : Nevers.

NIV(O)- Élément savant, du latin *nix, nivis* « neige ».

NIXE n. f. ▪ DIDACT. Nymphe (ou génie) des eaux, dans les mythologies germaniques.

Richard NIXON (1913 - 1994) ▪ 37e président (républicain) des États-Unis, de 1969 à 1974. Avec Kissinger*, il amorça la détente avec l'URSS et la Chine (fin de la guerre du Viêtnam). Le scandale du Watergate* l'obligea à démissionner.

Abū Muhammad Ilyas NIZĀMĪ ou **NEZĀMĪ** (1141 - 1209) ▪ Poète persan. Il mêla culture savante et culture populaire. *"Khamsé"*, ensemble de cinq poèmes didactiques et romanesques.

NI ZAN ou **NI TSAN** (1301 - 1374) ▪ Peintre chinois. Il fut l'un des grands maîtres Huan, calligraphe, poète et paysagiste.

Paul NIZAN (1905 - 1940) ▪ Écrivain français. Auteur d'essais et de romans engagés. *"Aden Arabie"* (1931, réédité avec une préface de Sartre); *"La Conspiration"* (1938).

Kwame NKRUMAH (1909 - 1972) ▪ Homme d'État ghanéen. Il lutta pour l'indépendance de son pays et en fut le premier président de la République (1960-1966).

NÔ n. m. ▪ Drame lyrique japonais de caractère traditionnel, chanté et dansé (apparu au XIVe siècle). *Des nôs.*

Anna de NOAILLES (1876 - 1933) ▪ Poétesse et romancière française. *"Le Cœur innombrable"* (1901), recueil de poèmes; *"La Nouvelle Espérance"* (1903), roman.

Alfred NOBEL (1833 - 1896) ▪ Chimiste et industriel suédois. Il mit au point la dynamite. Il légua sa fortune à la *fondation Nobel,* qui distribue chaque année depuis 1901 des *prix Nobel* aux bienfaiteurs de l'humanité : physique, chimie, médecine ou physiologie, littérature, paix et (depuis 1968) économie.

Umberto NOBILE (1885 - 1978) ▪ Aviateur et explorateur italien. Il survola le pôle Nord, avec Amundsen, dans un dirigeable en 1926.

NOBILIAIRE adj. ▪ Propre à la noblesse. *Titres nobiliaires. Particule nobiliaire.*

NOBLAILLON, ONNE n. ▪ péj. Noble de petite noblesse. ⇒ **nobliau.**

NOBLE ▪ **I.** adj. **1.** LITTÉR. Dont les qualités morales sont grandes. ⇒ **beau, élevé, généreux.** *Cœur noble.* – *De nobles causes.* **2.** *LE NOBLE ART :* la boxe. **3.** Qui commande le respect, l'admiration, par sa distinction, son autorité naturelle. ⇒ **distingué, imposant, majestueux.** *Noble prestance.* **4.** (opposé à *bas*) *Genre, style noble,* qui rejette la vulgarité. ⇒ **élevé, soutenu.** **5.** (dans des expr.) Qui est considéré comme supérieur. *Matières nobles,* naturelles (non synthétiques) et appréciées : pierre, bois... *Métaux nobles* (argent, or, platine). **II. 1.** adj. Qui appartient à une classe privilégiée (sociétés hiérarchisées, féodales, etc.) ou qui descend d'un membre de cette classe (opposé à *roturier*). **2.** n. *Un noble.* ⇒ **aristocrate.** *Les nobles.* ⇒ **noblesse.** **3.** adj. Qui appartient, qui est propre aux nobles. *Être de sang noble.*

NOBLEMENT adv. ▪ D'une manière noble (I), avec noblesse. ⇒ **dignement, fièrement.**

NOBLESSE n. f. ▪ **I. 1.** Grandeur des qualités morales, de la valeur humaine. *Noblesse d'âme, de caractère.* **2.** Caractère noble (comportement, expression, aspect physique). ⇒ **dignité, distinction, majesté.** *La noblesse de son visage, de ses traits.* **II. 1.** Condition du noble. *Titres de noblesse. Quartiers* de noblesse. Noblesse d'épée, de robe.* – loc. prov. *Noblesse oblige,* la noblesse crée le devoir de faire honneur à son nom. – *Lettres* de noblesse.* **2.** Classe sociale des nobles. ⇒ **aristocratie.** HIST. *Noblesse, clergé et tiers état* (sous l'Ancien Régime). *Noblesse d'Empire,* qui tient ses titres de Napoléon Ier. *Haute noblesse,* la plus ancienne, la plus illustre. *Petite noblesse.*

NOBLIAU n. m. ▪ péj. Noble de petite noblesse. *Des nobliaux.*

NOCE n. f. ▪ **1.** (dans des loc.) *LES NOCES :* mariage. *Épouser qqn en secondes noces.* – loc. *Convoler* en justes noces.* – *Nuit de noces.* **2.** Ensemble des réjouissances qui accompagnent un mariage. *Repas de noce.* – loc. *N'être pas à la noce :* être dans une mauvaise situation. **3.** au plur. Fête anniversaire d'un mariage. *Noces d'argent* (25e), *d'or* (50e), etc. **4.** loc. FAM. *Faire la noce :* faire une partie de plaisir ; mener une vie de débauche.

NOCEUR, EUSE n. et adj. ▪ FAM. (Personne) qui aime faire la noce (4). ⇒ **fêtard.**

NOCHER n. m. ▪ POÉT. Celui qui dirige une embarcation. *Charon, le nocher des Enfers.*

NOCIF, IVE adj. ▪ (choses) Qui peut nuire. ⇒ **dangereux, nuisible.** *Gaz nocif.* ⇒ **délétère, toxique.** – *Théories, influences nocives.* ⇒ **pernicieux.**

NOCIVITÉ n. f. ▪ Caractère de ce qui est nuisible.

NOCTAMBULE n. et adj. ▪ (Personne) qui se promène ou se divertit la nuit.

NOCTUELLE n. f. ▪ Papillon de nuit de couleur terne, qui comprend plusieurs espèces.

NOCTURNE ▪ **I.** adj. (opposé à *diurne*) **1.** Qui est propre à la nuit. – Qui a lieu pendant la nuit. *Tapage nocturne.* **2.** (animaux) Qui veille, se déplace, chasse pendant la nuit. *Oiseaux nocturnes* ou *de nuit.* **II.** n. m. Morceau de piano mélancolique, de forme libre. *Les nocturnes de Chopin.* **III. 1.** n. m. ou f. Compétition qui a lieu en soirée. – loc. adv. *En nocturne.* **2.** n. f. Ouverture en soirée de magasins, expositions.

Charles NODIER (1780 - 1844) ▪ Écrivain romantique et érudit français. Son œuvre mêle la fantaisie et le rêve. *"La Fée aux miettes"* (1832).

NODOSITÉ n. f. ▪ **1.** MÉD. Formation pathologique arrondie et dure. **2.** État d'un végétal noueux. – Nœud (III, 1).

NODULE n. m. ▪ **1.** ANAT. Nodosité. *Des nodules tuberculeux.* **2.** GÉOL. Concrétion.

NOÉ ▪ Patriarche de la Bible (Genèse). Il est le seul avec sa famille à échapper au Déluge, grâce à l'*arche de Noé,* bateau que Yahvé lui a ordonné de construire, sur lequel il embarque toutes les races animales, et qui se serait échoué sur le mont Ararat.

NOËL [nɔɛl] n. m. ▪ **1.** Fête commémorant la naissance du Christ, célébrée par les chrétiens le 25 décembre. ⇒ **nativité.**

nô. Compagnie Kanze Motoaki. *Phot. © Bernand*

Arbre, réveillon de Noël. Joyeux Noël ! – *Le* PÈRE NOËL : personnage imaginaire qui est censé déposer des cadeaux dans les souliers des enfants (correspond à saint Nicolas dans certains pays chrétiens). – loc. *Croire au père Noël* : être très naïf. – *La fête de Noël* ou **n. f.** *la Noël.* – *Vacances de Noël.* **2.** Cantique de Noël. **3.** FAM. *Le noël, le petit noël* (d'un enfant) : cadeau de Noël.

Marie Rouget dite **Marie NOËL** (1883 - 1967) ▪ Poétesse française. Sa foi chrétienne inspira toute son œuvre. *"Le Rosaire des joies"* (1930).

Max NOETHER (1844 - 1921) ▪ Mathématicien allemand. L'un des fondateurs de la géométrie algébrique.

NŒUD n. m. ▪ **I. 1.** Enlacement d'une chose flexible (fil, corde, cordage) ou entrelacement de deux objets flexibles qui se resserre si l'on tire sur les extrémités (⇒ **nouer**). *Nœud simple, double nœud. Le nœud coulant d'un lasso. Corde à nœuds* (pour le grimper). – *Nœud de cravate.* – loc. *NŒUD GORDIEN* : difficulté, problème quasi insoluble. *Trancher le nœud gordien.* – loc. FAM. *Sac de nœuds.* **2.** MAR. Unité de vitesse correspondant à 1 mille marin à l'heure. *Navire qui file vingt nœuds.* **3.** Ruban noué ; ornement en forme de nœud. *Nœud qui retient les cheveux* (⇒ **catogan**). *Nœud papillon.* **4.** loc. *Nœud de vipères,* emmêlement de vipères dans le nid. *"Le Nœud de vipères"* (roman de Mauriac). **II.** fig. **1.** VX ou LITTÉR. Attachement très étroit entre des personnes. ⇒ **chaîne, lien. 2.** Point essentiel (d'une difficulté). *Voilà le nœud de l'affaire, de la situation.* ♦ *LE NŒUD DE L'ACTION* : péripétie qui amène l'action dramatique à son point culminant. **3.** (concret) Endroit où se croisent plusieurs grandes voies de communication. *Nœud ferroviaire, routier.* **III. 1.** Protubérance à la partie externe d'un arbre. ⇒ **nodosité ; noueux.** – Partie très dense et dure, vestige de cette protubérance, à l'intérieur de l'arbre. **2.** FAM. Extrémité de la verge. ⇒ **gland.** – vulg. (injure) *Tête de nœud !*

NŒUX-LES-MINES ▪ Commune du Pas-de-Calais. 12 351 hab. *(les Nœuxois).*

NOGENT-LE-ROTROU ▪ Chef-lieu d'arrondissement d'Eure-et-Loir. 11 591 hab. *(les Nogentais).*

NOGENT-SUR-MARNE ▪ Chef-lieu d'arrondissement du Val-de-Marne. 25 248 hab. *(les Nogentais).* « Fête du petit vin blanc », guinguettes.

NOGENT-SUR-OISE ▪ Commune de l'Oise. 19 537 hab. *(les Nogentais).*

NOGENT-SUR-SEINE ▪ Chef-lieu d'arrondissement de l'Aube. 5 505 hab. *(les Nogentais).*

Charles NOGUÈS (1876 - 1971) ▪ Général français, résident général au Maroc de 1936 à 1943. En 1942, il tenta d'organiser la résistance au débarquement allié, suivant les ordres du gouvernement de Vichy.

NOHANT-VIC ▪ Commune de l'Indre constituée de deux villages distants de 3 km. 481 hab. *(les Vicquois).* Maison où vécut George Sand (musée). À Vic, église du XIe s. (fresques romanes).

NOIR, NOIRE ▪ **I.** adj. **1.** Se dit de la couleur la plus foncée qui existe, de l'aspect d'une surface ne réfléchissant aucune lumière (⇒ **noirceur ; mélan(o)-**). *Noir comme (du) jais, de l'encre, du charbon. Yeux noirs. Chat noir.* **2.** Qui est plus sombre (dans son genre). *Café noir* (sans lait ou très fort). *Raisin noir.* – *Une rue noire de monde. Savon noir. Lunettes noires.* **3.** Qui, pouvant être propre, se trouve sali. ⇒ **sale.** *Des ongles noirs.* – *NOIR DE... Mur noir de suie.* **4.** Privé de lumière. ⇒ **obscur, sombre.** *Cabinet noir, chambre noire. Nuit noire,* sans lune, sans étoiles. – loc. *Il fait noir comme dans un four.* **5.** FAM. (attribut) Ivre. **II.** adj. abstrait **1.** Assombri par la mélancolie. *Humeur noire. Avoir, se faire des idées noires.* loc. *Regarder qqn d'un œil noir,* avec hostilité et colère. **2.** (dans des expr.) Marqué par le mal. *Magie noire. Messe noire.* – Où règne une atmosphère macabre. *Roman, film noir.* – *Humour noir.* **3.** Non déclaré, non légal. ⇒ **clandestin.** *Marché noir.* – ellipt *Acheter du sucre au noir.* – *Travail au noir.* **III.** n. m. **1.** Couleur noire. *Un noir profond. Être en noir, porter du noir.* – loc. *C'est écrit noir sur blanc,* de façon visible, incontestable. – *Film en noir et blanc* (opposé à *en couleurs*). **2.** L'obscurité, la nuit. *Avoir peur dans le noir, du noir.* **3.** Matière colorante noire. *Noir de fumée.* – loc. *Broyer* du noir.* – (Salissure) *Avoir du noir sur la joue.* – *Se mettre du noir aux yeux* (maquillage). – *Les noirs d'un tableau.* **4.** *Voir tout en noir,* être pessimiste. **IV.** adj. et n. Qui appartient à la race des Africains et des Mélanésiens à peau très pigmentée *(race noire).* – n. *Des Noirs africains, antillais.* ⇒ anglic. **black.** *Des Noirs américains* (des États-Unis), *brésiliens.* – Propre aux personnes de cette race. *Le problème noir aux États-Unis.*

NOIRÂTRE adj. ▪ D'une couleur tirant sur le noir.

NOIRAUD, AUDE adj. et n. ▪ Qui est noir de teint, de type très brun. ⇒ péj. **moricaud.**

NOIRCEUR n. f. ▪ LITTÉR. **1.** Couleur de ce qui est noir. *La noirceur du corbeau.* **2.** Méchanceté odieuse. ⇒ **perfidie.** *La noirceur d'une trahison.* – VIEILLI *Une, des noirceurs.* Acte, parole témoignant de cette méchanceté. *Tramer quelque noirceur.*

NOIRCIR v. [2] ▪ **I.** v. intr. Devenir noir ou plus foncé. *La peinture a noirci.* **II.** v. tr. **1.** Colorer ou enduire de noir. *La fumée a noirci les murs.* ⇒ **salir.** – loc. *Noircir du papier* : écrire beaucoup. **2.** LITTÉR. Calomnier, dire du mal de (qqn).

NOIRCISSEMENT n. m. ▪ (concret) Action de noircir.

la mer NOIRE ▪ Mer intérieure entre la Moldavie, l'Ukraine, la Russie, la Géorgie, la Turquie, la Roumanie et la Bulgarie. 461 000 km². Elle communique avec la Méditerranée par les détroits du Bosphore et des Dardanelles. Les Grecs l'appelaient le *Pont-Euxin.*

NOIRE n. f. ▪ **1.** Femme de race noire. ⇒ **noir** (IV). **2.** MUS. Note à corps noir et à queue simple dont la valeur est de deux croches, d'une demi-blanche.

NOIRMOUTIER ▪ Île de l'Atlantique (canton de la Vendée divisé en quatre communes). 9 170 hab. *(les Noirmoutrins).* Reliée au continent par un pont et par une chaussée submersible (le Gois).

NOISE n. f. ▪ loc. *CHERCHER NOISE* (ou *DES NOISES*) à qqn, lui chercher querelle.

NOISETIER n. m. ▪ Arbrisseau des bois et des haies, qui produit la noisette (syn. *coudrier*).

NOISETTE n. f. ▪ **1.** Fruit du noisetier, petite coque contenant une amande comestible. *Casser des noisettes* (⇒ **casse-noisettes**). ♦ fig. *Une noisette de beurre.* **2.** adj. invar. Brun clair. *Des yeux noisette.*

NOISIEL ▪ Commune de Seine-et-Marne. 16 525 hab. *(les Noisieliens).*

NOISY-LE-GRAND ▪ Commune de la Seine-Saint-Denis. 54 032 hab. *(les Noiséens).* Église romane et gothique.

NOISY-LE-ROI ▪ Commune des Yvelines. 8 095 hab. *(les Noiséens).*

NOISY-LE-SEC ▪ Commune de la Seine-Saint-Denis. 36 309 hab. *(les Noiséens).* Centre ferroviaire.

NOIX n. f. ▪ **1.** Fruit du noyer, constitué d'une écale verte, d'une coque, et d'une amande comestible formée de quatre quartiers. *Gauler des noix. Coquille de noix.* – *Noix fraîche, sèche. Huile de noix.* ♦ fig. *Une noix de beurre.* **2.** Se dit d'autres fruits comestibles à coque. *Noix de coco, de cajou. Noix muscade.* **3.** *Noix de veau,* partie arrière du cuisseau. *La noix d'une côtelette,* la partie centrale. **4.** FAM. et VIEILLI Imbécile. – loc. *À LA NOIX (de coco)* : de mauvaise qualité, sans valeur. *Des excuses à la noix.*

noix.
Phot. © Carre/Jacana

NOK ▪ Ancienne civilisation du Nigeria dans la vallée de Nok, près de Jos. Les sculptures en terre cuite de Nok (500 av. J.-C. à 200) sont les plus anciennes qui aient été découvertes au sud du Sahara.

Emil NOLDE (1867 - 1956) ▪ Peintre et graveur allemand. Son style, violent et tourmenté, relève de l'expressionnisme.

NOLISER v. tr. [1] ▪ Affréter (un bateau, un avion). ◂ au p. p. *Avion nolisé* (anglic. *charter*).

NOM n. m. ▪ **I.** Mot ou groupe de mots servant à désigner un objet individuel. *Nom propre* (pour distinguer du sens II). *Étude des noms (propres).* ⇒ **onomastique. 1.** Mot servant à nommer une personne. *Avoir, porter tel nom.* ⇒ s'**appeler,** se **nommer.** *Connaître qqn de nom,* ne le connaître que de réputation. ◂ *Nom de famille* (⇒ **patronyme**). *Nom de baptême* ou *petit nom.* ⇒ **prénom.** *Se cacher sous un faux nom. Nom d'emprunt.* ⇒ **pseudonyme, surnom.** ◂ *Agir AU NOM de qqn,* comme son représentant, son interprète. **2.** spécialt Nom de famille. *Nom, prénom et domicile. Nom de jeune fille* (d'une femme mariée). **3.** (dans des loc.) Notoriété, renommée. *Se faire un nom. Laisser un nom.* **4.** (jurons) *Nom de Dieu !* ◂ FAM. *Nom de nom ! Nom d'une pipe ! Nom d'un chien !* **5.** Désignation individuelle d'un animal, d'un lieu, d'un objet. *Noms de lieux* (⇒ **toponymie**). *Noms de chevaux de course.* ◂ *Noms de produits, de marques. Nom déposé*.* **II. 1.** Forme du langage, mot ou expression correspondant à une notion, et servant à désigner les êtres, les choses d'une même catégorie. ⇒ **appellation, dénomination, désignation.** *Quel est le nom de cet arbre ? Noms scientifiques, techniques.* ⇒ **nomenclature ; terme, terminologie.** ◂ loc. *Appeler* les choses par leur nom.* ◂ *SANS NOM :* qu'on ne peut qualifier. *Une terreur sans nom,* trop intense pour être nommée. *Une attitude sans nom.* ⇒ **inqualifiable ; innommable.** ◂ loc. *Traiter qqn de tous les noms,* l'accabler d'injures. **2.** (par oppos. à la chose nommée) *Le nom ne fait rien à la chose. Il n'est patron que de nom.* **3.** *AU NOM DE... :* en considération de..., en invoquant... *Au nom de la loi. Au nom de notre amitié.* **III.** (dans le langage) Mot (partie du discours) qui peut être le sujet d'un verbe, être précédé d'un déterminatif. *Noms propres. Noms communs* (⇒ **substantif**). *Nom complément, nom attribut. Mot remplaçant un nom.* ⇒ **pronom.** *Complément de nom.* **1.** (sens large) DIDACT. Mot pouvant avoir les mêmes fonctions, incluant des formes verbales (noms verbaux) et les adjectifs.

NOMADE ▪ **1.** adj. (groupe humain) Qui n'a pas d'habitation fixe (opposé à *sédentaire*). *Tribu nomade.* ◂ (animaux) ⇒ **migrateur. 2.** adj. *Vie nomade,* d'une personne en déplacements continuels. ⇒ **errant, itinérant. 3.** n. *Les nomades du désert.*

NOMADISER v. intr. [1] ▪ Vivre, se déplacer en nomade(s).

NOMADISME n. m. ▪ Genre de vie des nomades.

NO MAN'S LAND [nomanslɑ̃d] n. m. invar. ▪ anglic. Zone comprise entre les premières lignes de deux armées ennemies. ◂ Zone frontière. ♦ fig. Terrain neutre. ◂ Zone d'incertitude.

NOMBRE n. m. ▪ **1.** Symbole caractérisant une unité ou une collection d'unités considérée comme une somme. *Écriture des nombres* (⇒ **chiffre**). *Étude des nombres* (⇒ **arithmétique**). *Nombres entiers (pairs, impairs), décimaux. Nombre premier,* qui ne peut être divisé que par lui-même et par 1. *Élever un nombre au carré. Nombre cardinal, ordinal.* ♦ MATH. (élargissement du concept) Notion fondamentale de l'arithmétique et des sciences, liée à celles de pluralité, d'ensemble, de correspondance. *Nombres algébriques, imaginaires, irrationnels.* **2.** Nombre concret. *Nombre de fois* (⇒ **fréquence**). *Un certain nombre de... :* plusieurs. *Un petit nombre :* peu. *Un grand nombre :* beaucoup. ◂ loc. prép. *Être AU NOMBRE DE dix :* être dix. ◂ *AU* (ou *DU*) *NOMBRE DE...* ⇒ **parmi ; entre.** *Serez-vous au* (ou *du*) *nombre des invités ?* ellipt *Serez-vous du nombre ?* ◂ *SANS NOMBRE :* sans possibilité d'être dénombré. ⇒ **innombrable.** *Des ennuis sans nombre.* **3.** *Le nombre,* pluralité, grand nombre. ⇒ **quantité.** *Succomber sous le nombre. Faire nombre.* ◂ *EN NOMBRE :* en grande quantité. *Ils sont en nombre.* ◂ *NOMBRE DE :* beaucoup, maint. *Depuis nombre d'années.* **4.** Catégorie grammaticale du singulier et du pluriel. *L'adjectif s'accorde en genre et en nombre.*

NOMBREUX, EUSE adj. ▪ **1.** Qui est formé d'un grand nombre d'éléments. ⇒ **abondant, considérable.** *Foule nombreuse. Famille nombreuse.* **2.** En grand nombre. *Venez nombreux !* ◂ (épithète ; avant le n.) *Dans de nombreux cas.* ⇒ **beaucoup.**

NOMBRIL [-i(l)] n. m. ▪ **1.** Cicatrice arrondie sur le ventre des mammifères, à l'endroit où le cordon ombilical a été sectionné. ♦ loc. fig. et FAM. *Se regarder le nombril* (⇒ **nombrilisme**). ◂ *Se prendre pour le nombril du monde.* ⇒ **centre.**

NOMBRILISME n. m. ▪ FAM. Attitude égocentrique.

-NOME, -NOMIE, -NOMIQUE Éléments, du grec, de *nemein* « distribuer, administrer » (ex. *économe, agronomie, gastronomique*).

NOMENCLATURE n. f. ▪ **1.** Termes employés dans une science, un art, etc., méthodiquement classés. ⇒ **terminologie.** ◂ Liste méthodique. ⇒ **inventaire, répertoire. 2.** Ensemble des termes faisant l'objet d'un article distinct (dans un dictionnaire, un glossaire, un vocabulaire).

NOMINAL, ALE, AUX adj. ▪ **I.** Relatif au nom (I). *Appel nominal. Liste nominale.* ⇒ ② **nominatif. II. 1.** DIDACT. Relatif aux mots, aux noms (II) et non aux choses. *Erreur nominale.* **2.** Qui existe seulement de nom et pas en réalité. *Autorité nominale.* **3.** ÉCON. *Valeur nominale d'une action,* sa valeur d'émission (par oppos. à *cours actuel*). *Salaire nominal* (en unités monétaires) *et salaire réel* (pouvoir d'achat). **III.** GRAMM. Qui a la fonction d'un nom. *Formes nominales du verbe* (infinitif, participes). *Syntagme nominal.* ◂ n. m. *Un nominal :* un pronom.

NOMINALEMENT adv. ▪ **1.** Par son nom. **2.** De nom (et pas en fait). **3.** GRAMM. En fonction de nom.

NOMINALISME n. m. ▪ PHILOS. Doctrine qui ramène les idées générales à l'emploi des signes, des noms, leur refusant une réalité dans l'esprit ou hors de lui (alors opposé à *réalisme*).

① **NOMINATIF** n. m. ▪ Cas d'un substantif, adjectif ou pronom qui est sujet ou attribut (dans une langue à déclinaison).

② **NOMINATIF, IVE** adj. ▪ Qui contient le nom, les noms (I). *Liste nominative.* ⇒ **nominal.** *Carte nominative. Titre nominatif* (opposé à *au porteur*). ► adv. NOMINATIVEMENT

NOMINATION n. f. ▪ **1.** Action de nommer (qqn) à un emploi, à une fonction, à une dignité. ⇒ **désignation.** *Nomination à un poste supérieur* (⇒ **promotion**). *Il vient d'obtenir sa nomination.* **2.** Le fait d'être nommé parmi des lauréats. *Obtenir plusieurs nominations* (prix, accessits).

NOMMÉMENT adv. ▪ En nommant, en désignant (qqn) par son nom.

NOMMER v. tr. [1] ▪ **I.** Désigner par un nom. ⇒ **appeler. 1.** Distinguer (une personne) par un nom ; donner un nom à (qqn). ⇒ **dénommer.** *Ses parents l'ont nommé Paul.* ⇒ **prénommer. 2.** Donner un nom à (qqch.). *Nommer une comète* (→ nom propre). ◂ Affecter un nom, un terme à (une classe de choses, une notion distincte). **3.** Mentionner (une personne, une chose) en disant ou en écrivant son nom. ⇒ **citer, désigner, indiquer.** *L'accusé refuse de nommer ses complices.* **II.** Désigner, choisir (une personne) pour remplir une fonction (opposé à *élire*). *On l'a nommé directeur.* ◂ *Nommer qqn son héritier.* ◂ *Nommer d'office un expert.* ⇒ **commettre.** ► SE NOMMER v. pron. **1.** passif Avoir pour nom. ⇒ s'**appeler. 2.** réfl. Se faire connaître en disant son nom. *Il ne s'est pas nommé par timidité.* ► **NOMMÉ, ÉE** adj. **I. 1.** (suivi du n. propre) Qui a pour nom. *Un médecin nommé X.* ◂ n. *Le nommé Dubois.* **2.** Désigné par son nom. *Les personnes nommées plus haut.* ⇒ **susdit. 3.** loc. *À POINT NOMMÉ :* au moment voulu, à propos. *Arriver à point nommé.* **II.** Désigné, choisi par nomination. *Magistrats nommés et magistrats élus.*

NON adv. de négation ▪ **I. 1.** Réponse négative, refus. *Non, n'insistez pas. Mais non ! Non merci.* ◂ FAM. (interrogatif) N'est-ce pas ? *C'est triste, non ?* **2.** compl. dir. d'un verbe déclaratif *Il ne sait pas dire non.* FAM. *Je ne dis pas non :* je veux bien. ◂ *Je vous dis que non.* **3.** FAM. Exclamatif, marquant l'indignation, la protestation. *Non, par exemple ! Non, mais !* ◂ Marquant l'étonnement. *Il est nommé directeur. — Non !* (→ sans blague !, pas possible !, c'est pas vrai !). **II.** (en phrase coordonnée ou juxtaposée) *ET NON ; MAIS NON. C'est pour moi et non pour vous.* ◂ *OU NON,* marquant une alternative. *Que vous le vouliez ou non.* ◂ (en fin de phrase) ⇒ ② **pas.** *Hier j'aurais pu ; aujourd'hui, non.* ◂ *NON PLUS* (remplace *aussi* dans une proposition négative). *Toi non plus, tu ne sais pas ?* ◂ *NON, NON PAS (POINT), NON SEULEMENT... MAIS... Non seulement il se trompe, mais en plus il s'obstine.* ◂ *NON SANS...,* avec un peu de... *Non sans hésitation :* avec une certaine hésitation. ◂ *NON QUE* loc. conj. (+ subj.), sert à écarter une explication possible. *Il n'y arrivera pas ; non qu'il soit incapable, mais il est trop distrait.* **III.** *NON :* qui n'est pas, est le contraire de. *Un risque non négligeable.* ⇒ **non-. IV.** n. m. invar. *Une majorité de non. Un non catégorique.* ⇒ **refus.** ◂ loc. *Pour un oui* ou pour un non.*

NON- Élément indiquant l'absence, le défaut ou le refus (ex. *non-activité* n. f. ; *non-exécution* n. f. ; *non-ingérence* n. f. ; *non-inscrit, ite* adj. et n. ; *non-viable* adj.).

NONAGÉNAIRE adj. et n. ▪ Dont l'âge est compris entre quatre-vingt-dix et quatre-vingt-dix-neuf ans.

NON-AGRESSION [nɔn-] n. f. ▪ Fait de ne pas recourir à l'agression (contre tel ou tel pays). *Pacte de non-agression.*

NON-ALIGNÉ, ÉE [nɔn-] adj. et n. ▪ Qui pratique le non-alignement. *Les pays non-alignés.*

NON-ALIGNEMENT [nɔn-] n. m. ▪ Fait pour un pays de ne pas se conformer à une politique commune.

NONANTE adj. numéral cardinal invar. ▪ VX OU RÉGIONAL (Belgique, Suisse) Quatre-vingt-dix.

NONANTIÈME [-tjɛm] adj. numéral ordinal ▪ VX OU RÉGIONAL Quatre-vingt-dixième.

NON-ASSISTANCE [nɔn-] n. f. ▪ DR. Délit qui consiste à ne pas secourir volontairement. *Non-assistance à personne en danger.*

NONCE n. m. ▪ *Nonce (apostolique) :* archevêque ambassadeur du Vatican. ⇒ **légat.**

NONCHALAMMENT adv. ▪ Avec nonchalance.

NONCHALANCE n. f. ▪ **1.** Caractère, manière d'agir nonchalante ; manque d'ardeur, de soin. ⇒ **indolence, langueur, mollesse, paresse. 2.** Lenteur, mollesse nuancée d'indifférence. *Répondre avec nonchalance.* ➝ Grâce alanguie. ⇒ **abandon.**

NONCHALANT, ANTE adj. ▪ Qui manque d'activité, d'ardeur, par insouciance, indifférence. ⇒ **indolent, mou.** *D'un pas nonchalant.* ⇒ **lent, alangui.**

NONCIATURE n. f. ▪ Charge de nonce. ➝ Résidence du nonce.

NON-CONFORMISME n. m. ▪ Attitude non-conformiste.

NON-CONFORMISTE n. et adj. ▪ Personne qui ne se conforme pas aux usages établis. ⇒ **anticonformiste,** ② **original.** ➝ *Attitude non-conformiste.*

NON-DIT n. m. ▪ Ce qui n'est pas dit, ce qui reste caché dans le discours de qqn.

NONE n. f. ▪ RELIG. Office de la neuvième heure.

NON-EUCLIDIEN, IENNE [nɔn-] adj. ▪ Qui n'obéit pas au postulat d'Euclide sur les parallèles. ➝ *Géométries non-euclidiennes.*

NON-FIGURATIF, IVE adj. ▪ ARTS Qui ne représente pas le monde extérieur. *Peinture non-figurative.* ⇒ **abstrait.** ➝ *Peintre non-figuratif.* ➝ n. m. *Les non-figuratifs.*

NON-FUMEUR, NON-FUMEUSE n. ▪ Personne qui ne fume pas. ➝ appos. *Espace non-fumeurs.*

NON-INTERVENTION [nɔn-] n. f. ▪ Attitude d'un État qui s'abstient d'intervenir dans les affaires d'un pays étranger.

NON-LIEU n. m. ▪ DR. Décision par laquelle le juge d'instruction déclare qu'il n'y a pas lieu de poursuivre en justice. *Arrêt, ordonnance de non-lieu. Des non-lieux.*

NONNE n. f. ▪ VX ou plais. Religieuse.

Luigi **NONO** (1924-1990) ▪ Compositeur italien. L'un des principaux représentants de la musique sérielle, il assigna à la musique une fonction militante. *"Intolleranza"* (1961), opéra.

NONOBSTANT ▪ **1.** prép. VX OU DR. Sans être empêché par qqch., sans s'y arrêter. ⇒ en **dépit** de, **malgré.** *Nonobstant ses protestations...* **2.** adv. VX OU LITTÉR. ⇒ **cependant, néanmoins.**

NON-RECEVOIR ⇒ ① FIN (II, 3) DE NON-RECEVOIR

NON-RETOUR n. m. ▪ *POINT DE NON-RETOUR :* moment où il n'est plus possible de revenir en arrière (dans une série d'actes, de décisions).

NON-SENS [nɔ̃sɑ̃s] n. m. invar. ▪ **1.** Défi au bon sens, à la raison. ⇒ **absurdité.** *C'est un non-sens.* **2.** Ce qui est dépourvu de sens (phrase, raisonnement). *Faire un non-sens.* ⇒ **contresens. 3.** *Le non-sens :* l'absurde, le paradoxe.

NONTRON ▪ Chef-lieu d'arrondissement de la Dordogne. 3 558 hab. *(les Nontronnais).*

NON-VIOLENCE n. f. ▪ Doctrine qui exclut toute action violente en politique.

NON-VIOLENT, ENTE adj. et n. ▪ Qui procède par la non-violence. *Manifestation non-violente.* ➝ n. *Les non-violents.*

NON-VOYANT, ANTE n. ▪ Aveugle (→ malvoyant). *Des non-voyants.*

NOPAL n. m. ▪ Cactus (oponce) à fruits comestibles (figues de Barbarie). *Des nopals.*

NORD ▪ **I.** n. m. **1.** Celui des quatre points cardinaux correspondant à la direction de l'Étoile polaire, du pôle de l'hémisphère où est située l'Europe (à l'opposé du *sud*). *Vents du nord. Pièce exposée au nord.* ➝ *Nord magnétique,* indiqué par l'aiguille aimantée de la boussole. ➝ loc. fig. *Perdre le nord :* s'affoler. ➝ *AU NORD DE. Au nord de la Loire.* **2.** Partie d'un ensemble géographique qui est la plus proche du nord. *Les peuples du Nord.* ⇒ **nordique.** *Afrique, Amérique du Nord.* ➝ *Le Grand Nord,* la partie du globe située près du pôle Nord. ⇒ **arctique.** ➝ (à l'intérieur d'un pays) *L'Allemagne, l'Italie du Nord.* ➝ *Le Nord et le Midi.* (en France) *Les gens du Nord* (Flandre, Picardie...), RÉGIONAL *de ch'Nord* (cf. *chtimi*). ♦ Les pays industrialisés. *Dialogue Nord-Sud.* **II.** adj. invar. Qui se trouve au nord. ⇒ **septentrional.** *L'hémisphère Nord.* ⇒ **boréal.** *Le pôle Nord. Latitude nord.* ➝ (dans des adj. et n. composés) *nord-africain* (maghrébin) ; *des Nord-Africains.*

la mer du **NORD** ▪ Partie de l'océan Atlantique située entre la Grande-Bretagne, la France, la Belgique, les Pays-Bas, l'Allemagne, le Danemark et la Norvège. 570 000 km². Trafic maritime très dense (ports de Dunkerque, Rotterdam, Londres, Anvers, Hambourg). Gisements de pétrole près de l'Écosse et de la Norvège (Ekofisk).

le cap **NORD** ▪ Point le plus septentrional d'Europe, au nord de la Norvège.

le **NORD** [59] ▪ Département français de la région Nord-Pas-de-Calais. 5 738 km². 2 531 855 hab. Chef-lieu : Lille. Chefs-lieux d'arrondissement : Avesnes-sur-Helpe, Cambrai, Douai, Dunkerque, Valenciennes.

NORDENSKJÖLD ou **NORDENSKIÖLD** ▪ Explorateurs suédois ► **Adolf Erik, baron NORDENSKJÖLD** (1832-1901) découvrit le passage maritime du Nord-Est. ► **Otto NORDENSKJÖLD** (1869-1928), son neveu, explora la Patagonie et la Terre de Feu, l'Alaska, le Groenland oriental, l'Antarctique et le Spitzberg.

NORD-EST [nɔʀɛst] n. m. et adj. invar. ▪ **1.** Point de l'horizon situé à égale distance entre le nord et l'est. **2.** Région située dans cette direction. *Le nord-est de la France.* ➝ adj. *La partie nord-est du pays.*

le passage du **NORD-EST** ▪ Route maritime entre le nord de l'Europe et l'Asie, par l'océan Arctique et le détroit de Béring, ouverte en 1878-1879 par le géologue suédois A.E. Nordenskjöld (1832-1901).

le **NORDESTE** → **Brésil**

NORDIQUE adj. et n. ▪ Des pays du nord de l'Europe. *Langues nordiques* (anciennes : le *nordique* n. m.). ➝ n. *Un, une Nordique* (Scandinave, Islandais, Finlandais).

NORDISTE n. m. et adj. ▪ Partisan des États du Nord (yankees), lors de la guerre de Sécession aux États-Unis. *Nordistes et Sudistes.*

NORD-OUEST [nɔʀwɛst] n. m. et adj. invar. ▪ **1.** Point de l'horizon situé à égale distance entre le nord et l'ouest. *Vent du nord-ouest.* ⇒ **noroît. 2.** Région située dans cette direction. *Le nord-ouest de l'Italie.* ➝ adj. *La côte nord-ouest.*

le passage du **NORD-OUEST** ▪ Passage entre l'Atlantique Nord et le Pacifique par l'archipel arctique canadien, ouvert par Amundsen (1906).

les **TERRITOIRES DU NORD-OUEST** en anglais ***NORTHWEST TERRITORIES*** ▪ Province (État fédéré) du Canada, s'étendant de la baie d'Hudson au Yukon et à l'Alaska. Très vaste (3 379 683 km²) mais peu peuplée (57 649 hab.) à cause du froid. Capitale : Yellowknife. Ressources minières. Parcs, réserves écologiques.

le **NORD-PAS-DE-CALAIS** ▪ Région administrative française formée de deux départements : Nord et Pas-de-Calais. 12 414 km². 3 965 058 hab. Chef-lieu : Lille. Plaines de la Flandre et de l'Artois, une des régions agricoles les plus riches de France : céréales, betteraves, élevage. Grand foyer d'économie textile et commerciale au Moyen Âge (Lille, Roubaix, Tourcoing). Révolution industrielle au XIXe s. avec le charbon : sidérurgie sur le bassin houiller de la Flandre et de l'Escaut. Depuis plusieurs années, la crise du textile et de la sidérurgie nécessite une reconversion économique.

le **NORFOLK** ▪ Comté du sud-est de l'Angleterre. 5 355 km². 750 000 hab. Chef-lieu : Norwich. Région céréalière.

NORFOLK ▪ Ville et port des États-Unis (Virginie). 261 000 hab. → **Hampton.**

Géo **NORGE** (1898-1990) ▪ Poète belge d'expression française. Usant de mots crus, sa poésie imite la diction populaire. *"La Langue verte"* (1954).

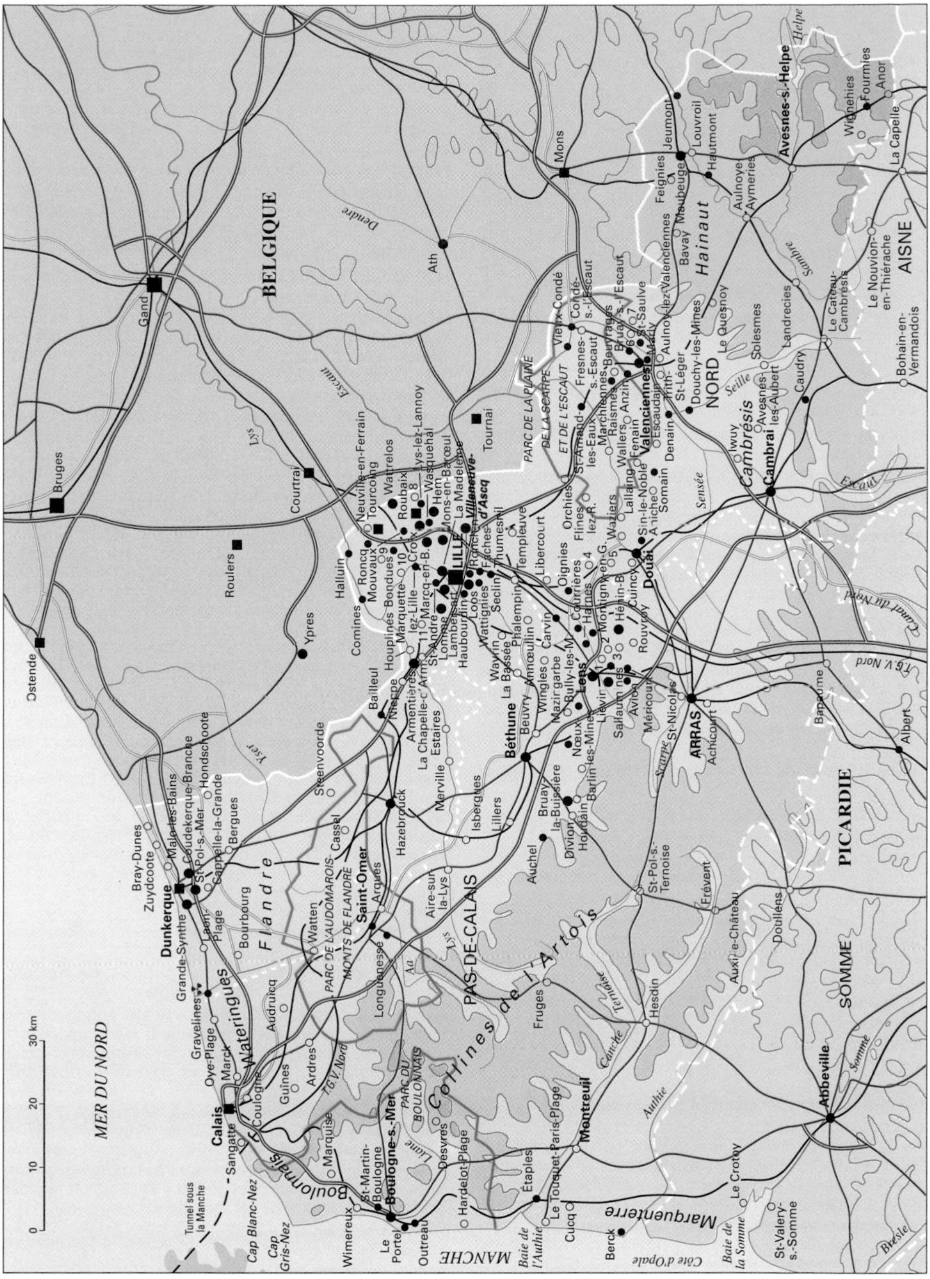
MER DU NORD
MANCHE
BELGIQUE
NORD
PAS-DE-CALAIS
PICARDIE
SOMME
AISNE
Flandre
Hainaut
Cambrésis
Collines de l'Artois
Boulonnais
Wateringues
Marquenterre
Côte d'Opale
PARC DE L'AUDOMAROIS
MONTS DE FLANDRE
PARC DU BOULONNAIS
PARC DE LA PLAINE DE LA SCARPE ET DE L'ESCAUT
Tunnel sous la Manche
T.G.V. Nord
Canal du Nord
LILLE
ARRAS
Dunkerque
Calais
Boulogne-s.-Mer
Saint-Omer
Béthune
Lens
Douai
Valenciennes
Cambrai
Avesnes-s.-Helpe
Montreuil
Villeneuve-d'Ascq
Abbeville
0 10 20 30 km
Autoroute
Route principale
Voie ferrée
Parc naturel
Canal
Plus de 100 000 hab.
De 50 000 à 100 000 hab.
De 20 000 à 50 000 hab.
De 10 000 à 20 000 hab.
Moins de 10 000 hab.
Ville nouvelle
Centrale nucléaire
Limite d'État
Limite de région
Limite de département
LILLE Chef-lieu de région
ARRAS Chef-lieu de département
Calais Chef-lieu d'arrondissement
Altitudes en mètres
-50 0 100 200 500
1 - Noyelles-sous-Lens
2 - Fouquières-lès-Lens
3 - Billy-Montigny
4 - Leforest
5 - Auby
6 - Onnaing
7 - Quiévrechain
8 - Leers
9 - Linselles
10 - Wambrechies
11 - Pérenchies

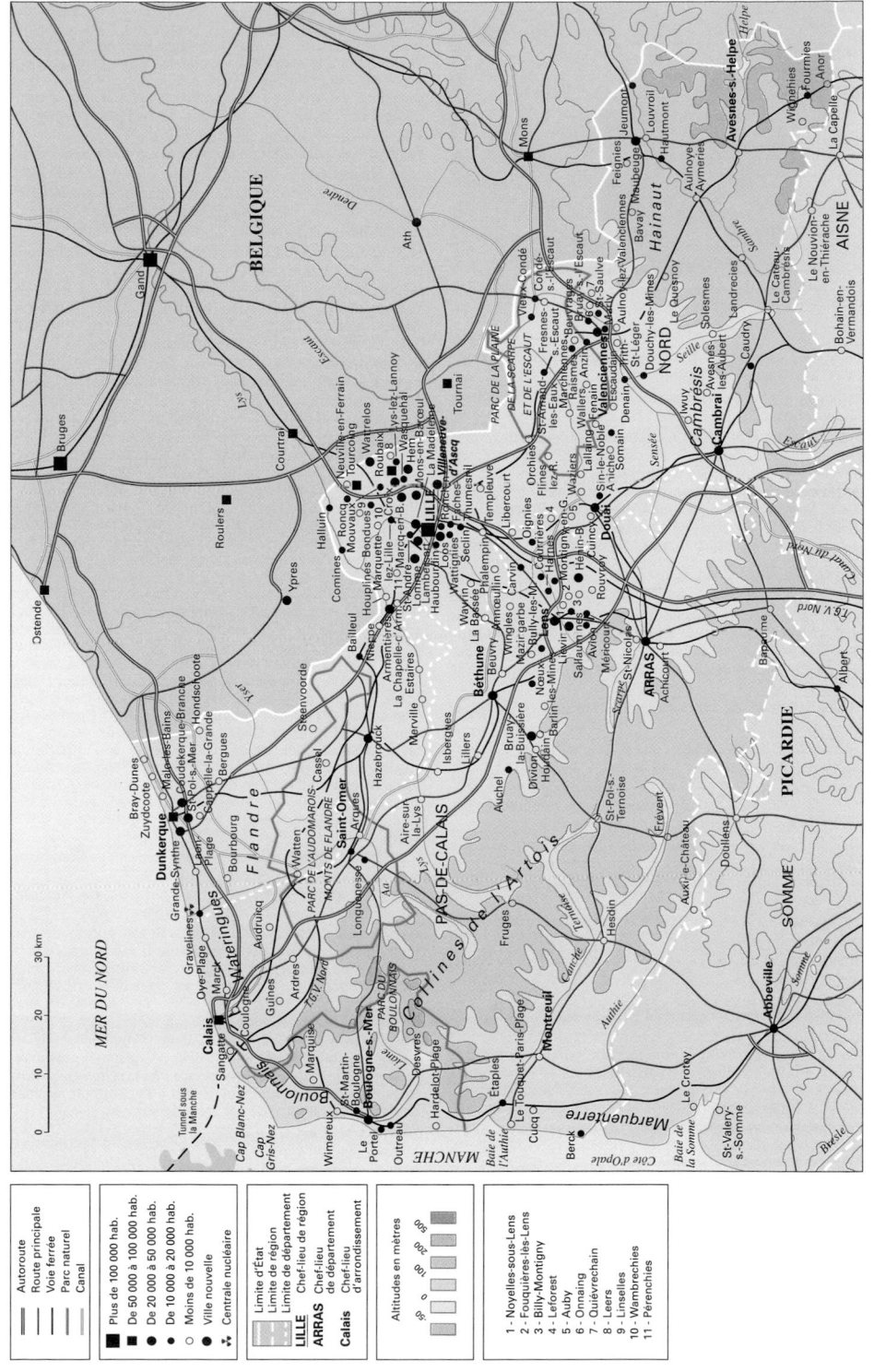

Nord-Pas-de-Calais.

noria. Fellah et son fils actionnant une noria, Égypte.
Phot. © Boutin/Explorer

NORIA n. f. ▪ Machine hydraulique à godets, qui sert à élever l'eau, à irriguer. *Noria égyptienne.*

NORILSK ▪ Ville de la Russie, en Sibérie. 165 000 hab. Cuivre, nickel.

NORMAL, ALE, AUX adj. et n. f. ▪ **1.** MATH. *Droite normale à,* perpendiculaire à. ▸ n. f. *Une normale.* **2.** *École normale,* qui forme les instituteurs. ▸ *L'École normale supérieure,* formant des professeurs (secondaire, université) et des chercheurs. ▸ n. f. *Normale Lettres ; Normale Sciences* (⇒ **normalien**). **3.** Qui est dépourvu de tout caractère exceptionnel ; qui est conforme au type le plus fréquent (⇒ **norme**) ; qui se produit selon l'habitude (s'oppose à *anormal*). *Il n'est pas normal :* il a des insuffisances ou des bizarreries. ▸ *État normal.* ▸ *Tout est normal. En temps normal.* ⇒ **ordinaire.** ▸ *Sa réaction est normale.* ⇒ **logique.** ▸ (+ inf.) *Ce n'est pas normal de dormir autant.* ▸ (avec *que* + subj.) *Il est normal qu'elle soit fatiguée.* **4.** n. f. *LA NORMALE :* la moyenne. ⇒ **norme.** *Intelligence au-dessus de la normale. S'écarter de la normale. Revenir à la normale.*

NORMALEMENT adv. ▪ D'une manière normale. ▸ En temps normal. ⇒ **habituellement.**

NORMALIEN, IENNE n. ▪ Élève d'une école normale. ♦ spécialt Élève de l'École normale supérieure.

NORMALISATION n. f. ▪ Fait de (se) normaliser. *La normalisation des relations entre deux pays.* ▸ *La normalisation des produits fabriqués.* ⇒ anglic. **standardisation.**

NORMALISER v. tr. [1] ▪ **1.** Soumettre (une production) à des normes (3). ⇒ **standardiser. 2.** Faire devenir ou redevenir normal. *Normaliser les relations diplomatiques avec un pays étranger.*

NORMALITÉ n. f. ▪ DIDACT. Caractère de ce qui est normal. ⇒ **norme.**

NORMAND, ANDE adj. et n. ▪ **I.** HIST. Des Normands*. ⇒ **viking.** ♦ Du duché de Normandie (au Moyen Âge). **II.** COUR. De la région de Normandie. *La côte normande.* ▸ n. loc. *Une réponse de Normand,* qui ne dit ni oui ni non.

la NORMANDIE ▪ Ancienne province française. Unifiée lors de la conquête romaine, puis envahie par les Normands au IXe s., elle comprenait l'Angleterre au XIe s., conquise par Guillaume le Conquérant, puis passa aux Plantagenêts. Longtemps disputée entre Anglais et Français, elle fut rattachée au domaine royal de France en 1468. Elle est aujourd'hui divisée en deux régions administratives. → **Basse-Normandie ; Haute-Normandie.**

le pont de NORMANDIE ▪ Pont à haubans qui franchit la Seine entre Honfleur et la zone industrielle du Havre (long. : 2 200 m).

les NORMANDS → **Vikings**

NORMATIF, IVE adj. ▪ DIDACT. Qui constitue une norme (1), est relatif à la norme, établit des règles. *Grammaire normative et grammaire descriptive.*

NORME n. f. ▪ **1.** DIDACT. Type concret ou formule abstraite de ce qui doit être. ⇒ **loi, modèle, principe, règle.** *Norme juridique.* ▸ *La norme des puristes* (en matière de langage). **2.** État habituel, conforme à la majorité des cas. ⇒ **normal.** *S'écarter de la norme.* ▸ *Les normes sociales. Les usages et les normes linguistiques.* **3.** Ensemble de règles techniques, de critères définissant un type d'objet, un produit, un procédé (⇒ **normaliser**). *Appareil conforme aux normes.*

NORODOM SIHANOUK (né en 1922) ▪ Souverain et homme d'État cambodgien. Roi du Cambodge*, en 1941, puis chef du gouvernement en 1955. Il démissionna en 1976, quitta son pays en 1979 mais continua, depuis l'étranger, d'y jouer un rôle important. Il revint dans son pays en 1991 et fut reconnu chef de l'État. En mai 1993, l'Assemblée cambodgienne rétablit la monarchie et Norodom Sihanouk remonta sur le trône.

NOROÎT n. m. ▪ MAR. Vent du nord-ouest. *Le noroît et le suroît.*

Frank NORRIS (1870-1902) ▪ Journaliste et romancier américain. Son œuvre romanesque fut influencée par le naturalisme de Zola. *"McTeague"* (1899); *"La Pieuvre"* (1901).

NORRKÖPING ▪ Ville et port de Suède. 82 639 hab.

NORROIS n. m. ▪ LING. Langue germanique ancienne dont une forme est le vieil islandais.

NORTHAMPTON ▪ Ville d'Angleterre, chef-lieu du Northamptonshire. 180 000 hab. Industrie du cuir. ► **le NORTHAMPTONSHIRE** Comté de l'est de l'Angleterre. 2 367 km^2. 580 000 hab. Chef-lieu : Northampton.

le NORTHUMBERLAND ▪ Comté du nord-ouest de l'Angleterre, à la frontière écossaise. 5 033 km^2. 305 000 hab. Chef-lieu : Newcastle upon Tyne.

le royaume de NORVÈGE ▪ État (monarchie constitutionnelle) d'Europe du Nord. Il correspond à la bordure occidentale de la Scandinavie et comprend de nombreuses îles (Svalbard...). 323 879 km^2. 4 220 686 hab. *(les Norvégiens).* Capitale : Oslo. Langue : norvégien. Religion officielle : Église évangélique luthérienne. Monnaie : couronne norvégienne. Pays de montagnes, au littoral découpé de fjords. La pêche (premier rang en Europe), l'exploitation de la forêt et celle des gisements de gaz naturel et de pétrole en mer du Nord sont les bases de l'économie. Industrie navale. Aluminium. □ HISTOIRE L'un des pays d'origine des Vikings. Il fut unifié en 872 et christianisé au XIe s. Il connut son apogée au XIIIe s., possédant le Groenland et l'Islande et dominant le reste de la Scandinavie. Il fut uni au Danemark et à la Suède sous Marguerite Valdemarsdotter (1397). Puis il passa sous la domination de fait du Danemark en 1523, de la Suède en 1814 (mais avec sa propre Constitution), et devint indépendant en 1905. Pays neutre pendant la Première Guerre mondiale, il fut occupé par les troupes allemandes en 1940, à cause de l'importance stratégique du port de Narvik*. Depuis 1965, les travaillistes et une coalition de quatre partis non socialistes se succèdent au pouvoir. Par référendum, les Norvégiens ont refusé à deux reprises (1972 et 1994) d'adhérer à l'Union européenne.

NORVÉGIEN, IENNE adj. et n. ▪ De Norvège. ▸ n. *Les Norvégiens.* ♦ n. m. *Le norvégien* (langue scandinave).

NORWICH ▪ Ville d'Angleterre, chef-lieu du Norfolk. 120 000 hab. Cathédrale romane érigée en 1096.

Cyprian Kamil NORWID (1821-1883) ▪ Poète, auteur dramatique, peintre et sculpteur polonais. Il laissa une œuvre mystique et prophétique aujourd'hui considérée comme l'un des sommets de la littérature polonaise. *"Rhapsodie funèbre à la mémoire de Bem"* (1850); *"Le Piano de Chopin"* (1863).

NOSTALGIE n. f. ▪ Regret mélancolique (d'une chose révolue ou de ce qu'on n'a pas connu) ; désir insatisfait. ⇒ **mélancolie.** *Avoir la nostalgie de son enfance. "La nostalgie n'est plus ce qu'elle était"* (traduit d'un graffiti américain par Simone Signoret, pour le titre de son livre de souvenirs).

NOSTALGIQUE adj. et n. ▪ Empreint de nostalgie. ▸ n. *Un nostalgique de la monarchie.*

Michel de Nostre-Dame dit NOSTRADAMUS (1503-1566) ▪ Médecin et astrologue français. Célèbre pour ses prédictions, les *"Centuries astrologiques"* (1555).

NOTA BENE [nɔtabene] ou **NOTA** n. m. invar. ▪ Note, remarque. ◇ abrév. N.B.

NOTABILITÉ n. f. ▪ Personne notable, qui occupe un rang supérieur dans une hiérarchie. ⇒ **notable, personnalité.**

NOTABLE ▪ **1.** adj. Qui est digne d'être noté, remarqué. *De notables progrès.* ⇒ **appréciable, important, sensible.** ▸ (personnes) Important. *C'est quelqu'un de notable.* **2.** n. m. Personne à laquelle sa situation sociale confère une certaine autorité dans les affaires publiques. *Les notables d'une ville.* ⇒ **notabilité, personnalité.**

NOTABLEMENT adv. ▪ D'une façon sensible, appréciable.

NOTAIRE n. m. ▪ Officier public chargé d'établir tous les actes et contrats auxquels il faut (ou auxquels on veut) donner un

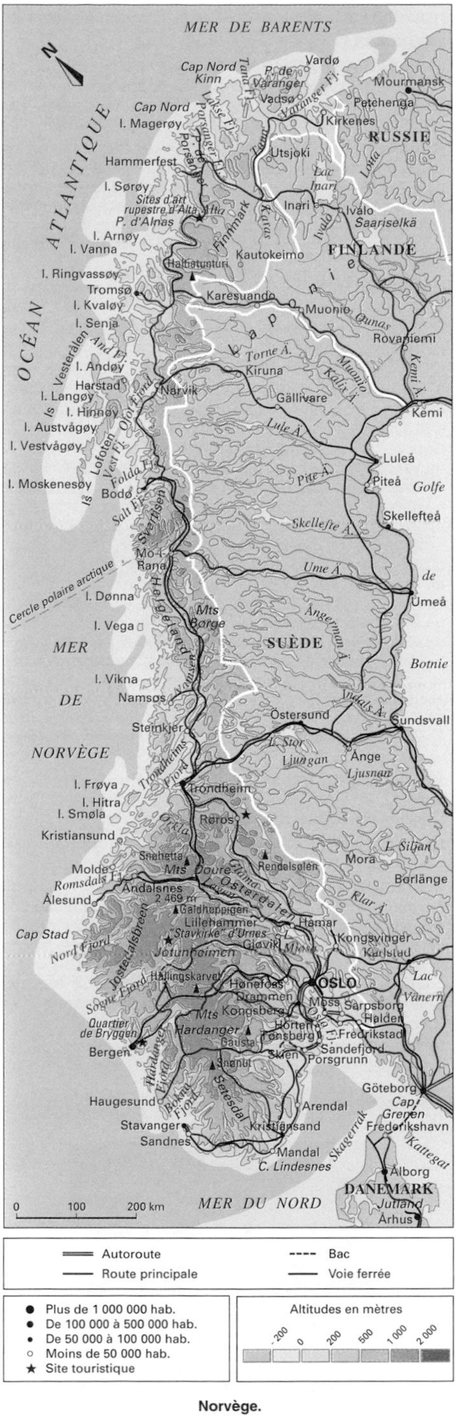

Norvège.

caractère authentique. *Étude, clerc de notaire. Comparaître par-devant notaire. Maître Suzanne X, notaire. Frais de notaire.*

NOTAMMENT adv. ▪ En remarquant parmi d'autres. ⇒ **particulièrement.** *Les mammifères, et notamment l'homme.*

NOTARIAT n. m. ▪ Fonction de notaire. - Corps des notaires.

NOTARIÉ, ÉE adj. ▪ Fait par un notaire, devant notaire. *Actes notariés.* ⇒ **authentique.**

NOTATION n. f. ▪ **1.** Action, manière de noter, de représenter par des symboles ; système de symboles. *Notation numérique ; notation par lettres. Notation musicale. Notation sténographique, phonétique.* **2.** Ce qui est noté (par écrit) ; courte remarque. ⇒ **note. 3.** Action de donner une note. *La notation d'un devoir.*

NOTE n. f. ▪ **I. 1.** *Note (de musique) :* signe qui sert à caractériser un son. *Savoir lire ses notes.* ⇒ **déchiffrer. 2.** Son figuré par une note. *Les notes de la gamme* (do, ré, mi, fa, sol, la, si). - Son musical. *Une note cristalline.* ♦ loc. *Fausse note.* ⇒ FAM. **canard, couac.** fig. Élément qui ne convient pas à un ensemble. *Note juste :* détail vrai, approprié. - *Forcer la note,* exagérer. *Donner la note,* donner le ton. - *Être dans la note,* dans le style, en accord avec. ⇒ ② **ton. 3.** Touche d'un clavier. *Taper sur deux notes à la fois.* **II. 1.** Mot, phrase se rapportant à un texte et qui figure à côté de ce texte. ⇒ **annotation.** *Note marginale.* - Bref éclaircissement ou élément informatif supplémentaire (d'un texte). *Notes en bas de page.* **2.** Brève communication écrite. ⇒ **avis, communiqué, notice.** *Note de service.* **3.** Brève indication recueillie par écrit (en écoutant, en étudiant, en observant). *Voici quelques notes sur la question.* ⇒ **observation, réflexion.** *Prendre des notes pendant un cours.* - *Prendre note d'une adresse.* ⇒ **noter.** *J'en prends bonne note.* **4.** Détail d'un compte ; papier sur lequel il est écrit. ⇒ **compte, facture.** *Note d'électricité. Note de restaurant.* ⇒ **addition.** *Corser la note.* **5.** Appréciation chiffrée donnée selon un barème préalablement choisi. *Note sur 10, sur 20.*

NOTER v. tr. ① ▪ **1.** Marquer d'un signe ou écrire (ce dont on veut garder l'indication, se souvenir). *Noter une adresse.* ⇒ **consigner, inscrire.** - *Notez que nous serons absents cet été.* **2.** Prêter attention à (qqch.). ⇒ **constater, remarquer.** *Noter un changement. Ceci mérite d'être noté.* **3.** Apprécier par une observation, une note chiffrée. *Noter un élève, un employé.*

NOTICE n. f. ▪ Bref exposé écrit, ensemble d'indications sommaires. *Notice biographique.* ⇒ **abrégé.** *Lire attentivement la notice.*

NOTIFICATION n. f. ▪ Action de notifier. Texte qui notifie qqch.

NOTIFIER v. tr. ⑦ ▪ **1.** Faire connaître expressément. *Notifier à qqn son renvoi.* ⇒ **signifier. 2.** DR. Porter à la connaissance de qqn, dans les formes légales (un acte juridique). ⇒ **intimer, signifier.**

NOTION n. f. ▪ **1.** surtout au plur. Connaissance élémentaire. ⇒ **élément, rudiment.** *Avoir des notions d'anglais.* **2.** Connaissance intuitive, assez imprécise (d'une chose). *Perdre la notion du temps.* **3.** Objet général de connaissance. ⇒ **concept, idée.** *Le mot et la notion. La notion de justice.*

NOTIONNEL, ELLE adj. ▪ DIDACT. De la notion (3).

NOTOIRE adj. ▪ **1.** Qui est connu d'une manière sûre par un grand nombre de personnes. ⇒ **connu, évident.** *Son étourderie est notoire.* - impers. *Il est notoire que...* **2.** (personnes) Reconnu comme tel. *Un criminel notoire.* ► adv. NOTOIREMENT

NOTORIÉTÉ n. f. ▪ **1.** Caractère de ce qui est notoire (1). loc. *Il est de notoriété publique que... :* tout le monde sait que... **2.** Fait d'être connu avantageusement. ⇒ **célébrité, renom, réputation.** *Son livre l'a fait accéder à la notoriété.*

NOTRE, plur. **NOS** ▪ Adjectif possessif de la première personne du pluriel et des deux genres, correspondant au pronom personnel *nous.* **I.** Qui est à nous, qui nous appartient. **1.** (se référant à deux ou plusieurs personnes, dont celle qui parle) *Nos parents. C'est à notre tour.* **2.** (se référant à un groupe de personnes ou à tous les humains) *Notre civilisation. À notre époque.* - *"Notre Père, qui es (ou qui êtes) aux cieux"* (prière). ⇒ **Pater. II.** emplois stylistiques **1.** (marquant la sympathie personnelle, l'intérêt) *Notre héros parvint à s'échapper.* **2.** (représentant une seule personne ; correspond à *nous* de majesté ou de modestie) *Tel est notre bon plaisir.*

NÔTRE ▪ Qui est à nous, nous appartient. **1. adj. poss.** LITTÉR. À nous, de nous. *Nous avons fait nôtres ces opinions.* **2. pron. poss.** *LE NÔTRE, LA NÔTRE, LES NÔTRES :* l'être ou l'objet qui est en rapport de possession, de parenté, d'intérêt, etc., avec le groupe formé par celui qui parle *(je, moi)* et une ou plusieurs autres personnes *(nous). Ils ont leurs soucis, et nous (avons) les nôtres.* **3. n.** *Nous y mettons chacun du nôtre,* nous faisons un effort (⇒ **sien**). – *Les nôtres :* nos parents, amis, partisans. *Soyez des nôtres :* joignez-vous à nous.

NOTRE-DAME-DE-BONDEVILLE ▪ Commune de la Seine-Maritime. 7 584 hab. *(les Bondevillais).*

NOTRE-DAME-DE-GRAVENCHON ▪ Commune de Seine-Maritime. 8 901 hab. *(les Gravenchonnais).*

NOTRE-DAME DE PARIS ▪ Cathédrale gothique de Paris, dans l'île de la Cité, construite de 1163 à 1245 (mais on travailla sur l'édifice jusqu'en 1345). Elle fut restaurée par Viollet-le-Duc au XIXe s. Elle inspira un roman de V. Hugo.

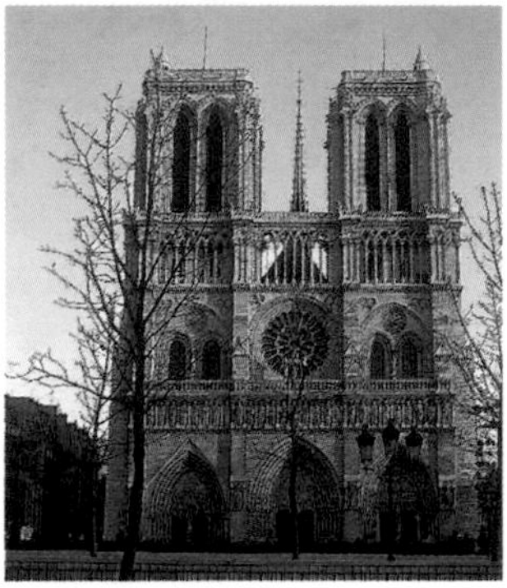

Notre-Dame de Paris. *Phot. © Sommer/Explorer*

NOTTINGHAM ▪ Ville d'Angleterre, chef-lieu du Nottinghamshire. 280 000 hab. Industries mécanique et chimique. Université. ► **le NOTTINGHAMSHIRE** Comté des Midlands. 2 164 km². 1 020 000 hab. Chef-lieu : Nottingham.

NOTULE n. f. ▪ DIDACT. Petite annotation.

NOUADHIBOU ▪ Ville et port de la Mauritanie. 60 000 hab.

NOUAKCHOTT ▪ Capitale de la Mauritanie, fondée en 1958. 500 000 hab. Centre administratif et commercial.

NOUBA n. f. ▪ **1.** anciennt Musique militaire des régiments de l'armée française au Maghreb. **2.** FAM. Bombance, fête. ⇒ **java.**

NOUER v. tr. [1] ▪ **I. 1.** Arrêter (une corde, un fil, un lien) ou unir les deux bouts de (une corde, un lien) en faisant un nœud. ⇒ **attacher, lier.** *Nouer sa cravate, ses lacets.* **2.** Serrer, entourer (qqch.), réunir (un ensemble de choses) en faisant un ou plusieurs nœuds. *Nouer un bouquet avec un ruban.* **II.** fig. **1.** Serrer comme par un nœud. *L'émotion lui nouait la gorge.* **2.** Établir, former (un lien moral). *Nouer une alliance.* **3.** Établir le nœud d'une action au théâtre pour l'amener à son point culminant. – pronom. *L'intrigue se noue au IIe acte.* ► **NOUÉ, ÉE** adj. **1.** *Foulard, mouchoir noué.* **2.** fig. *Avoir la gorge nouée.* ♦ (personnes) Contracté (par la nervosité, l'angoisse).

NOUEUX, EUSE adj. ▪ **1.** *Bois, arbre noueux,* qui a beaucoup de nœuds, de nodosités. **2.** Dont les articulations sont saillantes. *Mains noueuses.* – *Un vieillard noueux.*

NOUGAT n. m. ▪ **I. 1.** Confiserie fabriquée avec des amandes (ou des noix, des noisettes) et du sucre caramélisé, du miel. **2.** loc. FAM. *C'est du nougat !,* c'est très facile. **II.** POP. *Les nougats :* les pieds.

NOUGATINE n. f. ▪ Nougat brun, dur, utilisé en confiserie et en pâtisserie.

NOUILLE n. f. ▪ **1.** au plur. Pâtes* alimentaires, plates ou rondes, de longueur moyenne. **2.** fig. FAM. Personne molle et niaise. *Quelle nouille !* – adj. *Ce qu'il peut être nouille !* **3.** *Style nouille :* style décoratif 1900 où dominent les courbes, dit aussi *art nouveau.*

NOUKOUS ▪ Ville d'Ouzbékistan, capitale de la Karakalpakie. 175 000 hab.

NOUMÉA ▪ Chef-lieu du territoire d'outre-mer de Nouvelle-Calédonie, fondé en 1854 sous le nom de Port-de-France. Centre commercial et administratif de l'île. 65 110 hab.

NOUMÈNE n. m. ▪ PHILOS. Chez Kant, Réalité intelligible (opposée au phénomène sensible) ; chose en soi. ► adj. **NOUMÉNAL, ALE, AUX**

NOUNOU n. f. ▪ lang. enfantin Nourrice. *Leurs vieilles nounous.*

NOUNOURS [-URS] n. m. ▪ lang. enfantin Ours en peluche.

Rudolf **NOUREÏEV** ou **NOUREEV** (1938 - 1993) ▪ Danseur et chorégraphe soviétique, naturalisé britannique puis autrichien. Danseur étoile du théâtre Kirov de Leningrad, il fut directeur de la danse à l'Opéra de Paris (1983-1989).

NOURRICE n. f. ▪ **I. 1.** Femme qui allaite un enfant en bas âge *(un nourrisson).* **2.** Femme qui, par profession, garde et élève des enfants en bas âge. *Confier un bébé à une nourrice ; mettre un enfant* EN NOURRICE. ♦ *ÉPINGLE* DE NOURRICE* (qui attachait les langes). **3.** appos. VX *Mère nourrice,* qui nourrit. **II.** Réservoir mobile. ⇒ **bidon, jerrycan.** *Une nourrice d'eau, d'essence.*

NOURRICIER, IÈRE adj. ▪ **I.** *PÈRE NOURRICIER :* père adoptif. **II. 1.** Qui fournit, procure la nourriture. *La terre nourricière.* **2.** Qui sert à la nutrition. ⇒ **nutritif.** *Lait nourricier.*

NOURRIR v. tr. [2] ▪ **1.** VX Élever, éduquer. **2.** Élever, alimenter (un nouveau-né) en l'allaitant. *Nourrir un bébé au sein.* **3.** Entretenir, faire vivre (une personne, un animal) en lui donnant à manger. ⇒ **alimenter, sustenter.** *Nourrir un enfant à la cuiller.* – Procurer, fournir les aliments. ⇒ **ravitailler.** *La pension loge et nourrit dix personnes.* ♦ Pourvoir (qqn) de moyens de subsistance. ⇒ **entretenir.** *Il a trois personnes à nourrir,* à sa charge. – loc. *Ce métier ne nourrit pas son homme.* **4.** absolt Constituer une subsistance pour l'organisme. *Le pain nourrit* (⇒ **nourrissant**). **5.** LITTÉR. Entretenir (une chose) en augmentant l'importance, ou en faisant durer. *Nourrir le feu,* l'alimenter en combustible. – *Nourrir un récit de détails.* ⇒ **étoffer. 6.** fig. Pourvoir (l'esprit) d'une nourriture spirituelle. *La lecture nourrit l'esprit.* **7.** Entretenir en soi (un sentiment, une pensée). *Nourrir l'espoir, l'illusion de* (+ inf.). *Nourrir un soupçon.* ► SE **NOURRIR** v. pron. **1.** Absorber (des aliments). *Elle se nourrit surtout de légumes et de fruits.* – absolt *Il faut vous nourrir.* ⇒ s'**alimenter, manger,** se **sustenter. 2.** fig. ⇒ s'**abreuver,** se **repaître.** *Se nourrir de rêves.* ► **NOURRI, IE** adj. **1.** Alimenté. *Être mal nourri.* – loc. *Nourri, logé, blanchi.* **2.** fig. *Tir nourri ; conversation nourrie.* ⇒ **dense.**

NOURRISSANT, ANTE adj. ▪ **1.** Qui nourrit plus ou moins. ⇒ **nutritif.** *Aliment peu nourrissant.* **2.** absolt Qui nourrit beaucoup. ⇒ **substantiel.** *C'est nourrissant mais indigeste.*

NOURRISSON n. m. ▪ Enfant nourri au lait, qui n'a pas atteint l'âge du sevrage. ⇒ **bébé, nouveau-né.**

NOURRITURE n. f. ▪ **1.** Ce qui entretient la vie d'un organisme en lui procurant des substances à assimiler (⇒ **alimentation, subsistance**) ; ces substances (⇒ **aliment**). *Absorber, prendre de la nourriture :* manger, se nourrir. *Nourriture pauvre, riche.* – Ce qu'on mange habituellement aux repas. ⇒ FAM. **bouffe.** *La nourriture médiocre de la cantine.* **2.** fig. LITTÉR. *Nourritures intellectuelles.* – *"Les Nourritures terrestres" ; "les Nouvelles Nourritures"* (de Gide).

NOUS ▪ Pronom personnel de la première personne du pluriel (représente la personne qui parle et une ou plusieurs autres, ou un groupe auquel celui qui parle appartient ⇒

Noureïev dans *Apollon musagète* de Stravinski, chorégraphie de Balanchine, au Palais des Sports de Paris. *Phot. © Bernand*

on). **I.** pron. pers. **1.** employé seul (sujet) *Vous et moi, nous sommes de vieux amis.* ‑ (attribut) *C'est nous qui l'avons appelé.* ‑ (compl.) *Il nous regarde.* ♦ (compl. indir.) *Il nous a écrit* (cf. à nous). ‑ avec prép. *Il est venu vers nous. C'est à nous.* ⇒ **nôtre.** ‑ *ENTRE* NOUS.* ♦ (récipr. ; réfl.) *Nous nous sommes regardés en silence. Sauvons-nous!* **2.** renforcé *Nous, nous n'irons pas.* ‑ *NOUS-MÊMES. Nous l'ignorons nous-mêmes.* ‑ *NOUS AUTRES* [-z-], marque une distinction très forte (employé avec un terme en apposition.) *Nous autres, citadins.* ‑ (précisé par un numéral cardinal) *À nous trois, nous y arriverons.* **II.** emplois stylistiques **1.** Employé pour *je* (plur. de majesté ou de modestie). *Le Roi dit : nous voulons. Comme nous le montrerons dans ce livre* (écrit l'auteur). **2.** Employé pour *tu, vous. Alors, comment allons-nous ce matin?*

NOUVEAU ou **NOUVEL** (devant un n. commençant par une voyelle ou un *h* muet), **NOUVELLE** adj. ▪ **I. 1.** (après le nom) Qui apparaît pour la première fois ; qui vient d'apparaître. ⇒ **neuf, récent ; néo-.** *Pommes de terre nouvelles. Mot nouveau.* ⇒ **néologisme.** prov. *Tout nouveau, tout beau :* ce qui est nouveau est apprécié (et délaissé ensuite). *Quoi de nouveau ?* ⇒ ② **neuf.** ‑ FAM. *Ça alors, c'est nouveau !* ‑ n. m. *Il y a du nouveau dans l'affaire X.* ⇒ **inattendu.** *Faire du nouveau.* ⇒ **innover. 2.** (devant le n.) Qui est depuis peu de temps ce qu'il est. *Les nouveaux riches. Les nouvelles recrues.* ⇒ **bleu.** ‑ (devant un participe) *Les nouveaux mariés.* ⇒ **jeune.** *Des nouveaux venus.* **3.** n. *LE NOUVEAU, LA NOUVELLE :* personne qui vient d'arriver (dans une collectivité). **4.** (après le n. et souvent qualifié) Qui tire de son caractère récent une valeur d'invention. ⇒ **hardi, insolite, original.** *Un art tout à fait nouveau.* **5.** *NOUVEAU POUR qqn :* qui était jusqu'ici inconnu de qqn ; dont on n'a pas l'habitude. ⇒ **inaccoutumé, inhabituel, inusité.** *C'est pour moi une expérience nouvelle.* **II.** (devant le n., en épithète) **1.** Qui apparaît après un autre qu'il remplace, au moins provisoirement, dans notre vision, nos préoccupations (opposé à *ancien, vieux*). ‑ *Le nouvel an. La nouvelle lune,* la phase durant laquelle elle est invisible puis commence à grandir (opposé à *pleine lune*). *Le Nouveau Monde :* l'Amérique. *Le Nouveau Testament.* ‑ *Le nouveau roman; la nouvelle vague* (voir ci-dessous). ♦ (personnes) D'un type inédit. *Les nouveaux pères, les nouveaux pauvres.* **2.** Qui a succédé, s'est substitué à un(e) autre. *Sa nouvelle voiture. Son nouveau mari.* **III.** loc. adv. **1.** *DE NOUVEAU :* pour la seconde fois, une fois de plus. ⇒ **derechef, encore.** *Il protesta de nouveau.* **2.** *À NOUVEAU :* une nouvelle fois, de nouveau. ‑ D'une manière différente, sur de nouvelles bases. *Examiner à nouveau une question.*

▪ **le NOUVEAU ROMAN** ▪ Mouvement littéraire français des années 1950 et 1960 qui se définit comme un refus des composantes traditionnelles du roman : déroulement chronologique de l'histoire, psychologie des personnages, etc. Ses principaux représentants sont Alain Robbe-Grillet, Claude Simon, Michel Butor, Nathalie Sarraute.

▪ **la NOUVELLE VAGUE** ▪ Mouvement cinématographique français né dans les années 1950, soucieux de s'affirmer en dehors des codes professionnels et narratifs, qui se caractérise notamment par une grande liberté dans le traitement de l'histoire, la simplification des techniques de tournage et le rajeunissement des interprètes (Belmondo, Brialy). Ses principaux représentants, issus des *Cahiers du Cinéma*, furent Truffaut, Chabrol, Godard, Rivette et Rohmer.

Germain NOUVEAU (1851 ‑ 1920) ▪ Poète français. Son œuvre oscille entre la sensualité et le mysticisme. *"Valentines"* (1885-1887).

le NOUVEAU-BRUNSWICK ▪ Province (État fédéré) du Canada. 73 437 km². 723 900 hab. Capitale : Fredericton. Pêche, forêts. Mines. Un tiers de la population est francophone (frontière avec le Québec; Acadiens).

le NOUVEAU-MEXIQUE ▪ État du sud-ouest des États-Unis. 315 115 km². 1 515 000 hab. Capitale : Santa Fe. Ville principale : Albuquerque. Tourisme (canyons), ressources minérales. Ancienne colonie espagnole puis province mexicaine, cédée aux États-Unis en 1848.

NOUVEAU-NÉ, NOUVEAU-NÉE ▪ **1.** adj. Qui vient de naître. *Un enfant nouveau-né. Des chiots nouveau-nés.* **2.** n. m. ⇒ **bébé, nourrisson ; néonatal.**

NOUVEAUTÉ n. f. ▪ **1.** Caractère de ce qui est nouveau. *Objet qui plaît par sa nouveauté.* ⇒ **originalité. 2.** Ce qui est nouveau. *Le charme, l'attrait de la nouveauté.* **3.** Chose nouvelle. *Tiens, vous ne fumez plus ? C'est une nouveauté !* **4.** Ouvrage, produit nouveau qui vient de sortir. **5.** VIEILLI Production nouvelle de l'industrie de la mode. *Magasin de nouveautés,* d'articles de mode.

Jean NOUVEL (né en 1945) ▪ Architecte français. Il mêle avant-garde et apports traditionalistes. Institut du Monde arabe (Paris, 1987); Palais des Congrès (Tours, 1991).

① **NOUVELLE** n. f. ▪ **1.** Premier avis qu'on donne ou qu'on reçoit (d'un événement récent) ; cet événement porté pour la première fois à la connaissance de la personne intéressée, ou du public. *Annoncer, apporter, répandre une nouvelle.* ‑ *Bonne, mauvaise nouvelle :* annonce d'un événement heureux, malheureux. ‑ loc. *Première nouvelle !* **2.** *Les nouvelles,* ce que l'on apprend par la rumeur publique, par la presse, les médias. *Les nouvelles du quartier. Aller aux nouvelles. Écouter les nouvelles à la radio.* ⇒ **information(s). 3.** au plur. Renseignements concernant l'état ou la situation de qqn qu'on n'a pas vu depuis quelque temps. *J'attends des nouvelles de lui, de sa santé. Ne plus donner de ses nouvelles.* ⇒ **signe** de vie. ‑ loc. prov. *Pas de nouvelles, bonnes nouvelles :* faute de nouvelles, on peut supposer qu'elles sont bonnes. ‑ *Vous aurez de mes nouvelles !* (menace). *Vous m'en direz des nouvelles :* vous m'en ferez des compliments.

② **NOUVELLE** n. f. ▪ Court récit écrit présentant une unité d'action et peu de personnages. *Les nouvelles de Maupassant.*

l'île de La NOUVELLE-AMSTERDAM ▪ Île française, d'origine volcanique, du sud de l'océan Indien, appartenant aux terres Australes et Antarctiques françaises. 55 km². Station météorologique abritant une trentaine de chercheurs.

la NOUVELLE-ANGLETERRE en anglais ***NEW ENGLAND*** ▪ Nom des six États des États-Unis (Connecticut, Maine, Massachusetts, New Hampshire, Rhode Island, Vermont) correspondant aux colonies anglaises fondées au XVIIe s. sur la côte atlantique.

la NOUVELLE-BRETAGNE ▪ Île de l'archipel Bismarck, en Papouasie-Nouvelle-Guinée. 37 000 km², 311 955 hab. Elle fut sous tutelle australienne de 1945 à 1975.

la NOUVELLE-CALÉDONIE ▪ Île française du Pacifique, à l'est de l'Australie, formant, avec les îles environnantes (dont les îles Loyauté), un territoire d'outre-mer. 19 200 km². 164 173 hab. *(les Néo-Calédoniens),* dont 37 % d'Européens (en majorité des Français métropolitains) et 43 % de Mélanésiens (Kanaks). Chef-lieu : Nouméa. Climat subtropical. Le nickel est à la base de l'économie. □ **HISTOIRE** Découverte par Cook, possession française depuis 1853, l'île fut le lieu d'affrontements (1878, 1984-1988) entre les Kanaks indépendantistes et les Européens (dits « Caldoches »). Une loi référendaire de 1988 a fixé le statut du territoire jusqu'à un référendum d'autodétermination prévu en 1998.

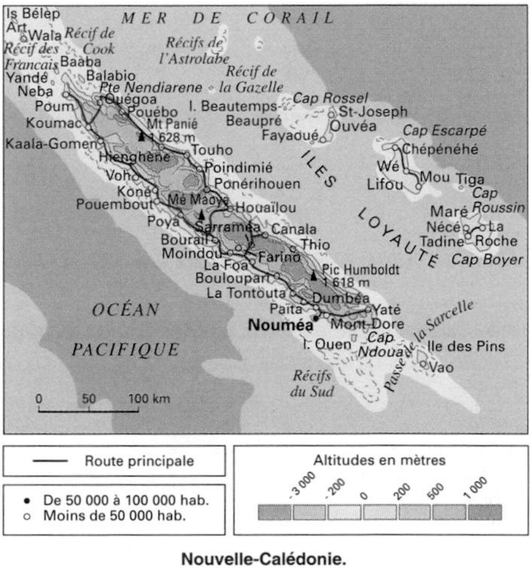

Nouvelle-Calédonie.

la NOUVELLE-ÉCOSSE en anglais ***NOVA SCOTIA*** ▪ Province (État fédéré) du Canada, au sud-est du pays. 54 565 km². 899 942 hab. Capitale : Halifax. Pêche en Atlantique.

la NOUVELLE-GALLES-DU-SUD ▪ État du sud-est de l'Australie. Il englobe le territoire de la capitale fédérale australienne (Canberra). 801 428 km². 5 887 400 hab. Capitale : Sydney. Agriculture (élevages ovin et bovin), richesses minières. Industries près de Sydney.

la NOUVELLE-GUINÉE ▪ Grande île de l'océan Pacifique, avec des parties très peu habitées, peuplée en majorité de Papous. 775 210 km². Montagneuse, volcanique et très humide, partagée entre l'Indonésie (→ **Irian Jaya**) et la Papouasie*-Nouvelle-Guinée. Quelques plantations de café, cacao, coprah. Mines d'or.

NOUVELLEMENT adv. ▪ (seulement devant p. p., passif) Depuis peu de temps. ⇒ **récemment.** *Livre nouvellement paru.*

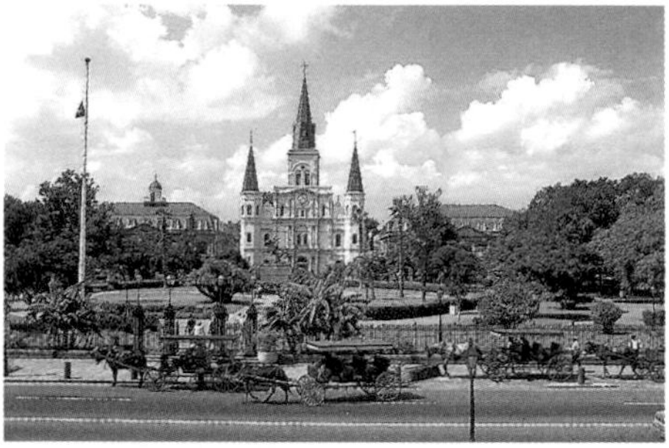

la **Nouvelle-Orléans.** Jackson Square et la cathédrale Saint-Louis. *Phot. © Thomas/Explorer*

La NOUVELLE-ORLÉANS en anglais ***NEW ORLEANS*** ▪ Ville des États-Unis (Louisiane), ancienne capitale de la Louisiane, port actif sur le Mississippi. 497 000 hab. Fondée par les Français v. 1718 (maisons anciennes dans le Vieux Carré), lieu de naissance du jazz, la ville est très touristique. Pétrochimie. Université.

les NOUVELLES-HÉBRIDES → **Vanuatu**

la NOUVELLE-ZÉLANDE en anglais ***NEW ZEALAND*** ▪ État d'Océanie, formé de plusieurs îles, dont deux principales : l'île du Nord et l'île du Sud. 267 844 km². 3 400 000 hab. *(les Néo-Zélandais).* Capitale : Wellington. Langues : anglais (officielle), maori. Monnaie : dollar néo-zélandais. Son climat tempéré a favorisé l'élevage ovin et bovin et fait du pays l'un des premiers exportateurs de laine et de viande. Petite industrie grâce à la houille blanche. □ HISTOIRE Peuplée d'abord de Maoris, découverte par Tasman en 1642, elle fut une colonie anglaise de 1851 à 1931 et fait partie du Commonwealth. La Nouvelle-Zélande, qui vota des lois sociales très tôt, fut l'un des premiers pays au monde à accorder le droit de vote aux femmes (1893). Depuis 1945, la vie politique s'organise autour de deux grands partis : le Parti national (de nouveau au pouvoir depuis 1990) et le parti travailliste.

NOUVELLISTE n. ▪ Auteur de nouvelles (②).

NOVA, plur. **NOVÆ** [nɔve] n. f. ▪ ASTRON. Étoile qui présente brusquement un éclat très vif. *Nova de très grande magnitude* (⇒ **supernova**).

la NOVAÏA ZEMLIA ou **NOUVELLE-ZEMBLE** ▪ Archipel de Russie, constitué de deux îles situées entre les mers de Barents et de Kara. 82 600 km².

NOVA IGUAÇU ▪ Ville du Brésil (État de Rio de Janeiro). 1 280 000 hab. Banlieue de Rio de Janeiro.

Friedrich NOVALIS (1772-1801) ▪ Poète romantique allemand. Ses œuvres exaltent un sentiment mystique de la nature. *"Hymnes à la nuit"* (1800) ; *"Henri d'Ofterdingen"*, roman inachevé.

NOVARE en italien ***NOVARA*** ▪ Ville d'Italie, dans le Piémont. 103 088 hab.

NOVATEUR, TRICE n. ▪ Personne qui innove. ⇒ **créateur, innovateur.** - adj. *Esprit novateur.*

NOVATION n. f. ▪ **1.** DIDACT. Apparition d'une chose nouvelle (en droit, en biologie). **2.** Chose nouvelle. ⇒ **innovation.**

NOVEMBRE n. m. ▪ Onzième mois de l'année, de trente jours. *Le 1er novembre, fête de la Toussaint. Le 11 Novembre, anniversaire de l'armistice de 1918.*

Jean Georges NOVERRE (1727-1810) ▪ Danseur et chorégraphe français. Ses *"Lettres sur la danse et sur les ballets"* (1760) tendent à réformer la danse pour en faire un art autonome (musique et costumes spécifiques) et une peinture de la vie.

NOVGOROD ▪ Ville de la Russie, au sud de Saint-Pétersbourg. 235 000 hab. Ancienne principauté. École d'icônes. Monuments médiévaux.

NOVICE n. et adj. ▪ **1.** n. RELIG. Personne qui passe un temps d'épreuve (ou *noviciat* n. m.) dans un couvent, avant de prononcer des vœux définitifs. **2.** Personne qui aborde une chose dont elle n'a aucune habitude. *Pour un novice, il se débrouille bien.* ⇒ **apprenti, débutant. 3.** adj. Qui manque d'expérience. ⇒ **ignorant, inexpérimenté.** *Il est encore bien novice dans le métier.*

NOVICIAT n. m. ▪ Temps d'épreuve imposé aux novices (1).

NOVILLADA n. f. ▪ Corrida de novillos.

NOVILLO n. m. ▪ Jeune taureau de combat (de quatre ans).

NOVI SAD ▪ Ville de Serbie, capitale de la Voïvodine, sur le Danube. 178 896 hab.

NOVOKOUZNETSK ▪ Ville de la Russie, dans le Kouzbass. 601 000 hab. Centre industriel.

NOVOROSSISK ▪ Ville de la Russie, port sur la mer Noire. 189 000 hab.

NOVOSSIBIRSK ▪ Ville de la Russie, métropole de la Sibérie, sur l'Ob. Gare du Transsibérien. 1 442 000 hab.

NOWA HUTA ▪ Ville de Pologne, incluse, administrativement, dans la ville de Cracovie. 224 000 hab. Sidérurgie.

NOYADE n. f. ▪ Fait de (se) noyer ; mort accidentelle par immersion dans l'eau. *Sauver qqn de la noyade.*

NOYAU n. m. ▪ **I.** Partie dure dans un fruit, renfermant l'amande (⇒ **graine**) ou les amandes de certains fruits (⇒

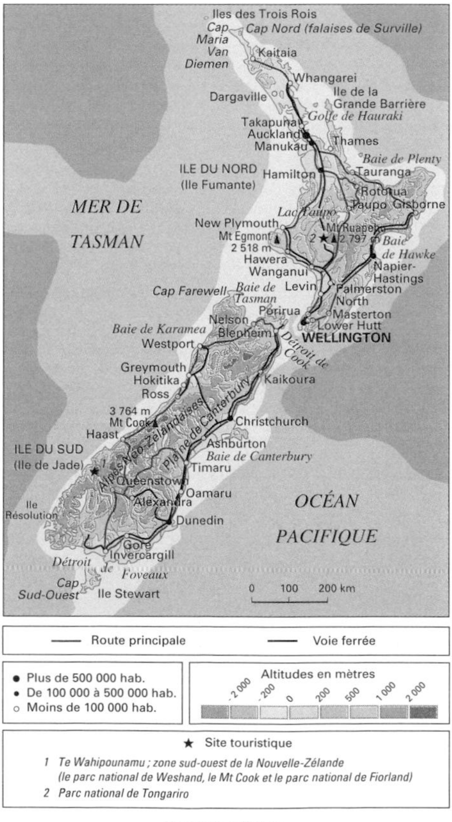

Nouvelle-Zélande.

drupe). *Fruits à noyau et fruits à pépins. Noyaux de cerises, d'olives. Retirer le noyau.* ⇒ **dénoyauter. II.** par analogie Partie centrale, fondamentale (d'un objet). ⇒ **centre, cœur; nuclé(o)-; nucléaire. 1.** GÉOL. Partie centrale du globe terrestre. **2.** BIOL. Partie centrale de la cellule (⇒ **nucléique**), qui contient les chromosomes (⇒ **mononucléaire, polynucléaire**). *Division du noyau.* ⇒ **méiose, mitose. 3.** PHYS. Partie centrale de l'atome, constituée de protons et de neutrons. **III.** Groupe de personnes. **1.** Groupe humain, considéré quant à sa permanence, à la fidélité de ses membres. **2.** Très petit groupe considéré par rapport à sa cohésion, à l'action qu'il mène (au sein d'un milieu hostile). *Noyaux de résistance.* **3.** *Le noyau dur,* la partie la plus intransigeante d'un groupe.

NOYAUTAGE n. m. ▪ Introduction dans un milieu neutre ou hostile de propagandistes isolés chargés de le désorganiser et, le cas échéant, d'en prendre la direction.

NOYAUTER v. tr. [1] ▪ Soumettre au noyautage. *Parti qui noyaute un syndicat.*

NOYELLES-SOUS-LENS ▪ Commune du Pas-de-Calais. 7 687 hab.

① **NOYER** v. tr. [8] ▪ **1.** Tuer par asphyxie en immergeant dans un liquide. *Qui veut noyer son chien l'accuse de la rage* (prov.). – loc. *Noyer le poisson :* embrouiller volontairement une affaire. **2.** Recouvrir de liquide. LITTÉR. *L'inondation a noyé la plaine.* – COUR. *Noyer le carburateur* (par excès d'essence). ♦ fig. *Noyer qqn sous un déluge de paroles.* – loc. *Noyer une révolte dans le sang,* la réprimer de façon sanglante. *Noyer son chagrin dans l'alcool :* s'enivrer pour oublier. **3.** Faire disparaître dans un ensemble vaste ou confus. *Noyer les contours.* – au p. p. *Cri noyé dans le tumulte.* ► SE NOYER v. pron. **1.** Mourir asphyxié par l'effet de l'immersion dans un liquide (⇒ **noyade**). – loc. *Se noyer dans un verre d'eau :* être incapable de surmonter les moindres obstacles. **2.** fig. Se perdre. *Se noyer dans les détails.* ► **NOYÉ, ÉE 1.** adj. *Marins noyés en mer.* ⇒ **disparu.** – fig. *Être noyé,* dépassé par la difficulté d'un travail. ⇒ **perdu.** ♦ par analogie *Des yeux noyés de pleurs.* **2.** n. Personne morte noyée ou qui est en train de se noyer. *Repêcher, ranimer un noyé.*

② **NOYER** n. m. ▪ **1.** Arbre de grande taille, dont le fruit est la noix. **2.** Bois de cet arbre. – *Ronce* de noyer.*

NOYON ▪ Commune de l'Oise. 14 426 hab. *(les Noyonnais).* Cathédrale gothique (XIIe-XIIIe s.).

NU, NUE ▪ **I.** adj. **1.** Qui n'est couvert d'aucun vêtement. *Être nu, tout nu.* – loc. *Nu comme un ver.* – *À demi-nu. Bras nus. Torse nu. Être nu-pieds, nu-tête.* **2.** dans des loc. Dépourvu de son complément habituel. *Épée nue,* hors du fourreau. – loc. *À L'ŒIL NU :* sans instrument d'optique. *Se battre À MAINS NUES,* sans arme. **3.** Dépourvu d'ornement, de parure. *Un arbre nu,* sans feuilles. *Mur nu.* **4.** fig. Sans apprêt, sans fard. *La vérité toute nue.* ⇒ **cru, pur. 5.** *À NU* loc. adv. : à découvert. *Mettre à nu.* ⇒ **dénuder, dévoiler. II.** n. m. Corps humain dépouillé de tout vêtement. – Représentation artistique du corps humain nu. *Un nu de Rodin.* – *L'art du nu.*

NUAGE n. m. ▪ **1.** Amas de vapeur d'eau condensée en fines gouttelettes maintenues en suspension dans l'atmosphère. ⇒ LITTÉR. **nue, nuée ; cumulus, nimbus, stratus.** *Nuage de grêle, de pluie.* – loc. *Être dans les nuages :* être distrait. ⇒ dans la **lune.** ♦ fig. Ce qui trouble la sérénité. *Bonheur sans nuage.* **2.** par analogie *Un nuage de fumée, de poussière.* – *Nuage de tulle.* – *Nuage de lait :* petite quantité de lait qui prend l'aspect d'un nuage avant de se mélanger avec le café, le thé. – *Nuage de sauterelles.* ⇒ **nuée.**

NUAGEUX, EUSE adj. ▪ Partiellement couvert de nuages. ⇒ **nébuleux.** *Temps nuageux. Ciel nuageux à couvert.*

NUANCE n. f. ▪ **1.** Chacun des degrés par lesquels peut passer une même couleur. ⇒ **tonalité.** *Toutes les nuances de bleu.* ⇒ **gamme. 2.** État intermédiaire par lequel peut passer qqn, qqch. (⇒ **degré**) ; différence subtile. *Nuances imperceptibles. Esprit tout en nuances.* ⇒ **finesse.** – *Il y a une nuance,* une différence. ellipt *Nuance !* ♦ Ce qui apporte une légère modification. *Avec dans le regard une nuance d'ironie.*

NUANCER v. tr. [3] ▪ Exprimer en tenant compte des différences les plus délicates. *Nuancer sa pensée.* ► **NUANCÉ, ÉE** adj. Qui tient compte de différences ; qui n'est pas net, tranché. *Jugement nuancé.*

NUANCIER n. m. ▪ Présentoir de coloris, selon une gamme.

la NUBIE ▪ Région désertique du nord de l'Afrique, couvrant une partie du Soudan et de l'Égypte. Cultures le long du Nil (coton, dattes). Mise en valeur par les pharaons, elle conserve de nombreux vestiges de leur civilisation.

NUBIEN, ENNE adj. et n. ▪ De Nubie. – n. *Les Nubiens.*

NUBILE adj. ▪ (personnes) Qui est en âge d'être marié ; qui est apte à la reproduction. ⇒ **pubère.** – *Âge nubile :* fin de la puberté.

NUBILITÉ n. f. ▪ DIDACT., LITTÉR. Âge nubile.

NUCLÉAIRE adj. ▪ **1.** BIOL. Relatif au noyau de la cellule. **2.** PHYS. Relatif au noyau de l'atome. *Physique nucléaire. Énergie nucléaire,* fournie par une réaction nucléaire. – n. m. *Le nucléaire :* l'énergie nucléaire. **3.** Qui utilise ou concerne l'énergie nucléaire. ⇒ **atomique.** *Centrale nucléaire. Armes nucléaires.* ⇒ bombe **atomique ; thermonucléaire.** – *Catastrophe nucléaire.*

NUCLÉIQUE adj. ▪ BIOL. *Acides nucléiques :* constituants fondamentaux du noyau de la cellule, et porteurs de l'information génétique. ⇒ **A.D.N., A.R.N.**

NUCLÉ(O)- Élément savant, du latin *nucleus* « noyau ».

NUCLÉOLE n. m. ▪ BIOL. Petit corps sphérique qui se trouve dans les noyaux cellulaires.

NUDISME n. m. ▪ Pratique de la vie au grand air dans un état de complète nudité. ⇒ **naturisme.** *Faire du nudisme sur la plage.*

NUDISTE adj. ▪ Relatif au nudisme. – n. *Camp de nudistes.*

NUDITÉ n. f. ▪ **1.** État d'une personne nue. **2.** État de ce qui n'est pas recouvert, pas orné. *La nudité d'un mur.* – fig. LITTÉR. *Vices qui s'étalent dans toute leur nudité,* sans se cacher.

NUE n. f. ▪ **1.** VX ou LITTÉR. Nuage. – par ext. Ciel. **2.** loc. *METTRE, PORTER qqn, qqch. AUX NUES :* louer avec enthousiasme. – *TOMBER DES NUES :* être extrêmement surpris, décontenancé par un événement inopiné.

NUÉE n. f. ▪ **1.** LITTÉR. Gros nuage. **2.** fig. Multitude formant un groupe compact. *Des nuées de sauterelles.* ♦ Très grand nombre. *Il était entouré d'une nuée de photographes.*

NUE-PROPRIÉTÉ n. f. ▪ DR. Propriété d'un bien sur lequel une autre personne a un droit d'usufruit. *Des nues-propriétés.*

NUIRE v. tr. ind. [38] ▪ *NUIRE À.* **1.** Faire du tort, du mal (à qqn). ⇒ **léser.** *Nuire à qqn,* par ext. *à la réputation de qqn.* – absolt *Mettre qqn hors d'état de nuire,* le maîtriser, le désarmer. **2.** (choses) Constituer un danger ; causer du tort. *Cette accusation lui a beaucoup nui.* ► SE NUIRE v. pron. Se faire du mal, se causer du tort. – réfl. (à soi-même) – récipr. *Elles se sont nui.*

NUISANCE n. f. ▪ **1.** VX Caractère de ce qui est nuisible. **2.** Ensemble de facteurs d'origine technique (bruit, pollution, etc.) ou sociale (encombrement, promiscuité) qui nuisent à la qualité de la vie. *Les nuisances des grandes villes.*

NUISIBLE adj. ▪ Qui nuit (à qqn, à qqch.). *Climat nuisible à la santé.* ⇒ **insalubre, malsain.** ♦ *Animaux nuisibles,* parasites ou destructeurs (d'animaux ou de végétaux utiles). – n. m. *Les nuisibles.*

NUIT n. f. ▪ **I.** Obscurité qui enveloppe quotidiennement une partie de la Terre du fait de sa rotation. *Le jour et la nuit. Il fait nuit. La nuit tombe. À la nuit tombante.* ⇒ **crépuscule, soir.** *Nuit noire,* très obscure. *Nuit étoilée.* – loc. *C'est le jour* et la nuit. La nuit des temps,* se dit d'une époque très reculée, dont on ne sait rien. ♦ fig. POÉT. *La nuit du tombeau, la nuit éternelle :* la mort. **II.** Espace de temps qui s'écoule depuis le coucher jusqu'au lever du soleil. *Les longues nuits polaires. Jour et nuit ; nuit et jour* [nɥitezuʀ] : continuellement. *En pleine nuit.* – *"Les Mille* et une Nuits".* – *Nuit blanche,* sans sommeil. ⇒ **veille.** – *Vivre, sortir la nuit* (⇒ **noctambule**). *"Ouvert la nuit" ; "Fermé la nuit"* (ouvrages de P. Morand). *Il en rêve la nuit. J'ai passé la nuit dehors.* – *Bonne nuit !* ⇒ **bonsoir.** ♦ *DE NUIT :* qui a lieu, se passe la nuit. ⇒ **nocturne.** *Travail de nuit. "Vol de nuit"* (roman de Saint-Exupéry). – Qui travaille la nuit. *Veilleur de nuit.* – Qui sert pendant la nuit. *Chemise de nuit.* – Qui est ouvert, qui fonctionne pendant la nuit. *Boîte* de nuit.* – Qui vit, reste éveillé la nuit. *Oiseaux de nuit.*

NUITAMMENT adv. ▪ LITTÉR. Pendant la nuit, à la faveur de la nuit.

NUITS-SAINT-GEORGES ▪ Commune de la Côte-d'Or, en Bourgogne, célèbre pour ses vins. 5 569 hab. *(les Nuitons).*

NUL, NULLE ▪ **I. 1.** adj. indéf. (placé devant le n.) LITTÉR. Pas un. ⇒ **aucun.** – (avec *ne*) *Nul homme n'en sera exempté.* ⇒ **per-**

sonne. *Je n'en ai nul besoin.* ⇒ **pas.** ♦ *NUL AUTRE. Nul autre n'en est capable.* – (sans verbe exprimé) *Nul repos pour lui.* – (avec *sans*) *Sans nul doute.* ⇒ **sûrement.** – *NULLE* PART.* **2. pron. indéf. sing.** (employé comme sujet) Pas une personne. ⇒ **aucun, personne.** *Nul n'est censé ignorer la loi.* – loc. *À l'impossible nul n'est tenu.* **II. adj. qualificatif** (placé après le nom) **1.** Qui est sans existence, se réduit à rien, à zéro. *Les risques sont nuls.* ⇒ **inexistant.** *Match nul,* où il n'y a ni gagnant ni perdant. – DR. Qui n'a pas d'effet légal. **2.** (ouvrage, travail, etc.) Qui ne vaut rien, pour la qualité. *Un devoir nul, qui mérite zéro.* ♦ (personnes) Sans mérite intellectuel, sans valeur. ⇒ **nullité.** – *Nul en* : très mauvais dans (un domaine particulier). *Élève nul en français.* – **n.** *C'est un nul.* **3.** FAM. Mauvais, déplaisant, ennuyeux, laid.

NULLARD, ARDE adj. ▪ FAM. Tout à fait nul, qui n'y connaît rien. – **n.** ⇒ **nullité** (3).

NULLEMENT adv. ▪ Pas du tout, en aucune façon. ⇒ **aucunement.** *Cela ne me gêne nullement* (→ pas le moins du monde).

NULLITÉ n. f. ▪ **1.** DR. Inefficacité (d'un acte juridique). *Nullité d'un contrat.* **2.** Caractère de ce qui est nul, sans valeur. *La nullité d'un raisonnement.* – (personnes) Défaut de talent, de connaissances, de compétence. **3.** *Une nullité* : personne nulle. *Ce type est une nullité.*

NUMA POMPILIUS ▪ Deuxième roi légendaire de Rome, qui régna de 715 à 672 av. J.-C. Il aurait organisé la vie religieuse romaine.

NUMÉRAIRE n. m. ▪ Monnaie ayant cours légal. ⇒ **espèce(s).** *Payer en numéraire,* en argent liquide.

NUMÉRAL, ALE, AUX adj. ▪ Qui désigne, représente un nombre, des nombres arithmétiques. *Système numéral.* ♦ GRAMM. *Adjectifs numéraux,* indiquant le nombre (⇒ **cardinal**), le rang (⇒ **ordinal**). – **n. m.** *Un numéral.*

NUMÉRATEUR n. m. ▪ Nombre supérieur d'une fraction. *Numérateur et dénominateur d'une fraction.*

NUMÉRATION n. f. ▪ **1.** Système permettant d'écrire et de nommer les divers nombres. *Numération décimale.* **2.** Action de compter ; son résultat. ⇒ **compte.** – MÉD. *Numération globulaire.*

NUMÉRIQUE adj. ▪ **1.** Qui est représenté par un nombre, se fait avec des nombres. *Montre à affichage numérique.* ⇒ anglic. ② **digital. 2.** Qui concerne les nombres arithmétiques. *Calcul numérique.* **3.** Évalué en nombre. ⇒ **quantitatif.** *La supériorité numérique de l'ennemi.*

NUMÉRIQUEMENT adv. ▪ Du point de vue du nombre. *L'ennemi était numériquement inférieur.*

NUMÉRISER v. tr. [1] ▪ TECHN. Coder en code binaire (peut remplacer l'anglic. *digitaliser*). – au p. p. *Données numérisées.*

NUMÉRO n. m. ▪ **I. 1.** Nombre attribué à une chose pour la caractériser parmi des choses semblables, ou la classer (abrév. N°, n°, devant un nombre). *Le numéro d'immatriculation d'une voiture.* – *Numéro de téléphone. Composer un numéro.* **2.** Ce qui porte un numéro. *Habiter au numéro 10* (maison). – *Tirer le bon, le mauvais numéro,* dans un tirage au sort. **3.** loc. **adj.** *NUMÉRO UN* : principal. *L'ennemi public numéro un.* **4.** Partie d'un ouvrage périodique qui paraît en une seule fois et porte un numéro. *Numéro d'une revue.* – loc. *La suite au prochain numéro,* la suite de l'article paraîtra dans le numéro suivant ; fig. FAM. la suite à une autre fois. **II. 1.** Division du programme d'un spectacle. *Présenter un numéro de chant, de prestidigitation.* **2.** fig. FAM. Spectacle donné par une personne qui se fait remarquer. *Il nous a fait son numéro habituel.* ⇒ **cinéma, cirque. III.** FAM. Personne bizarre, originale. ⇒ **phénomène.** *C'est un sacré numéro !*

NUMÉROTAGE n. m. ▪ Action de numéroter.

NUMÉROTATION n. f. ▪ **1.** ⇒ **numérotage. 2.** Ordre des numéros. *Changer la numérotation d'une collection.*

NUMÉROTER v. tr. [1] ▪ Marquer, affecter d'un numéro. *Numéroter les pages d'un manuscrit.* – au p.p. *Siège numéroté.*

NUMIDE adj. et n. ▪ HIST. De Numidie. – **n.** *Numides et Maures de l'époque romaine.*

la NUMIDIE ▪ Royaume d'Afrique du Nord créé par Masinissa en 202 av. J.-C. Après la victoire de Sylla sur Jugurtha (105 av. J.-C.), il devint une province romaine, fut christianisé au IIe s., puis passa sous domination arabe au VIIIe s.

NUMISMATE n. ▪ DIDACT. Spécialiste, connaisseur des médailles et monnaies.

NUMISMATIQUE n. f. et adj. ▪ DIDACT. Connaissance des médailles et des monnaies. – **adj.** *Recherches numismatiques.*

Charles NUNGESSER (1892-1927) ▪ Aviateur français. Il disparut avec François Coli (1881-1927) lors d'une tentative de liaison Paris-New York sans escale.

NU-PIEDS n. m. pl. ▪ Sandalettes légères retenues aux pieds par des courroies.

NUPTIAL, ALE, AUX adj. ▪ **1.** Relatif aux noces, à la célébration du mariage. *Bénédiction nuptiale.* **2.** ZOOL. Relatif à l'accouplement. *Parade nuptiale.*

NUPTIALITÉ n. f. ▪ DIDACT. Nombre relatif des mariages dans une population.

NUQUE n. f. ▪ Partie postérieure du cou, au-dessous de l'occiput. *Coiffure dégageant la nuque.*

NUREMBERG en allemand ***NÜRNBERG*** ▪ Ville d'Allemagne (Bavière). 490 500 hab. Industries mécanique, électrique. Jouets réputés. Possession des Hohenzollern, métropole commerciale et artistique (Dürer) du XIIIe au XVIe s., Hitler en fit le siège du congrès annuel du parti nazi. En grande partie détruite pendant la Deuxième Guerre mondiale. ► **le procès de NUREMBERG** eut lieu pour juger les criminels de guerre nazis (1945-1946).

NURSE [nœʀs] **n. f.** ▪ VIEILLI Domestique qui s'occupe exclusivement des enfants. ⇒ **bonne** d'enfants, **gouvernante.**

NURSERY [nœʀsəʀi] **n. f.** ▪ anglic. VIEILLI Pièce réservée aux jeunes enfants.

NUTATION n. f. ▪ ASTRON. Oscillation périodique de l'axe de rotation de la Terre.

NUTRITIF, IVE adj. ▪ **1.** Qui a la propriété de nourrir. *Principes nutritifs d'un aliment.* – par ext. Qui nourrit beaucoup. ⇒ **nourrissant, riche. 2.** DIDACT. Relatif à la nutrition. *Les besoins nutritifs de l'homme.*

NUTRITION n. f. ▪ **1.** Transformation et utilisation des aliments dans l'organisme. *Mauvaise nutrition.* ⇒ **malnutrition. 2.** PHYSIOL. Ensemble des phénomènes d'échange (assimilation, excrétion, respiration) entre un organisme et le milieu, permettant la production d'énergie vitale. ► **adj.** NUTRITIONNEL, ELLE

NUTRITIONNISTE n. ▪ DIDACT. Spécialiste des problèmes de nutrition. ⇒ **diététicien.**

NUUK autrefois ***GODTHAB*** ▪ Port et capitale du Groenland. 12 217 hab.

le NYASA et **NYASALAND** → Malawi

NYCTALOPE adj. et n. ▪ DIDACT. Qui voit la nuit. *Le hibou est nyctalope.*

Julius NYERERE (né en 1922) ▪ Homme politique tanzanien. Président de la République du Tanganyika en 1962, il fut, de 1964 à 1985, président de la République de Tanzanie.

NYLON n. m. (marque déposée) ▪ Fibre synthétique (polyamide). *Du nylon. Fil de nylon.*

NYMPHE n. f. ▪ **I. 1.** MYTHOL. Divinité féminine, fille de Zeus, habitant les mers (⇒ **néréide, océanide**), les rivières (⇒ **naïade**), les forêts (⇒ **dryade, oréade**). **2.** plais. Jeune fille ou jeune femme au corps gracieux. **II.** ZOOL. Deuxième stade de la métamorphose des insectes, entre la larve et l'imago. *Nymphe de papillon.* ⇒ **chrysalide.**

NYMPHÉA n. m. ▪ Nénuphar blanc. *Les nymphéas peints par Claude Monet.*

nymphéa. *Phot. © Pilloud/Jacana*

NYMPHOMANE adj. f. et n. f. ▪ Femme ou femelle atteinte de nymphomanie.

NYMPHOMANIE n. f. ▪ Exagération pathologique des désirs sexuels chez la femme ou chez des femelles d'animaux.

NYONS ▪ Chef-lieu d'arrondissement de la Drôme. 6 353 hab. *(les Nyonsais).*

O

O [o] n. m. invar. ▪ **1.** Quinzième lettre, quatrième voyelle de l'alphabet. **2.** *O.*, abréviation de *Ouest.*

Ô [o] interj. ▪ Interjection servant à invoquer, ou traduisant un vif sentiment. *Ô merveille !...*

OAHU ▪ Île des États-Unis (Hawaii). 1 573 km². 818 000 hab. (77 % de la population de l'État). Elle comporte Honolulu et la plupart des villes de l'archipel, des plages célèbres comme celle de Waikiki, et la base de Pearl Harbor.

OAKLAND ▪ Ville et port des États-Unis, dans la zone urbaine de San Francisco (Californie). 372 000 hab. Centre industriel.

l'O.A.S. ou **OAS**, **Organisation armée secrète** ▪ Dirigée par Salan et Jouhaud, elle s'opposa par la violence à la politique du général de Gaulle (1961-1962) pendant la guerre d'Algérie.

OASIS [-is] n. f. ▪ **1.** Endroit d'un désert qui présente de la végétation, un point d'eau. *Les oasis sahariennes.* **2.** fig. Lieu ou moment reposant, agréable (dans un milieu hostile, une situation pénible).

OAXACA ou **OAXACA DE JUÁREZ** ▪ Ville du Mexique. 212 000 hab. Nombreux édifices baroques. Site de Monte Albán à proximité.

l'OB ou **OBI** n. m. ▪ Fleuve de Russie. Il traverse la Sibérie occidentale et se jette dans l'Arctique. 3 650 km.

Oaxaca de Juárez. L'église de Santo Domingo. *Phot. © Charles Lénars*

René de OBALDIA (né en 1918) ▪ Écrivain français. Pièces de théâtre à l'humour acide. *"Le Satyre de la Villette"* (1963) ; *"Du vent dans les branches de sassafras"* (1965).

OBÉDIENCE [-jɑ̃s] n. f. ▪ **1.** RELIG. Obéissance (d'un religieux) à un supérieur ecclésiastique. **2.** LITTÉR. Obéissance ou soumission. **3.** Fidélité à une puissance spirituelle, politique *(dans l'obédience, d'obédience...). Il est d'obédience chrétienne.*

El-OBEID ▪ Site archéologique de basse Mésopotamie, près d'Ur (aujourd'hui en Irak). Vestiges d'une civilisation antésumérienne (IVᵉ millénaire av. J.-C.).

El-Obeid. Vase avec verseur, IVᵉ millénaire av. J.-C. Musée de Bagdad. *Phot. © Dagli Orti*

OBÉIR v. tr. ind. [2] ▪ *OBÉIR À.* **1.** Se soumettre à (qqn) en se conformant à ce qu'il ordonne ou défend. *Elle n'obéit qu'à sa mère. Se faire obéir de qqn.* ⇒ **écouter.** ➝ absolt *Il faut obéir.* ⇒ se **soumettre. 2.** Se conformer, se plier à (ce qui est imposé par autrui ou par soi-même). *Obéir à un ordre. Obéir à sa conscience. Obéir à une impulsion.* ⇒ **céder** à. **3.** (choses) Être soumis à (une nécessité, une force, une loi naturelle). *Les corps obéissent à la loi de la gravitation.*

OBÉISSANCE n. f. ▪ Fait, action d'obéir. ⇒ **soumission.** *Vous lui devez l'obéissance.*

OBÉISSANT, ANTE adj. ▪ Qui obéit (enfants). ⇒ **discipliné, docile, sage, soumis.**

OBÉLISQUE n. m. ▪ **1.** Dans l'art égyptien, Colonne en forme d'aiguille quadrangulaire surmontée d'une pointe pyramidale. *L'obélisque de Louksor.* **2.** Monument ayant cette forme.

OBÉRER v. tr. [6] ▪ LITTÉR. **1.** Faire peser une lourde charge financière sur. *Guerre qui obère les finances d'un pays.* **2.** Compromettre le développement de. *Cette décision obère nos chances de réussite.*

OBERHAUSEN ▪ Ville et port d'Allemagne (Rhénanie-du-Nord-Westphalie), important centre industriel de la Ruhr. 223 400 hab.

Christophe Philippe OBERKAMPF (1738-1815) ▪ Industriel français d'origine bavaroise. Il fonda la manufacture de Jouy-en-Josas, première fabrique de toiles peintes (indiennes de Jouy) et la première filature de coton, à Essonnes.

l'OBERLAND BERNOIS ▪ Région montagneuse de Suisse, dans le canton de Berne. Tourisme.

OBERNAI ▪ Commune du Bas-Rhin. 9 610 hab. *(les Obernois).*

Hermann OBERTH (1894-1989) ▪ Ingénieur allemand. Spécialiste des fusées civiles et militaires, il fut l'un des précurseurs de l'astronautique.

OBÈSE adj. et n. ▪ (personnes) Qui est anormalement gros. ⇒ **énorme.** - n. *Un, une obèse.*

OBÉSITÉ n. f. ▪ État d'une personne obèse.

OBI n. f. ▪ Large ceinture de soie du costume japonais traditionnel.

OBJECTER v. tr. [1] ▪ **1.** Opposer (une objection) pour réfuter une opinion, une affirmation. *Objecter de bonnes raisons à, contre un argument. Objecter que* (+ indic.). ⇒ **répondre, rétorquer. 2.** Opposer (un fait, un argument) à un projet, une demande, pour repousser. *Objecter la fatigue pour ne pas sortir.* ⇒ **prétexter.** *On lui objecta son jeune âge ;* (avec *que* + indic.) *qu'il était trop jeune.*

OBJECTEUR n. m. ▪ **1.** VX Celui qui fait des objections. ⇒ **contradicteur. 2.** MOD. *OBJECTEUR DE CONSCIENCE :* celui qui refuse d'accomplir ses obligations militaires, en objectant son refus de tuer.

① **OBJECTIF, IVE** adj. ▪ **1.** PHILOS. Qui existe hors de l'esprit, est indépendant de l'esprit (opposé à *subjectif*). *Réalité objective.* **2.** Se dit d'une description de la réalité (ou d'un jugement sur elle) indépendante des intérêts, des goûts, des préjugés de celui qui la fait. *Un jugement objectif.* - *Information objective.* **3.** (personnes) Dont les jugements ne sont altérés par aucune préférence d'ordre personnel. ⇒ **impartial.** *Historien objectif.*

② **OBJECTIF** n. m. ▪ **I.** Système optique formé de lentilles qui donne une image photographique des objets (≠ *oculaire*). *Objectif d'un appareil photographique, d'une caméra. Obturateur, diaphragme d'un objectif.* **II.** (But à atteindre) **1.** Point contre lequel est dirigée une opération stratégique ou tactique. *Les troupes ont atteint leur objectif.* **2.** But précis que se propose l'action. ⇒ **objet.** *Atteindre son objectif.*

OBJECTION n. f. ▪ **1.** Argument pour réfuter (une affirmation, une opinion). *Formuler une objection.* ⇒ **objecter. 2.** Ce que l'on allègue pour ne pas faire qqch. *Si vous n'y voyez pas d'objection.* ⇒ **inconvénient, obstacle.**

OBJECTIVEMENT adv. ▪ D'une manière objective.

OBJECTIVITÉ n. f. ▪ **1.** PHILOS. Caractère de ce qui existe indépendamment de l'esprit. **2.** Caractère de ce qui représente fidèlement un objet. *L'objectivité scientifique.* **3.** Qualité de ce qui est impartial, d'une personne impartiale. *Vous manquez d'objectivité.*

OBJET n. m. ▪ **I.** concret Chose solide ayant unité et indépendance et répondant à une certaine destination. ⇒ **chose ;** FAM. **machin, truc.** *Forme, matière, taille d'un objet.* - *Bureau des objets trouvés.* - *OBJETS D'ART,* ayant une valeur artistique (à l'exception des œuvres d'art et des meubles). **II.** abstrait **1.** Ce qui se présente à la pensée, qui est occasion ou matière pour l'activité de l'esprit. *L'objet de ses réflexions.* ⇒ **matière, sujet. 2.** PHILOS. Ce qui est donné par l'expérience, existe indépendamment de l'esprit (⇒ **objectif**). *Le sujet et l'objet.* **3.** *Objet de :* être ou chose à quoi s'adresse (un sentiment). *Un objet de pitié, de mépris.* **4.** Ce vers quoi tendent les désirs, la volonté, l'effort et l'action. ⇒ **but, fin, objectif.** *L'objet de nos vœux.* ♦ *Cette plainte est SANS OBJET,* n'a pas de raison d'être. - *FAIRE, ÊTRE L'OBJET DE :* subir. *Faire l'objet de nombreuses critiques.* **5.** *COMPLÉMENT D'OBJET (d'un verbe),* désignant la chose, la personne, l'idée sur lesquelles porte l'action marquée par le verbe. *Complément d'objet direct,* directement rattaché au verbe (ex. je prends *un crayon*). *Complément d'objet indirect,* rattaché au verbe par l'intermédiaire d'une préposition (ex. j'obéis *à vos ordres*).

OBJURGATION n. f. ▪ surtout au plur. LITTÉR. Prière pressante (surtout pour dissuader). *Céder aux objurgations de qqn.*

OBLAT, ATE n. ▪ Personne qui s'est agrégée à une communauté religieuse, mais sans prononcer les vœux.

OBLIGATAIRE ▪ DR., FIN. **1.** n. Créancier titulaire d'une obligation (1). **2.** adj. Relatif aux obligations. *Marché obligataire.*

OBLIGATION n. f. ▪ **1.** DR. Ce qui contraint une personne à donner, à faire ou à ne pas faire qqch. *Contracter une obligation juridique.* ♦ Titre négociable représentant un emprunt. *Actions* et obligations.* **2.** Lien, devoir moral ou social. *Satisfaire à ses obligations.* **3.** *Obligation de* (+ inf.). ⇒ **nécessité.** *Il est dans l'obligation d'emprunter.* - (+ n.) *Jeu sans obligation d'achat.* ⇒ **engagement. 4.** surtout au plur. Lien moral envers qqn pour qui on a de la reconnaissance. *J'ai des obligations envers lui.* ⇒ **obligé.**

OBLIGATOIRE adj. ▪ **1.** Qui a la force d'une obligation. *Instruction gratuite et obligatoire.* **2.** FAM. Inévitable, nécessaire. ⇒ **forcé, obligé.** *Il a raté son train, c'était obligatoire !*

OBLIGATOIREMENT adv. ▪ D'une manière obligatoire.

OBLIGEAMMENT adv. ▪ Avec obligeance.

OBLIGEANCE n. f. ▪ Disposition à se montrer obligeant, à rendre service. *Il a eu l'obligeance de m'accompagner.*

OBLIGEANT, ANTE adj. ▪ Qui aime à obliger, à rendre service. ⇒ **complaisant, serviable.** *Un voisin obligeant.*

OBLIGER v. tr. [3] ▪ **I. 1.** Contraindre ou lier (qqn) par une obligation morale, légale. *La loi, l'honneur nous oblige à faire cela.* - loc. prov. *Noblesse* oblige.* ♦ pronom. *Il s'oblige à rembourser.* **2.** Mettre (qqn) dans la nécessité de faire qqch. ⇒ **astreindre, contraindre, forcer.** *Rien ne vous oblige à venir.* **II.** Attacher (qqn) en rendant service. ⇒ **aider ; obligeant.** *Vous m'obligeriez beaucoup de parler en ma faveur, en parlant en ma faveur.* ▶ **OBLIGÉ, ÉE** p. p. **I.** (personnes) **1.** Tenu, lié par une obligation, une nécessité. *Être, se sentir obligé de* (+ inf.). **2.** Reconnaissant (d'un service reçu). ⇒ **redevable.** *Je vous serais très obligé de bien vouloir...* - n. *Je suis votre obligé.* **II.** (choses) Qui résulte d'une obligation, d'une nécessité. ⇒ **indispensable, obligatoire.** *Conséquence obligée.* ♦ FAM. *C'est obligé !,* c'est forcé.

OBLIQUE adj. ▪ **1.** Qui n'est pas perpendiculaire (à une ligne, à un plan) et, notamment, qui n'est ni vertical ni horizontal. *Ligne oblique* (ou n. f. *une oblique*). *Rayons obliques du soleil couchant.* ♦ *Regard oblique,* peu franc. **2.** *EN OBLIQUE* loc. adv. : dans une direction oblique, en diagonale.

OBLIQUEMENT adv. ▪ Dans une direction ou une position oblique. ⇒ de **biais,** de **côté.**

OBLIQUER v. intr. [1] ▪ Aller, marcher en ligne oblique. ⇒ **dévier.** *La moto a obliqué vers la gauche.*

OBLIQUITÉ [-k(ɥ)i-] n. f. ▪ Caractère ou position de ce qui est oblique. ⇒ **inclinaison.** *L'obliquité des rayons du soleil.*

OBLITÉRATION n. f. ▪ **1.** Action d'oblitérer. *L'oblitération d'un timbre.* **2.** MÉD. *L'oblitération d'une artère.* ⇒ **obstruction, occlusion.**

OBLITÉRER v. tr. [6] ▪ **1.** VIEILLI Effacer par une usure progressive. **2.** MÉD. Obstruer, boucher (un canal...). **3.** *Oblitérer un timbre,* l'annuler par l'apposition d'un cachet qui le rend impropre à servir une seconde fois. - au p. p. *Timbre oblitéré.*

OBLONG, OBLONGUE [ɔblɔ̃, -ɔ̃g] adj. ▪ Qui est plus long que large. ⇒ **allongé.** *Un visage oblong.*

OBNUBILER v. tr. [1] ▪ Envahir l'esprit de (qqn). ⇒ **obséder.** *Ce rêve l'obnubile.* - passif *Être obnubilé par une idée.*

OBOLE n. f. ▪ Modeste offrande, petite contribution en argent.

OBRÉNOVITCH ou **OBRENOVIĆ** ▪ Dynastie serbe, rivale des Karadjordjević, qui régna de 1817 à 1903 (sauf de 1842 à 1858).

OBSCÈNE adj. ▪ Qui blesse délibérément la délicatesse par des représentations ou des manifestations d'ordre sexuel. ⇒ **licencieux, pornographique.** *Geste obscène.* ⇒ **impudique, inconvenant, indécent.**

OBSCÉNITÉ n. f. ▪ **1.** Caractère de ce qui est obscène. ⇒ **indécence. 2.** Parole obscène. *Dire des obscénités.* ⇒ **grossièreté.**

OBSCUR, URE adj. ▪ **I. 1.** Qui est privé (momentanément ou habituellement) de lumière. ⇒ **noir, sombre.** *Des ruelles obscures.* - loc. *Les salles obscures :* les salles de cinéma. **2.** Qui est foncé, peu lumineux. ⇒ **sombre.** *Teinte obscure.* **II.** fig. **1.** Qui est difficile à comprendre, à expliquer (par sa nature ou par la faute de celui qui expose). ⇒ **incompréhensible.** *Des phrases embrouillées et obscures.* - Qui n'est pas connu. *Mot d'origine obscure.* **2.** Qui n'est pas net ; que l'on sent ou conçoit confusément. ⇒ **vague.** *Un obscur sentiment d'envie.* **3.** (personnes) Qui n'a aucun renom. ⇒ **ignoré, inconnu.** *Un poète obscur.* ♦ LITTÉR. Simple, humble. *Une vie obscure.*

OBSCURANTISME n. m. ▪ Attitude de ceux qui s'opposent à la diffusion de l'instruction, de la culture. ▶ adj. et n. **OBSCURANTISTE**

OBSCURCIR v. tr. [2] ▪ **I. 1.** Priver de lumière, de clarté ; rendre sombre. ⇒ **assombrir.** *Ce gros arbre obscurcit la pièce.* ▸ pronom. *Le ciel s'obscurcit.* **2.** LITTÉR. Troubler, affaiblir (la vue). ▸ au p. p. *Les yeux obscurcis de larmes.* ⇒ **voilé. II.** fig. Rendre peu intelligible. *Commentaires qui obscurcissent un raisonnement.*

OBSCURCISSEMENT n. m. ▪ **1.** Action d'obscurcir ; perte de lumière, d'éclat. *Obscurcissement du ciel.* **2.** fig. Fait de rendre peu intelligible.

OBSCURÉMENT adv. ▪ D'une manière vague, insensible. *Il sentait obscurément l'approche du danger.* ⇒ **confusément.**

OBSCURITÉ n. f. ▪ **I.** Absence de lumière ; état de ce qui est obscur. ⇒ **noir, nuit, ténèbres.** *Obscurité complète. L'obscurité d'une cave.* **II.** fig. **1.** Défaut de clarté, d'intelligibilité. *L'obscurité d'un discours.* **2.** Passage, point obscur. *Les obscurités d'un texte.*

OBSÉDANT, ANTE adj. ▪ Qui obsède. *Des souvenirs obsédants.*

OBSÉDÉ, ÉE n. ▪ Personne qui est en proie à une idée fixe, à une obsession. ⇒ **maniaque.** *Un obsédé sexuel.*

OBSÉDER v. tr. [6] ▪ Tourmenter de manière incessante ; s'imposer sans répit à la conscience. ⇒ **hanter, poursuivre.** *Le remords l'obsède. Il est obsédé par la peur d'échouer* (⇒ **obsession**).

OBSÈQUES n. f. pl. ▪ Cérémonie et convoi funèbres. ⇒ **enterrement, funérailles.** *Obsèques nationales.*

OBSÉQUIEUX, IEUSE adj. ▪ Qui exagère les marques de politesse, par servilité ou hypocrisie. ⇒ **plat, rampant.** *Un subordonné obséquieux.* ▸ *Une politesse obséquieuse.* ► adv. OBSÉQUIEUSEMENT

OBSÉQUIOSITÉ n. f. ▪ Attitude, comportement d'une personne obséquieuse. ⇒ **platitude, servilité.**

OBSERVABLE adj. ▪ Qui peut être observé (II).

OBSERVANCE n. f. ▪ Action, manière de pratiquer (une règle religieuse). ⇒ **observation** (I), **pratique.**

OBSERVATEUR, TRICE ▪ **1.** n. Personne qui observe un ou des événements. ⇒ **témoin.** *Un observateur attentif.* ▸ *Observateur diplomatique.* **2.** adj. Qui sait observer. *Il est très observateur.*

OBSERVATION n. f. ▪ **I.** Action d'observer (I) ce que prescrit une loi, une règle. ⇒ **obéissance, observance, respect.** *L'observation d'un règlement.* **II. 1.** Action de considérer avec une attention soutenue, afin de mieux connaître. ⇒ **examen.** *L'observation de la nature. Avoir l'esprit d'observation.* ▸ Ce qui exprime le résultat de cette action. ⇒ **note, réflexion. 2.** Parole, déclaration par laquelle on fait remarquer qqch. à qqn. *Observation critique.* ⇒ **objection.** ♦ Remarque de reproche. ⇒ **réprimande, reproche. 3.** Action d'observer scientifiquement (un phénomène) ; compte rendu des phénomènes constatés. *Instruments d'observation. L'observation et l'expérience*. Observations météorologiques. Induire qqch. de ses observations.* **4.** Surveillance attentive à laquelle on soumet un être vivant. *Malade en observation.* **5.** Surveillance des activités d'un suspect, d'un ennemi. *Observation aérienne.*

OBSERVATOIRE n. m. ▪ **1.** Établissement destiné aux observations scientifiques (astronomie, météorologie...). *Coupole, télescope d'un observatoire.* **2.** Lieu favorable à l'observation ; poste d'observation. *Observatoire d'artillerie.* ▸ fig. *Un observatoire économique.*

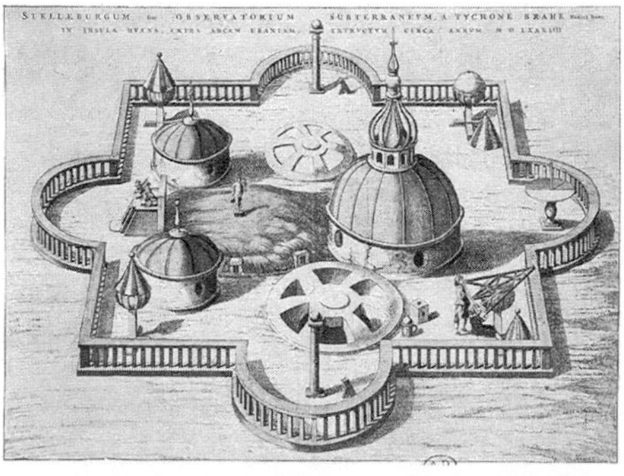

observatoire. Observatoire Sternbourg de l'astronome danois Tycho Brahé, vers 1584, gravure sur cuivre. Bibliothèque des Arts décoratifs, Paris. *Phot. © de Selva/Tapabor*

OBSERVER v. tr. [1] ▪ **I.** Se conformer de façon régulière à (une prescription). *C'est une règle qu'il faut observer.* ▸ *Observer le silence.* ⇒ **garder. II. 1.** Considérer avec attention. ⇒ **examiner, regarder.** ♦ Soumettre à l'observation scientifique. *Observer un phénomène.* **2.** Examiner en surveillant. *Il observait tous nos gestes. Observer les mouvements de l'ennemi.* **3.** Constater, remarquer par l'observation. ⇒ **noter.** ▸ *Je vous fais observer que* (+ indic.). ► S'OBSERVER v. pron. (réfl.) Se prendre pour sujet d'observation. *Il s'observe trop.* ▸ (récipr.) *Ils s'observent sans arrêt.* ⇒ se **surveiller.**

OBSESSION n. f. ▪ **1.** Idée, image, mot qui obsède, s'impose à l'esprit sans relâche. ⇒ **hantise, idée** fixe. **2.** PSYCH. Représentation, accompagnée d'états émotifs pénibles, qui tend à accaparer le champ de la conscience. ⇒ **manie, phobie.**

OBSESSIONNEL, ELLE adj. ▪ Propre à l'obsession. ▸ PSYCH. *Névrose obsessionnelle.*

OBSIDIENNE n. f. ▪ Roche éruptive de couleur foncée. *Bracelet en obsidienne.*

OBSOLÈTE adj. ▪ Dépassé, périmé. *Une technique obsolète.*

OBSTACLE n. m. ▪ **1.** Ce qui s'oppose au passage, gêne le mouvement. *Heurter, contourner un obstacle.* ▸ Chacune des difficultés d'un parcours hippique. *Course d'obstacles.* **2.** abstrait Ce qui s'oppose à l'action, à l'obtention d'un résultat. ⇒ **difficulté, empêchement, opposition.** *Franchir un obstacle.* ▸ *Faire obstacle à* : empêcher, gêner.

OBSTÉTRICIEN, IENNE n. ▪ Médecin spécialiste de l'obstétrique.

OBSTÉTRIQUE n. f. ▪ Partie de la médecine relative à la grossesse et à l'accouchement.

OBSTINATION n. f. ▪ Caractère, comportement d'une personne obstinée. ⇒ **entêtement, opiniâtreté, ténacité.**

OBSTINÉ, ÉE adj. ▪ **1.** Qui s'attache avec énergie et de manière durable à une manière d'agir, à une idée. ⇒ **opiniâtre ; entêté, têtu. 2.** (choses) *Travail obstiné.* ⇒ **assidu.**

OBSTINÉMENT adv. ▪ Avec obstination. *Refuser obstinément.*

S'**OBSTINER** v. pron. [1] ▪ Persister dans une idée, une décision sans vouloir changer. ⇒ s'**entêter.** *Il s'obstine dans son idée.* ⇒ se **buter.** *S'obstiner à mentir.*

OBSTRUCTION n. f. ▪ **1.** Gêne ou obstacle à la circulation (dans un conduit de l'organisme). ⇒ **engorgement, occlusion.** *Obstruction d'une artère.* **2.** Pratique qui consiste à entraver les débats (dans une assemblée, un groupe). *Faire de l'obstruction. Obstruction systématique.*

OBSTRUER v. tr. [1] ▪ Boucher en faisant obstacle. ⇒ **barrer, encombrer.** *Des pierres obstruent l'entrée de la grotte.* ▸ au p. p. *Des tuyaux obstrués.*

OBTEMPÉRER v. tr. ind. [6] ▪ ADMIN. *OBTEMPÉRER À* : obéir à (une injonction, un ordre). *Obtempérer à un ordre.* ▸ absolt *Refus d'obtempérer.*

OBTENIR v. tr. [22] ▪ **1.** Parvenir à se faire accorder ou donner (ce qu'on veut avoir). ⇒ **acquérir, conquérir, recevoir ;** FAM. **décrocher.** *Il a obtenu une augmentation.* ⇒ **avoir.** *J'ai obtenu de partir, que ma sœur parte avec moi.* ▸ *OBTENIR qqch. À, POUR qqn. Il lui a obtenu une promotion.* ▸ pronom. (passif) *Cette autorisation ne s'obtient pas facilement.* **2.** Réussir à atteindre (un résultat), à produire (qqch.). ⇒ **parvenir** à. *Obtenir un résultat. Obtenir un métal à l'état pur.*

OBTENTION n. f. ▪ DIDACT. Fait d'obtenir. *L'obtention d'un diplôme.*

OBTURATEUR, TRICE ▪ **1.** adj. Qui sert à obturer. **2.** n. m. Dispositif servant à obturer. ▸ spécialt Dispositif à ouverture réglable permettant de limiter la durée d'exposition de la surface sensible (appareil photo). *Obturateur focal, obturateur à rideau.*

OBTURATION n. f. ▪ Action d'obturer. *Obturation dentaire.*

OBTURER v. tr. [1] ▪ Boucher (une ouverture, un trou). *Obturer une fuite avec du mastic.*

OBTUS, USE adj. ▪ **I.** LITTÉR. Émoussé, arrondi. *Pointe obtuse.* ♦ GÉOM. *ANGLE OBTUS*, plus grand qu'un angle droit (opposé à *aigu*). **II.** fig. Qui manque de finesse, de pénétration. ⇒ **borné.** *Esprit obtus.*

OBUS n. m. ▪ Projectile d'artillerie, le plus souvent creux et rempli d'explosif. *Obus incendiaire, fumigène. Éclat d'obus. Trou d'obus.*

OBUSIER n. m. ▪ Canon court pouvant exécuter un tir courbe. ⇒ **mortier.**

OBVIER v. tr. ind. [7] ▪ LITTÉR. *OBVIER À* : mettre obstacle à, parer à. ⇒ **prévenir.** *Obvier à un inconvénient.* ⇒ **remédier.**

OC particule affirmative ▪ *LANGUE D'OC* : ensemble des dialectes du sud de la France, où l'on disait *oc* pour « oui » (et non *oïl**). ⇒ **occitan.**

OCARINA n. m. ▪ Petit instrument à vent, ovoïde, en terre cuite ou en métal, percé de huit trous et muni d'un bec.

Sean O'CASEY (1880 - 1964) ▪ Auteur dramatique irlandais. Son théâtre évoque les problèmes politiques et sociaux de l'Irlande. *"L'Ombre d'un franc-tireur"* (1923) ; *"La Charrue et les Étoiles"* (1926).

O'Casey.
Phot. © Coll. Viollet

Guillaume d'OCCAM → **Guillaume d'Occam**

OCCASION n. f. ▪ **1.** Circonstance qui vient à propos, qui convient. *L'occasion ne s'est pas présentée. Profiter de l'occasion. Avoir l'occasion de* (+ inf.). FAM. *Il a sauté sur l'occasion. Il ne manque jamais une occasion de se vanter.* - prov. *L'occasion fait le larron* : les circonstances peuvent inciter à mal agir. - *À L'OCCASION* loc. adv. : quand, si l'occasion se présente (→ le cas échéant). *Nous en reparlerons à l'occasion.* - *À la première occasion* : dès que l'occasion se présente. **2.** Marché avantageux pour l'acheteur ; objet de ce marché. ♦ *D'OCCASION* : qui n'est pas neuf. *Livre, voiture d'occasion* (→ de seconde main). - *Une occasion* (abrév. FAM. OCCASE) : objet acheté d'occasion. **3.** *Occasion de* : circonstance qui détermine (une action), provoque (un événement). ⇒ **cause.** *Être l'occasion de* : provoquer, donner lieu à. - *À L'OCCASION DE* loc. prép. ⇒ **pour.** *Inviter des amis à l'occasion de son anniversaire.* **4.** Circonstance. ⇒ ① **cas.** *En maintes occasions. En toute occasion.* - *PAR OCCASION* : par hasard. - *D'OCCASION* : accidentel, occasionnel. *Des amours d'occasion.* ♦ loc. *Les GRANDES OCCASIONS* : les circonstances importantes de la vie sociale.

OCCASIONNEL, ELLE adj. ▪ Qui résulte d'une occasion, se produit, se rencontre par hasard. ⇒ **fortuit.** *Un congé occasionnel.* ⇒ **exceptionnel.**

OCCASIONNELLEMENT adv. ▪ D'une manière occasionnelle (et non habituelle).

OCCASIONNER v. tr. [1] ▪ Être l'occasion de (qqch. de fâcheux). ⇒ **causer, déterminer.**

OCCIDENT n. m. ▪ **1.** POÉT. Un des quatre points cardinaux ; côté où le soleil se couche. ⇒ **couchant, ouest. 2.** (avec maj.) Région située vers l'ouest, par rapport à un lieu donné (opposé à *Orient*). ♦ spécialt POLIT. L'Europe de l'Ouest et l'Amérique du Nord (autrefois opposé à *Est, pays de l'Est*). ⇒ **Ouest.** *L'Occident et le tiers monde* (→ **nord** (I, 2)).

l'empire romain d'OCCIDENT ▪ État issu du partage de l'Empire romain en 395. → **Rome.**

OCCIDENTAL, ALE, AUX adj. ▪ **1.** Qui est à l'ouest. *Afrique occidentale.* **2.** Originaire de l'Occident ; qui se rapporte à l'Occident. *La culture occidentale.* - n. *Les Occidentaux.* ♦ spécialt *Les puissances occidentales.*

OCCIDENTALISATION n. f. ▪ Fait d'occidentaliser ou de s'occidentaliser.

OCCIDENTALISER v. tr. [1] ▪ Modifier selon les habitudes de l'Occident. - pronom. *Le Japon s'est occidentalisé.*

OCCIPITAL, ALE, AUX adj. ▪ Qui appartient à l'occiput. *Os occipital* et n. m. *l'occipital.*

OCCIPUT [-yt] n. m. ▪ Partie postérieure et inférieure de la tête.

OCCIRE v. tr. seulement inf. et p. p. *occis, ise* ▪ VX ou plais. Tuer.

OCCITAN, ANE adj. ▪ De l'Occitanie ; spécialt relatif aux parlers romans de langue d'oc. *Littérature occitane.* - n. *Les Occitans.*

l'OCCITANIE n. f. ▪ Ensemble des régions du sud de la France, où l'on parlait la langue d'oc, aujourd'hui maintenue par les dialectes et par la renaissance occitane (provençal, gascon).

OCCLURE v. tr. [35] sauf p. p. *occlus, use* ▪ CHIR. Pratiquer l'occlusion de.

OCCLUSIF, IVE adj. ▪ **1.** MÉD. Qui produit une occlusion. **2.** PHONÉT. *Consonne occlusive*, qui s'articule à l'aide d'une occlusion momentanée du canal buccal ([p], [t], [k], [b], [d], [g]). - n. f. *Une occlusive.*

OCCLUSION n. f. ▪ **1.** CHIR. Opération consistant à rapprocher les bords d'une ouverture naturelle. **2.** Fermeture complète d'un conduit ou d'un orifice. *Occlusion intestinale.*

OCCULTATION n. f. ▪ Action d'occulter. - fig. *L'occultation d'un fait historique.*

OCCULTE adj. ▪ **1.** Qui est caché et inconnu par nature. ⇒ **mystérieux.** *Puissances occultes.* **2.** Qui se cache, garde le secret. ⇒ **clandestin.** *Comptabilité occulte.* **3.** *SCIENCES OCCULTES* : doctrines et pratiques secrètes faisant intervenir des forces qui ne sont reconnues ni par la science, ni par la religion (alchimie, magie...). ⇒ **occultisme.**

OCCULTER v. tr. [1] ▪ **1.** Cacher ou rendre peu visible (une source lumineuse). **2.** fig. Dissimuler ; rendre obscur. *Occulter un souvenir.*

OCCULTISME n. m. ▪ Ensemble des sciences occultes et des pratiques qui s'y rattachent. ⇒ **ésotérisme, spiritisme.** ► n. et adj. OCCULTISTE

OCCUPANT, ANTE ▪ **1.** n. Personne qui habite un lieu. *Le premier occupant.* - Personne qui est dans un véhicule. *Les occupants sont indemnes.* **2.** adj. Qui occupe militairement un pays, un territoire. - n. m. *Les occupants, l'occupant.* ⇒ **envahisseur.**

OCCUPATION n. f. ▪ **1.** Ce à quoi on consacre son activité, son temps. *Vaquer à ses occupations.* - Travail susceptible d'occuper. *Chercher une occupation.* **2.** Action d'occuper, de s'installer par la force. *Armée d'occupation.* - spécialt (avec maj.) Période pendant laquelle la France fut occupée par les Allemands (1940-1944). *Pendant, sous l'Occupation.* **3.** Fait d'habiter effectivement. *Occupation illégale d'un logement* (⇒ **squat**). **4.** Prise de possession (d'un lieu). *Grève avec occupation des locaux.*

OCCUPER v. tr. [1] ▪ **1.** Prendre possession de (un lieu). *Occuper le terrain. Occuper un pays vaincu*, le soumettre à une occupation militaire. - *Occuper une usine.* **2.** Remplir, couvrir (un certain espace). *Occuper de la place.* ⇒ **prendre.** - (durée) *Occuper ses loisirs à peindre.* **3.** Habiter (un lieu). ♦ Tenir (une place, un rang). *Occuper un emploi, un poste.* **4.** *OCCUPER* (qqn) *À* : intéresser, employer à. *Occuper qqn à classer des livres.* - absolt *Lis, ça t'occupera !* ► **s'OCCUPER** v. pron. *S'OCCUPER DE* (qqch.), y employer son temps, ses soins. ⇒ se **consacrer** à, **travailler** à. *Ne vous occupez pas de cela*, n'en tenez pas compte ; ne vous en mêlez pas. - FAM. *Occupe-toi de tes affaires*, de ce qui te regarde. ♦ *S'OCCUPER DE* (qqn), veiller sur lui ou le surveiller. ♦ absolt *S'OCCUPER* : passer son temps à une activité précise. ► **OCCUPÉ, ÉE** adj. **1.** Qui est très pris, a beaucoup à faire. **2.** (choses) Dont on a pris possession. *Zone libre et zone occupée.* - *Appartement occupé.* - (au téléphone) *Ça sonne occupé.*

OCCURRENCE n. f. ▪ **1.** LITTÉR. Cas, circonstance. - loc. COUR. *EN L'OCCURRENCE* : dans le cas présent. *Le responsable, en l'occurrence M. Untel.* **2.** LING. Apparition (d'une unité linguistique) dans le discours.

l'O.C.D.E. ou **OCDE** n. f. ▪ « Organisation de coopération et de développement économique », créée en 1961, dont le but est de coordonner les politiques économiques des pays membres (25 en 1996), dont les principaux pays européens, les États-Unis, le Japon.

OCÉAN n. m. ▪ **1.** Vaste étendue d'eau salée qui couvre une grande partie de la surface du globe terrestre. ⇒ **mer.** *L'océan Indien.* **2.** fig. *Océan de* : vaste étendue de (qqch.). *Un océan de verdure.*

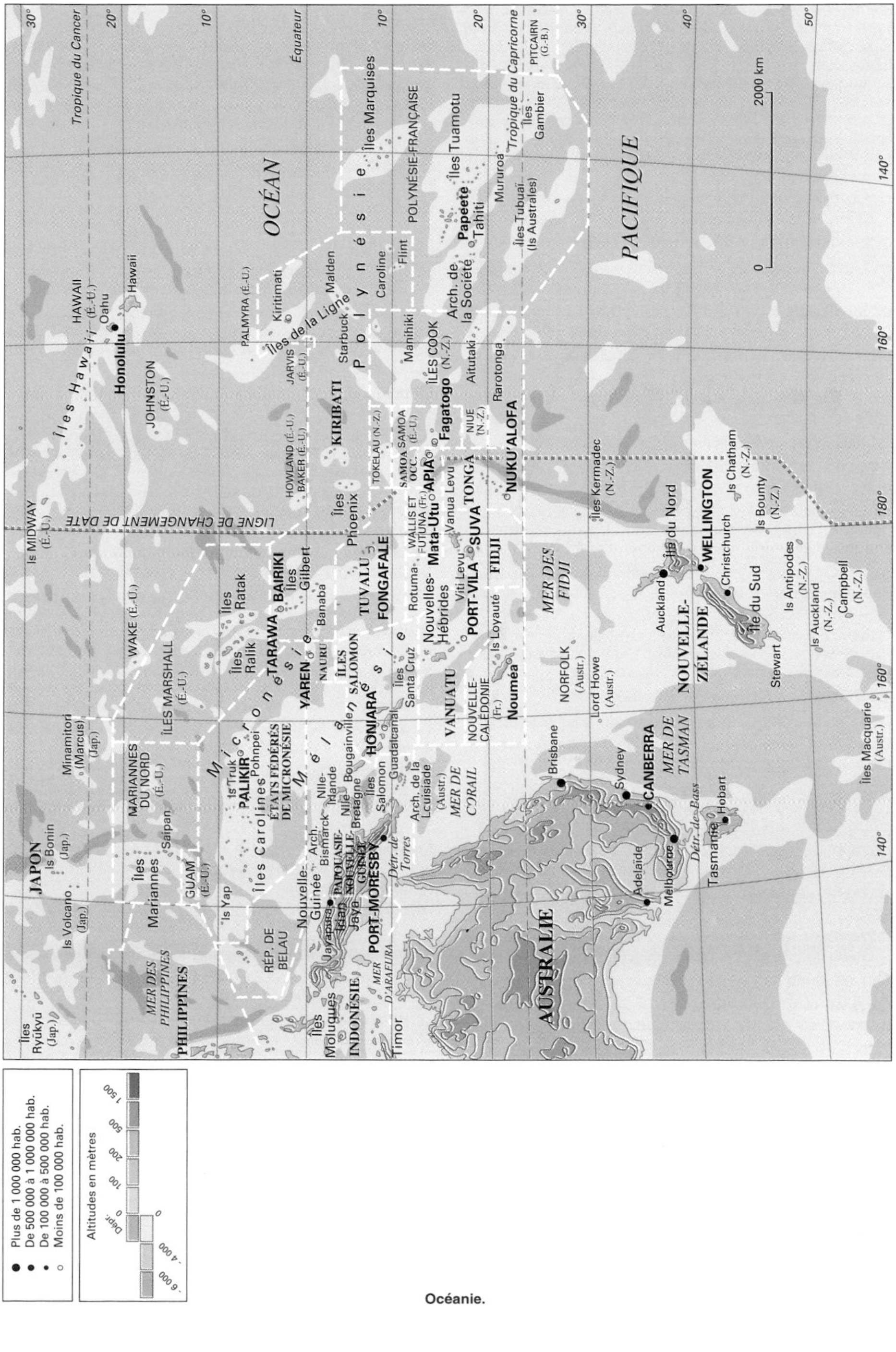
Plus de 1 000 000 hab.
De 500 000 à 1 000 000 hab.
De 100 000 à 500 000 hab.
Moins de 100 000 hab.
Altitudes en mètres
OCÉAN
PACIFIQUE
Tropique du Cancer
Équateur
Tropique du Capricorne
LIGNE DE CHANGEMENT DE DATE
Micronésie
Mélanésie
Polynésie
AUSTRALIE
NOUVELLE-ZÉLANDE
JAPON
PHILIPPINES
INDONÉSIE
PAPOUASIE-NOUVELLE-GUINÉE
PORT-MORESBY
HONIARA
ÎLES SALOMON
VANUATU
PORT-VILA
NOUVELLE-CALÉDONIE (Fr.)
Nouméa
FIDJI
SUVA
TONGA
NUKU'ALOFA
TUVALU
FONGAFALE
KIRIBATI
TARAWA
BAIRIKI
NAURU
YAREN
ÉTATS FÉDÉRÉS DE MICRONÉSIE
PALIKIR
ÎLES MARSHALL (É.-U.)
RÉP. DE BELAU
GUAM (É.-U.)
MARIANNES DU NORD (É.-U.)
WAKE (É.-U.)
HAWAII (É.-U.)
Honolulu
JOHNSTON (É.-U.)
Is MIDWAY (É.-U.)
PALMYRA (É.-U.)
JARVIS (É.-U.)
HOWLAND (É.-U.)
BAKER (É.-U.)
TOKELAU (N.-Z.)
SAMOA OCC.
APIA
SAMOA (É.-U.)
Fagatogo
WALLIS ET FUTUNA (Fr.)
Mata-Utu
NIUE (N.-Z.)
ÎLES COOK (N.-Z.)
POLYNÉSIE FRANÇAISE
Papeete
Tahiti
PITCAIRN (G.-B.)
CANBERRA
Sydney
Brisbane
Melbourne
Adélaïde
Hobart
Tasmanie
WELLINGTON
Auckland
Christchurch
MER DE TASMAN
MER DE CORAIL
MER DES FIDJI
MER DES PHILIPPINES
MER D'ARAFURA
NORFOLK (Austr.)
2000 km

Océanie.

OCÉAN ▪ Divinité grecque dont l'union avec sa sœur Téthys permit la naissance des fleuves et des 3000 océanides.

OCÉANIDE n. f. ▪ MYTHOL. Nymphe de la mer, fille d'Océan et de Téthys.

l'OCÉANIE n. f. ▪ Une des cinq parties du monde (8 970 000 km^2 ; 25 000 000 hab.), comprenant l'Australie et une multitude d'îles dans le Pacifique, groupées en trois ensembles : Mélanésie (dont la Nouvelle-Guinée), Micronésie, Polynésie (dont la Nouvelle-Zélande). Les civilisations océaniennes, découvertes par les Occidentaux aux XIXe et XXe s., ont été affectées par la colonisation, l'immigration asiatique, le rôle stratégique de la région, le tourisme. L'Océanie s'organise de plus en plus autour d'un pôle économique et culturel constitué par l'Australie et la Nouvelle-Zélande.

OCÉANIQUE adj. ▪ 1. De l'océan. *Explorations océaniques.* 2. *Climat océanique,* qui subit l'influence de l'océan.

OCÉANOGRAPHE n. ▪ Spécialiste d'océanographie.

OCÉANOGRAPHIE n. f. ▪ Étude scientifique des mers et océans. ► adj. OCÉANOGRAPHIQUE

OCÉANOLOGIE n. f. ▪ Ensemble des activités scientifiques et techniques relatives au milieu marin. ► adj. OCÉANOLOGIQUE

OCÉANOLOGUE n. ▪ Spécialiste d'océanologie.

OCELLE n. m. ▪ DIDACT. 1. Tache arrondie bicolore (comme un œil) sur un plumage, une aile d'insecte. 2. Œil simple de certains arthropodes.

OCELLÉ, ÉE adj. ▪ DIDACT. Parsemé d'ocelles. *Paon ocellé.*

OCELOT n. m. ▪ Grand chat sauvage à pelage roux tacheté de brun. ⇒ **chat-tigre.** ‐ Fourrure de cet animal.

Johannes OCKEGHEM (v. 1420 ‐ v. 1495) ▪ Compositeur franco-flamand, auteur de musique sacrée. Un des maîtres du contrepoint.

Daniel O'CONNELL (1775 ‐ 1847) ▪ Homme politique irlandais. Catholique, il lutta pour la liberté politique et religieuse de son pays.

OCRE ▪ 1. n. f. Colorant minéral naturel, jaune-brun ou rouge. 2. n. m. Couleur d'un brun-jaune ou orange. ‐ adj. invar. *Des fards ocre.*

OCRÉ, ÉE adj. ▪ Teint en ocre ; de couleur ocre.

OCT-, OCTA-, OCTO- Élément savant, du grec *oktô* et latin *octo* « huit ».

OCTAÈDRE n. m. ▪ Polyèdre à huit faces.

OCTANE n. m. ▪ CHIM. Hydrocarbure saturé présent dans l'essence de pétrole. ‐ COUR. *Indice d'octane :* échelle caractérisant le pouvoir antidétonant d'un carburant.

OCTANT n. m. ▪ MAR. Ancien instrument de mesure de la hauteur des astres, composé d'un huitième de cercle gradué.

OCTANTE adj. numéral cardinal invar. ▪ VX OU RÉGIONAL Quatre-vingts.

OCTAVE n. f. ▪ MUS. Intervalle parfait de huit degrés de l'échelle diatonique (par ex., de *do* à *do*).

OCTAVE ▪ Nom d'Auguste, avant son adoption par César.

OCTAVIE (v. 42 ‐ 62) ▪ Impératrice romaine, épouse de Néron. Ce dernier la répudia pour épouser Poppée.

OCTET n. m. ▪ INFORM. Base de huit caractères binaires.

OCTEVILLE ▪ Commune de la Manche. 18 120 hab. *(les Octevillais).*

OCTO- ⇒ OCT-

OCTOBRE n. m. ▪ Dixième mois de l'année. *Un octobre maussade et pluvieux.*

la révolution d'OCTOBRE → révolution russe de 1917

OCTOGÉNAIRE adj. et n. ▪ (Personne) qui a entre quatre-vingts et quatre-vingt-neuf ans.

OCTOGONAL, ALE, AUX adj. ▪ Qui a huit angles. ‐ Dont la base est un octogone.

OCTOGONE n. m. ▪ Polygone à huit côtés.

OCTOPODE adj. et n. m. ▪ ZOOL. Qui a huit pieds ou huit tentacules. ‐ n. m. pl. *Les Octopodes* (sous-ordre de mollusques ; ex. la pieuvre).

OCTOSYLLABE [-s-] adj. ▪ Qui a huit syllabes. ‐ n. m. Vers de huit syllabes.

OCTROI n. m. ▪ 1. LITTÉR. Action d'octroyer. *L'octroi d'une faveur.* 2. anciennt Contribution indirecte perçue par une municipalité sur les marchandises de consommation locale (droits d'entrée). ‐ Administration chargée de percevoir cette taxe ; lieu où elle était perçue. *La barrière de l'octroi.*

OCTROYER v. tr. [8] ▪ Accorder à titre de faveur, de grâce. ⇒ **concéder.** ‐ pronom. *S'octroyer un répit.*

OCTUOR n. m. ▪ 1. Morceau de musique à huit parties. 2. Ensemble vocal ou instrumental de huit musiciens.

OCULAIRE ▪ I. adj. 1. De l'œil. *Globe oculaire.* 2. *Témoin oculaire,* qui a vu de ses propres yeux. II. n. m. Lentille ou système de lentilles (d'un instrument optique) devant lequel on applique l'œil. ≠ *objectif.*

OCULISTE n. ▪ Médecin spécialiste des troubles de la vision. ⇒ **ophtalmologiste.**

OCYTOCINE n. f. ▪ BIOL. Hormone hypophysaire qui provoque les contractions de l'utérus lors de l'accouchement.

ODALISQUE n. f. ▪ HIST. Esclave attachée au service des femmes d'un harem. ‐ (abusivt) COUR. Femme d'un harem. *"L'Odalisque couchée"* (tableau d'Ingres).

ODE n. f. ▪ 1. LITTÉR. GRECQUE Poème lyrique destiné à être accompagné de musique. *Les odes de Pindare.* 2. Poème lyrique d'inspiration élevée. *"Les Odes"* (cycles de poèmes de Ronsard).

ODENSE ▪ Ville et port du Danemark, chef-lieu de la Fionie. 168 511 hab.

l'ODER n. m. ▪ Fleuve qui naît en République tchèque, traverse la Pologne et se jette dans la Baltique. 854 km. Il forme avec son affluent la Neisse la ligne *Oder-Neisse* qui sert de frontière entre la Pologne et l'Allemagne. En 1990, un traité fut signé entre les deux pays, officialisant cette frontière.

ODESSA ▪ Ville d'Ukraine, principal port de la mer Noire. 1 106 000 hab. Centre culturel et économique.

ODEUR n. f. ▪ Émanation volatile perçue par les organes de l'odorat. *Avoir une bonne, une mauvaise odeur.* ⇒ **parfum, puanteur ; sentir** (bon, mauvais). *Une odeur de renfermé. Chasser une odeur* (⇒ **désodoriser**). *Sans odeur* (⇒ **inodore**). ♦ loc. fig. *Mourir en odeur de sainteté,* en état de perfection spirituelle. ‐ *Ne pas être en odeur de sainteté auprès de qqn,* en être mal vu.

ODIEUSEMENT adv. ▪ D'une manière odieuse. ⇒ **abominablement.**

ODIEUX, EUSE adj. ▪ 1. Qui excite la haine, le dégoût, l'indignation. ⇒ **détestable, exécrable, ignoble.** *Un individu odieux.* ‐ *Un crime odieux.* 2. Très désagréable. *Un enfant odieux.* ⇒ **insupportable.**

ODIN correspondant à l'allemand **WOTAN** ▪ Principal dieu de la mythologie scandinave, dieu de la Guerre, de l'Écriture et de la Poésie.

-ODONTE, ODONTO- Éléments savants, du grec *odous, odontos* « dent ».

ODONTOLOGIE n. f. ▪ DIDACT. Étude et traitement des dents.

ODORANT, ANTE adj. ▪ Qui exhale une odeur (généralement bonne). ⇒ **odoriférant.**

ODORAT n. m. ▪ Sens qui permet de percevoir les odeurs. ⇒ **olfaction ; flair ; nez.** *Un fumet qui flatte l'odorat.*

ODORIFÉRANT, ANTE adj. ▪ Qui répand une odeur agréable. *Des plantes odoriférantes.* ⇒ **aromatique.**

ODYSSÉE n. f. ▪ Long voyage mouvementé, aventureux. (comme celui d'Ulysse*).

l'ODYSSÉE ▪ Épopée grecque composée vers le VIIIe s. avant J.-C. et attribuée, comme *"L'Iliade"*, à Homère. Elle raconte le retour d'Ulysse (en grec : *Odusseus*) après la guerre de Troie : poursuivi par la haine du dieu Poséidon, il erre dix ans sur les mers avant de retrouver sa patrie, Ithaque, et son épouse, Pénélope, dont il élimine les prétendants.

Johannes Hausschein ou **Husschin**, dit en français **ŒCOLAMPADE** (1482 ‐ 1531) ▪ Humaniste et réformateur religieux allemand. Lié avec Érasme, il adhéra aux idées de la Réforme et réorganisa l'Église et l'Université.

ŒCUMÉNIQUE [eky- ; øky-] adj. ▪ RELIG. 1. Universel. *Concile œcuménique,* de tous les évêques catholiques. 2. Relatif à l'œcuménisme.

ŒCUMÉNISME [eky- ; øky-] n. m. ▪ Mouvement favorable à la réunion de toutes les Églises chrétiennes en une seule. ▪ L'œcuménisme fut à l'origine le fait des protestants qui fondèrent, avec les anglicans et les orthodoxes, le Conseil œcuménique des Églises (1948). L'Église catholique s'est associée au mouvement à partir du concile Vatican II.

ŒDÈME [edɛm ; ødɛm] n. m. ▪ Gonflement pathologique causé par une infiltration séreuse. *Œdème du poumon.* ► adj. ŒDÉMATEUX, EUSE [ede- ; øde-]

ŒDIPE [edip ; ødip] n. m. ▪ PSYCH. Complexe* d'Œdipe. *Un œdipe mal résolu.* ► adj. ŒDIPIEN, IENNE

ŒDIPE ▪ Personnage de la mythologie grecque. Sans le savoir, il tue son père, épouse sa mère après avoir su répondre aux énigmes du Sphinx et se crève les yeux pour se punir de ses fautes involontaires. Le mythe d'Œdipe a inspiré Sophocle et Euripide, et est à l'origine d'un concept fondateur de la psychanalyse (→ complexe* d'Œdipe).

Adam **OEHLENSCHLÄGER** (1779-1850) ▪ Poète et dramaturge danois. Chef de file du romantisme national. *"Aladin ou la lampe merveilleuse"* (1804), transcription dramatique du conte oriental; *"Poèmes du Nord"* (1807).

ŒIL [œj], plur. **YEUX** [jø] n. m. ▪ **I. 1.** Organe de la vue (globe oculaire et ses annexes, logés dans l'orbite, nerf optique). *Avoir de bons yeux,* qui voient bien. ⇒ **vision, vue ; voir.** *Se fatiguer les yeux à lire. Perdre un œil, les deux yeux,* devenir borgne, aveugle. *Maladie, médecine des yeux.* ⇒ **ophtalm(o)-.** - Partie visible de l'œil. *De grands, de petits yeux. Yeux globuleux, enfoncés, bridés. Ses yeux brillent.* - loc. *Pour les beaux yeux de qqn,* par amour pour lui. - *Lever, baisser les yeux.* ⇒ **regard.** - *Faire les* GROS YEUX (à qqn) : regarder d'un air mécontent, sévère. - *Ouvrir, fermer les yeux. Cligner des yeux, de l'œil* (→ clin d'œil, œillade). *Des yeux ronds,* agrandis par l'étonnement. *Écarquiller les yeux* (même sens). - fig. *Ouvrir l'œil,* être très attentif, vigilant. - *Ne pas fermer l'œil de la nuit,* ne pas dormir. - *Fermer les yeux sur qqch.,* faire, par tolérance, etc., comme si on n'avait pas vu. - *J'irais là-bas les yeux fermés* (tant le chemin m'est familier). *Accepter qqch. les yeux fermés,* en toute confiance. ♦ (dans l'action de la vue) *Voir une chose de ses yeux, de ses propres yeux.* - loc. *À L'ŒIL NU :* sans l'aide d'aucun instrument d'optique. *À VUE D'ŒIL :* d'une manière très visible ; approximativement. - *Surveiller* DU COIN DE L'ŒIL, d'un regard en coin. - *Sortir par les yeux à qqn,* être écœurant par la répétition. ♦ *L'œil de Dieu, de la conscience.* **2.** Regard. *Chercher, suivre qqn des yeux. Sous mes yeux,* à ma vue, devant moi. *Aux yeux de tous.* - *MAUVAIS ŒIL :* regard réputé porter malheur. ♦ *COUP D'ŒIL :* regard rapide. *Remarquer qqch. au premier coup d'œil. Jeter un coup d'œil sur le journal.* - *Le coup d'œil :* le discernement. - Vue qu'on a sur un paysage. *D'ici, le coup d'œil est très beau.* **3.** (dans des expr.) Attention portée par le regard. *Cela attire l'œil. "L'œil écoute"* (critiques d'art de Claudel). - *N'avoir pas les yeux dans sa poche :* tout observer. - *N'avoir d'yeux que pour qqn,* ne s'intéresser qu'à lui. - FAM. *Avoir, tenir qqn à l'œil,* le surveiller. *Je t'aurai à l'œil.* - *Il a l'œil à tout.* **4.** abstrait Disposition, état d'esprit, jugement. *Voir qqch. d'un bon, d'un mauvais œil,* d'une manière favorable, défavorable. *Un œil critique.* - *Aux yeux de qqn,* selon son appréciation. **5.** loc. *Faire de l'œil à qqn,* des clins d'œil. - *Tourner de l'œil,* s'évanouir. - *Je m'en bats l'œil,* je m'en moque. - *Entre quatre yeux* (FAM. *entre quatre-z-yeux*), en tête à tête. - *Œil pour œil, dent pour dent,* expression de la loi du talion*, de la vengeance. ♦ FAM. *À L'ŒIL :* gratuitement. - *MON ŒIL !* (incrédulité, refus). **II. 1.** *Œil de verre,* œil artificiel (prothèse). **2.** *Œil électrique,* cellule photoélectrique. - *L'œil d'une porte.* ⇒ **judas. III.** (Objet, espace rond) **1.** Ouverture, trou rond. *L'œil d'une aiguille.* ⇒ **chas.** ♦ au plur. *Les yeux du gruyère.* - *Les yeux du bouillon,* ronds de graisse qui surnagent. **2.** Bourgeon naissant. **3.** Centre d'un cyclone (zone de calme).

ŒIL-DE-BŒUF n. m. ▪ Fenêtre, lucarne ronde ou ovale. *Des œils-de-bœuf.*

ŒIL-DE-PERDRIX n. m. ▪ Cor entre les doigts de pied. *Des œils-de-perdrix.*

ŒILLADE [œj-] n. f. ▪ Regard ou clin d'œil plus ou moins furtif. *Lancer une œillade à qqn.*

ŒILLÈRE [œj-] n. f. ▪ **1.** Plaque de cuir empêchant le cheval de voir sur le côté. **2.** fig. loc. *AVOIR DES ŒILLÈRES :* être borné.

ŒILLET [œj-] n. m. ▪ **I.** Petit trou pratiqué dans une étoffe, du cuir, etc. servant à passer un lacet, etc. *Les œillets d'une ceinture.* ♦ Bordure rigide qui entoure un œillet. - Anneau

Œdipe. *Œdipe et le Sphinx,* vase à figures noires, art grec. Musée du Louvre, Paris.
Phot. © Lessing/Magnum

de papier servant à consolider des perforations. **II. 1.** Plante cultivée pour ses fleurs très odorantes ; ces fleurs. **2.** *Œillet d'Inde,* plante ornementale à fleurs orangées ou jaunes.

ŒILLETON [œj-] n. m. ▪ Petit viseur circulaire.

ŒILLETTE [œj-] n. f. ▪ Pavot cultivé pour ses graines dont on extrait une huile comestible.

ŒNO- [eno] Élément savant, du grec *oinos* « vin ».

ŒNOLOGIE n. f. ▪ Étude des techniques de fabrication et de conservation des vins. ► adj. ŒNOLOGIQUE

ŒNOLOGUE n. ▪ Spécialiste d'œnologie.

ŒRSTED → Ørsted

ŒSOPHAGE [ez-] n. m. ▪ Partie de l'appareil digestif, canal qui va du pharynx à l'estomac.

ŒSTROGÈNE [ɛz-] n. m. ▪ PHYSIOL. Hormone qui provoque l'œstrus*. ◇ var. ESTROGÈNE.

ŒSTRUS [ɛstʀys] n. m. ▪ PHYSIOL. Période de l'ovulation (et du rut). ► adj. ŒSTRAL, ALE, AUX

ŒUF [œf], plur. **ŒUFS** [ø] n. m. ▪ **I. 1.** Corps dur et arrondi que produisent les femelles des oiseaux, qui contient le germe de l'embryon et des substances nutritives. *Oiseau qui pond un œuf dans son nid.* - *Coquille d'œuf ; le blanc, le jaune de l'œuf. Œuf de poule, de pigeon.* **2.** spécialt Œuf de poule. *Œufs frais.* - *Œuf dur. Œuf mollet. Œuf à la coque. Œufs brouillés. Omelette de six œufs. Œufs au plat.* - *En forme d'œuf.* ⇒ **ovale, ovoïde.** ♦ loc. *Crâne d'œuf,* chauve. *Tête d'œuf* (terme d'injure). - *Plein comme un œuf,* rempli. - *Marcher sur des œufs,* avec précaution ; d'un air mal assuré. - *Mettre tous ses œufs dans le même panier :* mettre tous ses moyens dans une même entreprise (en s'exposant ainsi à tout perdre). - *L'œuf de Colomb :* une idée en apparence banale, mais ingénieuse (comme dans l'anecdote où Christophe Colomb fait tenir debout un œuf dont il coupe l'extrémité). - *DANS L'ŒUF :* dans le principe, avant l'apparition de qqch. *Il faut étouffer cette affaire dans l'œuf.* ♦ Confiserie en forme d'œuf. *ŒUF DE PÂQUES en chocolat, en sucre.* **3.** Produit des femelles ovipares (autres que les oiseaux : poissons, reptiles...). *Œufs de serpent, de grenouille. Œufs d'esturgeon* (→ caviar), *de saumon, de lump, de cabillaud* (→ tarama). **II.** BIOL. Première cellule d'un être vivant à reproduction sexuée, née de la fusion des noyaux de deux cellules reproductrices.

ŒUVRE ▪ **I.** n. f. **1.** VX Activité, travail. - loc. *À L'ŒUVRE. Être à l'œuvre,* au travail. - *D'ŒUVRE. Maître d'œuvre,* personne qui dirige un travail. - *METTRE EN ŒUVRE :* employer de façon ordonnée. **2.** (au plur.) Action humaine, jugée au regard de la loi religieuse ou morale. *Juger qqn selon ses œuvres. Bonnes œuvres,* actions charitables que l'on fait. - *Œuvre (de bienfaisance),* organisation ayant pour but de faire du bien à titre non lucratif. **3.** Ensemble d'actions effectuées par qqn ou qqch. *Faire son œuvre,* agir, opérer. *La satisfaction de l'œuvre accomplie.* **4.** Création intellectuelle, littéraire, artistique (d'une personne). ⇒ **ouvrage.** *L'œuvre d'un savant.* - *Une œuvre capitale, maîtresse.* ⇒ **chef-d'œuvre.** - spécialt Œuvre littéraire. *Œuvres choisies.* ♦ *ŒUVRE D'ART,* résultat de la création esthétique d'un artiste. **II.** n. m. **1.** *LE GROS ŒUVRE :* les fondations, les murs et la toiture d'un bâtiment. **2.** LITTÉR.

Ensemble des œuvres d'un artiste. *L'œuvre gravé de Rembrandt.*

ŒUVRER v. intr. 1 • LITTÉR. Travailler, agir.

OFF adj. invar. • anglic. CIN. Hors champ*. *Une voix off commente la scène.*

Jacques OFFENBACH (1819-1880) • Compositeur français d'origine allemande. Célèbre pour ses opérettes enjouées : *"La Belle Hélène"* (1864); *"La Vie parisienne"* (1866). *"Les Contes d'Hoffmann"* (1881), opéra fantastique.

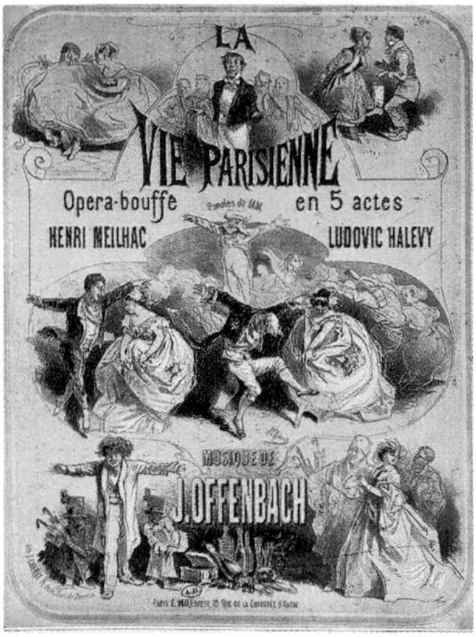

Offenbach. *La Vie parisienne,* affiche de J. Chéret, 1867. Bibliothèque des Arts décoratifs, Paris.
Phot. © Dagli Orti

OFFENBACH-SUR-LE-MAIN en allemand ***OFFENBACH AM MAIN*** • Ville d'Allemagne (Hesse), port sur le Main. 114 400 hab. Cuir.

OFFENSANT, ANTE adj. • Qui offense. ⇒ **blessant, injurieux.**

OFFENSE n. f. • **1.** Parole ou action qui attaque l'honneur, la dignité. ⇒ **affront, injure, insulte, outrage.** *Faire offense à qqn.* - Péché (qui offense Dieu). **2.** DR. Outrage envers un chef d'État.

OFFENSÉ, ÉE adj. • Qui a subi, qui ressent une offense. *Prendre un air offensé.* - n. *L'offenseur et l'offensé.*

OFFENSER v. tr. 1 • **1.** Blesser (qqn) dans sa dignité ou dans son honneur. ⇒ **froisser, humilier, injurier, outrager, vexer.** *Soit dit sans vous offenser.* **2.** LITTÉR. Manquer gravement à (une règle, une vertu). ⇒ **braver.** *Sa conduite offense le bon sens.* ► **S'OFFENSER** v. pron. Réagir par un sentiment d'amour-propre, d'honneur blessé (à une offense). ⇒ se **fâcher,** se **formaliser,** se **froisser,** se **vexer.**

OFFENSEUR n. m. • Personne qui fait une offense. ⇒ **agresseur.**

OFFENSIF, IVE adj. • Qui attaque, sert à attaquer. *Armes offensives. Guerre offensive,* où l'on attaque l'ennemi.

OFFENSIVE n. f. • **1.** Action d'attaquer l'adversaire. ⇒ **attaque.** *Déclencher une offensive.* **2.** Attaque, campagne d'une certaine ampleur. *Offensive publicitaire.*

OFFERTOIRE n. m. • Partie de la messe, rites et prières qui accompagnent la bénédiction du pain et du vin.

OFFICE n. m. • **I. 1.** VX Fonction que qqn doit remplir. - loc. (choses) *Remplir son office :* jouer son rôle. *Faire office de :* tenir lieu de. **2.** Fonction publique conférée à vie. ⇒ **charge.** *Office ministériel. Office de notaire.* **3.** loc. *D'OFFICE :* par le devoir de sa charge ; sans l'avoir demandé. *Avocat commis, nommé d'office.* - *Envois d'office; offices :* envois de livres par l'éditeur aux libraires. **4.** Lieu où l'on remplit les devoirs d'une charge ; agence, bureau. *Office commercial.* - Service doté de l'autonomie financière et confié à un organisme. *Office départemental.* **II.** Pièce attenante à la cuisine où se prépare le service de la table. **III.** *BONS OFFICES :* démarches d'un État, pour amener d'autres États en litige à négocier. ⇒ **conciliation, médiation. IV. 1.** Prières de l'Église réparties aux heures de la journée. *L'office divin.* **2.** Cérémonie du culte. *L'office du dimanche.*

les OFFICES • L'un des plus riches musées de peinture du monde installé à Florence, dans le palais des Offices (bureaux de l'administration florentine, construits par Vasari de 1560 à 1580).

OFFICIALISER v. tr. 1 • Rendre officiel. *Officialiser une nomination.*

OFFICIANT, ANTE n. • Personne qui célèbre l'office (IV). ⇒ **célébrant, prêtre.**

OFFICIEL, ELLE adj. • **I.** (choses) **1.** Qui émane d'une autorité constituée (gouvernement, administration). *Documents officiels.* - *Journal officiel,* contenant les textes officiels (lois, décrets...). ◇ abrév. J. O. - Certifié par l'autorité (≠ *officieux*). *La nouvelle est officielle depuis hier.* **2.** Donné pour vrai par l'autorité. *La version officielle de l'incident.* **3.** Organisé par les autorités. *Chef d'État en visite officielle.* **4.** Annoncé, déclaré publiquement. *Leurs fiançailles sont maintenant officielles.* **II.** (personnes) **1.** Qui a une fonction officielle. *Le porte-parole officiel du gouvernement.* ⇒ **autorisé. 2.** n. m. Personnage officiel. *La tribune des officiels.*

OFFICIELLEMENT adv. • À titre officiel, de source officielle. *Il en a été officiellement avisé.*

① **OFFICIER** n. m. • **1.** Militaire ou marin d'un grade égal ou supérieur à celui de sous-lieutenant ou d'enseigne de seconde classe. *Officiers et soldats. Élève-officier. Officiers supérieurs. Officier de marine.* **2.** Titulaire d'un grade (plus élevé que chevalier) dans un ordre honorifique. *Officier de la Légion d'honneur.* **3.** ADMIN. *Officier public, ministériel* (huissier, notaire...). - *Officier de police (judiciaire).*

② **OFFICIER** v. intr. 7 • **1.** Célébrer l'office divin, présider une cérémonie sacrée. **2.** fig. Agir, procéder comme si l'on accomplissait une cérémonie.

OFFICIEUSEMENT adv. • D'une manière officieuse.

OFFICIEUX, EUSE adj. • **1.** VX Qui cherche à rendre service (→ bons offices). **2.** Communiqué sans garantie officielle par une source autorisée. ≠ *officiel.*

OFFICINAL, ALE, AUX adj. • Utilisé en pharmacie. *Plantes, herbes officinales.*

OFFICINE n. f. • Lieu où un pharmacien vend, entrepose et prépare les médicaments.

OFFRANDE n. f. • **1.** Don à une divinité ; don religieux. *Recueillir les offrandes des fidèles.* **2.** Don, présent. *Verser une offrande.* ⇒ **obole.**

OFFRANT n. m. • loc. *Le PLUS OFFRANT :* l'acheteur qui offre le plus haut prix. *Vendre, adjuger au plus offrant.*

OFFRE n. f. • **1.** Action d'offrir ; ce que l'on offre. *Une offre avantageuse. Offres de service. Une offre d'emploi.* ⇒ **proposition. 2.** Quantité de produits ou de services offerts sur le marché. *L'offre et la demande.*

OFFRIR v. tr. 18 • **1.** Donner en cadeau. *Je lui ai offert des fleurs pour sa fête.* ♦ pronom. (récipr.) *Elles se sont offert des fleurs.* - (réfl.) ⇒ se **payer.** *Je vais m'offrir un pull.* **2.** Proposer ou présenter (une chose) à qqn ; mettre à la disposition. *Offrir des rafraîchissements. Offrir ses services.* - pronom. *Il s'est offert comme guide.* **3.** Mettre à la portée de qqn. ⇒ **procurer, proposer.** *On lui a offert l'occasion de s'exprimer.* - (sujet chose) *Cette situation offre des avantages.* - pronom. *Ce qui s'offre à l'esprit.* ⇒ se **présenter. 4.** Proposer en contrepartie de qqch. *Je vous en offre cent francs.* **5.** LITTÉR. Exposer à la vue, à l'esprit. ⇒ **montrer.** *Une façade qui n'offre rien d'accueillant.* - pronom. *Un spectacle superbe s'offrait à nos yeux.* **6.** Exposer (à quelque chose de pénible, de dangereux). *Offrir une cible à la critique.*

OFFSET [ɔfsɛt] n. m. invar. • anglic. IMPRIM. Impression par report.

OFFUSQUER v. tr. 1 • Indisposer, choquer. *Vos idées l'offusquent. Il est offusqué.* - pronom. Se froisser, se formaliser. ⇒ s'**offenser.**

l'OGADEN n. m. • Région de steppes de l'est de l'Éthiopie. Litige territorial avec la Somalie.

OGBOMOSHO • Ville du Nigeria. 166 034 hab. Centre commercial.

OGINO Kyūsaku (1882 - 1975) ▪ Médecin japonais. Il mit au point une méthode de calcul des cycles d'ovulation chez la femme (méthode Ogino-Knaus).

OGIVAL, ALE, AUX adj. ▪ **1.** De l'ogive (1), fait avec des ogives. **2.** VX Gothique.

OGIVE n. f. ▪ **1.** Arc diagonal sous une voûte gothique, qui en marque l'arête. *Croisée d'ogives :* partie de la voûte où se croisent les ogives. **2.** Arc brisé (opposé à *arc en plein cintre*). **3.** Partie supérieure de projectiles, de fusées, en forme d'ogive. *Ogive nucléaire.*

l'OGNON n. m. ▪ Rivière de l'est de la France, affluent de la Saône. 190 km.

l'OGOOUÉ n. m. ▪ Fleuve d'Afrique équatoriale, qui se jette dans l'océan Atlantique. 1 200 km.

OGRE, OGRESSE n. ▪ Géant des contes de fées, à l'aspect effrayant, se nourrissant de chair humaine. - loc. *Un appétit d'ogre.*

OH interj. ▪ Interjection de surprise, d'admiration, ou renforçant l'expression d'un sentiment. *Oh ! que c'est beau ! Oh ! quelle chance !*

Maurice OHANA (1914 - 1992) ▪ Compositeur français d'origine espagnole. *"Syllabaire pour Phèdre"* (1967), opéra de chambre.

OHÉ interj. ▪ Interjection servant à appeler. ⇒ **hé, hep.** *Ohé ! là-bas !*

Bernardo O'HIGGINS (1776 - 1842) ▪ Homme d'État chilien. Nommé par la junte de Santiago « directeur suprême de la nation » après sa victoire sur les Espagnols, il proclama l'indépendance (1818), mais fut renversé en 1823.

l'OHIO n. m. ▪ État de l'est des États-Unis, entre la rivière Ohio (affluent du Mississippi) et le lac Érié. 106 289 km². 10 847 000 hab. Capitale : Columbus. Villes principales : Cincinnati, Cleveland. Industries, agriculture.

OHM [om] n. m. ▪ Unité de mesure de résistance électrique.

Georg Simon OHM (1789 - 1854) ▪ Physicien allemand. Il établit en 1827 la loi fondamentale des courants électriques *(loi d'Ohm).*

OHRID ou **OKHRID** ▪ Ville de Macédoine, sur le *lac d'Ohrid* (349 km²), à la frontière albanaise. 42 908 hab. Églises byzantines (fresques).

-OÏDE, -OÏDAL Éléments savants, du grec *eidos* « aspect, forme », qui signifient « qui a telle forme ».

OIE n. f. ▪ **1.** Oiseau palmipède, au long cou, dont une espèce est domestiquée. - La femelle de cette espèce. ⇒ **jars** (mâle), **oison** (petit). *Engraisser, gaver des oies. Confit d'oie. Foie d'oie.* - *Plume d'oie,* utilisée autrefois pour écrire. **2.** *JEU DE L'OIE :* jeu où chaque joueur fait avancer un pion, selon le coup de dés, sur un tableau formé de cases numérotées. **3.** loc. *Couleur caca* d'oie.* **4.** fig. Personne très sotte. - *Oie blanche,* jeune fille innocente, niaise.

OIGNIES ▪ Commune du Pas-de-Calais. 10 660 hab. *(les Oignignois).*

OIGNON [ɔɲɔ̃] n. m. ▪ **I. 1.** Plante potagère vivace, à bulbe ; ce bulbe (utilisé en cuisine). *Des oignons, des échalotes et de l'ail. Éplucher des oignons. Soupe à l'oignon.* - loc. *En rang d'oignons :* sur une ligne. *Aux petits oignons :* très bien. - FAM. *Occupe-toi de tes oignons :* mêle-toi de ce qui te regarde. **2.** Bulbe (de plantes d'ornement). *Oignons de tulipe.* **II. 1.** anciennt Grosse montre bombée. **2.** Grosseur qui se développe au niveau des articulations du pied (surtout du gros orteil). ⇒ **cor, durillon.**

OÏL [ɔjl] particule affirmative ▪ *LANGUE D'OÏL :* langue des régions (Belgique, moitié nord de la France) où l'on disait *oïl* pour « oui » (et non *oc**).

OINDRE v. tr. [49] ne s'emploie plus qu'à l'inf. et au p. p. *oint, ointe* ▪ **1.** VX Frotter d'une substance grasse. **2.** Toucher (une partie du corps : le front, les mains) avec les saintes huiles pour bénir ou sacrer. ⇒ **onction ; extrême-onction.**

OINT, OINTE adj. ▪ Frotté d'une substance grasse, ou des saintes huiles. - n. m. RELIG. *Les oints du Seigneur :* les rois, les prêtres.

l'OISANS n. m. ▪ Région des Alpes françaises, au sud-est de Grenoble. Alpinisme, sports d'hiver.

l'OISE n. f. ▪ Rivière du Bassin parisien, affluent de la Seine. 302 km. Importante voie de navigation.

l'OISE [60] ▪ Département français de la région Picardie. 5 574 km². 725 603 hab. Chef-lieu : Beauvais. Chefs-lieux d'arrondissement : Clermont, Compiègne, Senlis.

OISEAU n. m. ▪ **1.** Animal (vertébré à sang chaud) au corps recouvert de plumes, dont les membres antérieurs sont des ailes et qui a un bec. ⇒ **ornitho-.** *Oiseaux de basse-cour.* ⇒ **volaille, volatile.** *Oiseaux diurnes, nocturnes. Jeune oiseau.* ⇒ **oisillon.** *Le chant* des oiseaux.* « *Est-ce que les oiseaux se cachent pour mourir ?* » (F. Coppée). - loc. prov. *Petit à petit l'oiseau fait son nid,* les choses se font progressivement. - *Oiseau de malheur :* personne qui fait des prédictions funestes. - *À VOL D'OISEAU* loc. adv. : en ligne droite (distances). **2.** FAM. péj. Individu. *Un drôle d'oiseau.* - *Un oiseau rare :* une personne étonnante (surtout iron.).

OISEAU-LYRE n. m. ▪ Oiseau d'Australie à queue en forme de lyre.

OISEAU-MOUCHE n. m. ▪ Colibri.

OISELEUR n. m. ▪ anciennt Preneur de petits oiseaux.

OISELIER, IÈRE n. ▪ Personne qui élève et vend des oiseaux.

OISELLERIE n. f. ▪ **1.** VX Lieu où l'on élève les oiseaux. **2.** Métier d'oiselier ; commerce des oiseaux.

OISEUX, EUSE adj. ▪ Qui ne mène à rien. ⇒ **inutile, vain.** *Dispute, question oiseuse.*

OISIF, IVE ▪ **1.** adj. Qui est dépourvu d'occupation, n'exerce pas de profession. ⇒ **désœuvré, inactif, inoccupé.** - *Mener une vie oisive.* **2.** n. Personne qui dispose de beaucoup de loisir. ► adv. OISIVEMENT

OISILLON n. m. ▪ Jeune oiseau.

OISIVETÉ n. f. ▪ État d'une personne oisive. ⇒ **désœuvrement, inaction.** *Vivre dans l'oisiveté.* - prov. *L'oisiveté est (la) mère de tous les vices.*

OISON n. m. ▪ Petit de l'oie.

OISSEL ▪ Commune de la Seine-Maritime. 11 444 hab. *(les Osseliens).*

David Fedorovitch OÏSTRAKH (1908 - 1974) ▪ Violoniste soviétique. Il mena une très grande carrière de concertiste, puis de chef d'orchestre.

O. K. [ɔke ; ɔkɛ] adv. ▪ anglic. FAM. D'accord. *À demain ? — O. K.* - adj. invar. *C'est O. K. :* ça va, c'est bien.

l'OKA n. f. ▪ Rivière de Russie, affluent de la Volga. 1 500 km.

OKAPI n. m. ▪ Mammifère ruminant de la famille des girafes.

okapi. *Okapia johnstoni.* Phot. © Cordier/Jacana

OKAYAMA ▪ Ville du Japon (Honshū). 590 409 hab.

la mer d'OKHOTSK ▪ Mer à l'est de la Sibérie, entre la presqu'île du Kamtchatka et l'île de Sakhaline. 1 603 000 km².

OKINAWA ▪ Île du Japon, la principale de l'archipel des Ryūkyū. 1 247 658 hab. Violents combats en 1945.

l'OKLAHOMA n. m. ▪ État du centre sud des États-Unis. 181 090 km². 3 145 000 hab. Céréales et coton. Pétrole et gaz. ► **OKLAHOMA CITY**, sa capitale. 445 000 hab.

OKOUMÉ n. m. ▪ Arbre d'Afrique équatoriale ; bois de cet arbre, aux reflets rouges.

ÖLAND ▪ Île de Suède, dans la mer Baltique, reliée au continent par un pont. 1 339 km². 22 000 hab.

OLAV V (1903 - 1991) ▪ Roi de Norvège de 1957 à sa mort.

Jan Van OLDENBARNEVELT (1547 - 1619) ▪ Homme politique hollandais. Il contribua à l'établissement de la république des Provinces-Unies (alliance avec la France et l'Angleterre, développement du commerce, trêve de douze ans avec l'Espagne). Maurice de Nassau le fit exécuter.

l'OLDENBOURG en allemand ***OLDENBURG*** **n. m.** ▪ Ancien État d'Allemagne, au bord de la mer du Nord. Comté au XIe s. puis duché, enfin grand-duché au XIXe s. ► **OLDENBOURG** en allemand ***OLDENBURG***, sa capitale (142 900 hab.), est aujourd'hui une ville commerciale (marché aux bestiaux) d'Allemagne, située en Basse-Saxe.

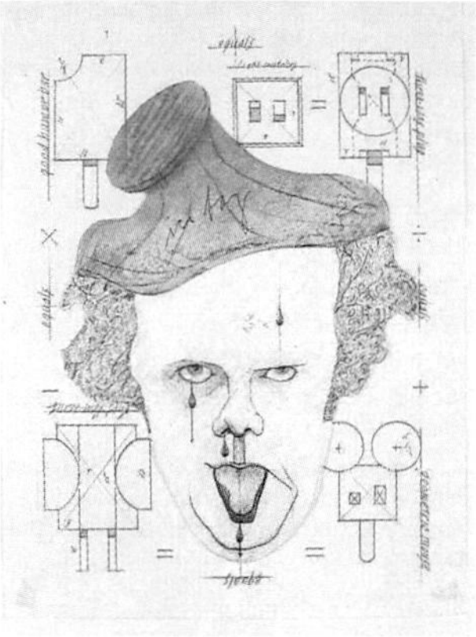

Claes **Oldenburg.** *Autoportrait symbolique avec équation.* Coll. Moderna Museet, Stockholm. *Phot. © Documentation du MNAMGP, Paris/Béatrice Hatala*

Claes OLDENBURG (né en 1929) ▪ Artiste américain d'origine suédoise. Un des représentants du pop art. Sculptures représentant des objets courants, parfois agrandis de façon gigantesque.

OLDHAM ▪ Ville d'Angleterre (Grand Manchester). 220 000 hab. Filatures de coton.

les gorges d'OLDUVAI ou **OLDOWAY** ▪ Site préhistorique du nord de la Tanzanie, où furent découverts (1953-1975) les restes des premiers hommes (*Homo habilis*, datant d'environ 1,8 million d'années), de leur habitat et de leur industrie.

OLÉ ou **OLLÉ** ▪ **1.** **interj.** Exclamation espagnole qui sert à encourager. **2.** *OLÉ OLÉ* ou *OLLÉ OLLÉ* **adj. invar.** FAM. Qui est libre dans son langage, ses manières. *Elles sont un peu olé olé.*

OLÉ-, OLÉI-, OLÉO- Éléments savants, du latin *oleum* « huile ».

OLÉAGINEUX, EUSE **adj.** ▪ Qui contient de l'huile. *Graines, plantes oléagineuses.* – **n. m.** *L'arachide, le colza sont des oléagineux.*

OLÉODUC **n. m.** ▪ Conduite de pétrole. ⇒ anglic. **pipeline.**

l'île d'OLÉRON ▪ Île française de l'océan Atlantique, près de l'embouchure de la Charente, dépendant de la Charente-Maritime et reliée au continent par un pont. 175 km². 18 250 hab. *(les Oléronais).* Ostréiculture, pêche. Tourisme.

Sir Laurence **Olivier** dans le rôle de Hamlet au cinéma, 1948. *Phot. © Coll. Rui Nogueira*

OLFACTIF, IVE **adj.** ▪ DIDACT. Relatif à l'odorat. *Sens olfactif.* ⇒ **odorat, olfaction.**

OLFACTION **n. f.** ▪ DIDACT. Odorat.

OLIBRIUS [-ys] **n. m.** ▪ FAM. péj. Homme qui se fait fâcheusement remarquer. ⇒ **original, phénomène.**

OLIFANT **n. m.** ▪ anciennt Cor d'ivoire des chevaliers, taillé dans une défense d'éléphant. *L'olifant de Roland.*

OLIGARCHIE **n. f.** ▪ Régime politique dans lequel la souveraineté appartient à une classe restreinte et privilégiée. – Ce groupe. ► **adj.** OLIGARCHIQUE

OLIG(O)- Élément savant, du grec *oligos* « petit ; en petit nombre ».

OLIGOÉLÉMENT **n. m.** ▪ PHYSIOL. Élément chimique présent en très faible quantité dans l'organisme, indispensable au métabolisme (ex. fer, magnésium).

OLINDA ▪ Ville du Brésil (Pernambouc), près de Recife. Monuments des XVIIe-XVIIIe s. 348 000 hab.

le comte-duc d'OLIVARES (1587 - 1645) ▪ Homme d'État espagnol. Favori de Philippe IV, il exerça le pouvoir de 1623 à 1643.

OLIVÂTRE **adj.** ▪ Qui tire sur le vert olive. – péj. *Teint, peau olivâtre,* mat et foncé.

OLIVE **n. f.** ▪ **1.** Petit fruit comestible, oblong, verdâtre puis noirâtre à maturité, à peau lisse. *Huile d'olive.* **2.** **adj. invar.** *Vert olive, olive,* d'une couleur verte tirant sur le brun.

Joe Oliver dit **King OLIVER** (1885 - 1938) ▪ Cornettiste, chef d'orchestre et compositeur de jazz américain. Il fut l'un des premiers musiciens « Nouvelle-Orléans » à avoir su s'affranchir du répertoire folklorique.

OLIVERAIE **n. f.** ▪ Plantation d'oliviers. ⇒ **olivette.**

OLIVET ▪ Commune du Loiret. 17 572 hab. *(les Olivetains).* Horticulture.

OLIVETTE **n. f.** ▪ **I.** Oliveraie. **II.** Petite tomate oblongue et ferme.

olivier. *Olea europaea.* *Phot. © Thouvenin/Jacana*

OLIVIER **n. m.** ▪ **1.** Arbre ou arbrisseau à tronc noueux, à feuilles vert pâle et dont le fruit est l'olive. *Culture de l'olivier* (*oléiculture* **n. f.**). *Le rameau d'olivier, symbole de la paix.* **2.** Bois de cet arbre.

sir Laurence OLIVIER (1907 - 1989) ▪ Acteur et metteur en scène de théâtre et de cinéma britannique. Brillantes interprétations et mises en scène de Shakespeare. *"Henry V"* (1945); *"Hamlet"* (1948).

le mont des OLIVIERS ▪ Colline à l'est de Jérusalem, où le Christ fut arrêté, selon les Évangiles. Le jardin de Gethsémani est au pied de ce mont.

OLLIOULES ▪ Commune du Var. 10 398 hab. *(les Ollioulais).*

Émile OLLIVIER (1825 - 1913) ▪ Homme politique français. Ministre de Napoléon III en 1870 ; sa tentative pour rétablir un régime parlementaire fut ruinée par la guerre franco-allemande.

les OLMÈQUES ▪ Ancienne civilisation précolombienne de la région du golfe du Mexique, caractérisée par ses monumentales têtes en pierre sculptées.

Ermanno OLMI (né en 1931) ▪ Cinéaste italien. Il a réalisé des fictions très ancrées dans la réalité quotidienne, dont *"L'Arbre aux sabots"* (1978), fresque paysanne d'une émouvante simplicité.

OLOMOUC anciennt en allemand ***OLMÜTZ*** ▪ Ville de Moravie. 106 000 hab. Monuments anciens.

OLONNE-SUR-MER ▪ Commune de la Vendée. 8 546 hab.

le gave d'OLORON ▪ Torrent des Pyrénées-Atlantiques, qui se jette dans le gave de Pau. 130 km.

OLORON-SAINTE-MARIE ▪ Chef-lieu d'arrondissement des Pyrénées-Atlantiques. 11 067 hab. *(les Oloronais).* Églises romanes.

l'O.L.P. ou **OLP**, **Organisation de libération de la Palestine** ▪ Mouvement nationaliste créé en 1964 dans le but d'obtenir la création d'un État palestinien et présidé depuis 1969 par Yasser Arafat (→ **Palestine**).

l'OLT n. m. ▪ Rivière de Roumanie, affluent du Danube. 736 km.

OLYBRIUS ou **OLIBRIUS** ▪ Nom de plusieurs personnages : un empereur romain d'Occident allié aux Barbares (mort en 472), et un gouverneur des Gaules qui auraient martyrisé, l'un sainte Marguerite, l'autre sainte Reine, d'où la légende médiévale d'un bravache cruel, puis (XVIe s.) d'un fanfaron incapable.

l'OLYMPE n. m. ▪ Massif montagneux du nord de la Grèce. Il culmine au Panthéon, 2 917 m. Pour les Grecs de l'Antiquité, c'était le séjour des dieux.

OLYMPIA ▪ Ville des États-Unis, capitale de l'État de Washington. 34 000 hab.

OLYMPIADE n. f. ▪ **1.** Période de quatre ans entre deux célébrations des Jeux olympiques. **2.** souvent au plur. Jeux olympiques.

OLYMPIAS (v. 375 - 316 av. J.-C.) ▪ Reine de Macédoine et mère d'Alexandre le Grand.

OLYMPIE ▪ Centre religieux de la Grèce antique, dans le Péloponnèse, consacré au culte de Zeus dont la statue, par Phidias, était considérée comme l'une des Sept Merveilles du monde. Vestiges antiques.

OLYMPIEN, IENNE adj. ▪ **1.** Relatif à l'Olympe, à ses dieux. **2.** Noble, majestueux. *Air, calme olympien.*

OLYMPIQUE adj. ▪ **1.** ANTIQ. Se dit des jeux qui étaient célébrés tous les quatre ans près d'Olympie (de 776 av. J.-C. jusqu'en 394 apr. J.-C.), et qui comportaient principalement des épreuves d'athlétisme. **2.** MOD. *Jeux olympiques* (ou *Olympiques,* avec maj.) : rencontres sportives internationales qui ont lieu tous les quatre ans (⇒ **olympiade**). *Jeux olympiques d'hiver, d'été.* ◇ abrév. J.O. - *Champion olympique.* - Conforme aux règles des Jeux olympiques. *Piscine olympique.* ▪ Les Jeux olympiques de l'ère moderne ont été organisés à partir de 1896, sur l'initiative de Pierre de Coubertin.

l'OM n. m. ▪ Rivière de Russie, en Sibérie. 1 091 km. Affluent de l'Irtych.

OMAHA ▪ Ville des États-Unis (Nebraska), port sur le Missouri. 336 000 hab.

le sultanat d'OMAN ▪ État (monarchie absolue) de la péninsule Arabique, sur le *golfe* et la *mer d'Oman.* 273 000 km^2. 1 290 000 hab. *(les Omanais).* Capitale : Mascate. Langue : arabe. Religion : islam. Monnaie : riyal omanais. Pays producteur de pétrole, il n'est pas membre de l'Opep. Ancienne colonie portugaise, devenue au XVIIIe s. le *sultanat de Mascate et d'Oman,* et dont l'indépendance fut reconnue par la communauté internationale en 1970.

les **Olmèques.** Tête colossale de Tres Zapotes.
Phot. © Charles Lénars

OMAR Ier (v. 581 - 644) ▪ Deuxième calife des musulmans après Abou Bakr. Il contribua à l'expansion de l'islam.

OMBELLE n. f. ▪ Ensemble de petites fleurs groupées formant coupole, sphère.

OMBELLIFÈRE n. f. ▪ Plante à fleurs en ombelles (famille des *Ombellifères ;* ex. carotte, cerfeuil, persil).

OMBILIC n. m. ▪ **1.** ANAT. Nombril. **2.** fig. LITTÉR. Point central. *"L'Ombilic des limbes"* (de A. Artaud).

OMBILICAL, ALE, AUX adj. ▪ ANAT. Relatif à l'ombilic. *Cordon* ombilical.*

OMBLE n. m. ▪ Poisson de rivière, de lac, voisin du saumon. *Omble chevalier.*

omble. *Salvelinus alpinus,* omble chevalier.
Phot. © Berthoule/Jacana

OMBRAGE n. m. ▪ **I. 1.** LITTÉR. Ensemble de branches et de feuilles qui donnent de l'ombre. *Se reposer sous l'ombrage.* **2.** L'ombre que donnent les feuillages. **II.** loc. *PRENDRE OMBRAGE DE qqch.,* en concevoir du dépit, de la jalousie. ♦ *PORTER, FAIRE OMBRAGE À qqn,* l'éclipser, lui donner du dépit.

OMBRAGER v. tr. [3] ▪ (feuillage) Faire, donner de l'ombre. - au p. p. *Jardin ombragé.*

OMBRAGEUX, EUSE adj. ▪ **1.** *Cheval ombrageux,* dangereux parce qu'il s'effraie (d'une ombre, etc.). **2.** (personnes) Susceptible, méfiant. - *Caractère ombrageux.*

OMBRE n. f. ▪ **I. 1.** Zone sombre créée par un corps opaque qui intercepte les rayons lumineux ; absence de lumière (surtout celle du Soleil) dans une telle zone. *Ombre partielle.* ⇒ **clair-obscur, demi-jour, pénombre.** *L'ombre des arbres. Une ombre épaisse.* ♦ loc. *À L'OMBRE. 30 degrés à l'ombre.* - FAM. *Mettre qqn à l'ombre,* l'emprisonner. - *Vivre dans l'ombre de qqn,* près de lui, dans l'effacement de soi. - *Laisser une chose dans l'ombre,* dans l'incertitude. *Faire de l'ombre à qqn,* l'éclipser. **2.** Représentation d'une zone sombre, en peinture. *Les ombres et les clairs.* ⇒ **clair-obscur.** - loc. *Il y a une ombre au tableau,* la situation comporte un élément inquiétant. ♦ *Ombre à paupières :* fard à paupières. **II. 1.** Zone sombre reproduisant le contour plus ou moins déformé (d'un corps qui intercepte la lumière). - loc. *Avoir peur de son ombre :* être très craintif. *Suivre qqn comme son ombre.* **2.** au plur. *OMBRES CHINOISES :* projection sur un écran de silhouettes découpées. - *Théâtre d'ombres.* **3.** Apparence changeante, trompeuse ou fragile (d'une réalité). - loc. *Abandonner, laisser LA PROIE POUR L'OMBRE,* un avantage pour une espérance vaine. - *(PAS) L'OMBRE DE :* (pas) la plus petite quantité de. ⇒ **soupçon, trace.** *Il n'y a pas l'ombre d'un doute.* **4.** Dans certaines croyances, Apparence d'une personne qui survit après sa mort. ⇒ **âme, fantôme.** *Le royaume des ombres.* - « *Ombres folles, courez au but de vos désirs* » (Baudelaire). **5.** Reflet affaibli (de ce qui a été). *N'être plus que l'ombre de soi-même.*

OMBRELLE n. f. ▪ Petit parasol portatif de femme.

OMBREUX, EUSE adj. ▪ **1.** LITTÉR. Qui donne de l'ombre. *Les pins ombreux.* **2.** Qui est à l'ombre ; où il y a beaucoup d'ombre. *Une forêt ombreuse.* ⇒ **sombre, ténébreux.**

l'OMBRIE n. f. en italien ***UMBRIA*** ▪ Région du centre de l'Italie. 8 456 km^2. 819 562 hab. *(les Ombriens).* Chef-lieu : Pérouse. Oliviers, industries électrochimiques, tourisme.

Omdourman. Une mosquée.
Phot. © Abbas/Magnum

OMDOURMAN ou **OMDURMAN** ▪ Ville du Soudan. 526 287 hab. Banlieue de Khartoum.

OMÉGA n. m. invar. ▪ Dernière lettre de l'alphabet grec (ω, Ω). - *L'alpha* et l'oméga.*

OMELETTE n. f. ▪ Œufs battus et cuits à la poêle. *Omelette au jambon. Omelette baveuse.* - loc. prov. *On ne fait pas d'omelette sans casser des œufs,* on n'obtient rien sans un minimum de sacrifices. ♦ *Omelette norvégienne :* entremets glacé et meringué.

OMERTA n. f. ▪ Loi du silence (de la Mafia, etc.).

OMETTRE v. tr. [56] ▪ S'abstenir ou négliger de considérer, de mentionner ou de faire. ⇒ **oublier, taire.** *Il a omis de nous prévenir.*

les OMEYADES ou **UMAYYADES** ▪ Dynastie de califes arabes qui régna à Damas de 661 à 750 sur un immense empire s'étendant de l'Atlantique au seuil du monde chinois. Détrônée par les Abbassides, elle fonda en Espagne le califat de Cordoue (756-1030).

OMISSION n. f. ▪ Le fait, l'action d'omettre qqch. ; la chose omise. *Omission volontaire ; involontaire.* ⇒ **absence, lacune, manque, négligence, oubli.** - loc. *Sauf erreur ou omission.*

OMNI- Élément savant, du latin *omnis* « tout ».

OMNIBUS [-bys] n. m. ▪ Train qui dessert toutes les stations.

OMNIPOTENCE n. f. ▪ LITTÉR. Puissance absolue. ⇒ **toute-puissance.**

OMNIPOTENT, ENTE adj. ▪ LITTÉR. Tout-puissant.

OMNIPRATICIEN, IENNE n. ▪ DIDACT. Médecin généraliste*.

OMNIPRÉSENCE n. f. ▪ LITTÉR. Présence en tout lieu. ⇒ **ubiquité.**

OMNIPRÉSENT, ENTE adj. ▪ LITTÉR. Qui est partout, ou toujours. *Une préoccupation omniprésente.*

OMNISCIENT, ENTE [-jɑ̃, ɑ̃t] adj. ▪ LITTÉR. Qui sait tout. *Nul n'est omniscient.*

OMNISPORTS adj. ▪ Où l'on peut pratiquer tous les sports. *Salle omnisports.*

OMNIUM [-jɔm] n. m. ▪ Compétition cycliste sur piste, combinant plusieurs courses. *Des omniums.*

OMNIVORE adj. ▪ Qui se nourrit indifféremment d'aliments d'origine animale ou végétale. *L'homme est omnivore.*

l'OMO ▪ Fleuve d'Éthiopie dont la basse vallée présente des couches fossilifères d'environ 1 km d'épaisseur (de 3,4 millions à 1 million d'années). De très nombreux ossements d'hominidés (australopithèques et hommes) y ont été recueillis.

OMOPLATE n. f. ▪ Os plat triangulaire de l'épaule, en haut du dos. - *Il a reçu un coup sur l'omoplate.*

OMPHALE ▪ Reine légendaire de Lydie. Héraclès fut son esclave, puis son époux.

l'O.M.S. ou **OMS**, **Organisation mondiale de la santé** ▪ Institution spécialisée de l'O.N.U. Créée en 1948 dans le but d'« amener les peuples au niveau de santé le plus élevé possible », elle a son siège à Genève.

OMSK ▪ Ville de Russie, pôle historique de la Sibérie occidentale. 1 168 000 hab. Port fluvial à la confluence de l'Om et de l'Irtych. Pétrole. Durant la guerre civile (1917-1921), le contre-révolutionnaire Koltchak, après avoir pris le titre de régent suprême, en fit sa capitale en 1918-1919.

ON pron. indéf. ▪ Pronom personnel indéfini de la 3e personne, invariable, faisant toujours fonction de sujet **I.** (marquant l'indétermination) **1.** Les hommes en général, les gens, l'opinion. *On dit que :* le bruit court que (→ on-dit, qu'en-dira-t-on). - *Comme on dit :* selon l'expression consacrée. **2.** Une personne quelconque. *On m'a volé mes papiers.* **II.** (représentant une ou plusieurs personnes déterminées) **1.** Tu, toi, vous. *Eh bien ! on ne s'en fait pas !* **2.** Je, moi, nous. *Tu sais bien qu'on t'aime. Oui, oui ! on y va.* - (dans un écrit) *On montrera dans ce livre que...* - FAM. *Nous, tu sais, on ne fait pas toujours ce qu'on veut.*

ONAGRE n. m. ▪ Âne sauvage de grande taille.

ONANISME n. m. ▪ DIDACT. Masturbation.

ONCE n. f. ▪ **1.** Mesure de poids anglo-saxonne qui vaut la seizième partie de la livre, soit 28,349 g (symb. oz). **2.** *UNE ONCE DE :* une très petite quantité de. *Il n'a pas une once de bon sens.* ⇒ **grain.**

ONCLE n. m. ▪ Frère du père ou de la mère ; mari de la tante. ⇒ **tonton.** *Relatif à un oncle.* ⇒ **avunculaire.** *L'oncle et ses neveux, ses nièces.*

ONCO- Élément savant, du grec *ogkos* « grosseur », qui signifie « tumeur ».

ONCOGÈNE adj. ▪ DIDACT. Qui favorise le développement des tumeurs. ⇒ **cancérigène.** *Gène oncogène.*

ONCOLOGIE n. f. ▪ DIDACT. Étude des tumeurs cancéreuses. ⇒ **cancérologie, carcinologie.**

ONCTION n. f. ▪ **1.** Rite qui consiste à oindre* une personne ou une chose (d'huile sainte). **2.** LITTÉR. Douceur dans les gestes, les paroles, qui dénote la piété, la dévotion (parfois hypocrites). *Des gestes pleins d'onction.*

ONCTUEUX, EUSE adj. ▪ Qui fait au toucher, au palais, une impression douce et moelleuse. *Potage onctueux. Savon onctueux.*

ONCTUOSITÉ n. f. ▪ Caractère de ce qui est onctueux. *L'onctuosité d'une pommade.*

ONDE n. f. ▪ **I.** LITTÉR. et VIEILLI L'eau dans la nature (mer, lac, rivière...). *Onde limpide.* **II. 1.** SC. Déformation, ébranlement ou vibration dont l'élongation est une fonction périodique des variables de temps et d'espace (⇒ **ondulatoire**). *Crête, creux d'une onde. Amplitude, période d'une onde.* - *Ondes liquides,* ondes concentriques dans l'eau . ⇒ **ride, rond.** - *Ondes sonores,* du son*. - *ONDES ÉLECTROMAGNÉTIQUES,* qui ne nécessitent aucun milieu matériel connu pour leur propagation. - *ONDES HERTZIENNES* ou *radioélectriques :* ondes électromagnétiques utilisées pour la propagation de messages et de sons (⇒ **radio**). *Ondes courtes, petites, grandes ondes. Longueur d'onde.* - FAM. *Être sur la même longueur d'onde,* se comprendre. ♦ *LES ONDES :* la radiodiffusion. *Metteur en ondes.* **2.** *Ondes musicales* ou *ondes Martenot* (instrument de musique électronique). **3.** LITTÉR. Sensation qui se propage comme une onde. *Une onde de plaisir.*

ONDÉE n. f. ▪ Pluie soudaine et de peu de durée. *Être surpris par une ondée.* ⇒ **averse.**

ONDINE n. f. ▪ Déesse des eaux de la mythologie nordique. ⇒ **naïade.**

ON-DIT n. m. invar. ▪ Bruit qui court. ⇒ **racontar, rumeur.** *Ce ne sont que des on-dit.*

ONDOIEMENT n. m. ▪ Mouvement de ce qui ondoie. *L'ondoiement des herbes dans le vent.*

ONDOYANT, ANTE adj. ▪ **1.** Qui ondoie. *Une démarche ondoyante.* **2.** LITTÉR. Changeant. *Un caractère ondoyant.*

ONDOYER v. intr. [8] ▪ LITTÉR. Se mouvoir en s'élevant et s'abaissant alternativement. *Les blés ondoyaient.* ⇒ **flotter, onduler.**

ONDULANT, ANTE adj. ▪ Qui ondule. *Démarche ondulante.* ⇒ **ondoyant.**

ONDULATION n. f. ▪ **1.** Mouvement alternatif de ce qui s'élève et s'abaisse en donnant l'impression d'un déplacement. ⇒ **ondoiement.** **2.** Forme sinueuse, faite de courbes alternativement concaves et convexes. *Les ondulations des cheveux.* ⇒ **cran.** - *Ondulation du sol.* ⇒ **pli.** **3.** Action de friser les cheveux.

ONDULATOIRE adj. ▪ SC. **1.** Qui a les caractères d'une onde. *Mouvement ondulatoire du son.* **2.** Qui se rapporte aux ondes. *MÉCANIQUE ONDULATOIRE :* théorie selon laquelle toute particule est associée à une onde.

ONDULÉ, ÉE adj. ▪ Qui fait des ondulations. ⇒ **onduleux.** - *Tôle* ondulée.* - *Cheveux ondulés.*

ONDULER v. intr. [1] ▪ **1.** Avoir un mouvement sinueux d'ondulation. ⇒ **ondoyer.** *Écharpe, drapeau qui ondule au vent.* ⇒ **flotter.** **2.** Présenter des ondulations (2). *Ses cheveux ondulent naturellement.* **3.** trans. *Onduler des cheveux au fer.* ⇒ **boucler, friser.**

ONDULEUX, EUSE adj. ▪ **1.** Qui présente de larges ondulations. ⇒ **courbe, sinueux.** *Plaine onduleuse.* **2.** Qui ondule. ⇒ **ondoyant, ondulant.**

-ONE Élément savant très productif en chimie, notamment (de *acétone*) pour former les noms des cétones et (de *carbone*) pour former des noms de composés.

le lac ONEGA ▪ Deuxième lac européen par sa surface, en Russie. 9 700 km².

Eugene O'NEILL (1888 - 1953) ▪ Auteur dramatique américain. Ses pièces allient le réalisme du quotidien au symbolisme. *"Le deuil sied à Électre"* (1931) ; *"Le Long Voyage vers la nuit"* (1940). Prix Nobel 1936.

O'Neill.
Phot. © Isi

ONÉREUX, EUSE adj. ▪ **1.** Qui impose des frais, des dépenses. ⇒ **cher, coûteux, dispendieux.** *C'est trop onéreux pour nous.* **2.** DR. *À TITRE ONÉREUX :* sous la condition d'acquitter une charge, une obligation.

ONET-LE-CHÂTEAU ▪ Commune de l'Aveyron. 9 705 hab.

O.N.G. [oɛnʒe] n. f. invar. (sigle de *organisation non gouvernementale*) ▪ Organisme financé essentiellement par des dons privés, qui se consacre à l'action humanitaire.

ONGLE n. m. ▪ **1.** Partie cornée à l'extrémité des doigts (mains, pieds). *Vernis à ongles. Ronger ses ongles* (⇒ **onychophagie**). *Gratter, griffer avec les, ses ongles. Coup d'ongle. Avoir les ongles noirs, en deuil* (sales). - loc. *Être qqch. JUSQU'AU BOUT DES ONGLES,* l'être tout à fait. - *Il connaît le sujet sur le bout des ongles,* à fond. **2.** Griffe (des carnassiers).

ONGLÉE n. f. ▪ Engourdissement douloureux de l'extrémité des doigts, provoqué par le froid (surtout dans *avoir l'onglée*).

ONGLET n. m. ▪ **I. 1.** Petite bande de papier (permettant d'insérer une feuille dans un livre). **2.** Entaille, échancrure (sur un instrument, une lame ; la tranche d'un livre). **II.** Morceau de bœuf à griller (muscles du diaphragme). *Onglet aux échalotes.*

ONGUENT n. m. ▪ Médicament de consistance pâteuse que l'on applique sur la peau. ⇒ **liniment, pommade.**

ONGULÉ, ÉE adj. ▪ ZOOL. (animaux) Dont les pieds sont terminés par des productions cornées (sabots). - n. m. pl. *Les Ongulés :* ordre de mammifères porteurs de sabots.

ONIRIQUE adj. ▪ **1.** Relatif aux rêves. *Visions de l'état onirique.* **2.** Qui évoque un rêve, semble sorti d'un rêve. *Atmosphère onirique.*

le lac **Onega.** Église en bois à Kiji.
Phot. © Cros/Explorer

ONIR(O)- Élément savant, du grec *oneiros* « rêve ».

ONNAING ▪ Commune du Nord. 9 173 hab.

ONOMASTIQUE ▪ **1.** DIDACT. n. f. Étude des noms propres (de personnes ; de lieux ⇒ **toponymie**). **2.** adj. Relatif aux noms propres, à leur étude.

ONOMATOPÉE n. f. ▪ Mot qui évoque par le son la chose dénommée (son ou cause d'un son). « *Boum* », *"crac"*, « *snif* », « *vrombir* » *sont des onomatopées. "Dictionnaire raisonné des onomatopées françaises"* (de Nodier).

Lars ONSAGER (1903 - 1976) ▪ Physicien et chimiste américain d'origine norvégienne. Il fut l'un des fondateurs de la thermodynamique des processus irréversibles. Prix Nobel de chimie 1968.

l'ONTARIO n. m. ▪ Province (État fédéré) du Canada. 1 068 630 km². 10 084 885 hab. *(les Ontariens),* en grande majorité anglophones (mais il y a 425 000 *Franco-Ontariens*). Capitale : Toronto. Première région économique du pays, et la plus peuplée.

le lac ONTARIO → **Grands Lacs**

ONTO- Élément savant, du grec *ôn, ontos* « l'être, ce qui est ».

ONTOGENÈSE n. f. ▪ BIOL. Développement de l'individu, depuis la fécondation de l'œuf jusqu'à l'état adulte (s'oppose à *phylogenèse*).

ONTOLOGIE n. f. ▪ Partie de la philosophie qui traite de l'être indépendamment de ses déterminations particulières. ► ONTOLOGIQUE adj. *Preuve ontologique de l'existence de Dieu.*

l'O.N.U. ou **ONU**, **Organisation des Nations unies** ▪ Créée en 1945, elle succéda à la Société des Nations (S.D.N.). Son but est de maintenir la paix et la sécurité dans le monde. L'O.N.U. siège à New York. Elle comprend l'*Assemblée générale* qui rassemble les 185 États membres, le *Conseil de sécurité* (15 membres dont 5 permanents : États-Unis, Russie, Chine, France, Royaume-Uni), le *Conseil économique et social,* le *Conseil de tutelle,* la *Cour internationale de justice,* le *Secrétariat* (dirigé par un secrétaire général) et des organes spécialisés (U.N.E.S.C.O.*, O.M.S.*, F.A.O.*). Souvent paralysée dans son action (droit de veto des membres permanents du Conseil de sécurité), l'organisation, avec la fin de la guerre froide, tenta de restaurer son autorité. En 1990, lors de la guerre du Golfe, elle mandata une coalition militaire internationale pour obliger l'Irak à évacuer le Koweït.

ONYCHOPHAGIE [-kɔ-] n. f. ▪ MÉD. Habitude de se ronger les ongles.

-ONYME, -ONYMIE, -ONYMIQUE Éléments savants, du grec *onoma* « nom » (ex. *homonyme, paronyme*).

ONYX [ɔniks] n. m. ▪ Variété d'agate présentant des zones concentriques régulières de diverses couleurs. *Coupe en onyx.*

ONZE ▪ **I.** adj. numéral invar. **1.** cardinal Nombre correspondant à dix plus un (11). *Un enfant de onze ans. Onze cents* (syn. *mille cent*). **2.** ordinal ⇒ **onzième.** *Louis XI. Chapitre onze.* **II.** n. m. invar. *Onze plus deux. Le onze. Le 11 octobre.* - Équipe de onze joueurs, au football. *Le onze de France.*

ONZIÈME ▪ **1.** adj. Qui vient immédiatement après le dixième. *Le onzième jour.* → n. *Il est le onzième.* **2.** n. m. La onzième partie. *Un onzième de l'héritage.* ► adv. ONZIÈMEMENT

O.P.A. [opea] n. f. (sigle de *offre publique d'achat*) ▪ FIN. Procédure d'acquisition de parts d'une société cotée en Bourse où l'acquéreur fait connaître publiquement ses intentions d'achat.

OPACIFIER v. tr. 7 ▪ Rendre opaque.

OPACITÉ n. f. ▪ **1.** Propriété d'un corps opaque à la lumière. **2.** fig. *L'opacité d'un texte.*

OPALE n. f. ▪ Pierre précieuse à reflets irisés.

OPALIN, INE adj. ▪ Qui a l'aspect de l'opale. ⇒ **blanchâtre, laiteux.**

OPALINE n. f. ▪ Substance vitreuse dont on fait des objets décoratifs. → *Une opaline :* objet en opaline.

OPAQUE adj. ▪ **1.** Qui s'oppose au passage de la lumière. *Verre opaque.* → SC. *OPAQUE À :* qui s'oppose au passage de (radiations). *Corps opaque aux rayons ultraviolets.* **2.** Très sombre. *Nuit opaque.* **3.** fig. Obscur, difficile à comprendre. *Une théorie opaque.*

OPEN [ɔpɛn] adj. invar. ▪ anglic. **1.** SPORTS Se dit d'une compétition ouverte aux professionnels et aux amateurs. → n. m. *Un open de tennis.* **2.** *Billet open,* non daté et utilisable à n'importe quelle date.

l'OPEP, Organisation des pays exportateurs de pétrole ▪ Organisation créée en 1960 pour fixer les prix du pétrole. Elle regroupe 13 États et siège à Vienne.

OPÉRA n. m. ▪ **1.** Ouvrage dramatique mis en musique, composé de récitatifs, d'airs, de chœurs avec accompagnement d'orchestre. *Les opéras de Mozart. Opéra bouffe*.* → opéra-comique, opérette. *Le livret d'un opéra.* → *Aimer l'opéra.* **2.** Théâtre où l'on joue des opéras. *La Scala de Milan, célèbre opéra italien.*

l'**Opéra de Paris.** Le palais Garnier, vue extérieure côté ouest, pavillon de l'Empereur. *Phot. © Moatti/Explorer*

▪ **le théâtre de l'OPÉRA DE PARIS** dit **le palais GARNIER** ▪ Bâtiment de l'Académie de musique et de danse, construit par Garnier de 1862 à 1875. Son style fastueux est caractéristique du Second Empire. Plafond décoré par Chagall en 1964. Consacré essentiellement à la danse depuis la construction de l'**Opéra Bastille** (1989).

OPÉRABLE adj. ▪ Qui peut être opéré (2).

OPÉRA-COMIQUE n. m. ▪ Drame lyrique composé d'airs chantés avec accompagnement orchestral, alternant parfois avec des dialogues parlés.

OPÉRATEUR, TRICE n. ▪ **1.** Personne qui exécute des opérations techniques déterminées, fait fonctionner un appareil. **2.** (au cinéma) *Opérateur de prise de vues* ou *opérateur :* cadreur (→ anglic. caméraman). *Chef opérateur.* **3.** n. m. FIN. Actionnaire principal (qui décide des opérations).

OPÉRATION n. f. ▪ **1.** Action (d'un pouvoir, d'une fonction, d'un organe) qui produit un effet. *Les opérations intellectuelles.* → loc. *Par l'opération du Saint-Esprit,* par un moyen mystérieux et efficace. **2.** Acte ou série d'actes (matériels ou intellectuels) pour obtenir un résultat. ⇒ **entreprise, travail.** *Opérations industrielles.* **3.** MATH. Processus déterminé qui, à partir d'éléments connus, permet d'en engendrer un nouveau. ⇒ **calcul.** *Opérations (arithmétiques) fondamentales,* addition, soustraction, multiplication, division *(les quatre opérations),* élévation à une puissance, extraction d'une

l'**Opéra Bastille.** *Phot. © Dagli Orti*

racine (carrée, etc.). **4.** *Opération (chirurgicale),* acte chirurgical. ⇒ **chirurgie ; intervention.** *Subir une opération sous anesthésie. Table d'opération.* ⇒ FAM. **billard. 5.** Mouvements, manœuvres militaires, combats (⇒ **bataille, campagne**). *Prendre l'initiative des opérations. Le théâtre des opérations.* → *Opération de police.* ♦ fig. Mesures coordonnées. *Opération « baisse des prix ».* **6.** Affaire commerciale ou financière. *Opérations de bourse. Une bonne opération.* ⇒ **affaire.**

OPÉRATIONNEL, ELLE adj. ▪ **1.** Relatif aux opérations militaires. *Base opérationnelle.* **2.** *RECHERCHE OPÉRATIONNELLE :* analyse scientifique (mathématique) des phénomènes d'organisation. **3.** Qui est prêt à être mis en service.

OPÉRATOIRE adj. ▪ Relatif aux opérations chirurgicales. *Le bloc opératoire d'un hôpital.* → *Choc* opératoire.*

OPERCULE n. m. ▪ DIDACT. Ce qui forme couvercle (pièce du corps d'animaux, etc.).

OPÉRER v. tr. 6 ▪ **1.** Accomplir (une action), effectuer (une transformation) par une suite ordonnée d'actes. ⇒ **exécuter, faire, réaliser.** *Il faut opérer un choix. Il ne fallait pas opérer ainsi.* ⇒ **procéder. 2.** Soumettre à une opération chirurgicale. *On l'a opéré de l'appendicite.* ♦ au p. p. *Malade opéré.* → n. *Les opérés en convalescence.*

OPÉRETTE n. f. ▪ Opéra-comique dont le sujet et le style, légers et faciles, sont empruntés à la comédie.

OPHICLÉIDE n. m. ▪ Gros instrument de musique à vent, en cuivre.

OPHIDIENS n. m. pl. ▪ ZOOL. Serpents.

OPHI(O)- Élément savant, du grec *ophis* « serpent ».

OPHTALMIE n. f. ▪ Maladie des yeux.

OPHTALM(O)-, -OPHTALMIE Éléments savants, du grec *ophtalmos* « œil ».

OPHTALMOLOGIE n. f. ▪ Étude de l'œil ; médecine de l'œil. ► OPHTALMOLOGIQUE adj. *Clinique ophtalmologique.*

OPHTALMOLOGISTE n. ▪ Médecin spécialiste de l'œil. ⇒ **oculiste.** ◇ syn. OPHTALMOLOGUE. ◇ abrév. FAM. OPHTALMO.

Max OPHULS (1902 - 1957) ▪ Cinéaste allemand naturalisé français. Ses films raffinés sont autant d'hommages à la beauté de la femme. *"La Ronde"* (1950) ; *"Madame de..."* (1953) ; *"Lola Montès"* (1955).

Ophuls. *Madame de...,* avec Vittorio de Sica et Danielle Darrieux. *Phot. © DR/Coll.Christophe L.*

OPIACÉ, ÉE adj. ▪ DIDACT. Qui contient de l'opium.

OPIMES adj. f. pl. ▪ HIST. *DÉPOUILLES OPIMES* : dépouilles d'un général ennemi tué par un général romain.

OPINER v. 1 ▪ **1.** v. tr. ind. LITTÉR. *Opiner à* : donner son assentiment à. ⇒ **adhérer, approuver.** *Il opinait à tout ce qu'elle disait.* **2.** v. intr. loc. *Opiner du bonnet* : manifester son approbation.

OPINIÂTRE adj. ▪ **1.** LITTÉR. Tenace dans ses idées, ses résolutions. ⇒ **acharné, obstiné, persévérant. 2.** (choses) Qui ne cède pas, que rien n'arrête. *Opposition opiniâtre.* ⇒ **irréductible, obstiné.** *Toux opiniâtre.* ⇒ **persistant, tenace.** ► adv. OPINIÂTREMENT

OPINIÂTRETÉ n. f. ▪ Persévérance tenace. ⇒ **détermination, fermeté, ténacité.** *Travailler avec opiniâtreté.* ⇒ **acharnement.**

OPINION n. f. ▪ **I. 1.** Manière de penser, de juger. ⇒ **avis ; conviction, croyance, idée, jugement, pensée, point de vue.** *Avoir une opinion, l'opinion que...* ⇒ **considérer, croire, estimer, juger, penser** *(verbes d'opinion). Adopter une opinion. Partager l'opinion de qqn. Divergences d'opinions.* ‐ *Défendre, soutenir une opinion.* ‐ *Opinions toutes faites.* ⇒ **préjugé. 2.** Idée ou ensemble des idées que l'on a, dans un domaine déterminé. ⇒ **doctrine, système, théorie.** *Opinions politiques. Opinions subversives.* ‐ *Liberté d'opinion.* **3.** *Avoir (une) haute, bonne, mauvaise opinion de qqn,* le juger bien, mal. **II. 1.** Jugement collectif, ensemble de jugements de valeur (sur qqch. ou qqn). ‐ *L'opinion,* les jugements portés par la majorité d'un groupe social. *Braver l'opinion.* **2.** Ensemble des attitudes d'esprit dominantes dans un groupe, une société. *L'opinion ouvrière. L'opinion (publique). Sondage d'opinion.*

OPIUM [ɔpjɔm] n. m. ▪ Suc du fruit d'un pavot, utilisé comme stupéfiant. *Fumer de l'opium.* ‐ allus. « *La religion est l'âme d'un monde sans cœur* [...]. *C'est l'opium du peuple* » (trad. de Karl Marx).

les guerres de l'OPIUM ▪ Nom donné à deux guerres ayant opposé les Européens aux Chinois. La première eut lieu entre la Chine et l'Angleterre (1840-1842) quand l'empereur de Chine voulut interdire l'importation de l'opium. Le traité de Nankin obligea la Chine à ouvrir ses ports au commerce européen. Une seconde *guerre de l'Opium* (1856-1860), à laquelle les Français prirent part aux côtés des Anglais, fut marquée par le traité de Tianjin (ou T'ien-tsin, 1858), le sac du palais d'Été à Pékin et le traité de Pékin (1860) ouvrant encore davantage la Chine aux Européens.

OPOLE ▪ Ville de Pologne, centre économique de la Silésie. 128 000 hab.

OPONCE n. m. ▪ Cactus à raquettes, dont une espèce est le figuier de Barbarie. ⇒ **nopal.** ◇ syn. BOT. OPUNTIA n. m.

OPOSSUM [-ɔm] n. m. ▪ Sarigue à pelage noir, blanc et gris. ‐ Sa fourrure. *Manteau d'opossum.*

opossum. *Didelphis marsupialis.*
Phot. © Dubois/Jacana

Dennis OPPENHEIM (né en 1938) ▪ Artiste américain. Il travaille dans la ligne du land art, de l'art conceptuel et de l'art corporel.

Robert OPPENHEIMER (1904 ‐ 1967) ▪ Physicien américain. Il dirigea les recherches qui aboutirent à la bombe atomique en 1945 et devint, par ses écrits et son rôle public, le symbole d'une interrogation sur la responsabilité du savant. *"The Open Mind".*

OPPIDUM [-ɔm] n. m. ▪ DIDACT. Ville fortifiée (d'époque romaine).

OPPORTUN, UNE adj. ▪ Qui vient à propos. ⇒ **convenable.** *Au moment opportun.* ⇒ **favorable, propice.**

OPPORTUNÉMENT adv. ▪ À propos.

OPPORTUNISME n. m. ▪ Comportement ou politique qui consiste à tirer parti des circonstances. ► n. et adj. OPPORTUNISTE

OPPORTUNISTE ▪ **1.** n. et adj. Partisan de l'opportunisme ; ce qui se comporte avec opportunisme. **2.** adj. anglic. BIOL. (germe) Qui manifeste sa virulence sur des organismes aux défenses immunitaires affaiblies.

OPPORTUNITÉ n. f. ▪ **1.** Caractère de ce qui est opportun. ⇒ **à-propos.** *Discuter de l'opportunité d'une mesure.* **2.** Circonstance qui convient. ⇒ **occasion.** *Profiter d'une opportunité.*

OPPOSABLE adj. ▪ Qui peut être opposé. ► n. f. OPPOSABILITÉ

OPPOSANT, ANTE adj. ▪ Qui s'oppose (à une mesure, une autorité). *La minorité opposante.* ‐ n. *Les opposants au régime.* ⇒ **adversaire.**

OPPOSER v. tr. 1 ▪ **1.** Fournir (une raison contraire). ⇒ **objecter, prétexter.** *Il n'y a rien à opposer à cela.* ⇒ **répondre. 2.** Mettre en face, face à face pour le combat. *Opposer une armée puissante à l'ennemi.* ‐ *Opposer une personne à une autre.* ⇒ **dresser, exciter** contre. ‐ (choses) *Match qui oppose deux équipes. Des questions d'intérêt les opposent.* ⇒ **diviser. 3.** Placer (qqch.) en face pour faire obstacle. *À ses reproches, j'ai préféré opposer le silence.* ‐ (choses) Présenter (un obstacle). *La résistance qu'oppose le mur.* **4.** Placer en face de ou tout près (ce qui s'oppose). *Opposer deux objets, un objet à un autre. Opposer deux couleurs.* **5.** Montrer ensemble, comparer (deux choses différentes) ; présenter comme contraire. ⇒ **confronter.** *Opposer l'ordre à (et) la liberté.* ► **S'OPPOSER** (À) v. pron. **1.** (personnes) Faire, mettre obstacle. ⇒ **contrarier, contrecarrer, empêcher, interdire.** *Ses parents s'opposent à son mariage. Je m'oppose formellement à ce que vous y alliez.* ‐ Agir contre, résister (à qqn) ; agir à l'inverse (de qqn). ⇒ **braver, résister.** *Il s'oppose systématiquement à ses parents.* **2.** (choses) Faire obstacle. ⇒ **empêcher, entraver.** *Leur religion s'y oppose.* ⇒ **défendre, interdire. 3.** Faire contraste ; être différent. ⇒ **opposé.** ‐ Être le contraire. « *Haut* » *s'oppose à* « *bas* ». ► **OPPOSÉ, ÉE** ▪ **I.** adj. **1.** Se dit de choses situées de part et d'autre et qui sont orientées face à face, dos à dos. ⇒ **symétrique.** *Les pôles sont diamétralement opposés.* (sing.) *Le mur opposé à la fenêtre. En sens opposé.* ⇒ **contraire, inverse. 2.** Aussi différent que possible (dans le même ordre d'idées). ⇒ **contraire.** *Ils ont des goûts opposés.* ‐ ARITHM. *Nombres opposés,* de même valeur absolue et de signe contraire (ex. + 5 et − 5). **3.** Qui s'oppose (à), se dresse (contre). ⇒ **adversaire, ennemi** de, **hostile.** *Je suis opposé à cette politique.* **II.** n. m. **1.** Côté, sens opposé. *L'opposé du nord est le sud.* **2.** abstrait Ce qui est opposé. ⇒ **contraire.** *Soutenir l'opposé d'une opinion.* ⇒ **contre-pied.** *Cet enfant est tout l'opposé de son frère.* **3.** loc. *À L'OPPOSÉ (de)* : du côté opposé (à) ; abstrait contrairement (à).

À L'**OPPOSITE (DE)** loc. ▪ Dans une direction opposée (à). ⇒ **en face, vis-à-vis.**

OPPOSITION n. f. ▪ **I. 1.** Rapport de personnes que leurs opinions, leurs intérêts opposent. ⇒ **désaccord.** *L'opposition de deux adversaires.* ⇒ **hostilité, rivalité.** ‐ *EN OPPOSITION. Entrer en opposition avec qqn.* ⇒ **conflit, dispute. 2.** Effet produit par des objets, des éléments très différents juxtaposés. ⇒ **contraste.** *Opposition de couleurs, de sons.* **3.** Rapport de deux choses opposées, qu'on oppose ou qui s'opposent. ⇒ **différence.** *L'opposition des contraires, de deux principes* (⇒ **antithèse**). ‐ *EN OPPOSITION. Sa conduite est en opposition avec ses idées.* ‐ *PAR OPPOSITION (à)* loc. : par contraste (avec), d'une manière opposée (à). *Employer ce mot par opposition à tel autre.* **II. 1.** Action, fait de s'opposer en mettant obstacle, en résistant. *L'opposition de qqn à une action. Faire opposition à qqch.* **2.** *FAIRE OPPOSITION à un chèque,* empêcher qu'il soit débité de son compte. **3.** Les personnes qui s'opposent à un gouvernement, un régime politique, une majorité. ⇒ **opposant.** *Les partis de l'opposition. Rallier l'opposition.*

OPPRESSANT, ANTE adj. ▪ Qui oppresse. *Il fait une chaleur oppressante.* ‐ *Crainte oppressante.*

OPPRESSER v. tr. [1] ▪ **1.** Gêner (qqn) dans ses fonctions respiratoires. ⇒ **accabler, étouffer.** *L'effort, la chaleur l'oppressaient.* ‑ au p. p. *Se sentir oppressé. Respiration oppressée.* **2.** Gêner en angoissant.

OPPRESSEUR n. m. ▪ Personne, groupe qui opprime. ⇒ **tyran.** *L'oppresseur et les opprimés.* ‑ adj. m. *Un régime oppresseur.* ⇒ **oppressif.**

OPPRESSIF, IVE adj. ▪ Qui opprime. *Autorité oppressive.* ⇒ **tyrannique.**

OPPRESSION n. f. ▪ **1.** Action, fait d'opprimer. *L'oppression du faible par le fort.* ⇒ **domination.** *Résistance à l'oppression.* ‑ **2.** Gêne respiratoire, sensation d'un poids qui oppresse la poitrine. ⇒ **suffocation.**

OPPRIMER v. tr. [1] ▪ **1.** Soumettre à une autorité excessive et injuste, persécuter. ⇒ **asservir, écraser, tyranniser.** *Opprimer un peuple.* **2.** Empêcher de s'exprimer, de se manifester. ⇒ **étouffer.** *Opprimer les consciences.* ► **OPPRIMÉ, ÉE** adj. Qui subit une oppression. *Populations opprimées.* ‑ n. *Défendre les opprimés.*

OPPROBRE n. m. ▪ **1.** LITTÉR. Ce qui humilie à l'extrême, publiquement. ⇒ **honte.** *Couvrir qqn d'opprobre.* **2.** Sujet de honte. *Il est l'opprobre de sa famille.*

OPTATIF, IVE adj. ▪ LING. Qui exprime le souhait. « *Qu'il parte !* » *est une proposition optative.*

OPTER v. intr. [1] ▪ Faire un choix (entre deux ou plusieurs choses qu'on ne peut avoir ou faire ensemble). ⇒ **choisir,** se **décider.** *Il a opté pour des études littéraires.*

OPTICIEN, IENNE n. ▪ Personne qui fabrique, vend des instruments d'optique.

OPTIMAL, ALE, AUX adj. ▪ Qui est un optimum. *Conditions optimales.*

OPTIMISER v. tr. [1] ▪ anglic. Donner les meilleures conditions de fonctionnement à. ► n. f. OPTIMISATION

OPTIMISME n. m. ▪ **1.** Tournure d'esprit qui dispose à prendre les choses du bon côté, en négligeant leurs aspects fâcheux. **2.** Sentiment de confiance dans l'issue d'une situation. *Envisager une situation avec optimisme.*

OPTIMISTE adj. ▪ Qui a de l'optimisme. ‑ n. *Un, une optimiste.*

OPTIMUM [-ɔm] ▪ **1.** n. m. État le plus favorable pour atteindre un but ou par rapport à une situation. *Des optimums* ou *des optima.* **2.** adj. Qui est le plus favorable, le meilleur possible. ⇒ **optimal.** *Température optimum* ou *optima.*

OPTION n. f. ▪ **1.** Possibilité de choisir. ⇒ **choix.** *Une option décisive.* ‑ *À OPTION.* ⇒ **optionnel.** *Matières à option à l'examen.* ♦ Action de choisir ; son résultat. *Ses options politiques ont changé.* **2.** Accessoire (d'un produit) qu'on peut choisir. **3.** DR. Promesse unilatérale de vente à un prix déterminé sans engagement de la part du futur acheteur. *Prendre une option sur un appartement.*

OPTIONNEL, ELLE adj. ▪ Qui donne lieu à un choix. ‑ Qu'on peut acquérir facultativement (avec autre chose).

OPTIQUE ▪ **I.** adj. **1.** Relatif à la vision. *Nerf optique. Angle optique* (syn. *visuel*). **2.** Relatif à l'optique (II). *Verres optiques. Fibre* optique.* ♦ n. f. Partie optique d'un appareil. **3.** Qui fonctionne grâce à l'optique (II) et à l'électronique. *Crayon optique. Lecture optique.* **II.** n. f. **1.** Science qui a pour objet l'étude de la lumière et de la vision. *Appareils, instruments d'optique* (lentille, oculaire, microscope...). ⇒ **-scope.** ‑ loc. *Illusion* d'optique.* ♦ Commerce (⇒ **opticien**), fabrication, industrie des appareils d'optique. *Optique médicale, astronomique, photographique.* **2.** Ensemble des conditions de la vision dans un cas particulier. ⇒ **perspective.** ‑ abstrait Manière de voir, point de vue. *Dans cette optique. Changer d'optique.*

OPTO- Élément savant, du grec *optos* « visible », qui signifie « vue, vision ».

OPTOMÉTRIE n. f. ▪ Étude de la vision oculaire, mesure de son acuité (à l'aide d'un *optomètre,* n. m.).

OPTOMÉTRISTE n. ▪ Opticien qui détermine la formule des verres correcteurs.

OPULENCE n. f. ▪ **1.** Grande abondance de biens. ⇒ **aisance, richesse.** *Vivre dans l'opulence.* **2.** fig. (formes) ⇒ **ampleur.**

OPULENT, ENTE adj. ▪ **1.** Qui est très riche, qui est dans l'opulence. *Contrée opulente. Vie opulente.* **2.** fig. (formes) Qui a de l'ampleur. *Poitrine opulente.* ⇒ **généreux, plantureux.**

l'État libre d'**Orange.** Le « Grand Trou » à Kimberley, extraction de diamants.
Phot. © Charles Lénars

OPUNTIA [ɔpɔ̃sja] n. m. ⇒ OPONCE

OPUS [-ys] n. m. ▪ Indication utilisée pour désigner un morceau de musique dans une œuvre. *Beethoven, opus 106. Numéro d'opus.*

OPUSCULE n. m. ▪ Petit ouvrage, petit livre. ⇒ **brochure.**

① **OR** n. m. ▪ **I. 1.** Métal précieux jaune, brillant, inaltérable et inoxydable (⇒ **chryso-**). *Pépites d'or. Mine d'or. Chercheurs d'or. La ruée vers l'or. "L'Or"* (œuvre de Cendrars). *Titre de l'or* (⇒ **carat**). ‑ *Or jaune, blanc ; rouge, gris* (alliages). ‑ *Lingot d'or. Bijou en or massif, en plaqué or. Pièce, louis d'or.* ♦ (monnaie) *Le cours de l'or.* ‑ *Étalon or.* **2.** (Symbole de richesse, de fortune) *La soif de l'or. Le pouvoir de l'or.* ‑ loc. *Acheter, vendre À PRIX D'OR,* très cher. ‑ *Valoir son pesant d'or :* avoir une grande valeur (au propre et au fig.). ‑ *Une affaire EN OR,* très avantageuse. ‑ *ROULER SUR L'OR :* être riche. *Être COUSU* D'OR.* ‑ *Pour tout l'or du monde* (après une négation) : à aucun prix. ⇒ **jamais. 3.** Substance ayant l'apparence de l'or. ‑ appos. *Peinture or.* ⇒ **doré. II.** fig. **1.** (En parlant de ce qui a une couleur, un éclat comparables à ceux de l'or) *L'or des blés.* **2.** Chose précieuse, excellente, rare (dans des loc.). *D'OR. Le silence est d'or.* ‑ *Parler d'or :* dire des choses très sages. ‑ *Un cœur d'or.* ‑ *EN OR :* excellent. *Un mari en or.* ♦ *ÂGE D'OR :* temps heureux d'une civilisation (ancien ou à venir). ‑ *L'âge d'or du cinéma.* ‑ *Siècle d'or,* se dit d'une époque brillante de prospérité et de culture (notamment à propos de l'Espagne). **3.** (Désignant une source de richesse) *L'or noir :* le pétrole. ‑ *L'or vert :* les ressources agricoles.

② **OR** conj. ▪ Marque un moment particulier d'une durée (dans un récit) ou d'un raisonnement. *Or, un jour, il arriva que...* ‑ *Vous prétendez la connaître ; or je sais qu'il n'en est rien.* ⇒ **cependant, pourtant.**

ORACLE n. m. ▪ **1.** ANTIQ. Réponse qu'une divinité donnait à ceux qui la consultaient. *Les oracles de la pythie, de la sibylle.* ‑ Cette divinité ou son interprète ; son sanctuaire. *L'oracle de Delphes.* **2.** LITTÉR. Opinion qui jouit d'un grand crédit. **3.** Personne qui parle avec autorité. *C'est l'oracle de sa génération.*

ORADEA ▪ Ville de Roumanie. 220 848 hab. Monuments baroques.

ORADOUR-SUR-GLANE ▪ Commune de la Haute-Vienne où les S.S. massacrèrent la population le 10 juin 1944. Symbole de la barbarie nazie. 1 998 hab. *(les Radounauds).*

ORAGE n. m. ▪ **1.** Perturbation atmosphérique violente, caractérisée par des phénomènes électriques (éclairs, tonnerre), souvent accompagnée de pluie, de vent. ⇒ **tempête.** *L'orage menace, éclate, gronde.* **2.** fig. Trouble qui éclate ou menace d'éclater. ‑ loc. FAM. *Il y a de l'orage dans l'air.* ⇒ **électricité.**

ORAGEUX, EUSE adj. ▪ **1.** Qui annonce l'orage ; qui a les caractères de l'orage. *Le temps est orageux. Chaleur, pluie orageuse.* **2.** fig. Tumultueux. *Discussion orageuse.* ⇒ **agité, mouvementé.**

ORAISON n. f. ▪ **1.** VX ou RELIG. Prière. **2.** *ORAISON FUNÈBRE :* discours religieux prononcé à l'occasion des obsèques d'un personnage illustre (→ panégyrique).

ORAL, ALE, AUX adj. ▪ **1.** (opposé à *écrit*) Qui se fait, se transmet par la parole. ⇒ **verbal.** *Tradition orale.* ‑ *Épreuves orales d'un examen.* ‑ n. m. *L'écrit et l'oral. Les résultats des oraux.* **2.** De la bouche. ⇒ **buccal.** *Par voie orale.* ‑ PSYCH. *Stade oral,* premier stade de la libido, précédant le stade anal, selon Freud. ► n. f. ORALITÉ

ORALEMENT adv. ▪ D'une manière orale (→ de vive voix).

-ORAMA Élément, du grec *orama* « vue » (parfois abrégé en *-rama ;* ex. *panorama ; cinérama*).

ORAN en arabe ***WAHRĀN*** ▪ Ville et port d'Algérie. 610 382 hab. *(les Oranais).* Évêché. Université. Centre commercial et industriel. Ancienne colonie romaine puis espagnole, occupée par les Français en 1831.

ORANGE n. f. ▪ **1.** Fruit comestible de l'oranger, agrume d'un jaune tirant sur le rouge. *Écorce d'orange.* ⇒ **zeste.** *Orange sanguine. Jus d'orange.* **2.** adj. invar. De la couleur de l'orange. *Des rubans orange.* ‑ n. m. *Un orange vif.*

l'ORANGE n. m. ▪ Fleuve d'Afrique australe qui se jette dans l'océan Atlantique. 1 860 km.

l'État libre d'ORANGE ▪ Province d'Afrique du Sud. Mines d'or et de diamants.

ORANGE ▪ Commune du Vaucluse. 26 964 hab. *(les Orangeois).* Théâtre antique et arc de triomphe romains. Cathédrale romane.

ORANGÉ, ÉE ▪ **1.** adj. D'une couleur nuancée d'orange. *Un rose orangé.* **2.** n. m. DIDACT. Couleur du spectre solaire entre le jaune et le rouge.

ORANGEADE n. f. ▪ Boisson à base de jus ou de sirop d'orange.

ORANGE-NASSAU → Nassau

ORANGER n. m. ▪ Arbre fruitier qui produit les oranges. ‑ *Eau de fleur d'oranger,* préparée avec des fleurs d'oranger.

oranger.
Citrus aurantium.
Phot. © Le Moigne/Jacana

ORANGERAIE n. f. ▪ Plantation d'orangers cultivés en pleine terre.

ORANGERIE n. f. ▪ **1.** Serre où l'on abrite des orangers cultivés en caisses. **2.** Partie d'un parc où les orangers sont placés pendant la belle saison.

ORANG-OUTAN ou **ORANG-OUTANG** [ɔʀɑ̃utɑ̃] n. m. ▪ Grand singe d'Asie, à longs poils roux, aux membres antérieurs très longs. *Des orangs-outan(g)s.*

ORANT, ANTE n. ▪ ARTS (art chrétien primitif) Personnage représenté en prière, les bras étendus. ‑ adj. *Vierge orante.* ♦ Statue funéraire représentant un personnage en prière, à genoux (s'oppose à *gisant*).

ORATEUR, TRICE n. ▪ **1.** Personne qui compose ou prononce des discours. ⇒ **conférencier ; prédicateur ; tribun.** *À la fin du banquet, l'orateur a été très applaudi.* **2.** Personne éloquente, qui sait parler en public. *C'est un bon orateur.*

station **orbitale.** La station orbitale *Mir.*
Phot. © ESA KAZ/Gamma

① **ORATOIRE** adj. ▪ Qui concerne l'art de parler en public, l'éloquence. *L'art oratoire. Joute oratoire.* ‑ loc. *Précautions oratoires :* moyens employés pour ménager et se concilier l'auditeur ou le lecteur.

② **ORATOIRE** n. m. ▪ **1.** Petite chapelle. **2.** Nom de congrégations religieuses. ■ L'Oratoire (de Sainte-Marie) fut fondé à Rome en 1575 par saint Philippe Neri. L'Oratoire (de France) fut fondé à Paris en 1611 par le cardinal de Bérulle*. Les oratoriens se consacrent aujourd'hui essentiellement à l'enseignement.

ORATORIEN n. m. ▪ Membre de l'Oratoire. *Malebranche, oratorien célèbre.*

ORATORIO n. m. ▪ Drame lyrique sur un sujet en général religieux. *"L'Oratorio de Noël"* (de J.-S. Bach).

l'ORB n. m. ▪ Fleuve côtier du sud de la France qui se jette dans la mer Méditerranée. 145 km.

François d'ORBAY (1634‑1697) ▪ Architecte français. Il fit fonction de premier architecte du roi (1670-1678), et fut associé aux principales réalisations du règne de Louis XIV.

① **ORBE** adj. ▪ TECHN. *Mur orbe,* sans aucune ouverture. ⇒ **aveugle.**

② **ORBE** n. m. ▪ VX ou LITTÉR. Cercle ; globe, sphère.

ORBITAL, ALE, AUX adj. ▪ De l'orbite (II). *Vitesse orbitale.* ‑ *Station orbitale :* engin spatial qui décrit une orbite.

ORBITE n. f. ▪ **I.** Cavité osseuse dans laquelle se trouve l'œil. *Yeux qui sortent des orbites.* ⇒ **exorbité.** **II. 1.** Trajectoire

orang-outan. *Pongo pygmaeus.*
Phot. © Ferrero/Jacana

courbe (d'un corps céleste) ayant pour foyer un autre corps céleste. *L'orbite de la Terre. Orbite elliptique.* ‑ *Mettre un engin spatial sur, en orbite,* lui faire décrire l'orbite calculée. ⇒ **lancer ; satelliser.** ‑ PHYS. *L'orbite d'un électron,* sa révolution autour du noyau. **2.** fig. Milieu où s'exerce l'influence de qqn. *Graviter dans l'orbite d'un haut personnage.* ⇒ **sphère.**

les îles ORCADES n. f. pl., en anglais ***ORKNEY ISLANDS*** ▪ Archipel britannique au nord de l'Écosse. 70 îles dont la principale est Mainland. Elles forment une « zone d'autorité insulaire ». 975 km². 20 000 hab. Chef-lieu : Kirkwall. Élevage, pêche, terminal pétrolier.

Andrea di Cione Arcangelo dit **ORCAGNA** (connu de 1343 à 1368). ▪ Peintre, sculpteur et architecte florentin. De lui, il reste essentiellement le retable sévère de Santa Maria Novella et le tabernacle gothique d'Orsanmichele à Florence.

ORCHESTRAL, ALE, AUX [‑k‑] adj. ▪ Propre à l'orchestre symphonique. *Musique orchestrale.* ‑ *Style orchestral.*

ORCHESTRATION [‑k‑] n. f. ▪ **1.** Action, manière d'orchestrer. ⇒ **instrumentation. 2.** Adaptation pour l'orchestre. ⇒ **arrangement. 3.** fig. *L'orchestration publicitaire.*

ORCHESTRE [ɔʀkɛstʀ] n. m. ▪ **I. 1.** Espace compris entre le public et la scène, un peu en contrebas (théâtre). *La fosse d'orchestre.* **2.** Les places du rez-de-chaussée (salle de spectacle). *Un fauteuil d'orchestre* (ou *un orchestre*). ‑ Le public de l'orchestre. *Les applaudissements de l'orchestre.* **II.** Groupe d'instrumentistes qui exécute de la musique polyphonique. ⇒ **ensemble, formation.** *Orchestre symphonique, philharmonique. Concerto pour violon et orchestre. Orchestre à cordes. Chef d'orchestre.*

ORCHESTRER [‑k‑] v. tr. 1 ▪ **1.** MUS. Composer (une partition) en combinant les parties instrumentales. ‑ Adapter pour l'orchestre. ⇒ **arranger.** *Orchestrer un air populaire.* **2.** fig. Organiser en vue de donner le maximum d'ampleur, de retentissement. *Orchestrer une campagne de presse.*

ORCHIDÉE [‑k‑] n. f. ▪ Plante des climats chauds dont les fleurs sont recherchées pour leur beauté et l'originalité de leur forme.

orchidée.
Fleurs cultivées.
Phot. © Favardin/Jacana

ORCHIS [ɔʀkis] n. m. ▪ BOT. Orchidée.

ORCHITE [‑k‑] n. f. ▪ MÉD. Inflammation du testicule.

ORCIVAL ▪ Commune du Puy-de-Dôme. 283 hab. *(les Orcivalois).* Basilique romane du XIIe s. (chapiteaux sculptés, Vierge en majesté).

ORDALIE n. f. ▪ Au Moyen Âge, Jugement de Dieu sous la forme d'épreuves (par l'eau, par le feu...).

ORDINAIRE ▪ **I.** adj. **1.** Conforme à l'ordre normal, habituel des choses. ⇒ ① **courant, habituel, normal, usuel.** *La façon ordinaire de procéder.* ‑ *Pas ordinaire* (FAM. en épithète) : étonnant, remarquable. ‑ Coutumier (à qqn). *Sa maladresse ordinaire.* **2.** Dont la qualité ne dépasse pas le niveau moyen le plus courant ; qui n'a aucun caractère spécial. ⇒ **banal, commun.** *Du vin ordinaire. De l'essence ordinaire* (et n. m. *de l'ordinaire*). *Le modèle ordinaire.* ⇒ ① **standard.** ‑ *Les génies et les hommes ordinaires.* ‑ péj. *Des gens très ordinaires,* de condition sociale très modeste, ou peu distingués. **II.** n. m. **1.** Ce qui n'a rien d'exceptionnel. *Une intelligence au-dessus de l'ordinaire* (⇒ **moyenne**). ‑ *Sortir de l'ordinaire :* être remarquable. **2.** Ce que l'on mange habituellement (surtout contexte communautaire). *Améliorer l'ordinaire.* **3.** *L'ordinaire de la messe,* l'ensemble des prières invariables. **III.** *D'ORDINAIRE ; À L'ORDINAIRE* loc. adv. : de façon habituelle, le plus souvent. ⇒ d'**habitude.** ♦ *Comme à son ordinaire :* comme il, elle le fait d'habitude.

ORDINAIREMENT adv. ▪ D'une manière ordinaire, habituelle. ⇒ **généralement, habituellement.**

ORDINAL, ALE, AUX adj. ▪ Qui marque l'ordre, le rang. *Nombre ordinal,* qui désigne le rang d'un nombre cardinal. ‑ GRAMM. *Adjectif numéral ordinal* (ex. premier, centième). ‑ n. m. *Un ordinal.*

ORDINATEUR n. m. ▪ Machine électronique de traitement de l'information, capable de classer, calculer et mémoriser, exécutant à grande vitesse les instructions d'un programme. *Le clavier, l'écran, les terminaux, la mémoire d'un ordinateur* (⇒ **matériel**). *Le langage, les programmes d'un ordinateur* (⇒ **logiciel**). *Ordinateur individuel.* ⇒ **micro-ordinateur.**

ORDINATION n. f. ▪ Acte par lequel est administré le sacrement de l'ordre, spécialt la prêtrise (⇒ **ordonner**).

ORDJONIKIDZE → **Vladikavkaz**

ORDONNANCE n. f. ▪ **I.** DIDACT. Mise en ordre ; disposition selon un ordre. ⇒ **agencement, arrangement, disposition, ordonnancement, organisation.** *L'ordonnance des idées. L'ordonnance d'un repas :* la suite des plats. ‑ ARTS Composition, disposition d'ensemble. ‑ *L'ordonnance d'un appartement.* **II.** (Prescription) **1.** Texte législatif émanant de l'exécutif. ⇒ **constitution, loi.** ‑ *Ordonnance de police.* ♦ Décision émanant d'un juge. *Ordonnance de non-lieu.* **2.** Prescriptions d'un médecin. *Médicament délivré sur ordonnance.* **3.** MILIT. *Revolver d'ordonnance,* conforme au règlement. ♦ *Officier d'ordonnance,* qui remplit les fonctions d'aide de camp. **4.** ancienn t (souvent masc.) Soldat attaché au service d'un officier.

ORDONNANCEMENT n. m. ▪ DIDACT. Façon dont une chose est ordonnée.

ORDONNANCIER n. m. ▪ **1.** Registre où le pharmacien consigne les produits prescrits sur ordonnance. **2.** Bloc spécial sur lequel un praticien rédige ses ordonnances.

ORDONNATEUR, TRICE n. ▪ Personne qui dispose, met en ordre. *L'ordonnatrice d'une fête.* ‑ *Ordonnateur des pompes funèbres.*

ORDONNÉ, ÉE adj. ▪ **1.** En bon ordre. *Maison bien ordonnée.* **2.** Qui a de l'ordre (opposé à *désordonné*). *Un enfant ordonné.*

ORDONNÉE n. f. ▪ MATH. Coordonnée verticale servant à définir la position d'un point. *L'abscisse et l'ordonnée.*

ORDONNER v. tr. 1 ▪ **I.** Disposer, mettre dans un certain ordre. ⇒ **arranger, classer, organiser, ranger.** ‑ pronom. *Le cortège s'ordonnait peu à peu.* **II.** Élever (qqn) à l'un des ordres de l'Église (⇒ **consacrer ; ordination**). *Ordonner un diacre, un prêtre.* **III.** Prescrire par un ordre. ⇒ **commander, enjoindre, prescrire.** *Ordonner qqch. à qqn. Je vous ordonne de vous taire.* ⇒ **sommer.** *Ordonner que* (+ subj.). ‑ *Médecin qui ordonne un régime.*

ORDRE n. m. ▪ **I.** (Relation organisée entre plusieurs termes ⇒ **structure**) **1.** Disposition, succession régulière. ⇒ **arrangement, distribution.** *Mettre dans un certain ordre* (⇒ **ordonner**). *Procédons par ordre. Ordre chronologique, logique. Ordre alphabétique. Dans l'ordre d'entrée en scène.* ‑ Disposition d'une troupe sur le terrain. *Ordre de marche, de bataille.* ‑ *ORDRE DU JOUR :* sujets dont une assemblée doit délibérer. *Voter l'ordre du jour.* ‑ *À l'ordre du jour :* d'actualité. **2.** Disposition qui satisfait l'esprit, semble la meilleure possible ; aspect régulier, organisé. ‑ *EN ORDRE :* rangé, ordonné. ‑ loc. fig. *Mettre bon ordre à* (une situation). **3.** Qualité d'une personne qui a une bonne organisation, de la méthode ; spécialt qui range les choses à leur place (⇒ **ordonné**). **4.** Principe de causalité ou de finalité du monde. ‑ loc. *C'est dans l'ordre des choses :* c'est normal, inévitable. **5.** Organisation sociale. *L'ordre établi.* ♦ Stabilité sociale ; respect de la société établie. *Les partisans de l'ordre.* ‑ *Service d'ordre,* qui assure l'ordre dans une réunion publique. *Les forces de l'ordre.* ⇒ **armée, police.** ‑ allus. *"L'ordre règne à Varsovie"* (adapt. d'une déclaration du ministre de Louis-Philippe, Sebastiani, après la répression polonaise de 1831). ‑ *L'ORDRE PUBLIC :* la sécurité publique, le bon fonctionnement des services publics. **6.** Norme, conformité à une règle. *Tout est rentré dans l'ordre. Rappeler qqn à l'ordre,* à ce qu'il convient de faire. ⇒ **réprimander.** *Rappel à l'ordre.* **II.** (Catégorie, classe d'êtres ou de choses) **1.** (choses abstraites) Espèce. ⇒ **genre, nature, sorte.** *Dans le même ordre d'idées.* ‑ *Ordre de grandeur.* **2.** (dans des loc.) Qualité, valeur. ⇒ **plan.** *C'est un écri-*

vain DE PREMIER ORDRE. *Une œuvre* DE SECOND ORDRE, mineure. **3.** Système architectural antique ayant une unité de style. *Ordre dorique, ionique, corinthien.* **4.** BOT., ZOOL. Division intermédiaire entre la classe et la famille. **5.** Division de la société française sous l'Ancien Régime. *Les trois ordres,* noblesse, clergé, tiers état. **6.** Groupe de personnes soumises à des règles professionnelles, morales. ⇒ **corporation, corps.** *L'ordre des médecins. Le conseil de l'ordre.* - *Ordres de chevalerie.* **7.** Communauté de religieux, de religieuses. *La règle d'un ordre. L'ordre des carmélites.* **8.** L'un des degrés de la hiérarchie cléricale catholique. *Ordres mineurs ; majeurs* (⇒ **prêtrise**). *Entrer dans les ordres :* se faire moine, prêtre ou religieuse (⇒ **ordination**). ♦ RELIG. Sacrement par lequel une personne est admise dans un ordre ; spécialt un homme est admis à la prêtrise. **III. 1.** Acte (déclaration) par lequel une autorité manifeste sa volonté ; disposition impérative. ⇒ **commandement, prescription.** *Donner un ordre.* ⇒ **ordonner** (III) ; **imposer.** *Exécuter, transgresser un ordre.* - *Être* AUX ORDRES *de qqn,* être, se mettre à sa disposition ; agir pour son compte. - *Être* SOUS LES ORDRES *de qqn,* être son inférieur, dans la hiérarchie. - (sans article) *Il est en faction avec ordre de ne pas bouger.* - JUSQU'À NOUVEL ORDRE : jusqu'à ce qu'un ordre, un fait nouveau vienne modifier la situation. **2.** Décision de faire une opération financière, commerciale. *Ordre d'achat, de vente. Billet* à ordre.* - Endossement d'un effet de commerce. *Chèque à l'ordre de X.* **3.** MOT D'ORDRE : consigne, résolution commune aux membres d'un parti.

ORDURE n. f. ▪ **1.** Matière qui souille et répugne. ⇒ **immondice, saleté.** - spécialt Excrément. **2.** au plur. Choses de rebut dont on se débarrasse. ⇒ **détritus.** *Ordures ménagères. Jeter, vider les ordures* (⇒ **poubelle ; vide-ordures**). *Collecte des ordures par les éboueurs. Dépôt d'ordures.* ⇒ **décharge, dépotoir.** - *Mettre aux ordures,* jeter. **3.** Propos, écrit, action sale ou obscène. ⇒ **grossièreté, saleté. 4.** Personne abjecte (injure violente). *Espèce d'ordure !*

ORDURIER, IÈRE adj. ▪ Qui dit ou écrit des choses sales, obscènes. ⇒ **grossier.** - *Plaisanteries ordurières.*

ORÉADE n. f. ▪ MYTHOL. GRECQUE Nymphe des montagnes et des bois.

ÖREBRO ▪ Ville de Suède. 85 858 hab.

ORÉE n. f. ▪ *L'orée du bois, de la forêt,* la bordure. ⇒ **lisière.**

l'OREGON n. m. ▪ État du nord-ouest des États-Unis. 249 281 km². 2 842 000 hab. Capitale : Salem. Élevage. Industries du bois.

OREILLARD n. m. ▪ Petite chauve-souris aux longues oreilles.

OREILLE n. f. ▪ **I. 1.** Chacun des deux organes constituant l'appareil auditif (⇒ **auriculaire ; ot(o)-**). *Sifflement d'oreilles.* - par plais. *Les oreilles ont dû vous tinter, vous siffler* (tellement nous avons parlé de vous). ♦ *Les oreilles, l'oreille* (dans l'audition). loc. *Écouter de toutes ses oreilles. N'écouter que d'une oreille, d'une oreille distraite. Prêter l'oreille :* écouter. *Faire la sourde oreille,* faire comme si on n'entendait pas ; ignorer une demande. *Casser* les oreilles à qqn. Parler, dire qqch. à qqn dans le creux de l'oreille,* de sorte qu'il soit seul à entendre. *Cela lui entre par une oreille et lui sort par l'autre :* il ne fait pas attention à ce qu'on lui dit, ne le retient pas. *Ce n'est pas tombé dans l'oreille d'un sourd :* ces paroles ont été ou seront mises à profit. - prov. *Ventre affamé n'a pas d'oreilles :* celui qui a faim n'écoute plus rien. - *Avoir l'oreille de qqn,* en être écouté favorablement. ⇒ **confiance, faveur. 2.** Ouïe. *Être dur d'oreille. Avoir l'oreille fine. Avoir de l'oreille :* être apte à saisir les sons musicaux et leurs combinaisons. **3.** Pavillon de l'oreille. *Oreilles décollées, en feuille de chou. Le lobe de l'oreille.* - *Tirer l'oreille, les oreilles à un enfant* (pour le punir). - loc. fig. *Se faire tirer l'oreille :* se faire prier. - *Dormir sur ses deux oreilles :* ne pas s'inquiéter. ♦ (animaux) *Les longues oreilles du lièvre.* **II.** Élément (d'un objet) évoquant la forme d'une oreille, et qui se présente en paire. *Les oreilles d'une marmite.* ⇒ **anse.** *Un écrou à oreilles.*

OREILLER n. m. ▪ Pièce de literie pour poser la tête, coussin rembourré, généralement carré. *Taie d'oreiller.* - loc. *Sur l'oreiller :* au lit ; dans l'intimité.

OREILLETTE n. f. **I. 1.** Partie d'un chapeau qui protège les oreilles. *Toque à oreillettes.* **2.** Petit récepteur qui s'adapte à l'oreille. **II.** Chacune des deux cavités supérieures du cœur, communiquant avec les ventricules.

OREILLON n. m. ▪ Moitié d'abricot dénoyauté. *Oreillons au sirop.*

OREILLONS n. m. pl. ▪ Maladie infectieuse contagieuse, caractérisée par une inflammation et des douleurs dans l'oreille.

OREL ▪ Ville de Russie, au sud de Moscou. 342 000 hab. Industries alimentaire et mécanique.

ORENBOURG, de 1938 à 1957 ***TCHKALOV*** ▪ Ville de Russie. 552 000 hab. Centre culturel et économique.

l'ORÉNOQUE n. m., en espagnol ***ORÍNOCO*** ▪ Fleuve du Venezuela qui se jette dans l'Atlantique par un vaste delta marécageux. 3 000 km. 4ᵉ fleuve du monde par son débit.

ORENSE ▪ Ville d'Espagne (Galice). 107 247 hab.

ORES adv. ▪ VX Maintenant. - MOD. *D'ORES ET DÉJÀ :* dès maintenant, dès à présent.

ORESTE ▪ Dans la mythologie grecque, fils d'Agamemnon et de Clytemnestre. Poussé par sa sœur Électre, il tue sa mère pour venger le meurtre de son père. Personnage de nombreuses tragédies, de l'Antiquité à nos jours.

ORFÈVRE n. m. ▪ Fabricant ou marchand d'objets en métaux précieux. *Orfèvre-joaillier, orfèvre-bijoutier.* - loc. *Être orfèvre en la matière,* s'y connaître parfaitement.

ORFÈVRERIE n. f. ▪ **1.** Art, métier, commerce de l'orfèvre. **2.** Ouvrages de l'orfèvre.

Carl ORFF (1895-1982) ▪ Compositeur allemand. Il revint aux sources médiévales de la musique occidentale. *"Carmina burana"* (1937).

ORFRAIE n. f. ▪ Rapace diurne à queue blanche. - loc. *Pousser des cris d'orfraie,* des cris perçants.

ORGANDI n. m. ▪ Mousseline de coton, très légère et empesée.

ORGANE n. m. ▪ **I. 1.** Voix (surtout d'un chanteur, d'un orateur). *Un bel organe.* **2.** Voix autorisée d'un porte-parole. *Le ministère public est l'organe de l'accusation.* - Publication périodique qui donne l'opinion (de). *L'organe d'un parti.* ⇒ **journal. II. 1.** Partie d'un être vivant (organisme) remplissant une fonction particulière. *Les organes de la digestion. Organes génitaux.* ⇒ **sexe.** *Greffe d'organe.* - allus. *La fonction* crée l'organe.* - *L'œil, organe de la vue.* **2.** Institution chargée de faire fonctionner une catégorie de services. *Les organes gouvernementaux.* **3.** Mécanisme. *Les organes de commande d'une machine.*

ORGANIGRAMME n. m. ▪ Tableau schématique des diverses parties d'un ensemble complexe, et de leurs rapports mutuels.

ORGANIQUE adj. ▪ **1.** Relatif aux organes. *Trouble organique* (opposé à *fonctionnel*). **2.** Propre aux êtres organisés. *Phénomènes organiques.* **3.** Qui provient de tissus vivants. *Engrais organique* (opposé à *chimique*). - CHIMIE ORGANIQUE, qui étudie les composés du carbone, corps contenu dans tous les êtres vivants (opposé à *chimie minérale*). **4.** *Loi organique,* qui touche la structure des organes de l'État. ▸ adv. ORGANIQUEMENT

ORGANISATEUR, TRICE n. ▪ Personne qui organise, sait organiser. - adj. *Esprit organisateur.*

ORGANISATION n. f. ▪ **1.** Action d'organiser (qqch.) ; son résultat. ⇒ **agencement, aménagement, coordination.** *L'organisation du travail.* - absolt *Manque d'organisation.* ♦ Façon dont un ensemble est constitué en vue de son fonctionnement. ⇒ **ordre, structure.** *Les types d'organisation familiale.* **2.** Association, groupement qui se propose des buts déterminés. ⇒ **organisme, société.** *Une organisation syndicale. Organisation secrète.* - *L'Organisation des Nations unies* (voir O.N.U.).

ORGANISÉ, ÉE adj. ▪ **1.** BIOL. Qui est de la nature d'un organisme vivant ; pourvu d'une structure correspondant aux fonctions vitales. *Les êtres organisés.* **2.** Qui est disposé ou se déroule suivant un ordre, une méthode déterminés. *Voyage organisé.* - *Une personne bien organisée.* **3.** Qui appartient à, a reçu une organisation. *Des bandes organisées.*

ORGANISER v. tr. [1] ▪ **1.** Doter d'une structure, d'une constitution déterminée, d'un mode de fonctionnement. *Organiser les éléments d'un système.* ⇒ **agencer, ordonner, structurer.** - *Organiser le travail.* ⇒ **coordonner. 2.** Soumettre à une façon déterminée de vivre ou de penser. *Organiser sa vie, ses loisirs.* - pronom. *Il ne sait pas s'organiser.* **3.** Préparer (une action) selon un plan. *Organiser une fête ; une rencontre* (⇒ ② **ménager**) ; *un complot.* - pronom. *Le projet commence à s'organiser.*

ORGANISME n. m. ▪ **I. 1.** Ensemble des organes qui constituent un être vivant. ‑ spécialt Le corps humain. *Les besoins de l'organisme.* **2.** Être vivant organisé. *Organisme microscopique.* **II. 1.** Ensemble organisé. *L'organisme social.* **2.** Ensemble des services affectés à une tâche. ⇒ **organisation.** *Un organisme culturel. Les grands organismes internationaux.*

ORGANISTE n. ▪ Instrumentiste qui joue de l'orgue.

ORGANOLOGIE n. f. ▪ DIDACT. Étude des instruments de musique.

ORGANSIN n. m. ▪ TECHN. Fil de soie torse, destiné à former la chaîne des étoffes.

ORGASME n. m. ▪ Point culminant du plaisir sexuel.

ORGE n. f. ▪ **1.** Plante à épis simples munis de longues barbes, cultivée comme céréale. **2.** Grain de cette céréale, utilisé surtout en brasserie (⇒ **malt**). ‑ n. m. *Orge perlé**. **3.** *Sucre* d'orge.*

ORGEAT n. m. ▪ *Sirop d'orgeat* ou *orgeat :* sirop préparé avec une émulsion d'amandes douces (autrefois avec de l'orge).

ORGELET n. m. ▪ Petit furoncle sur le bord de la paupière. ⇒ **compère-loriot.**

ORGIAQUE adj. ▪ LITTÉR. Qui tient de l'orgie, évoque l'orgie.

ORGIE n. f. ▪ **1.** Partie de débauche. ‑ Repas long, copieux et arrosé à l'excès. ⇒ **beuverie, ripaille. 2.** *ORGIE DE :* usage excessif de. ⇒ **excès.** *Faire une orgie de fraises.* ‑ *Une orgie de couleurs.*

ORGUE n. m. (souvent fém. au plur.) ▪ **I. 1.** Grand instrument à vent composé de nombreux tuyaux que l'on fait résonner par l'intermédiaire de claviers, en y introduisant de l'air au moyen d'une soufflerie (⇒ **organiste**). *Pédale d'orgue.* ‑ (dans une église) *Les grandes orgues. Monter aux orgues, à l'orgue,* à la tribune où est l'orgue. ♦ *Orgue de Barbarie,* instrument mobile dont on joue au moyen d'une manivelle. ⇒ **limonaire.** ‑ *Orgue électrique* (sans tuyaux). ‑ *Orgue électronique,* à sonorité d'orgue d'église ou produisant une gamme variée de sons originaux. **2.** MUS. *POINT D'ORGUE :* temps d'arrêt qui suspend la mesure sur une note ou un silence dont la durée peut être prolongée à volonté ; signe (𝄐) qui marque ce temps d'arrêt. **II.** *Orgues basaltiques :* coulées de basalte en forme de tuyaux serrés les uns contre les autres.

orgue. Orgue baroque construit par Zaeger en 1756, dans l'église de Wies en Bavière. *Phot. © Lauros/Giraudon*

ORGUEIL [‑gœj] n. m. ▪ **1.** Opinion très avantageuse qu'une personne a de sa propre valeur aux dépens de la considération due à autrui. ⇒ **arrogance, présomption, suffisance.** *Être bouffi d'orgueil.* ‑ (sens positif) ⇒ **amour-propre, fierté. 2.** *L'ORGUEIL DE :* la satisfaction d'amour-propre que donne (qqn, qqch.). ⇒ **fierté.** *Tirer (grand) orgueil de* (⇒ s'**enorgueillir**). ‑ Ce qui motive cette fierté. *Elle est l'orgueil de sa famille.*

ORGUEILLEUX, EUSE [‑gœj‑] adj. ▪ Qui a de l'orgueil (⇒ **fier**) ; qui montre de l'orgueil. ⇒ **arrogant, hautain, prétentieux, vaniteux.** loc. *Orgueilleux comme un paon.* ‑ n. *C'est une orgueilleuse.* ► adv. ORGUEILLEUSEMENT

ORIENT [‑jɑ̃] n. m. ▪ **I. 1.** POÉT. Un des quatre points cardinaux ; côté où le soleil se lève. ⇒ **levant ; est.** *L'orient et l'occident.* **2.** (avec maj.) Région située vers l'est, par rapport à un lieu donné (opposé à *Occident*). HIST. *L'empire d'Orient :* l'Empire byzantin*. ‑ spécialt L'Asie, certains pays du bassin méditerranéen ou de l'Europe centrale. *"Voyage en Orient"* (de Gérard de Nerval). *L'Extrême-Orient. Le Moyen-Orient, le Proche-Orient.* **II.** *Grand Orient :* loge centrale de la franc-maçonnerie. **III.** Reflet nacré des perles. *Des perles d'un bel orient.*

▪ **la question d'ORIENT** ▪ Nom donné aux problèmes politiques posés aux puissances européennes à partir du XVIIIe s. par la décadence de l'Empire ottoman et par son éventuelle liquidation. → Empire **ottoman.**

ORIENTABLE [‑jɑ̃‑] adj. ▪ Qui peut être orienté. *Antenne orientable.*

ORIENTAL, ALE, AUX [‑jɑ̃‑] adj. et n. ▪ **1.** Qui est à l'est. *Pyrénées orientales.* **2.** Originaire de l'Orient ; qui se rapporte à l'Orient. *Le monde oriental. Musique orientale.* ‑ n. *Les Orientaux.* ♦ Qui évoque l'Orient. *Un décor oriental.*

ORIENTALISTE [‑jɑ̃‑] ▪ **1.** n. DIDACT. Spécialiste des civilisations de l'Orient. **2.** adj. ARTS *Peintre orientaliste,* dont les sujets sont empruntés à l'Orient.

ORIENTATION [‑jɑ̃‑] n. f. ▪ **1.** Détermination des points cardinaux d'un lieu (pour se repérer, se diriger). *Avoir le sens de l'orientation.* **2.** fig. Fait de donner une direction déterminée. *L'orientation professionnelle. Conseillère d'orientation.* **3.** Fait d'être orienté d'une certaine façon. *L'orientation d'une maison.* ⇒ **exposition.** ‑ fig. *L'orientation d'une politique.*

ORIENTER [‑jɑ̃‑] v. tr. 1 ▪ **1.** Disposer par rapport aux points cardinaux, à une direction, à un objet déterminé. *Orienter une maison au sud, vers un paysage.* ‑ *Orienter un éclairage.* **2.** Indiquer à (qqn) la direction à prendre. ⇒ **conduire, diriger, guider.** ‑ fig. *Orienter un élève vers les sciences.* ► **S'ORIENTER** v. pron. **1.** *S'orienter vers :* se tourner, se diriger vers (une direction déterminée). ‑ fig. *S'orienter vers la recherche.* **2.** Déterminer sa position. *S'orienter à l'aide d'une boussole.* ‑ *Savoir s'orienter* (→ sens de l'orientation). ► **ORIENTÉ, ÉE** p. p. **1.** *Maison orientée à l'ouest ; bien orientée.* **2.** fig. Qui a une tendance doctrinale marquée, n'est pas objectif. *Un article orienté.*

ORIFICE n. m. ▪ **1.** Ouverture qui fait communiquer une cavité avec l'extérieur. *L'orifice d'un puits.* ‑ *Boucher, agrandir un orifice.* **2.** ANAT. Ouverture servant d'entrée ou d'issue à certains organes. *Les orifices de l'appareil digestif* (bouche, anus).

ORIFLAMME n. f. ▪ Drapeau, bannière d'apparat.

ORIGAMI n. m. ▪ DIDACT. Art japonais traditionnel du papier plié.

ORIGAN n. m. ▪ Plante aromatique (syn. *marjolaine*).

ORIGÈNE (v. 185 ‑ v. 254) ▪ Théologien de langue grecque. Un des grands penseurs de l'Antiquité chrétienne, dont la doctrine, influencée par le platonisme, fut controversée. *"Contre Celse"; "Homélies"; "Commentaires".*

ORIGINAIRE adj. ▪ **1.** (choses, personnes) *Originaire de :* qui tire son origine, vient de (tel pays, tel lieu). **2.** DIDACT. Qui apparaît à l'origine, date de l'origine. ⇒ **originel.** *Tare originaire.* ⇒ **inné.**

ORIGINAIREMENT adv. ▪ À l'origine. ⇒ **originellement.**

① **ORIGINAL, AUX** n. m. ▪ **1.** Ouvrage de la main de l'homme, dont il est fait des reproductions. *Copie conforme à l'original.* ‑ *La traduction est fidèle à l'original.* ‑ (œuvre d'art) *L'original est au Louvre.* **2.** Personne réelle, objet naturel représentés ou décrits par l'art. ⇒ **modèle.** *Ressemblance du portrait avec l'original.*

② **ORIGINAL, ALE, AUX** adj. ▪ **1.** LITTÉR. ⇒ **originel. 2.** Qui émane directement de l'auteur, est l'origine des reproductions. *Édition originale :* première édition en librairie d'un texte inédit. n. f. *Une originale numérotée.* ‑ *Film en version originale* (non doublée). **3.** Qui paraît ne dériver de rien d'antérieur, qui est unique. ⇒ **inédit, neuf, nouveau, personnel.** *Idée originale.* ‑ (personnes) *Auteur, artiste original.*

4. Qui paraît bizarre, peu normal. ⇒ **curieux, étrange, excentrique, singulier.** - n. *C'est un original.* ⇒ **numéro, phénomène.**

ORIGINALEMENT adv. ▪ D'une manière originale (3), spécifique.

ORIGINALITÉ n. f. ▪ **I. 1.** Caractère de ce qui est original, d'une personne originale (3). **2.** Étrangeté, excentricité, singularité. *Se faire remarquer par son originalité.* **II.** *(Une, des originalités).* Élément original. ⇒ **particularité.**

ORIGINE n. f. ▪ **I. 1.** Ancêtres ou milieu humain primitif auquel remonte la généalogie d'un individu, d'un groupe. ⇒ **ascendance, extraction, souche.** *Être d'origine française. Pays d'origine.* - Milieu social d'où est issu qqn. *Être d'origine bourgeoise, modeste.* **2.** Époque, milieu d'où vient qqch. *Une coutume d'origine médiévale.* - *L'origine d'un mot.* ⇒ **étymologie. 3.** Point de départ. ⇒ **provenance.** *L'origine d'un appel téléphonique.* - *L'origine d'un produit.* - *Appellation d'origine.* **II. 1.** Commencement, première apparition ou manifestation. ⇒ **création, naissance.** - *À L'ORIGINE* loc. adv. : au début. - *D'ORIGINE* loc. adj. : qui date du début. *La toiture n'est pas d'origine.* ♦ au plur. Commencements (d'une réalité qui se modifie). *Les origines de la vie.* **2.** Ce qui explique l'apparition ou la formation (d'un fait nouveau). ⇒ **cause, source.** *L'origine d'une révolution. Affection d'origine virale.*

ORIGINEL, ELLE adj. ▪ Qui date de l'origine. ⇒ **initial, originaire,** ② **original** (1) ; **premier, primitif.** *Sens originel d'un mot.* - RELIG. CHRÉT. Du premier homme créé par Dieu. *Le péché originel.*

ORIGINELLEMENT adv. ▪ Dès l'origine, à l'origine. ⇒ **originairement, primitivement.**

ORIGNAL, AUX n. m. ▪ Élan* du Canada.

ORION ▪ Géant de la mythologie grecque, fils de Poséidon.

ORION ▪ Constellation de la zone équatoriale comportant plusieurs étoiles visibles à l'œil nu.

ORIPEAUX n. m. pl. ▪ Vêtements voyants, vieux habits avec un reste de clinquant.

l'ORISSA n. m. ▪ État de l'Inde, sur la côte nord-est. 155 722 km². 31 500 000 hab. Capitale : Bhubaneshwar. Il est couvert de forêts denses. Rizières. Ressources minières.

le volcan d'ORIZABA ou **CITLALTÉPETL** ▪ Point culminant du Mexique. 5 700 m.

O.R.L. [oɛʀɛl] ▪ **1.** n. f. Oto-rhino-laryngologie. **2.** n. Oto-rhino laryngologiste.

ORLANDO ▪ Ville des États-Unis (Floride). 165 000 hab. À proximité, parc d'attractions de *Disneyworld.*

ORLÉANISTE n. ▪ HIST. Personne qui soutenait les droits de la famille d'Orléans au trône de France (s'oppose à *légitimiste*).

la maison d'ORLÉANS ▪ Duché donné par quatre fois dans l'histoire au fils cadet du roi de France. Principaux représentants ► **Charles d'ORLÉANS** → Charles d'Orléans. ► **Gaston d'ORLÉANS** (1608 - 1660), frère de Louis XIII, chef de l'opposition à la politique absolutiste de Richelieu et de Mazarin. ► **Philippe d'ORLÉANS** dit **MONSIEUR** (1640 - 1701), frère de Louis XIV. ► **Philippe** dit **LE RÉGENT** (1674 - 1723), fils du précédent, exerça le pouvoir pendant la minorité de Louis XV (→ la Régence). ► **Louis Philippe Joseph** dit **PHILIPPE ÉGALITÉ** (1747 - 1793), arrière-petit-fils du précédent, rassembla l'opposition libérale à Louis XVI (dont il vota la mort), probablement dans l'espoir de le remplacer, mais fut guillotiné; son fils Louis-Philippe, roi des Français, réalisa un compromis entre la monarchie et la république, l'aristocratie et la bourgeoisie (→ **monarchie de Juillet**).

ORLÉANS ▪ Chef-lieu du Loiret et de la région Centre, sur la Loire. 105 111 hab. *(les Orléanais).* Cathédrale gothique Sainte-Croix, parc floral. Industries alimentaire (vinaigre réputé), mécanique, électrique, chimique. Université et centre de recherche. Jeanne d'Arc délivra la ville des Anglais en 1429.

ORLON n. m. (n. déposé) ▪ Fibre textile synthétique.

ORLY ▪ Commune du Val-de-Marne, au sud de Paris. 21 646 hab. *(les Orlysiens).* Grand aéroport.

orme. *Ulmus campestris.* *Phot. © Xavier/Jacana*

ORME n. m. ▪ **1.** Grand arbre à feuilles dentelées. **2.** Bois de cet arbre.

① **ORMEAU** n. m. ▪ Petit orme, jeune orme.

② **ORMEAU** n. m. ▪ Mollusque marin comestible, à coquille plate.

Jean Lefèvre, comte d'ORMESSON (né en 1925) ▪ Journaliste et écrivain français. Directeur du *Figaro* (1974-1977), il est l'auteur d'essais et de romans. *"Au plaisir de Dieu"* (1974).

ORMESSON-SUR-MARNE ▪ Commune du Val-de-Marne. 10 038 hab. *(les Ormessonnais).* Château (XVIe-XVIIIe s.).

ORMUZ ou **HORMUZ** ▪ Île iranienne. 37 km². 3 817 hab. ► **le détroit d'ORMUZ**, passage entre le golfe Persique et la mer d'Oman, est essentiel au commerce du pétrole.

l'ORNAIN n. m. ▪ Rivière de l'est de la France, affluent de la Marne. 120 km.

ORNANS ▪ Commune du Doubs. 4 016 hab. (les *Ornanais*). Maison natale de Courbet.

l'ORNE n. f. ▪ Affluent de la Moselle, en Lorraine. 86 km. Vallée industrielle.

l'ORNE [61] n. f. ▪ Département français de la région Basse-Normandie. 6 144 km². 293 204 hab. Chef-lieu : Alençon. Chefs-lieux d'arrondissement : Argentan, Mortagne-au-Perche.

ORNEMANISTE n. ▪ ARTS Spécialiste du dessin ou de l'exécution de motifs décoratifs.

ORNEMENT n. m. ▪ **1.** RARE Action d'orner ; décoration. - COUR. *Arbres, plantes* D'ORNEMENT. ⇒ **décoratif. 2.** Ce qui orne, s'ajoute à un ensemble pour l'embellir. *Sans ornement* (⇒ **dépouillé, sobre**). **3.** Motif accessoire (d'une composition artistique). *Ornements de style gothique.* **4.** MUS. Groupe de notes qui s'ajoute à une mélodie sans en modifier la ligne (ex. le trille).

ORNEMENTAL, ALE, AUX adj. ▪ **1.** Qui a rapport à l'ornement, qui utilise des ornements. *Style ornemental.* **2.** Qui sert à orner. ⇒ **décoratif.** *Plantes ornementales.*

ORNEMENTATION n. f. ▪ Action d'ornementer ; ce qui orne. *Une ornementation raffinée.* ⇒ **décoration.**

ORNEMENTER v. tr. [1] ▪ Garnir d'ornements ; embellir par des ornements (surtout au p. p.). ⇒ **décorer, orner.**

ORNER v. tr. [1] ▪ Mettre en valeur, embellir (une chose). ⇒ **agrémenter, décorer,** ① **parer.** *Des fleurs ornent le balcon.* - *Orner qqn de toutes ses qualités.* ► **ORNÉ, ÉE** p. p. *Bras orné de bracelets.* - *Lettres ornées.* ⇒ **historié.** - *Style trop orné.* ⇒ **tarabiscoté.**

ORNIÈRE n. f. ▪ **1.** Trace plus ou moins profonde que les roues de voitures creusent dans les chemins. **2.** fig. ⇒ **routine.** *Sortir de l'ornière,* d'une situation où l'on s'est enlisé.

ORNITHO- Élément savant, du grec *ornis, ornithos* « oiseau ».

ORNITHOLOGIE n. f. ▪ Partie de la zoologie qui étudie les oiseaux. ► adj. ORNITHOLOGIQUE

ORNITHOLOGUE n. ▪ Spécialiste de l'ornithologie. ◇ syn. ORNITHOLOGISTE.

ORNITHOMANCIE n. f. ▪ Divination par le vol ou le chant des oiseaux.

ornithorynque. *Ornithorhynchus anatinus.*
Phot. © Cordier/Jacana

ORNITHORYNQUE n. m. ▪ Mammifère amphibie et ovipare, à bec corné, à longue queue plate, à pattes palmées et griffues (Australie, Tasmanie).

ORO- Élément savant, du grec *oros* « montagne ».

OROGRAPHIE n. f. ▪ Étude des reliefs montagneux.

ORONGE n. f. ▪ Amanite* (champignon). *Oronge vraie* (comestible). *Fausse oronge :* amanite tue-mouche.

oronge. À gauche, *Amanita caesaria,* oronge vraie ; à droite, *Amanita muscaria,* fausse oronge.
Phot. © Nardin/Jacana

José Clemente **OROZCO** (1883-1949) ▪ Peintre mexicain. Fresques monumentales d'inspiration politique.

ORPAILLAGE n. m. ▪ Travail des orpailleurs.

ORPAILLEUR n. m. ▪ Ouvrier qui recueille par lavage les paillettes d'or dans les alluvions aurifères. - Chercheur d'or.

ORPHÉE ▪ Poète-musicien de la mythologie grecque. Descendu aux Enfers, il obtient de ramener à la vie son épouse Eurydice. Mais il désobéit en se retournant pour la regarder et elle disparaît pour toujours. Le récit a inspiré poètes et musiciens (Monteverdi, Gluck).

ORPHELIN, INE n. ▪ Enfant qui a perdu son père et sa mère, ou l'un des deux. *Un orphelin de père.* - loc. *Défendre la veuve et l'orphelin :* protéger les opprimés. - adj. *Un enfant orphelin.*

ORPHELINAT n. m. ▪ Établissement qui élève des orphelins.

ORPHÉON n. m. ▪ Fanfare.

ORPHÉONISTE n. ▪ Membre d'un orphéon.

ORPHISME n. m. ▪ Religion initiatique apparue en Grèce à partir du VIe siècle av. J.-C., et qui s'inspirait des théories cosmogoniques prêtées à Orphée. ► adj. ORPHIQUE

ORPIMENT n. m. ▪ TECHN. Sulfure naturel d'arsenic, jaune vif ou orangé.

ORQUE n. f. ▪ Grand cétacé carnivore de la famille des dauphins.

ORSAY ▪ Commune de l'Essonne, sur l'Yvette. 14 863 hab. *(les Orcéens).* Université de Paris-Sud. Nombreux laboratoires de recherche.

le musée d'**ORSAY** ▪ Musée national français, installé à Paris dans l'ancienne gare d'Orsay et consacré à l'art européen de la seconde moitié du XIXe s.

Hans Christian **ØRSTED** (1777-1851) ▪ Physicien danois. Il découvrit l'électromagnétisme (1820) en observant la déviation d'une aiguille aimantée au voisinage d'un courant électrique.

Eugenio d'**ORS Y ROVIRA** (1882-1954) ▪ Essayiste et critique d'art espagnol. Écrivain bilingue (espagnol et catalan), il est l'auteur d'essais, de romans philosophiques et d'une théorie du baroque.

José **ORTEGA Y GASSET** (1883-1955) ▪ Écrivain espagnol. Il analysa le destin de l'Espagne contemporaine et fut le promoteur spirituel de la république espagnole. Il insista sur la relation concrète de l'homme au monde. *"Méditations de don Quichotte".*

ORTEIL n. m. ▪ Doigt de pied. *Les cinq orteils. Le gros orteil :* le pouce du pied.

ORTHEZ ▪ Commune des Pyrénées-Atlantiques. 10 159 hab. *(les Orthéziens).* Nombreux édifices anciens.

ORTH(O)- Élément savant, du grec *orthos* « droit, correct ».

ORTHODONTIE [-ti ; -si] n. f. ▪ DIDACT. Traitement des anomalies de position des dents.

ORTHODONTISTE n. ▪ DIDACT. Dentiste spécialiste d'orthodontie.

ORTHODOXE adj. ▪ **1.** Conforme au dogme, à la doctrine d'une religion. *Foi orthodoxe.* - n. *Les orthodoxes et les hérétiques.* **2.** Conforme à une doctrine, aux usages établis. ⇒ **conformiste, traditionnel.** *Une morale orthodoxe.* - *Historien orthodoxe.* - (avec négation) *Sa méthode n'est pas très orthodoxe.* **3.** Se dit des Églises chrétiennes des rites d'Orient séparées de Rome en 1054, et, spécialt, de l'Église grecque et de l'Église russe. - *Clergé orthodoxe* (⇒ **métropolite, patriarche, pope**). - n. *Les orthodoxes grecs.* ▪ Les Églises orthodoxes se constituèrent dans l'empire romain d'Orient (Byzance), tandis que Rome devenait la capitale de la chrétienté en Occident. Après la chute de l'Empire byzantin (1453), la Russie devint leur principal foyer, avec le patriarcat de Moscou. Les grands évangélisateurs de l'Église orthodoxe russe furent les saints Cyrille et Méthode. Les autres patriarcats orthodoxes sont ceux de Constantinople, Antioche, Jérusalem et Alexandrie. Les Églises orthodoxes refusent notamment le *filioque* (dogme selon lequel le Saint-Esprit procède non seulement du Père, mais aussi du fils).

ORTHODOXIE n. f. ▪ **1.** Ensemble des doctrines, des opinions considérées comme vraies par la fraction dominante d'une Église et enseignées officiellement. ⇒ **dogme.** *L'orthodoxie catholique.* **2.** Caractère orthodoxe (dans une matière non religieuse). *Orthodoxie politique.*

ORTHOGONAL, ALE, AUX adj. ▪ GÉOM. Qui forme un angle droit, se fait à angle droit. ⇒ **perpendiculaire.** *Droites orthogonales.* - *Projection orthogonale,* obtenue au moyen de perpendiculaires abaissées sur une surface. ► adv. ORTHOGONALEMENT

ORTHOGRAPHE n. f. ▪ **1.** Manière d'écrire un mot qui est considérée comme la seule correcte. *Faute d'orthographe. Réforme de l'orthographe.* - Capacité d'écrire sans faute. *Être bon en orthographe.* - Façon d'écrire, avec ou sans fautes. *Avoir une mauvaise orthographe.* **2.** Manière dont un mot est écrit. ⇒ **graphie.** *Ce mot a deux orthographes possibles.* ► adj. ORTHOGRAPHIQUE

Orozco. *Les Menaces.* Coll. part., Guadalajara.
Phot. © Arch. Smeets

ORTHOGRAPHIER v. tr. 7 ▪ Écrire du point de vue de l'orthographe. – au p. p. *Mot mal orthographié.*

ORTHOPÉDIE n. f. ▪ 1. DIDACT. Médecine du squelette, des muscles et des tendons. 2. COUR. Médecine et prothèse des membres inférieurs. ► ORTHOPÉDIQUE adj. *Appareil orthopédique.*

ORTHOPÉDISTE n. ▪ 1. Médecin qui pratique l'orthopédie. – adj. *Médecin orthopédiste.* 2. Personne qui fabrique ou vend des appareils orthopédiques.

ORTHOPHONIE n. f. ▪ Traitement qui vise à la correction des défauts d'élocution.

ORTHOPHONISTE n. ▪ Spécialiste de l'orthophonie. *Cette orthophoniste rééduque les dyslexiques.*

ORTHOPTÈRE n. m. ▪ ZOOL. Insecte (ordre des *Orthoptères*) dont les ailes postérieures ont des plis droits dans le sens de la longueur (ex. le grillon).

ORTHOPTIE n. f. ▪ MÉD. Traitement qui vise à la correction des défauts de la vision binoculaire. ◇ syn. ORTHOPTIQUE.

ORTIE [-ti] n. f. ▪ Plante velue dont le contact provoque une sensation de brûlure. *Piqûre d'ortie.*

ORTOLAN n. m. ▪ Petit oiseau à chair très estimée. – fig. *Des ortolans :* des mets coûteux et raffinés.

ortolan. *Emberiza hortulana.* *Phot. © Robert Jacques/Jacana*

ORURO ▪ Ville de Bolivie. 90 000 hab.

l'abbaye d'ORVAL ▪ Abbaye cistercienne de Belgique (province de Luxembourg), datant du XIe s.

ORVAULT ▪ Commune de Loire-Atlantique, banlieue de Nantes. 23 115 hab. *(les Orvaltais).*

ORVET n. m. ▪ Reptile saurien dépourvu de membres, ressemblant à un serpent.

ORVIÉTAN n. m. ▪ LITTÉR. *Marchand, vendeur d'orviétan :* charlatan, imposteur.

ORVIETO ▪ Ville d'Italie (Ombrie). 21 695 hab. Nécropole étrusque. Église du XIIIe s. possédant des fresques de Signorelli et de Fra Angelico. Vin blanc réputé.

Orvieto. La façade de la cathédrale. *Phot. © Tani Capacchione/Ricciarini*

Ōsaka. *Phot. © Tovy/Explorer*

George ORWELL (1903 - 1950) ▪ Écrivain britannique. Il est l'auteur de deux satires impitoyables où il dénonce les pratiques totalitaires : *"La Ferme des animaux"* (1945) ; *"1984"* (1949).

OS [ɔs] n. m. ▪ 1. Chacune des pièces rigides qui forment le squelette* (⇒ **ostéo- ; ossature**). *Les os du thorax, du pied. Petit os.* ⇒ **osselet.** ♦ loc. *N'avoir que la peau sur les os. Un sac d'os, un paquet d'os :* une personne très maigre. – *Se rompre les os :* se blesser grièvement dans une chute. – *En chair* et en os.* – *Il ne fera pas de vieux os :* il ne vivra pas longtemps. – *Trempé jusqu'aux os,* complètement. – FAM. *L'avoir dans l'os :* être possédé, refait. ♦ (os des animaux) *Viande vendue sans os* (⇒ **désossé**). *Os à moelle.* – *Chien qui ronge un os.* – loc. FAM. *Tomber sur un os ; il y a un os !,* une difficulté. 2. *LES OS :* restes d'un être vivant, après sa mort. ⇒ **carcasse, ossements.** 3. *(De l'os, en os) Couteau à manche en os.* 4. *OS DE SEICHE :* lame calcaire qui constitue la coquille interne dorsale (de la seiche).

O. S. [oɛs] n. (sigle) ▪ Ouvrier, ouvrière spécialisé(e).

ŌSAKA ▪ 2e ville du Japon. 2 506 368 hab. Grand port sur l'île de Honshū. Centre de la conurbation industrielle Ōsaka-Kōbe qui s'étend sur 75 km : métallurgie, chimie, électronique, textile.

John OSBORNE (1929 - 1994) ▪ Auteur dramatique britannique. Chef de file de la génération des « jeunes gens en colère ». *"La Paix du dimanche"* (1956).

OSCAR n. m. ▪ Récompense décernée par un jury. *Un film qui a obtenu plusieurs oscars. L'oscar de la chanson.*

OSCILLANT, ANTE [-il-] adj. ▪ Qui oscille. *Mouvement oscillant.*

OSCILLATION [-il-] n. f. ▪ 1. Mouvement d'un corps qui oscille. ⇒ **balancement.** *Les oscillations d'un balancier.* ⇒ **battement.** – PHYS. *Amplitude, période d'une oscillation.* 2. fig. Fluctuation, variation. *Les oscillations de l'opinion.*

OSCILLATOIRE [-il-] adj. ▪ SC. De la nature de l'oscillation.

OSCILLER [ɔsile] v. intr. 1 ▪ 1. Aller de part et d'autre d'une position moyenne par un mouvement de va-et-vient. *Le pendule oscille.* ⇒ se **balancer.** – *Il oscilla et tomba sur le trottoir.* ⇒ **chanceler, vaciller.** 2. fig. Varier en passant par des alternatives. *Osciller entre deux positions, deux partis.* ⇒ **hésiter.**

① **-OSE** Élément savant tiré de *glucose,* servant à former les noms des glucides (ex. *cellulose, saccharose*).

② **-OSE** Élément savant servant à former des noms de maladies non inflammatoires (→ aussi -ite).

OSÉ, ÉE adj. ▪ 1. Qui est fait avec audace. *Démarche, tentative osée.* ⇒ **hardi, risqué.** 2. Qui risque de choquer les bienséances. *Un décolleté osé.*

OSÉE (v. 780 - 740 av. J.-C.) ▪ Prophète d'Israël.

OSEILLE n. f. ▪ 1. Plante cultivée pour ses feuilles comestibles au goût acide. *Soupe à l'oseille.* 2. FAM. Argent*.

OSER v. tr. 1 ▪ 1. LITTÉR. Entreprendre avec assurance (une chose difficile, périlleuse). ⇒ **risquer.** *Il est décidé à tout oser. Oser une plaisanterie.* 2. (+ inf.) Avoir l'audace, le courage de. *Je n'ose plus rien dire.* – *Il a osé me faire des reproches.* – (précaution oratoire) ⇒ se **permettre.** *Si j'ose m'exprimer* *ainsi.* ‑ (comme souhait) *J'ose l'espérer.* **3.** absolt Se montrer audacieux, prendre des risques. *Il faut oser !*

OSERAIE n. f. ▪ Terrain planté d'osiers.

OSHAWA ▪ Ville du Canada (Ontario), port sur le lac Ontario. 95 278 hab., agglomération de 240 104 hab. Automobiles.

ŌSHIMA Nagisa (né en 1932) ▪ Cinéaste japonais. Auteur de films violemment transgressifs et d'une grande qualité esthétique. *"L'Empire des sens"* (1976) ; *"Furyo"* (1983).

OSHOGBO ▪ Ville du Nigeria. 344 500 hab. Aciéries. Coton.

Andreas Hosemann dit **OSIANDER** (1498 ‑ 1552) ▪ Théologien protestant allemand. Il fut le premier à publier en 1543 *"L'Astronomie"* de Copernic.

OSIER n. m. ▪ **1.** Saule de petite taille, aux rameaux flexibles. *Branches d'osier.* **2.** Rameau d'osier, employé en vannerie. *Panier d'osier. Fauteuil en osier.*

Osiris. Fresque du tombeau de Horemheb, Vallée des Rois, Thèbes. *Phot. © Dagli Orti*

OSIRIS ▪ Dieu égyptien de la Végétation (notion de fertilité liée au Nil) et du Bien. Il est le garant de la survie humaine après la mort. Représenté sous la forme d'une momie, coiffé d'une mitre blanche, il tient un sceptre et un fouet. Son culte, associé à celui d'Isis, sa femme, et d'Horus, son fils, se répandit dans le monde gréco-romain.

OSLO ▪ Capitale de la Norvège, située au fond d'un fjord. 696 095 hab. 1er port industriel du pays : chantiers navals, métallurgie, textile. La ville prit le nom de Christiania de 1624 à 1925.

Oslo. Le port et l'hôtel de ville. *Phot. © Renoux/Explorer*

OSMAN Ier GAZI (1258 ‑ 1326) ▪ Sultan turc de 1281 à sa mort. Fondateur de la dynastie ottomane.

OSMOSE n. f. ▪ **1.** SC. Phénomène de diffusion (entre deux liquides ou solutions) qui laisse passer le solvant mais non la substance dissoute. **2.** fig. Interpénétration, influence réciproque. *Osmose entre deux courants de pensée.*

OSMOTIQUE adj. ▪ SC. De l'osmose (1). *Pression osmotique.*

OSNABRÜCK ▪ Ville d'Allemagne (Basse-Saxe). 161 200 hab. Important carrefour de communications.

OSNY ▪ Commune du Val-d'Oise. 12 195 hab.

OSSATURE n. f. ▪ **1.** Ensemble des os, tels qu'ils sont disposés dans le corps. ⇒ **squelette.** *Une ossature robuste.* **2.** Ensemble de parties essentielles qui soutient un tout. ⇒ **charpente.** *L'ossature en béton d'un immeuble.* ‑ abstrait *L'ossature sociale.*

la vallée d'OSSAU ▪ Vallée des Pyrénées béarnaises, drainée par le gave d'Ossau. Élevage.

OSSELET n. m. ▪ **1.** RARE Petit os. *Les osselets de l'oreille.* **2.** *LES OSSELETS :* jeu d'adresse consistant à lancer puis à rattraper de petits objets (semblables à des osselets).

OSSEMENTS n. m. pl. ▪ Os décharnés et desséchés de cadavres d'hommes ou d'animaux.

OSSÈTE adj. et n. ▪ D'un peuple du Caucase (Ossétie), d'origine iranienne. ‑ n. *Les Ossètes.* ♦ n. m. Langue du groupe iranien, parlée dans le Caucase.

l'OSSÉTIE-DU-NORD n. f. ▪ Une des Républiques autonomes de la Fédération de Russie, dans le Caucase. 8 000 km^2. 638 000 hab. (*les Ossètes* ou *Osses*). Langues : ossète, russe. Capitale : Vladikavkaz. Céréales, forêts. L'Ossétie-du-Nord s'opposa aux Ingouches lors d'un violent conflit territorial (1992-1993).

l'OSSÉTIE-DU-SUD ▪ Région autonome de Géorgie. 3 900 km^2. 99 000 hab. Langues : ossète, géorgien. Capitale : Tskhinvali (34 000 hab.). Conflit sanglant (1990-1992) entre les nationalistes ossètes et la Géorgie qui a dissous la région autonome en 1990.

OSSEUX, EUSE adj. ▪ **1.** De l'os, des os. *Tissu osseux,* formé de *cellules osseuses.* **2.** *Poisson osseux* (opposé à *cartilagineux*), qui possède des arêtes. **3.** Constitué par des os. *Carapace osseuse.* **4.** COUR. Dont les os sont saillants. ⇒ **maigre.** *Un visage émacié, osseux.*

OSSIAN ▪ Barde écossais légendaire du IIIe s. La publication des *"Poèmes d'Ossian"* en 1760 eut un immense succès. Leur auteur était Macpherson.

OSSIFIER v. tr. [7] ▪ Transformer en tissu osseux. ‑ pronom. *S'ossifier.* ⇒ se **calcifier.** ► n. f. OSSIFICATION

OSSO BUCO [-buko] n. m. invar. ▪ Jarret de veau servi avec l'os à moelle, cuisiné avec des tomates (plat italien).

OSSUAIRE n. m. ▪ **1.** Amas d'ossements. **2.** Excavation (⇒ **catacombe**), bâtiment où sont conservés des ossements humains.

OSTENDE en néerlandais ***OOSTENDE*** ▪ Ville et port de Belgique (Région flamande, province de Flandre-Occidentale). 68 500 hab. Station balnéaire et thermale.

OSTENSIBLE adj. ▪ LITTÉR. Qui est fait sans se cacher ou avec l'intention d'être remarqué. ⇒ **apparent, visible.** *Attitude ostensible.* ► adv. OSTENSIBLEMENT

OSTENSOIR n. m. ▪ Pièce d'orfèvrerie destinée à exposer l'hostie.

OSTENTATION n. f. ▪ Mise en valeur excessive et indiscrète d'un avantage. ⇒ **étalage.** *Agir avec ostentation* (⇒ **vanité**).

OSTENTATOIRE adj. ▪ LITTÉR. Qui est fait, montré avec ostentation. *Charité ostentatoire.*

OSTÉO- Élément savant, du grec *osteon* « os ».

OSTÉOPATHE n. ▪ Personne (parfois médecin) qui soigne par manipulation des os.

OSTÉOPATHIE n. f. ▪ MÉD. **I.** Affection osseuse. **II.** Thérapeutique faisant appel à des manipulations sur les os.

OSTÉOPOROSE n. f. ▪ MÉD. Raréfaction pathologique du tissu osseux.

OSTIE ▪ Port de Rome dans l'Antiquité, aujourd'hui ensablé. Tourisme *(Ostia Antica)* : nombreux vestiges antiques, *Lido* (plage) de Rome.

OSTRACISME n. m. ▪ Hostilité d'une collectivité qui rejette l'un de ses membres. *L'ostracisme d'un groupe contre qqn.*

OSTRAVA ▪ Ville de la République tchèque (Moravie). 328 000 hab. Centre d'une conurbation industrielle.

OSTRÉI- Élément savant, du latin *ostrea,* grec *ostreon* « huître ».

OSTRÉICULTEUR, TRICE n. ▪ Personne qui pratique l'ostréiculture.

OSTRÉICULTURE n. f. ▪ Élevage des huîtres.

OSTROGOTH, OTHE [-go, ɔt] n. ▪ 1. HIST. Des Ostrogoths*. 2. n. m. VX Homme ignorant et bourru. ‑ Personnage extravagant. ⇒ **olibrius.** ◇ var. OSTROGOT, OTE.

les OSTROGOTHS ▪ Ancien peuple germanique (une des deux branches des Goths) vaincu par les Huns en 375. À la mort d'Attila, ils conquirent l'Italie sous la conduite de Théodoric* le Grand. Le royaume qu'ils fondèrent autour de Ravenne fut renversé par les Byzantins en 555.

Aleksandr Nikolaïevitch OSTROVSKI (1823‑1886) ▪ Auteur dramatique russe. Il est, avec Gogol, le véritable fondateur du répertoire national russe. *"L'Orage"* (1859); *"La Forêt"* (1871).

OSTWALD ▪ Commune du Bas-Rhin. 10 197 hab.

OTAGE n. m. ▪ Personne livrée ou reçue comme garantie, ou qu'on détient pour obtenir ce qu'on exige. ⇒ **gage, garant.** ‑ *Hold-up avec prise d'otages. Prendre qqn en otage* ; fig. se servir de lui comme moyen de pression.

l'OTAN, Organisation du traité de l'Atlantique Nord ▪ Structure militaire commune aux États-Unis, au Canada et à leurs alliés européens, issue du traité dit de l'Alliance atlantique (4 avril 1949). La France s'en est retirée en 1966, mais elle reste membre de l'Alliance et a repris sa place en 1996 au sein du Comité militaire (sans toutefois rentrer dans la chaîne des commandements intégrés).

OTARIE n. f. ▪ Mammifère marin du Pacifique et des mers du Sud.

otarie. *Arctocephalus pusillus.* *Phot. © Wild/Jacana*

ÔTER v. tr. [1] ▪ 1. Enlever* (un objet) de la place qu'il occupait. ⇒ **déplacer, retirer.** ‑ fig. *Ôter un poids* à qqn,* le soulager d'une inquiétude. ‑ *On ne m'ôtera pas de l'idée que...,* j'en suis convaincu. ‑ VX (compl. personne) *Ôter qqn d'embarras.* 2. VIEILLI OU RÉGIONAL ⇒ **enlever.** *Ôter son manteau.* ‑ *6 ôté de 10 égale 4.* ► **s'ÔTER** v. pron. *Ôtez-vous de là.*

OTHMAN en arabe **'UTHMĀN IBN 'AFFĀN** ▪ Troisième calife musulman, de 644 à 656. Successeur d'Omar Ier, il fit établir la version définitive du Coran.

OTHON ou **OTTON Ier LE GRAND** (912‑973) ▪ Fondateur et premier empereur du Saint Empire romain germanique de 962 à sa mort. Il triompha des féodaux allemands, des Hongrois et des Slaves (955) et se fit couronner en 962. Il christianisa l'Orient slave. ► **OTHON II** (955‑983), son fils, empereur germanique de 973 à sa mort. ► **OTHON III** (980‑1002), son petit-fils, empereur germanique de 983 à sa mort, fit de Rome sa capitale.

OTITE n. f. ▪ Inflammation de l'oreille.

OT(O)- Élément savant, du grec *ous, ôtos* « oreille ».

OTO-RHINO-LARYNGOLOGIE n. f. ▪ Partie de la médecine qui s'occupe des maladies de l'oreille, du nez et de la gorge. ⇒ FAM. **O.R.L.**

OTO-RHINO-LARYNGOLOGISTE n. ▪ Médecin spécialisé en oto-rhino-laryngologie. ◇ abrév. FAM. OTORHINO ; ⇒ **O.R.L.** (2).

le canal d'OTRANTE ▪ Détroit séparant l'Adriatique de la mer Ionienne. 70 km.

OTTAWA ▪ Capitale fédérale du Canada, à la limite de l'Ontario et du Québec. 357 547 hab., agglomération (avec Hull) de 920 857 hab. Ville administrative et résidentielle.

OTTERLO ▪ Localité des Pays-Bas, commune d'Ede (Gueldre), à l'entrée du parc national de la Veluwe qui abrite le musée national Kröller-Müller (sculpture et peinture moderne, notamment de Van Gogh et de Mondrian; parc de sculptures contemporaines de 10 ha).

Nikolaus OTTO (1832‑1891) ▪ Ingénieur allemand. Il réalisa en 1876 le premier moteur à quatre temps, suivant le cycle de Beau de Rochas.

OTTOBEUREN ▪ Ville d'Allemagne (Bavière) dans l'Allgäu souabe. 7 500 hab. Abbaye bénédictine (fondée en 764, transformée au XVIIIe s.), une des réalisations majeures de l'art baroque en Allemagne du Sud.

① **OTTOMAN, ANE** adj. et n. ▪ HIST. Relatif à la dynastie d'Othman. ‑ par ext. Turc. *L'Empire ottoman* (voir ci-dessous). ♦ n. *Les Ottomans.*

▪ **l'Empire OTTOMAN** ▪ Une des plus grandes puissances d'Europe et du Proche-Orient, de 1453 (prise de Constantinople) à la naissance de la Turquie moderne. Il fut édifié par la dynastie ottomane turque (→ **Osmar Ier Gazi**) sur les ruines des empires seldjoukide et byzantin (→ **Byzance**). Les règnes de Mehmet* II et de Soliman* le Magnifique (XVe-XVIe s.) marquent l'apogée de l'Empire qui dominait l'Europe balkanique, l'Europe centrale, le Proche-Orient arabe et l'Afrique du Nord. Constantinople fut rebaptisée Istanbul. L'administration était centralisée avec un sultan, souverain absolu, assisté d'un grand vizir et d'une armée de janissaires. La flotte turque faisait la loi sur les mers. À partir du XVIIe s. commença le déclin : querelles de succession, avancée des Russes (1713-1774). L'Empire ottoman et le contrôle des détroits (Bosphore et Dardanelles) devinrent l'enjeu d'une lutte entre Anglais, Russes, Autrichiens et Français (« question d'Orient »). L'Empire perdit la Grèce (1830) puis la Roumanie, la Serbie et tenta de se redresser en pratiquant une politique panislamique ultranationaliste (→ **Arménie**). Allié de l'Allemagne, l'Empire ottoman s'effondra après la défaite de la Première Guerre mondiale (1918). → **Turquie.**

② **OTTOMAN** n. m. ▪ Étoffe de soie à grosses côtes, à trame de coton.

OU conj. ▪ Conjonction qui joint des termes, membres de phrases ou propositions analogues, en séparant les idées exprimées. 1. (équivalences de désignations) Autrement dit. *La coccinelle, ou bête à bon Dieu.* 2. (indifférence) *Donnez-moi le rouge ou (bien) le noir, peu importe. Son père ou sa mère pourra* (ou *pourront*) *l'accompagner.* 3. (évaluation approximative) *Un groupe de quatre ou cinq hommes.* ⇒ **à.** 4. (alternative) ⇒ **soit.** *C'est l'un ou l'autre* (si c'est l'un, ce n'est pas l'autre). *"Il faut qu'une porte soit ouverte ou fermée"* (comédie [proverbe] de Musset). *Acceptez-vous, oui ou non ?* ♦ (après un impér. ou un subj.) ⇒ **sans** ça, **sinon.** *Donnez-moi ça ou je me fâche, ou alors je me fâche.* ♦ OU... OU... *Ou c'est lui, ou c'est moi* (l'un exclut l'autre).

OÙ pron., adv. rel. et interrog. ▪ I. pron., adv. rel. 1. Dans un lieu (indiqué ou suggéré par l'antécédent). ⇒ **dans** lequel, **sur** lequel. *Le pays où il est né. Elle le retrouva là* où elle l'avait laissé.* ‑ *De là où vous êtes* (mais : *c'est là* que *vous êtes*). ‑ + inf. *Je cherche une villa où passer mes vacances.* 2. (indiquant un état, une situation) *Dans l'état où il est. Au prix où est le beurre,* auquel est... 3. (indiquant le temps) *Au moment où il arriva.* II. adv. 1. Là où, à l'endroit où. ⇒ **là.** *J'irai où vous voudrez.* ‑ OÙ QUE... (indéfini ; + subj.). *Où que vous alliez,* en quelque lieu. 2. (temporel) *Mais où j'ai été surpris, ce fut quand...* 3. D'OÙ, marquant la conséquence. *D'où vient, d'où il suit que, d'où il résulte que* (+ indic.). ‑ (sans verbe) *Je n'étais pas prévenu : d'où mon étonnement.* ⇒ de **là.** III. adv. interrog. 1. (interrogation directe) En quel lieu ?, en quel endroit ? *Où est votre frère ? Où trouver cet argent ? D'où vient-il ? Par où est-il passé ?* 2. (interrogation indirecte) *Dis-moi où tu vas.*

Ottawa. Le Parlement. *Phot. © Koene/Explorer*

l'O.U.A. ou **OUA**, **Organisation de l'unité africaine** ▪ Organisme regroupant 53 États africains. Fondée en 1963, elle se donne pour but de développer l'unité et la coopération entre les pays africains. Siège : Addis-Abeba.

OUAGADOUGOU ▪ Capitale du Burkina Faso. 450 000 hab. Industrie légère.

Ouagadougou. La maison du Peuple. *Phot. © Brun/Explorer*

OUAILLES n. f. pl. ▪ Les chrétiens, par rapport au prêtre. *Le curé et ses ouailles.*

OUAIS interj. ▪ FAM. (iron. ou sceptique) Oui.

OUARZAZATE ▪ Ville touristique du sud du Maroc. 17 227 hab.

OUATE n. f. ▪ **1.** Laine, soie ou coton préparé pour garnir des doublures, pour rembourrer. *De l'ouate* ou *de la ouate.* **2.** Coton préparé pour les soins d'hygiène. ⇒ **coton.**

OUATÉ, ÉE adj. ▪ Garni d'ouate.

OUATER v. tr. [1] ▪ Doubler, garnir d'ouate.

OUATINE n. f. ▪ Étoffe molletonnée utilisée pour doubler certains vêtements. *Manteau doublé de ouatine.*

OUATINER v. tr. [1] ▪ Doubler de ouatine. – au p. p. *Doublure ouatinée.*

l'OUBANGUI n. m. ▪ Rivière d'Afrique équatoriale. 1 160 km.

l'OUBANGUI-CHARI n. m. → République **centrafricaine**

OUBLI n. m. ▪ **1.** Défaillance de la mémoire, portant soit sur des connaissances ou aptitudes acquises, soit sur les souvenirs ; fait d'oublier. ⇒ **absence, lacune, trou** de mémoire. *L'oubli d'un nom, d'une date, d'un événement.* – absolt *Le temps apporte l'oubli.* ♦ Absence de souvenirs dans la mémoire collective. *Tomber dans l'oubli. Sauver une œuvre de l'oubli.* **2.** *UN OUBLI.* ⇒ **distraction, étourderie.** *Excusez-le, c'est un oubli. Réparer un oubli.* **3.** Fait de ne pas prendre en considération. *L'oubli de soi.* ♦ Pardon. *Pratiquer l'oubli des injures.*

OUBLIER v. tr. [7] ▪ **1.** Ne pas avoir, ne pas retrouver le souvenir de (une chose, un événement, une personne). *J'ai oublié le titre de cet ouvrage. Je n'ai rien oublié.* ♦ Ne plus conserver dans la mémoire collective. – p. p. adj. *Mourir complètement oublié.* – *Se faire oublier,* faire en sorte qu'on ne parle plus de soi. **2.** Ne plus savoir pratiquer (des connaissances, une technique). *J'ai tout oublié en physique.* **3.** Cesser de penser à (ce qui tourmente). *Oubliez vos soucis.* – absolt *Boire pour oublier.* **4.** Ne pas avoir à l'esprit (ce qui devrait tenir l'attention en éveil). ⇒ **négliger, omettre.** *Oublier l'heure et se mettre en retard.* – (+ inf.) *Il a oublié de nous prévenir.* – (avec *que* + indic.) *Vous oubliez que c'est interdit.* ♦ Négliger de mettre. ⇒ **omettre.** *Tu as oublié le sel* (tu n'as pas mis de sel). – Négliger de prendre. ⇒ **laisser.** *J'ai oublié mon parapluie (chez moi).* **5.** Négliger (qqn) en ne s'occupant pas de lui. *Oublier ses amis.* ⇒ **délaisser,** se **détacher, laisser.** – Ne pas donner qqch. à (qqn). *N'oubliez pas le guide !* **6.** Refuser de faire cas de, de tenir compte de. *Vous oubliez vos promesses.* ♦ Pardonner. *N'en parlons plus, j'ai tout oublié.* ► **S'OUBLIER** v. pron. **1.** (passif) Être oublié. *Tout s'oublie.* **2.** Ne pas penser à soi, à ses propres intérêts. – *Il ne s'est pas oublié,* il s'est réservé sa part d'avantages. **3.** Manquer aux convenances, aux égards dus à autrui ou à soi-même. *Vous vous oubliez !* **4.** Faire ses besoins dans un endroit qui ne convient pas. *Le chien s'est oublié dans la maison.*

OUBLIETTE n. f. ▪ anciennt souvent au plur. Cachot où l'on enfermait les personnes condamnées à la prison perpétuelle, ou dont on voulait se débarrasser. – FAM. *Jeter, mettre aux oubliettes,* laisser de côté.

OUBLIEUX, EUSE adj. ▪ Qui oublie, néglige de se souvenir de. – *OUBLIEUX DE ses devoirs.* ⇒ **négligent.**

le pays d'OUCHE ▪ Région de Normandie qui s'étend sur les départements de l'Eure et de l'Orne, entre la Charentonne et l'Iton. Prairies et forêts.

OUDENAARDE ▪ Ville de Belgique (Région flamande, province de Flandre-Orientale), sur l'Escaut. 27 162 hab. Églises des XIIIe et XVe s. Hôtel de ville du XVIe s. Pendant la guerre de Succession d'Espagne, le duc de Vendôme y fut vaincu par Eugène de Savoie et le duc de Marlborough (1708).

l'OUDMOURTIE n. f. ▪ République de la Fédération de Russie à l'ouest de l'Oural. 42 100 km^2. 1 619 000 hab. *(les Oudmourtes).* Langue : oudmourte. Capitale : Ijevsk. Forêts, céréales. Métallurgie.

Jean-Baptiste OUDRY (1686-1755) ▪ Peintre français. Célèbre animalier. Cartons de tapisseries des *"Chasses de Louis XV"* (1734-1745).

OUED [wɛd] n. m. ▪ Rivière d'Afrique du Nord, du Proche-Orient. *Des oueds.*

l'OUELLÉ ou **UÉLÉ** n. m. ▪ Rivière d'Afrique centrale, affluent de l'Oubangui. 1 300 km.

l'île d'OUESSANT ▪ Île et commune *(Ouessant)* de Bretagne (canton du Finistère). 15 km^2. 1 062 hab. *(les Ouessantins).* Pêche, moutons. Phare de Créac'h.

OUEST [wɛst] ▪ **I.** n. m. **1.** Celui des quatre points cardinaux (abrév. O.) qui est situé vers le couchant*. ⇒ **occident.** *Vent d'ouest.* – *À L'OUEST DE :* dans la direction de l'ouest par rapport à. *Dreux est à l'ouest de Paris.* **2.** Partie la plus proche de l'Ouest. *L'ouest de la France. L'Ouest américain* (→ Far West). – (avec maj.) POLIT. L'Europe de l'Ouest et l'Amérique du Nord. ⇒ **occident** (2). **II.** adj. invar. Qui est à l'ouest. *La côte ouest de la Corse.* ⇒ **occidental.**

OUF interj. ▪ Interjection exprimant le soulagement. *Ouf ! bon débarras.* – loc. *Il n'a pas eu le temps de dire ouf,* de prononcer un seul mot.

OUFA ▪ Ville de Russie, capitale de la Bachkirie, dans le Second-Bakou. 1 094 000 hab. Centre culturel. Pétrole.

l'OUGANDA n. m. ▪ État d'Afrique de l'Est. 241 038 km^2. 18 442 000 hab. *(les Ougandais).* Capitale : Kampala. Langues : anglais (officielle), langues bantoues et nilotiques. Monnaie : shilling ougandais. Pays de hauts plateaux : le café, le coton et le sucre sont les principales ressources. Ancien protectorat britannique, indépendant en 1962 et affaibli par la dictature du général Amin Dada de 1971 à 1979. L'intervention de la Tanzanie rétablit un régime civil. Au terme d'une période de guérilla et d'affrontements ethniques, Yweri Museveni accéda au pouvoir en 1986.

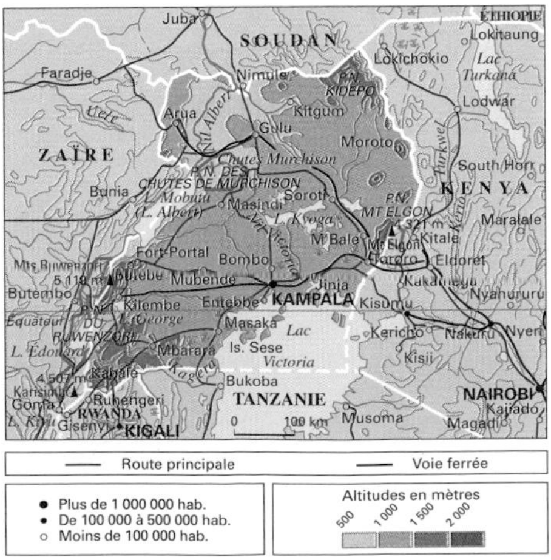

Ouganda.

OUGANDAIS, AISE adj. et n. ▪ De l'Ouganda. – n. *Les Ougandais.*

OUGARIT ou **UGARIT** ▪ Importante cité commerciale de la côte syrienne, dans l'Antiquité, fondée au Néolithique et qui connut son apogée au IIIe millénaire av. J.-C. Nombreux vestiges.

OUI particule d'affirmation invar. ▪ **I.** Adverbe équivalant à une proposition affirmative qui répond à une interrogation non accompagnée de négation (s'il y a négation ⇒ **si**). **1.** (dans une réponse positive à une question) ⇒ **certainement, certes** ; FAM. **ouais** ; → comment donc, bien sûr, sans doute, d'accord, entendu, O.K. *As-tu faim ? — Oui.* – (renforcé) *Mais oui. Oui, bien sûr. Ma foi, oui. Ah oui, alors !* **2.** (interrogatif) *Ah oui ?*, vraiment ? *Tu viens, oui ?, oui ou non ?* **3.** (compl. direct) *Il dit toujours oui.* ⇒ **accepter.** – *Ne dire ni oui, ni non. Répondre par oui ou par non.* – *Il semblerait que oui.* **II.** n. m. invar. *Les oui d'un référendum.* – loc. *Pour un oui (ou) pour un non,* à tout propos.

OUÏ-DIRE n. m. invar. ▪ Ce qu'on connaît pour l'avoir entendu dire. ⇒ **on-dit, rumeur.** – *Par ouï-dire :* par la rumeur publique.

OUÏE [wi] n. f. ▪ **I.** Celui des cinq sens qui permet la perception des sons. ⇒ **audition.** *Organe de l'ouïe.* ⇒ **oreille.** *Son perceptible à l'ouïe.* ⇒ **audible.** *Avoir l'ouïe fine.* – FAM. plais. *Je suis tout ouïe :* j'écoute attentivement. **II.** au plur. Orifices externes de l'appareil branchial des poissons, sur les côtés de la tête.

les **OUÏGOURS** ▪ Peuple d'origine turque établi en Asie centrale (VIIIe-XIIIe s.) puis chassé par les Mongols en Chine.

OUILLE interj. ▪ Exclamation exprimant la douleur. ⇒ **aïe.**

OUÏR v. tr. [10] seulement inf. et p. p. ▪ VX Entendre, écouter. – MOD. *J'ai ouï dire que...* (⇒ **ouï-dire**). ♦ DR. *Ouïr un témoin.*

OUISTITI n. m. ▪ Singe de petite taille, à longue queue.

ouistiti. *Callithrix jacchus jacchus,* ouistiti à toupet blanc. *Phot. © Varin/ Visage/Jacana*

OUISTREHAM ▪ Commune du Calvados. 6 709 hab. *(les Ouistrehamais).* Station balnéaire.

OUJDA ou **OUDJDA** ▪ Ville du Maroc. 336 000 hab.

OUKASE ou **UKASE** n. m. ▪ **1.** HIST. Édit promulgué par le tsar. **2.** fig. Décision arbitraire, ordre impératif. ⇒ **diktat.**

OULAN-BATOR ou **ULĀN BATĀR** ▪ Capitale de la république de Mongolie. 470 000 hab. Centre religieux. La ville regroupe aujourd'hui les principales activités industrielles du pays.

OULAN-OUDE ▪ Ville de Russie, capitale de la Bouriatie. 359 000 hab.

OULÉMA ⇒ ULÉMA

OULIANOVSK, jusqu'en 1924 **SIMBIRSK** ▪ Ville de Russie. 676 000 hab. Patrie de Lénine (V. I. Oulianov).

Oulan-Bator. Le théâtre. *Phot. © Buss/Rapho*

OULLINS ▪ Commune du Rhône, dans la banlieue sud de Lyon. 26 129 hab. *(les Oullinois).*

OUM KALSOUM ou **UMM KULTHUM** (1898-1975) ▪ Chanteuse égyptienne dont la popularité s'étendit à l'ensemble du monde arabe.

OUOLOF ⇒ WOLOF

OUR → Ur

OURAGAN n. m. ▪ **1.** Forte tempête avec un vent très violent. ⇒ **cyclone, tornade, typhon.** – Vent violent accompagné de pluie. ⇒ **bourrasque, tourmente. 2.** par métaphore *Un ouragan de bravos.*

l'**OURAL** n. m. ▪ Fleuve qui se jette dans la mer Caspienne. 2 428 km.

l'**OURAL** n. m. ▪ Chaîne de montagnes de Russie qui s'étend du nord au sud sur 2 000 km et sépare l'Europe de l'Asie (Sibérie). Ses richesses minières (fer, cuivre, or) en font un des grands foyers d'industrie lourde du pays.

OURANOS ▪ Personnification du Ciel dans la mythologie grecque. Uranus dans la mythologie latine.

l'**OURCQ** n. m. ▪ Affluent de la Marne. 80 km. ► **le canal de l'Ourcq** le fait communiquer avec la Seine. 108 km.

OURDIR v. tr. [2] ▪ **1.** TECHN. Réunir les fils de chaîne en nappe et les tendre, avant le tissage. **2.** fig. LITTÉR. Disposer les premiers éléments de (une intrigue). *Ourdir un complot.* ⇒ **tramer.**

-OURE Élément savant, du grec *oura* « queue ».

OURLER v. tr. [1] ▪ Border d'un ourlet. *Ourler un mouchoir.* ► **OURLÉ, ÉE** adj. *Mouchoirs ourlés.*

OURLET n. m. ▪ Repli d'étoffe cousu, terminant un bord. *Faire un ourlet à un pantalon.*

OURO PRÊTO ▪ Ville du Brésil (Minas Gerais). 200 000 hab. L'une des villes d'art les plus remarquables d'Amérique latine. Édifices religieux et civils baroques du XVIIIe s.

OUROUK → Uruk

OUROUMTSI → Urumqi

OURS [urs] n. m. ▪ **1.** Mammifère carnivore de grande taille, au pelage épais, aux membres armés de griffes, au museau allongé ; le mâle adulte. *Femelle* (⇒ **ourse**), *petit* (⇒ **ourson**) *de l'ours.* – *Ours gris, ours brun* (⇒ **grizzli**). *Ours polaire, ours blanc.* ♦ loc. *Vendre la peau de l'ours (avant de l'avoir tué),* disposer d'une chose que l'on ne possède pas encore. **2.** Jouet d'enfant ayant l'apparence d'un ourson. ⇒ **nounours.** *Un ours en peluche.* **3.** Homme insociable, qui fuit la société. ⇒ **misanthrope, sauvage.** *C'est un (vieil) ours.* – adj. *Il est un peu ours.*

ours. À gauche, *Ursus arctos arctos,* ours brun ; à droite, *Ursus maritimus,* ours polaire. *Phot. © Pott/Jacana*

le grand lac de l'OURS ▪ Lac du nord-ouest du Canada (Territoires du Nord-Ouest). 29 000 km².

OURSE n. f. ▪ **1.** Femelle de l'ours. *Une ourse et ses petits.* **2.** *La Petite, la Grande Ourse* (syn. *Petit, Grand Chariot*), constellations.

OURSIN n. m. ▪ Animal marin, échinoderme, sphérique, muni de piquants. *Manger des oursins.*

OURSON n. m. ▪ Jeune ours.

l'OUSSOURI n. f. ▪ Rivière de l'Asie orientale. 897 km. Affluent de l'Amour. Elle forme sur une grande partie de son cours la frontière entre l'Extrême-Orient russe et la Mandchourie chinoise.

les OUSTACHIS ▪ Membres d'un mouvement nationaliste croate fondé en 1929 qui avait pour chef Ante Pavelić. Ils assassinèrent le roi Alexandre* Ier Karageorgévitch, soutinrent Hitler, qui leur avait accordé en 1941 l'indépendance de la Croatie accrue de la Bosnie-Herzégovine, et firent subir un génocide à la minorité serbe.

***OUSTE** ou ***OUST** [ust] interj. ▪ FAM. Interjection pour chasser ou presser qqn. *Allez, ouste, dépêche-toi !*

OUT [aut] adv. ▪ anglic. TENNIS Hors des limites du court. ➝ adj. invar. *La balle est out.*

OUTARDE n. f. ▪ Oiseau échassier au corps massif, à pattes fortes et à long cou.

outarde. *Otis tarda,* grande outarde, mâle.
Phot. © Cordier/Jacana

OUTIL [uti] n. m. ▪ **1.** Objet fabriqué qui sert à agir sur la matière, à faire un travail. ⇒ **engin, instrument, ustensile.** *Manier un outil. Boîte à outils.* **2.** Ce qui permet de faire un travail. *Sa voiture est son outil de travail.* **3.** FAM., VIEILLI Individu bizarre, excentrique. **4.** FAM. Pénis.

OUTILLAGE n. m. ▪ Assortiment d'outils nécessaires à un métier, à une activité. ⇒ **équipement, matériel.** *Un outillage perfectionné.*

OUTILLER v. tr. 1 ▪ Munir des outils, des équipements nécessaires à un travail, une production. ⇒ **équiper.** *Outiller un atelier, une usine.* ➝ au p. p. *Atelier, ouvrier bien, mal outillé.* ► s'**OUTILLER** v. pron. S'équiper. *Il s'est outillé pour la pêche.*

OUTRAGE n. m. ▪ **1.** Offense ou injure extrêmement grave (de parole ou de fait). ⇒ **affront, insulte.** ➝ fig. LITTÉR. ⇒ **atteinte, dommage.** *Les outrages du temps.* **2.** DR. Délit par lequel on ne respecte pas un personnage officiel dans ses fonctions. → offense (2). *Outrage à magistrat.* **3.** Acte gravement contraire (à une règle, à un principe). ⇒ **violation.** ➝ DR. *Outrage aux bonnes mœurs,* atteinte à la moralité publique (délit).

OUTRAGEANT, ANTE adj. ▪ Qui outrage. ⇒ **injurieux, insultant.**

OUTRAGER v. tr. 3 ▪ **1.** Offenser gravement par un outrage (actes ou paroles). ⇒ **bafouer, injurier, insulter, offenser.** ➝ au p. p. *Prendre un air outragé.* **2.** Contrevenir gravement à (qqch.). *Outrager la morale.*

OUTRAGEUSEMENT adv. ▪ Excessivement. *Femme outrageusement fardée.*

OUTRANCE n. f. ▪ **1.** Chose ou action outrée. ⇒ **excès.** *Une outrance de langage.* **2.** Démesure, exagération. *L'outrance de son langage.* ♦ À OUTRANCE loc. adv. : avec excès.

OUTRANCIER, IÈRE adj. ▪ Qui pousse les choses à l'excès. ⇒ **excessif, outré.**

① **OUTRE** n. f. ▪ Peau d'animal cousue en forme de sac et servant de récipient. *Une outre de vin.* ➝ FAM. *Être plein comme une outre,* avoir trop bu, mangé.

② **OUTRE** prép. et adv. ▪ **1.** (dans des expr. adv.) Au-delà de. *Outre-Atlantique, outre-Manche. Les "Mémoires d'outre-tombe"* (œuvre posthume de Chateaubriand). **2.** adv. PASSER OUTRE : aller au-delà, plus loin. ➝ PASSER OUTRE À *qqch.* : ne pas tenir compte de (une opposition, une objection). ⇒ **braver.** **3.** prép. En plus de. *Outre les bagages, nous avions les chiens avec nous.* ➝ OUTRE QUE (+ indic.) ; *outre le fait que,* sans parler du fait que. **4.** OUTRE MESURE loc. adv. : excessivement, au-delà de la normale. ⇒ à l'**excès, trop.** *Ça ne l'a pas étonné outre mesure.* **5.** EN OUTRE loc. adv. : en plus. ⇒ **aussi, également.**

OUTRÉ, ÉE adj. ▪ Qui va au-delà de la mesure normale. ⇒ **exagéré, excessif, outrancier.** *Flatterie outrée.*

OUTREAU ▪ Commune du Pas-de-Calais, faubourg de Boulogne-sur-Mer. 15 279 hab. *(les Outrelois).*

OUTRECUIDANCE n. f. ▪ LITTÉR. **1.** Confiance excessive en soi. ⇒ **fatuité, orgueil, présomption. 2.** Désinvolture impertinente envers autrui. ⇒ **audace, effronterie.** *Répondre avec outrecuidance.*

OUTRECUIDANT, ANTE adj. ▪ LITTÉR. Qui montre de l'outrecuidance. ⇒ **fat, impertinent, prétentieux.**

OUTREMER [-mɛʀ] n. m. ▪ Couleur d'un bleu intense. ➝ adj. invar. *Bleu outremer. Des yeux outremer.*

OUTRE-MER [-mɛʀ] adv. ▪ Au-delà des mers, par rapport à une métropole. *Les départements et territoires français d'outre-mer* (D.O.M.-T.O.M.).

OUTREPASSER v. tr. 1 ▪ Aller au-delà de (ce qui est possible, permis). ⇒ **dépasser, transgresser.** *Outrepasser ses droits.*

OUTRER v. tr. 1 ▪ **1.** LITTÉR. Exagérer, pousser (qqch.) au-delà des limites raisonnables. *Outrer une pensée, une attitude.* ⇒ **forcer ; outré. 2.** (aux temps composés) Indigner, mettre (qqn) hors de soi. ⇒ **révolter, scandaliser.** *Votre façon de parler de sa mort m'a outré, j'en ai été outré.* ➝ au p. p. *Je suis outré.*

OUTSIDER [autsajdœʀ] n. m. ▪ anglic. Cheval de course ou concurrent qui ne figure pas parmi les favoris.

OUVERT, ERTE adj. ▪ **I. 1.** Disposé de manière à laisser le passage. *Porte, fenêtre ouverte, grande ouverte, à peine ouverte* (entrebâillée). **2.** (local) Où l'on peut entrer. *Magasin ouvert.* ➝ (récipient) *Coffre ouvert.* **3.** Disposé de manière à laisser communiquer avec l'extérieur. *Bouche ouverte, yeux ouverts.* ➝ *Sons ouverts,* prononcés avec la bouche assez ouverte. *O ouvert* [ɔ]. ➝ *Robinet ouvert,* qui laisse passer l'eau. **4.** Dont les parties sont écartées, séparées. *Fleur ouverte,* épanouie. *À bras ouverts.* ➝ *À livre* ouvert.* **5.** Percé, troué, incisé. *Avoir le crâne ouvert. Opération à cœur ouvert,* à l'intérieur du cœur. **6.** Accessible (à qqn, qqch.), que l'on peut utiliser (moyen, voie). ⇒ **libre.** *Canal ouvert à la navigation. Bibliothèque ouverte à tous.* ➝ Qui n'est pas protégé, abrité. *Des espaces ouverts.* ⇒ **découvert. 7.** Commencé. *La chasse est ouverte,* permise. *Les paris sont ouverts,* autorisés. **II.** abstrait **1.** Communicatif et franc. *Il est d'un naturel ouvert.* ⇒ **confiant, expansif.** ➝ *Un visage très ouvert.* ➝ loc. *Parler à cœur ouvert,* en toute franchise. **2.** Qui se manifeste, se déclare publiquement. ⇒ **déclaré, manifeste, public.** *Un conflit ouvert.* **3.** Qui s'ouvre facilement aux idées nouvelles. *Un esprit ouvert.* ⇒ **éveillé, vif.**

OUVERTEMENT adv. ▪ D'une manière ouverte, sans dissimulation. *Agir ouvertement. Dire les choses ouvertement.* ⇒ **franchement.**

OUVERTURE n. f. ▪ **I. 1.** Action d'ouvrir ; état de ce qui est ouvert. *Ouverture automatique. Heures d'ouverture d'un magasin.* ➝ Caractère de ce qui est plus ou moins ouvert (dispositifs réglables). *Régler l'ouverture d'un objectif.* ➝ *L'ouverture d'un angle,* l'écartement de ses côtés. **2.** Le fait de rendre praticable, utilisable. *L'ouverture d'une autoroute. Cérémonie d'ouverture.* ⇒ **inauguration. 3.** abstrait *Ouverture d'esprit,* qualité de l'esprit ouvert. ♦ *Politique d'ouverture.* **4.** Le fait d'être commencé, mis en train. *L'ouverture de la session.* ⇒ **commencement, début.** ➝ *Ouverture de la chasse, de la pêche,* le premier des jours où il est permis de chasser, de pêcher. ➝ (au rugby) *Demi d'ouverture,* joueur qui donne le champ libre aux attaquants. **5.** au plur. Premier essai en vue d'entrer en pourparlers. *Faire des ouvertures de paix.* **II.** Morceau de musique par lequel débute un opéra, un ouvrage lyrique (opposé à *finale,* n. m.). **III.** *(Une, des ouvertures)* **1.** Espace libre par lequel s'établit la communication entre l'extérieur et l'intérieur. ⇒ **accès, entrée, issue, passage, trou.** *Les ouvertures d'un bâtiment.* ⇒ **fenêtre, porte. 2.** abstrait Voie d'accès ; moyen de comprendre. *C'est une ouverture sur un monde inconnu.*

OUVRABLE adj. m. ▪ Se dit des jours de la semaine qui ne sont pas des jours fériés. *Jours ouvrables et jours ouvrés*.*

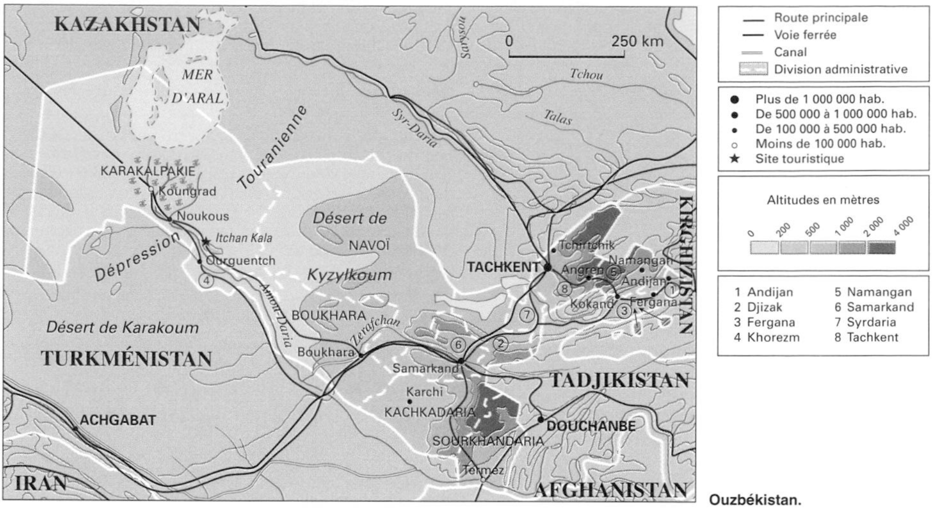

Ouzbékistan.

OUVRAGE n. m. ▪ **1.** Ensemble d'actions coordonnées par lesquelles on met qqch. en œuvre, on effectue un travail. ⇒ œuvre ; **besogne, tâche, travail.** *Avoir de l'ouvrage.* ⇒ **occupation.** *Être, se mettre à l'ouvrage. Ouvrages manuels. Boîte, corbeille à ouvrage* (pour la couture). ♦ loc. *Avoir le cœur à l'ouvrage :* être enthousiaste pour un travail. ♦ au fém. POP. ou plais. *De la belle ouvrage :* un travail soigné. **2.** Objet produit par le travail d'un ouvrier*, d'un artisan. *Ouvrage d'orfèvrerie.* – Construction. *Le gros de l'ouvrage* (⇒ gros **œuvre**). – *OUVRAGES D'ART :* constructions (ponts, tranchées, tunnels) nécessaires à l'établissement d'une voie. **3.** Texte scientifique, technique ou littéraire. ⇒ **écrit, œuvre.** *La publication d'un ouvrage. Ouvrages de philosophie.* ⇒ **livre.**

OUVRAGÉ, ÉE adj. ▪ Finement travaillé, ouvré. *Pièce d'orfèvrerie ouvragée.*

OUVRANT, ANTE adj. ▪ Qui s'ouvre. *Le toit ouvrant d'une voiture.*

OUVRÉ, ÉE adj. ▪ **1.** Qui résulte d'un ouvrage (1). ⇒ **travaillé.** *Produits ouvrés,* manufacturés. **2.** *Jour ouvré,* où l'on travaille. ≠ *ouvrable.*

OUVRE-BOÎTE n. m. ▪ Instrument coupant servant à ouvrir les boîtes de conserve. *Des ouvre-boîtes.*

OUVRE-BOUTEILLE n. m. ▪ Instrument servant à ouvrir les bouteilles capsulées. ⇒ **décapsuleur.** *Des ouvre-bouteilles.*

OUVREUR, EUSE n. ▪ **1.** (surtout fém.) Personne chargée de placer les spectateurs, dans une salle de spectacle. **2.** Skieur qui ouvre une piste de ski.

OUVRIER, IÈRE ▪ **I.** n. **1.** Personne qui exécute un travail manuel, exerce un métier manuel ou mécanique moyennant un salaire ; spécialt travailleur manuel de la grande industrie. ⇒ **prolétaire ; travailleur.** *Ouvrier agricole, ouvrier d'usine. Ouvriers travaillant en équipe, à la chaîne.* – *Les ouvriers d'une usine.* ⇒ **main-d'œuvre, personnel. 2.** n. m. LITTÉR. Artisan, artiste. loc. prov. *À l'œuvre on reconnaît l'ouvrier.* **II.** adj. **1.** Des ouvriers, du prolétariat industriel. *La classe ouvrière. Syndicat ouvrier.* – *Cité ouvrière.* **2.** loc. *Cheville ouvrière.* ⇒ **cheville. III.** n. f. Chez les insectes sociaux, Individu stérile qui assure la construction ou la défense. *La reine* et les ouvrières.*

OUVRIR v. [18] ▪ **I.** v. tr. **1.** Écarter les éléments mobiles de (une ouverture) de manière à mettre en communication l'extérieur et l'intérieur (contr. *fermer*). *Ouvre la fenêtre. Il a ouvert la porte.* (avec ellipse) *Va ouvrir. La clé qui ouvre une porte,* qui permet de l'ouvrir. **2.** Mettre en communication (l'intérieur d'un contenant, d'un local) avec l'extérieur, rendre accessible l'intérieur de. *Ouvrir une armoire, une boîte. Ouvrir une bouteille.* ⇒ **déboucher.** ♦ Rendre accessible (un local) au public. *Nous ouvrons le magasin à 9 heures.* **3.** Mettre dans une position qui assure la communication ou le contact avec l'extérieur. *Ouvrir les lèvres, la bouche.* – FAM. *L'ouvrir :* parler. – loc. *Ouvrir l'œil*.* ♦ *Ouvrir un sac, un portefeuille.* – FAM. *Ouvrir le gaz, la radio,* faire fonctionner. ♦ *Ouvrir l'appétit,* donner faim (→ apéritif). **4.** Écarter, séparer (des éléments mobiles) ; disposer en écartant, en séparant les éléments. *Ouvrir les bras. Ouvrir un parapluie. Ouvrez vos livres.* **5.** Former (une ouverture) en creusant, en trouant. *Ouvrir une fenêtre dans un mur.* ⇒ **percer. 6.** Atteindre l'intérieur de (quelque chose de vivant) en écartant, coupant, brisant. *Ouvrir des huîtres, une noix de coco.* ♦ *Chirurgien qui ouvre un abcès.* ⇒ **inciser, percer.** – *S'ouvrir les veines* (pour se suicider). **7.** Créer ou permettre d'utiliser (un moyen d'accès), d'avancer. *Ouvrir un chemin, une voie.* ⇒ **frayer. 8.** Découvrir, présenter. *Cela ouvre des horizons, des perspectives nouvelles.* **9.** *Ouvrir l'esprit (à qqn),* lui rendre l'esprit ouvert, large. ⇒ **éveiller. 10.** Commencer, mettre en train. *Ouvrir les hostilités. Ouvrir le feu*. Ouvrir un débat.* – *Ouvrir un compte, un crédit à qqn.* – Être le premier à faire, à exercer (une activité, etc.). *Ouvrir la danse, le bal.* **11.** Créer, fonder (un établissement ouvert au public). *Ouvrir un restaurant.* **II.** v. intr. **1.** Être ouvert. *Cette porte ouvre difficilement.* – *Le magasin ouvre à 10 heures.* **2.** *Ouvrir sur,* donner accès sur (syn. *s'ouvrir sur*). ► **S'OUVRIR** v. pron. **1.** Devenir ouvert. *La porte s'ouvre.* – *La fleur s'ouvre.* ⇒ **éclore,** s'**épanouir. 2.** *S'OUVRIR SUR :* être percé, de manière à donner accès ou vue sur (syn. *ouvrir sur*). **3.** S'offrir comme une voie d'accès. *Le chemin qui s'ouvre devant nous.* – fig. Apparaître comme accessible. *Une vie nouvelle s'ouvrait devant lui, à lui.* **4.** (personnes, réalités humaines) *S'OUVRIR À qqch. :* se laisser pénétrer par (un sentiment, une idée). *Son esprit s'ouvre à cette idée.* ♦ *S'ouvrir à qqn.* ⇒ se **confier. 5.** (choses) Commencer. *L'exposition qui allait s'ouvrir.*

OUVROIR n. m. ▪ Lieu réservé aux ouvrages de couture, de broderie..., dans une communauté. – fig. « *L'ouvroir de littérature potentielle* » (Oulipo), de Queneau.

OUZBEK adj. et n. (invar. en genre) ▪ De l'Ouzbékistan. – n. *Les Ouzbeks.* ♦ n. m. Langue du groupe turc.

l'OUZBÉKISTAN n. m. ▪ État (république) d'Asie centrale, dans le Turkestan, englobant la république autonome de Karalpakie. 447 400 km². 21 363 000 hab. *(les Ouzbeks).* Capitale : Tachkent. Langue : ouzbek. Monnaie : rouble. Pays de déserts (Kyzylkoum), parsemés d'oasis et traversé par l'Amou-Daria. Cultures irriguées et industries dérivées : coton, soie, canne à sucre. Moutons. Ancienne puissance islamique (Boukhara, Samarkand), devenue république socialiste soviétique en 1924, puis État indépendant en 1991, l'Ouzbékistan est membre de la C.E.I.

OV- ⇒ OVO-

OVAIRE n. m. ▪ **1.** Glande génitale femelle qui produit l'ovule et des hormones (⇒ **ovulation ; ovarien**). **2.** Partie du pistil qui contient les ovules destinés à devenir des graines après fécondation.

OVALE ▪ **1.** adj. Qui a la forme d'une courbe fermée et allongée (analogue à celle d'un œuf de poule). ⇒ **ovoïde.** – *Le ballon ovale* (du rugby). **2.** n. m. Forme ovale. *Visage d'un ovale parfait.*

OVARIEN, IENNE adj. ▪ De l'ovaire. *Cycle ovarien.*

OVATION n. f. ▪ Acclamations publiques rendant honneur à qqn. ⇒ **acclamation, cri, vivat.**

OVATIONNER v. tr. 1 ▪ Acclamer, accueillir (qqn) par des ovations. *Elle s'est fait ovationner par la foule.*

Johann Friedrich OVERBECK (1789 - 1869) ▪ Peintre allemand. Il s'inspira des maîtres de la Renaissance italienne. Sujets religieux.

OVERDOSE [ɔvœʀ- ; ɔvɛʀ-] n. f. ▪ anglic. Dose excessive (d'une drogue), susceptible d'entraîner la mort. ⇒ **surdose.** – fig. *Une overdose de musique.*

l'OVERIJSSEL ▪ Province des Pays-Bas. 3 811 km². 1 032 418 hab. Chef-lieu : Zwolle. Agriculture. Industries textile, chimique et alimentaire.

OVIDE (43 av. J.-C. - v. 17) ▪ Poète latin. Œuvres d'inspiration érotique (*"L'Art d'aimer"*) et mythologique (*"Les Métamorphoses"*), sources de nombreux sujets pour la littérature et l'art occidentaux.

OVIDÉS n. m. pl. ▪ ZOOL. Groupe de mammifères ongulés ruminants du type du mouton.

OVIEDO ▪ Ville d'Espagne, capitale des Asturies. 203 189 hab. Métallurgie.

OVIN, INE adj. ▪ Relatif au mouton, au bélier, à la brebis. *La race ovine.* – n. m. pl. *Les ovins.*

OVIPARE adj. ▪ Se dit des animaux qui pondent des œufs (I). – n. m. *Les ovipares et les vivipares.*

OVNI n. m. (sigle) ▪ Objet volant non identifié. ⇒ **soucoupe** volante. *Des ovnis.*

OVO-, OVI-, OV- Élément savant, du latin *ovum* « œuf ».

OVOÏDE adj. ▪ Qui a la forme d'un œuf. ⇒ **ovale.**

OVULAIRE adj. ▪ Relatif à l'ovule.

OVULATION n. f. ▪ Libération de l'ovule (mammifères). *L'ovulation, fonction essentielle de l'ovaire.*

OVULE n. m. ▪ **1.** Gamète femelle élaboré par l'ovaire. ♦ BOT. Gamète végétal femelle qui se transforme en graine après fécondation. **2.** Préparation pharmaceutique ovoïde destinée à être placée dans le vagin. *Ovules spermicides.*

Robert OWEN (1771 - 1858) ▪ Réformateur et théoricien socialiste britannique. Ses théories utopistes ont influencé le mouvement socialiste. Il créa les premières coopératives de production et de consommation.

James Cleveland dit **Jesse OWENS** (1914 - 1980) ▪ Athlète américain. Il fut quadruple champion olympique à Berlin en 1936 (100 m, 200 m, 4 fois 100 m et saut en longueur).

Ozu. *Le Goût du saké,* avec Shima Iwashita.
Phot. © Coll. Christophe L.

Axel, comte OXENSTIERNA (1583 - 1654) ▪ Homme politique suédois. Conseiller de Gustave II Adolphe puis tuteur de la reine Christine, il imposa aux Danois la paix de Brömsebro (1645).

OXFORD [-fɔʀ(d)] n. m. ▪ Tissu de coton à fils de deux couleurs. *Chemise en oxford.*

OXFORD ▪ Ville du sud de l'Angleterre, sur la Tamise, chef-lieu du comté d'Oxfordshire. 120 000 hab. (*les Oxoniens*). Son université, fondée en 1133, est une des plus célèbres du monde. À partir du XVIe s., l'université de Cambridge fut sa rivale. Nombreux collèges d'architecture gothique. ► **l'OXFORDSHIRE** Comté du centre sud de l'Angleterre. 2 611 km². 580 000 hab. Chef-lieu : Oxford.

OXHYDRIQUE adj. ▪ Se dit d'un mélange d'oxygène et d'hydrogène dont la combustion dégage une chaleur considérable. – par ext. *Chalumeau oxhydrique.*

OXY- Élément savant (du grec *oxus* « pointu ; acide ») qui représente *oxygène* dans des mots savants (ex. *oxhydrique*).

OXYDABLE adj. ▪ Susceptible d'être oxydé (→ inoxydable).

OXYDATION n. f. ▪ Combinaison (d'un corps) avec l'oxygène pour donner un oxyde ; réaction dans laquelle un atome ou un ion perd des électrons. *Oxydation et réduction*.*

OXYDE n. m. ▪ Composé résultant de la combinaison d'un corps avec l'oxygène. *Oxyde de carbone. Oxyde de cuivre.*

OXYDER v. tr. 1 ▪ Faire passer à l'état d'oxyde. ♦ Altérer (un métal) par l'action de l'air. – pronom. *Le fer s'oxyde rapidement.* ⇒ **rouiller.**

OXYGÉNATION n. f. ▪ Action d'oxygéner.

OXYGÈNE n. m. ▪ **1.** Gaz invisible, inodore (symb. O), qui constitue approximativement 1/5 de l'air atmosphérique. *L'oxygène est indispensable à la plupart des êtres vivants. Étouffer par manque d'oxygène* (⇒ **asphyxie**). *Ballon d'oxygène.* **2.** FAM. Air pur. *Aller prendre un bol d'oxygène.*

OXYGÉNER v. tr. 6 ▪ **1.** Ajouter de l'oxygène à (une substance), par dissolution. *Oxygéner de l'eau.* – p. p. adj. *EAU OXYGÉNÉE* : solution aqueuse de peroxyde d'hydrogène (antiseptique et décolorante). **2.** *Oxygéner les cheveux,* les passer à l'eau oxygénée (pour les décolorer). – au p. p. *Cheveux blonds oxygénés.* **3.** FAM. *S'oxygéner (les poumons)* : respirer de l'air pur.

OXYURE n. m. ▪ DIDACT. Ver parasite des intestins (principalement de l'homme).

l'OYAPOCK n. m. ▪ Fleuve d'Amérique du Sud qui forme la frontière entre la Guyane française et le Brésil (État de l'Amapá). 500 km.

l'OYASHIO n. m. ▪ Courant marin froid du Pacifique qui baigne les côtes du Japon avant de se heurter au Kuroshio.

OYAT [ɔja] n. m. ▪ Plante (graminée) utilisée pour fixer le sable des dunes.

OYONNAX ▪ Commune de l'Ain, dans le Jura. 23 869 hab. (*les Oyonnaxiens*).

Amos OZ (né en 1939) ▪ Écrivain israélien. Le kibboutz et les problèmes d'Israël sont au cœur de son œuvre (romans, nouvelles, essais). *"Mon Michaël"* (1968).

OZOIR-LA-FERRIÈRE ▪ Commune de Seine-et-Marne. 19 031 hab. (*les Ozoiriens*).

OZONE n. m. ▪ Gaz (symb. O_3) bleu et odorant. *Ozone atmosphérique* (⇒ **ozonosphère**). *La couche d'ozone est menacée par la pollution industrielle.*

OZONOSPHÈRE n. f. ▪ Couche de l'atmosphère terrestre entre 15 et 40 km d'altitude, dans laquelle la proportion d'ozone est élevée.

OZU Yasujirō (1903 - 1963) ▪ Cinéaste japonais. Portrait de la vie quotidienne des classes moyennes. *"Voyage à Tōkyō"* (1953) ; *"Le Goût du saké"* (1962).

P

P [pe] **n. m. invar.** ▪ Seizième lettre, douzième consonne de l'alphabet.

Luis de PABLO (né en 1930) ▪ Compositeur espagnol. Ses œuvres ressortissent pour une grande part au domaine de la musique aléatoire.

Georg Wilhelm PABST (1885 - 1967) ▪ Cinéaste expressionniste allemand d'origine autrichienne. Il exprima la réalité sociale allemande des années 20 et 30. *"La Rue sans joie"* (1925); *"Loulou"* (1929).

Pabst. Louise Brooks dans *Loulou.*
Phot. © Coll. Christophe L.

PACAGE **n. m.** ▪ Terrain où l'on fait paître les bestiaux. ⇒ **pâturage.**

PACHA **n. m.** ▪ **1.** Dans l'ancien Empire ottoman, Gouverneur d'une province ; titre honorifique. **2.** FAM. Commandant d'un navire de guerre. **3.** FAM. *Une vie de pacha,* fastueuse. *Faire le pacha :* se faire servir.

Johann PACHELBEL (1653 - 1706) ▪ Organiste et compositeur allemand, précurseur de J.-S. Bach.

PACHYDERME [-ʃi- ; -ki-] **n. m.** ▪ **1.** Éléphant. **2.** fig. Animal, personne énorme.

PACHYDERMIQUE [-ʃi- ; -ki-] **adj.** ▪ **1.** De l'éléphant. **2.** fig. Gros et lourd.

PACIFICATEUR, TRICE **n.** ▪ Personne qui pacifie, ramène le calme. - **adj.** *Mesures pacificatrices.*

PACIFICATION **n. f.** ▪ Action de pacifier.

PACIFIER **v. tr.** [7] ▪ **1.** Ramener à l'état de paix (un pays en proie à la guerre civile, un peuple en rébellion). - Euphémisme pour *réprimer.* **2.** Rendre calme. *Pacifier les esprits.* ⇒ **apaiser.**

PACIFIQUE **adj.** ▪ **1.** (personnes) Qui ne recherche pas l'épreuve de force, les conflits ; qui aspire à la paix. *Un esprit pacifique.* **2.** (choses) Qui n'est pas militaire, n'a pas la guerre pour objectif. *Utilisation pacifique de l'énergie nucléaire.* **3.** Qui se passe dans le calme, la paix. ⇒ **paisible.** *Coexistence pacifique.*

l'océan PACIFIQUE ▪ Le plus grand océan de la Terre (180 millions de km^2, c'est-à-dire environ 30 % de la surface du globe). Il s'étend entre l'Amérique, l'Antarctique, l'Asie et l'Australie. Bordé au nord et à l'ouest par une série d'îles volcaniques, il est parsemé au sud de récifs de corail. Il communique avec l'océan Arctique par le détroit de Béring. Avec l'essor du Japon et de l'Australie, son importance économique et stratégique s'est accrue. ► **la guerre du PACIFIQUE** Épisode de la Deuxième Guerre mondiale, conflit entre le Japon et les États-Unis, avec leurs alliés, de 1941 (attaque de Pearl Harbor) à 1945 (capitulation du Japon le 2 septembre).

PACIFIQUEMENT **adv.** ▪ D'une manière pacifique.

PACIFISME **n. m.** ▪ Doctrine des pacifistes.

PACIFISTE **n.** et **adj.** ▪ Partisan de la paix entre les nations ; adversaire du recours à la guerre. - **adj.** *Un idéal pacifiste.*

① **PACK** **n. m.** ▪ anglic. Au rugby, Ensemble des avants.

② **PACK** **n. m.** ▪ anglic. Emballage réunissant plusieurs produits identiques. *Un pack de bière.*

saint PACÔME (286 - 346) ▪ Fondateur du cénobitisme, par différence avec le mode de vie des solitaires. Il fonda en 323 un monastère à Tabennêsi, sur le Nil. Sa *Règle* copte influença tout le monachisme.

l'océan **Pacifique.** Tallara, village de pêcheurs sur la côte péruvienne. *Phot. © Nino Cirani/Ricciarini*

PACOTILLE n. f. ▪ Produits manufacturés de peu de valeur. ⇒ **camelote, verroterie.** ✦ *DE PACOTILLE :* sans valeur. *Un bijou de pacotille.*

PACTE n. m. ▪ **1.** Accord, entente de nature formelle. *Conclure, signer un pacte.* ⇒ **marché. 2.** Convention entre États.

le PACTE GERMANO-SOVIÉTIQUE ▪ Traité de non-agression signé par l'Allemagne nazie et l'URSS le 23 août 1939. Il comportait un protocole secret qui définissait des sphères d'influence en Europe orientale entre les deux pays : partage de la Pologne, Finlande et pays baltes dans la zone soviétique.

PACTISER v. intr. ① ▪ **1.** Conclure un pacte, un accord (avec qqn). **2.** Agir de connivence (avec qqn) ; composer (avec qqch.). ⇒ **transiger.** *Pactiser avec le crime.*

PACTOLE n. m. ▪ (du n. pr.) LITTÉR. Source de richesse, de profit.

le PACTOLE ▪ Rivière de l'ancienne Lydie, qui roulait des paillettes d'or. → **Midas.**

PADANG ▪ Ville et port d'Indonésie. 477 064 hab. Exportations (coprah, café, caoutchouc).

PADDOCK n. m. ▪ **1.** Enceinte d'un hippodrome dans laquelle les chevaux sont promenés avant l'épreuve. **2.** FAM. Lit. ⇒ FAM. **pageot, pieu.**

PADDY n. m. ▪ Riz non décortiqué.

PADERBORN ▪ Ville d'Allemagne (Rhénanie-du-Nord-Westphalie). 118 600 hab.

Ignacy PADEREWSKI (1860 - 1941) ▪ Homme politique, pianiste et compositeur polonais. Président du Conseil de la République polonaise en 1919. *"Humoresques de concert"*, pour piano.

le gouffre de PADIRAC ▪ Gouffre du Lot (commune de *Padirac*, 160 hab. *[les Padiracois]*), qui s'ouvre dans le causse jusqu'à 75 m. Rivière souterraine. Site touristique.

PADOUE en italien ***PADOVA*** ▪ Ville d'Italie, en Vénétie. 220 358 hab. *(les Padouans).* Nombreux monuments : basilique (XIIIe s.) avec le tombeau de saint Antoine, chapelle de l'Arena (fresques de Giotto). Église des Eremitani (fresques de Mantegna). Université depuis le XIIIe s. (important centre humaniste au XVIe s.). Ville commerciale et industrielle.

PAELLA [paela ; pae(l)ja] n. f. ▪ Plat espagnol à base de riz avec des moules, des crustacés, des viandes, etc.

PAESTUM ▪ Ville de l'Italie ancienne, colonie grecque puis romaine, située au sud de Naples. Temples grecs du Ve s. av. J.-C.

Paestum. Le temple d'Héra. *Phot. © Carlo Bevilacqua/Ricciarini*

① **PAF** interj. ▪ Bruit de chute, de coup.

② **PAF** adj. invar. ▪ FAM. Ivre.

PAGAIE n. f. ▪ Aviron de pirogue, de canoë, de kayak, sans appui sur l'embarcation. ⇒ **pagayer.**

PAGAILLE ou **PAGAÏE** [-aj] n. f. ▪ Grand désordre. *Une chambre en pagaille.* ♦ loc. *EN PAGAILLE :* en grande quantité.

PAGAN ▪ Ville de Birmanie centrale. Ancienne capitale de l'Empire birman (XIe-XIIIe s.). Site archéologique où subsistent des milliers de monuments bouddhiques.

Niccolò PAGANINI (1782 - 1840) ▪ Violoniste et compositeur italien célèbre pour sa virtuosité.

PAGANISME n. m. ▪ Religion des païens (pour les chrétiens). ⇒ **animisme, polythéisme.**

PAGAYER v. intr. ⑧ ▪ Ramer à l'aide d'une pagaie. ► n. PAGAYEUR, EUSE

① **PAGE** n. f. ▪ **1.** Chacun des deux côtés d'une feuille de papier, généralement numéroté. ⇒ **recto, verso.** *Les pages d'un livre.* ✦ *MISE EN PAGES :* opération par laquelle on dispose définitivement le texte, les illustrations d'un livre (avant de l'imprimer). ⇒ **maquette.** ✦ loc. *Être À LA PAGE :* être au courant de l'actualité ; suivre la dernière mode. **2.** Texte inscrit sur une page. *Lire deux ou trois pages d'un livre.* **3.** Feuille. *Corner une page.* ✦ loc. fig. *Tourner la page :* passer à autre chose. **4.** Passage d'une œuvre littéraire ou musicale. *Les plus belles pages d'un écrivain.* ⇒ **anthologie, morceaux** choisis. **5.** Épisode de la vie d'une personne ou de l'histoire d'une nation. ⇒ **fait.** *Une page glorieuse de l'histoire de France.*

② **PAGE** n. m. ▪ anciennt Jeune garçon noble placé auprès d'un seigneur, d'une grande dame, pour apprendre le métier des armes, faire le service d'honneur. ⇒ **écuyer.**

PAGEOT n. m. ▪ FAM. Lit. ⇒ FAM. **pieu.** ◇ var. PAJOT, PAGE.

SE **PAGEOTER** v. pron. ① ▪ FAM. Se mettre au lit. ⇒ se **pieuter.**

PAGINATION n. f. ▪ Action de paginer ; ordre des pages.

PAGINER v. tr. ① ▪ Disposer (un livre, une revue, etc.) en pages numérotées ; numéroter les pages de.

PAGNE n. m. ▪ Vêtement d'étoffe ou de feuilles, attaché à la ceinture.

Marcel PAGNOL (1895 - 1974) ▪ Écrivain et cinéaste français. Il est l'auteur de comédies qu'il adapta pour le cinéma (*"Marius"*, 1929; *"Fanny"*, 1931), du film *"César"* (1936) et de récits de souvenirs (*"La Gloire de mon père"*, 1957) qui se passent en Provence.

PAGODE n. f. ▪ **1.** Temple des pays d'Extrême-Orient. **2.** appos. (invar.) *Manches pagode,* qui vont en s'évasant (comme un toit de pagode).

PAHLEVI ou **PAHLAVĪ** ▪ Dynastie perse fondée par Rizāh Chāh en 1925. Elle régna sur l'Iran jusqu'au renversement du chāh en 1979.

PAIE ⇒ PAYE

PAIEMENT ou **PAYEMENT** n. m. ▪ Action de payer. *Paiement par chèque. Facilités de paiement :* crédit.

PAÏEN, ÏENNE adj. ▪ **1.** D'une religion ancienne qui n'est pas fondée sur l'Ancien Testament. *Dieux, rites païens.* ⇒ **paganisme.** ✦ n. *Les païens.* **2.** Sans religion. ⇒ **impie.**

Nam June PAIK (né en 1932) ▪ Artiste américain d'origine coréenne. Il inaugura l'« art vidéo ».

PAILLARD, ARDE adj. ▪ (personnes) plais. D'un érotisme actif, gai et vulgaire. ✦ n. *Un vieux paillard.* ♦ (choses) ⇒ **grivois, obscène.** *Chansons paillardes.*

PAILLARDISE n. f. ▪ Action ou parole paillarde.

① **PAILLASSE** n. f. ▪ **I.** Enveloppe garnie de paille, de feuilles sèches, qui sert de matelas. **II. 1.** Partie d'un évier à côté de la cuve, où l'on pose la vaisselle. **2.** Plan de travail. *Les paillasses d'un laboratoire.*

② **PAILLASSE** n. m. ▪ LITTÉR. Clown.

PAILLASSON n. m. ▪ **1.** Natte de paille, destinée à protéger certaines cultures des intempéries. **2.** Natte rugueuse servant à s'essuyer les pieds. ⇒ **tapis-brosse.**

PAILLE n. f. ▪ **1.** Ensemble des tiges des céréales quand le grain en a été séparé. ⇒ **chaume.** *Brin de paille.* ✦ loc. *Être sur la paille,* dans la misère. *Mettre qqn sur la paille,* le ruiner. **2.** Fibres végétales ou synthétiques tressées, utilisées en vannerie. *Chapeau de paille. Chaise de paille.* ⇒ **paillé. 3.** Petite tige pleine ou creuse. *Tirer à la courte paille :* tirer au sort au moyen de brins de longueur inégale. ✦ Petit tuyau servant à boire. ✦ FAM. iron. *Une paille :* (c'est) peu de chose. ♦ loc. (Bible) *La paille et la poutre,* un petit défaut (chez autrui) dénoncé par une personne qui en a un beaucoup plus gros. **4.** *HOMME DE PAILLE :* personne qui sert de prête-nom dans une affaire peu honnête. **5.** *PAILLE DE FER :* fins copeaux de fer réunis en paquet. **6.** Défaut (dans une pierre fine, une pièce de métal, de verre).

PAILLÉ, ÉE adj. ▪ Garni de paille. *Chaise paillée.*

PAILLER v. tr. ① ▪ **1.** Garnir de paille tressée. *Pailler des chaises* (⇒ **rempailler**). **2.** Couvrir ou envelopper de paille, de paillassons (1).

PAILLETÉ, ÉE adj. ▪ Orné de paillettes. *Robe pailletée.*

PAILLETER v. tr. [4] ▪ Orner, parsemer de paillettes (1).

PAILLETTE n. f. ▪ **1.** Lamelle brillante de métal, de nacre, de plastique, servant d'ornement (sur un tissu, un maquillage, etc.). **2.** Parcelle d'or dans des sables aurifères. **3.** par analogie *Lessive en paillettes.*

PAILLON n. m. ▪ **1.** Enveloppe de paille pour les bouteilles. **2.** Fond de métal avivant l'éclat d'une pierre fine, d'un émail, etc.

PAILLOTE n. f. ▪ Cabane, hutte de paille ou d'une matière analogue. ⇒ **case.**

PAIMPOL ▪ Commune des Côtes-d'Armor. 7 856 hab. *(les Paimpolais).* Port de pêche.

la forêt de PAIMPONT ▪ Forêt de Bretagne s'étendant sur 7 060 ha, de Rennes au camp de Coëtquidan. On l'identifie à la forêt de Brocéliande des romans de la Table ronde.

PAIN n. m. ▪ **1.** Aliment fait de farine, d'eau, de sel et de levain ou de levure, pétri, levé et cuit au four. *Manger du pain. Un pain,* masse de cet aliment ayant une forme donnée. ⇒ **baguette, bâtard, couronne, ficelle, flûte, miche.** *Pain de seigle. Pain de campagne. Pain brioché. Pain de mie*.* - *Du pain frais, rassis. Pain grillé.* ⇒ **rôtie, toast.** *Pain sec,* sans aucun accompagnement. *Pain azyme*.* ♦ loc. *Je ne mange pas de ce pain-là :* je refuse ce genre de procédés. *Avoir du pain sur la planche,* beaucoup de travail devant soi. *Se vendre comme des petits pains,* très facilement. ♦ Symbole de la nourriture. *Gagner son pain,* sa vie. ⇒ **gagne-pain.** *Long comme un jour sans pain,* interminable. **2.** Pâtisserie légère, faite avec une pâte levée. *Pain au chocolat.* **3.** *PAIN D'ÉPICE(S) :* gâteau fait avec de la farine de seigle, du miel, du sucre et de l'anis. **4.** Masse (d'une substance) comparée à un pain. *Pain de savon.* - *EN PAIN DE SUCRE :* en forme de cône. **5.** FAM. Coup, gifle.

le PAIN DE SUCRE ▪ Montagne conique à l'entrée de la baie de Rio de Janeiro, au Brésil. 395 m.

Thomas PAINE (1737 - 1809) ▪ Homme politique britannique émigré en Amérique. Publiciste révolutionnaire, naturalisé français, il fut député (girondin) à la Convention française. *"Le Sens commun"* (1776) joua un rôle important dans le déclenchement de la révolution américaine.

Paul PAINLEVÉ (1863 - 1933) ▪ Mathématicien et homme politique français. Il contribua au développement de l'aviation. Plusieurs fois ministre (républicain socialiste) et président du Conseil entre 1915 et 1929.

① **PAIR** n. m. ▪ **I. 1.** Personne qui a la même situation ou fonction (élevée). *Négocier avec ses pairs.* **2.** Au Royaume-Uni, Membre de la *Chambre des pairs* ou Chambre des lords. **3.** En France, jusqu'en 1831, Membre de la *Chambre des pairs* et conseiller du roi. **II.** (dans des loc.) Égalité. ⇒ **parité. 1.** *HORS DE PAIR* (VIEILLI), *HORS PAIR :* sans égal. - *ALLER DE PAIR,* ensemble, sur le même rang. **2.** *AU PAIR :* en échangeant un travail contre le logement et la nourriture (sans salaire). *Cette étudiante est, travaille au pair.*

② **PAIR, PAIRE** adj. ▪ Se dit d'un nombre entier naturel divisible par deux (opposé à *impair*). - *Jours pairs.*

PAIRE n. f. ▪ **1.** Réunion (de deux choses, de deux personnes semblables qui vont ensemble). *Une paire de chaussettes.* - *Une paire d'amis.* loc. *Les deux font la paire :* ils s'entendent très bien ; péj. ils ont les mêmes défauts. **2.** Objet unique composé de deux parties semblables et symétriques. *Une paire de lunettes, de ciseaux.* **3.** loc. FAM. *Se faire la paire :* s'enfuir.

PAIRESSE n. f. ▪ Épouse d'un pair (I, 2 et 3). - Femme titulaire d'une pairie.

PAIRIE n. f. ▪ Titre et dignité de pair (I, 2 et 3).

PAISIBLE adj. ▪ **1.** Qui demeure en paix, ne s'agite pas, n'est pas agressif. ⇒ **calme, tranquille.** *Un homme paisible.* **2.** (choses) Qui ne trouble pas la paix. *Des mœurs paisibles.* ⇒ **pacifique.** ♦ Qui donne une impression de paix. *Un grand fleuve paisible.* - Dont rien ne vient troubler la paix. *Une vie paisible.*

PAISIBLEMENT adv. ▪ Calmement. *Dormir paisiblement.*

Giovanni PAISIELLO ou **PAESIELLO** (1740 - 1816) ▪ Compositeur italien, auteur d'opéras. *"La Bella Molinara"* (1788).

PAÎTRE v. intr. [57] pas de passé simple ni de subj. imp. ; pas de p. p. ▪ **1.** (animaux) Manger l'herbe sur pied, les fruits tombés. *Le troupeau paissait dans la prairie.* ⇒ **brouter ; pâturage. 2.** loc. FAM. *ENVOYER PAÎTRE qqn,* le rejeter, l'éconduire (→ envoyer promener).

Pajou. *Psyché abandonnée.*
Musée du Louvre, Paris. *Phot. © Lauros/Giraudon*

PAIX n. f. ▪ **I. 1.** Rapports entre personnes qui ne sont pas en conflit. ⇒ **accord, concorde.** *Faire la paix :* se réconcilier. *Vivre en paix avec son entourage.* **2.** Rapports calmes entre citoyens ; absence de troubles, de violences. *La paix sociale.* - anciennt *GARDIEN DE LA PAIX :* agent de police. **II. 1.** Situation d'une nation, d'un État qui n'est pas en guerre. *"Guerre et Paix"* (roman de Tolstoï). *En temps de paix. Aimer, défendre la paix.* ⇒ **pacifique. 2.** Accord terminant l'état de guerre. *Faire, signer la paix, après un armistice*. Traité de paix.* **III. 1.** État d'une personne que rien ne trouble. ⇒ **calme, repos, tranquillité.** *Laisser qqn en paix.* FAM. *Fichez-moi la paix !* ou ellipt *La paix !,* laissez-moi tranquille ! **2.** État de l'âme qui n'est troublée par aucun conflit, aucune inquiétude. ⇒ **apaisement, quiétude.** *Une paix profonde. Avoir la conscience en paix.* **3.** Absence d'agitation, de bruit. ⇒ **calme ; paisible.** *La paix de la campagne.*

PAJOT ⇒ PAGEOT

Augustin PAJOU (1730 - 1809) ▪ Sculpteur français. Portraitiste attitré de Mme du Barry. *"Psyché abandonnée"* (1785-1791).

PA KIN → Ba Jin

le PAKISTAN ou **PĀKISTĀN** ▪ État (république fédérale islamique) d'Asie du Sud. 796 095 km^2. 110 000 000 hab. *(les Pakistanais).* Capitale : Islamabad. Langues : ourdou, anglais. Religion officielle : islam. Monnaie : roupie pakistanaise. Agriculture intensive dans la vallée de l'Indus (blé, riz, coton) qui groupe l'essentiel de la population avec le Panjab. Industrie textile, raffineries, sidérurgie. ◻ **HISTOIRE** L'histoire de ce pays s'est longtemps confondue avec celle de l'Inde. Dans les années 1940, sous l'impulsion d'Ali Jinnah, l'idée d'un État musulman séparé se fit jour. En 1947, l'empire britannique des Indes se sépara en deux États indépendants, l'Inde et le Pakistan (république islamique en 1956). Mais des litiges frontaliers (Panjab*, Cachemire*) sont, depuis, la cause de relations tendues entre les deux

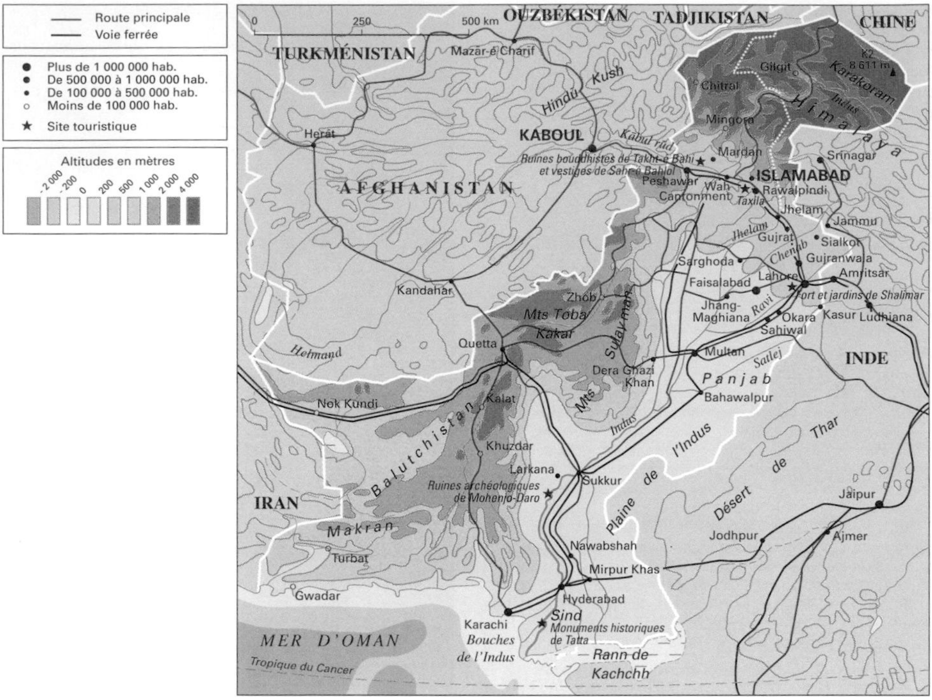

Pakistan.

pays. À sa création, le Pakistan comportait deux territoires : l'un, à l'ouest, correspond au Pakistan actuel ; l'autre, à l'est, est devenu, avec l'appui de l'Inde, la république du Bangladesh (1971). Le pouvoir revint aux civils mais Ali Bhutto fut renversé en 1977 par le coup d'État du général Zia Ul-Haq. À la suite de l'élection présidentielle de 1988, Benazir Bhutto, nommée Premier ministre (1988-1990 puis de nouveau à partir de 1993), fut la première femme à occuper cette fonction dans un État musulman. À la frontière de l'Afghanistan et de la Chine, le pays est impliqué dans les conflits régionaux, accueillant notamment de nombreux réfugiés afghans (environ 3 millions en 1987). Membre du Commonwealth.

PAKISTANAIS, AISE adj. et n. ▪ Du Pakistan. ‑ n. *Les Pakistanais.*

PAL, plur. **PALS** n. m. ▪ Longue pièce de bois ou de métal aiguisée par un bout. ⇒ **pieu.** *Le pal, ancien instrument de supplice* (⇒ **empaler**).

PALABRE n. f. ou m. ▪ **1.** Discussion interminable et oiseuse. **2.** En Afrique, Discussion (sérieuse).

PALABRER v. intr. 1 ▪ Discourir, discuter interminablement.

PALACE n. m. ▪ Hôtel de grand luxe.

František **PALACKÝ** (1798‑1876) ▪ Historien et homme politique tchèque. Considéré comme le « père de la Nation », il écrivit une *"Histoire de la Bohême"* (1836-1867) qui fit de la langue tchèque une cause nationale. Il présida le Congrès panslave de Prague en 1848.

PALADIN n. m. ▪ Chevalier généreux et vaillant. *Charlemagne et ses paladins.*

① **PALAIS** n. m. ▪ **1.** Vaste et somptueuse résidence. ⇒ **château.** ‑ Grand édifice public. *Le palais des Sports.* **2.** *Palais (de justice),* édifice où siègent les cours et tribunaux. **3.** HIST. Résidence des rois francs.

▪ **le PALAIS-BOURBON** → palais **Bourbon**

▪ **le PALAIS-ROYAL** ▪ Ensemble de bâtiments (XVIIe-XIXe s.) à Paris. Lemercier le construisit pour Richelieu qui le légua au roi (d'où son nom). Jardins. Théâtre de la Comédie-Française. Installation des colonnes de Buren* dans la cour d'honneur (1986).

② **PALAIS** n. m. ▪ **1.** Partie supérieure interne de la bouche. **2.** Organe du goût.

PALAISEAU ▪ Chef-lieu d'arrondissement de l'Essonne. 28 395 hab. *(les Palaisiens).*

Kostís **PALAMAS** (1859‑1943) ▪ Poète grec. Il œuvra pour l'emploi littéraire de la langue parlée. *"Chants de ma patrie"* (1886).

PALAN n. m. ▪ Appareil permettant de soulever et déplacer de très lourdes charges au bout d'un câble ou d'une chaîne.

PALANQUIN n. m. ▪ (dans certaines civilisations) Litière portée à bras d'hommes ou à dos d'animal (chameau, éléphant).

le mont PALATIN ▪ Une des sept collines de Rome, premier foyer d'habitation de la ville. Quartier aristocratique dans l'Antiquité (résidence d'Auguste).

le **Palais-Royal.** La cour d'honneur avec les colonnes de Buren.
Phot. © de Selva/Tapabor

le PALATINAT ▪ Région historique d'Allemagne. Foyer du calvinisme au XVIe s. Elle fait partie de l'État de Rhénanie-Palatinat depuis 1946.

la princesse PALATINE → **Charlotte-Élisabeth de Bavière**

la république de PALAU → république de **Belau**

PALAVAS-LES-FLOTS ▪ Commune et station balnéaire de l'Hérault. 4 748 hab. *(les Palavasiens).*

PALE n. f. ▪ **1.** Partie d'un aviron, d'une roue à aubes qui pénètre dans l'eau. **2.** Partie d'une hélice qui agit sur l'air ou sur l'eau. *Les pales d'un hélicoptère.*

PÂLE adj. ▪ **1.** (teint, peau, visage) Blanc, très peu coloré. *Un peu pâle.* ⇒ **pâlichon, pâlot.** ‑ (personnes) Qui a le teint pâle. **2.** Qui a peu d'éclat. *Une lueur pâle.* ♦ Peu vif ou mêlé de blanc. ⇒ **clair.** *Bleu pâle.* **3.** abstrait Fade, terne. *Une pâle imitation.*

PALEFRENIER n. m. ▪ Valet, employé chargé du soin des chevaux. ⇒ **lad.**

PALEFROI n. m. ▪ (au Moyen Âge) Cheval de promenade, de parade, de cérémonie (opposé à *destrier*).

PALEMBANG ▪ Ville d'Indonésie. Port important. 1 085 475 hab.

PALENQUE ▪ Site archéologique du Mexique, ancienne cité maya, dans le Yucatán (VIe-Xe s.). Pyramide des Inscriptions.

PALÉO- Élément savant, du grec *palaios* « ancien ». ⇒ **archéo-.**

PALÉOGRAPHE n. ▪ Spécialiste des écritures anciennes. appos. *Archiviste paléographe.*

PALÉOGRAPHIE n. f. ▪ Science des écritures anciennes.

PALÉOLITHIQUE adj. ▪ Relatif à l'âge de la pierre taillée. ‑ n. m. *Les premières sociétés humaines organisées apparurent au paléolithique.*

les PALÉOLOGUES ▪ Famille byzantine qui régna sur Constantinople de 1261 à 1453.

PALÉONTOLOGIE n. f. ▪ Science des êtres vivants ayant existé sur la Terre aux temps géologiques, fondée sur l'étude des fossiles*. ► adj. PALÉONTOLOGIQUE

PALÉONTOLOGUE n. ▪ Spécialiste de la paléontologie.

PALERME en italien ***PALERMO*** ▪ Ville d'Italie, capitale de la Sicile. 731 418 hab. *(les Palermitains).* Port sur la mer Tyrrhénienne : exportation d'agrumes et de vin. Monuments byzantins, normands, arabes et baroques, riches en œuvres d'art (mosaïques). Musées.

PALERMITAIN, AINE adj. et n. ▪ De Palerme. ‑ n. *Les Palermitains.*

PALERON n. m. ▪ Morceau du bœuf, situé près de l'omoplate. ⇒ **palette.**

la PALESTINE ▪ Région du Proche-Orient bordée par la Méditerranée, au sud du Liban. Ville principale : Jérusalem. Pays des Cananéens* puis des Philistins* et des Hébreux. Colonisée par les Romains en 64 av. J.-C., elle vit naître Jésus. Elle devint Terre sainte sous l'empire chrétien de Constantin et fut longuement disputée entre Arabes et croisés (→ **croisades**). Elle fut intégrée à l'Empire ottoman au XVIe s. À la fin du XIXe s. commença l'immigration juive (→ **sionisme**); les Britanniques qui avaient un mandat sur la Palestine (1922) soumirent à l'ONU la question de l'affrontement entre Juifs et Arabes *(Palestiniens),* qui aboutit en 1948 à la création de l'État d'Israël. La partie arabe de la Palestine prit le nom de Cisjordanie. Au terme de plusieurs guerres israélo*-arabes et d'une révolte des Palestiniens de l'intérieur (l'Intifada), un accord a été signé en 1993 entre Israël et l'O.L.P.*, qui conduisit, à partir de mai 1994, à l'installation d'une autorité palestinienne, présidée par Y. Arafat, sur une partie des territoires occupés par Israël (→ **Gaza, Jericho**). Il y a 4,84 millions de Palestiniens dans le monde.

PALESTINIEN, IENNE adj. et n. ▪ De la Palestine. ‑ n. *Les Palestiniens.*

PALESTRE n. f. ▪ ANTIQ. Lieu public où l'on s'entraînait à la lutte, à la gymnastique.

Giovanni Pierluigi da PALESTRINA (v. 1525 ‑ 1594) ▪ Compositeur italien de musique sacrée. Nombreux motets et messes.

PALET n. m. ▪ **1.** Objet plat et rond avec lequel on vise un but (dans un jeu). *Palet de hockey sur glace.* **2.** Gâteau sec rond et plat.

PALETOT n. m. ▪ **1.** Vêtement de dessus, généralement assez court, boutonné par-devant. ⇒ **gilet.** ‑ RÉGIONAL Veste, manteau. **2.** FAM. *Tomber sur le paletot à qqn,* se jeter sur lui (pour le prendre à partie).

PALETTE n. f. ▪ **I.** Plaque mince percée d'un trou pour passer le pouce et sur laquelle un peintre étend et mélange ses couleurs. ♦ Ensemble des couleurs et nuances propres à un peintre. *La palette de Rubens.* **II.** Pièce de viande de mouton, de porc, provenant de l'omoplate. **III.** Plateau de chargement servant à la manutention ; son chargement.

PALÉTUVIER n. m. ▪ Grand arbre des régions tropicales, à racines aériennes (⇒ **mangrove**).

palétuvier. *Phot. © Ermie/Jacana*

PÂLEUR n. f. ▪ Couleur, aspect d'une personne, d'une chose pâle.

PÂLICHON, ONNE adj. ▪ FAM. Un peu pâle. ⇒ **pâlot.**

PALIER n. m. ▪ **1.** Plate-forme entre deux volées d'un escalier. *Voisins de palier.* ⇒ **étage. 2.** fig. Phase intermédiaire de stabilité dans une évolution. *Progresser par paliers.*

PALIÈRE adj. f. ▪ *Porte palière,* qui s'ouvre sur le palier.

PALIMPSESTE n. m. ▪ DIDACT. Parchemin dont on a effacé la première écriture pour pouvoir écrire un nouveau texte.

PALINDROME n. m. ▪ DIDACT. Mot ou groupe de mots qui peut se lire indifféremment de gauche à droite ou de droite à gauche en gardant le même sens (ex. la mariée ira mal ; Roma Amor).

PALINGÉNÉSIE n. f. ▪ DIDACT. Renaissance des êtres ou des sociétés conçue comme source d'évolution.

PALINODIE n. f. ▪ surtout au plur. LITTÉR. Changement d'opinions. ⇒ **rétractation.**

PÂLIR v. [2] ▪ **I.** v. intr. **1.** (personnes) Devenir pâle. ⇒ **blêmir.** ‑ loc. *Pâlir sur les livres, sur un travail,* y consacrer de longues heures. **2.** (choses) Perdre son éclat. *Les couleurs ont pâli.* ⇒ **faner, passer, ternir. II.** v. tr. Rendre pâle, plus pâle. ‑ au p. p. *Ses joues pâlies par la fatigue.*

PALISSADE n. f. ▪ Clôture faite d'une rangée serrée de perches ou de planches.

PALISSANDRE n. m. ▪ Bois dur tropical, d'une couleur violacée, nuancée de noir et de jaune.

Bernard PALISSY (v. 1510 ‑ v. 1589) ▪ Céramiste et savant français. Il découvrit le secret de la composition des émaux.

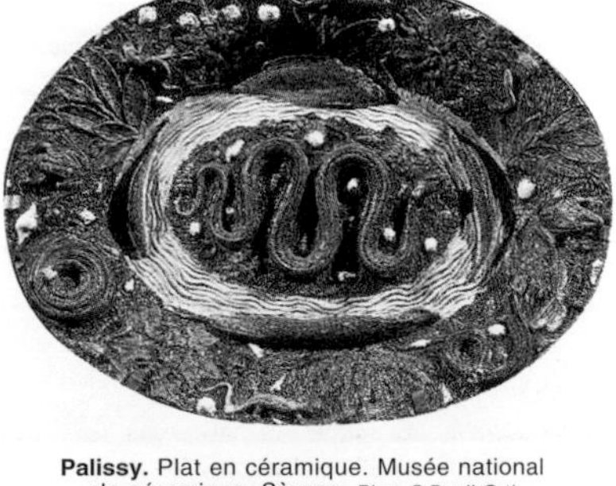

Palissy. Plat en céramique. Musée national de céramique, Sèvres. *Phot. © Dagli Orti*

Palladio. La villa Rotonda, près de Vicence, en Italie.
Phot. © Scala

le détroit de PALK ▪ Bras de mer séparant l'Inde et le Sri Lanka. 100 km.

Andrea PALLADIO (1508-1580) ▪ Architecte italien. Il travailla surtout à Vicence, à Venise et dans la région. Le style *palladien,* inspiré des formes antiques, devint au XVIIIe s. la référence majeure du mouvement néoclassique. La *villa Rotonda* (1568-1571).

PALLADIUM [-jɔm] **n. m.** ▪ Métal léger (symb. Pd), blanc, voisin du platine.

PALLAS ▪ Surnom de la déesse grecque Athéna.

PALLIATIF n. m. ▪ Mesure qui n'a qu'un effet passager. ⇒ **expédient.**

La PALLICE ▪ Avant-port et faubourg industriel de La Rochelle.

PALLIER v. tr. 7 ▪ Compenser (un manque), apporter une solution provisoire à. *Pallier un inconvénient, un défaut.* ◇ *Pallier à* est incorrect.

PALLIUM [-jɔm] **n. m.** ▪ **1.** (en liturgie, dans l'Antiquité) Manteau. **2.** ZOOL. Manteau d'un mollusque. ‑ ANAT. Partie du cerveau.

PALMA ou **PALMA DE MAJORQUE** ▪ Ville d'Espagne, capitale des Baléares, dans l'île de Majorque. 308 616 hab. Cathédrale et palais gothiques. Important centre touristique.

PALMA LE VIEUX en italien ***PALMA IL VECCHIO*** (v. 1480-1528) ▪ Peintre italien. Vastes compositions religieuses. Influencé par Titien. ► **PALMA LE JEUNE** en italien ***IL GIOVANE*** (1544-1628), son petit-neveu, fut surtout un peintre décorateur, représentant du maniérisme vénitien.

PALMARÈS [-ɛs] **n. m.** ▪ Liste des lauréats (d'une distribution de prix) ; liste de récompenses.

Las PALMAS ▪ Ville d'Espagne, capitale des Canaries (en alternance avec Santa Cruz de Tenerife). 347 668 hab.

Palma le Vieux. *Portrait d'homme,* détail.
Musée des Beaux-Arts, Bordeaux. *Phot. © Arch. Smeets*

PALME n. f. ▪ **I. 1.** Feuille de palmier. **2.** *Vin de palme, huile de palme,* de palmier. **3.** *La palme,* symbole de la victoire. ⇒ **palmarès.** *Remporter la palme.* **II.** Nageoire qui se fixe au pied pour la nage sous-marine.

Olof PALME (1927-1986) ▪ Homme politique suédois. Premier ministre (social-démocrate) de 1969 à 1976, revenu au pouvoir en 1982, il mourut assassiné.

PALMÉ, ÉE adj. ▪ Dont les doigts sont réunis par une membrane. *Les pattes palmées du canard* (⇒ **palmipède**).

PALMER n. m. ▪ Instrument de précision, mesurant les épaisseurs.

PALMERAIE n. f. ▪ Plantation de palmiers. *Les palmeraies d'une oasis.*

Henry Temple, 3e vicomte PALMERSTON (1784-1865) ▪ Homme politique britannique. Premier ministre de la reine Victoria de 1855 à 1858 et de 1859 à 1865. Il eut une grande influence sur la politique étrangère de son pays.

PALMIER n. m. ▪ **1.** Grand arbre des régions chaudes, à tige simple, nue et rugueuse, à grandes feuilles en bouquet. *Palmier dattier.* ♦ *Cœur de palmier.* ⇒ **palmiste. 2.** Gâteau sec de pâte feuilletée sucrée, doré au four (en forme de palme).

palmier. *Phoenix canariensis,* dattier des Canaries.
Phot. © Durand/Jacana

PALMIPÈDE adj. ▪ Dont les pieds sont palmés. *Oiseaux palmipèdes.* ‑ **n. m.** *Le canard, l'oie sont des palmipèdes.*

PALMISTE n. m. ▪ **1.** Fruit du palmier à huile. **2.** *Palmiste* ou *chou palmiste,* appelé aussi *cœur de palmier* : bourgeon terminal de certains palmiers, tendre et comestible.

PALMYRE ▪ Oasis du désert de Syrie, ancienne capitale du *royaume de Palmyrène* dévastée par l'empereur Aurélien en 278. Vestiges imposants (temple, nécropole).

le mont PALOMAR ▪ Montagne des États-Unis (Californie), au nord-ouest de San Diego. 1 871 m. Observatoire doté d'un télescope de 5 m d'ouverture.

PALOMBE n. f. ▪ RÉGIONAL (Sud-Ouest) Pigeon ramier. *Chasse à la palombe.*

PALONNIER n. m. ▪ Dispositif de commande du gouvernail de direction d'un avion, manœuvré avec les pieds.

PÂLOT, OTTE adj. ▪ Un peu pâle. *Je la trouve bien pâlotte.*

PALOURDE n. f. ▪ Mollusque comestible bivalve (appelé aussi *clam, clovisse*).

PALPABLE adj. ▪ **1.** Dont on peut s'assurer par le toucher. ⇒ **concret, tangible** ; s'oppose à *impalpable.* **2.** Que l'on peut vérifier avec certitude. *Des preuves palpables.*

PALPATION n. f. ▪ MÉD. Action de palper (le corps humain). *Déceler une grosseur à la palpation.*

PALPER v. tr. 1 ▪ **1.** Examiner en touchant, en tâtant avec la main, les doigts. *L'aveugle palpe les objets pour les reconnaître.* **2.** FAM. Toucher, recevoir (de l'argent). absolt *Il a déjà assez palpé dans cette affaire.*

PALPEUR n. m. ▪ Dispositif opérant par contact pour mesurer. *Le palpeur d'une plaque de cuisson agit sur un thermostat.*

PALPITANT, ANTE adj. ▪ **1.** Qui palpite. *Palpitant d'émotion,* violemment ému. **2.** Qui excite l'émotion, un vif intérêt. *Un film palpitant.*

PALPITATION n. f. ▪ **1.** Frémissement convulsif. *La palpitation des paupières.* **2.** Battement de cœur plus fort et plus rapide que dans l'état normal. *Avoir des palpitations.*

PALPITER v. intr. [1] ▪ **1.** Être agité de frémissements. *Ses narines palpitent.* **2.** (cœur) Battre très fort.

PALSAMBLEU interj. ▪ VX Ancien juron. ⇒ **parbleu.**

PALTOQUET n. m. ▪ VIEILLI Homme insignifiant et prétentieux, insolent.

PALUCHE n. f. ▪ FAM. Main.

PALUDÉEN, ÉENNE adj. ▪ Relatif au paludisme. ➛ Atteint de paludisme. ➛ n. *Les paludéens.*

PALUDISME n. m. ▪ Maladie infectieuse tropicale, due à un parasite transmis par la piqûre de certains moustiques (anophèles) et qui cause des accès de fièvre. ⇒ **malaria.** *Crise de paludisme.* ◇ abrév. FAM. PALU.

SE **PÂMER** v. pron. [1] ▪ **1.** VIEILLI Perdre connaissance. ⇒ **défaillir,** s'**évanouir. 2.** Être sous le coup d'une sensation, d'une émotion très agréable. *Se pâmer d'admiration.* ⇒ s'**extasier.**

PAMIERS ▪ Chef-lieu d'arrondissement de l'Ariège. 12 965 hab. *(les Appaméens).* Cathédrale. Marché agricole.

le PAMIR ▪ Région montagneuse d'Asie centrale qui s'étend principalement sur le Tadjikistan et culmine à 7 719 m au Kongur Tagh.

PÂMOISON n. f. ▪ LITTÉR. ou plais. Fait de se pâmer. *Tomber en pâmoison.*

PAMPA n. f. ▪ Vaste plaine d'Amérique du Sud. *Des pampas.*

la PAMPA ▪ Vaste plaine du centre de l'Argentine. Importante zone d'élevage bovin (pays des « gauchos »).

PAMPELUNE en espagnol ***PAMPLONA*** ▪ Ville d'Espagne, capitale de la Navarre. 191 112 hab. Cathédrale gothique. Foires. Industries. Tourisme.

PAMPHLET n. m. ▪ Texte court et violent attaquant les institutions, un personnage connu.

PAMPHLÉTAIRE n. ▪ Auteur de pamphlets.

PAMPLEMOUSSE n. m. ▪ Gros agrume jaune et légèrement amer. ⇒ **pomélo.** *Jus de pamplemousse.*

PAMPLEMOUSSIER n. m. ▪ Arbre à pamplemousses.

PAMPRE n. m. ▪ Branche de vigne avec ses feuilles et ses grappes. *Les pampres d'une treille.*

① **PAN** n. m. ▪ **1.** Grand morceau d'étoffe ; partie flottante ou tombante (d'un vêtement). *Un pan de chemise.* **2.** *Pan de mur,* partie plus ou moins grande d'un mur. ➛ *Pan coupé :* surface oblique remplaçant l'angle que formerait la rencontre de deux murs. **3.** fig. *Des pans du passé lui reviennent à la mémoire.*

② **PAN** interj. ▪ Onomatopée qui exprime un bruit sec, un coup de fusil.

PAN ▪ Dieu grec des bergers et des troupeaux. Les philosophes et les poètes en firent l'incarnation de l'Univers.

PAN- Élément (du grec *pan,* de *pas* « tout »), qui signifie « tout » (ex. *panafricain* « qui concerne toute l'Afrique »). ➛ *PAN(...)ISME,* désigne une doctrine tendant à unifier la totalité de (un pays, un peuple, une religion) (ex. *pangermanisme, panislamisme*).

PANACÉE n. f. ▪ Remède universel ; formule par laquelle on prétend résoudre tous les problèmes. ◇ REM. *Panacée universelle* est à éviter (pléonasme).

PANACHAGE n. m. ▪ **1.** Action de panacher. *Un panachage de couleurs.* **2.** Possibilité, pour l'électeur, de choisir des candidats sur les différentes listes en présence.

PANACHE n. m. ▪ **1.** Faisceau de plumes flottantes, qui servait à orner une coiffure, un dais, un casque (⇒ **empanaché**). allus. « *Ralliez-vous à mon panache blanc !* » (attribué à Henri IV). ♦ *La queue en panache d'un écureuil.* **2.** fig. Brio, allure spectaculaire. *Avoir du panache,* avoir fière allure.

PANACHÉ, ÉE adj. ▪ **1.** Qui présente des couleurs variées. *Œillet panaché.* **2.** Composé d'éléments différents. **3.** *Un demi panaché* ou n. m. *un panaché,* mélange de bière et de limonade. ◇ abrév. FAM. PANACH'.

PANACHER v. tr. [1] ▪ **1.** Orner de couleurs variées. **2.** Composer d'éléments divers. *Panacher une liste électorale.* ⇒ **panachage** (②).

PANADE n. f. ▪ **1.** Soupe faite de pain, d'eau et de beurre. **2.** FAM. *Être dans la panade,* dans la misère. ⇒ **purée.**

PANAMA n. m. ▪ Chapeau d'été, large et souple, tressé avec la feuille d'un arbuste d'Amérique centrale.

le PANAMÁ ▪ État (république) d'Amérique centrale, sur l'isthme du même nom qui sépare l'Atlantique du Pacifique. 75 517 km². 2 600 000 hab. *(les Panaméens).* Capitale : Panamá. Langue officielle : espagnol. Monnaie : balboa (en pratique, le dollar). L'économie est surtout agricole (plantations de bananes, cacao, canne à sucre). Activité commerciale liée au canal de Panamá dont le trafic est intense. Les capitaux étrangers contrôlent une grande partie de l'économie nationale. □ HISTOIRE Ancienne colonie espagnole, unie à la Colombie en 1821, le pays devint indépendant en 1903. Les tensions entre les États-Unis et l'« homme fort » du régime, le général Noriega, accusé de trafic de drogue, provoquèrent une intervention militaire américaine en 1989 et l'extradition de Noriega. ► **PANAMÁ** Capitale de la république de Panamá située sur le *golfe de Panamá,* au nord-est du débouché du canal de Panamá. 950 000 hab. Ville administrative et commerciale. Industries. Université. ► **le canal de PANAMÁ,** commencé en 1881 par Ferdinand de Lesseps puis arrêté à cause d'un scandale financier, fut achevé en 1914; il est placé sous le contrôle des États-Unis jusqu'en 1999.

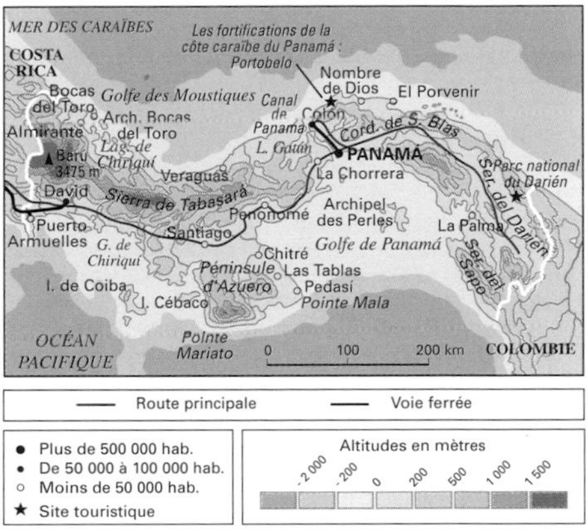

Panamá.

PANAMÉEN, ENNE adj. et n. ▪ Du Panama. ➛ n. *Les Panaméens.*

PANARD n. m. ▪ FAM. Pied.

PANARIS n. m. ▪ Infection aiguë d'un doigt ou d'un orteil.

PANAZOL ▪ Commune de la Haute-Vienne, dans la banlieue de Limoges. 8 553 hab.

PANCARTE n. f. ▪ Écriteau qui donne une information, présente une inscription. ⇒ **panonceau.**

PANCRACE n. m. ▪ ANTIQ. Sport qui combinait la lutte et le pugilat.

PANCRÉAS [-ɑs] n. m. ▪ Glande de l'appareil digestif située entre l'estomac et les reins.

PANCRÉATIQUE adj. ▪ Du pancréas. *Suc pancréatique.*

PANDA n. m. ▪ Mammifère des forêts d'Inde et de Chine, qui ressemble à un petit ours noir et blanc.

PANDÉMONIUM [-jɔm] n. m. ▪ LITTÉR. Lieu où règne un désordre infernal.

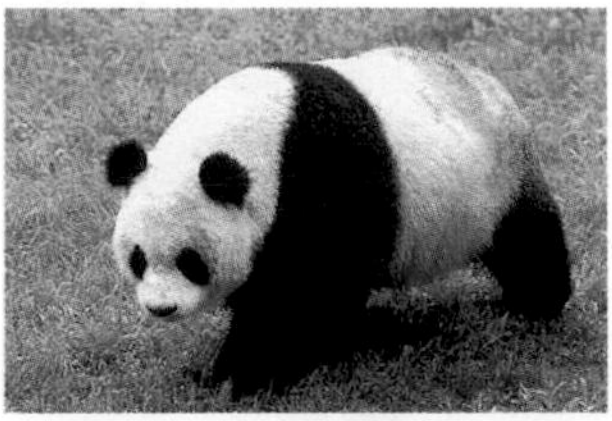

panda. *Ailuropoda melanoleuca,* grand panda. *Phot. © Bertinetti/PHR/Jacana*

PANDIT [pɑ̃di(t)] n. m. ▪ Titre honorifique donné en Inde à un fondateur de secte, à un sage (brahmane). *Le pandit Nehru.*

PANDORE n. m. ▪ vx iron. Gendarme.

PANDORE ▪ Première femme de l'humanité dans la mythologie grecque. Elle ouvrit la boîte (en fait, une jarre) contenant les misères humaines, qui se répandirent sur la Terre.

PANÉGYRIQUE n. m. ▪ Discours à la louange de qqn. ⇒ **apologie.** *Faire le panégyrique de qqn.* ⇒ **éloge.**

PANÉGYRISTE n. ▪ Personne qui loue, qui vante qqn ou qqch.

PANEL n. m. ▪ anglic. Échantillon* de personnes auprès desquelles est faite une enquête d'opinion.

PANER v. tr. [1] ▪ Couvrir (un aliment) de panure avant de le faire frire. ► **PANÉ, ÉE** adj. *Escalopes panées.*

la PANGÉE ▪ Continent originel unique, qui, selon la théorie de la tectonique des plaques, se serait peu à peu morcelé en plusieurs continents. La Pangée se serait d'abord fracturée en deux vastes plaques, le *Laurasia* au nord, le *Gondwana* au sud.

le PANGÉE ▪ Massif montagneux de Grèce (Macédoine). 1 956 m.

PANGOLIN n. m. ▪ Mammifère édenté d'Asie et d'Afrique, au corps couvert d'écailles, qui se roule en boule en cas de danger.

René PANHARD (1841 - 1908) ▪ Ingénieur français. Créateur avec Levassor de l'une des premières sociétés d'industrie automobile.

PANIER n. m. ▪ **1.** Réceptacle de vannerie servant à contenir, à transporter des marchandises. *Panier à provisions.* ⇒ **cabas, couffin.** - *Mettre au panier :* jeter. - loc. *Mettre* (plusieurs personnes) *dans le même panier,* porter sur elles le même jugement (négatif). **2.** *PANIER À SALADE :* récipient métallique à claire-voie pour égoutter la salade ; fig. FAM. voiture cellulaire*. **3.** loc. *PANIER PERCÉ :* personne très dépensière. **4.** Contenu d'un panier. - *Panier-repas :* repas froid distribué à des voyageurs. - loc. *Le panier de la ménagère :* la part du budget familial consacrée à l'alimentation et à l'entretien. **5.** Armature qui servait à faire gonfler les jupes. *Robe à paniers.* ⇒ **crinoline, vertugadin.** ♦ FAM. Derrière, fesses. **6.** au basket-ball Filet ouvert en bas, fixé à un panneau de bois.

PANIÈRE n. f. ▪ Grande corbeille à anses ou malle en osier.

PANIFIABLE adj. ▪ Qui peut servir de matière première dans la fabrication du pain. *Céréales panifiables.*

PANIFICATION n. f. ▪ Transformation en pain.

PANIFIER v. tr. [7] ▪ Transformer en pain. *Panifier de la farine de blé.*

PĀṆINI (vers IVᵉ s. av. J.-C) ▪ Célèbre grammairien indien, considéré comme le premier théoricien formaliste du langage.

PANIQUE ▪ **1.** adj. Qui trouble subitement et violemment l'esprit. *Peur, terreur panique.* **2.** n. f. Terreur extrême et soudaine, souvent collective. ⇒ **effroi, épouvante ; affolement.** *Être pris de panique. Semer la panique.*

PANIQUER v. [1] ▪ **1.** v. tr. FAM. Affoler, angoisser. - au p. p. *Elle est complètement paniquée.* **2.** v. intr. Être pris de panique. *Il panique facilement.*

PANJAB, PENDJAB, PENJAB ou **PUNJAB** ▪ Région d'Asie qui s'étend sur l'Inde du Nord-Ouest et le Pakistan. Très fertile, elle abrita de grandes civilisations. Elle fut partagée, en 1947, entre l'Inde et le Pakistan, mais resta (avec le Cachemire) un objet de conflit entre les deux pays (guerre en 1965). ► **le PANJAB** État de l'Inde. 50 300 km². 20 100 000 hab. Capitale : Chandigarh. Autre ville : Amritsar. À prédominance sikh, le Panjab constitue un des États les plus florissants de l'Inde (agriculture, industries diversifiées).

Emmeline Goulden, Mrs. PANKHURST (1858 - 1928) ▪ Féministe britannique. Avec ses suffragettes elle milita activement pour le vote des femmes.

① **PANNE** n. f. ▪ **1.** *Mettre, être EN PANNE* (navire), à l'arrêt (les vergues étant tournées). **2.** Arrêt de fonctionnement dans un mécanisme, un moteur ; impossibilité accidentelle de fonctionner. loc. *Tomber en panne. Panne d'essence* (ou *panne sèche*). - *Panne d'électricité.* **3.** FAM. *Être EN PANNE,* momentanément arrêté. - *Être en panne de qqch.,* en manquer.

② **PANNE** n. f. ▪ **1.** Étoffe à poils couchés brillants. **2.** Graisse qui se trouve sous la peau du cochon.

③ **PANNE** n. f. ▪ TECHN. Pièce de charpente.

PANNEAU n. m. ▪ **I. 1.** Partie d'une construction, constituant une surface délimitée. *Panneaux préfabriqués.* **2.** Surface plane (de bois, de métal, de toile tendue) destinée à servir de support à des inscriptions. ⇒ **pancarte, panonceau.** *Panneaux électoraux. Panneaux de signalisation.* **3.** COUT. Élément d'un vêtement fait de plusieurs morceaux. **II.** vx Piège. ♦ loc. *Tomber, donner dans le panneau,* dans le piège ; se laisser tromper.

Giovanni Paolo PANNINI ou **PANINI** (1691 - 1765) ▪ Peintre italien. Élève des Bibiena, il fut le chroniqueur des fêtes et cérémonies publiques, mais il est surtout connu comme peintre de ruines.

la PANNONIE ▪ Ancienne province romaine de l'Europe centrale, correspondant à l'ouest de l'actuelle Hongrie et à une partie de la Croatie.

Erwin PANOFSKY (1892 - 1968) ▪ Historien et théoricien de l'art américain d'origine allemande. Il inaugura une lecture iconologique des œuvres d'art. *“Essais d'iconologie”* (1939); *“Albrecht Dürer”* (1943).

PANONCEAU n. m. ▪ **1.** Écusson, plaque métallique placée à la porte d'un officier ministériel. *Le panonceau d'un notaire.* **2.** Enseigne qui signale un hôtel, un magasin, etc.

PANOPLIE n. f. ▪ **1.** Ensemble d'armes présenté sur un panneau et servant de trophée. **2.** Jouet d'enfant comprenant un déguisement et des accessoires présentés sur un carton. **3.** Ensemble de moyens matériels. *La panoplie du parfait bricoleur.* - *Une panoplie de mesures contre le chômage.*

PANORAMA n. m. ▪ **1.** Vaste paysage que l'on peut contempler de tous côtés. **2.** fig. Vue d'ensemble, étude complète. *Un panorama de l'art contemporain.*

PANORAMIQUE ▪ **I.** adj. Qui permet d'embrasser l'ensemble d'un paysage. *Vue panoramique.* ♦ *Restaurant panoramique.* **II.** n. m. CIN. Mouvement de balayage réalisé par rotation de la caméra. - Plan filmé grâce à ce mouvement.

PANSAGE n. m. ▪ Action de panser (un cheval).

PANSE n. f. ▪ **1.** Premier compartiment de l'estomac des ruminants. **2.** Partie renflée. *La panse d'une cruche.* **3.** FAM. Gros ventre. *S'en mettre plein la panse,* manger beaucoup.

PANSEMENT n. m. ▪ Linge, compresse servant à protéger une plaie. *Petit pansement au doigt.* ⇒ **poupée.**

PANSER v. tr. [1] ▪ **1.** Donner à (un cheval) des soins de propreté. ⇒ **bouchonner, étriller. 2.** Soigner (qqn, une plaie) en appliquant un pansement. *Panser la main de qqn.* ⇒ **bander.** *Panser les blessés.*

PANSU, UE adj. ▪ Renflé comme une panse. ⇒ **ventru.** *Un vase pansu.*

PANTAGRUEL ▪ Personnage-titre d'un roman de Rabelais (1532), fils du géant Gargantua.

PANTAGRUÉLIQUE adj. ▪ Digne d'un très gros mangeur (comme le géant Pantagruel). *Un repas pantagruélique.* ⇒ **gargantuesque.**

PANTALON n. m. ▪ Culotte longue descendant jusqu'aux pieds. ⇒ FAM. **falzar, froc.** *Mettre, enfiler son pantalon.*

PANTALON ▪ Personnage de la commedia dell'arte, vieillard amoureux et ridicule.

PANTALONNADE n. f. ▪ **1.** Farce burlesque. **2.** Démonstration hypocrite d'un sentiment.

PANTELANT, ANTE adj. ▪ **1.** Qui respire avec peine, convulsivement. ⇒ **haletant. 2.** Suffoqué d'émotion.

PANTHÉISME n. m. ▪ Culte de la nature divinisée.

PANTHÉISTE adj. ▪ Relatif au panthéisme. ♦ adj. et n. Partisan du panthéisme.

PANTHÉON n. m. ▪ **1.** Temple consacré à tous les dieux, dans l'Antiquité. ♦ Ensemble des dieux d'une religion polythéiste.

Pannini. *Fête musicale donnée par le cardinal de La Rochefoucauld au théâtre Argentina de Rome le 15 juillet 1747 à l'occasion du mariage du Dauphin de France, Louis, fils de Louis XV.* Musée du Louvre, Paris. *Phot. © Dagli Orti*

Le panthéon des anciens Grecs. **2.** Monument consacré à la mémoire des grands hommes d'une nation. ◆ fig. *Panthéon littéraire.*

▪ **le PANTHÉON** ▪ Temple de Rome construit par Agrippa (27 av. J.-C.), transformé en église *(Santa Maria Rotonda).*

▪ **le PANTHÉON** ▪ Église de Paris (Sainte-Geneviève), construite par Soufflot puis Rondelet, et qui devint à partir de la Révolution le lieu de sépulture de grands hommes (Voltaire, Rousseau, Hugo, Jaurès, Jean Moulin...).

PANTHÈRE n. f. ▪ Grand mammifère carnassier d'Afrique et d'Asie, au pelage noir ou jaune moucheté de taches noires. ♦ Fourrure de cet animal.

panthère. *Panthera pardus.*
Phot. © Shah/Jacana

les PANTHÈRES NOIRES en anglais ***BLACK PANTHERS*** ▪ Organisation de libération de la communauté noire aux États-Unis. Fondée en 1966 pour protéger les Noirs contre les violences policières, elle prit par la suite des positions extrémistes en faveur d'un pouvoir noir *(Black Power)* et constitua des milices armées.

PANTIN n. m. ▪ **1.** Jouet d'enfant d'apparence humaine (d'abord figurine en carton dont on agite les membres en tirant un fil). **2.** Personne qui change d'opinions, d'attitudes sous l'influence d'autrui. ⇒ **girouette.**

PANTIN ▪ Commune de la Seine-Saint-Denis. 47 303 hab. *(les Pantinois).*

PANTOIS, OISE adj. ▪ Dont le souffle est coupé par l'émotion, la surprise. ⇒ **ahuri, interdit, stupéfait.** *Il est resté pantois.*

PANTOMIME n. f. ▪ Jeu, spectacle de mime* ; art de s'exprimer par la danse, le geste, la mimique, sans recourir à la parole.

PANTOUFLARD, ARDE adj. et n. ▪ FAM. (Personne) qui aime à rester chez soi, qui tient à son confort, à sa tranquillité. ⇒ **casanier.**

PANTOUFLE n. f. ▪ Chaussure d'intérieur, en matière souple. ⇒ **chausson, savate.** *Mettre ses pantoufles, se mettre en pantoufles.*

PANURE n. f. ▪ Couches d'œuf battu et de chapelure enrobant un aliment pané.

PANURGE ▪ Personnage du *"Pantagruel"* de Rabelais, intelligent et sans scrupules. Dans le *"Quart Livre"*, l'épisode des *moutons* de Panurge* raille le sot esprit d'imitation par lequel les moutons se jettent à la mer à la suite les uns des autres.

Pasquale PAOLI (1725-1807) ▪ Patriote corse. Allié de l'Angleterre contre la France, il lutta en faveur de l'indépendance de l'île.

PAON, fém. RARE **PAONNE** [pɑ̃, pan] n. ▪ **1.** Oiseau originaire d'Asie, de la taille d'un faisan, dont le mâle porte une longue queue ocellée qu'il redresse et déploie en éventail dans la parade. *Paon qui fait la roue.* **2.** loc. *Pousser des cris de paon,* très aigus. *Être vaniteux, fier comme un paon* (⇒ se **pavaner**). ◆ *Se parer des plumes du paon :* se prévaloir de mérites qui appartiennent à autrui.

Konstantin PAOUSTOVSKI (1892-1968) ▪ Écrivain soviétique, héritier des traditions d'humanisme de la littérature russe.

PAPA n. m. ▪ **1.** surtout lang. enfantin Père. *Oui, papa. Où est ton papa ?* ◆ *Grand-papa, bon-papa :* grand-père. **2.** loc. FAM. *À LA PAPA :* tranquillement. ⇒ **pépère** (3). ◆ *DE PAPA :* désuet, périmé. *Le cinéma de papa.* ◆ péj. *Fils à papa :* jeune homme dont les parents sont riches.

PAPAÏNE n. f. ▪ CHIM. Enzyme extraite du latex du papayer, utilisée en médecine.

PAPAL, ALE, AUX adj. ▪ Du pape. ⇒ **pontifical.**

Georgios PAPANDRÉOU (1888-1968) ▪ Homme politique grec. Fondateur du parti social-démocrate, président du

Andreas **Papandréou.**
Phot. © Piel/Gamma

Conseil (1963-1965). ► **Andréas PAPANDRÉOU** (1919-1996), son fils. Premier ministre (socialiste) de 1981 à 1989 et de 1993 à 1996.

PAPAUTÉ n. f. ▪ Gouvernement ecclésiastique où l'autorité suprême est le pape (catholicisme romain).

PAPAYE [-aj] n. f. ▪ Fruit tropical de la taille d'un gros melon, à la chair rouge orangé.

PAPAYER [-aje] n. m. ▪ Arbre tropical qui produit les papayes.

PAPE n. m. ▪ Chef suprême de l'Église catholique romaine. ⇒ souverain **pontife.** *Sa Sainteté le pape. Bulle, encyclique du pape.*

PAPEETE ▪ Chef-lieu de la Polynésie-Française, port de l'île de Tahiti. 78 814 hab. (avec les banlieues). Base aérienne. Tourisme.

① **PAPELARD, ARDE** adj. ▪ LITTÉR. Faux, doucereux, mielleux. *Un personnage retors et papelard.* ► n. f. PAPELARDISE

② **PAPELARD** n. m. ▪ FAM. Morceau de papier ; écrit ; document administratif.

PAPERASSE n. f. ▪ plur. ou collectif Papiers écrits, considérés comme inutiles ou encombrants. - *La paperasse administrative.*

PAPERASSERIE n. f. ▪ Accumulation de paperasses.

PAPERASSIER, IÈRE adj. ▪ Qui accumule, écrit des paperasses. *Une administration paperassière.*

PAPETERIE [papɛtʀi ; pap(ə)tʀi] n. f. ▪ **1.** Fabrication du papier. - Fabrique de papier. **2.** Magasin où l'on vend des fournitures de bureau, d'école. *Librairie-papeterie.*

PAPETIER, IÈRE [-tje, jɛʀ] n. ▪ Personne ou (n. m.) entreprise qui fabrique, vend du papier.

PAPI ou **PAPY** n. m. ▪ **1.** lang. enfantin Grand-père. **2.** FAM. Homme âgé.

PAPIER n. m. ▪ **I. 1.** Matière fabriquée d'abord avec du chiffon, puis avec des fibres végétales (bois) réduites en pâte, traitée pour former une feuille mince. *Pâte à papier. Papier recyclé. Papier à lettres. Papier de soie. Papier buvard. Serviettes, mouchoirs en papier.* - *Papier hygiénique, papier-toilette,* utilisé dans les W.-C. (FAM. *papier-cul, P.Q., pécu*). - *PAPIER-MONNAIE :* billets de banque. ♦ *Papier à musique,* à portées imprimées. *Papier carbone. Papier collant. Papier de verre. Papier peint.* ♦ *PAPIER MÂCHÉ :* pâte de papier formant une substance malléable, puis durcie. loc. *Une mine de papier mâché :* un teint blafard. **2.** Feuille très mince. *Papier d'aluminium.* **II.** *UN, DES PAPIERS* **1.** Feuille, morceau de papier. *Je l'ai noté sur un papier.* **2.** Écrit officiel. - *PAPIERS (D'IDENTITÉ) :* ensemble des documents (carte, livret, passeport...) qui prouvent l'identité d'une personne. *Avoir ses papiers sur soi.* **3.** loc. *Être dans les petits papiers de qqn,* jouir de sa faveur.

PAPILLE n. f. ▪ Petite éminence à la surface de la peau ou d'une muqueuse, qui correspond à une terminaison vasculaire ou nerveuse. *Papilles gustatives.*

PAPILLON n. m. ▪ **1.** Insecte ayant quatre ailes, après métamorphose de la chenille. ⇒ **lépidoptère.** *Papillons de nuit. La chasse aux papillons.* - loc. FAM. *Minute papillon !,* une minute ; attendez ! **2.** *Nœud papillon,* nœud plat servant de cravate, en forme de papillon. FAM. *Un nœud pap.* **3.** Feuille de papier jointe à un livre, un texte. - Avis de contravention. **4.** Écrou à ailettes. *Papillons d'une roue de bicyclette.* **5.** Style de nage où les bras effectuent ensemble des moulinets, et les jambes des battements (syn. *brasse papillon*).

PAPILLONNANT, ANTE adj. ▪ Qui papillonne.

PAPILLONNEMENT n. m. ▪ Fait de papillonner, de s'éparpiller.

PAPILLONNER v. intr. ① ▪ **1.** Aller d'une personne, d'une chose à une autre sans s'y arrêter. ⇒ **folâtrer. 2.** fig. Passer d'un sujet à l'autre, sans rien approfondir.

PAPILLOTANT, ANTE adj. ▪ **1.** Qui éblouit par un grand nombre de points lumineux. **2.** (yeux, regard) Qui papillote.

PAPILLOTE n. f. ▪ **1.** Petit rouleau de papier pour tenir les cheveux (⇒ **bigoudi**). **2.** Papier beurré ou huilé, feuille d'aluminium enveloppant certains aliments cuits au four. *Truites en papillotes.*

PAPILLOTEMENT n. m. ▪ Éparpillement de points lumineux qui papillotent ; effet qu'il produit.

PAPILLOTER v. intr. ① ▪ **1.** Scintiller comme des paillettes. **2.** Être sans cesse en mouvement (en parlant des yeux, des paupières). ⇒ **ciller.**

Denis PAPIN (1647-1714) ▪ Physicien français. Il réalisa, à Londres, les premières machines à vapeur.

Louis Joseph PAPINEAU (1786-1871) ▪ Homme politique canadien. Il fut l'instigateur de la rébellion des Canadiens français contre Londres en 1837.

PAPISTE n. ▪ HIST. Partisan inconditionnel de la papauté (terme péj., surtout employé par les protestants).

PAPOTAGE n. m. ▪ Propos légers, insignifiants. ⇒ **bavardage.** *Perdre son temps en papotages.*

PAPOTER v. intr. ① ▪ Parler beaucoup en disant des choses insignifiantes. ⇒ **bavarder.**

la PAPOUASIE-NOUVELLE-GUINÉE ▪ Territoire de la Nouvelle-Guinée, devenu, avec les îles environnantes (archipel Bismarck, île Bougainville), un État indépendant en 1975. 462 840 km^2. 3 689 038 hab. *(les Papous).* Capitale : Port Moresby. Langues : anglais (officielle), pidjin (créole), motu (populaire). Monnaie : kina. Forêts. Richesses minières et énergétiques. Membre du Commonwealth.

PAPOUILLE n. f. ▪ FAM. Petite caresse, chatouille.

les PAPOUS ▪ Population de Nouvelle-Guinée et des îles voisines. Ce sont des chasseurs-cueilleurs nomades.

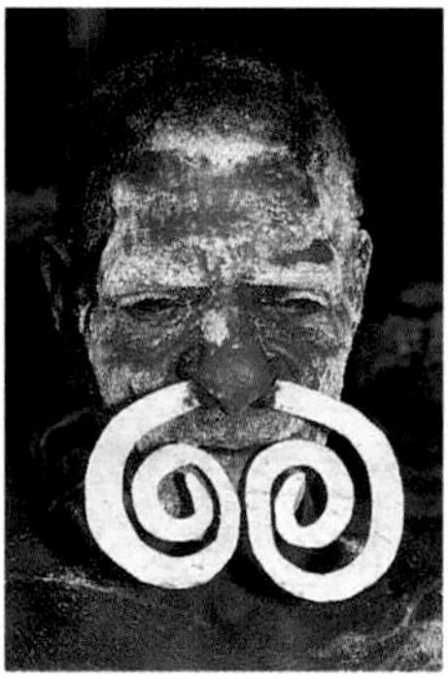

les **Papous.** Homme de la tribu Asmat dans la région d'Irian Jaya.
Phot. © Charles Lénars

PAPPUS ou **PAPPOS D'ALEXANDRIE** (IVe s.) ▪ Mathématicien grec, auteur de la *"Collection mathématique".*

PAPRIKA n. m. ▪ Variété de piment utilisé en poudre.

PAPY ⇒ PAPI

PAPYRUS [-ys] n. m. ▪ **1.** Plante des bords du Nil dont la tige servait à fabriquer des feuilles pour écrire. *Le papier* a remplacé le papyrus.* **2.** Manuscrit sur papyrus.

PÂQUE n. f. ▪ **1.** Fête juive qui commémore le départ d'Égypte des Hébreux, où l'on mange le pain azyme. **2.** *La grande pâque russe* (⇒ **Pâques**).

PAQUEBOT n. m. ▪ Grand navire principalement affecté au transport de passagers. ⇒ **transatlantique.**

PÂQUERETTE n. f. ▪ Petite plante des prairies, à fleurs blanches ou rosées, au cœur jaune. *Une pelouse émaillée de pâquerettes.*

PÂQUES ▪ **1.** n. f. pl. Fête chrétienne commémorant la résurrection du Christ (⇒ ① **pascal**). *Joyeuses Pâques !* **2.** n. m.

sing. (sans article) Le jour, la fête de Pâques. *Vacances de Pâques.* - loc. *À Pâques ou à la Trinité :* très tard, jamais.

l'île de PÂQUES ▪ Île du Pacifique, à l'ouest du Chili auquel elle appartient. Célèbre pour ses statues (têtes géantes) érigées, il y a un millénaire, par des immigrants polynésiens. 118 km². 2 000 hab.

PAQUET n. m. ▪ **1.** Assemblage de choses attachées ou enveloppées ensemble ; objet emballé. *Un paquet de linge.* ⇒ **ballot.** *Envoyer un paquet par la poste.* ⇒ **colis. 2.** *PAQUET DE :* grande quantité de. *Il a touché un paquet de billets.* ♦ Masse informe. *Des paquets de neige.* - FAM. *Un paquet de nerfs,* une personne nerveuse. **3.** loc. FAM. *Mettre le paquet :* employer les grands moyens. - *Risquer le paquet,* le tout pour le tout.

PAQUETAGE n. m. ▪ Effets d'un soldat pliés et placés de manière réglementaire.

PAR prép. ▪ **I. 1.** (lieu) À travers. *Regarder par la fenêtre.* - (En parcourant un lieu) ⇒ **dans.** *Voyager par, de par le monde.* - (Sans mouvement) *Être assis par terre* (⇒ **à**). - (Avec ou sans mouvement) *Voitures qui se heurtent par l'avant. Par ici, par là.* - loc. *Par-ci par-là.* ⇒ ① **ci. 2.** (temps) Durant, pendant. *Par une belle matinée de printemps.* **3.** (emploi distributif) *Plusieurs fois par jour. Marcher deux par deux.* **II. 1.** (introduisant le compl. d'agent) Grâce à l'action de. *Faire faire qqch. par qqn. Il a été gêné par les arbres. Je l'ai su par mes voisins.* **2.** (moyen ou manière) *Obtenir qqch. par la force.* ⇒ au **moyen** de. *Répondre par oui ou par non. Elle est venue par avion.* - (+ inf.) *Il a fini par rire,* il a enfin ri. - loc. *Par exemple*. Par conséquent*. Par suite*. Par ailleurs*. Par contre*.* **3.** À cause de. *Fidèle par devoir.* **III.** *De par le roi, la loi,* de la part, au nom du roi, de la loi. **IV.** adv. *PAR TROP :* vraiment trop. *Il est par trop égoïste.*

le PARÁ ▪ État du nord du Brésil, en Amazonie. 1 246 833 km². 5 780 000 hab. Capitale : Belém. Élevage.

① **PARA-** Élément savant (du grec *para* « auprès de ; vers ; contre »), qui signifie « à côté de » (ex. *paraphrase*).

② **PARA-** Élément (→ pare-) qui signifie « protection contre » (ex. *parachute*).

PARABELLUM [-ɔm] n. m. invar. ▪ Pistolet automatique de guerre.

① **PARABOLE** n. f. ▪ Récit allégorique des livres saints sous lequel se cache un enseignement. *Les paraboles de l'Évangile.*

② **PARABOLE** n. f. ▪ Courbe dont chacun des points est situé à égale distance d'un point fixe (foyer) et d'une droite fixe (directrice).

PARABOLIQUE adj. ▪ **1.** Relatif à la parabole (②). **2.** En forme de parabole. *Miroir parabolique. Antenne parabolique.* **3.** n. m. Radiateur à réflecteur parabolique.

PARACAS ▪ Localité du Pérou, à 450 km au sud de Lima. Paracas a donné son nom à une culture précolombienne (de 1200 av. J.-C. à 100 apr. J.-C.) ; grandes nécropoles (momies entourées de tissus).

PARACELSE (v. 1493 - 1541) ▪ Médecin et alchimiste suisse alémanique. Œuvre très variée, typique de l'hermétisme encyclopédique de la Renaissance.

PARACENTÈSE [-sɛ̃tɛz] n. f. ▪ CHIR. Ponction pratiquée dans une cavité du corps pour en retirer du liquide en excédent.

PARACHEVER v. tr. 5 ▪ Conduire au point le plus proche de la perfection. ⇒ **parfaire.** *Parachever une œuvre.*

PARACHUTAGE n. m. ▪ Action de parachuter (qqn, qqch.).

PARACHUTE n. m. ▪ Équipement permettant de ralentir la chute d'une personne ou d'un objet largué d'un avion. *Saut en parachute.*

PARACHUTER v. tr. 1 ▪ **1.** Lâcher d'un avion avec un parachute. *Parachuter des soldats.* **2.** FAM. Nommer (qqn) à un poste, envoyer dans un lieu à l'improviste.

PARACHUTISME n. m. ▪ Technique du saut en parachute.

PARACHUTISTE n. ▪ Personne qui pratique le saut en parachute. - Soldat d'une unité aéroportée, entraîné à combattre après avoir été parachuté. ◇ abrév. FAM. PARA.

① **PARADE** n. f. ▪ **1.** VIEILLI Fait de montrer avec ostentation, pour se faire valoir. - loc. *FAIRE PARADE DE qqch.* ⇒ **étaler, exhiber.** *Il fait parade de ses connaissances.* - *DE PARADE :* destiné à être utilisé dans les occasions solennelles. *Habit de parade.*

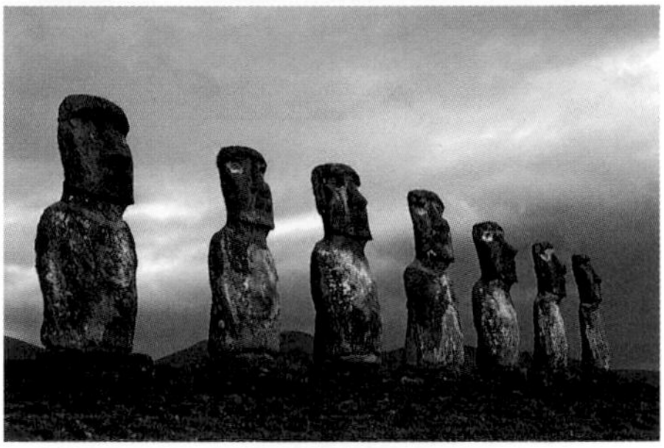

l'Île de **Pâques.** Statues monolithiques. *Phot. © Charles Lénars*

2. Cérémonie militaire où les troupes en grande tenue défilent. ⇒ **revue. 3.** Exhibition avant une représentation, pour attirer les spectateurs. *La parade d'un cirque.* **4.** Comportement des animaux préludant au rapprochement sexuel. *Parade nuptiale des oiseaux.*

② **PARADE** n. f. ▪ Action, manière de parer, d'éviter un coup. ⇒ **défense, riposte.** *Il a trouvé la parade.*

PARADER v. intr. 1 ▪ Se montrer en se donnant un air avantageux. *Il parade au milieu des jolies femmes.*

PARADIS n. m. ▪ **1.** RELIG. Lieu où les âmes des justes jouissent de la béatitude éternelle. ⇒ **ciel** ; s'oppose à *enfer.* **2.** fig. Séjour enchanteur. *Cette île est un paradis.* - Les paradis artificiels : les stupéfiants. **3.** *Le PARADIS TERRESTRE,* jardin où, dans la Genèse, Dieu plaça Adam et Ève. ⇒ **éden. 4.** loc. *Paradis fiscal :* lieu, pays où l'on paie peu d'impôts. **5.** *Oiseau de paradis.* ⇒ **paradisier.**

le Grand PARADIS ▪ Massif des Alpes italiennes occidentales, au-dessus du Val-d'Aoste. 4 061 m. Parc national.

PARADISIAQUE adj. ▪ **1.** Qui appartient au paradis. **2.** Délicieux. *Un endroit paradisiaque.*

PARADISIER n. m. ▪ Oiseau de la Nouvelle-Guinée, aux jolies couleurs.

paradisier. *Paradisaea apoda raggiana,* mâle, paradisier de Raggi, Papouasie. *Phot. © Cordier/Jacana*

Sarkis Iossifovitch Paradjanian dit **Sergueï PARADJANOV** (1924 - 1990) ▪ Cinéaste géorgien. Auteur « maudit », tel qu'il se définissait lui-même, il eut de nombreux démêlés avec la censure. *"Les Chevaux de feu"* (1965) ; *"Sayat Nova ou la Couleur de grenade"* (1971).

PARADOXAL, ALE, AUX adj. ▪ **1.** Qui tient du paradoxe. **2.** Qui recherche le paradoxe. **3.** *Sommeil paradoxal,* phase du sommeil correspondant à une intense activité cérébrale (rêves). ► adv. PARADOXALEMENT

PARADOXE n. m. ▪ Opinion, argument... qui va à l'encontre de l'opinion communément admise.

PARAFE ; PARAFER ; PARAFEUR ⇒ PARAPHE ; PARAPHER ; PARAPHEUR

PARAFFINE n. f. ▪ Substance solide blanche, tirée du pétrole, utilisée pour imperméabiliser le papier. - *Huile de paraffine* (lubrifiant).

PARAFFINÉ, ÉE adj. ▪ Imprégné de paraffine. *Papier paraffiné.*

PARAGES n. m. pl. ▪ **1.** Espace maritime défini par la proximité d'une terre. *Les parages du cap Horn.* **2.** *DANS LES PARAGES (DE) :* aux environs de ; dans les environs.

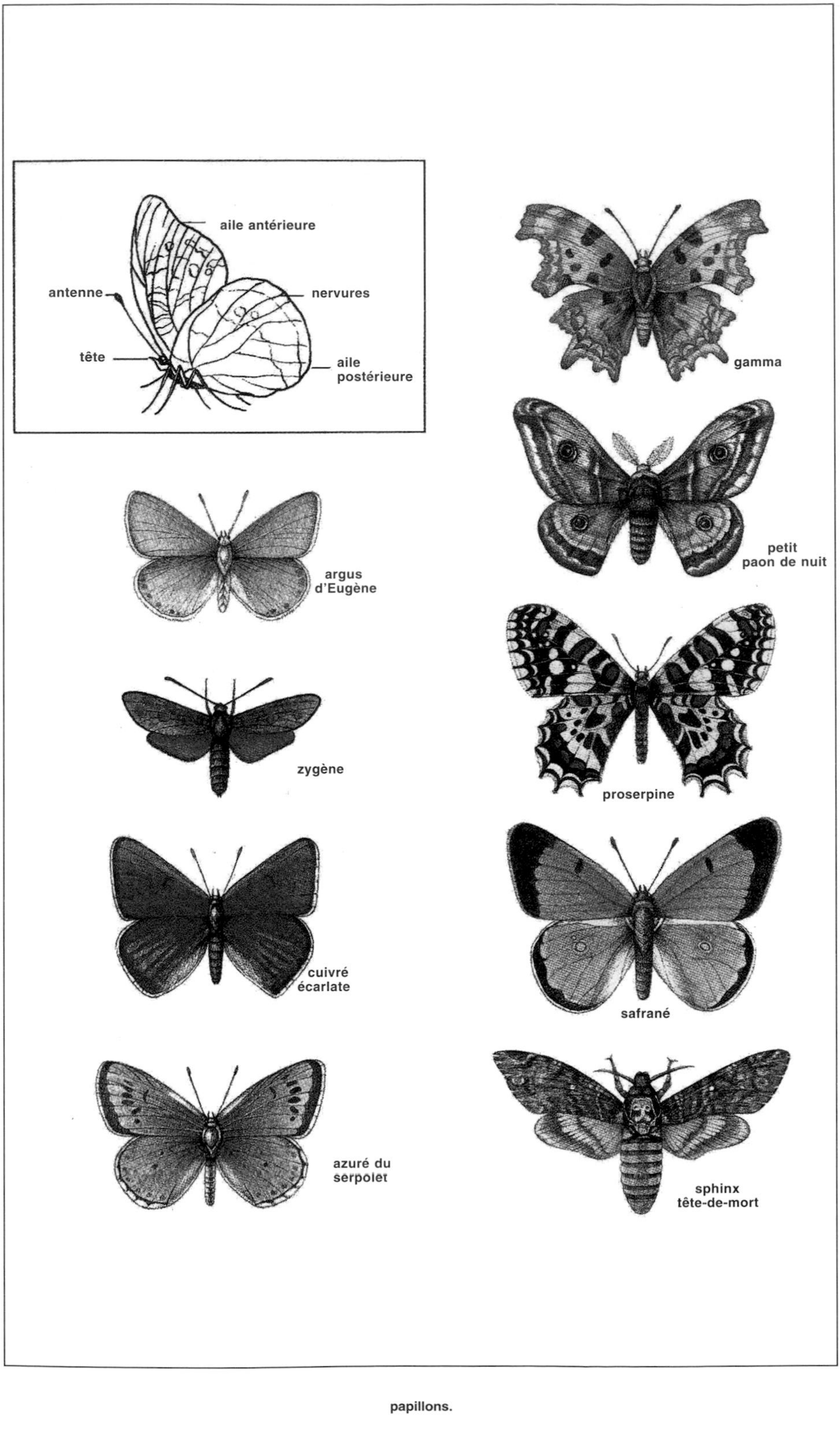
aile antérieure
antenne
nervures
tête
aile postérieure
gamma
petit paon de nuit
argus d'Eugène
zygène
proserpine
cuivré écarlate
safrané
azuré du serpolet
sphinx tête-de-mort

papillons.

paon de jour
vulcain
faux apollon
morio
grand
mars
monarque
pacha
à deux queues
machaon

papillons.

PARAGRAPHE n. m. ▪ **1.** Division d'un écrit en prose, où l'on passe à la ligne. *Les paragraphes d'un chapitre.* ⇒ **alinéa.** **2.** Signe typographique (§) présentant le numéro d'un paragraphe.

PARAGRÊLE adj. ▪ Qui protège les cultures en transformant la grêle en pluie. *Canon, fusée paragrêle.*

le PARAGUAY ▪ État (république) d'Amérique du Sud. 406 752 km². 4 280 000 hab. *(les Paraguayens).* Capitale : Asunción. Langues : espagnol, guarani. Religion officielle : catholicisme romain. Monnaie : guarani. Pays dont l'économie est essentiellement agricole et contrôlé par les grands propriétaires terriens : exploitation de la forêt (arbre à tanin), élevage, polyculture. □ HISTOIRE Conquis par les Espagnols au XVIᵉ s., colonisé par les jésuites, il proclama son indépendance en 1811. Une dictature militaire (général Stroessner) fut au pouvoir de 1954 à 1989. Depuis, le pays est dirigé par les *colorados* (libéraux).

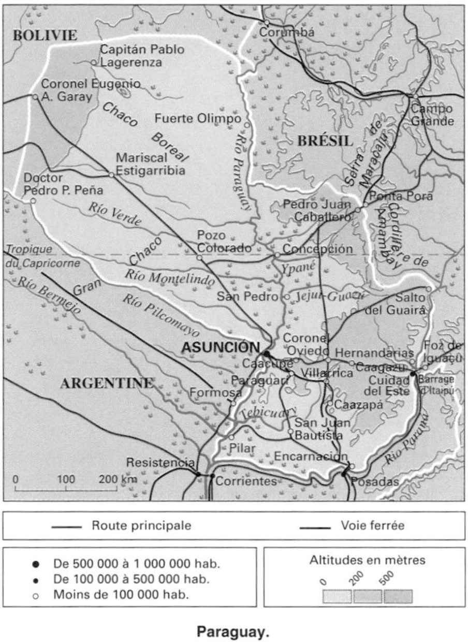

Paraguay.

le río PARAGUAY ▪ Fleuve d'Amérique du Sud. 2 200 km. Prenant sa source dans le Mato Grosso, il forme la frontière entre le Brésil et le Paraguay, puis avec l'Argentine avant de confluer avec le fleuve Paraná.

le PARAÍBA ▪ État côtier du Brésil (Nordeste). 53 952 km². 3 410 000 hab. Capitale : João Pessoa.

PARAÎTRE v. intr. [57] ▪ **I.** Devenir visible. **1.** Se présenter à la vue. ⇒ **apparaître.** *Le soleil paraît à l'horizon.* **2.** (imprimé) Être mis à la disposition du public (mis en vente, distribué...). *Faire paraître un ouvrage,* l'éditer, le publier. *Son livre est paru, vient de paraître* (⇒ **parution**). **II.** Être visible, être vu. **1.** (surtout négatif) *Dans quelques jours il n'y paraîtra plus.* ➝ *FAIRE, LAISSER PARAÎTRE :* manifester, montrer. **2.** (personnes) Se montrer dans des circonstances où l'on doit remplir une obligation. *Il n'a pas paru à la réunion.* **3.** (personnes) Se donner en spectacle. ⇒ **briller.** *Elle aime paraître.* **III.** (verbe d'état suivi d'un attribut) **1.** Sembler, avoir l'air. *Cela m'a paru louche. Il paraît s'amuser.* **2.** (opposé à *être*) Passer pour. *Il veut paraître ce qu'il n'est pas.* **3.** impers. *Il me paraît préférable que vous sortiez.* ➝ *IL PARAÎT, IL PARAÎTRAIT QUE* (+ indic.) : le bruit court que. *C'est trop tard, paraît-il ; à ce qu'il paraît.* **IV.** n. m. DIDACT. Apparence. *L'être et le paraître.*

PARALLAXE n. f. ▪ ASTRON. Déplacement de la position apparente (d'un corps céleste) dû au changement de position de l'observateur ; angle qui le mesure. ➝ OPT. Angle de deux axes optiques visant un même objet.

PARALLÈLE adj. ▪ **I. 1.** GÉOM. Se dit de lignes, de surfaces qui ne se rencontrent pas. *Deux droites parallèles* et n. f. *deux parallèles.* **2.** n. m. Cercle imaginaire de la sphère terrestre, parallèle au plan de l'équateur, servant à mesurer la latitude. *Parallèles et méridiens.* **II. 1.** Qui a lieu en même temps, porte sur le même objet. *Marché parallèle* (au marché officiel). *Police parallèle,* secrète. **2.** au plur. (choses) Qui peuvent être comparés. ⇒ **semblable.** *Des expériences parallèles. Les "Vies parallèles"* (de Plutarque). **3.** n. m. Comparaison suivie entre deux ou plusieurs sujets. *Établir un parallèle entre deux projets.* ➝ loc. *Mettre en parallèle :* comparer.

PARALLÈLEMENT adv. ▪ D'une manière parallèle.

PARALLÉLÉPIPÈDE n. m. ▪ Polyèdre dont les six faces sont des parallélogrammes parallèles deux à deux (ex. le cube).

PARALLÉLISME n. m. ▪ **1.** État de lignes, de surfaces parallèles. *Le parallélisme des roues d'une voiture.* **2.** Progression semblable ou ressemblance suivie entre choses que l'on compare.

PARALLÉLOGRAMME n. m. ▪ Quadrilatère dont les côtés sont parallèles deux à deux (ex. le losange, le rectangle).

PARALYSANT, ANTE adj. ▪ Qui paralyse. *Gaz paralysant.*

PARALYSÉ, ÉE adj. ▪ Atteint de paralysie. *Jambes paralysées.* ➝ n. *Les paralysés.* ⇒ **paralytique.**

PARALYSER v. tr. [1] ▪ **1.** Frapper de paralysie. *L'accident qui l'a paralysé, qui l'a laissé paralysé.* ♦ Immobiliser. *Le froid paralyse les membres.* **2.** fig. Rendre incapable d'agir ou de s'exprimer. *Être paralysé par la peur.* ♦ *La grève a paralysé les transports en commun.*

PARALYSIE n. f. ▪ **1.** Diminution ou privation complète de la capacité de mouvement, de la sensibilité. *Paralysie partielle* (⇒ **hémiplégie, paraplégie**), complète. **2.** fig. Impossibilité d'agir, de s'extérioriser, de fonctionner. *La paralysie des transports.*

PARALYTIQUE adj. ▪ Atteint de paralysie. *Un vieillard paralytique.* ⇒ **impotent, paralysé.** ➝ n. *Un paralytique.*

PARAMARIBO ▪ Ville du Surinam, sur l'estuaire de la rivière Surinam. 150 000 hab. Centre administratif et commercial. Exportation de bauxite et de produits tropicaux.

PARAMÉDICAL, ALE, AUX adj. ▪ Qui concerne les activités annexes de la médecine. *Professions paramédicales* (kinésithérapeutes, infirmiers, etc.).

PARAMÈTRE n. m. ▪ **1.** MATH. Variable dont dépendent les coefficients de certaines équations (équations *paramétriques*). ⇒ **variable.** **2.** fig. Élément variable pris en compte pour expliquer un phénomène. ⇒ **facteur.**

PARAMILITAIRE adj. ▪ Qui est organisé selon la discipline et la structure d'une armée. *Des formations paramilitaires.* ⇒ **milice.**

le PARANÁ ▪ Fleuve d'Amérique du Sud. Né au Brésil, il se jette en Argentine dans le río de la Plata. 3 300 km. ► **le PARANÁ** État côtier du Brésil, traversé par ce fleuve. 199 324 km². 8 720 000 hab. Capitale : Curitiba. Cultures tempérées et tropicales (café). ► **PARANÁ** Ville d'Argentine, arrosée par le Paraná. 183 000 hab.

PARANGON n. m. ▪ LITTÉR. Modèle. *Un parangon de vertu.*

PARANOÏA n. f. ▪ Troubles caractériels (délire de persécution, orgueil démesuré, impossibilité de ne pas tout ramener à soi) pouvant déboucher sur la maladie mentale.

PARANOÏAQUE adj. ▪ Relatif à la paranoïa. *Psychose paranoïaque.* ➝ n. *Un, une paranoïaque.* ◇ abrév. FAM. PARANO.

PARANORMAL, ALE, AUX adj. ▪ Qui n'est pas explicable par les lois, les mécanismes normaux.

PARAPENTE n. m. ▪ Parachute rectangulaire conçu pour s'élancer du sommet d'une montagne, d'une falaise, etc. ➝ Sport pratiqué avec ce parachute.

PARAPET n. m. ▪ Mur à hauteur d'appui destiné à empêcher les chutes. ⇒ **garde-fou.** *Le parapet d'un pont.*

PARAPHE n. m. ▪ **1.** Trait, marque ajouté(e) à une signature. **2.** Signature abrégée. ◇ var. PARAFE.

PARAPHER v. tr. [1] ▪ Marquer, signer d'un paraphe (2). *Parapher toutes les pages d'un contrat.* ◇ var. PARAFER [1]

PARAPHEUR n. m. ▪ Classeur pour les documents présentés à la signature. ◇ var. PARAFEUR.

PARAPHRASE n. f. ▪ Reprise d'un texte sous une autre forme (en général plus développée, et plus explicative). ⇒ **glose.**

PARAPHRASER v. tr. [1] ▪ Faire une paraphrase de (un texte).

PARAPLÉGIE n. f. ▪ Paralysie des membres, et particulièrement des membres inférieurs.

PARAPLÉGIQUE adj. ▪ Atteint de paraplégie. - n. *La rééducation des paraplégiques.*

PARAPLUIE n. m. ▪ **1.** Objet portatif constitué par une étoffe tendue sur une armature pliante à manche, et qui sert d'abri contre la pluie. ⇒ FAM. **pépin.** **2.** fig. *Parapluie nucléaire :* protection qu'une grande puissance nucléaire assure à ses alliés. ♦ loc. *Ouvrir le parapluie :* dégager sa responsabilité en cas d'ennuis.

PARAPSYCHOLOGIE [-k-] n. f. ▪ Étude des phénomènes psychiques inexpliqués (télépathie, voyance, etc.).

PARASCOLAIRE adj. ▪ En marge des activités strictement scolaires, des programmes scolaires. *Activités, ouvrages parascolaires.*

PARASISMIQUE [-sis-] adj. ▪ Conçu pour résister aux secousses sismiques.

PARASITAIRE adj. ▪ Causé par les parasites (II). *Maladie parasitaire* (ou *parasitose* n. f.).

PARASITE ▪ **I.** n. péj. Personne qui vit dans l'oisiveté, aux dépens d'une communauté ou d'une autre personne. **II. 1.** n. m. Être vivant en association durable avec un autre dont il se nourrit. - adj. *Le gui est une plante parasite.* **2.** adj. Superflu et gênant. **III.** adj. *Bruits parasites* et n. m. *parasites,* perturbations dans la réception des signaux radioélectriques.

PARASITER v. tr. 1 ▪ **1.** Habiter (un être vivant) en parasite (II). **2.** Perturber par des parasites (III).

PARASITISME n. m. ▪ **1.** Mode de vie du parasite (I). **2.** État d'un être vivant qui vit sur un autre en parasite (II).

PARASOL [-sɔl] n. m. ▪ **1.** Objet pliant, grande ombrelle destinée à protéger du soleil. **2.** *Pin parasol,* dont les branches s'étalent en forme de parasol.

PARATONNERRE n. m. ▪ Appareil destiné à préserver les bâtiments des effets de la foudre, fait de tiges métalliques fixées au toit et reliées au sol.

PARAVENT n. m. ▪ **1.** Meuble fait de panneaux verticaux mobiles, destiné à protéger contre les courants d'air, à isoler. **2.** fig. Ce qui protège en cachant.

PARAY-LE-MONIAL ▪ Commune de Saône-et-Loire. 9 859 hab. *(les Parodiens).* Basilique romane. Pèlerinage.

Paray-le-Monial. La basilique du Sacré-Cœur. *Phot. © Roger Viollet*

PARBLEU interj. ▪ VX Exclamation pour exprimer l'assentiment, l'évidence. ⇒ FAM. **pardi.**

PARC n. m. ▪ **I. 1.** Étendue de terrain entretenu, entièrement clos, dépendant généralement d'un château, d'une grande habitation. *Les allées d'un parc. Parc public.* ⇒ **jardin.** - *Parc zoologique.* ⇒ **zoo.** *Parc de loisirs.* **2.** *PARC NATIONAL, RÉGIONAL :* zone rurale étendue, soumise à des réglementations particulières visant à la sauvegarde de la faune et de la flore. ⇒ **réserve.** **II. 1.** Clôture légère et transportable formant une enceinte. *Parc à moutons* (⇒ **parquer**). **2.** Enclos où est enfermé le bétail. *Un parc à bestiaux.* - Bassin où sont engraissés ou affinés des coquillages. *Parc à huîtres, à moules* (⇒ **bouchot**). **3.** *Parc de stationnement* (pour les véhicules). ⇒ anglic. **parking.** **4.** Ensemble des véhicules dont dispose une armée, une collectivité, une entreprise. *Le parc automobile français.*

PARCELLAIRE adj. ▪ Fait par parcelles. *Plan parcellaire.*

PARCELLE n. f. ▪ **1.** Très petit morceau. *Des parcelles d'or.* ⇒ **paillette.** **2.** Portion de terrain de même culture, constituant l'unité cadastrale.

PARCE QUE loc. conj. ▪ Exprime la cause. ⇒ **attendu** que, **car, puisque.** - absolt Marque le refus d'une explication. « *Pourquoi dites-vous cela ? — Parce que.* »

PARCHEMIN n. m. ▪ **1.** Peau d'animal (mouton, chèvre, veau) préparée spécialement pour l'écriture, la reliure (⇒ **vélin**). **2.** Écrit rédigé sur cette matière. ♦ FAM. Diplôme (sur papier).

PARCHEMINÉ, ÉE adj. ▪ Qui a la consistance ou l'aspect du parchemin. *Peau ridée et parcheminée.*

PARCIMONIE n. f. ▪ Épargne, économie extrême, minutieuse. *Distribuer qqch. avec parcimonie.*

PARCIMONIEUX, EUSE adj. ▪ Qui dénote la parcimonie. ⇒ **mesquin.** ► adv. PARCIMONIEUSEMENT

PAR-CI PAR-LÀ ⇒ ① CI

PARCMÈTRE [paʀk-] n. m. ▪ Compteur de stationnement payant, pour les voitures. ⇒ **horodateur.**

PARCOURIR v. tr. 11 ▪ **1.** Aller dans toutes les parties de (un lieu, un espace). ⇒ **traverser, visiter.** *J'ai parcouru toute la région.* **2.** Accomplir (un trajet déterminé). *Distance à parcourir.* **3.** Lire rapidement. *Parcourir un journal.*

PARCOURS n. m. ▪ **1.** Chemin pour aller d'un point à un autre. ⇒ **itinéraire, trajet.** - *Parcours du combattant,* parcours semé d'obstacles que doit accomplir un soldat en armes dans un temps donné ; fig. série d'épreuves. **2.** Distance déterminée à suivre (dans une épreuve). - loc. *Incident de parcours :* difficulté imprévue.

PAR-DERRIÈRE ; PAR-DESSOUS ; PAR-DESSUS ⇒ PAR-DERRIÈRE ; PAR-DESSOUS ; PAR-DESSUS

PARDESSUS [-dəsy] n. m. ▪ Manteau d'homme porté par-dessus les autres vêtements.

PAR-DEVANT ; PAR-DEVERS ⇒ PAR-DEVANT ; PAR-DEVERS

PARDI interj. ▪ FAM. Exclamation renforçant une déclaration. ⇒ **parbleu.** *Tiens, pardi ! ce n'est pas étonnant.*

PARDON n. m. ▪ **I. 1.** Action de pardonner. ⇒ **absolution, grâce.** *Accorder son pardon à qqn.* ⇒ **indulgence.** **2.** *Je vous demande pardon* ou ellipt *pardon,* formule de politesse par laquelle on s'excuse. - *Pardon ?,* pouvez-vous répéter ? ⇒ **comment** ; FAM. **hein, quoi.** **3.** FAM. Exclamation superlative. *Le père était déjà costaud, mais le fils, pardon !* **II.** Fête religieuse. *Un pardon breton.* ♦ *Le grand Pardon,* fête juive de l'expiation.

PARDONNABLE adj. ▪ Que l'on peut pardonner (opposé à *impardonnable*). *Une méprise bien pardonnable.* ⇒ **excusable.**

PARDONNER v. tr. 1 ▪ **1.** Tenir (une offense, une faute) pour nulle, renoncer à punir, à se venger. ⇒ **oublier.** *Pardonner les péchés.* ⇒ **remettre.** - prov. *Faute avouée est à moitié pardonnée.* - *PARDONNER qqch. À qqn ; PARDONNER À qqn. Il cherche à se faire pardonner.* ⇒ **absoudre.** **2.** Juger avec indulgence, en minimisant la faute de. ⇒ **excuser.** *Pardonnez(-moi) mon indiscrétion.* - (formule de politesse) *Pardonnez-moi, mais je ne suis pas d'accord.* **3.** loc. *C'est une maladie qui ne pardonne pas,* mortelle. - *Une erreur qui ne pardonne pas,* irréparable.

PARDUBICE ▪ Ville de Bohême. 95 000 hab. Constructions mécaniques.

-PARE, -PARITÉ Éléments savants (du latin, de *parere* « produire »), qui signifient « engendrer » (ex. *ovipare*).

PARE- Élément tiré de *parer,* qui signifie « éviter, protéger contre ». ⇒ ② **para-.**

Ambroise **PARÉ** (v. 1509 - 1590) ▪ Chirurgien français. Considéré comme le père de la chirurgie moderne, il inventa la méthode de ligature des artères.

PARE-BALLES adj. ▪ Qui protège des balles. *Un gilet pare-balles.* - n. m. Plaque de protection contre les balles.

PARE-BRISE n. m. ▪ Vitre avant d'un véhicule. *Des pare-brise(s).*

PARE-CHOCS n. m. ▪ Garniture placée à l'avant et à l'arrière d'un véhicule pour amortir les chocs.

PARE-FEU n. m. ▪ Dispositif de protection contre la propagation du feu. *Des pare-feu(x).*

PARÉGORIQUE adj. ▪ *Élixir parégorique*, médicament à base d'opium utilisé contre les douleurs d'intestin.

PAREIL, EILLE ▪ **I.** adj. **1.** Semblable (par un ou plusieurs aspects). *Elle est pareille à lui. Ils ne sont pas pareils.* ‑ loc. *À nul autre pareil :* sans égal. ‑ adv. FAM. *Ils sont habillés pareil.* **2.** De cette nature, de cette sorte. ⇒ **tel.** *En pareil cas. À une heure pareille !*, si tard. **II. 1.** n. Personne de même sorte. ⇒ **pair, semblable.** *Il n'a pas son pareil :* il est extraordinaire, unique. ‑ *SANS PAREIL(LE) :* qui n'a pas son égal. **2.** n. f. *RENDRE LA PAREILLE :* faire subir (à qqn) un traitement analogue à celui qu'on a reçu. **3.** (n. m.) loc. FAM. *C'est du pareil au même :* c'est la même chose. ⇒ **kif-kif.**

PAREILLEMENT adv. ▪ De la même manière. ⇒ **aussi, également.**

PAREMENT n. m. ▪ **1.** TECHN. Face extérieure (d'un mur) revêtue de pierres de taille. **2.** Revers sur le col, les manches (d'un vêtement).

PARENCHYME n. m. ▪ BOT. Tissu cellulaire spongieux et mou des végétaux.

PARENT, ENTE ▪ **I.** n. **1.** au plur. *LES PARENTS :* le père et la mère. *Obéir à ses parents.* **2.** Personne avec laquelle on a un lien de parenté. ⇒ **famille.** *Un proche parent, un parent éloigné.* ‑ loc. *Traiter qqn en parent pauvre*, moins bien que les autres. **II.** adj. **1.** Avec qui on a un lien de parenté. **2.** par analogie *Les langues romanes sont parentes.*

PARENTAL, ALE, AUX adj. ▪ Des parents. *Autorité parentale.*

PARENTÉ n. f. ▪ **1.** Rapport entre personnes descendant les unes des autres, ou d'un ancêtre commun. *Liens de parenté.* ⇒ **lignée, sang. 2.** Rapport équivalent établi par la société. *Parenté par alliance.* **3.** Ensemble des parents et des alliés de qqn. *Toute sa parenté.* **4.** Rapport d'affinité, d'analogie. *Une parenté d'esprit.*

PARENTHÈSE n. f. ▪ **1.** Insertion, dans une phrase, d'un élément accessoire qui interrompt la construction syntaxique ; cet élément. ⇒ **digression. 2.** Chacun des deux signes typographiques entre lesquels on place l'élément qui constitue une parenthèse : ( ). *Ouvrir, fermer la parenthèse.* ‑ fig. *ENTRE PARENTHÈSES :* en passant. ⇒ **incidemment.**

PARENTIS-EN-BORN ▪ Commune des Landes. 4 056 hab. *(les Parentissois).* Exploitation du plus important gisement français de pétrole.

PARÉO n. m. ▪ **1.** Pagne tahitien en tissu imprimé. **2.** Vêtement de plage imitant le paréo tahitien.

① **PARER** v. tr. [1] ▪ **I. 1.** Apprêter, arranger (qqch.) de manière à rendre plus propre à un usage, à un effet. ⇒ **préparer.** *Parer un morceau de viande.* **2.** MAR. *PARE, PAREZ À* (+ inf.) : commandement préparatoire à une manœuvre. *Parez à virer !* **II. 1.** Vêtir (qqn) avec recherche (⇒ **parure**). ‑ pronom. *Se parer pour une fête.* **2.** fig. Attribuer (une qualité). *Parer qqn de toutes les vertus.* ⇒ **orner.**

② **PARER** v. tr. [1] ▪ **1.** *Parer un coup*, l'éviter ou le détourner (⇒ **parade**). **2.** v. tr. ind. *PARER À :* faire face à. *Parer à toute éventualité :* prendre toutes les dispositions nécessaires. loc. *Parer au plus pressé.* ‑ *Nous sommes parés (contre le froid)*, protégés.

PARE-SOLEIL n. m. invar. ▪ Écran protégeant des rayons du soleil.

PARESSE n. f. ▪ **1.** Goût pour l'oisiveté ; comportement d'une personne qui évite l'effort. ⇒ **fainéantise** ; FAM. **flemme.** ‑ prov. *La paresse est la mère de tous les vices. Solution de paresse*, celle qui exige le moins d'effort. *Paresse d'esprit.* **2.** Lenteur anormale à fonctionner, à réagir. *Paresse intestinale.*

PARESSER v. intr. [1] ▪ (personnes) Se laisser aller à la paresse ; ne rien faire. ⇒ **fainéanter.**

PARESSEUSEMENT adv. ▪ **1.** Avec paresse. **2.** Avec lenteur. *Fleuve qui coule paresseusement.*

PARESSEUX, EUSE ▪ **I.** adj. **1.** Qui montre habituellement de la paresse ; qui évite l'effort. ⇒ **fainéant** ; FAM. **flemmard.** *Paresseux comme une couleuvre. Il est paresseux pour se lever.* ♦ n. *Un paresseux, une paresseuse.* **2.** (organes) Qui fonctionne, réagit avec une lenteur anormale. *Estomac paresseux.* **II.** n. m. Mammifère à mouvements très lents, qui vit dans les arbres. ⇒ **aï.**

Vilfredo **PARETO** (1848 ‑ 1923) ▪ Économiste et sociologue italien. Théoricien (après Walras) de l'économie « pure » et de la « circulation des élites ».

PARFAIRE v. tr. [60] seulement inf. et temps composés ▪ Achever, de manière à conduire à la perfection. *Parfaire son ouvrage.* ⇒ **parachever, polir.**

PARFAIT, AITE ▪ **I.** adj. **1.** (choses) Qui est au plus haut, dans l'échelle des valeurs ; tel qu'on ne puisse rien concevoir de meilleur (⇒ **perfection**). *Une réussite parfaite. Filer le parfait amour.* ⇒ **idéal.** *Une ressemblance parfaite.* ⇒ **total.** ‑ *PARFAIT !* : très bien ! **2.** (personnes) Sans défaut, sans reproche. *Il est loin d'être parfait.* **3.** (avant le nom) Qui correspond exactement à (ce que désigne le nom). ⇒ **accompli, complet.** *Un parfait gentleman. Un parfait imbécile.* ⇒ **fieffé. II.** n. m. LING. Le passé simple ou composé (opposé à *imparfait*). **III.** n. m. Entremets glacé à la crème. *Des parfaits au café.*

PARFAITEMENT adv. ▪ **1.** D'une manière parfaite, très bien. ⇒ **admirablement.** *Il sait parfaitement son rôle.* **2.** Absolument. *Être parfaitement heureux.* ⇒ **très. 3.** Oui, certainement, bien sûr. *Parfaitement, c'est comme ça.*

PARFOIS adv. ▪ À certains moments, dans certains cas, de temps en temps. ⇒ **quelquefois.** ‑ (répété) *Il est parfois gai, parfois triste.* ⇒ **tantôt.**

PARFUM n. m. ▪ **1.** Odeur agréable et pénétrante. ⇒ **senteur.** *Le parfum de la rose.* **2.** Goût de ce qui est aromatisé. ⇒ **arôme.** *Des glaces à tous les parfums.* **3.** Substance aromatique très peu diluée. ⇒ **essence.** *Un flacon de parfum.* **4.** loc. FAM. *Être AU PARFUM*, informé.

PARFUMER v. tr. [1] ▪ **1.** Remplir, imprégner d'une odeur agréable. ⇒ **embaumer. 2.** Imprégner de parfum (3). *Parfumer son mouchoir.* ‑ pronom. *Il se parfume.* ‑ au p. p. *Une femme parfumée.* **3.** Aromatiser.

PARFUMERIE n. f. ▪ **1.** Industrie de la fabrication des parfums et des produits de beauté. ‑ Produits de cette industrie. **2.** Usine où l'on fabrique des produits de parfumerie. **3.** Boutique de parfumeur.

PARFUMEUR, EUSE n. ▪ Fabricant(e) ou marchand(e) de parfums.

PARI n. m. ▪ **1.** Convention par laquelle deux ou plusieurs personnes s'engagent à donner qqch., à verser une certaine somme à celle qui aura raison. *Faire un pari.* ⇒ **parier.** *Tenir un pari*, l'accepter. *Je fais le pari que...* **2.** Forme de jeu où le gain dépend de l'issue d'une épreuve sportive, d'une course de chevaux ; action de parier. (en France) *Pari mutuel (urbain).* ⇒ **P.M.U.**

PARIA n. m. ▪ **1.** En Inde, Individu hors caste, dont le contact est considéré comme une souillure. ⇒ **intouchable. 2.** Personne méprisée, écartée d'un groupe. *Vivre en paria.*

le **PARICUTÍN** n. m. ▪ Volcan du Mexique central qui surgit brusquement en 1943.

PARIER v. tr. [7] ▪ **1.** Engager (un enjeu) dans un pari. *Je parie une bouteille de champagne qu'il acceptera.* ‑ *Parier sur un cheval.* ⇒ **jouer.** ‑ absolt *Parier aux courses.* **2.** Affirmer avec vigueur ; être sûr. *Je parie que c'est lui. Vous avez soif, je parie ?*, je suppose, j'imagine.

PARIÉTAL, ALE, AUX adj. ▪ DIDACT. *PEINTURES PARIÉTALES*, faites sur une paroi de roche. ⇒ **rupestre.**

PARIEUR, EUSE n. ▪ Personne qui parie (1). ⇒ **turfiste.**

PARIGOT, OTTE adj. ▪ FAM. Parisien (et populaire, souvent faubourien). *Accent parigot.* ‑ n. *Les Parigots.*

PARIS [75] ▪ Ville et département français. 105 km². Capitale de la France et chef-lieu de la région Île-de-France. 2 152 423 hab. *(les Parisiens).* 9 320 000 avec la banlieue : 1 Français sur 6 habite l'agglomération de Paris. Capitale politique, économique et intellectuelle depuis treize siècles, elle s'est développée sur un site privilégié, où l'on pouvait passer la Seine (grâce aux îles), puis est devenue carrefour des routes et du réseau de chemin de fer. Sa croissance s'est faite à partir de l'île de la Cité, en anneaux concentriques, matérialisée par les enceintes successives et favorisée par l'activité du port puis, au milieu du XIXe s., par l'industrialisation et l'exode rural massif. Progressivement, les anciens faubourgs (Belleville, Montmartre...) ont été intégrés à la ville, les usines et la population ouvrière déplacées vers les villes nouvelles d'Île-de-France et la province (décentralisation). Aujourd'hui restent les industries de précision (électronique, mécanique) et les sièges sociaux des entreprises. Le secteur tertiaire se développe en particulier dans le quartier d'affaires de la Défense. Les problèmes de logement et de transport sont importants.

Nombreux monuments (→ ci-dessous), tourisme. → **Île-de-France.** □ **HISTOIRE** Fondée par la tribu d'origine celte des *Parisii*, Lutèce fut conquise par les Romains en 52 av. J.-C. et considérablement agrandie. Devenue Paris *(Parisius)* v. 310, elle résista aux invasions des Huns grâce à sainte Geneviève* (451). Le roi mérovingien Clovis en fit sa capitale. La dynastie des Capétiens n'allait cesser de confirmer son rôle politique central. Au XIIIe s., Paris était la plus grande cité de l'Occident chrétien (université de la *Sorbonne*, cathédrale *Notre-Dame*). Elle se révolta contre le futur Charles V en 1358 (→ Étienne **Marcel**). Après la période sanglante des guerres de Religion (massacre de la Saint-Barthélemy en 1572), elle connut un nouvel essor avec Henri IV, qui fit construire la *place des Vosges*, la *place Dauphine* et le *Pont-Neuf*, puis Louis XIV (agrandissement du *Louvre*, les *Tuileries*), avant que la Cour ne s'installe à Versailles. Centre intellectuel de l'Europe du temps des Lumières, Paris joua un grand rôle pendant la Révolution française. Napoléon y fit des travaux d'embellissement (*Arc de triomphe*, église de la *Madeleine*). Le peuple de Paris fut à nouveau au premier rang des révolutions de 1830 et 1848. Ce fut le Second Empire qui donna son visage actuel à Paris, avec Haussmann : réduction des problèmes d'ordre et d'hygiène grâce à la percée de grands boulevards, construction de nouveaux ponts et des premières gares. Après le siège de Paris par les Prussiens (1870) puis l'insurrection de la Commune*, la ville retrouva sa prospérité sous la IIIe République (*tour Eiffel*, *Grand* et *Petit Palais*). Occupée par les Allemands de 1940 à 1944, elle a connu depuis la Libération de nouveaux travaux d'urbanisme (quartiers *Montparnasse*, *Beaubourg* et *les Halles*), à Paris même (*le Grand Louvre*, *l'Opéra de la Bastille*) et à la Défense (*la Grande Arche*). Paris est aujourd'hui à la fois une commune et un département. Divisée en 20 arrondissements, elle est administrée depuis 1977 par un maire (J. Chirac de 1977 à 1995) et par le conseil de Paris. ► **le traité de PARIS** du 10 février 1763 mit fin à la guerre de Sept Ans et marqua l'abandon de l'Empire colonial français en Amérique. Le *traité de Paris* du 30 mai 1814 et le *second traité de Paris* du 20 novembre 1815 entérinaient l'abandon par la France de ses conquêtes de la Révolution et de l'Empire. Le *traité de Paris* de 1856 marqua la fin de la guerre de Crimée.

PÂRIS ▪ Héros de la mythologie grecque, fils de Priam et d'Hécube. En enlevant Hélène, il provoqua la guerre de Troie.

PARISIEN, IENNE ▪ **1.** n. Natif ou habitant de Paris. ⇒ FAM. **parigot.** *Les Parisiens.* **2.** adj. De Paris. *Banlieue parisienne.*

▪ **le Bassin PARISIEN** ▪ Vaste région géographique française entourée par le Massif central au sud, le Massif armoricain à l'ouest, les Ardennes au nord et les Vosges à l'est. Paris est au centre de cette cuvette sédimentaire drainée par la Seine, la Loire, la Meuse et la Moselle. ► **la région PARISIENNE** → **Île-de-France.**

PARITAIRE adj. ▪ *COMMISSION PARITAIRE*, où employeurs et salariés ont un nombre égal de représentants.

PARITÉ n. f. ▪ **1.** DIDACT. Fait d'être pareil (en parlant de deux choses). *La parité entre les salaires des hommes et des femmes.* **2.** ÉCON. Égalité de la valeur d'échange des monnaies de deux pays dans chacun de ces pays.

Paris. Le front de Seine. *Phot. © de Selva/Tapabor*

PARJURE ▪ LITTÉR. **1.** n. m. Faux serment, violation de serment. **2.** n. Personne qui commet un parjure. ⇒ **traître.** - adj. *Un témoin parjure.*

SE **PARJURER** v. pron. [1] ▪ Faire un parjure, violer son serment.

PARKA n. m. ou f. ▪ Court manteau imperméable muni d'un capuchon.

Charlie PARKER dit ***BIRD*** (1920 - 1955) ▪ Saxophoniste et compositeur de jazz noir américain. Créateur du style *bebop* avec D. Gillespie.

Charlie **Parker.**
Phot. © Coll. Christophe L.

PARKING n. m. ▪ anglic. Parc de stationnement pour les automobiles. *Parking souterrain.*

PARKINSON [paʀkinsɔn] n. m. ▪ MÉD. Affection neurologique dégénérative caractérisée par des tremblements et une raideur musculaire (syn. *maladie de Parkinson*). ► adj. PARKINSONIEN, IENNE

James PARKINSON (1755 - 1824) ▪ Médecin britannique. Il a donné la première description de la « paralysie agitante », maladie neurologique qui porte désormais son nom.

PARLANT, ANTE adj. ▪ **1.** Qui reproduit, après enregistrement, la parole. *Horloge parlante.* - *Cinéma parlant* (opposé à *muet*). **2.** (choses) Éloquent, qui se passe de commentaire. *Les chiffres sont parlants.*

PARLÉ, ÉE adj. ▪ Qui se réalise par la parole. ⇒ **oral.** *La langue parlée et la langue écrite.*

PARLEMENT n. m. ▪ **1.** HIST. (en France) Cour provinciale de justice (des Capétiens jusqu'à la Révolution), institution associée au pouvoir du roi. **2.** Assemblée ou ensemble des chambres qui détiennent le pouvoir législatif. *En France, le Parlement est composé de l'Assemblée nationale et du Sénat.*

① **PARLEMENTAIRE** ▪ **1.** adj. Relatif au Parlement. *Démocratie parlementaire.* **2.** n. Membre du Parlement. ⇒ **député, sénateur.**

② **PARLEMENTAIRE** n. ▪ Personne chargée de parlementer avec l'ennemi. ⇒ **délégué,** ① **émissaire.**

PARLEMENTARISME n. m. ▪ Régime parlementaire (①).

PARLEMENTER v. intr. [1] ▪ **1.** Entrer en pourparlers avec l'ennemi. ⇒ **négocier, traiter.** **2.** Discuter en vue d'un accommodement. **3.** Parler longuement (pour vaincre une résistance). *Il fallut parlementer avec le gardien pour pouvoir entrer.*

① **PARLER** v. [1] ▪ **I.** v. intr. **1.** Communiquer, s'exprimer par la parole (⇒ aussi **dire**). *Cet enfant commence à parler. Parler distinctement.* ⇒ **articuler.** *Parler doucement, tout bas* (⇒ **chuchoter, murmurer**), parler trop fort (⇒ **crier**). *Parler en français.* - loc. *C'est une façon de parler*, il ne faut pas prendre à la lettre ce qui vient d'être dit. *Il parle d'or*, sagement. **2.** absolt Révéler ce qu'on tenait caché. *Son complice a parlé.* **3.** *PARLANT* (précédé d'un adv.) : en s'exprimant (de telle manière). *Généralement parlant.* **4.** S'exprimer. *Les muets parlent par gestes.* **5.** (sujet chose) Être éloquent. *Les chiffres parlent d'eux-mêmes* (⇒ **parlant**). **II.** v. tr. ind. **1.** *PARLER DE qqn, DE qqch. Parlez-moi de vous, de vos projets.* loc. *Sans parler de*, en plus de, outre. *N'en parlons plus !* - par ext. *De quoi parle ce livre ?* **2.** *PARLER DE* (+ inf.) : annoncer l'intention de. *Il*

le **Parmesan.** *La Vierge au long cou.* Musée des Offices, Florence. *Phot. © Arch. Smeets*

parlait d'émigrer au Canada. **3.** PARLER À *qqn,* lui adresser la parole. *Laissez-moi lui parler.* - loc. *Trouver à qui parler,* avoir affaire à un adversaire difficile. - pronom. *Nous ne nous parlons plus,* nous sommes brouillés. **4.** FAM. *TU PARLES !, VOUS PARLEZ !* (dubitatif ou méprisant). *Tu parles d'un idiot ! Tu parles si je m'en fiche ! Son talent, tu parles !* **III.** v. tr. dir. **1.** Pouvoir s'exprimer au moyen de (telle langue). *Je ne parle pas anglais. Elle parle et elle écrit l'hébreu, l'arabe.* **2.** Aborder, traiter (un sujet). *Parler politique.* ⇒ **discuter.**

② **PARLER** n. m. ▪ **1.** Manière de parler. *Les mots du parler de tous les jours.* **2.** Ensemble des moyens d'expression particuliers à une région, à un milieu social, etc. ⇒ **dialecte, idiome, patois.**

PARLEUR n. m. ▪ **1.** loc. péj. *BEAU PARLEUR :* celui qui aime à faire de belles phrases. ⇒ **phraseur. 2.** RARE ⇒ **locuteur.**

PARLOIR n. m. ▪ Local où sont admis les visiteurs qui veulent s'entretenir avec un pensionnaire ou un détenu. *Élève appelé au parloir.*

PARLOTE ou **PARLOTTE** n. f. ▪ Échange de paroles insignifiantes. ⇒ **causette.**

PARME ▪ **1.** adj. invar. Mauve comme la violette de Parme. - n. m. Cette couleur. **2.** n. m. Jambon de Parme.

PARME en italien ***PARMA*** ▪ Ville d'Italie (Émilie-Romagne), fondée par les Étrusques. 174 341 hab. *(les Parmesans).* Nombreux monuments anciens : cathédrale (XIIe s.), baptistère romano-gothique, églises ornées d'œuvres du Corrège et du Parmesan. Industries diverses. Jambon et fromage renommés.

PARMÉNIDE (v. 544 - v. 450 av. J.-C) ▪ Penseur grec. Le père de l'ontologie. Contre Héraclite, son *"Poème"* pose l'unité et l'éternité de l'être. Platon a donné son nom à l'un de ses dialogues les plus importants.

PARMENTIER n. m. ⇒ HACHIS

Antoine Augustin PARMENTIER (1737 - 1813) ▪ Pharmacien et agronome français qui répandit la culture de la pomme de terre en France.

PARMESAN ▪ **1.** adj. De Parme. - n. *Les Parmesans.* **2.** n. m. Fromage à pâte dure, fabriqué dans les environs de Parme.

Francesco Mazzola dit **le PARMESAN** (1503 - 1540) ▪ Peintre italien, originaire de Parme. Le maître du maniérisme. Son influence fut immense. *"La Vierge au long cou"* (1534-1540).

PARMI prép. ▪ **1.** Au milieu de. ⇒ **entre.** *Des maisons disséminées parmi les arbres. Nous souhaitons vous avoir parmi nous.* ⇒ **avec, près** de. **2.** Dans, au milieu des éléments d'un ensemble. *C'est une solution parmi (tant) d'autres.* **3.** Dans un ensemble d'êtres vivants. ⇒ **chez.** *"Discours sur l'origine et les fondements de l'inégalité parmi les hommes"* (de Rousseau).

le PARNASSE ▪ Montagne de Grèce. 2 457 m. Sur son versant sud se trouve Delphes. Séjour favori des Muses dans l'Antiquité et lieu d'inspiration des poètes. ► **le PARNASSE** Groupe littéraire français de la seconde moitié du XIXe s., en réaction contre le romantisme, et en opposition au symbolisme, recherchant la perfection formelle et affirmant la gratuité de l'art. Marquant la naissance des parnassiens, *"Le Parnasse contemporain"* (publié en 1866, 1871 et 1876) est un « recueil de vers nouveaux » rassemblant des poèmes de Leconte de Lisle, Heredia, Gautier, Baudelaire, Banville, Coppée, Verlaine, Mallarmé...

PARNASSIEN, IENNE ▪ **I.** adj. VX Relatif à la poésie. **II.** n. m. LITTÉR. Poète du Parnasse. - adj. *L'école parnassienne.*

Charles Stewart PARNELL (1846 - 1891) ▪ Homme politique irlandais. Il lutta pour que son pays ait un gouvernement indépendant *(Home Rule).*

PARODIE n. f. ▪ **1.** Imitation burlesque (d'une œuvre sérieuse). **2.** Contrefaçon grotesque. ⇒ **caricature.** *Une parodie de réconciliation.* ► adj. PARODIQUE

PARODIER v. tr. 7 ▪ Imiter (une œuvre, un auteur) en faisant une parodie.

PAROI n. f. ▪ **1.** Séparation intérieure dans une maison (⇒ **cloison**) ou face intérieure d'un mur. *Appuyer son lit contre la paroi.* **2.** Terrain à pic, comparable à une muraille. *Une paroi rocheuse.* **3.** Surface interne (d'un contenant). *Les parois d'un vase.*

PAROISSE n. f. ▪ Circonscription ecclésiastique dont un curé, un pasteur a la charge.

PAROISSIAL, IALE, IAUX adj. ▪ De la paroisse. *Église paroissiale.*

PAROISSIEN, IENNE n. ▪ **1.** Personne qui dépend d'une paroisse. *Le curé et ses paroissiens.* ⇒ **ouailles. 2.** n. m. Livre de messe. ⇒ **missel.**

PAROLE n. f. ▪ **I.** *UNE, DES PAROLES :* élément de langage parlé. **1.** Élément du langage articulé. ⇒ **mot ; expression.** *Des paroles aimables. Voilà un bonne parole !* ⇒ **discours, propos.** *Peser ses paroles.* - loc. *En paroles :* verbalement. *Il est courageux en paroles.* - *De belles paroles :* des promesses verbeuses. **2.** au plur. Texte (d'un morceau de musique vocale). *L'air et les paroles d'une chanson.* - loc. *Histoire sans paroles :* suite d'images qui se passe de légende. **3.** Pensée exprimée à haute voix, en quelques mots. *Une parole historique.* **4.** *Parole (d'honneur),* engagement, promesse sur l'honneur. *Donner sa parole. Tenir sa parole.* - *Sur parole,* sans autre garantie que la parole donnée. - interj. *Ma parole ! Parole !,* je le jure. **II.** *LA PAROLE,* expression verbale de la pensée. **1.** Faculté de communiquer la pensée par un système de sons articulés émis par la voix. *Troubles de la parole. Perdre la parole,* devenir muet. **2.** Fait de parler. *Avoir la parole facile,* être éloquent. *Adresser la parole à qqn. Prendre la parole. Couper la parole à qqn.* ⇒ **interrompre.**

PAROLIER, IÈRE n. ▪ Auteur des paroles (I, 2) d'une chanson, d'un livret d'opéra (⇒ **librettiste**).

PARONYME adj. et n. m. ▪ DIDACT. Se dit de mots presque homonymes (ex. *éminent* et *imminent*).

PAROS ▪ Île grecque (Cyclades) réputée pour ses carrières de marbre blanc et ses ateliers de sculpture. 194 km². 7 881 hab. Chef-lieu : Paros.

PAROXYSME n. m. ▪ Le plus haut degré (d'une sensation, d'un sentiment). ⇒ **exacerbation.** - Le plus haut degré (d'un phénomène). *La tempête est à son paroxysme.*

PARPAILLOT, OTE n. ▪ VX péj. Protestant.

PARPAING [-pɛ̃] n. m. ▪ Bloc (de pierre, de béton creux) formant l'épaisseur d'une paroi. *Un mur en parpaings.*

PARQUER v. tr. 1 ▪ **1.** Mettre (des animaux) dans un parc. **2.** Enfermer (des personnes) dans un espace étroit et délimité. ⇒ **entasser.** **3.** Ranger (une voiture) dans un parc de stationnement. ⇒ **garer.**

les trois PARQUES ▪ Divinités romaines du Destin. Elles filent et coupent le fil de la vie des humains. Identifiées aux Moires grecques.

PARQUET n. m. ▪ **I.** Groupe des magistrats (procureur de la République et substituts) chargés de requérir l'application de la loi. **II.** Assemblage d'éléments de bois (lames, lattes) qui garnissent le sol d'une pièce. ⇒ **plancher.**

PARQUETER v. tr. [4] ▪ Garnir d'un parquet (II).

PARRAIN n. m. ▪ **1.** Celui qui tient (ou a tenu) un enfant sur les fonts baptismaux. *Le parrain, la marraine et leur filleul.* **2.** Celui qui présente qqn dans un cercle, un club, pour l'y faire inscrire. **3.** Chef d'un groupe illégal. *Un parrain de la Mafia.*

PARRAINAGE n. m. ▪ **1.** Fonction, qualité de parrain (1 et 2) ou de marraine. **2.** Appui moral accordé à une œuvre. ⇒ **patronage.** *Comité de parrainage.* **3.** Soutien financier apporté à une manifestation, une organisation dans un but publicitaire.

PARRAINER v. tr. [1] ▪ Accorder son parrainage à.

PARRICIDE ▪ **1.** n. m. Meurtre du père ou de la mère. **2.** n. Personne qui a commis un parricide. – adj. *Fils parricide.*

PARSEMER v. tr. [5] ▪ **1.** Couvrir par endroits. ⇒ **consteller, émailler.** **2.** (choses) Être répandu çà et là sur (qqch.). *Les allusions qui parsèment un discours.*

Talcott PARSONS (1902-1979) ▪ Sociologue américain. Il est l'auteur d'une sociologie de l'action sociale et de ses motivations. *"Social Structure and Personality"* (1964).

PART n. f. ▪ **I.** Ce qui, après un partage*, revient à qqn. **1.** Ce qu'une personne possède ou acquiert en propre. *Recevoir la meilleure part.* – AVOIR PART À : participer à. *Un acte où la volonté a peu de part.* – PRENDRE PART À : jouer un rôle dans (une affaire). ⇒ **participer.** *Prendre part à un travail.* ⇒ **contribuer.** – S'associer (aux sentiments d'autrui). *Je prends part à votre douleur.* ⇒ **compatir ; sympathie.** – POUR MA PART : en ce qui me concerne. **2.** FAIRE PART À DEUX : partager. – FAIRE PART DE *qqch.* À *qqn*, faire connaître. *Il a fait part de son mariage à tous ses amis* (⇒ **faire-part**). **3.** Partie attribuée à qqn ou consacrée à tel ou tel emploi. ⇒ **lot, morceau, portion.** *Diviser en parts.* ⇒ **partager.** – Partie de capital possédée par un associé. *Acheter des parts dans une entreprise.* ⇒ ② **action.** – Ce que chacun doit donner. *Il faut que chacun paie sa part.* ⇒ **écot, quote-part.** **4.** FAIRE LA PART DE : tenir compte de. *Faire la part des choses.* **II.** Partie. *Il a perdu une grande part de sa fortune.* loc. *Pour une large part* : en grande partie. **III.** Côté, lieu (dans des loc.). **1.** DE LA PART DE *(qqn)* : au nom de (qqn), pour (qqn). *Elle est venue de la part de sa mère. De la part de qui ?* (au téléphone). – DE TOUTES PARTS ou DE TOUTE PART : de tous les côtés. – D'UNE PART... D'AUTRE PART ; D'UNE PART..., DE L'AUTRE, en comparant (deux idées ou deux faits). ⇒ **côté.** – D'AUTRE PART (en début de phrase). ⇒ **d'ailleurs,** par **ailleurs,** en **outre.** – DE PART ET D'AUTRE : des deux côtés. – DE PART EN PART : d'un côté à l'autre. ⇒ à **travers.** *Traverser de part en part.* – EN BONNE, EN MAUVAISE PART : en bien, en mal. **2.** (avec un adj. indéf.) NULLE PART : en aucun lieu (s'oppose à *quelque part*). – AUTRE PART : dans un autre lieu. ⇒ **ailleurs.** – QUELQUE PART : en un lieu indéterminé. *Elle l'a déjà vu quelque part.* **3.** À PART loc. adv. : à l'écart. *Mettre à part.* ⇒ **écarter.** *Prendre qqn à part*, en particulier, seul à seul. – loc. prép. Excepté. *À part lui, nous ne connaissons personne.* – adjectivt Qui est séparé d'un ensemble. *Occuper une place à part.*

Paros. Naoussa. *Phot. © Wysocki/Explorer*

le **Parthénon.** *Phot. © F. Reglain/Gamma*

PARTAGE n. m. ▪ **I.** Action de partager ou de diviser ; son résultat. **1.** Division (d'un tout) en parts. ⇒ **répartition.** *Le partage d'un domaine. Ligne de partage des eaux.* **2.** Fait de partager (qqch. avec qqn). *Un partage équitable.* ♦ SANS PARTAGE : sans réserve. *Une amitié sans partage.* **II.** Part qui revient à qqn. – EN PARTAGE. *Donner* (⇒ **impartir**), *recevoir en partage.*

PARTAGER v. tr. [3] ▪ **1.** Diviser (un ensemble) en éléments pour les distribuer, les employer à des usages différents. *Partager un domaine.* ⇒ **morceler.** *Partager son temps entre plusieurs occupations.* **2.** *Partager qqch. avec qqn*, lui en donner une partie. **3.** Avoir part à (qqch.) en même temps que d'autres. *Partager le repas de qqn.* – fig. Prendre part à. *Partager une responsabilité, les torts avec qqn.* – au p. p. *Un amour partagé*, mutuel. **4.** (sujet chose) Diviser (un ensemble) de manière à former plusieurs parties séparées ou non. ⇒ **couper.** *Une cloison partage la pièce.* **5.** (sujet personne) au passif Être divisé entre plusieurs sentiments contradictoires. *Il était partagé entre l'amitié et la rancune.* – (sujet chose) loc. *Les avis sont partagés*, très divers. ▸ SE **PARTAGER** v. pron. **1.** (passif) Être partagé. *Ce gâteau ne se partage pas facilement.* **2.** (réfl.) *Se partager entre diverses tendances. Partagez-vous en deux groupes !* **3.** (récipr.) *Ils se sont partagé l'héritage.*

PARTAGEUR, EUSE adj. ▪ Qui partage volontiers ce qu'il (elle) possède (cf. *partageux*, VX « communiste »). *Cet enfant n'est pas partageur.*

PARTANCE n. f. ▪ EN PARTANCE : qui va partir (bateaux, grands véhicules). *En partance pour*, à destination de.

① **PARTANT, ANTE** ▪ **1.** n. m. Personne qui part. **2.** n. Personne, cheval au départ d'une course. *Les partants d'une course cycliste.* **3.** adj. D'accord (pour), disposé (à). *Je ne suis pas partant, c'est trop risqué.*

② **PARTANT** conj. ▪ LITTÉR. Ainsi, donc. *Un travail long et partant ennuyeux.*

PARTENAIRE n. ▪ **1.** Personne avec qui l'on est allié contre d'autres joueurs. *Mon partenaire à la belote.* – Personne avec qui on est lié dans une compétition. *La partenaire d'un patineur.* **2.** Personne avec qui on a des relations sexuelles. **3.** Pays associé, allié commercial. *Les partenaires européens.*

PARTERRE n. m. ▪ **I.** Partie d'un jardin où l'on a aménagé des compartiments de fleurs. *Parterre de bégonias.* **II.** Partie du rez-de-chaussée d'une salle de théâtre, derrière les fauteuils d'orchestre. – loc. FAM. *Prendre un billet de parterre* : tomber.

PARTHENAY ▪ Chef-lieu d'arrondissement des Deux-Sèvres. 10 809 hab. *(les Parthenaisiens).* Marché agricole. Églises médiévales. Restes de fortifications.

PARTHÉNOGENÈSE n. f. ▪ BIOL. Reproduction sans fécondation, dans une espèce sexuée.

le PARTHÉNON ▪ Temple de la déesse Athéna bâti au ve s. av. J.-C. sur le sommet de l'Acropole à Athènes (→ **Phidias**). Un des monuments les plus prestigieux de l'Antiquité. La plus grande partie de la décoration sculpturale est exposée au British Museum.

les PARTHES ▪ Ancien peuple d'Iran, aristocrates guerriers. Fondé vers 250 av. J.-C., leur empire eut Rome pour rivale en Orient. Le dernier roi parthe, Artaban, fut vaincu en 224 par les Sassanides.

① **PARTI** n. m. ▪ **I. 1.** LITTÉR. Solution proposée ou choisie pour résoudre une situation. *Il hésitait entre deux partis.* **2.** *PRENDRE LE PARTI DE :* se décider à. ⇒ **décision, résolution.** *Prendre le parti d'en rire. Hésiter sur le parti à prendre.* – *PRENDRE PARTI :* prendre position. – *PRENDRE SON PARTI :* se déterminer. *Prendre son parti de qqch., en prendre son parti,* s'y résigner. – *PARTI PRIS :* opinion préconçue, choix arbitraire. ⇒ **préjugé, prévention.** *Juger sans parti pris. Être de parti pris.* ⇒ **partial. II.** loc. *TIRER PARTI DE :* exploiter, utiliser. *Savoir tirer parti de qqch.* **III.** Personne à marier, du point de vue de la situation sociale et financière. *Un beau, un riche parti.*

② **PARTI** n. m. ▪ **1.** Groupe de personnes défendant la même opinion. ⇒ **camp.** *Se ranger du parti de qqn,* défendre la même opinion. ⇒ **partisan. 2.** plus cour. Organisation dont les membres mènent une action commune à des fins politiques. ⇒ **formation, mouvement, rassemblement, union.** *Les partis politiques. Un grand parti. Militant d'un parti.*

③ **PARTI, IE** adj. ▪ FAM. Légèrement ivre. ⇒ **gai.**

PARTIAL, ALE, AUX adj. ▪ Qui prend parti sans souci de justice ni de vérité. *Un juge ne doit pas être partial.* ► adv. PARTIALEMENT

PARTIALITÉ n. f. ▪ Attitude partiale. *Partialité en faveur de qqn* (⇒ **favoritisme**), contre qqn (⇒ **injustice, parti** pris).

PARTICIPANT, ANTE adj. ▪ Qui participe à (qqch.). ♦ n. *Les participants à une compétition.* ⇒ **concurrent.** – *Les participants d'une association.* ⇒ **adhérent.**

PARTICIPATIF, IVE adj. ▪ Qui concerne la participation à la vie ou aux bénéfices d'une entreprise.

PARTICIPATION n. f. ▪ **1.** Action de participer ; action en commun. ⇒ **collaboration.** *Participation aux frais.* ⇒ **contribution.** – Fait de participer à un vote. *Taux de participation élevé.* **2.** Action de participer à un profit ; son résultat. *Participation aux bénéfices.* **3.** absolt Droit de regard et de libre discussion dans une communauté.

PARTICIPE n. m. ▪ Forme dérivée du verbe, qui « participe » à la fois de l'adjectif et du verbe. *Participe présent à valeur verbale* (ex. *étant* de *être*), *à valeur d'adjectif* (ex. *brillantes* de *briller*). *Participe passé à valeur verbale* (ex. *fait* de *faire*), *à valeur d'adjectif* (ex. *fardées* de *farder*). *L'accord du participe.*

PARTICIPER v. tr. ind. [1] ▪ **I.** *PARTICIPER À* **1.** Prendre part à (qqch.). *Participer à un travail.* ⇒ **collaborer, coopérer.** – fig. *Participer au chagrin d'un ami,* s'y associer. ⇒ **partager.** – absolt *Cet élève ne participe pas suffisamment.* **2.** Payer une part de. *Tous les convives participent aux frais.* **3.** Avoir part à qqch. **II.** LITTÉR. (sujet chose) *PARTICIPER DE :* tenir de la nature de. *Cette fête participe des plus anciennes traditions populaires.*

PARTICIPIAL, IALE, IAUX adj. ▪ GRAMM. *Proposition participiale :* proposition ayant son sujet propre, et son verbe au participe présent ou passé.

PARTICULARISER v. tr. [1] ▪ Différencier par des traits particuliers. – pronom. Se singulariser. ► n. f. PARTICULARISATION

PARTICULARISME n. m. ▪ **1.** Attitude d'une communauté, d'un groupe qui veut conserver ses usages particuliers, son autonomie. ► adj. et n. PARTICULARISTE **2.** Caractère, trait particulier. *Particularisme culturel.*

PARTICULARITÉ n. f. ▪ Caractère particulier à qqn, qqch. ⇒ **caractéristique.** *Le requin a, présente la particularité d'être vivipare.*

PARTICULE n. f. ▪ **1.** Très petite partie, infime quantité (d'un corps). ♦ sc. Constituant (d'un système physique) considéré comme élémentaire. – *Physique des particules,* étudiant les composants fondamentaux de la matière (quarks...) et du rayonnement (photons...). **2.** *Particule nobiliaire* ou *particule,* la préposition *de (du, de la)* précédant un nom de famille. *La particule ne constitue pas par elle-même une marque de noblesse.*

PARTICULIER, IÈRE ▪ **I.** adj. **1.** Qui appartient en propre (à qqn, qqch. ou à une catégorie d'êtres, de choses). ⇒ **personnel, propre.** *L'insouciance qui lui est particulière.* **2.** Qui ne concerne qu'un individu (ou un petit groupe). ⇒ **individuel.** *Des leçons particulières. Une voiture particulière.* – *EN PARTICULIER* loc. adv. : à part. *Je voudrais vous parler en particulier,* seul à seul. **3.** Qui présente des caractères hors du commun. ⇒ **remarquable, spécial.** *Une manière très particulière de voir les choses. Des amitiés particulières* (homosexuelles). – *EN PARTICULIER :* spécialement, surtout. *Un élève doué, en particulier pour les mathématiques.* **4.** Qui concerne un cas précis (opposé à *général*). *Sur ce point particulier. Je ne veux rien de particulier.* ⇒ **spécial.** – n. m. *Aller du général au particulier.* – *EN PARTICULIER :* d'un point de vue particulier. *Je ne veux rien en particulier.* **II.** n. Personne privée. *Vente aux particuliers.* – FAM. Individu quelconque.

PARTICULIÈREMENT adv. ▪ **1.** D'une manière particulière (I, 3). ⇒ **surtout.** *Il aime tous les arts, particulièrement la peinture.* **2.** D'une manière spéciale, différente. ⇒ **spécialement.** *J'attire tout particulièrement votre attention sur ce point.*

PARTIE [-ti] n. f. ▪ **I. 1.** Élément (d'un tout), unité séparée ou abstraite (d'un ensemble). ⇒ **morceau, parcelle, part.** *Le tout et les parties. Voilà une partie de la somme. Roman en deux parties.* ⇒ **épisode.** – loc. *Une petite, une grande partie de,* un peu, beaucoup. *La majeure partie.* ⇒ **la plupart.** – loc. *EN PARTIE.* ⇒ **partiellement. 2.** *FAIRE PARTIE DE :* être du nombre de, compter parmi. ⇒ **appartenir.** *Cela fait, ne fait pas partie de mes attributions.* **3.** Élément constitutif (d'un être vivant). *Les parties du corps.* – FAM. *Les parties,* ellipt pour *parties sexuelles masculines.* **4.** (avec un poss.) Domaine d'activités. *Elle est très forte dans sa partie.* ⇒ **branche, métier, spécialité. II. 1.** Personne physique ou morale qui participe à un acte juridique, est engagée dans un procès. ⇒ **plaideur.** *La partie adverse.* – loc. *Être juge et partie,* avoir à juger une affaire où l'on est impliqué (⇒ **partial**). **2.** loc. *PRENDRE qqn À PARTIE :* s'en prendre à lui, l'attaquer. **3.** Adversaire. – loc. *Avoir affaire à forte partie,* à un adversaire redoutable. **III. 1.** Durée (d'un jeu) à l'issue de laquelle sont désignés gagnants et perdants (parfois distingué de *revanche* et *belle*). *Faire une partie de cartes. Gagner, perdre la partie.* ♦ Lutte, combat. *La partie a été rude. J'abandonne la partie.* **2.** Divertissement organisé à plusieurs. *Une partie de chasse. Partie de plaisir.* **3.** loc. *Se mettre, être de la partie. Ce n'est que partie remise, nous nous retrouverons.*

PARTIEL, ELLE adj. ▪ Qui n'existe qu'en partie, ne concerne qu'une partie. *Examen partiel* ou n. m. *un partiel. Élections partielles,* qui ne portent que sur un ou quelques sièges. ► adv. PARTIELLEMENT

① **PARTIR** v. intr. [16] ▪ **I. 1.** Se mettre en mouvement pour quitter un lieu ; s'éloigner. ⇒ s'en **aller,** se **retirer.** *Partir de chez soi. Partir en hâte.* ⇒ s'**enfuir,** se **sauver.** *Partir sans laisser d'adresse. Partir à pied.* absolt *Allons, il faut partir.* – *PARTIR POUR. Partir pour la chasse. Partir pour Londres.* – *PARTIR À* (critiqué). *Partir à la guerre. Partir à Paris.* – *PARTIR EN. Ils sont partis en Chine, en vacances.* – *PARTIR* (+ inf.). *Il est parti déjeuner.* ⇒ **sortir.** – (choses) *Ma lettre est partie hier.* **2.** Passer de l'immobilité à un mouvement rapide. « *À vos marques ! Prêts ? Partez !* ». *La voiture ne veut pas partir.* ⇒ **démarrer. 3.** (choses ; surtout temps composés et p. p.) Se mettre à progresser, à marcher. *L'affaire est bien, mal partie.* ⇒ **commencer.** *C'est assez mal parti.* **4.** (projectiles) Être lancé, commencer sa trajectoire. *Le coup n'est pas parti.* **5.** FAM. Commencer (à faire qqch.). ⇒ se **mettre.** *Il est parti pour nous raconter sa vie.* **6.** (choses) Disparaître. *La tache est partie.* ♦ Se défaire. *Ce meuble part par tous les bouts.* ♦ S'épuiser. *Tout son argent part dans les, en disques.* **7.** Mourir. *Mon père est parti le premier.* – Perdre conscience (⇒ ③ **parti**). **II.** *PARTIR DE.* **1.** Venir, provenir (d'une origine). *L'avion est parti de Londres.* **2.** Avoir son principe dans. *Mot qui part du cœur.* **3.** Commencer un raisonnement, une opération. *En partant de ce principe* (→ ② partant). **4.** *À PARTIR DE :* en prenant pour point de départ dans le temps. ⇒ **de, depuis, dès.** *À partir d'aujourd'hui,* désormais.

② **PARTIR** v. tr. seulement inf. ▪ VX Partager. *AVOIR MAILLE À PARTIR.* ⇒ ② **maille.**

PARTISAN, ANE ▪ **1.** n. rare au fém. Personne qui prend parti pour une doctrine. ⇒ **adepte, défenseur.** *Partisans et adversaires du féminisme.* – adj. *Ils, elles sont partisans d'accepter. Elle n'en est pas partisan,* (RARE) *partisane.* **2.** n. m. Soldat de troupes irrégulières, qui se battent en territoire occupé. ⇒ **franc-tireur.** *Guerre de partisans* (⇒ **guérilla**). *"Le Chant des partisans"* (de Kessel et Druon), des résistants. **3.** adj. Qui témoigne d'un parti pris. *Les haines partisanes.*

PARTITIF adj. m. ▪ GRAMM. *ARTICLE PARTITIF,* qui détermine une partie non mesurable (ex. *manger du pain, boire de l'eau*).

PARTITION n. f. ▪ Notation d'une composition musicale. *Une partition de piano.*

PARTOUSE ou **PARTOUZE** n. f. ▪ FAM. Partie de débauche.

PARTOUT adv. ▪ En tous lieux ; en de nombreux endroits. *On ne peut être partout à la fois. Il souffre de partout.*

PARTURIENTE [-jɑ̃t] n. f. ▪ VIEILLI Femme qui accouche.

PARTURITION n. f. ▪ MÉD. Accouchement. ⇒ **enfantement.**

PARU, UE ▪ Participe passé du verbe *paraître.*

PARURE n. f. ▪ **1.** Ensemble des vêtements, des ornements, des bijoux d'une personne en grande toilette. **2.** Ensemble de bijoux assortis (boucles, collier, broche...). *Une parure de diamants.* **3.** Ensemble assorti de pièces de linge.

PARUTION n. f. ▪ Moment de la publication (d'un livre, d'un article). ⇒ **sortie.**

PĀRVATĪ ▪ Divinité hindoue, bienveillante, épouse de Shiva. Elle est également connue sous le nom de Durgā.

PARVENIR v. tr. ind. [22] ▪ *PARVENIR À* **1.** Arriver (en un point déterminé), dans un déplacement. ⇒ **atteindre. 2.** (choses) Arriver à destination. ⇒ **arriver.** *Faire parvenir un colis.* – Se propager à travers l'espace (jusqu'à un lieu donné, jusqu'à quelqu'un). *Le bruit de la rue lui parvenait à peine.* **3.** (personnes) Arriver à (un but, un résultat qu'on se proposait). ⇒ **accéder** à. *Parvenir à ses fins, à ce qu'on voulait.* – (+ inf.) *Je ne suis pas parvenu à le voir.* **4.** Atteindre naturellement. *Parvenir à un âge avancé.*

PARVENU, UE n. ▪ péj. Personne qui s'est élevée à une condition supérieure sans en acquérir les manières. *Des manières de parvenu.* ⇒ nouveau **riche.**

PARVIS n. m. ▪ Place située devant la façade (d'une église, d'une cathédrale). *Le parvis de la cathédrale.* ♦ Espace dégagé réservé aux piétons, dans un ensemble urbain. ⇒ **esplanade.**

① **PAS** n. m. ▪ **I.** *UN, DES PAS* **1.** Action de faire passer l'appui du corps d'un pied à l'autre, dans la marche. *Faire quelques pas en avant. Les premiers pas d'un enfant. Faire de grands pas.* ⇒ **enjambée.** – loc. *À pas de loup :* silencieusement. – *À chaque pas :* à chaque instant. – *PAS À PAS :* lentement, avec précaution. – *Faire les CENT PAS :* marcher de long en large. – loc. *Revenir SUR SES PAS,* en arrière. **2.** *FAUX PAS :* pas où l'appui du pied manque ; fait de trébucher. – fig. Écart de conduite. ⇒ **faute. 3.** Trace laissée par un pied. *Des pas dans la neige.* **4.** Longueur d'un pas. *C'est à deux pas (d'ici),* tout près. ⇒ à **proximité. 5.** fig. Chaque élément, chaque temps d'une progression, d'une marche. ⇒ **étape.** *Les discussions ont fait un pas en avant.* ⇒ **progresser.** – loc. *Faire les premiers pas :* prendre l'initiative. – prov. *Il n'y a que le premier pas qui coûte.* **II. 1.** *LE PAS :* la façon de marcher. ⇒ **allure, démarche.** *Allonger, ralentir le pas.* – loc. *J'y vais de ce pas,* sans plus attendre. – *AU PAS. Aller au pas,* à l'allure du pas normal. *Au pas de course,* rapidement. ⇒ au **galop,** au **trot.** – loc. *Mettre qqn au pas,* le forcer à obéir. **2.** Ensemble des pas d'une danse. – *PAS DE DEUX :* partie d'un ballet dansée à deux. **3.** Allure, marche (d'un animal). **III.** (au sens de *passage*) **1.** loc. *Prendre le pas sur qqn,* le précéder. *Céder le pas à qqn,* le laisser passer devant. **2.** Passage. ⇒ **col** (III). *Franchir le pas.* ♦ *Le pas de Calais* (détroit). **3.** loc. *Se tirer d'un MAUVAIS PAS,* d'une situation périlleuse, grave. **4.** *LE PAS DE LA PORTE :* le seuil. – loc. *PAS DE PORTE :* somme payée au détenteur d'un bail pour avoir accès à un fonds de commerce. **5.** Tours d'une rainure en spirale. *Un pas de vis.* ⇒ **filet.**

② **PAS** adv. de négation ▪ **I.** *NE...PAS, NE PAS* (négation du verbe). ⇒ **point.** *Je ne parle pas. Je ne vous ai pas vu.* – (+ inf.) *Il espère ne pas le rencontrer.* – loc. *Ce n'est pas que* (+ subj. ; pour introduire une restriction). *Ce n'est pas qu'il ait peur, mais...* **II.** *PAS* (phrases non verbales). **1.** ellipt (réponses, exclamations) *Non pas. Pas de chance ! Pourquoi pas ? Ils viennent ou pas ?* ⇒ **non.** – *PAS UN* (⇒ **aucun, nul**). *Il est paresseux comme pas un,* plus que tout autre. **2.** (devant un adj. ou un participe) *Un garçon pas bête (du tout).* **III.** *PAS* (employé sans *ne*). FAM. (parlé) *Pleure pas ! On sait pas.*

PASADENA ▪ Ville des États-Unis (Californie). 119 000 hab. Centre de recherche de la Nasa.

① **PASCAL, ALE, ALS** ou **AUX** adj. ▪ **1.** Relatif à la Pâque juive. *Agneau pascal.* **2.** Relatif à la fête de Pâques des chrétiens. *Communion pascale.*

② **PASCAL** n. m. ▪ INFORM. Langage de programmation pour applications scientifiques.

③ **PASCAL, ALS** n. m. ▪ Unité de mesure de pression (symb. Pa) correspondant à une force de 1 newton exercée sur 1 m².

Blaise **PASCAL** (1623-1662) ▪ Mathématicien, physicien, philosophe et écrivain français. Hydrostatique, machine arithmétique, travaux précurseurs en géométrie projective, analyse infinitésimale et calcul de probabilités. Proche des jansénistes, il attaqua leurs adversaires jésuites dans *"Les Provinciales"* (1656-1657). Les *"Pensées"* (posthume), notes en vue d'une apologie de la religion chrétienne, sont un chef-d'œuvre de la spiritualité chrétienne, écrites dans une prose puissante et personnelle.

Pascal. Portrait présumé attribué à Philippe de Champaigne. Coll. Moussali. *Phot. © Giraudon*

Julius Pinkas dit Jules **PASCIN** (1885-1930) ▪ Peintre américain d'origine bulgare. Assidu de la « bohème » parisienne des années 1920, il peignit des femmes voluptueuses, traitées dans une tonalité nacrée.

le **PAS DE CALAIS** ▪ Détroit entre la France et l'Angleterre, qui relie la Manche à la mer du Nord. 31 km. Trafic maritime intense. Un tunnel sous la Manche y a été inauguré en 1994.

le **PAS-DE-CALAIS** [62] ▪ Département français de la région du Nord-Pas-de-Calais. 6 672 km². 1 433 203 hab. Chef-lieu : Arras. Chefs-lieux d'arrondissement : Béthune, Boulogne-sur-Mer, Calais, Lens, Montreuil-sur-Mer, Saint-Omer.

la **PASIONARIA** → Dolorès **Ibárruri**

PASIPHAÉ ▪ Épouse de Minos, mère de Phèdre, d'Ariane et du Minotaure, dans la mythologie grecque.

PASO DOBLE [pasodɔbl] n. m. invar. ▪ Danse sur une musique de caractère espagnol.

Pier Paolo **PASOLINI** (1922-1975) ▪ Poète, romancier et cinéaste italien. Recourant à une interprétation personnelle des mythes, il s'est attaqué aux tares et aux hypocrisies du monde bourgeois. Principaux films : *"L'Évangile selon saint Matthieu"* (1964); *"Œdipe roi"* (1967); *"Théorème"* (1968).

Pasolini. *Phot. © Coll. Rui Nogueira*

PASSABLE adj. ▪ Qui peut passer, qui convient à peu près. ⇒ **acceptable, moyen.** *Un travail à peine passable.*

PASSABLEMENT adv. ▪ **1.** Pas trop mal. ⇒ **moyennement. 2.** Plus qu'un peu, assez.

PASSADE n. f. ▪ Liaison amoureuse de courte durée. – fig. Engouement passager (pour qqch.). ⇒ **toquade.**

PASSAGE n. m. ▪ **I.** Action, fait de passer. **1.** (En traversant un lieu, en passant par un endroit) *Passage interdit. Les heures* *de passage du car.* – AU PASSAGE : au moment où qqn, qqch. passe à un endroit. – fig. *Saisir une occasion au passage.* – DE PASSAGE : qui ne fait que passer, ne reste pas longtemps. **2.** Traversée (sur un navire). *Payer le passage.* **3.** EXAMEN DE PASSAGE, pour passer dans la classe supérieure. **4.** Fait de passer d'un état à un autre. – PSYCH. PASSAGE À L'ACTE : déclenchement d'une action. **II. 1.** Endroit par où l'on passe. *Se frayer un passage.* – SUR LE PASSAGE DE : sur le chemin de qqn. **2.** Petite voie pour les piétons, généralement couverte, qui unit deux artères. *Passage couvert.* **3.** PASSAGE À NIVEAU : croisement sur le même plan d'une voie ferrée et d'une route. – PASSAGE SOUTERRAIN : tunnel sous une voie de communication. – PASSAGE CLOUTÉ*. **III.** Fragment (d'une œuvre, d'un texte). ⇒ **extrait, morceau.**

Le PASSAGE ▪ Commune du Lot-et-Garonne. 8 875 hab.

PASSAGER, ÈRE ▪ **I. n.** Personne transportée à bord d'un navire, d'un avion, d'une voiture et qui ne fait pas partie de l'équipage (pour un train, on dit *voyageur, euse*). **II. adj.** Dont la durée est brève. ⇒ **court, éphémère.** *Un bonheur passager.* ⇒ **fugace.**

PASSAGÈREMENT adv. ▪ Pour peu de temps.

PASSANT, ANTE ▪ **I. n.** Personne qui passe dans un lieu, dans une rue. ⇒ **promeneur.** *Interpeller les passants.* "*À une passante*" (poème de Baudelaire). **II. n. m.** Anneau, pièce cousue pour maintenir une courroie, une ceinture, etc. en place. *Les passants d'une ceinture.* **III. adj.** Où passent beaucoup de personnes, de véhicules (voies, rues...).

PASSATION n. f. ▪ **1.** DR. Action de passer (un acte). ⇒ **passer** (VI, 9). *La passation d'un contrat.* **2.** *Passation de pouvoirs,* transmission de pouvoirs à un autre, à d'autres.

① **PASSE n. f.** ▪ **I.** Action de passer. **1.** ESCR. Action d'avancer sur l'adversaire. ♦ fig. PASSE D'ARMES : échange d'arguments, de répliques vives. **2.** loc. MOT DE PASSE : formule convenue qui permet de passer librement. **3.** MAISON DE PASSE, de prostitution. **4.** Mouvement de mains (d'un prestidigitateur, d'un magnétiseur...). **5.** Action de passer la balle à un partenaire. *Une passe de basket.* **II.** Passage étroit ouvert à la navigation. ⇒ **canal, chenal.** ♦ Passage, en montagne. ⇒ **col. III.** loc. **1.** ÊTRE EN PASSE DE, en position, sur le point de. **2.** ÊTRE DANS UNE MAUVAISE PASSE, dans une période d'ennuis.

② **PASSE n. m.** ⇒ PASSE-PARTOUT

① **PASSÉ n. m.** ▪ **I. 1.** Ce qui a été, précédant un moment donné, ce qui s'est passé. *Le passé et l'avenir. La connaissance du passé. Avoir le culte du passé,* être conservateur, traditionaliste (→ passéisme). *Oublions le passé.* FAM. *C'est du passé.* **2.** Vie passée, considérée comme un ensemble de souvenirs. *Évoquer le passé.* **II. 1.** Partie du temps, cadre où chaque chose passée aurait sa place. *Le passé, le présent et l'avenir. Le passé le plus reculé.* – PAR LE PASSÉ : autrefois. **2.** GRAMM. Temps révolu où se situe l'action ou l'état exprimé par le verbe ; formes de ce verbe. *Le passé simple* (il fit) *et l'imparfait* (il faisait). *Passé composé* (il a fait).

② **PASSÉ, ÉE** ▪ **I. adj.** Qui n'est plus, est écoulé. *Il est huit heures passées,* plus de huit heures. **II. prép.** Après, au-delà, dans l'espace ou le temps. *Passé l'église. Passé minuit.*

③ **PASSÉ, ÉE** ▪ Éteint, fané. *Des couleurs passées.*

PASSE-DROIT n. m. ▪ Faveur accordée contre le règlement. *Profiter de nombreux passe-droits.*

PASSÉISME n. m. ▪ DIDACT. Goût excessif du passé. ► PASSÉISTE **adj.** *Attitude passéiste.* – **n.** *Un, une passéiste.*

PASSE-LACET n. m. ▪ Grosse aiguille servant à introduire un lacet dans un œillet, une coulisse.

PASSEMENTERIE n. f. ▪ **1.** Ouvrages de fil destinés à l'ornement, en couture ou en décoration. **2.** Commerce, industrie de ces ouvrages.

PASSE-MONTAGNE n. m. ▪ Coiffure de tricot ne laissant qu'une partie du visage à découvert. ⇒ **cagoule.**

PASSE-PARTOUT ▪ **1. n. m. invar.** Clé servant à ouvrir plusieurs serrures. ⇒ **crochet.** – abrév. PASSE. **2. adj. invar.** Qui convient partout. *Une tenue passe-partout.*

PASSE-PASSE n. m. invar. ▪ TOUR DE PASSE-PASSE : tour d'adresse des prestidigitateurs. ♦ fig. Tromperie habile.

PASSE-PLAT n. m. ▪ Guichet pour passer les plats, les assiettes.

PASSEPOIL n. m. ▪ Liseré, bordure de tissu formant un bourrelet entre deux pièces cousues.

PASSEPORT n. m. ▪ Pièce certifiant l'identité et la nationalité, délivrée à une personne pour lui permettre de se rendre à l'étranger. *Faire mettre un visa sur son passeport.*

PASSER v. 1 ▪ **I. v. intr.** (auxiliaire *être* ; parfois *avoir*) Se déplacer d'un mouvement continu (par rapport à un lieu fixe, à un observateur). **1.** Être momentanément (à tel endroit), en mouvement. *Passer à un endroit, dans un lieu. Le train va passer ; il est passé.* – *Ne faire que passer,* rester très peu de temps. – EN PASSANT : au passage. – *Soit dit en passant,* par parenthèse. **2.** Être projeté (film), diffusé (émission). **3.** (avec certaines prép.) PASSER SOUS, DESSOUS. *Passer sous un porche.* – *Passer sous une voiture,* être écrasé. – PASSER SUR, DESSUS. *Passer sur un pont.* – fig. *Passer sur le corps, le ventre de qqn,* lui nuire pour parvenir à ses fins. ♦ Ne pas s'attarder sur (un sujet). *Passer rapidement sur les détails.* absolt *Passons !* – Ne pas tenir compte de, oublier volontairement (qqch.). – PASSER OUTRE. ⇒ **outre ; outrepasser.** – PASSER À (AU) TRAVERS : traverser. *Passer à travers bois.* ⇒ **couper, prendre.** – *Passer au travers de difficultés,* les éviter, y échapper. – PASSER PRÈS, À CÔTÉ *de qqn, de qqch.* – PASSER ENTRE (deux personnes, deux choses). – PASSER DEVANT, DERRIÈRE : précéder, suivre (dans l'espace). *Je passe devant pour vous montrer le chemin.* – PASSER AVANT, APRÈS : précéder, suivre (dans le temps). *Passez donc ! Après vous !* – (abstrait) *Passer avant,* être plus important. *Sa mère passe avant sa femme.* **4.** absolt Franchir un endroit difficile, dangereux, interdit. *Halte ! on ne passe pas !* – LAISSER PASSER : faire en sorte que qqn, qqch. passe. ⇒ **laissez-passer.** ♦ (sujet chose) Traverser un filtre (liquide). *Le café est en train de passer.* – (aliments) Être digéré. *Mon déjeuner ne passe pas.* – FAM. *Le, la sentir passer,* subir qqch. de pénible, souffrir. **5.** absolt Être accepté, admis. – PASSE, PASSE ENCORE : cela peut être admis. **6.** PASSER PAR : traverser (un lieu) à un moment de son trajet. *Passer par Calais pour se rendre en Angleterre.* ⇒ **via.** *Il est passé par l'université,* il y a fait des études. – loc. *Une idée m'est passée par la tête,* m'a traversé l'esprit. – fig. *Je suis passé par là,* j'ai eu les mêmes difficultés. ♦ Y PASSER : subir nécessairement (une peine, un sort commun). – spécialt FAM. Mourir. **7.** *Passer inaperçu,* rester, être inaperçu. **II. v. intr.** (Aller) **1.** PASSER DE... À, DANS, EN... : quitter (un lieu) pour aller dans (un autre). ⇒ se **rendre.** *Passer d'une pièce dans une autre. La nouvelle est passée de bouche en bouche.* ⇒ **circuler.** – (changement d'état) *Passer de vie à trépas* : mourir. *Il passe d'un extrême à l'autre.* **2.** (sans *de*) PASSER À, DANS, EN, CHEZ ; QUELQUE PART, aller. *Passons à table. Je passerai chez vous.* – (le passage étant définitif) S'établir, s'installer. *Passer à l'étranger. Passer à l'ennemi. Usage qui passe dans les mœurs.* ♦ Accéder. *Elle est passée dans la classe supérieure.* ⇒ **passage** (I, 3). **3.** PASSER (+ inf.) : aller (faire qqch.). *Je passerai vous prendre demain.* **4.** (choses) Y PASSER : être consacré à. *Il aime le cinéma, tout son argent y passe.* **5.** PASSER À : en venir à. *Passer à l'action. Passons à autre chose.* **6.** (suivi d'un attribut) Devenir. *Il est passé maître dans cet art.* **III. v. intr.** (sans compl.) sens temporel **1.** S'écouler (temps). *Les jours passaient. Comme le temps passe !* **2.** Cesser d'être ou avoir une durée limitée. ⇒ **disparaître.** *La douleur va passer. Faire passer à qqn le goût, l'envie de qqch.* **3.** (couleur) Perdre son intensité, son éclat. ⇒ **pâlir.** *Le bleu passe au soleil.* **IV.** verbe d'état (auxiliaire *avoir*) PASSER POUR : être considéré comme, avoir la réputation de. *Il a longtemps passé pour un génie.* – *Elle l'avait fait passer pour un idiot.* – pronom. *Se faire passer pour ce qu'on n'est pas.* ♦ (choses) Être pris pour. *Cela peut passer pour vrai.* **V. v. tr.** (Traverser ou dépasser) **1.** Traverser (un lieu, un obstacle). ⇒ **franchir.** *Passer une rivière, un col* (⇒ **passe**). *Passer la frontière.* ♦ LITTÉR. Aller le long de, s'en aller par. *Passez votre chemin !* **2.** *Passer un examen,* en subir les épreuves. *Elle vient de passer l'oral.* **3.** Employer (un temps), se trouver dans telle situation pendant (une durée). *Passer la soirée chez qqn.* – *Passer le temps* à* (+ inf.). ⇒ **employer. 4.** Abandonner (un élément d'une suite). ⇒ **oublier, sauter.** *Passer une ligne en copiant.* **5.** PASSER (qqch.) À *qqn.* ⇒ **permettre.** *Ses parents lui passent tout. Passez-moi l'expression* (se dit pour s'excuser). **6.** Dépasser (dans l'espace). – loc. *Passer le cap de,* franchir (un âge critique, une difficulté). – *Passer les limites, les bornes,* aller trop loin. ⇒ **outrepasser.** – (dans le temps) *Il a passé la limite d'âge.* **VI. v. tr.** (Faire passer) **1.** Faire traverser (qqch.). *Passer des marchandises en transit.* – Faire mouvoir, aller, fonctionner. *Passer l'aspirateur.* **2.** *Passer* (qqch.) *sur,* étendre. *Passer une couche de peinture sur une porte.* **3.** *Passer* (qqn, qqch.) *par, à* : soumettre à l'action de. *Passer un instrument à la flamme.* **4.** Faire traverser un filtre (en parlant d'un liquide). *Passer le café.* **5.** Projeter, diffuser. *Passer* *un film, un disque, une émission.* **6.** Mettre rapidement. ⇒ **enfiler.** *Passer une veste.* **7.** Enclencher (les commandes de vitesse d'un véhicule). *Passer la troisième.* **8.** *Passer qqch. à qqn,* remettre. ⇒ **donner.** *Passe-moi le sel.* - récipr. *Ils se sont passé le mot,* ils se sont mis d'accord. - *Passer la parole à qqn,* la lui donner. - *Passez-moi M. le Directeur,* mettez-moi en communication avec lui. ♦ *Passer une maladie à qqn,* la lui donner par contagion. ⇒ **transmettre.** **9.** Faire, établir. *Passer un contrat, une commande.* ⇒ **passation.** ► SE **PASSER** v. pron. **I. 1.** S'écouler (cf. ci-dessus, III). *Des moments qui se passent dans l'attente.* - Prendre fin. **2.** Être (en parlant d'une action, d'un événement qui a une certaine durée). ⇒ se **produire.** *L'action se passe au XVIe siècle. Cela s'est bien, mal passé.* - loc. *Cela ne se passera pas comme ça,* je ne le tolérerai pas. - impers. *Qu'est-ce qui se passe ?,* qu'est-ce qu'il y a ? **II.** *SE PASSER DE* **1.** Vivre sans (en s'accommodant de cette absence). *Se passer d'argent.* - *Nous nous passerons d'aller au théâtre.* ⇒ s'**abstenir.** *Je m'en passerais bien.* **2.** (choses) Ne pas avoir besoin. *Cela se passe de commentaires !*

PASSEREAU n. m. ▪ Oiseau de l'ordre des *Passereaux* ou *Passériformes* (alouette, hirondelle, moineau, etc.).

PASSERELLE n. f. ▪ **1.** Pont étroit, réservé aux piétons. **2.** Plan incliné mobile par lequel on peut accéder à un navire, un avion. **3.** Superstructure la plus élevée d'un navire. *Le commandant est sur la passerelle.*

PASSE-ROSE n. f. ▪ RÉGIONAL Rose trémière. ◇ var. PASSEROSE.

PASSE-TEMPS [-tɑ̃] n. m. invar. ▪ Ce qui fait passer agréablement le temps. ⇒ **amusement, divertissement.**

PASSEUR, EUSE n. ▪ **1.** Personne qui fait passer une rivière. ⇒ **batelier.** **2.** Personne qui fait passer clandestinement une frontière à qqn ou qqch.

PASSIBLE adj. ▪ *PASSIBLE DE :* qui doit subir (une peine). *Être passible d'une amende.* ⇒ **encourir.**

PASSIF, IVE ▪ **I.** adj. **1.** Qui se contente de subir, n'agit pas, ne prend pas d'initiative (opposé à *actif*). *Il reste passif devant le danger,* il ne réagit pas (⇒ **passivité**). - *Résistance* passive. Défense* passive.* **2.** Se dit des formes verbales présentant l'action comme subie par le sujet. *Voix* passive.* - n. m. *Le passif :* voix, conjugaison passive. *Un verbe au passif.* **II.** n. m. Ensemble de dettes et charges financières. *Débiteur dont le passif est supérieur à l'actif.*

PASSIFLORE n. f. ▪ Plante à larges fleurs étoilées qui évoquent les clous de la Passion (II). *Fruit de la passiflore* (→ fruit de la passion*).

passiflore. *Passiflora coerulea.*
Phot. © Rouxaime/Jacana

PASSIM [-im] adv. ▪ Çà et là (dans tel ouvrage), en différents endroits (d'un livre). *Page 9 et passim.*

PASSION n. f. ▪ **I. 1.** surtout plur. État affectif et intellectuel assez puissant pour dominer la vie mentale. *Obéir, résister à ses passions, vaincre ses passions.* ⇒ **désir ; affectivité, sentiment.** **2.** Amour intense. *Déclarer sa passion.* ⇒ **flamme.** *Passion subite.* ⇒ **coup de foudre.** **3.** Vive inclination vers un objet auquel on s'attache de toutes ses forces. *La passion du jeu. La peinture, c'est sa passion.* **4.** Affectivité violente, qui nuit au jugement. *Discuter sans passion.* - *Céder aux passions politiques.* **5.** *La passion,* ce qui, dans une œuvre, est le signe de la sensibilité, de l'enthousiasme de l'artiste. ⇒ **émotion, vie.** **II. 1.** REL. *La Passion,* souffrance et supplice du Christ. **2.** *Arbre de la passion,* la passiflore*. *Fleur de la passion,* sa fleur. (COUR.) *Fruit de la passion.*

PASSIONNANT, ANTE adj. ▪ Qui passionne. ⇒ **émouvant, palpitant.** *Des nouvelles pas passionnantes,* sans intérêt. - *Des gens passionnants.*

PASSIONNÉ, ÉE adj. ▪ Animé, rempli de passion. *Un amoureux passionné.* - n. *C'est un passionné.* ♦ *Passionné de, pour,* qui a une vive inclination pour (qqch.). ⇒ **fanatique.** - n. *C'est un passionné de moto.* ♦ *Un récit passionné.*

PASSIONNEL, ELLE adj. ▪ **1.** Relatif aux passions (I, 1), qui évoque la passion. *Des états passionnels.* **2.** Inspiré par la passion (I, 2) amoureuse. *Crime passionnel.*

PASSIONNÉMENT adv. ▪ Avec passion.

PASSIONNER v. tr. [1] ▪ **1.** Éveiller un très vif intérêt. *Ce film m'a passionné.* **2.** Empreindre de passion (I, 4). *Passionner un débat.* ► SE **PASSIONNER** v. pron. *Se passionner pour :* prendre un intérêt très vif à.

PASSIVEMENT adv. ▪ D'une manière passive.

PASSIVITÉ n. f. ▪ État ou caractère de celui, de celle ou de ce qui est passif. ⇒ **inertie.**

PASSOIRE n. f. ▪ Récipient percé de trous, utilisé pour égoutter des aliments, pour filtrer des liquides. ⇒ **chinois.** - (abstrait) *Sa mémoire est une passoire,* il ne retient rien.

PASSY ▪ Commune de la Haute-Savoie. 9 235 hab. *(les Passerands).* Centrale hydroélectrique.

PASSY ▪ Ancienne commune du département de la Seine, au nord-est d'Auteuil et annexée à Paris en 1860 (16e arr.). Situé près du bois de Boulogne, c'est aujourd'hui un quartier résidentiel.

PASTEL n. m. ▪ **1.** Pâte faite de pigments colorés façonnés en bâtonnets. *Des portraits au pastel.* **2.** appos. (invar.) *Bleu pastel. Des tons pastel,* doux et clairs comme ceux du pastel. **3.** Œuvre faite au pastel. *Un pastel et une aquarelle.*

PASTELLISTE n. ▪ Peintre de pastels.

PASTÈQUE n. f. ▪ Gros fruit comestible à peau verte et luisante, à chair rouge et juteuse (syn. *melon d'eau*).

Pasternak.
Phot. © USIS

Boris PASTERNAK (1890 - 1960) ▪ Écrivain soviétique. Auteur de poèmes et du roman *"Le Docteur Jivago"* (1957). Il fut contraint de refuser le prix Nobel en 1958. Il fut réhabilité en 1987.

PASTEUR n. m. ▪ **1.** LITTÉR. Celui qui fait paître le bétail. ⇒ **berger, pâtre.** **2.** RELIG. *LE BON PASTEUR :* le Christ. **3.** Ministre d'un culte protestant.

Louis PASTEUR (1822 - 1895) ▪ Savant français, un des créateurs de la microbiologie et de la stéréochimie. Ses travaux

Pasteur. *Louis Pasteur dans son laboratoire,* tableau d'Albert Edelfelt. Musée national du château, Versailles. *Phot. © Dagli Orti*

sur la fermentation l'amenèrent à réfuter la théorie de la « génération spontanée » et à découvrir l'existence de micro-organismes (dont certains peuvent être détruits par chauffage ; cf. pasteurisation), responsables de l'altération du vin, du lait... Il mit au point le vaccin contre la rage. ► **l'INSTITUT PASTEUR** Établissement scientifique fondé en 1888. Fabrication de vaccins, recherche, enseignement. Découverte du virus du sida (Luc Montagnier) en 1983.

PASTEURISATION n. f. ▪ Opération qui consiste à chauffer un liquide (80 °C) et à le refroidir brusquement, de manière à détruire un grand nombre de germes pathogènes.

PASTEURISER v. tr. [1] ▪ Stériliser par pasteurisation. ‑ au p. p. *Lait pasteurisé.*

PASTICHE n. m. ▪ Imitation ou évocation du style, de la manière (d'un écrivain, d'un artiste, d'une école).

PASTICHER v. tr. [1] ▪ Imiter la manière, le style de. *Il s'amusait à pasticher Hugo.*

PASTICHEUR, EUSE n. ▪ Auteur de pastiches.

PASTILLE n. f. ▪ **1.** Petit morceau d'une pâte pharmaceutique ou d'une préparation de confiserie. *Pastille de menthe.* ⇒ **bonbon. 2.** Dessin en forme de petit disque. ⇒ **pois.**

PASTIS [‑is] n. m. ▪ **1.** Boisson alcoolisée à l'anis, qui se consomme avec de l'eau. **2.** FAM. Situation délicate ou difficile.

PASTORAL, ALE, AUX ▪ LITTÉR. **1.** adj. Relatif aux bergers. ‑ Qui évoque les mœurs champêtres. *"La Symphonie pastorale"* (de Beethoven). **2.** n. f. Ouvrage (littéraire, pictural...) dont les personnages sont des bergers. ⇒ **bergerie.**

PASTOUREAU, ELLE n. ▪ LITTÉR. Petit berger, petite bergère.

PATACHE n. f. ▪ anciennt Diligence à bon marché.

PATACHON n. m. ▪ *Mener une* VIE DE PATACHON, agitée, consacrée aux plaisirs.

la PATAGONIE ▪ Région située à l'extrémité sud du continent américain (en Argentine, au sud de la Pampa, et au Chili). Vaste plateau de pierres au climat sec et froid. 800 000 km². Élevage ovin. Pétrole.

PATAN anciennt ***LALITPUR*** ▪ Ancienne capitale du Népal. 15 865 hab. Temples.

PATAPHYSIQUE n. f. ▪ Science fictive des épiphénomènes, « des solutions imaginaires », inventée plaisamment par Alfred Jarry.

PATAPOUF n. m. ▪ FAM. Personne, enfant gros et gras. ⇒ **pataud.** *Regardez-moi ce gros patapouf !*

PATAQUÈS [‑ɛs] n. m. ▪ **1.** Faute grossière de langage. ⇒ **barbarisme, cuir. 2.** Gaffe grossière.

PATATE n. f. ▪ **I.** *PATATE DOUCE :* plante tropicale, cultivée pour ses gros tubercules comestibles ; le tubercule. **II. 1.** FAM. Pomme de terre. **2.** FAM. Personne stupide. **3.** loc. FAM. *En avoir* GROS SUR LA PATATE, sur le cœur. **4.** MATH. Schéma courbe, fermé, de forme irrégulière, symbolisant un ensemble.

PATATI PATATA ▪ FAM. Évoque un long bavardage. *Et patati ! et patata ! ils n'arrêtent pas.*

PATATRAS interj. ▪ Bruit d'un corps qui tombe avec fracas. *Patatras ! Voilà le vase cassé !* ⇒ **badaboum.**

PATAUD, AUDE ▪ **1.** n. Personne à la démarche pesante et aux manières embarrassées. *Un gros pataud.* ⇒ **patapouf. 2.** adj. Qui est lent et lourd dans ses mouvements. ⇒ **gauche, maladroit.** *Une allure pataude.*

PATAUGAS [‑as] n. m. (marque déposée) ▪ Chaussure de marche montante en toile, à semelle épaisse.

patelle. *Patella aspera.* Phot. © Danrigal/Jacana

la **Patagonie.** Phot. © Paireault/Gamma

PATAUGEOIRE n. f. ▪ Bassin peu profond pour les enfants.

PATAUGER v. intr. [3] ▪ **1.** Marcher sur un sol détrempé, dans une eau boueuse. ⇒ **barboter.** *Les enfants pataugeaient dans les flaques.* **2.** fig. S'embarrasser, se perdre dans des difficultés.

PATCHOULI n. m. ▪ Parfum extrait d'une plante tropicale.

PATCHWORK [patʃwœʀk] n. m. ▪ anglic. **1.** Ouvrage de couture rassemblant des carrés de couleurs et de matières différentes. **2.** fig. Ensemble d'éléments disparates.

PÂTE n. f. ▪ **I. 1.** Préparation plus ou moins consistante, à base de farine délayée, que l'on consomme après cuisson. *Pétrir une pâte. Pâte à pain.* **2.** *PÂTES, PÂTES ALIMENTAIRES :* préparation culinaire à base de blé dur, vendue sous diverses formes. ⇒ **coquillette, macaroni, nouille, spaghetti, tagliatelle, vermicelle ; cannelloni, lasagne, ravioli.** *Des pâtes à l'italienne* (cf. ital. *la pasta*). **3.** loc. *Mettre la* MAIN À LA PÂTE *:* travailler soi-même à qqch. ‑ *Être comme un* COQ EN PÂTE *:* mener une vie confortable, heureuse. **II. 1.** Préparation, mélange plus ou moins mou. *Fromage à pâte dure. Pâte de fruits,* friandise. ‑ *Pâte dentifrice. Pâte à papier* (pour fabriquer le papier). *Pâte à modeler.* **2.** Matière formée par les couleurs travaillées. *Ce peintre a une pâte extraordinaire.* **3.** loc. *Une bonne pâte,* personne accommodante, très bonne. ‑ *Une pâte molle,* personne sans caractère.

PÂTÉ n. m. ▪ **I. 1.** *PÂTÉ* ou *PÂTÉ EN CROÛTE :* préparation (de viande, etc.) cuite dans une pâte, consommée chaude. ‑ *Pâté impérial :* plat chinois fait d'une crêpe de riz fourrée de viande, de soja, etc. et frit (⇒ **nem**). **2.** Préparation de charcuterie, hachis de viandes épicées cuit et consommé froid. *Pâté de campagne. Pâté de foie, de lapin. Chair à pâté.* **II. 1.** Grosse tache d'encre. *Faire des pâtés en écrivant.* **2.** *PÂTÉ DE MAISONS :* ensemble de maisons formant bloc. **3.** *Pâté de sable* ou absolt *pâté,* sable moulé à l'aide d'un seau, d'un moule.

PÂTÉE n. f. ▪ **1.** Mélange d'aliments formant une pâte dont on nourrit certains animaux domestiques. **2.** Volée de coups ; défaite écrasante. *Recevoir une pâtée.*

① **PATELIN, INE** adj. ▪ LITTÉR. Doucereux, flatteur. *Un ton patelin.* ⇒ **hypocrite, mielleux.**

② **PATELIN** n. m. ▪ FAM. Village, localité, pays. *Il est allé passer ses vacances dans un patelin perdu.* ⇒ **bled, trou.**

PATELLE n. f. ▪ Mollusque à forme conique qui vit fixé aux rochers. ⇒ **bernicle.**

PATÈNE n. f. ▪ Petite assiette servant à présenter l'hostie avant de la consacrer.

Joachim PATENIER ou **PATINIR** (v. 1480 ‑ 1524) ▪ Peintre flamand. Sujets bibliques où il fut l'un des premiers à donner une grande place au paysage.

PATENÔTRE n. f. ▪ iron. Prière. *Débiter des patenôtres.*

PATENT, ENTE adj. ▪ LITTÉR. Évident, manifeste. *Une injustice patente.* ⇒ **flagrant.**

PATENTE ▪ **1.** adj. et n. f. *LETTRE PATENTE* ou *PATENTE :* écrit public émanant du roi qui établissait un droit ou un privilège. **2.** n. f. Impôt direct annuel, auquel sont assujettis les commerçants, artisans, etc.

PATENTÉ, ÉE adj. ▪ **1.** Soumis à la patente ; qui paye la patente. **2.** FAM. Connu (comme tel). *Des imbéciles patentés.*

PATER [-ɛʀ] n. m. invar. ▪ Prière qui commence (en latin) par les mots *Pater noster* (notre Père).

PATÈRE n. f. ▪ Pièce de bois ou de métal fixée à un mur, qui sert à suspendre les vêtements.

PATERNALISME n. m. ▪ Tendance à imposer un contrôle, une domination sous couvert de protection. ► PATERNALISTE adj. *Un patron paternaliste.*

PATERNE adj. ▪ LITTÉR. Qui montre ou affecte une bonhomie doucereuse. *Un air paterne.*

PATERNEL, ELLE ▪ **1.** adj. Qui est propre au père ; du père. *Amour paternel. Autorité paternelle.* **2.** n. m. FAM. Père. *Attention ! voilà mon paternel !*

PATERNELLEMENT adv. ▪ À la manière d'un père.

PATERNITÉ n. f. ▪ **1.** État, qualité de père ; sentiment paternel. *Les soucis de la paternité.* **2.** DR. Lien qui unit le père à son enfant. *Paternité légitime. Paternité civile* (de l'adoption). **3.** Fait d'être l'auteur (de qqch.). *Elle revendique la paternité de cet ouvrage.*

PÂTEUX, EUSE adj. ▪ **1.** Qui a la consistance de la pâte. **2.** fig. *Style pâteux,* lourd. **3.** loc. *Avoir la bouche, la langue pâteuse,* une salive épaisse, la langue embarrassée.

les frères PATHÉ ▪ **Émile** (1860 - 1937) et **Charles** (1863 - 1957). Industriels français, pionniers du disque et du cinéma. Ils fondèrent l'industrie phonographique française.

PATHÉTIQUE ▪ **1.** adj. Qui suscite une émotion intense (douleur, pitié, horreur, terreur, tristesse). ⇒ **touchant.** *Un film pathétique.* **2.** n. m. LITTÉR. Caractère de ce qui est propre à émouvoir fortement. ⇒ **pathos** (péj.). ► adv. PATHÉTIQUEMENT

-PATHIE, -PATHIQUE, -PATHE Éléments, du grec *pathos* « ce qu'on éprouve » (ex. *antipathie, apathie, homéopathie, névropathe, psychopathe, sympathie, télépathie*).

PATHO- Élément, du grec *pathos* « maladie ».

PATHOGÈNE adj. ▪ Qui peut causer une maladie. *Bactérie pathogène.*

PATHOLOGIE n. f. ▪ Science liée à la physiologie et à l'anatomie, qui a pour objet l'étude et la connaissance des causes et des symptômes des maladies. *Pathologie mentale.* ⇒ **psychopathologie.**

PATHOLOGIQUE adj. ▪ **1.** Relatif à la maladie ; dû à la maladie. *État pathologique.* ⇒ **morbide. 2.** FAM. (comportement) Anormal. *Il a une peur pathologique de l'eau.* ⇒ **maladif.**

PATHOS [-os ; -ɔs] n. m. ▪ LITTÉR. péj. Ton pathétique* excessif, dans un discours, un écrit. *Tomber dans le pathos.*

PATIBULAIRE adj. ▪ **1.** ANTIQ. *Fourches patibulaires,* gibet. **2.** Qui semble appartenir à un criminel (visage, apparence). ⇒ **inquiétant, sinistre.** *Une mine patibulaire.*

PATIEMMENT [-jamɑ̃] adv. ▪ Avec patience, d'une manière patiente.

PATIENCE [-jɑ̃s] n. f. ▪ **I. 1.** VX Résignation ; courage pour supporter. - loc. *S'armer de patience.* **2.** Aptitude à persévérer dans une activité, un travail de longue haleine, sans se décourager. ⇒ **constance. 3.** Qualité d'une personne qui sait attendre, en gardant son calme. *Perdre patience.* ⇒ s'**impatienter. 4.** *PATIENCE ! :* interjection pour exhorter à la patience. **5.** *JEU DE PATIENCE :* exercice que l'on fait seul et qui consiste à remettre en ordre des éléments mêlés (ex. puzzle). **II.** *UNE PATIENCE :* exercice exécuté seul et consistant à remettre en ordre un jeu de cartes selon certaines règles. ⇒ **réussite.**

PATIENT, ENTE [-sjɑ̃, ɑ̃t] ▪ **I.** adj. **1.** Qui a de la patience, fait preuve de patience. *Un chercheur patient.* ⇒ **persévérant. 2.** (choses) Qui manifeste de la patience. *Un patient labeur.* **II.** n. Le malade, la personne qui consulte (par rapport au médecin). *Le médecin et ses patients.* ⇒ **client, malade.**

PATIENTER [-sjɑ̃-] v. intr. [1] ▪ Attendre (avec patience). *Faites-le patienter un instant.*

PATIN n. m. ▪ **1.** Pièce de tissu sur laquelle on pose le pied pour protéger un parquet. **2.** *PATIN À GLACE* ou *PATIN :* dispositif formé d'une lame verticale fixée à la chaussure et destiné à glisser sur la glace. - *PATIN (À ROULETTES) :* dispositif monté sur roulettes qui se fixe à la chaussure. ♦ *Le patin :* le patinage. - (Patin à roulettes) *Il préfère le patin à la planche à roulettes.* **3.** *Patin de frein,* organe mobile dont le serrage contre la jante d'une roue permet de freiner.

PATINAGE n. m. ▪ Sport du patin à glace. *Patinage artistique. Piste de patinage.* ⇒ **patinoire.**

PATINE n. f. ▪ Dépôt qui s'est formé progressivement sur certains objets ; couleur prise avec le temps. *La patine d'un meuble.*

① **PATINER** v. intr. [1] ▪ **1.** Glisser avec des patins (2). *Apprendre à patiner.* **2.** (roue de véhicule) Glisser sans tourner ; tourner sans avancer. ⇒ **chasser, déraper ; riper.**

Patenier. *Le Baptême du Christ.* Kunsthistorisches Museum, Vienne. *Phot. © Giraudon*

② **PATINER** v. tr. 1 ▪ Couvrir de patine. *Le temps a patiné la pierre.* ➝ pronom. *Des sculptures qui commencent à se patiner.*

PATINETTE n. f. ▪ Plate-forme allongée montée sur deux roues et munie d'un guidon. ⇒ **trottinette.**

PATINEUR, EUSE n. ▪ Personne qui fait du patin à glace ou à roulettes.

PATINOIRE n. f. ▪ Piste de patinage sur glace. ➝ Espace très glissant.

PATIO [pasjo ; patjo] n. m. ▪ Cour intérieure d'une maison de style espagnol.

PÂTIR v. intr. 2 ▪ *PÂTIR DE :* souffrir à cause de ; subir les conséquences fâcheuses, pénibles de. *Pâtir de l'injustice.* ⇒ **endurer.** *Sa santé pâtira de ses excès.*

PÂTISSERIE n. f. ▪ **1.** Préparation de la pâte pour la confection de gâteaux ; préparation des gâteaux. *Moule, rouleau à pâtisserie.* **2.** *UNE PÂTISSERIE :* préparation sucrée de pâte travaillée. ⇒ **gâteau. 3.** Commerce, industrie de la pâtisserie ; fabrication et vente de gâteaux frais. ♦ Magasin où l'on fabrique et où l'on vend des gâteaux. *Boulangerie pâtisserie.*

PÂTISSIER, IÈRE ▪ **1.** n. Personne qui fait, qui vend de la pâtisserie, des gâteaux. *Boulanger pâtissier.* **2.** adj. *Crème pâtissière,* utilisée pour garnir certaines pâtisseries (choux, éclairs).

PATNA ▪ Ville de l'Inde, capitale du Bihar. 1 098 000 hab. Important carrefour de communications sur le Gange.

PATOIS n. m. ▪ Parler local employé par une population généralement peu nombreuse, souvent rurale. ⇒ **dialecte.** ➝ adj. *PATOIS, OISE. Mot patois, expression patoise.*

PATOISANT, ANTE adj. et n. ▪ (Personne) qui parle patois.

PATRAQUE adj. ▪ FAM. Un peu malade. ⇒ **souffrant.** *Se sentir patraque.*

PATRAS ▪ Ville de Grèce, dans le nord-ouest du Péloponnèse. Port actif (liens avec l'Italie). 172 763 hab.

PÂTRE n. m. ▪ Celui qui fait paître le bétail. ⇒ **berger, pasteur.**

PATR(I)- Élément, du latin *pater, patris* « père ».

PATRIARCAL, ALE, AUX adj. ▪ **1.** Relatif aux patriarches ou qui en rappelle les mœurs paisibles. **2.** SOCIOL. Organisé selon les principes du patriarcat. *Une société patriarcale.*

PATRIARCAT n. m. ▪ **1.** SOCIOL. Forme de famille fondée sur la parenté par les mâles et sur la puissance paternelle. ♦ Organisation sociale fondée sur la famille patriarcale (opposé à *matriarcat*). **2.** Dignité de patriarche (2). ➝ Circonscription d'un patriarche (→ archevêché).

PATRIARCHE n. m. ▪ **1.** dans la Bible Nom donné aux pères de l'humanité (Adam, Noé, Abraham...). ♦ Vieillard qui mène une vie simple et paisible, entouré d'une nombreuse famille (⇒ **patriarcal**). **2.** Chef d'une Église séparée de l'Église romaine. ➝ Archevêque des Églises orientales.

PATRICIEN, IENNE ▪ **1.** n. et adj. (Personne) qui appartenait, de par sa naissance, à la classe supérieure des citoyens romains. *Patriciens et plébéiens.* **2.** adj. LITTÉR. Aristocrate.

saint **PATRICK** ou **PATRICE** (v. 389 - 461) ▪ Évangélisateur et patron de l'Irlande.

PATRIE n. f. ▪ **1.** Communauté sociale et politique à laquelle on appartient ou on a le sentiment d'appartenir ; pays habité par cette communauté. *La patrie et la nation*. L'amour de la patrie.* ⇒ **patriotisme.** *Ils ont la même patrie.* ⇒ **compatriote.** *Sans patrie.* ⇒ **apatride.** *Quitter sa patrie.* ⇒ **s'expatrier. 2.** Lieu (ville, région) où qqn est né. *Clermont-Ferrand est la patrie de Pascal.*

PATRIMOINE n. m. ▪ **1.** Biens de famille, biens hérités de ses parents. ⇒ **fortune.** *Dilapider son patrimoine.* **2.** Ce qui est considéré comme une propriété transmise par les ancêtres. *Le patrimoine culturel d'un pays :* œuvres, monuments, traditions. *Entretenir, sauvegarder le patrimoine.* **3.** *Le patrimoine héréditaire, génétique d'un individu :* les caractères hérités. ⇒ **génotype.**

PATRIMONIAL, IALE, IAUX adj. ▪ DR. Du patrimoine (1).

PATRIOTE n. ▪ Personne qui aime sa patrie et la sert avec dévouement. ➝ adj. *Être très patriote.*

PATRIOTIQUE adj. ▪ Qui exprime l'amour de la patrie ou est inspiré par lui. *Des chants patriotiques.* ► adv. PATRIOTIQUEMENT

PATRIOTISME n. m. ▪ Amour de la patrie ; désir, volonté de se dévouer, de se sacrifier pour la défendre.

PATROCLE ▪ Héros de *"L'Iliade"*. Compagnon d'Achille, il est tué par Hector devant Troie.

① **PATRON, ONNE** n. ▪ **I.** Saint, sainte dont on a reçu le nom au baptême, qu'un groupe reconnaît pour protecteur, à qui est dédiée une église. *Saint Éloi, patron des orfèvres.* **II. 1.** Personne qui commande à des employés, des domestiques. **2.** Personne qui dirige une maison de commerce. *Le patron, la patronne d'un café.* **3.** n. m. Chef d'une entreprise. *Le (grand) patron.* ⇒ **P.-D.G., président ; directeur.** ♦ Employeur. *Rapports entre patrons et employés* (⇒ **patronat**). ♦ FAM. Supérieur hiérarchique. ⇒ **chef. 4.** Professeur de médecine, chef de clinique. **5.** Personne qui dirige des travaux intellectuels, artistiques. *Patron de thèse.*

② **PATRON** n. m. ▪ Modèle de papier ou de toile préparé pour tailler un vêtement. *Le patron d'un manteau.*

PATRONAGE n. m. ▪ **1.** Appui donné par un personnage puissant, un organisme. *Gala placé sous le haut patronage d'un ministre, d'un ministère.* ⇒ **parrainage. 2.** Œuvre qui donne une formation morale à des jeunes. ⇒ **foyer.** *Patronage laïque, paroissial.* ➝ péj. *Un spectacle de patronage,* naïf.

PATRONAL, ALE, AUX adj. ▪ **1.** D'un saint patron. *Fête patronale.* **2.** D'un chef d'entreprise ; du patronat. *Cotisation patronale. Intérêts patronaux.*

PATRONAT n. m. ▪ Ensemble des chefs d'entreprise. *Confédération nationale du patronat français* (C.N.P.F.).

PATRONNER v. tr. 1 ▪ Donner sa protection à (⇒ **patronage**). *Être patronné par un personnage influent.* ⇒ **protéger.** *Patronner une candidature.* ⇒ **appuyer.**

PATRONNESSE adj. f. ▪ iron. *DAME PATRONNESSE,* qui se consacre à des œuvres de bienfaisance.

PATRONYME n. m. ▪ LITTÉR. Nom de famille (nom du père). ► adj. PATRONYMIQUE

PATROUILLE n. f. ▪ **1.** Ronde de surveillance faite par un détachement de police ; ce détachement. **2.** Déplacement d'un groupe de soldats chargé de remplir une mission ; ce groupe. *Patrouille de reconnaissance.* ➝ *Avions envoyés en patrouille. Patrouille de chasse.*

PATROUILLER v. intr. 1 ▪ Aller en patrouille, faire une patrouille. *Les garde-côtes patrouillent dans les eaux territoriales.*

PATROUILLEUR n. m. ▪ **1.** Soldat qui fait partie d'une patrouille. **2.** Avion de chasse, navire de guerre d'escorte ou de surveillance.

PATTE n. f. ▪ **I. 1.** (animaux) Membre qui supporte le corps, sert à la marche (⇒ **jambe**). *Les quatre pattes des quadrupèdes. Les deux pattes d'une poule.* ➝ loc. (personnes) *Marcher À QUATRE PATTES,* en posant les mains et les pieds (ou les genoux) par terre. ♦ Appendice servant à la marche (insectes, arthropodes, crustacés). *Les mille-pattes ont en fait quarante-deux pattes.* **2.** FAM. Jambe. *Être court sur pattes.* ➝ *Avoir une patte folle,* boiter. *Traîner la patte.* **3.** FAM. Main. *BAS LES PATTES ! :* ne touchez pas. **4.** loc. *Retomber sur ses pattes,* se tirer sans dommage d'une affaire fâcheuse. ➝ *Montrer patte blanche,* présenter des garanties pour être admis (dans un groupe...). ➝ *Tirer dans les pattes de qqn, à qqn,* lui susciter des difficultés. **II. 1.** Poils qui poussent devant l'oreille. ⇒ **favori(s). 2.** Languette d'étoffe, de cuir (servant à fixer, à fermer). *La patte d'un portefeuille.* **3.** Attache de fer scellée, chevillée ou clouée.

PATTE-D'OIE n. f. ▪ **1.** Carrefour d'où partent plusieurs routes. **2.** Petites rides divergentes au coin externe de l'œil. *Des pattes-d'oie.*

PATTEMOUILLE n. f. ▪ Linge humide dont on se sert pour repasser les vêtements.

George **PATTON** (1885 - 1945) ▪ Général américain. Il fut un des principaux artisans de la victoire alliée sur le front occidental durant la Deuxième Guerre mondiale.

PÂTURAGE n. m. ▪ Lieu couvert d'une herbe qui doit être consommée sur place par le bétail. ⇒ **pacage, prairie, pré ; herbage.**

PÂTURE n. f. ▪ **1.** Ce qui sert à la nourriture des animaux. *L'oiseau apporte leur pâture à ses petits.* **2.** fig. Ce qui sert d'aliment (à une faculté, à un besoin, à une passion...). *Il fait sa pâture de tout ce qu'il lit.* ➝ loc. *EN PÂTURE. Livrer sa vie privée en pâture aux journalistes.*

PATURON n. m. ▪ Partie du bas de la jambe du cheval.

PAU ▪ Chef-lieu des Pyrénées-Atlantiques, sur le *gave de Pau.* 82 157 hab. *(les Palois).* Centre touristique (château) et commercial. Gisements de gaz près de la ville (Lacq). Ancienne capitale du Béarn et des rois de Navarre, où naquit Henri IV.

PAUILLAC ▪ Commune de la Gironde. 5 670 hab. *(les Pauillacais).* Port pétrolier. Grands vignobles.

saint PAUL (v. 5-15 - v. 62-64) ▪ Apôtre du christianisme. Son action nous est connue par les Actes des Apôtres et ses 14 lettres ou *"Épîtres"* aux premières communautés chrétiennes qui furent intégrées au Nouveau Testament. Il se convertit, selon les Actes, à la suite d'une vision du Christ sur le chemin de Damas. Il prêcha au cours de nombreux voyages et fut martyrisé à Rome. Sa doctrine est une mystique du Christ et de l'Église.

Alexandre Farnèse dit **PAUL III** (1468 - 1549) ▪ Pape de 1534 à sa mort. Il fut à l'origine de la Contre-Réforme et réunit le concile de Trente en 1545. Prince humaniste, il employa Michel-Ange.

PAUL VI (1897 - 1978) ▪ Pape de 1963 à sa mort. Il réforma la liturgie selon les décisions du deuxième concile du Vatican (appelé *Vatican II*).

Jean PAULHAN (1884 - 1968) ▪ Écrivain français. Critique, prosateur, théoricien de la langue et de la littérature, figure importante de l'édition. *"Les Fleurs de Tarbes"* (1941).

Wolfgang PAULI (1900 - 1958) ▪ Physicien suisse d'origine autrichienne. Un des fondateurs de la théorie atomique et du formalisme quantique. Prix Nobel 1945.

Linus PAULING (1901 - 1994) ▪ Chimiste américain. Il fut un des fondateurs de la mécanique quantique qu'il appliqua à la chimie. Prix Nobel de chimie en 1954 et prix Nobel de la paix en 1962.

PAULOWNIA [polɔnja] n. m. ▪ Grand arbre à fleurs bleues ou mauves.

Friedrich PAULUS (1890 - 1957) ▪ Maréchal allemand, vaincu à Stalingrad en 1943.

PAUME n. f. ▪ **I.** Intérieur de la main. ⇒ **creux.** *Il avait les paumes couvertes d'ampoules.* **II.** Sport (ancêtre du tennis) pratiqué en salle et qui consistait à se renvoyer une balle de part et d'autre d'un filet, au moyen d'une raquette et selon certaines règles. *Jouer à la paume.* - *Jeu de paume,* salle de jeu de paume.

PAUMÉ, ÉE adj. ▪ FAM. Perdu, égaré. *Il est complètement paumé,* il ne sait plus où il en est. ♦ *Un bled paumé.*

PAUMELLE n. f. ▪ TECHN. Charnière de métal réunissant le gond (d'un volet, d'une fenêtre, d'une porte) à la pièce où il s'articule (œil).

PAUMER v. tr. [1] ▪ FAM. Perdre. *J'ai paumé le fric.* - pronom. Se perdre. *Elle s'est paumée en route.*

PAUPÉRISATION n. f. ▪ ÉCON. Abaissement du niveau de vie ; appauvrissement d'une classe sociale. *La paupérisation de pays du tiers-monde. La paupérisation des chômeurs* (⇒ nouveau **pauvre**).

PAUPIÈRE n. f. ▪ Chacune des deux parties mobiles qui recouvrent et protègent l'œil. *Battre des paupières.*

PAUPIETTE n. f. ▪ Tranche de viande roulée et farcie. *Paupiettes de veau.*

PAUSE n. f. ▪ **1.** Interruption momentanée (d'une activité, d'un travail, etc.). ⇒ **arrêt, halte.** *Faire une pause. La pause de midi.* - FAM. *La PAUSE CAFÉ* (pour prendre le café). **2.** Temps d'arrêt dans les paroles. ⇒ **silence.** *Marquer une pause entre deux phrases.* **3.** MUS. Silence correspondant à la durée d'une ronde ; figure, signe qui sert à le noter. *Une pause vaut quatre soupirs.*

PAUVRE ▪ **I.** adj. **1.** épithète (après le nom) ou attribut d'un nom de personne Qui n'a pas (assez) d'argent. ⇒ **indigent, nécessiteux** ; FAM. **fauché** ; contr. *riche. Il est très pauvre, pauvre comme Job*.* ⇒ **misérable, miséreux.** - (lieux, communautés) *Les pays pauvres.* ⇒ **sous-développé. 2.** (choses) Qui a l'apparence de la pauvreté. *Une pauvre maison.* **3.** *PAUVRE DE :* qui n'a guère de. ⇒ **dénué, dépourvu, privé.** *Il est un peu pauvre d'esprit.* - *PAUVRE EN. Une ville pauvre en distractions.* **4.** Qui fournit ou produit trop peu. *Terre pauvre.* ⇒ **maigre, stérile. 5.** épithète, avant le nom Qui inspire de la pitié. ⇒ **malheureux.** *Un pauvre malheureux. La pauvre bête ! Un pauvre sourire,* triste, forcé. - (en s'adressant à qqn) *Ma pauvre chérie ! Mon pauvre ami !* (affectueux ou méprisant). - loc. *Pauvre de moi !* - n. *Le pauvre, la pauvre ! Mon, ma pauvre,* exprime la commisération. **6.** Pitoyable, lamentable. *C'est un pauvre type.* **II.** n. **1.** VIEILLI *UN PAUVRE, UNE PAUVRESSE :* personne qui vit de la charité publique. ⇒ **indigent, mendiant. 2.** *LES PAUVRES :* les personnes sans ressources, qui ne possèdent rien. *Les nouveaux pauvres :* les victimes récentes de crises économiques, du chômage.

PAUVREMENT adv. ▪ D'une manière pauvre. *Vivre pauvrement.* ⇒ **misérablement.**

PAUVRESSE ⇒ PAUVRE (II)

PAUVRET, ETTE n. et adj. ▪ (dimin. de commisération) Pauvre petit (e).

PAUVRETÉ n. f. ▪ **1.** État d'une personne qui manque de moyens matériels, d'argent ; insuffisance de ressources. ⇒ **indigence, misère, nécessité** ; FAM. **dèche, mouise.** *La pauvreté augmente dans certains pays.* ⇒ **paupérisation.** - loc. prov. *Pauvreté n'est pas vice.* ♦ Aspect pauvre, misérable. *La pauvreté d'un quartier.* **2.** Insuffisance matérielle ou morale. *La pauvreté du sol.* ⇒ **stérilité.** *Pauvreté intellectuelle.*

PAVAGE n. m. ▪ **1.** Travail qui consiste à paver. *Travailler au pavage d'une rue.* **2.** Revêtement d'un sol. ⇒ **carrelage, dallage. 3.** SC. Couverture d'une surface par un réseau régulier de lignes.

PAVANE n. f. ▪ Ancienne danse (XVIe et XVIIe siècles), de caractère lent et solennel ; musique de cette danse. *"Pavane pour une Infante défunte"* (de Ravel).

SE **PAVANER** v. pron. [1] ▪ Marcher avec orgueil, avoir une attitude pleine de vanité. ⇒ **parader.**

Luciano PAVAROTTI (né en 1935) ▪ Ténor italien. Depuis ses débuts à la Scala de Milan en 1965, il a mené une brillante carrière internationale, vouée principalement au répertoire romantique italien.

Pavarotti. *Phot. © Benainous/Reglain/Gamma*

PAVÉ n. m. ▪ **I. 1.** *LE PAVÉ :* ensemble des blocs (pierre...) qui forment le revêtement du sol. ⇒ **pavage, pavement.** *Le pavé de marbre d'une église.* **2.** La partie d'une voie publique ainsi revêtue, la rue. ⇒ **chaussée, trottoir.** *Pavé glissant.* - loc. *Tenir le haut du pavé,* occuper le premier rang. - *Être sur le pavé,* sans domicile, sans emploi. *Battre le pavé,* marcher au hasard ou longtemps (dans une ville). - *Le pavé de l'ours* , une aide qui dégénère en catastrophe. **3.** *UN PAVÉ :* bloc de pierre, de bois, taillé et préparé pour revêtir un sol. - FAM. *Un pavé dans la mare :* un événement inattendu qui jette le désarroi. **II. 1.** Pièce de viande rouge, épaisse. *Pavé au poivre.* **2.** FAM. Gros livre épais. **3.** Publicité, article de presse encadré dans la page.

PAVEMENT n. m. ▪ Sol pavé. - Pavage artistique.

PAVER v. tr. [1] ▪ Revêtir (un sol) d'éléments, de blocs assemblés (pavés, pierres, mosaïque). - au p. p. *Une route pavée.*
► n. m. PAVEUR

Cesare PAVESE (1908 - 1950) ▪ Écrivain italien. Il traita le thème de la solitude du poète. Poèmes, romans (*"Le Bel Été"*, 1950), journal (*"Le Métier de vivre"*, posth. 1952).

PAVIE en italien ***PAVIA*** ▪ Ville d'Italie du Nord (Lombardie). 80 653 hab. Églises romano-lombardes. Château des Visconti (XIVe-XVe s.). Aux environs, chartreuse des XIVe-XVe s. François Ier y fut vaincu et fait prisonnier par Charles Quint en 1525.

Pavie. La chartreuse. *Phot. © L'Esperto/Ricciarini*

PAVILLON n. m. ▪ **I.** Petit bâtiment isolé ; petite maison dans un jardin, un parc. ⇒ **villa.** *Pavillon de chasse. Les pavillons d'un hôpital.* ♦ Maison particulière, en général en milieu urbain. **II. 1.** Extrémité évasée (de certains instruments à vent). *Le pavillon d'une trompette.* **2.** Partie visible de l'oreille externe (de l'homme et des mammifères). **III.** Pièce d'étoffe que l'on hisse sur un navire pour indiquer son origine, faire des signaux (⇒ **drapeau**). *Amener le pavillon,* se rendre. *Ensemble de pavillons.* ⇒ grand **pavois.** - loc. *Baisser pavillon devant qqn,* céder.

PAVILLONNAIRE adj. ▪ Formé de pavillons (I). *Une zone, un lotissement pavillonnaire.*

LES PAVILLONS-SOUS-BOIS ▪ Commune de la Seine-Saint-Denis. 17 375 hab. *(les Pavillonnais).*

Ivan PAVLOV (1849 - 1936) ▪ Physiologiste russe. Précurseur de la psychophysiologie, prix Nobel 1904. Il introduisit la notion de « réflexe conditionné ».

Anna PAVLOVA (1882 - 1931) ▪ Ballerine russe. Elle fit partie des Ballets russes de Diaghilev, puis fonda sa propre compagnie à Londres.

PAVOIS n. m. ▪ **1.** HIST. Grand bouclier des Francs. - loc. *Élever, hisser qqn* SUR LE PAVOIS, lui donner le pouvoir, le glorifier. **2.** MAR. Partie de la coque qui dépasse le niveau du pont. **3.** *GRAND PAVOIS :* ensemble des pavillons hissés sur un navire comme signal de réjouissance. *Hisser le grand pavois.* ⇒ **pavoiser.**

PAVOISER v. tr. [1] ▪ Orner de drapeaux (un édifice public, une rue, etc.), à l'occasion d'une fête. ♦ **v. intr.** fig. FAM. Manifester une grande joie. *Il n'y a pas de quoi pavoiser,* se réjouir.

PAVOT n. m. ▪ Plante cultivée pour ses fleurs, ses graines et la sève de ses capsules, qui fournit l'opium.

pavot.
Papaver somniferum,
pavot somnifère.
Phot. © Volot/Jacana

PAYABLE adj. ▪ Qui doit être payé. *Des marchandises payables en espèces.*

PAYANT, ANTE adj. ▪ **1.** Qui paie. *Spectateurs payants.* **2.** Qu'il faut payer. *Billet payant* (opposé à *gratuit*). **3.** FAM. Qui profite, rapporte. *C'est payant.* ⇒ **rentable.**

PAYE [pɛj] ou **PAIE** n. f. ▪ **1.** Action de payer un salaire, une solde. *Le jour de paye.* **2.** FAM. Temps écoulé entre deux payes. loc. *Ça fait une paye,* il y a longtemps. **3.** Ce que l'on paie aux militaires (⇒ **solde**), aux employés et ouvriers (⇒ **salaire**). *Toucher sa paye. Feuille de paye.*

PAYEMENT ⇒ PAIEMENT

PAYER v. tr. [8] ▪ **I.** avec compl. dir. **1.** *Payer qqn,* lui remettre ce qui lui est dû. *Payer un employé.* ⇒ **rémunérer.** *Être payé à l'heure, au mois. Payer qqn X francs de l'heure.* ♦ fig. *Je suis payé pour savoir que,* j'ai appris à mes dépens que. - *Payer qqn de retour,* reconnaître ses sentiments, etc., par des sentiments semblables. **2.** *Payer qqch. :* s'acquitter par un versement de (ce que l'on doit). *Payer ses dettes.* ⇒ **rembourser.** prov. *Qui paie ses dettes s'enrichit.* **3.** Verser de l'argent en contrepartie de (qqch. : objet, travail). *Il n'a pas payé tout ce qu'il a acheté. Payer qqch. cher, bon marché.* - au p. p. *Travail bien payé. Congés payés.* **4.** FAM. *Payer qqch. à qqn.* ⇒ **offrir.** *Je te paie un verre ?* **5.** fig. *Il me le paiera !,* je l'en punirai. **II.** sans compl. dir. **1.** Verser de l'argent. *Payer comptant. Pouvoir payer* (⇒ **solvable**). - *PAYER DE :* payer avec. *Payer de ses deniers, de sa poche.* loc. fig. *Payer de sa personne,* s'employer activement à qqch. - *PAYER POUR qqn. Payer pour un autre. Payer pour qqch.* **2.** Subir en compensation. ⇒ **expier.** *Il faudra payer un jour ou l'autre.* **3.** (choses) Rapporter, être profitable. *Le crime ne paie pas.* ⇒ **payant.** ► SE **PAYER** v. pron. **1.** passif *Les commandes se paient à la livraison.* fig. *Tout se paye,* s'expie. **2.** réfl. *Voilà cent francs, payez-vous.* **3.** réfl. indir. S'offrir. *On va se payer un bon repas.* - FAM. *S'en payer une tranche,* s'offrir du bon temps. - FAM. *Se payer la tête de qqn,* se moquer de lui.

PAYEUR, EUSE n. ▪ **1.** Personne qui paie ce qu'elle doit. *Mauvais payeur.* **2.** Personne chargée de payer pour une administration. *Trésorier-payeur général.*

① **PAYS** [pei] n. m. ▪ **1.** Territoire d'une nation, délimité par des frontières. ⇒ **État.** *Pays étrangers. Les pays du tiers-monde.* ♦ avec un poss. *Elle aime son pays.* ⇒ **patrie.** **2.** Région ; partie précise d'une province. *Le pays de Caux, les pays de Loire. Vin de pays.* ⇒ **cru.** *Produits du pays.* ⇒ **terroir.** **3.** Les habitants du pays (1 et 2). ⇒ **région.** *Tout le pays en parle.* **4.** *LE PAYS DE qqch. :* milieu riche en. **5.** Région géographique, dans son aspect physique. ⇒ **contrée.** *Les pays tempérés.* - loc. *Pays de cocagne,* pays fabuleux où tous les biens sont en abondance. **6.** Petite ville ; village. *Il habite un petit pays.* ⇒ FAM. **bled, patelin.** **7.** (Grande étendue) loc. *Voir du pays :* voyager.

② **PAYS, PAYSE** [pei, peiz] n. ▪ RÉGIONAL ou plais. Personne du même pays (2 et 6). ⇒ **compatriote.** *Rencontrer un pays, une payse.*

PAYSAGE [pei-] n. m. ▪ **1.** Partie d'un pays que la nature présente à un observateur. ⇒ **site, vue.** *Un beau paysage.* - *Paysage urbain.* **2.** Tableau représentant la nature. *Peintre de paysages.* ⇒ **paysagiste.** **3.** fig. Aspect général. ⇒ **situation.** *Paysage politique.* ⇒ **scène.** *Le paysage audiovisuel français* (sigle P. A. F.).

PAYSAGISTE [pei-] n. ▪ **1.** Peintre de paysages. *Les paysagistes hollandais.* **2.** Personne qui élabore des plans d'aménagement des espaces verts urbains. appos. *Architecte paysagiste.*

PAYSAN, ANNE [pei-] ▪ **1. n.** Homme, femme vivant à la campagne du travail de la terre. ⇒ **agriculteur, cultivateur, exploitant** agricole, **fermier, métayer.** **2. adj.** Propre aux paysans, relatif aux paysans. ⇒ **rural, rustique, terrien.** *Vie paysanne. Révolte paysanne.* ⇒ **jacquerie** (HIST.). **3. adj.** et **n.** péj. (Personne) qui a des manières grossières. ⇒ **rustre.**

PAYSANDÚ ▪ Ville d'Uruguay. 85 000 hab.

PAYSANNAT [pei-] n. m. ▪ Condition de paysan.

PAYSANNERIE [pei-] n. f. ▪ Ensemble des paysans.

les PAYS-BAS en néerlandais ***NEDERLAND*** ▪ État (monarchie constitutionnelle) d'Europe, sur la mer du Nord. 41 500 km² (dont 7 929 km² d'eau). 15 129 150 hab. *(les Néerlandais).* Une des populations les plus denses du monde (354 hab./km²). Capitale : Amsterdam. Siège du gouvernement et de la Cour : La Haye. Langue officielle : néerlan-

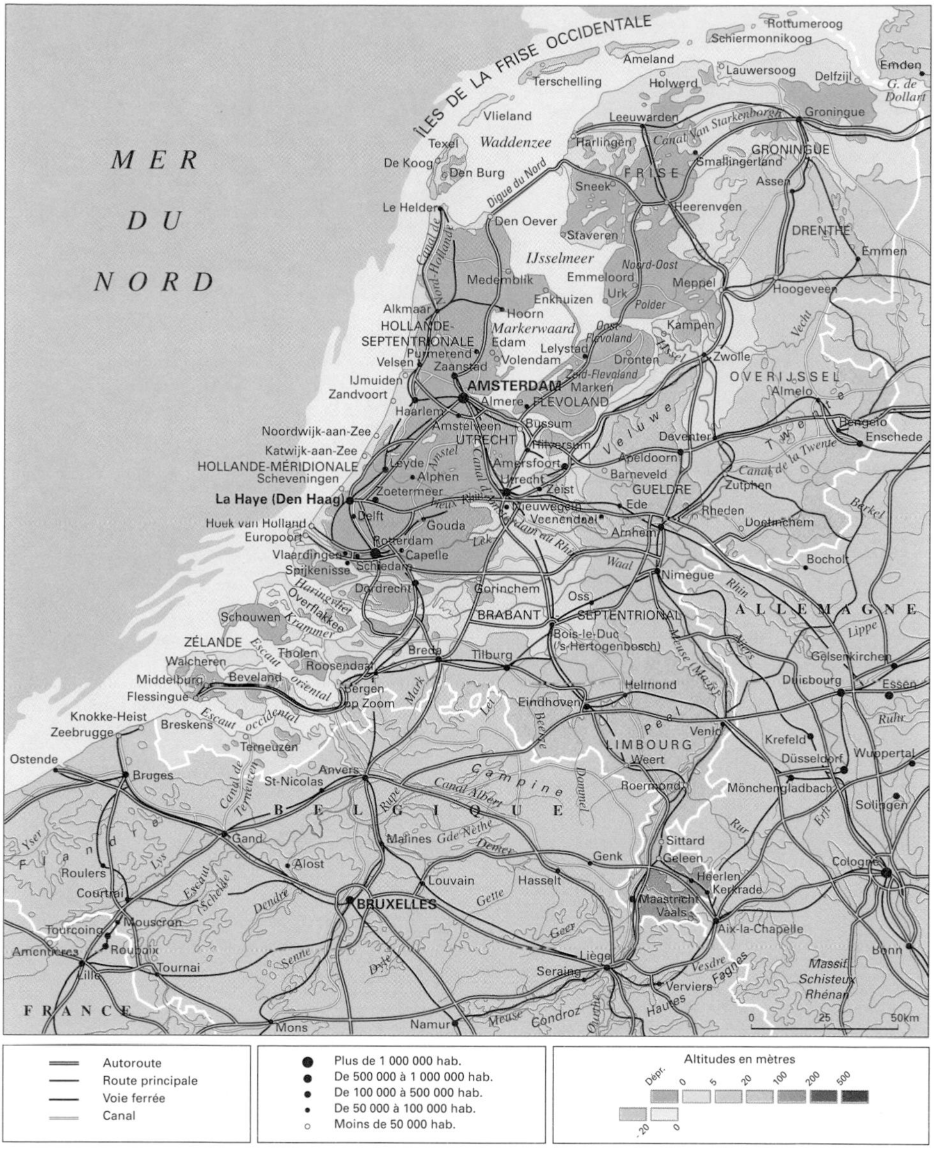

Pays-Bas.

dais. Monnaie : florin. 12 provinces : la Hollande-Méridionale et la Hollande-Septentrionale, la Drenthe, le Flevoland, la Gueldre, le Limbourg, l'Overijssel, la province d'Utrecht, la Zélande, la Frise, le Brabant-Septentrional, la Groningue. Grande plaine souvent au-dessous du niveau de la mer, traversée par la Meuse, le Rhin et l'Escaut et soumise à un climat humide, les Pays-Bas ont toujours cherché à gagner des terres sur l'eau (ce sont les *polders*) par la construction de digues, de canaux et l'assèchement des marais. Agriculture moderne et intensive : céréales, tulipes, élevage laitier (fromages de Hollande). Immense gisement de gaz naturel en Groningue. Industries sidérurgique, chimique et électronique. Fonction commerciale importante avec Rotterdam, 1er port mondial. □ **HISTOIRE** Peuplés dans l'Antiquité par les Bataves, les Saxons, les Frisons et les Francs, les Pays-Bas furent réunis à la Bourgogne en 1384, à la maison de Habsbourg en 1477 et donc à l'Espagne sous le règne de Charles Quint. Mais l'Inquisition et les mesures de répression économique prises par les gouverneurs espagnols entraînèrent des soulèvements (→ **Guillaume Ier d'Orange-Nassau**). En 1579, les provinces calvinistes firent sécession avec l'*union d'Utrecht*. Celle-ci donna naissance aux Provinces-Unies, noyau de l'actuel royaume des Pays-Bas. Le XVIIe s. fut une période de développement économique (commerce maritime et colonial), intellectuel et artistique. En 1815, les Pays-Bas devinrent indépendants (comprenant la Belgique jusqu'en 1830). Ils participèrent à la création du Benelux, puis (1957) de la CEE et de l'Union européenne. Depuis la fin de la Deuxième Guerre mondiale, marquée par l'occupation allemande, la vie politique des Pays-Bas est dominée par les chrétiens-démocrates et les socialistes. Le trône est occupé par la reine Béatrix (depuis 1980).

les PAYS-DE-LA-LOIRE ▪ Région administrative de l'ouest de la France. Elle comprend cinq départements : Loire-

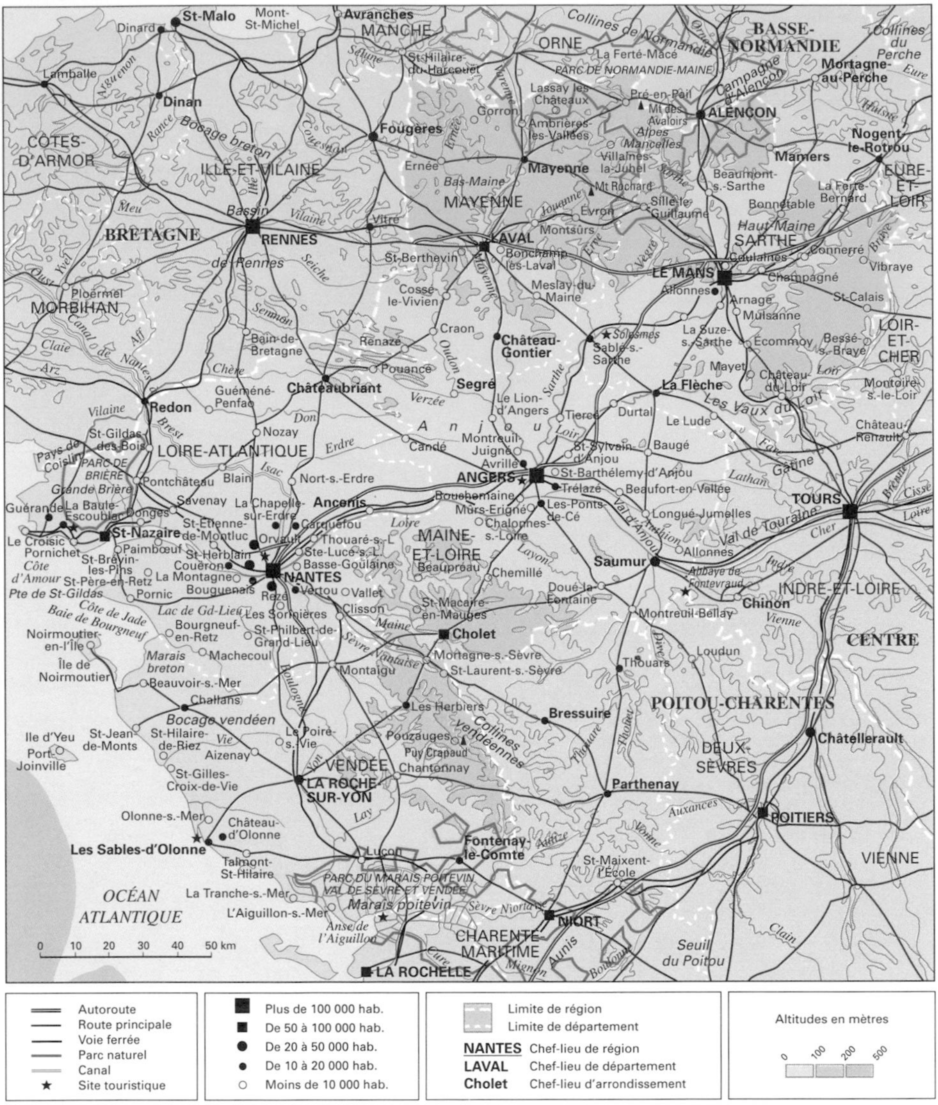

Pays-de-la-Loire.

Atlantique, Maine-et-Loire, Mayenne, Sarthe et Vendée. 31 126 km². 3 059 112 hab. Chef-lieu : Nantes. Grande région agricole (élevage, céréales, vignobles : muscadet). Pêche. Industries variées : biscuiteries, aéronautique et électronique à Nantes, chantiers navals à Saint-Nazaire.

Octavio PAZ (né en 1914) ▪ Poète mexicain. Marqué par deux cultures opposées, aztèque et hispanique, il chercha « l'essentiel mexicain ». *"Pierre de soleil"* (1957) ; *"Le Labyrinthe de la solitude"* (1957). Prix Nobel 1990.

La PAZ ▪ Ville de Bolivie, siège du gouvernement et capitale de fait du pays (→ **Sucre**), située à 3 800 m d'altitude. 700 000 hab. Textile. Tabac.

① **P.C.** [pese] n. m. (sigle) ▪ Poste de commandement.

② **P.C.** [pese] n. m. (sigle) ▪ anglic. Ordinateur personnel. ⇒ **micro-ordinateur.**

PCF ▪ Sigle du parti communiste* français.

P.-D.G. [pedeʒe] n. m. (sigle) ▪ FAM. Président-directeur général.

PÉAGE n. m. ▪ Droit que l'on paye pour emprunter une voie de communication. *Autoroute, pont à péage.* – L'endroit où se perçoit le péage. *S'arrêter au péage.*

Giuseppe PEANO (1858 - 1932) ▪ Mathématicien italien. Ses travaux portèrent sur la formalisation axiomatique.

Octavio **Paz.**
Phot. © Deville/Gamma

PEARL HARBOR ▪ Base militaire américaine des îles Hawaii, à l'écart du port d'Honolulu. L'attaque surprise de l'aviation japonaise, le 7 décembre 1941, provoqua l'entrée des États-Unis dans la Deuxième Guerre mondiale.

Lester Bowles PEARSON (1897 - 1972) ▪ Homme politique canadien. Diplomate, prix Nobel de la paix 1957. Premier ministre de 1963 à 1968.

Robert PEARY (1856 - 1920) ▪ Explorateur américain. Il atteignit, le premier, le pôle Nord (1909).

PEAU n. f. ▪ **I. 1.** Enveloppe extérieure du corps des animaux vertébrés, constituée par une partie profonde (le derme) et par une couche superficielle (l'épiderme). *Relatif à la peau.* ⇒ **cutané, épidermique ; derm(o)-.** *Reptile qui change de peau.* ⇒ **mue.** *Enlever la peau d'un animal.* ⇒ **dépiauter, écorcher. 2.** L'épiderme humain. *Peau claire, foncée, noire. Avoir la peau douce.* - loc. FAM. *N'avoir que la peau et les os. Attraper qqn par la peau du cou, du dos,* le retenir au dernier moment. FAM. *Avoir qqn dans la peau,* l'aimer passionnément. - loc. *Se sentir bien (mal) dans sa peau,* satisfait ou non de ce qu'on est. *Faire peau neuve,* changer complètement. *Risquer, sauver sa peau,* sa vie. - FAM. *Faire la peau à qqn,* le tuer. **3.** péj. *Vieille peau,* injure adressée à une femme. **4.** Morceau de peau. *Couper les peaux autour d'un ongle.* ⇒ **envie.** *Peaux mortes qui se détachent.* ⇒ **squame ; desquamation. 5.** Dépouille d'animal destinée à fournir la fourrure, le cuir (⇒ **peausserie, pelleterie**). *Traiter les peaux* (⇒ **corroyer, tanner ; mégisserie**). *Peau de chamois. Veste en peau de mouton.* - absolt Cuir fin et souple. *Des gants de peau.* ♦ loc. FAM. *Une peau de vache,* une personne méchante. **II.** Enveloppe extérieure (des fruits). *Enlever la peau d'un fruit.* ⇒ **peler.** - *Une peau de saucisson.* - *La peau du lait,* pellicule qui se forme sur le lait bouilli. **III.** loc. FAM. *PEAU DE BALLE :* rien du tout.

PEAUFINER v. tr. ⌧1 ▪ **1.** Nettoyer avec une peau de chamois. **2.** fig. FAM. Soigner dans les moindres détails (un travail). ⇒ **fignoler.**

PEAUSSERIE n. f. ▪ **1.** Commerce, métier, travail des peaux, des cuirs. **2.** *(Une, des peausseries)* Peau travaillée.

les PEAUX-ROUGES ▪ Nom (raciste) autrefois donné aux Indiens d'Amérique du Nord.

PÉCAN [pekɑ̃] n. m. ▪ *Noix de pécan :* fruit du *pacanier,* contenant une noix comestible.

PÉCARI n. m. ▪ **1.** Cochon sauvage d'Amérique. **2.** Cuir de cet animal. *Des gants de pécari.*

pécari. *Tayassu tajacu,* pécari à collier.
Phot. © Ziesler/Jacana

PECCADILLE n. f. ▪ LITTÉR. Faute bénigne, sans gravité.

PECHBLENDE [pɛʃblɛ̃d] n. f. ▪ Minerai d'uranium.

PÉCHÉ n. m. ▪ **1.** RELIG. Acte conscient par lequel on fait ce qui est interdit par la loi divine, par l'Église. *Commettre, faire un péché. Confesser ses péchés. Les sept péchés capitaux,* avarice, colère, envie, gourmandise, luxure, orgueil, paresse. - *PÉCHÉ MIGNON :* petit travers. ⇒ **faible. 2.** *LE PÉCHÉ :* l'état où se trouve la personne qui a commis un péché. *Vivre dans le péché.* ⇒ **mal.**

① **PÊCHE** n. f. ▪ **1.** Fruit du pêcher, à noyau très dur et à chair fine. *Pêche-abricot.* ⇒ aussi **brugnon, nectarine.** - loc. *Peau, teint de pêche,* rose et velouté. **2.** FAM. *Se fendre la pêche* (« visage, bouche ») : rire. **3.** loc. FAM. *Avoir la pêche,* être en forme (→ la frite). **4.** FAM. Coup, gifle. *Flanquer une pêche à qqn.*

② **PÊCHE** n. f. ▪ **1.** Action ou manière de pêcher (②). *Pêche maritime, fluviale. Pêche sous-marine. Pêche à la ligne, au filet. Pêche à la truite.* - *Aller à la pêche* (à la ligne). **2.** Poissons, fruits de mer pêchés. *Rapporter une belle pêche.*

PÉCHER v. intr. ⌧6 ▪ **1.** Commettre un péché. *Pécher par orgueil.* **2.** (sujet chose) Commettre une erreur. *Ce devoir pèche par une grande confusion d'idées.*

① **PÊCHER** n. m. ▪ Arbre d'origine tropicale cultivé pour ses fruits, les pêches.

② **PÊCHER** v. tr. ⌧1 ▪ **1.** Prendre ou chercher à prendre (du poisson, des animaux aquatiques, etc.). *Pêcher la truite.* ♦ absolt S'adonner à la pêche. - loc. *Pêcher en eau trouble,* profiter d'un état de désordre, de confusion. **2.** FAM. Chercher, prendre, trouver. *Je me demande où il va pêcher ces histoires.*

PÊCHERIE n. f. ▪ Lieu, entreprise de pêche.

PÉCHEUR, PÉCHERESSE n. ▪ Personne qui est dans l'état de péché. - adj. LITTÉR. *Une âme pécheresse.*

PÊCHEUR, PÊCHEUSE n. ▪ Personne qui s'adonne à la pêche, par métier ou par plaisir. *Marin pêcheur. Les pêcheurs à la ligne.* - *Pêcheur de corail. Pêcheuse de perles.*

PECH-MERLE ▪ Grotte préhistorique proche de Cabrerets (Lot), contenant de nombreuses peintures du magdalénien.

Pech-Merle. Mammouth dessiné au trait.
Phot. © Lénars/Explorer

PÉCORE n. f. ▪ VIEILLI Femme sotte et prétentieuse. ⇒ **pimbêche.**

Le PECQ ▪ Commune des Yvelines, sur la Seine. 17 006 hab. *(les Alpicois).*

PÉCS ▪ Ville de Hongrie. 170 000 hab. Évêché depuis le XIe s. Université. Industries.

PECTINE n. f. ▪ Substance mucilagineuse présente dans de nombreux végétaux.

PECTORAL, ALE, AUX adj. ▪ **1.** De la poitrine. *Muscles pectoraux* ou n. m. pl. *les pectoraux.* **2.** De la face ventrale des animaux. *Nageoires pectorales.* **3.** Qui combat les affections pulmonaires. *Sirop pectoral.*

PÉCULE n. m. ▪ **1.** Somme d'argent économisée peu à peu. *Amasser un petit, un gros pécule.* **2.** Argent qu'on acquiert par son travail, mais dont on ne peut disposer que dans certaines conditions. *Le pécule d'un détenu.*

Pêcher. *Prunus persica.*
Phot. © Favardin/Jacana

PÉCUNIAIRE adj. ■ **1.** Relatif à l'argent. *Des embarras pécuniaires.* ⇒ **financier. 2.** En argent. *Une aide pécuniaire.* ► adv. PÉCUNIAIREMENT

PÉD- ⇒ ① PÉD(O)-

PÉDAGOGIE n. f. ■ **1.** Science de l'éducation des enfants (et, par ext., des adultes) ; méthode d'enseignement. **2.** Qualité du bon pédagogue. *Il manque de pédagogie.*

PÉDAGOGIQUE adj. ■ **1.** Qui a rapport à la pédagogie. ⇒ **éducatif.** *Méthodes pédagogiques.* **2.** Qui répond à des normes de pédagogie. *Cet instituteur a un grand sens pédagogique.* ► adv. PÉDAGOGIQUEMENT

PÉDAGOGUE n. ■ **1.** Personne qui a le sens de l'enseignement. *Une excellente pédagogue.* - adj. *Un professeur peu pédagogue.* **2.** Spécialiste de la pédagogie, de l'éducation.

PÉDALE n. f. ■ **I. 1.** Dispositif de commande ou de transmission qui s'actionne avec le pied. *La pédale d'une machine à coudre. Pédale d'embrayage d'une voiture.* - spécialt L'un des deux organes d'une bicyclette sur lequel on appuie pour la faire mouvoir (⇒ **pédalier**). - loc. FAM. *Perdre les pédales,* perdre ses moyens, se tromper dans une explication. **2.** Touche (d'un instrument de musique) actionnée au pied. *Les pédales d'un piano.* **II.** FAM. et injurieux *Une pédale,* un homosexuel.

PÉDALER v. intr. [1] ■ **1.** Actionner les pédales d'une bicyclette ; rouler à bicyclette. **2.** FAM. Aller vite. ♦ loc. FAM. *Pédaler (dans la choucroute, la semoule...),* s'efforcer en vain.

PÉDALIER n. m. ■ **1.** Ensemble formé par les pédales, le pignon et le(s) plateau(x) d'une bicyclette. **2.** Clavier inférieur de l'orgue, actionné au pied.

PÉDALO n. m. (marque déposée) ■ Petite embarcation à flotteurs mue par une roue à pales qu'on actionne au moyen de pédales.

PÉDANT, ANTE ■ **1.** n. Personne qui fait étalage d'une érudition livresque. ⇒ **cuistre. 2.** adj. Qui manifeste prétentieusement une affection de savoir. *Il est un peu pédant.* ♦ (choses) *Un ton pédant.* ⇒ **pédantesque.**

PÉDANTERIE ⇒ PÉDANTISME

PÉDANTESQUE adj. ■ LITTÉR. Propre au pédant. ⇒ **doctoral, emphatique, pédant.** *Un langage pédantesque.*

PÉDANTISME n. m. ■ Prétention propre au pédant ; caractère de ce qui est pédant. ◇ syn. PÉDANTERIE n. f.

-PÈDE Élément savant, du latin *pes, pedis* « pied » (ex. *bipède, palmipède, quadrupède, vélocipède*). ⇒ **pédi-, podo-.**

PÉDÉRASTE n. m. ■ **1.** Homme qui s'adonne à la pédérastie (1). ⇒ **pédophile. 2.** Homosexuel. ◇ abrév. FAM. PÉDÉ (souvent injurieux).

PÉDÉRASTIE n. f. ■ **1.** Pratique homosexuelle entre un homme et un jeune garçon. ⇒ **pédophilie. 2.** Homosexualité masculine.

PÉDESTRE adj. ■ Qui se fait à pied. *Randonnée pédestre.* ► adv. PÉDESTREMENT

PÉDI- Élément savant, du latin *pes, pedis* « pied » (ex. *pédicure*). ⇒ **-pède, podo-.**

PÉDIATRE n. ■ Médecin spécialiste des soins aux enfants.

PÉDIATRIE n. f. ■ Médecine des enfants. ► adj. PÉDIATRIQUE

PÉDICELLE n. m. ■ BOT. Ramification du pédoncule* se terminant par une fleur.

PÉDICULE n. m. ■ **1.** BOT. Support allongé et grêle (d'une plante). ⇒ **queue, tige.** *Le pédicule d'un champignon.* ⇒ **pied. 2.** ANAT. Ensemble de conduits aboutissant à un organe. *Pédicules pulmonaires.*

PÉDICURE n. ■ Spécialiste des soins des pieds.

PEDIGREE [pedigʀe] n. m. ■ Généalogie (d'un animal de race pure) ; document qui l'atteste. *Établir le pedigree d'un chien.*

① **PÉD(O)-** Élément savant, du grec *pais, paidos* « enfant ». ⇒ **puér(i)-.**

② **PÉDO-** Élément savant, du grec *pedon* « sol ».

PÉDOLOGIE n. f. ■ Partie de la géologie qui étudie les caractères chimiques et physiques des sols.

PÉDONCULE n. m. ■ **1.** ANAT. Cordon de substance nerveuse unissant deux organes ou deux parties d'organes. *Pédoncules cérébraux.* **2.** BOT. Queue d'une fleur ; axe supportant les pédicelles*.

PÉDONCULÉ, ÉE adj. ■ Qui porte un pédoncule.

PÉDOPHILE adj. et n. ■ (Personne) qui ressent une attirance sexuelle pour les enfants. ♦ spécialt n. m. Pédéraste (1).

PÉDOPHILIE n. f. ■ Attirance sexuelle (d'adultes) pour les enfants. ♦ spécialt Pédérastie (1).

sir Robert **PEEL** (1788 - 1850) ■ Homme politique britannique. Ministre de l'Intérieur (1822-1830), Premier ministre en 1834-1835 et 1841-1846, il organisa le parti conservateur, créa une police à Londres *(Scotland Yard)* et fit voter l'émancipation des catholiques en Irlande.

PÉGASE ■ Cheval ailé de la mythologie grecque, symbole de l'inspiration poétique.

PÉGOU ■ Ville de Birmanie. 280 000 hab. Pagodes anciennes.

PÈGRE n. f. ■ Monde de voleurs, d'escrocs formant une sorte de classe. ⇒ **canaille, racaille.** *La pègre et le milieu.*

Charles **PÉGUY** (1873 - 1914) ■ Écrivain français. Socialiste et catholique, il a laissé une œuvre engagée, lyrique (adoptant le verset dans certains poèmes) et souvent polémique. Sa mystique socialiste (*"Notre jeunesse"*, 1910) évolua vers un patriotisme obsédant. Animateur de la revue des *Cahiers de la quinzaine* (1900-1914). *"Le Mystère de la charité de Jeanne d'Arc"* (1910); *"Ève"* (1913).

Péguy.
Phot. © Coll. Viollet

Ieoh Ming **PEI** (né en 1917) ■ Architecte américain d'origine chinoise. Aile nouvelle (1978) de la National Gallery of Art de Washington. Pyramide de verre du Grand Louvre, à Paris (1983-1989).

PEIGNAGE n. m. ■ Action de peigner les fibres textiles.

PEIGNE n. m. ■ **I. 1.** Instrument à dents fines et serrées qui sert à démêler et à lisser la chevelure. *Gros peigne.* ⇒ **démêloir.** *Se donner un coup de peigne.* loc. *Passer qqch. au peigne fin,* examiner minutieusement. ♦ Instrument analogue servant à retenir les cheveux. **2.** Instrument pour le peignage des fibres textiles (lin, chanvre, laine) dans le filage à la main. **II.** Mollusque dont les deux valves présentent des dentelures, dont certaines variétés sont comestibles. ⇒ **coquille** Saint-Jacques.

PEIGNE-CUL [-ky] n. m. ■ vulg. Personne mesquine, ennuyeuse ; ou grossière, inculte. *Des peigne-cul(s).*

PEIGNER v. tr. [1] ■ **1.** Démêler, lisser (les cheveux) avec un peigne. ⇒ **coiffer.** - *Peigner qqn,* ses cheveux. **2.** Démêler (des fibres textiles). *Peigner la laine.* - au p. p. *Laine peignée.* ► SE PEIGNER v. pron. *Se peigner devant son miroir.*

PEIGNOIR n. m. ■ **1.** Vêtement en tissu éponge, long, à manches, que l'on met en sortant du bain. *Se sécher dans son peignoir.* - *Un peignoir de plage.* **2.** Vêtement léger d'intérieur, porté par les femmes. ⇒ **déshabillé.** *Un peignoir en soie.*

PEINARD, ARDE ou **PÉNARD, ARDE** adj. ■ FAM. Paisible, qui se tient à l'écart des ennuis. ⇒ **tranquille.** *Se tenir peinard.* - *Un boulot peinard.* ► adv. PEINARDEMENT ou PÉNARDEMENT

PEINDRE v. tr. [52] ■ **I.** Couvrir, colorer avec de la peinture. *Peindre un mur en bleu. Peindre qqch. de plusieurs couleurs.* ⇒ **barioler, peinturlurer.** - au p. p. *Une statue en bois peint. Papier* peint.* **II. 1.** Figurer au moyen de peinture. *Peindre un numéro sur une plaque.* **2.** Représenter, reproduire par l'art de la peinture. *Peindre des paysages.* - absolt Faire de la peinture. *Elle peint et elle sculpte.* **III.** fig. **1.** Représenter par le discours, en s'adressant à l'imagination. ⇒ **décrire, dépeindre.** *Un roman qui peint la société.* **2.** *SE PEINDRE* **v. pron.** Revêtir une forme sensible ; se manifester à la vue. ⇒ **apparaître.** *La consternation se peignit sur les visages.*

PEINE **n. f.** ▪ **I. 1.** Sanction appliquée à titre de punition* ou de réparation pour une action jugée répréhensible. ⇒ **châtiment, condamnation, pénalité ; pénal.** *Peine sévère, juste.* **2.** Sanction prévue par la loi et applicable aux personnes en infraction. ⇒ droit **pénal.** *Être passible d'une peine. Infliger une peine,* condamner. *Peine pécuniaire.* ⇒ **amende.** *Peine privative de liberté,* emprisonnement. ⇒ **prison.** *Peine capitale, peine de mort.* **3.** *SOUS PEINE DE* loc. prép. *Défense d'afficher sous peine d'amende.* **II. 1.** Souffrance morale. ⇒ **chagrin, douleur, mal, malheur, souci, tourment.** *Peine de cœur,* chagrin d'amour. **2.** *LA PEINE :* sentiment de tristesse et de dépression. ⇒ **douleur.** *Avoir de la peine.* ▪ *Faire de la peine à qqn.* ⇒ **affliger, peiner. 3.** loc. *Être comme une ÂME EN PEINE,* très triste, inconsolable. **III.** Fatigue. Dur travail ; difficulté. **1.** Activité qui coûte, qui fatigue. ⇒ **effort.** *Se donner de la peine, beaucoup de peine.* ⇒ se **décarcasser,** se **démener.** ▪ *Prenez donc la peine d'entrer* (formule de politesse). **2.** loc. *N'être pas au bout de ses peines,* avoir encore des difficultés à surmonter. *Pour votre peine, pour la peine,* en compensation. *Homme de peine,* qui effectue des travaux de force. ⇒ **manœuvre.** *Valoir la peine* (→ FAM. valoir le coup). *C'était bien la peine de tant travailler,* le résultat ne valait pas tant de travail. FAM. *C'est pas la peine :* ça ne sert à rien. *C'est peine perdue,* c'est inutile, vain. **3.** Difficulté qui gêne (pour faire qqch.). ⇒ **embarras, mal.** *Avoir de la peine à parler. J'ai (de la) peine à le croire.* **4.** loc. *Avec peine. À grand-peine.* ⇒ **difficilement.** ▪ *SANS PEINE.* ⇒ **aisément, facilement.** *Je le crois sans peine.* ▪ *Il n'est pas en peine pour,* il n'est pas gêné pour. **IV.** *À PEINE* loc. adv. **1.** Presque pas, très peu. *Il y a à peine de quoi manger.* ▪ (avec un numéral) Tout au plus. *Il y a à peine huit jours.* **2.** Depuis très peu de temps. ⇒ **juste.** *J'ai à peine commencé. À peine rentré, à peine chez lui, il s'est couché.*

PEINER **v.** [1] ▪ **1. v. intr.** Se donner de la peine, du mal. *Il peinait pour s'exprimer.* ▪ *La voiture peine dans les montées.* ⇒ **faiblir. 2. v. tr.** Donner de la peine à (qqn). ⇒ **affliger, attrister, fâcher.** *Cette nouvelle nous a beaucoup peinés.* ▪ au p. p. *Nous en sommes très peinés.*

PEINTRE **n. m.** ▪ **1.** Ouvrier ou artisan qui applique de la peinture sur une surface, un objet. *Peintre en bâtiment* ou absolt *peintre,* qui fait les peintures d'une maison, colle les papiers. **2.** Artiste qui fait de la peinture. *Le peintre Suzanne Valadon. Peintre figuratif ; peintre abstrait. L'atelier d'un peintre.* **3.** fig. LITTÉR. (avec un compl.) Écrivain, orateur qui peint par le discours. *Un peintre du cœur humain.*

PEINTURE **n. f.** ▪ **I.** Action, art de peindre. **1.** Opération qui consiste à couvrir de couleur une surface. *Peinture d'art. Peinture en bâtiment. Peinture au rouleau, au pinceau.* **2.** *EN PEINTURE :* en portrait peint, en effigie. loc. *Ne pas pouvoir voir qqn en peinture,* ne pas pouvoir le supporter. **3.** Description évocatrice d'images. *Une peinture de la société contemporaine.* **II. 1.** *LA PEINTURE :* représentation, suggestion du monde visible ou imaginaire sur une surface plane au moyen de couleurs ; organisation d'une surface par la couleur ; œuvres qui en résultent (⇒ **aquarelle, fresque, gouache, lavis, pastel ; pictural**). *Peinture à l'huile, à l'eau.* ▪ (genres, styles) *Peinture figurative, abstraite. La peinture flamande.* ▪ *Exposition, galerie de peinture* (⇒ **musée**). **2.** *UNE PEINTURE :* ouvrage de peinture. ⇒ **tableau, toile.** *Peintures rupestres*.* ▪ *Mauvaise peinture.* ⇒ **croûte. III. 1.** Couche de couleur dont une chose est peinte. *Faire un raccord de peinture.* **2.** Couleur préparée avec un liquide pour pouvoir être étendue. *Un pot de peinture. Appliquer plusieurs couches de peinture. Peinture fraîche,* qui vient d'être posée.

pékinois. Épagneul pékinois.
Phot. © Labat/Jacana

PEINTURLURER **v. tr.** [1] ▪ Peindre avec des couleurs criardes. ⇒ **barbouiller.** ▪ pronom. *Se peinturlurer* (le visage), se maquiller à l'excès et mal.

le lac PEÏPOUS ou **TCHOUDSK** ▪ Lac situé entre l'Estonie et la Russie. 3 600 km². Victoire d'Alexandre Nevski sur les chevaliers Teutoniques (1242).

Charles Sanders PEIRCE (1839 - 1914) ▪ Philosophe et logicien américain. Fondateur et théoricien de la sémiotique. *"Comment rendre nos idées claires"* (1878).

PÉJORATIF, IVE **adj.** ▪ (mot, expression) Qui déprécie la chose ou la personne désignée. *Mot péjoratif. Le suffixe -ard* (ex. *chauffard*) *est péjoratif.* ► **adv.** PÉJORATIVEMENT

PÉKIN ou **PÉQUIN** **n. m.** ▪ FAM. péj. Civil (opposé à *militaire*). *Deux militaires et un pékin.*

Pékin. Le temple du Ciel, époque Ming.
Phot. © Marise Pell/Lénars

PÉKIN en chinois ***BEIJING*** ▪ Capitale de la Chine formant une municipalité autonome (16 808 km² ; 11 120 000 hab.). 6 995 100 hab. *(les Pékinois).* Industries sidérurgique, automobile, textile. Universités. Ville très ancienne (Ve s. av. J.-C.) qui se développa au temps des Mongols (XIIIe s.). Capitale impériale jusqu'en 1912 (avec la Cité interdite), elle perdit alors son rôle et ne le retrouva qu'en 1949, lorsque les communistes y proclamèrent la république.

PÉKINOIS, OISE ▪ **I. adj.** De Pékin. ▪ **n.** *Les Pékinois.* ♦ **n. m.** Dialecte mandarin, choisi pour devenir la langue nationale du pays. **II. n. m.** Petit chien à face aplatie et à poil long.

PELADE **n. f.** ▪ Maladie qui fait tomber par places les poils et les cheveux. ⇒ **teigne.**

PELAGE **n. m.** ▪ Ensemble des poils (d'un mammifère). ⇒ **fourrure, poil, robe, toison.** *Le pelage du léopard.*

PÉLAGE (v. 360 - v. 422) ▪ Moine établi à Rome. Sa doctrine (le *pélagianisme*), niant le péché originel et la grâce divine, fut combattue par saint Augustin.

PÉLAGIQUE **adj.** ▪ DIDACT. Relatif à la pleine mer, à la haute mer.

PÉLARGONIUM [-jɔm] **n. m.** ▪ Plante cultivée pour ses fleurs (improprement appelée *géranium*).

les PÉLASGES ▪ Habitants primitifs de la Grèce.

PELÉ, ÉE **adj.** ▪ **1.** Qui a perdu ses poils, ses cheveux. ♦ **n.** « *Ce pelé, ce galeux* [...] » (La Fontaine). ▪ loc. FAM. *QUATRE PELÉS ET UN*

TONDU : un très petit nombre de personnes. **2.** Dépourvu de végétation.

Edson Arantes Do Nascimento dit PELÉ (né en 1940) ▪ Footballeur brésilien. Deux fois vainqueur de la Coupe du monde (1958, 1970).

la montagne PELÉE ▪ Volcan de la Martinique (1 397 m). Son éruption, en 1902, détruisit la commune de Saint-Pierre.

PÉLÉE ▪ Roi de la mythologie grecque, époux de Thétis et père d'Achille.

PÊLE-MÊLE ▪ **I.** adv. Dans un désordre complet. *Jeter des objets pêle-mêle. Marchandises présentées pêle-mêle.* ⇒ en **vrac.** **II.** n. m. invar. Cadre destiné à recevoir plusieurs photos.

PELER v. [5] ▪ **1.** v. tr. Dépouiller (un fruit) de sa peau. *Peler une pomme.* ⇒ **éplucher** ; **pelure. 2.** v. intr. (sujet personne ou partie du corps) Perdre son épiderme par parcelles. *Avoir le nez qui pèle.*

PÈLERIN n. m. ▪ Personne qui fait un pèlerinage. *Les pèlerins de Lourdes.*

PÈLERINAGE n. m. ▪ **1.** Voyage à un lieu saint dans un esprit de dévotion. *Aller en pèlerinage à Jérusalem. Le pèlerinage de La Mecque* (des musulmans). **2.** Voyage fait pour rendre hommage à un lieu, à un grand homme.

PÈLERINE n. f. ▪ Manteau sans manches, ample, souvent muni d'un capuchon. ⇒ **cape.**

PÉLICAN n. m. ▪ Oiseau palmipède au bec très long, crochu, et muni d'une poche où il emmagasine la nourriture de ses petits.

pélican. *Pelecanus onocrotalus*, pélican blanc.
Phot. © Dressler/Jacana

PELISSE n. f. ▪ Manteau orné ou doublé d'une peau garnie de ses poils. ⇒ **fourrure.**

PELLE n. f. ▪ **I. 1.** Outil composé d'une plaque mince ajustée à un manche. *Pelle à charbon.* - *Pelle à tarte.* **2.** *Pelle mécanique*, machine pour les gros travaux de terrassement. ⇒ **excavateur, pelleteuse. 3.** loc. fig. *À LA PELLE* : en abondance. **II.** FAM. **1.** *Rouler une pelle à qqn*, lui faire un baiser profond. **2.** *Ramasser une pelle*, tomber ; échouer.

Jean Charles PELLERIN (1756 - 1836) ▪ Imprimeur français. Il est célèbre pour les images populaires qu'il composa dès l'époque de la Révolution et imprima à partir de 1800 et qui connurent un succès considérable dans toute la France. → **Épinal.**

PELLETÉE n. f. ▪ Quantité de matière qu'on peut prendre d'un seul coup de pelle. *Une pelletée de sable.*

PELLETER v. tr. [4] ▪ Déplacer, remuer avec la pelle (I). ► n. m. PELLETAGE

PELLETERIE [pɛltʀi ; pɛlɛtʀi] n. f. ▪ **1.** Préparation des peaux destinée à les transformer en fourrure. **2.** Commerce des fourrures.

PELLETEUSE n. f. ▪ Pelle mécanique pour charger, déplacer des matériaux.

PELLETIER, IÈRE n. ▪ Personne qui s'occupe de pelleterie.

Silvio PELLICO (1789 - 1854) ▪ Écrivain et patriote italien. *"Mes prisons"* (1832).

PELLICULAIRE adj. ▪ **1.** Qui forme des pellicules (I). **2.** Qui forme une pellicule (II, 1).

Pelé. *Phot. © Gamma*

PELLICULE n. f. ▪ **I.** Petite écaille qui se détache du cuir chevelu. *Shampooing contre les pellicules* (⇒ **antipelliculaire**). **II. 1.** Couche fine à la surface d'un liquide, d'un solide. *Une mince pellicule de boue séchée.* **2.** Feuille mince formant le support souple à une couche sensible (en photo et cinéma). ⇒ **film** ; **bande.** - *Une pellicule* : bobine de pellicule photographique.

Fernand PELLOUTIER (1867 - 1901) ▪ Syndicaliste anarchiste français. *"Histoire des Bourses du travail"* (posthume).

PELLUCIDE adj. ▪ Transparent, translucide.

PÉLOPIDAS (mort en 364 av. J.-C.) ▪ Général et homme politique thébain. Il reprit Thèbes aux Spartiates et y établit la démocratie. Il fut l'artisan, avec Épaminondas, de l'hégémonie thébaine après la victoire de Leuctres (371 av. J.-C.).

le PÉLOPONNÈSE ou **la MORÉE** ▪ Presqu'île du sud de la Grèce, rattachée au continent par l'isthme de Corinthe, formant une des neuf régions géographiques du pays. 21 379 km². 3 096 775 hab. Elle comprend, entre autres, l'Arcadie, Épidaure, Mistra, Mycènes, Olympie. À l'époque classique, son histoire se confond avec celle de Sparte et de la Grèce. ► **la guerre du PÉLOPONNÈSE**, de 431 à 404 av. J.-C., opposa Sparte à Athènes pour l'hégémonie en Grèce. Malgré les succès d'Alcibiade, Athènes, vaincue par Lysandre à l'Aigos Potamos (405 av. J.-C.) et assiégée, dut capituler.

PÉLOPS ▪ Fils de Tantale, dans la mythologie grecque. Tué par son père, il est servi en ragoût lors d'un repas offert aux dieux. Ceux-ci découvrent le crime et lui rendent la vie. Pélops est considéré comme le fondateur des Jeux olympiques et le patron du Péloponnèse (« île de Pélops »).

PELOTAGE n. m. ▪ FAM. Attouchements sensuels (→ peloter).

PELOTAS ▪ Ville et port du Brésil (Rio Grande do Sul). 290 000 hab. Conserveries, industrie pharmaceutique.

PELOTE n. f. ▪ **I. 1.** Boule formée de ficelle, cordelette ou fil enroulé sur lui-même. ⇒ **peloton** (I). *Pelote de laine.* - loc. *Avoir les nerfs EN PELOTE* : être très énervé. **2.** Coussinet sur lequel on peut planter des épingles. **3.** Balle du jeu de paume et de pelote basque. **II.** *PELOTE* ou *PELOTE BASQUE* : jeu, sport où les joueurs (appelés *pelotaris*) envoient la balle rebondir contre un mur (fronton), à main nue ou à l'aide de la chistera.

PELOTER v. tr. [1] ▪ FAM. Caresser, palper, toucher sensuellement. ► n. PELOTEUR, EUSE

PELOTON n. m. ▪ **I.** Petite pelote de fils roulés. *Dévider un peloton de ficelle.* **II. 1.** Groupe de soldats, troupe en opérations. ⇒ **section.** - *Peloton d'exécution*, groupe chargé de fusiller un condamné. **2.** Groupe compact (de concurrents dans une compétition). *Être dans le peloton de tête.*

SE **PELOTONNER** v. pron. [1] ▪ Se ramasser en boule, en tas. ⇒ se **blottir.** *Se pelotonner dans un coin ; contre qqn.* - au p. p. *Les enfants pelotonnés sous les draps.*

PELOUSE n. f. ▪ **1.** Terrain couvert d'une herbe serrée. ⇒ **gazon.** *Tondre la pelouse.* **2.** Partie d'un champ de courses, généralement gazonnée, ouverte au public. *La pelouse, le pesage et les tribunes.*

PELUCHE n. f. ▪ **1.** Tissu à poils moins serrés et plus longs que ceux du velours. *Peluche de laine.* ♦ *Une peluche* : animal en peluche. - *Ours en peluche* (→ nounours). **2.** *PELUCHE* ou FAM. *PLUCHE* : flocon de poussière ; amas de fibres détaché d'une étoffe. *Ce pull fait des peluches, des pluches.*

PELUCHER ou **PLUCHER** v. intr. [1] ▪ Former de petits amas de fibres. *Cette étoffe peluche beaucoup.*

PELUCHEUX, EUSE ou **PLUCHEUX, EUSE** adj. ▪ Qui donne au toucher la sensation de la peluche ; qui peluche. *Étoffe pelucheuse.*

PELURE n. f. ▪ **1.** Peau (d'un fruit, d'un légume pelé). ⇒ **épluchure.** *Pelures d'orange et peau de banane.* **2.** FAM. Habit, vêtement ; manteau. **3.** *Papier pelure,* fin et translucide.

PELVIEN, ENNE adj. ▪ ANAT. Relatif au pelvis.

PELVIS [-is] n. m. ▪ ANAT. Bassin.

le PELVOUX ▪ Massif cristallin des Alpes, proche de Briançon, dans l'Oisans. Point culminant : barre des Écrins (4 103 m). Parc national.

PEMMICAN n. m. ▪ Viande concentrée et séchée.

PÉNAL, ALE, AUX adj. ▪ Relatif aux peines*, aux délits qui entraînent des peines. *Les lois pénales. Code pénal.*

PÉNALEMENT adv. ▪ En matière pénale, en droit pénal.

PÉNALISATION n. f. ▪ Dans un match, désavantage infligé à un concurrent qui a contrevenu à une règle.

PÉNALISER v. tr. [1] ▪ Infliger une peine, une punition à (qqn). ➝ au p. p. *Une infraction sévèrement pénalisée,* frappée d'une pénalité sévère.

PÉNALITÉ n. f. ▪ **1.** Peine ; sanctions applicables à un délit fiscal. **2.** Pénalisation. *Coup de pied de pénalité.* ⇒ anglic. **penalty.**

PENALTY [penalti] n. m. ▪ anglic. (au football) Sanction d'une faute commise en défense dans la surface de réparation ; coup de pied tiré directement au but, en face du seul gardien. *Des penaltys* ou *des penalties.*

PÉNARD ; PÉNARDEMENT ⇒ PEINARD ; PEINARDEMENT

PÉNATES n. m. pl. ▪ **1.** Dieux domestiques protecteurs du foyer, chez les anciens Romains. **2.** Demeure. ⇒ **foyer, maison.** *Regagner ses pénates.*

PENAUD, AUDE adj. ▪ Honteux à la suite d'une maladresse ; déconcerté à la suite d'une déception. ⇒ **confus, déconfit.**

PENCE ⇒ PENNY

PENCHANT n. m. ▪ **1.** Inclination naturelle (vers un objet ou une fin). ⇒ **faible** n. m., **goût, propension, tendance.** *Mauvais penchants.* ⇒ **défaut, vice.** *Avoir un penchant à la paresse,* y être enclin. **2.** LITTÉR. Mouvement de sympathie. *Avoir un penchant pour qqn.*

PENCHER v. [1] ▪ **I.** v. intr. **1.** (par rapport à la verticale) Être ou devenir oblique en prenant un équilibre instable ou une position anormale. *Ce mur penche.* **2.** (par rapport à l'horizontale) S'abaisser. *Ce tableau penche à droite.* ➝ loc. fig. *Faire pencher la balance* en faveur de qqch.* **3.** (sujet personne) *PENCHER VERS* (vx), *POUR :* être porté à choisir (qqch., qqn). ⇒ **penchant.** *Il penche pour la deuxième hypothèse.* ⇒ **préférer. II.** v. tr. Faire aller vers le bas. ⇒ **incliner.** *Pencher une carafe pour verser de l'eau. Pencher la tête.* ⇒ **courber.** ➝ au p. p. *PENCHÉ, ÉE. La tour penchée de Pise. Écriture penchée.* ► SE **PENCHER** v. pron. **1.** S'incliner. **2.** fig. *SE PENCHER SUR :* s'occuper de qqn avec sollicitude ; s'intéresser (à qqn ou à qqch.) avec curiosité. *Se pencher sur un problème.* ⇒ **étudier, examiner.**

PENDABLE adj. ▪ loc. *C'est un cas pendable,* une action coupable. ➝ *Jouer un TOUR PENDABLE à qqn,* un mauvais tour.

PENDAISON n. f. ▪ **1.** Action de pendre qqn. *Le supplice de la pendaison.* ➝ Ce supplice. *Être condamné à la pendaison.* ⇒ **gibet, potence.** ♦ Action de se pendre (suicide). **2.** Action de pendre, de suspendre qqch. *Pendaison de crémaillère*.*

① **PENDANT, ANTE** adj. ▪ **1.** Qui pend. **2.** *Affaire, question pendante,* qui n'a pas reçu de solution.

② **PENDANT** n. m. ▪ **1.** *Pendants d'oreilles,* bijoux suspendus aux oreilles. ⇒ **pendeloque. 2.** Chacun des deux objets d'art formant une paire. **3.** *FAIRE PENDANT À ; SE FAIRE PENDANT :* être symétrique. *Les deux tours du château se font pendant.*

③ **PENDANT** prép. ▪ **I. 1.** Dans le temps de. *Il a été malade pendant tout le voyage. Il est arrivé pendant la nuit.* ⇒ **au cours de. 2.** Tout le temps qu'a duré (le complément). ⇒ **durant.** *J'ai attendu pendant deux heures.* → deux heures (durant). *Pendant ce temps. Avant, pendant et après la guerre.* **II.** *PENDANT QUE* loc. conj. : dans le même temps que ; dans tout le temps que. *Amusons-nous pendant que nous sommes jeunes. Pendant que j'y pense, je dois vous dire...,* puisque j'y pense. ➝ Alors que, tandis que. *Les uns s'amusent pendant que d'autres travaillent.*

le **Pelvoux.** La barre des Écrins. *Phot. © Boyer/Explorer*

PENDARD, ARDE n. ▪ VX Coquin, fripon, vaurien.

PENDELOQUE n. f. ▪ **1.** Bijou suspendu à une boucle d'oreille. **2.** Ornement suspendu à un lustre. *Des pendeloques de cristal.*

PENDENTIF n. m. ▪ Bijou que l'on porte suspendu à une chaîne, un collier. ⇒ **sautoir.**

Krzysztof **PENDERECKI** (né en 1933) ▪ Compositeur polonais. *"Psaumes de David"* (1959) ; *"Les Diables de Loudun"* (1969), opéra.

PENDERIE n. f. ▪ Petite pièce, placard où l'on suspend des vêtements. ⇒ **garde-robe.**

PENDILLER v. intr. [1] ▪ Être suspendu en se balançant, en s'agitant en l'air. *Le linge pendillait sur une corde.* ◇ syn. péj. PENDOUILLER.

le PENDJAB → Panjab

PENDRE v. [41] ▪ **I.** v. intr. (choses) **1.** Être fixé par le haut, la partie inférieure restant libre. ⇒ **tomber.** *Casserole qui pend à un clou. Laisser pendre ses jambes.* **2.** Descendre plus bas qu'il ne faudrait, s'affaisser. *Sa jupe pend par-derrière.* **3.** loc. FAM. *Ça lui PEND AU NEZ,* se dit d'un désagrément dont qqn est menacé (par sa faute). **II.** v. tr. **1.** Fixer (qqch.) par le haut, la partie inférieure restant libre. ⇒ **suspendre.** ➝ au p. p. *Du linge pendu aux fenêtres.* **2.** Mettre à mort (qqn) en suspendant par le cou au moyen d'une corde. ⇒ **pendaison.** ➝ (dans des expr.) *Dire PIS QUE PENDRE de qqn.* ⇒ **médire.** ➝ FAM. *Je veux bien être pendu si... :* c'est impossible, faux... **3.** loc. (au p. p.) *Avoir la langue BIEN PENDUE :* être très bavard. ► SE **PENDRE** v. pron. **1.** Se tuer, se suicider par pendaison. **2.** Se tenir en laissant pendre (I) son corps. *Se pendre par les mains à une barre fixe.* ⇒ se **suspendre.** ♦ fig. au p. p. *Être PENDU, UE À :* ne pas quitter, ne pas laisser. *Être tout le temps pendu au téléphone.*

PENDU, UE n. ▪ Personne qui a été mise à mort par pendaison, ou qui s'est pendue. *"La Ballade des pendus"* (de Villon). ➝ loc. *Parler de corde dans la maison d'un pendu,* évoquer une chose gênante, qu'il fallait taire.

PENDULAIRE adj. ▪ Relatif au pendule. *Mouvement pendulaire.*

① **PENDULE** n. m. ▪ **1.** Masse suspendue à un point fixe par un fil tendu, qui oscille dans un plan fixe. *Oscillations, fréquence, période d'un pendule. Le pendule d'une horloge,* balancier. **2.** *Pendule de sourcier, de radiesthésiste,* servant à déceler les « ondes ».

② **PENDULE** n. f. ▪ Petite horloge, souvent munie d'un carillon qu'on pose ou qu'on applique. ➝ loc. *Remettre les pendules à l'heure :* mettre les choses au point.

PENDULETTE n. f. ▪ Petite pendule portative. *Pendulette de voyage.*

PÊNE n. m. ▪ Pièce mobile d'une serrure, qui s'engage dans une cavité (gâche) et tient fermé l'élément (porte, fenêtre) auquel la serrure est adaptée.

PÉNÉLOPE ▪ Femme d'Ulysse, dans *"L'Odyssée".* Symbole de fidélité conjugale.

PÉNÉPLAINE n. f. ▪ Région faiblement onduleuse.

PÉNÉTRABLE adj. ▪ **1.** Où il est possible de pénétrer. **2.** Que l'on peut comprendre. *Secret difficilement pénétrable.* ⇒ **compréhensible.**

PÉNÉTRANT, ANTE adj. ▪ **1.** Qui transperce les vêtements, contre quoi on ne peut se protéger. *Une petite pluie pénétrante.* **2.** Qui procure une sensation, une impression puissante. *Odeur pénétrante. Des regards pénétrants.* ⇒ **perçant.** **3.** (personne, esprit) Qui pénètre dans la compréhension des choses. ⇒ **clair, clairvoyant, perspicace.** *Un esprit, un critique très pénétrant.*

PÉNÉTRANTE n. f. ▪ Grande voie de communication (autoroute) allant de la périphérie au cœur d'un centre urbain.

PÉNÉTRATION n. f. ▪ **1.** Mouvement par lequel un corps pénètre dans un autre. *La force de pénétration d'un projectile.* ▸ absolt *La pénétration* (du pénis dans le vagin). ⇒ **coït.** ♦ fig. *Favoriser la pénétration d'idées nouvelles.* **2.** Facilité à comprendre, à connaître. ⇒ **clairvoyance, perspicacité.** *Un esprit doué de beaucoup de pénétration.*

PÉNÉTRÉ, ÉE adj. ▪ Rempli, imprégné profondément (d'un sentiment, d'une conviction). ⇒ **imbu, plein.** *Une mère pénétrée de ses devoirs. Un ton pénétré.* ⇒ **convaincu.**

PÉNÉTRER v. 6 ▪ **I.** v. intr. **1.** (choses) Entrer profondément, en passant à travers ce qui fait obstacle. ⇒ s'**enfoncer**, s'**insinuer.** *Faire pénétrer qqch. dans...* ⇒ **introduire.** *Le soleil pénètre dans la chambre.* **2.** (êtres vivants) Entrer. *Pénétrer dans une maison.* **3.** fig. *Une habitude qui pénètre dans les mœurs.* **II.** v. tr. **1.** (sujet chose) Passer à travers, entrer profondément dans. *Liquide qui pénètre une substance.* ⇒ **imbiber, imprégner.** ▸ Procurer une sensation forte, intense à (qqn). ⇒ **transpercer.** *Être pénétré d'enthousiasme, d'admiration* (⇒ **remplir**). **2.** (sujet personne) Parvenir à connaître, à comprendre d'une manière poussée. ⇒ **approfondir, percevoir, saisir.** *Pénétrer les intentions de qqn.* ⇒ **sonder.** ► **SE PÉNÉTRER** v. pron. *Se pénétrer de,* s'imprégner de (une idée).

les îles PENGHU ou **PESCADORES** ▪ Archipel du détroit de Taiwan, administré par le gouvernement de Taiwan. 127 km². 92 645 hab.

PÉNIBLE adj. ▪ **1.** Qui se fait avec peine, avec fatigue. ⇒ **ardu, difficile.** *Travail pénible. Respiration pénible.* **2.** Qui cause de la peine, de la douleur ou de l'ennui ; qui est moralement difficile. ⇒ **désagréable ; cruel, déplorable, dur, triste.** *Vivre des moments pénibles. Il m'est pénible de vous voir dans cet état.* **3.** (personnes) FAM. Difficile à supporter. *Il a un caractère pénible, il est pénible.*

PÉNIBLEMENT adv. ▪ **1.** Avec peine, fatigue ou difficulté. *Il y est arrivé péniblement.* **2.** Avec douleur, souffrance. *Il en a été péniblement affecté.* ⇒ **cruellement.** **3.** À peine, tout juste.

PÉNICHE n. f. ▪ Bateau de transport fluvial, à fond plat. ⇒ **barge, chaland.**

PÉNICILLINE [-ilin] n. f. ▪ Antibiotique provenant d'une moisissure ou obtenu par synthèse, utilisé dans le traitement de nombreuses maladies infectieuses.

PÉNIL [-il] n. m. ▪ ANAT. Saillie arrondie au-dessus du sexe de la femme (syn. *mont de Vénus*).

PÉNINSULAIRE adj. ▪ Relatif à une péninsule, à ses habitants.

PÉNINSULE n. f. ▪ Grande presqu'île ; région ou pays qu'entoure la mer de tous côtés sauf un. ⇒ **cap, presqu'île.** *La péninsule Ibérique,* l'Espagne et le Portugal.

PÉNIS [-is] n. m. ▪ Organe sexuel de l'homme, permettant le coït par son érection. ⇒ **phallus, sexe, verge.**

PÉNITENCE n. f. ▪ **1.** *La pénitence,* profond regret, remords d'avoir offensé Dieu, accompagné de l'intention de réparer ses fautes. ⇒ **contrition, repentir.** *Faire pénitence :* se repentir. *Sacrement de la pénitence.* ⇒ **confession ; absolution.** **2.** *Une pénitence.* Peine que le confesseur impose au pénitent. ▸ Pratique pénible que l'on s'impose pour expier ses péchés. ⇒ **mortification.** **3.** (hors du contexte religieux) Châtiment, punition. ▸ loc. *Par pénitence :* pour se punir. *Pour ta pénitence :* comme punition. *Mettre un enfant en pénitence.*

PÉNITENCIER n. m. ▪ Prison ; bagne. ♦ anciennt Maison de correction.

PÉNITENT, ENTE n. ▪ **1.** Personne qui confesse ses péchés. **2.** Membre d'une confrérie s'imposant volontairement des pratiques de pénitence. ⇒ **ascète.** *Les Pénitents blancs.*

PÉNITENTIAIRE adj. ▪ Qui concerne les prisons, les détenus. *Régime, système pénitentiaire.* ⇒ **carcéral.** *Colonie, établissement pénitentiaire.* ⇒ **pénitencier, prison.**

PENMARCH ▪ Commune du Finistère, près de la *pointe de Penmarch.* 6 272 hab. *(les Penmarchais).* Église gothique. Pêche, conserves. Phare d'Eckmühl.

William PENN (1644-1718) ▪ Quaker anglais. Il fonda aux États-Unis une colonie, qui prit le nom de Pennsylvanie, et la ville de Philadelphie. *"Frames of Government"* (1682-1701).

Arthur PENN (né en 1922) ▪ Cinéaste américain. Il a conquis un public international, notamment avec *"Bonnie and Clyde"* (1967) et *"Little Big Man"* (1970).

PENNE n. f. ▪ Grande plume des ailes (⇒ **rémige**) et de la queue des oiseaux.

PENNÉ, ÉE adj. ▪ BOT. *Feuille pennée :* feuille composée dont les folioles sont disposées de part et d'autre d'un axe central.

Les PENNES-MIRABEAU ▪ Commune des Bouches-du-Rhône. 18 599 hab. *(les Pennois).*

la chaîne PENNINE ou **les PENNINES** ▪ Ligne de hauteurs du nord de l'Angleterre, orientée nord-sud. Point culminant : Cross Fell (893 m).

la PENNSYLVANIE ▪ État du nord-est des États-Unis. 117 413 km². 11 882 000 hab. Capitale : Harrisburg. Puissante industrie grâce au charbon et à l'acier (aujourd'hui en crise). Ancienne colonie fondée par W. Penn, elle joua un rôle important dans la guerre d'Indépendance.

PENNY [peni], plur. **PENCE** [pɛns] n. m. ▪ Monnaie anglaise, autrefois le douzième du shilling ; depuis 1971, le centième de la livre sterling.

PÉNOMBRE n. f. ▪ Lumière faible, tamisée. ⇒ **demi-jour ; clair-obscur.** *Il aperçut une silhouette dans la pénombre.*

PENSABLE adj. ▪ (surtout en tournure négative) Que l'on peut admettre, imaginer. ⇒ **concevable, possible.** *Ce n'est pas pensable.*

PENSANT, ANTE adj. ▪ **1.** Qui a la faculté de penser. ⇒ **intelligent.** *L'homme « est un roseau pensant »* (Pascal). **2.** BIEN PENSANT : qui pense conformément à l'ordre établi. *Des gens bien pensants.* ▸ *Une revue bien pensante.* ▸ n. (avec trait d'union) *Les bien-pensants.*

PENSE-BÊTE n. m. ▪ Marque, note manuscrite destinée à rappeler ce que l'on doit faire. *Des pense-bêtes.*

① **PENSÉE** n. f. ▪ **I.** LA PENSÉE **1.** Ce que qqn pense, sent, veut. *Laisse-moi deviner ta pensée. Transmission de pensée* (⇒ **télépathie**). ▸ L'esprit. *Chasser qqn de sa pensée.* ▸ *En pensée, par la pensée :* en esprit (et non réellement). *Voyager par la pensée.* **2.** Activité psychique, faculté ayant pour objet la connaissance. ⇒ **esprit, intelligence, raison ; entendement.** *Le langage exprime et organise la pensée. La pensée abstraite.* ♦ loc. *En pensée, par la pensée,* en esprit, par l'imagination. **3.** LA PENSÉE DE *qqn,* sa réflexion, sa façon de penser ; sa capacité intellectuelle ; sa position intellectuelle. *La pensée d'un philosophe* (⇒ **philosophie**), d'un savant (⇒ **théorie**). *Je partage votre pensée là-dessus.* ⇒ **opinion, point de vue.** **4.** Manière de penser. *Pensée originale, profonde.* ▸ (propre à un groupe, une époque) *Les grands courants de la pensée contemporaine.* **II.** UNE, DES PENSÉES **1.** Représentations, images, dans la conscience d'une personne. ⇒ **idée ; sentiment.** *De vagues pensées.* ▸ (affectif) *Avoir une pensée émue pour qqn.* ♦ au plur. Réflexions. *Mettre de l'ordre dans ses pensées. Perdre le fil de ses pensées. Lire dans les pensées de qqn. Être perdu, absorbé dans ses pensées.* ⇒ **méditation.** **2.** Expression brève d'une idée. ⇒ **maxime, sentence.** *Les « Pensées » de Pascal.* **III.** LA PENSÉE DE *(qqn, qqch.) :* le fait de penser à. *La pensée de ses enfants le réconforta. Se réjouir à la pensée que les vacances approchent.*

② **PENSÉE** n. f. ▪ Plante ornementale aux fleurs veloutées et très colorées. ▸ *Pensée sauvage.*

pensée. Variété Joker « Light Blue ».
Phot. © Soulier/Jacana

① **PENSER** v. 1 ▪ **I.** v. intr. **1.** Appliquer son esprit à concevoir, à juger qqch. ⇒ **juger, raisonner, réfléchir.** ‑ loc. *Une chose qui laisse, qui donne à penser,* qui fait réfléchir. ‑ *La façon de penser de qqn,* son opinion. *Je vais te dire ma façon de penser.* **2.** Exercer son activité cérébrale, avoir des pensées. « *Je pense, donc je suis* » (Descartes). *Les animaux pensent-ils ?* **II.** v. tr. ind. PENSER À. ⇒ **songer** à. **1.** Appliquer sa réflexion, son attention à. ⇒ **réfléchir.** *À quoi pensez-vous ? N'y pensons plus :* oublions cela. SANS Y PENSER : machinalement. **2.** Évoquer par la mémoire ou l'imagination. *Je pense souvent à vous.* ‑ FAIRE PENSER À. ⇒ **évoquer, suggérer.** *Elle me fait penser à qqn.* **3.** S'intéresser à. ⇒ s'**occuper** de. *Penser aux autres ; à l'avenir. Ne penser qu'à soi, qu'à s'amuser.* **4.** Avoir en mémoire. *J'essaierai d'y penser.* ⇒ se **souvenir.** ♦ Avoir présent à l'esprit. ‑ *Sans penser à mal :* innocemment. *Ne penser à rien :* avoir l'esprit complètement libre. **5.** Considérer en vue d'une action ou de l'avenir. *J'ai pensé à tout.* ⇒ **prévoir.** *Je n'avais pas pensé à cela* (⇒ faire **attention,** prendre **garde**). *C'est simple, mais il fallait y penser.* **III.** v. tr. **1.** Avoir pour opinion, pour conviction. ⇒ **estimer.** *Voilà ce que je pense.* ‑ *Penser du bien, du mal de qqn, de qqch. Qu'en pensez-vous ?* ‑ loc. *Il ne dit rien mais il n'en pense pas moins :* il tait son opinion ou ce qu'il sait. **2.** (sens affaibli) Avoir l'idée de. ⇒ **croire, imaginer, présumer, supposer.** *Il n'est pas si naïf qu'on le pense.* ‑ exclam. absolt *Tu penses !* (→ FAM. tu parles !). *Penses-tu !, pensez-vous ! :* mais non, pas du tout. ‑ PENSER QUE : croire, avoir l'idée, la conviction que. *Vous pensez bien que je n'aurais jamais accepté ! Je pense que c'est possible.* ‑ *Je ne pense pas que* (+ subj.). ‑ *Il ne pensait pas le rencontrer ici.* ⇒ **espérer, imaginer.** ‑ *Il pensa se trouver mal.* **3.** Avoir dans l'esprit (comme idée, image, sentiment, volonté, etc.). *Il ne dit pas ce qu'il pense.* ‑ euphémisme *Un coup de pied où je pense,* au derrière. ‑ PENSER QUE : imaginer. *Pensez qu'elle n'a que seize ans !* **4.** (+ inf.) Avoir l'intention, avoir en vue de. ⇒ **compter, projeter.** *Que pensez-vous faire à présent ?* **5.** LITTÉR. Considérer clairement, organiser par la pensée. ⇒ **concevoir.** *Penser une œuvre.* ‑ au p. p. *Un dispositif (bien) pensé,* intelligemment conçu, pratique.

② **PENSER** n. m. ▪ VX ou LITTÉR. Pensée.

PENSEUR n. m. ▪ **1.** Personne qui s'occupe, s'applique à penser. *"Le Penseur"* (sculpture de Rodin). ‑ Personne qui a des pensées neuves et personnelles sur les problèmes généraux. ⇒ **philosophe, savant. 2.** LIBRE PENSEUR (voir ce mot).

PENSIF, IVE adj. ▪ Qui est absorbé dans ses pensées. ⇒ **songeur.** ‑ *Un air pensif.* ⇒ **absent, préoccupé, rêveur.**

PENSION n. f. ▪ **I.** Allocation périodique versée à une personne. ⇒ **dotation ; retraite ; bourse.** *Pension alimentaire. Pension d'invalidité.* **II. 1.** (dans des expr.) Fait d'être nourri et logé chez qqn. *Prendre pension dans un hôtel.* ‑ EN PENSION. *Prendre qqn chez soi en pension.* ‑ *Payer la pension,* les frais de pension. **2.** PENSION DE FAMILLE : établissement hôtelier où les conditions d'hébergement, de nourriture ont un aspect familial. **3.** Établissement scolaire assurant hébergement et nourriture. ⇒ **internat, pensionnat.**

PENSIONNAIRE n. ▪ **1.** Acteur, actrice qui reçoit un traitement fixe. *Pensionnaires et sociétaires de la Comédie-Française.* **2.** Personne qui prend pension chez un particulier ou dans un hôtel. **3.** Élève interne dans une pension. *Les pensionnaires, les demi-pensionnaires et les externes.*

PENSIONNAT n. m. ▪ Établissement d'enseignement privé où les élèves sont logés et nourris. ⇒ **internat, pension.**

PENSIONNÉ, ÉE n. et adj. ▪ (Personne) qui bénéficie d'une pension (I).

PENSIONNER v. tr. 1 ▪ Pourvoir (qqn) d'une pension.

PENSIVEMENT adv. ▪ D'une manière pensive, d'un air pensif.

PENSUM [pɛ̃sɔm] n. m. ▪ **1.** VIEILLI Travail supplémentaire imposé à un élève par punition. *Des pensums.* **2.** LITTÉR. Travail ennuyeux. *Quel pensum !* ⇒ **corvée.**

PENT(A)- [pɛ̃ta] Élément savant, du grec *pente* « cinq » (ex. *pentamètre* n. m. « vers de cinq pieds »).

PENTAGONAL, ALE, AUX [pɛ̃-] adj. ▪ En forme de pentagone (1) ; dont la base est un pentagone.

PENTAGONE [pɛ̃-] n. m. ▪ GÉOM. Polygone qui a cinq côtés.

le **Pentagone.** Vue aérienne. *Phot. © Charles Lénars*

▪ **le PENTAGONE** ▪ Bâtiment en forme de pentagone qui abrite l'état-major des forces armées américaines, à Washington.

le PENTATEUQUE ▪ Ensemble des cinq premiers livres de la Bible (Genèse, Exode, Lévitique, Nombres, Deutéronome) [en hébreu, la Torah].

PENTATHLON [pɛ̃tatlɔ̃] n. m. ▪ Ensemble de cinq épreuves sportives. *Pentathlon antique ; moderne.* ► n. PENTATHLONIEN, IENNE

PENTE n. f. ▪ **I. 1.** Inclinaison (d'une surface) par rapport à l'horizontale. ⇒ **déclivité.** *Pente douce, raide, rapide.* ‑ (route) *Une pente de dix pour cent.* **2.** Direction de l'inclinaison selon laquelle une chose est entraînée. *Suivre la pente* (en descendant). loc. fig. *Suivre sa pente,* son penchant dominant, son goût. **3.** EN PENTE : qui n'est pas horizontal. *Terrain, chemin en pente* (⇒ **pentu**). **II.** Surface oblique. **1.** Surface inclinée. *Gravir une pente.* ⇒ **côte.** *Dévaler la pente.* ⇒ **descente.** ‑ *La pente d'un toit.* **2.** fig. Ce qui incline la vie vers la facilité, le mal. loc. *Être sur une (ou la) mauvaise pente. Remonter la pente :* rétablir au prix d'un effort une situation compromise.

PENTECÔTE n. f. ▪ **1.** Fête chrétienne célébrée le septième dimanche après Pâques pour commémorer la descente du Saint-Esprit sur les apôtres. *Le lundi de (la) Pentecôte.* **2.** Fête juive célébrée sept semaines après le deuxième jour de la pâque.

PENTECÔTISTE adj. et n. ▪ Membre d'un mouvement religieux protestant (le *pentecôtisme*), apparu aux États-Unis au début du xxe siècle, qui accorde une large place au Saint-Esprit et au charisme.

le PENTÉLIQUE ▪ Montagne de Grèce (Attique), au nord-est d'Athènes. 1 109 m. Son marbre blanc servit notamment à construire les monuments de l'Acropole.

PENTHOTAL [pɛ̃-] n. m. ▪ Barbiturique communément appelé *sérum* de vérité.*

PENTU, UE adj. ▪ En pente, fortement incliné. *Un toit pentu. Une rue pentue.*

PENTURE n. f. ▪ Ferrure décorative d'un battant (porte, fenêtre).

PÉNULTIÈME [-tjɛm] adj. ▪ DIDACT. Avant-dernier. ‑ n. f. Avant-dernière syllabe. *La pénultième et l'antépénultième.*

PÉNURIE n. f. ▪ Manque de ce qui est nécessaire. *Pénurie de blé.* ⇒ **carence, défaut ; rareté.** *Période de pénurie.* ‑ *Pénurie de devises.*

PENZA ▪ Ville de Russie, au sud-est de Moscou. 552 000 hab. Industries.

PÉON n. m. ▪ Gardien de bétail, ouvrier agricole, paysan pauvre, en Amérique du Sud.

PÉPÉ n. m. ▪ FAM. **1.** lang. enfantin Grand-père. *Pépé et mémé.* **2.** Homme âgé.

PÉPÉE n. f. ▪ FAM. Femme, jeune fille. *Une belle pépée.*

PÉPÈRE ▪ **I.** n. m. FAM. **1.** lang. enfantin Grand-père. ⇒ **pépé. 2.** Gros homme, gros enfant paisible, tranquille. *Un gros pépère.* **II.** adj. Agréable, tranquille. ⇒ **peinard.** *Un petit coin pépère.* ‑ *Un boulot pépère.*

PÉPÈTES n. f. pl. ▪ FAM. et VIEILLI Argent. ⇒ **fric.**

PÉPIE n. f. ▪ FAM. *Avoir la pépie* : avoir très soif.

PÉPIEMENT n. m. ▪ Petit cri des jeunes oiseaux. ➝ spécialt Cri du moineau.

PÉPIER v. intr. [7] ▪ (jeunes oiseaux) Pousser de petits cris brefs et aigus.

① **PÉPIN** n. m. ▪ **1.** Graine de certains fruits (raisins, baies, agrumes, pommes, poires, etc.). *Ôter les pépins* (⇒ **épépiner**). **2.** FAM. Ennui, complication, difficulté.

② **PÉPIN** n. m. ▪ FAM. Parapluie.

PÉPIN LE JEUNE ou **DE HERSTAL** (mort en 714) ▪ Maire du palais sous Childebert III. Père de Charles Martel.

PÉPIN LE BREF (714-768) ▪ Roi des Francs, fils de Charles Martel et père de Charlemagne. Maire du palais, il déposa le dernier Mérovingien*. Roi en 751, sacré par le pape en 754, il fonda ainsi la dynastie des Carolingiens.

PÉPINIÈRE n. f. ▪ **1.** Terrain où l'on fait pousser de jeunes arbres destinés à être replantés ou à recevoir des greffes. **2.** fig. Ce qui fournit un grand nombre de personnes qualifiées. *Ce pays est une pépinière de savants.* ⇒ **vivier.**

PÉPINIÉRISTE n. ▪ Personne qui cultive une pépinière (①). ⇒ **arboriculteur.**

PÉPITE n. f. ▪ Morceau d'or natif (naturel) sans gangue.

PÉPLUM [-ɔm] n. m. ▪ **1.** ANTIQ. GRECQUE Vêtement de femme, sans manches, qui s'agrafait sur l'épaule. *Des péplums.* **2.** Film à grand spectacle sur l'Antiquité. *Un péplum hollywoodien.*

PEPPERMINT [pepɛʀmɛ̃t ; pepœʀmint] n. m. ▪ anglic. Liqueur de menthe poivrée.

PEPSINE n. f. ▪ Enzyme du suc gastrique qui décompose les protéines en peptides.

PEPTIDE n. m. ▪ BIOCHIM. Protide formé par un nombre restreint d'acides aminés.

Samuel **PEPYS** (1633-1703) ▪ Mémorialiste anglais. Son "*Journal*" (publié en 1825) décrit la vie à Londres dans les années 1659-1669.

PÉQUENAUD, AUDE n. ▪ FAM. et péj. Paysan. ◇ var. PÉQUENOT n. m.

PER- Élément, du latin *per* « à travers ».

PERCALE n. f. ▪ Tissu de coton, fin et serré.

PERÇANT, ANTE adj. ▪ **1.** Qui voit au loin. *Avoir une vue perçante.* ➝ *Des yeux perçants,* vifs et brillants. **2.** (son) Aigu et fort. *Des cris perçants.* ⇒ **strident.** *Voix perçante.*

PERCE n. f. ▪ loc. *Mettre en perce* : faire une ouverture à (un tonneau) pour en tirer le vin.

PERCÉE n. f. ▪ **1.** Ouverture qui ménage un passage ou une perspective. *Ouvrir une percée dans une forêt.* ⇒ **trouée.** **2.** Action de percer, de rompre les défenses d'un adversaire. *Tenter une percée.* **3.** fig. Progrès spectaculaire.

PERCEMENT n. m. ▪ Action de percer, de pratiquer (une ouverture, un passage). *Le percement d'un tunnel.*

PERCE-NEIGE n. m. ou f. ▪ Plante à fleurs blanches qui s'épanouissent à la fin de l'hiver. *Des perce-neige(s).*

perce-neige. *Galanthus nivalis.*
Phot. © Konig/Jacana

perce-oreille. *Forficula auricularia,* mâle. *Phot. © Lorne/Jacana*

PERCE-OREILLE n. m. ▪ Insecte inoffensif dont l'abdomen porte une sorte de pince. *Des perce-oreilles.*

PERCEPTEUR, TRICE n. ▪ Comptable public chargé de la perception des impôts directs, des amendes.

PERCEPTIBLE adj. ▪ **1.** Qui peut être perçu par les sens. ⇒ **visible ; audible ; appréciable, sensible.** *Des détails perceptibles à l'œil nu.* **2.** Qui peut être compris, saisi par l'esprit. *Une ironie à peine perceptible* (➝ imperceptible).

PERCEPTIF, IVE adj. ▪ DIDACT. Relatif à la perception (I).

PERCEPTION n. f. ▪ **I. 1.** Réunion de sensations en images mentales (⇒ **percevoir** (I, 2)). *Perception visuelle, auditive, tactile. Troubles de la perception.* **2.** LITTÉR. Prise de connaissance, sensation, intuition. ⇒ **impression.** *Perception du monde.* **II. 1.** Opération par laquelle l'Administration du fisc recouvre les impôts directs (⇒ **percepteur**). *Recette-perception.* **2.** Emploi, fonction de percepteur. ➝ Bureau du percepteur. ⇒ **recette.**

PERCER v. [3] ▪ **I.** v. tr. **1.** Faire un trou dans (un objet). ⇒ **perforer, trouer.** *Percer un mur.* ➝ Traverser, trouer (une partie du corps). *Se faire percer les oreilles. Percer un abcès.* ⇒ **inciser, ouvrir.** **2.** VIEILLI Blesser à l'aide d'une arme pointue. *Percer qqn de nombreux coups.* ⇒ **cribler.** ➝ loc. fig. *Percer le cœur* : affliger, faire souffrir. **3.** Pratiquer dans (qqch.) une ouverture pouvant servir de passage, d'accès. *Percer un coffre-fort.* **4.** Traverser (une protection, un milieu intermédiaire). ⇒ **transpercer.** *Le soleil perce les nuages.* ➝ *Cri qui perce le tympan* (⇒ **perçant ; déchirer**). **5.** LITTÉR. Parvenir à découvrir (un secret, un mystère). ⇒ **déceler, pénétrer.** *On n'a jamais pu percer ce mystère.* ➝ loc. *Percer à jour.* **6.** Pratiquer, faire (une ouverture). *Percer un trou. Percer un tunnel, une avenue, une fenêtre.* **II.** v. intr. **1.** Se frayer un passage en faisant une ouverture, un trou. ➝ *Ses premières dents ont percé. Abcès qui perce.* ⇒ **crever.** ➝ (personnes) *L'avant-centre perce* (⇒ **percée**). **2.** fig. Se déceler, se manifester, se montrer. *Rien n'a percé de leur entretien.* ⇒ **filtrer, transpirer.** **3.** Acquérir la notoriété. ⇒ **réussir.** *Un acteur qui commence à percer.* ► **PERCÉ, ÉE** adj. *Souliers percés.* ➝ loc. *Panier* percé.* ➝ *Chaise* percée.*

PERCEUR, EUSE n. ▪ **1.** Personne qui perce à l'aide d'un outil. **2.** n. f. Machine-outil (foreuse, fraiseuse) utilisée pour percer des trous, pour la finition de pièces. ⇒ **vilebrequin.**

PERCEVABLE adj. ▪ DIDACT. Qui peut être perçu (argent).

PERCEVAL ▪ Héros du dernier roman de Chrétien de Troyes "*Perceval ou le Conte du Graal*" (v. 1181). ➝ **Graal.**

PERCEVOIR v. tr. [28] ▪ **I. 1.** Comprendre, parvenir à connaître. ⇒ **discerner, distinguer, saisir, sentir.** *Percevoir une intention, une nuance.* **2.** Avoir conscience de (une sensation) (⇒ **sentir ; perception**). *Il perçut une lueur indécise.* ➝ *Les chiens perçoivent les ultrasons.* **II.** Recevoir (une somme d'argent). ⇒ **encaisser.** *Percevoir un loyer.* ⇒ ① **toucher.** ➝ spécialt Recueillir (le montant d'un impôt, d'une taxe) (⇒ ① **lever, recouvrer ; percepteur, perception**). ➝ au p. p. *Droits perçus.*

① **PERCHE** n. f. ▪ Poisson d'eau douce, à chair estimée.

perche. *Perca fluviatilis,* perche de rivière.
Phot. © Lanceau/Jacana

② **PERCHE** n. f. ▪ **1.** Grande tige de bois. ⇒ **gaule** ; ① **gaffe** ; **tuteur.** - *Les perches d'un téléski.* - *Perche à son,* qui supporte le micro. ♦ *SAUT À LA PERCHE* : saut en hauteur en prenant appui sur une perche (⇒ **perchiste**). **2.** loc. *TENDRE LA PERCHE à qqn,* lui fournir une occasion de se tirer d'embarras. **3.** FAM. Personne grande et maigre. ⇒ **échalas.**

le PERCHE ▪ Région de bocages et de forêts à l'ouest du Bassin parisien. Ville principale : Nogent-le-Rotrou. Célèbres chevaux de trait.

PERCHER v. [1] ▪ **I.** v. intr. **1.** (oiseaux) Se mettre, se tenir sur une branche, un perchoir. **2.** FAM. (personnes) Loger, habiter. ⇒ **demeurer.** *Où est-ce qu'il perche ?* **II.** v. tr. FAM. Placer à un endroit élevé. ⇒ **jucher.** *Pourquoi percher ce vase sur l'armoire ?* ► **SE PERCHER** v. pron. Se mettre, se tenir sur un endroit élevé. ⇒ se **jucher, grimper.** ► **PERCHÉ, ÉE** p. p. **1.** *Oiseau perché sur un arbre.* **2.** *Une voix haut perchée,* aiguë.

PERCHERON, ONNE ▪ n. m. Grand et fort cheval de trait. - adj. *Jument percheronne.*

percheron. *Phot. © Varin/Visage/Jacana*

PERCHISTE n. ▪ **1.** Sauteur à la perche. **2.** Personne qui tient la perche à son. **3.** Personne qui vérifie le paiement et tend les perches d'un remonte-pente aux skieurs.

PERCHOIR n. m. ▪ **1.** Endroit où viennent se percher les oiseaux domestiques, les volailles. ⇒ **juchoir. 2.** FAM. (personnes) Siège, endroit élevé. *Descends de ton perchoir !*

Charles PERCIER (1764 - 1838) ▪ Architecte français. Auteur avec Fontaine des principales œuvres du Premier Empire.

PERCLUS, USE adj. ▪ Qui a de la peine à se mouvoir. ⇒ **impotent.** *Être perclus, percluse de rhumatismes, de douleurs.* - LITTÉR. *Un vieillard perclus.*

PERCOLATEUR n. m. ▪ Appareil à vapeur sous pression qui sert à faire du café en grande quantité. ◇ abrév. FAM. PERCO.

PERCOLATION n. f. ▪ DIDACT. Passage d'une substance à travers une matière absorbante.

PERÇU, UE ▪ Participe passé de *percevoir.*

PERCUSSION n. f. ▪ **1.** Action de frapper, de heurter. ⇒ **choc.** *Perceuse à percussion.* - *Arme à percussion* (⇒ **percuteur**). **2.** MUS. *Instrument à* (ou *de*) *percussion,* dont on joue en le frappant et dont le rôle est surtout rythmique (cymbales, grosse caisse, tambour). - *La percussion.* ⇒ **batterie.**

PERCUSSIONNISTE n. ▪ Musicien(ienne) qui joue d'un ou plusieurs instruments à percussion.

PERCUTANÉ, ÉE adj. ▪ MÉD. Qui se fait par absorption à travers la peau.

PERCUTANT, ANTE adj. ▪ **1.** Qui donne un choc. - *Obus percutant,* qui éclate lors de l'impact. **2.** fig. Qui frappe par sa netteté brutale, qui produit un choc psychologique. *Une formule percutante.*

PERCUTER v. [1] ▪ **I.** v. tr. Frapper, heurter (qqch.). *La voiture a percuté un camion.* **II.** v. intr. **1.** Heurter en explosant. **2.** *Percuter contre, sur,* heurter violemment. *La voiture est allée percuter contre un arbre.*

PERCUTEUR n. m. ▪ Dans une arme à feu, Pièce métallique destinée à frapper l'amorce et à la faire détoner.

PERDANT, ANTE ▪ **1.** n. Personne qui perd au jeu, dans une affaire, une compétition. ⇒ **battu, vaincu.** - loc. *Être bon, mauvais perdant :* accepter sa défaite avec bonne ou mauvaise grâce. **2.** adj. Qui perd. *Les numéros perdants.* - *Partir perdant.*

Agricol PERDIGUIER (1805 - 1875) ▪ Menuisier et homme politique français. Compagnon menuisier du Devoir de liberté, républicain et franc-maçon, il écrivit le *"Livre du compagnonnage"* (1839).

PERDITION n. f. ▪ **1.** RELIG. Éloignement de l'Église et des voies du salut ; ruine de l'âme par le péché. - loc. COUR. *Lieu de perdition,* de débauche. **2.** *Navire EN PERDITION,* en danger de faire naufrage. ⇒ **détresse.** - fig. *Une entreprise en perdition.*

PERDRE v. tr. [41] ▪ **I.** (sens passif) Être privé de la possession ou de la disposition de (qqch.). **1.** Ne plus avoir (un bien). *Perdre tout son argent au jeu.* - *Perdre son emploi.* - *Perdre ses illusions.* - loc. *N'avoir plus rien à perdre.* - (menace) *Il ne perd rien pour attendre,* il sera puni plus tard. **2.** Être séparé de (qqn) par la mort. *Perdre ses parents.* - Ne plus avoir (un compagnon, un ami, etc.). **3.** Cesser d'avoir (une partie de soi ; une qualité). *Perdre ses cheveux.* - *Perdre du poids. Perdre le souffle. Perdre l'appétit. Perdre la vie :* mourir. - *Perdre la raison, la tête :* devenir fou. *Perdre la mémoire.* - *Perdre connaissance :* s'évanouir. *Perdre courage. Perdre patience.* - *L'avion perd de l'altitude.* **4.** Ne plus avoir en sa possession (ce qui n'est ni détruit ni pris). ⇒ **égarer.** *Perdre ses clés. J'ai perdu votre adresse.* **5.** Laisser s'échapper. *Il a maigri, il perd son pantalon.* - *Le blessé perd beaucoup de sang.* ♦ fig. *Ne pas perdre une bouchée, une miette de la conversation.* - loc. *PERDRE DE VUE :* ne plus voir ; spécialt ne plus fréquenter (qqn), ne plus penser à (qqch.). **6.** Ne plus pouvoir suivre, contrôler. *Perdre son chemin.* - loc. *Perdre pied*. Perdre le nord*.* **7.** Ne pas profiter de (qqch.), en faire mauvais usage. ⇒ **dissiper, gâcher, gaspiller.** *Perdre du temps, son temps. Il n'y a pas un instant à perdre.* **8.** Ne pas obtenir ou ne pas garder (un avantage). - *Perdre du terrain*.* - Ne pas remporter. *Perdre la partie. Perdre une bataille, un procès, un pari.* - absolt Être le perdant. *Avoir horreur de perdre.* **II.** (sens actif) Priver (qqn) de la possession ou de la disposition de biens, d'avantages. **1.** Priver de sa réputation, de sa situation. *Son ambition le perdra.* ♦ spécialt Faire condamner. *Le témoignage de son complice l'a perdu.* **2.** VX ou LITTÉR. Corrompre, pervertir. - spécialt (RELIG.) Damner (⇒ **perdition**). **3.** Mettre hors du bon chemin. ⇒ **égarer.** *Je crois que notre guide nous a perdus.* ► **SE PERDRE** v. pron. **1.** Être réduit à rien ; cesser d'exister. *Les traditions se perdent.* **2.** Être mal utilisé, ne servir à rien. *Laisser se perdre ;* ellipt *laisser perdre une occasion.* **3.** Cesser d'être perceptible. ⇒ **disparaître.** *Des silhouettes qui se perdent dans la nuit.* **4.** S'égarer ; ne plus retrouver son chemin. *Nous nous sommes perdus.* - fig. *Se perdre dans les détails.* - *L'intrigue est trop compliquée, on s'y perd.* **5.** *SE PERDRE DANS, EN :* appliquer entièrement son esprit au point de n'avoir conscience de rien d'autre. ⇒ s'**absorber,** se **plonger.** *Se perdre dans ses pensées.* **6.** VX ou LITTÉR. Causer sa propre ruine. - spécialt (RELIG.) Se damner (⇒ **perdition**).

PERDREAU n. m. ▪ Jeune perdrix de l'année.

PERDRIX n. f. ▪ Oiseau de taille moyenne, au plumage roux ou gris cendré, très apprécié comme gibier.

perdrix. *Perdix perdix,* perdrix grise.
Phot. © Danegger/Jacana

PERDU, UE adj. ▪ **I.** Qui a été perdu (⇒ **perdre** (I)). **1.** Dont on n'a plus la possession, la jouissance. *Regagner l'argent perdu. Tout est perdu :* il n'y a plus d'espoir, plus de remède. – prov. *Un(e) de perdu(e), dix de retrouvé(e)s,* la perte sera facilement réparable. – fig. *"Illusions perdues"* (de Balzac). **2.** Égaré. *Objets perdus.* – (lieu) Écarté ; éloigné, isolé. *Un coin perdu.* **3.** Mal contrôlé, abandonné au hasard. *Il a été blessé par une balle perdue,* qui a manqué son but et l'a atteint par hasard. **4.** Qui a été mal utilisé ou ne peut plus être utilisé. *Verre, emballage perdu* (opposé à *consigné*). – *Occasion perdue.* ⇒ **manqué.** – *Du temps perdu,* inutilement employé. *À mes (ses...) moments perdus,* de loisir. **5.** Où on a eu le dessous. *Causes perdues.* **II.** Qui a été perdu, atteint sans remède (par le fait d'une personne ou d'une chose). **1.** Atteint dans sa santé. *Le malade est perdu.* ⇒ **condamné, incurable.** – Atteint dans sa fortune, sa situation. *C'est un homme perdu.* ⇒ **fini.** – VIEILLI *Fille perdue :* prostituée. **2.** Abîmé, endommagé. *Fruits perdus,* gâtés. **III.** Qui se perd, qui s'est perdu. *Enfant perdu.* – *Le regard perdu dans le lointain.* – fig. *Se sentir perdu.* ⇒ **désemparé.** *Je suis perdu, je ne m'y retrouve plus.* – n. (dans des loc.) *Crier, rire comme un perdu,* un fou.

PERDURER v. intr. [1] ▪ VX OU LITTÉR. Durer toujours, se perpétuer. *Le marasme perdure.*

PÈRE n. m. ▪ **1.** Homme qui a engendré, donné naissance à un ou plusieurs enfants (⇒ patr(i)-). *Être, devenir père. Être (le) père de deux enfants.* – *Père biologique**. *Le père et la mère :* les parents. – *Meurtre du père* (⇒ **parricide**). – loc. prov. *Tel père, tel fils.* – appellatif ⇒ **papa.** *Oui, père !* **2.** *PÈRE DE FAMILLE,* qui a un ou plusieurs enfants qu'il élève. ⇒ **chef** de famille. – loc. *En bon père de famille :* sagement, sans scandale. **3.** Le parent mâle (d'un être vivant sexué). *Le père de ce poulain est un pur-sang.* **4.** au plur. LITTÉR. Les ancêtres, les aïeux. *L'héritage de nos pères.* **5.** *Dieu le Père,* la première personne de la sainte Trinité. **6.** fig. *Le père de qqch.* ⇒ **créateur, fondateur, inventeur.** **7.** Celui qui se comporte comme un père, est considéré (en droit) comme un père. *Père légal, adoptif. Il a été un père pour moi.* **8.** (titre de respect) Religieux. *Les Pères Blancs. Être élevé chez les Pères.* – *Le Saint-Père.* ⇒ **pape.** – *Les Pères de l'Église,* les écrivains ecclésiastiques qui ont autorité en matière de foi (voir ci-dessous). – (appellatif) *Mon Père.* **9.** FAM. avant le nom de famille Désignant un homme mûr de condition modeste. *"Le Père Goriot"* (de Balzac). – loc. *Le coup du père François,* un coup mortel sur la nuque. – *Le père Noël**. – loc. *UN GROS PÈRE :* un gros homme placide. ⇒ **pépère.** *UN PÈRE TRANQUILLE :* un homme paisible. ■ L'Église catholique réclame trois conditions pour qu'un auteur ecclésiastique soit appelé *Père de l'Église :* l'antiquité (avant le milieu du VIIIe s.), la sainteté, l'orthodoxie. La qualité de père est distincte de celle de docteur (dont l'enseignement est reconnu éminent). Principaux pères : Ambroise, Athanase, Basile le Grand, Grégoire de Nysse, Irénée, Jérôme.

Georges **PEREC** (1936 - 1982) ▪ Écrivain français. Son œuvre allie une grande virtuosité formelle au souci du réel. *"Les Choses"* (1965) ; *"La Vie mode d'emploi"* (1978).

Perec.
Phot. © Andersen/Gamma

PÉRÉGRINATION n. f. ▪ **1.** VX Voyage en pays lointain. **2.** MOD. au plur. Déplacements incessants en de nombreux endroits.

PEREIRA ▪ Ville de Colombie. 420 000 hab. Centre commercial. Industrie alimentaire.

les frères **PEREIRE** ▪ **Jacob-Émile** (1800 - 1875) et **Isaac** (1806 - 1880). Hommes d'affaires français. Notables du Second Empire, ils favorisèrent l'essor des transports et des finances.

le cimetière du **PÈRE-LACHAISE** → père **La Chaise**

PÉREMPTION [-psjɔ̃] n. f. ▪ **1.** DR. Anéantissement des actes de procédure après un certain délai. **2.** COUR. *Date de péremption :* date à laquelle un produit est périmé.

PÉREMPTOIRE [-pt-] adj. ▪ **1.** DR. Relatif à la péremption. **2.** COUR. Qui détruit d'avance toute objection ; contre quoi on ne peut rien répliquer. ⇒ **décisif, tranchant.** *Argument péremptoire.* – *D'un ton péremptoire.* ⇒ **catégorique.** ► adv. PÉREMPTOIREMENT

PÉRENNE adj. ▪ DIDACT. OU LITTÉR. Qui dure longtemps, qui est perpétuel.

PÉRENNISER v. tr. [1] ▪ DIDACT. Rendre durable, éternel. ► n. f. PÉRENNISATION

PÉRENNITÉ n. f. ▪ DIDACT. OU LITTÉR. État, caractère de ce qui dure toujours (⇒ **continuité, perpétuité**), ou très longtemps. *La pérennité de l'espèce.*

PÉRÉQUATION [-kwa-] n. f. ▪ DR., ÉCON. Répartition égalitaire de charges ou de moyens.

Shimon **PERES** (né en 1923) ▪ Homme politique israélien. Premier ministre (travailliste) de 1984 à 1986, puis plusieurs fois ministre depuis 1986. Il a joué un rôle primordial dans les pourparlers avec l'OLP et succéda à Y. Rabin, après l'assassinat de ce dernier, au poste de Premier ministre (1995-1996). Prix Nobel de la paix 1994.

Peres.
Phot. © Éric Bouvet/ Gamma

PERESTROÏKA [peʀɛs-] n. f. ▪ Politique libérale de « reconstruction », dans l'ex-U.R.S.S. (1986-1991).

Benjamin **PÉRET** (1899 - 1959) ▪ Écrivain surréaliste français. Il lutta contre tous les moralismes. *"Le Grand Jeu"* (1928).

Benito **PÉREZ GALDÓS** (1843 - 1920) ▪ Écrivain espagnol. Il a décrit la vie quotidienne de son pays dans une vaste fresque sociale, *"Épisodes nationaux"* (1873 à 1912), qu'on a comparée à l'œuvre de Balzac.

PERFECTIBLE adj. ▪ Susceptible d'être amélioré. ► n. f. PERFECTIBILITÉ

PERFECTION n. f. ▪ **1.** État, qualité de ce qui est parfait (notamment dans le domaine moral et esthétique). **2.** *À LA PERFECTION* loc. adv. : d'une manière parfaite, excellente. ⇒ **parfaitement.** *Elle danse à la perfection.* **3.** Qualité remarquable. *Elle a toutes les perfections.* – *Une perfection :* personne ou chose parfaite. ⇒ **perle ; merveille.**

PERFECTIONNEMENT n. m. ▪ Action de (se) perfectionner. ⇒ **progrès.** *Stage de perfectionnement.* – *Apporter des perfectionnements techniques.* ⇒ **amélioration.**

PERFECTIONNER v. tr. [1] ▪ Rendre meilleur, plus proche de la perfection. ⇒ **améliorer, parfaire.** *Perfectionner son style.* – *Perfectionner une méthode, un procédé.* ► SE PERFECTIONNER v. pron. *Les machines se perfectionnent.* – *Se perfectionner en anglais.* ► PERFECTIONNÉ, ÉE adj. (choses) *Dispositif très perfectionné.*

PERFECTIONNISTE n. et adj. ▪ (Personne) qui cherche la perfection dans ce qu'elle fait, qui fignole (à l'excès) son travail. ► n. m. PERFECTIONNISME

PERFIDE adj. ▪ LITTÉR. **1.** Qui manque à sa parole, trahit la personne qui lui faisait confiance. ⇒ **déloyal.** *Femme perfide,* infidèle. – loc. péj. ou plais. *La perfide Albion :* l'Angleterre. – n. VX ⇒ **infidèle, traître.** 2. Dangereux, nuisible sans qu'il y paraisse. *Une insinuation perfide.* ⇒ **sournois.** ► adv. PERFIDEMENT

PERFIDIE n. f. ▪ 1. *Une, des perfidies.* Action, parole perfide. 2. *La perfidie.* Caractère perfide. ⇒ **déloyauté, fourberie ;** → mauvaise foi.

PERFORATEUR, TRICE ▪ 1. adj. Qui perfore. 2. n. f. Machine servant à perforer. 3. n. Personne qui fait fonctionner une perforatrice.

PERFORATION n. f. ▪ 1. Action de perforer. 2. État de ce qui est perforé. – Endroit perforé. ⇒ **trou.** – MÉD. Ouverture accidentelle ou pathologique dans un organe. *Perforation intestinale.*

PERFORÉ, ÉE adj. ▪ 1. Percé. *Estomac perforé.* 2. TECHN. Qui présente des petits trous réguliers, en vue d'un usage mécanique. *Carte, bande perforée.*

PERFORER v. tr. [1] ▪ Traverser en faisant un ou plusieurs petits trous. ⇒ **percer, trouer.** *La balle lui a perforé l'intestin.* – absolt *Machines à perforer* (composteur, poinçonneuse ; perforatrice (→ perforateur) ; *perforeuse* n. f.).

PERFORMANCE n. f. ▪ 1. Résultat obtenu dans une compétition. *Les performances d'un champion. Performance homologuée.* 2. Rendement, résultat le meilleur. *Les performances d'une machine, d'un avion.* – fig. Exploit, réussite remarquable. ⇒ **prouesse.**

PERFORMANT, ANTE adj. ▪ anglic. Capable de hautes performances. ⇒ **compétitif.**

PERFUSER v. tr. [1] ▪ MÉD. Pratiquer une perfusion sur (un malade, un organe).

PERFUSION n. f. ▪ MÉD. Injection lente et continue de sérum. *Être sous perfusion.* – *Perfusion sanguine.*

PERGAME aujourd'hui *BERGAMA* ▪ Ancienne ville d'Asie Mineure (Turquie), capitale d'un puissant royaume hellénistique aux IIIe et IIe s. av. J.-C., célèbre pour sa bibliothèque, rivale de celle d'Alexandrie. De nombreux monuments subsistent. Sculptures au musée Pergamon de Berlin.

Louis PERGAUD (1882 - 1914) ▪ Écrivain français. Conteur, il évoqua les animaux et les enfants. *"La Guerre des boutons"* (1912).

PERGOLA n. f. ▪ Petite construction de jardin qui sert de support à des plantes grimpantes. ⇒ **tonnelle.**

Jean-Baptiste PERGOLÈSE (1710 - 1736) ▪ Compositeur italien. *"La Servante maîtresse"* (1733) est le premier opéra bouffe (→ querelle des **Bouffons**). Il a aussi composé de la musique religieuse, dont un célèbre *"Stabat Mater"* (1736).

Jacopo PERI (1561 - 1633) ▪ Compositeur italien. Il définit l'opéra comme genre musical. *"Euridice"* (1600).

Gabriel PÉRI (1902 - 1941) ▪ Homme politique français. Journaliste, député communiste et résistant, il fut fusillé par les Allemands.

PÉRI- Élément, du grec *peri* « autour » (ex. *périmètre, périphérie, périscope*).

PÉRICARDE n. m. ▪ ANAT. Membrane qui enveloppe le cœur et l'origine des gros vaisseaux.

Périgueux. La cathédrale Saint-Front. *Phot. © Langeland/Diaf*

Pergame. Portique nord avec la colonnade ionique.
Phot. © Dagli Orti

PÉRICARPE n. m. ▪ BOT. Partie du fruit qui enveloppe la ou les graines.

PÉRICLÈS (v. 495 - 429 av. J.-C.) ▪ Homme politique athénien, auteur de grandes réformes démocratiques. Il étendit la domination d'Athènes sur les autres cités grecques et en fit le centre de la civilisation et de l'art classiques (construction du Parthénon). Le « siècle de Périclès » désigne l'époque la plus brillante de la civilisation grecque.

PÉRICLITER v. intr. [1] ▪ Aller à sa ruine, à sa fin. ⇒ **décliner, dépérir.** *Un commerce qui périclite.*

PÉRIDURAL, ALE, AUX adj. ▪ MÉD. *Anesthésie péridurale* ou n. f. *une péridurale :* anesthésie régionale du bassin. *Accoucher sous péridurale.*

Casimir PERIER (1777 - 1832) ▪ Banquier français, ministre de Louis-Philippe. ► **Jean CASIMIR-PERIER**, son petit-fils. → **Casimir-Perier.**

PÉRIGÉE n. m. ▪ ASTRON. Point de l'orbite d'un astre qui est le plus proche de la Terre (contr. *apogée*).

dom PÉRIGNON (1638 - 1715) ▪ Moine bénédictin qui fit connaître la « méthode champenoise » de fabrication du champagne.

le PÉRIGORD ▪ Région historique du Sud-Ouest rattachée à la France par Henri IV. Elle forme la majeure partie du département de la Dordogne. Plateaux calcaires traversés par la Dordogne. Riches cultures dans la vallée (vin, tabac, maïs). Nombreux sites préhistoriques (Lascaux, Les Eyzies-de-Tayac-Sireuil). Les habitants sont les *Périgourdins.*

PÉRIGUEUX ▪ Chef-lieu de la Dordogne. 30 280 hab. *(les Périgourdins).* Industrie alimentaire active : truffes, foie gras. Arènes romaines, cathédrale romane (restaurée au XIXe s.). Ancienne capitale du Périgord.

PÉRIHÉLIE n. m. ▪ ASTRON. Point de l'orbite d'une planète qui est le plus proche du Soleil (contr. *aphélie*).

PÉRI-INFORMATIQUE n. f. ▪ Ensemble des activités et des matériels liés aux périphériques d'ordinateurs.

PÉRIL [-il] n. m. ▪ LITTÉR. Situation où l'on court de grands risques ; ce qui menace l'existence. ⇒ **danger ; risque.** – loc. *Il y a péril en la demeure*.* – EN PÉRIL. *Navire en péril.* ⇒ **détresse.** *Chefs-d'œuvre en péril.* – loc. *Au péril de sa vie :* en risquant sa vie. – *Faire qqch. à ses risques et périls,* en acceptant d'en subir toutes les conséquences.

PÉRILLEUX, EUSE adj. ▪ 1. LITTÉR. Où il y a des risques, du danger. ⇒ **dangereux, difficile, risqué.** *Une entreprise périlleuse. C'est un sujet périlleux.* ⇒ **délicat.** 2. loc. SAUT PÉRILLEUX, où le corps fait un tour complet sur lui-même, dans un plan vertical. ► adv. PÉRILLEUSEMENT

PÉRIMÉ, ÉE adj. ▪ **1.** (opposé à *actuel*) Qui n'a plus cours. ⇒ **ancien, caduc, démodé.** *Des pratiques périmées.* **2.** (opposé à *valide*) Dont le délai de validité est expiré. *Passeport périmé.* **3.** Qui n'est plus consommable (⇒ **péremption**). *Yaourt périmé.*

SE **PÉRIMER** v. pron. 1 ▪ Être annulé après l'expiration du délai fixé ; cesser d'être valable. ▪ (sans *se*) *Laisser périmer un billet de chemin de fer.*

PÉRIMÈTRE n. m. ▪ **1.** MATH. Ligne qui délimite le contour d'une figure plane. *Le périmètre d'un cercle* (⇒ **circonférence**). **2.** Zone, surface délimitée. *Périmètre de sécurité. Dans un périmètre de 3 km.*

PÉRINATAL, ALE, ALS adj. ▪ MÉD. *Période périnatale,* qui précède et suit immédiatement la naissance. ▪ *Examens périnatals.*

PÉRINÉE n. m. ▪ Ensemble des tissus qui forment le plancher du petit bassin, entre l'anus et les parties génitales.

PÉRIODE n. f. ▪ **I. 1.** Espace de temps. ⇒ **durée.** *La période des fêtes. En période de crise* (→ en temps de). ♦ *Période électorale,* qui précède le jour du scrutin. ♦ Division du temps marquée par des événements importants. ⇒ **époque, ère.** *La période révolutionnaire.* ▪ *La période rose de Picasso.* **2.** DIDACT. Durée déterminée, caractérisée par un certain phénomène. ⇒ **phase, stade.** *Division des ères géologiques en périodes.* ▪ MÉD. *La période d'incubation d'une maladie.* **II.** SC. Temps qui s'écoule entre deux états semblables d'un phénomène. ▪ ASTRON. Temps de révolution d'une planète. **III.** DIDACT. Phrase dont l'assemblage des éléments, si variés qu'ils soient, est harmonieux. *Une belle période oratoire.*

PÉRIODICITÉ n. f. ▪ Caractère de ce qui est périodique (I), retour d'un fait à des intervalles plus ou moins réguliers.

PÉRIODIQUE adj. ▪ **I. 1.** Qui se reproduit à des intervalles réguliers. *Les inondations périodiques du Nil.* ♦ *Protections* périodiques.* **2.** Qui paraît chaque semaine, chaque mois, etc. *Presse périodique.* ▪ n. m. *UN PÉRIODIQUE.* ⇒ **magazine, publication, revue. II.** SC. *Mouvement, fonction périodique,* qui reprend la même valeur à intervalles réguliers. ⇒ **période** (II). ♦ *Classification périodique des éléments*.*

PÉRIODIQUEMENT adv. ▪ D'une manière périodique, régulièrement.

PÉRIOSTE n. m. ▪ ANAT. Membrane conjonctive et fibreuse qui constitue l'enveloppe des os.

PÉRIPATÉTICIENNE n. f. ▪ LITTÉR. Prostituée qui racole dans la rue.

PÉRIPÉTIE n. f. ▪ **1.** DIDACT. Changement subit de situation dans une action dramatique, un récit. ⇒ **rebondissement. 2.** Événement imprévu. ⇒ ① **incident.** *Un voyage plein de péripéties.*

PÉRIPHÉRIE n. f. ▪ **1.** Ligne qui délimite une surface. ⇒ **bord, contour, périmètre, pourtour.** ▪ Surface extérieure d'un volume. **2.** Les quartiers éloignés du centre d'une ville. ⇒ **faubourg.**

PÉRIPHÉRIQUE ▪ **1.** adj. Qui est situé à la périphérie. *Système nerveux périphérique* (opposé à *central*). ▪ *Le boulevard périphérique, à Paris ;* n. m. *le périphérique* (abrév. FAM. PÉRIF ou PÉRIPH). ♦ *Station, émetteur périphérique,* qui émet vers la France à partir de pays limitrophes. **2.** n. m. INFORM. Élément de matériel distinct de l'unité de traitement d'un ordinateur (⇒ **péri-informatique**).

PÉRIPHRASE n. f. ▪ Expression par plusieurs mots d'une notion qu'un seul mot pourrait exprimer. ⇒ **circonlocution, détour.**

PÉRIPLE n. m. ▪ **1.** DIDACT. Grand voyage par mer. *Le périple de Magellan autour du monde.* **2.** (sens critiqué) Voyage, randonnée, circulaire ou non. *Au cours de notre périple.*

PÉRIR v. intr. 2 ▪ **1.** Mourir. *Périr noyé.* ▪ *S'ennuyer à périr. Périr d'ennui.* **2.** Disparaître. ⇒ **s'anéantir, finir.** *Les civilisations périssent. Navire qui périt corps et biens* (→ faire naufrage).

PÉRISCOLAIRE adj. ▪ Complémentaire de l'enseignement scolaire.

PÉRISCOPE n. m. ▪ Instrument d'optique permettant de voir autour de soi par-dessus un obstacle. *Les périscopes d'un sous-marin.*

PÉRISSABLE adj. ▪ **1.** LITTÉR. Qui est sujet à périr ; qui n'est pas durable. ⇒ **éphémère, fugace. 2.** *DENRÉE PÉRISSABLE,* qui se conserve difficilement (opposé à *non périssable*).

PÉRISSOIRE n. f. ▪ Embarcation plate, longue et étroite, qui se manœuvre à la pagaie double ou à l'aviron.

PÉRISTALTIQUE adj. ▪ PHYSIOL. *Mouvements, contractions péristaltiques,* qui font progresser les aliments dans le tube digestif.

PÉRISTYLE n. m. ▪ DIDACT. Colonnade entourant la cour intérieure d'un édifice ou disposée autour d'un édifice.

PÉRITOINE n. m. ▪ Membrane qui tapisse les parois intérieures de l'abdomen et recouvre les organes qui y sont contenus.

PÉRITONITE n. f. ▪ Inflammation du péritoine.

PERLE n. f. ▪ **1.** Petite concrétion de nacre, généralement sphérique, sécrétée par certains mollusques (huîtres) pour isoler un corps étranger. *Pêcheurs de perles. Perle fine. Perles naturelles. Perles de culture,* obtenues en plaçant un grain de nacre dans une huître d'élevage. ▪ loc. *Jeter des perles aux pourceaux :* accorder à qqn une chose dont il est incapable d'apprécier la valeur. ▪ fig. *Des perles de rosée* (⇒ **perler**). **2.** Petite boule percée d'un trou. *Perle de verre, de bois.* **3.** Personne de grand mérite. *Ce cuisinier est une perle.* ⇒ **perfection. 4.** Erreur grossière, absurdité. *Perles relevées dans la presse.*

PERLÉ, ÉE adj. ▪ **1.** En forme de perle ronde. *Orge perlé.* **2.** Qui a des reflets nacrés. *Coton perlé.* **3.** Exécuté avec soin. *Ouvrage perlé.* **4.** loc. *GRÈVE PERLÉE,* qui interrompt l'activité d'une entreprise par une succession de petits arrêts de travail.

PERLER v. 1 ▪ **I.** v. tr. LITTÉR. Exécuter avec un soin minutieux. **II.** v. intr. Former de petites gouttes arrondies. ⇒ **suinter.** *Des gouttes de sueur perlaient sur son front.*

PERLIER, IÈRE adj. ▪ Qui a rapport aux perles. *Industrie perlière.* ▪ *Huître perlière.*

PERLINGUAL, ALE, AUX [-gwal, o] adj. ▪ *Médicament administré par voie perlinguale,* en le plaçant sous la langue.

PERM ou **PERME** n. f. ⇒ PERMISSION

PERM ▪ Ville de Russie, dans l'Oural. 1 098 000 hab. Centre culturel, ferroviaire et industriel.

PERMANENCE n. f. ▪ **1.** Caractère de ce qui est durable ; longue durée (de qqch.). ⇒ **continuité, pérennité, stabilité. 2.** Service chargé d'assurer le fonctionnement ininterrompu d'un organisme. *Assurer, tenir une permanence. Être de permanence.* ▪ Local où fonctionne ce service. *Permanence électorale.* ♦ spécialt Salle d'études où les élèves se regroupent lorsqu'ils n'ont pas de cours. **3.** *EN PERMANENCE* loc. adv. : sans interruption. ⇒ **constamment, toujours.** ▪ Très souvent. *Il fait le pitre en permanence.*

PERMANENT, ENTE adj. ▪ **1.** Qui dure, demeure sans discontinuer ni changer. *Surveillance permanente.* ⇒ **constant, continu. 2.** *Ondulation permanente* et n. f. *une permanente :* traitement appliqué aux cheveux pour les onduler de façon durable. ⇒ **indéfrisable. 3.** Qui exerce une activité permanente. *Un comité permanent.* ▪ (opposé à *spécial, extraordinaire*) *Le représentant permanent d'un journal à l'étranger.* ▪ n. *Les permanents d'un syndicat, d'un parti,* les membres rémunérés pour se consacrer à son administration.

PERMANGANATE n. m. ▪ Sel dérivé du manganèse. *Permanganate de potassium,* de couleur violette, aux propriétés antiseptiques.

PERMÉABILITÉ n. f. ▪ DIDACT. Caractère de ce qui est perméable.

PERMÉABLE adj. ▪ **1.** Qui se laisse traverser ou pénétrer par un fluide, spécialt par l'eau. ⇒ **poreux.** *Roche, terrain perméable.* **2.** *PERMÉABLE À. Corps perméable à la lumière.* **3.** fig. Qui se laisse atteindre, toucher par (qqch.). *Être perméable aux suggestions.*

Constant Permeke (1886 - 1952) ▪ Peintre et sculpteur belge expressionniste. Scènes de la vie paysanne. Nus aux formes monumentales.

Permecke. *Vue d'Aertrijeke.* Stedelijk Museum, Amsterdam.
Phot. © Arch. Smeets

PERMETTRE v. tr. 56 ▪ **1.** Laisser faire (qqch.), ne pas empêcher. ⇒ **autoriser, tolérer.** *Permettre l'exportation d'un produit.* - *Si les circonstances le permettent.* - *Permettre que* (+ subj.). ⇒ **admettre, consentir.** *Il a permis qu'elle s'en aille.* - *PERMETTRE qqch. À qqn.* ⇒ **accorder, autoriser.** *Le médecin lui permet un peu de vin.* - au passif *Il se croit tout permis.* - *Permettre de* (+ inf.). *Je ne vous permets pas de me parler sur ce ton.* **2.** (sujet chose) Rendre possible. ⇒ **autoriser.** *Sa santé ne lui permet aucun excès.* - *PERMETTRE À qqn DE* (+ inf.). *Mes moyens ne me permettent pas de voyager.* - impers. *Autant qu'il est permis d'en juger.* ⇒ **possible.** **3.** *Permettez ! Vous permettez ?,* formules pour contredire qqn, protester ou agir à sa place, avec une apparence de courtoisie. - (formule polie) *Permettez-moi de vous présenter M. X.* ► SE **PERMETTRE** v. pron. **1.** S'accorder (qqch.). ⇒ s'**autoriser.** *Se permettre un petit répit.* **2.** *SE PERMETTRE DE* (+ inf.). Prendre la liberté de. ⇒ s'**aviser** de, **oser.** *Elle s'était permis de répliquer.*

PERMIS n. m. ▪ Autorisation officielle écrite. *Permis de construire. Permis de chasse.* - *PERMIS DE CONDUIRE* ou *PERMIS* : certificat de capacité, nécessaire pour la conduite des automobiles, camions, motos. - Examen du permis de conduire. *Passer son permis.*

PERMISSIF, IVE adj. ▪ DIDACT. Qui permet trop facilement, qui tolère beaucoup. *Des parents très permissifs.* ► n. f. PERMISSIVITÉ

PERMISSION n. f. ▪ **1.** Action de permettre ; son résultat. ⇒ **autorisation.** *Agir sans la permission de qqn ; sans permission.* - loc. FAM. *Avoir la permission de minuit,* de sortir jusqu'à minuit. - *Avec votre permission* (formule de politesse) : si vous le permettez. **2.** Congé accordé à un militaire. ◇ abrév. FAM. PERM ou PERME.

PERMISSIONNAIRE ▪ **1.** n. m. Soldat en permission. **2.** n. ADMIN. Bénéficiaire d'un permis.

PERMUTATION n. f. ▪ **1.** Échange d'un emploi, d'un poste contre un autre. *La permutation de deux fonctionnaires.* ♦ (choses) Changement de place réciproque. **2.** MATH. Chacun des arrangements (disposition dans une série) que peut prendre un nombre défini d'objets différents. *Le nombre de permutations d'un nombre* n *d'objets est égal à factorielle* n.

PERMUTER v. 1 ▪ **1.** v. tr. Mettre une chose à la place d'une autre (et réciproquement). *Permuter deux mots dans une phrase.* ⇒ **intervertir.** **2.** v. intr. Échanger sa place. *Ces deux officiers veulent permuter.*

PERNAMBOUC en portugais ***PERNAMBUCO*** ▪ État côtier du Brésil (Nordeste). 101 023 km². 7 540 000 hab. Capitale : Recife. L'ancien territoire Fernando de Noronha en fait partie depuis 1988.

PERNES-LES-FONTAINES ▪ Commune du Vaucluse. 8 304 hab. *(les Pernois).* Église romane ; enceinte du XVe s.

PERNICIEUX, EUSE adj. ▪ **1.** MÉD. Dont l'évolution est très grave. *Accès pernicieux de paludisme.* **2.** LITTÉR. Nuisible moralement. ⇒ **mauvais, nocif.** *Influence, théorie pernicieuse.* ► adv. PERNICIEUSEMENT

Juan Domingo PERÓN (1895 - 1974) ▪ Homme d'État argentin. Élu président de la République en 1946, il établit une dictature populiste. Sa doctrine, le *justicialisme,* conciliait mesures sociales, politique antiaméricaine, catholicisme, répression, nationalisations, ce qui amena une transformation radicale du pays et lui valut une certaine popularité. Mais, en butte à des difficultés économiques, il fut renversé en 1955. Les élections de 1973 redonnèrent le pouvoir aux péronistes qui portèrent Perón à la présidence de la République. À sa mort, sa troisième femme, Isabel (née en 1931), lui succéda mais dut quitter le pouvoir après le coup d'État militaire de 1976. ► **Eva PERÓN** (1919 - 1952), sa première femme, fut vénérée par le peuple.

PÉRONÉ n. m. ▪ Os long et mince qui forme avec le tibia l'ossature de la jambe.

PÉRONNE ▪ Chef-lieu d'arrondissement de la Somme. 8 497 hab. *(les Péronnais).* Château médiéval. Violents combats en 1916.

PÉRONNELLE n. f. ▪ FAM. et VIEILLI Jeune femme, jeune fille sotte et bavarde.

PÉRORAISON n. f. ▪ **1.** Conclusion d'un discours. **2.** Discours creux de qqn qui pérore.

PÉRORER v. intr. 1 ▪ Discourir, parler d'une manière prétentieuse, avec emphase. ⇒ **pontifier.**

PÉROTIN (XIIIe s.) ▪ Compositeur français de l'école de Notre-Dame de Paris. Il est l'un des créateurs de la musique polyphonique.

le PÉROU ▪ État (république) d'Amérique du Sud. 1 285 215 km². 23 000 000 hab. *(les Péruviens).* Capitale :

Pérou.

Auguste **Perret.** Le théâtre des Champs-Élysées à Paris.
Phot. © S. Bianchetti/Tapabor/de Selva

Lima. Langues : espagnol (officielle), quechua. Religion officielle : catholique. Monnaie : nouveau sol. Trois régions contrastées : la côte pacifique avec les cultures de coton, de riz et la pêche ; les hautes terres des Andes avec l'élevage et la production minière (cuivre, zinc) et la culture de coca ; enfin la forêt amazonienne, presque inexploitée. □ **HISTOIRE** Le Pérou fut le centre de l'Empire inca*, qui disparut sous les coups des conquistadores de Pizarro* au XVIe s. Devenu une colonie espagnole, il accéda à l'indépendance en 1824, après la victoire de Sucre. Dès 1825, il fut divisé et le haut Pérou prit le nom de Bolivie. Il a connu une grande instabilité politique avec une alternance de gouvernements révolutionnaires et conservateurs. Depuis 1978, il traverse une grave crise économique et politique (en 1992 et 1993, suspension des garanties constitutionnelles par A. Fujimori, président depuis 1990), à laquelle s'ajoute la guérilla des communistes (maoïstes) du Sentier lumineux.

PÉROUGES ▪ Commune de l'Ain, dans la Dombes. 851 hab. *(les Pérougiens).* Bourg médiéval restauré (église fortifiée du XVe s., maisons des XVe et XVIe s.).

PÉROUSE en italien ***PERUGIA*** ▪ Ville d'Italie, capitale de l'Ombrie. 149 261 hab. *(les Pérugins).* Ruines étrusques et romaines. Monuments du Moyen Âge et de la Renaissance.

PEROXYDE [pɛʀ-] **n. m.** ▪ CHIM. Oxyde contenant le maximum d'oxygène. *Peroxyde d'hydrogène :* eau oxygénée.

PERPENDICULAIRE adj. ▪ *Perpendiculaire à :* qui fait un angle droit avec. ⇒ **orthogonal.** *Droites perpendiculaires.* - **n. f.** *Tirer une perpendiculaire.* ► **adv.** PERPENDICULAIREMENT

À **PERPÈTE loc. adv.** ▪ FAM. **1.** À perpétuité, pour toujours. *Attendre jusqu'à perpète.* **2.** Très loin. *Il habite à perpète.* ◇ var. À PERPETTE.

PERPÉTRER v. tr. [6] ▪ DR. ou LITTÉR. Faire, exécuter (un acte criminel). ⇒ **commettre.** ► **n. f.** PERPÉTRATION

PERPÉTUEL, ELLE adj. ▪ **1.** Qui dure toujours, indéfiniment. ⇒ **éternel.** - *Mouvement perpétuel,* qui, une fois déclenché, continuerait éternellement sans apport d'énergie. **2.** Qui dure, doit durer toute la vie. - *Secrétaire perpétuel,* à vie. **3.** Qui ne s'arrête, ne s'interrompt pas. ⇒ **continuel, incessant, permanent.** *Une angoisse perpétuelle. C'est un perpétuel mécontent.* **4.** au plur. Qui se renouvellent souvent. ⇒ **continuel.** *Des jérémiades perpétuelles.* ⇒ **sempiternel.**

PERPÉTUELLEMENT adv. ▪ **1.** Toujours, sans cesse. **2.** Très souvent. *Il arrive perpétuellement en retard.*

PERPÉTUER v. tr. [1] ▪ Faire durer toujours ou très longtemps. ⇒ **immortaliser.** *Perpétuer un nom, une tradition.* ⇒ **transmettre.** ► SE **PERPÉTUER v. pron.** ⇒ **durer, perdurer.** *Les espèces [se p]erpétuent.* ⇒ se **reproduire.**

PERPÉTUITÉ n. f. ▪ **1.** LITTÉR. Durée infinie ou très longue. ⇒ **pérennité. 2.** *À PERPÉTUITÉ* **loc. adv.** : pour toujours. *Les travaux forcés à perpétuité. Être condamné à perpétuité.* ⇒ FAM. à **perpète.**

PERPIGNAN ▪ Chef-lieu des Pyrénées-Orientales. 105 983 hab. *(les Perpignanais).* Commerce actif des fruits cultivés dans la région. Ancienne capitale des rois de Majorque. Palais (XIIIe-XIVe s.). Cathédrale et Loge de Mer gothiques.

PERPLEXE adj. ▪ Qui hésite, ne sait que penser, que faire dans une situation embarrassante. ⇒ **inquiet ; indécis.** *Votre demande me rend perplexe.* - *Un air perplexe.*

PERPLEXITÉ n. f. ▪ État d'une personne perplexe. ⇒ **doute, embarras, incertitude, irrésolution.** *Être plongé dans la perplexité.*

PERQUISITION n. f. ▪ Fouille policière d'un domicile sur ordre judiciaire. *Mandat de perquisition.*

PERQUISITIONNER v. intr. [1] ▪ Faire une perquisition. ⇒ **fouiller.** *La police a perquisitionné chez lui.* - **trans.** (emploi critiqué) *Perquisitionner un local.*

Charles PERRAULT (1628 - 1703) ▪ Écrivain français. Auteur des *"Parallèles des Anciens et des Modernes"* (1688-1692), dans lesquels il prend parti pour les modernes, et des célèbres *"Contes de ma mère l'Oye"*, 1697 (*"Cendrillon"*, *"Barbe-Bleue"*, *"Le Petit Poucet"*...). ► **Claude PERRAULT** (1613 - 1688), son frère, architecte. On lui attribue le projet de la colonnade du Louvre.

Auguste PERRET (1874 - 1954) ▪ Architecte français. Théâtre des Champs-Élysées, à Paris (1911-1913). Reconstruction du Havre après la Deuxième Guerre mondiale.

Jacques PERRET (1901 - 1992) ▪ Écrivain français. *"Le Caporal épinglé"* (1947), adapté au cinéma par J. Renoir.

Le PERREUX-SUR-MARNE ▪ Commune du Val-de-Marne. 28 477 hab. *(les Perreuxiens).*

Jean PERRIN (1870 - 1942) ▪ Physicien français. Il détermina selon différentes méthodes le nombre d'Avogadro, apportant une preuve irréfutable de l'existence des atomes. Il créa le palais de la Découverte (1937) et participa à la fondation du CNRS. Prix Nobel de physique 1926. ► **Francis PERRIN** (1901 - 1992), son fils, collabora avec Joliot-Curie et étudia les réactions en chaîne. Il fut haut-commissaire à l'énergie atomique (1951-1970).

PERRON n. m. ▪ Petit escalier extérieur se terminant par une plate-forme et donnant accès à la porte principale d'une maison.

PERROQUET n. m. ▪ **I.** Oiseau grimpeur au plumage vivement coloré, à gros bec très recourbé, capable d'imiter la parole humaine. ⇒ **ara.** - *Répéter, réciter qqch. comme un perroquet,* sans comprendre. **II.** MAR. Mât gréé sur une hune. ♦ Voile carrée supérieure au hunier.

perroquet. *Ara macao,* ara rouge et ara bleu. *Phot. © Varin/Visage/Jacana*

PERROS-GUIREC ▪ Commune des Côtes-d'Armor. 7 497 hab. *(les Perrosiens).* Station balnéaire de Bretagne.

François PERROUX (1903 - 1987) ▪ Économiste français. Il a proposé une troisième voie, entre le socialisme et le capitalisme.

PERRUCHE n. f. ▪ **I. 1.** Oiseau grimpeur, de petite taille, au plumage vivement coloré, à longue queue. **2.** fig. Femme bavarde. **II.** MAR. Voile supérieure d'artimon.

PERRUQUE n. f. ▪ Coiffure de faux cheveux, chevelure postiche.

PERRUQUIER n. m. ▪ Fabricant de perruques et de postiches.

PERS adj. m. ▪ D'une couleur où le bleu domine (surtout en parlant des yeux). *Athéna, la déesse aux yeux pers.*

PERSAN, ANE ▪ **1.** adj. et n. De Perse (aujourd'hui, Iran). - *Chat persan*, à longs poils soyeux et à face camuse. **2.** n. m. *Le persan*, la principale langue de l'Iran, notée en caractères arabes.

PERSAN ▪ Commune du Val-d'Oise. 10 659 hab. *(les Persanais).*

la PERSE → Iran

PERSÉCUTER v. tr. 1 ▪ **1.** Tourmenter sans relâche par des traitements injustes et cruels. ⇒ **martyriser, opprimer. 2.** Poursuivre en importunant. ⇒ **harceler.** *Journalistes qui persécutent une vedette.* ► **PERSÉCUTÉ, ÉE** adj. *Peuple persécuté.* - n. *Les persécutés.*

PERSÉCUTEUR, TRICE n. ▪ Personne qui persécute. ⇒ **bourreau.**

PERSÉCUTION n. f. ▪ **1.** Traitement injuste et cruel infligé avec acharnement. *Les persécutions subies par les Juifs.* - Mauvais traitement. *Être en butte à des persécutions. C'est de la persécution.* **2.** PSYCH. loc. *Manie de la persécution, délire de persécution :* délire systématisé d'une personne qui se croit persécutée. ⇒ **paranoïa.**

PERSÉE ▪ Héros grec, fils de Zeus et de Danaé, vainqueur de la Méduse.

PERSÉPHONE ▪ Divinité grecque enlevée par Hadès, qui la fit reine des Enfers. Identifiée à la Proserpine des Romains.

PERSÉPOLIS ▪ Ancienne capitale de l'Empire perse, incendiée en 331 av. J.-C. par Alexandre le Grand. Importants vestiges de l'époque achéménide.

Persépolis. *Babylonien amenant un taureau bossu au roi des rois,* détail du bas-relief de l'Apadana. *Phot. © Dagli Orti*

PERSÉVÉRANCE n. f. ▪ Action de persévérer, qualité, conduite de qqn qui persévère. ⇒ **obstination, opiniâtreté, ténacité ; acharnement.**

PERSÉVÉRANT, ANTE adj. ▪ Qui persévère ; qui a de la persévérance. ⇒ **obstiné, opiniâtre, patient.**

PERSÉVÉRER v. intr. 6 ▪ Continuer de faire ce qu'on a résolu, par un acte de volonté renouvelé. ⇒ **insister,** s'**obstiner.** *Persévérer dans l'effort.* ⇒ s'**acharner.** - LITTÉR. *Persévérer à* (+ inf.). ⇒ **persister.**

John **PERSHING** (1860-1948) ▪ Général américain. Il commanda le corps expéditionnaire américain en France pendant la Première Guerre mondiale.

PERSIENNE n. f. ▪ Volet extérieur de bois ou de métal, muni de vantaux à claire-voie. ⇒ **contrevent,** ② **jalousie.**

PERSIFLER v. tr. 1 ▪ LITTÉR. Tourner (qqn) en ridicule par des propos ironiques ou faussement louangeurs. ⇒ se **moquer, railler.** ► **PERSIFLAGE** n. m. ⇒ **moquerie, raillerie.**

PERSIFLEUR, EUSE n. et adj. ▪ VIEILLI (Personne) qui aime à persifler. - COUR. *Un ton persifleur.* ⇒ **moqueur.**

PERSIL [-si] n. m. ▪ Plante potagère aromatique, utilisée comme condiment. *Persil plat, frisé.*

PERSILLADE n. f. ▪ Assaisonnement à base de persil haché, accompagné d'ail, d'huile, etc.

PERSILLÉ, ÉE adj. ▪ **1.** Accompagné de persil haché. **2.** *Fromage persillé*, à moisissures internes. ⇒ **bleu.** ♦ *Viande persillée*, parsemée d'infiltrations de graisse.

le golfe PERSIQUE ou **ARABIQUE** → golfe Arabo-Persique

PERSISTANCE n. f. ▪ **1.** Action de persister ; fait de ne pas changer. ⇒ **constance, fermeté ; entêtement, obstination, opiniâtreté. 2.** Caractère de ce qui persiste, dure. *La persistance du mauvais temps.*

PERSISTANT, ANTE adj. ▪ Qui persiste, continue sans faiblir. ⇒ **constant, durable.** *Une odeur persistante.* ⇒ **tenace.** - BOT. *Feuilles persistantes* (opposé à *caduque*), qui ne tombent pas en hiver.

PERSISTER v. intr. 1 ▪ **1.** Demeurer inébranlable. ⇒ s'**obstiner, persévérer.** *Je persiste dans mon opinion. Je persiste à croire que tout va s'arranger.* - loc. *Je persiste et signe :* je maintiens fermement ce qui a été dit, écrit ou fait. **2.** Durer, rester malgré tout. ⇒ **continuer, subsister.** *La fièvre persiste.*

PERSONA GRATA n. f. invar. ▪ (attribut) Représentant d'un État, lorsqu'il est agréé par un autre État (le représentant jugé indésirable est qualifié de PERSONA NON GRATA [-nɔn-]).

PERSONNAGE n. m. ▪ **1.** Personne qui joue un rôle social important et en vue. ⇒ **notable, personnalité ; pontife, sommité.** *Un personnage connu.* ⇒ **célébrité.** - *Personnage historique.* **2.** Personne qui figure dans une œuvre théâtrale et qui doit être incarnée par un acteur, une actrice. ⇒ **rôle.** *Le personnage principal.* ⇒ **héros, protagoniste.** - *Les personnages d'un roman.* **3.** Personne considérée quant à son comportement. *Un drôle de personnage.* ⇒ **type.** *Personnage inquiétant, bizarre.* ⇒ **individu.** ♦ Rôle que l'on joue dans la vie. *Composer son personnage.* **4.** Être humain représenté dans une œuvre d'art. *Une tapisserie à personnages.*

PERSONNALISER v. tr. 1 ▪ Donner un caractère personnel à (qqch.). *Personnaliser un contrat,* l'adapter aux besoins du client. - au p. p. *Crédit personnalisé. Message publicitaire personnalisé.*

PERSONNALISME n. m. ▪ Système philosophique pour lequel la personne est la valeur suprême. ► adj. et n. **PERSONNALISTE**

PERSONNALITÉ n. f. ▪ **I. 1.** Ce qui différencie une personne de toutes les autres. ⇒ **identité.** *Avoir une personnalité forte, insignifiante.* - Force de caractère, originalité. *Un être banal, sans personnalité.* **2.** Ce qui fait l'individualité d'une personne. *Troubles de la personnalité et du comportement.* **3.** *Personnalité juridique :* aptitude à être sujet de droit. ⇒ ① **personne** (II). **II.** *(Une, des personnalités)* Personne en vue, remarquable. ⇒ **notabilité, personnage.**

① **PERSONNE** n. f. ▪ **I. 1.** Individu de l'espèce humaine (lorsqu'on ne peut ou ne veut préciser ni l'apparence, ni l'âge, ni le sexe). ⇒ **être.** *Une personne.* ⇒ **quelqu'un ; on.** *Des personnes âgées.* ⇒ **gens.** *Une ville où habitent dix mille personnes.* ⇒ **âme.** *Distribuer une portion* PAR PERSONNE. ⇒ **tête.** ♦ loc. GRANDE PERSONNE : adulte. *Les enfants et les grandes personnes.* - VIEILLI *Une jeune personne,* jeune femme ou jeune fille. **2.** *La personne de qqn,* la personnalité, le moi. *La personne et l'œuvre d'un écrivain.* ♦ loc. *Il est bien* DE SA PERSONNE : il a une belle apparence physique. - *Payer* de sa personne.* - EN PERSONNE : soi-même, lui-même. *Le ministre en personne.* fig. *C'est le calme en personne* (⇒ **personnifié**). **3.** Être humain qui a une conscience claire de lui-même et qui agit en conséquence. ⇒ **moi, sujet. II.** DR. Être auquel est reconnue la capacité d'être sujet de droit. *Personne civile.* - PERSONNE MORALE : association ou entreprise possédant la personnalité morale (opposé à *personne physique*). **III.** Catégorie grammaticale classant les pronoms, les noms et les verbes, en fonction des rapports qui lient le locuteur, l'interlocuteur et le reste du monde. *Mettre un verbe à la première personne* (je), *à la deuxième personne* (tu, vous).

② **PERSONNE** pron. indéf. ▪ **1.** Quelqu'un. - VX (dans une subordonnée dépendant d'une principale négative) *Il n'est pas question que personne sorte.* - (en phrase comparative) *Vous le savez mieux que personne.* ⇒ **quiconque. 2.** Aucun être humain. (avec *ne*) *Que personne ne sorte !* ⇒ **nul.** *Il n'y avait* *personne.* ◆ (sans *ne*) *Qui m'appelle ? — Personne.* ◆ *Personne de* (suivi d'un adj. ou participe au masc.). *Personne d'autre que lui. Je ne trouve personne de plus sérieux qu'elle.*

PERSONNEL, ELLE ▪ **I. adj. 1.** Qui concerne une personne (①), lui appartient en propre. ⇒ **individuel, particulier.** *Opinions personnelles. Elle a une fortune personnelle.* **2.** Qui s'adresse à qqn en particulier. *Lettre personnelle.* **3.** Qui concerne les personnes ou la personne en général. **II. adj.** GRAMM. **1.** Se dit des formes du verbe exprimant la personne ① (opposé à *impersonnel*). *« Il chante » est personnel, « il neige » est impersonnel.* ◆ *Modes personnels du verbe* (opposé à *infinitifs, participes*). **2.** *PRONOM PERSONNEL,* qui désigne un être en marquant la personne grammaticale (ex. je, il). **III. n. m.** Ensemble des personnes qui sont employées dans une maison, une entreprise. *Le directeur du personnel* (→ ressources* humaines). *Le personnel d'une usine.* ⇒ **main-d'œuvre.** ◆ AVIAT. *Le personnel navigant et le personnel au sol.*

PERSONNELLEMENT adv. ▪ *Il va s'en occuper personnellement,* lui-même, en personne. ◆ *Personnellement, je ne suis pas d'accord,* pour ma part.

PERSONNIFICATION n. f. ▪ **1.** Action de personnifier, de représenter sous les traits d'un personnage. *La personnification des animaux dans les fables.* **2.** Le personnage qui incarne, personnifie (qqch.). ♦ (personne réelle) *Néron fut la personnification de la cruauté.* ⇒ **incarnation, type.**

PERSONNIFIER v. tr. [7] ▪ **1.** Évoquer, représenter (une chose abstraite ou inanimée) sous les traits d'une personne. *Harpagon, dans "L'Avare" de Molière, personnifie l'avarice.* **2.** Réaliser dans sa personne (un caractère). ◆ au p. p. *C'est l'honnêteté personnifiée,* il est l'honnêteté même.

PERSPECTIVE n. f. ▪ **I.** concret **1.** PEINT., DESSIN Technique de représentation de l'espace et de ce qu'il contient en fonction de lignes de fuite (généralement convergentes). *Les lois de la perspective.* ◆ *Perspective cavalière,* à lignes de fuite parallèles. **2.** Aspect esthétique que présente un ensemble, un paysage vu à distance. ⇒ **panorama. II. 1.** Événement ou succession d'événements qui se présente comme probable ou possible. ⇒ **éventualité.** *La perspective de ce voyage l'enchantait.* **2.** *EN PERSPECTIVE :* dans l'avenir ; en projet. *Il a un bel avenir en perspective.* **3.** Aspect sous lequel une chose se présente ; manière de considérer qqch. ⇒ **optique, point de vue.** *Dans une perspective à long terme.*

PERSPICACE adj. ▪ Doué d'un esprit pénétrant, subtil. ⇒ **intelligent ; clairvoyant.** *Un enquêteur perspicace.*

PERSPICACITÉ n. f. ▪ Qualité d'une personne perspicace.

PERSUADER v. tr. [1] ▪ *Persuader qqn de qqch.,* amener (qqn) à croire, à penser, à vouloir, à faire qqch. par une adhésion complète. ⇒ **convaincre.** *Il m'a persuadé de sa sincérité, qu'il était sincère. Il faut le persuader de venir.* ⇒ **décider, déterminer.** ◆ au p. p. *J'en suis persuadé.* ⇒ **certain, convaincu, sûr.**

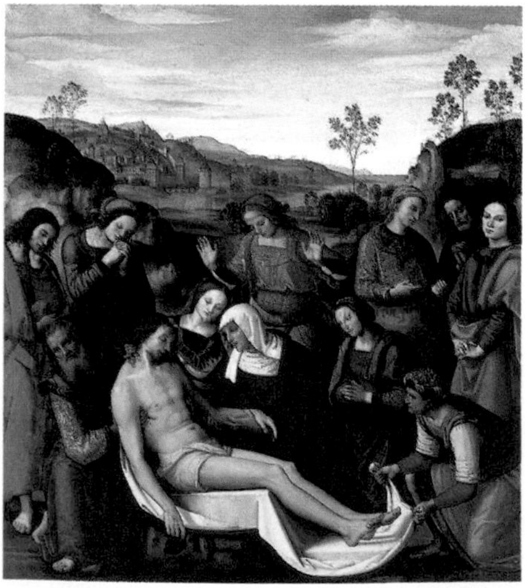

le **Pérugin.** *Déposition.* Palais Pitti, Florence.
Phot. © Alinari/Giraudon

► SE **PERSUADER v. pron.** Se rendre certain (même à tort). *Se persuader de qqch., que...*

PERSUASIF, IVE adj. ▪ Qui a le pouvoir de persuader. *Un ton persuasif.* ⇒ **éloquent.** *Vous êtes très persuasif.* ⇒ **convaincant.**

PERSUASION n. f. ▪ Action de persuader ; fait d'être persuadé.

PERTE n. f. ▪ **I. 1.** Fait de perdre (qqn → perdre (I, 2)), d'en être séparé par la mort. *La perte cruelle d'un enfant.* ◆ au plur. Personnes tuées. *Infliger des pertes sévères à l'ennemi,* mettre hors de combat de nombreux ennemis. **2.** Fait d'être privé d'une chose dont on avait la propriété ou la jouissance, de subir un dommage. *Subir de lourdes pertes. Pertes financières.* ⇒ **déficit.** ♦ loc. *Passer une chose par PROFITS ET PERTES,* la considérer comme perdue. ◆ *Perte sèche,* qui n'est compensée par aucun bénéfice. **3.** Fait d'égarer, de perdre qqch. *La perte d'un passeport.* **4.** loc. *À PERTE DE VUE :* si loin que la vue ne peut plus distinguer les objets. **5.** Fait de gaspiller. ⇒ **gaspillage.** *Une perte de temps et d'argent.* ◆ *EN PURE PERTE :* inutilement, sans aucun profit. ♦ Quantité (d'énergie, de chaleur) qui se dissipe inutilement. ⇒ **déperdition.** ◆ loc. *En perte de vitesse*.* **6.** Fait de perdre, d'être vaincu. *La perte d'une bataille.* **II.** Fait de périr, de se perdre. ⇒ **ruine.** *Courir* à sa perte.*

PERTH ▪ Ville d'Australie, capitale de l'État d'Australie-Occidentale. 1 025 340 hab. Centre commercial et administratif.

PERTH ▪ Ville d'Écosse (Tayside). 45 000 hab. Capitale de l'Écosse au Moyen Âge.

le col du PERTHUS ▪ Passage des Pyrénées-Orientales entre la France et l'Espagne. 290 m.

PERTINEMMENT [-amã] **adv.** ▪ RARE De manière pertinente. ◆ loc. *Savoir pertinemment qqch.,* en être informé exactement.

PERTINENCE n. f. ▪ **1.** Qualité de ce qui est pertinent (1). *Il a répondu avec pertinence.* **2.** Caractère d'un élément pertinent (2).

PERTINENT, ENTE adj. ▪ **1.** Qui convient exactement à l'objet dont il s'agit, qui dénote du bon sens. *Une remarque pertinente.* ⇒ **judicieux ; approprié. 2.** SC. Doué d'une fonction dans un système, un ensemble. *Oppositions pertinentes.*

PERTUIS n. m. ▪ VX ou LITTÉR. Trou, ouverture ; passage.

PERTUIS ▪ Commune du Vaucluse. 15 791 hab. *(les Pertuisiens).* Église gothique.

PERTUISANE n. f. ▪ Ancienne arme, lance munie d'un long fer triangulaire. ⇒ **hallebarde.**

PERTURBATEUR, TRICE n. et adj. ▪ Personne qui trouble, crée le désordre. *Expulser les perturbateurs.* ◆ **adj.** *Éléments perturbateurs.*

PERTURBATION n. f. ▪ **1.** Irrégularité dans le fonctionnement d'un système. ⇒ **trouble.** ◆ *Perturbation atmosphérique,* vent accompagné de pluie, neige, etc. **2.** Bouleversement, agitation dans la vie sociale ou individuelle.

PERTURBER v. tr. [1] ▪ **1.** Empêcher (qqch.) de fonctionner normalement. ⇒ **déranger.** *La grève va perturber les transports.* **2.** Bouleverser, troubler (qqn).

le PÉRUGIN (v. 1445 - 1523) ▪ Peintre italien. Né à Perugia (Pérouse), maître de Raphaël. Il propagea le goût classique en Italie à la fin du Quattrocento et fixa le caractère d'un art religieux appelé à un succès durable.

PÉRUVIEN, IENNE adj. et n. ▪ Du Pérou. ◆ **n.** *Les Péruviens.*

PERUWELZ ▪ Ville de Belgique (Région wallonne, province de Hainaut), près de la frontière française. 16 538 hab.

PERVENCHE n. f. ▪ Plante à fleurs bleu-mauve, qui croît dans les lieux ombragés. ◆ **adj. invar.** *Des yeux pervenche.*

PERVERS, ERSE ▪ **1. adj.** LITTÉR. Qui se plaît à faire le mal ou à l'encourager. ⇒ **corrompu, méchant.** *Une âme perverse.* **2. adj. et n.** (Personne) qui témoigne de perversité ou de perversion. ♦ (Personne) qui accomplit systématiquement des actes immoraux, antisociaux. **3.** loc. *Effet pervers :* conséquence pernicieuse.

PERVERSION n. f. ▪ **1.** LITTÉR. Action de pervertir ; changement en mal. ⇒ **dépravation.** *La perversion des mœurs.* ⇒ **corruption, dérèglement. 2.** PSYCH. Déviation des tendances, des instincts (par rapport à ce qui est jugé naturel). *Les perversions sexuelles.*

PERVERSITÉ n. f. ▪ **1.** Goût pour le mal, recherche du mal. **2.** PSYCH. Tendance maladive à accomplir des actes immoraux, agressifs.

PERVERTIR v. tr. [2] ▪ **1.** Faire changer (qqn) en mal, rendre mauvais. ⇒ **corrompre, dépraver, dévoyer. 2.** Détourner (qqch.) de son sens ou de ses buts. ⇒ **altérer, dénaturer.** *L'argent pervertit le sport.*

PERVERTISSEMENT n. m. ▪ LITTÉR. Perversion (1).

PESAGE n. m. ▪ **1.** Détermination, mesure des poids. ⇒ **pesée.** *Appareils de pesage.* ⇒ **balance, bascule, pèse-bébé, pèse-lettre, pèse-personne. 2.** Action de peser les jockeys avant une course. – Endroit où s'effectue ce pesage.

PESAMMENT adv. ▪ Lourdement. *Retomber pesamment.*

PESANT, ANTE adj. ▪ **1.** Qui pèse lourd. ⇒ **lourd.** *Un fardeau pesant.* **2.** fig. Pénible à supporter. *Un travail, un chagrin pesant.* **3.** Qui donne une impression de lourdeur. *Une démarche pesante.* ♦ (abstrait) *Un esprit pesant.*

PESANTEUR n. f. ▪ **1.** PHYS. Caractère de ce qui a un poids. *La pesanteur de l'air.* – absolt *LA PESANTEUR :* la force qui entraîne les corps vers le centre de la Terre. ⇒ **attraction, gravitation, gravité. 2.** Caractère de ce qui paraît lourd, pesant. – Manque de vivacité. *Pesanteur d'esprit.* **3.** Force qui retarde une évolution. *Des pesanteurs sociologiques.*

PESARO ▪ Ville et port d'Italie, dans les Marches. 90 325 hab. Palais, musées. Festival Rossini. Station balnéaire sur l'Adriatique.

les îles PESCADORES → Penghu

PESCARA ▪ Ville d'Italie (Abruzzes), sur l'Adriatique. 128 695 hab.

PÈSE-BÉBÉ n. m. ▪ Balance conçue pour qu'on puisse y placer un nourrisson. *Des pèse-bébés.*

PESÉE n. f. ▪ **1.** Quantité pesée en une fois. **2.** Opération par laquelle on détermine le poids de qqch. *Effectuer une pesée à l'aide d'une balance.* **3.** Action de peser sur qqch. ou qqn. ⇒ **poussée, pression.**

PÈSE-LETTRE n. m. ▪ Balance utilisée pour déterminer le poids des lettres. *Des pèse-lettres.*

PÈSE-PERSONNE n. m. ▪ Balance plate à cadran, pour se peser. *Des pèse-personnes.*

PESER v. [5] ▪ **I.** v. tr. **1.** Déterminer le poids de (qqch.), en le comparant à un poids connu. ⇒ **pesage, pesée.** – pronom. *Il se pèse tous les matins.* **2.** Apprécier, examiner avec attention. ⇒ **considérer, estimer.** *Peser le pour et le contre.* ⇒ **comparer.** *Peser ses mots :* faire attention à ce qu'on dit. – au p. p. *Tout bien pesé :* après mûre réflexion. **II.** v. intr. (concret) **1.** Avoir comme poids. ⇒ **faire.** *Elle pèse soixante kilos. Les cent kilos qu'il a pesé* (sans accord). *Peser beaucoup, peu.* **2.** *PESER SUR, CONTRE.* ⇒ **appuyer.** *Il pesa de toutes ses forces contre la porte.* **III.** v. intr. (abstrait) **1.** *PESER À :* être pénible, difficile à supporter. ⇒ **ennuyer, fatiguer, importuner.** *L'isolement lui pèse.* **2.** *PESER SUR :* constituer une charge pénible. ⇒ **accabler.** *Le remords pèse sur sa conscience, lui pèse sur la conscience.* **3.** Avoir de l'importance, de l'influence. *Cet élément a pesé, n'a pas pesé lourd dans notre décision.*

PESETA [pezeta ; peseta] n. f. ▪ Unité monétaire de l'Espagne. *Des pesetas.*

PESHAWAR ▪ Ville du nord-ouest du Pakistan. 700 000 hab. Centre commercial et militaire. Mosquée mongole, musée.

PESO [pezo ; peso] n. m. ▪ Unité monétaire de plusieurs pays d'Amérique latine. *Des pesos.*

PESSAC ▪ Commune de Gironde, banlieue de Bordeaux. 51 055 hab. *(les Pessacais).* Vins renommés.

PESSIMISME n. m. ▪ Disposition d'esprit qui porte à prendre les choses du mauvais côté, à être persuadé qu'elles tourneront mal. ⇒ **défaitisme.**

PESSIMISTE adj. et n. ▪ Qui est porté à être mécontent du présent et inquiet pour l'avenir. ⇒ **alarmiste, défaitiste.** *Une vue pessimiste du monde.* – n. *Une pessimiste invétérée.*

Fernando PESSÕA (1888-1935) ▪ Poète portugais. Par le recours à des « hétéronymes » (pseudonymes), il a développé une œuvre complexe, à la fois sensible et cérébrale, dont la majeure partie a été publiée après sa mort. *"Poemas de Alberto Caeiro"* (1946).

Hélder PESSÕA CÂMARA (né en 1909) ▪ Prélat brésilien. Archevêque de Recife (1964-1985), il a pris position en faveur des pauvres et des opprimés du tiers-monde.

PEST → Budapest

Johann Heinrich PESTALOZZI (1746-1827) ▪ Pédagogue suisse. Profondément marqué par Rousseau, puis par la Révolution française, il consacra sa vie à promouvoir l'éducation populaire (en milieu rural surtout).

PESTE n. f. ▪ **1.** VX Grave épidémie. ♦ MOD. Très grave maladie infectieuse, épidémique et contagieuse causée par le bacille de Yersin (⇒ **pestiféré**). *Peste noire* (à hémorragies diffuses). – Épidémie de peste. – loc. FAM. *Fuir, craindre qqn ou qqch. COMME LA PESTE.* **2.** Très grave maladie virale, contagieuse, frappant les animaux d'élevage. *Peste bovine, porcine.* **3.** VX Interjection marquant l'étonnement. *Peste ! Ça c'est un homme !* **4.** Femme, fillette insupportable, méchante. ⇒ **gale.**

peste. Peste noire, manuscrit du XIVe s. Bibliothèque Marciana, Venise. *Phot. © Dagli Orti*

PESTER v. intr. [1] ▪ Manifester son mécontentement, sa colère, par des paroles. ⇒ **fulminer, jurer, maugréer.** *Pester contre le mauvais temps.*

PESTICIDE ▪ anglic. **1.** adj. Se dit de produits chimiques destinés à la protection des cultures et des récoltes contre les parasites, champignons (fongicide), mauvaises herbes (herbicide), insectes (insecticide). **2.** n. m. Produit pesticide.

PESTIFÉRÉ, ÉE adj. ▪ Infecté ou atteint de la peste (1). – n. *On le fuit comme un pestiféré.*

PESTILENCE n. f. ▪ LITTÉR. Odeur infecte. ⇒ **infection, puanteur.**

PESTILENTIEL, IELLE adj. ▪ Qui répand une odeur infecte. *Miasmes pestilentiels.*

PET n. m. ▪ FAM. Gaz intestinal qui s'échappe de l'anus avec bruit. ⇒ **gaz, vent.** *Lâcher un pet.* ⇒ **péter.** ♦ loc. FAM. *Ça ne vaut pas un pet (de lapin) :* cela n'a aucune valeur. – *Filer comme un pet (sur une toile cirée),* rapidement.

Philippe PÉTAIN (1856-1951) ▪ Maréchal de France et homme d'État français. Vainqueur de la bataille de Verdun en 1916, appelé à la présidence du Conseil en 1940, il signa l'armistice avec l'Allemagne et obtint les pleins pouvoirs, mettant fin à la IIIe République et devenant chef de l'État français (→ gouvernement de **Vichy**). Accusé en 1945 de collaboration avec l'ennemi, il fut condamné à mort (peine commuée en détention à perpétuité).

PÉTAINISME n. m. ▪ HIST. Idéologie des partisans de Pétain et du régime de Vichy (« travail, famille, patrie »), pendant l'occupation de la France par l'Allemagne nazie. ◇ var. PÉTINISME. ► adj. et n. PÉTAINISTE

PÉTALE n. m. ▪ Chacune des pièces florales qui composent la corolle d'une fleur. *Les pétales blancs d'une marguerite.*

PÉTANGE ▪ Ville du Luxembourg. 6 444 hab.

PÉTANQUE n. f. ▪ Variante provençale du jeu de boules.

PÉTANT, ANTE adj. ▪ loc. FAM. *À neuf heures pétantes,* exactes. ⇒ **sonnant, tapant.**

PÉTARADANT, ANTE adj. ▪ Qui pétarade. *Des motos pétaradantes.*

Roland **Petit.** Une scène de *Carmen* avec Zizi Jeanmaire, au théâtre de l'Alhambra. *Phot. © Bernand*

PÉTARADE n. f. ▪ Suite de pets (d'un cheval, etc.). ♦ Suite de détonations. *Les pétarades du moteur, d'une motocyclette.*

PÉTARADER v. intr. [1] ▪ Faire entendre une pétarade. *Le camion démarre en pétaradant.*

PÉTARD n. m. ▪ **1.** Petite charge d'explosif placée dans une enveloppe de papier fort. *Les enfants font claquer des pétards.* – loc. fig. *Pétard mouillé :* révélation que l'on pensait sensationnelle et qui n'a aucun effet. **2.** FAM. Bruit, tapage. *Il va y avoir du pétard !* (→ ça va barder). *Être en pétard,* en colère. **3.** FAM. Revolver. **4.** FAM. Fesses, derrière.

PÉTAUDIÈRE n. f. ▪ Assemblée où, faute de discipline, règnent la confusion et le désordre. *Cette réunion est une pétaudière.*

la PETCHORA ▪ Fleuve de Russie, né dans l'Oural, qui se jette dans la mer de Barents. 1 809 km.

PET-DE-NONNE n. m. ▪ Beignet soufflé fait avec de la pâte à choux. *Des pets-de-nonne.*

PÉTER v. [6] ▪ FAM. **I.** v. intr. **1.** Faire un pet, lâcher des vents. – loc. *Péter plus haut que son derrière, que son cul,* être prétentieux. *Péter de peur* (⇒ **péteux, pétoche**). **2.** (sujet chose) Éclater avec bruit. ⇒ **exploser ; pétarader.** *Des obus pétaient dans tous les coins.* – Se rompre brusquement, se casser. – *L'affaire va vous péter dans la main,* échouer, rater. – *Ça va péter.* ⇒ **barder, chier. II.** v. tr. **1.** *Péter le feu :* déborder d'entrain, de vitalité. **2.** Casser. *Il lui a pété la gueule,* cassé* la figure. ► **PÉTÉ, ÉE** adj. FAM. **1.** Cassé. **2.** (personnes) Fou. ♦ Ivre.

PETERBOROUGH ▪ Ville d'Angleterre (Cambridgeshire). 155 000 hab.

PÈTE-SEC n. invar. ▪ FAM. Personne autoritaire au ton hargneux et cassant. – adj. invar. *Une directrice pète-sec.*

PÉTEUX, EUSE n. ▪ FAM. **1.** Peureux. – adj. Honteux. *Se sentir péteux.* **2.** Personne insignifiante et prétentieuse.

PÉTILLANT, ANTE adj. ▪ **1.** Qui pétille. *Eau minérale pétillante.* ⇒ **gazeux. 2.** Qui brille d'un vif éclat. *Regard pétillant.*

PÉTILLEMENT n. m. ▪ Fait de pétiller.

PÉTILLER v. intr. [1] ▪ **1.** Éclater avec de petits bruits secs et répétés. *Le feu pétille.* ⇒ **crépiter. 2.** (liquide) Produire de nombreuses bulles en bruissant. *Le champagne pétille dans les coupes.* **3.** LITTÉR. Briller d'un éclat très vif. *La joie pétille dans ses yeux.* – abstrait *Il pétille d'esprit.*

PÉTIOLE [-sjɔl] n. m. ▪ Partie rétrécie de certaines feuilles vers la tige. ⇒ **queue.**

Anne Alexandre Sabès dit **PÉTION** (1770-1818) ▪ Premier président de la république d'Haïti (de 1807 à sa mort), dont il fut le fondateur en 1807.

PETIOT, OTE [-tjo, ɔt] adj. ▪ FAM. Petit, tout petit. – n. Petit enfant.

Marius PETIPA (1818-1910) ▪ Danseur et chorégraphe français. L'un des créateurs de l'école russe de ballet.

PETIT, ITE ▪ **I.** adj. **1.** (êtres vivants) Dont la taille est inférieure à la moyenne. *Il est plus petit que toi. Très petit.* ⇒ **minuscule.** *Devenir plus petit.* ⇒ **rapetisser.** – *Personne de petite taille* (s'emploie pour éviter de dire *nain**). – n. *Les grands et les petits.* – loc. *Se faire tout petit,* éviter de se faire remarquer. **2.** Qui n'a pas encore atteint toute sa taille. ⇒ **jeune.** *Quand j'étais petit.* ⇒ **enfant.** *Son petit frère :* son frère plus jeune. **3.** (choses) Dont les dimensions sont inférieures à la moyenne. *Une petite maison. Faire un petit tour.* – *Des petits pots. Le petit doigt.* **4.** Dont la grandeur, l'importance, l'intensité est faible. ⇒ **faible, infime.** *Je vous demande une petite minute. Une petite somme.* ⇒ **modique.** *Les petites et moyennes entreprises* (P.M.E.). **5.** FAM. Agréable, charmant. *Un petit coin sympathique. De bons petits plats.* ♦ (personnes) – (exprimant la familiarité ou la condescendance) *Qu'est-ce qu'elle veut, la petite dame ? Quel petit crétin !* – (affectueux, après un possessif) *Ma petite maman.* – loc. FAM. *Son* PETIT AMI. **II.** n. **1.** Être humain jeune, pas encore adulte. ⇒ **bébé, enfant.** *Les tout-petits, les petits et les grands* (parmi les enfants). – RÉGIONAL *Bonjour, petit !* **2.** Rejeton (d'un animal) ; jeune animal. *La chatte a eu des petits, a fait ses petits.* – loc. fig. *Faire des petits,* se multiplier. **III.** adj. **1.** De peu d'importance. ⇒ **minime.** *De petits inconvénients.* – *Petit nom.* ⇒ **prénom. 2.** (personnes) Qui a une condition, une situation peu importante. *Les petits commerçants.* – n. *Ce sont toujours les petits qui trinquent* (opposé à *gros*). **3.** Qui a peu de valeur (quant au mérite, aux qualités intellectuelles ou morales). *Un petit esprit.* ⇒ **borné, mesquin.** *C'est petit, ce qu'il a fait là. Les petits poètes.* ⇒ **mineur. IV.** adv. **1.** PETIT À PETIT *:* peu à peu. ⇒ **progressivement.** – prov. *Petit à petit, l'oiseau fait son nid*.* **2.** EN PETIT *:* sur une petite échelle ; sans grandeur. *Le même objet mais en plus petit.* ⇒ **réduit.** *Il voit tout en petit.*

Roland PETIT (né en 1924) ▪ Danseur et chorégraphe français. Fondateur du Ballet national de Marseille.

PETIT-BEURRE n. m. ▪ Gâteau sec de forme rectangulaire fait au beurre. *Des petits-beurre.*

PETIT-BOURG ▪ Commune de la Guadeloupe. 14 935 hab. *(les Petit-Bourgeois).*

PETIT-BOURGEOIS, PETITE-BOURGEOISE n. et adj. ▪ Personne qui appartient à la partie la moins aisée de la bourgeoisie (la *petite bourgeoisie*), réputée conformiste et mesquine. *Des petits-bourgeois.* – adj. péj. *Des réactions petites-bourgeoises.*

le PETIT CHAPERON ROUGE ▪ Héroïne du conte de Ch. Perrault, *"Le Petit Chaperon rouge".* Elle est dévorée par le loup à cause de son imprudence.

PETIT-COURONNE ▪ Commune de la Seine-Maritime. 8 122 hab. *(les Petits-Couronnais).* Pétrochimie.

① **PETIT-DÉJEUNER** n. m. ▪ Premier repas de la journée, pris le matin (au Canada, en Belgique, on dit *déjeuner*). *Petit-déjeuner à l'anglo-saxonne.* ⇒ **breakfast.** ◇ ABRÉV. FAM. PETIT DÈJ' [p(ə)tidɛʒ]. ► ⇒ ② PETIT-DÉJEUNER v. intr. [1] FAM. *Nous avons petit-déjeuné au café.*

PETITE-ÎLE ▪ Commune de la Réunion. 8 868 hab.

PETITEMENT adv. ▪ **1.** *Être logé petitement,* à l'étroit. **2.** fig. *Vivre petitement,* chichement. – *Se venger petitement,* mesquinement.

PETITESSE n. f. ▪ **1.** Caractère de ce qui est de petite dimension. *La petitesse de ses mains.* **2.** Caractère mesquin, sans grandeur. *Petitesse d'esprit.* ⇒ **étroitesse, mesquinerie. 3.** *(Une, des petitesses)* Trait, action dénotant un esprit mesquin.

PETIT-FILS [-fis], **PETITE-FILLE** n. ▪ Fils, fille d'un fils ou d'une fille, par rapport à un grand-père ou à une grand-mère. *Ils ont quatre petites-filles et trois petits-fils.*

PETIT FOUR n. m. ▪ Petit gâteau très délicat fait par le pâtissier. *Offrir des petits fours avec le thé.*

PETIT-GRIS n. m. ▪ **1.** Fourrure d'un écureuil de Russie d'un gris ardoise. **2.** Variété d'escargot à petite coquille brunâtre. *Des petits-gris.*

PÉTITION n. f. ▪ **1.** Demande adressée, par écrit ou oralement, aux pouvoirs publics. *Signer une pétition.* **2.** loc. DIDACT. PÉTITION DE PRINCIPE *:* faute logique par laquelle on considère comme admis ce qui doit être démontré.

PÉTITIONNAIRE n. ▪ Personne qui fait ou signe une pétition.

PETIT-LAIT n. m. ⇒ LAIT

PETIT-NÈGRE n. m. ⇒ NÈGRE

PETIT-NEVEU, PETITE-NIÈCE n. ▪ Fils, fille d'un neveu ou d'une nièce, par rapport à un grand-oncle ou à une grand-tante.

PETIT POIS n. m. ⇒ POIS

le **PETIT POUCET** ▪ Héros du conte de Ch. Perrault, *"Le Petit Poucet"*. Grâce à son ingéniosité, il triomphe de l'ogre à qui il vole ses « bottes de sept lieues ».

Le **PETIT-QUEVILLY** ▪ Commune de la Seine-Maritime. 22 600 hab. *(les Quevillais)*. Métallurgie, chimie.

PETITS-ENFANTS [p(ə)tiz-] n. m. pl. ▪ Les enfants d'un fils ou d'une fille. ⇒ **petit-fils, petite-fille.**

PETIT-SUISSE n. m. ▪ Fromage frais à la crème, en forme de petit cylindre. *Des petits-suisses.*

Simon **PETLIOURA** (1879 - 1926) ▪ Homme politique ukrainien. Il tenta d'établir une Ukraine indépendante, mais fut battu par les bolcheviks en 1920. Ses partisans se signalèrent par d'horribles pogroms.

PÉTOCHE n. f. ▪ FAM. Peur. *Avoir la pétoche.* ► adj. et n. PÉTOCHARD, ARDE

Sándor **PETÖFI** (1823 - 1849) ▪ Poète et héros national hongrois. Il a contribué au développement du sentiment national. *"Jean le Preux"* (1844), poème épique d'inspiration populaire.

PÉTOIRE n. f. ▪ FAM. Mauvais fusil.

PETON n. m. ▪ FAM. Petit pied.

PÉTONCLE n. m. ▪ Coquillage comestible, ressemblant à une petite coquille Saint-Jacques, brun et strié.

pétoncle. *Chlamys operculata.* *Phot. © Chaumeton/Jacana*

PÉTRA ▪ Ancienne capitale des Nabatéens (vers Vᵉ s. av. J.-C.), située en Jordanie. Tombeaux creusés dans le roc, à l'architecture exceptionnelle.

Pétra. La Cité des tombeaux. *Phot. © Dan Dubert/Unesco*

PÉTRARQUE (1304 - 1374) ▪ Poète et humaniste italien. Contre la scolastique, il chercha à retrouver les sources de la culture antique. Son *"Canzoniere"*, dédié à son amour pour Laure, dame provençale, a eu une immense influence sur la poésie lyrique et suscita un courant littéraire, le *pétrarquisme.*

Goffredo **PETRASSI** (né en 1904) ▪ Compositeur italien. Œuvres chorales, musique religieuse.

PÉTREL n. m. ▪ Oiseau palmipède très vorace, qui vit en haute mer.

PÉTRIFIANT, ANTE adj. ▪ (eaux) Qui pétrifie. *Une fontaine pétrifiante.*

PÉTRIFICATION n. f. ▪ Action de pétrifier (1 et 2). ♦ Objet pétrifié.

Petrodvorets. Le grand palais d'été. *Phot. © Lauros/Giraudon*

PÉTRIFIER v. tr. 7 ▪ **1.** Changer en pierre. - Rendre minérale (une matière organique). *La silice pétrifie le bois.* **2.** Recouvrir d'une couche de pierre. **3.** fig. Immobiliser (qqn) par une émotion violente. ⇒ **glacer, méduser.** *Cette nouvelle la pétrifia.* - passif *Être pétrifié de terreur.*

PÉTRIN n. m. ▪ **1.** Coffre, dispositif dans lequel on pétrit le pain. *Pétrin mécanique.* **2.** FAM. Situation embarrassante d'où il semble impossible de sortir. *Se fourrer dans le pétrin, dans un sale pétrin.*

PÉTRIR v. tr. 2 ▪ **1.** Presser, remuer fortement et en tous sens (une pâte consistante). ⇒ **malaxer, travailler.** *Le boulanger pétrit la pâte* (⇒ **pétrin**). - *Pétrir de l'argile.* ⇒ **façonner, modeler.** **2.** Palper fortement en tous sens. *Il pétrissait son chapeau entre ses doigts.* **3.** fig. LITTÉR. Donner une forme à, façonner. *Notre éducation nous a pétris.* **4.** au passif et p. p. *ÊTRE PÉTRI, IE DE* : formé(e), fait(e) avec. *Être pétri d'orgueil*, très orgueilleux. ⇒ **plein.**

PÉTRISSAGE n. m. ▪ Action de pétrir. *Pétrissage mécanique.*

PÉTRO- Élément, du grec *petra* « roche ».

PÉTROCHIMIE n. f. ▪ Industrie des dérivés du pétrole. ◇ REM. *Pétrolochimie* serait préférable. ► PÉTROCHIMIQUE adj. *Usine pétrochimique.*

PÉTRODOLLARS n. m. pl. ▪ FIN. Devises en dollars provenant de la vente du pétrole par les pays producteurs.

PETRODVORETS anciennt **PETERHOF** ▪ Ville de Russie, dans la région de Saint-Pétersbourg. 84 000 hab. Ancienne résidence impériale de style baroque.

PETROGRAD ▪ Nom donné en 1914 à la ville de Saint-Pétersbourg, baptisée Leningrad de 1924 à 1991.

PÉTROGRAPHIE n. f. ▪ Science qui décrit les roches. ⇒ **minéralogie.**

PÉTROLE n. m. ▪ **1.** Huile minérale naturelle combustible, hydrocarbure liquide accumulé dans les roches, en gisements, et utilisée comme source d'énergie après raffinage, notamment sous forme d'essence. *Puits de pétrole. Pétrole*

pétrel. *Macronectes giganteus*, pétrel géant. *Phot. © Wild/Jacana*

Peugeot. Affiche de G. de Burgill, vers 1905. Musée de l'Affiche, Paris.
Phot. © Dagli Orti

brut. **2.** Un des produits obtenus par la distillation du pétrole. *Lampe à pétrole.* **3.** appos. *Bleu pétrole,* nuance où entrent du bleu, du gris et du vert. *Des vestes bleu pétrole.*

PÉTROLETTE n. f. ▪ Petite moto, vélomoteur.

PÉTROLIER, IÈRE ▪ **I.** n. m. **1.** Navire-citerne conçu pour le transport en vrac du pétrole. *Un pétrolier géant.* ⇒ anglic. **tanker. 2.** Industriel, financier des sociétés pétrolières. **II.** adj. Relatif au pétrole. *Port pétrolier,* doté d'installations pour charger et décharger les pétroliers (I, 1). – *Compagnies pétrolières.*

PÉTROLIFÈRE adj. ▪ Qui contient naturellement, fournit du pétrole. *Gisement pétrolifère.*

PÉTRONE (mort en 65) ▪ Romancier latin. Auteur du *"Satiricon"*, qui met en scène des personnages débauchés, des poètes ridicules, des parvenus (Trimalcion).

PETROPAVLOVSK ▪ Ville du Kazakhstan. 245 000 hab.

PETROPAVLOVSK-KAMTCHATSKI ▪ Ville et port de Russie. 272 000 hab. Pêche. Base navale du Kamtchatka.

PETRÓPOLIS ▪ Ville du Brésil (État de Rio de Janeiro). 275 000 hab. Cathédrale, ancien palais impérial. Centre commercial.

PETROZAVODSK ▪ Ville et port de Russie, sur le lac Onega. Capitale de la Carélie. 280 000 hab.

PÉTULANCE n. f. ▪ Caractère d'une personne pétulante. ⇒ **fougue, turbulence.** – *La pétulance d'un geste.*

PÉTULANT, ANTE adj. ▪ Qui manifeste une ardeur exubérante, brusque et désordonnée. ⇒ **fougueux, impétueux, turbulent, vif.** *Un enfant pétulant.*

PÉTUNIA n. m. ▪ Plante ornementale des jardins, à fleurs violettes, roses, blanches. *De beaux pétunias.*

PEU adv. ▪ **I.** (en fonction de nom ou de nominal) Faible quantité. **1.** *LE PEU QUE, DE... Le peu que je sais, je le dois à mon père. Le peu d'argent qui lui reste.* **2.** *UN PEU DE.* ⇒ **brin, grain, miette.** *Un peu de sel. Un peu de vin.* ⇒ un **doigt**, une **goutte**, une **larme.** *Un petit peu.* – *POUR UN PEU* (+ cond.) loc. adv. : il aurait suffi d'une faible différence pour que. **3.** (employé seul, sans compl.) loc. *Ce n'est pas peu dire,* c'est dire beaucoup, sans exagération. *Éviter un ennui de peu.* ⇒ de **justesse.** *À peu près*.* FAM. *Très peu pour moi,* formule brusque de refus. – (attribut) *C'est peu, trop peu.* – *PEU À PEU :* en progressant par petites quantités, par petites étapes. ⇒ **doucement, petit** à petit, **progressivement. 4.** *PEU DE* (suivi d'un compl.). *En peu de temps.* – *PEU DE CHOSE :* une chose insignifiante. ⇒ **bagatelle, rien.** *À peu de chose près,* presque. – (compl. au plur.) *Il dit beaucoup en peu de mots.* **5.** ellipt Peu de temps. *D'ici peu, sous peu, avant peu.* ⇒ **bientôt.** *Depuis peu, il y a peu.* ⇒ **récemment.** ♦ Un petit nombre (des personnes ou des choses dont il est question). *Bien peu l'ont su. Je ne renonce pas pour si peu !* **II. 1.** (avec un verbe) En petite quantité, dans une faible mesure seulement. ⇒ **modérément,** à **peine.** *Cette lampe éclaire très peu.* ⇒ **mal.** *Peu importe.* – (avec un adj.) Pas très. *Ils sont peu nombreux. Il n'était pas peu fier :* il était très fier. (avec un adv.) *Peu souvent.* – *SI PEU QUE* (+ subj.). *Si peu que ce soit,* en quelque petite quantité que ce soit. – *(UN) TANT SOIT PEU.* ⇒ **tant.** – *POUR PEU QUE* (+ subj.) loc. conj. : si peu que ce soit. – *PEU OU PROU.* ⇒ **prou. 2.** *UN PEU :* dans une mesure faible, mais non négligeable. *Elle l'aime un peu.* *UN PETIT PEU.* ⇒ **légèrement.** *Il va un petit peu mieux.* – LITTÉR. *QUELQUE PEU :* assez. – FAM. *UN PEU* (pour atténuer un ordre ou souligner une remarque). *Je vous demande un peu ! Sors donc un peu, si tu l'oses !* – poli ou iron. Bien trop. *C'est un peu fort ! Un peu beaucoup,* vraiment trop. – (pour accentuer une affirmation) « *Tu ferais ça ? — Un peu !* » (→ et comment !).

PEUCHÈRE interj. ▪ RÉGIONAL (sud-est de la France) Exclamation exprimant une commisération affectueuse ou ironique.

Armand **PEUGEOT** (1849 - 1915) ▪ Industriel français. Il fonda une importante société d'automobiles.

PEUH interj. ▪ Exprime le mépris, le dédain ou l'indifférence. *Peuh ! Ça m'est égal.*

les **PEULS** ou **FOULBÉS** ▪ Peuple de pasteurs musulmans d'Afrique de l'Ouest.

les **Peuls.**
Femme peule.
Phot. © Charles Lénars

PEUPLADE n. f. ▪ Groupement humain, petit peuple ne constituant pas une société complexe. ⇒ **tribu.** *Une peuplade d'Amazonie.*

PEUPLE n. m. ▪ **I.** Ensemble d'êtres humains vivant en société, formant une communauté culturelle, et ayant en partie une origine commune. ⇒ **nation, pays, population, société ; ethno-.** *Le droit des peuples à disposer d'eux-mêmes. Le peuple français.* **II. 1.** *LE PEUPLE, UN PEUPLE :* l'ensemble des personnes soumises aux mêmes lois et qui forment une nation. *Le gouvernement du peuple.* ⇒ **populaire ; démocratie. 2.** *LE PEUPLE :* le plus grand nombre (opposé aux classes supérieures, dirigeantes, ou aux élites). ⇒ **masse, multitude.** *Le peuple et la bourgeoisie.* ⇒ **prolétariat ; plèbe.** *Une femme du peuple.* **3.** adj. invar. péj. Populaire. *Elle est jolie, mais elle fait peuple.* **III. 1.** Foule, multitude de personnes assemblées. ⇒ **populeux, populo.** – FAM. *Il y a du peuple,* du monde. **2.** loc. FAM. *Se fiche du peuple,* du monde, des gens. ⇒ **exagérer. 3.** LITTÉR. *Un peuple de,* un grand nombre de.

▪ les **PEUPLES DE LA MER** ▪ Nom donné par les Égyptiens aux peuples indo-européens qui, aux XIIIe et XII e s. av. J.-C., envahirent l'Asie Mineure (où ils détruisirent l'Empire hittite), la mer Égée, la Crète et la Phénicie-Palestine où l'un d'eux se fixa (→ **Philistins**). Ramsès III les repoussa.

PEUPLÉ, ÉE adj. ▪ Où il y a une population, des habitants. ⇒ **habité, populeux ; surpeuplé.**

PEUPLEMENT n. m. ▪ **1.** Action de peupler. *Le peuplement de terres vierges par des colons.* – (animaux) *Le peuplement d'un étang.* **2.** État d'un territoire peuplé. ⇒ **population.** *Évolution du peuplement.* ⇒ **démographie.**

PEUPLER v. tr. [1] ▪ **I.** Pourvoir (un pays, une contrée) d'une population, d'habitants. *Peupler une région de colons.* – *Peupler un étang de gardons.* ⇒ **aleviner. II. 1.** Habiter, occuper (une contrée, un pays). *Les hommes qui peuplent la terre.*

2. Être présent en grand nombre dans, prendre toute la place dans. *Les étudiants qui peuplent les universités.* – LITTÉR. *Les cauchemars qui peuplaient ses nuits.* ⇒ **hanter.** ► SE **PEUPLER** v. pron. Se remplir d'habitants.

PEUPLERAIE n. f. ▪ Plantation de peupliers.

PEUPLIER n. m. ▪ **1.** Arbre élancé, de haute taille, à petites feuilles. *Route bordée de peupliers. Le tremble est un peuplier.* **2.** Bois de peuplier (bois blanc).

peuplier.
Phot. © Cordier/Jacana

PEUR n. f. ▪ **1.** Émotion qui accompagne la prise de conscience d'un danger, d'une menace. ⇒ **crainte ; effroi, épouvante, frayeur, terreur ;** FAM. **frousse, pétoche, trouille.** *Être en proie à la peur.* ⇒ **apeuré.** *Être transi, vert, mort de peur.* – loc. *Avoir plus de peur que de mal.* – *LA PEUR DE...* (suivi du nom de la personne ou de l'animal qui éprouve la peur). *La peur du gibier devant le chasseur.* – (suivi du nom de l'être ou de l'objet qui inspire la peur, ou d'un verbe) *La peur du gendarme. La peur de la mort ; de mourir.* ⇒ **appréhension, hantise. 2.** *(Une, des peurs)* Émotion de peur qui saisit qqn dans une occasion. *Une peur bleue, intense.* ⇒ **panique.** *Il m'a fait une de ces peurs !* **3.** loc. (sans article) *Prendre peur.* – *AVOIR PEUR.* ⇒ **craindre.** *Avoir peur pour qqn,* craindre ce qui va lui arriver. *Avoir peur de qqn, de qqch.* ⇒ **redouter.** *N'avoir peur de rien. Il n'a pas peur. Jean sans Peur.* (sens faible) *N'ayez pas peur d'insister,* n'hésitez pas. – *FAIRE PEUR. Être laid à faire peur,* horrible. *Faire plus de peur que de mal,* être effrayant, mais inoffensif. *Faire peur à qqn.* ⇒ **effrayer ; épouvanter, terroriser. 4.** *PAR PEUR DE, DE PEUR DE* loc. prép. : par crainte de. *Il a menti par peur d'une punition.* – (+ inf.) *Il a menti de peur d'être puni.* – *DE PEUR QUE, PAR PEUR QUE* loc. conj. (+ subj.). *Il a menti de peur qu'on (ne) le punisse.*

▪ **la Grande PEUR** ▪ Révolte des paysans qui se répandit dans les provinces françaises en juillet-août 1789, après la prise de la Bastille. Craignant une réaction violente de la noblesse, et devant la rumeur d'un « complot aristocratique », des groupes de paysans prirent les armes et mirent à sac des châteaux.

Phaïstos. Palais de Phaïstos, escalier des grands propylées.
Phot. © Dagli Orti

PEUREUSEMENT adv. ▪ En ayant peur. ⇒ **craintivement.**

PEUREUX, EUSE adj. ▪ **1.** Qui a facilement peur. ⇒ **couard, lâche, poltron ;** FAM. **dégonflé, froussard, trouillard.** *Un enfant peureux.* – n. *C'est un peureux.* **2.** Qui est sous l'empire de la peur. ⇒ **apeuré.** *Il alla se cacher dans un coin, tout peureux.*

PEUT-ÊTRE [pøtɛtʀ] adv. ▪ **1.** Adverbe indiquant une simple possibilité. *Ils ne viendront peut-être pas. Vous partez, peut-être ?* – (en réponse) *Peut-être ; peut-être bien. Peut-être..., mais...* ⇒ sans **doute.** – (en tête d'énoncé, avec inversion du sujet) *Qui sait ? Peut-être aurons-nous cette chance.* **2.** *PEUT-ÊTRE QUE. Peut-être bien que oui* (pop. *p'têt ben qu'oui*). *Peut-être que je ne pourrai pas venir.* – (+ cond.) *Peut-être qu'il viendrait si on lui demandait.*

la PÉVÈLE ou **PUELLE** ▪ Pays de la Flandre française, entre les vallées de la Deûle et de la Scarpe.

Antoine PEVSNER (1886 - 1962) ▪ Sculpteur français d'origine russe. Frère de Naum Gabo. Formes géométriques à surfaces convexes et concaves.

PEYOTL [pɛjɔtl] n. m. ▪ Plante du Mexique, de la famille des cactus, dont on extrait un hallucinogène puissant, la mescaline.

PÈZE n. m. sing. ▪ FAM. Argent.

PÉZENAS ▪ Commune de l'Hérault. 7 613 hab. *(les Piscénois).* Nombreuses demeures anciennes. Marché viticole.

PFASTATT ▪ Commune du Haut-Rhin. 8 061 hab.

PFENNIG [pfenig] n. m. ▪ Le centième du mark*. *50 pfennigs* ou *Pfennige* (plur. allemand).

PFFT interj. ▪ Exprime l'indifférence, le mépris. *Pfft... ! il en est bien incapable.* ◇ var. PFF ; PFUT.

PFORZHEIM ▪ Ville d'Allemagne (Bade-Wurtemberg), en Forêt-Noire. 111 900 hab. Bijouterie.

P.G.C.D. [peʒesede] n. m. invar. (sigle) ▪ Plus grand commun diviseur.

PH [peaʃ] n. m. invar. ▪ Unité de mesure d'acidité, sur une échelle allant de 1 à 14. *Savon de pH 7* (neutre).

PHACOCHÈRE n. m. ▪ Mammifère ongulé d'Afrique, voisin du sanglier et dont la tête porte des verrues.

phacochère. *Phacochoerus aethiopicus.*
Phot. © Ferrero/Labat/Jacana

PHAÉTON ▪ Fils d'Hélios, foudroyé par Zeus pour s'être trop approché de la Terre en conduisant le char de son père.

-PHAGE, -PHAGIE, -PHAGIQUE, PHAG(O)- Éléments savants, du grec *phagein* « manger » (ex. *aérophagie, anthropophage*). ⇒ **-vore.**

PHAGOCYTE n. m. ▪ Cellule possédant la propriété d'englober et de détruire les microbes en les digérant.

PHAGOCYTER v. tr. [1] ▪ **1.** Détruire par phagocytose. **2.** fig. Absorber et détruire. *Ce groupe a été phagocyté par un grand parti.*

PHAGOCYTOSE n. f. ▪ Processus de défense cellulaire, fonction destructrice des phagocytes.

PHAÏSTOS ▪ Site archéologique de Crète. Civilisation minoenne.

① **PHALANGE** n. f. ▪ **1.** ANTIQ. Formation de combat dans l'armée grecque. – LITTÉR. Armée, corps de troupes. **2.** Groupement politique et paramilitaire d'extrême droite.

② **PHALANGE** n. f. ▪ Chacun des os longs qui soutiennent les doigts et les orteils. ♦ Segment (d'un doigt) soutenu par une phalange. *La deuxième phalange de l'index.*

PHALANSTÈRE n. m. ▪ DIDACT. Groupe qui vit en communauté. ‑ Endroit où vit ce groupe.

PHALÈNE n. f. ou m. ▪ Grand papillon nocturne ou crépusculaire.

PHALLIQUE adj. ▪ Du phallus (1). *Symbole phallique.*

PHALLOCRATE n. ▪ Personne (surtout homme) qui considère les femmes comme inférieures aux hommes. ⇒ **machiste.** ‑ adj. *Un comportement phallocrate.* ◇ abrév. FAM. PHALLO. ▸ n. f. PHALLOCRATIE

PHALLUS [-ys] n. m. ▪ **1.** Pénis en érection ; son image symbolique. ⇒ **priape. 2.** *Phallus impudicus,* variété de champignon en forme de phallus (syn. *satyre puant*).

PHANÉROGAME adj. ▪ (plantes) Qui a des organes sexuels (fleurs) apparents. ‑ n. f. pl. *LES PHANÉROGAMES :* ancien embranchement du règne végétal. ⇒ **spermatophyte.**

PHANTASME ⇒ FANTASME

PHARAMINEUX ⇒ FARAMINEUX

PHARAON [-aɔ̃] n. m. ▪ Ancien souverain égyptien. *Les momies des pharaons.*

PHARAONIQUE adj. ▪ **1.** Des pharaons. **2.** VX Colossal.

PHARE n. m. ▪ (du n. de l'île de Pharos) **1.** Tour élevée sur une côte ou un îlot, munie à son sommet d'un feu qui guide les navires. *Phare tournant.* **2.** Projecteur placé à l'avant d'un véhicule, d'une voiture automobile. *Phares antibrouillard. Appels de phares,* pour signaler. ‑ Position où le phare éclaire le plus (opposé à *code* et à *lanterne*). **3.** appos. fig. *Un secteur phare de l'industrie.*

PHARISIEN, IENNE n. ▪ **1.** ANTIQ. Membre d'une secte puritaine d'Israël apparue au IIe siècle av. J.-C., et que les Évangiles accusent de formalisme et d'hypocrisie. **2.** LITTÉR. péj. Personne hypocrite et sûre d'elle-même.

PHARMACEUTIQUE adj. ▪ De la pharmacie. *Produit pharmaceutique.*

PHARMACIE n. f. ▪ **1.** Science des remèdes et des médicaments, art de les préparer et de les contrôler (⇒ **allopathie, homéopathie**). *Préparateur en pharmacie.* **2.** Magasin où l'on vend des médicaments, des produits, objets et instruments destinés aux soins du corps et où l'on fait certaines préparations. ⇒ **officine.** *Produits d'hygiène vendus en pharmacie.* **3.** Assortiment de produits pharmaceutiques usuels. *Armoire à pharmacie.* **4.** Local d'un hôpital où l'on range ces produits.

PHARMACIEN, ENNE n. ▪ Personne qui exerce la pharmacie, est responsable d'une pharmacie (2 et 4). ⇒ VX **apothicaire.**

PHARMACO- Élément savant (du grec *pharmakon* « remède ; poison ») qui signifie « remède ».

PHARMACOLOGIE n. f. ▪ Étude des médicaments, de leur action (propriétés thérapeutiques, etc.) et de leur emploi.

PHARMACOPÉE n. f. ▪ Ensemble ou liste de médicaments.

Phénicie. Une stèle du Tophet à Carthage. *Phot. © Carlo Bevilacqua/Ricciarini*

Phidias. *Apollon,* détail. Musée national, Rome. *Phot. © Anderson/Giraudon*

PHAROS ▪ Île d'ancienne Égypte, près d'Alexandrie. Un feu au sommet d'une haute tour de marbre blanc (une des Sept Merveilles du monde construite en 285 av. J.-C. et détruite par un tremblement de terre en 1302) guidait les bateaux.

PHARSALE ▪ Ville de Grèce (Thessalie). 8 441 hab. Pompée y fut vaincu par César en 48 av. J.-C.

PHARYNGIEN, IENNE adj. ▪ Du pharynx.

PHARYNGITE n. f. ▪ Inflammation du pharynx. ⇒ **angine.**

PHARYNGO- Élément de mots de médecine, qui signifie « pharynx ».

PHARYNX [-ɛ̃ks] n. m. ▪ Cavité où aboutissent les conduits digestifs et respiratoires (⇒ **larynx, rhinopharynx**).

PHASE n. f. ▪ **1.** Chacun des états successifs (d'une chose en évolution). ⇒ **période.** *Les phases d'une maladie.* ⇒ **stade.** *Les différentes phases d'un match.* **2.** Chacun des aspects que présentent la Lune et les planètes à un observateur terrestre, selon leur éclairement par le Soleil. *Les phases de la Lune.* ⇒ **lunaison. 3.** loc. *EN PHASE :* en variant de la même façon. **4.** CHIM. État d'un élément. *Les phases solide, liquide et gazeuse.*

PHASME n. m. ▪ Insecte dont le corps allongé et grêle se confond avec les tiges et brindilles qui l'entourent.

PHÉBUS ou **PHOEBUS** → Apollon

PHÉDON (IVe s. av. J.-C.) ▪ Philosophe grec. L'un des plus fidèles disciples de Socrate. Platon donna son nom à l'un de ses *"Dialogues"*, sur la mort de Socrate et l'immortalité de l'âme.

PHÈDRE ▪ Dans la mythologie grecque, l'épouse de Thésée, la fille de Minos et de Pasiphaé. Sa passion fatale pour Hippolyte, son beau-fils, a inspiré Sophocle, Euripide, Sénèque, Racine.

PHÈDRE (15 av. J.-C. ‑ 50) ▪ Fabuliste latin. Il imita Ésope.

la **PHÉNICIE** ▪ Contrée de l'Antiquité, sur la côte méditerranéenne, aujourd'hui partagée entre Israël, le Liban et la Syrie. Les Phéniciens, dès le IIIe millénaire av. J.-C., furent des navigateurs et des commerçants actifs : ils créèrent des ports, des colonies, dont Carthage*, en 814 av. J.-C. Le pays était organisé en cités-États (Tyr, Byblos, Sidon) ayant chacune leur roi et leurs dieux, mais unifiées par la langue et surtout l'écriture alphabétique que les Phéniciens répandirent dans le monde méditerranéen. Dominée par les Assyriens, les Babyloniens puis les Perses, la Phénicie fut conquise par Alexandre le Grand en 332 av. J.-C. Elle devint une province romaine v. 64.

PHÉNICIEN, ENNE adj. et n. ▪ De la Phénicie antique. ‑ n. *Les Phéniciens.*

PHÉNIQUÉ, ÉE adj. ▪ Qui contient du phénol. *Eau phéniquée.*

① **PHÉNIX** [-iks] n. m. ▪ **1.** (dans la mythologie égyptienne) Oiseau unique de son espèce, qui vivait plusieurs siècles et qui, brûlé, était censé renaître de ses cendres. **2.** Personne unique en son genre, supérieure par ses dons.

② **PHÉNIX** ou **PHŒNIX** [feniks] n. m. ▪ Palmier ornemental cultivé dans le midi de la France.

PHÉNOL n. m. ▪ **1.** Solide cristallisé blanc, soluble dans l'eau, corrosif et toxique, à odeur forte. *Le phénol est un antiseptique.* **2.** CHIM. (au plur.) Série de composés organiques dérivés du benzène, analogues au phénol.

PHÉNOMÉNAL, ALE, AUX adj. ▪ Qui sort de l'ordinaire. ⇒ **étonnant, surprenant.** *Une mémoire phénoménale.*

PHÉNOMÈNE n. m. ▪ **1.** DIDACT. (surtout au plur.) Fait naturel complexe pouvant faire l'objet d'expériences et d'études scientifiques. *Phénomènes physiques et psychologiques.* **2.** Fait (ou ensemble de faits) observé, événement anormal ou surprenant. *Un article sur le phénomène de la violence.* **3.** FAM. Individu, personne bizarre. ⇒ **excentrique, original.** *Quel phénomène tu fais !*

PHÉNOMÉNOLOGIE n. f. ▪ DIDACT. Philosophie qui écarte toute interprétation abstraite pour se limiter à la description et à l'analyse des seuls phénomènes perçus. *La phénoménologie de Husserl.*

PHIDIAS (Ve s. av. J.-C.) ▪ Le plus célèbre sculpteur de l'art classique grec, dont le nom est lié à la splendeur d'Athènes au siècle de Périclès. Il dirigea le chantier de l'Acropole et notamment du Parthénon en ayant sous ses ordres Ictinos et Callicratès. On lui attribue le Zeus d'Olympie, l'une des Sept Merveilles du monde.

PHIL-, PHILO-, -PHILE, -PHILIE Éléments savants (du grec *philein* « aimer ») qui signifient « ami » ou « aimer » (ex. *anglophilie, cinéphile*) (contr. *mis(o)-, -phobe, -phobie*).

PHILADELPHIE ▪ Ville de la côte est des États-Unis (Pennsylvanie). 1 586 000 hab. Port et place financière. Centre industriel et culturel (université, musées). Passé prestigieux : signature de la déclaration d'Indépendance (1776), capitale des États-Unis de 1790 à 1800.

PHILAE aujourd'hui ***JAZIRAT-FILAH*** ▪ Île du Nil. L'important temple d'Isis, menacé par le barrage d'Assouan, a été transféré sur une île voisine par l'Unesco.

Philae. Le temple d'Isis : la cour et le pylône de Nectanébo II. *Phot. © Dagli Orti*

PHILANTHROPE n. ▪ **1.** Personne qui aime l'humanité (opposé à *misanthrope*). **2.** Personne généreuse et désintéressée. *C'est un commerçant, pas un philanthrope.*

PHILANTHROPIE n. f. ▪ **1.** Amour de l'humanité. **2.** Désintéressement.

PHILANTHROPIQUE adj. ▪ De la philanthropie ; inspiré par elle. *Organisation philanthropique.* ⇒ **humanitaire.**

PHILATÉLIE n. f. ▪ Connaissance des timbres-poste ; art de les collectionner. ► adj. PHILATÉLIQUE

PHILATÉLISTE n. ▪ Personne qui collectionne les timbres-poste.

PHILÉMON ET BAUCIS ▪ Couple légendaire de la mythologie grecque, symbole de l'amour conjugal. Ils auraient offert l'hospitalité à Zeus et Hermès, lesquels, pour les récompenser, les transformèrent en arbres, à leur mort, afin qu'ils restent à jamais côte à côte.

PHILHARMONIQUE adj. ▪ Se dit de sociétés d'amateurs de musique, de certains orchestres classiques. *L'orchestre philharmonique de Berlin.*

PHILHELLÈNE adj. et n. ▪ HIST. Partisan de l'indépendance de la Grèce, au XIXe siècle.

François André PHILIDOR (1726-1795) ▪ Compositeur français. Auteur d'opéras-comiques (*"Tom Jones"*, 1765). Il fut aussi le plus célèbre joueur d'échecs de son temps.

Gérard PHILIPE (1922-1959) ▪ Comédien français. Interprète du *"Cid"* de Corneille et du *"Prince de Hombourg"* de Kleist ; acteur de cinéma (*"le Diable au corps"*, 1947 ; *"Fanfan la Tulipe"*, 1951).

Gérard **Philipe.** *Phot. © Coll. Henri Frossard*

saint PHILIPPE ▪ Apôtre de Jésus qui aurait été crucifié v. 80 à Hiérapolis (Phrygie).

PHILIPPE ▪ NOM DE PLUSIEURS SOUVERAINS EUROPÉENS
1. ducs de BOURGOGNE ► **PHILIPPE II LE HARDI** (1342-1404), duc de 1363 à sa mort, l'un des régents de Charles VI. ► **PHILIPPE III LE BON** (1396-1467), duc de 1419 à sa mort, s'allia aux Anglais pour venger le meurtre de son père Jean sans Peur. Réconcilié avec Charles VII par le traité d'Arras (1435), il constitua un État puissant.
2. souverains d'ESPAGNE ► **PHILIPPE Ier LE BEAU** → **4.** souverain des PAYS-BAS, **Philippe Ier**. ► **PHILIPPE II** (1527-1598), fils de Charles Quint, roi de Naples (1554), souverain des Pays-Bas (1555), héritier de la couronne d'Espagne en 1556 et roi

Philippe II d'Espagne. Portrait par Titien. Musées royaux des Beaux-Arts, Bruxelles. *Phot. © Giraudon*

Philippe IV d'Espagne. Portrait par Vélasquez, détail. Musée du Prado, Madrid. *Phot. © Nimatallah/Ricciarini*

du Portugal (1580). Voulant faire triompher le catholicisme, il renforça l'Inquisition et intervint partout contre la Réforme : il se heurta à l'Angleterre (destruction de l'Armada, 1588), aux Pays-Bas (formation des Provinces-Unies, 1579) et à la France (Henri IV). Sa politique ambitieuse fut financée par l'or des Amériques. Son règne correspond au début du « Siècle d'or ». On baptisa, en son honneur, *Philippines* des îles que Magellan venait de découvrir. ► **PHILIPPE III** (1578 - 1621), fils du précédent, auquel il succéda en 1598. Règne marqué par la paix avec l'Angleterre (1604) et par l'alliance avec la France (mariage de sa fille Anne d'Autriche avec Louis XIII, 1615). ► **PHILIPPE IV** (1605 - 1665), fils du précédent, auquel il succéda en 1621. Il fut dominé par le favori Olivares. Guerre contre les Provinces-Unies et contre la France (guerre de Trente Ans). ► **PHILIPPE V** (1683 - 1746), petit-fils de Louis XIV. Son arrivée sur le trône (1700) déclencha la guerre de Succession à l'issue de laquelle il dut céder Gibraltar, Minorque (Baléares), la Sicile et les Pays-Bas.

3. rois de FRANCE ► **PHILIPPE I**er (1052 - 1108), roi de 1060 à sa mort, eut à lutter contre l'ascension de son vassal Guillaume le Conquérant. ► **PHILIPPE II AUGUSTE** ou **PHILIPPE AUGUSTE** (1165 - 1223), roi de 1180 à sa mort, lutta contre la dynastie anglaise des Plantagenêts (Henri II, Richard Cœur de Lion) et écrasa la coalition de Jean sans Terre à Bouvines en 1214 ; il agrandit le domaine royal (annexion de la Normandie, Anjou, Maine, Poitou) et renforça le pouvoir du roi (création des fonctions de bailli et de sénéchal). ► **PHILIPPE III LE HARDI** (1245 - 1285), roi de 1270 à sa mort, fils de Saint Louis, acquit le comté de Toulouse, l'Auvergne et le Poitou. ► **PHILIPPE IV LE BEL** (1268 - 1314), son fils, roi de 1285 à sa mort. Avec l'aide de ses conseillers, les légistes, il renforça considérablement l'appareil d'État ; en conflit

Philippe II Auguste. *Le Couronnement de Philippe Auguste en 1179,* miniature. Bibliothèque nationale de France, Paris. *Phot. © Tétrel/Explorer*

ouvert avec le pape Boniface* VIII, il soutint le transfert du Saint-Siège à Avignon (1309) ; il supprima l'ordre des Templiers et annexa au royaume la ville de Lyon. ► **PHILIPPE V LE LONG** (1294 - 1322), deuxième fils de Philippe IV le Bel. Il succéda à son frère Louis X, en 1316, et fut suivi par son frère Charles IV. Comme eux, il se heurta aux difficultés économiques. ► **PHILIPPE VI DE VALOIS** (1294 - 1350), neveu de Philippe IV le Bel, roi de 1328 à sa mort. Charles IV étant mort sans héritier, sa succession opposa Édouard III d'Angleterre, petit-fils par sa mère de Philippe le Bel, et Philippe VI, premier des Valois ; ce fut le début de la guerre de Cent* Ans ; la crise économique s'aggrava (famines, Peste noire).

4. souverain des PAYS-BAS ► **PHILIPPE I**er **LE BEAU** (1478 - 1506), souverain des Pays-Bas (1482), roi de Castille (1504). Fils de Maximilien Ier, époux de Jeanne la Folle, père de Charles Quint.

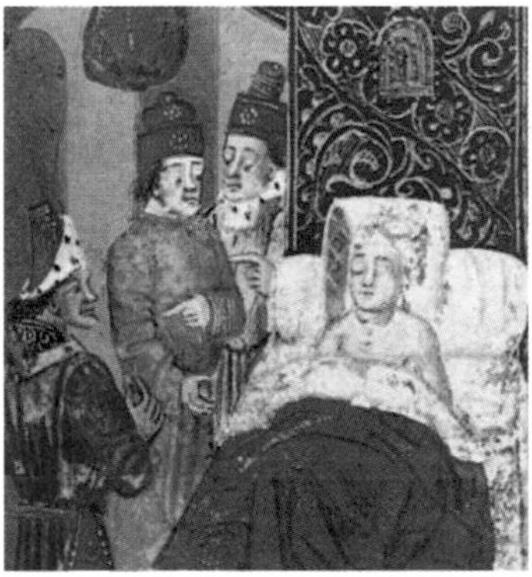

Philippe VI de Valois. *Mort de Philippe VI de Valois. Chroniques* de Froissart. Musée Condé, Chantilly. *Phot. © Giraudon*

PHILIPPE II (v. 382 - 336 av. J.-C.) ▪ Roi de Macédoine. Il conquit la Thrace, vainquit les Thébains et les Athéniens à Chéronée (338 av. J.-C.) et mourut assassiné. Son fils Alexandre le Grand lui succéda.

PHILIPPE D'ORLÉANS → maison d'**Orléans**

PHILIPPE DE VITRY (1291 - 1361) ▪ Compositeur français, célèbre pour sa réforme de la notation musicale.

PHILIPPE ÉGALITÉ → maison d'**Orléans**

Charles-Louis PHILIPPE (1874 - 1909) ▪ Écrivain français. Initiateur de la littérature « populiste », il en fut aussi l'un des maîtres. *"Bubu de Montparnasse"* (1901).

PHILIPPEVILLE ▪ Ville de Belgique (Région wallonne, province de Namur). 7 223 hab. Monuments anciens.

PHILIPPIN, INE adj. et **n.** ▪ De l'archipel des Philippines. - **n.** *Les Philippins.*

les PHILIPPINES ▪ Archipel et État d'Asie du Sud-Est. 300 000 km^2. 66 000 000 hab. *(les Philippins).* 83 % de catholiques. Capitale : Manille. Langues : anglais (officielle), philippin ou tagal. Monnaie : peso. Plus de 7 100 îles ou îlots au climat tropical. L'économie est surtout agricole (riz, maïs, coco, coprah) malgré les ressources minières (or, argent, cuivre). Crustacés, coraux, coquillages. □ HISTOIRE Découvertes par Magellan en 1521, colonisées par les Espagnols (1565), elles reçurent leur nom en hommage à Philippe II. Annexées par les Américains en 1898, elles devinrent indépendantes en 1946. La dictature de Marcos (au pouvoir à partir de 1965) prit fin avec l'élection à la présidence de Cory Aquino (1986), à laquelle le général Fidel Ramos a succédé en 1992. Le pays est en butte à la corruption et à des troubles intérieurs (guérilla communiste, indépendantisme des musulmans de Mindanao).

PHILISTIN n. m. ▪ LITTÉR. Personne de goût vulgaire, fermée aux arts et aux lettres, aux nouveautés. ⇒ **béotien.** - **adj. m.** *Il est un peu philistin.*

les PHILISTINS ▪ Peuple de l'Antiquité, un des Peuples de la Mer, qui donna son nom *(Pelishitim)* à la Palestine et fut soumis par David.

PHILO n. f. ⇒ PHILOSOPHIE

PHILO- ⇒ PHIL-

PHILODENDRON [-dɛ̃dʀɔ̃] n. m. ▪ Plante grimpante originaire de l'Amérique tropicale, aux grandes feuilles très découpées et aux racines pendantes.

PHILOLOGIE n. f. ▪ Étude historique d'une langue par l'analyse critique des textes. ⇒ **linguistique.** ► adj. PHILOLOGIQUE

PHILOLOGUE n. ▪ Spécialiste de l'étude historique (grammaticale, linguistique, etc.) des textes.

PHILON LE JUIF ou **PHILON D'ALEXANDRIE** (v. 13 av. J.-C. - v. 54) ▪ Philosophe juif de langue grecque. Un des premiers à essayer de concilier la Bible et la pensée grecque.

PHILOPŒMEN (v. 252 - v. 183 av. J.-C.) ▪ Stratège et homme politique grec. Sa résistance contre Rome lui valut d'être surnommé « le dernier des Grecs ».

PHILOSOPHALE adj. f. ▪ *PIERRE PHILOSOPHALE* : substance recherchée par les alchimistes, et qui devait posséder des propriétés merveilleuses (transmuer les métaux en or, etc.).

PHILOSOPHE ▪ **I.** n. **1.** Personne qui élabore une doctrine philosophique. ⇒ **penseur.** - Spécialiste de philosophie. **2.** Au XVIIIe siècle, Partisan des Lumières, du libre examen, de la liberté de pensée. **3.** Personne qui pratique la sagesse. ⇒ **sage.** *Il vit en philosophe.* **II.** adj. Qui montre de la sagesse, du détachement et un certain optimisme. *Il est très philosophe, il sait se résigner.*

PHILOSOPHER v. intr. [1] ▪ Penser, raisonner (sur des problèmes philosophiques, abstraits). « *Que philosopher, c'est apprendre à mourir* » (Montaigne).

PHILOSOPHIE n. f. ▪ **I.** *LA PHILOSOPHIE* **1.** Ensemble des questions que l'être humain peut se poser sur lui-même et examen des réponses qu'il peut y apporter ; vision systématique et générale (mais non scientifique) du monde (⇒ **esthétique, éthique, logique, métaphysique, morale, ontologie, théologie**). **2.** Système d'idées qui cherche à établir les fondements d'une science. *La philosophie de l'histoire.* **3.** Matière des classes terminales des lycées où est enseignée la philosophie (abrév. PHILO). **II.** *UNE PHILOSOPHIE* **1.** Ensemble de conceptions (ou d'attitudes) philosophiques (ex. matérialisme, phénoménologie, spiritualisme, etc.). ⇒ **doctrine, système, théorie.** *La philosophie critique de Kant.* **2.** Ensemble des conceptions philosophiques (communes à un groupe social). *La philosophie orientale.* ⇒ **pensée. 3.** Conception générale, vision du monde et de la vie. *La philosophie de Hugo.* **4.** absolt Élévation d'esprit, détachement. ⇒ **sagesse.** *Supporter les revers de fortune avec philosophie.* ⇒ **résignation.**

Phnom-Penh. Le pavillon de danse du Palais royal.
Phot. © Charles Lénars

PHILOSOPHIQUE adj. ▪ Relatif à la philosophie. *Doctrine philosophique.* - Qui touche à des problèmes de philosophie. *Roman philosophique.*

PHILOSOPHIQUEMENT adv. ▪ **1.** D'une manière philosophique. **2.** En sage (→ philosophe (I, 3)). *Accepter philosophiquement son sort.*

PHILTRE n. m ▪ Breuvage magique destiné à inspirer l'amour. *Le philtre de Tristan et Iseult.* ⇒ **charme.**

PHIMOSIS [-is] n. m. ▪ MÉD. Étroitesse du prépuce, empêchant de découvrir le gland.

PHLÉBITE n. f. ▪ Inflammation d'une veine.

PHLEGMON n. m. ▪ MÉD. Inflammation purulente du tissu conjonctif ou sous-cutané. ⇒ **abcès, anthrax.** *Phlegmon des doigts.* ⇒ **panaris.**

PHLOX [flɔks] n. m. ▪ Plante herbacée à fleurs de couleurs variées.

PHNOM PENH ▪ Capitale du Cambodge sur le Mékong. Env. 1 300 000 hab. Après la guerre civile et les exactions du régime khmer rouge dans les années 1975-1978 (massacres, déportations), la ville s'était considérablement dépeuplée et appauvrie. Elle a retrouvé son activité aujourd'hui.

-PHOBE, -PHOBIE Éléments savants (du grec *phobos* « peur ; fuite ») qui signifient « qui déteste » et « crainte, haine » (ex. *anglophobe, xénophobie*) (contr. *-phile, -philie*). ⇒ **mis(o)-.**

PHOBIE n. f. ▪ **1.** Peur morbide, angoisse éprouvée devant certains objets, actes, situations ou idées (*agoraphobie, claustrophobie,* etc.). **2.** Peur ou aversion instinctive. ⇒ **haine, horreur.** *Il a la phobie des réunions familiales.*

PHOBIQUE adj. ▪ MÉD. Relatif à la phobie. *Obsession phobique.* - n. *Les phobiques et les obsédés.*

PHOCÉE ▪ Importante colonie grecque, ville commerciale d'Ionie dans l'Antiquité.

PHOCÉEN, ENNE adj. et n. ▪ **I.** De Phocée. *Marseille fut fondée par une colonie phocéenne.* - n. *Les Phocéens.* **II.** MOD. et LITTÉR. De Marseille. ⇒ **marseillais.** *La cité phocéenne* : Marseille.

la **PHOCIDE** ▪ Région de l'ancienne Grèce, comprise entre le golfe de Corinthe, la Béotie, l'Étolie et la Locride. Le sanctuaire de Delphes y fut l'enjeu des guerres sacrées.

PHŒNIX ⇒ PHÉNIX

PHOENIX ▪ Ville des États-Unis, capitale de l'Arizona, dans une oasis. 983 000 hab.

PHON-, PHONO-, -PHONE, -PHONIE, -PHONIQUE Éléments savants (du grec *phônê* « son de la voix ; langage ») qui signifient « voix ; son » (ex. *aphone, orthophoniste, phonographe,*

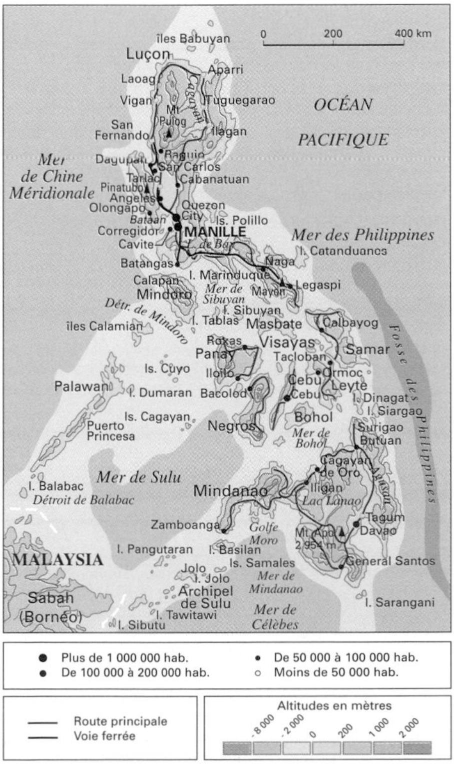

Philippines.

radiophonie, saxophone). ➝ -*PHONE* signifie aussi « qui parle (une langue) » (ex. *francophone, arabophone*).

PHONÈME n. m. ▪ DIDACT. Élément sonore du langage parlé, considéré comme une unité distinctive. *Le français comprend 36 phonèmes (16 voyelles et 20 consonnes).*

PHONÉTICIEN, IENNE n. ▪ Spécialiste de phonétique. *Une phonéticienne orthophoniste.*

PHONÉTIQUE ▪ **1.** adj. Qui a rapport aux sons du langage. *Alphabet phonétique international. Transcription phonétique.* **2.** n. f. Partie de la linguistique qui étudie les sons de la parole. *Phonétique descriptive. Phonétique fonctionnelle.* ⇒ **phonologie.** ► PHONÉTIQUEMENT adv. *Texte transcrit phonétiquement.*

PHONO- ⇒ PHON-

PHONOGRAPHE ou (abrév.) **PHONO** n. m. ▪ anciennt Appareil acoustique reproduisant les sons enregistrés. ⇒ **gramophone.** *Des vieux phonos à pavillon.*

PHONOLOGIE n. f. ▪ DIDACT. Science qui étudie les sons d'une langue quant à leur fonction, à leurs oppositions (⇒ **phonème**).

PHONOLOGIQUE adj. ▪ DIDACT. Qui concerne les oppositions de phonèmes (structurant le système oral d'une langue).

PHOQUE n. m. ▪ **1.** Mammifère marin des eaux froides, carnassier, aux membres antérieurs courts et palmés, au cou très court, au pelage ras. ➝ loc. *Souffler comme un phoque,* respirer avec effort, avec bruit. **2.** Fourrure de phoque ou d'otarie. *Un manteau en phoque.*

phoque. *Phoca vitulina,* phoque veau-marin, adulte et jeune. *Phot. © Gohier/Jacana*

-PHORE Élément savant (du grec *pherein* « porter ») qui signifie « qui porte, présente ».

PHOSPHATE n. m. ▪ CHIM. Sel des acides phosphoriques. *Phosphate de calcium* ou ellipt *phosphate* : engrais naturel ou enrichi.

PHOSPHORE n. m. ▪ Élément chimique *(phosphore blanc)* très toxique et inflammable, qui brûle doucement en permanence, dégageant une lueur pâle. *Bombe (incendiaire) au phosphore.*

PHOSPHORESCENCE n. f. ▪ **1.** Luminescence du phosphore. **2.** Propriété qu'ont certains corps d'émettre de la lumière après en avoir reçu.

PHOSPHORESCENT, ENTE adj. ▪ Doué de phosphorescence (2).

PHOSPHORIQUE adj. ▪ CHIM. Qui contient du phosphore. *Acide phosphorique.*

PHOTIOS ou **PHOTIUS** (v. 820 - 895) ▪ Théologien byzantin. Patriarche de Constantinople, excommunié par le pape, il riposta en faisant excommunier celui-ci par un concile : c'est le *schisme de Photius* (867), qui servit de modèle au XIe s. au schisme orthodoxe.

PHOTO ⇒ PHOTOGRAPHIE (2 et 3) ; PHOTOGRAPHIQUE.

① **PHOTO-, -PHOTE** Éléments savants, du grec *phôs, phôtos* « lumière ».

② **PHOTO-** Élément tiré de *photographie.*

PHOTOCOMPOSER v. tr. 1 ▪ IMPRIM. Composer (un texte à imprimer) par photographie des caractères. ➝ au p. p. *Livre photocomposé.*

PHOTOCOMPOSITION n. f. ▪ IMPRIM. Composition d'un texte par photographie.

PHOTOCOPIE n. f. ▪ Reproduction photographique d'un document.

PHOTOCOPIER v. tr. 7 ▪ Reproduire (un document) par photographie.

PHOTOCOPIEUR n. m. ou **PHOTOCOPIEUSE** n. f. ▪ Machine à photocopier.

PHOTOÉLECTRIQUE adj. ▪ **1.** PHYS. *Effet photoélectrique,* émission d'électrons sous l'influence de la lumière. **2.** *Cellule photoélectrique,* instrument utilisant l'effet photoélectrique pour mesurer l'intensité lumineuse qu'il reçoit ou déclencher un signal (alarme, ouverture de porte, etc.). ◇ var. PHOTO-ÉLECTRIQUE.

PHOTOGÉNIQUE adj. ▪ Qui produit, au cinéma, en photographie, un effet supérieur à l'effet produit au naturel (→ télégénique). *Un visage photogénique.*

PHOTOGRAPHE n. ▪ **1.** Personne qui prend des photographies. *Le photographe d'un journal. Reporter photographe.* **2.** Professionnel, commerçant qui se charge du développement, du tirage des clichés (et généralement de la vente d'appareils, d'accessoires).

PHOTOGRAPHIE ou (abrév.) **PHOTO** n. f. ▪ **1.** Procédé, technique permettant d'obtenir l'image durable des objets, par l'action de la lumière sur une surface sensible. **2.** (surtout *photo*) Technique, art de prendre des images photographiques. *Matériel de photo. Faire de la photo.* ➝ L'art photographique. *Histoire de la photographie.* **3.** Image obtenue par le procédé de la photographie (le cliché positif). ⇒ **épreuve ; diapositive.** *Une photo(graphie) d'art.*

PHOTOGRAPHIER v. tr. 7 ▪ Obtenir l'image de (qqn, qqch.) par la photographie. *Se faire photographier.*

PHOTOGRAPHIQUE adj. ▪ De la photographie ; obtenu par la photographie. *Épreuve photographique.* ◇ abrév. PHOTO. ♦ Qui est aussi fidèle, aussi exact que la photographie.

PHOTOGRAPHIQUEMENT adv. ▪ **1.** À l'aide de la photographie. **2.** Avec une exactitude photographique.

PHOTOGRAVEUR, EUSE n. ▪ Spécialiste de la photogravure.

PHOTOGRAVURE n. f. ▪ Procédé d'impression d'illustrations, dans lequel un négatif est projeté sur une plaque qui sera ensuite gravée par un acide.

PHOTOMÉTRIE n. f. ▪ DIDACT. Mesure de l'intensité des rayonnements.

PHOTON n. m. ▪ SC. Corpuscule, quantum d'énergie dont le flux constitue le rayonnement électromagnétique.

PHOTOPHORE n. m. ▪ **1.** Lampe portative à réflecteur. **2.** Coupe décorative contenant une bougie ou une veilleuse.

PHOTOPILE n. f. ▪ Dispositif convertissant l'énergie lumineuse en courant électrique (syn. *pile solaire ;* DIDACT. *cellule photovoltaïque*).

PHOTOROMAN ⇒ ROMAN-PHOTO

PHOTOSENSIBLE [-s-] adj. ▪ Sensible aux rayonnements lumineux.

PHOTOSTYLE n. m. ▪ INFORM. Dispositif en forme de crayon (dit aussi *crayon optique*) muni d'un détecteur photosensible qui, en pointant sur un écran, permet de transmettre directement des informations à un ordinateur.

PHOTOSYNTHÈSE [-s-] n. f. ▪ Processus par lequel les plantes vertes synthétisent des matières organiques grâce à l'énergie lumineuse, en absorbant le gaz carbonique de l'air et en rejetant l'oxygène.

PHOTOTROPISME n. m. ▪ DIDACT. Tropisme déterminé par l'action de la lumière.

PHRASE n. f. ▪ **1.** Assemblage oral ou écrit capable de représenter l'énoncé complet d'une idée. *La phrase peut consister en un mot unique* (ex. *Viens !*), *mais contient habituellement un second terme qui est le sujet de l'énoncé* (ex. *Tu viens ?*). *Phrase simple ; complexe* (formée de propositions*). *Ordre et construction de la phrase.* ⇒ **syntaxe.** *Échanger quelques phrases.* ⇒ **propos. 2.** au plur. *Faire des phrases,* avoir recours à des façons de parler recherchées ou prétentieuses. ➝ *Sans phrases,* sans commentaire, sans détour. **3.** Succession ordonnée de périodes musicales. *Phrase mélodique.*

PHRASÉ n. m. ▪ MUS. Manière de phraser.

PHRASÉOLOGIE n. f. ▪ DIDACT. **1.** Façon de s'exprimer, lexique et tournures propres à un milieu, une époque. *La phraséologie administrative.* **2.** Ensemble des locutions, termes et expressions figés d'une langue.

PHRASER v. tr. 1 ▪ Délimiter ou ponctuer par l'exécution (les périodes successives d'une pièce musicale). *Le pianiste a bien phrasé ce passage.*

PHRASEUR, EUSE n. ▪ Faiseur de phrases, de vains discours. ⇒ **bavard.** – adj. *Il est un peu phraseur.*

PHRÉN(O)-, PHRÉNIE Éléments savants, du grec *phrên* « âme ; intelligence ».

la PHRYGIE ▪ Ancienne région d'Asie Mineure. Fondé en 1200 av. J.-C., le royaume des Phrygiens connut son apogée sous le règne de Midas. Cybèle est la grande déesse phrygienne.

PHRYGIEN, ENNE adj. et n. ▪ De Phrygie. – n. *Les Phrygiens.* ♦ HIST. *BONNET PHRYGIEN,* porté par les révolutionnaires de 1789.

PHRYNÉ (IVe s. av. J.-C.) ▪ Courtisane grecque. Elle fut l'hétaïre la plus riche et la plus célèbre d'Athènes et la maîtresse de Praxitèle, à qui elle aurait servi de modèle pour ses statues d'Aphrodite.

PHTISIE n. f. ▪ VX Tuberculose pulmonaire. – *PHTISIE GALOPANTE :* forme rapide, très grave, de la tuberculose ulcéreuse.

PHTISIOLOGUE n. ▪ Médecin spécialiste de la tuberculose pulmonaire.

PHTISIQUE adj. et n. ▪ VX Tuberculeux.

PHYLL(O)-, -PHYLLE Éléments savants, du grec *phullon* « feuille » (ex. *chlorophylle*).

PHYLLOXÉRA n. m. ▪ Puceron parasite des racines de la vigne. – Maladie de la vigne due à cet insecte.

PHYLOGENÈSE n. f. ▪ BIOL. Histoire évolutive des espèces, des lignées et des groupes d'organismes (s'oppose à *ontogenèse*).

PHYSICIEN, IENNE n. ▪ Spécialiste de la physique. *Physiciens et chimistes.* – ⇒ aussi **astrophysicien, géophysicien.**

PHYSICOCHIMIQUE adj. ▪ DIDACT. À la fois physique et chimique. *Les conditions physicochimiques de l'apparition de la vie.*

PHYSIO- Élément savant (du grec *phusis* « nature ») qui signifie « nature (de l'être vivant) ; milieu naturel ».

PHYSIOCRATE n. ▪ HIST. Économiste adepte de la physiocratie (XVIIIe s.).

PHYSIOCRATIE n. f. ▪ HIST. Ancienne doctrine économique (XVIIIe s.), fondée sur la connaissance et le respect des « lois naturelles ». ▪ Considérant l'agriculture comme la principale source de richesse et préconisant une politique économique libérale, la physiocratie influença l'action de Turgot. Le *"Tableau économique"* de Quesnay (1758) est le premier exposé systématique d'économie.

PHYSIOLOGIE n. f. ▪ Science qui étudie les fonctions et les propriétés des organes et des tissus des êtres vivants ; ces fonctions. *Physiologie végétale.*

PHYSIOLOGIQUE adj. ▪ **1.** De la physiologie. **2.** (opposé à *psychique*) *L'état physiologique du malade.* ⇒ **physique, somatique.** ▸ adv. PHYSIOLOGIQUEMENT

PHYSIOLOGISTE n. ▪ Savant qui fait des recherches de physiologie.

PHYSIONOMIE n. f. ▪ **1.** Ensemble des traits, aspect du visage (surtout d'après leur expression). ⇒ **face, faciès ; physique.** *Jeux de physionomie,* mimiques. **2.** Aspect particulier (d'une chose). ⇒ **apparence.** *La physionomie du pays a changé.*

PHYSIONOMISTE adj. ▪ Capable de reconnaître au premier coup d'œil une personne déjà rencontrée.

① **PHYSIQUE** ▪ **I.** adj. **1.** Qui se rapporte à la nature. ⇒ **matériel.** *Le monde physique. Géographie physique et humaine.* **2.** Qui concerne le corps humain (opposé à *moral, psychique*). *Souffrance physique.* loc. *Éducation, culture physique,* gymnastique, sport. – *État physique,* de santé. *Troubles physiques.* ⇒ **organique, physiologique.** – *Dégoût, horreur physique,* que la volonté ne contrôle pas. **3.** Charnel, sexuel. *Amour, plaisir physique.* **4.** Qui se rapporte à la nature, à l'exclusion des êtres vivants. *Les sciences physiques,* la physique (②) et la chimie. **5.** Qui concerne la physique (②). *Propriétés physiques et chimiques d'un corps.* ⇒ **physicochimique.** **II.** n. m. **1.** Ce qui est physique dans l'être humain. – *AU PHYSIQUE. Il est brutal, au physique comme au moral.* **2.** Aspect général (de qqn). ⇒ **physionomie.** *Il a un physique agréable.* – loc. *Avoir LE PHYSIQUE DE L'EMPLOI,* un physique adapté à la situation, à la fonction.

② **PHYSIQUE** n. f. ▪ **1.** Science qui étudie les propriétés générales de la matière et établit des lois qui rendent compte des phénomènes matériels (distinguée de la *physiologie,* des *sciences naturelles*). *Physique expérimentale. Physique atomique, nucléaire,* science qui étudie la constitution intime de la matière, l'atome, le noyau. ⇒ **microphysique.** *Domaines de la physique classique :* acoustique, électricité, électronique, magnétisme, mécanique, optique, thermodynamique, etc. **2.** Étude physique d'un problème. *Physique du globe* (géophysique), *des astres* (astrophysique), *de la vie* (biophysique).

PHYSIQUEMENT adv. ▪ **1.** D'une manière physique, d'un point de vue physique. *Être diminué physiquement.* **2.** En ce qui concerne l'aspect physique d'une personne. *Il est plutôt bien physiquement.*

-PHYTE, PHYTO- Éléments savants, du grec *phuton* « ce qui pousse ; plante » (ex. *phytoplancton* n. m. « plancton végétal »).

PHYTOTHÉRAPIE n. f. ▪ Traitement des maladies par les plantes ou leurs extraits.

PI n. m. ▪ Symbole (π) qui représente le rapport de la circonférence d'un cercle à son diamètre (nombre irrationnel : 3,1415926...).

PIAF n. m. ▪ FAM. Moineau ; petit oiseau.

Édith Giovanna Gassion dite **Édith PIAF** (1915 - 1963) ▪ Chanteuse française d'inspiration populaire.

Piaf.
Phot. © Lipnitzki/Viollet

PIAFFANT, ANTE adj. ▪ Qui piaffe. *Ils sont piaffants d'impatience.*

PIAFFEMENT n. m. ▪ Mouvement, bruit du cheval qui piaffe.

PIAFFER v. intr. 1 ▪ **1.** Se dit d'un cheval qui, sans avancer, frappe la terre des pieds de devant. **2.** (personnes) Frapper du pied, piétiner. *Piaffer d'impatience.* ⇒ **trépigner.**

Jean PIAGET (1896 - 1980) ▪ Psychologue et épistémologue suisse. Il a développé une approche « génétique » de la connaissance, suscitant de nombreux travaux sur l'enfance.

PIAILLEMENT n. m. ▪ **1.** Action, fait de piailler. **2.** Cri poussé en piaillant (2).

PIAILLER v. intr. 1 ▪ FAM. **1.** (oiseaux) Pousser de petits cris aigus. ⇒ **piauler.** **2.** (personnes) *Enfant, marmot qui piaille.* ⇒ **crier, pleurer.**

PIAILLEUR, EUSE n. ▪ FAM. Personne qui piaille. – adj. *Des mioches piailleurs.*

Maurice PIALAT (né en 1925) ▪ Cinéaste français. Il a réalisé une œuvre passionnée, forte et sensible, autour des thèmes de l'amour et de la souffrance. *"À nos amours"* (1983); *"Sous le soleil de Satan"* (1987); *"Van Gogh"* (1991).

PIAN n. m. ▪ Grave maladie tropicale, contagieuse et endémique (ulcérations de la peau, lésions osseuses aux jambes et aux pieds).

PIANISSIMO adv. ▪ MUS. Très doucement.

PIANISTE n. ▪ Personne qui joue du piano, professionnellement ou en amateur.

① **PIANO** n. m. ▪ **1.** Instrument de musique à clavier, dont les cordes sont frappées par des marteaux (et non pincées comme celles du clavecin*). *Clavier, touches, pédales d'un*

piano. Piano Évrard dans le salon de musique du château de Malmaison. *Phot. © Dagli Orti*

piano. - *Piano droit,* à table d'harmonie verticale. *Piano à queue,* à table d'harmonie horizontale. - *De vieux pianos désaccordés.* ⇒ FAM. **casserole.** *Jouer du piano.* - *PIANO MÉCANIQUE,* dont les marteaux sont actionnés par un mécanisme (bande perforée, etc.). - FAM. *Piano à bretelles.* ⇒ **accordéon.** **2.** Technique, art de cet instrument. *Étudier le piano.*

② **PIANO** adv. ▪ **1.** MUS. Doucement, faiblement (opposé à *forte*). **2.** FAM. ⇒ **doucement.**

Renzo PIANO (né en 1937) ▪ Architecte italien. L'un des plus célèbres représentants de la tendance high-tech, il a notamment réalisé (avec R. Rogers) le Centre d'art et de culture Georges-Pompidou à Paris (1973-1977).

PIANO-FORTE [-fɔʀte] n. m. ▪ Instrument de musique à clavier (le premier piano, au XVIIIe siècle).

PIANOTER v. intr. 1 ▪ **1.** Jouer du piano maladroitement. **2.** Tapoter (sur qqch.) avec les doigts. *Pianoter sur une table.* ► n. m. PIANOTAGE

les PIAST ▪ Dynastie fondatrice du premier État polonais, sous Mieszko Ier, v. 960. Elle gouverna la Pologne jusqu'en 1370.

Picabia. *Udnie ou la Danse.* MNAMGP, Paris. *Phot. © Nimatallah/Ricciarini*

PIASTRE n. f. ▪ **1.** Monnaie actuelle ou ancienne de divers pays (actuellement : Syrie, Soudan, Égypte, Liban). **2.** au Canada FAM. Dollar (canadien).

PIATRA-NEAMȚ ▪ Ville du nord-ouest de la Roumanie, en Moldavie. 123 175 hab.

le PIAUÍ ▪ État du Brésil (Nordeste). 251 273 km². 2 730 000 hab. Capitale : Teresina.

PIAULE n. f. ▪ FAM. Chambre, logement.

PIAULER v. intr. 1 ▪ **1.** (petits oiseaux) Crier. ⇒ **piailler.** **2.** FAM. (personnes) Crier en pleurnichant. ⇒ **piailler.** ► n. m. PIAULEMENT

le PIAVE ▪ Fleuve d'Italie. 220 km. Né dans les Alpes, il se jette dans l'Adriatique.

Giovanni Battista PIAZZETTA (1682 - 1754) ▪ Peintre italien. Thèmes populaires et religieux traités avec de forts contrastes d'ombre et de lumière.

P. I. B. [peibe] n. m. invar. ▪ Produit intérieur brut. ⇒ **produit.**

① **PIC** n. m. ▪ Oiseau grimpeur qui frappe de son bec l'écorce des arbres pour en faire sortir les larves dont il se nourrit. ⇒ **pivert.**

② **PIC** n. m. ▪ Outil de mineur, pioche à fer(s) pointu(s).

③ **PIC** ▪ **1.** n. m. Montagne dont le sommet dessine une pointe aiguë ; cette cime. *L'ascension d'un pic.* **2.** *À PIC* loc. adv. : verticalement. *Rochers qui s'élèvent à pic au-dessus de la mer* (⇒ **à-pic**). - adj. *Montagne à pic.* ⇒ **escarpé.** ♦ *Bateau qui coule à pic,* droit au fond de l'eau. ♦ FAM. À point nommé, à propos. *Ça tombe à pic.*

Francis PICABIA (1879 - 1953) ▪ Peintre français. Il fut l'un des premiers peintres abstraits (*"Udnie"*, 1913) et fut, à New York et à Paris, l'un des principaux animateurs du mouvement Dada. Auteur de nombreux écrits dadaïstes : *"Jésus-Christ Rastaquouère"* (1920).

PICADOR n. m. ▪ Cavalier qui, dans les corridas, fatigue le taureau avec une pique. *Des picadors.*

PICARD, ARDE adj. et n. ▪ De Picardie. - n. *Les Picards.* ♦ n. m. Dialecte de langue d'oïl de la Picardie.

Émile PICARD (1856 - 1941) ▪ Mathématicien français. Il s'intéressa à la théorie des fonctions, aux intégrales, à la théorie des groupes et à la méthode des approximations successives.

la PICARDIE ▪ Région administrative et économique française comprenant trois départements : l'Aisne, l'Oise et la Somme. 19 528 km². 1 810 687 hab. *(les Picards).* Chef-lieu : Amiens. Agriculture de pointe : plateau crayeux couvert de limon propice aux cultures riches (blé, betterave à sucre) et coupé par des vallées (élevage et cultures maraîchères). Région industrielle malgré l'absence de matières premières : industrie traditionnelle (textile, sucreries) et branches nouvelles (automobile, métallurgie, chimie). Au Moyen Âge, la Picardie fut prospère grâce à l'industrie du drap. Région frontière, elle fut le théâtre de nombreux conflits : la guerre de Cent Ans, les deux guerres mondiales.

PICARESQUE adj. ▪ *Roman picaresque,* qui met en scène des aventuriers (dans l'Espagne des XVIIe et XVIIIe siècles).

Jean PICART LE DOUX (1902 - 1982) ▪ Artiste français. Disciple de Lurçat, il exécuta de nombreux cartons de tapisserie.

Pablo PICASSO (1881 - 1973) ▪ Peintre, graveur et sculpteur espagnol. Son œuvre est immense et multiforme. Doté d'une grande vitalité créatrice, il transformait les objets qui l'entouraient, imaginait sans cesse de nouvelles formes, avec autant d'aisance dans tous les domaines. Il fut, avec Braque, le créateur du cubisme : *"Les Demoiselles d'Avignon"* (1907). Tableaux de la période « bleue » (1901-1904) et « rose » (1905-1907), cubisme analytique puis synthétique, œuvres « néoclassiques » (*"Flûtes de Pan"*, 1923), « surréalistes » (*"Crucifixion"*, 1930), « expressionnistes » (*"Femme qui pleure"*, 1937 ; *"Guernica"*, 1937, inspiré par le bombardement de la ville de Guernica lors de la guerre civile espagnole). La tauromachie et les portraits de ses compagnes furent parmi ses thèmes favoris. Son influence sur l'art moderne est capitale.

Auguste PICCARD (1884 - 1962) ▪ Physicien suisse. Inventeur du bathyscaphe (1948).

Niccolò PICCINNI (1728 - 1800) ▪ Compositeur italien, auteur d'opéras. Il s'opposa à Gluck dans la querelle des Bouffons.

Picardie.

Femme en chemise, 1905. The Tate Gallery, Londres. *Phot. © Nimatallah/Ricciarini*

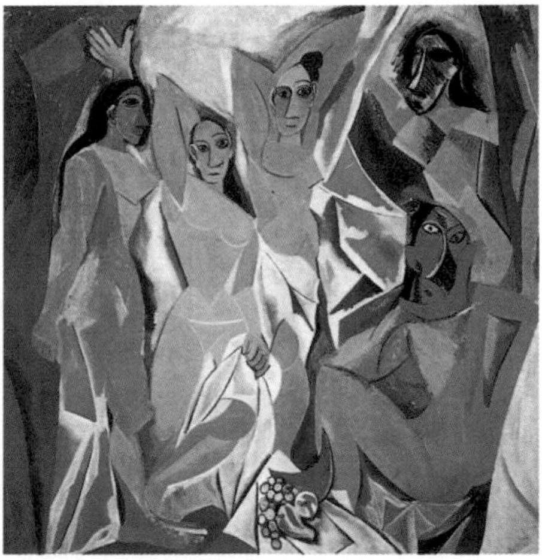

Les Demoiselles d'Avignon, 1907. Museum of Modern Art, New York. *Phot. © Nimatallah/Ricciarini*

Picasso.

Michel PICCOLI (né en 1925) ▪ Comédien français. Son talent, alliant robustesse et maturité inquiète, s'est exprimé dans plus de 50 films (particulièrement ceux de Buñuel et de Sautet). *"Le Mépris"* (1963); *"Les Choses de la vie"* (1969); *"Le Fantôme de la liberté"* (1974).

Piccoli dans *Le Général de l'armée morte* de L. Tovoli, 1983.
Phot. © Coll. Christophe L.

PICCOLO ou **PICOLO** **n. m.** ▪ **1.** Petite flûte en ré. *Des piccolos.* **2.** FAM. et VX Vin rouge ordinaire (⇒ **picoler**).

Ottavio PICCOLOMINI, duc d'Amalfi, prince du Saint Empire (1599-1656) ▪ Général autrichien. Au service de l'Empire, il prit part notamment à la bataille de la Montagne Blanche (1620) et à celle de Lützen (1632) sous les ordres de Wallenstein qu'il trahit, provoquant son assassinat.

Jean PIC DE LA MIRANDOLE (1463-1494) ▪ Humaniste italien. Grand érudit. Ses *"Conclusiones philosophicae, cabalisticae et theologicae"*, dans lesquelles il interprétait le christianisme à l'aide des théories de la kabbale, furent condamnées par la curie romaine.

Charles PICHEGRU (1761-1804) ▪ Général français. Passé de la Révolution à la contre-révolution; arrêté comme complice de Cadoudal, il se serait suicidé.

PICHENETTE **n. f.** ▪ Chiquenaude*, petit coup donné avec un doigt.

PICHET **n. m.** ▪ Petite cruche à bec ; son contenu. *Boire un pichet de vin.*

Henri PICHETTE (né en 1924) ▪ Poète français. Son lyrisme révolutionne les normes du langage. *"Apoèmes"* (1947); *"Les Épiphanies"* (théâtre, 1947).

Gladys Mary Smith dite **Mary PICKFORD** (1893-1979) ▪ Actrice américaine. Elle fonda avec D. Fairbanks, C. Chaplin et D. W. Griffith la firme United Artists (1919) et joua dans plus de 200 films. *"Tess au pays des tempêtes"* (1914); *"Le Petit Lord Fauntleroy"* (1921); *"Dorothy Vernon"* (1924).

PICKLES [pikœls] **n. m. pl.** ▪ anglic. Petits légumes macérés dans du vinaigre aromatisé, servis comme condiment. *Un bocal de pickles.*

PICKPOCKET [-ɛt] **n. m.** ▪ anglic. Voleur à la tire.

PICK-UP [-œp] **n. m. invar.** ▪ anglic. **I.** VIEILLI Tourne-disque ; électrophone. **II.** Camionnette à plateau découvert.

PICOLER **v. intr.** [1] ▪ FAM. Boire du vin, de l'alcool avec excès.
► **n.** PICOLEUR, EUSE

PICORER **v.** [1] ▪ **I. v. intr. 1.** (oiseaux) Chercher sa nourriture avec le bec. *Les poules picorent sur le fumier.* **2.** (personnes) Manger très peu, sans appétit. **II. v. tr.** Piquer, prendre de-ci de-là avec le bec. ⇒ **becqueter.**

PICOT **n. m.** ▪ **1.** TECHN. Pièce mécanique en relief destinée à transmettre un mouvement en s'emboîtant dans une perforation. **2.** Petite dent bordant une dentelle, un galon.

PICOTEMENT **n. m.** ▪ Sensation de légères piqûres répétées. *Éprouver des picotements dans la gorge.*

PICOTER **v. tr.** [1] ▪ **1.** Piquer légèrement et à petits coups répétés. - (oiseaux) ⇒ **becqueter, picorer. 2.** Irriter comme par de légères piqûres répétées. *Fumée qui picote les yeux.*

PICOTIN **n. m.** ▪ Ration d'avoine donnée à un cheval.

PICRATE **n. m.** ▪ **1.** CHIM. Sel de l'acide picrique. **2.** FAM. Vin rouge de mauvaise qualité.

PICRIQUE **adj.** ▪ *ACIDE PICRIQUE :* dérivé nitré du phénol, solide cristallisé jaune, toxique.

les PICTES ▪ Peuple de l'Écosse ancienne.

Raoul PICTET (1846-1929) ▪ Physicien suisse. Il réalisa, en même temps que Cailletet, la première liquéfaction de l'oxygène et de l'azote (1877) et établit la disparition des affinités chimiques aux basses températures.

PICT(O)- Élément (du latin *pictum*, de *pingere* « peindre ») qui signifie « peindre, colorer ».

PICTOGRAMME **n. m.** ▪ DIDACT. Dessin figuratif schématique, utilisé comme symbole ou comme signe graphique (signaux routiers, signalisations des lieux publics...).

PICTOGRAPHIQUE **adj.** ▪ DIDACT. *Écriture pictographique*, utilisant des pictogrammes (≠ *idéographique*).

PICTURAL, ALE, AUX **adj.** ▪ Qui a rapport ou appartient à la peinture. *Techniques picturales.*

① **PIE** ▪ **I. n. f. 1.** Passereau au plumage noir et blanc, à longue queue. *La pie jacasse, jase.* **2.** Personne bavarde. **II. adj. invar.** *Cheval, jument pie*, à robe noire et blanche (comme la pie) ou fauve et blanche. ♦ *Voitures pie* (de la police française).

Pie. *Pica pica*, pie bavarde.
Phot. © Danegger/Jacana

② **PIE** **adj. f.** ▪ loc. *Œuvre pie*, action inspirée par la piété.

PIE ▪ NOM DE DOUZE PAPES ► **saint PIE V** (1504-1572), élu en 1566. Dominicain, Grand Inquisiteur, il continua la Contre-Réforme, lança la croisade contre les Turcs et publia le missel et le bréviaire romains. ► **PIE VI** (1717-1799), élu en 1775. Ses États furent envahis par la France sous le Directoire et il fut arrêté. ► **PIE VII** (1742-1823), élu en 1800. Il signa le concordat de 1801 avec Napoléon et le sacra empereur à Paris (1804). Ses États furent annexés à l'Empire. ► **PIE IX** (1792-1878), élu en 1846. Le plus long pontificat de l'histoire. Il se heurta au mouvement unitaire italien qui le dépouilla progressivement de ses États de 1848 à 1870. Il proclama les dogmes de l'« Immaculée Conception » et de l'« infaillibilité pontificale » (→ **Vatican I**). ► **saint PIE X** (1835-1914), élu en 1903. Il condamna le modernisme, défendant la tradition et l'orthodoxie. ► **PIE XI** (1857-1939), élu en 1922. Il fut le pape de l'Action catholique et des missions. Il signa les accords du Latran. ► **PIE XII** (1876-1958), élu en 1939. Pendant la Deuxième Guerre mondiale, il intervint pour la paix. On lui a reproché son silence sur les atrocités des nazis.

PIÈCE **n. f.** ▪ **I.** Partie détachée d'un tout. ⇒ **fragment, morceau.** *Découper une pièce dans du cuir* (⇒ **emporte-pièce**). - loc. *Mettre EN PIÈCES :* casser, déchirer, déchiqueter. ⇒ **lambeau, miette.** - *Tailler l'ennemi en pièces*, le massacrer, l'anéantir. **II. 1.** Chaque objet, chaque élément ou unité (d'un ensemble). - (sens général) *Fruits vendus au poids ou à la pièce. Dix francs (la) pièce.* ⇒ **chacun.** *Travail AUX PIÈCES*, rémunéré selon le nombre de pièces exécutées par l'ouvrier. FAM. *On a le temps, on n'est pas aux pièces.* - *Les pièces d'une collection.* loc. *C'est une pièce de musée*, un objet de grande valeur. - *Costume trois-pièces* (veston, pantalon, gilet). *Maillot de bain deux-pièces.* ⇒ **bikini, deux-pièces.** - *Les pièces d'un jeu d'échecs.* - *Les pièces et les meubles de l'écu* (blason). **2.** Quantité déterminée (d'une substance formant un tout). *Une pièce de soie.* **3.** *Une pièce de bétail.* ⇒ **tête. III.** (emplois spéciaux, où l'élément est considéré en lui-même) **1.** *PIÈCE (DE TERRE) :* espace de terre cultivable. ⇒

champ. - *PIÈCE D'EAU* : grand bassin ou petit étang. ♦ *PIÈCE DE VIN.* ⇒ **barrique, tonneau. 2.** *PIÈCE MONTÉE* : grand ouvrage de pâtisserie et de confiserie, aux formes architecturales. **3.** Chaque unité d'habitation, délimitée par ses murs, ses cloisons (sont exclus les couloirs, les W.-C., la salle de bains et la cuisine). *Un appartement de deux pièces, avec une chambre et un séjour.* - ellipt *Un deux-pièces cuisine.* **4.** *PIÈCE (DE MONNAIE)* : petit disque de métal revêtu d'une empreinte distinctive et servant de valeur d'échange. *Des pièces d'or. Une pièce de cinq francs, de cent sous* (anciennt). - FAM. *Donner la pièce à qqn,* lui donner un pourboire. **5.** Écrit servant à établir un droit, à faire la preuve d'un fait. ⇒ **acte, document.** *Pièces d'identité.* ⇒ **papier(s).** - *PIÈCE À CONVICTION* : tout écrit ou objet permettant d'établir une preuve. - loc. *Juger, décider sur pièces, avec pièces à l'appui.* **6.** Ouvrage littéraire ou musical. *Une pièce de vers.* - *Une pièce instrumentale.* ♦ *PIÈCE (DE THÉÂTRE)* : ouvrage dramatique. *Pièce en cinq actes.* ♦ LITTÉR. *FAIRE PIÈCE À qqn,* lui faire échec, s'opposer à lui. **IV. 1.** Chacun des éléments dont l'agencement, l'assemblage forme un tout organisé. *Les pièces d'une machine. Pièces de rechange. Pièces détachées.* **2.** Élément destiné à réparer une déchirure, une coupure. *Mettre une pièce à un vêtement.* ⇒ **rapiécer. 3.** loc. *Être fait d'une seule pièce, tout d'une pièce,* d'un seul tenant. - (personnes) *Être TOUT D'UNE PIÈCE,* franc et direct, ou sans souplesse. ⇒ **entier.** - *Être fait de pièces et de morceaux,* manquer d'unité, d'homogénéité. ⇒ **disparate.** - *Créer, inventer DE TOUTES PIÈCES,* entièrement, sans rien emprunter à la réalité.

PIÉCETTE n. f. ▪ Petite pièce de monnaie.

PIED n. m. ▪ **I. 1.** Extrémité inférieure du corps humain articulée à la jambe, permettant la station verticale et la marche. ⇒ **-pède, pédi- ; cou-de-pied, plante, talon.** *Doigts de pied.* ⇒ **orteil.** *Pied bot.* ⇒ **bot.** *Se fouler le pied.* ⇒ **entorse.** ♦ loc. *Être pieds nus, nu-pieds.* - *Avoir mis les pieds (quelque part),* y être allé. *DE PIED EN CAP* : de la tête aux pieds. - *Avoir un pied dans la tombe,* être très vieux ou moribond. - *COUP DE PIED* : coup donné avec le pied. *Donner un coup de pied.* - FAM. *Être bête comme ses pieds,* très bête. *Faire qqch. comme un pied,* très mal. - *Marcher sur les pieds de qqn,* chercher à l'évincer. - *Casser les pieds (de, à qqn),* l'ennuyer. ⇒ **casse-pieds.** - *Faire les pieds à qqn,* lui donner une leçon. - *Mettre les pieds dans le plat,* aborder une question délicate brutalement ; faire une gaffe. - *S'être levé du pied gauche,* être de mauvaise humeur. - *Pieds et poings liés,* réduit à l'impuissance. - FAM. *Avoir les pieds nickelés*.* - *Faire des pieds et des mains pour* (+ inf.), se démener pour. - *Attendre qqn de pied ferme,* avec détermination. - *Au pied levé,* sans préparation. **2.** loc. (avec *sur, à, en*) *Sur ses pieds, sur un pied.* ⇒ **debout.** - *Retomber sur ses pieds,* se tirer à son avantage d'une situation difficile. - *SUR PIED. Dès cinq heures, il est sur pied,* debout, levé. - *Mettre sur pied une entreprise,* la créer. ⇒ **organiser.** - *À PIED* : en marchant. *Allons-y à pied. Course à pied* (opposé à *course cycliste, automobile...*). - *Il a été mis à pied,* licencié ; suspendu dans ses fonctions (→ mise à pied). - *Sauter À PIEDS JOINTS* : en gardant les pieds rapprochés. - *EN PIED* : représenté debout, des pieds à la tête. *Un portrait en pied.* - *AUX PIEDS DE qqn* : devant lui (en étant baissé, prosterné). **3.** loc. sans article *Mettre pied à terre* : descendre de cheval, de voiture (⇒ **pied-à-terre**). *Avoir pied,* pouvoir se tenir debout en ayant la tête hors de l'eau. *Perdre pied,* ne plus avoir pied ; fig. se troubler, être emporté par qqch. qu'on ne contrôle plus. - *Lâcher pied,* céder, reculer. **4.** *Avoir bon pied, bon œil,* être solide, agile, et avoir bonne vue. - *Pied à pied,* pas à pas. **5.** Emplacement des pieds. *Le pied et la tête d'un lit.* **6.** (chez l'animal) Extrémité inférieure de la jambe (chevaux), de la patte (mammifères, oiseaux). ⇒ **-pède, -pode.** - *Pieds de veau, de mouton, de porc* (vendus en boucherie). ♦ VX (insectes) *Pieds de mouche.* ⇒ **patte. II. 1.** Partie (d'un objet) qui touche le sol. ⇒ **bas, base.** *Caler le pied d'une échelle. Le pied d'un mur.* - loc. *Être au pied du mur,* dans l'obligation d'agir. *Être à pied d'œuvre,* en situation d'agir, de faire un travail. - (végétaux) *Fruit vendus sur pied,* avant la récolte. **2.** Chaque plant (de végétaux cultivés). *Pied de vigne.* ⇒ **cep. 3.** Partie (d'un objet) servant de support. *Un verre à pied. Pied de table.* **III. 1.** Ancienne unité de mesure de longueur (0,324 m). - loc. fig. *Vouloir (préférer...) être (à) cent pieds sous terre,* avoir envie de se cacher (par honte). VIEILLI *Tirer un nez d'un pied de long,* être déçu, honteux (⇒ **pied de nez**). **2.** Mesure de longueur anglo-saxonne (0,3048 m) ; unité internationale d'altitude en aéronautique. *L'avion vole à 10 000 pieds.* **IV.** (mesure) loc. **1.** *Au pied de la lettre.* ⇒ **lettre.** - *PRENDRE SON PIED* : sa part de butin ; FAM. jouir. *Quel pied !,* quel plaisir ! *C'est le pied.* **2.** *SUR (le, un) PIED (de). Sur un pied d'égalité,* comme égal. *Sur le même pied,* sur le même plan. - *Armée sur le pied de guerre,* équipée et préparée pour la guerre. - *Vivre sur un grand pied,* dans le luxe. **3.** *AU PETIT PIED* : en réduction, en imitation faible. **4.** *PIED À COULISSE* : instrument pour mesurer les épaisseurs et les diamètres. **5.** POÉSIE Unité rythmique (→ rythme) constituée par un groupement de syllabes d'une valeur déterminée (quantité, accentuation). *Les pieds d'un vers latin.* - abusivt Syllabe (dans un vers français).

PIED-À-TERRE [pjeta-] n. m. invar. ▪ Logement occupé occasionnellement. *Il a plusieurs pied-à-terre en province.*

PIED-DE-BICHE n. m. ▪ **1.** TECHN. Levier à tête fendue. ⇒ **pince-monseigneur. 2.** Pièce d'une machine à coudre qui maintient l'étoffe. *Des pieds-de-biche.*

PIED DE NEZ n. m. ▪ Geste de dérision qui consiste à étendre la main, doigts écartés, en appuyant le pouce sur son nez. *Faire des pieds de nez à qqn.*

PIED-DE-POULE n. m. ▪ Tissu dont le dessin forme un damier. *Des pieds-de-poule.* - adj. invar. *Des manteaux pied-de-poule.*

PIÉDESTAL, AUX n. m. ▪ **1.** Support isolé et élevé (d'une colonne, d'un objet d'art). ⇒ **socle. 2.** loc. fig. *Mettre qqn sur un piédestal,* lui vouer une grande admiration. *Tomber de son piédestal,* perdre tout son prestige.

PIED-NOIR n. ▪ Français d'Algérie. *Les pieds-noirs rapatriés en 1962.*

PIED-PLAT n. m. ▪ VX Personne grossière, inculte ou servile. *Des pieds-plats.*

PIÈGE n. m. ▪ **1.** Engin destiné à prendre ou à attirer des animaux ou des oiseaux. *Tendre un piège. Un renard pris au piège. Piège à rats.* **2.** Artifice pour mettre qqn dans une mauvaise situation ; danger caché. ⇒ **feinte, ruse, traquenard.** *On lui a tendu un piège. Il a été pris au piège. Il est tombé dans le piège.*

PIÉGER v. tr. 3 et 6 ▪ **1.** Chasser, prendre (un animal) au moyen de pièges. **2.** FAM. *Piéger qqn,* le prendre au piège. *Ils se sont fait piéger.* - au p. p. *Voiture piégée,* dans laquelle on a placé un explosif. *Colis piégé.*

PIE-GRIÈCHE n. f. ▪ **1.** Passereau des bois et des haies. **2.** Femme acariâtre. *Des pies-grièches.*

le PIÉMONT en italien ***PIEMONTE*** ▪ Région de l'Italie du Nord. 25 400 km². 4 365 911 hab. *(les Piémontais).* Chef-lieu : Turin. Paysages variés : hautes montagnes (Alpes) avec élevage et tourisme, collines et plaines (plaine du Pô) avec cultures de céréales et vignes. Industries textile et automobile. □ **HISTOIRE** Possession de la maison de Savoie, le royaume du Piémont (comprenant la Savoie, Nice et la Sardaigne) fut annexé par la France en 1799 et rendu à Victor-Emmanuel Ier en 1815. Devenu monarchie constitutionnelle, le Piémont prit la tête du mouvement d'unification de l'Italie sous l'impulsion de Cavour.

Franklin PIERCE (1804 - 1869) ▪ 14e président (démocrate) des États-Unis, de 1853 à 1857.

Gabriel PIERNÉ (1863 - 1937) ▪ Compositeur français. Oratorios (*"L'An Mil"*, 1897), ballets, musique de chambre.

PIERO DELLA FRANCESCA (v. 1416 - 1492) ▪ Peintre italien. Il fut le promoteur de la perspective géométrique, de la couleur claire et de la technique de la peinture à l'huile. Fresques de *"L'Histoire de la vraie croix"* dans la basilique Saint-François à Arezzo.

Piero della Francesca. *La Rencontre de Salomon et de la reine de Saba,* détail de la fresque *L'Histoire de la vraie croix.* Basilique Saint-François, Arezzo. *Phot. © Arch. Smeets*

Piero di Cosimo. *Simonetta Vespucci.*
Musée Condé, Chantilly. *Phot. © Bulloz*

PIERO DI COSIMO (1462 - 1521) ▪ Peintre italien. Auteur de scènes mythologiques étranges et souvent fantastiques.

Henri PIÉRON (1881 - 1964) ▪ Philosophe et psychologue français. L'un des fondateurs de la psychologie scientifique en France, il a dirigé un important *"Traité de psychologie appliquée"* (1954).

PIERRAILLE n. f. ▪ collectif **1.** Petites pierres ; éclats de pierre. ⇒ **gravier. 2.** Étendue de pierres. ⇒ **caillasse.**

PIERRE n. f. ▪ **I. 1.** Matière minérale solide, dure, qui forme l'écorce terrestre. ⇒ **litho-.** *Bloc de pierre.* ⇒ **rocher.** *Pierre de taille,* apte à être taillée. *Cheminée de pierre, en pierre.* - loc. *Un cœur de pierre,* dur et impitoyable. - *L'âge de (la) pierre.* ⇒ **néolithique, paléolithique.** ♦ Variété particulière de cette matière. ⇒ **minéral. 2.** *Une pierre,* bloc ou fragment rocheux. ⇒ **roc, rocher ; caillou, galet.** *Un tas de pierres. Casseur de pierres. Jeter des pierres à, sur qqn.* ⇒ **lapider.** ♦ loc. *Jeter la pierre à qqn,* l'accuser, le blâmer. - *Malheureux comme les pierres,* très malheureux. *Faire d'une pierre deux coups,* obtenir deux résultats par la même action. **3.** Fragment minéral servant à un usage particulier. *Pierre à aiguiser. Pierre ponce.* ⇒ **ponce.** - *PIERRE DE TOUCHE :* fragment de jaspe (puis céramique) utilisé pour éprouver l'or et l'argent ; fig. ce qui sert à mesurer la valeur d'une personne ou d'une chose. ♦ Bloc employé dans la construction. *Une carrière de pierres. Tailleur de pierres. Des pierres de taille.* **4.** Bloc constituant un monument. ⇒ **mégalithe, monolithe.** *Pierres levées.* ⇒ **menhir ; dolmen.** *Pierre tombale.* ⇒ **tombe. II.** *PIERRE (PRÉCIEUSE) :* minéral, cristal dont la rareté, l'éclat font la valeur. ⇒ **gemme.** *Pierres précieuses* (⇒ **pierreries ; diamant, émeraude, rubis, saphir**). *Pierres fines, semi-précieuses :* les autres gemmes naturelles. **III.** Gros calcul. ⇒ ① **calcul.** - *Avoir la pierre.*

saint PIERRE ▪ Le premier des douze apôtres dans les Évangiles. Jésus changea son nom de Simon en Pierre et en fit le fondateur de son Église. Premier évêque de Rome, il fut martyrisé en 64. Il serait enseveli sous la basilique qui porte son nom.

PIERRE ▪ NOM DE PLUSIEURS SOUVERAINS

1. empereurs du BRÉSIL ▸ **PIERRE Ier** (1798 - 1834), empereur de 1822 à 1831, proclama l'indépendance du pays (1822) et en devint l'empereur. À la mort de son père Jean VI (1826), il devint roi du Portugal (sous le nom de Pierre IV) mais il laissa ce royaume à sa fille Marie II. ▸ **PIERRE II** (1825 - 1891), son fils, empereur de 1831 à 1889, abolit l'esclavage en 1888.

2. roi du PORTUGAL ▸ **PIERRE II** (1648 - 1706) Régent (roi en 1683), il fit reconnaître l'indépendance du Portugal (effective depuis 1640) par l'Espagne en 1668.

3. tsars de RUSSIE ▸ **PIERRE Ier** dit ***PIERRE LE GRAND*** (1672 - 1725), tsar puis empereur de Russie de 1682 à sa mort, transforma autoritairement son pays : ouverture à l'Europe, grâce à la victoire sur la Suède (1709), fondation de la nouvelle capitale Saint-Pétersbourg, réforme des mœurs ; essor économique, dû en particulier à l'industrie de guerre ; nouvelle administration. ▸ **PIERRE III** → **Pougatchev.**

Henri Grouès dit **l'abbé PIERRE** (né en 1912) ▪ Prêtre français. Capucin, ordonné prêtre en 1938, il entra dans la Résistance sous le nom de l'Abbé Pierre, qu'il conserva ensuite. Député (1945-1951), membre du MRP (1946-1950), il fonda la communauté des chiffonniers d'Emmaüs (1949) et lança en 1954 une campagne pour les sans-logis.

l'abbé **Pierre.**
Phot. © E. Scorcelletti/ Gamma

Pierre le Grand. Portrait par Aert de Gelder.
Rijksmuseum, Amsterdam.
Phot. © Explorer/Coll. E.-S.

PIERRE ▪ Ville des États-Unis, capitale du Dakota-du-Sud. 13 000 hab.

PIERRE-BÉNITE ▪ Commune du Rhône, près de Lyon. 9 574 hab. *(les Pierre-Bénitains).* Industrie chimique.

saint PIERRE DAMIEN (1007 - 1072) ▪ Moine et cardinal italien. Il réforma le clergé.

PIERRE DE CORTONE (1596 - 1660) ▪ Peintre et architecte italien. L'un des premiers et des plus grands artistes baroques, auteur de tableaux religieux et mythologiques et de grandes fresques (palais Barberini).

PIERRE DE MONTREUIL (v. 1200 - 1266) ▪ Architecte français, l'un des maîtres du style gothique. Il participa à la construction de Notre-Dame de Paris.

PIERREFITTE-SUR-SEINE ▪ Commune de la Seine-Saint-Denis. 23 822 hab. *(les Pierrefittois).*

PIERREFONDS ▪ Commune de l'Oise. 1 548 hab. *(les Pétrifontains).* Château féodal restauré par Viollet-le-Duc.

PIERRELATTE ▪ Commune de la Drôme. 11 170 hab. *(les Pierrelattins).* Usines de traitement de l'uranium.

Pietà. Marbre de Michel-Ange, 1498-1499. Basilique Saint-Pierre, Rome. *Phot.* © *Dagli Orti*

PIERRE L'ERMITE (v. 1050 - 1115) ▪ Religieux français, un des chefs de la croisade populaire.

PIERRE LOMBARD (v. 1100-1110 - 1160) ▪ Théologien lombard enseignant à Paris, le « Maître des sentences ».

PIERRERIES n. f. pl. ▪ Pierres précieuses taillées, employées comme ornement. ⇒ **joyau.** *Un diadème serti de pierreries.*

le gouffre de la PIERRE-SAINT-MARTIN ▪ Gouffre des Pyrénées-Atlantiques (1 358 m). Il fut exploré par É. Martel en 1908.

PIERREUX, EUSE adj. ▪ **1.** Couvert de pierres. ⇒ **rocailleux.** *Chemin pierreux.* ⇒ **caillouteux. 2.** Qui ressemble à de la pierre. *Concrétion pierreuse.*

PIERRIER n. m. ▪ **I.** anciennt Machine de guerre qui lance des pierres. - Petit canon. **II.** RÉGIONAL Terrain couvert de pierres, d'éboulis.

PIERROT n. m. ▪ **I.** Moineau. ⇒ FAM. **piaf. II.** Homme travesti en Pierrot. *Des pierrots.*

PIERROT ▪ Personnage de la commedia dell'arte, vêtu de blanc et de caractère « lunaire ».

PIETÀ [pjeta] n. f. invar. ▪ Statue ou tableau représentant la Vierge tenant sur ses genoux le corps du Christ mort.

PIÉTAILLE n. f. ▪ plais. *La piétaille* : l'infanterie ; les subalternes.

PIÉTÉ n. f. ▪ **1.** Attachement fervent aux devoirs et aux pratiques de la religion. ⇒ **dévotion, ferveur ;** ② **pie, pieux. 2.** LITTÉR. Attachement fait de tendresse et de respect. ⇒ **affection, amour.** *Piété filiale.*

PIETERMARITZBURG ▪ Ville d'Afrique du Sud, capitale de la province du Kwazulu-Natal. 192 417 hab. Centre commercial et industriel (aluminium).

PIÉTINEMENT n. m. ▪ **1.** Action de piétiner (I). - Bruit d'une multitude qui piétine. **2.** Absence de progrès, stagnation.

PIÉTINER v. [1] ▪ **I.** v. intr. **1.** S'agiter sur place en frappant les pieds contre le sol. *Il piétinait de colère.* ⇒ **trépigner.** - Marcher sur place, sans avancer normalement. *Cortège qui piétine.* **2.** abstrait Avancer peu ; ne faire aucun progrès. *L'enquête piétine.* **3.** (foule, troupeau) Marcher ou courir en martelant le sol avec un bruit sourd. **II.** v. tr. **1.** Fouler aux pieds. *Piétiner le sol, la terre.* **2.** Ne pas respecter, malmener. *Piétiner les convenances.*

PIÉTISTE adj. et n. ▪ HIST. RELIG. Membre d'un mouvement religieux luthérien apparu au XVIIe s. (le *piétisme*) basé sur la nécessité de la piété personnelle et du sentiment religieux.

PIÉTON, ONNE ▪ **1.** n. m. Personne qui circule à pied*. *Passage pour piétons.* **2.** adj. Pour les piétons. *Rue piétonne.* ⇒ **piétonnier.**

PIÉTONNIER, IÈRE adj. ▪ (passage, voie...) Réservé aux piétons. *Zone, rue piétonnière.*

PIÈTRE adj. ▪ LITTÉR. (devant le nom) Très médiocre. ⇒ **dérisoire, minable.** *C'est un piètre réconfort. Faire piètre figure.* ► adv. PIÈTREMENT

① **PIEU** n. m. ▪ Pièce de bois dont l'un des bouts est pointu et destiné à être fiché en terre. ⇒ **épieu, pal, piquet.**

② **PIEU** n. m. ▪ FAM. Lit (dans ses fonctions). *Se mettre au pieu.* ⇒ se **pieuter.**

PIEUSEMENT adv. ▪ **1.** Avec piété. **2.** Avec un pieux respect.

SE **PIEUTER** v. pron. [1] ▪ FAM. Se mettre au lit, au pieu (②).

PIEUVRE n. f. ▪ **1.** Poulpe (de grande taille). **2.** fig. Personne, entreprise tentaculaire, qui ne lâche jamais sa proie.

PIEUX, PIEUSE adj. ▪ **1.** Animé ou inspiré par des sentiments de piété. ⇒ **dévot.** *Un musulman très pieux.* **2.** LITTÉR. Plein d'une respectueuse affection.

André PIEYRE DE MANDIARGUES (1909 - 1991) ▪ Écrivain français. Il créa des climats fantastiques, parcourus de rêveries érotiques. *"Le Musée noir"* (1946); *"La Motocyclette"* (1963).

PIÉZOÉLECTRIQUE adj. ▪ Qui concerne les phénomènes électriques produits par des corps qui se déforment. ► n. f. PIÉZOÉLECTRICITÉ

① **PIF** interj. ▪ Onomatopée redoublée (ou suivie de *paf*) exprimant un bruit sec.

② **PIF** n. m. ▪ FAM. Nez. *Un coup sur le pif.*

PIFER ou **PIFFER** v. tr. [1] ▪ (seulement à l'infinitif négatif) FAM. Supporter. ⇒ **sentir, souffrir.** *Je ne peux pas le pifer, ce type-là.*

AU **PIFOMÈTRE** loc. adv. ▪ FAM. Au flair. *J'ai choisi au pifomètre.*

Jean-Baptiste PIGALLE (1714 - 1785) ▪ Sculpteur français. Il manifesta un goût de la mise en scène (en particulier dans le mausolée du maréchal de Saxe, à Strasbourg), que l'on ne retrouve pas dans ses bustes, d'une grande vérité d'observation.

Pigalle. *L'Amour et l'Amitié.*
Musée du Louvre, Paris.
Phot. © Giraudon

① **PIGE** n. f. ▪ **I.** TECHN. Longueur conventionnelle prise pour étalon ; objet servant d'unité de mesure. **II.** Mode de rémunération d'une personne rétribuée à la quantité de texte rédigé. *Une journaliste payée à la pige.* ⇒ **pigiste. III.** ARGOT FAM. Année (dans un compte). *Elle a plus de quarante piges.*

② **PIGE** n. f. ▪ loc. FAM. *FAIRE LA PIGE À qqn,* faire mieux que lui, le dépasser, le surpasser.

PIGEON n. m. ▪ **I.** Oiseau au bec grêle, aux ailes courtes, au plumage de couleurs diverses selon les espèces (⇒ **colombe, ramier** [et **palombe**], **tourterelle**). *Le pigeon roucoule.* - *PIGEON VOYAGEUR,* élevé (⇒ **colombophile**) pour porter des messages entre deux lieux éloignés. **II.** FAM. Personne qu'on attire dans une affaire pour la dépouiller. ⇒ **dupe ; pigeonner.** *Il, elle a été le pigeon dans l'affaire.*

pigeon. *Columba livia,* pigeon biset.
Phot. © Danegger/Jacana

PIGEONNANT, ANTE adj. ▪ Se dit d'une poitrine haute et ronde, et du soutien-gorge qui donne cet aspect aux seins.

PIGEONNE n. f. ▪ Femelle du pigeon

PIGEONNEAU n. m. ▪ Jeune pigeon. *Des pigeonneaux rôtis.*

PIGEONNER v. tr. ① ▪ FAM. Duper, rouler. *Se faire pigeonner.*

PIGEONNIER n. m. ▪ Petit bâtiment où l'on élève des pigeons. ⇒ **colombier.**

PIGER v. tr. ③ ▪ FAM. Saisir, comprendre. *Je n'ai rien pigé à ce livre.* - *Tu as pigé ? Pigé !*

PIGISTE n. ▪ Personne payée à la pige.

PIGMENT n. m. ▪ **1.** Substance chimique donnant aux tissus et liquides organiques leur coloration (ex. chlorophylle, hémoglobine). **2.** Substance colorante insoluble qui ne pénètre pas dans les matières sur lesquelles on l'applique (au contraire des teintures).

PIGMENTATION n. f. ▪ Couleur due à un pigment (1). *La pigmentation de la peau,* sa couleur naturelle.

PIGMENTÉ, ÉE adj. ▪ Coloré par un pigment (1). *Peau foncée, fortement pigmentée.*

PIGNE n. f. ▪ RÉGIONAL Pomme de pin (du pin pignon) ; sa graine comestible. ⇒ ③ **pignon.**

PIGNOCHER v. intr. ① ▪ FAM. Manger sans appétit, du bout des dents. ⇒ **grignoter, picorer.**

① **PIGNON** n. m. ▪ Partie haute et triangulaire d'un mur, entre les deux versants d'un toit. ⇒ **fronton, gable.** *Maisons flamandes à pignons.* - loc. *Avoir PIGNON SUR RUE :* être honorablement connu et solvable.

② **PIGNON** n. m. ▪ Roue dentée (d'un engrenage). *Les pignons de la boîte de vitesses.*

③ **PIGNON** n. m. ▪ **1.** ⇒ **pigne. 2.** appos. *Pin pignon,* pin parasol.

PIGNOUF n. m. ▪ FAM. péj. Individu mal élevé, grossier. ⇒ **goujat, rustre.**

Arthur Cecil **PIGOU** (1877 - 1959) ▪ Économiste britannique. Disciple et successeur d'A. Marshall à Cambridge. *"The Economics of Welfare"* (1920).

PILAF n. m. ▪ Riz au gras, servi fortement épicé, avec des morceaux de viande, de poisson, etc. - appos. *Riz pilaf.*

PILAGE n. m. ▪ Action de piler.

PILASTRE n. m. ▪ Pilier engagé dans un mur, un support ; colonne plate formant une légère saillie. *Cheminée à pilastres.*

le mont **PILAT** ▪ Montagne du Massif central, entre le Rhône, la Cance et le Gier, et culminant à 1 432 m au crêt de la Perdrix. Il est englobé dans le parc naturel régional du Pilat (65 000 ha).

Ponce **PILATE** (Ier s.) ▪ Préfet romain de la Judée. Les Évangiles rapportent comment il abandonna Jésus aux juifs, qui voulaient sa mort, et se lava publiquement les mains pour signifier qu'il en refusait la responsabilité.

PILAT-PLAGE ▪ Station balnéaire de Gironde (commune de La Teste), édifiée au pied de la grande dune du Pilat (105 m).

François **PILÂTRE DE ROZIER** (1754 - 1785) ▪ Physicien français. Il effectua, avec le marquis d'Arlandes, le premier voyage en montgolfière entre le château de la Muette et la Butte-aux-Cailles (1783).

PILCHARD n. m. ▪ Sardine de la Manche.

le río **PILCOMAYO** ▪ Rivière d'Amérique du Sud, affluent du Paraguay. 2 500 km.

① **PILE** n. f. ▪ **I. 1.** Pilier de maçonnerie soutenant les arches d'un pont. **2.** Amas d'objets entassés les uns sur les autres. *Une pile d'assiettes. Mettre en pile.* ⇒ **empiler. II. 1.** Appareil transformant de l'énergie chimique en énergie électrique. *La pile d'une lampe de poche.* **2.** VX *Pile atomique :* réacteur nucléaire.

② **PILE** n. f. ▪ FAM. Volée de coups. ⇒ **rossée.** - Défaite écrasante. *Son équipe a reçu une de ces piles !* ◇ syn. PILÉE.

③ **PILE** n. f. ▪ **I.** loc. *PILE OU FACE :* revers ou face (d'une monnaie qu'on jette en l'air) pour remettre une décision au hasard. *Pile,* le coup où la pièce tombe en montrant son revers. *Jouer qqch. à pile ou face.* - appos. *Le côté pile.* **II.** adv. *S'arrêter pile,* net, brusquement. *Ça tombe pile,* juste comme il faut. ⇒ à **pic.** *Il est trois heures pile,* exactement.

① **PILER** v. tr. ① ▪ **1.** Réduire en menus fragments, en poudre, en pâte, par des coups répétés. ⇒ **broyer, écraser, pilonner ; pilon.** *Piler de l'ail dans un mortier.* **2.** FAM. Vaincre complètement, battre (⇒ ① pilo).

② **PILER** v. intr. ① ▪ Freiner brutalement.

PILEUX, EUSE adj. ▪ Qui a rapport aux poils. *Le système pileux,* l'ensemble des poils et des cheveux.

PILIER n. m. ▪ **1.** Support vertical dans une construction. ⇒ **colonne, pilastre.** *Les piliers d'un temple.* - *Piliers de fer.* **2.** Personne ou chose qui assure la solidité, la stabilité. *Les piliers du régime.* **3.** péj. ou plais. Habitué (d'un lieu). *Un pilier de bar, de bistrot.* **4.** au rugby Chacun des deux avants de première ligne.

PILI-PILI n. m. invar. ▪ Piment rouge très fort.

PILLAGE n. m. ▪ Action de piller ; dégâts commis en pillant. ⇒ **razzia, sac.**

PILLARD, ARDE ▪ **1.** n. Personne qui pille (1). ⇒ **brigand, maraudeur, pirate, voleur. 2.** adj. Qui pille, a l'habitude de piller.

PILLER v. tr. [1] ▪ **1.** Dépouiller (une ville, un local) des biens qu'on trouve, d'une façon violente et destructive. ⇒ **dévaster, ravager, saccager.** *Ils prirent, pillèrent et rasèrent la ville.* ‑ au p. p. *Des magasins pillés au cours d'une émeute.* **2.** Voler (un bien). **3.** Emprunter à un auteur qu'on plagie. ‑ au p. p. *Phrases pillées dans une œuvre.*

PILLEUR, EUSE n. ▪ Personne qui pille (2 et 3). *Un pilleur d'églises, de troncs.*

Boris **PILNIAK** (1894 ‑ 1941) ▪ Écrivain soviétique. Il décrivit la révolution russe et fit une peinture parfois satirique de la nouvelle société. Il fut exécuté lors des purges staliniennes et réhabilité en 1957.

PILON n. m. ▪ **1.** Instrument cylindrique servant à piler. *Broyer de l'ail avec un pilon.* ‑ *Marteau*‑pilon.* ‑ loc. *Mettre un livre au pilon,* en détruire l'édition. **2.** Extrémité d'une jambe de bois. **3.** Partie inférieure de la cuisse (d'une volaille).

Germain **PILON** (v. 1537 ‑ 1590) ▪ Sculpteur français de la Renaissance. Œuvres religieuses, bustes, médaillons.

Pilon. *Vierge de douleur,* terre cuite peinte. Musée du Louvre, Paris. *Phot. © Lauros/Giraudon*

PILONNER v. tr. [1] ▪ **1.** Écraser avec un pilon (1). **2.** Écraser sous les obus, les bombes. *L'artillerie pilonnait les lignes ennemies.* ▸ n. m. PILONNAGE

PILORI n. m. ▪ **1.** Poteau auquel on attachait le condamné à l'exposition publique. ⇒ **carcan.** ‑ Cette peine. **2.** loc. *Mettre, clouer qqn* AU PILORI, le signaler à l'indignation, au mépris publics.

PILOSITÉ n. f. ▪ Ensemble des poils sur une région du corps. *Pilosité excessive.*

PILOTAGE n. m. ▪ **1.** Manœuvre, science du pilote (1). *Le pilotage des navires dans un port.* **2.** Action de diriger un avion, un appareil volant. *Poste de pilotage. Pilotage automatique.*

PILOTE n. m. ▪ **1.** Marin autorisé à guider les navires pour entrer dans les ports, en sortir, ou dans des parages difficiles. ‑ *Bateau‑pilote,* petit bateau du pilote. ♦ *Poisson pilote* (on croyait qu'il conduisait les bateaux). **2.** Personne qui conduit (un avion, un appareil volant). *Le pilote et le copilote. Pilote de ligne. Pilote d'essai.* **3.** Conducteur d'une voiture de course. **4.** Personne qui en guide une autre. ⇒ **guide. 5.** fig. appos. Qui ouvre la voie, utilise de nouvelles méthodes. ⇒ **expérimental.** *École pilote. Ferme pilote.*

PILOTER v. tr. [1] ▪ **1.** Conduire en qualité de pilote (un navire, un avion). **2.** Servir de guide à (qqn). *Je l'ai piloté dans Paris.* ⇒ **guider.**

PILOTIS n. m. ▪ Ensemble de pieux enfoncés en terre pour maintenir les fondations d'une construction sur l'eau ou en terrain meuble. *Maison sur pilotis.*

PILOU n. m. ▪ Tissu de coton pelucheux.

PILSEN ▪ Nom allemand de Plzeň.

Józef **PIŁSUDSKI** (1867 ‑ 1935) ▪ Homme d'État et maréchal polonais. Il joua, de 1918 à sa mort, un rôle prépondérant dans la restauration de l'État polonais.

PILULE n. f. ▪ **1.** Médicament façonné en petite boule et destiné à être avalé. *Boîte à pilules.* ⇒ **pilulier.** ‑ loc. FAM. *Avaler la pilule,* supporter (qqch.) sans protester. *Dorer* la pilule à qqn.* **2.** *Pilule contraceptive ;* COUR. *la pilule :* contraceptif oral féminin.

PILULIER n. m. ▪ Petite boîte où l'on met des pilules.

PILUM [‑ɔm] n. m. ▪ Lourd javelot, arme des légionnaires romains.

PIMBÊCHE n. f. ▪ Femme, petite fille prétentieuse et hautaine. ⇒ **mijaurée.** ‑ adj. *Elle est un peu pimbêche.*

PIMENT n. m. ▪ **1.** Plante des régions chaudes, dont les fruits servent de condiment ; son fruit. ⇒ **paprika, pili‑pili, poivre** de Cayenne. *Piment doux.* ⇒ **poivron. 2.** fig. Ce qui relève, donne du piquant. ⇒ **sel.** *Ses plaisanteries mettent du piment dans la conversation.*

PIMENTER v. tr. [1] ▪ **1.** Assaisonner de piment. ‑ au p. p. *Une cuisine très pimentée.* ⇒ **épicé. 2.** fig. Rendre piquant. *Détails qui pimentent un récit.*

PIMPANT, ANTE adj. ▪ Qui a un air de fraîcheur et d'élégance. ⇒ **fringant.** *Une jeune fille pimpante.*

PIN n. m. ▪ Arbre résineux (conifère) à aiguilles persistantes. *Pin sylvestre, pin maritime, pin parasol* ou *pin pignon. Forêt, plantation de pins.* ⇒ **pinède.** *Pommes de pin.* ⇒ RÉGIONAL **pigne.**

pin. *Pinus pinea,* pin parasol. *Phot. © Wisniewski/Jacana*

PINACLE n. m. ▪ **1.** LITTÉR. Sommet d'un édifice. **2.** fig. Haut degré d'honneurs. *Porter qqn* AU PINACLE, le porter aux nues. ⇒ **louer.**

PINACOTHÈQUE n. f. ▪ Musée de peinture.

PINAILLER v. intr. [1] ▪ FAM. Ergoter sur des vétilles. ▸ n. m. PINAILLAGE ▸ n. PINAILLEUR, EUSE

PINARD n. m. ▪ FAM. Vin.

PINASSE n. f. ▪ RÉGIONAL Embarcation à fond plat.

le **PINATUBO** ▪ Volcan des Philippines (Luçon), dont l'activité a repris violemment en 1991. 1 780 m.

Antoine **PINAY** (1891 ‑ 1994) ▪ Homme politique français. Président du Conseil (1952), ministre des Finances de 1958 à 1960, il institua le « nouveau franc ».

PINCE n. f. ▪ **1.** Instrument composé de deux leviers articulés, servant à saisir et à serrer. ⇒ **pincette, tenaille.** *Pince coupante.* ‑ *Pince à épiler. Pince à sucre. Pince à cheveux. Pince à linge. Pince à feu.* ⇒ **pincette(s). 2.** Levier, pied‑de‑biche. ⇒ **pince‑monseigneur. 3.** Partie antérieure des grosses pattes (de certains crustacés). *Pinces de homard, de crabe.* **4.** FAM. *Serrer la pince à qqn,* la main. ‑ *Aller à pinces,* à pied. **5.** Pli cousu sur l'envers de l'étoffe destiné à diminuer l'ampleur. *Pantalon à pinces.*

PINCÉ, ÉE adj. ▪ **1.** (personnes) Contraint, prétentieux ou mécontent. ‑ *Un air, un sourire pincé.* **2.** concret Mince, serré. *Bouche pincée.* **3.** *(Instrument) à cordes pincées* (sans archet) : luth, guitare...

PINCEAU n. m. ▪ **1.** Objet composé d'un faisceau de poils ou de fibres, fixé à l'extrémité d'un manche, dont on se sert pour peindre, vernir, encoller, etc. ⇒ **brosse.** *Coup de pinceau.* ‑ *Le pinceau et le ciseau :* la peinture et la sculpture. **2.** *Pinceau lumineux,* faisceau passant par une ouverture étroite. ⇒ **rai, rayon. 3.** FAM. Jambe ; pied.

PINCÉE n. f. ▪ Quantité (d'une substance en poudre, en grains) que l'on peut prendre entre les doigts. *Une pincée de sel.*

PINCEMENT n. m. ▪ **1.** Action de pincer. **2.** *Pincement au cœur,* sensation brève de douleur et d'angoisse.

PINCE-MONSEIGNEUR n. f. ▪ Levier pour ouvrir de force une porte. *Les pinces-monseigneur des cambrioleurs.*

PINCE-NEZ n. m. invar. ▪ Lorgnon qu'un ressort pince sur le nez.

PINCER v. tr. [3] ▪ **1.** Serrer entre les extrémités des doigts, entre les branches d'une pince ou d'un objet analogue. loc. *Pince-moi, je rêve !,* c'est incroyable. ‑ pronom. *Il s'est pincé en fermant la porte.* **2.** (en parlant du froid) Affecter désagréablement. ⇒ **mordre.** ‑ absolt *Ça pince :* il fait très froid. **3.** Serrer fortement de manière à rapprocher, à rendre plus étroit, plus mince. *Pincer les lèvres.* ⇒ **pincé** (2). **4.** FAM. Arrêter, prendre (un malfaiteur) ; prendre en faute. ⇒ **piquer** (III). *Il s'est fait pincer.* **5.** *EN PINCER POUR qqn,* être amoureux de lui, d'elle.

PINCE-SANS-RIRE n. invar. ▪ Personne qui pratique l'ironie à froid. ‑ adj. invar. *Ils, elles sont très pince-sans-rire.*

PINCETTE n. f. ▪ **1.** Petite pince. **2.** au plur. Longue pince pour attiser le feu, déplacer les bûches, les braises. ‑ loc. *Ne pas être à prendre avec des pincettes,* être très sale ; fig. de très mauvaise humeur.

PINCEVENT ▪ Site préhistorique situé au bord de la Seine, à l'ouest de Montereau (Seinet-et-Marne). C'est l'un des plus importants campements magdaléniens (15000-10000 av. J.-C.) en Europe.

PINÇON n. m. ▪ Marque qui apparaît sur la peau qui a été pincée.

Gregory **PINCUS** (1903 ‑ 1967) ▪ Médecin américain. Il mit au point la pilule contraceptive (1956).

PINDARE (518 ‑ v. 438 av. J.-C.) ▪ Poète grec, le grand maître d'un lyrisme savant. On a conservé ses odes qui célèbrent les athlètes vainqueurs aux Grands Jeux de la Grèce (odes *"Olympiques", "Pythiques",* etc.).

le **PINDE** ▪ Système montagneux de Grèce, séparant la Grèce occidentale de la Grèce orientale, formant une barrière difficilement franchissable. Points culminants : Smolikas (2 637 m) et Kiona (2 510 m).

PINEAU n. m. ▪ **1.** Cépage du Val de Loire. *Pineau rouge, blanc.* **2.** Vin de liqueur des Charentes, mélange de cognac et de jus de raisin frais. ⇒ **ratafia.**

PINÈDE n. f. ▪ Plantation, forêt de pins.

Philippe **PINEL** (1745 ‑ 1826) ▪ Médecin français. Il se consacra à l'étude des maladies mentales, dont il donna l'une des premières typologies.

Robert **PINGET** (né en 1919) ▪ Écrivain français d'origine suisse. Il s'attache à évoquer les artifices de la parole. *"L'Inquisitoire"* (1962).

PINGOUIN n. m. ▪ Gros oiseau marin des régions arctiques, palmipède, à plumage blanc et noir.

PING-PONG [piŋpɔ̃g] n. m. ▪ Tennis de table. *Joueur de ping-pong.* ⇒ **pongiste.** *"Le Ping-Pong"* (pièce d'Adamov).

PINGRE n. et adj. ▪ Avare particulièrement mesquin. *C'est un vieux pingre.* ‑ adj. *Elle est très pingre.* ⇒ **ladre.**

PINGRERIE n. f. ▪ Avarice mesquine. *Il est d'une pingrerie révoltante.*

PINOCCHIO ▪ Personnage du roman de C. Collodi, *"Les Aventures de Pinocchio, Histoire d'une marionnette"* (1883). Marionnette animée, pleine de bonnes intentions mais personnage impertinent et fantasque, il connaît une extraordinaire succession de malheurs avant d'être transformé en enfant.

Augusto **PINOCHET UGARTE** (né en 1915) ▪ Général et homme d'État chilien. Auteur du coup d'État de 1973 qui renversa Allende, président de la République de 1974 à 1990, il exerça un pouvoir dictatorial. Depuis lors, il a conservé ses fonctions de commandant en chef de l'armée de terre.

PINOT n. m. ▪ Cépage (distinct du pineau) entrant (notamment) dans la confection des vins de Champagne et de Bourgogne.

PIN-PON interj. ▪ Onomatopée qui exprime le bruit des avertisseurs à deux tons des voitures de pompiers (en France).

PIN'S [pins] n. m. ▪ faux anglic. Petit insigne décoratif qui se pique (sur un vêtement...). ◇ recomm. off. *épinglette.*

pinson. *Fringilla coelebs,* pinson des arbres.
Phot. © Ducrot/Jacana

PINSON n. m. ▪ Passereau à plumage bleu verdâtre et noir, à bec conique, bon chanteur. ‑ loc. *Être gai comme un pinson.*

PINTADE n. f. ▪ Oiseau gallinacé, au plumage sombre semé de taches claires. ‑ (en cuisine) *Une pintade au chou.*

PINTADEAU n. m. ▪ Petit de la pintade.

pintade. *Numida meleagris,* pintade commune.
Phot. © Ferrero/Labat/Jacana

PINTE n. f. ▪ **1.** Ancienne mesure de capacité pour les liquides (0,93 l). **2.** Mesure de capacité anglo-saxonne (0,568 l).

PINTER v. [1] ▪ **1.** v. intr. FAM. Boire beaucoup. **2.** *SE PINTER* v. pron. S'enivrer. ‑ au p. p. *Il est complètement pinté.*

Harold **PINTER** (né en 1930) ▪ Auteur dramatique britannique. Son théâtre exprime l'ambiguïté des rapports humains. *"Le Gardien"* (1961); *"Le Retour"* (1964).

Bernardino di Betto dit **IL PINTURICCHIO** (v. 1454 ‑ 1513) ▪ Peintre italien. Il travailla à la décoration de la chapelle Sixtine, à celle des appartements du pape Alexandre VI (« appartements Borgia » au Vatican) et de la cathédrale de Sienne, dans le style fastueux de la Renaissance romaine.

PIN-UP [pinœp] n. f. invar. ▪ anglic. **1.** Photo de jolie fille peu vêtue (affichée dans un local). **2.** Jolie fille sexuellement attirante. ◇ var. PIN UP.

PINYIN [pinjin] n. m. ▪ Système de transcription des idéogrammes chinois dans l'écriture alphabétique romaine.

PIOCHE n. f. ▪ **I. 1.** Outil composé d'un fer à deux pointes opposées, dont une aplatie, et d'un manche. *Pioche de terrassier.* **2.** FAM. *Tête de pioche :* personne entêtée, qui a la tête dure. **II.** Lot (de cartes, dominos...) non distribué où l'on pioche en cours de partie. ⇒ **pot.**

PIOCHER v. [1] ▪ **I.** v. tr. **1.** Creuser, remuer (la terre, etc.) avec une pioche. **2.** FAM., VIEILLI Étudier avec ardeur. ⇒ FAM. **bûcher. II.** v. intr. **1.** Fouiller (dans un tas) pour saisir qqch. **2.** jeux Prendre (une carte, un domino...) dans la pioche (II).

PIOLET n. m. ▪ Bâton d'alpiniste à bout ferré, garni à l'autre extrémité d'un petit fer de pioche.

Sebastiano del PIOMBO → **Sebastiano del Piombo**

① **PION** n. m. ▪ **1.** échecs Chacune des huit pièces autres que les figures. ◆ Chacune des pièces au jeu de dames, et à divers autres jeux. ⇒ **jeton.** **2.** loc. *N'être qu'un pion sur l'échiquier*, être manœuvré. *Damer* le pion à qqn.*

② **PION, PIONNE** n. ▪ FAM. Surveillant(e) ; maître, maîtresse d'internat.

PIONCER v. intr. 3 ▪ FAM. Dormir.

PIONNIER, IÈRE n. ▪ **I.** Colon qui s'installe sur des terres inhabitées pour les défricher. *Les pionniers de l'Ouest américain.* **II.** Personne qui est la première à se lancer dans une entreprise, qui fraye le chemin. ⇒ **créateur.** *Hélène Boucher, pionnière de l'aviation.*

PIOUPIOU n. m. ▪ FAM. et VX Simple soldat.

PIPE n. f. ▪ **1.** Tuyau terminé par un petit fourneau qu'on bourre de tabac. ⇒ **bouffarde, brûle-gueule, calumet, narguilé.** *Bourrer une pipe. Une pipe culottée*. Fumer la pipe.* **2.** loc. FAM. *Par* TÊTE DE PIPE : par personne. ◆ *Casser sa pipe*, mourir (→ casse-pipe). ◆ *Se fendre la pipe*, rire. ◆ *Nom d'une pipe !* **3.** FAM. Cigarette. ⇒ **clope.**

PIPEAU n. m. ▪ **1.** Petite flûte à bec. **2.** FAM. *C'est du pipeau* : c'est un mensonge.

PIPELET, ETTE n. ▪ **1.** FAM. Concierge. **2.** n. f. Personne bavarde. *Ce garçon est une vraie pipelette !*

PIPELINE [piplin ; pajplajn] n. m. ▪ anglic. Tuyau servant au transport à grande distance et en grande quantité de fluides (pétrole, gaz naturel...). ⇒ **gazoduc, oléoduc.** *Des pipelines.* ◇ var. PIPE-LINE.

PIPER v. 1 ▪ **1.** v. intr. *Ne pas piper*, ne pas souffler mot. **2.** v. tr. *Piper des dés*, les truquer. ◆ loc. au p. p. *Les dés sont pipés.*

PIPERADE [pipeʀad] n. f. ▪ Plat de cuisine basque, œufs battus assaisonnés de tomates et de poivrons.

PIPETTE n. f. ▪ Petit tube (gradué) dont on se sert en laboratoire pour prélever un échantillon de liquide.

PIPI n. m. ▪ FAM. Urine. *Du pipi.* ◆ FAIRE PIPI : uriner. ⇒ **pisser.** ◆ *Du pipi de chat* : une boisson fade ; une chose sans intérêt.

PIPI-ROOM [-ʀum] n. m. ▪ FAM. plais. Toilettes. ◇ aussi au plur. *Aller aux pipi-rooms.*

PIPISTRELLE n. f. ▪ Petite chauve-souris commune, à oreilles courtes.

PIQUAGE n. m. ▪ Opération consistant à piquer (I, 7). *Le piquage d'une veste, en cousant.*

① **PIQUANT, ANTE** adj. ▪ **1.** Qui présente une ou plusieurs pointes acérées. ⇒ **pointu.** **2.** Qui donne une sensation de piqûre. *Un froid sec et piquant.* ◆ *Sauce piquante.* **3.** Qui stimule l'intérêt, l'attention. *Une petite brune piquante.* ◆ n. m. *Le piquant de l'aventure.* ⇒ **sel.**

le **Pinturicchio.** *Vierge à l'Enfant et saint Jean.*
Galerie nationale de l'Ombrie, Pérouse. *Phot. © Dagli Orti*

② **PIQUANT** n. m. ▪ Excroissance dure et acérée (des végétaux et animaux) qui peut piquer. ⇒ **épine.** *Les piquants des cactus, des oursins.*

① **PIQUE** ▪ **1.** n. f. Arme formée d'un long manche et d'un fer plat et pointu. ⇒ **hallebarde, lance.** *Les piques des révolutionnaires.* **2.** n. m. (aux cartes) Une des couleurs, représentée par un fer de pique noir, stylisé. *La dame de pique. Jouer pique. Un huit, un as de pique.* ◆ loc. *Habillé, fichu comme l'as* de pique.*

② **PIQUE** n. f. ▪ Parole, allusion qui blesse. *Envoyer des piques à qqn.*

① **PIQUÉ** n. m. ▪ Tissu à piqûres formant des côtes ou des dessins. *Du piqué de coton.*

② **PIQUÉ** n. m. ▪ Mouvement d'un avion qui se laisse tomber presque à la verticale. ◆ EN PIQUÉ. *Bombardement en piqué.*

③ **PIQUÉ, ÉE** adj. ▪ (personnes) FAM. Un peu fou. ⇒ **cinglé, dingue, toqué.**

PIQUE-ASSIETTE n. invar. ▪ Personne qui se fait inviter pour manger.

PIQUE-BŒUF [-bœf] n. m. ▪ Oiseau qui cherche les parasites des bovins. *Des pique-bœufs* [-bø].

PIQUE-FEU n. m. invar. ▪ Tisonnier.

PIQUE-NIQUE n. m. ▪ Repas en plein air, dans la nature. *Des pique-niques.*

PIQUE-NIQUER v. intr. 1 ▪ Faire un pique-nique. ► n. PIQUE-NIQUEUR, EUSE

PIQUER v. 1 ▪ **I.** v. tr. Faire pénétrer une pointe dans (qqch.). **1.** Entamer, percer avec une pointe (un corps vivant). *Piquer la peau, le doigt de qqn.* ◆ loc. *Piquer des deux* : partir à cheval, au galop (en piquant le cheval des deux éperons). **2.** Faire une piqûre à (qqn). *On l'a piqué contre la variole.* ⇒ **vacciner.** ◆ *Piquer un vieux chien malade* (pour le tuer). **3.** (insectes, serpents) Percer la peau de (qqn, un animal) en enfonçant un aiguillon, un crochet à venin. *Un serpent l'a piqué* (⇒ **mordre**). loc. *Quelle mouche* le pique ?* **4.** Percer (qqch.) avec un objet pointu, pour attraper. *Piquer sa viande avec sa fourchette.* **5.** Fixer (qqch.) en traversant par une pointe. *Piquer une photo au mur.* ⇒ **épingler, punaiser.** **6.** Enfoncer par la pointe. ◆ fig. PIQUER UNE TÊTE : se jeter, plonger la tête la première. **7.** Coudre à la machine. *Bâtir une robe avant de la piquer.* ◆ au p. p. *Un couvre-lit piqué*, décoré par des piqûres. **8.** Parsemer de petits trous. *Les vers ont piqué ce livre.* ⇒ **ronger.** ◆ au p. p. ⇒ **vermoulu.** ◆ loc. FAM. *Ce n'est pas piqué des hannetons* ou *des vers*, c'est remarquable en son genre. ◆ Semé de points, de petites taches. ⇒ **moucheter, piqueter, tacheter.** *Un visage piqué de taches de rousseur. Miroir piqué.* **II.** par ext. **1.** Donner la sensation d'une pointe qui entame. *La fumée piquait les yeux. Ça me pique.* ◆ FAM. absolt *De l'eau qui pique*, gazeuse. **2.** Faire une vive impression sur. ⇒ **exciter ;** ① **piquant.** *Son attitude a piqué ma curiosité.* ◆ PIQUER AU VIF : irriter l'amour-propre de. **III.** v. tr. fig. **1.** Attraper, prendre. *La police l'a piqué à l'aéroport.* ⇒ **pincer, sauter.** ◆ Voler. *On lui a piqué son portefeuille.* ⇒ **chiper.** **2.** FAM. Déclencher subitement (une action). *Piquer un cent mètres*, se mettre à courir vite. ◆ *Piquer un roupillon. Piquer une crise.* **IV.** v. intr. **1.** Tomber, descendre brusquement. *Un avion qui pique*, qui descend en piqué (⇒ **piqué**). ◆ *Piquer du nez*, tomber le nez en avant. **2.** S'enfoncer. *Le navire piquait de l'avant.* ► SE PIQUER v. pron. **1.** (personnes) Se blesser avec une pointe. *Elle s'est piquée en cousant.* ◆ Se faire une piqûre (spécialt, médicale ou toxique). **2.** (choses) Avoir des petits trous, des taches. *Les livres se piquent.* ◆ fig. *Vin qui se pique*, s'aigrit. **3.** SE PIQUER DE. Prétendre avoir, faire des efforts pour avoir (une qualité, une aptitude). *Elle se pique de poésie, d'être poète.*

① **PIQUET** n. m. ▪ **1.** Petit pieu destiné à être fiché, piqué en terre. *Piquets de tente.* ⇒ **piton.** ◆ *Droit, raide, planté comme un piquet*, immobile. **2.** loc. *Mettre un élève au piquet*, le punir en le faisant rester debout et immobile. ⇒ **coin.** **3.** *Piquet de grève*, grévistes veillant sur place à l'exécution des ordres de grève.

② **PIQUET** n. m. ▪ Jeu de cartes au cours duquel chaque joueur doit réunir le plus de cartes de même couleur.

PIQUETER v. tr. 4 ▪ Parsemer de points, de petites taches. *Miroir piqueté.*

① **PIQUETTE** n. f. ▪ Vin ou cidre acide, médiocre.

② **PIQUETTE** n. f. ▪ FAM. Raclée, défaite écrasante. ⇒ **pile.**

PIQUEUR, EUSE ▪ I. n. 1. n. m. (chasse à courre) Valet qui poursuit la bête à cheval (en vénerie : PIQUEUX n. m.). 2. Ouvrier, ouvrière qui pique à la machine. 3. n. m. Ouvrier travaillant au marteau pneumatique (*marteau-piqueur* → marteau). II. adj. *Insectes piqueurs,* qui piquent pour se défendre.

PIQÛRE [-yʀ] n. f. ▪ 1. Petite blessure faite par ce qui pique. *Une piqûre d'épingle. Piqûre de moustique.* – Sensation produite par quelque chose d'urticant. *Piqûre d'ortie.* 2. *Piqûre* ou *point de piqûre,* point servant de couture ou d'ornement. *Piqûres à la machine.* 3. Petit trou. *Piqûre de ver.* ♦ Petite tache. 4. Introduction d'une aiguille creuse dans une partie du corps pour en retirer un liquide organique (⇒ **ponction, prise** de sang) ou pour y injecter un liquide (⇒ **injection**).

Pirandello. Portrait par Primo Conti, 1928. Raccolta teatrale del Burcardo, Rome.
Phot. © Giraudon

Luigi **PIRANDELLO** (1867 - 1936) ▪ Écrivain et auteur dramatique italien. Il fut un des rénovateurs de la dramaturgie moderne, jouant notamment du thème du « théâtre dans le théâtre ». *"Six Personnages en quête d'auteur"* (1921). Prix Nobel 1934.

PIRANÈSE (1720 - 1778) ▪ Graveur italien. Ses eaux-fortes, jouant des contrastes de lumière et des effets de perspective, ont un caractère préromantique et visionnaire. *"Les Prisons"; "Vues de Rome".*

Piranèse. *Prison imaginaire,* gravure. Bibliothèque nationale de France, Paris.
Phot. © BNF

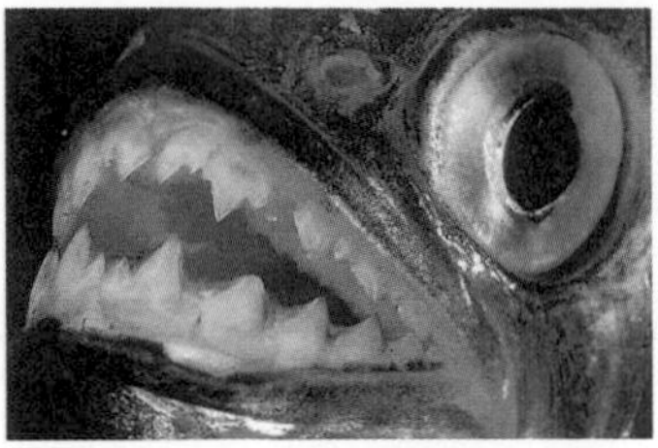

piranha. *Phot. © Zahl/Jacana*

PIRANHA [-na] n. m. ▪ Petit poisson carnassier très vorace des fleuves de l'Amérique du Sud.

PIRATAGE n. m. ▪ Action de pirater.

PIRATE n. m. ▪ I. 1. Aventurier qui courait les mers pour piller les navires. ⇒ **boucanier, flibustier, forban.** *Des histoires de pirates et de corsaires*.* – appos. *Bateau pirate,* monté par des pirates. 2. Individu sans scrupules, qui s'enrichit aux dépens d'autrui. 3. *Pirate de l'air,* personne qui détourne un avion ou menace la sécurité des passagers pour exercer un chantage. II. (après un nom ; en fonction d'adj.) Clandestin, illicite. *Radio pirate.*

PIRATER v. tr. 1 ▪ Reproduire (une œuvre) illégalement. – au p. p. *Un logiciel piraté.*

PIRATERIE n. f. ▪ Acte de pirate ; activité d'un pirate.

la côte des PIRATES ou **de la TRÊVE** ▪ Nom donné autrefois à l'ensemble des Émirats arabes unis.

PIRE adj. ▪ I. comparatif Plus mauvais, plus nuisible, plus pénible. *Devenir pire.* ⇒ **empirer.** *Le remède est pire que le mal.* ♦ *Il n'y a rien de pire.* ⇒ ② **pis** (2). II. superlatif *LE PIRE, LA PIRE, LES PIRES* 1. adj. Le plus mauvais. *Les pires voyous. La meilleure et la pire des choses.* 2. n. m. Ce qu'il y a de plus mauvais. ⇒ ② **pis.** *Le pire de tout, c'est l'ennui.* – absolt *Époux unis pour le meilleur et pour le pire. La politique du pire.*

Le PIRÉE ▪ Ville de Grèce et port d'Athènes (Grand Athènes) depuis le Ve s. av. J.-C. 169 622 hab. Principal port et centre industriel de Grèce : constructions navales, métallurgie, chimie.

PIRIFORME adj. ▪ En forme de poire.

PIROGUE n. f. ▪ Longue barque étroite et plate (surtout Afrique et Océanie). *Pirogue à balancier.*

PIROGUIER n. m. ▪ Conducteur d'une pirogue.

PIROJKI [piʀoʃki] n. m. pl. ▪ Petits pâtés chauds fourrés de viande, de poisson ou de chou.

PIROUETTE n. f. ▪ 1. Tour ou demi-tour qu'on fait sur soi-même, sans changer de place. 2. fig. FAM. Brusque changement d'opinion. ⇒ **revirement, volte-face.** – loc. FAM. *Répondre par une pirouette,* éluder une question par des plaisanteries.

PIROUETTER v. intr. 1 ▪ Faire une, des pirouettes. ⇒ **virevolter.**

① **PIS** n. m. ▪ Mamelle (d'une bête laitière). *Les pis de la vache, de la chèvre.*

② **PIS** ▪ I. comparatif 1. adv. Plus mal. *TANT PIS :* cela ne fait rien. loc. *Aller de mal en pis,* empirer. 2. adj. (neutre) LITTÉR. Plus mauvais, plus fâcheux. *C'est bien pis.* ⇒ COUR. **pire.** – loc. *QUI PIS EST* [kipizɛ] : ce qui est plus grave. *Il est paresseux ou, qui pis est, idiot.* 3. n. m. Une chose pire. loc. *Dire PIS QUE PENDRE de qqn,* répandre sur lui les pires médisances. II. superlatif 1. LITTÉR. *LE PIS :* la pire chose. ⇒ **pire** (II). *Le pis qui puisse arriver...* 2. *AU PIS ALLER* loc. adv. : en supposant que les choses aillent le plus mal possible.

PIS-ALLER [piz-] n. m. invar. ▪ Personne, solution, moyen à quoi on a recours faute de mieux. ⇒ **palliatif.**

Antonio Pisano dit **IL PISANELLO** (v. 1395 - 1455) ▪ Peintre et graveur de médailles italien. Célèbre pour son habileté à rendre les détails.

Erwin **PISCATOR** (1893 - 1966) ▪ Metteur en scène de théâtre allemand. Il considéra le théâtre comme un outil de propagande politique.

PISCI- Élément savant, du latin *piscis* « poisson ».

PISCICULTEUR, TRICE n. ▪ Personne qui élève des poissons.

PISCICULTURE n. f. ▪ Production, élevage des poissons. ⇒ **aquaculture.** *Truites de pisciculture.*

PISCINE n. f. ▪ **1.** DIDACT. Bassin pour les rites de la purification. **2.** COUR. Bassin de natation, et ensemble des installations qui l'entourent. *Piscine olympique.* **3.** PHYS. Modérateur liquide dans lequel la matière fissile est immergée.

PISE en italien ***PISA*** ▪ Ville d'Italie, en Toscane. 102 150 hab. *(les Pisans).* Importante université. Nombreux monuments romans et gothiques : « tour penchée » du XIIe s., cathédrale, baptistère, Camposanto ; palais. Grande puissance maritime jusqu'à la destruction de sa flotte par Gênes en 1284.

Pise. La tour penchée et le chevet de la cathédrale.
Phot. © Mario Russo/Ricciarini

PISÉ n. m. ▪ Maçonnerie en terre argileuse mélangée de paille hachée, qu'on coule entre des planches de bois. ⇒ **torchis.** *Des maisons en pisé.*

PISISTRATE (v. 600 - v. 528 av. J.-C.) ▪ Tyran d'Athènes. Son gouvernement marqua une période de prospérité.

PISSALADIÈRE n. f. ▪ Tarte à l'oignon, aux anchois et aux olives faite d'une pâte à pain (→ pizza).

Pisanello. *Portrait d'une princesse d'Este* (Ginevra d'Este ?) dit aussi *Portrait de Marguerite de Gonzague.* Musée du Louvre, Paris. *Phot. © Arch. Smeets*

Pissarro. *Les Toits rouges. Coin de village, effet d'hiver.* Musée d'Orsay, Paris. *Phot. © Dagli Orti*

Camille **PISSARRO** (1830 - 1903) ▪ Peintre français. L'un des maîtres de l'impressionnisme, il eut le souci des compositions structurées. Il influença, par ses conseils, nombre de ses contemporains, dont Cézanne.

PISSE n. f. ▪ vulg. Urine. ⇒ COUR. **pipi.**

PISSE-FROID n. invar. ▪ FAM. Personne froide et morose, ennuyeuse. ⇒ **pisse-vinaigre.**

PISSEMENT n. m ▪ MÉD. Fait de pisser (2). *Pissement de sang.*

PISSENLIT n. m. ▪ Plante vivace à feuilles longues et dentées, aux fleurs jaunes. *Salade de pissenlit.* - loc. FAM. *Manger les pissenlits par la racine,* être mort.

PISSER v. [1] ▪ FAM. **1.** v. intr. Uriner. ⇒ faire **pipi.** - loc. *Ça l'a pris comme une envie de pisser,* brusquement. - *Il pleut comme vache qui pisse,* à verse. - *Laisser pisser le mérinos*.* - *C'est comme si on pissait dans un violon,* c'est une action complètement inutile. **2.** v. tr. Évacuer avec l'urine. *Pisser du sang.* - (choses) Laisser s'écouler (un liquide).

PISSEUR, EUSE n. ▪ vulg. Personne, animal qui pisse souvent. ♦ *PISSEUSE* n. f. (péj. et sexiste) Fille.

PISSEUX, EUSE adj. ▪ **1.** FAM. Imprégné d'urine, qui sent l'urine. *Du linge pisseux.* **2.** D'une couleur passée, jaunie. *Un jaune pisseux.*

PISSE-VINAIGRE n. invar. ▪ Personne morose et aigre, désagréable. ⇒ **pisse-froid.**

PISSOTIÈRE n. f. ▪ FAM. Urinoir public. ⇒ **vespasienne.**

PISTACHE ▪ **1.** n. f. Fruit du pistachier. - Graine de ce fruit. *Pistache grillée et salée. Glace à la pistache.* **2.** adj. invar. *Vert pistache. Des vestes pistache.*

PISTACHIER n. m. ▪ Arbre résineux des régions chaudes dont le fruit contient la pistache. ⇒ **lentisque.**

PISTE n. f. ▪ **1.** Trace que laisse un animal sur le sol où il a marché. ⇒ **foulée, voie.** - Chemin qui conduit à qqn ou à qqch. ; ce qui guide dans une recherche. *Brouiller* les pistes.* **2.** Terrain aménagé pour les courses, les épreuves d'athlétisme, etc. **3.** Emplacement souvent circulaire, disposé pour certaines activités (spectacles, sports). *La piste d'un cirque. Piste de danse.* - *Entrer, être EN PISTE.* **4.** Route non revêtue. *Piste de brousse.* **5.** Parcours aménagé. *Piste cyclable. Piste cavalière. Piste de ski.* **6.** Partie d'un terrain d'aviation aménagée pour le décollage et l'atterrissage des avions. **7.** Surface magnétique pour l'enregistrement d'informations. ⇒ **bande.** *Magnétophone à quatre pistes.*

PISTER v. tr. [1] ▪ Suivre la piste de ; épier. *Attention, on nous piste !* ⇒ **filer.**

PISTIL n. m. ▪ Organe femelle des plantes à fleurs, renfermant l'ovaire.

PISTOIA ▪ Ville d'Italie, en Toscane, au pied de l'Apennin. 89 972 hab. Nombreux édifices du Moyen Âge. Cathédrale romane. Plusieurs églises des XIIe-XVe s.

PISTOLE n. f. ▪ anciennt Monnaie d'or d'Espagne, d'Italie, ayant même poids que le louis (6,75 g).

PISTOLET n. m. ▪ **I. 1.** Arme à feu courte et portative. *Une paire de pistolets de duel. Pistolet automatique à chargeur.*

Pitoëff. Georges et Ludmilla Pitoëff dans *L'Échange* de Paul Claudel. Théâtre des Mathurins, novembre 1937.
Phot. © Lipnitzki/Viollet

- Jouet analogue. *Pistolet à eau.* **2.** Pulvérisateur de peinture, de vernis. *Peinture au pistolet.* **II.** fig. *Un* DRÔLE DE PISTOLET *:* un individu bizarre.

PISTOLET-MITRAILLEUR n. m. ▪ Arme automatique individuelle pour le combat rapproché. ⇒ **mitraillette.** *Des pistolets-mitrailleurs.* ▫ abrév. P. M.

PISTON n. m. ▪ **I. 1.** Pièce qui se déplace dans un tube et transmet une pression. *Pistons et cylindres d'un moteur à explosion. Le piston d'une seringue.* **2.** Pièce mobile réglant le passage de l'air dans certains instruments à vent (cuivres). *Cornet à pistons.* **II.** FAM. Appui, recommandation qui décide d'une nomination, d'un avancement.

PISTONNER v. tr. [1] ▪ Appuyer, protéger (un candidat à une place). *Il s'est fait pistonner par le ministre.*

PISTOU n. m. ▪ **1.** Basilic pilé avec de l'ail (assaisonnement provençal). *Soupe au pistou.* **2.** Plat de légumes au pistou.

PITANCE n. f. ▪ péj. Nourriture. *On leur servit une maigre pitance.* - Nourriture (d'un animal).

PIT-BULL n. m. ▪ anglic. Chien de combat issu d'un croisement entre le bouledogue et le fox-terrier. *Des pit-bulls.*

l'île PITCAIRN ▪ Petite île volcanique du Pacifique (Océanie), dépendant du Royaume-Uni. 5 km². 67 hab. Elle fut peuplée par les descendants des mutins du *Bounty* et leurs femmes tahitiennes.

PITCHOUN [-un] n. ▪ RÉGIONAL (Provence) Petit enfant. ▫ syn. PITCHOUNET, ETTE **n.**

Pittsburgh, au bord du fleuve Monongahela.
Phot. © Nino Cirani/Ricciarini

PITCHPIN n. m. ▪ Bois de plusieurs espèces de pins d'Amérique du Nord, utilisé en menuiserie. *Une armoire en pitchpin.*

PITEŞTI ▪ Ville de Roumanie. 179 479 hab. Vins renommés.

PITEUX, EUSE adj. ▪ **1.** VX Qui suscite une pitié mêlée de mépris. ⇒ **pitoyable.** ♦ iron. Qui prête à rire, par son air penaud. **2.** Médiocre, nul. *Des résultats piteux.* - *En piteux état,* en mauvais état. ► **adv.** PITEUSEMENT

PITHÉCANTHROPE n. m. ▪ Mammifère primate fossile (hominien : homo erectus).

PITHÉC(O)-, -PITHÈQUE Éléments savants, du grec *pithêkos* « singe ».

PITHIVIERS n. m. ▪ Gâteau feuilleté à la frangipane.

PITHIVIERS ▪ Chef-lieu d'arrondissement du Loiret. 9 327 hab. *(les Pithivériens).* Produits alimentaires.

PITIÉ [-tje] n. f. ▪ **1.** Sympathie née des souffrances d'autrui. ⇒ **commisération, compassion.** *Inspirer la pitié.* (⇒ **pitoyable**). *Éprouver de la pitié.* ⇒ s'**apitoyer.** prov. *Il vaut mieux faire envie que pitié. Prendre qqn en pitié.* - *Par pitié,* je vous en supplie. *Sans pitié.* ⇒ **impitoyable** ; → sans merci. *Pas de pitié.* ⇒ **quartier. 2.** *Quelle pitié !,* quelle chose pitoyable, dérisoire !

Georges PITOËFF (1884 - 1939) ▪ Homme de théâtre français d'origine russe. Acteur et metteur en scène, il révéla avec sa femme **Ludmilla** (1896 - 1951) de nombreux auteurs contemporains au public français.

PITON n. m. ▪ **I.** Clou, vis dont la tête forme un anneau ou un crochet. *Cadenas passant dans deux pitons.* **II.** Éminence isolée en forme de pointe. ⇒ ③ **pic.** *Des pitons rocheux.*

PITOYABLE adj. ▪ **I. 1.** Digne de pitié. ⇒ **déplorable.** *Après son accident, il était dans un état pitoyable.* **2.** Qui inspire, mérite une pitié méprisante. ⇒ **piteux ; lamentable.** *Une réponse pitoyable.* **II.** VX Qui éprouve de la pitié, qui s'apitoie*. ⇒ **humain** ; opposé à *impitoyable.*

PITOYABLEMENT adv. ▪ D'une manière pitoyable (I).

PITRE n. m. ▪ Personne qui fait rire par des plaisanteries forcées. ⇒ **clown.** *Arrête de faire le pitre !*

PITRERIE n. f. ▪ Plaisanterie de pitre. ⇒ **clownerie.** *Faire des pitreries.*

William PITT dit ***LE PREMIER PITT*** (1708 - 1778) ▪ Homme politique britannique. Défenseur du nationalisme anglais face aux Français et aux Espagnols. ► **William PITT** dit ***LE SECOND PITT*** (1759 - 1806), son fils, mena la lutte contre la France révolutionnaire. Malgré les succès d'Aboukir et de Trafalgar, cette politique fut ruineuse.

le palais **Pitti.** La façade sur cour. *Phot. © Giraudon*

les PITTI ▪ Famille florentine, rivale des Médicis. En 1450, ils firent construire le *palais Pitti,* à Florence (musée).

PITTORESQUE adj. ▪ **1.** Qui attire l'attention, charme ou amuse par un aspect original. *Un quartier pittoresque.* **2.** Qui dépeint bien, d'une manière imagée. *Des détails pittoresques.* **3.** n. m. Caractère pittoresque, expressif. ⇒ **couleur.** ► **adv.** PITTORESQUEMENT

PITTSBURGH ▪ Ville des États-Unis (Pennsylvanie). 370 000 hab. 1er port fluvial du pays (sur l'Ohio). Un des plus grands centres sidérurgiques du monde. Universités.

PIVERT n. m. ▪ Oiseau grimpeur au plumage jaune et vert, qui frappe des coups rapides sur les troncs avec son bec (pour faire sortir les larves qu'il mange).

pivoine. Fleurs cultivées.
Phot. © Danegger/Jacana

PIVOINE n. f. ▪ Plante à bulbe, cultivée pour ses larges fleurs rouges, roses, blanches ; sa fleur. ‑ loc. *Être rouge comme une pivoine,* très rouge.

PIVOT n. m. ▪ **1.** Cône ou pointe terminant un axe vertical fixe (sur lequel tourne librement une charge). *Le pivot d'une boussole.* **2.** fig. Ce sur quoi repose et tourne tout le reste. ⇒ **base, centre.** *Le pivot d'une entreprise.* **3.** Support d'une dent artificielle, enfoncé dans la racine. *Dent à, sur pivot.*

PIVOTANT, ANTE adj. ▪ **1.** Qui pivote. *Fauteuil pivotant.* **2.** BOT. *Racine pivotante,* unique et verticale.

PIVOTER v. intr. [1] ▪ **1.** Tourner sur un pivot, comme sur un pivot. *Il pivota sur ses talons.* **2.** (racine) S'enfoncer verticalement en terre.

PIXEL n. m. ▪ Chaque point d'une image électronique (leur nombre définit la qualité de l'image).

Francisco **PIZARRO** (v. 1475 ‑ 1541) ▪ Conquistador espagnol. Avec ses frères, Hernando, Gonzalo et Juan, il conquit le Pérou pour le compte du roi d'Espagne en 1533 et soumit l'Empire inca.

PIZZA [pidza] n. f. ▪ Tarte salée de pâte à pain garnie de tomates, anchois, olives, etc. (plat originaire de Naples). *Des pizzas.*

PIZZERIA [pidzeʀja] n. f. ▪ Restaurant où l'on fait et sert des pizzas. *Des pizzerias.*

PIZZICATO [pidzi‑] n. m. ▪ Manière de jouer d'un instrument à archet en pinçant les cordes. *Les pizzicati* (ou *pizzicatos*) *des violons.*

P.J. [peʒi] n. f. (sigle) ▪ FAM. Police judiciaire.

PLACAGE n. m. ▪ Application sur une matière d'une plaque de matière plus précieuse. *Un placage de marbre.* ⇒ **revêtement.**

PLACARD n. m. ▪ **I. 1.** Écrit qu'on affiche sur un mur, un panneau, pour donner un avis au public. ⇒ **affiche, écriteau.** *L'Affaire des placards* (antipapistes), en 1534. **2.** IMPRIM. Épreuve avant mise en pages. **3.** Annonce publicitaire occupant une surface importante, dans un journal, une revue. **II.** Enfoncement, recoin de mur ou assemblage de menuiserie fermé par une porte et constituant une armoire fixe. *Un placard‑penderie.* ♦ fig. *Mettre qqn, qqch. au placard,* à l'écart pour s'en débarrasser.

PLACARDER v. tr. [1] ▪ Afficher. *Placarder un avis sur un mur.*

PLACE n. f. ▪ **I. 1.** Lieu public, espace découvert, entouré de constructions. ⇒ **esplanade, rond‑point.** *Une place rectangulaire.* ‑ loc. *Sur la place publique,* en public. **2.** *PLACE FORTE* ou ellipt *PLACE :* ville fortifiée. ⇒ **forteresse.** ‑ loc. LITTÉR. *Être maître de la place,* agir en maître, faire ce qu'on veut. **3.** Ensemble des banquiers, des commerçants qui exercent leur activité dans une ville. *Sur la place de Paris.* **II. 1.** Partie d'un espace ou d'un lieu (surtout avec une prép. de lieu). ⇒ **emplacement, endroit, lieu.** *À la même place. De place en place, par places.* ‑ *Ne pas tenir EN PLACE,* bouger sans cesse. ♦ *SUR PLACE. Rester sur place,* immobile. ‑ n. m. *Faire DU SUR PLACE,* rester presqu'immobile. ‑ À l'endroit où un événement a eu lieu. *Faire une enquête sur place.* **2.** Endroit, position qu'une personne occupe ou peut occuper. *Faites‑moi une petite place. Aller s'asseoir à sa place.* ‑ loc. sans article *Prendre place,* se placer. *Faire place à qqn,* se ranger pour lui permettre de passer. *Place ! place !,* laissez passer. **3.** spécialt Siège qu'occupe ou que peut occuper une personne (dans une salle de spectacle, un véhicule, etc.). *Réserver deux places dans un train. Payer demi‑place, place entière. Places assises, debout.* ‑ loc. *Les places sont chères,* la concurrence est dure. *La place du mort,* à côté du chauffeur, dans une voiture. **4.** Espace libre où l'on peut mettre qqch. *(de la place) ;* portion d'espace qu'une chose occupe *(une place, la place de...). Tenir trop de place. Gain de place. Un piano ? On n'a pas la place.* ‑ *Une place de parking.* **5.** Endroit, position qu'une chose occupe, peut ou doit occuper dans un lieu, un ensemble. ⇒ **emplacement, position.** *Changer qqch. de place. La place des mots dans la phrase.* ⇒ **disposition, ordre.** ‑ *EN PLACE, À SA PLACE :* à la place qui convient. *Il faut tout remettre en place.* ‑ *MISE EN PLACE :* arrangement, installation. **III.** abstrait **1.** Le fait d'être admis, d'être classé (dans une catégorie) ; situation dans laquelle on se trouve. *Avoir sa place au soleil,* profiter des mêmes avantages que les autres. ‑ ellipt *Place aux jeunes !* ‑ *Se mettre À LA PLACE de qqn,* supposer qu'on est soi‑même dans la situation où il est. *À votre place, je refuserais.* **2.** Position, rang dans une hiérarchie, un classement. *Être reçu dans les premières places.* **3.** Emploi (généralement modeste). *Perdre sa place.* ♦ *Les gens EN PLACE,* qui ont une fonction, une charge importante. **4.** (idée de remplacement) *Prendre la place de qqn,* se substituer à lui. *Laisser la place à qqn.* ‑ loc. *Faire place à qqn, qqch.,* être remplacé par. *La nuit a fait place au jour.* ‑ loc. *À LA PLACE DE :* au lieu de. ⇒ **pour.** *Employer un mot à la place d'un autre.* **5.** *La place de qqn,* celle qui lui convient. *Être à sa place,* être fait pour une fonction qu'on occupe, adapté au milieu, aux circonstances. loc. *Remettre qqn à sa place,* le rappeler à l'ordre. ⇒ **reprendre, réprimander.**

PLACÉ, ÉE adj. ▪ **1.** Mis à une place. **2.** avec un adv. Qui est dans telle situation. *Personnage haut placé.* ‑ *Je suis bien placé pour le savoir. C'est de la fierté mal placée,* hors de propos. **3.** *Cheval placé,* qui se classe dans les deux premiers (4 à 7 partants) ou dans les trois premiers (plus de 7 partants) [opposé à *gagnant*].

PLACEBO [plasebo] n. m. ▪ PHARM. Substance sans principe actif qui a un effet rassurant sur le patient.

PLACEMENT n. m. ▪ **1.** L'action, le fait de placer de l'argent ; l'argent ainsi placé. ⇒ **investissement.** *Faire un bon placement.* **2.** *Agence, bureau de placement,* qui se charge de répartir les offres et les demandes d'emploi.

PLACENTA [‑sɛ̃‑] n. m. ▪ Organe temporaire qui se développe dans l'utérus pendant la grossesse et qui sert aux échanges sanguins entre la mère et l'enfant.

PLACENTAIRE [‑sɛ̃‑] adj. ▪ Du placenta. ‑ ZOOL. Dont le fœtus vit grâce à un placenta. *Mammifères placentaires ;* n. m. *les placentaires.*

① **PLACER** v. tr. [3] ▪ **I. 1.** Mettre (qqn) à une certaine place, en un certain lieu ; conduire à sa place. ⇒ **installer ;** FAM. **caser.** *Placer qqn au théâtre* (⇒ **placeur** (1)). **2.** Mettre (qqch.) à une certaine place, en un certain lieu ; disposer. *Placer un vase sur la table. Placer les choses bien en ordre.* ⇒ **ranger.** ‑ SPORTS *Placer une balle,* l'envoyer toucher un point déterminé. **II. 1.** Mettre (qqn) dans une situation déterminée. ‑ au p. p. *L'équipe placée sous mes ordres.* **2.** *Placer qqn,* lui procurer une place, un emploi. *Placer un apprenti chez un artisan.* **3.** fig. Mettre (qqch.) dans une situation, à une place ; faire consister en. *Il a mal placé sa confiance.* **4.** Faire se passer (l'objet d'un récit en un lieu, à une époque). ⇒ **localiser, situer.** **5.** Introduire, dans un récit, une conversation. *Il n'a pas pu placer un mot,* il n'a rien pu dire. **6.** S'occuper de vendre. *Représentant qui place des marchandises.* ⇒ **placier.** **7.** Employer (un capital) afin d'en tirer un revenu ou d'en conserver la valeur. ⇒ **investir ; placement.** *Placer son argent en fonds d'État.* ► SE **PLACER** v. pron. **1.** Se mettre à une place. ‑ (personnes) ⇒ **s'installer.** *Placez‑vous de face.* ‑ (choses) Être placé. **2.** abstrait *Se placer à un certain point de vue.* **3.** Prendre une place, un emploi (notamment comme personnel de maison).

② **PLACER** [-ɛʀ] n. m. ▪ anglic. Gisement d'or, de pierres précieuses. *Les placers de Californie.*

PLACET n. m. ▪ VX Écrit adressé à un roi, à un ministre pour se faire accorder une grâce, une faveur.

PLACEUR, EUSE n. ▪ **1.** Personne qui place (des spectateurs). **2.** Personne qui tient un bureau de placement.

PLACIDE adj. ▪ Qui est doux et calme. ⇒ **paisible.** *Rester placide sous les injures.* ⇒ **flegmatique, imperturbable.** ▸ adv. PLACIDEMENT

PLACIDITÉ n. f. ▪ Caractère placide. ⇒ **calme, flegme, sérénité.**

PLACIER, IÈRE n. ▪ Personne qui vend qqch., place des marchandises pour une maison de commerce. ⇒ **courtier, représentant, V.R.P.** *Placier en librairie.*

PLAF interj. ▪ Onomatopée, bruit de chute à plat. ⇒ **flac.**

PLAFOND n. m. ▪ **I.** Surface solide et horizontale qui clôt en haut une pièce d'habitation parallèlement au sol, au plancher. *Plafond à poutres apparentes. Faux plafond :* cloison horizontale légère sous le plafond. **II. 1.** fig. Limite supérieure d'altitude à laquelle peut voler un avion. **2.** (opposé à *plancher*) Maximum qu'on ne peut dépasser. *Plafond de la Sécurité sociale :* limite supérieure de l'assiette des cotisations. ▪ appos. *Prix plafond.*

PLAFONNER v. [1] ▪ **I.** v. tr. Garnir (une pièce) d'un plafond. **II.** v. intr. **1.** (avions) Atteindre son altitude maximale. **2.** Atteindre un plafond (II, 2). *Les salaires plafonnent.*

PLAFONNIER n. m. ▪ Appareil d'éclairage fixé au plafond sans être suspendu.

PLAGE n. f. ▪ **I.** Endroit plat et bas d'un rivage où les vagues déferlent. ⇒ **grève.** *Plage de sable, de galets.* ▪ Cet endroit, destiné à la baignade. *Plage publique, privée. Aller à la plage.* ▪ Rive sableuse (d'un lac, d'une rivière). **II. 1.** *Plage lumineuse,* surface éclairée également. **2.** Chacun des espaces gravés d'un disque séparés par un intervalle. *La première plage fait trois minutes.* **3.** Espace plat situé entre le tableau de bord et le pare-brise d'une voiture *(plage avant)* ou entre les sièges et la vitre arrière *(plage arrière).* **4.** Laps de temps, durée limitée. *Plages horaires.*

PLAGIAIRE n. ▪ Personne qui pille ou démarque les ouvrages des auteurs. ⇒ **imitateur.**

PLAGIAT n. m. ▪ Action de plagier, vol littéraire. ⇒ **copie.** *Ce roman est un plagiat.*

PLAGIER v. tr. [7] ▪ Copier (un auteur) en s'attribuant indûment des passages de son œuvre. ⇒ **piller.** *Plagier une œuvre. Pasticher n'est pas plagier.*

PLAGISTE n. ▪ Personne qui exploite une plage (I) payante.

La PLAGNE ▪ Écart de la commune de Macôt-la-Plagne (Savoie). Station de sports d'hiver (1 970 à 3 250 m).

① **PLAID** [plɛd] n. m. ▪ Couverture de voyage en lainage écossais.

② **PLAID** [plɛ] n. m. ▪ Tribunal féodal, assemblée judiciaire du haut Moyen Âge.

PLAIDER v. [1] ▪ **I.** v. intr. **1.** Soutenir ou contester qqch. en justice. *Plaider contre qqn,* lui intenter un procès. **2.** Défendre une cause devant les juges. *L'avocat plaide pour son client.* ▪ fig. *PLAIDER POUR, EN FAVEUR DE :* défendre par des arguments justificatifs ou des excuses. (sujet chose) *Sa sincérité plaide en sa faveur.* **II.** v. tr. **1.** Défendre (une cause) en justice. *L'avocat plaide la cause de l'accusé.* ▪ *Plaider la cause de qqn :* parler en sa faveur. **2.** Soutenir, faire valoir (qqch.) dans une plaidoirie. *L'avocat a plaidé la légitime défense.* ellipt *Plaider coupable.* ▪ loc. *Plaider le faux pour savoir le vrai,* déguiser sa pensée pour amener qqn à dire la vérité, à se découvrir.

PLAIDEUR, EUSE n. ▪ Personne qui plaide en justice. ⇒ **partie** (II). *"Les Plaideurs",* comédie de Racine.

PLAIDOIRIE n. f. ▪ Action de plaider, exposition orale des faits d'un procès et des prétentions du plaideur (faite en général par son avocat). ⇒ **défense, plaidoyer.**

PLAIDOYER n. m. ▪ **1.** Plaidoirie pour défendre les droits de qqn. **2.** Défense passionnée. *Un plaidoyer en faveur des droits de l'homme.*

PLAIE n. f. ▪ **1.** Ouverture dans les chairs. ⇒ **blessure, lésion.** *Les lèvres d'une plaie. Désinfecter, panser une plaie.* **2.** fig. Blessure, déchirement. *Les plaies du cœur. Plaie morale.* ▪ loc. *Retourner le couteau* dans la plaie.* **3.** *Les dix* (ou *sept*) *plaies d'Égypte,* fléaux dévastateurs. **4.** FAM. *Quelle plaie !,* c'est une chose, une personne insupportable. ⇒ **peste.**

PLAIGNANT, ANTE adj. et n. ▪ (Personne) qui dépose une plainte en justice. *La partie plaignante, le plaignant, dans un procès.*

PLAIN, PLAINE adj. ▪ VX Dont la surface est unie. ⇒ **plan, plat.**

PLAIN-CHANT n. m. ▪ Musique vocale à une voix de la liturgie catholique romaine. ⇒ **grégorien.** *Des plains-chants.*

PLAINDRE v. tr. [52] ▪ **1.** Considérer (qqn) avec un sentiment de pitié, de compassion ; témoigner de la compassion à. *Je le plains d'avoir tant de soucis. Être À PLAINDRE :* mériter d'être plaint. *Il est plus à plaindre qu'à blâmer.* **2.** loc. *Il ne plaint pas sa peine,* il travaille sans se ménager. ▸ SE **PLAINDRE** v. pron. **1.** Exprimer sa peine ou sa souffrance par des pleurs, des gémissements, des paroles. ⇒ se **lamenter ; plainte.** *Elle se plaint de maux de tête.* **2.** Exprimer son mécontentement (au sujet de qqn, qqch.). ⇒ **protester** ; FAM. **râler, rouspéter.** *Se plaindre de qqn,* lui reprocher son attitude. *Se plaindre de son sort.* ▪ *Je ne m'en plains pas,* j'en suis assez content. ▪ absolt *Il se plaint sans cesse.* ▪ *Se plaindre à qqn,* auprès de lui. ▪ *Se plaindre de* (+ inf.). *Elle s'est plainte d'avoir trop à faire.* ▪ *Se plaindre que* (+ subj. ou indic.).

PLAINE n. f. ▪ **1.** Vaste étendue de pays plat ou faiblement ondulé (⇒ **pénéplaine**) et moins élevée que les pays environnants. *La plaine de la Beauce. Un pays de plaines.* ▪ (collectif) *La plaine et la montagne.* **2.** HIST. *La Plaine,* le centre de l'assemblée conventionnelle, où siégeaient les modérés (Girondins). ◇ On a dit aussi *le Marais.*

DE **PLAIN-PIED** loc. adv. ▪ Au même niveau. *Pièce qui ouvre de plain-pied sur une terrasse.* ▪ loc. *Être de plain-pied avec qqn,* être sur le même plan, en relations aisées et naturelles avec lui.

PLAINTE n. f. ▪ **I. 1.** Expression vocale de la douleur. ⇒ **cri, gémissement, lamentation, pleur.** *Les blessés poussaient des plaintes déchirantes.* ⇒ se **plaindre.** ♦ fig. Son qui évoque une plainte. *La plainte du vent.* ⇒ **complainte. 2.** Expression d'un mécontentement. ⇒ **blâme, doléances, grief.** *Les plaintes et les revendications du personnel.* **II.** Dénonciation en justice d'une infraction par la personne qui affirme en être la victime. *Déposer, retirer une plainte.* ▪ loc. *PORTER PLAINTE contre qqn.*

PLAINTIF, IVE adj. ▪ Qui a l'accent, la sonorité d'une plainte douce. *Une voix plaintive.* ▸ adv. PLAINTIVEMENT

PLAIRE v. tr. ind. [54] ▪ **I. 1.** (personnes) *PLAIRE À :* être d'une fréquentation agréable à (qqn), lui procurer une satisfaction. ⇒ **attirer, charmer, séduire.** *Chercher à plaire à qqn. Il ne me plaît pas du tout.* ♦ Éveiller l'amour, le désir de qqn. *Il lui plut, elle l'épousa.* ♦ (sans objet précisé) *Il a le souci de plaire.* **2.** (choses) Être agréable à. ⇒ **convenir.** *Ce film m'a beaucoup plu.* ⇒ **enchanter, ravir, réjouir.** *Ça ne me plaît pas.* ▪ loc. LITTÉR. *Cela vous plaît à dire* (mais je n'en crois rien). **II.** impers. **1.** *IL... PLAÎT. Il me plaît de travailler à mon gré. Tant qu'il vous plaira,* tant que vous voudrez. *Faites ce qui vous plaît,* ce que vous voudrez (distinct de *faites ce qu'il vous plaît,* ce que vous aimez). **2.** *S'IL TE PLAÎT, S'IL VOUS PLAÎT :* formule de politesse, dans une demande, un conseil, un ordre. *Comment dites-vous cela, s'il vous plaît ?* (abrév. S. V. P.). **3.** VIEILLI *PLAÎT-IL ?* (employé pour faire répéter ce que l'on a mal entendu ou mal compris). ⇒ **comment, pardon. 4.** LITTÉR. au subj. *PLAISE..., PLÛT...* (en tête de phrase). *Plaise, plût au ciel que...,* pour marquer qu'on souhaite qqch. ▪ *À Dieu ne plaise que... :* pourvu que cela n'arrive pas. ▸ SE **PLAIRE** v. pron. (p. p. invar.) **1.** (réfl.) Plaire à soi-même, être content de soi. **2.** (récipr.) Se plaire l'un à l'autre. *Ils se sont tout de suite plu.* **3.** *SE PLAIRE À :* prendre plaisir à. ⇒ **aimer,** s'**intéresser.** *Il se plaît au travail, à travailler.* **4.** Trouver du plaisir, de l'agrément à être dans (un lieu, une compagnie, un milieu). *Il se plaît beaucoup à la campagne ; avec (auprès de) toi.*

PLAISAMMENT adv. ▪ De façon plaisante. *Une colère plaisamment simulée.*

DE **PLAISANCE** loc. adj. invar. ▪ *Un bateau de plaisance,* pour l'agrément ou le sport. *La navigation de plaisance ;* n. f. *la plaisance* (⇒ **plaisancier**).

PLAISANCE en italien ***PIACENZA*** ▪ Ville d'Italie (Émilie-Romagne). 104 023 hab. Palais communal gothique.

PLAISANCE-DU-TOUCH ▪ Commune de Haute-Garonne. 10 075 hab.

PLAISANCIER n. m. ▪ Personne qui pratique la navigation de plaisance.

PLAISANT, ANTE ▪ **I.** adj. **1.** Qui plaît, procure du plaisir. ⇒ **agréable, attrayant.** *Une maison plaisante. Ce n'est guère plaisant.* ⇒ **engageant.** - (personnes) *C'est une femme très plaisante.* ⇒ **aimable. 2.** LITTÉR. Qui plaît en amusant, en faisant rire. ⇒ **comique, drôle.** *Une anecdote assez plaisante.* **II.** n. m. **1.** LITTÉR. Ce qui plaît, ce qui amuse. *Voilà le plaisant de l'histoire...* **2.** *MAUVAIS PLAISANT :* personne qui fait des plaisanteries de mauvais goût. ⇒ **plaisantin.**

PLAISANTER v. 1 ▪ **I.** v. intr. **1.** Faire ou (plus souvent) dire des choses destinées à faire rire ou à amuser. ⇒ **blaguer.** *Elle adore plaisanter.* **2.** Dire ou faire qqch. par jeu, sans penser être pris au sérieux. *Il ne plaisante pas,* il prend tout au sérieux. *Ne plaisantez pas avec cela.* **II.** v. tr. LITTÉR. (compl. personne) Railler légèrement, sans méchanceté. ⇒ **taquiner.** *Il aime bien me plaisanter sur mon accent.*

PLAISANTERIE n. f. ▪ **1.** Propos destinés à faire rire, à amuser. *Des plaisanteries de mauvais goût. Savoir manier la plaisanterie* (⇒ **humour**). **2.** Propos ou actes visant à se moquer. ⇒ **quolibet, taquinerie.** *Être victime d'une mauvaise plaisanterie.* ⇒ **farce.** *Comprendre la plaisanterie.* **3.** Chose peu sérieuse, dérisoire. ⇒ **bêtise.** *Faire des réformes ? Quelle plaisanterie !* ⇒ **blague.** - Chose très facile. ⇒ **bagatelle.**

PLAISANTIN n. m. ▪ Personne qui plaisante trop, qui fait des plaisanteries d'un goût douteux (→ mauvais plaisant). *C'est un plaisantin, mais il n'est pas méchant.* - *Vous êtes un petit plaisantin !*

PLAISIR n. m. ▪ **I. 1.** Sensation ou émotion agréable, liée à la satisfaction d'un désir, d'un besoin matériel ou mental. ⇒ **bien-être, contentement.** *Le plaisir et la douleur. Morale du plaisir.* ⇒ **hédonisme.** *Éprouver du plaisir à... Je vous souhaite bien du plaisir,* formule de politesse ironique. ♦ *FAIRE PLAISIR :* être agréable (à qqn) en rendant service, etc. ⇒ **obliger.** *Qu'est-ce qui te ferait plaisir ?* - *Faites-moi le plaisir d'accepter, faites-moi ce plaisir.* **2.** absolt Les sensations érotiques agréables, notamment dans l'acte sexuel. ⇒ **jouissance, volupté. 3.** *LE PLAISIR DE qqch.,* causé par (une chose, un objet). *Le plaisir du devoir accompli.* ⇒ **satisfaction. 4.** loc. *Prendre plaisir à* (+ inf.), aimer. ⇒ se **complaire** à, se **plaire** à. - *Avoir du plaisir à* (+ inf.), être charmé, ravi de. *J'espère avoir bientôt le plaisir de vous voir.* ⇒ **avantage.** - *Au plaisir de vous revoir,* formule aimable d'adieu. ellipt *Au plaisir !* **5.** *POUR LE PLAISIR, PAR PLAISIR :* sans autre raison que le plaisir qu'on y trouve. *Il ment pour le plaisir, par plaisir.* **6.** *AVEC PLAISIR. Accueillir qqn avec plaisir.* **II.** *(Un, les plaisirs)* **1.** Émotion, sensation agréable. ⇒ **agrément, joie.** *C'est un vrai plaisir pour moi de...* **2.** *LES PLAISIRS :* ce qui peut donner une émotion ou une sensation agréable (objets ou actions). ⇒ **agrément, amusement, distraction, divertissement.** *Les plaisirs de la vie, du sport. Mener une vie de plaisirs,* rechercher les boissons, les bons repas, les rapports amoureux. - VIEILLI *Les MENUS PLAISIRS (de qqn),* distractions, amusements. ♦ au sing. *C'est un plaisir coûteux.* **3.** (sing. collectif) *Fréquenter les lieux de plaisir.* **III.** dans des expr. (Ce qu'il plaît à qqn de faire, d'ordonner ; ce qu'il juge bon) loc. **1.** *Le BON PLAISIR de qqn,* sa volonté, acceptée sans discussion. **2.** *À PLAISIR :* selon les impulsions, sans se limiter. *Il se lamente à plaisir.*

PLAISIR ▪ Commune des Yvelines. 25 877 hab. (*les Plaisirois*).

① **PLAN, PLANE** adj. ▪ **1.** Sans aspérité, inégalité, ni courbure (d'une surface). ⇒ **plain, plat, uni.** *Surface, figure plane.* **2.** *Géométrie plane,* qui étudie les figures planes (opposé à *dans l'espace*).

② **PLAN** n. m. ▪ **1.** Surface plane (dans quelques emplois). *PLAN INCLINÉ.* - *PLAN D'EAU :* surface d'eau calme et unie. **2.** GÉOM. Surface contenant entièrement toute droite joignant deux de ses points. *Plans parallèles ; plans sécants.* **3.** Chacune des surfaces perpendiculaires à la direction du regard, représentant les profondeurs, les éloignements (dessin, peinture, photo). *Au premier plan,* à peu de distance ; fig. en étant considéré comme essentiel. - *Je les mets tous sur le même plan. En arrière-plan,* derrière. - *SUR LE PLAN DE* (suivi d'un nom), *SUR LE PLAN* (suivi d'un adj. abstrait) : au point de vue (de). *Sur le plan de la morale, sur le plan moral.* ⇒ au **niveau, quant** à ; → en ce qui concerne. - (emploi critiqué) *Au plan* (+ nom), *au plan de...* **4.** Image (photo), succession d'images (cinéma) définie par l'éloignement de l'objectif et de la scène à photographier, et par le contenu de cette image (dimension des objets). *Gros plan de visage. Plan américain,* à mi-corps. *Plan général.* - Prise de vue effectuée sans interruption. *Scène, séquence tournée en dix-huit plans. Plan séquence,* séquence d'un seul plan. *Montage des plans.*

③ **PLAN** n. m. ▪ **I. 1.** Représentation (d'une construction, d'un jardin, etc.) en projection horizontale. *Tracer le plan d'un bâtiment.* **2.** Carte à grande échelle (d'une ville, d'un réseau de communications). **3.** Reproduction en projection orthogonale (d'une machine). ⇒ **schéma.** *Les plans d'un avion.* **II. 1.** Projet élaboré, comportant une suite ordonnée d'opérations destinée à atteindre un but. *Plan d'action. Plan de bataille.* ♦ FAM. Projet de distraction, d'occupation. **2.** Disposition, organisation des parties (d'une œuvre, d'une rédaction). ⇒ **canevas, charpente.** *Plan en trois parties.* **3.** Ensemble des dispositions arrêtées en vue de l'exécution d'un projet. ⇒ **planification, planning.** *Plan économique. Les services du Plan,* de l'administration qui prépare les grands plans d'équipement, en France (⇒ **planifier**). **III.** FAM. *EN PLAN :* sur place, sans s'en occuper. ⇒ **abandonner, planter** là. *Tous les projets sont restés en plan.* ⇒ en **suspens.**

PLANANT, ANTE adj. ▪ FAM. Qui fait planer (I, 3).

Giovanni dal Piano dei Carpini dit en français **Jean du PLAN CARPIN** (v. 1182 - v. 1251) ▪ Franciscain italien, il fut chargé par le pape Innocent IV de réaliser une entente avec le khan des Mongols. S'il échoua dans sa mission, il en rapporta une précieuse *"Histoire des Mongols"*.

PLANCHE n. f. ▪ **I. 1.** Pièce de bois plane, plus longue que large. ⇒ **latte, planchette.** *Débiter un tronc d'arbre en planches.* ♦ *Planche à dessin,* panneau de bois sur lequel on fixe une feuille de papier à dessin. - *Planche à laver, à repasser.* - *Planche à pain,* sur laquelle on pose le pain pour le couper. FAM. Femme plate et maigre. ♦ loc. *Être cloué entre quatre planches,* mort et enfermé dans le cercueil. - fig. *Planche de salut,* suprême appui ; ultime ressource, dernier moyen. ♦ *Faire la planche,* flotter sur le dos. **2.** *LES PLANCHES :* le plancher de la scène, au théâtre ; fig. le théâtre. *Monter sur les planches,* faire du théâtre. **3.** Pièce de bois plate et mince, ou plaque destinée à la gravure. *Planche à billets,* servant à imprimer les billets de banque. *Faire marcher la planche à billets.* **4.** Estampe tirée sur une planche gravée. *Une planche de Dürer.* - Feuille ornée d'une gravure. *Les planches en couleurs d'un livre.* - PHOTOGR. *Planche-contact :* tirage sur une seule feuille de l'ensemble des vues d'une pellicule. **5.** FAM. Ski. **6.** SPORTS *Planche de surf.* - *PLANCHE À ROULETTES.* ⇒ **skate-board ; planchiste.** - *PLANCHE À VOILE,* munie d'une dérive, d'un mât et d'une voile (⇒ **planchiste, véliplanchiste**). **II.** Bande de terre cultivée dans un jardin. *Les planches d'un potager.*

PLANCHÉIER v. tr. 7 ▪ Garnir (le sol, les parois intérieures d'une construction) d'un plancher (①, 2).

① **PLANCHER** n. m. ▪ **1.** Partie d'une construction qui constitue une plate-forme horizontale au rez-de-chaussée, ou une séparation entre deux étages. *Le plancher* (bas) *et le plafond* (haut) *d'une pièce.* **2.** Sol constitué d'un assemblage de bois (plus grossier que le *parquet*). *Lattes, lames d'un plancher.* - Sol (d'un véhicule, etc.). *Le plancher d'un ascenseur.* loc. *Le pied au plancher,* en appuyant sur l'accélérateur au maximum. ♦ loc. FAM. *Débarrasser le plancher :* sortir, être chassé. - *Le plancher des vaches,* la terre ferme. **3.** abstrait Limite inférieure (opposé à *plafond*). - appos. *Prix plancher,* minimum.

② **PLANCHER** v. intr. 1 ▪ ARGOT SCOL. Subir une interrogation, faire un travail au tableau ou par écrit. - *Plancher sur qqch. :* travailler à qqch.

PLANCHETTE n. f. ▪ Petite planche. ⇒ **tablette.**

PLANCHISTE n. ▪ Personne qui pratique la planche à voile (⇒ **véliplanchiste**) ou la planche à roulettes.

Roger PLANCHON (né en 1931) ▪ Homme de théâtre français. Il a créé à Villeurbanne le Théâtre national populaire. Ses mises en scène des classiques, réinterprétés dans une perspective politique et sociale, font date.

Planchon dans *Tartuffe* de Molière, avec N. Borgeaud.
Phot. © Bernand

Max PLANCK (1858-1947) ▪ Physicien allemand. Créateur de la théorie des quanta. Prix Nobel 1918.

PLANCTON [-ktɔ̃] n. m. ▪ (collectif) Organismes microscopiques, animaux (crevettes, etc. : *zooplancton*) et végétaux (algues, etc. : *phytoplancton*) vivant en suspension dans l'eau de mer. ⇒ **krill.** *Le plancton est la nourriture de certains oiseaux, de poissons et des baleines.*

PLAN-DE-CUQUES ▪ Commune des Bouches-du-Rhône. 9 847 hab.

PLANÉ, ÉE adj. ▪ VOL PLANÉ (d'un oiseau qui plane ; d'un avion dont les moteurs sont arrêtés). - fig. FAM. *Faire un vol plané,* une chute.

PLANER v. intr. 1 ▪ **I. 1.** (oiseaux) Se soutenir en l'air sans remuer ou sans paraître remuer les ailes. ⇒ **voler.** *Rapace qui plane.* - (avions) Voler, le moteur coupé ou à puissance réduite. - (planeurs) Voler en utilisant les courants atmosphériques. **2.** Dominer par la pensée. *Planer au-dessus des querelles.* **3.** Rêver, être perdu dans l'abstraction. - FAM. Être dans un état d'euphorie, de rêverie agréable (⇒ **planant**). **II.** (choses) **1.** Flotter en l'air. *Une vapeur épaisse planait.* **2.** abstrait Constituer une présence menaçante. *Un danger plane sur nous.*

PLANÉTAIRE adj. ▪ **1.** Relatif aux planètes. *Le système planétaire.* **2.** Relatif à toute la planète Terre. ⇒ **mondial.** *Une vision planétaire de l'économie.*

PLANÉTARIUM [-jɔm] n. m. ▪ Représentation, à des fins pédagogiques, des corps célestes sur la voûte d'un bâtiment. *Des planétariums.*

PLANÈTE n. f. ▪ Corps céleste qui tourne autour du Soleil (ou d'une étoile) et n'émet pas de lumière propre. *Les principales planètes du système solaire sont — en s'éloignant du Soleil — Mercure, Vénus, la Terre, Mars, Jupiter, Saturne, Uranus, Neptune et Pluton.*

PLANEUR n. m. ▪ Aéronef léger, sans moteur, conçu pour planer. *Pilotage des planeurs :* vol à voile (⇒ **deltaplane**).

PLANEUSE n. f. ▪ TECHN. Machine à aplanir, à dresser les tôles.

PLANÈZE n. f. ▪ RÉGIONAL Plateau volcanique (basalte) entre des vallées rayonnantes.

PLANIFICATEUR, TRICE n. ▪ Personne qui organise selon un plan. - adj. *Mesures planificatrices.*

PLANIFICATION n. f. ▪ Organisation selon un plan. *La planification de l'économie. Planification des naissances* ⇒ **planning** (2).

PLANIFIER v. tr. 7 ▪ Organiser suivant un plan (③). - au p. p. *Économie planifiée.*

PLANISPHÈRE n. m. ▪ Carte où l'ensemble du globe terrestre est représenté en projection plane. *Des planisphères anciens.*

PLANNING n. m. ▪ anglic. **1.** Plan d'activité détaillé. *Des plannings.* **2.** *Planning familial :* contrôle des naissances (⇒ **contraception**).

PLANQUE n. f. ▪ FAM. **1.** Lieu où l'on cache qqch. ou qqn. ⇒ **cachette. 2.** fig. Situation abritée, peu exposée ; place où le travail est facile. *Il a trouvé une bonne planque.*

PLANQUER v. tr. 1 ▪ FAM. Cacher, mettre à l'abri. ► **SE PLANQUER** v. pron. Se mettre à l'abri du danger. ⇒ s'**embusquer.** ► **PLANQUÉ, ÉE** adj. et n. *Il ne risque rien, c'est un planqué.*

PLANT n. m. ▪ **1.** Ensemble de végétaux de même espèce plantés dans un même terrain ; ce terrain. ⇒ **pépinière.** *Un plant de carottes.* **2.** Végétal au début de sa croissance, destiné à être repiqué ou qui vient de l'être. *Repiquer des plants de salades.*

PLANTAGENÊT ▪ Surnom de Geoffroi V, comte d'Anjou, et de ses descendants. ► **les PLANTAGENÊTS** régnèrent sur l'Angleterre de 1154 à 1485 : Henri II, Richard Ier Cœur de Lion, Jean sans Terre, Henri III, Édouard Ier, Édouard II, Édouard III, Richard II, Henri IV, Henri V, Henri VI, Édouard IV, Édouard V, Richard III. Ils luttèrent contre les rois de France (→ **Angleterre,** guerre de **Cent Ans**). Les Tudors leur succédèrent, après la guerre des Deux-Roses.

① **PLANTAIN** n. m. ▪ Herbe très commune, dont la semence sert à nourrir les oiseaux.

② **PLANTAIN** n. m. ▪ Variété de bananier dont le fruit se mange cuit. - appos. *Banane plantain.*

PLANTAIRE adj. ▪ De la plante des pieds. *Douleurs plantaires.*

PLANTATION n. f. ▪ **I.** Action, manière de planter. **II. 1.** Ensemble de végétaux plantés (généralt au plur.). *L'orage a saccagé les plantations.* ⇒ **culture. 2.** Terrain, champ planté. *Une plantation de légumes* (potager), *d'arbres fruitiers* (verger). **3.** Exploitation agricole de produits tropicaux (⇒ **planteur**). **III.** *La plantation des cheveux,* la manière dont ils sont plantés (4). ⇒ **implantation.**

le PLANTAUREL ou **les PETITES PYRÉNÉES** ▪ Petite chaîne calcaire des avant-monts pyrénéens (Ariège et Aude), culminant à 973 m.

① **PLANTE** n. f. ▪ Végétal (surtout végétal à racine, tige, feuilles [excluant les champignons, les mousses...], de petite taille [opposé à *arbre*]). *Étude des plantes.* ⇒ **botanique.** *Les plantes d'une région.* ⇒ **flore, végétation.** *Plantes grimpantes, rampantes. Plantes grasses,* les cactus. *Plantes d'appartement, plantes vertes,* sans fleurs, à feuilles toujours vertes.

② **PLANTE** n. f. ▪ Face inférieure (du pied) ; la partie comprise entre le talon et la base des orteils (⇒ **plantaire**). *La plante des pieds.*

PLANTÉ, ÉE adj. ▪ (personnes) **1.** *Bien planté,* droit et ferme sur ses jambes, bien bâti. **2.** Debout et immobile. *Ne restez pas planté là sans rien faire.*

Gaston PLANTÉ (1834-1889) ▪ Physicien français. Il est l'inventeur du premier accumulateur électrique (1859).

Plantagenêt. Plaque de cuivre émaillé provenant du tombeau de Geoffroi Plantagenêt, France XIIe s. Musée Tessé, Le Mans. *Phot. © Dagli Orti*

PLANTER v. tr. [1] • **1.** Mettre, fixer (un plant, une plante) en terre. *Planter des salades.* ⇒ **repiquer. 2.** Mettre en terre (des graines, bulbes, tubercules). ⇒ **semer.** *Planter des haricots.* **3.** *Planter un lieu,* le garnir de végétaux qu'on plante par plants ou semences. ⇒ **ensemencer.** – au p. p. *Avenue plantée d'arbres.* **4.** Enfoncer, faire entrer en terre (un objet). ⇒ **ficher.** *Planter un pieu.* – *Planter des clous.* – pronom. *Une écharde s'est plantée dans son pied.* – au p. p. *Cheveux plantés serré,* qui poussent serrés. *Dents mal plantées.* **5.** Mettre, placer debout, droit. ⇒ **dresser.** *Planter sa tente. Planter les décors,* les disposer sur scène. **6.** *PLANTER LÀ qqn, qqch.,* l'abandonner brusquement. *Il l'a planté là et il est parti.* ► SE **PLANTER** v. pron. **1.** (passif) *Cet arbuste se plante en automne.* **2.** (personnes) Se tenir debout et immobile (par rapport à qqch.). *Il est venu se planter devant nous.* ⇒ se **camper** ; **planté** (2). **3.** FAM. (véhicule) Sortir de la route ; avoir un accident. *Il s'est planté en moto.* ♦ fig. Échouer. *Se planter à un examen.* – Faire une erreur. *Se planter dans ses prévisions.*

PLANTEUR, EUSE • **I.** n. Agriculteur qui possède et exploite une plantation (II, 3) dans un pays tropical. *Un planteur de café.* **II.** n. m. Punch aux jus de fruits.

PLANTIGRADE adj. • ZOOL. Qui marche sur la plante des pieds (opposé à *digitigrade*). *L'homme, l'ours sont plantigrades.* – n. m. *Les plantigrades.*

PLANTOIR n. m. • Outil de jardinage taillé en pointe pour ouvrir dans le sol le trou qui recevra le plant à repiquer.

PLANTON n. m. • Soldat de service auprès d'un officier supérieur, pour porter ses ordres ; sentinelle sans armes. – fig. FAM. *Faire le planton :* attendre debout.

PLANTUREUX, EUSE adj. • **1.** Très abondant. *Repas plantureux et bien arrosé.* ⇒ **copieux. 2.** *Femme plantureuse,* grande et bien en chair. ► adv. PLANTUREUSEMENT

PLAQUAGE n. m. • **1.** Confection d'un placage. **2.** SPORTS Action de plaquer (I, 4) un adversaire. **3.** FAM. Abandon.

PLAQUE n. f. • **I. 1.** Feuille d'une matière rigide, plate et peu épaisse. *Plaque d'égout en fonte. Les plaques chauffantes d'une cuisinière électrique.* ♦ Couche peu épaisse. *Une plaque de verglas.* – *Plaque dentaire :* mince couche visqueuse recouvrant les dents, qui contient des bactéries. **2.** Plaque portant une inscription. *Plaque d'identité. Plaque d'immatriculation.* **3.** *PLAQUE TOURNANTE :* plate-forme tournante, servant à déplacer le matériel roulant. – fig. Carrefour, lieu d'échanges. *Paris est la plaque tournante de la France.* **4.** PHOTOGR. *Plaque sensible,* support rigide recouvert d'une émulsion photosensible. **5.** GÉOL. Fraction de l'écorce terrestre formant un bloc. *La tectonique des plaques.* **II.** Tache étendue. *Avoir des plaques rouges sur le visage.*

PLAQUÉ n. m. • Métal recouvert d'un autre plus précieux. *Plaqué or.*

PLAQUER v. tr. [1] • **I. 1.** Appliquer (une plaque) sur qqch. **2.** Mettre (qqch.) à plat. *Elle a plaqué ses cheveux, elle s'est plaqué les cheveux.* **3.** *Plaquer un accord,* en produire les notes ensemble. **4.** *Plaquer qqn, qqch. contre, sur qqch.,* l'y appuyer avec force. – SPORTS Faire tomber (le porteur du ballon) en le saisissant par les jambes (⇒ **plaquage**). **II.** FAM. Abandonner (qqn, qqch.). *Elle vient de le plaquer. Elle a tout plaqué pour lui.* ⇒ **lâcher. III.** Couvrir (qqch.) d'une couche plate (de métal, de bois...). – au p. p. *Bois plaqué* (⇒ **contreplaqué**). *Un meuble plaqué de merisier. Des bijoux plaqués.* ⇒ **plaqué.**

PLAQUETTE n. f. • **1.** Petite plaque. *Une plaquette de beurre.* – *Plaquette de pilules.* **2.** Petit livre très mince. *Une plaquette de vers.* **3.** ANAT. *Plaquettes (sanguines) :* cellules sans noyau, jouant un rôle dans la coagulation du sang.

PLASMA n. m. • **I.** *Plasma sanguin,* partie liquide du sang. ⇒ **sérum. II.** Gaz entièrement ionisé. *Le plasma solaire.*

-PLASTE, -PLASTIE Éléments, du grec *plassein* « modeler » (ex. *galvanoplastie*).

PLASTIC n. m. • Masse d'explosif malléable. *Attentat au plastic* (⇒ **plastiquer**).

PLASTICITÉ n. f. • Caractère de ce qui est plastique, malléable. *La plasticité de la cire.* ♦ fig. *La plasticité du caractère de l'enfant.*

PLASTIFIER v. tr [7] • Donner les propriétés d'une matière plastique à (une substance). – Couvrir, enrober de matière plastique. – au p. p. *Carte d'identité plastifiée.*

PLASTIQUE • **I.** adj. et n. f. **1.** adj. Qui a le pouvoir de donner une forme. *Chirurgie plastique.* ⇒ **esthétique. 2.** Relatif aux arts qui élaborent des formes. *Arts plastiques,* sculpture, architecture, dessin, peinture. *La beauté plastique d'une œuvre.* ♦ n. f. *Les règles de la plastique.* **3.** Beau de forme. ♦ n. f. Beauté des formes du corps. *Il est soucieux de sa plastique.* **II.** adj. **1.** Flexible, malléable, mou. *L'argile est plastique.* ♦ fig. *Un caractère plastique.* **2.** *Matière plastique* ou n. m. *du plastique :* mélange contenant une matière de base susceptible d'être moulée (bakélite, cellulose, galalithe, nylon, résine, silicone...). *Feuille de plastique.* – appos. *Emballage plastique.*

PLASTIQUEMENT adv. • Du point de vue de la plastique, de la beauté des formes.

PLASTIQUER v. tr. [1] • Faire exploser au plastic. *Les terroristes ont plastiqué son appartement.* ► n. m. PLASTIQUAGE

PLASTIQUEUR, EUSE n. • Personne qui commet un attentat au plastic.

PLASTRON n. m. • Partie (d'un vêtement) qui recouvre la poitrine. *Plastron de chemise.* – *Plastron d'escrimeur* (protection).

PLASTRONNER v. intr. [1] • Parader, poser (en « bombant le torse »). *Il plastronne pour la galerie.*

① **PLAT, PLATE** adj. et n. m. • **I.** adj. concret **1.** Qui présente une surface plane ; horizontal. *Les Anciens croyaient que la Terre était plate. Pays plat,* plaine, plateau. **2.** Dont le fond est plat ou peu profond. *Assiette plate. Des huîtres plates.* **3.** Peu saillant. *Ventre plat.* – *À PLAT VENTRE* loc. adv. : étendu, couché sur le ventre, la face contre terre. fig. *Ils sont à plat ventre devant leurs supérieurs,* ils s'abaissent servilement. **4.** De peu d'épaisseur. *Avoir la bourse plate,* vide. – Qui n'est pas haut. *Talons plats. Chaussures plates,* à talons plats. **5.** *À PLAT* loc. adv. : horizontalement, sur la surface plate. *Posez le tissu bien à plat.* – *Pneu à plat.* ⇒ **dégonflé.** ♦ (personnes) FAM. *Être à plat,* déprimé, épuisé. ♦ *Mettre à plat (une question...),* examiner dans le détail tous les éléments. **6.** *Rimes plates,* alternance de deux vers à rime masculine et deux vers à rime féminine. **II.** adj. fig. **1.** Sans caractère saillant ni qualité frappante. *Style plat.* ⇒ **fade, médiocre. 2.** (personnes) Obséquieux. *Il est très plat devant ses supérieurs.* – *De plates excuses.* **3.** *De l'eau plate,* non gazeuse. **III.** n. m. **1.** La partie plate (de qqch.). *Le plat de la main,* la paume et les doigts non repliés. – Partie plate d'une route (opposé à *côte, pente*). *Faire du vélo sur les plats.* **2.** Plongeon manqué où le corps frappe l'eau à plat. *Faire un plat.* **3.** FAM. *FAIRE DU PLAT à qqn,* chercher à le séduire par de belles paroles. ⇒ **courtiser, flatter. 4.** Chacun des deux côtés de la reliure d'un livre.

② **PLAT** n. m. • **I. 1.** Pièce de vaisselle plus grande que l'assiette, dans laquelle on sert les aliments à table. *Des plats en porcelaine.* – *Des œufs au plat, sur le plat,* qu'on fait cuire dans la poêle sans les brouiller. ♦ loc. *Mettre les pieds dans le plat,* intervenir maladroitement. *Mettre les petits plats dans les grands,* se mettre en frais en l'honneur de qqn. **2.** *PLAT À BARBE :* plat ovale et creux, marqué d'une échancrure pour le cou, utilisé autrefois par les barbiers. **II.** Mets d'un repas. *Plats régionaux.* ⇒ **recette, spécialité.** *Plat garni,* composé de viande ou de poisson et de légumes. *Plat du jour :* au restaurant, plat qui varie selon les jours. *Plat de résistance**. ♦ fig. FAM. *Faire tout un plat de qqch. :* accorder à qqch. trop d'importance.

le río de La PLATA • Estuaire d'Amérique du Sud qui sépare l'Argentine de l'Uruguay.

La PLATA • Port d'Argentine situé sur la rive droite du río de la Plata. 542 000 hab.

PLATANE n. m. • **1.** Arbre élevé, à large frondaison, à écorce lisse se détachant par plaques irrégulières. *Avenue bordée de platanes.* – FAM. *Rentrer dans un platane,* heurter un arbre (en voiture). **2.** *FAUX PLATANE :* variété d'érable (sycomore).

platane. *Phot. © Van Gaalen/Jacana*

PLATE n. f. ▪ RÉGIONAL Petite embarcation légère, à fond plat.

PLATEAU n. m. ▪ **I. 1.** Support plat servant à poser et à transporter des objets, des marchandises. *Servir le café sur un plateau.* - *Plateau-repas,* servi dans les avions, les trains, etc. *Plateau de fromages :* assortiment de fromages. - loc. *Il voudrait qu'on lui apporte tout sur un plateau,* sans qu'il ait d'effort à faire. **2.** spécialt *Les plateaux d'une balance. Plateau (d'un tourne-disque).* ⇒ ① **platine. II.** Étendue de pays assez plate et dominant les environs. *Plateau calcaire.* ⇒ **causse.** *Plateau continental :* fond marin proche des côtes, jusqu'à deux cents mètres de profondeur. ⇒ **plate-forme. III.** Plate-forme où est présenté un spectacle, etc. *Le plateau d'un théâtre,* les planches, la scène. *Le plateau d'un studio de cinéma.* - Ensemble des installations, du personnel nécessaires à la prise de vues en studio.

PLATEAU D'ASSY ▪ Station climatique et touristique de Haute-Savoie (1 000 à 1 500 m d'alt.). Commune de Passy. Église (1937-1945) décorée par les plus grands peintres de l'époque (Léger, Lurçat, Rouault, Bonnard, Bazaine, Matisse).

PLATE-BANDE n. f. ▪ Bande de terre cultivée, dans un jardin. *Une plate-bande de tulipes.* - fig. FAM. *Marcher sur les plates-bandes de qqn,* empiéter sur son domaine. ◇ var. PLATEBANDE.

PLATÉE n. f. ▪ Contenu d'un plat. *Une platée de purée.* - FAM. Grosse quantité.

PLATÉES ou **PLATÉE** ▪ Ancienne ville de Grèce (Béotie). Victoire des Grecs sur les Perses en 479. → guerres **médiques.**

PLATE-FORME n. f. ▪ **I. 1.** Surface plane, horizontale, plus ou moins surélevée. *Plate-forme de quai. Des plates-formes.* **2.** Partie ouverte, non munie de sièges (d'un véhicule public). **3.** Plateau (II). GÉOGR. *Plate-forme continentale.* ⇒ **plateau. 4.** *Plate-forme de forage :* installation servant à l'exploitation des gisements pétroliers en mer. **II.** fig. Ensemble d'idées, sur lesquelles on s'appuie pour présenter une politique commune. ⇒ **base.** *La plate-forme électorale d'un parti.* ◇ var. PLATEFORME.

PLATEMENT adv. ▪ D'une manière plate, banalement. *C'est écrit platement.*

① **PLATINE** n. f. ▪ Support plat. - spécialt *La platine d'un tourne-disque ;* absolt *une platine laser.* - *Platine de microscope,* lame mince portant l'objet à examiner.

② **PLATINE** n. m. ▪ Métal précieux, d'un blanc grisâtre. - adj. invar. De la couleur du platine. *Des cheveux platine.* ⇒ ① **platiné.**

① **PLATINÉ, ÉE** adj. ▪ (cheveux) Teint en blond presque blanc. *Une blonde platinée.*

② **PLATINÉ, ÉE** adj. ▪ AUTOM. *VIS PLATINÉES :* pièces de contact en acier au tungstène pour l'allumage.

Michel **PLATINI** (né en 1955) ▪ Footballeur français. Avec l'équipe de France (72 sélections) ou avec la Juventus de Turin, il fut l'un des meilleurs joueurs mondiaux des années 1980.

PLATITUDE n. f. ▪ **1.** Caractère de ce qui est plat, sans originalité. ⇒ **médiocrité. 2.** Ce qui est plat ; chose plate (dans une conversation...). ⇒ **banalité.** *Débiter des platitudes.* **3.** Acte qui témoigne de servilité. ⇒ **bassesse.**

PLATON (428 - 348 av. J.-C.) ▪ Philosophe grec. Élève de Socrate, il en fit le protagoniste de nombreux *"Dialogues".* Il y développe notamment la théorie selon laquelle la contemplation des Idées, modèles immuables dont le monde sensible n'est que l'image, est favorisée par l'étude des mathématiques; elle implique un idéal politique, exprimé dans *"La République".* Platon voulut dépasser dans l'idéalisme les oppositions des penseurs présocratiques (Héraclite et Parménide).

PLATONICIEN, IENNE adj. ▪ Qui s'inspire de la philosophie de Platon (et de ses disciples). *Philosophes platoniciens* et n. m. *les platoniciens.*

PLATONIQUE adj. ▪ **1.** Qui a un caractère purement idéal, sans rien de matériel ou de charnel. *Amour platonique.* ⇒ **chaste, éthéré. 2.** Théorique, de pure forme.

PLATONIQUEMENT adv. ▪ D'une façon platonique (1).

PLATONISME n. m. ▪ Philosophie de Platon et de ses disciples. ■ Caractérisé par le dualisme âme/corps et le primat de l'idée sur le monde perçu, le platonisme s'oppose notamment au réalisme (Aristote, saint Thomas) et à l'empirisme (Locke), qui affirme que la connaissance vient des sens. Les théories platoniciennes n'ont cessé d'exercer une grande influence sur la pensée occidentale. La fin de l'Académie (IIe s.) vit naître un courant *néoplatonicien* (Plotin), à tendance mystique, qui marqua profondément la pensée chrétienne (saint Augustin, Michel Psellos) et la Renaissance (Marsile Ficin).

PLÂTRAGE n. m. ▪ Action de plâtrer.

PLÂTRAS n. m. ▪ Débris d'un ouvrage en plâtre. ⇒ **gravats.**

PLÂTRE n. m. ▪ **1.** Poudre blanche obtenue par cuisson et broyage du gypse et qui, une fois gâchée dans l'eau, fournit un matériau solide ou un mortier plastique. *Pierre à plâtre,* le gypse. *Sac de plâtre. Carreau de plâtre. Plâtre moulé.* ⇒ **stuc.** ♦ fig. FAM. Ce qui a une consistance plâtreuse*. - loc. *Battre qqn comme plâtre,* avec violence. **2.** *LES PLÂTRES :* les revêtements, les ouvrages de plâtre. *Refaire les plâtres.* loc. *Essuyer* les plâtres.* **3.** *UN PLÂTRE :* objet moulé en plâtre. ♦ Appareil formé de pièces de tissu imprégnées de plâtre, pour maintenir un organe immobile. *Avoir une jambe dans le plâtre.*

PLÂTRER v. tr. [1] ▪ **1.** Couvrir de plâtre ; sceller avec du plâtre (⇒ **plâtrage**). **2.** Mettre (un membre fracturé) dans un plâtre. *Il faudra lui plâtrer l'avant-bras.* - au p. p. *Une jambe plâtrée.*

PLÂTRERIE n. f. ▪ **1.** Entreprise, usine où l'on fabrique le plâtre. ⇒ **plâtrière. 2.** Travail du plâtrier.

PLÂTREUX, EUSE adj. ▪ **1.** Couvert de plâtre. **2.** D'une blancheur de plâtre. **3.** Qui a la consistance du plâtre. *Un camembert plâtreux.*

PLÂTRIER n. m. ▪ Ouvrier qui utilise le plâtre gâché pour le revêtement et divers ouvrages. *Plâtrier peintre.*

PLÂTRIÈRE n. f. ▪ **1.** Carrière de gypse à plâtre. **2.** Four à plâtre ; usine où l'on fabrique le plâtre.

PLAUSIBLE adj. ▪ Qui semble devoir être admis. ⇒ **admissible, vraisemblable.** *Une excuse plausible.*

PLAUTE (v. 254 - 184 av. J.-C.) ▪ Auteur latin de comédies. La commedia dell'arte, Molière, Goldoni se sont inspirés de sa verve bouffonne. *"Amphitryon"; "Les Ménechmes"; "Le Soldat fanfaron".*

PLAY-BACK n. m. invar. ▪ anglic. Enregistrement du son en plusieurs fois. - spécialt Interprétation mimée d'un rôle, d'un chant enregistré sur bande magnétique. *Chanter en play-back.*

PLAY-BOY [plɛbɔj] n. m. ▪ anglic. Jeune homme élégant et riche, menant une vie oisive et facile. *Des play-boys.*

Platon. Buste, art romain. Musée Capitolin, Rome. *Phot. © Giraudon*

PLÈBE n. f. ▪ 1. HIST. Second ordre du peuple romain. ⇒ **plébéien.** 2. péj. LITTÉR. Le bas peuple. ⇒ **populace, racaille.**

PLÉBÉIEN, IENNE ▪ 1. n. Romain(e) de la plèbe (opposé à *patricien*). 2. adj. LITTÉR. *Des goûts plébéiens* (opposé à *aristocratique*). ⇒ **populaire.**

PLÉBISCITE n. m. ▪ Vote direct du corps électoral par oui ou par non sur un projet présenté par le pouvoir. ► adj. PLÉBISCITAIRE

PLÉBISCITER v. tr. 1 ▪ 1. Voter (qqch.), désigner (qqn) par plébiscite. *Les Français ont plébiscité la fin de la guerre d'Algérie.* 2. Élire (qqn) ou approuver (qqch.) à une majorité écrasante. *Ce modèle a été plébiscité par notre clientèle.*

PLECTRE n. m. ▪ MUS. 1. ANTIQ. Baguette servant à gratter les cordes de la lyre. 2. MOD. ⇒ **médiator.**

-PLÉGIE Élément (du grec *plêssein* « frapper »), qui signifie « paralysie » (ex. *hémiplégie, paraplégie, tétraplégie*).

PLÉIADE n. f. ▪ I. *(Les Pléiades)* 1. ASTRON. Les six étoiles (les Anciens en comptaient sept) qui forment un groupe dans la constellation du Taureau. 2. MYTHOL. Les sept filles d'Atlas, transformées en étoiles par Zeus. II. 1. HIST. LITTÉR. *La Pléiade,* groupe de sept poètes français du XVIe siècle (Ronsard, du Bellay, Baïf, Jodelle, Pontus de Tyard...). ▪ Le manifeste de du Bellay pour la *"Défense et illustration de la langue française"* (1549) marque l'ambition des poètes de la Pléiade de faire de la littérature française l'égale de son homologue latine, par une « imitation originale ». 2. COUR. Groupe de personnes illustres, remarquables. *Film réunissant une pléiade d'acteurs.*

PLEIN, PLEINE adj. ▪ I. 1. (sens fort) Qui contient toute la quantité possible. ⇒ **rempli.** *Un verre plein, plein à ras bords. Une valise pleine à craquer.* - *Parler la bouche pleine. Avoir l'estomac plein.* 2. (personnes) FAM. *Il est arrivé plein comme une barrique.* ⇒ **soûl.** *Un gros plein de soupe,* un homme gros, vulgaire. 3. Se dit d'une femelle animale en gestation. ⇒ **gros.** *La jument, la vache est pleine.* 4. (avant le nom) *Un plein panier de légumes,* le contenu d'un panier. - loc. (idée d'entier, complet) *Saisir qqch. à pleines mains,* sans hésiter, fermement. 5. Qui contient autant de personnes qu'il est possible. ⇒ **bondé.** *Les autobus sont pleins.* ⇒ **complet.** 6. (temps) *Une journée pleine,* complète ou bien occupée. *Travailler à temps plein* (opposé à *partiel*). 7. Qui éprouve entièrement (un sentiment), est rempli (de connaissances, d'idées). « *Mieux vaut une tête bien faite que bien pleine* » (Montaigne). ♦ (personnes) *PLEIN DE :* pénétré de. *Être plein de son sujet.* - *PLEIN DE SOI-MÊME :* occupé et content de sa propre personne. ⇒ **imbu, infatué.** 8. FAM. *PLEIN AUX AS :* très riche. II. 1. Dont la matière occupe tout le volume. *Une sphère pleine.* ♦ (formes humaines) Rond. ⇒ **dodu, potelé.** *Des joues pleines.* 2. (surtout avant le nom) Qui est entier, à son maximum. *Plein soleil. La pleine lune. Reliure pleine peau,* entièrement en peau. - loc. *Plein air :* air libre, grand* air. *Pleine mer :* le large. ♦ Qui a sa plus grande force. ⇒ **total.** *Plein succès. Donner pleine satisfaction. Les pleins pouvoirs* (⇒ **plénipotentiaire**). 3. loc. adv. *À PLEIN, EN PLEIN.* ⇒ **pleinement, totalement.** *Argument qui porte à plein.* ♦ *EN PLEIN(E),* suivi d'un nom : au milieu de. *Vivre en plein air.* ⇒ **dehors.** *En pleine mer,* au large. *Se réveiller en pleine nuit.* - Exactement (dans, sur). *Visez en plein milieu.* ♦ FAM. *EN PLEIN SUR, DANS :* juste, exactement sur, dans. *En plein dans le mille. En plein dedans.* III. *PLEIN DE :* qui contient, qui a beaucoup de. *Un pré plein de fleurs. Des yeux pleins de larmes.* - (personnes) *Être plein de santé.* - FAM. *TOUT PLEIN (de...). Il y en a tout plein.* IV. confondu avec *plain* « horizontal » *DE PLEIN FOUET* loc. adj. : horizontal. - loc. adv. *Heurter qqch. de plein fouet*.* ► **PLEIN** n. m. I. *LE PLEIN (DE)* 1. État de ce qui est plein. *La lune était dans son plein.* 2. *BATTRE SON PLEIN :* être à son point culminant. 3. Plénitude, maximum. *C'était le plein de la bousculade.* 4. *Faire le plein de,* emplir totalement un réservoir. *Un plein d'essence,* le contenu entier d'un réservoir. ♦ fig. Le maximum. *Le plein des voix de gauche.* II. *UN PLEIN* 1. Endroit plein (d'une chose). *Les pleins et les vides.* 2. Trait épais, dans l'écriture calligraphiée (opposé à *délié*). ► **PLEIN** prép. 1. En grande quantité dans. *Avoir de l'argent plein les poches,* beaucoup. - loc. *En avoir plein la bouche* (de qqn, qqch.), en parler fréquemment. FAM. *En avoir plein les bottes,* être fatigué d'avoir marché. *En avoir plein le dos,* en avoir assez. *En mettre plein la vue* à qqn.* - FAM. Partout sur. *Il a du poil plein la figure.* 2. FAM. *PLEIN DE* loc. prép. ⇒ **beaucoup.** *Il y avait plein de monde.* ♦ *TOUT PLEIN (DE...).* ⇒ **très.** *C'est mignon tout plein.*

PLEINEMENT adv. ▪ Entièrement, totalement. *Il est pleinement responsable.* ⇒ **complètement.**

PLEIN-EMPLOI ou **PLEIN EMPLOI** [plɛn-] n. m. sing. ▪ Emploi de la totalité des travailleurs (opposé à *chômage,* à *sous-emploi*). *Politique de plein-emploi.*

PLÉISTOCÈNE n. m. ▪ GÉOL. Période qui vient après le pliocène, caractérisée par plus de fossiles et l'apparition de l'homme.

Gueorgui **PLEKHANOV** (1856-1918) ▪ Théoricien socialiste russe. Il introduisit l'œuvre de Marx en Russie, puis s'opposa à Lénine.

PLÉNEUF-VAL-ANDRÉ ▪ Commune des Côtes-d'Armor, près de la pointe de Pléneuf. 3 600 hab. *(les Pléneuviens).* Station balnéaire au Val-André.

PLÉNIÈRE adj. f. ▪ *Assemblée plénière,* où siègent tous les membres. - *Indulgence plénière,* complète, totale.

PLÉNIPOTENTIAIRE n. m. ▪ Agent diplomatique qui a pleins pouvoirs pour l'accomplissement d'une mission. ⇒ **envoyé.** - adj. *Ministre plénipotentiaire,* titre immédiatement inférieur à celui d'ambassadeur.

PLÉNITUDE n. f. ▪ 1. LITTÉR. Ampleur, épanouissement. *La plénitude des formes.* 2. État de ce qui est complet, dans toute sa force. *Elle est dans la plénitude de son talent.* ⇒ **intégrité, totalité ; maturité.**

PLÉONASME n. m. ▪ Terme ou expression qui répète ce qui vient d'être énoncé. ⇒ **redondance.** *Pléonasme fautif* (ex. *monter en haut ; panacée universelle ; prévoir d'avance*). ► adj. PLÉONASTIQUE

PLÉRIN ▪ Commune des Côtes-d'Armor. 12 108 hab. *(les Plérinais).*

PLÉSIOSAURE n. m. ▪ PALÉONT. Grand reptile saurien fossile de l'ère secondaire.

PLESSIS-LÈS-TOURS ou **PLESSIS-LEZ-TOURS** ▪ Écart de la commune de La Riche. Vestiges d'un château construit par Louis XI, où il mourut (1483).

Le PLESSIS-ROBINSON ▪ Commune des Hauts-de-Seine. 21 289 hab. *(les Robinsonnais).*

Le PLESSIS-TRÉVISE ▪ Commune du Val-de-Marne. 14 583 hab. *(les Plesséens).*

PLÉTHORE n. f. ▪ LITTÉR. Abondance, excès. *La pléthore d'un produit sur le marché.*

PLÉTHORIQUE adj. ▪ Trop abondant, surchargé. *Classes pléthoriques,* trop pleines.

PLEUMEUR-BODOU ▪ Commune des Côtes-d'Armor, dans l'arrondissement de Lannion. 3 677 hab. *(les Pleumeurois).* Station de télécommunications spatiales. Musée des Télécommunications.

Pleumeur-Bodou. Le musée des Télécommunications.
Phot. © Alin Buu/Gamma

PLEUR n. m. ▪ 1. Larme. *Verser un pleur.* 2. au plur. *LES PLEURS.* Le fait de pleurer, les larmes ; plaintes dues à une vive douleur. *Répandre, verser des pleurs.* - *EN PLEURS. Elle était tout en pleurs.*

PLEURAL, ALE, AUX adj. ▪ Qui concerne la plèvre.

PLEURARD, ARDE ▪ 1. adj. et n. (Personne) qui pleure à tout propos. ⇒ **pleurnicheur.** 2. adj. *Air, ton pleurard.* ⇒ **geignard, plaintif.**

PLEURER v. intr. [1] ▪ **I. 1.** Répandre des larmes, sous l'effet d'une émotion pénible. ⇒ **pleurnicher, sangloter** ; FAM. **chialer.** *Pleurer à chaudes larmes, comme un veau,* beaucoup. – *Elle pleurait de rage. Un bébé qui pleure.* ⇒ **crier.** – loc. *C'est Jean qui pleure et Jean qui rit,* il passe facilement de la tristesse à la gaieté. **2.** *À PLEURER, À FAIRE PLEURER :* au point de pleurer, de faire pleurer. ⇒ **déplorable.** *Bête à pleurer,* extrêmement. **3.** (autres émotions) *Pleurer de rire.* – (d'un réflexe de protection de l'œil) *Le vent me fait pleurer. Avoir les yeux qui pleurent.* **II. 1.** Être dans un état d'affliction. *Consoler ceux qui pleurent,* les affligés (⇒ **éploré**). – *PLEURER SUR :* s'affliger à propos de (qqn, qqch.). *Pleurer sur son sort.* ⇒ **gémir,** se **lamenter. 2.** Présenter une demande d'une manière plaintive et pressante. *Pleurer pour obtenir une augmentation.* **III.** trans. **1.** Regretter, se lamenter sur. *Pleurer sa jeunesse enfuie. Pleurer un enfant* (mort). – FAM. *Pleurer misère,* se plaindre. **2.** FAM. Accorder, dépenser à regret (seulement en loc.). *Pleurer le pain qu'on mange,* être avare. **3.** Laisser couler (des larmes, des pleurs). *Elle pleura des larmes de joie.* ⇒ **répandre, verser.**

PLEURÉSIE n. f. ▪ Inflammation de la plèvre. *Pleurésie sèche,* sans épanchement (syn. PLEURITE **n. f.**).

PLEURÉTIQUE adj. ▪ **1.** Relatif à la pleurésie. **2.** Qui souffre de pleurésie. – n. *Un, une pleurétique.*

PLEUREUR adj. m. ▪ *SAULE PLEUREUR,* dont les branches retombent vers le sol.

PLEUREUSE n. f. ▪ Femme payée pour pleurer aux funérailles. *Des pleureuses corses.*

PLEURNICHER v. intr. [1] ▪ FAM. Pleurer sans raison, d'une manière affectée ; se plaindre sur un ton geignard. ⇒ **larmoyer.** ► n. f. PLEURNICHERIE ► n. et adj. PLEURNICHEUR, EUSE ou PLEURNICHARD, ARDE

PLEUROTE n. m. ▪ Champignon dont le pied s'insère sur le côté du chapeau (il est comestible et apprécié).

PLEUTRE n. m. ▪ LITTÉR. Homme sans courage. ⇒ **couard, lâche.** – adj. *Il est très pleutre.*

PLEUTRERIE n. f. ▪ LITTÉR. Lâcheté.

PLEUVINER v. impers. [1] ▪ Bruiner, faire du crachin. ◇ syn. PLUVINER.

PLEUVOIR v. [23] ▪ **I.** v. impers. **1.** *Il pleut :* la pluie tombe. *Il pleut légèrement.* ⇒ **bruiner, pleuvoter, pleuviner.** *Il pleuvait à verse, à flots, à seaux, à torrents,* (FAM.) *comme vache qui pisse,* très fort. **2.** Tomber. *Il pleut de grosses gouttes,* (loc.) *des cordes, des hallebardes.* – loc. FAM. *Comme s'il en pleuvait.* ⇒ **beaucoup. II.** v. intr. (surtout 3e pers. du plur.) **1.** S'abattre, en parlant de ce que l'on compare à la pluie. *Les coups pleuvaient sur son dos.* **2.** Affluer, arriver en abondance. *Les contraventions pleuvent.*

PLEUVOTER v. impers. [1] ▪ Pleuvoir légèrement, par petites averses. ⇒ **crachiner.** ◇ syn. PLEUVASSER ; PLEUVIOTER.

PLEVEN ▪ Ville de Bulgarie. 137 964 hab.

PLÈVRE n. f. ▪ Chacune des deux membranes qui enveloppent les poumons (⇒ **pleural**). *Inflammation de la plèvre.* ⇒ **pleurésie.**

PLEXIGLAS [-glas] n. m. (nom déposé) ▪ Plastique dur transparent imitant le verre.

PLEXUS [-ys] n. m. ▪ Réseau de nerfs ou de vaisseaux. *Plexus solaire,* au creux de l'estomac.

PLEYBEN ▪ Commune du Finistère, dans le bassin de Châteaulin. 3 446 hab. *(les Pleybennois).* Enclos paroissial élevé du XVe au XVIIe s.

Ignaz PLEYEL (1757 - 1831) ▪ Compositeur autrichien. Il fonda à Paris une célèbre fabrique de pianos.

PLI n. m. ▪ **I. 1.** Partie d'une matière souple rabattue sur elle-même. *Les plis d'un éventail. Jupe à plis.* ⇒ **plissé. 2.** Ondulation (d'un tissu flottant). *Les plis d'un drapeau.* ♦ Mouvement (de terrain) qui forme une ondulation. *Pli de terrain* (⇒ **plissement**). **3.** Marque qui reste à ce qui a été plié. ⇒ **pliure.** *Faire le pli d'un pantalon,* le repasser. – *FAUX PLI* ou absolt *PLI :* endroit froissé ou mal ajusté. – loc. FAM. *Cela ne fait (ne fera) pas un pli :* cela ne fait pas de difficulté, de doute. **4.** *MISE EN PLIS :* opération qui consiste à donner aux cheveux mouillés la forme qu'ils garderont une fois secs. **5.** loc. *PRENDRE UN (LE) PLI :* acquérir une habitude. *Elle a pris le mauvais pli.* **6.** Repli ou marque allongée sur la peau. *Son ventre fait des plis.* **II. 1.** Papier replié servant d'enveloppe. *Envoyer un message sous pli cacheté.* **2.** Levée, aux cartes. *Faire tous les plis.*

PLIABLE adj. ▪ Qui peut être plié sans casser. *Un carton pliable.*

PLIAGE n. m. ▪ **1.** Action de plier ; manière dont une chose est pliée. **2.** Fait de plier et replier du papier pour obtenir une forme. – Objet ainsi produit.

PLIANT, ANTE ▪ **1.** adj. Articulé de manière à pouvoir se plier. *Un lit pliant.* **2.** n. m. Siège de toile sans dossier ni bras, à pieds articulés en X.

PLIE n. f. ▪ Poisson plat comestible. ⇒ **carrelet.**

PLIER v. [7] ▪ **I.** v. tr. **1.** Rabattre (une chose souple) sur elle-même. *Plier sa serviette.* – au p. p. *Feuille pliée en quatre.* ♦ FAM. *Plier ses affaires,* les ranger. – loc. *Plier bagage,* faire ses bagages, s'apprêter à partir, à fuir ; partir. **2.** Courber (une chose flexible). ⇒ **ployer, recourber.** *Plier une branche.* – (articulation) *Plier le genou, la jambe.* – passif et p. p. *Être plié en deux par l'âge.* ⇒ **courbé.** FAM. *Être plié en deux* (de rire). **3.** Rabattre l'une sur l'autre (les parties d'un ensemble articulé). ⇒ **replier.** *Plier une chaise longue.* **4.** fig. Adapter. *Plier ses projets aux circonstances.* ♦ (compl. personne) Forcer à s'adapter. *Il plie ses élèves à une discipline sévère.* – pronom. Suivre, s'adapter par force. ⇒ **céder,** se **soumettre.** *Elle se plie à tous ses caprices.* ⇒ **obéir.** *Se plier aux circonstances.* **II.** v. intr. **1.** Se courber, fléchir. ⇒ **céder.** *La branche plie sous le poids des fruits.* ⇒ s'**affaisser. 2.** (personnes) Céder, faiblir. *Rien ne le fit plier.* ⇒ **mollir.**

PLINE L'ANCIEN (23 - 79) ▪ Écrivain et naturaliste latin. Il mourut en observant l'éruption du Vésuve. *"Histoire naturelle".* ► **PLINE LE JEUNE** (61 - v. 114), son neveu et fils adoptif. *"Lettres".*

PLINTHE n. f. ▪ Bande plate de menuiserie au bas d'une cloison, d'un lambris.

PLIOCÈNE n. m. ▪ GÉOL. Période (tertiaire) succédant au miocène.

Charles PLISNIER (1896 - 1952) ▪ Poète et romancier belge d'inspiration marxiste. Il chercha à concilier l'idéal de la révolution et le message de l'Évangile. *"Mariages"* (1963).

PLISSAGE n. m. ▪ Action de former des plis, un plissé.

PLISSÉ, ÉE ▪ **1.** adj. À plis. *Jupe plissée.* ♦ Qui forme des plis. *Une peau toute plissée.* **2.** n. m. Ensemble, aspect des plis. *Le plissé d'une jupe.*

PLISSEMENT n. m. ▪ **1.** Action de plisser (la peau de). ⇒ **froncement.** *Le plissement de son front.* **2.** Déformation des couches géologiques par pression latérale, produisant un ensemble de plis. *Le plissement alpin.*

PLISSER v. tr. [1] ▪ Couvrir de plis. **1.** Modifier (une surface souple) en y faisant un arrangement de plis. *Plisser un tissu, une jupe.* – pronom. *L'écorce terrestre s'est plissée.* **2.** Contracter les muscles de... en formant un pli. ⇒ **froncer.** *Plisser les yeux,* les fermer à demi. – pronom. *Son front se plissait.*

PLIURE n. f. ▪ **1.** Endroit où une partie se replie sur elle-même. *À la pliure du bras.* **2.** Marque formée par un pli. *La pliure d'un ourlet.*

PLOC interj. ▪ Bruit de chute d'un objet qui s'écrase au sol ou s'enfonce dans l'eau. ⇒ **floc, plouf.** – n. m. *Avec un ploc sourd.*

PLOEMEUR ▪ Commune du Morbihan. 17 637 hab. *(les Ploemeurois).*

PLOËRMEL ▪ Commune du Morbihan. 6 996 hab. *(les Ploërmelais).* Église et maisons anciennes.

PLOIEMENT n. m. ▪ LITTÉR. Action de ployer, de plier (qqch.) ; fait de se ployer, d'être ployé.

PLOIEȘTI ▪ Ville industrielle de Roumanie. 252 073 hab. Pétrole.

PLOMB [plɔ̃] n. m. ▪ **I.** *DU PLOMB* **1.** Métal lourd d'un gris bleuâtre, mou, facile à travailler. *Toiture en plomb ; tuyau de plomb.* ⇒ **plomberie.** – *SOLDATS DE PLOMB :* figurines (à l'origine, en plomb) représentant des soldats. **2.** (symbole de pesanteur ; opposé à *plume*) *Lourd comme du plomb.* loc. *Avoir du plomb dans l'estomac,* un poids sur l'estomac. *N'avoir pas de plomb dans la tête,* être léger, étourdi. – *DE PLOMB, EN PLOMB :* lourd. *Sommeil de plomb,* très profond. *Un soleil de plomb.* **3.** Alliage au plomb (spécialt utilisé en typographie). – Typographie traditionnelle « au plomb ». **II.** *UN PLOMB* **1.** *Plomb (de sonde),* masse de plomb attachée à l'extrémité d'une corde (pour sonder). ♦ Grains de plomb lestant un bas de ligne, un filet. - Petit disque de plomb portant une marque, qui sert à sceller un colis, etc. ⇒ **sceau.** **2.** Chacun des grains sphériques qui garnissent une cartouche de chasse. *Des plombs de chasse.* ⇒ **chevrotine.** **3.** Baguette de plomb qui maintient les verres d'un vitrail. **4.** Fusible. *Les plombs ont sauté.* **5.** VX *Les plombs,* les lieux d'aisance (sans eau courante). **III.** TECHN. *À PLOMB* loc. adv. : verticalement. *Mettre un mur à plomb.* ⇒ **aplomb.** - *Fil* à plomb.*

PLOMBAGE n. m. ▪ Obturation (d'une dent). - FAM. Amalgame* qui bouche le trou d'une dent. *Mon plombage est parti.*

PLOMBÉ, ÉE adj. ▪ **1.** *Teint plombé.* ⇒ **livide.** **2.** Scellé au plomb. *Wagon plombé.* **3.** Obturé. *Dent plombée.*

PLOMBER v. tr. 1 ▪ **I. 1.** Garnir de plomb. *Plomber une sonde.* **2.** v. pron. Devenir livide. *Sa peau se plombait.* **3.** Sceller avec un sceau de plomb. *Plomber un colis.* **4.** Obturer (une dent) avec un alliage argent-étain (amalgame). **II.** ARGOT Blesser. ♦ Contaminer (maladies vénériennes).

PLOMBERIE n. f. ▪ **1.** Fabrication des objets de plomb. **2.** Pose des couvertures en plomb, en zinc. **3.** COUR. Pose des conduites et des appareils de distribution d'eau, de gaz d'un édifice. *Entreprise de plomberie.* ♦ Ces conduites et installations. *La plomberie est en mauvais état.*

PLOMBIER n. m. ▪ Ouvrier, entrepreneur qui exécute des travaux de plomberie. *Plombier-zingueur. Elle est plombier.*

PLOMBIÈRES n. f. ▪ Glace à la vanille garnie de fruits confits.

PLOMBIÈRES-LES-BAINS ▪ Commune des Vosges. 2 084 hab. *(les Plombinais* ou *Plombiériens).* Station thermale. L'entrevue de Plombières entre Napoléon III et Cavour (juillet 1858) décida de la campagne d'Italie.

PLONGE n. f. ▪ Travail des plongeurs (II), dans un restaurant, etc. ⇒ **vaisselle.**

PLONGEANT, ANTE adj. ▪ Qui est dirigé vers le bas (dans des expr.). *Vue plongeante.* - *Décolleté plongeant,* très profond.

PLONGÉE n. f. ▪ **1.** Action de plonger et de séjourner sous l'eau (plongeur, sous-marin). *Sous-marin en plongée.* **2.** PHOTOGR., CIN. Vue plongeante. *Scène filmée en plongée,* de haut en bas (s'oppose à *contre-plongée*).

PLONGEOIR n. m. ▪ Tremplin, dispositif au-dessus de l'eau, permettant de plonger.

① **PLONGEON** n. m. ▪ Oiseau palmipède, de la taille du canard, nichant près de la mer (où il plonge pour se nourrir).

② **PLONGEON** n. m. ▪ **1.** Action de plonger. *Faire un plongeon. Plongeon acrobatique.* ♦ Discipline sportive qui consiste à plonger. **2.** loc. FAM. *Faire le plongeon,* perdre beaucoup d'argent et être en difficulté. **3.** FOOTBALL Détente du gardien de but pour saisir ou détourner le ballon.

PLONGER v. 3 ▪ **I.** v. tr. **1.** Faire entrer dans un liquide, entièrement (⇒ **immerger, noyer**) ou en partie (⇒ **baigner, tremper**). *Plonger sa tête dans une cuvette.* - pronom. *Se plonger dans l'eau,* y entrer tout entier. **2.** Enfoncer (une arme). *Il lui plongea son poignard dans le cœur.* **3.** Mettre, enfoncer (le corps, une partie du corps) dans une chose creuse ou molle. ⇒ **enfouir.** *Plonger la main dans une boîte.* - *Être plongé dans l'obscurité.* **4.** loc. *Plonger ses yeux, son regard dans,* regarder au fond de. **5.** Mettre (qqn) d'une manière brusque et complète (dans une situation). ⇒ **précipiter.** *Vous me plongez dans l'embarras !* - pronom. *Se plonger dans un livre.* ⇒ s'**absorber.** - passif et p. p. *Il était plongé dans sa douleur.* ⇒ **absorbé, perdu.** **II.** v. intr. **1.** S'enfoncer tout entier dans l'eau, descendre au fond de l'eau (⇒ **plongeur**). *Le sous-marin va plonger.* **2.** Se jeter dans l'eau la tête et les bras en avant ; faire un plongeon. **3.** Se jeter ou s'enfoncer (dans, sur, vers...). *Aigle qui plonge sur sa proie.* ⇒ **fondre** sur. **4.** abstrait *Plonger dans le sommeil.* **5.** (regard) S'enfoncer au loin, vers le bas. *Point de vue d'où le regard plonge* (⇒ **plongeant**). ♦ FAM. Voir aisément (d'un lieu plus élevé). *De cette fenêtre, on plonge chez nos voisins.*

PLONGEUR, EUSE n. ▪ **I. 1.** Personne qui plonge sous l'eau (pêcheur sous-marin, homme-grenouille...). **2.** Personne qui plonge, se jette dans l'eau les bras et la tête en avant. **II.** Personne chargée de laver la vaisselle dans un restaurant (⇒ **plonge**).

PLOT n. m. ▪ Pièce métallique permettant d'établir un contact, une connexion électrique. *Les plots et les cosses d'une batterie.*

PLOTIN (v. 205 - 270) ▪ Philosophe de langue grecque. Le maître du néoplatonisme. Il a tenté de préserver l'exigence de rationalité de la philosophie grecque (Platon et Aristote) tout en cherchant à la concilier avec des aspirations mystiques. Il eut une grande influence, même sur la pensée chrétienne. *"Ennéades".*

PLOUC n. ▪ FAM. et péj. (injurieux) **1.** Paysan(ne). **2.** Personne qui a des manières grossières. *Quels ploucs !* - adj. *Il, elle est un peu plouc.*

PLOUF interj. ▪ Bruit d'une chute dans l'eau. ⇒ **ploc.** - n. m. *On entendit un grand plouf.*

PLOUFRAGAN ▪ Commune des Côtes-d'Armor. 10 583 hab.

PLOUGASTEL-DAOULAS ▪ Commune du Finistère, sur une presqu'île de la rade de Brest. 11 139 hab. *(les Plougastels).* Calvaire (XVIIe s.). Fraises.

PLOUMANACH ▪ Station balnéaire des Côtes-d'Armor (commune de Perros-Guirec).

PLOUTOCRATE n. m. ▪ Personnage très riche qui exerce par son argent une influence politique.

PLOUTOCRATIE n. f. ▪ Gouvernement par les plus fortunés.

PLOUTOS ▪ Dieu grec des Richesses.

PLOUZANÉ ▪ Commune du Finistère. 11 400 hab.

PLOVDIV ▪ Ville de Bulgarie. 374 004 hab. Ancienne ville thrace. Musée. Centre agricole et industriel.

PLOYER v. 8 ▪ **I.** v. tr. LITTÉR. Plier, tordre en abaissant. ⇒ **courber.** *Ployer les genoux,* les plier, étant debout. ⇒ **fléchir.** - pronom. *Les herbes se ployaient sous le vent.* **II.** v. intr. **1.** Se courber, se déformer sous une force. ⇒ **céder, fléchir.** *Le vent faisait ployer les arbres. Ses jambes ployèrent sous lui.* ⇒ **faiblir.** **2.** fig. LITTÉR. Céder à une force. ⇒ **fléchir.** *Ployer sous le joug.*

① **PLU** ⇒ PLAIRE

② **PLU** ⇒ PLEUVOIR

PLUCHE ; PLUCHER ; PLUCHEUX ⇒ PELUCHE ; PELUCHER ; PELUCHEUX

Julius **PLÜCKER** (1801 - 1868) ▪ Mathématicien et physicien allemand. Il renouvela la géométrie analytique et découvrit la fluorescence provoquée par les rayons cathodiques (1858).

PLUIE n. f. ▪ **1.** Eau qui tombe en gouttes des nuages sur la terre. ⇒ **pleuvoir, pluvio-** ; FAM. **flotte.** *La pluie tombe à verse. Gouttes de pluie. Pluie fine.* ⇒ **bruine, crachin.** *Pluie diluvienne, battante, torrentielle. Le temps est à la pluie,* il va pleuvoir. *Jour de pluie.* ⇒ **pluvieux.** *Eau de pluie.* ⇒ **pluvial.** **2.** loc. *Ennuyeux comme la pluie,* très ennuyeux. *Après la pluie, le beau temps,* après la tristesse, vient la joie. *Faire la pluie et le beau temps,* être très influent. *Parler de la pluie et du beau temps,* dire des banalités. **3.** *UNE PLUIE :* chute d'eau sous forme de pluie. ⇒ **averse, déluge, giboulée, grain, ondée.** *Une grosse pluie. La saison sèche et la saison des pluies.* ⇒ **hivernage.** **4.** *EN PLUIE :* en gouttes dispersées. - *Sable qui retombe en pluie.* **5.** Ce qui tombe d'en haut, comme une pluie. *S'enfuir sous une pluie de pierres.* **6.** Ce qui est dispensé en grande quantité. ⇒ **avalanche, déluge, grêle.** *Une pluie de coups, d'injures.*

PLUMAGE n. m. ▪ L'ensemble des plumes recouvrant le corps d'un oiseau. ⇒ **livrée.** *Plumages et pelages.*

PLUMARD ou **PLUME** n. m. ▪ FAM. Lit.

PLUME n. f. ▪ **I. 1.** Chacun des appendices qui recouvrent la peau des oiseaux, formé d'un axe (tube) et de barbes latérales, fines et serrées. ⇒ **duvet, rémige.** *Plumes rectrices. Gibier à plume et gibier à poil. L'oiseau lisse ses plumes.* ⇒ **plumage.** **2.** loc. FAM. *Voler dans les plumes (à qqn),* se jeter sur lui, l'attaquer. - FAM. *Y laisser des plumes,* essuyer une perte. - (symbole de légèreté ; opposé à plomb) *Léger comme une plume.* - appos. invar. *POIDS PLUME :* se dit d'une catégorie de boxeurs légers (moins de 57 kg). **3.** Plume d'oiseau utilisée comme ornement, etc. *Chapeau à plumes.* ⇒ **aigrette, panache, plumet.** - *Lit de plume.* FAM. *Se mettre dans les plumes,* dans son lit. ⇒ FAM. **plumard.** **II. 1.** Grande plume de certains oiseaux, dont le tube taillé en pointe servait à écrire. « *Le grincement de ma plume d'oie sur le papier : un délice* » (Léautaud). **2.** Petite lame de métal, terminée en pointe, adaptée à un *porte-plume* ou à un stylo, et qui, enduite d'encre, sert à écrire. anciennt *Plume sergent-major. Un stylo à plume* ou *un stylo-plume.* **3.** Instrument de l'écriture, de l'écrivain. *Prendre la plume.* - *Vivre de sa plume,* faire métier d'écrire.

PLUMEAU n. m. ▪ Ustensile de ménage formé d'un manche court auquel est fixée une touffe de plumes, et qui sert à épousseter. *Donner un coup de plumeau à une étagère.*

PLUMER v. tr. 1 ▪ **1.** Dépouiller (un oiseau) de ses plumes en les arrachant. ▸ au p. p. *Volaille plumée.* **2.** FAM. Dépouiller, voler. *Il s'est laissé plumer.*

PLUMET n. m. ▪ Touffe de plumes garnissant une coiffure.

PLUMETIS n. m. ▪ Étoffe légère brodée de petits pois en relief.

PLUMIER n. m. ▪ Boîte oblongue utilisée pour ranger les plumes, porte-plumes, crayons, gommes.

PLUMITIF n. m. ▪ péj. **1.** Greffier, commis aux écritures ; bureaucrate. ⇒ **gratte-papier.** **2.** Mauvais écrivain.

LA **PLUPART** n. f. ▪ **1.** *LA PLUPART DE* (avec un sing.) : la plus grande part de. *La plupart du temps.* ⇒ **ordinairement.** *La plupart de son temps.* ▸ *LA PLUPART DE* (avec un plur.) : le plus grand nombre de. ⇒ **majorité.** *La plupart des hommes. Dans la plupart des cas,* presque toujours. ▸ *Pour la plupart* loc. adv. : en majorité. **2.** pron. indéf. *LA PLUPART :* le plus grand nombre. *La plupart s'en vont ;* LITTÉR. *s'en va.*

PLURALISME n. m. ▪ Système politique qui repose sur la reconnaissance de plusieurs façons de penser, de plusieurs partis. ► adj. PLURALISTE

PLURALITÉ n. f. ▪ Le fait d'exister en grand nombre, de n'être pas unique. ⇒ **multiplicité.** *La pluralité des opinions.*

PLURI- Élément (du latin *plures* « plus nombreux ») signifiant « plusieurs », qui entre dans la formation d'adjectifs (ex. *pluricellulaire* « qui a plusieurs cellules » ; *pluridisciplinaire* « qui concerne plusieurs disciplines ou sciences » ; *plurilingue* « qui utilise plusieurs langues »). ⇒ **multi-, poly-** ; contr. *mono-, uni-.*

PLURIEL n. m. ▪ **1.** Catégorie grammaticale concernant les mots variables (articles ou déterminants, adjectifs, noms communs, verbes, participes et pronoms) accordés entre eux, qui désignent en principe plusieurs êtres, plusieurs objets, plusieurs notions ou y renvoient (⇒ aussi **duel**). *Le singulier et le pluriel.* ⇒ **nombre.** **2.** Catégorie de la conjugaison des verbes ayant pour sujet les pronoms *nous, vous, ils, elles. La première personne du pluriel.*

① **PLUS** [plys] ▪ **I.** adv. comparatif de supériorité **1.** (en principe [ply] devant consonne, [plyz] devant voyelle, [plys] à la finale) modifiant un verbe, un adjectif, un adverbe. *Je t'aime plus* [plys], *maintenant.* ⇒ **davantage.** *Plus grand. Plus souvent. De plus près.* ▸ *EN PLUS* (suivi d'un adj.). *C'est comme chez lui en plus grand.* **2.** *PLUS... QUE. Il est plus bête que méchant.* ⇒ **plutôt.** *Aimer qqch. plus que tout.* ⇒ **surtout.** *Un résultat plus qu'honorable.* ▸ *Beaucoup, cent fois plus. Deux ans plus tôt.* ▸ (avec un verbe et *ne* explétif) *Il est plus tard que tu ne penses.* **3.** (en corrélation avec *plus* ou *moins*) *Plus on est de fous, plus on rit. D'autant* plus.* **4.** loc. *PLUS OU MOINS. Réussir plus ou moins bien,* avoir des résultats inégaux, ou moyennement. ▸ *NI PLUS NI MOINS :* exactement. *C'est du vol, ni plus ni moins.* **5.** *DE PLUS EN PLUS :* toujours davantage. *De plus en plus fort.* ▸ *ON NE PEUT PLUS* (devant l'adj. ou l'adv.) : au plus haut point. ⇒ **extrêmement.** **II.** nominal **1.** Une chose plus grande, plus importante. absolt *Demander plus. Il était plus de minuit.* ⇒ **passé.** *Plus d'une fois.* ⇒ **plusieurs.** **2.** *PLUS DE* (avec un compl. partitif) : davantage. *Elle avait plus de charme que de beauté.* **3.** loc. *DE PLUS* ([s] prononcé) : encore. *Une fois de plus.* ▸ *DE PLUS, QUI PLUS EST :* en outre. ♦ *EN PLUS.* ⇒ **aussi, avec, également.** ▸ *En plus de* loc. prép. ⇒ **outre.** *En plus de son travail, il suit des cours.* ▸ *SANS PLUS :* sans rien de plus. *Elle est mignonne, sans plus.* **4.** n. m. [plys] prov. *Qui peut le plus peut le moins.* **III.** **1.** conj. de coordination [plys] En ajoutant. ⇒ **et.** *Deux plus trois font cinq* (2+3=5). **2.** S'emploie pour désigner une quantité positive, ou certaines grandeurs au-dessus du point zéro. *Le signe plus* (+). **IV.** *LE, LA, LES PLUS* **1.** adverbial *Ce qui frappe le plus. La plus grande partie.* ⇒ **majeur.** ▸ *Ce que j'ai de plus précieux.* ▸ *DES PLUS :* parmi les plus, très. *Un avenir des plus incertains.* **2.** nominal *LE PLUS DE :* la plus grande quantité. *Les gens qui ont rendu le plus de services.* ▸ *AU PLUS, TOUT AU PLUS* [tutoplys]. ⇒ au **maximum.** **V.** n. m. invar. anglic. *UN, DES PLUS* [plys]. COMM., PUBLICITÉ Avantage. *Apporter un plus.*

② **PLUS** [ply] devant voyelle, liaison en [z] adv. de négation ▪ **1.** *PAS PLUS QUE. Il n'était pas plus ému que ça.* **2.** *NON PLUS :* pas plus que (telle autre personne ou chose dont il est question ; remplace *aussi,* en proposition négative). *Tu n'attends pas ? Moi non plus.* **3.** *NE... PLUS :* désormais... ne pas. *On ne comprend plus. Il n'y en a plus. Elle n'est plus,* elle est morte. *Il n'y a plus personne. Je ne le ferai jamais plus, plus jamais.* FAM. *J'irai plus* (prononc. pop. [py]). lang. enfantin *A pu !* (il n'y en a plus). ▸ *SANS PLUS... Sans plus se soucier de rien.* ▸ LITTÉR. *NON PLUS. Compter non plus par syllabes, mais par mots.* ▸ (sans *ne* ni verbe) *Plus un mot !*

PLUSIEURS ▪ **1.** adj. Plus d'un (en général, plus de deux), un certain nombre. ⇒ **quelque(s).** *Plusieurs fois. En plusieurs endroits.* ⇒ **différent, divers.** **2.** pron. indéf. pl. *Nous en avons plusieurs.* ▸ indéterminé Plusieurs personnes ; certains. *Ils s'y sont mis à plusieurs.*

PLUS-QUE-PARFAIT [plys-] n. m. ▪ Temps composé du passé dans lequel l'auxiliaire est à l'imparfait. *Plus-que-parfait de l'indicatif* (ex. quand il *avait dîné,* il nous quittait ; si j'*avais pu,* je vous aurais aidé). *Plus-que-parfait du subjonctif* (ex. bien qu'il *eût compris,* il ne fit rien transparaître).

PLUS-VALUE [ply-] n. f. ▪ **1.** Augmentation de la valeur d'une chose (bien ou revenu), qui n'a subi aucune transformation matérielle. **2.** terme marxiste Différence entre la valeur des biens produits et le prix des salaires, dont bénéficient les capitalistes.

PLUTARQUE (v. 49 - v. 125) ▪ Historien et moraliste grec. Auteur d'*"Œuvres morales"* et de biographies de héros anciens *("Vies parallèles"),* redécouvertes à la Renaissance grâce à la traduction française d'Amyot.

PLUTON ▪ Nom latin du dieu grec des Enfers, Hadès, devenu le dieu des morts dans la religion romaine.

PLUTON ▪ Une des neuf planètes du système solaire, la plus petite (2 200 km de diamètre) et la plus éloignée du Soleil, découverte en 1930. Elle tourne autour du Soleil en 248 ans et demi et sur elle-même en 6 jours et 9 heures.

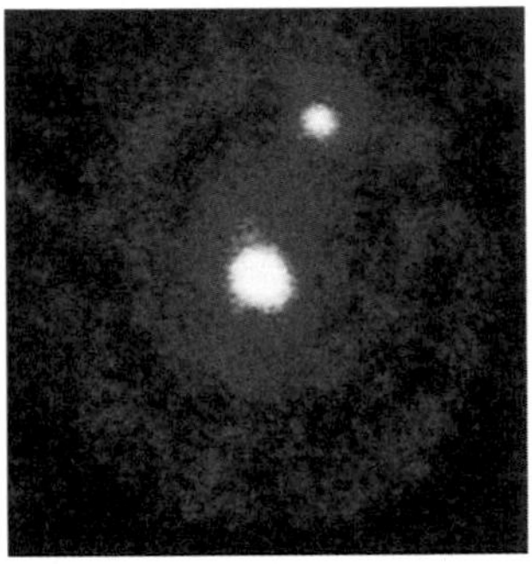

Pluton et son satellite Charon observés par le télescope spatial Hubble.
Phot. © Nasa/S.P.L./Cosmos

PLUTONIUM [-jɔm] n. m. ▪ Élément radioactif produit à partir de l'uranium par bombardement de neutrons.

PLUTÔT adv. ▪ **1.** VIEILLI ou LITTÉR. Plus tôt. (surtout dans *pas plutôt :* pas plus tôt*). **2.** De préférence. ▸ (appliqué à une action) *Choisis plutôt celui-ci. Plutôt que de se plaindre, il ferait mieux de se soigner. Plutôt mourir !* ▸ *OU PLUTÔT :* pour être plus précis. *Elle a l'air méchant, ou plutôt revêche.* *MAIS PLUTÔT. Ce n'est pas lui, mais (bien) plutôt elle qui en porte la responsabilité.* **3.** Passablement, assez. *La vie est plutôt monotone.* ▸ FAM. Très. *Il est plutôt barbant, celui-là !*

PLUVIAL, ALE, AUX adj. ▪ Qui a rapport à la pluie. ▸ *Eaux pluviales,* eaux de pluie.

PLUVIER n. m. ▪ Oiseau échassier migrateur, vivant au bord de l'eau.

PLUVIEUX, EUSE adj. ▪ Caractérisé par la pluie. *Temps pluvieux.* ▸ *Pays pluvieux.*

PLUVIO- Élément, du latin *pluvia* « pluie ».

PLUVIOMÈTRE n. m. ▪ Instrument qui sert à mesurer la quantité de pluie tombée dans un lieu, en un temps donné.

PLUVIÔSE n. m. ▪ Cinquième mois du calendrier républicain (du 20 ou 21 janvier au 18 ou 19 février).

PLUVIOSITÉ n. f. ▪ Caractère pluvieux. Régime des pluies.

PLYMOUTH ▪ Ville du sud de l'Angleterre (Devon). 260 000 hab. Grand port militaire.

PLZEN en allemand ***PILSEN*** ▪ Ville industrielle de la République tchèque, en Bohême. 173 000 hab. Sidérurgie. Brasseries (bière *Pilsen*).

P.M. [peɛm] (sigle) ▪ **1.** n. m. invar. Pistolet mitrailleur. **2.** n. f. invar. Police militaire. – Préparation militaire.

P.M.E. [peɛmø] n. f. invar. (sigle de *petites et moyennes entreprises*) ▪ Entreprise de taille moyenne.

P.M.U. [peɛmy] n. m. invar. ▪ (en France) Sigle de *pari mutuel urbain* (sur les courses de chevaux). ⇒ **tiercé.**

P.N.B. [peɛnbe] n. m. invar. ▪ Sigle de *produit* national brut.*

PNEU n. m. ▪ **1.** Bandage en caoutchouc armé de tissu ou d'acier, tube circulaire tenu par une jante et contenant de l'air. *Les pneus d'un vélo, d'une voiture. Pneu sans chambre à air.* ⇒ **boyau.** *Gonfler un pneu.* **2.** ⇒ **pneumatique** (II).

PNEUMATIQUE ▪ **I.** adj. **1.** Qui fonctionne à l'air comprimé. *Marteau pneumatique.* **2.** Qui se gonfle à l'air comprimé. *Canot pneumatique.* **II.** n. m. en France, jusqu'en 1985 Lettre rapide, envoyée dans un réseau de tubes à air comprimé par les P.T.T. de Paris. ◇ abrév. PNEU.

PNEUMO- Élément savant, du grec *pneumôn* « poumon ».

PNEUMOCOQUE n. m. ▪ Bactérie responsable d'infections respiratoires.

PNEUMONIE n. f. ▪ Inflammation aiguë du poumon, maladie infectieuse due au pneumocoque. ⇒ **bronchopneumonie.**

PNEUMOTHORAX [-aks] n. m. ▪ MÉD. VX *Pneumothorax (artificiel),* insufflation de gaz dans la cavité pleurale d'un tuberculeux (pour la cicatrisation des cavernes du poumon).

le PÔ ▪ Fleuve d'Italie. Né dans les Alpes, il se jette dans l'Adriatique en formant un delta. 652 km. La *plaine du Pô* est la première région économique de l'Italie. Elle couvre le Piémont, la Lombardie, l'Émilie et la Vénétie.

Santa María de POBLET ▪ Célèbre monastère cistercien d'Espagne, en Catalogne (XIIe-XIIIe s.).

POCHADE n. f. ▪ **1.** LITTÉR. Croquis en couleur exécuté en quelques coups de pinceau. **2.** Œuvre littéraire écrite rapidement (souvent sur un ton burlesque).

POCHARD, ARDE n. ▪ FAM. Ivrogne misérable.

① **POCHE** n. f. ▪ **I. 1.** Petit sac, pièce cousu(e) dans ou sur un vêtement et où l'on met les objets qu'on porte sur soi. *Les poches d'une veste. Mettre qqch. dans ses poches.* ⇒ **empocher.** – loc. FAM. *Faire les poches à qqn,* lui prendre ce qui s'y trouve. – *Les mains dans les poches,* sans rien faire (ou sans effort). ♦ *DE POCHE* : de dimensions restreintes. *Livre de poche*, ellipt *un poche* n. m. – *Argent de poche,* destiné aux petites dépenses. ♦ loc. *Se remplir les poches,* s'enrichir (souvent malhonnêtement). – *Payer DE SA POCHE,* avec son propre argent. FAM. *En être de sa poche,* perdre de l'argent quand on aurait dû en gagner. – *Connaître qqch., qqn comme sa poche,* à fond. – (avec *dans*) FAM. *N'avoir pas les yeux dans sa poche,* être observateur, curieux. *Mettre qqn dans sa poche,* l'utiliser à son profit. FAM. *C'est dans la poche,* c'est une affaire faite, c'est facile (FAM. angl. *in the pocket* [inzəpɔkɛt]). **2.** Déformation de ce qui est détendu, mal tendu. *Ce pantalon fait des poches aux genoux.* – *Poches sous les yeux,* formées par la peau distendue (→ FAM. valise). **3.** Petit sac en papier, en matière plastique. ⇒ **pochette, pochon. 4.** Partie, compartiment (d'un bagage, d'un sac). *Les poches d'un sac à dos.* **5.** Organe creux, cavité de l'organisme. *Poche ventrale du kangourou femelle.* **II.** fig. **1.** Cavité remplie (d'une substance). *Une poche d'eau, de pétrole.* **2.** MILIT. Enfoncement dans une ligne de défense. *Poche de résistance.* **3.** Secteur, domaine limité. *Une poche de chômage.*

② **POCHE** n. f. ▪ RÉGIONAL Louche.

POCHER v. tr. 1 ▪ **1.** *Pocher un œil à qqn,* meurtrir par un coup violent. **2.** Cuire sans faire bouillir. – au p. p. *Des œufs pochés.*

POCHETTE n. f. ▪ **1.** Petite enveloppe (d'étoffe, de papier...). *Pochette d'allumettes. POCHETTE-SURPRISE* : cornet de papier qu'on achète ou qu'on gagne sans en connaître le contenu. **2.** Petite pièce d'étoffe disposée dans la poche de poitrine pour l'orner.

POCHOIR n. m. ▪ Feuille à motif découpé sur laquelle on passe de la peinture à la brosse ou au vaporisateur pour répéter des dessins, des inscriptions. *Graffitis peints au pochoir.*

Santa María de **Poblet.**
Le cloître du monastère, XIIIe s.
Phot. © Lauros/Giraudon

POCHON n. m. ▪ RÉGIONAL Sac, sachet.

PODAGRE adj. ▪ (personnes) Qui souffre de goutte au pied. *Un vieillard podagre.*

PODGORICA de 1945 à 1991 ***TITOGRAD*** ▪ Capitale du Monténégro. 18 059 hab.

PODIUM [-jɔm] n. m. ▪ **1.** Plate-forme, estrade sur laquelle on fait monter les vainqueurs après une épreuve sportive. *Les trois marches du podium.* **2.** Plancher surélevé servant de scène.

PODO-, -PODE Éléments savants (du grec *pous, podos* « pied ») qui signifient « pied, organe de locomotion (patte, membre, etc.) » (ex. *pseudopode, gastéropode*). ⇒ **-pède, pédi-.**

PODOLOGIE n. f. ▪ Étude, soins du pied. ► n. PODOLOGUE

PODZOL n. m. ▪ GÉOGR. Sol acide, très délavé, des climats froids.

Edgar Allan POE (1809-1849) ▪ Écrivain américain. Poète (*"Le Corbeau"*, 1845, traduit en français par Mallarmé), critique (*"Philosophie de la composition"*, 1846) et auteur de récits fantastiques, notamment ses *"Histoires extraordinaires"*, 1839 (traduites en français par Baudelaire).

Poe.
Phot. © USIS-DITE

① **POÊLE** [pwal] n. m. ▪ **1.** Pièce chauffée. *Le poêle de Descartes.* **2.** Appareil de chauffage clos, où brûle un combustible. ⇒ **fourneau.** *Poêle de faïence.*

② **POÊLE** [pwal] n. f. ▪ **1.** Ustensile de cuisine en métal, plat, à bords bas, et muni d'une longue queue. *Une poêle à frire.* – loc. *Tenir la queue de la poêle,* avoir la direction d'une affaire. **2.** (ressemblance de forme) Détecteur de mines, de métaux.

③ **POÊLE** [pwal] n. m. ▪ Étoffe noire recouvrant le cercueil, pendant les funérailles. *Les cordons du poêle.*

POÊLER [pwale] v. tr. 1 ▪ Cuire dans une casserole fermée, avec un corps gras. – au p. p. *Viande poêlée.*

POÊLON [pwalɔ̃] n. m. ▪ Casserole de métal ou de terre à manche creux. *Poêlon à fondue.*

POÈME n. m. ▪ **1.** Ouvrage de poésie, en vers ou en prose rythmée (ballade, élégie, épopée, fable, sonnet, etc.).

⇒ **poésie** (2). *"Petits poèmes en prose"* (de Baudelaire). ‑ loc. FAM. *C'est tout un poème,* cela semble extraordinaire. **2.** MUS. *Poème symphonique**.

POÉSIE n. f. ▪ **1.** Art du langage, visant à exprimer ou à suggérer par le rythme (vers* ou prose), l'harmonie et l'image. *Poésie orale, écrite. Le vers, la rime* (⇒ **métrique, prosodie, versification**), *le rythme en poésie. Poésie lyrique, épique.* ♦ VIEILLI *Poésie dramatique :* théâtre en vers. ♦ Manière propre à un poète, à une école, de pratiquer cet art. *La poésie symboliste.* **2.** Poème. *Réciter une poésie.* **3.** Caractère de ce qui éveille l'émotion poétique. *La poésie des ruines.* **4.** Aptitude d'une personne à éprouver l'émotion poétique. *Il manque de poésie,* il est terre à terre, prosaïque.

POÈTE n. m. ▪ **1.** Créateur en langage (aujourd'hui écrivain) qui fait de la poésie. ⇒ (anciennt) **aède, barde, chantre, troubadour, trouvère.** *Les poètes romantiques.* ‑ en parlant d'une femme *Cette femme est un grand poète.* ‑ adj. *Il, elle est poète.* ◇ On a écrit *poëte.* **2.** Auteur dont l'œuvre est pénétrée de poésie. **3.** Personne douée de poésie (4). ⇒ **rêveur.**

POÉTESSE n. f. ▪ Femme poète. ⇒ **poète.**

① **POÉTIQUE** adj. ▪ **1.** Relatif, propre à la poésie. *Style, image poétique. L'inspiration poétique.* ⇒ **muse.** *L'art, un art poétique.* ⇒ ② **poétique.** **2.** Empreint de poésie. ⇒ **lyrique.** *Une prose poétique.* **3.** Qui émeut par la beauté, le charme. *Un paysage très poétique.*

② **POÉTIQUE** n. f. ▪ Traité de poésie. ♦ Théorie générale de la poésie, de la création littéraire. *La poétique d'Aristote.* ⇒ aussi **rhétorique.**

POÉTIQUEMENT adv. ▪ **1.** Au point de vue de la poésie. **2.** D'une manière poétique.

POÉTISER v. tr. [1] ▪ Rendre poétique (2, 3). ⇒ **embellir, idéaliser.** ‑ au p. p. *Des souvenirs poétisés.*

POGGE (1380 ‑ 1459) ▪ Écrivain et humaniste italien. *"Facéties"* (1438-1452).

POGNON n. m. ▪ FAM. Argent.

POGROM [‑ɔm] n. m. ▪ HIST. Massacre et pillage des juifs par le reste de la population (souvent encouragée par le pouvoir).

POIDS n. m. ▪ **I. 1.** Force exercée par un corps matériel, proportionnelle à la masse de ce corps et à l'intensité de la pesanteur au point où se trouve le corps (dans le langage courant, on emploie *poids* pour *masse**). *D'un poids faible* (⇒ **léger**), d'un grand poids (⇒ **lourd, pesant**). ‑ *Poids spécifique,* poids de l'unité de volume. ⇒ **densité.** **2.** Caractère, effet de ce qui pèse. ⇒ **lourdeur, pesanteur.** *Le poids d'un fardeau.* ‑ loc. *Peser de tout son poids,* le plus possible. **3.** Mesure du poids (de la masse). *Denrée vendue au poids.* ‑ *Poids utile,* que peut transporter un véhicule. ‑ (d'une personne) *Prendre, perdre du poids,* grossir, maigrir. *Surveiller son poids.* **4.** Catégorie d'athlètes, de boxeurs, d'après leur poids ; l'athlète, le boxeur. *Poids plume, poids légers, moyens, lourds.* ‑ loc. fig. *Il ne fait pas le poids,* il n'a pas les capacités requises. **II. 1.** Corps matériel pesant. ⇒ **masse ; charge, fardeau.** *Soulever des poids énormes.* **2.** Objet de masse déterminée servant à peser (⇒ **gramme, livre, kilo**). *La balance et les poids.* ‑ loc. *Faire deux poids, deux mesures,* juger deux choses, deux personnes de façon différente sous l'influence d'un intérêt, d'une circonstance. **3.** SPORTS Masse de métal d'un poids déterminé, à soulever, lancer. *Poids et haltères.* ‑ *Le lancement du poids.* **4.** Sensation d'un corps pesant. *Avoir un poids sur l'estomac.* **III.** fig. **1.** Charge pénible. *Vieillard courbé sous le poids des ans.* ‑ Souci, remords. *Cela m'ôte un poids de la conscience.* ‑ POIDS MORT : chose, personne inutile, inactive et qui gêne. **2.** Force, influence (de qqch.). *Le poids d'un argument.*

POIDS LOURD n. m. ▪ Véhicule industriel de fort tonnage. ⇒ **camion.** ‑ appos. *Passer son permis poids lourds.*

POIGNANT, ANTE adj. ▪ Qui cause une impression vive et pénible. ⇒ **déchirant.** *Un souvenir poignant.*

POIGNARD n. m. ▪ Couteau à lame courte et aiguë. ⇒ **dague.** *Frapper qqn d'un coup de poignard, à coups de poignard.*

POIGNARDER v. tr. [1] ▪ Frapper, blesser ou tuer avec un poignard, un couteau.

POIGNE n. f. ▪ **1.** La force du poing, de la main, pour empoigner, tenir. *Avoir de la poigne.* **2.** fig. Énergie, fermeté. *Un homme à poigne.*

POIGNÉE n. f. ▪ **1.** Quantité (d'une chose) que peut contenir une main fermée. *Une poignée de sel.* ‑ *À poignées, par poignées :* à pleines mains. **2.** Petit nombre (de personnes). *Une poignée de mécontents.* **3.** Partie (d'un objet : arme, ustensile) spécialement disposée pour être tenue avec la main serrée. *Une poignée de porte ; la poignée d'une porte.* ⇒ **bec-de-cane.** **4.** POIGNÉE DE MAIN : geste par lequel on serre* la main de qqn, pour saluer amicalement.

POIGNET n. m. ▪ **1.** Articulation qui réunit l'avant-bras à la main. ‑ loc. *À la force du poignet,* en se hissant à la force des bras ; fig. par ses seuls moyens, et en faisant de grands efforts. **2.** Extrémité de la manche, couvrant le poignet. *Des poignets de chemise.* ‑ *Poignet de force,* bracelet de cuir large et serré.

POIL n. m. ▪ **I. 1.** Production filiforme sur la peau de certains animaux (surtout mammifères). *Un chat qui perd ses poils. Les poils d'une fourrure.* ‑ Ces poils utilisés dans la confection d'objets. *Les poils d'un pinceau.* par ext. *Poils en nylon* (d'une brosse...). **2.** LE POIL. ⇒ **pelage.** *Gibier à poil.* ‑ loc. FAM. *Caresser qqn dans le sens du poil,* chercher à lui plaire. ♦ Peau d'animal garnie de ses poils et ne méritant pas le nom de fourrure. *Bonnet à poil.* **3.** Cette production chez l'être humain lorsqu'elle n'est ni un cheveu, ni un cil. *Les poils du visage* (⇒ **barbe, moustache, sourcil ; duvet**), du torse, du pubis. *Ne plus avoir un poil de sec,* être trempé (par la pluie, la sueur ; fig. la peur). ♦ collectif LE POIL, DU POIL. *Avoir du poil sur le corps* (⇒ **poilu**). **4.** loc. FAM. *Avoir un poil dans la main,* être très paresseux. *Tomber sur le poil de qqn,* se jeter brutalement sur lui. ‑ *Reprendre du poil de la bête,* se ressaisir. *De tout poil* (ou *de tous poils*), de toute espèce (personnes). *Des gens de tout poil.* ‑ FAM. À POIL : tout nu. ‑ FAM. *De bon, de mauvais poil :* de bonne, de mauvaise humeur. **5.** POIL À GRATTER : bourre piquante des fruits du rosier (⇒ **gratte-cul**). **6.** Partie velue d'un tissu. *Les poils d'un velours, d'un tapis.* **II.** fig. **1.** FAM. Une très petite quantité. *Il n'a pas un poil de bon sens.* ⇒ **once.** ‑ *À un poil près,* à très peu de chose près. ⇒ **cheveu.** **2.** loc. adv. FAM. AU POIL : parfaitement. *Ça marche au quart de poil !* ‑ adj. FAM. *Elle est au poil, ta copine,* très bien. ‑ exclam. *Au poil !,* parfait.

POILANT, ANTE adj. ▪ FAM. Très drôle.

SE **POILER** v. tr. [1] ▪ FAM. Rire aux éclats.

POILU, UE adj. ▪ **1.** Qui a des poils très apparents. ⇒ **velu.** *Il est poilu comme un singe.* **2.** VX Courageux. ♦ n. m. Soldat combattant de la guerre de 1914-1918.

Henri **POINCARÉ** (1854 ‑ 1912) ▪ Mathématicien français. Son œuvre, très riche, intéresse notamment la physique mathématique (mécanique céleste) et la topologie algébrique, qu'il a créée. Il a aussi écrit des essais de philosophie des sciences (*"La Science et l'Hypothèse"*, 1902).

Raymond **POINCARÉ** (1860 ‑ 1934) ▪ Homme d'État français. Cousin d'Henri Poincaré. Président de la République de 1913 à 1920, président du Conseil (1912, 1922-1924, 1926-1929). Représentant l'Union nationale, partisan de la fermeté envers l'Allemagne (occupation de la Ruhr en 1923), surtout connu pour sa politique de stabilité financière.

POINÇON n. m. ▪ **1.** Instrument métallique terminé en pointe, pour percer, entamer les matières dures. *Poinçon de sellier.* ⇒ **alêne.** **2.** Tige terminée par une face gravée, pour imprimer une marque. ‑ La marque. ⇒ **estampille.** *Le poinçon d'un bijou contrôlé.*

POINÇONNAGE n. m. ▪ Action de poinçonner. *Le poinçonnage de l'or.* ♦ *Le poinçonnage des tickets.*

POINÇONNER v. tr. [1] ▪ **1.** Marquer d'un poinçon (une marchandise, un poids, une pièce d'orfèvrerie). ‑ au p. p. *Couverts d'argent poinçonnés.* **2.** Perforer avec une pince (un billet de chemin de fer) pour vérifier. ♦ TECHN. Perforer à la poinçonneuse.

POINÇONNEUR, EUSE n. ▪ anciennt Employé(e) qui poinçonnait les billets de chemin de fer, de métro, à l'accès des quais. ⇒ **contrôleur.**

POINÇONNEUSE n. f. ▪ TECHN. Machine-outil pour perforer ou découper, munie d'un emporte-pièce.

POINDRE v. [49] ▪ **I.** v. tr. LITTÉR. **1.** VX Piquer. **2.** Blesser, faire souffrir. *L'angoisse le point, le poignait.* ⇒ **poignant.** **II.** v. intr. LITTÉR. Apparaître. ⇒ **pointer.** *L'aube commence à poindre* (⇒ ① **point** du jour).

POING [pwɛ̃] n. m. ▪ Main fermée. *Serrer le poing. Donner des coups de poing à qqn.* ⇒ **boxer.** ‑ *Dormir à poings fermés,* très profondément. *Montrer, tendre le poing.*

① **POINT** n. m. ▪ **I.** dans l'espace (⇒ **ponctuel** (II)) **1.** Endroit, lieu. *Aller d'un point à un autre. Point de chute. Point de mire. Point de repère. Point de départ. Point de non-retour*. Les quatre points cardinaux.* – *POINT D'EAU :* endroit où l'on trouve de l'eau (source, puits). – *Point culminant,* crête, sommet. – *Point de vue* (où l'on voit). ⇒ **point de vue.** – *Point chaud,* endroit où ont lieu des combats, des événements graves. ♦ *POINT DE VENTE :* lieu de vente (d'un produit) ; succursale (d'une chaîne commerciale). – *C'est son point faible,* sa faiblesse. – *Point de côté.* ⇒ ② **point.** **2.** GÉOM. Intersection de deux droites, n'ayant aucune surface propre et généralement désignée par une lettre. *Segment joignant le point A et le point B. Point qui décrit une ligne.* **3.** *Le point,* la position d'un navire en mer. ⇒ **latitude, longitude.** – loc. fig. *FAIRE LE POINT :* préciser la situation où l'on se trouve ; faire l'analyse d'une situation. **4.** *METTRE AU POINT :* régler (un mécanisme), élaborer (un procédé, une technique). – loc. *MISE AU POINT :* réglage précis (spécialt, en photo, au cinéma). *Ce projet demande une mise au point,* des remaniements. *Nous avons eu une mise au point,* une explication. – *Être au point :* bien réglé, en état de fonctionner. ♦ *Point mort* (voir ce mot). **II.** (Moment précis) **1.** *À POINT, À POINT NOMMÉ :* au moment opportun. ⇒ à **propos.** loc. prov. « *Rien ne sert de courir, il faut partir à point* » (La Fontaine). **2.** *SUR LE POINT DE :* au moment de. *Il était sur le point de partir.* ⇒ **prêt** à. **3.** *LE POINT DU JOUR :* le moment où le jour commence à poindre (II). **III.** Marque, signe ; unité de compte. **1.** Tache, image petite et aux contours imperceptibles. *Un point lumineux.* – *POINT NOIR :* comédon. **2.** Chaque unité attribuée à un joueur (aux jeux, en sports). *Jouer une partie en 500 points. Marquer des points contre, sur qqn,* prendre un avantage. **3.** Chaque unité d'une note. – *BON POINT :* image ou petit carton servant de récompense. fig. *C'est un bon point pour lui,* il a bien agi. **IV. 1.** Signe (.) servant à marquer la fin d'un énoncé. ⇒ **ponctuation.** *Les points et les virgules.* ⇒ **paragraphe.** *Points de suspension* (...). *Le(s) deux-points* (:). *Point-virgule* (;). *Point d'exclamation* (!). *Point d'interrogation* (?). **2.** Signe qui surmonte les lettres i et j minuscules. – loc. *Mettre les points sur les i,* préciser ou insister. **3.** TYPOGR. Unité de dimension des caractères d'imprimerie. **V.** (exprimant un état) **1.** loc. *À POINT, AU POINT :* dans tel état, telle situation. *Au point où nous en sommes. Il n'en est pas au point de désespérer.* – *Au point, à tel point que...* – *À POINT :* dans l'état convenable. *Un steak à point,* entre saignant et bien cuit. – *MAL EN POINT :* en mauvais état, malade. *Elle est très mal en point.* – vx *Être en bon point.* ⇒ **embonpoint.** ♦ *Le plus haut point.* ⇒ **apogée, comble, sommet, summum.** *Au plus haut point,* le plus possible. – *À ce point, à tel point... Jusqu'à un certain point.* **2.** PHYS. État mesurable. *Point de congélation, de fusion. Point d'ébullition de l'eau.* **VI. 1.** Chaque partie (d'un discours, d'un texte). *Les différents points d'une loi.* ⇒ **article.** **2.** Question. *Un point litigieux.* – *C'est un point commun entre eux,* un caractère commun. – *Sur ce point, je ne suis pas d'accord.* – *En tout point,* absolument.

② **POINT** n. m. ▪ (Action de piquer, de poindre) ▪ **1.** Chaque longueur de fil entre deux piqûres de l'aiguille. *Bâtir à grands points.* – *Faire un point à un vêtement,* le réparer sommairement. – CHIR. *Point de suture.* **2.** Manière d'exécuter une suite de points. *Point de tricot.* **3.** *POINT DE CÔTÉ,* douleur au côté.

③ **POINT** adv. ▪ LITTÉR. OU RÉGIONAL *Ne... point... :* ne... pas... *Je n'irai point. Point du tout.* ⇒ **nullement.**

POINTAGE n. m. ▪ **1.** Action de pointer (①, I). **2.** Le fait de pointer, de diriger. ⇒ **tir.**

POINT DE VUE n. m. ▪ **1.** Endroit où l'on doit se placer pour voir un objet le mieux possible. **2.** Endroit d'où l'on jouit d'une vue pittoresque. ⇒ **panorama, vue.** *De beaux points de vue.* **3.** Manière particulière dont une question peut être considérée. ⇒ **aspect, optique, perspective.** *Adopter un point de vue.* **4.** Opinion particulière. *Je partage votre point de vue.* – loc. prép. *AU (DU) POINT DE VUE DE. Au point de vue social.* ⇒ sur le **plan, quant** à. – FAM. (suivi d'un nom, sans *de*) *Au point de vue santé.*

POINTE n. f. ▪ **I. 1.** Extrémité allongée (d'un objet qui se termine par un angle très aigu) servant à piquer, percer. *La pointe d'une aiguille, d'une épée* (⇒ **estoc**). *Aiguiser la pointe d'un outil.* **2.** Extrémité aiguë ou plus fine. *Les pointes d'un col de chemise.* – *Pointes d'asperges. En pointe,* pointu. **3.** Partie extrême qui s'avance. *La pointe du Raz. La pointe d'une armée,* son extrémité. – loc. *Être à la pointe du progrès.* ⇒ **avant-garde.** – *DE POINTE. Techniques de pointe.* **4.** *LA POINTE DES PIEDS :* l'extrémité. loc. fig. *Sur la pointe des pieds :* très discrètement ; précautionneusement. ♦ (danse) *Faire des pointes :* se maintenir sur la pointe des pieds. – *Des pointes :* chaussons de danse. **II.** Objet pointu. **1.** Objet en forme d'aiguille, de lame. *Casque à pointe. Chaussures à pointes* (par métonymie, *des pointes*) : chaussures pour la course. **2.** Clou petit et court. **3.** Outil servant à gratter, percer, tracer, etc. ⇒ **poinçon.** – *POINTE SÈCHE* ou absolt *POINTE :* outil qui sert à graver sur le cuivre. ⇒ **burin.** *Une pointe sèche,* l'estampe ainsi obtenue. **4.** *POINTES DE FEU :* petites brûlures faites avec un cautère (traitement médical). **III. 1.** après quelques verbes Opération qui consiste à avancer en territoire ennemi. *Pousser une pointe jusqu'à,* prolonger son chemin jusqu'à. **2.** Allusion ironique, parole blessante. ⇒ **pique.** *Se lancer des pointes.* **IV.** Petite quantité (d'une chose piquante ou forte). ⇒ **soupçon.** *Une pointe d'ail.* – *Une pointe d'ironie, d'accent.* **V.** Moment où une activité, un phénomène atteint un maximum d'intensité. *Vitesse de pointe d'une automobile.* – *HEURES DE POINTE :* période d'utilisation intense et connue d'un service (énergie, transports).

POINTÉ, ÉE adj. ▪ **1.** Marqué d'un point, d'un signe. **2.** MUS. *Note pointée,* dont la valeur est augmentée de moitié. **3.** *Zéro pointé,* éliminatoire.

POINTE-À-PITRE ▪ Chef-lieu d'arrondissement de la Guadeloupe. 26 083 hab. *(les Pointois).* Principal port de l'île. Sucre, tabac.

Pointe-à-Pitre. La place de la Victoire. *Phot. © Géopress/Explorer*

POINTE-NOIRE ▪ Ville du Congo. 390 000 hab. Port sur l'Atlantique.

POINTE-NOIRE ▪ Commune de la Guadeloupe. 7 561 hab.

① **POINTER** v. tr. [1] ▪ **I. 1.** Marquer (qqch.) d'un point, d'un signe pour faire un contrôle. ⇒ **cocher.** *Il lisait la liste des élèves en pointant les noms.* **2.** Contrôler les entrées et les sorties (des employés d'une entreprise). absolt *Machine à pointer.* ⇒ **pointeuse.** **3.** intrans. Enregistrer ses heures de présence (travail). – *Pointer au chômage.* **II. 1.** Diriger. *Il pointait son index vers moi.* **2.** Braquer, viser. *Pointer un canon vers un objectif.* **3.** aux boules Lancer la boule le plus près du cochonnet.

② **POINTER** v. tr. [1] ▪ **I. 1.** Dresser en pointe. *Cheval qui pointe les oreilles.* **2.** intrans. *Des cyprès pointaient vers le ciel.* **II.** Apparaître, sortir. *La souris pointe le, son nez hors de son trou.* ► SE **POINTER** v. pron. FAM. Arriver. *Il s'est pointé à trois heures.*

③ **POINTER** [-œʀ] n. m. ▪ Chien d'arrêt, à poil ras.

POINTEUR, EUSE n. ▪ **I. 1.** n. Personne qui fait une opération de pointage. **2.** n. f. Machine enregistrant les heures d'arrivée et de départ de travailleurs. **3.** n. m. INFORM. Dispositif servant à repérer la position d'un élément dans une liste. **II.** n. **1.** Personne qui procède au pointage (2) d'une bouche à feu. ⇒ **artilleur.** **2.** aux boules Joueur chargé de pointer.

POINTILLÉ n. m. ▪ **1.** Dessin, gravure au moyen de points. **2.** Trait formé de petits points. *Frontières représentées en pointillé.* – *Lire en pointillé,* comprendre les allusions. **3.** Trait formé de petites perforations. *Détachez suivant le pointillé.*

POINTILLEUX, EUSE adj. ▪ Qui est d'une minutie excessive, dans ses exigences. ⇒ **chatouilleux, tatillon.** *Il est très pointilleux sur le protocole.* ⇒ **formaliste.**

POINTILLISME n. m. ▪ Peinture par petites touches, par points juxtaposés de couleurs pures (succède à l'impressionnisme). ► POINTILLISTE n. et adj. *Seurat, peintre pointilliste.*

POINT MORT n. m. ▪ Position de l'embrayage d'une automobile lorsque aucune vitesse n'est enclenchée. – loc. *L'affaire est au point mort,* elle n'évolue plus.

POINTU, UE adj. ▪ I. 1. Qui se termine en pointe(s). ⇒ **aigu.** *Chapeau pointu. Un menton pointu.* 2. *Un caractère pointu,* agressif. *Un air pointu,* désagréable et sec. 3. (son, voix) Qui a un timbre aigu, désagréable. *Parler sur un ton pointu.* – *Accent pointu,* se dit dans le Midi de l'accent du nord de la France. 4. Qui est à la pointe du progrès (scientifique, technique). II. n. m. RÉGIONAL Petite barque pointue (en Méditerranée).

POINTURE n. f. ▪ Nombre qui indique la dimension des chaussures, des coiffures, des gants (⇒ **taille**). *La pointure 40,* ellipt *du 40.*

POIRE n. f. ▪ 1. Fruit du poirier, charnu, à pépins, allongé et ventru. *Une poire bien mûre, fondante. En forme de poire.* ⇒ **piriforme.** – loc. *Garder une poire pour la soif,* économiser pour les besoins à venir. – *Couper la poire en deux,* faire un compromis. ♦ Alcool de poire. 2. Objet de forme analogue. *Une poire à lavement.* – *Poire électrique,* interrupteur à bouton, au bout d'un fil. 3. FAM. Face, figure. *Il a pris un coup en pleine poire.* 4. FAM. Personne qui se laisse tromper facilement. ⇒ **naïf,** FAM. ① **pomme.** – adj. *Tu es aussi poire que moi.*

POIRÉ n. m. ▪ Cidre de poire.

POIREAU n. m. ▪ 1. Plante, variété d'ail à bulbe peu développé, cultivée pour son pied ; ce pied comestible. *Une botte de poireaux.* 2. loc. FAM. *Faire le poireau,* attendre. ⇒ **poireauter.**

POIREAUTER v. intr. [1] ▪ FAM. Attendre (immobile, « planté »). *Ça fait deux heures que je poireaute devant sa porte.*

Paul **POIRET** (1879-1944) ▪ Couturier français. Il révolutionna le costume féminin en abandonnant le corset et les dentelles.

Poiret. Robe créée en 1911. Aquarelle de G. Lepape. Bibliothèque des Arts décoratifs, Paris. *Phot. © Dagli Orti*

POIRIER n. m. ▪ 1. Arbre de taille moyenne, cultivé pour ses fruits, les poires. 2. Bois de cet arbre, utilisé en ébénisterie. *Meubles en poirier.* 3. loc. *Faire le poirier,* se tenir en équilibre sur les mains, la tête touchant le sol.

POIS n. m. ▪ I. 1. Plante dont certaines variétés potagères sont cultivées pour leurs graines. *Planter des pois.* 2. Le fruit (gousse, cosse) d'une de ces plantes ; chacune des graines rondes enfermées dans cette gousse. *Pois verts, pois à écosser,* plus cour. *PETITS POIS. Des petits pois frais. Une boîte de petits pois.* – *Pois cassés,* pois secs divisés en deux. *Pois gourmands.* – loc. *Purée* de pois.* 3. *POIS CHICHE :* plante à fleurs blanches, à gousses contenant chacune deux graines ; graine jaunâtre de cette plante. 4. *POIS DE SENTEUR :* plante à fleurs odorantes. ⇒ **gesse.** II. Petit disque, pastille (sur une étoffe → plumetis). *Une robe à pois.*

pois. *Pisum sativum,* pois potager. *Phot. © Nardin/Jacana*

POISON n. m. ▪ 1. Substance capable d'incommoder fortement ou de tuer. *Un poison mortel, violent. Les effets des poisons.* ⇒ **empoisonnement, intoxication.** *Remède contre les poisons.* ⇒ **antidote, contrepoison.** *Habituer au poison.* ⇒ **mithridatiser.** *Tuer qqn par le poison.* ⇒ **empoisonner.** 2. LITTÉR. Ce qui est pernicieux, dangereux. *Le poison de la calomnie.* ⇒ **venin.** 3. n. FAM. *UN, UNE POISON :* personne acariâtre ou insupportable.

▪ **l'affaire des POISONS** ▪ Série d'affaires d'empoisonnement (1670-1680) qui compromit plusieurs personnalités de la cour de France, dont Mme de Montespan. Trente-quatre accusés furent exécutés parmi lesquels la Voisin*.

POISSARD, ARDE ▪ LITTÉR. 1. adj. Qui emploie des mots vulgaires, orduriers (surtout, textes du XVIIIe siècle). *Un argot poissard.* 2. n. f. VX Femme ordurière.

POISSE n. f. ▪ FAM. Malchance. *Quelle poisse !* ⇒ **guigne.** *Porter la poisse.*

POISSER v. tr. [1] ▪ 1. Salir avec une matière gluante. *Se poisser les mains.* – au p. p. *Avoir les cheveux tout poissés.* 2. FAM. Arrêter, prendre (qqn). *Se faire poisser.*

POISSEUX, EUSE adj. ▪ Gluant, collant. *Des papiers de bonbons poisseux.* ♦ Sali par une matière poisseuse. *Mains poisseuses.*

POISSON n. m. ▪ 1. Animal aquatique vertébré, muni de nageoires et de branchies. ⇒ **ichtyo-, pisci-.** *Les ouïes d'un poisson. Arêtes, écailles de poisson. Poissons de rivière ; de mer. Jeunes poissons.* ⇒ **alevin.** – *Élevage des poissons.* ⇒ **pisciculture.** *Prendre des poissons.* ⇒ **pêcher.** ♦ collectif *Prendre du poisson. Marchand de poisson.* ♦ *POISSON-CHAT.* ⇒ **silure.** *POISSON VOLANT :* poisson des mers chaudes, capable de bondir hors de l'eau. *POISSON ROUGE :* cyprin doré. 2. loc. *Être comme un poisson dans l'eau,* se trouver dans son élément. – prov. *Petit poisson deviendra grand,* cette personne, cette chose se développera. – FAM. *Engueuler qqn comme du poisson pourri,* l'invectiver. – *Finir en QUEUE DE POISSON :* sans conclusion satisfaisante. – *Faire une queue de poisson à un véhicule, un conducteur, après avoir doublé,* se rabattre brusquement devant lui. 3. ASTRON. *Les Poissons :* douzième signe du zodiaque (19 février-20 mars). – *Être Poissons,* de ce signe. 4. loc. *POISSON D'AVRIL*.*

Denis **POISSON** (1781-1840) ▪ Mathématicien français. Calcul des probabilités.

POISSONNERIE n. f. ▪ Commerce du poisson et des produits animaux de la mer et des rivières. ♦ Magasin du poissonnier.

POISSONNEUX, EUSE adj. ▪ Qui contient de nombreux poissons. *Une rivière poissonneuse.*

POISSONNIER, IÈRE n. ▪ Personne qui fait le commerce de détail des poissons, des fruits de mer.

POISSY ▪ Commune des Yvelines. 36 745 hab. *(les Pisciacais).* Industrie automobile.

POITIERS ▪ Chef-lieu de la Vienne et de la région Poitou-Charentes. 78 894 hab. *(les Pictaviens).* Nombreux monu-

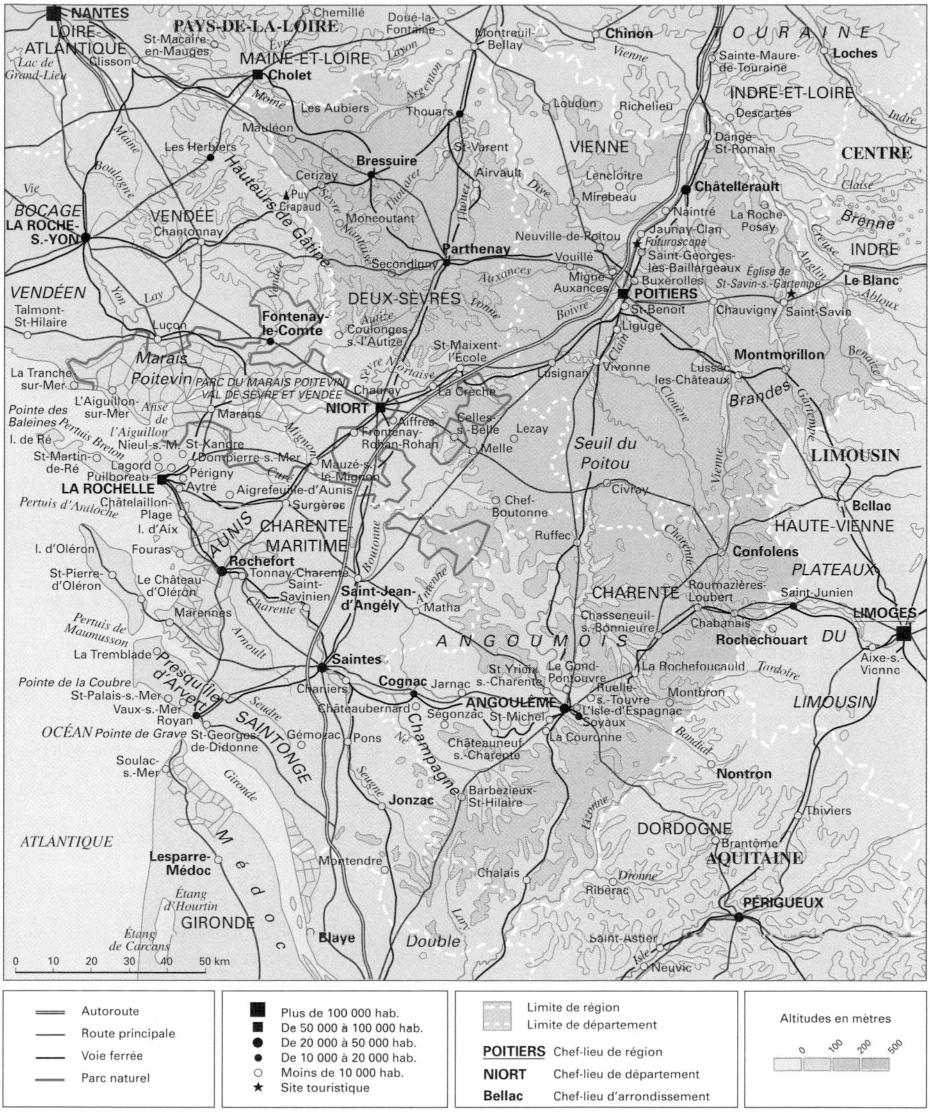

Poitou-Charentes.

ments (baptistère des IVe et VIIe s., églises romanes, cathédrale gothique). Charles Martel y arrêta l'invasion arabe en 732. Université. Dans les environs, à Jaunay-Clan, parc de loisirs et de haute technologie du Futuroscope.

le POITOU ▪ Ancienne province de France. Un des grands foyers de christianisation en Gaule (monastère de Ligugé fondé par saint Martin). Les comtes de Poitiers s'imposèrent comme ducs d'Aquitaine (XIe-XIIe s.). Possession anglaise après le remariage d'Aliénor d'Aquitaine (1152), théâtre de batailles pendant la guerre de Cent Ans (bataille de Poitiers, en 1356, au cours de laquelle Jean II le Bon fut fait prisonnier), le territoire fut définitivement réuni à la couronne de France en 1416. ► **Le seuil du POITOU**, plaine qui relie le Bassin aquitain au Bassin parisien.

la région POITOU-CHARENTES ▪ Région administrative de la France formée de quatre départements : Charente, Charente-Maritime, Deux-Sèvres, Vienne. 25 790 km². 1 595 081 hab. Chef-lieu : Poitiers. Économie essentiellement agricole : vignobles (cognac, pineau), élevage (beurre réputé, fromages de chèvre). Exploitation du littoral avec le tourisme (îles de Ré et d'Oléron), l'ostréiculture et la pêche.

POITRAIL, AILS n. m. ▪ Devant du corps (du cheval et de quelques animaux domestiques), entre l'encolure et les pattes de devant.

POITRINAIRE adj. ▪ VX Atteint de tuberculose pulmonaire. ➝ n. *Un, une poitrinaire.*

POITRINE n. f. ▪ **1.** Partie du corps humain qui s'étend des épaules à l'abdomen et qui contient le cœur et les poumons. ⇒ **thorax ; buste, torse.** *Tour de poitrine,* mesure de la poitrine à l'endroit le plus large. *Fluxion de poitrine,* pneumonie. **2.** Partie antérieure du thorax. *Bomber la poitrine.* ⇒ **torse. 3.** Partie inférieure du thorax (d'un animal de boucherie). *Poitrine de porc. Du lard de poitrine.* **4.** Seins (de femme). ⇒ **gorge.** *Une poitrine opulente. Elle a de la poitrine,* des seins développés.

POIVRADE n. f. ▪ Sauce, préparation au poivre. ➝ appos. *Sauce poivrade.* ➝ *Artichauts poivrade* (artichauts nouveaux).

POIVRE n. m. ▪ **1.** Épice à saveur très forte, piquante, faite des fruits séchés du poivrier. *Poivre en grains. Poivre gris. Moulin à poivre.* ⇒ **poivrier.** *Steak au poivre.* **2.** loc. *Cheveux* POIVRE ET SEL : bruns mêlés de blancs. ⇒ **grisonnant. 3.** *Poivre de Cayenne,* condiment fort et piquant tiré d'un piment.

POIVRÉ, ÉE adj. ▪ **1.** Assaisonné de poivre. **2.** abstrait Grossier ou licencieux. *Une plaisanterie poivrée.* ⇒ **salé.**

POIVRER v. tr. [1] ▪ Assaisonner de poivre. ► SE **POIVRER** v. pron. FAM. S'enivrer (⇒ **poivrot**).

POIVRIER n. m. ▪ **1.** Arbrisseau grimpant des régions tropicales, produisant le poivre. **2.** Moulin à poivre. **3.** Petit flacon pour servir le poivre moulu (syn. *poivrière*).

POIVRIÈRE n. f. ▪ **1.** ⇒ **poivrier** (3). **2.** Guérite de forme conique, à l'angle d'un bastion. – *Toit* EN POIVRIÈRE, conique.

POIVRON n. m. ▪ Fruit du piment* doux. *Salade de poivrons verts et rouges.*

POIVROT, OTE n. ▪ FAM. Ivrogne.

POIX n. f. ▪ VX Colle à base de résine ou de goudron de bois.

POKER [-ɛʀ] n. m. ▪ **I.** Jeu de cartes basé sur des combinaisons (cinq cartes par joueur) et où l'on mise de l'argent. – loc. *Un coup de poker,* où l'on risque tout. **II.** POKER D'AS : jeu de dés comportant des figures.

POLAIRE adj. ▪ **I. 1.** Relatif aux pôles (terrestres, célestes) ; situé près d'un pôle. *Étoile Polaire,* indiquant le nord. *Cercle polaire.* **2.** Propre aux régions arctiques et antarctiques, froides et désertes. *Climat polaire. Ours polaire* (ours blanc). *Expédition polaire.* **II. 1.** MATH. *Coordonnées polaires* (d'un point par rapport à un point d'origine). **2.** SC. Relatif aux pôles magnétiques, électriques.

Roman POLANSKI (né en 1933) ▪ Cinéaste français d'origine polonaise à la carrière internationale. Il est l'auteur de films violents mais aussi burlesques. *"Le Bal des vampires"* (1967) ; *"Rosemary's Baby"* (1968) ; *"Tess"* (1979).

Polanski. *Phot. © Victor/Stills*

POLAQUE n. ▪ FAM. et péj. (terme xénophobe) Polonais.

POLAR n. m. ▪ FAM. Roman ou film policier. *Des polars.*

POLARISATION n. f. ▪ DIDACT. **1.** SC. Réorganisation simplifiée (d'un corps ou d'une lumière) sous l'effet d'un champ électromagnétique ou d'un filtre. **2.** fig. Action de concentrer en un point (des forces, des influences).

POLARISER v. tr. [1] ▪ **1.** Soumettre au phénomène de la polarisation. – au p. p. *Lumière polarisée.* **2.** fig. Attirer, concentrer en un point. *Polariser l'attention.* – pronom. Se fixer, se concentrer (sur un objectif...).

POLARITÉ n. f. ▪ Qualité d'un système qui présente deux pôles. *La polarité d'un aimant.*

Poliakoff. *Composition.* Coll. part. *Phot. © Schaeffner*

poivrier. *Piper nigrum,* poivrier noir.
Phot. © Viard/Jacana

POLAROÏD [-ɔid] n. m. (nom déposé) ▪ Procédé de photographie permettant le tirage des photos dans l'appareil de prise de vues ; cet appareil. – Photo obtenue grâce à ce procédé.

POLDER [-ɛʀ] n. m. ▪ Marais littoral endigué et asséché. *Les polders du Zuiderzee.*

-POLE Élément, du grec *polis* « ville » (ex. *métropole, nécropole*).

PÔLE n. m. ▪ **1.** Un des deux points de la surface terrestre formant les extrémités de l'axe de rotation de la Terre. *Pôle Nord,* arctique. *Pôle Sud,* antarctique, austral. **2.** Région géographique située près d'un pôle. **3.** *Pôle céleste,* extrémité de l'axe autour duquel la sphère céleste semble tourner. **4.** Chacun des deux points de l'aimant qui correspondent aux pôles Nord et Sud. *Les pôles d'une boussole.* **5.** Chacune des deux extrémités d'un circuit électrique (⇒ **électrode**), chargée l'une d'électricité positive (*pôle positif, pôle + [plus]* ⇒ **anode**), l'autre d'électricité négative (*pôle négatif, pôle – [moins]* ⇒ **cathode**). ⇒ **polarisation, polarité. 6.** fig. L'un des deux points principaux et opposés. *Les pôles de l'opinion.* **7.** fig. Ce qui attire, entraîne ; centre d'intérêt, d'activité. *Pôle d'attraction. Pôle économique.*

POLÉMIQUE ▪ **1.** adj. Qui manifeste une attitude critique ou agressive. *Un style polémique.* **2.** n. f. Débat par écrit, vif ou agressif. ⇒ **controverse, débat, discussion.** *Une polémique avec les journalistes.* – *Pratiquer la polémique.*

POLÉMIQUER v. intr. [1] ▪ Faire de la polémique. *Polémiquer contre qqn.*

POLÉMISTE n. ▪ Personne qui pratique, aime la polémique. ⇒ **pamphlétaire.**

POLENTA [pɔlɛnta] n. f. ▪ **1.** Galette de farine de maïs (Italie). **2.** Mets à base de farine de châtaignes (Corse).

① **POLI, IE** adj. ▪ **1.** Dont le comportement, le langage sont conformes aux règles de la politesse. ⇒ **civil, courtois** ; opposé à *impoli, malpoli. Un enfant poli, bien élevé. Il a été tout juste, à peine poli avec moi.* ⇒ **correct.** – loc. prov. *Trop poli pour être honnête,* dont les manières trop affables font supposer des intentions malhonnêtes. **2.** (choses) *Un refus poli,* exprimé avec politesse.

② **POLI, IE** ▪ **1.** adj. Lisse et brillant. *Un caillou poli.* **2.** n. m. Aspect d'une chose lisse et brillante. ⇒ **polir.**

Serge POLIAKOFF (1906 - 1969) ▪ Peintre français d'origine russe. Surfaces abstraites de tons vifs imbriquées géométriquement.

① **POLICE** n. f. ▪ **1.** Ensemble d'organes et d'institutions assurant le maintien de l'ordre public et la répression des infractions. *Police judiciaire.* ⇒ FAM. **P. J.** *Police secrète, polices parallèles. Inspecteurs de police ; agents de police.* – en France *Police secours,* chargée de porter secours dans les cas d'urgence. – *Commissariat de police.* – *La police des polices :* l'inspection générale des services. **2.** Organisation rationnelle de l'ordre public. *La police de la circulation. La police intérieure d'un lycée.* ⇒ **discipline.**

② **POLICE** n. f. ▪ **I.** Contrat signé avec une compagnie d'assurances. *Souscrire à une police.* **II.** TYPOGR. *Police (de caractères) :* assortiment des lettres et signes d'imprimerie d'un même type.

POLICER v. tr. [3] ▪ LITTÉR. Civiliser, adoucir les mœurs par des institutions, par la culture. ⇒ **civiliser.** – au p. p. *Les sociétés les plus policées.*

POLICHINELLE n. m. ▪ **1.** Jouet, pantin inspiré de Polichinelle. *Un polichinelle.* **2.** loc. *Secret de polichinelle :* secret connu de tous. **3.** Personne irréfléchie et ridicule. ⇒ **guignol.**

POLICHINELLE ▪ Personnage bouffon de la commedia dell'arte, popularisé par le théâtre de marionnettes. Il est représenté avec une bosse dans le dos et une sur le ventre.

POLICIER, IÈRE adj. et n. ▪ **I.** adj. **1.** Relatif à la police ; appartenant à la police. – *Chien policier.* – *Régime policier,* où la police a une grande importance. **2.** Se dit des formes de littérature, de spectacle qui concernent des activités criminelles et leur découverte. *Un roman policier.* ⇒ FAM. **polar.** **II.** n. m. Personne qui appartient à un service de police. ⇒ FAM. **flic.** *Un policier en civil.*

POLICLINIQUE n. f. ▪ Clinique municipale (≠ *polyclinique*).

Jules Auguste Armand de POLIGNAC (1780 - 1847) ▪ Homme politique français. Dernier président du Conseil de Charles X. Sa politique autoritaire entraîna la révolution de juillet 1830.

POLIGNY ▪ Commune du Jura. 4 714 hab. *(les Polinois).* Église du xve s. (statues) et maisons anciennes.

POLIMENT adv. ▪ D'une manière polie. *Refuser poliment.*

POLIOMYÉLITE ou (abrév.) **POLIO** n. f. ▪ Maladie causée par une lésion de l'axe gris de la moelle épinière.

POLIOMYÉLITIQUE adj. ▪ **1.** Relatif à la poliomyélite. **2.** adj. et n. Atteint de poliomyélite. – n. *Un(e) poliomyélitique* ou *polio.*

POLIR v. tr. [2] ▪ **1.** Rendre poli (②) par frottement (un corps dur, une substance dure). ⇒ **limer, poncer.** *Polir qqch. avec un abrasif. Se polir les ongles.* **2.** Travailler pour améliorer. ⇒ **parfaire, perfectionner.** *Polir son style.*

le Front POLISARIO → **Sahara-Occidental**

POLISSAGE n. m. ▪ Opération qui consiste à polir (une surface). *Le polissage du bois.* ⇒ **ponçage.**

POLISSOIR n. m. ▪ Instrument servant à polir (notamment, les ongles).

POLISSON, ONNE ▪ **1.** n. Enfant espiègle, désobéissant. *Un petit polisson.* **2.** adj. (choses) Un peu grivois, licencieux. ⇒ **canaille, égrillard.** *Un chanson polissonne.* – *Des yeux polissons.* ⇒ **fripon.**

POLISSONNERIE n. f. ▪ **1.** Action d'un enfant espiègle, turbulent. **2.** Acte ou propos licencieux. ⇒ **gaudriole.**

POLITESSE n. f. ▪ **1.** Ensemble de règles qui régissent le comportement, le langage à adopter dans une société ; le fait et la manière d'observer ces usages. ⇒ **civilité, courtoisie, éducation, savoir-vivre.** *Formules de politesse* (ex. *s'il vous plaît, je vous en prie...*). – loc. *Brûler la politesse à qqn,* partir brusquement. **2.** *UNE POLITESSE :* action, parole exigée par les bons usages. *Ils ont échangé quelques politesses. Rendre une politesse à qqn. Se faire des politesses.*

POLITICIEN, IENNE ▪ **1.** n. Personne qui exerce une action politique. ⇒ ① **politique.** – péj. *Un politicien véreux* (ou *politicard* n. m.). **2.** adj. péj. Purement politique ; qui se borne aux aspects techniques de la politique. *La politique politicienne.*

POLITICO- Élément, du grec *politikos* « politique », qui entre dans la formation d'adjectifs (ex. *politico-économique, politico-social*).

Agnolo Ambrogini dit en français **Ange POLITIEN** (1454 - 1494) ▪ Poète et humaniste italien. Il composa des poésies lyriques empreintes d'une inspiration savante et gracieuse comme les *"Stances pour le tournoi"* (1475-1478) ou *"La Fable d'Orphée"* (1480), qui inspira Monteverdi.

① **POLITIQUE** ▪ **I.** adj. **1.** Relatif à l'organisation, à l'exercice du pouvoir dans une société organisée. *Pouvoir politique :* pouvoir de gouverner. *Un homme, une femme politique.* ⇒ **politicien.** **2.** Relatif à la théorie du gouvernement. *Les grandes doctrines politiques.* – Relatif à la connaissance scientifique des faits politiques. *Institut d'études politiques.* **3.** Relatif aux rapports du gouvernement et de son opposition, à la lutte autour du pouvoir. *La vie politique. Les partis* politiques. L'actualité politique, économique et sociale.* **4.** Relatif à un État, aux États et à leurs rapports. *Géographie politique,* partie de la géographie humaine. **5.** LITTÉR. Habile. *Ce n'est pas très politique.* ⇒ **diplomatique.** **6.** *ÉCONOMIE POLITIQUE.* ⇒ **économie.** **II.** n. m. **1.** LITTÉR. Homme ou femme de gouvernement. *Un fin politique. Les grands politiques et les politiciens.*

Polichinelle. *Polichinelle* par Bonnard. Musée Carnavalet, Paris. *Phot. © Lauros/Giraudon*

– Personne qui sait gouverner autrui. *Il était trop mauvais politique.* **2.** Ce qui est politique. *Le politique et le social.*

② **POLITIQUE** n. f. ▪ **1.** Manière de gouverner un État *(politique intérieure)* ou de mener les relations avec les autres États *(politique extérieure). Une politique conservatrice, libérale. La politique d'un parti.* **2.** Ensemble des affaires publiques. *Faire de la politique.* – La carrière politique. *Il se destine à la politique.* **3.** Manière concertée de conduire une affaire. ⇒ **tactique.** *Pratiquer la politique du pire.*

POLITIQUEMENT adv. ▪ **1.** En ce qui concerne le pouvoir politique. *Pays unifié politiquement.* **2.** LITTÉR. Avec habileté. *Agir politiquement.* **3.** loc. (anglic.) *Politiquement correct.* ⇒ **correct** (I, 4).

POLITISER v. tr. [1] ▪ Donner un caractère, un rôle politique à. *Éviter de politiser un débat.* – au p. p. *Un syndicat politisé.* ▸ n. f. POLITISATION

Georges POLITZER (1903 - 1942) ▪ Philosophe français d'origine hongroise. Marxiste strict, opposé au bergsonisme et à la psychologie subjective. Fusillé par les Allemands.

James POLK (1795 - 1849) ▪ 11e président (démocrate) des États-Unis, de 1845 à 1849.

POLKA n. f. ▪ Danse à l'allure vive et très rythmée. – Musique de cette danse.

Sydney POLLACK (né en 1934) ▪ Cinéaste américain. Auteur nostalgique et pessimiste, il devint célèbre avec *"On achève bien les chevaux"* (1969), suivi, entre autres succès, de *"Tootsie"* (1982) et de *"Out of Africa"* (1985).

POLLEN [-ɛn] n. m. ▪ Poussière faite de grains minuscules produits par les étamines des fleurs et qui féconde les fleurs femelles.

POLLINIQUE adj. ▪ Du pollen. *Sac, tube pollinique d'une fleur.*

POLLINISATEUR, TRICE adj. ▪ Qui produit, transporte du pollen. *Insectes pollinisateurs.*

POLLINISATION n. f. ▪ Fécondation du pistil des fleurs par le pollen (généralement d'autres fleurs). *Pollinisation artificielle.*

POLLINISER v. tr. [1] ▪ Féconder par du pollen.

Jackson POLLOCK (1912 - 1956) ▪ Peintre américain. Il créa la peinture « gestuelle » *(action painting),* ainsi appelée parce qu'elle traduit le geste du peintre dans sa spontanéité. Tableaux de grand format réalisés par *dripping* (peinture s'écoulant sur la toile posée au sol).

POLLUANT n. m. ▪ Produit provoquant une pollution. *Les polluants domestiques et industriels.*

Marco **Polo.** *Le Livre des merveilles du monde* : «Départ des frères Polo en compagnie de Marco, fils de Nicholas, de Venise, pour leur second voyage au pays du grand Khan ». Bibliothèque nationale de France, Paris. *Phot. © BNF*

POLLUER v. tr. [1] ▪ **I.** VX Profaner, souiller. ♦ Déshonorer. **II.** Salir en rendant malsain, dangereux. *Des pétroliers ont pollué le littoral.* – au p. p. *Eaux polluées. Air pollué.*

POLLUEUR, EUSE adj. ▪ Qui pollue (II). – n. Personne, industrie qui pollue. *Les pollueurs paieront.*

POLLUTION n. f. ▪ **I.** VX Action de souiller. ♦ MOD. *POLLUTION NOCTURNE :* émission involontaire de sperme pendant le sommeil. **II.** Action de polluer ; fait d'être pollué. *Lutter contre la pollution* (→ antipollution).

POLLUX ▪ Frère jumeau de Castor.

① **POLO** n. m. ▪ Sport dans lequel deux équipes de cavaliers doivent pousser une boule de bois dans le camp adverse avec un maillet à long manche.

② **POLO** n. m. ▪ Chemise de sport en tricot, à col ouvert.

Marco POLO (v. 1254 - 1324) ▪ Négociant italien qui voyagea de Venise jusqu'en Chine. Il fut 17 ans au service de Kūbilaï Khan, à la cour de Pékin. Son *"Livre des merveilles du monde"* mêle le témoignage précis et des descriptions de seconde main.

POLOCHON n. m. ▪ FAM. Traversin. *Des batailles de polochons.*

la POLOGNE ▪ État d'Europe centrale. 312 683 km². 38 505 000 hab. *(les Polonais).* Capitale : Varsovie. Langue : polonais. Monnaie : złoty. L'État socialiste avait peu collectivisé l'agriculture : nombreuses fermes individuelles (pomme de terre, betterave à sucre, élevage porcin). Industrialisation récente et intensive grâce au charbon de Silésie : sidérurgie, industries chimique et mécanique. Depuis 1990, la fin du régime socialiste et l'entrée en vigueur du libéralisme ont entraîné une crise de transition (chômage, chute du P.N.B.). □ HISTOIRE Convertie au christianisme sous Mieszko Ier, fondateur de la dynastie des Piast (IXe s.), la Pologne forma en 1025, sous Boleslas* Ier, un premier État indépendant, qui fut rapidement annexé à l'Empire germanique (1032) puis morcelé. Ladislas Ier restaura partiellement l'unité du pays que Casimir* III le Grand acheva. Sous les Jagellons (victoire sur les chevaliers Teutoniques en 1410), il formait alors une union avec la Lituanie. Au XVIe s. le pouvoir des nobles et la lutte contre la Réforme (Étienne Ier Báthory) affaiblirent la monarchie. Néanmoins, l'épanouissement de la Renaissance et l'essor économique sous le règne de Sigismond Ier portèrent le royaume à son apogée. Au siècle suivant, l'autorité royale devint le jeu des puissances européennes (guerre de Succession* de Pologne) malgré les victoires de Jean* III Sobieski. Au terme de trois partages successifs (1772, 1793, 1795), la Pologne fut rayée de la carte de l'Europe. De nombreux Polonais en exil menèrent alors une action patriotique. En 1807, Napoléon Ier créa le grand-duché de Varsovie. À la chute de l'Empire, le congrès de Vienne (1815) transforma le grand-duché en « royaume de Pologne » (à l'exception de Cracovie) et l'unit à la Russie. L'action patriotique reprit à l'étranger. L'indépendance de la Pologne fut proclamée en 1918, avec Pilsudski* à la tête de l'État. Le traité de Versailles fixa les nouvelles frontières à l'ouest, tandis qu'à l'est, à l'issue de la guerre polono-soviétique, la ligne Curzon fut repoussée d'environ 200 km. Durant la Deuxième Guerre mondiale, le pays fut envahi par l'Allemagne (→ **Gdánsk**) et par l'U.R.S.S. puis partagé entre les deux pays (pacte germano-soviétique). Il souffrit de l'oppression nazie : population déportée en Allemagne ou envoyée dans les camps de concentration (plus de 90 % de la population juive polonaise y périt). Après la Libération, en 1945, les nouvelles frontières de la Pologne furent fixées et le pays devint en 1952 une république populaire sous influence soviétique. La libéralisation, promue par les syndicats (Solidarność), fut arrêtée en 1981 par la mise en place de « l'état de guerre » sous l'autorité de Jaruzelski*. Mais la pression populaire (grèves) amena le pouvoir à négocier la démocratisation du régime, en 1989 ; elle aboutit à des élections, que remporta l'opposition, et à la formation d'un gouvernement dirigé par un Premier ministre non communiste, issu de Solidarność, puis, en 1990, à l'élection de L. Wałęsa* à la présidence de la République. Les difficultés économiques et sociales liées au passage à l'économie de marché favorisèrent en 1993 le retour au pouvoir des ex-communistes, dont leur dirigeant, A. Kwasniewski, succéda à Wałęsa en 1995.

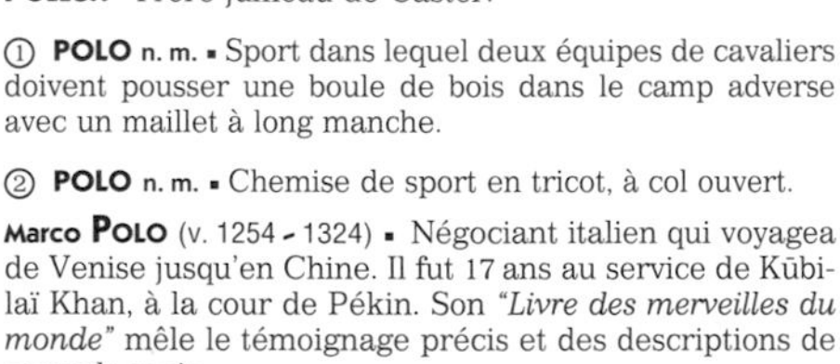

Polonnāruwa. Bouddha du Gal Vihāra. *Phot. © Prato/Ricciarini*

POLONAIS, AISE adj. et n. ▪ adj. De Pologne. – n. *Les Polonais.* ♦ n. m. *Le polonais* (langue slave).

POLONAISE n. f. ▪ **1.** Danse marchée, qui était la danse nationale de Pologne. – Sa musique. *Les polonaises de Chopin.* **2.** Gâteau meringué, contenant des fruits confits.

POLONNĀRUWA ▪ Ancienne cité du nord du Sri Lanka, capitale d'un royaume bouddhiste du VIIIe au XIIIe s. Site archéologique et lieu de pèlerinage bouddhiste.

Pologne.

POLTAVA ▪ Ville d'Ukraine. 317 000 hab. Marché agricole. Défaite décisive de Charles XII de Suède face à Pierre le Grand en 1709.

POLTRON, ONNE adj. ▪ Qui manque de courage physique. ⇒ **couard, lâche, peureux** ; FAM. **froussard, trouillard.** – n. *Un poltron, une poltronne.* ► n. f. POLTRONNERIE

POLY- [pɔli] Élément, du grec *polus* « nombreux ; abondant ». ⇒ **multi-, pluri-** ; contr. *mono-, uni-*.

POLYACIDE n. m. ▪ CHIM. Corps possédant plusieurs fois la fonction acide.

POLYAMIDE n. m. ▪ Corps résultant de la réaction d'un polyacide sur une polyamine, constituant de nombreuses matières plastiques.

POLYAMINE n. f. ▪ CHIM. Corps possédant plusieurs fois la fonction amine.

POLYANDRE adj. ▪ DIDACT. Qui a plusieurs maris (→ polygame). *Une femme polyandre.* ► n. f. POLYANDRIE

POLYBE (v. 202 - v. 120 av. J.-C.) ▪ Historien grec. Ses *"Histoires"* tentent d'expliquer avec méthode les raisons de la domination romaine sur la Méditerranée.

POLYCHROME [-kʀom] adj. ▪ Qui est de plusieurs couleurs ; décoré de plusieurs couleurs. *Une statue polychrome.*

POLYCHROMIE [-kʀ-] n. f. ▪ Application de la couleur à la statuaire, à l'architecture.

POLYCLÈTE (Ve s. av. J.-C.) ▪ Sculpteur grec. Il fixa dans son fameux « canon » les règles de proportion pour la représentation du corps humain.

POLYCLINIQUE n. f. ▪ Clinique où se donnent toutes sortes de soins (≠ *policlinique*).

POLYCOPIE n. f. ▪ Procédé de reproduction graphique par report (décalque), encrage et tirage.

POLYCOPIER v. tr. 7 ▪ Reproduire en polycopie. ♦ au p. p. *Cours, document polycopié.* – n. m. *Un polycopié.*

POLYCULTURE n. f. ▪ Culture simultanée de différents produits sur un même domaine, dans une même région (opposé à *monoculture*).

POLYÈDRE n. m. ▪ GÉOM. Solide limité de toutes parts par des polygones plans. *Le cube et la pyramide sont des polyèdres.* ► adj. POLYÉDRIQUE

POLYESTER [-ɛstɛʀ] n. m. ▪ Ester à poids moléculaire élevé résultant de l'enchaînement de nombreuses molécules d'esters.

POLYÉTHYLÈNE n. m. ▪ Matière plastique obtenue par polymérisation de l'éthylène.

POLYGAME n. ▪ Homme uni à plusieurs femmes, femme unie à plusieurs hommes à la fois (→ polyandre), en vertu de liens légitimes (s'oppose à *monogame*). *Une polygame.* ▸ adj. *Un musulman polygame.*

POLYGAMIE n. f. ▪ Situation d'une personne polygame. ♦ Système social où un homme peut avoir plusieurs conjointes légitimes.

POLYGÉNISME n. m. ▪ Doctrine selon laquelle l'espèce humaine proviendrait de plusieurs souches différentes.

POLYGLOTTE adj. ▪ Qui parle plusieurs langues. *Interprète polyglotte.* ▸ n. *Un(e) polyglotte.*

POLYGNOTE (v. 500 - v. 440 av. J.-C.) ▪ Peintre grec, le plus illustre de son siècle. Il fut l'un des premiers à peindre les expressions du visage.

POLYGONAL, ALE, AUX adj. ▪ Qui a plusieurs angles et plusieurs côtés.

POLYGONE n. m. ▪ **1.** Figure plane fermée par des segments de droite. **2.** Espace polygonal, dans une place de guerre, une fortification.

POLYMÈRE n. m. ▪ Grosse molécule formée par l'enchaînement de monomères*.

POLYMÉRISATION n. f. ▪ Union de plusieurs molécules d'un composé pour former une grosse molécule. *Résines de polymérisation,* composant les matières plastiques.

POLYMÉRISER v. tr. [1] ▪ Transformer en polymère.

POLYMNIE ou **POLHYMNIE** ▪ Une des neuf Muses. Muse de la pantomime et de la poésie lyrique.

POLYMORPHE adj. ▪ DIDACT. Qui peut se présenter sous des formes différentes. *Roches polymorphes.*

POLYMORPHISME n. m. ▪ Caractère de ce qui est polymorphe. *Le polymorphisme d'une maladie.*

la **POLYNÉSIE** ▪ Ensemble d'îles du Pacifique à l'est de l'Australie, la plupart d'origine volcanique. ▸ la **POLYNÉSIE-FRANÇAISE**, partie de la Polynésie formée par cinq archipels : les îles de la Société (avec Tahiti), les îles Marquises, Tuamotu, Gambier et Tubuaï. Territoire français d'outre-mer (T.O.M.). 3 265 km^2. 190 000 hab. *(les Polynésiens).* Chef-lieu : Papeete (dans l'île de Tahiti). Monnaie : franc des Comptoirs français du Pacifique. Climat tropical. Tourisme. Pêche, élevage, cultures de coprah et de vanille. Centre d'expérimentation nucléaire du Pacifique installé aux Tuamotu (Mururoa, Fangataufa).

POLYNÉSIEN, ENNE adj. et n. ▪ De la Polynésie. ▸ n. *Les Polynésiens.*

POLYNÉVRITE n. f. ▪ Névrite qui atteint plusieurs nerfs.

POLYNÔME n. m. ▪ Expression algébrique constituée par une somme algébrique de monômes (séparés par les signes + ou –). ⇒ **binôme, trinôme.**

POLYNUCLÉAIRE adj. ▪ BIOL. (cellule) Qui possède plusieurs noyaux. ▸ n. m. *Un polynucléaire :* globule blanc à noyau segmenté ou irrégulier paraissant multiple.

POLYPE n. m. ▪ **I.** Animal *(Cœlentérés)* formé d'un tube dont une extrémité porte une bouche entourée de tentacules (⇒ **polypier**). *La méduse est un polype.* **II.** Tumeur, excroissance fibreuse ou muqueuse, implantée par un pédicule. *Se faire opérer d'un polype.*

POLYPHÈME ▪ Cyclope de *"L'Odyssée"* qui retient Ulysse prisonnier.

POLYPHONIE n. f. ▪ Combinaison de plusieurs voix ou parties mélodiques, dans une composition musicale. ⇒ **contrepoint.**

POLYPHONIQUE adj. ▪ Qui constitue une polyphonie ; à plusieurs voix.

POLYPIER n. m. ▪ Squelette calcaire des polypes. *Le corail est un polypier.*

POLYSÉMIE [-s-] n. f. ▪ LING. Caractère d'un signe qui possède plusieurs contenus, plusieurs sens. ▸ POLYSÉMIQUE adj. *Mot polysémique.*

POLYSTYRÈNE n. m. ▪ Matière plastique obtenue par polymérisation du styrène. *Déchets de polystyrène sur une plage.*

POLYTECHNICIEN, IENNE [-tɛk-] n. ▪ Élève, ancien(ne) élève de Polytechnique. ◇ syn. FAM *un, une X.*

POLYTECHNIQUE [-tɛk-] adj. et n. f. ▪ **1.** VX Qui embrasse plusieurs sciences et techniques. **2.** *École polytechnique* ou n. f. *Polytechnique* (syn. FAM. *l'X*), grande école scientifique française.

POLYTHÉISME n. m. ▪ Doctrine qui admet l'existence de plusieurs dieux. *Le polythéisme grec.* ⇒ **panthéon.**

POLYTHÉISTE ▪ n. et adj. (Personne) qui croit en plusieurs dieux. ▸ adj. Relatif au polythéisme.

POLYTRANSFUSÉ, ÉE adj. et n. ▪ MÉD. Qui a subi plusieurs transfusions sanguines. ▸ n. *Des polytransfusés.*

POLYURÉTHANE ou **POLYURÉTHANNE** n. m. ▪ Résine obtenue par condensation de polyesters.

POLYVALENCE n. f. ▪ Caractère de ce qui est polyvalent. *La polyvalence d'un technicien.*

POLYVALENT, ENTE ▪ **1.** adj. Qui a plusieurs fonctions, plusieurs activités différentes. *Salle polyvalente. Un professeur polyvalent.* **2.** n. m. Fonctionnaire chargé de vérifier la comptabilité des entreprises. *Les polyvalents.*

POMARÉ ▪ Nom d'une dynastie qui régna à Tahiti de 1762 à 1880. La reine Pomaré IV dut accepter le protectorat français (1843).

le marquis de **POMBAL** (1699 - 1782) ▪ Homme d'État portugais. Premier ministre en 1755, il gouverna en despote éclairé jusqu'en 1777 et réalisa de grandes réformes économiques et politiques.

POMÉLO n. m. ▪ Fruit (agrume) appelé couramment *pamplemousse.* ⇒ **grape-fruit.**

la **POMÉRANIE** ▪ Ancienne région sur la Baltique, que se disputèrent la Suède, la Prusse et la Pologne. La majeure partie est devenue polonaise en 1945.

POMMADE n. f. ▪ Substance grasse à mettre sur la peau (médicament, etc.). ⇒ **crème.** *Pommade antibiotique, désinfectante. Tube de pommade.* ▸ loc. *Passer de la pommade à qqn,* le flatter grossièrement.

POMMADER v. tr. [1] ▪ Enduire de pommade. ▸ pronom. *Se pommader.* ▸ au p. p. *Il était tout pommadé et gominé.*

POMMARD ▪ Commune de la Côte-d'Or, au pied de la côte de Beaune, sur l'Avant-Dheune. 552 hab. *(les Pommardois).* Viticulture (côtes-de-beaune), crus célèbres de bourgognes rouges.

① **POMME** n. f. ▪ **I. 1.** Fruit du pommier, rond, à pulpe ferme et juteuse. *Pommes reinette, canada, golden, granny smith, belle de Boskoop. Eau-de-vie de pomme.* ⇒ **calvados.** *Compote de pommes.* **2.** appos. invar. *VERT POMME :* assez vif et clair. *Des jupes vert pomme.* **3.** loc. FAM. *Tomber dans les pommes,* s'évanouir. ♦ FAM. *Ma, sa pomme,* moi, lui. ▸ FAM. Idiot, naïf. *Quelle pomme !* ⇒ **poire. 4.** *POMME D'ADAM :* saillie à la partie antérieure du cou (des hommes). **5.** *POMME DE PIN :* organe reproducteur du pin, formé d'écailles dures qui protègent les graines. **II.** *Pomme d'arrosoir, pomme de douche,* partie arrondie percée de petits trous, qui permet de distribuer l'eau en pluie.

② **POMME** n. f. ▪ Pomme de terre. *Pommes frites.* ⇒ **frite.** *Pommes vapeur.*

POMMÉ, ÉE adj. ▪ (plantes) Qui a une forme arrondie. *Un chou pommé.*

POMMEAU n. m. ▪ Tête arrondie de la poignée (d'un sabre, d'une épée). ▸ Boule à l'extrémité d'une canne, d'un parapluie. *Canne à pommeau d'argent.*

POMME DE TERRE n. f. ▪ **1.** Tubercule comestible. ⇒ **patate,** ② **pomme.** *Variétés de pommes de terre :* bintje, rosa, roseval, belle de Fontenay, charlotte, ratte... *Pommes de terre à l'eau, sautées. Pommes de terre en robe des champs. Purée de pommes de terre. Pommes de terre frites.* ⇒ **frite. 2.** La plante cultivée pour ses tubercules. *Champ de pommes de terre.*

POMMELÉ, ÉE adj. ▪ **1.** Couvert ou formé de petits nuages ronds. *Un ciel pommelé.* **2.** (robe du cheval) Couvert de taches rondes grises ou blanches. *Cheval pommelé, gris pommelé.*

SE **POMMELER** v. pron. [4] ▪ (ciel) Se couvrir de petits nuages ronds. ⇒ **moutonner.**

POMMETTE n. f. ▪ Partie haute de la joue. *Des pommettes saillantes.*

POMMIER n. m. ▪ **1.** Arbre à frondaison arrondie dont le fruit est la pomme. *Pommier commun ; pommier à cidre.* **2.** *Pommier du Japon, de Chine,* variété exotique cultivée pour ses fleurs roses.

Antoinette Poisson, marquise de POMPADOUR (1721 - 1764) ▪ Favorite de Louis XV. Elle soutint Choiseul et protégea les artistes.

POMPAGE n. m. ▪ Action de pomper ; aspiration d'un liquide ou d'un gaz. *Les stations de pompage d'un pipeline.*

① **POMPE** n. f. ▪ **1.** LITTÉR. Déploiement de faste dans un cérémonial. ⇒ **apparat, magnificence ; pompeux.** - loc. *En grande pompe,* avec faste. **2.** *POMPES FUNÈBRES*.* **3.** RELIG. au plur. Les vanités du monde. *Renoncer à Satan, à ses pompes et à ses œuvres.*

② **POMPE** n. f. ▪ **I. 1.** Appareil destiné à déplacer un liquide. *Pompe aspirante ; foulante. Amorcer une pompe. Aller chercher de l'eau à la pompe. Pompe à incendie. Bateau-pompe,* muni de lances à incendie. **2.** *POMPE (À ESSENCE) :* distributeur d'essence. ⇒ **poste** d'essence, **station-service ; pompiste.** *Les pompes d'un garage.* **3.** Appareil déplaçant de l'air. *Pompe à vélo.* **4.** FAM. Traction des bras. **II.** fig. **1.** FAM. *Avoir un COUP DE POMPE :* se sentir brusquement épuisé. **2.** FAM. *Partir À TOUTE POMPE,* à toute vitesse. **3.** FAM. Chaussure. *Une paire de pompes.* - loc. *Être à côté de ses pompes :* ne pas avoir les idées claires, être distrait. **4.** FAM. *Soldat de DEUXIÈME POMPE,* simple soldat.

POMPÉE (106 - 48 av. J.-C.) ▪ Général et homme politique romain. Ses victoires sur Sertorius (72 av. J.-C.), sur les pirates en Méditerranée (67 av. J.-C.) et sur Mithridate (66 av. J.-C.) firent sa gloire. Il forma avec César et Crassus le premier triumvirat, se brouilla avec César et fut vaincu à Pharsale en 48 av. J.-C. Il se réfugia en Égypte où il fut assassiné sur l'ordre de Ptolémée XIII.

POMPÉI ▪ Ville d'Italie du Sud, au pied du Vésuve. 25 596 hab. En 79, une éruption du volcan ensevelit la ville antique et ses habitants. Les travaux de fouilles commencèrent au XVIIIe s. Ils ont révélé une cité remarquablement conservée, qui constitue un document exceptionnel sur la vie romaine au Ier s.

POMPER v. tr. [1] ▪ **1.** Déplacer (un liquide, un gaz) à l'aide d'une pompe. *Pomper de l'eau.* ⇒ **puiser.** ♦ loc. FAM. *Pomper l'air à qqn :* prendre toute la place à ses dépens ; le fatiguer, l'ennuyer. **2.** Aspirer (un liquide). *Les moustiques pompent le sang.* **3.** intrans. FAM. Boire. *Il pompe bien.* **4.** Absorber (un liquide). *Pompe la tache avec un buvard !* **5.** FAM. Copier. *Il a pompé sur son voisin.* **6.** FAM. Épuiser. *Cet effort l'a pompé.* - au p. p. *Je suis pompé.* ⇒ **épuisé.**

la marquise de **Pompadour.**
Portrait par François Boucher.
Musée du Louvre, Paris. *Phot. © Dagli Orti*

Pompéi. Fresque de la villa des Mystères représentant Silène et les Satyres.
Phot. © Dagli Orti

POMPETTE adj. ▪ FAM. Un peu ivre, éméché. *Il est rentré pompette.*

POMPEUSEMENT adv. ▪ Avec emphase. *Déclamer pompeusement un discours.*

POMPEUX, EUSE adj. ▪ Qui affecte une solennité plus ou moins ridicule. *Un ton pompeux.* ⇒ **déclamatoire, sentencieux.**

Georges POMPIDOU (1911 - 1974) ▪ Homme d'État français. Premier ministre de Charles de Gaulle (de 1962 à 1968), il lui succéda comme président de la République (de 1969 à sa mort). En 1971, il décida la création à Paris, sur le plateau Beaubourg, du Centre national d'art et de culture qui porte son nom.

Pompidou.
Phot. © Louis Monier

① **POMPIER** n. m. ▪ Homme appartenant au corps des sapeurs-pompiers, chargé de combattre incendies et sinistres. *Avertisseur des voitures de pompiers.* ⇒ **pin-pon.** *Casques, grande échelle de pompiers.* - loc. (allus. aux incendies) *Fumer comme un pompier,* beaucoup.

② **POMPIER, IÈRE** adj. ▪ Emphatique et prétentieux. *Ça fait terriblement pompier.* ♦ n. m. Peintre académique du XIXe siècle.

POMPISTE n. ▪ Personne préposée à la distribution de l'essence.

POMPON n. m. ▪ **1.** Touffe de laine servant d'ornement. ⇒ **houppe.** *Le bonnet à pompon rouge des marins français.* **2.** *Rose pompon,* variété de rose, à petite fleur sphérique. **3.** *Avoir le pompon,* l'emporter (souvent iron.). *C'est le pompon !,* c'est le comble !

POMPONNER v. tr. [1] ▪ Parer, orner avec soin. ⇒ **bichonner.** – au p. p. *Elle était pomponnée pour sortir.*

PONANT n. m. ▪ RÉGIONAL ou LITTÉR. Couchant (opposé au *levant*). ⇒ **occident, ouest.**

PONÇAGE n. m. ▪ Action de poncer ; son résultat.

PONCE adj. f. ▪ **1.** *PIERRE PONCE :* roche volcanique poreuse, légère et très dure. *Des pierres ponces.* **2.** Sachet d'étoffe contenant une poudre colorante, utilisé pour reproduire des dessins (⇒ **poncif**).

PONCEAU adj. invar. ▪ D'un rouge vif et foncé. *Des rubans ponceau.*

Jean Victor **PONCELET** (1788 – 1867) ▪ Mathématicien français. Élève de Monge, créateur (après Desargues) de la géométrie projective.

PONCER v. tr. [3] ▪ **1.** Décaper, polir (une surface) au moyen d'une matière abrasive (pierre ponce, papier de verre...). *Poncer un plafond avant de le repeindre.* – au p. p. *Meuble poncé et ciré.* **2.** ARTS Reproduire un dessin piqué en frottant avec un tampon (⇒ **ponce**) imprégné d'une poudre.

PONCEUSE n. f. ▪ Machine servant à poncer. *Ponceuse électrique à bande.*

PONCHO [pɔ̃(t)ʃo] n. m. ▪ Manteau formé d'une pièce d'étoffe percée d'un trou pour passer la tête (traditionnel en Amérique du Sud).

PONCIF n. m. ▪ **1.** ARTS Dessin piqué reproduit par ponçage. **2.** Thème, expression littéraire ou artistique dénuée d'originalité. ⇒ **banalité, cliché, lieu** commun. *Ce film policier utilise tous les poncifs du genre.*

PONCTION n. f. ▪ **1.** Opération chirurgicale qui consiste à piquer les tissus vivants enveloppant une cavité pour en retirer le liquide qu'elle contient. *Ponction lombaire.* **2.** Prélèvement (d'argent, etc.).

PONCTIONNER v. tr. [1] ▪ Traiter, vider par une ponction.

PONCTUALITÉ n. f. ▪ **1.** Soin, précision dans l'accomplissement de ses devoirs. *La ponctualité d'un employé.* ⇒ **assiduité.** **2.** (plus cour.) Qualité d'une personne ponctuelle (I, 2).

PONCTUATION n. f. ▪ Système de signes servant à indiquer les divisions d'un texte, à noter certains rapports syntaxiques. *Signes de ponctuation.* ⇒ **crochet, guillemet, parenthèse, point, tiret, virgule.** – Manière d'utiliser ces signes. *Mettre, oublier la ponctuation. Orthographe* et ponctuation.*

PONCTUEL, ELLE adj. ▪ **I. 1.** VIEILLI Qui met beaucoup de soin, d'attention à un travail, à une fonction. ⇒ **assidu, régulier.** **2.** Qui respecte les horaires. *Un employé ponctuel.* **II. 1.** SC. Qui peut être assimilé à un point*. *Source lumineuse ponctuelle.* **2.** fig. Qui ne concerne qu'un point, qu'un élément d'un ensemble (opposé à *global*). *Des remarques ponctuelles.*

PONCTUELLEMENT adv. ▪ Avec ponctualité.

PONCTUER v. tr. [1] ▪ **1.** Diviser (un texte) au moyen de la ponctuation. – au p. p. *Un devoir mal ponctué.* **2.** Marquer par (un cri, un geste répété). *Ponctuer ses phrases de soupirs.*

PONDÉRABLE adj. ▪ Qui peut être pesé ; qui a un poids mesurable.

PONDÉRAL, ALE, AUX adj. ▪ DIDACT. Relatif au poids. *Surcharge pondérale.*

PONDÉRATION n. f. ▪ Calme, équilibre et mesure dans les jugements. *Réagir avec pondération.*

PONDÉRÉ, ÉE adj. ▪ Calme, équilibré. *Un esprit pondéré.*

PONDÉRER v. tr. [6] ▪ LITTÉR. Équilibrer (les forces). *Pondérer le pouvoir exécutif par un contrôle du Parlement.* – au p. p. *Forces pondérées.*

PONDEUR, EUSE adj. ▪ Qui pond des œufs. *Poule pondeuse,* élevée pour ses œufs. – n. f. *Une bonne pondeuse.*

PONDICHÉRY ▪ Ville de l'Inde, sur le golfe du Bengale, fondée en 1674 par la Compagnie française des Indes orientales. 401 000 hab. Ancienne capitale des Établissements français de l'Inde, rendue à celle-ci en 1954. La ville forme, avec les anciens comptoirs Mahé, Karikal et Yanam, un territoire de l'Union indienne.

PONDRE v. tr. [41] ▪ **1.** (femelle ovipare) Déposer, faire (ses œufs). ⇒ ① **ponte.** – au p. p. *Un œuf tout frais pondu.* **2.** FAM. péj. Écrire, produire (une œuvre). *Il pond trois romans par an.*

PONEY n. m. ▪ Cheval d'une race de petite taille. *Des poneys.*

Francis **PONGE** (1899 – 1988) ▪ Écrivain français. Il s'affirme matérialiste, dans l'attention qu'il porte aux choses aussi bien qu'au langage. Avec les *"Proêmes"* (1948), il dépasse l'opposition de la poésie et de la prose. *"Le Parti pris des choses"* (1942); *"Le Grand Recueil"* (1961).

Ponge.
Phot. © Lipnitzki/ Viollet

PONGÉ n. m. ▪ Taffetas de soie léger et souple.

PONGISTE n. ▪ Joueur, joueuse de ping-pong, de tennis de table.

le prince Józef **PONIATOWSKI** (1763 – 1813) ▪ Général et homme politique polonais. Il fut l'allié de Napoléon qui le fit maréchal de France.

Pierre Alexis **PONSON DU TERRAIL** (1829 – 1871) ▪ Écrivain français. Maître du roman-feuilleton : *"Les Drames de Paris"* (1884), avec le mystérieux Rocambole.

PONT n. m. ▪ **I. 1.** Construction, ouvrage reliant deux points séparés par une dépression ou par un obstacle. ⇒ **viaduc.** *Pont franchissant une voie d'eau, une voie ferrée, une autoroute. Levée, parapet et tablier d'un pont. Pont suspendu. Pont pour les piétons.* ⇒ **passerelle.** *Franchir, traverser un pont. Pont mobile, tournant, levant* ou *basculant.* ⇒ **pont-levis.** – loc. *Il est solide comme le Pont-Neuf,* très vigoureux. *Il coulera (passera) de l'eau sous les ponts,* il se passera un long temps. – *Couper les ponts,* s'interdire tout retour en arrière ; cesser les relations. ♦ *Pont de graissage,* sur lequel on soulève les automobiles pour les graisser. **2.** *PONTS ET CHAUSSÉES :* en France, service public chargé de la construction et de l'entretien des voies publiques. **3.** *PONT AUX ÂNES :* démonstration du théorème de Pythagore. – par ext. Banalité connue de tous. **4.** loc. fig. *Faire un PONT D'OR à qqn :* lui offrir une forte somme, pour le décider à occuper un poste. **5.** Ensemble des organes (d'une automobile) qui transmettent le mouvement aux roues. *Pont arrière.* **6.** Pièce d'étoffe qui se rabat. *Pantalon à pont.* **7.** Jours où l'on ne travaille pas entre deux fêtes. *Le pont de l'Ascension.* **8.** *PONT AÉRIEN :* liaison aérienne d'urgence quasi ininterrompue (au-dessus d'une zone interdite, dangereuse...). **9.** *TÊTE DE PONT :* point où une armée prend possession d'un territoire à conquérir. **II.** Ensemble des bordages recouvrant entièrement la coque d'un navire. *Navire à trois ponts.* – *Pont d'envol,* sur un porte-avions. – absolt Pont supérieur. *Tout le monde sur le pont !*

le **PONT** ▪ Ancien royaume d'Asie Mineure, sur le Pont-Euxin. Au début du Ier s. av. J.-C., avec Mithridate, il devint un État puissant, mais fut soumis par Pompée.

PONTAGE n. m. ▪ CHIR. Opération qui consiste à réunir deux veines (ou artères) par greffage sur un troisième segment.

PONT-À-MOUSSON ▪ Commune de Meurthe-et-Moselle. 14 645 hab. *(les Mussipontains).*

PONTARLIER ▪ Chef-lieu d'arrondissement du Doubs. 18 104 hab. *(les Pontissaliens).*

PONT-AUDEMER ▪ Commune de l'Eure. 8 975 hab. *(les Pont-Audemériens).*

PONTAULT-COMBAULT ▪ Commune de Seine-et-Marne. 26 804 hab. *(les Pontellois-Combalusiens).*

PONT-AVEN ▪ Commune du Finistère sur l'Aven. 3 031 hab. *(les Pontavenistes).* ► **l'école de PONT-AVEN** réunit des peintres autour d'Émile Bernard et de Gauguin, à la fin du XIXe s. Elle influença le groupe des nabis et l'Art nouveau.

PONTCHÂTEAU ▪ Commune de la Loire-Atlantique. 7 549 hab. *(les Pont-Châtelains).*

Le PONT-DE-CLAIX ▪ Commune de l'Isère, dans la banlieue de Grenoble. 11 871 hab. *(les Pontois).*

PONT-DU-CHÂTEAU ▪ Commune du Puy-de-Dôme. 8 562 hab. *(les Castelpontins).*

① **PONTE** n. f. ▪ Action de pondre. *La ponte des poules. La ponte des œufs.* – Les œufs pondus en une fois. *Deux pontes par jour.*

② **PONTE** n. m. ▪ I. au baccara, à la roulette, etc. Chacun des joueurs qui jouent contre le banquier. II. FAM. Personnage important. *C'est un gros ponte.* ⇒ **pontife.**

① **PONTER** v. tr. [1] ▪ Munir d'un pont (un navire en construction). – au p. p. *Une barque pontée, non pontée.*

② **PONTER** v. [1] ▪ 1. v. intr. Jouer contre la personne qui tient la banque ; être ponte, au baccara, à la roulette. 2. v. tr. Miser. *Ponter cinq mille francs.*

Le PONTET ▪ Commune du Vaucluse. 15 688 hab.

le PONT-EUXIN ▪ Nom de la mer Noire, dans l'Antiquité.

le PONTHIEU ▪ Région de Picardie, entre l'Authie et la Somme.

PONTIAC (v. 1720 - 1769) ▪ Chef indien ottawa, allié des Français, qui suscita un soulèvement contre les Britanniques en 1762-1766.

PONTIANAK ▪ Ville et port d'Indonésie (Kalimantan). 387 441 hab. Exportation de caoutchouc.

PONTIFE n. m. ▪ I. 1. DIDACT. Grand prêtre, à Rome dans l'Antiquité. 2. Haut dignitaire catholique. ⇒ **prélat.** – COUR. *Le souverain pontife,* le pape (⇒ **pontificat**). II. FAM. iron. Personnage qui fait autorité, gonflé de son importance. ⇒ ② **ponte** ; **pontifier.** *Les grands pontifes de la Faculté.*

PONTIFIANT, ANTE adj. ▪ Qui pontifie. *Un ton pontifiant.* ⇒ **doctoral.**

PONTIFICAL, ALE, AUX adj. ▪ Relatif au souverain pontife, au pape. ⇒ **papal.** *Messe pontificale. Les États pontificaux* (le Vatican).

PONTIFICAT n. m. ▪ Dignité de souverain pontife ; règne (d'un pape). ⇒ **papauté.**

PONTIFIER v. intr. [7] ▪ Faire le pontife, dispenser sa science, ses conseils avec prétention et emphase.

PONTIGNY ▪ Commune de l'Yonne, sur le Serein. 737 hab. *(les Pontignassiens).* Abbaye cistercienne fondée en 1114 (remaniée au début du XIIIe s.). Depuis 1954, la commune est le siège de la Mission de France. ► **les décades de PONTIGNY**, entretiens littéraires institués en 1910, se poursuivent aujourd'hui à Cerisy-la-Salle (Manche).

la plaine PONTINE anc. **MARAIS PONTINS** ▪ Plaine d'Italie (Latium), au sud-est de Rome. Anciens marais, asséchés sous le régime fasciste.

PONTIVY ▪ Chef-lieu d'arrondissement du Morbihan. 13 140 hab. *(les Pontivyens).*

PONT-L'ABBÉ ▪ Commune du Finistère. 7 374 hab. *(les Pont-l'Abbistes).* Artisanat traditionnel.

PONT-L'ÉVÊQUE n. m. invar. ▪ Fromage de vache fermenté à pâte molle.

PONT-L'ÉVÊQUE ▪ Commune du Calvados. 3 843 hab. *(les Pontépiscopiens).* Célèbres fromages.

PONT-LEVIS n. m. ▪ Pont mobile basculant qui se lève ou s'abaisse à volonté au-dessus du fossé d'un bâtiment fortifié (surtout, au Moyen Âge). *Les ponts-levis d'un château fort.*

PONTOISE ▪ Chef-lieu d'arrondissement du Val-d'Oise. 27 150 hab. *(les Pontoisiens).* Elle est incluse dans la ville nouvelle de Cergy. Ancienne capitale du Vexin.

Pont-Aven. *L'Aven* par Gauguin.
Ishibashi, Bridgestone Museum, Tōkyō.
Phot. © Giraudon

PONTON n. m. ▪ 1. Construction flottante formant plate-forme. *Ponton d'accostage.* 2. Chaland ponté servant aux gros travaux des ports. *Ponton-grue.* 3. Vieux vaisseau désarmé servant de prison.

PONTONNIER n. m. ▪ Soldat du génie chargé de la pose, du démontage, de l'entretien, etc., des ponts militaires.

Henrik PONTOPPIDAN (1857 - 1943) ▪ Écrivain danois. Principal représentant du naturalisme au Danemark, il a notamment publié *"Pierre le Chanceux"* (8 vol., 1898-1904), tableau en grisaille de la vie danoise. Prix Nobel de littérature 1917, avec Gjellerup.

Jacopo Carucci dit le PONTORMO (1494 - 1557) ▪ Peintre italien. L'un des représentants du maniérisme : attitudes recherchées, expression dramatique rendue par un dessin sinueux et des coloris rares. Portraits.

le **Pontormo.** *Les Onze Mille Martyres,* détail. Galerie Palatine, palais Pitti, Florence. *Phot. © Nimatallah/Ricciarini*

PONTORSON ▪ Commune de la Manche. 4 376 hab. *(les Pontorsonnais).* Voie d'accès au Mont-Saint-Michel.

PONT-SAINTE-MAXENCE ▪ Commune de l'Oise. 10 934 hab. *(les Maxipontains* ou *Pontois).* Métallurgie.

PONT-SAINT-ESPRIT ▪ Commune du Gard. 9 277 hab. *(les Spiripontains).* Pont sur le Rhône (XIIIe s.).

Les PONTS-DE-CÉ ▪ Commune du Maine-et-Loire. 11 032 hab. *(les Ponts-de-Céais).* Forteresse. L'importance stratégique de la ville, située sur les deux rives de la Loire, en fit une place forte très disputée.

PONTUS DE TYARD → Pontus de **Tyard**

POOL [pul] n. m. ▪ anglic. Groupe de personnes associées ou effectuant le même travail dans une entreprise.

POOLE ▪ Ville et port d'Angleterre, dans le Dorset. 135 000 hab. Station balnéaire.

POONA → **Pune**

POP [pɔp] adj. invar. ▪ anglic. **I.** *Musique pop* (angl. *pop music*), se dit de la musique issue du rock (1960-1970), à base d'instruments électriques et de mélodies simples et rythmées. ◆ n. m. ou f. *Aimer le, la pop.* **II.** Du pop'art.

POP'ART [pɔpaʀt] n. m. ▪ Courant artistique anglo-américain, qui tire son inspiration de produits industriels de masse. ◇ var. POP ART. ■ Né en Angleterre au début des années 50, le pop'art s'épanouit aux États-Unis avec Warhol, Lichtenstein, Wesselmann... S'intéressant aux objets quotidiens du monde moderne, aux stéréotypes, au rebut de la société de consommation, il s'inspire du style des images de la publicité, de la bande dessinée et de la télévision.

POP-CORN [pɔpkɔʀn] n. m. invar. ▪ anglic. Grains de maïs soufflés, sucrés ou salés. *Du pop-corn, des pop-corn.*

POPE n. m. ▪ Prêtre de l'Église orthodoxe slave.

Alexander POPE (1688 - 1744) ▪ Écrivain anglais. Théoricien du classicisme (*"Essai sur la critique"*, 1711). Son *"Essai sur l'homme"* (1734) affirme la bonté naturelle de l'homme.

POPELINE n. f. ▪ Tissu de coton ou de laine et soie. *Chemise en popeline.*

POPLITÉ, ÉE adj. ▪ ANAT. De la partie postérieure du genou. *Creux poplité.*

le POPOCATÉPETL ▪ Le principal volcan du Mexique. 5 452 m.

le **Popocatépetl.** *Phot. © C/J Lénars/Explorer*

POPOTE ▪ **I.** n. f. **1.** Table commune d'officiers. ⇒ **mess ; cantine. 2.** FAM. Soupe, cuisine. *Faire la popote.* **II.** adj. invar. FAM. Occupé par les travaux réguliers, monotones du foyer. ⇒ **casanier, pot-au-feu.**

POPOTIN n. m. ▪ FAM. Fesses, derrière. ◆ loc. FAM. *Se manier le popotin,* se dépêcher.

Aleksandr POPOV (1859 - 1906) ▪ Ingénieur russe. Un des pionniers de la radiodiffusion.

POPPÉE (morte en 65) ▪ Impératrice romaine, épouse de Néron qui la tua d'un coup de pied.

sir Karl POPPER (1902 - 1994) ▪ Philosophe autrichien naturalisé britannique. Il s'est intéressé aux sciences politiques et à l'épistémologie. *"La Logique de la découverte scientifique"* (1935), *"Misère de l'historicisme"* (1957).

POPULACE n. f. ▪ péj. Bas peuple.

POPULACIER, IÈRE adj. ▪ péj. Propre à la populace. ⇒ **commun, vulgaire.** *Une allure populacière.* ⇒ **canaille.**

POPULAIRE adj. ▪ **1.** Qui émane du peuple. *La volonté populaire. Un soulèvement populaire.* ◆ HIST. *Le Front* populaire* (en France, en 1936). **2.** Propre au peuple. *Les traditions populaires.* ◆ LING. Qui est employé surtout par le peuple, n'est guère en usage dans la bourgeoisie. *Mots populaires et mots savants.* **3.** À l'usage du peuple (et qui en émane ou non). *Un spectacle populaire. Art populaire.* ⇒ **folklore.** ◆ (personnes) Qui s'adresse au très grand public. *Un romancier, une émission populaire.* **4.** Qui se recrute dans le peuple. *Les milieux populaires.* **5.** Qui plaît au peuple, au plus grand nombre. ⇒ **popularité.** *Henri IV était un roi populaire.*

POPULAIREMENT adv. ▪ D'une manière populaire. Dans le langage populaire. *S'exprimer populairement.*

POPULARISER v. tr. [1] ▪ Faire connaître parmi le peuple, le grand nombre. *Les mots dialectaux « enliser », « pieuvre » ont été popularisés par Victor Hugo.* ⇒ **répandre.**

POPULARITÉ n. f. ▪ Fait d'être connu et aimé du plus grand nombre. ⇒ **célébrité, gloire, renommée.** *La cote de popularité d'un chef d'État* (opposé à *impopularité*).

POPULATION n. f. ▪ **I.** VX Action de peupler. **II. 1.** Ensemble des personnes qui habitent un espace, une terre (⇒ **habitant**). *La population de la France. Recensement de la population. Région à population dense, faible* (⇒ **démographie**). **2.** Ensemble des personnes d'une catégorie particulière. *La population active,* les travailleurs. **3.** (animaux) *La population d'une ruche.* **4.** SC. Ensemble statistique.

POPULATIONNISTE adj. ▪ DIDACT. Favorable à un accroissement important de la population.

POPULEUX, EUSE adj. ▪ Très peuplé. *Des rues populeuses.*

POPULISME n. m. ▪ École littéraire qui cherche, dans les romans, à dépeindre avec réalisme la vie des gens du peuple. ▸ n. et adj. POPULISTE

POPULO n. m. ▪ FAM. **1.** Peuple. **2.** Grand nombre de gens. ⇒ **foule.**

PORC [pɔʀ] n. m. ▪ **1.** Mammifère au corps épais dont la tête est terminée par un groin, qui est domestiqué et élevé pour sa chair ; spécialt le mâle adulte de l'espèce (par oppos. à *truie,* à *goret,* à *porcelet*). ⇒ **cochon.** *Porc non châtré.* ⇒ **verrat.** *Gardien de porc.* ⇒ **porcher.** *Relatif au porc.* ⇒ **porcin.** ◆ loc. *Il est gras, sale comme un porc. Manger comme un porc,* salement. ◆ *C'est un vrai porc,* un homme débauché, grossier. **2.** Viande de cet animal (⇒ **jambon ; charcuterie**). *Un rôti de porc. Graisse de porc.* ⇒ **lard, saindoux. 3.** Peau tannée de cet animal. *Une valise en porc.* **4.** par ext. *Porc sauvage.* ⇒ **sanglier.**

PORCELAINE n. f. ▪ **1.** Mollusque, coquillage univalve luisant et poli, aux couleurs vives. **2.** Substance translucide, imperméable, résultant de la cuisson du kaolin. *Vaisselle en porcelaine, de porcelaine.* **3.** Objet en porcelaine. *Casser une porcelaine.*

PORCELAINIER, IÈRE n. et adj. ▪ **1.** Marchand(e), fabricant(e) de porcelaine. **2.** adj. *L'industrie porcelainière de Limoges.*

PORCELET n. m. ▪ Jeune porc. ⇒ **cochon** de lait, **goret.** *Manger du porcelet rôti.*

PORC-ÉPIC [pɔʀk-] n. m. ▪ Mammifère rongeur d'Afrique et d'Asie, au corps recouvert de longs piquants. *Des porcs-épics.*

porc-épic. *Hystrix cristata,* porc-épic à crête.
Phot. © Lanceau/Jacana

Aiguière godronnée, pâte tendre, vase ovoïde aux armes des Médicis, Italie, XVIe s. Musée du Louvre, Paris. *Phot. © RMN*

Biscuit de Sèvres de Falconet, *L'Amitié au cœur,* pâte dure, 1755. Musée de la Céramique, Sèvres. *Phot. © RMN*

Assiette en porcelaine style Ier Empire, coll. F. Masson. Fondation Dosne-Thiers, Paris. *Phot. © Dagli Orti*

porcelaine.

PORCHE n. m. ▪ **1.** Construction en saillie qui abrite la porte d'entrée (d'un édifice). *Le porche principal d'une cathédrale.* **2.** Hall d'entrée (d'un immeuble).

PORCHER, ÈRE n. ▪ Gardien, gardienne de porcs ; ouvrier agricole qui s'occupe des porcs.

PORCHERIE n. f. ▪ **1.** Bâtiment où l'on élève, où l'on engraisse les porcs. **2.** Local très sale. *C'est une vraie porcherie, ici !*

PORCIN, INE adj. ▪ **1.** Relatif au porc. *Élevage porcin. Race porcine.* – n. m. *Les porcins.* **2.** péj. Dont l'aspect rappelle celui du porc. *Des yeux porcins.*

PORE n. m. ▪ **1.** Chacun des minuscules orifices de la peau par où sortent la sueur, le sébum. – loc. *Par tous les pores,* de toute sa personne. **2.** *Les pores d'une plante.* **3.** Interstice d'une matière poreuse.

POREUX, EUSE adj. ▪ Qui présente une multitude de pores, de petits trous (matière minérale, poterie, etc.).

PORION n. m. ▪ Agent de maîtrise, contremaître dans les mines de charbon.

PORNIC ▪ Commune, port et station balnéaire de la Loire-Atlantique. 9 815 hab. *(les Pornicais).*

PORNICHET ▪ Commune, port et station balnéaire de la Loire-Atlantique. 8 133 hab. *(les Pornichetains).*

PORNO ▪ **1.** adj. Pornographique. *Des films pornos.* **2.** n. m. Pornographie (spécialt, cinéma pornographique). *Il déteste le porno.*

PORNOGRAPHIE n. f. ▪ Représentation de choses obscènes destinées à être communiquées au public. – Obscénité. ► adj. PORNOGRAPHIQUE

PORPHYRE n. m ▪ Roche volcanique rouge foncé à grands cristaux de feldspath. *Des colonnes de porphyre.*

Nicola PORPORA (1686 - 1768) ▪ Compositeur italien, célèbre professeur de chant. Opéras, oratorios, cantates.

PORQUEROLLES ▪ Une des îles d'Hyères, en Méditerranée (dép. du Var). Réserve naturelle. Tourisme.

PORRIDGE n. m. ▪ anglic. Bouillie de flocons d'avoine.

① **PORT** n. m. ▪ **I. 1.** Abri naturel ou artificiel aménagé pour recevoir les navires, pour l'embarquement et le débarquement de leur chargement. *Port maritime, fluvial. Port pétrolier.* ⇒ **terminal.** *Port de commerce, de pêche, de guerre. Port de plaisance. Port d'attache d'un bateau,* où il est immatriculé. *Port franc,* non soumis au service des douanes. – loc. *Arriver* À BON PORT : arriver au but d'un voyage sans accident, ou (choses) en bon état. **2.** LITTÉR. Lieu de repos ; abri. ⇒ **havre, refuge. 3.** Ville qui possède un port. *Marseille, port de la Méditerranée.* **II.** Col, dans les Pyrénées. ⇒ **passe.**

② **PORT** n. m. ▪ **I.** Action de porter (dans quelques expressions). **1.** Le fait de porter sur soi. *Le port illégal de décorations Autorisation de port d'armes* (d'avoir une arme sur soi). **2.** PORT D'ARMES : position du soldat qui présente son arme. **3.** PORT DE VOIX : passage progressif de la voix d'un son à un autre. **II.** Prix du transport (d'une lettre, d'un colis). *Port dû* (opposé à *payé*). *Expédier un colis franco de port.* **III.** Manière naturelle de se tenir. ⇒ **allure, maintien.** *Un port de déesse, de reine.* – *Un gracieux port de tête.*

Le PORT ▪ Commune de la Réunion. 34 806 hab. *(les Portois).*

PORTABILITÉ n. f. ▪ INFORM. Qualité d'un programme lui permettant de fonctionner sur plusieurs ordinateurs de types différents.

PORTABLE adj. ▪ **1.** (vêtement) Qu'on peut porter. ⇒ **mettable. 2.** Transportable. ⇒ **portatif.** *Ordinateur portable, téléphone portable ;* n. m. *un portable.*

PORTAGE n. m. ▪ **1.** Transport d'objets à dos d'homme. ⇒ **porteur. 2.** PRESSE Système de distribution des journaux à domicile.

PORTAIL, AILS n. m. ▪ Grande porte, parfois de caractère monumental. *Le porche et le portail d'une cathédrale.* - *Le portail du parc d'un château.* ⇒ **grille.**

Jean PORTALIS (1746 - 1807) ▪ Juriste français, principal rédacteur du Code civil.

PORTANT, ANTE ▪ **I.** adj. **1.** Dont la fonction est de porter, de soutenir. *Les murs portants d'un édifice.* ⇒ **porteur ; soutènement. 2.** *ÊTRE BIEN, MAL PORTANT :* en bonne, en mauvaise santé. ⇒ **se porter.** - n. *Les bien portants.* **II.** n. m. **1.** Montant qui soutient un élément de décor, un appareil d'éclairage, au théâtre. - Cette partie du décor. **2.** Montant (d'une ouverture).

PORT-ARTHUR → Lüshun

PORTATIF, IVE adj. ▪ Qui peut être transporté facilement. *Poste de télévision portatif.* ⇒ **portable.**

PORT-AU-PRINCE ▪ Capitale et port d'Haïti. 1 100 000 hab. Industrie et commerce : sucre, rhum, tabac. La ville a subi plusieurs tremblements de terre.

PORT BLAIR ▪ Ville de l'Inde, capitale du territoire de l'Union Andaman et Nicobar. 74 800 hab.

l'île de PORT-CROS ▪ Une des îles d'Hyères, en Méditerranée (dép. du Var). Parc national.

l'île de **Port-Cros.** *Phot. © Jalain/Explorer*

PORT-DE-BOUC ▪ Commune des Bouches-du-Rhône. 18 786 hab. *(les Port-de-Boucains).* Port de pêche.

① **PORTE** n. f. ▪ **I. 1.** VX Ouverture spécialement aménagée dans l'enceinte d'une ville pour permettre le passage. ⇒ **poterne.** - *L'ennemi est à nos portes,* à nos frontières, tout près. **2.** Lieu où se trouvait autrefois une porte de l'enceinte d'une ville. *La porte des Lilas* (à Paris). **II. 1.** Ouverture spécialement aménagée pour permettre le passage ; l'encadrement de cette ouverture. *Les portes d'une maison. La grande porte du château.* ⇒ **porche, portail.** *Porte palière. Porte d'entrée. Porte de secours.* ⇒ **issue.** *Le seuil d'une porte. Entrer par la porte. Sur le pas de la porte.* - fig. *PAS DE PORTE :* bail commercial. ♦ loc. *De porte en porte,* de maison en maison, d'appartement en appartement. *Faire du* PORTE À PORTE (ou *PORTE-À-PORTE*) : passer de logement en logement (pour vendre, quêter...). - *Ils habitent porte à porte,* dans des immeubles, des appartements contigus. - *Cela s'est passé à ma porte,* tout près de chez moi. - *Recevoir qqn entre deux portes,* lui parler rapidement sans le faire entrer. *Mettre, jeter, flanquer qqn à la porte.* ⇒ **congédier, renvoyer ; licencier.** ellipt *À la porte !* - *Être à la porte,* ne pas pouvoir entrer. - *Prendre la porte.* ⇒ **partir, sortir.** - fig. *La grande, la petite porte :* un accès direct, indirect. - *Se ménager une porte de sortie.* ⇒ **échappatoire, issue. 2.** Panneau mobile permettant d'obturer l'ouverture, la porte (II, 1). *Porte à double battant. Porte coulissante. Porte vitrée. Poignée de porte. Les gonds et la serrure d'une porte.* ⇒ **huisserie.** *Petite porte.* ⇒ **portillon.** *Porte à tambour. Trouver porte close. Écouter aux portes,* derrière les portes. - loc. *Frapper à la bonne, à la mauvaise porte,* s'adresser au bon, au mauvais endroit, à la bonne, à la mauvaise personne. *Fermer sa porte à qqn,* refuser de l'admettre chez soi. *C'est la porte ouverte à tous les abus,*

Port-au-Prince. *Phot. © Bouvet/Gamma*

l'accès libre. - *Journée porte ouverte,* pendant laquelle le public peut visiter une entreprise, etc. **3.** (d'un véhicule) ⇒ **portière.** - (d'un meuble) *La porte d'une armoire.* **III. 1.** Passage étroit dans une région montagneuse. ⇒ **défilé, gorge. 2.** Espace compris entre deux piquets où le skieur doit passer, dans un slalom.

▪ **les PORTES DE FER** ▪ Défilé du Danube, entre la Serbie et la Roumanie.

② **PORTE** adj. ▪ *VEINE PORTE,* qui ramène au foie le sang des organes digestifs abdominaux.

PORTE- Élément tiré du verbe *porter,* qui signifie « qui porte ». ⇒ **-fère, -phore.**

PORTE-À-FAUX n. m. invar. ▪ Ouvrage, construction hors d'aplomb. ♦ loc. *En porte-à-faux :* qui n'est pas d'aplomb. - fig. Dans une situation instable, en déséquilibre. *Se sentir en porte-à-faux.*

PORTE(-)À(-)PORTE n. m. ⇒ ① PORTE (II)

PORTE-AVIONS n. m. invar. ▪ Navire de guerre dont le pont supérieur constitue une plate-forme d'envol et d'atterrissage pour les avions.

PORTE-BAGAGES n. m. invar. ▪ **1.** Dispositif adapté à un véhicule pour recevoir les bagages. *Le porte-bagages d'une moto.* **2.** Filet, galerie métallique où l'on place les bagages dans un train, un car.

PORTE-BÉBÉ n. m. ▪ Sac ventral ou dorsal muni d'un harnais, pour transporter un bébé. *Des porte-bébés.*

PORTE-BILLETS n. m. invar. ▪ Petit portefeuille pour les billets de banque (⇒ **porte-cartes**).

PORTE-BONHEUR n. m. invar. ▪ Objet que l'on considère comme porteur de chance (ex. le trèfle à quatre feuilles). ⇒ **amulette, fétiche.**

PORTE-BOUTEILLES n. m. invar. ▪ **1.** Casier pour conserver les bouteilles couchées. **2.** Panier à compartiments pour transporter les bouteilles (debout).

PORTE-CARTES n. m. invar. ▪ Portefeuille à étuis transparents pour ranger les papiers d'identité, etc. (⇒ **porte-billets**).

PORTE-CIGARETTES n. m. invar. ▪ Étui à cigarettes.

PORTE-CLÉS ou **PORTE-CLEFS** [-kle] n. m. invar. ▪ Anneau ou étui pour porter des clés, parfois orné d'une breloque.

PORTE-CONTENEURS n. m. invar. ▪ Navire destiné à transporter des conteneurs.

PORTE-COUTEAU n. m. ▪ Ustensile de table sur lequel on pose l'extrémité du couteau. *Des porte-couteaux.*

PORTE-DOCUMENTS n. m. invar. ▪ Serviette très plate, sans soufflet. ⇒ **attaché-case.**

PORTE-DRAPEAU n. m. ▪ **1.** Celui qui porte le drapeau d'un régiment. *Des porte-drapeaux.* **2.** fig. Chef reconnu et actif. *Le porte-drapeau d'une insurrection.*

PORTÉE n. f. ▪ **I. 1.** Ensemble des petits qu'une femelle de mammifère porte et met bas en une seule fois. *Une portée de chatons.* **2.** TECHN. Charge, poids que supporte ou peut supporter qqch. **3.** MUS. Les cinq lignes horizontales et parallèles qui portent la notation musicale. *Les portées d'une partition.* **II.** Distance à laquelle porte une chose. **1.** Distance à laquelle peut être lancé un projectile. *La portée d'un missile.* - *Portée d'un radar,* distance maximale à laquelle il peut détecter une cible. – *La portée d'un son, d'une voix.* **2.** loc. *À (LA) PORTÉE (DE)* : à la distance convenable pour que ce dont il est question puisse porter. *À portée de voix.* – *À portée de la main,* accessible sans se déplacer. – *Mettre un verre à la portée d'un malade,* à portée de sa main. – *HORS DE (LA) PORTÉE. Être hors de portée de voix. Produit à tenir hors de (la) portée des enfants.* ⇒ **atteinte. 3.** fig. *À (LA) PORTÉE, HORS DE (LA) PORTÉE DE :* accessible ou non. *Spectacle à la portée de toutes les bourses,* bon marché. **4.** Aptitude à comprendre ; capacités intellectuelles. *Rien ne semble au-dessus de sa portée.* – *À LA PORTÉE DE.* ⇒ **niveau.** *Un texte à la portée des enfants.* **5.** (idée, pensée) Capacité à convaincre, à toucher. ⇒ **impact.** *La portée d'un argument. Il n'a pas mesuré la portée de ses paroles.* ⇒ **force.** – (action, événement) *Une décision sans portée pratique.* ⇒ **effet.** *La portée d'une découverte.* ⇒ **importance.**

PORTEFAIX n. m. ▪ anciennt Celui qui faisait métier de porter des fardeaux. ⇒ **porteur.**

PORTE-FENÊTRE n. f. ▪ Fenêtre qui descend jusqu'au sol et fait office de porte. *Des portes-fenêtres.*

PORTEFEUILLE n. m. ▪ **I. 1.** vx Cartable, serviette. ♦ MOD. Titre, fonctions de ministre. ⇒ **maroquin, ministère. 2.** Ensemble des effets de commerce, des valeurs mobilières détenus par une personne physique ou morale. – *Portefeuille d'assurance* (ensemble de contrats). **II.** Étui pliant qu'on porte sur soi, muni de poches où l'on range billets de banque, papiers, etc. ⇒ **porte-cartes.** – fig. *Avoir le portefeuille bien garni,* être riche. ⇒ **porte-monnaie.** ♦ loc. *Faire un lit en portefeuille,* replier le drap à mi-hauteur (en manière de farce). – appos. *Jupe portefeuille,* qui se ferme sur le devant par la superposition de deux pans.

PORTE-GREFFE n. m. ▪ TECHN. Plante sur laquelle on fixe le greffon. *Des porte-greffes.*

PORTE-HÉLICOPTÈRES n. m. invar. ▪ Navire de guerre à pont d'envol pour les hélicoptères.

PORTE-JARRETELLES n. m. invar. ▪ Sous-vêtement féminin ajusté autour des hanches et muni de quatre jarretelles.

Le PORTEL ▪ Commune et port de pêche du Pas-de-Calais. 10 695 hab. *(les Portelois).*

PORT ELIZABETH ▪ Ville et port d'Afrique du Sud (province du Cap-Oriental). 651 993 hab.

PORTE-MALHEUR n. m. invar. ▪ RARE Chose ou personne que l'on considère comme portant malheur.

PORTEMANTEAU n. m. ▪ Patère ; ensemble de patères pour suspendre les vêtements. *Mettre sa veste au portemanteau.* – loc. FAM. *Épaules en portemanteau,* très carrées.

PORTEMENT n. m. ▪ *Portement de croix :* scène de la Passion où le Christ est représenté portant sa croix.

PORTEMINE n. m. ▪ Instrument dans lequel on place des mines de crayon très fines. ◇ var. PORTE-MINE.

PORTE-MONNAIE n. m. invar. ▪ Petit sac souple où l'on met essentiellement de la monnaie. – loc. *Faire appel au porte-monnaie de qqn,* à sa générosité. *Avoir le porte-monnaie bien garni.* ⇒ **portefeuille.**

PORTE-PARAPLUIES n. m. invar. ▪ Ustensile disposé pour recevoir les parapluies, les cannes.

PORTE-PAROLE n. m. invar. ▪ Personne qui prend la parole au nom de qqn d'autre, d'une assemblée, d'un groupe. *Le porte-parole du gouvernement. Ce journal est le porte-parole de l'opposition.* ⇒ **interprète.**

PORTE-PLUME n. m. ▪ Tige au bout de laquelle on assujettit une plume à écrire. *Des porte-plumes.*

① **PORTER** v. tr. 1 ▪ **I.** Supporter le poids de. **1.** Soutenir, tenir (ce qui pèse). *Porter un enfant dans ses bras. Porter une valise à la main.* **2.** abstrait Supporter. *Porter le poids d'une faute.* **3.** Soutenir. *Mes jambes ne me portent plus.* **4.** Produire en soi (un petit, des petits [⇒ **portée**], un rejeton). *Porter un enfant.* ⇒ **attendre.** – *Les fruits que porte un arbre.* **5.** Avoir en soi, dans l'esprit, le cœur. – loc. *Je ne le porte pas dans mon cœur :* je ne l'aime pas, je lui en veux. **6.** Avoir sur soi. ⇒ ① **avoir.** *Porter la barbe.* – *Porter des lunettes.* – loc. fig. *Porter la robe :* être magistrat. ♦ *Le nom que l'on porte.* – *Ce tableau porte un beau titre.* – *La lettre porte la date du 20 mai.* – *Porter la marque d'un coup.* **II.** Mettre. **1.** Prendre pour emporter, déposer. *Porter un malade sur un lit.* ⇒ **mettre, transporter.** *Va lui porter ce paquet.* ⇒ **apporter. 2.** (gestes, attitudes) Orienter, diriger. *Porter le corps en avant. Porter la main sur qqn,* le toucher ou le frapper. ⇒ **lever.** – fig. *Porter son effort sur...* **3.** loc. fig. *Porter atteinte à la réputation de qqn.* ⇒ **attenter.** *Porter témoignage. Porter plainte contre qqn.* **4.** Mettre par écrit. ⇒ **inscrire.** *Porter une somme sur un registre.* – *Se faire porter malade* (ou FAM. *porter pâle*). **5.** *PORTER À :* amener, faire arriver à (un état élevé, extrême). *Porter un homme au pouvoir.* – loc. *Porter qqn aux nues*.* ♦ *Porter un roman à l'écran.* ⇒ **adapter. 6.** Donner, apporter (un sentiment, une aide... à qqn). *L'amitié que je vous porte...* – loc. MOD. *Porter ombrage.* – *Porter chance.* – prov. *La nuit porte conseil.* ♦ *Porter un jugement sur qqn, qqch.,* le formuler, l'émettre. **7.** *PORTER qqn À qqch. :* pousser, inciter, entraîner à. – *PORTER qqn À* (+ inf.). *Tout me porte à croire que c'est faux.* – *ÊTRE PORTÉ À* (+ inf.) : être naturellement poussé à. ⇒ **enclin.** – *ÊTRE PORTÉ SUR qqch. :* avoir un goût marqué, un faible pour. ⇒ **aimer.** *Être porté sur la boisson.* FAM. *Être porté sur la chose* (l'érotisme, le sexe). **III.** v. tr. ind. Appuyer, toucher. **1.** *PORTER SUR :* peser, appuyer sur (qqch.). ⇒ **portée** (I, 2). *Tout l'édifice porte sur ces colonnes.* – fig. *L'accent porte sur la dernière syllabe.* – FAM. *Cela me porte sur les nerfs,* m'agace. ♦ Avoir pour objet. *Le débat portait sur les salaires.* **2.** absolt (tir) Avoir une portée. *Un canon qui porte loin.* **3.** Toucher le but. *Une voix qui porte,* qui s'entend loin. fig. *Le coup a porté.* – fig. *Vos observations ont porté,* on en a tenu compte. ► **SE PORTER** v. pron. **1.** *Se porter (bien, mal) :* être en bonne, en mauvaise santé. ⇒ ① **aller.** *Il se porte à merveille ; comme un charme*.* **2.** (vêtement, parure) Être porté. *Le caleçon se porte beaucoup cette année* (→ être à la mode). **3.** LITTÉR. Se diriger (vers). *Se porter à la rencontre de qqn.* ⇒ ① **aller.** – fig. *Les soupçons se portent sur lui.* **4.** *SE PORTER À :* se laisser aller à. *Empêchez-le de se porter à cette extrémité. Se porter à des excès.* ⇒ se **livrer** à. **5.** (dans des loc.) Se présenter (à, comme). *Se porter acquéreur. Se porter garant*, se porter caution. Se porter partie civile.*

② **PORTER** [-ɛʀ] n. m. ▪ Bière brune amère (d'origine anglaise).

PORTERIE n. f. ▪ Loge de portier.

PORTE-SAVON n. m. ▪ Support ou emplacement destiné à recevoir un savon. *Des porte-savons.*

PORTE-SERVIETTES n. m. invar. ▪ Support pour les serviettes de toilette.

PORTES-LÈS-VALENCE ▪ Commune de la Drôme. 7 818 hab. *(les Portois).*

PORTET-SUR-GARONNE ▪ Commune de la Haute-Garonne. 8 030 hab.

PORTEUR, EUSE n. et adj. ▪ **1.** Personne chargée de remettre des lettres, des messages, des colis à leurs destinataires. ⇒ **facteur, messager.** *Envoyer un pli par porteur.* ⇒ ② **coursier. 2.** (dans des expr.) Personne dont le métier est de porter des fardeaux. *Porteuse d'eau.* – *Chaise à porteurs.* ♦ absolt *PORTEUR :* personne chargée de porter les bagages des voyageurs (gares, aéroports...). – (dans une expédition) ⇒ **coolie, sherpa ; portage. 3.** Personne qui porte effectivement (un objet). *Le porteur du ballon.* **4.** Personne qui détient (certains papiers, titres). ⇒ **détenteur.** ♦ DR. COMM. *Les petits porteurs :* les petits actionnaires. – *AU PORTEUR* (mention figurant sur des titres non nominatifs). *Chèque au porteur,* payable au porteur. **5.** MÉD. *Porteur sain :* sujet cliniquement sain qui porte des germes pathogènes. **6.** adj. Qui porte. *Mur porteur.* – *Fusée porteuse.* – ÉLECTR. *Onde porteuse,* qui porte l'information. ♦ *Secteur porteur de l'économie,* qui entraîne les autres par son développement. **7.** adj. *MÈRE PORTEUSE,* qui, ayant reçu un embryon, mène la grossesse à terme pour le compte de la mère légale de l'enfant.

PORTE-VOIX n. m. invar. ▪ Tube, cornet à pavillon évasé, pour amplifier la voix. – *Mettre ses mains en porte-voix,* en cornet autour de la bouche.

PORTFOLIO [pɔʀtfɔljo] n. m. ▪ Pochette, coffret contenant des photographies, des estampes.

PORT-GENTIL ▪ Ville et port du Gabon. 150 000 hab.

PORT HARCOURT ▪ Ville et port du Nigeria sur le Niger. 571 620 hab. Raffineries et exportation de pétrole.

PORTIER, IÈRE n. ▪ **1.** Personne qui garde une porte. ⇒ **concierge.** – n. m. *Le portier de l'hôtel.* ⇒ **gardien.** – n. (dans une communauté religieuse) appos. *Sœur portière.* **2.** n. m. *Portier électronique* (digicode, interphone, etc.).

PORTIÈRE n. f. ▪ **1.** Tenture qui ferme l'ouverture d'une porte, ou en couvre le panneau. *Une portière de lanières.* **2.** Porte (d'une voiture, d'un train). *Fermeture automatique des portières. Passer la tête à la portière.*

PORTILLON n. m. ▪ Porte à battant plus ou moins bas. *Portillon automatique du métro.* – loc. FAM. *Ça se bouscule au portillon* : il y a foule de gens qui veulent entrer ; fig. il, elle parle trop vite et s'embrouille.

PORTION n. f. ▪ **1.** Part qui revient à qqn ; spécialt quantité de nourriture destinée à une personne. ⇒ **ration.** *Une portion de gâteau.* ⇒ **part, tranche.** ♦ (argent, biens) *La portion d'un héritage.* **2.** Partie. *Portion de terrain cultivé.* ⇒ **parcelle.**

PORTIQUE n. m. ▪ **1.** Galerie ouverte soutenue par deux rangées de colonnes, ou par un mur et une rangée de colonnes. *Portique d'église.* ⇒ **narthex. 2.** Barre horizontale soutenue par deux poteaux verticaux, et à laquelle on accroche des agrès. *Portique de jardin.* **3.** TECHN. Dispositif en forme de pont. – *Portique de détection* : cadre muni d'un dispositif de détection (d'armes, d'explosifs), placé à l'entrée d'un lieu public.

PORTLAND ▪ Ville des États-Unis, métropole de l'Oregon. 437 000 hab. Technopôle de haute technologie (Silicon Forest).

PORT-LOUIS ▪ Capitale de l'île Maurice. 180 000 hab. Fondée par les Français en 1735. Exportation de sucre.

PORT MORESBY ▪ Capitale et port de la Papouasie-Nouvelle-Guinée. 193 342 hab. Exportation d'or, d'argent, de cuivre.

PORTO n. m. ▪ Vin de liqueur portugais très estimé. *Du porto rouge, blanc. De vieux portos.*

PORTO ▪ 2e ville du Portugal, au nord du pays. 309 500 hab. Port sur l'estuaire du Douro. Commerce des vins de la vallée.

Porto. Vue de la ville et du Douro. *Phot. © Prato/Ricciarini*

PÔRTO ALEGRE ▪ Principale ville industrielle et port du sud du Brésil, capitale du Rio Grande do Sul. 1 263 000 hab. Pôle pétrochimique.

PORT OF SPAIN en français ***PORT D'ESPAGNE*** ▪ Capitale de l'État de Trinité-et-Tobago. 58 000 hab. Port et centre commercial.

PORTO-NOVO ▪ Capitale du Bénin, sur le golfe de Guinée. 220 000 hab.

PORTORICAIN, AINE adj. et n. ▪ De Porto Rico. – n. *Les Portoricains.*

PORTO RICO ou **Commonwealth of PUERTO RICO** ▪ Pays des Grandes Antilles. 8 897 km². 3 321 000 hab. *(les Portoricains* ou *Puertoricains).* Capitale : San Juan. Langues : espagnol, anglais. Climat tropical ; culture de la canne à sucre (production de rhum), du café. Industrialisation récente (pétrochimie, électronique). □ HISTOIRE Découverte en 1493 par Christophe Colomb, l'île fut colonisée par les Espagnols qui la cédèrent aux États-Unis en 1898. Depuis 1952, Porto Rico est un État associé aux États-Unis : les Portoricains ont la nationalité américaine, mais pas le droit de vote aux États-Unis.

PORTO-VECCHIO ▪ Commune et port de Corse-du-Sud. 9 307 hab. *(les Porto-Vecchiais).* Centre touristique.

PORTRAIT n. m. ▪ **I. 1.** Représentation (d'une personne réelle, spécialt de son visage) par le dessin, la peinture, la gravure. *Faire le portrait de qqn. Un portrait en pied,* de tout le corps, debout. *Portrait de l'artiste par lui-même.* ⇒ **autoportrait. 2.** Photographie (d'une personne). **3.** fig. Image, réplique fidèle. *C'est (tout) le portrait de son père.* **4.** FAM. Figure. *Se faire abîmer le portrait* (→ se faire casser la figure). **II.** Description orale ou écrite (d'une personne).

PORTRAITISTE n. ▪ Peintre, dessinateur de portraits.

PORTRAIT-ROBOT n. m. ▪ Portrait d'un individu recherché par la police, obtenu en combinant les signalements donnés par des témoins.

PORTRAITURER v. tr. [1] ▪ Faire le portrait de. *Se faire portraiturer.*

l'abbaye de **Port-Royal-des-Champs.** *Le Cloître des religieuses dans l'abbaye de Port-Royal,* tableau de M. de Boulogne. Musée national du château, Versailles. *Phot. © Giraudon*

l'abbaye de PORT-ROYAL ▪ Abbaye de femmes fondée en 1204 près de Chevreuse et réformée par Angélique Arnauld en 1609. L'abbaye se dédoubla en *Port-Royal-des-Champs* et *Port-Royal de Paris.* Elle fut le siège du jansénisme (→ **Duvergier de Hauranne**) et accueillit les « messieurs de Port-Royal » : Pascal, Nicole. En 1711, elle fut détruite par ordre de Louis XIV.

PORT-SAÏD ▪ Ville d'Égypte, port sur la Méditerranée à l'entrée du canal de Suez. 374 000 hab.

PORT-SAINT-LOUIS-DU-RHÔNE ▪ Commune des Bouches-du-Rhône. 8 624 hab. *(les Saints-Louisiens).*

PORTSMOUTH ▪ Ville du sud de l'Angleterre (Hampshire), port de guerre sur la Manche. 185 000 hab. Constructions navales.

PORTSMOUTH ▪ Ville et port des États-Unis (Virginie). 104 000 hab. → **Hampton.**

PORT-SOUDAN ▪ Ville et port principal du Soudan, sur la mer Rouge. 987 200 hab.

PORTUAIRE adj. ▪ Qui appartient à un port. *Équipements portuaires.*

PORTUGAIS, AISE adj. et n. ▪ **1.** Du Portugal. – n. *Les Portugais.* ♦ n. m. *Le portugais,* langue romane parlée au Portugal, au Brésil, en Afrique occidentale. **2.** *PORTUGAISE* n. f. Variété d'huître commune qui vit sur la côte atlantique. – loc. FAM. *Avoir les portugaises ensablées* : être dur d'oreille.

le PORTUGAL ▪ État (république) d'Europe constitué de la partie sud-ouest de la péninsule Ibérique, des Açores et de Madère. 92 072 km². 9 858 000 hab. *(les Portugais).* Capitale : Lisbonne. Langue : portugais. Monnaie : escudo. L'agriculture prédomine : vins réputés (porto, madère). Pêche (sardine, thon, morue). 1er producteur mondial de liège. Industrie textile. Tourisme. □ HISTOIRE Le Portugal devint un royaume indépendant en 1143 et connut au XIIIe s. un remarquable développement économique. Aux XVe et XVIe s., grâce aux expéditions maritimes dirigées en partie par Henri* le Navigateur (B. Dias au cap de Bonne-Espérance, V. de Gama aux Indes, Cabral au Brésil), il se trouva à la tête d'un vaste empire colonial. Mais, n'ayant su organiser cet empire et dirigé par une monarchie affaiblie, il passa aux mains des Espagnols en 1580. En 1640, Jean IV, fondateur de la dynastie de Bragance qui régna jusqu'en 1910, le libéra. Reconnu indépendant par l'Espagne en 1668, le pays dut, en 1703, s'allier aux Anglais, dont Pombal*, ministre de Joseph Ier, s'efforça de limiter les privilèges, et fut entraîné dans les guerres napoléoniennes. Durant cette période, il devint le terrain des rivalités franco-anglaises et la Cour se réfugia au Brésil*. En 1821, Jean* VI reprit le pouvoir; son fils proclama l'indépendance du Brésil (1822) et en devint l'empereur sous le nom de Pierre Ier. Celui-ci reçut, en 1826, la couronne du Portugal et abdiqua en faveur de sa fille Marie II de Bragance. Le règne de celle-ci ouvrit une période d'instabilité politique qui se poursuivit après la proclamation de la république en 1910 et à laquelle mit fin le régime autoritaire et conservateur du maréchal Carmona* et de Salazar*, président du Conseil jusqu'en 1968. En 1974, la « révolution des Œillets » renversa la dictature; le Portugal reconnut l'indépendance de la Guinée-Bissau, du Mozambique et de l'Angola. Le général Eanes fut élu président de la République en 1976 et les socialistes Mário Soares (1986-1996) et Jorge Sampaio (depuis 1996) lui succédèrent. Le Portugal adhéra à la CEE en 1986.

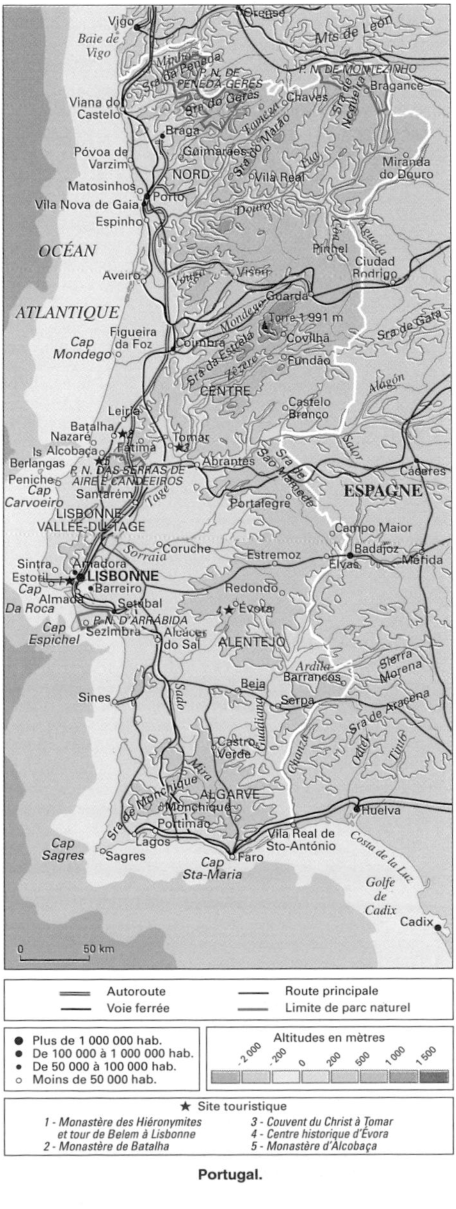

Portugal.

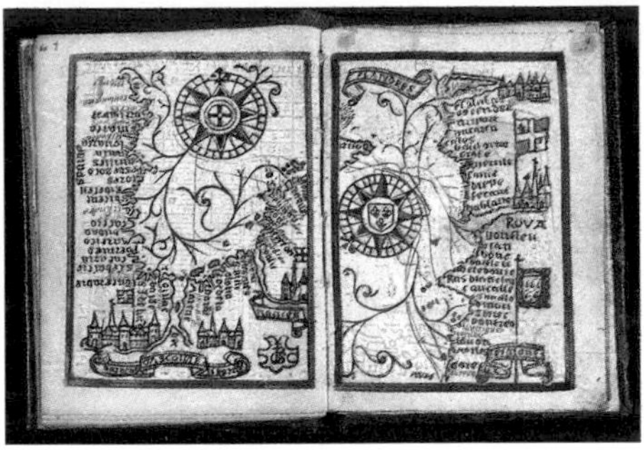

Portulan. *Portulan breton.* Xylographie, 1546. Musée Condé, Chantilly. *Phot. © Lauros/Giraudon*

PORTULAN n. m. ▪ anciennt Carte marine des premiers navigateurs (XIIIe-XVIe siècles), souvent ornée. ‑ Livre contenant la description des ports et des côtes.

PORT-VENDRES ▪ Commune des Pyrénées-Orientales. Port de pêche. Tourisme. 5 370 hab. *(les Port-Vendrais).*

PORT-VILA ▪ Capitale du Vanuatu sur la côte sud-ouest de l'île Vaté. 15 000 hab.

POSE n. f. ▪ **I.** Action de poser, mise en place. *La pose de la première pierre d'un édifice.* ‑ *La pose d'un verrou.* ‑ *La pose d'une prothèse.* **II. 1.** Attitude que prend le modèle qui pose. ⇒ **position.** *Garder la pose.* ‑ Attitude du corps. *Prendre une pose, essayer des poses.* **2.** Affectation dans le maintien, le comportement. ⇒ **poseur. III.** PHOTOGR. Exposition de la surface sensible à l'action de la lumière. *Temps de pose,* nécessaire à la formation d'une image correcte. ♦ *Pellicule 36 poses,* permettant de faire 36 photos.

POSÉ, ÉE adj. ▪ **1.** Calme, pondéré. *Un homme posé.* ⇒ **réfléchi. 2.** *Voix bien, mal posée,* capable ou non d'émettre des sons fermes dans toute son étendue.

POSÉIDON ▪ Dieu grec de la Mer, armé d'un trident. Il correspond au Neptune des Romains.

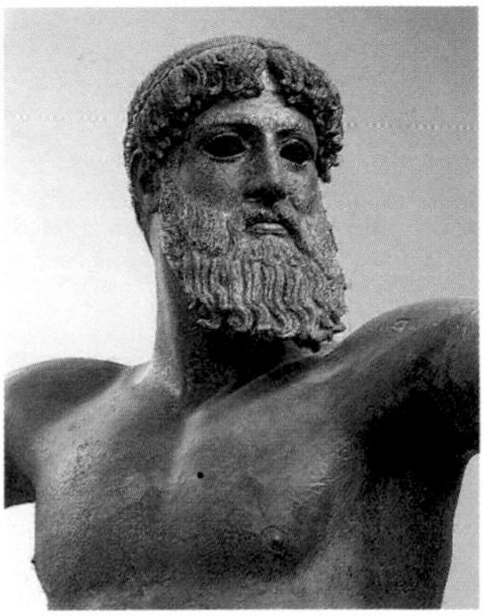

Poséidon. Statue en bronze par Calamis, provenant du cap Artémision, détail, art classique (v. 460 av. J.-C.). Musée national, Athènes. *Phot. © Dagli Orti*

POSÉMENT adv. ▪ Calmement. *Parler posément.* ⇒ **doucement, lentement.**

POSEMÈTRE n. m. ▪ PHOTOGR. Appareil de mesure (de la lumière) qui affiche le temps de pose*.

POSER v. [1] ▪ **I.** v. tr. **1.** Mettre (une chose) en un endroit qui peut naturellement la recevoir et la porter. *Poser un objet sur une table. Poser sa tête sur l'oreiller.* ‑ fig. *Poser son regard sur qqn.* ⇒ **arrêter. 2.** Mettre en place à l'endroit approprié. ⇒ **installer; pose** (I). *Poser des rideaux.* ‑ Écrire (un chiffre) dans une opération. *Quinze, je pose cinq et je* *retiens un.* 3. fig. Établir, énoncer. *Posons le principe que...* - au p. p. *Ceci posé* : ceci étant admis. 4. Formuler (une question, un problème). *POSER UNE QUESTION À qqn,* l'interroger, le questionner. *Poser une colle.* - *Se poser une question.* ⇒ s'**interroger.** - *Cela pose un problème.* ⇒ **soulever.** 5. *Poser sa candidature* : se déclarer officiellement candidat. 6. Donner de l'importance, de la notoriété... à (qqn). *Une voiture comme ça, ça vous pose !* 7. Abandonner, déposer. *Poser le masque.* **II.** v. intr. 1. Être posé, appuyé (sur qqch.). ⇒ ① **porter, reposer.** *Poutre qui pose sur une traverse.* 2. Se tenir immobile dans une attitude, pour être peint, dessiné, photographié (⇒ **pose** (2)). *Modèle qui pose pour un sculpteur.* 3. Prendre des attitudes étudiées pour se faire remarquer (⇒ **pose** (3)). - loc. *Poser pour la galerie.* ♦ *POSER À... :* tenter de se faire passer pour... ⇒ **jouer.** *Poser au justicier.* ► **SE POSER** v. pron. 1. Se placer, s'arrêter doucement (quelque part). *Oiseau qui se pose sur une branche.* - absolt *Un avion qui se pose.* ⇒ **atterrir.** - fig. *Son regard se posa sur nous.* 2. Se donner (pour tel). *Se poser comme, en tant que...* - *Se poser en... :* prétendre jouer le rôle de. ⇒ s'**ériger.** *Se poser en victime.* 3. passif Être, devoir être posé. *Chapeau qui se pose sur le côté de la tête.* - fig. *La question ne s'est pas encore posée.* 4. loc. FAM. *Se poser (un peu) là :* dépasser la norme, la moyenne (en mieux ou en pire). *Comme bricoleur, il se pose là !*

POSEUR, EUSE n. ▪ **I.** Personne chargée de la pose (d'un objet). *Poseur de pavés.* **II.** Personne qui prend une attitude affectée pour se faire valoir. ⇒ **fat, pédant.** - adj. *Elle est un peu poseuse.* ⇒ **affecté, maniéré, prétentieux.**

POSIDONIUS (135 - 51 av. J.-C.) ▪ Philosophe grec. Il diffusa le stoïcisme dans le monde romain.

POSITIF, IVE adj. et n. m. ▪ **I.** PHILOS. Qui est imposé à l'esprit par les faits, l'expérience. *Connaissance positive,* fondée sur l'observation et l'expérience. - Qui est fondé sur cette connaissance (⇒ **positivisme**). *Sciences positives.* **II.** 1. Qui a un caractère de certitude. ⇒ **certain, évident, sûr.** *Un fait positif,* attesté. 2. Qui a un caractère d'utilité pratique. *Des avantages positifs.* ⇒ **concret, effectif.** 3. Qui donne la préférence aux faits, à la réalité concrète. *Des gens positifs et matérialistes.* 4. n. m. *LE POSITIF :* ce qui est rationnel (opposé à *surnaturel, imaginaire, affectif*). *Il lui faut du positif.* **III.** (opposé à *négatif*) 1. Qui affirme qqch. ⇒ **affirmatif.** *Réponse positive.* - (emploi critiqué) Qui affirme du bien de qqn, de qqch. ⇒ **favorable.** *Une critique positive.* - *Esprit positif.* ⇒ **constructif.** 2. MÉD. *Réaction positive,* effective, qui se produit. *Cuti-réaction positive. Examen bactériologique positif,* qui révèle la présence effective de bactéries. - (personnes) *Elle a été déclarée positive au contrôle antidopage.* 3. *Nombre positif,* plus grand que zéro. *Le signe* + (plus), *symbole des nombres positifs.* 4. *Électricité positive,* analogue à celle obtenue en frottant un morceau de verre. - *Électrode positive.* ⇒ **anode.** 5. PHOTOGR. *Épreuve positive :* image dont les valeurs (ombres et lumières) ne sont pas inversées par rapport au sujet.

POSITION n. f. ▪ 1. Manière dont une chose, une personne est placée, située ; lieu où elle est placée. ⇒ **disposition, emplacement, place.** *Position horizontale, verticale. Position stable* (⇒ **équilibre**), *instable.* - *La position d'un navire, d'un avion. Déterminer sa position.* ⇒ s'**orienter.** - *FEU DE POSITION* (d'un navire, d'un avion, d'une automobile). 2. Emplacement de troupes, d'installations ou de constructions militaires. *Position stratégique. Position clé.* - loc. *Guerre de positions et guerre de mouvement.* 3. Maintien du corps ou d'une partie du corps. ⇒ **attitude, pose, posture, station.** *Position assise, couchée. Changer de position.* - MILIT. Attitude réglementaire. *Rectifier la position.* - *EN POSITION. On se mit en position de combat.* - *Les positions* (des corps dans l'amour physique). 4. fig. Ensemble des circonstances où l'on se trouve. *Une position critique, délicate, fausse.* ♦ loc. *Être en position de force.* - VIEILLI *Être dans une position intéressante :* être enceinte. 5. Situation dans la société. ⇒ **condition.** *Occuper une position (sociale) en vue.* 6. Ensemble des idées qu'une personne soutient et qui la situe par rapport à d'autres personnes. *Position politique.* - *Prendre position. "Positions et propositions"* (de Claudel). - loc. *Rester sur ses positions :* refuser toute concession. 7. Montant du solde d'un compte en banque, à une date donnée.

POSITIONNEMENT n. m. ▪ anglic. Action de positionner.

POSITIONNER v. tr. ① ▪ anglic. 1. TECHN. Mettre, placer (une pièce, un engin) dans une position déterminée en vue d'une fonction précise. 2. BANQUE Calculer la position de (un compte en banque). 3. PUBLICITÉ Déterminer la technique de promotion de (un produit) quant à son marché, sa clientèle.

POSITIVEMENT adv. ▪ 1. D'une manière certaine, sûre. *Je ne le sais pas positivement.* - Réellement, vraiment. *C'est positivement insupportable.* 2. PHYS. *Particules chargées positivement.* 3. (emploi critiqué) D'une manière positive (III, 1), en acquiesçant. *Il a répondu positivement.*

POSITIVISME n. m. ▪ Doctrine d'Auguste Comte selon laquelle les sciences positives sont appelées à fonder la philosophie. ▪ Pour Comte*, l'âge positif (ou scientifique), qui succède à l'âge théologique et à l'âge métaphysique, doit permettre de fonder une science de la société (ou *sociologie*), s'appuyant comme les sciences dites exactes sur la découverte de lois universelles. Le positivisme eut, à partir du XIXe s., un grand succès en Amérique latine, et particulièrement au Brésil. — Le *néopositivisme* (ou *positivisme logique*), caractérisé par son refus de toute métaphysique et son recours à une analyse logique du langage, s'est développé à la suite de Mach, avec le cercle de Vienne*.

POSITIVISTE adj. et n. ▪ Partisan du positivisme.

POSITON n. m. ▪ PHYS. Particule de même masse que l'électron, et de charge électrique opposée. ◇ var. POSITRON.

la **POSNANIE** ou **POZNANIE** ▪ Région de Pologne, ancienne province de Prusse de 1793 à 1945. Capitale : Poznań.

POSOLOGIE n. f. ▪ Indication du dosage et de la fréquence de prise d'un médicament.

POSSÉDANT, ANTE adj. et n. ▪ Qui possède des biens, des richesses, des capitaux. ⇒ **capitaliste.** *Les classes possédantes.* - n. *Les possédants.*

POSSÉDÉ, ÉE ▪ adj. Qui est dominé par une puissance occulte. *Il se croit possédé du démon.* ♦ n. *Exorciser un possédé.* - loc. *Se démener, jurer comme un possédé,* avec une violence incontrôlée.

POSSÉDER v. tr. ⑥ ▪ 1. Avoir (qqch.) à sa disposition ; avoir parmi ses biens. ⇒ **détenir.** *Posséder une fortune, une maison.* absolt *Le désir de posséder.* 2. fig. Avoir en propre (une chose abstraite). *Il croit posséder la vérité.* ⇒ **détenir.** - *Il possède une excellente mémoire.* 3. Avoir une connaissance sûre de (qqch.). ⇒ **connaître.** *Posséder à fond son sujet.* 4. Jouir des faveurs de (qqn) ; s'unir sexuellement à (qqn). *Posséder une femme.* 5. FAM. Tromper, duper. *Il nous a bien possédés !* ⇒ ① **avoir, feinter, rouler.** 6. Dominer moralement. *La jalousie le possède,* le tient, le subjugue. 7. LITTÉR. Maîtriser (ses propres états). ♦ pronom. ⇒ se **dominer,** se **maîtriser.** *Il ne se possède plus de joie,* il ne peut contenir sa joie. 8. (forces occultes) S'emparer du corps et de l'esprit de (qqn) (⇒ **possédé**).

POSSESSEUR n. m. ▪ 1. Personne qui possède (un bien). *L'heureux possesseur du numéro gagnant.* 2. Personne qui peut jouir (de qqch.). *Le possesseur d'un secret.* ⇒ **dépositaire.**

POSSESSIF, IVE ▪ 1. en grammaire Qui marque une relation d'appartenance, un rapport (de possession, de dépendance, etc.). *Adjectifs, pronoms possessifs (mon, ton, son... ; mien, tien, sien...).* - n. m. *Un possessif.* 2. PSYCH. Qui s'exerce, agit dans un sens d'appropriation. *Sentiments possessifs.* ⇒ **exclusif.** - *Il est jaloux et très possessif* (→ possessivité).

POSSESSION n. f. ▪ **I.** 1. Fait, action de posséder. *La possession d'une fortune. S'assurer la possession de :* se procurer. ♦ *EN (LA, SA...) POSSESSION.* (sens actif) *Être en possession de qqch. Avoir des biens en sa possession.* ⇒ **détenir.** - (sens passif) ⇒ **appartenir, être** à. *Cette somme est-elle en votre possession ?* ♦ *PRENDRE POSSESSION DE* (un lieu) : s'installer comme chez soi dans. 2. Fait de posséder par l'esprit. ⇒ **connaissance, maîtrise.** *La possession d'un métier, d'une langue.* 3. Fait de posséder sexuellement (un partenaire amoureux). 4. État d'une personne qui maîtrise ses facultés, ses sentiments. *Reprendre possession de soi, de soi-même* (après une émotion violente). - *Être EN POSSESSION de toutes ses facultés,* dans son état mental normal. *Être en pleine possession de ses moyens.* 5. Fait d'être possédé. ♦ Forme de délire dans lequel le malade se croit habité par un démon (⇒ **possédé**), avec sentiment de dédoublement et hallucinations. 6. GRAMM. Mode de relation exprimé par les *possessifs* (ex. *mon* livre, *sa* mère) ou les prépositions *à* et *de* (ex. c'est *à* moi, la mère *de* cet enfant). **II.** *(Une, des possessions)* 1. Chose possédée par qqn. ⇒ ② **avoir, bien.** 2. HIST. Dépendance coloniale d'un État. ⇒ **colonie, territoire.**

La POSSESSION ▪ Commune de la Réunion. 15 623 hab.

POSSESSIVITÉ n. f. ▪ PSYCH. Fait d'être, de se montrer possessif.

POSSIBILITÉ n. f. ▪ **1.** Caractère de ce qui peut se réaliser. *La possibilité d'un événement.* ⇒ **éventualité.** *Il n'y a entre eux aucune possibilité d'entente.* **2.** Chose possible. *Envisager toutes les possibilités.* ⇒ **cas.** *Il n'y a que deux possibilités.* ⇒ **option. 3.** Capacité (de faire). ⇒ **faculté, moyen, occasion.** *J'irai si j'en ai la possibilité. Aucune possibilité de refuser.* **4.** au plur. Moyens dont on peut disposer. *Chacun paiera selon ses possibilités.* - *Connaître ses possibilités.* ⇒ **limite.**

POSSIBLE ▪ **I.** adj. **1.** Qui peut être réalisé, qu'on peut faire (opposé à *impossible*). ⇒ **faisable, réalisable, virtuel.** *C'est tout à fait possible.* ⇒ **envisageable, pensable.** - *Venez demain si (c'est) possible.* - impers. *Il est possible d'y parvenir, qu'on y parvienne.* - (pour marquer l'étonnement) ⇒ **croyable.** *Est-ce possible ? Ce n'est pas possible !* ellipt FAM. *Pas possible !* **2.** Qui constitue une limite extrême. *Il a accumulé toutes les erreurs possibles et imaginables.* ♦ (en compar., avec *que*) *Autant que possible. Dès que possible.* ♦ (en superl., avec *le plus, le moins*) *Nouer le plus de liens possible(s). Achetez des fraises, les plus grosses possible(s).* **3.** Qui peut se réaliser, être vrai ; qui peut être ou ne pas être. ⇒ **éventuel.** *Il n'y a aucun doute possible.* - (dans une réponse) *Tu viendras nous voir ? — Possible !* - impers. *Il est possible que* (+ subj.) : il se peut que. **4.** Qui est peut-être ou peut devenir (tel). *C'est un concurrent possible.* ⇒ **éventuel. 5.** FAM. Acceptable, convenable ; supportable. *Il est possible, comme chef. J'en ai assez, ce n'est plus possible !* **II.** n. m. *LE POSSIBLE* **1.** (dans des loc.) Ce qui est possible. *Dans la mesure du possible :* autant qu'on le peut. *Faire tout son possible (pour...).* - *AU POSSIBLE* loc. adv. ⇒ **beaucoup, extrêmement.** *Il est serviable au possible.* **2.** Ce qui est réalisable. *Les limites du possible.* **3.** au plur. Choses qu'on peut faire, qui peuvent arriver. *Envisager tous les possibles.* ⇒ **possibilité.**

POSSIBLEMENT adv. ▪ RARE, sauf au Canada Peut-être ; vraisemblablement.

POST- [pɔst] Élément (du latin *post* « après ») qui signifie « après », dans le temps (ex. *postdater*) et dans l'espace (ex. *postposer*). ◇ contr. *pré-*.

POSTAGE n. m. ▪ Action de poster (le courrier).

POSTAL, ALE, AUX adj. ▪ Qui concerne la poste, l'administration des postes. *Service postal. Carte* postale.* - *Code postal.* - *Compte chèque postal* (abrév. C.C.P.).

POSTCURE n. f. ▪ Période qui suit une cure, un traitement, et durant laquelle le malade reste sous surveillance médicale.

POSTDATE n. f. ▪ ADMIN. Date portée sur un document et qui est postérieure à la date réelle.

POSTDATER v. tr. ⊡ ▪ Dater postérieurement à la date réelle (contr. *antidater*). - au p. p. *Chèque postdaté.*

① **POSTE** n. f. ▪ **1.** ancienn‍t Relais de chevaux, étape pour le transport des voyageurs et du courrier. ♦ Distance entre deux relais. - loc. VX *Courir la poste :* aller très vite. **2.** Administration chargée du service de la correspondance et d'opérations bancaires. *Bureau de poste. Receveur des postes.* **3.** Bureau de poste. *La poste était fermée. Mettre une lettre à la poste,* dans la boîte du bureau, ou dans une boîte à lettres publique. - *POSTE RESTANTE :* mention indiquant que la correspondance est adressée au bureau de poste où le destinataire doit venir la chercher.

② **POSTE** n. m. ▪ **I. 1.** Lieu où un soldat, un corps de troupes se trouve placé par ordre supérieur, en vue d'une opération militaire. *Un poste avancé.* ⇒ **avant-poste.** *Poste de commandement* (abrév. P.C.). ♦ loc. *Être, rester À SON POSTE,* là où le devoir l'exige ; là où l'on est. - FAM. *Être SOLIDE* AU POSTE.* **2.** Groupe de soldats placé en ce lieu. *Relever un poste.* **3.** *POSTE DE POLICE* ou *POSTE :* corps de garde d'un commissariat de police. *Passer la nuit au poste.* **4.** *POSTE-FRONTIÈRE :* point de passage gardé, à une frontière. **II. 1.** Emploi auquel on est nommé ; lieu où on l'exerce. ⇒ **charge, fonction.** *Être titulaire de son poste. Occuper un poste élevé. Poste vacant.* **2.** TECHN. Durée de travail d'une équipe. *Un poste de huit heures* (→ travail posté*). **III.** Emplacement affecté à un usage particulier. *Le poste de pilotage d'un avion.* - *Poste d'essence.* ⇒ **station-service.** - *Poste d'incendie.* **IV.** Appareil récepteur (de radio, de télévision). *Poste portatif.*

POSTÉ, ÉE adj. ▪ *Travail posté,* par équipes qui se relaient sur les mêmes postes de travail, selon un horaire organisé par tranches.

① **POSTER** v. tr. ⊡ ▪ Mettre à la poste.

② **POSTER** v. tr. ⊡ ▪ Placer (des soldats) à un poste déterminé. ⇒ **établir.** *Poster des sentinelles.* ► SE **POSTER** v. pron. Se placer (quelque part) pour une action déterminée, spécial‍t pour observer, guetter. *Se poster à la fenêtre.*

③ **POSTER** [-ɛʀ] n. m. ▪ anglic. Affiche destinée à la décoration.

POSTÉRIEUR, EURE ▪ **I.** adj. (opposé à *antérieur*) **1.** Qui vient après, dans le temps. *Les poètes postérieurs à Rimbaud. Nous verrons cela à une date postérieure.* ⇒ **futur, ultérieur. 2.** DIDACT. Qui est derrière, dans l'espace. *Les membres postérieurs du cheval.* **II.** n. m. FAM. Arrière-train (d'une personne). ⇒ **derrière.**

POSTÉRIEUREMENT adv. ▪ À une date postérieure. ⇒ **après, ultérieurement.**

A **POSTERIORI** ⇒ A POSTERIORI

POSTÉRIORITÉ n. f. ▪ Caractère de ce qui est postérieur à qqch. (dans le temps).

POSTÉRITÉ n. f. ▪ **1.** LITTÉR. Suite de personnes d'une même origine. ⇒ **descendant, enfant ; lignée.** *Mourir dans la postérité.* - fig. *La postérité d'un artiste,* ceux qui s'inspirent de lui, après lui. **2.** Générations à venir. *Travailler pour la postérité.* ⇒ **avenir.** - *Œuvre qui passe à la postérité.*

POSTFACE n. f. ▪ Commentaire placé à la fin d'un livre.

POSTHUME adj. ▪ **1.** Qui est né après la mort de son père. *Enfant posthume.* **2.** Qui a vu le jour après la mort de son auteur. *Œuvre posthume,* publiée après la mort. - *Décoration posthume,* donnée à un mort. *Décoré à titre posthume.*

POSTICHE adj. ▪ **1.** Que l'on porte pour remplacer artificiellement qqch. de naturel (ne se dit pas des prothèses). ⇒ **factice, faux.** *Des cheveux postiches.* ⇒ **perruque.** ♦ n. m. Mèche que l'on adapte à volonté à sa coiffure. ⇒ FAM. **moumoute. 2.** fig. Faux, inventé. *Une élégance postiche.*

POSTIER, IÈRE n. ▪ Employé(e) du service des postes.

POSTILLON n. m. ▪ **I.** ancienn‍t Conducteur d'une voiture de poste. ⇒ **cocher.** *Le postillon de la diligence.* **II.** Gouttelette de salive projetée en parlant.

POSTILLONNER v. intr. ⊡ ▪ Envoyer des postillons.

POST-IT n. m. invar. (n. déposé) ▪ anglic. Petit papillon de papier, partiellement adhésif, qui se colle et se recolle à volonté. ⇒ aussi **béquet.**

POSTMODERNE adj. ▪ ARTS Qui rejette la rigueur du style dit « moderne » dans les arts plastiques et se caractérise par l'éclectisme.

POSTNATAL, ALE, ALS adj. ▪ DIDACT. Relatif à la période qui suit immédiatement la naissance.

POSTOPÉRATOIRE adj. ▪ MÉD. Qui se produit ou se fait après une opération.

POSTPOSER v. tr. ⊡ ▪ DIDACT. Placer après un autre mot. ► n. f. POSTPOSITION

POST-SCRIPTUM [pɔstskʀiptɔm] n. m. invar. ▪ Complément ajouté au bas d'une lettre, après la signature (abrév. P.-S.).

POSTSYNCHRONISATION [-kʀ-] n. f. ▪ CIN. Addition du son et de la parole après le tournage d'un film.

POSTSYNCHRONISER [-kʀ-] v. tr. ⊡ ▪ TECHN. Faire la postsynchronisation de (un film).

POSTULANT, ANTE n. ▪ Personne qui postule à une place, un emploi. ⇒ **candidat.**

POSTULAT n. m. ▪ MATH., PHILOS. Proposition qui ne peut être démontrée, mais qui est nécessaire pour établir une démonstration. ⇒ aussi **axiome.** *Les cinq postulats d'Euclide* (dont le cinquième, dit *Postulat d'Euclide* ou *postulat des parallèles*).

POSTULER v. tr. ⊡ ▪ **1.** Demander (un emploi, une place). *Postuler un emploi* (ou trans. indir. *postuler à, pour un emploi*). **2.** DIDACT. Poser (une proposition) comme postulat.

POSTURE n. f. ▪ **1.** Attitude particulière du corps (⇒ **position**), spécial‍t lorsqu'elle est peu naturelle ou peu convenable. *Une posture comique. Surprendre un couple dans une posture sans équivoque.* **2.** loc. fig. *Être, se trouver en bonne, en mauvaise posture,* dans une situation favorable ou défavorable.

POT n. m. ▪ **I. 1.** Récipient de ménage, destiné surtout à contenir liquides et aliments. *Un pot de terre, de grès.* ⇒

poterie. *Pot d'étain.* loc. *C'est le pot de terre contre le pot de fer,* le faible contre le fort (fable de La Fontaine adaptée d'Ésope). ▸ POT À, destiné à contenir. *Pot à lait. Pot à eau.* ▸ POT DE, contenant effectivement. *Un pot de yaourt.* ▸ POT (DE FLEURS) : récipient dans lequel on fait pousser des plantes ornementales. ♦ loc. fig. ▸ *Découvrir le* POT AUX ROSES : découvrir le secret d'une affaire. ▸ POT AU NOIR : situation inextricable et dangereuse ; spécialt région de brumes opaques redoutée des navigateurs, des aviateurs. ▸ *Payer les pots cassés :* réparer les dommages qui ont été faits. ▸ *Être sourd comme un pot,* très sourd. **2.** VX Marmite servant à faire cuire les aliments (⇒ **pot-au-feu**). ▸ MOD. *Poule* au pot. Cuiller à pot,* pour écumer la marmite. ▸ loc. FAM. *En deux coups de cuiller* à pot.* ♦ loc. *Tourner autour du pot :* parler avec des circonlocutions, ne pas se décider à dire ce que l'on veut dire. ▸ *À la fortune du pot :* sans façons, à la bonne franquette. **3.** POT (DE CHAMBRE), où l'on fait ses besoins. ⇒ **vase** de nuit. *Mettre un enfant sur le* (ou *sur son*) *pot.* **4.** Contenu d'un pot (1). ▸ absolt FAM. *Boire, prendre un pot,* une consommation. ⇒ **verre. 5.** POT D'ÉCHAPPEMENT : tuyau muni de chicanes qui, à l'arrière d'une voiture, d'une moto, laisse échapper les gaz brûlés. ⇒ **silencieux.** ▸ loc. FAM. *Plein pot :* à toute vitesse. **6.** L'enjeu, dans certains jeux d'argent. *Ramasser le pot.* **II. 1.** vulg. Postérieur, derrière. ⇒ **popotin.** *Magne-toi le pot :* dépêche-toi. **2.** FAM. Chance, veine. *Avoir du pot. C'est un coup de pot. Manque de pot !* ⇒ **bol.**

POTABLE adj. ▪ **1.** Qui peut être bu sans danger pour la santé. *Eau non potable.* **2.** FAM. Qui passe à la rigueur ; assez bon. ⇒ **acceptable, passable.**

POTACHE n. m. ▪ FAM. Collégien, lycéen.

POTAGE n. m. ▪ Bouillon dans lequel on a fait cuire des aliments solides, le plus souvent coupés fin ou passés. ⇒ **soupe.**

POTAGER, ÈRE ▪ **I.** adj. **1.** (plantes) Dont certaines parties peuvent être utilisées dans l'alimentation humaine (à l'exclusion des céréales). *Plantes potagères.* ⇒ **légume. 2.** Où l'on cultive des plantes potagères pour sa propre consommation. *Jardin potager.* ▸ *Culture potagère* (opposé à *maraîchère*). **II.** n. m. Jardin destiné à la culture des légumes et de certains fruits pour la consommation.

le POTALA ▪ Palais des dalaï-lamas construit au XVIIe s. sur une colline dominant Lhassa (Tibet).

POTAMO-, -POTAME Éléments savants, du grec *potamos* « fleuve » (ex. *potamologie* n. f. « science qui étudie les cours d'eau »).

POTAMOCHÈRE n. m. ▪ Mammifère ongulé voisin du sanglier, qui vit dans les marécages, en Afrique.

POTARD n. m. ▪ FAM. et VX Pharmacien.

POTASSE n. f. ▪ **1.** Hydroxyde de potassium, solide blanc très caustique. **2.** *Potasse d'Alsace,* minerai contenant du chlorure de potassium, utilisé comme engrais.

POTASSER v. tr. [1] ▪ FAM. Étudier avec acharnement. *Potasser un examen.*

POTASSIQUE adj. ▪ CHIM. Se dit des composés du potassium. *Engrais potassiques.*

POTASSIUM [-jɔm] n. m. ▪ Corps simple (symb. K), métal alcalin présent dans la potasse.

POT-AU-FEU [pɔt-] n. m. invar. ▪ **1.** Plat composé de viande de bœuf bouillie avec des légumes (carottes, poireaux...). ⇒ **potée.** *Le bouillon du pot-au-feu.* ♦ Le morceau de bœuf qui sert à faire le pot-au-feu. **2.** adj. invar. FAM. VIEILLI *Être pot-au-feu :* aimer avant tout le calme et le confort du foyer. ⇒ **popote.**

potiron. *Phot. © Le Roy/Jacana*

POT-BOUILLE n. f. ▪ VX Popote, ordinaire bourgeois d'un ménage. *"Pot-bouille"* (roman de Zola).

POT-DE-VIN n. m. ▪ Somme d'argent, cadeau offerts clandestinement pour obtenir illégalement un avantage. *Des pots-de-vin.*

POTE n. m. ▪ FAM. Camarade, ami. ⇒ **copain, poteau** (II). « *Touche pas à mon pote* » (slogan antiraciste, 1985). ▸ appellatif *Mon petit pote.*

POTEAU n. m. ▪ **I. 1.** Pièce de charpente dressée verticalement pour servir de support. ⇒ **pilier.** *Poteau de bois, de béton.* **2.** Pièce de bois, de métal, etc., dressée verticalement. *Poteau indicateur,* portant la direction des routes. ▸ *Poteau télégraphique, poteau électrique,* portant les fils et leurs isolateurs. ▸ SPORTS *Poteau de but.* ▸ *Poteau de départ, d'arrivée.* ▸ loc. *Coiffer (un concurrent) sur le poteau,* le battre de justesse. **3.** *Poteau (d'exécution),* où l'on attache ceux que l'on va fusiller. ▸ loc. *Envoyer qqn au poteau,* le condamner à la fusillade. **II.** FAM. Ami fidèle (sur lequel on peut s'appuyer). ⇒ **pote.**

POTÉE n. f. ▪ Plat analogue au pot-au-feu, composé de viande de porc ou de bœuf et de légumes variés. *Potée au chou.*

POTELÉ, ÉE adj. ▪ Qui a des formes rondes et pleines. ⇒ **dodu, grassouillet.** *Main potelée.*

Grigori POTEMKINE (1739-1791) ▪ Feld-maréchal et homme politique russe, favori de Catherine II. Gouverneur des provinces allant de l'Ukraine à la mer Noire, il créa une flotte de guerre et annexa la Crimée. Son nom fut donné à un cuirassé où une mutinerie révolutionnaire éclata en 1905 (sujet d'un célèbre film d'Eisenstein).

POTENCE n. f. ▪ **1.** TECHN. Pièce de charpente faite d'un poteau et d'une traverse placée en équerre. ♦ MÉD. Support du matériel servant aux perfusions (pied de perfusion). **2.** Instrument de supplice (pour l'estrapade, la pendaison), formé d'une potence soutenant une corde. ⇒ **gibet.** ▸ *Mériter la potence.* ⇒ **corde.** ▸ loc. *Gibier* de potence.*

POTENTAT n. m. ▪ **1.** Celui qui a la souveraineté absolue dans un grand État. ⇒ **monarque, souverain, tyran. 2.** Homme qui possède un pouvoir excessif, absolu. ⇒ **despote.**

POTENTIALITÉ n. f. ▪ DIDACT. ou LITTÉR. **1.** Caractère de ce qui est potentiel. *Le subjonctif peut exprimer la potentialité.* **2.** Qualité, chose potentielle. ⇒ **possibilité, virtualité.**

POTENTIEL, ELLE ▪ **I.** adj. **1.** DIDACT. Qui existe en puissance (opposé à *actuel*). ⇒ **virtuel.** ▸ COUR. *Client, marché potentiel.* **2.** GRAMM. Qui exprime une possibilité (⇒ **potentialité** (1)). *Un mode potentiel.* **3.** SC. *Énergie potentielle,* celle d'un corps capable de fournir un travail (ex. ressort comprimé). **II.** n. m. **1.** PHYS. *Différence de potentiel entre les bornes d'un générateur* (unité : le volt). ⇒ **tension. 2.** BIOL. *Potentiel de membrane* ou *potentiel de repos :* différence de potentiel entre les faces externes et internes de la membrane cellulaire. **3.** Capacité d'action, de production. ⇒ **puissance.** *Le potentiel économique et militaire d'un pays.* ► adv. POTENTIELLEMENT

POTENTILLE n. f. ▪ Plante herbacée à fleurs jaunes ou blanches.

POTENTIOMÈTRE n. m. ▪ ÉLECTR. Rhéostat.

POTERIE n. f. ▪ Fabrication des objets utilitaires en terre cuite. ⇒ **céramique, faïence, porcelaine.** ▸ Objet ainsi fabriqué ; matière dont il est fait. *Façonner une poterie au tour.* ♦ Atelier de poterie.

POTERNE n. f. ▪ **1.** Porte dérobée dans la muraille d'enceinte d'un château, de fortifications. **2.** Voûte, galerie voûtée.

POTICHE n. f. ▪ **1.** Grand vase de porcelaine d'Extrême-Orient. **2.** fig. Personne reléguée à une place honorifique, sans aucun rôle actif. *Jouer les potiches.*

POTIER, IÈRE [-tje, jɛʀ] n. ▪ Personne qui fabrique et vend des objets en céramique, des poteries. ⇒ **céramiste.** *Tour, four de potier.*

POTIN n. m. ▪ **1.** surtout au pluriel Bavardage, commérage. ⇒ **cancan ; potiner.** *Faire des potins sur qqn.* **2.** Bruit, tapage, vacarme. ⇒ **boucan.** *Faire du potin, un potin du diable.*

POTINER v. intr. [1] ▪ VIEILLI Faire des potins, des commérages. ⇒ **cancaner, médire.**

POTION n. f. ▪ Médicament liquide destiné à être bu. ▸ loc. *Potion magique :* remède miracle.

POTIRON n. m. ▪ Variété de courge plus grosse que la citrouille. *Soupe au potiron.*

Jean POTOCKI (1761 - 1815) ▪ Écrivain polonais. Il écrivit, en français, un récit fantastique : *"Manuscrit trouvé à Saragosse"* (1804).

le POTOMAC ▪ Fleuve du nord-est des États-Unis qui arrose Washington avant de se jeter dans l'Atlantique. 640 km.

POTOSÍ ▪ Ville de Bolivie. 120 000 hab. Raffinerie d'étain et de cuivre. La mine d'argent fut, entre le milieu du XVIe s. et le début du XVIIe s., une importante source de richesse pour l'Espagne.

POT-POURRI n. m. ▪ **1.** VX Mélange hétéroclite. **2.** Pièce de musique légère faite de thèmes empruntés à diverses sources. **3.** Mélange odorant à base de pétales séchés. *Des pots-pourris.*

POTRON-MINET n. m. ▪ LITTÉR. Le point du jour, l'aube. *Dès potron-minet.*

POTSDAM ▪ Ville d'Allemagne, capitale du Brandebourg. 139 700 hab. Industries. Palais de Sans-Souci (1745-1747) élevé par Frédéric II dans le style de Versailles. En 1945, la *conférence de Potsdam,* entre Truman, Staline et Churchill, précisa les dispositions prises à Yalta quant à l'occupation de l'Allemagne par les Alliés et prépara les traités de paix.

Eugène POTTIER (1816 - 1887) ▪ Homme politique et poète français. Il participa à la Commune et rédigea les paroles de *"L'Internationale"* (1871).

POU n. m. ▪ **1.** Insecte qui vit en parasite sur l'homme (⇒ **pouilleux ; épouiller**). *Œuf de pou.* ⇒ **lente.** *"Les Chercheuses de poux"* (poème de Rimbaud). ♦ loc. FAM. *Être laid comme un pou,* très laid. *Chercher des poux dans la tête de qqn, à qqn,* le chicaner, lui chercher querelle. - loc. *Être orgueilleux comme un pou.* **2.** Insecte parasite des animaux. *Pou de chien* (⇒ **tique**).

POUAH interj. ▪ FAM. Exclamation qui exprime le dégoût, le mépris.

POUBELLE n. f. ▪ (du n. pr.) Récipient destiné aux ordures ménagères (d'un immeuble, d'un appartement). *Ramassage des poubelles par les éboueurs. Jeter qqch. à la poubelle.* - loc. FAM. *Faire les poubelles,* les fouiller pour récupérer de la nourriture, des objets.

Eugène René POUBELLE (1831 - 1907) ▪ Préfet de la Seine de 1883 à 1896, qui imposa l'usage du récipient ménager qui porte son nom.

POUCE n. m. ▪ **1.** Le premier doigt de la main, opposable aux autres doigts. *Le bébé suçait son pouce.* ♦ loc. *Mettre les pouces :* cesser de résister, s'avouer vaincu. - FAM. *Manger un morceau SUR LE POUCE,* sans assiette et debout. - *Se tourner les pouces :* rester sans rien faire. - *Donner le COUP DE POUCE,* la dernière main à un ouvrage. *Il a donné un coup de pouce à l'histoire :* il a déformé légèrement la réalité. ♦ *Pouce !,* interjection enfantine servant à se mettre momentanément hors du jeu, à demander une trêve. *Pouce cassé !,* le jeu reprend. **2.** Le gros orteil. **3.** Ancienne mesure de longueur valant 2,7 cm. - MOD. (dans certains pays) Douzième partie du pied, valant 2,54 cm. *Mesurer cinq pieds six pouces* (1,78 m). - loc. *Ne pas reculer, bouger, avancer d'un pouce :* rester immobile.

Alexandre POUCHKINE (1799 - 1837) ▪ Écrivain russe. Il est souvent considéré comme le plus grand poète classique russe. Il est l'auteur de poèmes, de romans (*"Eugène Onéguine"*, 1833), de drames (*"Boris Godounov"*, 1824-1825) et de nouvelles (*"La Dame de pique"*, 1834). Il fut tué en duel.

Pouchkine.
Phot. © APN

POUCHKINE ▪ Ville de Russie, près de Saint-Pétersbourg. 95 000 hab. Ancienne Tsarskoïe Selo, résidence impériale du XVIIIe s., où Pouchkine étudia. Ainsi nommée en 1937.

POUDING ⇒ PUDDING

Vsevolod POUDOVKINE (1893 - 1953) ▪ Cinéaste soviétique. *"La Mère"* (1926), d'après Gorki. *"Tempête sur l'Asie"* (1929).

Poudovkine. J. Baranovskaïa et N. Batalov dans *La Mère*
Phot. © Coll. Christophe L.

POUDRAGE n. m. ▪ Action de poudrer.

POUDRE n. f. ▪ **1.** VX Poussière (⇒ **poudroyer**). **2.** Substance solide formée de très petites particules. *Poudre fine. Réduire en poudre.* ⇒ **moudre, pulvériser.** - *Sucre en poudre.* - loc. *Poudre de perlimpinpin,* que les charlatans vendaient comme une panacée. - loc. *Jeter de la poudre aux yeux,* chercher à éblouir. **3.** Substance pulvérulente utilisée sur la peau comme fard. *Poudre de riz.* **4.** Mélange explosif pulvérulent. *Poudre à canon.* - loc. *Mettre le FEU AUX POUDRES :* déclencher un événement violent. *Faire parler la poudre :* tirer. - *Il n'a pas inventé la poudre,* il n'est pas très intelligent.

POUDRER v. tr. [1] ▪ **1.** Couvrir de poudre. ⇒ **saupoudrer.** **2.** Couvrir (ses cheveux, sa peau) d'une couche de poudre (3). - pronom. *Se poudrer.* - p. p. adj. Au visage poudré. *Une femme fardée, poudrée.*

POUDREUSE n. f. ▪ Instrument servant à répandre une poudre (2).

POUDREUX, EUSE adj. ▪ **1.** VX Poussiéreux. **2.** Qui a la consistance d'une poudre. *Neige poudreuse,* ou n. f. *de la poudreuse :* neige fraîche et molle.

POUDRIER n. m. ▪ Récipient à poudre (3). *Poudrier en argent.*

POUDRIÈRE n. f. ▪ Magasin à poudre (4), à explosifs. - abstrait *Cette région est une poudrière,* la révolte peut y éclater.

POUDROIEMENT n. m. ▪ Effet produit par la poussière soulevée et éclairée ou par la lumière éclairant les grains d'une poudre.

POUDROYER v. intr. [8] ▪ **1.** LITTÉR. Produire de la poussière ; s'élever en poussière (→ poudre (1)). **2.** Avoir une apparence de poudre brillante. ♦ Faire briller les grains de poussière en suspension. *Le soleil poudroie à travers les volets.*

POUÊT [pwɛt] interj. ▪ Onomatopée, souvent répétée, évoquant un bruit de trompe, de klaxon.

POUF ▪ **I.** interj. Exclamation exprimant un bruit sourd de chute. *Et pouf ! le voilà qui s'étale par terre.* - n. m. *Faire pouf,* tomber. **II.** n. m. Siège bas, gros coussin capitonné. *Un pouf en cuir.*

POUFFER v. intr. [1] ▪ *POUFFER (DE RIRE) :* éclater de rire malgré soi. ⇒ **s'esclaffer.**

POUFFIASSE ou **POUFIASSE** n. f. ▪ vulg. (terme d'injure) Femme, fille vulgaire, ridicule. *Une grosse pouffiasse.* ◇ abrév. POUFFE.

Iemelian POUGATCHEV (v. 1742 - 1775) ▪ Chef cosaque. Il se proclama tsar sous le nom de Pierre III et leva une armée de paysans, auxquels il promit l'abolition du servage, contre Catherine II (1773-1774). Vaincu, il fut décapité.

POUILLES n. f. pl. ▪ LITTÉR., VX *CHANTER POUILLES à qqn,* l'accabler d'injures, de reproches.

les POUILLES n. f. pl. en italien *PUGLIA* ▪ Région du sud de l'Italie. 19 347 km². 4 059 309 hab. Chef-lieu : Bari. Importante région agricole : céréales, vignes, oliviers. Bauxite. Nombreux monuments d'art roman.

POUILLEUX, EUSE adj. ▪ **1.** Couvert de poux, de vermine. *Un mendiant pouilleux.* **2.** Qui est dans une extrême misère. – n. ⇒ **gueux. 3.** (choses) Misérable et sale. ⇒ **sordide.** *Un quartier pouilleux.* **4.** (après un nom géographique) *La Champagne pouilleuse,* calcaire, la moins fertile (s'oppose à la *Champagne humide*).

Pierre POUJADE (né en 1920) ▪ Homme politique français. Il fonda, en 1953, l'Union de défense des commerçants et artisans de France (U.D.C.A., dit mouvement Poujade ou poujadiste), qui prit position contre les impôts et pour l'Algérie française. Il remporta un succès éphémère aux élections législatives de 1956.

POUJADISME n. m. ▪ **1.** Mouvement et parti politique populaire de droite, constitué en France dans les années 50 par Pierre Poujade. **2.** Attitude fondée sur des revendications corporatistes et sur le refus d'une évolution socioéconomique. ► adj. et n. POUJADISTE

POULAILLER n. m. ▪ **I.** Abri où on élève des poules ou d'autres volailles. – Ensemble des poules qui logent dans cet abri. **II.** FAM. Galerie supérieure d'un théâtre. *Prendre une place au poulailler.*

POULAIN n. m. ▪ **1.** Petit du cheval, mâle ou femelle (jusqu'à trente mois). ⇒ **pouliche ; pouliner.** *La jument et son poulain.* **2.** Sportif, étudiant, écrivain débutant (par rapport à la personne qui l'appuie).

À LA **POULAINE** loc. adj. ▪ *Souliers à la poulaine,* chaussures à l'extrémité allongée en pointe (fin du Moyen Âge).

POULARDE n. f. ▪ Jeune poule engraissée.

POULBOT n. m. ▪ (du n. pr.) Enfant de Montmartre, gavroche. *Un petit poulbot.*

Francisque POULBOT (1879 - 1946) ▪ Dessinateur français. Il créa un type célèbre de gamin montmartrois.

Poulbot. « C'est pas comme dans la mer ». *Phot. © BNF*

① **POULE** n. f. ▪ **I. 1.** Femelle du coq, oiseau de basse-cour, à ailes courtes et arrondies, à queue courte, à crête dentelée et petite. *La poule picore ; glousse, caquette. Poule pondeuse. Œuf de poule.* – *Poule au pot, poule bouillie. Poule au riz.* ⇒ aussi **poularde. 2.** loc. *Quand les poules auront des dents,* jamais. *Tuer la poule aux œufs d'or,* détruire par avidité ou impatience la source d'un profit important. *Se coucher comme (avec) les poules,* très tôt. – *MÈRE POULE :* mère qui « couve » ses enfants. – *POULE MOUILLÉE :* personne poltronne. – *Bouche en cul-de-poule.* ⇒ **cul-de-poule. 3.** Femelle de gallinacés. *Poule faisane,* faisan femelle. ♦ (autres espèces) *POULE D'EAU :* petit échassier. **II.** FAM. *Ma poule :* terme d'affection (pour les filles, les femmes). ⇒ **cocotte, poulet, poulette. III.** FAM. Fille de mœurs légères. ⇒ **grue.** ♦ (avec un possessif) VX péj. Maîtresse (d'un homme). *Il est avec sa poule.*

② **POULE** n. f. ▪ **1.** (aux cartes) Enjeu déposé au début de la partie ; somme constituée par le total des mises qui revient au gagnant. ⇒ **pot. 2.** SPORTS Groupe d'équipes destinées à se rencontrer, dans la première phase d'un championnat. *Poule A, poule B.*

Francis POULENC (1899 - 1963) ▪ Compositeur français. Opéras (*"Dialogues des carmélites"* d'après Bernanos, 1957 ; *"La Voix humaine"* d'après Cocteau, 1958), œuvres pour piano, mélodies. Il fit partie du groupe des Six, dont il incarna le plus parfaitement les tendances classiques.

POULET n. m. ▪ **I. 1.** Petit de la poule, plus âgé que le poussin (de trois à dix mois). **2.** Jeune poule ou jeune coq (⇒ **coquelet**) destiné à l'alimentation. ⇒ **chapon, poularde.** *Poulet de grain, poulet fermier. Poulet rôti.* – *Manger du poulet.* **3.** *Mon (petit) poulet,* terme d'affection (pour les deux sexes). ⇒ ① **poule** (II). **II.** VX Billet doux. – FAM. Lettre. **III.** FAM. Policier. ⇒ **flic.** ◇ syn. (ARGOT) POULAGA n. m.

POULETTE n. f. ▪ **I.** Jeune poule. **II.** FAM. Jeune fille, jeune femme. – *Ma poulette,* terme d'affection.

POULICHE n. f. ▪ Jument qui n'est pas encore adulte (mais qui n'est plus un poulain).

POULIE n. f. ▪ Petite roue qui porte sur sa jante une corde, une courroie et sert à soulever des fardeaux, à transmettre un mouvement. ⇒ **palan.**

POULINER v. intr. [1] ▪ TECHN. (jument) Mettre bas.

POULINIÈRE adj. f. ▪ *Jument poulinière,* destinée à la reproduction. – n. f. *Une poulinière.*

POULPE n. m. ▪ Mollusque à longs bras (tentacules) armés de ventouses. ⇒ **pieuvre.**

POULPIQUET n. m. ▪ Lutin malfaisant (légendes bretonnes).

POULS [pu] n. m. ▪ Battement des artères produit par les vagues successives du sang projeté du cœur (perceptible au toucher, notamment sur la face interne du poignet). *Prendre le pouls,* en compter les pulsations. – fig. *Le pouls de l'opinion.* ♦ L'endroit où l'on sent le pouls. *Tâter le pouls.*

POUMON n. m. ▪ **1.** Chacun des deux viscères placés dans la cage thoracique, organes de la respiration (⇒ **expiration, inspiration ; pneumo- ; pulmonaire**). *Enveloppe des poumons.* ⇒ **plèvre.** – *Aspirer À PLEINS POUMONS :* profondément. *Chanter, crier à pleins poumons.* ⇒ s'**époumoner. 2.** *POUMON ARTIFICIEL, POUMON D'ACIER* (VIEILLI) : appareil qui permet d'entretenir la ventilation pulmonaire d'un malade.

Ezra POUND (1885 - 1972) ▪ Poète et critique américain. Il chercha la fusion des cultures (*"Esprit des littératures romanes"*, 1910) et des langues (*"Cantos"*, poèmes, 1919-1967). Il critiqua violemment la civilisation américaine et la démocratie, et contribua à la propagande fasciste en Italie.

POUPARD n. m. et adj. ▪ **1.** n. m. Bébé gros et joufflu. ⇒ **poupon. 2.** adj. *Une physionomie pouparde.* ⇒ **poupin.**

POUPE n. f. ▪ Arrière (d'un navire). ⇒ **gaillard** d'arrière. – loc. fig. *Avoir le vent en poupe,* être poussé vers le succès.

POUPÉE n. f. ▪ **1.** Figurine humaine servant de jouet d'enfant, d'ornement. *Jouer à la poupée. Avoir un visage de poupée.* ⇒ **poupin.** *Maison de poupée,* en miniature. **2.** FAM. Jeune femme, jeune fille. ⇒ **pépée.** *Une chouette poupée.* **3.** Doigt blessé, entouré d'un pansement ; le pansement.

POUPIN, INE adj. ▪ Qui a les traits d'une poupée. *Un visage poupin.* ⇒ **poupard.**

POUPON n. m. ▪ Bébé, très jeune enfant. ⇒ **poupard.** *Un joli poupon rose.*

POUPONNER v. intr. [1] ▪ Dorloter maternellement des bébés. *Elle adore pouponner.* ► n. m. POUPONNAGE

POUPONNIÈRE n. f. ▪ Établissement où l'on garde les bébés jusqu'à trois ans. ⇒ **crèche.**

POUR prép. et n. m. ▪ **I.** (idée d'échange, d'équivalence, de correspondance, de réciprocité) **1.** En échange de ; à la place de. *Vendre qqch. pour telle somme.* ⇒ **contre, moyennant.** – loc. *Il en a été pour son argent, pour ses frais,* il n'a rien eu en échange. – *Dix pour cent (%), pour mille (‰).* ⇒ **pourcentage.** – *Dire un mot pour un autre,* au lieu de. – (avec le même nom avant et après) *Dans un an, jour pour jour,* exactement. **2.** (avec un terme redoublé marquant la possibilité d'un choix) *Mourir pour mourir, autant que ce soit de mort subite.* **3.** (rapport d'équivalence entre deux termes) ⇒ **comme.** *Avoir la liberté pour principe.* – *Pour tout avantage, pour tous avantages.* ⇒ en **fait** de. *Pour le moins,* au moins, au minimum. – loc. FAM. *Pour de bon,* d'une façon authentique. **4.** En prenant la place de. *Payer pour qqn,* à sa place. **5.** En ce qui concerne (qqch.). – Par rapport à. *Il fait froid pour la saison.* **6.** (mise en valeur du sujet, de l'attribut ou du compl. d'objet) *Pour moi, je pense que...* ⇒ **quant à.** *Pour ce qui est de...* **7.** En ce qui concerne (qqn). *Elle est tout pour moi.* **II.** (direction, destination, résultat, intention) **1.** Dans la direction de, en allant vers. *Partir pour le Japon. Les voyageurs pour Bruxelles.* **2.** (terme dans le temps) *C'est pour ce soir.* - *Pour six mois,* pendant six mois à partir de maintenant. *Pour le moment,* momentanément. *C'est pour quand ? Pour dans huit jours.* - FAM. *C'est pour aujourd'hui ou pour demain ? Pour une fois, pour cette fois. Pour le coup,* cette fois-ci. **3.** (destination, but...) Destiné à (qqn, qqch.). *C'est pour vous. Film pour adultes.* - ellipt FAM. *C'est fait pour.* ⇒ **exprès.** ♦ Destiné à combattre. ⇒ **contre.** *Médicament pour la grippe.* - En vue de. *C'est pour son bien.* ♦ À l'égard de. ⇒ **envers.** *Sa haine pour lui.* - *Tant mieux, tant pis pour lui.* ♦ En faveur de, pour l'intérêt, le bien de... *Prier pour qqn. Chacun pour soi.* **4.** En faveur de (opposé à *contre*). *Voter pour un candidat.* *ÊTRE POUR qqn, qqch. :* être partisan de (qqn, qqch.). ⇒ **pro-.** *Je suis pour cette décision ;* ellipt *je suis pour.* ♦ **n. m.** loc. *LE POUR ET LE CONTRE :* les aspects favorables et défavorables. **5.** *POUR* (+ inf.) : afin de pouvoir. *Faire l'impossible pour réussir. Travailler pour vivre. Pour quoi faire ?* - loc. FAM. *Ce n'est pas pour dire, mais...* (renforce l'assertion). *C'est pour rire.* **6.** *POUR QUE :* afin que. *Il faudra du temps pour que cela réussisse.* - *POUR QUE... NE PAS. Il ferma les fenêtres pour que la chaleur ne sorte pas.* **III.** (conséquence) **1.** En ayant pour résultat (qqch.). *Pour son malheur, il a cédé.* - (+ inf.) Afin de. *Pour réussir, il a besoin d'être plus sûr de lui.* - (forme négative) *Ce projet n'est pas pour me déplaire,* me plaît. **2.** *POUR QUE* (avec une subordonnée de conséquence). *Assez, trop... pour que...* **IV.** (cause) **1.** À cause de. *Il a été puni pour ses mensonges.* - loc. *Pour un oui, pour un non,* à toute occasion. *Pour sa peine,* en considération de sa peine. *Pour quoi ?* ⇒ **pourquoi.** - absolt *Et pour cause !,* pour une raison trop évidente. **2.** (+ inf. passé ou passif) *Il a été puni pour avoir menti.* **V.** (opposition, concession) **1.** LITTÉR. *POUR... QUE.* ⇒ **aussi, si, tout ;** avoir **beau.** *Pour intelligent qu'il soit, il ne réussira pas sans travail.* - loc. *Pour autant que,* dans la mesure où. *Ils ne sont pas plus heureux pour autant.* **2.** *Pour être riches, ils n'en sont pas plus heureux,* bien qu'ils soient riches.

POURBOIRE n. m. ▪ Somme d'argent remise, à titre de gratification, de récompense, par le client à un travailleur salarié. *Pourboire compris.* ⇒ **service.**

Franz **POURBUS LE JEUNE** (1569 - 1622) ▪ Peintre flamand. Portraits officiels (Henri IV, Marie de Médicis).

POURCEAU n. m. ▪ VX ou LITTÉR. Cochon, porc. - loc. LITTÉR. *Pourceau d'Épicure :* épicurien, jouisseur.

POURCENTAGE n. m. ▪ **1.** Taux (d'un intérêt, d'une commission) calculé sur un capital de cent unités. *Toucher un pourcentage.* **2.** Proportion pour cent. *Un fort pourcentage de chômeurs.*

POURCHASSER v. tr. [1] ▪ **1.** Poursuivre, rechercher (qqn) avec obstination. ⇒ **chasser, poursuivre.** *Être pourchassé par la police.* **2.** Poursuivre (qqch.). *Il pourchasse les honneurs.* - *Être pourchassé par la malchance.*

POURFENDRE v. tr. [41] ▪ **1.** VX Fendre complètement, couper. - au p. p. *Une statuette pourfendue.* **2.** LITTÉR. ou plais. Attaquer violemment. *Pourfendre ses adversaires.* ► **POURFENDEUR** n. m. iron. *Un pourfendeur des abus.*

SE **POURLÉCHER** v. pron. [6] ▪ Se passer la langue sur les lèvres (en signe de contentement). *S'en pourlécher les babines.*

POURPARLERS n. m. pl. ▪ Conversation entre plusieurs parties pour arriver à un accord. ⇒ **négociation, tractation.** *Être en pourparlers avec...*

POURPOINT n. m. ▪ anciennt Partie du vêtement d'homme qui couvrait le torse (⇒ **justaucorps**).

POURPRE ▪ **I.** n. f. **1.** Matière colorante d'un rouge vif, extraite à l'origine d'un mollusque (*le pourpre,* n. m.). **2.** LITTÉR. Étoffe teinte de pourpre, d'un rouge vif. *La pourpre royale* - La dignité de cardinal. **3.** LITTÉR. Couleur rouge vif. **II.** n. m. Couleur rouge foncé, tirant sur le violet. ⇒ **amarante. III.** adj. D'une couleur rouge foncé. ⇒ **purpurin.** *Velours pourpre.*

POURPRÉ, ÉE adj. ▪ LITTÉR. Coloré de pourpre.

POURQUOI ▪ **I.** adv. et conj. **1.** (interrogation directe) *Pourquoi ? :* pour quelle raison, dans quelle intention ? (réponse : *parce que...*). *Pourquoi partez-vous ?* - (sans inversion) *Pourquoi est-ce que vous la saluez ?* FAM. *Pourquoi tu cries ?* - (faute) *Pourquoi que tu cries ?* - (+ inf.) À quoi bon ? *Mais pourquoi crier ?* - absolt *Pourquoi ? Pourquoi non ? Pourquoi pas ?* **2.** (interrogation indirecte) Pour quelle cause, dans quelle intention. *Je vous demande pourquoi vous riez. Explique-moi pourquoi.* **3.** *Voilà, voici pourquoi.* - *C'est pourquoi...,* c'est pour cela que. **II.** n. m. invar. **1.** Cause, motif, raison. *Il demanda le pourquoi de tout ce bruit.* **2.** Question par laquelle on demande la raison d'une chose. *Les pourquoi des enfants.*

Henri **POURRAT** (1887 - 1959) ▪ Écrivain français. Il évoqua l'Auvergne dans de nombreux contes et dans le cycle romanesque *"Gaspard des montagnes"* (1922-1931).

POURRI, IE ▪ **I.** adj. **1.** Corrompu ou altéré par la décomposition. *Une planche pourrie.* - (aliments) *Des fruits pourris.* ⇒ **blet.** *De la viande pourrie.* ⇒ **avarié. 2.** Désagrégé. *Pierre pourrie,* humide et effritée. **3.** Humide. *Un climat pourri.* ⇒ **malsain.** *Un été pourri,* très pluvieux. **4.** (personnes) Moralement corrompu. *Une société pourrie. Un flic pourri.* ⇒ **ripou.** - n. m. FAM. *Bande de pourris !* ⇒ **pourriture. 5.** FAM. *POURRI DE :* rempli de, qui a beaucoup de. *Il est pourri de fric.* **II.** n. m. Ce qui est pourri. *Une odeur de pourri.* ⇒ **putride.**

POURRIR v. [2] ▪ **I.** v. intr. **1.** (matière organique) Se décomposer. ⇒ se **corrompre,** se **putréfier.** *Ce bois pourrit à l'humidité.* **2.** (personnes) Rester dans une situation où l'on se dégrade. *Pourrir dans l'ignorance.* ⇒ **croupir.** *On l'a laissé pourrir en prison.* ⇒ **moisir.** - Se dégrader. *Laisser pourrir la situation.* **II.** v. tr. **1.** Attaquer, corrompre en faisant pourrir. ⇒ **gâter.** *La pluie a pourri le foin.* - pronom. *Se pourrir,* devenir pourri. **2.** Gâter extrêmement (un enfant). *Sa mère ne le gâte pas, elle le pourrit.*

POURRISSANT, ANTE adj. ▪ Qui est en train de pourrir. *"L'Enchanteur pourrissant"* (d'Apollinaire).

POURRISSEMENT n. m. ▪ Dégradation progressive (d'une situation).

POURRITURE n. f. ▪ **1.** Altération profonde, décomposition des tissus organiques (⇒ **putréfaction**) ; état de ce qui est pourri. *Une odeur de pourriture.* **2.** Ce qui est complètement pourri. **3.** (abstrait) État de grande corruption morale. *La pourriture de la société.* **4.** (injure) Personne corrompue, ignoble. ⇒ **pourri.** *Quelle pourriture, ce type !*

POURSUITE n. f. ▪ **I.** Action de poursuivre (I). **1.** Action de suivre (qqn, un animal) pour le rattraper, s'en saisir. *Se lancer à la poursuite de qqn.* - *Course poursuite.* **2.** Effort pour atteindre (une chose qui semble inaccessible). ⇒ **recherche.** *La poursuite de l'argent, de la vérité.* **3.** Acte juridique dirigé contre qqn qui a commis une infraction. *Engager des poursuites (judiciaires) contre qqn.* ⇒ **accusation. II.** *LA POURSUITE DE qqch. :* action de poursuivre. *La poursuite d'un travail.*

POURSUIVANT, ANTE n. ▪ Personne qui poursuit qqn. *Le voleur a échappé à ses poursuivants.*

POURSUIVRE v. tr. [40] ▪ **I.** Suivre pour atteindre. **1.** Suivre de près pour atteindre (ce qui fuit). *La police poursuivait les terroristes.* ⇒ **courir** après, **pourchasser ; poursuite.** *Poursuivre les fugitifs.* ⇒ **traquer. 2.** Tenter de rejoindre (qqn qui se dérobe). ⇒ **presser, relancer.** *Il est poursuivi par ses créanciers.* ♦ Tenter d'obtenir les faveurs amoureuses de (qqn). **3.** *Poursuivre qqn de,* s'acharner contre lui par... ⇒ **harceler.** *Elle le poursuivait de sa colère, de ses récriminations.* **4.** (compl. chose) Chercher à obtenir (qqch.) ⇒ **briguer, rechercher.** *Poursuivre un intérêt particulier.* **5.** (sujet chose) Hanter, obséder. *Ces images lugubres me poursuivirent longtemps.* **6.** Agir en justice contre (qqn). ⇒ **accuser.** *Poursuivre qqn devant les tribunaux.* **II.** Continuer sans relâche. *Poursuivre son chemin. Poursuivre un récit. Il ne poursuivra pas ses études ; il abandonne.* - absolt *Poursuivez, cela m'intéresse !* - pronom. *La réunion se poursuivit jusqu'à l'aube.*

le col du **POURTALET** ▪ Col des Pyrénées-Atlantiques, à la frontière espagnole. 1 792 m.

POURTANT adv. ▪ (opposant deux notions pour mieux les relier) ⇒ **cependant, mais, néanmoins, toutefois.** *Tout a l'air de bien se passer, pourtant je suis inquiet. C'est pourtant simple. Elle est laide et pourtant quel charme !*

POURTOUR n. m. ▪ **1.** Ligne formant le tour (d'un objet, d'une surface). ⇒ **circonférence. 2.** Partie qui forme les bords (d'un lieu). *Le pourtour de la place était planté d'arbres.*

POURVOI n. m. ▪ *Pourvoi en cassation,* demande de révision d'un procès par un tribunal de cassation. - *Pourvoi en grâce.* ⇒ **recours.**

POURVOIR v. tr. [25] ▪ **I.** v. tr. ind. *POURVOIR À qqch. :* faire ou fournir le nécessaire pour. *Pourvoir à l'entretien de la famille.* ⇒

assurer. *Pourvoir aux besoins de qqn.* ⇒ **subvenir.** **II.** v. tr. dir. **1.** Mettre (qqn) en possession (de ce qui est nécessaire). ⇒ **donner** à, **munir, nantir.** *Pourvoir qqn d'une recommandation, d'un emploi.* **2.** Munir (une chose). *Pourvoir un atelier de, en matériel.* ⇒ **approvisionner, fournir.** **3.** (sujet chose) LITTÉR. *La nature l'a pourvu de grandes qualités.* ⇒ **doter, douer.** **4.** passif et p. p. *ÊTRE POURVU, UE :* avoir, posséder. *Le voilà bien pourvu,* il a tout ce qu'il lui faut. ► SE **POURVOIR** v. pron. **1.** *SE POURVOIR DE qqch.* Faire en sorte de posséder, d'avoir (une chose nécessaire). *Il faut se pourvoir de provisions pour le voyage.* **2.** DR. Recourir à une juridiction supérieure. ⇒ **pourvoi.** *Elle s'est pourvue en appel, puis en cassation.*

POURVOYEUR, EUSE n. ▪ **1.** *Pourvoyeur de... :* personne qui fournit (qqch.) à qqn, ou qui munit (une chose). *Pourvoyeur de drogue.* ⇒ **dealer.** **2.** Soldat chargé de l'approvisionnement d'un canon, d'une mitrailleuse. ⇒ **servant.**

① **POURVU, UE** ⇒ POURVOIR

② **POURVU QUE** loc. conj. ▪ (+ subj.) Du moment que, à condition de, si. *Moi, pourvu que je mange à ma faim...* ♦ (souhait) *Pourvu qu'on arrive à temps !*

POUSSAH n. m. ▪ **1.** Buste de magot* porté par une boule lestée qui le ramène à la position verticale lorsqu'on le penche. **2.** Gros homme mal bâti.

POUSSE n. f. ▪ **I.** Action de pousser, développement de ce qui pousse. *La pousse des feuilles. Une lotion pour la pousse des cheveux.* **II.** Bourgeon naissant, germe de la graine. *Les jeunes pousses des arbres.*

POUSSE-CAFÉ n. m. invar. ▪ Verre d'alcool que l'on prend après le café. *Café, pousse-café et cigare.*

POUSSÉE n. f. ▪ **1.** Action d'une force. ⇒ **pression.** *Sous la poussée, la porte s'ouvrit. Résister à la poussée des assaillants.* ⇒ **attaque.** **2.** Force exercée par un élément pesant (arc, voûte, etc.) sur ses supports et qui tend à les renverser. **3.** Manifestation brutale (d'une force). ⇒ **impulsion.** *La poussée de l'opposition aux élections,* sa progression. **4.** Manifestation subite (d'un mal). *Une poussée de fièvre.* ⇒ **accès, crise.**

POUSSE-POUSSE n. m. invar. ▪ Voiture légère à deux roues, à une place, tirée par un homme (⇒ **coolie**) et qui était en usage en Extrême-Orient. ◇ abrév. POUSSE.

POUSSER v. [1] ▪ **I.** v. tr. **1.** Soumettre (qqch., qqn) à une pression ou à un choc de manière à mettre en mouvement dans une direction (s'oppose à *tirer*). *Pousser un meuble contre un mur. Poussez la porte. On nous a poussés dehors. Pousser qqn du coude, du genou,* pour l'avertir. ▸ loc. adv. FAM. *À LA VA COMME JE TE POUSSE :* n'importe comment. **2.** Faire aller (un être vivant) devant soi, dans une direction déterminée, par une action continue. *Le berger pousse son troupeau devant lui.* ▸ (d'une force) Entraîner. *C'est l'intérêt qui le pousse.* ▸ au p. p. *Poussé par l'intérêt.* **3.** *POUSSER qqn, POUSSER qqn À :* inciter. ⇒ **conduire, entraîner.** *Pousser qqn à faire qqch. Pousser à la consommation.* ▸ Aider (qqn) ; faciliter la réussite de (qqn). ⇒ **favoriser.** *Pousser un élève,* le faire travailler. ▸ *POUSSER (qqn) À BOUT :* acculer, exaspérer (qqn). **4.** Faire avancer (qqch.). *Pousser un landau.* **5.** (abstrait) Faire aller jusqu'à un certain degré, une limite (une activité, un travail, etc.). *Il poussa ses recherches jusqu'au bout.* ⇒ **terminer.** *Il pousse la plaisanterie un peu trop loin.* ⇒ **exagérer.** ▸ au p. p. *Un amour poussé jusqu'à la passion.* **6.** sans compl. indir. Faire parvenir à un degré supérieur de développement, d'intensité. *Pousser son travail.* ⇒ faire **avancer, poursuivre.** ▸ au p. p. *Faire des études poussées.* ⇒ **approfondi.** ▸ *Pousser un moteur,* lui faire rendre le maximum. **7.** (sujet nom d'être animé) Produire avec force ou laisser échapper avec effort par la bouche (un son). *Pousser un cri.* loc. *Pousser les hauts cris*.* *Pousser un soupir.* ⇒ **exhaler.** ▸ FAM. *Pousser la romance, la chansonnette.* ⇒ **chanter.** **II.** v. intr. **1.** Faire un effort en poussant qqn, qqch. *Ne poussez pas !* **2.** Faire un effort pour expulser de son organisme (un excrément...). **3.** *Pousser jusqu'à... :* aller plus loin. *Je vais pousser jusqu'au prochain village.* **4.** (végétation) Croître, se développer. *Un champ où tout pousse.* ⇒ **repousser, venir.** *Faire pousser des légumes.* ⇒ **cultiver.** *L'herbe commence à pousser* (⇒ **pousse**). *Ses premières dents ont toutes poussé.* **5.** (villes, constructions) S'accroître, se développer. *Des villes qui poussent comme des champignons.* **6.** (enfants) Grandir. *Il pousse, ce petit.* **7.** FAM. Exagérer. *Faut pas pousser !* ► SE **POUSSER** v. pron. **1.** Avancer (socialement) en poussant les autres. ▸ fig. Se mettre en avant. **2.** S'écarter pour laisser passer. *Pousse-toi !*

Poussin. *L'Inspiration du poète.* Musée du Louvre, Paris.
Phot. © Dagli Orti

POUSSETTE n. f. ▪ **I.** Petite voiture d'enfant. *Poussette pliante.* ♦ Châssis à roulettes pour transporter les provisions. ⇒ ② **caddie.** **II.** FAM. Fait d'avancer très lentement (de véhicules qui se suivent).

POUSSIER n. m. ▪ **1.** Poussière de charbon. **2.** Débris poudreux, poussière.

POUSSIÈRE n. f. ▪ **1.** Terre desséchée réduite en particules très fines, très légères. *Un tourbillon de poussière.* **2.** Fins débris en suspension dans l'air et qui se déposent. *Flocon de poussière.* ⇒ **mouton.** *Ôter la poussière.* ⇒ **dépoussiérer, épousseter.** *Tomber en poussière,* se désagréger. **3.** LITTÉR. Restes matériels de l'être humain, après sa mort. ⇒ **cendre(s), débris.** **4.** *UNE POUSSIÈRE :* un rien. ▸ loc. FAM. *Cela m'a coûté deux cents francs ET DES POUSSIÈRES.* ⇒ **broutille.** **5.** (collectif) *Une poussière de,* une multiplicité (d'éléments). *La Voie lactée est une poussière d'étoiles.* **6.** Matière réduite en fines particules. ⇒ **poudre.** *Poussière de charbon.* ⇒ **poussier.** *Réduire en poussière :* pulvériser ; fig. anéantir, détruire. ♦ SC. Matière pulvérulente*. *Poussière cosmique.*

POUSSIÉREUX, EUSE adj. ▪ **1.** Couvert, rempli de poussière (2). *Une chambre poussiéreuse.* **2.** Qui semble couvert, gris de poussière. *Un teint poussiéreux.* **3.** (abstrait) Vieux, à l'abandon. *Une administration poussiéreuse.*

POUSSIF, IVE adj. ▪ **1.** Qui respire difficilement, manque de souffle. *Un homme poussif.* **2.** *Une voiture poussive,* qui n'avance pas. ► adv. POUSSIVEMENT

POUSSIN n. m. ▪ **1.** Petit de la poule, nouvellement sorti de l'œuf. *Une poule entourée de poussins qui piaillent.* ▸ appos. *Jaune poussin.* **2.** FAM. Terme d'affection (à un enfant). *Mon poussin.*

Nicolas **POUSSIN** (1594 - 1665) ▪ Peintre français, maître du classicisme. Il fut profondément marqué par Rome, où il séjourna longtemps. Scènes historiques *("L'Enlèvement des Sabines"),* bibliques (*"Moïse sauvé des eaux"*, 1638), mythologiques *("Orion aveugle à la recherche du soleil"),* allégoriques (*"Les Bergers d'Arcadie"*, v. 1650) et paysages (*"Les Quatre Saisons"*, 1660-1664).

POUSSOIR n. m. ▪ Bouton sur lequel on appuie pour déclencher ou régler un mécanisme. *Les poussoirs d'une montre.*

POUTRAGE n. m. ▪ Assemblage de poutres. ◇ syn. POUTRAISON n. f.

POUTRE n. f. ▪ **1.** Grosse pièce de bois équarrie servant de support (dans une construction, une charpente). ⇒ **madrier.** *Plafond aux poutres apparentes.* ⇒ **solive.** *Poutre faîtière. La maîtresse poutre,* la poutre principale. ▸ loc. fig. *La paille* et la poutre.* **2.** Élément de construction allongé (en métal, en béton armé, etc.). **3.** SPORTS Longue pièce de bois surélevée servant à des exercices de gymnastique.

POUTRELLE n. f. ▪ **1.** Petite poutre. **2.** Barre de fer allongée entrant dans la construction d'une charpente métallique.

① **POUVOIR** v. tr. [33] p. p. invar. : *pu* ▪ **I.** (devant un inf.) **1.** Avoir la possibilité de (faire qqch.). *Il ne peut pas parler. Dire qu'il a pu faire une chose pareille ! Si vous le pouvez ; dès que vous pourrez.* ▸ loc. adv. et adj. *On ne peut mieux,* le mieux possible. *On ne peut plus,* le plus possible. ⇒ **très.** *Il est on ne* *peut plus serviable.* – (sujet chose) *Qu'est-ce que ça peut bien lui faire ?* **2.** Avoir le droit, la permission de (faire qqch.). *Les élèves peuvent sortir.* – Avoir raisonnablement la possibilité de. *On peut tout supposer.* loc. *Si l'on peut dire* (pour atténuer ce qu'on vient de dire). **3.** Risquer de se produire. *Les malheurs qui peuvent nous arriver.* **4.** LITTÉR. au subj. (ellipt) Exprime un souhait. *Puisse le ciel nous être favorable ! Puissiez-vous venir demain !* **5.** impers. *IL PEUT, IL POURRA.* ⇒ **peut-être.** *Il peut y avoir, il ne peut pas y avoir d'erreur.* – (plus dubitatif) *Il peut ne pas y avoir d'erreur.* – *Il peut arriver, se faire que...* – pronom. loc. *Autant que faire se peut,* autant que cela est possible. *Il, cela se peut,* c'est possible. *Il se peut que* (+ subj.). *Il se peut qu'il pleuve.* FAM. *Ça se peut. Ça se pourrait bien.* **II. 1.** (le pronom neutre *le* remplaçant l'infinitif complément) *Résistez si vous le pouvez. Dès qu'il le put.* **2.** Être capable, être en mesure de faire (qqch.). *Tu peux y arriver, tu en es capable. Il a fait ce qu'il pouvait (pour...).* – prov. *Qui peut le plus peut le moins.* **3.** loc. *N'en pouvoir plus,* être dans un état d'extrême fatigue, de souffrance. *Je n'en peux plus, je m'en vais.* – Ne pas supporter un excès de plaisir. *Je n'en peux plus de rire.* – LITTÉR. *N'en pouvoir mais,* n'y pouvoir rien.

② **POUVOIR** n. m. ▪ **1.** Fait de pouvoir (I, 1 et 2), de disposer de moyens qui permettent une action. ⇒ **faculté, possibilité.** *Cet élève possède un grand pouvoir de concentration. Le pouvoir d'analyser le réel.* ⇒ **don.** – *POUVOIR D'ACHAT :* valeur réelle (surtout d'un salaire) mesurée par ce qu'il est possible d'acheter. – *Cela n'est pas en mon pouvoir.* – au plur. *Des pouvoirs extraordinaires.* **2.** Capacité légale (de faire une chose). ⇒ **droit ; mandat, mission.** *Avoir plein(s) pouvoir(s), donner plein(s) pouvoir(s).* ⇒ **carte** blanche. *Fondé* de pouvoir* (d'une société). – Procuration. *Avoir un pouvoir par-devant notaire.* **3.** (avec un adj.) Propriété physique d'une substance placée dans des conditions déterminées. *Pouvoir calorifique.* **4.** Possibilité d'agir sur qqn, qqch. ⇒ **autorité, puissance.** *Le pouvoir moral qu'il a sur nous.* ⇒ **ascendant, influence.** – *Être, tomber au pouvoir de qqn,* sous sa domination. **5.** Situation d'un dirigeant ; puissance politique. *Le pouvoir suprême.* ⇒ **souveraineté.** *Pouvoir supérieur.* ⇒ **hégémonie.** *Pouvoir absolu.* ⇒ **omnipotence, toute-puissance.** *Prendre, détenir, perdre le pouvoir. Être, se maintenir au pouvoir.* – *Pouvoir législatif,* chargé d'élaborer la loi (parlement). *Pouvoir exécutif,* chargé du gouvernement et de l'administration (gouvernement). *Pouvoir judiciaire,* chargé de la fonction de juger. ⇒ **justice.** *Démocratie et séparation des pouvoirs.* **6.** Organes, hommes qui exercent le pouvoir. – au plur. *Les pouvoirs publics,* les autorités pouvant imposer des règles aux citoyens. ♦ absolt *L'opinion et le pouvoir.*

P'OU-YI › Puyi

POUZZOLANE [pudzɔlan] n. m. ▪ Roche volcanique légère et poreuse, composant de bétons légers.

le POWYS ▪ Comté du centre est du pays de Galles. 5 077 km². 115 000 hab. Chef-lieu : Llandrindod Wells. Parc national des Brecon Beacons.

POZNAŃ ▪ Une des plus anciennes villes de Pologne, en Posnanie*. 589 000 hab. Centre culturel, industriel (métallurgie, chimie) et commercial (foires).

Poznán. L'hôtel de ville. *Phot. © Lauros/Giraudon*

Andrea POZZO (1642 - 1709) ▪ Peintre italien. Grand décorateur baroque. Plafond de l'église San Ignazio, à Rome (1685-1694).

Charles André POZZO DI BORGO (1764 - 1842) ▪ Diplomate français, originaire de Corse. Proche de Paoli, conseiller d'Alexandre Ier contre Napoléon, ambassadeur de Russie à Paris de 1815 à 1834.

P.P.C.M. [pepeseɛm] n. m. invar. (sigle) ▪ Plus petit commun multiple.

PRACTICE n. m. ▪ anglic. Terrain d'entraînement, au golf.

PRADES ▪ Chef-lieu d'arrondissement des Pyrénées-Orientales. 6 009 hab. *(les Pradéens).* Festival de musique.

Le PRADET ▪ Commune du Var. 9 704 hab.

le PRADO ▪ Un des plus riches musées d'Europe, situé à Madrid (Espagne).

PRÆSIDIUM [pʀezidjɔm] n. m. ▪ HIST. (en U. R. S. S.) Organisme directeur du Conseil suprême des Soviets (ou Soviet suprême). ◇ var. PRÉSIDIUM.

Michael PRAETORIUS (1571 - 1621) ▪ Compositeur et organiste allemand, auteur d'un ouvrage de théorie réputé, *"Syntagma musicum"* (1615-1619).

PRAGMATIQUE adj. ▪ Qui est adapté à l'action concrète, qui concerne la pratique. ⇒ **pratique.**

PRAGMATISME n. m. ▪ **1.** PHILOS. Doctrine selon laquelle n'est vrai que ce qui fonctionne réellement. **2.** Attitude d'une personne qui ne se soucie que d'efficacité. ⇒ **réalisme.**

PRAGMATISTE adj. ▪ Relatif au pragmatisme. – n. Partisan du pragmatisme.

PRAGUE ▪ Capitale de la République tchèque. 1 212 000 hab. *(les Praguois).* Centre industriel (métallurgie, chimie, textile). Résidence des ducs de Bohême dès le XIe s. Foyer historique du nationalisme tchèque depuis le XVe s. Célèbre pour ses monuments gothiques et baroques.

Prague. Le pont Charles. *Phot. © Alain Rey*

PRAIA ▪ Capitale de l'archipel du Cap-Vert. 64 000 hab. Port de pêche.

PRAIRE n. f. ▪ Mollusque comestible, coquillage vivant dans le sable.

PRAIRIAL n. m. ▪ HIST. Neuvième mois du calendrier républicain (du 20 mai au 18 juin).

PRAIRIE n. f. ▪ **1.** Terrain couvert d'herbe qui fournit du fourrage au bétail. ⇒ **pré ; herbage, pâturage. 2.** GÉOGR. Steppe à herbages.

la PRAIRIE ▪ Région des plaines du sud du Canada entre les Grands Lacs et les Rocheuses (Alberta, Saskatchewan, Manitoba), une des plus vastes zones céréalières du monde.

PRÂKRIT n. m. ▪ DIDACT. Ensemble des langues de l'Inde issues du sanskrit.

PRALINE n. f. ▪ **1.** Bonbon fait d'une amande rissolée dans du sucre bouillant. **2.** en Belgique Bonbon au chocolat. **3.** loc. FAM. (invar.) *Cucul la praline :* niais, ridicule.

PRALINÉ, ÉE adj. ▪ **1.** Rissolé dans du sucre. *Amandes pralinées.* **2.** Mélangé de pralines. *Du chocolat praliné.* – Parfumé à la praline. *Une glace pralinée.*

Ludwig PRANDTL (1875 - 1953) ▪ Physicien allemand. Il travailla sur la mécanique des fluides et l'aérodynamique.

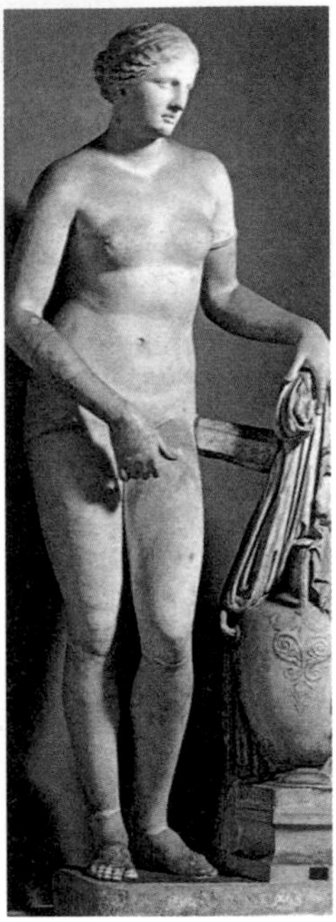

Praxitèle. *Aphrodite,* copie romaine d'une statue de Praxitèle. Musée du Vatican. *Phot. © Arch. Smeets*

PRATICABLE ▪ **I.** adj. **1.** Où l'on peut passer sans danger, sans difficulté. *Un chemin praticable pour les voitures.* ⇒ **carrossable** ; opposé à *impraticable.* **2.** Que l'on peut mettre à exécution. ⇒ **possible, réalisable.** *Un plan difficilement praticable.* **II.** n. m. THÉÂTRE Décor où l'on peut se mouvoir. ➝ CIN., TÉLÉV. Plate-forme supportant des projecteurs, des caméras et les techniciens qui s'en occupent.

PRATICIEN, IENNE n. ▪ **1.** Personne qui connaît la pratique d'un art, d'une technique. *Les théoriciens et les praticiens.* **2.** Médecin qui exerce, qui soigne les malades (opposé à *chercheur, théoricien*). ⇒ **clinicien.** *Praticien généraliste* ou *omnipraticien.* ♦ Personne qui soigne (dentiste, sage-femme).

PRATIQUANT, ANTE adj. et n. ▪ Qui observe les pratiques d'une religion. *Il est croyant mais peu pratiquant.* ➝ n. *Un pratiquant, une pratiquante.*

① **PRATIQUE** n. f. ▪ **1.** Activités volontaires visant des résultats concrets (opposé à *théorie*). *Dans la pratique,* dans la vie, en réalité. **2.** Manière concrète d'exercer une activité (opposé à *règle, principe*). *La pratique d'un sport, d'une langue étrangère, d'un art. Être condamné pour pratique illégale de la médecine.* ⇒ **exercice.** ➝ *EN PRATIQUE :* en fait, dans l'exécution. *Mettre en pratique :* appliquer, exécuter. **3.** LITTÉR. Fait de suivre une règle d'action (sur le plan moral ou social). *La pratique religieuse.* **4.** *(Une, des pratiques)* Manière habituelle d'agir (propre à une personne, un groupe). *La vente à crédit est devenue une pratique courante.* ⇒ **usage. 5.** VX Clientèle. ➝ Client *(une pratique).*

② **PRATIQUE** adj. ▪ **1.** (épithète) Qui s'applique aux réalités, aux situations concrètes, aux intérêts matériels. *Ce garçon n'a aucun sens pratique.* ➝ (personnes) Qui a le sens du réel (activités quotidiennes). *Une femme pratique.* ⇒ **pragmatique, réaliste. 2.** Qui concerne l'action. *Des considérations pratiques et théoriques. Travaux pratiques* (abrév. *T.P.*), les exercices d'application dans l'enseignement d'une matière. **3.** Qui concerne la réalité matérielle, utilitaire. *La vie pratique,* quotidienne. *Des considérations pratiques.* **4.** (choses, actions) Ingénieux et efficace, bien adapté à son but. *Un outil pratique. C'est, ce n'est pas pratique.* ⇒ **commode.**

PRATIQUEMENT adv. ▪ **1.** Dans la pratique. **2.** En fait. **3.** Quasiment, pour ainsi dire. *Il est pratiquement incapable de se déplacer.*

PRATIQUER v. tr. [1] ▪ **1.** Mettre en application (une prescription, une règle). ⇒ **observer.** *Pratiquer le respect d'autrui, la tolérance.* ➝ absolt Observer les pratiques religieuses. ⇒ **pratiquant. 2.** Mettre en action, appliquer (une théorie, une méthode). ➝ Exercer (un métier, une activité...). **3.** Employer (un moyen, un procédé) d'une manière habituelle. *Il pratique le chantage.* ➝ pronom. (passif) *Comme cela se pratique en général.* **4.** Exécuter (une opération manuelle) selon les règles prescrites. ⇒ **opérer.** *Pratiquer un acte chirurgical.* **5.** Ménager (une ouverture, un abri). ➝ au p. p. *De nombreuses fenêtres étaient pratiquées dans les murs.* **6.** VX Fréquenter. ➝ LITTÉR. *Pratiquer un livre, un auteur.*

PRATO ▪ Ville d'Italie (Toscane). 165 888 hab. Cathédrale décorée par Michelozzo, Donatello, Filippo Lippi.

Hugo **PRATT** (1927 - 1995) ▪ Auteur italien de bandes dessinées, créateur du personnage de *"Corto Maltese"* (1967).

PRAXIS [-is] n. f. ▪ DIDACT. (marxisme) Activité en vue d'un résultat.

PRAXITÈLE (IVe s. av. J.-C.) ▪ Sculpteur athénien. Ses statues, marquées par la sensualité et la grâce juvénile, eurent une grande influence sur la sculpture grecque. *"Aphrodite"* de Cnide.

PRÉ n. m. ▪ **1.** Terrain produisant de l'herbe qui sert à la nourriture du bétail. ⇒ **prairie.** *Mener les vaches au pré.* ⇒ **pâturage.** ➝ Étendue d'herbe à la campagne. *À travers les prés et les champs.* **2.** VX *Sur le pré,* sur le terrain (du duel). **3.** loc. *Le pré carré* (de qqn) : domaine réservé.

PRÉ- Élément (du latin *prae* « devant ») qui signifie « devant, en avant » et marque l'antériorité (ex. *préavis, préhistoire, prénom*). ⇒ **anté-** ; contr. *post-*.

PRÉALABLE adj. et n. m. ▪ **1.** Qui a lieu, se fait ou se dit avant autre chose (dans une suite de faits liés entre eux). ⇒ **préliminaire.** ➝ *PRÉALABLE À... L'enquête préalable à une opération.* **2.** Qui doit précéder (qqch.). *Question préalable.* **3.** n. m. Condition ou ensemble de conditions auxquelles est subordonnée l'ouverture de négociations. *Être prêt à discuter sans préalable.* **4.** *AU PRÉALABLE* loc. adv. ⇒ d'**abord, auparavant.** *Il faudrait l'en avertir au préalable.*

PRÉALABLEMENT adv. ▪ Au préalable.

les **PRÉALPES** n. f. pl. ▪ Montagnes qui bordent les Alpes ; moins ensoleillées et plus humides, elles ne dépassent pas 3 000 m d'altitude. Forêts, herbages.

PRÉAMBULE n. m. ▪ **1.** Introduction, exposé des motifs et des buts (d'une constitution, d'un traité, d'une loi). ➝ Exposé d'intentions (au début d'un discours, d'un écrit). ⇒ **avant-propos, préface. 2.** Paroles, démarches qui ne sont qu'une entrée en matière. *Assez de préambules ! Sans préambule* (→ à brûle-pourpoint).

PRÉAU n. m. ▪ **1.** Cour intérieure. *Un préau de prison.* **2.** Partie couverte d'une cour d'école.

Auguste **PRÉAULT** (1809 - 1879) ▪ Sculpteur français. Sujets littéraires et historiques, dans un style lyrique et fougueux.

PRÉAVIS n. m. ▪ Avertissement préalable que la loi impose de donner dans un délai et des conditions déterminées. *Préavis de licenciement. Trois mois de préavis. Déposer un préavis de grève.*

Préault. *La Tuerie,* bronze. Musée des Beaux-Arts, Chartres. *Phot. © Arch. Smeets*

PRÉBENDE n. f. ▪ Revenu fixe qui était accordé à un ecclésiastique. – Revenu facilement acquis. ► n. m. PRÉBENDIER

PRÉCAIRE adj. ▪ **1.** Dont l'avenir, la durée, la stabilité ne sont pas assurés. ⇒ **éphémère, incertain.** *Une santé précaire.* ⇒ **fragile.** *Être dans une situation précaire. Emploi précaire.* **2.** DR. Révocable selon la loi. *Possession précaire, à titre précaire.*

PRÉCAMBRIEN, ENNE adj. ▪ GÉOL. Se dit des terrains les plus anciens, sans fossiles (avant l'ère primaire). – n. m. *Le précambrien.*

PRÉCARISER v. tr. [1] ▪ Rendre précaire. – pronom. *L'emploi se précarise.*

PRÉCARITÉ n. f. ▪ LITTÉR. Caractère ou état de ce qui est précaire. ⇒ **fragilité, instabilité.**

PRÉCAUTION n. f. ▪ **1.** Disposition prise pour éviter un mal ou en atténuer l'effet. ⇒ **garantie.** *Prendre des, ses précautions. Par précaution.* ⇒ **prudence. 2.** *Agir avec précaution,* prudemment. *Sans précaution,* de façon brutale ou dangereuse. *S'exprimer sans aucune précaution.* ⇒ **circonspection, ménagement.**

SE **PRÉCAUTIONNER** v. pron. [1] ▪ LITTÉR. *Se précautionner contre,* prendre ses précautions contre. ⇒ s'**assurer,** se **prémunir.**

PRÉCAUTIONNEUX, EUSE adj. ▪ Qui a l'habitude de prendre des précautions. ⇒ **prudent.** – (actes) *Manières précautionneuses.* ► adv. PRÉCAUTIONNEUSEMENT

PRÉCÉDEMMENT [-amɑ̃] adv. ▪ Antérieurement, auparavant.

PRÉCÉDENT, ENTE ▪ **I.** adj. Qui précède (dans le temps ou l'espace). *Dans un précédent ouvrage.* ⇒ **antérieur.** *Le jour précédent,* la veille. – *Vous auriez dû descendre à l'arrêt précédent.* **II.** n. m. **1.** Fait antérieur qui permet de comprendre un fait analogue ; décision, manière d'agir dont on peut s'autoriser ensuite dans un cas semblable. ⇒ **jurisprudence.** *Créer un précédent.* **2.** *SANS PRÉCÉDENT :* inouï, jamais vu.

PRÉCÉDER v. tr. [6] ▪ **I.** (choses) **1.** Exister, se produire avant, dans le temps. *Les symptômes qui précèdent la maladie.* **2.** Être avant, selon l'ordre logique ou spatial. *L'avant-propos qui précède cet ouvrage.* **3.** Être connu ou perçu avant. *Sa mauvaise réputation l'avait précédé.* **II.** (personnes) **1.** Exister avant. *Ceux qui nous ont précédés.* ⇒ **prédécesseur. 2.** Être, marcher devant (qqn, qqch.). *Précéder qqn pour lui montrer le chemin.* **3.** Arriver à un endroit avant (qqn, qqch.). *Il ne nous a précédé que de cinq minutes.* **4.** abstrait Devancer (qqn). *Il l'a précédé dans cette voie.* ⇒ **précurseur.**

PRÉCELTIQUE adj. ▪ DIDACT. Antérieur à la civilisation celtique.

PRÉCEPTE n. m. ▪ Formule qui exprime un enseignement, une règle (art, science, morale, etc.). ⇒ **commandement, leçon, principe.** *Les préceptes de l'Évangile.* – Recommandation.

PRÉCEPTEUR, TRICE n. ▪ Personne chargée de l'éducation, de l'instruction d'un enfant (de famille noble, riche...) à domicile. *Le précepteur d'un jeune prince.*

PRÉCESSION n. f. ▪ PHYS. Mouvement de rotation autour d'un axe fixe, de l'axe d'un gyroscope. ♦ ASTRON. *PRÉCESSION DES ÉQUINOXES :* mouvement rétrograde des points équinoxiaux.

PRÉCHAUFFER v. tr. [1] ▪ Chauffer (un produit, un corps, un appareil) avant d'obtenir une température plus élevée.

PRÊCHE n. m. ▪ **1.** Discours religieux prononcé par un pasteur protestant. – Sermon. ⇒ **prédication. 2.** FAM. Discours moralisateur et ennuyeux.

PRÊCHER v. [1] ▪ **I.** v. tr. **1.** Enseigner (la révélation religieuse). **2.** Conseiller, vanter (qqch.). ⇒ **préconiser, prôner.** *Prêcher l'indulgence.* **II.** v. intr. Prononcer un sermon. *Le curé a bien prêché* (⇒ **prédicateur**). **III.** v. tr. *PRÊCHER qqn :* lui enseigner la parole de Dieu. ⇒ **évangéliser.** *Prêcher les infidèles.* – FAM. Essayer de convaincre, faire la morale à (qqn). ⇒ **sermonner.** *Vous prêchez un converti*.*

PRÊCHEUR, EUSE n. ▪ **1.** VX ⇒ **prédicateur.** – adj. *Les Frères prêcheurs,* les dominicains. **2.** péj. Personne qui aime à faire la morale aux autres.

PRÊCHI-PRÊCHA n. m. invar. ▪ FAM. Radotage moralisateur. *Il nous ennuie avec ses prêchi-prêcha !*

PRÉCIEUSEMENT adv. ▪ Comme il convient pour un objet précieux. *Conserver précieusement une lettre.*

PRÉCIEUX, EUSE adj. ▪ **I. 1.** De grand prix, d'une grande valeur. *Pierres* précieuses.* **2.** Auquel on attache une grande valeur (pour des raisons sentimentales, intellectuelles, morales). *Les droits les plus précieux de l'homme.* – Particulièrement cher ou utile (à qqn). *Mes amis sont ce que j'ai de plus précieux. Perdre un temps précieux.* **II. 1.** n. Au XVIIe siècle, les personnes (d'abord des femmes) qui défendaient un idéal moral et esthétique raffiné, un langage recherché. *“Les Précieuses ridicules”,* de Molière. **2.** adj. *Les écrivains précieux, la littérature précieuse.* – par ext. (autres époques) ⇒ **préciosité.**

PRÉCIOSITÉ n. f. ▪ **1.** Ensemble des traits qui caractérisent les précieuses et le mouvement précieux du XVIIe siècle en France. **2.** Caractère recherché du langage, du style. ⇒ **affectation.**

PRÉCIPICE n. m. ▪ Vallée ou anfractuosité du sol très profonde, aux flancs abrupts. ⇒ **abîme, à-pic, gouffre.** – fig. *Être, marcher au bord du précipice :* se trouver dans une situation très dangereuse.

PRÉCIPITAMMENT adv. ▪ En grande hâte ; avec précipitation. ⇒ **brusquement.**

① **PRÉCIPITATION** n. f. ▪ **1.** Grande hâte, hâte excessive. **2.** Caractère hâtif et improvisé. *Dans la précipitation du départ, il a oublié son passeport.*

② **PRÉCIPITATION** n. f. ▪ **1.** Phénomène à la suite duquel un corps solide insoluble (⇒ ② **précipité**) se forme dans un liquide sous l'effet d'un réactif. **2.** *Précipitations atmosphériques :* chute de l'eau provenant de l'atmosphère (météores : pluie, brouillard, neige, grêle).

① **PRÉCIPITÉ, ÉE** adj. ▪ **1.** Très rapide dans son allure, son rythme. *Il s'éloigna à pas précipités.* **2.** Qui a un caractère de précipitation. *Tout cela est bien précipité.* ⇒ **hâtif.**

② **PRÉCIPITÉ** n. m. ▪ Dépôt obtenu quand se produit la précipitation (②).

① **PRÉCIPITER** v. tr. [1] ▪ **1.** LITTÉR. Jeter ou faire tomber d'un lieu élevé dans un lieu bas ou profond. *Il fut précipité dans le vide.* – fig. Faire tomber d'une situation élevée ; entraîner la décadence de... **2.** Pousser, entraîner avec violence. *Ils ont été précipités contre la paroi.* **3.** Faire aller plus vite. ⇒ **accélérer, hâter.** *Précipiter son départ.* ⇒ **avancer, brusquer.** *Précipiter le mouvement. Il ne faut rien précipiter,* il faut avoir de la patience. ► SE PRÉCIPITER v. pron. **1.** (personnes ou choses) Se jeter de haut dans un lieu bas ou profond. ⇒ **tomber.** *Le torrent se précipite du haut de la montagne.* **2.** (personnes) S'élancer brusquement, impétueusement. ⇒ **foncer,** se **lancer,** se **ruer.** *Se précipiter au devant de qqn.* ⇒ **accourir, courir.** – absolt ⇒ se **dépêcher,** se **hâter.** *Inutile de se précipiter, nous avons le temps.* ⇒ se **dépêcher,** se **presser. 3.** (choses) Prendre un rythme accéléré. *Les battements du cœur se précipitaient.*

② **PRÉCIPITER** v. [1] ▪ **I.** v. tr. Faire tomber, faire se déposer (un corps en solution dans son liquide). **II.** v. intr. Tomber dans son solvant, par précipitation (②).

① **PRÉCIS, ISE** adj. ▪ **1.** Qui fournit une information, un savoir sans équivoque. ⇒ **clair, net ;** opposé à *imprécis,* à *ambigu, confus. Des idées, des données précises. Sans raison précise.* ⇒ **particulier.** ♦ Qui procède avec clarté sur un objet bien délimité. *Un raisonnement précis.* **2.** Perçu nettement. *Des contours précis.* – Déterminé avec exactitude. *Un point précis sur la carte.* **3.** Effectué de façon sûre. *Un geste précis.* ♦ Qui agit avec précision. *Un homme précis.* **4.** (grandeurs, mesures) Qui, à la limite, est exact ; qui est exactement calculé. ⇒ **exact.** *Quatre heures précises.* ⇒ **juste ;** FAM. **pile ; sonnant, tapant.**

② **PRÉCIS** n. m. ▪ **1.** Exposé précis et succinct. ⇒ **abrégé. 2.** Petit manuel. *Un précis de géographie générale.*

PRÉCISÉMENT adv. ▪ **1.** D'une façon précise. *Répondre précisément.* – (pour corriger une erreur) *Les blessés, les malades plus précisément,* plus exactement, plutôt. **2.** ellipt (dans une réponse) Oui, c'est cela même. – (en loc. négative) *Ma vie n'est pas précisément distrayante :* guère, pas du tout. **3.** Indiquant une concordance entre deux séries de faits ou d'idées distinctes. ⇒ **justement.** *C'est précisément pour cela que je viens vous voir.*

PRÉCISER v. tr. [1] ▪ **1.** Exprimer, présenter de façon plus précise. *Précisez votre idée. Il précisa certains points.* ⇒ **établir.** – Dire pour clarifier. *Le témoin a précisé qu'il n'avait pas tout vu.* ⇒ **souligner. 2.** pronom. (réfl.) Devenir plus précis, plus net. *Le danger se précise.*

PRÉCISION n. f. ▪ **I. 1.** Netteté de ce qui est précis. ⇒ **clarté.** *Des renseignements d'une grande précision. Il revoyait toute la scène avec précision.* **2.** Façon précise d'agir. ⇒ **sûreté.** *Une précision mathématique. La précision d'un tir.* ⇒ **justesse. 3.** Qualité de ce qui est calculé, mesuré d'une manière précise. ⇒ **exactitude.** *La précision d'un calcul. Une balance de précision.* **II.** au plur. Détails, explications permettant une information sûre et sans ambiguïté. *Demander des précisions sur tel ou tel point.*

PRÉCOCE adj. ▪ **1.** (végétaux) Qui est mûr avant le temps, plus tôt que les individus de son espèce. ⇒ **hâtif.** *Un pêcher précoce.* **2.** Qui survient, se développe plus tôt que d'habitude. *Gelées précoces. Un été précoce. Des rides précoces.* ⇒ **prématuré.** *Sénilité précoce.* **3.** Qui se produit, se fait plus tôt qu'il n'est d'usage. *Un mariage précoce.* **4.** (personnes) Dont le développement psychique est très rapide. *Un enfant très précoce.* ⇒ **avancé.** ► **adv.** PRÉCOCEMENT

PRÉCOCITÉ n. f. ▪ Caractère de ce qui est précoce.

PRÉCOLOMBIEN, IENNE adj. ▪ Relatif à l'Amérique, à son histoire, à ses civilisations, avant l'arrivée de Christophe Colomb et la conquête des Espagnols. *Arts précolombiens* (aztèque, inca, maya...).

PRÉCONÇU, UE adj. ▪ péj. Élaboré sans jugement critique ni expérience. *Idées préconçues. Opinion préconçue* (⇒ **préjugé**).

PRÉCONISER v. tr. 1 ▪ Recommander vivement (une méthode, un remède, etc.). ⇒ **prôner.** ► **n. f.** PRÉCONISATION

PRÉCONSCIENT, ENTE [-jɑ̃, ɑ̃t] adj. ▪ Qui n'est pas encore conscient.

PRÉCONTRAINT, AINTE adj. ▪ *BÉTON PRÉCONTRAINT :* soumis à une compression préalable afin d'en augmenter la résistance.

PRÉCURSEUR ▪ **1.** n. m. Personne dont la doctrine, les œuvres ont frayé la voie à l'auteur (personne, mouvement) de développements. *Les précurseurs de Freud, d'Einstein, de l'art moderne.* ⇒ **pionnier. 2.** adj. m. Annonciateur. ⇒ **avant-coureur.** *Signes précurseurs de l'orage.*

PRÉDATEUR n. m. ▪ (animaux) Qui se nourrit de proies. *Les rapaces sont des prédateurs.* ◆ adj. *L'espèce humaine est prédatrice.*

PRÉDÉCESSEUR n. m. ▪ **1.** Personne qui a précédé (qqn) dans une fonction, une charge. **2.** au plur. Ceux qui ont précédé qqn. ⇒ **ancêtre, précurseur.**

PRÉDELLE n. f. ▪ ARTS Partie inférieure d'un tableau d'autel, d'un retable (souvent divisé en petits panneaux).

PRÉDESTINATION n. f. ▪ **1.** Doctrine religieuse selon laquelle Dieu destine certaines créatures au salut par la seule force de sa grâce et voue les autres (quoi qu'elles fassent) à la damnation (ex. le jansénisme). **2.** LITTÉR. Détermination préalable d'événements ayant un caractère de fatalité.

PRÉDESTINÉ, ÉE adj. ▪ **1.** RELIG. Qui est soumis à la prédestination divine. **2.** *PRÉDESTINÉ À :* voué à (un destin particulier). *Il était prédestiné à devenir artiste.* ◆ absolt Voué à un destin exceptionnel.

PRÉDESTINER v. tr. 1 ▪ **1.** RELIG. (sujet Dieu) Fixer à l'avance le salut ou la perte de (sa créature). **2.** (sens affaibli ; sujet chose) Vouer à un destin, à une activité particulière. *Rien ne le prédestinait à devenir médecin.* ⇒ **prédéterminer.**

PRÉDÉTERMINER v. tr. 1 ▪ DIDACT. (cause, raison) Déterminer d'avance (une décision, un acte). ► **n. f.** PRÉDÉTERMINATION

PRÉDICAT n. m. ▪ DIDACT. Ce qui, dans un énoncé, est affirmé à propos d'un autre terme, le thème (ex. le cheval [*thème* ou *sujet*] galope [*prédicat*]). *Le prédicat correspond en général au verbe.*

PRÉDICATEUR n. m. ▪ RELIG. Celui qui prêche, prononce un sermon.

PRÉDICATION n. f. ▪ **1.** RELIG. Action de prêcher. **2.** LITTÉR. Sermon.

PRÉDICTION n. f. ▪ **1.** Action de prédire ; paroles par lesquelles on prédit. *Faire des prédictions.* ⇒ **prophétie. 2.** Ce qui est prédit. *Vos prédictions se sont réalisées.*

PRÉDIGÉRÉ, ÉE adj. ▪ TECHN. Qui a été soumis à une digestion chimique préalable. *Lait prédigéré pour prématurés.*

PRÉDILECTION n. f. ▪ Préférence marquée (pour qqn, qqch.). ◆ *DE PRÉDILECTION :* préféré.

PRÉDIRE v. tr. 37 sauf *prédisez* ▪ **1.** Annoncer (un événement) comme devant se produire, sans preuves ni indices rationnels. *Il prétend prédire l'avenir.* **2.** Annoncer (une chose probable) comme devant se produire, par raisonnement ou intuition. *Je vous l'avais prédit.*

PRÉDISPOSER v. tr. 1 ▪ Disposer d'avance (qqn à qqch.), mettre dans une disposition favorable. ⇒ **incliner.** ◆ au p. p. *Il est prédisposé à la rêverie.* ⇒ **enclin.**

PRÉDISPOSITION n. f. ▪ Tendance naturelle (de qqn) à (un type d'activité). ⇒ **aptitude, penchant.**

PRÉDOMINANCE n. f. ▪ Caractère prédominant. ⇒ **prépondérance.**

PRÉDOMINANT, ANTE adj. ▪ Qui prédomine. ⇒ **prépondérant.** *Tendances prédominantes.*

PRÉDOMINER v. intr. 1 ▪ (choses) Être le plus important. ⇒ **l'emporter, prévaloir.** *Son avis prédomine toujours.* ⇒ ② **primer.**

PRÉEMBALLÉ, ÉE adj. ▪ Se dit d'un produit alimentaire frais vendu sous emballage. *Viande préemballée.*

PRÉÉMINENCE n. f. ▪ Supériorité absolue de ce qui est au premier rang. ⇒ **primauté ; suprématie.** *Donner la prééminence à qqch.,* placer au-dessus.

PRÉÉMINENT, ENTE adj. ▪ LITTÉR. Qui a la prééminence. ⇒ **supérieur.**

PRÉEMPTION [-ɑ̃psjɔ̃] n. f. ▪ DR. Action d'acheter avant un autre. *Droit de préemption.*

PRÉÉTABLI, IE adj. ▪ Établi à l'avance, une fois pour toutes. *Réaliser un plan préétabli.*

PRÉEXISTANT, ANTE adj. ▪ Qui préexiste (à qqch.).

PRÉEXISTER v. intr. 1 ▪ Exister antérieurement (à qqch.).

PRÉFABRIQUÉ, ÉE adj. ▪ **1.** Se dit d'éléments de constructions fabriqués en série et assemblés ultérieurement sur place. ◆ n. m. *Du préfabriqué.* **2.** fig. Composé à l'avance. *Une décision préfabriquée.* ⇒ **artificiel, factice.** ► **n. f.** PRÉFABRICATION

PRÉFACE n. f. ▪ Texte placé en tête d'un livre et qui sert à le présenter au lecteur. ⇒ **avant-propos, avertissement, introduction.** *Ce livre a une préface et une postface.*

PRÉFACER v. tr. 3 ▪ Présenter par une préface.

PRÉFACIER, IÈRE n. ▪ Auteur d'une préface (au livre d'un autre).

PRÉFECTORAL, ALE, AUX adj. ▪ (en France) Relatif au préfet, à l'administration par les préfets. *Arrêté préfectoral.*

PRÉFECTURE n. f. ▪ **1.** Charge de préfet. ◆ Ensemble des services du préfet ; local où ils sont installés. **2.** Ville où siège cette administration. ⇒ **chef-lieu.** *Préfectures et sous-préfectures.* ◆ Circonscription administrée par le préfet (⇒ **département**). **3.** *PRÉFECTURE DE POLICE :* à Paris, services de direction de la police.

PRÉFÉRABLE adj. ▪ Qui mérite d'être préféré, choisi. ⇒ **meilleur.** *Partez maintenant, c'est préférable, bien préférable.* ⇒ **mieux.** ◆ impers. *Il est préférable que* (+ subj.), *de* (+ inf.) : il vaut mieux. ► **adv.** PRÉFÉRABLEMENT

PRÉFÉRÉ, ÉE adj. ▪ Le plus aimé, jugé le meilleur (par qqn). *Son disque préféré.* ◆ n. (personnes) ⇒ **favori.** *Cet élève est son préféré.* ⇒ **chouchou.**

PRÉFÉRENCE n. f. ▪ **1.** Jugement ou sentiment par lequel on place une personne, une chose au-dessus des autres. *Il a une préférence marquée pour les gens discrets.* ⇒ **prédilection.** ◆ *Je n'ai pas de préférence,* cela m'est égal. ◆ *Accorder, donner la préférence à,* donner l'avantage. ⇒ **préférer.** ◆ *DE PRÉFÉRENCE* loc. adv. : ⇒ **plutôt.** *Sortir le matin, de préférence.* ◆ *DE PRÉFÉRENCE À, PAR PRÉFÉRENCE À* qqch. loc. prép. ⇒ **plutôt** que. **2.** Le fait d'être préféré. *Avoir, obtenir la préférence sur qqn.* ⇒ **l'emporter.**

PRÉFÉRENTIEL, IELLE adj. ▪ **1.** Qui établit une préférence. *Tarif préférentiel.* ⇒ de **faveur. 2.** *Vote préférentiel,* qui permet à l'électeur de changer l'ordre des candidats sur une liste.

PRÉFÉRENTIELLEMENT adv. ▪ De préférence.

PRÉFÉRER v. tr. 6 ▪ Considérer comme meilleure, supérieure, plus importante (une chose, une personne parmi plusieurs) ; se déterminer en sa faveur. ⇒ **aimer** mieux. *Préférer une personne, une chose à une autre.* ◆ *PRÉFÉRER* (+ inf.). *Elle a préféré partir. Faites comme vous préférez,* comme vous voudrez. ► **SE PRÉFÉRER** v. pron. *Je me préfère avec les cheveux longs.*

PRÉFET n. m. ▪ **1.** HIST. Haut magistrat chargé de l'administration de Rome. **2.** en France Fonctionnaire représentant le pouvoir exécutif central à la tête d'une préfecture. *Le préfet et les sous-préfets. Madame le préfet.* ◆ *Préfet de région,* le préfet du département dans lequel se trouve le chef-lieu de région. ‑ *Préfet de police,* placé à la tête d'une préfecture de police. **3.** Prêtre chargé de la discipline dans certains collèges religieux. *Préfet des études.*

PRÉFÈTE n. f. ▪ Femme d'un préfet.

PRÉFIGURATION n. f. ▪ LITTÉR. Ce qui préfigure qqch.

PRÉFIGURER v. tr. [1] ▪ LITTÉR. Présenter par avance tous les caractères de (une chose à venir). *Troubles qui préfiguraient la révolution.*

PRÉFIXATION n. f. ▪ Formation d'un mot grâce à un préfixe.

PRÉFIXE n. m. ▪ Élément de formation de mots, placé devant un radical (opposé à *suffixe*), et qui en modifie le sens (ex. *pré-* dans *préhistoire*).

PRÉFIXER v. tr. [1] ▪ Joindre (un élément) comme préfixe ; composer avec un préfixe.

PRÉGNANT, ANTE [-gn-] adj. ▪ PSYCH. Qui s'impose à l'esprit, à la perception. *Formes prégnantes.*

PRÉHENSEUR adj. m. ▪ DIDACT. Qui sert à prendre, à saisir. *Organe préhenseur.*

PRÉHENSILE adj. ▪ DIDACT. Qui peut servir à prendre, à saisir (alors que la fonction première n'est pas la préhension). *La trompe préhensile de l'éléphant.*

PRÉHENSION n. f. ▪ DIDACT. Faculté de saisir avec un organe approprié.

PRÉHISTOIRE n. f. ▪ **1.** Ensemble des événements concernant l'humanité avant l'apparition de l'écriture ; étude de ces événements (⇒ **protohistoire**). **2.** fig. *La préhistoire de l'aviation.*

PRÉHISTORIEN, IENNE n. ▪ Spécialiste de la préhistoire.

PRÉHISTORIQUE adj. ▪ **1.** Qui appartient à la préhistoire. *Les temps préhistoriques. Animaux préhistoriques.* **2.** Très ancien, suranné. ⇒ **antédiluvien.** *Une voiture préhistorique.*

PRÉHOMINIENS n. m. pl. ▪ SC. Groupe d'hominiens les plus proches des hommes (pithécanthrope, etc.).

PRÉJUDICE n. m. ▪ **1.** Perte d'un bien, d'un avantage par le fait d'autrui (agissant le plus souvent contre le droit, la justice) ; acte ou événement nuisible aux intérêts de qqn. *Causer un préjudice à qqn.* ⇒ **dommage.** *Porter préjudice,* causer du tort. *AU PRÉJUDICE de qqn :* contre son intérêt. **2.** Ce qui est nuisible pour, ce qui va contre (qqch.). *Un grave préjudice causé à la justice.* ‑ LITTÉR. *SANS PRÉJUDICE DE :* sans porter atteinte, sans renoncer à.

PRÉJUDICIABLE adj. ▪ Qui porte, peut porter préjudice (à qqn, à qqch.). ⇒ **nuisible.** *Ce travail est préjudiciable à la santé des ouvriers.*

PRÉJUGÉ n. m. ▪ **1.** Croyance, opinion préconçue* souvent imposée par le milieu, l'époque ; parti pris. ⇒ **a priori, prévention.** *Les préjugés bourgeois.* **2.** Indice qui permet de se faire une opinion provisoire. *C'est un préjugé en sa faveur.*

PRÉJUGER v. tr. ind. [3] ▪ LITTÉR. ou DR. *PRÉJUGER DE :* porter un jugement prématuré sur (qqch.) ; considérer comme résolue une question qui ne l'est pas. *Je ne peux pas préjuger de sa décision.*

SE **PRÉLASSER** v. pron. [1] ▪ Se détendre, se reposer nonchalamment et béatement.

PRÉLAT n. m. ▪ Haut dignitaire ecclésiastique (cardinal, archevêque, etc.), dans l'Église catholique.

PRÉLATIN, INE adj. ▪ DIDACT. Antérieur à la civilisation latine, au latin (langue). *Mot italien d'origine prélatine.*

PRÉLAVAGE n. m. ▪ Lavage préliminaire, dans le cycle d'un lave-linge.

PRÈLE ou **PRÊLE** n. f. ▪ Plante à tige creuse et à épis, qui pousse dans des endroits humides.

prèle. *Equisetum palustre,* prèle des marais.
Phot. © Nardin/Jacana

PRÉLÈVEMENT n. m. ▪ Action de prélever ; quantité qu'on prélève. *Prélèvement automatique sur un compte en banque. Un prélèvement de sang.* ‑ absolt MÉD. *Faire un prélèvement* (d'organe, de tissu, etc.).

PRÉLEVER v. tr. [5] ▪ Prendre (une partie d'un ensemble, d'un total). ⇒ **enlever, retenir, retrancher.** *Prélever un échantillon. Prélevez cette somme sur mon compte.*

PRÉLIMINAIRE ▪ **I.** adj. Qui précède, prépare (une autre chose considérée comme essentielle, plus importante). ⇒ **préparatoire.** *Discours préliminaire :* introduction, préambule. ⇒ **liminaire.** **II.** *PRÉLIMINAIRES* n. m. plur. **1.** Ensemble des négociations qui précèdent et préparent un armistice, un traité de paix. **2.** Ce qui prépare un acte, un événement plus important. ⇒ **commencement.**

PRÉLUDE n. m. ▪ **1.** Pièce instrumentale ou orchestrale de forme libre (qui sert parfois d'introduction). *Les préludes de Chopin.* **2.** fig. Ce qui précède, annonce (qqch.) ; ce qui constitue le début (d'une œuvre, d'une série d'événements...). ⇒ **amorce, commencement, prologue.** *Le prélude des hostilités. Ce n'est qu'un prélude (à...).* ⇒ **début.**

PRÉLUDER v. [1] ▪ **1.** v. intr. *Préluder par,* chanter, jouer (un morceau) pour commencer. **2.** v. tr. ind. (sujet chose) *PRÉLUDER À :* se produire avant (une autre chose) en la laissant prévoir. ⇒ **annoncer.** *Les incidents qui ont préludé aux hostilités.*

PRÉMATURÉ, ÉE adj. ▪ **1.** Qu'il n'est pas encore temps d'entreprendre. *Une démarche prématurée.* ‑ Qui a été fait trop tôt *Une nouvelle prématurée,* annoncée avant que les événements se soient produits. **2.** Qui arrive avant le temps normal. ⇒ **précoce.** *Une mort prématurée.* **3.** *Un enfant prématuré,* né avant terme. ‑ n. *Un prématuré en couveuse.*

PRÉMATURÉMENT adv. ▪ Avant le temps habituel ou convenable.

PRÉMÉDITATION n. f. ▪ Dessein réfléchi d'accomplir une action (surtout une action mauvaise, délit ou crime). *Meurtre avec préméditation* (circonstance aggravante). ⇒ **assassinat.**

PRÉMÉDITER v. tr. [1] ▪ Décider, préparer avec calcul. ⇒ **projeter.** *Il avait prémédité sa fuite, de s'enfuir.* ‑ au p. p. *Un crime prémédité.*

PRÉMICES n. f. pl. ▪ **1.** HIST. Premiers fruits de la terre, premiers animaux nés du troupeau, que les Anciens offraient à la divinité. **2.** LITTÉR. Commencement, début. *Les prémices de l'hiver.*

PREMIER, IÈRE ▪ **I.** adj. et n. (épithète ; souvent avant le nom) Qui vient avant les autres, dans un ordre (*premier,* second, troisième..., dernier). **1.** Qui est le plus ancien ou parmi les plus anciens dans le temps ; qui s'est produit, apparaît avant. ⇒ **initial.** *Le premier jour du mois.* ‑ n. m. Premier jour. *Le premier avril. Le premier de l'an (1er janvier).* ‑ *Son premier amour. La première fois.* ‑ loc. *Au, du premier coup,* au premier essai. *À première vue, au premier abord :* tout d'abord. ⇒ **prime.** *Il n'est plus de la première jeunesse.* ‑ (attribut) *Arriver premier,* avant les autres. ⇒ en **tête.** ♦ n. *Parler le premier. La première arrivée.* loc. *Le premier venu*.* **2.** Le premier à venir (dans le futur). *À la première occasion.* **3.** Qui se présente avant (dans une série, un ordre). *La première personne du singulier. Première partie.* ⇒ **commencement, début.** ‑ n. m. Premier terme d'une charade. *Mon premier..., mon second..., mon tout.* **4.** (après le nom) LITTÉR. Qui est dans l'état de son origine, de son début. ⇒ **originel, primitif.** *L'état premier de ses recherches.* ‑ *Matières* premières.* **5.** Qui se présente d'abord (dans l'espace, par rapport à un observateur, à un point de repère). *La première (rue) à droite. Montez au premier (étage).* **6.** Qui vient en tête pour l'importance, la valeur, est plus remarquable que les autres. ⇒ **meilleur, principal.** *Première qualité, premier choix. De (tout) premier ordre. Voyager en première (classe).* ♦ (personnes) *Le Premier ministre. Premier violon.* ‑ (attribut) Qui vient avant les autres, dans un classement. *Sortir premier d'une école.* ‑ n. *Le premier, la première de la classe.* **7.** (après le nom) Qui n'est pas déduit, qui n'est pas défini au moyen d'autre chose. *Les vérités premières.* ‑ *Nombre premier,* divisible uniquement par 1 et par lui-même (ex. 3, 7, 11, 13...). **8.** (après le nom) Qui contient en soi la raison d'être des autres réalités. *Les causes premières.* **II.** n. (voir ci-dessus) spécialt **1.** *JEUNE PREMIER, JEUNE PREMIÈRE :* comédien, comédienne qui joue les premiers rôles d'amoureux. **2.** anglic. Premier ministre (dans un pays anglo-saxon). **III.** loc. adv. *EN PREMIER :* d'abord.

PREMIÈRE n. f. ▪ **1.** Première représentation d'une pièce ou projection d'un film. *La générale et la première.* ⇒ **avant-**

première. – Première fois qu'un événement important se produit. *Une première dans l'histoire de l'alpinisme.* **2.** loc. FAM. *De première !*, remarquable, exceptionnel. **3.** Classe qui précède les classes terminales des études secondaires. *Entrer en première.* **4.** Première vitesse d'une automobile. *Passer la (en) première.*

PREMIÈREMENT adv. ▪ D'abord, en premier lieu (dans une énumération). ⇒ **primo.**

PREMIER-NÉ, PREMIÈRE-NÉE adj. et n. ▪ Se dit du premier enfant (opposé à *dernier-né*). ⇒ **aîné.** *Les premiers-nés.*

Otto **PREMINGER** (1906-1986) ▪ Cinéaste américain d'origine autrichienne. *"Laura"* (1944); *"L'Homme au bras d'or"* (1955).

Preminger. *Laura*, avec Dana Andrews et Gene Tierney. *Phot. © Coll. Christophe L.*

PRÉMISSE n. f. ▪ **1.** Chacune des deux propositions initiales d'un syllogisme, dont on tire la conclusion. **2.** Affirmation dont on tire une conclusion ; commencement d'une démonstration.

PRÉMOLAIRE n. f. ▪ Chacune des dents situées entre la canine et les grosses molaires.

PRÉMONITION n. f. ▪ Avertissement inexplicable qui fait connaître un événement à l'avance ou à distance. ⇒ **pressentiment.** *Je me méfie de ses prémonitions.*

PRÉMONITOIRE adj. ▪ Qui a rapport à la prémonition, constitue une prémonition. *Un rêve prémonitoire. Signe prémonitoire,* annonciateur.

PRÉMUNIR v. tr. [2] ▪ LITTÉR. Protéger (qqn), mettre en garde (contre qqch.). *Prémunir qqn contre un danger.* – pronom. (réfl.) *Se prémunir contre le froid.*

PRENANT, ANTE adj. ▪ **1.** *PARTIE PRENANTE :* en droit, partie qui reçoit de l'argent ou une fourniture. – plus cour. Protagoniste. *Les parties prenantes d'un conflit.* **2.** Qui captive en émouvant, en intéressant profondément. *Un film prenant.* ⇒ **passionnant.** *Une voix prenante.* **3.** *Un métier très prenant,* qui occupe beaucoup, accapare.

PRÉNATAL, ALE, ALS adj. ▪ Qui précède la naissance. *Allocations prénatales. Soins prénatals* (→ médecine fœtale).

PRENDRE v. [58] ▪ **I.** v. tr. Mettre avec soi ou faire sien. **1.** Mettre dans sa main (pour avoir avec soi, pour faire passer d'un lieu dans un autre, pour utiliser...). *Prendre un objet dans sa main, à pleine main.* ⇒ **empoigner, saisir.** – pronom. (passif) *Cela se prend par le milieu.* – *Prendre qqch. des mains de qqn.* ⇒ **arracher, enlever, ôter, retirer.** – loc. *Prendre une affaire en main,* décider de s'en occuper. *Prendre dans ses bras.* ⇒ **embrasser.** – pronom. (récipr.) *Elles se sont prises par la main.* **2.** Mettre avec soi, amener à soi. *N'oublie pas de prendre ton parapluie.* ⇒ **emporter.** – spécialt *Prendre du pain,* en acheter. – (compl. n. de personne) ⇒ **accueillir.** *Le coiffeur m'a pris à 5 heures. Je passerai vous prendre chez vous.* ⇒ **chercher.** **3.** *PRENDRE qqch. SUR SOI, sous sa responsabilité :* en accepter la responsabilité. ⇒ **assumer.** – *PRENDRE SUR SOI DE :* s'imposer de. *Il a pris sur lui de venir malgré sa fatigue.* **4.** fig. Aborder, se mettre à considérer (qqch., qqn) de telle façon. *Prendre la vie du bon côté. On ne sait par où le prendre,* il est susceptible. *Il n'est pas à prendre avec des pincettes*.* – (sans compl. de manière) ⇒ **considérer.** *Prenons cet exemple.* – loc. adv. *À TOUT PRENDRE :* somme toute. – *PRENDRE BIEN, MAL qqch. :* l'accepter ou en souffrir. ⇒ **accueillir.** – *Prendre les choses comme elles viennent. Prendre qqn, qqch. au sérieux, à la légère.* pronom. *Se prendre au sérieux.* – *Si vous le prenez ainsi,* si c'est là votre manière de voir. – *PRENDRE EN... :* avoir en. *Prendre qqn en amitié. Prendre en grippe*.* **5.** Faire sien (une chose abstraite). *Il a pris un surnom. Prendre (un) rendez-vous. Prendre et garder une habitude.* **6.** Évaluer, définir (pour connaître). *Prendre des mesures. Prenez votre température.* **7.** Inscrire ou reproduire. *Prendre des notes, une photo.* **8.** S'adjoindre (une personne). ⇒ **embaucher, engager.** – *Prendre pour, comme, à, en,* s'adjoindre, se servir de (qqn) en tant que... *Il l'a prise comme assistante.* **9.** *PRENDRE POUR :* croire qu'une personne, une chose est (autre ou autrement). *Prendre une personne pour une autre.* ⇒ **confondre.** *Prendre ses désirs pour des réalités.* – pronom. (réfl.) *Se prendre pour un génie,* considérer qu'on en est un. ⇒ se **croire.** **10.** Absorber, manger ou boire. *Prendre son café. Prendre un verre.* ⇒ **boire.** *Vous prenez, vous prendrez de la viande ou du poisson ?* ⇒ **choisir.** – pronom. (passif) *Médicament qui se prend avant les repas.* – fig. *Prendre le frais. Prendre le soleil. Prendre un bain.* **II.** v. tr. Agir de façon à avoir, à posséder (qqch., qqn). **1.** Se mettre en possession de ; se rendre maître de. ⇒ s'**approprier.** *Prendre qqch. par force, par ruse.* – loc. *C'est à prendre ou à laisser*.* ♦ Posséder sexuellement (qqn). **2.** Demander, exiger. *Combien prend-il ?*, quel est son prix ? – *Ce travail me prendra une heure.* **3.** FAM. Recevoir, supporter. *Il a pris un coup de pied.* ⇒ **attraper.** *Qu'est-ce qu'il a pris !* **4.** Se rendre maître par force ; conquérir. *Prendre* (un lieu) *d'assaut,* en attaquant de vive force. ⇒ **enlever.** *Prendre le pouvoir.* – loc. FAM. au p. p. *C'est autant de pris (sur l'ennemi),* se dit d'un avantage dont on est assuré. **5.** *PRENDRE qqch. À qqn :* s'emparer de (ce qui appartient à qqn). ⇒ **voler.** *Il lui a pris son argent. Prendre la place de qqn.* **6.** Se saisir de (ce qui fuit, se dérobe : animal, personne). ⇒ **attraper, capturer.** *Il s'est fait prendre par la police.* ⇒ **arrêter.** – (passif) *Être pris dans l'engrenage.* (choses) *Le navire est pris par (dans) les glaces.* **7.** Amener (qqn) à ses vues, à faire ce qu'on veut. *Prendre qqn par la douceur,* en le traitant doucement. *Prendre qqn en traître, par traîtrise.* ⇒ **avoir.** – absolt *Savoir prendre qqn,* agir envers lui avec diplomatie pour obtenir de lui ce qu'on veut. **8.** *PRENDRE qqn* (de telle ou telle manière). ⇒ **surprendre.** *On l'a pris en flagrant délit. Il les a pris au dépourvu.* – *Prendre qqn à* (qqch., faire qqch.). *Je vous y prends !* – *On ne m'y prendra plus,* je ne serai plus dupe. **9.** (sensation, sentiment) Saisir (qqn), faire sentir à (qqn). *Les douleurs la prirent brusquement. Être pris de vertiges.* – FAM. *Qu'est-ce qui vous (te) prend ?*, se dit à une personne dont l'attitude est inattendue ou déplacée. – impers. *Il me prend l'envie d'aller le voir.* **10.** *BIEN, MAL lui, vous... PREND DE :* cela a de bonnes, de fâcheuses conséquences. *Mal lui en a pris de mentir,* il a eu tort, il en subit les conséquences. **III.** v. tr. exprimant le commencement ou la progression d'une action (avec certains substantifs) **1.** Se mettre à utiliser, à avoir, à être (sans idée d'appropriation). *Prendre le deuil,* mettre des vêtements de deuil. *Prendre la plume,* écrire. *Prendre le lit,* s'aliter. – Faire usage de (un véhicule). *Prendre l'avion, le train, sa voiture.* – S'engager dans. *Prendre un virage. Prendre la porte,* sortir. *Prendre la mer,* s'embarquer. – Emprunter (une voie de communication). *Prendre un raccourci.* – sans compl. direct *Prendre à droite, sur votre droite.* **2.** User à son gré de. *Prendre le temps de, prendre son temps. Prendre congé.* **3.** Se mettre à avoir, se donner. *Prendre une décision. Prendre la fuite. Prendre du repos. Prendre la parole,* commencer à parler. *Prendre l'avantage sur qqn.* – (compl. sans article) loc. *Prendre position,* choisir. *Prendre soin de... Prendre acte. Prendre garde.* – (formule de politesse) *Prenez la peine d'entrer,* veuillez entrer. **4.** Commencer à avoir (une façon d'être). *Prendre une mauvaise tournure.* loc. *Prendre forme.* – (personnes ; désignant une action involontaire) *Prendre de l'âge,* vieillir. *Prendre des couleurs. Il y prend goût.* loc. *Prendre peur.* **5.** Subir l'effet de. *Prendre feu,* s'enflammer. *Prendre froid : prendre mal, du mal.* **IV.** v. intr. **1.** (substances) Durcir, épaissir. *La mayonnaise a pris.* – Attacher, coller. **2.** (végétaux) Pousser des racines, continuer sa croissance après transplantation. *La bouture a pris.* **3.** *Le feu va prendre,* se mettre à brûler. **4.** Produire son effet, l'effet recherché. ⇒ **réussir.** *Vaccin qui prend. C'est une mode qui ne prendra pas.* **5.** Être cru, accepté. *À d'autres, ça ne prend pas!* ► **SE PRENDRE** v. pron. **1.** Se laisser attraper. - fig. *Se prendre au jeu.* **2.** *S'EN PRENDRE À* : s'attaquer à, en rendant responsable. ⇒ **incriminer.** *Il ne pourra s'en prendre qu'à lui-même,* il est responsable de ses propres malheurs. **3.** *SE PRENDRE DE* : se mettre à avoir. *Se prendre d'amitié pour qqn.* ⇒ **éprouver. 4.** *S'Y PRENDRE* : agir d'une certaine manière en vue d'obtenir un résultat. *Il s'y est mal pris.* ⇒ **procéder.** *S'y prendre à deux fois,* tâtonner. *Savoir s'y prendre.* - (avec une précision de temps) Se mettre à s'occuper de. *Il faudra s'y prendre à l'avance.*

PRENEUR, EUSE n. ▪ **1.** Personne qui achète qqch. ⇒ **acheteur, acquéreur.** *Je suis preneur.* **2.** loc. *Preneur de son* (⇒ **prise** de son).

PRÉNOM n. m. ▪ Chacun des noms personnels qui précèdent le nom de famille. *Appeler qqn par son prénom* (→ petit nom, nom de baptême).

PRÉNOMMER v. tr. [1] ▪ Appeler d'un prénom. *On l'a prénommé Jean.* - pronom. (passif) *Elle se prénomme Anne.* - au p. p. *Un prénommé Jean.*

PRÉNUPTIAL, ALE, AUX adj. ▪ Qui précède le mariage. *Des examens (médicaux) prénuptiaux.*

PRÉOCCUPANT, ANTE adj. ▪ Qui préoccupe, inquiète. *La situation est préoccupante.*

PRÉOCCUPATION n. f. ▪ Souci, inquiétude qui occupe l'esprit.

PRÉOCCUPÉ, ÉE adj. ▪ Qui est sous l'effet d'une préoccupation. ⇒ **absorbé, anxieux, inquiet.** *Il a l'air préoccupé. Préoccupé de...,* soucieux de.

PRÉOCCUPER v. tr. [1] ▪ **1.** Inquiéter fortement. ⇒ **tourmenter, tracasser.** *Ce problème me préoccupe depuis longtemps.* **2.** Occuper exclusivement (l'esprit, l'attention). ⇒ **absorber, obséder.** *Cette idée le préoccupe.* ► **SE PRÉOCCUPER** v. pron. S'occuper (de qqch.) en y attachant un vif intérêt mêlé d'inquiétude. ⇒ se **soucier.**

PRÉPARATEUR, TRICE n. ▪ **1.** Personne attachée à un laboratoire, chargée de préparer des expériences scientifiques. ⇒ **laborantin. 2.** *PRÉPARATEUR EN PHARMACIE* : employé chargé de certaines préparations.

PRÉPARATIFS n. m. pl. ▪ Dispositions prises pour préparer qqch. ⇒ **arrangement, disposition.** *Les préparatifs du départ.*

PRÉPARATION n. f. ▪ **I. 1.** Action de préparer (qqch.). *La préparation du repas.* ♦ Chose préparée. ⇒ **composition.** *Préparation pharmaceutique* : médicament préparé en officine. **2.** Arrangement, organisation ayant pour effet de préparer. *La préparation d'une fête. Roman en préparation.* - spécialt Devoir qui prépare à l'étude d'un texte en classe. **3.** LITTÉR. Manière de préparer (I, 4). **II.** Action de préparer (qqn) ou de se préparer. ⇒ **formation.** *La préparation des candidats au baccalauréat.* - *Préparation militaire,* enseignement militaire donné avant le service.

PRÉPARATOIRE adj. ▪ Qui prépare (qqch., qqn). - *Cours préparatoire* (abrév. *C.P.*), premier cours de l'enseignement primaire élémentaire. *Classes préparatoires aux grandes écoles* (FAM. : *prépa,* n. f.).

PRÉPARER v. tr. [1] ▪ **I. 1.** Mettre en état de fonctionner, de servir. ⇒ **apprêter, arranger, disposer.** *Préparer la table.* ⇒ **mettre.** *Préparer la voie, le terrain.* **2.** Faire tout ce qu'il faut pour (une opération, une œuvre, etc.). ⇒ **organiser.** *Il a préparé soigneusement son départ* (⇒ **préparatifs**). - au p. p. *Un coup préparé de longue main.* ⇒ **préméditer.** - Travailler (à). *Préparer un examen.* - *Préparer une grande école,* le concours d'entrée à cette école. **3.** Rendre possible, par son action. *Préparer l'avenir. Préparer qqch. à qqn,* faire que la chose lui arrive. ⇒ **réserver.** *On lui a préparé une surprise.* - (sujet chose) Rendre possible ou probable. *Cela ne nous prépare rien de bon.* **4.** (théâtre, roman, film...) Rendre possible ou naturel en enlevant le caractère arbitraire. ⇒ **amener, ménager.** *Préparer un dénouement.* - *Préparer ses effets.* **II.** Rendre (qqn) capable de, prêt à, par une action préalable et concertée. *Préparer un élève à l'examen.* - Mettre dans les dispositions d'esprit requises. *Préparer qqn à une mauvaise nouvelle.* ► **SE PRÉPARER** v. pron. **1.** (réfl.) Se mettre en état, en mesure de faire (qqch.). *Se préparer au combat, à combattre.* **2.** (passif) Être préparé. *La cuisine où se prépare le repas.* **3.** Être près de se produire. *Un orage se prépare.* ⇒ **couver ; imminent.** - impers. *Il se prépare quelque chose de grave.*

PRÉPONDÉRANCE n. f. ▪ Fait d'être plus important.

PRÉPONDÉRANT, ANTE adj. ▪ Qui a plus de poids, qui l'emporte en autorité, en influence. ⇒ **dominant, prédominant.** *Jouer un rôle prépondérant.*

PRÉPOSÉ, ÉE n. ▪ **1.** Personne qui accomplit une fonction déterminée (généralement subalterne). ⇒ **employé.** *La préposée au vestiaire.* **2.** ADMIN. Facteur des postes.

PRÉPOSER v. tr. [1] ▪ *Préposer qqn à...,* le charger d'assurer (un service, une fonction). ⇒ **employer.** - au passif *Il est préposé au nettoyage.*

PRÉPOSITIF, IVE adj. ▪ LING. *Locution prépositive,* fonctionnant comme une préposition (ex. à cause de, à côté de, en dehors de).

PRÉPOSITION n. f. ▪ Mot grammatical invariable, servant à introduire un complément (ex. à, de).

PRÉPOTENCE n. f. ▪ VX Toute-puissance. ► adj. PRÉPOTENT, ENTE

PRÉPUCE n. m. ▪ Repli de peau qui entoure le gland de la verge. *Excision du prépuce.* ⇒ **circoncision.**

PRÉRAPHAÉLITE n. et adj. ▪ ARTS Se dit de peintres anglais (fin XIXe siècle) qui s'inspiraient de la peinture italienne d'avant Raphaël. ▪ Cherchant à retrouver la pureté de la peinture du Quattrocento, les préraphaélites (Rossetti, Millais, Hunt...) privilégient les allégories, les sujets bibliques et les thèmes empruntés à la littérature (Shakespeare...).

les **préraphaélites.** Dante Gabriele Rossetti, *Jeune fille à la guirlande,* 1873. Guildhall Art Gallery, Londres.
Phot. © Bridgeman/Giraudon

PRÉRETRAITE n. f. ▪ Retraite anticipée. *Partir en préretraite.* ► n. PRÉRETRAITÉ, ÉE

PRÉROGATIVE n. f. ▪ Avantage ou droit attaché à une fonction, un état. ⇒ **privilège.** *Les prérogatives de l'artiste.*

PRÉROMAN, ANE adj. ▪ DIDACT. **1.** D'avant l'art roman (art médiéval). **2.** Antérieur aux langues romanes, sur le territoire où elles se parlent.

PRÉROMANTIQUE adj. ▪ Qui précède et annonce l'époque romantique. ► n. m. PRÉROMANTISME

PRÈS adv. ▪ **I. 1.** À une distance considérée comme petite (opposé à *loin*). *Il habite assez près, tout près. Venez plus près.* **2.** loc. adv. *DE PRÈS.* (dans l'espace) *Regarder de près, de trop près. Rasé de près,* au ras des poils. - fig. *Examiner de près,* attentivement. loc. *Ne pas y regarder de trop près,* ne pas être trop exigeant, méticuleux. ♦ (dans le temps) *Deux événements qui se suivent de près.* **3.** loc. prép. *PRÈS DE.* ⇒ **proche.** (dans l'espace) À petite distance de. *Près d'ici. Tout près de*

Lausanne, aux abords de. *S'asseoir près de qqn,* auprès de, aux côtés de. *L'un près de l'autre, tout près l'un de l'autre.* – loc. FAM. *Être près de ses sous,* avare. ♦ (mesure approximative) Un peu moins de. *Il en manque près de la moitié.* ♦ (dans le temps) *Il était près de mourir.* – impers. *Il est près de midi.* ⇒ **presque.** **II.** (exprimant l'idée d'une différence, dans des loc.) **1.** *À PEU PRÈS :* indiquant l'approximation. *L'hôtel était à peu près vide.* ⇒ **presque.** *Il y a à peu près vingt minutes.* **2.** *À PEU DE CHOSE(S) PRÈS.* ⇒ **presque.** *Il y en a mille, à peu de choses près.* – *À BEAUCOUP PRÈS :* avec de grandes différences. – *À CELA PRÈS :* cela étant mis à part. ⇒ **excepté, sauf.** **3.** *À* (quelque chose) *PRÈS,* indiquant le degré de précision d'une évaluation. *Mesure au millimètre près.* – *Il n'en est pas à cent francs près :* une différence de cent francs ne le gêne pas.

PRÉSAGE n. m. ▪ **1.** Signe d'après lequel on pense pouvoir prévoir l'avenir. ⇒ **augure.** *Croire aux présages.* **2.** Ce qui annonce (un événement à venir). *Les présages d'une crise.*

PRÉSAGER v. tr. [3] ▪ **1.** LITTÉR. Être le présage de. ⇒ **annoncer.** – Faire présumer, supposer. *Cela ne présage rien de bon.* **2.** LITTÉR. (personnes) Prévoir. *Présager qqch., que...*

Le PRÉ-SAINT-GERVAIS ▪ Commune de la Seine-Saint-Denis. 15 373 hab. *(les Gervaisiens).*

PRÉ-SALÉ n. m. ▪ Mouton, agneau engraissé dans des pâturages côtiers dont l'herbe est imprégnée de sel ; viande (très estimée) de cet animal. *Des prés-salés.*

PRESBYTE n. et adj. ▪ Personne atteinte de presbytie. – adj. *Il est presbyte* (opposé à *myope*).

PRESBYTÈRE n. m. ▪ Habitation du curé, du pasteur dans une paroisse. ⇒ **cure.**

PRESBYTÉRIEN, IENNE n. et adj. ▪ Adepte d'une secte protestante issue du calvinisme où des laïcs sont associés à la direction de l'Église.

PRESBYTIE n. f. ▪ Vision trouble des objets rapprochés, due au vieillissement (⇒ **hypermétropie**).

PRESCIENCE [-sjɑ̃s] n. f. ▪ LITTÉR. Faculté ou action de prévoir les événements à venir. ⇒ **prémonition, pressentiment, prévision.**

PRÉSCOLAIRE adj. ▪ Relatif à la période qui précède celle de la scolarité obligatoire.

PRESCRIPTEUR, TRICE [-pt-] n. ▪ **1.** Personne qui prescrit. – appos. *Médecin prescripteur.* **2.** Personne qui influe sur le choix de produits, de services.

PRESCRIPTION [-psjɔ̃] n. f. ▪ **1.** DR. Délai prévu par la loi, passé lequel la justice ne peut plus être saisie. *On ne peut plus le poursuivre, il y a prescription.* ♦ DR. Moyen d'acquérir un droit par une possession ininterrompue, ou de perdre un droit non exercé. **2.** Ordre expressément formulé, avec précision. *Les prescriptions d'un médecin* (⇒ **ordonnance**).

PRESCRIRE v. tr. [39] ▪ **1.** Ordonner ou recommander expressément ; indiquer avec précision (ce qu'on exige, ce qu'on impose). *Les formes que la loi a prescrites.* ⇒ **fixer.** – Recommander, conseiller formellement. **2.** (choses) Demander impérieusement. *L'honneur lui prescrivait de renoncer.* ⇒ **obliger.**

PRESCRIT, ITE adj. ▪ Qui est imposé, fixé. *Ne pas dépasser la dose prescrite.*

PRÉSÉANCE [-s-] n. f. ▪ Droit de précéder (qqn) dans une hiérarchie protocolaire. *Respecter les préséances.*

PRÉSÉLECTION [-s-] n. f. ▪ Réglage préalable permettant une sélection automatique. *Touches de présélection d'un autoradio.*

PRÉSENCE n. f. ▪ **I. 1.** (personnes) Fait d'être physiquement quelque part, auprès de qqn. *La présence de son ami le réconfortait.* – loc. *Faire ACTE DE PRÉSENCE :* être présent, sans plus. – (nation) Fait de manifester son influence dans un pays. *La présence française en Océanie.* **2.** (choses) Fait qu'une chose soit dans le lieu où l'on est ou dont on parle. *Les sondages révèlent la présence de pétrole.* ♦ *PRÉSENCE D'ESPRIT* (« le fait, pour l'esprit, d'être présent ») : faculté d'être toujours prêt à répondre et réagir avec à-propos. **3.** (acteurs) Qualité consistant à manifester avec force sa personnalité. *Avoir de la présence.* ♦ Caractère actuel, influent (de qqn, de qqch.) dans le monde culturel. *Présence du baroque.* **II. 1.** loc. prép. *EN PRÉSENCE DE qqn, DE qqch. :* en face de ; devant. *Dresser un acte en présence de témoins. En ma (ta, sa...) présence.* **2.** loc. adv. *EN PRÉSENCE :* dans le même lieu, face à face. – adj. *Les deux armées en présence,* confrontées.

① **PRÉSENT, ENTE** ▪ **I.** adj. **1.** Qui est dans le lieu, le groupe où se trouve la personne qui parle, ou dont on parle (opposé à *absent*). *Les personnes ici présentes* ou n. *les présents. Être présent à une réunion.* ⇒ **assister.** *Répondre : présent !* – *Être présent en pensée.* **2.** (choses) *Métal présent dans un minerai.* **3.** abstrait *Présent à l'esprit, à la mémoire,* à quoi l'on pense, dont on se souvient. **II.** (opposé à *futur* ou à *passé*) **1.** Qui existe, se produit au moment, à l'époque où l'on parle ou dont on parle. *Les circonstances présentes.* ⇒ **actuel.** *L'instant présent.* **2.** (avant le nom) Dont il est actuellement question, qu'on fait en ce moment même. ⇒ **ce.** *Au moment où s'ouvre le présent récit.* – n. f. *Par la présente,* par cette lettre. **3.** Qui est au présent. *Participe présent.*

② **PRÉSENT** n. m. ▪ **I. 1.** Partie du temps qui correspond à l'expérience immédiate, durée opposable au passé et au futur. « *Le présent réel, concret, vécu [...] occupe nécessairement une durée* » (Bergson). *Vivre dans le présent,* sans se préoccuper du passé ni de l'avenir. – Ce qui existe ou se produit dans cette partie du temps. **2.** GRAMM. Temps du verbe qui correspond à l'expression du temps de la communication (ex. il fait beau aujourd'hui), de la partie du temps qui coïncide avec le moment dont on parle (ex. je le vois demain), ou exprime un fait intemporel (ex. l'homme est mortel). *Conjuguer un verbe au présent. Le présent de l'indicatif, du subjonctif. Présent de narration* ou *présent historique.* **II.** loc. adv. *À PRÉSENT :* au moment où l'on parle ; au moment dont on parle. ⇒ **maintenant.** *À présent, allons-nous-en ! Jusqu'à présent, il a plu.* – loc. conj. *À PRÉSENT QUE :* maintenant que. – loc. adj. LITTÉR. *D'À PRÉSENT :* actuel. *La jeunesse d'à présent.*

③ **PRÉSENT** n. m. ▪ LITTÉR. Cadeau.

PRÉSENTABLE adj. ▪ **1.** (choses) Qui est digne d'être présenté, donné. *Ce plat n'est pas présentable.* **2.** (personnes) Dont l'apparence, le comportement en public est conforme aux normes sociales. ⇒ **sortable.**

PRÉSENTATEUR, TRICE n. ▪ **1.** Personne qui présente qqch. au public, pour la vente. **2.** Personne qui présente (et souvent anime ⇒ **animateur**) une émission, un spectacle.

PRÉSENTATION n. f. ▪ **1.** Action de présenter une personne à une autre. *Faire les présentations.* **2.** Apparence d'une personne (selon son habillement, ses manières). *Avoir une bonne présentation.* **3.** Action de présenter (qqch.) à qqn. **4.** Manifestation au cours de laquelle on présente qqch. au public. *Présentation de la collection de printemps.* **5.** Manière dont une chose est présentée. *La présentation des marchandises dans un magasin.* **6.** Manière de présenter (une opinion, des idées, etc.). **7.** MÉD. Manière particulière dont le fœtus se présente pour l'accouchement.

PRÉSENTEMENT adv. ▪ VIEILLI OU RÉGIONAL Au moment, à l'époque où l'on est. ⇒ **actuellement.**

PRÉSENTER v. [1] ▪ **I.** v. tr. **1.** Amener (une personne) en présence de qqn, la faire connaître en énonçant son nom, ses titres, selon les usages de la politesse. *Présenter un homme à une femme. Je vais vous présenter au directeur.* **2.** Faire inscrire (à un examen, à un concours, à une élection). *Son professeur l'a présentée au concours général.* – au p. p. *Candidat présenté par un parti.* **3.** Mettre (qqch.) à la portée, sous les yeux de qqn. *Présenter sa carte d'identité aux policiers, son billet au contrôleur.* ⇒ **montrer.** – *Présenter les armes,* rendre les honneurs par un maniement d'armes. – (sujet chose) *La rade de Brest présente un spectacle superbe.* **4.** Faire connaître au public par une manifestation. *Présenter une émission, un spectacle,* annoncer au public le titre, le thème, le nom des acteurs, etc. (⇒ **présentateur**). **5.** Disposer (ce qu'on expose à la vue du public). **6.** Remettre (qqch.) à qqn en vue d'une vérification, d'un jugement. *Présenter un devis.* – *Présenter sa candidature.* **7.** Exprimer, faire l'exposé de... *Présenter ses condoléances, ses félicitations.* **8.** Montrer, définir comme... *Présenter les choses telles qu'elles sont.* **9.** Avoir (telle apparence, tel caractère). *Présenter un symptôme. Ceci présente des inconvénients.* **II.** v. intr. FAM. (personnes) *PRÉSENTER BIEN (MAL) :* faire bonne (mauvaise) impression par son physique, sa tenue. ► **SE PRÉSENTER** v. pron. **1.** Arriver en un lieu ; paraître (devant qqn). *Se présenter à un guichet.* **2.** Se faire connaître à qqn, en énonçant son nom selon les usages de la politesse. « *Je me présente : Pierre Dupuy.* » **3.** Venir se proposer au choix, à l'appréciation de qqn. – Subir les épreuves (d'un examen, d'un concours). ⇒ **passer.** **4.** (sujet chose) Apparaître, venir. *Deux noms se présentent à mon esprit. Les* *occasions qui se présentent.* ⇒ s'**offrir.** **5.** Apparaître sous un certain aspect ; être disposé d'une certaine manière. *Se présenter bien (mal),* faire bonne (mauvaise) impression dès le début.

PRÉSENTOIR n. m. ▪ Dispositif pour présenter des marchandises, dans un lieu de vente.

PRÉSERVATIF n. m. ▪ Enveloppe protectrice souple recouvrant la verge, employée par l'homme contre les maladies sexuellement transmissibles, et comme contraceptif masculin. ⇒ FAM. **capote** anglaise.

PRÉSERVATION n. f. ▪ Action ou moyen de préserver.

PRÉSERVER v. tr. [1] ▪ Garantir, mettre à l'abri ou sauver (d'un danger, d'un mal). ⇒ **abriter.** *Préserver les espèces en voie de disparition.* ⇒ **protéger.** – pronom. *Comment se préserver de la contagion ?* ⇒ se **prémunir.**

PRÉSIDENCE n. f. ▪ **1.** Fonction de président. *La présidence de la République.* – Durée de ces fonctions. **2.** Action de présider. *La présidence d'une séance.* **3.** Résidence, bureaux d'un président.

PRÉSIDENT, ENTE n. ▪ **1.** Personne qui préside (une assemblée, une réunion, un groupement organisé) pour diriger les travaux. *La présidente de l'association. Président-directeur général d'une société.* → **P.-D.G.** **2.** Le chef de l'État (dans une République). *Le président de la République française, des États-Unis.* absolt *Le Président.* – En France *Être président de l'Assemblée nationale, du Sénat.* – *PRÉSIDENT DU CONSEIL* : sous les IIIe et IVe Républiques, Premier ministre. *Le président, la présidente X. Mme Legrand, présidente* (ou *président*) *de la société X.*

PRÉSIDENTIEL, IELLE adj. ▪ Relatif à un président ; spécialt au président (2). *Élections présidentielles* ou n. f. *les présidentielles.* – *Régime présidentiel,* dans lequel le pouvoir exécutif est entre les mains du président de la République.

PRÉSIDER v. [1] ▪ **I.** v. tr. dir. **1.** Diriger à titre de président. *Présider une assemblée.* **2.** Occuper la place d'honneur dans (une manifestation). **II.** v. tr. ind. (choses) *PRÉSIDER À...* : être présent en tant qu'élément actif dans... *La volonté d'aboutir qui a présidé à nos entretiens.*

PRÉSIDIUM [-jɔm] ⇒ PRÆSIDIUM

Elvis **PRESLEY** (1935-1977) ▪ Chanteur américain de rock. Il imposa ce genre dans les années 1956-1958, puis élargit son répertoire.

Presley.
Phot. © Liaison/Gamma

PRÉSOCRATIQUE [-s-] adj. ▪ DIDACT. Des philosophes grecs antérieurs à Socrate. – n. m. *Les présocratiques.* ▪ Des œuvres des présocratiques on ne dispose que de fragments, et de l'exposé de certaines de leurs doctrines qu'en livre Aristote. Les principaux sont Thalès, Pythagore, Héraclite, Parménide, Zénon d'Élée, Démocrite...

PRÉSOMPTIF, IVE [-pt-] adj. ▪ DR. *Héritier présomptif,* qu'on pense devoir succéder à une personne encore en vie.

PRÉSOMPTION [-psjɔ̃] n. f. ▪ **1.** Action de présumer ; opinion fondée seulement sur la vraisemblance. ⇒ **hypothèse, supposition.** *Vous n'avez que des présomptions, aucune preuve.* **2.** LITTÉR. Opinion trop avantageuse que l'on a de soi-même. ⇒ **prétention, suffisance.** *Il est plein de présomption.*

PRÉSOMPTUEUX, EUSE [-pt-] adj. ▪ Qui fait preuve ou témoigne de présomption. *Il est trop présomptueux.* ⇒ **prétentieux.** – n. *Jeune présomptueux !* ▸ adv. PRÉSOMPTUEUSEMENT

PRESQUE adv. ▪ **1.** À peu près ; pas exactement ou pas tout à fait. *C'est presque sûr.* ⇒ **quasiment.** *Elle pleurait presque.* ⇒ à **moitié.** *Presque toujours. Presque personne. Presque pas,* très peu, à peine. – ellipt *Tout le monde ou presque.* **2.** LITTÉR. (modifiant un substantif) ⇒ **quasi.** *La presque totalité de... Une presque obscurité.*

PRESQU'ÎLE n. f. ▪ Partie saillante d'une côte, rattachée à la terre par un isthme, une langue de terre. ⇒ **cap, péninsule.** *Des presqu'îles.*

PRESSAGE n. m. ▪ Opération par laquelle on presse, on fabrique en pressant (des disques, etc.).

PRESSANT, ANTE adj. ▪ **1.** Qui sollicite avec insistance. *Une demande pressante.* – (personnes) *Il s'est montré pressant* : il a beaucoup insisté. **2.** Qui oblige ou incite à agir sans délai. ⇒ **urgent.** *Un pressant besoin d'argent.* – FAM. *Un besoin pressant,* un besoin naturel urgent.

PRESS-BOOK [pʀɛsbuk] n. m. ▪ anglic. Gros cahier à volets transparents servant à présenter des photos et documents pour les vendre ou les inclure dans un curriculum vitæ. ◇ abrév. BOOK.

PRESSE n. f. ▪ **I.** LITTÉR. Foule très dense. **II. 1.** Mécanisme destiné à exercer une pression sur un solide pour le comprimer ou y laisser une impression. *Presse à emboutir. Presse à balancier.* ⇒ **pressoir.** **2.** Machine destinée à l'impression typographique. ⇒ **rotative.** – loc. *Mettre SOUS PRESSE* : donner, commencer à imprimer. **III. 1.** Fait d'imprimer ; impression de textes. *Liberté de la presse,* liberté d'imprimer et de diffuser. *Délits de presse,* fausses nouvelles, diffamations, etc. **2.** *La presse* : l'ensemble des publications périodiques (journaux, hebdomadaires) et des organismes qui s'y rattachent. *La grande presse, la presse à grand tirage. La presse du cœur* : les magazines sentimentaux. *Campagne de presse.* – loc. *Avoir bonne, mauvaise presse* : avoir des commentaires flatteurs ou défavorables dans la presse, par ext. dans l'opinion. ⇒ **réputation.** **3.** Ensemble des moyens de diffusion de l'information journalistique. *Presse orale* (radio, télévision) *et presse écrite.* ⇒ **média.** – loc. *Conférence de presse. Agence de presse,* qui recueille l'information pour les rédactions abonnées (journaux, radios, chaînes de télévision). *Attaché(e) de presse.* **IV.** Se dit, dans le commerce et l'industrie, des activités plus intenses dans certaines périodes. *Les moments de presse.* ⇒ coup de **feu ; pressé.**

PRESSE- Élément tiré du verbe *presser,* servant à former des substantifs.

PRESSÉ, ÉE adj. ▪ **1.** Qui montre de la hâte, qui se presse. *"L'homme pressé"* (roman de Paul Morand). – (+ inf.) *Il a l'air pressé de partir.* – (+ subj.) *Elle ne semble pas pressée que je parte.* **2.** Urgent, pressant. *Une lettre pressée.* – n. m. *Aller, parer au plus pressé,* à ce qui est le plus urgent.

PRESSE-CITRON n. m. ▪ Ustensile servant à presser les citrons, les oranges pour en extraire le jus. *Des presse-citrons.* ◇ syn. PRESSE-AGRUMES n. m.

PRESSENTIMENT n. m. ▪ Connaissance intuitive et vague d'un événement qui ne peut être connu par le raisonnement. ⇒ **intuition, prémonition.** *Le pressentiment d'un danger. Un heureux pressentiment.*

PRESSENTIR v. tr. [16] ▪ **1.** Prévoir vaguement. ⇒ **deviner, sentir, soupçonner, subodorer.** *Il pressentait un malheur.* – Entrevoir (une intention cachée, une intrigue). *Laisser pressentir ses intentions.* **2.** Sonder (qqn) sur ses intentions, avant de lui confier des responsabilités. *Il a été pressenti pour ce poste.* – au p. p. *Le président pressenti.*

PRESSE-PAPIERS n. m. invar. ▪ Ustensile de bureau, objet lourd qu'on pose sur les papiers pour les maintenir.

PRESSE-PURÉE n. m. invar. ▪ Ustensile de cuisine servant à réduire les légumes en purée.

PRESSER v. tr. [1] ▪ **I. 1.** Serrer (qqch.) de manière à extraire un liquide. *Presser des oranges.* – au p. p. *Orange pressée.* ⇒ **jus.** – loc. *On presse l'orange et on jette l'écorce,* on rejette qqn après s'en être servi au maximum. **2.** Serrer pour comprimer, marquer une empreinte. *Presser un disque,* l'éditer à partir d'une matrice. **3.** Serrer ou appuyer fortement. *Presser qqn dans ses bras, contre, sur sa poitrine.* ⇒ **étreindre.** **4.** Exercer une poussée sur. ⇒ **appuyer.** *Pressez le bouton.* **II.** fig. **1.** (sujet personne) Pousser vivement (qqn) à faire qqch.

Il presse ses amis d'agir. **2.** Faire que (qqn) se dépêche, se hâte. ⇒ **bousculer.** *Rien ne vous presse.* – (compl. chose) Mener plus activement. *Il faut presser les choses.* ⇒ **accélérer, activer.** *Presser le pas :* marcher plus vite. **3.** *PRESSER qqn DE... :* harceler. *On le presse de questions.* – Inciter à faire rapidement. *On le presse de s'expliquer.* **4.** intrans. Être urgent ; ne laisser aucun délai. *Le temps presse. Rien ne presse, on a tout le temps.* ► SE **PRESSER** v. pron. **1.** S'appuyer fortement. *L'enfant se pressait contre sa mère.* ⇒ se **blottir.** **2.** Être ou se disposer en foule compacte. ⇒ s'**entasser,** se **masser.** *Les gens se pressaient à l'entrée.* **3.** Se hâter. ⇒ se **dépêcher ; pressé.** *Sans se presser,* en prenant son temps. *Se presser de* (+ inf.). *Je me presse de terminer ce travail.* – FAM. (ellipse de *nous*) *Allons, pressons !*

PRESSING n. m. ▪ anglic. Repassage à la vapeur ; établissement où l'on pratique ce repassage. ⇒ **teinturerie.** *Des pressings.*

PRESSION n. f. ▪ **I. 1.** Force qui agit sur une surface donnée ; mesure de cette force par unité de surface. *Mesurer la pression des gaz* (⇒ **manomètre**). – *SOUS PRESSION. Locomotive sous pression,* dont la vapeur est à une pression suffisante pour la marche. loc. *Il est toujours sous pression,* pressé d'agir. ♦ *Pression atmosphérique,* exercée par l'atmosphère terrestre en un point (⇒ **baromètre ; millibar, pascal**). *Hautes* (⇒ **anticyclone**), basses pressions (⇒ **cyclone, dépression**). **2.** Action de presser ; force (de ce qui presse). *Une légère pression de la main.* **3.** *Bière (à la) pression,* mise sous pression et tirée directement dans les verres, au café. – *Un demi pression.* **4.** fig. Influence, action persistante qui tend à contraindre. *La pression des événements. Faire pression sur qqn.* – *Groupe de pression.* ⇒ anglic. **lobby. II.** n. f. ou m. Petit bouton métallique en deux parties qui se referme par pression de l'une sur l'autre (syn. *bouton-pression*).

PRESSOIR n. m. ▪ **1.** Machine servant à presser (certains fruits ou graines). *Pressoir à huile.* – absolt Machine à presser les raisins pour la fabrication du vin. **2.** Bâtiment abritant cette machine.

PRESSURER v. tr. [1] ▪ **1.** Presser (des fruits, des graines) pour en extraire un liquide. **2.** Tirer de (une personne, une chose) tout ce qu'elle peut donner. ⇒ **exploiter.** *L'occupant pressurait la population.* ► n. m. PRESSURAGE

PRESSURISATION n. f. ▪ Mise sous pression normale. *Système de pressurisation d'un avion.*

PRESSURISER v. tr. [1] ▪ Maintenir à une pression d'air normale (un avion, un véhicule spatial). – au p. p. *Cabine pressurisée.*

PRESTANCE n. f. ▪ Aspect imposant (d'une personne).

PRESTATAIRE n. m. ▪ **1.** DR. Contribuable assujetti à la prestation en nature. **2.** Personne qui bénéficie d'une prestation. **3.** *Prestataire de services,* personne, entreprise qui vend des services.

PRESTATION n. f. ▪ **I. 1.** Ce qui doit être fourni ou accompli en vertu d'une obligation. ⇒ **impôt, tribut.** – *Prestation de services.* **2.** Allocation versée au titre d'une législation sociale. *Les prestations de la Sécurité sociale.* **3.** (emploi critiqué) Performance publique (d'un athlète, d'un artiste, d'un homme politique). *La dernière prestation télévisée du ministre.* **II.** Action de prêter (serment).

PRESTE adj. ▪ LITTÉR. Prompt et agile.

PRESTEMENT adv. ▪ Rapidement, vivement.

PRESTESSE n. f. ▪ LITTÉR. Agilité.

PRESTIDIGITATEUR, TRICE n. ▪ Personne qui, par son adresse, des manipulations, des truquages, produit des illusions magiques en faisant disparaître, apparaître, changer de place ou d'aspect des objets. ⇒ **escamoteur, illusionniste.**

PRESTIDIGITATION n. f. ▪ Technique, art du prestidigitateur. *Un tour de prestidigitation.* ⇒ **passe-passe.**

PRESTIGE n. m. ▪ Attrait particulier de ce qui frappe l'imagination, impose le respect ou l'admiration. ⇒ **ascendant, séduction.** *Ce chef d'État jouit d'un grand prestige.* ⇒ **gloire.** *Le prestige de l'uniforme. Le prestige d'un artiste.* – loc. *Politique de prestige.*

PRESTIGIEUX, EUSE adj. ▪ Qui a du prestige.

PRESTISSIMO adv. ▪ MUS. Très vite.

PRESTO adv. ▪ **1.** Vite (indication de mouvement musical). **2.** FAM. Rapidement. *Il faut le payer presto.* ⇒ **illico, subito.** – *Subito* presto.*

PRESTON ▪ Ville du centre de l'Angleterre, chef-lieu du Lancashire. 130 000 hab.

PRÉSUMER v. tr. [1] ▪ **1.** v. tr. Donner comme probable. ⇒ **conjecturer, supposer ; présomption.** *On peut présumer son succès ; qu'il réussira.* – au p. p. *Les auteurs présumés d'un crime.* – (au passif + attribut) *Tout homme est présumé innocent tant qu'il n'a pas été déclaré coupable.* **2.** v. tr. ind. *PRÉSUMER DE.* Avoir trop bonne opinion de, compter trop sur. *Il a trop présumé de ses forces* (⇒ **présomptueux**).

PRÉSUPPOSER [-sy-] v. tr. [1] ▪ LITTÉR. (choses) Supposer préalablement. ⇒ **impliquer.** *Ce travail présuppose une compétence précise.* – au p. p. *Connaissances présupposées.* ♦ n. m. *Un présupposé.*

PRÉSUPPOSITION [-sy-] n. f. ▪ LITTÉR. Supposition préalable, non formulée.

PRÉSURE n. f. ▪ Substance qui fait cailler le lait.

① **PRÊT, PRÊTE** adj. ▪ **1.** Qui est en état, est devenu capable (de faire qqch.) grâce à une préparation matérielle ou morale. loc. *Fin prêt.* – « *À vos marques. Prêts ? Partez !* » (formule de départ des courses à pied). – Habillé, paré (pour sortir, paraître en société). *Elle est prête, on peut partir.* – *PRÊT(E) À* (+ inf.) : disposé(e) à. *Il est prêt à la suivre. Prêt à tout,* disposé à n'importe quel acte pour arriver à ses fins, ou décidé à tout supporter. – *Prêt pour* (qqch.). – *Prêt de* (VX), *à :* sur le point de... **2.** (choses) Mis en état (pour telle ou telle utilisation). *Tout est prêt pour les recevoir.* – Préparé. *Le café est prêt.*

② **PRÊT** n. m. ▪ **1.** Action de prêter qqch. ; ce qui est prêté. *Solliciter un prêt à court, à long terme.* ⇒ **emprunt.** *Prêt à intérêt. Prêt d'honneur,* prêt sans intérêt, et qu'on s'engage sur l'honneur à rembourser. **2.** Solde du militaire qui fait son service.

PRÊT-À-PORTER [pʀɛt-] n. m. ▪ collectif Vêtements de confection (opposé à *sur mesure*).

PRÊTÉ n. m. ▪ loc. *C'est un prêté pour un rendu,* s'emploie pour constater un échange de bons ou de mauvais procédés.

PRÉTENDANT, ANTE n. ▪ **1.** Personne qui prétend au pouvoir souverain, à un trône. **2.** n. m. LITTÉR. ou plais. Homme qui souhaite épouser une femme.

PRÉTENDRE v. tr. [41] ▪ **1.** VX Revendiquer. **2.** Avoir la ferme intention de (avec la conscience d'en avoir le droit, le pouvoir). ⇒ **vouloir.** *Je prétends être obéi. Que prétendez-vous faire ?* – *Il prétend nous donner des leçons.* **3.** v. tr. ind. LITTÉR. *PRÉTENDRE À :* aspirer ouvertement à (ce que l'on considère comme un droit, un dû). *Prétendre à un titre,* le revendiquer. **4.** Affirmer ; oser donner pour certain (sans nécessairement convaincre autrui). ⇒ **déclarer, soutenir.** *Il prétend m'avoir prévenu, qu'il m'a prévenu.* – pronom. *Il se prétend persécuté :* il prétend qu'il est persécuté.

PRÉTENDU, UE adj. ▪ (placé avant le nom) Que l'on prétend à tort être tel ; qui passe à tort pour ce qu'il n'est pas. *Sa prétendue compétence.* ⇒ **soi-disant.**

PRÉTENDUMENT adv. ▪ Faussement. ⇒ **soi-disant.**

PRÊTE-NOM n. m. ▪ Personne qui assume les responsabilités d'une affaire, d'un contrat à la place du principal intéressé. ⇒ **mandataire ;** homme de **paille.** *Des prête-noms.*

PRÉTENTAINE n. f. ▪ loc. VX ou plais. *COURIR LA PRÉTENTAINE :* faire sans cesse des escapades ; avoir de nombreuses aventures galantes.

PRÉTENTIEUX, EUSE adj. ▪ Qui affiche de la prétention (3), est trop satisfait de ses mérites. ⇒ **présomptueux, suffisant, vaniteux.** – n. *Un petit prétentieux.* ♦ Qui dénote de la prétention. *Parler sur un ton prétentieux.* ⇒ **affecté, maniéré.** *Une villa prétentieuse.* ► adv. PRÉTENTIEUSEMENT

PRÉTENTION n. f. ▪ **1.** souvent au plur. Revendication de qqch., exigence fondée sur un droit que l'on affirme ou un privilège que l'on réclame. *Il a des prétentions sur cet héritage. Quelles sont vos prétentions ?* (en matière de rémunération). **2.** Haute idée que l'on se fait de ses propres capacités. ⇒ **ambition.** *Sa prétention à l'élégance.* – *Je n'ai pas la prétention d'être savant,* je ne le prétends pas, je ne m'en flatte pas. **3.** (sans compl.) ⇒ **fatuité, présomption, suffisance, vanité.** *Il est d'une prétention insupportable.* ⇒ **prétentieux.** – (choses) *Un style sans prétention,* simple.

PRÊTER v. [1] ▪ **I.** v. tr. **1.** Mettre (qqch.) à la disposition de qqn pour un temps déterminé. ⇒ **donner, fournir.** *Prêter son concours à une entreprise.* – loc. *Prêter attention, prêter*

l'oreille à qqch. Prêter serment. ⇒ **prestation** (II). - **v. pron.** *SE PRÊTER À :* consentir à, supporter. *Je ne me prêterai pas à cette manœuvre.* (choses) Pouvoir s'adapter à. *Une terre qui se prête à certaines cultures.* **2.** Fournir (une chose) à la condition qu'elle sera rendue. ⇒ ② **prêt** (s'oppose à *emprunter*). *Prêter de l'argent à qqn.* ⇒ **avancer.** - sans compl. ind. *Il ne prête pas ses livres. Prêter sur gage.* **3.** Attribuer ou proposer d'attribuer (un caractère, un acte) à qqn. *On me prête des propos que je n'ai jamais tenus. Prêter de l'importance à qqch.* ⇒ **donner.** - prov. *On ne prête qu'aux riches,* si on prête aux gens certains propos, certaines actions, c'est qu'ils ont souvent fait la preuve qu'ils en étaient capables. **4. v. tr. ind.** *PRÊTER À :* donner matière à. *Prêter aux commentaires, à discussion. Sa prétention prête à rire.* **II. v. intr.** (matière non élastique) Pouvoir s'étirer, s'étendre. *Tissu qui prête à l'usage.*

PRÉTÉRIT [-it] **n. m.** ▪ Forme temporelle du passé dans certaines langues (allemand, anglais) correspondant à l'imparfait ou au passé simple français.

PRÉTEUR n. m. ▪ ANTIQ. Magistrat romain chargé de la justice ; gouverneur de province (⇒ **prétoire**).

PRÊTEUR, EUSE n. ▪ **1.** Personne qui prête de l'argent, consent un prêt. **2.** Personne qui fait métier de prêter à intérêt. *Un prêteur sur gages.* **3. adj.** Qui prête. « *La fourmi n'est pas prêteuse* » (La Fontaine).

① **PRÉTEXTE adj.** ▪ ANTIQ. *TOGE PRÉTEXTE :* toge blanche bordée de pourpre des jeunes patriciens romains. *"La Robe prétexte"* (roman de Mauriac).

② **PRÉTEXTE n. m.** ▪ **1.** Raison donnée pour dissimuler le véritable motif d'une action. *Un mauvais prétexte. Trouver un prétexte pour refuser.* - loc. *SOUS... PRÉTEXTE. Sous un prétexte quelconque. Ne sortez sous aucun prétexte,* en aucun cas. *Il ne sort plus, sous prétexte qu'il fait trop froid.* **2.** Ce qui permet de faire qqch. ; occasion.

PRÉTEXTER v. tr. [1] ▪ Alléguer, prendre pour prétexte. ⇒ **arguer** de. *Elle prétexta un malaise, et se retira. Il a prétexté qu'il n'était pas assez riche.* ⇒ **prétendre.**

PRÉTOIRE n. m. ▪ **I. 1.** ANTIQ. Habitation du préteur. **2.** Tribunal où le préteur rendait la justice. **II.** LITTÉR. Salle d'audience d'un tribunal.

PRETORIA ▪ Ville et siège du gouvernement d'Afrique du Sud, capitale de la province du Gauteng. 822 925 hab. Centre métallurgique. Mines de diamants.

Pretoria. Monument aux pionniers boers.
Phot. © Charles Lénars

PRÉTORIEN, IENNE adj. ▪ **1.** ANTIQ. Du préteur. - *Garde prétorienne :* garde personnelle d'un empereur romain ; (fig. et péj.) d'un chef d'État despotique. **2. n. m.** Militaire servant un régime autoritaire.

PRÊTRE n. m. ▪ **1.** Membre du clergé catholique. ⇒ **abbé, ecclésiastique ;** FAM. **curé.** *Être ordonné prêtre.* - loc. *PRÊTRE-OUVRIER,* qui partage la condition des travailleurs. - *Prêtre de paroisse.* ⇒ **curé, vicaire. 2.** Ministre d'une religion, dans une société quelconque (ne se dit pas quand il existe un mot spécial : *pasteur, rabbin...*).

PRÊTRESSE n. f. ▪ Femme ou jeune fille attachée au culte d'une ancienne divinité païenne.

PRÊTRISE n. f. ▪ Fonction, dignité de prêtre catholique.

PREUVE n. f. ▪ **1.** Ce qui sert à établir qu'une chose est vraie. *Preuve matérielle, tangible. Donner comme preuve,* alléguer. *Fournir des preuves ; faire la preuve de..., que...* ⇒ **prouver.** - loc. *Démontrer preuve en main,* par une preuve matérielle. *Croire une chose jusqu'à preuve du contraire,* jusqu'à ce qu'on ait la preuve qu'il faut croire le contraire. *Preuve par l'absurde**. ♦ Acte, réalité qui atteste un sentiment, une intention. *Une preuve d'amour.* ⇒ **marque.** - FAM. *À preuve..., la preuve...,* en voici la preuve. - *La preuve en est que,* cela est prouvé par le fait que... - *FAIRE PREUVE DE.* ⇒ **montrer.** *Faire preuve de tolérance.* - *Faire ses preuves,* montrer sa valeur, ses capacités. **2.** Ce qui sert d'exemple probant (personne ou chose). *Vous en êtes la preuve vivante.* **3.** DR. Démonstration de l'existence d'un fait matériel ou d'un acte juridique. *On n'a pu recueillir aucune preuve contre lui.* **4.** Opération qui sert de vérification. spécialt *PREUVE PAR NEUF* (fig. preuve irréfutable).

PREUX adj. m. ▪ VX Brave, vaillant. *Un preux chevalier* ou **n. m.** *un preux.*

PRÉVALOIR v. intr. [29] sauf subj. prés. ; *que je prévale* ▪ **1.** LITTÉR. (choses) L'emporter. *L'éducation prévaut sur, contre certains instincts.* - sans compl. *Les vieux préjugés prévalaient encore.* **2. v. pron.** *SE PRÉVALOIR DE :* faire valoir (qqch.) pour en tirer avantage ou parti. *Elles se sont prévalues de leurs droits.* - Tirer vanité (de qqch.). ⇒ s'**enorgueillir.** *Un homme modeste qui ne se prévaut jamais de ses titres.*

PRÉVARICATEUR, TRICE adj. et **n.** ▪ Qui se rend coupable de prévarication.

PRÉVARICATION n. f. ▪ DR. Grave manquement d'un fonctionnaire, d'un homme d'État, aux devoirs de sa charge (abus d'autorité, détournement de fonds publics, concussion). ⇒ **forfaiture.**

PRÉVENANCE n. f. ▪ **1.** Disposition à se montrer prévenant. **2.** (souvent au plur.) Action, parole qui témoigne de cette disposition. *Il l'entourait de prévenances.*

PRÉVENANT, ANTE adj. ▪ Qui prévient les désirs d'autrui, est plein d'attentions délicates. ⇒ **attentionné.**

PRÉVENIR v. tr. [22] auxiliaire *avoir* ▪ **I.** (Précéder, devancer) **1.** Aller au-devant de (un besoin, un désir) pour mieux le satisfaire (⇒ **prévenance, prévenant**). **2.** Empêcher par ses précautions (un mal, un abus). *Limiter la vitesse pour prévenir les accidents.* ⇒ **prévention.** - prov. *Mieux vaut prévenir que guérir.* **3.** Éviter (une chose considérée comme gênante) en prenant les devants. *Prévenir une objection,* la réfuter avant qu'elle ait été formulée. **II.** LITTÉR. (sujet chose) *Prévenir contre qqn, en faveur de qqn :* mettre dans une disposition d'esprit défavorable, favorable (avant toute expérience). *Son apparence sympathique nous prévenait en sa faveur.* **III.** Avertir, mettre au courant (qqn) d'une chose à venir, spécialt pour y remédier. *Il faut prévenir le médecin, la police.*

PRÉVENTIF, IVE adj. ▪ **I.** Qui tend à empêcher (une chose fâcheuse) de se produire (⇒ **prévenir**). *Des mesures préventives.* - *Médecine préventive.* **II.** DR. Qui est appliqué aux prévenus*. *Détention préventive.* ⇒ **prévention** (II).

PRÉVENTION n. f. ▪ **I. 1.** Opinion, sentiment irraisonné d'attirance ou de répulsion. ⇒ **parti** pris, **préjugé.** *Avoir des préventions contre qqn.* **2.** Ensemble de mesures préventives contre certains risques. *La prévention routière.* **II. 1.** Situation d'une personne prévenue d'une infraction (⇒ ① **prévenu**). **2.** Temps passé en prison entre l'arrestation et le jugement (détention préventive).

PRÉVENTIVEMENT adv. ▪ D'une manière préventive (I). *Se soigner préventivement.*

PRÉVENTORIUM [-jɔm] **n. m.** ▪ anciennt Établissement de cure pour des personnes menacées de tuberculose. ⇒ **sanatorium.** *Des préventoriums.*

① **PRÉVENU, UE adj.** et **n.** ▪ Qui est cité devant un tribunal pour répondre d'un délit. - **n.** *Le prévenu a été reconnu innocent.*

② **PRÉVENU, UE adj.** ▪ Qui a de la prévention (I), des préventions (contre ou pour qqn, qqch.). *Être prévenu en faveur de qqn ; contre qqn.*

Jacques **PRÉVERT** (1900 - 1977) ▪ Poète français. Son goût pour la liberté, le non-conformisme et le jeu sur le langage sont hérités du surréalisme : *"Paroles"* (1946) ; *"Spectacle"* (1951). Dialogues de films pour Carné : *"Le Quai des brumes"* (1938) ; *"Les Enfants du paradis"* (1945).

Prévert. *Phot. © Botti/Stills*

PRÉVISIBLE adj. ▪ Qui peut être prévu. *Un événement prévisible.*

PRÉVISION n. f. ▪ **1.** Action de prévoir. *La prévision économique.* ⇒ **prospective.** - loc. prép. *EN PRÉVISION DE :* en pensant que telle chose sera, arrivera. *Il fait des rangements en prévision de son départ.* **2.** (rare au sing.) Opinion formée par le raisonnement sur les choses futures. ⇒ **pronostic.** *Se tromper dans ses prévisions. Prévisions météorologiques,* indications données sur l'état probable de l'atmosphère pour le ou les jours à venir.

PRÉVISIONNEL, ELLE adj. ▪ DIDACT. Qui est fait en prévision de qqch., pour prévoir. *Budget prévisionnel.*

PRÉVOIR v. tr. [24] ▪ **1.** Imaginer à l'avance comme probable (un événement futur). *Prévoir la pluie, qu'il pleuvra. Je l'avais prévu.* **2.** Envisager (des possibilités). *Les cas prévus par la loi.* **3.** Organiser d'avance, décider pour l'avenir. *Prévoir des réparations.* - passif et p. p. *Tout était prévu.* ellipt *L'opération s'est déroulée comme prévu.* - *Être prévu pour,* être fait pour, destiné à.

l'abbé **PRÉVOST** (1697 - 1763) ▪ Écrivain français. Nombreux romans, dont *"Mémoires et aventures d'un homme de qualité"* (1728-1731) où se trouve la célèbre histoire de Manon Lescaut (1731).

PRÉVÔT n. m. ▪ **1.** HIST. Nom d'officiers, de magistrats, sous l'Ancien Régime. *Étienne Marcel, le prévôt des marchands de Paris.* **2.** Officier de gendarmerie aux armées (⇒ **prévôté**). ♦ escrime Second d'un maître d'armes. **3.** anciennt Détenu faisant office de surveillant.

le **Primatice.** *Diane de Poitiers en chasseresse.* Château de Chenonceaux. *Phot. © Dagli Orti*

PRÉVÔTÉ n. f. ▪ Service de gendarmerie aux armées (police militaire).

PRÉVOYANCE n. f. ▪ Qualité d'une personne prévoyante.

PRÉVOYANT, ANTE adj. ▪ Qui prévoit avec perspicacité ; qui prend des dispositions en vue de ce qui doit ou peut arriver. ⇒ **prudent.** *Une femme organisée, prévoyante.*

PRIAM ▪ Dernier roi de Troie, père d'Hector, de Cassandre et de Pâris. Il obtient d'Achille qu'on lui rende le corps de son fils Hector.

PRIAPE n. m. ▪ (du n. mythol.) DIDACT. Membre viril en érection. ⇒ **phallus.** ► PRIAPIQUE adj. *Symbole priapique.*

PRIAPE ▪ Dieu grec de la Fécondité, fils de Dionysos et d'Aphrodite, adopté par les Romains.

PRIE-DIEU n. m. invar. ▪ Siège bas, au dossier terminé en accoudoir, sur lequel on s'agenouille pour prier.

PRIER v. [7] ▪ **I. 1.** v. intr. Élever son âme vers Dieu par la prière. *Il priait avec ferveur.* **2.** v. tr. S'adresser à (Dieu, un être surnaturel) par une prière. *Prions le ciel qu'il nous aide.* **II.** v. tr. **1.** Demander (à qqn) avec humilité ou déférence. ⇒ **implorer, supplier.** *Il le priait de venir au plus vite.* - *SE FAIRE PRIER :* n'accorder qqch. qu'après avoir opposé une certaine résistance aux prières. *Elle ne se fait pas prier,* elle le fait volontiers. **2.** (sens faible) ⇒ **demander.** *Je te prie, je vous prie* (formules de politesse) (→ s'il vous plaît). *Vous êtes prié d'assister à...,* invité à. - ellipt (après une interrogation) *Je t'en prie, entre.* **3.** Demander avec fermeté à (qqn). *Elle me pria de me taire.* - iron. *Ah non, je t'en prie, ça suffit !* **4.** VIEILLI Inviter. *Il fut prié à déjeuner.*

PRIÈRE n. f. ▪ **1.** Mouvement de l'âme tendant à une communication spirituelle avec Dieu. *Prière d'action de grâces. Être en prière,* prier. ♦ Suite de formules exprimant ce mouvement de l'âme et consacrées par une liturgie, un culte. *Faire, dire sa prière, des prières. L'appel à la prière du muezzin.* **2.** Action de prier qqn ; demande instante. *Il finit par céder à leur prière.* - *À LA PRIÈRE DE qqn :* sur sa demande. - ellipt *PRIÈRE DE :* vous êtes priés de. *Prière de répondre par retour du courrier.*

Joseph **PRIESTLEY** (1733 - 1804) ▪ Chimiste anglais. Il étudia les gaz (découverte du rôle de l'oxygène dans la respiration des végétaux). Il était aussi théologien.

PRIEUR, EURE n. ▪ Supérieur(e) de certains couvents.

PRIEURÉ n. m. ▪ Couvent dirigé par un(e) prieur(e) ; église de ce couvent ; maison du prieur.

Ilya **PRIGOGINE** (né en 1917) ▪ Chimiste belge d'origine russe. Il introduisit dans la physique les notions d'instabilité et de chaos. Prix Nobel 1977 pour ses travaux de thermodynamique sur les processus irréversibles.

PRIMA DONNA n. f. invar. ▪ Première chanteuse d'un opéra. ⇒ **cantatrice, diva.**

PRIMAIRE adj. ▪ **I. 1.** Qui est du premier degré, en commençant. *Élections primaires :* premier tour de scrutin. - *Enseignement primaire* et n. m. *le primaire,* enseignement du premier degré (opposé à *secondaire, supérieur*). **2.** péj. (esprit, idées...) Simpliste et borné. *Un esprit primaire.* **II. 1.** Qui est, qui vient en premier dans le temps, dans une série. *Couleurs primaires,* non mélangées (bleu, jaune, rouge). - *Ère primaire* et n. m. *le Primaire,* ère géologique, période de formation des terrains (dits *primaires*) où se rencontrent les plus anciens fossiles (opposé à *secondaire, tertiaire* et à *quaternaire*). **2.** ÉCON. *Secteur primaire ;* n. m. *le primaire :* domaine des activités productrices de matières non transformées : agriculture, pêche, mines... (opposé à *secondaire* et à *tertiaire*).

① **PRIMAT** n. m. ▪ Prélat ayant la prééminence sur plusieurs archevêchés et évêchés. *L'archevêque de Lyon est primat des Gaules lyonnaises.* ► PRIMATIAL, ALE, AUX adj. *Église primatiale ;* n. f. *une primatiale.*

② **PRIMAT** n. m. ▪ LITTÉR. Primauté. *Le primat de la pensée.*

PRIMATE n. m. ▪ **1.** DIDACT. Animal (mammifère) à dentition complète et à main préhensile. *Les grands singes et l'homme sont des primates.* **2.** péj. Homme grossier, inintelligent (comparé à un singe).

LE **PRIMATICE** (1504 - 1570) ▪ Peintre et décorateur italien. Il succéda au Rosso pour décorer le château de Fontainebleau.

PRIMAUTÉ n. f. ▪ Caractère, situation de ce qu'on met au premier rang. ⇒ **prééminence, ② primat, suprématie.** *Avoir la primauté sur.* ⇒ **primer.**

① **PRIME** adj. ▪ **1.** en loc. Premier. *De prime abord*. Dans sa prime jeunesse.* **2.** Se dit en mathématiques d'un symbole (lettre) affecté d'un seul signe en forme d'accent. *Les points A et A prime (A').*

② **PRIME** n. f. ▪ **1.** Somme que l'assuré doit payer à l'assureur. *La prime d'une assurance moto.* **2.** Somme d'argent allouée à titre d'encouragement *(prime à l'exportation),* d'aide *(prime de transport)* ou de récompense *(prime de rendement).* ➤ fig. Ce qui encourage (à faire qqch.). *C'est une prime à l'agression.* **3.** Objet remis à titre gratuit à un acheteur. *Paquet de lessive avec un porte-clés en prime.* ➤ *EN PRIME :* en plus, par-dessus le marché. **4.** VIEILLI *Faire prime,* être le plus recherché, être considéré comme le plus avantageux.

① **PRIMER** v. intr. [1] ▪ (choses) L'emporter (⇒ **primauté**). *Chez lui, c'est l'intelligence qui prime.* ⇒ **dominer.** ➤ trans. *Il estime que la force prime le droit.*

② **PRIMER** v. tr. [1] ▪ Récompenser par un prix. ➤ au p. p. *Film primé au festival de Venise.*

PRIMEROSE n. f. ▪ Rose trémière.

PRIMESAUTIER, IÈRE [-sotje, jɛʀ] adj. ▪ Qui obéit au premier mouvement, agit, parle spontanément. ⇒ **spontané.** *Un enfant primesautier.* ➤ *Esprit primesautier.*

PRIMEUR n. f. ▪ **I.** LITTÉR. Caractère de ce qui est tout nouveau. *Avoir la primeur de qqch.,* être le premier à l'avoir, à en bénéficier. **II.** au plur. Premiers fruits, premiers légumes récoltés dans leur saison, ou obtenus avant l'époque normale de leur maturité.

PRIMEVÈRE n. f. ▪ Plante herbacée à fleurs de couleurs variées qui fleurit au printemps. ⇒ **coucou.**

primevère. Fleurs cultivées.
Phot. © Layer/Jacana

PRIMITIF, IVE adj. et n. ▪ **I.** adj. **1.** Qui est à son origine ou près de son origine. **2.** Qui est le premier, le plus ancien. ⇒ **initial, originaire, originel.** *Cette étoffe a perdu sa couleur primitive.* **3.** Qui est la source, l'origine (d'une autre chose de même nature). *Le sens primitif d'un mot.* ⇒ **étymologique, original, premier.** ♦ n. f. MATH. *Primitive d'une fonction,* qui admet cette fonction pour dérivée. **4.** Se dit (à tort) des groupes humains à tradition orale, et dont les formes sociales et les techniques sont différentes de celles des sociétés dites « évoluées ». *Les sociétés primitives ; les peuples primitifs.* ➤ Relatif à ces peuples. *L'art primitif.* **5.** (personnes) Simple et grossier. ⇒ **fruste.** ➤ (choses) *Procédé primitif. Une installation primitive.* ⇒ **sommaire. II.** n. m. **1.** Personne appartenant à un groupe social dit primitif. *Les primitifs d'Australie.* ⇒ **aborigène. 2.** Artiste (surtout peintre) antérieur à la Renaissance, en Europe occidentale. *Les primitifs flamands.*

PRIMITIVEMENT adv. ▪ À l'origine, initialement.

PRIMO adv. ▪ D'abord, en premier lieu. ⇒ **premièrement.** *Primo..., secundo...*

Miguel PRIMO DE RIVERA Y ORBANEJA (1870-1930) ▪ Général et homme politique espagnol. Il exerça un pouvoir dictatorial de 1923 à 1930. ► **José Antonio PRIMO DE RIVERA** (1903-1936), son fils, fondateur de la Phalange (qui devint le parti de Franco), fusillé par les républicains.

PRIMO-INFECTION n. f. ▪ Infection (surtout tuberculeuse) qui se produit pour la première fois. *Des primo-infections.*

PRIMORDIAL, ALE, AUX adj. ▪ Qui est de première importance. ⇒ **capital, essentiel, fondamental.** *Rôle primordial.*

PRINCE n. m. ▪ **1.** DIDACT. ou LITTÉR. Celui qui possède une souveraineté (à titre personnel et héréditaire) ; celui qui règne. ⇒ **monarque, roi, souverain.** *"Le Prince"* (de Machiavel). ♦ loc. *Le fait du prince :* acte du gouvernement qui contraint à l'obéissance (surtout mesures arbitraires). ♦ Souverain régnant sur une principauté. *Le prince de Monaco.* **2.** Celui qui appartient à une famille souveraine, sans régner lui-même ; titre porté par les membres de la famille royale, en France. *Le prince héritier.* ⇒ **dauphin.** *Les princes du sang :* les proches parents du souverain. *Le prince de Galles :* le fils aîné du souverain d'Angleterre. ➤ *Le prince charmant des contes de fées.* **3.** en France Titulaire du plus haut titre de noblesse. **4.** loc. *Être bon prince :* faire preuve de générosité, de bienveillance, de tolérance. ➤ *Être vêtu comme un prince,* richement.

▪ **le PRINCE NOIR** ▪ Surnom d'Édouard d'Angleterre, fils du roi Édouard III.

PRINCE DE GALLES n. m. invar. ▪ Tissu de laine, à lignes fines croisées de teinte uniforme sur fond clair.

l'île du PRINCE-ÉDOUARD ▪ Île de l'est du Canada formant une province ou État fédéré *(l'Île-du-Prince-Édouard).* 5 657 km². 129 765 hab. Capitale : Charlottetown. Pêche, agriculture.

PRINCEPS [pʀɛ̃sɛps] adj. ▪ DIDACT. *Édition princeps :* première édition (d'un ouvrage ancien et rare).

PRINCESSE n. f. ▪ **1.** Fille ou femme d'un prince, fille d'un souverain. *La princesse Palatine.* ♦ RARE Souveraine, reine. ➤ loc. fig. *Aux frais de la princesse,* de l'État, d'une collectivité. **2.** *Haricots princesse(s),* à longue cosse.

PRINCETON ▪ Célèbre université des États-Unis (New Jersey).

PRINCIER, IÈRE adj. ▪ **1.** De prince, de princesse. *Titre princier.* **2.** Digne d'un prince. ⇒ **luxueux, somptueux.** *Accueil princier.*

PRINCIÈREMENT adv. ▪ D'une façon princière, en grand seigneur. ⇒ **royalement.**

PRINCIPAL, ALE, AUX adj. et n. ▪ **I. 1.** Qui est le plus important, le premier parmi plusieurs. ⇒ **capital, essentiel.** *Raison principale.* ⇒ **dominant, fondamental.** *Il joue le rôle principal.* ➤ *Résidence principale* (opposé à *secondaire*). **2.** en grammaire *Proposition principale* et n. f. *la principale :* la proposition dont les autres dépendent (subordonnées). **3.** (personnes) Qui a le plus d'importance. *Elle est la principale intéressée dans cette affaire :* la première. ♦ *Clerc principal* ou n. m. *le principal :* premier clerc d'un notaire. ➤ *Commissaire principal.* **II. 1.** n. m. Ce qu'il y a de plus important. ⇒ **essentiel.** *Il va mieux, c'est le principal.* **2.** n. *Principal, principale :* titre des directeurs de collèges d'enseignement secondaire.

PRINCIPALEMENT adv. ▪ Avant les autres choses, par-dessus tout. ⇒ **surtout.**

PRINCIPAUTÉ n. f. ▪ Petit État indépendant dont le souverain porte le titre de prince ou de princesse. *La principauté d'Andorre.*

PRINCIPE n. m. ▪ **I. 1.** DIDACT. Cause première active. ⇒ **fondement, origine, source.** *Connaissance, recherche des principes* (⇒ **métaphysique, philosophie**). **2.** *Le principe actif* (d'un médicament, d'une plante) : l'ingrédient, le constituant actif. **II. 1.** DIDACT. Proposition première, posée et non déduite (dans un raisonnement, un syllogisme). ⇒ **axiome, hypothèse, postulat, prémisse. 2.** Proposition fondamentale ; énoncé d'une loi générale. *Le principe d'Archimède.* ♦ *Le principe d'une machine,* ses règles de fonctionnement. **3.** au plur. Connaissances de base. ⇒ **rudiment. III. 1.** Règle d'action s'appuyant sur un jugement de valeur et constituant un modèle ou un but. ⇒ **loi, précepte.** *Partons du principe que... J'en fais une question de principe. Avoir pour principe de* (+ inf.). ♦ loc. *Déclaration de principes.* ➤ *POUR LE PRINCIPE :* pour une raison théorique (et non pour des raisons d'intérêt ou affectives). *Punir un enfant pour le principe.* **2.** au plur. Les règles morales auxquelles une personne, un groupe est attaché. ⇒ **morale.** *Manquer à ses principes.* ➤ absolt *Avoir des principes. Une personne sans principes.* **IV.** loc. *PAR PRINCIPE :* par une décision, une détermination a priori. *Il critique tout par principe.* ➤ *DE PRINCIPE :* a priori. *Une hostilité de principe.* ➤ *EN PRINCIPE :* théoriquement. *En principe, il avait raison. En principe, cela devrait marcher.*

PRINTANIER, IÈRE adj. ▪ Du printemps. *Soleil printanier.* ➤ *Tenue printanière,* légère, claire, fleurie.

PRINTEMPS [-tɑ̃] n. m. ▪ **1.** La première des saisons, qui va du 20 ou 21 mars (équinoxe de printemps) au 21 ou 22 juin (solstice d'été) dans l'hémisphère nord. *Un printemps précoce, tardif. Légumes de printemps.* ⇒ **primeur. 2.** fig. LITTÉR. Jeune âge. *Le printemps de la vie,* la jeunesse. ♦ Période où des progrès sociaux, etc. semblent réalisables. *Le printemps de Prague.* **3.** VIEILLI ou LITTÉR. (d'une personne jeune) Année. *Elle a quinze printemps.* – par plais. *Ses quatre-vingts printemps.*

PRION n. m. ▪ Protéine infectieuse, forme altérée d'une protéine synthétisée naturellement par l'organisme. *Maladies à prions* (caractérisées par une dégénérescence cérébrale).

A **PRIORI** ⇒ A PRIORI

PRIORITAIRE adj. ▪ Qui a la priorité. *Véhicules prioritaires* (police, pompiers, ambulances). – *Secteur économique prioritaire.* ► adv. PRIORITAIREMENT

PRIORITÉ n. f. ▪ **1.** Qualité de ce qui vient, passe en premier, dans le temps. *En priorité :* en premier lieu. *La priorité (des priorités) est de résorber le chômage.* **2.** Droit de passer le premier. *Priorité à droite. Laisser la priorité à une voiture.* – *Carte de priorité.* ⇒ **coupe-file.**

PRIS, PRISE adj. ▪ **1.** (opposé à *libre*) Occupé. *Cette place est-elle prise ? Avoir les mains prises. Ma journée est prise.* – *Je suis très pris ce mois-ci.* **2.** *PRIS DE :* subitement affecté de. *Pris de fièvre ; de panique.* – *Être pris de vin, de boisson :* ivre. **3.** Atteint d'une affection. *Avoir la gorge prise,* enflammée. **4.** *BIEN PRIS :* bien fait. *Taille bien prise.* **5.** Durci, coagulé. *La crème est prise.* – *L'étang est pris,* gelé.

PRISE n. f. ▪ **I. 1.** Manière de saisir et d'immobiliser l'adversaire. *Prise de judo.* ♦ loc. fig. *Prise de bec :* altercation, dispute. ♦ loc. *ÊTRE AUX PRISES AVEC :* se battre avec. – fig. *Se trouver aux prises avec des difficultés.* – *LÂCHER PRISE :* cesser de tenir, de serrer ; abandonner. *Ce n'est pas le moment de lâcher prise !* **2.** Endroit, moyen par lequel une chose peut être prise, tenue. – spécialt Endroit d'une paroi où l'on peut s'agripper ou prendre appui. *Chercher une bonne prise.* ♦ loc. fig. *DONNER PRISE À :* s'exposer à. *Son silence donne prise aux soupçons.* – *AVOIR PRISE SUR* (qqn, qqch.) : avoir un moyen d'agir sur. **3.** Action de s'emparer. *La prise de la Bastille, le 14 juillet 1789.* – *Prise d'otages.* **4.** Ce qui est pris (chasse, pêche, vol...). ⇒ **butin.** *Une belle prise.* **II.** (dans des loc.) *PRISE DE.* **1.** *PRISE D'ARMES :* parade militaire en présence de soldats en armes pour une revue, une cérémonie. **2.** *PRISE DE VUE(S) :* tournage d'un plan, entre le déclenchement de la caméra et son arrêt. ♦ *PRISE DE SON :* réglage de la qualité du son pour le transmettre ou l'enregistrer. **3.** *PRISE DE SANG :* prélèvement de sang pour l'analyse, la transfusion. **4.** *PRISE DIRECTE :* position du changement de vitesse dans laquelle la transmission du mouvement moteur est directe (opposé à *point mort*). – fig. *Être en prise directe sur son époque,* en contact direct et actif. **5.** (Dispositif qui prend). *PRISE D'EAU :* robinet, tuyau, vanne où l'on peut prendre de l'eau. ♦ *PRISE DE COURANT ; PRISE (ÉLECTRIQUE) :* dispositif de contact électrique. *Prise mâle ; prise femelle. Prise multiple :* prise femelle à plusieurs douilles. **6.** Quantité de médicament administrée en une seule fois. – Dose, pincée (de tabac) que l'on aspire par le nez. **III.** fig. Action, fait de se mettre à avoir (correspond à *prendre* + n.). *PRISE DE. Prise de contact. Prise de conscience ; prise de position.* ♦ *PRISE EN. Prise en charge. Prise en considération.* **IV.** Fait de prendre, de durcir. *Ciment à prise rapide.*

① **PRISER** v. tr. [1] ▪ LITTÉR. Donner du prix à. ⇒ **apprécier, estimer.** – au p. p. *Une qualité très prisée.*

② **PRISER** v. tr. [1] ▪ Prendre, aspirer (du tabac) par le nez. *Tabac à priser.*

PRISMATIQUE adj. ▪ **1.** Du prisme. – Qui a la forme d'un prisme. **2.** Qui est muni d'un prisme optique. *Jumelles prismatiques.* **3.** *Couleurs prismatiques,* perçues à travers un prisme optique. ⇒ **spectral.**

PRISME n. m. ▪ **1.** Polyèdre à deux bases parallèles et dont les faces sont des parallélogrammes. ♦ *Prisme triangulaire.* **2.** Prisme en matière transparente qui a la propriété de dévier et de décomposer la lumière (⇒ **spectre**). *Prisme de verre.* – fig. *Voir à travers un prisme :* voir la réalité déformée.

PRISON n. f. ▪ **I. 1.** Établissement clos aménagé pour recevoir des délinquants condamnés à une peine privative de liberté, ou des prévenus en instance de jugement. *Les cellules, le parloir d'une prison. Gardien de prison.* ⇒ **geôlier ;** ARGOT **maton.** – loc. FAM. *Aimable comme une porte de prison :* très désagréable. – *Être en prison. Mettre en prison* (⇒ **emprisonner**). **2.** fig. LITTÉR. Ce qui enferme, emprisonne. *Le corps, prison de l'âme.* **II.** Peine privative de liberté subie dans une prison. ⇒ **détention, emprisonnement, réclusion.** *Risquer la prison. Condamné à cinq ans de prison.*

PRISONNIER, IÈRE n. et adj. ▪ **1.** Personne tombée aux mains de l'ennemi au cours d'une guerre. *Un camp de prisonniers.* – *Il a été fait prisonnier.* – loc. *Prisonnier de guerre.* **2.** Personne qui est détenue dans une prison. ⇒ **détenu. 3.** Personne que prend, qu'arrête la police. *Se constituer prisonnier :* se livrer à la police. **4.** adj. Enfermé ou maintenu dans une position qui empêche toute liberté d'action. *Bateau prisonnier des glaces.* – fig. *Prisonnier de :* esclave de. *Il est prisonnier de ses manies.*

PRISTINA ▪ Ville de Serbie, capitale du Kosovo-Metohija. 108 083 hab. en 1981.

PRIVAS ▪ Chef-lieu de l'Ardèche. 10 080 hab. *(les Privadois).* Moulinage de la soie. Confiserie (marrons glacés).

PRIVATIF, IVE adj. ▪ **1.** Dont on a la jouissance exclusive mais non la propriété. *Jardin privatif.* **2.** GRAMM. Qui marque la privation, l'absence d'un caractère donné. *Préfixes privatifs* (ex. ② a-, ② in-). **3.** Qui entraîne la privation de. *Peine privative de liberté.*

PRIVATION n. f. ▪ **1.** Action de priver (d'une chose dont l'absence entraîne un dommage) ; fait d'être privé ou de se priver. ⇒ **défaut, manque.** – DR. *Privation des droits civils, civiques* (⇒ **interdiction**). **2.** Fait d'être privé de choses nécessaires ou de s'en priver volontairement ; choses dont on est ainsi privé. *S'imposer des privations.* ⇒ **restriction, sacrifice.**

PRIVATISATION n. f. ▪ Action de privatiser ; son résultat.

PRIVATISER v. tr. [1] ▪ Transférer au secteur privé (une entreprise publique). ⇒ **dénationaliser.** – au p. p. *Banque privatisée.*

PRIVAUTÉ n. f. ▪ LITTÉR. surtout plur. Familiarité excessive, liberté. *Des privautés de langage.* – spécialt *Se permettre des privautés avec une femme.*

PRIVÉ, ÉE adj. ▪ **1.** Où le public n'a pas accès, n'est pas admis. *Propriété privée. Club privé. Audience privée.* – *EN PRIVÉ* loc. adv. : seul à seul. *Puis-je vous parler en privé ?* **2.** Individuel, particulier (opposé à *collectif, commun, public*). *Des intérêts privés.* **3.** Personnel. ⇒ **intime.** *Vie professionnelle et vie privée.* – n. m. *Ils se tutoient dans le privé,* dans l'intimité. **4.** Qui n'a aucune part aux affaires publiques. *En tant que personne privée :* en tant que simple citoyen. ⇒ **particulier.** – (opposé à *officiel*) *Chef d'État qui séjourne à titre privé dans un pays étranger. De source privée, on apprend que...* ⇒ **officieux. 5.** (opposé à *public, national*) Qui n'est pas d'État, ne dépend pas de l'État. *Enseignement privé.* ⇒ **libre.** *Le secteur privé* (⇒ **privatiser**). – n. m. FAM. *Le privé :* le secteur privé. **6.** *Détective* privé.* – n. m. FAM. *Un privé.*

PRIVER v. tr. [1] ▪ Empêcher (qqn) de jouir d'un bien, d'un avantage présent ou futur ; lui ôter ce qu'il a ou lui refuser ce qu'il espère. ⇒ **déposséder, frustrer.** *Priver un enfant de dessert. Priver un héritier de ses droits.* – *La peur le prive de tous ses moyens.* – *Être privé de sommeil.* ► **SE PRIVER** v. pron. Renoncer à qqch. volontairement. *Il se prive de tout.* – *Il ne se prive pas de vous dénigrer :* il vous dénigre souvent. – absolt S'imposer des privations. *Elle a horreur de se priver.*

PRIVILÈGE n. m. ▪ **1.** Droit, avantage particulier accordé à un individu ou à une collectivité, en dehors de la loi commune. *Les privilèges de la noblesse et du clergé sous l'Ancien Régime.* ⇒ **prérogative.** – *Privilège exclusif.* ⇒ **monopole. 2.** Avantage, faveur que donne qqch. *Le privilège de la beauté, de la fortune.* **3.** Apanage naturel (d'un être, d'une chose). *La pensée est le privilège de l'espèce humaine* (→ le propre de). – *Avoir le privilège de* (+ inf.).

PRIVILÉGIÉ, ÉE adj. ▪ **1.** Qui bénéficie d'un ou de divers privilèges. – DR. *Créancier privilégié,* prioritaire. ♦ spécialt Qui jouit d'avantages matériels considérables. *Les classes privilégiées.* – n. *Les privilégiés.* ♦ Qui a de la chance. *Nous avons été privilégiés, nous avons eu un temps splendide.* **2.** LITTÉR. D'un caractère exceptionnel ; qui convient mieux que tout autre. *Emplacement privilégié.* – *Relations privilégiées.*

PRIVILÉGIER v. tr. [7] ▪ Doter d'un privilège ; accorder une importance particulière à (qqn, qqch.). ⇒ **avantager, favoriser.**

PRIX n. m. ▪ **I. 1.** Rapport d'échange entre un bien ou un service et la monnaie. ⇒ **coût, valeur.** *Le prix d'une marchan-*

dise. D'un prix élevé (cher), *bas* (bon marché). – *Le prix d'un travail.* ⇒ **salaire.** – *Y mettre le prix* : payer ce qu'il faut, ne pas regarder à la dépense. *Vendre à bas, à vil prix. Casser les prix.* – *Le dernier prix,* celui qui n'est plus modifié, dans un marchandage. *Mille francs, dernier prix.* – *Au prix fort* : sans remise, sans rabais. *Cela coûte un prix fou,* excessif. – *Prix modique. Prix d'ami,* consenti par faveur (plus bas). *Je vous fais un prix,* une réduction. – *Prix hors taxes. Prix toutes taxes comprises (prix T. T. C.).* ♦ *PRIX DE REVIENT* : somme des coûts d'achat, de production et de distribution. ♦ loc. *DE PRIX* : qui coûte cher. – *HORS DE PRIX* : extrêmement coûteux. ⇒ **inabordable.** – *N'avoir pas de prix, être sans prix* : être de très grande valeur. ♦ *À PRIX. Mettre à prix* : proposer en vente. *Mise à prix,* prix initial dans une vente aux enchères. – fig. *Sa tête est mise à prix,* une récompense en argent est promise à qui le capturera, le tuera. – *À prix d'or* : contre une forte somme. **2.** Étiquette, marque indiquant le prix. *Enlevez le prix, c'est pour faire un cadeau.* **3.** HIST. *LE PRIX DU SANG* : la peine qu'il faut subir pour avoir causé la mort d'une personne. **4.** fig. Ce qu'il en coûte pour obtenir qqch. *Le prix de la gloire.* ⇒ **rançon.** – (dans des loc.) Valeur. *J'apprécie votre geste à son juste prix. Donner du prix à qqch.* – *À AUCUN PRIX. Je ne céderai à aucun prix,* jamais. – *À TOUT PRIX* : quoi qu'il puisse en coûter. – *AU PRIX DE* : en échange de (un sacrifice). **II. 1.** Récompense destinée à honorer la personne qui l'emporte dans une compétition. *Attribuer, décerner un prix* (⇒ **primer**). *Recevoir un prix. Prix littéraires. Le prix Nobel de physique.* – (contexte scolaire) *Prix d'excellence. Distribution des prix.* ♦ L'œuvre primée. *Avez-vous lu le prix Médicis ?* ♦ Le lauréat. *C'est un premier prix du Conservatoire.* **2.** Épreuve à l'issue de laquelle est décerné un prix. *Grand prix automobile.*

PRO n. ▪ FAM. Professionnel(elle). *Les amateurs et les pros. C'est un pro de la varappe.*

PRO- Élément (du grec ou du latin *pro*) qui signifie « en avant » (ex. *propulsion*), « à la place de » (ex. *pronom*) et « favorable à, partisan de » (ex. *progouvernemental*). ◇ contr. *anti-*.

PROBABILITÉ n. f. ▪ **1.** Caractère de ce qui est probable. *Selon toute probabilité.* ⇒ **vraisemblance. 2.** Grandeur par laquelle on évalue le nombre de chances qu'a un phénomène de se produire. *Probabilité forte, faible. Probabilité nulle* : impossibilité. – *Calcul des probabilités* (partie des mathématiques). **3.** surtout au plur. Apparence, indice qui laisse à penser qu'une chose est probable. *Opinion fondée sur de simples probabilités.* ⇒ **présomption.**

PROBABLE adj. ▪ **1.** Qui peut être ; qui est plutôt vrai que faux. *Une hypothèse probable.* **2.** Qui peut être prévu raisonnablement. *L'aboutissement probable de ses efforts.* ⇒ **vraisemblable.** ♦ impers. *Il est probable qu'il viendra.* – ellipt FAM. *Probable qu'il a raison.*

PROBABLEMENT adv. ▪ Vraisemblablement (→ sans doute). *Probablement que...* : il est probable que.

PROBANT, ANTE adj. ▪ Qui prouve sérieusement. *Un argument probant.* ⇒ **concluant, convaincant, décisif.**

PROBATION n. f. ▪ DIDACT. Temps de mise à l'épreuve.

PROBATOIRE adj. ▪ DIDACT. Qui permet de vérifier le niveau d'un candidat. *Examen probatoire.*

PROBE adj. ▪ LITTÉR. Honnête, intègre. *Un homme droit, sincère et probe.*

PROBITÉ n. f. ▪ Honnêteté scrupuleuse. ⇒ **intégrité.**

PROBLÉMATIQUE ▪ **I.** adj. **1.** Dont l'existence, la vérité, la réussite est douteuse. ⇒ **aléatoire, hasardeux.** *Le succès est problématique.* **2.** Qui pose un problème, est difficile à résoudre, à accomplir. *Son renvoi est problématique.* **II.** n. f. DIDACT. Ensemble des problèmes se posant sur un sujet déterminé.

PROBLÈME n. m. ▪ **1.** Question à résoudre qui prête à discussion, dans une science. *Poser, soulever un problème. C'est la clé du problème.* – *Faux problème* : problème mal posé, qui ne correspond pas aux vraies difficultés. ♦ (contexte scolaire) Question à résoudre par des éléments donnés dans l'énoncé. *Un problème d'algèbre, de géométrie. La solution d'un problème.* **2.** Difficulté qu'il faut résoudre pour obtenir un résultat ; situation instable ou dangereuse exigeant une décision. ⇒ **question.** *Régler le problème de la circulation.* ♦ loc. *Faire, poser problème.* – FAM. *Il n'y a pas de problème* : c'est une chose simple, évidente. – (en réponse) FAM. *Sans problème* : facilement. ♦ *Avoir des problèmes de santé, d'argent.* ⇒ **ennui.** *Problèmes (psychologiques)* : conflit affectif, difficulté à trouver un bon équilibre psychologique. ♦ Ce qui cause un problème. *Cet élève est un problème.*

PROBOSCIDIEN n. m. ▪ ZOOL. Mammifère ongulé de très grande taille, possédant une trompe préhensile (ordre des *Proboscidiens* ; ex. l'éléphant).

PROCARYOTE adj. et n. m. ▪ BIOL. Se dit d'un organisme dont le noyau cellulaire est mêlé au cytoplasme (s'oppose à *eucaryote*).

PROCÉDÉ n. m. ▪ **I. 1.** surtout au plur. Façon d'agir à l'égard d'autrui. ⇒ **comportement, conduite.** *De curieux procédés.* ⇒ **agissements.** – loc. *Échange de bons procédés* : services rendus réciproquement ; iron. échange de malveillances. **2.** Méthode employée pour parvenir à un certain résultat. *Procédé de fabrication.* – péj. *Cela sent le procédé,* la recette, l'artifice. **II.** Rondelle de cuir au petit bout d'une queue de billard.

PROCÉDER v. [6] ▪ **I.** v. intr. **1.** LITTÉR. *PROCÉDER DE* : tenir de, tirer son origine de. ⇒ **découler, émaner.** *Les polémistes qui procèdent de Voltaire.* **2.** Agir (de telle manière). *Procéder avec méthode.* – loc. *Procédons par ordre.* **II.** v. tr. ind. *PROCÉDER À.* **1.** DR. Exécuter (un acte juridique). *Procéder à une enquête.* **2.** Faire, exécuter (un travail complexe, une opération). ⇒ **effectuer.** *Procéder au montage d'un film.*

PROCÉDURE n. f. ▪ **1.** Manière de procéder juridiquement ; série de formalités qui doivent être remplies. *Quelle est la procédure à suivre ? Engager une procédure de divorce.* **2.** Branche du droit qui détermine ou étudie les règles d'organisation judiciaire. *Code de procédure civile, de procédure pénale.* **3.** TECHN. Succession de procédés utilisés dans la conduite d'une opération complexe.

PROCÉDURIER, IÈRE adj. et n. ▪ péj. Qui est enclin à la procédure, à la chicane. ⇒ **chicanier.**

PROCÈS n. m. ▪ **I.** DIDACT. ⇒ **processus.** ♦ LING. Action, devenir, état qu'exprime un verbe. **II. 1.** Litige soumis à une juridiction. ⇒ **instance.** *Soutenir un procès* (⇒ **plaider**). *Engager un procès contre qqn.* ⇒ **attaquer, poursuivre ; plainte ; défendeur, demandeur.** *Intenter un procès à qqn. Gagner, perdre un procès.* **2.** loc. fig. *Faire le procès de qqn, qqch.,* en faire la critique systématique. ⇒ **accuser, attaquer, condamner. 3.** loc. *Sans autre forme de procès* : sans formalité, purement et simplement. *On l'a renvoyé sans autre forme de procès.*

PROCESSEUR n. m. ▪ INFORM. Partie d'un ordinateur qui interprète et exécute les instructions.

PROCESSION n. f. ▪ **1.** Défilé religieux qui s'effectue en chantant et en priant. *La procession des Rameaux.* **2.** Succession, file. *Une procession de fourmis.* – fig. Suite de personnes qui se succèdent à brefs intervalles. *Une procession de solliciteurs.*

PROCESSIONNAIRE adj. ▪ ZOOL. *Chenilles processionnaires,* qui se déplacent en file serrée le long d'un fil de soie sécrété par la chenille de tête.

PROCESSUS [-ys] n. m. ▪ **1.** DIDACT. Ensemble de phénomènes, conçu comme actif et organisé dans le temps. ⇒ **évolution.** *Processus biologique. Le processus inflationniste.* **2.** Façon de procéder. *Selon le processus habituel.* **3.** Suite ordonnée d'opérations aboutissant à un résultat. *Processus de fabrication.*

PROCÈS-VERBAL, AUX n. m. ▪ **1.** Acte dressé par une autorité compétente et qui constate un fait entraînant des conséquences juridiques. ⇒ **constat.** *Procès-verbal de perquisition.* – spécialt *Avoir un procès-verbal pour excès de vitesse.* ⇒ **contravention ;** FAM. **P.-V.** *Dresser (un) procès-verbal* (⇒ **verbaliser**). **2.** Relation officielle écrite de ce qui a été dit ou fait dans une réunion, une assemblée, etc. ⇒ **compte rendu.**

PROCHAIN, AINE ▪ **I.** adj. Très rapproché. ⇒ **proche. 1.** (dans l'espace) VX *Dans la forêt prochaine.* ⇒ **voisin.** ♦ MOD. *Le prochain arrêt.* – ellipt n. f. *Vous descendez à la prochaine* (station) ? **2.** (dans le temps) Qui est près de se produire. *La mort, la fin prochaine.* ♦ spécialt *La semaine prochaine. L'été prochain.* ♦ (avant le nom) *La prochaine fois* : la première fois que la chose se reproduira. *À la prochaine fois* ; FAM. *à la prochaine !* (formule de départ, de séparation). – *Le prochain train.* – *Ma prochaine voiture.* **II.** n. m. *LE (UN) PROCHAIN.* Personne, être humain considéré comme un semblable. *L'amour du prochain. Dire du mal de son prochain.* ⇒ **autrui.**

PROCHAINEMENT adv. ▪ Dans un proche avenir, bientôt.

PROCHE ▪ **I.** adv. VX Près. – MOD. *DE PROCHE EN PROCHE* : en avançant par degrés, peu à peu. *L'incendie gagne de proche en* proche. **II.** adj. **1.** (dans l'espace) Voisin. *Lieu proche, tout proche.* **2.** LITTÉR. (dans le temps) Qui va bientôt arriver ; qui est arrivé il y a peu de temps. *La fin est proche* (⇒ **imminent** ; **approcher**). *Des événements tout proches de nous.* ⇒ **récent.** **3.** fig. Qui est peu différent. ⇒ **approchant, semblable.** *Des couleurs assez proches.* **4.** Intime. *Un ami très proche.* ♦ Dont les liens de parenté sont étroits. *Un proche parent.* ‑ n. *LES PROCHES :* les parents (au sens large).

le PROCHE-ORIENT ▪ Région de la Méditerranée orientale, appelée aussi Levant. Elle comprend des pays arabes (Égypte, Liban, Syrie, Irak, Arabie Saoudite, Jordanie, Yémen) ainsi que la Turquie, Israël et l'Iran. 2e région productrice de pétrole. Important réseau d'oléoducs. Conflits politiques et religieux.

PROCLAMATION n. f. ▪ **1.** Action de proclamer. *La proclamation de la République.* **2.** Discours ou écrit public contenant ce qu'on proclame. ⇒ **avis, communiqué, déclaration.** *Afficher une proclamation.*

PROCLAMER v. tr. [1] ▪ **1.** Publier ou reconnaître solennellement par un acte officiel. *Proclamer le résultat d'un scrutin.* **2.** Annoncer ou déclarer hautement auprès d'un vaste public. ⇒ **clamer, crier.** *Proclamer son innocence.*

PROCONSUL n. m. ▪ **1.** ANTIQ. Nom donné aux anciens consuls qui recevaient le gouvernement d'une province romaine (pouvoir militaire, civil et judiciaire). **2.** Personnage qui exerce, dans une province ou une colonie, un pouvoir sans contrôle.

PROCRASTINATION n. f. ▪ LITTÉR. Tendance à remettre au lendemain, à ajourner, à temporiser.

PROCRÉATEUR, TRICE adj. ▪ LITTÉR. Qui procrée.

PROCRÉATION n. f. ▪ LITTÉR. Action de procréer. ⇒ **engendrement, génération.**

PROCRÉER v. tr. [1] ▪ LITTÉR. (espèce humaine) Engendrer. ⇒ **enfanter.**

PROCRUSTE ou **PROCUSTE** ▪ Brigand de la mythologie grecque qui faisait coucher ses victimes dans un lit trop grand ou trop petit, et étirait ou coupait leurs jambes pour les ramener à la dimension de la couche (d'où l'expression « lit de Procuste », cadre strict auquel il est pénible de se plier).

PROCURATEUR n. m. ▪ ANTIQ. Intendant des domaines impériaux dans les provinces. *Ponce-Pilate, procurateur de Judée.*

PROCURATION n. f. ▪ Document par lequel on autorise autrui à agir à sa place. ⇒ **mandat.** *Avoir la procuration sur le compte en banque de qqn.* ⇒ **signature.** ♦ fig. *« Je ne vis que par autrui ; par procuration, pourrais-je dire »* (Gide).

PROCURE n. f. ▪ **1.** RELIG. Office de procureur (3). ‑ Bureau, logement du procureur. **2.** Magasin d'articles religieux.

PROCURER v. tr. [1] ▪ **1.** Obtenir pour qqn (qqch. d'utile ou d'agréable). ⇒ **donner, fournir.** *Procurer un emploi à qqn.* ⇒ **trouver.** ‑ pronom. *SE PROCURER :* obtenir pour soi. ⇒ **acquérir.** *Se procurer un livre, une somme d'argent.* **2.** Être la cause ou l'occasion de. ⇒ **causer, occasionner.** *Le plaisir que nous procure la lecture.*

PROCUREUR n. m. ▪ **1.** DR. Titulaire d'une procuration juridique. **2.** *PROCUREUR DE LA RÉPUBLIQUE :* représentant du ministère public et chef du parquet près du tribunal de grande instance. *Procureur général :* représentant du ministère public et chef du parquet près la Cour de cassation, la Cour des comptes et les cours d'appel. **3.** Religieux chargé des intérêts temporels de la communauté.

PRODIGALITÉ n. f. ▪ **1.** Caractère d'une personne prodigue. ♦ fig. LITTÉR. Générosité. *La prodigalité de la nature.* **2.** souvent au plur. Dépense excessive. *Il s'est ruiné par ses prodigalités.*

PRODIGE n. m. ▪ **1.** Événement extraordinaire, de caractère magique ou surnaturel. ⇒ **miracle.** ‑ loc. *Cela tient du prodige :* c'est extraordinaire, inexplicable. **2.** Acte extraordinaire. ⇒ **merveille.** *Vous avez fait des prodiges !* ‑ *Déployer des prodiges d'ingéniosité.* **3.** Personne extraordinaire par ses dons, ses talents. ⇒ **phénomène.** *C'est un petit prodige.* ‑ appos. *Enfant prodige.*

PRODIGIEUSEMENT adv. ▪ D'une manière surprenante, prodigieuse ; à un degré extrême.

PRODIGIEUX, IEUSE adj. ▪ Extraordinaire. ⇒ **étonnant, stupéfiant.** *Une quantité prodigieuse.* ⇒ **considérable.** ‑ *Bêtise prodigieuse.* ⇒ **phénoménal.** ‑ *Un artiste prodigieux.*

PRODIGUE adj. ▪ **1.** Qui fait des dépenses excessives ; qui dilapide son bien. ⇒ **dépensier ; prodigalité.** ‑ *L'enfant prodigue,* accueilli avec joie au foyer après une longue absence (allusion à l'Évangile). ‑ prov. *À père avare, fils prodigue.* **2.** fig. *PRODIGUE DE :* qui distribue, donne abondamment. *Être prodigue de compliments.*

PRODIGUER v. tr. [1] ▪ Accorder, distribuer généreusement, employer sans compter. *Prodiguer son énergie. Prodiguer des conseils, des soins.* ► SE **PRODIGUER** v. pron. Se dépenser sans compter.

PRO DOMO loc. adj. ▪ *Plaidoyer pro domo :* pour soi-même, pour sa cause.

PRODROME n. m. ▪ **1.** LITTÉR. Ce qui annonce un événement. *Les prodromes d'une guerre.* **2.** MÉD. Symptôme avant-coureur d'une maladie.

PRODUCTEUR, TRICE ▪ **1.** adj. Qui produit qqch. *Les pays producteurs de pétrole.* **2.** n. (opposé à *consommateur*) Personne physique ou morale qui produit des biens ou assure des services. *Directement du producteur au consommateur.* **3.** n. Personne ou société qui assure le financement d'un film, d'un spectacle. ♦ Personne qui conçoit une émission (radio, télévision) et favorise sa réalisation.

PRODUCTIF, IVE adj. ▪ Qui produit, crée ; qui est d'un bon rapport. *Sol productif.* ‑ *Capital productif d'intérêts.*

PRODUCTION n. f. ▪ **I.** DR., ADMIN. Action de présenter (un document, etc.). ‑ *Production de témoins.* **II. 1.** Action de provoquer (un phénomène) ; fait ou manière de se produire. *Il y a eu production de gaz toxiques.* **2.** Ouvrage produit par qqn ; ensemble des œuvres (d'un artiste, d'un genre ou d'une époque). *La production dramatique du XVIIe siècle.* **3.** (opposé à *consommation*) Fait de créer ou de transformer des biens, ou d'assurer des services. *Moyens de production* (sol, instruments, machines...). *Facteurs de production* (énergie, travail, capital). ‑ Résultat de cette activité économique. *Production industrielle, agricole. Production élevée.* ⇒ **rendement.** ‑ *La production d'un nouveau modèle.* ⇒ **fabrication. 4.** Fait de produire (un film, un spectacle, une émission...). *La société X a assuré la production du film.* ‑ Le film produit. *Une production à grand spectacle.* ⇒ **superproduction.**

PRODUCTIVITÉ n. f. ▪ **1.** Caractère productif. *La productivité d'un placement.* **2.** Rapport du produit aux facteurs de production. ⇒ **rendement.**

PRODUIRE v. tr. [38] ▪ **I.** Faire apparaître, faire connaître (ce qui existe déjà). ‑ DR. ADMIN. Présenter (un document, etc.). *Produire un certificat.* ⇒ **fournir.** ‑ *Produire des témoins.* **II.** Faire exister (ce qui n'existe pas encore). ⇒ **créer. 1.** Causer, provoquer (un phénomène). *La nouvelle produisit sur lui une vive impression.* ⇒ **faire.** ‑ au p. p. *L'effet produit a été désastreux.* **2.** (écrivain, artiste) Composer (une œuvre). **3.** Former naturellement, faire naître. *Cet arbre produit de beaux fruits.* ⇒ **donner.** ‑ *Une époque qui a produit des génies.* **4.** Faire exister, par une activité économique (⇒ **producteur ; production, productivité**). *La France produit de nombreux vins.* **5.** Assurer la réalisation matérielle de (un film, une émission, un spectacle), par le financement et l'organisation (⇒ **producteur, production**). ► SE **PRODUIRE** v. pron. **1.** Jouer, paraître en public au cours d'une représentation. *La troupe va se produire à Lyon.* **2.** Arriver, survenir, avoir lieu. *Cela peut se produire.* ‑ impers. *Il se produisit un incident.*

PRODUIT n. m. ▪ **I. 1.** Nombre qui est le résultat d'une multiplication. *Le produit de deux facteurs.* ‑ *Produit vectoriel.* **2.** Ce que rapporte une propriété, une activité. ⇒ **bénéfice, profit, rapport.** *Vivre du produit de son travail.* ‑ *Produit brut. Produit net.* ‑ *Produit intérieur brut (P.I.B.) :* somme des valeurs réalisées en un an par un pays à l'intérieur de ses frontières. *Produit national brut (P.N.B.) :* somme du P.I.B. et des valeurs créées à l'étranger. **II. 1.** Ce qui résulte d'un processus naturel, d'une opération humaine. *Les produits de la terre ; de la distillation du pétrole.* ‑ fig. *C'est le produit de son imagination.* ⇒ **fruit. 2.** Substance, mélange chimique. *Produit de synthèse.* ‑ BIOCHIM. *Produits organiques* (hormones, enzymes...). **3.** Production de l'agriculture ou de l'industrie. *Produits manufacturés* (opposé à *produits de base, produits bruts*). *Produits finis.* ‑ *Produits alimentaires. Produits d'entretien.* ‑ *Un produit pour laver la vaisselle.*

PROÉMINENCE n. f. ▪ LITTÉR. Caractère proéminent ; protubérance, saillie.

PROÉMINENT, ENTE adj. ▪ Qui dépasse en relief ce qui l'entoure, forme une avancée. ⇒ **saillant.** *Nez, ventre proéminent.*

PROF n. ▪ FAM. Professeur. *Un, une prof de maths. Des profs.*

PROFANATEUR, TRICE n. et adj. ▪ LITTÉR. (Personne) qui profane.

PROFANATION n. f. ▪ Action de profaner. *Profanation de sépulture.* ⇒ **violation.**

PROFANE adj. et n. ▪ **1.** LITTÉR. Qui est étranger à la religion (opposé à *religieux, sacré*). *Musique profane.* – n. m. *Le sacré et le profane.* **2.** n. Personne qui n'est pas initiée à une religion. **3.** Qui n'est pas initié à un art, une science, un domaine. ⇒ **ignorant.** *Expliquez-moi, je suis profane en la matière.* ♦ n. *Un, une profane en musique.* – n. m. (collectif) *Aux yeux du profane,* des gens non initiés.

PROFANER v. tr. [1] ▪ **1.** Traiter sans respect (un objet, un lieu), en violant le caractère sacré. *Des vandales ont profané plusieurs tombes.* **2.** fig. Faire un usage indigne, mauvais de (qqch.), en violant le respect qui est dû. ⇒ **avilir, dégrader.** *Profaner un grand sentiment.*

PROFÉRER v. tr. [6] ▪ Articuler à voix haute. ⇒ **prononcer.** *Sans proférer un mot.* – *Proférer des injures.*

PROFESSER v. tr. [1] ▪ **1.** LITTÉR. Déclarer hautement avoir (un sentiment, une croyance). *Professer envers un maître la plus vive admiration.* **2.** VIEILLI Enseigner (une matière) en qualité de professeur. – MOD. absolt *Il professe à la Sorbonne.*

PROFESSEUR n. m. ▪ Personne qui enseigne une discipline, un art, une technique, d'une manière habituelle. ⇒ **enseignant.** *Professeur de collège, de lycée, de faculté. Elle est professeur d'anglais* (au Québec : *professeure*). ⇒ FAM. **prof.**

PROFESSION n. f. ▪ **I.** LITTÉR. loc. *Faire profession de* (une opinion, une croyance), la déclarer ouvertement. ♦ *PROFESSION DE FOI :* déclaration de principe, manifeste. **II. 1.** Occupation déterminée dont on peut tirer ses moyens d'existence. ⇒ **métier.** *Quelle est votre profession ? Être sans profession.* **2.** Métier qui a un certain prestige social ou intellectuel. ⇒ **carrière.** *Les professions libérales. Exercer une profession.* **3.** loc. *Faire profession de :* avoir comme activité rétribuée. fig. *Faire profession de se moquer de tout.* **4.** *DE PROFESSION :* professionnel. *Un chanteur de profession.*

PROFESSIONNALISME n. m. ▪ **1.** Caractère professionnel d'une activité (opposé à *amateurisme*). **2.** Qualité de professionnel. ⇒ **compétence, sérieux.**

PROFESSIONNEL, ELLE adj. et n. ▪ **I. 1.** Relatif à la profession, au métier. *L'orientation professionnelle. Enseignement professionnel, école professionnelle,* technique. – *Certificat d'aptitude professionnelle* (C. A. P.). – *Conscience professionnelle. Secret professionnel.* **2.** De profession. *Sportif professionnel* (opposé à *amateur*) ; n. *passer professionnel.* – fig. *Un farceur professionnel.* **II.** n. **1.** Personne de métier (opposé à *amateur*). ⇒ FAM. **pro.** *Du travail de professionnel.* ♦ SPORTS *Les professionnels et les amateurs.* **2.** n. f. FAM. Prostituée.

PROFESSIONNELLEMENT adv. ▪ De façon professionnelle. – Du point de vue de la profession.

PROFESSORAL, ALE, AUX adj. ▪ Propre aux professeurs. *Le corps professoral.* – péj. *Un ton professoral.* ⇒ **doctoral, pontifiant.**

PROFESSORAT n. m. ▪ État de professeur. *Choisir le professorat.* ⇒ **enseignement.**

PROFIL [-il] n. m. ▪ **1.** Aspect du visage vu par un de ses côtés. ⇒ **contour.** *Dessiner le profil de qqn.* – ARTS *Profil perdu :* tête vue de côté, montrant surtout l'arrière et la nuque. ♦ loc. fig. (anglic.) *Adopter un profil bas :* se montrer réservé, discret (par calcul). **2.** (visage, corps) *DE PROFIL :* en étant vu par le côté. *Un portrait de profil.* **3.** Représentation ou aspect d'une chose dont le contour se détache. ⇒ **silhouette.** *Le profil du clocher se découpait sur le ciel.* ♦ Coupe perpendiculaire. ARCHIT. *Le profil d'une corniche.* – GÉOL. *Le profil d'une vallée.* **4.** fig. Ensemble d'aptitudes, de qualités requises pour un emploi. *Il n'a pas le (bon) profil pour ce poste.*

PROFILÉ, ÉE ▪ adj. TECHN. Auquel on a donné un profil déterminé. – n. m. *Profilés métalliques* (cornières, poutres, rails, etc.).

PROFILER v. tr. [1] ▪ **1.** (choses) Présenter (ses contours) avec netteté. **2.** TECHN. Établir le profil de. *Profiler une carlingue.* ► **SE PROFILER** v. pron. **1.** TECHN. Avoir un profil déterminé. **2.** Se montrer en silhouette, avec des contours précis. ⇒ se **découper,** se **dessiner,** ① se **détacher.** *L'ombre qui se profile sur un mur.* – fig. *Voilà des ennuis qui se profilent à l'horizon !*

PROFIT n. m. ▪ **1.** Augmentation des biens que l'on possède, ou amélioration de situation qui résulte d'une activité. ⇒ **avantage, bénéfice.** *Il ne cherche que son profit.* ♦ loc. *FAIRE SON PROFIT DE qqch.,* l'utiliser à son avantage. – *TIRER PROFIT DE qqch.,* en faire résulter qqch. de bon pour soi. ⇒ **exploiter, utiliser.** – *METTRE À PROFIT :* utiliser de manière à tirer tous les avantages possibles. ♦ *AU PROFIT DE qqn, qqch.,* de sorte que la chose en question profite à. *Gala donné au profit des handicapés* (→ au bénéfice de). – En agissant pour le bien, l'intérêt de qqn. ♦ (sujet chose) *FAIRE DU PROFIT :* être d'un usage économique. ⇒ **durer, servir. 2.** *(Un profit)* Gain, avantage financier que l'on retire d'une chose ou d'une activité. – loc. *Il n'y a pas de petits profits,* se dit à propos d'une personne sordidement intéressée. **3.** *LE PROFIT :* ce que rapporte une activité économique, en plus du salaire du travail. ⇒ **plus-value.**

PROFITABLE adj. ▪ Qui apporte un profit, un avantage. ⇒ **fructueux, utile.** *Cette leçon lui sera peut-être profitable.* ⇒ **bénéfique.**

PROFITER v. tr. ind. [1] ▪ **1.** *PROFITER DE :* tirer avantage de. ⇒ **bénéficier.** *Profiter de l'occasion.* ⇒ **saisir.** – *PROFITER DE QQCH. POUR :* prendre prétexte de, saisir l'occasion pour. *Il a profité de ce que je ne le regardais pas pour s'enfuir.* – *PROFITER DE QQN,* abuser de sa bonne volonté, l'exploiter. **2.** FAM. ou RÉGIONAL Se développer, se fortifier. *Cet enfant profite bien.* **3.** *PROFITER À qqn, qqch.,* apporter du profit ; être utile à. ⇒ **servir.** *Chercher à qui profite le crime.* – spécialt *Tout ce qu'elle mange lui profite.* – prov. *Bien mal acquis ne profite jamais.*

PROFITEROLE n. f. ▪ Petit chou fourré de glace et nappé de chocolat chaud.

PROFITEUR, EUSE n. ▪ péj. Personne qui tire des profits malhonnêtes ou immoraux de qqch.

PROFOND, ONDE adj. ▪ **I.** concret **1.** Dont le fond est très bas par rapport à l'orifice, aux bords. *Un trou profond, profond de dix mètres.* – (eaux) Dont le fond est très loin de la surface. *Un endroit peu profond.* **2.** Qui est loin au-dessous de la surface du sol ou de l'eau. ⇒ **bas.** *Une cave profonde.* – *Racines profondes.* – loc. *Au plus profond de :* tout au fond de. **3.** Dont le fond est loin de l'orifice, des bords, dans quelque direction que ce soit. *Un placard profond. Une plaie profonde.* – *Forêt profonde.* – *Décolleté profond.* **4.** (trace, empreinte...) Très marqué. *Des rides profondes.* **II. 1.** Qui évoque la profondeur. *Un regard profond.* – *Une profonde obscurité. Un vert profond,* foncé, intense. ⇒ **soutenu.** – *Un sommeil profond.* **2.** (mouvement, opération) Qui descend très bas ou pénètre très avant. *Un forage profond.* – *Un profond salut,* où l'on s'incline très bas. **3.** Qui semble venir de loin. *Un profond soupir.* – *Une voix profonde.* ⇒ **grave. III.** abstrait **1.** Qui va au fond des choses. *Un esprit profond.* ⇒ **pénétrant.** *De profondes réflexions.* – *Artiste profond.* **2.** Intérieur, difficile à atteindre. *Nos tendances profondes.* – *La France profonde.* **3.** Très grand, extrême en son genre. ⇒ **intense.** *Un profond silence. Une profonde affection. Ennui profond.* ♦ PSYCH. *Débile profond.* **IV.** adv. Profondément ; bas. *Creuser très profond.*

PROFONDÉMENT adv. ▪ D'une manière profonde. **1.** *Creuser profondément la terre.* – *Dormir ; respirer profondément.* **2.** *J'en suis profondément convaincu.* ⇒ **intimement.** *Je l'aime profondément.* ⇒ **vivement.** – *C'est profondément différent.* ⇒ **foncièrement.**

PROFONDEUR n. f. ▪ **I.** concret **1.** Caractère de ce qui est profond (I). *La profondeur d'un fossé.* – au plur. *Les profondeurs de l'océan.* ⇒ **abysse, fond.** ♦ *La profondeur d'une plaie.* **2.** Dimension verticale mesurée de haut en bas. *Longueur, largeur et profondeur.* ⇒ **hauteur.** – Distance au-dessous de la surface (du sol, de l'eau). *À deux mètres de profondeur.* **3.** Dimension horizontale perpendiculaire à la face extérieure. *Hauteur, largeur et profondeur d'un tiroir.* ♦ *PROFONDEUR DE CHAMP (d'un objectif) :* espace dans les limites duquel les images sont nettes. **II. 1.** Suggestion d'un espace à trois dimensions sur une surface. *La profondeur est rendue par la perspective.* **2.** fig. *La profondeur d'un regard.* **3.** Caractère de ce qui s'enfonce. *La profondeur d'un forage.* **III.** fig. **1.** Qualité de ce qui va au fond des choses, au-delà des apparences. *Profondeur de vues.* – *La profondeur d'un esprit, d'une œuvre.* **2.** (vie affective) Caractère de ce qui est durable, intense. *La profondeur d'un sentiment.* – *EN PROFONDEUR :* de façon approfondie. **3.** Partie la plus intérieure et la plus difficile à pénétrer. *Les profondeurs de l'âme, de la conscience. La psychologie des profondeurs :* la psychanalyse.

PRO FORMA loc. adj. invar. ▪ *Facture pro forma :* facture anticipée, établie dans les règles, et n'entraînant aucune conséquence juridique pour le client.

PROFUS, USE adj. ▪ LITTÉR. ou DIDACT. Qui se répand en abondance. ⇒ **abondant.** *Une lumière profuse.* ► adv. PROFUSÉMENT

PROFUSION n. f. ▪ Grande abondance. *Une profusion de cadeaux.* – Abondance excessive. ⇒ **surabondance.** *Une profusion de détails.* ⇒ **débauche.** – *À PROFUSION* loc. adv. ⇒ **abondamment.** *Vous aurez tout à profusion.*

PROGÉNITURE n. f. ▪ LITTÉR. Les êtres engendrés par un être humain, un animal. ⇒ **descendance.** – plais. *Promener sa progéniture,* sa famille, ses enfants.

PROGESTATIF, IVE adj. ▪ BIOL. Se dit des substances qui favorisent les processus de la grossesse. – n. m. *Un progestatif.*

PROGESTÉRONE n. f. ▪ BIOL. Hormone sexuelle femelle sécrétée après l'ovulation et pendant la grossesse.

PROGICIEL n. m. ▪ INFORM. Ensemble de programmes informatiques munis d'une documentation, commercialisés en vue d'un type d'utilisation. *Progiciel de traitement de textes.*

PROGNATHE [-gnat] adj. ▪ DIDACT. Qui a les maxillaires proéminents. *Un visage prognathe.* – plus cour. Qui a le menton saillant. ► n. m. PROGNATHISME [-gn-]

PROGRAMMABLE adj. ▪ Que l'on peut programmer ; dont on peut régler à l'avance la mise en route. *Magnétoscope, machine à laver programmable.*

PROGRAMMATEUR, TRICE ▪ 1. n. Personne chargée de la programmation de spectacles. 2. n. m. Système qui commande le déroulement d'une série d'opérations simples. *Le programmateur d'une machine à laver.*

PROGRAMMATION n. f. ▪ 1. Établissement, organisation des programmes (cinéma, radio, télévision). 2. Élaboration et codification d'un programme (4). *Langages de programmation* (ex. basic, cobol, fortran, pascal).

PROGRAMME n. m. ▪ 1. Écrit annonçant et décrivant les parties d'une cérémonie, d'un spectacle, etc. *Demandez le programme !* – Ce qui est annoncé. *Changement de programme.* 2. Ensemble des matières qui sont enseignées dans un cycle d'études ou qui forment le sujet d'un examen, d'un concours. *Programme scolaire. Le programme du bac. Les œuvres inscrites au programme.* 3. Suite d'actions que l'on se propose d'accomplir pour arriver à un résultat. ⇒ **plan, projet.** – loc. *C'est tout un programme,* se dit d'une annonce, d'un titre qui suffit à faire prévoir la suite. ♦ *Programme électoral.* ♦ FAM. *Quel est le programme de ta soirée ?* 4. Suite ordonnée d'opérations qu'une machine est chargée d'effectuer. *Le programme d'un four électrique.* ♦ INFORM. ⇒ **logiciel, progiciel.** *Programme stocké sur une disquette. Le menu* proposé par un programme.*

PROGRAMMER v. tr. [1] ▪ 1. Inclure dans un programme (cinéma, radio, télévision). – au p. p. *Émission programmée à une heure tardive.* 2. Élaborer un programme (4). ♦ Commander une machine grâce à un programme. *Programmer un magnétoscope.* – *Programmer un temps de cuisson.* 3. FAM. Prévoir et organiser. ⇒ **planifier.** *J'ai programmé ma journée.*

PROGRAMMEUR, EUSE n. ▪ Spécialiste qui établit le programme d'un ordinateur. *Analyste-programmeur.*

PROGRÈS n. m. ▪ 1. surtout au plur. Avance d'une troupe, d'une armée. ⇒ **progression.** ♦ Fait de se répandre, de gagner du terrain. ⇒ **propagation.** *Les progrès de l'incendie ; d'une épidémie.* 2. Changement d'état qui consiste en un passage à un degré supérieur. ⇒ **développement.** *La criminalité est en progrès.* ⇒ **progresser.** *Les progrès de la maladie.* 3. Développement en bien. ⇒ **amélioration.** *Élève qui fait des progrès.* – *Les progrès de la médecine.* – FAM. *Il y a du progrès.* 4. absolt *LE PROGRÈS :* l'évolution de l'humanité, de la civilisation (vers un terme idéal). *Croire au progrès ; nier le progrès.*

PROGRESSER v. intr. [1] ▪ 1. Se développer, être en progrès. *Le mal progresse.* ⇒ s'**aggraver, empirer.** – Faire des progrès (3). *Cet enfant a beaucoup progressé.* – *Les négociations progressent.* ⇒ **avancer.** 2. Avancer, gagner du terrain. *L'ennemi progresse.*

PROGRESSIF, IVE adj. ▪ 1. Qui suit une progression, un mouvement par degrés. *Impôt progressif* (opposé à *dégressif*). 2. Qui s'effectue d'une manière régulière et continue. ⇒ **graduel.** *Changement progressif.*

PROGRESSION n. f. ▪ 1. Suite de nombres dans laquelle chaque terme est déduit du précédent par une loi constante. *Progression arithmétique*, géométrique*. Raison* d'une progression.* 2. Avance élaborée, organisée. *La progression d'une armée.* – *La lente progression des glaciers.* ⇒ **avance,** ② **marche.** 3. Développement par degrés, régulier et continu (opposé à *régression*). ⇒ **progrès.** *La progression du chômage.*

PROGRESSISTE adj. et n. ▪ Qui est partisan du progrès politique, social, économique (par des réformes ou des moyens violents). *Parti progressiste.* – *Idées progressistes.* ♦ n. *Les progressistes et les conservateurs, les réactionnaires.* ► n. m. PROGRESSISME

PROGRESSIVEMENT adv. ▪ D'une manière progressive, petit à petit. ⇒ **graduellement.**

PROGRESSIVITÉ n. f. ▪ Caractère progressif, graduel. *La progressivité de l'impôt.*

PROHIBÉ, ÉE adj. ▪ Défendu par la loi. – *Armes prohibées,* dont l'usage, le port sont interdits.

PROHIBER v. tr. [1] ▪ Défendre, interdire par une mesure légale.

PROHIBITIF, IVE adj. ▪ 1. DR. Qui défend, interdit légalement. *Des mesures prohibitives.* 2. *Droits, tarifs douaniers prohibitifs,* si élevés qu'ils équivalent à la prohibition d'une marchandise. – COUR. (prix) Trop élevé, excessif. *Un prix prohibitif.* ⇒ **exorbitant.**

PROHIBITION n. f. ▪ 1. Interdiction légale. *La prohibition du port d'armes.* 2. Interdiction d'importer, de fabriquer, de vendre certaines marchandises. – absolt *LA PROHIBITION,* celle de l'alcool, de 1919 à 1933, aux États-Unis.

prohibition. Début de la prohibition des alcools aux États-Unis, *Les Funérailles du whisky,* caricature, 1919, parue dans *La Domenica del Corriere.* *Phot. © Dagli Orti*

PROIE n. f. ▪ 1. Être vivant dont un animal s'empare pour le dévorer. *Bondir, fondre sur sa proie.* – *DE PROIE :* qui se nourrit surtout de proies vivantes. ⇒ **prédateur.** *Oiseau de proie.* ⇒ **rapace.** – loc. fig. *Lâcher la proie pour l'ombre*.* 2. Bien dont on s'empare par la force ; personne que l'on dépouille. *Être une proie facile pour qqn.* ⇒ **victime.** 3. *ÊTRE LA PROIE DE :* être absorbé, pris par (un sentiment, une force hostile). *Être la proie des remords.* – Être livré à, détruit par. *La forêt fut en un instant la proie des flammes.* 4. *EN PROIE À :* tourmenté par (un mal, un sentiment, une pensée). *Être en proie au désespoir.*

PROJECTEUR n. m. ▪ 1. Appareil d'optique qui projette des rayons lumineux intenses en un faisceau parallèle. *Projecteurs de théâtre.* ⇒ **spot.** ◇ abrév. FAM. PROJO. 2. Appareil servant à projeter des images sur un écran. *Projecteur de diapositives.*

PROJECTIF, IVE adj. ▪ DIDACT. **1.** Relatif à la projection (2 et 4). **2.** Relatif à un projet.

PROJECTILE n. m. ▪ Objet lancé avec force contre qqn, qqch. ♦ spécialt *Projectiles d'artillerie :* obus, bombes.

PROJECTION n. f. ▪ **1.** Action de projeter, de lancer en avant. - Lancement (de projectiles). - surtout au plur. Matières projetées. *Les projections d'un volcan.* **2.** GÉOM. Opération par laquelle on fait correspondre, à un ou plusieurs points de l'espace, un point ou un ensemble de points sur une droite ou sur une surface, suivant un procédé géométrique défini ; le ou les points ainsi définis. *Projection orthogonale.* **3.** Action de projeter une image, un film sur un écran. *Appareil de projection.* ⇒ **projecteur.** *Conférence avec projections.* **4.** PSYCH. Mécanisme de défense par lequel le sujet voit chez autrui des idées, des affects qui lui sont propres. *Projection et identification.*

PROJECTIONNISTE n. ▪ Technicien, technicienne chargé(e) de la projection des films.

PROJET n. m. ▪ **1.** Image d'une situation, d'un état que l'on pense atteindre. ⇒ **dessein, intention, plan.** *Projet détaillé, élaboré.* ⇒ **programme.** *Caresser, mûrir, nourrir ; accomplir, réaliser un projet.* - *Avoir un projet de livre.* **2.** Brouillon, ébauche, premier état. *Laisser qqch. à l'état de projet.* - *EN PROJET :* à l'étude. - *Projet de loi*.* ♦ Dessin d'un édifice à construire. - Dessin, modèle antérieur à la réalisation. ⇒ **avant-projet.** *L'étude d'un projet.*

PROJETER v. tr. [4] ▪ **I. 1.** Jeter en avant et avec force. ⇒ **lancer ; projection.** *L'explosion les projeta au sol.* ♦ (sans idée de mouvement) *Arbre qui projette ses branches au-dessus d'un mur.* **2.** SCIENCES Figurer, tracer en projection. *Projeter un volume sur un plan.* **3.** Envoyer sur une surface (des rayons lumineux, une image). - au p. p. *Ombre projetée.* ♦ *Projeter un film.* **4.** PSYCH. *Projeter un sentiment sur qqn,* lui attribuer un sentiment qu'on éprouve soi-même. **II.** (→ projet) Former l'idée de (ce que l'on veut faire et les moyens pour y parvenir). *Il projetait un voyage.* ⇒ **envisager, préparer.** - *Projeter de* (+ inf.). ► SE **PROJETER** v. pron. **1.** Être projeté. ⇒ se **profiler.** **2.** *Elle se projette sur ses enfants* (⇒ **projection** (4)).

PROJETEUR, EUSE n. ▪ Technicien, technicienne qui établit des projets.

Sergueï **PROKOFIEV** (1891 - 1953) ▪ Compositeur russe. Auteur du célèbre *"Pierre et le Loup"* (1936), de ballets (*"Roméo et Juliette"*, 1935), d'opéras (*"L'Amour des trois oranges"*, 1919), de symphonies et de concertos pour piano. Son œuvre oscille entre la modernité occidentale et la tradition russe.

PROKOPIEVSK ▪ Ville de Russie. 272 000 hab. Centre houiller du Kouzbass.

PROLAPSUS [-ys] n. m. ▪ MÉD. Descente (d'un organe ou d'une partie d'un organe). *Prolapsus du rectum.*

PROLÉGOMÈNES n. m. pl. ▪ DIDACT. **1.** Ample préface. **2.** Principes préliminaires à l'étude d'une question.

PROLEPSE n. f. ▪ DIDACT. Figure de rhétorique par laquelle on va au-devant des objections.

PROLÉTAIRE n. ▪ **1.** ANTIQ. ROM. Citoyen de la dernière classe du peuple, exempt d'impôt, et ne pouvant être utile à l'État que par sa descendance. **2.** MOD. Ouvrier, paysan, employé qui ne vit que de son salaire (opposé à *capitaliste, bourgeois*). « *Prolétaires de tous les pays, unissez-vous* » (Marx et Engels, *"Manifeste du parti communiste"*). - spécialt Travailleur manuel de la grande industrie (abrév. FAM. PROLO). - **adj.** *Banlieue prolétaire.*

PROLÉTARIAT n. m. ▪ Classe sociale des prolétaires. *Le prolétariat urbain, ouvrier ; rural.*

PROLÉTARIEN, IENNE adj. ▪ Relatif au prolétariat ; formé par le prolétariat.

PROLÉTARISER v. tr. [1] ▪ Réduire à la condition de prolétaire. ► PROLÉTARISATION n. f. *La prolétarisation des paysans.*

PROLIFÉRATION n. f. ▪ Fait de proliférer. ♦ fig. *La prolifération des armes nucléaires.*

PROLIFÉRER v. intr. [6] ▪ **1.** DIDACT. (cellules vivantes) Se multiplier en se reproduisant. **2.** (plantes, animaux) Se multiplier en abondance, rapidement. *Le gibier prolifère, par ici.* ♦ fig. ⇒ **foisonner.** *Les agences immobilières prolifèrent.*

PROLIFIQUE adj. ▪ **1.** Qui se multiplie rapidement. *Les lapins sont prolifiques.* ⇒ **fécond.** **2.** fig. Qui produit beaucoup. *Un romancier prolifique.* ► n. f. PROLIFICITÉ

PROLIXE adj. ▪ Qui est trop long, qui a tendance à délayer dans ses écrits ou ses discours. ⇒ **bavard, verbeux.** *Un orateur prolixe.* - *Style prolixe.* ► PROLIXITÉ n. f. LITTÉR. ⇒ **faconde, verbiage.**

PROLOGUE n. m. ▪ **1.** Discours qui introduit une pièce de théâtre. **2.** Texte introductif. ⇒ **introduction, préface.** - fig. Préliminaire, prélude. *Un prologue sanglant à des troubles.* **3.** Première partie (d'une œuvre narrative) exposant des événements antérieurs à l'action proprement dite.

PROLONGATEUR n. m. ▪ Cordon électrique muni de deux prises (mâle et femelle). ⇒ **rallonge.**

PROLONGATION n. f. ▪ **1.** Action de prolonger dans le temps ; temps prolongé. *Obtenir une prolongation de congé.* **2.** SPORTS Chacune des deux périodes supplémentaires qui prolongent un match en vue de départager deux équipes à égalité. *Jouer les prolongations ;* fig. poursuivre une activité au-delà du terme prévu.

PROLONGE n. f. ▪ MILIT. *Prolonge d'artillerie :* voiture servant à transporter les munitions, le matériel.

PROLONGÉ, ÉE adj. ▪ Qui se prolonge dans le temps. - FAM. *Adolescent(e) prolongé(e),* adulte sans maturité.

PROLONGEMENT n. m. ▪ **1.** Action de prolonger dans l'espace ; augmentation de longueur. ⇒ **allongement.** *Le prolongement d'une ligne électrique.* **2.** Ce qui prolonge la partie principale (d'une chose). *Les prolongements de la cellule nerveuse.* **3.** loc. *DANS LE PROLONGEMENT de,* dans la direction qui prolonge... - fig. *Dans le prolongement de cette politique.* **4.** Ce par quoi un événement, une situation se prolonge. ⇒ **conséquence, suite.** *Les prolongements d'une affaire.*

PROLONGER v. tr. [3] ▪ **1.** (temporel) Faire durer plus longtemps (⇒ **allonger, rallonger ; prolongation**). *Prolonger une conversation, un débat.* - pronom. Durer plus longtemps que prévu. ⇒ **continuer,** se **poursuivre.** *La séance s'est prolongée jusqu'à minuit.* **2.** (spatial) Faire aller plus loin dans le sens de la longueur. ⇒ **allonger ; prolongement.** *Prolonger une ligne de métro.* - pronom. Aller plus loin. ⇒ **continuer.** *Le chemin se prolonge jusqu'à la route.* **3.** (choses) Être le prolongement de.

PROMENADE n. f. ▪ **1.** Action de se promener ; trajet fait en se promenant. ⇒ **excursion ; balade.** *Faire une promenade à pied, en voiture.* ⇒ **tour.** *Partir en promenade. "Promenades dans Rome"* (de Stendhal). **2.** Lieu aménagé dans une ville pour les promeneurs. ⇒ **avenue, cours.** *La promenade des Anglais, à Nice.*

PROMENER v. tr. [5] ▪ **1.** Faire aller dans plusieurs endroits, pour le plaisir, le délassement. *Promener un ami dans Paris.* **2.** Déplacer, faire aller et venir (qqch.). *Promener un archet sur les cordes.* **3.** Faire aller avec soi. *Promener son ennui, sa tristesse.* ► SE **PROMENER** v. pron. **1.** Aller d'un lieu à un autre pour se détendre, prendre l'air, etc. ⇒ **marcher ;** FAM. se **balader.** *Je vais me promener.* ⇒ **sortir.** **2.** FAM. (sans pron.) *Envoyer* promener qqn, qqch. :* repousser, rejeter (→ envoyer dinguer, paître, valser).

PROMENEUR, EUSE n. ▪ Personne qui se promène à pied. ⇒ **flâneur, passant.** *"Les Rêveries du promeneur solitaire"* (de Rousseau).

PROMENOIR n. m. ▪ **1.** Lieu destiné à la promenade (couvents, prisons...). **2.** Partie d'une salle de spectacle où les spectateurs, à l'origine, pouvaient circuler.

PROMESSE n. f. ▪ **1.** Action de promettre ; ce que l'on s'engage à faire. *Il m'a fait des promesses qu'il n'a pas tenues. Manquer à sa promesse.* ⇒ **parole.** **2.** Engagement de contracter une obligation ou d'accomplir un acte. *Promesse d'achat. Promesse de mariage.* **3.** LITTÉR. Espérance que donne qqch. *Un livre plein de promesses,* qui laisse espérer de belles œuvres.

PROMÉTHÉE ▪ Titan de la mythologie grecque. Il dérobe le feu du ciel afin de le donner aux hommes. Pour le punir, Zeus le fait enchaîner sur le Caucase : un aigle vient dévorer son foie qui se reforme sans cesse. Il est délivré par Héraclès.

PROMETTEUR, EUSE adj. ▪ Plein de promesses (3). *Des débuts prometteurs.*

PROMETTRE v. tr. [56] ▪ **1.** S'engager envers qqn à faire qqch. *Il lui a promis son aide, de l'aider, qu'il l'aiderait.* **2.** Affirmer, assurer. *Je vous promets qu'il s'en repentira.* ⇒ **jurer.** **3.** S'engager envers qqn à donner (qqch.). *On leur promet*

une récompense. ‑ loc. *Promettre la lune, monts et merveilles,* des choses impossibles. **4.** ⇒ **annoncer, prédire.** *La météo nous promet du beau temps pour demain.* **5.** (choses) Faire espérer (un développement, des événements). *Ce nuage ne promet rien de bon.* **6.** absolt Donner de grandes espérances. *Un enfant, un début qui promet.* ⇒ **promesse** (3) ; **prometteur.** ‑ FAM. *De la neige en septembre, ça promet pour cet hiver !,* ça va être encore pire. ► SE **PROMETTRE** v. pron. **1.** (réfl. ind.) Espérer, compter sur. *Les joies qu'il s'était promises.* ‑ *Se promettre de* (+ inf.) : faire le projet de. *Il se promit d'essayer.* **2.** (récipr.) Se faire des promesses mutuelles.

PROMIS, ISE ▪ **I.** adj. **1.** loc. *Chose promise, chose due,* on doit faire, donner ce qu'on a promis. ‑ *La* TERRE PROMISE *:* la terre de Chanaan que Dieu avait promise au peuple hébreu ; fig. pays, milieu dont on rêve. **2.** *PROMIS À :* destiné à, voué à. *Être promis à un brillant avenir.* **II.** n. RÉGIONAL Fiancé(e).

PROMISCUITÉ n. f. ▪ Situation qui oblige des personnes à vivre côte à côte et à se mêler malgré elles ; voisinage choquant ou désagréable. *La promiscuité des camps de réfugiés.*

PROMONTOIRE n. m. ▪ Pointe de terre (⇒ **cap, presqu'île**), de relief élevé, s'avançant en saillie dans la mer.

PROMOTEUR, TRICE n. ▪ **1.** LITTÉR. Personne qui donne la première impulsion (à qqch.). ⇒ **instigateur.** *Le promoteur d'une réforme.* **2.** *Promoteur (immobilier) :* homme d'affaires, société qui assure et finance la construction d'immeubles. ‑ adj. *Société promotrice.*

PROMOTION n. f. ▪ **1.** Fait de parvenir à un grade, un emploi supérieur. ⇒ **avancement.** *Obtenir une promotion.* ‑ *Promotion sociale :* accession à un rang social supérieur. **2.** Ensemble des candidats admis la même année à certaines grandes écoles. *Camarades de promotion.* ◇ abrév. FAM. PROMO n. f. **3.** *PROMOTION DES VENTES :* développement des ventes ; techniques, services chargés de ce développement. ‑ *Article vendu en promotion.* ⇒ **réclame ; promotionnel.** **4.** *Promotion immobilière :* activité du promoteur (2). **5.** Action de promouvoir (2). *La promotion du travail manuel.*

PROMOTIONNEL, ELLE adj. ▪ Qui favorise l'expansion des ventes. ⇒ **promotion** (3). *Vente promotionnelle.*

PROMOUVOIR v. tr. [27] rare, sauf à l'inf. et au p. p. ▪ **1.** Élever à une dignité, un grade... supérieur. ‑ passif et p. p. *Être promu à la direction des ventes, promu directeur.* ‑ n. *Un promu.* **2.** Encourager, provoquer la création, l'essor de (qqch.). *Promouvoir la recherche scientifique.*

PROMPT, PROMPTE [pʀɔ̃(pt), pʀɔ̃(p)t] adj. ▪ **I. 1.** LITTÉR. Qui agit, fait (qqch.) sans tarder. ‑ *PROMPT À... :* que son tempérament entraîne rapidement à... *Il était prompt à la colère, à riposter.* **2.** (choses) Qui ne tarde pas à se produire. *Un prompt rétablissement.* ‑ *Ciment prompt,* à prise rapide. **II. 1.** LITTÉR. (personnes) Qui met peu de temps à ce qu'il fait, se meut avec rapidité. *Prompt comme l'éclair, comme la foudre,* très rapide, instantané. **2.** (choses) Qui se produit en peu de temps. ⇒ **rapide, soudain.** *Une prompte riposte.* ► adv. PROMPTEMENT

PROMPTEUR [-pt-] n. m. ▪ anglic. Appareil qui fait défiler au-dessus d'une caméra de télévision un texte à lire par la personne qui est à l'écran.

PROMPTITUDE [-(p)ti-] n. f. ▪ LITTÉR. **1.** Manière d'agir, réaction d'une personne prompte. ⇒ **rapidité.** **2.** Caractère de ce qui survient vite ou se fait en peu de temps. *La promptitude de leur riposte.*

PROMULGATION n. f. ▪ Action de promulguer (une loi).

PROMULGUER v. tr. [1] ▪ Décréter (une loi) valable et exécutoire. *En France, le président de la République promulgue les lois votées par le Parlement.*

PRONATION n. f. ▪ DIDACT. (opposé à *supination*) Mouvement de rotation interne de la main et de l'avant-bras (sous l'action des muscles *pronateurs*).

PRÔNE n. m. ▪ RELIG. Sermon du dimanche.

PRÔNER v. tr. [1] ▪ Vanter et recommander sans réserve et avec insistance. *Prôner la tolérance.* ⇒ **exalter, préconiser.** ► n. PRÔNEUR, EUSE

PRONOM n. m. ▪ GRAMM. Mot qui a les fonctions du nom et qui représente ou remplace un nom. *Pronoms démonstratifs* (ceci, cela...), *indéfinis* (on, certains...), *interrogatifs* (qui, quoi...), *personnels* (je, tu...), *possessifs* (le mien, le tien...), *relatifs* (que, qui, auquel...).

PRONOMINAL, ALE, AUX adj. ▪ **1.** Relatif au pronom. *L'emploi pronominal de « tout ».* **2.** *Verbe pronominal,* précédé d'un pronom personnel réfléchi et qui, en français, se conjugue obligatoirement avec l'auxiliaire *être* aux temps composés (ex. je me suis promené). *Verbe pronominal réfléchi*, réciproque*, à sens passif. Verbe essentiellement pronominal* (ex. s'évanouir, se souvenir). ► adv. PRONOMINALEMENT

PRONONÇABLE adj. ▪ Que l'on peut prononcer.

PRONONCÉ, ÉE adj. ▪ **I.** ⇒ **prononcer. II.** Très marqué, très visible, très perceptible. *Un goût prononcé pour la musique.*

PRONONCER v. [3] ▪ **I.** v. tr. **1.** Rendre, lire (un jugement) ; faire connaître (une décision). *Prononcer la clôture des débats.* ‑ au p. p. *Jugement prononcé.* **2.** Dire (un mot, une phrase). *J'ai trop mangé : je ne peux plus prononcer un mot.* **3.** Articuler d'une certaine manière (les sons du langage). ⇒ **prononciation.** *Prononcer correctement l'anglais.* ‑ Articuler (tel mot). *Nom impossible à prononcer,* imprononçable. ‑ pronom. (passif) *Ce mot s'écrit comme il se prononce.* ‑ p. p. *Phrase mal prononcée.* **4.** Faire entendre, dire ou lire publiquement (un texte). *Le maire prononça un discours.* **II.** v. intr. Rendre un arrêt, un jugement. *Le tribunal n'a pas encore prononcé.* ⇒ **juger.** ► SE **PRONONCER** v. pron. Se décider, se déterminer. *Se prononcer en faveur de qqn.*

PRONONCIATION n. f. ▪ **1.** DR. Lecture d'un arrêt, d'un jugement. **2.** Manière dont les sons du langage sont articulés, dont un mot est prononcé. ⇒ **phonétique.** *Les prononciations régionales d'une langue.* ⇒ **accent.** *Défaut de prononciation.* ⇒ **élocution.**

PRONOSTIC n. m. ▪ **1.** Jugement que porte un médecin (après le diagnostic) sur la durée et l'issue d'une maladie. **2.** souvent au plur. Conjecture, hypothèse sur ce qui doit arriver, sur l'issue d'une affaire, etc. ⇒ **prédiction, prévision.** *Se tromper dans ses pronostics.* ‑ spécialt *Le pronostic des courses* (de chevaux).

PRONOSTIQUER v. tr. [1] ▪ **1.** MÉD. Faire un pronostic. **2.** Donner un pronostic sur (ce qui doit arriver). ⇒ **annoncer, prévoir.** *Pronostiquer la victoire d'une équipe.*

PRONOSTIQUEUR, EUSE n. ▪ Personne qui fait des pronostics (spécialt qui établit les pronostics sportifs, dans un journal, à la radio, etc.).

PROPAGANDE n. f. ▪ Action exercée sur l'opinion pour l'amener à avoir et à appuyer certaines idées (surtout politiques). *Propagande électorale. Faire de la propagande pour qqch., qqn. Propagande et publicité. La langue de bois de la propagande.*

PROPAGANDISTE n. ▪ **1.** Personne qui fait de la propagande. **2.** Personne qui fait l'éloge de qqn, de qqch.

PROPAGATEUR, TRICE n. ▪ Personne qui propage (une religion, une opinion, une méthode...).

PROPAGATION n. f. ▪ **1.** Le fait de propager. *La propagation de la foi.* **2.** Le fait de se propager ; progression par expansion. *La propagation d'une épidémie. La propagation du son, de la lumière.*

PROPAGER v. tr. [3] ▪ Répandre, diffuser (des idées, des paroles, etc.). *Propager une nouvelle.* ⇒ **colporter, transmettre.** ► SE **PROPAGER** v. pron. **1.** Se multiplier par reproduction. *Cette espèce s'est propagée en France.* **2.** Se répandre. *L'incendie se propage.* ⇒ s'**étendre, gagner.** **3.** (phénomène vibratoire, influx, etc.) S'éloigner de son origine. *Le son se propage.*

PROPANE n. m. ▪ Gaz naturel ou sous-produit de raffinage d'hydrocarbure, vendu en bouteilles pour le chauffage, le travail des métaux.

PROPÉDEUTIQUE adj. ▪ DIDACT. Qui prépare (à des études, etc.).

PROPENSION n. f. ▪ Tendance naturelle. ⇒ **inclination, penchant.** *Il a une certaine propension à critiquer, à la critique.*

PROPERCE (v. 47 ‑ 15 av. J.-C.) ▪ Poète latin protégé par Mécène. Auteur d'*"Élégies"*, il est le poète de l'amour.

PROPERGOL n. m. ▪ CHIM. Substance dont la décomposition ou la réaction chimique produit de l'énergie utilisée pour la propulsion des fusées.

PROPHÈTE, PROPHÉTESSE n. ▪ **1.** Personne inspirée par la divinité, qui prédit l'avenir et révèle des vérités cachées. ⇒ **augure, devin, oracle.** *Les prophètes de la Bible.* ‑ *Le Prophète,* Mahomet, prophète de l'islam. ‑ loc. *FAUX PROPHÈTE :* imposteur. **2.** (sens affaibli) allus. (Évangile) *Nul n'est prophète en son pays :* il est plus difficile d'être écouté, considéré par ses compatriotes ou ses proches que par les étrangers. ‑ loc.

Prophète de malheur, celui qui annonce, prédit des événements fâcheux.

PROPHÉTIE n. f. ▪ **1.** Ce qui est prédit par un prophète. ⇒ **divination.** *Le don de prophétie. Les prophéties de la Pythie de Delphes.* ⇒ **oracle. 2.** Ce qui est annoncé par des personnes qui prétendent connaître l'avenir. *Les prophéties d'une cartomancienne.* **3.** Expression d'une conjecture, d'une hypothèse sur des événements à venir. ⇒ **prédiction.** *Tes prophéties se sont réalisées.*

PROPHÉTIQUE adj. ▪ Qui a rapport à un prophète, a le caractère de la prophétie. *Des paroles prophétiques*, que l'avenir devait confirmer.

PROPHÉTISER v. tr. [1] ▪ **1.** Prédire, en se proclamant inspiré par la divinité. ‑ absolt Parler au nom de Dieu. **2.** Prédire, annoncer (ce qui va arriver).

PROPHYLACTIQUE adj. ▪ Qui prévient la maladie. *Mesures d'hygiène prophylactiques.* ⇒ **préventif.**

PROPHYLAXIE n. f. ▪ Ensemble des mesures à prendre pour prévenir les maladies. ⇒ **hygiène, prévention.**

PROPICE adj. ▪ **1.** LITTÉR. (divinité) Bien disposé, favorable. *Que le sort nous soit propice !* **2.** (choses) *Propice à...*, qui se prête tout particulièrement à. ⇒ **bon.** *Climat propice à sa santé.* ♦ Opportun, favorable. *Choisir le moment propice.*

PROPITIATOIRE adj. ▪ LITTÉR. Qui a pour but de rendre la divinité propice. *Une offrande propitiatoire.*

la PROPONTIDE ▪ Ancien nom de la mer de Marmara.

PROPORTION n. f. ▪ **1.** (qualité) Rapport esthétiquement satisfaisant entre deux éléments d'un ensemble ; équilibre des surfaces, des masses, des dimensions. *La proportion entre la hauteur et la largeur d'une façade.* ‑ au plur. Formes. *Une statue aux proportions harmonieuses*, bien proportionnée. **2.** (quantité) Rapport (entre deux ou plusieurs choses). *Une proportion égale de réussites et d'échecs. Proportion des naissances par rapport aux décès.* ⇒ **pourcentage, taux.** ♦ loc. *À PROPORTION DE... :* suivant l'importance, la grandeur relative de. ⇒ **proportionnellement** à. ‑ *À PROPORTION QUE* (+ indic.) : à mesure que (et dans la mesure où). *À PROPORTION :* suivant la même proportion. *La clientèle a augmenté et le travail à proportion.* ‑ *EN PROPORTION DE.* ⇒ **selon, suivant.** *C'est peu de chose, en proportion du service rendu.* ⇒ en **comparaison** de, **relativement** à. *EN PROPORTION :* suivant la même proportion. *Il est grand, et gros en proportion.* ‑ *HORS DE PROPORTION*, sans commune mesure avec... ⇒ **disproportionné. 3.** au plur. Dimensions (par référence implicite à une échelle, une mesure). *Mesurer les proportions véritables d'un événement.* ⇒ **importance.**

PROPORTIONNALITÉ n. f. ▪ DIDACT. **1.** Caractère des grandeurs proportionnelles entre elles. **2.** Fait de répartir (qqch.) selon une juste proportion. *La proportionnalité de l'impôt.*

PROPORTIONNÉ, ÉE adj. ▪ **1.** *Proportionné à*, qui a un rapport normal avec. *Des efforts proportionnés au résultat cherché* (opposé à *disproportionné*). **2.** *BIEN PROPORTIONNÉ :* qui a de belles proportions (1), bien fait.

PROPORTIONNEL, ELLE adj. ▪ **1.** MATH. *Suite proportionnelle*, chacune des fractions (dont aucun terme n'est égal à 0) donnée pour égale à une autre (ex. $\frac{a}{b} = \frac{c}{d} = \frac{e}{f}$...). ‑ *Moyenne, grandeur proportionnelle*, calculée à partir de suites proportionnelles. **2.** Qui est, reste en rapport avec (qqch.), varie dans le même sens. *Salaire proportionnel au travail fourni.* ‑ absolt Déterminé par une proportion. *Impôt proportionnel*, à taux invariable (opposé à *progressif*). **3.** *Représentation proportionnelle* ou n. f. *la proportionnelle :* système électoral où les élus de chaque liste sont en nombre proportionnel à celui des voix obtenues par cette liste.

PROPORTIONNELLEMENT adv. ▪ Suivant une proportion ; d'une manière proportionnelle. *Calculer ses dépenses proportionnellement à son salaire.* ⇒ **comparativement, relativement.**

PROPORTIONNER v. tr. [1] ▪ Rendre (une chose) proportionnelle (à une autre) ; établir un rapport convenable, normal entre (plusieurs choses).

PROPOS n. m. ▪ **I.** au sing. **1.** LITTÉR. Ce qu'on propose ; ce qu'on se fixe pour but. ⇒ **dessein, intention. 2.** loc. *À PROPOS DE :* au sujet de. ⇒ **concernant.** *À propos de tout et de rien*, sans motif. ‑ *À TOUT PROPOS* (→ pour un oui ou pour un non, à tout bout de champ). ‑ *À PROPOS, À CE PROPOS* (introduisant une idée qui surgit brusquement à l'esprit) (→ au fait). *Ah ! à propos, je voulais vous demander...* ‑ *Mal à propos*, de manière intempestive, inopportune. ♦ loc. adv. *À PROPOS :* de la manière, au moment, à l'endroit convenable ; avec discernement. *Voilà qui tombe à propos.* ⇒ **bien ;** FAM. à **pic.** ‑ Convenable, opportun. *Il a jugé à propos de démissionner.* ♦ *HORS DE PROPOS :* mal à propos. ⇒ à **contretemps.** ‑ Inopportun. *Questions hors de propos.* **II.** *UN, DES PROPOS :* paroles dites au sujet de qqn, qqch., mots échangés. ⇒ **parole.** *Ce sont des propos en l'air. Des propos blessants.*

PROPOSER v. tr. [1] ▪ **I.** *PROPOSER qqch. À qqn.* **1.** Faire connaître à qqn, soumettre à son choix. *On leur proposa un nouveau projet.* ⇒ **présenter.** ‑ *Proposer une solution.* ⇒ **avancer, suggérer.** ‑ *Proposer de* (+ inf.), *que* (+ subj.). **2.** Soumettre (un projet) en demandant d'y prendre part. *Il nous a proposé un arrangement, de partager les frais.* **3.** Demander à qqn d'accepter. *On lui a proposé de l'argent.* ⇒ **offrir. 4.** Donner (un sujet, un thème). ‑ au p. p. *Le sujet proposé aux candidats.* **II.** *PROPOSER qqn :* désigner (qqn) comme candidat pour un emploi. *On l'a proposé pour ce poste.* ► **SE PROPOSER** v. pron. **1.** Se fixer (un but) ; former le projet de (faire). *Elles se sont proposé un objectif précis.* **2.** Poser sa candidature à un emploi, offrir ses services. *Elle s'est proposée pour garder les enfants.*

PROPOSITION n. f. ▪ **1.** Action de proposer, d'offrir, de suggérer qqch. à qqn ; ce qui est proposé. ⇒ **offre.** *Faire, accepter, rejeter une proposition. Faire des propositions (déshonnêtes) à une femme. Sur (la) proposition de qqn*, conformément à ce qu'il, elle a proposé, sur son conseil. *Propositions et contre-propositions.* ‑ *PROPOSITION DE LOI**. **2.** LOG. Assertion considérée dans son contenu. *Démontrer qu'une proposition est vraie, fausse, contradictoire.* **3.** GRAMM. Énoncé constituant une phrase simple ou entrant dans la formation d'une phrase complexe. *Proposition principale, subordonnée, indépendante.*

PROPRE adj. ▪ **I.** (→ propriété) **1.** (après le nom ; dans quelques expressions) Qui appartient d'une manière exclusive ou particulière à une personne, une chose. *Vous lui remettrez ces papiers en mains propres.* ‑ *NOM PROPRE* (opposé à *nom commun*) : nom qui s'applique à une personne, à un lieu, à une chose unique ou à une collection de choses qu'il désigne. *Jean, Marseille, S.N.C.F. sont des noms propres.* ‑ *SENS PROPRE* (opposé à *sens figuré*) : sens initial (d'un mot), logiquement ou historiquement. ⇒ **littéral.** ‑ *PROPRE À... C'est un trait de caractère qui lui est propre. Un défaut propre à la jeunesse.* ⇒ **spécifique. 2.** (sens affaibli ; avec un possessif et avant le nom) *Rentrer par ses propres moyens. Il l'a vu de ses propres yeux.* ‑ *Ce sont ses propres mots*, exactement les mots qu'il a employés. ⇒ **même. 3.** (après le nom) Qui convient particulièrement (opposé à *impropre*). ⇒ **approprié, convenable.** *Le mot propre.* ⇒ **exact, juste.** *Une atmosphère propre, peu propre au travail.* ⇒ **propice.** ‑ (personnes) Apte, par sa personnalité, ses capacités. *Je le crois propre à remplir cet emploi.* ‑ n. *UN, UNE PROPRE-À-RIEN :* personne qui ne sait ou ne veut rien faire. ⇒ **incapable ;** → bon à rien. *Quels propres-à-rien !* **4.** n. m. *EN PROPRE :* possédé à l'exclusion de tout autre. *Avoir un bien en propre*, à soi. ⇒ **propriété.** ♦ *LE PROPRE DE :* la qualité distinctive qui caractérise, qui appartient à (une chose, une personne). allus. *Rire* est le propre de l'homme.* ⇒ **particularité.** ♦ *AU PROPRE :* au sens propre. **II.** (→ propreté) **1.** VX Qui est net, bien tenu, soigné. ♦ MOD. *La copie est propre.* ‑ n. m. *Mettre au propre* (opposé à *brouillon*). **2.** (choses) Qui n'a aucune trace de saleté, de souillure (opposé à *sale, malpropre*). ⇒ **impeccable, net.** *Des draps bien propres.* ⇒ **immaculé.** *Avoir les mains propres.* ‑ (d'une action, d'une occupation) *Manger avec ses doigts, ce n'est pas propre.* ♦ (personnes) Qui se lave souvent ; dont le corps et les vêtements sont débarrassés de toute trace de saleté. loc. *Propre comme un sou neuf*, très propre. ♦ fig., iron. *Nous voilà propres !*, dans une mauvaise situation. ⇒ **frais ;** → dans de beaux draps. ♦ Qui ne se souille pas. *Les chats sont propres. Cet enfant était propre à deux ans*, contrôlait ses fonctions naturelles. **3.** Qui pollue peu. *Énergies, industries propres.* **4.** fig. (personnes) Honnête, dont la réputation est sans tache. ‑ (choses) *Une affaire pas très propre.* ⇒ **correct.** ♦ n. m. iron. *C'est du propre !*, se dit d'un comportement indécent, immoral (→ c'est du beau, du joli !).

PROPREMENT adv. ▪ **I. 1.** D'une manière spéciale à qqn ou à qqch. ; en propre. *Une affaire proprement belge, française, et non pas internationale.* ⇒ **exclusivement, strictement. 2.** LITTÉR. Au sens propre du mot, à la lettre. ⇒ **exactement, précisément.** *C'est proprement scandaleux !* ‑ *À PROPREMENT PARLER :*

Proserpine. *L'Enlèvement de Proserpine* par Le Bernin, marbre, 1622. Galerie Borghèse, Rome.
Phot. © Dagli Orti

en nommant les choses exactement, par le mot propre. — *PROPREMENT DIT(E)* : au sens exact et restreint, au sens propre. **II. 1.** D'une manière propre, soigneusement ou sans souillure. *Manger proprement.* **2.** Comme il faut, correctement. ⇒ **convenablement.** *Un travail proprement exécuté.*

PROPRET, ETTE adj. ▪ Bien propre dans sa simplicité. *Une petite auberge proprette.*

PROPRETÉ n. f. ▪ État, qualité d'une personne, d'une chose propre. *La propreté des maisons hollandaises.*

PROPRIÉTAIRE n. ▪ **1.** Personne qui possède (qqch.) en propriété. *La propriétaire d'une voiture.* — loc. *Faire le tour du propriétaire,* visiter sa maison, son domaine. **2.** *Un, une propriétaire :* personne qui possède en propriété des biens immeubles. *Propriétaire terrien.* **3.** Personne qui possède un logement et le loue. ⇒ FAM. **proprio.** *Propriétaire et locataire.*

PROPRIÉTÉ n. f. ▪ **I. 1.** Fait de posséder en propre ; droit de jouir et de disposer de biens (⇒ **copropriété, nue-propriété**). *Le goût, l'amour de la propriété,* de la possession. « *Qu'est-ce que la propriété ? C'est le vol* » (Proudhon). — Monopole temporaire d'exploitation d'une œuvre, d'une invention par son auteur. *Propriété littéraire, artistique.* ⇒ **copyright. 2.** Ce qu'on possède en vertu de ce droit. *C'est ma propriété. La propriété de l'État.* **3.** Terre, construction ainsi possédée. *Vivre du revenu de ses propriétés.* — (collectif) *La grande et la petite propriété.* **4.** Riche maison d'habitation avec un jardin, un parc. *Il habite une superbe propriété.* **II. 1.** Qualité propre. *Les propriétés de la matière. Propriétés physiques, chimiques.* **2.** Qualité du mot propre, de l'expression qui convient exactement (opposé à *impropriété*).

PROPRIO n. ▪ FAM. Propriétaire.

PROPULSER v. tr. [1] ▪ **1.** Faire avancer par une poussée (⇒ **propulsion**). — au p. p. *Missile propulsé par une fusée.* **2.** Projeter au loin, avec violence. ► SE **PROPULSER** v. pron. FAM. Se déplacer, se promener.

PROPULSEUR n. m. ▪ **1.** ETHNOL., PRÉHIST. Bâton à encoche servant à lancer une arme de jet. **2.** Engin de propulsion (d'un bateau, d'un avion, d'un engin spatial). *Propulseur à hélice, à réaction.*

PROPULSION n. f. ▪ **1.** DIDACT. Fait de pousser en avant, de mettre en mouvement. *La propulsion du sang par le cœur.* **2.** COUR. Production d'une énergie qui assure le déplacement d'un mobile, le fonctionnement d'un moteur. *Sous-marin à propulsion nucléaire.*

AU **PRORATA** DE loc. prép. ▪ En proportion de, proportionnellement à. *Prime versée au prorata des salaires.*

PROROGATION n. f. ▪ Action de proroger. *La prorogation d'un bail.* ⇒ **renouvellement.**

PROROGER v. tr. [3] ▪ **1.** Renvoyer à une date ultérieure. *Proroger l'échéance d'un crédit.* **2.** Faire durer au-delà de la date d'expiration fixée. ⇒ **prolonger.** *Proroger un passeport.*

PROSAÏQUE adj. ▪ Qui manque d'idéal, de noblesse, sans poésie. ⇒ **commun, plat.** *Une vie prosaïque. C'est un homme prosaïque,* terre à terre. ► adv. PROSAÏQUEMENT

PROSAÏSME n. m. ▪ LITTÉR. Caractère prosaïque. *Le prosaïsme du quotidien.*

PROSATEUR n. m. ▪ Auteur qui écrit en prose. *Les prosateurs et les poètes.*

PROSCRIPTION [-psjɔ̃] n. f. ▪ **1.** HIST. Mesure de bannissement, qui était prise à l'encontre de certaines personnes en période d'agitation civile ou de dictature. ⇒ **exil. 2.** LITTÉR. Action de proscrire (2) qqch. ; son résultat. ⇒ **condamnation, interdiction.**

PROSCRIRE v. tr. [39] ▪ **1.** HIST. Bannir, exiler. ⇒ **proscription** (1). **2.** LITTÉR. Interdire formellement (une chose que l'on condamne, l'usage de qqch.). *Proscrire le tabac, l'alcool.*

PROSCRIT, ITE adj. ▪ **1.** Qui est frappé de proscription. ⇒ **banni, exilé.** — n. *"Les Proscrits"* (de Balzac). **2.** Interdit.

PROSE n. f. ▪ **1.** Forme ordinaire du discours oral ou écrit ; manière de s'exprimer qui n'est pas soumise aux règles de la versification (opposé à *poésie*). *Un drame en prose.* ♦ Ensemble de textes en prose. *La prose française du* XVIIIᵉ *siècle.* **2.** FAM. souvent iron. Manière (propre à une personne ou à certains milieux) d'utiliser le langage écrit ; texte où se reconnaît cette manière. *La prose administrative.*

PROSÉLYTE n. ▪ **1.** Nouveau converti à une religion. **2.** fig. Personne récemment gagnée à une doctrine, un parti, une nouveauté. ⇒ **adepte, néophyte.**

PROSÉLYTISME n. m. ▪ Zèle déployé pour faire des prosélytes, recruter des adeptes. ⇒ **apostolat, propagande.**

PROSERPINE ▪ Nom latin de Perséphone.

PROSODIE n. f. ▪ **1.** DIDACT. Durée, mélodie et rythme des sons d'un poème ; règles concernant ces caractères des sons. ⇒ **métrique, versification.** *La prosodie latine.* **2.** Règles fixant les rapports entre paroles et musique du chant. **3.** Intonation et débit propres à une langue. *Phonétique et prosodie françaises, allemandes.* ► adj. PROSODIQUE

PROSPECTER v. tr. [1] ▪ **1.** Examiner, étudier (un terrain) pour rechercher les richesses naturelles. *Prospecter une région pour chercher du pétrole.* **2.** Parcourir (une région), étudier les possibilités de (un marché, une clientèle) pour y découvrir une source de profit.

PROSPECTEUR, TRICE n. ▪ Personne qui prospecte. ♦ *Prospecteur-placier,* qui recherche des emplois pour les chômeurs.

PROSPECTIF, IVE adj. ▪ Qui concerne l'avenir, sa connaissance.

PROSPECTION n. f. ▪ Recherche d'une personne qui prospecte.

PROSPECTIVE n. f. ▪ Ensemble de recherches concernant l'évolution future des sociétés et permettant de dégager des éléments de prévision.

PROSPECTUS [-ys] n. m. ▪ Imprimé publicitaire (brochure ou feuille, dépliant) destiné à vanter un produit, un commerce, une affaire...

PROSPÈRE adj. ▪ Qui est dans un état heureux, de prospérité. ⇒ **florissant.** *Une santé, une mine prospère. Région prospère.* ⇒ **opulent, riche.**

PROSPÉRER v. intr. [6] ▪ **1.** Être, devenir prospère. *Terrain où prospèrent les orties.* **2.** (affaire, entreprise...) Réussir, progresser dans la voie du succès. ⇒ se **développer, marcher.** *Son commerce prospère.*

PROSPÉRITÉ n. f. ▪ **1.** Bonne santé, situation favorable (d'une personne). **2.** État d'abondance ; augmentation des richesses (d'une collectivité) ; heureux développement (d'une production, d'une entreprise). *La prospérité économique d'un pays.*

PROSTATE n. f. ▪ Glande de l'appareil génital masculin, située sous la vessie. *Opération de la prostate* (appelée *prostatectomie* n. f.) : ablation de la prostate ou de tumeurs de la prostate. ► adj. PROSTATIQUE

PROSTATITE n. f. ▪ MÉD. Inflammation de la prostate.

SE **PROSTERNER** v. pron. [1] ▪ **1.** S'incliner en avant et très bas dans une attitude d'adoration, de supplication, d'extrême respect. *Les musulmans en prière se prosternent en direction de La Mecque.* **2.** fig. *Se prosterner devant qqn,* faire preuve de servilité envers lui. ⇒ s'**humilier.** *Se prosterner devant le pouvoir.* ► n. f. PROSTERNATION ► n. m. PROSTERNEMENT

PROSTITUÉ, ÉE n. ▪ Personne qui se livre à la prostitution. *Une prostituée qui fait le trottoir.* ⇒ **péripatéticienne** ; FAM. **putain.** — au masc. *Prostitué homosexuel, travesti.*

PROSTITUER v. tr. [1] ▪ **1.** Livrer (une personne) ou l'inciter à se livrer aux désirs sexuels de qqn pour en tirer profit (⇒ **prostitution**). ▪ pronom. Se livrer à la prostitution. **2.** LITTÉR. Déshonorer, avilir. *Prostituer son talent,* l'utiliser pour des besognes indignes, déshonorantes. ▪ pronom. (réfl.) S'abaisser, se dégrader.

PROSTITUTION n. f. ▪ **1.** Le fait de livrer son corps aux plaisirs sexuels d'autrui pour de l'argent et d'en faire métier ; ce métier, le phénomène social qu'il représente. *Prostitution et proxénétisme. Maison de prostitution* (⇒ **bordel**). **2.** LITTÉR. Action d'avilir, de s'avilir dans un comportement dégradant.

PROSTRATION n. f. ▪ État d'abattement physique et psychologique extrême, de faiblesse et d'inactivité totale.

PROSTRÉ, ÉE adj. ▪ Qui est dans un état de prostration. ⇒ **abattu, accablé, effondré.** *On l'a retrouvé prostré dans un coin de sa chambre.*

PROTAGONISTE n. m. ▪ Personne qui joue le premier rôle dans une affaire. ⇒ **héros.**

PROTAGORAS (485-411 av. J.-C.) ▪ Philosophe et sophiste grec.

PROTE n. m. ▪ VIEILLI Contremaître dans un atelier d'imprimerie typographique.

PROTECTEUR, TRICE ▪ **I.** n. **1.** Personne qui protège, défend (les faibles, les pauvres, etc.). ⇒ **défenseur. 2.** Personne qui protège, qui patronne qqn. **3.** Personne qui favorise la naissance ou le développement (de qqch.). *Un protecteur des arts.* ⇒ **mécène. 4.** HIST. État qui établit un protectorat* sur un autre. **II.** adj. **1.** Qui remplit son rôle de protection à l'égard de qqn, qqch. *Société protectrice des animaux* (S. P. A.). **2.** Qui exprime une intention bienveillante et condescendante. *Un ton protecteur.*

PROTECTION n. f. ▪ **1.** Action de protéger, de défendre qqn ou qqch. (contre un agresseur, un danger, etc.) ; le fait d'être protégé. ⇒ **aide, défense, secours.** *La protection sociale. Prendre qqn sous sa protection. Protection contre les maladies.* ⇒ **prévention, prophylaxie.** *Protection de la nature.* ⇒ **préservation, sauvegarde. 2.** Personne ou chose (matière, dispositif) qui protège. *Installer une protection contre le froid.* ▪ *Protections périodiques,* que les femmes utilisent pendant les règles (serviettes, etc.). **3.** Action d'aider, de patronner qqn. ⇒ FAM. **piston.** *Obtenir un emploi par protection,* grâce aux appuis dont on dispose. **4.** Action de favoriser la naissance ou le développement de qqch. ♦ ÉCON. Contrôle ou limitation de l'entrée de marchandises étrangères dans un pays (⇒ **protectionnisme**). *Protections douanières.*

PROTECTIONNISME n. m. ▪ Politique douanière qui vise à protéger l'économie nationale contre la concurrence étrangère (opposé à *libre-échange*).

PROTECTIONNISTE adj. et n. ▪ Relatif au protectionnisme ; partisan du protectionnisme.

PROTECTORAT n. m. ▪ HIST. Régime établi par traité, dans lequel un État (le protecteur) contrôlait un État protégé (diplomatie, défense) qui gardait son autonomie politique intérieure ; cet État protégé. *Jusqu'en 1956, le Maroc était un protectorat français.*

PROTÉE ▪ Dieu grec marin, fils de Poséidon. Il a le don de changer de forme.

PROTÉGÉ, ÉE ▪ **1.** adj. Qui est mis à l'abri, préservé. *Espèces animales protégées.* **2.** n. Personne protégée par une autre. *Son petit protégé.* **3.** HIST. État protégé. ⇒ **protectorat.**

PROTÈGE-CAHIER n. m. ▪ Couverture en matière souple qui sert à protéger un cahier d'écolier. *Des protège-cahiers.*

PROTÈGE-DENTS n. m. invar. ▪ Appareil que les boxeurs, certains lutteurs, placent dans leur bouche pour protéger leurs dents.

PROTÉGER v. tr. [6] et [3] ▪ **1.** Aider (une personne) de manière à la mettre à l'abri d'une attaque, des mauvais traitements, du danger physique ou moral. ⇒ **défendre, secourir ; protecteur, protection.** *Protéger les plus faibles. Protéger qqn de, contre (qqn, qqch.), contre un danger.* ▪ *Que Dieu vous protège !* (formule de souhait). ⇒ **assister, garder. 2.** Défendre contre toute atteinte. ⇒ **garantir, sauvegarder.** *La loi doit protéger les libertés individuelles.* **3.** (choses) Couvrir de manière à arrêter ce qui peut nuire, à mettre à l'abri. ⇒ **abriter, préserver.** *Les arbres nous protégeront du vent, contre le vent.* **4.** Aider (qqn) en facilitant sa carrière, sa réussite. ⇒ **patronner, recommander ;** FAM. **pistonner. 5.** Favoriser la naissance ou le développement de (une activité). *Protéger les arts.* ⇒ **encourager, favoriser. 6.** Favoriser (une production) par des mesures protectionnistes.

PROTÈGE-SLIP [-slip] n. m. ▪ Protection féminine de petite taille, qui se fixe au fond du slip.

PROTÉIFORME adj. ▪ Qui peut prendre de multiples formes, se présenter sous les aspects les plus divers. *Un génie protéiforme.*

PROTÉINE n. f. ▪ Grosse molécule complexe d'acides aminés, constituant essentiel des matières organiques et des êtres vivants. *Alimentation riche en protéines.* ◇ syn. PROTÉIDE n. f.

PROTESTANT, ANTE n. et adj. ▪ Chrétien appartenant à la religion réformée. ⇒ **anglican, calviniste, évangéliste, huguenot** (HIST.), **luthérien, presbytérien, puritain ; protestantisme.** *Temple protestant. Ministre protestant.* ⇒ **pasteur.**

PROTESTANTISME n. m. ▪ **1.** La religion réformée qui s'est détachée du catholicisme au XVIe siècle et s'est opposée au pape ; l'ensemble des Églises protestantes. **2.** Les protestants (d'une région, d'un pays). *Le protestantisme suisse, français.* ■ Issu de la Réforme (→ **Calvin, Luther**), le protestantisme reconnaît deux principes fondamentaux : l'autorité souveraine de l'Écriture sainte et le salut non par les œuvres mais par la grâce seule. Il rejette tout magistère autoritaire, le culte de la Vierge et des saints. Son histoire fut mouvementée, marquée par les guerres (→ guerres de **Religion,** guerre de **Trente Ans**). En France, il fut toléré avec l'édit de Nantes*, persécuté après la révocation de celui-ci (→ **dragonnade, camisard**), toléré à nouveau à partir de 1787. Les XVIIe et XVIIIe s. furent marqués par des mouvements de piété populaire et l'extension du protestantisme aux États-Unis. Le XIXe s. fut celui du « Réveil » (mouvements de restauration de la foi originelle) et des regroupements de communautés, continués au XXe s., parallèlement au développement de l'œcuménisme.

PROTESTATAIRE adj. ▪ LITTÉR. Qui proteste. ⇒ **contestataire.** ▪ n. *Les protestataires.*

PROTESTATION n. f. ▪ **1.** Déclaration par laquelle on atteste (ses bons sentiments, sa bonne volonté envers qqn). *Des protestations d'amitié.* ⇒ **démonstration. 2.** Déclaration par laquelle on s'élève contre ce qu'on déclare illégitime, injuste. *Rédiger, signer une protestation.* ⇒ **pétition. 3.** Témoignage de désapprobation, d'opposition, de refus. *Élever une protestation énergique.*

PROTESTER v. [1] ▪ **I. 1.** v. tr. ind. LITTÉR. PROTESTER DE : donner l'assurance formelle de. *L'accusé protestait de son innocence.* **2.** v. intr. Déclarer formellement son opposition, son refus. ▪ Exprimer son opposition à qqch. *Protester contre une injustice. Vous avez beau protester, cela ne changera rien.* ⇒ **s'indigner ;** FAM. **rouspéter. II.** v. tr. DR. Faire un protêt contre (un chèque, une lettre de change).

PROTÊT n. m. ▪ FIN. Acte par lequel le bénéficiaire d'un chèque, d'une lettre de change, fait constater par un huissier qu'il n'a pas été payé à l'échéance.

PROTHÈSE n. f. ▪ **1.** Remplacement d'organes, de membres (en tout ou en partie) par des appareils artificiels. *Des appareils de prothèse.* **2.** Appareil de ce genre. *Une prothèse dentaire.* ► adj. PROTHÉTIQUE

PROTHÉSISTE n. ▪ Technicien fabriquant des prothèses. *Prothésiste dentaire.*

PROTIDE n. m. ▪ BIOCHIM. VIEILLI Acide aminé ; corps qui libère un tel acide (peptides, protéines...).

PROTISTE n. m. ▪ BIOL. Organisme vivant unicellulaire. ⇒ **protozoaire.**

PROTO- Élément savant (du grec *prôtos* « premier ») qui signifie « premier, primitif » (ex. *prototype, protozoaire*).

PROTOCOLAIRE adj. ▪ **1.** Relatif au protocole. **2.** Conforme au protocole, respectueux du protocole et, en général, des usages dans la vie sociale. *Une visite très protocolaire.* ⇒ **cérémonieux.**

PROTOCOLE n. m. ▪ **1.** Document portant les résolutions d'une assemblée, d'une conférence, le texte d'un engagement. *Un protocole d'accord sur les salaires.* **2.** Recueil de règles à observer en matière d'étiquette, dans les relations officielles. ▪ Service chargé des questions d'étiquette. *Le chef du protocole.* **3.** SC. Description précise des conditions et du déroulement d'une expérience, d'un test, d'une opération chirurgicale.

PROTOHISTOIRE n. f. ▪ DIDACT. Période de transition entre la préhistoire et l'histoire (du IIIe au Ier millénaire avant J.-C.) ; fin du néolithique. ► adj. PROTOHISTORIQUE

PROTON n. m. ▪ Particule élémentaire (lourde) de charge positive, qui, avec le neutron, constitue le noyau des atomes.

PROTOPLASME n. m. ▪ BIOL. Substance qui constitue l'essentiel de la cellule vivante. *Le protoplasme du cytoplasme, du noyau, de la membrane.* ► adj. PROTOPLASMIQUE

PROTOTYPE n. m. ▪ **1.** LITTÉR. Type, modèle original ou principal. **2.** Premier exemplaire d'un modèle (de mécanisme, de véhicule) construit avant la fabrication en série. *Les essais d'un prototype de voiture.*

PROTOZOAIRE n. m. ▪ Protiste* dépourvu de chlorophylle, qui se multiplie par mitose ou reproduction sexuée (ex. amibes, infusoires...).

PROTUBÉRANCE n. f. ▪ **1.** Saillie en forme de bosse. **2.** *Protubérances (solaires) :* immenses jets de gaz enflammés à la surface du Soleil.

PROTUBÉRANT, ANTE adj. ▪ Qui forme saillie. *Une pomme d'Adam protubérante.* ⇒ **proéminent, saillant.**

PROU loc. adv. ▪ LITTÉR. *PEU OU PROU,* plus ou moins. *Il est peu ou prou ruiné.*

Pierre Joseph PROUDHON (1809 - 1865) ▪ Théoricien socialiste français, précurseur de l'anarchisme. *"Qu'est-ce que la propriété ?"* (1840). Sa doctrine, le *proudhonisme,* partie d'une critique radicale de la propriété, a évolué vers un réformisme autogestionnaire critiqué par Marx.

PROUE n. f. ▪ Avant d'un navire (opposé à *poupe*). *Une figure* de proue.*

PROUESSE n. f. ▪ **1.** LITTÉR. Acte de courage, d'héroïsme ; action d'éclat. ⇒ **exploit.** *Des prouesses techniques.* **2.** iron. Action remarquable. *Des prouesses sportives.*

Joseph Louis PROUST (1754 - 1826) ▪ Chimiste et pharmacien français. *Loi de Proust :* loi des proportions définies.

Marcel PROUST (1871 - 1922) ▪ Écrivain français. Il a eu une influence considérable grâce aux 7 volumes de *"À la recherche du temps perdu"* (1913-1927), fresque romanesque en partie autobiographique où le narrateur intègre dans sa quête personnelle de la mémoire et de l'écriture les amours, les ambitions, les déceptions des autres, et les transformations d'une société qui meurt avec la guerre de 1914.

Marcel **Proust.** Portrait par J.-E. Blanche.
Coll. part. *Phot. © Giraudon*

William PROUT (1785 - 1850) ▪ Chimiste anglais. Il proposa l'hypothèse selon laquelle tous les éléments sont formés d'atomes d'hydrogène.

PROUVER v. tr. [1] ▪ **1.** Faire apparaître ou reconnaître (qqch.) comme vrai, certain, au moyen de preuves, d'arguments. ⇒ **démontrer, établir.** *Prouver son innocence. Cela reste à prouver.* - impers. *Il est prouvé que...* ⇒ **avéré. 2.** Exprimer (une chose) par une attitude, des gestes, des paroles. ⇒ **montrer.** *Comment vous prouver ma reconnaissance ?* **3.** (sujet chose) Servir de preuve, être (le) signe de. ⇒ **montrer, révéler, témoigner.** *Ces événements prouvent que la crise n'est pas terminée. Cela ne prouve rien.*

PROVENANCE n. f. ▪ **1.** Endroit d'où vient ou provient une chose. *J'ignore la provenance de cette lettre. Un vol EN PROVENANCE DE Bordeaux, de Montréal* (opposé à *à destination de*). ♦ Origine. *Des éléments de toutes provenances.* **2.** *Pays de provenance,* celui d'où une marchandise est importée (qui peut être distinct du pays d'origine).

PROVENÇAL, ALE, AUX ▪ **1.** adj. Qui appartient ou qui a rapport à la Provence. - n. *Les Provençaux.* **2.** n. m. *Le provençal,* dialectes de la langue d'oc parlés en Provence. **3.** loc. adv. *À LA PROVENÇALE :* cuisiné avec de l'huile d'olive, de l'ail, du persil. *Tomates à la provençale,* ou appos. *tomates provençale.*

la PROVENCE ▪ Région du sud-est de la France. Ses habitants sont les *Provençaux.* □ HISTOIRE Occupée par les Ligures, la Provence fut colonisée par les Grecs (Phocéens) dès le VIIe s. av. J.-C. Province romaine (*Provincia Romana,* d'où son nom) intégrée et prospère, scindée en *Narbonnaise* et *Viennoise* (IIIe s.), elle passa sous l'influence des Wisigoths, des Burgondes et des Francs, puis de la Bourgogne (royaume d'Arles). Au XIIe s., les comtes de Provence en firent un État puissant. Avec Aix-en-Provence pour capitale et les papes en Avignon (XIVe s.), la Provence connut alors un grand essor économique et culturel. Annexée à la France en 1481. Au XIXe s., Mistral et le Félibrige firent renaître sa littérature.

la région PROVENCE-ALPES-CÔTE D'AZUR ▪ Région administrative du sud-est de la France. Six départements : Alpes-de-Haute-Provence, Hautes-Alpes, Alpes-Maritimes, Bouches-du-Rhône, Var et Vaucluse. 31 400 km^2. 4 257 907 hab. Chef-lieu : Marseille. Paysages variés : montagnes (Préalpes), massifs anciens (Maures, Esterel), plaines (Camargue). Climat méditerranéen. Olives, vins, riz. 1re région française pour la production de fruits et légumes (marchés de Cavaillon et Châteaurenard), et pour le tourisme avec la Côte d'Azur. Industrie liée aux activités portuaires : raffineries de pétrole (étang de Berre), chimie.

PROVENIR v. intr. [22] ▪ **1.** (choses) Venir (de). *D'où provient cette lettre ?* **2.** (choses) Avoir son origine dans, tirer son origine de. *Ce tableau provient d'une collection privée. Mot provenant du latin.* ⇒ **dériver.** ♦ (sentiments, idées) Découler, émaner. *Les habitudes proviennent de l'éducation.*

PROVERBE n. m. ▪ Formule présentant des caractères formels stables, souvent figurée, exprimant une vérité d'expérience ou un conseil de sagesse pratique. ⇒ **adage, aphorisme, dicton.** *Comme dit le proverbe...*

PROVERBIAL, ALE, AUX adj. ▪ **1.** Qui est de la nature du proverbe. *Phrase proverbiale.* - Qui tient du proverbe par la forme, l'emploi. *Locution proverbiale.* **2.** Connu et frappant (comme un proverbe) ; cité comme type. *Sa bonté est proverbiale.*

PROVIDENCE n. f. ▪ **1.** RELIG. Sage gouvernement de Dieu sur la création ; (avec maj.) Dieu gouvernant la création. *Les décrets de la Providence.* **2.** *Être la providence de qqn,* veiller à son bonheur.

PROVIDENCE ▪ Ville des États-Unis, capitale du Rhode Island. 180 000 hab.

PROVIDENTIEL, ELLE adj. ▪ **1.** Qui est un effet heureux de la providence. **2.** Qui arrive par un heureux hasard (pour secourir, tirer d'embarras). *Une rencontre providentielle.* ► adv. PROVIDENTIELLEMENT

PROVINCE n. f. ▪ **I. 1.** Région avec ses coutumes et ses traditions particulières. - HIST. en France Subdivision administrative du royaume. *La Bretagne, la Normandie, la Provence... provinces françaises.* **2.** Partie distincte d'un pays. *De quelle province est-il ?* ♦ *Les provinces de France, d'Espagne.* ♦ *LA PROVINCE :* en France, l'ensemble du pays, les villes, les bourgs, à l'exclusion de la capitale (et, le plus souvent, de la campagne). *Vivre en province.* **3.** adj. FAM. Provincial. *Cela fait province.* **II.** anglic. État fédéré du Canada. *La province de l'Ontario.*

la république des PROVINCES-UNIES ▪ Ancien État fédéral, formé par la sécession du nord des Pays-Bas espagnols en 1579 (union d'Utrecht*) et devenu les Pays-Bas en 1795.

PROVINCIAL, ALE, AUX adj. et n. ▪ **I. 1.** adj. Relatif à la province dans ce qu'on lui trouve de typique. *La vie provinciale.* - *"Les Lettres provinciales",* dites *"Les Provinciales"* (de Pascal). **2.** n. Personne qui vit en province. **II.** au Canada D'une province (II). *Les gouvernements provinciaux* (opposé à *fédéral*).

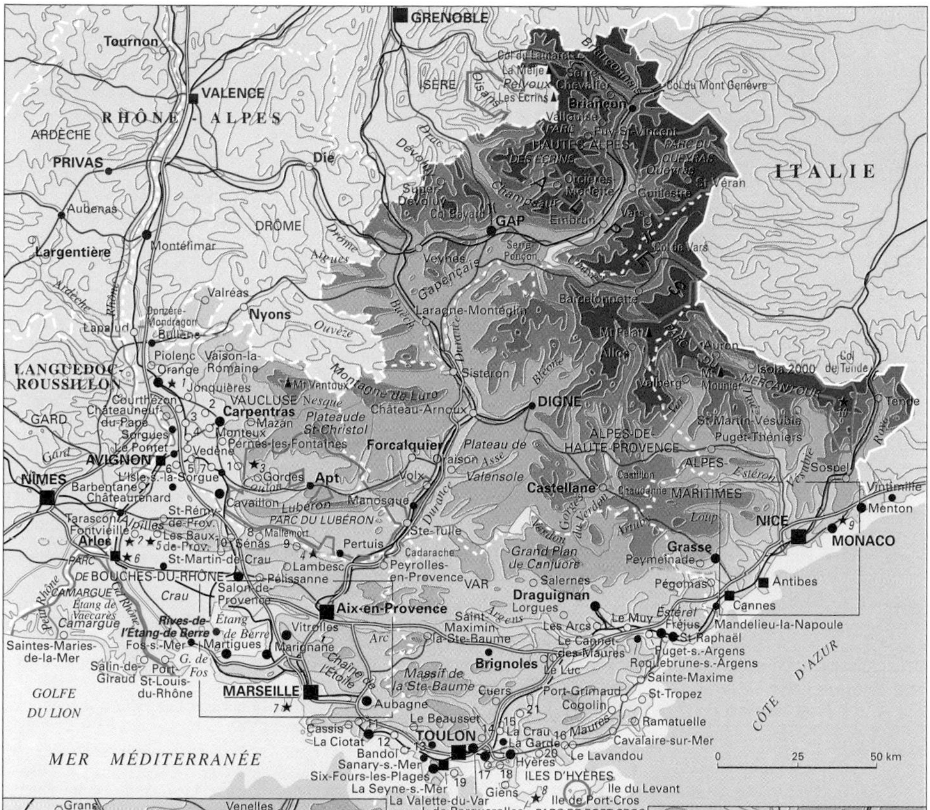

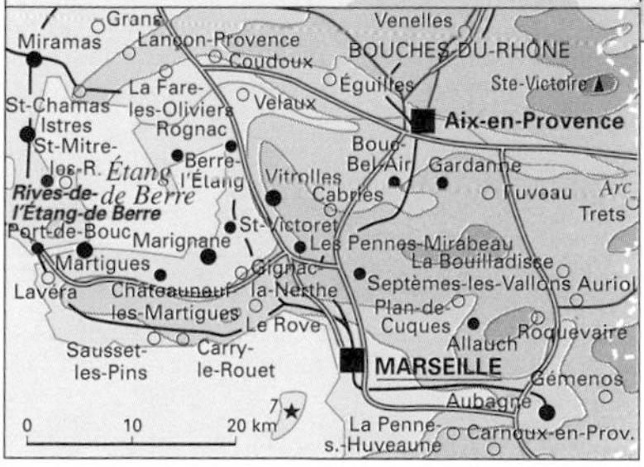

VAUCLUSE
3 Bédarrides
4 Entraigues-sur-Sorgues
1 Fontaine-de-Vaucluse
7 Le Thor
6 Morières-lès-Avignon
5 Saint-Saturnin-lès-Avignon
2 Sarrians

BOUCHES-DU-RHÔNE
10 Eyguières
9 La Roque-d'Anthéron
8 Mallemort
11 Roquefort-la-Bédoule

VAR
16 Bormes-les-Mimosas
18 Carqueiranne
14 La Farlède
20 La Londe-les-Maures
17 Le Pradet
13 Ollioules
21 Pierrefeu-du-Var
12 Saint-Cyr-sur-Mer
19 Saint-Mandrier-sur-Mer
15 Solliès-Pont

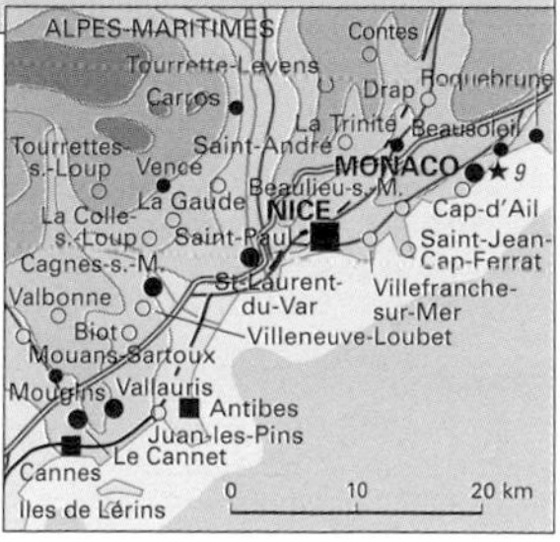

Autoroute
Route principale
Voie ferrée
Parc naturel
Canal

Plus de 100 000 hab.
De 50 à 100 000 hab.
De 20 à 50 000 hab.
De 10 à 20 000 hab.
Moins de 10 000 hab.
Ville nouvelle

Limite d'État
Limite de région
Limite de département
MARSEILLE Chef-lieu de région
NICE Chef-lieu de département
Apt Chef-lieu d'arrondissement

★ Site touristique

1 - Théâtre antique et ses abords et "Arc de Triomphe" d'Orange
2 - Abbaye de Montmajour
3 - Abbaye de Sénanque
4 - Abbaye de Silvacane
5 - Les Baux-de-Provence
6 - Monuments romains et romans d'Arles
7 - Château d'If
8 - I. de Porquerolles
9 - Monte-Carlo
10 - La vallée des Merveilles

Altitudes en mètres
-50 0 100 200 500 1 000 1 500 2 000

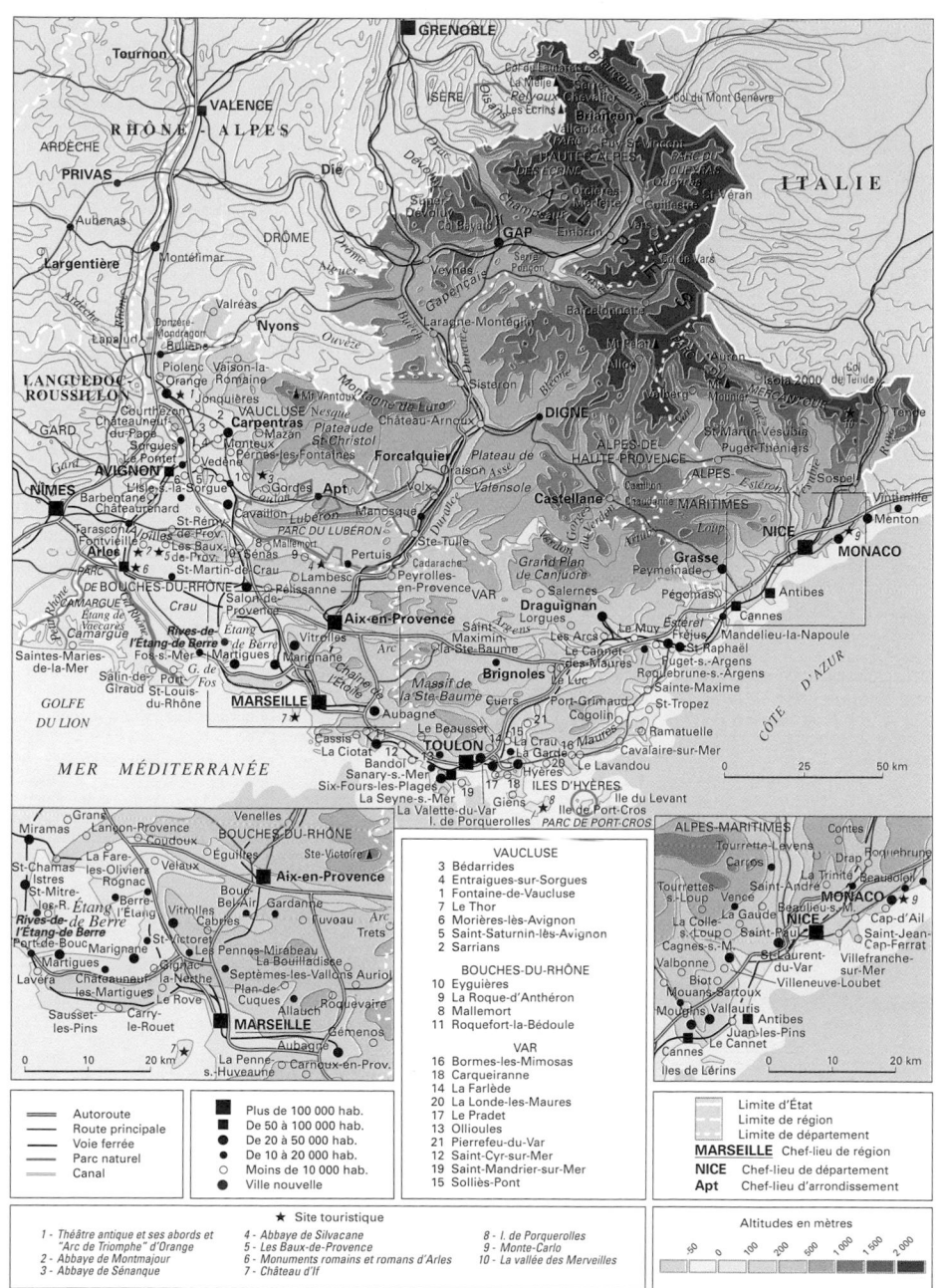

Provence-Alpes-Côte d'Azur.

Provins. Vue des remparts du XIIe s. *Phot. © Dagli Orti*

PROVINS ▪ Chef-lieu d'arrondissement de la Seine-et-Marne. 11 608 hab. *(les Provinois).* Ancienne résidence des comtes de Champagne. Nombreux monuments (XIIe-XIIIe s.).

PROVISEUR n. m. ▪ Fonctionnaire de l'administration scolaire qui dirige un lycée. *Madame le proviseur.* ⇒ **directeur, principal.**

PROVISION n. f. ▪ **I. 1.** Réunion de choses utiles ou nécessaires en vue d'un usage. ⇒ **approvisionnement, réserve, stock.** *Avoir une provision de fuel pour l'hiver.* *FAIRE PROVISION DE qqch. :* s'en pourvoir en abondance. **2.** au plur. Achat de choses nécessaires à la vie courante (nourriture, produits d'entretien) ; ces choses. *Faire des, ses provisions.* ⇒ **course(s).** *Un filet à provisions.* **II. 1.** Somme versée à titre d'acompte. **2.** Somme déposée chez un banquier pour assurer le paiement d'un titre. – *Chèque sans provision,* tiré sur un compte insuffisamment alimenté.

PROVISIONNEL, ELLE adj. ▪ Qui constitue une provision (II). *Acompte, tiers provisionnel,* défini par rapport aux impôts de l'année précédente.

PROVISOIRE adj. ▪ **1.** Qui existe, se fait en attendant autre chose, ou d'être remplacé. ⇒ **transitoire.** *Une solution provisoire.* ⇒ **expédient, palliatif.** *À titre provisoire.* – *Une installation provisoire.* ⇒ de **fortune.** – n. m. *Du provisoire qui dure.* **2.** DR. Prononcé ou décidé avant le jugement définitif. *Liberté provisoire.*

PROVISOIREMENT adv. ▪ De manière provisoire ; en attendant. ⇒ **momentanément.**

PROVOCANT, ANTE adj. ▪ **1.** Qui provoque ou tend à provoquer qqn, à le pousser à des sentiments ou à des actes violents. *Attitude provocante.* ⇒ **agressif. 2.** Qui incite au désir, au trouble des sens. *Une femme provocante. Un décolleté provocant.*

PROVOCATEUR, TRICE n. ▪ **1.** rare au fém. Personne qui provoque, incite à la violence. ⇒ **agitateur. 2.** Personne qui incite qqn, un groupe à la violence, à l'illégalité, dans l'intérêt du pouvoir ou d'un parti opposé. – adj. *Agent provocateur.*

PROVOCATION n. f. ▪ **1.** Action de provoquer. ⇒ **appel, incitation.** *Provocation au meurtre, à la débauche.* ♦ absolt Défi. *C'est de la provocation !* ◇ abrév. FAM. PROVOC. **2.** Action, parole qui provoque. *Répondre à une provocation.*

PROVOLONE [-ɔne] n. m. ▪ Fromage italien séché et fumé, en forme de cylindre ou de poire.

PROVOQUER v. tr. [1] ▪ **I.** *PROVOQUER qqn À.* **1.** Inciter, pousser (qqn) à une action, notamment à une action violente. ⇒ **entraîner, inciter.** – sans compl. second *Provoquer qqn,* l'inciter à la violence. ⇒ **attaquer, défier. 2.** Exciter le désir de (qqn) par son attitude (⇒ **provocant**). **II.** *PROVOQUER qqch.* (sujet personne) Être volontairement ou non la cause de (qqch.). *Provoquer des aveux, une explication.* ⇒ **causer, susciter.** *Provoquer la colère, des troubles.* ⇒ **attirer.** ♦ (sujet chose) *Le redoux a provoqué une avalanche.* ⇒ **occasionner.**

PROXÉNÈTE n. ▪ Personne qui tire des revenus de la prostitution d'autrui. ⇒ **souteneur** ; FAM. **maquereau.**

PROXÉNÉTISME n. m. ▪ Le fait de tirer des revenus de la prostitution d'autrui. *Condamnation pour proxénétisme.*

PROXIMITÉ n. f. ▪ **1.** LITTÉR. Situation d'une chose qui est à peu de distance d'une ou plusieurs autres, qui est proche. ⇒ **contiguïté.** *La proximité de la ville.* **2.** *À PROXIMITÉ* loc. adv. : tout près. – *À PROXIMITÉ DE* loc. prép. : à faible distance de. ⇒ **auprès** de, **près** de. *Il habite à proximité de son bureau.* ♦ *DE PROXIMITÉ :* qui est situé, qui agit près de son domaine d'action. **3.** Caractère de ce qui est proche dans le temps, passé ou futur. ⇒ **imminence.**

PRUDE adj. ▪ Qui est d'une pudeur affectée et outrée. ⇒ **bégueule, pudibond.** – n. f. *Jouer les prudes.* ⇒ **sainte nitouche.**

PRUDEMMENT [-amɑ̃] adv. ▪ Avec prudence. *Conduire prudemment.*

PRUDENCE n. f. ▪ Attitude d'esprit d'une personne qui s'applique à éviter des erreurs, des malheurs possibles. ⇒ **prévoyance.** *Je vous recommande la plus grande prudence.* ⇒ **circonspection.** *Annoncez-lui la nouvelle avec beaucoup de prudence.* ⇒ **ménagement, précaution.** *Conseils de prudence aux automobilistes. Se faire vacciner par (mesure de) prudence.* prov. *Prudence est mère de sûreté.*

PRUDENT, ENTE adj. ▪ **1.** Qui a de la prudence, agit avec prudence. ⇒ **circonspect, prévoyant.** *Il était trop prudent pour brusquer les choses. Soyez prudents, ne roulez pas trop vite.* **2.** (choses) Inspiré par la prudence, empreint de prudence. *Une démarche prudente.* – impers. *Il (ce) serait plus prudent de prendre une assurance.* – *Ce n'est pas prudent* (⇒ **imprudent**). *Il jugea prudent de se retirer.*

PRUDERIE n. f. ▪ LITTÉR. Affectation de pudeur outrée. ⇒ **pudibonderie.**

PRUD'HOMME n. m. ▪ Membre élu d'un *conseil des prud'hommes,* chargé de juger les litiges entre salariés et employeurs. ► adj. PRUD'HOMAL, ALE, AUX

PRUDHOMMESQUE adj. ▪ LITTÉR. D'une banalité pompeuse et ridicule.

Pierre-Paul **PRUD'HON** (1758-1823) ▪ Peintre français. Ses œuvres mythologiques (*"Vénus et Adonis"*, 1812) et allégoriques (*"La Justice et la Vengeance divine poursuivant le Crime"*, 1808) font la transition entre classicisme et romantisme.

PRUINE n. f. ▪ Fine pellicule cireuse, naturelle, à la surface de certains fruits (prune, raisin).

PRUNE ▪ **I.** n. f. **1.** Fruit du prunier, de forme ronde ou allongée, à peau fine, jaune, verte ou bleutée, à chair juteuse et sucrée. ⇒ **mirabelle,** ① **prunelle, quetsche, reine-claude.** *Tarte aux prunes. Eau-de-vie de prune,* ou ellipt *de la prune.* **2.** *POUR DES PRUNES* loc. FAM. : pour rien. **II.** adj. invar. De la couleur violet foncé de certaines prunes. *Des robes prune.*

PRUNEAU n. m. ▪ **1.** Prune séchée. *Pruneaux d'Agen.* – loc. *Être noir comme un pruneau.* **2.** FAM. Projectile, balle de fusil.

① **PRUNELLE** n. f. ▪ Fruit d'un prunier sauvage (⇒ **prunellier**), petite prune bleu ardoise, de saveur âcre. *Eau-de-vie de prunelle,* ou ellipt *de la prunelle.*

② **PRUNELLE** n. f. ▪ Pupille de l'œil, considérée surtout quant à son aspect. ♦ loc. *Tenir à qqch. comme à la prunelle de ses yeux,* plus qu'à tout.

PRUNELLIER [-əlje] n. m. ▪ Arbrisseau épineux qui produit les prunelles.

PRUNIER n. m. ▪ Arbre fruitier qui produit les prunes. – loc. FAM. *Secouer qqn comme un prunier,* très vigoureusement. ♦ *Prunier sauvage.* ⇒ **prunellier.** *Prunier du Japon,* espèce ornementale.

PRUNUS [-ys] n. m. ▪ Prunier ornemental à feuilles pourpres.

PRURIGINEUX, EUSE adj. ▪ DIDACT. Qui cause un prurit (1).

PRURIT [-it] n. m. ▪ **1.** Démangeaison liée à une affection cutanée ou générale. *Prurit allergique.* **2.** fig. LITTÉR. Désir irrépressible. *Le prurit de la gloire, un prurit de gloire.*

Bolesław **PRUS** (1847-1912) ▪ Écrivain polonais. *"La Poupée"* (1890), vaste fresque sur la vie à Varsovie.

la **PRUSSE** ▪ Ancien État d'Allemagne du Nord, formé dans une région située le long de la Baltique. Conquise par les chevaliers Teutoniques* au XIIIe s., elle atteignit au début du XVe s. une grande prospérité (la Hanse). Mais, en 1410, après la défaite de Grünwald (Tannenberg*), elle devint un duché sous suzeraineté polonaise, puis elle fut rattachée au Brandebourg en 1618 par Sigismond de Hohenzollern. Le Grand Électeur Frédéric-Guillaume fut le véritable fondateur de l'État prussien. Son fils, Frédéric Ier, se fit couronner roi de Prusse en 1701. Il renforça l'administration et l'armée. La Prusse fut à son apogée avec Frédéric* II. Dépossédée de la moitié de son territoire par les guerres napoléoniennes (traités de Tilsit, 1806), elle ne retrouva sa puissance qu'avec Guillaume Ier ; ce dernier, grâce à la politique de Bismarck, conclut une alliance avec les États allemands du Nord, renforça l'armée puis remporta une série de victoires décisives (Autriche, 1866 ; France, 1870) qui lui permirent de se faire proclamer empereur d'Allemagne en 1871. L'histoire de la Prusse se confondit alors avec celle de l'Allemagne. La Prusse fut symboliquement dissoute en 1947. ► **la PRUSSE-OCCIDENTALE** Province de l'ancienne Prusse restituée à la Pologne en 1945. Capitale : Dantzig. ► **la PRUSSE-ORIENTALE** Province de l'ancienne Prusse partagée entre l'URSS et la Pologne en 1945. Capitale : Königsberg.

PRUSSIEN, IENNE adj. et n. ▪ De Prusse ; par ext. allemand (en 1870 et immédiatement après). *L'armée prussienne.* ‑ n. *Les Prussiens.*

PRUSSIQUE adj. ▪ VX *Acide prussique*, cyanhydrique.

PRYTANÉE n. m. ▪ Établissement d'éducation gratuite pour fils de militaires.

Stanisław **PRZYBYSZEWSKI** (1868 ‑ 1927) ▪ Écrivain polonais, créateur d'un univers fantastique peuplé de démons. *"Les Enfants de Satan"* (1897).

P.-S. [peɛs] n. m. (sigle) ▪ Post-scriptum.

PSALMISTE n. m. ▪ DIDACT. Auteur de psaumes.

PSALMODIER v. 7 ▪ **1.** v. intr. Dire ou chanter les psaumes. ‑ trans. *Psalmodier les offices.* **2.** v. tr. Réciter ou dire d'une façon monotone. *Psalmodier des vers.*

PSAUME n. m. ▪ **1.** L'un des poèmes religieux qui constituent un livre de la Bible et qui servent de prières et de chants religieux dans la liturgie. *Chanter, réciter des psaumes. Les psaumes de David.* **2.** Composition musicale (vocale), sur le texte d'un psaume.

PSAUTIER n. m. ▪ DIDACT. Recueil de psaumes. *Psautier et antiphonaire.*

PSCHENT [pskɛnt] n. m. ▪ DIDACT. Coiffure des pharaons.

Michel **PSELLOS** (1018 ‑ v. 1078) ▪ Écrivain et homme d'État byzantin. Artisan d'une renaissance du platonisme.

PSEUDO- Élément savant (du grec *pseudês* « menteur ») qui signifie « faux ».

PSEUDONYME n. m. ▪ Nom choisi par une personne pour masquer son identité. *Voltaire, Stendhal, George Sand sont des pseudonymes célèbres.*

PSEUDOPODE n. m. ▪ **1.** Chacun des prolongements rétractiles de certains protozoaires, qui leur permettent de se déplacer, de se nourrir. **2.** fig. Prolongement.

PSITT interj. ▪ FAM. Interjection servant à appeler, à attirer l'attention, etc. ◇ var. PST.

PSITTACIDÉS n. m. pl. ▪ ZOOL. Famille d'oiseaux grimpeurs exotiques au plumage très coloré. ⇒ **perroquet.**

PSITTACISME n. m. ▪ DIDACT. Répétition mécanique (comme par un perroquet) de phrases que la personne qui les dit ne comprend pas.

PSKOV ▪ Ville de Russie. 208 000 hab. Ancienne principauté (monuments).

PSORIASIS [-is] n. m. ▪ MÉD. Maladie de la peau, caractérisée par des plaques rouges à croûtes blanchâtres.

PSY n. ▪ Psychanalyste. *Il va chez son psy.* ‑ *Les psys* : les spécialistes de psychologie.

PSYCH- ⇒ PSYCH(O)-

PSYCHANALYSE [psik-] n. f. ▪ **1.** Méthode de psychologie clinique, investigation des processus psychiques profonds, de l'inconscient ; ensemble des travaux de Freud et de ses continuateurs concernant le rôle de l'inconscient. *Psychanalyse et psychiatrie.* **2.** Traitement de troubles psychiques (surtout névroses) et psychosomatiques par cette méthode. ⇒ **analyse, psychothérapie. 3.** Étude psychanalytique (d'une œuvre d'art, de thèmes...). *Psychanalyse de textes littéraires.*

PSYCHANALYSER [psik-] v. tr. 1 ▪ **1.** Traiter par la psychanalyse. *Se faire psychanalyser.* ⇒ **analyser. 2.** Étudier, interpréter par la psychanalyse.

PSYCHANALYSTE [psik-] n. ▪ Spécialiste de la psychanalyse. ⇒ **analyste.**

PSYCHANALYTIQUE [psik-] adj. ▪ Propre ou relatif à la psychanalyse. ⇒ **analytique.**

PSYCHÉ [psiʃe] n. f. ▪ (du n. pr.) Grande glace mobile montée sur un châssis à pivots.

PSYCHÉ ▪ Jeune fille aimée par Éros, dans la mythologie grecque. Symbole de l'âme en quête d'idéal, elle a longtemps inspiré la littérature et l'art.

PSYCHÉDÉLIQUE [psik-] adj. ▪ PSYCH. *État psychédélique* : état de rêve éveillé provoqué par l'absorption d'hallucinogènes. ‑ COUR. Qui évoque cet état.

PSYCHIATRE [psikjatʀ] n. ▪ Médecin spécialiste des maladies mentales. ⇒ **aliéniste.**

PSYCHIATRIE [psik-] n. f. ▪ Partie de la médecine qui étudie et traite les maladies mentales, les troubles de la vie psychique, notamment les psychoses. ⇒ **neurologie, neuropsychiatrie, psychopathologie, psychothérapie.** *Psychiatrie et psychanalyse.*

PSYCHIATRIQUE adj. ▪ Relatif à la psychiatrie. *Hôpital* psychiatrique.*

PSYCHIQUE [psiʃik] adj. ▪ Qui concerne l'esprit, la pensée. ⇒ **mental, psychologique.** *Maladie organique à cause psychique.* ⇒ **psychosomatique.**

PSYCHISME [psiʃism] n. m. ▪ **1.** La vie psychique. **2.** Ensemble de faits psychiques. *Le psychisme animal, humain.*

PSYCH(O)- [psiko] Élément savant, du grec *psukhê* « âme, esprit ».

PSYCHODRAME n. m. ▪ Psychothérapie de groupe où les participants doivent mettre en scène des situations conflictuelles. ♦ Situation qui évoque ce genre de mise en scène. *La réunion a fini en psychodrame.*

PSYCHOLINGUISTIQUE [-gɥi-] n. f. ▪ DIDACT. Étude des aspects psychologiques des phénomènes linguistiques.

PSYCHOLOGIE n. f. ▪ **1.** Étude scientifique des phénomènes de l'esprit (au sens le plus large). *Psychologie subjective. Psychologie expérimentale, génétique. Psychologie appliquée. Licence de psychologie.* ◇ abrév. FAM. PSYCHO. **2.** Connaissance spontanée des sentiments d'autrui ; aptitude à comprendre, à prévoir les comportements. ⇒ **intuition.** *Manquer de psychologie.* **3.** Analyse des états de conscience, des sentiments, dans une œuvre. **4.** Ensemble d'idées, d'états d'esprit caractéristiques d'une collectivité. ‑ FAM. Mentalité (d'une personne). ⇒ **psychisme.**

PSYCHOLOGIQUE adj. ▪ **1.** Qui appartient à la psychologie. *L'analyse psychologique. Un roman psychologique.* **2.** Étudié par la psychologie ; qui concerne les faits psychiques, la pensée. ⇒ **mental, psychique. 3.** Qui agit ou vise à agir sur le psychisme (de qqn, d'un groupe). *Guerre psychologique*, visant à amoindrir le moral d'un adversaire.

PSYCHOLOGIQUEMENT adv. ▪ **1.** Du point de vue psychologique. **2.** (opposé à *physiquement*) Moralement. *Être psychologiquement fort.*

PSYCHOLOGUE ▪ **1.** n. Spécialiste de la psychologie ; de la psychologie appliquée. *Une psychologue scolaire.* **2.** adj. Qui a une connaissance empirique des sentiments, des réactions d'autrui. *Le directeur n'est guère psychologue.*

PSYCHOMOTEUR, TRICE adj. ▪ DIDACT. Qui concerne à la fois les fonctions motrices et psychiques. *Troubles psychomoteurs de la parole.* ⇒ **dyslexie.**

PSYCHOMOTRICIEN, IENNE n. ▪ DIDACT. Personne chargée de la rééducation d'enfants atteints de troubles psychomoteurs.

PSYCHOMOTRICITÉ n. f. ▪ DIDACT. Intégration des fonctions motrices et psychiques résultant de la maturation du système nerveux.

PSYCHONÉVROSE n. f. ▪ MÉD. Troubles mentaux intermédiaires entre la névrose et la psychose.

PSYCHOPATHE n. ▪ VIEILLI Individu présentant un déséquilibre psychique.

PSYCHOPATHOLOGIE n. f. ▪ DIDACT. Étude des troubles mentaux, base de la psychiatrie. ► adj. PSYCHOPATHOLOGIQUE

PSYCHOPÉDAGOGIE n. f. ▪ DIDACT. Discipline qui applique la psychologie expérimentale à la pédagogie.

PSYCHOPHYSIOLOGIE n. f. ▪ DIDACT. Étude des rapports entre l'activité physiologique et le psychisme. ► adj. PSYCHOPHYSIOLOGIQUE

PSYCHOSE [psikoz] **n. f.** ▪ **1.** Maladie mentale ignorée de la personne qui en est atteinte (à la différence des névroses*) et qui provoque des troubles de la personnalité (ex. paranoïa, schizophrénie...). ⇒ **psychotique ; folie. 2.** Obsession, idée fixe. *Psychose collective.*

PSYCHOSOCIOLOGIE [-s-] **n. f.** ▪ DIDACT. Psychologie sociale.

PSYCHOSOMATIQUE [-s-] **adj.** ▪ Qui concerne les maladies physiques liées à des causes psychiques. *Médecine psychosomatique.* - *Troubles psychosomatiques.*

PSYCHOTECHNICIEN, IENNE [-tɛk-] **n.** ▪ Spécialiste de la psychotechnique.

PSYCHOTECHNIQUE [-tɛk-] **n. f.** ▪ Discipline qui mesure les aptitudes physiques et mentales (orientation professionnelle, recrutement de salariés...). - **adj.** *Examens psychotechniques.* ⇒ **test.**

PSYCHOTHÉRAPEUTE n. ▪ DIDACT. Personne qui pratique la psychothérapie.

PSYCHOTHÉRAPIE n. f. ▪ DIDACT. Thérapeutique des troubles psychiques ou somatiques (et psychosomatiques) par des procédés psychiques (psychanalyse* et pratiques dérivées). *Psychothérapie de groupe.*

PSYCHOTIQUE adj. ▪ DIDACT. Atteint d'une psychose. - **n.** *Un, une psychotique.*

PSYCHOTROPE n. m. ▪ DIDACT. Médicament qui agit chimiquement sur le psychisme.

PTAH ▪ Dieu de l'ancienne Égypte adoré à Memphis. Patron des artisans, identifié par les Grecs à Héphaïstos.

Ptah. *Le Dieu Ptah assis de Memphis,* statue dédiée au roi Aménophis III, Nouvel Empire. Musée égyptien, Turin. *Phot. © Dagli Orti*

PTÉR(O)-, -PTÈRE Éléments savants, du grec *pteron* « aile ».

PTÉRODACTYLE ▪ **1. adj.** Qui a les doigts reliés par une membrane. **2. n. m.** Reptile fossile volant du jurassique (contemporain des dinosaures ; ancêtre des oiseaux).

Claude PTOLÉMÉE (v. 90 - v. 168) ▪ Savant grec d'Alexandrie. Sa description mathématique du ciel, qui fait de la Terre le centre immobile de l'Univers, a dominé l'astronomie jusqu'à Galilée.

la dynastie des PTOLÉMÉES ou **des LAGIDES** ▪ Famille de 15 rois macédoniens qui régna en Égypte de 323 à 30 av. J.-C. ▸ **PTOLÉMÉE Ier SÔTER** (367 - 283 av. J.-C.), un des généraux d'Alexandre le Grand, fonda la dynastie en 323 av. J.-C. : il reçut l'Égypte à la mort d'Alexandre et en fit une grande puissance militaire et économique. ▸ **PTOLÉMÉE II PHILADELPHE** (v. 308 - 246 av. J.-C.), son fils, fit d'Alexandrie le pôle culturel de la Méditerranée. ▸ **PTOLÉMÉE XIII** et **PTOLÉMÉE XIV**, frères de Cléopâtre. La dynastie s'acheva avec cette dernière et la mort du fils (**Ptolémée XV** dit **Césarion** [47-30 av. J.-C.]) qu'elle eut de César.

la dynastie des **Ptolémées.** *Ptolémée IX portant la double couronne avec une déesse,* bas-relief du temple d'Edfou. *Phot. © Dagli Orti*

PTOSE n. f. ▪ MÉD. Descente (d'un organe) par relâchement des moyens de soutien. ⇒ **prolapsus.**

PU ▪ Participe passé du verbe *pouvoir.*

PUANT, ANTE adj. ▪ **1.** Qui pue. ⇒ **fétide, pestilentiel. 2.** fig. (personnes) Qui est odieux de prétention, de vanité.

PUANTEUR n. f. ▪ Odeur infecte. ⇒ **infection.**

① **PUB** [pœb] **n. m.** ▪ (pays anglo-saxons) Établissement public où l'on sert des boissons alcoolisées. - en France Bar de luxe imitant un tel établissement. *Des pubs.*

② **PUB** [pyb] **n. f.** ▪ FAM. Publicité. *Les pubs à la télévision. Travailler dans la pub.* - *Une pub.*

PUBALGIE n. f. ▪ MÉD. Inflammation des tendons au niveau de la symphyse pubienne.

PUBÈRE adj. ▪ LITTÉR. Qui a atteint l'âge de la puberté.

PUBERTÉ n. f. ▪ Passage de l'enfance à l'adolescence ; ensemble des modifications physiologiques et psychologiques qui se produisent à cette époque.

PUBIEN, IENNE adj. ▪ ANAT. Du pubis. *Symphyse pubienne.*

PUBIS [-is] **n. m.** ▪ Renflement triangulaire à la partie inférieure du bas-ventre. *Les poils du pubis.*

PUBLI- Élément tiré de *publicité* (ex. *publiphobe* **adj.** et **n.** « qui déteste la publicité »).

PUBLIC, IQUE adj. ▪ **I. adj. 1.** Qui concerne le peuple dans son ensemble ; relatif à la nation, à l'État (⇒ **république**). *L'ordre*

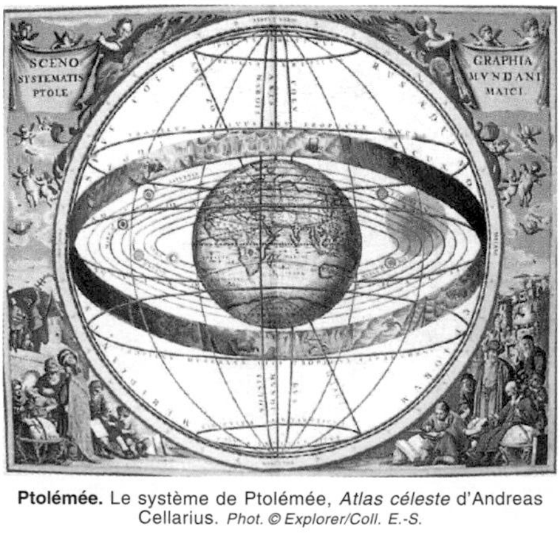

Ptolémée. Le système de Ptolémée, *Atlas céleste* d'Andreas Cellarius. *Phot. © Explorer/Coll. E.-S.*

public. Les affaires publiques. ⇒ **politique.** *L'intérêt public.* ⇒ **commun, général, social.** *L'opinion publique.* ♦ Relatif aux collectivités sociales juridiquement définies, à l'État. *Les pouvoirs publics. La fonction* publique. Service public. L'école publique.* ⇒ **laïque. 2.** Accessible, ouvert à tous. *La voie publique. Jardin public. Réunion publique.* - VX *Fille publique :* prostituée. **3.** Qui a lieu en présence de témoins, n'est pas secret. *Scrutin public.* **4.** Qui concerne la fonction qu'on remplit dans la société. *La vie publique et la vie privée.* - *Un homme public,* investi d'une fonction officielle. **5.** Connu de tous. ⇒ **notoire, officiel.** *Le scandale est devenu public.* **II.** n. m. **1.** Les gens, la masse de la population. *Chantier interdit au public.* - *Le grand public :* la population en général. **2.** Ensemble des personnes que touche une œuvre (littéraire, artistique, musicale, un spectacle). *Livrer son ouvrage au public. Le public de qqn,* celui qu'il touche, qui le suit. **3.** Ensemble de personnes qui assistent effectivement (à un spectacle, une réunion...). ⇒ **assistance, auditoire.** *Le public applaudissait.* - Les personnes devant lesquelles on parle ou on se donne en spectacle. *Il lui faut toujours un public.* loc. *Être bon public,* peu difficile, bienveillant (à l'égard d'une œuvre, etc.). **4.** *EN PUBLIC* loc. adv. : en présence d'un certain nombre de personnes. *Parler en public.*

PUBLICATION n. f. ▪ **1.** Action de publier (un ouvrage, un écrit) ; son résultat. *Après la publication de son roman.* ⇒ **apparition, parution, sortie.** - Écrit publié (brochures, périodiques). *Publications scientifiques.* **2.** Action de publier (2), de porter à la connaissance de tous. *La publication d'une loi. Publications des bans du mariage.*

PUBLICISTE n. ▪ **1.** VIEILLI Journaliste. **2.** abusivt Agent de publicité. ⇒ **publicitaire.**

PUBLICITAIRE adj. ▪ **1.** Qui sert à la publicité, présente un caractère de publicité. *Film publicitaire. Message* publicitaire. Espace* publicitaire.* **2.** Qui s'occupe de publicité. *Dessinateur publicitaire.* - n. *Un, une publicitaire.*

PUBLICITÉ n. f. ▪ **I. 1.** Le fait d'exercer une action psychologique sur le public à des fins commerciales. ⇒ ② **pub, réclame.** *Agence de publicité. Campagne de publicité.* **2.** Message publicitaire. **II.** Caractère de ce qui est public, connu de tous. *Donner une regrettable publicité à une affaire privée.*

Valerius **PUBLICOLA** (mort v. 503 av. J.-C.) ▪ Homme politique romain. Un des fondateurs de la République, selon la tradition.

PUBLIER v. tr. 7 ▪ **1.** Faire paraître (un texte) dans un livre, un journal. *Publier un article dans une revue.* - (compl. personne) *Gallimard a publié Malraux.* ⇒ **éditer.** - passif et p. p. *Être publié.* **2.** Faire connaître au public ; annoncer publiquement. ⇒ **divulguer.** *On a publié les bans à la mairie.*

PUBLIPOSTAGE n. m. ▪ Prospection publicitaire ou vente par correspondance (recomm. off. pour *mailing*).

PUBLIQUEMENT adv. ▪ En public, au grand jour. *Injurier qqn publiquement.*

Giacomo **PUCCINI** (1858 - 1924) ▪ Compositeur italien, maître de l'opéra réaliste (« vériste »). *"La Bohème"* (1896) ; *"Tosca"* (1900) ; *"Madame Butterfly"* (1904).

PUCE n. f. ▪ **I. 1.** Insecte sauteur, de couleur brune, parasite de l'homme et d'animaux. *Être piqué, mordu par une puce.* **2.** loc. FAM. *Mettre la puce à l'oreille à qqn,* l'intriguer, éveiller ses soupçons. - *Secouer les puces à qqn,* le réprimander, l'attraper. - *Le marché aux puces* et ellipt *les puces,* marché où l'on vend toutes sortes d'objets d'occasion. **3.** FAM. Personne très petite. - terme d'affection *Ça va, ma puce ?* **4.** en appos. invar. D'un brun-rouge assez foncé (couleur de la puce). *Des gants puce.* **II.** Petite pastille d'un matériau semi-conducteur sur laquelle se trouve un microprocesseur. *Carte à puce.*

PUCEAU n. m. ▪ FAM. Garçon, homme vierge.

PUCELAGE n. m. ▪ FAM. Virginité. *Perdre son pucelage.*

PUCELLE n. f. ▪ **1.** VX ou plais. Jeune fille. *La pucelle d'Orléans :* Jeanne d'Arc. **2.** FAM. Fille vierge.

Jean **PUCELLE** (mort en 1334) ▪ Enlumineur français. Il eut de nombreux disciples. *"Le Bréviaire de Belleville"* (v. 1323-1326).

PUCERON n. m. ▪ Petit insecte parasite des plantes. *Puceron du rosier.*

PUDDING [pudiŋ] n. m. ▪ **1.** Gâteau à base de farine, d'œufs, de graisse de bœuf et de raisins secs. *Le pudding traditionnel d'un Noël anglais. Des puddings.* **2.** Gâteau à base de pain, de cannelle, de raisins secs. ◇ var. POUDING.

PUDDLER v. tr. 1 ▪ anglic. TECHN. Affiner (la fonte) par brassage. ► n. m. PUDDLAGE

PUDEUR n. f. ▪ **1.** Sentiment de honte, de gêne qu'une personne éprouve à faire, à envisager des choses de nature sexuelle ; disposition permanente à éprouver un tel sentiment. ⇒ **chasteté, décence, pudicité ; pudique ;** contr. *impudeur. Des propos qui blessent la pudeur.* - *Attentat* à la pudeur.* **2.** Sentiment de gêne à se montrer nu. **3.** Gêne qu'éprouve une personne délicate devant ce que sa dignité semble lui interdire. ⇒ **discrétion, réserve, retenue.** *Cacher son chagrin par pudeur.*

PUDIBOND, ONDE adj. ▪ Qui a une pudeur exagérée jusqu'au ridicule. ⇒ **prude.**

PUDIBONDERIE n. f. ▪ LITTÉR. Pudeur excessive, ridicule. ⇒ **pruderie.**

PUDICITÉ n. f. ▪ LITTÉR. Pudeur, caractère pudique.

PUDIQUE adj. ▪ **1.** Qui a de la pudeur, montre de la pudeur. ⇒ **chaste, sage.** *Un garçon pudique. Un geste pudique.* **2.** Plein de discrétion, de réserve. *Une allusion pudique.*

PUDIQUEMENT adv. ▪ **1.** D'une manière pudique. **2.** En termes pudiques ; par euphémisme. *Ce qu'on appelle pudiquement rétablir l'ordre.*

Puebla. *Prise du fort San-Javier en mars 1863, par les troupes françaises de Forey,* image d'Épinal. Bibliothèque nationale de France, Paris. *Phot. © Giraudon*

PUEBLA ▪ Ville du Mexique, au sud de Mexico. 1 135 000 hab. Un des plus grands centres industriels du pays (métallurgie, chimie, textile). Université. Monuments coloniaux.

les **PUEBLOS** ▪ Anciens Indiens du sud-ouest des États-Unis. Les Hopis et les Zuñis maintiennent leur langue et leur civilisation.

PUER v. 1 ▪ **1.** v. intr. Sentir très mauvais, exhaler une odeur infecte. ⇒ **empester ; puant. 2.** v. tr. Répandre une très mauvaise odeur de. *Puer la sueur, l'alcool.* - fig. *Ça pue la magouille.*

Puccini. Portrait par A. Rietti. Musée théâtral de la Scala, Milan. *Phot. © Dagli Orti*

PUÉR(I)- Élément, du latin *puer, pueris* « enfant ». ⇒ ① **péd(o)-**.

PUÉRICULTEUR, TRICE n. ▪ Personne diplômée spécialiste de puériculture.

PUÉRICULTURE n. f. ▪ Ensemble des méthodes propres à assurer la croissance et l'épanouissement du nouveau-né et de l'enfant (jusque vers trois ou quatre ans).

PUÉRIL, ILE adj. ▪ péj. Qui n'est pas digne d'un adulte ; qui manque de sérieux. ⇒ **enfantin, infantile.** *Une réaction puérile.* ► adv. PUÉRILEMENT

PUÉRILITÉ n. f. ▪ **1.** Caractère puéril, peu sérieux. ⇒ **futilité. 2.** LITTÉR. Action, parole, idée puérile. ⇒ **enfantillage.** *Cessez vos puérilités !*

PUERPÉRAL, ALE, AUX adj. ▪ MÉD. Relatif à la période qui suit l'accouchement. *Fièvre puerpérale,* due à une infection utérine.

PUERTO RICO → Porto Rico

Samuel von **PUFENDORF** (1632 - 1694) ▪ Juriste allemand, philosophe du contrat social.

Pierre **PUGET** (1620 - 1694) ▪ Sculpteur français, architecte et peintre. L'un des plus puissants sculpteurs baroques après le Bernin. *"Milon de Crotone"* (1672-1679).

Puget. *Milon de Crotone,* marbre. Musée du Louvre, Paris.
Phot. © Giraudon

le **PUGET SOUND** ▪ Détroit et golfe sur la côte américaine du Pacifique, qui sépare l'île de Vancouver du continent. Ports de Seattle et Tacoma aux États-Unis, et de Vancouver au Canada.

PUGILAT n. m. ▪ Bagarre à coups de poing. ⇒ **rixe.**

PUGILISTE n. m. ▪ LITTÉR. Boxeur ; lutteur.

PUGNACE [-gn-] adj. ▪ LITTÉR. Qui aime le combat, la polémique.

PUGNACITÉ [-gn-] n. f. ▪ Combativité.

Manuel **PUIG** (1932 - 1990) ▪ Écrivain argentin. *"Le Baiser de la femme-araignée"* (1976).

PUÎNÉ, ÉE adj. et n. ▪ VIEILLI Qui est né après un frère ou une sœur. *Frère puîné.* - n. *Une puînée.*

PUIS adv. ▪ **1.** (succession dans le temps) LITTÉR. Après cela, dans le temps qui suit. ⇒ **ensuite.** *Ils entraient, (et) puis ressortaient.* **2.** LITTÉR. Plus loin, dans l'espace. ⇒ **après.** *On aperçoit la cathédrale, puis la mairie.* **3.** *ET PUIS* (introduisant le dernier terme d'une énumération). ⇒ **et.** *Il y avait ses amis, son frère et puis sa sœur.* - (introduisant une nouvelle raison) ⇒ d'**ailleurs.** *Je n'ai pas le temps, et puis ça m'ennuie !* FAM. *Et puis quoi ? ; et puis après ? :* quelle importance ?

PUISARD n. m. ▪ Puits en pierres sèches destiné à recevoir et absorber les résidus liquides. ⇒ **égout, fosse.**

PUISATIER n. m. ▪ Personne, entreprise qui creuse des puits. *"La Fille du puisatier"* (film de M. Pagnol).

PUISER v. tr. [1] ▪ **1.** Prendre dans une masse liquide (une portion de liquide). *Puiser de l'eau à une source.* **2.** absolt *Puiser dans ses économies,* y prélever de l'argent. **3.** fig. Emprunter, prendre. *Il a puisé ses exemples dans les auteurs classiques.* - au p. p. *Information puisée aux meilleures sources.*

PUISQUE conj. ▪ conj. de subordination **1.** (introduisant une cause, rapport de cause à effet) Dès l'instant où, du moment que... *Puisque vous insistez, je viendrai. Puisque vous êtes ici, restez à dîner !,* étant donné que... **2.** (servant à justifier une assertion) *Puisque je vous le dis* (sous-entendu : c'est vrai). - (reprenant un terme) *Son départ, puisque départ il y a, est fixé à midi.*

PUISSAMMENT adv. ▪ **1.** Avec des moyens puissants, avec une action efficace. **2.** Avec force, intensité. - iron. *C'est puissamment raisonné !*

PUISSANCE n. f. ▪ **I. 1.** Situation, état d'une personne, d'un groupe qui a une grande action ; domination qui en résulte. *"La Puissance et la Gloire"* (titre français d'un roman de Graham Greene). *Volonté de puissance :* besoin de dominer les gens et les choses (d'abord chez Nietzsche : volonté d'être plus fort que l'homme moyen, au mépris de la morale). - spécialt Pouvoir social, politique. *La puissance temporelle, spirituelle.* ⇒ **pouvoir.** ♦ Grand pouvoir de fait exercé dans la vie politique d'une collectivité. *La puissance d'un parti, d'une tendance, d'un groupe d'intérêt.* **2.** Caractère de ce qui peut beaucoup, de ce qui produit de grands effets. ⇒ **efficacité, force.** *La puissance des mots.* - *Puissance sexuelle.* ⇒ **virilité ;** opposé à *impuissance.* **3.** SC. Quantité d'énergie fournie par unité de temps. *Unités de puissance.* ⇒ **erg, watt.** *Puissance d'un moteur, d'un frein ; puissance électrique.* **4.** Pouvoir d'action (d'un appareil) ; intensité (d'un phénomène). *La puissance d'un microscope. Augmenter, diminuer la puissance,* l'intensité du phénomène produit par un appareil (volume sonore, par exemple). *Marcher à pleine puissance.* **5.** MATH. Produit de plusieurs facteurs égaux, le nombre de facteurs étant indiqué par l'exposant. 10^5 *(dix puissance cinq). Élever un nombre à la puissance deux* (⇒ **carré**), trois (⇒ **cube**). **II.** *(Une, des puissances)* **1.** LITTÉR. Chose qui a un grand pouvoir, produit de grands effets. « *Trois puissances gouvernent les hommes : le fer* [les armes], *l'or, l'opinion* » (Chamfort). **2.** Catégorie, groupement de personnes qui ont un grand pouvoir de fait dans la société. *Les puissances d'argent.* **3.** État souverain. ⇒ **nation, pays.** *Les grandes puissances.* ⇒ aussi **superpuissance. III.** *EN PUISSANCE* loc. adj. : qui existe sans produire d'effet, sans se réaliser. ⇒ **potentiel, virtuel.** *Un talent en puissance. Un criminel en puissance.*

PUISSANT, ANTE adj. ▪ **1.** Qui a un grand pouvoir, de la puissance. *Un personnage très puissant.* ⇒ **considérable, influent, tout-puissant.** - n. *Les puissants de ce monde.* - Qui a de grands moyens militaires, techniques, économiques. *Un pays puissant.* ⇒ **puissance. 2.** Qui est très actif, qui produit de grands effets. *Un remède puissant.* ⇒ **énergique.** *Un sentiment puissant.* ⇒ **profond.** ♦ (personnes) Qui s'impose par sa force, son action. *Une puissante personnalité.* **3.** Qui a de la force physique. *Des muscles puissants.* **4.** (moteur, machine) Qui a de la puissance, de l'énergie. *Une voiture puissante.* **5.** Qui a une grande intensité. ⇒ **fort.** *Un éclairage puissant.*

PUITS n. m. ▪ **1.** Cavité circulaire, profonde et étroite, à parois maçonnées, pratiquée dans le sol pour atteindre une nappe d'eau souterraine. *Tirer de l'eau au puits.* ⇒ **puiser.** *Puits artésien*.* **2.** Excavation pratiquée dans le sol ou le sous-sol pour l'exploitation d'un gisement. *Puits de mine.* - *Derrick pour le forage des puits de pétrole.* **3.** loc. fig. *Un PUITS DE SCIENCE :* une personne qui a de vastes connaissances.

Joseph **PULITZER** (1847 - 1911) ▪ Journaliste américain. Il fonda une école de journalisme qui décerne les *prix Pulitzer,* en littérature et en journalisme.

PULLMAN [pulman] n. m. ▪ **1.** Voiture de luxe, dans un train. *Des pullmans.* **2.** appos. *Autocar pullman,* de grand confort.

George Mortimer **PULLMAN** (1831 - 1897) ▪ Industriel américain. Il conçut les premiers wagons-lits.

PULL-OVER [pylɔvɛʀ ; pulɔvœʀ] ou (abrév.) **PULL** [pyl] n. m. ▪ Tricot de laine ou de coton à manches, qu'on enfile par la tête. *Des pull-overs ; des pulls.*

PULLULEMENT n. m. ▪ Fait de pulluler ; ce qui pullule. *Un pullulement d'insectes.* ◇ syn. PULLULATION n. f.

PULLULER v. intr. [1] ▪ **1.** Se multiplier ; se reproduire en grand nombre et très vite. **2.** (personnes, animaux) Se manifester en très grand nombre. ⇒ **fourmiller, grouiller, proliférer.** *Les mendiants pullulent dans cette ville.* - (choses) Abonder, foisonner.

PULMONAIRE adj. ▪ **1.** Qui affecte, atteint le poumon. *Congestion pulmonaire. Tuberculose pulmonaire.* **2.** Du poumon. *Les alvéoles pulmonaires.*

pullman. *The Golden Arrow. Trajet Londres-Calais-Paris,* affiche pour les wagons-lits, v. 1925. Coll. part., Paris. *Phot. © Dagli Orti*

PULPE n. f. ▪ **1.** Partie charnue. *La pulpe des doigts.* **2.** *La pulpe des dents,* le tissu conjonctif interne. **3.** Partie juteuse (des fruits charnus). ⇒ **chair.** ‑ Partie charnue et comestible (de certains légumes). *La peau et la pulpe.* **4.** Résidu pâteux de végétaux écrasés. *Pulpe de betteraves.*

PULPEUX, EUSE adj. ▪ **1.** Fait de pulpe (3). *Un fruit pulpeux.* **2.** fig. *Une belle fille pulpeuse,* aux formes rondes et pleines.

PULQUE [pulke] n. m. ▪ Boisson fermentée de suc d'agave.

PULSATION n. f. ▪ **1.** Battement (du cœur, des artères). ⇒ **pouls. 2.** Battement régulier.

PULSÉ adj. m. ▪ *Air pulsé,* poussé par une soufflerie.

PULSION n. f. ▪ PSYCH. Force psychique qui fait tendre la personne vers un but. *Pulsions sexuelles.* ⇒ **libido.** ► adj. **PULSIONNEL, ELLE**

PULVÉRISATEUR n. m. ▪ Appareil servant à projeter une poudre, un liquide pulvérisé. ⇒ **atomiseur, vaporisateur.**

PULVÉRISATION n. f. ▪ **1.** Action de pulvériser. **2.** Prise de médicament en aérosol (nez, gorge).

PULVÉRISER v. tr. [1] ▪ **1.** Réduire (un solide) en poudre, en très petites parcelles ou miettes. ⇒ **broyer, piler.** ‑ au p. p. *Charbon pulvérisé.* **2.** Projeter (un liquide sous pression) en fines gouttelettes. ⇒ **vaporiser.** *Pulvériser de l'insecticide.* **3.** Faire éclater en petits morceaux. *Le pare-brise a été pulvérisé.* ♦ fig. Détruire complètement, réduire à néant. ⇒ **anéantir.** *Pulvériser une objection.* ♦ FAM. *Le record a été pulvérisé,* battu de beaucoup.

PULVÉRULENT, ENTE adj. ▪ Qui a la consistance de la poudre ou se réduit facilement en poudre. *La chaux vive est pulvérulente.*

PUMA n. m. ▪ Mammifère carnassier d'Amérique de la famille des félins, à pelage fauve et sans crinière. ⇒ **couguar.** *Des pumas femelles.*

PUNAISE n. f. ▪ **I.** Petit insecte à corps aplati et d'odeur infecte. *Punaise (des lits),* parasite de l'homme. ‑ interj. RÉGIONAL *Punaise !,* exprimant la surprise ou le dépit. fig. Personne détestable. ‑ loc. *Punaise de sacristie*.* **II.** Petit clou à large tête ronde, à pointe courte servant à fixer des feuilles de papier sur une surface.

PUNAISER v. tr. [1] ▪ Fixer à l'aide de punaises.

① **PUNCH** [pɔ̃ʃ] n. m. ▪ Boisson alcoolisée à base de rhum, de sirop de canne, parfois de jus de fruits.

② **PUNCH** [pœnʃ] n. m. ▪ **1.** Aptitude d'un boxeur à porter des coups secs et décisifs. **2.** Efficacité, dynamisme. *Avoir du punch.*

PUNCHEUR [pœnʃœʀ] n. m. ▪ Boxeur qui a du punch.

PUNCHING-BALL [pœnʃiŋbol] n. m. ▪ Ballon fixé par des liens élastiques, servant à l'entraînement des boxeurs.

PUNE ou **POONA** ▪ Ville de l'Inde (Maharashtra). 2 485 000 hab. Les Britanniques en firent une de leurs capitales d'été.

PUNIQUE adj. ▪ ANTIQ. De Carthage ; carthaginois. *Les guerres puniques,* menées par Rome contre Carthage. ■ À l'issue de la première guerre punique (264-241 av. J.-C.), Carthage dut céder la Sicile aux Romains. La deuxième (218-201 av. J.-C.) fut marquée par Hannibal* : il passa les Alpes et battit les Romains (victoires de Tessin, Trébie, Trasimène et Cannes). Mais il s'attarda à Capoue*, dut renoncer à prendre Rome, et fut vaincu par Scipion* l'Africain à Zama en 202 av. J.-C. La troisième (149-146 av. J.-C.) s'acheva par la destruction de Carthage.

PUNIR v. tr. [2] ▪ **1.** Frapper (qqn) d'une peine pour avoir commis un délit ou un crime. ⇒ **châtier, condamner.** *La justice punit les coupables. Être puni de prison.* ‑ Frapper (qqn) d'une sanction pour une faute répréhensible. *Punir un enfant d'avoir (pour avoir) menti.* **2.** Sanctionner (une faute) par une peine, une punition. *Punir une infraction.* ‑ absolt *"Surveiller et punir"* (M. Foucault). **3.** passif et p. p. *Il est bien puni de sa curiosité,* il en supporte les conséquences fâcheuses. *Être puni par où l'on a péché,* trouver sa punition dans la faute même (Bible, *Livre de la sagesse*). *Coupables punis ou épargnés.*

PUNISSABLE adj. ▪ Qui entraîne ou peut entraîner une peine. *Une action punissable.* ⇒ **répréhensible.**

PUNITIF, IVE adj. ▪ Propre ou destiné à punir. *Une expédition punitive.*

PUNITION n. f. ▪ **1.** LITTÉR. Action de punir. ⇒ **châtiment.** *La punition des crimes, des péchés.* **2.** Ce que l'on fait subir à l'auteur d'une faute (non d'un crime ou d'un délit grave) ; spécialt à un enfant, un élève. *Infliger une punition à qqn. Pour ta punition, tu resteras dans ta chambre. Il est en punition.* ♦ Ce qui est infligé en punition. **3.** Conséquence pénible (d'une faute, d'un défaut dont on semble puni). *Ce sera la punition de votre erreur.*

PUNK [pœ̃k ; pœnk] ▪ anglic. **1.** n. m. Mouvement de contestation regroupant des jeunes qui affichent des signes provocateurs (coiffures, ornements). ‑ adj. *La musique punk.* **2.** n. Adepte de ce mouvement. *Une punk aux cheveux bleus.*

PUNTA ARENAS ▪ Ville du sud du Chili, sur le détroit de Magellan. 111 724 hab.

① **PUPILLE** [-ij ; -il] n. ▪ **1.** Orphelin(e) mineur(e) en tutelle. *Le, la pupille et son tuteur.* **2.** *Pupille de la Nation,* orphelin de guerre pris en tutelle par l'État.

② **PUPILLE** [-ij ; -il] n. f. ▪ Zone centrale de l'iris de l'œil, par où passent les rayons lumineux. ⇒ **prunelle.**

PUPITRE n. m. ▪ **1.** Petit meuble à tableau incliné sur un ou plusieurs pieds, où l'on pose, à hauteur de vue, un livre, du papier. *Pupitre d'orchestre. Pupitre de chœur.* ⇒ **lutrin. 2.** Petite table, casier à couvercle incliné servant à écrire. *Pupitre d'écolier.* **3.** Tableau de commandes (d'un système électronique). ⇒ **console.** *Le pupitre d'un studio d'enregistrement, d'un ordinateur.*

PUPITREUR, EUSE n. ▪ Technicien chargé de suivre au pupitre le fonctionnement d'un ordinateur.

PUR, PURE adj. ▪ **I.** concret **1.** Qui n'est pas mêlé avec autre chose, qui ne contient aucun élément étranger. *Substance, eau chimiquement pure. Du vin pur,* sans eau. ‑ (devant un nom de produit) *Confiture pur fruit, pur sucre,* sans additifs ni

puma. *Felis concolor.* *Phot. © Lepore/PHR/Jacana*

adjuvants. *Tissu pure laine.* fig. *Un Québécois pure laine,* d'origine franco-canadienne. - *Couleur pure,* franche. *Son pur,* simple. - *Cheval de pur sang.* ⇒ **pur-sang. 2.** Qui ne renferme aucun élément mauvais ou défectueux. *Eau pure,* claire, bonne à boire. *Air pur,* salubre (opposé à *pollué*). *Ciel pur,* sans nuages ni fumées. ⇒ **limpide. II.** abstrait **1.** Qui est sans mélange, n'a aucun élément étranger à sa nature. ⇒ **absolu.** ♦ (activité intellectuelle) *"La Critique de la raison pure"* (Kant), opposé à *raison pratique. Science pure* ⇒ **théorique** (opposé à *appliqué*). *Recherche pure,* fondamentale. *Musique pure.* **2.** (en général devant le nom) Qui est seulement et complètement tel. ⇒ **complet, parfait, simple, véritable.** *Ouvrage de pure fiction. Un pur hasard. C'est de la pure folie, de la folie pure.* loc. *De pure forme. En pure perte.* - (après le nom) *PUR ET SIMPLE :* sans restriction. *Je vous demande une acceptation pure et simple.* ♦ loc. *PUR ET DUR :* qui applique des principes avec rigueur. *Une politique pure et dure.* - (personnes) *Un extrémiste pur et dur.* n. *Un pur et dur.* **3.** Sans défaut d'ordre moral, sans corruption, sans tache. ⇒ **innocent.** *Un cœur pur. Ses intentions étaient pures,* bonnes et désintéressées. - spécialt RELIG. *Rendre pur.* ⇒ **purification, purificatoire.** ♦ n. *C'est une pure.* ♦ n. m. Pureté morale, religieuse. *Le pur et l'impur.* **4.** Chaste. *Une jeune fille pure.* **5.** Sans défaut d'ordre esthétique. ⇒ **parfait.** *Un profil, des traits purs.* ♦ (langue, style) D'une correction élégante. ⇒ **châtié, épuré ; purifier ; purisme.**

Henry **PURCELL** (1659-1695) ▪ Compositeur anglais, l'un des plus importants de son époque. Œuvres religieuses, musique de cour (odes, cantates), musique de scène et opéras (*"Didon et Énée"*, 1689; *"King Arthur"*, 1691).

PURÉE n. f. ▪ **1.** Légumes cuits et écrasés. *Purée de carottes, de pois cassés.* - absolt Purée de pommes de terre. *Du jambon avec de la purée ;* FAM. *un jambon purée.* - appos. (invar.) *Pommes purée.* ⇒ **mousseline.** ♦ *PURÉE DE POIS* loc. fig. : brouillard très épais. **2.** FAM. *Être dans la purée,* dans la gêne, la misère. ⇒ **mouise, panade.** ♦ exclam. FAM. *Purée !,* misère !

PUREMENT adv. ▪ Intégralement, exclusivement. *Une réaction purement instinctive.* - loc. *PUREMENT ET SIMPLEMENT :* sans condition ni réserve ; sans aucun doute possible.

PURETÉ n. f. ▪ **I.** (concret) **1.** État d'une substance pure. *Une eau d'une grande pureté.* **2.** État de ce qui est sans défaut, sans altération. ⇒ **limpidité, netteté.** *Ce diamant est d'une pureté absolue. La pureté de l'air.* **II.** (abstrait) **1.** LITTÉR. État de ce qui est sans souillure morale. ⇒ **honnêteté, innocence.** ♦ Chasteté. **2.** État de ce qui est sans mélange. *L'amour dans toute sa pureté.* **3.** État de ce qui se conforme à des règles, à un type de perfection, à un idéal (de beauté, élégance, clarté...). ⇒ **correction.** *La pureté du style, du dessin. Veiller à la pureté de la langue* (⇒ **purisme**).

PURGATIF, IVE adj. ▪ Qui a la propriété de purger. ⇒ **dépuratif, laxatif.** - n. m. *Un purgatif.*

PURGATION n. f. ▪ **1.** VX Purification. ♦ *La purgation des passions* (grec *catharsis*). **2.** Action de purger ; remède qui purge.

PURGATOIRE n. m. ▪ **1.** THÉOL. CATHOL. Lieu où les âmes des justes expient, se purifient de leurs péchés avant d'accéder au paradis. **2.** Lieu ou temps d'épreuve, d'expiation.

PURGE n. f. ▪ **1.** Action de purger ; remède purgatif. *Prendre une purge.* **2.** Évacuation d'un liquide, d'un gaz d'une conduite. ⇒ **vidange ; purgeur.** *Robinet de purge.* **3.** Élimination autoritaire, violente d'éléments politiquement indésirables. ⇒ **épuration.** *Les grandes purges staliniennes.*

Pusan. *Phot. © M.Setboun/Rapho*

PURGER v. tr. [3] ▪ **1.** Débarrasser de ce qui gêne. *Purger un radiateur. Purger un moteur.* **2.** LITTÉR. Débarrasser (d'une chose mauvaise ou d'êtres considérés comme dangereux). ⇒ **purifier.** « *Purger la terre des vaniteux, des niais* » (Valéry). **3.** Administrer un purgatif à (qqn, un animal). - pronom. *Se purger,* prendre un purgatif. **4.** Faire disparaître en subissant (une condamnation, une peine). *Purger une peine de prison.*

PURGEUR n. m. ▪ Robinet ou dispositif automatique de purge (d'une tuyauterie, d'une machine).

PURIFICATEUR, TRICE adj. ▪ Qui purifie. ⇒ **purificatoire.** *Cérémonie purificatrice.* ♦ n. m. *Purificateur d'air* (appareil).

PURIFICATION n. f. ▪ Action de purifier, de se purifier. - RELIG. *Fête de la Purification de Marie.* ⇒ **Chandeleur.** ♦ fig. Élimination d'éléments jugés hétérogènes. - loc. *Purification ethnique :* élimination ou déplacement violent de groupes ethniques par un groupe dominant d'une autre ethnie.

PURIFICATOIRE adj. ▪ LITTÉR. Propre à la purification. ⇒ **lustral.** *Rites purificatoires.*

PURIFIER v. tr. [7] ▪ **1.** Débarrasser (une substance) de ses impuretés. ⇒ **clarifier, épurer, filtrer. 2.** LITTÉR. Rendre pur, débarrasser de la corruption, de la souillure morale. *La souffrance l'a purifié.* - RELIG. *Rites destinés à purifier.* ⇒ **purificatoire.** - pronom. (réfl.) *Se purifier* (RELIG.). **3.** LITTÉR. Rendre plus pur, plus correct (la langue, le style).

PURIN n. m. ▪ Partie liquide du fumier, constituée par les urines et la décomposition des parties solides. ⇒ **lisier.** *Fosse à purin.*

PURINE n. f. ▪ BIOCHIM. Substance azotée à deux chaînes fermées.

PURIQUE adj. ▪ Dérivé de la purine. *Les bases puriques des acides nucléiques.*

PURISME n. m. ▪ **1.** Souci excessif de la pureté et de la correction du langage par rapport à un modèle intangible et idéal. **2.** Souci de pureté, de conformité totale à un type idéal (art, idées, etc.). - Opposé à *laxisme.*

PURISTE adj. et n. ▪ Partisan du purisme. *Un puriste normatif.*

PURITAIN, AINE n. ▪ **1.** Membre d'une secte protestante anglaise et hollandaise qui voulait pratiquer un christianisme plus pur. ▪ Apparus en Angleterre sous Élisabeth Ire (v. 1560), les puritains luttèrent contre Charles Ier et portèrent Cromwell au pouvoir. Beaucoup émigrèrent aux États-Unis (pèlerins du *Mayflower,* 1620). **2.** Personne qui montre une pureté morale scrupuleuse, un respect rigoureux des principes. ⇒ **rigoriste.** - adj. *Il a reçu une éducation puritaine.* ⇒ **austère, rigide.**

PURITANISME n. m. ▪ Esprit, conduite des puritains.

PURPURIN, INE adj. ▪ LITTÉR. ou plais. Pourpre. *Des lèvres purpurines.*

PUR-SANG [-sɑ̃] n. m. invar. ▪ Cheval de course, de race (française, d'origine anglaise) pure.

PURULENT, ENTE adj. ▪ Qui contient ou produit du pus. *Une plaie purulente.* ► n. f. PURULENCE

le **PURUS** ▪ Rivière du Pérou et du Brésil, affluent de l'Amazone. 2 948 km.

PUS n. m. ▪ Production pathologique, liquide blanchâtre ou jaunâtre, qui se forme aux points d'infection de l'organisme. ⇒ **py(o)-.** *Écoulement de pus.* ⇒ **pyorrhée, suppuration ; purulent.**

PUSAN, FUSAN ou **BUSAN** ▪ Ville et principal port de la Corée-du-Sud. 3 797 600 hab. Pêche. Industrie textile. Base navale.

PUSILLANIME [-i(l)l-] adj. ▪ LITTÉR. Qui manque d'audace, craint le risque, les responsabilités. ⇒ **craintif, timoré.**

PUSILLANIMITÉ [-i(l)l-] n. f. ▪ Caractère d'une personne pusillanime.

PUSTULE n. f. ▪ **1.** Petite tumeur purulente sur la peau. ⇒ **bouton.** *Les pustules de la variole.* **2.** Chacune des vésicules qui couvrent le dos du crapaud, les feuilles ou tiges de certaines plantes.

PUSTULEUX, EUSE adj. ▪ Caractérisé par la présence de pustules.

PUTAIN n. f. ▪ **I. 1.** péj. Prostituée. ⇒ **pute. 2.** péj. Femme qui a une vie sexuelle très libre. - *Enfant de putain* (terme d'injure).

3. FAM. Personne qui cherche à plaire à tout le monde. **II.** FAM. **1.** *Putain de* (+ nom), marque l'exaspération, le mépris. *Putain de temps !* **2.** *Putain !*, exclamation de désagrément ; par ext. d'étonnement, d'admiration.

PUTATIF, IVE adj. ▪ DR. *Enfant, père putatif*, personne qui est supposée être l'enfant, le père de qqn.

PUTE n. f. ▪ FAM. **1.** Prostituée. **2.** *Faire la pute ;* adj. *être pute :* s'abaisser pour arriver à ses fins. ⇒ **putain** (I, 3).

PUTEAUX ▪ Commune des Hauts-de-Seine. 42 756 hab. *(les Putéoliens).* Centre industriel et résidentiel.

PUTOIS n. m. ▪ **1.** Petit mammifère carnivore, à fourrure brune, à odeur nauséabonde. - loc. *Crier comme un putois :* crier, protester très fort. **2.** Fourrure de cet animal.

PUTRÉFACTION n. f. ▪ Décomposition des matières organiques sous l'action des bactéries. ⇒ **pourriture.** *Un cadavre en état de putréfaction avancée.*

PUTRÉFIER v. tr. 7 ▪ Faire tomber en putréfaction. - pronom. Se décomposer, pourrir.

PUTRESCIBLE adj. ▪ Qui peut se putréfier (contr. IMPUTRESCIBLE).

PUTRIDE adj. ▪ **1.** Qui est en putréfaction. **2.** (miasme, odeur) Qui résulte de la putréfaction.

PUTSCH [putʃ] n. m. ▪ Soulèvement, coup de main d'un groupe politique armé, en vue de prendre le pouvoir. ⇒ coup d'**État.** *Un putsch contre-révolutionnaire. Des putschs.*

PUTSCHISTE [putʃist] n. ▪ Personne qui organise un putsch ou qui y participe. - adj. *Des officiers putschistes.*

Pierre **PUVIS DE CHAVANNES** (1824 - 1898) ▪ Peintre français. Auteur de décorations murales à sujets allégoriques. L'un des représentants du symbolisme en France.

Puvis de Chavannes. *Le Rêve*, 1883. Musée d'Orsay, Paris. *Phot. © Giraudon*

PUY [pɥi] n. m. ▪ **I.** Montagne, en Auvergne. **II.** HIST. Société littéraire qui organisait des concours de poésie. *Le puy d'Amiens, de Rouen.*

le **PUY-DE-DÔME** [63] ▪ Département français de la région Auvergne. 7 954 km². 598 213 hab. Chef-lieu : Clermont-Ferrand. Chefs-lieux d'arrondissement : Ambert, Issoire, Riom, Thiers.

Le **PUY-EN-VELAY** ▪ Chef-lieu de la Haute-Loire. 21 743 hab. *(les Ponots).* Cathédrale romane (ancien pèlerinage à la Vierge noire). Dentelle.

PUYI ou **P'OU-YI** (1906 - 1967) ▪ Dernier empereur de Chine. Il abdiqua en 1912 (proclamation de la République).

le col de **PUYMORENS** ▪ Passage dans les Pyrénées orientales à 1 915 m d'altitude. Il relie l'Ariège à la Cerdagne.

PUZZLE [pœzl ; pœzœl] n. m. ▪ **1.** Jeu de patience, composé d'éléments à assembler pour reconstituer une image. **2.** Multiplicité d'éléments qu'un raisonnement logique doit assembler pour reconstituer la réalité des faits. *Les pièces du puzzle commençaient à s'ordonner dans sa tête.*

P.-V. [peve] n. m. invar. (abrév. de *procès-verbal*) ▪ FAM. Contravention. *Attraper un P.-V.*

PYGMALION ▪ Roi légendaire de Chypre. Il épousa une statue (Galatée) qu'il avait sculptée et à laquelle Aphrodite avait donné la vie.

putois. *Mustela putorius. Phot. © Danegger/Jacana*

PYGMÉE ▪ **1.** n. m. MYTHOL. Nain légendaire de la région du Nil. *Le combat d'Hercule contre les Pygmées.* **2.** n. Personne appartenant à des populations de petite taille (autour de 1,50 m) habitant la forêt équatoriale du centre de l'Afrique. *Les pygmées vivent de cueillette et de chasse.* - adj. *Langues pygmées.*

PYJAMA n. m. ▪ Vêtement léger de nuit ou d'intérieur. *Veste, pantalon de pyjama. Être en pyjama.*

PYLÔNE n. m. ▪ **1.** Portail égyptien monumental. ♦ Pilier placé de part et d'autre de l'entrée d'un pont, d'une avenue. **2.** Structure élevée, métallique ou en béton armé, servant de support à des câbles, des antennes, etc. *Pylône électrique.*

PYLORE n. m. ▪ ANAT. Orifice faisant communiquer l'estomac avec le duodénum.

PYLOS ▪ Ancienne ville de Grèce (Péloponnèse), site archéologique mycénien, près de l'actuelle Pylos ou Navarin.

PY(O)- Élément savant, du grec *puon* « pus ».

PYONGYANG ou **P'YŎNGYANG** ▪ Capitale de la Corée-du-Nord. 1 500 000 hab. Ville fondée par les Chinois. Important centre sidérurgique, métallurgique et chimique.

PYORRHÉE n. f. ▪ PATHOL. Écoulement de pus.

PYRAME ▪ Jeune Babylonien célèbre pour ses amours légendaires avec Thisbé (dans les *"Métamorphoses"* d'Ovide).

PYRAMIDAL, ALE, AUX adj. ▪ **1.** En forme de pyramide. ♦ ANAT. *Faisceaux pyramidaux* (de la moelle épinière). **2.** fig. VX Immense, énorme.

PYRAMIDE n. f. ▪ **1.** Grand monument à base carrée et à faces triangulaires (qui servait de tombeau aux pharaons d'Égypte, de base aux temples aztèques, incas du Mexique, etc.). ⇒ aussi **ziggourat.** ♦ Monument de forme analogue. *La pyramide du Louvre, à Paris.* **2.** Polyèdre qui a pour base un polygone et pour faces des triangles possédant un sommet commun. **3.** Entassement (d'objets) qui repose sur une large base et s'élève en s'amincissant. *Une pyramide de boîtes de conserve.* **4.** Représentation graphique d'une statistique, où les éléments se raréfient vers le haut. *La pyramide des âges, des salaires.* ▪ Les plus grandes pyramides d'Égypte sont

Puy-de-Dôme. Le puy de Sancy. *Phot. © Gilbert Martin*

celles de Khéops, Khéphren et Mykérinos, situées à Gizeh et construites vers 2600 ans av. J.-C. Les pyramides à degrés, comme celle de Djoser à Saqqarah, sont plus anciennes. — Les pyramides des Aztèques et des Mayas, construites en gradins, servaient de support à des temples établis sur leur sommet. Les plus hautes sont à Teotihuacán et à Tikal.

la bataille des PYRAMIDES ▪ Victoire remportée par Bonaparte sur les Mamelouks, durant la campagne d'Égypte, en 1798.

les PYRÉNÉES n. f. pl. ▪ Chaîne de montagnes de l'ère tertiaire qui sépare la France de l'Espagne, et s'étend de l'Atlantique à la Méditerranée sur 430 km. La zone correspond au nord de la Catalogne et de la Navarre, au Pays basque et aux départements français cités ci-dessous. Point culminant : pic d'Aneto (3 404 m). Nombreux cols : Roncevaux, Tourmalet, Pourtalet, Puymorens. Climat varié : doux et humide à l'ouest, continental et rude dans la partie centrale (la plus élevée), méditerranéen dans les Pyrénées orientales. L'économie repose sur l'élevage laitier et la polyculture. Industrialisation lente. Tourisme en croissance avec les stations thermales (Luchon) et les sports d'hiver. ► **le traité des PYRÉNÉES** mit fin au conflit entre la France et l'Espagne, le 7 novembre 1659 : attribution du Roussillon à la France et signature du contrat de mariage entre Louis XIV et Marie-Thérèse, infante d'Espagne.

les Hautes-PYRÉNÉES → Hautes-Pyrénées

les PYRÉNÉES-ATLANTIQUES [64] ▪ Département français de la région Aquitaine. 7 644 km². 578 516 hab. Chef-lieu : Pau. Chefs-lieux d'arrondissement : Bayonne, Oloron-Sainte-Marie.

les PYRÉNÉES-ORIENTALES [66] ▪ Département français de la région Languedoc-Roussillon. 4 145 km². 363 796 hab. Chef-lieu : Perpignan. Chefs-lieux d'arrondissement : Céret, Prades.

PYREX [-ɛks] n. m. (nom déposé) ▪ Verre très résistant pouvant aller au feu.

PYRIMIDINE n. f. ▪ BIOCHIM. Substance azotée à une chaîne fermée.

PYRIMIDIQUE adj. ▪ BIOCHIM. Dérivé de la pyrimidine. *Bases pyrimidiques* (constituant des acides nucléiques).

PYRITE n. f. ▪ Sulfure naturel de fer.

PYR(O)- Élément savant, du grec *pur, puros* « feu ».

PYROGRAVEUR, EUSE n. ▪ Artiste en pyrogravure.

PYROGRAVURE n. f. ▪ Procédé de décoration du bois consistant à graver un dessin à l'aide d'une pointe métallique incandescente. ‑ Gravure réalisée par ce procédé.

PYROLYSE n. f. ▪ SC. Décomposition chimique sous l'action de la chaleur. ‑ *Four* (de cuisine) *à pyrolyse.*

PYROMANE n. ▪ Incendiaire obéissant à l'impulsion obsédante d'allumer des incendies (dite *pyromanie,* n. f.).

PYROTECHNIE [-tɛk-] n. f. ▪ Technique de la fabrication et de l'utilisation des feux d'artifice. ► adj. **PYROTECHNIQUE** [-tɛk-]

PYRRHON (v. 365 ‑ v. 275 av. J.-C.) ▪ Philosophe grec. Fondateur du scepticisme (ou *pyrrhonisme*).

PYRRHONIEN, IENNE adj. ▪ DIDACT. Sceptique à la manière de Pyrrhon. ‑ n. *Les pyrrhoniens.*

PYRRHOS ou **NÉOPTOLÈME** ▪ Héros de la mythologie grecque, fils d'Achille et époux d'Andromaque.

PYRRHUS (319 ‑ 272 av. J.-C.) ▪ Roi d'Épire. Il vainquit les Romains à Héraclée (280 av. J.-C.) au prix de lourdes pertes humaines (d'où l'expression « victoire à la Pyrrhus ») puis fut vaincu en 275 av. J.-C.

PYTHAGORE (VIe s. av. J.-C.) ▪ Penseur et mathématicien grec. Les découvertes qu'on lui attribue (le fameux théorème qui porte son nom, la théorie des proportions, les nombres irrationnels, etc.) sont certainement dues à l'ensemble de l'école pythagoricienne. Cet intérêt porté à l'arithmétique s'inscrit dans une perspective religieuse et mystique, proclamant l'accord divin, l'harmonie entre les nombres et les choses (« tout est nombre »).

PYTHAGORICIEN, IENNE adj. ▪ Qui concerne la doctrine de Pythagore. *L'école pythagoricienne.* ‑ n. Disciple de Pythagore.

PYTHAGORISME n. m. ▪ Doctrine de Pythagore et de ses disciples, qui voit dans les nombres la loi suprême des choses.

PYTHIE n. f. ▪ DIDACT. Prêtresse de l'oracle d'Apollon à Delphes. *L'oracle de la Pythie.* ‑ LITTÉR. *Une pythie,* une prophétesse. ⇒ **pythonisse.**

PYTHON n. m. ▪ Serpent des forêts tropicales d'Afrique et d'Asie, de très grande taille (jusqu'à 10 m), qui broie sa proie entre ses anneaux avant de l'avaler.

python. *Python reticulatus,* python réticulé.
Phot. © Axel/Jacana

PYTHON ▪ Serpent de la mythologie grecque, tué par Apollon.

PYTHONISSE n. f. ▪ LITTÉR. ou plais. Prophétesse, voyante. ⇒ **pythie.**

PYXIDE n. f. ▪ DIDACT. **1.** RELIG. Petite boîte ou récipient à couvercle. **2.** BOT. Capsule qui s'ouvre par en haut (plantes).

Q

Q [ky] n. m. invar. ▪ Dix-septième lettre, treizième consonne de l'alphabet.

les **QĀDJĀRS** → Kadjars

QARAGHANDY anc. *KARAGANDA* ▪ Ville du Kazakhstan. 613 000 hab. Centre d'un bassin houiller.

le **QATAR** ou **KATAR** ▪ État d'Arabie, sur le golfe Persique. 11 437 km². 450 000 hab. *(les Qatari).* Capitale : Doha. Langue : arabe. Religion officielle : islam. Monnaie : riyal qatari. Pays désertique qui s'est enrichi grâce au pétrole et au gaz. Pêche des perles. Ancien protectorat britannique, indépendant depuis 1971.

QAZVĪN ou **KAZVĪN** ▪ Ville d'Iran. 249 000 hab. Grand marché agricole. Capitale de la Perse au XVIe s.

Qazvīn. L'entrée de la ville. *Phot. © Hureau/Atlas-Photo*

Q. G. [kyʒe] n. m. invar. (sigle) ▪ FAM. Quartier* général.

Q. I. [kyi] n. m. invar. (sigle) ▪ FAM. Quotient* intellectuel.

les **QING**, **K'ING** ou **TS'ING** ▪ Dynastie mandchoue d'empereurs de Chine qui régna de 1644 à 1912.

QINGDAO, **K'ING-TAO** ou **TS'ING-TAO** ▪ Ville et port de Chine (Chantoung). 2 000 000 hab.

le **QINGHAI** ou **TS'ING-HAI** ▪ Province du centre de la Chine. 721 000 km². 4 480 000 hab. Capitale : Xining.

QINGHAI HU, **T'SING-HAI-HOU** ou **KOUKOU NOR** ▪ La « mer bleue », le plus grand lac chinois, au nord-est du Tibet. 4 500 km².

QIN SHI HUANGDI → Shi Huangdi

QIQIHAR ou **TSITSIHAR** ▪ Ville industrielle du nord-est de la Chine (Heilongjiang). 1 400 000 hab.

QOM ou **QUM** ▪ Ville sainte d'Iran. 543 000 hab. Haut lieu de pèlerinage musulman : tombeau de Fatima ; école de théologie.

QUADR- [k(w)adʀ], **QUADRI-** [k(w)adʀi], **QUADRU-** [k(w)adʀy] Élément, du latin *quattuor* « quatre ». ⇒ **tétra-**.

QUADRAGÉNAIRE adj. ▪ Qui a entre quarante et quarante-neuf ans. *Elle est quadragénaire.* ➝ n. *Un, une quadragénaire.* ◇ abrév. FAM. QUADRA.

QUADRATURE n. f. ▪ Opération qui consiste à construire un carré de même surface que celle d'une figure curviligne. ➝ loc. *La quadrature du cercle,* problème insoluble, chose irréalisable.

QUADRIENNAL, ALE, AUX adj. ▪ **1.** Qui dure quatre ans. **2.** Qui revient tous les quatre ans.

QUADRIGE n. m. ▪ Char antique attelé de quatre chevaux de front.

QUADRILATÈRE n. m. ▪ Polygone à quatre côtés (ex. le carré, le losange).

QUADRILLAGE [ka-] n. m. ▪ **1.** Dessin d'une surface quadrillée. **2.** Action de quadriller (2).

QUADRILLE [ka-] n. m. ▪ Contredanse (I) à la mode au XIXe siècle. *Le quadrille des lanciers.*

QUADRILLER [ka-] v. tr. [1] ▪ **1.** Couvrir de lignes entrecroisées en carrés, en rectangles. ➝ au p. p. *Papier quadrillé.* **2.** Diviser (un territoire) en compartiments où l'on répartit des troupes, pour en garder le contrôle.

QUADRIMESTRE n. m. ▪ COMPTAB. Durée de quatre mois.

QUADRIMOTEUR n. m. et adj. ▪ (Avion) muni de quatre moteurs.

QUADRIRÉACTEUR n. m. et adj. ▪ (Avion) muni de quatre réacteurs.

QUADRUMANE adj. et n. ▪ Dont les quatre membres sont terminés par une main. ➝ n. *Un quadrumane* : animal à quatre mains (⇒ **singe**).

Qom. Coupole et minarets de la Grande Mosquée. *Phot. © Boutin/Explorer*

QUADRUPÈDE adj. et n. ▪ (animaux) Qui a quatre pattes. ➝ n. *Un quadrupède :* mammifère terrestre possédant quatre pattes (excluant le quadrumane). ⇒ aussi **tétrapode.**

QUADRUPLE adj. ▪ Qui est répété quatre fois, qui vaut quatre fois (une quantité). *Une quadruple rangée de barbelés.* ➝ n. m. *Huit est le quadruple de deux.*

QUADRUPLER v. [1] ▪ **1.** v. tr. Multiplier par quatre. *Quadrupler la production.* **2.** v. intr. Devenir quatre fois plus élevé. *Les dépenses ont quadruplé.*

QUADRUPLÉS, ÉES n. pl. ▪ Quatre enfants (jumeaux) issus d'une même grossesse.

QUAI n. m. ▪ **1.** Mur où accostent les bateaux, chaussée aménagée au bord de l'eau. *Quai de débarquement, d'embarquement.* ⇒ **débarcadère, embarcadère.** *Navire à quai,* rangé le long du quai. **2.** Voie publique aménagée sur cette chaussée. *Se promener sur les quais.* **3.** Plate-forme longeant la voie dans une gare. *Le quai n° 4.*

QUAKER, QUAKERESSE [kwɛkœʀ, kwɛkʀɛs] n. ▪ Membre d'un mouvement religieux protestant, fondé au XVIIe siècle, prêchant le pacifisme, la philanthropie et la simplicité des mœurs. ▪ Membres de la « Société religieuse des Amis », créée par G. Fox en Angleterre, les quakers refusent toute liturgie, tout clergé, ne s'attachant qu'à la présence de l'Esprit-Saint dans les consciences individuelles. À partir du XIXe s., avec W. Penn, ils eurent une grande influence aux États-Unis (lutte contre l'esclavage, secours pendant les guerres).

QUALIFIABLE adj. ▪ Qui peut être qualifié (de telle façon).

QUALIFICATIF, IVE ▪ **1.** adj. Qui sert à qualifier, à exprimer une qualité. *Adjectif qualificatif.* **2.** n. m. Mot (adjectif) ou groupe de mots servant à qualifier qqn ou qqch. ⇒ **épithète.**

QUALIFICATION n. f. ▪ **1.** Action ou manière de qualifier (1). ⇒ **appellation, épithète, nom, titre.** **2.** Fait d'être qualifié (2). **3.** *Qualification professionnelle :* formation, aptitudes qui qualifient (3) pour un emploi.

QUALIFIÉ, ÉE adj. ▪ **1.** *Ouvrier qualifié,* ayant une formation professionnelle poussée. **2.** DR. *Vol qualifié,* évident, manifeste.

QUALIFIER v. tr. [7] ▪ **1.** Caractériser par un mot, une expression. ⇒ **appeler, désigner, nommer.** *Une conduite qu'on ne saurait qualifier* (⇒ **inqualifiable**). ➝ QUALIFIER DE (+ attribut). *Elle m'a qualifiée d'idiote !* ⇒ **traiter.** **2.** Faire que (qqn, un concurrent) soit admis aux épreuves suivantes d'une compétition. ➝ pronom. Obtenir sa qualification. *Elles se sont qualifiées pour la finale.* **3.** (compl. personne) Donner qualité de faire qqch. *Son diplôme ne le qualifie pas pour ce travail.*

QUALITATIF, IVE adj. ▪ Relatif à la qualité, qui est du domaine de la qualité (opposé à *quantitatif*).

QUALITATIVEMENT adv. ▪ Au point de vue qualitatif.

QUALITÉ n. f. ▪ **I. 1.** *(La qualité)* Manière d'être non mesurable (d'une chose) qui donne une valeur plus ou moins grande (s'oppose à *quantité*). *La qualité d'un produit. Marchandise de bonne, de mauvaise qualité. Améliorer la qualité.* ➝ *Rapport qualité-prix.* ♦ Bonne qualité. *Des produits de qualité.* **2.** *(Une, des qualités)* Trait de caractère (d'une personne) qui correspond à une valeur morale. ⇒ **vertu.** *Les qualités et les défauts de qqn.* ➝ *Les qualités d'une chose.* **II. 1.** VX Haute condition sociale. ⇒ **noblesse.** *Des gens de qualité.* **2.** Condition, situation sociale, civile, juridique (d'une personne). ⇒ **état.** ➝ loc. EN QUALITÉ, EN SA QUALITÉ DE... : en tant que... ➝ ÈS QUALITÉS : en tant qu'exerçant sa fonction.

QUAND ▪ **I.** conj. **1.** À (ce) moment. ⇒ **comme** (II) ; **lorsque, où** (I, 3). *J'attendais depuis dix minutes, quand il est arrivé.* ➝ FAM. *Je n'aime pas quand tu cries.* **2.** Chaque fois que, toutes les fois que. *Quand l'un dit oui, l'autre dit non.* **3.** LITTÉR. (+ cond.) En admettant que. *Quand il l'aurait voulu, il ne l'aurait pas pu* (même s'il l'avait voulu). ➝ QUAND (BIEN) MÊME... (même sens). **4.** QUAND MÊME loc. adv. : cependant, pourtant. *Il l'aime quand même.* ◇ FAM. Tout de même. *Ce serait quand même plus agréable si vous veniez. Quand même ! il exagère !* **II.** adv. (interrogation sur le temps) À quel moment ? *Quand partez-vous ? C'est pour quand ? Alors, à quand le mariage ?* ➝ *Je ne sais pas quand.*

QUANTA [k(w)ɑ̃ta] ⇒ QUANTUM

QUANT À [kɑ̃ta] loc. prép. ▪ Pour ce qui est de, en ce qui concerne. *Il est très discret quant à son passé. Quant à vous, attendez ici. Quant à moi...* ⇒ **pour.** ➝ *Quant-à-soi* (voir ce mot).

QUANT-À-SOI [kɑ̃ta-] n. m. sing. ▪ Réserve un peu fière d'une personne qui garde pour elle ses sentiments. *Rester sur son quant-à-soi :* garder ses distances.

QUANTIÈME [-tjɛm] n. m. ▪ DIDACT. Désignation du jour du mois par son chiffre. *Montre qui marque les quantièmes. Le quantième sommes-nous ?* ⇒ FAM. **combien.**

QUANTIFIABLE adj. ▪ DIDACT. Que l'on peut quantifier. *Données quantifiables.*

QUANTIFIER v. tr. [7] ▪ DIDACT. Attribuer une grandeur mesurable à (qqch.). *Quantifier le coût d'une mesure sociale.*

QUANTIQUE [k(w)ɑ̃-] adj. ▪ PHYS. Des quanta ; de la théorie des quanta. ⇒ **quantum.** *Mécanique quantique.*

QUANTITATIF, IVE adj. ▪ Qui appartient au domaine de la quantité et des valeurs numériques. ► adv. QUANTITATIVEMENT

QUANTITÉ n. f. ▪ **1.** Nombre plus ou moins grand (de choses, de personnes) ; mesure qui sert à évaluer l'importance (d'une collection, d'un ensemble). *En grande, en petite quantité.* ⇒ **beaucoup, peu.** **2.** *Une, des quantité(s) de,* grand nombre, abondance. ⇒ **foule, masse.** *Quantité de gens le pensent.* ➝ EN QUANTITÉ : en abondance. FAM. *En quantité industrielle*.* **3.** Qualité de ce qui peut être mesuré ; chose mesurable. ➝ loc. *Considérer qqn comme une quantité négligeable :* ne pas en tenir compte. **4.** LA QUANTITÉ : l'ensemble des valeurs mesurables (opposé à *la qualité*). *Adverbes de quantité.*

QUANTUM [k(w)ɑ̃tɔm], plur. **QUANTA** [k(w)ɑ̃ta] n. m. ▪ PHYS. *Quantum d'action, d'énergie :* la plus petite quantité. *Théorie des quanta,* qui suppose que la lumière, l'énergie se manifestent par petites quantités discontinues (particules).

Johann **QUANTZ** (1697-1773) ▪ Compositeur et flûtiste allemand. Au service de Frédéric II le Grand, il joua un rôle important dans la vie musicale de son temps. Auteur de nombreux concertos et de pièces de musique de chambre.

QUARANTAINE n. f. ▪ **I. 1.** Nombre d'environ quarante. *Une quarantaine de personnes.* **2.** Âge d'environ quarante ans (⇒ **quadragénaire**). **II. 1.** Isolement de durée variable (quarante jours à l'origine) imposé en cas de risques contagieux. **2.** loc. fig. *Mettre qqn* EN QUARANTAINE : exclure, mettre à l'écart.

QUARANTE ▪ **I.** adj. numéral invar. **1.** (cardinal) Quatre fois dix (40). *Quarante et un, quarante-deux..., quarante-neuf. Un trajet de quarante minutes.* ➝ absolt (nominal) *Les Quarante :* les membres de l'Académie française. **2.** (ordinal) Quarantième. *Page quarante.* **II.** n. m. invar. Le chiffre, le numéro quarante.

QUARANTIÈME adj. ▪ **1.** Ordinal de *quarante. Dans sa quarantième année.* **2.** Se dit de ce qui est contenu quarante fois dans un tout. *La quarantième partie.* ➝ n. *Deux quarantièmes.*

QUARK [kwaʀk] n. m. ▪ PHYS. Particule fondamentale électriquement chargée, constituant les particules lourdes (protons, neutrons...).

① **QUART, QUARTE** adj. ▪ VX Quatrième. ➝ *"Le Quart Livre"* (de Rabelais). ➝ *Le quart-monde.* ⇒ **quart-monde.** ➝ *Fièvre quarte* (accès tous les quatre jours).

② **QUART** n. m. ▪ **I.** Fraction d'un tout divisé en quatre parties égales. *Dépenser le quart, les trois quarts de son revenu.* ➝ Quart d'une livre (125 g). *Un quart de beurre.* ➝ loc. *Au quart de tour* (d'un moteur) : fig. immédiatement. ♦ QUART D'HEURE : quinze minutes. *Une heure moins le quart, deux heures et quart.* loc. *Un mauvais quart d'heure :* un moment pénible. **II. 1.** Période de quatre heures, pendant laquelle une partie de l'équipage est de service. *Officier, matelot de quart,* de service. *Prendre le quart.* **2.** Partie appréciable de (qqch.). *Je n'ai pas lu le quart de ce rapport.* ➝ LES TROIS QUARTS : la plus grande partie. LES TROIS QUARTS DU TEMPS : le plus souvent. ➝ *Portrait* DE TROIS QUARTS : entre face et profil (on voit les trois quarts du visage).

QUARTE n. f. ▪ MUS. Intervalle de quatre degrés dans la gamme diatonique (ex. de *do* à *fa*).

QUARTÉ [k(w)aʀte] n. m. ▪ Forme de pari mutuel où l'on parie sur quatre chevaux dans une course.

① **QUARTERON** n. m. ▪ péj. Petit groupe. *Un quarteron de protestataires.*

② **QUARTERON, ONNE** n. ▪ Fils, fille d'un blanc et d'une mulâtresse, ou d'une blanche et d'un mulâtre.

QUARTETTE [k(w)a-] n. m. ▪ Ensemble de jazz formé de quatre musiciens (⇒ aussi **quatuor**).

QUARTIER n. m. ▪ **I. 1.** Portion d'environ un quart. *Un quartier de pomme. Un quartier de bœuf.* **2.** L'une des phases de la

Lune où une partie du disque est éclairée. *Premier, dernier quartier.* **II. 1.** Partie d'une ville ayant une certaine unité. *Les beaux quartiers. Les gens du quartier.* **2.** au plur. (dans des loc.) Cantonnement. *QUARTIERS D'HIVER :* lieu où logent les troupes pendant l'hiver. – *QUARTIER GÉNÉRAL :* bureaux du commandant d'une armée et de son état-major (sigle Q.G.). ♦ loc. *Avoir quartier libre :* être autorisé à sortir de la caserne. **3.** VX Lieu de sûreté. loc. *Demander quartier,* la vie sauve. – MOD. *Ne pas faire de quartier :* massacrer tout le monde ; traiter sans ménagement. **4.** Partie d'une prison affectée à une catégorie de détenus. *Le quartier des femmes.* ancienn*t* *Quartier de haute sécurité* (Q.H.S.).

le QUARTIER LATIN ▪ Un des plus anciens quartiers de Paris (Ve-VIe arrondissements), consacré aux activités universitaires (Sorbonne) et intellectuelles depuis le XIIIe s.

QUARTIER-MAÎTRE n. m. ▪ Marin du premier grade au-dessus de celui du matelot. *Des quartiers-maîtres.*

QUART-MONDE n. m. ▪ **1.** Partie de la population la plus défavorisée, dans un pays développé. *Des quarts-mondes.* **2.** Les pays les plus démunis du tiers-monde*.

Enguerrand QUARTON, CHARONTON, CHARRETON ou **CHARTON** ▪ Peintre français d'origine picarde, actif en Provence de 1444 à 1466. *"Couronnement de la Vierge"; "Pietà"* de Villeneuve-lès-Avignon (attribution).

QUARTZ [kwaʀts] n. m. ▪ Forme la plus courante de la silice naturelle cristallisée. ⇒ **cristal** de roche. *Montre à quartz.*

QUASAR n. m. ▪ Source céleste d'ondes hertziennes (radiosource) analogue à une étoile.

① **QUASI** adv. ▪ RÉGIONAL ou LITTÉR. (devant un adj.) Presque, pour ainsi dire. *Le raisin est quasi mûr.* ⇒ **quasiment.** – (devant un nom, avec un trait d'union) *Quasi-certitude, quasi-totalité.* – DR. *Quasi-contrat, quasi-délit.*

② **QUASI** n. m. ▪ Morceau du haut de la cuisse du veau. *Un rôti dans le quasi.*

QUASIMENT adv. ▪ FAM. ou RÉGIONAL Presque, à peu près.

Salvatore QUASIMODO (1901-1968) ▪ Poète italien. Représentant du symbolisme, avec Montale et Ungaretti, puis poète de la Résistance. *"La Terre incomparable"* (1958). Prix Nobel de littérature 1959.

Salvatore **Quasimodo.** Portrait par Bellandi. Coll. part., Milan. *Phot. © Gino Begotti/Ricciarini*

QUATERNAIRE [kwa-] adj. ▪ **1.** Formé de quatre éléments. **2.** *Ère quaternaire* ou n. m. *le quaternaire :* ère géologique la plus récente (environ un million d'années) où est apparu l'homme.

QUATORZE ▪ **I.** adj. numér. invar. **1.** (cardinal) Dix plus quatre (14). *Mille neuf cent quatorze ;* ellipt *quatorze.* loc. *Comme en quatorze,* avec l'enthousiasme du début de la guerre (de 1914-1918). **2.** (ordinal) Quatorzième. *Louis XIV.* **II.** n. m. invar. Le nombre, le numéro ainsi désigné. *Avoir (un) quatorze en français.*

QUATORZIÈME adj. et n. ▪ **1.** Ordinal de *quatorze. Le quatorzième siècle* (entre 1301 et 1400). **2.** Se dit d'une partie d'un tout également divisé en quatorze. ► adv. QUATORZIÈMEMENT

QUATRAIN n. m. ▪ Strophe de quatre vers.

QUATRE ▪ **I.** adj. numér. invar. **1.** (cardinal) Trois plus un (4). ⇒ **quadr-, tétra-.** *Les quatre saisons.* ♦ loc. *Se mettre en quatre :* se donner beaucoup de mal. ⇒ se **décarcasser.** – *Manger comme quatre,* énormément. – *Descendre un escalier quatre à quatre,* très vite. *Un de ces quatre (matins).* **2.** (ordinal) Quatrième. *Henri IV.* **II.** n. m. invar. Le nombre, le numéro ainsi désigné. *Habiter au quatre.*

Quarton. *Couronnement de la Vierge,* retable. Musée municipal, Villeneuve-lès-Avignon. *Phot. © Dagli Orti*

le lac des QUATRE-CANTONS ou **lac de LUCERNE** ▪ Lac de Suisse entre les cantons de Lucerne, Schwyz, Uri et Unterwald. 114 km².

QUATRE-CENT-VINGT-ET-UN [kat(ʀə)sɑ̃vɛ̃teœ̃] n. m. invar. ▪ Jeu de dés où la combinaison la plus forte est composée d'un quatre, d'un deux et d'un as. ◇ syn. QUATRE-VINGT-ET-UN.

QUATRE-HEURES n. m. invar. ▪ FAM. Goûter, collation du milieu de l'après-midi.

QUATRE-QUARTS n. m. invar. ▪ Gâteau où entrent à poids égal du beurre, de la farine, du sucre et des œufs.

QUATRE-QUATRE n. f. ou m. invar. ▪ Automobile tout-terrain à quatre roues motrices. ◇ On écrit parfois *4×4.*

QUATRE-VINGT ▪ prend un *s* final lorsqu'il n'est pas suivi d'un autre adj. numéral **1.** adj. numér. (cardinal) Huit fois dix (80). ⇒ RÉGIONAL **octante.** *Âgé de quatre-vingts ans* (⇒ **octogénaire**), *de quatre-vingt-deux ans.* – *QUATRE-VINGT-DIX :* neuf fois dix (90). ⇒ RÉGIONAL **nonante.** ♦ (ordinal) Quatre-vingtième. *Page quatre-vingt.* **2.** n. m. Le nombre, le numéro ainsi désigné.

QUATRE-VINGT-ET-UN ⇒ QUATRE-CENT-VINGT-ET-UN

QUATRE-VINGTIÈME [-vɛ̃tjɛm] adj. et n. ▪ **1.** Ordinal de *quatre-vingt.* **2.** Se dit d'une partie d'un tout également divisé en quatre-vingts parties.

QUATRIÈME ▪ **1.** adj. et n. Ordinal de quatre. *Habiter au quatrième.* – loc. *En quatrième vitesse :* très vite. **2.** n. f. en France Classe des collèges qui suit la cinquième.

QUATRIÈMEMENT adv. ▪ En quatrième lieu.

le QUATTROCENTO ▪ Le XVe s. italien (1401-1500) et, plus largement, la première Renaissance*, vaste mouvement culturel et intellectuel né à Florence à cette époque.

QUATUOR [kwatɥɔʀ] n. m. ▪ **1.** Œuvre de musique écrite pour quatre instruments ou quatre voix. *Quatuor à cordes,* pour deux violons, alto et violoncelle. **2.** Groupe de quatre musiciens ou chanteurs. ⇒ **quartette.**

QŪBILAI KHĀN → Kūbilaï Khān

le lac des **Quatre-Cantons.** *Phot. © Gutiérrez/Explorer*

① **QUE** conj. ▪ **1.** avant une subordonnée complétive (à l'indic. ou au subj. selon le v. de la principale, ou la nuance à rendre) *Je pense que tout ira bien. Je crois qu'il est là. C'est dommage qu'il soit malade.* **2.** servant à former des loc. conj. *À condition, à mesure que...* **3.** avant une proposition circonstancielle – (temporelle) *Il avait à peine fini qu'il s'en allait.* – (finale) *Venez là que nous causions.* – (causale) *Il reste au lit, non qu'il soit vraiment malade, mais il le croit.* – (hypothétique) *Que tu viennes ou non, ou pas.* ♦ NE... QUE... NE... : sans que, avant que. *Il ne se passe pas une semaine qu'il ne vienne.* **4.** substitut d'un autre mot grammatical (*quand, si, comme...*), dans une coordonnée *Quand il arriva et qu'elle le vit.* **5.** introduit le second terme d'une compar. *Autant, plus, moins que...* **6.** en corrélation avec *ne,* pour marquer la restriction NE... QUE... ⇒ **seulement.** *Je n'aime que toi.* – (renforcement) *Il n'en est que plus coupable.* **7.** introduit une indépendante au subj. (ordre, souhait...) *Qu'il entre !*

② **QUE** adv. ▪ **1.** interrog. (dans des loc.) Pourquoi, en quoi ? *Que m'importe son opinion ? Que ne venez-vous ?* **2.** exclam. Comme, combien ! *Que c'est beau ! Que de gens !* – FAM. *Ce qu'il est bête !*

③ **QUE** pron. ▪ **I.** Pronom relatif désignant une personne ou une chose. **1.** (objet direct) *Celle que j'aime. Les cadeaux que tu lui as faits.* **2.** (compl. indir. ou circonstanciel) *Depuis dix ans que nous habitons ici. L'été qu'il a fait si chaud,* où* il a fait si chaud. **3.** (attribut) *L'homme que vous êtes.* **II.** Pronom interrogatif désignant une chose. **1.** (objet direct) Quelle chose ? (en concurrence avec *qu'est-ce-que...*) *Que faire ? Que fais-tu ? Que se passe-t-il ? Qu'y a-t-il ?* ♦ (interrog. indir.) ⇒ **quoi.** *Il ne savait plus que dire.* **2.** (attribut) *Qu'est-ce ? Que deviens-tu ?* ♦ QU'EST-CE QUE... *Qu'est-ce que vous dites ? Qu'est-ce que c'est que ça ?* – QU'EST-CE QUI... ? *Qu'est-ce qui te prend ?*

le QUÉBEC ▪ Province du Canada. 1 667 000 km². 6 900 000 hab. (*les Québécois,* francophones à 80 %). Capitale : Québec. La plaine de Montréal concentre l'essentiel de la population et de l'activité économique, grâce au trafic du Saint-Laurent et aux bonnes conditions climatiques pour l'agriculture. Importantes ressources minières et hydroélectriques, exploitation du bois. □ **HISTOIRE** Ce fut avec l'Acadie la première région du pays explorée et exploitée par des Occidentaux. Colonie britannique en 1763, devenue le Bas-Canada en 1791, elle revendiqua son caractère francophone. Supprimée par l'acte d'union de 1840, elle retrouva son autonomie avec la création de la Confédération du Canada en 1867. Avec la « révolution tranquille » du gouvernement libéral de J. Lesage (1960-1966), s'amorça une profonde transformation culturelle et sociale d'un pays marqué jusqu'alors par la rigidité de ses structures religieuses et politiques. Un mouvement réclamant l'indépendance se développa et le Parti québécois (P.Q.), favorable à une « souveraineté-association » accéda au pouvoir en 1976 (→ **R. Levesque**). En 1977, la loi 101 a fait du français la langue officielle de la province. En 1980, le Québec a rejeté par référendum le projet de « souveraineté-association ». Depuis lors, la question du statut du Québec n'a cessé de dominer la vie politique. Ainsi, un projet de réforme constitutionnelle visant à doter le Québec francophone d'un statut de société distincte fut rejeté en 1992, tandis qu'un nouveau référendum sur la souveraineté (1995) fut marqué par une courte défaite des indépendantistes.

QUÉBEC ▪ La plus ancienne ville du Canada, capitale de la province du Québec, fondée par le Français Champlain en 1608. 168 000 hab. *(les Québécois).* Agglomération de 646 000 hab. Centre économique et culturel. Port actif sur le Saint-Laurent. Université Laval dans l'agglomération.

QUÉBÉCISME n. m. ▪ LING. Fait de langue propre au français du Québec.

QUÉBÉCOIS, OISE adj. et n. ▪ De Québec; de la province de Québec. – n. *Les Québécois francophones, anglophones.* ♦ n. m. *Le québécois :* le français propre au Québec. ⇒ aussi **joual.**

QUECHUA [ketʃwa] ⇒ QUICHUA

QUEENS ▪ Un des cinq districts *(boroughs)* de New York. 1 950 000 hab. Aéroports La Guardia et Kennedy.

le QUEENSLAND ▪ État du nord-est de l'Australie. 1 727 200 km². 2 900 000 hab. Capitale : Brisbane. Élevage, agriculture. Productions minières importantes.

José Maria Eça de QUEIRÓS (1845 - 1900) ▪ Écrivain portugais. Auteur de romans réalistes. *"Le Cousin Basile"* (1878).

QUEL, QUELLE adj. ▪ **I.** Adjectif interrogatif portant sur la nature, l'identité (de qqch., qqn). **1.** interrog. dir. (attribut) *Quelle est donc cette jeune fille ?* ⇒ **qui.** – (épithète) *Quels amis inviterez-vous ? Quelle heure est-il ?* **2.** interrog. indir. *Il ne savait pas quelle route prendre.* **3.** exclam. *Quelle jolie maison ! Quel dommage qu'elle soit partie ! Quelle idée !* **II.** LITTÉR. pron. interrog. (avec un partitif) ⇒ **lequel, qui.** *De nous deux, quel est le plus grand ?* **III.** adjectif relatif QUEL (...) QUE, avec le verbe *être* au subj. (loc. concessive) *Quelle que soit la route à prendre.* ≠ *quelque.*

QUELCONQUE adj. ▪ **1.** adj. indéf. N'importe lequel, quel qu'il soit. *Un point quelconque du cercle. Un quelconque individu.* – Qui n'a aucune propriété particulière. *Triangle quelconque.* ⇒ **scalène. 2.** adj. qualificatif Tel qu'on peut en trouver partout, sans qualité ou valeur particulière. *Un homme quelconque,* insignifiant. *C'est très quelconque.* ⇒ **banal, médiocre.**

QUELQUE adj. ▪ **I.** LITTÉR. QUELQUE... QUE (concessif) **1.** (qualifiant un nom) *Quelques efforts qu'il fasse, il échouera,* quels que soient ses efforts. **2.** (adverbial, qualifiant un adj.) ⇒ **aussi, pour, si.** *Quelque difficiles que soient les circonstances.* **II.** adj. indéf. **1.** QUELQUE : un, certain. *Il sera allé voir quelque ami. Quelque part*.* – Un peu de. *Depuis quelque temps.* **2.** QUELQUES : un certain nombre de. ⇒ **plusieurs.** *J'ai vu quelques amis. Cent et quelques francs ; cent francs et quelques.* **3.** adv. Environ. *Un livre de quelque cent francs.*

QUELQUE CHOSE ⇒ CHOSE

QUELQUEFOIS adv. ▪ **1.** Un certain nombre de fois. *Il est venu quelquefois.* **2.** Dans un certain nombre de cas. ⇒ **parfois.** *Il est quelquefois drôle.*

QUELQUE PART ⇒ PART

QUELQU'UN, UNE, plur. **QUELQUES-UNS, UNES** pron. indéf. ▪ **I.** au sing. **1.** Une personne (indéterminée). *Il y a quelqu'un ?* – *Il a quelqu'un dans sa vie.* **2.** (avec *de* et un qualificatif) *Il faut trouver quelqu'un de sérieux.* **3.** Personne remarquable ; personnalité. – exclam. *C'est quelqu'un !* **II.** au plur. *Quelques-uns de(s),* un petit nombre indéterminé de (parmi plusieurs). *Quelques-uns des assistants se mirent à rire. Quelques-unes de ses poésies sont belles.* – absolt *C'est l'avis de quelques-uns.* ⇒ **certain(s).**

QUÉMANDER v. tr. 1 ▪ Demander humblement et avec insistance (de l'argent, une faveur).

QUÉMANDEUR, EUSE n. ▪ Personne qui quémande.

QUEMOY ou **JIMMEN** ▪ Île chinoise en face d'Amoy (Xiamen), dépendante de Taïwan. 44 000 hab. Garnison militaire.

QU'EN-DIRA-T-ON n. m. sing. ▪ Opinion, commentaires prévisibles et malveillants d'autrui. *Se moquer du qu'en-dira-t-on* (→ on-dit).

Québec. Vue de la ville. *Phot. © de Selva/Tapabor*

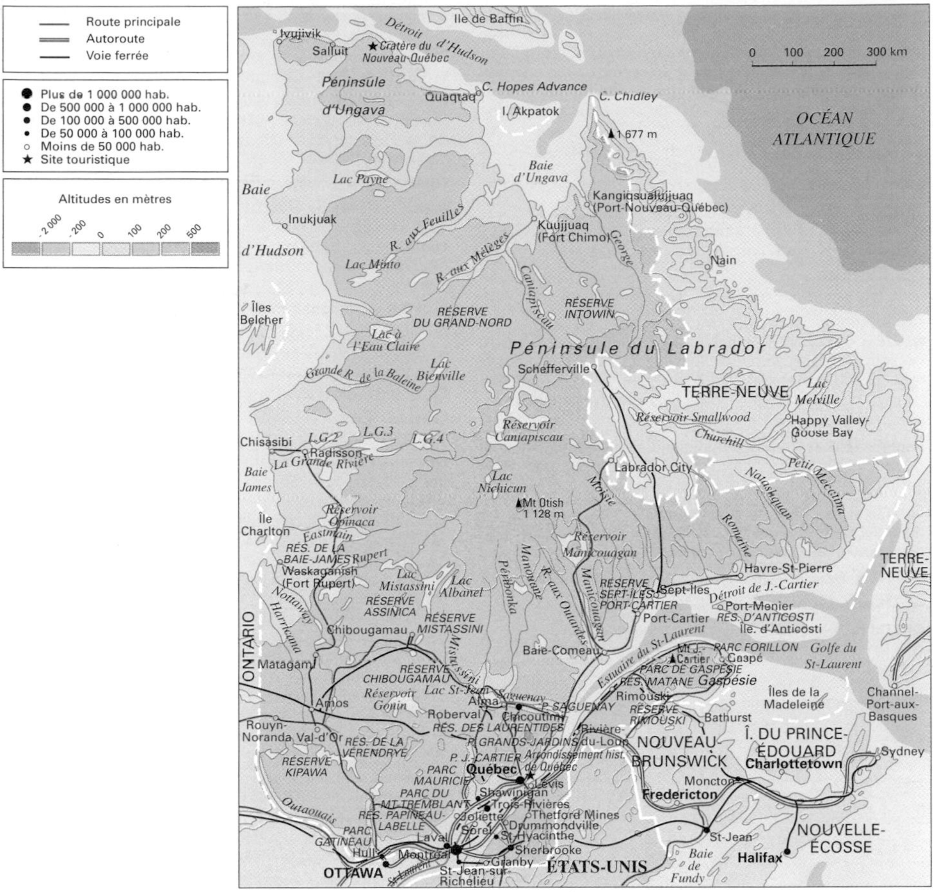

Québec.

Raymond QUENEAU (1903-1976) ▪ Écrivain français. Son œuvre (romans, poèmes, essais) mêle réflexion et jeu sur le langage, poésie et humour. *"Exercices de style"* (1947); *"Zazie dans le métro"* (1959).

Queneau.
Phot. © Louis Monier

QUENELLE n. f. ▪ Rouleau de pâte légère où est incorporé du poisson (de la volaille, etc.) haché fin.

QUENOTTE n. f. ▪ FAM. Petite dent (d'enfant).

QUENOUILLE n. f. ▪ Petit bâton garni en haut d'une matière textile, que les femmes filaient en la dévidant au moyen du fuseau ou du rouet. ♦ loc. *Tomber en quenouille* : (d'un héritage ; VX) échoir à une femme ; fig. perdre sa valeur.

le QUERCY ▪ Région de plateaux calcaires, au sud-ouest de la France (Lot, Tarn-et-Garonne). Ville principale : Cahors.

QUERELLE n. f. ▪ Vif désaccord entre personnes. ⇒ **dispute, dissension.** *Querelle d'amoureux.* - loc. *Chercher querelle à qqn,* le provoquer. ⇒ **noise.** ♦ Lutte d'idées. HIST. LITTÉR. *La querelle des anciens et des modernes* (au XVIIe siècle).

QUERELLER v. tr. [1] ▪ LITTÉR. Adresser des reproches à (qqn). ⇒ **gronder.** ► SE **QUERELLER** v. pron. (récipr.) Avoir une querelle, une dispute vive. ⇒ se **chamailler,** se **disputer.** *Ils se querellent sans cesse.* - (réfl.) *Se quereller avec qqn.*

QUERELLEUR, EUSE adj. ▪ Qui aime les querelles. ⇒ **batailleur.** *D'humeur querelleuse,* agressive.

QUERÉTARO ▪ Ville du Mexique. 454 000 hab. Architecture coloniale.

QUÉRIR v. tr. seulement inf. ▪ VX Chercher. *ALLER QUÉRIR qqn, qqch.*

François QUESNAY (1694-1774) ▪ Économiste français. Médecin de Louis XV, chef de file des physiocrates*. *"Tableau économique"* (1758).

QUESTEUR n. m. ▪ **1.** ANTIQ. ROMAINE Magistrat qui assistait les consuls. **2.** MOD. Membre d'une assemblée parlementaire faisant partie d'un bureau (la *questure*) chargé d'ordonner les dépenses, de veiller au maintien de la sécurité.

QUESTION n. f. ▪ **1.** Demande qu'on adresse à qqn en vue d'apprendre qqch. de lui. ⇒ **interrogation.** *Poser une question à qqn. Une bonne question.* - *Les questions d'un examen, d'un concours.* ♦ DR. Demande d'explication à un ministre, adressée par un parlementaire. **2.** Sujet qui implique des difficultés, donne lieu à discussion. ⇒ **affaire, matière, point, problème.** *La question est difficile. La question est (de savoir)* *si... Les questions économiques, sociales.* ‑ *Là est la question, c'est toute la question,* la difficulté essentielle. *Ce n'est pas la question :* il ne s'agit pas de cela. ‑ *C'est une question de principe.* impers. *Il est question de...,* on parle de..., il s'agit de... ‑ introduisant une éventualité qu'on envisage *Il est question de lui comme directeur. Il n'est pas question, il est hors de question que... :* on ne peut envisager que... *Pas question de céder !* ♦ *EN QUESTION. La personne, la chose en question,* dont il s'agit. *Mettre, remettre qqch. en question :* mettre, remettre en cause. **3.** anciennt Torture infligée pour arracher des aveux. *Infliger la question. Soumettre qqn à la question.*

QUESTIONNAIRE **n. m.** ▪ Liste de questions posées en vue d'une enquête, d'un jeu ; formulaire. *Questionnaire à choix multiple,* dans lequel des réponses sont proposées.

QUESTIONNER **v. tr.** 1 ▪ Poser des questions à (qqn), d'une manière suivie. ⇒ **interroger.** *Questionner un candidat.* ► **n. m.** QUESTIONNEMENT

QUÊTE **n. f.** ▪ **I. 1.** VX Recherche. *La quête du Graal.* **2.** loc. *EN QUÊTE DE :* à la recherche de. *Il se met en quête d'un restaurant.* **II.** Action de recueillir de l'argent pour des œuvres pieuses ou charitables. ⇒ **collecte.** *Faire la quête pour les handicapés.*

Adolphe QUÉTELET ▪ Mathématicien belge (1796 ‑ 1874). Promoteur des statistiques et, à ce titre, un des pères de la sociologie.

QUÊTER **v.** 1 ▪ **I. v. tr.** Demander ou rechercher comme un don, une faveur. ⇒ **mendier, solliciter.** *Son regard quête une approbation.* **II. v. intr.** Faire la quête (II).

QUÊTEUR, EUSE **n.** ▪ Personne chargée de faire la quête.

QUETIGNY ▪ Commune de la Côte-d'Or. 9 200 hab.

QUETSCHE [kwɛtʃ] **n. f.** ▪ **1.** Grosse prune oblongue de couleur violet sombre. *Tarte aux quetsches.* **2.** Eau-de-vie de quetsches.

quetsche.
Phot. © Nief/Jacana

QUETZALCÓATL ▪ Divinité précolombienne du Mexique représentée comme un vieillard masqué ou un serpent à plumes. Vénérée par les Toltèques puis par les Aztèques.

QUEUE **n. f.** ▪ **I. 1.** Appendice poilu qui prolonge la colonne vertébrale de nombreux mammifères. ⇒ **caudal.** *La queue d'un chat, d'une vache. De la tête à la queue.* ‑ loc. *Rentrer la queue basse, la queue entre les jambes,* piteusement. ‑ *À LA QUEUE LEU LEU* loc. adv. : l'un derrière l'autre. ⇒ en **file** indienne. **2.** Extrémité postérieure allongée du corps (poissons, reptiles, etc.). *Queue de lézard. Queues de langoustines,* l'abdomen. **3.** Ensemble des plumes du croupion (d'un oiseau). **4.** loc. *QUEUE-DE-MORUE, QUEUE-DE-PIE :* longues basques d'une veste d'habit. ‑ *QUEUE DE CHEVAL :* coiffure où les cheveux sont ramassés et attachés à l'arrière de la tête. *Des queues de cheval.* ‑ *QUEUE DE POISSON**. ‑ *Pas la queue d'un, d'une :* pas un(e) seul(e). **5.** Tige (d'une fleur, d'une feuille). ‑ Attache (d'un fruit). *Tisane de queues de cerises.* **6.** vulg. Membre viril. **II. 1.** Partie terminale, prolongement. *La queue d'une comète,* la traînée lumineuse qui la suit. ‑ *PIANO À QUEUE :* grand piano dont les cordes sont disposées horizontalement. **2.** *Queue de billard :* long bâton arrondi qui sert à pousser les billes. ♦ *La queue d'une poêle.* ⇒ **manche.** ‑ fig. *Tenir la queue de la poêle**. **III. 1.** Derniers rangs, dernières personnes (d'un groupe). *La tête et la queue du cortège.* **2.** File de personnes qui attendent leur tour. *Faire la queue devant un cinéma.* **3.** Arrière d'une file de véhicules. *Les wagons de queue. Monter en queue.* **4.** loc. *Commencer par la queue,* par la fin. *Sans queue ni tête,* dénué de sens, incohérent.

La QUEUE-EN-BRIE ▪ Commune du Val-de-Marne. 9 900 hab.

Henri QUEUILLE (1884 ‑ 1970) ▪ Homme politique français. Ministre radical-socialiste sous la IIIe République, membre de la Résistance à Londres, ministre et président du Conseil (1948-1949).

QUEUX **n. m.** ▪ VX *MAÎTRE QUEUX :* cuisinier.

Francisco Gómez de QUEVEDO Y VILLEGAS (1580 ‑ 1645) ▪ Écrivain espagnol. Auteur de satires, de pamphlets et d'un roman picaresque : le *"Buscón"* ou *"Histoire de la vie du filou don Pablo, exemple des vagabonds et miroir des fourbes".*

QUÉVEN ▪ Commune du Morbihan. 9 000 hab.

le QUEYRAS ▪ Région pittoresque des Alpes françaises (Hautes-Alpes) où se trouve Saint-Véran, la plus haute commune d'Europe.

QUEZALTENANGO ▪ Ville du Guatemala. 96 000 hab.

QUEZON CITY ▪ Ville des Philippines, près de Manille. 1 670 000 hab. Capitale du pays jusqu'en 1976.

QUI **pron.** ▪ **I.** Pronom relatif des deux nombres, masculin ou féminin, désignant une personne ou une chose. **1.** (sujet ; avec antécédent exprimé) *Prenez la rue qui monte. Toi qui es malin. C'est toi qui commences.* ‑ (sans antécédent exprimé) Quiconque ; celui qui. *Qui va lentement va sûrement. C'était à qui des deux serait le plus aimable.* ‑ Ce qui. *Voilà qui doit être agréable.* **2.** (compl.) Celui, celle que... *Embrassez qui vous voudrez. Qui vous savez,* la personne qu'on ne veut pas nommer. ‑ (compl. indir. ou circonstanciel) ⇒ **lequel.** *L'homme à qui j'ai parlé, de qui je parle* (⇒ **dont**), pour qui je vote. **II.** Pronom interrogatif singulier désignant une personne. **1.** (interrog. dir. ; sujet, attribut) *Qui te l'a dit ? Qui sait ? Qui sont ces gens ? Qui est-ce ?* ‑ (compl.) *Qui demandez-vous ? De qui parlez-vous ?* **2.** (interrog. indir.) *Dis-moi qui tu fréquentes, et je te dirai qui tu es.* **3.** *QUI QUE* (+ subj.). *Qui que tu sois, écoute-moi. Qui que ce soit,* n'importe qui.

À QUIA [akɥija] **loc. adv.** ▪ *Réduire qqn à quia,* le mettre dans l'impossibilité de répondre, de réfuter.

QUIBERON ▪ Commune du Morbihan, au sud de la *presqu'île de Quiberon.* 4 600 hab. *(les Quiberonnais).* Port de pêche et station balnéaire.

QUICHE **n. f.** ▪ Tarte salée garnie d'une préparation à base de crème, d'œufs et de lard. *Quiche lorraine.*

QUICHUA [kitʃwa] **n. m.** ▪ Langue amérindienne parlée en Argentine, au Pérou, en Bolivie, et qui fut celle des Incas. ‑ **adj.** *Dialectes quichuas.* ◇ var. QUECHUA..

les QUICHUAS ou **QUECHUAS** ▪ Le plus grand groupe d'Indiens d'Amérique du Sud (6 millions), dont les Incas constituaient anciennement la classe dominante. Leur langue fut imposée à tout l'Empire inca, et les missionnaires l'utilisèrent comme langue d'évangélisation.

QUICONQUE ▪ **1. pron. relatif** Toute personne qui... ; qui que ce soit qui. *Quiconque m'aime, me suive.* ⇒ **qui** (I, 1). **2. pron. indéf.** N'importe qui, personne. *Je n'en parlerai à quiconque.*

Quetzalcóatl. Statue en andésite. Musée civique, Turin. *Phot. © Dagli Orti*

QUIDAM [k(ɥ)idam] **n. m.** ▪ plais. Un certain individu, un homme. ⇒ FAM. **bonhomme, mec, type.** *Qui est ce quidam ? Des quidams.*

QUIET, QUIÈTE **adj.** ▪ VX Paisible, tranquille.

QUIÉTISME **n. m.** ▪ HIST. RELIG. Doctrine religieuse qui faisait consister la perfection chrétienne dans un état continuel de pure contemplation, d'inaction, dans une union profonde avec Dieu. ■ Élaboré par Molinos au XVIIe s., en partie adopté par Fénelon, le quiétisme fut condamné par le pape (1687).

QUIÉTUDE **n. f.** ▪ LITTÉR. Calme paisible. ⇒ **sérénité.** loc. *En toute quiétude :* en toute tranquillité.

QUIÉVRAIN ▪ Commune de Belgique (Hainaut), à la frontière française. 6 900 hab. Pour les Français, l'expression *outre-Quiévrain* désigne la Belgique.

QUIGNON **n. m.** ▪ *QUIGNON (DE PAIN)* : gros croûton de pain. *Un vieux quignon.*

① **QUILLE** **n. f.** ▪ **I. 1.** Chacun des rouleaux de bois qu'on dispose debout pour les renverser avec une boule lancée à la main. *Un jeu de quilles.* ⇒ **bowling.** ▸ loc. *Être accueilli comme un chien* dans un jeu de quilles.* **2.** FAM. Jambe. **II.** ARGOT MILIT. Fin du service militaire. ⇒ **classe.**

② **QUILLE** **n. f.** ▪ Pièce située à la partie inférieure d'un bateau, dans l'axe de la longueur, et qui sert à l'équilibrer.

QUIMPER ▪ Chef-lieu du Finistère. 62 500 hab. *(les Quimpérois).* Centre touristique (cathédrale gothique). Industries alimentaires (lait), faïences, machines agricoles.

Quimper. Vue générale avec la cathédrale, la préfecture et la vieille ville. *Phot. © Thouvenin/Explorer*

QUIMPERLÉ ▪ Commune du Finistère. 11 000 hab. *(les Quimperlois).*

Philippe QUINAULT (1635 - 1688) ▪ Auteur dramatique français. Il a écrit les livrets d'opéra de Lully.

QUINCAILLERIE **n. f.** ▪ **1.** Ensemble d'ustensiles et de petits produits utilitaires en métal. **2.** Industrie de ces objets ou magasin où ils sont vendus. **3.** FAM. Bijoux faux ou de mauvais goût.

QUINCAILLIER, IÈRE **n.** ▪ Personne qui vend de la quincaillerie. ⇒ **ferblantier.**

Thomas De QUINCEY → Thomas **De Quincey**

QUINCONCE **n. m.** ▪ *EN QUINCONCE,* se dit d'objets disposés par groupes de cinq, dont quatre aux quatre angles d'un carré, d'un rectangle, et le cinquième au centre. *Plantation d'arbres en quinconce.* ▸ *La Place des Quinconces, à Bordeaux.*

Willard Van Orman dit **Willard QUINE** (né en 1908) ▪ Philosophe, épistémologue et logicien américain. Représentant du néopositivisme américain.

Edgar QUINET (1803 - 1875) ▪ Historien et écrivain français, un des maîtres à penser de la république laïque.

QUININE **n. f.** ▪ Alcaloïde extrait de l'écorce de quinquina, remède contre le paludisme.

QUINQU(A)- [kɛ̃ka ; kɥɛ̃kwa] Élément, du latin *quinque* « cinq ». ⇒ **pent(a)-.**

QUINQUAGÉNAIRE [kɛ̃ka- ; kɥɛ̃kwa-] **adj.** ▪ Qui a entre cinquante et cinquante-neuf ans. ▸ **n.** *Un, une quinquagénaire.*

QUINQUENNAL, ALE, AUX **adj.** ▪ **1.** Qui a lieu tous les cinq ans. **2.** Qui dure cinq ans. *Plan quinquennal.*

QUINQUENNAT **n. m.** ▪ Durée de cinq ans (d'une fonction, d'un mandat).

QUINQUET **n. m.** ▪ **1.** anciennt Lampe à huile à réservoir. **2.** FAM. Œil (surtout avec *ouvrir, fermer*).

QUINQUINA **n. m.** ▪ **1.** Écorce amère aux propriétés toniques et fébrifuges (⇒ **quinine**). **2.** Vin apéritif contenant du quinquina.

QUINT, QUINTE **adj.** ▪ VX Cinquième (ordinal). *Charles Quint.*

QUINTAL, AUX **n. m.** ▪ Unité de masse valant cent kilogrammes (symb. q).

① **QUINTE** **n. f.** ▪ **1.** Intervalle de cinq degrés dans la gamme diatonique. **2.** Suite de cinq cartes de même couleur.

② **QUINTE** **n. f.** ▪ *QUINTE (DE TOUX)* : accès de toux.

QUINTESSENCE **n. f.** ▪ Ce en quoi se résument l'essentiel et le plus pur de qqch. ⇒ le **meilleur**, le **principal.**

QUINTETTE [k(ɥ)ɛ̃-] **n. m.** ▪ **1.** Œuvre de musique écrite pour cinq instruments ou cinq voix. **2.** Orchestre de jazz composé de cinq musiciens.

QUINTEUX, EUSE **adj.** ▪ VX Acariâtre.

QUINTILIEN (v. 30 - v. 100) ▪ Rhéteur latin. *"Institution oratoire",* manuel de rhétorique.

QUINTUPLE **adj.** ▪ **1.** Qui est répété cinq fois, qui vaut cinq fois plus. ▸ **n. m.** *Le quintuple.* **2.** Constitué de cinq éléments semblables.

QUINTUPLER **v.** [1] ▪ **1.** **v. tr.** Rendre quintuple. **2.** **v. intr.** Devenir quintuple.

QUINTUPLÉS, ÉES **n. pl.** ▪ Les cinq enfants issus d'une même grossesse.

QUINZAINE **n. f.** ▪ **1.** Nombre de quinze ou environ. **2.** Intervalle d'environ deux semaines. *Dans une quinzaine. "Les Cahiers de la quinzaine"* (publication dirigée par Péguy).

QUINZE ▪ **I. adj. numéral invar.** **1.** (cardinal) Quatorze plus un (15). *Quinze minutes.* ⇒ **quart** d'heure. *Quinze cents* (mille cinq cents). ▸ *Quinze jours.* ⇒ **quinzaine.** **2.** (ordinal) Quinzième. *Page quinze.* **II. n. m. invar.** **1.** Le nombre, le numéro ainsi désigné. **2.** au rugby Équipe de quinze joueurs. *Le Quinze de France.*

QUINZIÈME **adj. et n.** ▪ **1.** Ordinal de *quinze.* **2.** Se dit de ce qui est également partagé en quinze. ▸ **adv.** QUINZIÈMEMENT

QUIPOU ou **QUIPU** [kipu] **n. m.** ▪ Faisceau de cordelettes dont les nœuds et combinaisons remplaçaient l'écriture, chez les Incas.

QUIPROQUO **n. m.** ▪ Erreur qui consiste à prendre une personne, une chose pour une autre ; malentendu qui en résulte. *Des quiproquos comiques.*

le QUIRINAL ▪ Une des sept collines de Rome. Le *palais du Quirinal* est actuellement le siège de la présidence de la République.

le palais du **Quirinal.** *Phot. © Dagli Orti*

QUITO ▪ Capitale de l'Équateur, située à 2 810 m d'altitude. 1 100 000 hab. Ville inca puis espagnole de 1534 à 1831. Beaux monuments de style colonial. Industries textiles et alimentaires.

Quito. *Phot. © Nino Cirani/Ricciarini*

QUITTANCE n. f. ▪ Attestation écrite de remboursement d'une somme due. ⇒ **récépissé.** *Quittance de loyer.*

QUITTE adj. ▪ **1.** (avec le v. *être*) Libéré d'une obligation juridique, d'une dette (matérielle ou morale). *Me voilà quitte envers lui. Nous sommes quittes.* **2.** (avec *tenir, considérer, estimer,* etc.) Libéré d'une obligation morale (par l'accomplissement de ce que l'on doit). *S'estimer quitte envers qqn.* **3.** *ÊTRE QUITTE (DE),* débarrassé (d'une situation désagréable, d'obligations). *J'en suis quitte à bon compte :* je m'en tire à bon compte. ♦ loc. *En être quitte pour la peur :* n'avoir que la peur (et pas de mal). - *QUITTE À* (+ inf.) : au risque de. *Elle sort toujours sans manteau, quitte à s'enrhumer.* **4.** loc. *Jouer à QUITTE OU DOUBLE,* de manière à annuler ou doubler les résultats des parties précédentes (→ le tout pour le tout). - *Maintenant, c'est quitte ou double.*

QUITTER v. tr. [1] ▪ **I.** *(Quitter qqn)* **1.** Laisser (qqn) en s'éloignant, en prenant congé. *Je te quitte, à bientôt.* ⇒ **aller,** s'en **aller. 2.** Laisser (qqn) pour très longtemps, rompre avec (qqn). - pronom. *Ils se sont quittés bons amis.* **3.** (sujet chose) Cesser d'habiter, d'occuper (qqn). *Cette pensée ne le quitte pas.* ♦ Cesser d'être toujours avec. *La pipe qui ne le quitte jamais.* **4.** loc. *Ne pas quitter qqn des yeux,* le regarder longuement. - *Ne quittez pas !* (au téléphone). **II.** *(Quitter qqch.)* **1.** VIEILLI Abandonner, laisser. *Quittez ces sombres pensées.* **2.** MOD. Laisser (un lieu) en s'éloignant. ⇒ **sortir. 3.** (surtout négatif) Cesser d'avoir sur soi, avec soi. ⇒ **enlever, ôter.** *Il ne quitte jamais son chapeau.* **4.** Abandonner (une activité, un genre de vie).

QUITUS [kitys] n. m. ▪ DR. Reconnaissance d'une gestion conforme aux obligations, avec décharge de responsabilités. *Donner quitus à un administrateur.*

QUI-VIVE ▪ **1.** interj. Cri par lequel une sentinelle, une patrouille interroge en entendant ou en voyant une présence suspecte. **2.** n. m. invar. *Être SUR LE QUI-VIVE* loc. adv., sur ses gardes.

QUM → Qom

QUMRÂN (KHIRBET) ▪ Site archéologique de Palestine près de la mer Morte où l'on découvrit, en 1947, la bibliothèque d'un monastère essénien (« les manuscrits de la mer Morte ») dont le *"Manuel de discipline"* et des fragments de livres bibliques, donnant le plus ancien état connu du texte (IIe av. J.-C.-Ier apr. J.-C.).

QUOI pron. rel. et interrog. ▪ **I.** Relatif désignant une chose (toujours précédé d'une préposition). **1.** *Voilà de quoi il s'agit. À quoi, pour quoi.* - (se rapportant à l'idée que l'on vient d'exprimer) ⇒ **cela.** *Réfléchis bien ; sans quoi tu vas te tromper. Faute de quoi.* ⇒ **autrement, sinon.** *Moyennant quoi :* en contrepartie. *Comme quoi... :* ce qui montre que... **2.** (dans une relative à l'inf.) *Il n'a pas de quoi vivre,* ce qu'il faut pour vivre. *Je vous remercie. — Il n'y a pas de quoi ;* ellipt *pas de quoi !* **II.** Interrogatif désignant une chose. **1.** (interrog. indir.) *Je ne vois pas en quoi cela te gêne. Je saurai à quoi m'en tenir.* **2.** (interrog. dir.) *Quoi faire ? À quoi penses-tu ?* **3.** FAM. *Quoi, qu'est-ce que tu dis ?* ⇒ **comment.** - FAM. *De quoi ?,* expression de menace, de défi (souvent répété). **4.** interj. ⇒ **comment.** *Quoi ? Vous osez protester ?* **5.** *QUOI QUE* (loc. concessive). *Quoi qu'il arrive :* quel que soit ce qui arrive. *Quoi qu'il en soit :* de toute façon. - *Quoi que ce soit :* quelque chose de quelque nature que ce soit. *Il n'a jamais pu vendre quoi que ce soit.*

QUOIQUE conj. ▪ **1.** introduit une proposition circonstancielle d'opposition ou de concession (+ subj.). Bien que (→ encore que). *Je lui confierai ce travail quoiqu'il soit bien jeune.* - (avec ellipse du verbe) *Il était simple, quoique riche.* **2.** introduisant une objection faite après coup. *Nous irons à la montagne, quoique nous aimions aussi la mer.*

QUOLIBET n. m. ▪ LITTÉR. Propos moqueur à l'adresse de qqn. ⇒ **raillerie.**

QUORUM [k(w)ɔʀɔm] n. m. ▪ DR., ADMIN. Nombre minimum de membres présents pour qu'une assemblée puisse valablement délibérer. *Des quorums.*

QUOTA [k(w)ɔta] n. m. ▪ ADMIN. Contingent ou pourcentage déterminé. *Quotas d'importation.*

QUOTE-PART n. f. ▪ Part qui revient à chacun dans une répartition. *Payer, toucher sa quote-part. Des quote-parts.*

QUOTIDIEN, ENNE ▪ **I.** adj. De chaque jour ; qui se fait, revient tous les jours. *Son travail quotidien.* ⇒ **habituel, journalier.** ♦ fig. *Une aventure très quotidienne,* banale. **II.** n. m. Journal qui paraît chaque jour. *Les quotidiens du matin.* ⇒ **journal.**

QUOTIDIENNEMENT adv. ▪ Tous les jours.

QUOTIENT [-sjɑ̃] n. m. ▪ **1.** MATH. Résultat d'une division. **2.** *Quotient intellectuel :* mesure par des tests du rapport de l'âge mental à l'âge réel (sigle Q.I.).

QYZYLORDA anc. *KZYL-ORDA* ▪ Ville du Kazakhstan. 156 000 hab. Industries alimentaires.

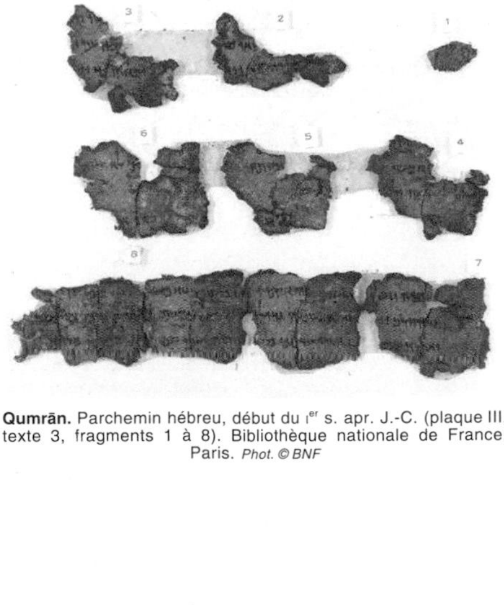

Qumrân. Parchemin hébreu, début du Ier s. apr. J.-C. (plaque III, texte 3, fragments 1 à 8). Bibliothèque nationale de France, Paris. *Phot. © BNF*

R

R [ɛʀ] n. m. invar. ▪ Dix-huitième lettre, quatorzième consonne de l'alphabet. *Rouler les r. R grasseyé.*

R- ⇒ RE-

RÂ → Rê

RAB [ʀab] n. m. ▪ FAM. ⇒ **rabiot.** *Il y a du rab.* ▸ loc. *EN RAB :* en surplus.

RABÂCHAGE n. m. ▪ Action de rabâcher.

RABÂCHER v. 1 ▪ 1. v. intr. Revenir sans cesse sur ce qu'on a déjà dit. ⇒ **radoter.** 2. v. tr. Répéter continuellement, d'une manière fastidieuse. *Rabâcher un argument.* ⇒ **ressasser.**

RABÂCHEUR, EUSE n. ▪ Personne qui a l'habitude de rabâcher.

RABAIS n. m. ▪ Diminution faite sur un prix, un montant. ⇒ **réduction.** *Consentir un rabais sur le prix de qqch.* ▸ *Vente AU RABAIS.* ⇒ **solde.**

RABAISSER v. tr. 1 ▪ 1. Ramener à un état ou à un degré inférieur. ⇒ **abaisser, rabattre, ravaler.** *Rabaisser les prétentions de qqn.* 2. Estimer ou mettre très au-dessous de la valeur réelle. ⇒ **déprécier ; dénigrer.** *Rabaisser les mérites de qqn.* ▸ pronom. *Se rabaisser.* ⇒ s'**humilier.**

RABANE n. f. ▪ Tissu de raphia. *Sac en rabane.*

RABAN MAUR (v. 780 - 856) ▪ Savant bénédictin et prélat allemand. Abbé de Fulda, puis archevêque de Mayence, fondateur de la théologie en Allemagne, auteur de traités et d'une encyclopédie, *"De rerum naturis".*

RABAT n. m. ▪ 1. Large cravate formant plastron, portée par les magistrats, etc. 2. Partie rabattue ou qui peut se replier. *Poche à rabat.*

RABAT ▪ Capitale du Maroc. 717 000 hab. Port sur l'Atlantique, entouré de remparts. Textile. Siège du résident général français de 1912 à 1956.

RABAT-JOIE n. invar. ▪ Personne chagrine, qui trouble la joie des autres. ⇒ **trouble-fête.** ▸ adj. invar. *Elle est plutôt rabat-joie.*

RABATTAGE n. m. ▪ Action de rabattre (le gibier).

RABATTEUR, EUSE n. ▪ 1. Personne chargée de rabattre le gibier. 2. péj. Personne qui fournit des clients, des marchandises à qqn. ⇒ **racoleur.**

RABATTRE v. tr. 41 ▪ I. 1. Diminuer en retranchant (une partie d'une somme). ⇒ **déduire, défalquer.** *Rabattre une somme sur un prix.* ▸ (intrans.) *EN RABATTRE :* abandonner de ses prétentions ou de ses illusions. *Il a dû en rabattre.* 2. Amener vivement à un niveau plus bas, faire retomber. *Rabattre son chapeau sur ses yeux.* 3. Mettre à plat, appliquer contre qqch. *Rabattre le col de son pardessus.* ▸ *Rabattre le capot d'une voiture.* 4. Diminuer. ⇒ **rabaisser.** *Rabattre l'orgueil de qqn.* II. Ramener par force dans une certaine direction. *Rabattre le gibier* (vers les chasseurs). ► SE **RABATTRE** v. pron. 1. Aller brusquement sur le côté. *Voiture qui se rabat après un dépassement.* 2. *Se rabattre sur* (qqn, qqch.) : en venir à accepter, faute de mieux. ► **RABATTU, UE** adj. Qui est abaissé ou replié. *Un chapeau aux bords rabattus.*

Henri **RABAUD** (1873 - 1949) ▪ Compositeur et chef d'orchestre français. Il a écrit des œuvres pour orchestre (*"La Procession nocturne"*, 1899), des opéras (*"Mârouf, savetier du Caire"*, 1914), de la musique de chambre, de scène, de film, et des mélodies.

RABBIN n. m. ▪ Chef religieux d'une communauté juive, qui préside au culte. *Grand rabbin,* chef d'un consistoire israélite. ◇ var. RABBI.

RABBINIQUE adj. ▪ Relatif aux rabbins. *L'enseignement rabbinique.*

François **RABELAIS** (v. 1494 - 1553) ▪ Écrivain français. Moine, médecin, figure éminente de l'humanisme, il est l'auteur d'épopées truculentes, animées par des géants, et où se mêlent culture savante et traditions populaires. *"Pantagruel*"* (1532); *"Gargantua*"* (1534); *"Tiers Livre*"* (1546); *"Quart Livre"* (1548-1552); *"Cinquième Livre"* (1562-1564).

RABELAISIEN, IENNE adj. ▪ Qui rappelle la verve truculente de Rabelais.

RABIBOCHAGE n. m. ▪ FAM. 1. Réparation sommaire. 2. Réconciliation.

RABIBOCHER v. tr. 1 ▪ FAM. 1. VIEILLI Rafistoler. 2. Réconcilier. ▸ pronom. *Ils se sont rabibochés.*

Rabat. Remparts autour de la médina et de la casbah des Oudaïa. *Phot. © Géopress/Explorer*

Yitzhak RABIN (1922 - 1995) ▪ Officier et homme politique israélien. Chef d'état-major durant la guerre des Six Jours. Premier ministre (travailliste) de 1974 à 1977 et de 1992 à sa mort. Il signa avec l'O.L.P. l'accord de reconnaissance mutuelle et la Déclaration sur l'autonomie des territoires occupés. Il fut assassiné en 1995. Prix Nobel de la Paix 1994.

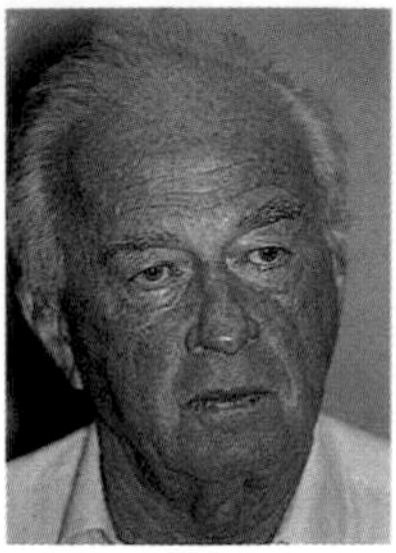

Rabin.
Phot. © Baitel-Hires/ Gamma

RABIOT n. m. ▪ FAM. Supplément, surplus. *Un rabiot de vin.* ⇒ **rab.**

RABIOTER v. [1] ▪ FAM. **1.** v. intr. Faire de petits profits supplémentaires. ⇒ **gratter. 2.** v. tr. S'approprier à titre de petit profit. *Rabioter un jour de congé.*

RABIQUE adj. ▪ DIDACT. Relatif à la rage (②).

RÂBLE n. m. ▪ **1.** Partie charnue du dos, chez certains quadrupèdes. *Râble de lapin.* **2.** loc. FAM. *Tomber* SUR LE RÂBLE *à qqn,* l'attaquer ; l'insulter.

RÂBLÉ, ÉE adj. ▪ **1.** Qui a le râble épais. *Un cheval râblé.* **2.** (personnes) Trapu et vigoureux. *Un garçon râblé.*

RABOT n. m. ▪ Outil de menuisier, servant à enlever les inégalités d'une surface de bois. ⇒ **varlope.**

RABOTAGE n. m. ▪ Action de raboter.

RABOTER v. tr. [1] ▪ Aplanir au rabot. *Raboter une pièce de bois.* - au p. p. *Plancher raboté.*

RABOTEUX, EUSE adj. ▪ **1.** Dont la surface présente des inégalités, des aspérités. ⇒ **inégal ; rugueux.** *Sol raboteux. Plancher raboteux.* **2.** fig. *Un style raboteux,* heurté.

RABOUGRI, IE adj. ▪ **1.** (plantes) Qui s'est peu développé. *Arbuste rabougri.* **2.** (personnes) Mal conformé, chétif. *Un vieillard rabougri.*

SE **RABOUGRIR** v. pron. [2] ▪ **1.** (plantes) Être arrêté dans son développement. ⇒ s'**étioler. 2.** (personnes) ⇒ se **ratatiner.**

RABOUGRISSEMENT n. m. ▪ Fait de devenir rabougri.

RABROUEMENT n. m. ▪ LITTÉR. Action de rabrouer.

RABROUER v. tr. [1] ▪ Traiter (qqn) avec rudesse, en le réprimandant ou en le repoussant. *Se faire rabrouer.* ⇒ **rembarrer.**

RACAILLE n. f. ▪ péj. Ensemble d'individus louches (craints ou méprisés). ⇒ **canaille, fripouille.**

RACAN (1589 - 1670) ▪ Poète français. Auteur d'élégies. *"Les Bergeries"* (1625), pastorale dramatique.

RACCOMMODAGE n. m. ▪ Action de raccommoder ; manière dont est raccommodé (qqch.).

RACCOMMODEMENT n. m. ▪ FAM. Réconciliation.

RACCOMMODER v. tr. [1] ▪ **1.** VIEILLI Remettre en état. ⇒ **réparer. 2.** Réparer à l'aiguille (du linge, un vêtement). ⇒ **rapiécer, ravauder, repriser.** *Raccommoder un lainage.* - au p. p. *Des gants raccommodés.* **3.** FAM. Réconcilier. *Raccommoder deux amis.* - pronom. (réfl.) *Se raccommoder avec qqn.* (récipr.) *Ils se sont raccommodés.* ⇒ se **réconcilier** ; FAM. se **rabibocher.**

RACCOMMODEUR, EUSE n. ▪ Personne qui raccommode. *Raccommodeur de filets de pêche.*

RACCOMPAGNER v. tr. [1] ▪ Accompagner (qqn qui s'en va). ⇒ **reconduire.**

RACCORD n. m. ▪ **1.** Liaison de continuité établie entre deux choses, deux parties. *Un raccord de maçonnerie.* **2.** CIN. Manière dont deux plans (d'un film) s'enchaînent. **3.** Pièce réunissant deux éléments. ⇒ **assemblage.** *Un raccord de tuyau.*

RACCORDEMENT n. m. ▪ Action, manière de raccorder ; endroit où deux choses se raccordent. *Voie de raccordement* (entre deux voies ferrées).

RACCORDER v. tr. [1] ▪ **1.** Relier par un raccord. *Raccorder deux tuyaux.* **2.** (choses) Former un raccord, un raccordement. *Le tronçon qui raccorde les deux voies.* ► SE **RACCORDER** v. pron. *Ce chemin se raccorde à la route.* - fig. Se rattacher. *Un discours qui ne se raccorde à rien.*

RACCOURCI n. m. ▪ **1.** VX Abrégé, résumé. - MOD. *EN RACCOURCI. Voici l'histoire en raccourci.* **2.** Ce qui est exprimé de façon ramassée, elliptique. *De saisissants raccourcis.* **3.** ARTS Réduction d'une figure vue en perspective. **4.** Chemin plus court que le chemin ordinaire pour aller quelque part. *Prendre un raccourci.*

RACCOURCIR v. [2] ▪ **1.** v. tr. Rendre plus court. *Raccourcir une robe.* - *Raccourcir un texte.* ⇒ **abréger. 2.** v. intr. Devenir plus court. *Cette jupe a raccourci au lavage.* - (durée) *Les jours raccourcissent.* ⇒ **diminuer.**

RACCOURCISSEMENT n. m. ▪ Action, fait de raccourcir.

RACCROC [-o] n. m. ▪ loc. *PAR RACCROC* : par un heureux hasard. - *DE RACCROC* : dû au hasard.

RACCROCHAGE n. m. ▪ Action de raccrocher. - spécialt ⇒ **racolage.**

RACCROCHER v. tr. [1] ▪ **1.** Remettre en accrochant (ce qui était décroché). *Raccrocher un tableau.* - *Raccrocher* (le combiné du téléphone), le reposer sur son support ; interrompre la communication. **2.** Arrêter pour retenir (qqn qui passe). ⇒ **racoler.** *Raccrocher les passants.* ► SE **RACCROCHER** v. pron. Se retenir (à un point d'appui). *Se raccrocher à une branche.* - fig. *Se raccrocher à ses souvenirs.*

RACE n. f. ▪ **I. 1.** Famille illustre, considérée dans sa continuité. ⇒ **ascendance, descendance ; sang.** *La race des Capétiens.* - loc. *Fin de race,* les derniers représentants d'une lignée. ♦ VIEILLI Ascendance. - Descendance. **2.** Catégorie de personnes formant une communauté, ou apparentées par le comportement. ⇒ **espèce.** *La race des seigneurs* (trad. de Nietzsche). **II.** Ensemble d'individus réunissant certains caractères communs héréditaires, à l'intérieur d'une espèce zoologique. *Races chevalines.* - *Animal* DE RACE, de race pure (⇒ **pur-sang ; pedigree**). **III. 1.** Groupe ethnique qui se différencie des autres par un ensemble de caractères physiques héréditaires (couleur de la peau, forme du squelette, etc.). *Race blanche, jaune, noire. Croisement entre races* (⇒ **métissage**). *Hostilité envers une race.* ⇒ **racisme. 2.** par ext. VIEILLI Groupe d'hommes qui ont des caractères (culturels, etc.) semblables provenant d'un passé commun. *La race latine, celte.*

RACÉ, ÉE adj. ▪ **1.** (animaux) Qui présente les qualités propres à sa race. *Un cheval racé.* **2.** (personnes) Qui a une distinction, une élégance naturelles.

RACHAT n. m. ▪ Action de racheter, de se racheter.

RACHEL ▪ Épouse de Jacob, dans la Bible.

Élisabeth Rachel Félix dite **Mlle RACHEL** (1821 - 1858) ▪ Tragédienne française.

Mlle **Rachel.** Portrait par A. Devéria. Comédie-Française, Paris. *Phot. © Giraudon*

RACHETER v. tr. [5] ▪ **I. 1.** Acheter de nouveau. *Racheter des actions.* - *Il faut racheter du pain.* ♦ Acheter (à qqn qui a acheté). *Racheter une entreprise.* **2.** Obtenir, contre rançon, la mise en liberté de (qqn). *Racheter des prisonniers.* **II. 1.** Sauver par la rédemption. ⇒ **rédimer.** - *Racheter un criminel.* ⇒ **réhabiliter. 2.** Réparer par sa conduite ultérieure ; faire oublier ou pardonner. *Tenter de racheter ses fautes.* ► SE **RACHETER** v. pron. Retrouver dignité, estime, etc. (après une faute, une défaillance). *Se racheter par des gentillesses.*

RACHIDIEN, IENNE adj. ▪ ANAT. De la colonne vertébrale. ⇒ **spinal.** *Bulbe* rachidien. Canal rachidien* (qui contient la moelle épinière).

RACHIS [-is] n. m. ▪ ANAT. Colonne vertébrale ; épine dorsale.

RACHITIQUE adj. ▪ Atteint de rachitisme. ▸ n. *Un, une rachitique.* ♦ par ext. Malingre, chétif.

RACHITISME n. m. ▪ Maladie de la croissance (enfants, nourrissons), qui se manifeste par des déformations du squelette. ▸ Développement incomplet (d'un végétal).

Sergueï RACHMANINOV (1873-1943) ▪ Compositeur et pianiste russe. Le dernier des romantiques par le lyrisme tourmenté de sa musique pour piano. *"Rhapsodie sur un thème de Paganini"* (1934).

Rachmaninov. *Phot. © Harlingue/Viollet*

RACIAL, IALE, IAUX adj. ▪ Relatif à la race, aux races (III). ▸ *Discrimination raciale* (⇒ **ségrégation ; racisme**).

RACINE n. f. ▪ **I. 1.** Partie des végétaux par laquelle ils se fixent au sol et se nourrissent. *Les racines d'un arbre. Racines comestibles* (la carotte, le navet...). *Racine principale* (⇒ **pivot**) et radicelles*. ♦ loc. fig. PRENDRE RACINE : rester debout et immobile ; ne plus partir. **2.** fig. LITTÉR. Principe profond, origine. *Attaquer le mal à la racine.* **3.** au plur. Attaches, lien (avec un lieu, un milieu d'origine). *Être coupé de ses racines.* **II.** Partie par laquelle un organe est implanté. *La racine du nez.* ▸ *La racine d'une dent.* **III. 1.** *Racine carrée, cubique d'un nombre,* nombre dont le carré, le cube est égal à ce nombre. *4 est la racine carrée de 16. Extraire une racine,* la calculer (→ radical). ▸ *Racine d'une équation,* valeur de la variable qui satisfait à l'équation. **2.** Élément irréductible d'un mot, obtenu par élimination des désinences, des préfixes ou des suffixes. ⇒ **radical.**

Racine. Portrait anonyme. Musée national du château, Versailles. *Phot. © Dagli Orti*

Jean RACINE (1639-1699) ▪ Poète dramatique français, le maître de la tragédie classique française. Janséniste fervent. Il conçoit la passion amoureuse comme une force qui conduit ses personnages à la mort. *"La Thébaïde"* (1664), *"Alexandre"* (1665), pièces de jeunesse; *"Andromaque"* (1667); *"Les Plaideurs"* (1668), comédie; *"Britannicus"* (1669); *"Bérénice"* (1670); *"Bajazet"* (1672); *"Mithridate"* (1673); *"Iphigénie"* (1674); *"Phèdre"* (1677); deux tragédies chrétiennes, *"Esther"* (1689) et *"Athalie"* (1691).

RACISME n. m. ▪ **1.** Théorie selon laquelle il existerait une hiérarchie des races (III). ▸ Ensemble de réactions qui, consciemment ou non, s'accordent à cette théorie. *Ligue contre le racisme.* **2.** Discrimination, hostilité violente envers un groupe humain. *Racisme xénophobe.* ▸ par ext. *Racisme antijeunes.*

RACISTE n. ▪ Partisan du racisme. ▸ adj. *Politique raciste.* ◇ contr. ANTIRACISTE.

RACKET [-ɛt] n. m. ▪ anglic. Extorsion d'argent ou d'objets, par chantage, intimidation ou terreur.

RACKETTER v. tr. [1] ▪ anglic. Soumettre (qqn) à un racket.

RACKETTEUR n. m. ▪ Malfaiteur qui exerce un racket.

RACLAGE n. m. ▪ Action de nettoyer en raclant.

RACLÉE n. f. ▪ FAM. **1.** Volée de coups. ⇒ **correction.** *Recevoir une raclée ; flanquer une raclée à qqn.* **2.** fig. Défaite complète. *Ils ont pris une raclée aux élections.*

RACLEMENT n. m. ▪ Action de racler ; bruit qui en résulte. *Un raclement de gorge.*

RACLER v. tr. [1] ▪ **1.** Frotter rudement (une surface) pour égaliser ou détacher ce qui adhère. ⇒ **gratter.** *Racler ses semelles. Racler une casserole.* ⇒ **récurer.** ▸ loc. FAM. *Racler les fonds de tiroirs*.* ▸ *Se racler la gorge* (par une expiration brutale, pour s'éclaircir la voix). **2.** Enlever (qqch.) en frottant. *Racler une tache de boue.* **3.** Frotter en entrant rudement en contact. *Les pneus raclent le bord du trottoir.* **4.** Jouer maladroitement, en raclant les cordes. *Racler du violon.*

RACLETTE n. f. ▪ **1.** Petit racloir. **2.** Plat valaisan fait de fromage du pays exposé à la chaleur, et dont on racle la partie ramollie pour la manger.

RACLOIR n. m. ▪ Outil servant à racler.

RACLURE n. f. ▪ Déchet de ce qui a été raclé. ⇒ **rognure.**

RACOLAGE n. m. ▪ Action de racoler.

RACOLER v. tr. [1] ▪ **1.** Attirer, recruter par des moyens publicitaires ou autres. *Racoler des électeurs.* **2.** (prostitué[e]) Accoster (qqn) en vue de l'attirer. ⇒ **raccrocher.**

RACOLEUR, EUSE ▪ **1.** n. Personne qui racole. **2.** adj. Qui cherche à retenir l'intérêt d'une façon équivoque ou grossière. *Publicité racoleuse.*

RACONTABLE adj. ▪ Qui peut être raconté (surtout avec négation). *Cela n'est guère racontable en public* (⇒ **inracontable**).

RACONTAR n. m. ▪ (surtout au plur.) Propos médisant ou sans fondement sur le compte de qqn. ⇒ **commérage, médisance.**

RACONTER v. tr. [1] ▪ **1.** Exposer par un récit (des faits vrais ou présentés comme tels). ⇒ **conter, narrer, rapporter, relater, retracer.** *Raconter une histoire.* loc. FAM. *Raconter sa vie,* s'étendre en anecdotes. **2.** Décrire, dépeindre. *Il raconta les mœurs de son pays.* **3.** Dire, débiter à la légère ou de mauvaise foi. *N'écoute pas tout ce qu'on raconte.* ⇒ **dire.** *Qu'est-ce que tu me racontes là ?* ⇒ **chanter.** ► SE RACONTER v. pron. (réfl.) Se décrire, parler de soi. ▸ (passif) *Cela ne se raconte pas.*

RACONTEUR, EUSE n. ▪ (avec un compl.) Personne qui raconte. *Un raconteur de balivernes.*

RACORNI, IE adj. ▪ Durci comme de la corne. ▸ fig. *Un cœur racorni.* ⇒ **sec.**

RACORNIR v. tr. [2] ▪ Rendre dur comme de la corne ; dessécher. ► n. m. RACORNISSEMENT

RADAR n. m. (sigle) ▪ Système ou appareil de détection, qui émet des ondes radioélectriques et en reçoit l'écho, permettant ainsi de déterminer la position d'un objet (avion, etc.). *Radar de surveillance. Contrôle de la vitesse des voitures par radar.* ▸ appos. *Station radar.*

radar. Radar militaire. *Phot. © Wysocki/Explorer*

Ann RADCLIFFE (1764-1823) ■ Romancière britannique. Auteur de romans noirs. *"Les Mystères d'Udolphe"* (1794).

Alfred Reginald RADCLIFFE-BROWN (1881-1955) ■ Anthropologue et ethnologue britannique. Représentant du fonctionnalisme et précurseur du structuralisme.

① **RADE** n. f. ■ **1.** Grand bassin ayant une issue vers la mer et où les navires peuvent mouiller. *La rade de Brest.* **2.** loc. FAM. *EN RADE* : à l'abandon. - *Le projet est resté en rade.*

② **RADE** n. m. ■ ARGOT Bar ; bistro.

RADEAU n. m. ■ Plate-forme formée de pièces de bois assemblées, servant au transport sur l'eau. - *"Le Radeau de la Méduse"* (tableau de Géricault).

RADIAL, ALE, AUX adj. ■ **I.** DIDACT. Du radius. *Nerf radial.* **II.** Relatif au rayon ; disposé selon un rayon. - *Voie radiale* et n. f. *radiale,* route qui rejoint une voie centrale.

RADIAN n. m. ■ Unité de mesure d'angle (symb. rad) équivalant à l'angle qui, ayant son sommet au centre d'un cercle, intercepte, sur la circonférence de ce cercle, un arc d'une longueur égale à celle du rayon de ce cercle.

RADIANT, ANTE adj. ■ Qui se propage par radiation ; qui émet des radiations. *Chaleur radiante.*

RADIATEUR n. m. ■ **1.** Appareil de chauffage à grande surface de rayonnement. **2.** Organe de refroidissement des moteurs à explosion (tubes où l'eau se refroidit).

① **RADIATION** n. f. ■ Action de radier (qqn ou qqch.) d'une liste, d'un registre (souvent sanction).

② **RADIATION** n. f. ■ Énergie émise et propagée sous forme d'ondes* à travers un milieu matériel. ⇒ **rayonnement.** *Radiations radioactives* (→ irradier).

RADICAL, ALE, AUX ■ **I.** adj. **1.** Qui tient à l'essence, au principe (d'une chose, d'un être). ⇒ **foncier, fondamental ; essentiel.** *Changement radical.* ⇒ **total. 2.** Qui vise à agir sur la cause profonde de ce que l'on veut modifier. *Prendre des mesures radicales.* **II.** adj. Relatif au radicalisme politique, partisan de réformes modérées, laïque et démocrate. *Parti radical.* - n. *Les radicaux.* **III.** n. m. **1.** Forme particulière prise par la racine* d'un mot. *Verbe à deux radicaux.* **2.** CHIM. Groupement d'atomes qui conserve son identité au cours de changements chimiques. **3.** MATH. Symbole ($\sqrt[n]{\ }$) qui représente la racine de degré *n* (d'un nombre).

■ **le parti RADICAL et RADICAL-SOCIALISTE** ■ Parti politique français qui domina la vie publique sous la IIIe République avec Clemenceau, Herriot, Daladier, Mendès France. Créé en 1901, il rassemblait alors tous les tenants d'un régime républicain qui se réclamaient du programme radical (d'extrême gauche) de Gambetta. Au fur et à mesure que l'idée républicaine s'imposait en France, son évolution vers des positions modérées lui permit de conquérir une large part de l'électorat. L'émergence rapide à sa gauche d'un parti socialiste (création de la S.F.I.O. dès 1905) et l'échec de ses gouvernements à la veille de la Deuxième Guerre mondiale marquèrent son déclin, accentué par la crise du régime parlementaire durant la IVe République. Sous la Ve République, il s'est divisé en deux petits partis, de centre-gauche (Mouvement des radicaux de gauche, devenu Radical en 1994) et de centre-droit (radicaux « valoisiens » qui participa à la fondation de l'U.D.F.).

RADICALEMENT adv. ■ Dans son principe ; d'une manière radicale. ⇒ **totalement.** *Des opinions radicalement opposées.*

RADICALISATION n. f. ■ Action de radicaliser, fait de se radicaliser.

RADICALISER v. tr. [1] ■ Rendre radical, plus intransigeant. - pronom. *Le mécontentement se radicalise.*

RADICALISME n. m. ■ Doctrine politique des radicaux.

RADICAL-SOCIALISME n. m. ■ Politique, doctrine des radicaux-socialistes.

RADICAL(E)-SOCIALISTE adj. ■ Qui appartient, est propre au parti radical et radical-socialiste (voir ci-dessus). *Politique radicale-socialiste.* - n. *Les radicaux-socialistes.* ◇ abrév. FAM. RAD-SOC [ʀadsɔk].

RADICELLE n. f. ■ BOT. Racine secondaire.

RADIER v. tr. [7] ■ Faire disparaître d'une liste, d'un registre... ⇒ **effacer, rayer ;** ① **radiation.** *Être radié des listes électorales.*

RADIESTHÉSIE n. f. ■ Procédé de détection fondé sur une réceptivité particulière à des radiations qu'émettraient certains corps (⇒ **rhabdomancie**).

RADIESTHÉSISTE n. ■ Personne qui pratique la radiesthésie. ⇒ **sourcier.** *Baguette, pendule de radiesthésiste.*

RADIEUX, EUSE adj. ■ **1.** Qui rayonne, brille d'un grand éclat. ⇒ **brillant.** *Un soleil radieux.* - Très lumineux. *Une journée radieuse.* **2.** (personnes) Rayonnant de joie, de bonheur. *Une jeune femme radieuse.* - *Un sourire radieux.* ⇒ **lumineux, resplendissant.** ► adv. RADIEUSEMENT

Raymond RADIGUET (1903-1923) ■ Écrivain français. *"Le Diable au corps"* (1923), qu'il écrivit à 18 ans ; *"Le Bal du comte d'Orgel"* (posth. 1924).

Radiguet.
Phot. © Coll. Viollet

RADIN, INE adj. ■ FAM. Avare.

RADINER v. intr. [1] ■ FAM. Arriver, venir. - pronom. *Se radiner* (même sens).

RADINERIE n. f. ■ FAM. Avarice.

RADIO- Élément qui signifie « radiation » et « radiodiffusion ».

① **RADIO** n. f. ■ **I. 1.** Radiodiffusion. *Écouter la radio.* **2.** Station émettrice d'émissions radiophoniques. *Radio locale.* **3.** Poste récepteur de radio. ⇒ **transistor, tuner ; autoradio. II. 1.** Radiotéléphonie. - appos. *Voiture radio.* **2.** Radiotélégraphie.

② **RADIO** n. m. ■ Spécialiste qui assure les liaisons par radio (à bord d'un bateau, etc.). *Le pilote et le radio.*

③ **RADIO** n. f. ■ **1.** Radioscopie. **2.** Radiographie.

RADIOACTIF, IVE adj. ■ Doué de radioactivité*. *Éléments radioactifs.* ⇒ **radioélément.** - *Déchets radioactifs.*

RADIOACTIVITÉ n. f. ■ Propriété qu'ont certains noyaux atomiques de se transformer spontanément en émettant divers rayonnements.

RADIOBALISE ⇒ BALISE (2)

RADIOCASSETTE n. f. ■ Appareil constitué d'un récepteur de radio et d'un lecteur de cassettes.

RADIODIAGNOSTIC [-gn-] n. m. ■ MÉD. Technique de diagnostic par examen aux rayons X (radiographie ou radioscopie).

RADIODIFFUSER v. tr. [1] ■ Émettre et transmettre par radiodiffusion. - au p. p. *Concert radiodiffusé.*

RADIODIFFUSION n. f. ■ Émission et transmission, par ondes hertziennes, de programmes variés. ⇒ ① **radio.**

RADIOÉLECTRIQUE adj. ■ *Ondes radioélectriques :* ondes électromagnétiques de longueur supérieure aux radiations visibles et infrarouges. ⇒ **hertzien.**

RADIOÉLÉMENT n. m. ■ oo. Élément radioactif naturel ou artificiel. ⇒ **radio-isotope.**

RADIOGONIOMÈTRE n. m. ■ Appareil récepteur permettant de déterminer l'angle et la direction d'un signal radioélectrique. ◇ abrév. FAM. GONIO n. f.

RADIOGRAPHIE n. f. ■ Enregistrement photographique de la structure d'un corps traversé par des rayons X. ⇒ ③ **radio.** *Perfectionnements de la radiographie, en médecine* (→ scanographie, scintigraphie, tomographie).

RADIOGRAPHIER v. tr. [7] ■ Faire une radiographie de. *Radiographier un organe.*

RADIOGUIDAGE n. m. ■ **1.** Guidage (d'un navire, d'un avion) à l'aide d'ondes radioélectriques. **2.** Informations radiophoniques sur la circulation routière.

RADIO-ISOTOPE n. m. ▪ SC. Isotope radioactif (d'un élément). ⇒ **radioélément.**

RADIOLOGIE n. f. ▪ Discipline traitant de l'étude et des applications (médicales, etc.) des rayons X et autres rayonnements. ⇒ **radiographie, radioscopie, radiothérapie** ; → imagerie médicale. *Le service de radiologie d'un hôpital.*

RADIOLOGUE n. ▪ Spécialiste de la radiologie. - spécialt Médecin spécialisé en radiologie.

RADIOPHONIQUE adj. ▪ De la radiodiffusion. *Jeux radiophoniques.*

RADIOREPORTAGE n. m. ▪ Reportage radiodiffusé.

RADIOREPORTER [-ɛʀ] n. ▪ Journaliste spécialisé(e) dans les radioreportages.

RADIORÉVEIL n. m. ▪ Appareil de radio programmable servant de réveil.

RADIOSCOPIE n. f. ▪ Examen de l'image que forme un corps traversé par des rayons X. ⇒ ③ **radio, scopie.**

RADIO-TAXI n. m. ▪ Taxi équipé d'un poste récepteur-émetteur de radio relié à une station centrale.

RADIOTÉLÉGRAPHIE n. f. ▪ Télégraphie sans fil, transmission par ondes hertziennes de messages en morse.

RADIOTÉLÉPHONE n. m. ▪ Téléphone utilisant les ondes radioélectriques.

RADIOTÉLÉPHONIE n. f. ▪ Téléphonie par ondes radioélectriques. ⇒ ① **radio.**

RADIOTÉLESCOPE n. m. ▪ Instrument permettant l'étude des corps célestes, par réception et analyse des ondes qu'ils émettent.

RADIOTÉLÉVISÉ, ÉE adj. ▪ Qui est à la fois radiodiffusé et télévisé. *Allocution radiotélévisée.*

RADIOTHÉRAPIE n. f. ▪ MÉD. Application thérapeutique des rayons X et autres rayonnements.

RADIS n. m. ▪ **1.** Plante potagère à racine comestible (généralement rose) ; cette racine. *Une botte de radis.* - *Un radis noir.* **2.** loc. FAM. *N'avoir plus un radis,* plus un sou.

RADIUM [-jɔm] n. m. ▪ Élément chimique (Ra), très radioactif.

RADIUS [-ys] n. m. ▪ ANAT. Os long, situé à la partie externe de l'avant-bras.

RADJA ou **RADJAH** n. m. ⇒ RAJAH

RADOM ▪ Ville de Pologne. 226 000 hab. Centre industriel. Manufacture de cigarettes.

RADOTAGE n. m. ▪ Action de radoter.

RADOTER v. intr. 1 ▪ **1.** Tenir, par sénilité, des propos décousus et peu sensés. **2.** ⇒ **rabâcher.** *Cesse donc de radoter !*

RADOTEUR, EUSE n. ▪ Personne qui radote.

RADOUB [ʀadu] n. m. ▪ Entretien, réparation de la coque d'un navire. *Cale, bassin de radoub.*

RADOUBER v. tr. 1 ▪ Réparer la coque de (un navire). ⇒ **calfater, caréner.**

RADOUCIR v. tr. 2 ▪ **1.** Rendre plus doux (qqn ; son caractère). **2.** Rendre plus doux (le temps). *La pluie a radouci la température.* ► SE **RADOUCIR** v. pron. Devenir plus doux. *Sa colère tombée, il s'est radouci.* - *Le temps se radoucit.* ► **RADOUCISSEMENT** n. m. *Un brusque radoucissement* (du temps). ⇒ **redoux.**

la **R.A.F.** ou **RAF, Royal Air Force** ▪ Armée de l'air britannique.

RAFALE n. f. ▪ **1.** Coup de vent soudain et brutal. ⇒ **bourrasque.** - *Une rafale de neige.* **2.** Succession de coups tirés rapidement (par une batterie, une arme automatique). ⇒ **bordée, salve.** *Une rafale de mitrailleuse.*

RAFFERMIR v. tr. 2 ▪ **1.** Rendre plus ferme. ⇒ **affermir, durcir.** *Le froid raffermit les muscles.* ⇒ **tonifier. 2.** fig. Remettre dans un état plus stable. ⇒ **fortifier.** *Raffermir le courage de qqn.* ► SE **RAFFERMIR** v. pron. Devenir plus ferme. *Le sol se raffermit.* - fig. Retrouver son assurance. *Il parut hésiter, puis se raffermit.*

RAFFERMISSEMENT n. m. ▪ Fait de se raffermir.

Denis Auguste Marie RAFFET (1804 - 1860) ▪ Peintre, graveur et dessinateur français. Il exécuta surtout des lithographies et s'attacha à glorifier les soldats de la Révolution et de l'Empire.

RAFFINAGE n. m. ▪ Ensemble des traitements opérés de manière à obtenir un corps pur ou un mélange doué de propriétés déterminées. *Le raffinage du sucre.* - *Le raffinage du pétrole,* permettant d'en obtenir des produits finis (essences, huiles...).

RAFFINEMENT n. m. ▪ **1.** Caractère de ce qui est raffiné. *Le raffinement de ses manières.* **2.** Acte, chose qui dénote ou exige de la recherche, de la subtilité. ♦ LITTÉR. *Un raffinement de perfidie,* le point extrême...

RAFFINER v. tr. 1 ▪ **I.** Procéder au raffinage de. **II. 1.** LITTÉR. Rendre plus fin, plus subtil. ⇒ **affiner.** *Raffiner son style.* **2.** intrans. Rechercher la délicatesse ou la subtilité la plus grande. *Ne cherchons pas à raffiner.* ► **RAFFINÉ, ÉE** adj. **1.** Traité par raffinage (sucre, pétrole...). **2.** Qui est d'une extrême délicatesse, d'une subtilité remarquable. *Politesse raffinée. Une cuisine raffinée.* - *Un homme raffiné.* ⇒ **distingué.**

RAFFINERIE n. f. ▪ Usine où s'effectue le raffinage (du sucre, du pétrole...).

RAFFOLER v. tr. ind. 1 ▪ *RAFFOLER DE :* avoir un goût très vif pour (qqn, qqch.). ⇒ **adorer,** être **fou** de. *J'aime bien les sucreries, mais je n'en raffole pas.*

RAFFUT n. m. ▪ FAM. Tapage, vacarme.

RAFIOT n. m. ▪ Mauvais bateau. *Un vieux rafiot.*

RAFISTOLER v. tr. 1 ▪ Réparer grossièrement. *Rafistoler une chaise.* ► n. m. RAFISTOLAGE

① **RAFLE** n. f. ▪ Arrestation massive opérée à l'improviste par la police. ⇒ **descente** de police. *Être pris dans une rafle.*

② **RAFLE** n. f. ▪ Ensemble des pédoncules (d'une grappe de fruits : raisins, etc.).

RAFLER v. tr. 1 ▪ FAM. Prendre et emporter promptement sans rien laisser. *Ils ont raflé tous les bijoux.*

RAFRAÎCHIR v. 2 ▪ **I.** v. tr. **1.** Rendre frais, refroidir modérément. *La pluie a rafraîchi l'atmosphère.* **2.** Donner une sensation de fraîcheur à (qqn). *Cette boisson m'a rafraîchi.* ♦ pronom. *Se rafraîchir,* boire un rafraîchissement. - Faire un brin de toilette. **3.** Rendre la fraîcheur, l'éclat du neuf à (qqch.). *Rafraîchir les peintures d'un appartement.* - *Rafraîchir une coupe de cheveux.* **4.** Redonner de la vivacité à. *Lecture qui rafraîchit l'esprit.* - loc. FAM. *Rafraîchir la mémoire à qqn,* lui rappeler un souvenir oublié. **II.** v. intr. Devenir plus frais. *Mettre un melon à rafraîchir.* ► **RAFRAÎCHI, IE** adj. *Champagne rafraîchi.* ⇒ **frappé.** *Fruits rafraîchis.*

RAFRAÎCHISSANT, ANTE adj. ▪ Qui rafraîchit. *Une brise rafraîchissante.* - *Boissons rafraîchissantes.* ⇒ **rafraîchissement.** - abstrait Qui plaît par sa fraîcheur. *Un spectacle rafraîchissant.*

RAFRAÎCHISSEMENT n. m. ▪ **1.** Action, fait de rafraîchir. *Un rafraîchissement de la température.* **2.** Boisson fraîche prise en dehors des repas.

Ali Akbar Bahrémani dit **Hachemi RAFSANDJANI** ou **RAFSANJĀNĪ** (né en 1934) ▪ Religieux et homme d'État iranien. Président du Parlement à partir de 1980, proche collaborateur de Khomeiny, il est devenu en juillet 1989 président de la République islamique et chef du gouvernement.

RAFT [ʀaft] n. m. ▪ anglic. Embarcation gonflable insubmersible utilisée pour la descente des rapides (sport appelé *rafting* n. m.).

RAGAILLARDIR v. tr. 2 ▪ Rendre de la vitalité, de l'entrain à (qqn). ⇒ **réconforter, revigorer.** *Cette nouvelle nous a ragaillardis.* - au p. p. *Se sentir tout ragaillardi.*

① **RAGE** n. f. ▪ **1.** État, mouvement de colère ou de dépit extrêmement violent, qui rend agressif. ⇒ **fureur.** *Être fou, ivre de rage* (⇒ **enrager, rager**). *Il était dans une rage folle.* **2.** *RAGE DE... :* envie violente et passionnée de... ⇒ **fureur.** *La rage de vivre.* - loc. FAM. *Ce n'est plus de l'amour, c'est de la rage* (souvent iron.). **3.** (choses) *FAIRE RAGE :* se déchaîner, atteindre la plus grande violence. *L'incendie faisait rage.* **4.** *Rage de dents :* mal de dents violent.

② **RAGE** n. f. ▪ Maladie mortelle d'origine virale transmise à l'homme par la morsure de certains animaux, et caractérisée par des convulsions ou de la paralysie. *Vaccin contre la rage* (⇒ **antirabique**).

RAGEANT, ANTE adj. ▪ Qui fait rager.

raie. *Raja clavata,* raie bouclée.
Phot. © Labat/Lanceau/Jacana

RAGER v. intr. 3 ▪ FAM. Enrager.

RAGEUR, EUSE adj. ▪ **1.** Sujet à des accès de colère. *Un enfant rageur.* **2.** Qui dénote la colère. *Un ton rageur.*

RAGEUSEMENT adv. ▪ Avec rage, avec hargne.

RAGLAN n. m. ▪ Pardessus assez ample, dont les emmanchures remontent en biais jusqu'à l'encolure. – adj. invar. *Manches raglan.*

RAGONDIN n. m. ▪ Mammifère rongeur originaire d'Amérique du Sud, de mœurs aquatiques et dont la fourrure est très estimée. – Cette fourrure. *Un manteau de ragondin.*

ragondin. *Myocastor coypus.*
Phot. © Frederic/Jacana

RAGOT n. m. ▪ FAM. surtout au plur. Bavardage malveillant. ⇒ **commérage.**

RAGOÛT n. m. ▪ Plat composé de morceaux de viande et de légumes cuits dans une sauce. *Un ragoût de mouton.*

RAGOÛTANT, ANTE adj. ▪ (avec une négation) Appétissant, plaisant. *Un mets peu ragoûtant.*

RAGTIME [ragtajm] n. m. ▪ Musique de danse syncopée des Noirs américains, qui fut une des sources du jazz.

RAGUSE → **Dubrovnik**

Karl RAHNER (1904 - 1984) ▪ Jésuite et théologien catholique allemand. Expert au concile Vatican II, cofondateur de la revue *Concilium,* il est l'auteur d'une œuvre théologique considérable.

RAI n. m. ▪ LITTÉR. Rayon (de lumière). *Un rai de soleil.* ◇ var. RARE RAIS.

RAÏ n. m. ▪ Musique populaire arabe d'origine maghrébine, improvisation chantée sur des thèmes contemporains.

RAID [rɛd] n. m. ▪ **1.** Opération militaire très rapide en territoire ennemi. ⇒ **incursion.** – *Raid aérien.* **2.** Épreuve sportive d'endurance sur une longue distance. *Raid automobile.* ⇒ **rallye. 3.** Opération financière réalisée par un raider.

RAIDE adj. ▪ **I. 1.** Qui ne se laisse pas plier, manque de souplesse. ⇒ **rigide.** *Un tissu raide.* – *Cheveux raides.* ♦ Engourdi. *Avoir les jambes raides.* ♦ FAM. (personnes) Sans argent. – Ivre. – Sous l'effet d'une drogue. **2.** (personnes) Qui se tient droit et ferme. *Il est raide comme un piquet.* – *Maintien raide.* **3.** Tendu au maximum. *Une corde raide.* – loc. *Être sur la corde* raide.* **4.** Très incliné par rapport au plan horizontal. ⇒ **abrupt.** *Une pente très raide.* **II.** abstrait **1.** LITTÉR. Qui manque d'abandon, de spontanéité. ⇒ **guindé, sévère.** – *Une morale raide.* **2.** FAM. (choses) Difficile à accepter, à croire. *Elle est raide, celle-là.* **III.** adv. **1.** VX Violemment ; avec intensité. ⇒ **dur. 2.** RAIDE MORT (emploi adj.) : mort soudainement. *Elles sont tombées raides mortes.*

RAIDER [rɛdœr] n. m. ▪ anglic. Personne ou société qui effectue des achats systématiques de titres pour prendre le contrôle de sociétés.

RAIDEUR n. f. ▪ État, caractère de ce qui est raide. ⇒ **rigidité.** *La raideur d'un membre.* – abstrait *La raideur de ses principes.* ⇒ **rigueur.**

RAIDILLON n. m. ▪ Court chemin en pente raide.

RAIDIR v. tr. 2 ▪ Faire devenir raide ; priver de souplesse. *Raidir ses muscles.* ⇒ **contracter.** ► SE **RAIDIR** v. pron. Devenir raide. – Tendre ses forces pour résister. *Se raidir contre la douleur.* ► **RAIDI, IE** p. p. *Corps raidi par le froid.* – *Raidi dans son obstination.*

RAIDISSEMENT n. m. ▪ Action de raidir, de se raidir.

① **RAIE** n. f. ▪ **1.** Ligne droite, bande mince et longue sur qqch. ⇒ **rayure, trait.** *Un tissu à raies.* ⇒ **rayé.** – FAM. *La raie des fesses :* le sillon entre les fesses. **2.** Ligne de séparation entre les cheveux, où le cuir chevelu est apparent. *Porter la raie au milieu.*

② **RAIE** n. f. ▪ Poisson cartilagineux au corps aplati en losange, à la chair délicate. *Raie au beurre noir.*

RAIFORT n. m. ▪ Plante cultivée pour sa racine au goût piquant ; condiment extrait de cette racine. *Sauce au raifort.* – Radis noir d'hiver.

RAIL n. m. ▪ **1.** Chacune des barres d'acier installées en deux lignes parallèles sur des traverses pour constituer une voie ferrée ; chacune des bandes continues ainsi formées. ⇒ **voie.** *L'écartement des rails. Sortir des rails.* ⇒ **dérailler.** – loc. *Remettre* (qqn, qqch.) *sur les rails,* sur la bonne voie ; dans de bonnes conditions de fonctionnement. **2.** *Le rail :* le transport par voie ferrée. ⇒ **chemin de fer.** *La concurrence entre le rail et la route.*

RAILLER v. tr. 1 ▪ LITTÉR. Tourner en ridicule (qqn, qqch.) par des moqueries. ⇒ se **moquer, persifler.**

RAILLERIE n. f. ▪ **1.** Action, habitude de railler (les gens, les choses). **2.** Propos ou écrit par lequel on raille (qqn, qqch.). ⇒ **quolibet, sarcasme.**

RAILLEUR, EUSE adj. ▪ Qui raille, exprime la raillerie. ⇒ **moqueur.** *Un air railleur.*

Ruggero RAIMONDI (né en 1941) ▪ Baryton-basse italien. Il commença en 1970 une carrière internationale (*"Ernani"*, puis *"Macbeth"* de Verdi). Il a chanté le rôle-titre dans le film *"Don Giovanni"* de Losey (1979).

Jules Muraire dit **RAIMU** (1883 - 1946) ▪ Acteur français. Célèbre interprète des films de Pagnol : *"Marius"* (1929), *"La Femme du boulanger"* (1938).

Le RAINCY ▪ Chef-lieu d'arrondissement de la Seine-Saint-Denis. 13 478 hab. *(les Raincéens).* Église construite par Auguste Perret.

RAINETTE n. f. ▪ Petite grenouille arboricole, aux doigts munis de ventouses.

rainette. *Hyla arborea.* *Phot. © Galan/Jacana*

RAINIER III (né en 1923) ▪ Prince de Monaco depuis 1949.

RAINURE n. f. ▪ Entaille faite en long (à la surface d'un objet).

RAIPUR ▪ Ville de l'Inde (Madhya Pradesh). 461 850 hab.

RAIS n. m. ⇒ RAI

Gilles de RAIS ou **RETZ** (1404-1440) ▪ Maréchal de France. Lieutenant de Jeanne d'Arc. Coupable de magie noire et de crimes sur des enfants, il fut exécuté. On l'a souvent assimilé (à tort) au Barbe-Bleue des contes.

RAISIN n. m. ▪ *Le raisin* (collectif), *les raisins* : fruit de la vigne, ensemble de baies (grains) réunies en grappes sur la rafle*. *Du raisin blanc, noir. Raisin de table ; raisin de cuve* (destiné à la fabrication du vin*). - *Cueillir du raisin, des raisins* (⇒ **vendange**). *Cure de raisin* (⇒ **uval**). - *Raisins secs. Pain aux raisins.* - *Jus de raisin* (→ verjus).

RAISINÉ n. m. ▪ Confiture à base de jus de raisin concentré.

RAISON n. f. ▪ **I.** (pensée, jugement) **1.** La faculté qui permet à l'être humain de connaître, juger et agir conformément à des principes (⇒ **compréhension, entendement, esprit, intelligence**), et spécialt de bien juger et d'appliquer ce jugement à l'action (⇒ **discernement, jugement,** bon **sens**). *"Critique de la raison pure", "Critique de la raison pratique"* (œuvres de Kant). - allus. « *Le cœur a ses raisons, que la raison ne connaît point* » (Pascal). - *Conforme à la raison* (⇒ **raisonnable, rationnel**) ; contraire à la raison (⇒ **déraisonnable**). - loc. *L'âge de raison,* l'âge auquel l'enfant est censé posséder la raison (7 ans). - *Ramener qqn à la raison,* à une attitude raisonnable. - (opposé à *instinct, intuition*...) Pensée logique. *La raison et la passion. Mariage de raison* (réglé par les convenances). **2.** Les facultés intellectuelles (d'une personne), dans leur fonctionnement. ⇒ **lucidité.** *Perdre la raison,* devenir fou. **3.** (dans des loc.) Ce qui est raisonnable. *Sans rime* ni raison.* - *Il ne veut pas entendre* raison.* - *PLUS QUE DE RAISON.* ⇒ à l'**excès.** - LITTÉR. *COMME DE RAISON* : comme la raison le suggère. **4.** Connaissance à laquelle l'être humain accède (sans l'intervention d'une foi ou d'une révélation). *Mysticisme et raison.* ⇒ **rationalisme.** *Le culte de la Raison, pendant la Révolution française.* **5.** (dans des loc. ; opposé à *tort*) Jugement, comportement en accord avec les faits. *AVOIR RAISON* : être dans le vrai, ne pas se tromper. - *DONNER RAISON à qqn,* juger qu'il a raison. - *À tort* ou à raison.* **II.** (principe, cause) **1.** Ce qui permet d'expliquer (l'apparition d'un fait). *Comprendre la raison d'un phénomène.* ⇒ **cause.** ♦ Ce qui permet d'expliquer (un acte, un sentiment). ⇒ **motif.** *La raison de son attitude.* ♦ loc. *PAR,* (plus cour.) *POUR LA RAISON QUE.* ⇒ **parce que.** *C'est pour la (simple) raison que... Pour quelle raison ?* ⇒ **pourquoi.** *Pour une raison ou pour une autre,* sans raison connue. *EN RAISON DE.* ⇒ à **cause** de. - *SE FAIRE UNE RAISON* : se résigner à admettre ce qu'on ne peut changer (→ prendre son parti de). **2.** Motif légitime qui justifie (qqch.) en expliquant. ⇒ **fondement, justification, sujet.** *Avoir une raison d'espérer. Avoir de bonnes, de fortes raisons de penser que...* - *Ce n'est pas une raison ! Il n'y a pas de raison. Raison de plus pour...* (c'est une raison de plus). - allus. « *Le cœur a ses raisons...* » (cf. ci-dessus (I, 1) Pascal). *La raison du plus fort*.* ♦ loc. *AVEC (JUSTE) RAISON.* ⇒ à juste **titre.** - *À PLUS FORTE RAISON* : avec des raisons encore meilleures. ⇒ **a fortiori.** - *SANS RAISON* : sans motif raisonnable. *Non sans raison.* **3.** au plur. Arguments destinés à prouver. *Se rendre aux raisons de qqn.* **4.** *AVOIR RAISON DE* (qqn, qqch.) : vaincre la résistance de, venir à bout de. **III.** *RAISON SOCIALE* : nom, désignation (d'une société). **IV.** SC. Proportion, rapport. *Raison d'une progression*,* nombre que l'on ajoute ou multiplie pour l'obtenir. - loc. *Augmenter, changer EN RAISON DIRECTE, INVERSE de.* - *À RAISON DE* : en comptant, sur la base de.

RAISONNABLE adj. ▪ **1.** Doué de raison (I), de jugement. ⇒ **intelligent, pensant.** *L'homme, animal raisonnable.* **2.** Qui pense et agit selon la raison. ⇒ **réfléchi, sensé.** *Un enfant raisonnable.* - Conforme à la raison. *Une décision raisonnable.* ⇒ **rationnel ; judicieux, sage.** - impers. *Il est raisonnable de...* ⇒ **naturel, normal. 3.** Qui consent des conditions modérées. *Un négociateur raisonnable.* **4.** Qui correspond à la mesure normale. *À une distance raisonnable.* ⇒ **acceptable.** - Assez important. *Un raisonnable paquet d'actions.*

RAISONNABLEMENT adv. ▪ D'une manière raisonnable. *Agir raisonnablement.*

RAISONNANT, ANTE adj. ▪ Qui raisonne. - loc. *La raison raisonnante* : la faculté de raisonner.

RAISONNÉ, ÉE adj. ▪ **1.** Soutenu par des raisons (II). *Un projet raisonné,* réfléchi. **2.** Qui explique par des raisonnements. ⇒ **rationnel.** *Méthode raisonnée de grammaire.*

RAISONNEMENT n. m. ▪ **1.** Activité de la raison (I), manière dont elle s'exerce. *Opinion fondée sur le raisonnement ou sur l'expérience.* **2.** Fait de raisonner en vue de parvenir à une conclusion. *Raisonnement inductif, déductif. Les prémisses, la conclusion d'un raisonnement. Un raisonnement juste ; faux.*

RAISONNER v. [1] ▪ **I.** v. intr. **1.** Faire usage de sa raison pour former des idées, des jugements. ⇒ **penser ; philosopher. 2.** Employer des arguments pour convaincre, prouver ou réfuter. *Il a la manie de raisonner* (⇒ **discuter, ergoter, ratiociner ; raisonneur**). **3.** Enchaîner les parties d'un raisonnement pour aboutir à une conclusion. *Raisonner par analogie.* **II.** v. tr. Chercher à amener (qqn) à une attitude raisonnable. *On ne peut pas le raisonner.* ► **SE RAISONNER** v. pron. Se conformer à la raison. *Tâche de te raisonner.* - (passif) *L'amour ne se raisonne pas.*

RAISONNEUR, EUSE n. ▪ Personne qui discute, raisonne, réplique. *Un insupportable raisonneur.* - adj. *Il est très raisonneur.*

RAJAH [ʀa(d)ʒa] n. m. ▪ Prince hindou. ⇒ **maharajah.** ◇ var. RADJA, RADJAH.

le RAJASTHAN ▪ État du nord-ouest de l'Inde, limitrophe du Pakistan. 342 214 km². 43 800 000 hab. Capitale : Jaipur. Désert à l'ouest. Élevage. Industrie du coton et de la laine.

RAJEUNIR v. [2] ▪ **I.** v. tr. **1.** Rendre une certaine jeunesse à (qqn). - FAM. *Cela ne nous rajeunit pas,* se dit à propos d'un événement qui souligne l'âge. **2.** Attribuer un âge moins avancé à (qqn). *Vous me rajeunissez de cinq ans !* **3.** Faire paraître (qqn) plus jeune (aspect physique). *Cette coiffure la rajeunit.* - pronom. *Il essaie de se rajeunir par tous les moyens.* **4.** Ramener (qqch.) à un état de fraîcheur, de nouveauté. ⇒ **rafraîchir.** - *Rajeunir un équipement.* ⇒ **moderniser. 5.** Abaisser l'âge de (un groupe). *Rajeunir l'encadrement d'une entreprise.* **II.** v. intr. Reprendre les apparences de la jeunesse. *Elle a rajeuni de dix ans.*

RAJEUNISSANT, ANTE adj. ▪ Propre à rajeunir.

RAJEUNISSEMENT n. m. ▪ Action, fait de rajeunir.

RAJKOT ▪ Ville de l'Inde occidentale (Gujarat). 651 000 hab.

RAJOUT n. m. ▪ Ce qui est rajouté. *Rajout en marge d'un texte.* ⇒ **ajout.**

RAJOUTER v. tr. [1] ▪ **1.** Ajouter de nouveau. *Il n'y a rien à rajouter.* - FAM. Ajouter en plus. *Rajouter du sel.* **2.** FAM. *EN RAJOUTER.* ⇒ en **remettre ; exagérer.** *N'en rajoute pas !*

les RAJPUT ▪ Peuple de l'Inde du Nord (Rajputana, Rajasthan). Les Rajput formèrent l'aristocratie guerrière des peuples du Nord et de l'Ouest de l'Inde ancienne.

RAJUSTEMENT n. m. ▪ Action de rajuster. ⇒ **réajustement.**

RAJUSTER v. tr. [1] ▪ **1.** Remettre (qqch.) en bonne place. *Rajuster ses lunettes (sur son nez).* - *Rajuster un vêtement, sa tenue* ; pronom. *se rajuster.* **2.** VX Remettre en accord, en harmonie. - MOD. *Rajuster les salaires.* ⇒ **réajuster.**

RAKI n. m. ▪ Eau-de-vie parfumée à l'anis.

Mátyás RÁKOSI (1892-1971) ▪ Homme politique hongrois. Il domina la vie politique du pays, de 1945 à 1953, et imposa un régime stalinien.

① **RÂLE** n. m. ▪ **1.** Bruit rauque de la respiration, chez certains moribonds. *Un râle d'agonie.* **2.** MÉD. Altération du bruit respiratoire, qui signale une affection pulmonaire.

② **RÂLE** n. m. ▪ Petit échassier migrateur. *Râle d'eau.*

sir Walter RALEIGH (v. 1552-1618) ▪ Courtisan, écrivain et navigateur anglais, favori de la reine Élisabeth Ire.

RALEIGH ▪ Ville des États-Unis, capitale de la Caroline-du-Nord. 208 000 hab. Centre industriel et commercial. Universités.

Raleigh. Vue générale. *Phot. © Boutin/Explorer*

RALENTI n. m. ■ **1.** Régime le plus bas d'un moteur. *Moteur qui tient bien le ralenti. Régler le ralenti.* **2.** Procédé cinématographique qui fait paraître les mouvements plus lents que dans la réalité. **3.** loc. *AU RALENTI. Vivre au ralenti. Activité au ralenti.*

RALENTIR v. 2 ■ **I.** v. tr. **1.** Rendre plus lent (un mouvement...). *Ralentir le pas.* **2.** Rendre plus lent (un processus). *Ralentir la production.* **II.** v. intr. Réduire la vitesse du véhicule que l'on conduit. ⇒ **décélérer, freiner.** *Ralentir, travaux.* ► **SE RALENTIR** v. pron. *Le rythme se ralentit.* - *La production s'est ralentie.*

RALENTISSEMENT n. m. ■ Fait de se ralentir. - *Le ralentissement de l'expansion.*

RALENTISSEUR n. m. ■ **1.** Dispositif monté sur un véhicule, qui sert à ralentir. **2.** Petit dos d'âne aménagé pour faire ralentir les véhicules.

RÂLER v. intr. 1 ■ **I.** Faire entendre un râle en respirant. **II.** FAM. Manifester sa mauvaise humeur ; protester. ⇒ **grogner, maugréer.**

RÂLEUR, EUSE n. ■ FAM. Personne qui proteste, râle à tout propos. *Quelle râleuse !* - adj. *Ce qu'il est râleur !*

RALLIEMENT n. m. ■ **1.** Fait de rallier (une troupe), de se rallier. *Manœuvre de ralliement.* ♦ loc. *Point de ralliement,* lieu convenu pour se retrouver. - *Signe de ralliement,* qui sert aux membres d'un groupe à se reconnaître. **2.** Fait de se rallier (à un parti, une cause, etc.). ⇒ **adhésion.**

RALLIER v. tr. 7 ■ **1.** Regrouper (des personnes dispersées). *Le chef rallie ses troupes.* ⇒ **rassembler. 2.** Unir pour une cause commune ; convertir à sa cause. ⇒ **gagner.** *Il a rallié les indécis.* **3.** Rejoindre (une troupe, un parti, etc.). *Rallier la majorité.* ► **SE RALLIER** v. pron. **1.** Se regrouper. *Les troupes se rallient.* **2.** *Se rallier à,* rejoindre, adhérer à. *Se rallier à un parti.* - *Se rallier à l'avis de qqn.* ⇒ se **ranger.**

RALLONGE n. f. ■ **1.** Ce qu'on ajoute à une chose pour la rallonger. ⇒ **allonge.** - Planche qui sert à augmenter la surface d'une table. *Table à rallonges.* ♦ loc. FAM. *Nom à rallonge,* nom à plusieurs éléments (particule, etc.). **2.** Prolongateur électrique. **3.** FAM. Ce que l'on paye ou reçoit en plus du prix convenu. ⇒ **supplément.** *Obtenir une rallonge.*

RALLONGEMENT n. m. ■ Opération qui consiste à rallonger (qqch.).

RALLONGER v. 3 ■ **1.** v. tr. Rendre plus long (en ajoutant un élément). ⇒ **allonger.** *Rallonger une robe.* - *Ce chemin rallonge le trajet.* **2.** v. intr. FAM. Allonger. *Les jours rallongent.*

RALLUMAGE n. m. ■ Action de rallumer.

RALLUMER v. tr. 1 ■ **1.** Allumer de nouveau. *Rallumer le feu.* - absolt *Rallumer :* redonner de la lumière. **2.** fig. Redonner de l'ardeur, de la vivacité à. ⇒ **ranimer.** - pronom. *Les haines se sont rallumées.*

RALLYE [Rali] n. m. ■ Course automobile où les concurrents doivent rallier un lieu déterminé.

RAMA ou **RĀMA** ■ Personnage des légendes et poèmes épiques de l'Inde, notamment du *Rāmāyana,* considéré comme étant le 7ᵉ avatar de Vishnou.

RĀMA ■ Nom de règne des souverains de Siam et de Thaïlande depuis 1782.

-RAMA ⇒ -ORAMA

RAMADAN n. m. ■ Mois pendant lequel les musulmans doivent s'astreindre à l'abstinence (jeûne strict, etc.) entre le lever et le coucher du soleil. - *Faire le ramadan :* observer les prescriptions de ce mois.

RAMAGE n. m. ■ **I.** VX Rameau, branchage. *Sous les ramages.* ♦ MOD. au plur. *Tissu à ramages,* décoré de rameaux fleuris et feuillus. **II.** LITTÉR. Chant des oiseaux. ⇒ **gazouillement.** « *Si votre ramage / Se rapporte à votre plumage* » (La Fontaine).

RAMAKRISHNA ou **RĀMAKRIṢṆA** (1834 - 1886) ■ Mystique hindou, promoteur du védantisme.

sir Chandrasekhara Venkata **RAMAN** (1888 - 1970) ■ Physicien indien. Prix Nobel 1930. L'*effet Raman* est une diffusion inélastique de la lumière visible par les molécules ou les atomes.

RAMASSAGE n. m. ■ **1.** Action de ramasser des choses éparses. *Le ramassage des feuilles mortes.* **2.** *RAMASSAGE SCOLAIRE :* transport quotidien, par un service routier spécial, des écoliers demeurant loin de leur établissement. *Car de ramassage scolaire.*

RAMASSÉ, ÉE adj. ■ Resserré en une masse, blotti. ⇒ **pelotonné.** - *Un corps ramassé.* ⇒ **massif, trapu.** - fig. *Style ramassé,* concis et dense.

RAMASSE-MIETTES n. m. ■ Ustensile pour ramasser les miettes sur la table après un repas.

RAMASSER v. tr. 1 ■ **I. 1.** Resserrer en une masse ; tenir serré. *Ramasser ses jupes pour monter un escalier.* - pronom. *Se ramasser :* se mettre en masse, en boule. ⇒ se **pelotonner.** *Le chat se ramassa, puis bondit.* **2.** Réunir (des choses éparses). *Ramasser les ordures.* ⇒ **enlever.** - *Le professeur ramasse les copies.* ♦ fig. *Ramasser ses forces.* ⇒ **rassembler. 3.** FAM. *RAMASSER qqn,* l'arrêter (police, etc.). **II. 1.** Prendre par terre (des choses éparses) pour les réunir. *Ramasser du bois mort.* - loc. *On en ramasse à la pelle*.* **2.** Prendre par terre (une chose qui s'y trouve). *Ramasser un caillou. Ramasser les balles, au tennis.* - *On l'a ramassé ivre mort.* - loc. FAM. *Être à ramasser à la petite cuiller*.* **3.** fig. FAM. Prendre (des coups) ; attraper (un mal). *Il a ramassé une volée. Ramasser un bon rhume.* ⇒ **choper.**

RAMASSEUR, EUSE n. ■ **1.** Personne qui ramasse. *Un ramasseur de balles* (au tennis). **2.** Personne qui va chercher chez les producteurs (les denrées destinées à la vente). *Ramasseur de lait.*

RAMASSIS n. m. ■ péj. Réunion (de choses ou de gens de peu de valeur). *Un ramassis d'incapables.* ⇒ **tas.**

RAMBARDE n. f. ■ Garde-corps placé autour des gaillards et des passerelles d'un navire. - Rampe métallique, garde-fou. *La rambarde d'une jetée.*

Madame de **RAMBOUILLET** (1588 - 1655) ■ Femme de lettres française. Son salon joua un grand rôle dans la vie littéraire du XVIIᵉ s.

RAMBOUILLET ■ Chef-lieu d'arrondissement des Yvelines, dans la *forêt de Rambouillet.* 24 343 hab. *(les Rambolitains).* Château (XIVᵉ-XVIIIᵉ s.).

Rambouillet. Le château.
Phot. © Roux/Explorer

le comte de **RAMBUTEAU** (1781 - 1869) ■ Administrateur et homme politique français. Préfet de la Seine (1833-1848), il réalisa d'importants travaux d'assainissement à Paris.

RAMDAM [Ramdam] n. f. ■ FAM. Tapage, vacarme. ⇒ **raffut.** *Faire du ramdam.*

① **RAME** n. f. ■ Longue barre de bois apwlatie à une extrémité, qu'on manœuvre pour propulser et diriger une embarcation. ⇒ **aviron.** ♦ loc. FAM. *Ne pas en fiche une rame :* ne fournir aucun effort, ne rien faire (syn. → ② ramée).

② **RAME** n. f. ■ **1.** VX Branche d'arbre. **2.** Branche rameuse fichée en terre pour guider une plante potagère grimpante. *Pois à rames.*

③ **RAME** n. f. ■ **1.** Ensemble de cinq cents feuilles (de papier). **2.** File de wagons attelés. *Rame de métro.*

RAMEAU n. m. ▪ Petite branche d'arbre. *Des rameaux d'olivier. Branches et rameaux.* ⇒ **ramure.**

Jean-Philippe **RAMEAU** (1683-1764) ▪ Compositeur français. Auteur de pièces pour clavecin, d'opéras-ballets, où il perfectionna le style « à la française » défini par Lully (*"Les Indes galantes"*, 1735), et d'une théorie de l'harmonie.

① **RAMÉE** n. f. ▪ LITTÉR. **1.** Ensemble des branches à feuilles d'un arbre. ⇒ **feuillage, ramure. 2.** VX Branches coupées avec leurs feuilles.

② **RAMÉE** n. f. ▪ loc. FAM. *Ne pas en fiche une ramée.* ⇒ ① **rame.**

RAMENER v. tr. 5 ▪ **1.** Amener de nouveau (qqn). *Ramenez-moi le malade demain.* **2.** Faire revenir (qqn en l'accompagnant, un animal ; un véhicule) au lieu qu'il avait quitté. *Je vais vous ramener chez vous.* ⇒ **raccompagner, reconduire.** *Ramener un cheval à l'écurie.* - *Je te ramènerai la voiture demain.* ♦ Provoquer le retour de (qqn). *L'averse le ramena à la maison.* **3.** Faire revenir (à un état, à un sujet). *On l'a ramené à la vie, ramené à lui.* ⇒ **ranimer.** *Ramener qqn à la raison.* - (sujet chose) *Ceci nous ramène à notre sujet.* - (compl. chose) *Ramener la conversation sur... Ramener tout à soi* : faire preuve d'égocentrisme. **4.** fig. Faire renaître, faire revenir. *Ramener la paix.* ⇒ **restaurer, rétablir. 5.** Amener (qqn), apporter (qqch.) avec soi, en revenant au lieu qu'on avait quitté. *Il a ramené d'Italie une femme charmante.* **6.** Faire prendre une certaine position à (qqch.) ; remettre en place. *Ramener la couverture sur ses pieds.* **7.** loc. FAM. *Ramener sa fraise* : arriver, venir ; fig. manifester de la prétention. - ellipt *La ramener.* ⇒ **crâner. 8.** fig. Porter (à un certain point de simplification ou d'unification). ⇒ **réduire.** *Ramener une fraction à sa plus simple expression.* ► SE **RAMENER** v. pron. **1.** *Se ramener à* : se réduire, être réductible à. *Tout cela se ramène à une question d'argent.* **2.** FAM. Venir. *Ramène-toi !*

RAMEQUIN n. m. ▪ **1.** Petit gâteau au fromage. **2.** Petit récipient individuel qui supporte la cuisson.

① **RAMER** v. intr. 1 ▪ **1.** Manœuvrer les rames ; avancer avec les rames. **2.** FAM. Avoir du mal à faire qqch. ; faire des efforts.

② **RAMER** v. tr. 1 ▪ Soutenir (une plante grimpante) avec une rame(②, 2).

RAMETTE n. f. ▪ Rame de papier de petit format.

RAMEUR, EUSE n. ▪ Personne qui rame, qui est chargée de ramer. *Un rang, un banc de rameurs.*

RAMEUTER v. tr. 1 ▪ Regrouper pour faire nombre ou pour une action commune. *Rameuter ses partisans.*

RAMEUX, EUSE adj. ▪ BOT. Qui a de nombreux rameaux.

RAMI n. m. ▪ Jeu de cartes consistant à réunir des combinaisons de cartes qu'on étale sur la table. - *Faire rami* : étaler toutes ses cartes.

RAMIER n. m. ▪ Gros pigeon sauvage qui niche dans les arbres. - adj. *Pigeon ramier.*

RAMIFICATION n. f. ▪ **1.** Division en plusieurs rameaux ; chacune des divisions ou chacun des rameaux. ♦ ANAT. *Ramifications vasculaires, nerveuses.* ♦ *Les ramifications d'un égout, d'une voie ferrée.* **2.** fig. Groupement secondaire dépendant d'un organisme central. *Société qui a des ramifications à l'étranger.*

SE **RAMIFIER** v. pron. 7 ▪ **1.** Se diviser en plusieurs branches ou rameaux. - p. p. adj. *Les prolongements ramifiés de la cellule nerveuse.* **2.** fig. Avoir, pousser des ramifications. *Une secte qui se ramifie.*

RAMILLE n. f. ▪ Chacune des plus petites et dernières divisions d'un rameau.

RAMOLLI, IE adj. ▪ **1.** Devenu mou. *Des biscuits ramollis.* - fig. FAM. *Cerveau ramolli,* faible, sans idées. **2.** FAM. Dont le cerveau est devenu faible. ⇒ **gâteux.**

RAMOLLIR v. tr. 2 ▪ Rendre mou ou moins dur. ⇒ **amollir.** *Ramollir du cuir.* - pronom. *Chairs qui se ramollissent.* ♦ fig. LITTÉR. *La peur ramollit la volonté.*

RAMOLLISSEMENT n. m. ▪ Action de se ramollir, état de ce qui est ramolli. - MÉD. *Ramollissement cérébral,* lésion due à un trouble de l'irrigation sanguine.

RAMOLLO adj. ▪ FAM. Ramolli (2).

Gaston Léon **RAMON** (1886-1963) ▪ Bactériologiste français. Il mit au point les vaccins antitétanique et antidiphtérique.

Rameau. Buste par Caffieri, terre-cuite. Musée des Beaux-Arts, Dijon.
Phot. © Lauros/Giraudon

RAMONAGE n. m. ▪ Action de ramoner ; son résultat.

RAMONER v. tr. 1 ▪ Nettoyer en raclant pour débarrasser de la suie (les cheminées, les tuyaux).

RAMONEUR n. m. ▪ Celui dont le métier est de ramoner les cheminées.

RAMONVILLE-SAINT-AGNE ▪ Commune de la Haute-Garonne dans la banlieue de Toulouse. 11 834 hab.

Santiago **RAMÓN Y CAJAL** (1852-1934) ▪ Médecin et biologiste espagnol. Il établit la nature du neurone et en étudia les connexions. Prix Nobel de physiologie ou médecine 1906.

Jean-Pierre **RAMPAL** (né en 1922) ▪ Flûtiste français. Il a poursuivi une brillante carrière de soliste, privilégiant le répertoire classique.

RAMPANT, ANTE adj. ▪ **I.** ARCHIT. *Arc rampant,* dont les naissances ne sont pas à la même hauteur. **II. 1.** Qui rampe. *Animal rampant.* - *Plantes rampantes.* ♦ par plais. (ARGOT AVIAT.) *Personnel rampant,* qui est employé à terre (opposé à *navigant*). **2.** fig. Obséquieux, servile. **3.** fig. et péj. Qui progresse sournoisement. *Fascisme rampant.*

RAMPE n. f. ▪ **I. 1.** Plan incliné qui sert de passage entre deux plans horizontaux. *Rampe d'accès.* ♦ Plan incliné pour le lancement d'engins catapultés. *Rampe de lancement de fusées.* **2.** Partie en pente d'un terrain, d'une route, d'une voie ferrée. ⇒ **côte, montée. II. 1.** Balustrade à hauteur d'appui, le long d'un escalier (→ main courante*). - loc. fig. FAM. *Tenir bon la rampe* : tenir bon. *Lâcher la rampe* : mourir ; abandonner la partie. **2.** Rangée de lumières disposées au bord d'une scène de théâtre. *"Les Feux de la rampe"* (film de Chaplin). - loc. *Passer la rampe* : produire de l'effet sur un public. *Acteur qui ne passe pas la rampe.*

RAMPER v. intr. 1 ▪ **1.** (reptiles, vers, etc.) Progresser par un mouvement de reptation*. - (animaux, personnes) Progresser lentement le ventre au sol, en s'aidant de ses membres. *L'enfant rampe avant de marcher.* **2.** (plantes) Se développer au sol, ou s'étendre sur un support en s'y accrochant. *Lierre qui rampe le long d'un mur.* **3.** fig. et péj. S'abaisser, être soumis. *Ramper devant un supérieur.*

sir William **RAMSAY** (1852-1916) ▪ Chimiste britannique. Il découvrit l'ensemble des gaz rares, dont l'hélium. Prix Nobel 1904.

RAMSÈS ▪ NOM DE 11 PHARAONS DU NOUVEL EMPIRE ÉGYPTIEN ► **RAMSÈS II**, le plus célèbre, pharaon de 1304 av. J.-C. à sa mort en 1235 av. J.-C. Après ses victoires (notamment sur les Hittites), il instaura la paix et fit construire Abou Simbel, Karnak et Louksor. ► **RAMSÈS III** régna de 1198 av. J.-C. à sa mort (en 1168 av. J.-C.) et défendit l'empire contre les menaces d'invasions, notamment des Peuples de la Mer.

Ramsès II. Colosse de Ramsès II au temple de Louksor. *Phot. © Mattes/Explorer*

RAMSGATE ▪ Ville et port du sud-est de l'Angleterre (Kent). 45 000 hab. Importante station balnéaire sur la côte de la mer du Nord.

RAMURE n. f. ▪ **1.** LITTÉR. Ensemble des branches et rameaux (d'un arbre). ⇒ **branchage, ramée. 2.** Ensemble des bois des cervidés. ⇒ **andouiller.**

Pierre de La Ramée dit **RAMUS** (1515-1572) ▪ Humaniste et mathématicien français. Logicien hostile à Aristote et à la scolastique. Protestant, il fut assassiné lors de la Saint-Barthélemy.

Charles Ferdinand RAMUZ (1878-1947) ▪ Écrivain suisse d'expression française. Contraste entre un cadre rassurant et des événements dramatiques. *"La Grande Peur dans la montagne"* (1926); *"Histoire du soldat"* (1918), mise en musique par Stravinski.

RANCARD ou **RENCARD** n. m. ▪ **I.** ARGOT Renseignement confidentiel. ⇒ **tuyau. II.** FAM. Rendez-vous. *Avoir (un) rancard avec qqn. Filer (un) rancard à qqn.*

RANCARDER ou **RENCARDER** v. tr. [1] ▪ **I.** ARGOT Renseigner. ⇒ FAM. **tuyauter.** - pronom. *Se rancarder.* **II.** FAM. et RARE Donner un rendez-vous à qqn.

RANCART n. m. ▪ loc. FAM. *Mettre au rancart* : jeter, se débarrasser de. ⇒ **rebut.** - *Un projet mis au rancart,* abandonné.

RANCE adj. ▪ (corps gras) Qui a pris une odeur forte et un goût âcre. *Huile rance.* - n. m. *Ce beurre sent le rance.*

la **Rance.** Le barrage. *Phot. © Delis/Explorer*

la RANCE ▪ Fleuve de Bretagne qui arrose Dinan avant de se jeter dans la Manche. 100 km. Une usine marémotrice ferme son estuaire.

l'abbé de RANCÉ (1626-1700) ▪ Religieux français qui réforma la Trappe*. Chateaubriand a écrit une *"Vie de Rancé"* (1844).

RANCH [rɑ̃tʃ] n. m. ▪ Ferme de la prairie, aux États-Unis ; exploitation d'élevage qui en dépend. *Des ranchs* ou *des ranches.*

RANCHI ▪ Ville de l'Inde (Bihar). 614 400 hab.

RANCIR v. intr. [2] ▪ Devenir rance. *Cette huile a ranci.* - fig. Vieillir en s'altérant, en s'aigrissant. ► **RANCI, IE** adj. *Un vieux célibataire ranci.*

RANCISSEMENT n. m. ▪ Fait de rancir.

RANCŒUR n. f. ▪ LITTÉR. Ressentiment tenace, amertume que l'on garde après une désillusion, une injustice, etc. ⇒ **aigreur, rancune.** *Avoir de la rancœur pour, contre qqn. Oublier sa rancœur.*

RANÇON n. f. ▪ **1.** Prix que l'on exige pour délivrer une personne qu'on tient captive. *Payer une rançon. Les ravisseurs exigent une rançon.* **2.** fig. *La rançon de* : l'inconvénient que comporte (un avantage, un plaisir). ⇒ **contrepartie** (→ le revers de la médaille). *C'est la rançon de la gloire.*

RANÇONNEMENT n. m. ▪ RARE Fait de rançonner (qqn).

RANÇONNER v. tr. [1] ▪ Exiger de (qqn) une somme d'argent sous la contrainte. *Des brigands rançonnaient les voyageurs.* - fig. VIEILLI *Rançonner les clients,* vendre à des prix exagérés.

RANCUNE n. f. ▪ Souvenir tenace que l'on garde d'une offense, d'un préjudice, avec de l'hostilité et un désir de vengeance. ⇒ **rancœur, ressentiment.** *Avoir de la rancune contre qqn. Garder rancune à qqn de qqch.* - *Sans rancune !* (formule de réconciliation).

RANCUNIER, IÈRE adj. ▪ Porté à la rancune. ⇒ **vindicatif.**

RANDOMISATION n. f. ▪ anglic. STATIST. Échantillonnage aléatoire destiné à réduire ou supprimer l'interférence de variables autres que celles qui sont étudiées.

RANDOMISER v. tr. [1] ▪ anglic. STATIST. Procéder à la randomisation de.

RANDONNÉE n. f. ▪ Longue promenade. *Randonnée pédestre. Randonnée à bicyclette.* - *Faire de la randonnée.* - *Sentier de grande randonnée* (abrév. G. R.), balisé pour les marcheurs.

RANDONNEUR, EUSE n. ▪ Personne qui pratique la randonnée.

la RANDSTAD HOLLAND ▪ Ensemble urbain des Pays-Bas réunissant des villes aux activités complémentaires, dont La Haye, Amsterdam et Rotterdam.

RANG [rɑ̃] n. m. ▪ **I. 1.** Suite (de personnes, de choses) disposées sur une même ligne, en largeur (opposé à *file*). ⇒ **rangée.** *Collier à trois rangs de perles.* - Alignement de sièges. *Se placer au premier rang.* - Suite de mailles. *Un rang* (tricoté) *à l'endroit, un rang à l'envers.* ♦ EN RANG(S). *Mettez-vous en rang par deux.* - loc. *En rangs d'oignons*.* - *Dormir dix heures* DE RANG, d'affilée. **2.** spécialt (soldats...) *Un double rang de C. R. S.* - *Serrer les rangs. Rompre les rangs.* ♦ (écoliers) *Silence dans les rangs !* **3.** LES RANGS (d'une armée), les hommes qui y servent. *Servir dans les rangs de tel régiment.* - loc. ÊTRE, SE METTRE SUR LES RANGS : entrer en concurrence avec d'autres (pour obtenir qqch.). ♦ fig. Masse, nombre. *Grossir les rangs des mécontents.* **4.** LE RANG : l'ensemble des hommes de troupe. *Militaires du rang.* - loc. fig. *Rentrer dans le rang* : se soumettre à une discipline. **II.** (Place dans une série ⇒ **ordre**) **1.** Situation dans une série, une suite concrète. *Livres classés par rang de taille.* - *Se présenter par rang d'âge, d'ancienneté.* **2.** Place, position dans un ordre, une hiérarchie. ⇒ **classe, échelon, grade.** *Fonctionnaire d'un certain rang. Un écrivain de second rang.* **3.** Place (d'une personne) dans la société, de par sa naissance, sa fonction... ⇒ **classe, condition, niveau.** *Le rang social de qqn.* - (rangs élevés) *Garder, tenir son rang.* ♦ loc. (personnes ; choses) *Du même rang,* de même valeur. *Mettre sur le même rang,* sur le même plan. **4.** Place dans un groupe, un ensemble (sans idée de hiérarchie). - loc. PRENDRE RANG *parmi* : figurer parmi. *Mettre* AU RANG DE : compter parmi. ⇒ ① **ranger.**

RANGÉE n. f. ▪ Suite (de choses, de personnes) disposées côte à côte sur la même ligne. ⇒ **alignement, rang** (I). *Une double rangée d'arbres.*

RANGEMENT n. m. ▪ Action de ranger, de mettre en ordre. - *Meuble de rangement.* - *Un rangement rationnel.*

① **RANGER** v. tr. [3] ▪ **1.** Disposer à sa place, avec ordre. ⇒ **classer, ordonner.** *Ranger ses affaires.* ♦ au p. p. *Tout est bien rangé.* - *Mots rangés par ordre alphabétique.* ♦ Mettre de l'ordre dans (un lieu). *Ranger sa chambre.* **2.** Mettre au nombre de, au rang de. *Cet auteur est à ranger parmi les classiques.* **3.** Mettre de côté pour laisser le passage. *Ranger sa voiture sur le bas-côté.* ⇒ **garer.** ► SE **RANGER** v. pron. **1.** Se mettre en rang, en ordre. *Rangez-vous par trois !* **2.** S'écarter pour laisser le passage. *Se ranger contre le trottoir.* ⇒ se **garer. 3.** *Se ranger du côté de qqn,* prendre son parti. - *Se ranger à l'avis de qqn* (⇒ **adopter**). **4.** absolt Adopter un genre de vie plus régulier, une conduite plus raisonnable. ⇒ s'**assagir.** - loc. FAM. *Se ranger des voitures* (même sens) ; aussi passif : *être rangé(e) des voitures.* ► **RANGÉ, ÉE** adj. **1.** loc. *Bataille* rangée.* **2.** Qui s'est rangé (4). ⇒ **sérieux.** *Un homme rangé.* - *Vie rangée.*

② **RANGER** [Rɑ̃dʒɛR]; [Rɑ̃dʒœR] n. m. ▪ **1.** Garde dans une réserve, un parc national (États-Unis). **2.** Soldat d'un corps d'élite de l'armée de terre américaine. **3.** Brodequin à tige montante.

RANGOON off. *YANGON* depuis 1989 ▪ Capitale de la Birmanie. 2 870 000 hab. Pagode de Schwedagon. Principal port du pays.

Rangoon. Pagode dorée de Schwedagon. *Phot. © Prato/Ricciarini*

RANIDÉ n. m. ▪ Batracien dépourvu de queue (famille des *Ranidés ;* ex. la grenouille).

RANIMER v. tr. ① ▪ **1.** Rendre la conscience, le mouvement à. ⇒ **réanimer ; réanimation.** *Ranimer un noyé.* ♦ Revigorer. *Cet air vivifiant m'a ranimé.* **2.** abstrait Redonner de l'énergie à. ⇒ **réconforter.** *Ce discours ranima les troupes.* - *Ranimer l'ardeur de qqn.* ⇒ **réveiller. 3.** Redonner de la force, de l'éclat à (un feu). ⇒ **attiser, rallumer.** *Ranimer la flamme.*

Otto **RANK** (1884 - 1939) ▪ Psychiatre autrichien. *"Le Traumatisme de la naissance"* (1924).

Leopold von **RANKE** (1795 - 1886) ▪ Historien allemand, spécialiste des XVIe et XVIIe s.

RANTANPLAN interj. ▪ Onomatopée exprimant le roulement du tambour. ◇ var. RATAPLAN.

RAOUL ou **RODOLPHE DE BOURGOGNE** (mort en 936) ▪ Roi de France. Gendre de Robert Ier, auquel il succéda en 923.

RAOUT [Raut] n. m. ▪ VIEILLI Réunion, fête mondaine.

RAP [Rap] n. m. ▪ anglic. Paroles scandées sur un rythme martelé, forme musicale issue d'un type de récitation des poètes noirs américains ; ce genre poétique et musical.

RAPACE ▪ **I.** adj. Qui cherche à s'enrichir rapidement et brutalement, au détriment d'autrui. ⇒ **avide, cupide.** *Usurier rapace.* **II.** n. m. Oiseau carnivore, aux doigts armés de serres, au bec puissant, arqué et pointu. *Nid de rapace.* ⇒ **aire.** *Rapaces diurnes* (aigle, vautour...) ; *nocturnes* (chouette, hibou).

RAPACITÉ n. f. ▪ **1.** Avidité brutale. ⇒ **cupidité. 2.** (animaux) Ardeur à poursuivre sa proie.

RAPATRIÉ, ÉE adj. ▪ Qu'on a rapatrié. *Un malade rapatrié.* - n. (contexte politique : guerres, décolonisation...) *L'aide aux rapatriés.*

RAPATRIEMENT n. m. ▪ Action de rapatrier.

RAPATRIER v. tr. ⑦ ▪ Assurer le retour de (une personne) sur le territoire du pays auquel elle appartient par sa nationalité. *Rapatrier des prisonniers de guerre.* - *Rapatrier des capitaux.*

RÂPE n. f. ▪ **1.** Lime à grosses entailles. *Une râpe de sculpteur.* **2.** Ustensile de cuisine qui sert à râper un aliment, un condiment. *Râpe à fromage.*

① **RÂPÉ, ÉE** adj. ▪ **1.** Réduit en poudre, en petits morceaux. *Gruyère râpé* et n. m. *du rapé.* **2.** (tissu) Usé par le frottement ; qui a perdu ses poils, son velouté. ⇒ **élimé.**

② **RÂPÉ** adj. ▪ FAM. *C'est râpé,* se dit à l'occasion d'un contretemps, d'un espoir déçu. *Pour mon voyage, c'est râpé !* ⇒ FAM. **cuit, fichu.**

RÂPER v. tr. ① ▪ **1.** Réduire en poudre grossière, en filaments, au moyen d'une râpe*. *Râper des carottes.* **2.** Travailler à la râpe (1). *Râper une planche.* ♦ fig. Irriter. *Vin qui râpe la gorge.* **3.** RARE User jusqu'à la corde (→ ① rapé (2)).

RAPETASSAGE n. m. ▪ FAM. Action de rapetasser.

RAPETASSER v. tr. ① ▪ FAM. Réparer sommairement, grossièrement (un vêtement, etc.). ⇒ **raccommoder, rapiécer.** *Rapetasser de vieux souliers.*

RAPETISSEMENT n. m. ▪ Action, fait de rapetisser.

RAPETISSER v. ① ▪ **I.** v. tr. **1.** Rendre plus petit. ⇒ **diminuer, réduire. 2.** Faire paraître plus petit. *La distance rapetisse les objets.* **3.** fig. Diminuer la valeur de (qqch.), le mérite de (qqn). **II.** v. intr. Devenir plus petit, plus court (dans l'espace ou dans le temps). *Pull qui rapetisse au lavage.* ⇒ **rétrécir.**

RÂPEUX, EUSE adj. ▪ **1.** Hérissé d'aspérités, rude au toucher comme une râpe. ⇒ **rugueux.** *La langue râpeuse du chat.* **2.** Qui râpe la gorge. ⇒ **âpre.** *Un vin râpeux.*

RAPHAËL ▪ Un des sept archanges de la Bible.

Raffaello Sanzio dit **RAPHAËL** (1483 - 1520) ▪ Peintre italien de la Renaissance. Né à Urbino, artiste précoce, il assimila la leçon des plus grands maîtres : Pérugin, Léonard de Vinci, Michel-Ange. Très vite célèbre, il fut appelé à Rome par le pape Jules II pour lequel il réalisa ses plus belles œuvres : les *chambres* et les *loges* du Vatican. Par son sens de l'équilibre et de l'harmonie (dans les madones et les portraits notamment), il est la référence suprême de l'art classique.

RAPHIA n. m. ▪ Palmier d'Afrique et d'Amérique équatoriale, à très longues feuilles. - Fibre tirée de ces feuilles. *Tissu en raphia.* ⇒ **rabane.**

RAPIAT, ATE adj. et n. ▪ FAM. Avare (de façon mesquine). *Elle est rapiat* ou *rapiate.*

RAPIDE ▪ **I.** adj. (opposé à *lent*) **1.** (cours d'eau) Qui coule avec une grande vitesse. *Courant rapide.* ♦ *Pente rapide.* ⇒

Raphaël. *La Fornarina (Donna velata).* Palais Pitti, Florence. *Phot. © Giraudon*

abrupt, raide. **2.** Qui se meut ou peut se mouvoir à une vitesse élevée. *Il est rapide à la course. Rapide comme l'éclair.* - *Voiture rapide et nerveuse.* **3.** (sans idée de déplacement) Qui exécute vite. *Il est rapide dans son travail.* ⇒ **expéditif, prompt.** - Qui comprend vite. *Esprit rapide.* ⇒ **vif.** ♦ *Poison rapide,* qui agit vite. **4.** (allure, mouvement) Qui s'accomplit à une vitesse élevée. *Allure, pas rapide.* - *Pouls rapide,* dont les battements sont très rapprochés. *Respiration rapide.* **5.** fig. (style, récit) Qui va droit à l'essentiel. **6.** (action, processus) Qui atteint son terme en peu de temps, qui a un rythme vif. ⇒ **prompt.** *Guérison rapide. Sa décision a été bien rapide.* - *Méthode rapide.* ♦ PHOTOGR. *Pellicule rapide,* très sensible. **7.** *Voie rapide,* conçue pour une circulation à grande vitesse. **II.** n. m. **1.** Partie d'un cours d'eau où le courant est rapide et tourbillonnant. *Les rapides du Saint-Laurent.* **2.** Train qui va plus vite que l'express et ne s'arrête qu'aux gares importantes (ne se dit pas du T. G. V.).

RAPIDEMENT adv. ▪ D'une manière rapide, à une grande vitesse, en un temps bref. ⇒ **vite.**

RAPIDITÉ n. f. ▪ Caractère de ce qui est rapide. *Agir avec rapidité.* ⇒ **célérité, promptitude.** *Rapidité d'esprit. Rapidité de mouvements* (⇒ **agilité, prestesse**).

RAPIDO adv. ▪ FAM. Rapidement, sans attendre. ⇒ **presto.**

RAPIÉÇAGE n. m. ▪ Action de rapiécer. - Partie rapiécée.

RAPIÉCER v. tr. [3] et [6] ▪ Réparer ou raccommoder en mettant une pièce. *Rapiécer du linge.* ⇒ **repriser ;** FAM. **rapetasser.** ► **RAPIÉCÉ, ÉE** adj. *Pantalon rapiécé.*

RAPIÈRE n. f. ▪ anciennt Épée longue et effilée, à garde hémisphérique.

RAPIN n. m. ▪ VIEILLI Peintre apprenti ; par ext. artiste peintre. *Le chapeau du rapin 1900.*

RAPINE n. f. ▪ LITTÉR. Vol, pillage. *Vivre de rapines.*

RAPLAPLA adj. invar. ▪ FAM. **1.** Fatigué ; sans force. **2.** Aplati. *Oreiller tout raplapla.*

RAPPEL n. m. ▪ **1.** Action d'appeler pour faire revenir. *Le rappel d'un exilé. Le rappel des réservistes* (sous les drapeaux). ⇒ **mobilisation.** - loc. fig. *BATTRE LE RAPPEL :* essayer de réunir les personnes ou les moyens nécessaires. *Battre le rappel de ses amis.* - Applaudissements par lesquels on fait revenir sur scène un artiste pour l'acclamer. ⇒ ② **bis. 2.** *RAPPEL À :* action de faire revenir qqn à. *Rappel à l'ordre*, à la réalité.* **3.** Fait d'évoquer à la mémoire. *Elle rougit au rappel de cette aventure. Le rappel des titres de l'actualité* (d'un journal parlé). ♦ Avertissement d'avoir à payer ou à toucher un complément de paiement. - Ce paiement. *Toucher un rappel.* **4.** Répétition qui renvoie à une même chose. *Un rappel de couleur.* - *Injection de rappel* (ou ellipt *rappel*), consolidant l'immunité conférée par une première vaccination. **5.** ALPIN. Descente au moyen d'une corde qui peut être rappelée.

RAPPELER v. tr. [4] ▪ **I. 1.** Appeler pour faire revenir. *Rappeler son chien en le sifflant.* - *On l'a rappelé auprès de sa mère malade. Rappeler un ambassadeur.* - loc. (euphémisme) *Dieu l'a rappelé à lui,* il est mort. **2.** fig. *RAPPELER qqn À :* le faire revenir à. ⇒ **ramener.** *Rappeler qqn à la vie* (⇒ **ranimer**). - *Rappeler qqn à la raison ; à l'ordre*.* **3.** Appeler (qqn) de nouveau (au téléphone). **II. 1.** Faire revenir vers soi. *Rappeler une corde en tirant dessus* (→ rappel (5)). **2.** Faire revenir à la mémoire, à la conscience. *Rappelez-moi votre nom.* - *Rappelle-moi de lui écrire.* - (formule de politesse) *Rappelez-moi à son bon souvenir.* **3.** Faire venir à l'esprit par association d'idées. ⇒ **évoquer.** *Ces lieux me rappellent mon enfance. Cela ne te rappelle rien ?* - Faire penser, ressembler à. *Un paysage qui rappelle les bords de la Loire.* **III.** intrans. MAR. *Le navire rappelle sur son ancre,* revient dessus. ► SE **RAPPELER** v. pron. **1.** Rappeler (un souvenir) à sa mémoire ; avoir présent à l'esprit. ⇒ se **souvenir,** se **remémorer.** *Je ne me rappelle plus rien :* j'ai oublié. *Rappelle-toi qu'on t'attend.* ◇ REM. On dit *se rappeler qqch.,* et *se souvenir de qqch.* **2.** *SE RAPPELER À,* faire souvenir de soi. *Je me rappelle à votre bon souvenir.* **3.** récipr. (au téléphone) *On se rappelle ce soir ?*

RAPPER v. intr. [1] ▪ Jouer, chanter ou danser du rap. ► n. **RAPPEUR, EUSE**

RAPPLIQUER v. intr. [1] ▪ FAM. Revenir ; venir, arriver. *Ils ont rappliqué à l'improviste.*

RAPPORT n. m. ▪ **I.** (Action, fait de rapporter) **1.** Action de rapporter (ce qu'on a vu, entendu) ; récit, témoignage. *Des rapports indiscrets.* **2.** Compte rendu. *Faire un rapport écrit, oral sur qqch., sur qqn. Rédiger, dresser un rapport. Rapport confidentiel. Rapport de police. Rapport administratif.* **3.** Fait de procurer un profit. ⇒ **fruit, produit, rendement.** *Il vit du rapport de ses terres. Être d'un bon rapport.* - *Immeuble DE RAPPORT,* dont le propriétaire tire profit par la location ; par ext. immeuble bourgeois. - JEUX Gain calculé en fonction de la mise. *Le rapport du tiercé.* **II. 1.** Lien entre plusieurs objets distincts. ⇒ **relation.** *Rapports de parenté. Établir un rapport entre deux faits. Je ne vois pas le rapport.* - *Cela n'a aucun rapport* (→ rien à voir). - *Un bon rapport qualité-prix.* - *AVOIR RAPPORT À :* être en relation avec, se rapporter* à. **2.** Relation de ressemblance ; traits, éléments communs. ⇒ **affinité, analogie, parenté.** *Être sans rapport avec,* tout à fait différent de. - *EN RAPPORT AVEC :* qui correspond, convient à. *Un poste en rapport avec ses compétences.* ⇒ **conformité. 3.** SC. Quotient de deux grandeurs de même espèce. ⇒ **fraction.** *Dans le rapport de un à dix. Rapport entre une grandeur et une unité.* ⇒ **mesure. 4.** loc. *PAR RAPPORT À :* pour ce qui regarde, en ce qui concerne. ⇒ **relativement** à. - Par comparaison avec. *Le cours du pétrole a chuté par rapport au mois dernier.* ♦ POP. *RAPPORT À :* à propos de. *Je t'écris rapport à ma sœur.* ♦ *Sous le rapport de :* du point de vue de. *Étudier un projet sous le rapport de sa rentabilité.* ⇒ **aspect.** - *Sous tous (les) rapports :* à tous égards. **III.** surtout au plur. **1.** Relation* entre des personnes. *Les rapports sociaux. Entretenir de bons rapports avec qqn. Rapports de force,* conflictuels. - absolt Relations sexuelles. *Ils n'ont plus de rapports.* ♦ *Se mettre EN RAPPORT avec qqn.* ⇒ **contacter. 2.** Relation avec des collectivités. *Les rapports entre États, entre peuples.* **3.** Façon d'appréhender qqch. *Son rapport à l'argent est problématique.*

RAPPORTAGE n. m. ▪ FAM. lang. scol. Action de rapporter, de dénoncer.

RAPPORTER v. tr. [1] ▪ **I. 1.** Apporter (une chose qui avait été déplacée) à l'endroit initial (⇒ **remettre** à sa place), ou à la personne à laquelle on l'avait empruntée (⇒ **rendre**). **2.** Apporter (qqch.) d'un lieu en revenant. *Tu rapporteras du pain. Rapporter du chocolat de Suisse.* - *Rapporter une réponse à qqn.* **3.** Ajouter (une chose) pour compléter qqch. ; spécialt coudre (une pièce) sur une autre. - au p. p. *Veste à poches rapportées.* ♦ MATH. *Rapporter un angle,* le tracer après l'avoir mesuré (⇒ **rapporteur** (3)). **4.** Produire comme gain, bénéfice. *Rapporter un revenu.* - absolt *Investissement qui rapporte.* ⇒ **rentable. 5.** Venir dire, répéter (ce qu'on a appris, entendu). *Rapporter des on-dit.* ⇒ **colporter.** - *Rapporter un mot célèbre.* ⇒ **citer.** ♦ spécialt Répéter par indiscrétion ou malice (une chose de nature à nuire à qqn). - absolt FAM. (lang. enfantin) *C'est très vilain de rapporter !* ⇒ **cafarder, moucharder ; rapportage, rapporteur** (1). ♦ Exposer en faisant un rapport écrit (⇒ **consigner**) ou oral. **II.** *RAPPORTER (qqch.) À :* rattacher (une chose) par une relation logique à (une autre chose). *Rapporter un événement à son contexte.* **III.** DR. ⇒ **abroger, annuler.** *Rapporter un décret, une mesure.* ► SE **RAPPORTER** v. pron. **1.** VX Ressembler (à), aller (avec). **2.** Avoir rapport (à), être en relation (avec). ⇒ **concerner, intéresser ;** → avoir trait à. *La réponse ne se rapporte pas à la question.* **3.** *S'EN RAPPORTER À qqn,* lui faire confiance (pour décider, juger, agir). ⇒ s'en **remettre** à. *Je m'en rapporte à vous ; à votre jugement.* ⇒ se **fier** à.

RAPPORTEUR, EUSE n. ▪ **1.** VIEILLI ou (MOD.) enfantin Personne qui rapporte ce qu'il conviendrait de taire. ⇒ **délateur ;** FAM. **mouchard.** - adj. *Elle est rapporteuse.* **2.** n. m. Personne qui rend compte d'un procès, d'un projet de loi, qui rédige ou expose un rapport. *Désigner un rapporteur.* **3.** n. m. Instrument en forme de demi-cercle, à périmètre gradué, pour mesurer ou tracer les angles.

RAPPRENDRE v. tr. ⇒ RÉAPPRENDRE

RAPPROCHÉ, ÉE adj. ▪ **1.** Proche (de qqch.) ; au plur. proches l'un de l'autre. *Avoir les yeux très rapprochés.* **2.** Qui se produit à peu d'intervalle. *Deux succès rapprochés.*

RAPPROCHEMENT n. m. ▪ (sens général) Action de rapprocher, de se rapprocher. ♦ spécialt *Tentative de rapprochement entre deux pays.* - *Faire un rapprochement entre deux événements.* ⇒ **lien, relation.**

RAPPROCHER v. tr. [1] ▪ **1.** Mettre plus près de (qqn, qqch.) ; rendre plus proche. *Rapprochez votre siège du mien.* - *Rapprocher les bords d'une plaie.* - FAM. *Je vais vous rapprocher* (de là où vous allez). ♦ Faire paraître plus proche. *Les jumelles rapprochent les objets.* **2.** Faire approcher (d'un moment, d'un état à venir). *Chaque jour nous rapproche de la mort.* **3.** fig. Disposer (des personnes) à des rapports amicaux. *Le malheur rapproche les hommes.* **4.** Rattacher, associer en découvrant une certaine parenté. *Ce sens est à rapprocher du précédent* (⇒ **voisin**). ► SE **RAPPROCHER** DE v. pron. **1.** Venir plus près. *Se rapprocher de qqn ; d'un lieu.* **2.** Devenir plus proche (dans le temps ou dans l'espace). *L'orage se rapproche. L'échéance se rapproche.* **3.** fig. En venir à des relations meilleures (avec qqn). *Se rapprocher de qqn.* - *Ils se sont rapprochés.* **4.** Tendre à être plus près (d'un but, un principe). *Se rapprocher de son idéal.* **5.** *SE RAPPROCHER DE :* présenter une analogie avec, ressembler à. *C'est ce qui se rapproche le plus de la vérité.*

RAPSODE ; RAPSODIE ⇒ RHAPSODE ; RHAPSODIE

RAPT [Rapt] **n. m.** ▪ Enlèvement illégal (d'une personne). *Le rapt d'un enfant.* ⇒ **kidnappage.**

RAQUER **v. intr.** [1] ▪ FAM. Payer. *Il va falloir raquer.* ⇒ **casquer.** - trans. *Ils ont dû raquer cent balles pour pouvoir entrer.*

RAQUETTE **n. f.** ▪ **1.** Instrument de forme ovale ou arrondie adapté à un manche, et permettant de lancer une balle, un volant. *Les cordes d'une raquette de tennis. Raquette de ping-pong.* **2.** Large semelle ovale pour marcher sur la neige. **3.** Rameau d'oponce (cactus). - Oponce.

RARE **adj.** ▪ **1.** (après le n.) Qui se rencontre peu souvent, dont il existe peu d'exemplaires. *Objet rare. Pierres rares.* ⇒ **précieux.** loc. *Perle* rare. Oiseau* rare.* - *Mot, terme rare,* peu usité. - (dans une situation donnée) *La main-d'œuvre était rare en ce temps-là.* - au plur. (avant le n.) Peu nombreux, en petit nombre. *À de rares exceptions près.* - *Un(e) des rares... qui, ... que* (+ subj. ou cond.). **2.** Qui se produit peu souvent ; peu fréquent. ⇒ **exceptionnel.** *Cas rare. Vos visites se font rares.* - *Tu te fais rare,* on te voit peu, moins qu'avant. - *Cela arrive, mais c'est rare. Il est rare de* (+ inf.). *Il est rare que* (+ subj.). **3.** Qui sort de l'ordinaire. ⇒ **remarquable.** *Il a des qualités rares.* - *D'UN(E) RARE* (+ n.). *Il est d'une rare énergie. Un peintre d'un rare talent.* **4.** Peu abondant, peu fourni. *Avoir le cheveu rare. Herbe rare.* ⇒ **clairsemé.** *Lumière rare.* ⇒ **avare.**

RARÉFACTION **n. f.** ▪ Fait de se raréfier.

RARÉFIER **v. tr.** [7] ▪ Rendre rare, moins dense, moins fréquent. ► SE **RARÉFIER** **v. pron.** Devenir plus rare. *En altitude l'oxygène se raréfie. Denrée qui se raréfie sur le marché.* ► **RARÉFIÉ, ÉE** **adj.** *Gaz raréfié :* gaz sous une très faible pression.

RAREMENT **adv.** ▪ Peu souvent.

RARETÉ **n. f.** ▪ **1.** Qualité de ce qui est rare, peu commun. *Un métal d'une grande rareté.* ♦ LITTÉR. *Une rareté :* un objet rare, curieux. **2.** Caractère de ce qui est peu fréquent. *La rareté de ses visites.*

RARISSIME **adj.** ▪ Extrêmement rare. *Une édition rarissime.*

① **RAS, RASE** **adj.** ▪ **1.** Coupé tout contre la peau. *Cheveux ras.* - *Chien à poil ras,* dont le poil est naturellement très court. - (végétation) Qui s'élève peu au-dessus du sol. *Herbe rase.* ♦ **adv.** Très court. *Pelouse tondue ras.* **2.** dans des loc. Plat et uni. *EN RASE CAMPAGNE :* en terrain découvert. - *Faire TABLE RASE de :* écarter, rejeter (tout ce qui était précédemment admis). **3.** Rempli jusqu'au bord sans dépasser. *Une cuillerée rase de sucre.* - loc. *À RAS BORD(S). Verre rempli à ras bord.* **4.** *À RAS DE, AU RAS DE* loc. prép. : au plus près de la surface de, au même niveau. *Au ras du sol. À ras de terre.* - loc. FAM. *Au ras des pâquerettes :* prosaïque, peu élevé. ♦ *À RAS* loc. adv. *Coupé à ras.* ♦ (vêtement) *Ras du cou,* dont l'encolure s'arrête juste à la naissance du cou. **5.** loc. adv. FAM. *En avoir RAS LE BOL,* vulg. *ras le cul,* en avoir assez (→ plein le dos, par-dessus la tête). - **n. m. invar.** *Un ras-le-bol général.*

② **RAS** [Rɑs] **n. m.** ▪ Chef éthiopien.

RASADE **n. f.** ▪ Quantité de boisson servie à ras bords. *Se verser, boire une grande rasade de vin.*

RASAGE **n. m.** ▪ Action de raser, de se raser (→ après-rasage).

RASANT, ANTE **adj.** ▪ **1.** Qui rase, passe tout près. *Tir rasant.* - *Lumière rasante.* **2.** FAM. Qui ennuie. ⇒ **barbant, rasoir.** *Un discours, un auteur rasant.*

RASCASSE **n. f.** ▪ Poisson comestible à grosse tête hérissée d'épines (mers tropicales ou tempérées chaudes).

rascasse. *Scorpaena scrofa,* rascasse rouge. *Phot. © De Wilde/Jacana*

RASE-MOTTES **n. m.** ▪ *Vol en rase-mottes,* très près du sol. - *Faire du rase-mottes.*

RASER **v. tr.** [1] ▪ **I. 1.** Couper (le poil) au ras de la peau. ⇒ **tondre.** *Raser la barbe de qqn.* - Couper le poil au ras de. *Raser les joues de qqn. Se raser les jambes. Crème à raser.* ♦ Couper à ras les cheveux, la barbe de (qqn). *Coiffeur qui rase un client.* ⇒ **rasage.** - pronom. *Se raser :* se faire la barbe. **2.** Couper à ras (une plante). - *Raser un champ.* **3.** FAM. Ennuyer, fatiguer. ⇒ **assommer, barber.** *Il nous rase avec ses histoires.* - pronom. *Se raser :* s'ennuyer. **II. 1.** Abattre à ras de terre. *Raser une fortification.* ⇒ **démolir, détruire.** *Tout le quartier a été rasé.* **2.** TECHN. Mettre à ras, de niveau. ⇒ **araser. III.** Passer très près de (qqch.). ⇒ **frôler.** *Avion qui rase le sol* (⇒ **rase-mottes**). - loc. *Raser les murs*.*

RASEUR, EUSE **n.** ▪ FAM. Personne qui ennuie. - **adj.** ⇒ **rasant, rasoir.**

Salomon ben Isaac RASHI (1040 - 1105) ▪ Savant juif de Troyes. Il fut un des commentateurs les plus importants du Talmud.

RASIBUS [-ys] **adv.** ▪ FAM. À ras, tout près. *Passer rasibus.* - *Cheveux coupés rasibus.*

Rasmus Kristian RASK (1787 - 1832) ▪ Linguiste danois, comparatiste. L'un des précurseurs avec Bopp de la linguistique moderne.

RAS-LE-BOL **n. m.** ⇒ ① RAS

Knud RASMUSSEN (1879 - 1933) ▪ Explorateur danois. Il fit de nombreuses expéditions dans l'Arctique et étudia les tribus inuits du Groenland.

RASOIR ▪ **1. n. m.** Instrument servant à raser les poils. *Rasoir jetable. Lame de rasoir. Rasoir électrique.* **2. adj. inv.** FAM. Ennuyeux, assommant. *Elles sont plutôt rasoir. Un film rasoir.*

François-Vincent RASPAIL (1794 - 1878) ▪ Chimiste et homme politique français. Républicain engagé, il participa aux révolutions de 1830 et de 1848.

RASPOUTINE (v. 1872 - 1916) ▪ Aventurier et moine russe qui eut une influence néfaste sur Nicolas II et la cour de Russie.

RASSASIEMENT **n. m.** ▪ RARE État d'une personne rassasiée ; fait d'être rassasié (de qqch.).

RASSASIER **v. tr.** [7] ▪ **1.** Satisfaire entièrement la faim de (qqn). *On ne peut pas le rassasier* (⇒ **insatiable**). - absolt *Un plat qui rassasie.* - pronom. *Se rassasier d'un mets.* **2.** fig. Satisfaire pleinement les aspirations, les désirs de (qqn). - *Rassasier sa vue de...* - pronom. *Se rassasier de plaisirs.* ► **RASSASIÉ, ÉE** **p. p. 1.** Repu. *Convives rassasiés.* **2.** fig. *Être rassasié de tout* (⇒ **saturé**).

RASSEMBLEMENT **n. m.** ▪ **1.** Action de rassembler (des choses dispersées). **2.** Fait de se rassembler ; groupe ainsi formé. *Disperser un rassemblement.* ⇒ **attroupement. 3.** Action de rassembler (des troupes) ; sonnerie pour rassembler. *Faites sonner le rassemblement.* **4.** fig. Union pour une action commune. - Parti politique qui groupe diverses tendances.

RASSEMBLER **v. tr.** [1] ▪ **1.** Faire venir au même endroit (des personnes). *Général qui rassemble ses troupes.* - au p. p. *Famille rassemblée pour le repas.* ⇒ **réunir.** ♦ fig. Réunir pour une action commune. *Rassembler tous les mécontents.* ⇒ **grouper, unir. 2.** Mettre ensemble (des choses). ⇒ **réunir.** *Rassembler des documents.* **3.** Réunir (ses facultés, etc.).

Rassembler ses idées. – *Rassembler ses esprits :* reprendre son sang-froid. *Rassembler son courage.* **4.** ÉQUIT. *Rassembler un cheval,* le tenir prêt à exécuter un mouvement. ► SE **RASSEMBLER** v. pron. S'assembler. *La foule se rassemble sur la place.* – SPORTS Se replier pour prendre son élan.

RASSEMBLEUR, EUSE adj. ▪ Qui rassemble. – n. Personne qui sait réunir des gens pour une action commune. *Un grand rassembleur.*

RASSEOIR [-swaʀ] v. tr. 26 ▪ **1.** Asseoir de nouveau. **2.** LITTÉR. Ramener au calme. *Rasseoir son esprit.* ► SE **RASSEOIR** v. pron. *Elle s'est rassise aussitôt.* – (sans *se*) *Faire rasseoir qqn.*

RASSÉRÉNER v. tr. 6 ▪ Ramener au calme, à la sérénité. ⇒ **rassurer.** – au p. p. *Se sentir rasséréné.* – pronom. *Son visage s'est rasséréné.*

RASSIR v. intr. 2 ▪ Devenir rassis. *Ce pain commence à rassir ;* et pronom. *à se rassir.*

RASSIS, ISE adj. ▪ **1.** Qui n'est plus frais sans être encore dur. *Du pain rassis. Une brioche rassise* ou FAM. *rassie.* – *Viande rassise,* d'animaux tués depuis plusieurs jours. **2.** LITTÉR. Pondéré, réfléchi. *Un homme de sens rassis,* qui a un jugement équilibré.

RASSORTIMENT ; RASSORTIR ⇒ RÉASSORTIMENT ; RÉASSORTIR

RASSURANT, ANTE adj. ▪ De nature à rassurer. *Des nouvelles rassurantes.* – *Un individu peu rassurant.* ⇒ **inquiétant.**

RASSURER v. tr. 1 ▪ Rendre la confiance, la tranquillité d'esprit à (qqn). ⇒ **apaiser, rasséréner, sécuriser, tranquilliser.** *Le médecin l'a rassuré.* – au p. p. *Je n'étais pas rassuré,* j'avais peur. ► SE **RASSURER** v. pron. Se libérer de ses craintes, cesser d'avoir peur.

RASTA n. ▪ Adepte du retour culturel à l'Afrique et de la musique reggae.

RASTAQUOUÈRE [-kwɛʀ] n. m. ▪ péj. VIEILLI Étranger aux allures voyantes, affichant une richesse suspecte.

RASTATT anc. ***RASTADT*** ▪ Ville d'Allemagne (Bade-Wurtemberg). 41 800 hab. ► **le TRAITÉ DE RASTATT** mit fin à la guerre de Succession d'Espagne (1714). ► **le CONGRÈS DE RASTATT** (1797-1799), auquel participaient la France, la Prusse et l'Autriche, devait fixer le sort de la rive gauche du Rhin, mais se solda par le massacre des envoyés français perpétré par les Autrichiens.

Rastatt. *Les Plénipotentiaires au congrès de Rastatt,* tableau de Huber le Vieux. Musée national du château, Versailles.
Phot. © Lauros/Giraudon

RASTIGNAC ▪ Personnage de *"La Comédie humaine"* de Balzac. Courageux et élégant, mais avide de gloire et de puissance, il apparaît, au terme d'une lente évolution, comme le type de l'arriviste mondain et spirituel.

Bartolomeo Francesco RASTRELLI (1700-1771) ▪ Architecte et décorateur italien. Il travailla pour Catherine II de Russie : palais d'Hiver à Saint-Pétersbourg (Ermitage), palais de Tsarskoïe Selo (Pouchkine).

RAT n. m. ▪ **1.** Petit mammifère rongeur, à museau pointu et à très longue queue. *Rat d'égout* (⇒ **surmulot**) ; rat d'eau (⇒ **campagnol**). – *Détruire les rats* (⇒ **dératiser ; mort-aux-rats ; ratière**). ♦ Mâle adulte de l'espèce (⇒ aussi ① **rate, raton**). ♦ loc. *Être fait comme un rat :* être pris au piège. – terme d'affection *Mon rat, mon petit rat.* – *Face de rat* (injure). **2.** fig. Personne avare, pingre. – adj. *Ce qu'elle est rat !* **3.** fig. *Rat de bibliothèque**. ♦ *RAT D'HÔTEL :* personne qui s'introduit dans les chambres d'hôtel pour y voler. ♦ *PETIT RAT (de l'Opéra) :* jeune élève de la classe de danse de l'Opéra. **4.** Nom donné à des animaux ressemblant au rat. *Rat musqué, rat d'Amérique.* ⇒ **ragondin.**

RATA n. m. ▪ VIEILLI Ragoût grossier servi aux soldats.

RATAFIA n. m. ▪ Liqueur à base d'eau-de-vie et de sucre.

RATAGE n. m. ▪ Échec.

RATAPLAN interj. ⇒ RANTANPLAN

RATATINER v. tr. 1 ▪ **1.** Rapetisser, réduire la taille en déformant. **2.** fig. FAM. *Se faire ratatiner :* se faire battre, écraser (jeu, compétition). ► SE **RATATINER** v. pron. Se réduire, se tasser en se déformant. *Vieillard qui se ratatine.* ► **RATATINÉ, ÉE** adj. **1.** Rapetissé et déformé. *Pomme ratatinée. Visage ratatiné.* **2.** fig. FAM. Démoli, hors d'usage. *La voiture est complètement ratatinée.*

RATATOUILLE n. f. ▪ **1.** VX et FAM. Ragoût grossier. ⇒ **rata.** **2.** Plat fait de légumes (aubergines, courgettes, tomates...) cuits à l'huile. **3.** FAM. Volée de coups. *Prendre une ratatouille.*

① **RATE** n. f. ▪ Femelle du rat.

② **RATE** n. f. ▪ Organe lymphoïde situé sous la partie gauche du diaphragme. ♦loc. FAM. *DILATER LA RATE :* faire rire. – *Se fouler la rate :* faire des efforts.

③ **RATE** ⇒ RATTE

RATÉ, ÉE ▪ **I.** n. m. **1.** (arme à feu) Fait de rater. **2.** Bruit anormal, dans un moteur à explosion. *Le moteur a des ratés.* **II.** n. Personne qui a raté sa vie, sa carrière.

RÂTEAU n. m. ▪ **1.** Outil fait d'une traverse munie de dents, ajustée en son milieu à un long manche (⇒ **râteler, ratisser**). **2.** Raclette avec laquelle le croupier ramasse les mises, les jetons.

RÂTELER v. tr. 4 ▪ Ramasser avec un râteau. *Ils râtellent le foin.*

RÂTELIER n. m. ▪ **1.** Assemblage de barreaux parallèles incliné contre un mur (d'étable, etc.), qui sert à recevoir le fourrage du bétail. ♦loc. fig. *Manger à tous les râteliers :* tirer profit de toutes les situations, sans hésiter à servir les camps opposés. **2.** FAM. et VIEILLI Dentier.

RATER v. 1 ▪ **I.** v. intr. **1.** (arme à feu) Ne pas partir. *Le coup a raté.* **2.** Échouer. *L'affaire a raté.* – FAM. *Ça n'a pas raté,* c'était prévisible. **II.** v. tr. **1.** Ne pas atteindre (ce qu'on visait). ⇒ FAM. **louper.** *Chasseur qui rate un lièvre.* – *Rater son train.* – *Rater qqn,* ne pas réussir à le rencontrer. – pronom. *Il se sont ratés de peu.* – FAM. *Je ne vais pas le rater,* je vais lui donner la leçon qu'il mérite. **2.** fig. Ne pas profiter de. ⇒ **manquer.** *Rater le début d'un film. Rater une occasion.* – FAM. iron. *Il n'en rate pas une :* il les fait toutes (les bévues). **3.** Ne pas réussir, ne pas mener à bien. *Rater son coup, son effet.* – *Rater sa vie* (⇒ **raté** (II)). ► SE **RATER** v. pron. FAM. Échouer en essayant de se suicider (notamment avec une arme à feu). ► **RATÉ, ÉE** adj. *Occasion ratée.* – *Une photo ratée.* – *Écrivain raté.*

RATIBOISER v. tr. 1 ▪ FAM. **1.** Rafler (au jeu) ; prendre, voler. *Ils m'ont ratiboisé mille francs.* **2.** Ruiner (qqn), notamment au jeu. – au p. p. *Je suis ratiboisé.* **3.** Couper très court les cheveux de (qqn). *Le coiffeur l'a ratiboisé.*

RATIER [-tje] n. m. ▪ Chien qui chasse les rats. – appos. *Un chien ratier.*

RATIÈRE [-tjɛʀ] n. f. ▪ Piège à rats. ⇒ **souricière.**

RATIFICATION n. f. ▪ Action de ratifier. *La ratification d'un contrat.* – Acte, document qui ratifie.

RATIFIER v. tr. 7 ▪ **1.** Approuver ou confirmer par un acte authentique. *Ratifier un traité.* **2.** LITTÉR. Confirmer, reconnaître comme vrai. *Ratifier une promesse.*

RATINE n. f. ▪ Tissu de laine épais, cardé, dont le poil est tiré en dehors et frisé.

RATIOCINATION n. f. ▪ LITTÉR. Action de ratiociner ; argumentation exagérément subtile. ⇒ **argutie.**

RATIOCINER v. intr. 1 ▪ LITTÉR. Se perdre en raisonnements trop subtils et interminables. ⇒ **ergoter.**

RATION n. f. ▪ **1.** Quantité (d'aliments) qui revient à un homme, à un animal pendant une journée. *Rations impo-*

sées. Mettre qqn à la ration. ⇒ **rationner. 2.** *Ration alimentaire :* quantité et nature des aliments nécessaires à l'organisme pour une durée de vingt-quatre heures. **3.** *RATION DE :* quantité due ou exigée de (souvent iron.). *J'ai reçu ma ration d'ennuis.* ⇒ **dose, lot.**

RATIONALISATION n. f. ▪ Action de rationaliser ; son résultat. – PSYCH. Justification consciente et rationnelle d'une conduite inspirée par des motivations inconscientes.

RATIONALISER v. tr. 1 ▪ **1.** Rendre rationnel, conforme à la raison. **2.** Organiser rationnellement. *Rationaliser le travail, la production.* **3.** PSYCH. Justifier une conduite par des motifs rationnels (→ rationalisation).

RATIONALISME n. m. ▪ **1.** PHILOS. Doctrine selon laquelle toute connaissance certaine vient de la raison (opposé à *empirisme*). *Le rationalisme de Descartes.* **2.** Croyance et confiance dans la raison (opposée à la religion, etc.). *Le rationalisme des philosophes du XVIIIe siècle.* – *Un rationalisme étroit.*

RATIONALISTE adj. ▪ Du rationalisme. – *Philosophe rationaliste.*

RATIONALITÉ n. f. ▪ DIDACT. Caractère de ce qui est rationnel (en philosophie).

RATIONNEL, ELLE adj. ▪ **I. 1.** Qui appartient à la raison, relève de la raison. *L'activité rationnelle,* le raisonnement. – Qui provient de la raison et non de l'expérience. *Philosophie rationnelle.* **2.** Conforme à la raison, au bon sens. ⇒ **raisonnable, sensé.** *Conduite rationnelle.* – Organisé avec méthode. *Installation rationnelle.* ⇒ **fonctionnel.** ♦ *Esprit rationnel.* ⇒ **logique. II.** MATH. *Nombre rationnel,* qui peut être mis sous la forme d'un rapport entre deux nombres entiers. *L'ensemble $\mathbb{Q}$ des nombres rationnels.*

RATIONNELLEMENT adv. ▪ D'une manière rationnelle ; avec bon sens.

RATIONNEMENT n. m. ▪ Action de rationner ; son résultat. *Cartes, tickets de rationnement.*

RATIONNER v. tr. 1 ▪ **1.** Distribuer des rations limitées de (qqch.). *Rationner l'eau, l'essence.* **2.** Mettre (qqn) à la ration, restreindre sa consommation (de vivres, etc.). – pronom. *Se rationner :* s'imposer des restrictions, des économies.

RATISBONNE en allemand ***REGENSBURG*** ▪ Ville d'Allemagne (Bavière). 120 900 hab. Autrefois capitale des ducs de Bavière, prospère au XIVe s. (foires). Charles Quint y réunit une première diète, qui fut un échec, en 1541, pour restaurer l'unité entre catholiques et protestants. Siège de la diète d'Empire de 1663 à 1806.

Ratisbonne. Vue du Danube et de la cathédrale Saint-Pierre.
Phot. © Everts/Rapho

RATISSAGE n. m. ▪ Action de ratisser (1 ou 3).

RATISSER v. tr. 1 ▪ **1.** Nettoyer à l'aide d'un râteau ; passer le râteau sur. *Ratisser une allée.* – Recueillir en promenant le râteau. ⇒ **râteler.** *Ratisser des feuilles mortes.* – loc. *Ratisser large,* réunir le plus d'éléments possible. **2.** fig. FAM. ⇒ **ruiner ;** FAM. **ratiboiser.** *Se faire ratisser au jeu.* **3.** (armée...) Fouiller méthodiquement. *La police a ratissé tout le quartier.*

RATON n. m. ▪ **I. 1.** Jeune rat. **2.** *RATON LAVEUR :* mammifère carnivore qui lave ses aliments avant de les absorber. **II.** FAM. (injure raciste) Maghrébin.

raton laveur. *Procyon lotor.*
Phot. © Krasemann/Jacana

RATONNADE n. f. ▪ Expédition punitive ou brutalités exercées contre des Maghrébins.

RATONNER v. 1 ▪ **1.** v. intr. Se livrer à des ratonnades. **2.** v. tr. Exercer les brutalités d'une ratonnade sur (qqn).

RATTACHEMENT n. m. ▪ Action de rattacher ; son résultat. *Le rattachement de l'Alsace-Lorraine à la France.*

RATTACHER v. tr. 1 ▪ **1.** Attacher de nouveau. *Rattacher un chien.* – *Rattacher ses lacets.* **2.** Attacher, lier entre eux (des objets). ⇒ **relier.** – fig. Constituer une attache. *Le dernier lien qui le rattachait à la vie.* **3.** fig. Faire dépendre (de qqch.), relier (à qqch.). *Rattacher des faits à une loi. Rattacher un territoire à un État.* ⇒ **incorporer.** – pronom. *Tout ce qui se rattache à la question.*

RATTE n. f. ▪ Pomme de terre oblongue, très estimée. ◇ var. RATE.

RATTRAPABLE adj. ▪ Que l'on peut rattraper.

RATTRAPAGE n. m. ▪ *Cours, classe de rattrapage,* cours destinés à des élèves retardés dans leurs études, mais d'intelligence normale.

RATTRAPER v. tr. 1 ▪ **1.** Attraper de nouveau (ce qu'on avait laissé échapper). ⇒ **reprendre.** *Rattraper un prisonnier évadé.* – *Rattraper une maille.* **2.** Attraper (ce qui allait tomber, s'en aller). ♦ fig. Réparer (une imprudence, une erreur). *Rattraper une phrase malheureuse.* **3.** S'activer pour compenser (une perte de temps). *Rattraper un retard.* – *Rattraper un cours.* **4.** Rejoindre (qqn ou qqch. qui a de l'avance). ⇒ **atteindre.** *Partez devant, je vous rattraperai.* ► **SE RATTRAPER** v. pron. **1.** *SE RATTRAPER À (qqch.),* se raccrocher à. *Se rattraper à une branche.* **2.** Agir pour combler un retard, pallier une insuffisance. *Je me rattraperai à l'oral.* **3.** absolt Réparer (une maladresse). *Se rattraper à temps.*

RATURE n. f. ▪ Trait que l'on tire sur un ou plusieurs mots pour les annuler ou les remplacer. *Un devoir couvert de ratures.*

RATURER v. tr. 1 ▪ Annuler par des ratures. ⇒ **barrer, biffer, rayer.** *Raturer un mot.* – Corriger par des ratures. *Raturer un manuscrit.* ► n. m. RATURAGE

Friedrich **RATZEL** (1844 - 1904) ▪ Géographe allemand. Un des fondateurs de la géographie humaine politique. *"Anthropogéographie"* (1882-1891).

RAUCITÉ n. f. ▪ LITTÉR. Caractère rauque (d'une voix).

RAUQUE adj. ▪ **1.** (voix) Rude et âpre, qui produit des sons voilés. ⇒ **éraillé.** *Un cri rauque.* **2.** POÉT. Rude, âpre.

Robert **RAUSCHENBERG** (né en 1925) ▪ Peintre américain. Initiateur du pop art. Il incorpore des objets hétéroclites à ses toiles *(combine painting).*

RAVACHOL (1859 - 1892) ▪ Anarchiste français. Il fut condamné à mort pour ses crimes et attentats.

RAVAGE n. m. ▪ surtout au plur. **1.** Dégâts importants causés par des forces humaines ou naturelles. ⇒ **dévastation.** *Les ravages de la guerre.* ⇒ **ruine.** *Les ravages d'un incendie.* **2.** Effet néfaste (de qqch.). *Les ravages de l'alcoolisme.* – LITTÉR. *Les ravages du temps :* les signes de vieillesse. **3.** loc. FAM. *Faire des ravages :* se faire aimer et faire souffrir (→ bourreau des cœurs).

RAVAGER v. tr. 3 ▪ **1.** Faire des ravages dans. ⇒ **dévaster, saccager.** *Pillards qui ravagent un pays.* – *La guerre a ravagé la contrée. Grêle qui ravage les récoltes.* ⇒ **détruire. 2.** fig.

Apporter de graves perturbations physiques ou morales à. *L'alcool a ravagé ses traits.* ► **RAVAGÉ, ÉE** adj. **1.** Endommagé, détruit par une action violente. **2.** Marqué, flétri (par le temps, etc.). *Visage ravagé.* - LITTÉR. *Ravagé de remords.* **3.** FAM. Fou, cinglé.

RAVAGEUR, EUSE adj. ▪ **1.** Qui détruit, ravage. *Les insectes ravageurs du blé.* **2.** fig. Qui ravage (2). *Une passion ravageuse.* - *Sourire ravageur.*

François **RAVAILLAC** (1578-1610) ▪ Assassin d'Henri IV. En tuant le roi, il pensait sauver la religion catholique. Il mourut écartelé.

RAVALEMENT n. m. ▪ Nettoyage (des murs, des façades).

RAVALER v. tr. [1] ▪ **I. 1.** Nettoyer, refaire le parement de (un mur, etc.) de haut en bas. *Ravaler un immeuble.* - loc. FAM. *Se ravaler la façade* : refaire son maquillage. **2.** fig. LITTÉR. Abaisser, déprécier. - au p. p. *Un homme ravalé au rang de la brute.* - pronom. S'abaisser, s'avilir moralement. **II.** Avaler de nouveau, avaler (ce qu'on a dans la bouche). *Ravaler sa salive.* - fig. Retenir (ce qu'on allait dire). *Ravaler une boutade.* - Empêcher de s'exprimer. *Ravaler sa colère, son dégoût.*

RAVAUDER v. tr. [1] ▪ VIEILLI Raccommoder à l'aiguille. ⇒ **rapiécer, repriser.** ► n. m. RAVAUDAGE

RAVE n. f. ▪ (désigne plusieurs espèces) Plante potagère cultivée pour sa racine comestible. *Céleri-rave.* - ⇒ **betterave, chou-rave, navet, radis, rutabaga.**

Maurice **RAVEL** (1875-1937) ▪ Compositeur français. Il a écrit des pièces pour piano (*"Pavane pour une infante défunte"*, 1899), pour orchestre (*"la Valse"*, 1920), un ballet (*"Daphnis et Chloé"*, 1912), des œuvres lyriques (*"L'Enfant et les Sortilèges"*, 1925), de la musique de chambre, des mélodies. Le *"Boléro"* (1928) l'a rendu célèbre.

Ravel. Détail d'un tableau de G. d'Espagnat. Musée de l'Opéra, Paris. *Phot. © Giraudon*

RAVENNE en italien ***RAVENNA*** ▪ Ville d'Italie (Émilie-Romagne*). 136 166 hab. Centre touristique et industriel. Ville romaine, puis capitale d'un royaume ostrogoth fondé par Théodoric* le Grand, enfin possession byzantine, elle garde de nombreuses traces de son riche passé (mosaïques byzantines; basiliques et mausolée).

RAVENSBRÜCK ▪ Localité d'Allemagne (Brandebourg), camp de concentration nazi, pendant la Deuxième Guerre mondiale, principalement réservé aux femmes.

RAVI, IE adj. ▪ Très content, heureux. ⇒ **comblé, enchanté.** *Je suis ravie de mon séjour. Être ravi que* (+ subj.). *Vous m'en voyez ravi.* - *Un air ravi.* ⇒ **radieux.**

RAVIER n. m. ▪ Petit plat creux et oblong, dans lequel on sert les hors-d'œuvre.

RAVIGOTANT, ANTE adj. ▪ FAM. Qui ravigote.

RAVIGOTE n. f. ▪ Vinaigrette très relevée. - appos. *Sauce ravigote.*

RAVIGOTER v. tr. [1] ▪ FAM. Rendre plus vigoureux, redonner de la force à (qqn). ⇒ **revigorer.** - absolt *Un air frais qui ravigote.*

RAVIN n. m. ▪ Petite vallée étroite à versants raides. *Voiture tombée au fond d'un ravin.*

RAVINE n. f. ▪ Lit creusé par un torrent ; petit ravin.

RAVINEMENT n. m. ▪ Formation de sillons par les eaux de ruissellement ; ces sillons.

RAVINER v. tr. [1] ▪ **1.** (eaux de ruissellement) Creuser (le sol) de sillons. **2.** fig. Marquer de rides profondes. - au p. p. *Visage raviné.*

RAVIOLI n. m. ▪ Petit carré de pâte farci de viande hachée ou de légumes. *Des raviolis.*

RAVIR v. tr. [2] ▪ **1.** LITTÉR. Prendre, enlever de force. *Aigle qui ravit sa proie.* **2.** RELIG. Transporter au ciel. **3.** Plaire beaucoup à. *Cela m'a ravi.* ⇒ **enchanter, enthousiasmer ;** FAM. **emballer.** - *À RAVIR* loc. adv. : admirablement, à merveille. *Cette robe lui va à ravir.*

SE **RAVISER** v. pron. [1] ▪ Changer d'avis, revenir sur sa décision. *Se raviser au dernier moment.*

RAVISSANT, ANTE adj. ▪ Qui plaît beaucoup, touche par la beauté, le charme. *Chapeau ravissant.* - *Jeune fille ravissante.*

RAVISSEMENT n. m. ▪ **1.** VX Action de ravir, d'enlever de force. **2.** Émotion éprouvée par une personne transportée de joie. ⇒ **enchantement.** *Une musique qui le jetait dans le ravissement.*

RAVISSEUR, EUSE n. ▪ Personne qui a commis un rapt. *Les ravisseurs demandent une rançon.*

RAVITAILLEMENT n. m. ▪ Action de ravitailler, de se ravitailler. - *Le ravitaillement des grandes villes.*

RAVITAILLER v. tr. [1] ▪ Pourvoir (une armée...) de vivres, de munitions, etc. - par ext. Fournir (une communauté) en vivres, en denrées diverses. ⇒ **approvisionner.** - *Ravitailler un avion en vol,* lui transférer, en vol, du carburant. ► SE **RAVITAILLER** v. pron. *Les coureurs se ravitaillent à l'étape.*

RAVITAILLEUR n. m. ▪ Personne ou engin (navire, avion...) qui fournit le ravitaillement. - appos. *Navire ravitailleur.*

RAVIVER v. tr. [1] ▪ **1.** Rendre plus vif. *Raviver le feu, la flamme.* ⇒ **ranimer.** *Raviver des couleurs.* ⇒ **aviver. 2.** fig. Ranimer, faire revivre. *Raviver un souvenir.* ⇒ **réveiller.**

RAVOIR v. tr. (seulement inf.) ▪ **1.** Avoir de nouveau (qqch.). ⇒ **récupérer.** *Il voudrait bien ravoir son jouet.* **2.** FAM. Remettre en bon état de propreté. *Une poêle difficile à ravoir.*

RAWALPINDI ▪ Ville du Pakistan. 1 100 000 hab.

John **RAWLS** (né en 1921) ▪ Philosophe américain. Son ouvrage *"Une théorie de la justice"* (1971), qui envisage les relations complexes entre justice sociale et efficacité économique, fait référence dans le domaine de la philosophie politique contemporaine.

Ravenne. Le mausolée de Galla Placidia. *Phot. © Fiore/Explorer*

Man **Ray.** *Dada.* Coll. part. *Phot. © Arch. Smeets*

Emanuel Radnitszky dit **Man RAY** (1890 - 1976) ■ Peintre et photographe américain. Il participa au mouvement dada et au surréalisme. Il réalisa également des films.

Nicholas RAY (1911 - 1979) ■ Cinéaste américain. *"Johnny Guitare"* (1954); *"La Fureur de vivre"* (1955), avec James Dean.

Satyajit RAY (1921 - 1992) ■ Cinéaste indien. Il se posa comme intermédiaire entre la tradition ancestrale et la modernité. *"Pather Panchali"* (1955); *"Le Salon de musique"* (1958); *"La Maison et le Monde"* (1984).

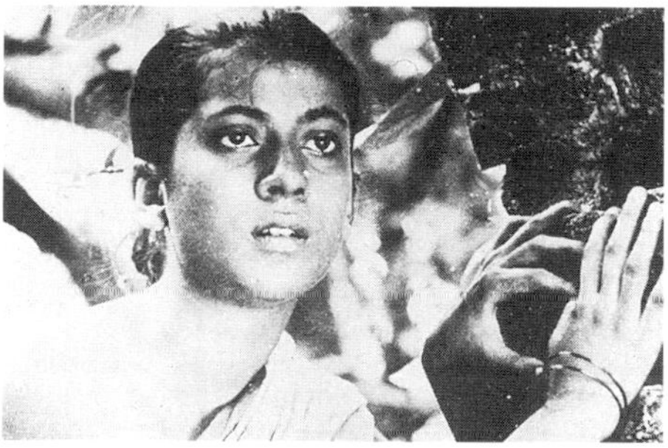

Satyajit **Ray.** *Pather Panchali. Phot. © Coll. Christophe L.*

RAYER v. tr. [3] ■ **1.** Marquer de raies, en entamant la surface. *Le diamant raye le verre.* **2.** Tracer un trait sur (un mot...) pour l'annuler. ⇒ **barrer, raturer.** - *Rayer qqn d'une liste.* ⇒ **exclure, radier.** - loc. *Rayer qqn de ses papiers**. - *Rayer* (un lieu) *de la carte**. ► **RAYÉ, ÉE** p. p. et adj. **1.** Qui porte des raies, des rayures. *Tricot rayé.* **2.** Qui porte des éraflures. *Carrosserie rayée.* - *Disque rayé.* **3.** Annulé, supprimé. *Nom rayé sur une liste.*

lord RAYLEIGH (1842 - 1919) ■ Physicien britannique. Il étudia les phénomènes ondulatoires : son, lumière, électricité. Prix Nobel 1904.

RAYMOND ■ NOM DE SEPT COMTES DE TOULOUSE ► **RAYMOND IV** dit ***RAYMOND DE SAINT-GILLES*** (1042 - 1105), un des chefs de la première croisade. ► **RAYMOND VII** (1197 - 1249). Vaincu par Louis VIII lors de la guerre des Albigeois, il fut le dernier comte de Toulouse.

Jean-Pierre RAYNAUD (né en 1939) ■ Artiste français. Il créa dans les années 60 des *Psycho-Objets* (dont un immense *"Pot de fleurs"*). Il choisit ensuite le carrelage comme mode d'expression.

① **RAYON** n. m. ■ **I. 1.** Trace de lumière en ligne ou en bande. ⇒ **rai.** *Un rayon de soleil, de lune.* - *Les rayons du soleil,* sa lumière. *Émettre, répandre des rayons.* ♦ par métaphore Ce qui éclaire, répand la joie. *Un rayon d'espérance.* - loc. *Un rayon de soleil**. **2.** OPT. Trajet d'une radiation lumineuse. *Rayons convergents ; divergents* (⇒ **faisceau**). *Rayons réfractés, réfléchis.* **3.** au plur. Radiations. ⇒ **radio-.** *Rayons infrarouges, ultraviolets. Rayons X,* rayonnement électromagnétique de faible longueur d'onde (→ radiographie, radioscopie). **II. 1.** Chacune des pièces divergentes qui relient le moyeu (d'une roue) à la jante. *Rayons d'une roue de bicyclette.* - *Rues disposées en rayons.* **2.** Segment joignant un point (d'un cercle, d'une sphère) à son centre ; longueur (constante) de ce segment. *Le rayon est égal à la moitié du diamètre.* ♦ loc. *DANS UN RAYON DE :* dans un espace circulaire de (distances). *Dans un rayon de dix kilomètres.* - *RAYON D'ACTION :* distance maximale qu'un navire, un avion peut parcourir sans être ravitaillé en combustible ; fig. zone d'activité. *Cette entreprise a étendu son rayon d'action.*

② **RAYON** n. m. ■ **1.** Gâteau de cire fait par les abeilles. *Les rayons d'une ruche.* **2.** Planche, tablette de rangement. ⇒ **étagère, rayonnage.** *Les rayons d'une bibliothèque.* **3.** Partie d'un magasin affectée à un type de marchandises. *Le rayon des bagages.* ♦ loc. *C'est (de) votre rayon,* cela vous concerne. *Je regrette, ce n'est pas mon rayon.* - FAM. *En connaître un rayon :* être très compétent (dans un domaine).

RAYONNAGE n. m. ■ Rayons assemblés (meuble de rangement). ⇒ **étagère.**

RAYONNANT, ANTE adj. ■ **1.** Qui présente une disposition en rayons. *Fleurs rayonnantes.* - ARCHIT. *Chapelles rayonnantes.* **2.** Qui émet des rayons lumineux. *Soleil rayonnant.* ⇒ **radieux. 3.** Qui rayonne (I, 3). *Une beauté rayonnante.* ⇒ **éclatant.** - *Visage rayonnant de joie.* ⇒ **radieux.** *Un enfant rayonnant de santé.*

RAYONNE n. f. ■ Fibre textile artificielle, en viscose.

RAYONNEMENT n. m. ■ Action, fait de rayonner. *Le rayonnement solaire. Rayonnement thermique de la Terre.* - SC. Ensemble de radiations. *Rayonnement infrarouge.* ♦ fig. *Le rayonnement d'une œuvre.*

RAYONNER v. intr. [1] ■ **I. 1.** Émettre de la lumière, des rayons lumineux. ⇒ **irradier. 2.** Se propager par rayonnement. *Chaleur qui rayonne.* **3.** fig. Émettre comme une lumière, un éclat, une influence heureuse. ⇒ **rayonnant** (3). *Rayonner de bonheur.* - *Culture qui rayonne dans le monde.* ⇒ se **diffuser. II. 1.** Être disposé en rayons autour d'un centre. *Une place d'où rayonnent des avenues.* **2.** Se manifester dans toutes les directions. *La douleur rayonne.* ⇒ **irradier. 3.** Se déplacer dans un certain rayon (à partir d'un lieu). *Nous rayonnerons dans la région.*

Martial RAYSSE (né en 1936) ■ Peintre français. Il se rapprocha du pop'art, puis revint dans les années 70 à une peinture d'histoire ou à de vastes paysages bucoliques, aux couleurs saturées.

RAYURE n. f. ■ **1.** Chacune des bandes, des lignes qui se détachent sur un fond de couleur différente. *Étoffe à rayures.* ⇒ **rayé.** *Rayures sur le pelage d'un animal.* ⇒ **zébrure. 2.** Éraflure ou rainure (sur une surface). *Rayures sur un meuble.*

RAZ n. m. ■ **1.** MAR. Courant marin violent, dans un passage étroit. - Ce passage. *Le raz de Sein.* **2.** *RAZ DE MARÉE :* vague isolée et très haute, d'origine sismique ou volcanique, qui pénètre profondément dans les terres. - fig. Bouleversement social ou politique irrésistible. *Un raz de marée électoral.* ◇ REM. On écrit aussi *raz-de-marée.*

la pointe du RAZ ■ Cap breton à l'extrémité ouest du Finistère, face à l'île de Sein.

la pointe du **Raz.** *Phot. © Hétier*

Stenka RAZINE (v. 1630 - 1671) ▪ Chef cosaque. Il prit la tête de la guerre paysanne de 1667 à 1670.

RAZZIA [Ra(d)zja] **n. f.** ▪ **1.** Attaque de pillards (à l'origine, en pays arabe). *Des razzias.* **2.** FAM. *Faire une razzia sur :* s'abattre sur (des choses qu'on emporte rapidement). *On a fait une razzia sur le buffet.*

RAZZIER [Ra(d)zje] **v. tr.** 7 ▪ Prendre dans une razzia. ⇒ **rafler.**

la R.D.A. ou **RDA, République démocratique allemande** ou **Allemagne de l'Est,** en allemand ***D.D.R., Deutsche Demokratische Republik*** → **Allemagne**

R.D.S. n. m. (sigle) ▪ (en France) Remboursement de la dette sociale, contribution destinée à apurer les déficits de la Sécurité sociale, et appliquée à tous les revenus.

RE-, RÉ-, R- Élément qui exprime le fait de ramener en arrière (ex. *rabattre*), le retour à un état antérieur (ex. *rhabiller*), le renforcement, l'achèvement (ex. *réunir, ramasser*), la répétition ou la reprise (ex. *redire, refaire*).

RÉ n. m. invar. ▪ Deuxième note de la gamme d'ut ; ton correspondant. *Sonate en ré mineur.*

l'île de RÉ ▪ Île du littoral atlantique (Charente-Maritime), reliée au continent par un pont depuis 1988. 85 km². 13 069 hab. (*les Rétais.*) Ostréiculture. Tourisme.

RÊ ou **RÂ** ▪ Dieu du Soleil, dans l'ancienne Égypte, représenté avec un corps d'homme et une tête de faucon (quand il est assimilé à Horus), ou un visage humain surmonté du disque solaire.

Rê. Stèle de *La Dame Tent-Chénat adorant Rê,* bois peint. Musée du Louvre, Paris. *Phot. © Giraudon*

RÉA n. m. ▪ Roue, poulie à gorge.

RÉABONNEMENT n. m. ▪ Action de réabonner, de se réabonner.

RÉABONNER v. tr. 1 ▪ Abonner de nouveau. - pronom. *Se réabonner à un journal.*

RÉAC adj. et **n.** ▪ FAM. Réactionnaire.

RÉACCOUTUMER v. tr. 1 ▪ LITTÉR. Accoutumer de nouveau ; réhabituer.

RÉACTEUR n. m. ▪ **1.** Moteur, propulseur à réaction. **2.** *Réacteur nucléaire,* dispositif dans lequel se produisent et s'entretiennent des réactions nucléaires.

RÉACTIF n. m. ▪ CHIM. Substance qui prend part à une réaction chimique.

RÉACTION n. f. ▪ **I.** SC. **1.** Force qu'un corps agissant sur un autre détermine en retour chez celui-ci. *Principe de l'égalité de l'action et de la réaction.* - *Avion à réaction,* propulsé par un moteur éjectant des gaz sous pression (moteur à réaction). **2.** *Réaction chimique :* action réciproque de deux ou plusieurs substances, qui entraîne des transformations chimiques. - *Réaction nucléaire*.* - *Réaction en chaîne*.* **3.** Réponse (d'un organe, d'un organisme) à une excitation, une cause morbide, etc. *Réaction inflammatoire. Réaction immunitaire.* ♦ PSYCH. *Réaction affective. Réaction de défense.* **II. 1.** Réponse à une action par une action contraire tendant à l'annuler. *Agir en, par réaction contre qqn, qqch.* **2.** Action politique qui s'oppose aux changements, au progrès social. *Les forces de la réaction.* - La droite politique. **3.** Comportement (d'une personne) face à une action extérieure. *La réaction de qqn à qqch. Une réaction de peur. Réaction lente ; soudaine* (⇒ **réflexe, sursaut**). *Être sans réaction,* rester inerte. **4.** Réponse (d'une machine...) aux commandes. *Cette voiture a de bonnes réactions.*

RÉACTIONNAIRE adj. ▪ De la réaction, en politique. - *Opinions réactionnaires.* - **n.** *Un, une réactionnaire.* ⇒ FAM. **réac.**

RÉACTIONNEL, ELLE adj. ▪ DIDACT. Relatif à une réaction. - PSYCH. *Psychose réactionnelle,* consécutive à un traumatisme.

RÉACTIVER v. tr. 1 ▪ Rendre de nouveau actif. ⇒ **activer, ranimer.** *Réactiver un virus.*

RÉADAPTATION n. f. ▪ Action, fait de réadapter, de se réadapter.

RÉADAPTER v. tr. 1 ▪ Adapter de nouveau (qqn, qqch.) qui n'était plus adapté. *Réadapter qqn à la vie sociale.* ⇒ **réinsérer.** - pronom. *Laissez-lui le temps de se réadapter.*

Charles READE (1814 - 1884) ▪ Auteur dramatique et romancier réaliste britannique. Surnommé le « Zola anglais ». *"Masques et Visages"* (1852), théâtre.

READING ▪ Ville du sud de l'Angleterre, chef-lieu du Berkshire. 135 000 hab. Centre européen de météorologie. La prison de Reading a été immortalisée par O. Wilde.

RÉAFFIRMER v. tr. 1 ▪ Affirmer de nouveau, dans une autre occasion.

Ronald REAGAN (né en 1911) ▪ Homme d'État américain. Ancien acteur, il fut gouverneur de Californie puis 40ᵉ président (républicain) des États-Unis, de 1981 à 1989.

RÉAGIR v. intr. 2 ▪ **I.** Avoir une réaction, des réactions (I) ; participer à une réaction. *L'organisme réagit contre les maladies infectieuses.* **II. 1.** RÉAGIR SUR : agir en retour ou réciproquement sur. ⇒ se **répercuter.** **2.** RÉAGIR CONTRE : s'opposer à (une action) par une action contraire. *Réagir contre une injustice, contre le découragement.* absolt *Essayez de réagir.* **3.** tr. ind. RÉAGIR À : avoir une réaction à, répondre à. *Réagir à un événement.* - absolt *Personne n'a réagi. Il a réagi brutalement* (⇒ se **comporter**).

RÉAJUSTEMENT n. m. ▪ Action de réajuster. ⇒ **rajustement.** *Réajustement des salaires.*

RÉAJUSTER v. tr. 1 ▪ ⇒ **rajuster** (2). - spécialt Modifier pour adapter à de nouvelles conditions. *Réajuster les salaires* (en fonction de l'évolution du coût de la vie).

RÉALISABLE adj. ▪ **1.** Susceptible d'être réalisé, de se réaliser. ⇒ **possible.** **2.** Transformable en argent. *Héritage réalisable.*

RÉALISATEUR, TRICE n. ▪ **1.** RARE Personne qui réalise, rend réel. **2.** Personne qui dirige la réalisation (d'un film, d'une émission). ⇒ **metteur** en scène.

RÉALISATION n. f. ▪ **1.** Action, fait de rendre réel, effectif. *La réalisation d'un projet.* - Chose réalisée ; création, œuvre. **2.** Transformation (d'un bien) en argent. **3.** Ensemble des opérations nécessaires à la création (d'un film, d'une émission).

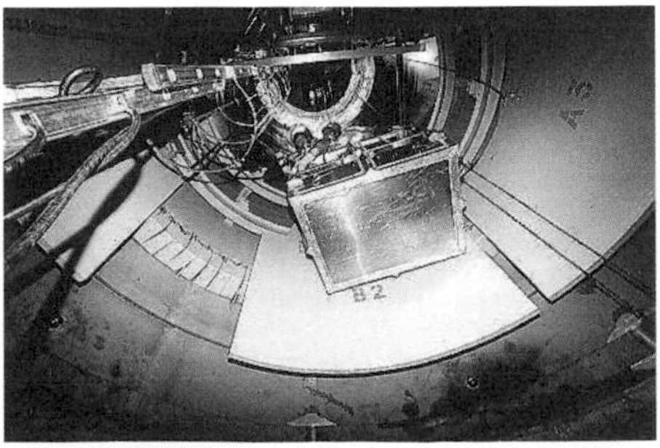

réacteur. L'intérieur du réacteur nucléaire de la centrale suédoise d'Oskarshamn, fermée en 1992. *Phot. © Pressens Bild AB/Gamma*

Dalou (1838-1902), *Paysanne allaitant son enfant,* plâtre. Musée du Petit Palais, Paris. *Phot. © Lauros/Giraudon*

Manet, *Le Balcon,* 1868. Musée d'Orsay, Paris. *Phot. © Dagli Orti*

Courbet, *Un enterrement à Ornans*, 1849. Musée d'Orsay, Paris. *Phot. © Dagli Orti*

réalisme.

RÉALISER v. tr. [1] ▪ **1.** Faire passer à l'état de réalité concrète (ce qui n'existait que dans l'esprit). ⇒ **accomplir, concrétiser, exécuter.** *Réaliser un projet,* le rendre effectif. *Réaliser une ambition, un idéal.* ⇒ **atteindre.** ‣ pronom. *Ses vœux se sont réalisés.* ‣ *Réaliser (en soi) le type, le modèle de...* ⇒ **personnifier.** ♦ pronom. *Se réaliser* : devenir ce que l'on a rêvé d'être. **2.** DR. Faire. *Réaliser une vente.* **3.** Être le réalisateur de (un film, une émission). **4.** Convertir, transformer en argent (⇒ **liquider, vendre**). *Réaliser un capital.* **5.** (emploi critiqué, mais cour.) Se rendre compte avec précision de ; se faire une idée nette de. ⇒ **saisir.** *Réaliser la gravité d'un problème. Réaliser que...*

RÉALISME n. m. ▪ **1.** Conception selon laquelle l'art doit peindre la réalité telle qu'elle est, en évitant de l'idéaliser. ‣ Caractère d'une œuvre qui répond à cette conception. *Un portrait d'un réalisme saisissant.* ♦ HIST. LITTÉR. École littéraire qui, vers 1850, préconisa la description minutieuse et objective de faits et de personnages tirés du réel, la mise en œuvre d'une réalité banale et quotidienne. ♦ ARTS Courant qui, en France, s'opposa au romantisme et au néoclassicisme, prônant un retour à la nature et aux sujets quotidiens. *Le réalisme de Courbet.* ♦ *Le réalisme socialiste,* l'art officiel, dans l'ex-URSS, au style conventionnel et grandiloquent. ♦ *Le réalisme poétique,* le cinéma français des années 1930 (Vigo, Renoir, Grémillon...). *Le réalisme dans le cinéma italien.* ⇒ **néoréalisme. 2.** Attitude d'une personne qui tient compte de la réalité, l'apprécie avec justesse. *Faire preuve de réalisme.* ■ Avec « *Un enterrement à Ornans* » (1849), Courbet affirme les ambitions du réalisme, désireux de substituer à l'imagination tourmentée des romantiques

Réalisme socialiste. Guerassimov, *La Mère du partisan.* Galerie Tretiakov, Moscou. *Phot. © Alinari/Giraudon*

une représentation objective de la réalité. Parallèlement, un courant littéraire, empreint des préoccupations sociales de l'époque, se développe avec Champfleury, les Goncourt, Daudet... Réunissant une grande diversité de styles, le réalisme aura une grande influence en Europe, jusqu'à l'apparition du naturalisme.

RÉALISTE adj. ▪ **1.** Partisan du réalisme ; qui représente le réalisme, en art, en littérature. *Écrivain réaliste.* ‑ *Description réaliste.* **2.** Qui fait preuve de réalisme (2). *Un homme d'État réaliste.* ⇒ **pragmatique.** ‑ n. *Un, une réaliste.* ‑ (choses) *Une analyse réaliste de la situation.*

RÉALITÉ n. f. ▪ **1.** Caractère de ce qui est réel, de ce qui existe effectivement (et n'est pas seulement une invention, une apparence). ⇒ **vérité.** *La réalité d'un fait.* ⇒ **matérialité. 2.** *La réalité,* ce qui est réel. *Connaissance, description de la réalité.* ♦ La vie, l'existence réelle (opposée aux désirs, aux illusions...). *Le rêve et la réalité.* ‑ Ce qui existe (opposé à l'imagination, à la représentation par l'art). *Réalité et merveilleux.* ‑ loc. prov. *La réalité dépasse la fiction.* ‑ *Dans la réalité :* dans la vie réelle. ‑ *EN RÉALITÉ :* en fait, réellement. **3.** *(Une, des réalités)* Chose réelle, fait réel. *Les réalités de la vie. Avoir le sens des réalités* (⇒ **réaliste**). ‑ loc. *Prendre ses désirs pour des réalités :* se faire des illusions.

RÉANIMATION n. f. ▪ Action visant à rétablir les fonctions vitales abolies ou perturbées. *La réanimation d'un asphyxié. Le service de réanimation d'un hôpital.*

RÉANIMER v. tr. [1] ▪ Procéder à la réanimation de (qqn). ⇒ **ranimer.**

RÉAPPARAÎTRE v. intr. [57] ▪ Apparaître, paraître de nouveau. ⇒ **reparaître.** *La lune a réapparu, est réapparue.*

RÉAPPARITION n. f. ▪ Fait de réapparaître.

RÉAPPRENDRE v. tr. [58] ▪ Apprendre de nouveau. *Réapprendre l'anglais.* ◇ var. (moins cour.) RAPPRENDRE.

RÉAPPROVISIONNER v. tr. [1] ▪ Approvisionner de nouveau. ► n. m. RÉAPPROVISIONNEMENT

RÉARMEMENT n. m. ▪ Action de réarmer.

RÉARMER v. [1] ▪ **I.** v. tr. **1.** Pourvoir de nouveau en armes. **2.** Armer de nouveau. ‑ spécialt *Réarmer un fusil.* **II.** v. intr. (État) Recommencer à s'équiper pour la guerre.

RÉASSORT n. m. ▪ COMM. Réassortiment.

RÉASSORTIMENT n. m. ▪ Action de réassortir ; nouvel assortiment. ◇ syn. *réassort ;* var. (VIEILLI) RASSORTIMENT.

RÉASSORTIR v. tr. [2] ▪ Reconstituer un assortiment de (qqch.). *Réassortir des couverts.* ‑ *Réassortir un tissu.* ◇ var. (VIEILLI) RASSORTIR.

René Antoine Ferchault de RÉAUMUR (1683 ‑ 1757) ▪ Savant français. Il s'intéressa notamment aux sciences naturelles et aux métaux.

RÉBARBATIF, IVE adj. ▪ **1.** Qui rebute par un aspect rude, désagréable. *Un air rébarbatif.* **2.** Difficile et ennuyeux. *Sujet rébarbatif.* ⇒ **ingrat.**

REBÂTIR v. tr. [2] ▪ Bâtir de nouveau (ce qui était détruit). ⇒ **reconstruire.** *Rebâtir une ville.* ‑ fig. *Rebâtir le monde, la société.* ⇒ **refaire.**

REBATTRE v. tr. [41] ▪ **1.** RARE Battre de nouveau. **2.** *REBATTRE LES OREILLES à qqn de qqch.,* lui en parler continuellement jusqu'à l'excéder.

REBATTU, UE adj. ▪ Dont on a parlé inlassablement. *Thème rebattu.* ⇒ **éculé.**

RÉBECCA ▪ Épouse d'Isaac dans la Bible.

REBELLE adj. et n. ▪ **1.** Qui ne reconnaît pas l'autorité légitime, se révolte contre elle. *Troupes rebelles.* ‑ n. *Négocier avec des rebelles.* ⇒ **insurgé.** ♦ LITTÉR. *Une jeunesse rebelle.* **2.** *REBELLE À :* réfractaire à (qqch.). *Il est rebelle à tout effort* (⇒ **opposé**) ; rebelle aux mathématiques (⇒ **fermé**). ‑ (choses) Qui résiste à. *Maladie rebelle aux traitements.* ‑ absolt *Fièvre rebelle. Mèche (de cheveux) rebelle.* ⇒ **indiscipliné.**

SE **REBELLER** v. pron. [1] ▪ Faire acte de rebelle (1) en se révoltant. ⇒ s'**insurger.** *Se rebeller contre les lois.* ⇒ **braver.** ‑ fig. Protester, regimber.

RÉBELLION n. f. ▪ Action de se rebeller ; acte de rebelle (1). ⇒ **insurrection, révolte.** ‑ Tendance à se rebeller. ⇒ **désobéissance, insubordination.** *Esprit de rébellion.*

REBELOTE interj. ▪ JEUX ⇒ **belote.** ‑ FAM. COUR. *(Et) rebelote,* ça recommence.

SE **REBIFFER** v. pron. [1] ▪ FAM. Refuser avec vivacité de se laisser mener ou humilier. ⇒ se **révolter.**

REBIQUER v. intr. [1] ▪ FAM. Se dresser, se retrousser en faisant un angle. *Les pointes de son col rebiquent.*

REBLOCHON n. m. ▪ Fromage au lait de vache, à pâte grasse et de saveur douce, fabriqué en Savoie.

REBOISEMENT n. m. ▪ Action de reboiser.

REBOISER v. tr. [1] ▪ Planter d'arbres (un terrain qui a été déboisé).

REBOND n. m. ▪ Fait de rebondir (1) ; mouvement d'un corps qui rebondit. *Les rebonds d'une balle.*

REBONDI, IE adj. ▪ De forme arrondie. *Cruche rebondie.* ‑ (formes humaines) ⇒ **rond.** *Joues rebondies.*

REBONDIR v. intr. [2] ▪ **1.** Faire un ou plusieurs bonds après avoir heurté un obstacle. *Balle qui rebondit sur le sol. Rebondir très haut.* **2.** fig. Prendre un nouveau développement après un temps d'arrêt. ⇒ **repartir.** *La discussion rebondit.*

REBONDISSEMENT n. m. ▪ Action, fait de rebondir (surtout 2). *Une affaire aux multiples rebondissements.*

REBORD n. m. ▪ Bord en saillie. *Le rebord d'une fenêtre.*

REBOUCHER v. tr. [1] ▪ Boucher de nouveau. *Reboucher un flacon.*

REBOURS n. m. ▪ **I.** *À REBOURS* **1.** loc. adv. Dans le sens contraire au sens habituel ; à l'envers. *Marcher à rebours. Caresser un chat à rebours,* à rebrousse-poil. ‑ *Prendre l'ennemi à rebours.* **2.** (adj.) *COMPTE À REBOURS :* vérification successive des opérations de lancement d'un engin, d'une fusée, aboutissant au zéro *du départ.* **3.** fig. (adv.) D'une manière contraire à l'usage, etc. *Faire tout à rebours.* ‑ (adj.) *Un esprit à rebours.* **II.** *À REBOURS DE, AU REBOURS DE* loc. prép. Contrairement à, à l'inverse de. *Il agit à rebours du bon sens.*

REBOUTEUX, EUSE n. ▪ FAM. Personne (guérisseur) qui fait métier de remettre les membres démis, etc. par des moyens empiriques.

REBOUTONNER v. tr. [1] ▪ Boutonner de nouveau (un vêtement). ‑ pronom. *Se reboutonner :* reboutonner ses vêtements.

À **REBROUSSE-POIL** loc. adv. ▪ En rebroussant le poil. *Caresser un chat à rebrousse-poil.* ⇒ à **rebours.** ‑ fig. *Prendre qqn à rebrousse-poil,* de telle sorte qu'il se hérisse, se rebiffe.

REBROUSSER v. tr. [1] ▪ **1.** Relever (les cheveux, le poil) dans un sens contraire à la direction naturelle. *Rebrousser les poils d'un tapis.* **2.** loc. *REBROUSSER CHEMIN :* s'en retourner en sens opposé.

REBUFFADE n. f. ▪ LITTÉR. Refus hargneux, méprisant. *Essuyer une rebuffade.*

RÉBUS [-ys] n. m. ▪ Devinette graphique, suite de dessins, de mots, de chiffres, de lettres évoquant par le son le mot ou la phrase qui est la solution.

REBUT n. m. ▪ Ce qu'on a rejeté. *Le rebut d'un tri.* ‑ fig. Ce qu'il y a de plus mauvais (dans un ensemble). *Le rebut de la société. Objet DE REBUT,* sans valeur. ‑ loc. *Mettre* (qqch.) *AU REBUT :* jeter, se débarrasser de.

REBUTANT, ANTE adj. ▪ Qui rebute. *Travail rebutant.*

REBUTER v. tr. [1] ▪ **1.** Dégoûter (qqn) par les difficultés, le caractère ingrat (d'une entreprise). *Rien ne le rebute.* ⇒ **décourager. 2.** Choquer (qqn), inspirer de la répugnance à. *Ses manières me rebutent.*

RÉCALCITRANT, ANTE adj. ▪ Qui résiste avec entêtement. *Cheval récalcitrant.* ⇒ **rétif.** ♦ (personnes) *Se montrer récalcitrant.* ‑ *Caractère récalcitrant.* ⇒ **indocile, rebelle.** ‑ n. *Tenter de convaincre les récalcitrants.* ♦ (choses) Qu'on ne peut arranger à son gré. *Mèche de cheveux récalcitrante.*

RECALER v. tr. [1] ▪ FAM. Refuser (qqn) à un examen. ⇒ **coller.** *Elle s'est fait recaler au bac.* ‑ au p. p. *Il est recalé.*

Madame RÉCAMIER (1777-1849) ▪ Femme de lettres, amie de Mme de Staël et de Chateaubriand. Elle tint un salon littéraire célèbre sous la Restauration.

Madame **Récamier.** Portrait par David, 1800. Musée du Louvre, Paris. *Phot. © Giraudon*

RÉCAPITULATIF, IVE adj. ▪ Qui sert à récapituler. *Liste récapitulative.*

RÉCAPITULATION n. f. ▪ Reprise point par point ; résumé.

RÉCAPITULER v. tr. [1] ▪ Répéter en énumérant les points principaux. ⇒ **résumer.** *Récapituler un discours.* - Reprendre, en se rappelant ou en redisant, point par point. *Récapituler sa journée.*

RECASER v. tr. [1] ▪ FAM. Caser de nouveau (qqn, qqch.).

RECEL n. m. ▪ Action de receler ; fait de détenir sciemment des choses volées par un autre. *Recel de bijoux.*

RECELER [ʀ(ə)səle ; ʀəs(ə)le ; ʀ(ə)sele] v. tr. [5] ▪ **1.** (choses) Garder, contenir en soi (une chose cachée, secrète). ⇒ **renfermer.** *Receler un mystère.* **2.** Détenir, garder par un recel (des choses volées par un autre). *Receler des objets volés.* ◇ var. RECÉLER [6]

RECELEUR, EUSE [ʀ(ə)səlœʀ ; ʀəs(ə)lœʀ ; ʀ(ə)selœʀ, øz] n. ▪ Personne qui se rend coupable de recel. ◇ var. RECÉLEUR, EUSE.

RÉCEMMENT [-amɑ̃] adv. ▪ À une époque récente. ⇒ **dernièrement.** *Tout récemment...*

RECENSEMENT n. m. ▪ Compte ou inventaire détaillé. *Recensement des ressources.* - Dénombrement détaillé (des habitants d'un pays).

RECENSER v. tr. [1] ▪ Dénombrer en détail (une population).

RECENSION n. f. ▪ DIDACT. Examen critique (d'un texte).

RÉCENT, ENTE adj. ▪ Qui s'est produit ou qui existe depuis peu de temps. *Événements récents. Une nouvelle toute récente.* ⇒ **frais.** *Passé récent.* ⇒ **proche.**

RÉCÉPISSÉ n. m. ▪ Écrit par lequel on reconnaît avoir reçu des objets, etc. ⇒ **reçu.** *Des récépissés.*

RÉCEPTACLE n. m. ▪ Contenant qui reçoit son contenu de diverses provenances. *La mer, réceptacle des eaux fluviales.*

① **RÉCEPTEUR** n. m. ▪ Appareil qui reçoit et met en forme des signaux véhiculés par des ondes. *Récepteur de radio.* ⇒ **poste.** - *Récepteur téléphonique,* partie mobile de l'appareil téléphonique, où l'on écoute (et parle). ⇒ **combiné.** *Décrocher le récepteur.*

② **RÉCEPTEUR, TRICE** adj. ▪ Qui reçoit (des ondes). *Antenne réceptrice.*

RÉCEPTIF, IVE adj. ▪ **1.** Susceptible de recevoir des impressions. ⇒ **sensible.** - *Être réceptif à qqch.* **2.** MÉD. Sensible (à l'action d'agents pathogènes).

RÉCEPTION n. f. ▪ **I. 1.** Action de recevoir (une marchandise transportée). *La réception d'une commande. Accuser réception d'un paquet.* **2.** Action de recevoir (des ondes). ⇒ **récepteur.** **3.** SPORTS Action de recevoir le ballon. - Manière dont le corps se reçoit, après un saut. **II. 1.** Action, manière de recevoir, d'accueillir (une personne). ⇒ **accueil.** **2.** Local où sont reçus des clients, des usagers. *La réception d'un hôtel.* **3.** Action de recevoir des invités chez soi. - Réunion mondaine (chez qqn). *Donner une réception. Salle de réception* (et ellipt *réception*). ⇒ **salon.** **4.** Fait de recevoir ou d'être reçu dans une assemblée, etc., en tant que membre ; cérémonie qui a lieu à cette occasion. *Discours de réception à l'Académie.*

RÉCEPTIONNER v. tr. [1] ▪ Recevoir, vérifier et enregistrer (une livraison).

RÉCEPTIONNISTE n. ▪ Personne chargée de l'accueil, de la réception (de clients...).

RÉCEPTIVITÉ n. f. ▪ **1.** Caractère de ce qui est réceptif ; aptitude à recevoir des impressions. ⇒ **sensibilité.** - *État de réceptivité.* **2.** Aptitude à contracter (une maladie). *La réceptivité de l'organisme* (à un germe, etc.).

RÉCESSIF, IVE adj. ▪ BIOL. Se dit d'un gène qui produit son effet seulement lorsqu'il existe sur les deux chromosomes de la paire (opposé à *dominant*).

RÉCESSION n. f. ▪ Régression, ralentissement de l'activité économique. ⇒ **crise.**

RECETTE n. f. ▪ **I. 1.** Total des sommes d'argent reçues. *Recette journalière. Une bonne recette* (⇒ **bénéfice**). - loc. (spectacle...) *Faire recette :* avoir beaucoup de succès. - au plur. Rentrées d'argent. *Recettes et dépenses.* **2.** DR. Action de recevoir (de l'argent). *La recette de l'impôt.* **3.** Bureau d'un receveur des impôts. *Recette des finances.* **II. 1.** Procédé pour mener à bien la confection (d'un mets) ; description détaillée qui s'y rapporte. *Un livre de recettes (de cuisine).* **2.** fig. Moyen, procédé. *C'est une recette infaillible pour réussir.*

RECEVABLE adj. ▪ **1.** Qui peut être reçu, accepté. *Cette excuse n'est pas recevable.* ⇒ **acceptable, admissible.** **2.** DR. Contre quoi il n'existe aucun obstacle juridique à l'examen du fond.

RECEVEUR, EUSE n. ▪ **1.** Comptable public chargé d'effectuer les recettes et certaines dépenses publiques. *Receveur des contributions.* ⇒ **percepteur.** **2.** Employé préposé à la recette, dans certains transports publics. **3.** MÉD. Personne qui reçoit du sang (dans une transfusion sanguine). ♦ Malade qui reçoit une greffe.

RECEVOIR v. tr. [28] ▪ **I.** (sens passif) RECEVOIR *qqch.* **1.** Être mis en possession de (qqch.) par un envoi, un don, un paiement, etc. *Recevoir une lettre. Recevoir de l'argent.* ⇒ **encaisser ; percevoir,** ① **toucher ; recette.** - *Recevoir un prix, une distinction.* ⇒ **obtenir ; récipiendaire.** - *Recevoir un conseil. Recevez, Monsieur, mes salutations* (formule). ⇒ **agréer.** **2.** Être atteint par (qqch. que l'on subit, que l'on éprouve). *Recevoir des coups.* - *Recevoir un affront* (⇒ **essuyer**). ♦ (choses) *Recevoir une impulsion, un mouvement.* - Être l'objet de. *Le projet a reçu des modifications.* **II.** (sens actif) RECEVOIR *qqn, qqch.* **1.** Laisser ou faire entrer (qqn qui se présente). ⇒ **accueillir.** *Recevoir qqn à dîner, à sa table. Il s'est levé pour recevoir son ami.* - Réserver un accueil (bon ou mauvais) à. ⇒ **traiter.** *Recevoir qqn avec empressement.* - au p. p. *Être bien, mal reçu.* ♦ absolt Accueillir habituellement des invités ; donner une réception. *Ils reçoivent très peu.* - Accueillir les clients, les visiteurs. *Médecin qui reçoit tous les matins.* ♦ fig. (compl. chose) ⇒ **accueillir.** *Son initiative a été mal reçue.* **2.** Laisser entrer (qqn) à certaines conditions (surtout au passif). ⇒ **admettre.** *Être reçu à l'Institut.* - *Être reçu à un examen.* - au p. p. *Candidats admissibles, reçus.* **3.** (sujet chose) Laisser entrer. *Pièce qui reçoit le jour. Ce salon peut recevoir cent personnes.* ⇒ **contenir.** **4.** LITTÉR. Admettre (qqch.) en son esprit (comme vrai, légitime). ⇒ **accepter.** *Recevoir l'opinion de qqn.* - au p. p. *Les usages reçus. Idée* reçue.* ♦ DR. *Recevoir une plainte.* - loc. *Fin* de non-recevoir.* ► SE **RECEVOIR** v. pron. **1.** récipr. *Ils se reçoivent beaucoup.* **2.** réfl. SPORTS Retomber d'une certaine façon, après un saut.

DE **RECHANGE** loc. adj. ▪ Destiné à remplacer (un objet ou un élément identique). *Pièces de rechange. Vêtements de rechange.* - fig. De remplacement. *Une solution de rechange.*

RÉCHAPPER v. tr. ind. [1] ▪ Échapper à un péril pressant, menaçant. *Réchapper à un danger ; d'une maladie ;* plus cour EN RÉCHAPPER. *Il en a réchappé* (action) ; *il en est réchappé* (état). - absolt *Personne n'en réchappa.* - au p. p. RARE *Blessés réchappés d'un accident.* ⇒ **rescapé.**

RECHARGE n. f. ▪ **1.** Action de recharger (un appareil). **2.** Ce qui permet de recharger.

RECHARGEABLE adj. ▪ Qu'on peut recharger.

RECHARGER v. tr. [3] ▪ **1.** Charger de nouveau, ou davantage. *Recharger un camion.* **2.** Remettre une charge dans (une arme) ; approvisionner de nouveau. *Recharger un fusil.* - *Recharger une batterie.*

RÉCHAUD n. m. ▪ Ustensile de cuisine portatif, servant à chauffer ou à faire cuire les aliments. *Réchaud à gaz.*

RÉCHAUFFEMENT n. m. ▪ Action de réchauffer, de se réchauffer. *Le réchauffement de la température.*

RÉCHAUFFER v. tr. [1] ▪ **1.** Chauffer (ce qui s'est refroidi). *Réchauffer un plat. Se réchauffer les mains.* - absolt *La marche, ça réchauffe !* **2.** fig. Ranimer (une faculté, un sentiment). *Cela réchauffe le cœur.* ⇒ **réconforter.** ► SE **RÉCHAUFFER** v. pron. Redonner de la chaleur à son corps. *Courir pour se réchauffer.* - Devenir plus chaud. *La mer se réchauffe.* ► **RÉCHAUFFÉ, ÉE** adj. **1.** *Dîner réchauffé.* **2.** FAM. *Tu es réchauffé !,* tu n'as pas froid (à une personne peu vêtue). **3.** fig. et péj. *Une plaisanterie réchauffée,* servie trop souvent et qui a perdu son effet. - n. m. *C'est du réchauffé ; ça sent le réchauffé.*

RÊCHE adj. ▪ Rude au toucher, légèrement râpeux. ⇒ **rugueux.** *Tissu rêche.*

RECHERCHE n. f. ▪ **I. 1.** Effort pour trouver (qqch.). *La recherche d'une information.* - Action de rechercher (qqn). *Avis de recherche.* **2.** Effort de l'esprit vers (la connaissance). *La recherche de la vérité.* - *(Une, des recherches)* Travaux faits pour trouver des connaissances nouvelles (dans un domaine). *Recherches scientifiques.* **3.** *LA RECHERCHE :* l'ensemble des travaux qui tendent à la découverte de connaissances nouvelles. *Goût pour la recherche* (⇒ **chercheur**). **4.** Action de chercher à obtenir. ⇒ **quête.** *La recherche du bonheur.* **5.** loc. *À LA RECHERCHE DE. Il est à la recherche d'un emploi.* - *"À la recherche du temps perdu"* (de Proust). **II.** Effort de délicatesse, de raffinement. *S'habiller avec recherche. Recherche dans le style.* ⇒ **préciosité.**

RECHERCHÉ, ÉE adj. ▪ **1.** Que l'on cherche à obtenir ; à quoi l'on attache du prix. *Édition recherchée.* ⇒ **rare.** - (personnes) Que l'on cherche à voir, à fréquenter... *Un acteur très recherché.* **2.** Qui témoigne de recherche (II). ⇒ **raffiné.** *Une toilette recherchée.*

RECHERCHER v. tr. [1] ▪ **1.** Chercher à découvrir, à retrouver (qqch. ; qqn). ⇒ **chercher ; recherche.** *Rechercher un objet égaré.* - *Rechercher un criminel.* - passif *Il est recherché pour meurtre.* **2.** Chercher à connaître, à découvrir. *Rechercher la cause d'un phénomène. Rechercher si...* **3.** Tenter d'obtenir, d'avoir. *Rechercher la gloire, les honneurs.*

RECHIGNER v. tr. ind. [1] ▪ *RECHIGNER À :* témoigner de la mauvaise volonté pour. *Rechigner à la besogne.* ⇒ **renâcler.**

RECHUTE n. f. ▪ Nouvel accès (d'une maladie qui était en voie de guérison). ≠ *récidive.*

RECHUTER v. intr. [1] ▪ Faire une rechute, tomber malade de nouveau.

RÉCIDIVE n. f. ▪ **1.** Réapparition (d'une maladie qui était guérie). ≠ *rechute.* **2.** Fait de commettre une nouvelle infraction, après une condamnation. *Escroquerie avec récidive.* ♦ fig. Fait de retomber dans la même faute. *En cas de récidive, vous serez sanctionné.*

RÉCIDIVER v. intr. [1] ▪ **1.** (maladie) Réapparaître, recommencer. **2.** Se rendre coupable de récidive (2).

RÉCIDIVISTE n. ▪ Personne qui est en état de récidive (2).

RÉCIF n. m. ▪ Rocher ou groupe de rochers à fleur d'eau, dans la mer. ⇒ **écueil.** *Faire naufrage sur des récifs.* - *Récif de corail.*

RECIFE ▪ Ville du Brésil fondée par les Portugais, port sur l'Atlantique et capitale du Pernambouc. 1 290 000 hab.

Recife. Vue aérienne. *Phot. © Gutierrez/Explorer*

RÉCIPIENDAIRE [-pjɑ̃-] n. ▪ LITTÉR. **1.** Personne qui vient d'être reçue dans une assemblée, etc. **2.** Personne qui reçoit un diplôme, une nomination, etc. (⇒ **impétrant**).

RÉCIPIENT [-pjɑ̃] n. m. ▪ Ustensile creux qui sert à recueillir, à contenir des substances solides, liquides ou gazeuses.

RÉCIPROCITÉ n. f. ▪ Caractère de ce qui est réciproque (1). *La réciprocité d'un sentiment.*

RÉCIPROQUE ▪ **1.** adj. Qui implique entre deux personnes, deux groupes, deux choses, un échange de même nature. ⇒ **mutuel.** *Confiance réciproque. Un amour réciproque.* ⇒ **partagé.** ♦ spécialt LOG., MATH. *Relation réciproque (d'une relation). Propositions réciproques.* - GRAMM. *Verbe (pronominal) réciproque,* qui indique une action exercée par plusieurs sujets les uns sur les autres (ex. *séparer deux personnes qui se battent*). **2.** n. f. *Il aime Lise, mais la réciproque n'est pas vraie.* - MATH. *La réciproque d'un théorème.*

RÉCIPROQUEMENT adv. ▪ De façon réciproque. *Ils s'admirent réciproquement.* ⇒ **mutuellement.** - *ET RÉCIPROQUEMENT.* ⇒ **inversement, vice versa.**

RÉCIT n. m. ▪ Relation orale ou écrite (de faits vrais ou imaginaires). ⇒ **exposé, narration ; raconter.** *Il nous a fait le récit de ses aventures.*

RÉCITAL n. m. ▪ Séance musicale, artistique consacrée à un seul artiste. *Récital de piano, de chant. Des récitals.*

RÉCITANT, ANTE n. ▪ **1.** MUS. Personne qui chante un récitatif ou déclame un texte parlé. **2.** Personne qui récite, déclame un texte (théâtre, etc.).

RÉCITATIF n. m. ▪ MUS. Chant qui se rapproche des inflexions de la voix parlée. *Un récitatif d'opéra.*

RÉCITATION n. f. ▪ **1.** Action, manière de réciter (qqch.). *La récitation d'une leçon.* **2.** absolt Exercice scolaire qui consiste à réciter un texte littéraire appris par cœur ; ce texte.

RÉCITER v. tr. [1] ▪ Dire à haute voix (ce qu'on sait par cœur). *Réciter des prières. Réciter un poème à qqn.*

RECKLINGHAUSEN ▪ Ville d'Allemagne, dans la Ruhr (Rhénanie-du-Nord-Westphalie). 124 600 hab.

RÉCLAMATION n. f. ▪ **1.** Action de réclamer, de s'adresser à une autorité pour faire reconnaître l'existence d'un droit. ⇒ **plainte, revendication.** *Faire une réclamation.* **2.** VIEILLI Protestation. ⇒ **récrimination.**

RÉCLAME n. f. ▪ **I.** TYPOGR. ANC. Mot imprimé au bas d'une page, reproduisant le premier mot de la page suivante (destiné à faciliter la reliure). **II. 1.** VIEILLI Article élogieux recommandant qqch. ou qqn, dans un journal. *Une réclame pour une crème de beauté.* **2.** *LA RÉCLAME :* la publicité. *Faire de la réclame. Articles EN RÉCLAME :* en vente à prix réduit, à titre de réclame. ⇒ en **promotion. 3.** Publicité particulière. *Des réclames lumineuses.* **4.** Ce qui fait valoir, ce qui assure le succès. *Cela ne lui fait pas de réclame.*

RÉCLAMER v. tr. [1] ▪ **I. 1.** Demander (comme une chose indispensable) en insistant. *On lui a donné ce qu'il réclamait. Réclamer le silence.* - *Réclamer qqn,* sa présence. **2.** VIEILLI (choses) Requérir, exiger, nécessiter. *Ce travail réclame beaucoup de soin.* **3.** Demander comme dû, comme juste. ⇒ **exiger, revendiquer.** *Réclamer sa part. Réclamer une indemnité.* **II.** intrans. Faire une réclamation. ⇒ **protester.** - FAM. *Mon estomac réclame,* j'ai faim. ► SE **RÉCLAMER** v. pron. *Se réclamer de* (qqn, qqch.) : invoquer en sa faveur le témoignage ou la caution de (qqn) ; se référer à (qqch.). ⇒ **invoquer,** se **recommander.**

RECLASSEMENT n. m. ▪ **1.** Nouveau classement. - ADMIN. Établissement d'une nouvelle échelle des salaires. **2.** Affectation (de qqn) à une nouvelle activité. *Le reclassement des victimes d'accidents du travail.*

RECLASSER v. tr. [1] ▪ **1.** Classer de nouveau. *Reclasser des fiches.* **2.** Procéder au reclassement de (qqn).

RECLUS, USE n. ▪ LITTÉR. Personne qui vit retirée du monde. *Vivre en reclus.* - adj. *Existence recluse.*

Élisée RECLUS (1830-1905) ▪ Géographe français et théoricien de l'anarchisme. Il prit part à la Commune. *"Géographie universelle"* (1875-1894).

Reclus. Photographie de Nadar. *Phot. © Coll. Soazig/ Explorer*

RÉCLUSION n. f. ▪ Peine criminelle, privation de liberté avec obligation de travailler. ⇒ **détention, prison.** *Réclusion criminelle à perpétuité.*

RECOIFFER v. tr. 1 ▪ Coiffer de nouveau. - pronom. *Se recoiffer avant de sortir.*

RECOIN n. m. ▪ **1.** Coin, endroit caché, retiré. *Les recoins d'un grenier. Explorer les coins et les recoins* (d'un lieu). **2.** fig. Partie secrète, intime. *Les recoins de la mémoire.*

RÉCOLER v. tr. 1 ▪ DR. Procéder à la vérification de (un inventaire...). ► n. m. RÉCOLEMENT

RÉCOLLECTION n. f. ▪ RELIG. Action de se recueillir ; retraite spirituelle.

RECOLLER v. tr. 1 ▪ Coller de nouveau ; réparer en collant. *Recoller une assiette cassée.* - loc. fig. *Recoller les morceaux,* arranger les choses, en réconciliant des personnes divisées.

RÉCOLTE n. f. ▪ **1.** Action de recueillir (les produits de la terre). ⇒ **moisson, vendange.** *La récolte des pommes.* **2.** Les produits recueillis. *Bonne, mauvaise récolte.* **3.** fig. Ce qu'on recueille à la suite d'une recherche ou d'une quête. ⇒ **collecte.** *Une récolte d'observations.*

RÉCOLTER v. tr. 1 ▪ **1.** Faire la récolte de. ⇒ **cueillir, recueillir.** *Récolter le blé.* ♦ par métaphore prov. *Qui sème* le vent récolte la tempête.* - loc. *Récolter ce qu'on a semé*.* **2.** fig. Gagner, recueillir. *Récolter des renseignements.* ⇒ **glaner.** - FAM. Recevoir. *Récolter des coups.*

RECOMMANDABLE adj. ▪ Digne d'être recommandé, estimé. *Recommandable à tous égards.* - *Un individu peu recommandable.*

RECOMMANDATION n. f. ▪ **1.** Action de recommander (qqn). *Lettre de recommandation.* **2.** Action de recommander, de conseiller (qqch.) avec insistance. *Faire des recommandations à qqn.* **3.** Opération par laquelle on recommande (un envoi postal).

RECOMMANDER v. tr. 1 ▪ **1.** Désigner (qqn) à l'attention bienveillante, à la protection d'une personne. *Recommander un ami à qqn* (⇒ **appuyer** ; FAM. **pistonner**). ♦ *Recommander son âme à Dieu,* avant de mourir. **2.** Désigner (une chose) à l'attention de qqn ; vanter les avantages de. ⇒ **préconiser.** *Recommander un livre à des amis.* **3.** Demander avec insistance (qqch.) à qqn. ⇒ **conseiller, exhorter.** *Je vous recommande la plus grande prudence.* - impers. *Il est recommandé de retenir sa place.* - au p. p. *Ce n'est pas (très) recommandé,* c'est déconseillé. **4.** Soumettre (un envoi postal) à une taxe spéciale qui garantit sa remise en mains propres. *Recommander un paquet.* - au p. p. *Lettre recommandée.* - n. m. *Envoi en recommandé.* ► SE **RECOMMANDER** v. pron. **1.** *Se recommander de qqn,* invoquer son appui, son témoignage. ⇒ se **réclamer. 2.** *Se recommander à qqn,* réclamer sa protection.

RECOMMENCEMENT n. m. ▪ Action, fait de recommencer. *Un perpétuel recommencement.*

RECOMMENCER v. 3 ▪ **I.** v. tr. **1.** Commencer de nouveau (ce qu'on avait interrompu, abandonné ou rejeté). ⇒ **reprendre.** *Recommencer la lutte.* - absolt *J'ai oublié où j'en étais, je recommence.* - *RECOMMENCER À* (+ inf.). ⇒ se **remettre.** *Il recommença à gémir.* - impers. *Il recommence à pleuvoir.* **2.** Faire de nouveau depuis le début (ce qu'on a déjà fait). ⇒ **refaire.** *Recommencer un travail mal fait. Si c'était à recommencer...* **II.** v. intr. **1.** LITTÉR. Avoir de nouveau un commencement. *Tout renaît et recommence.* **2.** Se produire de nouveau (après une interruption). ⇒ **reprendre.** *L'orage recommence.*

RÉCOMPENSE n. f. ▪ **1.** Action de récompenser (qqn). *Voilà pour ta récompense.* **2.** Bien matériel ou moral donné ou reçu pour une bonne action, un service rendu, des mérites. *Donner, recevoir une récompense.* - *Il a reçu un livre en récompense.*

RÉCOMPENSER v. tr. 1 ▪ Gratifier (qqn) d'une récompense. *Récompenser qqn de, pour ses efforts.* - passif *Être récompensé de ses efforts.* ♦ (compl. chose) *Récompenser le travail de qqn.*

RECOMPTER [R(ə)kɔ̃te] v. tr. 1 ▪ Compter de nouveau.

RÉCONCILIATION n. f. ▪ Action de réconcilier ; fait de se réconcilier.

RÉCONCILIER v. tr. 7 ▪ **1.** Remettre en accord, en harmonie (des personnes qui étaient brouillées). ⇒ FAM. **rabibocher, raccommoder.** *Réconcilier deux personnes ; Pierre et Jean, Pierre avec Jean.* ♦ pronom. *Se réconcilier avec qqn.* - *Ils se sont réconciliés.* **2.** Concilier (des opinions, des doctrines foncièrement différentes). *Réconcilier la politique et la morale.*

RECONDUCTION n. f. ▪ Acte par lequel on reconduit (un bail, etc.). *Tacite reconduction.*

RECONDUIRE v. tr. 38 ▪ **1.** Accompagner (une personne qui s'en va) à son domicile. ⇒ **raccompagner, ramener.** - Accompagner (un visiteur qui s'en va), par civilité. *Je vous reconduis jusqu'à l'ascenseur.* **2.** DR., ADMIN. Renouveler ou proroger (un contrat, etc.). *Reconduire un bail.*

RÉCONFORT n. m. ▪ Ce qui redonne du courage, de l'espoir. *Votre visite m'a apporté un grand réconfort.*

RÉCONFORTANT, ANTE adj. ▪ Qui réconforte. *Des nouvelles réconfortantes.* - *Un remède réconfortant ;* n. m. *un réconfortant.* ⇒ **remontant.**

RÉCONFORTER v. tr. 1 ▪ **1.** Donner, redonner du courage, de l'énergie à (qqn). ⇒ **soutenir.** *Réconforter un ami dans la peine.* **2.** Redonner momentanément des forces physiques à (une personne affaiblie). ⇒ **remonter, revigorer.** *Ce petit vin m'a réconforté.*

RECONNAISSABLE adj. ▪ Qui peut être aisément reconnu, distingué. *Un parfum reconnaissable entre tous.*

RECONNAISSANCE n. f. ▪ **I. 1.** Fait de reconnaître (I). *La reconnaissance d'un objet.* - Identification à une structure. *Reconnaissance des formes ; de la parole* (par un ordinateur). **2.** Fait de se reconnaître. - *Signe de reconnaissance.* **II.** (Action de reconnaître (II)) **1.** LITTÉR. Aveu, confession (d'une faute). *La reconnaissance de ses erreurs.* **2.** Examen (d'un lieu). ⇒ **exploration.** *La reconnaissance d'un pays inconnu.* - Opération militaire dont le but est de recueillir des renseignements. *Mission de reconnaissance.* - *Envoyer un détachement EN RECONNAISSANCE.* **3.** Action de reconnaître formellement, juridiquement. *La reconnaissance d'un État par un autre État.* - *Reconnaissance d'enfant,* acte par lequel une personne reconnaît être le père ou la mère d'un enfant. - *Reconnaissance de dette :* acte écrit par lequel on se reconnaît débiteur envers qqn. **III. 1.** Fait de reconnaître (un bienfait reçu). - *En reconnaissance de vos services...* **2.** Gratitude. *Éprouver de la reconnaissance.* - FAM. *La reconnaissance du ventre,* celle que l'on éprouve envers la personne qui vous a nourri.

RECONNAISSANT, ANTE adj. ▪ Qui ressent, témoigne de la reconnaissance. *Je vous suis très reconnaissant de m'avoir aidé.*

RECONNAÎTRE v. tr. 57 ▪ **I.** (Saisir par la pensée) **1.** Identifier (qqn, qqch.) à l'aide de la mémoire. ⇒ se **rappeler,** se **souvenir.** *Je reconnais cet endroit. J'ai eu du mal à le reconnaître* (⇒ **méconnaissable**). *Le chien reconnaît son maître.* **2.** Identifier (qqch., qqn) au moyen d'un caractère déjà identifié ou en tant qu'appartenant à une catégorie. *Reconnaître une fleur. Reconnaître une chose sans pouvoir la nommer. Reconnaître l'écriture de qqn. Reconnaître qqn sous un déguisement.* - (compl. au plur.) *Des jumeaux impossibles à reconnaître.* ⇒ **distinguer.** - Retrouver (une chose, une personne) telle qu'on l'a connue. *Je le reconnais bien là ; je reconnais bien là sa paresse.* ➝ RECONNAÎTRE *qqn, qqch.* À, l'identifier grâce à (tel caractère, tel signe). *Reconnaître qqn à sa démarche ; un arbre à ses feuilles.* **II.** (Tenir pour vrai) **1.** Admettre, avouer (un acte blâmable qu'on a commis). *Reconnaître ses torts. Il reconnaît avoir menti ; qu'il a menti.* **2.** LITTÉR. Admettre (qqn) pour chef, pour maître. *Se faire reconnaître roi.* **3.** Admettre (qqch.). ⇒ **convenir** de. *Reconnaître la valeur de qqn. Reconnaître que... ➝ Reconnaître une qualité à qqn.* **4.** Admettre, après une recherche. ⇒ **constater, découvrir.** *Reconnaître peu à peu les difficultés d'un sujet.* **5.** Chercher à connaître, effectuer une reconnaissance (II, 2) dans (un lieu). *Reconnaître le terrain.* **6.** Admettre officiellement l'existence juridique de. *Reconnaître un gouvernement.* ➝ (⇒ **reconnaissance** (II, 3)) *Reconnaître un enfant ; une dette.* **III.** RARE Témoigner par de la gratitude (⇒ **reconnaissance** (III)) que l'on est redevable envers qqn de (qqch.). *Reconnaître un service.* ► SE RECONNAÎTRE **v. pron. 1.** réfl. Retrouver son image, s'identifier. *Je ne me reconnais pas sur cette photo.* ➝ *Se reconnaître dans qqn,* se trouver des points de ressemblance avec lui. *Se reconnaître dans un personnage de roman.* ♦ Identifier les lieux où l'on se trouve. ⇒ se **retrouver.** *Se reconnaître dans un dédale de ruelles.* ➝ fig. *Ne plus s'y reconnaître,* se perdre (dans un raisonnement...). ⇒ s'**embrouiller. 2.** récipr. *Ils ne se sont pas reconnus, après tant d'années.* **3.** passif Être reconnu ou reconnaissable. *Le rossignol se reconnaît à son chant.* ► **RECONNU, UE adj.** *C'est un fait reconnu.* ➝ *Un auteur reconnu.*

RECONQUÉRIR v. tr. [21] ▪ **1.** Reprendre par une conquête. ➝ au p. p. *Une ville reconquise.* **2.** fig. Conquérir de nouveau par une lutte. *Reconquérir sa liberté.*

RECONQUÊTE n. f. ▪ Action de reconquérir. *La reconquête d'un territoire.* ➝ absolt, HIST. *La Reconquête,* celle de l'Espagne, menée par les royaumes chrétiens contre la domination musulmane (VIIIe-XVe s.).

Reconquête. Miniature extraite de *Las Cántigas de Santa María,* manuscrit du XIIIe s. San Lorenzo del Escorial. *Phot. © Dagli Orti*

RECONSIDÉRER v. tr. [6] ▪ Considérer de nouveau (une question...). *Il faut reconsidérer le problème.*

RECONSTITUANT, ANTE adj. ▪ Propre à reconstituer, à redonner des forces à (l'organisme). *Aliment reconstituant.* ➝ n. m. *Un reconstituant.* ⇒ **tonique.**

RECONSTITUER v. tr. [1] ▪ **1.** Constituer, former de nouveau. *Reconstituer une armée.* ➝ pronom. *Le parti s'est reconstitué.* **2.** Rétablir dans son état d'origine, en réalité ou par la pensée. ⇒ **restituer.** *Reconstituer le plan d'une ville disparue.* **3.** Rétablir dans son état antérieur (et normal). *Reconstituer ses forces.* ⇒ **régénérer.**

RECONSTITUTION n. f. ▪ Action de reconstituer, de se reconstituer. *La reconstitution d'un parti.* ➝ *La reconstitution d'un crime. Une reconstitution historique* (spectacle, etc.).

RECONSTRUCTION n. f. ▪ Action de reconstruire.

RECONSTRUIRE v. tr. [38] ▪ **1.** Construire de nouveau (ce qui était démoli). *Reconstruire une ville.* ⇒ **rebâtir.** ➝ au p. p. *Immeuble reconstruit.* **2.** Réédifier, refaire. *Reconstruire sa fortune.* **3.** fig. Donner une forme nouvelle à. *La mémoire reconstruit sans cesse les souvenirs.*

RECONVERSION n. f. ▪ **1.** Adaptation à des conditions nouvelles. *Reconversion économique, technique.* **2.** Affectation, adaptation (de qqn) à un nouvel emploi. *Reconversion professionnelle.*

RECONVERTIR v. tr. [2] ▪ Procéder à la reconversion de (qqn, qqch.). ➝ pronom. *Se reconvertir dans la publicité.*

RECOPIAGE n. m. ▪ Action de recopier ; son résultat.

RECOPIER v. tr. [7] ▪ Copier (un texte déjà écrit). ⇒ **transcrire.** *Recopier une adresse.* ➝ Mettre au net, au propre. *Recopier un devoir.*

RECORD n. m. ▪ **1.** Exploit sportif qui dépasse ce qui a été fait avant dans la même spécialité. *Homologuer un record. Battre un record. Record du monde.* **2.** Résultat supérieur à ceux obtenus antérieurement dans le même domaine. *Record de productivité.* ➝ iron. FAM. *Sa paresse bat tous les records !* **3.** en fonction d'adj. Jamais atteint. *Production record. Atteindre le chiffre record de...* ➝ *En un temps record :* très vite.

RECORS n. m. ▪ anciennt Personne qui assistait un huissier.

RECOUCHER v. tr. [1] ▪ Coucher* de nouveau. ➝ pronom. *Se recoucher.*

RECOUDRE v. tr. [48] ▪ Coudre (ce qui est décousu). *Recoudre un bouton.* ➝ Coudre les lèvres de (une plaie...). *Recoudre une blessure.*

RECOUPEMENT n. m. ▪ Rencontre de renseignements de sources différentes, pour établir un fait ; vérification par ce moyen. *Procéder par recoupement.*

RECOUPER v. tr. [1] ▪ **1.** Couper de nouveau. **2.** absolt JEUX Couper une seconde fois les cartes. **3.** Coïncider avec, en confirmant. *Votre témoignage recoupe le sien.* ➝ pronom. *Leurs déclarations se recoupent.*

RECOURBER v. tr. [1] ▪ Courber à son extrémité, rendre courbe. *Recourber une tige de métal.* ➝ au p. p. *Bec recourbé.* ⇒ **crochu.**

RECOURIR v. [11] ▪ **I. 1.** v. intr. Se remettre à courir. *Il n'a pas recouru depuis son accident.* **2.** v. tr. Courir une seconde fois. *Recourir un cent mètres.* **II.** RECOURIR À v. tr. ind. **1.** Demander une aide à (qqn). *Recourir à un ami.* ⇒ s'**adresser. 2.** Mettre en œuvre (un moyen). *Recourir à un mensonge, à un expédient.* **III.** v. intr. DR. Se pourvoir (en justice). *Recourir en cassation.*

RECOURS n. m. ▪ **1.** Action de recourir (à qqn, qqch.). *Le recours à la force.* ➝ AVOIR RECOURS À : faire appel à. ⇒ **recourir** (II). *Avoir recours à qqn.* ⇒ s'**adresser.** *Il a eu recours à des moyens extrêmes.* **2.** Ce à quoi on recourt, dernier moyen efficace. ⇒ **ressource.** *C'est notre dernier recours. C'est sans recours,* c'est irrémédiable. **3.** Procédure destinée à obtenir (d'une juridiction) le nouvel examen d'une question. ⇒ **pourvoi.** *Recours en cassation.* ➝ *Recours en grâce* (adressé au chef de l'État).

① **RECOUVREMENT** n. m. ▪ Action de recouvrer. (LITTÉR.) *Le recouvrement de richesses. Le recouvrement de l'impôt.*

② **RECOUVREMENT** n. m. ▪ Action de recouvrir ; (TECHN.) ce qui recouvre.

RECOUVRER v. tr. [1] ▪ **1.** LITTÉR. Rentrer en possession de. *Il a recouvré son bien.* ⇒ **récupérer.** *Recouvrer la santé,* guérir. **2.** Recevoir le paiement de (une somme due). ⇒ **encaisser.** *Recouvrer une créance.*

RECOUVRIR v. tr. [18] ▪ **I. 1.** Couvrir de nouveau. *Il a recouvert la casserole.* ➝ Ramener une couverture sur (qqn). *Recouvrir un enfant dans son lit.* **2.** Mettre un nouveau revêtement à (un siège...). *Recouvrir un fauteuil.* **II. 1.** (choses) Couvrir entièrement. *La neige recouvre le sol.* **2.** (personnes) Couvrir toute la surface de (qqch.). *Recouvrir un mur de papier peint* (⇒ **revêtir ; tapisser**). **3.** (choses) Cacher, masquer. *Sa désinvolture recouvre une grande timidité.* **4.** abstrait S'appliquer à, correspondre à. *Notion qui recouvre plusieurs idées.* ⇒ **embrasser.**

RECRACHER v. tr. [1] ▪ Rejeter de la bouche (ce qu'on y a mis). *Recracher un bonbon.*

RÉCRÉATIF, IVE adj. ▪ Qui a pour objet ou pour effet de divertir. *Séance récréative.*

RÉCRÉATION n. f. ▪ Action de recréer.

RÉCRÉATION n. f. ▪ **1.** LITTÉR. Délassement, divertissement. *Prendre un peu de récréation.* **2.** Temps de liberté accordé aux élèves pour qu'ils puissent se délasser. *Cour de récréation.* ◇ abrév. FAM. RÉCRÉ.

RECRÉER v. tr. [1] ▪ **1.** Créer de nouveau. **2.** Reconstituer, faire revivre. *Recréer l'atmosphère d'une époque.* **3.** Reconstruire, réinventer. *L'imagination recrée le monde.*

RÉCRÉER v. tr. [1] ▪ LITTÉR. Délasser (qqn) par une occupation agréable. ⇒ **distraire.** – pronom. *Se récréer en jardinant.*

SE **RÉCRIER** v. pron. [7] ▪ LITTÉR. S'exclamer sous l'effet d'une vive émotion. *Se récrier d'admiration.* – absolt *Ils se sont récriés.*

RÉCRIMINATION n. f. ▪ Fait de récriminer.

RÉCRIMINER v. intr. [1] ▪ Manifester son mécontentement avec amertume et âpreté. ⇒ **protester, réclamer.** *Inutile de récriminer.* – *Récriminer contre qqn,* se plaindre de lui.

RÉCRIRE ou **RÉÉCRIRE** v. tr. [39] ▪ **1.** Écrire de nouveau (un message) à qqn. – absolt *Je te récrirai demain.* **2.** Rédiger de nouveau (⇒ **réécriture**). – au p. p. *Scénario réécrit de bout en bout.*

SE **RECROQUEVILLER** v. pron. [1] ▪ **1.** Se rétracter, se recourber en se desséchant. ⇒ se **racornir.** *Le cuir se recroqueville à la chaleur.* **2.** (personnes) Se replier, se ramasser sur soi-même. – au p. p. *Malade recroquevillé dans son lit.* **3.** trans. *Le froid recroqueville les plantes.*

RECRU, UE adj. ▪ LITTÉR. Fatigué jusqu'à l'épuisement. ⇒ **éreinté, fourbu.** *Bête recrue.* – *Être recru de fatigue.*

RECRUDESCENCE n. f. ▪ **1.** Aggravation (d'une maladie) après une amélioration. *Une recrudescence de la douleur. Recrudescence d'une épidémie,* augmentation du nombre des cas. **2.** Brusque réapparition, sous une forme plus intense. *Recrudescence de la criminalité.*

RECRUDESCENT, ENTE adj. ▪ LITTÉR. Qui est en recrudescence.

RECRUE n. f. ▪ **1.** Soldat qui vient d'être recruté. ⇒ **conscrit.** *Les nouvelles recrues.* **2.** Personne qui vient s'ajouter (à un groupe). *Une recrue de valeur.*

RECRUTEMENT n. m. ▪ Action de recruter (des soldats). *Bureau de recrutement.* – Action de recruter (du personnel). *Recrutement de cadres. Cabinet de recrutement.*

RECRUTER v. tr. [1] ▪ **1.** Engager (des hommes) pour former une troupe ; former (une troupe). *Recruter des soldats* (⇒ **recrue**) ; une armée. **2.** Amener (qqn) à faire partie d'un groupe. *Recruter des partisans ; des collaborateurs.* ► SE **RECRUTER** v. pron. (passif) Être recruté. *Membres qui se recrutent par élection.* – *Se recruter dans, parmi...*

RECRUTEUR, EUSE n. ▪ Personne chargée de recruter. – appos. *Sergent recruteur.*

RECTA adv. ▪ FAM. Ponctuellement, très exactement. *Payer recta.*

RECTAL, ALE, AUX adj. ▪ DIDACT. Du rectum. *Température rectale.* ⇒ **anal.**

RECTANGLE ▪ **1.** adj. Dont un angle au moins est droit. *Triangle rectangle.* – Dont la base est un rectangle. *Parallélépipède rectangle.* **2.** n. m. Quadrilatère dont les quatre angles sont droits. *Le carré est un rectangle.*

RECTANGULAIRE adj. ▪ Qui a la forme d'un rectangle. *Pièce rectangulaire.*

RECTEUR n. m. ▪ **1.** Universitaire qui est à la tête d'une académie (⇒ **rectorat**). **2.** anciennt Supérieur d'un collège de jésuites. **3.** RÉGIONAL Curé.

RECTIFIABLE adj. ▪ Qui peut être rectifié.

RECTIFICATIF, IVE adj. ▪ Qui a pour objet de rectifier (une chose inexacte). *Note rectificative.* – n. m. Texte rectificatif. *Publier un rectificatif.*

RECTIFICATION n. f. ▪ Action de rectifier. – spécialt Correction. *Rectification en marge.*

RECTIFIER v. tr. [7] ▪ **1.** Rendre droit. *Rectifier un alignement.* **2.** Modifier (qqch.) pour le rendre conforme. *Rectifier un tracé. Rectifier un assaisonnement.* – loc. *Rectifier le tir*.* **3.** Rendre exact. ⇒ **corriger.** *Rectifier un calcul.* **4.** Faire disparaître en corrigeant. *Rectifier une erreur.* **5.** ARGOT Tuer.

RECTILIGNE adj. ▪ **1.** MATH. Limité par des droites ou des segments de droite. **2.** Qui est ou se fait en ligne droite. *Allées rectilignes.* – *Mouvement rectiligne.*

RECTITUDE n. f. ▪ LITTÉR. Qualité de ce qui est droit, rigoureux. *Rectitude morale.* ⇒ **droiture.** *La rectitude d'un raisonnement.* ⇒ **justesse.**

RECTO n. m. ▪ Première page d'un feuillet (s'oppose à *verso*). *Des rectos.* – loc. RECTO VERSO : au recto et au verso.

RECTORAT n. m. ▪ Charge de recteur (1) ; durée de cette charge. – Bureaux du recteur.

RECTUM [ɔm] n. m. ▪ ANAT. Portion terminale du gros intestin, qui aboutit à l'anus.

① **REÇU, UE** adj. ⇒ recevoir

② **REÇU** n. m. ▪ Écrit par lequel on reconnaît avoir reçu une somme, un objet. ⇒ **quittance, récépissé.**

RECUEIL [Rəkœj] n. m. ▪ Ouvrage réunissant des écrits, des documents. *Recueil de poèmes. Recueil de morceaux choisis.* ⇒ **anthologie, florilège.**

RECUEILLEMENT [-kœj- n. m. ▪ Action, fait de se recueillir. *Écouter qqn avec recueillement.*

RECUEILLIR [-kœj-] v. tr. [12] ▪ **I. 1.** LITTÉR. Prendre en cueillant ou en ramassant, pour utiliser ultérieurement. *Les abeilles recueillent le pollen.* – par métaphore ⇒ **récolter.** *Recueillir le fruit de ses efforts.* ♦ COUR. ⇒ **collecter.** *Recueillir des fonds.* **2.** Faire entrer et séjourner dans un récipient. *Recueillir l'eau de pluie.* **3.** Recevoir (par voie d'héritage, etc.). *Recueillir une succession.* – Obtenir. *Recueillir des suffrages* (dans une élection). **4.** Recevoir pour conserver (une information). ⇒ **enregistrer.** *Recueillir des témoignages.* **5.** Rassembler, réunir (des éléments dispersés). *Recueillir des articles dans un recueil.* ⇒ **colliger. II.** Offrir chez soi un refuge et une protection à (qqn). *Recueillir un orphelin.* – *Recueillir des chiens errants.* ► SE **RECUEILLIR** v. pron. **1.** Concentrer sa pensée sur la vie spirituelle (⇒ **récollection, retraite**). **2.** S'isoler du monde extérieur pour mieux réfléchir, se concentrer. ⇒ **méditer.** – au p. p. *Un air recueilli.*

RECUIRE v. [38] ▪ **1.** v. tr. Cuire de nouveau. *Recuire une poterie.* **2.** v. intr. Subir une nouvelle cuisson. *Faire recuire un gigot trop saignant.*

RECUIT n. m. ▪ TECHN. Action de remettre au feu. *Le recuit de l'émail.* – Opération thermique destinée à améliorer (un métal, etc.).

RECUL [-yl] n. m. ▪ **1.** (mécanisme) Fait de reculer. *Le recul d'un canon* (après le départ du coup). **2.** Action de reculer, mouvement ou pas en arrière. *Le recul d'une armée.* ⇒ **repli, retraite.** *Avoir un mouvement de recul.* – fig. Régression. *Le recul d'une maladie.* **3.** Position éloignée permettant une appréciation meilleure. *Prendre du recul pour apprécier un tableau.* – abstrait *Le recul nécessaire à l'historien.* ♦ Fait de se détacher par l'esprit d'une situation actuelle pour mieux en juger. *Avoir, prendre du recul* (⇒ **distance**). *Manquer de recul.*

RECULADE n. f. ▪ LITTÉR. et péj. Fait de reculer, de céder après s'être trop avancé. ⇒ **dérobade.** *Honteuse reculade.*

RECULÉ, ÉE adj. ▪ **1.** Lointain et difficile d'accès. *Village reculé.* ⇒ **isolé. 2.** Éloigné (dans le temps). ⇒ **ancien.** *À une époque très reculée.*

RECULER v. [1] ▪ **I.** v. intr. **1.** Aller, faire mouvement en arrière. ⇒ **rétrograder.** *Reculer d'un pas.* – *Voiture qui recule.* ♦ loc. fig. *Reculer pour mieux sauter,* attendre pour avoir plus de chances de réussir ; éviter une difficulté qu'il faudra de toute façon affronter. **2.** fig. (choses) Perdre du terrain. *L'épidémie a reculé.* ⇒ **régresser. 3.** fig. Se dérober (devant une difficulté) ; revenir à une position plus sûre. ⇒ **renoncer.** *Il s'est trop avancé pour reculer.* – *Reculer devant qqch. Reculer devant le danger. Il ne recule devant rien.* ♦ Hésiter (à faire qqch.). *Aller au fait sans reculer.* **II.** v. tr. **1.** Porter en arrière. *Reculez un peu votre chaise.* – pronom. *Se reculer pour mieux voir.* ♦ Reporter plus loin. *Reculer les frontières d'un pays.* ⇒ **repousser. 2.** Reporter à plus tard. ⇒ **ajourner, différer.** *Reculer une décision.*

À **RECULONS** loc. adv. ▪ En reculant, en allant en arrière. *S'éloigner à reculons.* ♦ fig. En sens inverse du progrès. – De mauvaise grâce.

RÉCUPÉRABLE adj. ▪ Qui peut être récupéré. *Déchets récupérables.* – (personnes) *Il est tout à fait récupérable.*

RÉCUPÉRATEUR, TRICE ▪ **1.** n. Personne qui collecte des matériaux usagés en vue d'une utilisation ultérieure. **2.** n. m. Appareil destiné à récupérer de la chaleur ou de l'énergie. *Récupérateur de chaleur.*

RÉCUPÉRATION n. f. ▪ Action, fait de récupérer ou d'être récupéré.

RÉCUPÉRER v. tr. [6] ▪ **1.** Rentrer en possession de (ce qu'on avait perdu, dépensé). ⇒ **recouvrer.** *Récupérer de l'argent.* - *Récupérer ses forces ;* absolt *avoir besoin de récupérer.* ♦ FAM. Retrouver, reprendre. *Récupérer un livre prêté. Récupérer un enfant à la sortie de l'école.* **2.** Recueillir (ce qui serait perdu ou inutilisé). ⇒ **recycler.** *Récupérer de la ferraille.* **3.** Intégrer (qqn) en le reclassant. *Récupérer des délinquants.* **4.** Fournir (un temps de travail) ou bénéficier de (un temps de repos) en remplacement. *Récupérer une journée de travail.* **5.** S'assimiler (un individu, un groupe) exprimant des idées différentes ou opposées pour lui faire servir ses propres desseins. *Récupérer un mouvement populaire.* - (passif) *Les grévistes ne veulent pas être récupérés.*

RÉCURAGE n. m. ▪ Action de récurer ; résultat de cette action.

RÉCURER v. tr. [1] ▪ Nettoyer en frottant. *Récurer une casserole. Poudre à récurer.*

RÉCURRENCE n. f. ▪ DIDACT. Retour, répétition. ♦ *Raisonnement par récurrence,* par lequel on étend à une série de termes une propriété vraie pour deux d'entre eux. ♦ MÉD. Réveil de l'activité de (une maladie infectieuse).

RÉCURRENT, ENTE adj. ▪ DIDACT. Relatif à une récurrence ; qui revient, réapparaît. *Phénomène récurrent. Fièvre récurrente.*

RÉCUSABLE adj. ▪ Que l'on peut récuser.

RÉCUSATION n. f. ▪ DR. Fait de récuser (qqn).

RÉCUSER v. tr. [1] ▪ **1.** DR. Refuser d'accepter (qqn) comme juge, arbitre, témoin... *Récuser un témoin.* **2.** Repousser comme tel ; refuser, rejeter. *Récuser l'autorité de qqn. Cet argument ne peut être récusé* (⇒ **irrécusable**). ► SE RÉCUSER v. pron. Affirmer son incompétence (sur une question).

RECYCLABLE adj. ▪ Que l'on peut recycler (2). *Déchets recyclables.*

RECYCLAGE n. m. ▪ **1.** Changement de l'orientation scolaire (d'un élève). ♦ Formation complémentaire (de qqn) destinée à apporter de nouvelles connaissances professionnelles. **2.** Action de récupérer des déchets et de les réintroduire, après traitement, dans le cycle de production. *Le recyclage du verre.*

RECYCLER v. tr. [1] ▪ **1.** Effectuer le recyclage de (qqn). - pronom. *Se recycler en vue d'une reconversion.* **2.** Soumettre à un recyclage (2). *Recycler des matériaux.* - au p. p. *Papier recyclé.*

RÉDACTEUR, TRICE n. ▪ Personne qui assure la rédaction d'un texte (publicitaire, littéraire...) ou d'articles de journaux. *Rédacteur publicitaire. Rédacteur politique* (⇒ **journaliste ; chroniqueur**). - *Rédacteur en chef* (d'un journal).

RÉDACTION n. f. ▪ **1.** Action ou manière de rédiger (un texte). **2.** Ensemble des rédacteurs (d'un journal, d'une œuvre collective) ; locaux où ils travaillent. **3.** Exercice scolaire qui consiste à traiter par écrit un sujet narratif. ⇒ aussi **composition** française, **dissertation.**

RÉDACTIONNEL, ELLE adj. ▪ Relatif à la rédaction (d'un texte). - *Publicité* rédactionnelle.*

REDDITION n. f. ▪ Fait de se rendre, de capituler. ⇒ **capitulation.**

REDEMANDER v. tr. [1] ▪ **1.** Demander de nouveau. *Redemander d'un plat à table.* **2.** Demander (ce qu'on a prêté ou laissé). *Je lui ai redemandé mon stylo.*

RÉDEMPTEUR, TRICE [-ɑ̃pt-] ▪ **1.** n. m. RELIG. *Le Rédempteur,* le Christ (en tant qu'il a racheté le genre humain par sa mort, selon la doctrine chrétienne). ⇒ **sauveur.** **2.** adj. Qui rachète (au sens moral ou religieux). *Souffrance rédemptrice.*

RÉDEMPTION [-ɑ̃psjɔ̃] n. f. ▪ **1.** RELIG. Rachat du genre humain par le Christ. ⇒ **salut.** *Le mystère de la Rédemption.* **2.** Fait de racheter, de se racheter (au sens religieux ou moral). *La rédemption des péchés* (⇒ **rédimer**).

REDÉPLOIEMENT n. m. ▪ Réorganisation (d'un dispositif militaire, d'une politique économique). *Redéploiement industriel.*

REDESCENDRE v. [41] ▪ **I.** v. intr. Descendre de nouveau ; descendre après être monté. **II.** v. tr. *Redescendre un escalier.* - Porter de nouveau en bas. *Redescendre des bagages.*

REDEVABLE adj. ▪ **1.** Qui est ou demeure débiteur envers qqn. *Être redevable d'une somme à un créancier.* **2.** *Être redevable de qqch. à qqn,* bénéficier de qqch. grâce à lui.

REDEVANCE n. f. ▪ **1.** Somme qui doit être payée à échéances déterminées (rente, dette, etc.). **2.** Taxe due en contrepartie de l'utilisation d'un service public. *Redevance audiovisuelle.*

REDEVENIR v. intr. [22] ▪ Devenir de nouveau, recommencer à être (ce qu'on était et qu'on a cessé d'être). *Elle est redevenue étudiante.*

REDEVOIR v. tr. [28] ▪ DR. Devoir comme reliquat.

RÉDHIBITOIRE adj. ▪ **1.** DR. *Vice rédhibitoire,* qui peut motiver l'annulation d'une vente. **2.** LITTÉR. Qui constitue un défaut, un empêchement absolu, radical. *Un prix rédhibitoire.*

REDIFFUSER v. tr. [1] ▪ (radio, télévision) Diffuser de nouveau (une émission).

REDIFFUSION n. f. ▪ Nouvelle diffusion. - Émission rediffusée.

RÉDIGER v. tr. [3] ▪ Écrire (un texte) sous une certaine forme (⇒ **rédaction**). *Rédiger un article de journal.* - au p. p. *Un devoir bien rédigé.*

RÉDIMER v. tr. [1] ▪ RELIG. Racheter ; sauver. *Rédimer les pécheurs* (⇒ **rédemption**).

REDINGOTE n. f. ▪ **1.** anciennt Long vêtement d'homme, à basques. **2.** MOD. Manteau ajusté à la taille.

REDIRE v. tr. [37] ▪ **I. 1.** Dire (qqch.) de nouveau. *Redites-moi votre nom.* **2.** Dire (qqch.) plusieurs fois. ⇒ **répéter.** *Il redit toujours la même chose.* ⇒ **rabâcher, ressasser.** **3.** Dire (ce qu'un autre a déjà dit). ⇒ **répéter.** *Redites-le après moi.* **II.** (tr. ind.) *Avoir, trouver* À REDIRE À *qqch.,* trouver qqch. à critiquer dans. *Trouver à redire à tout.* - *C'est parfait, il n'y a rien à redire.*

REDISTRIBUER v. tr. [1] ▪ Distribuer une seconde fois et autrement. - loc. *Redistribuer les cartes*.* ♦ Répartir une seconde fois et autrement. *Redistribuer des terres.*

REDISTRIBUTION n. f. ▪ Nouvelle répartition. *Redistribution des tâches.*

REDITE n. f. ▪ **1.** LITTÉR. Action de redire, de répéter. **2.** Chose répétée inutilement ; répétition. *Un texte plein de redites.*

Odilon REDON (1840-1916) ▪ Peintre français. Un des maîtres du mouvement symboliste. Il exploita différentes techniques (fusain, gravure, pastel) avec une inspiration fantastique et visionnaire.

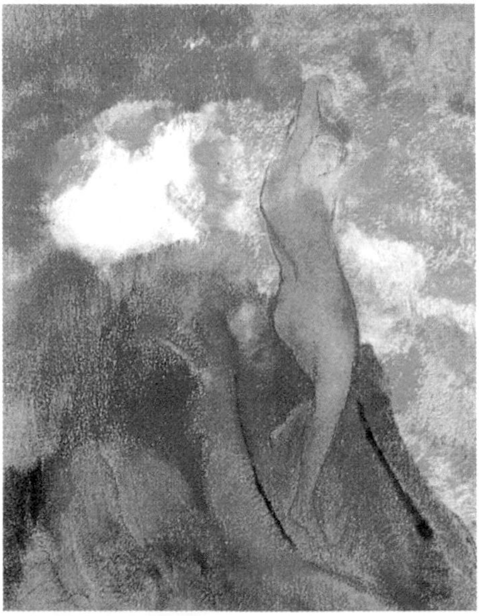

Odilon **Redon.** *La Naissance de Vénus.* Musée du Petit Palais, Paris. *Phot. © Giraudon*

REDON ▪ Chef-lieu d'arrondissement de l'Ille-et-Vilaine. 9 260 hab. *(les Redonnais).*

REDONDANCE n. f. ▪ Abondance excessive dans le discours (développements, redites). ⇒ **verbiage.** - Ces développements, répétitions. *Ce discours est plein de redondances.* ♦ DIDACT. Caractère de ce qui apporte une information déjà donnée sous une autre forme.

REDONDANT, ANTE adj. ▪ Qui a de la redondance, présente des redondances. *Style redondant.* - *Terme redondant.* ⇒ **superflu.**

REDONNER v. tr. 1 ▪ Donner de nouveau ; rendre. ⇒ **restituer.** *Redonne-lui son stylo.* ♦ *Redonner confiance à qqn.* – *Médicament qui redonne des forces.*

REDOUBLANT, ANTE n. ▪ Élève qui redouble une classe.

REDOUBLÉ, ÉE adj. ▪ Répété. *Syllabe redoublée.* – loc. *Marcher à pas redoublés,* plus vite. *Frapper à coups redoublés,* violents et précipités.

REDOUBLEMENT n. m. ▪ Action de redoubler. – LING. Répétition d'un ou plusieurs éléments d'un mot (ex. *fofolle*). ♦ Fait de redoubler (une classe).

REDOUBLER v. 1 ▪ I. v. tr. 1. Rendre double. ⇒ **doubler.** *Redoubler une syllabe.* 2. Recommencer une année d'études dans (une classe). *Redoubler sa seconde.* 3. Renouveler en augmentant sensiblement. *Redoubler ses efforts.* II. v. tr. ind. *REDOUBLER DE :* apporter, montrer encore plus de. *Redoubler d'amabilité ; d'efforts.* – *Le vent redouble de fureur.* III. v. intr. Recommencer de plus belle ; augmenter de beaucoup. *La tempête redouble.*

REDOUTABLE adj. ▪ Qui est à redouter. *Adversaire redoutable.* – *Une arme redoutable.*

REDOUTER v. tr. 1 ▪ 1. Craindre comme menaçant. *Redouter qqn ; le jugement de qqn.* – au p. p. *Un chef très redouté.* 2. Craindre, appréhender. *Redouter l'avenir.* – *REDOUTER DE* (+ inf.), *REDOUTER QUE* (+ subj.). *Elle redoutait d'être surprise, qu'on la surprenne.*

REDOUX n. m. ▪ Radoucissement de la température, dans une saison froide ; période pendant laquelle la température se radoucit.

À LA **REDRESSE** loc. adj. ▪ FAM. Qui se fait respecter par la force. *Un gars à la redresse.*

REDRESSEMENT n. m. ▪ Action de redresser ou de se redresser. *Le redressement économique d'un pays.* – anciennt *Maison de redressement,* où étaient détenus les jeunes délinquants (→ maison de correction).

REDRESSER v. tr. 1 ▪ 1. Remettre dans une position droite ou verticale. *Redresser un poteau. Redresser la tête.* – Hausser le nez de (un avion). *Redresser l'appareil avant d'atterrir.* – Remettre les roues de (une voiture) en ligne droite. absolt *Braquer et redresser.* 2. Redonner une forme droite, correcte à. *Redresser une tôle tordue.* ♦ fig. Rectifier ou corriger qqch. *Redresser des abus.* – *Redresser la situation :* rattraper une situation compromise. ▶ SE **REDRESSER** v. pron. 1. Se remettre droit, vertical, debout. ⇒ se **relever.** – fig. *L'économie du pays s'est redressée.* 2. Se tenir plus droit. *Redresse-toi !*

REDRESSEUR, EUSE ▪ 1. n. (souvent iron.) *REDRESSEUR, EUSE DE TORTS :* personne qui s'érige en justicier, en justicière. 2. adj. TECHN. Qui redresse. *Mécanisme redresseur.*

la **RED RIVER** ▪ Fleuve du sud des États-Unis dont l'une des branches rejoint le Mississippi et l'autre se jette dans le golfe du Mexique. Environ 2 000 km.

RÉDUCTEUR, TRICE adj. ▪ Qui réduit, simplifie. *Raisonnement réducteur.*

RÉDUCTIBLE adj. ▪ Qui peut être réduit. *Fraction réductible.* – *Quantité réductible.*

RÉDUCTION n. f. ▪ 1. MÉD. Opération consistant à réduire (un os...). *Réduction d'une fracture.* 2. Fait de résoudre, de réduire (en une chose plus simple). *Réduction à des éléments simples.* ⇒ **analyse.** – *Réduction de fractions au même dénominateur,* recherche d'un dénominateur commun. 3. CHIM. Réaction dans laquelle un corps perd une partie de son oxygène, ou dans laquelle un atome ou un ion gagne des électrons. *Oxydation* et réduction.* 4. Action de réduire en quantité. ⇒ **diminution.** *Réduction des dépenses ; du personnel.* ⇒ **compression.** – absolt Diminution accordée sur un prix. ⇒ **rabais, remise, ristourne.** *Faire une réduction de 10%.* 5. Reproduction selon un format réduit. *La réduction d'une carte.* – *EN RÉDUCTION* loc. adv. : en plus petit, en miniature.

RÉDUIRE v. tr. 38 ▪ I. MÉD. Remettre en place (un os, un organe déplacé). – *Réduire une fracture.* II. 1. *RÉDUIRE qqn À, EN :* amener à, dans (un état d'infériorité, de soumission). *Réduire des populations en esclavage.* – *EN ÊTRE RÉDUIT À :* n'avoir plus d'autre ressource que. – (+ inf.) *En être réduit à mendier.* ♦ sans compl. second Anéantir. *Réduire une résistance.* 2. *RÉDUIRE qqch. À,* ramener à ses éléments, à un état plus simple. *Réduire des idées à une notion simple.* – *Réduire des fractions au même dénominateur.* – loc. *Réduire qqch. à sa plus simple expression*.* 3. *Réduire un jus, une sauce,* faire épaissir, concentrer par évaporation. – *RÉDUIRE qqch. EN :* mettre (en petites parties). *Réduire un objet en miettes ; une substance en bouillie, en poudre.* III. Diminuer (une quantité...). ⇒ **limiter, restreindre.** *Réduire le nombre des trains. Réduire ses dépenses.* ♦ *Réduire un dessin,* reproduire en un format inférieur. ♦ Abréger. *Réduire un texte.* ▶ SE **RÉDUIRE** v. pron. 1. *SE RÉDUIRE À :* se ramener à. *Ses espoirs se sont réduits à rien.* 2. *SE RÉDUIRE EN. Se réduire en cendres.* 3. (personnes) VIEILLI *Se réduire :* restreindre ses dépenses.

① **RÉDUIT, ITE** adj. ▪ 1. Rendu plus petit. *Format réduit.* – Reproduit à petite échelle. *Modèle* réduit* (d'avion...). 2. Pour lequel on a consenti une diminution, une réduction. *Tarif réduit.* 3. Restreint (en nombre, en importance). *Activité réduite. Vitesse réduite.*

② **RÉDUIT** n. m. ▪ 1. Local exigu, généralement sombre et pauvre. *Vivre dans un réduit.* 2. Recoin (dans une pièce).

RÉÉCHELONNEMENT n. m. ▪ Répartition des échéances de remboursement de (une dette) sur une plus longue période. *Le rééchelonnement de la dette d'un pays.*

RÉÉCRIRE ⇒ RÉCRIRE

RÉÉCRITURE n. f. ▪ Action de réécrire (un texte) pour l'améliorer ou l'adapter.

John **REED** (1887 - 1920) ▪ Écrivain, journaliste et militant communiste américain. Témoin de la révolution russe de 1917. *"Dix jours qui ébranlèrent le monde"* (1919).

sir Carol **REED** (1906 - 1976) ▪ Cinéaste britannique. *"Le Troisième Homme"* (1949).

RÉÉDITER v. tr. 1 ▪ 1. Donner une nouvelle édition de. *Rééditer un ouvrage épuisé.* 2. fig. FAM. Répéter, refaire, reprendre. *Il a réédité son exploit.*

RÉÉDITION n. f. ▪ 1. Action de rééditer ; nouvelle édition. – Ouvrage réédité. 2. fig. FAM. Répétition (d'une situation).

RÉÉDUCATION n. f. ▪ Action de rééduquer.

RÉÉDUQUER v. tr. 1 ▪ 1. Refaire l'éducation de (une fonction, un organe lésé). *Rééduquer sa voix.* – *Rééduquer un accidenté, un handicapé.* – pronom. *Se rééduquer après une blessure.* 2. Éduquer (moralement, idéologiquement) une nouvelle fois et différemment.

RÉEL, ELLE ▪ I. adj. 1. Qui existe en fait. *Personnage réel* (opposé à *imaginaire, fictif*). *Un fait réel et incontestable.* ⇒ **authentique.** 2. Qui est bien conforme à sa définition. ⇒ **véritable, vrai.** *Des difficultés réelles. La signification réelle d'un mot. La valeur réelle d'un objet.* ♦ (avant le nom) Sensible, notable. *Un réel plaisir.* 3. MATH. *Nombre réel,* élément de l'ensemble des nombres qui ne sont ni imaginaires* ni complexes*. *L'ensemble $\mathbb{R}$ des nombres réels.* 4. OPT. *Image réelle* (opposé à *virtuel*), qui se forme à l'intersection de rayons convergents. II. n. m. Les faits réels, la vie réelle ; ce qui est, existe en fait. ⇒ **réalité.** *Le réel et l'imaginaire.*

RÉÉLECTION n. f. ▪ Action de réélire ; fait d'être réélu.

RÉÉLIRE v. tr. 43 ▪ Élire de nouveau (qqn) à une fonction à laquelle il avait déjà été élu. – au p. p. *Député réélu.*

RÉELLEMENT adv. ▪ En fait, en réalité. ⇒ **effectivement, véritablement, vraiment.** *Voir qqn tel qu'il est réellement.*

RÉEMPLOI ou **REMPLOI** n. m. ▪ Fait d'employer ou d'être employé de nouveau. – spécialt ARCHIT. *Chapiteau de remploi.* – FIN. *Remploi de plus-values.*

RÉEMPLOYER ou **REMPLOYER** v. tr. 8 ▪ Employer de nouveau. *Réemployer des matériaux. Réemployer du personnel.*

RÉEMPRUNTER ⇒ REMPRUNTER

RÉENGAGER ⇒ RENGAGER

RÉENTENDRE v. tr. 41 ▪ Entendre de nouveau.

RÉÉQUILIBRER v. tr. 1 ▪ Redonner un équilibre à (ce qui l'avait perdu). *Rééquilibrer un budget.*

RÉESSAYER v. tr. 8 ▪ 1. Essayer de nouveau (un vêtement). 2. Tenter de nouveau ; faire un nouvel essai. ◇ var. RESSAYER.

RÉÉVALUATION n. f. ▪ Nouvelle évaluation sur de nouvelles bases. *La réévaluation des loyers.* – spécialt Augmentation de la parité officielle de (une monnaie). *Réévaluation du franc.*

RÉÉVALUER v. tr. 1 ▪ 1. Évaluer de nouveau. *Réévaluer une situation.* 2. Procéder à la réévaluation de. ⇒ **revaloriser.**

RÉEXAMEN n. m. ▪ Nouvel examen.

RÉEXAMINER v. tr. ① ▪ Procéder à un nouvel examen de. *Réexaminons la question.* ⇒ **reconsidérer.**

RÉEXPÉDIER v. tr. ⑦ ▪ Expédier à une nouvelle destination. *Réexpédier du courrier* (à une nouvelle adresse). ◆ Renvoyer (une chose) d'où elle vient. *Réexpédier une lettre.*

RÉEXPÉDITION n. f. ▪ Action de réexpédier.

REFAIRE v. tr. ⑥⓪ ▪ **1.** Faire de nouveau (ce qu'on a déjà fait ou ce qui a déjà été fait). ⇒ **recommencer.** *Refaire un pansement.* **2.** Faire tout autrement. *Refaire sa vie. Si c'était à refaire...* **3.** Remettre en état. ⇒ **réparer, restaurer ; réfection.** *Donner des fauteuils à refaire. Refaire à neuf.* ◆ *Elle s'est fait refaire le nez* (chirurgie esthétique). ◆ *Refaire ses forces, sa santé.* ⇒ **rétablir.** *Elle s'est refait une santé.* **4.** FAM. Rouler (qqn). ⇒ **duper.** ◆ adj. *Je suis refait.* ⇒ **cuit** (fig.). ▶ SE **REFAIRE** v. pron. **1.** Rétablir sa situation financière (notamment après des pertes au jeu). **2.** (avec une négation) Se faire autre qu'on est, changer complètement. *On ne se refait pas !*

RÉFECTION n. f. ▪ Action de refaire, de remettre en état. *La réfection d'une route.*

RÉFECTOIRE n. m. ▪ Salle à manger (d'une communauté). *Le réfectoire d'une école.* ⇒ **cantine.**

RÉFÉRÉ n. m. ▪ DR. Procédure d'urgence pour régler provisoirement un litige. *Assigner qqn en référé.* ◆ Arrêt rendu selon cette procédure.

RÉFÉRENCE n. f. ▪ **1.** Action ou moyen de se référer, de situer par rapport à. *Indemnité calculée par référence au salaire.* ◆ GÉOM. *Système de référence :* système d'axes par rapport auquel on détermine des coordonnées. **2.** Fait de se référer (à un texte, une autorité, etc.). *Faire référence à un auteur. Ouvrages de référence,* faits pour être consultés (dictionnaires, encyclopédies, etc.). ♦ Indication précise de ce à quoi l'on renvoie. *Référence bibliographique. Référence en note.* ◆ *Numéro de référence d'une facture.* **3.** au plur. Attestation servant de garantie, fournie par qqn. *Avoir de sérieuses références.* ♦ fig. Fait permettant de reconnaître la valeur de qqn. *Ce n'est pas une référence !*

RÉFÉRENCER v. tr. ③ ▪ Attribuer une référence à. ◆ au p. p. *Citation référencée.* ♦ COMM. Introduire (un article) dans la liste des produits vendus.

RÉFÉRENDAIRE adj. ▪ Relatif à un référendum. *Projet de loi référendaire.*

RÉFÉRENDUM [-rɛ̃dɔm ; -rɑ̃-] n. m. ▪ Vote qui permet à l'ensemble des citoyens d'approuver ou de rejeter une mesure proposée par le pouvoir exécutif. *Des référendums.*

RÉFÉRER v. ⑥ ▪ **1.** v. pron. *SE RÉFÉRER À :* recourir à, comme à une autorité. *Se référer à l'avis de qqn. Se référer à un texte* (→ référence). ◆ (choses) Se rapporter. *Cet article se réfère à un événement récent.* **2.** v. tr. ind. *EN RÉFÉRER À qqn,* lui soumettre un cas pour qu'il décide. *En référer à son supérieur.*

REFERMER v. tr. ① ▪ Fermer (ce qu'on avait ouvert ou ce qui s'était ouvert). *Refermer un livre.* ◆ pronom. *Plaie qui se referme.*

REFILER v. tr. ① ▪ FAM. Remettre, donner (qqch. dont on veut se débarrasser). *On m'a refilé un faux billet.* ◆ Donner. ⇒ **filer.** *Il m'a refilé son rhume.*

RÉFLÉCHIR v. ② ▪ **I.** v. tr. Renvoyer par réflexion. *Réfléchir la lumière* (⇒ **réflecteur**). *Miroir qui réfléchit une image.* ⇒ **refléter.** ◆ pronom. *Le ciel se réfléchit dans le lac.* **II. 1.** v. intr. Faire usage de la réflexion. ⇒ **penser ;** se **concentrer, délibérer, méditer.** *Réfléchir avant de parler. Agir sans réfléchir.* ⇒ **étourdiment.** *Cela donne à réfléchir,* cela engage à la prudence. *Je demande à réfléchir,* je déciderai plus tard. **2.** v. tr. ind. *RÉFLÉCHIR SUR qqch. Réfléchir sur un sujet.* ◆ *RÉFLÉCHIR À qqch.* ⇒ **examiner, peser.** *Réfléchis bien à ma proposition.* ♦ trans. *RÉFLÉCHIR QUE :* s'aviser, juger après réflexion que. ▶ **RÉFLÉCHI, IE** adj. **I. 1.** Renvoyé par réflexion. *Rayon réfléchi.* **2.** GRAMM. *Verbe (pronominal) réfléchi,* qui indique que l'action émanant du sujet fait retour à lui-même (ex. je me lave). ◆ *Pronom réfléchi,* pronom personnel représentant, en tant que complément, la personne qui est sujet du verbe (ex. je *me* suis trouvé un appartement ; tu ne penses qu'à *toi*). **II.** Qui a l'habitude de la réflexion ; qui marque de la réflexion. *Un homme réfléchi.* ⇒ **pondéré, prudent, raisonnable.** ◆ *Une décision réfléchie.* ◆ loc. *Tout bien réfléchi,* après mûre réflexion (→ tout bien pesé). *C'est tout réfléchi* (ma décision est prise).

RÉFLÉCHISSANT, ANTE adj. ▪ Qui réfléchit (la lumière, une onde). *Surface réfléchissante.*

RÉFLECTEUR n. m. ▪ Dispositif destiné à réfléchir (la lumière, les ondes...). *Réflecteur optique.*

REFLET n. m. ▪ **1.** Lumière atténuée réfléchie par un corps. *Reflets métalliques. Cheveux à reflets roux.* ◆ *Des reflets d'incendie.* **2.** Image réfléchie. *"Reflets dans l'eau"* (de Debussy). **3.** fig. Image, représentation. ⇒ **écho.** *L'écriture, reflet de la personnalité.*

REFLÉTER v. tr. ⑥ ▪ **1.** Réfléchir (un corps) en produisant des reflets. *Miroir qui reflète les objets.* ◆ pronom. *Se refléter dans..., sur...* ◆ au p. p. *Ciel reflété dans un étang.* **2.** fig. Être, présenter un reflet de. ⇒ **traduire.** *Ses paroles ne reflètent pas sa pensée.*

REFLEURIR v. intr. ② ▪ Fleurir de nouveau. *Le rosier a refleuri.* ◆ fig. LITTÉR. *Une amitié qui refleurit.*

REFLEX [reflɛks] adj. ▪ (appareil photo...) Qui fournit dans le viseur l'image exacte qui sera enregistrée, grâce à un miroir. ◆ n. m. Appareil reflex.

RÉFLEXE n. m. ▪ **1.** Réaction automatique, involontaire et immédiate (d'un organisme vivant) à une stimulation. *Réflexe rotulien.* ◆ *Réflexe conditionné,* provoqué, en l'absence d'une excitation, par une autre excitation qui lui a été associée. ◆ adj. *Mouvement réflexe.* **2.** Réaction spontanée à une situation nouvelle. *Avoir de bons réflexes, des réflexes rapides.*

RÉFLEXION n. f. ▪ **I.** Changement de direction des ondes (lumineuses, sonores, etc.) qui rencontrent un corps interposé (⇒ **réfléchir**). *La réflexion de la lumière par un miroir. Réflexion et réfraction*. La réflexion des ondes sonores* (⇒ **écho, réverbération**). **II. 1.** Retour de la pensée sur elle-même en vue d'examiner plus à fond une idée, une situation. ⇒ **délibération, méditation ; réfléchir.** *Accordez-moi une minute de réflexion. Il y a là matière à réflexion.* ◆ loc. *Après mûre* réflexion. RÉFLEXION FAITE :* après y avoir réfléchi. *À LA RÉFLEXION :* quand on y réfléchit bien (→ tout compte fait). ♦ Capacité de réfléchir, qualité d'un esprit qui sait réfléchir. ⇒ **discernement, intelligence.** *Affaire menée avec réflexion.* **2.** *UNE, DES RÉFLEXIONS :* pensée exprimée (oralement ou par écrit) d'une personne qui a réfléchi. *Faire part à qqn de ses réflexions. Recueil de réflexions* (⇒ **maxime, pensée**). ◆ Remarque adressée à qqn, et qui le concerne. *Une réflexion désobligeante.*

REFLUER v. intr. ① ▪ Se mettre à couler en sens contraire. *L'eau reflue à marée descendante.* ⇒ se **retirer ; reflux.** ♦ fig. *La foule refluait lentement.*

REFLUX [-fly] n. m. ▪ **1.** Mouvement des eaux qui refluent. *Le flux et le reflux de la mer.* **2.** Mouvement en arrière (de gens, etc.) qui succède à un mouvement en avant. *Le reflux d'une armée* (⇒ **recul**).

REFONDRE v. tr. ④① ▪ Remanier pour améliorer (un texte, un ouvrage).

REFONTE n. f. ▪ Action de refondre, de remanier.

REFORESTATION n. f. ▪ Reconstitution d'une forêt. ⇒ **reboisement.**

RÉFORMABLE adj. ▪ Qui peut ou doit être réformé.

RÉFORMATEUR, TRICE ▪ **1.** n. Personne qui réforme ou veut réformer. ◆ HIST. Fondateur d'une Église réformée. **2.** adj. Qui réforme. *Des mesures réformatrices.*

RÉFORME n. f. ▪ **I. 1.** Changement qu'on apporte (dans les mœurs, les lois, les institutions) afin d'en obtenir de meilleurs résultats (⇒ **amélioration**). *Réformes sociales. Réforme de l'orthographe.* ◆ Changement progressif (opposé à *révolution*). **2.** HIST. *LA RÉFORME :* mouvement religieux du XVIe siècle, qui fonda le protestantisme. **II.** Situation du militaire réformé ; dispense des obligations militaires. *Réforme temporaire. Conseil de réforme.* Déclenchée par Luther en 1517, la Réforme (ou *Réformation*) aboutit v. 1530 à un schisme avec d'importantes conséquences politiques (→ **Allemagne, anglicanisme,** guerres de **Religion**), à la naissance des Églises réformées ou protestantes (→ **protestantisme**) et à la réaction de la Contre*-Réforme (ou Réforme catholique). Les réformateurs (Luther, Calvin, Zwingli, Bucer) invitaient à une lecture directe de la Bible. Ils critiquaient le pape et la hiérarchie ecclésiastique ; ils épurèrent le culte et limitèrent les sacrements.

REFORMER v. tr. ① ▪ Former de nouveau, refaire (ce qui était défait). ⇒ **reconstituer.** ◆ pronom. *Le groupe se reforma plus loin.*

RÉFORMER v. tr. [1] ▪ **I. 1.** Rétablir dans sa forme primitive (une règle...). *Réformer un ordre religieux.* **2.** VIEILLI Corriger, ramener à la vertu. *Réformer son caractère.* **3.** Changer en mieux (une institution...). ⇒ **améliorer ; réforme.** *Réformer la constitution.* **4.** VIEILLI Supprimer pour améliorer. *Réformer les abus.* **II.** MILIT. Retirer du service (ce qui y est devenu impropre) ; classer comme inapte au service. *Réformer un soldat.* ► **RÉFORMÉ, ÉE** adj. **1.** HIST. Issu de la Réforme (I, 2). *Religion réformée* (⇒ **protestantisme**). **2.** *Soldat réformé ;* n. m. *un réformé.*

RÉFORMISME n. m. ▪ Doctrine politique de ceux qui préconisent des réformes plutôt qu'une transformation radicale des structures.

RÉFORMISTE n. ▪ Partisan du réformisme. – adj. *Socialiste réformiste.*

REFOULÉ, ÉE adj. ▪ **1.** PSYCH. Qui a fait l'objet du refoulement (2). *Pulsions refoulées.* – n. m. Ce qui est refoulé. *Retour du refoulé.* **2.** FAM. (personnes) Qui a refoulé ses instincts (notamment sexuels). ⇒ **inhibé.** – n. *Des refoulés.*

REFOULEMENT n. m. ▪ **1.** Action de refouler (des personnes). **2.** PSYCH. Mécanisme inconscient par lequel on refuse l'accès à la conscience d'un désir inconciliable avec d'autres exigences (notamment, celles du surmoi*). – COUR. Refus des pulsions sexuelles.

REFOULER v. tr. [1] ▪ **1.** Faire refluer (un liquide). **2.** Faire reculer, refluer (des personnes). *Refouler des envahisseurs.* ⇒ **chasser, repousser.** *Ils ont été refoulés à la frontière.* **3.** Faire rentrer en soi (ce qui veut s'extérioriser). ⇒ **réprimer, retenir.** *Refouler ses larmes.* – au p. p. *Colère refoulée.* ♦ PSYCH. Soumettre au refoulement (2). – au p. p. ⇒ **refoulé.**

RÉFRACTAIRE adj. ▪ **I.** (personnes) **1.** *RÉFRACTAIRE À :* qui résiste à, refuse de se soumettre à. ⇒ **rebelle.** *Être réfractaire à la loi.* – n. *Un, une réfractaire.* ♦ Fermé à, insensible à. *Être réfractaire aux mathématiques.* **2.** HIST. *Prêtre réfractaire,* qui avait refusé de prêter serment à la constitution civile du clergé (en 1790). – *Conscrit réfractaire* (au recrutement). ⇒ **insoumis. II.** (choses) Qui résiste à de très hautes températures. *Brique réfractaire.*

RÉFRACTER v. tr. [1] ▪ Faire dévier (une onde) par réfraction. – au p. p. *Rayon réfracté.*

RÉFRACTION n. f. ▪ Déviation d'une onde (lumineuse, etc.) qui franchit la surface de séparation de deux milieux où la vitesse de propagation est différente (⇒ **réfringent**). *Réfraction et réflexion*.*

REFRAIN n. m. ▪ **1.** Suite de mots ou de phrases répétée à la fin de chaque couplet d'une chanson. *Reprendre un refrain en chœur.* **2.** fig. Paroles, idées qui reviennent sans cesse. ⇒ **leitmotiv, rengaine.** *Avec lui, c'est toujours le même refrain.* ⇒ **chanson.**

REFRÉNER [Re-] v. tr. [6] ▪ Réprimer par une contrainte ; mettre un frein à. ⇒ **freiner.** *Refréner son impatience ; une envie.* ◇ var. RÉFRÉNER.

RÉFRIGÉRANT, ANTE adj. ▪ **1.** Qui sert à produire du froid. *Fluide réfrigérant.* – n. m. Appareil servant à refroidir. **2.** fig. FAM. (personnes, comportements) Qui refroidit, glace. ⇒ **froid.** *Un accueil réfrigérant.* ⇒ **glacial.**

RÉFRIGÉRATEUR n. m. ▪ Appareil muni d'un organe producteur de froid et destiné à conserver certaines denrées. ⇒ **Frigidaire** (marque). *Dégivrer un réfrigérateur.*

RÉFRIGÉRATION n. f. ▪ Abaissement de la température par un moyen artificiel. ⇒ **congélation.** *Appareils de réfrigération.*

RÉFRIGÉRÉ, ÉE adj. ▪ **1.** Qui est réfrigéré, sert à réfrigérer. *Vitrine réfrigérée.* **2.** FAM. (personnes) ⇒ **gelé.** *Tu as l'air réfrigéré.*

RÉFRIGÉRER v. tr. [6] ▪ **1.** Refroidir artificiellement. ⇒ **congeler, frigorifier.** *Réfrigérer du poisson.* **2.** fig. FAM. Mettre (qqn) mal à l'aise par un comportement froid. *Ses remarques m'ont réfrigéré.*

RÉFRINGENT, ENTE adj. ▪ Qui produit la réfraction. *La cornée est un milieu réfringent.*

REFROIDIR v. [2] ▪ **I.** v. tr. **1.** Rendre plus froid ou moins chaud ; faire baisser la température de (qqch.). ⇒ **rafraîchir ; tiédir.** *Refroidir un corps au-dessous de zéro.* ⇒ **congeler, geler, glacer, réfrigérer.** *Pluies qui refroidissent l'atmosphère.* **2.** fig. Diminuer l'ardeur de. *Son accueil nous a refroidis.* ⇒ **glacer, réfrigérer.** – *Refroidir l'enthousiasme de qqn.* **II.** v. intr. Devenir plus froid, moins chaud. *Laisser refroidir une tarte.* ► **SE REFROIDIR** v. pron. Devenir plus froid. *Le temps se refroidit.* – (personnes) Prendre froid. – fig. *Son zèle s'est refroidi.*

REFROIDISSEMENT n. m. ▪ **1.** Abaissement de la température. *Refroidissement de l'air. Circuit de refroidissement d'un moteur.* **2.** Malaise (grippe, rhume...) causé par un abaissement de la température. **3.** fig. Diminution (d'un sentiment). *Refroidissement de l'amitié.*

REFUGE n. m. ▪ **1.** Lieu où l'on se réfugie pour échapper à un danger. ⇒ **abri, asile.** ♦ fig. *Un refuge contre le désespoir. Chercher un refuge dans le travail.* – en fonction d'adj. *Une valeur refuge,* sûre. **2.** Lieu où se rassemblent des personnes qui s'y savent acceptées. *Son salon est le refuge des poètes.* **3.** Abri de haute montagne. **4.** Emplacement aménagé au milieu de la chaussée, qui permet aux piétons de se mettre à l'abri de la circulation.

RÉFUGIÉ, ÉE adj. ▪ Qui a dû fuir son pays afin d'échapper à un danger (guerre, persécutions, catastrophe naturelle, etc.). – n. *Réfugiés politiques.*

SE **RÉFUGIER** v. pron. [7] ▪ Se retirer (en un lieu) pour s'y mettre à l'abri (⇒ **refuge**). *Se réfugier chez un ami.* – *Surprise par la pluie, elle s'est réfugiée sous un porche. Enfant qui se réfugie dans les bras de son frère.* ⇒ se **blottir.** ♦ fig. *Se réfugier dans le sommeil.*

REFUS n. m. ▪ Action, fait de refuser. *Refus d'obéissance ; refus de se soumettre.* – *Opposer un refus à qqn. Se heurter à un refus.* – *Le refus d'une proposition.* – FAM. *Ce n'est pas de refus :* j'accepte volontiers.

REFUSER v. tr. [1] ▪ **1.** Ne pas accorder (ce qui est demandé). *Refuser une augmentation à qqn.* **2.** Ne pas vouloir reconnaître (une qualité) à qqn. ⇒ **contester, dénier.** *On ne peut lui refuser une certaine compétence.* **3.** *REFUSER DE* (+ inf.) : ne pas consentir à (faire qqch.). *Elle refuse de reconnaître ses torts.* **4.** Ne pas accepter (ce qui est offert). *Refuser un cadeau, une invitation.* **5.** Ne pas accepter (ce qui semble défectueux ou insuffisant). *Refuser une marchandise.* **6.** (compl. personne) Ne pas laisser entrer. *La pièce marche bien, on refuse du monde.* – Ne pas recevoir à un examen. *Refuser un candidat.* ⇒ FAM. **coller, recaler.** ► **SE REFUSER** v. pron. **1.** (passif) *Une offre semblable ne se refuse pas.* **2.** *SE REFUSER À :* ne pas consentir à (faire qqch.), à admettre (qqch.). *Je me refuse à envisager cette solution.*

RÉFUTATION n. f. ▪ Action de réfuter ; raisonnement par lequel on réfute. *La réfutation d'un argument.*

RÉFUTER v. tr. [1] ▪ Repousser (un raisonnement) en prouvant sa fausseté. *Réfuter une théorie ; des objections.* – par ext. *Réfuter un auteur.*

REG n. m. ▪ GÉOGR. Désert rocheux, vaste surface plane parsemée de cailloux.

reg en Algérie. *Phot. © Durval/Explorer*

REGAGNER v. tr. [1] ▪ **1.** Reprendre, retrouver (ce qu'on avait perdu). *Regagner l'amitié de qqn.* **2.** Revenir, retourner à (un endroit). *Regagner sa place.*

① **REGAIN** n. m. ▪ Herbe qui repousse dans une prairie après la première coupe. *Faucher le regain.*

② **REGAIN** n. m. ▪ Retour (de ce qui était compromis, avait disparu). *Un regain de jeunesse, d'activité.*

RÉGAL n. m. ▪ **1.** Nourriture délicieuse. *Cette glace est un régal.* ⇒ **délice.** *Des régals.* **2.** abstrait Ce qui cause un grand plaisir. *Un régal pour les yeux.*

À LA **RÉGALADE** loc. adv. ▪ *Boire À LA RÉGALADE,* en renversant la tête en arrière, et sans que le récipient touche les lèvres.

RÉGALER v. tr. [1] ▪ Offrir un bon repas, un bon plat à (qqn). *Régaler qqn de qqch.* ‑ absolt FAM. Payer à boire ou à manger. *C'est moi qui régale.* ► SE **RÉGALER** v. pron. Prendre un vif plaisir à manger qqch. ‑ abstrait *Se régaler de musique.*

REGARD n. m. ▪ **1.** Action de regarder ; expression des yeux de la personne qui regarde. *Parcourir, suivre du regard. Soustraire aux regards,* cacher. ♦ *LE REGARD (de qqn). Son regard se posa sur moi.* ‑ L'expression habituelle des yeux. *Un regard doux, dur.* ♦ *UN REGARD. Un regard rapide, furtif, en coin. Au premier regard :* au premier coup d'œil. ‑ *Échanger un regard avec qqn. Un regard complice.* ‑ *Un regard étonné, inquiet.* **2.** loc. *Avoir droit de regard sur :* avoir le droit de surveiller, de contrôler. ♦ *AU REGARD DE* loc. prép. : en ce qui concerne. *Au regard de la loi.* ♦ *EN REGARD* loc. adv. : en face, vis-à-vis. *Texte avec la traduction en regard.* ‑ *EN REGARD DE* loc. prép. : comparativement à. **3.** Ouverture facilitant les visites, les réparations (dans un conduit, une cave...).

REGARDABLE adj. ▪ surtout négatif Supportable à regarder. *Cette émission n'est pas regardable.*

REGARDANT, ANTE adj. ▪ Qui regarde à la dépense ; qui est très économe.

REGARDER v. tr. [1] ▪ **I. 1.** Faire en sorte de voir, s'appliquer à voir (qqn, qqch.). ⇒ **examiner, observer.** *Regarder le ciel. Regarder sa montre* (pour *regarder l'heure*). ‑ *Regarder qqn avec attention, insistance.* ⇒ **dévisager.** *Regarder qqn, qqch. du coin de l'œil, à la dérobée.* ⇒ **lorgner.** *Regarder qqn de travers,* avec hostilité. ♦ FAM. *Regardez-moi ce travail !,* constatez vous-même. ‑ *Vous ne m'avez pas regardé !* (refus...). ♦ absolt *Regarder par la fenêtre. Regarder autour de soi.* **2.** absolt Observer. *Savoir regarder. Regardez bien.* ♦ (+ inf.) *Regarder la pluie tomber, tomber la pluie.* **3.** Envisager, considérer (de telle ou telle façon). *Regarder la réalité en face.* ‑ *Regarder la vie avec optimisme. Il ne regarde que son intérêt.* ⇒ **rechercher.** ‑ *Regarder qqn, qqch. comme...* ⇒ **juger, tenir** pour. **4.** (sujet chose) Avoir rapport à. ⇒ **concerner.** *Cela ne te regarde pas,* ce n'est pas ton affaire. *Mêle-toi de ce qui te regarde !* **5.** (choses) Être tourné vers. *Façade qui regarde la rue.* **II.** v. tr. ind. *REGARDER À* (qqch.) : considérer attentivement, tenir compte de. *Ne regardez pas à la dépense.* ‑ *Y regarder de près ; à deux fois* (avant de juger, de se décider). ► SE **REGARDER** v. pron. **1.** réfl. *Se regarder dans la glace.* ‑ loc. *Il ne s'est pas regardé ! :* il ne voit pas ses propres défauts (en jugeant les autres). **2.** récipr. *Ils se regardent amoureusement.*

RÉGATE n. f. ▪ **1.** Course de bateaux sur un parcours (sur mer, rivière...). **2.** RARE Cravate de type courant (un nœud, deux pans superposés).

RÉGATER v. intr. [1] ▪ Participer à une régate.

RÉGATIER, IÈRE [-tje, jɛʀ] n. ▪ Personne qui participe à une régate.

RÉGENCE n. f. ▪ **1.** Gouvernement d'une monarchie par un régent*. **2.** spécialt *La Régence :* régence du duc d'Orléans, après la mort de Louis XIV. *Le libertinage de la Régence.* **3.** appos. invar. De l'époque de la Régence, ou qui en rappelle le style souple et gracieux. *Style Régence. Des meubles Régence.* ■ Période correspondant à la minorité de Louis XV (1715-1723), la Régence est caractérisée par une réaction aux mœurs austères de la fin du règne de Louis XIV, dont témoignent par exemple les scènes galantes de Watteau. Pour obtenir le pouvoir, le Régent, Philippe d'Orléans, dut ménager les Parlements et l'opposition aristocratique, qui devaient paralyser les tentatives de réformes de ses successeurs, Louis XV et Louis XVI. Il eut cependant l'audace d'encourager Law et mena avec Dubois une habile politique étrangère.

RÉGÉNÉRATEUR, TRICE adj. ▪ Qui régénère.

RÉGÉNÉRATION n. f. ▪ Action de régénérer ; fait de se régénérer.

RÉGÉNÉRER v. tr. [6] ▪ **1.** Reconstituer (un tissu vivant). ‑ pronom. *La queue du lézard se régénère.* **2.** Renouveler en redonnant les qualités perdues. *Régénérer la société.*

REGENSBURG → **Ratisbonne**

RÉGENT, ENTE n. ▪ **1.** Personne qui assume la responsabilité du pouvoir politique (régence) pendant la minorité ou l'absence d'un souverain. ‑ adj. *Reine régente, prince régent.* ♦ spécialt *Le Régent,* le duc d'Orléans (⇒ **régence** (2)). **2.** Personne qui régit, administre.

RÉGENTER v. tr. [1] ▪ Diriger avec une autorité excessive ou injustifiée. *Il veut tout régenter.*

Max **REGER** (1873-1916) ▪ Compositeur allemand de tendance néoclassique. Il fut très novateur avec son procédé d'« harmonies complémentaires ».

REGGAE [ʀege] n. m. ▪ Musique des Noirs de la Jamaïque, au rythme marqué. ‑ adj. *Musique reggae.*

REGGANE ▪ Poste du Sahara algérien où fut expérimentée, en 1960, la première bombe atomique française.

REGGIO DE CALABRE en italien ***REGGIO DI CALABRIA*** ▪ Ville du sud de l'Italie (Calabre). 178 620 hab. Université, musées.

REGGIO NELL'EMILIA ▪ Ville d'Italie (Émilie-Romagne). 130 825 hab.

RÉGICIDE ▪ **1.** n. Assassin d'un roi. *Le régicide Ravaillac.* ‑ adj. *Révolution régicide.* **2.** n. m. Meurtre (ou condamnation à mort) d'un roi.

RÉGIE n. f. ▪ **1.** VX Action de diriger, d'administrer. **2.** Entreprise gérée par les fonctionnaires d'une collectivité publique ; entreprise confiée par l'État à un établissement qui le représente. *La Régie française des tabacs.* ‑ (dans le nom d'entreprises nationalisées) *Régie autonome des transports parisiens* (R. A. T. P.). **3.** Organisation matérielle (d'un spectacle, d'une émission) ; service qui en est chargé (⇒ **régisseur**).

REGIMBER v. intr. [1] ▪ Résister en refusant.

① **RÉGIME** n. m. ▪ **1.** Organisation politique, économique, sociale (d'un État). *Régime parlementaire, présidentiel.* ‑ *Les opposants au régime.* ‑ *L'Ancien* Régime,* celui de la monarchie française avant 1789. **2.** Dispositions qui organisent une institution ; cette organisation. *Régime fiscal, douanier, pénitentiaire.* **3.** Conduite à suivre en matière d'hygiène, de nourriture. *Ordonner un régime à un malade. Le régime d'entraînement d'un sportif.* ♦ loc. *Régime de vie.* ⇒ **règle.** ♦ spécialt COUR. Alimentation raisonnée. *Se mettre au régime. Suivre un régime pour maigrir.* **4.** Manière dont se produisent certains phénomènes physiques (mouvements...). *Le régime d'écoulement d'un fluide.* ‑ *Régime d'un moteur* (nombre de tours ; allure). ⇒ **marche.** *Régime normal, ralenti. Moteur à plein régime.* loc. fig. *À plein régime :* avec le maximum d'intensité, de moyens. ♦ GÉOGR. Conditions définissant un phénomène (météorologique, hydrographique). *Régime d'un fleuve. Régime des précipitations.* **5.** GRAMM. Terme régi par un autre terme. *Régime direct, indirect* (d'un verbe).

② **RÉGIME** n. m. ▪ Ensemble des fruits, réunis en grappe, de certains arbres (bananiers, dattiers). *Un régime de bananes.*

RÉGIMENT n. m. ▪ **1.** Corps de troupe placé sous la direction d'un colonel. *Un régiment d'infanterie, de chars.* ♦ FAM. *Le régiment :* l'armée. *Aller au régiment :* être incorporé. **2.** Grand nombre (de personnes, de choses). ⇒ **quantité.** ‑ FAM. *Il y en a pour un régiment,* beaucoup.

REGINA ▪ Ville du Canada, capitale de la Saskatchewan. 78 177 hab. Raffinerie de pétrole.

Johannes Müller dit **REGIOMONTANUS** (1436-1476) ▪ Astronome et mathématicien allemand. Il étudia les comètes et écrivit un traité de trigonométrie.

RÉGION n. f. ▪ **1.** Territoire possédant des caractères particuliers qui lui donnent une unité. ⇒ **contrée, province.** *Région naturelle. Région désertique. Région à forte population.* ‑ *Dans nos régions,* nos climats, nos pays. ♦ Unité territoriale administrative. *Région militaire.* ‑ *La région Rhône-Alpes.* **2.** Étendue de pays (autour d'une ville). *La région de Pau.* ‑ *Sillonner la région.* **3.** Zone d'un organe. *La région du cœur. La région lombaire.* **4.** abstrait Domaine particulier (de la pensée...). *Les hautes régions de la philosophie.*

RÉGIONAL, ALE, AUX adj. ▪ **1.** Relatif à une région. *Les parlers régionaux. Les usages régionaux d'une langue* (⇒ **régionalisme**). *Coutumes régionales* (⇒ **folklore**). ‑ *Institutions régionales.* **2.** Qui regroupe plusieurs nations voisines. *Accords régionaux en Europe.*

RÉGIONALEMENT adv. ▪ Du point de vue de la région ; sur le plan régional.

RÉGIONALISATION n. f. ▪ Décentralisation allant dans le sens du régionalisme.

RÉGIONALISER v. tr. [1] ▪ Opérer la régionalisation de. ‑ Organiser par régions.

RÉGIONALISME n. m. ▪ **1.** Tendance à favoriser les traits particuliers d'une région. ‑ Tendance donnant aux régions une certaine autonomie. **2.** LING. Fait d'usage d'une langue propre à une région, qui diffère de l'usage général.

RÉGIONALISTE adj. et n. ▪ Partisan du régionalisme, de la régionalisation. - *Écrivain régionaliste,* dont l'œuvre est centrée sur une région.

RÉGIR v. tr. [2] ▪ **1.** VX Diriger. - VIEILLI Administrer, gérer (⇒ **régisseur**). **2.** (lois, règles) Déterminer. *Les lois qui régissent la société.* **3.** GRAMM. Déterminer (une fonction). *Conjonction qui régit le subjonctif.*

RÉGISSEUR n. m. ▪ **1.** Personne qui administre, qui gère (une propriété). ⇒ **intendant. 2.** Personne qui organise matériellement les représentations théâtrales. - *Régisseur de plateau* (cinéma, télévision).

REGISTRE n. m. ▪ **I. 1.** Cahier sur lequel on note ce dont on veut garder le souvenir. ⇒ **livre, répertoire.** *Inscrire sur, dans un registre* (⇒ **enregistrer**). - *Le registre du commerce,* où doivent s'inscrire les commerçants. *Registres publics d'état civil* (naissances, mariages). **2.** INFORM. Petite mémoire capable de stocker des informations. **II. 1.** Chacun des étages de la voix d'un chanteur, quant à la hauteur des sons. *Le registre aigu, haut, moyen, grave.* - Étendue de l'échelle musicale (d'une voix, d'un instrument). ⇒ **tessiture. 2.** fig. Caractères particuliers (d'une œuvre, du discours). ⇒ **ton.** *Une métaphore appartenant au registre guerrier. Changer de registre.*

RÉGLABLE adj. ▪ **1.** Qu'on peut régler. *Siège réglable.* **2.** Qui doit être payé (dans certaines conditions). *Achat réglable en 12 mensualités.*

RÉGLAGE n. m. ▪ Opération qui consiste à régler (un dispositif, un mécanisme...) ; manière de régler. *Le réglage d'une machine. Mauvais réglage.*

RÈGLE n. f. ▪ **I.** Instrument allongé qui sert à tirer des traits, à mesurer une longueur, etc. *Tracer des lignes à la règle, avec une règle. Règle graduée.* **II. 1.** Ce qui est imposé ou adopté comme ligne directrice de conduite ; formule qui indique ce qui doit être fait dans un cas déterminé. ⇒ **loi, principe.** *Un ensemble de règles.* ⇒ **règlement, réglementation.** *Adopter une règle de conduite, une règle de vie* (⇒ **ligne**). *Les règles de la politesse.* - *Règle de grammaire. Les règles de l'harmonie.* loc. *Dans les règles de l'art*.* - *Les règles d'un jeu, d'un sport.* loc. *La règle, les règles du jeu* (dans une certaine situation). **2.** loc. *Selon les règles, dans les règles,* comme il se doit. - *En règle générale* ⇒ **généralement.** - *C'est la règle,* c'est ainsi. ♦ DE RÈGLE. *Il est de règle de..., que... L'honnêteté est de règle ici.* ♦ *Être, se mettre* EN RÈGLE *avec...* - EN RÈGLE. loc. adj. Conforme aux règles, aux usages. *Faire une cour en règle à qqn.* - Conforme aux prescriptions légales. *Avoir ses papiers en règle.* **3.** Ensemble des préceptes disciplinaires auxquels est soumis un ordre religieux (⇒ **régulier** (II, 1)). **4.** Procédé arithmétique qui permet de résoudre certains problèmes. *Règle de trois*.* **III.** au plur. Écoulement menstruel. ⇒ **menstrues.** *Avoir ses règles.*

RÉGLÉ, ÉE adj. ▪ **1.** Soumis à des règles, une discipline. *Une vie réglée.* ⇒ **organisé.** - FAM. *C'est réglé comme du papier à musique :* c'est très régulier, organisé. **2.** Qui a ses règles (III). *Jeune fille réglée* (⇒ **nubile, pubère**).

RÈGLEMENT n. m. ▪ **I. 1.** Action, fait de régler (une affaire, un différend). *Le règlement d'un conflit.* **2.** Action de régler (un compte ; une note). *Le règlement d'une dette. Faire un règlement par chèque.* - loc. *Règlement de compte(s)*.* **II. 1.** Décision administrative qui pose une règle générale. ⇒ **arrêté, décret.** *Règlement de police.* **2.** Ensemble de règles qui préside au fonctionnement d'un groupe, d'un organisme. *Règlement intérieur d'une entreprise. Règlement d'une association* (⇒ **statut**).

RÉGLEMENTAIRE adj. ▪ Conforme au règlement ; imposé, fixé par un règlement. ► adv. RÉGLEMENTAIREMENT

RÉGLEMENTATION n. f. ▪ Action de réglementer ; ensemble de règlements. *La réglementation du travail.*

RÉGLEMENTER v. tr. [1] ▪ Assujettir à un règlement ; organiser selon un règlement. - au p. p. *Stationnement réglementé.*

RÉGLER v. tr. [6] ▪ **I.** Couvrir (du papier...) de lignes droites parallèles (⇒ **réglure**). - au p. p. *Papier réglé* (⇒ aussi **réglé,** adj.). **II. 1.** VX ou LITTÉR. Assujettir à des règles. *Régler sa vie.* - MOD. *Régler sa conduite sur qqn, qqch.,* prendre pour modèle, pour règle. *Régler son pas sur celui de qqn.* **2.** Fixer, définitivement ou exactement. *Régler les modalités d'une entrevue.* ⇒ **établir. 3.** Mettre au point le fonctionnement de (un dispositif, un mécanisme...). *Régler le débit d'un robinet, le régime d'une machine* (⇒ **réglage**). - au p. p. *Carburateur mal réglé.* **III. 1.** Résoudre, terminer. *Régler une question ; un litige.* - au p. p. *C'est une affaire réglée.* **2.** Arrêter et payer (un compte), payer (une note). *Régler une facture.* ⇒ **acquitter.** absolt *Régler en espèces.* - Payer (un fournisseur). *Régler le boucher.*

RÈGLES n. f. pl. ⇒ RÈGLE (III)

RÉGLEUR, EUSE n. ▪ Ouvrier, ouvrière spécialisé(e) dans le réglage de certains appareils ou machines.

RÉGLISSE n. f. ▪ Plante à racine brune, jaune au-dedans, comestible. - *Pâte de réglisse,* tirée de la réglisse. - *Sucer de la réglisse* (aussi masc. : *du réglisse*).

réglisse.
Glycyrrhiza glabra.
Phot. © Volot/Jacana

RÉGLO adj. invar. ▪ FAM. Conforme à la règle ; qui respecte la règle. *Des types réglo.* ⇒ **régulier.**

RÉGLURE n. f. ▪ Opération qui consiste à régler du papier ; lignes ainsi tracées.

RÉGNANT, ANTE adj. ▪ **1.** Qui règne. *Le prince régnant. Famille régnante,* dont un membre règne. **2.** fig. LITTÉR. Qui domine, qui a cours. ⇒ **dominant.**

Jean-François REGNARD (1655 - 1709) ▪ Voyageur, écrivain et auteur dramatique français. *"Le Joueur"* (1696) et *"Le Légataire universel"* (1708), comédies. *"Voyage en Laponie",* récit.

RÈGNE n. m. ▪ **I. 1.** Exercice du pouvoir souverain ; période pendant laquelle il s'exerce. *Le règne de Louis XIV.* **2.** Pouvoir absolu ; influence prédominante (d'une personne, d'un groupe ; d'une chose). *Le règne de l'argent ; des technocrates.* **II.** anciennt *Règne minéral, végétal, animal,* les trois grandes divisions de la nature.

RÉGNER v. intr. [6] ▪ **1.** Exercer le pouvoir monarchique (⇒ **règne**). *Régner (pendant) vingt ans.* - loc. *Diviser* pour régner.* **2.** Exercer un pouvoir absolu. ⇒ **dominer.** *Il règne en maître dans son entreprise.* ♦ (choses) Avoir une influence prédominante. *Faire régner la justice sur le monde.* **3.** (sens affaibli ; sujet chose) Exister, s'être établi (quelque part). *L'harmonie qui règne entre nous.* - *Faire régner l'ordre, le silence.* - iron. *Vous vérifiez tout ? La confiance règne !*

Mathurin RÉGNIER (1573 - 1613) ▪ Poète français. Auteur de *"Satires"* (1608-1652) vigoureuses contre la littérature et les mœurs de son temps.

REGONFLER v. tr. [1] ▪ Gonfler (qqch.) de nouveau. *Regonfler un pneu.* ♦ fig. FAM. *Regonfler qqn, le moral de qqn,* lui redonner du courage. - au p. p. *Regonflé à bloc.*

REGORGER v. tr. ind. [3] ▪ REGORGER DE : avoir en surabondance. *Région qui regorge de richesses.*

RÉGRESSER v. intr. [1] ▪ Subir une régression.

RÉGRESSIF, IVE adj. ▪ Qui constitue une régression, résulte d'une régression. *Phénomène régressif.*

RÉGRESSION n. f. ▪ Évolution qui ramène à un degré moindre. ⇒ **recul.** *La mortalité infantile est en régression.* ⇒ **diminution.** *Régression de la production.* ⇒ **récession.** ♦ PSYCH. Retour à un stade antérieur de développement psychique.

REGRET n. m. ▪ **I.** État de conscience douloureux causé par la perte d'un bien. *Le regret du pays natal ; du passé.* ⇒ **nostalgie.** *Regrets éternels* (formule d'inscription funéraire). **II. 1.** Mécontentement ou chagrin (d'avoir fait, de n'avoir pas fait, dans le passé). ⇒ **remords, repentir.** *Avoir, montrer du* regret de... - *Regret d'une faute, d'avoir commis une faute.* **2.** Déplaisir causé par une réalité contrariante. *Le regret de n'avoir pas réussi.* - *À REGRET* loc. adv. : contre son désir. *Accepter à regret.* **3.** Déplaisir qu'on exprime d'être dans la nécessité de. *J'ai le regret de ne pouvoir vous recevoir.* - (formule) *Nous sommes au regret de vous annoncer...*

REGRETTABLE adj. ▪ Qui est à regretter. ⇒ **fâcheux.** *Un incident regrettable.* ⇒ **déplorable.** - *Il est regrettable que...* (⇒ **dommage, malheureux**).

REGRETTER v. tr. 1 ▪ **I.** Éprouver le désir douloureux de (un bien qu'on a eu et qu'on n'a plus). *Regretter le temps passé ; sa jeunesse.* ♦ Ressentir péniblement l'absence ou la mort de (qqn). - au p. p. *Notre regretté confrère* (→ défunt). **II. 1.** Être mécontent (d'avoir fait ou de n'avoir pas fait.) ⇒ se **repentir.** *Il regrette son indulgence. Je ne regrette rien.* - Désavouer (sa conduite passée). *Je regrette mon geste.* **2.** Être mécontent de (ce qui contrarie une attente, un désir). ⇒ **déplorer.** *Je regrette cette décision.* - *REGRETTER QUE* (+ subj.). *Je regrette qu'il soit parti.* **3.** *REGRETTER DE* (+ inf.) : faire savoir qu'on éprouve du regret de. *Je regrette de vous avoir fait attendre.* ⇒ s'**excuser.** *Je regrette* (formule pour contredire ou s'excuser). ⇒ **pardon.**

REGROUPEMENT n. m. ▪ Action de regrouper, de se regrouper ; son résultat.

REGROUPER v. tr. 1 ▪ **1.** Grouper de nouveau (ce qui s'était dispersé). *Regrouper les membres d'un parti.* - pronom. *Se regrouper autour de qqn.* **2.** Grouper (des éléments dispersés), réunir. *Regrouper des tendances diverses.* ⇒ **rassembler, réunir.**

RÉGULARISATION n. f. ▪ Action de régulariser ; fait d'être régularisé.

RÉGULARISER v. tr. 1 ▪ **1.** Rendre conforme aux lois ; mettre en règle. *Régulariser sa situation* (administrative...). **2.** Rendre régulier (ce qui est inégal, intermittent). *Régulariser le fonctionnement d'un appareil* (⇒ **régler**) ; le régime d'un fleuve.

RÉGULARITÉ n. f. ▪ **1.** Conformité aux règles. *La régularité d'une élection.* **2.** Fait de présenter des proportions régulières. *La régularité d'une façade* (⇒ **symétrie ; harmonie**). **3.** Caractère régulier, égal, uniforme. *La régularité de son pas. Régularité des résultats.*

RÉGULATEUR, TRICE ▪ **I.** adj. Qui règle, qui régularise. *Mécanisme régulateur.* **II.** n. m. Système destiné à maintenir la régularité du fonctionnement d'un mécanisme. *Régulateur de vitesse, de température.*

RÉGULATION n. f. ▪ Fait d'assurer le fonctionnement correct (d'un système complexe). *La régulation du trafic* (chemin de fer, etc.). *Régulation des naissances.* ⇒ **contrôle.** - *Régulation thermique* (chez les mammifères, les oiseaux).

RÉGULER v. tr. 1 ▪ DIDACT. Soumettre à une régulation.

RÉGULIER, IÈRE adj. ▪ **I.** (choses) **1.** Qui est conforme aux règles. ⇒ **normal.** *Verbes réguliers,* qui suivent les règles ordinaires de la conjugaison. - Conforme aux dispositions légales, réglementaires. *Gouvernement régulier.* - jeux, sports *Coup régulier,* permis. **2.** Qui présente un caractère de symétrie, d'ordre, d'harmonie. *Proportions régulières. Écriture régulière. Visage régulier.* **3.** (mouvement, phénomène) Qui se déroule de façon uniforme. ⇒ **égal.** *Vitesse régulière. Rythme régulier. Progrès réguliers* (⇒ **suivi**). **4.** Qui se renouvelle à intervalles égaux. *Frapper des coups réguliers. Contrôles réguliers.* - *À intervalles réguliers,* régulièrement. **5.** Qui n'est pas occasionnel, mais habituel. *Un service régulier de cars.* **6.** Qui reste conforme aux mêmes principes. *Habitudes régulières. Vie régulière.* **II.** (personnes) **1.** Qui appartient à un ordre religieux. *Clergé régulier et clergé séculier* (⇒ **règle** (II, 3)). **2.** *Armées, troupes régulières,* contrôlées par le pouvoir central (par opposition aux milices, etc.). **3.** Ponctuel, réglé. *Être régulier dans son travail.* - Qui obtient des résultats d'un niveau constant. *Élève régulier.* **4.** FAM. Qui respecte les règles en vigueur (dans une profession, une activité). *Régulier en affaires.* ⇒ **correct ;** FAM. **réglo.**

le **Reichstag.** Illumination du Reichstag le jour anniversaire de la proclamation de la République de Weimar. *Phot. © Coll. Viollet*

RÉGULIÈREMENT adv. ▪ **1.** D'une manière régulière, légale. *Fonctionnaire régulièrement nommé.* **2.** Avec régularité. *Couche de terre répartie régulièrement.* ⇒ **uniformément.** - *Client qui vient régulièrement.*

REGULUS (mort v. 250 av. J.-C.) ▪ Homme politique et général romain. Fait prisonnier par les Carthaginois (255 av. J.-C.) lors de la première guerre punique, il fut envoyé à Rome pour négocier un échange de prisonniers, dissuada les Romains d'en accepter les conditions et fut supplicié à son retour.

RÉGURGITER v. tr. 1 ▪ **1.** DIDACT. Rendre ; faire revenir de l'estomac dans la bouche. *Régurgiter des aliments.* **2.** péj. Répéter (ce qu'on vient d'apprendre). ► n. f. RÉGURGITATION

RÉHABILITATION n. f. ▪ Fait de réhabiliter.

RÉHABILITER v. tr. 1 ▪ **1.** Rendre à (qqn) ses droits perdus et l'estime publique. *Réhabiliter un condamné.* - au p. p. *Innocent réhabilité.* ♦ Rétablir dans l'estime, dans la considération d'autrui. - pronom. *Se réhabiliter.* ⇒ se **racheter.** **2.** Remettre en bon état pour l'habitation. ⇒ **rénover.** - au p. p. *Immeuble ancien réhabilité.*

RÉHABITUER v. tr. 1 ▪ Faire reprendre une habitude perdue à (qqn). ⇒ **réaccoutumer.** - pronom. *Se réhabituer à se lever tôt.*

REHAUSSER v. tr. 1 ▪ **1.** Hausser davantage ; élever à un plus haut niveau. *Rehausser un mur.* ⇒ **surélever.** **2.** fig. Faire valoir davantage. *Le fard rehausse l'éclat de son teint.* - au p. p. *Rehaussé de :* orné de. *Habit rehaussé de broderies.* **3.** PEINT. Donner plus de relief à (un dessin) en accentuant certains éléments (⇒ **rehaut**).

REHAUT n. m. ▪ PEINT. Touche claire qui accuse les lumières.

RÉHYDRATER v. tr. 1 ▪ Hydrater de nouveau (ce qui est déshydraté). ► n. f. RÉHYDRATATION

Wilhelm REICH (1897 - 1957) ▪ Psychanalyste américain d'origine autrichienne. Il a tenté de concilier marxisme et psychanalyse. *"Matérialisme dialectique et Psychanalyse"* (1929).

REICH n. m. ▪ Mot allemand signifiant « empire ». Le **I**er **Reich** correspond au Saint Empire romain germanique (962-1806). Le **II**e **Reich** est l'empire fondé par Bismarck (1871-1918). L'Allemagne nazie de Hitler (1933-1945) s'intitula **III**e **Reich.**

Hans REICHENBACH (1891 - 1953) ▪ Philosophe et logicien allemand, membre du cercle de Vienne*.

REICHSHOFFEN ▪ Commune du Bas-Rhin. 5 092 hab. *(les Reichshoffennois).* Les charges des cuirassiers français, le 6 août 1870, lors de la bataille de Frœschwiller, ont été appelées *charges de Reichshoffen,* bien qu'elles aient eu lieu aux alentours.

le REICHSTAG ▪ Le Parlement allemand, de 1866 à 1945. Le bâtiment du Reichstag, à Berlin, fut détruit dans un incendie que les nazis attribuèrent aux communistes et à la suite duquel ils effectuèrent des milliers d'arrestations (1933). Il est, depuis 1990, le siège du Bundestag de l'Allemagne réunifiée.

Thomas Mayne dit **le capitaine Mayne REID** (1818 - 1883) ▪ Écrivain britannique. Romans d'aventures. *"Le Cavalier sans tête"* (1866).

RÉIMPRESSION n. f. ▪ Action de réimprimer (un livre) ; livre réimprimé.

RÉIMPRIMER v. tr. 1 ▪ Imprimer de nouveau (généralement sous la même forme). - au p. p. *Un livre souvent réimprimé.*

REIMS ▪ Chef-lieu d'arrondissement de la Marne. 180 620 hab. *(les Rémois).* Célèbre cathédrale gothique du XIIIe s. (bombardée par les Allemands durant la Première Guerre mondiale et restaurée grâce à l'aide des Américains). Abbatiale Saint-Remi (XIIe-XVe s.). Place Royale (XVIIIe s.). Université. Industries liées à la fabrication du champagne. Elle fut la métropole de la province de Gaule Belgique en l'an 17. Clovis s'y fit baptiser par saint Remi v. 496 et les rois de France s'y firent sacrer. Elle fut fortifiée par Philippe le Bel en 1295.

REIN n. m. ▪ **1.** au plur. Partie inférieure du dos, au niveau des vertèbres lombaires. ⇒ **lombes.** *La cambrure des reins. Avoir mal aux reins.* - *Tour de reins :* lumbago. ♦ loc. fig. *Avoir les reins solides :* être de taille à triompher d'une épreuve. - *Casser les reins à qqn,* briser sa carrière. **2.** Chacun des deux organes qui élaborent l'urine. ⇒ **néphr(o)- ; rénal.** *Rein droit, gauche. Greffe du rein.* - *Rein artificiel :* appareil palliant l'insuffisance rénale par dialyse*. ♦ (animaux) *Reins comestibles d'un animal.* ⇒ **rognon.**

Salomon **REINACH** (1858 - 1932) ▪ Archéologue et philologue français.

RÉINCARNATION n. f. ▪ RELIG. Incarnation dans un nouveau corps (d'une âme qui avait été unie à un autre corps). ⇒ **métempsychose.**

SE **RÉINCARNER** v. pron. [1] ▪ RELIG. S'incarner dans un nouveau corps.

REINE n. f. ▪ **1.** Épouse d'un roi. ♦ *Reine mère :* mère du souverain régnant. - plais. Belle-mère ou mère. *Pas un mot à la reine mère !* **2.** Femme qui détient l'autorité souveraine dans un royaume. ⇒ **souveraine.** *Époux d'une reine.* ⇒ prince **consort.** - loc. *Un port de reine :* un maintien majestueux. **3.** JEUX Deuxième pièce du jeu d'échecs, à l'action la plus étendue. - (aux cartes) ⇒ **dame. 4.** Femme qui l'emporte sur les autres. *La reine de la soirée* (⇒ **héroïne**). *Reine de beauté.* ⇒ **miss.** *C'est la reine de son cœur.* - **5.** Femelle féconde (d'abeille...), unique dans la colonie.

les îles de la **REINE-CHARLOTTE** ▪ Archipel canadien dans l'océan Pacifique, près des côtes de la Colombie-Britannique.

REINE-CLAUDE n. f. ▪ Prune verte, à la chair fondante. *Des reines-claudes.*

REINE-MARGUERITE n. f. ▪ Plante aux fleurs blanches, roses ou mauves ; ces fleurs. *Des reines-marguerites.*

reine-marguerite. *Callistephus sinensis.*
Phot. © König/Jacana

REINETTE n. f. ▪ Variété de pomme très parfumée. *Reinette grise ; reinette du Canada* (→ canada).

Max **REINHARDT** (1873 - 1943) ▪ Metteur en scène et directeur de théâtre autrichien. Il dirigea le Deutsches Theater de Berlin (1905-1933) puis émigra aux États-Unis.

Django **REINHARDT** (1910 - 1953) ▪ Guitariste de jazz français, d'origine gitane. *"Nuages"* (1940).

RÉINSÉRER v. tr. [6] ▪ Fournir à (qqn) les moyens de se réadapter à la vie sociale. *Réinsérer un ancien détenu.* - pronom. *Se réinsérer.*

RÉINSERTION n. f. ▪ Fait de réinsérer, de se réinsérer. *Réinsertion sociale.*

RÉINSTALLER v. tr. [1] ▪ Installer de nouveau. ► n. f. RÉINSTALLATION

RÉINTÉGRATION n. f. ▪ Action de réintégrer (2) ; son résultat.

RÉINTÉGRER v. tr. [6] ▪ **1.** Revenir dans (un lieu). *Réintégrer le domicile conjugal.* **2.** Rétablir (qqn) dans la jouissance d'un bien, d'un droit. *Réintégrer qqn dans ses fonctions.*

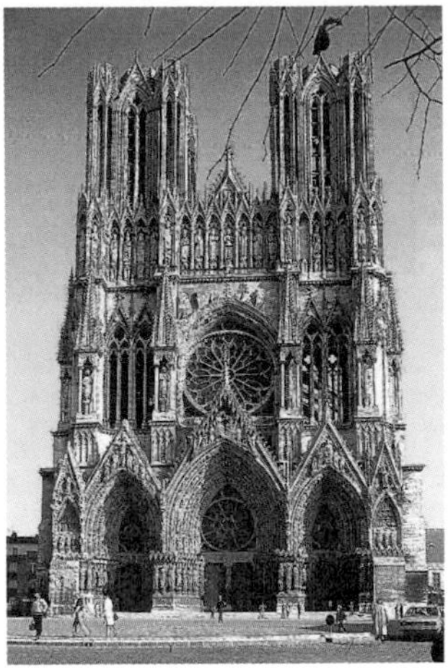

Reims. La façade de la cathédrale.
Phot. © de Selva/Tapabor

RÉINTRODUIRE v. tr. [38] ▪ Introduire de nouveau. ► n. f. RÉINTRODUCTION

RÉINVENTER v. tr. [1] ▪ Inventer de nouveau ; renouveler.

Karel **REISZ** (né en 1926) ▪ Cinéaste britannique d'origine tchèque. Il est l'un des meilleurs représentants du « free cinema ». *"Samedi soir, dimanche matin"* (1961); *"La Maîtresse du lieutenant français"* (1981).

RÉITÉRER v. tr. [6] ▪ Faire de nouveau, faire plusieurs fois. ⇒ **renouveler.** *Réitérer une promesse.* - au p. p. *Efforts réitérés.* ⇒ **répété.** ► n. f. RÉITÉRATION

Nagłowicz Mikołaj **REJ** (1505 - 1569) ▪ Écrivain polonais. Le premier à avoir écrit exclusivement dans la langue nationale. *"Portrait véridique de la vie d'un homme vertueux"* (1558).

REJAILLIR v. intr. [2] ▪ **1.** (liquide) Jaillir en étant renvoyé (par un choc...). **2.** fig. *REJAILLIR SUR qqn :* retomber, se reporter sur (par un prolongement de l'effet). *Son succès a rejailli sur nous.* ► n. m. REJAILLISSEMENT

Gabrielle Réju dite **RÉJANE** (1856 - 1920) ▪ Comédienne française. Rendue célèbre par les comédies-vaudevilles, elle fut aussi la créatrice de *"Maison de poupée"* d'Ibsen (1894) et de *"L'Oiseau bleu"* de Maeterlinck (1911).

REJET n. m. ▪ **I.** Nouvelle pousse (d'une plante). *Rejet de châtaignier.* ⇒ **rejeton** (1). **II. 1.** Action de rejeter, d'évacuer ; son résultat. **2.** Renvoi d'un ou plusieurs mots (vers la fin de la proposition...), dans un souci d'expressivité. ⇒ **enjambement. III. 1.** Action de rejeter, de refuser ; son résultat. ⇒ **abandon.** *Le rejet d'un recours en grâce.* **2.** Attitude de refus envers (qqn, un groupe ; qqch.). *Rejet des différences.* ⇒ aussi **exclusion. 3.** Intolérance de l'organisme à (une greffe). *Phénomène de rejet.*

REJETER v. tr. [4] ▪ **I. 1.** Jeter en sens inverse. ⇒ **relancer.** *La mer rejette les épaves à la côte.* ♦ Évacuer, expulser. *Son estomac rejette toute nourriture.* ⇒ **rendre, vomir. 2.** fig. Faire retomber (sur un autre). *Rejeter une responsabilité sur qqn.* **3.** Jeter, porter ou mettre ailleurs. *Rejeter un mot à la fin d'une phrase.* - (en changeant la position) *Rejeter la tête, les épaules en arrière.* **II. 1.** Écarter (qqch.) en refusant. *Rejeter une proposition.* ⇒ **décliner ; repousser. 2.** Écarter (qqn) en repoussant. - au p. p. *Se sentir rejeté par ses proches.* **3.** Ne pas assimiler (une greffe).

REJETON n. m. ▪ **1.** ⇒ **rejet** (I). **2.** FAM. ou iron. Enfant ; fils.

REJOINDRE v. tr. [49] ▪ **1.** Aller retrouver qqn ; un groupe. *Rejoindre sa famille.* ♦ Regagner (un lieu). *Rejoindre son domicile.* **2.** (choses) Venir en contact avec. *Rue qui rejoint un boulevard.* - S'ajouter à. *Ce livre alla rejoindre la pile.* **3.** Avoir des points communs avec. *Cela rejoint votre opinion.* **4.** Rattraper (qqn qui a de l'avance). *Pars devant, je te rejoindrai.*

RÉJOUIR v. tr. [2] ▪ Rendre joyeux, faire plaisir à. *Cela me réjouit.* - *Ce spectacle réjouit le cœur.* ♦ Mettre en gaieté. ⇒

amuser, égayer. *Ses plaisanteries ont réjoui l'assemblée.* ► SE RÉJOUIR v. pron. Éprouver de la joie, de la satisfaction. *Il n'y a pas lieu de se réjouir.* SE RÉJOUIR À. ⇒ **jubiler.** *Je me réjouis à la pensée de vous revoir.* - SE RÉJOUIR DE. ⇒ se **féliciter.** *Se réjouir du succès de qqn ; qu'il ait réussi.* - au p. p. *Une mine réjouie.* ⇒ **gai, joyeux.**

RÉJOUISSANCE n. f. ▪ Joie collective. *Des occasions de réjouissance.* ♦ au plur. *Réjouissances publiques.* ⇒ **fête.** - loc. *Le programme* des réjouissances.*

RÉJOUISSANT, ANTE adj. ▪ Qui réjouit, est propre à réjouir. *Une nouvelle qui n'a rien de réjouissant.*

RELÂCHE ▪ **I.** n. m. ou f. **1.** VX Répit. *Un moment de relâche.* - MOD. loc. adv. *SANS RELÂCHE :* sans répit. ⇒ **interruption, trêve.** *Travailler sans relâche.* **2.** Fermeture momentanée (d'une salle de spectacle). *Jour de relâche. Faire relâche.* **II.** n. f. MAR. Action de relâcher, de s'arrêter (dans un port). *Bateau qui fait relâche.*

RELÂCHÉ, ÉE adj. ▪ Qui a perdu de sa force. *Morale relâchée.* ⇒ **laxiste.** - Qui manque de rigueur. *Style relâché.*

RELÂCHEMENT n. m. ▪ État de ce qui est relâché, moins tendu. - fig. *Le relâchement des mœurs.*

RELÂCHER v. [1] ▪ **I.** v. tr. **1.** Rendre moins tendu ou moins serré. ⇒ **desserrer, détendre.** *Relâcher son étreinte.* - *Relâcher ses muscles.* **2.** fig. Reposer et détendre. *Relâcher son attention.* - Laisser perdre de sa force, de sa rigueur. *Relâcher la discipline.* **3.** Remettre (qqn) en liberté. ⇒ **libérer, relaxer.** **II.** v. intr. MAR. Faire escale. ► SE **RELÂCHER** v. pron. **1.** Devenir plus lâche. - fig. *Liens sociaux qui se relâchent.* **2.** Devenir moins rigoureux. ⇒ **faiblir, fléchir.** *La discipline s'est relâchée.* - (personnes) *Se relâcher dans son travail.*

RELAIS n. m. ▪ **1.** anciennt Lieu où des chevaux étaient postés pour remplacer les chevaux fatigués. *Relais de poste.* - MOD. Auberge ou hôtel, près d'une route. *Relais routier.* **2.** loc. *Prendre le relais de.* ⇒ **relayer.** **3.** *Course de relais* ou *relais :* épreuve disputée entre équipes de plusieurs coureurs qui se relayent à des distances déterminées. *Relais 4×100 mètres ; 400 mètres relais.* **4.** Organisation d'un travail continu où les personnes se remplacent par roulement. *Équipes de relais.* **5.** Étape. - appos. *Ville relais.* ♦ Intermédiaire (entre personnes). *Servir de relais dans une transaction.* **6.** SC., TECHN. Dispositif servant à retransmettre un signal radioélectrique en l'amplifiant. *Relais hertzien.*

RELANCE n. f. ▪ **1.** JEUX Action de relancer (II). *Limiter la relance, au poker.* **2.** Reprise, nouvelle impulsion. *La relance de l'économie.* **3.** Action de relancer (I, 3). ⇒ **rappel.** *Lettre de relance.*

RELANCER v. [3] ▪ **I.** v. tr. **1.** Lancer à son tour (une chose reçue). *Relancer une balle.* ⇒ **renvoyer.** **2.** Remettre en marche ; lancer de nouveau. *Relancer un moteur.* - *Relancer un projet.* **3.** Poursuivre (qqn) avec insistance, pour obtenir qqch. de lui. *Relancer qqn par téléphone.* **II.** v. intr. JEUX Augmenter l'enjeu. *Relancer de 1 000 francs.*

RELAPS, APSE [-aps] adj. ▪ RELIG. Retombé dans une hérésie, après l'avoir abjurée. *Jeanne d'Arc fut brûlée comme relapse.*

RELATER v. tr. [1] ▪ LITTÉR. Raconter d'une manière précise et détaillée. ⇒ **rapporter.** *Les historiens relatent que...* - *Journal qui relate les événements de l'actualité.*

RELATIF, IVE adj. ▪ **I. 1.** Qui présente une relation avec ; au plur. qui ont une relation mutuelle. *Positions relatives.* ⇒ **respectif.** - MATH. *Entier relatif,* affecté du signe + ou du signe –. *L'ensemble* $\mathbb{Z}$ *des entiers relatifs.* **2.** Qui ne suffit pas à soi-même, n'est ni absolu, ni indépendant. *Tout savoir est relatif. Valeur relative. Tout est relatif :* on ne peut juger de rien en soi. **3.** Incomplet, imparfait. ⇒ **partiel.** *Il est d'une honnêteté relative, d'une relative honnêteté.* **4.** *RELATIF À :* se rapportant à, concernant. *Documents relatifs à telle période.* **II.** GRAMM. Se dit des mots servant à établir une relation entre un nom ou un pronom qu'ils représentent (⇒ **antécédent**) et une subordonnée. *Pronoms relatifs* (qui, que, dont, quoi, où, lequel, quiconque) ; *adjectifs relatifs* (lequel, quel). *Proposition relative* et n. f. *une relative,* introduite par un pronom relatif.

RELATION n. f. ▪ **I.** DIDACT. Fait de relater ; récit. *Selon la relation d'un témoin.* ⇒ **témoignage.** *Relation écrite.* ⇒ **compte rendu.** - Récit fait par un voyageur. *La relation d'un voyage en Chine.* **II.** (lien, rapport) **1.** Rapport de dépendance entre des choses, des phénomènes. *Relation de cause à effet. En relation avec...* ⇒ **relatif** à. *Ce que je dis n'a pas de relation avec ce qui précède.* **2.** Lien de dépendance ou d'influence réciproque (entre personnes) ; au plur. fait de se fréquenter. ⇒ **commerce, contact, rapport.** *Les relations humaines. Relations d'amitié ; amoureuses. Relations professionnelles. Nouer des relations avec qqn. Bonnes, mauvaises relations* (→ être en bons, en mauvais termes). *Interrompre ses relations avec qqn.* - *Être, se mettre, rester* EN RELATION(S) *avec qqn.* ♦ *Avoir des relations :* connaître des gens influents. - *Obtenir un poste par relations.* **3.** Personne avec qui on a des relations d'habitude. ⇒ **connaissance.** *Ce n'est pas un ami, seulement une relation.* **4.** Lien entre groupes (peuples, nations, États). *Les relations internationales.* - *Relations diplomatiques.* ♦ *RELATIONS PUBLIQUES :* techniques d'information et de promotion utilisées par un groupement, une société. ⇒ **communication.** **5.** SC. Rapport d'interdépendance (entre un être vivant et un milieu). *Relations des êtres vivants avec leur milieu* (⇒ **écologie**).

RELATIONNEL, ELLE adj. ▪ Qui concerne les relations entre les personnes.

RELATIVEMENT adv. ▪ **1.** Par une relation, un rapport de comparaison (→ par rapport à). **2.** D'une manière relative. ⇒ **plutôt.** *C'est relativement rare.* ⇒ **assez.** **3.** *RELATIVEMENT À :* en ce qui concerne. ⇒ **quant** à.

RELATIVISER v. tr. [1] ▪ Faire perdre son caractère absolu à (qqch.), en le mettant en relation avec qqch. d'analogue ou avec un ensemble.

RELATIVISME n. m. ▪ Doctrine qui admet la relativité de la connaissance humaine.

RELATIVITÉ n. f. ▪ **I.** Caractère de ce qui est relatif (I). *La relativité de la connaissance ; du jugement humain.* **II.** *Théories de la relativité :* les deux théories *(relativité restreinte et relativité générale)* formulées par Einstein, décrivant les liens qui unissent la matière, l'espace et le temps.

RELAX ou **RELAX, AXE** [ʀəlaks] adj. ▪ FAM. Qui favorise la détente. ⇒ **décontracté.** *Une soirée relax.* - *Fauteuil relax* et n. m. *un relax :* fauteuil ou chaise longue confortable. ♦ À l'aise, détendu. *Un type relax.* - *Une tenue relax.* ♦ adv. *Conduire relax.*

RELAXANT, ANTE adj. ▪ Qui procure une détente.

RELAXATION n. f. ▪ **I.** DIDACT. Diminution ou suppression d'une tension. **II.** anglic. Méthode thérapeutique de détente par des procédés psychologiques actifs. - COUR. Repos, détente.

RELAXE n. f. ▪ DR. Décision par laquelle un tribunal déclare un prévenu non coupable.

① **RELAXER** v. tr. [1] ▪ DR. Déclarer (un prévenu) non coupable (⇒ **relaxe**).

② **RELAXER** v. [1] ▪ **1.** *SE RELAXER* v. pron. Se détendre (physiquement et intellectuellement). ⇒ se **décontracter.** **2.** v. tr. Détendre. *Ce bain m'a relaxé.*

RELAYER v. tr. [8] ▪ Remplacer (qqn) dans une activité qui ne peut être interrompue (⇒ **relais**). *Quand tu seras fatigué de ramer, je te relaierai.* ► SE **RELAYER** v. pron. Se remplacer l'un l'autre, alternativement. *Elles se sont relayées toute la nuit auprès du malade.*

Le RELECQ-KERHUON ▪ Commune du Finistère. 10 569 hab. (*les Relecquois* ou *Kerhorres*).

RELECTURE n. f. ▪ Action de relire. *Relecture des épreuves d'imprimerie.*

RELÉGATION n. f. ▪ DR. Peine qui consistait à exiler (qqn) hors du territoire métropolitain. *La relégation fut remplacée en 1970 par la tutelle pénale.*

RELÉGUER v. tr. [6] ▪ **1.** DR. Condamner (qqn) à la relégation. **2.** Envoyer, maintenir (qqn) en un lieu écarté ou médiocre. ⇒ **exiler.** *On l'a relégué dans la chambre du fond.* - *Reléguer un objet au grenier.* ♦ fig. *Reléguer qqn dans une fonction subalterne.*

RELENT n. m. ▪ souvent au plur. Mauvaise odeur qui persiste. *Des relents de friture.* - fig. Trace, soupçon. *Des relents de racisme.*

RELEVAILLES n. f. pl. ▪ VIEILLI ou RURAL Période qui suit l'accouchement.

RELEVÉ n. m. ▪ Action de relever, de noter ; ce qu'on a noté. *Relevé de plan. Le relevé des dépenses.* - *Relevé d'identité bancaire.*

RELÈVE n. f. ▪ **1.** Remplacement (d'une personne, d'une équipe), dans un travail continu. *La relève de la garde.*

Prendre la relève. ⇒ **relayer.** - Personnes qui assurent ce remplacement. *La relève tarde.* **2.** fig. Remplacement (dans une action, une tâche collective). *La relève est assurée.*

RELÈVEMENT n. m. ▪ **1.** Redressement, rétablissement. *Le relèvement d'un pays.* **2.** Action de relever, de hausser. *Le relèvement d'un sol.* - *Le relèvement des salaires.* ⇒ **hausse, majoration.**

RELEVER v. tr. 5 ▪ **I. 1.** Remettre debout. *Relever des ruines. Relever qqn qui est tombé.* **2.** fig. Remettre en bon état (ce qui est au plus bas). *Relever l'économie.* - *Relever le moral de qqn.* **3.** Ramasser, collecter. *Professeur qui relève les copies.* - loc. *Relever le défi*.* **4.** fig. Faire remarquer ; mettre en relief. ⇒ **noter, souligner.** *Relever des erreurs dans un texte. On n'a pu relever aucune charge contre lui.* ♦ Répondre vivement à (une parole). *Je n'ai pas voulu relever l'allusion.* ♦ Noter par écrit ou par un croquis (⇒ **relevé**). *Relever un passage dans un texte. Relever le plan d'un appartement. Relever des empreintes.* - *Relever un compteur,* le chiffre d'un compteur. **II.** (Remettre plus haut) **1.** Diriger, orienter vers le haut (une partie du corps, du vêtement). *Relever la tête, le front. Relever son col ; ses manches* (⇒ **retrousser**). **2.** Donner plus de hauteur à (⇒ **élever ; relèvement**) ; fig. élever le chiffre de (⇒ **hausser, majorer**). *Relever le niveau de vie, les salaires.* **3.** fig. Donner une valeur plus haute à. ⇒ **rehausser.** *Relever le niveau de la conversation.* **4.** Donner plus de goût à (par des condiments...). *Relever une sauce.* ⇒ **assaisonner, épicer.** **5.** LITTÉR. Donner du relief, de l'attrait à. *Relever un récit de détails piquants.* ⇒ **agrémenter, pimenter.** **III. 1.** Assurer la relève de (qqn). ⇒ **relayer.** *Relever une sentinelle.* **2.** *RELEVER qqn DE,* le libérer de (une obligation). ⇒ **délier.** *Relever qqn d'une promesse.* - *Relever qqn de ses fonctions.* ⇒ **destituer. IV.** v. tr.ind. *RELEVER DE.* **1.** Dépendre de (une autorité). *Les seigneurs relevaient du roi.* **2.** Être du ressort de. *Affaire qui relève du tribunal correctionnel.* **3.** Être du domaine de. *Cette notion relève de la philosophie.* **V.** v. intr. *RELEVER DE :* se rétablir, se remettre de. *Relever de maladie.* - *Relever de couches* (⇒ **relevailles**). ► SE **RELEVER** v. pron. **1.** Se remettre debout ; reprendre la position verticale. *Aider qqn à se relever.* - fig. *Pays qui se relève de ses ruines. Se relever d'un échec.* ⇒ se **remettre. 2.** Se diriger vers le haut. *Les coins de sa bouche se relèvent.* - (passif) Être ou pouvoir être dirigé vers le haut. *Volet qui se relève.* **3.** (récipr.) Se remplacer (dans une tâche). ⇒ se **relayer.** ► **RELEVÉ, ÉE** adj. **1.** Dirigé, ramené vers le haut. *Col relevé.* - *Virage relevé,* dont la courbe extérieure est plus haute. **2.** VIEILLI Qui a de l'élévation. *Style relevé.* - MOD. (en tournure négative) *Une plaisanterie pas très relevée,* médiocre, de mauvais goût. **3.** Épicé, piquant. *Une sauce relevée.*

RELEVEUR, EUSE ▪ **1.** adj. Qui relève. - ANAT. *Muscle releveur de la paupière.* **2.** n. Professionnel qui relève, ramasse, ou enregistre. *Releveur de compteurs.*

RELIEF n. m. ▪ **I.** au plur. Restes (d'un repas). *Les reliefs d'un festin.* **II. 1.** *UN RELIEF :* ce qui fait saillie sur une surface. *La paroi ne présentait aucun relief.* **2.** ARTS Ouvrage comportant des éléments qui se détachent sur un fond plan. ⇒ **bas-relief, haut-relief.** *Façade ornée de reliefs.* **3.** Caractère (d'une image) donnant l'impression d'une profondeur, de plans différents ; perception qui y correspond. *Le relief d'une peinture. Sensation de relief.* **4.** Forme d'une surface qui comporte des saillies et des creux. *Le relief du sol.* - spécialt Forme de la surface terrestre, dans ses variations. *Étude du relief* (⇒ **géomorphologie, orographie, topographie**). **5.** *EN RELIEF. Les caractères en relief du braille.* - *Photographie, film en relief,* qui donne l'impression du relief. **6.** fig. Apparence plus nette, plus vive, du fait des oppositions. *Un style qui manque de relief.* - *Mettre en relief :* faire valoir, en mettant en évidence.

RELIER v. tr. 7 ▪ **I. 1.** Lier ensemble. ⇒ **assembler, attacher.** *Relier deux maillons, un maillon à un autre.* **2.** Mettre en communication avec. ⇒ **joindre, raccorder.** *Route qui relie deux villes.* **3.** fig. Mettre en rapport. *Relier des indices.* **II.** Attacher ensemble (des feuillets), former (un livre) en couvrant avec une matière rigide. *Relier une collection de revues.* - au p. p. *Livre relié et livre broché.*

RELIEUR, EUSE n. ▪ Personne dont le métier est de relier des livres. *Relieur d'art.*

RELIGIEUSEMENT adv. ▪ **1.** Avec religion ; selon les rites d'une religion. *Se marier religieusement.* **2.** Avec une exactitude religieuse. ⇒ **scrupuleusement.** *Observer religieusement le règlement.* **3.** Avec une attention recueillie. *Écouter religieusement un concert.*

RELIGIEUX, EUSE ▪ **I.** adj. **1.** Qui concerne la religion, les rapports entre les êtres humains et un pouvoir surnaturel. *Le sentiment religieux. Pratiques religieuses, rites religieux. Édifices religieux* (église, mosquée, pagode, temple...). *Fêtes religieuses. Mariage religieux* (opposé à civil). - *Doctrines religieuses.* ⇒ **dogme, théologie.** - *Art religieux.* ⇒ **sacré. 2.** Qui croit en une religion, pratique une religion. ⇒ **croyant. 3.** Consacré à la religion, à Dieu, par des vœux. *La vie religieuse.* ⇒ **monastique.** - *Congrégations religieuses ; ordres religieux.* **4.** Qui présente les caractères du sentiment ou du comportement religieux. *Un respect religieux. Un silence religieux.* **5.** *Mante* religieuse.* **II.** n. Personne qui a prononcé des vœux dans un ordre monastique. ⇒ **moine, nonne, sœur.** *Une communauté de religieux, de religieuses.* ⇒ **congrégation, couvent, monastère, ordre. III.** n. f. Pâtisserie faite de deux choux superposés, fourrés de crème pâtissière (au café, au chocolat).

RELIGION n. f. ▪ **1.** *LA RELIGION.* Reconnaissance par l'être humain d'un principe supérieur de qui dépend sa destinée ; attitude intellectuelle et morale qui en résulte. *Être sans religion* (⇒ **agnostique, areligieux, athée**). *Neutralité d'un État en matière de religion.* ⇒ **laïcité.** - *Guerres de religion* (voir aussi ci-dessous). **2.** Croyance, conviction religieuse (de qqn). ⇒ **foi.** - plais. *Ma religion m'interdit de me lever tôt.* **3.** *UNE RELIGION.* Système de croyances et de pratiques propre à un groupe social. ⇒ **culte.** *Pratiquer une religion. Se convertir à une religion. Les adeptes d'une religion. Ministres, prêtres des diverses religions.* - *Religions révélées. Religion animiste, polythéiste. Religions monothéistes.* ⇒ **christianisme ; islamisme ; judaïsme.** *La religion catholique. La religion réformée.* ⇒ **protestantisme.** - *Les religions orientales.* ⇒ **bouddhisme, hindouisme. 4.** loc. *Entrer en religion :* prononcer ses vœux de religieux, entrer dans les ordres. **5.** Culte, attachement (à certaines valeurs). *Une religion de la science, de l'art.*

▪ **les guerres de RELIGION** ▪ Guerre civile qui opposa en France catholiques et protestants, marquée par une succession de conflits entre 1562 et 1598. Elle se compliqua d'enjeux diplomatiques et politiques : les protestants (Coligny) soutenaient les Pays-Bas et l'Espagne était l'alliée de la Ligue* (catholique). La monarchie hésitait entre la répression (massacre de la Saint-Barthélemy*, 1572) et la conciliation avec les protestants, pour réduire l'influence du parti ultracatholique des Guises*. Dans un pays lassé et dévasté par la guerre, l'hostilité envers l'ingérence espagnole dans les affaires françaises l'emporta sur le fanatisme religieux. Henri IV* mit fin au conflit par l'édit de Nantes* (1598). Le pouvoir royal sortit renforcé de la crise et évolua vers l'absolutisme.

les guerres de **Religion.** *Pendaison d'Anne du Bourg,* gravure de Franz Hogenbergh. Bibliothèque nationale de France, Paris.
Phot. © Lauros/Giraudon

RELIGIOSITÉ n. f. ▪ Inclination sentimentale vers la religion.

RELIQUAIRE n. m. ▪ Coffret précieux renfermant des reliques (⇒ **châsse**).

RELIQUAT n. m. ▪ Ce qui reste (d'une somme à payer, à percevoir). ⇒ **reste.**

RELIQUE n. f. ▪ **1.** Fragment du corps d'un saint (ou objet associé à la vie du Christ ou d'un saint) auquel on rend un culte. - *Garder qqch. comme une relique,* précieusement. **2.** Objet témoignant du passé auquel on attache moralement le plus grand prix.

RELIRE v. tr. [43] ▪ **1.** Lire de nouveau (ce qu'on a déjà lu). *J'ai relu ce livre avec plaisir.* **2.** Lire en vue de corriger, de vérifier. *Relire un manuscrit.* – pronom. *Se relire avec attention.*

RELIURE n. f. ▪ **1.** Action ou art de relier (les feuillets d'un livre ; un livre). **2.** Manière dont un livre est relié ; couverture d'un livre relié. *Les plats, le dos d'une reliure. Reliure pleine peau.*

RELOGEMENT n. m. ▪ Action de reloger ; fait d'être relogé.

RELOGER v. tr. [3] ▪ Procurer un nouveau logement à (qqn). *Reloger des sinistrés.*

RELOUER v. tr. [1] ▪ Louer (②) de nouveau.

RELU, UE ⇒ RELIRE

RELUIRE v. intr. [38] ▪ Luire en réfléchissant la lumière, en produisant des reflets. ⇒ **briller.** ♦ spécialt Luire après avoir été nettoyé et frotté. *Faire reluire des cuivres.* – *Brosse* à reluire.*

RELUISANT, ANTE adj. ▪ **1.** Qui reluit. *Parquet reluisant.* **2.** fig. (en phrase négative) ⇒ **brillant.** *Un avenir peu reluisant.*

RELUQUER v. tr. [1] ▪ FAM. **1.** Regarder du coin de l'œil, avec intérêt et curiosité. ⇒ **lorgner.** *Reluquer les filles.* **2.** fig. Considérer avec convoitise. ⇒ **guigner.** *Reluquer un héritage.*

REMÂCHER v. tr. [1] ▪ **1.** (ruminants) Mâcher une seconde fois. **2.** abstrait Revenir sans cesse en esprit sur. ⇒ **ressasser, ruminer.** *Remâcher sa rancune.*

REMAILLAGE ; REMAILLER ⇒ REMMAILLAGE ; REMMAILLER

REMAKE [rimɛk] n. m. ▪ anglic. Nouvelle version (d'un film, d'une œuvre littéraire). *Des remakes.*

RÉMANENCE n. f. ▪ SC. Persistance d'un phénomène après disparition de sa cause. *Rémanence des images visuelles.*

RÉMANENT, ENTE adj. ▪ SC. Qui subsiste après la disparition de la cause. *Image rémanente,* subsistant après l'excitation visuelle.

REMANIEMENT n. m. ▪ Action de remanier ; son résultat. *Remaniement ministériel.*

REMANIER v. tr. [7] ▪ **1.** Modifier (un ouvrage de l'esprit) par un nouveau travail. ⇒ **corriger, refondre, retoucher.** *Remanier un texte.* **2.** Modifier la composition de (un ensemble). *Remanier le gouvernement.*

SE **REMARIER** v. pron. [7] ▪ Se marier à nouveau. ► n. m. REMARIAGE

REMARQUABLE adj. ▪ **1.** Digne d'être remarqué, d'attirer l'attention. ⇒ **marquant, notable.** *Un événement remarquable. Un artiste remarquable par son talent. Il est remarquable que* (+ subj.). **2.** Digne d'être remarqué par son mérite, sa qualité. ⇒ **éminent.** *Une des femmes les plus remarquables de ce temps. Exploit remarquable.* ⇒ **extraordinaire.**

REMARQUABLEMENT adv. ▪ D'une manière remarquable. ⇒ **très ; admirablement, étonnamment.**

REMARQUE n. f. ▪ **1.** Action de remarquer (qqch.). *Il en a déjà fait la remarque* : il l'a déjà constaté. **2.** Énoncé ayant pour but d'attirer l'attention de qqn sur qqch. *Faire une remarque à qqn.* – spécialt Observation, critique désobligeante. *Je n'ai pas apprécié sa remarque.* ♦ Notation écrite qui attire l'attention du lecteur. ⇒ **annotation, commentaire.**

Erich Maria REMARQUE (1898-1970) ▪ Romancier allemand naturalisé américain. *"À l'ouest rien de nouveau"*, 1928, roman sur l'horreur de la Première Guerre mondiale.

REMARQUÉ, ÉE adj. ▪ Qui est l'objet de l'attention, de la curiosité. *Une absence remarquée.*

REMARQUER v. tr. [1] ▪ **1.** Avoir la vue, l'attention frappée par (qqch.). ⇒ **apercevoir, découvrir.** *Remarquer qqch. du premier coup d'œil. Remarquer la présence, l'absence de qqn.* – pro-

Reliure monastique en bois, bronze et ivoire, début XIIe s. pour les *Quatuor Evangelia*, provenant de l'abbaye de Werden (Allemagne). Musée Condé, Chantilly. *Phot. © Giraudon*

Reliure en maroquin rouge de René Kieffer et Pierre Legrain pour *Le Poète assassiné* d'Apollinaire, 1916. Bibliothèque Jacques Doucet, Paris. *Phot. © Lauros/ Giraudon/DR*

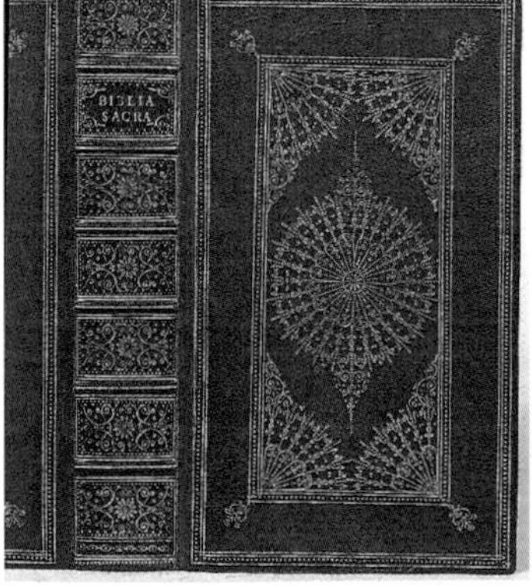

Reliure en cuir doré pour la *Bible des Évêques*, XVIIe s. Musée Condé, Chantilly. *Phot. © Giraudon*

reliure.

Rembrandt. *La Ronde de nuit.* Rijksmuseum, Amsterdam. *Phot. © Rijksmuseum-Foundation*

nom. (passif) *Détails qui se remarquent à peine.* - REMARQUER QUE. *J'ai remarqué qu'il boitait.* - (en tournure négative) *Je n'ai pas remarqué qu'il était* (ou *qu'il fût*) *déçu.* - *Remarquez, remarquez bien que...* (se dit pour attirer l'attention). ⇒ **noter.** *Permettez-moi de vous faire remarquer que vous êtes en retard.* **2.** Distinguer particulièrement (une personne, une chose parmi d'autres). *J'ai remarqué un individu à la mine louche.* - *Son excentricité le fait remarquer partout.* ♦ plutôt péj. *SE FAIRE REMARQUER :* attirer sur soi l'attention. *Il cherche à se faire remarquer.*

REMBALLER v. tr. 1 ▪ Emballer (ce qu'on a déballé). *Le représentant a remballé sa marchandise.* - fig. FAM. *Il peut remballer ses compliments,* les garder, ne pas les dire. ► n. m. REMBALLAGE

REMBARQUEMENT n. m. ▪ Action, fait de rembarquer. *Le rembarquement des troupes.*

REMBARQUER v. 1 ▪ **1.** v. tr. Embarquer (ce qu'on avait débarqué). **2.** *Se rembarquer* v. pron. ; *rembarquer* v. intr. : s'embarquer de nouveau.

REMBARRER v. tr. 1 ▪ Repousser brutalement (qqn) par un refus, une réponse désobligeante. *Elle s'est fait rembarrer et a dû se taire.*

REMBLAI n. m. ▪ **1.** Opération de terrassement consistant à rapporter des terres pour faire une levée ou combler une cavité. *Travaux de remblai.* **2.** Terres rapportées à cet effet. *Le mur de soutènement d'un remblai.*

REMBLAYER v. tr. 8 ▪ Faire des travaux de remblai sur. *Remblayer une route ; un fossé.* ► n. m. REMBLAYAGE

REMBOBINER v. tr. 1 ▪ Bobiner, enrouler de nouveau. *Rembobiner un film.* ► n. m. REMBOBINAGE

REMBOÎTER v. tr. 1 ▪ Remettre en place (ce qui était déboîté). *Remboîter un os.* ► n. m. REMBOÎTEMENT

REMBOURRAGE n. m. ▪ Action de rembourrer ; matière servant à rembourrer.

REMBOURRER v. tr. 1 ▪ Garnir de bourre. ⇒ **bourrer, capitonner, matelasser.** *Rembourrer un siège.* ► **REMBOURRÉ, ÉE** adj. *Un coussin bien rembourré.* - FAM. (personnes) Grassouillet, bien en chair.

REMBOURSABLE adj. ▪ Qui peut ou qui doit être remboursé. *Prêt remboursable en* (ou *sur*) *quinze ans.*

REMBOURSEMENT n. m. ▪ Action de rembourser. - *Envoi, expédition contre remboursement,* contre paiement à la livraison.

REMBOURSER v. tr. 1 ▪ **1.** Rendre à qqn (la somme qu'il a déboursée). *Rembourser une dette à qqn.* - *Remboursez* (les places) !, cri de mécontentement, à un spectacle. **2.** Rendre à (qqn) ce qu'il a déboursé. *Rembourser un créancier.* - *On l'a remboursé de tous ses frais.*

Harmenszoon Van Rijn dit **REMBRANDT** (1606-1669) ▪ Peintre, dessinateur et graveur hollandais. La force de ses tableaux, d'inspiration souvent biblique, est liée au traitement du mouvement et de la lumière qui met en valeur les parties essentielles de la toile. *"La Leçon d'anatomie du docteur Tulp"* (1632); *"La Ronde de nuit"* (1641-1642); *"Les Pèlerins d'Emmaüs"* (1648).

SE **REMBRUNIR** v. pron. 2 ▪ Prendre un air sombre, chagrin. *À ces mots, elle se rembrunit.* - au p. p. *Mine rembrunie.*

REMÈDE n. m. ▪ **1.** Substance employée au traitement d'une maladie. ⇒ **médicament.** *Prescrire, administrer ; prendre un remède. Remède universel.* ⇒ **panacée.** - loc. *Remède de bonne femme,* empirique et traditionnel. *Remède de cheval,* brutal. **2.** fig. Ce qui est employé pour atténuer ou guérir une souffrance morale. loc. prov. *Le remède est pire que le mal.* - *Un remède à, contre l'ennui.* - *Porter remède à...* ⇒ **remédier.** - loc. prov. *Aux grands maux, les grands remèdes :* il faut agir énergiquement dans les cas graves. - loc. péj. *C'est un remède à l'amour* (d'une personne très laide). - *Sans remède.* ⇒ **irrémédiable.**

REMÉDIABLE adj. ▪ À quoi l'on peut remédier.

REMÉDIER v. tr. ind. 7 ▪ *REMÉDIER À :* apporter un remède (2) à. *Pour remédier à cette situation...* ⇒ **obvier, parer ; pallier.**

REMEMBRANCE n. f. ▪ VX ou LITTÉR. Évocation ; souvenir. *"Remembrances du vieillard idiot"* (poème de Rimbaud).

REMEMBREMENT n. m. ▪ Regroupement de parcelles de terre afin de constituer un domaine agricole d'un seul tenant.

REMEMBRER v. tr. [1] ▪ Rassembler (des parcelles) en un seul domaine.

REMÉMORER v. tr. [1] ▪ LITTÉR. Remettre en mémoire. ► SE **REMÉMORER** v. pron. (plus cour.). Reconstituer (qqch.) avec précision dans sa mémoire. ⇒ se **rappeler.** *Il se remémora la scène dans tous ses détails.*

REMERCIEMENT n. m. ▪ Action de remercier (1), témoignage de reconnaissance. *Avec tous mes remerciements. Se confondre en remerciements.*

REMERCIER v. tr. [7] ▪ **1.** Dire merci, témoigner de la reconnaissance à (qqn). *Remerciez-le de ma part. Je ne sais comment vous remercier.* – *REMERCIER qqn DE, POUR. Je vous remercie de votre gentillesse, pour votre cadeau. Il l'a remercié d'être venu.* – *Je vous remercie* (refus poli) (→ non, merci). **2.** Renvoyer, licencier (qqn). ⇒ **congédier.**

RÉMÉRÉ n. m. ▪ DR. Rachat possible de son bien par le vendeur. *Clause de réméré.*

REMETTRE v. tr. [56] ▪ **I.** (Mettre de nouveau) **1.** Mettre à sa place antérieure. *Remettre une chose en place, à sa place.* – loc. *Ne plus remettre les pieds quelque part,* ne plus y retourner. – *Remettre un enfant en pension.* – loc. fig. *Remettre qqn sur la bonne voie. Remettre qqn à sa place,* le rabrouer. **2.** fig. *Remettre en esprit, en mémoire :* rappeler (une chose oubliée). – *Remettre qqn,* le reconnaître. *Ah, maintenant, je vous remets !* **3.** Mettre de nouveau sur soi. *Remettre ses gants.* **4.** Rétablir. *Remettre le courant.* – *Remettre de l'ordre.* **5.** Mettre plus de. ⇒ **ajouter.** *Remettre du sel dans un plat.* – FAM. *EN REMETTRE :* faire ou dire plus qu'il n'est utile, exagérer. ⇒ en **rajouter. 6.** Replacer (dans la position antérieure). *Remettre une chose d'aplomb.* – loc. *Remettre qqn sur pied.* ⇒ **guérir.** – *Remettre un os luxé.* ⇒ **remboîter. 7.** *REMETTRE À, EN :* faire passer dans un autre état, ou à l'état antérieur. *Remettre un moteur en marche. Remettre qqch. en état, à neuf ; en ordre.* – *Remettre en cause, en question.* ⇒ **reconsidérer.** – *Cure qui remet en forme.* ⇒ FAM. **retaper.** – absolt Réconforter. *Prenez un cognac, ça vous remettra.* **II. 1.** Mettre en la possession ou au pouvoir de qqn. *Remettre un paquet à son destinataire.* – *Remettre un coupable à la justice.* – *Remettre sa démission.* ⇒ **donner.** *Je remets mon sort entre vos mains.* **2.** Faire grâce de (une obligation). *Je vous remets votre dette :* je vous en tiens quitte. – *Remettre les péchés.* ⇒ **absoudre, pardonner ; rémission. III.** Renvoyer (qqch.) à plus tard. ⇒ **ajourner, différer.** *Remettre qqch. au lendemain. Il a remis son départ de deux jours.* – *Tendance à remettre à plus tard.* ⇒ **procrastination.** – (au p. p.) loc. *Ce n'est que partie remise :* ce sera pour une autre fois. **IV.** FAM. *REMETTRE ÇA :* recommencer. *Allez, on remet ça !* – Resservir ou reprendre à boire. *Je remets une tournée. Patron, remettez-nous ça !* ► SE **REMETTRE** v. pron. **I.** (au sens I du v.) **1.** Se replacer. *Se remettre debout.* – *Le temps s'est remis au beau.* **2.** *SE REMETTRE À* (+ n. ou inf.). ⇒ **recommencer.** *Se remettre au latin. Il s'est remis à fumer.* **3.** *SE REMETTRE DE :* revenir à un état antérieur plus favorable. *Se remettre d'une maladie.* ⇒ **guérir,** se **rétablir.** – absolt *Il se remet très vite.* – *Se remettre de sa frayeur.* – *Il ne s'en est jamais remis.* ⇒ **relever.** – absolt *Allons, remettez-vous !* reprenez vos esprits. **4.** *Se remettre avec qqn, se remettre ensemble :* vivre de nouveau ensemble. **II.** (au sens II du v.) **1.** *Se remettre entre les mains de qqn.* **2.** *S'EN REMETTRE À qqn,* lui faire confiance. ⇒ se **fier.** *S'en remettre à qqn du soin de...,* lui laisser le soin de. *Je m'en remets à votre jugement.*

saint **REMI** (v. 437 - v. 530) ▪ Évêque de Reims qui baptisa Clovis.

RÉMIGE n. f. ▪ Grande plume rigide de l'aile (des oiseaux). ⇒ **penne.**

REMILITARISER v. tr. [1] ▪ Militariser de nouveau. ⇒ **réarmer.** ► n. f. REMILITARISATION

RÉMINISCENCE n. f. ▪ LITTÉR. Souvenir imprécis, où domine la tonalité affective. *De vagues réminiscences.*

REMIREMONT ▪ Commune des Vosges. 9 068 hab. *(les Romarimontains).* Crypte (XIe s.) de l'église Saint-Pierre. Ancien palais abbatial (XVIIIe s.).

REMIS, ISE ⇒ REMETTRE

REMISE n. f. ▪ **I.** (Action de remettre) **1.** (dans des loc.) *REMISE EN, À :* action de mettre à sa place antérieure, dans son état antérieur. *Remise en marche, en ordre. Remise à neuf.* – *Une remise en question.* **2.** Action de mettre en la possession de (qqn). *La remise d'un colis à son destinataire.* ⇒ **livraison.** *Remise de prix.* **3.** Renonciation (à une créance). *Remise de dette.* **4.** *REMISE DE PEINE :* réduction de la peine (d'un condamné). **5.** Diminution de prix. ⇒ **rabais, réduction.** *Faire, consentir une remise à qqn. Remise de 5% sur un rayon.* **6.** Renvoi à plus tard. ⇒ **ajournement. II.** Local où l'on peut abriter des voitures, des objets. ⇒ **resserre.** *Les remises d'une ferme.*

REMISER v. tr. [1] ▪ **1.** Ranger (un véhicule) sous une remise, un abri. ⇒ **garer. 2.** Mettre (qqch.) à l'abri en un lieu écarté. *Remiser une malle au grenier.*

RÉMISSIBLE adj. ▪ DIDACT. Digne de rémission, de pardon.

RÉMISSION n. f. ▪ **1.** Action de remettre, de pardonner (les péchés). *La rémission des péchés.* ⇒ **absolution.** ♦ loc. *SANS RÉMISSION :* sans indulgence, sans possibilité de pardon. *Punir sans rémission.* **2.** Diminution momentanée (d'un mal). ⇒ **répit.** *Les rémissions de la douleur.*

RÉMITTENT, ENTE adj. ▪ MÉD. (maladie...) Qui présente des périodes d'accalmie.

Alekseï REMIZOV (1877 - 1957) ▪ Romancier et conteur russe émigré à Paris. *"Les Yeux tondus".*

REMMAILLER [ʀɑ̃m-] v. tr. [1] ▪ Réparer en reconstituant, en remontant les mailles. *Remmailler des bas.* ◇ var. REMAILLER. ► n. m. REMMAILLAGE [ʀɑ̃m-] ◇ var. REMAILLAGE.

REMMAILLEUSE [ʀɑ̃m-] n. f. ▪ Ouvrière qui remmaille.

REMMENER [ʀɑ̃m-] v. tr. [5] ▪ Emmener (qqn) au lieu d'où on l'a amené. ⇒ **ramener ; reconduire.**

REMODELER v. tr. [5] ▪ **1.** Transformer en améliorant la forme de (qqch.). *Chirurgien qui remodèle un visage.* **2.** Modifier l'organisation de (qqch.). ⇒ **remanier, restructurer.** ► n. m. REMODELAGE

REMONTAGE n. m. ▪ Action de remonter (un mécanisme...).

REMONTANT, ANTE adj. ▪ Qui remonte, redonne de la vigueur. ⇒ **fortifiant, reconstituant.** – n. m. *Un remontant :* boisson, médicament qui redonne des forces. ⇒ **cordial, tonique.**

REMONTÉE n. f. ▪ **1.** Action de remonter. *La remontée de l'eau dans un siphon.* – Fait de remonter (une pente, une rivière). **2.** SPORTS Action de regagner du terrain perdu. *Équipe qui fait une belle remontée.* **3.** Dispositif servant à remonter les skieurs. *Remontées mécaniques :* remonte-pentes, télésièges, etc.

REMONTE-PENTE n. m. ▪ Câble servant à hisser les skieurs en haut d'une pente, au moyen de perches. ⇒ **téléski ;** FAM. **tire-fesses.** *Des remonte-pentes.*

REMONTER v. [1] ▪ **I.** v. intr. **1.** Monter de nouveau ; regagner l'endroit d'où l'on est descendu. *Il est remonté au grenier.* – *Sous-marin qui remonte à la surface.* – *Sa jupe remonte.* **2.** S'élever de nouveau en pente. *La route descend, puis remonte* (sans idée de répétition). ⇒ **monter. 3.** Aller vers la source, en amont (d'un fleuve). – fig. Aller vers l'origine (de qqch.). *Remonter de l'effet à la cause.* **4.** *REMONTER À :* être aussi ancien que, avoir son origine à (une époque passée). ⇒ **dater.** *Souvenirs qui remontent à l'enfance.* – loc. *Cela remonte au déluge :* c'est très ancien. **II.** v. tr. **1.** Parcourir de nouveau vers le haut. *Remonter l'escalier.* – *Remonter le peloton,* regagner le terrain perdu sur lui. **2.** Parcourir vers l'amont (un cours d'eau). *Remonter un fleuve, le cours d'un fleuve.* – *Remonter le courant ;* fig. redresser une situation compromise. – fig. *La machine à remonter le temps.* **3.** Porter de nouveau en haut. *Remonter une malle au grenier. Remonter son col.* ⇒ **relever. 4.** Tendre le ressort de (un mécanisme). *Remonter un réveil.* – pronom. (passif) *Montre à pile qui ne se remonte pas.* **5.** fig. Rendre l'énergie à. *Remonter le moral de qqn* (⇒ **réconforter**). – par ext. *Ce cognac va vous remonter.* ⇒ **ragaillardir, revigorer ;** FAM. **ravigoter, requinquer ; remontant.** – pronom. *Boire un alcool pour se remonter.* **6.** Monter (ce qui était démonté). *Remonter un moteur.* **7.** Pourvoir à nouveau de ce qui est nécessaire. *Remonter sa garde-robe.*

REMONTOIR n. m. ▪ Dispositif pour remonter un mécanisme. *Montre à remontoir.*

REMONTRANCE n. f. ▪ surtout au plur. Critique motivée et raisonnée adressée à qqn pour lui reprocher son attitude. ⇒ **réprimande.** *Faire des remontrances à un enfant.*

REMONTRER v. intr. 1 ▪ **I.** *EN REMONTRER À* (qqn) : se montrer supérieur à ; donner des leçons à. *Il prétend en remontrer à son professeur.* **II.** Montrer de nouveau. *Remontrez-moi ce modèle.*

RÉMORA n. m. ▪ Poisson à la tête munie d'un disque grâce auquel il s'attache à de gros poissons.

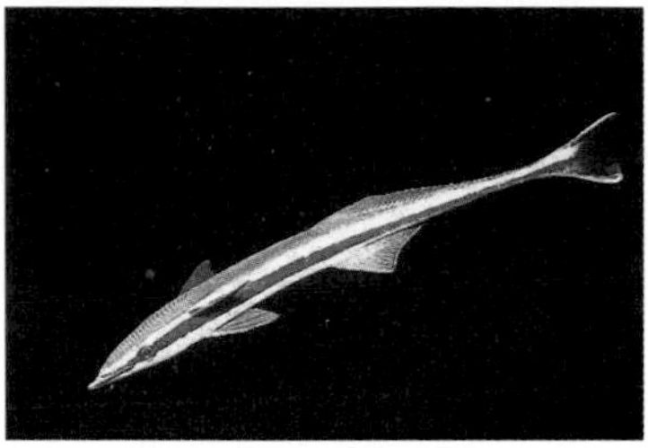

rémora. *Echeneis naucrates.*
Phot. © de Wilde/Jacana

REMORDS n. m. ▪ Sentiment douloureux, accompagné de honte, que cause la conscience d'avoir mal agi. ⇒ **regret, repentir.** *Avoir des remords. Être bourrelé de remords.* - *Le remords d'une faute.*

REMORQUAGE n. m. ▪ Action de remorquer. *Le remorquage des péniches.*

REMORQUE n. f. ▪ **1.** (dans des loc.) Action de remorquer. *Câble de remorque.* - *Prendre un bateau, une voiture EN REMORQUE.* **2.** loc. fig. *Être À LA REMORQUE* : traîner, rester en arrière. *Être à la remorque de qqn,* se laisser mener par lui. **3.** Câble de remorque. **4.** Véhicule sans moteur, destiné à être tiré par un autre. *Remorque de camion.*

REMORQUER v. tr. 1 ▪ **1.** Tirer (un navire) au moyen d'un câble. ⇒ **remorque** (3) ; **haler, touer. 2.** Tirer (un véhicule sans moteur ou en panne). *Dépanneuse qui remorque une voiture.* - fig. FAM. *Il faut remorquer toute la famille !*

REMORQUEUR n. m. ▪ Navire muni de dispositifs de remorquage.

RÉMOULADE n. f. ▪ Mayonnaise additionnée de moutarde, d'ail, etc. - appos. *Du céleri rémoulade.*

RÉMOULEUR n. m. ▪ Artisan, souvent ambulant, qui aiguise les instruments tranchants.

REMOUS n. m. ▪ **1.** Tourbillon à l'arrière d'un navire. - Tourbillon dans l'eau, au contact d'un obstacle. *Les remous d'une rivière.* - Tourbillon dans un fluide quelconque. *Air agité de remous.* **2.** Mouvement confus et massif (d'une foule). *Il y eut des remous dans l'auditoire.* **3.** fig. Agitation. *Des remous sociaux.*

REMPAILLER v. tr. 1 ▪ Garnir (un siège) d'une nouvelle paille. ⇒ **canner.** ► n. m. REMPAILLAGE

REMPAILLEUR, EUSE n. ▪ Personne dont le métier est de rempailler des sièges.

REMPAQUETER v. tr. 4 ▪ Empaqueter de nouveau.

REMPART n. m. ▪ **1.** Forte muraille qui forme l'enceinte (d'une forteresse, d'une ville fortifiée). *Des remparts crénelés.* ♦ au plur. Zone (d'une ville) comprise entre cette enceinte et les habitations les plus proches. **2.** LITTÉR. Ce qui sert de défense, de protection. ⇒ **bouclier.** *Se faire un rempart du corps de qqn.*

REMPILER v. 1 ▪ **1.** v. tr. Empiler de nouveau. *Rempiler des livres.* **2.** v. intr. FAM. Se rengager (dans l'armée).

REMPLAÇABLE adj. ▪ (choses, personnes) Qui peut être remplacé.

REMPLAÇANT, ANTE n. ▪ Personne qui en remplace momentanément une autre (dans son travail). ⇒ **suppléant.** *Médecin qui prend un remplaçant pendant les vacances.*

REMPLACEMENT n. m. ▪ Action, fait de remplacer qqn, qqch. - *En remplacement de* (qqch.) : à la place de. - *Produit de remplacement.* ⇒ **ersatz, succédané.** ♦ *Faire un remplacement.* ⇒ **remplaçant ; intérim, suppléance.**

REMPLACER v. tr. 3 ▪ **1.** *Remplacer qqch.,* mettre une autre chose à sa place. *Remplacer des rideaux par des stores.* - *Remplacer qqn,* lui donner un remplaçant ou un successeur. - Mettre à la place de (qqch.) une chose semblable et en bon état. *Remplacer un carreau cassé.* ⇒ **changer. 2.** Être mis, se mettre à la place de (qqch., qqn). *Les calculettes ont remplacé le calcul mental.* ⇒ **succéder** à. **3.** Tenir lieu de. ⇒ **suppléer.** *Le miel remplace le sucre.* **4.** Exercer temporairement les fonctions de (qqn). *Remplacer qqn à une cérémonie.* ⇒ **représenter.** *Acteur qui se fait remplacer.* ⇒ **doubler.**

REMPLI, IE adj. ▪ **1.** Plein. *Un bol rempli de lait.* - Plein (d'assistants). *La salle est remplie.* ⇒ **bondé,** ② **comble.** - Occupé dans toute sa durée. *Vie bien remplie.* - fig. LITTÉR. *Être rempli de son importance.* ⇒ **gonflé. 2.** *Rempli de* : qui contient en grande quantité ; qui a beaucoup de. *Un texte rempli d'erreurs.*

REMPLIR v. tr. 2 ▪ **I. 1.** Rendre plein, utiliser entièrement (un espace disponible). ⇒ **emplir.** *Remplir une casserole d'eau. Remplir un bol à moitié, à ras bord.* ♦ *Remplir une salle* (de spectateurs...). - pronom. *La salle commence à se remplir.* ♦ fig. *Ce succès l'a rempli d'orgueil.* ⇒ **combler. 2.** Couvrir entièrement (un espace). *Remplir une feuille de dessins.* - par ext. *Remplir un discours de citations.* ⇒ **truffer. 3.** (sans compl. second) Compléter (un document qui a des espaces laissés en blanc). *Remplir un formulaire.* **II.** (sans compl. second) **1.** Rendre plein par sa présence. *L'eau remplissait les réservoirs.* - *La foule remplissait la place.* ⇒ **envahir.** ♦ fig. Occuper entièrement. *La colère qui remplit son cœur.* - *Toutes les occupations qui remplissent sa vie.* **2.** Couvrir entièrement (un support visuel). *Remplir des pages et des pages.* **III.** (sans compl. second) Exercer, accomplir effectivement. *Remplir une fonction.* - *Il a rempli ses engagements.* ⇒ **tenir.** - *Remplir certaines conditions.* ⇒ **satisfaire** à.

REMPLISSAGE n. m. ▪ **1.** Opération qui consiste à remplir ; fait de se remplir. *Le remplissage d'une piscine.* **2.** péj. Ce qui allonge un texte inutilement. *C'est du remplissage.* ⇒ **délayage.**

REMPLOI ; REMPLOYER ⇒ RÉEMPLOI ; RÉEMPLOYER

SE **REMPLUMER** v. pron. 1 ▪ **1.** (oiseaux) Se couvrir de nouvelles plumes. **2.** FAM. Rétablir sa situation financière. **3.** FAM. Reprendre du poids. *Le convalescent commence à se remplumer.*

REMPOCHER v. tr. 1 ▪ Remettre dans sa poche. *Rempocher sa monnaie.*

REMPOISSONNER v. tr. 1 ▪ Repeupler de poissons. ► n. m. REMPOISSONNEMENT

REMPORTER v. tr. 1 ▪ **I.** Emporter (ce qu'on avait apporté). ⇒ **reprendre.** *Remporter un plat à la cuisine.* **II.** Emporter (ce qui est disputé). ⇒ **gagner.** *Remporter une victoire* (⇒ **vaincre**), un prix. - (sans compétition) *Film qui remporte un grand succès.*

REMPOTER v. tr. 1 ▪ Changer (une plante) de pot. ► n. m. REMPOTAGE

REMPRUNTER ou **RÉEMPRUNTER** v. tr. 1 ▪ Emprunter de nouveau.

REMSCHEID ▪ Ville d'Allemagne, dans la Ruhr (Rhénanie-du-Nord-Westphalie). 122 800 hab.

REMUANT, ANTE adj. ▪ Qui remue beaucoup. *Un enfant remuant.* ⇒ **turbulent.** - Qui a des activités multiples et un peu brouillonnes.

REMUE-MÉNAGE n. m. invar. ▪ Mouvements, déplacements bruyants et désordonnés. *Faire du remue-ménage.* ⇒ **chahut.** - fig. *Un grand remue-ménage politique.*

REMUE-MÉNINGES n. m. invar. ▪ Réunion organisée pour que les participants émettent des idées, formulent des propositions. ◇ recomm. off. pour *brainstorming.*

REMUEMENT n. m. ▪ Action de remuer ; mouvement de ce qui remue.

REMUER v. 1 ▪ **I.** v. tr. **1.** Faire changer de position. ⇒ **bouger, déplacer.** *Objet lourd à remuer.* - *Remuer les lèvres.* - loc. *Ne pas remuer le petit doigt* : ne rien faire pour aider qqn. **2.** Déplacer dans ses parties, ses éléments. *Remuer des braises. Remuer la salade.* ⇒ **retourner ;** FAM. **touiller.** - loc. *Remuer ciel et terre* : faire appel à tous les moyens (pour obtenir qqch.). **3.** fig. Agiter moralement. *Remuer de vieux souvenirs.* - *Son récit nous a profondément remués.* ⇒ **émouvoir.** - au p. p. Ému. *Il semble très remué.* **II.** v. intr. **1.** Bouger, changer de position. *Il souffre dès qu'il remue.* - loc. FAM. *Ton nez remue !*, tu mens. - *Avoir une dent qui remue.* **2.** S'agiter, menacer de passer à l'action. ⇒ **bouger.** *Les syndicats commencent à remuer.* ► SE **REMUER** v. pron. Se mouvoir, faire des mouvements. *Avoir de la peine à se remuer.* - fig. Agir en se donnant de la peine. ⇒ se **démener**, se **dépenser.** *Se remuer pour faire aboutir un projet.*

REMUGLE n. m. ▪ LITTÉR. Odeur désagréable de renfermé.

RÉMUNÉRATEUR, TRICE adj. ▪ Qui paie bien, procure des bénéfices. *Activité rémunératrice.* ⇒ **lucratif.**

RÉMUNÉRATION n. f. ▪ Argent reçu pour prix d'un service, d'un travail. ⇒ **rétribution, salaire.**

RÉMUNÉRER v. tr. [6] ▪ Payer (un service, un travail). - Payer (qqn) pour un travail. ⇒ **rétribuer.** - au p. p. *Travail, collaborateur bien, mal rémunéré.*

REMUS ▪ Dans la légende romaine, frère de Romulus*, élevé avec lui par une louve.

Remus. *La Louve capitoline allaitant Remus et Romulus,* bronze, art étrusque, VIIe s. av. J.-C. Musée du Capitole, Rome. *Phot. © Giraudon*

Abel **RÉMUSAT** (1788 - 1832) ▪ Sinologue français. Première chaire de chinois du Collège de France en 1814.

RENÂCLER v. intr. [1] ▪ **1.** (animaux) Renifler en signe de mécontentement. **2.** fig. Témoigner de la répugnance (devant une contrainte). *Renâcler à la besogne.* ⇒ **rechigner.** *Accepter une corvée sans renâcler.*

RENAISSANCE n. f. ▪ **I. 1.** RELIG. Nouvelle naissance. **2.** fig. Nouvel essor. *Renaissance des arts.* ⇒ **renouveau. II.** (avec maj.) *LA RENAISSANCE :* essor intellectuel provoqué, à partir du XVe siècle en Italie, puis dans toute l'Europe, par le retour aux idées et à l'art antiques. - Période historique allant du XIVe ou du XVe siècle à la fin du XVIe siècle. *Tableau, édifice de la Renaissance.* - appos. (invar.) *Châteaux Renaissance.* ▪ Les élites de la Renaissance avaient le sentiment de vivre une seconde naissance de la civilisation, après la période du Moyen Âge qui les séparait de l'Antiquité. Les Florentins, Dante en littérature, Cimabue et Giotto en peinture, avaient amorcé ce retour aux valeurs grecques et romaines. Les maîtres du Quattrocento (XVe s.) furent l'architecte Brunelleschi, les peintres Masaccio, Piero della Francesca, Mantegna, Botticelli, les sculpteurs Ghiberti et Donatello. Vinrent ensuite Bramante, Léonard de Vinci, Raphaël, Michel-Ange, enfin les maniéristes. L'école flamande, le travail érudit des humanistes (encouragé par l'invention de l'imprimerie, la redécouverte des manuscrits grecs et latins de l'Antiquité), l'art de Dürer et Cranach en Allemagne, de Holbein en Angleterre, le succès de la Réforme sont autant de manifestations de ce renouveau, au XVIe s., qu'illustrent en France l'école de Fontainebleau, les écrivains Rabelais, Ronsard, Montaigne. La Renaissance se caractérise par une curiosité universelle, un sens nouveau de la beauté du monde et de la valeur de l'homme, l'amour des lettres, des arts et des sciences.

Madeleine **Renaud** dans *Oh les beaux jours !* de S. Beckett, mise en scène de R. Blin. *Phot. © Bernand*

RENAISSANT, ANTE adj. ▪ **1.** Qui renaît. *Les forces renaissantes d'un convalescent.* **2.** DIDACT. De la Renaissance. *L'art renaissant.*

RENAÎTRE v. intr. [59] ▪ REM. Le p. p. est très rare, à cause du prénom *René.* **1.** Naître de nouveau. - loc. fig. *Renaître de ses cendres :* réapparaître, revivre après la destruction, la ruine. **2.** LITTÉR. *RENAÎTRE À :* revenir dans (tel ou tel état). *Renaître à la vie :* recouvrer la santé, la joie de vivre. **3.** Reprendre des forces. *Se sentir renaître.* ⇒ **revivre. 4.** (choses) Recommencer à vivre. ⇒ **reparaître.** *L'espoir renaît, désormais.* - *Faire renaître le passé.* **5.** Recommencer à croître. *La végétation renaît au printemps.*

RÉNAL, ALE, AUX adj. ▪ Relatif au rein ou à sa région. ⇒ **néphrétique.** *Plexus rénaux.*

Ernest **RENAN** (1823 - 1892) ▪ Écrivain français. Rationaliste, historien des religions (*"Vie de Jésus"*, 1863), spécialiste des langues sémitiques. Auteur de *"Souvenirs d'enfance et de jeunesse"* (1883), notables par la *"Prière sur l'Acropole"*.

RENARD n. m. ▪ **1.** Mammifère carnivore à la tête triangulaire et effilée, à la queue touffue ; le mâle adulte. - *Renard des sables.* ⇒ **fennec.** - loc. *Rusé comme un renard.* **2.** Fourrure de cet animal. *Col de renard.* **3.** Personne rusée, subtile. *Un vieux renard.*

renard. *Vulpes vulpes. Phot. © Danegger/Jacana*

Jules **RENARD** (1864 - 1910) ▪ Écrivain français au style économe, à la fois cruel et drôle. *"Poil de Carotte"* (1894) ; *"Histoires naturelles"* (1896).

RENARDE n. f. ▪ Femelle du renard.

RENARDEAU n. m. ▪ Petit du renard.

RENARDIÈRE n. f. ▪ Terrier du renard.

Madeleine **RENAUD** (1900 - 1994) ▪ Actrice française. Fondatrice avec Jean-Louis Barrault, son mari, de la *compagnie Renaud-Barrault.*

RENAUDER v. intr. [1] ▪ POP. VIEILLI Protester avec mauvaise humeur.

Théophraste **RENAUDOT** (1586 - 1653) ▪ Médecin français, fondateur de la presse en France avec la création en 1631 de *La Gazette de France.* Le *prix Renaudot* est un prix littéraire fondé en 1925.

La cour du palais ducal à Urbino, XVe s. *Phot. © Erich Lessing/Magnum*

Cellini (1500-1571), *Apollon conduisant le char du Soleil,* émail. Musée Condé, Chantilly.
Phot. © Giraudon

Le grand escalier du château de Chambord, XVIe s.
Phot. © Giraudon

Dürer, *Les Quatre Apôtres*, 1526, diptyque.
Alte Pinakothek, Munich. *Phot. © Blauel/Gnam-Artothek/Artephot*

Botticelli, *Le Printemps,* v. 1478. Musée des Offices, Florence.
Phot. © Alinari/Giraudon

la **Renaissance.**

Renault. Photo de famille dans les premières voitures construites par Renault en 1899 (de gauche à droite : Marcel Renault, Vamie Renault, Paul Huope). *Phot. © Coll. Bauer/Explorer*

Louis RENAULT (1877-1944) ▪ Ingénieur et industriel français, pionnier de l'industrie automobile. Ses usines furent nationalisées en 1945.

RENCARD ; RENCARDER ⇒ RANCARD ; RANCARDER

RENCHÉRIR v. intr. [2] ▪ **1.** Devenir plus cher. *Les prix ont renchéri.* **2.** fig. *RENCHÉRIR SUR :* aller encore plus loin que, en action ou en paroles. ⇒ **surenchérir.** *Renchérir sur un mensonge.*

RENCHÉRISSEMENT n. m. ▪ Hausse du prix (de qqch.).

RENCOGNER v. tr. [1] ▪ FAM. VX Pousser, repousser dans un coin. - pronom. MOD. *Se rencogner.* ⇒ se **blottir.**

RENCONTRE n. f. ▪ **I.** LITTÉR. Circonstance fortuite, hasard. - loc. adj. *DE RENCONTRE :* fortuit (→ de hasard). *Des amitiés de rencontre.* **II. 1.** Le fait, pour deux personnes, de se trouver (par hasard ou non) en contact. *Une rencontre agréable. Mauvaise rencontre,* celle d'une personne dangereuse. *Ménager une rencontre entre deux personnes.* ⇒ **entrevue, rendez-vous.** - *À LA RENCONTRE DE :* au-devant de. *Aller à la rencontre de qqn ; à sa rencontre.* **2.** Engagement, combat, match. *Une rencontre de boxe.* - Réunion autour d'une discussion. *Rencontre au sommet.* **3.** (choses) Le fait de se trouver en contact. ⇒ **jonction.** *Point de rencontre. Rencontre brutale.* ⇒ **choc, collision.**

RENCONTRER v. tr. [1] ▪ **1.** Se trouver en présence de (qqn) par hasard. *Je l'ai rencontré sur mon chemin.* ⇒ **croiser.** ♦ Se trouver avec (qqn) par une rencontre ménagée. *Rencontrer un émissaire.* - Être opposé en compétition à (un adversaire). ♦ Se trouver pour la première fois avec (qqn). ⇒ faire la **connaissance** de. *Je l'ai rencontré chez des amis.* ♦ Trouver (parmi d'autres). *Un collaborateur comme on n'en rencontre guère,* remarquable. **2.** Se trouver près de, en présence de (qqch.). *C'est un thème qu'on rencontre souvent chez cet auteur.* - (sujet chose) *Son regard rencontra le mien.* - *Sa tête a rencontré le mur.* ⇒ **heurter. 3.** fig. Se trouver en présence de (un événement...). *Rencontrer une occasion.* - *Le projet a rencontré une forte opposition.* ► SE **RENCONTRER** v. pron. **1.** Se trouver en même temps au même endroit. *Ils se sont rencontrés dans la rue.* - Faire connaissance. *Nous nous sommes déjà rencontrés.* - Avoir une entrevue. ⇒ se **réunir.** ♦ fig. Partager, exprimer les mêmes idées ou sentiments. loc. prov. *Les grands esprits* se rencontrent.* **2.** Entrer en contact. *Leurs regards se rencontrèrent.* **3.** passif Se trouver, être constaté. ⇒ **exister.** *Résoudre chaque problème qui se rencontre.* - impers. *Il se rencontre des gens qui...* ⇒ se **trouver.**

RENDEMENT n. m. ▪ **1.** Produit de la terre, évalué par rapport à la surface cultivée. *Rendement à l'hectare.* - Production évaluée par rapport à des données de base (matériel, capital, travail, etc.). ⇒ **productivité.** *Augmentation, baisse du rendement.* **2.** Produit, gain. ⇒ **rentabilité.** *Taux de rendement d'un investissement.* - (dans un travail) *Il s'applique, mais le rendement est faible.*

RENDEZ-VOUS n. m. ▪ **1.** Rencontre convenue entre deux ou plusieurs personnes. ⇒ FAM. **rancard.** *Avoir, prendre (un) rendez-vous avec qqn. Donner (un) rendez-vous à qqn. Médecin qui reçoit sur rendez-vous.* ♦ spécialt *Rendez-vous amoureux, galant.* - *Maison de rendez-vous,* qui accueille des couples de rencontre. **2.** Lieu fixé pour une rencontre. *Arriver le premier au rendez-vous.* - Lieu de rencontre habituel. *Ce café est le rendez-vous des étudiants.*

RENDORMIR v. [16] ▪ Endormir de nouveau. ► SE **RENDORMIR** v. pron. *Elle s'est vite rendormie.*

RENDRE v. tr. [41] ▪ **I. 1.** Donner en retour (ce qui est dû). *Je vous rends votre argent* (⇒ **rembourser**). ♦ abstrait Donner (sans idée de restitution). *Rendre service, rendre des services à qqn. Rendre grâce(s) à :* remercier. - (sans compl. second) *Rendre un jugement.* ⇒ **prononcer. 2.** Donner en retour (ce qui a été pris ou reçu). ⇒ **restituer.** *Rendre ce qu'on a pris.* - fig. *Rendre la liberté à qqn. Rendre à qqn sa parole,* le délier d'un engagement. ♦ Rapporter au vendeur (ce qu'on a acheté). *Article qui ne peut être ni rendu ni échangé.* **3.** Faire recouvrer. ⇒ **redonner.** *Ce traitement m'a rendu des forces ; le sommeil.* **4.** Donner en retour (en échange de ce qu'on a reçu). *Rendre un baiser.* - loc. *Rendre coup pour coup. Rendre le mal pour le mal.* - *Rendre la monnaie.* fig. *Rendre à qqn la monnaie* de sa pièce.* - *Rendre la pareille*.* - *Rendre à qqn sa visite ;* par ext. *rendre visite* à qqn.* **5.** intrans. Produire, rapporter. **II. 1.** Laisser échapper (ce qu'on ne peut garder, retenir). - spécialt Vomir. *Il a rendu son dîner.* absolt *Avoir envie de rendre.* ♦ fig. *Rendre l'âme, l'esprit, le dernier soupir :* mourir. **2.** Faire entendre (un son). *Instrument qui rend des sons grêles.* **3.** Céder, livrer. loc. *Rendre les armes.* **III.** Faire devenir. *Il me rendra fou.* - au passif *Le jugement a été rendu public.* **IV.** (Présenter après interprétation) **1.** Bien traduire. *Une tournure difficile à rendre.* **2.** Exprimer par le langage. *Une sensation qu'aucun mot ne pouvait rendre.* ♦ Exprimer par un moyen plastique ou graphique. *Rendre avec vérité un paysage.* - au p. p. *Détail bien rendu* (⇒ **rendu**). ► SE **RENDRE** v. pron. **1.** *Se rendre à :* se soumettre, céder à. *Se rendre aux prières, aux ordres de qqn.* ♦ absolt Se soumettre (en rendant les armes). ⇒ **reddition.** *Se rendre sans conditions.* ⇒ **capituler.** - (d'un criminel) Se livrer. **2.** Se transporter, aller. *Se rendre à son travail.* **3.** (suivi d'un attribut) Se faire (tel), devenir par son propre fait. *Se rendre maître de la situation.* - *Vous allez vous rendre malade.* ► (ÊTRE) **RENDU, UE** v. passif et p. p. **1.** Parvenir à sa destination. *Nous voilà rendus.* **2.** Être extrêmement fatigué. ⇒ **fourbu.** *Elle est rendue (de fatigue).*

RENDU n. m. ▪ **1.** loc. *C'est un prêté* pour un rendu.* **2.** ARTS Exécution restituant fidèlement l'impression donnée par la réalité. *Le rendu de l'eau.*

RÊNE n. f. ▪ Chacune des courroies fixées aux harnais d'une bête de selle, et servant à diriger l'animal. ⇒ **bride, guide.** ♦ LITTÉR. *Les rênes de l'État.* - loc. *Prendre les rênes d'une affaire,* la diriger.

RENÉ Ier LE BON dit *LE BON ROI RENÉ* (1409 - 1480) ▪ Duc de Bar, de Lorraine et d'Anjou, comte de Provence, roi titulaire de Naples de 1438 à 1442, mécène et poète.

RENÉGAT, ATE n. ▪ Personne qui a renié sa religion. ⇒ **apostat.** - Personne qui a trahi ses opinions, son parti, etc. ⇒ **traître.**

RENFERMÉ, ÉE ▪ **1.** adj. Qui ne montre pas ses sentiments. ⇒ **dissimulé, secret.** *Un enfant renfermé.* - *Caractère renfermé.* **2.** n. m. Mauvaise odeur d'un lieu mal aéré. *Cette chambre sent le renfermé.*

RENFERMER v. tr. [1] ▪ **1.** Tenir caché (un sentiment). ⇒ **dissimuler.** - pronom. *Se renfermer en soi-même,* ne rien livrer de ses sentiments. **2.** (choses) Tenir contenu. *Les roches renferment des minéraux.* - abstrait Comprendre, contenir. *Texte qui renferme de grandes idées.*

RENFLÉ, ÉE adj. ▪ Qui présente une partie bombée. ⇒ **pansu.**

RENFLEMENT n. m. ▪ État de ce qui est renflé ; partie renflée.

RENFLER v. tr. [1] ▪ RARE Rendre convexe, bombé. - pronom. *Se renfler.*

RENFLOUAGE n. m. ▪ Action de renflouer. ◇ syn. RENFLOUEMENT.

RENFLOUER v. tr. [1] ▪ **1.** Remettre (un navire) à flot. *Renflouer un navire échoué.* **2.** fig. Sauver (qqn, une entreprise) de difficultés financières en fournissant des fonds.

RENFONCEMENT n. m. ▪ Ce qui forme un creux. *Le renfoncement d'une porte.* - Recoin, partie en retrait.

RENFONCER v. tr. [3] ▪ Enfoncer plus avant, plus fort. *Renfoncer son chapeau.*

RENFORCEMENT n. m. ▪ Action, fait de renforcer, d'être renforcé.

RENFORCER v. tr. [3] ▪ **1.** Rendre plus fort, plus solide. ⇒ **consolider.** *Renforcer un mur.* - au p. p. *Talons renforcés.* ♦ Rendre plus puissant. *Renforcer une armée* (⇒ **renfort**). **2.** Rendre plus intense. *Renforcer une couleur.* - *Mot qui sert à renforcer l'expression.* **3.** Rendre plus ferme, plus certain. ⇒ **fortifier.** *Cela renforce ma certitude.* ⇒ **confirmer.** - par ext. *Renforcer qqn dans une opinion.*

RENFORT n. m. ▪ **1.** Effectifs et matériel destinés à renforcer une armée. *Envoyer des renforts.* fig. *Prendre du personnel en renfort.* **2.** loc. *À GRAND RENFORT DE :* à l'aide d'une grande quantité de. *S'exprimer à grand renfort de gestes.*

RENFROGNÉ, ÉE adj. ▪ **1.** Contracté par le mécontentement. *Visage renfrogné.* **2.** (personnes) Maussade, revêche.

SE **RENFROGNER** v. pron. [1] ▪ Témoigner son mécontentement par une expression contractée du visage.

RENGAGER v. tr. [3] ▪ Engager de nouveau. *Rengager du personnel.* ♦ *SE RENGAGER* v. pron. ou *RENGAGER* v. intr. : reprendre du service volontaire dans l'armée. ⇒ **rempiler.** - au p. p. *Soldat rengagé.* ◇ var. RÉENGAGER.

RENGAINE n. f. ▪ **1.** Formule répétée à tout propos. *C'est toujours la même rengaine.* ⇒ **refrain. 2.** Chanson ressassée. *Une rengaine à la mode.*

RENGAINER v. tr. [1] ▪ **1.** Remettre dans la gaine, l'étui. *Rengainer son pistolet.* **2.** FAM. Retenir (ce qu'on allait manifester). *Rengainer son compliment.*

SE **RENGORGER** v. pron. [3] ▪ **1.** (oiseaux) Gonfler la gorge. *Le paon se rengorge.* **2.** (personnes) Prendre une attitude avantageuse, vaniteuse. *Depuis ce succès, il se rengorge.*

Guido **RENI** dit **LE GUIDE** (1575 - 1642) ▪ Peintre italien. Son œuvre, souvent inspirée, est vouée au culte de la beauté et de la grâce. Sujets religieux et mythologiques. Il fut le plus grand représentant de l'école bolonaise.

RENIEMENT n. m. ▪ Action, fait de renier.

RENIER v. tr. [7] ▪ **1.** Déclarer faussement qu'on ne connaît pas ou qu'on ne reconnaît pas (qqn). *Saint Pierre renia trois fois Jésus. Renier sa famille.* **2.** Renoncer à (ce qui inspire la fidélité). *Renier sa foi.* ⇒ **abjurer.** *Renier ses opinions ; sa signature.* ⇒ **désavouer.** *Renier ses engagements,* s'y dérober.

RENIER DE HUY ▪ Orfèvre mosan (actif au début du XIIe s.). Il exécuta pour Notre-Dame de Liège des fonts baptismaux (actuellement à l'église Saint-Barthélemy) en laiton, dont la cuve est entourée de scènes en haut relief de style antique.

RENIFLEMENT n. m. ▪ Action de renifler ; bruit fait en reniflant.

RENIFLER v. [1] ▪ **1.** v. intr. Aspirer bruyamment par le nez. **2.** v. tr. Aspirer par le nez, sentir (qqch.). ⇒ **flairer.** *Chien qui renifle une odeur. Renifler un plat.* - fig. *Renifler quelque chose de louche.*

RENNE n. m. ▪ Mammifère ruminant de grande taille, aux bois aplatis, qui vit dans les régions froides de l'hémisphère Nord. ⇒ **caribou.**

renne. *Rangifer tarandus.* *Phot. © Massart/Jacana*

Karl **RENNER** (1870 - 1950) ▪ Homme d'État autrichien. Social-démocrate, théoricien d'un marxisme réformiste (austromarxisme), il fut président du Conseil national (1931-1933) puis devint président de la République autrichienne (1945-1950).

RENNES ▪ Chef-lieu de l'Ille-et-Vilaine et de la région Bretagne. 197 536 hab. *(les Rennais).* Université. Parlement de Bretagne (XVIIe s.), partiellement incendié en 1994. Maisons et hôtels anciens. Centre administratif et commercial. Région agricole. Industries automobile et électronique. Capitale de la Bretagne au XIe s., rivale de Nantes, la ville fut reconstruite au XVIIIe s. après un incendie. Au XVIe s., son parlement se montra indépendant à l'égard du pouvoir royal.

Reni. *Cléopâtre.* Palais Pitti, Florence.
Phot. © Carlo Bevilacqua/Ricciarini

RENO ▪ Ville des États-Unis (Nevada). 134 000 hab. Connue pour ses lois très libérales, qui facilitent mariages et divorces. Tourisme, casinos, spectacles.

Auguste RENOIR (1841-1919) ▪ Peintre français. L'un des maîtres de l'impressionnisme. Il traite avec prédilection la figure humaine, donnant dans ses scènes populaires (*"Le Moulin de la Galette"*, 1876) et ses scènes bourgeoises (*"La Loge"*, 1874) une vision insouciante de la société de son temps. *"Les Grandes Baigneuses"* (1884-1887) aux formes sensuelles célèbrent son plaisir de peindre. ► **Jean RENOIR** (1894-1979), son fils. Cinéaste français, maître d'un naturalisme poétique qui fait place à la critique sociale. *"La Grande Illusion"* (1937); *"La Bête humaine"* (1938); *"La Règle du jeu"* (1939).

Auguste **Renoir.** *La Fillette à la gerbe,* 1888. Museo de Arte, São Paulo. *Phot. © Giraudon*

RENOM n. m. ▪ **1.** LITTÉR. Opinion répandue dans le public (sur qqn ou qqch.). ⇒ **réputation.** *Un mauvais renom.* **2.** COUR. Opinion favorable et largement répandue. ⇒ **renommée.** *Acquérir du renom.* - loc. adj. *En renom, de renom,* réputé, célèbre.

RENOMMÉ, ÉE adj. ▪ Qui a du renom, de la renommée. ⇒ **célèbre, réputé.**

RENOMMÉE n. f. ▪ **1.** LITTÉR. Opinion publique répandue. *Si l'on en croit la renommée.* **2.** COUR. Fait (pour qqn, qqch.) d'être largement connu et, spécialt, favorablement connu. ⇒ **célébrité, gloire, notoriété, renom.** *Un savant de renommée internationale.* - prov. *Bonne renommée vaut mieux que ceinture dorée* (que la richesse).

RENOMMER v. tr. [1] ▪ VX Nommer souvent, célébrer. - MOD. Nommer une seconde fois.

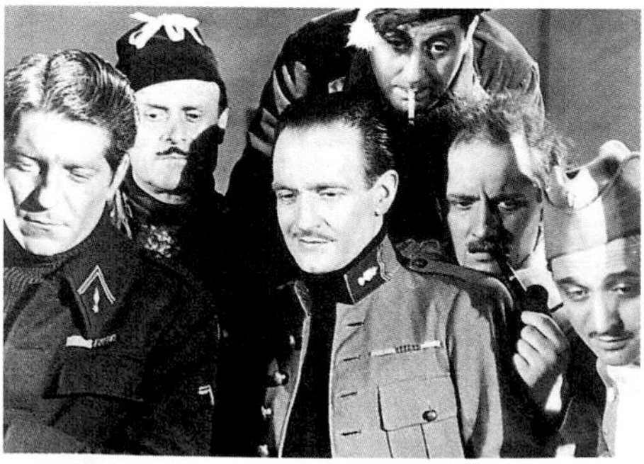

Jean **Renoir.** *La Grande illusion,* avec J. Gabin, G. Modot, P. Fresnay, Carette, J. Dasté, M. Dalio. *Phot. © Coll. Christophe L.*

RENONCEMENT n. m. ▪ Fait de renoncer (à une chose) au profit d'une valeur jugée plus haute (surtout contexte moral ou religieux) ; attitude qui en résulte. *Renoncement au monde, aux plaisirs.* - *Vivre dans le renoncement.*

RENONCER v. tr. ind. [3] *RENONCER À* ▪ **1.** Cesser de prétendre à (qqch.) ; abandonner un droit sur (qqch.). *Renoncer à une succession.* ♦ Abandonner l'idée de. *Renoncer à un voyage, à un projet.* (+ inf.) *Je renonce à comprendre. C'est impossible, j'y renonce !* - absolt *Il a renoncé un peu vite. Savoir renoncer.* **2.** Abandonner volontairement (ce qu'on a). ⇒ **abdiquer,** se **dépouiller, quitter.** *Renoncer au pouvoir.* ♦ Cesser de pratiquer, d'exercer. *Sportif qui renonce à la compétition. Renoncer au tabac.* ♦ RELIG. *Renoncer au monde,* cesser d'être attaché aux choses de ce monde (⇒ **renoncement**). - loc. *Renoncer à Satan, à ses pompes* et à ses œuvres.* **3.** *Renoncer à qqn,* cesser de rechercher sa compagnie. *Renoncer à celle, à celui qu'on aime.*

RENONCIATION n. f. ▪ **1.** Fait de renoncer (à un droit, etc.) ; acte par lequel on renonce. ⇒ **abandon.** *Renonciation à une succession.* - *Renonciation au trône.* **2.** Fait de renoncer (à qqch., notamment à un bien moral).

RENONCULE n. f. ▪ Plante herbacée, à fleurs serrées de couleurs vives, en particulier jaunes (⇒ **bouton-d'or**).

RENOUER v. [1] ▪ **I.** v. tr. **1.** Refaire un nœud à ; nouer (ce qui est dénoué). *Renouer ses lacets.* **2.** fig. Rétablir après une interruption. *Renouer la conversation. Renouer amitié avec qqn.* **II.** v. intr. *RENOUER AVEC :* reprendre des relations avec. *Renouer avec un ami.* - *Renouer avec les traditions populaires.*

RENOUVEAU n. m. ▪ **1.** Nouvel épanouissement ; apparition de formes nouvelles. ⇒ **renaissance ; renouvellement.** *Renouveau des arts.* **2.** LITTÉR. Retour du printemps.

RENOUVELABLE adj. ▪ Qui peut être renouvelé.

RENOUVELER v. tr. [4] ▪ **1.** Remplacer par une chose nouvelle et semblable (ce qui a servi, est altéré...). ⇒ **changer.** *Renouveler l'air d'une pièce. Renouveler sa garde-robe.* ♦ Remplacer une partie des membres de (un groupe). *Renouveler le personnel d'une entreprise.* **2.** Changer (qqch.) en donnant une forme nouvelle ; faire renaître. ⇒ **rénover.** *Renouveler un sujet, une question, une technique.* **3.** Donner une validité nouvelle à (ce qui expire). *Renouveler un bail.* ⇒ **reconduire.** **4.** Faire de nouveau. ⇒ **réitérer.** *Renouveler une demande.* ♦ RELIG. *Renouveler les vœux du baptême.* - intrans. Refaire sa communion solennelle un an après la cérémonie. ► SE **RENOUVELER** v. pron. **1.** Être remplacé par des éléments nouveaux et semblables. *Des adhérents qui se renouvellent chaque année.* **2.** Prendre une forme nouvelle. *Mode d'expression qui se renouvelle.* ♦ (personnes) Changer son activité, se montrer inventif. *Il n'a pas su se renouveler.* **3.** Renaître, se reconstituer. *La peau se renouvelle.* **4.** Recommencer. ⇒ se **reproduire.** *Que cela ne se renouvelle pas !*

RENOUVELLEMENT n. m. ▪ **1.** Action de renouveler. *Renouvellement d'un stock.* **2.** Changement qui crée un état nouveau. ⇒ **renouveau.** *Besoin de renouvellement.* **3.** Remise en vigueur. *Le renouvellement d'un bail.* **4.** RELIG. Confirmation (des vœux). absolt Confirmation de la communion solennelle. ⇒ **renouveler** (4).

RÉNOVATEUR, TRICE n. ▪ Personne qui rénove. *Les rénovateurs d'un parti.* - adj. *Un courant rénovateur.*

RÉNOVATION n. f. ▪ Remise à neuf. *Rénovation d'un vieux quartier.*

RÉNOVER v. tr. [1] ▪ **1.** Améliorer en donnant une forme nouvelle, moderne. ⇒ **moderniser, renouveler, transformer.** *Rénover un enseignement.* **2.** Remettre à neuf. ⇒ **réhabiliter.** - au p. p. *Immeuble entièrement rénové.*

RENSEIGNEMENT n. m. ▪ **1.** Ce par quoi on renseigne (qqn), on se renseigne ; chose ainsi connue. ⇒ **information ;** FAM. **tuyau ;** ARGOT **rancard.** *Donner, fournir un renseignement à qqn. Chercher des renseignements sur un sujet.* ⇒ **documentation.** *Demander qqch. à titre de renseignement,* à titre indicatif. - *Prendre des renseignements sur le compte de qqn* (pour juger de sa valeur). ♦ *Bureau, service des renseignements.* **2.** Information concernant la sécurité du territoire ; recherche de telles informations. *Agent de renseignements.*

RENSEIGNER v. tr. [1] ▪ Éclairer sur un point précis, fournir un renseignement à. ⇒ **informer, instruire.** *Renseigner un passant égaré. Il pourra vous renseigner sur ce sujet.* - pronom.

Se renseigner : prendre, obtenir des renseignements. *Se renseigner auprès de qqn. Renseignez-vous bien.* - passif et p. p. *Être bien, mal renseigné. Être renseigné sur...* ♦ (choses) Constituer une source d'information. *Ce document nous renseigne utilement.*

RENTABILISER v. tr. 1 ▪ Rendre rentable (1).

RENTABILITÉ n. f. ▪ **1.** Capacité (d'un investissement) à procurer un bénéfice. **2.** Caractère de ce qui est rentable.

RENTABLE adj. ▪ **1.** Qui produit une rente, un bénéfice. *Une exploitation rentable.* **2.** FAM. Qui donne des résultats. ⇒ **payant.** *Une méthode rentable.*

RENTE n. f. ▪ **1.** Revenu périodique d'un bien, d'un capital. *Avoir des rentes.* - loc. *Vivre de ses rentes* (sans travailler). **2.** Somme d'argent qu'une personne est tenue de donner périodiquement à une autre. *Rente viagère.* **3.** Emprunt de l'État, représenté par un titre qui donne droit à un intérêt.

RENTIER, IÈRE [-tje, jɛʀ] n. ▪ Personne qui a des rentes, qui vit de ses rentes.

RENTRANT, ANTE adj. ▪ **1.** Qui peut être rentré. ⇒ **escamotable.** **2.** *ANGLE RENTRANT,* de plus de 180° (opposé à *saillant*).

RENTRE-DEDANS n. m. ▪ FAM. Attitude de séduction insistante, indiscrète. Surtout dans : *faire du rentre-dedans à qqn.*

RENTRÉE n. f. ▪ **I. 1.** Fait de rentrer. *La rentrée des vacanciers à la capitale.* **2.** Reprise des activités (de certaines institutions), après une interruption. *La rentrée parlementaire.* - *La rentrée des classes,* après les grandes vacances. *Rentrée universitaire.* - *LA RENTRÉE* : l'époque de l'année (celle de la rentrée des classes), où l'ensemble des activités reprennent. *Les spectacles de la rentrée. Nous en reparlerons à la rentrée.* **3.** Retour (d'un artiste) à la scène, après une interruption. *Faire sa rentrée sur une grande scène.* - par analogie *Préparer sa rentrée politique.* **II.** (choses) **1.** Mise à l'abri. *La rentrée des foins.* **2.** *Rentrée d'argent* (en caisse). ⇒ **recette.** - absolt *Des rentrées importantes.*

RENTRER v. 1 ▪ **I.** v. intr. (auxiliaire *être*) **1.** Entrer de nouveau (dans un lieu où l'on a déjà été). **2.** Revenir (chez soi). *Je vais rentrer chez moi.* - *Nous rentrerons tard. Rentrer dîner.* **3.** Entrer de nouveau (dans une situation antérieure). ⇒ **réintégrer.** - loc. *Rentrer dans le rang*.* **4.** absolt Reprendre ses activités, ses fonctions. *Les lycées rentrent à telle date* (⇒ **rentrée**). **5.** loc. *Rentrer en grâce*.* - *Rentrer dans ses droits* (⇒ **recouvrer**). *Rentrer dans ses frais* (les récupérer). - (choses) *Tout est rentré dans l'ordre* : l'ordre est revenu. **6.** LITTÉR. *Rentrer en soi-même.* ⇒ se **recueillir.** **7.** (sans idée de répétition ni de retour) Entrer. ♦ (avec force) *Sa voiture est rentrée dans un arbre.* - loc. *Rentrer dedans*.* ♦ *La clé rentre dans la serrure.* - *Cela ne rentre pas dans mes attributions.* - (argent) Être perçu. *Faire rentrer l'impôt.* **II.** v. tr. (auxiliaire *avoir*) **1.** Mettre ou remettre à l'intérieur, dedans. *Rentrer les foins. Rentrer sa voiture (au garage). Avion qui rentre son train d'atterrissage.* - *Rentrer le ventre,* le faire plat. **2.** Dissimuler, faire disparaître (sous, dans). *Rentrer sa chemise dans son pantalon. Le chat rentre ses griffes.* - fig. *Rentrer ses larmes, sa rage.* ⇒ **refouler.** ► **RENTRÉ, ÉE** adj. **1.** *Yeux rentrés,* enfoncés. **2.** Qui est réprimé (sentiments). *Colère rentrée.*

RENVERSANT, ANTE adj. ▪ Qui renverse, frappe de stupeur. *Une nouvelle renversante.*

RENVERSE n. f. ▪ **1.** MAR. (courant, marée) Changement de sens. **2.** *À LA RENVERSE* loc. adv. *Tomber à la renverse.*

RENVERSÉ, ÉE adj. ▪ **1.** À l'envers ; le haut mis en bas. *Une image renversée.* - *CRÈME RENVERSÉE,* qu'on retourne pour la servir. **2.** Stupéfait. *Je suis renversé.* **3.** Que l'on a fait tomber. *Chaises renversées.* **4.** Incliné en arrière. *Boire la tête renversée.*

RENVERSEMENT n. m. ▪ **1.** Passage en bas de la partie haute. *Le renversement d'une image.* **2.** Passage à un ordre inverse. *Le renversement de la marée.* **3.** Changement complet en l'inverse. *Le renversement de la hiérarchie. Renversement de situation.* ⇒ **retournement.** **4.** Fait de renverser, de jeter bas. *Renversement d'un régime.* ⇒ **chute.** **5.** Rejet en arrière (d'une partie du corps).

RENVERSER v. tr. 1 ▪ **1.** Mettre de façon que la partie supérieure devienne inférieure. *Renverser un seau.* **2.** Disposer ou faire mouvoir en sens inverse (⇒ **intervertir, inverser**). *Renverser les termes d'une proposition.* - loc. *Renverser la vapeur*.* ♦ intrans. MAR. *La marée renverse,* s'inverse (⇒ **renverse**). **3.** Troubler, étonner extrêmement (qqn). *Cela me renverse* (⇒ **renversant**). **4.** Faire tomber à la renverse, jeter à terre (qqn). *Renverser un piéton.* - Faire tomber (qqch.). *Renverser une chaise.* - Répandre (un liquide). *Renverser du vin ; son café.* **5.** fig. Faire tomber, démolir. ⇒ **abattre.** *Renverser les obstacles.* - Provoquer la chute de (un gouvernement...). **6.** Incliner en arrière. *Renverser la tête, le buste.* ► SE **RENVERSER** v. pron. **1.** (choses) Se retourner. *La barque s'est renversée.* - Basculer, tomber. *La bouteille s'est renversée.* **2.** (personnes) *Se renverser dans un fauteuil.*

RENVOI n. m. ▪ **I.** (Action de renvoyer) **1.** *Le renvoi de qqn à son lieu de départ.* **2.** Fait de renvoyer (2) qqn. *Le renvoi d'un employé.* **3.** Fait de renvoyer à l'expéditeur. *Le renvoi d'une lettre.* **4.** Fait de relancer. *Le renvoi d'un ballon.* **5.** Fait d'envoyer à l'autorité compétente. *Renvoi aux assises.* ♦ Indication invitant le lecteur à se reporter (à un passage). **6.** Ajournement, remise à plus tard. *Renvoi à une date ultérieure.* **II.** Éructation. ⇒ FAM. **rot.** *Un renvoi bruyant.*

RENVOYER v. tr. 8 sauf au futur *je renverrai,* et au conditionnel *je renverrais* ▪ **1.** Faire retourner (qqn) là où il était précédemment. *Il est guéri, vous pouvez le renvoyer chez lui.* - Faire repartir (qqn dont on ne souhaite plus la présence). *Renvoyer un importun.* ⇒ **éconduire.** **2.** Faire partir (en faisant cesser une fonction, une situation). *Renvoyer un élève. Renvoyer un employé.* ⇒ **chasser, congédier, licencier, remercier.** **3.** Faire reporter (qqch.) à qqn. ⇒ **rendre.** *Je vous renvoie vos documents.* **4.** Relancer (un objet qu'on a reçu). *Renvoyer un ballon.* ♦ Réfléchir, répercuter (la lumière, le son...). *Miroir qui renvoie une image déformée.* **5.** Adresser (qqn) à une autorité plus compétente. *On m'a renvoyé à un autre service. Renvoyer un prévenu devant la cour d'assises.* ♦ Faire se reporter. *Renvoyer à une référence ; à un passage* (⇒ **renvoi**). **6.** Remettre à une date ultérieure. ⇒ **ajourner, différer.** *Renvoyer un débat.*

RÉOCCUPER v. tr. 1 ▪ Occuper de nouveau. *Réoccuper un territoire ; une fonction.* ► n. f. RÉOCCUPATION

La RÉOLE ▪ Commune de la Gironde. 4 273 hab. *(les Réolais).* Monuments des XIIe-XVe s.

RÉORGANISATION n. f. ▪ Action de réorganiser ; son résultat.

RÉORGANISER v. tr. 1 ▪ Organiser de nouveau, d'une autre manière. *Réorganiser un service.* ⇒ **restructurer.**

RÉOUVERTURE n. f. ▪ Fait de rouvrir* (qqch.), de rouvrir (intrans.). *La réouverture d'un théâtre.* - *Réouverture des débats ; des négociations.*

REPAIRE n. m. ▪ **1.** Lieu qui sert de refuge aux bêtes sauvages. ⇒ **antre, tanière.** **2.** Refuge (notamment d'individus dangereux). *Un repaire de brigands.*

REPAÎTRE v. tr. 57 ▪ LITTÉR. Nourrir, rassasier (abstrait). *Repaître qqn de fausses espérances. Repaître ses yeux d'un spectacle.* ► SE **REPAÎTRE** v. pron. **1.** (animaux) Assouvir sa faim (⇒ **repu,** adj.). **2.** abstrait LITTÉR. Trouver sa satisfaction (à). *Se repaître d'illusions.*

RÉPANDRE v. tr. 41 ▪ **I. 1.** Faire tomber (un liquide) ; disperser, étaler (des objets). *Répandre du vin sur une nappe.* ⇒ **renverser.** *Répandre des graines.* ⇒ **épandre.** **2.** (choses) Produire et envoyer autour de soi (de la lumière, etc.). ⇒ **diffuser, émettre.** *Répandre une odeur.* ⇒ **dégager, exhaler.** **II. 1.** LITTÉR. Donner avec profusion (une chose abstraite). ⇒ **dispenser, prodiguer.** *Répandre des bienfaits.* **2.** Faire régner (un sentiment) autour de soi. *Répandre la terreur.* ⇒ **jeter, semer.** *Répandre la joie.* **3.** Diffuser, rendre commun à un grand nombre. *Répandre une doctrine, une mode.* ⇒ **propager, vulgariser.** **4.** Rendre public. *Répandre une nouvelle, un bruit.* ⇒ **colporter.** ► SE **RÉPANDRE** v. pron. **1.** (choses) Couler, s'étaler. *L'eau s'est répandue partout. La fumée se répand dans la pièce.* - fig. *La consternation se répandit sur tous les visages.* ♦ (personnes) *La foule se répandit dans les rues.* **2.** Se propager. *Cet usage se répand peu à peu.* ⇒ **gagner.** - *Le bruit s'est répandu que...* ⇒ **courir.** **3.** (personnes) *SE RÉPANDRE EN* : exprimer ses sentiments par une abondance de. *Se répandre en injures, en compliments.* ► **RÉPANDU, UE** adj. **1.** *Du vin répandu.* - *Papiers répandus.* **2.** (opinions...) Commun à un grand nombre de personnes. ⇒ **courant.** *Un préjugé très répandu.*

RÉPARABLE adj. ▪ **1.** Qu'on peut réparer. *Cette montre est réparable.* **2.** Qu'on peut compenser. *Une maladresse difficilement réparable.*

REPARAÎTRE v. intr. 57 ▪ **1.** Se montrer de nouveau à la vue. ⇒ **réapparaître.** *Le soleil reparaît.* ♦ Paraître de nouveau (devant qqn). *Ne reparais jamais devant moi !* **2.** Se manifester de nouveau. *Souvenir qui reparaît à la conscience.*

RÉPARATEUR, TRICE ▪ **1.** n. Artisan qui répare des objets. **2.** adj. Qui répare les forces, qui reconstitue. *Sommeil réparateur.* – *Chirurgie réparatrice* (de lésions graves).

RÉPARATION n. f. ▪ **1.** Opération, travail qui consiste à réparer (qqch.). *La réparation d'une montre.* – *L'ascenseur est* EN RÉPARATION. – *Faire des réparations dans sa maison.* **2.** Action de réparer (un accident...). *La réparation d'une panne.* **3.** Action de réparer (une faute, etc.). – loc. *Demander réparation* (d'une offense). – SPORTS *Surface de réparation* : partie du terrain de football où une faute donne lieu à un coup de pied de pénalité. ♦ Dédommagement, indemnité. *Réparations imposées à un pays vaincu.*

RÉPARER v. tr. 1 ▪ **1.** Remettre en bon état (ce qui a été endommagé, ce qui s'est détérioré). ⇒ **raccommoder** (1). *Réparer une bicyclette. Réparer sommairement.* ⇒ FAM. **rabibocher, rafistoler, rapetasser, replâtrer, retaper.** ♦ fig. *Réparer ses forces, sa santé.* **2.** Faire disparaître (les dégâts causés à qqch.). *Réparer un accroc.* **3.** Corriger (une faute, etc.) en supprimant les conséquences. *Réparer une perte, un oubli.* ⇒ **remédier** à.

REPARLER v. tr. ind. 1 ▪ Parler de nouveau (de qqch., de qqn ; à qqn). *Nous en reparlerons. Il ne lui reparle plus.* – intrans. *Il n'a pas reparlé depuis son accident.*

REPARTIE [Reparti] n. f. ▪ Réponse rapide et juste. ⇒ **réplique, riposte.** *Repartie adroite.* – *Avoir de la repartie. Esprit de repartie.*

RÉPARTIR v. tr. 2 ▪ **1.** Partager selon des conventions précises (une quantité ou un ensemble). *Répartir qqch. entre plusieurs personnes.* **2.** Distribuer dans un espace. ⇒ **disposer.** *Répartir des troupes.* – au p. p. *Chargement mal réparti.* **3.** Étaler dans le temps. *Répartir un programme sur plusieurs années.* ⇒ **échelonner. 4.** Classer, diviser. *Répartir des élèves en deux groupes.* ► SE RÉPARTIR v. pron. Se diviser.

① **REPARTIR** [Re- ; R(ə)-] v. intr. 16 ▪ LITTÉR. Répliquer, répondre.

② **REPARTIR** v. intr. 16 ▪ **1.** Partir de nouveau (après un temps d'arrêt). *Le train va repartir.* **2.** fig. Recommencer. *Repartir à, de zéro.* – (choses) Reprendre. *L'affaire repart bien.* **3.** Partir (pour l'endroit d'où l'on vient). *Ils sont repartis le lendemain de leur arrivée.*

RÉPARTITION n. f. ▪ Opération qui consiste à répartir (qqch.) ; manière dont une chose est répartie. ⇒ **distribution.** *La répartition de la richesse nationale.* – *La répartition géographique d'une espèce.*

REPAS n. m. ▪ **1.** Nourriture prise en une fois à heures réglées. *Faire un repas copieux, plantureux, pantagruélique.* ⇒ **festin.** *Repas léger.* ⇒ **casse-croûte, collation.** *Repas froid.* – *Préparer, servir le repas.* – *Repas à la carte* (au restaurant). **2.** Action de se nourrir, répétée quotidiennement à heures réglées. *Prendre son repas. Repas de midi, du soir ; faire trois repas par jour* (⇒ **petit-déjeuner, déjeuner, dîner, souper**). – *Les deux principaux repas* (déjeuner et dîner). *Être chez soi à l'heure des repas.* – *Repas de noces.* ⇒ **banquet.** *Repas champêtre.* ⇒ **pique-nique.**

REPASSAGE n. m. ▪ Action de repasser (III).

REPASSER v. 1 ▪ **I.** v. intr. Passer de nouveau. *Je repasserai à cet endroit demain. Je repasserai vous voir.* ⇒ **revenir.** *Repasser par le même chemin.* – fig. *Des souvenirs repassaient dans sa mémoire.* **II.** v. tr. **1.** Passer, franchir de nouveau ou en retournant. *Il faudra repasser la rivière.* – *Repasser un examen,* en subir de nouveau les épreuves. **2.** Passer de nouveau (qqch.) à qqn. *Repasser les plats.* ♦ FAM. Passer (ce qu'on a reçu de qqn d'autre). ⇒ FAM. **refiler.** *Repasser un travail à qqn.* **3.** Faire passer à nouveau (dans son esprit). ⇒ **évoquer.** *Repasser les événements de sa vie.* **4.** Relire, apprendre en revenant sur le même sujet. ⇒ **potasser.** *Repasser ses leçons.* **III. 1.** Affiler, aiguiser (une lame). *Repasser des ciseaux.* **2.** Rendre lisse et net (du linge, du tissu, etc.), au moyen d'un instrument approprié (fer, cylindre...). *Repasser une chemise.* – absolt *Fer* à repasser.*

REPASSEUSE n. f. ▪ Ouvrière qui repasse le linge, les vêtements.

REPÊCHAGE n. m. ▪ **1.** Action de repêcher. *Le repêchage d'un noyé.* **2.** FAM. Épreuve supplémentaire organisée pour permettre (à un concurrent, un candidat éliminé) d'être qualifié ou admis.

REPÊCHER v. tr. 1 ▪ **1.** Retirer de l'eau (ce qui y est tombé). *Repêcher un noyé.* **2.** FAM. Recevoir (un candidat, un concurrent) après une épreuve de repêchage*.

REPEINDRE v. tr. 52 ▪ Peindre de nouveau ; peindre à neuf.

REPEINT n. m. ▪ ARTS Partie (d'un tableau) qui a été repeinte. *Les repeints d'une fresque.*

REPENSER v. tr. 1 ▪ **1.** (tr. ind.) *Repenser à* : penser de nouveau à, réfléchir encore à (qqch.). *Quand j'y repense, j'en ris encore.* **2.** Reconsidérer. *Repenser un projet.*

REPENTANT, ANTE adj. ▪ Qui se repent de ses fautes, de ses péchés. ⇒ **contrit.** *Un pécheur repentant.*

REPENTI, IE adj. ▪ Qui s'est repenti de ses fautes. *Pécheur repenti.* – par analogie *Un buveur repenti.*

① SE **REPENTIR** v. pron. 16 ▪ **1.** Ressentir le regret (d'une faute), avec le désir de ne plus la commettre, de réparer. ⇒ **regretter.** *Se repentir d'une faute ; d'avoir commis une faute.* (contexte religieux) *Se repentir d'un péché.* absolt *Pécheur qui se repent.* **2.** Regretter vivement d'avoir fait ou dit (qqch.). *Se repentir d'un acte ; d'avoir trop parlé.* – *Il s'en repentira* (menace).

② **REPENTIR** n. m. ▪ **1.** Vif regret (d'une faute), accompagné d'un désir de réparation. ⇒ **remords ; contrition.** *Un repentir sincère.* **2.** Regret (d'un acte, d'une parole). **3.** ARTS Changement apporté à une œuvre, en cours d'exécution. ⇒ **correction.** *Les repentirs d'un tableau, d'un manuscrit.*

REPÉRAGE n. m. ▪ Opération par laquelle on repère (qqch.). *Repérage des avions par radar.* – (cinéma...) Recherche des lieux de tournage. *Repérage des extérieurs.*

RÉPERCUSSION n. f. ▪ **1.** Fait d'être répercuté, de se répercuter. *La répercussion d'un son par l'écho.* **2.** Conséquences indirectes (d'un événement...). ⇒ **incidence.** *Cette décision aura de graves répercussions.*

RÉPERCUTER v. tr. 1 ▪ **1.** Renvoyer (un son, une onde). ⇒ **réfléchir.** – au p. p. *Écho répercuté.* **2.** FAM. (critiqué) Transmettre. *Répercuter un ordre.* ► SE RÉPERCUTER v. pron. **1.** Être renvoyé. *Bruit qui se répercute.* **2.** abstrait Se transmettre, se propager par une suite de réactions.

REPÈRE n. m. ▪ **1.** Marque qui sert à retrouver un emplacement avec précision. *Tracer des repères sur une planche.* **2.** POINT DE REPÈRE, REPÈRE : objet ou endroit choisi pour s'orienter, se retrouver (dans l'espace ou dans le temps). – abstrait *Émigré privé de ses repères.* **3.** MATH. Éléments définissant un système de coordonnées. *Repère affine.*

REPÉRER v. tr. 6 ▪ **1.** Marquer par des repères. *Repérer un alignement.* **2.** Situer avec précision, grâce à des repères. *Repérer un emplacement.* **3.** FAM. Remarquer (qqch. ; qqn). *Repérer un coin tranquille. Repérer qqn dans la foule.* – *Se faire repérer* : être découvert (alors qu'on cherche à ne pas être vu). ► SE REPÉRER v. pron. Reconnaître où l'on est, grâce à des repères (concret et abstrait). *Je n'arrive pas à me repérer.*

RÉPERTOIRE n. m. ▪ **1.** Inventaire (liste, recueil...) où les matières sont classées dans un ordre qui permet de les retrouver facilement. *Répertoire alphabétique* (⇒ **dictionnaire, index, lexique**). – Carnet permettant de classer (des adresses, etc.). **2.** Liste des pièces qui forment le fonds d'un théâtre. *Le répertoire de la Comédie-Française.* – *Le répertoire d'un artiste,* les œuvres qu'il a l'habitude d'interpréter. – fig. *Tout un répertoire d'injures.*

RÉPERTORIER v. tr. 7 ▪ Inscrire dans un répertoire ; faire le répertoire de.

RÉPÉTÉ, ÉE adj. ▪ Qui se produit en série. *Coups de tonnerre répétés.* ⇒ **redoublé.** – *Des tentatives répétées.*

RÉPÉTER v. tr. 6 ▪ **1.** Dire de nouveau (ce qu'on a déjà dit). ⇒ **redire.** *Répéter toujours la même chose.* ⇒ **rabâcher, radoter, ressasser, seriner.** *Répéter une phrase. Répéter que* (+ indic.). **2.** Exprimer, dire (ce qu'un autre a dit). *Je ne fais que répéter ses paroles.* ⇒ **citer, rapporter.** *Répéter qqch. mot pour mot.* – *Je vous confie un secret, ne le répétez pas.* **3.** Recommencer (une action...). *Répéter une expérience ; des essais.* **4.** Redire ou refaire pour s'exercer, pour fixer dans sa mémoire (⇒ **apprendre**). *Répéter une leçon.* ⇒ **repasser.** – *Répéter un rôle ; répéter un opéra.* – absolt *Les comédiens sont en train de répéter* (⇒ **répétition**). ► SE RÉPÉTER v. pron. **1.** (personnes) Redire les mêmes choses. *Vous vous répétez !* **2.** (choses) Être répété ; se reproduire.

RÉPÉTITEUR, TRICE n. ▪ Personne qui explique ses leçons à un élève, le fait travailler.

RÉPÉTITIF, IVE adj. ▪ Qui se répète d'une manière monotone. *Une tâche répétitive et ennuyeuse.*

RÉPÉTITION n. f. ▪ **1.** Fait (pour un mot...) d'être dit, exprimé plusieurs fois. *La répétition d'un mot. Des répétitions inutiles* (⇒ **redite, redondance ; pléonasme, tautologie**). - *La répétition d'un thème.* ⇒ **leitmotiv. 2.** Fait de recommencer (une action...). *La répétition d'un acte.* - *Armes* À RÉPÉTITION (à chargement automatique). **3.** Fait de répéter pour s'exercer. *La répétition d'un rôle.* - Séance de travail pour mettre au point les divers aspects d'un spectacle. *Répétition générale**. **4.** Leçon particulière (⇒ **répétiteur**).

RÉPÉTITIVITÉ n. f. ▪ DIDACT. Caractère répétitif (de qqch.).

REPEUPLEMENT n. m. ▪ Action, fait de repeupler.

REPEUPLER v. tr. [1] ▪ Peupler de nouveau. *Les immigrants qui ont repeuplé ce pays.* - Regarnir (un lieu) d'espèces animales ou végétales. *Repeupler un étang* (de poissons).

Ilia REPINE (1844 - 1930) ▪ Peintre russe. Nombreux portraits et œuvres à caractère historique ou social.

Repine. *Le Retour inattendu,* coll. du Cercle d'Art. Galerie Tretiakov, Moscou. *Phot. © Edimédia*

REPIQUAGE n. m. ▪ Action de repiquer (1 et 2).

REPIQUER v. tr. [1] ▪ **1.** Mettre en terre (de jeunes plants). ⇒ **replanter.** *Repiquer des salades.* **2.** TECHN. *Repiquer une chaussée,* en changer les pavés usés. ♦ JOURNAL. Reprendre (un texte). ♦ Copier par un nouvel enregistrement. *Repiquer un disque.* **3.** v. tr. ind. FAM. REPIQUER À : revenir à, recommencer (une occupation, une activité). - loc. *Repiquer au truc :* recommencer.

RÉPIT n. m. ▪ Arrêt d'une chose pénible ; temps pendant lequel on cesse d'être menacé ou accablé par elle. ⇒ **repos.** *Je n'ai pas un instant de répit.* - SANS RÉPIT : sans arrêt, sans cesse.

REPLACER v. tr. [3] ▪ Remettre en place, à sa place. ⇒ **ranger.** *Replacer un bijou dans son écrin.* - fig. *Replacer un événement dans son contexte.*

REPLANTER v. tr. [1] ▪ **1.** Planter de nouveau. ⇒ **repiquer, transplanter. 2.** Repeupler (de végétaux). *Replanter une forêt en chênes.*

REPLÂTRAGE n. m. ▪ **1.** Action de replâtrer (1). **2.** FAM. Réparation ou arrangement sommaire.

REPLÂTRER v. tr. [1] ▪ **1.** Plâtrer de nouveau ; reboucher avec du plâtre. *Replâtrer un mur ; une fissure.* **2.** FAM. Réparer, remanier ou arranger d'une manière sommaire ou fragile. *Replâtrer une théorie.* - au p. p. *Une amitié replâtrée.*

REPLET, ÈTE adj. ▪ Qui a de l'embonpoint. ⇒ **dodu, grassouillet.** *Une petite dame replète.*

RÉPLÉTION n. f. ▪ DIDACT. État d'un organe (humain) rempli, surchargé. *Réplétion gastrique* (⇒ **satiété**).

REPLI n. m. ▪ **I. 1.** Pli qui se répète (d'une étoffe...). *Les replis d'un rideau.* - Pli profond. *Les replis de l'intestin.* **2.** fig. Partie dissimulée, secrète. *Les replis du cœur, de la conscience.* **II.** Action, fait de se replier. *Repli sur soi-même.* - (troupes) *Manœuvre de repli.* ⇒ **retraite.**

RÉPLICATION n. f. ▪ BIOL. Mécanisme (de copie) par lequel le matériel génétique se reproduit (⇒ **duplication**).

REPLIER v. tr. [7] ▪ **1.** Plier de nouveau (ce qui avait été déplié). *Replier un journal.* **2.** Ramener en pliant (ce qui a été étendu, déployé). *L'oiseau replie ses ailes.* - au p. p. *Jambe repliée.* **3.** Ramener en arrière, en bon ordre (une troupe). *Replier son armée.* ► SE REPLIER v. pron. **1.** abstrait *Se replier sur soi-même,* rentrer en soi-même, s'isoler de l'extérieur. **2.** (troupes) Reculer en bon ordre. *Ordre aux troupes de se replier.*

RÉPLIQUE n. f. ▪ **I. 1.** Réponse vive, marquant une opposition. ⇒ **riposte.** - Objection. *Des arguments sans réplique.* **2.** Élément d'un dialogue, qu'un acteur doit dire. *Oublier une réplique.* ♦ loc. DONNER LA RÉPLIQUE à (un acteur), lire, réciter un rôle pour lui permettre de dire le sien. - *Donner la réplique à qqn ; se donner la réplique,* répondre, se répondre, discuter. **II. 1.** ARTS Nouvel exemplaire (d'une œuvre), exécuté dans la manière de l'original. *Les répliques romaines des statues grecques.* ⇒ **copie. 2.** Chose ou personne qui semble être le double d'une autre. ⇒ **sosie.** *C'est la réplique de son frère.*

RÉPLIQUER v. tr. [1] ▪ **I. 1.** v. tr. ind. Répondre vivement en s'opposant. *Répliquer à une critique.* **2.** RÉPLIQUER (qqch.) À *qqn,* répondre par une réplique. *Que pouvais-je lui répliquer ? Je lui ai répliqué que...* - *Il n'admet pas qu'on lui réplique.* **II.** BIOL. Reproduire par réplication.

REPLONGER v. tr. [3] ▪ Plonger de nouveau (qqch.). - pronom. (fig.) *Se replonger dans sa lecture. Se replonger dans l'atmosphère familiale.* ⇒ se **retremper.**

RÉPONDANT, ANTE n. ▪ Personne qui se rend garante* pour qqn. *Servir de répondant à qqn.* ♦ FAM. *Avoir du répondant :* avoir de quoi faire face (spécialt avoir de l'argent ; avoir de la repartie).

RÉPONDEUR n. m. ▪ *Répondeur (téléphonique) :* appareil relié à un poste téléphonique et qui délivre, en cas de non-réponse du destinataire, un message enregistré. *Répondeur enregistreur,* qui peut enregistrer un message du correspondant.

RÉPONDRE v. tr. ind. [41] ▪ **I. 1.** RÉPONDRE À *qqn :* faire connaître sa pensée (verbalement ou par écrit) en retour (à celui qui s'adresse au sujet). *Répondez-moi par oui ou par non. Répondez-moi franchement. Répondre par un sourire.* - (En s'opposant) ⇒ **répliquer, riposter.** *Je saurai lui répondre.* **2.** RÉPONDRE À *qqch. Répondre à une question ; à une lettre.* - (En se défendant) *Répondre à des attaques.* **3.** (sujet chose) Se faire entendre tout de suite après. *Bruit auquel répond l'écho.* - pronom. fig. « *Les parfums, les couleurs et les sons se répondent* » (Baudelaire). **4.** Réagir (à un appel). *Nous avons sonné, personne n'a répondu.* - *Répondre au nom de Jean* (avoir pour nom). **5.** (tr. dir.) RÉPONDRE (qqch.) À *qqn,* À *qqch. :* dire, faire connaître (sa pensée) en retour. *Et que lui répondrez-vous ? Il ne savait que répondre à cela.* - « *Jamais !* » *répondit-il.* - RÉPONDRE QUE (+ indic.), DE (+ inf.). ⇒ **dire, rétorquer.** *Répondez-lui que je ne peux pas venir. Il m'a répondu de faire ce que je voulais.* **II. 1.** RÉPONDRE À. (choses) Être en accord avec, conforme à (une chose). ⇒ **correspondre.** *Sa voix répond à sa physionomie. Cette politique répond à un besoin.* ♦ (personnes) Réagir par un certain comportement à. *Répondre à la force par la force.* - *Répondre à un salut.* ⇒ **rendre.** *Répondre à l'affection de qqn.* ♦ (choses) Produire les effets attendus, après une stimulation. *L'organisme répond aux excitations extérieures.* - absolt *Freins qui répondent bien.* **2.** (personnes) RÉPONDRE DE. S'engager en faveur de (qqn) envers un tiers. *Je réponds de lui* (⇒ **répondant** ; → se porter garant). - *Répondre de l'innocence de qqn.* ♦ S'engager en affirmant (qqch.). ⇒ **assurer, garantir.** *Je réponds de notre succès. Je ne réponds de rien :* je ne garantis rien. - *Je vous en réponds* (renforce une affirmation).

RÉPONS n. m. ▪ MUS. Chant liturgique exécuté par un soliste et répété par le chœur.

RÉPONSE n. f. ▪ **1.** Action de répondre (verbalement ou par écrit) ; son résultat. *La réponse à une question. Donner, faire une réponse. Obtenir, recevoir une réponse. Notre demande est restée sans réponse. Réponse affirmative, négative. Réponse par oui ou par non.* loc. *Réponse de Normand**. *En réponse à votre lettre...* - loc. AVOIR RÉPONSE À TOUT : avoir de la repartie ; faire face à toutes les situations. **2.** Solution apportée (à une question) par le raisonnement. - *La réponse d'un problème de mathématiques.* **3.** Réfutation qu'on oppose aux attaques, aux critiques de qqn. ⇒ **réplique, riposte.** – *DROIT DE RÉPONSE :* droit de faire insérer une réponse dans un journal. ♦ Riposte. *Ce sera ma réponse à ses manœuvres.* **4.** Réaction à un appel. *J'ai sonné : pas de réponse.* **5.** Réaction à une stimulation. *Réponse musculaire* (⇒ **réflexe**).

REPORT n. m. ▪ **1.** Fait de reporter, de renvoyer à plus tard. *Le report d'une cérémonie.* **2.** Fait de reporter ailleurs, sur un autre document. *Report d'écritures.* – Fait de reporter un total en haut d'une colonne. **3.** *Report des voix* (sur un candidat, lors d'une élection).

REPORTAGE n. m. ▪ **1.** Article, émission où un, une journaliste relate une enquête. **2.** Métier de reporter (②) ; genre journalistique qui s'y rapporte. *Il a débuté dans le reportage.*

① **REPORTER** v. tr. [1] ▪ **I.** Porter (une chose) à l'endroit où elle se trouvait. ⇒ **rapporter.** *Je vais reporter la malle au grenier.* **II.** (Porter plus loin ou ailleurs [espace ou temps]) **1.** Renvoyer à plus tard. ⇒ **ajourner, différer, remettre.** *Il a reporté son voyage.* **2.** Faire un report (2). *Reporter une écriture.* **3.** *REPORTER SUR :* appliquer (un sentiment...) à (un autre objet). *Reporter un sentiment sur qqn* (⇒ **transférer**). – *Reporter sa voix sur un autre candidat* (⇒ **report**). **4.** anglic. *Reporter à qqn,* lui rendre compte, dans une hiérarchie. ► **SE REPORTER** v. pron. Revenir en esprit (à une époque antérieure). *Se reporter à son enfance.* ♦ Se référer (à qqch.). *Se reporter à un texte, à un ouvrage.*

② **REPORTER** [R(ə)pɔRtɛR ; -œR] n. m. ▪ Journaliste qui fait des reportages. *Elle est grand reporter.*

REPOS n. m. ▪ **1.** Fait de se reposer, état d'une personne qui se repose ; temps pendant lequel on se repose. *Prendre du repos ; un jour de repos.* – *Maison de repos,* lieu (clinique, etc.) où des malades se reposent. ♦ MILIT. L'une des positions militaires réglementaires. *Garde à vous !... Repos !* (commandement). **2.** Arrêt du mouvement, de l'activité (d'un organisme). – loc. *Ne pas pouvoir rester EN REPOS,* tranquille. – *Animal AU REPOS,* immobile. **3.** État d'une personne que rien ne vient troubler, déranger. ⇒ **paix, tranquillité.** *Ne pas pouvoir trouver le repos. Laissez-moi en repos.* – loc. *DE TOUT REPOS :* sûr, assuré. *C'est une situation de tout repos. Ce n'est pas de tout repos.* ♦ par analogie Moment de calme (dans les événements, la nature, etc.). ⇒ **accalmie, détente, répit.** **4.** LITTÉR. *Le repos de la mort.* – RELIG. *Le repos éternel,* l'état de béatitude des âmes, au ciel.

REPOSANT, ANTE adj. ▪ Qui repose. ⇒ **délassant.** *Des vacances reposantes.*

REPOSE- Élément tiré du verbe *reposer,* qui sert à former des mots désignant des objets où l'on peut poser qqch. (ex. *repose-pied, repose-tête*).

REPOSÉ, ÉE adj. ▪ **1.** Qui s'est reposé. *Vous avez l'air reposé.* – *Visage frais et reposé.* **2.** Qui est dans un état de repos. – loc. adv. *À TÊTE REPOSÉE :* à loisir, en prenant le temps de réfléchir.

① **REPOSER** v. [1] ▪ **I.** v. intr. **1.** LITTÉR. Rester immobile ou allongé de manière à se délasser. *Il ne dort pas, il repose.* – (sujet chose) ⇒ **dormir.** *La nuit, tout repose.* **2.** (d'un mort) Être étendu. – Être enterré (à tel endroit). *Ici repose...* (→ ci-gît). **3.** *REPOSER SUR :* être établi sur (un support), être fondé sur. *La tour Eiffel repose sur quatre piliers.* – abstrait *Cette affirmation ne repose sur rien.* **4.** (liquide, etc.) Rester immobile. *Laisser reposer un liquide.* – *Laisser reposer la pâte.* ♦ *Laisser reposer la terre,* la laisser en jachère. **II.** v. tr. **1.** Mettre dans une position qui délasse ; appuyer (sur). *Reposer sa tête sur un oreiller.* **2.** Délasser. *Cette lumière douce repose la vue.* – absolt *Ça repose* (⇒ **reposant**). ► **SE REPOSER** v. pron. **1.** Cesser de se livrer à une activité fatigante afin de se délasser. ⇒ se **délasser,** se **détendre.** **2.** *SE REPOSER SUR qqn,* lui faire confiance. ⇒ **compter** sur. *Je me repose entièrement sur vous.*

② **REPOSER** v. tr. [1] ▪ **1.** Poser de nouveau (ce qu'on a soulevé). *Reposer un enfant à terre.* **2.** Poser de nouveau (ce qu'on a enlevé) ; remettre en place. **3.** Poser de nouveau (une question). – pronom. *Le problème se repose dans les mêmes termes.*

REPOSOIR n. m. ▪ Support en forme d'autel sur lequel on dépose le saint sacrement, en certaines occasions.

REPOUSSANT, ANTE adj. ▪ Qui inspire de la répulsion. ⇒ **répulsif ; dégoûtant, répugnant.** *Une laideur repoussante. Une saleté repoussante. Un personnage malpropre et repoussant.*

① **REPOUSSER** v. tr. [1] ▪ **1.** Pousser (qqn) en arrière, faire reculer loin de soi. ⇒ **écarter, éloigner.** *Il l'a repoussé d'une bourrade. Repousser l'ennemi, les attaques.* ♦ Ne pas accueillir, ou accueillir mal. ⇒ **éconduire, rabrouer.** *Repousser qqn avec dédain.* ♦ RARE Inspirer de l'aversion (à qqn). ⇒ **dégoûter, déplaire ; répulsion.** *Une odeur qui repousse* (⇒ **repoussant**). **2.** Pousser (qqch.) en arrière ou en sens contraire. *Repousser sa chaise.* ♦ TECHN. Travailler (du cuir, du métal) pour y faire apparaître des reliefs. – au p. p. *Cuir repoussé.* **3.** Refuser d'accepter, de céder à. ⇒ **rejeter.** *Repousser les offres de qqn.* ⇒ **décliner.** **4.** (critiqué) Remettre à plus tard. *Repousser un rendez-vous.*

② **REPOUSSER** v. intr. [1] ▪ Pousser de nouveau. *Les feuilles repoussent.*

REPOUSSOIR n. m. ▪ Chose ou personne qui en fait valoir une autre par contraste. *Servir de repoussoir.* – FAM. *C'est un vrai repoussoir,* se dit d'une personne laide.

RÉPRÉHENSIBLE adj. ▪ (actions) Qui mérite d'être blâmé, repris (II). ⇒ **blâmable, condamnable.** *Acte, conduite répréhensible.*

REPRENDRE v. [58] ▪ **I.** v. tr. **1.** Prendre de nouveau (ce qu'on a cessé d'avoir ou d'utiliser). *Poser un objet, puis le reprendre. Reprendre sa (la) route.* – *Reprendre courage, confiance.* – *Reprendre son sang-froid.* – loc. *Reprendre ses esprits.* ⇒ **revenir** à soi. *Reprendre haleine*.* **2.** Prendre à nouveau (ce qu'on avait donné). *Donner, puis reprendre sa parole. Reprendre ses billes*.* – Prendre (ce qu'on a vendu) et rembourser le prix. *Reprendre une marchandise.* **3.** *REPRENDRE DE* (qqch.), en prendre une seconde fois. *Reprendre d'un plat.* ⇒ se **resservir.** **4.** Prendre de nouveau (qqn qu'on avait abandonné ou laissé échapper). *Reprendre un prisonnier évadé.* ♦ loc. *On ne m'y reprendra plus,* je ne me laisserai plus prendre, tromper. – *Que je ne vous y reprenne pas !* (menace). ♦ (sujet chose) Avoir de nouveau un effet sur (qqn). *Mon rhumatisme m'a repris. Voilà que ça le reprend ! Ça lui passera* avant que ça me reprenne !* **5.** Recommencer après une interruption. ⇒ se **remettre** à. *Reprendre le travail. Reprendre ses études.* – (sujet chose) *La vie reprend son cours.* ♦ Prendre de nouveau la parole pour dire (qqch.). *Il reprit d'une voix sourde...* **6.** Remettre la main à (qqch.) pour améliorer. *Reprendre un vêtement,* y faire une retouche. *Reprendre un article.* ⇒ **remanier.** *Reprendre un tableau.* ⇒ **retoucher.** **7.** Adopter de nouveau, en adaptant. *Reprendre un programme.* – *Reprendre une pièce,* la jouer de nouveau. ♦ *Reprendre une entreprise,* en devenir le responsable ; la racheter pour en continuer l'activité. **8.** Redire, répéter. *Reprendre un refrain en chœur. Reprenons l'histoire depuis le début.* **II.** v. tr. LITTÉR. Faire (à qqn) une observation sur une erreur ou une faute commise. ⇒ **critiquer, réprimander.** *Reprendre qqn avec douceur.* – (compl. chose) ⇒ **blâmer, condamner ; répréhensible.** *Il n'y a rien à reprendre à sa conduite.* **III.** v. intr. **1.** Reprendre vie, vigueur (après un temps d'arrêt, de faiblesse). *Les affaires reprennent.* **2.** Recommencer. *La pluie reprit de plus belle.* ► **SE REPRENDRE** v. pron. Se ressaisir. *Reprenez-vous !* – Corriger ses propos. *Elle s'est trompée, mais se est vite reprise.* ♦ *S'y reprendre à deux fois, à plusieurs fois (pour faire qqch.),* faire deux, plusieurs tentatives. – *Se reprendre à* (+ inf.) : se remettre à. *On se reprend à espérer.*

REPRENEUR n. m. ▪ Personne, entreprise qui reprend une entreprise, la rachète.

REPRÉSAILLES n. f. pl. ▪ **1.** Mesures de violence prises par un État pour répondre à un acte jugé illicite d'un autre État. *User de représailles* (⇒ **rétorsion**). **2.** Riposte individuelle à un mauvais procédé. *Exercer des représailles contre qqn.* ⇒ se **venger.**

REPRÉSENTANT, ANTE n. ▪ **I.** **1.** Personne qui représente qqn et agit en son nom. ⇒ **agent, délégué, mandataire.** *La mission d'un représentant.* **2.** Personne désignée par un groupe pour agir en son nom. *Représentant syndical.* – *Les représentants du peuple.* ⇒ **parlementaire.** **3.** Personne désignée pour représenter un État, un gouvernement, auprès d'un autre (⇒ **diplomate**). **4.** Personne qui visite la clientèle pour le compte d'une entreprise. ⇒ **voyageur** de commerce, **V.R.P.** *Il est représentant de commerce. Une représentante en pharmacie.* **II.** (Individu, personne, animal, chose) que l'on considère comme type (d'une classe, d'une catégorie). *Les représentants d'une espèce animale. L'un des meilleurs représentants de l'école expressionniste.*

REPRÉSENTATIF, IVE adj. ▪ **1.** Qui représente, rend sensible (quelque chose d'autre). *Symbole représentatif d'une idée.*

2. Relatif à la représentation (d'un groupe) ; qui concerne cette représentation. *Assemblée représentative. Le système représentatif* (⇒ **parlementaire**). 3. Propre à représenter (une classe, une catégorie), qui représente bien. ⇒ **typique.** *Un garçon représentatif de sa génération.*

REPRÉSENTATION n. f. ▪ I. 1. Fait de rendre sensible (un objet, une chose abstraite) au moyen d'une image, d'un signe, etc. ; image, signe qui représente. *Représentation d'un objet par une figure.* – Fait, manière de représenter (la réalité extérieure) dans les arts plastiques. *Une représentation réaliste.* 2. Fait de représenter (une pièce...). ⇒ **spectacle.** *Première représentation.* ⇒ **première.** 3. Processus par lequel une image est présentée aux sens. ⇒ **perception.** *Représentation du monde.* 4. Train de vie auquel certaines personnes sont tenues, en raison de leur situation. *Frais de représentation.* II. 1. Fait de représenter (qqn ; un groupe). ⇒ **délégation.** – Ceux qui représentent le peuple (⇒ **représentant**). *La représentation nationale.* 2. Métier de représentant (de commerce). *Faire de la représentation.*

REPRÉSENTATIVITÉ n. f. ▪ DIDACT. Caractère représentatif (2 et 3).

REPRÉSENTER v. tr. [1] ▪ I. 1. Présenter à l'esprit, rendre sensible (un objet, une chose abstraite) au moyen d'un autre objet (signe) qui lui correspond. ⇒ **évoquer, exprimer.** *Le glaive représente la guerre.* ⇒ **symboliser.** *Représenter un concept par un mot.* ⇒ **nommer.** – (le sujet désigne le signe) *La monnaie représente la valeur.* ♦ Évoquer par un procédé graphique, plastique. ⇒ **dessiner, figurer, peindre.** *Représenter un objet, un paysage.* – (en parlant de l'image) *Ce tableau représente des ruines.* 2. Faire apparaître, à l'esprit, par le moyen du langage. ⇒ **décrire, dépeindre.** *Représenter les faits dans toute leur complexité.* 3. Montrer (une action) à un public par des moyens scéniques. *Troupe qui représente une pièce.* ⇒ **interpréter, jouer.** 4. Rendre présent à l'esprit, à la conscience (un objet qui n'est pas perçu directement). *Ce mot ne me représente rien.* – pronom. SE REPRÉSENTER *qqch.* : former dans son esprit (l'image d'une réalité absente), évoquer (une réalité passée). ⇒ **concevoir,** s'**imaginer.** *Se représenter une situation. Représentez-vous ma surprise.* 5. Présenter (une chose) à l'esprit par association d'idées ; être un exemple de. ⇒ **évoquer, symboliser.** *Ville qui représente l'histoire d'un pays. Il représente l'intelligence et le talent.* – (choses équivalentes) ⇒ **constituer, correspondre** à. *L'épargne représente une privation.* 6. LITTÉR. Faire observer à qqn. *Il lui représenta les conséquences de son acte.* 7. intrans. LITTÉR. Donner une impression d'importance, par son maintien, son comportement social. ⇒ en **imposer.** II. 1. Tenir la place de (qqn ; un groupe), agir en son nom, en vertu d'un mandat. *Le ministre s'était fait représenter.* 2. Être le représentant de (une entreprise). *Il représente diverses compagnies d'assurances.* III. Présenter de nouveau. *Le parti représente le même candidat.* ♦ pronom. *Se représenter à un examen.* – (choses) *Si l'occasion se représente.*

RÉPRESSIF, IVE adj. ▪ Qui réprime, sert à réprimer. *Loi répressive.* – *Société répressive.* – (personnes) *Parents répressifs.*

RÉPRESSION n. f. ▪ 1. Action de réprimer (2). ⇒ **châtiment, punition.** *La répression d'un crime.* – *Répression et prévention.* ♦ Fait d'arrêter par la violence un mouvement de révolte collectif. *Mesures de répression.* – *Une répression aveugle.* 2. PSYCH. Rejet volontaire (d'une motivation). *Répression et refoulement.*

RÉPRIMANDE n. f. ▪ Blâme adressé avec sévérité (à un inférieur). ⇒ **observation, remontrance, reproche.**

RÉPRIMANDER v. tr. [1] ▪ Faire des réprimandes à (qqn). ⇒ **blâmer.**

RÉPRIMER v. tr. [1] ▪ 1. Empêcher (un sentiment, une tendance) de se développer, de s'exprimer. ⇒ **contenir, refréner.** *Réprimer sa colère. Un instinct que l'on ne peut réprimer* (⇒ **irrépressible**). 2. Empêcher (une chose jugée dangereuse pour la société) de se manifester, de se développer. ⇒ **châtier, punir.** *Réprimer les délits.* – *Réprimer une insurrection.*

REPRINT [ʀəpʀint] n. m. ▪ anglic. Réédition (d'un ouvrage) par procédé photographique ; cet ouvrage.

REPRIS, ISE ⇒ REPRENDRE

REPRIS DE JUSTICE n. m. ▪ Individu qui a déjà été l'objet d'une ou plusieurs condamnations pénales. ⇒ **récidiviste.** *Un repaire de repris de justice.*

REPRISE n. f. ▪ I. 1. (rare en emploi général) Action de reprendre (ce qu'on avait laissé, donné). 2. Action de faire de nouveau après une interruption ; résultat de cette action. *La reprise des hostilités.* ♦ Chaque partie (d'une action qui se déroule en plusieurs fois). *Combat* (de boxe) *en trois reprises* (⇒ **round**). *Reprises d'une compétition d'équitation.* ♦ (moteur...) Passage à un régime supérieur. *Cette voiture a de bonnes reprises.* 3. Fait de reprendre pour remanier, adapter ou répéter. ♦ spécialt Raccommodage d'un tissu dont on cherche à reconstituer le tissage. *Faire une reprise à un pantalon.* ⇒ **repriser.** ♦ *La reprise d'une pièce de théâtre.* – *Reprise d'une entreprise.* – MUS. Répétition, seconde exécution (d'un fragment, d'un morceau). ♦ loc. À... REPRISES (marquant la répétition). *À deux, trois ; plusieurs, maintes reprises* (⇒ **fois**). 4. Objets rachetés ou somme d'argent versée pour succéder au locataire d'un appartement. *Payer une grosse reprise.* II. Fait de prendre un nouvel essor après un moment de crise. *La reprise des affaires.* – absolt *Les investisseurs attendent la reprise.*

REPRISER v. tr. [1] ▪ Raccommoder en faisant une ou plusieurs reprises. au p. p. *Des chaussettes toutes reprisées.* – absolt *Aiguille à repriser.*

RÉPROBATEUR, TRICE adj. ▪ Qui exprime la réprobation. *Un regard réprobateur.*

RÉPROBATION n. f. ▪ Fait de réprouver* ; désapprobation vive, sévère. *Encourir la réprobation de ses amis.*

REPROCHE n. m. ▪ 1. Blâme formulé pour inspirer la honte ou le regret. ⇒ **remontrance, réprimande, observation, remarque.** *Faire des reproches à qqn. Accabler qqn de reproches.* – *Sans reproche(s)* : à qui, à quoi on ne peut adresser de reproches. ⇒ **irréprochable.** *Une vie sans reproches.* 2. LITTÉR. Se dit de ce qui constitue un reproche. *Être un reproche, un vivant reproche pour qqn.*

REPROCHER v. tr. [1] ▪ *Reprocher* (qqch.) *à qqn,* lui faire observer, en le blâmant (une chose dont on le tient pour coupable ou responsable). *On lui reproche sa désinvolture. Reprocher à qqn de* (+ inf.). – *Je ne vous reproche rien* (atténue une observation). – (compl. indir. chose) *Ce que je reproche à cette théorie, c'est sa banalité.* ▸ SE REPROCHER v. pron. *SE REPROCHER qqch.*, se considérer comme responsable de. *Il n'a rien à se reprocher. Se reprocher de* (+ inf.).

REPRODUCTEUR, TRICE adj. ▪ Qui sert à la reproduction (animale, végétale). *Organes reproducteurs.*

REPRODUCTION n. f. ▪ I. Fonction par laquelle les êtres vivants se reproduisent ; action de se reproduire. *Reproduction asexuée, sexuée.* II. 1. Action de reproduire fidèlement (une chose existante). *La reproduction de la nature par l'art* (⇒ **imitation**). *La reproduction d'un son.* 2. Fait de reproduire, de copier (un original) par un procédé technique. *Reproduction d'un tableau. Reproduction interdite.* – Image obtenue à partir d'un original. *Une excellente reproduction.* 3. SOCIOL. Fait de perpétuer, de se perpétuer (processus). *La reproduction des modèles idéologiques.*

REPRODUIRE v. tr. [38] ▪ 1. Répéter, rendre fidèlement (qqch.). ⇒ **imiter, représenter.** *Reproduire la nature, la réalité* (par l'art...). 2. Faire exister, par un procédé technique, des choses semblables à (un modèle). ⇒ **copier.** *Reproduire un dessin, un texte.* ♦ (choses) Constituer une image de. *Moulage qui reproduit un modèle.* 3. Perpétuer, répéter. *Il reproduit les erreurs de son prédécesseur.* ▸ SE REPRODUIRE v. pron. 1. Produire des êtres vivants (semblables à soi-même) par la génération. ⇒ se **multiplier, proliférer.** *Les insectes se reproduisent très rapidement.* 2. Se produire de nouveau. ⇒ **recommencer,** se **répéter.** *Veillez à ce que cela ne se reproduise plus.*

RÉPROUVÉ, ÉE n. ▪ Personne rejetée par la société. *Vivre en réprouvé.* – RELIG. Personne rejetée par Dieu. ⇒ **damné.**

RÉPROUVER v. tr. [1] ▪ 1. Rejeter en condamnant (qqch., qqn). ⇒ **blâmer ; réprobation.** *Actes que la morale réprouve.* – par ext. ⇒ **désavouer.** *Réprouver l'attitude de qqn.* 2. RELIG. Rejeter et destiner aux peines éternelles. ⇒ **maudire.**

REPS [ʀɛps] n. m. ▪ Tissu d'ameublement en grosse toile.

REPTATION n. f. ▪ (reptiles...) Mode de locomotion dans lequel le corps progresse sur sa face ventrale, par des mouvements d'ensemble.

REPTILE n. m. ▪ Animal vertébré, généralement ovipare, à peau couverte d'écailles (classe des *Reptiles* ; serpents, lézards, tortues, crocodiles). *Reptiles fossiles* (dinosaure, ptérodactyle).

REPU, UE adj. ▪ 1. Qui a mangé à satiété. ⇒ **rassasié.** *Lion repu. Je suis repu.* 2. fig. Assouvi. *Une haine repue.*

RÉPUBLICAIN, AINE adj. ▪ **I. 1.** Qui est partisan de la république. *L'esprit républicain. Journal républicain.* – n. *Des républicains convaincus.* **2.** Relatif à la république, à une république ; de la république. *Constitution républicaine.* **II.** (aux États-Unis) *Le parti républicain* (voir ci-dessous). – n. *Les républicains et les démocrates.*

le parti RÉPUBLICAIN en anglais **Republican Party** ▪ Un des deux grands partis des États-Unis, fondé en 1854. Lincoln, Eisenhower, Nixon, Reagan et Bush furent parmi les principaux présidents républicains.

RÉPUBLIQUE n. f. ▪ Forme de gouvernement où le chef de l'État (⇒ **président**) n'est pas seul à détenir le pouvoir qui n'est pas héréditaire ; État ainsi gouverné. *République démocratique, populaire, socialiste. Les républiques de la Grèce antique.* – FAM. *On est en république !* (protestation contre une contrainte). – *La République française :* le régime politique français actuel (depuis 1792) ; la France sous ce régime.

▪ **la RÉPUBLIQUE FRANÇAISE** ▪ Régime politique de la France. ► **la première RÉPUBLIQUE** (1792-1804) → **Révolution française** et **Consulat.** ► **la deuxième RÉPUBLIQUE** (1848-1852) Proclamée par les auteurs de la révolution de 1848, elle mit fin à la monarchie de Juillet. On appela « quarante-huitards » les socialistes du gouvernement provisoire. Après la répression de l'agitation populaire par Cavaignac (juin 1848), le *parti de l'Ordre* domina la vie politique. Son candidat Louis Napoléon Bonaparte fut élu président de la République (10 décembre 1848). Le coup d'État du 2 décembre 1851 lui permit de renforcer l'exécutif, puis de rétablir l'Empire (2 décembre 1852) et de prendre le nom de Napoléon* III. ► **la troisième RÉPUBLIQUE** (1870-1940) Instaurée par le gouvernement de Défense* nationale après la défaite de Napoléon III face à la Prusse, elle réprima la Commune et affronta une opinion qui n'était pas encore acquise à l'idée républicaine ; mais elle sut progressivement l'imposer au pays (→ **France**). Elle prit fin avec le vote des pleins pouvoirs au maréchal Pétain (11 juillet 1940). ► **la quatrième RÉPUBLIQUE** (1944-1958) succéda au gouvernement provisoire (→ **Gouvernement provisoire de la République française**) et prit fin avec le retour du général de Gaulle au pouvoir. ► **la cinquième RÉPUBLIQUE** (depuis 1958) → **France.**

RÉPUDIER v. tr. [7] ▪ **1.** (dans certaines civilisations) Renvoyer (son épouse) en rompant le mariage selon les formes légales et de manière unilatérale. **2.** LITTÉR. Rejeter, repousser (un sentiment, une idée, etc.). *Répudier ses engagements.* ⇒ **renier.** ► n. f. RÉPUDIATION

RÉPUGNANCE n. f. ▪ **1.** Vive sensation d'écœurement que provoque une chose qu'on ne peut supporter. ⇒ **répulsion.** *Avoir de la répugnance pour un aliment.* ⇒ **dégoût. 2.** abstrait Vif sentiment de mépris, de dégoût qui fait qu'on évite (qqn, qqch.). ⇒ **horreur.** *Avoir une grande répugnance pour le mensonge.* – Manque d'enthousiasme ou difficulté psychologique (à faire qqch.).

RÉPUGNANT, ANTE adj. ▪ **1.** Qui inspire de la répugnance (physique). ⇒ **dégoûtant, écœurant, repoussant.** *Une maison d'une saleté répugnante.* **2.** Qui inspire de la répugnance, au plan intellectuel ou moral. ⇒ **abject, ignoble.** *Un individu répugnant.*

RÉPUGNER v. tr. [1] ▪ **I.** v. tr. ind. *RÉPUGNER À.* **1.** LITTÉR. Éprouver de la répugnance pour (qqch.). *Répugner à une nourriture. Il ne répugnait pas à cette perspective, à admettre cette perspective.* **2.** Inspirer de la répugnance à (qqn) ; faire horreur. *Cette nourriture lui répugne.* ⇒ **dégoûter.** *Ce type me répugne.* **II.** v. tr. dir. RARE Dégoûter, rebuter (qqn). *La puanteur répugnait tout le monde.*

RÉPULSIF, IVE adj. ▪ LITTÉR. Qui inspire de la répulsion. ⇒ **repoussant.**

RÉPULSION n. f. ▪ Répugnance (physique ou morale). ⇒ **dégoût, écœurement.** *Éprouver, avoir de la répulsion pour, à l'égard de qqn, qqch.*

RÉPUTATION n. f. ▪ **1.** Fait d'être honorablement connu du point de vue moral. *Nuire à la réputation de qqn.* **2.** Fait d'être avantageusement connu. *Il doit soutenir sa réputation. La réputation d'une entreprise.* ⇒ **renom. 3.** Fait d'être connu (honorablement ou fâcheusement). *Avoir bonne, mauvaise réputation.* ♦ *RÉPUTATION DE :* fait d'être considéré comme. *Une réputation d'homme d'esprit.*

RÉPUTER v. tr. [1] ▪ LITTÉR. (+ attribut) Tenir pour, considérer comme. *On le répute excellent nageur.* ► **(ÊTRE) RÉPUTÉ, ÉE** v. passif Avoir la réputation de, passer pour. *Des terres réputées incultes. Être réputé pour..., comme...* ► **RÉPUTÉ, ÉE** adj. Qui jouit d'une grande réputation. ⇒ **célèbre, connu, fameux.** *Un vin réputé.* – *Une ville réputée pour ses musées.*

REQUÉRIR v. tr. [21] ▪ **1.** LITTÉR. Demander, solliciter (une chose abstraite). *Requérir l'aide de qqn.* **2.** DR. Réclamer au nom de la loi (⇒ **requête ; réquisitoire**). **3.** LITTÉR. (sujet chose) Demander, réclamer. *Ce travail requiert de l'attention.* ► **REQUIS, ISE** adj. Demandé, exigé comme nécessaire. ⇒ **prescrit.** *Satisfaire aux conditions requises. Avoir l'âge requis.*

REQUÊTE n. f. ▪ **1.** LITTÉR. Demande instante, verbale ou écrite. ⇒ **prière.** *Présenter, adresser une requête à qqn.* – *À, sur la requête de :* à la demande de. **2.** DR. Demande écrite présentée devant une juridiction. *Requête en cassation.*

REQUIEM [ʀekɥijɛm] n. m. invar. ▪ **1.** Prière, chant pour les morts, dans la liturgie catholique. *Messe de requiem.* **2.** Partie de la messe des morts mise en musique. *Le Requiem de Mozart.*

REQUIN n. m. ▪ **1.** Poisson de grande taille, au corps fuselé, très puissant et très vorace. ⇒ **squale. 2.** fig. Personne cupide et impitoyable en affaires. *Les requins de la finance.*

requin. *Carcharhinus amblyrhynchos*, requin gris des récifs.
Phot. © Soury/Jacana

REQUINQUER v. tr. [1] ▪ FAM. Redonner des forces, de l'entrain à. *Ce petit vin me requinque.* ⇒ **remonter.** ► SE **REQUINQUER** v. pron. Reprendre des forces, retrouver la santé. *Elle s'est bien requinquée.*

REQUIS, ISE ⇒ REQUÉRIR

RÉQUISITION n. f. ▪ Opération par laquelle l'Administration exige une prestation d'activité ou la fourniture d'un bien. *Réquisition de véhicules, en temps de guerre.*

RÉQUISITIONNER v. tr. [1] ▪ **1.** Se procurer (qqch.) par voie de réquisition. *Réquisitionner des locaux.* **2.** Utiliser par réquisition les services de (qqn). – FAM. Utiliser (qqn) d'autorité. *Je vous réquisitionne tous pour m'aider.*

RÉQUISITOIRE n. m. ▪ **1.** Développement oral, par le représentant du ministère public, des moyens de l'accusation. **2.** Discours, écrit contenant de violentes attaques. *Un réquisitoire contre une politique.*

R. E. R. [ɛʀøɛʀ] n. m. (sigle de *réseau express régional*) ▪ Métro régional desservant Paris et sa région. *Ligne de R. E. R.*

RESCAPÉ, ÉE n. ▪ Personne qui est réchappée d'un accident, d'un sinistre. *Les rescapés d'un naufrage.*

À LA **RESCOUSSE** loc. adv. ▪ Au secours, à l'aide. *Appeler ; venir à la rescousse.*

RÉSEAU n. m. ▪ **1.** Ensemble de lignes, de bandes, etc., entrelacées plus ou moins régulièrement. *Le réseau des mailles d'un filet.* **2.** Ensemble de lignes, de voies de communication, etc., qui desservent une même unité géographique. *Réseau ferroviaire, routier. Réseau téléphonique.* **3.** Répartition des éléments d'une organisation en différents points ; ces éléments. *Réseau commercial.* – Organisation clandestine. *Réseau d'espionnage.* **4.** Ensemble d'ordinateurs connectés entre eux pour échanger des informations.

RÉSECTION [-s-] n. f. ▪ CHIR. Opération chirurgicale qui consiste à couper, enlever une partie d'organe ou de tissu. ⇒ **ablation.** *Résection d'un vaisseau.*

RÉSÉDA n. m. ▪ Plante aux fleurs odorantes disposées en grappe. *Des résédas.*

RÉSÉQUER [-s-] v. tr. [6] ▪ CHIR. Enlever par résection.

RÉSERVATION n. f. ▪ Fait de réserver (une place, etc.).

RÉSERVE n. f. ▪ **I.** (Fait de garder pour l'avenir ; abstrait) **1.** *Faire, émettre des réserves sur* (une opinion, etc.), ne pas donner son approbation pleine et entière. *Les savants font de sérieuses réserves sur cette hypothèse.* ♦ loc. *SOUS TOUTES RÉSERVES :* sans garantie. *Nouvelle donnée sous toutes réserves.* ‑ *SOUS RÉSERVE :* sous condition. ‑ *SOUS RÉSERVE DE :* en réservant (un recours). *Sous réserve de vérification.* **2.** *SANS RÉSERVE* loc. adv. et adj. : sans restriction, sans réticence. *Il lui est dévoué sans réserve. Une admiration sans réserve.* **II.** Qualité qui consiste à se garder de tout excès (dans les propos, etc.). ⇒ **circonspection, discrétion, retenue.** *Garder une certaine réserve.* ‑ *Être, se tenir sur la réserve,* garder une attitude réservée. **III. 1.** Quantité accumulée pour en disposer au moment le plus opportun. ⇒ **provision.** *Réserves de vivres, d'argent. Les réserves de graisse de l'organisme.* ‑ Quantité non encore exploitée (d'un minéral). *Les réserves mondiales de pétrole.* **2.** loc. *Avoir, mettre, tenir qqch. EN RÉSERVE.* ⇒ de **côté.** ‑ *DE RÉSERVE :* qui constitue une réserve. *Vivres de réserve.* **3.** MILIT. *Les réserves :* troupe gardée disponible. ‑ *La réserve* (s'oppose à *armée active*) : partie des forces militaires d'un pays qui peut être rappelée sous les drapeaux (⇒ **réserviste**). *Officier de réserve.* **IV. 1.** Territoire choisi pour la protection de la flore et de la faune. *Réserve naturelle.* **2.** (en Amérique du Nord) Territoire réservé aux Indiens et soumis à un régime spécial. **3.** Local où l'on garde à part (des objets). *Les réserves d'un musée.*

RÉSERVÉ, ÉE adj. ▪ **I.** Qui a été réservé. *Droits de traduction réservés.* ‑ *Chasse réservée.* ‑ *Place réservée.* **II.** Qui fait preuve de réserve*. ⇒ **discret, prudent.** *Un homme réservé.* ‑ *Une attitude réservée.*

RÉSERVER v. tr. [1] ▪ **1.** Destiner exclusivement ou spécialement (à une personne, un groupe). *On vous a réservé ce bureau, cet étage.* **2.** S'abstenir d'utiliser immédiatement (qqch.), en vue d'une occasion plus favorable. ⇒ **garder.** *Réserver le meilleur pour la fin.* ‑ *Réserver son jugement,* le remettre à plus tard. **3.** Mettre de côté (une marchandise) pour qqn ; faire mettre à part (ce qu'on veut trouver disponible). *Réserver un billet d'avion* (⇒ **retenir ; réservation**). **4.** Destiner (à qqn) ; causer (pour qqn). *Le sort qui nous est réservé. Cette soirée nous réservait bien des surprises.* ► **SE RÉSERVER** v. pron. **1.** S'abstenir d'agir, de manière à conserver toutes possibilités pour plus tard. *Je me réserve pour une meilleure occasion.* ♦ spécialt Manger peu afin de garder de l'appétit (pour un plat, un repas). *Se réserver pour le dessert.* **2.** Réserver pour soi-même. *Je me réserve le droit d'intervenir.* ‑ *Se réserver de* (+ inf.) : conserver pour l'avenir le droit ou la possibilité de (faire qqch). *Il se réserve de prendre les dispositions qui s'imposent.*

RÉSERVISTE n. m. ▪ Membre de l'armée de réserve. *Rappel de réservistes.*

RÉSERVOIR n. m. ▪ **1.** Cavité où un liquide peut s'accumuler, être gardé en réserve. *Réservoir d'eau* (citerne, cuve...). *Réservoir d'essence* (d'une voiture). **2.** fig. *Réservoir de :* endroit contenant (ce qui est comparé à un liquide). *Un réservoir d'hommes de valeur.*

RÉSIDENCE n. f. ▪ **1.** DIDACT. Séjour obligatoire. *Emploi qui demande résidence.* ‑ *Être assigné à résidence. Résidence surveillée.* **2.** Fait de demeurer habituellement en un lieu ; ce lieu. ⇒ **demeure, habitation.** *Changer de résidence.* ‑ Lieu où une personne habite durant un certain temps, ou a un centre d'activités, sans y avoir nécessairement son domicile. **3.** (avec une idée de luxe) Lieu, habitation où l'on réside. ‑ *Résidence secondaire,* maison de vacances. ♦ Groupe d'immeubles résidentiels.

RÉSIDENT, ENTE n. ▪ **1.** Personne qui réside (en un lieu). *Les résidents d'une cité universitaire.* **2.** Personne établie dans un autre pays que son pays d'origine. *Les résidents espagnols en France.*

RÉSIDENTIEL, ELLE adj. ▪ Propre à l'habitation, à la résidence (en parlant des beaux quartiers). *Immeubles, quartiers résidentiels.*

RÉSIDER v. intr. [1] ▪ **1.** (personnes) Être établi d'une manière habituelle (dans un lieu), y avoir sa résidence. ⇒ **demeurer.** *Résider en province.* **2.** (choses abstraites) Avoir son siège, son principe. ⇒ **consister.** *La difficulté réside en ceci...*

RÉSIDU n. m. ▪ **1.** péj. Reste sans valeur. ⇒ **déchet, détritus.** **2.** Ce qui reste après une opération physique ou chimique, un traitement industriel.

RÉSIDUEL, ELLE adj. ▪ DIDACT. Qui constitue un reste, un résidu. ‑ fig. *Chômage résiduel.*

RÉSIGNATION n. f. ▪ Fait d'accepter sans protester (la volonté de qqn, le sort) ; tendance à se soumettre. ⇒ **soumission.** *Résignation à l'injustice.* ‑ *Une résignation courageuse.*

RÉSIGNER v. tr. [1] ▪ LITTÉR. Abandonner (une fonction). ⇒ se **démettre.** *Résigner sa charge.* ► **SE RÉSIGNER** v. pron. *Se résigner à :* accepter sans protester (une chose pénible). *Se résigner à l'inévitable. Se résigner à partir.* ‑ absolt Adopter une attitude d'acceptation ; se soumettre. ⇒ s'**incliner.** *Il faut se résigner, c'est la vie !* ► **RÉSIGNÉ, ÉE** adj. Qui accepte avec résignation ; empreint de résignation. *Il est résigné.* ‑ *Un courage résigné.*

RÉSILIATION n. f. ▪ Action de résilier ; son résultat. *La résiliation d'un contrat.*

RÉSILIER v. tr. [7] ▪ Dissoudre (un contrat) par l'accord des parties ou par la volonté d'un seul. *Résilier un bail.*

RÉSILLE n. f. ▪ Tissu de mailles formant une poche dans laquelle on enserre les cheveux. ⇒ **filet.** ‑ appos. (invar.) *Bas résille,* formé d'un réseau de larges mailles.

RÉSINE n. f. ▪ **1.** Substance collante et visqueuse qui suinte de certains végétaux, notamment les conifères. *Résine du pin.* **2.** Composé utilisé dans la fabrication des matières plastiques. *Résines synthétiques.*

RÉSINEUX, EUSE adj. ▪ **1.** Qui produit de la résine, contient de la résine (1). *Arbres, bois résineux.* ‑ n. m. *Les principaux résineux sont des conifères.* **2.** Propre à la résine (1). *Odeur résineuse.*

RÉSISTANCE n. f. ▪ **I.** (Phénomène physique) **1.** Fait de résister, d'opposer une force (à une autre) ; cette force. *La résistance de l'air.* ♦ Capacité d'annuler ou de diminuer l'effet d'une force. *Résistance à la torsion.* ‑ *Résistance des matériaux,* leur comportement face à des forces, des contraintes ; étude de ce comportement. **2.** ÉLECTR. *Résistance (électrique) :* grandeur physique, rapport entre la tension et l'intensité du courant. *L'unité de résistance est l'ohm.* ‑ COUR. *Une résistance,* conducteur qui dégage de la chaleur. **3.** Qualité physique par laquelle on résiste (à des épreuves, des fatigues). ⇒ **endurance, force, solidité.** *Manquer de résistance. Résistance au froid.* **4.** loc. *PLAT DE RÉSISTANCE* (proprt dont on ne vient pas à bout aisément) : plat principal d'un repas. **II.** (Action humaine) **1.** Action par laquelle on essaie de rendre sans effet (une action dirigée contre soi). *La résistance à l'oppression. Résistance passive,* refus d'obéir (sans

la **Résistance.** Affichette de la Résistance, vers 1943-1944, dessinée par un membre du parti communiste. Musée de l'Histoire vivante, Montreuil. *Phot. © Charmet/Explorer* action). ♦ Ce qui s'oppose à la volonté. ⇒ **difficulté, obstacle.** *Rencontrer de la résistance. - Venir à bout d'une résistance.* **2.** Action de s'opposer à une attaque par les moyens de la guerre. *Résistance armée. Organiser la résistance.* ♦ HIST. (avec maj.) *La Résistance :* l'opposition de certains Français à l'action de l'occupant allemand pendant la Deuxième Guerre mondiale ; l'organisation qui s'ensuivit. ■ La résistance extérieure fut le fait de la France libre (général de Gaulle) avec les Forces* françaises libres (FFL). La résistance intérieure (renseignement, distribution de tracts et journaux, aide aux Juifs, sabotage) évolua progressivement vers des opérations militaires. Elle réunit des hommes et des femmes venus de tous horizons, notamment du parti communiste et de ses Francs*-Tireurs et Partisans (FTP), intégrés en 1944 aux Forces* françaises de l'intérieur (FFI). L'unification se fit autour de De Gaulle grâce à Jean Moulin*, au Conseil* national de la Résistance (CNR), puis au Gouvernement* provisoire de la République française (GPRF).

RÉSISTANT, ANTE adj. ■ **1.** Qui résiste à une force contraire ; qui résiste à l'effort, à l'usure. *Un tissu très résistant.* ⇒ **solide. 2.** (êtres vivants) Endurant, robuste. **3.** n. Personne qui appartenait à la Résistance (II, 2). - Personne qui fait partie d'un mouvement de résistance.

RESISTENCIA ■ Ville d'Argentine, capitale du Chaco. 291 000 hab.

RÉSISTER v. tr. ind. [1] ■ *RÉSISTER À* **I.** (valeur passive) **1.** (choses) Ne pas céder, ne pas s'altérer sous l'effet de. *Quelques arbres ont résisté à la tempête. Couleurs qui résistent au lavage.* **2.** (êtres vivants) Ne pas être détruit, altéré par (ce qui menace l'organisme). *Résister à la fatigue, à la maladie.* ⇒ **supporter.** - Supporter sans faiblir (ce qui est moralement pénible). *Résister à un chagrin.* **3.** (choses abstraites) Se maintenir, survivre. *Leur amitié a résisté au temps. - L'argument ne résiste pas à l'examen.* **II.** (valeur active) **1.** Faire effort contre l'usage de la force. *Résister à un agresseur.* ♦ S'opposer à (une attaque) par les moyens de la guerre. ⇒ se **défendre. 2.** S'opposer à (ce qui contrarie les désirs, menace la liberté). ⇒ **lutter** contre. *Résister à l'oppression.* ⇒ se **révolter.** *Personne n'ose lui résister.* **3.** (contexte amoureux) Repousser (qqn), lutter contre le pouvoir de (qqn). *Personne ne peut lui résister* (⇒ **irrésistible**). **4.** S'opposer à (ce qui plaît, tente). *Résister à une tentation. - Je n'ai pas pu résister à l'envie de venir.*

RÉSISTIVITÉ n. f. ■ ÉLECTR. Résistance spécifique d'une substance.

Alain RESNAIS (né en 1922) ■ Cinéaste français. Par la hardiesse de forme de ses œuvres, il a renouvelé le langage cinématographique. *"Hiroshima mon amour"* (1959) ; *"L'Année dernière à Marienbad"* (1961) ; *"Providence"* (1977). *"Nuit et Brouillard"* (1956) témoigne de l'horreur des camps d'extermination.

Resnais. *L'Année dernière à Marienbad,* avec G. Albertazzi et D. Seyrig. *Phot. © Georges Pierre*

RÉSOLU, UE adj. ■ Qui sait prendre une résolution et s'y tenir. ⇒ **décidé, déterminé.** *Un adversaire résolu de la peine de mort. — Un air résolu.*

RÉSOLUMENT adv. ■ D'une manière résolue. ⇒ **énergiquement.**

RÉSOLUTION n. f. ■ **I. 1.** DIDACT. Transformation physique d'une substance qui se résout. *Résolution de l'eau en vapeur.* **2.** Opération par laquelle l'esprit résout (une difficulté, un problème). ⇒ **solution.** *La résolution d'une équation.* **II. 1.** Décision volontaire arrêtée après délibération. *Prendre la résolution de...* ⇒ **décider.** - *Bonnes résolutions :* résolutions de bien faire. **2.** Comportement, caractère d'une personne résolue. ⇒ **détermination, énergie, fermeté.**

RÉSONANCE n. f. ■ **1.** Augmentation de la durée ou de l'intensité des sons, des vibrations. *Caisse de résonance.* - Propriété d'un lieu où ce phénomène se produit. *La résonance d'une voûte.* **2.** fig., LITTÉR. Effet de ce qui se répercute (dans l'esprit...). ⇒ **écho.** *La résonance d'une œuvre. Des résonances profondes.* **3.** SC. Augmentation de l'amplitude d'une oscillation. ♦ *Résonance magnétique nucléaire,* basée sur les modifications de niveaux d'énergie provoquées par un champ magnétique (utilisée dans l'imagerie médicale ; sigle R.M.N.).

RÉSONATEUR n. m. ■ Appareil, milieu où peut se produire un phénomène de résonance.

RÉSONNER v. intr. [1] ■ **1.** Produire un son accompagné de résonances. *Cloche qui résonne.* **2.** (sons) Retentir en s'accompagnant de résonances. *La musique résonnait dans toute la maison.* **3.** S'emplir d'échos, de résonances. *La rue résonnait de cris d'enfants.*

RÉSORBER v. tr. [1] ■ **1.** MÉD. Opérer la résorption de. - pronom. Disparaître par résorption. *Hématome qui se résorbe.* **2.** Faire disparaître par une action interne. *Résorber un déficit.*

RÉSORPTION n. f. ■ **1.** MÉD. Disparition (d'un produit pathologique repris par la circulation sanguine ou lymphatique). *Résorption d'un abcès.* **2.** Suppression (d'un phénomène nuisible). *Résorption du paupérisme.*

RÉSOUDRE v. tr. [51] ■ **I. 1.** (p. p. *résous, oute*) Transformer en ses éléments. - pronom. *Brouillard qui se résout en pluie.* **2.** (p. p. *résolu, ue*) Découvrir la solution de. *Résoudre un problème, une équation. L'énigme n'a pu être résolue* (⇒ **insoluble**). **II.** (p. p. *résolu, ue*) **1.** Déterminer (qqn) à prendre une résolution. *Il faut le résoudre à abandonner.* - au passif (plus cour.) *Il est résolu à partir.* - pronom. ⇒ se **décider.** *Il ne peut pas se résoudre à partir.* **2.** Décider (un acte, qqch. à exécuter). *Ils ont résolu sa perte, de le perdre. Faire ce qu'on a résolu. Résoudre de...* ⇒ **décider** de.

RESPECT [-pɛ] n. m. ■ **1.** Sentiment qui porte à accorder à qqn de la considération en raison de la valeur qu'on lui reconnaît. ⇒ **déférence, révérence ; estime.** *Inspirer le respect. Avoir du respect pour qqn. Marques de respect.* ⇒ **politesse.** - loc. *Sauf votre respect, sauf le respect que je vous dois :* se dit pour s'excuser d'une parole trop libre, un peu choquante. ♦ Sentiment de vénération. ⇒ **culte, piété.** *Le respect pour les morts. - Le respect d'un idéal.* **2.** au plur. Témoignage de respect (formule de politesse). *Présenter ses respects à qqn.* **3.** Considération que l'on porte à une chose jugée bonne, avec le souci de ne pas lui porter atteinte. *Le respect de la parole donnée.* **4.** loc., VIEILLI *Respect humain :* crainte du jugement des autres, qui conduit à se garder de certains actes. **5.** *Tenir qqn en respect,* dans une soumission forcée (en montrant sa force, etc.).

RESPECTABILITÉ n. f. ■ Caractère respectable. *Souci de respectabilité.*

RESPECTABLE adj. ■ **1.** Qui est digne de respect. *Un homme respectable.* ⇒ **estimable, honorable.** - *Vos scrupules sont respectables.* **2.** Assez important (quantité). *Une somme respectable.*

RESPECTER v. tr. [1] ■ **1.** Considérer avec respect. ⇒ **honorer ; vénérer.** *Respecter ses parents. - Respecter certaines valeurs.* **2.** Ne pas porter atteinte à. ⇒ **observer.** *Respecter le règlement ; les convenances.* ► **SE RESPECTER** v. pron. Agir de manière à conserver l'estime de soi-même. - loc. adj. FAM. *QUI SE RESPECTE :* qui est fidèle à soi-même ; digne du nom qui le désigne. *Proposition inacceptable pour un homme qui se respecte.*

RESPECTIF, IVE adj. ■ Qui concerne chaque chose, chaque personne (parmi plusieurs). *Les droits respectifs des époux.* (au sing.) *La position respective des astres.*

RESPECTIVEMENT adv. ■ Chacun en ce qui le concerne.

RESPECTUEUSEMENT adv. ■ Avec respect.

RESPECTUEUX, EUSE adj. ■ **1.** Qui éprouve ou témoigne du respect. *Des enfants respectueux.* - *"La Putain respectueuse"* (pièce de Sartre). **2.** Qui marque du respect. *Ton respectueux.* ‑ (formule de politesse) *Veuillez agréer mes sentiments respectueux.* ‑ loc. *Rester à (une) distance respectueuse,* à une distance assez grande. **3.** *RESPECTUEUX DE :* soucieux de ne pas porter atteinte à. *Être respectueux des usages.*

Ottorino RESPIGHI (1879 ‑ 1936) ▪ Compositeur italien. Son impressionnisme s'inscrit en réaction contre le vérisme.

RESPIRABLE adj. ▪ Que l'on peut respirer (surtout en emploi négatif). *Air peu respirable.*

RESPIRATION n. f. ▪ **1.** Fait de respirer ; manière de respirer. *Respiration difficile, haletante. Retenir sa respiration.* ⇒ **souffle.** ♦ *Respiration artificielle :* manœuvres pratiquées pour rétablir les fonctions respiratoires, chez les asphyxiés. **2.** DIDACT. Fonction biologique qui permet l'absorption de l'oxygène et le rejet du gaz carbonique. *Respiration pulmonaire. Respiration interne* (des cellules, des tissus).

RESPIRATOIRE adj. ▪ **1.** Qui permet la respiration. *Appareil respiratoire.* **2.** De la respiration. *Échanges respiratoires de la cellule.*

RESPIRER v. [1] ▪ **I.** v. intr. **1.** Absorber l'air dans la cage thoracique, puis l'en rejeter. ⇒ **aspirer, inspirer, expirer.** *Respirer par le nez, par la bouche. Respirer avec difficulté.* ⇒ **haleter.** ♦ Exercer la fonction de la respiration (2). **2.** Avoir un moment de calme, de répit. ⇒ **souffler.** *Laissez-moi respirer !* **II.** v. tr. Aspirer, attirer par les voies respiratoires. *Respirer le grand air. On lui fit respirer de l'éther.* ⇒ **renifler. III.** v. tr. Dégager une impression de. *Il respire la santé.* ‑ *Visage qui respire l'intelligence.*

RESPLENDIR v. intr. [2] ▪ LITTÉR. Briller d'un vif éclat. ‑ fig. *Son visage resplendit de bonheur.*

RESPLENDISSANT, ANTE adj. ▪ Qui resplendit. ⇒ **éclatant.** *Un soleil resplendissant.* ‑ fig. *Visage resplendissant de bonne humeur.* ⇒ **rayonnant.** *Une mine resplendissante* (de santé).

RESPONSABILISER v. tr. [1] ▪ Donner à (qqn) des responsabilités ; faire prendre conscience de ses responsabilités à (qqn).

RESPONSABILITÉ n. f. ▪ **1.** Obligation, pour un gouvernement, de quitter le pouvoir lorsque le corps législatif lui retire sa confiance. **2.** DR. Obligation de réparer le dommage que l'on a causé par sa faute, dans certains cas déterminés par la loi. *Responsabilité civile.* **3.** Fait d'être responsable (3). ‑ Nécessité morale de remplir un devoir, un engagement. *Assumer une responsabilité. Prendre la responsabilité de qqch.,* accepter d'en être tenu pour responsable. *Prendre, assumer ses responsabilités. Confier des responsabilités à qqn.*

RESPONSABLE adj. ▪ **1.** Qui doit rendre compte de sa politique (⇒ **responsabilité** (1)). *Gouvernement responsable devant le parlement.* **2.** DR. Qui doit réparer les dommages qu'il a causés. **3.** Qui doit répondre de ses actes ou de ceux d'autrui. *Être responsable de qqn. Être tenu pour responsable de qqch.* ♦ Qui est la cause volontaire et consciente (de qqch.), en porte la responsabilité. ‑ n. FAM. ⇒ **auteur, coupable.** *Qui est le responsable de cette plaisanterie ?* **4.** Chargé de. *Le ministre responsable de la justice.* ‑ n. ⇒ **dirigeant.** *Responsable syndical.* **5.** Raisonnable, réfléchi, sérieux. *Une attitude responsable.*

RESQUILLE n. f. ▪ FAM. Action de resquiller. ◇ syn. RESQUILLAGE n. m.

RESQUILLER v. [1] ▪ **1.** v. intr. Entrer sans payer (spectacles, transports) ; obtenir qqch. sans y avoir droit. **2.** v. tr. Obtenir (qqch.) par ruse, sans y avoir droit. *Il a resquillé sa place.*

RESQUILLEUR, EUSE n. ▪ Personne qui resquille.

RESSAC [Rə-] n. m. ▪ Retour brutal des vagues sur elles-mêmes, lorsqu'elles ont frappé un obstacle.

SE **RESSAISIR** [R(ə)-] v. pron. [2] ▪ Redevenir calme et maître de soi. *Ressaisissez-vous !* ‑ Se rendre de nouveau maître de la situation.

RESSASSER [R(ə)-] v. tr. [1] ▪ **1.** Revenir sur (les mêmes choses), faire repasser dans son esprit. ⇒ **remâcher, ruminer.** *Ressasser des regrets.* **2.** Répéter de façon lassante. ⇒ **rabâcher.** ‑ au p. p. *Des histoires ressassées.*

RESSAUT [Rə-] n. m. ▪ Saillie ; petite avancée.

RESSAYER ⇒ RÉESSAYER

RESSEMBLANCE [R(ə)-] n. f. ▪ **1.** Rapport entre des objets présentant des éléments identiques suffisamment nombreux et apparents. *Ressemblance parfaite.* ⇒ **similitude.** ‑ au plur. Traits communs. *Ressemblances et différences.* **2.** Fait, pour une personne, de présenter des traits physiques communs avec d'autres personnes (surtout ceux du visage). *La ressemblance de deux jumeaux.* **3.** Rapport entre la chose et son modèle, tel que la chose donne l'image du modèle. *Un portrait d'une grande ressemblance.*

RESSEMBLANT, ANTE [R(ə)-] adj. ▪ Qui a de la ressemblance avec son modèle. *Un portrait très ressemblant.*

RESSEMBLER [R(ə)-] v. tr. ind. [1] ▪ *RESSEMBLER À* **1.** (personnes) Avoir de la ressemblance, des traits physiques communs avec (qqn). *Il ressemble à sa mère.* ⇒ **tenir** de. ‑ (pronom.) loc. *Se ressembler comme deux gouttes* d'eau.* ♦ (au moral) *Chercher à ressembler à qqn.* ‑ (pronom.) prov. *Qui se ressemble s'assemble.* **2.** (choses) Avoir de la ressemblance avec. *Roche qui ressemble à du marbre.* ‑ loc. *Cela ne ressemble à rien,* c'est très original ; péj. c'est informe. ‑ pronom. *Toutes ces maisons se ressemblent.* prov. *Les jours se suivent et ne se ressemblent pas.* **3.** Avoir de la ressemblance (3) avec (un modèle). *Ce portrait me ressemble* (⇒ **ressemblant**). **4.** Être conforme au caractère de (qqn), digne de (qqn). *Cela lui ressemble tout à fait.*

RESSEMELAGE [R(ə)-] n. m. ▪ Action, manière de ressemeler.

RESSEMELER [R(ə)səm(ə)le] v. tr. [4] ▪ Garnir de semelles neuves. *Faire ressemeler ses chaussures.*

RESSENTIMENT [R(ə)-] n. m. ▪ Fait de se souvenir avec rancune des torts qu'on a subis. ⇒ **rancœur.** *Éprouver, garder du ressentiment de qqch., contre qqn.*

RESSENTIR [R(ə)-] v. tr. [16] ▪ **1.** LITTÉR. Éprouver vivement, sentir l'effet moral de. *Ressentir une injure.* ‑ *Ressentir une privation.* **2.** Être pleinement conscient de (un état affectif qu'on éprouve). *Ressentir de la sympathie pour, à l'égard de qqn.* **3.** Éprouver (une sensation physique). *Ressentir du bien-être. Ressentir une douleur.* ► SE **RESSENTIR** DE v. pron. **1.** Subir l'influence de. *Son travail se ressent de son humeur.* **2.** Continuer à éprouver les effets de (une maladie, un mal). *Se ressentir d'une chute.*

RESSERRE [Rəsɛʀ] n. f. ▪ Local où l'on range des objets. ⇒ **remise.** *Ranger des outils dans une resserre.*

RESSERREMENT [R(ə)-] n. m. ▪ Action de resserrer, de se resserrer ; état de ce qui est resserré.

RESSERRER [R(ə)-] v. tr. [1] ▪ **1.** Réduire (qqch.) en contractant, en rapprochant les éléments. **2.** Rapprocher de nouveau ou davantage (des parties ; un lien) ; serrer de nouveau ou davantage. *Resserrer un nœud, un boulon.* ‑ fig. *Resserrer une amitié.* ► SE **RESSERRER** v. pron. *L'étau se resserre.* ‑ fig. *Leurs relations se sont resserrées.*

RESSERVIR [R(ə)-] v. [14] ▪ **1.** v. tr. Servir de nouveau. *Resservir un plat.* ‑ pronom. *Resservez-vous !* ♦ fig. *Les boniments qu'il nous ressert depuis dix ans.* **2.** v. intr. Être encore utilisable. *Cela peut resservir.* **3.** v. pron. *Se resservir de* (qqn, qqch.), utiliser de nouveau.

① **RESSORT** [R(ə)-] n. m. ▪ **1.** Pièce (d'un mécanisme) qui produit un mouvement en utilisant ses propriétés élastiques. *Tendre un ressort. Ressort à boudins, à lames. Ressort d'un jouet mécanique. Matelas à ressorts.* **2.** LITTÉR. Énergie, force (généralement cachée) qui fait agir. *Les ressorts secrets de nos actes.* **3.** loc. *Avoir du ressort,* une grande capacité de résistance ou de réaction.

② **RESSORT** [R(ə)-] n. m. ▪ **1.** DR. VX Recours à une juridiction supérieure. ‑ MOD. loc. *EN DERNIER RESSORT :* sans possibilité de recours ; finalement. **2.** DR. Compétence (d'une juridiction). ‑ loc. COUR. *DU RESSORT DE :* de la compétence, du domaine de. *Cette affaire est du ressort de la cour d'appel.* ⇒ ② **ressortir.** *Cela n'est pas de mon ressort.*

① **RESSORTIR** [R(ə)-] v. [16] ▪ **I.** v. intr. (auxiliaire *être*) **1.** Sortir à nouveau (d'un lieu) peu après être entré. *Il ressortait de chez lui.* ‑ (choses) *La balle est ressortie par le cou.* **2.** Paraître avec plus de relief, être saillant. ⇒ se **détacher.** ‑ Paraître nettement, par contraste. *La couleur ressort mieux sur ce fond.* ♦ fig. Se montrer. *Ses qualités ressortent dans ces circonstances. Faire ressortir qqch.,* mettre en évidence. **3.** Apparaître comme conséquence. ⇒ **résulter.** *Il ressort de notre conversation que...* **II.** v. tr. (auxiliaire *avoir*) Sortir, faire sortir (qqch.) de nouveau. *Il a ressorti ses vieux disques.* ‑ FAM. *Il ressort toujours les mêmes idées.* ⇒ **ressasser.**

② **RESSORTIR** [R(ə)-] v. tr. ind. [2] ▪ *RESSORTIR À* **1.** DR. Être du ressort, de la compétence de (une juridiction). ⇒ **relever** de. *Ce procès ressortit à une autre juridiction.* **2.** LITTÉR. Être (par nature) relatif à. ⇒ **dépendre** de, **concerner.** *Tout ce qui ressortit au théâtre.*

RESSORTISSANT, ANTE [R(ə)-] n. ▪ Personne qui, dans un pays, relève de l'autorité d'un autre pays. *Les ressortissants et les nationaux.*

RESSOURCE [R(ə)-] n. f. ▪ **I.** Ce qui peut améliorer une situation fâcheuse. ⇒ **expédient, recours.** *Avoir la ressource de... Je n'ai d'autre ressource que de partir.* **II.** au plur. **1.** Moyens matériels d'existence. ⇒ **argent, fortune.** *Ses ressources sont modestes. Les ressources de l'État.* **2.** Moyens (personnes, réserves...) dont dispose ou peut disposer une collectivité. *Les ressources naturelles d'un pays.* – *Ressources humaines d'une entreprise,* son personnel. **3.** Moyens intellectuels et possibilités d'action qui en découlent. *Toutes les ressources de son talent.* – loc. *Un homme de ressources,* habile. – au sing. *Il a de la ressource.* ♦ Moyens, possibilités. *Les ressources d'un art. Les ressources d'une langue* (en tant que moyen d'expression).

SE **RESSOURCER** [R(ə)-] v. pron. [3] ▪ Trouver de nouvelles forces (en revenant à ses racines, à des valeurs...).

SE **RESSOUVENIR** [R(ə)-] v. pron. [22] ▪ LITTÉR. Se souvenir (d'une chose ancienne ou que l'on avait oubliée).

RESSUSCITER v. [1] ▪ **I.** v. intr. **1.** Être de nouveau vivant (contexte mystique). ⇒ **résurrection.** – au p. p. *Le Christ ressuscité.* **2.** Revenir à la vie normale, après une grave maladie. **3.** Manifester une vie nouvelle. *Pays qui ressuscite après une guerre.* ⇒ se **relever.** **II.** v. tr. **1.** Ramener de la mort à la vie (contexte mystique). *Ressusciter les morts.* **2.** (sujet chose) Ranimer ; guérir d'une grave maladie. *Ce traitement l'a ressuscité.* **3.** Faire revivre en esprit, par le souvenir. *Ressusciter les héros du passé.* – Faire renaître. *Ressusciter un art, une mode.*

① **RESTANT, ANTE** adj. ▪ **1.** Qui reste (d'un ensemble). *Les cent francs restants. La seule personne restante.* **2.** loc. POSTE* RESTANTE.

② **RESTANT** n. m. ▪ Ce qui reste (d'un ensemble). *Le restant de mes dettes.* – *Un restant de lumière.*

RESTAURANT n. m. ▪ Établissement où l'on sert des repas moyennant paiement. *Aller au restaurant. Un bon restaurant. Café-restaurant.* ⇒ **bistro, brasserie, taverne** ; anglic. **snack-bar.** *Restaurant libre-service.* ⇒ **cafétéria** ; anglic. **self-service.** *Restaurant d'entreprise.* ⇒ **cantine.** *Hôtel-restaurant.* ⇒ **auberge, hostellerie.** ◇ abrév. FAM. RESTAU ; RESTO.

① **RESTAURATEUR, TRICE** n. ▪ Spécialiste de la restauration des œuvres d'art.

② **RESTAURATEUR, TRICE** n. ▪ Personne qui tient un restaurant.

① **RESTAURATION** n. f. ▪ **1.** Action de restaurer. *La restauration d'une coutume.* ♦ spécialt Rétablissement au pouvoir de (un régime). – absolt HIST. (avec maj.) *La Restauration,* celle des Bourbons (1814-1830). **2.** Action, manière de restaurer (une œuvre d'art, un monument). *Restauration d'une fresque.* ■ La *première Restauration* va de la chute du Ier Empire aux Cent-Jours (1814-1815). La *seconde Restauration* va de la fin des Cent-Jours à la révolution de juillet 1830. Par la charte de 1814, Louis XVIII instaura la monarchie constitutionnelle, voulant préserver l'unité de la nation. Mais la réaction des ultras domina la vie politique à partir de 1820, et plus encore après l'avènement de Charles X (1824). Le durcissement du régime provoqua sa chute, au bénéfice de Louis-Philippe.

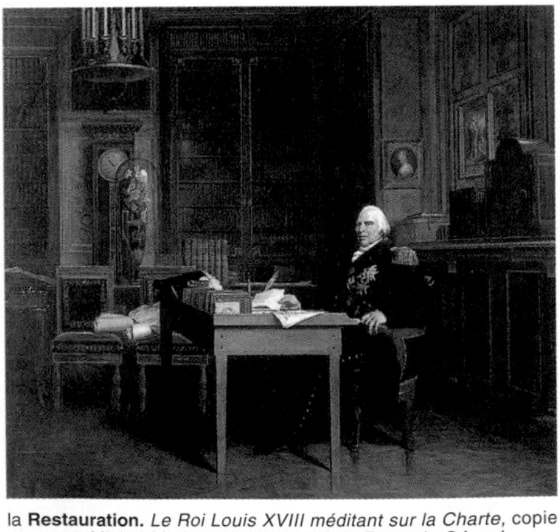

la **Restauration.** *Le Roi Louis XVIII méditant sur la Charte,* copie par Michel Marigny d'un original de François Gérard. Musée national du château, Versailles. *Phot. © RMN-G. Blot*

② **RESTAURATION** n. f. ▪ Métier de restaurateur. *Restauration rapide.* ⇒ anglic. **fast-food.**

① **RESTAURER** v. tr. [1] ▪ **1.** LITTÉR. Rétablir en son état ancien ou en sa forme première (des choses abstraites). *Restaurer la paix.* ⇒ **ramener.** ♦ spécialt *Restaurer un régime* (⇒ ① **restauration**). **2.** Réparer (une œuvre d'art, un monument) en respectant l'état primitif, le style. *Restaurer une cathédrale, un tableau. Restaurer un quartier ancien.* ⇒ **réhabiliter.**

② **RESTAURER** v. tr. [1] ▪ LITTÉR. Nourrir (qqn). ► SE **RESTAURER** v. pron. Reprendre des forces en mangeant. ⇒ se **sustenter.**

RESTAUROUTE n. m. ⇒ RESTOROUTE

RESTE n. m. ▪ **I.** *LE RESTE DE :* ce qui reste de (un tout dont une ou plusieurs parties ont été retranchées). **1.** (d'un objet ou d'une quantité mesurable) *Le reste d'une somme d'argent.* ⇒ **reliquat,** ② **restant, solde.** – loc. *Partir SANS DEMANDER SON RESTE,* sans insister. **2.** (d'un espace de temps) *Le reste de sa vie.* – loc. *LE RESTE DU TEMPS :* aux autres moments. **3.** (d'une pluralité d'êtres ou de choses) *Vivre isolé du reste des hommes. Le reste de mes amis est venu* ou (LITTÉR.) au plur. *sont venus.* **4.** (d'une chose non mesurable) *Le reste de l'ouvrage. Laissez-moi faire le reste.* **5.** absolt *LE RESTE :* ce qui n'est pas la chose précédemment mentionnée. *Ne t'occupe pas du reste. Pour le reste, quant au reste.* – (en fin d'énumération) *Et le reste,* et ce qui s'ensuit. ⇒ **et cætera. 6.** loc. adv. *DE RESTE :* plus qu'il n'en faut. – *Avoir de l'argent, du temps de reste,* en avoir trop et le prodiguer inutilement. ♦ *Être, demeurer EN RESTE,* être le débiteur, l'obligé (de qqn). ♦ *AU RESTE* (LITTÉR.) ; *DU RESTE :* quant au reste (s'emploie pour ajouter qqch.). ⇒ d'**ailleurs,** au **surplus.** *Elle vivait, du reste, très simplement.* **II.** *UN, DES RESTES :* élément restant d'un tout qui a disparu. **1.** concret *Les restes d'une vieille cité, d'une fortune.* ⇒ **débris, ruine, vestige.** *Les restes d'un repas* (⇒ **relief**). – *Un reste de beurre.* ♦ loc. *Avoir de beaux restes,* des restes de beauté (en parlant d'une femme). **2.** LITTÉR. *Les restes de qqn,* son cadavre. **3.** abstrait *Les restes d'une passion.* – *Un reste de tendresse.* **4.** (dans un calcul) Élément restant d'une quantité, après soustraction ou division. **5.** péj. *Les restes de qqn,* ce qu'il a laissé, négligé. *Il n'a eu que vos restes !*

RESTER v. intr. [1] ▪ **I.** (Continuer d'être dans un lieu ⇒ **demeurer**) **1.** (sujet personne) *Il est resté à Paris. Rester chez soi. Rester au lit, à table.* allus. « *J'y suis, j'y reste* » (mot attribué à Mac-Mahon). – FAM. *Il a failli y rester,* mourir. ♦ VIEILLI ou RÉGIONAL Habiter. *Il reste en province.* ♦ absolt (s'oppose à *partir, s'en aller*) *Je ne peux pas rester.* – *Restez donc dîner avec nous.* **2.** (sujet chose) *La voiture est restée au garage. L'arête est restée en travers de sa gorge.* – fig. *Rester sur l'estomac*, sur le cœur*.* ♦ *Rester dans la mémoire.* – *Cela doit rester entre nous* (d'un secret). **3.** Continuer d'être (dans une position, une situation, un état). *Rester debout. Rester en place. Rester dans le même état.* – *RESTER À* (+ inf.). *Elle resta à attendre.* – (+ attribut) *Rester immobile. La porte est restée ouverte.* **4.** Subsister à travers le temps. *C'est une œuvre qui restera.* ⇒ **durer.** prov. *Les paroles s'envolent, les écrits restent.* **5.** *RESTER À qqn :* continuer d'être, d'appartenir à qqn. *L'avantage est resté à nos troupes. Ce nom lui est resté.* **6.** *EN RESTER À :* s'arrêter, être arrêté à. *Nous en étions restés au troisième chapitre. Où en es-tu resté de ta lecture ?* – *EN RESTER LÀ :* ne pas continuer, ne pas poursuivre. *Restons-en là.* – *RESTER SUR :* conserver, s'en tenir à. *Rester sur sa faim*. Rester sur une mauvaise impression.* **II.** (en parlant d'éléments d'un tout) **1.** Être encore présent (après élimination des autres éléments). ⇒ **subsister ; reste.** *Rien ne reste de cette œuvre. Le seul bien qui me reste.* – impers. *Il reste du pain.* – (personnes) *Il ne reste plus que trois candidats.* **2.** *RESTER À* (+ inf.). *Le plus dur reste à faire.* – impers. *Il reste beaucoup à faire. Le temps qu'il me reste à vivre. (Il) reste à savoir si...* **3.** impers. (+ indic.) *Il reste certain que...* – *Il n'en reste pas moins que...,* il n'en est pas moins vrai que... – LITTÉR. *RESTE QUE* (+ indic.). → toujours est-il que. *Reste qu'il faudra bien se décider.*

RESTIF ou **RÉTIF DE LA BRETONNE** (1734 - 1806) ▪ Écrivain français. Il a décrit son époque avec verve et réalisme. *"Le Pay-*

san perverti ou les Dangers de la ville" (1775); *"Les Nuits de Paris ou le Spectateur nocturne"* (1788-1793).

RESTITUER v. tr. [1] ▪ **1.** Rendre (une chose dérobée ou retenue indûment). *Restituer un objet volé.* **2.** DIDACT. Reconstituer à l'aide de fragments, de documents, etc. *Restituer un texte altéré, une inscription.* **3.** Libérer (ce qui a été absorbé, accumulé). *Système qui restitue de l'énergie.* **4.** Reproduire fidèlement. *Enregistrement qui restitue les nuances d'une interprétation.*

RESTITUTION n. f. ▪ Action, fait de restituer (qqch.).

RESTO n. m. ⇒ RESTAURANT

RESTOROUTE n. m. (nom déposé) ▪ Restaurant situé au bord d'une autoroute, d'une route à grande circulation. ◇ var. RESTAUROUTE.

RESTREINDRE v. tr. [52] ▪ Rendre plus petit, ramener dans des limites plus étroites. ⇒ **diminuer, limiter, réduire.** *Restreindre ses dépenses ; ses ambitions.* ► SE **RESTREINDRE** v. pron. Devenir plus petit, moins étendu. *Le champ de nos recherches se restreint.* ♦ *Se restreindre dans ses dépenses.* - absolt *Il va falloir se restreindre.* ► **RESTREINT, EINTE** adj. **1.** Étroit ; limité. *Espace restreint ; personnel restreint.* **2.** *RESTREINT À :* limité à. *Une modernisation restreinte à un secteur de l'économie.*

RESTRICTIF, IVE adj. ▪ Qui restreint, qui apporte une restriction. ⇒ **limitatif** ; opposé à *extensif. Clause, condition restrictive.*

RESTRICTION n. f. ▪ **1.** Ce qui restreint le développement, la portée de qqch. *Apporter des restrictions à un principe.* - *Faire des restrictions :* émettre des réserves, des critiques. - *SANS RESTRICTION* loc. adv. : entièrement. ⇒ sans **réserve. 2.** Action de restreindre ; fait de devenir moindre. ⇒ **limitation.** *Restriction des crédits.* **3.** au plur. Mesures propres à réduire la consommation en période de pénurie ; privations qui en résultent. ⇒ **rationnement.** *Restrictions en temps de guerre.*

RESTRUCTURATION [ʀ(ə)-] n. f. ▪ Action de restructurer ; son résultat. *Restructurations industrielles.*

RESTRUCTURER [ʀ(ə)-] v. tr. [1] ▪ Donner une nouvelle structure, une nouvelle organisation à. *Restructurer une entreprise.* ⇒ **réorganiser.**

RESUCÉE [ʀ(ə)s-] n. f. ▪ FAM. **1.** Nouvelle quantité (d'une chose que l'on boit). *Encore une petite resucée ?* **2.** fig. Répétition, reprise (d'un sujet déjà traité).

RÉSULTANTE n. f. ▪ Conséquence, résultat de l'action de plusieurs facteurs (forces, actions complexes).

RÉSULTAT n. m. ▪ **1.** Ce qui arrive et est produit par une cause. ⇒ **conséquence, effet.** *Cela a eu un résultat heureux, désastreux. Avoir pour résultat.* ⇒ **causer, produire. 2.** Ce que produit une activité consciente dirigée vers une fin ; cette fin. *Le résultat d'une expérience. Arriver à un bon résultat.* ⇒ **réussite, succès.** - *S'escrimer sans résultat.* ⇒ en **vain.** - au plur. Réalisations concrètes. *Obtenir des résultats.* **3.** Solution (d'un problème). - Dernière phase d'une opération mathématique. *Le résultat d'une division.* **4.** Admission ou échec (à un examen...) ; liste de ceux qui ont réussi. *Affichage des résultats. Le résultat final.* - Issue (d'une compétition). *Les résultats d'une élection. Résultat d'un match. Le résultat des courses* (aussi fig., FAM. : le résultat, la conséquence [de qqch.]).

RÉSULTER v. intr. [1] seulement inf., p. prés. et 3e pers. ▪ *RÉSULTER DE* **1.** Être le résultat de. ⇒ **découler, naître, provenir.** *Je ne sais ce qui en résultera.* **2.** impers. (avec *que* + indic.) *Il résulte de ceci que, il en est résulté que...* ⇒ ① **ressortir.**

RÉSUMÉ n. m. ▪ **1.** Abrégé, condensé. *Faire le résumé d'un livre. Un résumé succinct.* **2.** *EN RÉSUMÉ* loc. adv. : en peu de mots ; à tout prendre, somme toute.

RÉSUMER v. tr. [1] ▪ Rendre en moins de mots. ⇒ **abréger.** *Résumer un discours.* - Présenter brièvement. *Résumer la situation.* ► SE **RÉSUMER** v. pron. Reprendre en peu de mots ce qu'on a dit. *Pour nous résumer...* ♦ (passif) *Cet article pourrait se résumer en dix lignes.* - fig. *La vie se résume pour lui à...*

RÉSURGENCE n. f. ▪ DIDACT. Eaux souterraines qui ressortent à la surface ; source ainsi formée. - fig. Fait de réapparaître, de resurgir. *La résurgence d'une idéologie.*

RESURGIR [ʀ(ə)s-] v. intr. [2] ▪ Surgir, apparaître brusquement de nouveau.

RÉSURRECTION n. f. ▪ **1.** Retour de la mort à la vie (contexte mystique). ⇒ **ressusciter.** *La résurrection du Christ.* - *La résurrection des corps* (au jugement dernier). **2.** Guérison inattendue. **3.** Fait de faire revivre en esprit, de ressusciter (le passé). **4.** Retour à l'activité ; nouvel essor.

Résurrection. *La Résurrection du Christ,* tableau de Piero della Francesca. Musée municipal Sansepolcro.
Phot. © Scala

RETABLE n. m. ▪ Partie postérieure et décorée d'un autel, qui surmonte verticalement la table. *Retable en bois sculpté. Prédelle d'un retable.*

RÉTABLIR v. tr. [2] ▪ **I. 1.** Établir de nouveau (ce qui a été oublié, altéré). *Rétablir un texte* (⇒ **restituer**). *Rétablir la vérité.* **2.** Remettre (dans une situation, un état). *On l'a rétabli dans ses fonctions.* **3.** Faire exister ou fonctionner de nouveau. *Rétablir des communications. Rétablir l'ordre.* ⇒ **ramener. II.** Remettre (qqn) en bonne santé. *Ce traitement va le rétablir.* ► SE **RÉTABLIR** v. pron. **1.** Se produire de nouveau. ⇒ **revenir.** *Le silence se rétablit.* **2.** Guérir, se remettre. *Malade qui se rétablit.* **3.** Faire un rétablissement (3). *Se rétablir sur la barre.* ► **RÉTABLI, IE** adj. *Contact rétabli.* ♦ *Santé rétablie.* - (personnes) *Il est tout à fait rétabli.*

RÉTABLISSEMENT n. m. ▪ **1.** Action de rétablir (ce qui était altéré, interrompu...). *Le rétablissement de relations diplomatiques.* **2.** Retour à la santé. ⇒ **guérison.** *Je vous souhaite un prompt rétablissement.* **3.** Mouvement de gymnastique, traction des bras aboutissant à se retrouver en appui sur les mains, les bras à la verticale. - fig. Effort pour retrouver l'équilibre après une crise. *Opérer un rétablissement.*

RÉTAMAGE n. m. ▪ Action de rétamer ; son résultat.

RÉTAMER v. tr. [1] ▪ **1.** Étamer de nouveau (un ustensile). *Faire rétamer des casseroles.* **2.** fig. FAM. Enivrer ; épuiser. *Vous m'avez rétamé !* ♦ Démolir, esquinter. - Dépouiller au jeu. ► **RÉTAMÉ, ÉE** adj. **1.** *Bassine rétamée.* **2.** fig. FAM. Ivre ; épuisé. *Il est complètement rétamé.* ♦ Démoli, hors d'usage. - *Joueur rétamé,* dépouillé.

RÉTAMEUR, EUSE n. ▪ Personne qui rétame des ustensiles.

RETAPE n. f. ▪ FAM. Racolage.

RETAPER v. tr. [1] ▪ **1.** Remettre dans sa forme. *Retaper un lit,* taper, défroisser la literie. **2.** FAM. Réparer, arranger sommairement. *Retaper une vieille maison.* **3.** FAM. Remettre en bonne santé, en forme. - pronom. Se rétablir, retrouver ses forces. *Il a besoin de se retaper.*

RETARD n. m. ▪ **1.** Fait d'arriver trop tard, après le moment fixé, attendu. *Le retard d'un train. Arriver, être EN RETARD* (⇒ **retardataire**). *Se mettre en retard.* - Temps écoulé entre le moment où qqn, qqch. arrive et le moment attendu. *Un retard d'une heure. Avoir du retard, une heure de retard.* **2.** Fait d'agir trop tard, de n'avoir pas encore fait ce que l'on aurait dû faire. *Retard dans un paiement. Avoir du courrier en retard.* – *Coureur en retard sur le peloton.* **3.** Différence entre l'heure marquée (par une montre, etc., qui retarde) et l'heure réelle. **4.** Action de retarder, de remettre à plus tard. ⇒ **ajournement, atermoiement.** *Il s'est décidé après bien des retards.* – *SANS RETARD :* sans délai, sans tarder. ♦ appos. PHARM. Se dit d'un médicament conçu pour une diffusion progressive dans l'organisme. **5.** État d'une personne qui est moins avancée dans un développement, un progrès. *Retard mental, affectif. Retard psychomoteur. Un enfant en retard.* ⇒ **retardé.** – (collectivités) *Retard économique d'un pays.* ⇒ **sous-développement.**

RETARDATAIRE adj. ▪ **1.** Qui arrive en retard. – n. *Un, une retardataire.* **2.** Qui a du retard dans son développement. **3.** Qui est en retard sur son époque. *Une pédagogie retardataire.* ⇒ **archaïque.**

RETARDÉ, ÉE adj. ▪ Qui est en retard dans son développement, dans ses études. *Un enfant retardé.* ⇒ **arriéré, attardé.**

À **RETARDEMENT** loc. adj. ▪ *Engin à retardement,* muni d'un dispositif qui diffère la déflagration. *Bombe à retardement.* ♦ fig. Qui se manifeste trop tard. *Témoin à retardement.* – (adv.) *Comprendre à retardement.*

RETARDER v. [1] ▪ **I.** v. tr. **1.** Faire arriver en retard. *Je ne veux pas vous retarder.* – (sujet chose) *Cet incident m'a retardée.* ♦ *Retarder qqn dans* (une activité), faire aller plus lentement. **2.** *Retarder une montre,* la mettre à une heure moins avancée. **3.** Faire se produire plus tard. ⇒ **ajourner, différer, remettre.** *La neige a retardé son départ.* **II.** v. intr. **1.** (montre, etc.) Aller trop lentement, marquer une heure moins avancée que l'heure réelle. – FAM. *Je retarde :* ma montre retarde. **2.** *Retarder sur son temps,* ne pas avoir les idées, le goût de son temps. **3.** FAM. Découvrir qqch. longtemps après les autres. *Son mari ? Vous retardez, ils ont divorcé l'an dernier.*

RETENIR v. tr. [22] ▪ **I. 1.** Garder pour soi, en vue d'un usage futur. – spécialt Garder (une somme) pour un usage particulier. ⇒ **déduire, prélever.** *On lui retient dix pour cent de son salaire.* ⇒ **retenue. 2.** Faire réserver (ce qu'on veut trouver disponible). *Retenir une chambre dans un hôtel.* – Engager d'avance (qqn pour un travail). *Retenir un plombier.* – FAM. iron. *Celui-là, je le retiens !* (de qqn dont on a à se plaindre). **3.** Conserver dans sa mémoire. ⇒ se **souvenir.** *Retenir une leçon ; une date.* **4.** Prendre comme élément d'appréciation ou objet d'étude. *Retenir une proposition ; une candidature.* **5.** Faire une retenue (arithmétique). *Je pose 4 et je retiens 3.* **II. 1.** Faire rester (qqn) avec soi. ⇒ **garder.** *Il m'a retenu plus d'une heure. Retenir qqn à dîner. Je ne vous retiens pas* (formule pour congédier). – *Retenir qqn prisonnier.* – (sujet chose) ⇒ **immobiliser.** *Le mauvais temps nous a retenus ici.* **2.** Être un objet d'intérêt pour (qqn ; son attention). *Votre offre nous a retenus, a retenu notre attention.* **3.** Maintenir (qqch.) en place. ⇒ **attacher, fixer.** – au p. p. *Cheveux retenus par un ruban.* **4.** (sujet chose) Ne pas laisser passer ; contenir. *Barrage qui retient l'eau.* **5.** (sujet personne) S'empêcher d'émettre. *Retenir son souffle. Retenir ses larmes. Retenir un cri.* **6.** Maintenir, tirer en arrière. ⇒ **arrêter.** *Retenir qqn par le bras.* – *Retenir un cheval.* **7.** Empêcher (qqn) d'agir. *Retenez-moi ou je fais un malheur ! Retenir qqn de* (+ inf.). – (sujet chose) *Sa discrétion naturelle le retient.* ► SE **RETENIR** v. pron. **1.** Faire effort pour ne pas tomber. *Se retenir à qqch.* ⇒ s'**accrocher. 2.** S'abstenir de céder à un désir, une impulsion. ⇒ se **contenir.** *Elle se retenait pour ne pas pleurer. Se retenir de* (+ inf.). – Différer de satisfaire ses besoins naturels. *Il ne sait pas encore se retenir* (⇒ ① **incontinent**).

RÉTENTION n. f. ▪ **1.** Fait de retenir pour soi. *Rétention d'une denrée.* – *Rétention d'informations.* **2.** MÉD. Séjour prolongé dans l'organisme (d'une substance qui devrait en être évacuée). *Rétention d'urine ; d'eau.* **3.** GÉOGR. Immobilisation de l'eau des précipitations. *Rétention glaciaire.*

RETENTIR v. intr. [2] ▪ **1.** LITTÉR. Être rempli par un bruit. – *RETENTIR DE. La salle retentissait d'acclamations.* **2.** (son) Se faire entendre avec force. ⇒ **résonner.** *Un coup de tonnerre retentit.* **3.** LITTÉR. Produire une vive impression. *Cette œuvre a retenti en moi.* **4.** DIDACT. *Retentir sur :* avoir un retentissement, des répercussions sur.

RETENTISSANT, ANTE adj. ▪ **1.** Qui retentit, résonne. ⇒ **sonore. 2.** Qui a un grand retentissement (3). *Un succès retentissant.* ⇒ **éclatant.**

RETENTISSEMENT n. m. ▪ **1.** LITTÉR. Fait de retentir ; bruit, son répercuté. **2.** Effet indirect ou effet en retour ; série de conséquences. ⇒ **contrecoup, répercussion.** *Cette découverte a eu un profond retentissement sur la pensée occidentale.* **3.** Fait de susciter l'intérêt ou les réactions du public. *Cette œuvre a eu un grand retentissement.*

RETENU, UE adj. ▪ Qui fait preuve de retenue (III). ⇒ **discret, réservé.** – *Une grâce retenue.*

RETENUE n. f. ▪ **I. 1.** Prélèvement sur une rémunération. *Retenues pour la retraite.* **2.** Chiffre qu'on réserve pour l'ajouter à la colonne suivante, dans une opération. **II.** (Fait, action de retenir (II) qqn, qqch.) **1.** Punition scolaire consistant à retenir un élève en dehors des heures de cours. ⇒ **colle, consigne.** *Être en retenue.* **2.** Fait de retenir l'eau ; eau ainsi retenue. *Établir une retenue d'eau.* **III.** Attitude d'une personne qui se contient, qui se modère. ⇒ **mesure, pondération, réserve.** *Je trouve qu'il manque de retenue.* – *Rire sans retenue.*

RETHEL ▪ Chef-lieu d'arrondissement des Ardennes. 7 923 hab. *(les Rethélois).* Église XIIe-XVIe s.

RETHONDES ▪ Commune de l'Oise, 591 hab. *(les Rethondois),* où furent signés les armistices du 11 novembre 1918 et du 22 juin 1940.

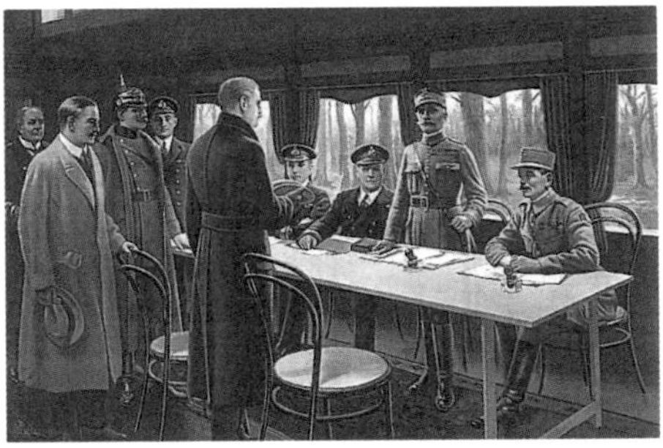

Rethondes. *Signature de l'armistice du 11 novembre 1918.* B.D.I.C., musée de l'Armée, Paris. *Phot. © Steinlein/Explorer*

RÉTIAIRE [retjɛʀ ; resjɛʀ] n. m. ▪ ANTIQ. ROMAINE Gladiateur qui combattait armé d'un filet, d'un trident et d'un poignard.

RÉTICENCE n. f. ▪ **1.** Omission volontaire d'une chose qu'on devrait dire ; la chose omise. ⇒ **sous-entendu. 2.** par ext. Témoignage de réserve, dans le discours, le comportement. ⇒ **hésitation.** *Manifester une certaine réticence.*

RÉTICENT, ENTE adj. ▪ **1.** Qui comporte des réticences. – *Être réticent,* ne pas dire tout ce que l'on devrait. **2.** par ext. Qui manifeste de la réticence, de la réserve. *Il s'est montré réticent.*

RÉTICULE n. m. ▪ **1.** SC. Système de fils croisés placé dans le plan focal d'un instrument d'optique. **2.** Petit sac à main (de femme).

RÉTICULÉ, ÉE adj. ▪ SC. Qui forme, imite un réseau.

RÉTIF, IVE adj. ▪ **1.** (monture) Qui s'arrête, refuse d'avancer. *Cheval rétif.* **2.** (personnes) Difficile à conduire, à persuader. ⇒ **récalcitrant.** *Enfant rétif.* – *Humeur rétive.*

RÉTINE n. f. ▪ Membrane interne de l'œil, destinée à recevoir les impressions lumineuses et à les transmettre au nerf optique. *Formation des images sur la rétine.*

RÉTINIEN, IENNE adj. ▪ De la rétine. *Image rétinienne,* qui se forme sur la rétine.

RETIRAGE n. m. ▪ Nouveau tirage (d'un livre, etc.).

RETIRÉ, ÉE adj. ▪ **1.** (personnes) Qui s'est retiré (du monde, des affaires...). *Vivre retiré,* loin des hommes. *Vie retirée.* ⇒ **solitaire. 2.** (choses) Éloigné, situé dans un lieu isolé. *Quartier retiré et tranquille.* ⇒ **écarté.**

RETIRER v. tr. [1] ▪ **I. 1.** *Retirer de :* faire sortir (qqn, qqch.) de. *Retirer un corps des décombres.* ⇒ **dégager.** – *Retirer un objet d'une boîte.* **2.** Faire sortir (qqch.) à son profit ; rentrer en possession de. *Retirer de l'argent de la banque.* **3.** Éloigner en ramenant vers soi. *Retirer une épine de sa main.* – *Retire tes doigts !* **4.** Enlever (ce qui garnit, ce qui couvre). *Retirer ses vêtements. Retirer l'emballage d'un colis.* **5.** *Retirer* (qqch.) à (qqn) : enlever, priver de. *Retirer une licence à qqn.* **6.** Cesser de présenter. ⇒ **annuler ; retrait.** *Retirer sa candi-*

dature ; une plainte. *Je retire ce que j'ai dit.* ⇒ se **rétracter.** **7.** Obtenir pour soi (qqch. qui provient de). ⇒ **recueillir.** *Retirer un bénéfice d'une affaire. Je n'en ai retiré que des désagréments.* **II.** Tirer de nouveau. *Retirer des coups de feu.* – *Retirer une photo, une gravure* (⇒ **retirage**). ► SE **RETIRER** v. pron. **1.** Partir, s'éloigner. *Il est temps de se retirer.* **2.** *SE RETIRER DE* : quitter (une activité). *Se retirer de la partie, des affaires.* **3.** Aller en arrière. *Armée qui se retire.* **4.** (fluides) Refluer. *La mer se retire.* **5.** Aller (dans un lieu) pour y trouver un abri, du repos. *Se retirer dans sa chambre.*

RETOMBÉE n. f. ■ **1.** Mouvement de ce qui retombe. ♦ Choses qui retombent. *Une retombée d'étincelles.* – *Retombées radioactives,* substances radioactives qui retombent (après une explosion, une fuite). **2.** (souvent au plur.) Conséquence (d'un événement). ⇒ **répercussion.** *Les retombées d'une découverte. Les retombées politiques d'un scandale.*

RETOMBER v. intr. [1] ■ **I.** (êtres vivants) **1.** Tomber de nouveau. *Elle se releva, mais retomba aussitôt.* – Toucher terre après s'être élevé. *Retomber après un saut. Le chat est retombé sur ses pattes.* – loc. fig. *Retomber sur ses pieds*.* **2.** Tomber de nouveau (dans une situation mauvaise). *Retomber malade* (⇒ **rechuter**). – (moral) *Retomber dans l'erreur.* **II.** (choses) **1.** Tomber après s'être élevé. ⇒ **redescendre.** *La fusée est retombée.* **2.** S'abaisser (après avoir été levé). *Laisser retomber les bras.* **3.** Pendre librement. *Ses cheveux retombent sur ses épaules.* **4.** Revenir (dans un état, une situation). *Retomber dans l'oubli.* **5.** Cesser de se soutenir. *L'intérêt ne doit pas retomber.* **6.** (sujet chose abstraite) *RETOMBER SUR* (qqn) : être rejeté sur. ⇒ **incomber** à, **rejaillir** sur. *C'est sur lui que retombe la responsabilité.*

RETORDRE v. tr. [41] ■ TECHN. Assembler (des fils) en tordant. – loc. fig. *Donner du fil* à retordre à qqn.*

RÉTORQUER v. tr. [1] ■ LITTÉR. Retourner contre qqn (un argument). – COUR. *Rétorquer que,* répliquer que. ⇒ **objecter, répondre.**

RETORS, ORSE adj. ■ **1.** Qui a été retordu. *Fil retors.* **2.** fig. Plein de ruse, d'une habileté tortueuse. ⇒ **malin, rusé.** *Un politicien retors.* – *Des manœuvres retorses.*

RÉTORSION n. f. ■ Fait, pour un État, de prendre contre un autre État des mesures coercitives analogues à celles que celui-ci a prises contre lui. *Mesures de rétorsion.* ⇒ **représailles.**

RETOUCHE n. f. ■ **1.** Action de retoucher (un travail...). **2.** Modification partielle d'un vêtement de confection, pour l'adapter aux mesures de l'acheteur. *Faire une retouche à une robe.*

RETOUCHER v. tr. [1] ■ **1.** Reprendre (un travail, une œuvre) en faisant des changements partiels. ⇒ **corriger, remanier.** *Retoucher un tableau, un texte.* – au p. p. *Photo retouchée.* **2.** Faire des retouches à (un vêtement).

RETOUCHEUR, EUSE n. ■ Personne qui effectue des retouches. *Retoucheur photographe.*

RETOUR n. m. ■ **I.** (Déplacement vers le point de départ) **1.** Fait de repartir pour l'endroit d'où l'on est venu. *Il faut songer au retour. Partir sans esprit de retour,* sans intention de revenir. *Sur le chemin du retour.* ♦ Voyage que l'on fait, temps qu'on met pour revenir à son point de départ. *L'aller* et le retour.* ♦ Moment où l'on arrive, fait d'être revenu à son point de départ. *Je ne l'ai pas vu depuis son retour.* – loc. *À MON (TON...) RETOUR (DE) ; AU RETOUR DE* : au moment du retour ; après le retour. *À mon retour de vacances.* – *Être DE RETOUR* : être revenu. – *RETOUR DE* : au retour de (tel endroit). ♦ *PAR RETOUR (DU COURRIER)* : par le courrier qui suit immédiatement. **2.** Action de retourner, fait d'être retourné. *Retour de service* (au tennis). *Retour à l'envoyeur* (d'un objet, d'une lettre, etc.). ⇒ **réexpédition.** **II.** (Mouvement inverse d'un précédent ; dans des loc.) *RETOUR DE BÂTON*.* ♦ *RETOUR OFFENSIF* (d'une armée qui attaque après avoir reculé). – fig. *Retour offensif du froid.* ♦ *RETOUR DE FLAMME* (mouvement accidentel de gaz enflammés) ; *RETOUR DE MANIVELLE* (mouvement brutal de la manivelle en sens inverse) ; fig. contrecoup d'une action qui se retourne contre son auteur ; changement brutal. ♦ *MATCH RETOUR,* opposant deux équipes qui se sont déjà rencontrées (dans un match aller). ♦ *Effet, action, choc EN RETOUR,* qui s'exerce une deuxième fois en sens inverse de la première. ⇒ **contrecoup, rétroaction.** **III.** abstrait **1.** *RETOUR À* : fait de retourner ou d'être retourné à (son état habituel, un état antérieur). *Le retour au calme. Retour aux sources*.* **2.** *ÊTRE SUR LE RETOUR (de l'âge)* : commencer à prendre de l'âge, vieillir. – *RETOUR D'ÂGE* : la ménopause. **3.** *Retour en arrière,* fait de remonter à un point antérieur d'une narration. *Le retour en arrière, technique romanesque, cinématographique* (⇒ anglic. **flash-back**). – *Faire un retour sur soi-même.* **4.** loc. *Par un juste retour des choses,* par un juste retournement de la situation. **5.** Fait de revenir, de réapparaître. *Le retour de la belle saison. Le retour de la paix.* PSYCH. *Le retour du refoulé* (qui tend à réapparaître à la conscience). – Répétition, reprise. *Le retour régulier d'une phrase. Retour périodique* (⇒ **rythme**). – loc. *L'ÉTERNEL RETOUR* : le retour cyclique des événements, selon certaines philosophies (⇒ **palingénésie**). **6.** *FAIRE RETOUR À* : revenir à (son possesseur de droit). *Ces biens doivent faire retour à la communauté.* **7.** loc. *SANS RETOUR* : de façon irréversible. ♦ *Payer* qqn de retour.* – *EN RETOUR* : en échange, en compensation.

RETOURNEMENT n. m. ■ **1.** Action de retourner (qqch.). **2.** Changement brusque et complet d'attitude, d'opinion. ⇒ **revirement, volte-face.** **3.** Transformation soudaine et complète (d'une situation). ⇒ **renversement.**

RETOURNER v. [1] ■ **I.** v. tr. **1.** Tourner en sens contraire, à l'envers. *Retourner un matelas.* – *Retourner une carte* (pour la faire voir, notamment pour fixer l'atout). – loc. *Savoir DE QUOI IL RETOURNE,* de quoi il s'agit, quelle est la situation. ♦ *Retourner la terre,* la travailler. ⇒ **labourer.** *Retourner la salade.* – FAM. *Il a retourné toute la maison* (pour trouver ce qu'il cherchait). **2.** Mettre la face intérieure à l'extérieur. *Retourner ses poches.* – fig. *Retourner sa veste*.* – FAM. *Retourner qqn,* le faire changer d'avis. – Changer complètement. *Il a su retourner la situation en sa faveur.* **3.** Bouleverser (qqn). ⇒ **émouvoir.** – au p. p. *J'en suis toute retournée !* **4.** Modifier par la permutation des éléments. *Retourner un mot* (⇒ **verlan**). **5.** Diriger dans le sens opposé. *Retourner une arme contre soi-même. On peut retourner l'argument contre vous.* **6.** Renvoyer. *Retourner une marchandise.* ⇒ **réexpédier.** – *Retourner une critique à qqn.* **7.** Tourner de nouveau. *Tourner et retourner un objet.* – fig. *Retourner le couteau dans la plaie*.* ♦ (souvent avec *tourner*) Examiner longuement (une idée, etc.). *Un problème qu'il ne cesse de tourner et retourner dans sa tête.* **II.** v. intr. **1.** Aller au lieu d'où l'on est venu, où l'on est habituellement (et qu'on a quitté). ⇒ **rentrer ; revenir.** *Retourner chez soi, dans son pays. Retourner à sa place.* ⇒ **regagner, réintégrer.** – (+ inf.) *Il est retourné travailler.* **2.** Aller de nouveau (là où l'on est déjà allé). *Je retournerai à Venise cette année.* **3.** *RETOURNER À* : retrouver (un état initial, un stade antérieur). *Retourner à la vie sauvage. Retourner à ses premières amours.* **4.** (choses) Être restitué (à son possesseur). ► SE **RETOURNER** v. pron. **1.** *S'EN RETOURNER* : repartir pour le lieu d'où l'on est venu. ⇒ **revenir.** *S'en retourner chez soi.* – absolt *S'en aller.* **2.** Changer de position en se tournant. *Se retourner sur le dos. La barque s'est retournée.* ⇒ **chavirer.** **3.** Tourner la tête en arrière (pour regarder). *Partir sans se retourner. On se retournait sur son passage.* **4.** *SE RETOURNER CONTRE* : combattre (qqn, qqch. dont on avait pris le parti) – (choses) *Ses procédés se retourneront contre elle.* **5.** FAM. Changer d'attitude afin de s'adapter aux circonstances. *Un homme qui sait se retourner.* – *Laissez-moi le temps de me retourner.*

RETRACER v. tr. [3] ■ Raconter de manière à faire revivre. *Retracer la vie d'un grand homme.*

① **RÉTRACTER** v. tr. [1] ■ LITTÉR. Nier, retirer (ce qu'on avait dit). *Rétracter des propos calomnieux.* ► SE **RÉTRACTER** v. pron. Revenir sur des déclarations. ⇒ se **dédire.** ► n. f. RÉTRACTATION

② **RÉTRACTER** v. tr. [1] ■ Contracter (un organe...) en rétrécissant (⇒ **rétraction**). *L'escargot rétracte ses cornes.* – pronom. Se contracter. *Muscle qui se rétracte.* – au p. p. *Lèvres rétractées.*

RÉTRACTILE adj. ■ **1.** (griffes...) Que l'animal peut rentrer. **2.** Susceptible de rétraction. *Organes rétractiles.*

RÉTRACTION n. f. ■ Réaction par laquelle certains animaux, certains organes se rétractent. – Raccourcissement (d'un tissu, d'un organe malade). ⇒ **contraction.** *Rétraction musculaire.*

RETRAIT n. m. ■ **I.** Fait de se retirer. *Retrait des eaux après une inondation.* – (personnes) *Le retrait des troupes d'occupation.* ⇒ **évacuation.** – *Son retrait des affaires ; de la compétition.* ♦ loc. *EN RETRAIT* : en arrière de l'alignement. *Maison construite en retrait.* – fig. *Être, rester en retrait,* ne pas se mettre en avant. **II.** Action de retirer. *Le retrait d'une somme d'argent d'un compte bancaire. Retrait du permis de conduire.*

RETRAITE n. f. ▪ **I. 1.** LITTÉR. Action de s'écarter. *Une brusque retraite.* **2.** MILIT., VIEILLI Fait, pour les troupes, de regagner leur casernement. ◆ COUR. *RETRAITE AUX FLAMBEAUX :* défilé militaire avec flambeaux, ou défilé populaire avec lampions. **3.** Recul délibéré et méthodique (d'une armée). ⇒ **repli.** ◆ loc. *BATTRE EN RETRAITE :* reculer ; fig. céder. **II. 1.** Action de se retirer de la vie active ou mondaine. *Une période de retraite forcée.* **2.** Période passée dans la prière et le recueillement. ⇒ **récollection. 3.** Situation d'une personne qui s'est retirée d'un emploi, et qui a droit à une pension. *Prendre sa retraite. Être à la retraite, en retraite* (⇒ **retraité**). ◆ Pension assurée aux personnes admises à la retraite. *Toucher sa retraite.* **4.** LITTÉR. Lieu où l'on se retire, pour échapper aux dangers ou aux tracas. ⇒ **asile, refuge.**

RETRAITÉ, ÉE adj. ▪ Qui est à la retraite (II, 3). *Un fonctionnaire retraité.* ◆ n. *Une jeune retraitée.*

RETRAITEMENT n. m. ▪ TECHN. Traitement (d'un matériau déjà employé) en vue d'une nouvelle utilisation. *Retraitement des combustibles nucléaires.*

RETRAITER v. tr. [1] ▪ TECHN. Procéder au retraitement de.

RETRANCHEMENT n. m. ▪ Position utilisée pour protéger les défenseurs (dans une place de guerre) ; obstacle employé à la défense. *Retranchements creusés.* ⇒ **tranchée.** ◆ loc. *Forcer, pousser qqn dans ses derniers retranchements,* l'attaquer de manière qu'il ne puisse plus répondre, se défendre.

RETRANCHER v. tr. [1] ▪ Enlever d'un tout (une partie, un élément). ⇒ **éliminer, enlever, ôter.** ◆ (d'un texte) *Retrancher certains passages d'un texte.* ⇒ **biffer.** ◆ (d'une quantité) ⇒ **déduire, prélever.** *Retrancher mille francs d'une somme.* ⇒ **soustraire.** ► SE **RETRANCHER** v. pron. Se fortifier, se protéger par des moyens de défense (⇒ **retranchement**). ◆ fig. *Se retrancher dans un mutisme farouche. Se retrancher derrière l'autorité d'un chef.*

RETRANSMETTRE v. tr. [56] ▪ **1.** Transmettre de nouveau, à d'autres (un message). *Retransmettre un ordre.* **2.** Diffuser (dans une émission). ◆ au p. p. *Concert retransmis à la radio.*

RETRANSMISSION n. f. ▪ Action de retransmettre ; son résultat. *Retransmission en direct, en différé.*

RÉTRÉCI, IE adj. ▪ **1.** Devenu plus étroit. *Chaussée rétrécie.* **2.** fig. *Esprit rétréci.* ⇒ **borné, étriqué.**

RÉTRÉCIR v. [2] ▪ **I.** v. tr. **1.** Rendre plus étroit, diminuer la largeur de (qqch.). *Rétrécir une jupe.* **2.** fig. *La jalousie rétrécit le cœur.* **II.** v. intr. Devenir plus étroit, plus court. *Tissu qui rétrécit au lavage.* ► SE **RÉTRÉCIR** v. pron. Devenir de plus en plus étroit. ⇒ se **resserrer.** ◆ fig. *L'avenir se rétrécit.*

RÉTRÉCISSEMENT n. m. ▪ **1.** Fait de se rétrécir. ◆ fig. *Rétrécissement de l'esprit.* **2.** Diminution permanente du calibre (d'un conduit, d'un orifice naturel). *Rétrécissement de l'aorte. Rétrécissement mitral.*

SE **RETREMPER** v. pron. [1] ▪ abstrait *Se retremper dans,* se replonger dans (un milieu). *Se retremper dans le milieu familial.*

RÉTRIBUER v. tr. [1] ▪ **1.** Donner de l'argent en contrepartie de (un service, un travail). ⇒ **payer, rémunérer.** ◆ au p. p. *Travail bien rétribué.* **2.** Payer (qqn) pour un travail. ⇒ **appointer.**

RÉTRIBUTION n. f. ▪ Ce qui est donné en échange d'un service, d'un travail (en général de l'argent).

RÉTRO- Élément savant, du latin *retro* « en arrière ».

① **RÉTRO** adj. invar. ▪ Qui imite un style démodé assez récent (notamment, de la 1re moitié du XXe siècle). *La mode rétro.* ◆ n. m. *Un amateur de rétro.*

② **RÉTRO** n. m. ⇒ RÉTROVISEUR

RÉTROACTIF, IVE adj. ▪ Qui exerce une action sur ce qui est antérieur, sur le passé. *Loi sans effet rétroactif.* ► adv. RÉTROACTIVEMENT

RÉTROACTION n. f. ▪ DIDACT. Effet rétroactif. ◆ Action en retour.

RÉTROACTIVITÉ n. f. ▪ DIDACT. Caractère rétroactif. *La rétroactivité d'une mesure.*

RÉTROCÉDER v. tr. [6] ▪ **1.** Céder à qqn (ce qu'on avait reçu de lui). ⇒ **rendre. 2.** Vendre à un tiers (ce qui vient d'être acheté).

RÉTROCESSION n. f. ▪ Action de rétrocéder.

RÉTROFUSÉE n. f. ▪ Fusée servant au freinage ou au recul (d'un engin spatial).

RÉTROGRADATION n. f. ▪ **1.** DIDACT. Mouvement rétrograde. **2.** Mesure disciplinaire par laquelle qqn doit reculer dans la hiérarchie. ◆ SPORTS Sanction par laquelle on fait reculer (un concurrent) dans un classement.

RÉTROGRADE adj. ▪ **1.** DIDACT. Qui va vers l'arrière, qui revient vers son point de départ. *Mouvement rétrograde.* **2.** COUR. Qui veut rétablir un état passé, précédent ; qui s'oppose à l'évolution, au progrès. ⇒ **réactionnaire.** *Politique rétrograde. Des esprits rétrogrades.*

RÉTROGRADER v. [1] ▪ **I.** v. intr. **1.** LITTÉR. Marcher vers l'arrière ; revenir en arrière. ⇒ **reculer. 2.** Aller contre le progrès ; perdre les acquisitions apportées par une évolution. ⇒ **régresser.** *Une politique qui risque de faire rétrograder l'économie.* **3.** Passer à la vitesse inférieure, en conduisant un véhicule. *Rétrograder avant un virage.* **II.** v. tr. Faire reculer (qqn) dans une hiérarchie, un classement (⇒ **rétrogradation**). ◆ au p. p. *Fonctionnaire ; coureur rétrogradé.*

RÉTROPROJECTEUR n. m. ▪ Projecteur permettant de reproduire des images sur un écran placé derrière l'opérateur, sans assombrir la salle.

RÉTROSPECTIF, IVE adj. ▪ **1.** Qui regarde en arrière, dans le temps ; qui concerne le passé. *L'examen rétrospectif des faits.* **2.** Se dit d'un sentiment actuel qui s'applique à des faits passés. *Peur rétrospective.* ► adv. RÉTROSPECTIVEMENT

RÉTROSPECTIVE n. f. ▪ Exposition, manifestation qui présente les œuvres et l'évolution d'un artiste, d'une école. *Rétrospective du cubisme.*

RETROUSSÉ, ÉE adj. ▪ **1.** Qui est remonté, relevé. *Manches retroussées.* **2.** *Nez retroussé,* court et au bout relevé.

RETROUSSER v. tr. [1] ▪ Replier vers le haut et vers l'extérieur. ⇒ **relever.** *Retrousser sa jupe pour marcher dans l'eau.* ◆ *Retroussons nos manches !* (pour travailler). ► SE **RETROUSSER** v. pron. **1.** Se relever vers l'extérieur. *Moustache qui se retrousse.* **2.** VIEILLI Retrousser sa jupe, sa robe.

RETROUVAILLES n. f. pl. ▪ Fait, pour des personnes séparées, de se retrouver. *Amis qui fêtent leurs retrouvailles.*

RETROUVER v. tr. [1] ▪ **I. 1.** Voir se présenter de nouveau. *C'est une occasion que vous ne retrouverez pas.* **2.** Découvrir de nouveau (ce qui a été découvert, puis oublié). *Retrouver un secret de fabrication.* **3.** Trouver (qqn) de nouveau (quelque part). *Gare à vous si je vous retrouve ici !* **4.** Trouver quelque part (ce qui existe déjà ailleurs). *On retrouve chez le fils l'expression du père.* ⇒ **reconnaître. II. 1.** Trouver (une personne échappée, partie). *On a retrouvé les fugitifs.* ◆ (avec un attribut) *Il faut le retrouver vivant.* ◆ loc. prov. *Un(e) de perdu (e)*, dix de retrouvé(e)s.* ♦ (choses) *Retrouver une voiture volée.* ♦ loc. prov. *Une chienne, une chatte n'y retrouverait pas ses petits,* se dit d'un endroit en désordre. **2.** Recouvrer (une qualité, un état perdu). *Retrouver le sommeil. Retrouver la sérénité.* **III.** Être de nouveau en présence de (qqn dont on était séparé). *Aller retrouver ses amis.* ⇒ **rejoindre.** ◆ (avec un attribut) Revoir sous tel aspect. *Elle le retrouva grandi.* ◆ (choses) *Retrouver sa région natale.* ► SE **RETROUVER** v. pron. **1.** récipr. Être de nouveau en présence l'un de l'autre. ◆ *On se retrouvera !* (menace). **2.** réfl. Retrouver son chemin après s'être perdu. ◆ fig. *Se retrouver dans ; s'y retrouver,* s'y reconnaître. *On ne s'y retrouve plus dans ce désordre.* ♦ FAM. *S'y retrouver,* rentrer dans ses débours ; tirer profit, avantage. ♦ Être de nouveau (dans un lieu, une situation). *Se retrouver à son point de départ.* ◆ Se trouver soudainement (dans une situation). *Se retrouver seul ; au chômage.* **3.** passif *Ce mot se retrouve dans plusieurs langues.*

RÉTROVIRUS [-ys] n. m. ▪ Virus dont la famille comprend le virus responsable du sida.

RÉTROVISEUR n. m. ▪ Dispositif formé d'un miroir qui permet au conducteur d'un véhicule de voir derrière lui sans avoir à se retourner. ◇ abrév. FAM. RÉTRO.

RETS n. m. ▪ VX Filet (pour la chasse).

Gilles de RETZ → **Rais**

Paul de Gondi, cardinal de RETZ (1613-1679) ▪ Prélat, homme politique et écrivain français. Il participa à la Fronde, soutenant les Princes et intriguant contre Mazarin. Ses *"Mémoires"* (posth. 1717), d'un style remarquable, sont un précieux témoignage sur l'époque.

le pays de RETZ ▪ Région de la Bretagne méridionale située entre l'embouchure de la Loire et le marais breton.

RÉUNIFICATION n. f. ▪ Action de réunifier ; son résultat. *La réunification de l'Allemagne.*

RÉUNIFIER v. tr. 7 ▪ Rétablir l'unité de (un pays, un groupe divisé). *Réunifier un parti.*

RÉUNION n. f. ▪ **I.** (choses) **1.** Fait de réunir (une province à un État). ⇒ **annexion, rattachement. 2.** Fait de réunir (des choses séparées), de rassembler (des choses éparses). ⇒ **assemblage ; combinaison.** *La réunion de pièces, de documents divers.* **II.** (personnes) **1.** Le fait de se retrouver ensemble. ⇒ **rassemblement ; rencontre. 2.** Fait de réunir des personnes (pour le plaisir ou le travail) ; les personnes ainsi réunies ; temps pendant lequel elles sont ensemble. ⇒ **assemblée.** *Participer à une réunion. Salle de réunion.* - *Réunion politique.* ⇒ **meeting.**

l'île de la RÉUNION anc. ***ÎLE BOURBON*** [974] ▪ Île française de l'océan Indien, à l'est de Madagascar, (2 512 km^2) formant avec les îles environnantes inhabitées (Bassas da India, Europa, Juan de Nova, Glorieuses et Tromelin) un département d'outre-mer depuis 1946. 596 693 hab. *(les Réunionnais),* concentrés sur le littoral. Chef-lieu : Saint-Denis. Chefs-lieux d'arrondissement : Saint-Benoît, Saint-Paul, Saint-Pierre. Langues : français, créole. Île montagneuse (point culminant : piton des Neiges, 3 069 m) au climat tropical. Économie agricole (canne à sucre). Découverte par les Portugais en 1513, possession française en 1638, l'île a une population très mélangée : descendants des esclaves noirs et des colons blancs, Indiens et Chinois, métis.

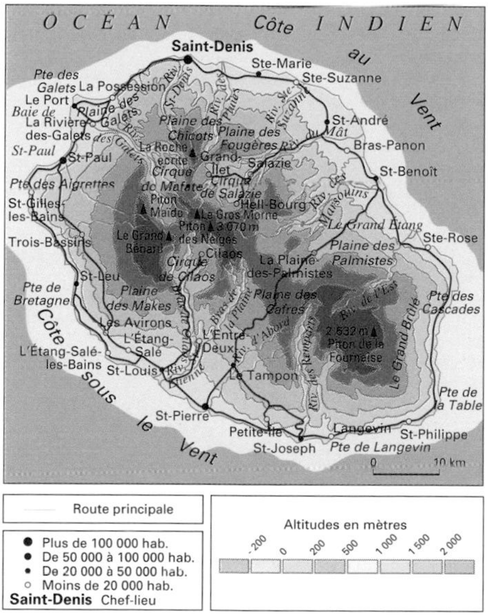

La **Réunion.**

RÉUNIR v. tr. 2 ▪ **I. 1.** Mettre ensemble (des choses séparées) ; joindre pour unir (des choses entre elles). ⇒ **assembler, grouper, rassembler.** *Réunir une province à un État. Réunir des objets par un lien. Réunir des pièces de collection.* ♦ Rapprocher (des éléments abstraits). *Réunir des faits, des preuves.* **2.** Comporter (des éléments d'origines diverses). *Il réunit en lui d'étonnantes qualités.* **II.** Mettre ensemble (des personnes). *Réunir des amis autour d'une table.* ► SE **RÉUNIR** v. pron. **1.** Se rapprocher ; se joindre. **2.** Faire en sorte d'être ensemble. *Se réunir entre amis, avec des amis.* ⇒ se **retrouver.** - Former une réunion (II, 2).

la REUSS ▪ Rivière de Suisse, affluent de l'Aar. 160 km.

RÉUSSI, IE adj. ▪ Exécuté avec bonheur, succès. *Une œuvre réussie. Une soirée réussie,* qui est un succès. - FAM. iron. *Eh bien, c'est réussi !* (le résultat est contraire à celui qu'on cherchait).

RÉUSSIR v. 2 ▪ **I.** v. intr. **1.** (choses) Avoir une heureuse issue, un bon résultat, du succès. *La tentative a réussi.* - *RÉUSSIR À qqn :* avoir (pour lui) d'heureux résultats. *Tout lui réussit.* **2.** (personnes) Obtenir un bon résultat. *Réussir dans une entreprise. Réussir du premier coup.* - (tr. ind.) *RÉUSSIR À. Réussir à un examen* (+ inf.). ⇒ **arriver, parvenir.** *Il a réussi à me convaincre.* ♦ spécialt Avoir du succès (dans une profession, etc.). *Réussir dans les affaires. Ses enfants ont tous réussi.* **II.** v. tr. Exécuter, faire avec succès. *Il réussit tout ce qu'il entreprend* (→ mener à bien).

RÉUSSITE n. f. ▪ **I. 1.** Succès (de qqch.). *La réussite d'une expérience.* - *C'est une réussite,* une chose qui est un succès. **2.** Fait pour qqn, de réussir ou d'avoir réussi. *Une brillante réussite.* **II.** Jeu de cartes auquel on joue seul. *Faire une réussite.* ⇒ **patience.**

RÉUTILISER v. tr. 1 ▪ Utiliser une nouvelle fois ; utiliser une nouvelle quantité de.

REVALOIR v. tr. 29 rare sauf à l'inf., au futur et au cond. ▪ Rendre la pareille à qqn, en bien (remercier) ou en mal (se venger). *Je vous revaudrai ça un jour.*

REVALORISATION n. f. ▪ Action de revaloriser.

REVALORISER v. tr. 1 ▪ **1.** Rendre sa valeur à (une monnaie). ⇒ **réévaluer.** - Rendre son pouvoir d'achat à (un salaire). ⇒ **réajuster. 2.** Donner une plus grande importance, accorder un nouvel intérêt à. *Revaloriser une idée ; une fonction.*

REVANCHARD, ARDE adj. ▪ péj. Qui cherche à prendre une revanche (surtout d'ordre militaire). *Politique revancharde.* - n. *Des revanchards.*

REVANCHE n. f. ▪ **1.** Fait de reprendre l'avantage (sur qqn) après avoir eu le dessous. ⇒ **vengeance.** *Prendre sa revanche sur qqn.* ♦ JEUX, SPORTS Partie, match qui donne au perdant une nouvelle chance de gagner. *La première manche, la revanche et la belle.* **2.** loc. *À CHARGE DE REVANCHE :* à condition qu'on rendra la pareille. **3.** *EN REVANCHE* loc. adv. : en contrepartie ; inversement. ⇒ par **contre** (critiqué).

RÊVASSER v. intr. 1 ▪ S'abandonner à une rêverie.

RÊVASSERIE n. f. ▪ Fait de rêvasser. - Idée chimérique. ⇒ **rêverie.**

RÊVE n. m. ▪ **1.** Suite de phénomènes psychiques (d'images, en particulier) se produisant pendant le sommeil. ⇒ LITTÉR. **songe.** *Images d'un rêve* (⇒ **onirique**). *Rêve pénible* (⇒ **cauchemar**). - *En rêve,* au cours d'un rêve. - *S'évanouir, disparaître comme un rêve,* sans laisser de trace. ♦ *LE RÊVE :* l'activité psychique pendant le sommeil. *Théorie freudienne du rêve.* **2.** Construction de l'imagination à l'état de veille, destinée à échapper au réel, à satisfaire un désir. ⇒ **fantasme.** *Caresser, poursuivre un rêve. Rêves irréalisables, fous.* ⇒ **chimère, illusion, utopie.** - *La maison de ses rêves,* celle qu'il avait rêvée. - *De rêve,* idéal. *Une voiture de rêve.* ♦ *LE RÊVE :* l'imagination créatrice, la faculté de former des représentations imaginaires. *Le rêve et la réalité.* ♦ FAM. Objet d'un désir ; chose ravissante. - *C'est le rêve, ce n'est pas le rêve,* l'idéal.

RÊVÉ, ÉE adj. ▪ **1.** Qui existe en rêve, dans un rêve. *Une image rêvée.* **2.** Qui convient tout à fait. ⇒ **idéal.** *L'endroit rêvé pour passer ses vacances.*

REVÊCHE adj. ▪ Peu accommodant, qui manifeste un mauvais caractère. ⇒ **acariâtre, hargneux.**

① **RÉVEIL** n. m. ▪ **1.** Passage du sommeil à l'état de veille. *Un réveil brusque. Elle a des réveils difficiles, joyeux.* - *AU RÉVEIL :* au moment du réveil. - *Sonner le réveil,* l'heure du lever à la caserne. *Réveil en fanfare*.* **2.** fig. Fait de reprendre une activité. *Le réveil de la nature,* le retour du printemps. *Réveil d'un volcan éteint. Le réveil d'une passion.* **3.** Fait de revenir à la réalité (après un beau rêve). *N'ayez pas trop d'illusions, le réveil serait pénible.*

② **RÉVEIL** n. m. ▪ Réveille-matin. *Mettre son réveil à sept heures. Réveil électronique* (→ radioréveil).

RÉVEILLE-MATIN n. m. inv. ▪ Pendule munie d'une sonnerie qui se déclenche à l'heure indiquée par une aiguille spéciale. ⇒ ② **réveil.**

RÉVEILLER v. tr. 1 ▪ **1.** Tirer (qqn, un animal) du sommeil. ⇒ **éveiller.** *Vous me réveillerez à six heures.* - prov. *Il ne faut pas réveiller le chat qui dort,* ranimer une affaire désagréable. - loc. FAM. *Un bruit à réveiller les morts,* très fort. **2.** Ramener à l'activité (une personne). *Réveiller qqn de sa torpeur.* - (compl. chose) *Réveiller un sentiment, de vieux souvenirs.* ⇒ **ranimer.** ► SE **RÉVEILLER** v. pron. **1.** Sortir du sommeil. ⇒ **s'éveiller.** *Se réveiller en sursaut.* **2.** fig. Reprendre une activité après un état d'inaction. *Allons, réveillez-vous !* - (choses) Reprendre de la vigueur. *Douleur qui se réveille.*

RÉVEILLON n. m. ▪ Repas de fête de la nuit de Noël ou de la nuit du 31 décembre ; la fête elle-même.

RÉVEILLONNER v. intr. [1] ▪ Faire un réveillon.

REVEL ▪ Commune de la Haute-Garonne. 7 520 hab. *(les Revélois).*

RÉVÉLATEUR, TRICE ▪ **I.** n. m. Solution employée en photographie, qui rend visible l'image latente. **II.** adj. Qui révèle (qqch.). ⇒ **caractéristique, significatif.** *Un silence révélateur.* ⇒ **éloquent.**

RÉVÉLATION n. f. ▪ **1.** Fait de révéler (ce qui était secret). ⇒ **divulgation.** *La révélation d'un secret.* ♦ Information qui apporte des éléments nouveaux, permet d'éclaircir une question. *Les révélations de la presse sur une affaire.* **2.** Phénomène par lequel des vérités cachées sont révélées aux hommes, d'une manière surnaturelle ; ces vérités. ⇒ **mystère. 3.** Ce qui apparaît brusquement comme une connaissance nouvelle, un principe d'explication ; la prise de conscience elle-même. *Cela a été pour moi une véritable révélation.* **4.** Personne dont les qualités, le talent se révèlent brusquement au public. *La révélation de la saison musicale.*

RÉVÉLER v. tr. [6] ▪ **1.** Faire connaître (ce qui était inconnu, secret). ⇒ **dévoiler.** *Révéler ses véritables intentions.* - *Révéler qqn à lui-même,* lui faire découvrir ce qu'il est réellement. **2.** Faire connaître d'une manière surnaturelle. - Faire connaître par révélation (2) divine. **3.** Faire connaître, laisser deviner (par un signe manifeste). ⇒ **indiquer, témoigner.** *Révéler une aptitude.* - *Une démarche qui révèle de bons sentiments.* ► SE **RÉVÉLER** v. pron. **1.** (divinité) Se manifester par une révélation. **2.** Se manifester par des signes, des résultats. *Son talent s'est révélé cette année.* - (avec un attribut) *Cette hypothèse s'est révélée exacte.* ► **RÉVÉLÉ, ÉE** adj. Connu par une révélation. *Vérité révélée.* - *Religion révélée,* fondée sur une révélation.

REVENANT, ANTE n. ▪ **1.** Âme d'un mort supposée revenir de l'autre monde sous une forme physique. ⇒ **apparition, fantôme. 2.** Personne qui revient (après une longue absence). - FAM. *Tiens, voilà un revenant !*

REVENDEUR, EUSE n. ▪ Personne qui vend au détail des marchandises ou qui vend des articles d'occasion. *Les revendeurs des marchés aux puces.* - *Revendeur de drogue.* ⇒ anglic. **dealer.**

REVENDICATIF, IVE adj. ▪ Qui comporte, qui exprime des revendications (sociales). *Mouvement revendicatif.*

REVENDICATION n. f. ▪ Fait de revendiquer (un bien ; un droit, un dû) ; ce qu'on revendique. *Revendications ouvrières.*

REVENDIQUER v. tr. [1] ▪ **1.** Réclamer (une chose sur laquelle on a un droit). *Revendiquer sa part d'héritage.* **2.** Demander avec force, comme un dû. ⇒ **exiger.** *Revendiquer une augmentation de salaire.* **3.** Réclamer comme sien, avec force. *Revendiquer un droit.* - Assumer pleinement. *Revendiquer une responsabilité.* - Assumer la responsabilité de (un acte criminel).

REVENDRE v. tr. [41] ▪ **1.** Vendre ce qu'on a acheté (notamment, sans être commerçant). *Revendre sa voiture.* **2.** loc. AVOIR *qqch.* À REVENDRE : en avoir beaucoup. - fig. *Il a de l'esprit à revendre.*

REVENEZ-Y [ʀ(ə)vənezi] n. m. invar. ▪ FAM. *Un goût de revenez-y,* un goût agréable, un plaisir qui incite à recommencer.

REVENIR v. intr. [22] ▪ **I. 1.** Venir de nouveau (là où on était déjà venu). ⇒ **repasser.** *Le docteur reviendra demain. Je reviendrai vous voir.* ♦ (choses) Apparaître ou se manifester de nouveau. *Un mot qui revient souvent dans la conversation.* **2.** (sujet personne) *Revenir à qqn,* retourner avec qqn. ♦ abstrait Reprendre (ce qu'on avait laissé). *Revenir aux anciennes méthodes. Nous y reviendrons,* nous en parlerons plus tard. *Revenons à nos moutons*.* ♦ (chose abstraite) Se présenter de nouveau (après être sorti de l'esprit). *Ça me revient !,* je m'en souviens à l'instant. ♦ (sujet personne) REVENIR À SOI : reprendre conscience. *Elle est revenue à elle après un long évanouissement.* **3.** (sujet chose) Devoir être donné (à titre de profit, d'héritage). ⇒ **échoir.** *Cet argent me revient* (⇒ **revenu**). ♦ Être à qqn, en vertu d'un droit, d'une prérogative. ⇒ **appartenir.** *Cet honneur vous revient.* impers. *C'est à lui qu'il revient de...* ⇒ **incomber. 4.** Plaire (surtout négatif ; avec un pronom). *Sa tête ne me revient pas,* il ne m'est pas sympathique. **5.** en loc. Équivaloir. *Cela revient au même,* c'est la même chose. **6.** Coûter au total (à qqn). *Sa maison de campagne lui revient cher en entretien.* **II.** REVENIR SUR **1.** Examiner à nouveau, reprendre (une question, une affaire). *C'est décidé, on ne reviendra pas là-dessus.* **2.** Annuler (ce qu'on a dit, promis). ⇒ se **dédire.** *Revenir sur sa décision, sur des aveux.* ⇒ ① se **rétracter. III. 1.** Partir, venir (d'un lieu où l'on était allé). *Revenir chez soi, à la maison.* ⇒ **rentrer, retourner.** *Revenir dans son pays.* - absolt *Je reviens dans une minute.* **2.** S'EN REVENIR. v. pron. LITTÉR. *Ils s'en revenaient tranquillement.* **IV.** FAIRE REVENIR (un aliment) : passer dans un corps gras chaud pour en dorer la surface. ⇒ **rissoler.**

REVENU n. m. ▪ Ce qui revient à qqn comme rémunération du travail ou fruit du capital. *Avoir un gros revenu. De maigres revenus.* - *Revenu d'un capital,* ce qu'il rapporte. ⇒ **intérêt.** - *Impôt sur le revenu.* - *Revenu national,* valeur des biens produits par une nation (pendant une période donnée).

RÊVER v. [1] ▪ **I.** v. intr. **1.** Laisser aller son imagination. ⇒ **rêvasser ; rêverie.** *Vous rêvez au lieu d'écouter* (⇒ **rêveur**). - tr. ind. RÊVER À : penser vaguement à, imaginer. *À quoi rêvez-vous ?* **2.** Faire des rêves (1). *Je rêve rarement.* - loc. *On croit rêver,* c'est une chose incroyable (exprime souvent l'indignation). - tr. ind. RÊVER DE : voir, entendre en rêve (qqn, qqch.). *J'ai rêvé de vous. Il en rêve la nuit,* cela l'obsède. **3.** S'absorber dans ses désirs, ses souhaits. - tr. ind. RÊVER DE : songer à, en souhaitant ardemment. *Rêver d'un monde meilleur.* (+ inf.) *Il rêve d'aller à Venise.* **II.** v. tr. **1.** LITTÉR. Imaginer, désirer idéalement. *Ce n'est pas la vie que j'avais rêvée.* **2.** (compl. indéterminé) Former en dormant (telle image...). *Nous avons rêvé la même chose.* - RÊVER QUE (+ indic.). *J'ai rêvé que je m'envolais.*

RÉVERBÉRATION n. f. ▪ Action de réverbérer (la lumière, etc.) ; son résultat. *La réverbération du soleil sur la neige.*

RÉVERBÈRE n. m. ▪ Appareil destiné à l'éclairage de la voie publique. ⇒ **bec** de gaz ; **lampadaire.**

RÉVERBÉRER v. tr. [6] ▪ Renvoyer (la lumière, la chaleur, le son). ⇒ **réfléchir.**

REVERDIR v. intr. [2] ▪ Redevenir vert, retrouver sa verdure. *Les arbres reverdissent au printemps.*

Pierre **REVERDY** (1889 - 1960) ▪ Poète français. Avec Apollinaire et Max Jacob, il fut un des initiateurs de la poésie moderne. *"Plupart du temps"* (1945).

RÉVÉRENCE n. f. ▪ **I.** LITTÉR. Grand respect. ⇒ **déférence, vénération.** *S'adresser à qqn avec révérence.* **II.** Salut cérémonieux conservé pour les femmes en certains cas, qu'on exécute en inclinant le buste et en pliant les genoux. *Faire une révérence, la révérence à qqn.* - loc. TIRER SA RÉVÉRENCE *à qqn,* le quitter, s'en aller.

RÉVÉRENCIEUX, IEUSE adj. ▪ LITTÉR. Qui a, qui manifeste de la révérence.

RÉVÉREND, ENDE ▪ **1.** adj. Épithète honorifique devant les mots *père, mère* (en parlant de religieux). *La révérende mère.* - n. *Mon révérend.* **2.** n. m. Titre des pasteurs, dans l'Église anglicane.

RÉVÉRER v. tr. [6] ▪ LITTÉR. Traiter avec un grand respect, honorer particulièrement. ⇒ **respecter ; vénérer.** - au p. p. *Un maître révéré.*

RÊVERIE n. f. ▪ **1.** Activité mentale qui n'est pas dirigée par l'attention, mais se soumet à des causes subjectives et affectives. - *Une douce rêverie.* ⇒ LITTÉR. **songerie.** *"Les Rêveries du promeneur solitaire"* (de Rousseau). **2.** péj. Idée vaine et chimérique. ⇒ **illusion.** *Ces rêveries ne mèneront à rien.*

REVERS n. m. ▪ **1.** Côté opposé à celui qui se présente d'abord ou est considéré comme le principal. ⇒ **envers, verso.** *Le revers de la main,* le dos (opposé à *paume*). **2.** Côté (d'une médaille, d'une monnaie) opposé à la face principale (⇒ **avers**). ⇒ **pile.** - loc. *Le revers de la médaille :* l'aspect déplaisant d'une chose qui paraissait sous son beau jour. **3.** Partie d'un vêtement qui est repliée. *Pantalon à revers.* - *Les revers d'une veste.* **4.** *Prendre l'ennemi à revers :* de flanc ou par-derrière. **5.** Geste par lequel on écarte, on frappe, etc., avec le dos de la main. *Un revers de (la) main.* - SPORTS Coup de raquette effectué le dos de la main en avant (s'oppose à *coup droit*). **6.** fig. Événement inattendu, qui change une situation en mal. ⇒ **défaite, échec.** *Revers militaires. Revers de fortune.*

REVERSER v. tr. [1] ▪ **1.** Verser de nouveau (un liquide) ou le remettre dans le même récipient. **2.** Reporter. *Reverser un excédent sur un compte.*

RÉVERSIBLE adj. ▪ **1.** Qui peut se reproduire en sens inverse. *Mouvement réversible.* **2.** Qui peut se porter à l'envers comme à l'endroit ; qui n'a pas d'envers. *Étoffe ; veste réversible.*

REVÊTEMENT n. m. ▪ Élément qui recouvre une surface, pour la protéger, la consolider. *Le revêtement d'une route. Revêtement de sol.*

REVÊTIR v. tr. [20] ▪ **I. 1.** Couvrir (qqn) d'un vêtement particulier. ⇒ **parer.** *La chemise blanche dont on revêtait les pénitents.* ➝ pronom. *Se revêtir d'un uniforme.* **2.** abstrait Investir. *Revêtir qqn d'une dignité.* **3.** Couvrir d'une apparence, d'un aspect. *Revêtir une hypothèse fantaisiste d'un semblant de vérité.* **4.** Mettre sur (un document) les signes matériels de sa validité. *Revêtir un acte des signatures prévues par la loi.* **5.** Orner ou protéger par un revêtement. ⇒ **couvrir, garnir, recouvrir. II. 1.** Mettre sur soi (un habillement spécial). ⇒ **endosser.** *Revêtir l'uniforme.* **2.** Avoir, prendre (un aspect). *Le conflit revêt un caractère dangereux.*

RÊVEUR, EUSE adj. ▪ Qui se laisse aller à la rêverie. *Un enfant rêveur.* ➝ *Un air rêveur.* ⇒ **songeur.** ♦ n. *C'est un rêveur, un utopiste.* ♦ loc. *Cela laisse rêveur,* perplexe. ► adv. **RÊVEUSEMENT**

PRIX DE **REVIENT** ⇒ PRIX

REVIGORANT, ANTE adj. ▪ Qui revigore. *Un froid sec et revigorant.*

REVIGORER v. tr. [1] ▪ Redonner de la vigueur à (qqn). ⇒ **ragaillardir, remonter.** *Cette douche m'a revigoré.*

REVIN ▪ Commune des Ardennes. 9 371 hab. *(les Revinois).*

REVIREMENT n. m. ▪ Changement brusque et complet dans les dispositions, les opinions. ⇒ **retournement, volte-face.** *Un revirement inexplicable. Revirement d'opinion.*

RÉVISER v. tr. [1] ▪ **1.** Procéder à la révision de. ⇒ **modifier.** *Réviser un traité. Réviser un manuscrit.* ➝ *Réviser son jugement,* le modifier. **2.** Vérifier le bon état, le fonctionnement de (qqch.). *Faire réviser un moteur.* **3.** Revoir (ce qu'on a appris). *Réviser une leçon.*

RÉVISEUR, EUSE n. ▪ Personne qui révise, qui revoit. *Réviseur de traductions.*

RÉVISION n. f. ▪ **1.** Action d'examiner de nouveau en vue de corriger ou de modifier. *La révision d'une constitution.* ➝ Acte par lequel une juridiction peut infirmer, après examen, une décision juridique. *La révision d'un procès.* ➝ Mise à jour, par un nouvel examen. *Révision des listes électorales.* **2.** Examen (de qqch.) pour réviser (2). *Révision d'un véhicule.* **3.** Action de réviser (un programme d'études). *Faire des révisions.*

RÉVISIONNISME n. m. ▪ **1.** Position idéologique de socialistes partisans de la révision des thèses révolutionnaires. ➝ par ext. Position remettant en question une doctrine politique. **2.** Position idéologique qui tend à minimiser le génocide des Juifs par les nazis et prétend réviser l'histoire sur ce point.

RÉVISIONNISTE n. et adj. ▪ **1.** Partisan d'une révision (notamment, d'une révision de la constitution). **2.** Partisan du révisionnisme (1). **3.** Partisan du révisionnisme (2).

REVISITER v. tr. [1] ▪ Voir, interpréter d'une manière nouvelle. *Revisiter un auteur.*

REVIVRE v. [46] ▪ **I.** v. intr. **1.** Vivre de nouveau (après la mort). ⇒ **ressusciter. 2.** LITTÉR. Se continuer (en la personne d'un autre). *Il revit dans son fils.* **3.** Recouvrer ses forces, son énergie. *Je me sens revivre !* **4.** Renaître. *Tradition qui revit.* **5.** *FAIRE REVIVRE :* redonner vie à (qqch. du passé). *Faire revivre une œuvre.* **II.** v. tr. Vivre ou ressentir de nouveau (qqch.). *Je ne veux pas revivre cette épreuve.*

RÉVOCABLE adj. ▪ Qui peut être révoqué.

RÉVOCATION n. f. ▪ Action de révoquer (qqch. ; qqn).

REVOICI prép. ▪ FAM. Voici de nouveau. *Me revoici !*

REVOILÀ prép. ▪ FAM. Voilà de nouveau. *Nous revoilà dans la même situation.*

REVOIR v. tr. [30] ▪ **I. 1.** Être de nouveau en présence de (qqn). ⇒ **retrouver.** *On ne l'a jamais revu.* ♦ *AU REVOIR :* locution interjective par laquelle on prend congé de qqn que l'on pense revoir. ⇒ FAM. à la **revoyure.** *Dire au revoir.* ➝ n. m. invar. *Ce n'est qu'un au revoir.* **2.** Retourner dans (un lieu qu'on avait quitté). *Revoir son village natal.* **3.** Regarder de nouveau ; assister de nouveau à (un spectacle). *Un film qu'on aimerait revoir.* **4.** Voir de nouveau, par la mémoire. ➝ pronom. *Il se revoit enfant.* **II. 1.** Examiner de nouveau pour parachever, corriger. *Revoir un texte de près* (⇒ **réviseur**). ➝ au p. p. *Édition revue et corrigée.* **2.** Apprendre de nouveau pour se remettre en mémoire. ⇒ **repasser, réviser.** *J'ai revu tout le programme.*

RÉVOLTANT, ANTE adj. ▪ Qui révolte. *Une injustice révoltante.*

RÉVOLTE n. f. ▪ **1.** Action violente par laquelle un groupe se révolte contre l'autorité politique, la règle sociale établie. ⇒ **dissidence, émeute, insurrection, mutinerie, rébellion, sédition, soulèvement.** *Une révolte de paysans.* ⇒ **jacquerie. 2.** Attitude de refus et d'hostilité devant une autorité, une contrainte. ⇒ **indignation.** *Esprit de révolte. Cri, sursaut de révolte.* ➝ absolt *La révolte, position philosophique.*

RÉVOLTÉ, ÉE adj. ▪ **1.** Qui est en révolte (contre l'autorité, le pouvoir). ⇒ **insurgé, rebelle.** *Des soldats révoltés.* **2.** Qui a une attitude d'opposition. *Adolescent révolté contre la société. "L'Homme révolté"* (de Camus). ➝ n. *Un, une révolté(e).* **3.** Rempli d'indignation. ⇒ **outré.**

RÉVOLTER v. tr. [1] ▪ RARE Porter à la révolte. ⇒ **soulever** (2). Soulever (qqn) d'indignation, remplir de réprobation. ⇒ **écœurer, indigner.** *Ces procédés me révoltent.* ► SE **RÉVOLTER** v. pron. **1.** (groupe) Se dresser, entrer en lutte contre le pouvoir, l'autorité. ⇒ s'**insurger,** se **soulever.** *Se révolter contre un dictateur.* **2.** Se dresser contre (une autorité). *Enfant qui se révolte contre ses parents.* ➝ *Se révolter contre le destin.*

RÉVOLU, UE adj. ▪ (espace de temps) Écoulé, terminé. *À l'âge de 18 ans révolus. Une époque révolue.*

RÉVOLUTION n. f. ▪ **I. 1.** Retour périodique d'un astre à un point de son orbite ; mouvement de cet astre ; temps qu'il met à parcourir son orbite. *Les révolutions de la Terre.* **2.** Rotation complète d'un corps mobile autour de son axe *(axe de révolution).* **II. 1.** Changement très important dans la société, dans l'histoire. ⇒ **bouleversement, transformation ; évolution.** *Une révolution artistique. La révolution industrielle de la fin du XIXe siècle.* ♦ FAM. *Tout le quartier est en révolution.* ⇒ **ébullition, effervescence. 2.** Ensemble des événements historiques qui ont lieu lorsqu'un groupe renverse le régime en place et que des changements profonds se produisent dans la société. *La révolution russe de 1917.* ➝ spécialt *La Révolution française ;* absolt *la Révolution,* celle de 1789. ♦ Les forces révolutionnaires. *La victoire de la révolution sur la réaction* (slogan).

▪ **la RÉVOLUTION CULTURELLE** ou **grande RÉVOLUTION CULTURELLE PROLÉTARIENNE** ▪ En Chine, vaste mouvement de masse (1965-1969) lancé par Mao* Zedong afin de lutter contre la formation d'une bureaucratie sclérosée. Les partisans maoïstes (Gardes rouges) lui donnèrent une ampleur et une violence répressive telles que cette remise en cause menaça de désorganiser totalement le pays.

▪ **la RÉVOLUTION FRANÇAISE** ▪ Période de l'histoire de France allant de la réunion des états* généraux par Louis* XVI au Consulat (1789-1799). En 1789, une série d'événements (prise de la Bastille*, nuit du 4 Août*, Déclaration des droits* de l'homme et du citoyen) mit fin à la monarchie absolue (→ **Ancien Régime**). De 1789 à 1791, l'Assemblée

la **Révolution française.** *Journée du 5 octobre 1789, les femmes marchent sur Versailles.* Musée Carnavalet, Paris.
Phot. © Simion/Ricciarini

constituante mit en place la monarchie constitutionnelle. Mais la confiance dans le nouveau régime fut ébranlée, avant même l'élection de l'Assemblée* législative, par la fuite du roi (20 juin 1791). La déclaration de guerre à l'Autriche (20 avril 1792) puis la chute du roi (insurrection de la Commune* de Paris, 10 août 1792) obligèrent à réunir la Convention*. L'abolition de la royauté marqua les débuts de la Ire République (22 septembre 1792). L'exécution de Louis XVI (21 janvier 1793), les soulèvements en Vendée*, la poursuite de la guerre et la pression des sans-culottes provoquèrent la chute des Girondins* (2 juin 1793) et l'instauration de la Terreur* par les Montagnards*. Le gouvernement révolutionnaire et la Terreur prirent fin le 9 Thermidor* (27 juillet 1794) avec l'élimination de Robespierre. La Convention thermidorienne voulut instaurer un gouvernement modéré : le Directoire* (octobre 1795). Mais la double opposition des royalistes et des Jacobins le rendait fragile. Les chefs militaires, qui organisaient des « républiques-sœurs » aux frontières, prenaient de plus en plus d'importance. Par le coup d'État du 18 Brumaire (9 novembre 1799), le général Bonaparte instaura un pouvoir fort : le Consulat.

▪ la **RÉVOLUTION FRANÇAISE DE 1830** ▪ Insurrection populaire des 27, 28 et 29 juillet 1830 à Paris (« les Trois Glorieuses »). Elle provoqua l'abdication de Charles X et permit l'avènement de Louis-Philippe.

▪ la **RÉVOLUTION FRANÇAISE DE 1848** ▪ Insurrection des 22, 23 et 24 février 1848. Elle mit fin à la monarchie de Juillet (règne de Louis-Philippe) et marqua le début de la IIe République. Elle s'acheva par l'écrasement de l'insurrection ouvrière (23-26 juin) par le général Cavaignac. ► **les RÉVOLUTIONS DE 1848**, mouvements libéraux et nationalistes qui éclatèrent en Europe en 1848. Ils furent durement réprimés, mais préparèrent la naissance de nouveaux États (Italie, Allemagne, Hongrie).

▪ la **RÉVOLUTION RUSSE DE 1905** ▪ Première révolution « démocratique bourgeoise » en Russie. Elle échoua dans sa tentative d'instaurer la monarchie parlementaire.

▪ la **RÉVOLUTION RUSSE DE 1917** ▪ Mouvement révolutionnaire qui donna naissance au régime soviétique. En février, la seconde révolution « démocratique bourgeoise » conduisit à l'abdication du tsar Nicolas II. Puis la **révolution d'Octobre** porta les bolcheviks au pouvoir. Leur chef Lénine* instaura la « dictature du prolétariat » en Russie. Le régime s'étendit progressivement aux autres régions de l'empire, créant des républiques, et aboutissant en 1922 à la proclamation de l'Union des républiques socialistes soviétiques (URSS).

la **révolution russe de 1917.** Affiche de la révolution d'Octobre 1917. Musée de l'Armée, Paris. *Phot. © Dagli Orti*

la **révolution française de 1848.** *Incendie du Château-d'Eau le 24 février,* tableau de Hagnauer. Musée Carnavalet, Paris. *Phot. © de Gregorio/Ricciarini*

RÉVOLUTIONNAIRE adj. ▪ **1.** Qui a le caractère d'une révolution. *Mouvement révolutionnaire.* – *Idéal révolutionnaire.* ♦ Propre à une révolution (la Révolution française, en particulier). *Le gouvernement révolutionnaire.* **2.** Partisan de la révolution. *Forces révolutionnaires.* – n. *Les révolutionnaires.* **3.** Qui apporte des changements radicaux et soudains (dans un domaine). *Une théorie révolutionnaire.*

RÉVOLUTIONNER v. tr. [1] ▪ **1.** Agiter violemment. *La nouvelle a révolutionné le quartier.* **2.** Transformer radicalement. ⇒ **bouleverser.** *Découverte qui révolutionne la technique.*

REVOLVER [ʀevɔlvɛʀ] n. m. ▪ Arme à feu courte et portative, à approvisionnement par barillet. ≠ *pistolet.*

RÉVOQUER v. tr. [1] ▪ **1.** Destituer (un fonctionnaire, un magistrat...). ⇒ **casser. 2.** Annuler (un acte juridique). *Révoquer un testament.*

À LA **REVOYURE** loc. interj. ▪ FAM. Au revoir.

REVUE n. f. ▪ **I. 1.** Examen qu'on fait (d'un ensemble matériel ou abstrait) en considérant successivement chacun des éléments. ⇒ **inventaire.** – *Revue de presse,* ensemble d'extraits d'articles. **2.** Cérémonie militaire de présentation des troupes. ⇒ **défilé, parade.** *La revue du 14 Juillet.* – loc. fig. FAM. *Être de la revue :* être frustré, n'avoir rien obtenu. **3.** loc. *PASSER EN REVUE :* inspecter (des militaires) ; fig. examiner successivement (les éléments d'un ensemble) ; examiner en détail. **II.** Pièce satirique qui passe en revue l'actualité. – Spectacle de variétés ou de music-hall. *Revue à grand spectacle.* **III.** VX Fait de se revoir (après s'être quittés). – MOD. FAM. *Nous sommes de revue :* nous aurons l'occasion de nous revoir. **IV.** Publication périodique qui contient des essais, des comptes rendus, etc. ⇒ **magazine, périodique.** *Revue littéraire, scientifique.*

RÉVULSÉ, ÉE adj. ▪ (visage...) Qui a une expression bouleversée. *Yeux révulsés,* tournés de telle sorte qu'on ne voit presque plus la pupille.

RÉVULSER v. tr. [1] ▪ **1.** RARE Bouleverser (le visage, les yeux). **2.** Bouleverser (qqn), indigner. *Ça me révulse !* ► SE **RÉVULSER** v. pron. Se contracter (visage, corps) ; se retourner à moitié (yeux).

RÉVULSIF, IVE adj. ▪ **1.** Qui produit la révulsion. *Remède révulsif.* – n. m. *Un révulsif.* **2.** Qui révulse (2), qui cause de l'irritation.

RÉVULSION n. f. ▪ Procédé thérapeutique qui consiste à provoquer un afflux de sang afin de dégager un organe atteint de congestion ou d'inflammation.

Louis **REYBAUD** (1799-1879) ▪ Écrivain et économiste français. *"Jérôme Paturot à la recherche d'une position sociale"* (1843), roman satirique sur la monarchie de Juillet.

Alfonso **REYES** (1889-1959) ▪ Écrivain mexicain. Son œuvre abondante, romanesque, critique, poétique et historique, tend à faire renaître les traditions esthétiques nationales. *"Vision d'Anashuac"* (1917).

REYKJAVÍK ▪ Ville principale et capitale de l'Islande. 99 653 hab. Port de pêche. Centre industriel. Fondée par les Vikings au sud de l'île en 875.

Władysław Stanisław REYMONT (1868 - 1925) ▪ Romancier polonais. *"Les Paysans"*, 1904-1909, grand roman poétique d'inspiration symboliste. Prix Nobel 1924.

Émile REYNAUD (1844 - 1918) ▪ Inventeur et dessinateur français. L'un des pionniers du dessin animé, avec l'invention du *praxinoscope* (1876).

Paul REYNAUD (1878 - 1966) ▪ Homme politique français. Président (centre-droit) du Conseil (1940), opposé à l'armistice, il céda la place à Pétain.

sir Joshua REYNOLDS (1723 - 1792) ▪ Peintre britannique. Portraitiste favori de la haute société britannique. Il contribua à la fondation de l'Académie royale des arts (1768).

REYNOSA ▪ Ville du nord-est du Mexique. 281 000 hab.

REZ-DE-CHAUSSÉE [ʀe-] **n. m. invar.** ▪ Partie d'un édifice dont le plancher est sensiblement au niveau du sol.

REZ-DE-JARDIN [ʀe-] **n. m. invar.** ▪ Partie d'un édifice qui se trouve de plain-pied avec un jardin.

REZÉ ▪ Commune de la Loire-Atlantique, faubourg industriel de Nantes. 33 262 hab. *(les Rezéens)*.

la R.F.A. ou **RFA** → la république fédérale d'**Allemagne**

RHABDOMANCIE n. f. ▪ Radiesthésie* pratiquée avec une baguette. ► n. RHABDOMANCIEN, IENNE

RHABILLER v. tr. [1] ▪ Habiller de nouveau. *Rhabiller un enfant.* ♦ pronom. *Les baigneurs se rhabillaient.* - fig. FAM. *Il peut* ALLER SE RHABILLER : il n'a plus qu'à s'en aller, à renoncer.

RHAPSODE n. m. ▪ Chanteur de la Grèce antique qui allait de ville en ville récitant des poèmes épiques.

RHAPSODIE n. f. ▪ **1.** ANTIQ. GRECQUE Poème récité par un rhapsode. **2.** Pièce musicale instrumentale de composition très libre et d'inspiration populaire. *Les "Rhapsodies hongroises" de Liszt.*

RHÉA ▪ Épouse de Cronos et mère de Zeus, dans la mythologie grecque.

RHÉNAN, ANE adj. ▪ Du Rhin ; de la Rhénanie.

le massif schisteux RHÉNAN ▪ Ensemble de plateaux de l'ère primaire, situés de part et d'autre du Rhin en Allemagne. Forêts, vignobles.

la RHÉNANIE ▪ Ancienne région de l'Allemagne située de part et d'autre du Rhin. Ancienne province romaine, comprise dans le royaume de Clovis, elle fit partie de l'Austrasie puis fut réunie (traité de Verdun en 843) à la Lotharingie et intégrée au royaume de Germanie (925). Prospère au XIVe s. avec l'essor de ses cités (Heidelberg, Mayence, Strasbourg). Foyer de la Réforme, pénétrée par la culture française (XVIIe-XVIIIe s.), elle fut démilitarisée et occupée par les Alliés (traité de Versailles, 1919). Remilitarisée par Hitler (1936), elle fut divisée, en 1946, entre les États de Rhénanie-du-Nord-Westphalie et Rhénanie-Palatinat. L'État de la Sarre fut formé en 1957.

la RHÉNANIE-DU-NORD-WESTPHALIE en allemand ***NORDRHEIN-WESTFALEN*** ▪ État (Land) le plus peuplé d'Allemagne. 34 072 km^2. 17 679 000 hab. Capitale : Düsseldorf. Pièce maîtresse de l'économie de l'Allemagne avec une agriculture riche et, surtout, une industrie puissante dans le bassin houiller de la Ruhr.

la RHÉNANIE-PALATINAT en allemand ***RHEINLAND-PFALZ*** ▪ État (Land) d'Allemagne. 19 846 km^2. 3 881 000 hab. Capitale : Mayence. Vins du Rhin réputés. Tourisme.

Reykjavík. Vue générale. *Phot. © Le Floc'h/Explorer*

Émile **Reynaud.** Le praxinoscope.
Phot. © de Selva/Tapabor

RHÉOSTAT n. m. ▪ Résistance variable qui, placée dans un circuit électrique, permet de régler l'intensité du courant.

RHÉSUS [-ys] **n. m.** ▪ **I.** ZOOL. Singe du genre macaque, du nord de l'Inde. **II.** MÉD. Facteur d'un système de groupes sanguins (symb. Rh) présent chez certains sujets *(rhésus positif)* et absent chez les autres *(rhésus négatif)*. - appos. *Incompatibilité rhésus* (entre les deux types de sang).

rhésus. *Macacus rhesus. Phot. © Layer/Jacana*

RHÉTEUR n. m. ▪ **1.** ANTIQ. Maître de rhétorique. **2.** péj. Orateur, écrivain au discours emphatique. ⇒ **phraseur.**

la RHÉTIE ou **RÉTIE** ▪ Ancienne région des Alpes centrales, correspondant à l'est de la Suisse, au Tyrol autrichien et au nord de la Lombardie.

RHÉTORICIEN, IENNE n. ▪ Spécialiste de la rhétorique.

RHÉTORIQUE ▪ **I. n. f. 1.** Art de bien parler ; technique de la mise en œuvre des moyens d'expression (par la composition, les figures). **2.** péj. Éloquence creuse, purement formelle. ⇒ **déclamation, emphase. II. adj.** Qui appartient à la rhétorique, a le caractère de la rhétorique. *Procédés rhétoriques.*

RHÉTORIQUEUR n. m. ▪ HIST. LITTÉR. *Les grands rhétoriqueurs :* nom d'un groupe de poètes (fin XVe-début XVIe siècle) très attachés aux raffinements du style. ▪ Poètes de cour, les grands rhétoriqueurs (Lemaire de Belges, Jean Molinet, Jean Marot, Jean Meschinot, Octavien de Saint-Gelais, Guillaume Crétin) tentèrent de renouveler l'héritage littéraire du Moyen Âge en exploitant jusqu'à l'outrance ses formes et ses thèmes caractéristiques.

Konstantinos dit **Vélestinlis RHIGAS** (1757 - 1798) ▪ Patriote et poète grec.

le RHIN ▪ Fleuve d'Europe occidentale. Né dans les Alpes suisses, il se jette dans la mer du Nord par quatre bras à la hauteur de Rotterdam. 1 320 km. Régime alpin jusqu'au lac de Constance, puis régulier à partir de Bâle. Il marque une partie de la frontière entre la France et l'Allemagne et joue un grand rôle économique. C'est la plus importante voie navigable de l'Europe occidentale (transport de houille et d'autres matières premières) pourvue d'aménagements hydro-électriques. Duisbourg est le premier port fluvial du monde. → massif schisteux **rhénan, Rhénanie, Bas-Rhin, Haut-Rhin.**

RHIN(O)- Élément savant, du grec *rhis, rhinos* « nez ».

RHINOCÉROS [-ɔs] **n. m.** ▪ Mammifère de grande taille, à la peau épaisse et rugueuse, qui porte une ou deux cornes sur le nez. ◇ abrév. FAM. RHINO.

rhinocéros. *Diceros bicornis,* rhinocéros noir. *Phot. © Ferrero/Labat/Jacana*

RHINOPHARYNGITE n. f. ▪ Affection du rhinopharynx.

RHINOPHARYNX [-ɛ̃ks] **n. m.** ▪ Partie supérieure du pharynx.

RHIZOME n. m. ▪ Tige souterraine, qui porte des racines et des tiges aériennes. *Rhizome d'iris.*

RHODANIEN, IENNE adj. ▪ Du Rhône. - *Le Sillon rhodanien,* la vallée entre le Massif central et les Alpes.

le RHODE ISLAND ▪ Le plus petit État des États-Unis, en Nouvelle-Angleterre. 3 233 km^2. 1 003 000 hab. Capitale : Providence. Ancien centre de pêche à la baleine.

Cecil RHODES (1853 - 1902) ▪ Administrateur colonial et homme d'affaires britannique. Il fonda deux grandes compagnies d'or et de diamants et il voulut faire du sud de l'Afrique un Empire britannique. Il laissa son nom à la *Rhodésie* (aujourd'hui la Zambie et le Zimbabwe).

RHODES ▪ Île grecque de la mer Égée (Dodécanèse). 1 398 km^2. 94 000 hab. Chef-lieu : Rhodes, port fondé en 408 av. J.-C., très prospère dans l'Antiquité. Le *colosse de Rhodes,* une des Sept Merveilles du monde, s'élevait à l'entrée du port. L'île fut gouvernée par les chevaliers de l'ordre des Hospitaliers de 1309 à 1522.

la RHODÉSIE → Cecil **Rhodes, Zambie, Zimbabwe**

RHODODENDRON [-dɛ̃dʀɔ̃] **n. m.** ▪ Arbuste à feuilles persistantes, aux fleurs de couleurs variées.

rhododendron. Fleurs cultivées. *Phot. © Frédéric/Jacana*

RHODOÏD [-ɔid] **n. m.** (nom déposé) ▪ Matière plastique à base d'acétate de cellulose, transparente et incombustible.

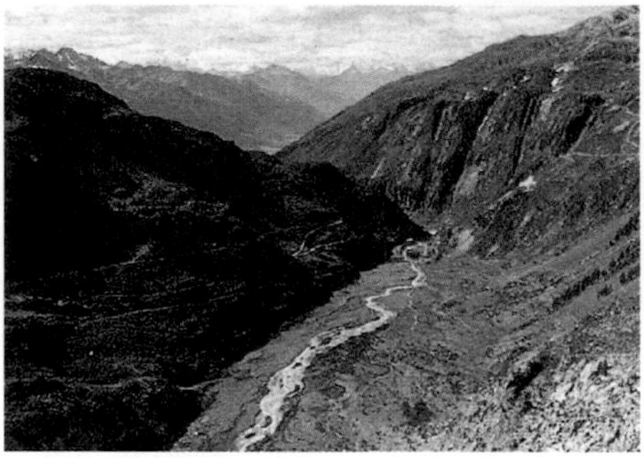

le Rhône. Le fleuve à sa source. *Phot. © Hétier*

le RHODOPE ▪ Chaîne de montagnes des Balkans (Bulgarie et Grèce).

RHOMBO- Élément savant, du grec *rhombos* « losange » (ex. *rhomboèdre* **n. m.** « parallélépipède dont les six faces sont des losanges »).

le RHÔNE ▪ Fleuve de France et de Suisse, le plus puissant des fleuves français. 812 km. Il se jette dans la Méditerranée en formant un delta, la Camargue. Principal affluent : la Saône (qui conflue à Lyon). Son régime est complexe, son cours rapide. La Compagnie nationale du Rhône a fait des travaux pour faciliter la navigation et irriguer les plaines du Languedoc. Vignobles sur les coteaux de la vallée : les *côtes du Rhône.*

le RHÔNE [69] ▪ Département français de la région Rhône-Alpes. 3 303 km^2. 1 508 966 hab. Chef-lieu : Lyon. Chef-lieu d'arrondissement : Villefranche-sur-Saône.

RHÔNE-ALPES ▪ Région administrative du sud-est de la France, la seconde par la population et la superficie. Huit départements : Ain, Ardèche, Drôme, Isère, Loire, Rhône, Savoie et Haute-Savoie. 43 698 km^2. 5 350 701 hab. Chef-lieu : Lyon. Grand essor industriel lié à sa situation de carrefour et à l'abondante production d'électricité (provenant du Rhône et des Alpes) : textile, chimie, électronique autour de Lyon ; métallurgie dans le bassin de la Loire, électrochimie et électrométallurgie près de Grenoble. Tourisme avec les sports d'hiver dans les Alpes. Élevage, fruits et vignobles dans la vallée du Rhône.

RHUBARBE n. f. ▪ Plante à large feuilles portées par de gros pétioles comestibles. - Pétiole de cette plante. *Tarte à la rhubarbe.*

RHUM [ʀɔm] **n. m.** ▪ Eau-de-vie obtenue par fermentation et distillation du jus de canne à sucre, ou de mélasses. *Boissons au rhum.* ⇒ **grog,** ① **punch.**

RHUMATISANT, ANTE adj. ▪ Atteint de rhumatisme. - **n.** *Un rhumatisant.*

RHUMATISMAL, ALE, AUX adj. ▪ Propre au rhumatisme. *Douleurs rhumatismales.*

RHUMATISME n. m. ▪ Affection douloureuse, aiguë ou chronique des articulations, des muscles et d'autres tissus. ⇒ **arthrite.**

RHUMATOLOGIE n. f. ▪ MÉD. Discipline médicale qui traite des affections rhumatismales.

RHUMATOLOGUE n. ▪ MÉD. Médecin spécialiste de rhumatologie.

RHUME [ʀym] **n. m.** ▪ Inflammation générale des muqueuses des voies respiratoires (nez, gorge, bronches). *Attraper un rhume.* ⇒ **s'enrhumer.** - *Rhume de cerveau :* inflammation des fosses nasales. ⇒ **coryza.**

RHUMERIE [ʀɔmʀi] **n. f.** ▪ **1.** Distillerie de rhum. **2.** Café spécialisé dans les boissons au rhum.

RIA n. f. ▪ GÉOGR. Vallée fluviale envahie par la mer. ⇒ **aber.**

RIANT, ANTE adj. ▪ **1.** Qui exprime la gaieté. ⇒ **gai.** *Un visage riant.* **2.** Qui semble respirer la gaieté. *Une campagne riante.*

RIAZAN ▪ Ville de Russie. 528 000 hab. Centre culturel et économique. Monuments (XVIe-XVIIIe s.).

Francisco RIBALTA (1565 - 1628) ▪ Peintre espagnol religieux d'une inspiration mystique et grave (école ténébriste).

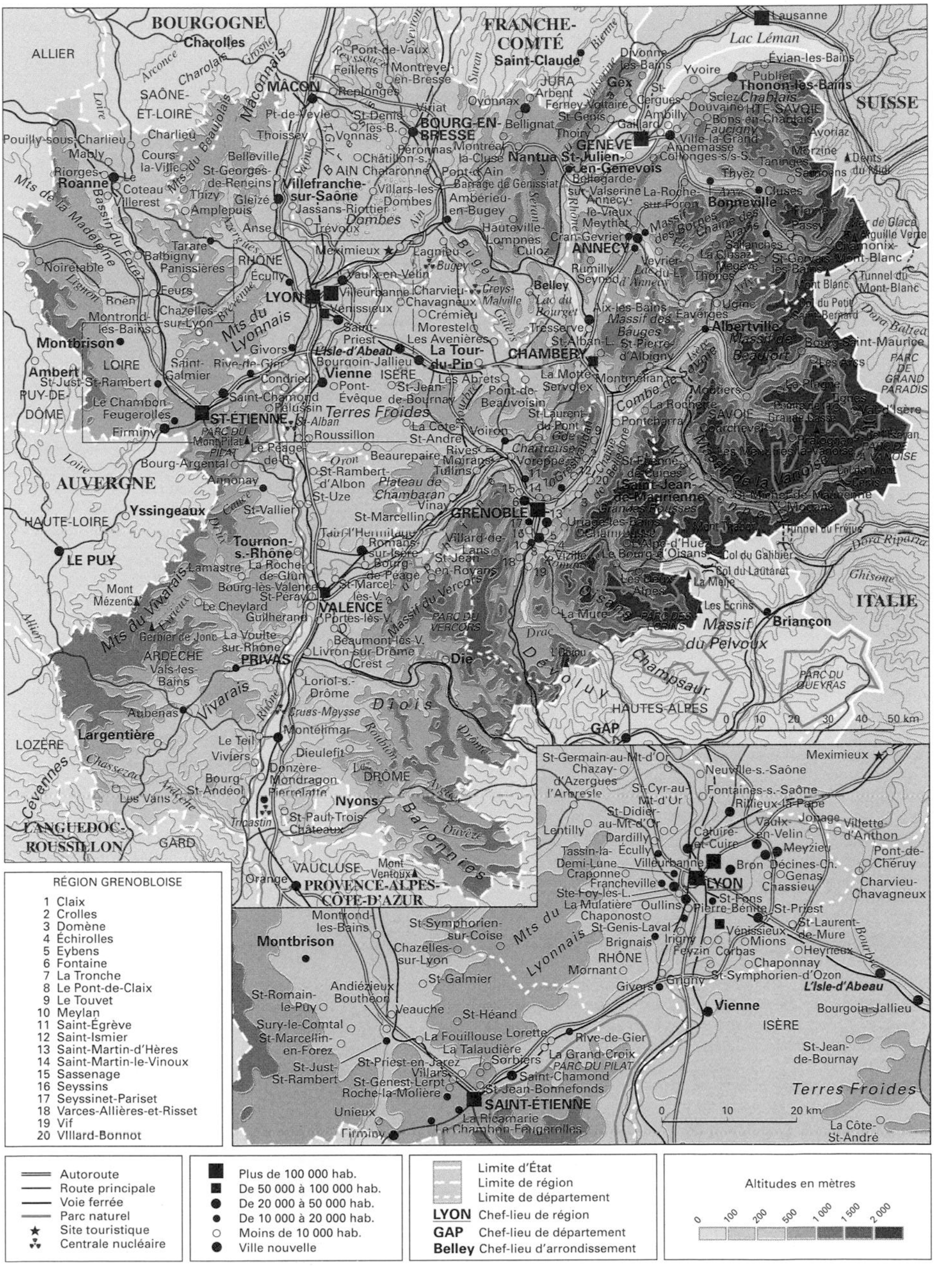
BOURGOGNE
FRANCHE-COMTÉ
SUISSE
ITALIE
AUVERGNE
LANGUEDOC-ROUSSILLON
PROVENCE-ALPES-CÔTE-D'AZUR
ALLIER
SAÔNE-ET-LOIRE
JURA
HTE SAVOIE
SAVOIE
ISÈRE
RHÔNE
LOIRE
PUY-DE-DÔME
HAUTE-LOIRE
ARDÈCHE
DRÔME
HAUTES-ALPES
LOZÈRE
GARD
VAUCLUSE
LYON
GRENOBLE
ST-ÉTIENNE
SAINT-ÉTIENNE
CHAMBÉRY
ANNECY
VALENCE
PRIVAS
GAP
BOURG-EN-BRESSE
Lac Léman
Lausanne
GENÈVE
Mâcon
Roanne
Montbrison
Vienne
Le Puy
Albertville
Thonon-les-Bains
Bonneville
Saint-Jean-de-Maurienne
Nantua
Belley
Nyons
Die
Tournon-s.-Rhône
Largentière
Villefranche-sur-Saône
Massif du Vercors
Massif de la Vanoise
Massif du Pelvoux
Chartreuse
Mts du Lyonnais
Mts du Vivarais
Mts de la Madeleine
Terres Froides
Mont Blanc
0 10 20 30 40 50 km
0 10 20 km
RÉGION GRENOBLOISE
1 Claix
2 Crolles
3 Domène
4 Échirolles
5 Eybens
6 Fontaine
7 La Tronche
8 Le Pont-de-Claix
9 Le Touvet
10 Meylan
11 Saint-Égrève
12 Saint-Ismier
13 Saint-Martin-d'Hères
14 Saint-Martin-le-Vinoux
15 Sassenage
16 Seyssins
17 Seyssinet-Pariset
18 Varces-Allières-et-Risset
19 Vif
20 Villard-Bonnot
Autoroute
Route principale
Voie ferrée
Parc naturel
Site touristique
Centrale nucléaire
Plus de 100 000 hab.
De 50 000 à 100 000 hab.
De 20 000 à 50 000 hab.
De 10 000 à 20 000 hab.
Moins de 10 000 hab.
Ville nouvelle
Limite d'État
Limite de région
Limite de département
LYON Chef-lieu de région
GAP Chef-lieu de département
Belley Chef-lieu d'arrondissement
Altitudes en mètres
0 100 200 500 1 000 1 500 2 000

Rhône-Alpes.

Ribera. *Le Pied bot.* Musée du Louvre, Paris.
Phot. © Nimatallah/Ricciarini

RIBAMBELLE n. f. ▪ **1.** Longue suite (de personnes ou de choses en grand nombre). *Une ribambelle d'enfants.* **2.** Bande de papier présentant une suite de motifs identiques, découpés dans la bande pliée.

Joachim von RIBBENTROP (1893-1946) ▪ Homme politique allemand. Ministre des Affaires étrangères du IIIe Reich (nazi) de 1938 à 1945. Condamné à Nuremberg et exécuté.

RIBEAUVILLÉ ▪ Chef-lieu d'arrondissement du Haut-Rhin. 4 774 hab. *(les Ribeauvillois).*

RIBEIRÃO PRÊTO ▪ Ville du Brésil (État de São Paulo). 43 000 hab. Industries agroalimentaires.

José de RIBERA (1591-1652) ▪ Peintre espagnol. Œuvres religieuses et mythologiques d'une violente expressivité. Il représenta aussi des gens misérables ou étranges (*"Le Pied bot"*, 1642).

RIBO- Élément savant tiré de *ribose.*

RIBONUCLÉIQUE adj. ▪ CHIM. *Acide ribonucléique.* ⇒ **A.R.N.**

RIBOSE n. m. ▪ CHIM. Sucre (ose*), constituant des acides nucléiques.

Théodule RIBOT (1839-1916) ▪ Philosophe et psychologue français. Théorie psychophysiologique de la personnalité.

La RICAMARIE ▪ Commune de la Loire. 10 246 hab. *(les Ricamandois).*

RICANEMENT n. m. ▪ Fait de ricaner ; rire d'une personne qui ricane.

RICANER v. intr. [1] ▪ **1.** Rire à demi de façon méprisante ou sarcastique. **2.** Rire de façon stupide sans motif ou par gêne.

RICANEUR, EUSE n. ▪ Personne qui ricane. - adj. *Il est un peu ricaneur.*

David RICARDO (1772-1823) ▪ Financier et économiste britannique. Son analyse classique de la production, favorable au libéralisme, a eu une grande influence, notamment sur Marx.

Matteo RICCI (1552-1610) ▪ Jésuite italien. Partisan d'une méthode d'évangélisation progressive et fondée sur l'adaptation, il créa la mission catholique de Chine. Il fut aussi le premier sinologue.

Sebastiano RICCI (1659-1734) ▪ Peintre et dessinateur italien. Il fut surtout un décorateur habile, dont les dernières œuvres, aux couleurs claires et éclatantes, portent la marque de l'esprit rococo et annoncent Tiepolo.

Luigi RICCOBONI (v. 1675-1753) ▪ Homme de théâtre italien. Installé en France, il y rénova la comédie italienne et joua Marivaux.

RICHARD, ARDE n. ▪ FAM. et péj. Personne riche. *Un gros richard.*

RICHARD ▪ NOM DE TROIS ROIS D'ANGLETERRE ► **RICHARD Ier CŒUR DE LION** (1157-1199), fils d'Henri II et d'Aliénor d'Aquitaine, régna de 1189 à sa mort. Il se distingua à la troisième croisade*. Il lutta contre son frère Jean sans Terre et contre Philippe-Auguste. ► **RICHARD II** (1367-1400), fils du Prince Noir, monta sur le trône en 1377 et tenta d'instaurer l'absolutisme. ► **RICHARD III** (1452-1485) régna à partir de 1483. Sa vie criminelle, qui le rendit très impopulaire, et sa forte personnalité inspirèrent Shakespeare.

Samuel RICHARDSON (1689-1761) ▪ Écrivain britannique. Ses romans épistolaires de mœurs bourgeoises eurent un grand succès en France, auprès de Diderot notamment. *"Clarisse Harlowe"* (1748).

Tony RICHARDSON (1928-1991) ▪ Cinéaste britannique. Fondateur du mouvement « free cinema » avec K. Reisz, il connut le succès avec *"Un goût de miel"* (1962); *"La Solitude du coureur de fond"* (1962) et *"Tom Jones"* (1963).

RICHE adj. ▪ **1.** Qui a de la fortune, possède des richesses. ⇒ **fortuné, opulent** ; FAM. **friqué, rupin.** *Des gens très riches.* ⇒ **richissime.** loc. *Riche comme Crésus* : très riche (⇒ **crésus**). - *Faire un riche mariage,* se marier avec une personne riche. - *Les pays riches, industrialisés et les pays pauvres.* ♦ n. m. *Un riche ; les riches.* ⇒ **milliardaire, millionnaire** ; FAM. **richard.** - *NOUVEAU RICHE* : personne récemment enrichie, qui étale sa fortune sans modestie et sans goût. ⇒ **parvenu.** - FAM. péj. *GOSSE DE RICHE(S)* : enfant d'une famille fortunée, plus ou moins gâté. **2.** (choses ; souvent avant le nom) Qui suppose la richesse, semble coûteux. ⇒ **somptueux.** *De riches tapis.* **3.** (choses) *RICHE EN* : qui possède beaucoup de. *Aliment riche en vitamines.* - *RICHE DE* (surtout abstrait). *Un livre riche d'enseignements.* **4.** (choses) Qui contient de nombreux éléments, ou des éléments en abondance. *Un sol, une terre riche.* ⇒ **fertile.** *Une riche bibliothèque.* - FAM. *Une riche idée,* excellente.

La RICHE ▪ Commune d'Indre-et-Loire, près de Tours. 7 838 hab. *(les Larichois).* Château de Plessis-lès-Tours.

César Pierre RICHELET (v. 1631-1698) ▪ Lexicographe français. Auteur d'un *"Dictionnaire français"* (1680).

RICHELIEU n. m. ▪ Chaussure basse lacée.

Armand Jean du Plessis, cardinal de RICHELIEU (1585-1642) ▪ Prélat et homme d'État français. Ministre de Louis XIII de 1624 à sa mort. Mazarin lui succéda. Son action fut décisive : réduire les oppositions intérieures au pouvoir royal (protestants, grande noblesse); assurer l'indépendance de la France par une politique extérieure offensive (guerre de Trente Ans); réorganiser l'Administration et la fiscalité, obtenir du pays le maximum de richesses, au prix même de la misère du peuple; protéger, voire diriger la culture (création de l'Académie française, 1635). ► **le maréchal de RICHELIEU** (1696-1788), son petit-neveu, fut un grand seigneur spirituel, libertin et élégant, très représentatif de son siècle. ► **le duc de RICHELIEU** (1766-1822), petit-fils du précédent, ministre de Louis XVIII.

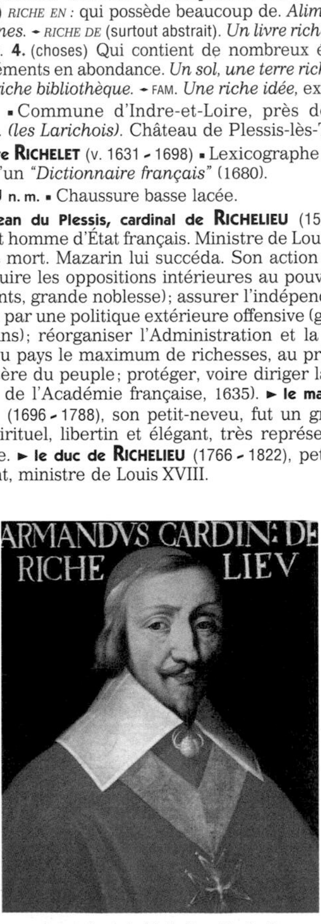

le cardinal de **Richelieu.** Portrait anonyme. Musée des Offices, Florence.
Phot. © Carlo Bevilacqua/Ricciarini

RICHELIEU ▪ Rivière du Canada (Québec), née au lac Champlain (Vermont), affluent du Saint-Laurent. 130 km.

RICHEMENT adv. ▪ **1.** De manière à rendre ou à devenir riche. *Il a marié richement ses filles.* **2.** Avec magnificence. *Richement vêtu.*

Jean **RICHEPIN** (1849 - 1926) ▪ Écrivain français. Romans populaires, poèmes à la langue argotique. *"La Chanson des gueux"* (1876).

RICHESSE n. f. ▪ **I.** *LA RICHESSE* **1.** Possession de grands biens (en nature ou en argent). ⇒ **argent, fortune, opulence.** *Vivre dans la richesse.* **2.** Qualité de ce qui est coûteux ou le paraît. *La richesse d'un mobilier.* **3.** Qualité de ce qui a en abondance les éléments requis. *Richesse du sous-sol. La richesse de sa documentation.* ⇒ **abondance, importance.** **II.** *LES RICHESSES* **1.** L'argent, les possessions matérielles. *Accumuler les richesses.* **2.** Ressources (d'un pays, d'une collectivité). *La répartition des richesses. Richesses naturelles d'une région.* **3.** Objets de grande valeur. *Les richesses d'un musée.* ♦ Biens d'ordre intellectuel, esthétique. ⇒ **trésor.** *Les richesses d'une œuvre littéraire, musicale.*

Charles **RICHET** (1850 - 1935) ▪ Physiologiste français. Avec Hericourt, il posa les bases de la sérothérapie et réalisa la première application thérapeutique d'un sérum (1890). Il découvrit avec Portier l'anaphylaxie (1902).

Ligier ou Léger **RICHIER** (v. 1500 - 1567) ▪ Sculpteur français d'inspiration à la fois tragique et profondément religieuse.

Germaine **RICHIER** (1904 - 1959) ▪ Sculpteur français. Œuvres expressives, qui mêlent le grotesque et le tragique. *"L'Orage"* (1948).

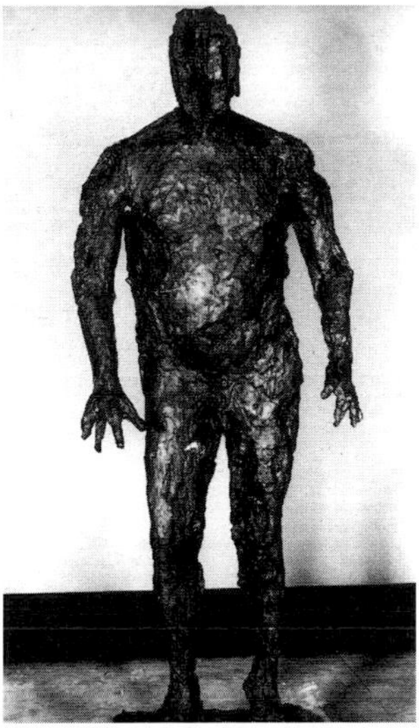

Germaine **Richier.** *L'Orage.* MNAMGP, Paris. *Phot. © Bulloz*

RICHISSIME adj. ▪ Extrêmement riche.

RICHMOND ▪ Ville des États-Unis, capitale de la Virginie. 203 000 hab. Pendant la guerre de Sécession, les sudistes en firent leur capitale. Monuments (Capitole).

RICHMOND UPON THAMES ou **RICHMOND** ▪ Faubourg *(borough)* du Grand Londres. 165 000 hab.

Jeremias Benjamin **RICHTER** (1762 - 1807) ▪ Chimiste allemand. Il généralisa la notion des proportions définies qui régit l'union des bases et des acides *(stœchiométrie).*

Johann Paul **RICHTER** dit **JEAN-PAUL** (1763 - 1825) ▪ Écrivain romantique allemand. Il explora le monde des rêves.

Hans **RICHTER** (1888 - 1976) ▪ Peintre et cinéaste américain d'origine allemande. Représentant du surréalisme et précurseur du cinéma d'avant-garde.

Charles Francis **RICHTER** (1900 - 1985) ▪ Sismologue américain. *Échelle de Richter :* échelle de mesure des séismes (1935).

Sviatoslav **RICHTER** (né en 1915) ▪ Pianiste russe. Interprète virtuose de la musique romantique et moderne (Prokofiev, Berg).

Sviatoslav **Richter.** *Phot. © APN*

RICIN n. m. ▪ Plante dont le fruit renferme des graines oléagineuses. - *Huile de ricin* (employée comme purgatif, comme lubrifiant).

RICOCHER v. intr. [1] ▪ Faire ricochet. ⇒ **rebondir.**

RICOCHET n. m. ▪ **1.** Rebond d'une pierre lancée obliquement sur la surface de l'eau, ou d'un projectile renvoyé par un obstacle. *Faire des ricochets.* - *Faire ricochet* (projectile). **2.** fig. *PAR RICOCHET :* par contrecoup, indirectement.

Paul **RICŒUR** (né en 1913) ▪ Philosophe français. Essais d'herméneutique (philosophie de l'interprétation). *"Temps et Récit"* (1983-1985).

RIC-RAC adv. ▪ FAM. Exactement ; tout juste. *C'est compté ric-rac.*

RICTUS [-ys] n. m. ▪ Contraction de la bouche, qui donne l'aspect d'un rire forcé, d'un sourire grimaçant. *Un rictus de colère.*

RIDE n. f. ▪ **1.** Petit pli de la peau (le plus souvent au front, à la face et au cou, dû notamment à l'âge.) ⇒ **ridule.** *Visage sillonné de rides.* **2.** Légère ondulation à la surface de l'eau ; pli, sillon sur une surface.

RIDÉ, ÉE adj. ▪ Marqué de rides. *Visage ridé, flétri.* - *Une pomme ridée.*

RIDEAU n. m. ▪ **1.** Pièce d'étoffe (mobile) destinée à tamiser la lumière, à abriter ou décorer qqch. *Doubles rideaux :* rideaux de fenêtres en tissu épais, par-dessus des voilages.

Hans **Richter.** *Visionäres porträt* ou *L'Homme bleu,* 1917. Coll. part. *Phot. © Giraudon*

- *Fermer, tirer les rideaux.* **2.** Grande draperie (ou toile peinte) qui sépare la scène de la salle (théâtre). *Lever, baisser le rideau.* **3.** RIDEAU DE FER, isolant la scène de la salle (théâtre) ; protégeant la devanture d'un magasin. *Baisser le rideau de fer.* ♦ HIST. Ligne qui isolait en Europe les pays communistes. **4.** loc. fig. *TIRER LE RIDEAU sur qqch.* : cesser de s'en occuper, d'en parler. **5.** *RIDEAU DE* : chose capable d'arrêter la vue, de faire écran. *Un rideau de verdure.*

RIDELLE n. f. ▪ Châssis disposé de chaque côté d'une charrette, d'un camion, etc., afin de maintenir la charge.

RIDER v. tr. ⓵ ▪ **1.** Marquer, sillonner de rides. ⇒ LITTÉR. **flétrir.** - pronom. *Peau qui se ride* (⇒ **ridé**). **2.** Marquer d'ondulations, de plis. *La brise ridait la surface de l'eau.*

RIDICULE ▪ **I.** adj. **1.** Qui mérite d'exciter le rire et la moquerie, qui fait rire par un caractère de laideur, d'absurdité, de bêtise. ⇒ **dérisoire, risible.** *Se rendre ridicule. "Les Précieuses ridicules"* (de Molière). - *Un accoutrement ridicule.* ⇒ **grotesque.** ♦ Dénué de bon sens. ⇒ **absurde, déraisonnable.** *Elle est ridicule de s'entêter.* - impers. *Il est, c'est ridicule de* (+ inf.), *que* (+ subj.). **2.** Insignifiant, infime. *Une somme ridicule.* ⇒ **dérisoire.** **II.** n. m. **1.** loc. *TOURNER qqn EN RIDICULE,* le rendre ridicule. ⇒ se **moquer, ridiculiser.** **2.** Trait qui rend ridicule ; ce qu'il y a de ridicule dans. *Souligner les ridicules de qqn.* ⇒ **défaut.** *Sentir le ridicule d'une situation.* **3.** *Le ridicule,* ce qui excite le rire, la moquerie. *C'est le comble du ridicule.* - prov. *Le ridicule tue (ne tue pas),* on ne se relève pas (on supporte très bien) d'avoir été ridicule.

RIDICULEMENT adv. ▪ De manière ridicule. *Être ridiculement accoutré.* - *Salaire ridiculement bas.*

RIDICULISER v. tr. ⓵ ▪ Rendre ridicule. - pronom. *Il se ridiculise.*

RIDULE n. f. ▪ Petite ride.

RIEDISHEIM ▪ Commune du Haut-Rhin. 11 868 hab. *(les Riedisheimois).*

Leni **RIEFENSTAHL** (née en 1902) ▪ Actrice, photographe et cinéaste allemande. *"Les Dieux du stade"* (1936-1937), film à la gloire des jeux Olympiques organisés par les nazis à Berlin en 1936.

Louis **RIEL** (1844 - 1885) ▪ Révolutionnaire canadien. Métis indien, il dirigea la résistance contre le pouvoir blanc dans l'Ouest canadien (soulèvements de 1869 et de 1884-1885). Il fut vaincu et pendu.

Bernhard **RIEMANN** (1826 - 1866) ▪ Mathématicien allemand, élève de Gauss. Il élabora notamment l'une des deux géométries non-euclidiennes, la géométrie elliptique, qui servit de cadre à la théorie de la relativité générale d'Einstein.

Tilman **RIEMENSCHNEIDER** (v. 1460 - 1531) ▪ Sculpteur allemand. Nombreux retables.

RIEN pron. indéf., n. m. et adv. ▪ **I.** nominal indéfini ◇ REM. Dans cet emploi, on fait la liaison. — *Rien,* objet direct, suit le verbe ou l'auxiliaire (ex. *je ne vois rien, je n'ai rien vu*) et se place habituellement devant l'infinitif (ex. *ne rien voir*). **1.** Quelque chose (dans un contexte négatif). *Il fut incapable de rien dire,* de dire quoi que ce soit. *Rester sans rien faire. A-t-on jamais vu rien de pareil ?* **2.** (avec *ne*) Aucune chose, nulle chose. *Je n'ai rien vu. Il n'en sait rien. Il n'y a rien à craindre.* prov. *Qui ne risque rien n'a rien. Vous n'aurez rien du tout,* absolument rien. *Il ne comprend rien à rien. Cela ne fait rien,* cela n'a pas d'importance. - *RIEN QUE. Je n'ai rien que mon salaire.* ⇒ **seulement.** - *RIEN DE* (+ adj. ou adv.). *Il n'y a rien de mieux, de tel.* - *RIEN QUI, QUE* (le plus souvent + subj.). *Je n'ai rien trouvé qui vaille la peine ; que tu puisses faire.* - *N'AVOIR RIEN DE,* aucun des caractères de. *Elle n'a rien d'une ingénue.* (+ adj.) N'être pas du tout. *Cela n'a rien d'impossible.* ♦ (comme sujet) *Rien n'est trop beau pour lui. Rien ne va plus* (spécialt au jeu *il est trop tard pour miser).* ♦ (en attribut) *N'ÊTRE RIEN. Elle n'est rien pour moi,* elle ne compte pas. *Ce n'est rien,* c'est sans importance. - *Ce n'est pas rien,* ce n'est pas négligeable. ♦ loc. *Il n'en est rien :* rien n'est vrai de cela. - *Comme si de rien n'était :* comme si rien ne s'était passé. ♦ *RIEN (DE) MOINS que.* LITTÉR. *Ce n'est rien moins que sûr,* ce n'est pas du tout sûr. - *Il ne s'agissait de rien (de) moins que de...,* pas moins que de... **3.** loc. adv. *EN RIEN* (positif) : en quoi que ce soit. *Sans gêner en rien son action.* - *NE... EN RIEN :* d'aucune manière. *Cela ne nous touche en rien.* **4.** (sans particule négative) dans une phrase elliptique, une réponse Nulle chose. « *À quoi penses-tu ? — À rien.* » *Rien à faire :* la chose est impossible. *Rien de tel pour se distraire.* « *Je vous remercie. — De rien* », je vous en prie. *C'est tout ou rien,* il n'y a pas de demi-mesure. *C'est cela ou rien,* il n'y a pas d'autre choix. *Rien de plus, rien de moins,* exactement (ceci). ♦ (comparaison) *C'est mieux que rien. C'est moins que rien,* c'est nul. *En moins de rien,* en très peu de temps. *Comme rien :* VX pas du tout ; MOD. (par antiphrase) aisément, facilement. ♦ *Deux, trois fois rien :* une chose insignifiante. ♦ *RIEN QUE.* ⇒ **seulement.** *Toute la vérité, rien que la vérité. C'est à moi, rien qu'à moi.* ⇒ **uniquement.** *Rien que d'y penser,* à cette seule pensée. **5.** (après une prép.) Chose ou quantité (quasi) nulle. *Faire quelque chose de rien. Se réduire à rien.* ⇒ à **zéro.** ♦ *POUR RIEN :* pour un résultat nul. ⇒ **inutilement.** *Se déranger pour rien.* - Sans raison. *Beaucoup de bruit* pour rien.* - Sans payer, à bas prix. *Je l'ai eu pour rien.* ♦ *DE RIEN* (VIEILLI) ; *DE RIEN DU TOUT* (compl. de nom) : sans valeur, sans importance. *Un homme de rien. Un petit bobo de rien du tout.* **II.** n. m. **1.** DIDACT. ⇒ **néant.** **2.** *UN RIEN :* peu de chose. *Un rien l'amuse.* - au plur. *Perdre son temps à des riens.* ⇒ **bagatelle, bêtise.** - *POUR UN RIEN :* pour une raison insignifiante. *S'inquiéter pour un rien.* - FAM. *COMME UN RIEN :* très facilement. **3.** *UN RIEN DE :* un peu de. *Un (petit) rien de fantaisie.* - *En un rien de temps.* ⇒ **promptement.** ♦ *UN RIEN* loc. adv. : un peu, légèrement. *C'est un rien trop grand.* **III.** n. invar. *UN, UNE RIEN DU TOUT :* une personne méprisable. **IV.** adv. FAM. (par antiphrase) Très. ⇒ **rudement.** *C'est rien chouette ici !*

Riemenschneider. *Vierge de l'Annonciation,* marbre. Musée du Louvre, Paris. *Phot. © RMN*

Jean-Henri **RIESENER** (1734 - 1806) ▪ Ébéniste français d'origine allemande. Il fut l'un des plus féconds et inventifs créateurs du style Louis XVI.

RIEUR, RIEUSE ▪ **1.** n. Personne qui rit, est en train de rire. - loc. *Mettre les rieurs de son côté :* faire rire aux dépens de son adversaire. **2.** adj. Qui aime à rire, à s'amuser. ⇒ **gai ; enjoué.** *Un enfant rieur.* - Qui exprime la gaieté. *Yeux rieurs.*

le **RIF** ▪ Arc montagneux du nord du Maroc (habitants : les *Rifains*). Ancien territoire du Maroc espagnol. Pendant la Première Guerre mondiale, les Rifains, dirigés par Abd el-Krim, s'opposèrent aux Espagnols qu'ils vainquirent (1921), puis aux Français avant d'être battus par les forces franco-espagnoles dirigées par Pétain (1926).

Klaus **RIFBJERG** (né en 1931) ▪ Écrivain danois. Remarqué dès ses premiers ouvrages par sa langue poétique très nouvelle et l'acuité de son style, il s'est essayé dans tous les genres.

RIFIFI n. m. ▪ ARGOT Bagarre.

RIFLARD n. m. ▪ FAM. Parapluie.

la **RIFT VALLEY** ▪ Longue dépression constituée de fossés d'effondrement de l'Afrique orientale s'étendant de la mer Rouge au cours inférieur du Zambèze. L'énorme épaisseur de dépôts sédimentaires a permis la découverte de fossiles d'hominidés (→ **Omo**).

RIGA ▪ Capitale et port de la Lettonie. 917 000 hab. Le plus grand centre culturel des pays baltes.

Hyacinthe **RIGAUD** (1659 - 1743) ▪ Peintre français. Portraits de cour somptueux. *"Louis XIV".*

RIGIDE adj. ▪ **1.** concret Qui garde sa forme, ne se déforme pas. ⇒ **raide.** *Armature rigide. Livre à couverture rigide.*

2. Qui se refuse aux concessions, aux compromis. ⇒ **inflexible, rigoureux.** *Un moraliste rigide.* - Qui manque d'abandon. *Une attitude rigide.* - Qui manque de souplesse. *Des règles rigides.*

RIGIDITÉ n. f. ▪ Caractère de ce qui est rigide. ⇒ **raideur.** *La rigidité d'un papier. Rigidité cadavérique.* - *Rigidité des principes.* ⇒ **austérité, rigorisme.**

RIGOLADE n. f. ▪ FAM. 1. Amusement, divertissement. *Une partie de rigolade.* - *Prendre qqch. à la rigolade,* comme une plaisanterie. 2. Chose ridicule, ou sans importance. *C'est une rigolade.* - *C'est de la rigolade* (même sens).

RIGOLARD, ARDE adj. ▪ FAM. Gai. *Un air rigolard.*

RIGOLE n. f. ▪ 1. Petit conduit, fossé étroit pour l'écoulement des eaux. 2. Filet d'eau qui ruisselle. *La pluie forme des rigoles.*

RIGOLER v. intr. [1] ▪ FAM. Rire, s'amuser. *On a bien rigolé.* - Plaisanter. *Il ne faut pas rigoler avec ça.*

RIGOLO, OTE ▪ FAM. I. adj. 1. Qui amuse, fait rire. ⇒ **amusant.** *Elle est rigolote.* 2. Curieux, étrange. ⇒ **drôle.** II. n. 1. Personne amusante. 2. Personne à qui l'on ne peut pas faire confiance. *Un (petit) rigolo.*

RIGORISME n. m. ▪ Respect strict ou exagéré des principes religieux ou moraux. ⇒ **austérité, puritanisme, rigidité.**

RIGORISTE n. ▪ Personne qui fait preuve de rigorisme. - adj. ⇒ **intransigeant, sévère.** *Attitude rigoriste.*

RIGOUREUSEMENT adv. ▪ 1. D'une manière rigoureuse, stricte. *C'est rigoureusement interdit.* ⇒ **formellement, strictement.** 2. Absolument, totalement. *C'est rigoureusement exact.* 3. Avec exactitude, minutie. *Respecter rigoureusement les consignes.*

RIGOUREUX, EUSE adj. ▪ 1. (personnes) Qui fait preuve de rigueur. - (choses) *Une morale rigoureuse.* ⇒ **rigide ; rigoriste.** 2. Dur à supporter. *Un hiver rigoureux.* ⇒ **rude.** 3. D'une exactitude inflexible. *Une rigoureuse neutralité.* ⇒ **absolu, strict.** ♦ Mené avec précision. *Un raisonnement rigoureux.* - (personnes) *Être rigoureux dans une démonstration.*

RIGUEUR n. f. ▪ 1. Sévérité, dureté extrême. *La rigueur d'une règle.* ⇒ **rigidité.** *La rigueur de la répression.* - loc. TENIR RIGUEUR *à qqn (de...)* : lui garder rancune (de...). ♦ au plur. LITTÉR. *Les rigueurs de l'hiver.* 2. Exactitude, logique inflexible. *Son exposé manque de rigueur.* 3. DE RIGUEUR loc. adj. : imposé par les usages, les règlements. ⇒ **obligatoire.** *Tenue de soirée de rigueur.* 4. loc. adv. *À LA RIGUEUR* : en cas de nécessité absolue. - *EN TOUTE RIGUEUR* : absolument, rigoureusement.

RIJEKA anc. en italien ***FIUME*** ▪ Ville et port de Croatie. 167 964 hab. Elle appartint à l'Italie entre 1924 et 1947, puis à la Yougoslavie jusqu'en 1991.

RIKIKI adj. invar. → RIQUIQUI

le **RILA** ▪ Massif montagneux de Bulgarie méridionale, formant la partie occidentale du Rhodope. 2 925 m au Musala. Monastère orthodoxe, élevé au XIIIe s. en l'honneur de Jean de Rila, saint bulgare.

Rilke.
Phot. © Roger-Viollet

Rainer Maria **RILKE** (1875 - 1926) ▪ Écrivain autrichien. Le sentiment de la difficulté de vivre domine ses poèmes (*"Élégies de Duino"*, 1912-1922) et son roman (*"Les Cahiers de Malte Laurids Brigge"*, 1910). Importante correspondance (*"Lettres à un jeune poète"*, 1903).

la **RILLE** → Risle

RILLETTES n. f. pl. ▪ Charcuterie faite de viande (surtout de porc) hachée et cuite dans la graisse. *Un pot de rillettes.* - *Rillettes d'oie.*

RILLIEUX-LA-PAPE ▪ Commune du Rhône. 30 791 hab. *(les Rilliards).*

RIMAILLER v. intr. [1] ▪ péj. Faire de mauvais vers.

RIMAILLEUR, EUSE n. ▪ péj. Mauvais poète.

Arthur **RIMBAUD** (1854 - 1891) ▪ Poète français. Son génie précoce, sa révolte sociale et morale ont fait de lui un mythe. Il définit le poète comme « voyant ». D'une grande influence sur les symbolistes, il fut considéré comme un précurseur par les surréalistes. *"Le Bateau ivre"* (1871). Poèmes en prose : *"Une saison en enfer"* (1873); *"Illuminations"* (1886).

Rimbaud. Détail du tableau de Fantin-Latour, *Un coin de table.* Musée d'Orsay, Paris. *Phot. © Dagli Orti*

RIME n. f. ▪ 1. Disposition de sons identiques à la finale de mots placés à la fin de deux ou plusieurs vers. *Rime riche,* comprenant au moins une voyelle et sa consonne d'appui (ex. *image-hommage*). *Rime pauvre* (ex. *ami-pari*). *Rimes plates* ; rimes croisées*. Rime féminine*, masculine*.* 2. loc. *SANS RIME NI RAISON* : d'une manière incompréhensible, absurde. *Ça n'a ni rime ni raison,* aucun sens.

RIMÉ, ÉE adj. ▪ Pourvu de rimes. *Poésie rimée.*

RIMER v. intr. [1] ▪ 1. Faire des vers. 2. Constituer une rime. *Mot qui rime à* (vx), *avec un autre.* - loc. *Cela ne rime à rien* : cela n'a aucun sens.

RIMEUR, EUSE n. ▪ péj. Poète sans inspiration.

RIMINI ▪ Ville d'Italie (Émilie-Romagne). 130 638 hab. Station balnéaire sur l'Adriatique.

RIMMEL n. m. (marque déposée) ▪ Fard pour les cils. ⇒ **mascara.**

RIMOUSKI ▪ Ville du Canada (Québec), sur le Saint-Laurent, à l'orée de la Gaspésie. 74 485 hab. Centre commercial et industriel. Scieries.

Nikolaï **RIMSKI-KORSAKOV** (1844 - 1908) ▪ Compositeur russe. Grand maître de l'orchestration, il est l'auteur d'œuvres symphoniques colorées (*"Schéhérazade"*) et d'opéras (*"Le Coq d'or"*, 1906-1907). Membre du groupe des Cinq.

Rimski-Korsakov. Portrait par V. Serov. Galerie Tretiakov, Moscou. *Phot. © APN*

Riopelle. *Chevreuse.* MNAMGP, Paris. *Phot. © Giraudon*

RINÇAGE n. m. ▪ **1.** Action de rincer. *Le rinçage de la vaisselle.* **2.** COIFFURE Teinture légère (des cheveux).

RINCEAU n. m. ▪ Ornement architectural en forme d'arabesque végétale. *Rinceaux sculptés.*

RINCE-DOIGTS [-dwa] n. m. invar. ▪ Petit récipient contenant de l'eau (parfumée de citron, etc.), servant à se rincer les doigts à table.

RINCER v. tr. 3 ▪ **1.** Nettoyer à l'eau (un récipient). ⇒ **laver.** *Rincer des bouteilles.* **2.** Passer à l'eau (ce qui a été lavé) pour enlever les produits de lavage. *Rincer du linge.* ‑ *Se rincer les mains.* **3.** FAM. *Se rincer le gosier, la dalle* : boire. ‑ *SE RINCER L'ŒIL* : regarder avec plaisir (une chose belle, agréable).

RINÇURE n. f. ▪ Eau qui a servi à rincer.

RING [riŋ] n. m. ▪ Estrade entourée de cordes, sur laquelle se font les combats de boxe, de catch. *Des rings.* ‑ *Le ring* : la boxe. *Une vedette du ring.*

① **RINGARD** n. m. ▪ Barre de fer servant à attiser le feu.

② **RINGARD, ARDE** ▪ FAM. **I.** n. **1.** Artiste de variétés passé de mode. **2.** Personne incapable. *C'est un vrai ringard.* **3.** Personne qui n'est pas à la mode. **II.** adj. Démodé ; médiocre, de mauvais goût. *Ça fait ringard.* ⇒ **tarte.**

Philippe Panneton dit **RINGUET** (1895 ‑ 1960) ▪ Écrivain canadien d'expression française. Son roman *"Trente arpents"* (1938), est l'histoire réaliste d'une famille paysanne déracinée.

Paavo RINTALA (né en 1930) ▪ Écrivain finlandais d'expression finnoise. Il est l'un des représentants les plus originaux de l'école finlandaise du roman historique. *"L'Évangile des morts"* (1954); *"Ma grand-mère et Mannerheim"* (1960-1962).

RIO DE JANEIRO ou **RIO** ▪ Ville et port du Brésil, capitale de l'État du même nom (43 653 km²; 13 650 000 hab.). 5 336 000 hab. Agglomération de 11 000 000 hab. 2ᵉ centre industriel et commercial du pays. Tourisme : sites rocheux (Pain de Sucre, mont Corcovado), plages (Copacabana, Ipanema), célèbre carnaval.

le RIO GRANDE au Mexique ***RÍO BRAVO*** ▪ Fleuve d'Amérique du Nord qui forme la frontière entre les États-Unis et le Mexique avant de se jeter dans le golfe du Mexique. 2 896 km².

le RIO GRANDE DO NORTE ▪ État côtier du Brésil (Nordeste). 53 166 km². 2 600 000 hab. Capitale : Natal. Marais salants.

le RIO GRANDE DO SUL ▪ État côtier du sud du Brésil, limitrophe de l'Uruguay. 280 674 km². 9 550 000 hab. Capitale : Pôrto Alegre. Productions agricoles, élevage.

la RIOJA ▪ Communauté autonome du centre nord de l'Espagne. 5 034 km². 265 823 hab. Capitale : Logroño. Vins renommés.

RIOM ▪ Chef-lieu d'arrondissement du Puy-de-Dôme. 18 793 hab. *(les Riomois).* Églises médiévales. ► **le procès de RIOM** fut organisé par le gouvernement de Vichy pour juger les responsables présumés de la défaite de 1940 (Blum, Daladier, Gamelin), mais il tourna au désavantage de Pétain et fut interrompu (1942).

Jean-Paul RIOPELLE (né en 1923) ▪ Peintre et sculpteur québécois. Œuvre abstraite, puissamment rythmée et structurée.

RIORGES ▪ Commune de la Loire. 9 868 hab.

RIPAILLE n. f. ▪ FAM. Repas où l'on mange beaucoup et bien. ⇒ **festin.** ‑ *Faire ripaille.* ⇒ **bombance.**

Rio de Janeiro. Vue depuis le « Pain de Sucre ».
Phot. © Nino Cirani/Ricciarini

RIPAILLER v. intr. [1] ▪ Faire ripaille.

RIPER v. [1] ▪ **1.** v. tr. Faire glisser (une chose lourde). *Riper une caisse.* **2.** v. intr. Glisser, déraper. *L'outil a ripé.*

RIPOLIN n. m. (n. déposé) ▪ Peinture laquée très brillante.

RIPOLINER v. tr. [1] ▪ Peindre au ripolin. – au p. p. *Murs ripolinés.*

RIPOSTE n. f. ▪ **1.** Réponse vive, instantanée, faite à un interlocuteur agressif. ⇒ **réplique.** **2.** Vive réaction de défense, contre-attaque vigoureuse. *Une riposte foudroyante.*

RIPOSTER v. intr. [1] ▪ **1.** Adresser une riposte. *Riposter par une plaisanterie.* – trans. *Il riposta qu'il n'en savait rien.* ⇒ **répliquer, rétorquer.** **2.** Répondre par une attaque (à une attaque). ⇒ **contre-attaquer,** se **défendre.**

RIPOU adj. ▪ FAM. Corrompu. – n. m. Policier vénal. *Des ripous* (parfois *ripoux*).

RIQUEWIHR ▪ Commune du Haut-Rhin. 1 075 hab. *(les Riquewihriens).* Maisons alsaciennes typiques. Vins blancs.

RIQUIQUI adj. invar. ▪ FAM. Petit ; mesquin, pauvre. *Ça fait un peu riquiqui.* ◇ var. RIKIKI.

① **RIRE** v. intr. [36] ▪ **1.** Exprimer la gaieté par un mouvement de la bouche, accompagné d'expirations saccadées plus ou moins bruyantes. ⇒ s'**esclaffer ;** FAM. se **marrer, rigoler.** « *Rire est le propre de l'homme* » (Rabelais). – *Rire aux éclats, à gorge déployée, aux larmes.* ⇒ FAM. se **bidonner,** se **gondoler,** se **tordre.** *Rire comme une baleine, comme un bossu.* – (v. + *de rire*) *Éclater, pouffer, se tordre de rire. C'est à mourir de rire. Pleurer, hurler de rire.* – *Rire de..., à cause de...* – *Il n'y a pas de quoi rire.* loc. *Avoir toujours le mot pour rire,* plaisanter à tout propos. – loc. prov. *Rira bien qui rira le dernier,* se dit pour annoncer une revanche. **2.** S'amuser. ⇒ se **divertir.** *Elle ne pense qu'à rire.* **3.** dans des loc. Ne pas parler ou ne pas faire qqch. sérieusement. ⇒ **badiner, plaisanter.** *Vous voulez rire ? C'est pour rire. Histoire de rire... Sans rire, est-ce que... ?* **4.** *RIRE DE :* se moquer de (qqn, qqch.). ⇒ **railler, ricaner ; dérision.** *Rire de qqn.* – *Il vaut mieux en rire.* **5.** LITTÉR. Avoir un aspect joyeux (⇒ **riant, rieur**). *Des yeux qui rient.* ► SE **RIRE** (DE) v. pron. Se moquer de, se jouer de. *Se rire des difficultés.*

② **RIRE** n. m. ▪ Fait de rire. *Un rire bruyant. Un gros rire.* – *Un éclat de rire.* – *Avoir le FOU RIRE :* ne plus pouvoir s'arrêter de rire. – *Rire nerveux, forcé, méchant.* ⇒ **ricanement.** ♦ *Attirer les rires, le rire,* la moquerie (⇒ **ridicule, risible**).

① **RIS** n. m. ▪ MAR. Partie d'une voile qu'on peut replier pour diminuer sa surface. – *Prendre un ris,* diminuer la surface de voilure présentée au vent.

② **RIS** n. m. ▪ Thymus du veau, de l'agneau ou du chevreau, qui constitue un mets apprécié. *Ris de veau, d'agneau.*

① **RISÉE** n. f. ▪ Moquerie collective (dans des expr.). *Être un objet de risée. S'exposer à la risée du public.* – *Être la risée de tous,* un objet de risée.

② **RISÉE** n. f. ▪ MAR. Renforcement subit et momentané du vent. ⇒ **rafale.**

RISETTE n. f. ▪ **1.** Sourire (surtout en parlant des enfants). *Faire (une) risette, des risettes.* **2.** fig. FAM. Sourire de commande.

Dino **RISI** (né en 1916) ▪ Cinéaste italien. Il est l'un des maîtres de la comédie de mœurs, dans des films souvent interprétés par V. Gassman ou U. Tognazzi (*"Le Fanfaron"*, 1962; *"Les Monstres"*, 1963; *"Parfum de femme"*, 1974). Il est aussi à l'aise dans la chronique sociale (*"Au nom du peuple italien"*, 1971).

RISIBLE adj. ▪ Propre à exciter une gaieté moqueuse. ⇒ **ridicule.**

la **RISLE** ou **RILLE** ▪ Rivière de Normandie, affluent de la Seine. 140 km.

RIS-ORANGIS ▪ Commune de l'Essonne. 24 677 hab. *(les Rissois).* Château de Fromont (XVIIe s.).

le **RISORGIMENTO** ▪ Mouvement patriotique (« renaissance » ou « résurrection ») d'indépendance et d'unification de l'Italie au XIXe s. → **Cavour, Garibaldi.**

RISOTTO n. m. ▪ Riz préparé à l'italienne. *Des risottos.*

RISQUE n. m. ▪ **1.** Danger éventuel plus ou moins prévisible. *Il n'y a aucun risque. Ce sont les risques du métier.* ⇒ **inconvénient.** *C'est un risque à courir,* c'est risqué, mais il faut le tenter. – loc. *À vos risques et périls*.* – *RISQUE DE. Un risque d'aggravation.* – *Courir le risque de,* s'exposer à. – *Au risque de* (+ inf.), en s'exposant au danger de. ♦ *À RISQUE(S)* loc. adj. : qui représente un risque ; exposé à un risque. *Grossesse à risque.* **2.** DR. Éventualité d'un événement qui peut causer un dommage. *Assurance tous risques* (⇒ **multirisque**). **3.** Fait de s'exposer à un danger (dans l'espoir d'obtenir un avantage). *Avoir le goût du risque.* – *Prendre un risque, des risques.* ⇒ **oser.**

RISQUÉ, ÉE adj. ▪ **1.** Plein de risques. ⇒ **dangereux, hasardeux.** *Démarche risquée. C'est trop risqué.* **2.** Scabreux, osé. *Des plaisanteries risquées.*

RISQUER v. tr. [1] ▪ **1.** Exposer à un risque. ⇒ **aventurer.** *Risquer sa vie, sa tête,* s'exposer à la mort. *Risquer de l'argent à la roulette.* loc. *Risquer le paquet*, le tout* pour le tout.* prov. *Qui ne risque rien n'a rien.* – absolt *Risquer gros,* prendre des risques importants. – FAM. Mettre (une partie du corps) là où il y a quelque risque (d'être surpris, etc.). *Risquer un œil à la fenêtre.* **2.** Tenter (qqch. qui comporte des risques). ⇒ **entreprendre.** *Risquer une démarche.* – *Risquer le coup*.* ♦ Avancer (un mot, une remarque, etc.) avec la conscience du risque couru. *Risquer une question.* **3.** S'exposer ou être exposé à (un danger, un inconvénient). *Risquer la mort ; les pires ennuis.* – (choses) *Vos bagages ne risquent rien ici.* **4.** *RISQUER DE* (+ inf.). (personnes) Courir le risque de. *Vous risquez de tomber.* (choses) Pouvoir (en tant que possibilité dangereuse ou fâcheuse). *Le rôti risque de brûler.* – par ext. (Sans idée d'inconvénient ; critiqué) Avoir une chance de. *Ça risque de marcher.* ♦ *RISQUER QUE* (+ subj.). *Vous risquez qu'il s'en aperçoive.* ► SE **RISQUER** v. pron. **1.** S'exposer, avec la conscience du risque. *Se risquer dans une affaire.* **2.** *SE RISQUER À :* se hasarder à (dire, faire qqch.). *Je ne me risquerai pas à le contredire.*

RISQUE-TOUT n. invar. ▪ Personne qui pousse l'audace jusqu'à l'imprudence. ⇒ **casse-cou.** – adj. invar. *Elle est risque-tout.*

RISSOLE n. f. ▪ Petit pâté frit.

RISSOLER v. tr. [1] ▪ Exposer à une température élevée (une viande, des légumes, etc.) de manière à dorer la surface. – au p. p. *Pommes de terre rissolées.*

RISTOURNE n. f. ▪ **1.** Remboursement d'une partie d'une cotisation. **2.** Remise accordée à un client. **3.** Commission versée à un intermédiaire.

RISTOURNER v. tr. [1] ▪ Attribuer à titre de ristourne.

RITAL, ALE n. ▪ FAM. Italien.

RITE n. m. ▪ **1.** Ensemble des cérémonies en usage dans une communauté religieuse ; organisation traditionnelle de ces cérémonies. ⇒ **culte.** **2.** Cérémonie réglée ou geste particulier prescrit par la liturgie d'une religion. ⇒ **rituel.** *Rites d'initiation.* – par analogie *Rites maçonniques.* **3.** fig. Pratique réglée, invariable. ⇒ **coutume, usage.** *Les rites de la politesse. C'est devenu un rite,* une habitude.

RITOURNELLE n. f. ▪ Air à couplets répétés.

Yannis **RITSOS** (1909-1990) ▪ Poète grec. *"Épitaphe"* (1936).

Karl **RITTER** (1779-1859) ▪ Géographe allemand, un des pères de la géographie moderne. Il étudia l'influence du milieu naturel sur le développement des sociétés.

RITUEL, ELLE ▪ **I.** adj. **1.** Qui constitue un rite ; qui a rapport aux rites. *Chants rituels.* **2.** fig. Réglé comme par un rite. *Sa promenade rituelle.* **II.** n. m. **1.** Livre liturgique (catholique), recueil des rites du culte. **2.** Ensemble de rites. *Rituel d'initiation.* **3.** fig. Ensemble d'habitudes, de règles.

RITUELLEMENT adv. ▪ Invariablement ; régulièrement.

RIVAGE n. m. ▪ **1.** Partie de la terre qui borde une mer. ⇒ **côte, littoral.** *S'éloigner du rivage.* **2.** Zone soumise à l'action des vagues, des marées. ⇒ **grève, plage ; estran.** *Épaves rejetées sur le rivage.*

RIVAL, ALE, AUX ▪ **I.** n. **1.** Personne qui dispute à autrui ce qu'un seul peut obtenir. ⇒ **adversaire, concurrent.** *Le rival de qqn. Il a évincé ses rivaux.* **2.** spécialt Personne qui dispute à une autre l'amour de qqn. **3.** par ext. Personne qui dispute le premier rang, qui est égale ou comparable. – *Sans rival,* inégalable. **II.** adj. Qui est opposé (à qqn ou à qqch.) pour disputer un avantage (sans recourir à la violence). *Équipes rivales.*

RIVALISER v. intr. [1] ▪ Être en concurrence (avec qqn, dans un domaine), chercher à égaler ou surpasser. *Rivaliser avec qqn. Ils rivalisent d'ingéniosité.* – par ext. Être comparable. *Il rivalise avec les meilleurs spécialistes.*

RIVALITÉ n. f. ▪ Situation de personnes rivales, d'une personne rivale d'une autre (dans un domaine). ⇒ **compétition,**

concurrence. *Rivalité politique, amoureuse.* - *(Une, des rivalités)* ⇒ **opposition.** *Des rivalités d'intérêts.*

le comte de **RIVAROL** (1753 - 1801) ▪ Écrivain français, polémiste royaliste. *"Discours sur l'universalité de la langue française"* (1784).

le duc de **RIVAS** (1791 - 1865) ▪ Homme politique et écrivain espagnol. *"Don Alvaro ou la Force du destin"* (1835), drame romantique.

RIVE n. f. ▪ **1.** Bande de terre qui borde un cours d'eau important. ⇒ **berge, bord.** *La rive droite et la rive gauche d'un fleuve* (dans le sens du courant). - par ext. *Habiter rive gauche, à Paris.* *"Le Flâneur des deux rives"* (d'Apollinaire). **2.** Bord (d'une mer fermée, d'un lac, d'un étang).

RIVE-DE-GIER ▪ Commune de la Loire. 15 623 hab. *(les Ripagériens).*

RIVER v. tr. [1] ▪ **I. 1.** Attacher solidement et étroitement, au moyen de pièces de métal. ⇒ **enchaîner.** *On rivait les forçats à des chaînes.* **2.** fig. Attacher fermement, fixer. - surtout passif et p. p. *Être rivé à son travail.* - *L'œil, le regard rivé sur qqn, qqch.* **II. 1.** Rabattre l'extrémité de (un clou, une pointe...) sur la pièce traversée. - loc. fig. *River son clou à qqn,* le réduire au silence (par une réponse, etc.). **2.** Fixer, assujettir par des pièces que l'on rive, par des rivets. ⇒ **riveter.** *River deux plaques de tôle.*

Diego **RIVERA** (1886 - 1957) ▪ Peintre mexicain, auteur de décorations murales d'inspiration sociale et populaire.

Rivera. *La Conquête du Mexique,* guerrier Jaguar avec conquistador. Palais de Cortés, Cuernavaca. *Phot. © Charles Lénars*

RIVERAIN, AINE n. ▪ **1.** Personne qui habite le long d'un cours d'eau, d'un lac... **2.** *Les riverains d'une rue, d'une route,* ceux dont les maisons, les terres bordent cette voie.

RIVESALTES ▪ Commune des Pyrénées-Orientales. 7 110 hab. *(les Rivesaltais).* Vins.

RIVET n. m. ▪ Tige cylindrique munie d'une tête et dont l'autre extrémité est aplatie au moment de l'assemblage (⇒ **river ; riveter**). *Fixation par rivets.*

Paul **RIVET** (1876 - 1958) ▪ Ethnologue, anthropologue et homme politique (socialiste) français. Fondateur du musée de l'Homme (1937).

RIVETER v. tr. [4] ▪ Fixer au moyen de rivets. ⇒ **river.**

Jacques **RIVETTE** (né en 1928) ▪ Cinéaste français. Il poursuivit une recherche personnelle accordant une grande place à l'improvisation des comédiens. *"Céline et Julie vont en bateau"* (1974); *"La Belle Noiseuse"* (1990); *"Jeanne la Pucelle"* (1994).

la **RIVIERA** ▪ Le littoral italien qui s'étend le long du golfe de Gênes, de San Remo à La Spezia. Un des hauts lieux du tourisme international.

RIVIÈRE n. f. ▪ **1.** Cours d'eau naturel de moyenne importance ou qui se jette dans un autre cours d'eau (s'oppose à *fleuve*). *Les bords de la rivière.* ⇒ **berge, rive.** *Rivière navigable. Les rivières, affluents des fleuves.* **2.** SPORTS Obstacle constitué d'un fossé rempli d'eau. **3.** fig. LITTÉR. Nappe allongée. *Une rivière de lave.* **4.** *RIVIÈRE DE DIAMANTS :* collier de diamants.

Jacques **RIVIÈRE** (1886 - 1925) ▪ Écrivain français. Directeur de *La Nouvelle Revue française* de 1919 à sa mort. Beau-frère d'Alain-Fournier, il entretint avec lui une importante *Correspondance.*

RIVIÈRE-PILOTE ▪ Commune de la Martinique. 12 678 hab. *(les Pilotins).*

Hubert **Robert.** *Vue imaginaire de la Grande Galerie du Louvre en ruines.* Musée du Louvre, Paris. *Phot. © Lauros/Giraudon*

RIVIÈRE-SALÉE ▪ Commune de la Martinique. 8 785 hab.

RIVOLI ▪ Localité d'Italie, près de Vérone. Bonaparte y battit les Autrichiens en janvier 1797.

RIXE n. f. ▪ Querelle violente accompagnée de coups, dans un lieu public. ⇒ **bagarre.**

RIXENSART ▪ Commune de Belgique (Région wallonne, province du Brabant wallon). 20 934 hab. Château des princes de Mérode (XVIIe s.).

RIXHEIM ▪ Commune du Haut-Rhin. 11 669 hab.

RIYAD ▪ Capitale de l'Arabie Saoudite, dans une oasis. 1 800 000 hab. Raffineries de pétrole, industries alimentaires.

RIZ n. m. ▪ **1.** Céréale *(Graminées)* originaire d'Extrême-Orient, riche en amidon. *Grain de riz. Chapeau en paille de riz.* **2.** Grain de cette plante, préparé pour la consommation. *Poule au riz.* - *Riz à l'espagnole* (⇒ **paella**), à l'italienne (⇒ **risotto**). *Riz pilaf*. Riz cantonais* (plat chinois). - *Riz au lait,* sucré et servi comme entremets. *Gâteau de riz.*

RIZĀ CHĀH (1878 - 1944) ▪ Chah d'Iran de 1925 à 1941. Il chassa les Kadjars du pouvoir et voulut faire de la Perse, devenue l'Iran en 1935, un pays moderne. Père de Muḥammad Rizā Chāh. → les **Pahlevi.**

RIZIÈRE n. f. ▪ Terrain (souvent inondé) où l'on cultive le riz ; plantation de riz.

rizière à Bali. *Phot. © Charles Lénars*

R.M.I. [ɛʀɛmi] n. m. (sigle de *revenu minimum d'insertion*) ▪ En France Revenu garanti aux personnes démunies (accompagné de dispositions devant faciliter leur insertion sociale).

ROANNE ▪ Chef-lieu d'arrondissement de la Loire. 41 756 hab. *(les Roannais).* Important centre textile.

Alain **ROBBE-GRILLET** (né en 1922) ▪ Écrivain et cinéaste français, chef de file du Nouveau Roman. *"Les Gommes"* (1953); *"Le Voyeur"* (1955); *"La Jalousie"* (1957); *"L'Année dernière à Marienbad"* (1961), scénario de film tourné par Resnais.

Jerome **ROBBINS** (né en 1918) ▪ Chorégraphe américain. *"West Side Story"* (1957).

ROBE n. f. ▪ **I. 1.** anciennt et en Orient Vêtement d'homme d'un seul tenant descendant aux genoux ou aux pieds. ♦ MOD. Vêtement distinctif de certains états ou professions (hommes ou femmes). *Robe de magistrat, d'avocat.* - anciennt *Les gens de robe,* les hommes de loi. **2.** Vêtement féminin de dessus, d'un seul tenant, de longueur variable. *Une robe longue, courte. Robe de soie.* - *Robe du soir. Robe de mariée.* **3.** Vêtement d'enfant en bas âge. *Robe de baptême.* **4.** *ROBE DE CHAMBRE :* long vêtement d'intérieur, pour homme ou femme. ⇒ **déshabillé, peignoir.** *Des robes de chambre.* **II.** Pelage de certains animaux (cheval, fauves...). *La robe d'une panthère.*

ROBERT n. m. ▪ FAM. Sein. *Elle a une sacrée paire de roberts !*

ROBERT ▪ NOM DE PLUSIEURS SOUVERAINS EUROPÉENS
1. rois de FRANCE ► **ROBERT Ier** (v. 866 - 923), fils de Robert le Fort, frère d'Eudes, il régna de 922 à sa mort. ► **ROBERT II LE PIEUX** (v. 972 - 1031), fils d'Hugues Capet, roi de 996 à sa mort.
2. ducs de NORMANDIE ► **ROBERT Ier LE MAGNIFIQUE** (v. 1010 - 1035), père de Guillaume le Conquérant. Il a été confondu avec le légendaire *Robert le Diable.* ► **ROBERT II COURTE-HEUSE** (v. 1054 - 1134), fils de Guillaume le Conquérant.

Hubert ROBERT (1733 - 1808) ▪ Peintre français qui travailla en Italie. Il mit à la mode la peinture de ruines. *"Le Pont du Gard".*

Paul ROBERT (1910 - 1980) ▪ Lexicographe et éditeur français.

Roberti. *Saint Michel.* Musée du Louvre, Paris. *Phot. © Dagli Orti*

Le ROBERT ▪ Commune de la Martinique. 17 746 hab. *(les Robertins).*

saint ROBERT BELLARMIN (1542 - 1621) ▪ Cardinal italien, jésuite, théologien, champion de la Contre-Réforme.

ROBERT D'ARBRISSEL (v. 1045 - 1116) ▪ Moine breton qui fonda l'abbaye de Fontevrault.

ROBERT DE BORON ou **BORRON** (XIIe - XIIIe s.) ▪ Trouvère normand. Auteur de romans du cycle breton *"L'Histoire du Graal".*

ROBERT DE COURÇON (v. 1160 - 1219) ▪ Théologien d'origine anglaise. Un des fondateurs de la scolastique, à Paris.

saint ROBERT DE MOLESME (v. 1029 - 1111) ▪ Fondateur des abbayes de Molesme (1075) et de Cîteaux (1098).

Jean Eugène ROBERT-HOUDIN (1805 - 1871) ▪ Prestidigitateur français. Il écrivit des ouvrages d'initiation à la prestidigitation. *"Comment on devient sorcier"* (1868).

Ercole de' ROBERTI (v. 1450 - 1496) ▪ Peintre italien de Ferrare. Son élégance graphique, son sens des contrastes témoignent d'une créativité très personnelle.

ROBERT LE FORT (mort en 866) ▪ Comte franc, ancêtre des Capétiens. Père des *Robertiens :* Eudes et Robert Ier.

Gilles Personne ou **Personier de ROBERVAL** (1602 - 1675) ▪ Mathématicien et physicien français. Il mit au point la balance qui porte son nom.

Maximilien de ROBESPIERRE (1758 - 1794) ▪ Révolutionnaire français. Chef des montagnards, il évinça les girondins de la Convention et voulut instaurer par la Terreur la démocratie, la vertu et le culte de l'Être suprême. Membre du Comité de salut public, il fut renversé le 9 Thermidor (27 juillet 1794) et guillotiné.

ROBIN DES BOIS en anglais ***ROBIN HOOD*** ▪ Héros légendaire saxon fondé sur un personnage historique (v. 1160 - v. 1247). Ses aventures dans la forêt de Sherwood inspirèrent écrivains et cinéastes.

ROBINET n. m. ▪ Appareil placé sur un tuyau de canalisation permettant de régler à volonté le passage d'un fluide. *Robinet d'eau froide, d'eau chaude. Le robinet du gaz.* - *Ouvrir, fermer un robinet.*

ROBINETTERIE n. f. ▪ **1.** Industrie, commerce des robinets. **2.** Ensemble des robinets d'un dispositif, d'une installation.

ROBINIER n. m. ▪ Arbre épineux à fleurs blanches en grappes (syn. *faux acacia*).

robinier. *Robinia pseudoacacia.*
Phot. © Viard/Jacana

Walker Smith dit **Ray Sugar ROBINSON** (1920 - 1989) ▪ Boxeur américain. Champion du monde des welters en 1946 et des poids moyens en 1951 et 1955.

ROBINSON CRUSOÉ ▪ Personnage principal du roman de Daniel De Foe, *Robinson Crusoé* (1719).

ROBORATIF, IVE adj. ▪ LITTÉR. Qui revigore, redonne des forces.

ROBOT n. m. ▪ **1.** Machine à l'aspect humain. *Les robots des films d'anticipation.* – fig. Être humain réduit à l'état d'automate. **2.** Mécanisme automatique complexe pouvant se substituer à l'homme pour effectuer certaines opérations. *Robots industriels* (⇒ **cybernétique, robotique**). – Appareil ménager pour la cuisine, à utilisations multiples.

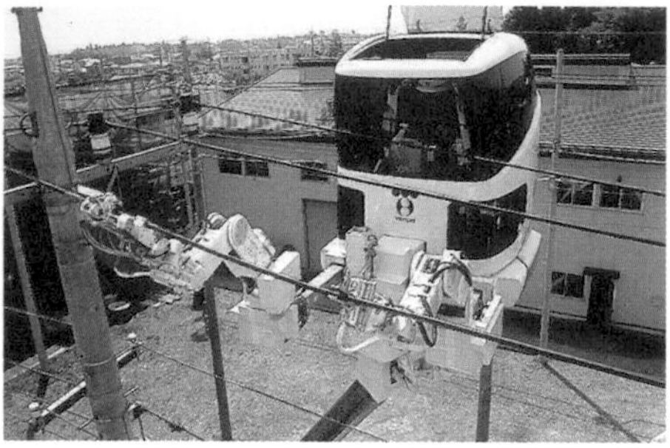

robot. Robot pour les lignes à haute tension au Japon.
Phot. © Morimoto/Gamma

ROBOTIQUE n. f. ▪ Étude et mise au point de robots (2). *Robotique industrielle.*

ROBOTISER v. tr. [1] ▪ **1.** Équiper de machines, de robots. **2.** Transformer (qqn) en robot ; faire perdre sa liberté d'action à (qqn).

ROBUSTE adj. ▪ **1.** Fort et résistant, de par sa solide constitution. *Un homme robuste.* ⇒ **vigoureux** ; FAM. **costaud.** – *Une santé robuste.* **2.** *Plante robuste.* ⇒ **résistant.** – *Un moteur robuste.* ⇒ **solide.** **3.** abstrait Ferme, inébranlable. *Une foi robuste.*

ROBUSTESSE n. f. ▪ Qualité de ce qui est robuste. ⇒ **force, résistance, solidité.**

ROC n. m. ▪ **1.** LITTÉR. Rocher. **2.** *LE ROC :* matière rocheuse et dure. *Corniche taillée dans le roc.* ⇒ **roche.** **3.** par métaphore ou fig. (Symbole de dureté, de solidité) *Un homme dur, ferme comme un roc. Solide comme un roc, le roc.* – *C'est un roc !*

ROCADE n. f. ▪ Voie de communication routière utilisée comme dérivation.

ROCAILLE n. f. ▪ **1.** Pierres qui jonchent le sol ; terrain plein de pierres. ⇒ **pierraille.** **2.** Pierre utilisée, avec des coquillages, etc., pour construire des décorations de jardin. *Fontaine en rocailles.* – *Une rocaille :* ouvrage, décor de rocailles. **3.** Style ornemental (période Louis XV-Régence), variété de baroque caractérisée par la fantaisie des lignes contournées. ⇒ **rococo.** – appos. *Ornementation rocaille.*

ROCAILLEUX, EUSE adj. ▪ **1.** Plein de pierres. ⇒ **pierreux ; caillouteux.** *Chemin rocailleux.* **2.** Dur et heurté. *Un style rocailleux.* – *Une voix rocailleuse,* rauque.

ROCAMADOUR ▪ Commune du Lot. 627 hab. *(les Amadouriens).* Site pittoresque, très touristique. Pèlerinage à la Vierge noire.

ROCAMBOLE ▪ Personnage des romans-feuilletons de Ponson du Terrail.

ROCAMBOLESQUE adj. ▪ Extravagant, plein de péripéties extraordinaires (dignes de Rocambole). *Aventures rocambolesques.*

Michel ROCARD (né en 1930) ▪ Homme politique français. Ministre (socialiste) de 1981 à 1985. Premier ministre de 1988 à 1991.

saint ROCH (XIVe s.) ▪ Saint connu par deux légendes de la fin du XVe s. On l'invoque contre la peste.

Glauber ROCHA (1938 - 1981) ▪ Cinéaste brésilien. Chef de file du *Cinema Novo* brésilien, il a réalisé des films lyriques et violents. *"Le Dieu noir et le diable blond"* (1964) ; *"Antonio das Mortes"* (1967).

le comte de ROCHAMBEAU (1725 - 1807) ▪ Maréchal de France. Il commanda le corps de volontaires français envoyés au secours des Américains lors de la guerre d'Indépendance américaine.

ROCHE n. f. ▪ **1.** Rocher. *Des éboulis de roches.* **2.** *LA ROCHE :* la pierre (surtout dure). *Un quartier de roche.* – *Eau de roche :* eau de source très limpide. – loc. *C'est clair* comme de l'eau de roche.* **3.** SC. Assemblage de minéraux définis par leur composition chimique. *Étude des roches.* ⇒ **géologie ; minéralogie, pétrographie.** *Roches sédimentaires ; éruptives ; métamorphiques.*

ROCHECHOUART ▪ Chef-lieu d'arrondissement de la Haute-Vienne. 3 985 hab. *(les Rochechouartais).* Château du XVe s.

Henri ROCHEFORT (1831 - 1913) ▪ Journaliste français. Fondateur de *La Lanterne* (1868), où il écrivit de brillants pamphlets contre Napoléon III.

Salon de l'hôtel de Soubise à Paris décoré par Germain Boffrand, 1735-1740. *Phot. © Pix*

Intérieur de l'église Vierzehnheiligen, construite entre 1743 et 1772, décorée par Balthasar Neumann.
Phot. © Bildarchiv Preussischer Kulturbesitz/Giraudon

style **rocaille-rococo.**

ROCHEFORT ▪ Chef-lieu d'arrondissement de la Charente-Maritime. 25 561 hab. *(les Rochefortais).* Port de guerre fortifié par Vauban au XVIIe s. Hôtels des XVIIe-XVIIIe s.

La ROCHE-GUYON ▪ Commune du Val-d'Oise, sur la Seine. 561 hab. *(les Guyonnais).* Église (XVe-XVIe s.). Château (XIIe-XVIIIe s.).

ROCHE-LA-MOLIÈRE ▪ Commune de la Loire. 10 103 hab. *(les Rouchons).*

La ROCHELLE ▪ Chef-lieu de la Charente-Maritime. 71 094 hab. *(les Rochelais).* Tours du Vieux Port (XIVe-XVe s.). Cathédrale de style classique. Maisons et hôtels anciens. Port de pêche et de commerce. Grande prospérité du XIVe au XVIIe s. (échanges avec l'Amérique). Bastion protestant détruit par Richelieu après un long siège en 1628.

La Rochelle. Le Technoforum construit par Christian Menu.
Phot. © Garnier/Explorer

La ROCHE-POSAY ▪ Commune de la Vienne, bâtie sur un éperon rocheux dominant la vallée de la Creuse. 1 444 hab. *(les Rochelais).* Église des XIe-XVe s. Remparts des XIIe-XIVe s. Station thermale.

ROCHER n. m. ▪ **1.** Grande masse de roche formant une éminence généralement abrupte. *Des rochers escarpés.* **2.** LE ROCHER : la paroi rocheuse. *À flanc de rocher.* **3.** Partie massive de l'os temporal. *Fracture du rocher.* **4.** Gâteau ou confiserie en forme de petit rocher. *Rocher au chocolat.*

ROCHESTER ▪ Ville des États-Unis (État de New York). 232 000 hab. Photographie (Kodak), optique.

La ROCHE-SUR-FORON ▪ Commune de Haute-Savoie. 7 116 hab. *(les Rochois).*

La ROCHE-SUR-YON ▪ Chef-lieu de la Vendée. 45 219 hab. *(les Yonnais).* Ville reconstruite par Napoléon en 1804 après les guerres de Vendée.

Waldeck **ROCHET** dit **WALDECK-ROCHET** (1905-1983) ▪ Homme politique français. Secrétaire général du parti communiste de 1964 à 1972.

les montagnes **ROCHEUSES** ▪ Chaîne montagneuse à l'ouest de l'Amérique du Nord, qui s'étend du Mexique à l'Alaska.

ROCHEUX, EUSE adj. ▪ **1.** Couvert, formé de rochers. *Côte rocheuse.* **2.** Formé de roche, de matière minérale dure. *Un fond rocheux.*

ROCK AND ROLL [ʀɔkɛnʀɔl] ou abrév. **ROCK** n. m. ▪ anglic. Musique populaire d'origine nord-américaine, issue du blues, du jazz et de la musique rurale blanche, caractérisée par un rythme très marqué. - Morceau de cette musique. - Danse sur cette musique. ♦ adj. invar. *Chanteur rock.*

John Davison **ROCKEFELLER** (1839-1937) ▪ Industriel américain. La réussite de sa *Standard Oil Company* et son activité philanthropique en ont fait un symbole du capitalisme.

ROCKER [ʀɔkœʀ] n. m. ou **ROCKEUR, EUSE** n. ▪ Chanteur, musicien de rock. - Amateur de rock.

ROCKING-CHAIR [-(t)ʃɛʀ] n. m. ▪ Fauteuil à bascule que l'on fait osciller par un mouvement du corps. *Des rocking-chairs.*

ROCOCO ▪ **1.** n. m. Style décoratif du XVIIIe siècle, prolongement du baroque. ⇒ **rocaille.** - adj. invar. *L'art rococo.* **2.** adj. invar. Démodé, vieillot.

ROCROI ▪ Commune des Ardennes. 2 555 hab. *(les Rocroyens).* Anciennes fortifications. Dans une célèbre bataille, Condé y écrasa les Espagnols en 1643.

RODAGE n. m. ▪ Action, fait de roder. *Voiture en rodage.* - *Le rodage d'un spectacle.*

Aleksandr Mikhaïlovitch **RODCHENKO** (1891-1957) ▪ Peintre, sculpteur et décorateur soviétique. Constructiviste, il s'orienta vers les arts appliqués (pavillon soviétique de l'exposition des Arts décoratifs à Paris en 1925), la typographie et la photographie.

Georges **RODENBACH** (1855-1898) ▪ Écrivain belge d'expression française, lié avec Mallarmé et Verhaeren. *"Vies encloses"* (1896), poèmes; *"Bruges-la-Morte"* (1892), roman.

RODÉO n. m. ▪ **1.** (en Amérique du Nord à l'origine) Fête donnée pour le marquage du bétail, et qui comporte des jeux sportifs de lutte avec les animaux. **2.** par analogie FAM. Course bruyante et agitée de voitures ou de motos.

RODER v. tr. [1] ▪ **1.** Faire fonctionner (un moteur neuf, une voiture neuve) avec précaution et de manière progressive. **2.** fig. FAM. Mettre au point (une chose nouvelle) par des essais, par la pratique. *Roder un spectacle ; une méthode de travail.* - (personnes ; passif et p. p.) *Vous êtes maintenant parfaitement rodé.*

RÔDER v. intr. [1] ▪ **1.** Errer avec des intentions suspectes. *Voyou qui rôde dans une rue.* - (sujet chose abstraite) *La mort rôde.* **2.** Errer au hasard. ⇒ **vagabonder.**

RÔDEUR, EUSE n. ▪ Personne qui rôde en quête d'un mauvais coup.

RODEZ ▪ Chef-lieu de l'Aveyron. 24 701 hab. *(les Ruthénois).* Ancienne ville gauloise, occupée par les Romains, elle fut une cité importante au Moyen Âge. Cathédrale (XIIIe-XVe s.). Maisons et hôtels anciens.

Auguste **RODIN** (1840-1917) ▪ Sculpteur français. Tempérament indépendant, il domina la sculpture de son temps. Il donna aux figures humaines un réalisme (nu de *"L'Âge d'airain"*, 1877) et une expressivité (portrait de Balzac; groupe des *"Bourgeois de Calais"*, 1884) encore jamais atteints. Projet monumental de *"La Porte de l'Enfer"* (inachevé), dont *"Le Penseur"* (1904) et *"Le Baiser"* (1886) sont des motifs exécutés isolément. *Musée Rodin* à Paris.

Rodin. *Le Baiser,* marbre. Musée Rodin, Paris.
Phot. © du musée © Bruno Jarret

le lac **RODOLPHE** → **Turkana**

RODOLPHE DE HABSBOURG (1858-1889) ▪ Unique héritier de l'empire d'Autriche, fils de François-Joseph. Il se suicida avec sa maîtresse dans le pavillon de chasse de Mayerling.

RODOLPHE Ier DE HABSBOURG (1218-1291) ▪ Empereur germanique de 1273 à sa mort. Il renforça la puissance des Habsbourg* par ses conquêtes.

RODOMONT n. m. ▪ LITTÉR. Personnage fanfaron. ⇒ **hâbleur, vantard.**

RODOMONTADE n. f. ▪ Action, propos de rodomont, de fanfaron.

David **ROENTGEN** (1743 - 1807) ▪ Ébéniste allemand. Ses œuvres furent célèbres dans toute l'Europe.

ROESELARE en français ***ROULERS*** ▪ Ville de Belgique (Région flamande, province de Flandre-Occidentale). 52 872 hab. Victoire française sur les Autrichiens en 1794.

RŒSTIS n. m. pl. ⇒ RÖSTIS

ROGATIONS n. f. pl. ▪ CATHOL. Cérémonies dont le but est d'attirer les bénédictions divines sur les travaux des champs.

ROGATOIRE adj. ▪ DR. Relatif à une demande. - *Commission rogatoire :* délégation qui charge un tribunal, un juge d'un acte de procédure ou d'instruction.

ROGATON n. m. ▪ FAM. (surtout au plur.) Bribe de nourriture ; reste d'un repas.

Carl **ROGERS** (1902 - 1987) ▪ Psychologue américain. Il est l'auteur d'une méthode de psychothérapie « non directive ».

Charles Latour **ROGIER** (1800 - 1885) ▪ Homme politique belge. Libéral, président du Conseil (1847-1852), il mit fin à l'agitation révolutionnaire par une politique libre-échangiste, des mesures d'abaissement du cens électoral, et fut de nouveau au pouvoir de 1857 à 1868.

ROGNAC ▪ Commune des Bouches-du-Rhône. 11 099 hab.

ROGNE n. f. ▪ FAM. Colère, mauvaise humeur. allus. *La hargne* et la rogne.* - *Être ; mettre qqn EN ROGNE.*

① **ROGNER** v. tr. 1 ▪ **1.** Couper de manière à diminuer les dimensions, rectifier les contours ou prélever une partie. *Rogner les cahiers d'un livre* (⇒ **massicoter**). - *Rogner les griffes à un chat.* - loc. fig. *Rogner les ailes à qqn,* lui enlever ses moyens d'action. **2.** fig. Diminuer d'une petite quantité (pour un profit mesquin). *Rogner les revenus de qqn.* - (sans compl. dir.) *Rogner sur un budget.*

② **ROGNER** v. intr. 1 ▪ FAM. Être en rogne, en colère. ⇒ **rager.**

ROGNON n. m. ▪ Rein (d'un animal), destiné à la cuisine. *Rognon de veau, d'agneau.*

ROGNURE n. f. ▪ **1.** surtout au plur. Ce que l'on enlève quand on rogne qqch. ⇒ **déchet.** *Des rognures de cuir.* **2.** Déchet, résidu.

ROGOMME n. m. ▪ POP. VX Liqueur forte. - loc. FAM. *Voix de rogomme,* enrouée, éraillée.

ROGUE adj. ▪ LITTÉR. Plein de morgue. *Un homme rogue et pontifiant.* - *Un ton rogue.* ⇒ **arrogant, hargneux.**

Édouard, prince de ROHAN-GUÉMÉNÉ dit **le cardinal de ROHAN** (1734 - 1803) ▪ Grand aumônier de France, évêque de Strasbourg, cardinal. → l'affaire du **Collier.**

Géza **RÓHEIM** (1891 - 1953) ▪ Anthropologue et psychanalyste hongrois naturalisé américain. *"Psychoanalysis and the Social Sciences"* (1947).

Ernst **RÖHM** (1887 - 1934) ▪ Officier allemand. Commandant des SA. Considéré comme gênant par Hitler, il fut éliminé avec ses hommes lors de la « Nuit des longs couteaux » (1934).

Éric **ROHMER** (né en 1920) ▪ Cinéaste français. Série des *"Contes moraux"* (dont *"Ma nuit chez Maud"*, 1969), et des *"Comédies et proverbes"*.

ROI n. m. ▪ **1.** Chef souverain (homme) de certains États (⇒ **royaume**), accédant au pouvoir par voie héréditaire (⇒ **dynastie**). *Le roi et la reine.* - *Les Rois mages*. La fête des Rois.* ⇒ **Épiphanie.** ♦ loc. *Heureux comme un roi,* très heureux. - *Morceau de roi,* de choix. ♦ appos. invar. *Bleu roi :* bleu très vif. **2.** Homme qui règne quelque part, dans un domaine. *Un roi du ring :* un grand boxeur. - Personne qui a la maîtrise (d'un secteur économique). *Les rois du pétrole.* ⇒ **magnat. 3.** Chef, représentant éminent (d'un groupe ou d'une espèce). *Le roi des animaux,* le lion. - FAM. Le plus grand. *C'est le roi des imbéciles.* **4.** Pièce la plus importante du jeu d'échecs. *Échec au roi.* - Carte à jouer figurant un roi.

le **ROI-SOLEIL** ▪ Surnom de Louis XIV.

ROISSY-EN-BRIE ▪ Commune de Seine-et-Marne. 18 688 hab. *(les Roisséens).*

ROISSY-EN-FRANCE ▪ Commune du Val-d'Oise. 2 054 hab. *(les Roisséens).* Aéroport Charles-de-Gaulle (le plus important de France) mis en service en 1974.

ROITELET n. m. ▪ **I.** Roi peu important ; roi d'un petit pays. **II.** Oiseau passereau plus petit que le moineau.

Fernando de **ROJAS** (v. 1465 - v. 1541) ▪ Écrivain espagnol. Auteur supposé du roman dialogué *"La Célestine"* (1499), qui exerça une influence considérable sur le théâtre européen.

Francisco de **ROJAS Y ZORRILLA** (1607 - 1648) ▪ Auteur dramatique espagnol qui a influencé le théâtre français du XVIIe s.

ROLAND ▪ Le plus célèbre des compagnons de Charlemagne, et son neveu. La *"Chanson de Roland"* (chanson de geste écrite à la fin du XIe s.) en fit le modèle du chevalier chrétien, mort héroïquement à Roncevaux*, face aux Sarrasins (778).

Jean-Marie **ROLAND DE LA PLATIÈRE** (1734 - 1793) ▪ Révolutionnaire français. ▶ **Manon** dite **Madame ROLAND** (1754 - 1793), sa femme et, comme lui, un des chefs des Girondins. Son exécution entraîna le suicide de son mari.

RÔLE n. m. ▪ **I.** anciennt Rouleau sur lequel on inscrivait les actes. ♦ MOD., DR. ADMIN. Registre où sont portées les affaires soumises à un tribunal. - Liste d'effectifs. *Rôle d'équipage* (d'un navire). *Rôle de la conscription.* - Liste des contribuables. ♦ *À TOUR DE RÔLE* loc. adv. : chacun à son tour. *Vous entrerez à tour de rôle.* **II. 1.** Partie d'un texte que doit dire sur scène un acteur ; personnage qu'il représente. *Rôle tragique, comique. Jouer, interpréter un rôle.* - *Rôle-titre :* rôle du personnage dont le nom donne son titre à l'œuvre. **2.** Conduite sociale de qqn qui joue un personnage. *Jouer, tenir un rôle. Le rôle de l'innocence persécutée.* - loc. *Avoir LE BEAU RÔLE :* apparaître à son avantage (dans une situation). - *Jeu de rôles,* impliquant des rôles sociaux ou symboliques. **3.** Influence, fonction (de qqn, dans la société). *Avoir, jouer un rôle important dans une affaire.* - *Le rôle social du médecin.* - (choses) Fonction. *Le rôle du verbe dans la phrase.*

Romain **ROLLAND** (1866 - 1944) ▪ Écrivain français. Musicologue, historien de l'art, il fut pacifiste (*"Au-dessus de la mêlée"*, 1915) et proche des communistes (revue *Europe*). Son œuvre abondante eut une audience internationale. Prix Nobel 1916. *"Jean-Christophe"* (1903-1912); *"Colas Breugnon"* (1919); *"L'Âme enchantée"* (1922-1933).

les **ROLLING STONES** ▪ Groupe anglais de musique rock, fondé en 1962 par Mick Jagger, Brian Jones, Keith Richard, Bill Wyman et Charlie Watts.

ROLLMOPS [-ɔps] n. m. ▪ Filet de hareng mariné dans du vinaigre.

ROMAGNAT ▪ Commune du Puy-de-Dôme. 8 268 hab.

la **ROMAGNE** → Émilie-Romagne

ROMAIN, AINE adj. ▪ **1.** De l'ancienne Rome et son empire. ⇒ **latin.** *L'Empire romain. Chiffre* romain.* ♦ n. *Les Romains.* - loc. *Un TRAVAIL DE ROMAIN :* une œuvre longue et difficile. **2.** De la Rome moderne. *La campagne romaine.* ♦ TYPOGR. *Caractère romain,* à traits perpendiculaires à la ligne de base (s'oppose à *italique*). n. m. *Composer en romain.* **3.** De Rome, siège de la papauté. *L'Église catholique, apostolique et romaine.*

Giulio Romano en français **Jules ROMAIN** → **Jules Romain**

① **ROMAINE** n. f. ▪ Laitue à feuilles allongées et croquantes. - loc. FAM. *Bon comme la romaine :* bon jusqu'à la faiblesse.

② **ROMAINE** adj. f. et n. f. ▪ *Balance romaine* ou *romaine :* balance formée d'un fléau à bras inégaux, dont le plus long porte une masse que l'on déplace jusqu'à l'équilibre.

Louis Farigoule devenu **Jules ROMAINS** (1885 - 1972) ▪ Écrivain français. Il exalta la défense des valeurs humanistes. *"Les Hommes de bonne volonté"* (1932-1946), grande fresque romanesque. *"Knock"* (1923), célèbre pièce de théâtre où il raille la crédulité humaine.

ROMAINVILLE ▪ Commune de la Seine-Saint-Denis. 25 563 hab. *(les Romainvillois).*

① **ROMAN** n. m. ▪ **I.** LING. Langue issue du latin oral, qui a précédé l'ancien français. **II. 1.** HIST. LITTÉR. Récit en roman (I), puis en ancien français, contant des aventures merveilleuses. *Le Roman de la Rose. Le Roman de Renart.* **2.** COUR. Œuvre d'imagination en prose qui présente des personnages donnés comme réels. *Romans et nouvelles*. Roman d'amour, d'aventures. Roman policier. Roman fantastique, d'anticipation.* - loc. *Cela n'arrive que dans les romans,* c'est invraisemblable. - par métaphore *C'est tout un roman,* une longue histoire. *"La vie est un roman"* (film de Resnais). ♦ Genre littéraire que constituent ces œuvres. ⇒ **fiction.** *Le roman réaliste.* ➝ *Le* NOUVEAU* ROMAN (tendance du roman français du XXe siècle).

② **ROMAN, ANE** adj. ▪ **I. 1.** *La langue romane :* le roman (①, I) de Gaule. **2.** Relatif aux peuples conquis par Rome. *Les langues romanes,* issues du latin populaire (français, italien, espagnol, catalan, portugais, roumain, etc.). **II.** Relatif à l'art médiéval d'Europe occidentale (notamment l'architecture), de la fin de l'État carolingien à la diffusion du style gothique. *Église romane ; tympan roman.* ➝ **n. m.** Art, style roman. *Le roman auvergnat.* ■ Forme d'art et style élaboré en Europe occidentale, au Xe siècle, à partir d'expériences architecturales locales (art carolingien, art des royaumes des Asturies, en général arts « préromans ») et d'influences byzantines, arabes, antiques (notamment en Provence). Illustré par l'architecture religieuse, mais aussi militaire (châteaux forts) et civile, développé au XIe et au XIIe siècle, l'art roman est tributaire de procédés de construction (voûte en berceau, parfois coupoles ; plan basilical pour les églises), du symbolisme de l'art religieux (architecture, fresques, sculpture à intention pédagogique : tympans et chapiteaux sont la « Bible des pauvres », qui sont illettrés), des structures sociales et politiques du Moyen Âge (organisation de l'Église, féodalité, économie de foires, pèlerinages). Par sa simplicité, sa pureté, sa spiritualité, mais aussi son expressivité humaine (sculpture), ses constructions d'espace et de lumière (rythme des colonnes, absides étagées savamment), le style roman se trouve en accord privilégié avec la sensibilité artistique d'aujourd'hui. Il s'illustre en France par des tendances régionales (Normandie, Bourgogne, Poitou, Auvergne, Sud-Ouest, Pyrénées...) ; il se répand en Europe, de la Suède à la Sicile, de l'Italie à l'Allemagne et à l'Angleterre. Dans la seconde moitié du XIIe siècle, une innovation technique, l'ogive, déclencha une évolution qui aboutit à l'art gothique* et vit la fin du style roman, déprécié pendant six siècles avant d'être redécouvert au XIXe siècle, et surtout au XXe siècle.

ROMANCE n. f. ▪ **1.** HIST. LITTÉR. Pièce poétique mise en musique, de style simple. **2.** COUR. Chanson sentimentale. *Pousser la romance.*

Christ en majesté, fresque de la coupole de l'abside de Saint-Clément de Taüll, XIIe s. Musée d'Art catalan, Barcelone. *Phot. © Scala*

Moissac, le tympan du portail méridional de l'église Saint-Pierre, XIIe s. *Phot. © Dagli Orti*

La Vierge noire de Montserrat, Catalogne. *Phot. © Tétrel/Explorer*

Vézelay, la nef de la basilique Sainte-Marie-Madeleine, XIIe s. *Phot. © Dagli Orti*

art **roman.**

Rome. La fontaine de Neptune sur la piazza Navona.
Phot. © Romer/Explorer

ROMANCER v. tr. 3 ▪ Présenter en donnant les caractères du roman (→ romanesque). ▸ au p. p. *Biographie romancée.*

ROMANCHE n. m. ▪ Langue romane en usage notamment dans les Grisons. *Le romanche est la quatrième langue nationale de la Suisse.*

la ROMANCHE ▪ Rivière des Alpes, affluent du Drac. 78 km. Elle prend sa source dans le massif du Pelvoux. Nombreuses centrales hydroélectriques.

ROMANCIER, IÈRE n. ▪ Auteur de romans.

ROMAND, ANDE adj. ▪ Se dit de la partie de la Suisse où l'on parle le français. *Le pays romand.*

ROMANESQUE adj. ▪ **1.** Qui offre les caractères traditionnels du roman (aventures, sentiments, etc.). *Aventures romanesques.* **2.** Qui a des idées, des sentiments dignes des romans. ⇒ **sentimental ; romantique** (3). **3.** Propre au roman, genre littéraire. *La création romanesque.*

ROMANICHEL, ELLE n. ▪ péj. Tsigane nomade. ⇒ **bohémien.**

ROMANISTE n. ▪ DIDACT. Linguiste spécialiste des langues romanes.

les ROMANOV ▪ Famille qui régna sur la Russie de 1613 à la fin de l'empire tsariste (1917).

ROMAN-PHOTO n. m. ▪ Récit présenté sous la forme d'une série de photos accompagnées de textes succincts. ▹ syn. PHOTOROMAN.

ROMANS-SUR-ISÈRE ▪ Commune de la Drôme. 32 734 hab. *(les Romanais).*

ROMANTIQUE adj. ▪ **1.** Qui appartient au romantisme. *La poésie romantique.* ▸ n. *Les classiques et les romantiques.* **2.** Qui évoque les attitudes et les thèmes chers aux romantiques (sensibilité, exaltation, rêverie, etc.). *Un paysage romantique.* **3.** Qui manifeste de l'idéalisme, de la sentimentalité. ⇒ **romanesque.** *Une âme romantique.* ▸ *Une histoire romantique.*

ROMANTISME n. m. ▪ **1.** Mouvement littéraire et artistique qui s'est développé dans la première moitié du XIXe siècle par réaction contre la régularité classique et le rationalisme des siècles précédents. *Le romantisme français, allemand.* **2.** Caractère, esprit romantique. *Le romantisme de l'adolescence.* ▪ Plus qu'un mouvement artistique, le romantisme représente une nouvelle forme de la sensibilité européenne qui privilégie l'expression du « moi », l'imagination contre la raison, le rêve contre la réalité. Né en Angleterre à la fin du XVIIIe s. (Blake, Wordsworth puis Byron, Coleridge, Shelley, Keats, Scott), il se développa en Allemagne avec Goethe (→ **Sturm und Drang**), Schiller, Novalis pour la littérature, C.D. Friedrich pour la peinture, Schumann, Schubert et Brahms pour la musique. En France (→ **Cénacle**), les grands romantiques furent les écrivains Chateaubriand, Mme de Staël, Lamartine, Hugo, Musset, Vigny, les musiciens Chopin (polonais), Liszt (hongrois), Berlioz, les peintres Géricault et Delacroix.

ROMARIN n. m. ▪ Arbuste aromatique à feuilles persistantes et à fleurs bleues.

ROMBAS ▪ Commune de la Moselle. 10 844 hab. *(les Rombasiens).*

ROMBIÈRE n. f. ▪ péj. Femme d'âge mûr, ennuyeuse, prétentieuse et un peu ridicule.

ROME ▪ L'un des plus grands États de l'Antiquité, d'abord constitué par la ville de Rome avant d'étendre sa puissance à l'Italie puis à tout le Bassin méditerranéen. **LA ROYAUTÉ** (753 - 509 av. J.-C.). Selon la légende, Romulus* fonde Rome en 753 av. J.-C. (la *Roma quadrata* du Palatin). Aux quatre rois latins et sabins* succèdent trois rois étrusques (épisode de l'enlèvement des Sabines). **LA RÉPUBLIQUE** (509 - 27 av. J.-C.). Son histoire fut dominée par les luttes politiques et les guerres de conquête. Deux consuls remplacent le roi. Rome est peu à peu maîtresse de l'Italie. Elle entre en guerre contre Carthage : ce sont les trois guerres puniques* (264-146 av. J.-C.) qui lui permettent d'annexer la Sicile et l'Afrique du Nord. L'Espagne, la Grèce et la Macédoine deviennent aussi des provinces romaines. La fin de la république est marquée par les guerres civiles : vainqueur de Marius, Sylla devient dictateur. En 60 av. J.-C., Crassus et Pompée forment avec Jules César le premier triumvirat. Victorieux contre les Gaulois, César* devient le véritable maître du pouvoir mais il est assassiné (44 av. J.-C.) par Brutus. Son fils adoptif, Octave, devient l'empereur Auguste en 27 av. J.-C. **L'EMPIRE** (27 av. J.-C. - 476). Auguste* pratique une politique de paix et de prospérité. Période de triomphe de la littérature latine (Virgile, Ovide, Tite-Live). Avec lui commence la dynastie des Julio-Claudiens (Tibère, Caligula, Claude, Néron) à laquelle succède, après le règne des généraux (Galba, Othon, Vitellius), la dynastie des Flaviens (Vespasien, Titus, Domitien). Le règne des Antonins avec Trajan* et Hadrien* marque l'apogée de l'empire, qui atteint sa plus grande extension, consolidant ses frontières : mur d'Hadrien en Bretagne (Angleterre), *limes* du Rhin et du Danube. Après la mort de Marc* Aurèle s'ouvre une période d'anarchie, rompue seulement par la dynastie des Sévère (193-235). La mise en place d'un régime autoritaire par Dioclétien* (v. 285) caractérise le *Bas-Empire*. En 313, Constantin* fait du christianisme la religion d'État. En 395, Théodose partage l'empire entre ses deux fils. L'empire d'Occident (avec Rome pour capitale) disparaît en 476. L'empire d'Orient (avec Constantinople pour capitale) subsiste jusqu'en 1453 (→ **Byzance**).

ROME ▪ Capitale de l'Italie sur le Tibre, capitale spirituelle de l'Église catholique avec la résidence du pape au Vatican. 2 816 414 hab. *(les Romains).* Célèbre site des sept collines : Palatin, Capitole, Aventin, Quirinal, Viminal, Esquilin, Cælius. Née de la fusion d'un groupe de villages latins et étrusques, Rome devint la capitale d'un vaste empire (→ ci-dessus); elle comptait près d'un million d'habitants sous Hadrien. Nombreux monuments : Colisée, arcs de triomphe, Forum, Panthéon, thermes, colonne Trajane, mausolée d'Hadrien (château Saint-Ange). Elle fut dévastée plusieurs fois par les Barbares aux IVe et Ve s. et prise en 476, ce qui marqua la fin de l'Empire romain. La ville perdit son rôle politique (elle ne comptait plus que 100 000 hab. au Moyen Âge) mais les papes de la Renaissance (Jules II, notamment) lui rendirent son prestige en faisant de leurs États la première puissance d'Italie et en faisant venir les meilleurs artistes (Michel-Ange, Raphaël). En 1870, Rome devint capitale de l'Italie unifiée tandis que les accords de Latran (1929) réglèrent la « question romaine » (le statut des possessions du pape à Rome) par la création de l'État de la Cité du Vatican. Tourisme, activités administratives. Industries; studios de cinéma *(Cinecittà).* ► **le traité de ROME**, signé le 25 mars 1957 par la France, l'Italie, l'Allemagne fédérale, la Belgique, les Pays-Bas et le Luxembourg, est l'acte de naissance de la CEE.

Jean-Baptiste ROMÉ DE L'ISLE (1736 - 1790) ▪ Minéralogiste français, précurseur de la cristallographie.

ROMÉO ET JULIETTE ▪ Personnages littéraires, issus d'une nouvelle de Bandello et illustrés par une tragédie de Shakespeare et des compositions de Gounod et de Prokofiev. À Vérone, Roméo et Juliette forment un couple d'amants qui, bravant la haine que se portent leurs familles, les Montaigu et les Capulet, se marient secrètement mais finissent par se donner la mort.

Olaüs ou Ole RØMER (1644 - 1710) ▪ Astronome danois. Il évalua la vitesse de la lumière et inventa la lunette méridienne.

Richter, *Traversée de l'Elbe à Schreckenstein,* 1837. Gemaldegalerie, Neue Meister. *Phot. © Bildarchiv Preussischer Kulturbesitz/Giraudon*

William Blake (1757-1827), *Le Blasphémateur* ou *la Lapidation d'Acham.* Tate Gallery, Londres. *Phot. © Arch. Smeets*

Delacroix, *La Mort de Sardanapale,* 1828. Musée du Louvre, Paris. *Phot. © Nimatallah/ Ricciarini*

Géricault, *Le Radeau de la Méduse,* 1819. Musée du Louvre, Paris. *Phot. © Arch. Smeets*

romantisme.

ROMILLY-SUR-SEINE ▪ Commune de l'Aube. 15 557 hab. *(les Romillons).*

Erwin ROMMEL (1891-1944) ▪ Maréchal allemand. Chargé des rapports avec les jeunesses nazies en 1935, chef des opérations militaires en Afrique du Nord. Devenu hostile à Hitler, il fut contraint de se suicider.

ROMORANTIN-LANTHENAY ▪ Chef-lieu d'arrondissement du Loir-et-Cher. 17 865 hab. *(les Romorantinais).* Vestiges du château royal (xve-xvie s.).

ROMPRE v. [41] ▪ **I.** v. tr. **1.** LITTÉR. Casser. *Rompre le pain,* le partager à la main. - *Se rompre le cou*.* - *Applaudir à tout rompre,* très fort. - *Rompre la glace*.* **2.** Briser (une chose souple). *Le navire a rompu ses amarres.* **3.** LITTÉR. Enfoncer par un effort violent. *La mer a rompu les digues.* **4.** Défaire (un arrangement, un ordre). - loc. *ROMPRE LES RANGS,* les quitter de manière à ne plus former un rang. absolt *Rompez !* (ordre militaire). **5.** Arrêter le cours de. ⇒ **interrompre.** *Rompre le silence* (en parlant). loc. *Le charme* est rompu.* - Interrompre (des relations). *Rompre des relations diplomatiques.* - Cesser de respecter (un engagement, une promesse). ⇒ **rupture.** *Rompre un traité. Rompre des fiançailles.* ⇒ **annuler. 6.** LITTÉR. *Rompre qqn à un exercice,* l'y accoutumer. ⇒ **rompu** (2). **II.** v. intr. **1.** LITTÉR. Casser. *La corde a rompu.* **2.** SPORTS Reculer. **3.** Renoncer soudain à des relations d'amitié (avec qqn). ⇒ se **brouiller.** *Il a rompu avec sa famille.* - spécialt Se séparer (en parlant d'amoureux). *Ils ont rompu.* - *Rompre avec qqch.,* cesser de pratiquer. *Rompre avec les traditions.*

ROMPU, UE adj. ▪ **1.** (personnes) Extrêmement fatigué. ⇒ **fourbu. 2.** LITTÉR. *ROMPU À :* très exercé à (une discipline...). **3.** loc. *À bâtons* rompus.*

ROMSTECK [ʀɔmstɛk] n. m. ▪ Partie de l'aloyau, qui se mange rôtie ou grillée. ◇ var. ROMSTEAK ; RUMSTECK.

ROMULUS ▪ Fondateur légendaire de Rome. Fils de Mars et de la vestale Rhea Silvia, il est élevé par une louve avec son frère jumeau Remus, le tue et devient le premier roi de Rome (selon la légende, de 743 à 715 av. J.-C.).

RONCE n. f. ▪ **1.** Arbuste épineux aux fruits comestibles (⇒ **mûre**). *Un buisson de ronces* (⇒ **roncier**). ♦ Branche épineuse. *S'accrocher à des ronces.* **2.** Nœuds, veines de certains bois ; bois qui offre cette particularité. *Ronce de noyer.*

RONCERAIE n. f. ▪ Terrain où croissent des ronces.

le col de RONCEVAUX ▪ Col des Pyrénées espagnoles. Selon la tradition, Roland, neveu de Charlemagne, y fut tué par les Sarrasins; en réalité, l'arrière-garde de Charlemagne fut massacrée par des montagnards vascons (basques) en 778.

RONCHAMP ▪ Commune de la Haute-Saône. 3 088 hab. *(les Ronchampois).* Chapelle construite par Le Corbusier.

RONCHIN ▪ Commune du Nord. 17 937 hab. *(les Ronchinois).*

RONCHON, ONNE n. ▪ FAM. Personne qui a l'habitude de ronchonner. ⇒ **ronchonneur.** - adj. *Elle est ronchonne* (ou invar. *ronchon*).

RONCHONNEMENT n. m. ▪ FAM. Action de ronchonner ; paroles d'une personne qui ronchonne.

RONCHONNER v. intr. [1] ▪ FAM. Manifester son mécontentement en grognant, en protestant. ⇒ **bougonner, grogner, râler.** *Il est toujours en train de ronchonner.*

RONCHONNEUR, EUSE n. ▪ Personne qui ronchonne sans cesse. ⇒ **ronchon.**

RONCIER n. m. ▪ Buisson de ronces.

RONCQ ▪ Commune du Nord. 12 035 hab. *(les Roncquois).*

ROND, RONDE ▪ **I.** adj. **1.** Dont la forme extérieure constitue (approximativement) un cercle. ⇒ **circulaire, sphérique ; rotondité.** *La Terre est ronde. Le ballon rond* (du football). - *Des yeux ronds,* de forme ronde, ou écarquillés. **2.** En arc de cercle. *Tuiles rondes.* - Arrondi, voûté. *Avoir le dos rond.* - *Écriture ronde* (⇒ **ronde**). ♦ (parties du corps) Charnu, sans angles. *Des joues rondes.* ⇒ **rebondi.** - (personnes) Gros et court. *Un petit bonhomme tout rond.* ⇒ **rondelet. 3.** (quantité ; nombre) Entier ; spécialt qui se termine par un ou plusieurs zéros. *Une somme ronde. Un nombre rond* (⇒ **arrondir**). **4.** (personnes) Qui agit sans détours. *Un homme rond en affaires.* **5.** FAM. Ivre. - loc. *Rond comme une queue de pelle.* **6.** adv. (dans des loc.) *TOURNER ROND,* d'une manière régulière. *Moteur qui tourne rond.* - *Ça ne tourne pas rond,* il y a quelque chose d'anormal. ♦ *Mille francs tout rond* (→ ci-dessus, 3). **II.** n. m. **1.** Figure circulaire. ⇒ **cercle, circonférence.** *Tracer un rond. Faire des ronds dans l'eau,* des ondes circulaires et concentriques. *Faire des ronds de fumée,* des anneaux, en fumant. ♦ *EN ROND* loc. adv. : en cercle. *S'asseoir en rond autour d'une table.* - loc. *Tourner en rond,* ne pas progresser. **2.** Objet matériel de forme ronde. *Rond de serviette,* anneau pour enserrer une serviette roulée. - VIEILLI Coussin rond (→ rond-de-cuir). - loc. fig. FAM. *En baver des ronds de chapeau,* être très étonné ; être soumis à un traitement sévère (⇒ en **baver**). ♦ Tranche ronde. ⇒ **rondelle.** *Un rond de saucisson.* ♦ FAM. Sou. *Une pièce de vingt ronds.* - *Ils ont des ronds,* de l'argent. *Il n'a pas le rond* (⇒ **sou**). **3.** DANSE *Rond de jambe,* mouvement circulaire de la jambe. - loc. *Faire des RONDS DE JAMBE,* des politesses exagérées.

RONDA ▪ Ville d'Espagne (Andalousie) au centre du cirque montagneux de La Serrania. 35 618 hab.

ROND-DE-CUIR n. m. ▪ péj. Employé de bureau (par allusion aux ronds de cuir des sièges des bureaux). *"Messieurs les ronds-de-cuir"* (de Courteline).

RONDE n. f. ▪ **1.** *À LA RONDE :* dans un espace circulaire. ⇒ **alentour.** *À dix lieues à la ronde.* - Tour à tour, parmi des personnes installées en rond. *Servir à la ronde.* **2.** Inspection militaire de surveillance. *Faire une ronde. "La Ronde de nuit"* (tableau de Rembrandt). - Visite de surveillance. *La ronde d'un gardien.* **3.** Danse où plusieurs personnes forment un cercle et tournent. *Entrer dans la ronde.* - Chanson de cette danse. **4.** Écriture à jambages courbes, à boucles arrondies. **5.** Figure de note évidée et sans queue. *La ronde vaut deux blanches.*

RONDEAU n. m. ▪ Poème à forme fixe, sur deux rimes avec des vers répétés. *Les rondeaux de Charles d'Orléans.*

RONDE-BOSSE n. f. ▪ Sculpture en relief qui se détache du fond. *Des rondes-bosses.*

RONDELET, ETTE adj. ▪ Qui a des formes arrondies. ⇒ **dodu, grassouillet, potelé, rond ;** FAM. **rondouillard.** - *Une somme rondelette,* assez importante. ⇒ **coquet.**

RONDELLE n. f. ▪ **1.** Pièce ronde, peu épaisse, généralement évidée. *Rondelle en caoutchouc.* **2.** Petite tranche ronde. *Une rondelle de citron.*

RONDEMENT adv. ▪ **1.** Avec vivacité et efficacité. *Une affaire rondement menée.* **2.** D'une manière franche et directe. ⇒ **franchement.**

RONDEUR n. f. ▪ **1.** Forme ronde (d'une partie du corps). *La rondeur d'une hanche.* - au plur. Formes rondes du corps. *Elle a pris quelques rondeurs.* **2.** Caractère rond ; attitude directe et franche.

RONDIN n. m. ▪ **1.** Morceau de bois de chauffage (cylindrique). **2.** Tronc d'arbre employé dans les travaux de construction. *Cabane en rondins.*

RONDO n. m. ▪ MUS. Pièce brillante (à couplets et refrain) servant de finale, dans la sonate et la symphonie classiques.

le RONDÔNIA ▪ État du centre ouest du Brésil, limitrophe de la Bolivie. 238 378 km². 1 250 000 hab. Capitale : Pôrto Velho (293 000 hab.).

RONDOUILLARD, ARDE adj. ▪ FAM. Qui a de l'embonpoint. ⇒ **rondelet.**

ROND-POINT n. m. ▪ Place circulaire d'où rayonnent plusieurs avenues. ⇒ **carrefour.** *Des ronds-points.*

RONÉO n. f. (n. déposé) ▪ Machine qui reproduit des textes au moyen de stencils.

RONÉOTYPER v. tr. [1] ▪ Reproduire au moyen de la ronéo.

RONFLANT, ANTE adj. ▪ péj. Grandiloquent, plein d'emphase. ⇒ **pompeux.** *Style ronflant.* ⇒ **prétentieux.**

RONFLEMENT n. m. ▪ Action de ronfler ; bruit que fait une personne qui ronfle. *Des ronflements sonores.* - *Le ronflement d'un moteur.* ⇒ **ronron.**

RONFLER v. intr. [1] ▪ Faire, en respirant pendant le sommeil, un fort bruit du nez. - par analogie (choses) ⇒ **ronronner, vrombir.** *Le poêle commence à ronfler.*

RONFLEUR, EUSE n. ▪ Personne qui ronfle, qui a l'habitude de ronfler.

RONGER v. tr. [3] ▪ **1.** User en coupant avec les dents (incisives) par petits morceaux. *Souris qui ronge un morceau de* *fromage.* ⇒ **grignoter.** *Chien qui ronge un os. Se ronger les ongles.* ◆ (vers, insectes) Attaquer, détruire peu à peu. *Vers qui rongent le bois.* au p. p. *Meuble rongé par les vers.* ⇒ **vermoulu.** ◆ Mordiller (un corps dur). *Cheval qui ronge son frein, son mors.* loc. *Ronger son frein*.* **2.** (choses) Attaquer, détruire peu à peu (qqch.). *La rouille ronge le fer ; les acides rongent les métaux.* ⇒ **corroder.** ◆ par métaphore *Le mal qui le ronge.* ⇒ **miner. 3.** abstrait ⇒ **torturer, tourmenter.** *Le chagrin, le remords le ronge.* ◆ FAM. *Se ronger (les sangs),* se faire du souci. ◆ au passif *Être rongé de remords, par le remords.*

RONGEUR, EUSE ▪ **1.** adj. Qui ronge. **2.** n. m. Mammifère à incisives tranchantes (ordre des *Rongeurs ;* ex. le lapin, le rat).

RONRON n. m. ▪ **1.** FAM. Ronflement sourd et continu. *Le ronron d'un moteur.* ♦ fig. Monotonie, routine. *Le ronron de la vie quotidienne.* **2.** Petit grondement régulier du chat lorsqu'il est content. *Faire ronron.* ⇒ **ronronner.**

RONRONNEMENT n. m. ▪ Ronron (d'un chat).

RONRONNER v. intr. 1 ▪ (chat) Faire entendre des ronrons.

Pierre de RONSARD (1524-1585) ▪ Poète français. Chef de file de la Pléiade. L'amour, les thèmes humanistes et la défense des catholiques sollicitent tour à tour son inspiration : *"Les Amours"* (1552); *"La Franciade"* (1574); *"Discours"* (1562-1563).

Ronsard. Portrait anonyme, école française du début du XVIIe s. Château de Blois. *Phot. © de Gregorio/Ricciarini*

Wilhelm Conrad RÖNTGEN (1845-1923) ▪ Physicien allemand. Premier prix Nobel de physique (1901). Il découvrit les rayons X en 1895.

RODEPOORT-MARAISBURG ▪ Ville d'Afrique du Sud (Gauteng). 120 000 hab. Mines d'or.

le comte Albrecht von ROON ▪ Maréchal et homme d'État prussien (1803-1879). Il réorganisa l'armée avec Moltke, selon les vœux de Bismarck.

Theodore ROOSEVELT (1858-1919) ▪ Homme d'État américain. 26e président (républicain) des États-Unis, de 1901 à 1909. Sa politique extérieure fut autoritaire et interventionniste. Prix Nobel de la paix en 1906.

Franklin Delano ROOSEVELT (1882-1945) ▪ Homme d'État américain. 32e président (démocrate) des États-Unis, de 1933 à sa mort, trois fois réélu. Son programme économique et social, le *New Deal,* contribua à faire sortir le pays de la crise de 1929. Il joua un rôle décisif dans la Deuxième Guerre mondiale.

Guy ROPARTZ (1864-1955) ▪ Compositeur français, influencé par C. Franck. Symphonies, musique de chambre, musique religieuse, opéras, musique de scène, mélodies.

Félicien ROPS (1833-1898) ▪ Peintre et graveur belge. Œuvre d'inspiration littéraire, fantastique et érotique.

ROQUEBRUNE-CAP-MARTIN ▪ Commune des Alpes-Maritimes. 12 376 hab. *(les Roquebrunois).* Station balnéaire.

ROQUEBRUNE-SUR-ARGENS ▪ Commune du Var. 10 389 hab. *(les Roquebrunois).*

ROQUEFORT n. m. ▪ Fromage de lait de brebis, ensemencé d'une moisissure spéciale.

ROQUEFORT-SUR-SOULZON ▪ Commune de l'Aveyron. 789 hab. *(les Roquefortais).* Célèbre fromage de brebis affiné dans les grottes calcaires.

ROQUER v. intr. 1 ▪ ÉCHECS Placer l'une de ses tours à côté de son roi et faire passer ce dernier de l'autre côté de la tour.

ROQUET n. m. ▪ **1.** Petit chien hargneux qui aboie pour un rien. **2.** fig. Personne hargneuse.

ROQUETTE n. f. ▪ Projectile autopropulsé et non guidé. *Roquette antichar.*

le RORAIMA ▪ État (depuis 1990) du nord du Brésil, limitrophe du Venezuela et du Guyana. 230 100 km^2. 320 000 hab. Capitale : Boa Vista (154 000 hab.). Recouvert en majeure partie par la forêt amazonienne. Caoutchouc.

Cyprien de RORE (1516-1565) ▪ Compositeur flamand, maître du madrigal italien.

RORQUAL [-k(w)al] n. m. ▪ Mammifère marin voisin de la baleine.

Hermann RORSCHACH (1884-1922) ▪ Psychiatre et neurologue suisse. Il est l'auteur d'un test couramment utilisé en psychologie (interprétation de taches d'encre).

Salvator ROSA (1615-1673) ▪ Peintre, poète et musicien italien. Marines, peintures d'histoire, scènes de genre. Considéré comme un précurseur du romantisme.

ROSACE n. f. ▪ **1.** Figure symétrique faite de courbes inscrites dans un cercle. ◆ Ornement qui a cette forme. *Plafond à rosace.* **2.** Grand vitrail d'église, de forme circulaire. ⇒ **rose.**

ROSACÉE n. f. ▪ BOT. Plante à feuilles dentées, à étamines nombreuses (famille des *Rosacées :* ex. l'aubépine, le rosier).

ROSAIRE n. m. ▪ Grand chapelet de quinze dizaines d'Ave précédées chacune d'un Pater. ◆ Les prières elles-mêmes. *Réciter son rosaire.*

ROSARIO ▪ Ville d'Argentine. 1 078 000 hab. Port fluvial actif sur le Paraná. Industrie alimentaire. Sidérurgie.

Juan Manuel de ROSAS (1793-1877) ▪ Homme politique argentin. Il exerça de 1835 à 1852 une dictature sanglante, et fut renversé par une coalition de l'Entre Ríos, du Brésil et du Paraguay.

ROSÂTRE adj. ▪ Qui est d'un rose peu franc.

ROSBIF [ʀɔsbif] n. m. ▪ Morceau de bœuf à rôtir, généralement coupé dans l'aloyau.

ROSCOFF ▪ Commune du Finistère. 3 700 hab. *(les Roscovites).* Institut de biologie marine.

① **ROSE** n. f. ▪ **I. 1.** Fleur du rosier, décorative et odorante. *Des roses rouges, blanches. Bouton de rose. Rose sauvage.* ⇒ **églantine.** ◆ *Essence de roses.* EAU DE ROSE : essence de roses diluée. fig. *Un roman à l'eau de rose,* sentimental et mièvre. ♦ loc. *Être frais, fraîche comme une rose :* avoir un teint éblouissant. ◆ prov. *Il n'y a pas de roses sans épines*.* ◆ *Ne pas sentir la rose :* sentir mauvais. ◆ FAM. *Envoyer qqn* SUR LES ROSES, le rembarrer. ◆ *Découvrir le pot* aux roses.* **2.** par métaphore « *Cueillez dès aujourd'hui les roses de la vie* » (Ronsard). ◆ *Bois de rose :* bois de couleur rosée utilisé en ébénisterie. **3.** (autres fleurs) *Rose trémière*. Laurier*-rose.* **II. 1.** Grand vitrail circulaire. ⇒ **rosace. 2.** ROSE DES VENTS : étoile à 32 divisions (aires du vent), représentée sur le cadran d'une boussole, etc. **3.** ROSE DE SABLE, DES SABLES : cristallisation de gypse, en forme de rose.

② **ROSE** adj. et n. m. ▪ **1.** adj. Qui est d'un rouge très pâle, comme la rose primitive. *Des joues roses. Crevette rose.* ◆ loc. *Ce n'est pas rose :* ce n'est pas gai. **2.** n. m. Couleur rose. *Rose vif, pâle. Rose bonbon,* vif. ◆ *Voir la vie en rose, voir tout en rose,* avec optimisme (s'oppose à *en noir*).

le Mont ROSE ▪ Massif des Alpes, à la frontière italo-suisse. Nombreux sommets (Cervin, Dufour).

ROSÉ, ÉE adj. ▪ Légèrement teinté de rose. *Beige rosé.* ◆ *Vin rosé* et n. m. *du rosé :* vin de couleur rosée. *Rosé de Provence.*

ROSEAU n. m. ▪ Plante aquatique à tige droite et lisse. *"Le Chêne et le Roseau"* (fable de La Fontaine). ◆ allus. littér. « *L'homme n'est qu'un roseau* [...] *mais c'est un roseau pensant* » (Pascal).

la ROSE-CROIX ▪ Société secrète (à but initiatique), créée en Europe au XVe s. autour d'un personnage fictif, Christian Rosenkreutz. Elle exerça une forte influence sur la franc-maçonnerie. Il faut la distinguer de la Rose + Croix esthétique et catholique fondée par J. Péladan (1890).

ROSÉE n. f. ▪ Vapeur d'eau qui se condense et se dépose en fines gouttelettes ; ces gouttelettes. *Herbe humide de rosée.*

Alfred ROSENBERG (1893-1946) ▪ Théoricien allemand du nazisme, jugé et exécuté à Nuremberg.

les époux ROSENBERG, Julius (1918-1953) et **Ethel** (1915-1953) ▪ Citoyens juifs américains, accusés sans preuve décisive d'avoir livré des secrets atomiques à l'URSS, et exécutés.

James ROSENQUIST (né en 1933) ▪ Peintre américain. Un des maîtres du pop art, le plus pictural de cette tendance, il travaille sur des formats géants, juxtapose des fragments d'images, agrandit démesurément les objets usuels.

Franz ROSENZWEIG (1886-1929) ▪ Philosophe allemand. Son livre majeur est une réflexion sur le judaïsme et le christianisme : *"L'Étoile de la rédemption"* (1921).

ROSÉOLE n. f. ▪ Éruption de taches rosées qui s'observe dans certaines maladies ou intoxications.

ROSERAIE n. f. ▪ Plantation de rosiers.

ROSETTE n. f. ▪ **1.** Nœud à boucles d'un ruban. **2.** Insigne du grade d'officier, dans certains ordres (⇒ **décoration**). **3.** Saucisson d'origine lyonnaise.

la pierre de **Rosette.** British Museum, Londres. *Phot. © Coll. E.-S./Explorer*

la pierre de ROSETTE ▪ Pierre gravée en trois écritures (hiéroglyphes, démotique et grec). Elle doit son nom à la ville de Basse-Égypte où elle fut découverte en 1799 et permit à Young puis à Champollion de déchiffrer les hiéroglyphes.

ROSEVAL n. f. ▪ Pomme de terre à la peau rose et à la pulpe rosée.

Francesco ROSI (né en 1922) ▪ Cinéaste italien. Héritier du néoréalisme, il dénonce les forces d'oppression. *"Main basse sur la ville"* (1963); *"L'Affaire Mattei"* (1971); *"Le Christ s'est arrêté à Eboli"* (1979).

ROSIER n. m. ▪ Arbrisseau épineux portant les roses. *Rosier grimpant. Rosier sauvage.* ⇒ **églantier.**

il **Rosso Fiorentino.** *Pietà* dite d'Écouen. Musée du Louvre, Paris. *Phot. © Giraudon*

ROSIÈRE n. f. ▪ anciennt Jeune fille à laquelle on décernait une couronne de roses en récompense, pour sa réputation de vertu.

ROSIÉRISTE n. ▪ Horticulteur qui cultive des rosiers.

ROSIR v. [2] ▪ **1.** v. intr. Prendre une couleur rose. *Son visage rosit de plaisir.* **2.** v. tr. Rendre rose.

ROSKILDE ▪ Capitale du Danemark jusqu'au XVe s., sur l'île Sjælland. 40 000 hab.

Alexander ROSLIN (1718-1793) ▪ Peintre et portraitiste suédois.

Joseph Henri ROSNY dit **ROSNY AÎNÉ** (1856-1940) ▪ Écrivain français d'origine belge. *"La Guerre du feu"* (1911), roman sur les temps préhistoriques. ► **Séraphin Justin** dit **ROSNY JEUNE** (1859-1948), son frère, également écrivain, et son collaborateur jusqu'en 1908.

ROSNY-SOUS-BOIS ▪ Commune de la Seine-Saint-Denis. 37 489 hab. *(les Rosnéens).* Centre national français d'information routière.

ROSPORDEN ▪ Commune du Finistère. 6 485 hab. *(les Rospordinois).* Église (XIVe-XVIIe s.).

sir John ROSS (1777-1856) ▪ Navigateur britannique qui localisa le pôle Nord magnétique. ► **sir James Clarke ROSS** (1800-1862), neveu du précédent, découvrit la terre Victoria, dans l'Antarctique. Ils donnèrent leur nom à la *barrière de Ross*, à l'*île de Ross* et à la *mer de Ross*, dans l'Antarctique.

ROSSE n. f. ▪ **I.** VIEILLI Mauvais cheval. **II.** Personne dure, méchante. ⇒ FAM. **chameau, vache.** *Ah ! les rosses !* - **adj.** *Vous avez été rosse avec lui.*

ROSSÉE n. f. ▪ FAM. Volée de coups.

Roberto ROSSELLINI (1906-1977) ▪ Cinéaste italien. Maître du néoréalisme. *"Rome, ville ouverte"* (1945); *"La Prise du pouvoir par Louis XIV"* (1966).

ROSSER v. tr. [1] ▪ Battre violemment. *Se faire rosser.*

ROSSERIE n. f. ▪ **1.** Parole ou action rosse. ⇒ **méchanceté.** **2.** Caractère rosse. *Il est d'une rosserie !*

Dante Gabriel ROSSETTI (1828-1882) ▪ Peintre et poète britannique. Un des fondateurs du groupe des préraphaélites.

Luigi ROSSI (1598-1653) ▪ Compositeur italien. Il composa de nombreux opéras et oratorios et fut un des créateurs de l'aria da capo.

Tino ROSSI (1907-1983) ▪ Célèbre chanteur de charme français. *"Méditerranée"* (opérette); *"Marinella"*.

ROSSIGNOL n. m. ▪ **I.** Oiseau passereau, au chant varié et harmonieux. **II. 1.** Instrument pour crocheter les portes. **2.** FAM. Livre invendu, sans valeur. - Objet démodé. *De vieux rossignols en solde.*

rossignol. *Luscinia megarhynchos,* rossignol philomèle. *Phot. © Nardin/Jacana*

Gioacchino ROSSINI (1792-1868) ▪ Compositeur italien. Ses opéras sont célèbres pour leur humour, leur rythme endiablé et leurs vocalises virtuoses. *"Le Barbier de Séville"* (1816); *"Guillaume Tell"* (1829).

il ROSSO FIORENTINO (1494-1540) ▪ Peintre italien de la Renaissance. Il décora la galerie reliant l'ancien et le nouveau château de Fontainebleau et fut le maître de la *première école de Fontainebleau.* Le Primatice lui succéda.

Edmond ROSTAND (1868-1918) ▪ Auteur dramatique français. Son théâtre est une résurgence du romantisme.

"Cyrano de Bergerac" (1897); *"L'Aiglon"* (1900). ► **Jean ROSTAND** (1894-1977), son fils, biologiste et essayiste.

Jean **Rostand.** *Phot. © Louis Monier*

RÖSTIS [røsti] **n. m. pl.** ▪ RÉGIONAL (Suisse) Plat de pommes de terre râpées et rissolées. ◇ var. RŒSTIS.

ROSTOCK ▪ Ville et port d'Allemagne (Mecklembourg-Poméranie-Antérieure), près de la Baltique. 248 800 hab.

le comte Fedor ROSTOPCHINE (1765-1826) ▪ Général et homme politique russe, gouverneur militaire de Moscou lors de l'invasion française, père de la comtesse de Ségur.

ROSTOV-SUR-LE-DON ▪ Ville de Russie. Grand port fluvial sur le Don, près de la mer d'Azov. 1 027 000 hab. Centre culturel et économique.

Walt ROSTOW (né en 1916) ▪ Économiste américain. *"Les Étapes de la croissance économique"* (1960).

ROSTRE n. m. ▪ **1.** ANTIQ. ROMAINE Éperon de navire. **2.** ZOOL. Prolongement pointu, vers l'avant du corps (crustacés ; insectes...). → stylet.

-ROSTRE Élément savant, du latin *rostrum* « bec ».

Mstislav ROSTROPOVITCH (né en 1927) ▪ Violoncelliste et chef d'orchestre russe, déchu de sa nationalité en 1978, puis réhabilité en 1990.

Rostropovitch. *Phot. © Bernand*

ROT n. m. ▪ FAM. Expulsion plus ou moins bruyante de gaz de l'estomac par la bouche. ⇒ **éructation, renvoi.**

RÔT n. m. ▪ LITTÉR. Rôti.

ROTATIF, IVE adj. ▪ Qui agit en tournant, par une rotation. *Foreuse rotative.* - *Presse rotative.* ⇒ **rotative.**

ROTATION n. f. ▪ **1.** DIDACT. Mouvement d'un corps autour d'un axe (matériel ou non). *Rotation de la Terre.* - Mouvement circulaire. ⇒ **cercle, tour.** *Exécuter une rotation.* **2.** abstrait Fait d'alterner, de remplacer périodiquement. *Rotation des cultures.* ⇒ **assolement.** - *Rotation d'un stock* (de marchandises). - *Rotation du personnel* (dans une équipe). - Fréquence des voyages à partir d'un même lieu. *La rotation des avions d'une ligne.*

ROTATIVE n. f. ▪ Presse à imprimer continue, agissant au moyen de cylindres.

ROTATOIRE adj. ▪ Caractérisé par une rotation. *Mouvement rotatoire.* ⇒ **circulaire, giratoire.**

ROTER v. intr. [1] ▪ FAM. Faire un rot, des rots. ⇒ **éructer.**

Joseph ROTH (1894-1939) ▪ Écrivain autrichien. Il a pressenti la montée du nazisme. *"La Marche de Radetzky"* (1932).

Philip ROTH (né en 1933) ▪ Romancier américain. Critique de la société américaine. *"Good-Bye, Columbus"* (1959); *"Portnoy et son complexe"* (1969).

ROTHERHAM ▪ Ville de l'Angleterre (South Yorkshire). 255 000 hab.

Mark ROTHKO (1903-1970) ▪ Peintre américain d'origine russe. Fondateur de l'école de New York. Œuvres abstraites, à intentions spiritualistes.

les ROTHSCHILD ▪ Famille de banquiers européens (France, Allemagne, Angleterre). ► **Meyer Amschel ROTHSCHILD** (1743-1812) fonda la maison mère à Francfort.

RÔTI n. m. ▪ Morceau de viande de boucherie, cuit à feu vif. ⇒ LITTÉR. **rôt.** *Rôti de bœuf* (⇒ **rosbif**), de veau.

RÔTIE n. f. ▪ VIEILLI OU RÉGIONAL Tranche de pain grillé. ⇒ **toast.**

ROTIN n. m. ▪ Tige d'un palmier (appelé *rotang* **n. m.**), utilisée pour faire des meubles, des objets.

RÔTIR v. [2] ▪ **1. v. tr.** Faire cuire (de la viande) à feu vif. *Rôtir un canard.* - au p. p. *Poulet rôti.* ♦ FAM. Exposer à une forte chaleur. *Rôtir son dos devant le feu.* - pronom. *Se rôtir au soleil.* ⇒ se **dorer. 2. v. intr.** Cuire à feu vif. *Mettre la viande à rôtir.* - FAM. Subir une chaleur qui incommode. *On rôtit, ici.* ⇒ **cuire.**

RÔTISSERIE n. f. ▪ **1.** anciennt Boutique de rôtisseur. **2.** Restaurant où l'on mange des viandes rôties.

RÔTISSEUR, EUSE n. ▪ Personne qui prépare et vend des viandes rôties.

RÔTISSOIRE n. f. ▪ **1.** Ustensile de cuisine qui sert à faire rôtir la viande. **2.** Four muni d'un tournebroche.

ROTONDE n. f. ▪ Édifice circulaire (souvent à dôme et à colonnes).

ROTONDITÉ n. f. ▪ **1.** Caractère de ce qui est rond, sphérique. *La rotondité d'un globe.* **2.** FAM. Rondeur, embonpoint.

ROTOR n. m. ▪ **1.** Partie mobile d'un mécanisme rotatif (opposé à *stator*). **2.** Voilure tournante (pales) d'un hélicoptère.

Jean de ROTROU (1609-1650) ▪ Auteur dramatique français. Comédies d'intrigue, tragicomédies (*"Venceslas"*, 1647) et tragédies (*"Saint Genest"*, 1646).

ROTTERDAM ▪ Ville des Pays-Bas (Hollande-Méridionale), dotée du plus grand port du monde (par le trafic), dans le delta du Rhin et de la Meuse. Reliée à la mer du Nord par un canal. 589 707 hab. Pétrochimie, sidérurgie. Centre financier international.

Rotterdam. Vue du centre-ville. *Phot. © Luider/Rapho*

ROTULE n. f. ▪ Os plat situé à la partie antérieure du genou. - loc. FAM. *Être sur les rotules,* très fatigué (→ sur les genoux).

ROTULIEN, IENNE adj. ▪ Relatif à la rotule. - *Réflexe rotulien,* obtenu en frappant la rotule.

ROTURE n. f. ▪ LITTÉR. Condition, classe des roturiers (opposé à *noblesse*).

ROTURIER, IÈRE adj. ▪ Qui n'est pas noble (société féodale, Ancien Régime...). - **n.** *Un roturier, une roturière.* ⇒ **bourgeois, manant, vilain.**

Louis Oscar ROTY (1846-1911) ▪ Graveur en médailles français. Il a créé l'effigie de *La Semeuse* pour les pièces de monnaie françaises.

ROUAGE n. m. ▪ **1.** Chacune des pièces (petites roues) d'un mécanisme (d'horlogerie, etc.). *Les rouages d'une horloge.* **2.** fig. Partie essentielle (d'un ensemble qui fonctionne). *Les rouages de l'économie. Les rouages sociaux.*

Georges ROUAULT (1871 - 1958) ▪ Peintre français. Il exprima une vision religieuse et tragique du monde dans un style qui évoque les vitraux. *"Miserere"* (1917-1927), gravures sur la Première Guerre mondiale ; *"La Sainte Face"* (1933).

ROUBAIX ▪ Commune du Nord. 97 746 hab. *(les Roubaisiens).* Elle forme une conurbation avec Lille et Tourcoing. Premier centre lainier de France. Industries textiles.

Jacques ROUBAUD (né en 1932) ▪ Écrivain français. Mathématicien, il introduit de fortes structures formelles dans ses recueils de poèmes ("∈", lire « appartient à », 1967 ; *"Trente et un au cube"*, 1973), et ses romans (*"La Belle Hortense"*, 1985).

ROUBLARD, ARDE adj. ▪ FAM. Qui fait preuve d'astuce et de ruse dans la défense de ses intérêts. ⇒ **malin, rusé.** - n. *C'est un vieux roublard.*

ROUBLARDISE n. f. ▪ Caractère, conduite de roublard. ⇒ **rouerie.**

ROUBLE n. m. ▪ Unité monétaire de la Russie et de l'ex-U.R.S.S. *Un rouble vaut cent kopecks.*

Andreï ROUBLEV (v. 1360 - v. 1430) ▪ Peintre et moine orthodoxe russe. Auteur d'icônes, notamment *"La Trinité"* (v. 1411). Sa vie inspira un film à A. Tarkovski.

Jean ROUCH (né en 1917) ▪ Ethnologue et cinéaste français. Il a effectué ses recherches en Afrique occidentale et a réalisé de nombreux films de « cinéma direct ». *"Moi, un Noir"* (1958).

ROUCOULEMENT n. m. ▪ Fait de roucouler.

ROUCOULER v. intr. [1] ▪ **1.** (pigeon, tourterelle) Faire entendre son cri. **2.** Tenir des propos tendres. *Des amoureux qui roucoulent.*

ROUDOUDOU n. m. ▪ Confiserie faite d'une pâte sucrée coulée dans une coquille ou une petite boîte.

ROUE n. f. ▪ **1.** Disque plein ou évidé tournant sur un axe et utilisé comme organe de déplacement. *Les roues d'une voiture, d'une bicyclette. Véhicule à deux roues* (⇒ **deux-roues**), à quatre roues. *Roue avant, arrière.* - *Roue de secours,* de rechange. - *Chapeau de roue* (qui protège le moyeu). FAM. *Virage sur les chapeaux de roue,* à toute allure. - *ROUE LIBRE :* dispositif permettant au cycliste de rouler sans pédaler. - loc. *Pousser à la roue,* aider qqn à réussir. *Mettre des bâtons* dans les roues. Être la cinquième roue du carrosse,* être inutile ou insignifiant. **2.** Disque tournant sur son axe, servant d'organe de transmission, etc. ⇒ **poulie, rouage.** *Roues dentées.* **3.** Supplice qui consistait à attacher le condamné sur une roue et à lui rompre les membres (⇒ **rouer**). **4.** Disque tournant. *Roue de loterie.* - *GRANDE ROUE :* attraction foraine, manège en forme de roue dressée. **5.** *FAIRE LA ROUE.* Tourner latéralement sur soi-même en faisant reposer le corps successivement sur les mains et sur les pieds.

Rouen. La porte du Gros-Horloge.
Phot. © Delu/Explorer

Rouault. *Le Clown tragique.* Coll. part., Genève.
Phot. © Nimatallah/Ricciarini

- (oiseaux) Déployer en rond les plumes de la queue. *Paon qui fait la roue.* - fig., péj. Déployer ses séductions. ⇒ se **pavaner. 6.** Disque, cylindre. *Une roue de gruyère.*

ROUÉ, ÉE n. ▪ LITTÉR. **1.** Personne soumise au supplice de la roue. **2.** Personne rusée et sans scrupules. - adj. ⇒ **rusé.**

ROUELLE n. f. ▪ Partie de la cuisse de veau au-dessus du jarret, coupée en rond.

ROUEN ▪ Chef-lieu de la Seine-Maritime et de la région Haute-Normandie. 102 723 hab. *(les Rouennais).* Port important. Centre industriel (chimie, textile) et touristique : cathédrale gothique (XIIIe-XVIe s.), églises Saint-Maclou (XVe-XVIe s.) et Saint-Ouen (XIVe-XVe s.), Gros-Horloge (1527). Rouen fut longtemps disputée entre Français et Anglais. Jeanne d'Arc y fut brûlée vive en 1431.

ROUER v. tr. [1] ▪ **1.** anciennt Supplicier sur la roue (3). **2.** loc. *Rouer qqn de coups,* le battre violemment.

le ROUERGUE ▪ Région du sud de la France, correspondant au département de l'Aveyron. Ville principale : Rodez. Les habitants sont les *Rouergats.*

ROUERIE n. f. ▪ Ruse sans scrupule d'une personne rouée.

ROUET n. m. ▪ anciennt Machine à roue servant à filer (chanvre, laine, lin, etc.).

ROUF n. m. ▪ MAR. Petite construction élevée sur le pont d'un navire.

ROUFLAQUETTE n. f. ▪ FAM. Patte de cheveux sur la joue ; au plur. favoris courts.

ROUGE adj. et n. ▪ **I.** adj. **1.** Qui est de la couleur du sang, du rubis, etc. (extrémité du spectre solaire). ⇒ **carmin, écarlate, pourpre.** *Écrire au crayon rouge. Rose rouge. Feu* rouge. Le drapeau rouge* (révolutionnaire). ♦ *VIN ROUGE,* fait avec des raisins ayant leur peau (souvent des raisins noirs), avec macération complète. *Un bordeaux rouge.* - n. m. *Un coup de rouge.* **2.** Qui a pour emblème le drapeau rouge ; qui est d'extrême gauche. ⇒ **communiste ; révolutionnaire.** n. VIEILLI *Les rouges :* les communistes. - *L'armée rouge :* l'armée soviétique. **3.** Qui est porté à l'incandescence. *Fer* rouge.* **4.** (personnes [race blanche] ; s'oppose à *blanc, pâle*) Dont la peau devient de couleur rouge, par l'afflux du sang. ⇒ **congestionné.** *Être rouge comme un coquelicot, une pivoine* (d'émotion, de confusion). *Rouge de colère.* - *Teint rouge.* ⇒ **cramoisi, rougeaud, rubicond.** ♦ adv. *Se fâcher tout rouge,* devenir rouge de colère. *Voir rouge,* avoir un accès de colère. **II.** n. m. **1.** Couleur rouge. *Un rouge vif, foncé. Peindre une grille en rouge.* **2.** Colorant rouge ; pigment donnant une couleur rouge. ♦ Fard rouge. *Rouge à joues, à lèvres.* **3.** Couleur, aspect, état du métal incandescent. *Barre de fer portée au rouge.* **4.** Teinte rouge que prend la peau du visage sous l'effet d'une émotion. ⇒ **feu.** *Le rouge lui monte aux joues.* **5.** (Couleur des signaux de danger, d'interdiction) *La jauge est dans le rouge.* - fig. *Être dans le rouge,* dans une situation (notamment financière) difficile, critique.

▪ **la mer Rouge** ▪ Mer du Proche-Orient entre l'Arabie et l'Afrique, reliée à la Méditerranée par le canal de Suez. La Bible raconte la traversée de la mer Rouge par Moïse et les Hébreux.

▪ **la place Rouge** ▪ Place principale et centre historique de Moscou, où se trouvent le Kremlin, l'ancien mausolée de Lénine et l'église de Saint-Basile-le-Bienheureux.

ROUGEÂTRE adj. ▪ Légèrement rouge.

ROUGEAUD, AUDE adj. ▪ Rouge (teint) ; qui a le teint rouge.

ROUGE-GORGE n. m. ▪ Oiseau passereau à gorge et poitrine d'un roux vif. *Des rouges-gorges.*

rouge-gorge.
Erithacus rubecula.
Phot. © Colas/Jacana

Denis de ROUGEMONT (1906-1985) ▪ Essayiste suisse d'expression française. *"L'Amour et l'Occident"* (1939).

ROUGEOIEMENT n. m. ▪ Teinte ou reflet rougeâtre.

ROUGEOLE n. f. ▪ Maladie infectieuse caractérisée par une éruption de taches rouges sur la peau. ⇒ aussi **rubéole.**

ROUGEOLEUX, EUSE adj. ▪ Qui a la rougeole.

ROUGEOYANT, ANTE [-ʒwaj-] adj. ▪ Qui prend des teintes rougeâtres.

ROUGEOYER [-ʒwaj-] v. intr. [8] ▪ Prendre une teinte rougeâtre ; produire des reflets rougeâtres. *Incendie qui rougeoie dans la nuit.*

ROUGET n. m. ▪ Poisson de mer de couleur rouge, très estimé. *Rouget barbet.* - *Rouget grondin*.*

Claude ROUGET DE LISLE (1760-1836) ▪ Compositeur et officier français. En garnison à Strasbourg, il composa le *"Chant de guerre pour l'armée du Rhin"* (1792) qui devint *"La Marseillaise"*.

ROUGEUR n. f. ▪ **1.** LITTÉR. Couleur rouge. **2.** Coloration rouge du visage causée par la chaleur, l'émotion. **3.** (souvent au plur.) Tache rouge sur la peau (inflammation, etc.). ⇒ **couperose, érythème.**

ROUGIR v. [2] ▪ **I.** v. intr. **1.** Devenir rouge, plus rouge. **2.** (personnes) Devenir rouge sous l'effet d'une émotion. ⇒ s'**empourprer.** *Rougir jusqu'aux oreilles,* beaucoup. ⇒ piquer un **fard.** - *Rougir de colère, de honte.* - au p. p. *Des yeux rougis* (de pleurs). **3.** Éprouver un sentiment de culpabilité, de confusion. *Je n'ai pas à rougir de cela.* **II.** v. tr. **1.** Rendre rouge. *La lumière du couchant rougit la campagne.* **2.** Chauffer (un métal) au rouge.

ROUGISSANT, ANTE adj. ▪ Qui rougit d'émotion. *Un garçon timide et rougissant.*

ROUGISSEMENT n. m. ▪ Fait de rougir. - *Un rougissement de pudeur.*

Eugène ROUHER (1814-1884) ▪ Homme politique français. Ministre de Napoléon III.

ROUILLE n. f. ▪ **1.** Produit de la corrosion du fer en présence de l'oxygène de l'air, en milieu humide. *Tache de rouille.* ♦ adj. invar. D'un rouge brun. ⇒ **roux ; rubigineux. 2.** Nom de diverses maladies des végétaux. **3.** Ailloli relevé de piment rouge.

ROUILLER v. [1] ▪ **I.** v. intr. Se couvrir de rouille. *Les outils ont rouillé sous la pluie.* **II.** v. tr. **1.** Provoquer la formation de rouille sur (qqch.). *L'humidité rouille le fer.* - pronom. *La grille se rouille.* **2.** fig. Rendre moins alerte (le corps, l'esprit) par manque d'exercice. - pronom. *Il s'est rouillé faute d'entraînement.* ▸ **ROUILLÉ, ÉE** adj. **1.** Taché, couvert de rouille. *Un clou rouillé.* **2.** fig. ⇒ **engourdi.** *Avoir les jambes rouillées, la mémoire rouillée.* - *Être rouillé.*

ROUIR v. tr. [2] ▪ TECHN. Isoler les fibres textiles (du lin, du chanvre) par macération.

ROULADE n. f. ▪ **1.** Succession de notes chantées sur une seule syllabe. **2.** Mouvement de gymnastique qui consiste à s'enrouler sur soi-même, en avant ou en arrière. ⇒ **galipette.**

ROULANT, ANTE adj. ▪ **I. 1.** Qui roule. *Table roulante. Fauteuil roulant.* ♦ *Personnel roulant* (dans les transports en commun). **2.** Se dit de surfaces animées d'un mouvement continu, servant à transporter d'un point à un autre. *Trottoir, tapis, escalier roulant.* **3.** (route...) Où l'on circule avec facilité. **4.** *Feu roulant,* tir continu. - fig. *Un feu roulant de questions.* **II.** FAM. Très drôle. ⇒ **tordant.**

ROULÉ, ÉE adj. ▪ **1.** Enroulé ; mis en rouleau. **2.** *R roulé* (⇒ **rouler**). **3.** FAM. (personnes) *BIEN ROULÉ :* bien fait, qui a un beau corps.

ROULEAU n. m. ▪ **I. 1.** Bande enroulée de forme cylindrique. *Rouleau de papier peint. Rouleau de pellicule photographique.* ⇒ **bobine.** - loc. *Être au bout de son rouleau, du rouleau,* avoir épuisé toutes ses ressources, ses forces. **2.** Chose enroulée, objets roulés en cylindre. *Rouleau de pièces de monnaie.* ♦ *Rouleau de printemps :* crêpe de riz fourrée de crudités, de crevettes (cuisine d'Extrême-Orient). **3.** Grosse vague qui se brise sur une plage. **4.** Saut en hauteur au cours duquel le corps roule au-dessus de la barre. *Rouleau dorsal, ventral.* **II. 1.** Cylindre allongé (de bois, etc.) que l'on fait rouler. *Rouleau à pâtisserie.* - *Rouleau compresseur,* cylindre pour aplanir le macadam. - *Rouleau de peintre en bâtiment,* servant à appliquer la peinture. **2.** Objet cylindrique destiné à recevoir ce qui s'enroule. - spécialt Gros bigoudi.

ROULÉ-BOULÉ n. m. ▪ Culbute par laquelle on tombe en se roulant en boule pour amortir le choc. *Des roulés-boulés.*

ROULEMENT n. m. ▪ **1.** Action, fait de rouler (II). - Mécanisme contenant des pièces qui roulent, destiné à diminuer les frottements. *Roulement à billes.* **2.** Bruit de ce qui roule, ou bruit analogue. *Le roulement continu des voitures.* - *Un roulement de tambour.* **3.** Mouvement de ce qui tourne. *Roulement de hanches.* **4.** (argent) Fait de circuler. *Le roulement des capitaux. Fonds de roulement.* **5.** Alternance de personnes qui se relaient dans un travail. *Ils travaillent par roulement.*

ROULER v. [1] ▪ **I.** v. tr. **1.** Déplacer (un corps arrondi) en le faisant tourner sur lui-même. *Rouler un tonneau.* - loc. *Rouler sa bosse,* voyager beaucoup. ⇒ **bourlinguer. 2.** Déplacer (un objet muni de roues, de roulettes). *Rouler une brouette.* **3.** Mettre en rouleau. *Rouler un tapis. Rouler une cigarette,* en roulant le tabac dans la feuille de papier. **4.** Imprimer un balancement à. *Rouler les hanches en marchant.* - FAM. *Rouler les mécaniques ; rouler sa caisse :* faire l'important. - *Se rouler les pouces*.* **5.** LITTÉR. Tourner et retourner (des pensées). *Rouler mille projets dans sa tête.* **6.** Duper (qqn). *Il a voulu me rouler. Vous vous êtes fait rouler.* **7.** *Rouler les r,* les faire vibrer. **II.** v. intr. **1.** Avancer en tournant sur soi-même. *Faire rouler un cerceau. Larme qui roule sur la joue.* ⇒ **couler.** - Tomber et tourner sur soi-même (par l'élan pris dans la chute). ⇒ **dégringoler.** *Rouler du haut d'un talus.* **2.** (sujet chose) Avancer au moyen de roues, de roulettes. *La voiture roulait lentement.* - (sujet personne) Avancer, voyager dans un véhicule à roues. *Rouler à droite* (⇒ **conduire**). *Nous avons roulé toute la journée.* **3.** (bateau) Être agité de roulis. **4.** (personnes) Errer de lieu en lieu. *Elle a pas mal roulé dans sa vie.* **5.** (bruit) Se prolonger. *Détonation qui roule.* **6.** (conversation...) *ROULER SUR :* avoir pour sujet. ⇒ **porter** sur. *L'entretien a roulé sur la politique.* ▸ SE **ROULER** v. pron. **1.** Se tourner de côté et d'autre en position allongée. *Se rouler par terre ; dans l'herbe.* - loc. *C'est à se rouler par terre (de rire).* ⇒ **roulant. 2.** S'envelopper (dans). ⇒ s'**enrouler.** *Se rouler dans une couverture.*

ROULERS → **Roeselare**

ROULETTE n. f. ▪ **1.** Petite roue permettant le déplacement d'un objet. *Table à roulettes. Patins* à roulettes.* - loc. *Marcher, aller comme sur des roulettes,* très bien (affaire, entreprise). **2.** Instrument à roue dentée. *Roulette de pâtissier.* - Fraise (de dentiste). **3.** Jeu de hasard où une petite boule, lancée dans une cuvette tournante à cases numérotées, décide du gagnant ; cette cuvette.

ROULIER n. m. ▪ anciennt Voiturier.

ROULIS n. m. ▪ Mouvement d'oscillation transversal d'un bateau, sous l'effet de la houle. *Roulis et tangage*.*

Roumanie. Monastère de Suceviţa, en Moldavie. *Phot. © Dagli Orti*

ROULOTTE n. f. ▪ Voiture aménagée où vivent des nomades.

ROUMAIN, AINE adj. et n. ▪ De Roumanie. ➝ n. *Les Roumains.* ♦ n. m. *Le roumain* (langue).

la **ROUMANIE** ▪ État du sud-est de l'Europe. 237 500 km². 22 789 990 hab. *(les Roumains).* Capitale : Bucarest. Langues : roumain, hongrois, allemand, rom. Monnaie : leu (plur. : lei). La chaîne des Carpates domine les plaines de Valachie et de Moldavie. Climat continental. Agriculture diversifiée (blé, maïs). Pêche. L'industrie exploite les richesses du sous-sol (pétrole, charbon, gaz naturel) : sidérurgie, chimie, textile. La chute du système socialiste centralisé en 1990 a entraîné de profondes mutations économiques, dont une réforme agraire (dissolution des coopératives créées en 1949). Mais la crise de transition à l'économie de marché est particulièrement forte et durable. □ HISTOIRE Ancienne Dacie érigée en province romaine au IIe s., le pays fut successivement occupé par les Hongrois, les Turcs, les Autrichiens et les Russes. Au XIXe s. éclata le mouvement national qui fit de la Roumanie un État (par la réunion de la Valachie et de la Moldavie), autour du prince Alexandre Cuza (1859), mais elle ne devint indépendante qu'en 1878. Démocratie parlementaire après la Première Guerre mondiale à laquelle la Roumanie prit part au côté des Alliés, le régime devint une dictature (1938), avec à sa tête Antonescu. Ce dernier entraîna la Roumanie dans la guerre contre l'URSS, mais fut renversé en 1944. Le parti communiste s'étant rendu peu à peu maître du pays, la république populaire de Roumanie fut proclamée en 1948. Elle fut dirigée à partir de 1965 par Nicolae Ceausescu. La politique autocratique qu'il mena et les graves difficultés économiques créèrent une situation intolérable pour la population. Il fut renversé par une violente insurrection en décembre 1989 qui mit fin au régime communiste, et exécuté avec sa femme. Malgré la tenue d'élections libres en 1990, qui portèrent à la présidence I. Iliescu, des tensions politiques subsistent.

Joseph **ROUMANILLE** (1818-1891) ▪ Écrivain français de langue occitane. Un des fondateurs du Félibrige, avec Mistral et Aubanel.

ROUND [Raund ; Rund] n. m. ▪ Reprise (d'un combat de boxe). *Combat en dix rounds.*

① **ROUPIE** n. f. ▪ VX Morve. ➝ MOD. FAM. *De la roupie de sansonnet :* une chose insignifiante.

② **ROUPIE** n. f. ▪ Unité monétaire de l'Inde, du Pakistan, du Népal, etc.

ROUPILLER v. intr. 1 ▪ FAM. Dormir.

ROUPILLON n. m. ▪ FAM. Petit somme. *Piquer un roupillon.*

ROUQUIN, INE adj. ▪ FAM. Qui a les cheveux roux. ➝ n. *Une belle rouquine.*

ROUSCAILLER v. intr. 1 ▪ FAM. Rouspéter.

ROUSPÉTANCE n. f. ▪ FAM. Fait de rouspéter ; protestation d'une personne qui rouspète.

ROUSPÉTER v. intr. 6 ▪ FAM. Protester, réclamer (contre qqch.). ⇒ **râler, rouscailler.** *Il rouspète toute la journée.*

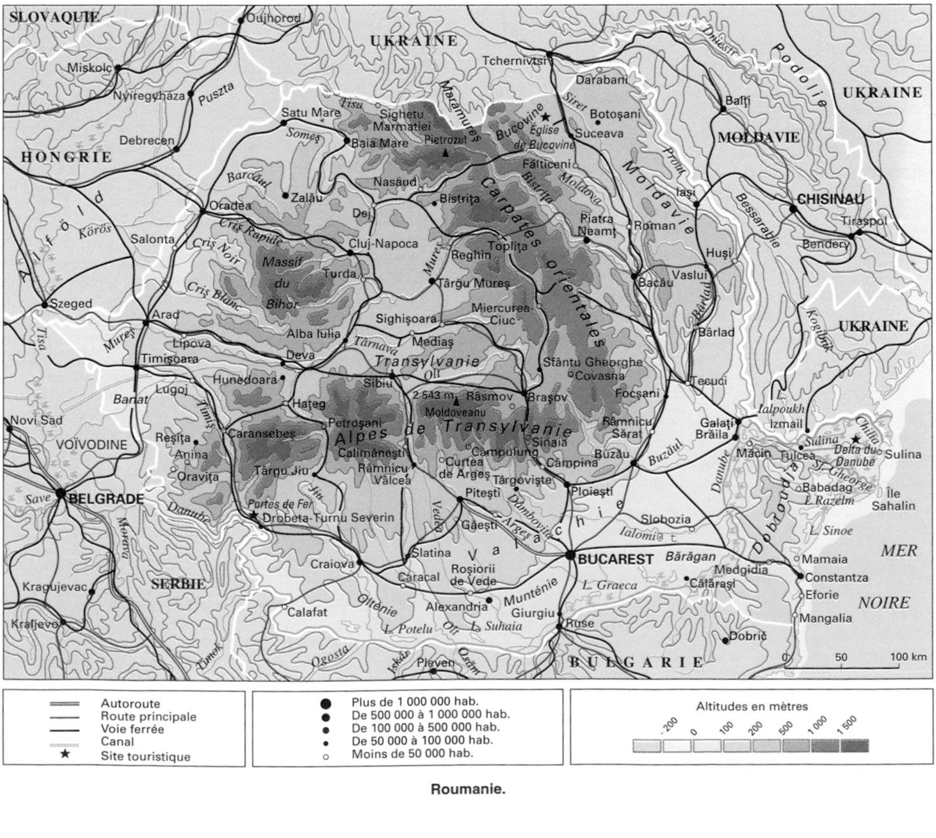

Roumanie.

le Douanier **Rousseau.** *Forêt vierge au soleil couchant. Nègre attaqué par un léopard.* Kunstmuseum, Bâle. *Phot. © Arch. Smeets*

ROUSPÉTEUR, EUSE n. ▪ FAM. Personne qui rouspète, qui aime à rouspéter. ⇒ **râleur.**

ROUSSÂTRE adj. ▪ Qui tire sur le roux.

Jean-Jacques ROUSSEAU (1712-1778) ▪ Écrivain et philosophe, citoyen de Genève. Il a dénoncé la perversion de la nature humaine par la société et cherché des remèdes dans l'éducation et la redéfinition du « contrat social ». Collaborateur de l'Encyclopédie jusqu'à sa rupture avec Diderot, il est l'auteur d'une œuvre qui influença les révolutionnaires de 1789 et le romantisme. *"Discours sur l'origine et les fondements de l'inégalité parmi les hommes"* (1755); *"Julie ou la Nouvelle Héloïse"* (1761, roman); *"Le Contrat social"* (1762); *"Émile ou De l'éducation"* (1762); *"Les Confessions"* (posth. 1782) et *"Les Rêveries du promeneur solitaire"* (autobiographie, posth. 1782).

Théodore ROUSSEAU (1812-1867) ▪ Peintre français. Paysagiste fidèle, de sensibilité romantique, il a peint la plus grande partie de son œuvre à Barbizon.

Henri Rousseau dit **le Douanier ROUSSEAU** (1844-1910) ▪ Peintre français. Autodidacte, marginal, il est l'auteur de tableaux dits « naïfs », qui mêlent simplicité et mystère. *"La Charmeuse de serpents"* (1907).

Albert ROUSSEL (1869-1937) ▪ Compositeur français. Influencé par ses voyages en Orient, il écrivit des symphonies, un ballet (*"Le Festin de l'araignée"*, 1912), un opéra-ballet (*"Padmâvati"*, 1914-1918) et de la musique de chambre.

Raymond ROUSSEL (1877-1933) ▪ Écrivain français. Son œuvre témoigne d'une réflexion originale sur les procédés littéraires. *"Impressions d'Afrique"* (1910); *"Locus Solus"* (1914); *"Comment j'ai écrit certains de mes livres"* (posth. 1935).

Les ROUSSES ▪ Commune du Jura, au pied de la chaîne du Jura. 2 840 hab. *(les Rousselands)*. Station de sports d'hiver (1 118 m).

ROUSSETTE n. f. ▪ **1.** Poisson, squale de petite taille, comestible (syn. *chien de mer*). **2.** Grande chauve-souris des régions tropicales.

ROUSSEUR n. f. ▪ **1.** Couleur rousse. – *TACHE DE ROUSSEUR* : tache rousse de la peau (du visage, des mains...). ⇒ **éphélide.** **2.** Tache roussâtre qui apparaît avec le temps sur le papier.

ROUSSI n. m. ▪ Odeur d'une chose qui a légèrement brûlé. – loc. *Sentir le roussi,* mal tourner, se gâter (affaire, situation).

le ROUSSILLON ▪ Ancienne province du sud de la France (Pyrénées-Orientales), à laquelle elle fut rattachée en 1659. → **Languedoc-Roussillon.**

ROUSSIR v. [2] ▪ **1.** v. tr. Rendre roux, roussâtre (spécialt en brûlant légèrement). *Roussir du linge en repassant.* **2.** v. intr. Devenir roux, roussâtre.

ROUSTE n. f. ▪ FAM. Volée (de coups). *Prendre une rouste.*

ROUTAGE n. m. ▪ **1.** TECHN. Action de grouper (des imprimés...) selon leur destination. **2.** MAR. Action de router (un navire).

ROUTARD, ARDE n. ▪ Personne qui voyage librement et à peu de frais.

ROUTE n. f. ▪ **1.** Voie de communication terrestre de première importance. *Route côtière, route de montagne. Route à chaussées séparées.* ⇒ **autoroute ; voie** express. – *La route*

Jean-Jacques Rousseau. Portrait d'après Quentin de La Tour. Musée d'Art et d'Histoire, Genève. *Phot. © Giraudon*

Royan. Église Notre-Dame, par Guillaume Gillet, 1959.
Phot. © J.C. Meauxsoone/Pix

de Bruxelles, qui va à Bruxelles. - *La grande route, la grand-route,* la route principale (d'un endroit, d'une région). ♦ absolt *La route,* l'ensemble des routes ; le moyen de communication qu'elles constituent. *Voyager par la route. Code de la route. Accident de la route.* - *Tenue* de route d'un véhicule.* - fig. *TENIR LA ROUTE :* agir de manière fiable et durable, être solide. **2.** Chemin suivi ou à suivre dans une direction déterminée pour parcourir un espace. ⇒ **itinéraire.** *Changer de route. Rencontrer qqn sur sa route.* ♦ Itinéraire (ligne) que suit un navire, un avion. *L'ancienne route des Indes.* - fig. FAIRE FAUSSE ROUTE : se tromper dans les moyens, la méthode à employer. **3.** (dans des loc.) Marche, voyage. *Faire route. Bonne route !* - *EN ROUTE. Se mettre en route.* FAM. *En route, mauvaise troupe !* - *Journal, carnet* DE ROUTE. ♦ *METTRE EN ROUTE :* mettre en marche (un moteur, une machine). *Mettre en route sa voiture.* - fig. *Mise en route,* mise en train (d'une affaire). *Avoir qqch. en route,* être en train d'exécuter qqch. **4.** fig. ⇒ **chemin.** *Nos routes se sont croisées. Vous êtes sur la bonne route.* ⇒ **voie.** - loc. *La route est toute tracée,* on sait ce qu'il faut faire.

ROUTER v. tr. [1] ▪ **1.** TECHN. Effectuer le routage de (des imprimés...). **2.** MAR. Fixer la route, l'itinéraire de (un navire).

① **ROUTIER, IÈRE** ▪ **1.** adj. Relatif aux routes. *Réseau routier. Carte routière.* - *Gare routière,* pour les services d'autocars. **2.** n. m. Conducteur de poids lourds effectuant de longs trajets. ⇒ **camionneur.** ♦ Restaurant fréquenté par les routiers.

② **ROUTIER** n. m. ▪ *Vieux routier,* homme habile, plein d'expérience. *Un vieux routier de la politique.*

ROUTINE n. f. ▪ **1.** Habitude d'agir ou de penser devenue mécanique. ⇒ **train-train ;** FAM. **ronron.** *Son travail est devenu une espèce de routine.* - *La routine,* l'ensemble des habitudes et des préjugés considérés comme faisant obstacle au progrès. **2.** anglic. (non péj.) *De routine :* courant, habituel. *Visite de routine.*

ROUTINIER, IÈRE adj. ▪ Qui agit par routine, se conforme à la routine. - Caractérisé par la routine. *Travail routinier.*

ROUVRIR v. [18] ▪ **I.** v. tr. Ouvrir de nouveau (ce qui a été fermé). *Rouvrir une porte. Rouvrir son magasin.* - *Rouvrir un débat.* **II.** v. intr. Être de nouveau ouvert (après une période de fermeture). ⇒ **réouverture.** *La boulangerie rouvre demain.* ► SE **ROUVRIR** v. pron. *La plaie s'est rouverte.*

ROUVROY ▪ Commune du Pas-de-Calais. 9 208 hab.

ROUX, ROUSSE adj. ▪ **1.** D'une couleur entre l'orangé et le rouge. *Teinte rousse.* ⇒ **fauve, roussâtre.** - spécialt *Des cheveux roux.* ♦ n. m. Couleur rousse. **2.** (personnes) Dont les cheveux sont roux. - n. *Un roux, une rousse.* ⇒ FAM. **rouquin.** **3.** *Beurre roux,* qu'on a fait roussir. - n. m. Sauce à base de farine roussie dans du beurre. **4.** *LUNE ROUSSE :* lune d'avril (qui est censée roussir, geler la végétation).

Jacques ROUX (1752 - 1794) ▪ Révolutionnaire français. Curé défroqué, le « prêtre des sans-culottes », porte-parole des enragés.

Émile ROUX (1853 - 1933) ▪ Médecin et bactériologiste français. Collaborateur de Pasteur.

Thomas ROWLANDSON (1756 - 1827) ▪ Dessinateur britannique. Caricaturiste, il publia des dessins dans l'*English Spy* et dans l'*Humourist.* Il illustra avec succès les *"Voyages du docteur Syntax"* (1812-1820) de W. Combe.

ROXANE ▪ Épouse d'Alexandre le Grand, mise à mort avec son fils sur l'ordre de Cassandre en 311 av. J.-C.

Gabrielle ROY (1909 - 1983) ▪ Écrivain canadien d'expression française. Ses romans peignent des existences modestes. *"Bonheur d'occasion"* (1945).

Claude ROY (né en 1915) ▪ Écrivain français. Ancien militant communiste (1943-1957), il est resté fidèle aux valeurs de la liberté et de l'humanisme. Poèmes, essais, récits de voyages, romans.

la ROYA ▪ Rivière des Alpes, tributaire de la Méditerranée. 60 km. Elle coule en France et en Italie.

ROYAL, ALE, AUX adj. ▪ **1.** Du roi ; qui concerne le roi. *Palais royal. La famille royale.* - *La Marine royale* et n. f. *la Royale.* **2.** Digne d'un roi. ⇒ **magnifique.** *Un cadeau royal.* - *Une indifférence royale,* parfaite.

ROYALEMENT adv. ▪ **1.** Avec magnificence. *Être royalement traité.* **2.** FAM. À l'extrême. *S'en moquer royalement,* tout à fait.

ROYALISME n. m. ▪ Attachement à la monarchie, à la doctrine monarchiste.

ROYALISTE n. et adj. ▪ Partisan du roi, du régime monarchique. ⇒ **monarchiste.** - loc. *Être plus royaliste que le roi :* défendre les intérêts de qqn, d'un parti, avec plus d'ardeur qu'il ne le fait lui-même.

ROYALTIES [rwajalti] n. f. pl. ▪ anglic. Redevance versée au propriétaire d'un brevet, à un auteur, etc. - Redevance versée par une compagnie pétrolière au pays producteur. ◇ recomm. off. *redevance.*

ROYAN ▪ Commune de la Charente-Maritime, importante station balnéaire. 16 837 hab. *(les Royannais).*

ROYAT ▪ Commune du Puy-de-Dôme, banlieue de Clermont-Ferrand. 3 950 hab. *(les Royatais* ou *Royadères).* Église romane fortifiée. Taillerie de pierres fines. Chocolaterie. Station thermale.

ROYAUME n. m. ▪ **1.** État gouverné par un roi, une reine ; territoire d'une monarchie. **2.** RELIG. *Le royaume de Dieu, des cieux,* le règne de Dieu. **3.** fig. ⇒ **domaine.** *Le royaume de l'irrationnel.* - loc. prov. *Au royaume des aveugles*, les borgnes sont rois.*

le ROYAUME-UNI en anglais ***UNITED KINGDOM*** → **Grande-Bretagne**

ROYAUMONT ▪ Localité du Val-d'Oise (commune d'Asnières-sur-Oise). Ancienne abbaye cistercienne fondée en 1228 par Saint Louis. En partie détruite sous la Révolution, l'abbaye est aujourd'hui un centre culturel.

Royaumont. Le cloître de l'abbaye.
Phot. © Giraudon

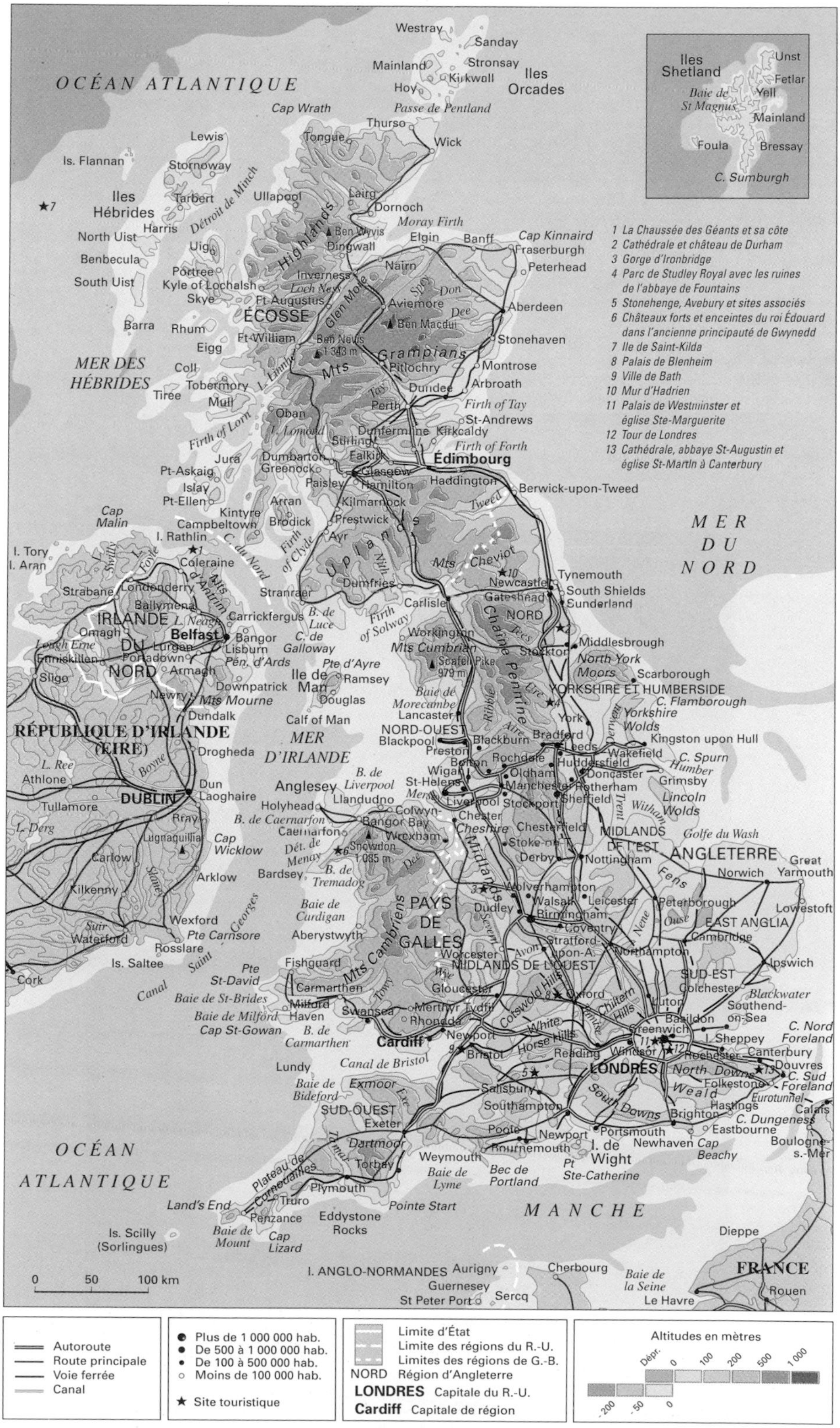
OCÉAN ATLANTIQUE
Westray
Sanday
Mainland
Stronsay
Kirkwall
Hoy
Iles Orcades
Cap Wrath
Passe de Pentland
Thurso
Wick
Tongue
Lewis
Is. Flannan
Stornoway
Iles Hébrides
Tarbert
Détroit de Minch
Ullapool
Lairg
Dornoch
Harris
North Uist
Uig
Highlands
Ben Wyvis
Dingwall
Moray Firth
Elgin
Banff
Cap Kinnaird
Fraserburgh
Peterhead
Benbecula
Portree
Nairn
Inverness
Loch Ness
South Uist
Kyle of Lochalsh
Skye
Ft-Augustus
Glen More
Spey
Don
Aviemore
Dee
Ben Macdui
Aberdeen
ÉCOSSE
Barra
Rhum
Eigg
Ft-William
Ben Nevis 1 343 m
Grampians
Mts
Stonehaven
MER DES HÉBRIDES
Coll
Tobermory
Tiree
Mull
L. Linnhe
Pitlochry
Montrose
Dundee
Arbroath
Tay
Perth
Firth of Tay
Oban
St-Andrews
Firth of Lorn
L. Lomond
Dunfermline
Kirkcaldy
Stirling
Firth of Forth
Jura
Dumbarton
Falkirk
Édimbourg
Pt-Askaig
Greenock
Glasgow
Islay
Paisley
Hamilton
Haddington
Pt-Ellen
Berwick-upon-Tweed
Arran
Kintyre
Kilmarnock
Tweed
Cap Malin
Campbeltown
Brodick
Prestwick
Uplands
I. Rathlin
Ayr
Firth of Clyde
C. du Nord
Nith
MER DU NORD
I. Tory
I. Aran
Coleraine
Mts Cheviot
Foyle
Mts d'Antrim
Tynemouth
Newcastle
South Shields
Strabane
Londonderry
Stranraer
Dumfries
Gateshead
Sunderland
Ballymena
Carlisle
NORD
IRLANDE DU NORD
L. Neagh
Carrickfergus
B. de Luce
Firth of Solway
Omagh
Belfast
Bangor
C. de Galloway
Workington
Tees
Middlesbrough
Lough Erne
Enniskillen
Lurgan
Lisburn
Mts Cumbrian
Stockton
North York Moors
Portadown
Pén. d'Ards
Pte d'Ayre
Scafell Pike 979 m
Chaîne Pennine
Scarborough
Sligo
Armagh
Ile de Man
Ramsey
Ure
YORKSHIRE ET HUMBERSIDE
Newry
Downpatrick
Baie de Morecambe
C. Flamborough
Mts Mourne
Douglas
Ribble
Derwent
Yorkshire Wolds
Dundalk
Lancaster
York
RÉPUBLIQUE D'IRLANDE (EIRE)
Calf of Man
NORD-OUEST
Aire
Bradford
MER D'IRLANDE
Blackpool
Blackburn
Leeds
Kingston upon Hull
Drogheda
Preston
Wakefield
L. Ree
Boyne
B. de Liverpool
Bolton
Rochdale
Huddersfield
C. Spurn
Humber
Athlone
Dun Laoghaire
Anglesey
Wigan
Oldham
Doncaster
Grimsby
St-Helens
Manchester
Rotherham
DUBLIN
Llandudno
Mersey
Liverpool
Stockport
Sheffield
Trent
Witham
Lincoln Wolds
Tullamore
Holyhead
Colwyn-Bangor Bay
Chester
Bray
B. de Caernarfon
Wrexham
Chesterfield
L. Derg
Lugnaquillia
Caernarfon
Cheshire
MIDLANDS DE L'EST
Golfe du Wash
Cap Wicklow
Dét. de Menay
Snowdon 1 085 m
Stoke-on-Trent
Derby
Nottingham
ANGLETERRE
Great Yarmouth
Carlow
Dee
Midlands
Norwich
Arklow
Bardsey
B. de Tremadog
Fens
Kilkenny
Slaney
Wolverhampton
Leicester
Peterborough
Walsall
Lowestoft
Baie de Cardigan
PAYS DE GALLES
Dudley
Birmingham
Ouse
EAST ANGLIA
Wexford
Coventry
Nene
Suir
Waterford
Pte Carnsore
Aberystwyth
Severn
Cambridge
Stratford-upon-A.
Rosslare
Worcester
Northampton
Saint Georges
Avon
Is. Saltee
Fishguard
Mts Cambriens
MIDLANDS DE L'OUEST
Ipswich
Cork
Pte St-David
Wye
Canal
Carmarthen
Gloucester
SUD-EST
Colchester
Towy
Blackwater
Baie de St-Brides
Oxford
Chiltern Hills
Luton
Milford Haven
Cotswold Hills
Southend-on-Sea
Swansea
Merthyr Tydfil
Basildon
Baie de Milford
Rhondda
White Horse Hills
Tamise
Greenwich
C. Nord Foreland
Cap St-Gowan
B. de Carmarthen
Newport
I. Sheppey
Cardiff
Bristol
Reading
Windsor
Rochester
Canterbury
LONDRES
Douvres
Lundy
Canal de Bristol
North Downs
C. Sud Foreland
Baie de Bideford
Exmoor
Salisbury
Weald
Folkestone
Exe
Eurotunnel
Southampton
South Downs
Hastings
Calais
SUD-OUEST
Brighton
Exeter
C. Dungeness
Poole
Portsmouth
Eastbourne
Tamar
Dartmoor
Newport
I. de Wight
Newhaven
Cap Beachy
Boulogne-s.-Mer
Plateau de Cornouailles
Torbay
Bournemouth
OCÉAN ATLANTIQUE
Weymouth
Baie de Lyme
Bec de Portland
Pt Ste-Catherine
Plymouth
Truro
Land's End
Pointe Start
MANCHE
Penzance
Eddystone Rocks
Is. Scilly (Sorlingues)
Baie de Mount
Cap Lizard
Dieppe
0 50 100 km
I. ANGLO-NORMANDES
Aurigny
Cherbourg
Baie de la Seine
FRANCE
Guernesey
Sercq
St Peter Port
Le Havre
Rouen
Iles Shetland
Unst
Fetlar
Yell
Baie de St Magnus
Mainland
Foula
Bressay
C. Sumburgh
1 La Chaussée des Géants et sa côte
2 Cathédrale et château de Durham
3 Gorge d'Ironbridge
4 Parc de Studley Royal avec les ruines de l'abbaye de Fountains
5 Stonehenge, Avebury et sites associés
6 Châteaux forts et enceintes du roi Édouard dans l'ancienne principauté de Gwynedd
7 Ile de Saint-Kilda
8 Palais de Blenheim
9 Ville de Bath
10 Mur d'Hadrien
11 Palais de Westminster et église Ste-Marguerite
12 Tour de Londres
13 Cathédrale, abbaye St-Augustin et église St-Martin à Canterbury
Autoroute
Route principale
Voie ferrée
Canal
Plus de 1 000 000 hab.
De 500 à 1 000 000 hab.
De 100 à 500 000 hab.
Moins de 100 000 hab.
Site touristique
Limite d'État
Limite des régions du R.-U.
Limites des régions de G.-B.
NORD Région d'Angleterre
LONDRES Capitale du R.-U.
Cardiff Capitale de région
Altitudes en mètres
Dépr.
0
100
200
500
1 000
-200
-50
0

Royaume-Uni.

ROYAUTÉ n. f. ▪ **1.** Dignité de roi. *Aspirer à la royauté.* ⇒ **couronne, trône. 2.** Pouvoir royal. ⇒ **monarchie.** *Chute de la royauté.*

R.P.F. ou **RPF, Rassemblement du peuple français** ▪ Mouvement politique français fondé par le général de Gaulle en 1947. Il connut une influence grandissante jusqu'en 1951.

R.P.R. ou **RPR, Rassemblement pour la république** ▪ Mouvement politique français fondé par J. Chirac en 1976 et qui se réclame du gaullisme.

-RRAGIE Élément savant, du grec *rhêgnumi* « jaillir », qui signifie « écoulement anormal, flux » (ex. *hémorragie*).

-RRHÉE Élément savant, du grec *rhein* « couler », qui signifie « écoulement, flux » (ex. *séborrhée*).

RU n. m. ▪ RÉGIONAL Petit ruisseau.

RUADE n. f. ▪ Mouvement par lequel les équidés (chevaux, ânes, etc.) lancent vivement en arrière leurs membres postérieurs en soulevant leur train arrière. *Lancer une ruade.* ⇒ **ruer.**

le RUANDA → Rwanda

le RUB' AL-KHALI ▪ Désert d'Arabie Saoudite. Il forme une vaste cuvette délimitée par le djebel Tuwayq, le Yémen, le sultanat d'Oman, et le littoral des Émirats arabes unis sur le golfe Arabo-Persique. 300 000 km^2.

RUBAN n. m. ▪ **1.** Étroite bande de tissu, servant d'ornement, d'attache (⇒ **faveur, galon ; bolduc**). *Ruban de velours. Nœud de rubans.* **2.** Bande de tissu servant d'insigne à une décoration (⇒ **cordon**). *Le ruban de la Légion d'honneur.* **3.** Bande mince et étroite d'une matière flexible. *Ruban adhésif.*

Pierre Paul RUBENS (1577 - 1640) ▪ Peintre flamand, l'un des maîtres du baroque. Il pratiqua une peinture d'une extraordinaire vitalité, représentant souvent des nus plantureux et cultivant le mouvement et la couleur (*"La Kermesse"*, v. 1635). Nombreuses compositions pour les églises et les cours européennes. *"La Descente de Croix"* (1610); *"L'Enlèvement des filles de Leucippe"* (v. 1618).

RUBÉOLE n. f. ▪ Maladie éruptive contagieuse voisine de la rougeole.

le RUBICON ▪ Rivière séparant l'Italie de la Gaule cisalpine. C'est en le franchissant avec son armée (50 av. J.-C.) que César dit : *alea jacta est,* « le sort en est jeté » (d'où l'expression « franchir le Rubicon », se décider de manière irrévocable).

RUBICOND, ONDE adj. ▪ (visage) Très rouge. *Des joues rubicondes.*

RUBIGINEUX, EUSE adj. ▪ DIDACT. **1.** Couvert de rouille. **2.** Qui a la couleur de la rouille.

Anton RUBINSTEIN (1829 - 1894) ▪ Pianiste et compositeur russe.

Ida RUBINSTEIN (1880 - 1960) ▪ Danseuse et mécène russe de la danse.

Rubens. *Hélène Fourment et ses enfants,* 1636-1637. Musée du Louvre, Paris. *Phot. © Giraudon*

Ida **Rubinstein.** *Phot. © Coll. Viollet*

Artur **RUBINSTEIN** (1887 - 1982) ▪ Pianiste polonais naturalisé américain. Célèbre interprète de Chopin.

RUBIS n. m. ▪ **1.** Pierre précieuse d'un beau rouge ; cette pierre taillée en bijou. **2.** Monture de pivot en pierre dure, dans un rouage d'horlogerie. **3.** loc. *Payer RUBIS SUR L'ONGLE :* payer comptant et en totalité (ce qu'on doit).

RUBRIQUE n. f. ▪ **1.** Titre indiquant la matière d'un article de presse. *La rubrique des spectacles.* - Article, généralement régulier, sur un sujet déterminé. ⇒ **chronique.** *Tenir la rubrique littéraire.* **2.** *SOUS* (telle) *RUBRIQUE :* sous tel titre, telle désignation. *Classer deux choses sous la même rubrique.*

RUCHE n. f. ▪ **1.** Abri aménagé pour un essaim d'abeilles. *Ruche en bois.* **2.** Colonie d'abeilles qui habite une ruche. *Bourdonnement d'une ruche.* ♦ fig. Lieu où règne une activité incessante. **3.** ⇒ **ruché.**

RUCHÉ n. m. ▪ Bande d'étoffe plissée servant d'ornement (syn. *ruche*).

RUCHER n. m. ▪ Emplacement où sont disposées des ruches ; ensemble de ruches.

Friedrich **RÜCKERT** (1788 - 1866) ▪ Poète et orientaliste allemand. *"Chants des enfants morts"* (publ. 1872), mis en musique par Mahler.

RUDĀKĪ (v. 859 - 941) ▪ Il est considéré comme le premier grand poète persan.

RUDE adj. ▪ **1.** (personnes) Simple et grossier. *Un homme rude.* ⇒ **fruste.** - *Des manières un peu rudes.* **2.** (personnes) LITTÉR. Dur, sévère. - Redoutable. *Un rude adversaire.* **3.** (choses) Qui donne du mal, est dur à supporter. ⇒ **pénible.** *Un métier rude. Une rude journée.* loc. *À rude épreuve*.* - *Un climat rude.* ⇒ **rigoureux.** *"Un rude hiver"* (roman de Queneau). **4.** Dur au toucher (opposé à *doux*). ⇒ **rugueux.** *Toile rude.* ⇒ **rêche.** - Dur ou désagréable à l'oreille. *Une voix rude.* **5.** FAM. (avant le nom) Remarquable en son genre. ⇒ **drôle, fameux, sacré.** *Un rude appétit.* ⇒ **solide.**

François **RUDE** (1784 - 1855) ▪ Sculpteur français. *"La Marseillaise"* (1835-1836), groupe figurant sur l'Arc de triomphe, à Paris.

RUDEMENT adv. ▪ **1.** De façon brutale. *Heurter qqch. rudement.* **2.** Avec dureté, sans ménagement. **3.** FAM. Beaucoup, très. ⇒ **drôlement.** *C'est rudement bon.*

RUDESSE n. f. ▪ **1.** Caractère rude (1). *La rudesse de ses manières.* **2.** Caractère rude (2) ; sévérité. ⇒ **brutalité, dureté.** *Traiter qqn avec rudesse.* ⇒ **rudoyer. 3.** Caractère de ce qui est rude à supporter. *La rudesse de l'hiver.* **4.** Caractère de ce qui est rude (4) aux sens.

RUDIMENT n. m. ▪ **1.** au plur. Notions élémentaires (d'une science, d'un art). ⇒ **abc, b.a.-ba.** *Rudiments de grammaire.* **2.** Ébauche ou reste (d'un organe). *Un rudiment de queue.* **3.** au plur. Premiers éléments (d'une organisation, d'un système...).

RUDIMENTAIRE adj. ▪ **1.** Qui n'a atteint qu'un développement très limité. ⇒ **élémentaire.** *La technique rudimentaire des premiers hommes.* - Sommaire, insuffisant. *Connaissances rudimentaires.* **2.** (organe) Qui est à l'état d'ébauche ou de résidu.

Adolf **RUDNICKI** (1912 - 1990) ▪ Écrivain polonais. L'extermination des Juifs polonais pendant la Deuxième Guerre mondiale constitue l'objet essentiel de son œuvre. *"Les Fenêtres d'or"* (1955).

RUDOYER v. tr. [8] ▪ Traiter rudement, sans ménagement.

RUE n. f. ▪ **1.** Voie bordée de maisons, dans une agglomération. ⇒ **artère, avenue, boulevard, impasse.** *La rue principale d'un village, la grande rue, la grand-rue. Une petite rue.* ⇒ **ruelle.** *Une rue calme, animée, commerçante. Se promener dans les rues. Traverser la rue. Au coin de la rue.* - loc. *À tous les coins de rue :* partout. **2.** *La rue, les rues,* symbole de la vie urbaine, des milieux populaires. *Scènes de la rue. L'homme de la rue. Un gamin des rues.* - loc. *Être À LA RUE,* sans domicile, sans abri. ♦ *La rue,* siège des manifestations populaires. *Descendre dans la rue* (pour manifester). **3.** Ensemble des habitants ou des passants d'une rue. ♦ *La rue,* la population de la ville. *La rue s'agitait, se soulevait.*

RUÉE n. f. ▪ Mouvement rapide d'un grand nombre de personnes dans la même direction. *"La Ruée vers l'or"* (film de Chaplin).

RUEIL-MALMAISON ▪ Commune des Hauts-de-Seine. 66 401 hab. *(les Rueillois).* Célèbre château (la Malmaison) où séjournèrent Bonaparte et Joséphine.

RUELLE n. f. ▪ **I.** Petite rue étroite. ⇒ **venelle. II.** Espace libre entre un lit et le mur ou entre deux lits. - HIST. Au XVIIe siècle, Chambre, alcôve où certaines femmes de haut rang recevaient.

RUER v. [1] ▪ **I.** *SE RUER* v. pron. S'élancer avec violence, impétuosité. ⇒ se **précipiter.** *Se ruer sur qqn pour le frapper.* - (En masse) ⇒ **ruée.** *Les gens se ruaient vers la sortie. Les troupes se ruèrent à l'assaut.* **II.** v. intr. Lancer une ruade, des ruades. - loc. fig. *Ruer dans les brancards :* regimber, résister.

RUFFIAN ou **RUFIAN** n. m. ▪ **1.** VX ou LITTÉR. Entremetteur, souteneur. **2.** MOD. Aventurier peu scrupuleux.

RUGBY n. m. ▪ Sport d'équipe dans lequel il faut poser un ballon ovale derrière la ligne de but de l'adversaire (⇒ **essai**), ou le faire passer entre les poteaux de but. *Le ballon ovale du rugby. Terrain de rugby. Équipe de rugby.* ⇒ **quinze.**

Rude. *La Marseillaise.* Phot. © Lauros/Giraudon

- *Rugby à treize* (ou *jeu à treize*), joué avec des équipes de treize joueurs. - *Rugby américain.* ⇒ **football** américain.

RUGBY ▪ Ville du sud de l'Angleterre (Warwickshire). 60 000 hab. Un des collèges les plus réputés du pays, où le rugby aurait été inventé (en 1823).

RUGBYMAN [rygbiman] **n. m.** ▪ Joueur de rugby. *Des rugbymen.*

RÜGEN ▪ Île allemande (Mecklembourg-Poméranie-Antérieure), dans la Baltique. 926 km². Chef-lieu : Bergen. Pêche, tourisme.

RUGIR v. [2] ▪ **I. v. intr. 1.** (lion, fauves) Pousser des rugissements. **2.** (personnes) Pousser des cris terribles. ⇒ **hurler.** *Rugir de colère.* **3.** (choses) Produire un bruit sourd et violent. *Le vent rugit.* **II. v. tr.** Proférer avec violence, avec des cris. *Rugir des injures.*

RUGISSEMENT n. m. ▪ **1.** Cri du lion et de certains fauves (tigres, panthères, etc.). **2.** Cri rauque. *Des rugissements de colère.* **3.** (choses) Grondement sourd et violent. ⇒ **mugissement.** *Le rugissement de la tempête.*

RUGOSITÉ n. f. ▪ État d'une surface rugueuse ; petite aspérité sur cette surface.

RUGUEUX, EUSE adj. ▪ Dont la surface présente de petites aspérités, et qui est rude au toucher. ⇒ **raboteux, râpeux, rêche, rude.** *Écorce rugueuse.*

Heinrich Daniel RUHMKORFF (1803 - 1877) ▪ Électricien allemand. Établi à Paris, il conçut la bobine d'induction qui porte son nom.

le bassin de la RUHR ▪ Région d'Allemagne (Rhénanie-du-Nord-Westphalie), qui doit son nom à la rivière qui la traverse. Le plus grand bassin houiller d'Allemagne : extraction de 100 millions de tonnes par an. Une des plus fortes densités humaines et industrielles du monde (4 000 km². 5 000 000 hab.). Acier, chimie, industries mécaniques, textile. Déclin du charbon depuis 1960. Villes principales : Essen, Düsseldorf, Duisbourg, Dortmund. ► **l'occupation de la RUHR** Mesure de répression prise par R. Poincaré, en 1923, pour contraindre l'Allemagne à honorer les clauses sur les réparations décidées par le traité de Versailles. Les troupes françaises occupèrent la région, mais furent retirées l'année suivante à la suite du plan Dawes.

RUINE n. f. ▪ **I.** *(Une, des ruines)* **1.** Débris d'un édifice ancien ou écroulé. ⇒ **décombres, vestige.** *Des ruines gallo-romaines. "Les Ruines"* (œuvre de Volney). - *Une ruine,* un édifice écroulé. ♦ *Pays qui se relève de ses ruines,* répare les dommages subis. **2.** Personne dégradée par l'âge, la maladie... *C'est une véritable ruine.* ⇒ **loque. II.** *(La ruine)* **1.** Écroulement partiel ou total d'un édifice ; état de ce qui s'écroule (⇒ **délabrement, vétusté**). *Tomber en ruine.* ⇒ **crouler.** *Château en ruine.* - *Menacer ruine :* risquer de tomber en ruine. **2.** Destruction, perte. *Le dictateur a précipité sa ruine.* - *C'est la ruine de ses espérances.* ⇒ **anéantissement. 3.** Perte des biens, de la fortune. *Être au bord de la ruine.* - par ext. *Une ruine,* une cause de ruine, une source de dépenses (⇒ **ruineux**).

runique. Pierre runique provenant d'Århus, IXe-XIe s. Musée archéologique, Moesgard, Danemark.
Phot. © Dagli Orti

RUINER v. tr. [1] ▪ **1.** VX Réduire à l'état de ruines. - au p. p. MOD. *Château ruiné.* **2.** Endommager gravement. *Ruiner sa santé.* ⇒ altérer. **3.** Causer la ruine, la perte de. ⇒ **anéantir, détruire.** *Cet échec a ruiné tous ses espoirs.* **4.** Faire perdre la fortune, la prospérité à. *La guerre a ruiné le pays.* - au p. p. *Elle est complètement ruinée.* ♦ par exagér. Faire faire des dépenses excessives à (qqn). *Tu me ruines ; tu veux me ruiner !* ► SE **RUINER v. pron.** Perdre ses biens, causer sa propre ruine. *Il s'est ruiné au jeu.* - Dépenser trop. *Se ruiner en médicaments.*

RUINEUX, EUSE adj. ▪ Qui amène la ruine, des dépenses excessives. *Des goûts ruineux.*

Jacob van RUISDAEL → Jacob van **Ruysdael**

RUISSEAU n. m. ▪ **1.** Petit cours d'eau (⇒ **ru ; ruisselet**). - prov. *Les petits ruisseaux font les grandes rivières,* des éléments modestes additionnés produisent une chose importante. - par exagér. *Des ruisseaux de sang, de larmes.* ⇒ **torrent. 2.** Eau qui coule le long des trottoirs ; caniveau destiné à la recevoir. - loc. *Tomber dans le ruisseau,* dans une situation dégradante. *Tirer qqn du ruisseau.*

RUISSELANT, ANTE adj. ▪ **1.** Qui ruisselle (1). *Pluie ruisselante.* - *Lumière ruisselante.* **2.** Qui ruisselle (2). *Ruisselant d'eau.* absolt *Un parapluie ruisselant.* - par métaphore *Une robe ruisselante de pierreries.*

RUISSELER v. intr. [4] ▪ **1.** Couler sans arrêt en formant des ruisseaux, des filets d'eau. *La pluie ruisselle.* - Se répandre à profusion. *Une pièce où ruisselle le soleil.* **2.** *RUISSELER DE :* être couvert de (un liquide qui ruisselle). *La vitre ruisselait de pluie. Ruisseler de sueur.*

RUISSELET n. m. ▪ Petit ruisseau.

RUISSELLEMENT n. m. ▪ Fait de ruisseler. - GÉOL. *Ruissellement pluvial :* écoulement, sur le sol, des eaux de pluie (qui produira les cours d'eau). ♦ fig. *Un ruissellement de lumière.*

RUMBA [rumba] **n. f.** ▪ Danse d'origine cubaine ; musique de cette danse.

RUMEUR n. f. ▪ **1.** Bruit, nouvelle de source incontrôlée qui se répand. *Une vague rumeur.* - *La rumeur publique.* **2.** Bruit confus de voix qui protestent. *Rumeur de mécontentement.* **3.** Bruit confus. *La rumeur d'une cascade dans le lointain.*

Benjamin Thompson, comte RUMFORD (1753 - 1814) ▪ Physicien américain. Son approche mécanique de la chaleur annonce la thermodynamique.

RUMILLY ▪ Commune de Haute-Savoie. 9 991 hab. *(les Rumilliens).*

RUMINANT n. m. ▪ Mammifère ongulé dont l'estomac complexe permet la rumination (ex. les bovidés, les cervidés).

RUMINATION n. f. ▪ Action de ruminer, fonction physiologique des ruminants.

RUMINER v. tr. [1] ▪ **1.** (ruminants) Mâcher de nouveau des aliments revenus de l'estomac, avant de les avaler. *Les vaches ruminent l'herbe* (et, absolt, *ruminent*). **2.** (personnes) Tourner et retourner lentement dans son esprit. ⇒ **remâcher.** *Ruminer son chagrin.*

le RUMMEL ▪ Fleuve d'Algérie (250 km), né au pied des monts de Ferdjiwa. Il prend en aval de Constantine le nom de *oued el-Kébir.*

RUMSTECK n. m. ⇒ ROMSTECK

RUNE n. f. ▪ DIDACT. Caractère de l'ancien alphabet des langues germaniques.

Johan Ludvig RUNEBERG (1804 - 1877) ▪ Poète finlandais de langue suédoise, le principal de son temps.

RUNGIS ▪ Commune du Val-de-Marne. 2 939 hab. *(les Rungissois).* Énorme marché de ravitaillement de la région parisienne, construit pour se substituer aux Halles de Paris en 1969.

RUNIQUE adj. ▪ DIDACT. Relatif aux runes, formé de runes. *Écriture runique.*

le mont **Rushmore.** *Phot. © Thomas/Explorer*

RUPESTRE adj. ▪ DIDACT. **1.** Qui vit dans les rochers. *Flore rupestre.* **2.** (œuvre plastique) Qui est exécuté sur une paroi rocheuse. *Peintures rupestres.* - *Art rupestre.*

RUPIN, INE adj. et n. ▪ FAM. Riche. ⇒ **friqué.**

RUPTEUR n. m. ▪ TECHN. Dispositif qui interrompt le courant électrique (⇒ **interrupteur**).

RUPTURE n. f. ▪ **1.** Fait de se casser, de se rompre. *La rupture d'un câble.* **2.** Cessation brusque (de ce qui durait). *Rupture des relations diplomatiques.* - Annulation (d'un engagement). *Rupture de contrat ; de fiançailles. Être en rupture de ban**. - *Rupture de stock* (quand le stock est insuffisant). *Livre en rupture de stock.* ♦ Opposition entre des choses qui se suivent. *Rupture de ton, de rythme,* changement brusque. - *EN RUPTURE AVEC :* en opposition affirmée à. *Être en rupture avec la société.* **3.** Séparation (entre des personnes qui étaient unies). ⇒ **brouille.** *Lettre de rupture.*

RURAL, ALE, AUX adj. ▪ Qui concerne la vie dans les campagnes. ⇒ **rustique** (1). *Exploitation rurale.* ⇒ **agricole.** - *L'exode rural :* le dépeuplement des campagnes. - n. m. pl. *Les ruraux.* ⇒ **campagnard ; paysan.**

RUSE n. f. ▪ **1.** Procédé habile pour tromper. ⇒ **artifice, feinte, machination, manœuvre, piège, stratagème, subterfuge.** - loc. *Ruse de guerre* (et, fig., pour surprendre un adversaire). *Des ruses de Sioux**. **2.** *LA RUSE :* art de dissimuler, de tromper. ⇒ **habileté, rouerie.**

RUSE ▪ Ville de Bulgarie, port sur le Danube. 192 699 hab.

RUSÉ, ÉE adj. ▪ Qui a, emploie ou exprime de la ruse. ⇒ **malin, roublard.** - n. *C'est une rusée. Un petit rusé.*

RUSER v. intr. [1] ▪ User de ruses, agir avec ruse.

RUSH [rœʃ] n. m. ▪ anglic. **1.** SPORTS Accélération d'un concurrent en fin de course. ⇒ **sprint. 2.** Afflux brusque d'un grand nombre de personnes. ⇒ **ruée. 3.** au plur. (au cinéma...) Épreuves de tournage (avant montage). *Visionner des rushes.*

Salman RUSHDIE ou **RUSHDEE** (né en 1947) ▪ Romancier britannique d'origine indienne. Il est l'auteur de romans, vastes fresques mythiques jouant sur le symbolisme et la fiction au second degré. Il a été condamné à mort par les religieux chiites d'Iran pour le contenu « blasphématoire » des *"Versets sataniques"* (1989). Il poursuit depuis son œuvre en se cachant.

le mont RUSHMORE ▪ Grand centre touristique des États-Unis (Dakota-du-Sud). Les visages immenses de Washington, Lincoln, Th. Roosevelt et Jefferson y sont sculptés dans le granite.

John RUSKIN (1819-1900) ▪ Critique d'art et sociologue britannique. Il défendit les préraphaélites. *"Les Sept Lampes de l'architecture"* (1849).

RUSSE adj. et n. ▪ De Russie. *La révolution russe.* - loc. *Montagnes* russes. Salade russe.* ♦ n. *Les Russes.* HIST. *Russe blanc,* émigré russe (par oppos. aux *rouges*). - loc. *Boire à la russe,* en faisant cul sec et en jetant le verre. ♦ n. m. Langue slave parlée en Russie. *Le russe s'écrit en alphabet cyrillique.*

Bertrand RUSSELL (1872-1970) ▪ Mathématicien, logicien et philosophe britannique. Il écrivit avec son maître Whitehead le traité fondateur de la logique moderne (*"Principia Mathematica"*, 1910-1913) et en formula l'ambition philosophique : le *logicisme.* Moraliste et militant progressiste, il créa le « tribunal Russell » pour condamner tout acte de guerre.

Henry Norris RUSSELL (1877-1957) ▪ Astronome et astrophysicien américain. Il établit, en liaison avec Hertzsprung, une classification des étoiles en fonction de leur luminosité et de leur température (*diagramme de Hertzsprung-Russell,* en 1913).

la RUSSIE ▪ État fédéral d'Europe et d'Asie qui fut jusqu'en 1991 une république fédérée de l'URSS. Elle comprend 21 républiques : république des Adygués, Altaï, Bachkirie, Bouriatie, Carélie, Daguestan, Ingouchie, Kabardino-Balkarie, Kalmoukie, Karatchaevo-Tcherkessie, Khakassie, république des Komis, république des Mariis, Mordovie, Ossétie du Nord, Oudmourtie, Sakha, république des Tatars, Tchétchénie, Tchouvachie et Touva (principales minorités ethniques : les Tatars, les Tchouvaches et les Bachkirs). À ces républiques s'ajoutent 6 territoires, 49 régions, 2 villes d'importance fédérale, une région autonome juive (→ **Birobidjan**) et 10 territoires autonomes. 17 075 400 km^2. 149 469 000 hab. *(les Russes).* Capitale : Moscou. Langue : russe (off.). Monnaie : rouble. État le plus étendu du monde, depuis les plaines d'Europe aux riches sols de terres noires des bassins du Don et de la Volga, bordées par le Caucase et l'Oural, jusqu'aux montagnes d'Asie centrale et d'Extrême-Orient, depuis le climat méditerranéen de la mer Noire jusqu'aux neiges de la Sibérie. Grande disparité démographique entre la partie européenne et la Sibérie presque désertique. Énormes ressources agricoles (céréales, élevage) et minières : charbon, fer à Koursk, hydrocarbures dans le Caucase, dans le bassin de la Volga (→ Second **Bakou**) et surtout en Sibérie où les conditions d'extraction s'avèrent difficiles. Industrie lourde en déclin héritée de l'URSS : sidérurgie, mécanique, textile, principalement dans la région de Moscou et Saint-Pétersbourg. Engagée depuis 1991 dans un vaste programme de réformes visant à libéraliser l'économie (privatisation des terres et des petites entreprises, vente par actions des grands conglomérats) et à la décentraliser, la Russie, membre fondateur de la C.É.I., connaît une profonde crise de transition (hyperinflation, chômage). □ **HISTOIRE** Après les invasions successives des peuples nomades (Cimmériens, Scythes, Sarmates, puis Goths, Huns, Avars, Khazars, Varègues), les régions comprises entre les Carpates et l'Oural s'organisèrent autour de Kiev (IXe s.), où se

Russie. Gorbatchev et Eltsine après le putsch manqué, le 22 août 1991. *Phot. © Shone/Gamma*

Russie. Le siège du Parlement en octobre 1993. *Phot. © Shone/Gamma*

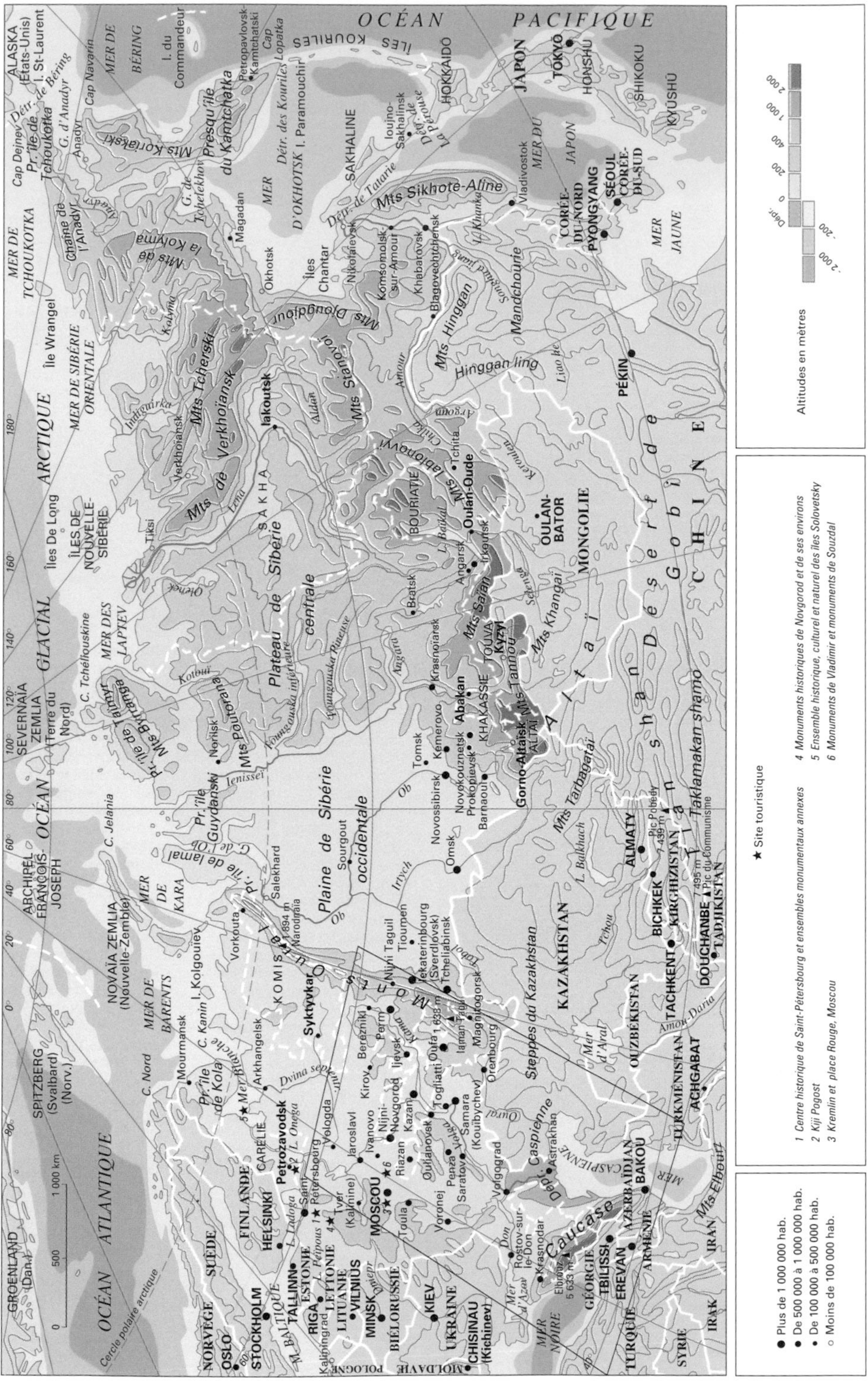
Plus de 1 000 000 hab.
De 500 000 à 1 000 000 hab.
De 100 000 à 500 000 hab.
Moins de 100 000 hab.
1 Centre historique de Saint-Pétersbourg et ensembles monumentaux annexes
2 Kiji Pogost
3 Kremlin et place Rouge, Moscou
4 Monuments historiques de Novgorod et de ses environs
5 Ensemble historique, culturel et naturel des îles Solovetsky
6 Monuments de Vladimir et monuments de Souzdal
★ Site touristique
Altitudes en mètres
2 000
1 000
400
200
0
Dépr.
-200
-2 000
OCÉAN ARCTIQUE
OCÉAN PACIFIQUE
OCÉAN ATLANTIQUE

Russie.

développa un État chrétien, proche culturellement de Byzance, mais politiquement de la Scandinavie. Cet empire ne résista pas aux Mongols de la Horde d'Or (XIIIe s.). Seule la principauté de Novgorod resta indépendante grâce à Alexandre Nevski. Il fallut ensuite attendre la fin du XVe s. pour voir s'organiser un État puissant et centralisé autour de Moscou, Ivan* III ayant libéré la Russie du joug mongol. La ville devint une nouvelle Rome pour les orthodoxes, après la chute de Constantinople (1453). Ivan* le Terrible (Ivan IV) prit le titre de tsar (César) en 1547. Il développa la conquête de territoires à l'est et l'ouverture commerciale et diplomatique avec la Turquie. Le règne de Boris* Godounov (1598-1605), avec ses dures répressions et ses famines, affaiblit la Russie. Avec l'élection du tsar Michel Romanov en 1613 commencèrent la reconstruction et la modernisation du pays. Les membres les plus importants de la dynastie des Romanov furent Pierre* le Grand et Catherine* II. Le premier (1682-1725) fit de la Russie un État moderne en développant l'économie, la culture et en réformant les institutions ; il construisit une nouvelle capitale, Saint-Pétersbourg, et ouvrit son pays à l'Occident. Alors que ses prédécesseurs avaient neutralisé, après une guerre de deux siècles, la Pologne et la Lituanie (paix d'Androussovo, 1667), il vainquit l'empire de Suède à Poltava (1709). Le règne (1741-1762) de sa fille Élisabeth Petrovna marqua un développement culturel. Avec Catherine II (1762-1796), la Russie devint une monarchie éclairée. Sa politique d'expansion territoriale aboutit à l'annexion de la Crimée et de la Lituanie. Le pays était désormais une des premières puissances d'Europe et d'Asie. Après la défaite des armées napoléoniennes (→ **Berezina**), Alexandre Ier conclut le pacte de la Sainte-Alliance avec la Prusse et l'Autriche (1815). À l'intérieur du pays, l'opinion s'éleva contre le pouvoir autocratique et le servage ; des officiers, les décabristes*, tentèrent d'instaurer la monarchie constitutionnelle en 1825. Nicolas* Ier écrasa le coup d'État ; la répression et la réaction absolutiste caractérisèrent son règne (1825-1855). Son successeur Alexandre II abolit le servage (1858) ; il fut tué dans un attentat nihiliste en 1881. Il avait développé le capitalisme, d'où la naissance d'un prolétariat et d'une intelligentsia révolutionnaire où les populistes, partisans de l'action terroriste, s'opposèrent aux marxistes. La guerre de Crimée*, la défaite de Nicolas II dans la guerre russo-japonaise et les problèmes économiques et sociaux allaient faire chanceler le tsarisme. Après la révolution de 1905, la tentative de monarchie parlementaire (élection de la *douma* ou assemblée en 1906) se heurta à la politique réactionnaire de Nicolas II et à l'impopularité de son conseiller Raspoutine. L'entrée de la Russie dans la Première Guerre mondiale, les défaites et manifestations ouvrières aggravèrent la situation. Le tsar fut contraint d'abdiquer en février 1917. En octobre, les révolutionnaires bolcheviks prirent le pouvoir. Leur dirigeant Lénine* décida la paix avec les Austro-Allemands, concentrant ses forces dans la guerre civile, contre les adversaires de la Révolution. Il lança la première politique socialiste de l'histoire (distribution des terres, « dictature du prolétariat ») et proclama, le 30 décembre 1922, l'Union des républiques socialistes soviétiques. Après la dissolution de l'URSS* en 1991, la Russie devint une république indépendante (Fédération de Russie) membre de la C.É.I. et présidée par B. Eltsine. Ce dernier fut confronté à l'opposition virulente des ultranationalistes et des communistes, ainsi qu'au désir d'autonomie des peuples intégrés à la Fédération (intervention militaire en Tchétchénie). Bien qu'affaibli, Eltsine a été réélu en 1996.

la **RUSSIE BLANCHE** → **Biélorussie**

RUSSULE n. f. ▪ Champignon à lamelles, dont plusieurs variétés sont comestibles.

RUSTAUD, AUDE adj. ▪ Qui a des manières grossières et maladroites. ✦ n. *Un gros rustaud.* ⇒ **rustre.**

RUSTICITÉ n. f. ▪ LITTÉR. Manières rustiques. ✦ Caractère rustique.

RUSTINE n. f. (n. déposé) ▪ Petite rondelle de caoutchouc qui sert à réparer une chambre à air de bicyclette.

RUSTIQUE adj. ▪ **1.** LITTÉR. De la campagne. ⇒ **agreste, champêtre, rural.** *La vie rustique.* **2.** (mobilier) Dans le style traditionnel de la campagne, de la province. **3.** péj. Très simple et peu raffiné. *Manières rustiques.* **4.** (plante) Qui demande peu de soins. ⇒ **résistant.**

RUSTRE n. m. ▪ Homme grossier et brutal. ⇒ **brute, goujat, malotru, rustaud.** *Quel rustre !*

RUT [Ryt] n. m. ▪ Période d'activité sexuelle pendant laquelle les animaux (mammifères) cherchent à s'accoupler (⇒ **œstrus**). ✦ *Femelle en rut*, en chaleur.

RUTABAGA n. m. ▪ Plante dont la tige renflée, à chair jaune, est comestible ; cette tige.

RUTEBEUF (XIIIe s.) ▪ Trouvère français. Auteur de fabliaux, de poèmes et d'un des plus anciens « miracles de Notre-Dame » (*"Le Miracle de Théophile"*, 1262).

RUTH ▪ Épouse de Booz, dans la Bible. Elle est l'ancêtre de David.

lord Ernest **RUTHERFORD of Nelson** (1871-1937) ▪ Physicien britannique. Ses travaux sur la radioactivité marquent les débuts de la physique nucléaire. En bombardant une cible d'aluminium avec des particules α, il mit en évidence l'existence du noyau atomique. Prix Nobel de chimie 1908.

RUTILANT, ANTE adj. ▪ **1.** LITTÉR. D'un rouge ardent. **2.** Qui brille d'un vif éclat.

RUTILER v. intr. [1] ▪ Être rutilant, briller d'un vif éclat.

le **RÜTLI** ou **GRÜTLI** ▪ Prairie de Suisse où aurait été scellée en 1291 l'alliance de trois cantons, à l'origine de la Confédération helvétique.

le **RUWENZORI** ▪ Ensemble montagneux d'Afrique centrale, d'origine volcanique, situé à la frontière du Zaïre et de l'Ouganda. Il est traversé par la ligne de séparation des eaux du Nil et du Zaïre, et dominé par le mont Ngaliema, ou mont Stanley (pic Margherita, 5 119 m).

Jan van **RUYSBROEK** (1293-1381) ▪ Théologien et mystique brabançon. Auteur des premières grandes œuvres écrites en néerlandais. Surnommé « l'Admirable ».

Jacob van **RUYSDAEL** ou **RUISDAEL** (v. 1628-1682) ▪ Peintre, dessinateur et graveur hollandais. Maître du paysage.

Michael Adriaanszoon de **RUYTER** (1607-1676) ▪ Amiral néerlandais. Victorieux des Anglais, battu par Duquesne (1676).

Angelo Beolco dit **LE RUZZANTE** (1502-1542) ▪ Auteur italien de comédies réalistes truculentes.

le **RWANDA** ou **RUANDA** ▪ État d'Afrique de l'Est. 26 338 km^2. 7 142 755 hab. *(les Rwandais).* Capitale : Kigali. Langues : kinyarwanda (off.), français. Monnaie : franc rwandais. Café, coton, tabac. Ancienne colonie allemande administrée par la Belgique après la Première Guerre mondiale, indépendante en 1962. Depuis lors, le pays a été en proie à une guerre civile meurtrière opposant les populations hutue et tutsie. En 1994, des massacres perpétrés par les extrémistes hutus firent des centaines de milliers de morts parmi les Tutsis et les Hutus modérés. Une grande partie de la population se réfugia dans les pays limitrophes. Le conflit s'acheva par la victoire du FPR (Front patriotique rwandais) à majorité tutsie, qui forma un gouvernement d'union nationale.

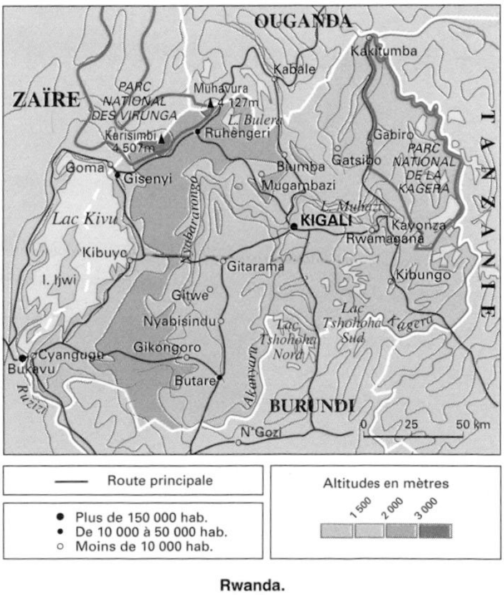

Rwanda.

RYBINSK ▪ Ville industrielle de Russie, sur la Volga. 252 000 hab.

RYTHME n. m. ▪ Retour à intervalles réguliers d'un repère constant ; alternance de temps forts et de temps faibles. ◇ REM. On a écrit *rhythme*. **1.** Mouvement du discours poétique réglé par la métrique, qui le distingue de la prose (⇒ **poésie**). « *Seul le rythme provoque le court-circuit poétique* » (Senghor). - Mouvement général (de la phrase, etc.) qui résulte de son agencement, de la répartition des accents. *Rythme et style.* **2.** Répartition des sons musicaux dans le temps, du point de vue de l'intensité et de la durée. ⇒ **mesure, mouvement, tempo.** *Marquer le rythme. Avoir le sens du rythme. Le rythme, dans le jazz.* ⇒ **swing. 3.** ARTS Distribution des masses, des lignes. *Le rythme d'une façade.* **4.** Mouvement périodique, régulier. *Le rythme des vagues. Le rythme cardiaque. Le rythme des saisons.* - *Rythme biologique :* variation périodique des phénomènes biologiques, dans le monde vivant. ⇒ **biorythme ; horloge** interne. **5.** Allure à laquelle s'exécute une action, se déroule un processus. ⇒ **cadence, vitesse.** *Le rythme de la production.*

RYTHMÉ, ÉE adj. ▪ Qui a un rythme et, spécialt, un rythme marqué. *Une musique rythmée.*

RYTHMER v. tr. [1] ▪ **1.** Soumettre à un rythme. *Rythmer sa marche.* **2.** Souligner le rythme de (une phrase, un morceau de musique...). ⇒ **scander.** *Rythmer un air en claquant des mains.*

RYTHMIQUE adj. ▪ **1.** Qui est soumis à un rythme régulier. - *Gymnastique rythmique,* par mouvements rythmés et enchaînés. *Danse rythmique.* **2.** Relatif au rythme. *Accent rythmique.* **3.** Qui utilise les effets du rythme. *Versification rythmique,* fondée sur l'accent tonique. ♦ n. f. Étude des rythmes dans la langue.

RYTHMIQUEMENT adv. ▪ De manière rythmique.

les îles RYŪKYŪ ▪ Archipel japonais. 2 246 km². Plus de 1 500 000 hab. Pêche, canne à sucre. La plus grande île, Okinawa, fut occupée par les États-Unis jusqu'en 1972.

S

S [ɛs] **n. m.** ▪ **1.** Dix-neuvième lettre, quinzième consonne de l'alphabet. *L's* ou *le s*. **2.** *S'* ⇒ **se** ; ① **si. 3.** Forme sinueuse du s. *Un virage en s, en S.*

SA ⇒ ① SON **(adj. poss.)**

la S.A. ou **SA, Sturm Abteilung** ▪ « Section d'assaut », formation paramilitaire de l'Allemagne nazie, dirigée par Ernst Röhm. Ses chefs furent éliminés lors de la « nuit des longs couteaux » (1934).

SAADI → Sa'di

SAADIA BEN JOSEPH (v. 882 - 942) ▪ Grammairien, philosophe et théologien juif de langue arabe.

les SAADIENS ▪ Dynastie qui régna au Maroc de 1554 à 1659.

Eliel SAARINEN (1873 - 1950) ▪ Architecte et urbaniste finlandais. Il réalisa la gare d'Helsinki. Installé aux États-Unis après la Première Guerre mondiale, il contribua à diffuser le modernisme. ► **Eero SAARINEN** (1910 - 1961), son fils, prôna la liberté formelle contre le systématisme du style international des années 1930. La réalisation du centre technique de la General Motors (Warren, Michigan, 1950-1955) le rendit célèbre.

Eero **Saarinen.** Jefferson Memorial Arch, Saint Louis, Missouri.
Phot. © Halaska P. Resear/Explorer

la reine de SABA ▪ Souveraine d'un royaume de l'Antiquité, situé au sud-ouest de l'Arabie (Yémen). Dans la Bible, elle rend visite à Salomon. Selon la tradition royale d'Éthiopie, un fils serait né de cette rencontre : Ménélik.

Umberto Poli dit **SABA** (1883 - 1957) ▪ Poète italien. Œuvre poétique à caractère autobiographique d'une grande délicatesse. *"Il Canzoniere"* (1921).

SABADELL ▪ Ville d'Espagne (Catalogne). 184 190 hab. Centre textile.

SABAH ▪ État de Malaysia orientale, au nord de l'île de Bornéo. 73 620 km^2. 1 736 902 hab. Capitale : Kota Kinabalu. Protectorat britannique de 1888 à 1946, puis colonie de la Couronne, le territoire fut intégré en 1963 à la Malaysia, malgré les protestations des Philippines.

Paul SABATIER (1854 - 1941) ▪ Chimiste français. Il réussit la synthèse de nombreux hydrocarbures, permettant de remplacer dans l'industrie des catalyseurs aussi coûteux que le platine ou le palladium par du nickel. Prix Nobel 1912, avec V. Grignard.

Ernesto SÁBATO (né en 1911) ▪ Essayiste et romancier argentin. Il a publié des romans à la fois réalistes et métaphysiques : *"Le Tunnel"* (1948) ; *"L'Ange des ténèbres"* (1974).

SABAYON [-aj-] **n. m.** ▪ Crème mousseuse aromatisée de vin doux ou de champagne.

SABBAT **n. m.** ▪ **1.** Repos que les juifs doivent observer le samedi, jour consacré au culte divin. **2.** Assemblée nocturne et bruyante de sorciers et sorcières, au Moyen Âge.

SABBATIQUE **adj.** ▪ Qui a rapport au sabbat (1). - loc. *Année sabbatique,* année de congé accordée dans certains pays aux professeurs d'université, aux cadres d'entreprise, à des fins de recherche ou de formation.

les SABINS ▪ Ancien peuple de l'Italie centrale. Ils déclarèrent la guerre à Romulus qui avait enlevé les Sabines pour donner des épouses à ses compagnons (753 av. J.-C.).

SABIR **n. m.** ▪ Jargon mêlé d'arabe, de français, d'espagnol, d'italien, qui était parlé en Afrique du Nord et dans le Levant. ♦ péj. Langage hybride et incompréhensible. ⇒ **charabia, jargon.**

SABLAGE **n. m.** ▪ Action de sabler.

SABLE **n. m.** ▪ **1.** Ensemble de petits grains minéraux (quartz) séparés, recouvrant le sol. *Grain de sable. Une plage de sable fin.* - *Sables mouvants :* sable où l'on peut s'enliser. *Rose* des sables.* - *Tempête de sable,* qui soulève et transporte le sable. ♦ loc. *BÂTIR* SUR LE SABLE.* - FAM. *ÊTRE SUR LE SABLE :* n'avoir plus d'argent ; être sans travail. - *Le marchand de sable est passé :* les enfants ont sommeil (les yeux leur piquent). **2.** **adj. invar.** Beige très clair.

SABLÉ, ÉE ▪ **1.** **n. m.** Petit gâteau sec à pâte friable. **2.** **adj.** Qui a la texture de ce gâteau. *Pâte sablée.*

SABLER **v. tr.** 1 ▪ **1.** Couvrir de sable. *Sabler une route.* - au p. p. *Allée sablée.* **2.** TECHN. Couler dans un moule de sable. ♦ fig. VX Boire d'un trait. - MOD. loc. *SABLER LE CHAMPAGNE :* boire du champagne lors d'une réjouissance. **3.** TECHN. Décaper à la sableuse.

Les SABLES-D'OLONNE ▪ Chef-lieu d'arrondissement de la Vendée. Station balnéaire et port de pêche. 15 830 hab. *(les Sablais).*

SABLES-D'OR-LES-PINS ▪ Station balnéaire des Côtes-d'Armor (commune de Pléhédel), au sud-ouest du cap Fréhel.

SABLÉ-SUR-SARTHE ▪ Commune de la Sarthe. 12 178 hab. *(les Saboliens).* Château (XVIIIe s.).

SABLEUR, EUSE ▪ **I.** n. **1.** Ouvrier, ouvrière qui fait les moules en sable dans une fonderie. **2.** Ouvrier, ouvrière qui travaille à la sableuse. **II.** n. f. Machine servant à décaper, à dépolir par projection d'un jet de sable.

SABLEUX, EUSE adj. ▪ Qui contient du sable.

SABLIER n. m. ▪ Instrument fait de deux petits récipients transparents superposés communiquant par un étroit conduit, du sable coulant doucement du récipient supérieur dans l'autre (pour mesurer le temps).

SABLIÈRE n. f. ▪ Carrière de sable.

SABLONNEUX, EUSE adj. ▪ Naturellement couvert ou constitué de sable. *Terrain sablonneux.*

SABORD n. m. ▪ Ouverture rectangulaire servant, sur les vaisseaux de guerre, de passage à la bouche des canons. – FAM. *Mille sabords !,* juron de marins.

SABORDAGE n. m. ▪ Action de saborder, de se saborder.

SABORDER v. tr. 1 ▪ **1.** Couler volontairement (un navire). – pronom. *Se saborder :* couler volontairement son navire. **2.** Mettre fin volontairement à (une activité, une entreprise). – pronom. *Le journal s'est sabordé.*

SABOT n. m. ▪ **1.** Chaussure paysanne faite généralement d'une seule pièce de bois évidée (⇒ **galoche**). – loc. *Je le vois venir* AVEC SES GROS SABOTS, ses allusions, ses intentions sont trop claires. – *Avoir les deux pieds* dans le même sabot.* **2.** Enveloppe cornée qui entoure l'extrémité des doigts chez les ongulés. *Ferrer les sabots d'un cheval.* **3.** *Sabot (de frein),* pièce mobile qui vient s'appliquer sur la jante de la roue. – *Sabot de Denver,* pince que la police ajuste à la roue d'un véhicule pour l'immobiliser. **4.** appos. *Baignoire sabot :* baignoire courte où l'on se baigne assis.

SABOTAGE n. m. ▪ Action de saboter. *Sabotage industriel.*

SABOTER v. tr. 1 ▪ **1.** Faire vite et mal. ⇒ **bâcler.** – au p. p. *Un travail saboté.* **2.** Détériorer ou détruire (une machine, une installation) pour empêcher le fonctionnement d'un service ou d'une entreprise. *Saboter un avion ennemi.* – fig. *Saboter un projet.*

SABOTEUR, EUSE n. ▪ Personne qui sabote.

SABOTIER, IÈRE [-tje, jɛʀ] n. ▪ Personne qui fabrique, qui vend des sabots.

SABRE n. m. ▪ **1.** Arme blanche, à pointe et à simple tranchant, à lame plus ou moins recourbée. ⇒ **cimeterre, yatagan.** – péj. *Traîneur de sabre :* militaire fanfaron et belliqueux. – loc. LE SABRE ET LE GOUPILLON : l'armée et l'Église. **2.** Sport de l'escrime au sabre.

SABRER v. tr. 1 ▪ **I.** Frapper à coups de sabre. *Sabrer l'ennemi.* **II.** fig. **1.** Pratiquer de larges coupures dans (un texte). **2.** Éliminer (qqch.), évincer (qqn). – FAM. *Sabrer un candidat,* le noter sévèrement ; le refuser.

Sacco et Vanzetti, le jour de leur exécution. *Phot. © Keystone*

SABREUR n. m. ▪ Celui qui se bat au sabre. – fig. Soldat brutal.

① **SAC** n. m. ▪ **I. 1.** Contenant formé d'une matière souple, ouvert seulement par le haut. ⇒ **poche.** *Un sac de toile. Sac à deux poches.* ⇒ **besace.** *Sac en plastique ;* FAM. *sac plastique.* – *Un sac de charbon,* contenant du charbon. ♦ SAC DE COUCHAGE, fait de duvet naturel ou synthétique, pour dormir. – FAM. *Sac à viande :* drap cousu en fourreau. **2.** loc. *Mettre dans le même sac :* englober dans la même réprobation. *Prendre qqn la main dans le sac,* le prendre sur le fait. ♦ FAM. SAC DE NŒUDS : affaire confuse et embrouillée. – SAC À VIN : ivrogne. ♦ *L'affaire est dans le sac :* le succès est assuré (titre d'un film des frères Prévert). – FAM. VIDER SON SAC : dire le fond de sa pensée ; avouer. – *Avoir plus d'un tour dans son sac :* être très malin. **3.** Objet souple fabriqué pour servir de contenant, où l'on peut ranger, transporter diverses choses. ⇒ **musette, sacoche ; havresac ; banane.** *Sac d'alpiniste, de campeur,* porté sur le dos à l'aide de bretelles. *Sac à dos.* – *Sac à provisions.* ⇒ **cabas.** – *Sac de voyage.* ♦ SAC À MAIN et absolt SAC : sac où les femmes mettent l'argent, les papiers, etc. *Porter son sac en bandoulière.* ♦ Serviette, cartable (d'écolier). **4.** Contenu d'un sac. *Moudre un sac de café.* **5.** FAM. avec un numéral Somme de dix francs. *Dix sacs* (cent francs). **II.** DIDACT. Cavité (d'un organisme) ou enveloppe en forme de poche, de sac. *Sac lacrymal* (de l'œil).

② **SAC** n. m. ▪ Pillage (d'une ville, d'une région). ⇒ **saccage.** *Le sac de Rome, en 1527.* – loc. *Mettre à sac :* piller, saccager.

SACCADE n. f. ▪ Mouvement brusque et irrégulier. ⇒ **à-coup, secousse, soubresaut.** *Avancer par saccades.*

SACCADÉ, ÉE adj. ▪ Qui procède par saccades. ⇒ **haché, heurté.** *Des gestes saccadés.*

SACCAGE n. m. ▪ Pillage commis en saccageant.

SACCAGER v. tr. 3 ▪ **1.** Mettre à sac, en détruisant et en volant. ⇒ **piller, ravager. 2.** Mettre en désordre, abîmer. *Les cambrioleurs ont tout saccagé.*

SACCAGEUR, EUSE n. ▪ Personne qui saccage (une ville, un pays).

SACCHARINE [-ka-] n. f. ▪ Substance blanche utilisée comme succédané du sucre.

SACCHAR(O)- [-ka-] Élément, du latin *saccharum,* grec *sakkharon* « sucre ». ⇒ **gluc(o)-.**

SACCHAROSE [-ka-] n. m. ▪ DIDACT. Sucre courant alimentaire.

Antonio SACCHINI (1730-1786) ▪ Compositeur italien, auteur d'opéras.

l'affaire SACCO ET VANZETTI ▪ Affaire judiciaire américaine. Immigrés italiens et militants anarchistes, Sacco et Vanzetti furent condamnés sans preuves pour assassinat et exécutés en 1927, ce qui provoqua une vague de protestations aux États-Unis et dans le monde.

SACERDOCE n. m. ▪ **1.** Dignité ou fonction du ministre de Dieu. ⇒ **ministère.** ♦ fig. Fonction qui présente un caractère quasi religieux en raison du dévouement qu'elle exige. *La médecine est pour lui un sacerdoce.* **2.** Corps ecclésiastique (considéré dans sa puissance, son autorité). HIST. *La querelle du Sacerdoce et de l'Empire :* la lutte qui opposa la papauté aux empereurs germaniques Hohenstaufen pour la primauté dans l'Occident chrétien (1154-1250).

SACERDOTAL, ALE, AUX adj. ▪ Propre au sacerdoce, aux prêtres.

SACHEM [saʃɛm] n. m. ▪ Vieillard, ancien (chef, conseiller), chez les Indiens d'Amérique du Nord.

Paul SACHER (né en 1906) ▪ Mécène et chef d'orchestre suisse.

Leopold von SACHER-MASOCH (1836-1895) ▪ Écrivain autrichien. Il décrit une forme d'érotisme liée à l'humiliation (cf. masochisme). *"La Vénus à la fourrure"* (1870).

SACHET n. m. ▪ Petit sac. *Un sachet de bonbons.* ⇒ **paquet.** *Levure en sachet.* – *Sachets de thé.*

Hans SACHS (1494-1576) ▪ Poète et auteur dramatique allemand. Il est le héros de l'opéra de Richard Wagner *"Les Maîtres chanteurs".*

Nelly SACHS (1891-1970) ▪ Écrivain suédois d'origine allemande. Elle s'inspira des traditions juive et biblique. *"Fuite et Transformation"* (1959). Prix Nobel 1966.

SACLAY ▪ Commune de l'Essonne. 2 894 hab. *(les Saclaysiens).* Centre d'études nucléaires.

SACOCHE n. f. ▪ Sac de cuir ou de toile forte qu'une courroie permet de porter. *Sacoche de facteur, d'écolier.* ➛ *Sacoches (de cycliste, de motocycliste),* fixées au porte-bagages.

SACQUER ou **SAQUER** v. tr. ⧠1 ▪ FAM. **1.** Renvoyer, congédier. ➛ Noter sévèrement. **2.** *Ne pas pouvoir sacquer qqn,* le détester (⇒ **encadrer, encaisser**).

SACRAL, ALE, AUX adj. ▪ DIDACT. Relatif au sacré ; qui a été sacralisé.

SACRALISATION n. f. ▪ DIDACT. Fait de sacraliser.

SACRALISER v. tr. ⧠1 ▪ DIDACT. Attribuer un caractère sacré à. *Certains peuples sacralisent leurs ancêtres.*

SACRAMENTEL, ELLE adj. ▪ DIDACT. D'un sacrement, des sacrements. *Rites sacramentels.*

SACRAMENTO ▪ Ville des États-Unis, capitale de la Californie. 369 000 hab.

① **SACRE** n. m. ▪ **1.** Cérémonie par laquelle l'Église consacre un souverain, un évêque. **2.** fig. Consécration solennelle. *"Le Sacre du printemps"* (ballet de Stravinski).

② **SACRE** n. m. ▪ RÉGIONAL (Canada) Juron ; blasphème.

① **SACRÉ, ÉE** adj. ▪ **I. 1.** Qui appartient à un domaine interdit et inviolable (par opposition à *profane*) et fait l'objet d'une vénération religieuse. ⇒ **saint, tabou.** *Les livres sacrés.* ➛ loc. *Avoir le feu* sacré.* ➛ n. m. *Le sacré et le profane.* ♦ Qui appartient à la liturgie. *La musique sacrée.* ⇒ **religieux. 2.** Qui est digne d'un respect absolu. ⇒ **inviolable, sacro-saint.** *Un droit sacré.* **II.** FAM. (avant le n. ; valeur intensive) *Tu es un sacré menteur ! Tu as une sacrée chance.* ♦ POP. (renforçant un juron) *Sacré bon Dieu !* ◇ REM. Souvent abrégé en *cré : cré nom !*

② **SACRÉ, ÉE** adj. ▪ ANAT. Relatif au sacrum. *Vertèbres sacrées.*

SACRÉ-CŒUR n. m. ▪ Cœur de Jésus-Christ, auquel l'Église catholique rend un culte.

▪ **la basilique du SACRÉ-CŒUR** ▪ Église de Paris sur la butte Montmartre, construite de 1876 à 1910.

SACREMENT n. m. ▪ Rite sacré institué par Jésus-Christ, pour produire ou augmenter la grâce dans les âmes. *Les sept sacrements. Les derniers sacrements,* administrés à un mourant. *Le saint(-)sacrement (de l'autel) :* l'eucharistie. ➛ loc. *Porter qqch. comme le saint(-)sacrement,* avec précaution et respect.

SACRÉMENT adv. ▪ FAM. Très, extrêmement. *Il est sacrément prétentieux.*

① **SACRER** v. tr. ⧠1 ▪ **1.** Consacrer (qqn) par la cérémonie du sacre. *Sacrer un roi* (⇒ **introniser**), *un évêque.* **2.** fig. (avec un attribut) *Être sacré champion olympique.*

② **SACRER** v. intr. ⧠1 ▪ VIEILLI ou RÉGIONAL Jurer ; dire des sacres (⇒ ② **sacre**).

SACRIFICATEUR, TRICE n. ▪ Prêtre, prêtresse préposé(e) aux sacrifices.

SACRIFICE n. m. ▪ **1.** Offrande rituelle à la divinité, caractérisée par la destruction (réelle ou symbolique) ou l'abandon volontaire de la chose offerte. *Sacrifices humains,* d'êtres humains. ➛ RELIG. CATHOL. *Le saint sacrifice :* la messe. **2.** Renoncement ou privation volontaire (dans une intention religieuse, morale, etc.). *Faire le sacrifice de sa vie.* ➛ Privation financière ; renoncement à un gain. *C'est pour lui un gros sacrifice.* ♦ *Le sacrifice de soi.* ➛ absolt *Esprit de sacrifice.* ⇒ **abnégation, dévouement, renoncement.** *Avoir le goût du sacrifice.*

le **Sacré-Cœur.** *Phot. © Tani Capacchione/Ricciarini*

SACRIFICIEL, IELLE adj. ▪ DIDACT. Propre à un sacrifice, aux sacrifices (1).

SACRIFIER v. tr. ⧠7 ▪ **1.** Offrir en sacrifice (1). ⇒ **immoler.** *Sacrifier un animal à une divinité.* ♦ intrans. SACRIFIER À. *Sacrifier aux idoles.* ➛ fig. LITTÉR. *Sacrifier à la mode,* s'y conformer. **2.** Abandonner ou négliger (qqch., qqn) par un sacrifice (2). *Il a sacrifié sa santé, ses proches à sa carrière.* **3.** FAM. Se défaire de (qqch.). *Sacrifier une bonne bouteille.* ➛ au p. p. *Marchandises sacrifiées,* soldées à bas prix. ► SE **SACRIFIER** v. pron. Se dévouer par le sacrifice de soi, de ses intérêts. *Se sacrifier à un idéal. Elle s'est sacrifiée pour ses enfants.*

SACRILÈGE ▪ **I.** n. m. Profanation d'objets, de lieux, de personnes revêtus d'un caractère sacré. ⇒ **blasphème.** *Commettre un sacrilège.* ♦ fig. *C'est un sacrilège d'avoir démoli ce château.* **II.** n. Personne qui a commis un sacrilège. ⇒ **profanateur.** ➛ adj. *Un attentat sacrilège.* ⇒ **blasphématoire, impie.**

SACRIPANT n. m. ▪ FAM. Mauvais sujet, chenapan. ⇒ **vaurien.**

SACRISTAIN n. m. ▪ Celui qui est préposé à la sacristie, à l'entretien de l'église. ⇒ aussi **bedeau.**

SACRISTAINE n. f. ▪ Religieuse ou laïque préposée à la sacristie. ◇ syn. SACRISTINE.

SACRISTIE n. f. ▪ Annexe d'une église où sont déposés les objets du culte. ➛ loc. FAM. *Punaise de sacristie :* bigote.

SACRO- Élément savant tiré de *sacrum* (ex. *sacro-iliaque* adj. « relatif au sacrum et à l'os iliaque »).

SACRO-SAINT, SACRO-SAINTE adj. ▪ **1.** VX Saint et sacré. **2.** MOD. Qui fait l'objet d'un respect exagéré. *Ses sacro-saints principes.*

SACRUM [-ɔm] n. m. ▪ Os formé par la réunion des cinq vertèbres sacrées, à la partie inférieure de la colonne vertébrale, articulé avec le coccyx.

Anouar al-SADATE (1918 - 1981) ▪ Homme politique égyptien. Président de la République égyptienne de 1970 à sa mort (il fut assassiné). Il fut le principal artisan des accords de paix avec Israël (1978-1979). Prix Nobel de la paix en 1978, avec Begin. → **Égypte.**

Sadate. *Phot. © Gamma*

Donatien Alphonse, François, comte de Sade, dit **le marquis de SADE** (1740 - 1814) ▪ Écrivain français, condamné à la prison pour « débauche outrée ». Il prône la jouissance et décrit une forme d'érotisme qui inflige la souffrance (cf. sadisme). *"Justine ou les Malheurs de la vertu"* (1791).

SA'DI ou **SAADI** (v. 1200 - v. 1291) ▪ Poète persan. Très populaire en Orient, traduit en français dès 1634. *"Le Gulistān"* ou *"Jardin des roses"* (1258).

SADIEN, IENNE adj. ▪ DIDACT. Propre aux œuvres du marquis de Sade.

SADIQUE adj. ▪ Qui manifeste du sadisme. *Il est sadique.* ➛ *Plaisir sadique.* ♦ n. *Un, une sadique.*

SADIQUEMENT adv. ▪ De manière sadique.

SADISME n. m. ▪ **1.** PSYCH. Perversion sexuelle dans laquelle le plaisir ne peut être obtenu que par la souffrance infligée à l'objet du désir. *Sadisme et masochisme.* **2.** COUR. Goût pervers de faire souffrir.

SADOMASOCHISME n. m. ▪ PSYCH. Perversion sexuelle qui associe sadisme et masochisme.

SADOMASOCHISTE adj. et n. ▪ PSYCH. À la fois sadique et masochiste.

SADOWA en tchèque *SADOVÁ* ▪ Localité de Bohême, près de Hradec Králové. Victoire remportée par les Prussiens sur les Autrichiens (juillet 1866) qui révéla la puissance et l'efficacité de leur armement.

Pieter Jansz SAENREDAM (1597-1665) ▪ Peintre hollandais. Dessinateur d'architecture, il se consacra à la peinture d'édifices urbains (ancien hôtel de ville d'Amsterdam) et d'intérieurs d'églises (Sainte-Marie d'Utrecht).

SAFARI n. m. ▪ Expédition de chasse aux gros animaux sauvages, en Afrique noire. - *SAFARI-PHOTO* : excursion au cours de laquelle on photographie ou filme des animaux sauvages. *Des safaris-photos.*

les SAFAVIDES ou **SÉFÉVIDES** ▪ Dynastie arabe qui régna sur la Perse de 1501 à 1736.

SAFI ▪ Ville et port du Maroc. 283 000 hab.

① **SAFRAN** n. m. ▪ **1.** Plante (crocus) dont les fleurs portent des stigmates orangés. **2.** Condiment en poudre provenant de ces stigmates. *Riz au safran.* **3.** Couleur jaune orangé. - adj. invar. *Des soieries safran.*

safran. *Crocus sativus,* safran. *Phot. © Viard/Jacana*

② **SAFRAN** n. m. ▪ Pièce principale d'un gouvernail de navire.

SAGA n. f. ▪ **1.** LITTÉR. Récit historique ou mythologique de la littérature médiévale scandinave. *Les sagas islandaises.* ▪ Nées au XIIe et XIIIe s., les sagas, textes en prose, généralement anonymes, narrent la vie et l'œuvre des rois de Norvège (sagas « royales »); des grands colonisateurs de l'Islande et de leurs descendants (sagas « des Islandais »); des chroniques de la vie politique islandaise de cette époque (sagas « des contemporains »); des récits légendaires (sagas « des temps anciens »). → **Snorri Sturluson.** **2.** Histoire présentant un aspect légendaire. *Écrire la saga d'une famille.*

SAGACE adj. ▪ LITTÉR. Qui a de la sagacité.

SAGACITÉ n. f. ▪ Pénétration faite d'intuition, de finesse et de vivacité d'esprit. ⇒ **perspicacité.**

SAGAIE n. f. ▪ Lance, javelot (dans certaines civilisations traditionnelles).

Françoise Quoirez dite **Françoise SAGAN** (née en 1935) ▪ Romancière et auteur dramatique française. *"Bonjour tristesse"* (1954), son premier roman, eut un immense succès. *"Château en Suède"* (1960), théâtre.

SAGE adj. ▪ **1.** LITTÉR. Qui a un art de vivre supérieur, qui peut être considéré comme un modèle. - n. m. *Sa vie fut celle d'un sage.* **2.** Réfléchi et modéré. ⇒ **prudent, raisonnable, sensé, sérieux.** - *De sages conseils.* ⇒ **judicieux.** **3.** VIEILLI Réservé dans sa conduite sexuelle. **4.** après le nom Calme et docile (enfants). *Sage comme une image.* **5.** (choses) Mesuré. *Des goûts sages.*

SAGE-FEMME [-fam] n. f. ▪ Femme dont le métier est de surveiller la grossesse et d'assister les femmes lors de l'accouchement. ⇒ **accoucheuse.** *Des sages-femmes.*

SAGEMENT adv. ▪ D'une manière sage. *Il a agi très sagement.* - *Attends-moi bien sagement ici.*

SAGESSE n. f. ▪ **1.** Philosophie, conduite du sage (1). ♦ Prudence éclairée. *La sagesse du législateur.* - *La sagesse des nations,* remarques et conseils de bon sens mis en proverbes. **2.** Modération et prudence dans la conduite. *Avoir la sagesse d'attendre. La voix de la sagesse.* ⇒ **raison.** **3.** Tranquillité, docilité (enfants). *Bravo, tu as été d'une sagesse exemplaire.* **4.** (choses) Mesure ; absence d'excès, d'innovation.

SAGITTAIRE n. m. ▪ Neuvième signe du zodiaque (22 novembre-20 décembre). - *Être Sagittaire,* de ce signe.

SAGITTAL, ALE, AUX adj. ▪ DIDACT. **1.** En forme de flèche. **2.** *Plan sagittal* : plan vertical perpendiculaire au plan vu de face.

SAGOUIN, OUINE ▪ **1.** n. m. VX Ouistiti (singe). **2.** n. MOD. FAM. Personne, enfant malpropre. - *Tas de sagouins !* (injure).

le SAGUENAY ▪ Rivière du Québec, issue du lac Saint-Jean, affluent du Saint-Laurent. 200 km. Elle forme un fjord pittoresque. Hydroélectricité.

SAGUNTO en français *SAGONTE* ▪ Ville d'Espagne (Communauté autonome et province de Valence). 55 791 hab. Cité florissante alliée de Rome, son siège par les Carthaginois en 219 av. J.-C. fut à l'origine de la deuxième guerre punique.

le SAHARA ▪ Le plus vaste désert du monde, situé dans le nord de l'Afrique. 8 000 000 km². Il s'étend d'ouest en est, des côtes de l'Atlantique à la mer Rouge et, du nord au sud, depuis le sud du Maghreb (Tunisie, Algérie, Maroc) et de la Libye jusqu'au Sahel. C'est une région au climat aride, dont le relief est varié : cuvettes, plateaux, amoncellements de pierres, dunes et massifs montagneux (Hoggar, Tibesti). Le Sahara est une terre de contact entre les Arabes et Berbères et les Africains noirs. Les Sahariens (Maures, Touaregs, Toubous) sont des nomades pasteurs ou bien des agriculteurs sédentaires dans les oasis. La principale culture est le palmier-dattier, mais la richesse de cette région réside dans le sous-sol : gisements de pétrole (Hassi Messaoud), de gaz naturel, d'uranium, de minerai de fer, de cuivre et de charbon.

le SAHARA-OCCIDENTAL ▪ Ancienne province espagnole située au sud du Maroc. 266 769 km². 170 000 hab. *(Sahraouis).* Capitale : El-Aïun (20 535 hab.). Phosphates. Partagée en 1975 entre la Mauritanie et le Maroc, évacuée en 1979 par la Mauritanie, actuellement administrée par le Maroc. Un conflit entre le Maroc et les nationalistes du Front Polisario — soutenus par l'Algérie, réclamant la création d'un État sahraoui indépendant — persista jusqu'à l'acceptation d'un plan de paix en 1988, stipulant l'arrêt des combats et la mise en place d'un référendum d'autodétermination.

SAHARIEN, IENNE adj. et n. ▪ Du Sahara. - n. *Les Sahariens.*

SAHARIENNE n. f. ▪ Veste de toile à manches courtes et poches plaquées.

le SAHEL ▪ Bordure sud du Sahara (Mali, Niger, Tchad), s'étendant du nord de l'Éthiopie à la côte sénégalaise. Régions proches de la côte en Tunisie et en Algérie.

SAHRAOUI, IE [saʀawi] adj. et n. ▪ Du Sahara occidental.

SAÏ [sai ; saj] n. m. ▪ Singe d'Amérique du Sud (sapajou).

SAÏDA ▪ Ville du Liban. 200 000 hab. Ancienne cité phénicienne (Sidon). Importantes nécropoles.

Saïda. Les fortifications. *Phot. © Hétier*

le **Sahel.** *Phot. © Thierry Rannou/Gamma*

SAÏGA [sajga ; saiga] **n. m.** ▪ Petite antilope d'Eurasie.

SAIGNANT, ANTE adj. ▪ **1.** Qui dégoutte de sang. *Une blessure encore saignante.* **2.** fig. Se dit d'une blessure morale particulièrement douloureuse. ♦ Particulièrement dur, cruel. *Parole, critique saignante.* **3.** (viande) Peu cuit, où il reste du sang. ⇒ **rouge.** *Bifteck saignant. Très saignant.* ⇒ **bleu.**

SAIGNÉE n. f. ▪ **I. 1.** Évacuation provoquée d'une certaine quantité de sang. **2.** fig. Perte d'hommes (par la guerre, etc.). *La saignée subie par la France en 1914.* **II. 1.** Pli entre le bras et l'avant-bras (où se fait souvent la saignée). *La saignée du bras.* **2.** Entaille longitudinale (dans un arbre, etc.).

SAIGNEMENT n. m. ▪ Écoulement de sang. ⇒ **hémorragie.** *Saignement de nez.* ⇒ **épistaxis.**

SAIGNER v. [1] ▪ **I. v. intr. 1.** (corps, organe) Perdre du sang. *Saigner comme un bœuf,* abondamment. *La plaie saigne.* – loc. *Saigner du nez.* **2.** fig. LITTÉR. Être le siège d'une vive souffrance. *Son cœur saigne.* **3.** FAM. impers. *Ça va saigner :* il va y avoir des coups, le conflit va être dur. **II. v. tr. 1.** Faire une saignée à (qqn). – loc. fig. *Saigner à blanc :* priver de ressources. **2.** Tuer (un animal) par égorgement. ⇒ **égorger.** *Saigner un porc.* **3.** fig. Épuiser (qqn) en lui retirant ses ressources. *Il a saigné ses parents.* – pronom. loc. *Se saigner aux quatre veines :* dépenser ou donner tout ce que l'on peut.

SAÏGON ▪ Ville principale de l'ancienne Cochinchine, capitale du Viêtnam-du-Sud (1954-1975), devenue Hô Chi Minh-Ville.

SAILLANT, ANTE adj. ▪ **1.** Qui avance, dépasse. ⇒ **proéminent.** *Pommettes saillantes.* – *Angle saillant,* de moins de 180° (opposé à *rentrant*). **2.** fig. ⇒ **frappant, marquant, remarquable.** *Le trait le plus saillant de son caractère.*

SAILLIE n. f. ▪ **I. 1.** VX Action de s'élancer ; élan. **2.** LITTÉR. Trait d'esprit brillant et inattendu. ⇒ **boutade. 3.** Accouplement des animaux domestiques en vue de la reproduction. ⇒ **monte. II.** Partie qui avance, dépasse le plan, l'alignement. ⇒ **avancée, relief.** *Les saillies d'un mur.* – *En saillie.* ⇒ **saillant.** – *Faire saillie.* ⇒ **dépasser,** ① **ressortir.**

SAILLIR v. ▪ **I.** [2] rare sauf inf. et 3e pers. **1. v. intr.** VX Jaillir avec force. **2. v. tr.** (animaux mâles) Couvrir (la femelle). **II. v. intr.** [13] ou LITTÉR. [2] Avancer en formant un relief. *L'effort faisait saillir ses veines.*

SAIN, SAINE adj. ▪ **1.** Qui est en bonne santé (opposé à *malade*) ; dont l'organisme fonctionne normalement. *Être sain de corps et d'esprit.* – *Dents saines. Une plaie saine,* qui ne s'infecte pas. ♦ loc. SAIN ET SAUF : en bon état physique, après un danger. *Ils sont revenus sains et saufs.* **2.** Qui jouit d'une bonne santé psychique. *Être sain de corps et d'esprit.* – *Un jugement sain.* ♦ Considéré comme bon et normal (opposé à *malsain*). *De saines lectures.* **3.** Qui contribue à la bonne santé physique. *Un climat sain.* ⇒ **salubre.** *Une nourriture saine.* – *Une vie saine.* **4.** fig. Qui ne présente aucune anomalie cachée. *Une affaire saine.* – *Une économie saine.*

SAINDOUX n. m. ▪ Graisse de porc fondue. *Du saindoux.*

SAINEMENT adv. ▪ **1.** D'une manière saine (3). *Vivre sainement.* **2.** Judicieusement, raisonnablement. *Juger sainement.*

SAINFOIN n. m. ▪ Plante à fleurs rouges cultivée comme fourrage.

SAINT, SAINTE ▪ **I. n. 1.** Personne qui est après sa mort l'objet, de la part de l'Église catholique, d'un culte public, en raison de la perfection chrétienne qu'elle a atteinte durant sa vie. *La canonisation d'un saint, d'une sainte.* ♦ loc. *Ne savoir* À QUEL SAINT SE VOUER : ne plus savoir comment se tirer d'affaire. – *Ce n'est pas un saint,* il n'est pas parfait. – *Un petit saint,* un personnage vertueux. *Ce n'est pas un petit saint.* – *Il vaut mieux s'adresser à Dieu qu'à ses saints,* au chef plutôt qu'aux subordonnés. **2.** (dans d'autres religions) *Les saints de l'islam, du bouddhisme.* **3.** Personne d'une vertu, d'une patience exemplaires. **4. n. m.** *Le Saint des Saints,* l'enceinte du Temple la plus sacrée (⇒ **sanctuaire**). – fig. *Le saint des saints :* le cœur, l'endroit le plus secret et le plus important (d'une organisation...). **II. adj. 1.** S'emploie devant le nom d'un saint, d'une sainte. *L'Évangile selon saint Jean.* – *La sainte Famille :* Jésus, Joseph et Marie. – *La Sainte Vierge.* – *La Saint-Sylvestre :* le 31 décembre. **2.** Qui mène une vie irréprochable, conforme à la religion. *Un saint homme, une sainte femme.* **3.** Qui a un caractère sacré, religieux ; qui appartient à la religion judéo-chrétienne, à l'Église (⇒ **consacré ; sanctifier**). *L'histoire sainte. Les Lieux* saints, la Terre* sainte.* – loc. FAM. *Toute la sainte journée :* pendant toute la journée, sans arrêt. ♦ *Guerre* sainte.* **4.** Qui est inspiré par la piété. *Une sainte indignation.* **5.** Qui inspire de la vénération. ⇒ ① **sacré, vénérable.**

SAINT-ACHEUL ▪ Commune de la Somme. Site préhistorique (le terme *acheuléen* fut créé en 1873 pour désigner l'industrie lithique dont on trouva les traces à Saint-Acheul).

SAINT-AFFRIQUE ▪ Commune de l'Aveyron. 7 798 hab. *(les Saint-Affricains).*

SAINT ALBANS ▪ Ville d'Angleterre (Hertfordshire), au nord-ouest de Londres. 132 000 hab. Ancienne église abbatiale (XIe-XIIe s.) devenue cathédrale. Tombeau de Francis Bacon dans l'église Saint Michael.

SAINT-AMAND-LES-EAUX ▪ Commune du Nord. 16 776 hab. *(les Amandinois).* Bâtiments du XVIIe s. (vestiges d'une ancienne abbaye).

SAINT-AMAND-MONTROND ▪ Chef-lieu d'arrondissement du Cher. 11 937 hab. *(les Saint-Amandois* ou *Amandins).* Aux environs, abbaye cistercienne de Noirlac.

Marc Antoine Girard, sieur de SAINT-AMANT (1594-1661) ▪ Poète français. Poèmes d'inspiration épique, lyrique ou bouffonne. Esthétique baroque. *"Moïse sauvé",* épopée biblique (1647-1653).

SAINT-ANDRÉ ▪ Commune du Nord. 10 098 hab. *(les Andrésiens).*

SAINT-ANDRÉ ▪ Commune de la Réunion. 35 375 hab. *(les Saint-Andréens).*

SAINT-ANDRÉ-DE-CUBZAC ▪ Commune de la Gironde. 6 341 hab. *(les Cubzaguais).*

SAINT-ANDRÉ-LES-VERGERS ▪ Commune de l'Aube. 11 329 hab. *(les Dryats).* Église (XVIe s.).

le château SAINT-ANGE ▪ Ancien mausolée d'Hadrien, à Rome, sur le Tibre, transformé en forteresse puis en musée.

Achille Leroy de SAINT-ARNAUD (v. 1800-1854) ▪ Maréchal de France, après avoir aidé Napoléon III à devenir empereur.

Gabriel de SAINT-AUBIN (1724-1780) ▪ Dessinateur et peintre français. Chroniques de la vie parisienne.

Saint-Aubin. *La Promenade à Longchamp.*
Musée Hyacinthe Rigaud, Perpignan. *Phot. © Arch. Smeets*

SAINT-AUBIN-LÈS-ELBEUF ▪ Commune de Seine-Maritime. 8 671 hab.

SAINT-AVERTIN ▪ Commune d'Indre-et-Loire, près de Tours. 12 187 hab.

SAINT-AVOLD ▪ Commune de la Moselle. 16 533 hab. *(les Naboriens)*. Cimetière américain de Lorraine.

le massacre de la SAINT-BARTHÉLEMY ▪ Massacre des protestants sur l'ordre de Charles IX et à l'instigation de Catherine de Médicis, dans la nuit du 23 au 24 août 1572 à Paris, puis en province. Il y eut plus de 3 000 morts, dont Coligny. Les guerres de Religion furent relancées.

SAINT-BARTHÉLEMY ▪ Île des Antilles françaises (îles du Vent), dépendant de la Guadeloupe. 20 km². 5 043 hab. Tourisme actif.

SAINT-BARTHÉLEMY-D'ANJOU ▪ Commune du Maine-et-Loire. 9 369 hab.

SAINT-BENOÎT ▪ Chef-lieu d'arrondissement de la Réunion. 26 457 hab. *(les Bénédictins)*.

SAINT-BENOÎT-SUR-LOIRE ▪ Commune du Loiret. 1 880 hab. *(les Bénédictins)*. L'abbaye, fondée au VIIe s., reçut les reliques de saint Benoît et fut l'un des grands lieux de pèlerinage des chrétiens au Moyen Âge. Église abbatiale de style roman.

SAINT-BERNARD n. m. ▪ Grand chien de montagne à pelage roux et blanc, que l'on dresse à porter secours aux voyageurs égarés. *Des saint-bernard(s)*. ➝ loc. *C'est un vrai saint-bernard*, une personne toujours prête à se dévouer.

le Grand-SAINT-BERNARD ▪ Col des Alpes, entre la Suisse (Valais) et l'Italie (Val d'Aoste). 2 469 m. Il fut franchi par Bonaparte en 1800. ► **le Petit-SAINT-BERNARD**, col des Alpes, entre la France (Tarentaise) et l'Italie (Val d'Aoste). 2 188 m. Probablement franchi par Hannibal et ses armées en 218 av. J.-C.

SAINT-BERTRAND-DE-COMMINGES ▪ Commune de Haute-Garonne, célèbre pour son église romane du XIIe s. (cloître). 217 hab. *(les Saint-Bertranais)*.

Saint-Bertrand-de-Comminges. Le cloître. *Phot. © Hétier*

SAINT-BONIFACE ▪ Ville du Canada (Manitoba), district de Winnipeg. 88 376 hab. Centre culturel francophone.

SAINT-BRÉVIN-LES-PINS ▪ Commune de la Loire-Atlantique. 8 688 hab. *(les Brévinois)*.

SAINT-BRICE-SOUS-FORÊT ▪ Commune du Val-d'Oise. 11 662 hab. *(les Saint-Bricéens)*.

SAINT-BRIEUC ▪ Chef-lieu des Côtes-d'Armor. 44 752 hab. *(les Briochins)*. Cathédrale Saint-Étienne (XIVe-XVe s.). Centre administratif, commercial et industriel. Brosserie.

SAINT-CAST-LE-GUILDO ▪ Commune des Côtes-d'Armor. 3 093 hab. *(les Castins)*. Station balnéaire.

SAINT CATHARINES ▪ Ville du Canada (Ontario). 96 438 hab. Agglomération de 354 562 hab.

SAINT-CÉRÉ ▪ Commune du Lot. 3 760 hab. *(les Saint-Céréens)*. Maisons et hôtels des XVe-XVIe s. Atelier de Jean Lurçat. Centre de villégiature.

SAINT-CHAMAS ▪ Commune des Bouches-du-Rhône. 5 396 hab. *(les Saint-Chamassens)*. Centrale hydroélectrique.

SAINT-CHAMOND ▪ Commune de la Loire. 38 878 hab. *(les Saint-Chamonais)*. Forges et aciéries. Constructions mécaniques.

SAINT CHRISTOPHER AND NEVIS → **Saint-Kitts-et-Nevis**

SAINT-CIRQ-LAPOPIE ▪ Commune du Lot. 187 hab. *(les Saint-Cirquois)*. Village escarpé dominant la vallée du Lot. Restes de fortifications. Maisons anciennes.

SAINT-CLAIR-SUR-EPTE ▪ Commune du Val-d'Oise. 782 hab. *(les Saint-Clairois)*. Par le *traité de Saint-Clair-sur-Epte* (911), Charles III le Simple céda au chef des Normands, Rollon, la province qui plus tard fut appelée *Normandie*.

SAINT-CLAUDE ▪ Commune de la Guadeloupe. 10 370 hab.

SAINT-CLAUDE ▪ Chef-lieu d'arrondissement du Jura. 12 704 hab. *(les San-Claudiens* ou *Sanclaudiens)*. Cathédrale (XIVe-XVIIIe s.). Fabrication de pipes.

SAINT-CLOUD ▪ Commune des Hauts-de-Seine. 28 597 hab. *(les Clodoaldiens)*. L'ancien château, édifié par Hardouin-Mansart et Mignard, fut incendié pendant la guerre de 1870. Parc dessiné par Le Nôtre.

SAINT-CYPRIEN ▪ Commune des Pyrénées-Orientales, sur la Méditerranée. 6 892 hab. *(les Cebrianencs* ou *Cypriannais)*. Port de pêche et de plaisance. Station balnéaire.

l'abbé de SAINT-CYRAN → Jean **Duvergier de Hauranne**

SAINT-CYRIEN, IENNE n. ▪ Habitant(e) de Saint-Cyr-l'École. ♦ n. m. Élève de l'École militaire de Saint-Cyr (argot scolaire *cyrard*). *Des saint-cyriens.*

SAINT-CYR-L'ÉCOLE ▪ Commune des Yvelines. 14 829 hab. *(les Saint-Cyriens)*. Napoléon Ier y créa en 1808 l'école militaire de Saint-Cyr, chargée de former les officiers, et qui se trouve aujourd'hui à Coëtquidan, en Bretagne.

SAINT-CYR-SUR-LOIRE ▪ Commune d'Indre-et-Loire. 15 161 hab.

Ruth Denis dite **SAINT-DENIS** (1877 ou 1878 - 1968) ▪ Danseuse, maître de ballet, chorégraphe et pédagogue américaine. Elle fonda en 1914 avec son mari Ted Shawn la Compagnie Denishawn qui fut le creuset de la « modern dance ».

SAINT-DENIS ▪ Chef-lieu de la Réunion. Agglomération : 122 000 hab. *(les Dionysiens)*. Production de tabac, plantes à parfum et canne à sucre. Tourisme.

SAINT-DENIS ▪ Commune de la Seine-Saint-Denis. 89 988 hab. *(les Dionysiens)*. Centre industriel (métallurgie, chimie, mécanique). Église abbatiale du Ve s., devenue basilique au XIIe s., où la plupart des rois capétiens ont leur tombeau.

SAINT-DIÉ ▪ Chef-lieu d'arrondissement des Vosges. 22 635 hab. *(les Déodatiens)*. Imprimerie dès le XVe s.

SAINT-DIZIER ▪ Chef-lieu d'arrondissement de la Haute-Marne. 33 552 hab. *(les Bragards)*. Centre industriel (métallurgie, agroalimentaire).

SAINT-DOMINGUE ▪ Capitale de la République dominicaine (sur l'île d'Haïti). 1 800 000 hab. Fondée en 1496, elle est la plus ancienne ville du continent américain et fut le centre de la colonisation espagnole en Amérique au XVIe s.

Saint-Denis. Façade de la basilique. *Phot. © de Selva/Tapabor*

SAINT-DOULCHARD ▪ Commune du Cher. 9 149 hab. *(les Dolchardiens)*.

SAINTE-ADRESSE ▪ Commune de la Seine-Maritime, dans la banlieue du Havre. 8 047 hab. *(les Dionysiens)*. Siège du gouvernement belge durant la Première Guerre mondiale.

SAINTE-ANNE ▪ Commune et port de la Guadeloupe. 16 954 hab. Tourisme. Pêche.

SAINTE-ANNE-D'AURAY ▪ Commune du Morbihan, près d'Auray. 1 630 hab. *(les Saint-Annois)*. Basilique du XIXe s. (trésor). Pèlerinage (« pardon de sainte Anne »).

SAINTE-ANNE-DE-BEAUPRÉ ▪ Localité du Québec (Canada) dont la basilique est le siège d'un important pèlerinage. 3 146 hab.

le massif de la SAINTE-BAUME ▪ Chaîne calcaire de Provence, à l'est de Marseille et culminant à 1 147 m au signal des Béguines.

Charles Augustin SAINTE-BEUVE (1804-1869) ▪ Écrivain français. Il instaura une critique littéraire faisant une large place à la vie et au milieu de l'écrivain. *"Port-Royal"* (1840-1859); *"Causeries du lundi"* (1851-1862).

SAINTE-CATHERINE-DU-SINAÏ ▪ Monastère du mont Sinaï, fondé en 530 par l'empereur Justinien, où se trouve une importante collection de manuscrits grecs et arabes.

Henri SAINTE-CLAIRE DEVILLE (1818-1881) ▪ Chimiste français. Il étudia les procédés de dissociation et la fabrication de l'aluminium.

SAINTE-ÉNIMIE ▪ Commune de la Lozère, dans les gorges du Tarn. 473 hab. *(les Santrimiols)*. Centre touristique.

SAINTE-FOY ▪ Ville du Canada (Québec), dans l'agglomération de Québec. 71 133 hab. Siège de l'université Laval.

SAINTE-FOY-LÈS-LYON ▪ Commune du Rhône. 21 450 hab. *(les Fidésiens)*.

SAINTE-GENEVIÈVE-DES-BOIS ▪ Commune de l'Essonne. 31 286 hab. *(les Génovéfains)*. Cimetière où sont enterrés de nombreux exilés russes et soviétiques (Bounine, Tarkovski).

SAINT-ÉGRÈVE ▪ Commune de l'Isère, dans la banlieue de Grenoble. 15 891 hab. *(les Saint-Égrèvois)*.

SAINTE-HÉLÈNE en anglais ***SAINT HELENA*** ▪ Île d'origine volcanique (122 km^2; 6 000 hab.), située à l'ouest des côtes de l'Afrique, qui forme, avec les îles Ascension (88 km^2; 300 hab.), Tristan da Cunha et des îlots épars, une colonie britannique. Chef-lieu : Jamestown. Napoléon Ier y fut déporté par les Anglais de 1815 à sa mort.

le SAINT-ELIAS ▪ Massif des montagnes Rocheuses s'étendant du Canada à l'Alaska et culminant au mont Logan (5 489 m).

la SAINTE-LIGUE → la Ligue

SAINTE-LUCE-SUR-LOIRE ▪ Commune de la Loire-Atlantique. 9 648 hab.

SAINTE-LUCIE en anglais ***SAINT LUCIA*** ▪ Île et État des Petites Antilles (îles du Vent). 616 km^2. 143 000 hab. Capitale : Castries. Langue officielle : anglais. Monnaie : dollar des Caraïbes de l'Est. Produits exotiques. Tourisme. Ancienne possession française puis britannique. Indépendante depuis 1979. Membre du Commonwealth.

SAINTE-MARIE ▪ Commune de la Martinique. 19 760 hab. *(les Samaritains)*.

SAINTE-MARIE ▪ Commune de la Réunion. 20 334 hab.

SAINTE-MARIE-AUX-MINES ▪ Commune du Haut-Rhin. 5 767 hab. *(les Sainte-Mariens)*. Anciennes mines d'argent et de plomb.

SAINTE-MAXIME ▪ Commune du Var, proche de Saint-Tropez. 10 015 hab. *(les Maximois)*. Station balnéaire.

SAINTE-MENEHOULD ▪ Chef-lieu d'arrondissement de la Marne. 5 117 hab. *(les Ménéhildiens)*.

SAINTEMENT adv. ▪ D'une manière sainte.

SAINT-ÉMILION ▪ Commune de la Gironde. 2 799 hab. *(les Saint-Émilionnais)*. Vins rouges réputés (bordeaux).

le SAINT EMPIRE ROMAIN GERMANIQUE ou **SAINT EMPIRE** ▪ Empire fondé par Othon Ier en 962 qui, s'inspirant de Charlemagne, voulait réunir le pouvoir spirituel de la papauté à celui de l'empereur. → **Allemagne, Autriche.** Il fut dissous en 1806 par Napoléon Ier.

SAINTE NITOUCHE n. f. ▪ Personne (spécialt femme, fillette) qui affecte l'innocence. *Des saintes nitouches.*

SAINTE-ROSE ▪ Commune de la Guadeloupe. 14 000 hab. *(les Sainte-Rosiens)*.

les îles des SAINTES ▪ Petit archipel des Antilles françaises (îles du Vent), dépendant de la Guadeloupe. 13 km^2. 3 050 hab.

SAINTES ▪ Chef-lieu d'arrondissement de la Charente-Maritime. 25 874 hab. *(les Saintais)*. Monuments romains, églises romanes. Marché agricole important. Cité florissante sous l'occupation romaine, centre calviniste actif à l'époque de la Réforme.

SAINTE-SAVINE ▪ Commune de l'Aube, faubourg de Troyes. 9 495 hab. *(les Saviniens)*.

SAINTES-MARIES-DE-LA-MER ▪ Commune des Bouches-du-Rhône, en Camargue. 2 232 hab. *(les Saintois)*. Lieu de pèlerinage important pour les Gitans.

SAINTE-SOPHIE ▪ Basilique de Constantinople érigée au VIe s. Plusieurs fois restaurée, elle fut transformée en mosquée au XVe s. et flanquée de deux minarets. Musée depuis 1935.

Sainte-Sophie. *Phot. © Dagli Orti*

SAINT-ESTÈVE ▪ Commune des Pyrénées-Orientales. 9 856 hab.

SAINTE-SUZANNE ▪ Commune de la Réunion. 14 731 hab.

SAINTETÉ n. f. ▪ **1.** Caractère d'une personne ou d'une chose sainte. **2.** *Sa, Votre Sainteté,* titre de respect envers le pape.

SAINT-ÉTIENNE ▪ Chef-lieu de la Loire. 199 396 hab. *(les Stéphanois)*. Sa manufacture d'armes et de cycles fut célèbre.

SAINT-ÉTIENNE-DU-ROUVRAY ▪ Commune de la Seine-Maritime. 30 731 hab. *(les Stéphanais)*.

la montagne SAINTE-VICTOIRE ▪ Massif calcaire à l'est d'Aix-en-Provence. L'un des sujets favoris de Cézanne.

Sainte-Victoire. *La Montagne Sainte-Victoire au-dessus de la route du Thoronet*, tableau de Cézanne, vers 1904. Museum of Art, Cleveland. *Phot. © Lauros/Giraudon*

Charles de SAINT-ÉVREMOND (v. 1615 - 1703) ▪ Moraliste et critique français. Exilé à Londres. Le modèle de l'esprit libertin. *"Conversation du maréchal d'Hocquincourt avec le Père Canaye"*.

Antoine de SAINT-EXUPÉRY (1900 - 1944) ▪ Écrivain français. Inspiré par son métier d'aviateur, il a cherché dans l'action et l'exaltation des relations humaines une morale pour son époque. *"Vol de nuit"* (1931); *"Terre des hommes"* (1939); *"Le Petit Prince"* (1943), récit pour enfants; *"Citadelle"* (posth. 1948).

SAINT-FARGEAU-PONTHIERRY ▪ Commune de Seine-et-Marne. 10 560 hab.

SAINT-FLORENT-LE-VIEIL ▪ Commune du Maine-et-Loire, en Anjou, sur la Loire. 2 511 hab. *(les Florentais)*. Église des XIVe et XVIIIe s., ancienne abbatiale (tombeau du marquis de Bonchamp par David d'Angers). Point de départ du soulèvement de la Vendée en mars 1793.

SAINT-FLORENT-SUR-CHER ▪ Commune du Cher. 7 358 hab. *(les Florentais)*.

SAINT-FLOUR ▪ Chef-lieu d'arrondissement du Cantal. 7 417 hab. *(les Sanflorains)*. Cathédrale du XVe s.

SAINT-FONS ▪ Commune du Rhône. 15 735 hab. *(les Saint-Foniards)*.

SAINT-FRUSQUIN n. m. ▪ FAM. Ce qu'on a d'argent, d'effets. - (à la fin d'une énumération) *...et tout le saint-frusquin* : et tout le reste.

SAINT-GALL en allemand ***SANKT GALLEN*** ▪ Ville de Suisse. 74 136 hab. Ancienne abbaye bénédictine fondée au VIIIe s. : la cathédrale, ancienne abbatiale, est un chef-d'œuvre de l'architecture baroque édifié au XVIIIe s. (riche bibliothèque). ► **le canton de SAINT-GALL** 2 026 km^2. 427 501 hab. Chef-lieu : Saint-Gall. Industrie textile, commerce, tourisme.

Saint-Gall. La façade de la cathédrale.
Phot. © Lanaud/Explorer

SAINT-GALMIER ▪ Commune de la Loire. 4 272 hab. *(les Baldomériens)*. Église de style flamboyant des XIVe, XVe et XVIe s. Maisons anciennes. Eaux minérales (source Badoit).

SAINT-GAUDENS ▪ Chef-lieu d'arrondissement de la Haute-Garonne. 11 266 hab. *(les Saint-Gaudinois)*. Collégiale romane.

SAINT-GENIS-LAVAL ▪ Commune du Rhône, dans la banlieue de Lyon. 18 782 hab. *(les Saint-Genois)*.

SAINT-GEORGES-DE-DIDONNE ▪ Commune de Charente-Maritime. 4 705 hab. *(les Saint-Géorgeais)*. Station balnéaire sur l'embouchure de la Gironde.

SAINT-GERMAIN-DES-PRÉS ▪ Quartier de Paris, sur la rive gauche de la Seine. Il doit son nom à une ancienne abbaye dont il ne subsiste que le palais abbatial et l'église (XIe s.). Dans les années 1950, ses cafés étaient les lieux de rencontre des intellectuels, des artistes et des noctambules.

SAINT-GERMAIN-EN-LAYE ▪ Chef-lieu d'arrondissement des Yvelines. 39 926 hab. *(les Saint-Germanois)*. Charles V y fit construire un château, que fit reconstruire François Ier, et qui fut agrandi sous le règne de Louis XIV. Terrasse dessinée par Le Nôtre. Musée des Antiquités nationales dans le château. ► **le traité de SAINT-GERMAIN**, signé en 1919, après la Première Guerre mondiale, entre l'Autriche et les Alliés, consacra le démantèlement de l'Empire austro-hongrois.

SAINT-GERMAIN-LÈS-ARPAJON ▪ Commune de l'Essonne. 7 607 hab.

SAINT-GERVAIS-LES-BAINS ▪ Commune de Haute-Savoie, sur le Bonnant. 5 124 hab. *(les Saint-Gervolains)*. Station d'altitude et de sports d'hiver (807 à 2 150 m). Station thermale.

SAINT-GILLES ou **SAINT-GILLES-DU-GARD** ▪ Commune du Gard. 11 304 hab. *(les Saint-Gillois)*. Église romane et gothique (ancienne abbatiale).

SAINT-GILLES-CROIX-DE-VIE ▪ Commune de la Vendée. 6 296 hab. *(les Gillocruciens)*. Station balnéaire et port de pêche.

SAINT-GIRONS ▪ Chef-lieu d'arrondissement de l'Ariège. 6 596 hab. *(les Saint-Gironnais)*.

À LA **SAINT-GLINGLIN** loc. adv. ▪ FAM. À une date indéfiniment reportée. *Il me remboursera à la saint-glinglin* (⇒ **jamais**).

SAINT-GOBAIN ▪ Commune de l'Aisne. 2 321 hab. *(les Gobanais)*. Siège de la Compagnie de Saint-Gobain, ancienne Manufacture des glaces (XVIIe s.).

le SAINT-GOTHARD ou **GOTHARD** ▪ Massif des Alpes suisses, percé par un tunnel ferroviaire doublé d'un tunnel routier, qui relie la Suisse à l'Italie. Point culminant : Pizzo-Rotondo (3 197 m).

SAINT-GRATIEN ▪ Commune du Val-d'Oise. 19 338 hab. *(les Gratiennois)*.

SAINT-GUILHEM-LE-DÉSERT ▪ Commune de l'Hérault. 190 hab. *(les Santa-Rocs)*. Abbaye bénédictine fondée au IXe s. (église abbatiale, XIe-XVe s.). Maisons romanes.

SAINT HELENS ▪ Ville d'Angleterre (Merseyside). 190 000 hab. Importante industrie du verre.

SAINT-HÉLIER ▪ Ville et port des îles Anglo-Normandes, chef-lieu de l'île de Jersey. 30 000 hab.

SAINT-HERBLAIN ▪ Commune de Loire-Atlantique. 42 774 hab. *(les Herblinois)*.

SAINT-HILAIRE ▪ Commune de l'Aude. 653 hab. *(les Saint-Hilairois)*. Ancienne église abbatiale (XIe-XIIIe s., cloître du XIVe s.). Vignobles (blanquette de Limoux).

SAINT-HILAIRE-DE-RIEZ ▪ Commune de Vendée. 7 416 hab.

SAINT-HONORÉ [sɛ̃t-] n. m. ▪ Gâteau fourré de crème Chantilly et garni de petits choux. *Des saint-honoré(s).*

SAINT-HUBERT ▪ Ville de Belgique (Région wallonne, province de Luxembourg). 5 689 hab. Basilique de style gothique flamboyant (XVIe s.).

SAINT-HUBERT ▪ Ville du Canada (Québec), sur le Saint-Laurent, à l'est de Montréal. 74 027 hab.

SAINT-HYACINTHE ▪ Ville du Canada (Québec), à l'est de Montréal. 39 292 hab.

SAINT-JACQUES-DE-COMPOSTELLE en espagnol ***SANTIAGO DE COMPOSTELA*** ▪ Ville d'Espagne, capitale de la Galice, et métropole religieuse. 105 527 hab. Pèlerinage à saint Jacques, l'un des plus importants de l'Occident chrétien depuis le IXe s. Évêché. Université. Cathédrale romane (cloître gothique, façade baroque). Nombreux monuments anciens.

Saint-Jacques-de-Compostelle. La cathédrale.
Phot. © Cordier/Explorer

SAINT-JEAN en anglais ***SAINT JOHN*** ▪ Ville du Canada (Nouveau-Brunswick). 81 462 hab. Port actif.

SAINT-JEAN-CAP-FERRAT ▪ Commune des Alpes-Maritimes, sur la péninsule du cap Ferrat. 2 248 hab. *(les Saint-Jeannois)*. Villa-musée, jardins « Île-de-France ». Station balnéaire.

SAINT-JEAN-D'ACRE ▪ Forteresse des croisés dans l'ancien royaume de Jérusalem.

SAINT-JEAN-D'ANGÉLY ▪ Chef-lieu d'arrondissement de la Charente-Maritime. 8 060 hab. *(les Angériens)*. Lieu de pèlerinage au Moyen Âge et centre protestant au XVIe s. Ancienne abbaye (XIIe-XVIIIe s.).

SAINT-JEAN-DE-BRAYE ▪ Commune du Loiret. 16 387 hab.

SAINT-JEAN-DE-LA-RUELLE ▪ Commune du Loiret. 16 335 hab. *(les Stéoruellans)*.

SAINT-JEAN-DE-LUZ ▪ Commune des Pyrénées-Atlantiques. 13 031 hab. *(les Luziens)*. Station balnéaire, port thonier. Église de style basque où fut célébré le mariage de Louis XIV et de Marie-Thérèse (1660).

SAINT-JEAN-DE-MAURIENNE ▪ Chef-lieu d'arrondissement de la Savoie. 9 439 hab. *(les Saint-Jeannais)*. Cathédrale (XIIe-XVe s.).

SAINT-JEAN-DE-MONTS ▪ Commune de la Vendée. 5 959 hab. *(les Montois)*. Station balnéaire.

SAINT-JEAN-PIED-DE-PORT ▪ Commune des Pyrénées-Atlantiques, située au pied du col de Roncevaux. 1 432 hab. *(les Saint-Jeannais)*. Tourisme.

SAINT-JÉRÔME ▪ Ville du Canada (Québec), au nord-ouest de Montréal. 51 986 hab.

Alexis Leger dit **SAINT-JOHN PERSE** (1887 - 1975) ▪ Poète français, diplomate. Il célèbre avec lyrisme la beauté du monde et le pouvoir de l'homme. *"Anabase"* (1924). Prix Nobel de littérature 1960.

Saint-John Perse.
Phot. © Harlingue/Viollet

SAINT JOHN'S en français ***SAINT-JEAN*** ▪ Ville du Canada, capitale de Terre-Neuve. 171 859 hab. Port. Carrefour de communications.

SAINT-JOSEPH ▪ Commune de la Martinique. 14 054 hab.

SAINT-JOSEPH ▪ Commune de la Réunion. 25 852 hab. *(les Saint-Joséphois* ou *Séraphins)*.

SAINT-JULIEN-EN-GENEVOIS ▪ Chef-lieu d'arrondissement de la Haute-Savoie. 7 922 hab. *(les Saint-Juliennois)*.

SAINT-JUNIEN ▪ Commune de la Haute-Vienne. 10 604 hab. *(les Saint-Juniauds)*. Industrie de la ganterie.

Louis de SAINT-JUST (1767 - 1794) ▪ Révolutionnaire français. Membre du Comité de salut public, très proche de Robespierre avec lequel il fut guillotiné le 9 Thermidor. Théoricien de la Terreur et de la République idéale. Grand orateur.

SAINT-JUST-SAINT-RAMBERT ▪ Commune de la Loire. 12 299 hab. *(les Pontrambertois)*.

SAINT-KITTS-ET-NEVIS ▪ Archipel et État des Petites Antilles (îles Sous-le-Vent). 269 km^2. 43 500 hab. *(les Kitticiens et Néviciens)*. Capitale : Basseterre. Langue officielle : anglais. Monnaie : dollar des Caraïbes de l'Est. Canne à sucre, coton, pêche. Ancienne colonie britannique jusqu'en 1983. Membre du Commonwealth.

Jean François de SAINT-LAMBERT (1716 - 1803) ▪ Écrivain français. Ami de Mme du Châtelet, puis de Mme d'Houdetot, il écrivit un poème descriptif (*"Les Saisons"*, 1764) et refléta les conceptions encyclopédistes dans ses *"Principes des mœurs* [...] *ou Cathéchisme universel"* (1798).

SAINT-LARY-SOULAN ▪ Commune des Hautes-Pyrénées. 1 108 hab. *(les Saints-Laryens)*. Centrale hydroélectrique. Sports d'hiver au Pla-d'Adet (1 680-2 425 m).

Louis Stephen SAINT-LAURENT (1882 - 1973) ▪ Homme politique canadien. Premier ministre (libéral) de 1948 à 1957, il fut l'un des fondateurs de l'OTAN.

Yves SAINT LAURENT (né en 1936) ▪ Couturier français. Il fonda sa maison en 1961.

le SAINT-LAURENT en anglais ***SAINT LAWRENCE RIVER*** ▪ Fleuve d'Amérique du Nord. À la frontière du Canada et des États-Unis, puis au Canada (Québec), navigable sur toute sa longueur du lac Supérieur à l'Atlantique, il joue un rôle économique considérable. 3 770 km.

SAINT-LAURENT-DU-MARONI ▪ Chef-lieu d'arrondissement de la Guyane française, situé près de l'embouchure du Maroni. 13 894 hab. Ancien lieu de déportation des condamnés aux travaux forcés.

SAINT-LAURENT-DU-VAR ▪ Commune des Alpes-Maritimes, proche de Nice. 24 426 hab. *(les Laurentins)*.

SAINT-LÉONARD-DE-NOBLAT ▪ Commune de la Haute-Vienne. 5 024 hab. *(les Miauletous)*. Église romane (XIe-XIIIe s.).

SAINT-LEU ▪ Commune de la Réunion. 20 987 hab. *(les Saint-Leusiens)*.

SAINT-LEU-LA-FORÊT ▪ Commune du Val-d'Oise. 14 489 hab. *(les Saint-Loupiens)*.

SAINT-LIZIER ▪ Commune de l'Ariège. 1 646 hab. *(les Licérois)*. Ancienne cathédrale (cloître à étages romano-gothique).

SAINT-LÔ ▪ Chef-lieu de la Manche. 21 546 hab. *(les Saint-Lois* ou *Laudiniens)*. Haras national.

SAINT LOUIS → **Louis IX**, roi de France

SAINT LOUIS ▪ Ville des États-Unis (Missouri). 397 000 hab. Centre universitaire et industriel.

SAINT-LOUIS ▪ Commune du Haut-Rhin. 9 547 hab. *(les Ludoviciens)*. Industries.

SAINT-LOUIS ▪ Commune de la Réunion. 37 798 hab.

SAINT-LOUIS ▪ Ville et port du Sénégal. 100 000 hab. Ancienne capitale de l'A-OF (1895-1902), du Sénégal (1902-1957) et de la Mauritanie (1957-1960).

l'île SAINT-LOUIS ▪ Île de la Seine, à Paris, en amont de l'île de la Cité. Architecture du XVIIe s.

SAINT-LUNAIRE ▪ Commune de l'Ille-et-Vilaine, près de Dinard. 2 163 hab. *(les Lunairiens)*. Station balnéaire.

SAINT-MAIXENT-L'ÉCOLE ▪ Commune des Deux-Sèvres. 6 893 hab. *(les Saint-Maixentais)*. École militaire.

SAINT-MALO ▪ Chef-lieu d'arrondissement d'Ille-et-Vilaine, entouré de remparts. 48 057 hab. *(les Malouins)*. La ville connut un grand essor du XVIe au XIXe s. grâce à la pêche, aux armateurs et aux marins (Cartier, Duguay-Trouin, Surcouf). Très endommagée pendant la Deuxième Guerre mondiale, la ville close a été fidèlement reconstruite. Tombeau de Chateaubriand sur l'îlot du Grand-Bé.

Saint-Malo. Vue de la tour des Moulins, du Gros Donjon et de la tour Générale. *Phot. © de Selva/Tapabor*

SAINT-MANDÉ ▪ Commune du Val-de-Marne. 18 684 hab. *(les Saint-Mandéens).*

SAINT-MARCELLIN [-səlɛ̃] n. m. ▪ Petit fromage à base de lait de vache, à pâte molle. *Des saint-marcellins.*

SAINT-MARCELLIN ▪ Commune de l'Isère. 6 696 hab. *(les Saint-Marcellinois).* Fromages.

SAINT-MARIN en italien ***SAN MARINO*** ▪ Un des plus petits et des plus anciens États (république) de l'Europe, enclavé en Italie. 61 km^2. 23 000 hab. *(les Saint-Marinais).* Capitale : Saint-Marin. Langue officielle : italien. Monnaie : lire italienne. Tourisme, agriculture. Fondé au IVe s. par l'ermite saint Marin, le pays est dirigé par deux capitaines-régents, élus pour six mois, et par le congrès d'État.

SAINT-MARTIN ▪ Île des Petites Antilles (îles du Vent), partagée depuis 1648 entre la France et les Pays-Bas. La partie française, au nord, a 53 km^2 (avec l'îlot Tintamarre, inhabité). 28 524 hab. Chef-lieu : Marigot. Elle dépend de la Guadeloupe. La partie néerlandaise, au sud, a 34 km^2. 32 000 hab. Chef-lieu : Philipsburg. Tourisme.

SAINT-MARTIN-BOULOGNE ▪ Commune du Pas-de-Calais. 11 054 hab. *(les Saint-Martinois).*

SAINT-MARTIN-DE-CRAU ▪ Commune des Bouches-du-Rhône. 11 040 hab.

SAINT-MARTIN-DE-RÉ ▪ Commune de Charente-Maritime, arr. de La Rochelle, sur la côte nord de l'île de Ré. 2 512 hab. *(les Martinais).* Ancienne citadelle édifiée en 1681, aujourd'hui pénitencier. Station balnéaire, port de pêche et de plaisance.

SAINT-MARTIN-D'HÈRES ▪ Commune de l'Isère, dans la banlieue de Grenoble. 34 341 hab. *(les Martinérois).* Centre universitaire.

SAINT-MARTIN-DU-CANIGOU ▪ Ancienne abbaye bénédictine, au pied des arêtes du mont Canigou, à plus de 1 000 m d'alt. (commune de Casteil, Pyrénées-Orientales). L'église (fondée en 1007) et le cloître présentent des chapiteaux romans.

SAINT-MARTIN-VÉSUBIE ▪ Commune des Alpes-Maritimes. 1 041 hab. *(les Saint-Martinois).* Station d'été et base d'alpinisme.

SAINT-MAUR-DES-FOSSÉS ▪ Commune du Val-de-Marne. 77 206 hab. *(les Saint-Mauriens).* Commune résidentielle. Centre universitaire.

le SAINT-MAURICE ▪ Rivière du Canada (Québec), affluent du Saint-Laurent, confluant à Trois-Rivières. 520 km.

SAINT-MAURICE ▪ Commune du Val-de-Marne. 11 157 hab. *(les Saint-Mauriciens).*

SAINT-MAX ▪ Commune de Meurthe-et-Moselle, dans la banlieue de Nancy. 11 075 hab. *(les Maxois).*

SAINT-MAXIMIN-LA-SAINTE-BAUME ▪ Commune du Var. 9 594 hab. *(les Saint-Maximinois).* Basilique gothique. Centre culturel.

SAINT-MÉDARD-EN-JALLES ▪ Commune de la Gironde. 22 064 hab. *(les Saint-Médardais).* Cru du Médoc.

SAINT-MICHEL-DE-CUXA ▪ Abbaye bénédictine fondée en 878 près de Vernet-les-Bains (Pyrénées-Orientales). Église romane (fin du Xe s.). Le cloître, en marbre rose, possède deux galeries (XIe-XIIe s.) dont les chapiteaux sont typiques du roman catalan.

SAINT-MICHEL-SUR-ORGE ▪ Commune de l'Essonne. 20 771 hab. *(les Saint-Michellois).*

SAINT-MIHIEL ▪ Commune de la Meuse. 5 367 hab. *(les Saint-Mihielois* ou *Sammiellois).* Sculptures de Ligier Richier.

SAINT-MORITZ ▪ Ville de Suisse (Grisons), une des plus importantes stations de sports d'hiver du pays (1 856-3 303 m). 6 512 hab.

SAINT-NAZAIRE ▪ Chef-lieu d'arrondissement de la Loire-Atlantique, avant-port de Nantes. 64 812 hab. *(les Nazairiens).* Commerce. Pêche. Constructions navales.

SAINT-NECTAIRE n. m. ▪ Fromage d'Auvergne, à base de lait de vache, à pâte pressée. *Des saint-nectaires.*

SAINT-NECTAIRE ▪ Commune du Puy-de-Dôme. 664 hab. *(les Saint-Nectériens).* Église romane. Fromage réputé.

SAINT-NICOLAS → **Sint-Niklaas**

SAINT-OMER ▪ Chef-lieu d'arrondissement du Pas-de-Calais. 14 434 hab. *(les Audomarois).* Centre ville pittoresque.

la SAINTONGE ▪ Région de Charente, réunie à la couronne de France en 1375.

SAINT-OUEN ▪ Commune de la Seine-Saint-Denis. 42 343 hab. *(les Audoniens).* Marché aux puces.

SAINT-OUEN-L'AUMÔNE ▪ Commune du Val-d'Oise, sur l'Oise. 18 673 hab. *(les Saint-Ouennais).* Vestiges de l'abbaye cistercienne de Maubuisson.

SAINT-PALAIS-SUR-MER ▪ Commune de Charente-Maritime. 2 736 hab. *(les Saint-Palaisiens).* Station balnéaire au nord-ouest de Royan.

SAINT PAUL ▪ Ville des États-Unis, capitale du Minnesota. 272 000 hab. Forme une conurbation avec Minneapolis.

l'île SAINT-PAUL ▪ Île volcanique du sud de l'océan Indien, qui fait partie des terres Australes et Antarctiques françaises. 7 km^2. Inhabitée.

SAINT-PAUL ▪ Chef-lieu d'arrondissement de la Réunion. 71 952 hab. *(les Saint-Paulois).*

SAINT-PAUL ou **SAINT-PAUL-DE-VENCE** ▪ Commune des Alpes-Maritimes. 2 903 hab. *(les Saint-Paulois).* Village ancien. Centre artistique (Fondation Maeght).

SAINT-PAUL-LÈS-DAX ▪ Commune des Landes. 9 452 hab. *(les Saint-Paulois).*

SAINT-PAUL-TROIS-CHÂTEAUX ▪ Commune de la Drôme. 6 789 hab. *(les Tricastins).* Église romane.

SAINT PETER PORT ▪ Chef-lieu de l'île de Guernesey, sur la côte est. 21 000 hab. Maison de Victor Hugo : Hauteville House.

SAINT-PÉTERSBOURG, de 1924 à 1991 **LENINGRAD** ▪ 2e ville de Russie, 1er port maritime et fluvial, sur l'embouchure de la Neva. 4 436 000 hab. Monuments (XVIIIe-XIXe s.) dus à des architectes italiens, français et russes : palais d'Hiver, Amirauté, Petit Ermitage (musée), théâtre de l'Ermitage, cathédrales Saint-Pierre-et-Saint-Paul, Saint-Alexandre-Nevski, Notre-Dame-de-Kazan. Centre industriel. Fondée en 1703, par Pierre le Grand, capitale de l'Empire russe de 1715 à 1917, rebaptisée *Petrograd* de 1914 à 1924. Assiégée par les troupes allemandes (1941-1944).

Saint-Pétersbourg. La Neva et la forteresse Pierre-et-Paul. *Phot. © Charles Lénars*

SAINT PETERSBURG ▪ Ville des États-Unis (Floride). 239 000 hab. Station balnéaire.

Marie-Agnès dite **Niki de SAINT-PHALLE** (née en 1930) ▪ Sculpteur et peintre français. Tabernacles bariolés, énormes *"Nanas"* faites de déchets et de polyester (1964). *"Fontaine Stravinski"* à Paris (1983) réalisée avec son mari, J. Tinguely*.

Charles Irénée Castel, abbé de SAINT-PIERRE (1658-1743) ▪ Écrivain français. Il est l'auteur d'un *"Projet de paix perpétuelle"* (1713) où il prône l'organisation d'une ligue de souverains, dotée d'un tribunal et d'un congrès permanent.

Bernardin de SAINT-PIERRE (1737 - 1814) ▪ Écrivain français, à la philosophie rousseauiste et finaliste, et précurseur du romantisme. *"Études de la nature"* (1784-1788) incluant le roman *"Paul et Virginie"* (1788).

SAINT-PIERRE ▪ Commune de la Martinique. 5 045 hab. *(les Pierrotins)*. Détruite par une éruption volcanique de la montagne Pelée en 1902.

SAINT-PIERRE ▪ Chef-lieu d'arrondissement de la Réunion. 59 465 hab. *(les Saint-Pierrois)*. Centre administratif et commercial.

SAINT-PIERRE ▪ Chef-lieu de Saint-Pierre-et-Miquelon, sur l'*île Saint-Pierre*. 5 500 hab.

SAINT-PIERRE-DE-CHARTREUSE ▪ Commune de l'Isère. 650 hab. Centre d'excursions et de sports d'hiver (900 à 1 790 m) dans le massif de la Grande-Chartreuse.

SAINT-PIERRE DE ROME ou **BASILIQUE VATICANE** ▪ Basilique pontificale, construite au Vatican sur le tombeau présumé de saint Pierre, sous Constantin, et reconstruite à partir de 1506, selon les plans de Bramante, de Michel-Ange puis de Maderno. Place avec colonnade du Bernin.

SAINT-PIERRE-DES-CORPS ▪ Commune d'Indre-et-Loire. 17 947 hab. *(les Corpopétrussiens)*. Gare de triage.

SAINT-PIERRE-ET-MIQUELON ▪ Archipel français situé au sud de Terre-Neuve. 242 km². 6 277 hab. *(les Saint-Pierrais et Miquelonnais)*. Chef-lieu : Saint-Pierre. Pêche. Colonisé par les Français au XVIIe s., il acquit le statut de département en 1976 et de collectivité territoriale en 1985.

SAINT-POL-DE-LÉON ▪ Commune du Finistère. 7 261 hab. *(les Saint-Politains)*. Ancienne cathédrale (XIIIe-XVIe s.). Chapelle du Kreisker (XIVe-XVe s.). Centre commercial.

Paul Roux dit **SAINT-POL ROUX** (1861 - 1940) ▪ Poète français. Symboliste au tempérament baroque, il créa le *magnificisme*. *"Les Féeries intérieures"* (1907).

SAINT-POL-SUR-MER ▪ Commune du Nord, dans la banlieue de Dunkerque. 23 832 hab. *(les Saint-Polois)*.

SAINT-POURÇAIN-SUR-SIOULE ▪ Commune de l'Allier. 5 159 hab. *(les Saint-Pourcinois)*. Église des XIe-XVe s.

SAINT-PRIEST ▪ Commune du Rhône, dans la banlieue de Lyon. 41 876 hab. *(les San-Priots)*.

SAINT-QUAY-PORTRIEUX ▪ Commune des Côtes-d'Armor, sur la baie de Saint-Brieuc. 3 018 hab. *(les Quinocéens)*. Station balnéaire. Port de pêche à Portrieux (crustacés).

SAINT-QUENTIN ▪ Chef-lieu d'arrondissement de l'Aisne. 60 644 hab. *(les Saint-Quentinois)*. Hôtel de ville et collégiale gothiques. Industries textile et métallurgique. Le *canal de Saint-Quentin*, le plus important de France par le trafic, relie l'Oise, la Somme et l'Escaut. 92 km.

SAINT-QUENTIN-EN-YVELINES ▪ Ville nouvelle des Yvelines. 128 694 hab. Université.

SAINT-RAPHAËL ▪ Commune du Var. 26 616 hab. *(les Raphaëlois)*. Station balnéaire.

SAINT-RÉMY-DE-PROVENCE ▪ Commune des Bouches-du-Rhône. 9 340 hab. *(les Saint-Rémois)*. Tourisme. Aux environs, plateau des Antiques (→ **Glanum**) et ancien prieuré roman de Saint-Paul-de-Mausole.

SAINT-RÉMY-LÈS-CHEVREUSE ▪ Commune des Yvelines. 5 589 hab. *(les Saint-Rémois)*.

SAINT-SACREMENT ⇒ SACREMENT

Camille SAINT-SAËNS (1835 - 1921) ▪ Compositeur français. Il fut partisan d'un retour à la rigueur classique, en réaction au romantisme. *"La Danse macabre"* (1875); *"Le Carnaval des animaux"* (1886); *"Samson et Dalila"*, opéra (1877).

SAINT-SAULVE ▪ Commune du Nord. 11 122 hab.

SAINT-SAVIN ▪ Commune de la Vienne, sur la Gartempe. 1 089 hab. *(les Saint-Savinois)*. Ancienne abbatiale (XIe-XIIIe s.) possédant de remarquables fresques romanes.

SAINT-SÉBASTIEN en espagnol ***SAN SEBASTIÁN***, en basque ***DONOSTIA*** ▪ Ville d'Espagne, capitale de la province basque de Guipúzcoa. 174 219 hab. Station balnéaire.

SAINT-SÉBASTIEN-SUR-LOIRE ▪ Commune de la Loire-Atlantique. 22 202 hab. *(les Sébastiennais)*.

le SAINT-SÉPULCRE ▪ Monument élevé, à Jérusalem, au-dessus du tombeau du Christ, et accompagné de plusieurs édifices indépendants (rotonde, basilique...).

Saint-Pierre de Rome. Vue aérienne. Ce côté de la basilique correspond principalement au travail de Michel-Ange.
Phot. © Gerster/Rapho

le SAINT-SIÈGE ▪ Gouvernement de l'Église catholique. ► **les États du SAINT-SIÈGE** → États de l'**Église**.

Louis, duc de SAINT-SIMON (1675 - 1755) ▪ Mémorialiste français. Dans un style remarquable, ses *"Mémoires"* (posth. 1829) évoquent la vie de cour et les grands personnages de la fin du règne de Louis XIV et de la Régence.

Claude Henri, comte de SAINT-SIMON (1760 - 1825) ▪ Philosophe et économiste français. Il élabora une doctrine sociale adaptée à la société industrielle naissante, le *saint-simonisme*, qui annonce le socialisme.

SAINT-SIMONIEN, IENNE adj. et n. ▪ Partisan ou disciple du réformateur social Saint-Simon.

SAINT-TROPEZ ▪ Commune du Var. 5 754 hab. *(les Tropéziens)*. Citadelle (XVIe-XVIIe s.). Célèbre station balnéaire de la Côte d'Azur.

SAINT-VALERY-EN-CAUX ▪ Commune de la Seine-Maritime. 4 595 hab. *(les Valériquais)*. Port de pêche et station balnéaire.

SAINT-VALLIER ▪ Commune de Saône-et-Loire. 9 977 hab.

le cap SAINT-VINCENT ▪ Cap du Portugal, à l'extrémité sud-ouest de la péninsule Ibérique.

Saint-Savin. Fresque de la crypte de l'abbatiale.
Phot. © J. Willemin

Saint-Vincent-et-les-Grenadines ▪ État des Petites Antilles (îles du Vent), comprenant l'île de Saint-Vincent et une partie des îles Grenadines. 388 km². 120 000 hab. *(les Saint-Vincentais et Grenadins)*. Capitale : Kingstown. Langue officielle : anglais. Monnaie : dollar des Caraïbes de l'Est. Agriculture. Ancienne possession britannique, indépendante depuis 1979. Membre du Commonwealth.

Saint-Yrieix-la-Perche ▪ Commune de la Haute-Vienne. 7 558 hab. *(les Arédiens)*. Collégiale romano-gothique (XIe-XIIe s.). Manufacture de porcelaine.

SAISI, IE adj. ▪ DR. (personnes, choses) Qui fait l'objet d'une saisie (1). ➝ n. m. *Le saisi et le saisissant**.

SAISIE n. f. ▪ **1.** Procédure par laquelle des biens sont remis à la justice ou à l'autorité administrative dans l'intérêt d'un créancier. *Être sous le coup d'une saisie. Saisie effectuée par huissier.* **2.** Prise de possession (d'objets interdits par l'autorité publique). *La saisie d'un journal.* **3.** Enregistrement de données (généralement au moyen d'un clavier alphanumérique) en vue d'un traitement informatique. *Opérateur de saisie.* ⇒ **claviste.**

SAISINE n. f. ▪ DR. **1.** Prérogative de saisir (un organe juridique, une personne) pour faire exercer un droit. *La saisine d'un tribunal.* **2.** Droit à la possession d'un héritage.

SAISIR v. tr. [2] ▪ **I. 1.** Mettre dans sa main (qqch.) avec force ou rapidité. ⇒ **attraper, prendre.** *Saisir qqch. au passage.* ⇒ **intercepter. 2.** *Saisir qqn, un animal,* le prendre, le retenir brusquement ou avec force. *Saisir qqn à bras le corps.* **3.** Se mettre promptement en mesure d'utiliser, de profiter de. *Une occasion à saisir.* ➝ *Saisir un prétexte.* **4.** Parvenir à comprendre, à connaître (qqch.) par les sens, par la raison. *Je ne saisissais que des bribes de la conversation.* ➝ absolt FAM. *Je ne saisis pas bien.* **5.** (sensations, émotions, etc.) S'emparer brusquement des sens, de l'esprit de (qqn). ⇒ **prendre.** *Un frisson de peur la saisit.* ➝ Faire une impression vive et forte sur (qqn). ⇒ **émouvoir, frapper, impressionner.** *Sa pâleur m'a saisi.* **6.** Exposer d'emblée à un feu vif (ce qu'on fait cuire). ➝ au p. p. *Viande à peine saisie.* **7.** Procéder à la saisie (1) de. *Saisir les meubles.* ➝ *Saisir qqn,* saisir ses biens. ♦ (→ saisie (2)) *Saisir un numéro d'un journal.* **8.** Effectuer la saisie (3) de. **II.** DR. **1.** VX Mettre (qqn) en possession (de qqch.). ➝ loc. *Le mort saisit le vif :* l'héritier est investi sans délai des biens du défunt. **2.** Porter devant (une juridiction). *Saisir un tribunal d'une affaire.* ◇ REM. Plus courant au passif. ► **SE SAISIR** (DE) v. pron. Mettre en sa possession. ⇒ s'**emparer** de. *Se saisir d'un couteau.*

SAISISSANT, ANTE adj. ▪ **I.** (sensation) Qui surprend. *Un froid saisissant,* vif. ♦ Qui frappe l'esprit. ⇒ **étonnant, frappant.** *Une ressemblance saisissante.* **II.** DR. Qui pratique une saisie (1). *Le créancier saisissant* et n. m. *le saisissant.*

SAISISSEMENT n. m. ▪ Effet soudain d'une sensation ou d'une émotion. *Être muet de saisissement.*

SAISON n. f. ▪ **1.** Époque de l'année caractérisée par un certain climat et par l'état de la végétation. *La belle, la mauvaise saison. Saison sèche et saison des pluies* (en climat tropical). ➝ *Fruits de saison,* de la saison en cours. ➝ *Marchand(e) des* QUATRE SAISONS : marchand(e) ambulant(e) de légumes et de fruits. ➝ *La saison des foins.* ➝ *La saison des amours :* la période où les animaux s'accouplent. ♦ POÉT. Époque. **2.** Chacune des quatre grandes divisions de l'année, délimitées par les équinoxes et les solstices (printemps, été, automne et hiver). *Le cycle des saisons.* **3.** fig. LITTÉR. Période particulière (de la vie). *"Une saison en enfer"* (de Rimbaud).

salamandre. *Salamandra salamandra,* salamandre commune. *Phot. © Layer/Jacana*

4. Époque de l'année propice à une activité. ⇒ **période.** *La saison des vacances.* ➝ *La saison théâtrale.* ♦ absolt Époque où les vacanciers, les visiteurs affluent. *En saison. Hors saison.* ➝ (modes) *Les nouveautés de la saison.*

SAISONNIER, IÈRE adj. ▪ **1.** Propre à une saison. *Fruits saisonniers.* **2.** Qui ne dure qu'une saison, qu'une partie de l'année. *Un service saisonnier de cars. Travail saisonnier.* ➝ *Personnel saisonnier.* **3.** Qui se fait à chaque saison. *Migrations saisonnières.*

SAJOU n. m. ⇒ SAPAJOU

SAKÉ n. m. ▪ Boisson alcoolisée japonaise à base de riz fermenté.

Sakha ▪ Une des républiques autonomes de la Fédération de Russie, en Sibérie. 3 103 200 km². 1 099 000 hab. *(les Iakoutes)*. Capitale : Iakoutsk (197 000 hab.). Forêts, richesses minérales.

Sakhaline ▪ Grande île (76 400 km²) russe, à l'est de la Sibérie, au nord du Japon. La partie sud de l'île appartint au Japon jusqu'en 1945. Villes principales : Aleksandrovsk-Sakhalinski et Ioujno-Sakhalinsk.

Andreï Sakharov (1921 - 1989) ▪ Physicien soviétique. Prix Nobel de la paix 1975, symbole de la lutte pour les droits de l'homme.

Sakkara → **Saqqara**

SALACE adj. ▪ LITTÉR. (hommes) Porté à l'acte sexuel. ⇒ **lascif, lubrique.** ➝ *Propos salaces.*

SALACITÉ n. f. ▪ LITTÉR. Forte propension aux rapprochements sexuels. ⇒ **lubricité.**

Armand Salacrou (1899 - 1989) ▪ Auteur dramatique français. Ses pièces de théâtre oscillent entre le vaudeville et le drame métaphysique. *"L'Inconnue d'Arras"* (1934).

SALADE n. f. ▪ **1.** *De la salade, une salade :* mets fait de feuilles d'herbes potagères crues, assaisonnées d'huile, de vinaigre et de sel. *Une salade d'endives. Salade verte.* **2.** Plante cultivée dont on fait la salade (surtout les laitues et les chicorées). *Repiquer des salades. Pied, plant de salade. Cœur de salade.* **3.** Plat froid fait de légumes, de viandes, d'œufs, etc., assaisonnés d'une vinaigrette. *Salade niçoise* (olives, tomates, anchois, etc.). ➝ *Salade russe :* macédoine de légumes à la mayonnaise. ➝ *EN SALADE :* accommodé comme une salade. *Du riz en salade.* **4.** *Salade de fruits :* fruits coupés, servis froids avec un sirop, une liqueur. **5.** fig. FAM. Mélange confus. *Quelle salade !* ⇒ **confusion. 6.** fig. FAM. *Vendre sa salade :* chercher à convaincre par des boniments. ➝ au plur. Histoires, mensonges. *Pas de salades !*

SALADIER n. m. ▪ Récipient, jatte où l'on sert la salade, et d'autres mets ; son contenu.

Saladin (1138 - 1193) ▪ Sultan de la dynastie ayyubide. Il régna de 1171 à sa mort et réunit sous son autorité l'Égypte, la Syrie, une partie de l'Irak et de l'Arabie. Il reprit Jérusalem aux croisés (1187), déclenchant la troisième croisade.

SALAIRE n. m. ▪ **1.** Rémunération d'un travail, d'un service. ⇒ **appointements, traitement.** ➝ spécialt Somme d'argent payable régulièrement par l'employeur à la personne qu'il emploie (s'oppose à *émoluments, honoraires, indemnités*). *Toucher son salaire. Augmentation de salaire. Salaire brut ; net. Bulletin de salaire.* **2.** fig. Ce par quoi on est payé (récompensé ou puni). prov. *Toute peine mérite salaire :* l'effort mérite récompense.

SALAISON n. f. ▪ **1.** Opération par laquelle on sale (un produit alimentaire) pour le conserver. **2.** Denrée ainsi conservée.

SALAMALEC n. m. ▪ FAM. (surtout plur.) Saluts, politesses exagérées. *Faire des salamalecs.*

SALAMANDRE n. f. ▪ **1.** Petit batracien noir taché de jaune, dont la peau sécrète une substance corrosive. **2.** (nom déposé) Poêle à combustion lente.

Salamanque en espagnol ***Salamanca*** ▪ Ville d'Espagne (Castilla-León). 185 992 hab. Université célèbre (XIIIe s.). Nombreux monuments (XIIe-XVIIIe s.). Plaza Mayor du XVIIIe s.

SALAMI n. m. ▪ Gros saucisson sec.

SALAMINE ▪ Île de Grèce, sur la côte ouest de l'Attique. 95 km². 30 150 hab. Victoire navale des Grecs sur les Perses en 480 av. J.-C., durant les guerres médiques.

Raoul **SALAN** (1899-1984) ▪ Général français. Commandant en Indochine puis en Algérie. Après le 13 mai 1958, il devint le chef de l'OAS. Il fut condamné à perpétuité en 1962, amnistié en 1968 et réhabilité en 1982.

SALANGANE n. f. ▪ ZOOL. Oiseau de Malaisie, proche du martinet, dont le nid est comestible (nid d'hirondelle*).

SALANT adj. m. ▪ TECHN. Qui produit du sel. *Puits salant.* - COUR. *Marais* salant.*

SALARIAL, ALE, AUX adj. ▪ Du salaire (1), relatif aux salaires. *Masse salariale* (d'une entreprise, d'un pays). - *Cotisation sociale salariale.*

SALARIAT n. m. ▪ **1.** Condition de salarié. **2.** Ensemble des salariés. *Le salariat et le patronat.*

SALARIÉ, ÉE adj. ▪ Qui reçoit un salaire (1). - n. *Les salariés.*

SALARIER v. tr. [7] ▪ Rétribuer par un salaire (1). *Salarier un stagiaire.*

SALAUD n. m. ▪ FAM. Homme méprisable, moralement répugnant. ⇒ **fumier, saligaud, salopard** ; **salope** (équivalent fém.). - sans valeur injurieuse *Eh bien mon salaud, tu ne te refuses rien !* ♦ spécialt (chez Sartre) Personne qui agit avec bonne conscience de manière immorale. ♦ adj. m. *Il est vraiment salaud.*

António de Oliveira **SALAZAR** (1889-1970) ▪ Homme d'État portugais. Appelé par Carmona en 1928, il exerça le pouvoir jusqu'en 1968; il mit en place un régime autoritaire, fondé sur une éthique chrétienne conservatrice. Il stabilisa l'économie mais refusa toute modernisation et industrialisation du pays.

SALE adj. ▪ **I.** concret (après le nom) **1.** Qui n'est pas propre. ⇒ **crasseux, dégoûtant, malpropre** ; FAM. **dégueulasse.** *Avoir les mains sales. Du linge sale.* - (personnes) *Être sale comme un porc, comme un peigne.* **2.** *Couleur sale,* qui n'est pas franche, qui est ternie. **3.** (n. m.) loc. FAM. *Mettre* (du linge) *au sale,* à laver. **II.** abstrait **1.** VX Qui est impur, souillé. - MOD. *Argent sale,* provenant d'activités condamnées par la loi. ♦ FAM. *Histoires sales.* ⇒ **cochon, grivois. 2.** (avant le nom) Très désagréable. *C'est une sale histoire.* ⇒ **fâcheux, vilain.** - FAM. *Il a une sale gueule,* un visage très antipathique ; il a mauvaise mine. **3.** (qualifiant qqn que l'on condamne ou méprise) *Un sale type.* - *La sale bête m'a piqué.*

① **SALÉ, ÉE** adj. ▪ **I. 1.** Qui contient naturellement du sel. *Eau salée.* - *Goût salé.* **2.** Assaisonné ou conservé avec du sel. *Cacahouètes salées.* **II. 1.** fig. Licencieux, grivois. ⇒ **corsé, cru.** *Des propos salés.* **2.** FAM. Exagéré, excessif. *Une condamnation salée. La note est salée !*

② **SALÉ** n. m. ▪ Porc salé. - *PETIT SALÉ :* poitrine de porc conservée par salaison (peu salée), que l'on mange bouillie.

SALÉ ▪ Ville du Maroc, face à Rabat. 546 000 hab. Remparts.

SALEM ▪ Ville des États-Unis (Massachusetts). 39 000 hab. Fondée en 1626 (maisons anciennes), foyer du puritanisme, célèbre pour ses procès de sorcellerie au XVIIe s.

SALEM ▪ Ville des États-Unis, capitale de l'Oregon. 108 000 hab.

SALEM ▪ Ville de l'Inde (Tamil Nadu), au sud de Madras. 573 000 hab.

SALEMENT adv. ▪ **1.** D'une manière sale, en salissant. *Manger salement.* **2.** FAM. Très. *Je suis salement embêté.* ⇒ **vachement.**

Salamanque. La ville vue des rives du Tormes.
Phot. © Isabelle Jourdan

Roger **SALENGRO** (1890-1936) ▪ Homme politique français. Ministre de l'Intérieur du Front populaire, il se suicida après une campagne de presse calomnieuse dirigée contre lui.

SALER v. tr. [1] ▪ **I. 1.** Assaisonner avec du sel. *Saler la soupe.* **2.** Imprégner de sel ou plonger dans la saumure pour conserver (⇒ **salaison**). **3.** *Saler une chaussée,* y répandre du sel pour faire fondre la neige, le verglas. **II.** FAM. *Saler la note :* demander un prix excessif. - *Saler le client.*

SALERNE ▪ Ville du sud de l'Italie (Campanie). 152 159 hab. Cathédrale du XIe s. Tourisme.

SALERS ▪ Commune du Cantal, sur la planèze de Salers. 439 hab. *(les Sagraniers).* Église Saint-Mathieu des XIIe et XVe s. Maisons du XVe s. Marché agricole (bovins de Salers). Fromage (variété de cantal).

SALETÉ n. f. ▪ **1.** Caractère de ce qui est sale. ⇒ **malpropreté. 2.** Ce qui est sale, mal tenu ; ce qui salit. ⇒ **crasse, ordure.** *Vivre dans la saleté. Tu en as fait des saletés !* **3.** fig. Chose immorale, indélicate. - Propos obscène. ⇒ **obscénité. 4.** FAM. Chose sans valeur, qui déplaît. *Pourquoi acheter toutes ces saletés ?* ⇒ **cochonnerie, saloperie.** - *Avoir une saleté dans l'œil.*

La **SALETTE-FALLAVAUX** ▪ Commune de l'Isère. 86 hab. *(les Salettus).* Pèlerinage à la Vierge Marie.

SALÈVE ▪ Montagne des Préalpes (Haute-Savoie), culminant à 1 380 m et située à 6 km de Genève.

SALICAIRE n. f. ▪ Plante à grands épis de fleurs rouges ou roses, qui pousse près de l'eau.

SALICORNE n. f. ▪ Plante qui croît dans les terrains salés.

SALICYLIQUE adj. ▪ *Acide salicylique :* antiseptique puissant qui sert à préparer l'aspirine.

SALIEN n. m. ▪ ANTIQ. Prêtre du culte de Mars, à Rome.

SALIÈRE n. f. ▪ **1.** Petit récipient de table dans lequel on met le sel. **2.** FAM. Creux derrière la clavicule, chez les personnes maigres.

Antonio **SALIERI** (1750-1825) ▪ Compositeur italien. Ami de Haydn et maître de Beethoven, Liszt et Schubert. *"Les Danaïdes"* (1784), opéra. Selon une légende reprise par un opéra de Rimski-Korsakov sur un livret de Pouchkine *("Mozart et Salieri"),* il aurait empoisonné Mozart, son rival à la cour de Vienne.

SALIES-DE-BÉARN ▪ Commune des Pyrénées-Atlantiques. 4 974 hab. *(les Salisiens).* Station thermale.

SALIGAUD n. m. ▪ FAM. Homme méprisable, ignoble. ⇒ **salaud.**

① **SALIN, INE** adj. ▪ **1.** Qui contient du sel, est formé de sel. *Roche saline.* - *Effluves salins.* **2.** CHIM. Relatif à un sel. *Solution saline.*

② **SALIN** n. m. ▪ Marais* salant.

SALINE n. f. ▪ Entreprise de production du sel. - par ext. Marais* salant. *Exploiter une saline* (⇒ **saunier**).

Jerome David **SALINGER** (né en 1919) ▪ Romancier américain. *"L'Attrape-Cœur",* histoire de l'errance d'un adolescent difficile (1951).

SALINITÉ n. f. ▪ Teneur en sel (d'un milieu).

SALINS-LES-BAINS ▪ Commune du Jura. 3 629 hab. *(les Salinois).* Église en partie du XIIIe s. Hôtel-Dieu du XVIIe s. Anciennes fortifications du XVe s. Station thermale. Salines. Manufacture de faïence.

SALIQUE adj. ▪ HIST. *Loi salique,* recueil de lois publié sous Clovis (507-511), contenant la règle qui excluait les femmes de la succession foncière (invoquée au XVIe siècle pour les exclure de la succession à la couronne de France).

SALIR v. tr. [2] ▪ **1.** Rendre sale. ⇒ **souiller, tacher.** *Tu as sali tes gants. Elle s'est sali les mains.* ♦ pronom. (réfl.) *Elle s'est salie en tombant.* - (passif) *Un tissu clair qui se salit vite.* ⇒ **salissant. 2.** fig. Abaisser, avilir. *Chercher à salir la réputation de qqn, à le salir.*

Robert Cecil, marquis de **SALISBURY** (1830-1903) ▪ Homme politique britannique. Chef du parti conservateur à la mort de Disraeli. Premier ministre pendant 14 ans (1885-1886, 1886-1892, 1895-1902). Il mena une politique coloniale active, particulièrement en Égypte.

SALISBURY ▪ Ville du sud-ouest de l'Angleterre (Wiltshire). 101 000 hab. Nombreux monuments médiévaux dont une cathédrale du XIIIe s.

SALISSANT, ANTE adj. ▪ **1.** Qui se salit aisément. **2.** Qui salit, où l'on se salit. *Un travail salissant.*

SALISSURE n. f. ▪ Ce qui salit.

SALIVAIRE adj. ▪ Qui a rapport à la salive. *Glandes salivaires.*

SALIVATION n. f. ▪ DIDACT. Sécrétion de la salive.

SALIVE n. f. ▪ Liquide produit par les glandes salivaires dans la bouche. *Jet de salive.* ⇒ **crachat ; postillon (II).** - loc. fig. *Avaler sa salive :* se retenir de parler. *Perdre sa salive :* parler en vain.

SALIVER v. intr. [1] ▪ Sécréter de la salive. *Un fumet qui fait saliver* (→ mettre l'eau à la bouche).

les SALJUQIDES → les **Seldjoukides**

SALLANCHES ▪ Commune de Haute-Savoie. 12 767 hab. *(les Sallanchards).* Tourisme.

SALLAUMINES ▪ Commune du Pas-de-Calais. 11 036 hab. *(les Sallauminois).*

SALLE n. f. ▪ **1.** (dans des loc. ; nom de certaines pièces d'une habitation) *SALLE À MANGER,* pour prendre les repas. *SALLE DE BAINS,* pour le bain et la toilette. *SALLE D'EAU,* pour la toilette (plus sommaire que la salle de bains). *SALLE DE SÉJOUR.* ⇒ **séjour** (3). **2.** Vaste local, dans un édifice ouvert au public. *Les salles d'un musée ; d'un hôpital.* - *Salle de classe, d'audience, d'attente.* - *Salle d'armes,* où l'on enseigne et pratique l'escrime. *Salle des ventes.* - Local aménagé pour recevoir des spectateurs. *Salle de spectacle. Salle de concert. Salle de cinéma.* loc. *Les salles obscures :* les salles de cinéma. **3.** Le public d'une salle de spectacle. *Comment est la salle, ce soir ?*

Marie SALLÉ (1707 - 1756) ▪ Danseuse et chorégraphe française. Elle rénova l'art de la danse en jouant un rôle déterminant dans l'évolution du ballet classique vers le ballet d'action.

SALLUSTE (v. 86 - 35 av. J.-C.) ▪ Historien latin. Proche de Jules César, témoin de la fin de la république. *"La Conjuration de Catilina".*

SALMANASAR III ▪ Roi d'Assyrie (de 859 à 824 av. J.-C.). Il tenta, en vain, d'établir l'hégémonie du royaume assyrien sur les régions voisines.

SALMIGONDIS n. m. ▪ Mélange disparate et incohérent. *Quel salmigondis !*

SALMIS n. m. ▪ Plat de gibier rôti servi avec une sauce spéciale *(sauce salmis). Un salmis de pintade.*

André SALMON (1881 - 1969) ▪ Écrivain français. Ami des cubistes, il est l'auteur de poésies et de romans. *"Monstres choisis"* (1918).

SALMONELLOSE n. f. ▪ Maladie infectieuse due à des bactéries du genre *salmonelle* **n. f.**

SALMONIDÉ n. m. ▪ Poisson à deux nageoires dorsales (famille des *Salmonidés ;* ex. le saumon).

SALOIR n. m. ▪ Coffre, pot ou local destiné aux salaisons.

SALOMÉ (morte v. 72) ▪ Princesse juive, fille d'Hérodiade. D'après l'Évangile, elle danse devant son oncle, Hérode Antipas, pour obtenir la tête de saint Jean-Baptiste. Elle a inspiré de nombreux artistes (Titien, Moreau, Wilde, Richard Strauss).

SALOMON ▪ Roi d'Israël (de 972 à 932 av. J.-C.). Fils et successeur de David. Sous son règne, la puissance d'Israël fut à son apogée (construction du temple de Jérusalem). Il est célèbre pour sa sagesse : le « jugement de Salomon », dans la Bible, est donné comme exemple d'équité et de perspicacité.

Ernst von SALOMON (1902 - 1972) ▪ Écrivain allemand, nationaliste antidémocrate et antihitlérien. *"Les Cadets"* (1933) ; *"Le Questionnaire"* (1951).

les îles SALOMON ▪ Archipel de la Mélanésie (Océanie), dans le sud-ouest du Pacifique. Découvertes au XVIe s., elles furent partagées entre l'Allemagne et le Royaume-Uni à la fin du XIXe s. La partie allemande (Bougainville, Buka) fut placée sous mandat australien en 1921 et rattachée ensuite à la Papouasie-Nouvelle-Guinée. La partie britannique *(îles Salomon du Sud)* devint indépendante en 1978 et forma un État : les îles Salomon. ▸ **les îles SALOMON** État (démocratie parlementaire) de Mélanésie. 27 556 km². 285 796 hab. *(les Salomonais).* Capitale : Honiara. Langue officielle : anglais. Monnaie : dollar des îles Salomon. Exportation de coprah, bois. Membre du Commonwealth.

SALON n. m. ▪ **I. 1.** Pièce de réception (dans un logement privé). - Mobilier de salon. *Un salon Louis XV.* **2.** Lieu de réunion, dans une maison où l'on reçoit régulièrement ; la société qui s'y réunit. *Les salons littéraires du XVIIIe siècle.* - *Faire salon :* se réunir, réunir des personnes pour converser. - loc. plais. *Le dernier salon où l'on cause,* se dit d'une réunion où l'on bavarde. ♦ *Les salons,* la société mondaine. - *Une conversation, une gloire DE SALON.* ⇒ **mondain. 3.** Salle (d'un établissement ouvert au public). *Salon de coiffure :* boutique de coiffeur. - *Salon de thé :* pâtisserie où l'on sert des consommations. **II. 1.** Exposition périodique d'œuvres d'artistes vivants. *Le Salon d'automne.* **2.** Manifestation commerciale, exposition où l'on présente des nouveautés. *Le Salon de l'auto. Le Salon du livre.*

SALON-DE-PROVENCE ▪ Commune des Bouches-du-Rhône. 34 054 hab. *(les Salonais).* École de l'air.

SALONIQUE ou **THESSALONIQUE** ▪ Ville de Grèce (Macédoine), port sur la mer Égée. 377 951 hab. Université. Centre industriel. Importants monuments byzantins.

SALONNARD, ARDE n. ▪ péj. Habitué(e) des salons mondains.

SALONNIER, IÈRE adj. ▪ Propre aux salons (I, 2), à l'esprit mondain des salons.

SALOON [salun] n. m. ▪ anglic. Bar, tripot (notamment au Far West). *Des saloons.*

SALOPARD n. m. ▪ FAM. Salaud.

SALOPE n. f. ▪ FAM. **1.** Femme dévergondée. **2.** (rattaché à *salaud*) Femme méprisable.

SALOPER v. tr. [1] ▪ FAM. **1.** Faire très mal (un travail). **2.** Salir énormément.

SALOPERIE n. f. ▪ FAM. Saleté (aux sens 2, 3 et 4).

SALOPETTE n. f. ▪ **1.** Vêtement de travail, à plastron, qu'on porte par-dessus ses vêtements. ⇒ **bleu, combinaison. 2.** Pantalon à bretelles et à plastron.

le (ou la) SALOUEN ▪ Fleuve d'Asie, né au Tibet, qui se jette dans l'océan Indien après avoir traversé la Chine, la Thaïlande et la Birmanie. 2 600 km.

SALPÊTRE n. m. ▪ Couche de nitrates pulvérulente qui se forme sur les vieux murs humides, et qui entrait autrefois dans la fabrication d'une poudre explosive.

SALPINGITE n. f. ▪ MÉD. Inflammation d'une trompe de l'utérus.

SALSA n. f. ▪ Musique afro-cubaine au rythme marqué.

SALSEPAREILLE n. f. ▪ Arbuste épineux dont la racine a des vertus dépuratives.

SALSIFIS n. m. ▪ Plante potagère cultivée pour sa longue racine comestible ; cette racine.

SALTA ▪ Ville d'Argentine, dans les Andes. 170 000 hab.

SALTILLO ▪ Ville du nord du Mexique. 440 000 hab. Métallurgie.

SALTIMBANQUE n. ▪ Personne qui fait des tours d'adresse, des acrobaties en public. ⇒ **bateleur.**

SALT LAKE CITY ▪ Ville des États-Unis, capitale de l'Utah. 160 000 hab. Foyer des mormons. Université.

les îles **Salomon.** Lagon de Rovania en Nouvelle-Géorgie.
Phot. © Leroux/Explorer

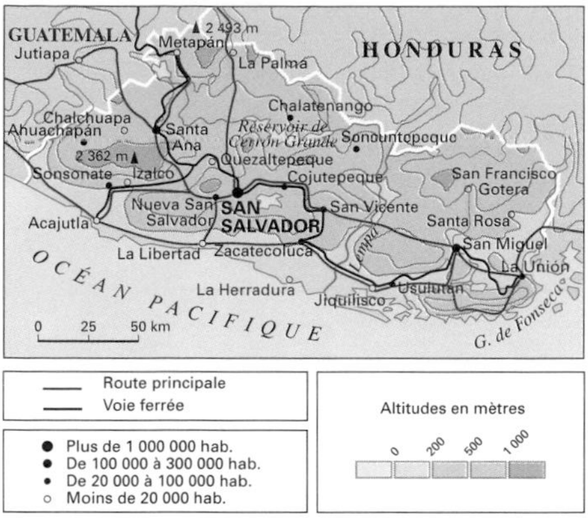

Salvador.

SALTO ▪ Ville d'Uruguay. 85 000 hab.

Mikhaïl **SALTYKOV-CHTCHEDRINE** (1826-1889) ▪ Écrivain russe. Descriptions satiriques de la noblesse provinciale. *"Les Messieurs de Tachkent"* (1869-1872).

SALUBRE adj. ▪ (air, climat, milieu) Qui a une action favorable sur l'organisme. ⇒ **sain.**

SALUBRITÉ n. f. ▪ **1.** Caractère de ce qui est salubre. **2.** État d'une population préservée des maladies endémiques et contagieuses. *Mesures de salubrité publique.* ⇒ **hygiène.**

SALUER v. tr. [1] ▪ **1.** Adresser, donner une marque extérieure de reconnaissance et de civilité à (qqn). ⇒ **salut.** *Saluer qqn de la voix, du geste. Saluer un ami.* - *J'ai bien l'honneur de vous saluer* (formule pour conclure une lettre, etc.). **2.** Manifester du respect par des pratiques réglées (→ rendre hommage). *Saluer le drapeau.* **3.** Accueillir par des manifestations extérieures. *Son apparition a été saluée par des sifflets.* **4.** *Saluer qqn comme..., saluer en lui...*, l'honorer, le reconnaître comme. *On salue en lui un précurseur.*

SALURE n. f. ▪ DIDACT. Caractère de ce qui est salé ; teneur en sel (d'un corps).

SALUT n. m. ▪ **I. 1.** Fait d'échapper à la mort, au danger, de garder ou de recouvrer un état heureux, prospère. *Chercher son salut dans la fuite. Devoir son salut à* : en réchapper grâce à. - *Le* SALUT PUBLIC : la protection de la nation. **2.** RELIG. Félicité éternelle ; fait d'être sauvé du péché et de la damnation. *Le salut de l'âme.* **II. 1.** LITTÉR. Formule exclamative par laquelle on souhaite à qqn, santé, prospérité. *Salut et fraternité !* **2.** FAM. Formule brève d'accueil ou d'adieu. *Salut, les gars !* **3.** Démonstration de civilité (geste ou parole) qu'on fait en rencontrant qqn. *Adresser, faire, rendre un salut à qqn.* ♦ Geste de salut. *Salut militaire.* **4.** Cérémonie d'hommage. *Salut au drapeau.* ♦ RELIG. CATHOL. *Salut du saint sacrement* (office chanté).

les îles du **SALUT** ▪ Groupe de trois îles françaises (Royale, Saint-Joseph, du Diable) au large de la Guyane. Ancien centre pénitentiaire où fut notamment enfermé Dreyfus.

l'Armée du **SALUT** ▪ Organisation religieuse (protestante) créée en 1865 par William Booth. Les salutistes, vêtus d'un uniforme, pratiquent la prédication en plein air et recueillent des fonds pour leurs œuvres sociales (centres d'accueil, soupes populaires...).

SALUTAIRE adj. ▪ Qui a une action favorable (domaine physique ou moral). ⇒ **bienfaisant, bon, utile.** *Un effet salutaire.*

SALUTATION n. f. ▪ **1.** VX Action de saluer. ⇒ **salut. 2.** Manière de saluer exagérée. *De grandes salutations.* **3.** au plur. dans les formules de politesse écrites *Veuillez agréer mes respectueuses salutations.*

SALUTISTE n. ▪ Membre de l'Armée du Salut.

SALVADOR autrefois **BAHIA** ▪ Ville et port du Brésil ; capitale de l'État de Bahia, sur la baie de Tous-les-Saints. 2 056 000 hab. Centre religieux et touristique (églises baroques). Importantes activités industrielles et commerciales (export). Fondée en 1549, elle fut la capitale du Brésil jusqu'en 1763.

le **SALVADOR** ▪ Le plus petit État (république) d'Amérique centrale (21 041 km^2) et le plus densément peuplé : 5 600 000 hab. *(les Salvadoriens).* Capitale : San Salvador. Langue : espagnol. Monnaie : colón du Salvador. Population métissée, en majorité rurale, concentrée à l'intérieur du pays. Principales cultures : café et sucre. Industries alimentaire et textile. □ HISTOIRE Ancienne colonie espagnole, devenue une république indépendante en 1841. Après la révolte paysanne de 1931, entraînée par la crise économique de 1929, les gouvernements militaires se succédèrent jusqu'en 1982, déposant le président élu en 1972, José Napoleón Duarte (démocratie chrétienne). La guerre contre le Honduras (1969-1980) puis la guerre civile entre la junte militaire au pouvoir et les partis d'opposition, révolutionnaires, dont le FMLN (Front Farabundo Martí de libération nationale), ont gravement affecté l'économie qui ne s'est maintenue que grâce à l'aide américaine. En 1989 et en 1994, les candidats de l'Arena (Alliance républicaine nationaliste, parti d'extrême droite) ont gagné l'élection présidentielle. L'application d'un plan de paix est en cours depuis 1992.

SALVATEUR, TRICE adj. ▪ LITTÉR. Qui sauve. *Une vertu salvatrice.*

SALVE n. f. ▪ **1.** Décharge simultanée d'armes à feu ou coups de canon successifs (notamment pour saluer). *Une salve d'artillerie.* **2.** par analogie *Des salves d'applaudissements.*

SALZBOURG en allemand ***SALZBURG*** ▪ Ville d'Autriche, capitale de l'État (Land) du même nom (7 154 km^2 ; 483 880 hab.). 144 000 hab. Monuments médiévaux et baroques. Tourisme. Festival de musique. Patrie de Mozart.

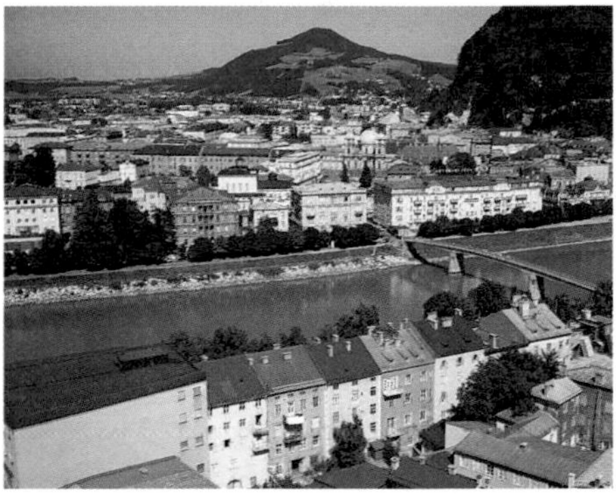

Salzbourg. Vue générale. *Phot. © Dagli Orti*

SALZGITTER ▪ Ville d'Allemagne (Basse-Saxe). 113 600 hab. Sidérurgie.

les **SAMANIDES** ou **SAMANI** ▪ Dynastie iranienne qui régna en Perse de 874 à 999.

SAMARA, de 1935 à 1991 ***KOUIBYCHEV*** ▪ Ville de Russie, sur la Volga. 1 239 000 hab. Industrie mécanique. Chimie du pétrole.

SAMARE n. f. ▪ BOT. Fruit sec à péricarpe prolongé en aile membraneuse. *Les samares de l'érable.*

SAMARIE ▪ Ancienne capitale du royaume d'Israël, détruite par les Assyriens en 721 av. J.-C. Ses habitants furent alors déportés et remplacés par des colons babyloniens et araméens qui donnèrent naissance au peuple des Samaritains.

la **SAMARIE** ▪ Province centrale de la Palestine, entre la Galilée et la Judée. Annexée par la Jordanie en 1950, elle est occupée et administrée par Israël depuis 1967, sauf la région autour de Jéricho ainsi que plusieurs villes, passées sous autogouvernement palestinien en 1994-1995 (→ **Cisjordanie**).

SAMARITAIN, AINE adj. et n. ▪ De Samarie. ♦ n. *Les Samaritains.* - *Parabole du bon Samaritain* (dans la Bible). loc. fig. *Faire le bon samaritain* : être toujours prêt à se dévouer, à aider autrui.

SAMARKAND ▪ Ville d'Ouzbékistan. 370 000 hab. Centre culturel et économique. Connue dès l'Antiquité sous le nom de *Maracanda*. Capitale de l'empire musulman de Tamerlan v. 1400. Nombreux monuments (mausolées, mosquées).

SAMARRA ▪ Ville d'Irak, sur le Tigre, au nord-ouest de Bagdad. Env. 20 000 hab. Fondée en 868 par un calife abbasside (abandonnée en 883). Site archéologique. Grande mosquée (30 000 m^2) au célèbre minaret en spirale. Plusieurs palais et châteaux.

SAMBA [sɑ̃(m)ba] **n. f.** ▪ Danse à deux temps d'origine brésilienne ; sa musique. *Des sambas.*

la SAMBRE ▪ Rivière du nord de la France, affluent de la Meuse. 190 km. *"Sambre et Meuse"*, célèbre marche militaire.

SAMEDI **n. m.** ▪ Sixième jour de la semaine, qui succède au vendredi. *Tous les samedis matin.*

SAMIZDAT [samizdat] **n. m.** ▪ En U.R.S.S., Diffusion clandestine d'ouvrages interdits par la censure ; ouvrage ainsi édité. *Des samizdats.*

Giovanni Battista SAMMARTINI (v. 1700 - 1775) ▪ Compositeur italien. Son rôle fut considérable dans la naissance de la symphonie.

les SAMNITES ▪ Ancien peuple de l'Italie centrale qui s'opposa aux Romains (→ **Caudium**) avant d'être vaincu en 295 av. J.-C.

les îles SAMOA ▪ Archipel de la Polynésie partagé en deux groupes depuis 1900. ► **l'État indépendant des SAMOA-OCCIDENTALES** 2 830 km^2. 157 158 hab. *(les Samoans)*. Capitale : Apia. Langues officielles : anglais, samoan. Monnaie : tala. Protectorat allemand de 1899 à 1914, placé sous tutelle néo-zélandaise en 1920, indépendant en 1962. Membre du Commonwealth. Tourisme. ► **les SAMOA-AMÉRICAINES** 197 km^2. 46 773 hab. *(les Samoans)*. Siège du gouvernement : Fagatogo. Sous administration américaine depuis 1900.

SAMOËNS ▪ Commune de Haute-Savoie, dans le Faucigny. 2 148 hab. *(les Septimontains)*. Station d'été et de sports d'hiver (720 à 2 300 m). Jardin alpin.

SAMOS ▪ Île grecque de la mer Égée. Un des principaux centres commerciaux dans l'Antiquité. 476 km^2. 30 830 hab. *(les Samiens* ou *Samiotes)*. Chef-lieu : Samos ou Vathy (5 639 hab.).

SAMOTHRACE ▪ Île grecque de la mer Égée, près de la côte Thrace. 178 km^2. 2 701 hab. En 1863, on y trouva une statue devenue célèbre : la *Victoire de Samothrace*, actuellement au musée du Louvre.

SAMOURAÏ [-Raj] **n. m.** ▪ Guerrier japonais de la société féodale.

SAMOVAR **n. m.** ▪ Bouilloire russe utilisée surtout pour la confection du thé.

les SAMOYÈDES ▪ Peuples d'origine mongole et de langues finno-ougriennes, établis dans la toundra sibérienne.

Samothrace. *Victoire de Samothrace*, marbre, art grec, époque hellénistique. Musée du Louvre, Paris. *Phot. © Lauros/Giraudon*

Samarkand. École religieuse de Ser Dor. *Phot. © Nino Cirani/Ricciarini*

SAMPAN **n. m.** ▪ Petite embarcation chinoise. *Des sampans.*

SAMSON ▪ Personnage de la Bible. Sa chevelure est le siège de sa force. Dalila le rase et le livre aux Philistins.

SAMSUN ▪ Ville et port de Turquie, sur la mer Noire. 303 979 hab.

SAMUEL (XIe s. av. J.-C.) ▪ Prophète et juge d'Israël dans la Bible, vainqueur des Philistins.

Paul Anthony SAMUELSON (né en 1915) ▪ Économiste américain. Modèle mathématique pour l'explication des fluctuations économiques. Conseiller de John Kennedy. Prix Nobel 1970.

SANAA ▪ Capitale du Yémen, située à 2 500 m d'altitude. 427 185 hab. Architecture remarquable.

Sanaa. Vue générale. *Phot. © Blondel/Explorer*

la SANAGA ▪ Principal fleuve du Cameroun, qui se jette dans le golfe de Guinée. 520 km.

SANĀ'Ī (v. 1080 - v. 1131) ▪ Mystique persan. Introducteur du soufisme dans la poésie persane.

Frédéric Dard dit SAN-ANTONIO (né en 1921) ▪ Écrivain français, auteur d'une série de romans policiers ironiques et truculents dont le personnage principal est le commissaire San-Antonio. Il a également signé des romans sous son vrai nom.

SAN ANTONIO ▪ Ville des États-Unis (Texas). 936 000 hab. Architecture coloniale. Centre militaire. Universités.

SANARY-SUR-MER ▪ Commune du Var. 14 730 hab. *(les Sanaryens)*. Station balnéaire.

SANATORIUM [-jɔm] **n. m.** ▪ Maison de santé où l'on traite les tuberculeux pulmonaires. *Des sanatoriums.* ◇ abrév. FAM. SANA.

SAN BERNARDINO ▪ Ville des États-Unis (Californie). 164 000 hab. Centre d'une riche région agricole.

SANCERRE ▪ Commune du Cher. 2 059 hab. *(les Sancerrois)*. Vestiges du château des comtes de Sancerre (XVe s.). Tour des fiefs (XIVe s.). Viticulture (sancerre blanc, rouge, rosé).

SANCHE ▪ Nom de sept rois de Navarre de 905 à 1234.

SANCTIFIANT, ANTE **adj.** ▪ RELIG. Qui sanctifie. *Grâce sanctifiante.*

SANCTIFICATEUR, TRICE **n.** ▪ RELIG. Personne qui sanctifie. - **adj.** ⇒ **sanctifiant.**

SANCTIFICATION n. f. ▪ Action de sanctifier ; son résultat.

SANCTIFIER v. tr. 7 ▪ **1.** Rendre saint. *Sanctifier un lieu.* ⇒ **consacrer.** **2.** Révérer comme saint.

SANCTION n. f. ▪ **I. 1.** DIDACT. Acte par lequel le chef du pouvoir exécutif approuve une mesure législative. **2.** fig. Approbation, confirmation, ratification. *Ce mot a reçu la sanction de l'usage.* **II.** Peine établie par une autorité pour réprimer un acte. ⇒ **condamnation.** - *Sanction scolaire.* ⇒ **punition.** - *Sanctions économiques prises contre un pays.* ⇒ **blocus, embargo.**

SANCTIONNER v. tr. 1 ▪ **1.** Confirmer par une sanction (I, 1). *Sanctionner une loi.* ♦ fig. ⇒ **entériner, homologuer, ratifier.** - au p. p. *Études sanctionnées par un diplôme.* **2.** Punir par une sanction (II). *Sanctionner une faute.* - *Sanctionner qqn.*

SANCTUAIRE n. m. ▪ **1.** Lieu le plus saint d'un temple, d'une église. **2.** Édifice consacré aux cérémonies du culte ; lieu saint. *Delphes, sanctuaire d'Apollon.* **3.** fig. Territoire inviolable.

le puy de SANCY ▪ Point culminant du massif du Mont-Dore et du Massif central. 1 886 m.

Aurore Dupin dite **George SAND** (1804 - 1876) ▪ Écrivain français. Célèbre pour ses récits champêtres (*"La Mare au diable"*, 1846; *"François le Champi"*, 1847-1848), ses nombreux romans (*"Indiana"*, 1832; *"Lélia"*, 1833; *"Les Maîtres sonneurs"*, 1853), ses correspondances et journaux autobiographiques. Elle fut aussi une des grandes figures du XIXe s. par sa vie tapageuse (ses amours avec Musset, Chopin) et son engagement politique (défense de la cause des femmes et du peuple).

George **Sand.** Portrait par Charpentier. Musée Carnavalet, Paris. *Phot. © Bulloz*

SANDALE n. f. ▪ Chaussure légère faite d'une semelle retenue par des cordons ou des lanières. ⇒ **nu-pieds.**

SANDALETTE n. f. ▪ Sandale légère.

Carl SANDBURG (1878 - 1967) ▪ Poète américain. Chef de l'école de Chicago. *"Fumée et acier"* (1920).

SAN DIEGO ▪ Ville et port des États-Unis (Californie), sur l'océan Pacifique. 1 110 549 hab. Tourisme.

Augusto SANDINO (1893 - 1934) ▪ Homme politique nicaraguayen. Il combattit les troupes nord-américaines qui occupaient son pays. Son nom fut repris en 1961 par le Front *sandiniste,* qui fut au pouvoir de 1979 à 1990.

SANDOW [sɑ̃do] n. m. (nom déposé) ▪ Câble élastique. ⇒ **tendeur.**

SANDRE n. m. ▪ Poisson de rivière voisin de la perche.

SANDWICH [sɑ̃dwi(t)ʃ] n. m. ▪ **1.** Mets constitué de deux tranches de pain entre lesquelles on place des aliments froids. ⇒ **casse-croûte.** *Des sandwichs* ou *des sandwiches. Un sandwich au jambon.* **2.** loc. FAM. *Être pris* EN SANDWICH, serré, coincé entre deux choses ou deux personnes (abstrait ou concret).

John Montagu, comte de SANDWICH (1718 - 1792) ▪ Premier lord de l'Amirauté. Des îles furent baptisées en son honneur et il est à l'origine du mot *sandwich.*

les îles SANDWICH ▪ Ancien nom des îles Hawaii.

les îles SANDWICH DU SUD ▪ Archipel britannique de l'Antarctique. Séparées des Malouines après l'invasion argentine de 1982. 420 km².

SANDWICHERIE n. f. ▪ Boutique où l'on vend des sandwichs divers, des boissons...

SAN FRANCISCO ▪ Ville des États-Unis (Californie), port sur la côte pacifique. 724 000 hab. Centre commercial, financier, touristique et culturel (universités de Berkeley et de Palo Alto). ► **la conférence de SAN FRANCISCO**, en juin 1945, élabora la charte des Nations unies. ► **le traité de SAN FRANCISCO** Traité de paix entre les États-Unis et le Japon (1951).

San Francisco. Le pont du Golden Gate. *Phot. © Charles Lénars*

SANG [sɑ̃] n. m. ▪ **1.** Liquide rouge, visqueux, qui circule dans les vaisseaux, à travers tout l'organisme, où il joue des rôles essentiels et multiples. ⇒ **hémat(o)- ; -émie.** *La circulation du sang. Globules, plaquettes du sang.* - VIEILLI *Animaux à sang chaud,* à température stable ; à sang froid, *à température variable. Perdre beaucoup de sang* (⇒ **exsangue**). - *Couleur de sang.* appos. invar. *Foulards rouge sang.* ♦ loc. *Le sang lui monte au visage,* il, elle devient tout(e) rouge. - *Mon sang n'a fait qu'un tour,* j'ai été bouleversé. - COUP DE SANG : congestion. *Jusqu'au sang :* jusqu'à faire saigner. - EN SANG (⇒ **ensanglanté ; saigner**). - fig. *Un apport de sang frais :* un apport d'éléments nouveaux ou jeunes. **2.** (dans des loc.) Principe de vie. *Avoir le sang chaud :* être irascible, ou impétueux. - FAM. *Avoir du sang de poulet, de navet :* être sans vigueur, être lâche. - *Se faire du* MAUVAIS SANG, du souci. ⇒ s'**inquiéter,** se **tourmenter.** - *Se faire un* SANG D'ENCRE : s'inquiéter énormément. - *Il, elle a ça* DANS LE SANG : c'est une tendance profonde. **3.** dans des loc. (Sang humain versé par violence) *Verser, faire couler le sang.* ⇒ **tuer.** - *Noyer une révolte dans le sang.* - *Avoir du sang sur les mains,* avoir commis un crime. ♦ BON SANG !, juron familier. **4.** *Le sang,* traditionnellement considéré (par erreur) comme porteur des caractères héréditaires. *Les liens du sang.* - loc. *Avoir du* SANG BLEU : être d'origine noble. - *La voix du sang :* l'instinct affectif familial.

Giuliano da SANGALLO (1445 - 1516) ▪ Architecte, archéologue, humaniste, il représenta auprès de Laurent de Médicis le modernisme florentin. Il réalisa l'église Santa Maria delle Carceri à Prato, et la villa Médicis à Poggio a Caiano. Son frère **Antonio da Sangallo** (1455 - 1535) et son neveu **Antonio da Sangallo le Jeune** (1483 - 1546) furent également de remarquables architectes.

SANGATTE ▪ Commune du Pas-de-Calais. 3 326 hab. *(les Sangattois).* Station balnéaire.

Frederick SANGER (né en 1918) ▪ Biochimiste britannique. Il détermina les séquences de l'ADN. Prix Nobel 1958 et 1980.

SANG-FROID n. m. ▪ Maîtrise de soi qui permet de ne pas céder à l'émotion et de garder sa présence d'esprit. ⇒ **calme, impassibilité.** *Garder, perdre son sang-froid.* - *Faire qqch. de sang-froid,* délibérément et consciemment.

SAN GIMIGNANO ▪ Ville d'Italie (Toscane). 7 046 hab. La ville a gardé son aspect médiéval avec ses remparts, ses treize tours et ses églises.

SANGLANT, ANTE adj. ▪ **1.** En sang, couvert de sang. *Poignard sanglant.* ⇒ **ensanglanté.** **2.** Qui fait couler le sang, s'accompagne d'effusion de sang. ⇒ **meurtrier.** *Guerre sanglante.* **3.** fig. Extrêmement dur et outrageant. *Affront sanglant.*

SANGLE n. f. ▪ Bande large et plate qu'on tend pour maintenir ou serrer qqch. *Ajuster la sangle d'une selle* (de cheval). - ANAT. *Sangle abdominale :* ensemble des muscles abdominaux.

SANGLER v. tr. 1 ▪ **1.** *Sangler un cheval,* serrer la sangle qui maintient sa selle. **2.** Serrer fortement. - au p. p. *Sanglé dans un uniforme.*

sanglier. *Phot. © Layer/Jacana*

SANGLIER n. m. ▪ Porc sauvage à peau épaisse garnie de soies dures, vivant dans les forêts. ⇒ **laie, marcassin ; solitaire.** *La hure du sanglier.*

SANGLOT n. m. ▪ Respiration saccadée et bruyante qui se produit généralement dans les crises de larmes (⇒ **hoquet**). *Être secoué de sanglots. Éclater en sanglots.* - *Avoir des sanglots dans la voix,* une voix étranglée par des sanglots retenus.

SANGLOTER v. intr. [1] ▪ Pleurer avec des sanglots. - *Sangloter de joie.*

SANG-MÊLÉ n. invar. ▪ VIEILLI Personne issue du croisement de races différentes. ⇒ **métis.**

Marc **SANGNIER** (1873 - 1950) ▪ Journaliste et homme politique français. Il milita pour un christianisme social (mouvement *Le Sillon*), fut condamné par Pie X (1910) et se soumit. Fondateur de la Ligue française des auberges de jeunesse (1930).

SANGRIA n. f. ▪ Boisson à base de vin rouge et de fruits.

SANGSUE [sɑ̃sy] n. f. ▪ **1.** Ver d'eau annélide muni de deux ventouses. *Les sangsues absorbent le sang des vertébrés ; on les a utilisées pour les saignées.* **2.** fig. FAM. Personne importune, qui impose sa présence.

sangsue. *Hirudo medicinalis.*
Phot. © Lanceau/Jacana

SANGUIN, INE adj. ▪ **1.** Du sang, qui a rapport au sang, à sa circulation. *Groupes sanguins.* - *Transfusion sanguine.* **2.** Qui est couleur de sang. **3.** MÉD. ANC. *Tempérament sanguin* (forte corpulence, face rouge, caractère irascible). - n. m. *C'est un sanguin.*

SANGUINAIRE adj. ▪ Qui se plaît à répandre le sang, à tuer. *Tyran sanguinaire.*

les îles **SANGUINAIRES** ▪ Îles granitiques de la Corse à l'entrée du golfe d'Ajaccio.

SANGUINE n. f. ▪ **1.** Variété d'hématite rouge. - Crayon fait de cette matière. - Dessin exécuté avec ce crayon. *Une sanguine de Watteau.* **2.** Orange à la pulpe rouge sang.

SANGUINOLENT, ENTE adj. ▪ Couvert, teinté de sang. - D'un rouge sang.

SANHÉDRIN [sanedʀɛ̃] n. m. ▪ HIST. Tribunal religieux et civil de la Palestine antique.

SANIE n. f. ▪ MÉD. (VX) ou LITTÉR. Pus mêlé de sang qui s'écoule des plaies infectées.

SAN ISIDRO ▪ Ville d'Argentine, dans la banlieue de Buenos Aires. 250 000 hab. Centre industriel et station balnéaire.

SANITAIRE adj. ▪ **1.** Relatif à la santé publique et à l'hygiène. *Service sanitaire. Cordon* sanitaire.* **2.** Se dit des appareils et installations d'hygiène qui distribuent et évacuent l'eau dans les habitations (baignoires, bidets, lavabos, éviers, W.-C.). - n. m. pl. *Les sanitaires,* ces installations ; spécialt les toilettes.

SAN JOSE ▪ Ville des États-Unis (Californie). 782 000 hab. Fruits.

SAN JOSÉ ▪ Capitale du Costa Rica. 400 000 hab. Grand centre commercial. Carrefour routier et ferroviaire.

SAN JUAN ▪ Ville d'Argentine. 353 000 hab. Industries alimentaires. Pétrole.

SAN JUAN ▪ Capitale de Porto Rico. 431 200 hab. Centre touristique, commercial et industriel.

ŚANKARĀCHĀRYA, SHANKARA ou **ŚANKARA** (v. 788 - v. 820) ▪ Penseur indien. Il développa le non-dualisme du *Vedānta.*

SANKT FLORIAN ou **MARKT SANKT FLORIAN** ▪ Ville d'Autriche (Haute-Autriche). 5 100 hab. Abbaye du XIe s. dont l'église a été reconstruite (1686-1751) en style baroque.

SANKT PÖLTEN ▪ Ville d'Autriche (Basse-Autriche). 49 800 hab. Maisons et églises baroques.

SAN LUIS POTOSÍ ▪ Ville du Mexique. 657 000 hab. Cathédrale baroque. Centre commercial. La ville est célèbre depuis le XVIe s. pour les mines d'argent de la région.

José de **SAN MARTÍN** (1778 - 1850) ▪ Général et homme politique argentin. Héros de l'indépendance de l'Amérique latine.

Iacopo **SANNAZARO** (v. 1456 - 1530) ▪ Poète italien. Son roman *"L'Arcadie"* (1504) eut une influence capitale sur le genre pastoral aux XVIe et XVIIe s.

SANNOIS ▪ Commune du Val-d'Oise. 25 229 hab. *(les Sannoisiens).*

SAN PEDRO SULA ▪ Ville du Honduras. 500 000 hab. Centre commercial. Industries alimentaires.

SAN REMO ou **SANREMO** ▪ Ville d'Italie (Ligurie). 59 635 hab. Station balnéaire.

SANS prép. ▪ **1.** Préposition qui exprime l'absence, le manque, la privation ou l'exclusion. *Être sans argent. Un film sans intérêt. Avec ou sans sucre ?* ♦ (hypothèse) *Sans toi, j'étais mort !,* si tu n'avais pas été là, j'étais mort. - *Sans quoi, sans cela...* ⇒ **autrement, sinon.** ♦ (dans des loc. de valeur négative) *Sans cesse, sans exception.* ♦ (+ inf.) *Il partit sans dire un mot.* - loc. *Cela va sans dire*. Vous n'êtes pas sans savoir* que...* **2.** loc. conj. *SANS QUE* (+ subj.). *Ne faites rien sans qu'il ait donné son accord.* **3.** adv. FAM. *Comment faire sans ? Les jours* avec et les jours sans.*

SANS-ABRI [sɑ̃z-] n. invar. ▪ Personne qui n'a pas de logement. ⇒ **sans-logis.** *Reloger les sans-abri.*

SAN SALVADOR ▪ Capitale du Salvador. 450 000 hab. Principal centre intellectuel et économique du pays. Agglomération de 1 500 000 hab.

SANS-CŒUR n. invar. ▪ FAM. Personne qui est insensible à la souffrance d'autrui.

SANSCRIT, ITE ⇒ SANSKRIT, ITE

SANS-CULOTTE n. m. ▪ Nom donné, à partir de 1792, aux révolutionnaires qui, par refus de la « culotte » des aristocrates, serrée sous le genou, portaient le pantalon. *Les sans-culottes.*

SANS-EMPLOI [sɑ̃z-] n. invar. ▪ surtout au plur. Personne sans travail. ⇒ **chômeur.**

SANS-FAUTE n. m. invar. ▪ SPORTS Parcours effectué sans aucune faute. - par ext. Prestation parfaite.

SANS-FIL n. m. invar. ▪ Message transmis par radiotélégraphie.

SANS-FILISTE n. ▪ **1.** Opérateur de T.S.F. ⇒ ② **radio.** **2.** Personne qui pratique la T.S.F. en amateur.

SANS-GÊNE ▪ **1.** adj. invar. Qui agit avec une liberté, une familiarité excessives. *"Madame Sans-Gêne"* (comédie de V. Sardou). - n. invar. *Un, une sans-gêne.* **2.** n. m. invar. Attitude d'une personne qui ne se gêne pas pour les autres. ⇒ **désinvolture, impolitesse.**

SANS-GRADE ▪ **1.** n. m. Simple soldat. *Des sans-grade(s).* **2.** n. Exécutant, subalterne.

SANSKRIT, ITE ou **SANSCRIT, ITE** ▪ **1.** **n. m.** Langue indo-européenne, langue classique de la civilisation brahmanique de l'Inde. *Les Védas sont rédigés en sanskrit. Sanskrit et prâkrits*.* **2.** **adj.** *Grammaire sanskrite.*

SANS-LE-SOU **n. invar.** ▪ FAM. Personne sans argent.

SANS-LOGIS **n.** ▪ Personne qui ne dispose pas d'une habitation. ⇒ **sans-abri.**

SANSONNET **n. m.** ▪ Étourneau. - loc. FAM. *De la roupie* de sansonnet.*

SANSOVINO ▪ SCULPTEURS ET ARCHITECTES ITALIENS ► **Andrea Contucci** dit **il SANSOVINO** (v.1467 - 1529) L'évolution de son œuvre, des sculptures du baptistère de Florence aux bas-reliefs de la Santa Casa de Lorette, illustre le passage de l'art du Quattrocento, encore médiéval, à celui de la première Renaissance. ► **Iacopo Tatti** dit **il SANSOVINO** (1486 - 1570), disciple d'Andrea Sansovino qui l'adopta, régna pendant quarante ans sur l'architecture vénitienne (église San Francesco della Vigna; Libreria Vecchia; loggetta du campanile de la place Saint-Marc).

SANS-PAPIERS **n.** ▪ Personne qui ne possède pas les documents d'identité requis dans le pays dans lequel elle se trouve, et est de ce fait en situation irrégulière. ⇒ aussi **clandestin.**

SANS-SOUCI **adj. invar.** ▪ Insouciant.

SANTA ANA ▪ Ville des États-Unis (Californie). 294 000 hab.

SANTA ANA ▪ Ville du Salvador. 228 000 hab.

Antonio López de SANTA ANNA (1794 - 1876) ▪ Homme d'État mexicain. Sous sa présidence, le Mexique perdit le Texas, le Nouveau-Mexique et la Californie.

SANTA CATARINA ▪ Petit État côtier du sud du Brésil. 95 318 km². 4 860 000 hab. Capitale : Florianópolis.

SANTA CLARA ▪ Ville de Cuba. 177 000 hab.

SANTA CRUZ ou **SANTA CRUZ DE LA SIERRA** ▪ Ville de Bolivie. 650 000 hab. Centre commercial et industriel.

SANTA CRUZ DE TENERIFE ▪ Ville d'Espagne, sur l'île de Tenerife. Capitale (siège du Parlement) de la communauté autonome des Canaries (→ Las **Palmas**). 191 974 hab. Raffinerie de pétrole.

SANTA FE ▪ Ville d'Argentine. 442 000 hab. Port fluvial sur le río Santa Fe.

SANTA FE ▪ Ville des États-Unis, capitale du Nouveau-Mexique. 56 000 hab. Monuments coloniaux et hispano-indiens.

Santa Fe (États-Unis). Immeuble fédéral de style hispano-indien. *Phot. © Charles Lénars*

SANTAL, ALS **n. m.** ▪ Arbre exotique dont le bois, imputrescible, fournit une essence balsamique. - Son bois. *Faire brûler du santal.* - Parfum qui en est extrait.

SANTA MARTA ▪ Ville de Colombie. 250 000 hab. L'un des plus grands ports bananiers du monde. Tourisme.

SANTA MONICA ▪ Ville des États-Unis (Californie), proche de Los Angeles. 87 000 hab. Station balnéaire.

SANTANDER ▪ Ville et port du nord de l'Espagne, capitale de la Cantabrie. 194 217 hab. Cathédrale gothique. Port de pêche et de commerce. Industries. Station balnéaire. Université.

SANTÉ **n. f.** ▪ **1.** Bon état physiologique d'un être vivant, fonctionnement régulier et harmonieux de l'organisme. *Être plein de santé. Elle n'a pas de santé. Mauvais pour la santé.* ⇒ **malsain.** - FAM. *Il a la santé !* ; fig. il a de l'aplomb. - *Boire à la santé de qqn*, en son honneur. ⇒ **trinquer.** *À ta santé !* **2.** Fonctionnement plus ou moins harmonieux de l'organisme, sur une période assez longue. *Être en bonne ; en mauvaise santé* (⇒ **malade**). *Sa santé se rétablit* (⇒ **convalescence**). - *Comment va la santé ?* **3.** Équilibre psychique. *Santé mentale, intellectuelle.* **4.** État sanitaire d'une société. *Santé publique.*

SANTIAG [sɑ̃tjag] **n. f.** ▪ Botte de cuir à piqûres décoratives, à bout effilé et à talon oblique. *Des santiags.*

SANTIAGO ▪ Capitale du Chili. 4 385 000 hab. Agglomération de 5 236 000 hab. Métropole culturelle et économique (54 % des industries de transformation du pays).

Santiago. Vue générale. *Phot. © Campion/Gamma*

SANTIAGO DE CUBA ▪ Ville et port de Cuba. 356 000 hab. Important centre industriel et commercial.

SANTIAGO DE LOS CABALLEROS ▪ Ville de la République dominicaine. 450 000 hab.

le marquis de SANTILLANA (1398 - 1458) ▪ Homme de guerre et poète espagnol. Il introduisit le sonnet dans la poésie espagnole.

SANTON **n. m.** ▪ Figurine provençale ornant les crèches de Noël.

SANTORIN ou **THÉRA** ▪ Île grecque de la mer Égée (Cyclades), issue d'une éruption volcanique. 85 km². 7 413 hab. Chef-lieu : Thira ou Phira. Vestiges archéologiques d'*Akrotiri.*

SANTOS ▪ Ville et 1er port du Brésil (État de São Paulo). Exportation de café. 428 000 hab. Industrie en essor.

Alberto SANTOS-DUMONT (1873 - 1932) ▪ Pionnier brésilien de l'aviation, établi en France.

le SÃO FRANCISCO ▪ Fleuve du Brésil, qui se jette dans l'Atlantique. 3 161 km.

SÃO LUÍS ▪ Ville et port du Brésil, capitale de l'État du Maranhão. 695 780 hab. Centre administratif, commercial et industriel.

SÃO MIGUEL ▪ Île la plus importante des Açores où se trouve la capitale Ponta Delgada. 747 km². 77 000 hab.

la SAÔNE ▪ Rivière de l'est de la France, le plus important affluent du Rhône. 480 km.

la SAÔNE-ET-LOIRE [71] ▪ Département français de la région Bourgogne. 8 627 km². 559 413 hab. Chef-lieu : Mâcon. Chefs-lieux d'arrondissement : Autun, Chalon-sur-Saône, Charolles, Louhans.

São Paulo ▪ La plus grande ville du Brésil. 9 480 000 hab. *(les Paulistes)*. Elle forme avec ses banlieues une agglomération de 16 000 000 hab. Métropole économique, commerciale et industrielle du pays. Carrefour de communications. Capitale de l'*État de São Paulo* (248 255 km²; 32 480 000 hab.).

São Tomé e Príncipe ▪ Archipel et État (république démocratique) du golfe de Guinée, formé des îles de São Tomé, de Príncipe et de plusieurs îlots. 1 001 km². 124 000 hab. *(les Santoméens)*. Capitale : São Tomé. Langues : portugais (officielle), forro (créole lusophone), angolare, fang. Monnaie : dobra. Découverte par les Portugais en 1471, indépendante depuis 1975. Le nouveau régime du parti unique opta pour le marxisme, mais les difficultés économiques amenèrent le pouvoir à autoriser la tenue d'élections libres en 1991.

SAOUL, SAOULE ; SAOULER ⇒ SOÛL ; SOÛLER

SAPAJOU n. m. ▪ Petit singe de l'Amérique centrale et du Sud, à longue queue préhensile. *Des sapajous.* ◇ syn. SAJOU.

sapajou. *Saimiri sciureus.* *Phot. © Axel/Jacana*

① **SAPE** n. f. ▪ **I.** Tranchée ou fosse creusée sous une construction pour la faire écrouler. **II.** Action de saper. *Travaux de sape.* - fig. *Faire un travail de sape.* ⇒ ① **saper** (2).

② **SAPE** n. f. ▪ FAM. *Les sapes, la sape :* les vêtements.

① **SAPER** v. tr. [1] ▪ **1.** Détruire les assises de (une construction) pour faire écrouler. **2.** fig. ⇒ **ébranler, miner.** *Saper les fondements de l'autorité.* - FAM. *Il m'a sapé le moral.*

② SE **SAPER** v. pron. [1] ▪ FAM. S'habiller. - au p. p. *Être bien sapé.*

SAPERLIPOPETTE interj. ▪ Juron familier et vieilli exprimant le dépit. ◇ var. SAPERLOTTE.

SAPEUR n. m. ▪ Soldat du génie employé à la sape et à d'autres travaux.

SAPEUR-POMPIER n. m. ▪ ADMIN. Pompier. *Des sapeurs-pompiers.*

SAPHIQUE adj. ▪ LITTÉR. Relatif à l'homosexualité féminine. ⇒ **lesbien.**

SAPHIR n. m. ▪ **1.** Pierre précieuse très dure, transparente et bleue. - *Un saphir,* cette pierre taillée. **2.** Petite pointe de

Saragosse. Église Notre-Dame du Pilier.
Phot. © de Gregorio/Ricciarini

São Paulo. Vue générale avec, au premier plan, un immeuble de l'architecte Niemeyer. *Phot. © Dagli Orti*

cette matière qui constitue la tête de lecture d'un électrophone.

SAPHISME n. m. ▪ LITTÉR. Homosexualité féminine. ⇒ **lesbianisme.**

SAPIDE adj. ▪ DIDACT. Qui a du goût, de la saveur (contr. INSIPIDE).

SAPIDITÉ n. f. ▪ DIDACT. Qualité de ce qui est sapide. ⇒ **goût, saveur.** - *Agent de sapidité* (additif alimentaire).

SAPIN n. m. ▪ **1.** Arbre résineux (conifère) à tronc droit, à branches inclinées et à feuilles (aiguilles) persistantes. - *Sapin de Noël* (en réalité épicéa), qu'on décore pour Noël. **2.** Bois de cet arbre. - loc. FAM. (par allus. aux cercueils en sapin) *Ça sent le sapin* (pour dire que qqn n'a plus longtemps à vivre).

SAPINIÈRE n. f. ▪ Forêt, plantation de sapins.

Edward **Sapir** (1884-1939) ▪ Linguiste et anthropologue américain d'origine allemande. Il élabora une typologie des langues d'après l'analyse conceptuelle. → **Bloomfield.**

SAPONAIRE n. f. ▪ Plante à fleurs roses et odorantes, qui contient une substance qui peut mousser comme du savon.

SAPONIFIER v. tr. [7] ▪ DIDACT. Transformer en savon (par une réaction chimique appelée *saponification* n. f.).

SAPOTILLE n. f. ▪ Grosse baie charnue qui se mange blette, fruit du *sapotillier* (n. m. ; arbre d'Amérique centrale).

Sappho ou **Sapho** (v. 600 av. J.-C.) ▪ Poétesse grecque, créatrice du lyrisme érotique. Poèmes de la passion amoureuse, adressés à des femmes de Lesbos. *"Ode à Aphrodite".*

Sapporo ▪ Ville du Japon, chef-lieu de l'île de Hokkaidō. 1 687 144 hab. Jeux Olympiques d'hiver en 1972.

SAPRISTI interj. ▪ Juron familier exprimant l'étonnement ou l'exaspération.

Saqqara ou **Sakkara** ▪ Site archéologique d'Égypte. Nécropole de l'ancienne ville de Memphis, où se trouve la célèbre pyramide à degrés de Djoser construite par Imhotep.

SAQUER v. tr. ⇒ SACQUER

Sara ou **Sarah** ▪ Épouse d'Abraham dans la Bible, miraculeusement mère d'Isaac à quatre-vingt-dix ans.

SARABANDE n. f. ▪ **1.** Danse d'origine espagnole, au rythme vif. **2.** Ancienne danse française grave et lente, voisine du menuet, qui se dansait par couples. *Une sarabande de Bach.* **3.** loc. *Danser, faire la sarabande :* faire du tapage, du vacarme. **4.** fig. Succession rapide d'éléments disparates. ⇒ **ribambelle.**

Saragosse en espagnol ***Zaragoza*** ▪ Ville d'Espagne, sur l'Èbre, capitale de la communauté autonome d'Aragon. 614 401 hab. Cathédrale (XIIe-XVIe s.). Église Notre-Dame du Pilier (XVIIe s.). Université créée en 1474. Essor industriel récent. □ HISTOIRE La ville fut la capitale d'un royaume maure (XIe s.) avant d'être prise par Alphonse Ier le Grand au siècle suivant. Elle devint alors la capitale de l'Aragon.

Sarajevo ▪ Capitale de la Bosnie-Herzégovine. 415 631 hab. Centre administratif, commercial et industriel. L'assassinat de l'archiduc François-Ferdinand à

Sarajevo, en juin 1914, déclencha la Première Guerre mondiale. De 1992 à 1995, Sarajevo a subi, de la part des forces serbes bosniaques hostiles à l'indépendance de la Bosnie-Herzégovine, un long siège meurtrier et destructeur.

SARAN ▪ Commune du Loiret. 13 436 hab.

SARANSK ▪ Ville de Russie, capitale de la république de Mordovie. 322 000 hab.

SARATOGA SPRINGS ou **SARATOGA** ▪ Ville des États-Unis (État de New York). 25 000 hab. Victoire décisive des Américains sur les Britanniques (1777) au cours de la guerre d'Indépendance.

SARATOV ▪ Ville de Russie. 909 000 hab. Important port fluvial sur la Volga. Centre culturel.

SARAWAK ▪ État de la Malaysia orientale, au nord-ouest de l'île de Bornéo. 123 983 km². 1 648 217 hab. Capitale : Kuching. Pétrole et gaz naturel.

Jacques SARAZIN ou **SARRAZIN** (1588 - 1660) ▪ Sculpteur français. Après avoir passé dix-huit ans à Rome, il devint l'un des principaux sculpteurs de Louis XIII. Il réalisa notamment les modèles des cariatides du pavillon de l'Horloge (Louvre) et les tombeaux de Henri de Bourbon (musée de Chantilly) et du cardinal de Bérulle (Louvre).

SARBACANE n. f. ▪ Tube creux servant à lancer de petits projectiles, par la force du souffle.

SARCASME n. m. ▪ Dérision, raillerie insultante. - Trait d'ironie mordante. *Décocher des sarcasmes.*

SARCASTIQUE adj. ▪ Moqueur et méchant. *Sourire sarcastique.* ⇒ **sardonique.** ▸ adv. SARCASTIQUEMENT

SARCELLE n. f. ▪ Oiseau palmipède, plus petit que le canard commun.

sarcelle. *Anas crecca,* sarcelle d'hiver.
Phot. © Petit/Jacana

SARCELLES ▪ Commune du Val-d'Oise. 56 883 hab. *(les Sarcellois).* À côté de l'ancienne bourgade (église gothique), grand ensemble d'habitation.

SARCLAGE n. m. ▪ Action de sarcler. *Sarclage à la houe.*

SARCLER v. tr. [1] ▪ **1.** Arracher en extirpant les racines, avec un outil (sarcloir, etc.). *Sarcler le chiendent.* **2.** Débarrasser (un lieu ; une culture) des herbes nuisibles avec un outil. *Sarcler un potager.*

SARCLOIR n. m. ▪ Outil servant à sarcler.

SARC(O)- Élément savant, du grec *sarx, sarkos* « chair ».

SARCOME n. m. ▪ MÉD. Tumeur maligne développée aux dépens du tissu conjonctif. ▸ adj. SARCOMATEUX, EUSE

SARCOPHAGE n. m. ▪ Cercueil de pierre. *Sarcophages égyptiens.*

SARCOPTE n. m. ▪ Acarien parasite de l'homme et de certains mammifères, qui provoque la gale.

la SARDAIGNE en italien ***SARDEGNA*** ▪ Île et région italienne, au sud de la Corse. 24 090 km². 1 655 859 hab. *(les Sardes).* Chef-lieu : Cagliari. Charbon. Élevage ovin. Malgré le développement du tourisme, la région reste pauvre, d'où la forte émigration. Au XVIIIe s., elle passa à la maison de Savoie, formant avec le Piémont les « États sardes ». Elle fut intégrée au royaume d'Italie en 1861.

SARDANAPALE ▪ Roi légendaire chez les Grecs, dont le nom est inspiré par le roi d'Assyrie, Assurbanipal. Assiégé, il incendie Ninive et se suicide. Cette histoire a inspiré le tableau de Delacroix, *"La Mort de Sardanapale"* (1828).

SARDANE n. f. ▪ Danse catalane à plusieurs danseurs formant un cercle.

SARDE adj. et n. ▪ De la Sardaigne. - n. *Les Sardes.* ♦ n. m. *Le sarde* (langue romane).

SARDES ▪ Ancienne ville d'Asie Mineure (aujourd'hui en Turquie), capitale du royaume de Lydie, célèbre pour sa richesse. Ruines (surtout romaines).

SARDINE n. f. ▪ **1.** Petit poisson, très abondant dans la Méditerranée et l'Atlantique. *Un banc de sardines.* - *Une boîte de sardines à l'huile.* - loc. *Être serrés comme des sardines,* très serrés. **2.** Piquet de tente de camping.

SARDINERIE n. f. ▪ Conserverie de sardines.

SARDINIER, IÈRE ▪ **I.** adj. Relatif à la pêche ou à l'industrie de la conserve des sardines. *Bateau sardinier* et n. m. *un sardinier.* **II.** n. **1.** Pêcheur, pêcheuse de sardines. **2.** Ouvrier, ouvrière d'une sardinerie.

SARDONIQUE adj. ▪ Qui exprime une moquerie amère, froide et méchante. *Rire, rictus sardonique.* ⇒ **sarcastique.** ▸ adv. SARDONIQUEMENT

Victorien SARDOU (1831 - 1908) ▪ Auteur dramatique français. Il se consacra au drame bourgeois, puis écrivit des pièces historiques. *"Madame Sans-Gêne"* (1893).

SARGASSE n. f. ▪ Algue brune, très répandue dans la mer des Sargasses.

la mer des SARGASSES ▪ Partie occidentale de l'Atlantique Nord, près des Bermudes.

John SARGENT (1856 - 1925) ▪ Peintre américain. Portraits mondains. Grandes décorations murales.

SARGON II ▪ Roi d'Assyrie de 721 à 705 av. J.-C. Durant son règne, l'Assyrie fut à son apogée.

SARH anciennt ***FORT-ARCHAMBAULT*** ▪ Ville du sud-est du Tchad. Plus de 115 000 hab.

SARI n. m. ▪ En Inde, Vêtement traditionnel féminin fait d'une longue étoffe drapée.

SARIETTE n. f. ⇒ SARRIETTE

SARIGUE n. f. ▪ Petit mammifère (marsupial), à longue queue préhensile (⇒ **opossum**).

S. A. R. L. [ɛsaɛʀɛl] n. f. invar. (sigle de *société à responsabilité limitée*) ▪ Société commerciale où la responsabilité des associés est limitée au montant de leurs apports.

SARLAT-LA-CANÉDA ▪ Chef-lieu d'arrondissement de la Dordogne. 9 909 hab. *(les Sarladais).* Vieille ville pittoresque. Marché agricole.

les SARMATES ▪ Peuple nomade d'origine indo-iranienne qui s'installa au IIIe s. av. J.-C. entre le Don et la mer Caspienne avant d'en être chassé par les envahisseurs germaniques.

SARMENT n. m. ▪ Rameau de vigne lorsqu'il est devenu ligneux. *Faire un feu de sarments.* - Tige ou branche ligneuse de plante grimpante.

Domingo Faustino SARMIENTO (1811 - 1888) ▪ Écrivain et homme d'État argentin. Progressiste, adversaire du dictateur Rosas, il fut président de l'Argentine (1869-1874). Il est l'auteur du roman *"Facundo"* (1845).

SARNATH ▪ Site bouddhique indien (Uttar Pradesh) où Bouddha prêcha pour la première fois.

SAROUEL n. m. ▪ Pantalon flottant à large fond. ◇ var. SAROUAL.

William SAROYAN (1908 - 1981) ▪ Romancier et auteur dramatique américain. *"Matière à rire"* (1953), roman; *"Ça s'appelle vivre"* (1939), théâtre.

① **SARRASIN, INE** n. ▪ Musulman d'Orient, d'Afrique ou d'Espagne, au Moyen Âge. ⇒ **arabe, maure.** - adj. *Invasions sarrasines.*

② **SARRASIN** n. m. ▪ Céréale (aussi appelée *blé noir*). - Farine de cette céréale. *Galettes de sarrasin.*

SARRAU n. m. ▪ Blouse de travail en grosse toile, courte et ample. *Sarrau de peintre. Des sarraus.*

Nathalie SARRAUTE (née en 1900) ▪ Écrivain français d'origine russe. Son écriture, qui traque le non-dit, l'inavouable, l'a fait rattacher au Nouveau Roman. *"Tropismes"* (1939), roman ; *"L'Ère du soupçon"* (1956), essai.

la SARRE en allemand ***SAAR*** ▪ Fleuve de France et d'Allemagne, affluent de la Moselle. 240 km.

la SARRE en allemand ***SAARLAND*** ▪ État (Land) d'Allemagne. 2 570 km². 1 084 000 hab. Capitale : Sarrebruck. Importantes ressources de houille, sidérurgie, chimie, constructions mécaniques, métallurgiques. Textile. □ **HISTOIRE** La région, en grande partie française au XVIIe s., devint prussienne en 1815. L'industrie houillère s'y développa à la fin du XIXe s. En 1919, elle fut reprise à l'Allemagne et placée sous l'administration de la SDN, tandis que la France obtenait la propriété des mines. En 1935, un plébiscite décida de son rattachement à l'Allemagne. Indépendante en 1947, elle fut économiquement intégrée à la France mais se rapprocha progressivement de l'Allemagne, dont elle fait partie depuis 1957 à la suite d'un référendum.

SARREBOURG ▪ Chef-lieu d'arrondissement de la Moselle, sur la Sarre. 13 311 hab. *(les Sarrebourgeois)*.

SARREBRUCK en allemand ***SAARBRÜCKEN*** ▪ Ville d'Allemagne, capitale de la Sarre. 191 200 hab. *(les Sarrebruckois)*. Industries (houille, sidérurgie, chimie, machines).

SARREGUEMINES ▪ Chef-lieu d'arrondissement de la Moselle, sur la Sarre, à proximité de la frontière allemande. 23 117 hab. *(les Sarregueminois)*. Céramiques.

SARRIETTE ou **SARIETTE** n. f. ▪ Plante dont on cultive une variété pour ses feuilles aromatiques.

SARTÈNE ▪ Chef-lieu d'arrondissement de la Corse-du-Sud. 3 525 hab. *(les Sartenais)*. Ville ancienne.

la SARTHE ▪ Rivière de l'ouest de la France qui conflue avec la Mayenne pour former la Maine. 285 km.

la SARTHE [72] ▪ Département français de la région Pays de la Loire. 6 206 km². 513 654 hab. Chef-lieu : Le Mans. Chefs-lieux d'arrondissement : La Flèche, Mamers.

Jean-Paul SARTRE (1905 - 1980) ▪ Philosophe et écrivain français. Penseur existentialiste (*"L'Être et le Néant"*, 1943), marqué par Hegel, Marx, Husserl et Heidegger, il a analysé les situations concrètes dans lesquelles l'homme engage sa liberté et son action. Nombreuses œuvres. *"La Nausée"* (1938), roman ; *"Huis clos"* (1944) ; *"les Mouches"* (1943), théâtre ; *"Les Mots"* (1964), autobiographie ; *"L'Idiot de la famille"* (posth., 1971-1972), sur Flaubert.

Sartre. *Phot. © Marc Garanger*

SARTROUVILLE ▪ Commune des Yvelines, sur la Seine. 50 329 hab. *(les Sartrouvillois)*.

SAS [sɑs] n. m. ▪ **1.** Tamis de tissu cerclé de bois, servant à passer des matières liquides ou pulvérulentes. ⇒ **crible ; sasser. 2.** Bassin entre les deux portes d'une écluse. *La péniche attend dans le sas.* **3.** Pièce étanche entre deux milieux différents, qui permet le passage. *Sas d'un engin spatial.*

SASHIMI n. m. ▪ Plat japonais fait de poisson cru en tranches fines. *Des sashimis.*

la SASKATCHEWAN ▪ Province du Canada, dans la Prairie. 651 903 km². 988 928 hab. Capitale : Regina. Région agricole qui doit son nom à la rivière qui la traverse. Céréales. Élevage. Pétrole, potasse, uranium.

Sarraute. *Phot. © Ulf Andersen/Gamma*

SASKATOON ▪ Ville du Canada (Saskatchewan). 238 302 hab. Université.

SASSAFRAS n. m. ▪ Arbre voisin du laurier, dont le bois et les feuilles sont aromatiques. *"Du vent dans les branches de sassafras"* (pièce de René de Obaldia).

les SASSANIDES ▪ Dynastie perse qui renversa les Parthes et régna sur un vaste empire en Orient (226-651). Principal souverain : Khosrô* Ier Anocharvan.

SASSARI ▪ Ville d'Italie (Sardaigne). 119 717 hab.

SASSENAGE ▪ Commune de l'Isère. 9 788 hab. *(les Sassenageois)*. Grottes.

SASSER v. tr. [1] ▪ **1.** Passer au sas. ⇒ **cribler, tamiser. 2.** Faire passer par le sas d'une écluse.

Stefano di Giovanni dit **il SASSETA** (v. 1400 - v. 1450) ▪ Peintre toscan. Tout en restant fidèle au merveilleux gothique, il sut intégrer l'apport de la peinture florentine à la tradition siennoise. *"Retable de saint François"* (1437-1444).

il **Sasseta.** Prédelle du polyptyque de la cathédrale de Sansepolcro. Musée du Louvre, Paris. *Phot. © Nimatallah/Ricciarini*

SATAN ▪ Le chef des démons, le diable, dans les traditions juive et chrétienne.

SATANÉ, ÉE adj. ▪ **I.** (épithète ; avant le nom) Maudit. ⇒ ① **sacré. II.** (au sens faible) *Satané menteur. Satanée pluie.*

SATANIQUE adj. ▪ **1.** De Satan ; inspiré par Satan. ⇒ **démoniaque, diabolique.** *Culte satanique.* - *"Les Versets sataniques"* (roman de Salman Rushdie). **2.** Qui évoque Satan, est digne de Satan. ⇒ **infernal.** *Une ruse satanique.*

SATELLISER v. tr. [1] ▪ Transformer en satellite (I ou III). - au p. p. *Fusée satellisée.*

SATELLITE n. m. ▪ **I. 1.** Corps céleste gravitant autour d'une planète. *La Lune est le satellite de la Terre.* **2.** *Satellite (artificiel) :* engin placé en orbite autour d'un astre et porteur d'équipements (à destination scientifique, industrielle, etc.). *Satellite de télécommunications.* **II.** Bâtiment annexe d'un autre, auquel il est relié par un couloir. *Les satellites d'une* *aérogare.* **III.** fig. Personne ou nation qui est sous la dépendance d'une autre. - appos. *Les pays satellites d'une grande puissance.*

Erik SATIE (1866 - 1925) ▪ Compositeur français. Par son style dépouillé, son humour, son sens de la provocation, il occupe une place à part dans la musique. *"Gymnopédies"* (1888) ; *"Trois morceaux en forme de poire"* (1903), pour piano ; *"Parade"* (1917), ballet ; *"Socrate"* (1918), drame symphonique.

Satie. Portrait par Valadon. MNAMGP, Paris. *Phot. © Giraudon*

SATIÉTÉ [-sje-] **n. f.** ▪ LITTÉR. État d'indifférence d'une personne dont un besoin, un désir est amplement satisfait. ⇒ **rassasiement.** ♦ loc. adv. *À SATIÉTÉ :* jusqu'à la satiété. *Boire à satiété.* - *Répéter qqch. à satiété,* jusqu'à fatiguer l'auditoire.

SATIN **n. m.** ▪ Étoffe (de soie, de coton...) lisse et lustrée sur l'endroit, sans trame apparente. *Satin uni, broché, lamé.* - fig. *Une peau de satin,* douce comme du satin.

SATINÉ, ÉE **adj.** ▪ Qui a la douceur et le reflet du satin. *Peinture satinée.* - *Peau satinée.*

SATINER **v. tr.** [1] ▪ Lustrer (une étoffe, un papier...) pour donner l'apparence du satin.

SATINETTE **n. f.** ▪ Étoffe de coton, ou de coton et de soie, qui a l'aspect du satin.

SATIRE **n. f.** ▪ **1.** HIST. LITTÉR. Ouvrage libre de la littérature latine, qui critiquait les mœurs publiques. **2.** Poème où l'auteur attaque les vices, les ridicules de ses contemporains. *Les satires de Boileau.* **3.** Écrit, discours qui s'attaque à qqch., à qqn, en s'en moquant. ⇒ **pamphlet.** ♦ Critique moqueuse. *Faire la satire d'un milieu.*

SATIRIQUE **adj.** ▪ De la satire ; qui constitue une satire. *Chanson satirique.*

SATIRISTE **n.** ▪ DIDACT. Auteur de satires.

SATISFACTION **n. f.** ▪ **1.** Acte par lequel on accorde à qqn ce qu'il demande. *Avoir, obtenir satisfaction.* ⇒ **gain** de cause.

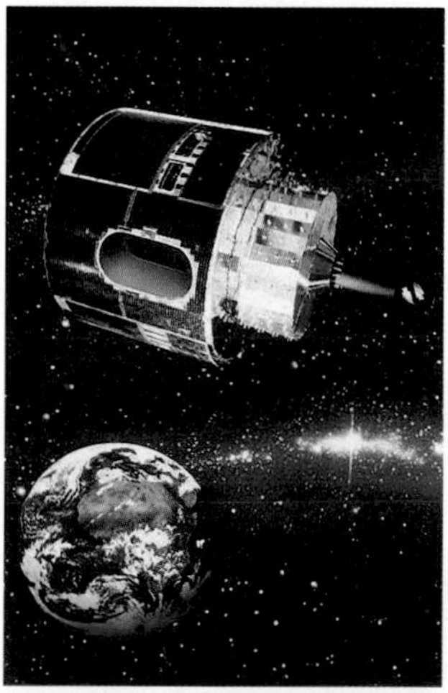

satellite. *Météosat.* *Phot. © Gamma*

2. Sentiment de bien-être, plaisir qui résulte de l'accomplissement de ce qu'on juge souhaitable. ⇒ **contentement, joie.** *Sentiment de satisfaction. À la satisfaction générale.* - loc. *DONNER SATISFACTION. Ce collaborateur, ce travail donne satisfaction, toute satisfaction.* **3.** Plaisir, occasion de plaisir. *Les petites satisfactions de la vie quotidienne.* **4.** Action de satisfaire (un besoin, un désir). ⇒ **assouvissement.** *La satisfaction d'un penchant.*

SATISFAIRE **v. tr.** [60] ▪ **I. 1.** Faire ou être pour (qqn) ce qu'il demande, ce qui lui convient. *Satisfaire un créancier.* - *Cet état de choses ne me satisfait pas.* ⇒ **convenir, plaire.** ♦ pronom. *Il se satisfait de peu.* ⇒ se **contenter.** **2.** Contenter (un besoin, un désir). ⇒ **assouvir.** *Satisfaire sa faim.* - *Satisfaire la curiosité, le désir de qqn.* **II.** **v. tr. ind.** *SATISFAIRE À :* s'acquitter de (ce qui est exigé), remplir (une exigence). *Satisfaire à un engagement.* - *Le projet devra satisfaire à trois conditions.* ⇒ **remplir.**

SATISFAISANT, ANTE [-fə-] **adj.** ▪ Qui satisfait, est conforme à ce qu'on peut attendre. ⇒ **acceptable, bon, honnête.** *Un résultat satisfaisant.*

SATISFAIT, AITE **adj.** ▪ **1.** Qui a ce qu'il veut. ⇒ **comblé, content.** *Je m'estime satisfait. N'être jamais satisfait* (⇒ **insatiable**). **2.** *SATISFAIT DE :* content de. *Être satisfait de son sort.* - *Être satisfait de soi* (⇒ **autosatisfaction**). ♦ *Un air satisfait.* ⇒ **suffisant.** **3.** Qui est assouvi, réalisé. *Besoins, désirs satisfaits.*

SATISFECIT [-fesit] **n. m. invar.** ▪ LITTÉR. Témoignage de satisfaction ; approbation. *Décerner des satisfecit.*

SATRAPE **n. m.** ▪ **1.** HIST. Gouverneur d'une province (dite *satrapie* **n. f.**), dans l'ancien Empire perse. **2.** fig. LITTÉR. Homme puissant et despotique ; personne riche qui mène grand train.

SATU MARE ▪ Ville de Roumanie. 131 859 hab.

SATURATEUR **n. m.** ▪ Dispositif qui humidifie l'air par évaporation. ⇒ **humidificateur.**

SATURATION **n. f.** ▪ **1.** SC. Action de saturer ; état de ce qui est saturé (1). *Point de saturation.* **2.** État de ce qui est saturé (2). *Saturation du marché.* **3.** fig. *Il a trop de travail, il arrive à saturation.*

SATURÉ, ÉE **adj.** ▪ **1.** SC. (liquide, solution) Qui, à une température et une pression données, renferme la quantité maximale d'une substance dissoute. ♦ CHIM. (atome) Dont toutes les valences sont satisfaites. - *Hydrocarbures saturés* (de formule générale C_nH_{2n+2}). **2.** Qui ne peut contenir plus. *Une éponge saturée d'eau.* ⇒ **plein.** - *Marché saturé* (d'un produit). *Autoroute saturée.* **3.** fig. *Être saturé de qqch.,* être dégoûté par son excès (⇒ **satiété**). *Être saturé de télévision.*

SATURER **v. tr.** [1] ▪ **1.** SC. Remplir complètement ; rendre saturé. *Saturer une éponge d'eau.* - *Saturer le marché.* **2.** fig. *Saturer qqn de qqch.* ⇒ **dégoûter, soûler.**

SATURNALES **n. f. pl.** ▪ ANTIQ. ROM. Fêtes célébrées en l'honneur de Saturne. - fig. et LITTÉR. (aussi au sing.). Temps de licence ; fêtes débridées.

SATURNE ▪ Dieu romain des Semailles. Identifié au Cronos grec.

SATURNE ▪ Planète du système solaire, entourée d'anneaux et de nombreux satellites. 800 fois le volume de la Terre. Diamètre : 120 660 km. Elle tourne autour du Soleil en 29 ans 167 jours et sur elle-même en 10 h 39 min et 24 s.

Saturne. Image de la sonde *Voyager I* le 18 octobre 1980. *Phot. © Nasa/S.P.L./Cosmos*

SATURNIEN, IENNE **adj.** ▪ **1.** DIDACT. De Saturne. **2.** VX ou LITTÉR. Qui est sous l'influence de Saturne (considéré par les

Anciens comme une planète froide); triste, mélancolique. *"Poèmes saturniens"* (de Verlaine).

SATURNIN, INE adj. ▪ MÉD. Provoqué par le plomb ou ses composés. *Colique saturnine.*

SATURNISME n. m. ▪ MÉD. Intoxication par le plomb ou par les sels de plomb.

SATYRE n. m. ▪ 1. MYTHOL. GRECQUE Divinité à corps humain, à cornes et à pieds de bouc. ⇒ ① **faune.** 2. Homme lubrique ; exhibitionniste, voyeur.

SATYRIASIS [-is] n. m. ▪ DIDACT. Exagération morbide des désirs sexuels, chez l'homme.

SAUCE n. f. ▪ 1. Préparation liquide ou onctueuse qui sert à accommoder certains mets. *Sauce tomate. Sauce blanche,* à base de beurre et de farine. - *Sauce madère.* - *Viande en sauce.* 2. loc. *À quelle sauce serons-nous mangés ?,* de quelle façon serons-nous vaincus, dupés ? - *Mettre qqn à toutes les sauces,* l'employer à toutes sortes d'activités. - *Allonger* la sauce.* 3. FAM. Averse. ⇒ **saucée.**

SAUCÉE n. f. ▪ FAM. Averse, forte pluie qui trempe.

SAUCER v. tr. [3] ▪ 1. Essuyer en enlevant la sauce (pour la manger). *Saucer son assiette avec du pain.* 2. FAM. *Se faire saucer, être saucé :* recevoir la pluie.

SAUCIER n. m. ▪ Cuisinier spécialisé dans la préparation des sauces.

SAUCIÈRE n. f. ▪ Récipient dans lequel on sert les sauces, les jus, les crèmes.

SAUCISSE n. f. ▪ 1. Préparation de viande maigre hachée et de gras de porc *(chair à saucisse),* assaisonnée et entourée d'un boyau, que l'on fait cuire ou chauffer. *Saucisse de Morteau, de Strasbourg. Saucisse pimentée.* ⇒ **merguez.** - loc. FAM. *Il n'attache pas son chien avec des saucisses :* il est avare. ♦ *Saucisse sèche,* long saucisson mince. 2. Ballon captif de forme allongée. 3. FAM. Imbécile. ⇒ **andouille.** *Espèce de grande saucisse !*

SAUCISSON n. m. ▪ 1. Préparation de charcuterie (porc, bœuf haché et cuit dans un boyau), qui se mange telle quelle. *Tranche, rondelle de saucisson. Saucisson sec ; saucisson à l'ail. Saucisson pur porc.* - loc. *Être ficelé comme un saucisson,* mal habillé. 2. Pain de forme cylindrique.

SAUCISSONNÉ, ÉE adj. ▪ FAM. Serré dans ses vêtements. ⇒ **boudiné.**

SAUCISSONNER v. [1] ▪ FAM. 1. v. intr. Manger un repas froid sur le pouce. 2. v. tr. Diviser, répartir en tranches. - au p. p. *Émission saucissonnée par des publicités.*

SAUF, SAUVE ▪ I. adj. Indemne, sauvé (dans quelques expr.). *Sain* et sauf. Laisser la vie sauve à qqn,* l'épargner. - *L'honneur est sauf.* II. SAUF prép. 1. À l'exclusion de. ⇒ **excepté, hormis.** *Tous, sauf lui.* ⇒ à **part.** - *Sauf quand... Sauf si...* ⇒ à **moins** que. ♦ À moins de, sous réserve de. *Sauf avis contraire. Sauf erreur.* - LITTÉR. SAUF À (+ inf.). ⇒ **quitte** à. *Il acceptera, sauf à s'en repentir plus tard.* ♦ SAUF QUE (+ indic.) : avec cette réserve que. *C'est un bon film, sauf qu'il est trop long.* 2. loc. *Sauf le respect que je vous dois ; sauf votre respect*.*

SAUF-CONDUIT n. m. ▪ Document délivré par une autorité et qui permet de se rendre en un lieu, de traverser un territoire, etc. ⇒ **laissez-passer.** *Des sauf-conduits.*

SAUGE n. f. ▪ Plante aromatique aux nombreuses variétés. *Sauge officinale.*

sauge. *Salvia officinalis,* sauge officinale. *Phot. ©Le Roy/Jacana*

SAUGRENU, UE adj. ▪ Inattendu et quelque peu ridicule. ⇒ **absurde, bizarre.** *Quelle idée saugrenue !*

Henri **SAUGUET** (1901 - 1989) ▪ Compositeur français. *"Les Forains"* (1945), ballet.

SAÜL ▪ Premier roi des Israélites (de 1020 à 1000 av. J.-C.), vaincu par les Philistins.

SAULAIE n. f. ▪ Plantation de saules.

la **SAULDRE** ▪ Rivière de Sologne, affluent du Cher. 166 km.

SAULE n. m. ▪ Arbre ou arbrisseau qui croît dans les lieux humides. *Saule pleureur*.*

SAULIEU ▪ Commune de la Côte-d'Or. 2 917 hab. *(les Sédélociens).* Basilique de style roman bourguignon.

SAULT-SAINTE-MARIE ▪ Nom de deux villes, l'une canadienne (Ontario, 76 781 hab.), l'autre américaine (Michigan, 20 000 hab.), de part et d'autre de la rivière Sainte-Marie, entre les lacs Supérieur et Huron.

SAUMÂTRE adj. ▪ 1. Qui a un goût amer et salé. *Eau saumâtre :* mélange d'eau douce et d'eau de mer. 2. fig. Amer, désagréable. - loc. FAM. *La trouver saumâtre :* trouver (la situation, la plaisanterie) amère.

SAUMON n. m. ▪ 1. Gros poisson migrateur à chair rose, qui abandonne la mer et remonte les fleuves au moment du frai. - *Saumon fumé.* 2. adj. invar. D'un rose tendre légèrement orangé. *Des rideaux saumon.*

SAUMONÉ, ÉE adj. ▪ 1. *Truite saumonée,* qui a la chair rose comme celle du saumon. 2. *Rose saumoné.* ⇒ **saumon** (2).

SAUMUR ▪ Chef-lieu d'arrondissement du Maine-et-Loire. 30 131 hab. *(les Saumurois).* Château (XVe-XVIe s.) sur la Loire. Église Notre-Dame-de-Nantilly (XIIe-XVe s., tapisseries). Musées. Un des bastions du protestantisme aux XVIe et XVIIe s. École militaire de cavalerie (« Cadre noir »). Vins.

SAUMURE n. f. ▪ Préparation liquide salée dans laquelle on met des aliments pour les conserver. *Mettre des olives dans la saumure.*

SAUNA n. m. ▪ Bain de vapeur sèche, d'origine finlandaise. *Prendre un sauna.* - Local, établissement où l'on prend ces bains.

SAUNIER n. m. ▪ 1. Exploitant d'un marais salant ou d'une saline. - Ouvrier qui travaille dans une saline. 2. HIST. *FAUX SAUNIER :* celui qui faisait la contrebande du sel.

SAUPIQUET n. m. ▪ Sauce relevée, au vinaigre.

SAUPOUDRAGE n. m. ▪ Action de saupoudrer ; son résultat.

SAUPOUDRER v. tr. [1] ▪ 1. Éparpiller une substance pulvérulente sur. *Saupoudrer un gâteau de farine.* 2. fig. Parsemer, émailler. *Saupoudrer un texte de citations.* 3. Affecter en petite quantité à de très nombreux bénéficiaires. *Saupoudrer des subventions.*

SAUR adj. m. ▪ *Hareng saur :* hareng fumé. ⇒ FAM. **gendarme.**

Antonio **SAURA** (né en 1930) ▪ Peintre espagnol. Surréaliste, puis expressionniste abstrait, il a trouvé son style personnel dans des portraits imaginaires de personnalités, d'un lyrisme violent et tragique.

Carlos **SAURA** (né en 1932) ▪ Cinéaste espagnol. *"Ana et les loups"* (1972); *"Cría cuervos"* (1975); *"Noces de sang"* (1981).

-SAURE Élément savant, du grec *saura* « lézard », qui entre dans des mots désignant des sauriens fossiles (ex. *brontosaure, dinosaure, plésiosaure*).

SAURIEN n. m. ▪ Reptile tel que le lézard ou le caméléon (sous-ordre des *Sauriens ;* généralement munis de pattes).

Ferdinand de **SAUSSURE** (1857 - 1913) ▪ Linguiste suisse. Il a défini les principaux concepts de la linguistique moderne et jeté les bases d'une théorie du signe ou sémiologie. *"Cours de linguistique générale"* (posth.).

SAUT n. m. ▪ 1. Mouvement ou ensemble de mouvements par lesquels un homme, un animal s'élève au-dessus du sol ou se projette à distance de son appui. ⇒ **bond.** *Faire un saut. Faire du saut à la corde*.* - *Saut acrobatique. Saut périlleux* (tour complet). *Saut de la mort* (au trapèze). - *Saut en hauteur, à la perche, en longueur ; triple saut* (épreuves athlétiques). *Saut de l'ange,* plongeon les bras écartés (comme des ailes). - *Saut en parachute.* ♦ loc. fig. *FAIRE LE SAUT :* prendre une résolution décisive et risquée. - *LE GRAND SAUT :* la mort. 2. Mouvement, déplacement brusque (pour changer de position). *Se lever d'un saut.* ⇒ **bond.** - loc. *AU SAUT DU LIT* : au sortir du lit, au lever. **3.** Action d'aller très rapidement et sans rester. *Faire un saut chez qqn.* **4.** fig. Changement brusque. - *Faire un saut d'un siècle* (par l'imagination). **5.** Cascade, chute d'eau. *Le saut du Doubs.*

SAUTE n. f. ▪ (dans des expr.) Brusque changement. *Saute de vent ; de température.* - *Avoir des sautes d'humeur.*

SAUTÉ, ÉE ▪ **1.** adj. Cuit à feu vif et en remuant. *Pommes de terre sautées.* **2.** n. m. Aliment (viande) cuit dans un corps gras, à feu vif. *Un sauté de veau.*

SAUTE-MOUTON n. m. ▪ Jeu où l'on saute par-dessus un autre joueur, qui se tient courbé (le « mouton »). *Jouer à saute-mouton.*

SAUTER v. [1] ▪ **I.** v. intr. **1.** Faire un saut. *Sauter haut. Sauter à pieds joints ; à cloche-pied.* - *Sauter dans l'eau, dans le vide ; par la fenêtre.* - *Sauter de joie.* - loc. FAM. *Sauter au plafond, en l'air* : exprimer vivement sa colère, son indignation, sa surprise. - spécialt *Sauter en longueur, à la perche...* (⇒ **saut**). - loc. fig. *Reculer* pour mieux sauter.* **2.** Monter, descendre, se lever... vivement. *Sauter de son siège. Sauter dans un taxi.* ♦ Se jeter, se précipiter. *Sauter sur qqn, lui sauter dessus.* - FAM. *Sauter au cou* de qqn.* - (sujet chose) loc. *SAUTER AUX YEUX* : frapper la vue ; être ou devenir évident. *La solution saute aux yeux.* **3.** abstrait Aller, passer vivement (d'une chose à une autre). *Sauter d'un sujet à un autre.* **4.** (choses) Être déplacé ou projeté avec soudaineté. *Attention, le bouchon va sauter.* ⇒ **partir.** - *La chaîne du vélo a sauté.* - FAM. *Et que ça saute !*, que cela soit vite fait. **5.** Exploser. *Le navire a sauté sur une mine.* - loc. *Se faire sauter la cervelle*.* ♦ *Les plombs ont sauté*, ont fondu (par un court-circuit). ♦ FAM. Perdre brusquement son poste. *Le directeur a sauté.* **6.** *FAIRE SAUTER* (un aliment), le faire revenir à feu très vif (⇒ **sauté**). **II.** v. tr. **1.** Franchir par un saut. *Sauter un obstacle ; un mur.* - loc. (abstrait) *SAUTER LE PAS* : se décider. **2.** Passer sans s'y arrêter. ⇒ **omettre.** *Sauter une ligne* (en lisant). - *Sauter un repas. Sauter une classe.* **3.** FAM. Avoir des relations sexuelles avec (qqn).

SAUTERELLE n. f. ▪ **1.** Insecte sauteur vert ou gris à grandes pattes postérieures repliées et à tarière. **2.** abusivt Criquet pèlerin. *Un nuage de sauterelles.* **3.** Personne maigre et sèche.

sauterelle. *Tettigonia viridissima*, sauterelle verte, mâle. *Phot. © Danegger/Jacana*

SAUTERIE n. f. ▪ VIEILLI ou plais. Réunion sans prétention où l'on danse entre amis.

SAUTERNES ▪ Commune de la Gironde. 589 hab. *(les Sauternais).* Vins blancs.

Claude SAUTET (né en 1924) ▪ Cinéaste français. Il raconte en demi-teintes des « histoires simples » (titre d'un de ses films) sur le mal de vivre de la bourgeoisie contemporaine. *"Les Choses de la vie"* (1970); *"César et Rosalie"* (1972).

SAUTEUR, EUSE ▪ **I.** n. **1.** Athlète spécialiste du saut. **2.** Personne sans sérieux. - n. f. VIEILLI Femme de mœurs légères. **3.** n. m. Cheval dressé pour le saut. *Les sauteurs et les trotteurs.* **II.** adj. (animaux) Qui avance en sautant. *Insectes sauteurs.*

SAUTEUSE n. f. ▪ Casserole pour faire sauter les viandes, les légumes.

SAUTILLANT, ANTE adj. ▪ Qui sautille. - *Musique sautillante*, au rythme rapide et saccadé.

SAUTILLEMENT n. m. ▪ Action de sautiller ; suite de petits sauts.

SAUTILLER v. intr. [1] ▪ Faire de petits sauts successifs. *Boxeur qui sautille.*

SAUTOIR n. m. ▪ **I.** Longue chaîne ou long collier qui se porte sur la poitrine. *Un sautoir de perles.* - *Porter une montre en sautoir*, en collier. **II.** Emplacement aménagé pour les sauts des athlètes.

SAUVAGE adj. et n. ▪ **I. 1.** (animaux) Qui vit en liberté dans la nature. *Animaux sauvages.* - Non domestiqué (dans une espèce qui comporte des animaux domestiques). *Canard sauvage.* **2.** VIEILLI ou péj. (êtres humains) Primitif (s'oppose à *civilisé*). - n. *La théorie du « bon sauvage »* (de Montaigne à Rousseau). ♦ *L'état, la vie sauvage.* **3.** (végétaux) Qui pousse et se développe naturellement sans être cultivé. *Fleurs sauvages.* - *Rosier sauvage.* **4.** (lieux) Que la présence humaine n'a pas marqué ; peu hospitalier. *Étendues sauvages.* **5.** Spontané, ni contrôlé ni organisé. *Une grève sauvage.* - *Camping sauvage.* **II.** (domaine moral) **1.** Qui fuit toute relation avec les hommes. ⇒ **farouche ; insociable.** *Cet enfant est très sauvage.* - n. *C'est un sauvage.* ⇒ **ours. 2.** D'une nature rude ou même brutale. - n. *Bande de sauvages !* **3.** Qui a quelque chose d'inhumain, de barbare (⇒ **sauvagerie**). - n. *Colonisateurs qui se conduisent en sauvages.* ♦ par ext. *Une répression sauvage. Des cris sauvages.*

SAUVAGEMENT adv. ▪ D'une manière sauvage ; avec brutalité, férocité.

SAUVAGEON, ONNE ▪ **1.** n. m. Arbre non greffé. *Greffer sur sauvageon.* **2.** n. Enfant farouche, qui a grandi sans éducation.

SAUVAGERIE n. f. ▪ **1.** Caractère d'une personne sauvage (II, 1). **2.** Caractère brutal et cruel (→ sauvage (II, 3)). ⇒ **barbarie, cruauté.** *Frapper qqn avec sauvagerie.*

SAUVAGINE n. f. ▪ CHASSE Ensemble des oiseaux sauvages des zones aquatiques. *Chasse à la sauvagine.*

SAUVEGARDE n. f. ▪ **1.** Protection et garantie (de la personne, des droits) assurées par une autorité ou une institution. *Se placer sous la sauvegarde de la justice.* **2.** Protection, défense. *La sauvegarde du patrimoine culturel.* **3.** INFORM. Copie de sécurité destinée à préserver des données mises en mémoire.

SAUVEGARDER v. tr. [1] ▪ **1.** Assurer la sauvegarde de. ⇒ **défendre, préserver, protéger.** *Sauvegarder les libertés.* **2.** INFORM. Effectuer une sauvegarde de. *Sauvegarder un fichier.*

SAUVE-QUI-PEUT n. m. invar. ▪ **1.** Cri de *sauve qui peut* (« que se sauve qui le peut ! »). **2.** Fuite générale et désordonnée. ⇒ **débandade, déroute.** *Un sauve-qui-peut général.*

SAUVER v. tr. [1] ▪ **1.** Faire échapper (qqn, un groupe) à un grave danger. *Il a pu sauver l'enfant qui se noyait. Il est sauvé* (→ sain* et sauf). - *SAUVER DE* : soustraire à, tirer de. *Sauver qqn de la misère.* ♦ RELIG. Assurer le salut de (⇒ **racheter, rédimer ; rédemption**). **2.** Empêcher la destruction, la perte de (qqch.). *Il m'a sauvé la vie.* FAM. *Sauver sa peau*, sa vie. - loc. FAM. *SAUVER LES MEUBLES* : sauver l'indispensable, lors d'un désastre. - *Sauver une entreprise de la faillite.* **3.** Faire accepter, rendre passable (qqch. de médiocre). *Les acteurs sauvent ce film.* ► SE **SAUVER** v. pron. **1.** S'enfuir pour échapper au danger. *Il se sauva à toutes jambes.* ♦ FAM. Prendre congé promptement. *Sauve-toi, tu vas être en retard.* **2.** FAM. (liquide qui bout) Déborder. *Le lait se sauve.*

SAUVETAGE n. m. ▪ Action de sauver (un navire en détresse, qqn qui se noie). *Canot de sauvetage.* - *Bouée de sauvetage ; gilet de sauvetage.* ♦ Action de sauver (des hommes, du matériel) d'un sinistre quelconque (incendie, etc.).

SAUVETEUR n. m. ▪ Personne qui prend part à, opère un sauvetage. *L'équipe des sauveteurs.*

À LA **SAUVETTE** loc. adv. ▪ **1.** *Vendre à la sauvette*, vendre en fraude sur la voie publique (avec un équipement minimum, pour pouvoir s'enfuir rapidement en cas d'alerte). **2.** À la hâte, pour ne pas attirer l'attention. *Rencontrer qqn à la sauvette.*

SAUVEUR n. m. ▪ **1.** RELIG. CHRÉT. *Le Sauveur* : Jésus-Christ. ⇒ **Messie, rédempteur. 2.** Personne qui sauve (qqn, une collectivité). *Vous êtes mon sauveur ! Elle a été notre sauveur. Le sauveur de la patrie.* ◇ Le fém. correspondant est *salvatrice*. ⇒ **salvateur.**

SAUVIGNON n. m. ▪ **1.** Cépage blanc de qualité, cultivé surtout, en France, dans le Bordelais et les pays de Loire. ♦ Vin provenant de ce cépage (lorsqu'il n'a pas droit à une appellation propre). **2.** Variété de cabernet* (raisin rouge). - appos. *Cabernet sauvignon.*

Alfred SAUVY (1898 - 1990) ▪ Démographe, économiste et sociologue français.

SAVAMMENT adv. ▪ **1.** D'une manière savante ; avec érudition. ⇒ **doctement.** *Parler savamment.* **2.** Avec une grande habileté. ⇒ **ingénieusement.**

SAVANE n. f. ▪ Vaste prairie des régions tropicales, pauvre en arbres et en fleurs. *Les hautes herbes de la savane.*

savane. Savane sèche au Kenya. *Phot. © Charles Lénars*

SAVANNAH ▪ Ville des États-Unis (Géorgie). 138 000 hab. Port sur l'Atlantique. Capitale de la Géorgie jusqu'en 1785.

SAVANNAKHET ▪ Ville du Laos, sur le Mékong. 38 000 hab.

SAVANT, ANTE ▪ **I.** adj. **1.** Qui sait beaucoup, en matière d'érudition ou de science. ⇒ **docte, érudit, instruit.** *Il est très savant* (→ c'est un puits* de science). *"Les Femmes savantes"* (de Molière). - *Être savant en histoire ; savant en la matière.* ⇒ **compétent. 2.** Où il y a de l'érudition. *Conversation savante.* - *Une édition savante.* - LING. *Mot savant :* mot emprunté au grec ou au latin (ou formé d'éléments grecs ou latins) et qui n'a pas évolué phonétiquement comme les formes dites populaires (ex. le mot latin *lac, lactis* a donné *lait* et *laiteux* [mots *populaires*], et *lacté* [mot *savant*]). ♦ Qui, par sa difficulté, n'est pas facilement accessible au profane. ⇒ **compliqué, recherché.** *Musique savante. C'est trop savant pour moi.* ⇒ **difficile. 3.** Qui est très habile (dans un art, une spécialité). *Un savant cuisinier.* ♦ (animal) Dressé à faire des tours d'adresse. *Chien savant.* **4.** Fait avec science, art ; où il y a une grande habileté. *Un arrangement savant. De savantes précautions.* **II. 1.** n. VX Personne très cultivée. **2.** n. m. Personne qui par son savoir et ses recherches contribue à l'élaboration, au progrès d'une science (surtout science expérimentale ou exacte). ⇒ **chercheur.** *Marie Curie fut un grand savant.*

Félix Antoine SAVARD (1895 - 1982) ▪ Prélat et écrivain canadien d'expression française. Ses romans alternent passages descriptifs et méditations lyriques. *"Menaud, maître draveur"* (1937 et 1943).

SAVARIN n. m. ▪ Gâteau en forme de couronne, fait d'une pâte molle que l'on imbibe d'un sirop à la liqueur. *Moule à savarin.*

SAVATE n. f. ▪ **1.** Vieille chaussure ou vieille pantoufle. - loc. FAM. *Traîner la savate :* vivre misérablement. **2.** FAM. Personne maladroite. *Il joue comme une savate !* **3.** Sport de combat (dont fut tirée la boxe française) où l'on porte des coups de pied à l'adversaire.

la SAVE ▪ Rivière d'Aquitaine, affluent de la Garonne. 150 km.

la SAVE ▪ Rivière de Slovénie, Croatie, Bosnie-Herzégovine et de la république fédérale de Yougoslavie, affluent du Danube. 940 km.

SAVERNE ▪ Chef-lieu d'arrondissement du Bas-Rhin. 10 278 hab. *(les Savernois).* Palais des Rohan (XVIIIe s.). La ville est située sur le canal de la Marne au Rhin, à l'entrée du *col de Saverne,* qui fait communiquer le plateau lorrain et la plaine d'Alsace.

Thomas SAVERY (v. 1650 - 1715) ▪ Mécanicien anglais. Il réalisa en 1698 la première pompe à vapeur dépassant le stade expérimental de Papin.

SAVETIER n. m. ▪ VX Cordonnier. *"Le Savetier et le Financier"* (fable de La Fontaine).

SAVEUR n. f. ▪ **1.** Qualité perçue par le sens du goût. ⇒ **goût ; sapidité.** *Une saveur agréable. Sans saveur* (⇒ **insipide**). **2.** fig. Qualité de ce qui est agréable, plaisant. *La saveur de la nouveauté.* ⇒ **piment, sel.**

Raymond SAVIGNAC (né en 1907) ▪ Affichiste français. Il a renouvelé le style de l'affiche par une simplification extrême privilégiant l'impact visuel (affiches des « Gitanes » et de la « pointe Bic »).

SAVIGNY-LE-TEMPLE ▪ Commune de Seine-et-Marne. 18 520 hab.

SAVIGNY-SUR-ORGE ▪ Commune de l'Essonne. 33 295 hab. *(les Saviniens).*

Alberto SAVINIO (1891 - 1952) ▪ Écrivain et peintre italien, frère de De Chirico, proche du surréalisme.

la SAVOIE ▪ Région du sud-est de la France, au nord des Alpes, habitée par les *Savoyards.* Lieu de passage entre la France, l'Italie et la Suisse, elle joua un grand rôle historique. ▫ HISTOIRE Au XVe s., le comte Amédée VIII de Savoie prit Genève (perdue en 1530) et le Piémont. Devenue un duché, la Savoie fut progressivement annexée par la France ; ses souverains, régnant sur le Piémont et la Sardaigne, la cédèrent définitivement en 1860 en échange du soutien apporté à l'unité de l'Italie. Elle correspond aujourd'hui à deux départements : la Savoie et la Haute-Savoie.

la SAVOIE [73] ▪ Département français de la région Rhône-Alpes, à la frontière italienne. 6 273 km^2. 348 261 hab. Chef-lieu : Chambéry. Chefs-lieux d'arrondissement : Albertville, Saint-Jean-de-Maurienne.

① **SAVOIR** v. tr. [32] p. p. *su, sue* ▪ **I.** (Appréhender par l'esprit) **1.** Avoir présent à l'esprit (qqch. que l'on identifie et que l'on tient pour réel) ; pouvoir affirmer l'existence de. ⇒ **connaître.** *Je ne sais pas son nom.* - *Avez-vous su la nouvelle ?* ⇒ **apprendre.** - *Il n'en sait rien.* - *FAIRE SAVOIR.* ⇒ **annoncer, communiquer.** *Je vous ferai savoir la date de mon retour.* - pronom. *Tout finit par se savoir.* - (suivi d'une subordonnée) *Je sais qu'il est en voyage. Savez-vous s'il doit venir ?* - LITTÉR. (suivi d'un attribut) *Je le sais honnête.* **2.** Être conscient* de ; connaître la valeur, la portée de. *Il sait ce qu'il veut.* - *Être poète sans le savoir.* - FAM. *Je ne veux pas le savoir !* - pronom. (suivi d'un attribut) *Il se sait aimé.* **3.** Avoir dans l'esprit (des connaissances organisées rationnellement). *Il croit tout savoir. En savoir moins, plus, autant que qqn* (sur qqch.). - absolt *L'ardeur de savoir.* **4.** Être en mesure d'utiliser, de pratiquer. *Il sait son métier.* - *Savoir l'espagnol.* **5.** Avoir présent à l'esprit, de manière à pouvoir répéter. *Savoir son rôle, sa leçon. Savoir qqch. par cœur.* **II.** (dans des loc. ; sens affaibli) *Vous n'êtes pas sans savoir que... :* vous n'ignorez pas que... - *Sachez que... :* apprenez que... - (souligne une affirmation) *Il est gentil, vous savez. Ça va mieux, sais-tu ?* - *À SAVOIR* loc. conj. : c'est-à-dire. - *Peut-on savoir ? Qui sait ?* ⇒ **peut-être.** - *Savoir si...,* je me demande si... - (avec *ne*) *On ne sait jamais. Il est on ne sait où.* - *Ne savoir que faire, quoi faire. Ne savoir où se mettre.* - *QUE JE SACHE :* autant que je puisse savoir, en juger. **III.** (+ inf.) (Être capable de) **1.** Être capable, par un apprentissage, par l'habitude, de. *Savoir lire et écrire.* - *Savoir s'exprimer.* **2.** Avoir (par aptitude, effort de volonté) la possibilité de. *Savoir écouter. Savoir dire non.* **3.** (au cond. et en tour négatif avec *ne* seul) Pouvoir. *"On ne saurait penser à tout"* (de Musset).

② **SAVOIR** n. m. ▪ Ce que l'on sait (I, 3) ; ensemble de connaissances. ⇒ **culture, instruction, science.** *Chercher à étendre son savoir.*

SAVOIR-FAIRE n. m. invar. ▪ Habileté à résoudre les problèmes pratiques ; compétence, expérience dans l'exercice d'une activité. ⇒ **adresse, art.**

SAVOIR-VIVRE n. m. invar. ▪ Qualité d'une personne qui connaît et sait appliquer les règles de la politesse. ⇒ **éducation, tact.**

SAVON n. m. ▪ **1.** Produit utilisé pour le dégraissage et le lavage, obtenu par l'action d'un alcali sur un corps gras. *Pain de savon. Savon liquide.* **2.** *Un savon :* morceau moulé de ce produit. *Un savon de Marseille.* **3.** loc. FAM. *Passer un savon à qqn,* le réprimander (→ savonner* la tête).

Jérôme SAVONAROLE en italien ***GIROLAMO SAVONAROLA*** (1452 - 1498) ▪ Dominicain italien. Prieur du couvent San Marco à Florence (1491), il voulut réformer les mœurs et imposa à la république un pouvoir théocratique. Excommunié, il fut tué par les Florentins.

SAVONE en italien ***SAVONA*** ▪ Ville et port d'Italie (Ligurie), sur le golfe de Gênes. 69 806 hab.

SAVONNAGE **n. m.** ▪ Lavage au savon.

SAVONNER **v. tr.** 1 ▪ **1.** Laver en frottant avec du savon. *Savonner du linge et le rincer.* – pronom. Se laver au savon. **2.** loc. FAM. (VIEILLI) *Savonner la tête à qqn,* le réprimander (→ passer un savon*).

SAVONNERIE **n. f.** ▪ **1.** Usine de savon. **2.** Tapis fabriqué à la manufacture de la Savonnerie.

SAVONNETTE **n. f.** ▪ Petit savon pour la toilette.

SAVONNEUX, EUSE **adj.** ▪ Qui contient du savon. – loc. FAM. *Être sur une pente savonneuse,* sur une mauvaise pente*.

SAVOURER **v. tr.** 1 ▪ **1.** Manger, boire avec lenteur et attention, pour apprécier pleinement. ⇒ **déguster. 2.** fig. *Des plaisirs qu'on savoure.* ⇒ se **délecter** de.

SAVOUREUSEMENT **adv.** ▪ D'une façon savoureuse.

SAVOUREUX, EUSE **adj.** ▪ **1.** Qui a une saveur agréable, riche et délicate. ⇒ **délectable, succulent. 2.** fig. Qui a de la saveur, du piquant. *Une anecdote savoureuse.*

SAVOYARD, ARDE **adj.** et **n.** ▪ De la Savoie. *Chalet savoyard. Fondue* savoyarde.* – **n.** *Les Savoyards.*

Adolphe SAX (1814 - 1894) ▪ Facteur d'instruments français d'origine belge. Il inventa le *saxophone* (1845).

Maurice, comte de SAXE dit **LE MARÉCHAL DE SAXE** (1696 - 1750) ▪ Maréchal de France. Célèbre pour ses talents militaires et l'agitation de sa vie privée.

la SAXE en allemand ***SACHSEN*** ▪ Région d'Allemagne, qui doit son nom aux Saxons et dont les limites varièrent considérablement. □ **HISTOIRE** La Saxe fut un duché intégré au royaume de Germanie au IXe s. et devint au XIVe s. la « Saxe électorale ». Elle adhéra à la Réforme au XVIe s. Au XVIIIe s., elle connut un essor artistique important (porcelaine de Meissen). Elle forma un royaume de 1806 à 1918, intégré à l'Empire allemand en 1871. Elle fut intégrée à la R.D.A. de 1949 à 1990. ► **la SAXE** en allemand ***SACHSEN*** État (Land) d'Allemagne (depuis 1990). 18 408 km^2. 4 641 000 hab. Capitale : Dresde. Industries. ► **la SAXE-ANHALT** en allemand ***SACHSEN-ANHALT*** État (Land) d'Allemagne (depuis 1990). 20 443 km^2. 2 797 000 hab. Capitale : Magdebourg. Industrie chimique, constructions mécaniques. ► **la BASSE-SAXE** → **Basse-Saxe.**

SAXIFRAGE **n. f.** ▪ Plante herbacée qui pousse dans les fissures des murs et des rochers.

SAXON, ONNE ▪ **1. n.** HIST. Membre d'un des anciens peuples germaniques, qui s'établit en Angleterre vers 450 (avant les Angles). – **adj.** *Invasions saxonnes.* **2. adj.** De la Saxe. – **n.** *Les Saxons.* **3. n. m.** LING. Ensemble des langues et dialectes dérivant du parler des Saxons (1). *Vieux saxon ; bas saxon.*

Savonarole. *Le Supplice de Savonarole,* détail d'un tableau anonyme, Italie, XVe s. Musée de San Marco. *Phot. © Giraudon*

saxophone. Saxophone baryton (à gauche) et saxophone soprane (à droite). *Phot. © Simion/Ricciarini*

SAXOPHONE **n. m.** ▪ Instrument à vent de la famille des cuivres, à anche simple et à clefs. *Saxophone ténor, alto.* ◇ abrév. FAM. SAX ; SAXO.

SAXOPHONISTE **n.** ▪ Joueur de saxophone. ◇ abrév. FAM. SAXO.

Jean-Baptiste SAY (1767 - 1832) ▪ Économiste libéral et industriel français. Loi des débouchés : « C'est la production qui ouvre des débouchés aux produits. »

SAYNÈTE [sɛ-] **n. f.** ▪ Courte pièce comique avec peu de personnages. ⇒ **sketch.**

SBIRE **n. m.** ▪ péj. Policier. – Homme de main. ⇒ **nervi.**

SCABIEUSE **n. f.** ▪ Plante herbacée à fleurs mauves, employée autrefois comme dépuratif.

SCABREUX, EUSE **adj.** ▪ **1.** LITTÉR. Embarrassant, délicat. *C'est un sujet scabreux.* **2.** De nature à choquer la décence. ⇒ **indécent, licencieux.** *Une histoire scabreuse.*

la SCALA ▪ Célèbre théâtre de Milan, construit en 1778.

la **Scala.** Représentation de Monticelli. Musée du théâtre de la Scala, Milan. *Phot. © Dagli Orti*

SCALAIRE **adj.** ▪ MATH. *Grandeur scalaire,* qui est entièrement définie par sa mesure (s'oppose à *vectoriel*).

SCALDE **n. m.** ▪ HIST. LITTÉR. Ancien poète chanteur scandinave.

SCALÈNE **adj.** ▪ GÉOM. *Triangle scalène,* dont les trois côtés sont de longueurs inégales (syn. *quelconque*).

Jules César SCALIGER en italien ***GIULIO CESARE SCALIGERO*** (1484 - 1558) ▪ Médecin et humaniste italien. Auteur de violents pamphlets contre Érasme et Cardan, il publia des travaux scientifiques sur Hippocrate, Aristote et Théophraste, ainsi qu'une *"Poétique"* qui annonce le classicisme.

SCALP [skalp] **n. m.** ▪ **1.** Action de scalper. *Danse du scalp,* qu'exécutaient les Indiens d'Amérique autour de la victime qui allait être scalpée. **2.** Trophée constitué par la peau du crâne avec sa chevelure.

SCALPEL **n. m.** ▪ Petit couteau à manche plat pour inciser et disséquer. *Le bistouri et le scalpel.*

SCALPER **v. tr.** 1 ▪ Dépouiller (qqn) du cuir chevelu par incision de la peau.

SCAMPI n. m. pl. ▪ Langoustines ou grosses crevettes frites, en beignets (ital. *scampi fritti*).

SCANDALE n. m. ▪ **1.** Effet fâcheux, retentissement dans le public d'actes ou de propos considérés comme condamnables. *Sa tenue a provoqué un scandale, a fait scandale.* ‑ Émotion indignée qui accompagne cet effet. ⇒ **indignation.** *Au grand scandale de sa famille.* **2.** Désordre, esclandre. *Faire du scandale. Je vais faire un scandale !* **3.** Grave affaire publique où des personnalités sont compromises. *Scandale politique.* **4.** Fait immoral, injuste, révoltant. ⇒ **honte.** *Cette condamnation est un scandale !*

SCANDALEUX, EUSE adj. ▪ **1.** Qui cause du scandale. *Une conduite scandaleuse.* **2.** Qui constitue un scandale (4). ⇒ **honteux, révoltant.** *Prix scandaleux.* ► adv. SCANDALEUSEMENT

SCANDALISER v. tr. [1] ▪ Apparaître comme un scandale à. ⇒ **choquer, indigner.** ‑ pronom. S'indigner. *Pourquoi se scandaliser d'une chose si naturelle ?*

SCANDER v. tr. [1] ▪ **1.** Analyser (un vers) en ses éléments métriques ; prononcer (un vers) en le rythmant. *Scander des alexandrins.* **2.** Prononcer en détachant les syllabes, les groupes de mots. *Scander un slogan.*

SCANDINAVE adj. ▪ De Scandinavie. ‑ n. *Les Scandinaves.* ♦ LING. *Langues scandinaves* (ou *nordiques*) : danois, suédois, norvégien, islandais.

la **SCANDINAVIE** ▪ Région de l'Europe du Nord comprenant le Danemark, la Suède et la Norvège. Forêts et lacs.

la **SCANIE** ▪ Riche province de l'extrême sud de la Suède. Ville principale : Malmö.

① **SCANNER** [-nɛʀ] n. m. ▪ anglic. **1.** MÉD. Appareil de radiodiagnostic composé d'un système de tomographie et d'un ordinateur qui en fournit les résultats sous forme d'images. ◇ syn. TOMODENSITOMÈTRE. **2.** TECHN. Appareil électronique d'analyse de documents (textes, images).

② **SCANNER** [-ne] v. tr. [1] ▪ anglic. TECHN. Analyser (un document) au moyen d'un scanner.

SCANOGRAPHIE n. f. ▪ MÉD. Technique du scanner (⇒ ① **scanner** (1)). ◇ syn. TOMODENSITOMÉTRIE. ‑ Image obtenue par scanner.

SCANSION n. f. ▪ DIDACT. Action, manière de scander (un vers).

SCAPHANDRE n. m. ▪ Équipement de plongée individuel à casque étanche. *Scaphandre autonome,* pourvu d'une bouteille d'air comprimé. ‑ par analogie *Scaphandre de cosmonaute.*

SCAPHANDRIER n. m. ▪ Plongeur muni d'un scaphandre.

SCAPIN ▪ Personnage de la commedia dell'arte, repris par Molière dans *"Les Fourberies de Scapin"* (1671).

① **SCAPULAIRE** n. m. ▪ RELIG. CATHOL. **1.** Vêtement religieux composé de deux bandes d'étoffe tombant sur la poitrine et sur le dos. **2.** Objet de dévotion composé de deux petits morceaux d'étoffe bénits reliés par des cordons.

② **SCAPULAIRE** adj. ▪ ANAT. De l'épaule. *Ceinture scapulaire.*

SCARABÉE n. m. ▪ Insecte coléoptère coprophage (⇒ **bousier**).

scarabée.
Dicronorhina micans.
Phot. © Gillon/Jacana

SCARAMOUCHE ▪ Personnage de la commedia dell'arte. Il fut incarné notamment, au XVIIe s. à Paris, par Tiberio Fiorilli, le maître de Molière.

SCARBOROUGH ▪ Ville d'Angleterre sur la mer du Nord. 100 000 hab. Château du XIIe s. et demeures anciennes. Station balnéaire.

SCARIFICATION n. f. ▪ MÉD. Incision superficielle (de la peau, des muqueuses).

SCARIFIER v. tr. [7] ▪ MÉD. Inciser superficiellement (la peau, les muqueuses).

SCARLATINE n. f. ▪ Maladie contagieuse caractérisée par une éruption de plaques écarlates sur la peau et les muqueuses.

Alessandro **SCARLATTI** (1660 ‑ 1725) ▪ Compositeur italien. Son œuvre est très abondante : 115 opéras, des cantates, des oratorios. Il a fixé la forme de l'opéra napolitain et annoncé la symphonie classique. ► Domenico **SCARLATTI** (1685 ‑ 1757), son fils, claveciniste réputé. Il composa environ 560 pièces (sonates) pour clavecin et de nombreuses pièces de musique sacrée. Représentant de la nouvelle école du clavecin. Ami de Haendel, il domina la vie musicale italienne de son temps.

SCAROLE n. f. ▪ Salade (chicorée) à larges feuilles peu découpées.

la **SCARPE** ▪ Rivière du nord de la France, affluent de l'Escaut. 100 km.

Paul **SCARRON** (1610 ‑ 1660) ▪ Écrivain français. Il est l'auteur du *"Virgile travesti"*, parodie burlesque de l'*"Énéide"* (1648-1652) et surtout du *"Roman comique"* (1651-1657), récit satirique qui met en scène des comédiens ambulants.

SCAT [skat] n. m. ▪ anglic. Style vocal propre au jazz, chant sur des syllabes arbitraires.

SCATO- Élément savant, du grec *skôr, skatos* « excrément ».

SCATOLOGIE n. f. ▪ Écrit ou propos grossier, où il est question d'excréments. ‑ Caractère de tels écrits ou propos.

SCATOLOGIQUE adj. ▪ Qui a rapport à la scatologie. *Plaisanterie scatologique.* ‑ Qui a rapport aux excréments.

SCEAU n. m. ▪ **1.** Cachet officiel dont l'empreinte est apposée sur des actes pour les rendre authentiques ou les fermer de façon inviolable. *Le garde* des Sceaux.* **2.** Empreinte faite par ce cachet ; cire, plomb portant cette empreinte. *Apposer son sceau sur un document.* ⇒ **sceller.** **3.** LITTÉR. Ce qui authentifie, confirme ; marque distinctive. *Un récit marqué du, au sceau de la bonne foi.* ‑ loc. *SOUS LE SCEAU DU SECRET :* sous la condition d'une discrétion absolue.

SCEAUX ▪ Commune des Hauts-de-Seine. 18 052 hab. *(les Scéens).* Château et parc (aménagé par Le Nôtre).

SCÉLÉRAT, ATE n. ▪ LITTÉR. Bandit, criminel. ‑ adj. (choses) *Une ruse scélérate.* ⇒ **perfide.** *Loi scélérate.*

SCÉLÉRATESSE n. f. ▪ LITTÉR. Caractère, comportement de scélérat. ‑ Action scélérate.

SCELLÉ n. m. ▪ (surtout au plur.) Bande portant des cachets revêtus d'un sceau officiel apposée par l'autorité de justice sur une fermeture (porte, etc.). *Mettre les scellés. Local sous scellés.*

SCELLEMENT n. m. ▪ Action de sceller (notamment, en maçonnerie). *Scellement au plâtre.*

SCELLER v. tr. [1] ▪ **I. 1.** Marquer (un acte) d'un sceau. ‑ Fermer au moyen d'un sceau. **2.** fig. Confirmer (comme par un sceau). *Sceller une réconciliation.* **II. 1.** Fermer hermétiquement. *Sceller une boîte de conserve.* **2.** Fixer (avec du ciment, etc.). ‑ au p. p. *Fenêtre à barreaux scellés.*

SCÉNARIO n. m. ▪ **1.** Document décrivant l'action (d'un film), comprenant indications techniques et dialogues. ⇒ **script ; synopsis.** *Écrire des scénarios.* ♦ Texte (d'une bande dessinée). **2.** fig. Déroulement (d'un processus). *Le scénario des négociations.*

SCÉNARISTE n. ▪ Personne qui écrit des scénarios.

SCÈNE n. f. ▪ **I. 1.** Emplacement d'un théâtre où les acteurs paraissent devant le public. ⇒ **planche** (les planches), **plateau.** *L'entrée en scène des acteurs. Un comédien sur la scène, sur scène.* ‑ *METTRE EN SCÈNE :* représenter par l'art dramatique. *Metteur* en scène ; mise* en scène* (⇒ **scénographie, scénologie**). *Adapter un texte pour la scène.* ‑ *Mettre en scène un film* (⇒ **réaliser**). ♦ par métaphore ou fig. *La scène du monde :* le monde, considéré comme un théâtre. ‑ loc. *Occuper LE DEVANT DE LA SCÈNE,* une position en vue. ‑ *La scène politique.* ⇒ **paysage.** **2.** *La scène :* le théâtre, l'art dramatique. *Les vedettes de la scène et de l'écran.* **3.** Décor du théâtre. *La scène représente une forêt.* ♦ L'action*. *La scène se passe à Londres.* **II. 1.** Partie, division d'un acte, dans une pièce de théâtre ; l'action qui s'y déroule. *Acte III, scène 2. Une belle scène.* ‑ loc. FAM. *La grande scène (du deux) :* démonstration théâtrale (de colère, etc.). **2.** Action partielle ayant une unité, dans une œuvre (livre, film...). *Scène d'amour. Une scène de film.* ⇒ **séquence.** **3.** Action représentée en peinture. *Une scène de genre. Scène d'intérieur.* **4.** Action, événement dont on se trouve spectateur. *J'ai été témoin de la scène. Une scène touchante.* **5.** Explosion de colère, dispute bruyante.

Faire une scène à qqn. Scène de ménage (dans un couple). **6.** PSYCH. *Scène originaire* (ou *primitive*) : scène de rapports sexuels entre les parents (dans la vie psychique de l'enfant).

SCÉNIQUE adj. ▪ Propre à la scène, au théâtre.

SCÉNOGRAPHE n. ▪ DIDACT. Spécialiste de scénographie (1 et 2).

SCÉNOGRAPHIE n. f. ▪ DIDACT. **1.** Art de représenter en perspective. **2.** Art et technique de l'aménagement de la scène, de l'espace théâtral.

SCÉNOLOGIE n. f. ▪ DIDACT. Art et technique de la mise en scène théâtrale.

SCEPTICISME n. m. ▪ **1.** Doctrine (notamment des anciens philosophes sceptiques grecs) selon laquelle l'esprit humain ne peut atteindre aucune vérité générale (s'oppose à *dogmatisme*). **2.** Refus d'admettre une chose sans examen critique. **3.** Doctrine selon laquelle l'homme ne peut atteindre la vérité (dans un domaine). *Scepticisme scientifique.* - spécialt Mise en doute des dogmes religieux. ⇒ **incrédulité. 4.** Attitude critique faite de défiance à l'égard des idées reçues, de refus de toute illusion.

SCEPTIQUE ▪ **I.** n. **1.** Philosophe qui pratique le scepticisme. **2.** Personne qui adopte une attitude de scepticisme. *C'est une sceptique.* **II.** adj. **1.** Qui professe le scepticisme philosophique. **2.** Enclin au scepticisme. - *Un esprit sceptique.* - *Une moue sceptique.*

SCEPTRE n. m. ▪ **1.** Bâton de commandement, signe d'autorité suprême, dans certaines sociétés. *Le sceptre d'un roi.* **2.** fig. LITTÉR. *Le sceptre* : l'autorité souveraine, la royauté.

Maurice **SCÈVE** (1501 - v. 1564) ▪ Poète français, de l'école lyonnaise. Sa poésie savante et symbolique est caractéristique de la Renaissance. *"Délie, objet de plus haute vertu"*, poèmes amoureux (1544); *"Microcosme"*, épopée biblique (1562).

Hjalmar **SCHACHT** (1877 - 1970) ▪ Financier allemand. Président de la Reichsbank de 1923 à 1930 et de 1933 à 1939, ministre de l'Économie de 1934 à 1937, il redressa la situation financière du pays. Il soutint Hitler jusqu'en 1938. Acquitté à Nuremberg en 1946.

Pierre **SCHAEFFER** (né en 1910) ▪ Compositeur français, initiateur de la « musique concrète ».

SCHAERBEEK en néerlandais ***SCHAARBEEK*** ▪ Ville de Belgique (Région de Bruxelles-Capitale), faubourg de Bruxelles. 102 702 hab.

SCHAFFHOUSE en allemand ***SCHAFFHAUSEN*** ▪ Ville de Suisse. 34 327 hab. Cathédrale romane. ► **le canton de SCHAFFHOUSE** 298 km². 72 160 hab. Chef-lieu : Schaffhouse.

SCHAH ou **SHAH** n. m. ▪ Souverain de la Perse, puis de l'Iran, avant 1979. ◇ var. CHAH.

SCHAKO n. m ⇒ SHAKO

Carl Wilhelm **SCHEELE** (1742 - 1786) ▪ Chimiste suédois. Il isola l'hydrogène (1768).

Schiele. *Calvaire avec éclipse de soleil.* Coll. part., Vienne.
Phot. © Bridgeman/Giraudon

Ary **SCHEFFER** (1795 - 1858) ▪ Peintre français d'origine néerlandaise. Sujets historiques et religieux traités dans un style moins romantique qu'académique.

Scheffer. *Les morts vont vite.* Musée des Beaux-Arts, Lille.
Phot. © Lauros/Giraudon

Georges **SCHEHADÉ** (1910 - 1989) ▪ Poète et dramaturge libanais d'expression française. *"Monsieur Bob'le"* (1951).

SCHÉHÉRAZADE ▪ Personnage des *"Mille et Une Nuits"*. Le sultan, son époux, convaincu de son infidélité, décide de la faire étrangler, mais elle lui raconte chaque nuit des histoires si captivantes (→ **Sindbad, Ali Baba, Aladin**) qu'il remet sans cesse au lendemain l'échéance fatidique, et ce jusqu'à la mille et unième nuit, où il renonce à son projet.

Samuel **SCHEIDT** (1587 - 1654) ▪ Compositeur et organiste allemand. Son œuvre pour orgue marque la synthèse des styles néerlandais, anglais et italien.

SCHEIK n. m. ⇒ CHEIK

Johann **SCHEIN** (1585 - 1630) ▪ Compositeur allemand, considéré comme le plus important prédécesseur de Bach.

Christoph **SCHEINER** (1575 - 1650) ▪ Astronome et mathématicien allemand. Précurseur de l'astrophysique.

SCHELEM n. m. ⇒ CHELEM

Max **SCHELER** (1874 - 1928) ▪ Philosophe allemand. Auteur de *"Nature et formes de la sympathie"* (1923).

Friedrich Wilhelm Joseph von **SCHELLING** (1775 - 1854) ▪ Philosophe allemand. Le principal représentant de l'idéalisme allemand avec Fichte et Hegel.

SCHÉMA n. m. ▪ **1.** Figure donnant une représentation simplifiée et fonctionnelle (d'un objet, d'un processus...). ⇒ **diagramme.** *Schéma de la nutrition. Schéma d'un moteur.* **2.** Description ou représentation mentale réduite aux traits essentiels. ⇒ **esquisse ; schème.** *Voici le schéma de l'opération.* - PSYCH. *Schéma corporel* : image mentale de son propre corps.

SCHÉMATIQUE adj. ▪ **1.** D'un schéma ; qui constitue un schéma. *Croquis schématique.* **2.** Simplifié ; qui manque de nuances. *Compte rendu schématique.* ► adv. SCHÉMATIQUEMENT

SCHÉMATISATION n. f. ▪ Action de schématiser (1 et 2).

SCHÉMATISER v. tr. [1] ▪ **1.** Présenter en schéma. **2.** Présenter de façon schématique, simplifiée.

SCHÈME n. m. ▪ DIDACT. Représentation abstraite, structure d'ensemble (d'un objet, d'un processus).

Hermann **SCHERCHEN** (1891 - 1966) ▪ Chef d'orchestre allemand. Il œuvra pour le rayonnement de la musique contemporaine et fut le maître de Maderna, Nono, Xenakis.

SCHERPENHEUVEL-ZICHEM en français ***MONTAIGU-ZICHEM*** ▪ Ville de Belgique (Région flamande, province du Brabant flamand). 20 700 hab. Église baroque construite par Coebergher (1609). Important pèlerinage.

SCHERZO [skɛRdzo] n. m. ▪ Morceau musical vif et gai. *Le scherzo d'une sonate. Des scherzos.*

Elsa **SCHIAPARELLI** (1890 - 1973) ▪ Couturière française d'origine italienne.

Egon **SCHIELE** (1890 - 1918) ▪ Peintre autrichien. Portraits et paysages expressionnistes dont le graphisme nerveux exprime une grande tension.

Friedrich von SCHILLER (1759-1805) ▪ Écrivain allemand, rénovateur du théâtre de son pays. Ses premiers drames furent influencés par Rousseau. Puis il se consacra à l'étude de l'histoire : écrits théoriques et drames historiques (*"Don Carlos"*, 1787; *"Marie Stuart"*, 1800; *"Guillaume Tell"*, 1804). Proche de Goethe.

Schiller. Portrait par F. G. von Kugelgen. Musée Goethe, Francfort. *Phot. © Carlo Bevilacqua/Ricciarini*

SCHILLING n. m. ▪ Unité monétaire de l'Autriche. ≠ *shilling.*

SCHILTIGHEIM ▪ Commune du Bas-Rhin. 29 155 hab. *(les Schilikois).*

SCHIRMECK ▪ Commune du Bas-Rhin. 2 167 hab. *(les Schirmeckois).* Camp de concentration nazi pendant la Deuxième Guerre mondiale. → **Struthof.**

SCHISMATIQUE adj. ▪ Qui forme schisme. *Église schismatique.*

SCHISME n. m. ▪ **1.** Séparation des fidèles d'une religion, qui reconnaissent des autorités différentes. **2.** Scission (d'un groupe organisé). *Schisme politique.*

▪ **le SCHISME D'OCCIDENT** ▪ Période pendant laquelle il y eut plusieurs papes à la fois (de 1378 à 1417). Il éclata avec la double élection d'Urbain VI (pape à Rome) et de Clément VII (qui s'installa à Avignon).

▪ **le SCHISME D'ORIENT** ▪ Rupture entre l'Église de Rome et l'Église de Byzance (qui devint l'Église orthodoxe). L'opposition commença au IVe s., se renforça au IXe s. avec Photios et aboutit à la séparation en 1054, sous le patriarcat de Michel Cérulaire. → querelle du **filioque.**

SCHISTE n. m. ▪ Roche qui présente une structure feuilletée.

SCHISTEUX, EUSE adj. ▪ De la nature du schiste. *Roche schisteuse.*

SCHIZE [skiz] n. f. ▪ DIDACT. Coupure, disjonction.

SCHIZOPHRÈNE [ski-] adj. ▪ Atteint de schizophrénie. ‣ n. *Un, une schizophrène.*

SCHIZOPHRÉNIE [ski-] n. f. ▪ Psychose caractérisée par une grave division de la personnalité et la perte du contact avec la réalité. *Schizophrénie et autisme.*

SCHLASS [ʃlas] adj. ▪ FAM. Ivre. *Elle est complètement schlass.* ◇ var. CHLASS.

August Wilhelm von SCHLEGEL (1767-1845) ▪ Critique littéraire allemand. Défenseur du romantisme contre le classicisme. Il fit découvrir la littérature allemande à Mme de Staël. ► **Friedrich von SCHLEGEL** (1772-1829), son frère. Théoricien du romantisme allemand, linguiste.

Schlemmer. *Groupe de quatorze personnages dans une architecture imaginaire.* Wallraf-Richartz Museum, Cologne. *Phot. © Arch. Smeets*

Schöffer. *Chronos 5.* Wallraf-Richartz Museum, Cologne. *Phot. © Arch. Smeets*

Friedrich SCHLEIERMACHER (1768-1834) ▪ Théologien protestant allemand. Sous son influence, la théologie a centré le fait religieux sur la piété plus que sur le dogme.

Oskar SCHLEMMER (1888-1943) ▪ Scénographe et metteur en scène allemand, professeur au Bauhaus. Il est l'inventeur de la « danse théâtrale » où les costumes tendent à transformer l'acteur-danseur en « figure d'art ».

le SCHLESWIG-HOLSTEIN ▪ État (Land) d'Allemagne, limitrophe du Danemark. 15 732 km^2. 2 680 000 hab. Capitale : Kiel. Pays rural. Essor industriel depuis 1950. Ancien duché danois, puis prussien (1865). Le Schleswig du Nord passa au Danemark en 1920.

Moritz SCHLICK (1882-1936) ▪ Philosophe allemand. Physicien de formation, épistémologue. Il fonda le cercle de Vienne.

Heinrich SCHLIEMANN (1822-1890) ▪ Archéologue allemand. Il découvrit en 1870 le site le plus vraisemblable de Troie puis entreprit des fouilles à Mycènes.

SCHLINGUER ou **CHLINGUER** v. intr. [1] ▪ FAM. Sentir mauvais. ⇒ **puer.**

SCHLITTE n. f. ▪ RÉGIONAL Traîneau qui sert à descendre le bois abattu dans les montagnes (Vosges, Forêt-Noire).

Volker SCHLÖNDORFF (né en 1939) ▪ Cinéaste allemand. Il a adapté à l'écran nombre d'œuvres littéraires : *"Les Désarrois de l'élève Törless"*, 1966 (d'après Musil); *"L'Honneur perdu de Katharina Blum"*, 1975 (d'après H. Böll); *"Le Tambour"*, 1979 (d'après G. Grass).

le col de la SCHLUCHT ▪ Col des Vosges très fréquenté. 1 139 m.

Helmut SCHMIDT (né en 1918) ▪ Chancelier (social-démocrate) de la R.F.A. de 1974 à 1982.

Karl SCHMIDT-ROTTLUFF (1884-1976) ▪ Peintre expressionniste allemand. Un des fondateurs du groupe *Die Brücke.* Gravures sur bois.

Florent SCHMITT (1870-1958) ▪ Compositeur français. *"Psaume XLVII"* (1904); *"La Tragédie de Salomé"* (1910), ballet; musique de chambre.

SCHNAPS [ʃnaps] n. m. ▪ Eau-de-vie de pomme de terre ou de grain (dans les pays germaniques).

Dieter SCHNEBEL (né en 1930) ▪ Théologien et compositeur allemand. Il utilise des « voix naturelles diverses » et la participation du public. *"Concert sans orchestre"* (1964); *"Ouvrages de gueule"* (1968); *"Symphonie X"* (1992).

les SCHNEIDER ▪ Industriels français. D'origine lorraine, ils développèrent considérablement la sidérurgie au Creusot. ► **Eugène SCHNEIDER** (1805 - 1875), un des notables du Second Empire.

Hortense SCHNEIDER (1833 - 1920) ▪ Chanteuse française. Une des sopranos les plus célèbres de l'opérette de la Belle Époque. Elle fut l'interprète favorite d'Offenbach.

Rosemarie Magdalena Albach dite **Romy SCHNEIDER** (1938 - 1982) ▪ Actrice autrichienne. Elle débuta à l'écran avec la série des *"Sissi"* (1955-1957), puis trouva des rôles à sa mesure avec Visconti, Sautet, Welles, Deville, Zulawski. *"Les Choses de la vie"* (1970); *"Ludwig"* (1972); *"La Banquière"* (1980).

Arthur SCHNITZLER (1862 - 1931) ▪ Écrivain et auteur dramatique autrichien. Peinture de la société viennoise fin de siècle. *"La Ronde"* (1900), théâtre; *"Mademoiselle Else"* (1924), roman.

SCHNOCK n. ▪ FAM. Imbécile. *Quel vieux schnock !* ◇ var. SCHNOQUE, CHNOQUE.

Victor SCHŒLCHER (1804 - 1893) ▪ Homme politique français. Membre du gouvernement en février 1848, il contribua à faire voter le décret sur l'abolition de l'esclavage dans les colonies.

SCHŒLCHER ▪ Commune de la Martinique. 19 874 hab. *(les Schœlchérois).*

Arnold SCHOENBERG ou **SCHÖNBERG** (1874 - 1951) ▪ Compositeur autrichien, naturalisé américain. Il révolutionna la musique en renonçant au système tonal au profit d'un nouveau système : le dodécaphonisme (→ **Webern**). *"La Nuit transfigurée"* (1899); *"Pierrot lunaire"* (1912).

Nicolas SCHÖFFER (1912 - 1992) ▪ Sculpteur hongrois naturalisé français. Mobiles animés d'impulsions sonores et lumineuses.

SCHÖNBRUNN ▪ Château du XVIIIe s. situé dans la banlieue de Vienne. Ancienne résidence d'été des Habsbourgs.

Martin SCHONGAUER (v. 1445 - 1491) ▪ Artiste alsacien. Connu surtout par ses gravures, d'une grande maîtrise technique, qui influencèrent Dürer.

Arthur SCHOPENHAUER (1788 - 1860) ▪ Philosophe allemand. Présenté comme une suite critique à Kant, son œuvre pessimiste a marqué le XIXe s. *"Le Monde comme volonté et comme représentation"* (1818).

Erwin SCHRÖDINGER (1887 - 1961) ▪ Physicien autrichien. Il a donné à la mécanique ondulatoire de De Broglie un formalisme mathématique équivalant à celui de Heisenberg, permettant l'unification de la mécanique quantique. Prix Nobel 1933, avec Dirac.

Franz SCHUBERT (1797 - 1828) ▪ Compositeur romantique autrichien. Il innova par les nuances chromatiques, harmoniques et rythmiques. Bien que mort jeune, il a laissé une œuvre immense : plus de 600 mélodies ou *lieder* (*"Le Roi des aulnes"*, 1815; *"La Truite"*, 1817; *"La Jeune Fille et la Mort"*, 1817; *"La Belle Meunière"*, 1823; *"Le Voyage d'hiver"*, 1827; *"Sérénade"*, 1827); neuf symphonies et de la musique de chambre.

Robert SCHUMAN (1886 - 1963) ▪ Homme politique français. Démocrate-chrétien, il chercha le rapprochement avec l'Allemagne d'Adenauer et fut l'un des pères de la CEE.

Schweitzer.
Phot. © PSZ/Ricciarini

Schönbrunn. *Phot. © Maille/Explorer*

Robert SCHUMANN (1810 - 1856) ▪ Compositeur allemand. Épris de littérature et de philosophie, il a laissé une œuvre profondément romantique : musique pour piano (*"Carnaval"*, 1835), musique de chambre, mélodies (*"Les Amours du poète"*, 1840), musique symphonique (quatre symphonies, concertos). Il sombra dans la folie. ► **Clara SCHUMANN** (1819 - 1896), son épouse, née Clara Wieck, pianiste renommée, fut son inspiratrice.

Joseph Alois SCHUMPETER (1883 - 1950) ▪ Économiste autrichien émigré aux États-Unis. Il intégra à la théorie économique la sociologie, l'histoire et la statistique.

Kurt von SCHUSCHNIGG (1897 - 1977) ▪ Homme politique autrichien. Chancelier de 1934 à 1938, il tenta en vain de maintenir l'indépendance de l'Autriche face à l'Allemagne nazie.

SCHUSS [ʃus] n. m. ▪ Descente directe à skis en suivant la plus grande pente. - adv. *Descendre (tout) schuss.*

Heinrich SCHÜTZ (1585 - 1672) ▪ Compositeur allemand. Il opéra la fusion des cultures allemande et italienne dans une musique essentiellement religieuse. *"Psaumes de David"* (1619).

Theodor SCHWANN (1810 - 1882) ▪ Naturaliste allemand. Il fut le premier à isoler une enzyme. Sa théorie cellulaire en fait le père de l'histologie.

Elisabeth SCHWARZKOPF (née en 1915) ▪ Cantatrice britannique d'origine allemande, soprano. Elle excella principalement dans les grands rôles de Mozart et de Richard Strauss.

Elisabeth **Schwarzkopf.**
Phot. © Roger Pic

Albert SCHWEITZER (1875 - 1965) ▪ Théologien protestant, musicologue, organiste et médecin français. Fondateur en 1913 de l'hôpital de Lambaréné au Gabon. Prix Nobel de la paix 1952.

SCHWERIN ▪ Ville d'Allemagne, capitale du Mecklembourg-Poméranie-Antérieure. 127 800 hab. Chimie.

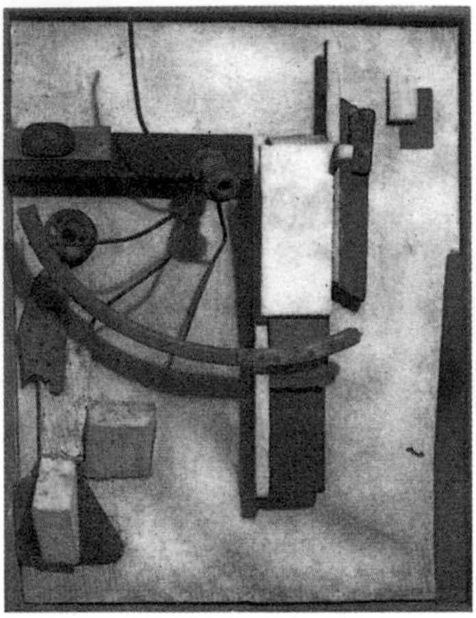

Schwitters. *Petit foyer de marin.* Lords Gallery, Londres. *Phot. © Arch. Smeets*

Kurt **SCHWITTERS** (1887-1948) ▪ Peintre et sculpteur allemand. Collages dada.

SCHWYZ ▪ Ville de Suisse. 12 737 hab. ► **le canton de SCHWYZ** 908 km². 111 682 hab. Chef-lieu : Schwyz. Il forma le noyau de la Confédération helvétique avec les cantons d'Uri et d'Unterwald en 1291 (→ **Suisse**). Le nom de la Suisse (en allemand *Schweiz*) fut tiré du nom de Schwyz.

SCIAGE n. m. ▪ Action, manière de scier (un matériau).

Leonardo **SCIASCIA** (1921-1989) ▪ Écrivain italien. Auteur de brefs récits inspirés par la politique italienne et la Mafia sicilienne. *"Le Jour de la chouette"* (1961); *"L'Affaire Moro"* (1978).

SCIATIQUE ▪ **1.** adj. ANAT. Du bassin, de la hanche. *Nerf sciatique.* **2.** n. f. Douleur violente qui se fait sentir le long du trajet du nerf sciatique (jambe, hanche). *Crise de sciatique.*

SCIE n. f. ▪ **1.** Outil ou machine servant à couper des matières dures par l'action d'une lame dentée (⇒ **égoïne** ; **tronçonneuse**). *Scie à bois, à métaux. Scie circulaire* (à moteur ; munie d'un disque tournant à grande vitesse). **2.** *POISSON-SCIE* ou *SCIE :* poisson (squale) dont le museau s'allonge en une lame portant deux rangées de dents. *Des poissons-scies.* **3.** *SCIE MUSICALE :* instrument de musique fait d'une lame d'acier qu'on fait vibrer. **4.** Chanson ou formule ressassée et usée. ⇒ **rengaine.**

SCIEMMENT [sjamɑ̃] adv. ▪ En connaissance de cause, volontairement.

SCIENCE [sjɑ̃s] n. f. ▪ **I. 1.** VIEILLI Ensemble des connaissances générales (de qqn). ⇒ ② **savoir.** *Sa science est étendue.* - loc. *Un puits* de science.* **2.** LITTÉR. Savoir-faire que donnent les connaissances, l'expérience, l'habileté. ⇒ **art.** *La science d'un orateur. Une science consommée des couleurs.* **II. 1.** plus cour. *UNE SCIENCE, LES SCIENCES :* ensemble de connaissances, de travaux d'une valeur universelle, ayant pour objet l'étude de faits et de relations vérifiables, selon des méthodes déterminées (comme l'observation, l'expérience, ou les hypothèses et la déduction). *Sciences exactes*. Sciences pures* et sciences appliquées*. Sciences expérimentales*. Sciences naturelles ; sciences de la vie. Sciences humaines,* qui étudient l'homme (psychologie, sociologie, linguistique, etc.). *Étude critique des sciences et théorie de la connaissance* (⇒ **épistémologie**). ♦ absolt *LES SCIENCES :* les sciences où le calcul, la déduction et l'observation ont une grande part (mathématiques, astronomie, biologie, etc.). *Les sciences et les lettres.* **2.** *LA SCIENCE :* ensemble des travaux et des résultats des sciences ; connaissance exacte, universelle et vérifiable exprimée par les lois.

SCIENCE-FICTION n. f. ▪ Genre littéraire et artistique qui décrit un état futur du monde (⇒ **anticipation**) en utilisant des données de la science ou de la technique. ◇ abrév. S.-F.

SCIENTIFIQUE [sjɑ̃-] ▪ **I.** adj. **1.** Qui appartient à la science, concerne les sciences. *Une revue scientifique. La recherche scientifique.* - spécialt (par oppos. à *littéraire*) *Enseignement scientifique et technique.* **2.** Qui est conforme aux exigences d'objectivité, de méthode, de précision de la science. *Votre raisonnement n'est pas très scientifique.* **II.** n. Spécialiste d'une science, des sciences. *Un, une scientifique.* ⇒ **chercheur, savant.** - spécialt *Les littéraires et les scientifiques.*

SCIENTIFIQUEMENT [sjɑ̃-] adv. ▪ **1.** D'une manière scientifique. **2.** Du point de vue de la science.

SCIENTISME [sjɑ̃-] n. m. ▪ Attitude philosophique consistant à considérer que la connaissance ne peut être atteinte que par la science, et que la connaissance scientifique suffit à résoudre les problèmes philosophiques.

SCIENTISTE [sjɑ̃-] adj. ▪ Qui relève du scientisme ; partisan du scientisme. *Positivisme scientiste.* - n. Adepte du scientisme.

SCIER v. tr. [7] ▪ **1.** Couper avec une scie, une tronçonneuse. *Scier du bois.* **2.** FAM. VIEILLI Ennuyer, fatiguer (qqn). **3.** FAM. Stupéfier. *Cette nouvelle m'a scié.*

SCIERIE n. f. ▪ Atelier, usine où des scies mécaniques débitent le bois.

SCIEUR n. m. ▪ Celui dont le métier est de scier (des matériaux). - *SCIEUR DE LONG,* qui scie des troncs en long.

les îles **SCILLY** en français ***ÎLES SORLINGUES*** ▪ Archipel britannique au large du cap Land's End. 1 400 hab. (→ **Cornouailles**).

SCINDER v. tr. [1] ▪ Couper, diviser (une chose abstraite ; un groupe). - pronom. (plus cour.) *Le parti s'est scindé* (⇒ **scission**).

SCINTIGRAPHIE n. f. ▪ MÉD. Méthode d'exploration (d'un organe) par injection d'une substance radioactive.

SCINTILLANT, ANTE ▪ **1.** adj. Qui scintille. *Lumière scintillante.* **2.** n. m. Décoration brillante pour les arbres de Noël.

SCINTILLATION n. f. ▪ **1.** Modification rapide et répétée de la lumière des étoiles due à la réfraction dans l'atmosphère. **2.** Action de scintiller (2). - Lumière qui scintille.

SCINTILLEMENT n. m. ▪ Éclat de ce qui scintille.

SCINTILLER v. intr. [1] ▪ **1.** (astres) Briller d'un éclat caractérisé par la scintillation (1). **2.** Briller d'un éclat intermittent. *Diamant qui scintille.*

SCION n. m. ▪ Jeune branche (d'arbre) droite et flexible.

SCIPION ÉMILIEN (v. 185-129 av. J.-C.) ▪ Général romain. Il détruisit Carthage et acheva la troisième guerre punique. Il favorisa l'introduction de la culture grecque à Rome.

SCIPION L'AFRICAIN (v. 235-183 av. J.-C.) ▪ Général romain. Consul en 205 av. J.-C., il prit Carthage (204) et vainquit Hannibal à Zama (202), mettant fin à la deuxième guerre punique*.

SCISSION n. f. ▪ Action de scinder, de se scinder. ⇒ **division, schisme, séparation ; dissidence.**

SCISSIPARE adj. ▪ BIOL. Qui se reproduit par scissiparité.

SCISSIPARITÉ n. f. ▪ BIOL. Reproduction par simple division de l'organisme.

SCISSURE n. f. ▪ ANAT. Sillon naturel à la surface de certains organes (cerveau, poumon...).

SCIURE n. f. ▪ Déchets en poussière d'une matière qu'on scie (notamment le bois).

SCLÉROSE n. f. ▪ **1.** MÉD. Durcissement pathologique (d'un organe, d'un tissu). - *Sclérose en plaques,* grave maladie du système nerveux central caractérisée par des plaques de sclérose. **2.** fig. État, défaut de ce qui ne sait plus évoluer ni s'adapter. ⇒ **vieillissement.** *La sclérose des institutions.*

SCLÉROSÉ, ÉE adj. ▪ **1.** MÉD. Atteint de sclérose (1). *Tissu sclérosé.* **2.** fig. Qui n'évolue plus. ⇒ **figé.** *Économie sclérosée.*

SE **SCLÉROSER** v. pron. [1] ▪ **1.** MÉD. (organes, tissus) Se durcir, être atteint de sclérose. **2.** fig. Se figer, ne plus évoluer. *Administration qui se sclérose.*

SCLÉROTIQUE n. f. ▪ ANAT. Membrane fibreuse (blanc de l'œil) qui entoure le globe oculaire et s'ouvre, à l'avant, sur la cornée.

Ettore **SCOLA** (né en 1931) ▪ Cinéaste italien. Il est l'un des meilleurs auteurs de comédies italiennes, empreintes à l'occasion de critique sociale. *"Nous nous sommes tant aimés"* (1974); *"Une journée particulière"* (1977); *"Le Bal"* (1983).

SCOLAIRE adj. ▪ **1.** Relatif ou propre aux écoles, à l'enseignement et aux élèves. *Établissement scolaire. Programmes* *scolaires. Année scolaire,* période allant de la rentrée à la fin des classes. ◆ *Obligation scolaire* (en France, loi Jules Ferry du 28 mars 1882). *Âge scolaire :* âge légal de l'obligation scolaire. **2.** péj. Qui évoque les exercices de l'école par son côté livresque et peu original.

SCOLARISATION n. f. ▪ Action de scolariser ; fait d'être scolarisé.

SCOLARISER v. tr. [1] ▪ **1.** Pourvoir (un lieu) d'établissements scolaires. **2.** Soumettre (qqn) à un enseignement scolaire régulier. ◆ au p. p. *Enfants scolarisés.*

SCOLARITÉ n. f. ▪ Fait de suivre régulièrement les cours d'un établissement d'enseignement. *Certificat de scolarité.* ◆ Durée des études scolaires.

SCOLASTIQUE ▪ DIDACT. **I.** n. f. Philosophie et théologie enseignées au Moyen Âge par l'Université. **II.** adj. **1.** Relatif à la scolastique. **2.** péj. Qui rappelle la scolastique décadente, par son formalisme et son abus de la dialectique. *Esprit scolastique.* ▪ Méthode d'enseignement qui se développa en Europe, au XIe et surtout au XIIIe s., dans les universités (et dont l'un des maîtres fut saint Thomas), la scolastique avait pour but la recherche de Dieu par la raison et la science, en opposition à la voie mystique de la culture monastique.

SCOLIOSE n. f. ▪ Déviation latérale de la colonne vertébrale.

① **SCOLOPENDRE** n. f. ▪ Fougère à feuilles entières qui croît dans les lieux humides.

② **SCOLOPENDRE** n. f. ▪ Mille-pattes des régions chaudes.

SCONSE n. m. ▪ Fourrure de la mouffette, noire à bandes blanches. ◇ var. SCONCE ; SKUNKS.

SCOOP [skup] n. m. ▪ anglic. Nouvelle importante donnée en exclusivité par une agence de presse, un journal.

SCOOTER [skutœʀ ; skutɛʀ] n. m. ▪ Motocycle léger, caréné, à cadre ouvert et à plancher. *Des scooters.*

SCOPAS (milieu du IVe s. av. J.-C.) ▪ Sculpteur et architecte grec. Il fut le maître de l'expression pathétique.

-SCOPE, -SCOPIE Éléments savants, du grec *skopein* « observer », qui entrent dans des mots désignant des instruments et des techniques d'observation.

SCOPIE n. f. ▪ FAM. Radioscopie.

SCORBUT [-yt] n. m. ▪ Maladie due à l'insuffisance de vitamine C dans l'alimentation.

SCORBUTIQUE adj. ▪ Atteint du scorbut. ◆ n. *Un, une scorbutique.*

SCORE n. m. ▪ **1.** Décompte des points au cours d'une partie, d'un match. ⇒ **marque.** *Le score final.* **2.** Résultat chiffré, lors d'une élection, d'une compétition.

SCORIE n. f. ▪ rare au sing. **1.** Résidu solide provenant de la fusion de minerais métalliques, de la combustion de la houille, etc. ⇒ ② **laitier, mâchefer. 2.** *Scories (volcaniques) :* lave refroidie, légère et fragmentée. **3.** fig. Partie médiocre ou mauvaise. *Débarrasser un texte de ses scories.*

SCORPION n. m. ▪ **1.** Petit animal (arachnide) dont la queue porte un aiguillon crochu et venimeux. *Piqûre de scorpion.* **2.** Huitième signe du zodiaque (23 octobre-21 novembre). ◆ *Être Scorpion,* de ce signe.

scorpion. *Buthus occitanus,* scorpion languedocien. *Phot. © Varin/Visage/Jacana*

Martin **SCORSESE** (né en 1942) ▪ Cinéaste américain. Son sujet de prédilection est l'Amérique urbaine et ses marginaux. *"Taxi Driver"* (1976).

Jean Duns **SCOT** → Duns Scot

① **SCOTCH** n. m. ▪ Whisky écossais. ◆ Verre de ce whisky. *Des scotchs* ou *des scotches.*

② **SCOTCH** n. m. (n. déposé) ▪ Ruban adhésif transparent (de cette marque).

SCOTCHER v. tr. [1] ▪ Coller avec du scotch, du ruban adhésif.

SCOTCH-TERRIER n. m. ▪ Chien terrier de taille moyenne, à poils durs. ◇ syn. SCOTTISH-TERRIER.

Jean **SCOT ÉRIGÈNE** (IXe s.) ▪ Théologien et philosophe écossais ou irlandais à la cour de Charles III le Chauve. D'inspiration platonicienne, son œuvre fut jugée panthéiste par l'Église et condamnée comme hérétique.

les **SCOTS** ▪ Peuple irlandais de l'Antiquité. Au Ve s., ils émigrèrent en Calédonie, s'imposèrent au détriment des Pictes et donnèrent leur nom au pays conquis (**Scotland,** en français *Écosse*).

Walter **SCOTT** (1771-1832) ▪ Écrivain écossais. Il créa un genre narratif, le roman historique, et eut une grande influence sur son époque. *"Ivanhoé"* (1819).

Robert **SCOTT** (1868-1912) ▪ Explorateur britannique. Il dirigea deux expéditions dans l'Antarctique où il mourut, devancé au pôle Sud par Amundsen.

SCOUBIDOU n. m. ▪ Petit objet fait de fils de plastique tressés. *Des scoubidous multicolores.*

SCOUT, SCOUTE [skut] ▪ **1.** n. m. Jeune qui fait partie d'une organisation de scoutisme. ⇒ **boy-scout ; éclaireur.** *Les scouts et les louveteaux, et les guides*.* **2.** adj. Propre aux scouts, au scoutisme. *Camp scout. Réunion scoute* (⇒ **jamboree**). **3.** n. fig. Personne d'un idéalisme naïf. ⇒ **boy-scout.** ◆ adj. *Avoir un côté scout.*

SCOUTISME n. m. ▪ Mouvement éducatif destiné à compléter la formation de l'enfant par des activités collectives et de plein air.

SCRABBLE [skʀabl] n. m. (n. déposé) ▪ Jeu de société qui consiste à placer sur une grille des jetons portant chacun une lettre, de manière à former des mots.

Alexandre **SCRIABINE** → Aleksandr **Skriabine**

SCRIBE n. m. ▪ **1.** anciennt Celui qui faisait profession d'écrire à la main. ⇒ **copiste. 2.** ANTIQ. Celui qui écrivait les textes officiels, copiait les écrits. *Les scribes égyptiens.* **3.** ANTIQ. JUIVE Docteur de la Loi.

Eugène **SCRIBE** (1791-1861) ▪ Auteur dramatique français. Il a aussi écrit de nombreux livrets d'opéras.

SCRIBOUILLARD, ARDE n. ▪ péj. Employé(e) aux écritures (notamment, fonctionnaire). ⇒ **gratte-papier.**

SCRIPT [skʀipt] n. m. ▪ **I.** Type d'écriture à la main, proche des caractères d'imprimerie. *Écrire en script.* **II.** Scénario (d'un film, d'une émission), comprenant le découpage technique et les dialogues. *Des scripts.*

SCRIPTE n. ▪ Personne chargée de noter les détails techniques et artistiques de chaque prise de vues (d'un film, etc.) afin d'assurer la continuité de l'ensemble. *Une scripte* (syn. VIEILLI SCRIPT-GIRL [skʀiptgœʀl]).

SCROFULE n. f. ▪ **1.** MÉD. ANC. (au plur.) Écrouelles. **2.** HIST. MÉD. Infection de la peau ou des muqueuses, ou inflammation des ganglions. ◆ MOD. Lésion de tuberculose cutanée, ganglionnaire ou osseuse.

SCROFULEUX, EUSE adj. ▪ De la scrofule ; atteint de scrofule.

SCROGNEUGNEU interj. ▪ Interjection, juron atténué. ◇ var. SCRONGNEUGNEU.

SCROTUM [-ɔm] n. m. ▪ ANAT. Enveloppe cutanée des testicules. ⇒ **bourse(s).**

SCRUPULE n. m. ▪ **1.** Incertitude d'une conscience exigeante sur la conduite à adopter ; inquiétude sur un point de morale. ⇒ **cas** de conscience. *Un scrupule me retient. Être dénué de scrupules, sans scrupule.* ◆ LITTÉR. *Avoir scrupule à ; se faire (un) scrupule de* (+ inf.), hésiter (par scrupule) à (faire qqch.). **2.** Exigence morale très poussée ; tendance à se juger avec rigueur. *Fidélité poussée jusqu'au scrupule.*

SCRUPULEUSEMENT adv. ▪ D'une manière scrupuleuse.

SCRUPULEUX, EUSE adj. ▪ **1.** Qui a fréquemment des scrupules, qui est exigeant sur le plan moral. ⇒ **consciencieux.** ◆ (choses) *Une honnêteté scrupuleuse.* **2.** Qui respecte strictement les règles, les prescriptions. *Un observateur scrupuleux.* ⇒ **méticuleux.**

SCRUTATEUR, TRICE ▪ **I.** adj. LITTÉR. Qui scrute, qui examine attentivement. *Un regard scrutateur.* ⇒ **inquisiteur. II.** n. Personne qui participe au dépouillement d'un scrutin.

Sebastiano del Piombo. *La Dorotea.* Galerie de Dahlem, Berlin. *Phot. © Arch. Smeets*

SCRUTER v. tr. 1 ▪ **1.** Examiner avec soin, pour découvrir ce qui est caché. *Scruter les intentions de qqn.* ⇒ **sonder. 2.** Examiner attentivement (par la vue) ; fouiller du regard. *Scruter l'horizon.*

SCRUTIN n. m. ▪ **1.** Vote au moyen de bulletins déposés dans un récipient (urne). **2.** Ensemble des opérations électorales ; modalités des élections. *Ouverture, clôture du scrutin. Scrutin uninominal ; scrutin de liste. Scrutin proportionnel ; scrutin majoritaire. Dépouiller le scrutin* (⇒ **scrutateur** (II)).

Madeleine de SCUDÉRY (1607 - 1701) ▪ Romancière française. Ses romans, parfois écrits avec son frère Georges (1601 - 1667), furent appréciés par la société précieuse. *"Artamène ou le Grand Cyrus"* (1649-1653); *"Clélie, histoire romaine"* (1654-1661, où se trouve la « Carte de Tendre »).

SCULPTER [-lte] v. tr. 1 ▪ **1.** Produire (une œuvre d'art) par l'un des procédés de la sculpture. *Sculpter un buste.* **2.** Façonner (une matière dure) par la sculpture. *Sculpter de la pierre.*

SCULPTEUR [-lt-] n. m ▪ Personne qui pratique l'art de la sculpture. *Il, elle est sculpteur.* ◇ fém. RARE SCULPTRICE.

SCULPTURAL, ALE, AUX [-lt-] adj. ▪ **1.** DIDACT. Relatif à la sculpture. **2.** Qui a la beauté formelle des sculptures classiques. *Une beauté sculpturale.*

SCULPTURE [-lt-] n. f. ▪ **1.** Représentation d'un objet dans l'espace, au moyen d'une matière à laquelle on impose une forme esthétique ; ensemble des techniques qui permettent cette représentation ; ensemble d'œuvres d'art qui en résultent. *La sculpture grecque ; romane ; contemporaine.* **2.** *Une sculpture,* une œuvre sculptée (⇒ **statue**).

SCYLLA → Charybde et Scylla

les SCYTHES ▪ Tribus semi-nomades d'origine iranienne vivant au nord de la mer Noire et qui disparurent au IIe s. Remarquables cavaliers et archers. Travail artistique de l'or et de l'argent.

S.D.F. [ɛsdeɛf] n. invar. (sigle de *sans domicile fixe*) ▪ Personne qui n'a pas de logement régulier.

la S.D.N. ou **SDN** ▪ Sigle de la Société des Nations.

SE pron. pers. s'élide en *s'* devant une voyelle ou un *h* muet ▪ Pronom personnel réfléchi de la 3e personne du singulier et du pluriel. *Il se lave. Elle s'est fait réprimander. Elle s'est lavé les mains. Ils se sont rencontrés.* - impers. *Cela ne se fait pas.*

Glenn Theodore SEABORG (né en 1912) ▪ Chimiste américain. Avec McMillan, il obtint artificiellement le plutonium (1941) et mit au point la pile à uranium, puis l'américium, le curium, le berkélium et le californium. Prix Nobel 1951, avec McMillan.

SÉANCE n. f. ▪ **1.** Réunion des membres d'un corps constitué siégeant en vue d'accomplir certains travaux ; durée de cette réunion. *Les séances du Parlement.* ⇒ **débat, session.** - *Être en séance. Tenir séance.* ♦ loc. *SÉANCE TENANTE :* la séance se poursuivant ; fig. immédiatement et sans retard. **2.** Durée déterminée consacrée à une occupation qui réunit deux ou plusieurs personnes. *Séance de travail ; de rééducation.* **3.** Temps consacré à certains spectacles ; le spectacle lui-même. *Séance de cinéma. La séance de midi.*

① **SÉANT** n. m. ▪ loc. *Se dresser, se mettre SUR SON SÉANT :* s'asseoir brusquement (en parlant d'une personne qui était allongée).

② **SÉANT, ANTE** adj. ▪ LITTÉR. Qui sied (⇒ **seoir**), est convenable. ⇒ **bienséant.** *Il n'est pas séant de...* (⇒ **malséant**).

SEATTLE ▪ Ville des États-Unis, port sur le Puget Sound (Pacifique), principal centre urbain et économique de l'État de Washington. 516 000 hab. Aéronautique.

SEAU n. m. ▪ Récipient cylindrique muni d'une anse, servant à transporter des liquides ou diverses matières. *Seau en plastique. Seau à glace,* servant à contenir des glaçons. ♦ Contenu d'un seau. *Un demi-seau d'eau.* - loc. FAM. *IL PLEUT À SEAUX,* abondamment.

SÉBACÉ, ÉE adj. ▪ DIDACT. Relatif au sébum. - *Glandes sébacées,* glandes de la peau qui sécrètent le sébum.

SEBASTIANO DEL PIOMBO (v. 1485 - 1547) ▪ Peintre vénitien, installé ensuite à Rome. Admirateur de Michel-Ange. Sujets religieux, portraits.

saint SÉBASTIEN ▪ Officier romain martyrisé au IIIe s. Patron des archers. Il inspira de nombreux peintres.

SÉBASTOPOL ▪ Ville et port d'Ukraine. 361 000 hab. Constructions navales. Arsenal. Point stratégique sur la mer Noire, enjeu de la guerre de Crimée (1855), de la guerre civile (dernier bastion de Wrangel, 1920), de la guerre russo-allemande (1942-1944).

SÉBILE n. f. ▪ Petite coupe de bois (notamment pour mendier).

SÉBORRHÉE n. f. ▪ Sécrétion excessive de sébum. ► adj. SÉBORRHÉIQUE

SÉBUM [-ɔm] n. m. ▪ Sécrétion grasse produite par les glandes sébacées.

SEC, SÈCHE adj. ▪ **I. 1.** Qui n'est pas ou est peu imprégné de liquide (opposé à *humide, mouillé*). *Du bois sec. Le linge est déjà sec.* - Sans humidité atmosphérique, sans pluie. *Un temps sec.* - *Avoir la gorge sèche :* avoir soif. **2.** Déshydraté, séché en vue de la conservation. *Raisins secs. Légumes secs* (s'oppose à *frais*). **3.** Qui n'est pas accompagné de ce à quoi il est généralement associé. *Mur de pierres sèches,* sans ciment. *Toux sèche,* sans expectoration. - *Perte* sèche. Licenciement sec* (sans compensations). - *Panne* sèche.* **4.** (parties du corps) Qui a peu de sécrétions. *Peau sèche* (s'oppose à *gras*). ♦ *Yeux secs,* sans larmes. - fig. *Regarder d'un œil sec,* sans être ému. **5.** Qui a peu de graisse, qui est peu charnu. *Un petit vieux tout sec.* - loc. *Être sec comme un coup de trique*.* **6.** Qui manque de moelleux ou de douceur. *Une voix sèche. Coup sec,* rapide et bref. ♦ *Vin sec,* peu sucré (s'oppose à *doux*). **II.** abstrait **1.** Qui manque de sensibi-

les **Scythes.** Figure de cerf en bois, or et cuir trouvé en Altaï. Musée de l'Ermitage, Saint-Pétersbourg. *Phot. © Dagli Orti*

la guerre de **Sécession.** *Bombardement et prise de l'île « numéro 10 » sur le Mississippi le 7 avril 1862,* lithographie de Currier et Ives. Coll. part., New York.
Phot. © Bridgeman/Giraudon

lité, de gentillesse. ⇒ **dur.** *Un cœur sec.* - *Répondre d'un ton sec.* ⇒ **tranchant. 2.** Qui manque de grâce ; sans ornements. ⇒ **austère, nu.** *Un style un peu sec.* **3.** FAM. *Rester sec,* ne savoir que répondre. **III.** n. m. **1.** Sécheresse ; endroit sec. *Mettre, tenir qqch. au sec.* **2.** *À SEC* loc. adj. : sans eau. ⇒ **tari.** *Rivière à sec.* - FAM. Sans argent. *Ils sont à sec.* **IV.** adv. **1.** *Boire* (un alcool) *sec,* sans y mettre d'eau. - absolt *Il boit sec,* beaucoup. **2.** Rudement et rapidement. *Frapper sec.* **3.** FAM. *AUSSI SEC* loc. adv. : immédiatement et sans hésiter.

SÉCABLE adj. ▪ DIDACT. Qui peut être coupé, divisé. *Comprimé sécable.*

SÉCANT, ANTE adj. ▪ GÉOM. Qui coupe (une ligne, un plan, etc.) ; au plur. qui se coupent. *Plan sécant. Droites sécantes.* - n. f. Droite sécante.

SÉCATEUR n. m. ▪ Outil de jardinage, gros ciseaux à ressort.

SECCOTINE n. f. (n. déposé) ▪ Colle forte.

SÉCESSION n. f. ▪ Action par laquelle une partie de la population d'un État se sépare de l'ensemble de la collectivité en vue de former un État distinct ou de se réunir à un autre. *Faire sécession.*

▪ **la guerre de SÉCESSION** ▪ Guerre civile aux États-Unis, de 1861 à 1865. Elle opposa les États du Sud (les sudistes), dont l'économie cotonnière s'appuyait sur l'emploi d'esclaves noirs et le libre-échange, et les États du Nord (les yankees), industriels et protectionnistes. L'élection de l'antiesclavagiste Lincoln provoqua la sécession des États du Sud, qui furent vaincus. Par l'importance des effectifs engagés, l'utilisation des premiers cuirassés, mines et torpilles, par les pertes considérables qu'il entraîna, ce conflit est considéré comme la première guerre moderne.

SÉCESSIONNISTE adj. ▪ Qui fait sécession, lutte pour la sécession.

SÉCHAGE n. m. ▪ Action de faire sécher, de sécher.

SÈCHE n. f. ▪ FAM. Cigarette.

SÈCHE-CHEVEUX n. m. invar. ▪ Appareil électrique manuel qui, en envoyant de l'air chaud, sert à sécher les cheveux mouillés. ⇒ **séchoir.**

SÈCHE-LINGE n. m. invar. ▪ Appareil qui sert à sécher le linge (en le brassant dans un flux d'air chaud).

SÈCHEMENT adv. ▪ **1.** D'une manière sèche, sans douceur. *Frapper sèchement la balle.* **2.** Avec froideur, dureté. *Refuser sèchement.*

SÉCHER v. [6] ▪ **I.** v. tr. **1.** Rendre sec (⇒ **dessécher**). *Sécher ses cheveux ; se sécher les cheveux.* - pronom. *Sèche-toi vite !* ⇒ s'**essuyer. 2.** Absorber ou faire s'évaporer (un liquide). *Sécher ses larmes.* **3.** FAM. Manquer volontairement et sans être excusé (un cours, etc.). *Sécher le lycée.* - absolt *Il sèche pour aller au cinéma.* **II.** v. intr. **1.** Devenir sec (par une opération ou naturellement). *Mettre du linge à sécher.* - *Sécher sur pied* (plantes) ; fig. (personnes) : se consumer d'ennui. **2.** S'évaporer. *L'encre a séché.* **3.** fig. LITTÉR. Dépérir, languir. *Il sèche d'impatience.* **4.** FAM. Rester sec*, être embarrassé pour répondre.

SÉCHERESSE n. f. ▪ **1.** État de ce qui est sec, de ce qui manque d'humidité. ⇒ **aridité.** *La sécheresse d'un sol.* **2.** Temps sec, absence ou insuffisance des pluies. *Végétation qui souffre de la sécheresse.* **3.** LITTÉR. Dureté, insensibilité. *Sécheresse de cœur.* - *Répondre avec sécheresse.* ⇒ **sèchement. 4.** Caractère de ce qui manque de charme, de grâce. *Sécheresse du style.* ⇒ **austérité.**

SÉCHOIR n. m. ▪ **1.** Lieu aménagé pour le séchage. **2.** Dispositif sur lequel on étend ce que l'on veut faire sécher. *Séchoir à linge.* **3.** Appareil servant à faire sécher des matières humides par évaporation accélérée. *Séchoir (à cheveux).* ⇒ **casque, sèche-cheveux.**

SECLIN ▪ Commune du Nord, près de Lille. 12 281 hab. *(les Seclinois).*

SECOND, ONDE [s(ə)gɔ̃, ɔ̃d] ▪ **I.** adj. **1.** Qui vient après une chose de même nature ; qui suit le premier. ⇒ **deuxième.** *Pour la seconde fois. En second lieu.* - *De seconde main*.* *Enseignement du second degré.* ⇒ **secondaire** (2). **2.** Qui n'a pas la primauté, qui vient après le plus important ou le meilleur (opposé à *premier*). *Article de second choix. Billet de seconde classe* (ou n. f. *de seconde*). ♦ n. *Le second d'une course.* ♦ *EN SECOND :* en tant que second (dans un ordre, une hiérarchie). *Capitaine en second.* - *Passer en second,* passer après. **3.** Qui constitue une nouvelle forme de qqch. d'unique. ⇒ **autre.** *Il a été un second père pour moi.* - loc. *Une seconde nature*.* ♦ n. LITTÉR. *SANS SECOND, SANS SECONDE :* unique, sans pareil, inégalable. « *Ma gloire est sans seconde* » (Corneille). **4.** (après le n.) Qui dérive d'une chose première, primitive. *Causes secondes.* ♦ *État second,* état pathologique d'une personne qui se livre à une activité étrangère à sa personnalité manifeste. - COUR. *Être dans un état second,* anormal, bizarre. **II. 1.** n. m. Personne qui aide qqn. ⇒ **adjoint, assistant.** - Officier de marine qui vient après le commandant. **2.** n. f. Classe de l'enseignement secondaire français qui précède la première.

SECONDAIRE [s(ə)g-] adj. ▪ **1.** Qui vient au second rang, est de moindre importance (opposé à *capital, primordial*). **2.** Qui constitue un second ordre dans le temps (s'oppose à *primaire*). *L'enseignement secondaire* ou n. m. *le secondaire,* de la sixième à la terminale (en France). - *Ère secondaire* ou n. m. *le secondaire,* ère géologique qui succède au primaire, comprenant le trias, le jurassique et le crétacé (syn. *mésozoïque*). **3.** Qui se produit dans une deuxième phase dérivant de la première ; qui dépend de qqch. d'autre. *Effets secondaires d'un médicament.* ◆ ÉCON. *Secteur secondaire* ou **n. m.** *le secondaire,* activités productrices de matières transformées (opposé à *primaire* et à *tertiaire*).

① **SECONDE** n. f. ⇒ SECOND

② **SECONDE** [s(ə)gɔ̃d] **n. f.** ▪ **1.** Unité de temps, soixantième partie de la minute (symb. s). ♦ Temps très bref. ⇒ **instant.** *Je reviens dans une seconde.* **2.** Unité d'angle égale au 1/60 de la minute (symb. ").

SECONDEMENT [s(ə)g-] **adv.** ▪ En second lieu. ⇒ **deuxièmement, secundo.**

SECONDER [s(ə)g-] **v. tr.** [1] ▪ **1.** Aider (qqn) en tant que second. ⇒ **assister. 2.** Favoriser (les actions de qqn ; qqch.). *Seconder les projets de qqn.* ◆ *Les circonstances l'ont secondé.*

SECOUER **v. tr.** [1] ▪ **1.** Remuer avec force, dans un sens puis dans l'autre (généralement à plusieurs reprises). ⇒ **agiter.** *Secouer un tapis.* ◆ loc. *Secouer le cocotier*.* ◆ *Secouer qqn pour le réveiller.* **2.** Mouvoir brusquement et à plusieurs reprises (une partie de son corps). *Secouer la tête* (en signe d'assentiment, de doute...). ⇒ **hocher. 3.** Se débarrasser de (qqch.) par des mouvements vifs et répétés. *Secouer la neige de son manteau.* ◆ loc. fig. *Secouer le joug*.* **4.** Ébranler par une vive impression. *Cette maladie l'a beaucoup secoué.* **5.** FAM. *Secouer qqn, lui secouer les puces,* le réprimander ou l'inciter à l'action. ◆ pronom. *Allons, secoue-toi !* **6.** loc. TRÈS FAM. *N'en avoir rien à secouer,* rien à faire.

SECOURABLE **adj.** ▪ LITTÉR. Qui secourt, aide volontiers les autres. ⇒ **obligeant.** ◆ loc. *Prêter, tendre une* MAIN SECOURABLE *à qqn* (pour l'aider, le soulager).

SECOURIR **v. tr.** [11] ▪ Aider (qqn) à se tirer d'un danger ; assister (qqn) dans le besoin. ⇒ prêter **main-forte,** porter **secours.** *Secourir un blessé.*

SECOURISME **n. m.** ▪ Méthode de sauvetage et d'aide aux victimes d'accidents, aux blessés, etc. *Brevet de secourisme.*

SECOURISTE **n.** ▪ Personne qui fait partie d'une organisation de secours aux blessés (⇒ **sauveteur**), ou qui pratique le secourisme.

SECOURS **n. m.** ▪ **1.** Ce qui sert à qqn pour sortir d'une situation difficile, et qui vient d'un concours extérieur. ⇒ **aide, appui, assistance, soutien.** *Porter, prêter secours à qqn.* ⇒ **secourir.** *Aller au secours de qqn.* ◆ *Appeler* AU SECOURS. *Au secours !,* cri d'appel à l'aide. **2.** Aide matérielle ou financière. *Secours mutuel.* ⇒ **entraide, solidarité.** ◆ *Secours aux sinistrés, aux sans-abri.* **3.** Moyens pour porter assistance aux personnes en danger (⇒ **sauvetage**). *Secours en mer, en montagne. Attendre les secours.* **4.** Soins que l'on donne à un malade, à un blessé dans un état critique. *Secours d'urgence. Premiers secours.* ◆ *Poste de secours.* **5.** RELIG. Aide surnaturelle. **6.** (dans *d'un... secours*) Ce qui est utile dans une situation délicate. *Être d'un grand secours à qqn ; n'être d'aucun secours* (⇒ **utilité**). **7.** (choses) DE SECOURS : destiné à servir en cas de nécessité. *Sortie de secours. Roue* de secours.*

SECOUSSE **n. f.** ▪ **1.** Mouvement brusque qui ébranle ou met en mouvement un corps. ⇒ **choc ; secouer.** *Une violente secousse.* ◆ *Secousse sismique, tellurique,* tremblement de terre (⇒ **séisme**). **2.** Choc psychologique. ◆ Perturbation qui affecte une collectivité. *Secousse économique.* **3.** loc. *Par secousses :* par accès. ◆ *Sans secousse :* paisiblement. ♦ FAM. *Il n'en fiche pas une secousse,* il ne fait rien.

① **SECRET, ÈTE** **adj.** ▪ **1.** Qui n'est connu que d'un nombre limité de personnes ; qui est ou doit être caché aux autres, au public. *Garder, tenir une chose secrète.* ◆ *Renseignements secrets.* ⇒ **confidentiel.** *Documents très secrets* (anglic. *top secret*). ◆ *Police secrète. Services secrets. Agent secret.* **2.** Qui appartient à un domaine réservé. ⇒ **ésotérique, occulte.** *Rites secrets.* **3.** Qui n'est pas facile à trouver. ⇒ **caché, dérobé.** *Tiroir secret.* ◆ *Code secret.* **4.** Qui ne se manifeste pas. ⇒ **intérieur, intime.** *Pensées secrètes.* **5.** (personnes) LITTÉR. Qui ne se confie pas. ⇒ **réservé.** *Un homme secret et silencieux.*

② **SECRET** **n. m.** ▪ **1.** Ensemble de connaissances, d'informations qui doivent être réservées à quelques-uns (tenues secrètes*) et que le détenteur ne doit pas révéler. *Confier un secret à qqn. Garder, trahir un secret.* ◆ SECRET D'ÉTAT : information dont la divulgation, nuisible aux intérêts de l'État, est punie. ◆ loc. SECRET DE POLICHINELLE*. **2.** *Être* DANS LE SECRET, dans la connaissance réservée à quelques-uns (→ dans la confidence). ◆ loc. FAM. *Être dans le secret des dieux* (même sens). **3.** Ce qui ne peut pas être connu ou compris. ⇒ **mystère.** *Dans le secret de son cœur.* ⇒ **tréfonds.** ◆ *Les secrets de la nature, de la vie.* **4.** Explication, raison cachée. *Le secret de l'affaire.* ⇒ **clé. 5.** Moyen pour obtenir un résultat, connu seulement de quelques personnes. *Les secrets du métier.* ◆ *Secret de fabrication.* ◆ loc. *Une de ces formules dont il a le secret,* qu'il est seul à trouver. **6.** EN SECRET, sans que personne ne le sache. *Ils s'aiment en secret.* **7.** *Mettre qqn* AU SECRET, l'emprisonner dans un lieu caché, sans communication avec l'extérieur. **8.** Discrétion, silence sur une chose qui a été confiée ou que l'on a apprise. *Exiger le secret.* ◆ *Secret professionnel,* obligation de ne pas divulguer des faits confidentiels appris dans l'exercice de la profession. ◆ loc. *Sous le sceau* du secret.* **9.** Mécanisme dont le fonctionnement est secret. *Meuble à secret.*

SECRÉTAIRE ▪ **I. n. 1. n. m.** anciennt Nom donné à divers personnages qui relevaient directement d'une haute autorité politique. ◆ **n.** MOD. *Secrétaire d'État,* en France, membre du gouvernement généralement placé sous l'autorité d'un ministre. *Secrétaire d'ambassade* (agent diplomatique). **2.** Personne qui s'occupe de l'organisation et du fonctionnement (d'un organisme). *Le secrétaire perpétuel de l'Académie française. Secrétaire d'une section syndicale. Secrétaire général(e).* ◆ *Secrétaire de rédaction* (d'un journal), qui coordonne la rédaction. **3.** Personne (surtout, femme) dont le métier est d'assurer la rédaction du courrier de qqn, de préparer des dossiers, etc. *Secrétaire de direction. Secrétaire médical(e),* qui assiste un médecin, un dentiste. **II. n. m.** Meuble à tiroirs destiné à ranger des papiers et pourvu d'un panneau qui, rabattu, sert de table à écrire. *Un secrétaire Louis XV.*

Charles SECRÉTAN (1815-1895) ▪ Philosophe suisse. Philosophie de la « raison chrétienne ». *"Philosophie de la liberté"* (1848-1849).

SECRÉTARIAT **n. m.** ▪ **1.** Fonction de secrétaire ; durée de cette fonction. **2.** Service dirigé par un(e) secrétaire ; personnel d'un tel service. **3.** Métier de secrétaire (I, 3). *École de secrétariat.*

SECRÈTEMENT **adv.** ▪ **1.** D'une manière secrète. ⇒ en **cachette, clandestinement, furtivement,** en **secret. 2.** LITTÉR. D'une manière non apparente. *Il était secrètement déçu.*

SÉCRÉTER **v. tr.** [6] ▪ Produire (une substance) par sécrétion. ◆ fig. *Ce film sécrète l'ennui.* ⇒ **distiller.**

SÉCRÉTION **n. f.** ▪ **1.** Phénomène physiologique par lequel un tissu produit une substance spécifique. *Glandes à sécrétion interne* (endocrines), *externe* (exocrines). **2.** Substance ainsi produite.

SECTAIRE **n.** ▪ Personne qui fait preuve d'intolérance et d'étroitesse d'esprit (en politique, religion, etc.). ⇒ **fanatique.** ◆ **adj.** *Une attitude sectaire.*

SECTARISME **n. m.** ▪ Attitude sectaire.

SECTATEUR, TRICE **n.** ▪ VX Adepte, partisan.

SECTE **n. f.** ▪ **1.** Groupe organisé de personnes qui ont une même doctrine au sein d'une religion. ♦ Groupe d'inspiration religieuse ou mystique, vivant en communauté sous l'influence de maîtres, de gourous. **2.** péj. Coterie, clan.

SECTEUR **n. m.** ▪ **1.** GÉOM. *Secteur angulaire :* partie de plan limitée par deux demi-droites issues d'un même point. *Secteur circulaire :* portion de disque limitée par deux rayons. **2.** Partie d'un front ou d'un territoire qui constitue le terrain d'opérations d'une unité militaire. **3.** FAM. Endroit, lieu. ⇒ **coin.** *Il va falloir changer de secteur.* **4.** Division artificielle d'un territoire (en vue d'organiser une action, etc.). ⇒ **zone ; section** (III, 2). ◆ spécialt Subdivision d'un réseau de distribution d'électricité. *Panne de secteur.* **5.** ÉCON. Ensemble d'activités et d'entreprises qui ont un objet commun ou entrent dans la même catégorie. *Le secteur agricole. Secteur primaire*, secondaire*, tertiaire*. Secteur privé ; secteur public, nationalisé.* **6.** Domaine ; partie. *Un secteur de la science.*

SECTION **n. f.** ▪ **I. 1.** GÉOM. Figure qui résulte de l'intersection de deux autres (⇒ **sécant**). *Section plane d'un volume* (par un plan). *Section conique* (d'un cône par un plan). **2.** Forme, surface présentée par une chose coupée selon un plan transversal. *Section circulaire d'un tube.* **3.** Dessin en coupe. **II.** DIDACT. Action de couper. *La section d'un tendon.* ◆ Aspect qu'une chose présente à l'endroit où elle est coupée. *Une section nette.* **III. 1.** Élément, partie (d'un groupe humain, d'un ensemble). *Section syndicale.* ◆ MILIT. *Section d'infanterie.* **2.** ADMIN. Partie, division administrative. ⇒ **secteur** (4). *Section de commune. Section électorale.* **3.** Partie (d'un ensemble). *Les sections d'un ouvrage.* - *Sections d'une ligne d'autobus.*

SECTIONNEMENT n. m. ▪ **1.** Division en sections (III). **2.** Fait de couper net, d'être coupé net.

SECTIONNER v. tr. 1 ▪ **1.** Diviser (un ensemble) en plusieurs sections (III). ⇒ **fractionner.** **2.** Couper net. - au p. p. *Il a eu un doigt sectionné par la machine.*

SECTORIEL, IELLE adj. ▪ Relatif à un secteur (5). *Revendications sectorielles.*

SECTORISER v. tr. 1 ▪ DIDACT. Organiser, répartir par secteurs. ▶ n. f. SECTORISATION

SÉCULAIRE adj. ▪ Qui existe depuis un siècle (⇒ **centenaire**), plusieurs siècles. *Une tradition séculaire.*

SÉCULARISER v. tr. 1 ▪ RELIG. Faire passer (qqn, qqch.) à l'état séculier ou laïque.

SÉCULIER, IÈRE adj. ▪ **1.** Qui appartient au siècle* (II), à la vie laïque (par oppos. à *ecclésiastique*). ⇒ **laïque.** *Tribunaux séculiers.* **2.** Qui vit dans le siècle, dans le monde (par oppos. à *régulier*). *Le clergé séculier.*

SECUNDO [səgɔ̃do] adv. ▪ En second lieu (s'emploie avec *primo*). ⇒ **deuxièmement, secondement.**

SÉCURISANT, ANTE adj. ▪ Qui sécurise.

SÉCURISER v. tr. 1 ▪ Apporter, donner une impression de sécurité à (qqn). ⇒ **rassurer.** - au p. p. *Enfant peu sécurisé.*

SÉCURITAIRE adj. ▪ De la sécurité publique ; qui tend à privilégier les problèmes de sécurité publique.

SÉCURITÉ n. f. ▪ **1.** État d'esprit confiant et tranquille d'une personne qui se croit, se sent à l'abri du danger. ⇒ **assurance, tranquillité ; sûr.** *Sentiment de sécurité.* **2.** Situation tranquille qui résulte de l'absence réelle de danger. *Être en sécurité.* ⇒ en **sûreté.** *La sécurité des personnes. Sécurité matérielle.* - (sur le plan collectif) *La sécurité publique* (⇒ **ordre ; paix**). *La sécurité nationale, internationale. Conseil de sécurité de l'O.N.U.* **3.** *Sécurité sociale,* (en France) mesures et organisation pour garantir les individus contre certains risques (risques sociaux). ◇ abrév. FAM. SÉCU. **4.** Absence ou faiblesse relative d'accidents. *Sécurité routière. Mesures de sécurité.* - *DE SÉCURITÉ :* (dispositif) capable d'assurer la sécurité (⇒ de **sûreté**). *Ceinture de sécurité* (pour automobilistes).

Michel **SEDAINE** (1719-1797) ▪ Auteur dramatique français, disciple de Diderot. *"Le Philosophe sans le savoir"* (1765).

SEDAN ▪ Chef-lieu d'arrondissement des Ardennes, sur la Meuse. 21 667 hab. *(les Sedanais).* Forteresse des XVe-XVIIe s. Textile, métallurgie. Défaite de Napoléon III contre les Prussiens le 2 septembre 1870, qui entraîna la chute du Second Empire. En mai 1940, offensive allemande.

SÉDATIF, IVE adj. ▪ Calmant. *Propriétés sédatives.* - n. m. Remède calmant.

SÉDENTAIRE adj. ▪ **1.** (occupations) Qui se passe, s'exerce dans un même lieu. *Une vie sédentaire.* **2.** (personnes) Qui ne quitte guère son domicile. ⇒ **casanier.** - Dont l'habitat est fixe (opposé à *itinérant, nomade*). *Une population sédentaire.*

SÉDENTARISER v. tr. 1 ▪ Rendre sédentaire (une population).

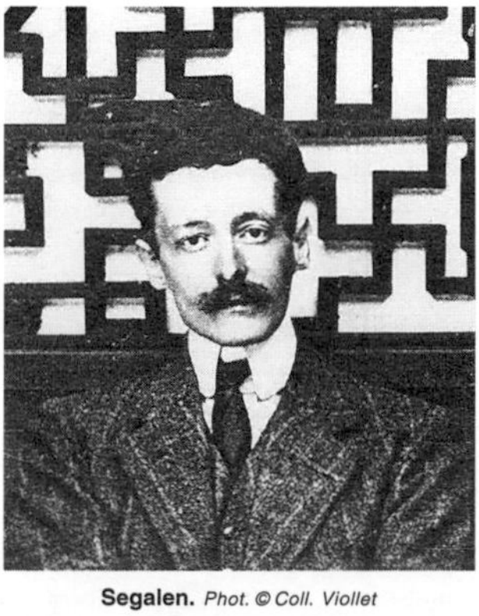

Segalen. *Phot. © Coll. Viollet*

Sedan. *Après la défaite de Sedan, Napoléon III quitte en calèche le champ de bataille,* gravure de Stuttgart. Musée Carnavalet, Paris. *Phot. © Dagli Orti*

SÉDIMENT n. m. ▪ **1.** MÉD. Dépôt de matières dans un liquide organique. *Sédiment urinaire.* **2.** surtout au plur. Dépôt naturel dû à l'action d'agents externes (vent, etc.). ⇒ **alluvion.** *Sédiments marins, glaciaires.*

SÉDIMENTAIRE adj. ▪ Produit ou constitué par un sédiment (2). *Roches sédimentaires.*

SÉDIMENTATION n. f. ▪ **1.** MÉD. Formation de sédiment (1). - *Vitesse de sédimentation* (des globules rouges du sang), examen qui permet de connaître l'importance d'une maladie infectieuse ou inflammatoire. **2.** Formation des sédiments (2).

SÉDITIEUX, EUSE adj. ▪ LITTÉR. **1.** Qui prend part à une sédition. ⇒ **factieux.** *Troupes séditieuses.* **2.** Qui tend à la sédition ou la provoque. *Écrits séditieux.*

SÉDITION n. f. ▪ LITTÉR. Révolte concertée contre l'autorité publique. ⇒ **insurrection.**

SÉDUCTEUR, TRICE n. ▪ **1.** VX Personne qui séduit (1). ⇒ **corrupteur.** **2.** Personne qui séduit, qui fait habituellement des conquêtes. *Un séducteur, une séductrice.* ⇒ **don Juan ;** FAM. **tombeur ;** femme **fatale, sirène, vamp.** - adj. *Sourire séducteur.* ⇒ **enjôleur.** ♦ n. m. VIEILLI Homme qui séduisait (2) une femme, une jeune fille.

SÉDUCTION n. f. ▪ **1.** VX Action de séduire, de corrompre. **2.** Action de séduire (2, 3 et 4), d'entraîner (⇒ **attirance, fascination**). **3.** Moyen de séduire ; charme, attrait puissant. *Une séduction irrésistible.* - *Les séductions de la nouveauté.*

SÉDUIRE v. tr. 38 ▪ **1.** VX Détourner (qqn) du droit chemin. **2.** Amener (qqn) à des relations sexuelles. *Chercher à séduire une femme, un homme.* ♦ VIEILLI Amener (une femme) à des rapports sexuels hors mariage. ⇒ **suborner.** **3.** Gagner (qqn) en persuadant ou en touchant, en employant tous les moyens de plaire. ⇒ **conquérir.** - absolt *Il aime séduire.* **4.** (choses) Attirer de façon puissante, irrésistible. ⇒ **captiver, charmer, fasciner, plaire.** *Son projet a séduit tout le monde.*

SÉDUISANT, ANTE adj. ▪ **1.** Qui séduit ou peut séduire, grâce à son charme. ⇒ **charmant.** **2.** (choses) Qui attire fortement. ⇒ **attrayant.** - *Offre séduisante.* ⇒ **tentant.**

Thomas Johann **SEEBECK** (1770-1831) ▪ Physicien allemand. Il découvrit l'effet thermoélectrique, dit *effet Seebeck* (1821).

SÉES ▪ Commune de l'Orne. 4 547 hab. *(les Sagiens).* Cathédrale gothique (XIIIe-XIVe s.).

SÉFARADE n. et adj. ▪ Juif des pays méditerranéens (hors Israël) [s'oppose à *ashkénaze*].

Georges **SÉFÉRIS** (1900-1971) ▪ Poète grec. Il tenta d'exprimer la conscience historique de la Grèce. Prix Nobel 1963.

les **SÉFÉVIDES** → les Safavides

le **SÉGALA** ▪ Région humide du Massif central, entre le Tarn et l'Aveyron.

Victor **SEGALEN** (1878-1919) ▪ Écrivain français. Ses voyages (Tahiti, Chine) et sa confrontation critique à l'exotisme nourrissent son œuvre. *"Stèles"* (1912), poèmes; *"Les Immémoriaux"* (1907) et *"René Leys"* (posth. 1921), romans.

Hercules **SEGHERS** (v. 1590 - entre 1633 et 1638) ▪ Peintre et graveur hollandais. Peintures et eaux-fortes, paysages fantastiques.

SEGMENT n. m. ▪ **1.** Portion (d'une figure géométrique). *Segment de droite.* **2.** Partie distincte (d'un organe). *Segments des membres des insectes.* **3.** Nom de diverses pièces mécaniques. *Segment de piston.*

SEGMENTATION n. f. ▪ **1.** Division en segments. ⇒ **fractionnement, fragmentation. 2.** BIOL. Ensemble des premières divisions de l'œuf fécondé.

SEGMENTER v. tr. 1 ▪ Diviser, partager en segments. - pronom. *Œuf fécondé qui se segmente* (⇒ **segmentation**).

SÉGOU ▪ Ville du Mali. 70 000 hab. Ancienne capitale du *royaume de Ségou* (XVIIe-XIXe s.).

Andrés SEGOVIA (1893 - 1987) ▪ Guitariste espagnol. Interprétation et transcription de pièces classiques pour la guitare.

SÉGOVIE en espagnol ***SEGOVIA*** ▪ Ville d'Espagne (Castilla-León). 58 063 hab. Aqueduc romain. Églises romanes. Cathédrale gothique. Alcazar.

Ségovie. L'Alcazar et la cathédrale. *Phot. © Frerck/Cosmos*

SEGRÉ ▪ Chef-lieu d'arrondissement du Maine-et-Loire. 6 434 hab. *(les Segréens).*

SÉGRÉGATION n. f. ▪ Séparation imposée, de droit ou de fait, d'un groupe social d'avec les autres. ⇒ **discrimination.** *Ségrégation raciale* (→ apartheid). *Ségrégation sociale, sexuelle.*

SÉGRÉGATIONNISTE adj. et n. ▪ Partisan de la ségrégation raciale.

le chancelier Pierre SÉGUIER (1588 - 1672) ▪ Magistrat français, ministre de Louis XIII et de Louis XIV.

Marc SEGUIN (1786 - 1875) ▪ Ingénieur français, pionnier des chemins de fer.

la comtesse de SÉGUR née *Sophie* ***ROSTOPCHINE*** (1799 - 1874) ▪ Écrivain français d'origine russe. Pour distraire et éduquer ses petits-enfants, elle écrivit une vingtaine de romans destinés à être lus ou joués. *"Les Petites Filles modèles"* (1858); *"Les Malheurs de Sophie"* (1864).

SEICHE n. f. ▪ Mollusque marin (céphalopode) à coquille interne *(os de seiche),* qui projette pour se défendre un liquide noirâtre (⇒ **encre ; sépia**).

seiche. *Sepia officinalis,* seiche commune.
Phot. © Chaumeton/Jacana

SÉIDE n. m. ▪ LITTÉR. Homme fanatiquement dévoué à un chef. ⇒ **sbire.**

Jaroslav SEIFERT (1901 - 1986) ▪ Poète tchécoslovaque. Vers d'un classicisme mélancolique et discret. Prix Nobel de littérature 1984.

SEIGLE n. m. ▪ Céréale dont les grains produisent une farine brune ; cette farine. *Pain de seigle.*

SEIGNEUR n. m. ▪ **1.** Maître, dans le système des relations féodales. *Le seigneur* (⇒ **suzerain**) et ses vassaux. *Seigneur et maître.* - prov. *À tout seigneur tout honneur,* à chacun selon son rang, son mérite, sa responsabilité. **2.** Titre honorifique donné aux grands personnages (hommes) de l'Ancien Régime. ⇒ **gentilhomme, noble.** - fig. *GRAND SEIGNEUR,* personne riche, ou noble par sa conduite. *Vivre en grand seigneur,* dans le luxe. *Faire le grand seigneur,* dépenser sans compter. ♦ Ancien terme de civilité (hommes). **3.** RELIG. *Le Seigneur :* Dieu, dans certaines religions. - *Notre-Seigneur Jésus-Christ.* - *Seigneur Dieu ! Seigneur !,* exclamations.

SEIGNEURIAL, ALE, AUX adj. ▪ **1.** Du seigneur. *Terres seigneuriales.* **2.** LITTÉR. Digne d'un seigneur. ⇒ **magnifique, noble, princier.** *Une réception seigneuriale.*

SEIGNEURIE n. f. ▪ **1.** Pouvoir, droits, terre d'un seigneur. **2.** (précédé d'un poss. : *Votre, Sa*) Titre donné autrefois à certains dignitaires.

SEIN n. m. ▪ **1.** LITTÉR. Partie antérieure de la poitrine. *Serrer, presser qqn, qqch. sur, contre son sein.* - fig. *Le sein de Dieu,* le paradis. *Le sein de l'Église,* la communion des fidèles de l'Église catholique. **2.** VX Poitrine (de la femme). - MOD. *Donner le sein à un enfant,* l'allaiter. **3.** Chacune des mamelles de la femme. ⇒ FAM. **néné, nichon, robert, téton.** *Les seins.* ⇒ **poitrine. 4.** LITTÉR. Partie du corps féminin où l'enfant est conçu, porté. ⇒ **entrailles, flanc.** *Dans le sein de sa mère.* ⇒ **ventre. 5.** LITTÉR. Partie intérieure (d'une chose). *Le sein de la terre.* - *Au sein des flots.* (abstrait) *Au sein du bonheur.* - COUR. *Au sein de :* dans, parmi. *Au sein d'un groupe.*

l'île de SEIN ▪ Île de l'Atlantique qui forme une commune *(Île-de-Sein)* dépendant du Finistère. 348 hab. *(les Sénans).*

SEINE ou **SENNE** n. f. ▪ PÊCHE Filet formant un demi-cercle.

la SEINE ▪ Fleuve français qui prend sa source au plateau de Langres, traverse Paris, Rouen, et se jette dans la Manche par un large estuaire où se trouve Le Havre. (776 km). Rôle économique essentiel. Le trafic fluvial, particulièrement intense entre le Bassin parisien et la Manche, a entraîné un fort développement industriel de la *Basse-Seine,* région entre Le Havre et Rouen (raffinage du pétrole, pétrochimie, industries mécaniques).

les Hauts-de-SEINE → **Hauts-de-Seine**

la SEINE-ET-MARNE [77] ▪ Département français de la région Île-de-France. 5 916 km^2. 1 078 166 hab. Chef-lieu : Melun. Chefs-lieux d'arrondissement : Meaux, Provins, Fontainebleau.

la SEINE-MARITIME [76] ▪ Département français de la région Haute-Normandie. 6 342 km^2. 1 223 429 hab. Chef-lieu : Rouen. Chefs-lieux d'arrondissement : Dieppe, Le Havre.

la SEINE-SAINT-DENIS [93] ▪ Département français de la région Île-de-France, créé en 1964. 235 km^2. 1 981 197 hab. Chef-lieu : Bobigny. Chef-lieu d'arrondissement : Le Raincy.

SEING [sɛ̃] n. m. ▪ VX Signature. - loc. DR. *SEING PRIVÉ :* signature d'un acte non enregistré devant notaire. *Acte sous seing privé.*

Ignaz SEIPEL (1876 - 1932) ▪ Prélat et homme politique autrichien. Chancelier (chrétien-social) de 1922 à 1924 et de 1926 à 1929, il redressa l'économie et créa le schilling.

SEI SHŌNAGON (fin Xe s.) ▪ Poétesse japonaise. *"Notes de chevet".*

SÉISME n. m. ▪ DIDACT. Tremblement* de terre.

SEIZE adj. numéral invar. ▪ cardinal Dix plus six (16). *Elle a seize ans.* ♦ ordinal *La page seize.* - n. m. invar. *Le seize du mois. Il habite au seize,* au numéro 16.

SEIZIÈME ▪ **1.** adj. numéral ordinal Dont le numéro, le rang est seize (16e). *Le seizième siècle (XVIe).* - n. *Le, la seizième.* **2.** n. m. Fraction d'un tout divisé également en seize. ▶ adv. **SEIZIÈMEMENT**

SÉJOUR n. m. ▪ **1.** Fait de séjourner, de demeurer un certain temps en un lieu. ⇒ **résidence.** *Séjour forcé.* - *Carte* de* *séjour.* **2.** Temps où l'on séjourne. *Un bref séjour à la campagne.* **3.** *SALLE DE SÉJOUR* ou *SÉJOUR :* pièce principale où l'on vit, où l'on reçoit. ⇒ anglic. **living-room.** **4.** LITTÉR. Lieu où l'on séjourne pendant un certain temps. *Un séjour enchanteur.*

SÉJOURNER v. tr. [1] ▪ **1.** Habiter (dans un lieu) sans y être fixé. *Nous avons séjourné à l'hôtel.* **2.** (choses) Rester longtemps à la même place. *Une cave où l'eau séjourne.*

SEL n. m. ▪ **1.** Substance (chlorure de sodium) blanche, friable, soluble dans l'eau, d'un goût piquant, et qui sert à l'assaisonnement et à la conservation des aliments. *Sel gemme. Sel marin. Sel de cuisine* ou *gros sel. Sel de table* ou *sel fin.* – allus. « *Vous êtes le sel de la Terre* » (Bible), l'élément actif. ♦ par analogie *Sel de céleri* (assaisonnement). **2.** fig. Ce qui donne du piquant, de l'intérêt. *Une plaisanterie pleine de sel.* ⇒ **esprit.** **3.** HIST. DES SC. Solide ressemblant au sel (obtenu par évaporation). ♦ MOD. *Sels médicinaux. Sels de bain.* – *Sels anglais* ou absolt *sels,* que l'on faisait respirer aux personnes évanouies. **4.** CHIM. Composé résultant de l'action d'un acide sur une base.

les SELDJOUKIDES ou **SALJUQIDES** ▪ Dynastie turque sunnite (Xe-XIIIe s.). Ils conquirent Bagdad, fondèrent un empire en Asie Mineure et vainquirent les Byzantins (à Manzikert, 1071).

SÉLECT, ECTE [-ɛkt] adj. ▪ FAM. VIEILLI Choisi, distingué. ⇒ **chic, élégant.**

SÉLECTEUR n. m. ▪ **1.** Appareil ou dispositif permettant une sélection. *Sélecteur de programmes.* **2.** Pédale de changement de vitesse d'une motocyclette.

SÉLECTIF, IVE adj. ▪ **1.** Qui constitue ou opère une sélection. *Épreuve sélective.* **2.** TECHN. (poste récepteur) Doué de sélectivité.

SÉLECTION n. f. ▪ **1.** Action de choisir les objets, les individus qui conviennent le mieux. *Faire, opérer une sélection. Critères de sélection.* ♦ Choix (sur un appareil, etc.). *La sélection d'une station de radio. Sélection de données* (informatiques). **2.** Choix d'animaux reproducteurs. **3.** BIOL. *Sélection naturelle,* théorie de Darwin sur l'évolution, selon laquelle l'élimination naturelle des individus les moins aptes dans la « lutte pour la vie » permet à l'espèce de se perfectionner de génération en génération. **4.** Ensemble des choses, des personnes choisies. ⇒ **choix.** *Une sélection de films.*

SÉLECTIONNER v. tr. [1] ▪ Choisir par une sélection. – au p. p. *Les athlètes sélectionnés* (après une épreuve). – *Graines sélectionnées.*

SÉLECTIONNEUR, EUSE n. ▪ Personne dont le métier est de sélectionner.

SÉLECTIVITÉ n. f. ▪ TECHN. Qualité d'un récepteur de radio qui opère une bonne séparation des ondes de fréquences voisines.

SÉLÉNIUM [-jɔm] n. m. ▪ Corps simple (symb. Se), utilisé dans la fabrication de cellules photoélectriques.

SÉLESTAT ▪ Commune du Bas-Rhin. 15 538 hab. *(les Sélestadiens).* Église (XIIe s.). Célèbre école d'humanistes germaniques aux XVe et XVIe s.

les SÉLEUCIDES ▪ Dynastie hellénistique qui régna sur un empire allant de l'Indus à la Méditerranée (305-64 av. J.-C.). ► **SÉLEUCOS Ier NICATOR** (v. 358 - 280 av. J.-C.), fondateur de la dynastie. Il reçut la Babylonie au partage de l'empire d'Alexandre le Grand et se fit proclamer roi en 305 av. J.-C. Fondation de grandes villes : Antioche, Séleucie.

SELF n. m. ⇒ SELF-SERVICE

SELF-MADE-MAN [sɛlfmɛdman] n. m. ▪ anglic. Homme qui ne doit sa réussite matérielle et sociale qu'à lui-même. *Des self-made-mans* ou *des self-made-men.* ◇ **fém.** (moins cour.) SELF-MADE-WOMAN.

SELF-SERVICE n. m. ▪ anglic. Magasin, restaurant où l'on se sert soi-même. ⇒ **libre-service.** ◇ abrév. FAM. SELF.

SÉLIM Ier (1467 - 1520) ▪ Sultan ottoman de 1512 à sa mort. Il conquit la Palestine, la Syrie et l'Égypte.

SÉLINONTE ▪ Site archéologique grec sur la côte sud-ouest de la Sicile. Temple d'Apollon (VIe s. av. J.-C.).

Sélinonte. Le temple d'Apollon. *Phot. © Dagli Orti*

① **SELLE** n. f. ▪ **1.** Pièce de cuir incurvée, placée sur le dos du cheval et qui sert de siège au cavalier. *Cheval de selle,* qui sert de monture. – *Monter, se mettre EN SELLE,* à cheval. – fig. *Mettre qqn en selle,* l'aider dans ses débuts. **2.** Petit siège de cuir adapté à un cycle, un tracteur. **3.** Partie de la croupe (du mouton, etc.) entre le gigot et la première côte.

② **SELLE** n. f. ▪ **1.** VX Chaise percée. – MOD. *ALLER À LA SELLE :* expulser les matières fécales. ⇒ **déféquer.** **2.** *Les selles,* les matières fécales.

SELLER v. tr. [1] ▪ Munir (un cheval) d'une selle.

SELLERIE n. f. ▪ **1.** Ensemble de selles, de harnais ; lieu où l'on range ces harnachements. **2.** Métier, commerce du sellier.

SELLES-SUR-CHER ▪ Commune du Loir-et-Cher. 4 751 hab. *(les Sellois).* Église en partie romane. Château.

SELLETTE n. f. ▪ VX Petit siège sur lequel on faisait asseoir les accusés. – MOD. loc. *Être SUR LA SELLETTE :* être la personne dont on parle, que l'on juge.

SELLIER n. m. ▪ Fabricant, marchand de selles, de harnais. ⇒ **bourrelier.**

SELON prép. ▪ **1.** En se conformant à. ⇒ **conformément** à, **suivant.** *Faire qqch. selon les règles.* – En suivant (telle loi...). *La Terre tourne autour du Soleil selon une orbite elliptique.* – En proportion de. *À chacun selon ses mérites.* **2.** Si l'on se rapporte à. *Selon l'expression consacrée.* – D'après. *Selon moi... Évangile selon saint Jean.* – Si l'on juge d'après (tel critère...). *Selon toute vraisemblance.* **3.** (marquant l'alternative) *Selon les cas. Selon l'humeur.* – *SELON QUE* (+ indic.). *Selon que vous serez riche ou pauvre...* **4.** *C'EST SELON :* cela dépend des circonstances.

Sélim Ier. *Le Couronnement du sultan Sélim Ier,* miniature extraite d'un manuscrit du *Hunernâme,* art ottoman, XVIe s. Bibliothèque Topkapi, Istanbul. *Phot. © Giraudon*

SEM ▪ Fils de Noé, dans la Bible. Ancêtre supposé des peuples sémitiques.

SEMAILLES n. f. pl. ▪ Action de semer (⇒ **semis**) ; période où l'on sème. ‑ Grain que l'on sème.

SEMAINE n. f. ▪ **1.** Chacun des cycles de sept jours (lundi, mardi, mercredi, jeudi, vendredi, samedi, dimanche) dont la succession partage conventionnellement le temps en périodes égales qui règlent le déroulement de la vie sociale. *En début, en fin de semaine. À la semaine prochaine ! Une fois par semaine* (⇒ **hebdomadaire**). ‑ *Fin de semaine.* ⇒ **week-end. 2.** Cette période, du point de vue des activités professionnelles. *La semaine de 39 heures. Semaine anglaise,* où le samedi est jour de repos (outre le dimanche). ‑ L'ensemble des jours ouvrables. *Un jour de semaine.* **3.** Période de sept jours (quel que soit le jour initial). *Dans une semaine.* ‑ *Chambre louée à la semaine.* loc. FAM. *À LA PETITE SEMAINE :* à court terme, sans idée directrice (→ au jour le jour). ‑ *Être DE SEMAINE,* assurer son service à son tour, pendant une semaine. **4.** Salaire d'une semaine de travail. *Toucher sa semaine.*

SEMAINIER n. m. ▪ **1.** Agenda divisé selon les jours de la semaine. **2.** Petit meuble à sept tiroirs.

SÉMANTIQUE ▪ DIDACT. **1.** n. f. Étude du sens, de la signification des signes, notamment dans le langage. ⇒ **sémiologie. 2.** adj. Qui concerne le sens, la signification. *Analyse sémantique.* ► adv. SÉMANTIQUEMENT

SÉMAPHORE n. m. ▪ **1.** Poste établi sur le littoral, permettant de communiquer par signaux optiques avec les navires. **2.** Dispositif qui indique si une voie de chemin de fer est libre ou non.

SEMARANG ▪ Ville et port d'Indonésie (Java). 1 003 575 hab.

SEMBLABLE adj. ▪ **1.** Qui ressemble (à). ⇒ **analogue, comparable, similaire.** *Une maison semblable à beaucoup d'autres.* ‑ Qui ressemble à la chose en question. ⇒ **même, pareil.** *En semblable occasion.* **2.** au plur. Qui se ressemblent entre eux. ⇒ **ressemblance, similitude.** *Des goûts semblables. Triangles semblables,* dont les angles sont égaux deux à deux. **3.** LITTÉR. (souvent avant le nom) De cette nature. ⇒ **tel.** *De semblables propos sont inadmissibles.* **4.** n. Être, personne semblable. *Vous et vos semblables.* ‑ Être humain (considéré comme semblable aux autres). ⇒ **prochain.** *Aimer ses semblables.*

SEMBLANT n. m. ▪ **1.** VX Apparence. ‑ MOD., LITTÉR. *FAUX-SEMBLANT.* ⇒ **faux-semblant.** ‑ *Un semblant de,* quelque chose qui n'a que l'apparence de. ⇒ **simulacre.** *Manifester un semblant d'intérêt.* **2.** loc. *FAIRE SEMBLANT DE :* se donner l'apparence de, faire comme si. ⇒ **feindre, simuler.** *Elle fait semblant de dormir.* ‑ *Ne faire semblant de rien,* feindre l'ignorance ou l'indifférence.

SEMBLER v. intr. 1 ▪ **1.** (+ attribut) Avoir l'air, présenter (telle apparence) pour qqn. ⇒ **paraître.** *Les heures m'ont semblé longues. Elle semble fatiguée.* ‑ (+ inf.) *Vous semblez le regretter.* **2.** impers. (+ attribut) *Il (me) semble inutile de revenir là-dessus.* ‑ *SEMBLER BON :* convenir, plaire. *Il travaille quand (comme, si) bon lui semble.* ♦ *IL SEMBLE QUE :* les apparences donnent à penser que. *Il semble qu'il n'y a plus rien à faire* (c'est certain) ; *qu'il n'y ait plus rien à faire* (ce n'est pas certain). ♦ *Il me semble que c'est assez grave.* ‑ (+ inf.) *Il me semble connaître ce garçon.* ♦ LITTÉR. *Que vous semble de... ?,* que pensez-vous de... ? *Que vous en semble ?*

SÈME n. m. ▪ LING. Unité minimale différentielle de signification (dans l'analyse du sens d'un mot).

SEMEÏ, jusqu'en 1994 ***SEMIPALATINSK*** ▪ Ville du Kazakhstan, sur l'Irtych. 339 000 hab. Centre industriel.

SÉMÉLÉ ▪ Déesse de la mythologie grecque. Aimée de Zeus, elle conçoit Dionysos.

SEMELLE n. f. ▪ **1.** Pièce constituant la partie inférieure de la chaussure. *Semelle de cuir, de caoutchouc.* ‑ Pièce découpée (de feutre, etc.) qu'on met à l'intérieur d'une chaussure. ‑ Partie (d'un bas, d'une chaussette) correspondant à la plante du pied. **2.** loc. *NE PAS QUITTER qqn D'UNE SEMELLE :* rester constamment avec lui. **3.** Partie plane du dessous d'un ski. **4.** Pièce plate servant d'appui. *Semelle d'un fer à repasser.*

SEMENCE n. f. ▪ **1.** Graines qu'on sème ou qu'on enfouit. **2.** Liquide séminal. ⇒ **sperme. 3.** Clou court à tête plate.

SEMER v. tr. 5 ▪ **1.** Répandre en surface ou mettre en terre (des semences). *Semer du blé.* ‑ prov. *Qui sème le vent récolte la tempête,* en prêchant la violence on risque de déchaîner des catastrophes. ‑ loc. *Récolter ce qu'on a semé,* avoir les résultats (mauvais) qu'on mérite. **2.** Répandre en dispersant. ⇒ **disséminer.** *Semer des pétales de fleurs sur le passage de qqn.* **3.** fig. *Semer la discorde, la ruine, la zizanie.* **4.** LITTÉR. *Semer* (un lieu) *de :* parsemer de. ‑ au p. p. *Une mer semée d'écueils.* **5.** FAM. Se débarrasser de la compagnie de (qqn qu'on devance). *Semer ses poursuivants.*

SEMESTRE n. m. ▪ **1.** Première ou seconde moitié d'une année (civile ou scolaire) ; période de six mois consécutifs. **2.** Rente, pension qui se paye tous les six mois.

SEMESTRIEL, IELLE adj. ▪ Qui a lieu, se fait chaque semestre.

SEMEUR, EUSE n. ▪ **1.** Personne qui sème (du grain). **2.** *Semeur, semeuse de...,* personne qui répand, propage. *Un semeur de discorde.*

SEMI- [s(ə)mi] Élément de mots composés (du latin *semi-* « à demi »), qui signifie « demi ». ⇒ **demi-, hémi-.**

SEMI-AUTOMATIQUE adj. ▪ Qui est en partie automatique.

SEMI-CIRCULAIRE adj. ▪ En forme de demi-cercle. ‑ ANAT. *Canaux semi-circulaires,* tubes osseux de l'oreille interne, jouant un rôle important dans l'équilibre.

SEMI-CONDUCTEUR, TRICE n. m. ▪ Corps non métallique qui conduit imparfaitement l'électricité. *Applications techniques des semi-conducteurs.* ‑ adj. *Propriétés semi-conductrices.*

SEMI-CONSERVE n. f. ▪ TECHN. Conserve partiellement stérilisée, qui doit être gardée au frais.

SEMI-CONSONNE n. f. ▪ Voyelle ou groupe vocalique qui a une fonction de consonne (ex. [j] dans *pied*). *Des semi-consonnes.* ◇ syn. SEMI-VOYELLE.

SEMI-FINI, IE adj. ▪ (produit) Qui a subi une transformation (opposé à *matière première*), mais doit en subir d'autres avant d'être commercialisé (opposé à *produit fini*).

SÉMILLANT, ANTE adj. ▪ LITTÉR. D'une vivacité, d'un entrain plaisants. ⇒ **fringant.** *Une sémillante jeune personne.*

SÉMINAIRE n. m. ▪ **1.** Établissement religieux où étudient les jeunes clercs qui doivent recevoir les ordres (dit aussi *grand séminaire*). ‑ *Petit séminaire,* qui préparait au grand séminaire. **2.** Groupe de travail d'étudiants, sous la direction d'un enseignant. ♦ Réunion d'un petit nombre de personnes pour l'étude de certaines questions. ⇒ **colloque.** *Séminaire de vente.*

SÉMINAL, ALE, AUX adj. ▪ Relatif au sperme (→ semence (2)). *Liquide séminal :* sperme. *Vésicules séminales.*

SÉMINARISTE n. m. ▪ Élève d'un séminaire religieux.

SÉMIO- Élément savant, du grec *sêmeion* « signal », qui signifie « signe, signification, sens ; symptôme ».

SÉMIOLOGIE n. f. ▪ DIDACT. **1.** Discipline médicale qui étudie les signes (symptômes) des maladies. ⇒ **symptomatologie. 2.** Science qui étudie les systèmes de signes (langage et autres systèmes). ⇒ **sémiotique.** ► adj. SÉMIOLOGIQUE

SÉMIOTIQUE ▪ DIDACT. **1.** n. f. Théorie générale des systèmes de signes. ⇒ **sémiologie** (2). *Sémiotique générale. Sémiotique animale* (zoosémiotique). **2.** adj. De la sémiotique.

SÉMIRAMIS ▪ Reine et fondatrice légendaire de Babylone. Elle aurait fait construire les fameux jardins suspendus, terrasses superposées arrosées par les eaux de l'Euphrate, l'une des Sept Merveilles du monde.

SEMI-REMORQUE ▪ **1.** n. f. Remorque de camion qui s'adapte au dispositif de traction. **2.** n. m. Camion à semi-remorque.

SEMIS n. m. ▪ **1.** Action, manière de semer. ⇒ **semailles. 2.** Terrain ensemencé et plantes qui y poussent. **3.** Ornement fait d'un petit motif répété.

SÉMITE n. ▪ **1.** Personne appartenant à un groupe ethnique originaire d'Asie occidentale (de langues apparentées → sémitique). **2.** abusivt Juif.

SÉMITIQUE adj. ▪ Qui appartient à un groupe de langues possédant des racines de trois lettres autour desquelles s'organisent leurs vocabulaires (notamment l'hébreu, l'arabe).

SEMI-VOYELLE n. f. ⇒ SEMI-CONSONNE

SEMMERING ▪ Col des Alpes autrichiennes (992 m) qui unit les vallées de la Leitha et de la Mürz et marque la frontière entre la Basse-Autriche et la Styrie.

SEMOIR n. m. ▪ Machine agricole, dispositif qui sert à semer le grain.

la **SEMOIS** ou **SEMOY** ▪ Rivière de Belgique et de France, affluent de la Meuse. 198 km.

SEMONCE n. f. ▪ **1.** Ordre donné à un navire de montrer ses couleurs, de s'arrêter. – *COUP DE SEMONCE* : coup de canon appuyant cet ordre ; fig. avertissement brutal, acte d'intimidation. **2.** Avertissement sous forme de reproches. ⇒ **réprimande.**

SEMOULE n. f. ▪ Farine granulée (notamment de blé dur). *Gâteau de semoule.* – appos. *Sucre semoule* : sucre en poudre.

SEMPACH ▪ Ville de Suisse où les confédérés remportèrent une victoire sur les Habsbourgs en 1386. 3 086 hab.

SEMPITERNEL, ELLE [sɑ̃- ; sɛ̃-] adj. ▪ Continuel et lassant. ⇒ **perpétuel.** *Des récriminations sempiternelles.* ▸ adv. SEMPITERNELLEMENT

SEMUR-EN-AUXOIS ▪ Commune de la Côte-d'Or. 4 545 hab. *(les Semurois).* Église (XIIIe s.). Vestiges de remparts. Maisons anciennes.

Jean **SÉNAC** (1926 - 1973) ▪ Poète algérien d'expression française. *"Matinale de mon peuple"* (1961).

Étienne Pivert de **SENANCOUR** (1770 - 1846) ▪ Écrivain français. Célèbre pour son roman autobiographique *"Oberman"* (1804).

l'abbaye de **SÉNANQUE** ▪ Abbaye cistercienne du Vaucluse (commune de Gordes). Remarquable illustration de l'art cistercien, l'abbaye primitive (fondée en 1148) est presque entièrement conservée en l'état.

SÉNAT n. m. ▪ **1.** HIST. Conseil souverain de la Rome antique. ⇒ ① **curie.** *Décret du sénat.* ⇒ **sénatus-consulte.** ♦ Conseil, assemblée politique (d'une république). *Le sénat d'Athènes.* **2.** HIST. Sous le Consulat, le Premier et le Second Empire, Assemblée dont le rôle était celui d'un conseil constitutionnel. **3.** MOD. Assemblée législative élue au suffrage indirect ou dont les membres représentent des collectivités territoriales. *Le Sénat et l'Assemblée nationale. Le Sénat des États-Unis.*

SÉNATEUR n. m. ▪ Membre d'un sénat.

SÉNATORIAL, ALE, AUX adj. ▪ Relatif à un sénat, aux sénateurs.

SÉNATUS-CONSULTE [-tys-] n. m. ▪ HIST. Décret, décision du sénat romain. – (en France ; Consulat, Empire) Acte émanant du sénat. *Des sénatus-consultes.*

SENDAI ▪ Ville du Japon (Honshū). 909 986 hab.

SÉNÉCHAL, AUX n. m. ▪ HIST. Officier du roi.

Senghor.
Phot. © Claude Francolon/Gamma

SÉNEÇON n. m. ▪ Plante dont il existe de nombreuses variétés, herbacées ou arborescentes.

Aloys **SENEFELDER** (1771 - 1834) ▪ Ingénieur allemand. Inventeur de la lithographie.

le **SÉNÉGAL** ▪ État (république) d'Afrique occidentale, bordé par l'Atlantique, situé au sud du fleuve Sénégal. 196 200 km². 7 330 000 hab. *(les Sénégalais).* Capitale : Dakar. Langues : français (officielle), ouolof, sérère, peul, mandingue, dioula, soninké. Monnaie : franc C.F.A. Pays plat au climat tropical. Économie agricole dont la ressource principale est l'arachide. Industrie peu développée malgré la présence de phosphates. Tourisme. ▫ HISTOIRE Ancien royaume toucouleur, islamisé par les Almoravides (XIe s.), puis dominé par le Mali (XIVe s.), le pays fut colonisé par les Français à partir du XVIIe s., et surtout dans la deuxième moitié du XIXe s. par Faidherbe ; intégré à l'A.-O.F. en 1902. En 1960, il obtint son indépendance et L. S. Senghor fut élu président de la République. Son Premier ministre, Abdou Diouf, lui succéda en 1980. Le multipartisme fut instauré l'année suivante. En 1989, les relations diplomatiques avec la Mauritanie furent suspendues à la suite de violences entre les deux populations. Depuis 1992, le gouvernement doit faire face à la guérilla du mouvement indépendantiste de Casamance.

Sénégal.

SÉNÉGALAIS, AISE adj. et n. ▪ Du Sénégal. – *Les Sénégalais.*

la **SÉNÉGAMBIE** ▪ Région d'Afrique de l'Ouest englobant le Sénégal et la Gambie ; les deux États y créèrent une confédération en 1981, dissoute en 1989.

SÉNÈQUE (4 av. J.-C. - 65) ▪ Philosophe, écrivain et homme politique romain, précepteur de Néron, qui le contraignit au suicide. Son œuvre de moraliste a beaucoup influencé le stoïcisme chrétien. Tragédies (*"Médée"*), œuvres philosophiques (*"Lettres à Lucilius"*).

SÉNESCENCE n. f. ▪ DIDACT. Processus de ralentissement de l'activité vitale chez les individus âgés. ⇒ **vieillissement ; sénilité.**

SÉNESTRE ou **SENESTRE** [senɛstʀ] adj. ▪ VX Gauche. – n. f. La main gauche (opposé à *dextre*).

SÉNEVÉ n. m. ▪ Moutarde sauvage ; graine de cette plante.

Léopold Sédar **SENGHOR** (né en 1906) ▪ Homme d'État sénégalais et poète de langue française. Il a exalté avec lyrisme la grandeur de la négritude. *"Chants d'ombre"* (1945). Président de la République du Sénégal de 1960 à 1980.

SÉNILE adj. ▪ De vieillard ; propre à la vieillesse. *Tremblement sénile.*

SÉNILITÉ n. f. ▪ État pathologique caractéristique de la vieillesse avancée (→ sénescence). *Sénilité précoce.*

SENIOR n. ▪ anglic. Sportif de la catégorie adulte (plus âgé que les juniors, plus jeune que les vétérans). – adj. *Joueurs seniors.* ♦ adj. et n. américanisme Vieux, aîné.

SENLIS ▪ Chef-lieu d'arrondissement de l'Oise. 14 439 hab. *(les Senlisiens).* Vestiges de l'enceinte gallo-romaine. Cathédrale gothique.

SENNE n. f. ⇒ SEINE

Mack **SENNETT** (1880-1960) ▪ Cinéaste américain. Pionnier de son art, maître du film comique muet. Créateur des *Keystone Cops ("Flics de la Keystone").*

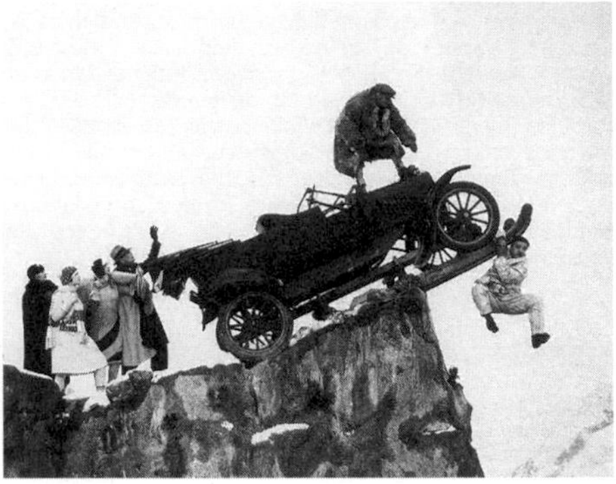

Mack **Sennett.** *On the edge,* 1930. *Phot. © Coll. Christophe L.*

① **SENS** [sɑ̃s] n. m. ▪ **I. 1.** Faculté d'éprouver les impressions que font les objets matériels (⇒ **sensation**), correspondant à un organe récepteur spécifique (⇒ **sentir** (I, 1)). *Les cinq sens traditionnels* (vue, ouïe, odorat, goût, toucher). – *Le sixième sens,* l'intuition. – loc. *TOMBER SOUS LE SENS :* aller de soi, être évident. **2.** au plur. LITTÉR. *LES SENS* (chez l'être humain) : instinct sexuel, besoin de le satisfaire (⇒ **sensualité**). *Les plaisirs des sens.* **3.** *LE SENS DE... :* faculté de connaître d'une manière immédiate et intuitive (⇒ **instinct**). *Avoir le sens du rythme, le sens de l'humour. Avoir le sens pratique.* – *Le sens moral,* la conscience morale. **II. 1.** *BON SENS :* capacité de bien juger, sans passion. ⇒ **raison, sagesse.** *Avoir du bon sens.* ⇒ **sensé. 2.** *SENS COMMUN :* manière de juger commune et raisonnable (qui équivaut au bon sens). **3.** (dans des loc.) Manière de juger (d'une personne). ⇒ **opinion, sentiment.** *À mon sens,* à mon avis. – Manière de voir. *En un sens,* d'un certain point de vue. **III. 1.** Idée ou ensemble intelligible d'idées que représente un signe* ou un ensemble de signes. ⇒ **signification.** *Le sens d'un texte ; d'un sourire. Le sens d'un mythe.* **2.** Idée générale (concept) à laquelle correspond un mot, une expression (objet, sentiment, relation, etc.). ⇒ **acception, valeur.** *Ce mot a plusieurs sens* (⇒ **polysémie**). *Sens propre, figuré. Étude du sens.* ⇒ **sémantique. 3.** Idée intelligible servant d'explication, de justification. *Ce qui donne un sens à la vie.*

② **SENS** [sɑ̃s] n. m. ▪ **1.** Direction ; position dans l'espace (plan, volume). *Dans le sens de la longueur. Retourner un objet dans tous les sens.* ♦ loc. adv. *SENS DESSUS DESSOUS :* (choses) dans une position telle que ce qui devrait être dessus se trouve dessous ; dans un grand désordre ; fig. (personnes) dans un grand trouble. – *Il a mis son pull SENS DEVANT DERRIÈRE.* **2.** Ordre dans lequel un mobile parcourt une série de points ; mouvement orienté. *Refaire un chemin en sens inverse. Sens unique. Sens d'une rotation : sens des aiguilles d'une montre* (à droite), *sens trigonométrique* (à gauche). **3.** abstrait Direction que prend une activité. *Nous devons travailler dans le même sens.* – Direction générale (irréversible). *Le sens de l'histoire.*

SENS ▪ Chef-lieu d'arrondissement de l'Yonne. 27 082 hab. *(les Sénonais).* Cathédrale gothique (XIIe-XVIe s.). Églises et maisons anciennes.

SENSATION n. f. ▪ **1.** Impression perçue directement par les organes des sens (⇒ ① **sens**). *Sensations auditives, olfactives... Éprouver une sensation de faim. Le "Traité des sensations"* (de Condillac). **2.** État psychologique qui résulte d'impressions reçues (distinct du sentiment par son caractère immédiat et simple). *Une sensation agréable. Une sensation de dégoût. Avoir la sensation que... Aimer les sensations fortes.* ⇒ **émotion. 3.** (dans des loc.) Forte impression produite sur plusieurs personnes. *FAIRE SENSATION. Son intervention a fait sensation.* – *À SENSATION* loc. adj. : qui fait ou est destiné à faire sensation. *La presse à sensation.*

SENSATIONNEL, ELLE adj. ▪ **1.** Qui fait sensation. *Un événement sensationnel.* – n. m. *Journaliste à l'affût du sensationnel.* **2.** FAM. Remarquable, exceptionnel. ⇒ **formidable.** *Un acteur sensationnel.*

SENSÉ, ÉE adj. ▪ Qui a du bon sens. ⇒ **raisonnable, sage.** – (choses) Conforme à la raison. ⇒ **judicieux.** *Des observations sensées.*

SENSIBILISATION n. f. ▪ **1.** Action de sensibiliser (une émulsion photographique). **2.** Modification de l'organisme, qui le rend sensible à une agression. ⇒ **allergie. 3.** Action de sensibiliser (qqn, l'opinion).

SENSIBILISER v. tr. [1] ▪ **1.** Rendre sensible à l'action de la lumière (une émulsion photographique). **2.** Provoquer la sensibilisation (2) de. **3.** Rendre (qqn ; un groupe) sensible à. – au p. p. *L'opinion n'est pas encore sensibilisée à ce problème.*

SENSIBILITÉ n. f. ▪ **1.** Propriété (d'un être vivant, d'un organe) de réagir d'une façon adéquate aux modifications du milieu. ⇒ **excitabilité.** *La sensibilité de la rétine.* **2.** Propriété de l'être humain sensible (traditionnellement distinguée de l'intelligence et de la volonté). ⇒ **affectivité, cœur.** *Une vive sensibilité. Un artiste qui manque de sensibilité.* – *Un ouvrage plein de sensibilité* (⇒ **senti**). **3.** Propriété d'un objet sensible (I, 3).

SENSIBLE adj. ▪ **I.** (sens actif) **1.** Capable de sensation et de perception. *Les êtres sensibles.* – *Une ouïe sensible* (⇒ **fin**). – *Être sensible au froid.* ♦ (choses) Que le moindre contact rend douloureux. *Endroit sensible. Il a les pieds sensibles.* – (personnes) *Il est sensible du foie* (fragile). **2.** Capable de sentiment, apte à ressentir profondément les impressions. *C'est un enfant très sensible.* ⇒ **émotif, impressionnable ; hypersensible.** – *SENSIBLE À... :* qui ressent vivement. *Je suis sensible à vos attentions.* **3.** (objets) Qui réagit au contact, à de faibles variations. *Balance sensible.* – *Pellicule photographique sensible.* **II.** (sens passif) **1.** Qui peut être perçu par les sens. ⇒ **tangible.** *La réalité sensible.* **2.** Assez important pour être perçu. ⇒ **appréciable, notable.** *Une amélioration sensible.* **3.** anglic. Que l'on doit traiter avec des précautions particulières. ⇒ **délicat.** *Un dossier sensible.*

SENSIBLEMENT adv. ▪ **1.** Autant que les sens ou l'intuition puissent en juger. *Ils sont sensiblement de la même taille.* **2.** D'une manière appréciable. ⇒ **notablement.**

SENSIBLERIE n. f. ▪ Sensibilité (2) exagérée et déplacée ; compassion un peu ridicule.

SENSITIF, IVE adj. ▪ **1.** adj. Qui transmet les sensations. *Nerfs sensitifs.* **2.** LITTÉR. Qui est particulièrement sensible, qu'un rien peut blesser. ⇒ **hypersensible.** – n. *Un sensitif, une sensitive.*

SENSITIVE n. f. ▪ Mimosa dont les feuilles se rétractent au contact.

SENSORIEL, ELLE adj. ▪ Qui concerne les sensations, les organes des sens.

SENSUALISME n. m. ▪ PHILOS. Doctrine d'après laquelle toutes les connaissances viennent des sensations (et non de la raison).

SENSUALISTE adj. ▪ PHILOS. Du sensualisme.

SENSUALITÉ n. f. ▪ **1.** Tempérament d'une personne sensuelle (2), attirance pour les plaisirs des sens. – spécialt (Dans l'amour physique) *L'éveil de la sensualité.* **2.** Caractère sensuel (de qqch.). *Une danse pleine de sensualité.* ⇒ **érotisme.**

SENSUEL, ELLE adj. ▪ **1.** Propre aux sens, émanant des sens. ⇒ **charnel.** *Plaisir sensuel.* **2.** (personnes) Porté à rechercher et à goûter tout ce qui flatte les sens (en amour). **3.** Qui annonce ou évoque un tempérament voluptueux. *Une bouche sensuelle.* ► adv. SENSUELLEMENT

SENT-BON [sɑ̃bɔ̃] n. m. invar. ▪ FAM. (lang. enfantin) Parfum ; eau de toilette.

SENTE n. f. ▪ RÉGIONAL OU LITTÉR. Petit chemin, sentier.

SENTENCE n. f. ▪ **1.** Décision d'un juge, d'un arbitre. ⇒ **arrêt, jugement, verdict.** *Prononcer, faire exécuter une sentence.* **2.** LITTÉR. Maxime.

SENTENCIEUSEMENT adv. ▪ D'une manière sentencieuse.

SENTENCIEUX, EUSE adj. ▪ Qui s'exprime comme par sentences (2), avec quelque chose de solennel et d'affecté. *Un ton sentencieux et moralisateur.*

SENTEUR n. f. ▪ LITTÉR. Odeur (surtout, agréable). *Les senteurs d'un soir d'été.* ‑ *Pois* de senteur.*

SENTI, IE adj. ▪ LITTÉR. Empreint de sincérité, de sensibilité. *Une description sentie.* ‑ *BIEN SENTI :* exprimé avec conviction et justesse. *Un discours bien senti.*

SENTIER [-tje] n. m. ▪ Chemin étroit (dans la campagne...) pour les piétons et les bêtes. ♦ loc. fig. *Les SENTIERS BATTUS :* les usages communs. *Suivre les sentiers battus. Sortir des sentiers battus.* ‑ *Être sur le sentier de la guerre :* se préparer au combat, à l'affrontement.

SENTIMENT n. m. ▪ **I. 1.** Conscience plus ou moins claire, connaissance comportant des éléments affectifs et intuitifs. ⇒ **impression.** *Avoir, éprouver un sentiment de solitude.* **2.** LITTÉR. Capacité d'apprécier (un ordre de choses ou de valeurs). ⇒ ① **sens** (I, 3). *Le sentiment de la beauté.* **3.** LITTÉR. Avis, opinion. *J'ai le sentiment que...* **II. 1.** État affectif complexe, assez stable et durable. ⇒ **émotion, passion.** *Éprouver un sentiment vague, indéfinissable. Manifester ses sentiments.* ‑ Amour. *Un sentiment partagé.* ♦ *Les (bons) sentiments,* les sentiments généreux, les inclinations altruistes. ‑ (dans les formules de politesse) *Recevez l'assurance de mes sentiments distingués.* **2.** *Le sentiment :* la vie affective, la sensibilité. ‑ FAM. Démonstrations sentimentales. *Faire du sentiment. Avoir qqn AU SENTIMENT :* réussir à l'attendrir. ♦ Expression de la sensibilité. *Elle a chanté avec beaucoup de sentiment.*

SENTIMENTAL, ALE, AUX adj. ▪ **1.** Qui concerne la vie affective et, spécialt, l'amour. ⇒ **amoureux.** *"L'Éducation sentimentale"* (roman de Flaubert). **2.** Qui provient de causes d'ordre affectif, n'est pas raisonné. *La valeur sentimentale d'un objet.* **3.** Qui est sensible, donne de l'importance aux sentiments tendres et les manifeste volontiers. ‑ n. *C'est un sentimental.* **4.** Empreint d'une sensibilité mièvre. ⇒ **romanesque.** *Des romances sentimentales.*

SENTIMENTALEMENT adv. ▪ D'une manière sentimentale. ‑ Sur le plan des sentiments.

SENTIMENTALISME n. m. ▪ Tendance à la sentimentalité.

SENTIMENTALITÉ n. f. ▪ Caractère très ou trop sentimental (d'une personne). *Il est d'une sentimentalité excessive, ridicule.* ‑ Caractère mièvre (d'une œuvre). *Un récit empreint de sentimentalité.*

SENTINE n. f. ▪ **1.** Endroit de la cale d'un navire où s'amassent les eaux. **2.** LITTÉR. Lieu sale et humide. ⇒ **cloaque.**

SENTINELLE n. f. ▪ Soldat qui a la charge de faire le guet, de protéger un lieu, etc. ⇒ **factionnaire, guetteur.**

SENTIR v. tr. [16] ▪ **I. 1.** Connaître, pouvoir réagir à (un fait, une qualité...) par des sensations. ⇒ **percevoir** ; ① **sens.** *Je sens un courant d'air. Il ne sentait pas la fatigue.* ♦ Avoir la sensation de (une odeur ; l'odeur de qqch.). ⇒ **flairer, humer.** *Sentir un parfum ; une fleur.* ‑ FAM. *NE PAS POUVOIR SENTIR qqn,* le détester. **2.** Avoir ou prendre conscience de ; avoir l'intuition de. ⇒ **pressentir.** *Il sentait le danger ; que c'était grave. Ce sont des choses qu'on sent.* ‑ FAM. *Fais comme tu (le) sens.* **3.** Avoir un sentiment esthétique de (qqch.). ⇒ **apprécier, goûter.** *Sentir la beauté d'une œuvre d'art.* **4.** Être affecté agréablement ou désagréablement par (qqch.). ⇒ **éprouver, ressentir.** *Sentir de l'admiration, de la crainte.* ‑ absolt *Leurs façons de sentir sont très différentes.* **5.** *FAIRE SENTIR,* faire éprouver. *Il m'a fait sentir que j'étais de trop.* ‑ *Se faire sentir,* devenir sensible. *Les effets se feront bientôt sentir.* **II. 1.** Dégager, répandre une odeur de. ⇒ **senteur.** *Cette pièce sent le renfermé. Ces fleurs sentent bon.* ⇒ **embaumer.** *Tu sens mauvais.* ⇒ **puer.** ‑ absolt Sentir mauvais. *Il sent des pieds.* **2.** Donner une impression de, évoquer l'idée de. *Des manières qui sentent la prétention.* ► SE **SENTIR** v. pron. **1.** *Ne pas se sentir de,* être transporté de. « *À ces mots, le corbeau ne se sent pas de joie* » (La Fontaine). FAM. *Tu ne te sens plus ?,* tu perds la tête ? ‑ (+ inf.) Avoir l'impression, le sentiment de. *Elle s'est sentie tomber.* ‑ (+ attribut, adv.) *Se sentir joyeux ; se sentir mieux.* **2.** FAM. *Ils ne peuvent pas se sentir,* ils se détestent.

SEO DE URGEL ▪ Ville d'Espagne (Catalogne), dont l'évêque était coprince d'Andorre avec le président de la République française jusqu'en 1993. 11 157 hab. Cathédrale romane du XIIe s.

SEOIR [swaʀ] v. intr. [26] seulement 3e pers. prés., imp., futur, cond. et p. prés. ▪ LITTÉR. Convenir. *Cette robe vous sied à merveille.* ⇒ **seyant.** ‑ impers. *Comme il sied* (⇒ ② **séant**) ; *comme il vous siéra.*

SÉOUL ou **SŎL** ▪ Capitale de la Corée-du-Sud, située sur les rives du fleuve Han. 10 627 800 hab. Important centre commercial et industriel. Capitale du royaume de Corée au XIVe s., occupée par les Japonais de 1910 à 1945, partiellement détruite pendant la guerre de Corée (1950-1953). Les jeux Olympiques d'été s'y sont déroulés en 1988.

Séoul. Le quartier de Namdaemun. *Phot. © de Selva/Tapabor*

SÉPALE n. m. ▪ Chaque pièce (foliole) du calice d'une fleur.

SÉPARABLE adj. ▪ Qui peut être séparé (d'autre chose, d'un ensemble).

SÉPARATION n. f. ▪ **1.** Action de séparer, de se séparer ; fait d'être séparé. *La séparation des éléments d'un mélange. La séparation d'une province* (⇒ **scission**). *La séparation de l'Église et de l'État.* **2.** (personnes) Fait de se séparer, de se quitter. *Leur séparation a été pénible.* **3.** Ce qui empêche l'union ou le contact (de deux choses, etc.). *Haie qui sert de séparation.*

SÉPARATISTE n. ▪ Personne qui réclame une séparation d'ordre politique (attitude appelée *séparatisme* n. m.). ⇒ **autonomiste, dissident.** ‑ adj. *Mouvement séparatiste.*

SÉPARÉMENT adv. ▪ De façon séparée, à part l'un de l'autre. *Je les recevrai séparément.*

SÉPARER v. tr. [1] ▪ **1.** Faire cesser (une chose) d'être avec une autre ; faire cesser (plusieurs choses) d'être ensemble. ⇒ **détacher, disjoindre, dissocier, isoler.** *Séparer une chose d'une autre, d'avec une autre.* **2.** Faire que (des personnes) ne soient plus ensemble ou en contact. *Séparer des amoureux.* ‑ *On a séparé les combattants.* **3.** Faire que (des personnes) ne soient pas, ou plus, en harmonie. *Leurs goûts les séparent.* **4.** Considérer (deux qualités ou notions) comme étant à part, comme ne devant pas être confondues. ⇒ **différencier, distinguer.** *Vous avez tort de séparer théorie et pratique.* **5.** (sujet chose) Constituer une séparation entre (deux choses, deux personnes). *Frontière qui sépare deux pays.* ► SE **SÉPARER** v. pron. **1.** *SE SÉPARER DE :* cesser d'être avec. ⇒ **quitter.** *Elle s'est séparée de son mari.* ‑ (récipr.) *Ils se sont séparés à l'amiable.* ♦ Ne plus garder avec soi. *Il ne se sépare jamais de son ours en peluche.* **2.** Se diviser. *Le chemin se sépare en deux.*

SÉPIA n. f. ▪ **1.** ZOOL. Liquide noirâtre sécrété par la seiche. ⇒ **encre.** **2.** Matière colorante d'un brun très foncé. *Un lavis à la sépia.* **3.** Dessin, lavis exécuté avec cette matière. *Des sépias.*

SEPT [sɛt] adj. numéral invar. ▪ Six plus un (7). ⇒ **hepta-.** *Les sept jours de la semaine.* ♦ ordinal *Chapitre sept.* ‑ n. m. invar. *Il habite au sept,* au numéro sept.

la guerre de **Sept Ans.** *Épisode de la guerre de Sept Ans.* École française, seconde moitié du XVIIIe s. Musée Condé, Chantilly. *Phot. © Giraudon*

■ **la guerre de SEPT ANS** ■ Guerre européenne qui opposa la Grande-Bretagne et la Prusse à la France, à l'Autriche et à leurs alliés, de 1756 à 1763. Elle révéla la puissance de la Prusse de Frédéric II et marqua le renoncement de la France à son empire colonial, au profit de la Grande-Bretagne (traité de Paris).

SEPTANTE [-pt-] **adj. numéral cardinal** ■ RÉGIONAL Soixante-dix.

SEPTEMBRE [-pt-] **n. m.** ■ Neuvième mois de l'année. *Des septembres pluvieux.*

■ **les massacres de SEPTEMBRE 1792** ■ Exécutions sommaires de personnes, notamment des prêtres, supposées être des ennemis de la Révolution. Le mouvement partit de la Commune de Paris (1 200 victimes) et s'étendit en province, annonçant la Terreur.

SEPTÈMES-LES-VALLONS ■ Commune des Bouches-du-Rhône. 10 415 hab. *(les Septémois).*

SEPTENNAT [-pt-] **n. m.** ■ Durée de sept ans (d'une fonction).

SEPTENTRION [-pt-] **n. m.** ■ VX ou LITTÉR. Le nord.

SEPTENTRIONAL, ALE, AUX [-pt-] **adj.** ■ Du nord, situé au nord (s'oppose à *méridional*).

SEPTICÉMIE **n. f.** ■ Maladie (infection générale grave) provoquée par le développement de germes pathogènes dans le sang.

SEPTIÈME [sɛt-] ■ **1. adj. numéral ordinal** Dont le numéro, le rang est sept (7e). *Le septième art :* le cinéma. **2. n. m.** Fraction d'un tout divisé également en sept. ► **adv.** SEPTIÈMEMENT [sɛt-]

SEPT-ÎLES ■ Ville du Canada (Québec), sur le Saint-Laurent. 24 848 hab. Exportation de minerai de fer du Nouveau-Québec.

SEPTIME SÉVÈRE (146 - 211) ■ Empereur romain. Il exerça un pouvoir autoritaire de 193 à sa mort.

SEPTIQUE **adj.** ■ **1.** MÉD. Qui produit l'infection. - Qui s'accompagne d'infection. ◇ CONTR. *antiseptique, aseptique.* **2.** *Fosse septique,* fosse d'aisances aménagée pour que les excréments s'y transforment, sous l'action de microbes anaérobies, en composés minéraux.

Sérapis. Marbre provenant de Pergé, art romain du IIe s. Musée d'Antalya. *Phot. © Dagli Orti*

le massif des SEPT-LAUX ■ Partie du massif de Belledonne (Isère) culminant au Rocher Blanc (2 928 m). Sports d'hiver (1 400 à 2 000 m).

SEPTUAGÉNAIRE [-pt-] **adj.** ■ Dont l'âge est compris entre soixante-dix et soixante-dix-neuf ans. - **n.** *Un, une septuagénaire.*

SEPTUPLE [-pt-] **adj.** ■ Qui vaut sept fois (la quantité désignée). - **n. m.** *Le septuple.*

SÉPULCRAL, ALE, AUX **adj.** ■ Qui évoque la mort. ⇒ **funèbre.** *Un silence sépulcral.*

SÉPULCRE **n. m.** ■ LITTÉR. Tombeau. *Les sépulcres des pharaons.* - *Le Saint*-Sépulcre* (à Jérusalem). ♦ loc. (allus. biblique) *Des* SÉPULCRES BLANCHIS *:* des personnes corrompues (sous une apparence brillante).

SÉPULTURE **n. f.** ■ **1.** LITTÉR. Inhumation, considérée surtout dans les formalités et cérémonies qui l'accompagnent. **2.** Lieu où est déposé le corps d'un défunt. *Violation de sépulture.*

SÉQUELLE **n. f.** ■ surtout au plur. Lésion ou trouble qui persiste après la fin de l'évolution d'une maladie ou d'un traumatisme. ♦ fig. Effet ou contrecoup fâcheux (d'un événement). *Les séquelles d'une guerre.*

SÉQUENCE **n. f.** ■ **1.** jeux Série d'au moins trois cartes ou de cinq cartes qui se suivent. **2.** CIN. Succession de plans formant un tout, une scène. **3.** DIDACT. Suite ordonnée (d'éléments, d'opérations).

SÉQUENTIEL, IELLE **adj.** ■ DIDACT. Relatif à une séquence. - Partagé, organisé en séquences.

SÉQUESTRATION **n. f.** ■ Action de séquestrer ; fait d'être séquestré.

SÉQUESTRE **n. m.** ■ **I.** DR. Dépôt (d'une chose litigieuse) entre les mains d'un tiers en attendant le règlement de la contestation. - *Mettre des biens sous séquestre.* **II.** MÉD. Fragment d'os détaché retenu dans les tissus.

SÉQUESTRER **v. tr.** [1] ■ **1.** Enfermer et isoler rigoureusement (qqn). *Ils séquestrent leur fille.* **2.** Tenir arbitrairement et illégalement (qqn) enfermé. *Séquestrer des otages.*

SEQUIN **n. m.** ■ Ancienne monnaie d'or de Venise.

SÉQUOIA [sekɔja] **n. m** ■ Arbre (conifère) originaire de Californie, aux dimensions gigantesques.

séquoia. *Sequoiadendron giganteum,* séquoia géant. *Phot. © Viard/Jacana*

SÉRAC **n. m.** ■ Bloc de glace entouré de crevasses, dans un glacier.

SÉRAIL **n. m.** ■ **1.** Palais du sultan, dans l'ancien Empire ottoman. - loc. fig. *Être né dans le sérail :* appartenir à un milieu fermé, influent. **2.** VX Harem. *Des sérails.*

SERAING ■ Ville de Belgique (Région wallonne, province de Liège). 60 838 hab. Château (XVIIIe s.).

SÉRAPHIN **n. m.** ■ RELIG. CHRÉT. Ange du niveau le plus élevé en dignité.

SÉRAPHIQUE **adj.** ■ RELIG. Des séraphins. - fig. ⇒ **angélique.**

SÉRAPIS ou **SARAPIS** ■ Divinité gréco-égyptienne dont le culte était célébré à Memphis.

SERBE adj. et n. ▪ De la Serbie. ➝ n. *Les Serbes.*

la SERBIE ▪ République constituant avec le Monténégro la République fédérale de Yougoslavie. Elle comprend les provinces du Kosovo et de la Voïvodine. 88 361 km². 9 778 991 hab. *(les Serbes).* Capitale : Belgrade. Langue : serbe. □ HISTOIRE État le plus puissant des Balkans au début du XIVᵉ s., sous le règne d'Étienne Douchan, soumis par les Turcs en 1389, la Serbie conserva une forte conscience nationale et se souleva sous la direction de Karageorges qui se proclama prince de Serbie (1808-1813). Miloch Obrenovitch lui succéda et fit de la Serbie une principauté autonome. L'indépendance fut reconnue en 1878. Le 28 juin 1914, un nationaliste serbe de Bosnie assassina l'archiduc héritier d'Autriche, François Ferdinand, à Sarajevo, entraînant la Première Guerre mondiale. À la suite de l'effondrement des puissances centrales, Pierre Iᵉʳ de Serbie prit le titre de roi des Serbes, des Croates et des Slovènes en 1918, agrandissant le royaume des territoires slaves de l'ancienne Autriche-Hongrie ; le nouveau pays prit le nom de Yougoslavie en 1929. → **Yougoslavie.** Après le démembrement de cet ensemble en plusieurs États indépendants, la Serbie se constitua en 1992, avec le Monténégro, en une nouvelle fédération yougoslave.

Serbie.

SERBO-CROATE adj9. ▪ Qui appartient à la Serbie et à la Croatie. ♦ n. m. Langue slave parlée en Serbie, en Bosnie-Herzégovine, au Monténégro et en Croatie.

SERCQ en anglais ***SARK*** ▪ Petite île Anglo-Normande. 5,2 km². 600 hab. Gouvernée, depuis l'époque féodale, par un « seigneur » ou une « dame » qui relève du bailliage de Guernesey.

① **SEREIN, EINE** adj. ▪ 1. LITTÉR. (ciel, temps) Qui est à la fois pur et calme. 2. abstrait Dont le calme provient de la paix morale. ⇒ **paisible, tranquille.** *Un esprit serein.* ➝ *Un visage serein.* ♦ *Un jugement serein.* ⇒ **impartial.**

② **SEREIN** n. m. ▪ LITTÉR. ou RÉGIONAL Humidité ou fraîcheur qui tombe avec le soir après une belle journée.

le SEREIN ▪ Rivière de Bourgogne, affluent de l'Yonne. 186 km.

SEREINEMENT adv. ▪ D'une manière sereine, calme ou impartiale.

SÉRÉNADE n. f. ▪ 1. Concert qui se donnait la nuit sous les fenêtres d'une femme courtisée (s'oppose à *aubade*). ➝ Composition musicale (surtout pour instruments à vent). *Les sérénades de Mozart.* 2. FAM. Tapage ; concert de cris ou de reproches.

SÉRÉNISSIME adj. ▪ Titre honorifique donné à certains hauts personnages. *Altesse sérénissime.* ➝ HIST. *La sérénissime république* ou ellipt *la Sérénissime :* la république de Venise.

SÉRÉNITÉ n. f. ▪ État, caractère d'une personne sereine. ⇒ **calme.** ➝ Caractère d'un jugement serein.

les SÉRÈRES ▪ Peuple du Sénégal, vivant principalement dans le Siné-Saloum et au sud de la presqu'île du Cap-Vert.

SÉREUX, EUSE adj. ▪ Qui ressemble au sérum ; qui produit ou renferme du sérum. *Liquide séreux.* ⇒ **sérosité.** *Membrane séreuse* et n. f. *séreuse,* qui tapisse certaines cavités de l'organisme *(cavités séreuses).*

SERF, SERVE [sɛʀ(f), sɛʀv] n. ▪ HIST. Sous la féodalité, Personne qui n'avait pas de liberté personnelle, était attachée à une terre (⇒ **glèbe**) et assujettie à des obligations (⇒ **corvée,** ② **taille**). *Affranchir des serfs.* ➝ adj. *La condition serve* (⇒ **servage**).

SERGE n. f. ▪ Étoffe présentant des côtes obliques.

SERGE DE RADONÈGE (v. 1314-1392) ▪ Moine russe. Patron de la Russie.

SERGENT n. m. ▪ 1. anciennt Officier de justice. ➝ VIEILLI *SERGENT DE VILLE :* agent de police. 2. Sous-officier du grade le plus bas. *Sergent-chef. Sergent-major,* chargé de la comptabilité d'une compagnie.

le SERGIPE ▪ Petit État côtier de l'est du Brésil. 21 862 km². 1 620 000 hab. Capitale : Aracajú.

SERGUEV-POSSAD, de 1930 à 1991 ***ZAGORSK*** ▪ Ville de Russie, au nord de Moscou. 115 000 hab. Monastère de la Trinité-Saint-Serge (XVᵉ-XVIIIᵉ s.).

SÉRICI- Élément, du grec *sêrikos* « de soie », qui signifie « soie ».

SÉRICICULTEUR, TRICE n. ▪ Personne qui élève des vers à soie.

SÉRICICULTURE n. f. ▪ Élevage des vers à soie.

SÉRIE n. f. ▪ 1. SC. Suite de nombres, d'expressions, de composés chimiques, etc. qui répondent à une loi. 2. Suite déterminée et limitée (de choses de même nature). *Une série de questions. Une série de timbres.* ➝ loc. *Série noire :* succession de catastrophes. *La loi des séries* (selon laquelle un type d'événement inhabituel se produit plusieurs fois). ♦ spécialt Ensemble de vêtements, etc. comportant toutes les tailles. *Soldes de fins de séries.* ➝ MUS. Suite de douze demi-tons de la gamme chromatique (⇒ **sériel**). ➝ *Série (télévisée) :* cycle de téléfilms ayant une unité narrative ; épisode d'un tel cycle. 3. Petit groupe constituant une subdivision d'un classement. ⇒ **catégorie.** *Ranger par séries.* ➝ *Film de série B,* à petit budget. ➝ SPORTS Groupe de concurrents ; épreuve de qualification ; degré dans un classement. 4. Ensemble d'objets identiques fabriqués à la chaîne. *Fabrication en série. Voiture de série.* ➝ fig. *HORS SÉRIE :* hors du commun ; exceptionnel.

SÉRIEL, ELLE adj. ▪ DIDACT. Qui forme une série ; qui se rapporte à une série. ➝ MUS. Fondé sur la série* des douze demi-tons. ⇒ **dodécaphonique.** *Musique sérielle* (*sérialisme* n. m.).

SÉRIER v. tr. 7 ▪ Classer, disposer par séries. *Il faut sérier les problèmes.*

SÉRIEUSEMENT adv. ▪ 1. D'une manière sérieuse, avec réflexion et application. 2. Sans plaisanter. *Vous parlez sérieusement ?* 3. Réellement. *Il songe sérieusement à émigrer.* 4. Fortement. *Il est sérieusement malade.* ⇒ **gravement.**

SÉRIEUX, EUSE ▪ **I.** adj. **1.** Qui prend en considération ce qui mérite de l'être. ⇒ **posé, raisonnable.** *Un homme sérieux et réfléchi.* ‑ Qui est fait dans cet esprit, avec soin. *Un travail sérieux.* **2.** Qui ne rit pas, ne manifeste aucune gaieté. ⇒ **grave.** ‑ FAM. *Sérieux comme un pape,* très sérieux. **3.** Sur qui (ou sur quoi) l'on peut compter. ⇒ **sûr.** *Une amitié sérieuse. S'adresser à une maison sérieuse.* **4.** Qui ne prend pas de libertés avec la morale sexuelle. ⇒ **rangé, sage.** **5.** Qui ne peut prêter à rire, qui mérite considération. ⇒ **important.** *Revenons aux choses sérieuses.* ‑ Qui compte, par la quantité ou la qualité. *Un sérieux effort.* ♦ Qui inspire de l'inquiétude. *La situation est sérieuse.* ⇒ **critique, préoccupant.** **6.** Qui n'est pas fait pour l'amusement. *Des lectures sérieuses.* **II.** n. m. **1.** État d'une personne qui ne rit pas, ne plaisante pas. *Garder son sérieux,* rester grave. **2.** Qualité d'une personne sérieuse, appliquée. *Manquer de sérieux.* **3.** Caractère d'une chose que l'on doit prendre en considération. ‑ *PRENDRE* (qqch., qqn) *AU SÉRIEUX,* lui attacher de l'importance, le considérer comme sérieux. ‑ pronom. *Se prendre au sérieux,* attacher une importance exagérée à sa propre personne.

SÉRIGRAPHIE n. f. ▪ TECHN. Procédé d'impression à l'aide d'un écran de tissu (soie, etc.). ‑ Œuvre réalisée par ce procédé.

SERIN n. m. ▪ **1.** Petit passereau chanteur au plumage généralement jaune. ⇒ **canari.** **2.** FAM. Niais, nigaud.

serin. *Phot. © Axel/Jacana*

SERINER v. tr. [1] ▪ Répéter inlassablement (qqch. à qqn). ‑ Ennuyer (qqn) en lui répétant souvent la même chose. *Tu nous serines avec tes histoires !*

SERINGAT n. m. ▪ Arbrisseau à fleurs blanches très odorantes. ◇ var. SERINGA.

seringat. *Philadelphus virginalis.* *Phot. © Lacoste/Jacana*

SERINGUE n. f. ▪ Instrument (petite pompe munie d'une aiguille) utilisé pour injecter des liquides dans l'organisme ou en prélever (→ piqûre).

SÉRIQUE adj. ▪ Relatif à un sérum.

Sebastiano **SERLIO** (1475 ‑ v. 1554) ▪ Architecte et théoricien italien. Auteur d'un célèbre traité d'architecture en 7 volumes, il édifia le château d'Ancy-le-Franc et travailla à Fontainebleau.

SERMENT n. m. ▪ **1.** Affirmation ou promesse solennelle faite en invoquant un être ou un objet sacré, une valeur morale reconnue. ⇒ **jurer** ; parole d'**honneur.** *Prêter serment. Témoigner SOUS SERMENT.* ‑ Engagement solennel prononcé en public. *Serment professionnel* (→ assermenté). *Serment d'Hippocrate,* énonçant les principes de déontologie médicale. **2.** Promesse ou affirmation particulièrement ferme. *Je vous en fais le serment.* ‑ loc. *Serment d'ivrogne**. ♦ spécialt Promesse d'amour durable, de fidélité. *Échanger des serments.*

SERMON n. m. ▪ **1.** Discours prononcé en chaire par un prédicateur (notamment catholique). ⇒ **homélie, prêche, prédication, prône.** *Les sermons de Bossuet, de Bourdaloue.* **2.** péj. Discours moralisateur et ennuyeux. *Faire un sermon à qqn* (⇒ **sermonner**).

SERMONNER v. tr. [1] ▪ Adresser des conseils ou des remontrances à (qqn).

SERMONNEUR, EUSE n. ▪ Personne qui aime à sermonner.

SÉRO- Élément savant tiré de *sérum.*

SÉRODIAGNOSTIC [-gn-] n. m. ▪ MÉD. Diagnostic de maladies infectieuses fondé sur la recherche, dans le sérum du patient, d'anticorps spécifiques (des antigènes de l'agent infectieux).

SÉROLOGIE n. f. ▪ SC. Étude des sérums (notamment du point de vue immunologique).

SÉRONÉGATIF, IVE adj. et n. ▪ (Personne) qui présente un sérodiagnostic négatif, dont le sérum sanguin ne contient pas d'anticorps spécifiques d'un antigène donné (spécialt, à propos du virus du sida). ► n. f. SÉRONÉGATIVITÉ

SÉROPOSITIF, IVE adj. et n. ▪ (Personne) qui présente un sérodiagnostic positif, dont le sérum sanguin contient des anticorps spécifiques d'un antigène donné (spécialt, à propos du virus du sida). ► n. f. SÉROPOSITIVITÉ

SÉROSITÉ n. f. ▪ Liquide organique sécrété et contenu dans les cavités séreuses*. *Épanchement de sérosité.*

SERPE n. f. ▪ Outil formé d'une large lame tranchante en croissant, montée sur un manche, et servant à tailler le bois, à élaguer. ⇒ **faucille.** ‑ loc. *Visage taillé à la serpe,* anguleux.

SERPENT n. m. ▪ **1.** Reptile à corps cylindrique très allongé, dépourvu de membres apparents. ⇒ **ophidiens.** *Une morsure de serpent. Serpent venimeux.* ‑ *Serpent à lunettes :* naja. *Serpent à sonnettes :* crotale. **2.** Représentation symbolique ou religieuse de cet animal. *Les Gorgones à chevelure de serpents.* ‑ *Serpent de mer :* monstre marin mythique ; fig. thème rebattu. ‑ *Le serpent,* symbole de l'esprit du mal, dans la Bible (Genèse). ‑ MYTHOL. *Les serpents, attributs des Furies.* **3.** par métaphore (allus. aux caractères attribués au serpent) *Une prudence, une ruse de serpent,* extrême. ♦ Personne perfide.

SERPENTER v. intr. [1] ▪ Aller ou être disposé suivant une ligne sinueuse. ⇒ **onduler.**

SERPENTIN n. m. ▪ **1.** Tuyau en spirale ou à plusieurs coudes (dans un appareil). **2.** Petit rouleau de papier coloré qui se déroule quand on le lance.

SERPETTE n. f. ▪ Petite serpe.

SERPILLIÈRE n. f. ▪ Pièce de toile grossière servant à laver les sols. ⇒ RÉGIONAL **wassingue.**

SERPOLET n. m. ▪ Plante odoriférante, variété de thym.

SERRAGE n. m. ▪ Action de serrer ; son résultat.

SERRE n. f. ▪ **I.** surtout au plur. Griffe ou ongle de certains oiseaux (spécialt les rapaces). **II.** Construction vitrée où l'on met les plantes à l'abri, où l'on cultive les végétaux exotiques ou délicats. *Faire pousser une plante en serre.* ‑ *Effet de serre* (réchauffement de l'atmosphère terrestre).

SERRÉ, ÉE adj. ▪ **1.** Comprimé, contracté. *Avoir la gorge serrée.* **2.** Qui s'applique étroitement sur le corps. ⇒ **ajusté.** ♦ (personnes) *Être serré dans son pantalon.* **3.** au plur. Placés l'un tout contre l'autre. *Serrés comme des harengs, des sardines.* ‑ *En rangs serrés.* **4.** Dont les éléments sont très rapprochés. ⇒ **compact, dense.** *Herbe serrée.* ⇒ **dru.** *Une écriture serrée.* ‑ *Un café serré,* fort. ⇒ **tassé.** **5.** abstrait Qui dit beaucoup en peu de mots. ⇒ **concis.** *Un style serré.* ♦ *Une discussion serrée,* difficile, acharnée.

SERRE-CHEVALIER-CHANTEMERLE ▪ Station de sports d'hiver des Hautes-Alpes, dans le Briançonnais (1 350-2 575 m).

SERRE-LIVRES n. m. ▪ Objet servant à maintenir des livres debout, serrés les uns contre les autres.

SERREMENT n. m. ▪ Action de serrer. *Serrement de main :* poignée de main. ‑ Fait d'être serré, contracté. *Un serrement de gorge.* ‑ *Serrement de cœur,* sentiment de tristesse.

le barrage de **SERRE-PONÇON** ▪ Barrage de terre compactée sur la Durance (Hautes-Alpes). Sa retenue forme un lac de 3 000 ha.

SERRER v. tr. ① ▪ **1.** VX Fermer. – MOD. RÉGIONAL Ranger ; mettre à l'abri. **2.** Saisir ou maintenir vigoureusement, de manière à comprimer. ⇒ **empoigner.** *Serrer qqch. dans sa main.* – *Serrer la main à qqn* (pour le saluer). – Prendre (qqn) entre ses bras et tenir pressé (contre soi). ⇒ **embrasser, étreindre.** *Serrer qqn contre soi. Serrer qqn dans ses bras.* **3.** (sensation) Faire peser une sorte de pression sur (la gorge, le cœur). *Émotion qui serre le cœur.* **4.** Disposer (des choses, des personnes) plus près les unes des autres. ⇒ **rapprocher.** *Serrez les rangs !* **5.** Maintenir énergiquement fermé (le poing), rapprocher énergiquement (les mâchoires...). ⇒ **contracter.** **6.** Rendre plus étroit (un lien). *Serrer une ceinture.* – (choses) Comprimer en entourant. *Cette jupe me serre, me serre la taille.* **7.** Faire mouvoir de manière à rapprocher deux choses, à fermer un mécanisme. *Serrer un robinet.* – loc. *Serrer la vis* à qqn.* **8.** Rester, passer tout près de. *Serrer qqn de près.* ⇒ **talonner.** ♦ *Serrer sa droite* (en conduisant). – intrans. *Serrez à droite.* ► SE **SERRER** v. pron. (réfl.) Se mettre tout près de, tout contre (qqn). *Se serrer contre qqn.* ⇒ se **blottir.** – (récipr.) Se rapprocher jusqu'à se toucher. *Serrez-vous, faites-nous un peu de place.*

Olivier de SERRES (v. 1539 - 1619) ▪ Agronome français, pionnier de l'industrie de la soie. Son livre, *"Théâtre d'agriculture et mesnage des champs"* (1600), préfigure la révolution agricole du XIXᵉ s.

Michel SERRES (né en 1930) ▪ Philosophe et écrivain français. Il a écrit des ouvrages d'histoire des sciences et des idées (*"Hermès"*, 1969-1980), des essais sur l'art (*"Esthétiques sur Carpaccio"*, 1975) et des textes plus généraux (*"Les Cinq Sens"*, 1985; *"Le Tiers-Instruit"*, 1991) où se manifeste librement son talent d'écrivain.

SERRE-TÊTE n. m. ▪ Bandeau, demi-cercle qui maintient les cheveux. *Des serre-tête(s).*

SERRURE n. f. ▪ Dispositif fixe de fermeture (d'une porte, etc.) comportant un mécanisme (⇒ **gâche, pêne**) qu'on manœuvre notamment à l'aide d'une clé.

SERRURERIE n. f. ▪ **1.** Métier de serrurier ; fabrication et commerce des serrures, verrous, etc. **2.** Confection d'ouvrages en fer. *Serrurerie d'art.* ⇒ **ferronnerie.**

SERRURIER n. m. ▪ **1.** Artisan qui fait, vend ou pose des serrures, fabrique des clés. **2.** Entrepreneur, ouvrier en serrurerie (2).

SERTIR v. tr. ② ▪ **1.** Enchâsser (une pierre précieuse). – au p. p. *Rubis serti dans une monture.* – *SERTI DE :* incrusté de. *Coffret serti de gemmes.* **2.** TECHN. Assujettir, sans soudure, une pièce métallique à une autre.

SERTISSAGE n. m. ▪ Action de sertir.

SERTISSEUR, EUSE n. ▪ Personne qui sertit.

SERTORIUS (123 - 72 av. J.-C.) ▪ Général romain, partisan de Marius.

SÉRUM [seʀɔm] n. m. ▪ **1.** *Sérum sanguin,* partie liquide du plasma sanguin. ⇒ **séro-.** **2.** *Sérum thérapeutique,* préparation à base d'un sérum sanguin contenant un anticorps spécifique, utilisée en injections à titre curatif ou préventif. *Sérum antitétanique.* – *Sérum de vérité,* barbiturique (⇒ **penthotal**) utilisé pour diminuer la vigilance du sujet et lui faire révéler des faits qu'il tiendrait cachés. – *Sérum physiologique,* solution saline de même concentration moléculaire que le plasma sanguin.

Paul SÉRUSIER (1864 - 1927) ▪ Peintre et théoricien français. Ami de Gauguin à Pont-Aven, il fonda avec M. Denis le groupe des nabis.

SERVAGE n. m. ▪ Condition du serf. *L'abolition du servage.*

le ballon de SERVANCE ▪ Sommet des Vosges (1 216 m).

Giovanni Niccolò SERVANDONI (1695 - 1766) ▪ Architecte et peintre français. Architecte de la façade de l'église Saint-Sulpice, il acquit la célébrité surtout par ses décors d'opéra et de festivités royales.

SERVANT ▪ **I.** adj. m. *Chevalier* servant.* **II.** n. m. **1.** Clerc ou laïque qui sert* le prêtre pendant la messe basse. **2.** Soldat chargé d'approvisionner une pièce d'artillerie.

SERVANTE n. f. ▪ VIEILLI Jeune fille ou femme employée comme domestique.

Michel SERVET (v. 1509 - 1553) ▪ Théologien espagnol brûlé à l'instigation de Calvin.

SERVEUR, EUSE n. ▪ **1.** Personne qui sert les clients dans un café, un restaurant. ⇒ **barman, garçon ; barmaid.** – Personne qu'on engage en extra pour servir à table. **2.** Personne qui met la balle en jeu (tennis, etc.), qui distribue les cartes... **3.** Système informatique permettant la consultation directe d'une banque de données ; organisme exploitant un tel système. – appos. *Centre serveur.*

SERVIABILITÉ n. f. ▪ Caractère d'une personne serviable.

SERVIABLE adj. ▪ Qui est toujours prêt à rendre service. ⇒ **complaisant, obligeant.**

SERVICE n. m. ▪ **I. 1.** (Obligation et action de servir) RELIG. Ensemble des devoirs envers la divinité. *Le service de Dieu.* – *Service divin* (messe, office). *Service funèbre.* ♦ Ensemble des devoirs des individus envers l'État, la société. *Le service de l'État.* – ADMIN. *Service national ;* COUR. *SERVICE (MILITAIRE) :* temps qu'un citoyen doit passer dans l'armée. – *ÉTATS DE SERVICE :* carrière d'un militaire. **2.** Travail particulier que l'on doit accomplir. ⇒ **fonction.** *Assurer un service. Être de service ; prendre son service.* **3.** Obligations d'une personne dont le métier est de servir qqn ; fonction de domestique. *Être au service de qqn, en service chez qqn.* ♦ Travail de celui qui est chargé de servir des clients. *Service rapide et soigné.* – Rémunération de ce travail. *Le service est compris.* ♦ *Escalier DE SERVICE* (affecté aux fournisseurs, etc.). **4.** Action, manière de servir des convives, de servir les plats à table. *Faire le service.* **5.** Ensemble de repas servis à la fois (dans un restaurant, une cantine...). *Premier, deuxième service.* **6.** Assortiment de vaisselle pour la table. *Un service à thé.* – absolt *Un service de porcelaine.* ♦ Assortiment de linge de table. **II. 1.** (dans des expr.) Fait de se mettre à la disposition de (qqn) par obligeance. *Je suis à votre service.* **2.** *UN, DES SERVICES :* ce que l'on fait pour qqn, avantage qu'on lui procure bénévolement. ⇒ **aide, faveur.** *J'ai un service à vous demander. Un grand service ; un signalé service.* – *Rendre un mauvais service à qqn,* lui nuire en croyant agir dans son intérêt. ⇒ ② **desservir.** – (sujet personne ou chose) *RENDRE SERVICE à qqn,* l'aider, lui être utile. **3.** au plur. Ce qu'on fait pour qqn contre rémunération. *Offrir ses services* (à un employeur). **4.** ÉCON. Activité qui présente une valeur économique sans correspondre à la production d'un bien matériel. ⇒ secteur **tertiaire.** *Prestation de service.* **III. 1.** Ensemble d'opérations par lesquelles on fait fonctionner (qqch.). *Le service d'une pièce d'artillerie.* **2.** Coup par lequel on sert la balle (au tennis, etc.). **3.** Expédition, distribution. *Le service d'une revue.* – loc. *SERVICE DE PRESSE* (d'un livre aux journalistes). **4.** (dans des expr.) Usage, fonctionnement. *Mettre qqch. EN SERVICE.* – *HORS SERVICE* (voir ce mot). **IV. 1.** Fonction d'utilité commune, publique (*SERVICE PUBLIC*) ; activité organisée qui la remplit. *Les grands services publics. Le service des postes.* – Le travail dans ces activités. *Il est à cheval sur le service,* très pointilleux. **2.** Organisation chargée d'une branche d'activités correspondant à une fonction. ⇒ **département.** *Services administratifs. Le service de pédiatrie d'un hôpital.* – Organe d'une entreprise chargé d'une fonction précise. *Le service commercial.*

SERVIETTE n. f. ▪ **1.** Pièce de linge dont on se sert à table ou pour la toilette. *Serviette de table, de toilette.* loc. *Les torchons* et les serviettes.* – *Serviette en papier.* **2.** *SERVIETTE HYGIÉNIQUE :* bande de coton ou de cellulose utilisée comme protection externe pendant les règles. ⇒ aussi **tampon.** **3.** Sac à compartiments, rectangulaire, servant à porter des papiers, des livres. ⇒ **porte-documents.**

SERVILE adj. ▪ **1.** DIDACT. Propre aux esclaves et aux serfs. **2.** LITTÉR. Qui a un caractère de soumission avilissante. ⇒ **bas, obséquieux.** *Un flatteur servile.* **3.** Qui est étroitement soumis à un modèle, dépourvu d'originalité. *Une servile imitation.*

Sérusier. *Paysage.* MNAMGP, Paris. *Phot. © Arch. Smeets*

Sésostris III. Statue en calcaire provenant de Licht, XIIe dynastie. Musée égyptien, Le Caire. *Phot. © Dagli Orti*

SERVILEMENT adv. ▪ D'une manière servile.

SERVILITÉ n. f. ▪ LITTÉR. Caractère, comportement servile.

SERVIR v. tr. [14] ▪ **I.** *SERVIR qqn.* **1.** S'acquitter d'obligations, de tâches envers (qqn, une institution à qui, à laquelle on obéit). *Il a bien servi son pays, l'État.* – absolt Être soldat. *Servir comme marin.* ♦ (À titre de subordonné, etc.) *Servir le prêtre pendant la messe* (⇒ **servant**). – *Servir qqn* (comme domestique). – prov. *On n'est jamais si bien servi que par soi-même.* ♦ *Servir qqn à table.* – *Servir un client,* lui fournir ce qu'il demande. – iron. *En fait d'embêtements, nous avons été servis !* **2.** Aider, appuyer (qqn), en y employant sa peine, son crédit. *Servir qqn ; servir les intérêts de qqn.* – (sujet chose) *Sa discrétion l'a servi.* ⇒ **aider.** **II.** *SERVIR qqch.* **1.** Mettre à la disposition de qqn pour tel ou tel usage. *Servir un repas à qqn. Servir à boire.* – Mettre (la balle) en jeu (au tennis, etc.) ; distribuer (les cartes). – *Servir une rente à qqn.* ⇒ **allouer, verser.** **2.** Mettre (une chose) en état de se dérouler ou de fonctionner. *Servir la messe.* – *Servir un canon.* **III.** v. tr. ind. **1.** *SERVIR À.* Être utile à (qqn). *Cela peut vous servir à l'occasion.* ♦ Être utile à, utilisé pour (qqch.). *À quoi sert cet instrument ? Ne pleure pas, cela ne sert à rien. Cette prime va me servir à payer mes dettes.* **2.** *SERVIR DE.* Être utilisé comme, tenir lieu de. *Servir de modèle à qqn. Cela te servira de leçon.* ► **SE SERVIR** v. pron. **1.** Prendre ce dont on a besoin. *Servez-vous du vin, de vin.* – *Se servir chez un commerçant,* être client chez lui. **2.** *SE SERVIR DE,* utiliser. *Se servir d'un outil. Se servir de son expérience.* – *Se servir de qqn,* l'utiliser ; l'exploiter.

SERVITEUR n. m. ▪ **1.** LITTÉR. Celui qui sert (qqn, une institution envers qui, envers quoi il a des devoirs). *Un fidèle serviteur de l'État.* – VIEILLI Domestique. **2.** VX (dans les formules de politesse) *Je suis votre serviteur.* – MOD. plais. *Votre serviteur :* moi-même.

SERVITUDE n. f. ▪ **1.** État de dépendance totale d'une personne soumise à une autre, d'un peuple, d'une nation soumis(e) à un(e) autre. ⇒ **asservissement, sujétion.** *Maintenir qqn dans la servitude.* **2.** Ce qui crée ou peut créer un état de dépendance. ⇒ **contrainte.** *Les servitudes d'un métier.* **3.** DR. Charge que supporte un immeuble, un terrain pour l'utilité commune. *Servitude de passage.*

SERVO- Élément, du latin *servus* « esclave », qui entre dans la composition de termes techniques et marque un asservissement mécanique.

SERVOCOMMANDE n. f. ▪ TECHN. Mécanisme auxiliaire qui assure automatiquement, par amplification d'une force, le fonctionnement d'un ensemble.

SERVOFREIN n. m. ▪ TECHN. Servocommande de freinage.

SERVOMÉCANISME n. m. ▪ TECHN. Mécanisme automatique capable d'accomplir une tâche complexe en s'adaptant aux consignes qu'il reçoit.

Victor SERVRANCKX (1897 - 1965) ▪ Peintre, sculpteur et théoricien belge. Après des périodes de « surréalisme abstrait » et d'« abstraction mécaniciste », il revint à une géométrie rigoureuse proche du néoplasticisme (*"Opus 5"*, 1954).

SES adj. poss. ⇒ ① SON

SÉSAME n. m. ▪ **I.** Plante oléagineuse originaire de l'Inde. – Graine de cette plante. *Biscuits au sésame.* **II.** Mot, formule qui fait accéder à qqch., obtenir qqch.

SÉSOSTRIS III ▪ Pharaon égyptien du Moyen Empire (de 1878 à 1843 av. J.-C.). Il acheva la conquête de la Nubie. Célébré comme un héros, il fut divinisé.

SESSHŪ (1420 - 1506) ▪ Peintre et moine japonais. Paysages.

SESSION n. f. ▪ Période pendant laquelle une assemblée est apte à tenir séance. *Session extraordinaire du Parlement.* – Période pendant laquelle siège un jury d'examen.

SESTERCE n. m. ▪ Ancienne monnaie romaine, division du denier.

SESTRIÈRES ▪ Station de sports d'hiver d'Italie (Piémont). 825 hab. (2 035-2 580 m).

SET [sɛt] n. m. ▪ anglic. **I.** Manche d'un match de tennis, etc. *Match en trois sets.* **II.** *Set (de table),* napperons d'un service de table ; abusivt un de ces napperons.

SÈTE ▪ Commune de l'Hérault. 41 510 hab. *(les Sétois).* 2e port français sur la Méditerranée. Tourisme. Musée Paul-Valéry.

SETH ▪ Dieu du Mal dans l'ancienne Égypte, meurtrier de son frère Osiris. Il a un corps de lévrier.

SETIER [sətje] n. m. ▪ anciennt Mesure pour les grains (entre 150 et 300 litres).

SÉTIF en arabe **SṬĪF** ▪ Ville d'Algérie. 168 681 hab.

SETTER [setɛʀ] n. m. ▪ Chien de chasse à poils longs. *Setter irlandais.*

SETÚBAL ▪ Ville et port du Portugal. Région de Lisbonne-Vallée-du-Tage. 103 000 hab. Pêche. Conserveries.

SEUIL n. m. ▪ **1.** Dalle ou pièce de bois qui forme la partie inférieure de l'ouverture d'une porte ; entrée d'une maison. ⇒ **pas** de la porte. **2.** par métaphore *AU SEUIL DE :* au commencement de. *Au seuil de l'hiver.* **3.** DIDACT. Limite au-delà de laquelle se mettent en place de nouvelles conditions. *Seuil critique.*

SEUL, SEULE adj. ▪ **I.** (attribut) **1.** Qui se trouve sans compagnie, séparé des autres. ⇒ **isolé, solitaire.** *Être seul, tout seul.* – *Être seul avec qqn,* sans autre compagnie. – *Il faut que je vous parle SEUL À SEUL :* en particulier. **2.** Qui a peu de relations avec d'autres personnes. *Être seul, tout seul au monde.* ⇒ **esseulé.** **3.** Unique. *Il se croit seul de son espèce.* **II.** (épithète) **1.** après le nom Qui n'est pas accompagné. *Un homme seul entra dans le restaurant.* – loc. *FAIRE CAVALIER* SEUL.* **2.** avant le nom Un (et pas plus). ⇒ **unique.** *C'est ma seule consolation. D'un seul coup. À la seule idée de...* **III.** valeur d'adv. **1.** Seulement. (en tête de phrase) *Seuls comptent les faits.* – (après un nom, un pronom) *Lui seul en est capable.* **2.** Sans aide. *Je vais le faire seul, tout seul.* – *Cela ira tout*

Severini. *Hiéroglyphe dynamique du bal Tabarin.* Museum of Modern Art, New York. *Phot. © Arch. Smeets*

Seurat. *Un dimanche à la Grande Jatte - 1884.* Art Institute, Chicago. *Phot. © Carlo Bevilacqua/Ricciarini*

seul, sans difficulté. **3.** (renforçant une loc.) *Pour cette seule raison que... Dans la seule intention de...* **IV.** **n.** *UN, UNE SEUL(E)* : une seule personne, une seule chose. *Par la volonté d'un seul. Un seul de ses livres m'a plu.* ◆ *LE, LA SEUL(E)* : la seule personne. *Il est le seul à m'avoir aidé.*

SEULEMENT **adv.** ▪ **1.** Sans rien d'autre que ce qui est mentionné. ⇒ **exclusivement, rien** que, **simplement, uniquement.** *L'homme ne vit pas seulement de pain* (allus. biblique). *Non* seulement... mais encore...* ◆ *Il vient seulement d'arriver,* à l'instant même. **2.** loc. (souhait) *Si seulement* : si encore, si au moins. **3.** (en tête de proposition) Sert à introduire une restriction. ⇒ **mais.** *C'est une belle rose, seulement elle coûte cher.*

SEULET, ETTE **adj.** ▪ VX Seul.

Georges SEURAT (1859 - 1891) ▪ Peintre et dessinateur français. Il radicalisa les recherches des impressionnistes sur la lumière en s'appuyant sur des bases scientifiques. Sa théorie, le *divisionnisme* ou *pointillisme,* donnera naissance au néo-impressionnisme. *"Un dimanche à la Grande Jatte-1884"* (1884-1886).

le lac SEVAN ▪ Lac d'Arménie, à 1 900 m d'altitude. 1 240 km².

SÈVE **n. f.** ▪ **1.** Liquide nutritif qui circule dans les plantes vasculaires. **2.** fig. LITTÉR. Principe vital ; énergie. *La sève de la jeunesse.*

SÉVÈRE **adj.** ▪ **1.** Qui n'admet pas qu'on manque à la règle ; prompt à punir ou à blâmer. ⇒ **dur, exigeant.** *Être sévère avec qqn, envers qqn.* ◆ *Un visage sévère.* **2.** (choses) Qui punit, blâme durement. *De sévères critiques.* ◆ Très rigoureux. *Des mesures sévères.* **3.** LITTÉR. Qui est austère, ne cherche pas à plaire. *Une élégance sévère. La façade est sévère.* **4.** Très grave, très difficile. *Une sévère défaite.*

SÉVÈREMENT **adv.** ▪ Avec sévérité.

les SÉVÈRES ▪ Dynastie d'empereurs romains qui régna de 193 à 235. ► **Septime SÉVÈRE** → **Septime Sévère.**

Gino SEVERINI (1883 - 1966) ▪ Peintre italien installé à Paris. Futuriste, puis cubiste, il évolua ensuite vers l'abstraction géométrique.

SÉVÉRITÉ **n. f.** ▪ **1.** Caractère ou comportement d'une personne sévère. ⇒ **dureté.** **2.** Caractère rigoureux (d'une peine, etc.). **3.** LITTÉR. Caractère austère, sérieux. ⇒ **austérité.**

la SEVERN ▪ Rivière de Grande-Bretagne. Née au pays de Galles, elle se jette dans le canal de Bristol. 335 km.

SÉVICES **n. m. pl.** ▪ Mauvais traitements corporels exercés sur qqn qu'on a sous son autorité, sous sa garde. ⇒ **coup, violence.** *Se rendre coupable de sévices.*

Marie de Rabutin-Chantal, marquise de SÉVIGNÉ (1626 - 1696) ▪ Écrivain français. Les 1 500 lettres qu'elle écrivit à sa fille, Mme de Grignan, d'un style brillant et spontané, font d'elle un des grands prosateurs du XVIIe s.

SÉVILLE en espagnol ***SEVILLA*** ▪ Ville d'Espagne, capitale de la communauté autonome d'Andalousie. 683 487 hab. *(les Sévillans).* Archevêché. Musées. Grand centre touristique, célèbre pour ses monuments (tour arabe de la *Giralda,* Alcazar, édifices religieux et civils médiévaux, Renaissance, classiques et baroques) et pour ses fêtes (les *ferias).* Principal port fluvial du pays, sur le Guadalquivir. Métallurgie. Textile. Siège de l'Exposition universelle de 1992. Capitale maure des Abbadides. Principal port de commerce avec l'Amérique du Sud du XVe au XVIIe s.

Séville. La place d'Espagne. *Phot. © Greeman/Aspect/Cosmos*

SÉVIR **v. intr.** [2] ▪ **1.** Exercer la répression avec rigueur. *Les autorités sont décidées à sévir.* ⇒ **punir.** **2.** (d'un fléau) Exercer des ravages. *Épidémie qui sévit.*

SEVRAGE **n. m.** ▪ **1.** Action de sevrer (un nourrisson...). **2.** Privation d'alcool ou de drogue, lors d'une désintoxication.

SEVRAN ▪ Commune de la Seine-Saint-Denis. 48 478 hab. *(les Sevranais).*

la SÈVRE NANTAISE ▪ Rivière de l'ouest de la France, affluent de la Loire. 125 km. ► **la SÈVRE NIORTAISE** Fleuve côtier de l'ouest de la France, qui se jette dans l'Atlantique. 150 km.

SEVRER v. tr. 5 ▪ **1.** Cesser progressivement d'alimenter en lait (un enfant ; un jeune animal), pour donner une nourriture plus solide. ➝ par analogie *Sevrer un toxicomane.* ⇒ **sevrage.** **2.** LITTÉR. *SEVRER qqn DE*, le priver de (qqch. d'agréable). ⇒ **frustrer.** ➝ au p. p. *Une enfant sevrée de tendresse.*

SÈVRES ▪ Commune des Hauts-de-Seine. 21 990 hab. *(les Sévriens).* Manufacture nationale et musée de la céramique.

les Deux-SÈVRES → Deux-Sèvres

SEXAGÉNAIRE adj. ▪ (personnes) Qui a entre soixante et soixante-neuf ans. ➝ n. *Un, une sexagénaire.*

SEX-APPEAL [sɛksapil] n. m. ▪ anglic. Charme, attrait sensuel (d'une personne).

SEXE n. m. ▪ **I.** (chez les humains) **1.** Conformation particulière qui distingue l'homme de la femme en leur assignant un rôle déterminé dans la reproduction. *Enfant de sexe masculin, féminin.* **2.** Qualité d'homme ou qualité de femme. *L'égalité des sexes.* **3.** Ensemble des hommes ou des femmes. ➝ iron. *Le sexe fort,* les hommes. *Le sexe faible, le deuxième sexe, le beau sexe,* les femmes. **4.** *Le sexe :* la sexualité (2). **5.** Parties sexuelles. *Le sexe de l'homme.* ⇒ **pénis ; testicule.** *Le sexe de la femme.* ⇒ **vulve ; clitoris, vagin.** **II.** BIOL. Ensemble des caractères et des fonctions qui distinguent le mâle de la femelle en leur assignant un rôle dans la reproduction dite sexuée. *Fleur qui a un sexe* (→ unisexué), *deux sexes* (→ bisexué).

SEXISME n. m. ▪ Attitude de discrimination fondée sur le sexe (spécialt, discrimination à l'égard du sexe féminin).

SEXISTE ▪ **1.** n. Personne dont les modes de pensée et le comportement sont imprégnés de sexisme. **2.** adj. Propre au sexisme. *Comportement sexiste.*

SEXOLOGIE n. f. ▪ DIDACT. Étude de la sexualité des êtres humains.

SEXOLOGUE n. ▪ DIDACT. Spécialiste de sexologie.

SEX-SHOP [sɛksʃɔp] n. m. ▪ anglic. Magasin spécialisé dans la vente de livres, d'objets, etc. érotiques ou pornographiques.

SEX-SYMBOL [sɛks-] n. m. ▪ anglic. Vedette symbolisant un idéal de charme de nature sensuelle (en français : *symbole sexuel*).

SEXTANT n. m. ▪ Instrument qui permet, au moyen d'un sixième de cercle gradué, de mesurer la hauteur d'un astre au-dessus de l'horizon.

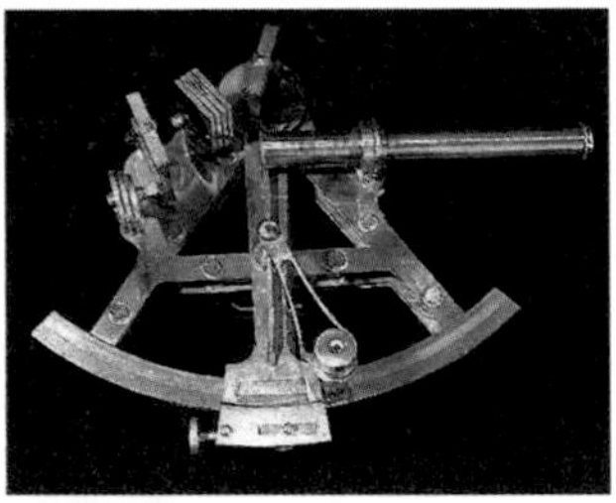

sextant. Sextant de Baker fabriqué en Angleterre, XVIIIe s. Coll. l'Antiquaire de Marine, Paris. *Phot. © Dagli Orti*

SEXTUOR n. m. ▪ **1.** Composition musicale à six parties. **2.** Orchestre de chambre formé de six instruments.

SEXTUPLE adj. ▪ Qui vaut six fois (une quantité donnée). ➝ n. m. *Le sextuple.*

SEXUALITÉ n. f. ▪ **1.** BIOL. Caractère de ce qui est sexué, ensemble des caractères propres à chaque sexe. *La sexualité des plantes.* **2.** Ensemble des comportements relatifs à la satisfaction de l'instinct sexuel. ⇒ **libido, sexe** (4). *Sexualité infantile, adulte.*

SEXUÉ, ÉE adj. ▪ BIOL. **1.** Qui a un sexe ; qui est mâle ou femelle. **2.** Qui se fait par la conjonction des sexes. *La reproduction sexuée.*

SEXUEL, ELLE adj. ▪ **1.** Relatif au sexe, aux conformations et fonctions particulières du mâle et de la femelle, de l'homme et de la femme. *Organes sexuels.* ⇒ **génital.** **2.** (chez les humains) Qui concerne les comportements liés à la satisfaction des besoins érotiques. *L'acte sexuel* (⇒ **coït**). *Relations sexuelles. Rapports sexuels. Vie sexuelle.* ⇒ **érotique.**

SEXUELLEMENT adv. ▪ Relativement au sexe, à la sexualité.

SEXY adj. invar. ▪ anglic. **1.** Qui est sexuellement attirant, qui a du sex-appeal. **2.** Qui excite le désir sexuel. *Vêtement sexy.*

SEYANT, ANTE adj. ▪ Qui va bien, flatte la personne qui le porte. *Une coiffure seyante.*

les SEYCHELLES n. f. pl. ▪ État (république) formé par un archipel de l'océan Indien au nord-est de Madagascar. Îles : Mahé, Praslin, la Digue, etc. 453 km². 67 378 hab. *(les Seychellois).* Capitale : Victoria. Langues : créole, anglais, français. Monnaie : roupie seychelloise. Le tourisme représente la principale ressource. D'abord françaises, les îles devinrent anglaises en 1814, et indépendantes en 1976. Membre du Commonwealth.

La SEYNE-SUR-MER ▪ Commune du Var, sur la rade de Toulon. 59 968 hab. *(les Seynois).*

SEYNOD ▪ Commune de la Haute-Savoie. 14 764 hab.

SEYSSINET-PARISET ▪ Commune de l'Isère. 13 241 hab. *(les Seyssinettois).*

S.-F. n. f. ⇒ SCIENCE-FICTION

SFAX ▪ 2e ville et port de Tunisie. 231 911 hab. Grande mosquée (IXe-XIe s.). Enceinte. Métropole économique du sud du pays (phosphates, pêche).

la S.F.I.O. ou **SFIO**, **Section française de l'Internationale ouvrière** → parti **socialiste français**

les SFORZA ▪ Famille italienne, ducs de Milan de 1450 à 1535. ► **Ludovic SFORZA** → **Ludovic Sforza.**

SFUMATO [sfumato] n. m. ▪ PEINT. Modelé vaporeux. *Le sfumato de Vinci.*

SGANARELLE ▪ Personnage de comédie créé par Molière qui apparaît dans six de ses œuvres, dont *"Le Médecin volant"* (1660), *"Dom Juan"* (1665) et *"Le Médecin malgré lui"* (1666).

SHAANXI ou **CHEN-SI** ▪ Province du centre de la Chine. 205 600 km². 34 430 000 hab. Capitale : Xian. Nombreux monuments historiques. Armée en terre cuite près du tumulus (à Lintong) de Qin Shi Huangdi*.

SHABA anciennt ***KATANGA*** ▪ Province du Zaïre dénommée *Shaba* depuis 1972. Riche région minière qui tenta une sécession sous la direction de M. Tshombé (1960-1963).

sir Ernest Henry SHACKLETON (1874 - 1922) ▪ Navigateur et explorateur britannique. Il participa au raid de Scott dans l'Antarctique (1901-1904), puis tenta à plusieurs reprises, mais sans succès, d'atteindre le pôle Sud. Il mourut lors de l'expédition à bord du *Quest.*

SHAH n. m. ⇒ SCHAH

SHĀH JAHĀN (1582 - 1666) ▪ Empereur moghol de l'Inde. Il fit construire le Tāj Mahal en souvenir de son épouse.

SHAKER [ʃɛkœʀ] n. m. ▪ anglic. Récipient formé d'une double timbale utilisé pour la préparation des cocktails et boissons glacées.

William SHAKESPEARE (1564 - 1616) ▪ Acteur et écrivain anglais. Un des plus grands auteurs dramatiques de tous les temps : il conjugue une vision poétique, un réalisme populaire et truculent, le sens du tragique et de l'histoire. On regroupe traditionnellement ses pièces en trois périodes : une période de jeunesse (*"La Mégère apprivoisée"*, 1593-1594, comédie ; *"Roméo et Juliette"*, 1594-1595, tragédie ; *"Richard II"*, 1595, drame historique ; *"Le Marchand de Venise"*, 1596) ; une période noire (les grandes tragédies : *"Hamlet"*, 1600 ; *"Othello"*, 1604 ; *"Macbeth"*, 1605 ; *"Le Roi Lear"*, 1606) ; une période de fantaisie féerique (*"La Tempête"*, 1611). Il est également l'auteur de *"Sonnets"*.

SHAKO n. m. ▪ Coiffure militaire d'apparat, rigide, à visière. ◇ var. SCHAKO.

SHAMAN n. m ⇒ CHAMAN

Yitzhak **SHAMIR** (né en 1915) ▪ Homme politique israélien. Membre du Likoud, ministre des Affaires étrangères de 1980 à 1986, il a été Premier ministre en 1983, 1984 et de 1986 à 1992.

Shamir.
Phot. © Vioujard/Gamma

SHAMPOOING ou **SHAMPOING** [ʃɑ̃pwɛ̃] n. m. ▪ **1.** Lavage des cheveux et du cuir chevelu au moyen d'un produit approprié. *Se faire un shampooing.* **2.** Ce produit. *Une bouteille de shampooing.* ➝ par ext. Produit moussant pour nettoyer les sols, les tapis... *Shampooing à moquette.*

SHAMPOUINER ou **SHAMPOOINER** [ʃɑ̃pwine] v. tr. [1] ▪ Faire un shampooing à.

SHAMPOUINEUR, EUSE ou **SHAMPOOINEUR, EUSE** [-pwi] ▪ **1.** n. Personne qui, dans un salon de coiffure, fait les shampooings. **2.** n. f. Appareil servant à appliquer sur les sols une mousse qui les nettoie.

SHANDONG ou **CHAN-TONG** ▪ Province de l'est de la Chine. 153 300 km². 86 420 000 hab. Capitale : Jinan. Renommée pour ses tissus de soie *Shantung.*

Shanghai. La ville et le fleuve Huangpu.
Phot. © Xinhua-Chine nouvelle/Gamma

SHANGHAI ou **CHANG-HAI** ▪ La plus grande ville de Chine. 7 834 800 hab. Elle forme une zone municipale : 6 340 km². 13 490 000 hab. 1er port (sur l'estuaire du Chang jiang), 1er centre industriel et commercial du pays. Universités. Base des échanges entre l'Europe et la Chine, elle se développa au XIXe s.

Ravi **SHANKAR** (né en 1920) ▪ Compositeur et joueur indien de sitar.

le **SHANNON** ▪ Principal fleuve d'Irlande. 368 km. Il se jette dans l'Atlantique à Limerick.

SHANTOU, CHAN-T'EOU ou **SWATOW** ▪ Ville et port de Chine (Guangdong). 856 400 hab.

SHANTUNG [ʃɑ̃tuŋ] n. m. ▪ Tissu de soie voisin du pongé. ◇ var. CHANTOUNG, SHANTOUNG.

SHANXI ou **CHAN-SI** ▪ Province du centre de la Chine. 156 300 km². 30 120 000 hab. Capitale : Taiyuan.

SHARAKU dit ***TŌSHŪSAI*** (fin du XVIIIe s.) ▪ Peintre japonais qui se spécialisa dans les portraits d'acteurs de kabuki.

SHARIA n. f. ⇒ CHARIA

George Bernard **SHAW** (1856 - 1950) ▪ Écrivain et dramaturge irlandais. Dans ses satires vigoureuses de la société victorienne, il mêle humour et pessimisme. *"Pygmalion"* (1912); *"Androclès et le Lion"* (1912). Prix Nobel 1925.

Shaw.
Phot. © PSZ/Ricciarini

SHAWINIGAN ▪ Ville du Canada (Québec). 19 931 hab. Industries liées à l'hydroélectricité.

SHEFFIELD ▪ Ville du nord de l'Angleterre (South Yorkshire). 530 000 hab. Un des premiers centres métallurgiques et sidérurgiques d'Europe.

Percy Bysshe **SHELLEY** (1792 - 1822) ▪ Poète romantique britannique. Ami de Keats et de Byron, il célébra la révolte, l'amour et la liberté. *"Prométhée délivré"* (1820). ► **Mary SHELLEY** (1797 - 1851), sa femme, romancière britannique, fille de W. Godwin et de M. Wollstonecraft. Créatrice du personnage de Frankenstein qui fabrique un monstre androïde. *"Frankenstein ou le Prométhée moderne"* (1817).

SHENYANG ou **CHEN-YANG** autrefois ***MOUKDEN*** ▪ Ville de Chine, capitale du Liaoning. 4 538 700 hab. Puissante cité industrielle. Elle joua un rôle important dans la guerre russo-japonaise.

SHERBROOKE ▪ Ville du Canada (Québec). 95 171 hab. Centre de communications. Université.

Richard **SHERIDAN** (1751 - 1816) ▪ Auteur dramatique et homme politique britannique. *"L'École de la médisance"* (1777), dénonciation de l'hypocrisie mondaine.

SHÉRIF n. m. ▪ **1.** (en Angleterre) Magistrat responsable de l'application de la loi, dans un comté. **2.** (aux États-Unis) Officier de police élu, à la tête d'un comté. ◇ var. SHÉRIFF.

SHERLOCK HOLMES ▪ Personnage créé en 1887 par Conan Doyle, héros d'une célèbre série de romans policiers.

Sharaku. *Portrait d'acteurs.* Musée Chiossone, Gênes. *Phot. © Scala*

William SHERMAN (1820 - 1891) ▪ Général américain. Un des meilleurs chefs nordistes de la guerre de Sécession.

SHERPA n. m. ▪ **1.** Guide de haute montagne ou porteur, dans l'Himalaya. **2.** fig. FAM. Personne (haut fonctionnaire, diplomate...) qui participe à la préparation d'un sommet politique international.

les SHERPAS ▪ Peuple de montagnards du Népal. De nombreux Sherpas ont accompagné, comme guides ou porteurs, les expéditions des alpinistes occidentaux dans l'Himalaya (cf. sherpa).

sir Charles SHERRINGTON (1857 - 1952) ▪ Physiologiste anglais. Prix Nobel de physiologie ou médecine (1932) pour ses travaux sur le système nerveux.

SHERRY n. m. ▪ anglic. Xérès.

SHETLAND [ʃɛtlɑ̃d] n. m. ▪ Laine des moutons des îles Shetland; tissu ou tricot de laine d'Écosse. *Pull en shetland.* - absolt Pull-over en shetland.

les îles SHETLAND ou **ZETLAND** ▪ Archipel britannique, au nord de la Grande-Bretagne. 1 427 km². 25 000 hab. Chef-lieu : Lerwick. Pêche ; élevage de poneys et de moutons. Terminaux pétroliers.

les îles **Shetland.** *Phot. © Bernstein/Spooner/Gamma*

les îles SHETLAND-DU-SUD ▪ Archipel de l'Atlantique, dépendant du territoire de l'Antarctique britannique.

SHI HUANGDI, CHE HOUANG-TI, QIN SHI HUANGDI ou **TS'IN CHE HOUANG-TI** ▪ Le premier empereur de Chine. Il régna de 221 à 210 av. J.-C. et fonda la dynastie des *Qin.* Il fit entreprendre la Grande Muraille de Chine.

SHIISME; SHIITE ⇒ CHIISME; CHIITE

SHIJIAZHUANG ou **CHE-KIA-TCHOUANG** ▪ Ville de Chine, capitale du Hebei. 1 319 400 hab. Industrie textile.

SHIKOKU ▪ Une des quatre principales îles du Japon. 19 000 km². 4 226 250 hab. Chef-lieu : Matsuyama. Agriculture, pêche et industries dans les plaines côtières.

SHILLING [ʃiliŋ] n. m. ▪ Ancienne unité monétaire anglaise (1/20 de livre). ≠ *schilling.*

SHILLONG ▪ Ville de l'Inde, capitale du Meghalaya. 222 200 hab.

SHIMONOSEKI ▪ Ville du Japon (Honshū). Port important (pêche, sidérurgie). 255 896 hab.

SHINTOÏSME [ʃintɔism] n. m. ▪ DIDACT. Religion japonaise, polythéisme animiste. ▪ Le shintoïsme s'est développé au Japon à partir du VIIe s. av. J.-C., en liaison avec le culte des morts. Au VIe s. av. J.-C., il y eut concurrence puis amalgame avec le bouddhisme venu de Chine. Ce syncrétisme est aujourd'hui la religion traditionnelle du pays.

SHIT [ʃit] n. m. ▪ anglic. FAM. Haschisch.

SHIVA, ŚIVA ou **ÇIVA** ▪ Une des trois principales divinités hindoues avec Brahmā et Vishnou. C'est à la fois le Destructeur et le Créateur, roi de la danse; il a trois yeux et quatre bras.

SHKODËR ou **SHKODRA** en italien ***SCUTARI*** ▪ Ville d'Albanie. 79 900 hab. Centre de culture catholique.

Abraham SHLONSKY (1900 - 1973) ▪ Poète israélien. Il décrivit les horreurs des guerres et des pogroms.

la SHOAH ▪ Le génocide perpétré contre les Juifs par le régime nazi, de 1939 à 1945.

SHOGUN [ʃɔgun] n. m. ▪ HIST. Général en chef des armées, au Japon (XIIe au XIXe siècle). *Des shoguns.*

SHOLAPUR ▪ Ville de l'Inde (Maharashtra). 620 500 hab. Coton.

SHOOT [ʃut] n. m. ▪ anglic. ▪ **I.** (au football) Tir (au but) ou dégagement puissant. **II.** FAM. Piqûre, injection d'un stupéfiant.

SHOOTER [ʃute] v. [1] ▪ anglic. **I.** v. intr. Exécuter un shoot (I). **II.** v. tr. FAM. Injecter un stupéfiant à (qqn). ♦ pronom. *Se shooter.* ⇒ se **piquer.** - par ext. Se droguer.

SHOPPING n. m. ▪ anglic. Fait d'aller de magasin en magasin pour regarder et faire des achats (⇒ **lèche-vitrine**). *Faire du shopping.* ◇ Au Canada, on dit *magasinage*.*

SHORT [ʃɔRt] n. m. ▪ Culotte courte (pour le sport, les vacances). - loc. FAM. *Tailler un short à qqn,* le frôler, en voiture.

SHOW [ʃo] n. m. ▪ anglic. **1.** Spectacle de variétés centré sur une vedette. **2.** Prestation (d'une personnalité). *Des shows télévisés.*

SHOW-BUSINESS [ʃobiznɛs] n. m. ▪ anglic. Industrie, métier du spectacle. ◇ abrév. FAM. SHOW-BIZ ou SHOW BIZ [ʃobiz].

SHREVEPORT ▪ Ville des États-Unis (Louisiane). 199 000 hab.

SHRINAGAR ▪ Ville de l'Inde, capitale de l'État de Jammu-et-Cachemire. 550 000 hab. Nombreux monuments du IXe au XVIIe s. Centre touristique. Jardins moghols.

le SHROPSHIRE ou **comté de SALOP** ▪ Comté d'Angleterre, limitrophe du pays de Galles. 3 490 km². 405 000 hab. Chef-lieu : Shrewsbury (58 000 hab.).

SHUNT [ʃœt] n. m. ▪ anglic. **1.** ÉLECTR. Résistance placée en dérivation. **2.** MÉD. Déviation de la circulation sanguine, d'où résulte un mélange des sangs artériels et veineux.

SHUNTER v. tr. [1] ▪ anglic. **1.** ÉLECTR., MÉD. Munir d'un shunt. **2.** fig. FAM. Court-circuiter (2). *Shunter un intermédiaire.*

① **SI** conj. devient s' devant *il, ils* ▪ **I.** (hypothétique) **1.** Introduit soit une condition (à laquelle correspond une conséquence dans la principale), soit une simple supposition ou éventualité. ⇒ au **cas** où. *Si tu es libre, nous irons ensemble. Si tu lui en parlais, il accepterait peut-être. Si j'avais su, je ne serais pas venu. Viendras-tu ? Si oui, préviens-moi à l'avance.* **2.** (en corrélation avec une propos. implicite) *Il réagit toujours comme si on l'agressait. Et si ça tourne mal ?* - (souhait, regret) *Si seulement, si au moins je pouvais me reposer ! Si j'avais su !* **3.** (dans des loc.) *Si on veut. Si on peut dire. Si je ne me trompe.* ♦ *SI CE N'EST...* ⇒ **sinon.** *SI CE N'EST QUE... :* sauf que... **4.** n. m. invar. Hypothèse, supposition. loc. prov. *Avec des si, on mettrait Paris dans une bouteille.* **II.** (non hypothétique) **1.** (servant à marquer un lien logique) *S'il revient, c'est qu'il t'aime.* ⇒ **puisque. 2.** (introduisant une complétive, une interrogative indirecte) *Je dois m'assurer si tout est en ordre. Tu me diras si c'est lui.* - (exclamatif) *Vous pensez s'ils étaient fiers !* ⇒ **combien.**

② **SI** adv. ▪ **I. 1.** VX Ainsi. - LITTÉR. *SI FAIT :* mais oui. **2.** S'emploie pour « oui », en réponse à une phrase négative. *Tu n'iras pas. — Si ! - Mais si ! Que si !* **II.** (exprime l'intensité) **1.** À un tel degré. ⇒ **tellement.** *Ce n'est pas si facile.* **2.** (avec une consécutive) *Le film était si ennuyeux que je me suis endormi.* - *SI BIEN QUE* loc. conj. : de sorte que. **III. adv. de compar.** (avec *que*) Au même degré (que). ⇒ **aussi.** (prov.) *On n'est jamais si bien servi que par soi-même.* ♦ (avec une concessive) *Il échouera, si malin qu'il soit.* ⇒ **quelque.**

③ **SI** n. m. invar. ▪ Septième note de la gamme d'*ut.*

SIALAGOGUE adj. ▪ MÉD. Qui accroît la sécrétion de la salive.

le SIAM ▪ Ancien nom de la Thaïlande.

SIAMOIS, OISE adj. ▪ **I.** Du Siam. ⇒ **thaïlandais.** - n. *Les Siamois.* ♦ *Chat siamois* et n. m. *un siamois :* chat à poil ras et aux yeux bleus. **II.** *Frères siamois, sœurs siamoises,* jumeaux, jumelles rattaché(e)s l'un(e) à l'autre par deux parties homologues de leurs corps. - fig. Ami(e)s inséparables.

SĪBAWAYH (v. 750 - v. 795) ▪ Grammairien arabe, auteur d'un traité fondamental.

Jean SIBELIUS (1865 - 1957) ▪ Compositeur finlandais. Auteur d'une œuvre abondante et diverse, dont la célèbre *"Valse triste"* (1903).

la SIBÉRIE ▪ Région de Russie qui s'étend de l'Oural à l'océan Pacifique et de l'océan Arctique à l'Asie centrale. 12 765 900 km² (23 fois la France). 33 791 700 hab. *(les Sibé-*

riens). Lieu de déportation sous le tsarisme (qui en amorça la conquête au XVIIe s.), de nombreux camps de travail et de déportation pour des prisonniers politiques (goulags) y furent installés sous le régime soviétique. Les conditions naturelles (énormité des distances, rigueur du climat) rendent difficile le peuplement, encouragé par la construction du Transsibérien au début du siècle. Mais les ressources forestières, minières (Kouzbass) et énergétiques sont considérables. ► **la SIBÉRIE OCCIDENTALE** est la mieux équipée, la plus urbanisée (Novossibirsk, Omsk); son agriculture se développe (céréales, élevage). ► **la SIBÉRIE ORIENTALE** reste sous-exploitée, à l'exception de quelques régions minières (Krasnoïarsk, Irkoutsk, Norilsk) et des ports. ► **la SIBÉRIE D'EXTRÊME-ORIENT**, que les montagnes rendent particulièrement inhospitalière, est d'un intérêt stratégique capital (Vladivostok, île de Sakhaline) : contrôle du Pacifique, frontières avec le Japon et les États-Unis (Alaska).

SIBÉRIEN, ENNE adj. et n. ▪ 1. De Sibérie. *La toundra sibérienne.* - n. *Les Sibériens.* 2. fig. *Un froid sibérien,* extrême.

SIBIU ▪ Ville de Roumanie (Transylvanie). 169 696 hab. Ville historique.

SIBYLLE n. f. ▪ Devineresse, femme inspirée qui prédisait l'avenir, dans l'Antiquité (→ pythie).

SIBYLLIN, INE adj. ▪ 1. DIDACT. D'une sibylle. 2. LITTÉR. Dont le sens est caché. ⇒ **énigmatique, mystérieux, obscur.** *Des propos sibyllins.*

SIC adv. ▪ Se met entre parenthèses après un mot ou une expression que l'on cite, pour souligner qu'on cite textuellement.

SICAV [sikav] n. f. invar. (sigle de *société d'investissement à capital variable*) ▪ Portefeuille de valeurs mobilières détenu collectivement par des épargnants et géré par un établissement spécialisé ; fraction de ce portefeuille. *Acheter des sicav.*

SICCATIF, IVE adj. ▪ Qui fait sécher; spécialt qui accélère le séchage des peintures, etc. - n. m. Produit siccatif.

SICHUAN ou **SSEU-TCH'OUAN** ▪ Province du centre de la Chine. 570 000 km². 111 040 000 hab. Capitale : Chengdu. La province la plus riche de Chine.

la SICILE ▪ Île italienne de la Méditerranée formant une région autonome. 25 708 km². 5 164 266 hab. *(les Siciliens).* Capitale : Palerme. Séparée de l'Italie continentale par le détroit de Messine. Point culminant : massif volcanique de l'Etna (3 295 m). Climat méditerranéen. Ancien grenier à blé de Rome, la Sicile est aujourd'hui un pays de pauvreté et d'émigration, malgré l'aide de l'État, l'exploitation du pétrole et le tourisme. L'État y lutte contre la Mafia. □ HISTOIRE Colonisée par les Phéniciens (IXe s. av. J.-C.) et les Grecs (VIIIe s. av. J.-C.), menacée par Carthage, la Sicile fut conquise par les Arabes (IXe s.) puis par les Normands (XIe s.). Elle devint la résidence préférée de Frédéric II Hohenstaufen. Passée à l'Aragon, elle forma avec Naples le *royaume des Deux-Siciles* (1442). → **Naples.**

SICILIEN, IENNE adj. et n. ▪ De Sicile. *Le dialecte sicilien.* - HIST. *Les Vêpres* siciliennes.* ♦ n. *Les Siciliens.*

SIDA n. m. (sigle de *syndrome d'immunodéficience acquise* [ou *immunodéficitaire acquis*]) ▪ Maladie d'origine virale, caractérisée par une chute brutale des défenses immunitaires de l'organisme. *Virus du sida.* ⇒ **V.I.H.** ; anglic. **H.I.V.** *Le sida est transmissible par voie sexuelle ou sanguine.*

SIDE-CAR [sidkaʀ ; sajdkaʀ] n. m. ▪ anglic. Habitacle à une roue et pour un passager, monté sur le côté d'une motocyclette ; l'ensemble du véhicule. *Des side-cars.*

SIDÉEN, ENNE adj. et n. ▪ (Malade) atteint du sida. ◇ syn. SIDATIQUE.

SIDÉRAL, ALE, AUX adj. ▪ DIDACT. Qui a rapport aux astres.

SIDÉRANT, ANTE adj. ▪ Qui sidère. ⇒ **stupéfiant.**

SIDÉRER v. tr. [6] ▪ Frapper de stupeur. ⇒ **abasourdir, stupéfier.** *Cette nouvelle m'a sidéré.* - au p. p. *Complètement sidéré.*

SIDÉRURGIE n. f. ▪ Métallurgie du fer, de la fonte, de l'acier et des alliages ferreux. ► adj. SIDÉRURGIQUE

SIDÉRURGISTE n. ▪ Métallurgiste de la sidérurgie.

SIDI BEL ABBÈS ▪ Ville de l'ouest de l'Algérie. 153 106 hab. Ancien centre de la Légion étrangère française (1849-1962). Centre agricole.

SIDI BOU-SAÏD ▪ Ville de Tunisie, où séjournèrent de nombreux écrivains et artistes français. 4 661 hab.

sir Philip SIDNEY (1554 - 1586) ▪ Écrivain anglais. Auteur de sonnets et du roman pastoral *"L'Arcadie"* (1590).

le SIDOBRE ▪ Région granitique du sud-ouest du Massif central.

SIDOLOGUE n. ▪ DIDACT. Médecin ou biologiste spécialiste du sida.

SIDON → Saïda

SIÈCLE n. m. ▪ I. 1. Période de cent ans dont le début est déterminé arbitrairement, en particulier par rapport à l'ère chrétienne. *Le cinquième siècle après Jésus-Christ* (de 401 à 500), *avant J.-C.* (de 499 à 400). *Au siècle dernier.* 2. Période de cent années environ, considérée comme une unité historique. *Le siècle des Lumières**, le XVIIIe siècle en Europe. - *Siècle d'or**. ♦ Époque où l'on vit. *Les idées de son siècle, du siècle.* - FAM. (par exagér.) *C'est l'affaire du siècle.* 3. Durée de cent années (⇒ **centenaire ; séculaire**). 4. au plur. Très longue période. *Depuis des siècles. Pendant des siècles.* II. RELIG. *Le siècle,* le monde temporel (⇒ **séculier**).

SIÈGE n. m. ▪ I. 1. Lieu où se trouve la résidence principale (d'une autorité, d'une société...). *Le siège d'un parti.* - *SIÈGE SOCIAL* : domicile légal (d'une société). 2. Lieu où réside, où se trouve la cause (d'un phénomène). *Le siège d'une douleur.* II. Lieu où s'établit une armée, opérations menées pour prendre une place forte. *Mettre le siège devant une ville.* ⇒ **assiéger.** *Lever le siège.* - *ÉTAT DE SIÈGE* : régime spécial qui soumet les libertés individuelles à une emprise renforcée de l'autorité publique. III. 1. Objet fabriqué, meuble disposé pour qu'on puisse s'y asseoir. *Offrir un siège à qqn. Prenez un siège,* asseyez-vous. - *Les sièges d'une automobile.* 2. Place, fonction d'un membre d'une assemblée. *Siège de député.* 3. Dignité d'évêque, de pontife. *Siège épiscopal.* IV. (dans quelques emplois) Partie du corps humain sur laquelle on s'assied. ⇒ FAM. **fondement, postérieur.** *Bain de siège. Enfant qui se présente par le siège* (lors d'un accouchement).

SIEGEN ▪ Ville d'Allemagne (Rhénanie-du-Nord-Westphalie). 108 300 hab.

SIÉGER v. intr. [3] et [6] ▪ 1. Tenir séance, être en séance. *Le juge siégera demain.* 2. Occuper un siège, une fonction. 3. Avoir son siège à tel endroit. *L'Assemblée nationale siège au Palais-Bourbon.* 4. (choses) LITTÉR. Résider, se trouver. *Voilà où siège le mal.*

SIEGFRIED ▪ Héros de la mythologie germanique. → **Nibelungen.**

Werner von SIEMENS (1816 - 1896) ▪ Ingénieur et industriel allemand. Ligne télégraphique, dynamo, locomotive électrique. ► **Wilhelm von SIEMENS** (1823 - 1883), son frère, créa un four à récupération de chaleur utilisé dans la fabrication de l'acier (procédé Martin-Siemens).

SIEN, SIENNE adj. et pron. poss. (3e pers. du sing.) ▪ I. adj. LITTÉR. *Il a fait siennes les idées de sa femme.* II. pron. *Je préfère mon vélo au sien.* III. n. 1. *Il y a mis du sien,* de la bonne volonté. 2. FAM. *FAIRE DES SIENNES,* des sottises. *Il a encore fait des siennes.* 3. *Les siens,* sa famille, ses amis ; ses partisans.

Henryk SIENKIEWICZ (1846 - 1916) ▪ Romancier polonais. *"Quo vadis?"* (1896). Prix Nobel de littérature 1905.

SIENNE en italien ***SIENA*** ▪ Ville d'Italie (Toscane). 58 278 hab. *(les Siennois).* Rivale de Florence au Moyen Âge. Elle a gardé son architecture médiévale (place en éventail du Campo, cathédrale des XIIIe-XIVe s., baptistère Saint-Jean, nombreux palais des XIIIe-XIVe s., riches musées).

Sienne. La piazza del Campo et la Torre del Mangia.
Phot. © Bilgadentur Schuster/Dumrath/Explorer

SIENNOIS, OISE adj. et n. ▪ **1.** De Sienne. ➝ n. *Les Siennois.* **2.** ARTS Relatif au style des artistes siennois du XIIIe au XVe siècle. *L'école siennoise de peinture.* ▪ L'école siennoise représente le mieux, avec l'école florentine de Giotto, l'art primitif italien : tableaux religieux, aux très belles couleurs sur fond d'or, témoignant d'un souci des proportions et de la ressemblance. Son principal représentant est Duccio di Buoninsegna (v. 1300).

SIERRA n. f. ▪ Montagne à relief allongé (pays de langue espagnole).

la SIERRA LEONE ▪ État d'Afrique de l'Ouest, bordé par l'Atlantique. 73 326 km². 4 140 000 hab. *(les Sierra-Léonais).* Capitale : Freetown. Langues : anglais (officielle), krio, mendé, temné. Monnaie : leone. Le sous-sol est la principale richesse : diamants, fer. □ HISTOIRE Explorée par les Portugais dès le XVe s., la Sierra Leone fut la terre d'accueil des esclaves affranchis par les Anglais (1787), avant de devenir colonie puis protectorat britannique (1896). En 1961, elle acquit l'indépendance dans le cadre du Commonwealth. Le pays est en proie à une violente guerre civile depuis 1991.

SIESTE n. f. ▪ Repos pris après le repas de midi. *Faire la sieste.*

SIEUR n. m. ▪ VX ou DR. Monsieur. ➝ péj. *Le sieur Un tel.*

l'abbé SIEYÈS (1748 - 1836) ▪ Révolutionnaire français. Sa brochure *"Qu'est-ce que le tiers état?"* (1789) le rendit célèbre. Membre du Directoire, il prépara le coup d'État du 18 Brumaire mais fut supplanté par Bonaparte.

SIFFLANT, ANTE adj. ▪ Qui s'accompagne d'un sifflement. *Respiration sifflante.*

SIFFLEMENT n. m. ▪ **1.** Action de siffler ; son émis en sifflant. *Un sifflement admiratif.* **2.** Fait de siffler ; production d'un son aigu. *Le sifflement des balles.*

SIFFLER v. 1 ▪ **I.** v. intr. **1.** Émettre un son aigu, modulé ou non, en faisant échapper l'air par une ouverture étroite (bouche, sifflet...). *Sais-tu siffler ? ➝ Asthmatique qui siffle en respirant.* ♦ (animaux) *Le merle siffle.* **2.** Produire un son aigu par un frottement, par un mouvement rapide de l'air. *Le vent sifflait dans la cheminée. ➝ Jet de vapeur qui siffle.* ⇒ **chuinter.** **3.** *Avoir les oreilles qui sifflent :* éprouver une sensation de sifflement, sans cause extérieure. ➝ plais. *Les oreilles* ont dû vous siffler.* **II.** v. tr. **1.** Moduler (un air) en sifflant. *Siffler un petit air joyeux.* **2.** Appeler ou signaler en sifflant. *Siffler son chien. L'arbitre a sifflé une faute.* **3.** Désapprouver bruyamment, par des sifflements, des cris, etc. *Le pianiste s'est fait siffler.* ⇒ **conspuer, huer.** **4.** FAM. Boire d'un trait. *Il a sifflé toute la bouteille.*

SIFFLET n. m. ▪ **1.** Petit instrument formé d'un tuyau court à ouverture en biseau, servant à émettre un son aigu (⇒ **appeau**). **2.** *Coup de sifflet,* ou absolt *sifflet,* son produit en soufflant dans un sifflet ou en sifflant. **3.** FAM. et VX Gorge, gosier. ➝ MOD. loc. (FAM.) *COUPER LE SIFFLET à qqn,* lui couper la parole, l'empêcher de s'exprimer. ➝ *Ça m'a coupé le sifflet.* ⇒ **interloquer.**

SIFFLEUR, EUSE adj. ▪ Qui siffle. *Merle siffleur.*

SIFFLOTEMENT n. m. ▪ Action de siffloter ; air siffloté.

Signac. *Vue de Saint-Tropez, coucher de soleil au bois de pins.* Musée de l'Annonciade, Saint-Tropez. *Phot. © Arch. Smeets*

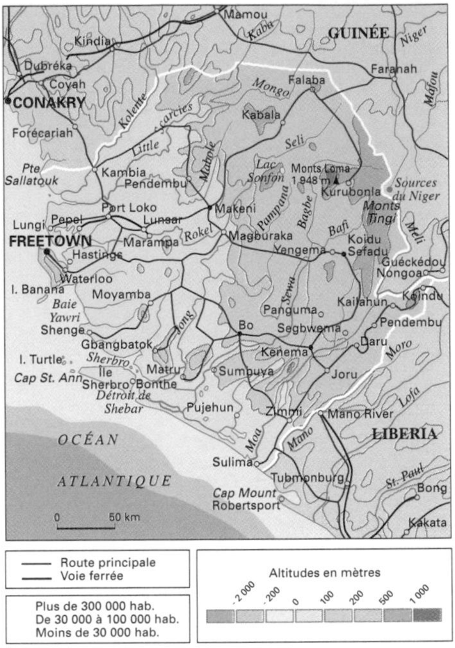

Sierra Leone.

SIFFLOTER v. intr. 1 ▪ Siffler négligemment en modulant un air. *Siffloter gaiement.* ➝ trans. *Siffloter un air.*

SIGEBERT ▪ NOM DE TROIS ROIS MÉROVINGIENS ► **SIGEBERT Ier** (535 - 575), époux de Brunehaut, roi d'Austrasie de 561 à sa mort. Il fut assassiné sur l'ordre de Frédégonde. ► **SIGEBERT III** (631 - 656), roi d'Austrasie de 634 à sa mort, fils de Dagobert Ier.

SIGILLAIRE [-il-] adj. ▪ DIDACT. Muni d'un sceau. ➝ Relatif aux sceaux.

SIGISBÉE n. m. ▪ VX ou iron. Chevalier* servant (d'une femme).

SIGISMOND ▪ NOM DE TROIS ROIS DE POLOGNE ► **SIGISMOND Ier JAGELLON** (1467 - 1548), roi de Pologne de 1506 à sa mort. ► **SIGISMOND II AUGUSTE JAGELLON** (1520 - 1572), fils du précédent, roi de Pologne de 1548 à sa mort. ► **SIGISMOND III VASA** (1566 - 1632), neveu du précédent, roi de Pologne de 1587 à sa mort et roi de Suède de 1592 à 1599.

SIGISMOND DE LUXEMBOURG (1368 - 1437) ▪ Roi de Bohême et de Hongrie, empereur germanique de 1411 à sa mort. En 1414, il convoqua le concile de Constance qui mit fin au schisme d'Occident.

SIGLE n. m. ▪ Suite d'initiales servant d'abréviation (ex. H.L.M.). ⇒ aussi **acronyme.**

Paul SIGNAC (1863 - 1935) ▪ Peintre et théoricien français. Il élabora avec Seurat les bases théoriques du néo-impressionnisme et les mit en application.

SIGNAL, AUX n. m. ▪ **1.** Signe convenu (geste, son...) fait par qqn pour indiquer le moment d'agir. *À son signal, tout le monde se leva. Donner le signal du départ.* ➝ Fait qui déclenche une action, un processus. *Leur arrestation a été le signal de l'insurrection.* **2.** Signe (ou système) conventionnel destiné à transmettre une information. *Signal d'alarme. Signaux optiques, acoustiques. ➝ Signaux routiers* (⇒ **signalisation**). ♦ DIDACT. Message véhiculant de l'information ; grandeur servant de support à une information.

SIGNALÉ, ÉE adj. ▪ (dans des loc., devant le nom) Remarquable, insigne. *Il m'a rendu un signalé service.*

SIGNALEMENT n. m. ▪ Description physique (d'une personne qu'on veut faire reconnaître). *Diffuser le signalement d'un criminel.*

SIGNALER v. tr. 1 ▪ **1.** Annoncer par un signal (ce qui se présente, un mouvement). ➝ au passif *Le virage est signalé par* *un panneau.* **2.** Faire remarquer ou connaître (qqch.) en attirant l'attention. *On a signalé leur présence à Paris. Permettez-moi de vous signaler que... Rien à signaler* (abrév. R. A. S.). ♦ Appeler l'attention sur (qqn). **3.** *SE SIGNALER* **v. pron.** Se faire remarquer, se distinguer (en bien ou en mal). *Elle s'est signalée par son courage.*

SIGNALÉTIQUE **adj.** ▪ Qui donne un signalement. *Fiche signalétique.*

SIGNALISATION **n. f.** ▪ Emploi, disposition des signaux destinés à assurer la bonne utilisation d'une voie et la sécurité des usagers. *Panneaux, feux de signalisation.*

SIGNALISER **v. tr.** [1] ▪ Munir d'un ensemble de signaux coordonnés. *Signaliser une route, une côte.*

SIGNATAIRE **n.** ▪ Personne, autorité qui a signé un acte, etc. *Les signataires d'un pacte.*

SIGNATURE **n. f.** ▪ **1.** Inscription qu'une personne fait de son nom (sous une forme particulière et constante) en vue de certifier exact ou authentique, ou d'engager sa responsabilité. ⇒ **griffe, paraphe, seing.** *Apposer sa signature.* ⇒ **signer.** - *Honorer sa signature,* l'engagement qu'on a signé. **2.** Action de signer (un écrit, un acte). *L'arrêté va être porté à la signature du ministre.*

SIGNE **n. m.** ▪ **I. 1.** Chose perçue qui permet de conclure à l'existence ou à la vérité (d'une autre chose, à laquelle elle est liée). ⇒ **indice, manifestation, marque, signal, symbole, symptôme.** *La fumée est le signe du feu. Un portrait est un signe de la personne représentée.* ⇒ **image.** *C'est un signe qui ne trompe pas. Signes cliniques d'une maladie.* ⇒ **symptôme.** *Donner des signes de fatigue, de nervosité.* ⇒ **manifester, témoigner.** - loc. *Ne pas donner SIGNE DE VIE* : paraître mort ; ne donner aucune nouvelle. *C'est BON SIGNE, c'est MAUVAIS SIGNE,* c'est l'annonce que ça va bien, mal. **2.** Élément ou caractère (d'une personne, d'une chose) qui permet de distinguer, de reconnaître. *Signes distinctifs.* - loc. *Un signe des temps,* une chose qui caractérise l'époque où l'on vit. ♦ Marque faite pour distinguer. *Marquer qqch. d'un signe.* **II. 1.** Mouvement ou geste destiné à communiquer avec qqn, à faire savoir qqch. ⇒ **signal.** *Communiquer par signes. Un signe de tête. Il me fit signe que oui ; d'entrer.* - *Je vous ferai signe,* j'entrerai en contact avec vous. - *En signe de,* pour manifester, exprimer. *Agiter son mouchoir en signe d'adieu.* **2.** Représentation matérielle simple qui se rapporte conventionnellement, dans une société donnée, à une réalité complexe. ⇒ **symbole.** *Le noir, signe de deuil. Le signe « plus »* (+), *le signe « moins »* (−). **3.** DIDACT. Tout objet perceptible qui renvoie à une chose qu'il évoque. *Étude des signes.* ⇒ **sémiologie, sémiotique ; sémantique.** ♦ LING. Élément du langage associant un signifiant à un signifié. *Les mots sont des signes.* **4.** Emblème, insigne (d'une société, d'une fonction...). *Le signe de (la) croix* (emblème des chrétiens). **5.** Chacune des figures représentant en astrologie les douze constellations du zodiaque. *Être né sous le signe du Bélier, être du signe du Bélier.*

① **SIGNER** **v. tr.** [1] ▪ Revêtir de sa signature (une lettre, une œuvre d'art...). *Signer un chèque.* - *Signer la paix,* le traité de paix. - au p. p. *Œuvre signée de la main de l'artiste.*

② SE **SIGNER** **v. pron.** [1] ▪ Faire le signe de croix.

SIGNET **n. m.** ▪ Petit ruban ou bande d'une matière souple qui sert à marquer tel ou tel endroit d'un livre.

SIGNIFIANT, ANTE ▪ **1. adj.** Qui signifie. **2. n. m.** LING. Partie matérielle du signe (phonèmes ou sons, caractères écrits), opposée et liée au signifié*.

SIGNIFICATIF, IVE **adj.** ▪ Qui signifie, exprime ou renseigne clairement. ⇒ **expressif ; révélateur.**

SIGNIFICATION **n. f.** ▪ **1.** Ce que signifie (une chose, un fait). *Quelle est la signification de ce geste ?* ♦ Sens (d'un signe, d'un ensemble de signes, et notamment d'un mot). *Les diverses significations d'un mot.* ⇒ **acception. 2.** DR. Action de signifier.

SIGNIFIÉ **n. m.** ▪ LING. Contenu du signe, opposé et lié au signifiant*. ⇒ ① **sens.**

SIGNIFIER **v. tr.** [7] ▪ **1.** (sujet chose) Avoir pour sens, être le signe de. ⇒ vouloir **dire.** *Qu'est-ce que cela signifie ?* (expression de mécontentement) ♦ (signes) Avoir pour sens. ⇒ **désigner, exprimer.** *Je ne sais pas ce que signifie ce mot. Le mot anglais « bed » signifie « lit ».* **2.** (sujet personne) Faire connaître par des signes, des termes parfaitement clairs. *Il nous a signifié ses intentions.* ♦ DR. Faire savoir légalement. ⇒ **notifier.** *Signifier un jugement.* **3.** absolt Fonctionner en tant que signe.

Luca SIGNORELLI (v. 1450 - v. 1523) ▪ Peintre italien. Il fut l'élève de Piero della Francesca et l'un des grands auteurs de fresques du XVe s. *"Derniers jours de Moïse"* (1481) de la chapelle Sixtine.

Signorelli. *Un homme et un démon,* détail d'une fresque de *L'Apocalypse,* chapelle San Brizio (cathédrale d'Orvieto). *Phot. © Giraudon*

Simone SIGNORET (1921 - 1985) ▪ Comédienne française. Elle a affirmé une forte personnalité dans des films d'Y. Allégret, de Becker (*"Casque d'or"*, 1952), de Carné (*"Thérèse Raquin"*, 1953) et de Clouzot (*"Les Diaboliques"*, 1954).

Simone **Signoret** dans *Casque d'or* de Jacques Becker. *Phot. © Coll. Rui Nogueira*

Norodom SIHANOUK → Norodom Sihanouk

Angelos SIKELIANOS (1884 - 1951) ▪ Un des plus grands poètes de la Grèce moderne. *"Le Discours delphique"* (1927).

SIKH, SIKHE **n.** ▪ Membre d'une secte religieuse indienne, fondée au XVe siècle par Nānak. - **adj.** *Les femmes sikhes.* ▪ Adeptes d'un monothéisme susceptible de réunir hindous et musulmans, les sikhs rejettent le système des castes. Rassemblés sous l'autorité de gourous, ils constituèrent une véritable théocratie militaire et réorganisèrent le Panjab avant son annexion à l'Inde britannique (XVIIIe s.). Largement majoritaires dans le Panjab actuel, ils revendiquèrent leur autonomie dès les années 1970, et de violents affrontements eurent lieu en 1984 entre extrémistes sikhs et forces fédérales.

le SIKKIM ▪ Petit État de l'Himalaya, rattaché à l'Inde depuis 1975. 7 096 km². 405 000 hab. Capitale : Gangtok.

Royaume fondé par des Tibétains en 1641, il fut colonisé par les Anglais au XIXe s.

SILENCE n. m. ▪ **I. 1.** Fait de ne pas parler ; état, attitude d'une personne qui reste sans parler. ⇒ **mutisme.** *Garder le silence,* se taire. *Faire silence.* ellipt *Silence !* - *Minute de silence,* hommage que l'on rend aux morts en demeurant debout, immobile et silencieux. ♦ *(Un, des silences)* Moment pendant lequel on ne dit rien. *Une conversation coupée de silences.* **2.** Fait de ne pas exprimer, de ne pas divulguer (ce qui est secret) ; attitude, état d'une personne qui ne s'exprime pas. *Promets-moi un silence absolu.* ⇒ **secret.** - *La loi du silence* (entre malfaiteurs ; dans des sociétés secrètes). - *Passer qqch. sous silence,* n'en rien dire. - *Réduire, forcer qqn au silence.* **II. 1.** Absence de bruit, d'agitation. ⇒ **calme, paix.** *Un silence de mort,* total. **2.** Interruption du son musical, indiquée dans la notation ; signe qui l'indique. ⇒ **pause, soupir.**

SILENCIEUSEMENT adv. ▪ Sans parler ; sans faire de bruit.

SILENCIEUX, EUSE adj. ▪ **I. 1.** Qui garde le silence. *Rester silencieux.* ⇒ **muet.** ♦ Qui ne s'accompagne pas de paroles. *Repas silencieux.* - *Une douleur silencieuse.* **2.** Qui se fait, fonctionne sans bruit. - Où le silence et le calme règnent. *Une rue silencieuse.* **II.** n. m. Dispositif qui étouffe le bruit (d'une arme, d'un moteur).

SILÈNE ▪ Père nourricier de Dionysos, dans la mythologie grecque, célèbre pour sa laideur et son ivresse.

la SILÉSIE ▪ Région d'Europe centrale partagée entre la République tchèque (région d'Ostrava) et la Pologne (majeure partie), où elle est divisée entre *basse Silésie* et *haute Silésie :* activités agricoles, importantes ressources minières, concentration industrielle exceptionnelle, forte concentration urbaine (Częstochowa, Cracovie, Wrocław). Disputée entre la Pologne, la Bohême et les États allemands dès le Moyen Âge, annexée par les Habsbourg en 1526, puis par la Prusse au XVIIIe s., elle fut attribuée, pour l'essentiel, à la Pologne en 1945.

SILEX [-ɛks] n. m. ▪ **1.** Roche sédimentaire siliceuse, cristallisée (⇒ **quartz**). **2.** Objet en silex. - spécialt Arme, outil préhistorique en silex.

SILHOUETTE n. f. ▪ **1.** Forme (de qqn, de qqch.) qui se profile sur un fond plus clair. *Distinguer une silhouette dans le brouillard.* - Forme ou dessin aux contours schématiques. *Silhouette des arbres reflétée dans l'eau.* **2.** Allure ou ligne générale (d'une personne). *Une silhouette jeune.*

Étienne de SILHOUETTE (1709 - 1767) ▪ Ministre des Finances de Louis XV. Ses mesures d'économie le rendirent très impopulaire et amenèrent sa disgrâce.

SILHOUETTER v. tr. [1] ▪ Représenter en silhouette. - pronom. *Se silhouetter.* ⇒ se **profiler.**

SILICATE n. m. ▪ Minéral, combinaison de silice avec un oxyde métallique.

SILICE n. f. ▪ Oxyde de silicium, corps solide de grande dureté, entrant dans la composition de nombreux minéraux. *Silice pure cristallisée.* ⇒ **quartz.**

SILICEUX, EUSE adj. ▪ Formé de silice.

SILICIUM [-jɔm] n. m. ▪ Corps simple (Si), métalloïde du groupe du carbone.

SILICONE n. f. ▪ Nom générique des dérivés du silicium se présentant sous forme d'huiles, de résines, de matières plastiques.

Silicon Valley. Vue générale. *Phot. © O'Rear/West light/Cosmos*

SILICON VALLEY ▪ « La vallée du silicium », zone industrielle de l'ouest de la Californie, s'étendant de San Jose à San Francisco (500 km^2), où est concentré l'essentiel de l'industrie électronique des États-Unis.

SILICOSE n. f. ▪ Maladie pulmonaire (maladie professionnelle) due à l'inhalation de poussières de silice.

SILLAGE n. m. ▪ Trace qu'un bateau laisse derrière lui à la surface de l'eau. - loc. *Être, marcher* DANS LE SILLAGE *de qqn :* à la suite de, derrière qqn (qui ouvre la voie). ♦ fig. *Un sillage parfumé.*

Frans Emil SILLANPÄÄ (1888 - 1964) ▪ Écrivain finlandais. Adepte d'un mysticisme biologique, il affirma la suprématie des instincts. *"Sainte misère"* (1919). Prix Nobel 1939.

SILLON n. m. ▪ **1.** Longue tranchée ouverte dans la terre par la charrue. - au plur. POÉT. Les champs cultivés, la campagne. **2.** Ligne, ride. *Menton creusé d'un sillon.* - ANAT. *Les sillons du cerveau,* les rainures qui séparent les circonvolutions. **3.** Trace produite à la surface d'un disque par l'enregistrement phonographique (⇒ **microsillon**).

le SILLON ▪ Mouvement socialiste chrétien de Marc Sangnier*, condamné par Pie X en 1910, précurseur de la démocratie chrétienne.

le SILLON ALPIN ▪ Large couloir de plaines encaissé entre les Préalpes et les Alpes. Ville principale : Grenoble.

SILLONNER v. tr. [1] ▪ **1.** Creuser en faisant des sillons, des fentes. - au p. p. *Un front sillonné de rides.* **2.** Traverser d'un bout à l'autre. *Les éclairs sillonnaient le ciel.* - Traverser, parcourir en tous sens.

SILO n. m. ▪ Réservoir où l'on entrepose les produits agricoles pour les conserver (⇒ **ensiler**). *Des silos à blé.*

SILOE ou **SILOÉ** ▪ SCULPTEURS ESPAGNOLS D'ORIGINE FLAMANDE ► **Gil de SILOÉ** (actif entre 1486 et 1505) fut une grande figure du gothique tardif. Il exécuta les tombeaux de Jean II de Castille et de son épouse Isabelle de Portugal. ► **Diego de SILOÉ** (v. 1495 - 1563), architecte et sculpteur, fils du précédent, fut une figure majeure de la Renaissance espagnole (sculptures de la cathédrale de Burgos; cathédrale de Grenade).

Secondo Tranquilli dit **Ignazio SILONE** (1900 - 1978) ▪ Écrivain italien. Il contribua à la fondation du Parti communiste italien, qu'il quitta en 1930. Il écrivit des romans, virulentes satires sociales servies par un réalisme poétique. *"Pain et Vin"* (1937); *"Le Grain sous la neige"* (1940).

SILURE n. m. ▪ Poisson à longs barbillons, aussi appelé *poisson-chat.*

l'abbaye de SILVACANE ▪ Abbaye cistercienne située sur la Durance, à proximité de La Roque-d'Anthéron, fondée en 1144.

Israël SILVESTRE (1621 - 1691) ▪ Dessinateur et graveur français. Il travailla au service de Louis XIV.

SIMAGRÉE n. f. ▪ surtout au plur. Comportement affecté destiné à attirer l'attention, à tromper. ⇒ **manière.** *Faire des simagrées.*

SIMBIRSK → **Oulianovsk**

Georges SIMENON (1903 - 1989) ▪ Écrivain belge de langue française. Créateur en 1930 du personnage du commissaire Maigret. Son œuvre romanesque fut immense, et souvent adaptée au cinéma.

Simenon.
Phot. © de Decker/Gamma

SIMFEROPOL ▪ Ville d'Ukraine, en Crimée. 349 000 hab. Centre commercial. Industries (tabac).

François SIMIAND (1873-1935) ▪ Sociologue et économiste français. Voyant dans la statistique la méthode d'études des sciences sociales, il a notamment publié des études sur *"Le Salaire, l'évolution sociale et la monnaie"* (1932) et *"Les Fluctuations économiques à longue période et la crise mondiale"* (1933).

SIMIEN n. m. ▪ Primate du sous-ordre comprenant les singes. *Les anthropoïdes sont des simiens.*

SIMIESQUE adj. ▪ LITTÉR. Qui tient du singe, évoque le singe.

SIMILAIRE adj. ▪ Qui est à peu près semblable. ⇒ **analogue, équivalent.**

SIMILARITÉ n. f. ▪ Caractère des choses similaires.

SIMILI- Élément, du latin *similis* « semblable », qui entre dans des mots désignant des imitations. ⇒ **pseudo-.**

SIMILICUIR n. m. ▪ Matière plastique imitant le cuir. ⇒ **skaï.**

SIMILIGRAVURE n. f. ▪ Photogravure en demi-teinte au moyen de trames à travers lesquelles sont photographiés les objets ; cliché ainsi obtenu. ◇ abrév. SIMILI.

SIMILITUDE n. f. ▪ Relation unissant deux choses semblables. ⇒ **analogie, identité, ressemblance.** - GÉOM. Caractère de deux figures semblables ; transformation du plan, composée d'une rotation et d'une homothétie de même centre.

Georg SIMMEL (1858-1918) ▪ Philosophe et sociologue allemand, s'inspirant de Kant.

Michel SIMON (1895-1975) ▪ Comédien français d'origine suisse. *"Drôle de drame"* (1937); *"Le Vieil Homme et l'Enfant"* (1966).

Claude SIMON (né en 1913) ▪ Écrivain français. Un des principaux représentants du nouveau roman qui substitua au temps classique « une durée vague, hachurée ». *"La Route des Flandres"* (1960). Prix Nobel 1985.

Claude **Simon.**
Phot. © de Decker/Gamma

saint SIMON LE CANANÉEN ou **LE ZÉLOTE** ▪ Apôtre de Jésus. Il aurait été crucifié en Perse.

SIMON LE MAGICIEN ▪ Personnage des Actes des Apôtres qui voulut acheter à Pierre le pouvoir d'évoquer le Saint-Esprit (d'où la *simonie*).

SIMOUN [-un] n. m. ▪ Vent violent, chaud et sec, qui souffle sur les régions désertiques (Arabie, etc.). ⇒ **sirocco.**

SIMPLE adj. ▪ **I.** (personnes) **1.** Qui agit selon ses sentiments, sans affectation, sans calcul, sans recherche. ⇒ **direct.** *Un homme simple et bon.* - *"Un cœur simple"* (conte de Flaubert). **2.** Dont les manières, les goûts ne dénotent aucune prétention. *Il a su rester simple.* **3.** Qui est de condition modeste. *Des gens simples.* **4.** Qui a peu de finesse, se laisse facilement tromper. ⇒ **crédule, simplet.** *Il est un peu simple.* ♦ *SIMPLE D'ESPRIT :* qui n'a pas une intelligence normalement développée. ⇒ **arriéré.** - n. *Un, une simple d'esprit.* **II.** (choses) **1.** Qui n'est pas composé de parties, est indécomposable. *Corps (chimiques) simples. Un aller simple* (opposé à *aller et retour*). *Temps simples d'un verbe* (opposé à *composé*). - n. m. *Varier du simple au double.* **2.** (avant le nom) Qui est uniquement (ce que le substantif implique), et rien de plus. *Une simple formalité.* ⇒ **pur.** *Un simple soldat.* - *Pur* et simple.* **3.** Qui est formé d'un petit nombre de parties ou d'éléments (opposé à *complexe*). ⇒ **élémentaire. 4.** Qui, étant formé de peu d'éléments, est aisé à comprendre, à utiliser (opposé à *compliqué, difficile*). ⇒ **commode, facile.** *Il y a un moyen bien simple.* loc. *Simple comme bonjour*.* - FAM. *C'est simple, bien simple,* se dit pour présenter une évidence ou résumer une situation. **5.** Qui comporte peu d'éléments ajoutés, peu d'ornements (opposé à *recherché*). *Une robe toute simple.* - loc. *Dans le plus simple appareil*.* **III.** n. m. **1.** (au plur.) Plante médicinale. *Cueillir des simples.* **2.** Partie de tennis, de tennis de table entre deux adversaires (opposé à *double*). *Un simple dames.*

SIMPLEMENT adv. ▪ **1.** D'une manière simple ; avec simplicité. ⇒ **naturellement. 2.** Seulement. *Je voulais simplement te dire... Tout simplement.* - *Purement* et simplement.*

SIMPLET, ETTE adj. ▪ **1.** Qui est un peu simple (I, 4). ⇒ **naïf. 2.** (choses) D'une excessive simplicité. *Une mélodie simplette.*

SIMPLICITÉ n. f. ▪ **I. 1.** Sincérité sans détour. ⇒ **franchise.** - Comportement naturel et spontané. ⇒ **naturel. 2.** Caractère d'une personne simple (I, 2). - loc. *EN TOUTE SIMPLICITÉ :* sans cérémonie. **3.** LITTÉR. Naïveté exagérée. ⇒ **candeur. II.** (choses) **1.** Caractère de ce qui n'est pas composé ou décomposable. **2.** Caractère de ce qui est facile à comprendre, à utiliser. *Problème d'une grande simplicité, d'une simplicité enfantine.* **3.** Qualité de ce qui n'est pas chargé d'ornements superflus. *La simplicité d'une architecture.*

SIMPLIFICATION n. f. ▪ Action, fait de simplifier ; résultat de cette action.

SIMPLIFIER v. tr. [7] ▪ Rendre plus simple (moins complexe, moins chargé, plus facile). *Cela simplifie la question. Cet appareil me simplifie la vie.*

SIMPLISTE adj. ▪ Qui simplifie outre mesure. *Un raisonnement simpliste.*

le SIMPLON ▪ Passage des Alpes faisant communiquer la Suisse (Valais) et l'Italie (Piémont). Voies ferroviaires et routières très fréquentées.

SIMULACRE n. m. ▪ LITTÉR. Ce qui n'a que l'apparence (de ce qu'il prétend être). ⇒ **parodie, semblant.** *Un simulacre de procès.*

SIMULATEUR, TRICE ▪ **1.** n. Personne qui simule un sentiment, prend une attitude trompeuse. - spécialt Personne qui simule une maladie. **2.** n. m. Appareil qui permet de représenter artificiellement un fonctionnement réel. *Simulateur de vol.*

SIMULATION n. f. ▪ **1.** DR. Fait de simuler (un acte juridique). **2.** Action de simuler (un sentiment ; une maladie). **3.** TECHN. Représentation simulée d'un fonctionnement, d'un processus.

SIMULER v. tr. [1] ▪ **1.** DR. Faire paraître comme réel, effectif (ce qui ne l'est pas). *Simuler une vente.* **2.** Imiter l'apparence de. ⇒ **contrefaire, feindre,** faire **semblant** de. *Simuler un malaise.* - au p. p. *Une indifférence simulée.* **3.** (choses) Avoir l'apparence de. **4.** TECHN. Représenter artificiellement (un fonctionnement ; un processus).

SIMULTANÉ, ÉE adj. ▪ **1.** Se dit d'événements distincts ayant lieu au même moment. ⇒ **concomitant, synchrone.** *Mouvements simultanés.* **2.** *Interprétation, traduction simultanée,* donnée en même temps que parle l'orateur.

SIMULTANÉITÉ n. f. ▪ Caractère simultané. « *Tandis que* » *marque la simultanéité.*

SIMULTANÉMENT adv. ▪ En même temps.

SIN-, SINO- Élément savant qui signifie « de la Chine ».

le SINAÏ ▪ Péninsule montagneuse et désertique d'Égypte, à l'est du canal de Suez, qui fut le terrain de violents combats durant les guerres israélo-arabes. Occupé par Israël en 1967, il fut remis à l'Égypte en 1982. ► **le mont SINAÏ** Ensemble montagneux de la péninsule du Sinaï où, selon la Bible, Moïse reçut les dix commandements de Yahvé.

Sinaï. Monastère de Sainte-Catherine-du-Sinaï.
Phot. © Hermes/Spooner/Gamma

Mimar SINAN (1489-1588) ▪ Architecte turc. Le plus célèbre représentant de l'époque ottomane classique. Nombreuses mosquées, notamment à Andrinople (Édirne).

SINANTHROPE n. m. ▪ Grand primate fossile (hominien : homo erectus) dont les restes ont été découverts en Chine.

SINAPISÉ, ÉE adj. ▪ À base de farine de moutarde. *Cataplasme sinapisé.*

SINAPISME n. m. ▪ Traitement révulsif par application d'un cataplasme sinapisé ; ce cataplasme.

Frank SINATRA (né en 1915) ▪ Chanteur et acteur américain. Le plus célèbre des « crooners » italo-américains à la mode dans les années 1940, il sut concilier le phrasé du jazz et la chanson sentimentale. *"Night and Day"*; *"Strangers in the Night"*. Il mena parallèlement une carrière au cinéma.

SINCÈRE adj. ▪ **1.** Qui est disposé à reconnaître la vérité et à faire connaître ce qu'il pense, ce qu'il ressent. ⇒ **franc, loyal.** *Elle s'est excusée, et je la crois sincère.* - (épithète) Véritable, authentique. *Ami sincère.* **2.** Réellement pensé ou senti. *Aveu, repentir sincère.* - (politesse) *Sincères salutations.*

SINCÈREMENT adv. ▪ D'une manière sincère.

SINCÉRITÉ n. f. ▪ **1.** Qualité d'une personne sincère. ⇒ **bonne foi, franchise, loyauté.** *En toute sincérité.* **2.** Caractère de ce qui est sincère.

Upton Beall SINCLAIR (1878-1968) ▪ Romancier américain. Tôt converti au socialisme, il sera avec J. London un des représentants des *muckrakers* et un adversaire acharné du capitalisme, dénoncé dans ses romans. *"La Jungle"* (1906); *"Le Pétrole"* (1927); *"Les Griffes du dragon"* (prix Pulitzer 1942).

le SIND ▪ Province du Pakistan, correspondant à la basse vallée et au delta de l'Indus. 140 900 km². Env. 24 000 000 hab. Capitale : Karachi. La vallée irriguée et le delta du fleuve en font l'une des premières régions productrices de coton du monde.

SINDBAD LE MARIN ▪ Personnage des *"Mille et Une Nuits"*, marin, héros d'aventures merveilleuses.

SINÉCURE n. f. ▪ Charge ou emploi où l'on est rétribué sans avoir rien (ou presque rien) à faire ; situation de tout repos. - loc. FAM. *Ce n'est pas une sinécure :* ce n'est pas de tout repos.

SINE DIE [sinedje] loc. adv. ▪ Sans fixer de date pour une autre séance. *Ajourner un débat sine die.*

SINE QUA NON [sinekwanɔn] loc. adj. invar. ▪ *Condition sine qua non,* absolument indispensable.

SINGAPOUR ▪ État (république) d'Asie du Sud-Est, formé d'une île, reliée à la Malaysia par un pont, et de 57 îlots. 616 km². 2 818 200 hab. *(les Singapouriens).* Capitale : Singapour. Langues : malais (officielle), anglais (administrative), chinois, tamoul. Monnaie : dollar de Singapour. 1er port mondial pour le tonnage. Grand centre industriel (électronique, pétrochimie, construction navale, industrie textile), commercial et bancaire. Tourisme. D'abord favorisé par la proximité du Japon, le pays fait partie des « dragons » qui ont connu un essor économique remarquable. Occupée (1819) puis achetée par les Anglais, l'île devint une colonie britannique (1867). Elle est indépendante depuis 1965 et fait partie du Commonwealth.

SINGE n. m. ▪ **1.** Mammifère (primate) à face nue, au cerveau développé, aux membres préhensiles à cinq doigts. ⇒ simien ; pithéc(o)- ; simiesque. - Mâle de l'espèce. *Un singe et une guenon.* **2.** loc. *Malin comme un singe,* très malin. - *Payer en* MONNAIE DE SINGE, par de belles paroles. - *Faire le singe :* faire des singeries. - prov. *On n'apprend pas à un vieux singe à faire la grimace :* on n'apprend pas les ruses à une personne pleine d'expérience. **3.** fig. Personne laide. **4.** Imitateur ; personne qui contrefait. **5.** FAM. Corned-beef.

Singapour. Vue générale. *Phot. © Charles Lénars*

SINGER v. tr. 3 ▪ **1.** Imiter maladroitement ou d'une manière caricaturale. ⇒ **contrefaire.** *Singer qqn, les manies de qqn.* **2.** Feindre, simuler (un sentiment...).

Isaac Bashevis SINGER (1904-1991) ▪ Écrivain américain d'expression yiddish. Il a évoqué la vie dans les ghettos juifs polonais, les problèmes rencontrés par les émigrants arrivés à New York. *"Le Magicien de Lublin"* (1960). Prix Nobel 1978.

SINGERIE n. f. ▪ **I. 1.** au plur. Grimace, attitude comique. **2.** fig. Imitation maladroite ou caricaturale. **II.** Ménagerie de singes.

SINGULARISER v. tr. 1 ▪ Distinguer des autres par qqch. de peu courant. ► SE SINGULARISER v. pron. Se faire remarquer par quelque chose de particulier, d'extraordinaire.

SINGULARITÉ n. f. ▪ **1.** LITTÉR. Caractère exceptionnel de ce qui se distingue (en bien ou en mal). ⇒ **étrangeté, originalité.** **2.** Fait, trait singulier. ⇒ **particularité.**

SINGULIER, IÈRE ▪ **I.** adj. **1.** loc. *Combat singulier,* entre une personne et un seul adversaire. **2.** LITTÉR. Différent des autres. ⇒ **extraordinaire, unique.** *Une personnalité singulière.* ♦ COUR. Digne d'être remarqué par des traits peu communs. ⇒ **bizarre, étonnant, rare.** *Un charme très singulier.* - iron. *Singulière façon de raisonner !* **II.** n. m. Catégorie grammaticale qui exprime l'unité (opposé à *pluriel*). ⇒ ② **duel ; nombre.**

SINGULIÈREMENT adv. ▪ **1.** Particulièrement ; notamment. **2.** Beaucoup, très. **3.** LITTÉR. Bizarrement ; étrangement. *Singulièrement accoutré.*

SINISER v. tr. 1 ▪ DIDACT. Répandre la civilisation chinoise dans (un pays). - pronom. *Se siniser.*

① **SINISTRE** adj. ▪ **1.** Qui fait craindre un malheur, une catastrophe. *Présage sinistre.* - *Des bruits sinistres.* ⇒ **effrayant.** ♦ Menaçant, inquiétant. *Des ombres sinistres.* **2.** (sens affaibli) Triste et ennuyeux. *Une soirée sinistre.* **3.** LITTÉR. Dangereux (par lui-même). *Un sinistre avenir.* **4.** avant le nom COUR. (intensif) *Un sinistre crétin.*

② **SINISTRE** n. m. ▪ **1.** Événement catastrophique naturel (incendie, inondation, etc.) qui occasionne des pertes, des dommages. **2.** Dommages ou pertes subis par un assuré. *Évaluer le sinistre.*

SINISTRÉ, ÉE ▪ **1.** adj. Qui a subi un sinistre. *Région sinistrée.* **2.** n. *Indemniser des sinistrés.*

SINISTROSE n. f. ▪ **1.** PSYCH. État mental de certains accidentés qui s'exagèrent leur infirmité. **2.** Pessimisme (collectif) excessif.

SIN-LE-NOBLE ▪ Commune du Nord. 16 472 hab. *(les Sinois).*

le SINN FÉIN ▪ Mouvement nationaliste irlandais, fondé en 1902, pour lutter contre la présence anglaise. Il fut dirigé par E. De Valera. Le Sinn Féin est devenu, au lendemain de la Première Guerre mondiale, la branche politique de l'IRA.

SINO- ⇒ SIN-

SINOLOGIE n. f. ▪ DIDACT. Ensemble des études relatives à la Chine.

SINOLOGUE n. ▪ Spécialiste de la Chine.

SINON conj. ▪ **1.** (après une proposition négative) En dehors de. ⇒ **excepté, sauf.** *Il n'aime personne sinon lui-même.* - (après une proposition interrogative) Si ce n'est. *Que peut-on faire sinon accepter ?* **2.** (concession) En admettant que ce ne soit pas. *Sinon l'approbation, du moins l'indulgence.* ⇒ **à défaut** de. ♦ Peut-être même. *Un air indifférent sinon hostile.* ⇒ **voire.** **3.** Si la supposition (énoncée) ne se réalise pas. ⇒ **autrement, sans** quoi. *Il n'a pas eu ma lettre, sinon il serait venu. Si tu es là, tant mieux ; sinon, on verra.*

SINOQUE ou **CINOQUE** adj. ▪ FAM. et VIEILLI Fou, folle. ⇒ **cinglé.**

SINT-MARTENS-LATEM en français ***LAETHEM-SAINT-MARTIN*** ▪ Commune de Belgique (Région flamande, province de Flandre-Orientale). 8 203 hab. À la fin du XIXe s. s'y illus-

Sisley. *Inondations à Port-Marly.* Musée d'Orsay, Paris.
Phot. © Nimmatallah/Ricciarini

trèrent deux groupes d'artistes : le premier, symboliste, autour du sculpteur Minne ; le second, expressionniste, avec Permeke et Van den Berghe.

SINT-NIKLAAS en français ***SAINT-NICOLAS*** ▪ Ville de Belgique (Région flamande, province de Flandre-Orientale). 68 203 hab. Place pittoresque, la plus vaste de Belgique. Centre de la bonneterie.

SINT-PIETERS-LEEUW en français ***LEEUW-SAINT-PIERRE*** ▪ Ville de Belgique (Région flamande, province du Brabant flamand). 28 959 hab. Église gothique.

SINTRA ou **CINTRA** ▪ Ville du Portugal (région de Lisbonne-Vallée du Tage), à l'ouest de Lisbonne, au pied de la *serra de Sintra.* Ancien palais royal des XIVe-XVIe s.

SINUEUX, EUSE adj. ▪ Qui présente une suite de courbes irrégulières. *Des ruelles sinueuses.* ‑ fig. ⇒ **tortueux.** *Raisonnement sinueux.*

SINŬIJU ou **SIN-EUI-JU** ▪ Ville de Corée-du-Nord. 130 000 hab.

SINUOSITÉ n. f. ▪ Ligne sinueuse ; courbe. ⇒ **détour.** *Les sinuosités d'une rivière.* ⇒ **méandre.**

① **SINUS** [-ys] n. m. ▪ **1.** Cavité de certains os de la face (frontal, maxillaire supérieur). **2.** Renflement de certains vaisseaux sanguins.

② **SINUS** [-ys] n. m. ▪ *Sinus d'un angle :* rapport entre la longueur d'une perpendiculaire menée d'un côté de l'angle sur l'autre côté, et la longueur de l'hypoténuse du triangle rectangle ainsi formé (⇒ **trigonométrie** ; aussi **cosinus**).

SINUSITE n. f. ▪ Inflammation des sinus de la face.

SINUSOÏDAL, ALE, AUX adj. ▪ **1.** MATH. Relatif à une sinusoïde. **2.** Qui fait des sinuosités, des zigzags.

SINUSOÏDE n. f. ▪ MATH. Courbe représentant les variations du sinus (ou du cosinus) d'un angle.

SION ▪ Colline sur laquelle fut édifiée Jérusalem ; cette ville elle-même.

SION en allemand ***SITTEN*** ▪ Ville de Suisse, chef-lieu du canton du Valais. 25 353 hab. Site pittoresque. Château féodal. Cathédrale (XVe s.).

SIONISME n. m. ▪ Mouvement politique et religieux, visant à l'établissement puis à la consolidation d'un État juif en Palestine. ▪ Apparu à la fin du XIXe s. alors que l'antisémitisme connaissait une expansion rapide en Europe, le sionisme, avec Herzl* pour principal théoricien, prônait le retour des juifs du monde entier dans le pays de leurs ancêtres, la Palestine. Cette revendication trouva son aboutissement avec la création de l'État d'Israël en 1948.

SIONISTE adj. et n. ▪ Relatif ou favorable au sionisme. ‑ n. *Les sionistes.*

la **SIOULE** ▪ Rivière d'Auvergne, affluent de l'Allier. 150 km.

SIOUX adj. et n. ▪ Des Sioux*. *Une réserve sioux.* ♦ n. loc. *Une ruse de Sioux,* très habile.

les **SIOUX** ou **DAKOTAS** ▪ Indiens d'Amérique du Nord qui vivaient dans les grandes plaines. Ils luttèrent contre les Blancs pour garder leur terre mais furent soumis en 1890-1891. Ils sont aujourd'hui confinés dans les réserves du Dakota.

SIOUX FALLS ▪ Ville des États-Unis, la plus grande du Dakota-du-Sud. 101 000 hab.

SIPHOÏDE adj. ▪ TECHN. En forme de siphon.

SIPHON n. m. ▪ **1.** Tube courbé ou appareil permettant de transvaser un liquide ou de faire communiquer deux liquides. ‑ Tube en forme de S, à la sortie des appareils sanitaires. **2.** Bouteille remplie d'une boisson gazeuse sous pression et munie d'un bouchon à levier. *Un siphon d'eau de Seltz.*

SIPHONNÉ, ÉE adj. ▪ FAM. Fou.

SIPHONNER v. tr. [1] ▪ Transvaser (un liquide), vider (un contenant) à l'aide d'un siphon.

David Alfaro **SIQUEIROS** (1896 ‑ 1974) ▪ Peintre mexicain. Peintures murales expressionnistes.

SIRE n. m. ▪ **1.** Ancien titre honorifique. ♦ loc. *Un triste sire :* un individu peu recommandable. **2.** (appellatif) Titre donné à un souverain.

SIRÈNE n. f. ▪ **I.** Être fabuleux, à tête et torse de femme, avec un corps d'oiseau (dans la mythologie grecque) ou une queue de poisson (dans la tradition médiévale), qui passait pour attirer, par la douceur de son chant, les navigateurs sur les écueils. *Ulysse et les sirènes.* ‑ loc. *Écouter le chant des sirènes :* se laisser charmer, séduire. ♦ fig. LITTÉR. Dangereuse séductrice. **II.** Puissant appareil sonore destiné à produire un signal. *Sirène d'alarme.*

SIRIUS ▪ Étoile la plus brillante du ciel.

SIROCCO n. m. ▪ Vent de sud-est chaud et sec, d'origine saharienne (régions méditerranéennes). ⇒ **simoun.**

SIROP n. m. ▪ Solution de sucre dans de l'eau, du jus de fruit... *Sirop d'orgeat.* ‑ *Sirop pharmaceutique. Sirop contre la toux.* ‑ fig. FAM. *Cette musique, c'est du sirop* (→ **sirupeux**).

SIROTER v. tr. [1] ▪ FAM. Boire à petits coups, en savourant. ⇒ **déguster.** *Siroter son café.*

SIRUPEUX, EUSE adj. ▪ **1.** De la consistance du sirop. **2.** fig. péj. *Musique sirupeuse,* facile, mièvre.

SIS, SISE adj. ▪ DR. ou LITTÉR. Situé. *Un domaine sis à tel endroit.*

SISAL, ALS n. m. ▪ Agave dont les feuilles fournissent une fibre textile ; cette fibre.

Alfred **SISLEY** (1839 ‑ 1899) ▪ Peintre britannique de l'école impressionniste française. « *Inondations à Port-Marly* » (1876) ; « *La Neige à Louveciennes* » (1878).

SISMIQUE adj. ▪ Relatif aux séismes. *Secousse sismique.* ⇒ **tellurique.**

SISM(O)- Élément savant, du grec *seismos* « secousse », qui signifie « séisme » (ex. *sismologie* n. f. « étude des séismes »).

le groupe des **Six**. Tableau de J.-E. Blanche. Musée des Beaux-Arts, Rouen. *Phot. © Lauros/Giraudon*

SISMOGRAPHE n. m. ▪ Appareil qui enregistre les mesures des séismes.

Jean Charles Léonard Simonde de SISMONDI (1773-1842) ▪ Historien et économiste suisse. Il formula un programme d'intervention de l'État ayant pour but la protection de la classe ouvrière. *"Nouveaux principes d'économie politique"* (1817).

SISTERON ▪ Commune des Alpes-de-Haute-Provence. 6 594 hab. *(les Sisteronais)*. Cathédrale du XIIe s.

SISTRE n. m. ▪ Instrument de musique à percussion comportant des objets (coquilles, rondelles) qui s'entrechoquent quand on le secoue.

SISYPHE ▪ Roi légendaire de Corinthe. Après sa mort, il fut condamné à rouler éternellement, sur le versant d'une montagne, un rocher qui retombait sans cesse.

SITAR n. m. ▪ Instrument de musique à cordes pincées, en usage en Inde. ≠ *cithare*.

SITE n. m. ▪ **1.** Paysage (du point de vue de l'esthétique, du pittoresque). *Un site grandiose.* **2.** Configuration d'un lieu (en rapport avec son utilisation par l'homme). ⇒ **situation.** *Site urbain.* - *Site archéologique* (où l'on effectue des fouilles).

SIT-IN [sitin] n. m. invar. ▪ anglic. Manifestation non-violente consistant à s'asseoir en groupes sur la voie publique.

SITÔT adv. ▪ **1.** adv. de temps Aussitôt. *Sitôt dit, sitôt fait.* - LITTÉR. *Sitôt après.* - loc. adv. *PAS DE SITÔT* (→ pas de si tôt*). *Il ne reviendra pas de sitôt :* il n'est pas près de revenir. **2.** *SITÔT QUE* loc. conj. (+ indic.) : aussitôt que. ⇒ **dès** que. *Sitôt qu'il la vit, il sortit.*

SITUATION n. f. ▪ **1.** Fait d'être dans un lieu ; place occupée dans un espace. - spécialt Emplacement (d'une ville, d'un édifice). ⇒ **site** (2). **2.** Ensemble des circonstances dans lesquelles une personne se trouve. ⇒ **condition, position.** *Être maître de la situation.* - loc. FAM. VIEILLI *Elle est dans une situation intéressante :* elle est enceinte. - *Situation de famille* (célibataire, marié...). - loc. *Être EN SITUATION DE* (+ inf.), en mesure de ; bien placé pour. ♦ (pays, collectivité) *La situation est grave.* ♦ (au théâtre, etc.) *Une situation comique, dramatique.* **3.** Emploi, poste rémunérateur régulier et stable. ⇒ **fonction, place.** *Perdre sa situation. Il a une belle situation.* **4.** Ensemble des relations qui unissent une personne, un groupe à son milieu. *L'homme en situation.* - *Mettre qqn EN SITUATION,* dans une situation aussi proche que possible de la réalité.

SITUATIONNISME n. m. ▪ Mouvement gauchiste de contestation qui prit des positions radicales dans les années 60 (notamment, refus de la « société du spectacle »). ► adj. et n. SITUATIONNISTE ◇ abrév. FAM. SITU.

SITUER v. tr. [1] ▪ **1.** Placer en un lieu. - au p. p. *Ville située en plaine.* - (par la pensée) ⇒ **localiser.** *L'auteur a situé l'action à Londres.* **2.** Mettre à une certaine place dans un ensemble. *Situer un événement à telle époque.* - FAM. *On ne le situe pas bien,* on ne voit pas quelle sorte d'homme c'est. ► **SE SITUER** v. pron. **1.** passif Se trouver. - Avoir lieu. **2.** réfl. *Se situer par rapport à qqn, qqch. :* préciser sa position (sens propre et figuré).

SIVAS anciennt ***SÉBASTE*** ▪ Ville de Turquie. 221 512 hab. Monuments seldjoukides.

SIX [sis] ▪ **1.** adj. numéral Cinq plus un (6). ⇒ **demi-douzaine ; hexa-.** *"Six personnages en quête d'auteur"* (de Pirandello). ♦ ordinal Sixième. *Page six. Charles VI.* - n. m. *Il habite au six,* au numéro six. **2.** n. m. Le chiffre, le nombre, le numéro six.

▪ **le groupe des SIX** ▪ Compositeurs français du XXe s. : Auric, Honegger, Milhaud, Poulenc, Germaine Tailleferre et Louis Durey. Groupés autour de E. Satie, leur porte-parole fut J. Cocteau.

▪ **la guerre des SIX JOURS** → guerres **israélo-arabes**

SIX-FOURS-LES-PLAGES ▪ Commune du Var. 28 957 hab. *(les Six-Fournais)*.

SIXIÈME [siz-] adj. ▪ **1.** Dont le numéro, le rang est six (6e). *Le sixième jour.* - n. f. Classe qui commence l'enseignement secondaire (en France). **2.** Se dit d'une partie d'un tout divisé également en six. - n. m. *Un sixième.* ► adv. SIXIÈMEMENT

À LA **SIX-QUATRE-DEUX** [alasiskatdø] loc. adv. ▪ FAM. À la hâte ; sans soin. ⇒ à la **va-vite.** *Un travail fait à la six-quatre-deux.*

SIXTE n. f. ▪ MUS. Sixième degré de la gamme diatonique. - Intervalle de six degrés.

SIXTE ▪ NOM DE CINQ PAPES ► **SIXTE IV** (1414-1484), élu en 1471, adversaire des Médicis, fit construire la chapelle Sixtine. ► **SIXTE V** ou **SIXTE QUINT** (1520-1590), élu en 1585, poursuivit l'œuvre de la Contre-Réforme et embellit Rome.

la chapelle SIXTINE ▪ Chapelle du Vatican (achevée en 1483). Fresques de la voûte (1508-1512) et fresque du *"Jugement dernier"* (1536-1541) par Michel-Ange. Restaurée entre 1980 et 1994.

SJÆLLAND ou **SJALLAND** ▪ Principale île du Danemark dans la Baltique. 7 027 km². 284 233 hab. Elle abrite la capitale du pays, Copenhague. Agriculture intensive. Industries.

Victor SJÖSTRÖM (1879-1960) ▪ Cinéaste et acteur suédois. Tout en poursuivant jusqu'à la fin de sa vie une carrière d'acteur, il fut, par son lyrisme visionnaire et par l'efficacité d'une technique inédite (surimpressions, retours en arrière), un des metteurs en scène les plus féconds du

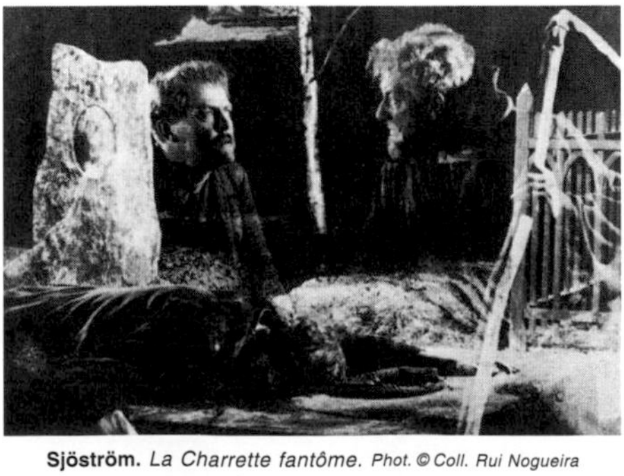

Sjöström. *La Charrette fantôme.* *Phot. © Coll. Rui Nogueira*

cinéma. *"La Charrette fantôme"* (1921); *"La Lettre écarlate"* (1926); *"Le Vent"* (1928).

SKAÏ [skaj] **n. m.** (n. déposé) ▪ Tissu enduit de matière synthétique, imitant le cuir. ⇒ **similicuir.**

George Castriota dit **SKANDERBEG** ou **SCANDERBEG** (v. 1403 - 1468) ▪ Homme de guerre albanais. Chef de la lutte contre les Turcs, proclamé prince en 1444, il mourut invaincu. Après lui, l'Albanie fut annexée par la Turquie.

Piotr SKARGA (1536 - 1612) ▪ Le plus grand prédicateur et prosateur polonais du XVIe s. Partisan de la Contre-Réforme.

SKATE-BOARD [skɛtbɔʀd] **n. m.** ▪ anglic. Planche* à roulettes. ◇ abrév. FAM. SKATE.

SKETCH **n. m.** ▪ anglic. Courte scène, comique et enlevée, pour un petit nombre d'acteurs. ⇒ **saynète.** *Des sketchs* ou *des sketches.*

SKI **n. m.** ▪ **1.** Longue lame relevée à l'avant, placée sous le pied pour glisser sur la neige. *Une paire de skis. Aller en skis, à skis.* **2.** *Le ski :* la locomotion, le sport en skis (descente, slalom, saut...). *Faire du ski. Champion de ski.* - *Ski de piste, ski alpin. Ski de fond,* sur parcours à faible dénivellation. *Ski de randonnée,* hors des pistes balisées. *Ski acrobatique.* ♦ FAM. Sports d'hiver. **3.** *SKI NAUTIQUE :* sport où l'on glisse sur l'eau, tiré par un canot à moteur et chaussé d'un ou deux longs patins.

SKIABLE **adj.** ▪ Où l'on peut faire du ski. *Piste, neige skiable. Domaine skiable d'une station.*

SKIER **v. intr.** [7] ▪ Aller en skis, faire du ski.

SKIEUR, SKIEUSE **n.** ▪ Personne qui fait du ski.

SKIFF **n. m.** ▪ Bateau de sport très long, effilé, pour un seul rameur.

SKIKDA autrefois ***PHILIPPEVILLE*** ▪ Ville et port d'Algérie. 127 901 hab. Pétrochimie.

SKINHEAD [skinɛd] **n.** ▪ anglic. Garçon ou fille qui prône l'agressivité et la violence, et dont la tenue manifeste cette idéologie (crâne rasé, etc.). ◇ abrév. FAM. SKIN.

Burrhus Frederic SKINNER (1904 - 1990) ▪ Psychologue américain, théoricien du comportementalisme. Il donna son nom à un dispositif mécanique (la *boîte de Skinner*) permettant d'étudier l'effet des récompenses sur les comportements chez l'animal.

SKIPPER [skipœʀ] **n. m.** ▪ anglic. **1.** Chef de bord d'un yacht de croisière. **2.** Barreur d'un voilier de régates.

SKOPJE ou **SKOPLJE** ▪ Capitale de la Macédoine. 448 229 hab.

Aleksandr Nikolaïevitch SKRIABINE ou **SCRIABINE** (1872 - 1915) ▪ Compositeur russe. Chef de file du courant moderniste au début du XXe s. *"Prométhée"* ou *"le Poème du feu"* (1910), pour orchestre. Sonates, impromptus et préludes pour piano.

SKUNKS **n. m.** ⇒ SCONSE

SLALOM [slalɔm] **n. m.** ▪ Épreuve de ski, descente sinueuse où l'on passe entre des piquets (⇒ **porte**). *Slalom géant* (portes plus espacées). - fig. *Faire du slalom entre les voitures* (moto, vélo...).

SLALOMER **v. intr.** [1] ▪ Effectuer un slalom. - fig. Avancer en zigzag, en évitant des obstacles.

SLALOMEUR, EUSE **n.** ▪ Skieur, skieuse qui pratique le slalom.

SLASH **n. m.** ▪ anglic. INFORM. Barre oblique (/), qui marque une séparation.

SLAVE **adj.** et **n.** ▪ Se dit des peuples d'Europe centrale et orientale dont les langues sont apparentées (*langues slaves :* bulgare, polonais, russe, serbo-croate, slavon, slovaque, slovène, tchèque ; plusieurs sont écrites en alphabet cyrillique). - **n.** *Les Slaves.*

SLAVON, ONNE **adj** et **n.** ▪ De Slavonie. - **n.** *Les Slavons.* ♦ **n. m.** *Le slavon,* langue liturgique des slaves orthodoxes, au Moyen Âge, appelée aussi vieux slave.

SLEEPING [slipiŋ] **n. m.** ▪ anglic. VIEILLI Wagon-lit.

SLIP [slip] **n. m.** ▪ Culotte échancrée sur les cuisses, à ceinture basse (sous-vêtement ou culotte de bain). *Slip de bain.*

René Michel dit **Michel-Ange SLODTZ** (1705 - 1764) ▪ Sculpteur français. Il séjourna à Rome, où il subit l'influence du Bernin, admira et copia Michel-Ange (d'où son surnom). Avec ses deux frères, Sébastien Antoine et Paul Ambroise, il fut un représentant typique du baroquisme (tombeau des archevêques dans la cathédrale de Vienne en Isère; statues monumentales du porche de Saint-Sulpice à Paris).

SLOGAN **n. m.** ▪ Formule concise et frappante, utilisée par la publicité, la propagande politique, etc.

SLOOP [slup] **n. m.** ▪ Voilier à un seul mât.

SLOUGH ▪ Ville d'Angleterre (Berkshire). 105 000 hab. Vaste zone industrielle.

SLOVAQUE **adj.** et **n.** ▪ De Slovaquie. - **n.** *Les Slovaques.* ♦ **n. m.** *Le slovaque,* langue slave occidentale.

la SLOVAQUIE ▪ État (république) d'Europe centrale, au sud de la Pologne. 49 036 km^{2}. 5 269 000 hab. *(les Slovaques).* Capitale : Bratislava. Monnaie : couronne. Langues : slovaque (off.), hongrois, rom. Région montagneuse (chaîne des Carpates) à l'économie principalement agricole. Aménagements hydroélectriques. ▫ **HISTOIRE** Conquise par les Hongrois au Xe s., la région passa aux Habsbourg au XVIe s. (→ **Hongrie**). En 1918, séparée de l'Autriche-Hongrie, la Slovaquie s'unit aux pays tchèques pour former un seul État, la Tchécoslovaquie* (avec une interruption de 1938 à 1945 pendant laquelle elle forma un État au régime fasciste sous protectorat allemand). Réintégrée dans la Tchécoslovaquie, elle se sépara de la République tchèque et devint un État indépendant en 1993, sous la présidence de Michal Kováč.

SLOVÈNE **adj.** et **n.** ▪ De Slovénie. - **n.** *Les Slovènes.* ♦ **n. m.** *Le slovène,* langue slave méridionale.

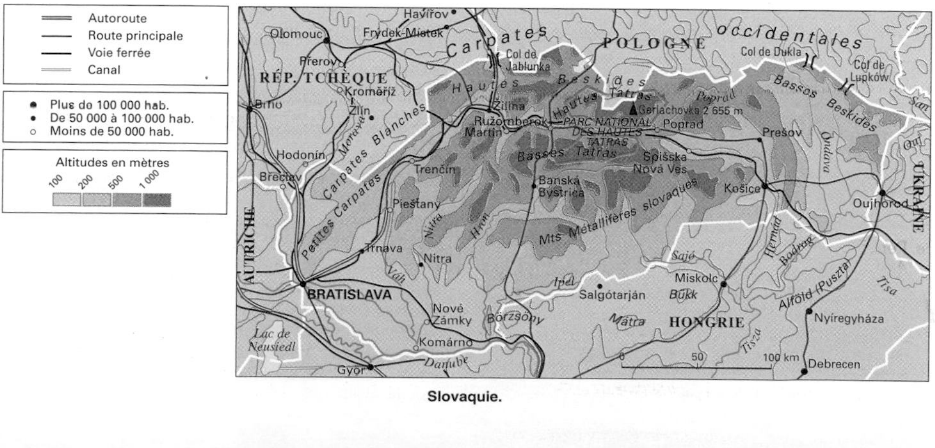

Slovaquie.

Snyders. *Le Cellier.* Musée des Beaux-Arts, Valenciennes.
Phot. © Lauros/Giraudon

la **SLOVÉNIE** ▪ État d'Europe centrale. 20 251 km^2. 1 965 986 hab. *(les Slovènes).* Capitale : Ljubljana. Langue : slovène (off.). Monnaie : tolar. Annexée par les Habsbourg, fortement germanisée du XIIIe au XVe s, la Slovénie fut intégrée à l'empire d'Autriche-Hongrie en 1814, puis réunie au royaume des Serbes, des Croates et des Slovènes (→ **Yougoslavie**) en 1918. Devenue en 1945 l'une des six républiques fédérées de Yougoslavie, elle proclama son indépendance en 1991.

SLOW [slo] **n. m.** ▪ anglic. Danse lente à pas glissés, où les partenaires se tiennent enlacés ; musique qui accompagne cette danse. *Des slows.*

Juliusz SŁOWACKI (1809 - 1849) ▪ Poète romantique et auteur dramatique polonais. *"Anhelli"* (1838).

Claus SLUTER (v. 1350 - 1406) ▪ Sculpteur hollandais au service des ducs de Bourgogne. Son style influença le courant réaliste qui se développa dans la sculpture et la peinture du XVe s. Le *"Puits de Moïse"*, près de Dijon (1395-1405).

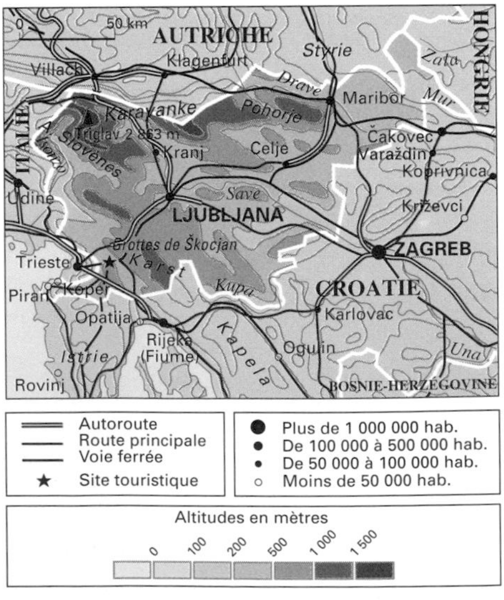

Slovénie.

SMALA **n. f.** ▪ **1.** Réunion de tentes abritant la famille, le personnel, les bagages d'un chef arabe. **2.** FAM. Famille ou suite nombreuse qui vit aux côtés de qqn. ⇒ **tribu.** *Il a débarqué avec toute sa smala.*

SMASH [sma(t)ʃ] **n. m.** ▪ anglic. SPORTS (tennis, volley-ball...) Coup qui rabat violemment une balle haute. *Faire un smash* (*smasher* **v. intr.** 1). *Des smashs* ou *des smashes.*

Bedřich SMETANA (1824 - 1884) ▪ Compositeur et patriote tchèque. Représentant de la musique romantique de Bohême. *"La Fiancée vendue"* (1866), opéra.

S. M. I. C. [smik] **n. m. invar.** (sigle de *salaire minimum interprofessionnel de croissance*) ▪ Salaire minimum autorisé par la loi, en France (depuis 1970). *Salarié payé au S. M. I. C.* (FAM. *smicard, arde* **n.**).

Adam SMITH (1723 - 1790) ▪ Économiste écossais. Libre-échange et concurrence sont pour lui les principes fondamentaux de la politique économique. *"Recherches sur la nature et les causes de la richesse des nations"* (1776).

Joseph SMITH (1805 - 1844) ▪ Fondateur de la secte des mormons. La secte compte aujourd'hui 9 millions de fidèles dans le monde. Le temple principal est à Salt Lake City.

Elizabeth dite **Bessie SMITH** (1894 - 1937) ▪ Chanteuse de jazz américaine. Elle fut consacrée « Impératrice du blues » entre 1923 et 1930. *"Saint Louis Blues"*, 1925 (avec Armstrong).

SMOCKS [smɔk] **n. m. pl.** ▪ anglic. Fronces décoratives, brodées. *Robe à smocks.*

SMOKING **n. m.** ▪ Tenue habillée comportant un veston à revers de soie, un gilet et un pantalon à galon de soie.

SMOLENSK ▪ Ville de Russie. 351 000 hab. Une des plus anciennes villes russes (IXe s.), monuments, remparts. Industries.

Tobias SMOLLETT (1721 - 1771) ▪ Romancier britannique. *"Les Aventures de Roderick Random"* (1748).

SMYRNE → **İzmir**

SNACK-BAR ou **SNACK** **n. m.** ▪ anglic. Café-restaurant où l'on sert rapidement des plats simples. *Des snack-bars ; des snacks.*

la **SNAKE RIVER** ▪ Fleuve du nord-ouest des États-Unis, affluent de la Columbia. 1 450 km.

Willebrord SNELL VAN ROYEN dit **VILLEBRORDUS SNELLIUS** (v. 1581 - 1626) ▪ Astronome et mathématicien hollandais. Il formula avant Descartes les lois sur la réfraction de la lumière et mit au point la méthode de triangulation pour déterminer les distances.

SNIF ou **SNIFF** interj. ▪ Onomatopée (bruit de reniflement).

SNIFFER v. tr. [1] ▪ anglic. (ARGOT DE LA DROGUE) Priser (un stupéfiant).

SNOB [snɔb] n. ▪ Personne qui admire et imite sans discernement les manières, les goûts, les modes des milieux dits distingués. *Un, une snob. Des snobs.* ▸ adj. *Des manières snobs.* (parfois invar.) *Elles sont snob.*

SNOBER v. tr. [1] ▪ Traiter (qqn) de haut ; tenir (qqn) à l'écart.

SNOBINARD, ARDE adj. ▪ FAM. péj. Un peu snob. ▸ n. *Des snobinards.*

SNOBISME n. m. ▪ Comportement de snob.

SNORRI STURLUSON (v. 1178-1241) ▪ Écrivain islandais. Grand seigneur, il fut aussi le plus grand écrivain scandinave du Moyen Âge. *"Heimskringla"* (sagas des rois de Norvège); *"Edda en prose"; "La Saga d'Egill, fils de Grímr le Chauve".*

SNOW-BOOT [snobut] n. m. ▪ VIEILLI Bottine de caoutchouc qui se met par-dessus la chaussure. *Des snow-boots.*

le SNOWDON ▪ Massif du nord-ouest du pays de Galles. Parc national où se trouve le *Moel-y-Wyddfa* (1 085 m), le sommet le plus élevé d'Angleterre et du pays de Galles.

Frans SNYDERS ou **SNIJDERS** (1579-1657) ▪ Peintre flamand. Natures mortes d'inspiration baroque.

Mario SOARES (né en 1924) ▪ Homme d'État portugais. Premier ministre (socialiste) de 1976 à 1978 et de 1983 à 1985, président de la République de 1986 à 1996.

Soares.
Phot. © Gaillarde/Gamma

SOBRE adj. ▪ **1.** Qui mange, boit avec modération. ⇒ **tempérant.** ▸ loc. FAM. *Sobre comme un chameau :* très sobre. ♦ spécialt Qui boit peu ou ne boit pas d'alcool. **2.** LITTÉR. Mesuré, modéré. *Être sobre de gestes ; en paroles.* ♦ COUR. *Vêtement de coupe sobre.* ⇒ **classique, simple.** ▸ *Style sobre.* ⇒ **dépouillé.**

SOBREMENT adv. ▪ De manière sobre, simple.

SOBRIÉTÉ n. f. ▪ **1.** Comportement d'une personne sobre. *La sobriété du chameau.* **2.** Modération, réserve (dans un domaine quelconque). *La sobriété d'une architecture.*

SOBRIQUET n. m. ▪ Surnom familier, généralement moqueur.

SOC n. m. ▪ Lame de la charrue qui tranche horizontalement la terre.

SOCHAUX ▪ Commune du Doubs, dans l'agglomération de Montbéliard. 4 419 hab. *(les Sochaliens).* Constructions automobiles.

SOCIABILITÉ n. f. ▪ Caractère d'une personne sociable.

SOCIABLE adj. ▪ **1.** DIDACT. Capable de vivre en société. **2.** Capable de relations humaines faciles, qui recherche la compagnie. ▸ *Caractère sociable.*

SOCIAL, ALE, AUX adj. ▪ **1.** Relatif à un groupe d'individus (êtres humains) considéré comme un tout (⇒ **société**), et aux rapports de ces individus entre eux. *Rapports sociaux. Les phénomènes sociaux. Les sciences sociales.* ▸ *Animaux sociaux,* qui vivent en société. **2.** Propre à la société constituée. *Classes sociales. Milieu social.* ⇒ **condition. 3.** Relatif aux rapports entre les classes de la société (et notamment à la condition des travailleurs, des catégories moins favorisées, et à l'amélioration de celle-ci). *Conflits sociaux.* ▸ *Mesures sociales. Politique sociale.* ▸ n. m. *Le social.* **4.** Relatif à une société civile ou commerciale. *Siège social.*

SOCIAL-DÉMOCRATE adj. et n. ▪ Partisan de la social-démocratie. ▸ n. *Les sociaux-démocrates.*

SOCIAL-DÉMOCRATIE n. f. ▪ Socialisme de tendance réformiste (en Allemagne, dans les pays scandinaves...).

SOCIALEMENT adv. ▪ Quant aux rapports sociaux, spécialt entre classes sociales.

SOCIALISATION n. f. ▪ Fait d'opter pour la propriété collective, publique.

SOCIALISER v. tr. [1] ▪ **1.** DIDACT. Susciter les rapports sociaux entre individus. **2.** Gérer ou diriger au nom de la société entière (⇒ **socialisme**). *Socialiser la propriété.* ⇒ **collectiviser.**

SOCIALISME n. m. ▪ **1.** Doctrine d'organisation sociale qui entend faire prévaloir l'intérêt général sur les intérêts particuliers, au moyen d'une organisation concertée (opposé à *libéralisme*). *Socialisme collectiviste. Socialisme étatiste. Socialisme réformiste et socialisme révolutionnaire.* ♦ Ensemble des partis ou des personnes qui se réclament de cette doctrine. **2.** POLIT. (vocabulaire marxiste) Phase transitoire entre la disparition du capitalisme et l'instauration du communisme.

SOCIALISTE adj. et n. ▪ **1.** Relatif au socialisme ; qui fait profession de socialisme. *Le parti socialiste français.* (voir ci-dessous). *Parti socialiste anglais* (⇒ **travailliste**), *allemand* (⇒ aussi **social-démocrate**). ▸ n. *Un, une socialiste.* **2.** Qui appartient à un parti socialiste. ▸ n. *Les socialistes et les radicaux.* **3.** Relatif au socialisme organisé dans certains pays. *Économie socialiste.*

▪ **le parti SOCIALISTE français** ▪ Parti politique créé en 1905 comme section française de l'Internationale ouvrière (SFIO) sous l'impulsion de J. Guesde, J. Jaurès, É. Vaillant. Les partisans d'un socialisme révolutionnaire, proches de Lénine, s'en séparèrent, en 1920 au congrès de Tours, pour fonder le parti communiste. Plus à gauche que le parti radical, la SFIO soutint les gouvernements du Cartel des gauches (1924), participa à ceux du Front populaire (1936; Blum) et de la IVe République. La crise de la décolonisation et l'arrivée au pouvoir du général de Gaulle marquèrent son déclin (scission du PSU, parti socialiste unifié, en 1958). La SFIO fut dissoute en 1969 et remplacée par un nouveau parti socialiste (le PS), réorganisé par F. Mitterrand. Ce dernier fut élu président de la République en 1981, puis en 1988. Les gouvernements socialistes de Pierre Mauroy et Laurent Fabius dirigèrent le pays de 1981 à 1986, ceux de Michel Rocard, Édith Cresson et Pierre Bérégovoy de 1988 à 1993.

SOCIÉTAIRE adj. et n. ▪ (Personne) qui fait partie d'une société (⇒ **associé**), spécialt d'une société d'acteurs.

SOCIÉTÉ n. f. ▪ **I. 1.** VX Vie en compagnie, en groupe. *Aimer la société.* ▸ loc. *JEUX DE SOCIÉTÉ :* jeux distrayants qui se jouent à plusieurs. **2.** Compagnie habituelle. *Se plaire dans la société des femmes.* **II. 1.** État particulier à certains êtres vivants, qui vivent en groupes organisés. *Les abeilles vivent en société.* **2.** Ensemble des personnes entre lesquelles existent des rapports durables et organisés (avec des institutions, etc.) ; milieu humain par rapport aux individus. ⇒ **communauté ; collectif, public, social.** *L'homme et la société.* ▸ *UNE SOCIÉTÉ :* groupe social limité dans le temps et dans l'espace. *Les sociétés primitives. Les coutumes d'une société.* ▸ Type d'état social. *La société de consommation.* **3.** Ensemble de personnes réunies (à un moment). *Une société brillante.* ♦ (Habituellement, en raison d'affinités de classe) *La haute société,* absolt *la société :* les personnes qui ont une vie mondaine, les couches aisées. ⇒ FAM. **gratin. III.** (Groupe organisé dans un but précis) **1.** Compagnie ou association religieuse. ⇒ **congrégation.** *La Société de Jésus.* **2.** Organisation fondée pour un travail commun ou une action commune. *Société savante.* ▸ *Société secrète,* qui fonctionne en secret. **3.** Groupement, issu d'un contrat, dont le patrimoine social est constitué par les apports de chaque associé. *Détenir des actions dans une société.* ▸ *Société civile,* ayant une activité non commerciale. *SOCIÉTÉ (COMMERCIALE),* qui réalise des opérations commerciales à but lucratif. ⇒ **compagnie, entreprise, établissement.** *Société anonyme**. Société à responsabilité limitée.* ⇒ **S.A.R.L.** ▸ *Le président, le conseil d'administration d'une société.* **4.** Association d'États. ▸ HIST. *La Société des Nations* (voir ci-dessous).

▪ **la SOCIÉTÉ DES NATIONS** ou **SDN** ▪ Organisation internationale créée en 1920 pour le maintien de la paix et le développement de la coopération entre les peuples. Remplacée en 1946 par l'ONU.

le **Sodoma.** *La Décapitation de Nicolò di Tuldo,* détail. Église San Domenico, chapelle Sainte-Catherine, Sienne.
Phot. © de Gregorio/Ricciarini

les îles de la SOCIÉTÉ ▪ Archipel le plus peuplé de la Polynésie-française (Océanie), composé des îles du Vent et des îles Sous-le-Vent. 1 747 km². 140 341 hab. La principale île est Tahiti. Cocotiers, bananiers, vanilliers.

SOCIO- Élément tiré de *social* ou de *société* (ex. *socioéconomique, sociopolitique*).

SOCIOCULTUREL, ELLE adj. ▪ Qui concerne à la fois les structures sociales et la culture qui leur correspond.

SOCIOLINGUISTIQUE [-gɥi-] n. f. ▪ DIDACT. Partie de la linguistique qui traite des relations entre langage, culture et société.

SOCIOLOGIE n. f. ▪ **1.** Étude scientifique des faits sociaux humains. *Sociologie et anthropologie.* ◇ abrév. FAM. SOCIO. **2.** Étude de toutes les formes de sociétés. *Sociologie animale.*

SOCIOLOGIQUE adj. ▪ **1.** De la sociologie. *Analyse sociologique.* **2.** (abusivt) Relatif aux faits étudiés par la sociologie. *Phénomène sociologique.* ⇒ **social.**

SOCIOLOGUE n. ▪ Spécialiste de sociologie.

SOCIOPROFESSIONNEL, ELLE adj. ▪ DIDACT. Se dit des catégories utilisées pour classer une population selon l'activité professionnelle (ex. agriculteur, ouvrier, etc.).

SOCLE n. m. ▪ Base sur laquelle repose une construction, un objet. *Le socle d'une statue.*

SOCQUE n. m. ▪ **1.** ANTIQ. ROMAINE Chaussure basse portée par les acteurs de comédie. *Le socque et le cothurne.* **2.** Chaussure à semelle de bois. ⇒ **sabot.**

SOCQUETTE n. f. ▪ Chaussette basse arrivant au-dessus de la cheville.

SOCRATE (470 - 399 av. J.-C.) ▪ Philosophe grec. Il n'a rien écrit, mais son élève Platon* en a fait la figure centrale de ses "*Dialogues*", le père de la dialectique et de toute la philosophie, le maître de la « maïeutique » ou art d'accoucher les esprits. Personnage insaisissable, en quête de vraies valeurs et donc sans respect pour les valeurs établies, suspect à la cité, il fut condamné à boire la ciguë pour impiété. → **Xénophon.**

SOCRATIQUE adj. ▪ DIDACT. Propre à Socrate, ou qui l'évoque. *L'ironie socratique.*

SODA n. m. ▪ Boisson gazeuse aromatisée. ♦ Eau gazéifiée. - appos. *Un whisky soda.*

Frederick SODDY (1877 - 1956) ▪ Chimiste britannique. Il montra que la cardioactivité résulte de la transformation d'un élément chimique en un autre. On lui doit aussi la notion d'isotopie. Prix Nobel 1921.

SODÉ, ÉE adj. ▪ CHIM. Qui contient de la soude ou du sodium.

SODIQUE adj. ▪ CHIM. Relatif au sodium.

SODIUM [-jɔm] n. m. ▪ Corps simple (symb. Na), métal alcalin mou d'un blanc argenté, qui brûle à l'air et réagit violemment avec l'eau, avec formation de soude et dégagement d'hydrogène. *Chlorure de sodium* (sel). *Hydroxyde de sodium* (soude caustique).

le SODOMA (1477 - 1549) ▪ Peintre italien. Fresques d'un style gracieux et inquiétant, proche du maniérisme.

SODOME et GOMORRHE ▪ Villes que la Bible situe au sud de la mer Morte et qui, selon la légende, furent détruites par un cataclysme en punition de la corruption et de l'impiété de leurs mœurs.

SODOMIE n. f. ▪ Pratique du coït anal.

SODOMISER v. tr. [1] ▪ Pratiquer la sodomie sur (qqn).

SODOMITE n. m. ▪ LITTÉR. Celui qui pratique la sodomie. - par ext. Homosexuel (homme).

SOEKARNO → **Sukarno**

SŒUR n. f. ▪ **1.** Personne de sexe féminin, considérée par rapport aux autres enfants des mêmes parents. *Sœur aînée, sœur cadette* (plus fam. *grande sœur, petite sœur*). *Être frère et sœur.* - loc. FAM. *Et ta sœur ?* (refus iron., incrédulité...). - par ext. *Sœur de lait*.* **2.** Nom donné à une femme à laquelle on est lié par une grande tendresse. « *Mon enfant, ma sœur* [...] » (Baudelaire). **3.** fig. Se dit de choses apparentées (mots de genre féminin). *L'intolérance est sœur de l'ignorance.* ♦ appos. ÂME SŒUR : personne avec laquelle on a de fortes affinités sentimentales. *Trouver l'âme sœur* (rencontre amoureuse). **4.** Titre donné aux religieuses. *La sœur Claire. Au revoir, ma sœur.* - loc. FAM. BONNE SŒUR : religieuse.

SŒURETTE n. f. ▪ Terme d'affection envers une sœur (1).

SOFA n. m. ▪ Lit de repos à trois appuis, servant aussi de siège. ⇒ **canapé, divan.**

SOFIA ▪ Capitale de la Bulgarie. 1 141 537 hab. Grand centre commercial et premier centre industriel du pays.

Sofia. La cathédrale Alexandre-Nevski.
Phot. © Dagli Orti

SOFTWARE [sɔftwaʀ ; sɔftwɛʀ] n. m. ▪ anglic. (opposé à *hardware*) Logiciel.

SOHO ▪ Un des quartiers les plus animés du centre de Londres.

Chihāb al-Dīn Yahyā SOHRAWARDĪ (1155 - 1191) ▪ Philosophe et mystique iranien chiite, un des maîtres de la théosophie orientale.

SOI pron. pers. réfl. (de la 3e pers.) ▪ **I.** (personnes) **1.** (se rapportant à un sujet indéterminé) *Avoir confiance en soi. La conscience de soi.* - *Chez soi* : à son domicile (⇒ **chez-soi**). **2.** VX (se rapportant à un sujet déterminé) ⇒ **lui, elle, eux.** *Il regardait droit devant soi.* **II.** (choses) *Les remords que le crime traîne avec soi.* - loc. *Cela va de soi* : c'est tout naturel, évident. - EN SOI : de par sa nature propre. *Ce n'est pas une fin en soi.* **III.** SOI-MÊME. *Être soi-même. Sortir de soi-même.* **IV.** n. m. invar. **1.** La personnalité de chacun. ⇒ **moi. 2.** PSYCH. Ensemble des pulsions inconscientes. ⇒ **ça. 3.** loc. *Un autre soi-même.* ⇒ **alter ego.**

SOI-DISANT adj. invar. ▪ **1.** Qui se dit, qui prétend être (tel). *De soi-disant amis.* **2.** (emploi critiqué par les puristes) Prétendu. *Une soi-disant démocratie.* **3.** adv. Prétendument. *Il est là soi-disant pour affaires.*

SOIE n. f. ▪ **I. 1.** Substance filiforme sécrétée par des larves (*vers à soie* ⇒ **bombyx**), utilisée comme matière textile. ⇒ **sériciculture ; magnanerie.** *Fil de soie. Soie grège.* – *Bas de soie.* – Tissu de soie. ⇒ **soierie.** ♦ *Soie sauvage,* produite par certaines chenilles d'Extrême-Orient. **2.** *PAPIER DE SOIE :* papier fin, translucide et brillant. **II.** Poil long et rude du porc et du sanglier.

▪ **la route de la Soie** ▪ Piste caravanière qui reliait, du IIe s. av. J.-C. au XIIIe s., la Chine (Xian, Canton) à l'Europe (Odessa, Constantinople). Jalonnée de caravansérails (Samarkand, Tachkent, Boukhara), elle fut une voie d'échanges entre les civilisations européenne et extrême-orientale.

SOIERIE n. f. ▪ **1.** Tissu de soie. **2.** Industrie et commerce de la soie.

SOIF n. f. ▪ **1.** Sensation correspondant à un besoin de l'organisme en eau. *Avoir soif, très soif. Donner soif.* ⇒ **altérer.** – loc. fig. *JUSQU'À PLUS SOIF :* à satiété. *Rester sur sa soif :* n'être pas satisfait. ♦ (terre, végétation) *Les rosiers ont soif.* **2.** fig. Désir passionné et impatient. *Avoir soif d'aimer ; soif d'indépendance.*

SOIFFARD, ARDE adj. ▪ FAM. Qui est toujours prêt à boire, qui boit exagérément (du vin, de l'alcool). – n. *Une bande de soiffards.*

SOIGNANT, ANTE adj. ▪ *Personnel soignant* (d'un hôpital), chargé des soins aux malades. *Équipe soignante.* – n. *Aide*-soignant(e).*

SOIGNER v. tr. [1] ▪ **1.** S'occuper du bien-être et du contentement de (qqn), du bon état de (qqch.). *Soigner sa clientèle. Soigner ses outils, ses livres.* **2.** Apporter du soin à (ce que l'on fait). *Soigner un travail.* – *Soigner les détails.* ⇒ **fignoler.** **3.** S'occuper de rétablir la santé de (qqn). *Le médecin qui me soigne* (⇒ médecin **traitant**). – loc. FAM. *Il faut te faire soigner ! :* tu es fou ! ♦ S'occuper de guérir (un mal). *Soigner son rhume.* ► **SOIGNÉ, ÉE** adj. **1.** Qui prend soin de sa personne. – *Des mains soignées.* **2.** Fait avec soin. *Cuisine soignée.* ► SE **SOIGNER** v. pron. **1.** S'occuper de son bien-être, de son apparence physique. **2.** Faire ce qu'il faut pour guérir. **3.** passif (maladie) Pouvoir ou devoir être soigné. – loc. FAM. *Ça se soigne !,* se dit de qqn dont on juge le comportement peu normal.

SOIGNEUR n. m. ▪ Celui qui est chargé de prendre soin de l'état physique de (un sportif, spécialt un boxeur).

SOIGNEUSEMENT adv. ▪ Avec soin.

SOIGNEUX, EUSE adj. ▪ **1.** *Soigneux de* (qqch.) : qui prend soin de. *Être soigneux de sa personne.* **2.** Qui apporte du soin à ce qu'il fait ; spécialt propre et ordonné. *Enfant soigneux.* **3.** Qui est fait avec soin, avec méthode. *Travail soigneux.*

Soignies ▪ Ville de Belgique (Région wallonne, province de Hainaut), sur la Senne. 23 793 hab. Halle aux draps (XVIe s.). Collégiale Saint-Vincent, romane (Xe, XIe et XVe s.).

SOIN n. m. ▪ **1.** LITTÉR. Pensée qui occupe l'esprit, préoccupation. *Son premier soin fut de m'avertir.* – *AVOIR, PRENDRE SOIN DE* (+ inf.) : penser à, s'occuper de. ⇒ **veiller** à. *Prenez soin de fermer la porte.* ♦ Travail dont on est chargé. *Laisser, confier à qqn le soin de...* ⇒ **responsabilité.** **2.** *AVOIR, PRENDRE SOIN DE* (qqn, qqch.) : soigner (1). *Prendre soin de soi-même ; de ses affaires.* **3.** *LES SOINS.* Actes par lesquels on soigne (1). ⇒ **attention, prévenance, sollicitude.** *Un enfant a besoin de soins. Aux bons soins de M. X,* se dit d'une lettre confiée à qqn. *Les soins du ménage.* – loc. *Être AUX PETITS SOINS pour qqn :* être très attentionné. – spécialt *Les soins du corps. Soins de beauté.* ♦ Actions par lesquelles on conserve ou on rétablit la santé (⇒ **soigner** (3) ; **curatif**). *Le blessé a reçu les premiers soins.* **4.** *LE SOIN.* Manière appliquée, exacte, scrupuleuse (de faire qqch.). ⇒ **application, sérieux.** *Apporter, mettre du soin à faire qqch.* – Ordre et propreté ; aspect soigné. *Être habillé avec soin.*

SOIR n. m. ▪ **1.** Fin du jour, moments qui précèdent et qui suivent le coucher du soleil. ⇒ **crépuscule ; vespéral.** *Le soir descend, tombe.* – *Il fait frais le soir.* ♦ fig. *Le soir de la vie :* la vieillesse. **2.** Les dernières heures du jour et les premières de la nuit (s'oppose à *après-midi*). ⇒ **soirée.** *Sortir le soir. Tous les lundis soir. Hier (au) soir. À ce soir !* – *Robe du soir,* de soirée. ♦ loc. *ÊTRE DU SOIR :* être actif le soir, aimer se coucher tard. – *LE GRAND SOIR :* le jour de la révolution sociale. **3.** (décompte des heures) Temps qui va de midi à minuit. *Dix heures du soir* (s'oppose à *du matin*).

SOIRÉE n. f. ▪ **1.** Temps compris entre le déclin du jour et le moment où l'on s'endort. ⇒ **soir ; veillée.** *Les longues soirées d'hiver. Toute la soirée.* **2.** Réunion qui a lieu le soir, généralement après le repas du soir. *Soirée mondaine.* – *Tenue de soirée,* très habillée. **3.** Séance de spectacle qui se donne le soir (opposé à *matinée*). *Projeter un film en soirée.*

Soissons ▪ Chef-lieu d'arrondissement de l'Aisne. 29 829 hab. *(les Soissonnais).* Cathédrale (XIIe-XIIIe s., restaurée). Vestiges des anciennes abbayes Saint-Médard et Saint-Jean-des-Vignes (XIIIe-XVe s.). Victoire de Clovis (486), à laquelle est liée l'anecdote du vase* de Soissons. Ancienne capitale de la Neustrie.

Soisy-sous-Montmorency ▪ Commune du Val-d'Oise. 16 597 hab. *(les Soiséens).*

SOIT ▪ **I.** conj. **1.** *SOIT... SOIT... :* marque l'alternative. ⇒ **ou.** *Soit l'un, soit l'autre.* – *SOIT QUE... SOIT QUE...* (+ subj.). *Soit que j'aille chez lui, soit qu'il vienne.* **2.** *SOIT* (présentant une hypothèse ou une supposition) : étant donné. *Soit un triangle rectangle.* – À savoir, c'est-à-dire. *Soixante secondes, soit une minute.* **II.** *SOIT* adv. d'affirmation (valeur de concession). Bon ; admettons. *Soit ! et après ?*

SOIXANTAINE n. f. ▪ **1.** Nombre de soixante ou environ. **2.** Âge de soixante ans. *Approcher de la soixantaine, friser la soixantaine.*

SOIXANTE [swasɑ̃t] ▪ **1.** adj. numéral invar. Six fois dix (60). *Soixante-huit* (68). *Âgé de soixante ans* (→ sexagénaire), de soixante-dix ans (→ septuagénaire). ♦ ordinal *Page soixante.* – n. m. *Il habite au 60.* **2.** n. m. invar. Le nombre, le numéro soixante.

SOIXANTE-HUITARD, ARDE adj. ▪ FAM. Relatif aux événements de Mai* 1968. – n. Personne qui en a conservé l'esprit, les idées. *Les soixante-huitards.*

SOIXANTIÈME [swasɑ̃tjɛm] adj. ▪ **1.** Dont le numéro, le rang est soixante (60e). **2.** Se dit d'une partie d'un tout divisé également en soixante. – n. m. *Le soixantième.*

SOJA n. m. ▪ Plante légumineuse originaire d'Extrême-Orient, aux graines comestibles. *Huile, germes de soja.*

Sokoto ▪ Ville du Nigeria, capitale de l'État de Sokoto. 381 931 hab. Ancien empire peul, fondé au début du XIXe s. par Ousman dan Fodio, artisan de l'islamisation du pays.

① **SOL** n. m. ▪ **1.** Partie superficielle de la croûte terrestre, à l'état naturel ou aménagée par l'homme. ⇒ **terre.** *Posé au sol, à même le sol.* – par ext. *Le sol lunaire.* **2.** Surface de terre, territoire. *Le sol natal.* – *Le droit du sol,* permettant à un enfant d'immigrés né sur le territoire d'être naturalisé. **3.** Terrain. *Science des sols.* ⇒ **pédologie.** *Sol riche, pauvre.* **4.** Surface plane constituant la limite inférieure d'une construction. *Un sol en terre battue.*

② **SOL** n. m. invar. ▪ Cinquième degré de la gamme de do ; signe qui le représente.

SOLAIRE adj. ▪ **1.** Relatif au Soleil, à sa position ou à son mouvement apparent dans le ciel. *Heure solaire et heure légale.* **2.** Du Soleil. *Taches solaires. Énergie solaire.* – *Système solaire :* ensemble des corps célestes formé par le Soleil et les astres qui gravitent autour de lui. **3.** Qui fonctionne grâce au soleil. *Cadran solaire. Chauffage solaire.* **4.** Qui protège du soleil. *Crème solaire.* **5.** De forme rayonnante. *Plexus* solaire.*

SOLANACÉE n. f. ▪ BOT. Plante dicotylédone telle que l'aubergine, la pomme de terre, le tabac (famille des *Solanacées*).

SOLARIUM [-jɔm] n. m. ▪ Lieu aménagé pour les bains de soleil. *Des solariums.*

SOLDAT n. m. ▪ **1.** Homme qui sert dans une armée. ⇒ **militaire.** *Soldats de métier et soldats du contingent.* – *Un grand soldat :* un grand homme de guerre. **2.** *Simple soldat* ou *soldat :* militaire non gradé des armées de terre et de l'air. ⇒ **sans-grade ;** FAM. **bidasse.** – appos. *Une femme soldat* (FAM. SOLDATE n. f.). **3.** fig. *Soldat de,* combattant, défenseur au service de (une cause). *Un soldat de la liberté.* **4.** *Soldats de plomb, petits soldats :* figurines pour jouer.

▪ **le Soldat inconnu** ▪ Soldat d'identité inconnue, mort pendant la Première Guerre mondiale, dont les cendres ont été transférées sous l'Arc de triomphe de l'Étoile à Paris, le 11 novembre 1920, afin d'honorer tous les soldats de l'armée française morts pendant ce conflit. Plusieurs nations imitèrent cet exemple.

SOLDATESQUE ▪ péj. **1.** adj. Propre aux soldats. **2.** n. f. Ensemble de soldats brutaux et indisciplinés.

① **SOLDE** n. f. ▪ **1.** Rémunération versée aux militaires. *Toucher sa solde.* ➝ par ext. *Congé sans solde* (accordé à un salarié). **2.** loc. péj. À LA SOLDE DE (qqn), payé, acheté par qqn. *Il était à la solde de l'étranger.*

② **SOLDE** n. m. ▪ **1.** Différence entre le crédit et le débit, dans un compte. *Solde créditeur, débiteur.* ➝ absolt *Le solde :* ce qui reste à payer. ➝ loc. POUR SOLDE DE TOUT COMPTE, s'emploie lorsque la totalité de la somme due est réglée. **2.** *EN SOLDE :* vendu au rabais. *Acheter qqch. en solde.* ➝ au plur. *SOLDES :* articles mis en solde. *Des soldes intéressants.*

SOLDER v. tr. [1] ▪ **1.** Arrêter, clore (un compte) en établissant le solde. ➝ Acquitter (une dette...) en payant ce qui reste dû. ♦ pronom. (compte, budget) *SE SOLDER PAR :* faire apparaître à la clôture un solde de. *Le bilan se solde par un déficit de dix millions.* ➝ fig. Aboutir en définitive à. *Tous ses efforts se sont soldés par un échec.* **2.** Mettre en solde, vendre en solde. ➝ au p. p. *Articles soldés.*

SOLDEUR, EUSE n. ▪ Personne qui fait le commerce d'articles soldés.

① **SOLE** n. f. ▪ ZOOL. Partie cornée formant le dessous du sabot chez le cheval, l'âne, etc.

② **SOLE** n. f. ▪ Poisson de mer plat et ovale, à chair très estimée.

SOLÉCISME n. m. ▪ Emploi syntaxique fautif de formes par ailleurs existantes (ex. *je suis été*). *Barbarisme et solécisme.*

SOLEIL n. m. ▪ **1.** Astre qui donne lumière et chaleur à la Terre, et rythme la vie à sa surface. *Le lever, le coucher du soleil.* ➝ prov. *Le soleil brille pour tout le monde. Rien de nouveau* SOUS LE SOLEIL, sur la terre. ➝ *Le soleil de minuit, dans les régions polaires.* ♦ SC. Cet astre, en tant qu'étoile de la Galaxie, autour duquel gravitent plusieurs planètes dont la Terre. ⇒ **héli(o)- ; solaire.** *Éclipse de Soleil.* **2.** Lumière de cet astre ; temps ensoleillé. *Un beau soleil. Il fait soleil.* ♦ Rayons du soleil. *Le soleil tape.* ➝ *Lunettes* de soleil.* ➝ *Bain* de soleil.* ➝ *COUP DE SOLEIL :* insolation ou légère brûlure causée par le soleil. ♦ Lieu exposé aux rayons du soleil. *S'asseoir au soleil. En plein soleil.* ➝ loc. *UNE PLACE AU SOLEIL :* une situation où l'on profite de certains avantages. *Avoir des biens au soleil,* des propriétés immobilières. **3.** loc. fig. *RAYON DE SOLEIL :* personne, chose qui réjouit, console. *Ses nièces sont son rayon de soleil.* **4.** Image de cet astre, cercle entouré de rayons. **5.** Pièce d'artifice, cercle qui tourne en lançant des feux. **6.** Tour acrobatique autour d'un axe horizontal. *Faire le grand soleil à la barre fixe.* **7.** Fleur de tournesol. **8.** loc. FAM. *PIQUER UN SOLEIL :* rougir fortement (→ piquer un fard*). ■ Situé à 150 millions de km de la Terre, le Soleil est une étoile jaune, sphère de gaz incandescent. Son diamètre est de 1 390 000 km. La température du noyau atteint 15 millions de degrés, celle de la couronne 1 million de degrés. Les taches sombres découvertes par Galilée sont des zones moins chaudes. Le Soleil est âgé d'environ 5 milliards d'années. Il fut adoré et vénéré dans de nombreuses religions (Apollon, Rê).

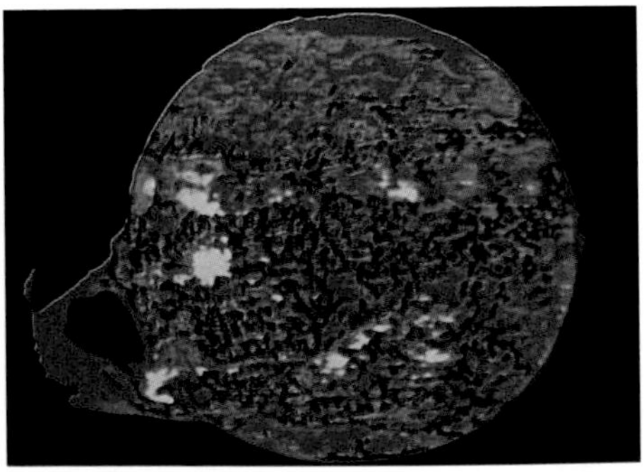

le **Soleil.** Image au spectrohéliographe depuis *Skylab* le 9 août 1973. *Phot. © IPS*

SOLENNEL, ELLE [-anɛl] adj. ▪ **1.** Qui est célébré avec pompe, par des cérémonies publiques. *Obsèques solennelles.* **2.** Accompagné de formalités qui donnent une importance particulière. *Un serment solennel.* **3.** (souvent péj.) Qui a une gravité propre aux grandes occasions. *Un ton solennel.* ⇒ **cérémonieux, pompeux.** ► adv. SOLENNELLEMENT [-an-]

SOLENNITÉ [-an-] n. f. ▪ **1.** Manifestation, fête solennelle. **2.** (souvent péj.) Caractère solennel, pompeux.

SOLÉNOÏDE n. m. ▪ Bobine allongée constituée par un fil conducteur enroulé qui crée sur son axe un champ magnétique quand il est parcouru par un courant.

SOLENZARA ▪ Station balnéaire de la Corse-du-Sud (commune de Sari-Solenzara), à l'embouchure de la Solenzara. Port de plaisance.

l'abbaye de SOLESMES ▪ Abbaye bénédictine, dans la Sarthe (commune de *Solesmes,* 1 277 hab. *[les Solesmiens]*), fondée au XIe s. par Geoffroi de Sablé, devenue mère de la congrégation bénédictine de France en 1837. Foyer de la redécouverte du chant grégorien au XIXe s.

l'abbaye de **Solesmes.** *Mise au tombeau,* fin XVe s. *Phot. © Arch. Smeets*

SOLEURE en allemand ***SOLOTHURN*** ▪ Ville de Suisse. 15 480 hab. ► **le canton de SOLEURE** 791 km^{2}. 231 203 hab. Chef-lieu : Soleure.

SOLFATARE n. f. ▪ Terrain volcanique qui dégage des fumerolles sulfureuses.

SOLFÈGE n. m. ▪ Étude des principes élémentaires de la musique et de sa notation.

SOLFERINO ▪ Village d'Italie, en Lombardie. L'armée française y remporta une victoire sur les Autrichiens, en juin 1859. Le carnage inspira à Henri Dumont la fondation de la Croix-Rouge.

SOLFIER v. tr. [7] ▪ Chanter (un morceau de musique) en nommant les notes.

SOLIDAIRE adj. ▪ **1.** Se dit de personnes qui sont ou se sentent liées par une responsabilité et des intérêts communs. *Étudiants et professeurs ont été solidaires dans la grève.* ➝ au sing. *Se sentir solidaire de qqn.* **2.** Se dit de choses, de mécanismes qui dépendent l'un de l'autre, qui fonctionnent ensemble. *Problèmes solidaires.* ➝ *Bielle solidaire d'un vilebrequin.* ► adv. SOLIDAIREMENT

SOLIDARISER v. tr. [1] ▪ Rendre solidaire. ► SE **SOLIDARISER** v. pron. *Se solidariser avec qqn* (→ faire cause commune).

SOLIDARITÉ n. f. ▪ **1.** Fait d'être solidaire ; relation entre personnes qui entraîne une obligation morale d'assistance mutuelle. *Solidarité professionnelle.* ➝ spécialt Contribution à l'assistance aux moins favorisés. *Impôt de solidarité.* ♦ Sentiment humanitaire qui pousse à assister autrui. *Lancer un appel à la solidarité.* **2.** Fait d'être solidaire (2).

SOLIDE adj. ▪ **I. 1.** Qui a de la consistance, qui n'est pas liquide (tout en pouvant être plus ou moins mou). *Aliments solides et aliments liquides.* ♦ (en physique) *L'état solide* (opposé à *gazeux* et à *liquide*). ➝ n. m. *Les solides :* les corps solides. **2.** n. m. Figure à trois dimensions, limitée par une surface fermée, à volume mesurable. *Le cube, la sphère sont des solides.* **II. 1.** Qui résiste aux efforts, à l'usure. ⇒ **résistant, robuste.** *Rendre plus solide.* ⇒ **consolider.** ➝ n. m. FAM. *C'est du solide !* ♦ Qui garde sa position. ⇒ ① **ferme, stable.** *Être solide sur ses jambes.* **2.** abstrait Sur quoi l'on peut s'appuyer, compter ; qui est à la fois effectif et durable. ⇒ **sérieux, sûr.** *Une amitié solide. Un solide bon sens.* **3.** Qui est massif, puissant. ⇒ **fort.** *Un solide gaillard.* – Qui a une santé à toute épreuve, une grande endurance. ⇒ **vigoureux.** *Solide comme un roc*.* – Équilibré, sérieux. **4.** FAM. Important, intense. *Un solide appétit.* ► **adv.** SOLIDEMENT

SOLIDIFICATION **n. f.** ▪ Action de (se) solidifier.

SOLIDIFIER **v. tr.** [7] ▪ Donner une consistance solide à (une substance). – pronom. *Se solidifier.* ⇒ **durcir.** – p. p. adj. *Laves solidifiées.*

SOLIDITÉ **n. f.** ▪ **1.** Robustesse, résistance (d'une chose). **2.** Caractère de ce qui est effectif et durable (⇒ **solide** (II, 2)). **3.** Qualité de ce qui est bien pensé, sérieux.

SOLIFLORE **n. m.** ▪ Vase destiné à recevoir une seule fleur.

SOLILOQUE **n. m.** ▪ Discours d'une personne qui se parle à elle-même ou qui pense tout haut. ⇒ **monologue.**

SOLILOQUER **v. intr.** [1] ▪ Se livrer à un, à des soliloques. ⇒ **monologuer.**

SOLIMAN LE MAGNIFIQUE (v. 1494 - 1566) ▪ Sultan ottoman de 1520 à sa mort. Fils de Sélim Ier. Grand conquérant, bâtisseur et législateur. Sous son règne, l'empire connut la période la plus riche de son histoire.

SOLINGEN ▪ Ville d'Allemagne (Rhénanie-du-Nord-Westphalie), dans la Ruhr. 164 300 hab. Coutellerie.

SOLISTE **n.** ▪ Musicien ou chanteur qui exécute un solo. *Le, la soliste d'un concerto.*

SOLITAIRE ▪ **I. adj. 1.** Qui vit seul, dans la solitude. – Qui vit dans la solitude et s'y complaît. **2.** *Fleur solitaire* (ex. la tulipe). *Ver solitaire.* ⇒ **ténia. 3.** Que l'on accomplit seul, qui se passe dans la solitude. *Une enfance solitaire.* – loc. *Plaisir solitaire* : masturbation. **4.** Où l'on est seul ; qui est inhabité. ⇒ **écarté, isolé, retiré.** *Un endroit solitaire.* **II. n.** Ermite. – Personne qui a l'habitude de vivre seule. *Vivre en solitaire.* **III. n. m. 1.** Sanglier mâle qui a quitté toute compagnie. **2.** Diamant monté seul (en particulier sur une bague). **3.** Jeu de combinaisons, à un seul joueur.

SOLITAIREMENT **adv.** ▪ Dans la solitude.

SOLITUDE **n. f.** ▪ **1.** Situation d'une personne qui est seule (de façon momentanée ou durable). *Troubler la solitude de qqn.* – *Vivre dans la solitude.* ⇒ **isolement.** *Solitude morale.* **2.** LITTÉR. Lieu solitaire. – Atmosphère, aspect solitaire (d'un lieu). *La solitude des forêts.*

SOLIVE **n. f.** ▪ Pièce de charpente qui s'appuie sur les poutres ou les murs et soutient le plancher.

Alexandre **SOLJENITSYNE** (né en 1918) ▪ Écrivain russe. À travers la description des prisons politiques, son œuvre dénonce le régime de Staline et le matérialisme. Prix Nobel 1970. Expulsé d'URSS et déchu de sa nationalité en 1974, il s'établit aux États-Unis. Il retourna en Russie en 1994. *"Une journée d'Ivan Denissovitch"* (1962) ; *"L'Archipel du Goulag"* (1973).

Soljenitsyne. *Phot. © Ribeiro/Gamma*

Philippe **SOLLERS** (né en 1936) ▪ Écrivain français. Fondateur de la revue *Tel Quel* (1960-1982). Œuvre d'avant-garde (*"H"*, 1973). Romans (*"Femmes"*, 1983) et essais critiques.

SOLLICITATION **n. f.** ▪ **1.** Incitation, tentation insistante. **2.** Demande pressante. *Céder aux sollicitations de qqn.*

SOLLICITER **v. tr.** [1] ▪ **1.** Chercher à éveiller (l'attention, la curiosité). *Solliciter l'attention de qqn par des signes.* ⇒ **attirer.** – Agir sur (qqn) en attirant l'attention. *Être continuellement sollicité par la publicité.* **2.** Faire appel à, prier (qqn) de façon pressante en vue d'obtenir qqch. *Solliciter qqn au sujet d'une affaire.* – *Solliciter qqn de faire qqch.* ♦ *Solliciter qqch. (de qqn),* le lui demander dans les formes. *Solliciter une audience.* **3.** Forcer l'interprétation de (un texte).

Soliman le Magnifique. Portrait par Nigari, 1560. Bibliothèque de Topkapi, İstanbul. *Phot. © Dagli Orti*

SOLLICITEUR, EUSE **n.** ▪ Personne qui sollicite qqch. d'une autorité, d'un personnage influent. ⇒ **quémandeur.** *Éconduire une solliciteuse.*

SOLLICITUDE **n. f.** ▪ Attention soutenue et affectueuse. *Une sollicitude toute maternelle.*

SOLLIÈS-PONT ▪ Commune du Var. 9 525 hab. *(les Solliès-Pontois).*

SOLO **n. m.** ▪ **1.** Morceau joué ou chanté par un seul interprète (⇒ **soliste**). *Des solos* ou *des soli.* – appos. *Flûte solo.* ♦ *En solo* : sans accompagnement ; par ext. (FAM.) seul, en solitaire. **2.** *Spectacle solo* ou *un solo* : recomm. off. pour l'anglic. *one man show.*

la **SOLOGNE** ▪ Région sableuse et argileuse du sud du Bassin parisien, habitée par *les Solognots.* Chasse et pêche.

Dionysios **SOLOMOS** (1798 - 1857) ▪ Poète grec. Son *"Hymne à la liberté"* (1823) est devenu l'hymne national de la Grèce moderne.

SOLON (v. 640 - v. 558 av. J.-C.) ▪ Législateur athénien. Son nom est attaché aux réformes qui permirent l'essor d'Athènes et la mise en place de la démocratie.

SOLSTICE **n. m.** ▪ Chacune des deux époques où le Soleil atteint son plus grand éloignement de l'équateur. *Solstice d'hiver* (21 ou 22 décembre), *d'été* (21 ou 22 juin), jour le plus court et jour le plus long de l'année dans l'hémisphère Nord.

SOLUBILISER **v. tr.** [1] ▪ Rendre soluble. – au p. p. *Cacao solubilisé.*

SOLUBILITÉ **n. f.** ▪ Caractère de ce qui est soluble.

SOLUBLE **adj.** ▪ contr. *insoluble* **1.** Qui peut se dissoudre (dans un liquide). *Café soluble.* **2.** (problème) Qui peut être résolu.

SOLUTÉ **n. m.** ▪ **1.** Remède liquide contenant une substance en solution. **2.** Corps dissous dans un solvant*.

Sollers. *Phot. © Ulf Andersen/Gamma*

SOLUTION n. f. ▪ **I. 1.** Opération mentale par laquelle on surmonte une difficulté, on résout un problème ; son résultat. *Chercher, trouver la solution d'une énigme, d'un problème* (⇒ **résoudre**). **2.** (situations concrètes) Ensemble de décisions et d'actes qui peuvent résoudre une difficulté. *Une solution de facilité,* qui exige un faible effort. *Ce n'est pas une solution !* ♦ HIST. loc. *La solution finale :* le projet d'extermination des Juifs par les nazis, lors de la Deuxième Guerre mondiale. **3.** Manière dont une situation compliquée se dénoue ; événements qui la terminent. ⇒ **dénouement, issue.** *La solution de la crise est proche.* **II. 1.** loc. *SOLUTION DE CONTINUITÉ :* interruption de la continuité ; séparation. ⇒ **coupure, rupture.** *Sans solution de continuité :* continu ; joint. **2.** Action de dissoudre (un solide) dans un liquide ; fait de se dissoudre. ⇒ **dissolution.** *Solution à chaud.* **3.** Résultat de la dissolution ; mélange homogène (⇒ **soluté ; solvant**). *Solution saturée.* ‑ Liquide contenant un solide dissous.

SOLUTIONNER v. tr. [1] ▪ (mot critiqué) Résoudre. *Solutionner un problème.*

SOLUTRÉ ▪ Écart de la commune de Solutré-Pouilly. Au pied de la roche de Solutré, on découvrit en 1866 un outillage de pierre délicatement travaillé. Musée de la préhistoire.

SOLUTRÉEN, ENNE adj. ▪ Relatif à une période du paléolithique supérieur caractérisée par les vestiges découverts à Solutré. ‑ n. m. *Le solutréen,* cette période (de ‑19000 à ‑15000).

SOLVABILITÉ n. f. ▪ Fait d'être solvable.

SOLVABLE adj. ▪ Qui a les moyens de payer ; qui peut respecter ses engagements financiers.

SOLVANT n. m. ▪ Substance (le plus souvent liquide) qui a le pouvoir de dissoudre d'autres substances.

Ernest **SOLVAY** (1838‑1922) ▪ Industriel et philanthrope belge. Il mit au point la fabrication industrielle du carbonate de sodium à l'ammoniac (1865) et organisa les *conseils Solvay,* réunions internationales de chercheurs autour de questions cruciales de la physique.

SOMAIN ▪ Commune du Nord. 11 971 hab. *(les Somainois).*

la **SOMALIE** ▪ État du nord-est de l'Afrique. Elle dispute à l'Éthiopie la région frontière d'Ogaden. 637 657 km^2. 7 250 000 hab. *(les Somaliens).* Capitale : Mogadiscio. Langues : somali, arabe (off.). Religion officielle : islam. Monnaie : shilling somali. Pays de savane où domine l'élevage nomade. Cultures tropicales. Ancienne colonie partagée entre le Royaume-Uni et l'Italie, devenue entièrement britannique en 1941, puis placée sous administration italienne en 1950, elle est indépendante depuis 1960. Depuis 1991, une violente guerre civile a renversé le régime militaire dirigé par Siyad Barré qui avait pris le pouvoir en 1969, déchiré le pays et entraîné en 1993-1995 une intervention militaire de l'ONU destinée à sauver la population de la famine.

SOMALIEN, ENNE adj. et n. ▪ De Somalie. ‑ n. *Les Somaliens.*

SOMATIQUE adj. ▪ Qui concerne le corps (opposé à *psychique*). ‑ Qui provient de causes physiques. ⇒ **physiologique.**

SOMATISER v. tr. [1] ▪ Rendre somatique, physiologique (un trouble psychique). *Il somatise son angoisse, en tombant malade.* ► n. f. SOMATISATION

SOMBRE adj. ▪ **I. 1.** Qui est peu éclairé, reçoit peu de lumière. ⇒ **obscur.** *Pièce sombre.* ‑ *Il fait sombre.* **2.** Foncé. *Une teinte sombre.* **II.** fig. **1.** POÉT. Qui évoque la mort, le danger. **2.** Empreint de tristesse, d'inquiétude. ⇒ **morne, morose, triste.** *Il était sombre et silencieux.* ‑ *Regard, air sombre.* ‑ *De sombres réflexions.* **3.** (choses) D'une tristesse tragique ou menaçante. ⇒ **inquiétant, sinistre.** *L'avenir est sombre.* **4.** FAM. Déplorable, lamentable. *Un sombre idiot.*

SOMBRER v. intr. [1] ▪ **1.** (bateau) Cesser de flotter, s'enfoncer dans l'eau. ⇒ **couler,** faire **naufrage. 2.** fig. Disparaître, s'anéantir, se perdre. *Sombrer dans le désespoir.* ‑ *Sa raison a sombré.*

SOMBRERO [sɔ̃bʀeʀo] n. m. ▪ Chapeau à larges bords, porté surtout en Amérique latine. *Des sombreros mexicains.*

le **SOMERSET** ▪ Comté du sud-ouest de l'Angleterre. 3 458 km^2. 465 000 hab. Chef-lieu : Taunton (38 000 hab.). Région laitière et touristique.

SOMMAIRE adj. ▪ **I. 1.** Qui est résumé brièvement. ⇒ **court ; succinct.** *Exposé sommaire.* **2.** Qui est fait promptement, sans formalité. ⇒ **expéditif.** *Exécution sommaire.* **3.** Qui est réduit à sa forme la plus simple. *Connaissances sommaires.* ⇒ **élémentaire, rudimentaire.** ‑ *Repas sommaire.* ⇒ **frugal. II.** n. m. Bref résumé des chapitres d'un livre. ⇒ **table** des matières. ‑ *Sommaire d'une revue,* liste des articles et de leurs auteurs.

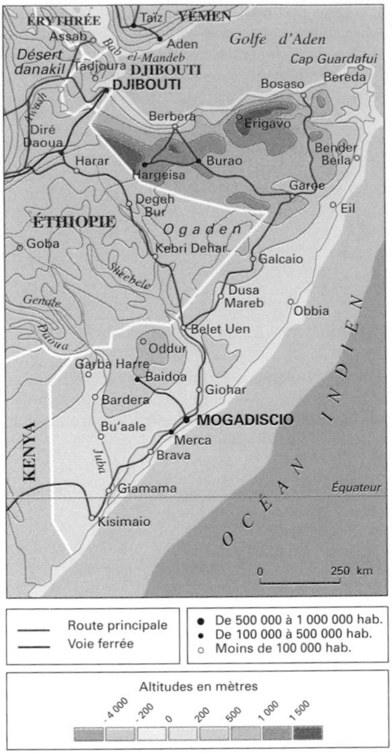

Somalie.

SOMMAIREMENT adv. ▪ D'une manière sommaire.

SOMMATION n. f. ▪ Action de sommer qqn. ‑ spécialt Avertissement d'avoir à s'arrêter ou à se disperser. *Après la troisième sommation, la sentinelle tira.*

① **SOMME** n. f. ▪ **1.** Quantité formée de quantités additionnées ; résultat d'une addition. *Faire la somme de deux nombres.* **2.** Ensemble de choses qui s'ajoutent. ⇒ **total.** ‑ Quantité considérée dans son ensemble. ⇒ **masse.** *Une somme de travail considérable.* ♦ *EN SOMME* loc. adv. : tout bien considéré. ‑ *SOMME TOUTE :* en résumé. ⇒ **finalement. 3.** *Somme (d'argent) :* quantité déterminée d'argent. *Une grosse somme. Arrondir une somme.* **4.** DIDACT. Œuvre qui fournit une synthèse des connaissances relatives à un domaine.

② **SOMME** n. f. ▪ loc. *BÊTE DE SOMME :* bête qui porte les fardeaux.

③ **SOMME** n. m. ▪ Action de dormir, considérée dans sa durée. *Faire un petit somme.* ⇒ FAM. **roupillon.**

la **SOMME** ▪ Fleuve côtier de Picardie. 245 km. Estuaire de la *baie de Somme.*

la **SOMME** [80] ▪ Département français de la région Picardie. 6 163 km^2. 547 825 hab. Chef-lieu : Amiens. Chefs-lieux d'arrondissement : Abbeville, Montdidier, Péronne. En 1916, puis en 1940, la région fut le théâtre de combats opposant la France et ses alliés à l'Allemagne.

SOMMEIL n. m. ▪ **1.** État d'une personne qui dort, caractérisé essentiellement par la suspension de la vigilance et le ralentissement de certaines fonctions. *Dormir d'un sommeil profond ; d'un sommeil de plomb. Avoir le sommeil léger*.* ‑ *Le premier sommeil,* qui suit l'endormissement. *Sommeil paradoxal*.* ‑ *Chercher le sommeil* (⇒ **insomnie**). *Provoquer le* *sommeil* (⇒ **somnifère, soporifique ; hypnose, narcose**). - *Maladie du sommeil.* ⇒ **trypanosomiase.** ♦ Envie de dormir. *Avoir sommeil. Tomber de sommeil.* ♦ (animaux) *Le sommeil profond du chat.* **2.** Ralentissement des fonctions vitales pendant les saisons froides, chez certains êtres vivants (⇒ **hibernation**). **3.** LITTÉR. *Le sommeil éternel, le dernier sommeil :* la mort. **4.** fig. État de ce qui est provisoirement inactif. *Laisser une affaire en sommeil,* en suspens.

SOMMEILLER v. intr. 1 ▪ **1.** Dormir d'un sommeil léger et bref. **2.** fig. Exister à l'état latent. *Une passion qui sommeille.*

SOMMELIER, IÈRE n. ▪ Personne chargée de la cave, des vins, dans un restaurant.

SOMMER v. tr. 1 ▪ DR. Mettre (qqn) en demeure (de faire qqch.) dans les formes établies ; avertir par une sommation. *Sommer qqn à, de comparaître.* ⇒ **assigner.** - LITTÉR. *Sommer qqn de.* ⇒ **enjoindre, ordonner.** *Je l'ai sommé de répondre.*

SOMMET n. m. ▪ **1.** Point ou endroit le plus élevé (d'une chose verticale). ⇒ **faîte, haut.** *Monter au sommet d'une tour.* ♦ Point culminant (du relief). *Le sommet d'une montagne.* ⇒ **cime.** - *L'air pur des sommets.* **2.** fig. Ce qui est le plus haut ; degré le plus élevé. ⇒ **apogée, comble, summum.** *Être au sommet de la gloire.* ♦ *Conférence au sommet,* ou *sommet,* entre les dirigeants suprêmes. **3.** Intersection de deux côtés (d'un angle, d'un polygone). *Angles opposés par le sommet.*

SOMMIER n. m. ▪ **I.** Partie souple d'un lit, qui supporte le matelas. *Sommier à ressorts.* **II.** ADMIN. Gros registre ou dossier. *Les sommiers de la police judiciaire.*

SOMMITÉ n. f. ▪ **I.** DIDACT. Extrémité (d'une tige, d'une plante). **II.** Personnage éminent. ⇒ **personnalité.** *Les sommités de la science.*

SOMNAMBULE [-ɔmn-] n. ▪ **1.** Personne qui, pendant son sommeil, effectue par automatisme des actes coordonnés (marche, etc.). ▪ adj. *Il est somnambule.* **2.** Personne qui, dans un sommeil hypnotique, peut agir ou parler.

SOMNAMBULIQUE [-ɔmn-] adj. ▪ Relatif au somnambulisme. - Qui évoque un somnambule.

SOMNAMBULISME [-ɔmn-] n. m. ▪ État d'automatisme inconscient du somnambule.

SOMNIFÈRE [-ɔmn-] adj. et n. m. ▪ (Médicament) qui provoque le sommeil. ⇒ **soporifique.**

SOMNOLENCE [-ɔmn-] n. f. ▪ État intermédiaire entre la veille et le sommeil. ⇒ **demi-sommeil, torpeur.** - Tendance irrésistible à s'assoupir.

SOMNOLENT, ENTE [-ɔmn-] adj. ▪ Qui somnole.

SOMNOLER [-ɔmn-] v. intr. 1 ▪ Être dans un état de somnolence, dormir à demi.

le col du SOMPORT ▪ Col des Pyrénées-Atlantiques, à la frontière espagnole. 1 632 m.

SOMPTUAIRE adj. ▪ **1.** ANTIQ. *Loi somptuaire,* qui, à Rome, restreignait les dépenses de luxe. **2.** (critiqué) *Dépenses somptuaires,* de luxe.

SOMPTUEUX, EUSE adj. ▪ Qui est d'une beauté coûteuse, d'un luxe visible. ⇒ **fastueux, luxueux, magnifique.** *Un cadeau somptueux.* ► adv. SOMPTUEUSEMENT

SOMPTUOSITÉ n. f. ▪ Beauté de ce qui est riche, somptueux.

① **SON, SA, SES** adj. poss. (3ᵉ pers. du sing.) ▪ Qui appartient, est relatif à la personne ou la chose dont il est question. *C'est son parapluie, c'est le sien. Sa voiture. Son amie.* - *Il a comparu devant ses juges.* - *Une œuvre qui a perdu de son actualité.* - *Être content de son sort. Chacun son tour.*

② **SON** n. m. ▪ Sensation auditive créée par un mouvement vibratoire dans l'air ; ce phénomène. ⇒ **bruit ; phon-, sonner.** *Entendre, percevoir un son. Émettre des sons.* - *Sons inarticulés, articulés.* - *Vitesse du son* (→ Mach). ♦ *Sons musicaux. Enregistrement, reproduction du son.*

③ **SON** n. m. ▪ **1.** Résidu de la mouture provenant de l'enveloppe des grains. - *Farine de son,* mêlée de son. **2.** Sciure servant à bourrer. *Poupée de son.* **3.** loc. TACHE DE SON : tache de rousseur.

SONAR n. m. (sigle) ▪ Équipement, appareil de détection sous-marine par réflexion des ondes sonores.

SONATE n. f. ▪ Composition musicale pour un ou deux instruments, en trois ou quatre mouvements. *Sonate pour violon et piano.* ♦ MUS. Forme musicale réalisée par la sonate, le concerto, le quatuor, etc. - appos. *La forme sonate.*

SONATINE n. f. ▪ Petite sonate de caractère facile.

SONDAGE n. m. ▪ **1.** Exploration locale et méthodique (d'un milieu : mer, sol...). **2.** Introduction d'une sonde (2) dans l'organisme. **3.** *Sondage (d'opinion) :* enquête visant à déterminer la répartition des opinions sur une question, en recueillant des réponses auprès d'un échantillon de population.

SONDE n. f. ▪ **1.** Instrument, appareil qui sert à déterminer la profondeur de l'eau et la nature du fond. - Appareil de mesure des altitudes. **2.** Instrument destiné à explorer les canaux (naturels ou accidentels) de l'organisme. - Instrument servant à l'alimentation artificielle. **3.** Appareil servant aux forages et aux sondages du sol (⇒ **trépan**). **4.** *Sonde spatiale :* engin d'exploration spatiale non habité.

les îles de la SONDE ▪ Une partie des îles formant l'Indonésie et comprenant, outre Java et Sumatra séparées par (le *détroit de la Sonde*), les petites îles de la Sonde (Bali et les îles situées à l'est de celle-ci, dont Timor).

SONDER v. tr. 1 ▪ **1.** Reconnaître au moyen d'une sonde ou d'un appareil de sondage. *Sonder les grands fonds.* - *Sonder une plaie.* **2.** abstrait Chercher à entrer dans le secret de. ⇒ **explorer, pénétrer, scruter.** ♦ Chercher à connaître l'état d'esprit, les intentions de (qqn). - *Sonder l'opinion* (⇒ **sondage**).

le SONDERBUND ▪ Ligue séparatiste formée par les cantons suisses catholiques contre la majorité parlementaire, anticléricale, de la Confédération (1845). Vaincue par les troupes fédérales du général Dufour (1847), elle fut dissoute.

SONDEUR, EUSE ▪ **I.** n. Personne qui fait des sondages. **II.** n. m. Appareil de sondage.

les SONG ▪ Dynastie chinoise qui régna de 960 à 1279 → Chine.

SONGE n. m. ▪ LITTÉR. Rêve. - par compar. « *La vie n'est elle-même qu'un songe* » (Pascal).

SONGER v. tr. ind. 3 ▪ **1.** VX Rêver ou s'abandonner à la rêverie (⇒ **songeur**). **2.** SONGER À : penser à, réfléchir à. *Songez-y bien !* - Évoquer par la mémoire ou l'imagination. *Songer à ses amours passées.* - Envisager en tant que projet. *Il songe au mariage ; à se marier.* - S'intéresser à, se préoccuper de. *Songer au lendemain.* **3.** (trans.) *Songer que :* prendre en considération le fait que. *Avez-vous songé qu'il y a un risque ?*

SONGERIE n. f. ▪ LITTÉR. Rêverie.

SONGEUR, EUSE adj. ▪ Perdu dans une rêverie empreinte de préoccupation. ⇒ **pensif.** *Cette nouvelle l'a laissée songeuse.*

les SONGHAÏS, SONGHOYS ou **SONRHAÏS** ▪ Peuple d'Afrique occidentale, métissé de Peuls et de Touaregs. Au XIᵉ s. ils fondèrent un royaume, avec Gao pour capitale, qui devint un empire et fut anéanti par les Marocains à la fin du XVIᵉ s.

SONNAILLE n. f. ▪ Cloche ou clochette attachée au cou d'un animal domestique. - au plur. Son de ces cloches.

SONNANT, ANTE adj. ▪ **1.** VX Qui résonne, sonne. - MOD. loc. *Espèces* SONNANTES ET TRÉBUCHANTES : monnaie métallique. **2.** (heure) Qui est en train de sonner. ⇒ **tapant.** *À cinq heures sonnantes.* ⇒ **précis.**

SONNÉ, ÉE adj. ▪ **1.** Annoncé par une sonnerie. *Il est midi sonné.* ⇒ ③ **passé.** ♦ *Il a cinquante ans bien sonnés,* révolus. **2.** Assommé par un coup. *Boxeur sonné.* ⇒ **groggy.** **3.** FAM. Fou. ⇒ **toqué.** *Il est complètement sonné.*

SONNER v. 1 ▪ **I.** v. intr. **1.** Retentir sous un choc. ⇒ **résonner, tinter.** *Les cloches sonnent.* ⇒ **carillonner.** **2.** Produire une sonnerie. *Le téléphone a sonné.* - (heure) *Minuit sonne. Trois heures sonnent.* **3.** (avec un adv.) *Une phrase qui sonne mal,* peu harmonieuse. *Sonner juste, bien.* - *Tout cela sonne faux,* donne une impression d'hypocrisie. **4.** Faire fonctionner une sonnerie. *Entrez sans sonner.* **II.** v. tr. ind. SONNER DE : faire rendre des sons à (un instrument à vent). *Sonner de la trompette.* **III.** v. tr. **1.** Faire résonner. *Le sacristain sonnait les cloches.* - loc. FAM. *Se faire sonner les cloches**. **2.** Faire entendre (une sonnerie) ; annoncer par une sonnerie. *Sonner le tocsin.* - *L'horloge a sonné onze heures.* **3.** Appeler (qqn) par une sonnerie, une sonnette. *Sonner l'infirmière de garde.* - loc. FAM. ON NE T'A PAS SONNÉ : on ne t'a pas appelé, mêle-toi de tes affaires. **4.** Assommer, étourdir d'un coup de poing (⇒ **sonné** (2)).

SONNERIE n. f. ▪ 1. Son de ce qui sonne ou d'un instrument dont on sonne. *La sonnerie du téléphone.* - *Une sonnerie de clairon.* 2. Mécanisme qui fait sonner (une horloge, etc.). *Remonter la sonnerie d'un réveil.* - Appareil avertisseur. ⇒ **sonnette.** *Sonnerie électrique.*

SONNET n. m. ▪ Petit poème à forme fixe (deux quatrains sur deux rimes embrassées et deux tercets).

SONNETTE n. f. ▪ 1. Petit instrument métallique (clochette) qui sonne pour avertir. - Timbre, sonnerie électrique ; objet qui sert à déclencher la sonnerie. *Coup de sonnette. Sonnette d'alarme. Appuyer sur la sonnette.* 2. Son produit par une sonnette. ⇒ **sonnerie.**

SONNEUR n. m. ▪ Celui qui sonne les cloches. - loc. *Dormir comme un sonneur* (que les cloches ne réveillent pas). ♦ VIEILLI ou RÉGIONAL (instruments à vent) *Sonneur de cor, de cornemuse.*

SONO n. f. ⇒ SONORISATION

SONORE adj. ▪ 1. Qui résonne fort. ⇒ **éclatant.** *Une voix sonore.* - *Consonne sonore* et n. f. *une sonore* (opposé à *sourde*), dont l'émission s'accompagne de vibrations du larynx (ex. [b]). 2. Qui renvoie ou propage le son. *Une salle trop sonore.* 3. Relatif au son, phénomène physique ou sensation auditive. *Ondes sonores.* - *Effets sonores* (dans un film...).

SONORISATION n. f. ▪ 1. Action de sonoriser. 2. Matériel d'amplification du son. ◇ abrév. FAM. SONO.

SONORISER v. tr. [1] ▪ 1. Rendre sonore. 2. Adjoindre du son à (un film, un spectacle). 3. Munir (une salle) d'une sonorisation (2). - au p. p. *Salle sonorisée.*

SONORITÉ n. f. ▪ 1. Caractère particulier, qualité d'un son. *La sonorité d'un instrument de musique. Une belle sonorité.* - au plur. Inflexions, sons particuliers (d'une voix). 2. Caractère, qualité acoustique (d'un local).

SOPHISME n. m. ▪ Argument, raisonnement faux malgré une apparence de vérité.

SOPHISTE ▪ 1. n. m. ANTIQ. GRECQUE Maître de rhétorique et de philosophie qui enseignait l'art de parler en public et de défendre toutes les thèses. 2. n. Personne qui use de raisonnements spécieux (⇒ **sophisme**).

SOPHISTICATION n. f. ▪ anglic. 1. Caractère sophistiqué, artificiel. 2. Élaboration poussée, complexité technique.

SOPHISTIQUÉ, ÉE adj. ▪ 1. Alambiqué, affecté. *Un style sophistiqué.* 2. anglic. Qui se distingue par son allure recherchée, artificielle. 3. anglic. Complexe, perfectionné. *Du matériel très sophistiqué.*

Sophocle. Buste en pierre, art grec. Musée capitolin, Rome.
Phot. © Giraudon

SOPHOCLE (496 - 406 av. J.-C.) ▪ Poète tragique grec. Il porta la tragédie grecque à son plus haut degré de perfection en modifiant la technique dramatique (nombre d'acteurs, rôle du chœur). Il ne reste de lui que huit pièces : *"Ajax"; "Antigone"; "Œdipe roi"; "Les Limiers"; "Électre"; "Les Trachiniennes"; "Philoctète"; "Œdipe à Colone".*

SOPHROLOGIE n. f. ▪ DIDACT. Ensemble de pratiques visant à dominer les sensations douloureuses et de malaise psychique (→ relaxation).

SOPORIFIQUE adj. ▪ 1. Qui provoque le sommeil. - n. m. *Un soporifique.* ⇒ **somnifère.** 2. FAM. Endormant, ennuyeux. *Un discours soporifique.*

SOPRANISTE n. m. ▪ MUS. Chanteur (homme) qui a une voix de soprano. ⇒ **haute-contre.**

SOPRANO ▪ 1. n. m. La plus élevée des voix. *Le soprano de la femme, de l'enfant.* 2. n. Personne qui a cette voix. *Un, une soprano. Une soprano colorature.*

SORBE n. f. ▪ Fruit du sorbier, baie rouge orangé.

SORBET n. m. ▪ Glace légère, sans crème, généralement à base de jus de fruit.

SORBETIÈRE [-ətjɛʀ] n. f. ▪ Appareil pour préparer les glaces et les sorbets.

SORBIER n. m. ▪ Arbre sauvage ou ornemental dont certaines espèces produisent des fruits comestibles (⇒ **sorbe**). ⇒ **alisier.**

SORBONNARD, ARDE n. et adj. ▪ péj. Étudiant ou professeur de la Sorbonne. - adj. *Esprit sorbonnard.*

la **SORBONNE** ▪ Établissement public d'enseignement supérieur, à Paris, partagé en plusieurs universités. Créée en 1257 par Robert de Sorbon (1201 - 1274) pour l'enseignement de la théologie, elle fit office de tribunal ecclésiastique jusqu'au XVIIIe s.

SORCELLERIE n. f. ▪ Pratique des sorciers. *Les anciens procès de sorcellerie.* - *C'est de la sorcellerie :* c'est inexplicable, extraordinaire.

SORCIER, IÈRE ▪ I. 1. n. Personne qui pratique une magie de caractère traditionnel, secret et illicite ou dangereux. ⇒ **magicien.** *Les sorciers du Moyen Âge. Sorciers et devins.* ♦ loc. *L'apprenti* sorcier.* - *CHASSE AUX SORCIÈRES :* poursuite systématique d'opposants ; persécution organisée. 2. n. f. fig. *(Vieille) sorcière :* vieille femme laide et méchante. II. adj. m. loc. FAM. *Ce n'est pas sorcier :* ce n'est pas difficile. ⇒ **malin.**

SORDIDE adj. ▪ 1. D'une saleté repoussante, qui dénote une misère extrême. *Des taudis sordides.* 2. Qui est bassement intéressé et mesquin. *Avarice sordide.* - *Une sordide affaire d'héritage.*

SORDIDEMENT adv. ▪ D'une manière sordide.

SORDIDITÉ n. f. ▪ LITTÉR. Caractère de ce qui est sordide.

Agnès **SOREL** (v. 1422 - 1450) ▪ Favorite du roi de France Charles VII.

Charles **SOREL, sieur de Souvigny** (v. 1600 - 1674) ▪ Écrivain français. *"La Vraye Histoire comique de Francion"* (1623), chef-d'œuvre du burlesque.

Georges **SOREL** (1847 - 1922) ▪ Théoricien politique français. Sa pensée influença le syndicalisme révolutionnaire mais fut également utilisée par le fascisme italien. *"Réflexions sur la violence"* (1908).

Søren **SØRENSEN** (1868 - 1939) ▪ Chimiste danois. On lui doit l'échelle de pH, mesure de l'acidité.

SORGHO n. m. ▪ Graminée des pays chauds, utilisée comme céréale.

sorgho.
Phot. © Nief/Jacana

SORGUES ▪ Commune du Vaucluse. 17 236 hab. *(les Sorguais).*

SORNETTE n. f. ▪ surtout au plur. Propos frivole, affirmation sans fondement. ⇒ **baliverne.** *Raconter, débiter des sornettes.*

SORORAL, ALE, AUX adj. ▪ DIDACT. D'une sœur, de sœurs (correspond à *fraternel*).

SORORITÉ n. f. ▪ DIDACT. Solidarité entre femmes (considérée comme spécifique).

SORRENTE ▪ Ville d'Italie (Campanie), célèbre pour la beauté de son site admirable. 17 581 hab. Centre touristique.

SORT n. m. ▪ **1.** Ce qui échoit (à qqn) du fait du hasard, ou d'une prédestination supposée ; situation faite ou réservée (à une personne, une catégorie de personnes). ⇒ **destinée.** *Abandonner qqn à son sort. L'amélioration du sort des travailleurs.* ➝ LITTÉR. *FAIRE UN SORT À qqch.*, le mettre en valeur ; FAM. s'en débarrasser d'une manière radicale. *Faire un sort à une bouteille,* la boire. **2.** Puissance qui est supposée fixer le cours des choses. *C'est un coup du sort. L'ironie* du sort.* ➝ *LE MAUVAIS SORT :* la malchance. *Conjurer le mauvais sort.* ➝ FAM. (juron) *Coquin de sort !* **3.** Désignation par le hasard (s'oppose à *choix, élection*). *Le sort décidera.* ➝ *Tirer au sort :* décider, désigner par le recours au hasard. ➝ *Le sort en est jeté* (→ les dés* sont jetés). **4.** Effet magique, généralement néfaste, en relation avec une opération de sorcellerie (surtout dans : *jeter un sort*). ⇒ **envoûtement, sortilège.**

SORTABLE adj. ▪ Que l'on peut sortir, présenter en public. *Tu n'es vraiment pas sortable.*

SORTANT, ANTE adj. ▪ **1.** Qui sort par le fait du hasard. *Les numéros sortants.* ⇒ **gagnant. 2.** Qui cesse de faire partie d'une assemblée. *Député sortant.*

SORTE n. f. ▪ **1.** Ensemble (de gens ou d'objets caractérisés par une certaine manière d'être). ⇒ **espèce, genre.** *Il y a plusieurs sortes de problèmes. Cette sorte de gens. Toutes sortes de gens. Des fruits de toutes sortes, de la même sorte.* **2.** *UNE SORTE DE :* ce que l'on ne peut qualifier exactement et que l'on rapproche de. ⇒ une **espèce** de. *Une sorte de vagabond. Une sorte de fascination.* **3.** dans des expr. Façon d'accomplir une action. ➝ LITTÉR. *DE LA SORTE :* de cette façon, ainsi. ➝ *EN QUELQUE SORTE :* d'une certaine manière ; pour ainsi dire. *Vous avez eu de la chance, en quelque sorte.* ➝ *DE SORTE À* (+ inf.) : de manière à. ➝ *DE TELLE SORTE QUE :* de telle manière que. ➝ *DE SORTE QUE :* si bien que. ➝ *FAIRE EN SORTE QUE* (+ subj.), *DE* (+ inf.) : s'arranger pour (que). *Fais en sorte que tout soit prêt ; d'être à l'heure.*

SORTIE [-ti] n. f. ▪ **I.** (Action de sortir) **1.** Action de quitter un lieu ; moment où (qqn) sort. *La sortie des ouvriers* (des usines). *La sortie des usines, des bureaux. Viens me chercher à la sortie.* ➝ au théâtre Action de quitter la scène. *Fausse sortie* (pour rentrer en scène peu après). **2.** Action militaire pour sortir d'un lieu. *Tenter une sortie.* ♦ fig. Attaque verbale ; parole incongrue. **3.** Action de sortir pour faire qqch. (se distraire, etc.). *Une courte sortie.* ➝ FAM. *Aujourd'hui, nous sommes DE SORTIE.* **4.** (biens) Fait de sortir d'un pays. *D'importantes sorties de capitaux.* **5.** Fait d'être produit, livré au public. *La sortie d'un nouveau modèle.* **6.** Somme dépensée. *Les rentrées et les sorties.* **7.** (fluides) Action de s'écouler, de s'échapper. *La sortie des gaz.* **8.** INFORM. Émission de données de l'unité centrale vers l'extérieur (par oppos. à *entrée*). **II.** Porte, endroit par où les personnes, les choses sortent. *Sortie de secours.* ⇒ **issue.** *Par ici la sortie !* ➝ *Les sorties d'une autoroute.* **III.** *SORTIE DE BAIN :* vêtement (peignoir...) que l'on porte après le bain.

SORTILÈGE n. m. ▪ Artifice de sorcier ; action, influence qui semble magique. ⇒ **charme.** *Sortilège malfaisant.* ⇒ **maléfice, sort.**

① **SORTIR** v. 16 ▪ **I.** v. intr. avec l'auxiliaire *être* (Aller du dedans au dehors) contr. *entrer* **1.** Aller hors (d'un lieu). *Sortir de chez soi.* ➝ absolt Quitter une maison, une pièce. ⇒ **partir,** se **retirer.** *Il est sorti discrètement.* **2.** Aller dehors (notamment pour se promener). *Ce n'est pas un temps pour sortir ! Il est sorti faire un tour.* ⇒ **aller.** ➝ Aller hors de chez soi pour se distraire (au spectacle, etc.). *Nous sortons beaucoup.* ♦ *Sortir avec qqn,* avoir une relation amoureuse avec lui. ⇒ **fréquenter. 3.** (objet en mouvement, fluide) Aller hors (de). *Eau qui sort d'une source.* ⇒ s'**échapper, jaillir, sourdre.** ♦ Aller hors du contenant ou de l'espace normal. *Rivière qui sort de son lit.* ⇒ **déborder.** *La voiture est sortie de la route.* ➝ fig. *Cela m'est sorti de la tête,* je l'ai oublié. **4.** Apparaître en se produisant à l'extérieur. ⇒ **pousser ; percer.** *Les bourgeons sortent.* ♦ Être livré au public. ⇒ **paraître.** *Ce film sort la semaine prochaine.* **5.** Apparaître, être visible hors de qqch. ⇒ **saillir ; dépasser.** *Fossile qui sort du sable.* **6.** Se produire (au jeu, au tirage au sort). *Ce numéro n'est pas encore sorti.* **II.** v. intr. (personnes) (Cesser d'être dans un tel lieu, dans un tel état) **1.** Quitter (le lieu d'une occupation). *Sortir de table :* avoir fini de manger. ➝ absolt *Les élèves sortent à cinq heures.* **2.** Quitter (une occupation). *Sortir d'un travail difficile.* ➝ FAM. (+ inf.) *Je sors d'en prendre ! :* je ne suis pas près de recommencer ! **3.** Quitter (un état), faire ou voir cesser (une situation). *Sortir de l'enfance. Il sort de maladie. Nous sommes sortis de ce mauvais pas.* ➝ Abandonner (un comportement habituel). *Sortir de sa réserve.* ⇒ se **départir. 4.** Ne pas se tenir (à une chose fixée). ⇒ s'**écarter.** *Vous sortez de votre rôle.* ♦ (choses) Être en dehors (de). *Cela sort de ma compétence. Ce modèle sort de l'ordinaire.* **III.** v. intr. (Être issu de) **1.** Avoir son origine, sa source (dans). ⇒ **venir** de. *Des paroles sincères, qui sortent du cœur.* **2.** (personnes) Avoir pour ascendance. *Il sort d'une bonne famille.* ⇒ **descendre.** ♦ Avoir été formé (quelque part). *Sortir d'une grande école.* **IV.** v. tr. (avec l'auxiliaire *avoir*) **1.** Mener dehors (un être que l'on accompagne). *Sortir un malade. Je vais sortir le chien.* ➝ FAM. Mener (qqn) au spectacle, etc. **2.** Mettre dehors (qqch.), tirer (d'un lieu). *Sortir qqch. de sa poche.* **3.** FAM. Expulser, jeter dehors (qqn). *À la porte ! Sortez-le !* ➝ Éliminer (un concurrent, une équipe). **4.** Tirer (d'un état, d'une situation). *Il faut le sortir de là.* ♦ pronom. *Se sortir d'un mauvais pas.* ➝ *S'EN SORTIR :* venir à bout d'une situation pénible, dangereuse. *Elle s'en est sortie brillamment.* ⇒ s'en **tirer. 5.** Produire pour le public. *Éditeur qui sort un livre.* ⇒ **publier. 6.** FAM. Dire, débiter. *Qu'est-ce qu'il va encore nous sortir ?*

② **SORTIR** n. m. ▪ LITTÉR. *AU SORTIR DE :* en sortant de (un lieu ; un état, une occupation). *Au sortir de l'enfance.*

S.O.S. [ɛsoɛs] n. m. ▪ Signal de détresse (d'un bateau, d'un avion). *Envoyer, lancer un S.O.S.* ➝ Appel à secourir d'urgence des personnes en difficulté.

SOSIE n. m. ▪ (du n. pr.) Personne qui a une ressemblance parfaite avec une autre. *Avoir un sosie.*

SOSIE ▪ Personnage d'*Amphitryon*, comédies de Plaute (v. 214 av. J.-C.) et de Molière (1668). Valet d'Amphitryon, il en vient à douter de sa propre identité, Mercure ayant pris ses traits.

SOSNOWIEC ▪ Ville de Pologne, en Silésie. 259 000 hab.

SOT, SOTTE ▪ **I.** adj. LITTÉR. **1.** Qui a peu d'intelligence et peu de jugement. ⇒ **bête, idiot, stupide.** *Je ne suis pas assez sot pour lui en vouloir.* ➝ Privé momentanément de jugement (du fait de la surprise, etc.). ⇒ **confus.** *Se trouver tout sot.* ⇒ **penaud.** ♦ n. *Vous n'êtes qu'un sot !* ⇒ **âne. 2.** (choses) Qui dénote un manque d'intelligence et de jugement. ⇒ **absurde, inepte.** *Une sotte vanité.* **II.** n. m. HIST. LITTÉR. Personnage de bouffon, dans les soties*.

SŌTATSU Nonomura (début du XVIIe s.) ▪ Peintre japonais. Puisant ses sujets dans la littérature, il créa un style original, préfigurant l'école d'Ogata Kōrin.

SOTCHI ▪ Ville et port de Russie, sur la mer Noire. 344 000 hab. Station balnéaire.

SOTIE [-ti] n. f. ▪ HIST. LITTÉR. Farce satirique et allégorique du Moyen Âge, jouée par des acteurs en costume de bouffon. ◇ var. anc. SOTTIE.

SOT-L'Y-LAISSE n. m. invar. ▪ Morceau délicat, au-dessus du croupion d'une volaille.

Jesús Rafael SOTO (né en 1923) ▪ Sculpteur vénézuélien. Il participa au lancement du mouvement cinétique avec Agam, Pol Bury et Tinguely. Ses sculptures de l'espace (*"Vibrations"*, 1958 ; *"Progressions"* ; *"Pénétrables"*, 1969) font appel à la participation du spectateur.

SOTTEMENT adv. ▪ D'une manière sotte. ⇒ **bêtement.**

SOTTEVILLE-LÈS-ROUEN ▪ Commune de Seine-Maritime. 29 544 hab. *(les Sottevillais).*

SOTTISE n. f. ▪ **1.** LITTÉR. Manque d'intelligence et de jugement. ⇒ **bêtise, stupidité. 2.** Parole ou action qui dénote un manque d'intelligence. *Dire des sottises.* ⇒ **ânerie. 3.** Maladresse, acte de désobéissance (d'enfant). **4.** Chose de peu d'importance. *Se tracasser pour des sottises.*

SOTTISIER n. m. ▪ Recueil de sottises (2) ou de platitudes échappées à des auteurs connus.

SOU n. m. ▪ **1.** anciennt Le vingtième du franc, cinq centimes. *Une pièce de cent sous.* ➝ MOD. *Machine à sous,* appareil où l'on joue des pièces de monnaie. ➝ loc. *Amasser SOU À SOU, SOU PAR SOU. Dépenser jusqu'au dernier sou. N'avoir PAS LE SOU ;*

être *sans le sou :* ne pas avoir d'argent. *Un bijou de quatre sous,* sans valeur. *Il n'est pas compliqué pour un sou* (pas du tout). *Il n'a pas un sou de bon sens* (⇒ **grain, gramme, once**). **2.** FAM. au plur. Argent. *Être près de ses sous,* avare. *Une question de gros sous,* d'intérêt.

la SOUABE en allemand ***SCHWABEN*** ▪ Région historique d'Allemagne, aujourd'hui partagée entre la Bavière et le Bade-Wurtemberg. Érigée en duché au VIe s., la Souabe passa à la famille des Hohenstaufen. Alliée de l'Autriche au XVIe s., elle fut démantelée au traité de Westphalie, qui mit fin à la guerre de Trente Ans. ► **le bassin de SOUABE-FRANCONIE,** bassin sédimentaire d'Allemagne, s'étendant de la Forêt-Noire à la forêt de Bohême. Partagé entre la Bavière, le Bade-Wurtemberg et la Hesse.

SOUAHÉLI, IE ⇒ SWAHILI

SOUBASSEMENT n. m. ▪ **1.** Partie inférieure (d'une construction...). ⇒ **base. 2.** Socle sur lequel reposent des couches géologiques.

SOUBRESAUT [-so] n. m. ▪ **1.** Saut brusque (d'un animal) ; secousse imprévue. **2.** Mouvement convulsif et violent (du corps). ⇒ **haut-le-corps.**

SOUBRETTE n. f. ▪ Suivante ou servante de comédie.

SOUCHE n. f. ▪ **1.** Ce qui reste du tronc, avec les racines, quand l'arbre a été coupé. *Brûler de vieilles souches.* ‑ loc. *Rester comme une souche,* inerte. *Dormir comme une souche,* profondément. **2.** (dans des loc.) Origine d'une lignée. *Faire souche,* avoir des descendants. *De vieille souche,* de vieille famille. ‑ Origine commune (d'un groupe de peuples, de langues). *Mot de souche germanique.* **3.** Partie d'un document qui reste fixée, reliée, quand on en a détaché l'autre partie. ⇒ **talon.** *Carnet à souche.*

① **SOUCI** n. m. ▪ **1.** Préoccupation inquiète (à propos de qqn ou de qqch.). ⇒ **contrariété, tracas.** *Être accablé de soucis. De graves soucis.* ‑ *Se faire du souci.* ‑ *Être sans souci* (⇒ **insouciant, insoucieux, sans-souci**). **2.** Ce qui détermine cet état d'esprit. *Sa santé est devenue un souci.* **3.** Intérêt soutenu. ⇒ **soin.** *Avoir le souci de la perfection ; du bonheur.*

② **SOUCI** n. m. ▪ Petite plante de jardin, à fleurs jaunes ou orangées. *Cueillir des soucis.*

SE **SOUCIER** v. pron. 7 ▪ (surtout négatif) Prendre intérêt à, se préoccuper de. *Je ne m'en soucie guère. Il s'en soucie comme de sa première chemise,* pas du tout.

SOUCIEUX, EUSE adj. ▪ **1.** Qui est absorbé, marqué par le souci. ⇒ **inquiet, préoccupé.** ‑ *Un air soucieux.* **2.** *soucieux de :* qui se préoccupe, se soucie de. *Être soucieux de sa liberté.*

SOUCOUPE n. f. ▪ **1.** Petite assiette qui se place sous une tasse. ‑ FAM. *Des yeux comme des soucoupes,* écarquillés. **2.** *soucoupe volante :* objet volant d'origine inconnue. ⇒ **ovni.**

SOUDAGE n. m. ▪ Action de souder (1) ; opération par laquelle on soude. ⇒ **soudure.**

SOUDAIN, AINE ▪ **I.** adj. Qui arrive, se produit en très peu de temps, sans avoir été prévu. ⇒ **brusque, rapide, subit.** *Une mort soudaine.* **II.** adv. Dans l'instant même, tout à coup. *Soudain, il s'enfuit.*

SOUDAINEMENT adv. ▪ D'une manière soudaine. ⇒ **soudain.**

SOUDAINETÉ n. f. ▪ Caractère de ce qui est soudain. ⇒ **brusquerie, rapidité.**

le SOUDAN ou **ZONE SOUDANAISE** ▪ Région climatique de l'Afrique qui fait la transition entre le Sahel et la zone équatoriale humide.

le SOUDAN ▪ État du nord-est de l'Afrique, occupant la région du haut Nil et bordé par la mer Rouge. 2 503 813 km^{2} (le plus vaste pays d'Afrique). 25 500 000 hab. *(les Soudanais).* Capitale : Khartoum. Langue officielle : arabe. Religion officielle : islam. Monnaie : livre soudanaise. Arabes et Berbères dans le Nord, Noirs dans le Sud. Élevage et culture irriguée. Exportation de coton. □ **HISTOIRE** Dans l'Antiquité, le pays fut sous l'influence de l'Égypte pharaonique. Christianisé au VIe s. puis islamisé au XVe s., il fut conquis par Méhémet Ali en 1820, mais se souleva contre la domination anglo-égyptienne v. 1880 (→ **Mahdī**). Vaincu, il ne devint indépendant qu'en 1956. Sous régime militaire islamiste, à l'origine de son isolement croissant sur le plan international, le pays est en proie à de graves difficultés (guerre entre le Nord musulman et le Sud chrétien et animiste, famine) résultant de la diversité ethnique et religieuse de la population qui le compose.

le SOUDAN FRANÇAIS ▪ Nom du Mali avant son indépendance.

SOUDANAIS, AISE adj. et n. ▪ **1.** Du Soudan (zone climatique). ◇ On dit aussi SOUDANIEN, IENNE. *Climat soudanien.* **2.** De l'État du Soudan. ‑ n. *Les Soudanais.*

SOUDARD n. m. ▪ LITTÉR. Homme de guerre brutal et grossier.

SOUDE n. f. ▪ **1.** Carbonate de sodium. *Cristaux de soude.* **2.** *Soude caustique :* hydroxyde de sodium. **3.** PHARM. Sodium. *Sulfate de soude.*

SOUDER v. tr. 1 ▪ **1.** Joindre, ou faire adhérer (des pièces métalliques, des matières plastiques) en faisant une seule masse (⇒ **braser**). ‑ absolt *Lampe à souder* (⇒ **chalumeau**). **2.** fig. Unir étroitement et solidement. ‑ au p. p. *Un groupe très soudé.*

SOUDEUR, EUSE ▪ **1.** n. Spécialiste de la soudure. **2.** n. f. Machine à souder.

SOUDOYER v. tr. 8 ▪ S'assurer à prix d'argent et d'une manière immorale le concours de (qqn). ⇒ **acheter.**

SOUDURE n. f. ▪ **1.** Alliage fusible servant à souder les métaux. **2.** Résultat de l'opération de soudage ; cette opération elle-même. *Soudure autogène**. *Soudure au chalumeau.* ‑ Partie soudée. **3.** fig. *Faire la soudure :* satisfaire à la demande, entre deux récoltes, deux livraisons. ‑ par ext. Assurer la transition (entre deux systèmes, etc.).

SOUFFLAGE n. m. ▪ Opération par laquelle on façonne un verre en le soufflant.

SOUFFLANT, ANTE adj. ▪ **1.** Qui sert à souffler. **2.** FAM. Qui coupe le souffle. ⇒ **étonnant.**

SOUFFLE n. m. ▪ **I. 1.** Mouvement de l'air que l'on produit en soufflant. *Éteindre une bougie d'un souffle.* **2.** Expiration ; air rejeté par la bouche. ⇒ **haleine.** ‑ loc. *Le dernier souffle,* la dernière manifestation de la vie, au moment de la mort (→ le dernier soupir). *Jusqu'à son dernier souffle.* ♦ La respiration ; son bruit. *Retenir son souffle. Couper le souffle à qqn* (et, fig., *étonner vivement*). *Une beauté à couper le souffle.* ‑ *Être à bout de souffle,* haletant de fatigue, épuisé. *"À bout de souffle"* (film de Godard). ‑ *Le souffle :* la capacité à ne pas s'essouffler. *Avoir du souffle.* ‑ fig. *Trouver un second souffle,* un regain d'énergie. **3.** Force qui anime, crée. *Souffle créateur.* ⇒ **inspiration.** ‑ *Ce récit manque de souffle.* **II. 1.** Mouvement naturel de l'air dans l'atmosphère. ⇒ **bouffée, courant.** *Un souffle d'air, de vent.* ‑ *Les feuilles frémissent au*

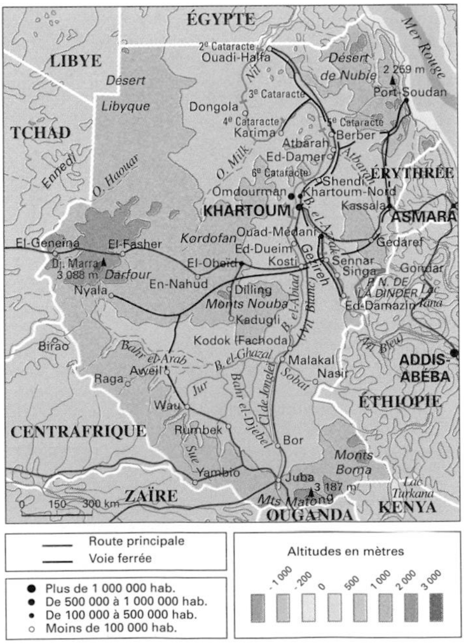

Soudan.

la **Soufrière.** *Phot. © Lagadec/Gamma*

moindre souffle. **2.** Air, fluide déplacé (par une différence de pression). ⇒ **poussée.** *Le souffle d'un réacteur.* ‑ *Effet de souffle d'un explosif.* **3.** Bruit anormal perçu à l'auscultation du cœur ou des poumons. *Souffle au cœur.* **4.** Bruit de fond, dans un récepteur radio.

SOUFFLÉ, ÉE ▪ **I.** adj. **1.** Gonflé. *Beignet soufflé* (par la cuisson). **2.** Bouffi, boursouflé. *Des traits soufflés.* **3.** FAM. Stupéfait. ⇒ **ahuri, époustouflé, sidéré. II.** n. m. Préparation de pâte légère qui se gonfle à la cuisson. *Soufflé au fromage.*

SOUFFLEMENT n. m. ▪ Action de souffler ; bruit, mouvement de l'air qui en résulte.

SOUFFLER v. [1] ▪ **I.** v. intr. **1.** Expulser de l'air par la bouche ou par le nez, par une action volontaire. *Souffler sur le feu ; dans une trompette.* **2.** Respirer avec peine, en expirant fort. ⇒ **haleter.** *Souffler comme un bœuf, comme un phoque.* ♦ Reprendre haleine ; se reposer. *Laissez-moi le temps de souffler.* **3.** (vent) Produire un mouvement de l'air. *Le vent souffle.* **II.** v. tr. **1.** Envoyer un courant d'air sur (qqch.) *Souffler une bougie* (pour l'éteindre). **2.** FAM. *SOUFFLER qqch. à qqn,* le lui enlever. ‑ *Souffler un pion,* aux dames, le prendre quand l'adversaire ne s'en est pas servi pour prendre. **3.** Détruire par un souffle violent. ‑ au p. p. *Maison soufflée par une explosion.* **4.** Envoyer de l'air, du gaz dans (qqch.). *Souffler le verre* (pour le façonner). **5.** Faire sortir en soufflant. *Souffler la fumée par le nez.* **6.** Dire à voix basse. *Souffler qqch. à l'oreille de qqn,* lui dire en confidence. ⇒ **chuchoter.** ‑ loc. *Ne pas souffler mot :* ne rien dire. ♦ Dire discrètement (qqch.) pour aider qqn. *Souffler une réplique à un acteur* (⇒ **souffleur**). ‑ absolt *Défense de souffler.* **7.** FAM. Stupéfier. *Son courage nous a soufflés.*

SOUFFLERIE n. f. ▪ **1.** Machine servant à souffler et conduire de l'air. *La soufflerie d'une forge.* **2.** Installation permettant d'étudier les mouvements d'un fluide (notamment l'air) autour d'un objet. *Essais aérodynamiques en soufflerie.*

SOUFFLET n. m. ▪ **I. 1.** Instrument qui sert à souffler de l'air par le rapprochement de deux tablettes reliées par un assemblage souple. **2.** Partie pliante ou souple entre deux parties rigides. *Sac à soufflets.* ‑ Passage articulé entre deux voitures d'un train, d'un autobus. **II.** LITTÉR. Gifle. ‑ fig. Insulte grave. ⇒ **camouflet.**

SOUFFLETER v. tr. [4] ▪ LITTÉR. Gifler.

SOUFFLEUR, EUSE n. ▪ **1.** Personne qui façonne le verre par soufflage. **2.** au théâtre Personne qui souffle leur rôle aux acteurs, en cas de trou de mémoire.

Germain SOUFFLOT (1713‑1780) ▪ Architecte français. Il édifia l'église Sainte-Geneviève de Paris (1756-1780), devenue le Panthéon, premier monument du néoclassicisme français.

SOUFFLURE n. f. ▪ TECHN. Bulle de gaz (défaut de fabrication).

SOUFFRANCE n. f. ▪ **1.** Fait de souffrir ; douleur physique ou morale. **2.** *EN SOUFFRANCE :* se dit de marchandises qui n'ont pas été retirées, ou d'une affaire qui reste en suspens.

SOUFFRANT, ANTE adj. ▪ **1.** LITTÉR. Qui souffre. *L'humanité souffrante.* **2.** Légèrement malade. ⇒ **indisposé.**

SOUFFRE-DOULEUR n. m. invar. ▪ Personne qui est en butte aux mauvais traitements, aux tracasseries de son entourage.

SOUFFRETEUX, EUSE adj. ▪ Qui est de santé fragile, qui est habituellement souffrant. ⇒ **maladif, malingre.**

SOUFFRIR v. [18] ▪ **I.** v. tr. LITTÉR. **1.** Supporter (qqch. de pénible ou de désagréable). ⇒ **endurer.** ‑ (compl. personne ; tournure négative) *Je ne peux pas souffrir ce type.* **2.** Permettre, tolérer. *Souffrez que...* (+ subj.). ‑ (choses) *Une règle qui ne souffre aucune exception.* ⇒ **admettre. II.** v. intr. **1.** Éprouver une souffrance, des douleurs physiques ou morales ; avoir mal. *Où souffrez-vous ?* ‑ *SOUFFRIR DE* (origine, cause). *Souffrir de rhumatismes. Souffrir du froid. Souffrir de la solitude.* ♦ FAM. Avoir du mal, peiner. *J'ai souffert pour lui expliquer le problème.* **2.** Éprouver un dommage. ⇒ **pâtir.** *Plante qui souffre de la sécheresse. Sa réputation en a souffert.* **3.** trans. Éprouver avec souffrance. ‑ loc. *Souffrir le martyre, mille morts,* souffrir beaucoup.

SOUFI, IE adj. ▪ Relatif au soufisme. ‑ adj. et n. Adepte du soufisme.

SOUFISME n. m. ▪ Courant ascétique et mystique de l'islam, qui vise au pur amour de Dieu. ▪ Apparu au VIIe s., le soufisme préconise une interprétation allégorique du Coran et rassemble, dans sa doctrine comme dans ses pratiques, des influences chrétiennes, hindoues et zoroastriennes. La littérature soufie est très importante (Ibn al-Fāriḍ, Ibn ʿArabī...).

SOUFRAGE n. m. ▪ Action de soufrer.

SOUFRE n. m. ▪ Corps simple (symb. S), solide, jaune citron, très répandu dans la nature. ⇒ **sulf(o)‑.** *Vapeurs de soufre* (⇒ **sulfureux ; solfatare**). ♦ *Odeur de soufre,* qui passe pour signaler la présence du diable. ‑ loc. *Sentir le soufre,* paraître diabolique ; être peu orthodoxe.

SOUFRER v. tr. [1] ▪ **1.** Imprégner, enduire de soufre. ‑ au p. p. *Allumettes soufrées.* **2.** Traiter au soufre, à l'anhydride sulfureux (la vigne, des étoffes...).

SOUFRIÈRE n. f. ▪ Lieu d'où l'on extrait le soufre.

la SOUFRIÈRE ▪ Volcan de la Guadeloupe (Basse-Terre). 1 484 m.

SOUHAIT n. m. ▪ **1.** Désir d'obtenir qqch., de voir un événement se produire. ⇒ **vœu.** *Exprimer, former des souhaits. Souhaits de réussite.* ‑ *Les souhaits de bonne année.* ‑ *À tes, vos souhaits !,* se dit à qqn qui éternue. **2.** *À SOUHAIT* loc. adv. : autant, aussi bien qu'on peut le souhaiter. *Tout marche à souhait.*

SOUHAITABLE adj. ▪ Qui peut ou doit être souhaité, recherché. ⇒ **désirable.** *Elle a toutes les qualités souhaitables pour cet emploi.*

SOUHAITER v. tr. [1] ▪ Désirer, pour soi ou pour autrui, l'accomplissement de (qqch.). ⇒ **espérer.** *Je souhaite sa réussite ;* (+ subj.) *qu'il réussisse. Je souhaite le rencontrer. Je lui souhaite de réussir.* ♦ *Souhaiter la bienvenue, le bonjour à qqn. Je vous souhaite bonne chance.* ‑ FAM. *Souhaiter la bonne année,* offrir ses vœux de nouvel an.

SOUILLAC ▪ Commune du Lot, sur la Dordogne. 3 459 hab. *(les Souillagais).* Église abbatiale à coupoles (XIIe s.).

SOUILLE n. f. ▪ **1.** Bourbier où le sanglier aime à se vautrer. **2.** TECHN. Empreinte (dans la terre, etc.) de qqch. qui s'est enfoncé.

Soufflot. Le Panthéon. *Phot. © Stefano Amantini/ANA*

Soulages. *Lithographie n° 5*, 65 × 50 cm, 1957. Coll. part., Paris. *Phot. © Schaeffner*

SOUILLER v. tr. [1] ▪ LITTÉR. **1.** Salir. – au p. p. *Plage souillée de détritus.* **2.** fig. Salir, altérer (ce qui aurait dû être respecté). *On tente de souiller sa mémoire.*

SOUILLON n. f. ▪ LITTÉR. Femme (notamment, servante) malpropre.

SOUILLURE n. f. ▪ LITTÉR. **1.** Saleté, tache. **2.** fig. Tache morale, flétrissure.

SOUK n. m. ▪ **1.** Marché couvert des pays arabes réunissant des boutiques et des ateliers. ⇒ **bazar.** **2.** FAM. Lieu où règne le désordre, le bruit. *Quel souk !*

SOUKHOUMI ▪ Ville de Géorgie, capitale de la république d'Abkhazie et port sur la mer Noire. 122 000 hab. En 1993, les indépendantistes abkhazes s'en emparèrent après de durs combats contre les troupes géorgiennes ; la ville subit alors d'importants dommages.

SOÛL, SOÛLE [su, sul] adj. ▪ **I. 1.** VX Rassasié, repu. – MOD. LITTÉR. *Être soûl de qqch.*, en avoir trop, en être rassasié. **2.** (n. m.) *TOUT MON (TON, SON...) SOÛL* loc. adv. : à satiété, autant qu'on veut. *Pleurer tout son soûl.* **II. 1.** FAM. Ivre. *Soûl comme un cochon, comme une grive, comme un âne.* **2.** fig. Enivré, grisé. *Soûl de paroles.* ◇ var. SAOUL, SAOULE.

SOULAGEMENT n. m. ▪ **1.** Action ou manière de soulager ; ce qui soulage. *Paroles de soulagement. Chercher un soulagement.* **2.** État d'une personne soulagée. *Soupir de soulagement.*

SOULAGER v. tr. [3] ▪ **1.** Débarrasser (qqn, un animal, qqch.) de (une partie d'un fardeau), dispenser de (un effort, une fatigue...). *Donnez-moi cette valise, cela vous soulagera.* – plais. *Un pickpocket l'a soulagé de son portefeuille.* ⇒ **délester.** ♦ *SE SOULAGER* v. pron. FAM. Satisfaire un besoin naturel. **2.** Débarrasser partiellement (qqn) de ce qui pèse sur lui (douleur, inquiétude, etc.). *Ce remède va soulager le malade. Parlez, cela vous soulagera.* **3.** Rendre moins pénible à supporter (un mal). *Soulager la peine, la douleur de qqn.*

Pierre **SOULAGES** (né en 1919) ▪ Peintre français. Œuvre abstraite fondée sur l'utilisation presque exclusive des noirs et de la ligne.

SOÛLANT, ANTE adj. ▪ FAM. Ennuyeux, lassant.

SOÛLARD, ARDE adj. ▪ FAM. Ivrogne. ◇ syn. SOÛLAUD, AUDE.

SOÛLER v. tr. [1] ▪ **1.** Enivrer. – pronom. *Se soûler au whisky.* **2.** fig. Griser. *On l'a soûlé de promesses.* **3.** FAM. Ennuyer, fatiguer. *Tu nous soûles avec tes histoires !* ◇ var. SAOULER.

SOÛLERIE n. f. ▪ FAM. Fait de se soûler ; ivresse. ⇒ **beuverie, soûlographie.**

SOULÈVEMENT n. m. ▪ **1.** Fait de se soulever, d'être soulevé. *Un soulèvement de terrain.* **2.** Mouvement massif de révolte. ⇒ **insurrection.**

SOULEVER v. tr. [5] ▪ **1.** Lever à une faible hauteur. *Soulever un poids.* – pronom. *Se soulever sur le coude.* ♦ Relever. *Soulever un rideau.* **2.** Faire s'élever. *Soulever de la poussière.* – loc. *Soulever le cœur*.* – pronom. *Ces terrains se sont soulevés à l'ère tertiaire.* **3.** fig. Transporter, exalter (qqn). *La fureur qui le soulevait.* **4.** Animer de sentiments hostiles ; entraîner à la révolte. *Soulever le peuple contre un dictateur.* – pronom. Se révolter ; s'insurger (⇒ **soulèvement**). **5.** Exciter puissamment (une réaction...). ⇒ **provoquer.** *Soulever l'enthousiasme, la curiosité.* **6.** Faire que se pose (une question, un problème). ⇒ **poser.** **7.** FAM. Enlever, prendre. *Il lui a soulevé l'affaire.*

SOULIER n. m. ▪ Chaussure épaisse, qui couvre bien le pied. *Souliers de marche.* – loc. *Être DANS SES PETITS SOULIERS :* être mal à l'aise, embarrassé.

SOULIGNAGE n. m. ▪ Action de souligner ; trait qui souligne. ◇ syn. SOULIGNEMENT.

SOULIGNER v. tr. [1] ▪ **1.** Tirer une ligne, un trait sous (des mots qu'on veut signaler). *Souligner un passage en rouge.* ♦ Border d'un trait qui met en valeur. *Des paupières soulignées de noir.* **2.** fig. Accentuer ; mettre en valeur. ⇒ **appuyer.** *Souligner une allusion par un sourire.* – Faire remarquer avec une insistance particulière. *L'auteur souligne l'importance de cet événement.*

SOÛLOGRAPHIE n. f. ▪ FAM. Ivrognerie ; excès de boisson. ⇒ **soûlerie.**

Nicolas Jean de Dieu **SOULT, duc de Dalmatie** (1769-1851) ▪ Maréchal de France. Il s'illustra à Austerlitz. Président du Conseil sous la monarchie de Juillet.

SOULTE n. f. ▪ DR. Somme d'argent qui, dans un partage ou un échange, compense une inégalité.

SOUMETTRE v. tr. [56] ▪ **1.** Mettre dans un état de dépendance ; ramener à l'obéissance. *Soumettre des rebelles.* **2.** Mettre dans l'obligation d'obéir à une loi, d'accomplir un acte. ⇒ **assujettir.** – au p. p. *Revenus soumis à l'impôt.* **3.** Présenter, proposer à l'examen, au choix. *Soumettre un manuscrit à un éditeur.* **4.** Exposer à un effet que l'on fait subir. *Sportif soumis à un entraînement sévère.* ► SE **SOUMETTRE** v. pron. Obéir, se conformer (à). ⇒ se **plier.** *Se soumettre à une règle.* – absolt allus. *Se soumettre ou se démettre*.*

SOUMGAÏT → Sumqayit

SOUMIS, ISE adj. ▪ **1.** Docile, obéissant. **2.** loc. *FILLE SOUMISE :* prostituée.

SOUMISSION n. f. ▪ **1.** Fait de se soumettre, d'être soumis (à une autorité, une loi) ; attitude d'une personne soumise. ⇒ **obéissance.** *Une soumission aveugle.* **2.** Action de se soumettre, d'accepter une autorité contre laquelle on a lutté. *Faire acte de soumission.* **3.** DR. Devis établi en réponse à un appel d'offres, à une adjudication publique.

SOUMISSIONNER v. tr. [1] ▪ DR. Proposer par une soumission (3).

le cap **SOUNION** ou **COLONNE** ▪ Promontoire de Grèce, à l'extrémité sud-est de l'Attique. Son sommet est couronné par les ruines du temple de Poséidon (v. 440 av. J.-C.). À proximité, ruines du temple d'Athéna Sounias (VIe s. av. J.-C.).

le cap **Sounion.** Le temple de Poséidon. *Phot. © Cochet/Explorer*

SOUPAPE n. f. ▪ Pièce mobile qu'une surpression peut ouvrir momentanément. ⇒ **clapet, valve.** *Les soupapes d'un moteur d'automobile* (commandant l'admission et l'échappement). ➝ *Soupape de sûreté.*

Philippe **SOUPAULT** (1897 - 1990) ▪ Écrivain surréaliste français. *"Les Champs magnétiques"* (1920), écrits avec Breton. Nombreux romans.

Soupault.
Phot. © Roger/Viollet

SOUPÇON n. m. ▪ **1.** Opinion qui fait attribuer à qqn des actes ou des intentions blâmables. ⇒ **suspicion.** *Nous avons des soupçons à son sujet. Être l'objet d'un soupçon* (⇒ **suspect**). ➝ *Être au-dessus, à l'abri de tout soupçon,* d'une honnêteté irréprochable. ♦ (collectif) *"L'Ère du soupçon"* (essai de N. Sarraute). **2.** Fait de soupçonner (qqch.) ; idée, pressentiment. *Avoir soupçon de qqch.* **3.** Apparence qui laisse supposer la présence d'une chose ; très petite quantité. *Un soupçon de vulgarité.* ⇒ **ombre, pointe.**

SOUPÇONNABLE adj. ▪ Qui peut être soupçonné.

SOUPÇONNER v. tr. [1] ▪ **1.** Faire peser des soupçons sur (qqn). ⇒ **suspecter.** *On le soupçonne de vol, d'avoir volé.* **2.** Pressentir (qqch.) d'après certains indices. ⇒ **entrevoir, flairer.** *Soupçonner un danger.*

SOUPÇONNEUX, EUSE adj. ▪ Enclin aux soupçons. ⇒ **méfiant ; suspicieux.** ➝ *Un air soupçonneux.*

SOUPE n. f. ▪ **I.** VX Tranche de pain arrosée de bouillon. ➝ *Tremper la soupe :* arroser le pain de bouillon. ➝ loc. *Être trempé comme une soupe,* complètement trempé (par la pluie). **II. 1.** Potage ou bouillon épaissi. *Soupe aux légumes. Soupe à l'oignon.* ♦ loc. *Un* GROS PLEIN DE SOUPE (FAM.) : un homme très gros. ➝ *Être* SOUPE AU LAIT, irascible (par allusion au lait qui déborde). **2.** Repas composé d'un plat unique, souvent une soupe épaisse (contexte communautaire : armée, etc.). ⇒ **rata.** *À la soupe !* ➝ *Soupe populaire,* repas gratuit servi aux défavorisés ; local où on le sert. **3.** loc. FAM. *Par ici la bonne soupe !,* l'argent. ➝ *Aller à la soupe :* chercher les avantages, un profit.

SOUPENTE n. f. ▪ Réduit aménagé dans la hauteur d'une pièce ou sous un escalier.

① **SOUPER** v. intr. [1] ▪ **1.** VX ou RÉGIONAL Prendre le repas du soir. ⇒ ① **dîner.** **2.** Faire un souper (→ ②, 2). **3.** FAM. *J'en ai soupé :* j'en ai assez.

② **SOUPER** n. m. ▪ **1.** VX ou RÉGIONAL Repas du soir. ⇒ ② **dîner.** **2.** Repas que l'on prend à une heure avancée de la nuit, après le spectacle, etc.

SOUPESER v. tr. [5] ▪ **1.** Soulever et soutenir un moment dans la main (pour juger du poids). *Soupeser une valise.* **2.** fig. Peser, évaluer. *Soupeser des arguments.*

SOUPIÈRE n. f. ▪ Récipient large et profond, dans lequel on sert la soupe ou le potage ; son contenu.

SOUPIR n. m. ▪ **1.** Inspiration ou respiration plus ou moins bruyante, dans les états d'émotion. *Pousser des soupirs ; un profond soupir.* ➝ *Rendre le dernier soupir :* mourir (→ le dernier souffle*). **2.** LITTÉR. Plainte lyrique, mélancolique. **3.** MUS. Silence correspondant à une noire ; signe indiquant ce silence.

SOUPIRAIL, AUX n. m. ▪ Ouverture pratiquée pour donner de l'air, du jour à un sous-sol.

SOUPIRANT n. m. ▪ iron. Celui qui fait la cour à une femme. ⇒ **prétendant.**

SOUPIRER v. [1] ▪ **1.** v. intr. Pousser un soupir, des soupirs. ♦ LITTÉR. Être amoureux. ➝ *Soupirer après, pour* (qqn, qqch.) : désirer ardemment (ce dont on ressent la privation). **2.** v. tr. (surtout en incise) Dire en soupirant. *Hélas ! soupira-t-il.*

SOUPLE adj. ▪ **1.** Que l'on peut plier et replier facilement, sans casser ni détériorer. ⇒ **flexible.** *Un cuir souple.* ♦ (corps, personnes) Qui se plie et se meut avec aisance. *Elle est très souple ; souple comme une anguille.* **2.** abstrait Capable de s'adapter adroitement aux exigences d'une situation. *Un caractère souple.* ♦ Qui est capable d'adaptation, qui n'est pas rigide. *Une éducation souple.*

SOUPLESSE n. f. ▪ **1.** Propriété de ce qui est souple (1). ⇒ **élasticité, flexibilité ; agilité.** *La souplesse du roseau.* **2.** Caractère, action d'une personne souple (2). ⇒ **adresse.** ♦ Faculté d'adaptation. *La souplesse d'une langue.*

SOUQUER v. [1] ▪ MAR. **1.** v. tr. Tirer fortement sur. *Souquer un nœud.* **2.** v. intr. Tirer fortement sur les avirons.

SOURATE n. f. ▪ Chapitre du Coran. ◇ var. SURATE.

SOURCE n. f. ▪ **1.** Eau qui sort de terre ; lieu où une eau souterraine se déverse à la surface du sol. *Source thermale. Eau de source.* ➝ fig. *Cela coule* de source.* ♦ spécialt *La source d'un cours d'eau,* celle qui lui donne naissance. *Le fleuve prend sa source à (tel endroit).* **2.** fig. Origine, principe. *La source d'une erreur. Une source de profit.* ➝ appos. *Langue source* (dans une traduction ; opposé à *langue cible).* **3.** Origine (d'une information). *Savoir de source sûre. Citer ses sources.* ♦ Œuvre antérieure qui a fourni un thème, une idée (à un artiste). **4.** Corps, point d'où rayonne (une énergie). *Source de chaleur ; source lumineuse.* ⇒ **foyer.**

SOURCIER, IÈRE n. ▪ Personne à laquelle on attribue l'art de découvrir les sources et les nappes d'eau souterraines. ⇒ **radiesthésiste.** *Baguette, pendule de sourcier.*

SOURCIL [-si] n. m. ▪ (êtres humains) Arc garni de poils qui surplombe les yeux ; ces poils. *Avoir de gros sourcils.* ➝ *Froncer les sourcils* (en signe de mécontentement).

SOURCILIER, IÈRE adj. ▪ Relatif aux sourcils. ➝ *Arcade sourcilière.*

SOURCILLER v. intr. [1] ▪ (en emploi négatif) Manifester son trouble, son mécontentement. *Il n'a pas sourcillé, il a répondu sans sourciller.* ⇒ **ciller.**

SOURCILLEUX, EUSE adj. ▪ **1.** LITTÉR. Hautain, sévère. **2.** Exigeant. ⇒ **pointilleux.**

SOURD, SOURDE ▪ **I.** adj. et n. (personnes) **1.** Qui perçoit insuffisamment les sons ou ne les perçoit pas (⇒ **surdité**). *Être sourd ; sourd d'une oreille.* ➝ loc. *Sourd comme un pot :* complètement sourd. ♦ n. *Les sourds et les malentendants.* ➝ loc. *Crier ; frapper, cogner comme un sourd,* de toutes ses forces. ➝ *DIALOGUE DE SOURDS,* où aucun des interlocuteurs ne comprend l'autre. **2.** fig. LITTÉR. *SOURD À :* qui refuse d'entendre, reste insensible à. *Rester sourd aux critiques.* **II.** adj. (choses) **1.** Peu sonore, qui ne retentit pas. *Un bruit sourd.* ⇒ **étouffé.** ➝ *Consonne sourde* et n. f. *une sourde* (opposé à *sonore*), émise sans vibration des cordes vocales (ex. [p]). **2.** Qui est peu prononcé, ne se manifeste pas nettement. *Une douleur sourde.* ➝ *Une lutte sourde,* cachée.

SOURDEMENT adv. ▪ **1.** Avec un bruit sourd. **2.** D'une manière sourde, cachée.

SOURDINE n. f. ▪ **1.** Dispositif qu'on adapte à des instruments à vent ou à cordes, pour amortir le son. **2.** loc. *EN SOURDINE :* sans bruit, sans éclat. ⇒ **discrètement.** ➝ *Mettre une sourdine à,* exprimer moins bruyamment.

SOURDINGUE adj. ▪ FAM. (souvent péj.) Sourd.

SOURD-MUET, SOURDE-MUETTE n. ▪ Personne atteinte de surdité congénitale entraînant la mutité.

SOURDRE v. intr. seulement inf. et 3e pers. de l'indic. : *il sourd, ils sourdent ; il sourdait, ils sourdaient* ▪ LITTÉR. **1.** (eau) Sortir de terre. **2.** fig. Naître, surgir.

SOURIANT, ANTE adj. ▪ **1.** Qui sourit, est aimable et gai. **2.** Qui est agréable à vivre. *Un paysage souriant.*

SOURICEAU n. m. ▪ Jeune souris. *Des souriceaux.*

SOURICIÈRE n. f. ▪ **1.** Piège à souris. ⇒ **ratière.** **2.** Piège tendu par la police (en un lieu où qqn doit se rendre).

① **SOURIRE** v. intr. [36] ▪ **1.** Prendre une expression rieuse ou ironique par un léger mouvement de la bouche et des yeux. ⇒ aussi ① **rire.** ➝ *Sourire à qqn,* lui adresser un sourire.

- *Cela fait sourire* : cela amuse. **2.** (sujet chose) Être agréable. ⇒ **plaire.** *Ce projet ne me sourit guère.* - Être favorable. *La chance lui a souri.*

② **SOURIRE** n. m. ▪ Action de sourire, mouvement et expression d'un visage qui sourit. *Le sourire de la Joconde.* - *Avoir le sourire* : être heureux, content. *Garder le sourire* (en dépit d'une déception).

SOURIS n. f. ▪ **1.** Petit mammifère rongeur (spécialt la souris commune, au pelage gris). *Souris femelle, souris mâle. Jeune souris.* ⇒ **souriceau.** - allus. *La montagne qui accouche d'une souris* (trad. du latin : Horace). **2.** FAM. Jeune fille, jeune femme. ♦ *SOURIS D'HÔTEL* : femme qui s'introduit dans les chambres pour y voler. **3.** Muscle charnu à l'extrémité du gigot. **4.** Boîtier connecté à un ordinateur, qui permet, par déplacement et pression sur un bouton (⇒ **cliquer**), de donner des instructions.

souris. *Mus musculus*, souris blanche.
Phot. © Lemoine/Jacana

SOURNOIS, OISE adj. ▪ **1.** Qui dissimule ses sentiments réels dans une intention malveillante. ⇒ **dissimulé.** - n. *C'est un sournois.* ⇒ **hypocrite.** ♦ *Une méchanceté sournoise.* **2.** Qui ne se déclare pas franchement. *Une douleur sournoise.*
► adv. SOURNOISEMENT

SOURNOISERIE n. f. ▪ Caractère sournois, conduite sournoise ; action sournoise. ⇒ **dissimulation, fourberie.**

SOUS prép. ▪ **I.** Marque la position en bas par rapport à ce qui est en haut, ou en dedans par rapport à ce qui est en dehors (contr. *sur*). ⇒ **dessous. 1.** (chose en contact) *Disposer un oreiller sous sa tête.* - *Sous la terre, sous terre.* **2.** (chose qui recouvre) *Lettre sous enveloppe.* - abstrait *Ce qui se cache sous les apparences.* **3.** (sans contact) *S'abriter sous un parapluie.* - *Sous les fenêtres de qqn,* devant chez lui. - (chose à quoi l'on est exposé) *Sous le feu de l'ennemi.* **II.** fig. **1.** (subordination ou dépendance) *Sous sa direction. Sous condition*.* - Sous l'action de. *Malade sous perfusion.* **2.** (temporel) Pendant le règne de. *Sous Louis XIV.* - Avant que ne soit écoulé (un espace de temps). *Sous huitaine. Sous peu* : bientôt. **3.** (causal) Par l'effet de. *Sous la pression des événements.* **4.** En considérant (par un aspect, un côté). *Vu sous cet angle.*

SOUS- Préfixe tiré de *sous,* qui marque la position (ex. *sous-sol*), la subordination (ex. *sous-préfet*), la subdivision (ex. *sous-ensemble*), le degré inférieur (ex. *sous-officier*) et l'insuffisance (ex. *sous-alimenté*). ⇒ **hypo-, infra-, sub-.**

SOUS-ALIMENTATION [suz-] n. f. ▪ Grave insuffisance alimentaire.

SOUS-ALIMENTÉ, ÉE [suz-] adj. ▪ Victime de la sous-alimentation.

SOUS-BIBLIOTHÉCAIRE n. ▪ Bibliothécaire en second.

SOUS-BOIS n. m. ▪ Partie de la forêt où la végétation pousse sous les arbres.

SOUS-CHEF n. m. ▪ Personne qui, dans la hiérarchie, vient immédiatement après le chef. - au fém. *La sous-chef.*

SOUS-COMITÉ n. m. ▪ Comité constitué à l'intérieur d'un comité.

SOUS-COMMISSION n. f. ▪ Commission secondaire qu'une commission nomme parmi ses membres.

SOUS-CONSOMMATION n. f. ▪ Consommation inférieure à la normale, ou aux possibilités de l'offre.

SOUS-CONTINENT n. m. ▪ Partie importante et différenciée d'un continent. *Le sous-continent indien* : la péninsule indienne.

SOUSCRIPTEUR, TRICE n. ▪ Personne qui souscrit.

SOUSCRIPTION n. f. ▪ Action de souscrire ; somme versée par un souscripteur. *Ouvrage vendu par, en souscription.*

SOUSCRIRE v. [39] ▪ **1.** v. tr. VIEILLI Revêtir (un acte) de sa signature. ♦ S'engager à payer, en signant. *Souscrire un abonnement.* **2.** v. tr. ind. LITTÉR. *SOUSCRIRE À* : donner son adhésion à. ⇒ **acquiescer, consentir.** *Souscrire aux exigences de qqn.* ♦ S'engager à fournir une somme pour. *Souscrire à un emprunt.* - spécialt S'engager à acheter (un ouvrage en cours de publication).

SOUS-CUTANÉ, ÉE adj. ▪ Qui est situé ou se fait sous la peau. ⇒ **hypodermique.** *Injection sous-cutanée* (s'oppose à *intramusculaire* et à *intraveineux*).

SOUS-DÉVELOPPÉ, ÉE adj. ▪ Qui souffre d'une insuffisance de production, d'équipement, d'éducation, d'un excès d'endettement et, par suite, est pauvre en biens de consommation. *Pays sous-développés* (on dit aussi *en voie de développement*). ⇒ **tiers-monde.** - *Économie sous-développée.*

SOUS-DÉVELOPPEMENT n. m. ▪ État d'un pays sous-développé, d'une économie sous-développée.

SOUS-DIACONAT n. m. ▪ RELIG. Ordre (supprimé en 1972) précédant le diaconat.

SOUS-DIACRE n. m. ▪ RELIG. Clerc promu au sous-diaconat.

SOUS-DIRECTEUR, TRICE n. ▪ Directeur, directrice en second.

SOUS-EMPLOI [suz-] n. m. ▪ Emploi d'une partie seulement des travailleurs disponibles (opposé à *plein-emploi*). → chômage. - Utilisation insuffisante (de qqn, qqch.).

SOUS-EMPLOYER [suz-] v. tr. [8] ▪ Utiliser en partie seulement les possibilités, les capacités de (qqn, qqch.). - au p. p. *Équipements sous-employés.*

SOUS-ENSEMBLE [suz-] n. m. ▪ MATH. Ensemble inclus dans un autre.

SOUS-ENTENDRE [suz-] v. tr. [41] ▪ Avoir dans l'esprit sans dire expressément, laisser entendre. - impers. *Il est sous-entendu que...* : il va sans dire que...

SOUS-ENTENDU [suz-] n. m. ▪ Action de sous-entendre ; ce qui est sous-entendu (souvent dans une intention malveillante). ⇒ **allusion, insinuation.**

SOUS-ESTIMER [suz-] v. tr. [1] ▪ Estimer au-dessous de sa valeur, de son importance. ⇒ **sous-évaluer.** - pronom. *Tu te sous-estimes !* ► n. f. SOUS-ESTIMATION

SOUS-ÉVALUER [suz-] v. tr. [1] ▪ Estimer (qqch.) à une valeur inférieure à la valeur réelle.

SOUS-EXPOSER [suz-] v. tr. [1] ▪ Exposer insuffisamment (une pellicule, un film) à la lumière. - au p. p. *Cliché sous-exposé.*
► n. f. SOUS-EXPOSITION

SOUS-FIFRE n. m. ▪ FAM. Personne subalterne.

SOUS-HOMME [suz-] n. m. ▪ Homme privé de sa dignité d'homme.

SOUS-JACENT, ENTE adj. ▪ **1.** Qui s'étend au-dessous. *La couche sous-jacente.* **2.** fig. Caché, implicite. *Raisonnement sous-jacent.*

les îles **SOUS-LE-VENT** ▪ Ensemble d'îles appartenant au groupe des Petites Antilles et comprenant, au nord, les îles Vierges, Anguilla, Saint-Kitts-et-Nevis, Antigua et Barbuda, Montserrat ; au sud, les îles situées au large des côtes vénézuéliennes dont une partie est néerlandaise (Aruba, Bonaire, Curaçao) et l'autre vénézuélienne.

SOUS-LIEUTENANT n. m. ▪ Officier du premier grade des officiers, au-dessous du lieutenant.

SOUS-LOCATAIRE n. ▪ Personne qui prend un local en sous-location.

SOUS-LOCATION n. f. ▪ Action de sous-louer ; état de ce qui est sous-loué.

SOUS-LOUER v. tr. [1] ▪ **1.** Donner à loyer (ce dont on est locataire principal). **2.** Prendre à loyer du locataire principal.

① EN **SOUS-MAIN** loc. adv. ▪ LITTÉR. En secret ; clandestinement.

② **SOUS-MAIN** n. m. invar. ▪ Accessoire de bureau sur lequel on place le papier pour écrire.

SOUS-MARIN, INE ▪ **1.** adj. Qui est dans la mer ; qui s'effectue sous la mer. *Plongée sous-marine.* **2.** n. m. Navire capable de naviguer sous l'eau, en plongée. ⇒ **submersible.** *Sous-marin nucléaire.*

SOUS-MARQUE n. f. ▪ Marque utilisée par un fabricant pour commercialiser des produits moins élaborés ou différents.

SOUS-MERDE n. f. ▪ FAM. Chose, personne nulle, lamentable.

SOUS-MULTIPLE n. m. ▪ Grandeur contenue un nombre entier de fois dans une autre. ⇒ **diviseur.** *3 et 5 sont des sous-multiples de 15.*

SOUS-OFFICIER [suz-] n. m. ▪ Militaire d'un grade qui fait de lui un auxiliaire de l'officier. *Hiérarchie des sous-officiers de l'armée française : sergent, sergent-chef, sergent-major, adjudant, adjudant-chef, aspirant.* ◇ abrév. FAM. SOUS-OFF [suzɔf].

SOUS-ORDRE [suz-] n. m. ▪ 1. VIEILLI Employé subalterne. 2. BIOL. Division d'un ordre.

SOUS-PAYER v. tr. [8] ▪ Payer insuffisamment (qqn). – au p. p. *Personnel sous-payé.*

SOUS-PRÉFECTURE n. f. ▪ (en France) Ville où réside le sous-préfet et où sont installés ses services ; bâtiment qui abrite ces services.

SOUS-PRÉFET n. m. ▪ (en France) Fonctionnaire représentant le pouvoir central dans un arrondissement (⇒ **préfet**). *"Le Sous-préfet aux champs"* (de Daudet).

SOUS-PRÉFÈTE n. f. ▪ Femme d'un sous-préfet.

SOUS-PRODUCTION n. f. ▪ Production insuffisante.

SOUS-PRODUIT n. m. ▪ 1. Produit secondaire obtenu au cours de la fabrication du produit principal. 2. Mauvaise imitation.

SOUS-PROLÉTARIAT n. m. ▪ Classe sociale la plus pauvre, vivant dans des conditions misérables.

SOUS-PULL [supyl] n. m. ▪ Pull très fin, à col montant.

SOUSSE ▪ Ville et port de Tunisie. 200 000 hab. Couvent islamiste fortifié *(ribat)* du VIIIe s. Olives. Station balnéaire.

SOUSSIGNÉ, ÉE adj. ▪ Qui a signé plus bas, au-dessous. *Je soussigné Untel déclare...* – n. *Les soussignés.*

SOUS-SOL n. m. ▪ 1. Partie de l'écorce terrestre qui se trouve au-dessous du sol. 2. Partie d'une construction aménagée au-dessous du rez-de-chaussée. *Troisième sous-sol.*

SOUS-TASSE n. f. ▪ Soucoupe.

SOUS-TENDRE v. tr. [41] ▪ 1. Constituer ou joindre les extrémités de (un arc ; une voûte). 2. fig. Servir de base à (un raisonnement, une politique, etc.). *Les hypothèses qui sous-tendent sa position.*

SOUS-TITRE n. m. ▪ 1. Titre secondaire (placé sous ou après le titre principal). 2. Traduction condensée du dialogue d'un film, en bas de l'image.

SOUS-TITRER v. tr. [1] ▪ Munir (un film) de sous-titres. – au p. p. *Version originale sous-titrée.*

SOUSTRACTION n. f. ▪ 1. VX Action de soustraire, de retirer. – MOD. DR. Délit consistant à enlever une pièce d'un dossier. 2. Opération inverse de l'addition, par laquelle on retranche un ensemble d'un autre, pour obtenir la différence entre les deux.

SOUSTRAIRE v. tr. [50] ▪ 1. Enlever (qqch.), le plus souvent par la ruse, la fraude. ⇒ **voler.** 2. Faire échapper (à qqch. à quoi on est exposé). *On a pu le soustraire aux questions des journalistes.* 3. Retrancher par soustraction (un nombre d'un autre). ⇒ **déduire, ôter.**

SOUS-TRAITANCE n. f. ▪ Travail confié à un sous-traitant ; recours à un sous-traitant.

SOUS-TRAITANT n. m. ▪ Personne chargée d'un travail pour le compte d'un entrepreneur principal.

SOUS-TRAITER v. tr. [1] ▪ 1. Agir comme sous-traitant pour (un travail). 2. Confier à un sous-traitant.

SOUS-VERRE n. m. invar. ▪ Image, photo placée entre une plaque de verre et un fond rigide ; cet encadrement.

SOUS-VÊTEMENT n. m. ▪ Vêtement de dessous (slip, tricot, culotte, bas, soutien-gorge...).

SOUTACHE n. f. ▪ Galon cousu servant d'ornement ; passementerie d'uniforme (⇒ **ganse**).

SOUTANE n. f. ▪ Longue robe, pièce principale du costume ecclésiastique traditionnel. *Prêtre en soutane. "Un cœur sous une soutane"* (de Rimbaud ; sous-titre : *"Intimités d'un séminariste"*). – loc. *Prendre la soutane,* devenir prêtre.

SOUTE n. f. ▪ Magasin, dans la cale d'un navire ou dans un avion. *Soute à bagages.*

SOUTENABLE adj. ▪ 1. Qui peut être soutenu (I, 6). *Sa position n'est guère soutenable* (⇒ **défendable**). 2. Qui peut être supporté. *Une scène difficilement soutenable.*

SOUTENANCE n. f. ▪ Action de soutenir (un mémoire, une thèse de doctorat).

SOUTÈNEMENT n. m. ▪ (dans des expr.) Action de soutenir (une pression ; une masse). *Mur de soutènement.*

SOUTENEUR n. m. ▪ Proxénète.

SOUTENIR v. tr. [22] ▪ I. 1. Tenir (qqch.) en place, en servant de support ou d'appui. ⇒ **porter.** – au p. p. *Voûte soutenue par des piliers.* 2. Maintenir debout (qqn). *L'infirmier soutenait le blessé.* 3. Empêcher de défaillir, en rendant des forces. ⇒ **fortifier, remonter.** 4. Empêcher de fléchir, en apportant secours, réconfort. ⇒ **aider, encourager.** *Soutenir l'effort de qqn.* – *Son amitié m'a soutenu.* 5. Appuyer en défendant (qqn, qqch.). *Soutenir un candidat, un parti.* 6. Affirmer, faire valoir en appuyant par des raisons. *Soutenir une opinion.* – spécialt Présenter et défendre devant le jury (une thèse de doctorat) (⇒ **soutenance**). ♦ *Soutenir que...,* affirmer, prétendre que... ⇒ **assurer.** 7. Faire que (qqch.) continue sans faiblir. *Soutenir l'intérêt d'un auditoire. Soutenir la conversation. Soutenez votre effort !* II. Subir sans fléchir (une force, une action qui s'exerce). *Soutenir l'assaut d'une armée.* – *Soutenir le regard de qqn,* le regarder sans baisser les yeux.

SOUTENU, UE adj. ▪ 1. Qui est constant, régulier. *Une attention soutenue.* 2. Accentué, prononcé. *Un bleu soutenu.* ⇒ **intense, profond.** 3. (style) Qui se maintient à un certain niveau dans la hiérarchie sociale des discours, qui évite la familiarité.

SOUTERRAIN, AINE ▪ I. adj. 1. Qui est ou se fait sous terre. *Passage souterrain. Travaux souterrains.* 2. fig. LITTÉR. Caché, obscur. *Une évolution souterraine.* II. n. m. Passage souterrain, naturel ou pratiqué par l'homme. *Les souterrains d'un château.*

SOUTHAMPTON ▪ Ville d'Angleterre (Hampshire), important port de commerce et de voyageurs sur la Manche. 200 000 hab.

SOUTHEND-ON-SEA ▪ Ville d'Angleterre (Essex) au débouché de l'estuaire de la Tamise, station balnéaire proche de Londres. 170 000 hab.

SOUTHPORT ▪ Ville, port et station balnéaire du nord-ouest de l'Angleterre (Merseyside). 95 000 hab.

SOUTIEN [-tjɛ̃] n. m. ▪ 1. Action ou moyen de soutenir (dans l'ordre financier, politique, militaire, moral...). ⇒ **aide, appui.** *Apporter son soutien à qqn, à une cause.* 2. Personne qui soutient (une cause, un parti...). – *SOUTIEN DE FAMILLE :* personne dont l'activité est indispensable pour assurer la subsistance de sa famille.

SOUTIEN-GORGE n. m. ▪ Sous-vêtement féminin destiné à soutenir les seins. *Des soutiens-gorge(s).*

SOUTIER [-tje] n. m. ▪ Matelot chargé du service de la soute à charbon (anciens navires à charbon).

Chaïm SOUTINE (1894-1943) ▪ Peintre français d'origine lituanienne. Il a pratiqué un expressionnisme violent et tourmenté. Portraits, paysages, natures mortes.

Soutine. *Le Groom.* MNAMGP, Paris. *Phot. © Nimatallah/Ricciarini*

SOUTIRAGE n. m. ▪ Action de soutirer (I).

SOUTIRER v. tr. [1] ▪ **I.** Transvaser doucement (le vin, le cidre...) d'un récipient à un autre, de façon à éliminer les dépôts. ⇒ **tirer.** **II.** *Soutirer (qqch.) à qqn,* obtenir de lui (ce qu'il ne céderait pas spontanément). *Soutirer de l'argent, des informations à qqn.*

SOUVENANCE n. f. ▪ LITTÉR. Souvenir. *Avoir, garder souvenance de qqch., de qqn,* s'en souvenir.

① **SOUVENIR** v. [22] ▪ **I.** v. pron. *SE SOUVENIR (DE)* **1.** Avoir de nouveau présent à l'esprit (qqch. qui appartient à une expérience passée). ⇒ se **rappeler,** se **remémorer,** se **ressouvenir.** *Je m'en souviens. Je me souviens de cette rencontre, de l'avoir rencontré, que je l'ai rencontré.* – (avec ellipse du pron.) *Faites-m'en souvenir.* – (avec une nuance affective) *Se souvenir d'un bienfait. Je m'en souviendrai !* (menace). – *Se souvenir de qqn,* l'avoir présent à l'esprit, penser à lui. **2.** à l'impératif Ne pas oublier, penser à. *Souvenez-vous de vos promesses, que vous me l'avez promis.* **II.** v. intr. impers. LITTÉR. Revenir à la mémoire, à l'esprit. *Il me souvient d'avoir lu cela, que j'ai lu cela quelque part.*

② **SOUVENIR** n. m. ▪ **I. 1.** Mémoire ; fait de se souvenir. *Conserver le souvenir d'un événement.* **2.** Ce qui revient ou peut revenir à l'esprit des expériences passées ; image que garde et fournit la mémoire. ⇒ **réminiscence.** *Souvenir d'enfance. Un bon, un mauvais souvenir.* – *Meilleurs souvenirs* (formule de politesse). – *Gardez cela EN SOUVENIR DE moi.* ♦ au plur. Récit de souvenirs. ⇒ **mémoire(s).** *"Souvenirs d'enfance et de jeunesse"* (de Renan). **II.** (objets concrets) **1.** Ce qui fait souvenir, témoignage (de ce qui appartient au passé). *Grenier rempli de souvenirs.* **2.** Objet, cadeau (qui fait qu'on pense à qqn). **3.** Bibelot qu'on vend aux touristes. *Magasin de souvenirs.*

SOUVENT adv. ▪ Plusieurs fois, à plusieurs reprises (dans un espace de temps limité) ; en de nombreux cas. *Assez souvent, très souvent.* ⇒ **fréquemment.** *Peu souvent.* ⇒ **rarement.** ♦ loc. *Plus souvent qu'à mon (ton...) tour,* plus souvent qu'il n'est normal pour moi (toi...). – *Le plus souvent,* dans la plupart des cas. ⇒ **généralement.** – FAM. *Plus souvent !,* sûrement pas !

SOUVENTES FOIS adv. ▪ VX ou RÉGIONAL Souvent.

① **SOUVERAIN, AINE** ▪ **I.** adj. **1.** Qui est au-dessus des autres, dans son genre. ⇒ **suprême.** *Une habileté souveraine.* – *Un remède souverain.* ⇒ **sûr.** **2.** Dont le pouvoir n'est limité par celui d'aucun autre. *Puissance souveraine. Le peuple souverain.* – loc. *Le souverain pontife :* le pape. ♦ Qui possède la souveraineté (2). *État souverain.* ♦ Qui juge ou décide sans appel. *Assemblée souveraine.* **3.** Qui exprime un sentiment de supériorité. *Un coup d'œil souverain.* **II.** n. Chef d'État monarchique.

② **SOUVERAIN** n. m. ▪ Ancienne monnaie d'or anglaise, de valeur égale à la livre sterling.

SOUVERAINEMENT adv. ▪ **1.** LITTÉR. Supérieurement. **2.** Avec une autorité souveraine. *Décider souverainement.* **3.** Avec une expression de supériorité.

SOUVERAINETÉ n. f. ▪ **1.** Autorité suprême (d'un souverain, d'une nation...). *La souveraineté du peuple, fondement de la démocratie.* **2.** Caractère d'un État qui n'est soumis à aucun autre État. ⇒ **indépendance.**

Aleksandr **SOUVOROV** (1729 - 1800) ▪ Maréchal russe. Vainqueur de Pougatchev (1775) et des Français en Italie du Nord (1799).

SOUZDAL ▪ Ville de Russie, au nord-est de Moscou. 12 100 hab. Kremlin (XIe-XIIe s.) contenant la cathédrale de la Nativité-de-la-Vierge du XIIIe s., et les appartements de l'Archevêché (XVIe-XVIIe s.) qui abritent un musée. La *principauté de Vladimir-Souzdal* (XIIe-XIVe s.) fut le noyau de l'État moscovite (→ **Vladimir**).

SOVIET [sɔvjɛt] n. m. ▪ HIST. Conseil de délégués ouvriers et soldats, lors de la révolution russe de 1917. – Chambre des représentants de la nation *(Soviet de l'Union),* chambre des républiques fédérées *(Soviet des nationalités),* formant le parlement de l'U.R.S.S. (ou *Soviet suprême*). – péj. VIEILLI *Les soviets,* le communisme soviétique.

SOVIÉTIQUE adj. et n. ▪ HIST. Relatif à l'État fédéral socialiste, né de la révolution de 1917 et dissous en 1991 (*Union des Républiques socialistes soviétiques* [U.R.S.S.] ou *Union soviétique*). – n. *Les Soviétiques.*

SOWETO ▪ Agglomération d'Afrique du Sud, habitée par des Noirs, dans la banlieue de Johannesburg. Plus d'un million d'hab. Violente émeute en 1976.

SOYAUX ▪ Commune de Charente. 10 353 hab. *(les Sojaldiciens).*

SOYEUX, EUSE ▪ **1.** adj. Qui est doux et brillant comme la soie. **2.** n. m. Industriel de la soierie. *Les soyeux de Lyon.*

Wole **SOYINKA** (né en 1934) ▪ Écrivain nigérian d'expression anglaise. Le premier écrivain noir à recevoir le prix Nobel (1986). *"Une saison d'anomie"* (1973).

Soyinka.
Phot. © Reglain/Gamma

SPA ▪ Commune de Belgique (Région wallonne, province de Liège). 10 140 hab. Station thermale réputée.

Paul Henri **SPAAK** (1899 - 1972) ▪ Homme politique belge. Socialiste, plusieurs fois à la tête du gouvernement ou ministre des Affaires étrangères, il participa à la construction de l'Europe.

SPACIEUX, EUSE adj. ▪ Où l'on a de l'espace. *Une voiture spacieuse.*

SPADASSIN n. m. ▪ anciennt Assassin à gages. ⇒ **sbire.**

SPAGHETTI [spageti] n. m. ▪ au plur. Pâtes alimentaires fines et longues. *Des spaghettis à la tomate.*

SPAHI n. m. ▪ Soldat des corps de cavalerie indigène organisés autrefois par l'armée française en Afrique du Nord.

Lazzaro **SPALLANZANI** (1729 - 1799) ▪ Biologiste italien. Il mit en évidence le rôle du suc gastrique dans la digestion et réalisa les premières fécondations artificielles avec des batraciens.

SPANISH TOWN ▪ Ville de Jamaïque. 89 100 hab. Centre urbain, annexe de la capitale Kingston.

SPARADRAP n. m. ▪ Bande adhésive utilisée pour protéger les plaies.

SPARTACUS (mort en 71 av. J.-C.) ▪ Chef de la grande révolte d'esclaves contre Rome. Ancien berger, échappé d'une école de gladiateurs, il leva une armée mais fut vaincu par Crassus et tué. Son personnage est un symbole révolutionnaire.

SPARTAKUS ▪ Groupe de socialistes allemands (K. Liebknecht, R. Luxemburg...) qui, lors de la Première Guerre mondiale, se séparèrent de la social-démocratie. En décembre 1918, cette ligue devint le parti communiste allemand et tenta, en 1919 à Berlin, une insurrection qui fut durement réprimée.

SPARTE ou **LACÉDÉMONE** ▪ Ville de la Grèce antique dans le Péloponnèse, fondée par les Doriens au IXe s. av. J.-C. Les Spartiates, organisés suivant une stricte discipline militaire, eurent une politique d'expansion qui fit de leur ville une cité puissante. Au Ve s. av. J.-C., elle entra en conflit avec Athènes (→ guerre du **Péloponnèse**) et en sortit victorieuse. Mais sa prédominance sur le monde grec prit fin au IVe s. av. J.-C.

SPARTERIE n. f. ▪ Fabrication d'objets en fibres végétales (jonc, alfa, crin) vannées ou tissées. – Ouvrage ainsi fabriqué.

SPARTIATE [-sjat] ▪ **I. 1.** n. Habitant de l'ancienne Sparte. **2.** adj. Qui évoque les citoyens de Sparte et leur austérité. *Des mœurs spartiates.* **II.** n. f. Sandale faite de lanières de cuir croisées.

SPASME n. m. ▪ Contraction brusque et involontaire d'un ou de plusieurs muscles. ⇒ **convulsion, crampe, crispation.**

SPASMODIQUE adj. ▪ Caractérisé par des spasmes ; relatif aux spasmes. ⇒ **convulsif.** *Des frissons spasmodiques.*

SPASMOPHILE adj. et n. ▪ MÉD. (Malade) atteint de spasmophilie.

SPASMOPHILIE n. f. ▪ MÉD. Affection caractérisée par des spasmes musculaires et viscéraux.

SPATH n. m. ▪ MINÉR. VX Cristal à structure lamellaire.

SPATIAL, ALE, AUX adj. ▪ **1.** Qui est du domaine de l'espace (s'oppose à *temporel*). **2.** Relatif à l'espace interplanétaire, interstellaire, à son exploration. ⇒ **cosmique.** *Navette spatiale.*

SPATIO- Élément tiré de *spatial,* qui signifie « espace ».

SPATIOTEMPOREL, ELLE adj. ▪ DIDACT. Qui appartient à l'espace et au temps. *Repères spatiotemporels.*

SPATULE n. f. ▪ Instrument à lame plate et large. *Spatule de sculpteur.* ♦ Extrémité antérieure (relevée) d'un ski.

SPEAKER [spikœʀ] n. m. ▪ anglic. VIEILLI Présentateur (de radio...).

SPEAKERINE [spikʀin] n. f. ▪ VIEILLI Présentatrice (de radio...).

SPÉCIAL, ALE, AUX adj. ▪ **1.** Qui concerne, qui constitue une espèce de choses (opposé à *général*). **2.** Qui est particulier ou destiné (à une personne, un groupe ; une chose). ⇒ **particulier.** *Un régime spécial. Train spécial.* ♦ Qui constitue une exception, est employé dans des circonstances extraordinaires. *Des mesures spéciales.* - *L'envoyé spécial d'un journal.* **3.** Qui présente des caractères particuliers dans son genre ; qui n'est pas commun, ordinaire. ⇒ **singulier.** *Une voix au timbre spécial.* - FAM. *C'est un peu spécial,* bizarre. - par euphémisme *Des mœurs spéciales* (par rapport à une norme sexuelle).

SPÉCIALEMENT adv. ▪ **1.** D'une manière spéciale ; en particulier. ⇒ **notamment.** - Dans un sens restreint (mot). **2.** D'une manière adéquate ; tout exprès. *Salle spécialement équipée.* **3.** D'une manière caractéristique. ⇒ **particulièrement.** - FAM. *Pas spécialement,* pas tellement.

SPÉCIALISATION n. f. ▪ Action, fait de (se) spécialiser (en particulier dans un domaine de la connaissance).

SPÉCIALISER v. tr. [1] ▪ Employer, cantonner dans une spécialité. - pronom. *Il s'est spécialisé dans la littérature médiévale.* - p. p. adj. *Chercheur spécialisé.* ⇒ **spécialiste.**

SPÉCIALISTE n. ▪ **1.** Personne qui s'est spécialisée, qui a des connaissances approfondies dans un domaine déterminé et restreint (science, technique...). ⇒ **expert.** *Un, une spécialiste de l'art précolombien.* - spécialt Médecin qui se spécialise dans une branche particulière de la médecine. *Les généralistes et les spécialistes.* **2.** FAM. Personne qui est coutumière (de qqch.). *Un spécialiste de la gaffe.*

SPÉCIALITÉ n. f. ▪ **1.** DIDACT. Caractère de ce qui est spécial. **2.** Ensemble de connaissances sur un objet d'étude déterminé et limité. ⇒ **branche, discipline, domaine, partie. 3.** Production déterminée à laquelle on se consacre. *Spécialités régionales.* **4.** FAM. Comportement particulier et personnel. *Les insinuations, c'est sa spécialité.*

SPÉCIATION n. f. ▪ BIOL. Formation d'espèces nouvelles ; différenciation des espèces.

SPÉCIEUX, EUSE adj. ▪ LITTÉR. Qui n'a qu'une belle apparence, qui est sans valeur. *Un raisonnement spécieux et trompeur.*

SPÉCIFICATION n. f. ▪ DIDACT. Action de spécifier.

SPÉCIFICITÉ n. f. ▪ DIDACT. Caractère spécifique ; qualité de ce qui est spécifique.

SPÉCIFIER v. tr. [7] ▪ Caractériser ou mentionner de façon précise. ⇒ **indiquer, préciser.**

SPÉCIFIQUE adj. ▪ **1.** DIDACT. Propre à une espèce* et à elle seule (commun à tous les individus de cette espèce). *Caractère spécifique. Terme spécifique* (opposé à *générique*). - *Remède spécifique,* propre à guérir une maladie particulière. **2.** Qui a son caractère et ses lois propres. *Un problème spécifique.* ⇒ **particulier.**

SPÉCIFIQUEMENT adv. ▪ D'une manière spécifique. ⇒ **proprement, typiquement.**

SPÉCIMEN [-ɛn] n. m. ▪ **1.** Individu qui donne une idée de l'espèce ; unité qui donne une idée du tout. ⇒ **échantillon, exemple, représentant.** *Des spécimens.* **2.** Exemplaire ou feuillet publicitaire (d'une revue, d'un manuel). - Mention caractérisant des exemplaires sans valeur fonctionnelle (billets, etc.).

SPECTACLE n. m. ▪ **1.** Ensemble de choses ou de faits qui s'offre au regard. ⇒ **tableau, vision.** *Le spectacle de la nature.* - *Au spectacle de,* à la vue de. - loc. péj. *Se donner en spectacle,* se faire remarquer. **2.** Représentation (théâtre, cinéma...) ; ce qu'on présente au public au cours d'une même séance. *Aller au spectacle.* - *Salle de spectacle(s).* ♦ *Le spectacle :* l'ensemble des activités concernant le théâtre, le cinéma, le music-hall, etc. *L'industrie du spectacle.* ⇒ anglic. **show-business. 3.** loc. *Pièce, revue* À GRAND SPECTACLE : qui comporte une mise en scène somptueuse.

SPECTACULAIRE adj. ▪ Qui parle aux yeux, frappe l'imagination. *Un exploit spectaculaire.*

SPECTATEUR, TRICE n. ▪ **1.** Témoin d'un événement ; personne qui regarde un spectacle (1). *Les spectateurs du drame.* **2.** Personne qui assiste à un spectacle (2). ⇒ **assistance, auditoire, public.**

SPECTRAL, ALE, AUX adj. ▪ **I.** De spectre (I). - *Une pâleur spectrale.* **II.** SC. Relatif aux spectres (II), à leur étude. *Raies spectrales.*

SPECTRE n. m. ▪ **I. 1.** Apparition effrayante d'un mort. ⇒ **fantôme, revenant.** - *Une pâleur de spectre.* **2.** LITTÉR. Perspective menaçante. *Le spectre de la guerre.* **II. 1.** SC. Image analytique résultant de la décomposition d'un phénomène vibratoire (rayonnement, son...). *Le spectre solaire* (obtenu à travers un prisme). **2.** Champ d'action, d'efficacité (d'un antibiotique).

SPECTROSCOPE n. m. ▪ SC. Instrument pour produire ou examiner des spectres.

SPECTROSCOPIE n. f. ▪ SC. Étude des spectres.

SPÉCULAIRE adj. ▪ DIDACT. **1.** Qui réfléchit la lumière comme un miroir. **2.** Relatif au miroir ; produit par un miroir. *Image spéculaire.*

SPÉCULATEUR, TRICE n. ▪ Personne qui fait des spéculations (II).

SPÉCULATIF, IVE adj. ▪ De la spéculation (I et II).

SPÉCULATION n. f. ▪ **I.** DIDACT. Théorie, recherche abstraite. **II.** Opération financière ou commerciale fondée sur les fluctuations du marché ; pratique de ces opérations. *Spéculation en Bourse.*

SPÉCULER v. intr. [1] ▪ **I.** DIDACT. Méditer, se livrer à la spéculation (I). **II.** Faire des spéculations (II). ♦ fig. SPÉCULER SUR *qqch.,* compter dessus pour réussir.

SPÉCULUM [-ɔm] n. m. ▪ MÉD. Instrument utilisé pour explorer certaines cavités de l'organisme. *Des spéculums.*

SPEECH [spitʃ] n. m. ▪ Petite allocution de circonstance. *Des speechs* ou *des speeches.*

SPÉLÉO ▪ **1.** n. f. ⇒ **spéléologie. 2.** n. ⇒ **spéléologue.**

SPÉLÉO- Élément savant, du grec *spêlaion* « caverne », qui signifie « grotte ; cavité souterraine ».

SPÉLÉOLOGIE n. f. ▪ Exploration et étude scientifique des cavités du sous-sol (grottes, etc.). ◇ abrév. FAM. SPÉLÉO. ► adj. SPÉLÉOLOGIQUE

SPÉLÉOLOGUE n. ▪ Spécialiste de la spéléologie. ◇ abrév. FAM. SPÉLÉO.

SPENCER [spɛnsœʀ ; spɛnsɛʀ] n. m. ▪ Veste courte ajustée.

Herbert SPENCER (1820 - 1903) ▪ Philosophe britannique. Anthropologie évolutionniste.

Spencer.
Phot. © Coll. Viollet

Oswald SPENGLER (1880-1936) ▪ Philosophe allemand. Sa vision pessimiste sur le déclin inéluctable des civilisations a été utilisée abusivement par l'idéologie nazie. *"Le Déclin de l'Occident"* (1916-1920).

Spengler.
Phot. © Coll. Viollet

Edmund SPENSER (v. 1552-1599) ▪ Poète anglais. *"La Reine des fées"* (1591-1596) est un des monuments de la poésie anglaise de la Renaissance.

SPERMAT(O)-, SPERM(O)-, -SPERME, -SPERMIE Éléments savants, du grec *sperma, spermatos* « sperme ; semence ; graine ».

SPERMATOPHYTE n. m. ▪ BOT. Plante à graines (embranchement des *Spermatophytes :* angiospermes et gymnospermes). ⇒ **phanérogame(s).** ◇ syn. SPERMAPHYTE.

SPERMATOZOÏDE n. m. ▪ Cellule reproductrice (gamète) mâle des animaux sexués. *Fécondation de l'ovule par un spermatozoïde.*

SPERME n. m. ▪ Liquide constitué par les spermatozoïdes et les sécrétions des glandes génitales mâles. ⇒ **semence ;** liquide **séminal.** *L'éjaculation du sperme.*

La SPEZIA ▪ Ville et port d'Italie en Ligurie. 104 511 hab. Raffinage de pétrole.

SPHÈRE n. f. ▪ **1.** Surface fermée dont tous les points sont à égale distance (rayon) du centre ; solide limité par cette surface. - *Sphère céleste,* image sphérique du ciel. *La sphère terrestre.* ⇒ **globe. 2.** fig. Domaine d'activité ou de connaissance (de qqn). ♦ *Les hautes sphères de la politique,* les milieux dirigeants. ♦ *Sphère d'action* (d'un agent physique). - *Sphère d'influence* (d'une puissance politique).

SPHÉRIQUE adj. ▪ **1.** En forme de sphère. ⇒ **rond.** *Une bille parfaitement sphérique.* **2.** Qui appartient à la sphère. *Calotte sphérique.*

SPHÉROÏDE n. m. ▪ Solide à peu près sphérique. *La Terre est un sphéroïde.*

SPHINCTER [-ɛʀ] n. m. ▪ Muscle annulaire autour d'un orifice naturel qu'il ferme en se contractant. *Le sphincter de l'anus.*

SPHINX [sfɛ̃ks] n. m. ▪ **I. 1.** Monstre fabuleux (lion à tête d'homme), dans la mythologie égyptienne, puis grecque. ♦ Statue le représentant. **2.** fig. Personne énigmatique, à l'attitude mystérieuse. **II.** Grand papillon du crépuscule, au vol puissant. *Sphinx tête-de-mort.* ▪ Symbolisant le pouvoir royal dans l'ancienne Égypte (le sphinx de Gizeh), la figure du sphinx passa en Syrie et en Crète, où elle fut dotée d'ailes et féminisée. La mythologie grecque en fit une divinité mystérieuse qui, placée aux portes de Thèbes, tuait les voyageurs incapables de résoudre l'énigme qu'elle leur proposait (seul Œdipe y parvint).

sphinx. *Agrius convolvuli,* sphinx du liseron.
Phot. © Thomas/Jacana

SPI n. m. ⇒ SPINNAKER.

Steven SPIELBERG (né en 1946) ▪ Cinéaste américain. Il a gagné les faveurs d'un public international avec des films de terreur, de science-fiction ou d'aventures (série des *"Indiana Jones"*, 1981-1989; *"E. T. l'extraterrestre"*, 1982). *"La Liste de Schindler"* (1994) est inspirée d'un épisode de la Shoah.

Léon SPILLIAERT (1881-1946) ▪ Peintre belge. Autodidacte, proche du symbolisme belge et de l'expressionnisme de Munch.

SPIN [spin] n. m. ▪ SC. Moment cinétique (d'une particule).

SPINAL, ALE, AUX adj. ▪ ANAT. De la colonne vertébrale, ou de la moelle épinière.

SPINNAKER [spinakɛʀ ; spinɛkœʀ] n. m. ▪ anglic. Grande voile creuse, de forme triangulaire, hissée aux allures portantes. ◇ abrév. SPI.

António Ribeiro de SPÍNOLA (né en 1910) ▪ Maréchal et homme politique portugais. Organisateur du coup d'État d'avril 1974 qui le porta à la présidence, il dut démissionner cinq mois plus tard et s'exiler. Revenu en 1976, il fut promu maréchal en 1981.

Baruch SPINOZA (1632-1677) ▪ Philosophe hollandais. Exclu de la communauté juive en raison de ses positions rationalistes, esprit solitaire et indépendant, il se fit le défenseur puis le critique de Descartes. Son approche des textes

Spilliaert. *Femme sur la digue,* 1908, aquarelle et crayon. Musées royaux des Beaux-Arts, Bruxelles. *Phot. © Lauros/Giraudon*

sacrés et des croyances annonce l'exégèse scientifique et la notion d'idéologie. Son ouvrage majeur, *"L'Éthique"* (posthume, 1677), est d'interprétation difficile : on a vu successivement dans le *spinozisme* une forme d'athéisme ou un panthéisme ; la véritable sagesse, qui est aussi la vraie liberté, réside dans la compréhension et l'amour intellectuel de l'ordre de la Nature. *"Tractatus theologico-politicus"* (1670).

Spinoza. Portrait anonyme, Hollande, XVIIe s. Bibliothèque de Wolfenbüttel.
Phot. © Giraudon

SPIRAL, ALE, AUX adj. ▪ RARE Qui a la forme d'une spirale. *Ressort spiral.*

SPIRALE n. f. ▪ **1.** GÉOM. Courbe plane qui décrit des révolutions autour d'un point en s'en écartant. **2.** COUR. Courbe qui tourne autour d'un axe, dans l'espace. ⇒ **hélice** (le terme correct en sc.) *Des spirales de fumée.* ⇒ **volute.** ♦ fig. Montée rapide et irrésistible (d'un phénomène). *La spirale de l'inflation.*

SPIRE n. f. ▪ DIDACT. Tour complet (d'une spirale ; d'une hélice). - Enroulement (d'une coquille).

SPIRE en allemand *SPEYER* ▪ Ville d'Allemagne (Rhénanie-Palatinat), au sud de Ludwigshafen. 46 000 hab. Cathédrale de style roman rhénan (1030-1061).

SPIRITE ▪ **1.** adj. Relatif à l'évocation des esprits des morts. *Pratiques spirites.* **2.** n. Personne qui évoque les esprits, qui s'occupe de spiritisme.

SPIRITISME n. m. ▪ Science occulte fondée sur l'existence, les manifestations et l'enseignement des esprits.

SPIRITUAL n. m. ⇒ NEGRO-SPIRITUAL

SPIRITUALISER v. tr. 1 ▪ LITTÉR. Doter de spiritualité.

SPIRITUALISME n. m. ▪ Doctrine selon laquelle l'esprit constitue une réalité indépendante et supérieure (opposé à *matérialisme*).

SPIRITUALISTE adj. et n. ▪ Du spiritualisme ; tenant du spiritualisme.

SPIRITUALITÉ n. f. ▪ **1.** PHILOS. Caractère de ce qui est spirituel, indépendant de la matière. **2.** RELIG. Croyances et pratiques qui concernent la vie de l'âme, la vie spirituelle. **3.** Vie de l'esprit ; aspiration aux valeurs morales.

SPIRITUEL, ELLE adj. ▪ **I. 1.** PHILOS. Qui est de l'ordre de l'esprit, considéré comme distinct de la matière. ⇒ **immatériel. 2.** RELIG. De l'âme, en tant qu'émanation d'un principe supérieur (notamment divin). *La vie spirituelle.* **3.** Qui concerne l'esprit, ou qui est d'ordre moral. *Les valeurs spirituelles d'une civilisation.* **II.** Qui est plein d'esprit, de drôlerie. ⇒ **fin, malicieux.** *Une femme très spirituelle.* - *Une plaisanterie spirituelle.* ⇒ **piquant.**

SPIRITUELLEMENT adv. ▪ Avec esprit, finesse.

SPIRITUEUX, EUSE ▪ **1.** adj. Qui contient une forte proportion d'alcool. **2.** n. m. Boisson forte en alcool. *Vins et spiritueux.*

SPIROMÈTRE n. m. ▪ MÉD. Instrument servant à mesurer la capacité respiratoire pulmonaire.

Carl SPITTELER (1845 - 1924) ▪ Poète suisse d'expression allemande. *"Printemps olympien"* (1900-1906). Prix Nobel en 1919.

SPITZBERG ▪ Archipel norvégien faisant partie du Svalbard.

SPLEEN [splin] n. m. ▪ LITTÉR. Mélancolie sans cause apparente, caractérisée par le dégoût de toute chose. ⇒ **ennui ; cafard, vague** à l'âme. *"Spleen et Idéal"* (de Baudelaire ; partie des *Fleurs du mal*). ► adj. SPLEENÉTIQUE [splin-]

SPLENDEUR n. f. ▪ **1.** LITTÉR. Grand éclat de lumière. ♦ fig. Prospérité, gloire. *Athènes au temps de sa splendeur.* **2.** Beauté pleine de luxe, de magnificence. ⇒ **somptuosité. 3.** Chose splendide. *Cette tapisserie est une splendeur.*

SPLENDIDE adj. ▪ **1.** Plein d'éclat. ⇒ **clair, rayonnant.** *Il fait un temps splendide.* **2.** Riche et beau. ⇒ **magnifique.** *Une fête splendide.* **3.** D'une beauté éclatante. ⇒ **superbe.** *Un panorama splendide.*

SPLENDIDEMENT adv. ▪ LITTÉR. D'une manière splendide.

SPLIT en italien *SPALATO* ▪ Ville et port de Croatie, en Dalmatie. 189 388 hab. Palais romain de Dioclétien.

le col du SPLUGEN ▪ Col des Alpes entre la Suisse (Grisons) et l'Italie (Lombardie). 2 113 m.

SPOKANE ▪ Ville des États-Unis (État de Washington). 177 000 hab. Région agricole.

SPOLÈTE ▪ Ville d'Italie, en Ombrie. 37 885 hab. Cathédrale (XIIe-XVe s.) ornée de fresques de F. Lippi. Château de la Rocca (XIVe s.). Festival international de théâtre, musique et danse.

SPOLIATION n. f. ▪ Action de spolier ; son résultat.

SPOLIER v. tr. 7 ▪ Dépouiller (qqn) par violence, fraude ou abus de pouvoir. - au p. p. *Des héritiers spoliés.*

Jean de SPONDE (1557 - 1595) ▪ Humaniste et poète français. Poésie baroque. *"Stances de la Cène"* (1588).

SPONDÉE n. m. ▪ DIDACT. Pied de deux syllabes longues (prosodie grecque et latine). *Dactyles* et spondées.*

SPONGIEUX, EUSE adj. ▪ **1.** Qui rappelle l'éponge, par sa structure et sa consistance. *Tissu spongieux des os.* **2.** Qui s'imbibe, retient les liquides. *Un sol spongieux.*

SPONGIFORME adj. ▪ DIDACT. Qui a la forme, l'aspect d'une éponge.

SPONSOR [spɔ̃sɔʀ ; spɔnsɔʀ] n. m. ▪ anglic. Personne ou entreprise qui finance une initiative sportive ou culturelle. ⇒ **commanditaire, mécène.** ► SPONSORISER v. tr. 1

SPONTANÉ, ÉE adj. ▪ **1.** Que l'on fait de soi-même, sans être incité ni contraint par autrui. ⇒ **libre.** *Des aveux spontanés.* **2.** Qui se produit de soi-même, sans avoir été provoqué. ⇒ **naturel.** *Émission spontanée d'un rayonnement.* **3.** Qui se fait, s'exprime directement, sans réflexion ni calcul. ⇒ **instinctif.** *Une réaction spontanée.* ♦ (personnes) Qui obéit au premier mouvement, ne calcule pas.

SPONTANÉITÉ n. f. ▪ Caractère de ce qui est spontané ; qualité d'une personne spontanée.

SPONTANÉMENT adv. ▪ D'une manière spontanée.

Gaspare SPONTINI (1774 - 1851) ▪ Compositeur italien. *"La Vestale"* (1807), opéra.

les SPORADES ▪ Îles grecques de la mer Égée.

les **Sporades.** Île de Skiathos. *Phot. © Fiore/Explorer*

SPORADIQUE adj. ▪ **1.** Qui apparaît, se produit çà et là et d'une manière irrégulière. *Des protestations sporadiques.* **2.** MÉD. *Maladie sporadique,* qui atteint des individus isolés (s'oppose à *épidémique* et à *endémique*).

SPORADIQUEMENT adv. ▪ D'une manière sporadique, irrégulière.

SPORANGE n. m. ▪ BOT. Organe qui renferme ou produit les spores.

SPORE n. f. ▪ BIOL. Corpuscule reproducteur de nombreux végétaux et de certains protistes. *Les spores des algues, des champignons, des plantes à fleurs* (⇒ **pollen**).

SPORT n. m. ▪ **1.** *(Le sport)* Activité physique exercée dans le sens du jeu et de l'effort, et dont la pratique suppose un entraînement méthodique et le respect de règles. ⇒ éducation **physique ; athlétisme, gymnastique.** *Faire du sport.* – *Terrain de sport. Vêtements de sport.* ♦ loc. FAM. *C'est du sport !,* c'est un exercice très difficile. – *Il va y avoir du sport !,* de la bagarre. **2.** *(Un, des sports)* Chacune des formes particulières et réglementées de cette activité. *Pratiquer un sport. Sports de compétition. Sports de combat* (boxe, judo...) ; *individuels* (athlétisme...), *d'équipe* (football, rugby...). *Sports d'hiver* (ski, patinage...).

SPORTIF, IVE adj. ▪ **1.** Propre ou relatif au sport, aux différents sports. *Épreuves sportives.* **2.** Qui pratique, qui aime le sport. – n. *Sportifs amateurs et professionnels.* ♦ Qui atteste la pratique du sport. *Une allure sportive.* **3.** Qui respecte l'esprit du sport. *Le public n'a pas été très sportif.*

SPORTIVEMENT adv. ▪ Avec un esprit sportif, loyal. *Accepter sportivement sa défaite.*

SPORTIVITÉ n. f. ▪ Attitude sportive, loyale (dans un autre domaine que le sport).

SPORTSWEAR [spɔʀtswɛʀ] n. m. ▪ anglic. Ensemble des vêtements, des chaussures de sport.

SPOT [spɔt] n. m. ▪ anglic. **1.** Point lumineux (sur un écran...). **2.** Petit projecteur. **3.** Bref message publicitaire. ⇒ **écran ;** anglic. **flash.**

SPOUTNIK ▪ Nom donné aux trois premiers satellites artificiels soviétiques. Spoutnik 1, lancé en 1957, fut le premier satellite artificiel de la Terre.

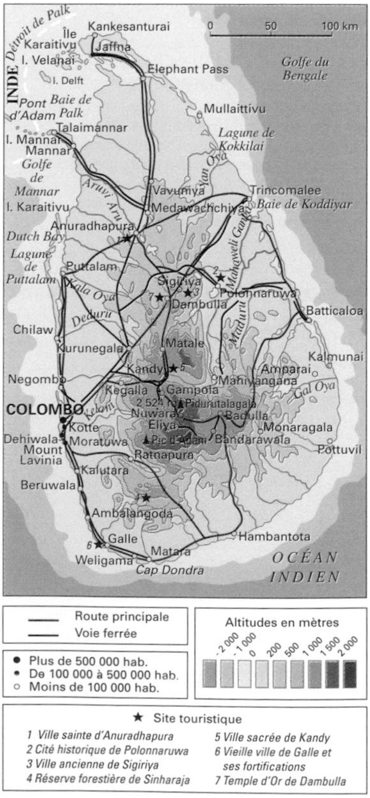

Sri Lanka.

Bartholomeus **SPRANGER** (1546-1611) ▪ Peintre maniériste flamand. Il travailla à Rome, Paris, Vienne et Prague.

SPRAT [spʀat] n. m. ▪ Petit poisson, voisin du hareng.

SPRAY n. m. ▪ anglic. Jet de liquide projeté par un pulvérisateur ; ce pulvérisateur. *Spray d'eau minérale.*

SPRECHGESANG [ʃpʀɛʃgesaŋ] n. m. ▪ MUS. Style de chant déclamé et modulé d'après les intonations de la parole, utilisé par les compositeurs de l'école de Vienne (début du XXe siècle).

la **SPRÉE** ▪ Rivière d'Allemagne. Née en Haute-Lusace, à la frontière tchèque, elle traverse Berlin et se jette dans la Havel. 400 km.

SPRINGBOK [spʀiŋbɔk] n. m. ▪ Antilope commune dans le sud de l'Afrique.

SPRINGFIELD ▪ Ville des États-Unis, capitale de l'Illinois. 105 000 hab.

SPRINGFIELD ▪ Ville des États-Unis (Massachusetts). 157 000 hab.

SPRINT [spʀint] n. m. ▪ Allure, la plus rapide possible, qu'un coureur prend à un moment déterminé d'une course, et notamment à la fin ; fin de la course. *Il a gagné au sprint.* – Course de vitesse sur petite distance (athlétisme, cyclisme).

① **SPRINTER** [spʀintœʀ] n. m. ▪ Sportif spécialiste des courses de vitesse, des sprints.

② **SPRINTER** [spʀinte] v. intr. ▢1 ▪ Effectuer un sprint.

SQUALE [skwal] n. m. ▪ Requin ; spécialt requin sans nageoire anale (famille des *Squalidés*).

SQUAME [skwam] n. f. ▪ **1.** DIDACT. Écaille (de poisson, de serpent...). **2.** Lamelle qui se détache de l'épiderme (⇒ **desquamation**).

SQUAMEUX, EUSE [skwamø, øz] adj. ▪ DIDACT. Écailleux.

SQUARE [skwaʀ] n. m. ▪ Petit jardin public.

SQUASH [skwaʃ] n. m. ▪ anglic. Sport pratiqué en salle, où deux joueurs se renvoient une balle en la frappant à la raquette contre un mur.

SQUAT [skwat] n. m. ▪ anglic. **1.** Occupation (d'un lieu) par des squatters. **2.** Local occupé par des squatters.

① **SQUATTER** [skwatœʀ] n. m. ▪ anglic. Personne qui réside illégalement dans un local vacant.

② **SQUATTER** [skwate] v. tr. ▢1 ▪ anglic. Occuper (un lieu) en squatter. ◇ syn. SQUATTÉRISER ▢1

SQUAW [skwo] n. f. ▪ Femme indienne, en Amérique du Nord.

SQUELETTE n. m. ▪ **I.** Charpente osseuse des vertébrés. – Restes osseux d'un humain ou d'un animal mort. – fig. FAM. Personne très maigre. **II. 1.** Structure, charpente (d'un immeuble...). **2.** Grandes lignes (d'un ensemble, d'une œuvre). ⇒ **plan.**

SQUELETTIQUE adj. ▪ **1.** Qui évoque un squelette (par sa maigreur). ♦ fig. Très réduit ; peu nombreux. *Des effectifs squelettiques.* **2.** ANAT. Du squelette (I).

le **SRI LANKA** autrefois ***CEYLAN*** ▪ Pays insulaire (république socialiste démocratique) d'Asie du Sud, séparé de l'Inde par le détroit de Palk. 66 000 km². 17 000 000 hab. *(les Sri-Lankais).* Capitale : Colombo. Langues officielles : cinghalais, tamoul. Monnaie : roupie sri-lankaise. Économie essentiellement agricole : thé (3e producteur mondial), riz, latex. Industrie de la confection. ▫ **HISTOIRE** Très prospère au XIIe s., le royaume cingalais, fondé au Ve s. av. J.-C., fut colonisé par les Portugais (XVIe s.), puis par les Hollandais (XVIIe s.), enfin par les Britanniques (paix d'Amiens, 1802). Indépendant depuis 1948, le pays a pris le nom de Ceylan jusqu'en 1972. Il souffre de conflits ethniques (Tamouls et Cinghalais), guerre désastreuse qui fait reculer le tourisme et les exportations. Le recours au terrorisme de la part des indépendantistes tamouls a déclenché une véritable guerre civile à laquelle une intervention militaire indienne (1987 à 1990) n'a pu mettre fin.

SRI-LANKAIS, AISE adj. et n. ▪ Du Sri Lanka. – n. *Les Sri-Lankais.*

S.S. n. m. (sigle) ▪ Membre de la S.S.

la **S.S.** ou **SS**, Schutzstaffel ▪ « Section de protection », police militarisée du parti nazi. Elle supplanta la S.A. en 1934. Créées en 1940, les *Waffen-S.S.* étaient des unités mili-

Nicolas de **Staël**.
Ciel à Honfleur. Coll. part.
Phot. © Arch. Smeets

taires d'élite ; leurs méthodes de combat et de répression en ont fait un symbole de barbarie.

STABILISATEUR, TRICE ▪ **1.** adj. Propre à stabiliser. **2.** n. m. Dispositif destiné à stabiliser (un véhicule), à équilibrer. *Navire muni de stabilisateurs.*

STABILISATION n. f. ▪ Action, manière de stabiliser.

STABILISER v. tr. [1] ▪ **1.** Rendre stable (la monnaie, une situation...). **2.** Amener (un système, une substance) à la stabilité. **3.** Assurer la stabilité, l'équilibre de (un véhicule, etc.). ⇒ **équilibrer.**

STABILITÉ n. f. ▪ **1.** Caractère de ce qui tend à demeurer dans le même état. ⇒ **continuité, équilibre, fermeté.** *Stabilité des institutions.* - *La stabilité d'une monnaie.* **2.** État d'une construction capable de demeurer dans un équilibre permanent. ♦ Propriété (d'un véhicule...) de revenir à sa position d'équilibre. **3.** Tendance (d'un composé chimique, d'un système physique) à rester dans un état défini.

STABLE adj. ▪ **1.** Qui n'est pas sujet à changer ou à disparaître ; qui demeure dans le même état. ⇒ **durable, solide.** *Équilibre stable.* **2.** Qui est en équilibre stable. *Cette échelle n'est pas stable.* **3.** Doué de stabilité (3). ⇒ **inerte.**

STABULATION n. f. ▪ AGRIC. Technique d'élevage en étable.

STACCATO adv. ▪ MUS. En jouant les notes détachées (s'oppose à *legato*).

STADE n. m. ▪ **I. 1.** Distance (180 m environ) sur laquelle on disputait les courses (Grèce antique) ; piste de cette longueur ; terrain de sport et enceinte qui la comprenaient. **2.** Terrain aménagé pour la pratique des sports, souvent entouré de gradins, de tribunes. *Stade olympique.* **II.** Chacune des étapes (d'une évolution) ; chaque forme que prend une réalité en devenir. ⇒ **phase, période.** - PSYCH. *Les stades de la libido, selon Freud* (oral, anal, génital).

Madame de STAËL (1766 - 1817) ▪ Écrivain français, fille de Necker. Elle tint un salon littéraire et politique célèbre sous la Révolution et la Restauration. Son livre *"De l'Allemagne"* (1813) [→ **Schlegel**] eut une grande influence sur le romantisme français. *"De la littérature considérée dans ses rapports avec les institutions sociales"* (1800).

Nicolas de STAËL (1914 - 1955) ▪ Peintre français d'origine russe. Il a suivi une ligne très personnelle, entre l'abstrait et le figuratif, travaillant surtout la matière picturale et le rythme.

① **STAFF** n. m. ▪ Matériau fait de plâtre et de fibres végétales (employé en décoration, etc.). ⇒ **stuc.**

② **STAFF** n. m. ▪ anglic. Groupe de travail. - Équipe dirigeante (d'une entreprise).

STAFFORDSHIRE ▪ Comté d'Angleterre, dans les Midlands. 2 716 km^2. 1 050 000 hab. Chef-lieu : Stafford (120 000 hab.).

STAGE n. m. ▪ **1.** Période d'études pratiques exigée des candidats à certaines professions. *Stage pédagogique.* **2.** Période de formation ou de perfectionnement dans une entreprise. *Stage de reconversion.* **3.** Courte période de formation ou de perfectionnement à une activité professionnelle ou de loisir. *Stage de voile. Stage d'informatique.*

STAGIAIRE adj. et n. ▪ Qui fait un stage. *Avocat stagiaire.* - n. *Un, une stagiaire.*

STAGNANT, ANTE [-gn-] adj. ▪ **1.** (fluides) Qui ne s'écoule pas, reste immobile. ⇒ **dormant.** *Eaux stagnantes.* **2.** fig. Inerte, peu actif. *Économie stagnante.*

STAGNATION [-gn-] n. f. ▪ **1.** État d'un fluide stagnant. **2.** fig. État fâcheux d'immobilité, d'inactivité. ⇒ **inertie, marasme.** *Stagnation de la production.*

STAGNER [-gn-] v. intr. [1] ▪ **1.** (fluides) Rester immobile sans couler, sans se renouveler. **2.** fig. Être inerte, ne pas évoluer. ⇒ **languir, piétiner.** *Les affaires stagnent.*

Georg Ernst STAHL (1660-1734) ▪ Chimiste allemand. Sa théorie du « phlogistique » est la première systématisation cohérente de la chimie. Elle sera réfutée par Lavoisier.

STAINS ▪ Commune de la Seine-Saint-Denis. 34 879 hab. *(les Stanois).*

STAKHANOVISME n. m. ▪ Méthode d'encouragement au travail incitant à battre des records de production, qui fut appliquée en Union soviétique.

STAKHANOVISTE ▪ **1.** n. Travailleur soviétique adhérant au stakhanovisme. – adj. *Un ouvrier stakhanoviste.* ♦ FAM. Travailleur qui fait du zèle. **2.** adj. Du stakhanovisme.

STALACTITE n. f. ▪ Concrétion calcaire qui descend de la voûte d'une grotte.

stalactite. Grotte de Cougnac (stalactites et stalagmites). *Phot. © Berthoule/Explorer*

STALAG [-ag] n. m. ▪ Camp de prisonniers de guerre non officiers, en Allemagne (1940-1945).

STALAGMITE n. f. ▪ Concrétion calcaire qui monte du sol vers la voûte d'une grotte (→ stalactite).

Iossif Djougachvili dit **STALINE** (1879-1953) ▪ Homme d'État soviétique, de nationalité géorgienne. Successeur de Lénine (1924), il devint le maître absolu du pays, l'organisant et le développant par la force, écartant Trotski, faisant exécuter ou déporter ses rivaux et opposants : Kirov, Kamenev, Zinoviev, Boukharine (*purges staliniennes*). Allié, puis adversaire de Hitler, il obtint en 1945, après la victoire, l'hégémonie sur les pays de l'Europe de l'Est (→ conférence de **Yalta**). Il engagea l'URSS dans la guerre froide. Le culte de sa personnalité fut critiqué après sa mort par Khrouchtchev, puis par Gorbatchev qui entreprit une campagne de réhabilitation des anciens opposants. Le « stalinisme » désigne les abus autocratiques extrêmes du socialisme léniniste.

Staline (à droite) avec Roosevelt (au centre) et Churchill lors de la conférence de Yalta. *Phot. © Keystone*

STALINGRAD ▪ Nom de Volgograd de 1925 à 1961. ► **la bataille de STALINGRAD** (août 1942-février 1943) marqua le début des victoires soviétiques sur l'Allemagne nazie.

STALINIEN, IENNE ▪ **1.** adj. Relatif à Staline, au stalinisme. **2.** adj. et n. Partisan du stalinisme. ◇ abrév. FAM. STAL.

STALINISME n. m. ▪ Doctrine et politique de Staline, de ses continuateurs et de ses partisans (caractérisée notamment par son totalitarisme et la centralisation des partis communistes).

STALLE n. f. ▪ **1.** Chacun des sièges de bois à dossier élevé réservés au clergé, des deux côtés du chœur d'une église. **2.** Compartiment cloisonné réservé à un animal (étable, écurie). ⇒ **box.**

STAMFORD ▪ Ville des États-Unis (Connecticut), port près de New York. 108 000 hab. Recherches chimiques.

Johann Wenzel Anton ou **Jan Václav Antonin STAMITZ** ou **STAMIČ** (1717-1757) ▪ Violoniste, compositeur et chef d'orchestre tchèque. Directeur de l'orchestre de la cour de l'électeur palatin à Mannheim, il mit au point l'écriture symphonique moderne.

STANCE n. f. ▪ **1.** VX Strophe. **2.** au plur. Poème composé d'une suite de strophes lyriques d'inspiration grave. *Les stances de Malherbe. Les stances de Rodrigue, dans "Le Cid"* (de Corneille).

① **STAND** [stɑ̃d] n. m. ▪ Emplacement aménagé pour le tir à la cible. *Stand de tir.*

② **STAND** [stɑ̃d] n. m. ▪ **1.** Emplacement réservé, dans une exposition, une foire ; ensemble des installations et des produits exposés. **2.** Emplacement aménagé en bordure de piste pour le ravitaillement, les réparations (courses automobiles...).

① **STANDARD** ▪ anglic. **I.** n. m. **1.** Type, norme de fabrication. ⇒ **norme.** *Des standards.* **2.** loc. VIEILLI *Standard de vie :* niveau de vie. **3.** MUS. Thème classique du jazz, sur lequel on improvise. **II.** adj. invar. **1.** Conforme à un type, ou à une norme de fabrication. – loc. COMM. *Échange standard,* d'une pièce usée par une autre du même type. **2.** Conforme au type habituel, sans originalité. *Un sourire standard.*

② **STANDARD** n. m. ▪ Dispositif permettant, dans un réseau téléphonique, de mettre en relation les interlocuteurs.

STANDARDISER v. tr. [1] ▪ anglic. Rendre conforme à un standard ; rendre standard. ⇒ **normaliser ; uniformiser.** – au p. p. *Produits standardisés.* ► n. f. STANDARDISATION

STANDARDISTE n. ▪ Personne chargée du service d'un standard téléphonique.

STANDING n. m. ▪ anglic. **1.** Position économique et sociale (de qqn) aux yeux de l'opinion. ⇒ **niveau** de vie, **rang. 2.** (choses) Grand confort, luxe. *Immeuble de grand standing.*

saint STANISLAS (1030-1079) ▪ Évêque de Cracovie. Il fut assassiné. Canonisé en tant que patron de la Pologne.

STANISLAS Ier LESZCZYŃSKI (1677-1766) ▪ Roi de Pologne. Chassé par Auguste II en 1709, soutenu par son gendre Louis XV dans la guerre de Succession* de la Pologne (1733), il fut vaincu et reçut les duchés de Bar et de Lorraine en 1738. À sa mort, les duchés passèrent à la France.

Konstantin STANISLAVSKI (1863-1938) ▪ Homme de théâtre russe, l'un des initiateurs de la mise en scène moderne *"La Formation de l'acteur".*

sir Henry Morton STANLEY (1841-1904) ▪ Explorateur et journaliste britannique. Il retrouva Livingstone près du lac Tanganyika (1871).

Wendell Meredith STANLEY (1904-1971) ▪ Biochimiste américain. Prix Nobel 1946 pour ses travaux fondamentaux en virologie.

STANLEYVILLE → **Kisangani**

STANNIFÈRE adj. ▪ MINÉR. Qui contient de l'étain.

STAPHYLOCOQUE n. m. ▪ Bactérie qui se présente en grappes (agent de diverses infections).

STAR n. f. ▪ anglic. **1.** Célèbre acteur ou actrice de cinéma. ⇒ **étoile. 2.** Personne célèbre, très en vue. *Les stars de la politique.*

STARA ZAGORA ▪ Ville de Bulgarie. 162 754 hab. Centre commercial, culturel et industriel.

STARISER v. tr. [1] ▪ FAM. Transformer en star, en vedette. ◇ syn. STARIFIER [7]

STARKING n. f. ▪ Pomme rouge, originaire d'Amérique.

STARLETTE n. f. ▪ Jeune actrice qui rêve d'une carrière de star.

STARTER [staʀtɛʀ] n. m. ▪ anglic. **I.** Personne chargée de donner le départ d'une course. **II.** Dispositif destiné à faciliter le démarrage à froid d'un moteur à explosion.

STARTING-BLOCK n. m. ▪ anglic. Dispositif formé de deux cales réglables sur lesquelles les athlètes prennent appui au départ d'une course. - au plur. (même sens) *Des starting-blocks.*

-STAT Élément savant, du grec *statos* « stable » (ex. *rhéostat*).

STATEN ISLAND ▪ Île des États-Unis qui forme un des cinq districts *(boroughs)*, Richmond, de New York.

STATÈRE n. m. ▪ ANTIQ. GRECQUE Monnaie valant de deux à quatre drachmes.

STATION n. f. ▪ **I.** Fait de s'arrêter au cours d'un déplacement. ⇒ **arrêt, halte.** *Une brève station.* - spécialt *Les stations de la croix,* les arrêts de Jésus portant sa croix. **II.** (Lieu où l'on s'arrête) **1.** Endroit où l'on effectue des observations scientifiques ; installations qui y sont aménagées. *Station météorologique.* ♦ Lieu où se fait un certain travail. *Station d'épuration.* - *Station d'essence.* ⇒ **station-service.** ♦ *Station d'émission* (de radio, de télévision). - *Station de radio.* **2.** Endroit aménagé pour l'arrêt momentané de véhicules. *Station d'autobus.* ⇒ **arrêt.** *Station de taxis.* **3.** Lieu de séjour, où l'on pratique certaines activités. *Station thermale. Station de sports d'hiver.* **III.** Fait de se tenir (de telle façon) ; spécialt fait de se tenir debout. *Station verticale.*

STATIONNAIRE adj. ▪ **1.** DIDACT. Qui s'arrête, reste un certain temps à la même place. **2.** Qui demeure un certain temps dans le même état ; qui n'évolue pas. *L'état du malade est stationnaire.*

STATIONNEMENT n. m. ▪ Fait de stationner. *Stationnement interdit. Parc* de stationnement.*

STATIONNER v. intr. [1] ▪ Faire une station (I). - (véhicule) Être rangé sur la voie publique ; être garé.

STATION-SERVICE n. f. ▪ Poste de distribution d'essence accompagné d'installations pour l'entretien des véhicules. *Des stations-service.*

STATIQUE ▪ **I.** n. f. DIDACT. Étude des corps en équilibre (s'oppose à *dynamique*). **II.** adj. **1.** DIDACT. Relatif aux états d'équilibre. - *Électricité* statique.* **2.** Qui est fixé, qui n'évolue pas. *Une mentalité statique.*

STATISTICIEN, IENNE n. ▪ Spécialiste de la statistique.

STATISTIQUE ▪ **I.** n. f. Science et techniques d'interprétation mathématique de données complexes et nombreuses. - Ensemble de données utilisables selon ces méthodes. *Statistiques économiques.* **II.** adj. **1.** Relatif à la statistique. *Méthodes, données statistiques.* **2.** Qui concerne les grands nombres, les phénomènes quantitatifs complexes. *Prévisions d'ordre statistique.*

STATISTIQUEMENT adv. ▪ Par la statistique, selon les statistiques.

STATOR n. m. ▪ TECHN. Partie fixe d'un générateur, d'un moteur électrique (opposé à *rotor*).

STATUAIRE ▪ **I.** n. DIDACT. Sculpteur qui fait des statues. **II.** n. f. Art de représenter en relief ou dans l'espace la figure humaine ou animale.

STATUE n. f. ▪ Ouvrage de sculpture représentant en entier un être vivant. *Statue équestre.* - fig. *La statue de...,* personne qui semble représenter (un sentiment). *Le malheureux était la statue du désespoir.*

STATUER v. intr. [1] ▪ Prendre une décision (sur une affaire...). *Statuer sur le fond.*

STATUETTE n. f. ▪ Statue de petite taille.

STATUFIER v. tr. [7] ▪ plais. Représenter (qqn) par une statue. - fig. Vouer à (qqn) une admiration excessive (→ mettre sur un piédestal).

STATU QUO [-kwo] n. m. invar. ▪ État actuel des choses. *Maintenir le statu quo.*

STATURE n. f. ▪ **1.** Corps humain, considéré dans sa taille et sa position debout. *Une stature impressionnante.* **2.** fig. Importance, valeur (de qqn). ⇒ **envergure.** *Il a la stature d'un homme d'État.*

STATUT n. m. ▪ **1.** Ensemble de textes qui règlent la situation (d'une personne, d'un groupe) ; cette situation. *Le statut des fonctionnaires.* **2.** Situation de fait dans la société, position. *Le statut de la femme dans l'Antiquité.* **3.** au plur. Suite d'articles définissant une association, une société, et réglant son fonctionnement.

STATUTAIRE adj. ▪ Conforme aux statuts.

STATUTAIREMENT adv. ▪ Selon les statuts.

le comte von STAUFFENBERG (1907-1944) ▪ Officier allemand. Il participa au complot manqué contre Hitler (20 juillet 1944) et fut exécuté.

STAVANGER ▪ Ville de Norvège. 100 083 hab. Port.

l'affaire STAVISKY ▪ Scandale financier et politique de la IIIe République au cœur duquel se trouvait Serge Stavisky (1886-1934), homme d'affaires français véreux. Il déboucha sur la manifestation antiparlementaire du 6 février 1934 et contribua à discréditer le régime.

STAVROPOL ▪ Ville de Russie. 332 000 hab. Industries.

STEAK [stɛk] n. m. ▪ Tranche de bœuf grillée. ⇒ **bifteck.** *Des steaks.*

STEAMER [stimœʀ] n. m. ▪ VIEILLI Bateau à vapeur. *Des steamers.*

STÉARINE n. f. ▪ Corps solide, blanc, obtenu à partir des graisses naturelles. *Bougie en stéarine.*

sir Richard STEELE (1672-1729) ▪ Journaliste, écrivain et homme politique irlandais. → **Addison.**

Jan STEEN (1626-1679) ▪ Peintre hollandais. Il représenta surtout des scènes de la vie populaire, dans la tradition de l'école flamande.

Steen. *Le Repos du voyageur.* Musée Fabre, Montpellier. *Phot. © Dagli Orti*

STEEPLE-CHASE [stipœlʃɛz] ou (abrév.) **STEEPLE** [stipœl] n. m. ▪ anglic. **1.** Course d'obstacles pour les chevaux. *Des steeple-chases.* **2.** *STEEPLE :* course à pied (course de fond) comportant divers obstacles.

Josef STEFAN (1835-1893) ▪ Physicien autrichien. Théorie du rayonnement.

Edward STEICHEN (1879-1973) ▪ Photographe américain. Il organisa en 1955 au Museum of Modern Art de New York l'importante exposition « Family of Man », apogée du courant humaniste et idéaliste en photographie.

Gertrude STEIN (1874-1946) ▪ Femme de lettres américaine. Établie à Paris, elle défendit les peintres d'avant-garde et soutint les jeunes écrivains. *"Autobiographie d'Alice Toklas"* (1933).

John STEINBECK (1902-1968) ▪ Romancier américain. Il décrivit avec réalisme l'inhumanité des mutations économiques. *"Des souris et des hommes"* (1937); *"Les Raisins de la colère"* (1939); *"À l'est d'Éden"* (1952). Prix Nobel 1962.

Steinlen. Affiche. Coll. part. *Phot. © Arch. Smeets*

Saul STEINBERG (né en 1914) ▪ Peintre et dessinateur américain d'origine roumaine. Dessinateur satirique, il a mis au service d'une critique sociale et psychologique impitoyable un graphisme habile, recourant à de multiples variations de style. Il a en particulier collaboré au *Harpers' Bazaar* et au *New Yorker.*

Jacob STEINER (1796 - 1863) ▪ Mathématicien suisse. Un des créateurs de la géométrie projective.

Rudolf STEINER (1861 - 1925) ▪ Philosophe et pédagogue autrichien. Il a nommé *anthroposophie* sa doctrine spiritualiste.

Ernst STEINITZ (1871 - 1928) ▪ Mathématicien allemand. Un des fondateurs de l'algèbre moderne (théorie des corps algébriques).

Théophile STEINLEN (1859 - 1923) ▪ Dessinateur et peintre français. Illustrations d'ouvrages et affiches.

STÈLE **n. f.** ▪ Monument monolithe qui porte une inscription, des ornements sculptés. *Stèle funéraire. "Stèles"* (œuvre poétique de V. Segalen).

Frank STELLA (né en 1936) ▪ Peintre américain. Il débuta par un travail de bandes parallèles qui l'apparente au mouvement « post-painterly » et au minimalisme, puis créa les *Shaped Canvases* (toiles mises en forme) pour aboutir à des collages de feutre aux grands reliefs peints de couleurs vives (*"Brazilian Series"*, 1974-1975).

STELLAIRE **adj.** ▪ Des étoiles ; relatif aux étoiles.

STEM [stɛm] **n. m.** ▪ SKI Virage effectué en ouvrant le ski aval. ◇ var. STEMM.

STENCIL [stɛnsil] **n. m.** ▪ anglic. Papier paraffiné servant à la polycopie.

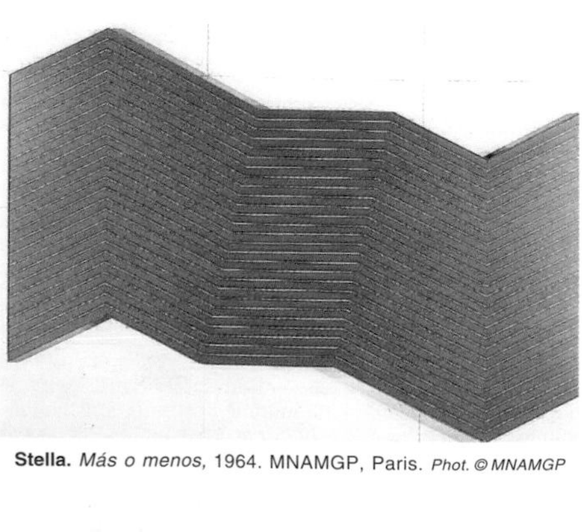

Stella. *Más o menos,* 1964. MNAMGP, Paris. *Phot. © MNAMGP*

Henri Beyle dit **STENDHAL** (1783 - 1842) ▪ Écrivain français. Après une carrière dans la Grande Armée, passionné par l'Italie et influencé par le romantisme, il écrivit des essais (*"De l'amour"*, 1822) et des romans célèbres pour leur réalisme psychologique, leur critique progressiste de la société et leur style incisif : *"Armance"* (1827) ; *"Le Rouge et le Noir"* (1830) ; *"La Chartreuse de Parme"* (1839) ; *"Lamiel"* (1842) ; *"Lucien Leuwen"*. Œuvres autobiographiques.

Stendhal. Portrait par Sodermark. Musée national du château, Versailles.
Phot. © Lauros/Giraudon

STÉNO ▪ **1.** **n.** ⇒ **sténographe. 2.** **n. f.** ⇒ **sténographie.**

STÉNO- Élément, du grec *stenos* « étroit », qui signifie « resserré » (en parlant de l'écriture).

STÉNODACTYLO ▪ **1.** **n.** ⇒ **sténodactylographe. 2.** **n. f.** ⇒ **sténodactylographie.**

STÉNODACTYLOGRAPHE ou (abrév.) **STÉNODACTYLO** **n.** ▪ Personne qui pratique la sténodactylographie à titre professionnel.

STÉNODACTYLOGRAPHIE ou (abrév.) **STÉNODACTYLO** **n. f.** ▪ Emploi combiné de la sténographie et de la dactylographie.

STÉNOGRAPHE ou (abrév.) **STÉNO** **n.** ▪ Personne qui pratique la sténographie à titre professionnel.

STÉNOGRAPHIE ou (abrév.) **STÉNO** **n. f.** ▪ **1.** Écriture abrégée et simplifiée, formée de signes qui permettent de noter la parole à la vitesse de prononciation normale. *Prendre un texte en sténo.* **2.** Métier de sténographe. **3.** Compte rendu noté en sténographie.

STÉNOGRAPHIER **v. tr.** [7] ▪ Noter par la sténographie.

STÉNOGRAPHIQUE **adj.** ▪ Relatif à la sténographie. - Noté en sténographie.

STÉNOTYPIE **n. f.** ▪ Sténographie mécanique (au moyen d'une machine appelée *sténotype* **n. f.** utilisée par un ou une *sténotypiste* **n.**).

STENTOR **n. m.** ▪ VOIX DE STENTOR : voix forte, retentissante.

STENTOR ▪ Personnage de l'*"Iliade"*, mentionné pour l'ampleur de sa voix.

George STEPHENSON (1781 - 1848) ▪ Ingénieur britannique. Pionnier des chemins de fer, il construisit une locomotive à vapeur en 1814. Il fut le premier à comprendre le principe de l'adhérence de surfaces lisses entre elles.

STEPPE **n. f.** ▪ Grande plaine inculte, couverte d'herbe rase en plaques. - ARTS *Art des steppes,* des peuples nomades des steppes (Russie méridionale...), à l'âge du bronze.

STEPPIQUE **adj.** ▪ De la steppe. *Flore steppique.*

STERCORAIRE ▪ **I.** **n. m. 1.** Oiseau palmipède des mers arctiques, qui se nourrit de poisson dérobé à d'autres oiseaux. **2.** Insecte qui vit sur les excréments. **II.** **adj.** DIDACT. Relatif aux excréments ; qui vit sur les excréments. - fig. *Le roman policier, selon Claudel, est « un genre stercoraire ».*

STÈRE **n. m.** ▪ Volume (de bois) mesurant 1 m^3.

STÉRÉO ▪ **1.** **adj. invar.** ⇒ **stéréophonique. 2.** **n. f.** ⇒ **stéréophonie.**

STÉRÉO- Élément savant, du grec *stereos* « solide, dur », qui signifie « massif, solide », « volume » et « relief ».

STÉRÉOPHONIE ou (abrév.) **STÉRÉO** n. f. ▪ Enregistrement et reproduction du son (par deux sources) donnant l'impression du relief acoustique.

STÉRÉOPHONIQUE adj. ou (abrév.) **STÉRÉO** adj. invar. ▪ Relatif à la stéréophonie. – *Chaîne stéréo,* utilisant le principe de la stéréophonie.

STÉRÉOSCOPE n. m. ▪ DIDACT. Instrument d'optique basé sur le principe de la stéréoscopie.

STÉRÉOSCOPIE n. f. ▪ DIDACT. Technique permettant d'obtenir une impression de relief, au moyen de deux images d'un objet.

STÉRÉOTYPE n. m. ▪ 1. Opinion toute faite réduisant les particularités. ⇒ **cliché.** ♦ *Stéréotypes culturels :* préjugés répandus. 2. DIDACT. Association stable d'éléments (symboles, etc.) formant une unité.

STÉRÉOTYPÉ, ÉE adj. ▪ Tout fait, figé. *Des formules stéréotypées.*

STÉRILE adj. ▪ I. 1. (êtres vivants) Inapte à la génération, à la reproduction. ⇒ **infécond.** *Femelle stérile.* – *Couple stérile.* 2. (terre, sol) Qui ne produit pas de végétaux utiles. ⇒ **aride, improductif.** 3. Exempt de tout germe microbien. *Milieu stérile.* II. fig. Qui ne produit rien, ne donne aucun résultat positif. *Pensées stériles.* – *Des discussions stériles.*

STÉRILET n. m. ▪ Dispositif anticonceptionnel placé dans l'utérus.

STÉRILISATEUR n. m. ▪ Appareil de stérilisation (2).

STÉRILISATION n. f. ▪ 1. Suppression de la capacité de procréer. 2. Opération qui consiste à détruire les germes microbiens.

STÉRILISER v. tr. [1] ▪ 1. Rendre stérile, infécond. *Se faire stériliser.* 2. Opérer la stérilisation (2) de (qqch.) ⇒ **aseptiser, désinfecter, pasteuriser.** – au p. p. *Lait stérilisé.* 3. Rendre stérile (II).

STÉRILITÉ n. f. ▪ 1. (êtres vivants) Incapacité de procréer ou de se reproduire. 2. État, caractère de ce qui est stérile.

STERLING adj. invar. ▪ *LIVRE STERLING.* ⇒ ② **livre.**

Otto STERN (1888-1965) ▪ Physicien américain d'origine allemande. Avec la méthode des jets moléculaires qu'il introduisit avec Gerlach, il put vérifier directement la quantification dans l'espace du moment magnétique (1921). Il mesura aussi le moment magnétique du proton. Prix Nobel 1943.

Isaac STERN (né en 1920) ▪ Violoniste russe naturalisé américain.

Josef von STERNBERG (1894-1969) ▪ Cinéaste américain, d'origine autrichienne. *"L'Ange bleu"* (1930), *"L'Impératrice rouge"* (1934), avec Marlène Dietrich.

STERNE n. f. ▪ Petit oiseau marin voisin de la mouette, aussi appelé *hirondelle de mer.*

Laurence STERNE (1713-1768) ▪ Romancier britannique. Un des premiers à transformer la forme narrative classique. *"Vie et Opinions de Tristram Shandy"* (1760-1767); *"Voyage sentimental"* (1768).

STERNUM [-ɔm] n. m. ▪ Os de la face antérieure du thorax (qui reçoit les sept paires de côtes supérieures, chez l'homme). *Des sternums.*

steppe. La steppe en Mongolie. *Phot. © Barbereau/Gamma*

Isaac **Stern.**
Phot. © Schachmes/ Sygma

STERNUTATION n. f. ▪ DIDACT. Fait d'éternuer ; éternuements répétés.

STERNUTATOIRE adj. ▪ DIDACT. Qui provoque des éternuements.

STÉTHOSCOPE n. m. ▪ Instrument destiné à l'auscultation, qui transmet les bruits internes du corps.

STETSON [stɛtsɔn] n. m. ▪ Chapeau à larges bords relevés.

Robert Louis Balfour STEVENSON (1850-1894) ▪ Écrivain britannique. Il écrivit des chefs-d'œuvre du roman d'aventures. *"L'Île au trésor"* (1883); *"Docteur Jekyll et Mister Hyde"* (1885).

STEWARD [stiwaʀt] n. m. ▪ anglic. 1. Maître d'hôtel ou garçon de service, à bord d'un paquebot. 2. Membre (homme) du personnel de cabine d'un avion.

STICK n. m. ▪ anglic. 1. Courte baguette souple ; cravache. 2. Produit présenté sous forme de bâtonnet. *Stick de colle.*

Alfred STIEGLITZ (1864-1946) ▪ Photographe américain. Chef de file de la photographie d'avant-garde américaine, il fonda la revue *Camera Work* et le groupe Photo-Secession (1902).

STIGMATE n. m. ▪ I. 1. au plur. RELIG. Blessures du Christ ; marques miraculeuses disposées sur le corps comme les cinq blessures du Christ. 2. Marque laissée sur la peau (par une plaie, une maladie). ⇒ **cicatrice.** *Les stigmates de la petite vérole.* 3. anciennt Marque d'infamie appliquée au fer rouge. 4. fig. Marque, signe laid ou honteux. *Les stigmates de la stupidité.* II. 1. ZOOL. Chacun des orifices respiratoires des trachées des insectes. 2. BOT. Orifice du pistil.

STIGMATISÉ, ÉE adj. et n. ▪ (Personne) qui porte des stigmates (I, 1).

STIGMATISER v. tr. [1] ▪ 1. anciennt Marquer d'un stigmate (I, 3). 2. LITTÉR. Dénoncer comme infâme, condamner avec force. *Stigmatiser la violence.*

DE STIJL ▪ Groupe et revue artistiques fondés en 1917 autour de Mondrian et de Van Doesburg. De Stijl (« Le Style ») promut le *néoplasticisme*, prônant une abstraction géométrique fondée sur l'angle droit et sur l'utilisation des couleurs fondamentales. Le mouvement s'éteignit en 1932.

Mauritz STILLER (1883-1928) ▪ Cinéate suédois. Un des maîtres de l'école suédoise à l'époque du cinéma muet. *"La Légende de Gösta Berling"*, 1924 (avec Greta Garbo).

STIMULANT, ANTE adj. ▪ 1. Qui augmente l'activité physique ou psychique, les fonctions organiques. ⇒ **fortifiant, tonique.** – n. m. Substance stimulante. 2. Qui stimule, qui augmente l'ardeur de qqn. – n. m. Ce qui stimule. *La difficulté est un puissant stimulant.*

STIMULATEUR, TRICE ▪ 1. adj. LITTÉR. Qui stimule. ⇒ **stimulant.** 2. n. m. *Stimulateur cardiaque :* appareil implanté dans l'organisme, destiné à stimuler les contractions cardiaques (cf. anglic. *pacemaker*).

STIMULATION n. f. ▪ Action de stimuler. – Ce qui stimule.

STIMULER v. tr. [1] ▪ 1. Augmenter l'énergie, l'activité de (qqn) ; pousser (qqn) à agir. ⇒ **encourager, exciter.** 2. Augmenter l'activité de (une fonction organique) ; redonner des forces à (qqn).

STIMULUS [-ys] n. m. ▪ DIDACT. Cause externe ou interne capable de provoquer la réaction d'un organisme vivant. *Les stimuli* (ou *les stimulus*) *sensoriels.*

STIPE n. m. ▪ BOT. Tige ligneuse (de plantes arborescentes, de fougères...).

Stockholm. Le château royal. *Phot. © Dagli Orti*

STIPENDIER v. tr. 7 ▪ LITTÉR. Corrompre, payer pour une basse besogne. ⇒ **soudoyer.**

STIPULATION n. f. ▪ Clause, condition (dans un contrat). - Précision donnée expressément.

STIPULER v. tr. 1 ▪ **1.** Énoncer comme condition (dans un contrat, un acte). **2.** Faire savoir expressément. ⇒ **préciser.** - impers. *Il est stipulé que...*

STIRING-WENDEL ▪ Commune de la Moselle. 13 743 hab. *(les Stiringeois).*

Max **STIRNER** (1806 - 1856) ▪ Philosophe allemand. Son principal ouvrage (*"L'Unique et sa propriété"*, 1845) propose une philosophie individualiste et anarchiste.

STOCHASTIQUE [stɔk-] ▪ DIDACT. **1. adj.** Qui se produit par l'effet du hasard. **2. n. f.** Calcul des probabilités appliqué au traitement des données statistiques.

STOCK n. m. ▪ **1.** Quantité (de marchandises en réserve). *Un stock de blé. Constituer un stock* (⇒ **provision, réserve**). *Avoir un article en stock. Être en rupture* de stock.* **2.** FAM. Choses en réserve ; provisions. - Choses possédées en grande quantité. *Gardez-le, j'en ai tout un stock.*

STOCKAGE n. m. ▪ Action de stocker.

STOCK-CAR n. m. ▪ anglic. Course où de vieilles voitures de série se heurtent à des obstacles, font des carambolages.

STOCKER v. tr. 1 ▪ Mettre, garder (qqch.) en stock, en réserve.

Karlheinz **STOCKHAUSEN** (né en 1928) ▪ Compositeur allemand. L'un des chefs de file, avec Boulez, de l'avant-garde musicale contemporaine. *"Licht"* (à partir de 1977).

STOCKHOLM ▪ Capitale de la Suède. 1 040 907 hab. Résidence royale (château du XVIIIe s., sépultures). Musées. Métropole administrative, industrielle et commerciale. Port de commerce important, relié autrefois à la Hanse.

STOCKPORT ▪ Ville d'Angleterre (Grand Manchester). 190 000 hab.

STŒCHIOMÉTRIE [stek-] n. f. ▪ CHIM. Étude des proportions suivant lesquelles les corps réagissent ou se combinent entre eux. ► adj. STŒCHIOMÉTRIQUE

Jean Nicolas **STOFFLET** (1751 - 1796) ▪ Chef vendéen contre-révolutionnaire. Il participa à la prise de Cholet (1793), puis fut capturé et exécuté.

STOÏCISME n. m. ▪ **1.** PHILOS. Doctrine des philosophes antiques (appelés *stoïciens*), selon laquelle le bonheur est dans la vertu, la fermeté d'âme. **2.** Courage pour supporter la douleur, le malheur, etc., avec les apparences de l'indifférence. ■ Né en Grèce au IIIe s. av. J.-C. (Zénon de Citium, Cléanthe, Chrysippe), transporté à Rome par Panetius et Posidonius (IIe s. av. J.-C.), le stoïcisme imprégna complètement la culture latine avec Sénèque*, Épictète et Marc Aurèle (Ier-IIe s. apr. J.-C.). À travers l'influence de Cicéron, puis celle de Montaigne, il n'a cessé de marquer la littérature et la philosophie occidentales.

STOÏQUE adj. ▪ Qui fait preuve de stoïcisme (2). ⇒ **courageux, impassible.** *Rester stoïque devant le danger.* ► adv. STOÏQUEMENT

STOKE-ON-TRENT ▪ Ville d'Angleterre (Staffordshire), dans les Midlands. 235 000 hab. Poteries et porcelaines.

Bram **STOKER** (1847 - 1912) ▪ Écrivain irlandais. *"Dracula"* (1897), histoire romancée du comte Vlad Tepeş (« l'empaleur »), prince roumain du XVe s., guerrier nationaliste et tyran cruel, dont on fit un vampire.

sir George Gabriel **STOKES** (1819 - 1903) ▪ Physicien et mathématicien irlandais. Il établit la loi de la viscosité et étudia la fluorescence.

STOLON n. m. ▪ BOT. Tige aérienne rampante qui s'enracine en produisant de nouveaux pieds (→ marcotte). *Stolons du fraisier.*

Petr **STOLYPINE** (1862 - 1911) ▪ Homme politique russe. Premier ministre de Nicolas II, il réprima les révolutionnaires et procéda à de profondes réformes, notamment agraires, avant d'être assassiné.

STOMACAL, ALE, AUX adj. ▪ MÉD. De l'estomac. ⇒ **gastrique.**

STOMAT(O)- Élément savant, du grec *stoma, stomatos* « bouche ».

STOMATOLOGIE n. f. ▪ DIDACT. Discipline médicale qui traite des maladies de la bouche et des dents. ◇ abrév. FAM. STOMATO.

STOMATOLOGISTE n. ▪ DIDACT. Spécialiste de stomatologie. ◇ syn. STOMATOLOGUE ; abrév. FAM. STOMATO.

STONEHENGE ▪ Le plus important site mégalithique (protohistorique) de Grande-Bretagne (sud de l'Angleterre, dans le comté du Wiltshire), formé de rangs concentriques de menhirs, érigés probablement entre 2000 et 1500 av. J.-C.

Stonehenge. Vue aérienne. *Phot. © Gester/Rapho*

STOP [stɔp] ▪ **I. interj.** Commandement ou cri d'arrêt. *Stop ! Arrêtez !* ♦ Mot employé dans les télégrammes pour séparer les phrases. **II. n. m. 1.** Feu arrière des véhicules automobiles, qui s'allume quand on freine. *Des stops.* - appos. (invar.) *Des feux stop.* **2.** Panneau routier imposant l'arrêt complet du véhicule à une intersection. ◇ Au Québec, on emploie *arrêt.* **3.** FAM. Auto-stop.

① **STOPPER** v. 1 ▪ **I. v. tr. 1.** Commander l'arrêt de (une masse en mouvement). **2.** Arrêter, empêcher de se continuer. *Stopper le développement d'une maladie.* **II. v. intr.** (véhicule...) S'arrêter.

② **STOPPER** v. tr. 1 ▪ Réparer (une déchirure ; un vêtement déchiré) en refaisant la trame et la chaîne. *Stopper un accroc ; une veste.* ► n. m. STOPPAGE

STORE n. m. ▪ Rideau ou assemblage souple d'éléments destiné à abriter une fenêtre, une vitrine, et qui s'enroule ou se replie vers le haut. *Store vénitien,* à lames horizontales orientables.

Veit **STOSS** ou Wit **STWOSZ** (v. 1438 - 1533) ▪ Sculpteur et graveur allemand. Un des grands maîtres de la sculpture gothique tardive (retable de l'église Notre-Dame à Cracovie).

STOUPA n. m. ⇒ STÛPA

STOUT [staut ; stut] n. f. ▪ Bière très brune, amère.

STRABISME n. m. ▪ DIDACT. Défaut de convergence des deux axes visuels, se traduisant par la déviation d'un œil (⇒ **loucher**). *Strabisme convergent ; divergent.*

STRABON (v. 60 av. J.-C. - v. 25) ▪ Historien et géographe grec. On ne connaît que sa *"Géographie"*.

STRADIVARIUS [-ys] n. m. ▪ Violon, alto ou violoncelle fabriqué par Stradivarius.

Antonio Stradivari, dit **STRADIVARIUS** (v. 1644 - 1737) ▪ Le plus célèbre luthier italien.

Paul STRAND (1890 - 1976) ▪ Photographe américain. Adepte de la photographie pure, il produisit une œuvre caractéristique du style dépouillé de l'avant-garde américaine.

STRANGULATION n. f. ▪ DIDACT. Fait d'étrangler (qqn). *Asphyxie par strangulation.*

STRAPONTIN n. m. ▪ Siège fixe à abattant (dans un véhicule, une salle de spectacle...). ♦ fig. Place, situation d'importance secondaire.

STRASBOURG ▪ Chef-lieu du Bas-Rhin et de la région Alsace. 252 338 hab. *(les Strasbourgeois).* Siège du Conseil de l'Europe et de l'Assemblée européenne (→ **Union européenne**). Ville universitaire. Cathédrale en grès rose (XIe-XIVe s.). Palais des Rohan (XVIIIe s.). Nombreux autres édifices religieux et civils anciens. Quartier pittoresque de la Petite-France. Musées. Port actif sur le Rhin. Centre industriel (industries métallurgique et alimentaire) et touristique. □ HISTOIRE Ville germanique à partir de 855, elle est réunie à la France en 1681, puis sous domination allemande de 1870 à 1918. Important foyer de l'humanisme et de la Réforme, où Gutenberg mit au point la technique de l'imprimerie.

STRASS [-s] n. m. ▪ Verre coloré imitant certaines pierres précieuses.

STRATAGÈME n. m. ▪ Ruse habile, bien combinée. ⇒ **subterfuge.**

STRATE n. f. ▪ **1.** Chacune des couches de matériaux constituant un terrain. **2.** Couche constitutive (d'un ensemble), niveau.

STRATÈGE n. m. ▪ **1.** ANTIQ. GRECQUE Magistrat chargé des questions militaires. **2.** Chef militaire qui conduit des opérations de grande envergure. - Personne spécialisée en stratégie (opposé à *tacticien*). **3.** fig. Personne habile à élaborer des plans, à diriger une action dans un but précis. *Stratège politique. Un fin stratège* (⇒ **manœuvrier**).

STRATÉGIE n. f. ▪ **1.** Art de faire évoluer une armée en campagne jusqu'au moment du contact avec l'ennemi (opposé à *tactique*). - Partie de la science militaire qui concerne la conduite générale de la guerre. **2.** fig. Art d'élaborer un plan d'actions coordonnées ; ensemble d'actions coordonnées. *La stratégie d'un parti.*

STRATÉGIQUE adj. ▪ **1.** (opposé à *tactique*) Qui concerne la stratégie (1). **2.** Relatif à l'art de la guerre ; qui présente un intérêt militaire. *Voie stratégique.* **3.** fig. D'une importance déterminante ; qui donne un avantage décisif (contre un adversaire).

STRATFORD-UPON-AVON ▪ Ville d'Angleterre (Warwickshire), où naquit Shakespeare. 20 000 hab. Festival de théâtre.

STRATIFICATION n. f. ▪ DIDACT. Disposition (de terrains...) par strates.

STRATIFIÉ, ÉE adj. ▪ **1.** Disposé en strates. **2.** Se dit d'un matériau constitué de couches (lamelles de bois, fibre de verre...) imprégnées de résine. - n. m. *Du stratifié.*

STRATIGRAPHIE n. f. ▪ **1.** GÉOL. Étude de la stratification des roches sédimentaires, et de l'âge relatif des terrains. **2.** MÉD. Tomographie dans laquelle la source de rayons X reste fixe.

STRATO- Élément savant, du latin *stratum* « chose étendue ».

STRATOCUMULUS [-ys] n. m. ▪ DIDACT. Couche régulière ou en bancs de nuages minces.

Strehler. Répétition du *Roi Lear* de Shakespeare.
Phot. © Luigi Ciminaghi/Ricciarini

Strasbourg. La façade de la cathédrale.
Phot. © Arch. Smeets

STRATOSPHÈRE n. f. ▪ Une des couches supérieures de l'atmosphère (entre 12 et 50 km d'altitude). ► adj. STRATOSPHÉRIQUE

STRATUS [-ys] n. m. ▪ DIDACT. Nuage bas qui présente l'aspect d'un voile continu.

Johann STRAUSS (1804 - 1849) ▪ Compositeur autrichien. Auteur de nombreuses valses, polkas et de *"La Marche de Radetzky"* (1848). ► **Johann STRAUSS** (1825 - 1899), son fils. Compositeur célèbre pour ses valses (*"Le Beau Danube bleu"*, 1867), ses opérettes (*"La Chauve-Souris"*, 1874).

Richard **Strauss** dirigeant l'Opéra de Vienne, tableau anonyme, XXe s.
Villa de Richard Strauss, Garmisch. *Phot. © Dagli Orti*

Richard STRAUSS (1864 - 1949) ▪ Compositeur allemand. Il utilisa toutes les possibilités de l'orchestre wagnérien, créant une musique d'une grande richesse mélodique. Poèmes symphoniques (*"Mort et Transfiguration"*, 1889) et opéras (*"Salomé"*, 1905; *"Le Chevalier à la rose"*, 1911; *"Ariane à Naxos"*, 1912).

Igor STRAVINSKI (1882 - 1971) ▪ Compositeur russe, naturalisé français puis américain. Le musicien le plus célèbre du début du XXe s. Sa musique est à l'égal de sa personnalité : sans cesse en renouvellement. Ses premières œuvres firent scandale (*"Le Sacre du printemps"*, 1913) par l'emploi de la polytonalité et la sauvage violence de leurs rythmes. Il composa des ballets (*"L'Oiseau de feu"*, 1910; *"Petrouchka"*, 1911), des opéras (*"Œdipus Rex"*, 1927), des œuvres symphoniques et de la musique de chambre.

Giorgio STREHLER (né en 1921) ▪ Metteur en scène et directeur de théâtre italien. Fondateur et directeur du Piccolo Teatro de Milan (1955), il a rénové l'esprit et les techniques de la commedia dell'arte et mis en scène Brecht, Goldoni, Shakespeare.

STREPTO- Élément savant, du grec *streptos* « tordu ».

STREPTOCOQUE n. m. ▪ Bactérie qui se présente en chaînettes, et dont plusieurs espèces provoquent des infections graves.

STREPTOMYCINE n. f. ▪ Antibiotique utilisé pour combattre diverses maladies, notamment la tuberculose.

STRESA ▪ Ville d'Italie, dans le Piémont. 4 800 hab. Station touristique sur le lac Majeur. ► **la conférence de STRESA** réunit, du 11 au 14 avril 1935, les représentants de l'Italie, de la Grande-Bretagne et de la France, pour fixer les grandes lignes d'une politique commune face au réarmement de l'Allemagne.

Gustav STRESEMANN (1878-1929) ▪ Homme politique allemand. Ministre des Affaires étrangères de 1923 à sa mort. Il favorisa le rapprochement avec la France, signa le pacte Briand*-Kellogg (1928). Prix Nobel de la paix 1926.

STRESS n. m. ▪ anglic. DIDACT. Réaction de l'organisme à une agression, un choc physique ou nerveux ; ce choc (syn. *réaction d'alarme*). – COUR. Situation de tension, traumatisante pour l'individu.

STRESSANT, ANTE adj. ▪ anglic. Qui provoque un stress, une tension.

STRESSÉ, ÉE adj. ▪ anglic. Qui éprouve un stress, une tension.

STRESSER v. tr. 1 ▪ anglic. Causer un stress, une tension à (qqn). *La vie dans les très grandes villes stresse les habitants.*

STRETCH n. m. (nom déposé) ▪ anglic. Procédé de traitement des tissus qui les rend élastiques dans le sens de la largeur ; tissu ainsi traité. – appos. *Velours stretch.*

STRICT, STRICTE [-ikt] adj. ▪ **1.** Qui laisse très peu de liberté d'action ou d'interprétation. ⇒ **étroit.** *Des principes stricts.* ⇒ **sévère.** – Rigoureusement conforme aux règles, à un modèle. ⇒ **exact.** *La stricte application de la loi.* **2.** Qui ne tolère aucun relâchement, aucune négligence. ⇒ **rigoureux.** **3.** (choses) Qui constitue un minimum. *C'est son droit strict, le plus strict. Le strict nécessaire.* – *Dans la plus stricte intimité*.* ♦ *Le sens strict d'un mot,* le sens le moins étendu. *Au sens strict du terme.* ⇒ **étroit, précis ; stricto sensu. 4.** Très correct et sans ornements ; conforme à un type classique. *Une tenue très stricte.*

STRICTEMENT adv. ▪ D'une manière stricte. *Une affaire strictement personnelle.* ⇒ **rigoureusement.** – *Elle était vêtue très strictement.*

STRICTO SENSU [-sɛ̃sy] adv. ▪ DIDACT. Au sens strict.

STRIDENCE n. f. ▪ LITTÉR. Bruit strident. – Caractère strident (d'un son).

STRIDENT, ENTE adj. ▪ (bruit, son) Qui est à la fois aigu et intense. *Pousser des cris stridents.*

STRIDULATION n. f. ▪ Bruit modulé que produisent certains insectes (cigales, criquets...).

STRIE n. f. ▪ Petit sillon, rayure ou ligne (quand il y en a plusieurs à peu près parallèles). *Les stries d'une coquille.*

STRIÉ, ÉE adj. ▪ Couvert, marqué de stries. ♦ ANAT. *MUSCLES STRIÉS,* qui se contractent volontairement (s'oppose à *muscles lisses*).

STRIER v. tr. 7 ▪ Marquer de stries.

August STRINDBERG (1849-1912) ▪ Auteur dramatique suédois. Il passa du naturalisme (*"Mademoiselle Julie"*, 1888) au mysticisme (*"Le Songe"*, 1902). Son œuvre fait le constat de la décadence d'une civilisation (*"La Danse de mort"*, 1900).

Strindberg.
Phot. © Coll. Viollet

STRING n. m. ▪ anglic. Slip ou maillot de bain réduit à un cache-sexe, assemblé par des liens.

STRIP-TEASE [stʀiptiz] n. m. ▪ anglic. Spectacle de cabaret au cours duquel une femme (parfois un homme) se déshabille de manière suggestive. *Des strip-teases.*

STRIP-TEASEUR, EUSE [-tiz-] n. ▪ anglic. Artiste qui exécute un numéro de strip-tease.

STRIURE n. f. ▪ Disposition par stries ; manière dont une chose est striée. ⇒ **rayure.**

STROBOSCOPE n. m. ▪ DIDACT. **1.** anciennt Appareil rotatif donnant l'illusion du mouvement par une suite d'images fixes. **2.** Instrument destiné à faire apparaître immobile ou animé d'un mouvement lent ce qui est animé d'un mouvement périodique rapide.

von **Stroheim** dans *Folies de femmes*, 1921.
Phot. © Coll. Christophe L.

Erich von STROHEIM (1885-1957) ▪ Réalisateur et acteur américain d'origine autrichienne. Un des grands cinéastes de l'époque du muet (*"Les Rapaces"*, 1924), puis comédien du cinéma parlant (*"La Grande Illusion"*, 1937).

STROMBOLI ▪ Une des îles Éoliennes, au nord de la Sicile. Volcan en activité. 12 km². Environ 500 hab.

Stromboli. Vue de l'île. *Phot. © Charles Lénars*

STRONTIUM [-sjɔm] n. m. ▪ CHIM. Élément (symb. Sr), métal d'un blanc argenté, mou, dont certains isotopes sont radioactifs.

STROPHE n. f. ▪ Ensemble cohérent formé par plusieurs vers, avec une disposition déterminée de mètres et de rimes.

STROZZI ▪ Famille de Florence connue depuis la fin du XIIIe s. Puissants banquiers, les Strozzi ne cessèrent de s'opposer aux Médicis. ► **Palla STROZZI** (1373-1462) Brillant humaniste, il fut exilé. ► **Filippo STROZZI** (1426-1491) fit édifier le palais Strozzi. ► **Filippo II STROZZI** (1489-1538) épousa la petite-fille de Laurent le Magnifique et, après avoir contribué à la révolution de 1527, se rallia à Alexandre de Médicis. ► **Piero Strozzi** (1510-1558) fut attiré en France par sa cousine Catherine de Médicis et devint maréchal.

STRUCTURAL, ALE, AUX adj. ▪ DIDACT. **1.** De la structure. *État structural d'un organe* (par oppos. à *fonctionnel*). **2.** Qui étudie les structures, en analyse les éléments ; qui relève du structuralisme. *Linguistique structurale.*

STRUCTURALISME n. m. ▪ DIDACT. Théorie selon laquelle l'étude d'une catégorie de faits (notamment en sciences humaines) doit envisager principalement les structures. ▪ Délaissant la description empirique au profit de l'établissement du système, le structuralisme privilégie l'universel sur le sujet individuel ainsi que l'analyse des relations logiques et abstraites des structures sur leur historicité. Apparu tout d'abord en linguistique (Saussure, Jakobson, Troubetskoï), il s'étendit progressivement à l'ensemble des sciences humaines : mythologie (Dumézil), littérature (Barthes), ethnologie (Lévi-Strauss), psychanalyse (Lacan). Son influence fut également grande sur Foucault et Althusser.

STRUCTURALISTE adj. et n. ▪ DIDACT. Partisan du structuralisme.

STRUCTURE n. f. ▪ **1.** Disposition, agencement visible des parties (d'un bâtiment ; d'une œuvre). *La structure d'un poème.* **2.** Agencement des parties (d'un ensemble), tel qu'il apparaît lorsqu'on l'étudie. ⇒ **constitution.** *La structure de l'atome.* - *La structure d'un État.* - Ensemble d'éléments essentiels, profonds. *Des réformes de structure.* ♦ Organisation complexe et importante. *Les grandes structures administratives.* **3.** SC. Système complexe formé de phénomènes solidaires, conçu en fonction des relations réciproques entre ses parties. *Structures logiques. "Les Structures élémentaires de la parenté"* (de Lévi-Strauss).

STRUCTUREL, ELLE adj. ▪ Des structures (2). *Déséquilibre structurel* (opposé à *conjoncturel*).

STRUCTURER v. tr. [1] ▪ Donner une structure à. - pronom. Acquérir une structure.

STRUTHOF ▪ Camp de concentration nazi établi de 1941 à 1944 près de Natzwiller (Bas-Rhin) et de Schirmeck.

STRYCHNINE [stʀik-] n. f. ▪ Poison violent, alcaloïde toxique extrait de la noix vomique.

les STUARTS ▪ Famille qui régna sur l'Écosse de 1371 à 1714 (avec Robert II, Robert III, Jacques Ier, Jacques II, Jacques III, Jacques IV, Jacques V, Marie Ire Stuart) et sur l'Angleterre de 1603 à 1714 (avec Jacques Ier, Charles Ier, Charles II, Jacques II, Marie II Stuart et Anne Stuart). Les Stuarts succédèrent en Angleterre aux Tudors.

STUC n. m. ▪ Matériau fait de plâtre ou de poussière de marbre et de colle, qui imite le marbre. ⇒ ① **staff.** *Les stucs d'un décor baroque.*

STUDIEUX, EUSE adj. ▪ **1.** Qui aime l'étude, le travail intellectuel. *Un élève studieux.* ⇒ **appliqué. 2.** Favorable ou consacré à l'étude. *Des vacances studieuses.*

STUDIO n. m. ▪ **I. 1.** VX Pièce destinée à l'étude. **2.** Atelier d'artiste (peintre, sculpteur...). **3.** Locaux aménagés pour les prises de vues de cinéma, les prises de son de radio, etc. **4.** Salle de spectacle de petite dimension. *Studio d'art et d'essai.* **II.** Appartement formé d'une seule pièce principale.

STÛPA [stupa] n. m. ▪ Monument bouddhique (commémoratif...) de l'Inde et de l'Asie du Sud-Est. ◇ var. STOUPA.

STUPÉFACTION n. f. ▪ **1.** État d'une personne stupéfaite. **2.** État d'une personne stupéfiée (1).

STUPÉFAIT, AITE adj. ▪ Frappé de stupeur ; étonné au point d'être sans réactions. ⇒ **interdit, stupide** (1).

STUPÉFIANT, ANTE ▪ **I.** adj. **1.** LITTÉR. Qui stupéfie (1). **2.** Qui stupéfie (2). *Une nouvelle stupéfiante.* **II.** n. m. Substance toxique (narcotique, euphorisant...) entraînant généralement une accoutumance et un état de stupeur. ⇒ **drogue.** *Trafic de stupéfiants.*

STUPÉFIER v. tr. [7] ▪ **1.** LITTÉR. Engourdir en inhibant les centres nerveux. **2.** Rendre stupéfait. ⇒ **étonner.** *Cela me stupéfie.*

STUPEUR n. f. ▪ **1.** LITTÉR. État d'inertie et d'insensibilité profondes. - PSYCH. Incapacité totale d'agir et de penser (due à un choc, des substances chimiques...). **2.** Étonnement profond. ⇒ **stupéfaction.** *Muet de stupeur.*

STUPIDE adj. ▪ **1.** LITTÉR. Frappé de stupeur, paralysé par l'étonnement. ⇒ **hébété.** *J'en suis resté stupide.* **2.** Dénué d'intelligence. ⇒ **abruti, bête, idiot.** - (choses) *Une remarque stupide.* **3.** Absurde, privé de sens. *Une obstination stupide.*

STUPIDEMENT adv. ▪ D'une manière stupide.

STUPIDITÉ n. f. ▪ Caractère d'une personne, d'une chose stupide. ⇒ **absurdité, bêtise, idiotie.** - Action ou parole stupide. ⇒ **ânerie.**

STUPRE n. m. ▪ LITTÉR. Débauche. ⇒ **luxure.**

le STURM UND DRANG ▪ Mouvement littéraire allemand (1770-1790), qui doit son nom (« tempête et élan ») au titre d'une tragédie de F.M. von Klinger. Sous l'influence de J.-J. Rousseau, ses représentants (Goethe, Schiller, Lenz...) opposèrent au rationalisme du siècle des Lumières *(Aufklärung)* les exigences de la sensibilité, marquant ainsi le début du romantisme.

STUTTGART ▪ Ville d'Allemagne, capitale du Bade-Wurtemberg, sur le Neckar. Port fluvial. 575 600 hab. Centre industriel (automobile, électronique), administratif et intellectuel.

Stuttgart. Le Nouveau Château. *Phot. © Ostuni-Diamante/Ricciarini*

① **STYLE** n. m. ▪ **I. 1.** Part de l'expression (notamment écrite) qui est laissée à la liberté de chacun, n'est pas directement imposée par les normes, les règles de l'usage, de la langue. ⇒ **écriture, expression, façon, langage, langue.** *Étudier le style d'un grand écrivain.* - Façon de s'exprimer propre à une personne, à un groupe, à un type de discours. *Il a un style original. Le style administratif.* - Aspect particulier de l'énoncé. *Style parlé, écrit ; familier, soutenu.* ⇒ **registre.** - (en grammaire) *Style direct* (ex. où allez-vous ?), *style indirect* (ex. je lui demande où il va). **2.** absolt Manière d'écrire présentant des qualités artistiques. *Auteur qui manque de style.* **II.** Manière de traiter la matière et les formes dans une œuvre d'art ; ensemble des caractères d'une œuvre qui permettent de la rapprocher d'autres œuvres. *Le style d'un peintre, d'une école.* ⇒ **facture.** *Le style Louis XIII.* ♦ (objets) *DE STYLE* : qui appartient à un style ancien défini. - Exécuté selon un style ancien (s'oppose à *authentique, d'époque*). ⇒ **copie, imitation. III.** Manière personnelle d'agir, de se comporter, etc. *C'est bien là son style. Style de vie.* - loc. *De grand style,* de vaste envergure.

② **STYLE** n. m. ▪ DIDACT. **1.** ANTIQ. Poinçon avec lequel on écrivait sur des tablettes de cire. **2.** Tige verticale (d'un cadran solaire). **3.** BOT. Partie allongée du pistil entre l'ovaire et les stigmates.

STYLÉ, ÉE adj. ▪ (personnel hôtelier...) Qui accomplit son service dans les formes.

STYLET n. m. ▪ **1.** Poignard à lame effilée. **2.** ZOOL. Pointe qui arme la bouche, chez certains insectes (moustique, etc.) (→ rostre).

STYLICIEN, IENNE n. ▪ Recommandation officielle pour *designer.*

STYLIQUE n. f. ▪ Recommandation officielle pour *design.*

STYLISER v. tr. [1] ▪ Représenter (un objet) en simplifiant les formes en vue d'un effet décoratif. - au p. p. *Fleurs stylisées.* ► n. f. STYLISATION

STYLISTE n. ▪ **1.** Écrivain, artiste remarquable par son style, son goût du style. **2.** Spécialiste de la création de modèles dans la mode, l'ameublement, etc. ⇒ **modéliste** ; anglic. **designer ; stylicien.**

STYLISTIQUE ▪ DIDACT. **I.** n. f. Étude du style (I), de ses procédés, de ses effets (⇒ **rhétorique**). **II.** adj. Relatif au style, aux façons de s'exprimer.

STYLO n. m. ▪ Porte-plume à réservoir d'encre. ➝ *Stylo à bille* (ou *stylo-bille*), où la plume est remplacée par une bille de métal.

STYLO-FEUTRE n. m. ⇒ FEUTRE (2)

STYLOMINE n. m. (nom déposé) ▪ Portemine.

STYRÈNE n. m. ▪ CHIM. Hydrocarbure benzénique, entrant dans la composition de nombreuses matières plastiques (⇒ **polystyrène**).

la **STYRIE** en allemand ***STEIERMARK*** ▪ État (Land) d'Autriche méridionale. 16 384 km². 1 184 600 hab. Capitale : Graz. Productions agricoles. Richesses minières.

le **STYX** ▪ Un des fleuves des Enfers, dans la mythologie grecque.

SU, SUE ▪ Participe passé du verbe ① *savoir.*

AU **SU** DE loc. prép. ▪ LITTÉR. La chose étant connue de. ⇒ au **vu** et au su de. *Au su de tout le monde.*

SUAIRE n. m. ▪ LITTÉR. Linceul. ➝ RELIG. *Le Saint Suaire (de Turin),* le linceul dans lequel le Christ aurait été enseveli.

SUANT, ANTE adj. ▪ **1.** Qui transpire. **2.** FAM. Qui fait suer (I, 3) ; très ennuyeux.

SUAVE adj. ▪ LITTÉR. Qui a une douceur délicieuse. *Un parfum, une musique suave.*

SUAVITÉ n. f. ▪ LITTÉR. Caractère suave. *La suavité d'une mélodie.*

SUB- Préfixe, du latin *sub* « sous », qui exprime la position en dessous, le faible degré et la proximité.

SUBALTERNE ▪ **1.** adj. Qui occupe un rang inférieur, qui dépend d'un autre. *Officier subalterne.* ♦ *Un emploi subalterne.* ➝ par ext. *Un rôle subalterne,* secondaire. **2.** n. Personne subalterne. ⇒ **subordonné.**

SUBCONSCIENT, ENTE [-jɑ̃, ɑ̃t] ▪ ≠ *inconscient* **1.** adj. (phénomène, état psychique) Qui n'est pas clairement conscient. **2.** n. m. Ce qui est subconscient ; conscience vague.

SUBDIVISER v. tr. [1] ▪ Diviser (un tout déjà divisé ; une partie d'un tout divisé). *Roman divisé en livres subdivisés en chapitres.* ➝ pronom. *Se subdiviser :* se diviser (en parties).

SUBDIVISION n. f. ▪ Fait d'être subdivisé ; partie obtenue en subdivisant.

SUBIR v. tr. [2] ▪ **I.** (sujet personne) **1.** Être l'objet sur lequel s'exerce (une action, un pouvoir sentis comme négatifs) ; recevoir l'effet pénible de. ⇒ **supporter.** *Subir un interrogatoire.* ♦ Avoir une attitude passive envers (qqch.). *Se contenter de subir les événements.* **2.** Se soumettre volontairement à (un traitement, un examen). *Subir une intervention chirurgicale ; un examen scolaire.* **3.** (compl. personne) Supporter effectivement (qqn qui déplaît, ennuie...). *Il va falloir subir cet imbécile.* **II.** (sujet chose) Être l'objet de (une action, une modification). *La poutre a subi une déformation.*

SUBIT, ITE adj. ▪ Qui arrive, se produit en très peu de temps, de façon soudaine. ⇒ **brusque, brutal, inopiné, soudain.** *Un changement subit. Une mort subite.* ⇒ **foudroyant.**

SUBITEMENT adv. ▪ Brusquement, soudainement.

SUBITO adv. ▪ FAM. Subitement. ➝ *Subito presto :* subitement et rapidement.

SUBJECTIF, IVE adj. ▪ **1.** PHILOS. Qui concerne le sujet (⇒ ② **sujet** (IV, 3)) en tant que personne consciente (opposé à *objectif*). *La pensée, phénomène subjectif.* **2.** Propre à une personne en particulier, à son affectivité. ⇒ **personnel.** *Une vision subjective du monde.* **3.** Exagérément personnel, partial. *Il est trop subjectif.*

SUBJECTIVEMENT adv. ▪ D'une façon subjective, personnelle.

SUBJECTIVISME n. m. ▪ **1.** PHILOS. Théorie qui ramène l'existence à celle du sujet, de la pensée. **2.** Attitude d'une personne qui tient compte de ses sentiments personnels plus que de la réalité objective.

SUBJECTIVITÉ n. f. ▪ **1.** PHILOS. Caractère de ce qui appartient au sujet, à l'individu seul. **2.** Attitude de qui juge la réalité d'une manière subjective.

SUBJONCTIF n. m. ▪ Mode personnel du verbe, exprimant le doute, l'incertitude, la volonté, le sentiment, ou caractérisant certaines subordonnées. *Subjonctif présent* (ex. je veux *que tu viennes*) ; *imparfait du subjonctif* (ex. je voulais *qu'il finît*), *passé, plus-que-parfait du subjonctif* (ex. je veux *que tu aies fini* à temps ; je voulais *que tu eusses fini*).

SUBJUGUER v. tr. [1] ▪ **1.** VX Réduire à la soumission (→ mettre sous le joug*). **2.** Séduire vivement (par son talent, son charme...). ⇒ **conquérir, envoûter.** *Elle a subjugué son auditoire.*

Pierre Hubert **SUBLEYRAS** (1699 - 1749) ▪ Peintre français. Son œuvre, caractérisée par la rigueur et la simplicité ainsi que par l'emploi d'une palette sobre (blanc, noir, rose), annonce le néoclassicisme. *"Une messe de saint Basile"* (1741).

Subleyras. *Caron passant les ombres.*
Musée du Louvre, Paris.
Phot. © Lauros-Giraudon

SUBLIMATION n. f. ▪ **I.** CHIM. Passage (d'un corps) de l'état solide à l'état gazeux sans passage par l'état liquide. **II.** PSYCH. Transformation (de pulsions) en valeurs socialement reconnues.

SUBLIME ▪ LITTÉR. **I.** adj. **1.** Qui est très haut, dans la hiérarchie des valeurs (morales, esthétiques). ⇒ **admirable, divin.** *Une musique sublime. Un dévouement sublime.* **2.** (personnes) Qui fait preuve de génie ou d'une vertu exceptionnelle. *Un homme sublime de dévouement.* **II.** n. m. **1.** Ce qu'il y a de plus élevé, dans l'ordre moral, esthétique... ⇒ **grandeur.** *Cette œuvre atteint au sublime.* **2.** HIST. LITTÉR. dans l'esthétique classique Style, ton propre aux sujets élevés.

SUBLIMÉ n. m. ▪ CHIM. Produit d'une sublimation (I). ➝ spécialt Composé du mercure obtenu par sublimation.

SUBLIMEMENT adv. ▪ LITTÉR. D'une manière sublime, admirable.

SUBLIMER v. tr. [1] ▪ **I.** CHIM. Opérer la sublimation (I) de (une substance). **II.** PSYCH. Transposer (des pulsions) sur un plan supérieur de réalisation (art, action...), de façon consciente ou non.

SUBLIMINAL, ALE, AUX adj. ▪ PSYCH. Qui est inférieur au seuil de la conscience (⇒ **subconscient**).

SUBLIMITÉ n. f. ▪ LITTÉR. Caractère de ce qui est sublime ; chose, action... sublime.

SUBLINGUAL, ALE, AUX [-gwal, o] adj. ▪ Situé sous la langue. ➝ Qui s'effectue sous la langue. *Par voie sublinguale.*

SUBMERGER v. tr. [3] ▪ **1.** (liquide...) Recouvrir complètement. ⇒ **inonder, noyer.** *Le fleuve en crue a submergé la plaine.* **2.** fig. Envahir complètement. *La douleur le submergeait.* ➝ spécialt au passif *Être submergé de travail.* ⇒ **débordé.**

SUBMERSIBLE ▪ **1.** adj. Qui peut être recouvert d'eau. *Moteur submersible.* **2.** n. m. Sous-marin. ➝ spécialt Sous-marin d'exploration scientifique, plus léger que le bathyscaphe.

SUBMERSION n. f. ▪ DIDACT. Fait de submerger, d'être submergé.

SUBODORER v. tr. [1] ▪ Deviner, pressentir. ⇒ **flairer.**

SUBORDINATION n. f. ▪ **1.** Fait d'être soumis (à une autorité). ⇒ **dépendance.** **2.** Fait de subordonner une chose à une autre ; état d'une chose subordonnée à une autre. **3.** (opposé à *juxtaposition*, à *coordination*) Construction grammaticale dans laquelle une proposition est subordonnée à une autre. *Conjonction* de subordination.*

SUBORDONNÉ, ÉE adj. ▪ **1.** Qui est soumis à une autorité. ♦ **n.** Personne placée sous l'autorité d'une autre (dans une hiérarchie). ⇒ **subalterne. 2.** *Proposition subordonnée* et **n. f.** *subordonnée :* proposition qui est dans une relation de dépendance syntaxique (marquée explicitement) par rapport à une autre (la principale). *Subordonnée complétive ; relative.*

SUBORDONNER v. tr. [1] ▪ **1.** Placer (une personne, un groupe) sous l'autorité de qqn, dans une hiérarchie (surtout passif et p. p.). **2.** Donner à (une chose) une importance secondaire (par rapport à une autre) ; soumettre à une condition. *Subordonner toutes ses actions à un seul but.* **3.** GRAMM. Mettre (une proposition) en état de subordination.

SUBORNER v. tr. [1] ▪ **1.** VIEILLI ou LITTÉR. Détourner du droit chemin. ♦ spécialt Séduire (une femme). **2.** DR. Corrompre (un témoin). ► **n. f.** SUBORNATION

SUBORNEUR, EUSE n. ▪ LITTÉR. Personne qui suborne (qqn). ♦ spécialt **n. m.** ⇒ **séducteur.**

SUBREPTICE adj. ▪ Qui est obtenu, qui se fait par surprise, à l'insu de qqn et contre sa volonté. ⇒ **clandestin, furtif.** *Une manœuvre subreptice.* ⇒ **souterrain.**

SUBREPTICEMENT adv. ▪ De manière subreptice.

SUBROGATION n. f. ▪ DR. Substitution d'une personne ou d'une chose à une autre, dans une relation juridique.

SUBROGÉ, ÉE adj. ▪ loc. DR. *SUBROGÉ TUTEUR, SUBROGÉE TUTRICE :* personne chargée de défendre les intérêts du pupille en cas de conflit avec le tuteur. ♦ **n.** Personne qui en remplace une autre par subrogation.

SUBROGER v. tr. [3] ▪ DR. Substituer (qqn, qqch.) par subrogation.

SUBSÉQUEMMENT [sypsekamɑ̃] **adv.** ▪ DIDACT. Après cela, en conséquence de quoi.

SUBSÉQUENT, ENTE [-ps-] **adj.** ▪ DIDACT. Qui vient immédiatement après (dans le temps, dans une série).

SUBSIDE [-bz- ; -ps-] **n. m.** ▪ Somme versée à titre d'aide, de subvention, etc.

SUBSIDIAIRE [-bz- ; -ps-] **adj.** ▪ Secondaire, accessoire. ♦ *Question subsidiaire,* destinée à départager les gagnants d'un concours.

SUBSIDIAIREMENT [-bz- ; -ps-] **adv.** ▪ De manière subsidiaire, accessoire.

SUBSISTANCE [-bz-] **n. f.** ▪ **1.** Fait de subsister, de pourvoir à ses besoins ; ce qui sert à assurer l'existence matérielle. *Pourvoir à la subsistance de qqn. Moyens de subsistance.* ♦ ÉCON. *Économie de subsistance,* fondée sur la réponse aux besoins matériels essentiels. **2.** au plur. VIEILLI Ensemble de ce qui permet de subsister.

SUBSISTER [-bz-] **v. intr.** [1] ▪ **1.** (choses) Continuer d'exister, après élimination des autres éléments, ou malgré le temps. *De cette époque, seules quelques traces subsistent.* ‑ impers. *Il subsiste encore quelques doutes.* **2.** (personnes) Entretenir son existence, pourvoir à ses besoins essentiels. ⇒ **survivre.** *Subsister tant bien que mal.*

SUBSONIQUE [-ps-] **adj.** ▪ Dont la vitesse est inférieure à celle du son (opposé à *supersonique*).

SUBSTANCE n. f. ▪ **I.** (Partie essentielle) **1.** PHILOS. Ce qui est permanent (opposé à ce qui change). **2.** Ce qu'il y a d'essentiel (dans une pensée, un écrit...). ‑ *EN SUBSTANCE :* en résumé ; pour le fond. *C'est, en substance, ce qu'il a dit.* **II.** (Totalité) **1.** PHILOS. Ce qui existe par soi-même. ⇒ ② **être. 2.** Matière (dont un corps est formé). *La substance d'un objet.* **3.** Ce qui constitue (une chose abstraite). *Plaisir riche de substance.* **4.** Matière caractérisée par ses propriétés. ⇒ **corps.** *Substances médicamenteuses.*

SUBSTANTIEL, ELLE adj. ▪ **1.** DIDACT. Qui appartient à la substance, à la chose en soi. **2.** Qui nourrit bien ; abondant. ⇒ **nourrissant. 3.** Important ; considérable. *Des avantages substantiels.*

SUBSTANTIF, IVE ▪ **1. n. m.** Mot (ou groupe de mots) qui peut constituer le noyau du syntagme nominal, être le sujet d'un verbe et qui correspond sémantiquement à une substance (être, notion...). ⇒ **nom. 2. adj.** GRAMM. Du nom. ⇒ **nominal.**

SUBSTANTIFIQUE adj. ▪ loc. (allus. à Rabelais) *La SUBSTANTIFIQUE MOELLE :* la valeur profonde, les richesses (d'un écrit, d'une œuvre).

SUBSTANTIVEMENT adv. ▪ Avec valeur de substantif. *Un adjectif pris substantivement.*

SUBSTANTIVER v. tr. [1] ▪ Transformer en substantif. ‑ au p. p. *Le nom « sourire » est un infinitif substantivé.*

SUBSTITUER v. tr. [1] ▪ Mettre (qqch., qqn) à la place de qqch., qqn d'autre, pour faire jouer le même rôle. *Substituer un mot à un autre.* ‑ pronom. *Se substituer à qqn.*

SUBSTITUT n. m. ▪ **1.** DR. Magistrat du ministère public, chargé de suppléer un autre magistrat. *Le substitut du procureur.* **2.** DIDACT. Ce qui tient lieu d'autre chose.

SUBSTITUTION n. f. ▪ Fait de substituer ; son résultat. ⇒ **remplacement.**

SUBSTRAT n. m. ▪ DIDACT. **1.** Ce qui sert de support, ce sans quoi une réalité ne saurait exister. ⇒ **essence, fond. 2.** Langue supplantée par une autre dans laquelle son influence reste perceptible. *Le substrat gaulois en français.*

SUBTERFUGE n. m. ▪ Moyen habile et détourné pour se tirer d'embarras. ⇒ **échappatoire, ruse, stratagème.** *Un habile subterfuge.*

SUBTIL, ILE adj. ▪ **I. 1.** Qui a de la finesse, qui est habile à percevoir des nuances ou à trouver des moyens ingénieux. ⇒ **adroit, fin, perspicace.** *Un négociateur subtil.* **2.** Qui est dit ou fait avec finesse, habileté. ⇒ **ingénieux.** *Une argumentation subtile.* **3.** *Odeur subtile,* fine et pénétrante. **II.** Qui est difficile à percevoir, à définir. *Une nuance subtile.* ⇒ **ténu.** *C'est trop subtil pour moi.* ► **adv.** SUBTILEMENT

SUBTILISATION n. f. ▪ Action de subtiliser.

SUBTILISER v. [1] ▪ **I. v. tr.** FAM. Dérober avec adresse ; s'emparer avec habileté de (qqch.). *Subtiliser un document.* **II. v. intr.** Raffiner à l'extrême (dans le raisonnement, le style...).

SUBTILITÉ n. f. ▪ **1.** Caractère d'une personne subtile, de ce qui est subtil. ⇒ **finesse. 2.** Pensée, parole, nuance subtile. *Des subtilités de langage.*

SUBTROPICAL, ALE, AUX adj. ▪ DIDACT. Situé sous le tropique de l'hémisphère Nord. ‑ Situé entre les tropiques. ⇒ **intertropical.**

SUBURBAIN, AINE adj. ▪ Qui est près d'une grande ville, qui l'entoure. *Zone suburbaine.* ⇒ **banlieue, faubourg.**

SUBVENIR v. tr. ind. [22] auxiliaire *avoir* ▪ *SUBVENIR À :* fournir en nature, en argent, ce qui est nécessaire à. ⇒ **pourvoir.** *Subvenir aux besoins de qqn.*

SUBVENTION n. f. ▪ Aide financière accordée par l'État (à un groupement, une association).

SUBVENTIONNER v. tr. [1] ▪ Soutenir par une subvention. ‑ p. p. *Théâtre subventionné* (par l'État).

SUBVERSIF, IVE adj. ▪ Qui renverse ou menace l'ordre établi, les valeurs reçues. ⇒ **séditieux.** *Idées ; menées subversives.*

SUBVERSION n. f. ▪ Action subversive. ‑ Idéologie subversive.

SUBVERTIR v. tr. [2] ▪ DIDACT. Bouleverser, renverser (un ordre...) (⇒ **subversion**).

SUC n. m. ▪ **1.** Liquide susceptible d'être extrait des tissus animaux ou végétaux. ‑ Liquide de sécrétion. *Le suc gastrique.* **2.** fig. Ce qu'il y a de plus substantiel. ⇒ **quintessence.**

SUCCÉDANÉ n. m. ▪ **1.** Médicament, produit qui peut en remplacer un autre. *Un succédané de café* (⇒ **ersatz**). **2.** abstrait Ce qui peut remplacer, suppléer (qqch.).

SUCCÉDER v. [6] ▪ **I.** *SUCCÉDER À* **v. tr. ind. 1.** Venir après (qqn) de manière à prendre sa charge, sa place. *Le fils a succédé à son père* (⇒ **successeur**). **2.** Se produire, venir après, dans l'ordre chronologique. ⇒ **remplacer, suivre.** *Le découragement succédait à l'enthousiasme.* ‑ (dans l'espace) *Des champs succédaient aux vignes.* **II.** *SE SUCCÉDER* **v. pron.** (le p. p. *succédé* reste invar.) Venir l'un après l'autre. *Les gouvernements qui se sont succédé.* ♦ *Phénomènes qui se succèdent.* ⇒ se **suivre.** ‑ (dans l'espace) *Les tableaux se succèdent le long du mur.*

SUCCÈS n. m. ▪ **I.** VX Manière dont une chose se passe ; ce qui arrive de bon ou de mauvais. ⇒ **issue. II. 1.** Heureux résultat ; caractère favorable de ce qui arrive. *Assurer le succès d'une entreprise* (→ mener à bien). ‑ *Sans succès :* en vain. **2.** Fait, pour qqn, de parvenir à un résultat souhaité. ⇒ **réus-**

site. *Elle est sur le chemin du succès.* **3.** Événement particulier qui constitue un résultat très heureux pour qqn. *Il collectionne les succès.* **4.** Fait d'obtenir une audience nombreuse et favorable, d'être connu du public. *L'auteur, la pièce a du succès ; un succès fou.* – *Un auteur* À SUCCÈS, qui a du succès. ♦ *UN SUCCÈS :* ce qui a du succès. – *Un succès de librairie,* un livre qui se vend beaucoup. **5.** Fait de plaire. *Elle a beaucoup de succès.* – *Les succès féminins d'un don Juan.*

SUCCESSEUR **n. m.** ▪ **1.** Personne qui succède ou doit succéder (à qqn). *Il a désigné sa fille comme successeur.* – Personne qui continue l'œuvre (de qqn). ⇒ **continuateur.** *Les successeurs d'un savant.* **2.** DR. Personne appelée à recueillir une succession. ⇒ **héritier.**

SUCCESSIF, IVE **adj.** ▪ au plur. Qui se succèdent. *Des transformations successives.*

SUCCESSION **n. f.** ▪ **I. 1.** Transmission du patrimoine laissé par une personne décédée à une ou plusieurs personnes vivantes ; manière dont se fait cette transmission. ⇒ **héritage.** *Léguer qqch. par voie de succession.* – *C'est sa part de succession.* **2.** Fait de succéder à qqn, spécialt d'obtenir le pouvoir d'un prédécesseur. *Son fils a pris sa succession. Guerre de succession.* **II.** Ensemble de faits, de choses qui se succèdent selon un certain ordre ; cet ordre. ⇒ **enchaînement, série, suite.** *Une succession ininterrompue de difficultés.* – (dans l'espace) *Une succession de champs à l'horizon.*

▪ **les guerres de SUCCESSION** ▪ Guerres déclenchées à la mort d'un souverain, éclatant entre les différents prétendants à sa succession et leurs alliés. ► **la guerre de SUCCESSION D'AUTRICHE** (1740-1748) Les puissances européennes refusant de reconnaître la « pragmatique sanction » des Habsbourg, selon laquelle la fille unique de Charles VI, Marie-Thérèse, devait lui succéder, cette dernière combattit Charles VII et réussit à l'évincer. ► **la guerre de SUCCESSION D'ESPAGNE** (1701-1714) opposa la France et l'Espagne à une coalition européenne, et aboutit à la reconnaissance de Philippe V. ► **la guerre de SUCCESSION DE POLOGNE** (1733-1738), provoquée par l'élection au trône de Stanislas Leszczyński, soutenu par la France, opposa ce dernier à Auguste III de Saxe et ses alliés austro-russes, qui l'emportèrent.

SUCCESSIVEMENT **adv.** ▪ Selon un ordre de succession, par degrés successifs. *Successivement furieux et ravi* (→ tour à tour).

SUCCESSORAL, ALE, AUX **adj.** ▪ DR. Relatif aux successions (I). *Droits successoraux.*

SUCCINCT, INCTE [-ɛ̃, -ɛ̃t] **adj.** ▪ **1.** Qui est dit, écrit en peu de mots. ⇒ **bref, concis, sommaire.** *Un compte rendu succinct.* – (personnes) *Soyez succinct.* ⇒ **bref.** **2.** plais. Peu abondant. *Un repas succinct.* ► **adv.** SUCCINCTEMENT [-sɛ̃t-]

SUCCION [sy(k)sjɔ̃] **n. f.** ▪ DIDACT. Action de sucer, d'aspirer. *Bruit de succion.*

SUCCOMBER **v. intr.** [1] ▪ **I.** LITTÉR. **1.** S'affaisser (sous un poids trop lourd). **2.** Être vaincu dans une lutte. **3.** Mourir. *Le blessé succomba aussitôt. Succomber à ses blessures.* **II.** *SUCCOMBER À :* se laisser aller à, ne pas résister à. ⇒ **céder.** *Succomber à la tentation.*

SUCCUBE **n. m.** ▪ RELIG. CHRÉT. Démon femelle qui vient la nuit s'unir à un homme. *Les incubes et les succubes.*

SUCCULENT, ENTE **adj.** ▪ Qui a une saveur délicieuse. ⇒ **excellent, exquis, savoureux.** *Un mets succulent.* – fig. *Un récit succulent.* ► **n. f.** SUCCULENCE

SUCCURSALE **n. f.** ▪ Établissement qui dépend d'un siège central, tout en jouissant d'une certaine autonomie. ⇒ **annexe, filiale.** *Les succursales d'une banque. Magasin à succursales multiples.*

SUCCURSALISME **n. m.** ▪ COMM. Mode d'organisation commerciale par de multiples succursales.

SUCER **v. tr.** [3] ▪ **1.** Exercer une pression et une aspiration sur (qqch.) avec les lèvres, la langue (pour extraire un liquide, faire fondre). *Sucer des pastilles.* **2.** Porter à la bouche et aspirer. *Bébé qui suce son pouce.* ♦ (sens érotique) *Sucer qqn* (⇒ **cunnilinctus, fellation**). **3.** (animaux) Aspirer (un liquide nutritif) au moyen d'un organe qui pompe (⇒ **suçoir**).

SUCETTE **n. f.** ▪ **1.** Bonbon fixé à un bâtonnet. **2.** Petite tétine pour nourrisson.

SUCEUR, EUSE ▪ **1. n.** RARE Personne qui suce (qqch.). – fig. *Suceur, suceuse de sang :* personne qui exploite les autres. **2. adj.** (insectes) Qui aspire sa nourriture avec une trompe.

SUÇOIR **n. m.** ▪ Trompe d'un insecte suceur.

SUÇON **n. m.** ▪ Légère ecchymose qu'on fait en tirant la peau par succion. *Faire un suçon à qqn.*

SUÇOTER **v. tr.** [1] ▪ Sucer longuement et délicatement. *Suçoter un bonbon.* ► **n. m.** SUÇOTEMENT

SUCRAGE **n. m.** ▪ Action de sucrer. – spécialt Addition de sucre au moût avant la fermentation (fabrication des vins). ⇒ **chaptalisation.**

SUCRANT, ANTE **adj.** ▪ (substance) Qui sucre.

SUCRE **n. m.** ▪ **1.** Substance alimentaire (saccharose) de saveur douce, soluble dans l'eau. ⇒ **gluc(o)-, sacchar(o)-.** *Sucre de canne, de betterave. Sucre en morceaux, cristallisé, en poudre. Sucre glace,* finement broyé. *Sucre brun, roux.* – loc. *Être TOUT SUCRE TOUT MIEL :* se faire très doux. *Casser* du sucre sur le dos de qqn.* ♦ *Un sucre :* un morceau de sucre. **2.** (en confiserie) *Bonhomme en sucre.* – *SUCRE D'ORGE :* sucre cuit et parfumé, présenté en bâtons. **3.** CHIM. Corps ayant une constitution voisine de celle du saccharose. ⇒ **glucide, hydrate** de carbone.

Antonio José de SUCRE (1795 - 1830) ▪ Patriote vénézuélien. Il lutta pour l'indépendance de l'Amérique du Sud aux côtés de Bolivar. Président de la Bolivie de 1826 à 1828.

SUCRE ▪ Capitale constitutionnelle de la Bolivie. 100 000 hab. Le siège du gouvernement et l'essentiel des activités sont à La Paz.

Sucre. La cathédrale. *Phot. © Nino Cirani/Ricciarini*

SUCRÉ, ÉE **adj.** ▪ **1.** Qui a le goût du sucre. – Additionné de sucre. *Café trop sucré.* ♦ **n. m.** *Préférer le sucré au salé.* **2.** fig. et péj. Doucereux, mielleux. *Un petit air sucré.*

SUCRER **v. tr.** [1] ▪ **1.** Additionner de sucre (ou d'une matière sucrante). – loc. FAM. *SUCRER LES FRAISES :* être agité d'un tremblement. **2.** absolt Donner une saveur sucrée. *La saccharine sucre plus que le sucre.* **3.** FAM. Supprimer, confisquer. *Il s'est fait sucrer son permis.* ► SE **SUCRER** **v. pron.** FAM. **1.** Se servir en sucre (pour le café, le thé...). **2.** Faire de gros bénéfices (au détriment des autres).

SUCRERIE **n. f.** ▪ **1.** Usine où l'on fabrique le sucre. ⇒ **raffinerie.** **2.** Friandise à base de sucre. ⇒ **bonbon, confiserie, douceur.**

SUCRETTE **n. f.** (*sucrettes* n. déposé) ▪ Petite pastille à base d'édulcorant de synthèse, qui remplace le sucre.

SUCRIER, IÈRE ▪ **1. adj.** Qui produit le sucre. **2. n. m.** Récipient où l'on met le sucre.

SUCY-EN-BRIE ▪ Commune du Val-de-Marne. 25 839 hab. *(les Sucyciens).*

SUD [syd] **n. m.** ▪ **1.** Celui des quatre points cardinaux (abrév. S.) qui est diamétralement opposé au nord. *Façade exposée au sud.* ⇒ **midi.** – *Au sud de la Loire.* ♦ **adj. invar.** *Le pôle Sud.* ⇒ **antarctique.** **2.** Ensemble des régions situées dans l'hémisphère Sud. *L'Afrique, l'Amérique du Sud.* – Région sud (d'un pays). *Le sud de la France.* ⇒ **Midi.** ♦ *Le Sud :* les pays moins développés (par rapport aux pays industrialisés → Nord). ◇ dans des adjectifs et noms composés : *sud-africain, sud-américain.*

SUDATION n. f. ▪ **1.** MÉD. Transpiration abondante. **2.** Transpiration. *Sudation insuffisante.*

SUD-EST [sydɛst] n. m. ▪ **1.** Point de l'horizon situé à égale distance entre le sud et l'est. **2.** Région située dans cette direction. *Le Sud-Est asiatique.* **3.** adj. invar. *La région sud-est.*

les Allemands des SUDÈTES ▪ Nom donné entre les deux guerres mondiales à la minorité de langue allemande en Tchécoslovaquie. Leurs territoires furent annexés par l'Allemagne en 1938 après les accords de Munich, puis rendus à la Tchécoslovaquie en 1945. L'immense majorité de ces Allemands fut expulsée immédiatement.

SUDISTE n. et adj. ▪ HIST. Partisan de l'indépendance des États du Sud (et de l'esclavagisme), pendant la guerre de Sécession, aux États-Unis.

SUDORIFIQUE adj. ▪ MÉD. Qui provoque la sudation.

SUDORIPARE adj. ▪ ANAT. Qui sécrète la sueur. *Glandes sudoripares.*

SUD-OUEST [sydwɛst] n. m. ▪ **1.** Point de l'horizon situé à égale distance entre le sud et l'ouest. *Vent du sud-ouest.* ⇒ **suroît.** **2.** Région située dans cette direction. *Le Sud-Ouest* (de la France). **3.** adj. invar. *La région sud-ouest.*

Eugène SUE (1804 - 1857) ▪ Romancier français. Auteur des premiers romans-feuilletons, où il décrit les bas-fonds parisiens et exprime des revendications sociales et humanitaires. *"Les Mystères de Paris"* (1842-1843).

SUÉDÉ, ÉE adj. ▪ (tissu) Qui imite l'aspect du daim. *Cuir suédé* (→ suède).

SUÈDE n. m. ▪ Peau utilisée avec le côté chair à l'extérieur (→ suédé). *Gants de suède.*

le royaume de SUÈDE ▪ État d'Europe du Nord comprenant la partie orientale de la péninsule scandinave, sur la Baltique et comprenant aussi les îles d'Öland et de Gotland. 449 964 km². 8 644 119 hab. *(les Suédois).* Capitale : Stockholm. Langue : suédois. Religion : protestantisme (luthérien). Monnaie : couronne suédoise. Industrie liée au bois et aux importantes ressources minières (sidérurgie, chimie); techniques de pointe. Activités commerciales et touristiques importantes. Élevage. □ HISTOIRE La Suède s'étendit vers l'est (côtes de la Baltique, sud de la Russie) sous l'impulsion des Vikings du VIIIe s. au XIe s. et se christianisa au XIIe s., Uppsala devenant la capitale religieuse sous Éric IX; Birger Jarl fonda la dynastie des Folkkungar et prit Stockholm pour capitale. L'activité commerciale se développa avec la Hanse. En 1397, entrant dans l'Union de Kalmar, la Suède fut réunie au Danemark et à la Norvège (sous Marguerite Valdemarsdotter), mais fit sécession en 1523, avec Gustave Vasa, et passa à la Réforme. Le règne de Gustave II Adolphe (1611-1632) fit de la Suède la première puissance d'Europe du Nord, jusqu'aux défaites de Charles XII face à la Russie, en 1709 (→ **Poltava**). Le règne autoritaire de Gustave III mit fin (1771) à une période d'instabilité politique. Charles XIII reconnut la monarchie constitutionnelle en 1809 et fit de Bernadotte son successeur, sous le nom de Charles XIV. Celui-ci, victorieux dans la coalition contre Napoléon (1813-1814), obtint la Norvège (qui devint indépendante en 1905). Le XIXe s. et le XXe s. ont été une période de libéralisation politique et de progrès économiques pour la Suède qui devait se doter de lois sociales avancées et maintenir la neutralité durant les deux guerres mondiales. Les sociaux-démocrates restèrent au pouvoir de 1932 à 1976 (→ **Palme**) et furent réélus de 1982 à 1991 et depuis 1994. La Suède est entrée dans l'Union européenne en 1995.

SUÉDOIS, OISE adj. et n. ▪ De Suède (⇒ **scandinave**). *Allumettes suédoises :* allumettes de sûreté (procédé suédois). - n. *Les Suédois.* ♦ n. m. *Le suédois :* langue du groupe germanique nordique.

SUÉE n. f. ▪ FAM. Transpiration abondante (sous l'effet d'un travail...). *Prendre une suée.*

SUER v. [1] ▪ **I.** v. intr. **1.** Produire beaucoup de sueur. ⇒ **transpirer.** *Suer à grosses gouttes* (→ être en nage, en sueur). **2.** fig. Se fatiguer, se donner du mal. ⇒ **peiner.** *Elle a beaucoup sué pour écrire cet article.* **3.** *FAIRE SUER.* FAM. Fatiguer, embêter (qqn). *Tu commences à me faire suer !* (⇒ **suant**). - *Se faire suer :* s'ennuyer. **4.** TECHN. Dégager de l'humidité. *Les plâtres suent.* ⇒ **suinter.** **II.** v. tr. **1.** Rendre par les pores de la peau. - loc. *SUER SANG ET EAU :* faire de grands efforts, se donner beaucoup de peine. **2.** Exhaler. *Ce type sue l'ennui.* ⇒ **respirer.**

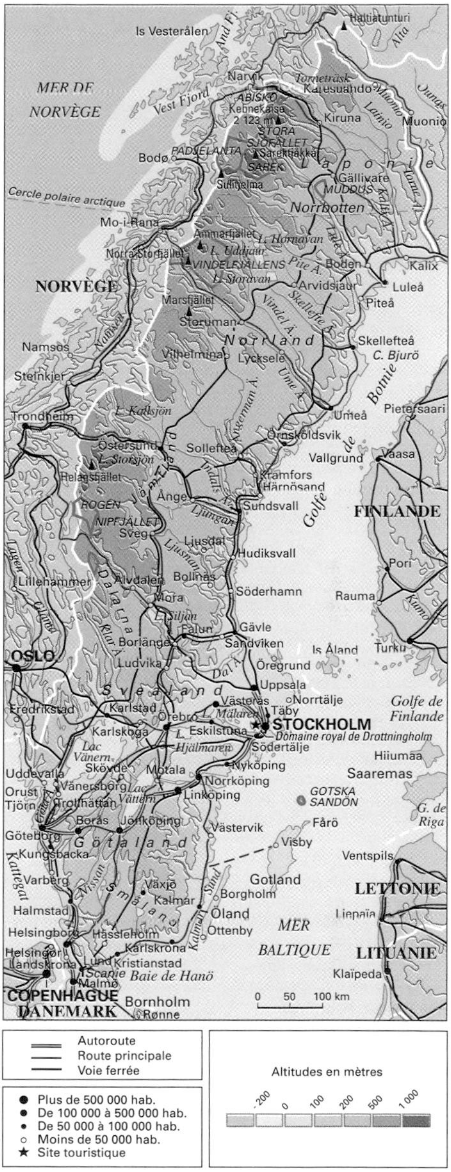

Suède.

SUÉTONE (v. 70 - apr. 128) ▪ Historien latin, érudit et biographe. *"Vies des douze Césars", "De viris illustribus".*

SUEUR n. f. ▪ **1.** Liquide odorant, salé, composé d'eau, de sels et d'acides gras, qui, dans certaines conditions, suinte des pores de la peau sous forme de gouttes. ⇒ **sudation, transpiration.** *Couvert, trempé, ruisselant de sueur.* - *EN SUEUR* (→ en eau, en nage). **2.** *Une, des sueurs :* fait de suer. ⇒ **suée.** ♦ loc. *SUEUR FROIDE,* accompagnée d'une sensation de froid et de frisson. - fig. *J'en ai des sueurs froides :* cela me fait peur, m'inquiète vivement. **3.** fig. *La sueur,* symbole du travail et de l'effort. *Deux arpents « payés de sueur et de sang »* (Zola).

SUEZ ▪ Ville et port d'Égypte, sur la mer Rouge, au fond du golfe de Suez. 254 000 hab. Raffineries de pétrole. ► **le canal de SUEZ** (162,5 km), construit par Ferdinand de Lesseps (de 1859 à 1869), relie la Méditerranée à la mer Rouge; il permet aux navires d'aller d'Europe en Orient sans contourner l'Afrique, d'où son importance économique et stratégique. D'abord contrôlé par les Britanniques, nationalisé par Nasser en 1956, ce qui entraîna une intervention militaire d'Israël, de la Grande-Bretagne et de la France (qui se retirèrent sous la pression des États-Unis et de l'URSS), il fut fermé de 1967 à 1975 à cause des guerres israélo-arabes. ► **l'isthme de SUEZ** sépare l'Afrique de l'Asie.

le canal de Suez. *L'Impératrice Eugénie à l'inauguration du canal de Suez,* tableau de E. Riou. *Phot. © Lauros/Giraudon*

SUFFIRE v. tr. ind. [37] ▪ **I.** (choses) **1.** *SUFFIRE À, POUR :* avoir juste la quantité, la qualité, la force nécessaire à, pour (qqch.). *Cela suffit à mon bonheur. Un rien suffit pour la mettre en colère.* – prov. *À chaque jour suffit sa peine.* **2.** Être de nature à contenter (qqn) sans qu'il ait besoin de plus ou d'autre chose. *Votre parole me suffit.* ♦ absolt *Cela ne suffit pas.* – *ÇA SUFFIT (comme ça) ! :* je suis, nous sommes excédé(s). **3.** impers. *IL SUFFIT À* (qqn) *DE* (+ inf.). *Il lui suffit de vouloir pour réussir.* – *Il suffisait d'y penser.* ♦ avec *que* (+ subj.) *Il suffit que tu viennes.* ♦ absolt LITTÉR. *Il suffit :* cela suffit, c'est assez. **II.** (personnes) *SUFFIRE À* **1.** Être capable de fournir ce qui est nécessaire à, de satisfaire à (qqch.). *Suffire à ses besoins.* – *Je n'y suffis plus :* je suis débordé. **2.** Être pour (qqn) tel qu'il n'ait pas besoin d'un autre. ► SE **SUFFIRE** v. pron. Avoir, trouver de quoi satisfaire ses besoins ou ses aspirations. *Pays qui se suffit à lui-même* (⇒ **autarcie**). – par ext. (choses) *La beauté se suffit à elle-même.*

SUFFISAMMENT adv. ▪ En quantité suffisante, d'une manière suffisante (I). ⇒ **assez.** *Votre lettre n'est pas suffisamment affranchie.* – *Suffisamment de :* assez de.

SUFFISANCE n. f. ▪ **I.** VX ou RÉGIONAL Quantité suffisante (à qqn). *J'en ai ma suffisance,* mon content. – *Avoir du vin en suffisance.* **II.** LITTÉR. Caractère, esprit d'une personne suffisante (II). ⇒ **autosatisfaction.**

SUFFISANT, ANTE adj. ▪ **I.** (choses) Qui suffit. *C'est suffisant pour qu'il se mette en colère.* – *Je n'ai pas la place suffisante* (→ assez de). – DIDACT. *Condition suffisante,* qui suffit à elle seule pour entraîner une conséquence. **II.** (personnes) LITTÉR. Qui a une trop haute idée de soi. ⇒ **fat, prétentieux, vaniteux.** allus. – *Un air suffisant.* ⇒ **arrogant, satisfait.**

SUFFIXATION n. f. ▪ DIDACT. Dérivation par suffixe.

SUFFIXE n. m. ▪ DIDACT. Élément de formation (affixe) placé après un radical pour former un dérivé. « *-able* » *est un suffixe.*

SUFFIXER v. tr. [1] ▪ DIDACT. Pourvoir d'un suffixe. – au p. p. *Mot suffixé.*

SUFFOCANT, ANTE adj. ▪ **1.** Qui suffoque, qui gêne ou empêche la respiration. ⇒ **étouffant.** *Une chaleur suffocante.* **2.** Qui suffoque, indigne. ⇒ **ahurissant, stupéfiant.**

SUFFOCATION n. f. ▪ Fait de suffoquer ; impossibilité ou difficulté de respirer. ⇒ **asphyxie, étouffement, oppression.**

le SUFFOLK ▪ Comté du sud-est de l'Angleterre. 3 800 km^2. 650 000 hab. Chef-lieu : Ipswich. Productions agricoles.

SUFFOQUER v. [1] ▪ **I.** v. tr. **1.** (choses) Empêcher (qqn) de respirer, rendre la respiration difficile. ⇒ **étouffer, oppresser.** – au p. p. *Suffoqué par des sanglots.* **2.** fig. Remplir d'une émotion vive qui coupe le souffle. *La colère le suffoquait.* – Stupéfier, sidérer. *Il m'a suffoqué, avec son aplomb.* **II.** v. intr. **1.** Respirer avec difficulté, perdre le souffle. ⇒ **étouffer. 2.** fig. *SUFFOQUER DE. Suffoquer d'indignation.*

SUFFRAGE n. m. ▪ **1.** Acte par lequel on déclare sa volonté, dans un choix, une délibération (notamment politique). ⇒ **vote.** *Suffrage censitaire*. Suffrage universel,* qui n'est pas restreint par des conditions de fortune, de capacité, d'hérédité. – ⇒ **voix.** *Suffrages exprimés* (excluant les bulletins blancs et nuls). **2.** LITTÉR. Opinion, avis favorable. ⇒ **adhésion, approbation.**

SUFFRAGETTE n. f. ▪ HIST. Femme qui, en Grande-Bretagne, militait pour le droit de vote féminin (accordé en 1928).

Pierre André de SUFFREN DE SAINT-TROPEZ (1729-1788) ▪ Célèbre marin français. Commandeur et bailli de l'ordre de Malte, il combattit pendant la guerre d'Amérique, au Maroc et dans les mers des Indes.

SUGER (v. 1081-1151) ▪ Abbé de Saint-Denis, conseiller de Louis VI et de Louis VII, régent de France de 1147 à 1149. Il fut l'initiateur de l'art gothique.

SUGGÉRER v. tr. [6] ▪ **1.** (personnes) Faire penser (qqch.) sans exprimer ni formuler. ⇒ **insinuer, sous-entendre.** *Suggérer une opinion à qqn.* – Présenter (une idée...) en tant que suggestion, conseil. ⇒ **conseiller, proposer.** *Je vous suggère d'agir sans plus tarder.* ♦ (choses) Faire naître (une idée...) dans l'esprit. ⇒ **évoquer.** *Mot qui en suggère un autre.* **2.** Faire penser ou exécuter (qqch.) par suggestion (2).

SUGGESTIF, IVE adj. ▪ **1.** Qui a le pouvoir de suggérer des idées, des sentiments. ⇒ **évocateur. 2.** Qui suggère des idées érotiques. ⇒ **aguichant.**

SUGGESTION n. f. ▪ **1.** Action de suggérer. ♦ Ce qui est suggéré ; idée, projet que l'on propose. ⇒ **conseil, proposition.** *C'est une simple suggestion que je vous fais.* **2.** Fait d'inspirer à qqn une idée, une croyance..., sans qu'il en ait conscience. *Suggestion sous hypnose.*

SUGGESTIONNER v. tr. [1] ▪ Influencer par la suggestion. – pronom. *Se suggestionner* (⇒ **autosuggestion**).

le général SUHARTO (né en 1921) ▪ Homme politique indonésien. Président de la République depuis 1968. → **Sukarno.**

Suharto.
Phot. © Zamur/Gamma

SUICIDAIRE adj. ▪ **1.** Du suicide ; qui mène au suicide. *Tendances suicidaires.* **2.** Qui semble prédisposé au suicide. – n. *Un, une suicidaire.* **3.** fig. Qui mène à l'échec. *Un projet suicidaire.*

SUICIDE n. m. ▪ **1.** Fait de se tuer, de se donner volontairement la mort (ou de le tenter). *Un suicide par noyade. Tentative de suicide.* **2.** Fait de risquer sa vie sans nécessité. *Rouler si vite, c'est un* (FAM. *du*) *suicide !* **3.** appos. Qui comporte des risques mortels. *Des missions suicide.* – *Avion-suicide,* dont le pilote est sacrifié. ⇒ **kamikaze.**

SUICIDÉ, ÉE adj. et n. ▪ (Personne) qui s'est tué(e) par suicide.

SE **SUICIDER** v. pron. [1] ▪ Se tuer par suicide. ⇒ se **supprimer.** ♦ trans. plais. *Suicider qqn,* le tuer et maquiller le crime en suicide.

SUIE n. f. ▪ Noir de fumée mêlé d'impuretés que produisent les combustibles qui ne brûlent qu'incomplètement. *Enlever la suie* (→ ramoner).

SUIF n. m. ▪ Graisse animale fondue. *Chandelle de suif.*

SUIFFER v. tr. [1] ▪ Enduire de suif. ◇ var. SUIFER.

SUI GENERIS [sɥiʒeneʀis] loc. adj. invar. ▪ Propre à une espèce, à une chose. ⇒ **spécifique.** *Odeur sui generis,* particulière et, spécialt, désagréable.

SUINT n. m. ▪ Graisse que sécrète la peau du mouton, et qui se mêle à la laine.

SUINTANT, ANTE adj. ▪ Qui suinte (2).

SUINTEMENT n. m. ▪ Fait de suinter. – Liquide, humidité qui suinte.

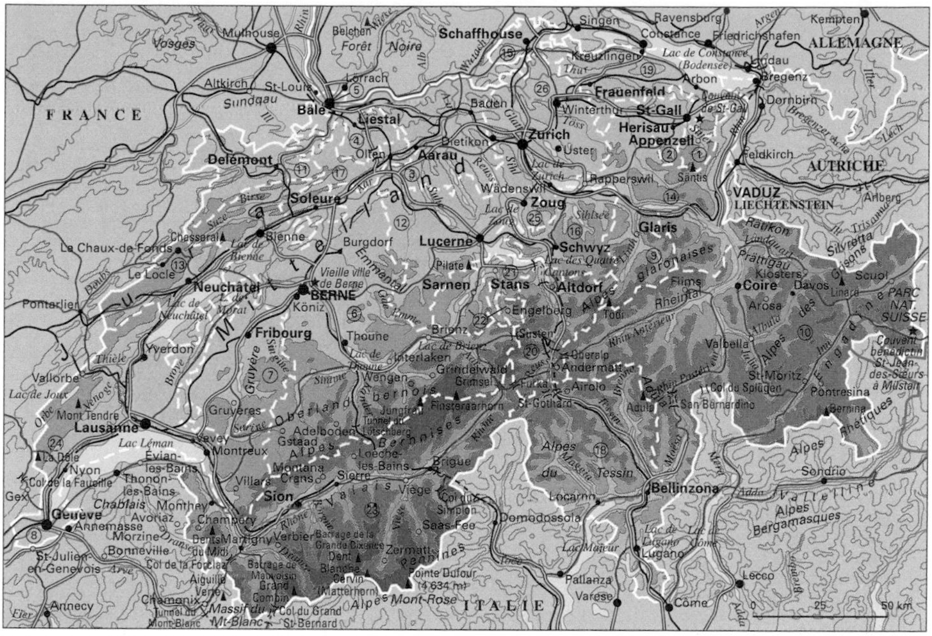

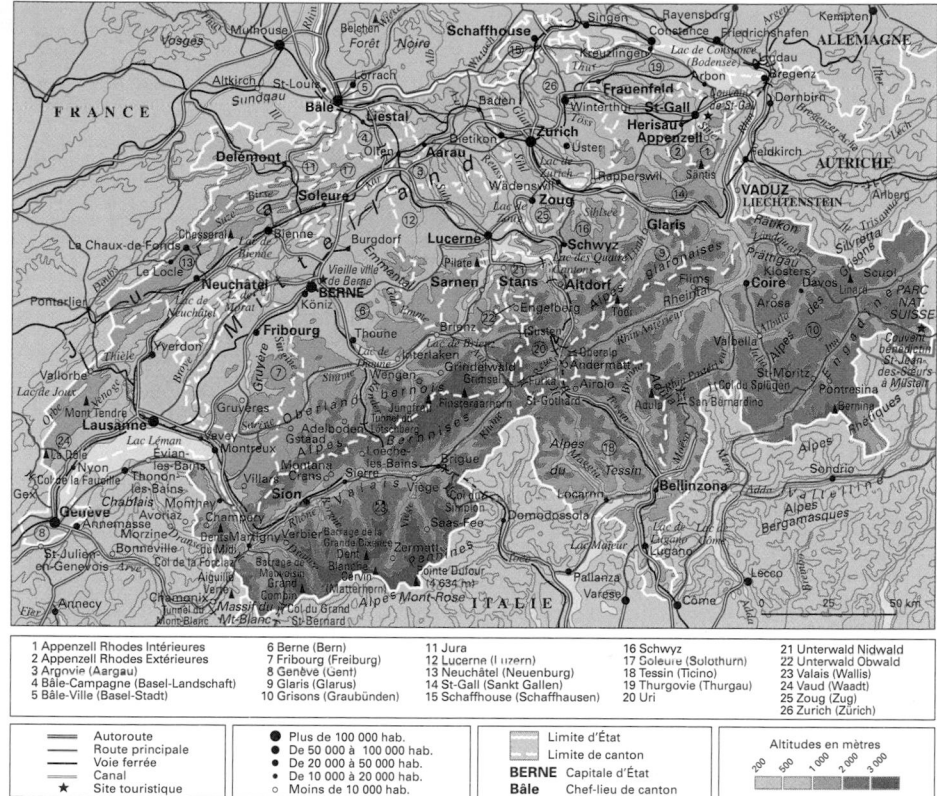

1 Appenzell Rhodes Intérieures	6 Berne (Bern)	11 Jura	16 Schwyz	21 Unterwald Nidwald
2 Appenzell Rhodes Extérieures	7 Fribourg (Freiburg)	12 Lucerne (Luzern)	17 Soleure (Solothurn)	22 Unterwald Obwald
3 Argovie (Aargau)	8 Genève (Genf)	13 Neuchâtel (Neuenburg)	18 Tessin (Ticino)	23 Valais (Wallis)
4 Bâle-Campagne (Basel-Landschaft)	9 Glaris (Glarus)	14 St-Gall (Sankt Gallen)	19 Thurgovie (Thurgau)	24 Vaud (Waadt)
5 Bâle-Ville (Basel-Stadt)	10 Grisons (Graubünden)	15 Schaffhouse (Schaffhausen)	20 Uri	25 Zoug (Zug)
				26 Zurich (Zürich)

Autoroute
Route principale
Voie ferrée
Canal
★ Site touristique

● Plus de 100 000 hab.
● De 50 000 à 100 000 hab.
● De 20 000 à 50 000 hab.
• De 10 000 à 20 000 hab.
○ Moins de 10 000 hab.

Limite d'État
Limite de canton
BERNE Capitale d'État
Bâle Chef-lieu de canton

Altitudes en mètres
200 500 1 000 2 000 3 000

Suisse.

SUINTER v. intr. [1] ▪ **1.** S'écouler très lentement, sortir goutte à goutte. ⇒ **exsuder ; perler. 2.** Produire un liquide qui s'écoule goutte à goutte. *Murs qui suintent.* – *Plaie qui suinte.*

SUISSE adj. et n. ▪ **I.** De la Suisse. ⇒ **helvétique.** *Les Alpes suisses. Dix francs suisses.* ♦ **n.** *Un Suisse ; une Suisse* ou *une Suissesse.* – loc. *Manger, boire EN SUISSE,* tout seul ou en cachette. **II. n. m. 1.** Employé chargé de la garde d'une église, de l'ordonnance des cérémonies, etc. ⇒ **bedeau. 2.** ⇒ **petit-suisse.**

la SUISSE ou **CONFÉDÉRATION SUISSE**, en allemand ***SCHWEIZ***, en italien ***SVIZZERA*** ▪ État à la charnière de l'Europe occidentale et de l'Europe centrale. 41 285 km². 7 000 000 hab. *(les Suisses).* Capitale : Berne. Langues officielles : allemand, français, italien, romanche. Monnaie : franc suisse. 26 cantons : Appenzell (Rhodes-Extérieures et Rhodes-Intérieures), Argovie, Bâle (Ville et Campagne), Berne, Fribourg, Genève, Glaris, Grisons, Jura, Lucerne, Neuchâtel, Saint-Gall, Schaffhouse, Schwyz, Soleure, Tessin, Thurgovie, Unterwald (Oberwald et Nidwald), Uri, Valais, Vaud, Zoug, Zurich. La Suisse dispose de droits constitutionnels spécifiques (référendum et initiative populaire). Elle est dirigée par un Conseil fédéral (gouvernement) élu par un parlement composé du Conseil des États (cantons) et du Conseil national. Le territoire est exigu, montagneux (les Alpes occupent 60 %, le Jura 10 %), mais le pays a su exploiter son potentiel hydroélectrique et faire de sa position géographique un privilège, renforcé par le statut international de neutralité armée (nombreuses institutions internationales ; concentration de capitaux). La population, qui a un des niveaux de vie les plus élevés du monde, se concentre sur les plateaux et dans les villes (Berne, Zurich, Bâle, Lausanne, Genève). Activités bancaires très importantes. Industrie traditionnelle de grande qualité (horlogerie, alimentation, textile). Chimie, électrométallurgie, constructions mécaniques. Tourisme. Confiserie. ❑ HISTOIRE Foyer d'une importante civilisation celtique à l'âge du fer (→ la **Tène**), la Suisse fut peuplée par les Helvètes au IIᵉ s. av. J.-C., puis envahie par les Alamans et les Burgondes. Elle intégra le royaume de Bourgogne (IXᵉ s.) et l'Empire germanique (XIᵉ s.). Vassaux des Habsbourg*, les villages d'Uri, de Schwyz et d'Unterwald, qui contrôlaient certains cols des Alpes, s'unirent en 1291 contre l'Empire germanique : c'est l'origine de la Confédération, avec ses héros (Guillaume Tell) et leur légende. D'autres cantons se joignirent à eux, et ils gagnèrent progressivement leur indépendance : victoire sur Maximilien Iᵉʳ (1499), paix perpétuelle avec les Français (1516). La Réforme*, dont la Suisse fut un des foyers les plus actifs affaiblit le pays en provoquant une division religieuse entre cantons protestants (Zurich, Bâle, Berne, Schaffhouse) et cantons catholiques. Genève devint avec Calvin le centre du protestantisme. Le XVIIIᵉ s. fut une période de prospérité économique, intellectuelle et artistique. En 1798, la France révolutionnaire organisa une République helvétique très centralisée. Napoléon rétablit le fédéralisme en 1803, mais Mulhouse (alliée de la Suisse), Genève et le Valais étaient annexés. En 1815, la Confédération reçut ses frontières actuelles. La guerre civile du Sonderbund* (1847) permit la victoire des libéraux sur les conservateurs et l'instauration de la Constitution actuelle (1848, révisée en 1874), qui fait une large place à la démocratie directe et aux diversités régionales (langue, religion). Depuis 1815, la Suisse a su préserver sa neutralité, même durant les deux guerres mondiales. Soucieuse de maintenir les principes sociopolitiques qui fondent son identité (neutralité, démocratie directe), elle a refusé de faire partie de l'ONU ainsi que de l'Espace économique européen (supprimant les barrières douanières entre les pays de l'Union européenne et ceux de l'AELE dont la Suisse est membre), se tenant à l'écart de la construction de l'Europe dont elle fait pourtant partie économiquement.

SUITE n. f. ▪ **I.** (dans des loc.) **1.** Situation de ce qui suit. *Prendre la suite de qqn,* lui succéder. – *FAIRE SUITE À :* venir après, suivre. ♦ *À LA SUITE DE. Entraîner qqch. à sa suite,* derrière soi. – Après ; à cause de. *Ils se sont fâchés à la suite d'un malentendu.* – *À LA SUITE.* ⇒ **successivement.** *Il a bu trois verres à la suite,* coup sur coup. **2.** Ordre de ce qui se suit en formant un sens. – *Des mots SANS SUITE,* incohérents, incompréhensibles. – *ESPRIT DE SUITE :* aptitude à suivre une idée avec constance. – loc. *Avoir de la suite dans les idées :* être opiniâtre ; iron. être entêté. **3.** *DE SUITE :* à la suite les uns des autres, sans interruption. *J'ai écrit quatre pages de suite.* ⇒ d'**affilée.** – *ET AINSI DE SUITE :* en continuant de la même façon. **4.** *TOUT DE SUITE :* sans délai, immédiatement. *Venez tout de suite !* – FAM. (même sens ; emploi critiqué) *J'arrive de suite.* ♦ (dans l'espace) *C'est tout de suite après le coin.* **II.** (Ce qui suit ; ce qui vient après) **1.** Personnes qui se déplacent avec une autre dont elles sont les subordonnées. ⇒ **équipage, escorte, train.** *La suite présidentielle.* **2.** Ce qui suit qqch. ; ce qui vient après (ce qui n'était pas terminé). *La suite du discours se perdit dans le vacarme.* – *La suite au prochain numéro* (du journal). *SUITE ET FIN :* suite qui termine l'histoire. *Apportez-nous la suite* (du repas). **3.** Temps qui vient après le fait ou l'action dont il est question. *Attendons la suite.* – *DANS, PAR LA SUITE :* dans la période suivante, après cela. ⇒ **depuis, ensuite. 4.** Ce qui résulte (de qqch.). ⇒ **conséquence, effet, résultat.** *Un projet sans suite.* – au plur. *Les suites d'une maladie.* ⇒ **séquelle.** ♦ *DONNER SUITE À :* poursuivre son action en vue de faire aboutir (un projet, une demande). – ADMIN. *Suite à votre lettre du tant,* en réponse à. – *PAR SUITE (DE) :* à cause de, en conséquence (de). **5.** Ensemble de choses, de personnes qui se suivent. ⇒ **séquence, série, succession.** *La suite des nombres premiers.* **6.** Composition musicale faite de plusieurs pièces de même tonalité. *Les suites de Bach.* **7.** Appartement dans un hôtel de luxe.

① **SUIVANT, ANTE** ▪ **I.** adj. **1.** Qui suit, qui vient immédiatement après. *La page suivante.* – *La fois suivante.* ⇒ **prochain.** ♦ n. *Au suivant ! :* au tour de la personne qui suit. **2.** Qui va suivre (dans un énoncé). *L'exemple suivant,* ci-dessous, ci-après. **II. 1.** n. VX Personne qui en accompagne une autre pour la servir. **2.** n. f. anciennt Dame de compagnie. *Les suivantes de la reine.*

② **SUIVANT** prép. ▪ **1.** Conformément à ; en suivant. ⇒ **selon.** *Suivant son habitude.* – *Suivant tel auteur.* ⇒ d'**après. 2.** Conformément à (des circonstances). *Suivant la gravité des cas...* **3.** *Suivant que* loc. conj. (+ indic.) : dans la mesure où, selon que.

SUIVEUR, EUSE n. ▪ (Personne qui suit) **1.** n. m. Homme qui suit les femmes, dans la rue. **2.** Personne qui suit une course, à titre officiel (observateur, journaliste). *La caravane des suiveurs du Tour de France.* **3.** fig. Personne qui, sans esprit critique, ne fait que suivre (un mouvement intellectuel, etc.). ⇒ **imitateur.**

SUIVI, IE ▪ **I.** adj. **1.** Qui se fait d'une manière continue. ⇒ **régulier.** *Un travail suivi.* **2.** Dont les éléments s'enchaînent pour former un tout. *Un raisonnement suivi.* **II.** n. m. Surveillance continue en vue de contrôler. *Suivi médical.* – *Le suivi d'un produit.*

SUIVISME n. m. ▪ Attitude de suiveur (3). ► adj. et n. SUIVISTE

SUIVRE v. tr. [40] ▪ **I.** (Venir après) **1.** Aller derrière (qqn qui marche, qqch. qui avance). *Suivre qqn de près.* ⇒ **talonner.** – *Suivez le guide !* ♦ (choses) Être transporté après (qqn). *Bagages qui suivent un voyageur. Faire suivre son courrier.* **2.** Aller derrière pour rattraper, surveiller. ⇒ **poursuivre.** *Suivre qqn à la trace.* – *Policier qui suit un suspect.* ⇒ **filer. 3.** Aller avec (qqn qui a l'initiative d'un déplacement). ⇒ **accompagner.** *Si vous voulez bien me suivre. Suivre qqn comme son ombre.* loc. prov. *Qui m'aime me suive !* ♦ loc. *Suivre le mouvement :* aller avec les autres, faire comme eux. **4.** *Suivre qqn, qqch. des yeux, du regard :* accompagner par le regard (ce qui se déplace). ♦ loc. fig. *Suivez mon regard :* vous voyez tous à qui je fais allusion. **5.** Être placé ou considéré après, dans un ordre donné. *On verra dans l'exemple qui suit que...* – impers. *COMME SUIT :* comme il est dit dans ce qui suit. **6.** Venir, se produire après, dans le temps. ⇒ **succéder** à. *Un silence a suivi ses paroles.* **7.** Venir après, comme effet (surtout impers.). *Il suit de là que...* ⇒ s'**ensuivre ; conséquence, résultat. II.** (Garder une direction) **1.** Aller dans (une direction, une voie). *Suivre un chemin.* ⇒ **prendre.** *Suivre la piste de qqn.* – *Suivre le fil de ses idées.* – *SUIVRE SON COURS :* évoluer, se développer normalement. *L'enquête suit son cours.* **2.** Aller le long de. ⇒ **longer.** *Suivez le canal jusqu'à l'écluse.* **3.** abstrait Garder (une idée, etc.) avec constance. *Suivre son idée.* ♦ *Suivre un traitement.* – *Suivre des cours de danse.* – *Suivre un feuilleton à la télévision.* – *À SUIVRE :* mention indiquant qu'un récit se poursuivra (dans d'autres numéros d'un périodique...). **III.** (Se conformer à) **1.** Aller dans le sens de, obéir à (une force, une impulsion). ⇒ s'**abandonner** à. *Suivre son penchant.* **2.** Penser ou agir selon (les idées, la conduite de qqn). ⇒ **imiter.** *Un exemple à suivre.* – *Suivre la mode.* **3.** Se conformer à (un ordre, une recommandation). ⇒ **obéir.** *Suivre la règle.* **4.** Se conformer à (un modèle abstrait). *Suivre une méthode. La marche* à suivre.* **IV.** (Porter son attention sur) **1.** Rester attentif à (un énoncé). *Je suivais leur conversation.* **2.** Observer attentivement et continûment dans son cours. *Suivre un match avec passion.* – *C'est une affaire à suivre.* ♦ *Suivre qqn,* être attentif à son comportement, notamment pour le surveiller, le diriger. *Médecin qui suit un malade.* **3.** Comprendre dans son déroulement (un énoncé). *Je ne suis pas votre raisonnement.* – *Vous me suivez ?* ► SE **SUIVRE** v. pron. **1.** Aller les uns derrière les autres. **2.** Se présenter dans un ordre, sans qu'il manque un élément. *Nos numéros se suivent.* **3.** Venir les uns après les autres, dans le temps. ⇒ se **succéder.**

① **SUJET, ETTE** ▪ **I.** adj. **1.** Exposé à. *Être sujet au vertige.* **2.** *Sujet à caution*.* **II.** n. **1.** Personne soumise à une autorité souveraine (⇒ **sujétion**). *Le souverain et ses sujets.* **2.** rare au fém. Ressortissant d'un État. *Elle est sujet britannique.*

② **SUJET** n. m. ▪ **I. 1.** Ce sur quoi s'exerce (la réflexion). *Des sujets de méditation.* – Ce dont il s'agit, dans la conversation, dans un écrit. ⇒ **matière, point, propos, question, thème.** *Revenons à notre sujet* (→ à nos moutons). – *AU SUJET DE :* à propos de. *C'est à quel sujet ?* **2.** Ce qui constitue le thème qu'a voulu traiter l'auteur (œuvre littéraire). ⇒ **idée, thème.** *Le sujet et le style* (→ la forme et le fond). *Un bon sujet de roman.* **3.** Ce sur quoi s'applique la réflexion (dans un travail, un ouvrage didactique). *Bibliographie par sujets.* ⇒ **thématique.** – *Son devoir est hors (du) sujet.* **4.** Ce qui est représenté, dans une œuvre plastique. ⇒ **motif. II.** *SUJET DE :* ce qui fournit matière, occasion à (un sentiment, une action). ⇒ **motif, occasion, raison.** *Un sujet de dispute.* – LITTÉR. *Je n'ai pas sujet de me plaindre.* **III.** GRAMM. Terme considéré comme le point de départ de l'énoncé, à propos duquel on exprime quelque chose ou qui régit le verbe. *Sujet, verbe et complément. Inversion du sujet.* **IV.** (personnes) **1.** loc. *BON SUJET* (VIEILLI), *MAUVAIS SUJET :* personne qui se conduit bien, mal. – *Un sujet brillant :* un(e) excellent(e) élève. **2.** Être vivant soumis à l'observation ; individu présentant tel ou tel caractère. *Sujet d'expérience.* ⇒ **cobaye.** ♦ LING. *Le sujet parlant :* le locuteur. **3.** PHILOS. Être pensant, considéré comme le siège de la connaissance (s'oppose à *objet*). ⇒ **personne ; subjectif.**

SUJÉTION n. f. ▪ **1.** Situation d'une personne soumise à une autorité souveraine. ⇒ **assujettissement, dépendance, soumission. 2.** LITTÉR. Situation d'une personne astreinte à une nécessité ; obligation pénible, contrainte.

SUKARNO ou **SOEKARNO** (1901 - 1970) ▪ Homme politique, héros de l'indépendance de l'Indonésie et premier président de son pays. Renversé en 1967 par Suharto, qui lui succéda.

SUKHOTHAÏ ▪ Ville du nord-ouest de la Thaïlande. 15 000 hab. Ancienne capitale du premier royaume thaï (XIIIe-XIVe s.). Elle fut célèbre pour ses céramiques.

SULAWESI → **Célèbes**

al-**SULAYMĀNIYA** ▪ Ville d'Irak. 98 000 hab.

SÜLEYMAN ÇELEBI (début du XVe s.) ▪ Poète turc. Il chanta la naissance du prophète dans un long poème, le *"Mevlid sherif"*.

SULFAMIDE n. m. ▪ PHARM. Composé de synthèse dont les dérivés sont utilisés dans le traitement des maladies infectieuses.

SULFATE n. m. ▪ Sel ou ester de l'acide sulfurique.

SULFATER v. tr. [1] ▪ Traiter (un végétal) par pulvérisation de sulfate de cuivre ou de fer. ► n. m. SULFATAGE

SULFATEUSE n. f. ▪ **1.** Appareil servant à sulfater. **2.** ARGOT Mitraillette.

SULFITE n. m. ▪ CHIM. Sel ou ester de l'acide sulfureux.

SULF(O)- Élément savant, du latin *sulfur* « soufre ».

SULFONE n. m. ▪ CHIM. Composé renfermant le groupement SO_2 (nom générique).

SULFURE n. m. ▪ Composé du soufre avec un élément (métal, etc.), constituant de nombreux minerais.

SULFURÉ, ÉE adj. ▪ Combiné avec le soufre.

SULFURER v. tr. [1] ▪ Traiter (un végétal) au sulfure de carbone. ▸ n. m. SULFURAGE

SULFUREUX, EUSE adj. ▪ **1.** Qui contient du soufre ; relatif au soufre. *Vapeurs sulfureuses.* ♦ *Anhydride sulfureux* ou *gaz sulfureux :* composé de soufre (SO_2), gaz incolore, suffocant, utilisé dans la fabrication de l'acide sulfurique, les industries de blanchiment, etc. – *Acide sulfureux :* composé du soufre (H_2SO_3), existant en solution. **2.** fig. LITTÉR. Qui évoque le démon, l'enfer (→ sentir le soufre*).

SULFURIQUE adj. ▪ *ACIDE SULFURIQUE :* acide dérivé du soufre (H_2SO_4), corrosif, attaquant les métaux. ⇒ **vitriol.**

SULFURISÉ, ÉE adj. ▪ Traité à l'acide sulfurique. – *Papier sulfurisé,* rendu imperméable par trempage dans l'acide sulfurique dilué.

SULKY n. m. ▪ anglic. Voiture légère à deux roues, sans caisse, utilisée pour les courses au trot attelé. *Des sulkys* ou *des sulkies.*

Louis Henry SULLIVAN (1856-1924) ▪ Architecte américain. Il défendit les conceptions fonctionnalistes et privilégia les lignes verticales. Il réalisa notamment le Wainwright Building (1890-1891) à Saint Louis et le magasin Carson, Pirie et Scott à Chicago (1899-1904), son chef-d'œuvre.

Maximilien de Béthune, baron de Rosny, duc de SULLY (1560-1641) ▪ Homme d'État français. Ministre du roi Henri IV, protestant. Il rétablit les finances de l'État, en privilégiant l'agriculture (« labourage et pâturage »).

SULLY PRUDHOMME (1839-1907) ▪ Poète français. D'abord élégiaque et intimiste (*"Les Solitudes"*, 1869), puis auteur de poèmes philosophiques. Le premier prix Nobel de littérature (1901).

SULLY-SUR-LOIRE ▪ Commune du Loiret. 5 806 hab. *(les Sullylois).* Château (XIIIe-XIVe s.) sur la Loire.

SULTAN n. m. ▪ Souverain de l'Empire ottoman, ou de certains pays musulmans.

SULTANAT n. m. ▪ **1.** Dignité de sultan. **2.** État gouverné par un sultan.

SULTANE n. f. ▪ Épouse ou favorite d'un sultan.

SUMAC n. m. ▪ BOT. Arbre aux nombreuses variétés, riche en tanin.

SUMATRA ▪ Île de l'Indonésie. 473 481 km² 36 450 314 hab. Cultures commerciales (hévéas, cacao, tabac) et vivrières. Pétrole, gaz, charbon.

SUMER ▪ Région de la basse Mésopotamie, sur le golfe Persique, qui connut une brillante civilisation. Les Sumériens, établis dans cette région au IVe millénaire av. J.-C., fondèrent les premières cités (Ur, Eridu, Uruk), développèrent l'irrigation, la sculpture et inventèrent l'architecture et l'écriture.

Sumer. Statue du petit-fils du roi d'Uruk provenant de Lugalkisalki. Milieu du IIIe millénaire. Musée du Louvre, Paris.
Phot. © Giraudon

SUMÉRIEN, IENNE adj. et n. ▪ Relatif à Sumer, à son peuple. *Art sumérien. Écriture sumérienne* (cunéiforme). – n. *Les Sumériens.* ♦ n. m. *Le sumérien* (la plus ancienne langue écrite connue).

SUMMUM [sɔ(m)mɔm] n. m. ▪ Le plus haut point, le plus haut degré. ⇒ **comble, sommet.** *Des summums.*

SUMO n. m. ▪ **1.** Lutte japonaise, pratiquée par des professionnels exceptionnellement grands et corpulents. **2.** Lutteur de sumo (syn. SUMOTORI).

SUMQAYIT anciennt **SOUMGAÏT** ▪ Ville d'Azerbaïdjan. 235 000 hab. Complexe chimique et industriel.

SUNDERLAND ▪ Ville industrielle et port d'Angleterre (Tyne and Wear), sur la mer du Nord. 165 000 hab.

le SUNDGAU ▪ Région du sud de l'Alsace, ancien comté rattaché à la France en 1648.

SUNLIGHT [sœnlajt] n. m. ▪ anglic. Projecteur puissant utilisé pour les prises de vues cinématographiques. *Des sunlights.*

SUNNA n. f. ▪ DIDACT. Tradition orthodoxe de la religion islamique. ▪ La sunna est transmise dans des recueils qui s'ajoutent au Coran et servent de règles de vie aux musulmans.

SUNNITE adj. ▪ Qui se conforme à la sunna. *L'islam sunnite.* – n. *Les sunnites et les chiites.* ▪ Les sunnites s'opposèrent aux chiites dès la question du califat (succession du prophète Mahomet, à la tête de l'islam). Ils forment la majorité des musulmans.

SUN YAT-SEN en chinois **SUN WEN** ▪ Homme politique chinois (1866-1925). Président de la République en 1911-1912, puis de 1921 à sa mort. Considéré comme le « père de la République » et de la Chine moderne. Fondateur du Guomindang.

Sun Yat-sen.
Phot. © Coll. Viollet

SUPER- ▪ **1.** Élément, du latin *super* « sur », qui signifie « au-dessus, sur ». ⇒ **supra-, sus-. 2.** Préfixe de renforcement marquant le plus haut degré ou la supériorité. ⇒ **hyper-, sur-.**

① **SUPER** [-ɛʀ] n. m. ▪ Supercarburant. *Du super ou de l'ordinaire ?*

② **SUPER** [-ɛʀ] adj. invar. ▪ FAM. Supérieur dans son genre ; formidable. ⇒ **épatant, extra.** *Un type super. Une fête super.*

① **SUPERBE** n. f. ▪ LITTÉR. Assurance orgueilleuse, qui se manifeste par l'air, le maintien.

② **SUPERBE** adj. ▪ **1.** VX ou LITTÉR. Orgueilleux ; plein de magnificence, de majesté. **2.** Très beau, d'une beauté éclatante. ⇒ **magnifique, splendide.** *Un temps superbe. Il a une superbe situation.* ⇒ **excellent.**

SUPERBEMENT adv. ▪ **1.** VX Orgueilleusement. **2.** Magnifiquement.

SUPERCARBURANT n. m. ▪ Carburant (essence) de qualité supérieure. ◇ abrév. ⇒ ① **super.**

SUPERCHERIE n. f. ▪ Tromperie qui généralement implique la substitution du faux à l'authentique. ⇒ **fraude.**

SUPÉRETTE n. f. ▪ COMM. Magasin d'alimentation en libre-service, de taille moyenne.

SUPERFÉTATOIRE adj. ▪ LITTÉR. Qui s'ajoute inutilement (à une chose utile). ⇒ **superflu.**

SUPERFICIE n. f. ▪ **1.** Surface ; mesure d'une surface. *La superficie d'un terrain.* **2.** fig. LITTÉR. Aspect superficiel (par oppos. à fond). ⇒ **surface.** *Rester à la superficie des choses.*

SUPERFICIEL, ELLE adj. ▪ **1.** Propre à la surface ; qui n'appartient qu'à la surface. *Les couches superficielles de l'écorce terrestre.* – *Plaie superficielle.* **2.** fig. Qui n'est ni profond ni essentiel. ⇒ **apparent.** *Une amabilité superficielle.* ♦ Qui ne va pas au fond des choses. *Esprit superficiel.* ⇒ **futile, léger.** – *Travail superficiel.* ► adv. SUPERFICIELLEMENT

SUPERFLU, UE adj. ▪ **1.** Qui n'est pas strictement nécessaire. ⇒ **superfétatoire.** – n. m. *Le nécessaire et le superflu.* ♦ par euphémisme *Poils superflus,* que l'on cherche à faire disparaître. **2.** Qui est en trop. ⇒ **inutile, oiseux.** *Des précautions superflues.* – *Il est superflu d'insister.*

SUPER-HUIT [sypɛʀɥit] adj. invar. et n. m. invar. ▪ Format de film d'amateur intermédiaire entre le huit millimètres standard et le seize. *Filmer en super-huit* ou *en super-8.*

SUPÉRIEUR, EURE adj. ▪ (opposé à *inférieur*) **I.** Qui est plus haut, en haut. *Les étages supérieurs d'un immeuble. La lèvre supérieure.* **II. 1.** *Supérieur à :* qui a une valeur plus grande ; qui occupe un degré au-dessus dans une hiérarchie. *Son dernier roman est bien supérieur aux précédents.* → dépasser, surpasser. ♦ absolt Qui est au-dessus des autres. ⇒ **suprême.** *Des intérêts supérieurs. Qualité supérieure.* ⇒ **excellent.** – *Intelligence supérieure* (→ hors pair). **2.** *Supérieur à :* plus grand que. *Un nombre supérieur à 10.* – *Ennemi supérieur en nombre.* **3.** Plus avancé dans une évolution. *Les animaux supérieurs :* les vertébrés. **4.** Plus élevé dans une hiérarchie politique, administrative, sociale. *Les classes dites supérieures de la société.* ⇒ **dominant.** – *L'enseignement* supérieur. Cadres supérieurs* (opposé à *moyen*). *Officiers supérieurs* (opposé à *subalterne*). ♦ n. m. Personne hiérarchiquement placée au-dessus d'autres qui sont sous ses ordres. *En référer à son supérieur.* ♦ n. Religieux, religieuse qui dirige une communauté, un couvent. – appos. *Le père supérieur, la mère supérieure.* **5.** Qui témoigne d'un sentiment de supériorité. ⇒ **arrogant, condescendant, dédaigneux.** *Un air, un sourire supérieur.*

le lac SUPÉRIEUR → **Grands Lacs**

SUPÉRIEUREMENT adv. ▪ D'une manière supérieure (II). ⇒ **excellemment.** – FAM. Très.

SUPÉRIORITÉ n. f. ▪ **1.** Fait d'être supérieur (II). *Supériorité numérique.* – *La supériorité que l'on a sur qqn.* ⇒ **avantage ;** l'**emporter** sur. **2.** Qualité d'une personne supérieure. *Avoir conscience de sa supériorité.* – (abusif en psych.) *Complexe de supériorité.*

SUPERLATIF n. m. ▪ **1.** Terme qui exprime le degré supérieur d'une qualité. *« Rarissime » est un superlatif.* – emploi adj. *SUPERLATIF, IVE. Préfixes superlatifs* (ex. archi-, extra-, super-, hyper-). ♦ par ext. Terme exagéré, hyperbolique. *Abuser des superlatifs.* **2.** GRAMM. *Le superlatif :* l'ensemble des procédés grammaticaux qui expriment la qualité au degré le plus élevé. *Superlatif relatif* (article défini + comparatif, ex. le plus, le moindre) ; *absolu* (ex. très).

SUPERMAN ▪ Personnage de bandes dessinées créé en 1938 par le scénariste J. Siegel et le dessinateur J. Shuster.

SUPERMARCHÉ n. m. ▪ Magasin à grande surface (de 400 à 2 500 m^2). ⇒ aussi **hypermarché ; supérette.**

SUPERNOVA, plur. **SUPERNOVÆ** [-nɔve] n. f. ▪ ASTRON. Explosion très lumineuse qui marque la fin de la vie de certaines étoiles ; étoile dans ce stade.

SUPERPHOSPHATE n. m. ▪ Engrais artificiel à base de phosphate et de sulfate de calcium.

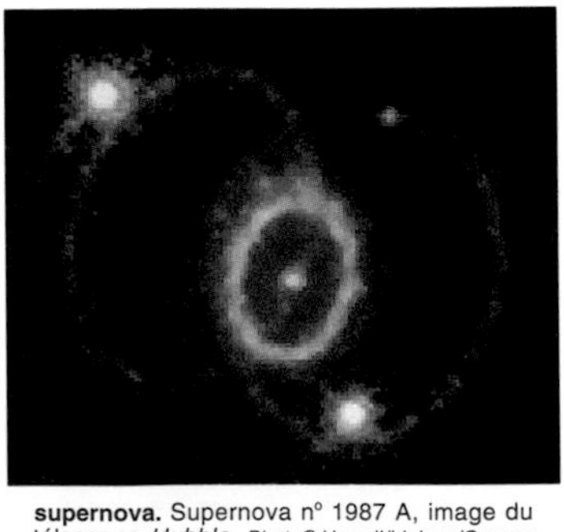

supernova. Supernova n° 1987 A, image du télescope *Hubble.* *Phot. © Howell/Liaison/Gamma*

SUPERPOSABLE adj. ▪ Que l'on peut superposer.

SUPERPOSER v. tr. [1] ▪ Mettre, poser au-dessus, par-dessus ; disposer l'un au-dessus de l'autre. *Superposer des livres.* ⇒ **empiler.** – au p. p. *Lits superposés.* ♦ fig. Mettre en plus ; accumuler. ► SE SUPERPOSER v. pron. *Couches de peinture qui se superposent.* – fig. *Souvenirs qui se superposent.*

SUPERPOSITION n. f. ▪ **1.** Action, fait de superposer ; état de ce qui est superposé. **2.** Ensemble de choses superposées.

SUPERPRODUCTION n. f. ▪ Film ou spectacle réalisé à grands frais.

SUPERPUISSANCE n. f. ▪ État qui dépasse en importance les autres puissances mondiales.

SUPERSONIQUE adj. ▪ Dont la vitesse est supérieure à celle du son (opposé à *subsonique*). *Avion supersonique,* et n. m. *un supersonique* (→ Mach).

SUPERSTAR n. f. ▪ anglic. Vedette, personnalité très célèbre.

SUPERSTITIEUX, EUSE adj. ▪ Qui a de la superstition ; qui voit des signes favorables ou néfastes dans certains faits. – *Pratiques superstitieuses.* ► adv. SUPERSTITIEUSEMENT

SUPERSTITION n. f. ▪ **1.** (en religion) Comportement irrationnel vis-à-vis du sacré ; attitude religieuse considérée comme vaine. **2.** Fait de croire que certains actes, certains signes entraînent mystérieusement des conséquences bonnes ou mauvaises ; croyance aux présages, aux signes. **3.** Attitude irrationnelle, magique (dans quelque domaine que ce soit) ; respect maniaque (de qqch.). *Il a la superstition de l'ordre.*

SUPERSTRUCTURE n. f. ▪ (opposé à *infrastructure*) **1.** Partie (d'une construction, d'une installation) située au-dessus du sol, d'un niveau. **2.** Système d'institutions, d'idéologies, dépendant d'une structure économique (vocabulaire marxiste).

Jules SUPERVIELLE (1884 - 1960) ▪ Écrivain français. Son art de la simplicité et de la transparence tend à rendre naturel le fantastique. *"Gravitations"* (1925) et *"Le Forçat innocent"* (1930), poèmes ; *"Le Voleur d'enfants"* (1926), nouvelles.

Supervielle. *Phot. © Lipnitzki/Viollet*

SUPERVISER v. tr. [1] ▪ Contrôler (un travail effectué par d'autres) sans entrer dans les détails. ► n. f. SUPERVISION

SUPIN n. m. ▪ GRAMM. Forme du verbe latin (substantif verbal), sur laquelle se forment de nombreux dérivés.

SUPINATION n. f. ▪ DIDACT. (opposé à *pronation*) Mouvement de rotation externe de la main et de l'avant-bras (sous l'action des muscles *supinateurs*).

SUPPLANTER v. tr. [1] ▪ **1.** Passer devant, prendre la place de (qqn) en lui faisant perdre son crédit. ⇒ **évincer.** *Supplanter un rival.* **2.** (choses) Éliminer (une chose) en la remplaçant. *Le disque compact a supplanté le microsillon.*

SUPPLÉANCE n. f. ▪ Fait de suppléer qqn ; fonction de suppléant.

SUPPLÉANT, ANTE adj. ▪ Qui supplée qqn dans ses fonctions. ⇒ **adjoint.** *Juge suppléant.* – n. ⇒ **remplaçant.** *Elle n'est pas titulaire, mais suppléante.*

SUPPLÉER v. [1] ▪ **I.** v. tr. dir. LITTÉR. **1.** Mettre à la place de (ce qui manque) ; combler en remplaçant, en ajoutant. *Suppléer une lacune.* **2.** *Suppléer qqn,* remplir ses fonctions, sa place (⇒ **suppléant**). **II.** v. tr. ind. *SUPPLÉER À.* Remédier à (un manque ; un défaut, une insuffisance) en remplaçant, en compensant.

SUPPLÉMENT n. m. ▪ **1.** Ce qui est ajouté à une chose déjà complète ; addition extérieure (à la différence du *complément*). ⇒ **surplus.** *Un supplément de travail.* ⇒ **surcroît. 2.** Ce qui est ajouté (à un livre, une publication). *Le supplément illustré d'un journal.* **3.** Somme payée en plus, au-dessus du tarif ordinaire. *Payer un supplément.* – *Train à supplément.* **4.** *EN SUPPLÉMENT :* en plus (d'un nombre fixé, d'une quantité indiquée). *Vin en supplément* (au restaurant).

SUPPLÉMENTAIRE adj. ▪ Qui constitue un supplément, est en supplément. *Des dépenses supplémentaires.* ➝ *Heures supplémentaires :* heures de travail faites en plus de l'horaire normal (abrév. FAM. *heures sup*). ➝ *Personnel supplémentaire* (⇒ **extra**). ► adv. SUPPLÉMENTAIREMENT

SUPPLÉTIF, IVE adj. ▪ (troupes...) Recruté temporairement pour renforcer les forces régulières. ➝ n. m. *Des supplétifs.*

SUPPLIANT, ANTE ▪ **1.** adj. Qui supplie. ➝ Qui exprime la supplication. *Un regard suppliant.* ⇒ **implorant. 2.** n. Personne qui supplie.

SUPPLICATION n. f. ▪ Prière instante faite avec soumission ; situation, attitude d'une personne qui supplie.

SUPPLICE n. m. ▪ **1.** Peine corporelle grave, très douloureuse, mortelle ou non, infligée par la justice à un condamné (⇒ **torture**). *Le supplice de la croix, de la roue.* ➝ *Le dernier supplice :* la peine de mort. ♦ loc. *Le supplice de Tantale* : situation où l'on est proche de l'objet de ses désirs, sans pouvoir l'atteindre. **2.** Souffrance très vive (physique ou morale). ⇒ **calvaire, martyre.** ➝ *ÊTRE AU SUPPLICE :* souffrir beaucoup ; être dans une situation très pénible (→ être à la torture). ➝ *L'attente le mettait au supplice.*

SUPPLICIER v. tr. [7] ▪ **1.** Livrer au supplice ; mettre à mort par un supplice. ➝ p. p. subst. *Un, une supplicié(e).* **2.** fig. LITTÉR. Torturer moralement.

SUPPLIER v. tr. [7] ▪ Prier (qqn) avec insistance et humilité, en demandant qqch. comme une grâce. ⇒ **adjurer, implorer.** *Aidez-moi, je vous en supplie.* ♦ (terme de politesse) Prier instamment. *Je vous supplie de vous taire.*

SUPPLIQUE n. f. ▪ Demande par laquelle on sollicite une grâce, une faveur d'un supérieur. ⇒ **requête.**

SUPPORT n. m. ▪ **1.** Ce sur quoi repose ou s'appuie une chose. *Le support d'une sculpture.* ⇒ **socle.** ➝ Assemblage destiné à recevoir un objet, un instrument (chevalet, monture, trépied...). **2.** Élément matériel qui sert de base à une œuvre graphique. *Le support d'un dessin,* le papier sur lequel il est fait. **3.** Ce qui sert de base à une réalité abstraite. ➝ *Support publicitaire :* moyen matériel utilisé pour une publicité.

SUPPORTABLE adj. ▪ **1.** Que l'on peut supporter. *Douleur supportable.* ➝ n. m. *C'est à la limite du supportable.* **2.** Que l'on peut tolérer, admettre. *Sa conduite n'est pas supportable.* ➝ Acceptable. ⇒ **passable.**

① **SUPPORTER** v. tr. [1] ▪ **I. 1.** Recevoir le poids, la poussée de (qqch.) sur soi. ⇒ **soutenir ; porter.** *Piliers qui supportent une voûte.* **2.** Avoir (qqch.) comme charge ; être assujetti à. *Supporter les conséquences de ses actes.* ⇒ **subir. II. 1.** Subir les effets pénibles de (qqch.) sans faiblir. ⇒ **endurer.** *Supporter une épreuve, un malheur.* ➝ *Il supporte mal cette attente.* **2.** Subir de la part d'autrui, sans réagir. *Je ne vais pas supporter cet affront.* ⇒ **tolérer.** ➝ (avec *que* et le subj.) *Il ne supporte pas qu'on lui mente.* **3.** Admettre (qqn), tolérer sa présence, son comportement. *Je ne peux pas le supporter* (⇒ **détester ; aversion**). ➝ pronom. *Ils se sont supportés pendant dix ans.* **4.** Subir sans dommage (une action physique). ⇒ **résister.** *Supporter le froid.* ➝ *Mon foie ne supporte pas l'alcool.* ♦ Résister à (une épreuve). *Cette thèse ne supporte pas l'examen.* **5.** Admettre, accepter. *Elle ne supporte pas l'hypocrisie.* **III.** anglic. Encourager, soutenir (un sportif, une équipe sportive).

② **SUPPORTER** [sypɔʀtɛʀ ; sypɔʀtœʀ] n. m. ▪ anglic. Partisan (d'un sportif, d'une équipe) qui manifeste son appui.

SUPPOSER v. tr. [1] ▪ **I. 1.** Poser à titre d'hypothèse. *Supposons le problème résolu. La température étant supposée constante.* ➝ (avec *que* et le subj.) *Supposez que ce soit vrai.* ⇒ **imaginer.** *En supposant que, à supposer que ce soit possible.* **2.** Croire, considérer comme probable ou plausible. ⇒ **présumer.** *Je le suppose, mais je n'en suis pas sûr.* ➝ *On vous supposait averti.* ➝ *Je suppose que vous étiez là.* **II.** (choses) Comporter comme condition nécessaire. ⇒ **impliquer.** *Une telle maîtrise suppose une longue expérience.* **III.** DR. Donner pour authentique, en trompant. ➝ au p. p. *Sous un nom supposé.* ⇒ ① **faux.**

SUPPOSITION n. f. ▪ **1.** Action de supposer (I) ; ce que l'on suppose. ⇒ **hypothèse.** *C'est une simple supposition.* ➝ FAM. *Une supposition que :* supposons que. **2.** DR. Action de supposer (III) ; substitution frauduleuse. *Supposition d'enfant.*

SUPPOSITOIRE n. m. ▪ Préparation pharmaceutique, de forme conique, que l'on introduit dans l'anus. ◇ abrév. FAM. SUPPO.

SUPPÔT n. m. ▪ LITTÉR. Partisan (d'une personne, d'une chose nuisible). *Les suppôts d'un tyran.* ➝ loc. *Suppôt de Satan :* démon ; fig. personne méchante.

SUPPRESSION n. f. ▪ **1.** Action de supprimer, de mettre fin à qqch. *La suppression d'un privilège.* **2.** Action de faire disparaître, de détruire. *Suppressions d'emplois.*

SUPPRIMER v. tr. [1] ▪ **1.** Rendre sans effet légal ; enlever de l'usage. ⇒ **abolir, abroger, annuler.** *Supprimer une loi, une taxe.* **2.** Faire disparaître, faire cesser en défaisant (qqch. qui gêne). ⇒ **détruire, éliminer.** ➝ *Supprimer la douleur.* ⇒ **arrêter, vaincre.** ♦ par exagér. Réduire considérablement. *L'avion supprime les distances.* **3.** Faire cesser d'être dans un ensemble. ⇒ **ôter, retrancher.** *Un mot, un passage à supprimer.* ➝ *Supprimer le sel de son alimentation.* ➝ *Supprimer un avantage.* ⇒ FAM. **sucrer. 4.** Faire disparaître (qqn) en tuant. ⇒ **éliminer ;** FAM. **liquider.** ➝ pronom. Se suicider. *Il a tenté de se supprimer.*

SUPPURATION n. f. ▪ Production et écoulement de pus. ⇒ **pyorrhée.**

SUPPURER v. intr. [1] ▪ Laisser écouler du pus. *La plaie suppure* (→ purulent).

SUPPUTER v. tr. [1] ▪ **1.** Évaluer indirectement (un nombre, une somme ; la valeur de qqch.), par un calcul. *Supputer les revenus de qqn d'après son train de vie.* **2.** Évaluer empiriquement, apprécier (les chances, la probabilité). *Supputer ses chances de réussite.* ► n. f. SUPPUTATION

SUPRA adv. ▪ Sert à renvoyer à un passage qui se trouve avant, dans un texte (→ ci-dessus, plus haut). ◇ contr. *infra.*

SUPRA- Élément (du latin *supra* « au-dessus ») qui signifie « au-dessus, au-delà » (ex. *supraterrestre* adj. « de l'au-delà »).

SUPRANATIONAL, ALE, AUX adj. ▪ Placé au-dessus des institutions nationales. *Organisme supranational.*

SUPRÉMATIE n. f. ▪ **1.** Situation dominante (en matière politique, religieuse). ⇒ **hégémonie, prééminence. 2.** Domination, supériorité (intellectuelle, morale). ⇒ **ascendant.**

SUPRÉMATISME n. m. ▪ ARTS Théorie artistique et style pictural (abstraction géométrique dépouillée) du peintre russe Malevitch.

SUPRÊME ▪ **I.** adj. **1.** Qui est au-dessus de tous, dans son genre, dans son espèce. ⇒ **supérieur ; suprématie.** *Autorité suprême.* ⇒ **souverain.** ➝ RELIG. *L'Être suprême :* Dieu. ♦ Le plus élevé en valeur. *Le bonheur suprême.* ➝ loc. *Au suprême degré :* au plus haut degré. ⇒ **extrêmement. 2.** Qui est le dernier (avec une idée de solennité ou de tragique). *L'instant, l'heure suprême,* de la mort. ⇒ **dernier, ultime.** ➝ *Dans un suprême effort.* ⇒ **désespéré. II.** n. m. Filets (de poisson, de volaille) servis avec un velouté à la crème *(sauce suprême).*

SUPRÊMEMENT adv. ▪ Au suprême degré ; extrêmement.

① **SUR** prép. ▪ **I.** (Marque la position « en haut » ou « en dehors ») contr. *sous* **1.** (surface, chose qui en porte une autre) *Poser un objet sur une table. La clé est sur la porte. Le terrain sur lequel on a bâti.* ⇒ **où.** *Sur terre et sur mer.* ➝ (accumulation) *Les uns sur les autres.* ➝ *Sur soi :* avec soi, dans la poche... *Je n'ai pas d'argent sur moi.* ♦ *S'étendre sur :* couvrir (telle distance). *La plage s'étend sur huit kilomètres.* **2.** (surface ou chose atteinte) *Appuyer sur un bouton. Tirer sur qqn. Écrire sur un registre. Chercher sur une carte.* ♦ (en enlevant, en ôtant) *Prélever sur ses économies. Impôt sur le revenu.* ➝ (proportion) *Un jour sur deux.* **3.** (sans contact) ⇒ **au-dessus** de. *Les ponts sur la Seine.* **4.** (direction) *Sur votre droite.* ➝ *Foncer sur qqn.* **II.** abstrait **1.** (base, fondement) *Juger les gens sur la mine.* ⇒ d'**après.** *Jurer sur son honneur. Sur mesure.* ♦ Relativement à. *Apprendre qqch. sur qqn.* ⇒ **à propos** de. ➝ *Essai, propos sur...* **2.** (temporel) Immédiatement après, à la suite de. *Sur le coup. Fumer cigarette sur cigarette.* ➝ *Sur ce*.* ♦ (approximation) ⇒ **vers.** *Sur le soir.* ➝ *Être sur le départ,* près de partir. **3.** (supériorité) *Prendre l'avantage sur qqn.*

② **SUR, SURE** adj. ▪ Qui a un goût acide. ⇒ **aigrelet.** *Pommes sures.*

SUR- Élément tiré de ① *sur* qui signifie « plus haut, au-dessus », au sens spatial ou temporel (ex. *surélever, surlendemain*), ou qui marque l'excès (ex. *surdoué, surenchère*). ⇒ **hyper-, super-, sus-.**

SÛR, SÛRE adj. ▪ **I.** (personnes) *SÛR DE* **1.** Qui envisage avec confiance, qui tient pour assuré (un événement). ⇒ **certain, convaincu.** *Il est sûr du résultat ; de réussir.* ➝ *Être sûr de qqn,* avoir confiance en lui. ➝ *SÛR DE SOI :* qui se comporte avec assurance. *Il est sûr de lui, elle est sûre d'elle.* **2.** Qui sait avec certitude, qui est assuré de ne pas se tromper. *J'en suis sûr. Elle est sûre de gagner.* **II. 1.** (choses) Où l'on ne risque rien,

Surabaya. Vue aérienne.
Phot. © Charles Lénars

qui ne présente pas de danger (⇒ **sécurité, sûreté**). *Une cachette sûre.* – *En lieu sûr,* à l'abri. – *Ce sera plus sûr,* cela constituera une garantie. – *Le plus sûr est de,* le meilleur parti est de. **2.** En qui l'on peut avoir confiance. *Un ami sûr.* ♦ Sur quoi l'on peut compter. ⇒ **solide.** *Des valeurs sûres.* – loc. *À COUP SÛR :* sans risque d'échec. **3.** Qui fonctionne avec efficacité et exactitude. *Dessiner d'une main sûre. Un goût très sûr.* **4.** Dont on ne peut douter, qui est considéré comme vrai ou inéluctable. ⇒ **assuré, certain, évident, indubitable.** *La chose est sûre. Ce n'est pas si sûr. Ce qui est sûr, c'est que...* **5.** loc. adv. *BIEN SÛR :* c'est évident, cela va de soi. ⇒ **sûrement.** – FAM. *POUR SÛR :* certainement.

SURABAYA ▪ Ville d'Indonésie (Java). 2 410 417 hab. Port important (activités industrielles variées).

SURABONDANCE n. f. ▪ Abondance extrême ou excessive. ⇒ **pléthore, profusion.**

SURABONDANT, ANTE adj. ▪ Qui surabonde ; très ou trop abondant ou nombreux. ► adv. SURABONDAMMENT

SURABONDER v. intr. [1] ▪ LITTÉR. Exister en quantité plus grande qu'il n'est nécessaire. ⇒ **abonder.**

SURAIGU, UË [-gy] adj. ▪ (son...) Très aigu. *Une voix suraiguë.*

SURAJOUTER v. tr. [1] ▪ Ajouter (qqch. à ce qui est déjà complet), ajouter après coup.

SURAKARTA ▪ Ville d'Indonésie (Java). 503 827 hab. Capitale culturelle. Commerce.

SURALIMENTATION n. f. ▪ **1.** Alimentation plus riche que la normale (la ration d'entretien) ; alimentation trop riche. **2.** Action de suralimenter (un moteur).

SURALIMENTER v. tr. [1] ▪ **1.** Alimenter au-delà de la normale. – au p. p. *Animal suralimenté.* **2.** Fournir à (un moteur) une quantité de combustible supérieure à la normale.

SURANNÉ, ÉE adj. ▪ LITTÉR. Qui a cessé d'être en usage, qui évoque une époque révolue. ⇒ **démodé, désuet, obsolète, vieillot.**

SURAT ▪ Ville et port de l'Inde (Gujarat). 1 517 000 hab. Diamants.

SURATE n. f. ⇒ SOURATE

SURCHARGE n. f. ▪ **I. 1.** Charge ajoutée à la charge ordinaire, ou qui excède la charge permise. *Une surcharge de deux cents kilos.* **2.** Fait de surcharger, d'être surchargé. *Ascenseur en surcharge.* **3.** fig. Excès, surabondance. *Surcharge décorative.* **II.** Mot, inscription qui en recouvre un(e) autre.

SURCHARGÉ, ÉE adj. ▪ **1.** Qui est trop chargé. ♦ Qui a trop d'ornements. *Une décoration surchargée.* **2.** Qui a trop d'occupations, de travail. **3.** Qui porte une surcharge (II). *Brouillon surchargé.*

SURCHARGER v. tr. [3] ▪ **I. 1.** Charger d'un poids qui excède la charge ordinaire ou permise ; charger à l'excès. ♦ abstrait *Surcharger sa mémoire de chiffres.* ⇒ **encombrer. 2.** Imposer une charge excessive à (qqn). *Être surchargé d'impôts ; de travail.* **II.** Marquer d'une surcharge (manuscrite ou imprimée).

SURCHAUFFE n. f. ▪ **1.** Chauffage exagéré. – (moteur, etc.) Fait de chauffer au-delà de la normale. **2.** ÉCON. État de tension excessive dans l'activité économique.

SURCHAUFFÉ, ÉE adj. ▪ **1.** Chaud ou chauffé au-delà de ce qui convient. *Une pièce surchauffée.* **2.** fig. Surexcité, exalté. *Imagination surchauffée.*

SURCHAUFFER v. tr. [1] ▪ Chauffer à l'excès.

SURCLASSER v. tr. [1] ▪ Avoir une incontestable supériorité sur. *Il surclasse tous ses concurrents.* – (choses) *Ce produit surclasse tous les autres.*

SURCOMPOSÉ, ÉE adj. ▪ GRAMM. Se dit du temps composé d'un verbe dont l'auxiliaire est lui-même à un temps composé (ex. quand *j'ai eu terminé*).

SURCONSOMMATION n. f. ▪ Consommation excessive.

SURCOT n. m. ▪ HIST. Vêtement porté par-dessus la cotte, au Moyen Âge.

Robert SURCOUF (1773-1827) ▪ Corsaire et armateur français. Il sillonna l'océan Indien.

SURCOUPER v. intr. [1] ▪ (aux cartes) Couper avec un atout supérieur à celui avec lequel un autre joueur vient de couper.

SURCOÛT n. m. ▪ Coût supplémentaire.

SURCROÎT n. m. ▪ Ce qui vient s'ajouter à ce qu'on a déjà. ⇒ **supplément.** *Un surcroît de précautions. C'est un surcroît de travail.* – LITTÉR. *DE SURCROÎT, PAR SURCROÎT* loc. adv. : en plus, en outre.

SURDI-MUTITÉ n. f. ▪ État de sourd-muet.

SURDITÉ n. f. ▪ Affaiblissement ou abolition de l'ouïe (⇒ **sourd**).

SURDOSE n. f. ▪ Dose excessive (d'un stupéfiant, d'un médicament), susceptible d'entraîner la mort.

SURDOUÉ, ÉE adj. ▪ Dont l'intelligence (évaluée par des tests) est de beaucoup supérieure à la moyenne. *Un enfant surdoué.* – n. *Une surdouée.*

la SÛRE ▪ Rivière de Belgique et du Luxembourg, affluent de la Moselle. 173 km.

SUREAU n. m. ▪ Arbrisseau à baies rouges ou noires, dont la tige peut facilement s'évider. *Des sureaux.*

SUREFFECTIF n. m. ▪ Effectif trop important.

SURÉLÉVATION n. f. ▪ Action de surélever ; situation de ce qui est surélevé.

SURÉLEVER v. tr. [5] ▪ Donner plus de hauteur à. *Surélever une maison d'un étage.*

SÛREMENT adv. ▪ **1.** De manière sûre ; en sûreté. prov. *Qui va lentement va sûrement.* **2.** De manière sûre, qui ne saurait manquer. *L'expérience instruit plus sûrement que le conseil.* **3.** adv. de phrase, modifiant tout l'énoncé D'une manière certaine, évidente. ⇒ **certainement.** *On va sûrement le condamner.* - (en réponse) *Sûrement ! Sûrement pas !* **4.** De façon très probable. ⇒ sans **doute.** *Il est sûrement malade.*

SURENCHÈRE n. f. ▪ **1.** Enchère supérieure à la précédente. **2.** fig. Fait de surenchérir (2). *Surenchère électorale.*

SURENCHÉRIR v. intr. [2] ▪ **1.** Faire une surenchère. *Surenchérir dans une adjudication.* **2.** fig. *Surenchérir sur :* proposer, promettre plus que (qqn) ; renchérir sur (qqch.).

SURENDETTEMENT n. m. ▪ Endettement excessif.

SURESNES ▪ Commune des Hauts-de-Seine, à l'ouest de Paris. 35 998 hab. *(les Suresnois).* Mont Valérien (mémorial national de la Résistance).

SURESTIMATION n. f. ▪ Fait de surestimer.

SURESTIMER v. tr. [1] ▪ **1.** Estimer au-delà de son prix. **2.** Apprécier, estimer au-delà de son importance, de sa valeur. *Surestimer ses possibilités.* ⇒ **exagérer.** - pronom. *Il se surestime.*

SURET, ETTE adj. ▪ Légèrement sur, acide. *Un goût suret.*

SÛRETÉ n. f. ▪ **I. 1.** (VIEILLI, sauf en loc.) Absence de risque, de danger. ⇒ **sécurité.** prov. *Prudence est mère de sûreté.* - *Pour plus de sûreté...* - *EN SÛRETÉ :* à l'abri du danger. - *DE SÛRETÉ :* destiné à assurer une protection. *Verrou de sûreté.* **2.** Garantie, assurance d'ordre et de sécurité collective. *La sûreté publique. Atteintes à la sûreté de l'État.* ♦ *Sûreté nationale* et, absolt, *la Sûreté,* ancienne direction du ministère de l'Intérieur français, chargée de la police. **II.** Caractère de ce qui est sûr, sans danger ou sans risque d'erreur. *La sûreté de son jugement.* **III.** DR. Garantie. *Donner des sûretés à qqn.*

SURÉVALUER v. tr. [1] ▪ Évaluer au-dessus de sa valeur réelle. ► n. f. SURÉVALUATION

SUREXCITATION n. f. ▪ État d'excitation, de nervosité extrême.

SUREXCITÉ, ÉE adj. ▪ Qui est dans un état de surexcitation. ⇒ **survolté** (2).

SUREXCITER v. tr. [1] ▪ Exciter à l'extrême ; mettre dans un état d'exaltation, de nervosité extrême.

SUREXPOSER v. tr. [1] ▪ Exposer à la lumière (une pellicule, un film) plus longtemps que la normale. - au p. p. *Cliché surexposé.* ► n. f. SUREXPOSITION

SURF [sœʀf] n. m. ▪ anglic. **1.** Sport qui consiste à se laisser porter, sur une planche, par une vague déferlante. **2.** Planche permettant de pratiquer ce sport.

SURFACE n. f. ▪ **1.** Partie extérieure (d'un corps), qui le limite en tous sens ; face apparente. *La surface de la Terre. La surface de l'eau. Poissons qui nagent en surface,* près de la surface. - *FAIRE SURFACE.* ⇒ **émerger ;** fig. *faire, refaire surface :* réapparaître après une absence, revenir à la conscience. ♦ fig. Ce qu'on observe ou comprend d'abord, avec le moins d'effort ; les apparences (opposé à *fond*). *Rester à la surface des choses.* **2.** Aire, superficie. - DR. *Surface corrigée* (servant au calcul des loyers). - *Magasin À GRANDE SURFACE ;* absolt *grande surface.* ⇒ **hypermarché, supermarché.** - SPORTS *Surface de réparation*.* **3.** Figure géométrique à deux dimensions. - Zone de l'espace parcourue par une ligne qui se déplace. *Surface plane, courbe.* **4.** PHYS. Limite entre deux milieux physiques différents. *Surface de séparation.*

sureau. *Sambucus nigra,* sureau noir.
Phot. © Layer/Jacana

SURFAIT, AITE adj. ▪ Trop apprécié, inférieur à sa réputation.

SURFEUR, EUSE [sœʀfœʀ, øz] n. ▪ Personne qui pratique le surf.

SURFILER v. tr. [1] ▪ Passer un fil qui chevauche le bord de (un tissu) pour l'empêcher de s'effilocher. - au p. p. *Ourlet surfilé.*

SURGELÉ, ÉE adj. ▪ (aliment) Traité par surgélation. - n. m. *Décongélation des surgelés.*

SURGELER v. tr. [5] ▪ Congeler rapidement et à très basse température (un produit alimentaire.) ► n. f. SURGÉLATION

SURGÉNÉRATEUR, TRICE adj. ▪ TECHN. Qui produit plus de matière fissile qu'il n'en consomme. *Réacteur surgénérateur* et n. m. *un surgénérateur.* ◇ syn. *surrégénérateur, trice.*

surgénérateur. Le réacteur de Super-Phénix à Creys-Malville.
Phot. © Barromes/Pytkowicz/Gamma

SURGEON n. m. ▪ ARBOR. Rejet qui pousse au pied d'un arbre.

SURGÈRES ▪ Commune de Charente-Maritime. 6 049 hab. *(les Surgériens).* Église romane (XIIe s.).

SURGIR v. intr. [2] ▪ **1.** Apparaître brusquement en s'élevant, en sortant (de). *Avion qui surgit des nuages.* **2.** abstrait Se manifester brusquement. ⇒ **naître.** *Des difficultés surgissent.* ⇒ **jaillir.**

SURGISSEMENT n. m. ▪ LITTÉR. Fait de surgir ; brusque apparition.

SURHOMME n. m. ▪ Être humain doté de qualités, de capacités exceptionnelles. - PHILOS. (chez Nietzsche) Homme supérieur que doit engendrer l'avènement de la « volonté de puissance ».

SURHUMAIN, AINE adj. ▪ Qui apparaît au-dessus des forces et aptitudes humaines normales. *Un effort surhumain.*

SURIMI n. m. ▪ Préparation alimentaire à base de chair de poisson aromatisée au crabe.

SURIMPRESSION n. f. ▪ Impression de deux images ou plus sur une même surface sensible. *Trucage par surimpression.*

SURIN n. m. ▪ ARGOT Couteau, poignard.

le **SURINAM** ou **SURINAME** ▪ État (république) d'Amérique du Sud, limitrophe de la Guyane, aux deux tiers couvert par la forêt. 163 000 km². 415 000 hab. *(les Surinamiens).* Capitale : Paramaribo. Langue : néerlandais (officielle), langue caraïbe. Monnaie : guinée du Surinam. Importante production de bauxite, destinée à l'exportation. Cultures tropicales. Industries du sucre. Ancienne *Guyane hollandaise* (cédée par les Anglais en 1667), le pays est indépendant depuis 1975.

SURINER v. tr. [1] ▪ ARGOT Frapper, tuer à coups de couteau. ► n. m. SURINEUR

SURINFECTION n. f. ▪ Infection supplémentaire survenant au cours d'une maladie infectieuse.

SURINTENDANT n. m. ▪ Titre de certains ministres, sous l'Ancien Régime. *Le surintendant (des Finances) Fouquet.*

SURIR v. intr. [2] ▪ Devenir sur, un peu aigre. - au p. p. *Du lait suri.*

SURJECTION n. f. ▪ MATH. Application telle que tout élément de l'ensemble d'arrivée soit l'image d'au moins un élément de l'ensemble de départ (syn. *application surjective*).

SURJET n. m. ▪ Point de couture serré servant à assembler bord à bord. *Coudre en surjet* (*surjeter* v. tr. 4).

SURLENDEMAIN n. m. ▪ Jour qui suit le lendemain (⇒ **après-demain**).

SURLIGNEUR n. m. ▪ Marqueur à encre fluorescente qui sert à mettre en évidence une partie d'un texte. ▸ **SURLIGNER** v. tr. 1

SURLONGE n. f. ▪ Morceau du bœuf, à la hauteur des trois premières vertèbres dorsales.

SURMENAGE n. m. ▪ Fait de (se) surmener ; ensemble des troubles résultant d'un excès d'activité.

SURMENER v. tr. 5 ▪ Fatiguer à l'excès (jusqu'au surmenage). ‑ pronom. *Il se surmène.* ▸ **SURMENÉ, ÉE** adj. *Un élève surmené.* ‑ n. *Des surmenés.*

SURMOI n. m. ▪ PSYCH. L'une des trois instances de la personnalité (selon Freud), agissant sur le moi comme moyen de défense contre les pulsions, et qui se développe à partir des interdits parentaux.

SURMONTABLE adj. ▪ Qui peut être surmonté (3).

SURMONTER v. tr. 1 ▪ **1.** VX Franchir, passer par-dessus. **2.** Être placé, situé au-dessus de. *La coupole qui surmonte le Panthéon, à Paris.* **3.** abstrait Aller au-delà de (un obstacle...), par un effort victorieux. ⇒ **franchir.** *Surmonter toutes les difficultés.* ‑ Vaincre par un effort volontaire (une difficulté psychologique). *Surmonter sa peur.*

SURMULET n. m. ▪ Variété de rouget (poisson).

SURMULOT n. m. ▪ Gros rat commun.

SURNAGER v. intr. 3 ▪ **1.** Se soutenir, rester à la surface d'un liquide. ⇒ aussi **flotter.** *Débris qui surnagent après un naufrage.* **2.** fig. Subsister, se maintenir (parmi ce qui disparaît). *Souvenirs qui surnagent.*

SURNATUREL, ELLE adj. ▪ **1.** RELIG. D'origine divine. **2.** Qui dépasse, ne s'explique pas par les lois naturelles connues. ⇒ **magique.** *Phénomènes surnaturels* (⇒ **miraculeux**). ‑ n. m. *Admettre le surnaturel.* **3.** Extraordinaire, prodigieux. *Une beauté surnaturelle.* ⇒ **fantastique.**

SURNOM n. m. ▪ **1.** Nom ajouté (lorsqu'il ne s'agit pas du nom de famille). **2.** Nom que l'on substitue au véritable nom d'une personne. ⇒ aussi **sobriquet.**

SURNOMBRE n. m. ▪ *EN SURNOMBRE :* en trop, par rapport à un nombre normal. *Voyageurs en surnombre.* ⇒ **surnuméraire.**

SURNOMMER v. tr. 1 ▪ Désigner par un surnom.

SURNUMÉRAIRE adj. ▪ Qui est en surnombre.

SUROÎT n. m. ▪ **I.** MAR. Vent du sud-ouest. **II.** Chapeau de marin, imperméable.

SURPASSER v. tr. 1 ▪ **1.** VIEILLI Dépasser, excéder. **2.** Faire mieux que, être supérieur à (qqn) sous certains rapports. *Surpasser qqn en habileté.* ⇒ **surclasser.** ‑ pronom. *Se surpasser :* faire encore mieux qu'à l'ordinaire.

SURPEUPLÉ, ÉE adj. ▪ Où la population est trop nombreuse. *Un pays surpeuplé.*

SURPEUPLEMENT n. m. ▪ État d'un lieu surpeuplé ; peuplement excessif (par rapport aux ressources).

SURPIQÛRE n. f. ▪ Piqûre apparente, souvent décorative (sur un vêtement, un soulier).

SURPLIS n. m. ▪ Vêtement liturgique, souvent plissé, porté par-dessus la soutane.

SURPLOMB [-plɔ̃] n. m. ▪ Partie (d'un bâtiment...) qui est en saillie par rapport à la base. ‑ *EN SURPLOMB :* qui présente un surplomb.

SURPLOMBANT, ANTE adj. ▪ Qui surplombe, fait saillie.

SURPLOMBER v. 1 ▪ **1.** v. intr. Dépasser par le sommet la ligne de l'aplomb. *Mur qui surplombe.* **2.** v. tr. Dominer, faire saillie au-dessus de. *Le viaduc surplombe le port.*

SURPLUS n. m. ▪ **1.** Ce qui excède la quantité, la somme voulue. ⇒ **excédent.** ‑ Stock vendu à bas prix. **2.** loc. LITTÉR. *AU SURPLUS :* au reste, d'ailleurs.

SURPOPULATION n. f. ▪ Population excessive (par rapport aux ressources).

SURPRENANT, ANTE adj. ▪ **1.** Qui surprend, étonne. ⇒ **étonnant ; inattendu.** **2.** Remarquable. *Des progrès surprenants.*

SURPRENDRE v. tr. 58 ▪ **1.** VX Abuser, tromper. ‑ MOD. loc. *Surprendre la confiance, la bonne foi de qqn.* **2.** Prendre sur le fait. *Surprendre un voleur.* ⇒ FAM. **pincer.** *Surprendre qqn en train de faire qqch.* **3.** Découvrir (ce que qqn cache). *Surprendre un secret.* **4.** Se présenter inopinément à (qqn). *Surprendre qqn chez lui.* ♦ Attaquer par surprise. *Surprendre l'ennemi.* ♦ (sujet chose) *L'orage nous a surpris.* **5.** Frapper l'esprit de (qqn qui ne s'y attend pas ou s'attend à autre chose). ⇒ **déconcerter, étonner, stupéfier.** *Vous me surprenez, cela semble incroyable.* ‑ passif et p. p. *J'en suis surpris, agréablement surpris.* ▸ **SE SURPRENDRE** v. pron. *Se surprendre à* (+ inf.) : se découvrir soudain en train de. *Je me suis surprise à la tutoyer.*

SURPRESSION n. f. ▪ TECHN. Pression supérieure à la normale.

SURPRISE n. f. ▪ **1.** Action ou attaque inopinée (surtout dans PAR SURPRISE). *Vous avez obtenu mon accord par surprise.* **2.** État d'une personne surprise, émotion provoquée par qqch. d'inattendu. ⇒ **étonnement.** *Sa surprise n'est pas feinte. Exclamation de surprise. À ma grande surprise...* **3.** Ce qui surprend ; chose inattendue. *Une bonne, une mauvaise surprise. Un voyage sans surprise(s),* qui se passe normalement. ‑ appos. *Grève surprise,* inattendue, soudaine. **4.** Plaisir ou cadeau fait à qqn de manière à le surprendre agréablement. *Préparer une surprise à qqn.* ‑ appos. *Pochette*-surprise.*

SURPRISE-PARTIE n. f. ▪ VIEILLI Soirée ou après-midi dansante de jeunes gens. ⇒ **boum, réunion.** *Des surprises-parties.*

SURPRODUCTION n. f. ▪ Production excessive.

SURRÉALISME [-RR-] n. m. ▪ Ensemble de procédés de création et d'expression utilisant des forces psychiques (automatisme, rêve, inconscient) libérées du contrôle de la raison ; mouvement littéraire et artistique se réclamant de ces procédés. ■ Le surréalisme, mouvement littéraire et artistique fondé par André Breton en 1924 *("Manifeste du surréalisme")* et dissous en 1969, fut surtout un état d'esprit : écriture automatique, rejet de la rationalité, nouvel humanisme fondé sur le rêve, la toute-puissance de l'imagination et de l'amour, volonté de révolution sociale marquée notamment par l'entrée des principaux membres du mouvement au parti communiste (1927). Succédant au mouvement dada, le surréalisme en garda la virulence mais en refusa le nihilisme. Autour de Breton, les principaux surréalistes furent les poètes Aragon, Eluard, Desnos, Artaud, Char ; les artistes Marcel Duchamp, Max Ernst, Miró, Dalí, Magritte, Masson ; le photographe Man Ray ; le cinéaste Luis Buñuel.

SURRÉALISTE [-RR-] adj. ▪ **1.** Du surréalisme. *La poésie surréaliste.* ‑ *Peintre surréaliste.* ‑ n. *Les surréalistes belges.* **2.** Qui évoque l'art surréaliste (par l'étrangeté...). *Un paysage surréaliste.* **3.** FAM. Extravagant.

SURRÉGÉNÉRATEUR, TRICE [-RR-] adj. ▪ TECHN. *Réacteur surrégénérateur* et n. m. *un surrégénérateur.* ⇒ **surgénérateur.**

SURRÉGIME [-RR-] n. m. ▪ TECHN. Régime (d'un moteur) supérieur au régime normal.

SURRÉNAL, ALE, AUX [-(R)R-] adj. ▪ Placé au-dessus du rein. ‑ *Glande surrénale* et n. f. *surrénale :* chacune des deux glandes endocrines qui produisent l'adrénaline.

le SURREY ▪ Comté du sud de l'Angleterre. 1 655 km². 650 000 hab. Chef-lieu : Kingston upon Thames (140 000 hab.).

SURSAUT n. m. ▪ **1.** Mouvement involontaire qui fait qu'on se dresse brusquement. ⇒ **soubresaut.** ♦ *Se réveiller EN SURSAUT,* brusquement. **2.** Regain subit (d'un sentiment conduisant à une réaction vive). *Un sursaut d'indignation ; d'énergie.*

SURSAUTER v. intr. 1 ▪ Avoir un sursaut. ⇒ **tressaillir, tressauter.** *Sursauter de peur.*

SURSEOIR [-SWAR] v. tr. ind. 26 (forme en *-oi*) ▪ *SURSEOIR À :* attendre l'expiration d'un délai pour procéder à (un acte juridique...). ⇒ **différer, remettre.** *Surseoir à l'exécution d'une peine* (⇒ **sursis**).

SURSIS n. m. ▪ **1.** Décision de surseoir à qqch ; remise à une date postérieure. ‑ *Sursis (à l'exécution des peines),* accordé sous condition par le tribunal à un délinquant. ‑ *Sursis (d'incorporation),* report du service militaire. **2.** Période de répit. ⇒ **délai.** ‑ *EN SURSIS. Un condamné, un mort en sursis.*

SURSITAIRE adj. et n. ▪ (Personne) qui bénéficie d'un sursis, notamment d'un sursis d'incorporation.

SURTAXE n. f. ▪ Majoration d'une taxe ; droit perçu en même temps qu'une autre taxe.

① **SURTOUT** adv. ▪ **1.** Avant tout, plus que toute autre chose. ‑ (renforçant un ordre...) *Surtout ne dites rien !* **2.** Plus particulièrement. ⇒ **principalement.** **3.** FAM. (emploi critiqué) *SURTOUT QUE :* d'autant plus que.

Max Ernst, *Au rendez-vous des amis,* 1922. Musée Ludwig, Cologne. *Phot. © Giraudon*

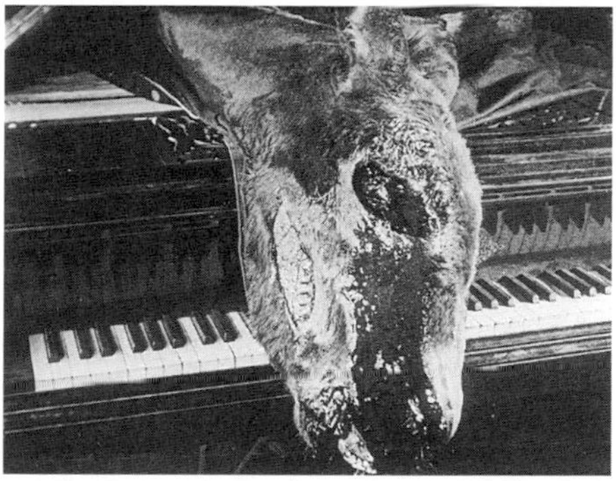

Buñuel, une séquence du film *Un chien andalou,* 1928, scénario de Salvador Dalí et Luis Buñuel. *Phot. © Coll. Christophe L.*

Paul et Nusch Eluard, Valentine Hugo et André Breton, *Cadavre exquis,* 1934. Musée d'Art et d'Histoire, Saint-Denis. *Phot. © de Selva/Tapabor*

surréalisme.

② **SURTOUT** n. m. ▪ Pièce de vaisselle ou d'orfèvrerie décorative, qu'on place sur une table.

SURVEILLANCE n. f. ▪ Fait de surveiller ; ensemble des actes par lesquels on exerce un contrôle suivi. *Tromper la surveillance de qqn. Une surveillance attentive.* ◆ *Surveillance militaire, policière.* ♦ *Surveillance médicale,* situation d'un malade, d'un blessé qui est suivi attentivement par des médecins.

SURVEILLANT, ANTE n. ▪ **1.** Personne qui surveille ce dont elle a la responsabilité. ⇒ **garde, gardien. 2.** Personne chargée de la discipline, dans un établissement d'enseignement, une communauté. *Surveillant d'internat.* ⇒ FAM. **pion.** ◆ anciennt *Surveillant(e) général(e),* dans un lycée (abrév. FAM. SURGÉ).

SURVEILLER v. tr. 1 ▪ **1.** Observer avec une attention soutenue, de manière à exercer un contrôle, à éviter un danger. *Surveiller qqn ; son comportement.* ◆ au p. p. *LIBERTÉ SURVEILLÉE :* situation de délinquants laissés libres mais soumis à une surveillance. **2.** Suivre avec attention (un processus) de manière à contrôler son déroulement. ⇒ **inspecter. 3.** Être attentif à (ce que l'on fait...). *Surveiller son langage ; sa ligne.* ◆ pronom. *Il ne se surveille pas assez.*

SURVENIR v. intr. 22 ▪ Arriver, venir à l'improviste, brusquement. *Il survint alors que nous parlions justement de lui.* ◆ *Une grave crise est survenue.*

SURVESTE n. f. ▪ Veste ample qui se porte sur une autre veste.

SURVÊTEMENT n. m. ▪ Blouson, pantalon molletonné que les sportifs passent sur leur tenue de sport. ⇒ aussi **jogging.** ◇ abrév. FAM. SURVÊT.

SURVIE n. f. ▪ **1.** Vie après la mort (dans les croyances religieuses). **2.** Fait de survivre, de se maintenir en vie. *Chances de survie d'un blessé. Équipement de survie.*

SURVIVANCE n. f. ▪ **1.** LITTÉR. Fait de survivre, de continuer à vivre. **2.** Ce qui survit, ce qui subsiste (d'une chose disparue). ⇒ **vestige.** *Une survivance du passé.*

SURVIVANT, ANTE adj. ▪ **1.** Qui survit à qqn, à d'autres. DR. *L'époux survivant.* **2.** Qui survit à une époque, à une société. – n. *Les survivants d'une époque révolue.* ♦ (choses) Qui subsiste. *Une tradition survivante.* **3.** Qui a échappé à la mort (là où d'autres sont morts). ⇒ **rescapé.** – n. *Il n'y a aucun survivant.*

SURVIVRE v. tr. ind. [46] ▪ *SURVIVRE À* ▪ **1.** Demeurer en vie après la mort de (qqn). *Elle a survécu à tous les siens.* – Vivre encore après (un temps révolu, une chose passée). **2.** (choses) Exister encore après, durer plus longtemps que. *L'œuvre d'art survit à l'artiste.* **3.** Continuer à vivre après (une chose insupportable). *Survivre à la honte.* **4.** Échapper à (une mort violente et collective). *Il a survécu à la catastrophe* (⇒ **survivant**). **5.** absolt Continuer à vivre, rester en vie. *L'espoir de survivre.* ♦ (choses) ⇒ **subsister.** *Rien ne survivra de cette œuvre.* ► **SE SURVIVRE** v. pron. **1.** Vivre encore (dans qqn, qqch.), après sa mort. *Il se survit dans ses enfants.* **2.** Vivre encore (alors qu'on a perdu ses qualités, etc., ou qu'on estime sa vie achevée). *Cet auteur se survit, il n'écrit plus rien de bon.*

SURVOL n. m. ▪ Action de survoler (1 ou 2).

SURVOLER v. tr. [1] ▪ **1.** (oiseau, avion...) Voler au-dessus de. *Nous avons survolé les Alpes.* **2.** Examiner de façon rapide et superficielle. *Il n'a fait que survoler la question.*

SURVOLTÉ, ÉE adj. ▪ **1.** (courant, appareil) Dont la tension est anormalement élevée. **2.** Dont la tension nerveuse est extrême. ⇒ **surexcité.** – *Une atmosphère survoltée.*

SURVOLTER v. tr. [1] ▪ **1.** Augmenter la tension électrique de (qqch.) au-delà de la valeur normale. **2.** Rendre survolté (2).

SUS [sy(s)] adv. ▪ **1.** LITTÉR. → dessus. – *Courir sus à l'ennemi,* l'attaquer. **2.** *EN SUS DE* loc. prép. : en plus de. ⇒ **outre.**

SUS- Élément tiré de l'adv. *sus,* qui signifie « en haut, plus haut, sur ». ⇒ **sur-.**

SUSCEPTIBILITÉ n. f. ▪ Caractère d'une personne susceptible. *Ménager la susceptibilité de qqn.*

SUSCEPTIBLE adj. ▪ **I.** *SUSCEPTIBLE DE* **1.** Qui peut présenter (un caractère), recevoir (une impression), subir (une modification). *Texte susceptible d'interprétations différentes.* **2.** (+ inf.) Capable de (à l'occasion). *Propositions susceptibles d'intéresser qqn. Il est susceptible d'accepter.* **II.** (personnes) Particulièrement sensible dans son amour-propre ; qui se vexe, s'offense facilement. ⇒ **chatouilleux, ombrageux.**

SUSCITER v. tr. [1] ▪ **1.** LITTÉR. Faire naître, exister, agir (qqch. ; qqn) pour aider ou pour contrecarrer (qqn). ⇒ **créer.** *On lui a suscité des ennuis, des adversaires.* **2.** Faire naître (un sentiment, une idée). ⇒ **éveiller, exciter, provoquer, soulever.** *Susciter l'admiration.* – *Susciter des plaisanteries.*

SUSCRIPTION n. f. ▪ **1.** ADMIN. Adresse d'une lettre. **2.** DR. *Acte de suscription,* par lequel un notaire constate qu'on lui a présenté un testament.

SUSDIT, DITE [sysdi, dit] adj. ▪ DIDACT. Dit, mentionné ci-dessus.

SUSE ▪ Site archéologique d'Iran, capitale d'Élam. Palais de Darius.

SUSHI [suʃi] n. m. ▪ Plat japonais fait de riz assaisonné accompagné de lamelles de poisson cru.

Heinrich SUSO (v. 1295 - 1366) ▪ Théologien et mystique suisse. Disciple d'Eckhart.

SUSPECT, ECTE [-ɛ(kt), ɛkt] adj. ▪ **1.** (personnes) Qui est soupçonné ou éveille les soupçons. *Un individu suspect.* ⇒ **douteux, louche.** *Se rendre suspect.* – n. *Trois suspects ont été arrêtés.* ♦ *Suspect de :* que l'on soupçonne ou peut soupçonner de (⇒ **suspicion**). **2.** (choses) Qui éveille les soupçons ou le doute. *Un témoignage suspect.* – *Un savoir suspect.*

SUSPECTER v. tr. [1] ▪ Tenir pour suspect (qqn, qqch.). ⇒ **soupçonner.** *On suspecte sa bonne foi. On le suspecte de mensonge, d'avoir menti.*

SUSPENDRE v. tr. [41] ▪ **I.** (sens temporel) **1.** Interrompre (une action) pour quelque temps. ⇒ **arrêter.** *On a suspendu la séance ; les combats sont suspendus* (⇒ **suspension**). **2.** Mettre un terme aux activités de, aux effets de. *Suspendre la publication d'un journal.* – Destituer provisoirement (qqn). **3.** Remettre à plus tard, réserver. *Suspendre son jugement.* **II.** (Faire pendre). Tenir ou faire tenir (qqch., qqn), de manière à faire pendre. *Suspendre un lustre au plafond* (⇒ **suspension**), un tableau au mur. – au p. p. *Jambon suspendu à un crochet.* **III.** (passif) loc. *Être suspendu aux lèvres de qqn,* l'écouter avec avidité (→ boire ses paroles). ► **SUSPENDU, UE** adj. **1.** *PONT SUSPENDU,* dont le tablier est maintenu par des câbles. ♦ *Véhicule BIEN, MAL SUSPENDU,* dont la suspension est plus ou moins souple. **2.** Qui se tient à une certaine hauteur. *Jardins suspendus,* en terrasses. – GÉOGR. *Vallée suspendue.*

SUSPENS n. m. ▪ **1.** *EN SUSPENS* loc. adv. : dans l'indécision ; sans solution, sans achèvement. *La question reste en suspens.* **2.** LITTÉR. Incertitude, appréhension ; attente angoissée (→ l'anglic. suspense).

SUSPENSE [syspɛns] n. m. ▪ anglic. Moment ou passage (film, récit...) qui fait naître un sentiment d'attente angoissée ; ce sentiment. ⇒ aussi **suspens** (2).

SUSPENSION n. f. ▪ **I.** (→ suspendre, I) **1.** Interruption ou remise à plus tard. – loc. *Suspension d'armes :* arrêt concerté des opérations de guerre. ⇒ **trêve.** *Suspension d'audience* (décidée par le président du tribunal). **2.** Fait de retirer ses fonctions (à un magistrat, etc.). **3.** *POINTS DE SUSPENSION :* signe de ponctuation (...) qui marque l'interruption d'un énoncé, une coupure dans un texte. **II.** (→ suspendre, II) **1.** Manière dont un objet suspendu est maintenu en équilibre stable. *La suspension du tablier d'un pont.* ♦ Appui élastique (d'un véhicule) sur ses roues. *Une bonne suspension.* – Ensemble des pièces (amortisseurs, ressorts...) assurant la liaison élastique du véhicule et des roues. **2.** CHIM. (surtout dans *en suspension*) État d'un solide en fines particules divisées dans un liquide ou un gaz. **3.** Appareil d'éclairage destiné à être suspendu. ⇒ **lustre.**

SUSPICIEUX, EUSE adj. ▪ LITTÉR. Plein de suspicion. ⇒ **soupçonneux.** *Un regard suspicieux.*

SUSPICION n. f. ▪ LITTÉR. Fait de considérer comme suspect. ⇒ **défiance, méfiance.** *Un regard plein de suspicion.* ⇒ **soupçon.** *Tenir qqn en suspicion.*

le SUSSEX ▪ Région du sud de l'Angleterre divisée en deux comtés. ► **l'EAST SUSSEX.** 1 795 km². 720 000 hab. Chef-lieu : Lewes (13 800 hab.). ► **le WEST SUSSEX.** 2 016 km². 710 000 hab. Chef-lieu : Chichester (24 200 hab.). Des falaises crayeuses bordent la côte de la Manche. Tourisme.

SUSTENTATION n. f. ▪ DIDACT. **I.** Fait de sustenter. *La sustentation d'un malade.* **II.** Fait de (se) soutenir en équilibre. – loc. *Polygone de sustentation,* formé par des points d'appui qui permettent un équilibre stable.

SUSTENTER v. tr. [1] ▪ DIDACT. Soutenir les forces de (qqn) par la nourriture. ► **SE SUSTENTER** v. pron. plais. Se nourrir. ⇒ se **restaurer.**

SUSURRER [sys-] v. [1] ▪ **1.** v. intr. Murmurer doucement. ⇒ **chuchoter.** **2.** v. tr. Dire en susurrant. *Susurrer des mots doux à qqn.*

SUTURE n. f. ▪ Réunion, à l'aide de fils, de parties de chair coupées. *Des points de suture.*

SUVA ▪ Capitale et principal port des îles Fidji. 71 608 hab.

SUWŎN ou **SU-WEON** ▪ Ville de la Corée-du-Sud. 431 000 hab. Ancienne capitale de la Corée, de 1392 à 1910.

SUZANNE ▪ Personnage biblique, héroïne d'un des suppléments grecs au Livre de Daniel. Elle est l'objet des convoitises de deux vieillards qui la surprennent au bain et, sur son refus, l'accusent d'adultère. Mais Daniel les convainc de faux témoignage.

SUZERAIN, AINE n. ▪ HIST. Seigneur qui avait concédé un fief à un vassal (système féodal). *Le suzerain devait protection et justice à ses vassaux.*

SUZERAINETÉ n. f. ▪ HIST. Qualité de suzerain.

SUZHOU ou **SOU-TCHÉOU** ▪ Ville de Chine (Jiangsu), sur le Grand Canal. 844 400 hab. Industrie de la soie (broderie). Centre d'artistes et de lettrés jusqu'à la fin du XIXe s., la ville est réputée pour ses canaux et ses jardins.

Suzhou. Le grand canal. *Phot. © J.M. Charles/Rapho*

le SVALBARD ▪ Archipel norvégien de l'océan Arctique. 62 050 km². 3 544 hab. On y pratiqua la chasse à la baleine. Station radio et météorologique.

SVASTIKA ou **SWASTIKA** [svastika] **n. m.** ▪ Symbole religieux hindou, croix aux branches coudées. – *La croix gammée* est un svastika aux branches coudées vers la droite.*

SVELTE adj. ▪ Qui produit une impression de légèreté, de souplesse, par sa forme élancée. ⇒ **fin, mince.** *Un jeune homme svelte.* – *Une taille svelte.* ► **n. f.** SVELTESSE

SVERDLOVSK → **Iekaterinbourg**

Italo SVEVO (1861 - 1928) ▪ Romancier italien. Originaire de Trieste, à la charnière des cultures austro-allemande et italienne, il composa, encouragé par Joyce, une œuvre d'introspection lucide et ironique. *"La Conscience de Zeno"* (1923).

S.V.P. [silvuplɛ ; ɛsvepe] ▪ Abréviation de *s'il vous plaît.*

SWAHILI, IE [swaili] ▪ **1. n. m.** Langue bantoue parlée dans l'est de l'Afrique. **2. adj.** Du swahili. *Grammaire swahilie.* ◇ var. SOUAHÉLI, IE.

SWANSEA ▪ Ville et port du pays de Galles, chef-lieu du West-Glamorgan. 190 000 hab. Métallurgie, raffinerie de pétrole.

le royaume du SWAZILAND ou **NGWANE** ▪ État d'Afrique australe entre le Mozambique et l'Afrique du Sud. 17 363 km². 800 000 hab. *(les Swazis).* Capitale : Mbabane. Autre ville : Manzini (18 084 hab.). Langues officielles : anglais, siswati. Monnaie : lilangeni. Agriculture variée. Élevage important. Richesses minières (fer, amiante). Le pays est dépendant de l'Afrique du Sud. Ancien protectorat britannique, indépendant depuis 1968. Membre du Commonwealth.

SWEATER [switœʀ ; swɛtœʀ] **n. m.** ▪ anglic. Gilet en maille, à manches longues.

SWEAT-SHIRT [switʃœʀt ; swɛtʃœʀt] **n. m.** ▪ anglic. Vêtement de sport, pull-over (en coton, tissu éponge, etc.) serrant la taille et les poignets. *Des sweat-shirts.* ◇ abrév. SWEAT.

Emanuel SWEDENBORG (1688 - 1772) ▪ Savant et théosophe suédois. Il fonda une secte mystique qui eut de nombreux adeptes, surtout en Angleterre et aux États-Unis.

Jan Peterszoon SWEELINCK (1562 - 1621) ▪ Organiste et compositeur néerlandais. Il renouvela la musique pour orgue et clavecin.

SWEEPSTAKE [swipstɛk] **n. m.** ▪ anglic. Loterie basée sur une course de chevaux. *Des sweepstakes.*

Jonathan SWIFT (1667 - 1745) ▪ Écrivain irlandais. Auteur des célèbres *"Voyages de Lemuel Gulliver"* (1726) et de pamphlets d'un humour féroce et pessimiste où il prend la défense de son pays.

Algernon Charles SWINBURNE (1837 - 1909) ▪ Poète et critique britannique, héritier de la tradition romantique. Il célébra la révolte pour la liberté totale. *"Poèmes et Ballades"* (1866-1878-1889).

① **SWING** [swiŋ] **n. m.** ▪ anglic. **1.** BOXE Large coup de poing donné en ramenant le bras vers l'intérieur. **2.** GOLF Mouvement de balancement du joueur qui frappe la balle.

② **SWING** [swiŋ] **n. m.** ▪ anglic. **1.** VIEILLI Danse sur une musique très rythmée, inspirée du jazz américain ; cette musique. – appos. *Orchestre swing.* **2.** Qualité rythmique (fluidité, pulsation...) propre à la musique de jazz. *Cet orchestre a du swing.*

SWINGUER [swiŋge] **v. intr.** [1] ▪ anglic. Jouer avec swing ; avoir du swing.

SY- ⇒ SYN-

SYBARIS ▪ Ancienne ville d'Italie, célèbre pour son luxe et les mœurs libres de ses habitants. *(les Sybarites).*

SYBARITE n. ▪ LITTÉR. Personne qui recherche les plaisirs de la vie dans une atmosphère de luxe et de raffinement. ⇒ **jouisseur, voluptueux.** ► **n. m.** SYBARITISME

SYCOMORE n. m. ▪ **1.** Figuier originaire d'Égypte, au bois très léger et imputrescible. **2.** Érable aussi appelé *faux platane.*

SYCOPHANTE n. m. ▪ LITTÉR. Délateur ; espion.

Thomas SYDENHAM (1624 - 1689) ▪ Médecin anglais, inventeur du laudanum. Il fut surnommé « l'Hippocrate d'Angleterre ».

SYDNEY ▪ 1re ville et 1er port d'Australie, capitale de l'État de Nouvelle-Galles-du-Sud, sur l'océan Pacifique. 3 656 900 hab. Premier marché mondial de la laine. Industries.

Sydney. L'Opéra de Sydney construit par Jørn Utzon.
Phot. © Charles Lénars

SYKTYVKAR ▪ Ville de Russie, capitale de la république des Komis. 225 000 hab. Port fluvial, chantiers navals. Industries du bois.

SYL- ⇒ SYN-

SYLLA (138 - 78 av. J.-C.) ▪ Général et homme d'État romain. Maître de Rome, après avoir mené des campagnes victorieuses en Grèce et en Asie, nommé « dictateur à vie » en 82 av. J.-C., il se retira en 79. Sa rivalité avec Marius marqua le début des troubles qui entraînèrent la fin de la république.

SYLLABAIRE n. m. ▪ **1.** Manuel, livre élémentaire de lecture qui présente les mots décomposés en syllabes. ⇒ **alphabet** (2). **2.** DIDACT. Signe d'une écriture syllabique.

SYLLABE n. f. ▪ Voyelle, consonne ou groupe de consonnes et de voyelles se prononçant d'une seule émission de voix. *Parler en détachant les syllabes.* – *Il n'a pas prononcé une syllabe,* un seul mot.

SYLLABIQUE adj. ▪ De la syllabe. *Écriture syllabique,* où chaque syllabe est représentée par un signe.

SYLLEPSE n. f. ▪ GRAMM. Tour syntaxique qui consiste à faire l'accord des mots selon le sens, et non selon les règles grammaticales (ex. « minuit sonnèrent »).

SYLLOGISME n. m. ▪ **1.** Raisonnement déductif rigoureux qui, ne supposant aucune proposition étrangère sous-entendue, lie des prémisses* à une conclusion (ex. « si tout B est A et si tout C est B, alors tout C est A »). **2.** péj. Raisonnement purement formel, étranger au réel. ► **adj.** SYLLOGISTIQUE

sycomore. *Acer pseudoplatanus,* érable sycomore. *Phot. © Moiton/Jacana*

Odilon Redon, *Bouddha,* pastel.
Musée d'Orsay, Paris.
Phot. © Lauros/Giraudon

Gustave Moreau, *L'Apparition,* 1876
Musée Gustave Moreau, Paris. *Phot. © Arch. Smeets*

symbolisme.

SYLPHE n. m. ▪ Génie aérien des mythologies gauloise, celtique et germanique. ⇒ **elfe.**

SYLPHIDE n. f. ▪ LITTÉR. Génie aérien féminin plein de grâce. - *Une taille de sylphide,* très mince.

SYLVAIN n. m. ▪ DIDACT. Divinité des forêts (mythol. latine).

SYLVESTRE adj. ▪ LITTÉR. Relatif, propre aux forêts, aux bois. - *Pin sylvestre* (à l'écorce orangée, vers la cime).

SYLVESTRE II → **Gerbert d'Aurillac**

SYLV(I)- Élément, du latin *sylva* (ou *silva*) « forêt ».

SYLVICULTURE n. f. ▪ Exploitation rationnelle des arbres forestiers (entretien, reboisement, etc.). ⇒ **foresterie ; arboriculture.**

SYM- ⇒ SYN-

SYMBIOSE n. f. ▪ **1.** SC. Association biologique, durable et réciproquement profitable, entre deux organismes vivants. *Algue et champignon vivant en symbiose* (lichen). **2.** LITTÉR. Étroite union. ⇒ **fusion.** - *Vivre en symbiose avec qqn.*

SYMBIOTIQUE adj. ▪ SC. Relatif à la symbiose.

SYMBOLE n. m. ▪ **I.** RELIG. Formule dans laquelle l'Église chrétienne résume sa foi. ⇒ **credo.** *Le Symbole des apôtres.* **II. 1.** Être, objet ou fait perceptible, identifiable, qui, par sa forme ou sa nature, évoque spontanément (dans un groupe social donné) quelque chose d'abstrait ou d'absent. ⇒ **signe.** *La colombe, symbole de la paix.* - *Mythes et symboles populaires.* ♦ LITTÉR. Image ou énoncé à valeur évocatrice. ⇒ **allégorie, image, métaphore. 2.** Ce qui, en vertu d'une convention arbitraire, correspond à ce qu'il désigne. *Symbole algébrique. O, symbole chimique de l'oxygène.* **3.** Personne qui incarne, représente, évoque (qqch.) de façon exemplaire. ⇒ **personnification.** *Elle est le symbole de la générosité.*

SYMBOLIQUE ▪ **I.** adj. **1.** Qui constitue un symbole, repose sur un ou des symboles. ⇒ **allégorique, emblématique. 2.** Qui vaut surtout par ce qu'il représente ; qui est le signe d'autre chose. *Le franc symbolique de dommages et intérêts.* **II.** n. f. **1.** Système de symboles. **2.** Étude, théorie des symboles. ⇒ **sémiologie, sémiotique.**

SYMBOLIQUEMENT adv. ▪ D'une manière symbolique.

SYMBOLISER v. tr. 1 ▪ **1.** Représenter par un symbole. **2.** (personnes ou choses) Être le symbole de (une abstraction).

SYMBOLISME n. m. ▪ **1.** Figuration par des symboles ; système de symboles. *Le symbolisme religieux. Le symbolisme des masques africains.* **2.** Mouvement littéraire et d'arts plastiques (de la fin du XIXe siècle) qui s'efforça de fonder l'art sur une vision symbolique et spirituelle du monde. ■ Le symbolisme se constitua en France de 1875 à 1885 et se développa en Europe. D'abord littéraire, issu d'une réaction contre la « vulgarité » du réalisme, il privilégie l'analogie et le pouvoir de suggestion du langage, qui met en rapport la réalité et l'idée. Formé d'abord autour de Verlaine, de l'œuvre de Rimbaud, de Mallarmé qui s'en fit le théoricien, le mouvement se poursuivit avec les poètes Jean Moréas, Gustave Kahn, René Ghil, les prosateurs Villiers de L'Isle-Adam, Huysmans, Remy de Gourmont, le dramaturge Maurice Maeterlinck. Hors de France, l'Irlandais W. B. Yeats, l'Allemand Stefan George, les Russes A. Blok, Brioussov, A. Bély relèvent du symbolisme. Les peintres symbolistes s'adressent à l'esprit autant qu'au regard, dans des œuvres d'inspiration souvent littéraire : Puvis de Chavannes, Moreau, Odilon Redon, Félicien Rops, A. Böcklin.

SYMBOLISTE adj. ▪ Du symbolisme (2) ; partisan du symbolisme. - n. *Les symbolistes.*

SYMÉTRIE n. f. ▪ **1.** LITTÉR. Régularité et harmonie, dans les parties d'un objet ou dans la disposition d'objets semblables. **2.** Distribution régulière de parties, d'objets semblables de part et d'autre d'un axe, autour d'un centre. *La parfaite symétrie des deux ailes d'un château.* - *Axe de symétrie :* droite par rapport à laquelle il y a symétrie. ♦ fig. Similitude (de phénomènes, de situations).

SYMÉTRIQUE adj. ▪ Qui présente une symétrie ; qui est en rapport de symétrie (2). ► adv. SYMÉTRIQUEMENT

SYMPA adj. ⇒ SYMPATHIQUE

SYMPATHIE n. f. ▪ **1.** VX Similitude de sentiments (entre deux ou plusieurs personnes). ⇒ **accord, harmonie. 2.** Relations entre personnes qui, ayant des affinités, se conviennent, se plaisent. ⇒ **entente. 3.** Sentiment chaleureux et spontané qu'une personne éprouve (pour une autre). ⇒ **amitié, cordialité, inclination ;** contr. *antipathie. Avoir de la sympathie pour qqn.* ♦ Bonne disposition (à l'égard d'une action, d'une production humaine). *Accueillir un projet avec sympathie.* **4.** LITTÉR. Participation à la douleur d'autrui : fait de ressentir ce qui touche autrui. ⇒ **compassion ; empathie.**

SYMPATHIQUE adj. ▪ **I. 1.** VX Qui est en relation, en affinité avec (autre chose). - MOD. loc. *Encre* sympathique.* **2.** n. m. PHYSIOL. *LE SYMPATHIQUE :* le système nerveux périphérique (syn. *orthosympathique*) qui commande les mouvements inconscients, incontrôlés comme ceux de l'œil, du cœur, des poumons, etc. **3.** LITTÉR. Relatif à la sympathie entre personnes. **II.** (personnes) Qui inspire la sympathie. ⇒ **agréable, aimable** ; contr. *antipathique. Je le trouve très sympathique ; il m'est très sympathique.* ♦ (choses) *Un geste sympathique.* - FAM. Très agréable. *Une soirée sympathique.* ◇ abrév. FAM. SYMPA (invar.).

SYMPATHIQUEMENT adv. ▪ Avec sympathie ; d'une façon sympathique.

SYMPATHISANT, ANTE n. ▪ Personne qui, sans appartenir à un parti, à un groupe, approuve l'essentiel de sa politique, de son action. *Les militants et les sympathisants.*

SYMPATHISER v. intr. 1 ▪ Être en affinité (avec qqn). - S'entendre bien dès la première rencontre. *Ils ont tout de suite sympathisé.*

SYMPHONIE n. f. ▪ **1.** Composition musicale à plusieurs mouvements, construite sur le plan de la sonate* et exécutée par un nombre important d'instrumentistes. *Les neuf symphonies de Beethoven.* - *Symphonie concertante,* concerto à plusieurs solistes. **2.** fig. LITTÉR. Ensemble harmonieux. *Une symphonie de couleurs.*

SYMPHONIQUE adj. ▪ **1.** *POÈME SYMPHONIQUE :* composition musicale assez ample, écrite pour tout l'orchestre et illustrant un thème précis. **2.** De la symphonie ; de la musique classique pour grand orchestre. *Concert, musique symphonique.*

SYMPHYSE n. f. ▪ ANAT. Articulation peu mobile. *La symphyse pubienne.*

SYMPOSIUM [-jɔm] n. m. ▪ Congrès de spécialistes, sur un thème scientifique.

SYMPTOMATIQUE adj. ▪ **1.** MÉD. Qui constitue un symptôme. *Douleur symptomatique de telle maladie.* **2.** Qui révèle ou fait prévoir (un état ou un processus caché). ⇒ **caractéristique ; révélateur.** *Une réaction symptomatique.*

SYMPTOMATOLOGIE n. f. ▪ MÉD. Étude des symptômes des maladies. ⇒ **sémiologie** (1). - Ensemble des symptômes étudiés.

SYMPTÔME n. m. ▪ **1.** Phénomène, caractère perceptible ou observable lié à un état, une maladie qu'il permet de déceler, dont il est le signe*. ⇒ aussi **syndrome ; prodrome. 2.** fig. Ce qui manifeste, révèle ou permet de prévoir (un état, une évolution). → **signe.** *Symptômes avant-coureurs d'une crise.*

SYN- Élément savant (du grec *sun* « avec ») qui marque l'idée de réunion dans l'espace ou le temps. ◇ var. SYL-, SYM-, SY-.

SYNAGOGUE n. f. ▪ **1.** Édifice, temple consacré au culte israélite. **2.** DIDACT. La religion juive.

SYNAPSE n. f. ▪ DIDACT. Région de contact entre deux neurones.

SYNCHRONE [-kR-] adj. ▪ Qui se produit dans le même temps ou à des intervalles de temps égaux. ⇒ **simultané.** *Mouvements synchrones.*

SYNCHRONIE [-kR-] n. f. ▪ **1.** LING. Ensemble des faits linguistiques considérés comme formant un système à un moment donné (opposé à *diachronie*). **2.** Ensemble d'événements considérés comme simultanés.

SYNCHRONIQUE [-kR-] adj. ▪ Qui concerne ou étudie des phénomènes, des événements qui ont lieu en même temps. - *Linguistique synchronique* (⇒ **synchronie**).

SYNCHRONISATION [-kR-] n. f. ▪ Action de synchroniser ; son résultat.

SYNCHRONISÉ, ÉE [-kR-] adj. ▪ **1.** Rendu synchrone. *Opérations synchronisées.* **2.** (sportif...) Dont les gestes s'enchaînent harmonieusement.

SYNCHRONISER v. tr. 1 ▪ **1.** TECHN. Rendre synchrones (des phénomènes, des mouvements, des mécanismes). - Mettre en concordance la piste sonore et les images de (un film). ⇒ **postsynchroniser. 2.** COUR. Faire s'accomplir simultanément (des actions).

SYNCHRONISME [-kR-] n. m. ▪ **1.** Caractère de ce qui est synchrone (phénomènes, mouvements) ou synchronisé (mécanismes...). **2.** (événements) Coïncidence de dates, identité d'époques.

SYNCHROTRON [-kR-] n. m. ▪ PHYS. Cyclotron dans lequel le champ magnétique varie avec la vitesse des particules.

SYNCLINAL, ALE, AUX ▪ GÉOL. **1.** n. m. Pli* concave vers le haut (opposé à *anticlinal*). **2.** adj. D'un synclinal. *Vallée synclinale.*

SYNCOPE n. f. ▪ **I.** Arrêt ou ralentissement marqué des battements du cœur, accompagné de la suspension de la respiration et d'une perte de conscience. ⇒ **évanouissement.** *Avoir une syncope, tomber en syncope.* **II.** MUS. Prolongation sur un temps fort d'un élément accentué d'un temps faible.

SYNCOPÉ, ÉE adj. ▪ MUS. Caractérisé par un emploi systématique de la syncope (II). *Rythme syncopé.*

SYNCRÉTISME n. m. ▪ DIDACT. Combinaison de doctrines, de systèmes initialement incompatibles. *Le syncrétisme religieux du vaudou.* ► adj. SYNCRÉTIQUE

SYNDIC n. m. ▪ **1.** HIST. Représentant des habitants, dans une ville franche. **2.** *Syndic de faillite :* administrateur provisoire d'une entreprise en faillite. **3.** Mandataire choisi par les copropriétaires d'un immeuble, et chargé de l'administrer.

SYNDICAL, ALE, AUX adj. ▪ **I.** RARE Relatif à un syndic. **II. 1.** Relatif à un syndicat (II, 2), à une association professionnelle. *Conseil syndical.* **2.** Relatif à un syndicat (II, 3) de salariés, au syndicalisme. *Centrale syndicale. Délégué syndical* (⇒ **syndicaliste**).

SYNDICALISME n. m. ▪ Fait social et politique que représentent l'existence et l'action des syndicats de travailleurs salariés (⇒ **syndicat** (II, 3)) ; doctrine de ces syndicats. *Les lois sociales, conquête du syndicalisme.* - Activité exercée dans un syndicat. *Faire du syndicalisme.*

SYNDICALISTE ▪ **1.** n. Personne qui fait partie d'un syndicat et y joue un rôle actif. **2.** adj. Des syndicats ; du syndicalisme. *Esprit syndicaliste.*

SYNDICAT n. m. ▪ **I.** VX Fonction de syndic. **II. 1.** Association qui a pour objet la défense d'intérêts communs. *Syndicat de copropriétaires. Syndicat de communes.* - *SYNDICAT D'INITIATIVE :* organisme, service destiné à développer le tourisme dans une localité. **2.** Association qui a pour objet la défense d'intérêts professionnels. *Syndicat patronal. Syndicats ouvriers.* **3.** (employé seul) Syndicat ouvrier, de salariés. *L'action sociale des syndicats.* ⇒ **syndicalisme ; syndical** (II, 2).

SYNDIQUÉ, ÉE adj. et n. ▪ (Personne) qui fait partie d'un syndicat.

SYNDIQUER v. tr. 1 ▪ Grouper (des personnes), organiser (une profession) en syndicat (II). ► SE **SYNDIQUER** v. pron. Se grouper en un syndicat. - Adhérer à un syndicat (surtout II, 3).

SYNDROME n. m. ▪ **1.** MÉD. Ensemble de symptômes constituant une entité, et caractérisant un état pathologique. **2.** fig. COUR. Ensemble de signes, de comportements révélateurs (d'une situation jugée mauvaise).

SYNECDOQUE n. f. ▪ DIDACT. Figure de rhétorique qui consiste à prendre le plus pour le moins, la partie pour le tout (ex. *une voile* pour *un navire*), le singulier pour le pluriel (ex. *l'ennemi* pour *les ennemis*)... ou inversement. ⇒ aussi **métonymie.**

SYNERGIE n. f. ▪ **1.** Action coordonnée de plusieurs organes qui concourent à une seule action. *Synergie musculaire.* **2.** Action coordonnée de plusieurs éléments. *Créer une synergie entre les services d'une entreprise.* ► adj. SYNERGIQUE

John Millington SYNGE (1871 - 1909) ▪ Auteur dramatique irlandais. Ses pièces mêlent le réel et la légende. *"Le Baladin du monde occidental"* (1907); *"Deirdre des douleurs"* (1910).

Synge.
Phot. © Coll. Viollet

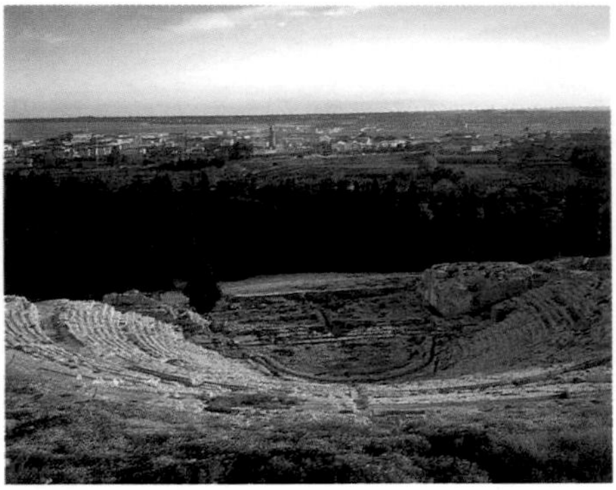

Syracuse. Le théâtre grec. *Phot. © Dagli Orti*

SYNODE n. m. ▪ RELIG. Assemblée d'ecclésiastiques (spécialt catholiques, protestants).

SYNODIQUE adj. ▪ DIDACT. **I.** ASTRON. Relatif à une conjonction d'astres. **II.** Relatif à un synode.

SYNONYME ▪ **1.** adj. Se dit de mots ou d'expressions qui ont un sens identique ou très voisin. *« Marjolaine » et « origan » sont synonymes.* ➝ fig. *Être synonyme de :* évoquer, correspondre à. *Pour lui, modernisme est synonyme de décadence.* **2.** n. m. Mot, expression synonyme (d'un(e) autre).

SYNONYMIE n. f. ▪ DIDACT. Relation entre deux mots ou expressions synonymes.

SYNONYMIQUE adj. ▪ Relatif aux synonymes, à la synonymie.

SYNOPSIS [-is] n. m. ▪ CIN. Récit très bref qui constitue un schéma de scénario.

SYNOPTIQUE adj. ▪ **1.** Qui donne une vue générale. *Tableau synoptique.* **2.** RELIG. *Les Évangiles synoptiques* ou n. m. pl. *les synoptiques :* les trois Évangiles (de saint Matthieu, de saint Marc, de saint Luc) dont les plans sont à peu près semblables.

SYNOVIAL, ALE, AUX adj. ▪ Relatif à la synovie. ➝ *Membrane synoviale,* qui sécrète la synovie.

SYNOVIE n. f. ▪ Liquide d'aspect filant qui lubrifie les articulations mobiles. *Épanchement de synovie* (notamment au genou).

SYNTAGME n. m. ▪ LING. Groupe de morphèmes ou de mots qui se suivent avec un sens déterminé (ex. relire, sans s'arrêter). ➝ spécialt Ce groupe, formant une unité à l'intérieur de la phrase. *Syntagme nominal, syntagme verbal.*

SYNTAXE n. f. ▪ DIDACT. **1.** Étude des règles grammaticales d'une langue ; ces règles. ⇒ **grammaire.** *Respecter la syntaxe.* ♦ Étude descriptive des relations existant entre les unités linguistiques et de leurs fonctions. *Syntaxe et morphologie.* ➝ Ouvrage consacré à cette étude. **2.** Relations qui existent entre les unités linguistiques. *La syntaxe d'une phrase.* ⇒ **construction.**

SYNTAXIQUE ou **SYNTACTIQUE** adj. ▪ DIDACT. De la syntaxe. ⇒ **grammatical.**

SYNTHÈSE n. f. ▪ **I. 1.** Suite d'opérations mentales qui permettent d'aller des notions simples aux notions composées (opposé à *analyse*). **2.** Opération intellectuelle par laquelle on rassemble des éléments de connaissance en un ensemble cohérent. *Un effort de synthèse.* **3.** Formation d'un tout matériel au moyen d'éléments. ⇒ **composition, mélange.** ➝ Préparation (d'un composé chimique) à partir des éléments constituants. *Produit de synthèse.* ⇒ **synthétique** (2). ➝ *Images de synthèse,* produites par des moyens informatiques, électroniques... **II.** (Résultat d'une synthèse (I)) **1.** Ensemble complexe d'objets de pensée, d'éléments réunis. *Une vaste synthèse.* **2.** Notion philosophique (issue de Hegel et Fichte) qui réalise l'accord de la thèse et de l'antithèse en les faisant passer à un niveau supérieur (⇒ **dialectique**).

SYNTHÉTIQUE adj. ▪ **1.** Qui constitue une synthèse ou provient d'une synthèse. **2.** Produit par synthèse chimique (artificielle). *Textile synthétique* et n. m. *du synthétique.* **3.** (esprit) Apte à la synthèse.

SYNTHÉTIQUEMENT adv. ▪ Par une synthèse.

SYNTHÉTISER v. tr. [1] ▪ Associer, combiner par une synthèse.

SYNTHÉTISEUR n. m. ▪ Instrument de musique électronique à clavier dont le son est produit par une synthèse acoustique. ◇ abrév. FAM. SYNTHÉ.

SYNTONIE n. f. ▪ PHYS. État de circuits électriques qui ont des oscillations de même fréquence.

SYNTONISEUR n. m. ▪ Recommandation officielle pour *tuner.*

SYPHILIS [-is] n. f. ▪ Grave maladie vénérienne, contagieuse, causée par un tréponème.

SYPHILITIQUE adj. ▪ De la syphilis. ♦ Atteint de syphilis. ➝ n. *Un, une syphilitique.*

SYRA ou **SYROS** ▪ Île grecque de la mer Égée (Cyclades). 84 km². 19 980 hab. Chef-lieu : Hermoupolis. Élevage de moutons.

SYRACUSE ▪ Ville des États-Unis (New York). 164 000 hab. Université.

SYRACUSE ▪ Ville et port d'Italie, en Sicile. 124 606 hab. *(les Syracusains).* Nombreux vestiges antiques et palais médiévaux et baroques. Fondée en 734 av. J.-C. par les Grecs, Syracuse étendit son influence aux cités grecques de l'Italie avec Denys l'Ancien. Elle devint romaine en 212 av. J.-C.

le SYR-DARIA ou **SYR-DARYA** ▪ Fleuve d'Asie (Kirghizstan et Kazakhstan). 2 212 km. Il se jette dans la mer d'Aral en formant un large delta.

la SYRIE ▪ État du Proche-Orient. 185 180 km². 12 530 000 hab. *(les Syriens).* Population principalement musulmane. Capitale : Damas. Langue officielle : arabe. Monnaie : livre syrienne. Cultures favorisées par les travaux d'irrigation, élevage ovin, hydrocarbures, industrie dont le développement est entravé par l'omniprésence du secteur public et l'importance des dépenses militaires, tourisme. ▫ HISTOIRE Appelée Aram dans la Bible, la Syrie abrita les grandes civilisations antiques (Égyptiens, Hittites, Séleucides). Dominée par les Perses, les Byzantins, les Arabes et les Turcs qui chassèrent les croisés occupant les villes du littoral (→ **Saladin**), elle passa sous mandat français en 1920, acquit son indépendance officielle en 1941 et effective en 1946. Elle prit part aux guerres israélo-arabes et, en 1976, intervint au Liban où elle renforça son influence à partir de 1985. Elle est dirigée par Hafez al-Assad depuis 1971.

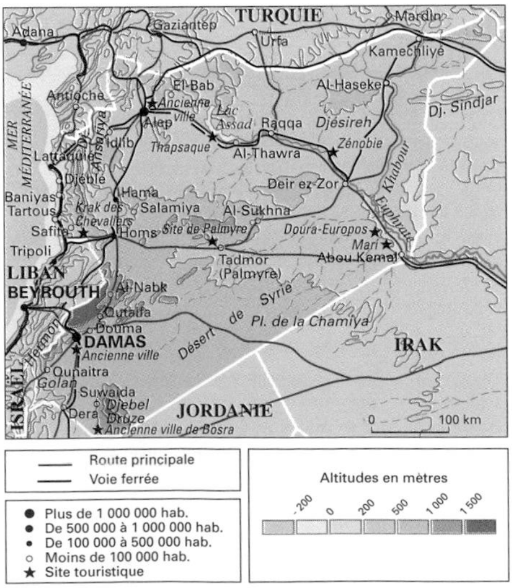

Syrie.

SYRIEN, ENNE adj. et n. ▪ De Syrie. ◆ n. *Les Syriens.*

SYRINX n. m. ▪ MUS. Flûte* de Pan. "*Syrinx*" (pièce pour flûte de Debussy).

SYRINX ▪ Nymphe de la mythologie grecque, aimée de Pan.

SYSTÉMATIQUE ▪ **I.** adj. **1.** Qui appartient à un système, est intégré dans un système intellectuel. **2.** Qui procède avec méthode. ◆ Organisé méthodiquement. *Une exploitation systématique. Un refus systématique,* entêté. **3.** Qui pense ou agit selon un système. *Esprit systématique.* ◆ péj. Qui préfère son système à toute autre raison. ⇒ **dogmatique. II.** n. f. DIDACT. **1.** Science des classifications des êtres vivants. ⇒ **taxinomie. 2.** Ensemble (de données, de méthodes) relevant d'un système de pensée.

SYSTÉMATIQUEMENT adv. ▪ D'une manière systématique.

SYSTÉMATISER v. tr. [1] ▪ Réunir (plusieurs éléments) en un système. ► n. f. SYSTÉMATISATION

SYSTÈME n. m. ▪ **I. 1.** Ensemble abstrait dont les éléments sont coordonnés par une loi, une théorie. *Le système astronomique de Copernic. Système philosophique.* **2.** Ensemble de pratiques organisées en fonction d'un but. ⇒ **méthode.** *Le système de défense d'un accusé.* ◆ FAM. Moyen habile. *Je connais le système.* LE SYSTÈME *D**. **3.** Ensemble de pratiques et d'institutions. *Système politique, social.* ⇒ **régime.** *Système démocratique. Le système scolaire d'un pays.* ◆ absolt péj. La société sentie comme contraignante. *Il refuse le système.* **4.** *ESPRIT DE SYSTÈME :* tendance à organiser, à relier les connaissances en ensembles cohérents ; péj. tendance à faire prévaloir la conformité à un système sur une juste appréciation du réel. **II. 1.** Ensemble complexe d'éléments naturels de même espèce ou de même fonction. ⇒ **structure.** *Le système solaire. Le système grammatical d'une langue. Le système nerveux.* ◆ FAM. *Il commence à me porter, à me taper SUR LE SYSTÈME* (nerveux), à m'énerver. **2.** Dispositif ou appareil complexe mis en œuvre pour aboutir à un résultat. *Système de miroirs. Système d'exploitation* d'un ordinateur. Système d'alarme.* **3.** Ensemble structuré (de choses abstraites). *Un système de notions, de relations.* ◆ *Système d'unités :* ensemble d'unités de mesure. *Le système métrique.*

SYSTÉMIQUE adj. ▪ Relatif à un système dans son ensemble. ◆ *Analyse systémique* et n. f. *la systémique,* qui analyse les faits en tant qu'éléments de systèmes complexes.

SYSTOLE n. f. ▪ PHYSIOL. Contraction du cœur (alternant avec la diastole*).

SYZYGIE n. f. ▪ ASTRON. Position de la Lune (et par ext. d'une planète) en conjonction ou en opposition avec le Soleil (nouvelle lune et pleine lune).

SZCZECIN en allemand ***STETTIN*** ▪ Ville et port important de Pologne, situé sur l'estuaire de l'Oder. 412 000 hab. Forte activité industrielle (métallurgie).

SZEGED ▪ Ville de Hongrie. 176 000 hab. Centre administratif et industriel. Université.

SZÉKESFEHÉRVÁR ▪ Ville de Hongrie. 109 000 hab. Église et maisons baroques.

Albert SZENT-GYÖRGYI VON NAGYRAPOTT (1893-1986) ▪ Biochimiste hongrois. Prix Nobel de physiologie ou médecine 1937 pour sa découverte de la vitamine C.

Karol SZYMANOWSKI (1882-1937) ▪ Compositeur polonais. "*Stabat Mater*".

T

T [te] n. m. invar. ▪ **1.** Vingtième lettre, seizième consonne de l'alphabet. ◇ REM. Le *t* euphonique se place entre le verbe et le pronom sujet dans l'inversion lorsque le verbe n'a pas de finale en *t* ou en *d* : *puisse-t-il, arrive-t-on,* mais *prend-elle, vient-il.* **2.** Forme du T majuscule. *Antenne en T.* ⇒ aussi **té.**

TA ⇒ ① TON

① **TABAC** [-ba] n. m. ▪ **1.** Plante originaire d'Amérique, haute et à larges feuilles, qui contient un alcaloïde, la nicotine. *Champs de tabac.* **2.** Feuilles de tabac séchées et préparées (pour priser [⇒ **tabatière**], chiquer, fumer). *Tabac gris.* ⇒ **caporal.** *Tabac blond. Bureau de tabac.* ♦ Consommation, habitude du tabac. *Campagne contre le tabac (antitabac).* ♦ loc. FAM. *C'est toujours le même tabac,* c'est toujours la même chose. ♦ adj. invar. D'une couleur brun roux. *Des imperméables tabac.* **3.** Bureau de tabac. *Des cafés-tabacs.*

② **TABAC** [-ba] n. m. ▪ **1.** loc. *PASSER qqn À TABAC* : battre, rouer de coups (une personne qui ne peut se défendre). ⇒ **tabasser.** *Passage à tabac.* **2.** loc. FAM. *Faire un tabac,* avoir un grand succès.

TABAGIE n. f. ▪ **I.** Endroit où l'on a beaucoup fumé. *Quelle tabagie, chez vous !* **II.** au Québec Débit de tabac.

Éric TABARLY (né en 1931) ▪ Officier de marine et navigateur français. Il remporta la course transatlantique en solitaire Plymouth-Newport en 1964 et 1976.

Tabarly et son équipage à bord de *Pen Duick II*, en 1964. *Phot. © Revue « Bateaux »*

TABASSER v. tr. [1] ▪ FAM. Battre, rouer de coups.

TABATIÈRE [-tjɛʀ] n. f. ▪ **1.** Petite boîte pour le tabac à priser. **2.** Lucarne à charnière. *Châssis à tabatière.*

TABERNACLE n. m. ▪ Petite armoire qui occupe le milieu de l'autel d'une église et contient le ciboire.

TABLA n. m. ▪ Instrument de musique à percussion de l'Inde, petites timbales frappées avec la main.

TABLATURE n. f. ▪ **1.** Figuration graphique des sons musicaux propres à un instrument. *Tablature d'orgue.* **2.** fig. VX Leçon. – loc. *Donner de la tablature à qqn,* des difficultés.

TABLE n. f. ▪ **I.** Meuble sur pied(s) comportant une surface plane. *Table ronde ; à rallonges. Table basse. Table roulante.* **1.** spécialt Le meuble où l'on prend ses repas. – *Mettre la table,* disposer sur la table tout ce qu'il faut pour manger. – *DE TABLE* : qui sert au repas. *Service de table.* – loc. *SE METTRE À TABLE* : s'attabler pour manger ; fig. et FAM. Avouer. – *À table !,* passons, passez à table. – *Se lever, sortir de table. Quitter la table,* interrompre son repas. *Recevoir, inviter qqn à sa table.* ♦ La nourriture. *Les plaisirs de la table.* ♦ Ceux qui prennent leur repas, qui sont à table. ⇒ **tablée.** *Présider la table.* **2.** Table servant à d'autres usages que les repas. *Table de travail.* ⇒ **bureau.** *Table à dessin.* – *Table à repasser,* planche montée sur pieds pliants pour repasser le linge. – *Table de jeu, de bridge.* loc. *Jouer cartes sur table,* ne rien dissimuler. – *Tennis de table,* le ping-pong. **3.** *TABLE RONDE,* autour de laquelle peuvent s'asseoir (sans hiérarchie) les participants à un congrès... – Réunion pour discuter d'un problème. ⇒ **colloque.** *Participer à une table ronde.* ♦ *TOUR DE TABLE* : prise de parole successive des participants à une réunion. **4.** Meuble comprenant, outre un support plat, différentes parties (tiroirs, tablettes...). *TABLE DE NUIT, DE CHEVET* : petit meuble placé au chevet du lit. **5.** *TABLE D'ORIENTATION* : surface plane sur laquelle sont figurés les directions des points cardinaux et les principaux accidents topographiques. **6.** Partie supérieure de l'autel. *La sainte table,* l'autel. **II.** (Surface plane) **1.** Partie plane ou légèrement incurvée d'un instrument de musique, sur laquelle les cordes sont tendues. *Table (d'harmonie),* sur laquelle repose le chevalet. **2.** *Table d'écoute*.* **3.** Surface plane naturelle. *Une table calcaire.* ⇒ **plateau** (cf. espagnol *mesa*). **III.** **1.** (dans quelques emplois) Surface plane sur laquelle on peut écrire, inscrire. ⇒ **tablette.** – loc. *FAIRE TABLE RASE du passé* : le considérer comme inexistant, nul. – *Les TABLES DE LA LOI* (remises par Dieu à Moïse) : les commandements de Dieu. **2.** Présentation méthodique sous forme de liste ou de tableau. ⇒ **index.** *Table alphabétique.* – *TABLE DES MATIÈRES* : dans un livre, énumération des chapitres, des questions traitées. ♦ Recueil d'informations, de données groupées de façon systématique. *Tables de multiplication. Table de vérité* (en logique).

TABLEAU n. m. ▪ **I.** **1.** Peinture exécutée sur un support rigide et autonome. ⇒ **toile ; marine, nature morte, paysage, portrait.** *Mauvais tableau.* ⇒ **croûte.** *Un tableau figuratif, abstrait.* **2.** *TABLEAU VIVANT* : groupe de personnages immobiles évoquant un sujet. **3.** Image, scène réelle. *Un tableau touchant.* – FAM. *Vous voyez d'ici le tableau !,* la scène. **4.** *TABLEAU DE CHASSE* : ensemble des animaux abattus, rangés par espèces ; fig. ensemble de succès. **5.** Description ou évocation imagée, par la parole ou par écrit. ⇒ **récit.** *"Le Tableau de Paris"* (œuvre de L. S. Mercier). **6.** Subdivision d'un acte qui correspond à un changement de décor, au théâtre. *Drame en vingt tableaux.* **II.** (Panneau plat) **1.** Panneau destiné à recevoir une inscription, une annonce. *Un tableau d'affichage. Tableau des départs, des arrivées.* – *Tableau de*

Tabriz. La Mosquée Bleue.
Phot. © Roland Michaud/Rapho

service. **2.** loc. *Jouer, miser sur deux tableaux, sur tous les tableaux,* se réserver plusieurs chances de réussir. *Gagner sur tous les tableaux.* **3.** *TABLEAU (NOIR) :* panneau sur lequel on écrit à la craie, dans une salle de classe. **4.** Support plat réunissant plusieurs objets ou appareils. *Le tableau des clés, dans un hôtel.* **5.** *TABLEAU DE BORD* (d'un avion, d'une voiture) : panneau où sont réunis les instruments de bord. **III.** (Ce qui est écrit sur un tableau) **1.** Liste par ordre (de personnes). - *TABLEAU D'HONNEUR :* liste des élèves les plus méritants. **2.** Série de données, de renseignements, disposés d'une manière claire et ordonnée. *Tableau statistique. Tableau synoptique.* ⇒ **table** (III, 2). *Disposer en tableau* (→ tabulaire ; tableur).

TABLEAUTIN n. m. ▪ Tableau de petite dimension.

TABLÉE n. f. ▪ Ensemble des personnes assises à une table, qui prennent ensemble leur repas. ⇒ **table** (I, 1).

TABLER v. intr. [1] ▪ *TABLER SUR* (qqch.) : baser une estimation, un calcul sur (ce qu'on croit sûr). ⇒ **compter.** *Tabler sur le succès d'une entreprise.*

TABLETIER, IÈRE [-tje, jɛʀ] n. ▪ Personne qui fabrique ou vend de la tabletterie.

TABLETTE n. f. ▪ **1.** anciennt Planchette, petite surface plane destinée à recevoir une inscription. *Tablettes de cire.* - loc. *Je l'écris, je le marque sur mes tablettes,* j'en prends note, je m'en souviendrai. **2.** Petite planche horizontale. ⇒ **planchette.** *Les tablettes d'une armoire* (⇒ **rayon**). ♦ Plaque d'une matière dure, servant de support, d'ornement. *Tablette de lavabo.* **3.** Produit alimentaire présenté en petites plaques rectangulaires. *Tablette de chocolat* (⇒ **plaque**), de chewing-gum.

TABLETTERIE n. f. ▪ **1.** Fabrication, commerce d'objets en bois précieux, ivoire, os (notamment échiquiers, damiers, tablettes). **2.** Ces objets.

TABLEUR n. m. ▪ Logiciel pour la création de tableaux (III, 2).

TABLIER n. m. ▪ **I. 1.** Plate-forme horizontale (d'un pont). **2.** Dispositif, plaque ou assemblage de plaques servant à protéger. *Le tablier d'une cheminée.* **II. 1.** Vêtement de protection, pièce de matière souple qui protège le devant du corps. *Mettre un tablier pour faire la vaisselle. Tablier de cuir.* - loc. *Rendre son tablier,* refuser de servir plus longtemps ; démissionner. **2.** Blouse de protection. *Tablier d'écolier.*

TABOU n. m. ▪ **1.** DIDACT. Système d'interdictions religieuses appliquées à ce qui est considéré comme sacré ou impur. - adj. *TABOU, E.* Qui est soumis au tabou, exclu de l'usage commun. *Des armes taboues.* **2.** Ce sur quoi on fait silence, par crainte, pudeur. *Les tabous sexuels.* - adj. Interdit. *Sujets tabous* ou (invar.) *tabou.*

TABOUER v. tr. [1] ▪ DIDACT. Rendre, déclarer tabou. ◇ syn. TABOUISER [1]

TABOULÉ n. m. ▪ Préparation culinaire d'origine libanaise, à base de semoule de blé crue, de menthe, de persil, assaisonnée d'huile d'olive et de jus de citron.

TABOURET n. m. ▪ Siège sans bras ni dossier, à pied(s). *Tabouret de bar.*

TABRIZ ou **TABRĪZ** ▪ Ville du nord-ouest de l'Iran. 971 482 hab. Elle fut capitale de l'Empire mongol puis de la Perse sous les Safarides. Magnifique Mosquée Bleue (1465).

TABULAIRE adj. ▪ DIDACT. **1.** Disposé en tables, en tableaux (III). **2.** En forme de table. *Plateau tabulaire.*

TABULATEUR n. m. ▪ Dispositif permettant d'aligner des signes en colonnes, en tableaux.

TABULATRICE n. f. ▪ Machine à trier des informations, utilisant les cartes perforées.

TAC n. m. ▪ loc. *Répondre, riposter DU TAC AU TAC,* riposter immédiatement à une attaque verbale.

TACHE n. f. ▪ **I. 1.** Petite étendue de couleur, d'aspect différent (d'un fond). *Taches de rousseur. Les taches du léopard. Taches sombres, lumineuses.* **2.** *Taches solaires,* zones relativement sombres à la surface du Soleil. **3.** PEINT. Chacune des touches de couleur uniforme, juxtaposées dans un tableau (⇒ **tachisme**). **II. 1.** Surface salie par une substance étrangère ; cette substance. ⇒ **éclaboussure, salissure, souillure ; tacher.** *Tache d'encre. Taches d'humidité.* ⇒ **marque.** *Enlever les taches d'un vêtement.* ⇒ **détacher. 2.** loc. *FAIRE TACHE :* rompre une harmonie. *Ce vase fait tache dans le salon.* **3.** Souillure morale. ⇒ **déshonneur, tare.** *Réputation sans tache.* ♦ RELIG. *La tache originelle,* le péché originel.

TÂCHE n. f. ▪ **1.** Travail qu'on doit exécuter. ⇒ **besogne, ouvrage.** *Accomplir sa tâche. S'acquitter d'une tâche.* ♦ loc. *À LA TÂCHE,* se dit de personnes payées selon l'ouvrage exécuté. **2.** Ce qu'il faut faire ; conduite commandée par une nécessité ou dont on se fait une obligation. ⇒ **devoir, mission, rôle.**

TACHER v. tr. [1] ▪ **1.** Salir en faisant une tache, des taches. ⇒ **maculer, souiller.** *Tacher une nappe, ses vêtements.* - (sujet chose) absolt *La confiture tache.* **2.** *(ÊTRE) TACHÉ, ÉE* passif et p. p. *Table tachée d'encre. Robe tachée.* ► SE **TACHER** v. pron. **1.** Faire des taches sur soi, sur ses vêtements. **2.** (choses) Recevoir des taches, se salir.

TÂCHER v. [1] ▪ **1.** v. tr. ind. VX *TÂCHER À ;* MOD. *TÂCHER DE :* faire des efforts, faire ce qu'il faut pour. ⇒ **s'efforcer, essayer.** *Tâchez de nous rendre visite.* ♦ (à l'impér. ; ordre atténué) *Tâchez d'arriver à l'heure !* **2.** v. tr. dir. *TÂCHER QUE* (+ subj.) : faire en sorte que. *Tâchez que ça ne se reproduise plus.*

TÂCHERON n. m. ▪ Personne qui travaille beaucoup, avec application mais sans initiative, et accomplit des tâches peu importantes.

TACHETER v. tr. [4] ▪ Couvrir de petites taches. ► **TACHETÉ, ÉE** adj. *Tissu tacheté de brun.* ⇒ **moucheté.**

TACHISME n. m. ▪ Style de peinture par taches de couleur juxtaposées.

TACHISTE ▪ **1.** adj. Relatif au tachisme. **2.** n. Peintre qui pratique le tachisme.

TACHKENT ▪ Capitale de l'Ouzbékistan. 2 094 000 hab. Important centre culturel et industriel de l'Asie centrale.

TACHY- [taki] Élément savant, du grec *takhus* « rapide » (ex. *tachymètre* n. m. « compte-tours »).

TACHYCARDIE n. f. ▪ Accélération du rythme des battements du cœur.

TACITE adj. ▪ Non exprimé, sous-entendu entre plusieurs personnes. ⇒ **implicite, inexprimé.** *Un consentement tacite.* ► adv. TACITEMENT

TACITE (v. 55 - v. 120) ▪ Historien latin. Les *"Annales"* et les *"Histoires"* font le procès de la décadence des mœurs politiques, avec un art de psychologue et de portraitiste, dans un style dépouillé et elliptique.

TACITURNE adj. ▪ Qui parle peu, reste habituellement silencieux. - Qui n'est pas d'humeur à faire la conversation. ⇒ **morose, sombre.** ► TACITURNITÉ n. f. LITTÉR.

TACOMA ▪ Ville des États-Unis (État de Washington), port sur le Puget Sound (Pacifique). 177 000 hab.

TACOT n. m. ▪ FAM. Vieille voiture (bruyante) qui n'avance pas vite. ⇒ **guimbarde.**

TACT [takt] **n. m.** ▪ **1.** VX Sens du toucher (⇒ **tactile**). **2.** Qualité qui permet d'apprécier intuitivement ce qu'il convient de dire, de faire ou d'éviter dans les relations humaines. ⇒ **délicatesse, doigté.** *Avoir du tact. Manquer de tact.*

TACTICIEN, IENNE n. et **adj.** ▪ (Personne) habile en tactique.

TACTILE adj. ▪ Qui concerne les sensations du tact, du toucher. ▸ *Les moustaches du chat sont des poils tactiles,* qui servent au toucher. ♦ *Écran tactile,* fonctionnant par contact du doigt. ♦ ARTS *Valeurs tactiles* (dans la peinture), en rapport avec la sensibilité, la matière picturale (B. Berenson).

TACTIQUE ▪ **I. n. f. 1.** Art de combiner tous les moyens militaires (troupes, armements) au combat ; exécution des plans de la stratégie*. *Tactique d'encerclement.* **2.** Ensemble des moyens coordonnés que l'on emploie pour parvenir à un résultat. ⇒ **plan, stratégie.** *La tactique parlementaire. Changer de tactique.* **II. adj.** Relatif à la tactique. *Armes tactiques* (opposé à *stratégique*), à moyenne portée. ▸ *Habileté tactique.*

le TADJIKISTAN ▪ État (république) d'Asie centrale, près de l'Afghanistan. 143 100 km². 5 568 000 hab. Capitale : Douchanbe. Langue : tadjik. Monnaie : rouble. Pays montagneux (Pamir), partie du Turkestan. Vallées cotonnières (industries textiles). Ancienne république de l'U. R. S. S. (1929), État indépendant en 1991, le pays est plongé dans une guerre civile opposant les anciens communistes au pouvoir, aux islamistes et aux démocrates.

TADORNE n. m. ▪ Grand canard sauvage, migrateur, à bec rouge.

TAECH'ŎN, DAEJON ou **TAEJON** ▪ Ville de Corée-du-Sud. 57 000 hab.

TAEF en arabe ***AL-TĀ'IF*** ▪ Ville d'Arabie Saoudite, près de La Mecque. 410 000 hab.

Tahiti. Le nord de l'île. *Phot. © Hermann/Gamma*

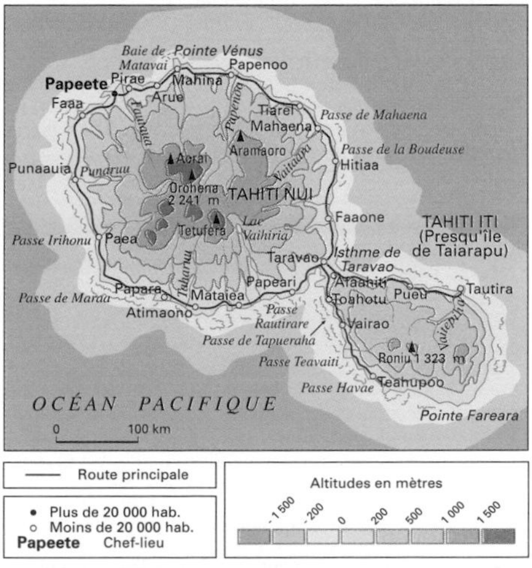

Tahiti.

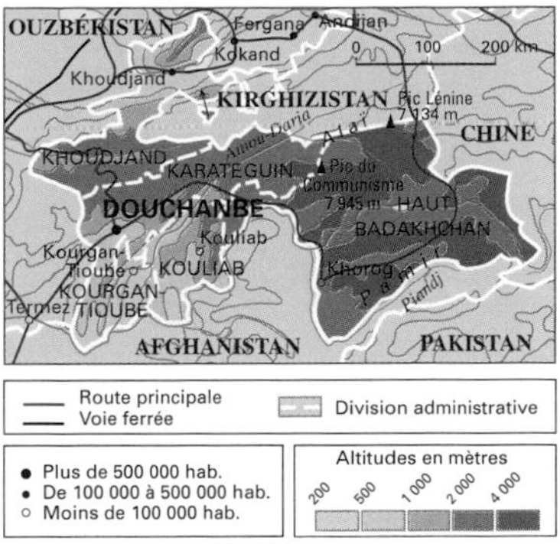

Tadjikistan.

TAEGU ou **DAEGU** ▪ Ville de Corée-du-Sud. 2 228 800 hab. Grand centre commercial et industriel.

TÆNIA n. m. ⇒ TÉNIA

TAFFETAS n. m. ▪ **1.** Tissu de soie à armure unie. *Taffetas changeant,* dont la chaîne et la trame sont de nuances différentes. **2.** *Taffetas gommé,* qu'on applique sur les plaies. ⇒ **sparadrap.**

le TAFILALET, TAFILALT ou **TAFILET** ▪ Région saharienne du Maroc, formant une cuvette dominée par l'Anti Atlas à l'ouest et le Haut-Atlas au nord.

William Howard TAFT (1857 - 1930) ▪ 27ᵉ président (républicain) des États-Unis, de 1909 à 1913.

TAG [tag] **n. m.** ▪ anglic. Graffiti formant une signature d'intention décorative, tracé généralement à la bombe dans un lieu public.

les TAGALS ▪ Peuple des Philippines (Luçon) qui parle le *tagal,* langue nationale. Ils sont plus de 25 millions.

TAGANROG ▪ Ville et port de Russie, sur la mer d'Azov. 293 000 hab.

le TAGE ▪ Le plus long fleuve de la péninsule Ibérique. Né en Espagne, il traverse Tolède et se jette dans l'Atlantique à Lisbonne. 1 006 km.

TAGLIATELLE [taljatɛl] **n. f.** ▪ souvent au plur. Pâte alimentaire en forme de mince lanière.

Rabindranāth TAGORE ou **THĀKUR** (1861 - 1941) ▪ Écrivain indien de langue bengali, célèbre dans le monde entier. *"L'Offrande lyrique"* (1913), poèmes traduits par A. Gide. Prix Nobel 1913.

TAGUER v. tr. [1] ▪ Tracer des tags sur. ▸ au p. p. *Murs tagués.* ▸ **n.** TAGUEUR, EUSE

TĀHA ḤUSAYN (1889 - 1973) ▪ Écrivain égyptien. Il s'attacha à concilier les exigences de l'arabe classique et les valeurs occidentales. Son autobiographie, *"Les Jours",* fut la première œuvre arabe contemporaine à recueillir des échos en Occident.

TAHITI ▪ La plus grande île du territoire d'outre-mer de la Polynésie-Française (archipel de la Société). Chef-lieu : Papeete. 1 042 km². 115 820 hab. *(les Tahitiens).* Île formée de deux volcans éteints, entourés d'un récif de corail. Pêche. Tourisme.

TAHITIEN, ENNE adj. et **n.** ▪ De Tahiti. ▸ **n.** *Les Tahitiens.*

TAÏAUT [tajo] **interj.** ▪ Dans la chasse à courre, Cri du veneur pour signaler la bête. ◇ var. TAYAUT.

TAICHUNG ou **TAIZHONG** ▪ Ville de Taiwan. 832 654 hab.

TAIE n. f. ▪ **1.** Enveloppe de tissu (d'un oreiller). **2.** ANAT. Tache opaque de la cornée.

taïga. *Phot. © Cordier/Explorer*

TAÏGA n. f. ▪ Forêt de conifères qui borde la toundra (nord de l'Europe, de l'Asie et de l'Amérique).

TAILLABLE adj. ▪ HIST. Soumis à l'impôt de la taille. *Les serfs étaient taillables et corvéables à merci*, soumis aux impôts arbitraires du seigneur.

TAILLADER v. tr. [1] ▪ Couper en plusieurs endroits (les chairs, la peau). *Se taillader le menton en se rasant.* ⇒ **entailler.** ♦ *Taillader sa table avec un canif.*

① **TAILLE** n. f. ▪ **1.** Opération qui consiste à tailler qqch. ; forme qu'on donne à une chose en la taillant. *La taille des pierres.* – loc. PIERRE DE TAILLE, taillée (pour servir à la construction). ♦ *La taille des arbres, de la vigne.* **2.** Tranchant de l'épée, du sabre. *Frapper d'estoc* et de taille.*

② **TAILLE** n. f. ▪ HIST. Redevance payée au seigneur féodal (⇒ **taillable**). *La taille et la gabelle.*

③ **TAILLE** n. f. ▪ **I. 1.** Hauteur du corps humain, debout et droit. ⇒ **stature.** *Mesurer la taille de qqn avec une toise. Un homme de petite taille.* **2.** loc. *À LA TAILLE DE, DE LA TAILLE DE* : en rapport avec. *Un adversaire à sa taille.* – *ÊTRE DE TAILLE À* (+ inf.) : avoir la force suffisante, les qualités nécessaires pour. ⇒ **capable** de. *Il est de taille à se défendre.* **3.** Grandeur, grosseur et conformation (du corps) par rapport aux vêtements. *Cette veste n'est pas à ma taille*, ne me va pas (⇒ **aller**). – Chacun des types standard dans une série de confection. *Taille 40. La taille au-dessus.* **4.** Grosseur ou grandeur. *Une photo de la taille d'une carte de visite.* ⇒ **dimension, format.** – FAM. *DE TAILLE* : très grand, très important. ⇒ **immense.** fig. *Une erreur de taille.* ⇒ **énorme. II. 1.** Partie plus ou moins resserrée du tronc entre les côtes et les hanches. *Avoir la taille fine. Tour de taille*, mesuré à la ceinture. *Prendre qqn par la taille.* ♦ loc. VIEILLI *Sortir EN TAILLE* : sans manteau. **2.** Partie plus ou moins resserrée (d'un vêtement) à cet endroit du corps. *Manteau à taille ajustée. Un pantalon à taille basse* (qui se porte sur les hanches).

TAILLÉ, ÉE adj. ▪ **1.** Fait, bâti (corps humain). *Ce garçon est taillé en athlète.* **2.** *Être taillé pour* : être fait pour, apte à. **3.** Coupé, rendu moins long. *Moustache taillée.* – Élagué. *Arbres taillés.* – *TAILLÉ EN* : qu'on a taillé en donnant la forme de. *Cheveux taillés en brosse. Bâton taillé en pointe.*

TAILLE-CRAYON n. m. ▪ Petit instrument avec lequel on taille les crayons. *Des taille-crayons.*

TAILLE-DOUCE n. f. ▪ **1.** Gravure en creux. *Image gravée en taille-douce.* **2.** Gravure sur cuivre au burin. *Des tailles-douces.*

Germaine **TAILLEFERRE** (1892 - 1983) ▪ Compositeur français. Élève de Milhaud, membre du groupe des Six.

TAILLER v. [1] ▪ **I.** v. tr. **1.** Couper, travailler (une matière, un objet) avec un instrument tranchant, de manière à lui donner une forme déterminée. *Tailler une pièce de bois. Tailler la pierre. Tailler un crayon*, en pointe pour dégager la mine (⇒ **taille-crayon**). *Tailler un arbre*, ses branches. ⇒ **élaguer, émonder. 2.** Confectionner, obtenir (une chose) en découpant. *Tailler des torchons dans un drap usagé.* – *Tailler un vêtement*, découper les morceaux que l'on coud ensuite pour faire le vêtement. ⇒ **couper ; tailleur.** ♦ fig. *Se tailler un beau succès*, l'obtenir. **II.** v. intr. *Modèle qui taille grand, petit*, qui est grand (petit) pour la taille annoncée. **III.** *SE TAILLER* v. pron. FAM. Partir en hâte, s'enfuir. ⇒ se **sauver,** se **tirer.**

TAILLEUR n. m. ▪ **I. 1.** Personne, artisan qui fait des vêtements sur mesure pour hommes ; personne qui dirige l'atelier où on les confectionne. *Se faire faire un costume sur mesure chez un tailleur.* ♦ loc. *S'asseoir en tailleur*, par terre, les jambes à plat sur le sol et repliées, les genoux écartés. **2.** Costume de femme (veste et jupe ou pantalon de même tissu). **II.** Ouvrier qui taille, qui façonne (qqch.) par la taille. *Tailleur de pierre(s).*

TAILLIS n. m. ▪ Partie d'un bois ou d'une forêt où il n'y a que des arbres de faible dimension ; ces arbres. *Des taillis et des futaies.*

le **TAÏMYR** ▪ Presqu'île de Sibérie (Russie). Environ 400 000 km^2.

TAIN n. m. ▪ Amalgame métallique (étain ou mercure) qu'on applique derrière une glace pour qu'elle puisse réfléchir la lumière. *Miroir sans tain.*

TAINAN ▪ Ville et port de Taiwan. 702 658 hab.

Hippolyte **TAINE** (1828 - 1893) ▪ Philosophe, historien et critique français. Déterministe, il pensa trouver dans la race, le milieu et l'époque les facteurs susceptibles d'expliquer la production littéraire. *"Les Origines de la France contemporaine"* (1876-1893).

TAIN-L'HERMITAGE ▪ Commune de la Drôme. 5 003 hab. *(les Tainois).* Vignobles.

TAIPEI, T'AI-PEI ou **TAIBEI** ▪ Capitale de Taiwan. 2 653 578 hab. Industries textile, électronique. Siège du gouvernement nationaliste.

Taipei. Temple de Lung-Shan. *Phot. © Duclos/Gamma*

la révolte des **TAIPING** ou **T'AI-P'ING** ▪ Mouvement populaire qui agita la Chine de 1850 à 1864 contre la dynastie mandchoue des Qing.

les **TAIRA** ou **HEIKE** ▪ Famille féodale japonaise qui chercha à conquérir le pouvoir au XIIe s.

TAIRE v. tr. [54] sauf 3e pers. du sing. de l'indic. *il taît* et p. p. fém. *tue* ▪ Ne pas dire ; s'abstenir ou refuser d'exprimer (qqch.). ⇒ **cacher, celer.** *Taire ses raisons. Une personne dont je tairai le nom.* ► SE **TAIRE** v. pron. **1.** Rester sans parler, s'abstenir de s'exprimer. – *Savoir se taire*, être discret. *Je préfère me taire là-dessus*, ne rien dire à ce propos. – loc. FAM. *Il a manqué, perdu une belle occasion de se taire*, il a parlé mal à propos. **2.** Cesser de parler (ou de crier, de pleurer). *Elles se sont tues. Taisez-vous !* ⇒ **chut, silence.** ♦ (avec ellipse de *se*) *FAIRE TAIRE qqn* : empêcher de parler, de crier, de pleurer ; forcer à se taire. – fig. *Faire taire l'opposition.* ⇒ **museler. 3.** (sujet chose) Ne plus se faire entendre. ⇒ s'**éteindre.** *L'orchestre s'était tu.*

le **TAI SHAN** ou **T'AI-CHAN** ▪ Célèbre montagne de Chine, dans le Shandong, culminant à 1 545 m au Yuhuang ding. Lieu de pèlerinage.

TAIWAN ou **FORMOSE** ▪ Île de l'Asie formant un État (république), mais considérée par la Chine comme une province chinoise. 35 966 km^2. 21 177 874 hab. *(les Taïwanais).* Capitale : Taipei. Langue : chinois. Climat tropical : riz, canne à sucre. Secteur industriel important (électronique, textile), grâce aux exportations vers les États-Unis et à l'organisation économique. □ **HISTOIRE** Occupée par les Portugais, les Hollandais, puis intégrée à l'empire de Chine en 1683. En 1949, Jiang Jieshi, vaincu par Mao Zedong, s'y réfugie avec ses partisans (nationalistes du Guomindang) et fonde une république chinoise indépendante, au régime autoritaire. Depuis les années 1980, un processus de démocratisation s'est engagé tandis que les relations avec la Chine tendent à se normaliser.

TAÏWANAIS, AISE adj. et n. ▪ De Taiwan. – n. *Les Taïwanais.*

TAIYUAN ou **T'AI-YUAN** ▪ Ville de Chine, capitale du Shanxi. 1 964 300 hab. Sidérurgie.

TAIZÉ ▪ Commune de Saône-et-Loire. 118 hab. *(les Taizéens).* Communauté religieuse œcuménique, qui accueille des jeunes du monde entier.

El-TAJÍN ▪ Site archéologique du Mexique (Ier s. av. J.-C.-IXe s.). Nombreux monuments (pyramide à niches).

le TĀJ MAHAL ▪ Immense mausolée de marbre blanc construit à Agra (Inde) au XVIIe s., pour l'épouse de Shāh Jahān.

Panayiotis Vassilakis dit **TAKIS** (né en 1925) ▪ Sculpteur grec. Sculptures animées, alliant mouvements magnétiques, son et lumière. *"Télésculptures"* (1963-1971); *"Trois totems, espace musical"* (1981).

TALANGE ▪ Commune de la Moselle. 7 755 hab. *(les Talangeois).*

TALANT ▪ Commune de la Côte-d'Or. 12 860 hab. *(les Talantais).* Église du XIIIe s.

lord TALBOT (v. 1373 - 1453) ▪ Homme de guerre anglais qui s'illustra pendant la guerre de Cent Ans.

William Henry Fox TALBOT (1800 - 1877) ▪ Physicien britannique, un des pionniers de la photographie.

TALC n. m. ▪ Silicate naturel de magnésium. *Poudre de talc. Saupoudrer de talc.* ⇒ **talquer.**

TALCAHUANO ▪ Ville portuaire du Chili. 246 000 hab.

TALÉ, ÉE adj. ▪ (fruit) Meurtri. *Pêches talées.* ⇒ **tapé.**

TALENCE ▪ Commune de la Gironde, dans la banlieue de Bordeaux. 34 485 hab. *(les Talençais).* Centre universitaire. Vignobles.

① **TALENT** n. m. ▪ ANTIQ. **1.** Poids de 20 à 27 kg, dans la Grèce antique. **2.** Monnaie de compte équivalant à un talent d'or ou d'argent.

② **TALENT** n. m. ▪ **1.** Aptitude particulière, dans une activité. ⇒ **capacité, don.** *Talent de société,* qui intéresse, divertit en société. *Avoir du talent pour,* être doué pour. – *Avoir le talent de* (+ inf.). ⇒ **don. 2.** LE TALENT : aptitude remarquable dans le domaine intellectuel ou artistique. *Avoir du talent. Le talent et le génie.* – *Un écrivain de talent.* **3.** Personne qui a du talent. *Encourager les jeunes talents.*

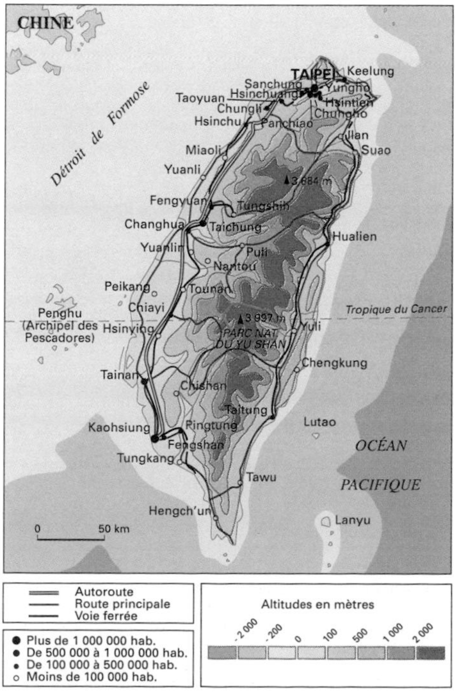

Taiwan.

le Tāj Mahal. *Phot. © Nino Cirani/Ricciarini*

TALENTUEUX, EUSE adj. ▪ Qui a du talent. *Un peintre talentueux.* ► adv. TALENTUEUSEMENT

TALION n. m. ▪ HIST. Châtiment qui consiste à infliger au coupable le traitement qu'il a fait subir à autrui. – *La loi du talion* (œil pour œil, dent pour dent) ; fig. la vengeance.

TALISMAN n. m. ▪ Objet (pierre, anneau, etc.) portant des signes, et auquel on attribue des vertus magiques. ⇒ **amulette.** ► adj. TALISMANIQUE

TALKIE-WALKIE [tokiwoki ; tɔlkiwɔlki] n. m. ▪ anglic. Petit poste émetteur-récepteur de radio, portatif et de faible portée. *Des talkies-walkies.*

TALLAHASSEE ▪ Ville des États-Unis, capitale de la Floride. 125 000 hab.

Gédéon TALLEMANT DES RÉAUX (1619 - 1692) ▪ Mémorialiste français. Ses *"Historiettes"* (1834 - 1835) composent une peinture réaliste des mœurs au XVIIe siècle.

Charles Maurice de TALLEYRAND-Périgord, prince de Bénévent (1754 - 1838) ▪ Diplomate et homme politique français. Évêque rallié à la Constituante, il quitta l'Église pour diriger les Affaires étrangères de 1797 (Directoire) à 1807. Passé au service de l'Autriche et de la Russie contre Napoléon, il devint le représentant de Louis XVIII au congrès de Vienne, puis fut écarté par les ultras.

Jean-Lambert TALLIEN (1767 - 1820) ▪ Révolutionnaire français. Un des chefs de la réaction thermidorienne. ► **Madame TALLIEN** (1773 - 1835), son épouse, alors célèbre et influente, fut surnommée « Notre-Dame de Thermidor ».

TALLINN ▪ Capitale et port de l'Estonie sur le golfe de Finlande. 484 000 hab. Métallurgie. Centre culturel et historique (→ pays **baltes**). Remparts (XIVe-XVIe s.) et monuments anciens.

François Joseph TALMA (1763 - 1826) ▪ Tragédien français. Il imposa au théâtre plus de naturel et de vérité historique.

TALMUD [-yd] n. m. ▪ Recueil des enseignements des grands rabbins. *Étudier le Talmud.* ► adj. TALMUDIQUE ▪ Rédigé du IIIe au VIIe s., le Talmud interprète la Bible et fixe les règles de la vie civile et religieuse. Il en existe deux versions : celle de Palestine (dite « de Jérusalem ») et celle, plus longue, de Babylone.

TALOCHE n. f. ▪ FAM. Gifle.

TALOCHER v. tr. [1] ▪ FAM. Donner une taloche à (qqn). ⇒ **gifler.**

TALON n. m. ▪ **I. 1.** Partie postérieure du pied humain, dont la face inférieure touche le sol pendant la marche. *Talon et pointe du pied. Être accroupi sur ses talons.* – *Le talon d'Achille* de qqn,* son point vulnérable. ♦ *Marcher, être* SUR LES TALONS *de qqn,* le suivre de tout près. ⇒ **talonner.** – *Tourner les talons,* s'en aller, partir, s'enfuir. – *Avoir l'estomac* dans les talons.* **2.** Partie (d'un bas, d'une chaussette, etc.) qui enveloppe le talon. *Talons renforcés.* **3.** Pièce qui rehausse l'arrière d'une chaussure. *Talons plats, hauts. Talons aiguilles,* hauts et fins. **II. 1.** Reste, dernier morceau (d'un pain, d'un fromage, d'un jambon). **2.** Ce qui reste d'un jeu de cartes après la première distribution. *Piocher dans le* *talon.* **3.** Partie non détachable d'un carnet à souches. *Le talon d'un chèque.*

Jean **TALON** (1625 - 1694) ▪ Administrateur français. Intendant en Nouvelle-France (Canada), il contribua au développement de la colonisation (de 1665 à 1668 et de 1670 à 1672).

TALONNAGE n. m. ▪ RUGBY Action de talonner (3).

TALONNEMENT n. m. ▪ Action de talonner (1 et 2).

TALONNER v. tr. [1] ▪ **1.** Suivre ou poursuivre de très près (→ serrer de près). ♦ fig. *Ses créanciers le talonnent.* ⇒ **harceler.** - (sujet chose) *La peur le talonnait.* **2.** Frapper du talon. *Talonner un cheval,* pour le faire avancer. **3.** RUGBY *Talonner (la balle),* lors d'une mêlée, repousser le ballon vers son camp d'un coup de talon (⇒ **talonnage**).

TALONNETTE n. f. ▪ **1.** Lame de liège placée sous le talon à l'intérieur de la chaussure. **2.** Ruban cousu au bas des jambes d'un pantalon pour en éviter l'usure.

TALQUER v. tr. [1] ▪ Enduire, saupoudrer de talc. - au p. p. *Gants de caoutchouc talqués.*

TALUS n. m. ▪ Terrain en pente très inclinée, aménagé par des travaux de terrassement. *Les talus qui bordent un fossé.* ♦ Ouvrage de fortifications. ⇒ **glacis.**

TALWEG [talvɛg] n. m. ▪ GÉOGR. Ligne de plus grande pente d'une vallée. ◇ var. THALWEG.

TAMALE ▪ Ville du Ghana. 135 952 hab.

TAMANOIR n. m. ▪ Mammifère édenté, appelé aussi *grand fourmilier,* au pelage noir et blanc, à la langue effilée et visqueuse qui lui sert à capturer les fourmis dont il se nourrit.

TAMANRASSET ou **TAMENGHEST** ▪ Oasis du Sahara algérien dans le Hoggar. 556 000 km². 86 114 hab. Ermitage de Charles de Foucauld.

TAMARIN n. m. ▪ Fruit du tamarinier, utilisé notamment comme laxatif.

TAMARINIER n. m. ▪ Grand arbre exotique à fleurs en grappe, qui produit le tamarin.

TAMARIS [-is] ou **TAMARIX** [-iks] n. m. ▪ Arbrisseau décoratif originaire d'Orient, à petites feuilles en écailles, à fleurs roses en épi.

TAMATAVE ▪ Ancien nom de Toamasina.

Rufino **TAMAYO** (1899 - 1991) ▪ Peintre mexicain. Peintures d'inspiration précolombienne.

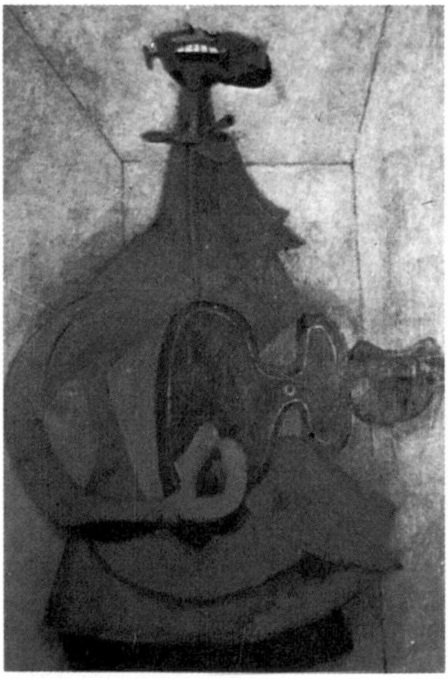

Tamayo. *Guitariste.* MNAMGP, Paris.
Phot. © Arch. Smeets

TAMBOUILLE n. f. ▪ FAM. Cuisine (généralement médiocre). *Faire la tambouille.*

TAMBOUR n. m. ▪ **I. 1.** Instrument à percussion, formé de deux peaux tendues sur un cadre cylindrique (⇒ **caisse**). *Baguettes de tambour. Un roulement de tambour.* - Bruit du tambour. ♦ loc. *Sans tambour ni trompette,* sans attirer l'attention. - *Raisonner* (résonner) *comme un tambour,* très mal. **2.** Personne qui bat le tambour. *Les tambours du régiment* (⇒ **tambour-major**). **3.** par ext. Instrument à percussion à membrane tendue (⇒ **timbale**). *Tambour de basque,* petit cerceau de bois muni d'une peau tendue et entouré de grelots. ⇒ **tambourin.** *Tambours africains.* ⇒ **tam-tam. II. 1.** Petite entrée à double porte, servant à isoler l'intérieur d'un édifice. ♦ Tourniquet formé de quatre portes vitrées, en croix. *Porte à tambour d'un hôtel.* **2.** Métier circulaire pour broder à l'aiguille. **3.** Cylindre (d'un treuil, d'une machine). *Le tambour d'un lave-linge.* **4.** *Tambour de frein,* pièce cylindrique solidaire de la roue, à l'intérieur de laquelle frottent les segments.

tambour. Tambour japonais « en sablier », XVIᵉ s. Musée oriental, Venise.
Phot. © Ricciarini

TAMBOURIN n. m. ▪ **1.** Tambour* de basque. **2.** Tambour haut et étroit, que l'on bat d'une seule baguette. *Tambourin provençal.*

TAMBOURINAIRE n. m. ▪ Joueur de tambourin (2).

TAMBOURINER v. [1] ▪ **I.** v. intr. Faire un bruit de roulement, de batterie (avec un objet dur, avec ses doigts...). *Tambouriner à la porte.* - (sujet chose) *La grêle tambourine contre les vitres.* **II.** v. tr. Jouer (un air) sur un tambour, un tambourin. *Tambouriner une marche.* - au p. p. *Langages tambourinés,* signaux transmis par les tambours, les tam-tams, en Afrique. ► n. m. TAMBOURINAGE ou TAMBOURINEMENT

TAMBOUR-MAJOR n. m. ▪ Sous-officier (sergent-major) qui commande les tambours et les clairons d'un régiment. *Des tambours-majors.*

TAMBOV ▪ Ville de Russie. 335 000 hab. Industries.

TAMERLAN forme francisée de **TIMŪR-I-LANG, TIMUR-LANG** ou **TIMOUR-LANG** (1336 - 1405) ▪ Conquérant turco-mongol d'Asie centrale. Il s'empara de l'Iran, de la Syrie et de la Turquie d'Europe, fondant un empire musulman qui fut partagé après sa mort.

le **TAMIL NADU** ▪ État du sud-est de l'Inde. 130 069 km². 55 600 000 hab. Capitale : Madras. Population en majorité tamoule. Millet, coton.

TAMIS n. m. ▪ **1.** Instrument qui sert à passer et à séparer les éléments d'un mélange. ⇒ **crible, sas ; chinois, passoire.** - loc. *Passer au tamis :* trier, ne conserver que certains éléments. **2.** Partie cordée d'une raquette de tennis.

la **TAMISE** en anglais ***THAMES*** ▪ Principal fleuve anglais. La Tamise traverse Oxford et, de Londres à la mer du Nord, forme un large estuaire très industrialisé. 338 km.

TAMISER v. tr. [1] ▪ **1.** Trier, passer au tamis. ⇒ **cribler.** *Tamiser de la farine.* **2.** Laisser passer (la lumière) en partie. ⇒ **voiler.** - au p. p. *Lumière tamisée,* douce, voilée. ► n. m. TAMISAGE

TAMMUZ ▪ Dieu de la Fertilité, dans la religion babylonienne.

TAMOUL, E adj. ▪ Des Tamouls*. - n. m. *Le tamoul* (la plus importante des langues dravidiennes).

les TAMOULS ou **TAMILS** ▪ Groupe ethnique de l'Inde du Sud et du Sri Lanka, de religion hindouiste. Les Tamouls du Sri* Lanka demandent un statut d'autonomie, voire d'indépendance, ce qui a entraîné un grave conflit avec la majorité cinghalaise.

TAMPA ▪ Ville et port des États-Unis (Floride). 280 000 hab. Principal centre agricole et industriel de l'État. Université.

TAMPERE ▪ 2e ville de Finlande. 218 722 hab. Centre industriel et culturel.

TAMPICO ▪ Ville et port du Mexique. 512 000 hab. Grand centre de raffinage du pétrole.

TAMPON n. m. ▪ **I. 1.** Petite masse dure ou d'une matière souple pressée, qui sert à boucher un trou, à empêcher l'écoulement d'un liquide. ⇒ **bouchon. 2.** Cheville plantée pour y fixer un clou, une vis. **3.** Petite masse formée ou garnie d'une matière souple, servant à étendre un liquide. *Tampon encreur.* – *Tampon à récurer,* formé d'une masse de fils. **4.** Petite masse de gaze, d'ouate..., servant à étancher le sang, nettoyer la peau, etc. *Tampon imbibé d'éther.* – *Tampon hygiénique, périodique,* porté dans le vagin pendant les règles (⇒ **protection**). **5.** *EN TAMPON :* froissé en boule (papier, tissu). *Mouchoir roulé en tampon.* **II.** Timbre (sur un tampon encreur) qui sert à marquer, à oblitérer. *Apposer un tampon sur un passeport.* ♦ Cachet, oblitération. **III. 1.** Plateau métallique vertical destiné à recevoir et à amortir les chocs. *Les tampons d'un wagon, d'une locomotive.* **2.** Ce qui amortit les chocs, empêche les heurts (au propre et au fig.). *Servir de tampon entre deux personnes qui se disputent.* – appos. *ÉTAT, ZONE TAMPON,* dont la situation intermédiaire empêche les conflits directs (entre États...). **3.** appos. INFORM. *Mémoire tampon* (d'un ordinateur), collectant temporairement les données. **4.** appos. CHIM. *Solution tampon,* permettant de maintenir constant le pH d'un liquide, d'une substance.

Le TAMPON ▪ Commune de la Réunion. 48 436 hab. *(les Tamponnais).*

TAMPONNEMENT n. m. ▪ **1.** *Désinfecter une plaie par tamponnement,* en appliquant un tampon d'ouate. **2.** Fait de heurter avec les tampons. **3.** Accident résultant du heurt de deux trains.

TAMPONNER v. tr. [1] ▪ **I. 1.** Enfoncer des chevilles (⇒ **tampon** (I, 2)) dans (un mur). **2.** Enduire d'un liquide ; essuyer, nettoyer avec un tampon (I, 3 et 4). *Tamponner une plaie avec de la gaze.* – loc. FAM. *Il s'en tamponne :* il s'en moque. **3.** CHIM. Ajouter une solution tampon à. – au p. p. *Aspirine tamponnée.* **II.** Timbrer, apposer un tampon (II) sur. *Faire tamponner une autorisation.* **III.** Heurter avec les tampons (III, 1). – (véhicules) Heurter violemment. ♦ pronom. *Les deux voitures se sont tamponnées.*

TAMPONNEUR, EUSE adj. ▪ Qui tamponne. ♦ *AUTOS TAMPONNEUSES :* attraction foraine où de petites voitures électriques circulent et se heurtent sur une piste.

TAM-TAM [tamtam] n. m. ▪ **1.** Tambour de bronze ou gong d'Extrême-Orient. *Des tam-tams* ou (invar.) *des tam-tam.* **2.** plus cour. Tambour en usage en Afrique noire comme instrument de musique et pour la transmission de messages. **3.** fig. Bruit, publicité tapageuse.

TAN n. m. ▪ TECHN. Écorce de chêne utilisée pour la préparation du cuir (⇒ **tanner**).

le lac TANA ou **TSANA** ▪ Lac d'Éthiopie (alt. 1829 m) où naît le Nil Bleu. Ses rives et ses îles abritent des églises coptes couvertes de fresques.

TANAGRA ▪ Ancienne ville de Grèce (Béotie), célèbre pour ses figurines en terre cuite appelées *tanagras* (**n. m.** ou **f.**).

TANANARIVE → **Antananarivo**

TANCARVILLE ▪ Commune de la Seine-Maritime. 1 326 hab. *(les Tancarvillais).* On y construisit un des plus grands ponts suspendus d'Europe (1 410 m).

TANCER v. tr. [3] ▪ LITTÉR. Réprimander. *Tancer vertement qqn.*

TANCHE n. f. ▪ Poisson d'eau douce, à peau sombre et gluante, à chair délicate.

TANCRÈDE (mort en 1112) ▪ Prince de Galilée. Un des chefs de la première croisade, devenu un héros de l'épopée du Tasse, *"Jérusalem délivrée".*

TANDEM [-ɛm] n. m. ▪ **1.** Bicyclette à deux sièges et deux pédaliers placés l'un derrière l'autre. **2.** fig. FAM. Groupe de deux personnes associées. – loc. *En tandem,* en collaboration. *Travailler en tandem.*

Tancarville. Le pont sur la Seine. *Phot. © Gsell/Diaf*

TANDIS QUE loc. conj. ▪ **1.** Pendant le temps que, dans le même moment que. ⇒ **alors** que, **comme, pendant** que. **2.** (marquant l'opposition) ⇒ **alors** que. *Tandis que l'un travaille, l'autre se repose.*

le TANEZROUFT ▪ Région du Sahara, d'une grande aridité, à l'ouest du Hoggar.

les TANG ou **T'ANG** ▪ Dynastie chinoise qui régna de 618 à 907 (21 souverains) et qui constitua l'empire le plus puissant de l'époque. Grande période de l'histoire et de l'art chinois.

TANGAGE n. m. ▪ Mouvement alternatif d'un navire dont l'avant et l'arrière plongent successivement. *Le tangage et le roulis.* – *Le tangage d'un avion.* – fig. *"Langage tangage"* (texte de M. Leiris).

le lac TANGANYIKA ▪ 2e lac d'Afrique. 31 900 km². Il sert de frontière entre le Zaïre, le Burundi et la Tanzanie.

le TANGANYIKA ▪ Ancienne colonie allemande, qui fut sous mandat britannique de 1920 à 1946 et devint une république indépendante en 1961. Elle fut unie à Zanzibar en 1964 pour former la république de Tanzanie.

tanagra. Femme drapée, statuette en terre cuite, seconde moitié du IIIe s av. J.-C. Musée de Picardie, Amiens. *Phot. © Giraudon*

TANGE Kenzō (né en 1913) ▪ Architecte japonais, devenu l'un des maîtres du style international. Centre de la Paix à Hiroshima (1946-1950); hôtel de ville de Tōkyō (1991).

Tange Kenzō. L'hôtel de ville de Tōkyō.
Phot. © Nacivet/Explorer

TANGENCE n. f. ▪ Position de ce qui est tangent.

TANGENT, ENTE adj. ▪ **1.** Qui touche en un seul point, sans couper (une ligne, une surface). *Droite tangente à un cercle.* **2.** Qui se fait de justesse. *Il a été reçu, mais c'était tangent.*

TANGENTE n. f. ▪ **1.** *La tangente à une courbe,* la droite qui touche cette courbe en un seul point. *La tangente à un cercle est perpendiculaire au rayon du cercle en ce point.* ➝ MATH. *Tangente d'un arc, d'un angle :* rapport du sinus au cosinus de cet arc, de cet angle. **2.** loc. fig. *PRENDRE LA TANGENTE :* se sauver sans être vu ; se tirer d'affaire adroitement.

TANGENTIEL, IELLE adj. ▪ Qui a rapport aux tangentes. *Force tangentielle,* exercée dans le sens de la tangente à une courbe.

TANGER ▪ Ville du Maroc, port franc sur le détroit de Gibraltar. 592 000 hab. Zone internationale de 1923 à 1956.

TANGIBLE adj. ▪ **1.** Que l'on peut connaître en touchant. *La réalité tangible.* ⇒ **matériel, palpable. 2.** Dont la réalité est évidente. *Des preuves tangibles.*

TANGO n. m. ▪ **1.** Musique et danse originaires d'Argentine, sur un rythme assez lent à deux temps. *Des tangos langoureux.* **2.** Couleur orange vif. ⇒ **orangé.** ➝ **adj. invar.** *Des robes tango.*

TANGSHAN ou **T'ANG-CHAN** ▪ Ville industrielle de Chine (Hebei). 1 504 200 hab. Houille. Centre industriel.

TANGUER v. intr. [1] ▪ **1.** (bateaux) Se balancer par un mouvement de tangage. *Navire qui roule* et qui tangue.* **2.** Remuer par un mouvement alternatif d'avant en arrière. *Tout tanguait autour de lui.*

Yves **TANGUY** (1900 - 1955) ▪ Peintre surréaliste français naturalisé américain. Évocations désertiques ou sous-marines avec des figures.

TANIÈRE n. f. ▪ **1.** Retraite (d'une bête sauvage), caverne, lieu abrité ou souterrain. ⇒ **antre, gîte, repaire, terrier.** *Renard tapi au fond de sa tanière.* **2.** Lieu fermé dans lequel on s'isole, on se cache.

TANIN ou **TANNIN** n. m. ▪ **1.** Substance d'origine végétale, rendant les peaux imputrescibles. ⇒ **tan. 2.** Cette substance provenant du raisin, et qui entre dans la composition des vins rouges. *Bordeaux riche en tanin.*

TANIS aujourd'hui ***SAN AL-HAJAR*** ▪ Site archéologique, ville de l'ancienne Égypte brillante au temps de Ramsès II.

TANIT ou **TINNIT** ▪ Une des formes de la déesse Ashtart, vénérée à Carthage.

TANIZAKI Junichirō (1886 - 1965) ▪ Écrivain japonais. Ses œuvres expriment la nostalgie du passé et l'inévitable évolution des mœurs. *"Le Journal d'un vieux fou"* (1961).

TANJORE ou **TANJAVUR** → **Thanjavur**

TANK [tɑ̃k] n. m. ▪ **I.** Citerne d'un navire pétrolier. *Des tanks.* ♦ Réservoir de stockage. **II.** VIEILLI Char d'assaut. ⇒ **char.** ♦ FAM. et plais. Grosse voiture.

TANKER [tɑ̃kœʀ] n. m. ▪ Bateau-citerne transportant du pétrole. ⇒ **pétrolier.**

TANKISTE n. m. ▪ Soldat d'une unité de tanks, de blindés.

TANNAGE n. m. ▪ Action de tanner (les peaux).

TANNANT, ANTE adj. ▪ FAM. Qui tanne (II), lasse. *Il est tannant avec ses questions.* ⇒ **assommant, fatigant.**

TANNÉ, ÉE adj. ▪ **1.** Qui a subi le tannage. *Peaux tannées.* **2.** (personnes) Dont la peau a bruni sous l'effet du soleil, des intempéries. *Un marin au visage tanné.* ⇒ **basané, hâlé.**

TANNÉE n. f. ▪ FAM. Volée de coups. ⇒ **raclée.**

TANNENBERG ▪ Ancienne localité de Prusse-Orientale (aujourd'hui en Pologne [Stébark]). Victoire des Polonais et des Lituaniens sur les chevaliers Teutoniques (1410). Victoire des Allemands sur l'armée russe (août 1914).

TANNER v. tr. [1] ▪ **I. 1.** Préparer (les peaux) avec du tanin ou d'autres produits pour les rendre imputrescibles et en faire du cuir (⇒ **mégisserie**). **2.** loc. FAM. *Tanner le cuir à qqn,* le rosser. ⇒ **tannée. II.** FAM. Agacer, importuner. ⇒ **harceler.** *Il n'arrête pas de me tanner pour que j'accepte.*

Alain **TANNER** (né en 1929) ▪ Cinéaste suisse. *"Charles mort ou vif"* (1969).

TANNERIE n. f. ▪ **1.** Établissement où l'on tanne les peaux. **2.** Opérations de tannage. *La tannerie et le corroyage.*

TANNEUR, EUSE n. ▪ Personne qui tanne les peaux. ♦ Personne qui possède une tannerie et vend des cuirs.

TANNHÄUSER (v. 1205 - v. 1270) ▪ Poète allemand. Il est devenu le héros de légendes, puis d'un opéra de Wagner.

TANSAD [tɑ̃sad] n. m. ▪ anglic. Selle pour passager, sur une motocyclette.

TANT adv. et nominal ▪ **I.** adv. de quantité, marquant l'intensité **1.** *TANT QUE,* exprime qu'une action ou qu'une qualité portée à un très haut degré devient la cause d'un effet. ⇒ **tellement.** *Il souffre tant qu'il ne peut plus se lever.* **2.** *TANT DE... QUE... :* une si grande quantité, un si grand nombre de... que... *Elle a tant d'argent qu'elle ne sait qu'en faire.* ➝ absolt Tant de choses. *Il a fait tant pour vous ! Faire TANT ET SI BIEN que :* parvenir après beaucoup d'efforts à. **3.** (sans *que*) Tellement. *Il vous aimait tant. Je voudrais tant avoir fini.* **4.** *TANT DE :* une si grande, une telle quantité de. *Celui-là et tant d'autres. Ne faites pas tant d'histoires.* ⇒ **autant** de. *Des gens comme il y en a tant.* loc. FAM. *Vous m'en direz tant !,* je ne suis plus étonné après ce que vous m'avez dit. ➝ *TANT SOIT PEU :* si peu que ce soit. subst. *Un tant soit peu* (et adj.). ➝ *TANT S'EN FAUT :* il s'en faut de beaucoup. *Il n'est pas généreux, tant s'en faut.* **5.** LITTÉR. (introduisant la cause) *Il n'ose plus rien entreprendre, tant il a été déçu.* ⇒

Tanguy. *Jour de lenteur.* MNAMGP, Paris.
Phot. © Nimatallah/Ricciarini

tellement. – loc. *Tant il est vrai que,* introduit une vérité qui découle de ce qui vient d'être dit. **II.** nominal Une quantité qu'on ne précise pas. *Être payé à tant par mois, à tant la page. Tant pour cent.* – *TANT ET PLUS* : la quantité dont on parle et plus encore. *J'ai des amis tant et plus.* **III.** (exprimant une comparaison) **1.** *TANT... QUE,* exprime l'égalité dans des propositions négatives ou interrogatives. ⇒ **autant.** *Il ne craint pas tant l'isolement que le silence.* – *TANT QUE,* en phrase affirmative. ⇒ **autant.** *Tant qu'il vous plaira. Tant que tu voudras.* – *Tant que ça,* tellement. – *SI TANT EST QUE* (+ subj.) : exprime une supposition très improbable. *Il a l'air d'un honnête homme, si tant est qu'il en existe.* – *TOUS TANT QUE* vous êtes, tous, sans exception. **2.** *EN TANT QUE,* dans la mesure où. – Considéré comme. *Le cinéma en tant qu'art ou en tant qu'industrie.* ⇒ **comme. 3.** *TANT... QUE...* : aussi bien... que... *Des activités tant sportives qu'artistiques.* – *TANT BIEN QUE MAL* (+ verbe d'action) : ni bien ni mal et avec peine. *Il a réussi tant bien que mal à réparer le moteur.* **4.** *TANT QU'À* (+ inf.) : puisqu'il faut. *Tant qu'à déménager, j'aimerais mieux habiter en ville.* – loc. *TANT QU'À FAIRE. Tant qu'à faire, faites-le bien* (LITTÉR. *à tant faire que de...*). **5.** *TANT MIEUX, TANT PIS,* exprimant la joie ou le dépit. *Il est guéri, tant mieux ! Il n'est pas là, tant pis !* – *Tant pis pour vous,* c'est dommage, mais c'est votre faute. **IV.** *TANT QUE* : aussi longtemps que. *Elle s'y opposera tant qu'elle en aura le pouvoir.* – *Tant que vous y êtes* : en continuant de la même façon (→ pendant).

TANTĀ ▪ Ville d'Égypte, la plus grande du delta du Nil. 334 505 hab. Centre commercial et religieux.

TANTALE ▪ Roi de la mythologie grecque. Il fut condamné à subir une faim et une soif perpétuelles, à côté d'eau ou de fruits qui se dérobaient sans cesse à lui (cf. supplice* de Tantale).

TANTE n. f. ▪ **I. 1.** Sœur du père ou de la mère ; femme de l'oncle (→ lang. enfantin tata, tatie, tantine). **2.** FAM. *MA TANTE* : le Crédit municipal, le mont-de-piété. **II.** vulg. et injurieux Homosexuel efféminé.

TANTIÈME [-tjɛm] n. m. ▪ Pourcentage d'un tout. *Le tantième du chiffre de vente.*

TANTINE n. f. ▪ appellation enfantine Ma tante. *Bonjour, tantine.*

TANTINET ▪ **1.** n. m. *Un tantinet de,* un tout petit peu de. *Ajoutez un tantinet de sel.* **2.** *UN TANTINET* loc. adv. Un petit peu. *Il est un tantinet farceur.* ⇒ **passablement.**

TANT MIEUX ; TANT PIS ⇒ TANT (III, 5)

TANTÔT adv. ▪ **1.** Cet après-midi. **2.** RÉGIONAL Peu de temps avant, après. **3.** *TANTÔT..., TANTÔT...* : à un moment, puis à un autre moment (pour exprimer des états différents d'une même chose). ⇒ **parfois.** *Tantôt elle pleure, tantôt elle rit.*

TANTRISME n. m. ▪ RELIG. Forme de l'hindouisme, religion inspirée des *tantras,* livres sacrés ésotériques.

la **TANZANIE** ▪ État (république) d'Afrique de l'Est, bordé par l'océan Indien. 945 037 km². 25 086 000 hab. *(les Tanzaniens).* Capitale : Dodoma. Langues officielles : souahéli, anglais. Monnaie : shilling tanzanien. Plaine côtière dominée par de hauts massifs (Kilimandjaro). Cultures tropicales : café, coton, sisal, clous de girofle. Mines de diamants, or, étain. La république fédérale de Tanzanie est née en 1964 de la réunion du Tanganyika, de l'île Pemba (984 km² ; 255 000 hab.) et de Zanzibar, sous la présidence de Julius Nyerere (1964-1985). Depuis 1992, le pays s'est engagé sur la voie du multipartisme et du libéralisme économique.

TANZANIEN, ENNE adj. et n. ▪ De Tanzanie. – n. *Les Tanzaniens.*

TAO HONGJING ou **T'AO HONG-KING** (v. 456 - 536) ▪ Médecin, calligraphe et astronome chinois.

TAOÏSME n. m. ▪ Doctrine religieuse et philosophique chinoise fondée par Lao-tseu, qui est un mélange de sa philosophie (cf. yin* et yang) et de croyances, de pratiques plus populaires. ▪ Reposant sur un principe (le *tao*) qui recommande à l'homme de vivre en conformité avec la nature, le taoïsme s'est enrichi au fil des siècles et ses ramifications ont varié des pratiques populaires strictement magiques jusqu'à des tendances de spéculation métaphysique.

TAON [tɑ̃] n. m. ▪ Insecte piqueur et suceur, grosse mouche dont la femelle suce le sang des animaux.

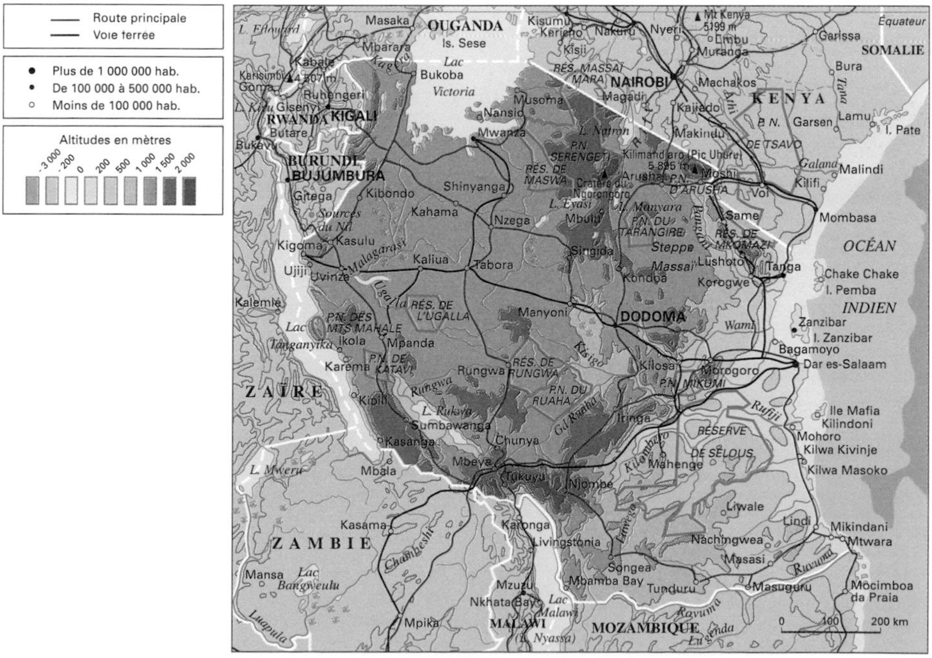

Tanzanie.

Tàpies. *Le Chapeau renversé,* 1967. MNAMGP, Paris.
Phot. © Lauros/Giraudon

TAORMINE en italien ***TAORMINA*** ▪ Ville de Sicile, au pied de l'Etna. Centre touristique dans un site renommé. 10 797 hab. Ruines antiques (théâtre). Château médiéval.

Tao Qian dit **TAO YUANMING** (365-427) ▪ Un des plus célèbres poètes chinois.

TAPAGE n. m. ▪ **1.** Bruit violent produit par un groupe de personnes. ⇒ **boucan, chahut, potin, raffut, vacarme.** *Un tapage infernal.* – DR. *TAPAGE NOCTURNE* (délit). **2.** fig. Esclandre, scandale. *Faire beaucoup de tapage autour d'une affaire.* ⇒ **bruit, publicité.**

TAPAGEUR, EUSE adj. ▪ **1.** VIEILLI Qui fait du tapage. **2.** Qui fait du scandale. *Publicité tapageuse.* **3.** Qui se fait remarquer par l'outrance, le contraste des couleurs. ⇒ **criard, voyant.** – *Un luxe tapageur.*

le TAPAJÓS ▪ Rivière du Brésil, affluent de l'Amazone. 1 980 km.

TAPANT, ANTE adj. ▪ À l'instant même où sonne (une heure). ⇒ **juste ; pétant, sonnant.** *À midi tapant. À neuf heures tapantes.*

TAPE n. f. ▪ Coup donné avec le plat de la main. *Une tape amicale dans le dos.*

TAPÉ, ÉE adj. ▪ **1.** Trop mûr, pourri par endroits (aux endroits des heurts). ⇒ **talé.** *Des pommes tapées.* ♦ FAM. *Elle est un peu tapée,* marquée par l'âge. **2.** FAM. *BIEN TAPÉ :* réussi, bien fait. *Une réponse bien tapée.*

TAPE-À-L'ŒIL [-œj] ▪ **1.** adj. invar. Qui attire l'attention par des couleurs voyantes, un luxe tapageur. ⇒ **clinquant.** *Une décoration tape-à-l'œil.* **2.** n. m. invar. *C'est du tape-à-l'œil,* cela fait beaucoup d'effet mais a peu de valeur.

TAPECUL ou **TAPE-CUL** [-ky] n. m. ▪ **1.** Voiture mal suspendue. **2.** Exercice de trot sans étriers, à cheval. **3.** Brimade consistant à soulever qqn par les pieds et les épaules et à lui taper le derrière par terre.

TAPÉE n. f. ▪ FAM. Grande quantité. ⇒ **flopée, masse.**

TAPEMENT n. m. ▪ Action de taper. *Des tapements de pieds.* – Bruit ainsi produit. *Un tapement sourd.*

TAPER v. [1] ▪ **I.** v. tr. **1.** Frapper du plat de la main. **2.** Donner des coups sur (qqch.). ⇒ **cogner, frapper.** ♦ (le compl. désigne une partie du corps) *Il lui a tapé la tête contre le mur.* – loc. FAM. *Il y a de quoi se taper le derrière par terre,* c'est risible, grotesque. – *C'est à se taper la tête contre les murs,* c'est une situation révoltante et sans issue. ♦ FAM. (enfants) *Il m'a tapé !* **3.** Produire (un bruit) en tapant. *On a tapé trois coups à la porte.* **4.** Écrire (un texte) au moyen d'une machine à écrire (⇒ **dactylographier ; frappe**), d'un ordinateur (⇒ **saisir**). **5.** FAM. Emprunter de l'argent à (qqn). *Je l'ai tapé de trois cents francs* (⇒ **tapeur**). **II.** v. intr. **1.** Donner des coups. ⇒ **cogner.** *Taper des mains, dans ses mains.* ⇒ **applaudir.** *Taper du poing sur la table.* **2.** loc. fig. *Taper sur qqn,* dire du mal de lui. ⇒ **critiquer, médire.** – *Taper sur le ventre à qqn,* le traiter avec une familiarité excessive. – *Taper sur les nerfs à, de qqn,* l'agacer. – *Taper dans l'œil à, de qqn,* lui plaire vivement. **3.** Écrire au moyen d'une machine. *Cette dactylo tape vite.* **4.** *Le soleil tape, tape dur,* chauffe très fort. **5.** FAM. *TAPER DANS :* prendre dans, se servir de. *Taper dans les provisions.* ⇒ **puiser.** **III.** *SE TAPER* + compl. (faux pronom.) FAM. **1.** Manger, boire (qqch.). *Elle se tape son litre de rouge.* **2.** Avoir des relations sexuelles avec (qqn). **3.** Faire (une corvée). *Se taper tout le travail.* ♦ Supporter. *Se taper la famille à dîner.* **4.** *S'EN TAPER :* s'en moquer. *Je m'en tape.*

TAPETTE n. f. ▪ **I. 1.** Instrument (raquette) pour battre les tapis ; pour tuer les mouches. **2.** Piège à ressort pour les souris. **II.** FAM. et injurieux Homosexuel.

TAPEUR, EUSE n. ▪ Personne qui emprunte souvent de l'argent (⇒ **taper** (I, 5)).

Antoni TÀPIES (né en 1923) ▪ Peintre espagnol. Le travail de la matière sur de grandes surfaces, les taches, les signes (croix...), les lacérations, les griffures sont des constantes de son œuvre.

EN TAPINOIS loc. adv. ▪ En se cachant, à la dérobée. ⇒ en **catimini.** *S'approcher en tapinois.*

TAPIOCA n. m. ▪ Fécule extraite de la racine de manioc. *Un potage au tapioca* ou ellipt *un tapioca.*

SE TAPIR v. pron. [2] ▪ Se cacher, se dissimuler en se blottissant. – au p. p. *Une bête tapie dans les buissons.*

TAPIR n. m. ▪ Mammifère ongulé, herbivore, bas sur pattes, dont le nez se prolonge en trompe.

tapir. *Tapirus terrestris,* tapir terrestre.
Phot. © Frederic/Jacana

TAPIS n. m. ▪ **1.** Ouvrage fait de fibres textiles, le plus souvent étendu sur le sol. *Tapis de haute laine. Secouer les tapis. Tapis cloué ;* (Belgique) *tapis plain.* ⇒ **moquette.** – *Marchand de tapis,* marchand ambulant de tapis ; fig. et péj. Personne trop insistante, qui marchande âprement. – loc. *Le tapis rouge,* les honneurs. *Tapis volant* (des légendes orientales). **2.** Revêtement souple de sol (tissu, natte, etc.). *Tapis de sol.* – *TAPIS-BROSSE :* paillasson. *Des tapis-brosses.* – (boxe) *Envoyer son adversaire AU TAPIS,* au sol. **3.** *TAPIS ROULANT :* surface plane animée d'un mouvement de translation et servant à transporter des personnes, des marchandises. **4.** Couche, surface qui évoque un tapis. *Un tapis de neige.* **5.** Pièce de tissu recouvrant un meuble. *Tapis de table.* – loc. *Mettre une question sur le tapis,* la faire venir en discussion.

TAPISSER v. tr. [1] ▪ **1.** Couvrir de tapisseries, tentures, étoffes, papiers, etc., pour orner. *Tapisser un mur, une pièce. Tapisser sa chambre d'affiches.* – au p. p. *Pièce tapissée de jute.* **2.** (sujet chose) Recouvrir (un mur, une paroi) en l'ornant. *Le papier peint qui tapisse un appartement.* – Recouvrir parfaitement. *Le lierre tapissait tout le mur.*

TAPISSERIE n. f. ▪ **1.** Ouvrage d'art tissé à la main sur un métier, dans lequel le dessin résulte de l'armure même. *Tapisseries des Gobelins* (à Paris). ♦ loc. *FAIRE TAPISSERIE* (comme une tapisserie contre un mur) : n'être pas invité(e) à danser, dans un bal ; rester seul(e). **2.** Papier peint ou tissu tendu sur les murs. **3.** Ouvrage de dame à l'aiguille, brodé sur un canevas.

TAPISSIER, IÈRE n. ▪ **1.** Personne qui fabrique et vend des tissus utilisés en ameublement et en décoration. **2.** Personne qui tapisse une pièce, une maison, pose les papiers peints. *Tapissier-décorateur.*

TAPISSIÈRE n. f. ▪ anciennt Grande voiture à chevaux.

TAPOTEMENT n. m. ▪ Action de tapoter ; bruit qui en résulte.

TAPOTER v. tr. [1] ▪ Frapper légèrement à petits coups répétés. *Tapoter la joue d'un enfant.* – intrans. *Tapoter sur la table.* ⇒ **tambouriner.**

TAPUSCRIT n. m. ▪ Texte original tapé à la machine.

TAQUET n. m. ▪ **1.** Pièce de bois qui soutient l'extrémité d'un tasseau ou sert à caler un meuble. **2.** Morceau de bois qui tourne autour d'un axe et sert à maintenir une porte fermée. ⇒ **loquet. 3.** MAR. Pièce de bois ou de métal autour des extrémités de laquelle on tourne des cordages.

TAQUIN, INE adj. ▪ Qui prend plaisir à irriter, pour plaisanter. *Un caractère taquin.* ➝ n. *Un taquin, une taquine.*

TAQUINER v. tr. [1] ▪ **1.** S'amuser à irriter, à contrarier (qqn) dans de petites choses et sans méchanceté. ⇒ **asticoter,** faire **enrager.** *Ce n'est pas vrai, c'était pour vous taquiner !* **2.** (sujet chose) Être la cause d'une douleur légère. *J'ai une dent qui me taquine.* ⇒ **agacer. 3.** loc. FAM. *Taquiner le goujon :* pêcher à la ligne.

TAQUINERIE n. f. ▪ **1.** Tendance à taquiner. **2.** Action de taquiner ; parole taquine.

TARABISCOTÉ, ÉE adj. ▪ **1.** Surchargé d'ornements. *Des meubles tarabiscotés.* **2.** abstrait Inutilement compliqué. *Style tarabiscoté.* ⇒ **alambiqué.**

TARABUSTER v. tr. [1] ▪ **1.** Importuner (qqn) par des paroles, des interventions renouvelées (plus fort que *taquiner*). ⇒ **houspiller, tourmenter, tracasser. 2.** (sujet chose) Causer de la contrariété, de l'inquiétude, de l'agitation à (qqn). *Cette idée me tarabuste.* ⇒ **turlupiner.**

TARAMA n. m. ▪ Hors-d'œuvre à base d'œufs de cabillaud fumés, de crème et de citron.

TARARE ▪ Commune du Rhône. 10 720 hab. *(les Arariens).*

TARASCON ▪ Commune des Bouches-du-Rhône. 10 826 hab. *(les Tarasconnais).* Château des comtes de Provence (XIVe-XVe s.). Le roman de A. Daudet *"Tartarin de Tarascon"* (1872) en a fait un symbole de la Provence.

TARASQUE n. f. ▪ Animal fabuleux, dragon des légendes provençales.

TARATATA interj. ▪ Onomatopée exprimant l'incrédulité, la défiance, le mépris. *Taratata ! tout ça, c'est des histoires !*

TARAUDER v. tr. [1] ▪ **1.** TECHN. Creuser, percer (une matière dure) pour y pratiquer un pas de vis. **2.** Percer avec une tarière. *Insectes qui taraudent le bois.* **3.** fig. Tourmenter. ➝ passif et p. p. *Être taraudé par le remords.*

TARAWA ▪ Atoll situé au nord de l'équateur, sur lequel se trouve la capitale de la république de Kiribati, Bairiki. Exportation de coprah. Combats violents entre Américains et Japonais en 1943.

TARBES ▪ Chef-lieu des Hautes-Pyrénées. 47 566 hab. *(les Tarbais).* Cathédrale en partie romane. Industries électromécanique et chimique.

TARD adv. ▪ **1.** Après le moment habituel ; après un temps considéré comme long. *Se lever tard* (opposé à *tôt*). prov. *Mieux vaut tard que jamais.* ➝ *Rentrer plus tard que d'habitude. Votre lettre est arrivée trop tard,* après le moment convenable. *Trop tard ! le train est parti.* prov. *Il n'est jamais trop tard pour bien faire.* ➝ *TÔT OU TARD :* inévitablement mais à un moment qu'on ne peut prévoir avec certitude. ➝ *Au plus tard,* en prenant le délai le plus long. *Tout sera prêt dans un mois au plus tard.* ➝ *PLUS TARD :* dans l'avenir. ⇒ **ultérieurement.** *Ce sera pour plus tard. Quelques minutes plus tard.* ⇒ **après.** *Pas plus tard qu'hier* (tout récemment). **2.** À la fin d'une période ; à une heure avancée (du jour ou de la nuit). *Tard dans la matinée, dans la saison.* ➝ adj. *Il est, il se fait tard,* l'heure est avancée. **3.** n. m. *SUR LE TARD :* à un âge considéré comme avancé. *Apprendre à danser sur le tard.* ⇒ **tardivement.**

Gabriel **TARDE** (1843-1904) ▪ Sociologue français. Sociologie à tendance psychologique. *"Les Lois de l'imitation"* (1890).

TARDER v. intr. [1] ▪ **1.** Se faire attendre ; être lent à venir. *La réponse ne tardera pas.* **2.** Mettre beaucoup de temps ; rester longtemps avant de commencer à agir. *Venez sans tarder,* tout de suite. ➝ *TARDER À* (+ inf.). *Il n'a pas tardé à réagir.* **3.** impers. *IL ME (TE, LUI...) TARDE DE* (+ inf.) ; *QUE* (+ subj.), exprimant l'impatience de faire, de voir se produire qqch. *Il me tarde d'avoir les résultats ; que ce soit terminé.*

André **TARDIEU** (1876-1945) ▪ Homme politique français. Plusieurs fois ministre et président du Conseil (centre droit) sous la IIIe République. Ses propositions pour la réforme des institutions inspirèrent de Gaulle en 1958. *"La Révolution à refaire"* (1936-1937).

Apocalypse d'Angers, « Les dragons vomissant des grenouilles », n° 62, 1373-1387. Château d'Angers. *Phot. © Lauros/Giraudon*

La Dame à la licorne, détail de « La Vue » (entre 1484 et 1500). Musée de Cluny, Paris. *Phot. © Giraudon*

Magdalena Abakanowicz. *Black Environnement,* 1970-1978, tissage en sisal, 15 pièces (chacune : 350 x 80 x 80 cm). Coll. de l'artiste. *Phot. © A. Staverriez*

tapisserie.

Jean **TARDIEU** (1903-1995) ■ Poète et auteur dramatique français. Son œuvre manifeste une inquiétude existentielle sous le brio d'un jeu verbal. « *Formeries* » (1976), poèmes ; « *Théâtre de chambre* » (1955-1965).

TARDIF, IVE adj. ■ **1.** Qui apparaît, qui a lieu tard, vers la fin d'une période, d'une évolution. *Développement tardif.* **2.** Qui a lieu tard dans la journée, la matinée ou la soirée. *Rentrer à une heure assez tardive.* ⇒ **avancé.** - Qui vient, qui se fait trop tard. *Des remords tardifs.* **3.** (opposé à *précoce*) Qui se forme, se développe plus lentement ou plus tard que la moyenne. *Fruit tardif.*

TARDIVEMENT adv. ■ Tard. *Elle s'en aperçut tardivement.*

TARE n. f. ■ **I.** TECHN. **1.** Poids de l'emballage, du récipient pesé avec une marchandise. *Le poids brut comprend la tare* (⇒ **tarer**). **2.** Poids placé sur le plateau d'une balance pour faire équilibre à celui d'un objet qu'on ne veut pas compter dans le poids total. **II. 1.** Grave défaut (d'une personne, d'une institution...). *Les tares d'un système.* ⇒ **vice. 2.** Défectuosité physique ou psychologique (d'une personne). *Tare héréditaire ; tare morale* (⇒ **taré**).

TARÉ, ÉE adj. ■ **1.** Affecté d'une tare morale, physique ou psychique. *Un politicien taré.* **2.** FAM. Inintelligent. ⇒ **crétin, idiot.** *Mais tu es complètement taré !* - n. *Bande de tarés !*

la **TARENTAISE** ■ Région de Savoie. Ville principale : Moûtiers. Élevage bovin. Électrométallurgie.

TARENTE en italien ***TARANTO*** ■ Ville de l'Italie du Sud (Pouilles), port sur la mer Ionienne. 244 512 hab. *(les Tarentins).* Une des plus grandes cités grecques de l'Antiquité. Bâtie sur une île, reliée au continent par un système de canaux. Centre industriel (sidérurgie, chantiers navals).

TARENTELLE n. f. ■ Danse du sud de l'Italie, sur un air au rythme très rapide.

TARENTULE n. f. ■ Grosse araignée venimeuse des pays chauds.

TARER v. tr. [1] ■ Peser (un emballage, un récipient) avant de le remplir afin de pouvoir déduire son poids du poids brut. ⇒ **tare** (I).

TARGETTE n. f. ■ Petit verrou, généralement à tige plate, que l'on manœuvre en poussant ou en tournant un bouton.

SE **TARGUER** v. pron. [1] ■ LITTÉR. Se prévaloir (de qqch.) avec ostentation, se vanter (de). *La générosité dont il se targue.* - (+ inf.) *Il se targue d'y parvenir.*

TARGUI, IE n. et adj. ■ Singulier de *touareg.*

TÂRGU MUREŞ ou **TÎRGU MUREŞ** ■ Ville de Roumanie. 163 625 hab. Gaz. Chimie. Monuments baroques.

TARI, IE adj. ■ Sans eau. *Une rivière tarie.* ⇒ **à sec.**

TARIÈRE n. f. ■ **1.** Grande vrille pour percer le bois. **2.** Prolongement de l'abdomen (de certains insectes) capable de creuser des trous.

TARIF n. m. ■ **1.** Tableau ou liste qui indique le montant des droits à acquitter, des prix fixés ; ces prix. *Les tarifs des chemins de fer. Payer plein tarif. Tarif réduit.* ⇒ **demi-tarif.** - *Tarif douanier* : taux du droit de douane des produits pouvant être importés. **2.** Prix tarifé ou usuel (d'une marchandise, d'un travail). *Le tarif, les tarifs d'un fabricant.* - FAM. *Deux mois de prison, c'est le tarif,* la peine habituelle.

TARIFAIRE adj. ■ ÉCON. Concernant un tarif.

TARIFER v. tr. [1] ■ Fixer à un montant, à un prix déterminé ; déterminer le tarif de. *Faire tarifer une ordonnance.* - au p. p. *Des services tarifés.*

TARIFICATION n. f. ■ Fixation des prix selon un tarif précis.

le **TARIM** ■ Fleuve de Chine, né dans le Karakoram, qui se jette dans le lac marécageux du Lob nor, en Asie centrale. 2 137 km.

TARIN n. m. ■ FAM. Nez. ⇒ ② **pif.** *Un gros tarin.*

TARIR v. [2] ■ **I.** v. intr. **1.** Cesser de couler ; s'épuiser. *La source a tari, vient de tarir* (⇒ **tari**). *Ses larmes ne tarissent plus.* **2.** *La conversation tarit,* s'arrête parce qu'on n'a plus rien à se dire. - (personnes) *NE PAS TARIR* : ne pas cesser de parler. *Il ne tarit pas sur ce sujet* (⇒ **intarissable**). *Il ne tarit pas d'éloges sur vous.* **II.** v. tr. Faire cesser de couler ; mettre à sec. ⇒ **assécher.** *La sécheresse a tari les ruisseaux.* ► SE **TARIR** v. pron. *La source s'est tarie.* - fig. *Sa veine poétique s'est tarie.* ⇒ **s'épuiser.**

TARISSEMENT n. m. ■ Fait de tarir, de se tarir. *Le tarissement d'une source.* ⇒ **assèchement.**

Andreï **TARKOVSKI** (1932-1986) ■ Cinéaste soviétique. Pérennité des valeurs religieuses, malgré le marxisme. *"Andreï Roublev"* (1967) ; *"Stalker"* (1979) ; *"Le Sacrifice"* (1986).

TARLATANE n. f. ■ Étoffe de coton très peu serrée et très apprêtée. *Jupon de tarlatane.*

TARMAC n. m. ■ Dans un aérodrome, Emplacement réservé à la circulation et au stationnement des avions.

le **TARN** ■ Rivière de France. Elle prend sa source dans les Cévennes, coule dans des gorges profondes (tourisme) et se jette dans la Garonne. 375 km.

le **TARN** [81] ■ Département français de la région Midi-Pyrénées. 5 780 km². 342 723 hab. Chef-lieu : Albi. Chef-lieu d'arrondissement : Castres.

le **TARN-ET-GARONNE** [82] ■ Département français de la région Midi-Pyrénées. 3 718 km². 200 220 hab. Chef-lieu : Montauban. Chef-lieu d'arrondissement : Castelsarrasin.

TARNOS ■ Commune des Landes. 9 099 hab.

TARNÓW ■ Ville de Pologne. 120 000 hab. Carrefour ferroviaire.

TAROT n. m. ■ Carte à jouer portant des figures spéciales, plus longue que les cartes ordinaires, utilisée notamment en cartomancie *(tarots de Marseille). Un jeu de tarots* (ou ellipt *un tarot*) *de soixante-dix-huit cartes.*

la roche **TARPÉIENNE** ■ Crête rocheuse de l'extrémité du Capitole (dans la Rome ancienne), depuis laquelle on précipitait les criminels.

TARQUINIA ■ Ville d'Italie (Latium). 14 141 hab. Nécropole étrusque, fresques (VIe-Ier s. av. J.-C.).

Tarquinia. *Deux chevaux ailés,* sculpture en terre cuite provenant de l'autel de la Reine, art étrusque, IVe-IIIe s. av. J.-C. Musée archéologique, Tarquinia. *Phot. © Dagli Orti*

TARQUIN L'ANCIEN ■ Cinquième roi de Rome, de 616 à 578 av. J.-C., grand bâtisseur. ► **TARQUIN LE SUPERBE**, son neveu, septième et dernier roi de Rome, de 534 à 509 av. J.-C.

TARRAGONE en espagnol ***TARRAGONA*** ■ Ville d'Espagne, sur la Méditerranée (Catalogne). 112 655 hab. 1er port du pays. Vestiges romains. Cathédrale (XIIe-XIIIe s.).

TARRASA ■ Ville d'Espagne (Catalogne). 153 519 hab. Églises du haut Moyen Âge. Textile.

TARSE n. m. ■ ANAT. Partie postérieure du squelette du pied (double rangée d'os courts).

TARSIEN, IENNE adj. ■ Du tarse. *Os tarsiens.*

Alfred **TARSKI** (1901-1983) ■ Logicien polonais naturalisé américain. Métamathématique, sémantique (théorie des modèles).

TARSUS ▪ Ville de Turquie. 187 508 hab. Vestiges de l'ancienne *Tarse.*

Niccolò Fontana dit **TARTAGLIA** (v. 1499 - 1557) ▪ Mathématicien italien. On lui doit la résolution des équations du troisième degré.

① **TARTAN** n. m. ▪ Étoffe de laine écossaise propre à un clan. ♦ Tissu à décor quadrillé (⇒ **écossais**).

② **TARTAN** n. m. (marque déposée) ▪ Revêtement de pistes d'athlétisme fait d'un agglomérat de caoutchouc, de matières plastiques et d'amiante.

TARTARE adj. ▪ **1.** HIST. Des Tartares*. *Légendes tartares.* **2.** *Sauce tartare,* mayonnaise aux câpres et à la moutarde. ♦ *STEAK TARTARE* et n. m. *un tartare,* préparation de viande de bœuf crue et hachée, assaisonnée. - par analogie *Tartare de poisson ; de thon.*

le TARTARE ▪ Dans la mythologie grecque, région des Enfers où sont châtiés les grands criminels.

les TARTARES ▪ Nom donné au Moyen Âge aux populations nomades d'Asie centrale (indistinctement turques ou mongoles), et emprunté à une peuplade turque (les Tatars*) décimée par Gengis Khan au XIIIe s.

le détroit de TARTARIE ▪ Bras de mer entre la Sibérie extrême-orientale et l'île de Sakhaline.

TARTE n. f. ▪ **I. 1.** Pâtisserie formée d'un fond de pâte entouré d'un rebord et garni (de confiture, de fruits, de crème). *Tarte aux fruits, aux pommes. Tarte Tatin,* renversée, caramélisée. - *Tarte aux poireaux.* ♦ loc. fig. *TARTE À LA CRÈME :* argument, thème banal qui revient à tout propos. ♦ FAM. *C'est pas de la tarte !,* c'est désagréable ou difficile. **2.** FAM. Coup, gifle. ⇒ **beigne. II.** adj. FAM. Laid ; sot et ridicule, peu dégourdi. ⇒ **cloche.** (avec ou sans accord) *Ce qu'ils sont tarte !* - (choses) *Ce film est tarte.* ⇒ **tartignolle.**

TARTELETTE n. f. ▪ Petite tarte individuelle. ⇒ **barquette.**

TARTEMPION n. pr. ▪ Nom propre fictif utilisé pour une personne quelconque. ⇒ **machin, truc.** - n. *Un vague Tartempion.*

TARTIGNOLLE adj. ▪ Sot ; un peu ridicule ; laid. ⇒ **tarte.**

TARTINE n. f. ▪ **1.** Tranche de pain recouverte de beurre, de confiture..., ou destinée à l'être. *Tartines grillées.* ⇒ **rôtie, toast. 2.** FAM. Développement interminable, grand discours. ⇒ **laïus, tirade.** *Il a fait là-dessus toute une tartine.*

TARTINER v. tr. ① ▪ Étaler (du beurre, etc.) sur une tranche de pain.

TARTRE n. m. ▪ **1.** Dépôt qui se forme dans les récipients contenant du vin. **2.** Dépôt de couleur jaune ou brune (phosphate de calcium), qui s'attache au collet des dents. **3.** Croûte calcaire qui se forme sur les parois des chaudières, des bouilloires.

TARTU anc. *DORPAT* ▪ Ville d'Estonie. 115 000 hab. Centre culturel (université) et industriel.

TARTUFE ou **TARTUFFE** n. m. ▪ (du n. pr.) Personne hypocrite. - adj. *Il est un peu tartuffe.* ► TARTUFERIE ou TARTUFFERIE n. f. ⇒ **hypocrisie.**

TARTUFFE ▪ Personnage de la comédie en vers de Molière, *Tartuffe ou l'Imposteur* (1664). Faux dévot hypocrite, il réussit à gagner la confiance d'Orgon qui lui confie ses biens. Démasqué, Tartuffe est puni grâce à l'intervention du roi.

TARZAN → E.R. **Burroughs**

TAS n. m. ▪ **1.** Amas (de matériaux, de morceaux, d'objets) s'élevant sur une large base. *Un tas de pierres, de sable ; de détritus.* ⇒ **monceau.** *Mettre des bûches en tas.* ⇒ **entasser. 2.** fig. FAM. Grande quantité, grand nombre (de choses). *Des tas de.* ⇒ **beaucoup.** ♦ souvent péj. Grand nombre (de gens). ⇒ **multitude.** *Un tas de gens.* - *Tirer, taper DANS LE TAS,* dans un groupe, sans viser précisément qqn. - (injure) *Tas de crétins, de salauds !* ⇒ **bande. 3.** loc. *SUR LE TAS.* *Grève sur le tas,* sur le lieu du travail. FAM. *Être formé sur le tas,* par le travail même. ⇒ sur le **terrain.**

Abel Janszoon TASMAN (1603 - 1659) ▪ Navigateur hollandais. Il découvrit la Tasmanie, la Nouvelle-Zélande, les archipels des Tonga et des Fidji.

la mer de TASMAN ▪ Partie de l'océan Pacifique comprise entre l'Australie à l'ouest et la Nouvelle-Zélande à l'est.

la TASMANIE ▪ Île découverte par Tasman (1642), séparée par le détroit de Bass de l'Australie dont elle constitue le plus petit État fédéré. 68 332 km². 458 600 hab. Capitale : Hobart. Productions agricoles. Richesses minières.

TASSE n. f. ▪ **1.** Petit récipient à anse ou à oreilles, servant à boire. *Tasse posée sur sa soucoupe. Des tasses à café.* ♦ Son contenu. *Prendre une tasse de thé.* **2.** loc. FAM. *Boire une tasse, la tasse,* avaler involontairement de l'eau en se baignant. - *Ce n'est pas ma tasse de thé :* cela ne fait pas partie de mes goûts, de mes intérêts.

LE TASSE (1544 - 1595) ▪ Poète italien. Auteur d'une œuvre abondante, d'un retentissement immense en Europe. Sa folie est restée célèbre. *"Aminta"* (1573), fable pastorale ; *"Jérusalem délivrée"* (1575), long poème épique sur la première croisade.

le **Tasse.** Portrait anonyme. Coll. part. *Phot. © L'Esperto/ Ricciarini*

TASSÉ, ÉE adj. ▪ **1.** Affaissé. *Constructions tassées. Une petite vieille toute tassée.* ⇒ **recroquevillé. 2.** FAM. *BIEN TASSÉ :* qui remplit bien le verre. *Un demi bien tassé. Un café bien tassé,* très fort. - fig. *Il a cinquante ans bien tassés,* au moins.

TASSEAU n. m. ▪ Petite pièce de bois ou de métal destinée à soutenir l'extrémité d'une tablette. ⇒ **support.**

TASSEMENT n. m. ▪ Action de tasser ; fait de se tasser. *Le tassement du sol.*

TASSER v. tr. ① ▪ **1.** Comprimer le plus possible, en tapant, poussant, serrant. *Tasser ses affaires dans un sac. Tasser le tabac dans une pipe.* ⇒ **bourrer.** *Tasser la neige, de la terre.* ⇒ **damer. 2.** (compl. personne) ⇒ **entasser.** ♦ passif et p. p. *On était tassés dans le métro.* ► **SE TASSER** v. pron. **1.** S'affaisser sur soi-même. *Terrain qui se tasse.* **2.** (sujet chose) FAM. Revenir, après quelque incident, à un état normal. ⇒ s'**arranger.** *Il y a des difficultés ; ça se tassera !*

le TASSILI ou **TASSILI DES AJJERS** ▪ Région du Sahara algérien, où des grottes, découvertes en 1956 par H. Lhote, renferment des peintures rupestres du Néolithique.

le **Tassili.** Peinture rupestre. *Phot. © Adamini/CEDRI/Gamma*

TASSIN-LA-DEMI-LUNE ▪ Commune du Rhône, près de Lyon. 15 460 hab. *(les Tassilunois).*

TASTE-VIN [tastəvɛ̃] ou **TÂTE-VIN** n. m. invar. ▪ Petite tasse plate servant aux dégustateurs de vin.

TATA n. f. ▪ FAM. **1.** Tante. **2.** Homosexuel. ⇒ **tante** (II).

TATAMI n. m. ▪ Tapis de sol, dans les locaux où se pratiquent les sports de combat (judo, karaté, etc.).

TATANE n. f. ▪ FAM. Chaussure.

la république des TATARS ou **TATARSTAN** ▪ République de la Fédération de Russie, sur la Volga. 68 000 km^2. 3 658 000 hab. Capitale : Kazan. Agriculture. Pétrole (Bakou). Réclame son indépendance.

les TATARS ▪ Ancienne peuplade turque nomade, occupant au XIe s. l'ouest de la Mongolie, et qui fut décimée en 1202 par Gengis Khan. — Les habitants de l'actuelle république des Tatars *(Tatars de la Volga)* sont les descendants des hordes mongoles de Gengis Khan. Les *Tatars de Crimée* furent déportés en Sibérie par Staline après la Deuxième Guerre mondiale.

TÂTER v. tr. [1] ▪ **1.** Toucher attentivement avec la main, pour explorer, éprouver, reconnaître. ⇒ **manier, palper.** *Tâter un fruit. Tâter le pouls d'un malade.* - fig. *TÂTER LE TERRAIN* : s'assurer, avec précaution, des possibilités d'action, des intentions de qqn, etc. **2.** Chercher à connaître les forces ou les dispositions de (qqn), en questionnant avec prudence. ⇒ **sonder.** *Tâter qqn, l'opinion.* ♦ pronom. fig. *SE TÂTER* : s'étudier avec attention ; s'interroger longuement, hésiter. *Il n'a rien décidé, il se tâte.* **3.** intrans. fig. *TÂTER DE* : faire l'expérience de. ⇒ **essayer.** *Il a tâté de tous les métiers.*

Jacques TATI (1908 - 1982) ▪ Cinéaste français. *"Jour de fête"* (1949); *"Les Vacances de M. Hulot"* (1953); *"Mon oncle"* (1958).

Tati. *Les Vacances de M. Hulot. Phot. © Coll. de Selva/Tapabor*

TATIE [-ti] n. f. ▪ FAM. enfantin Tante. ◇ var. TATI.

TATILLON, ONNE adj. ▪ (personnes) Exagérément minutieux, exigeant. ⇒ **pointilleux.** *Un bureaucrate tatillon.*

Vladimir TATLINE (1885 - 1953) ▪ Peintre, sculpteur et architecte russe. Un des fondateurs du constructivisme.

TÂTONNANT, ANTE adj. ▪ **1.** Qui tâtonne. **2.** fig. *Une mémoire tâtonnante.*

TÂTONNEMENT n. m. ▪ **1.** Action de tâtonner. **2.** fig. *Découvrir la solution après de nombreux tâtonnements.* ⇒ **essai, tentative.**

TÂTONNER v. intr. [1] ▪ **1.** Tâter plusieurs fois le sol, les objets autour de soi, pour se diriger ou trouver qqch. *Il tâtonnait dans l'obscurité.* **2.** fig. Hésiter, faute de compréhension suffisante. ♦ Faire divers essais pour découvrir une solution. ⇒ **essayer.** *La science tâtonne avant de progresser.*

À **TÂTONS** loc. adv. ▪ **1.** En tâtonnant (1). ⇒ à l'**aveuglette.** *Avancer à tâtons dans l'obscurité.* **2.** fig. En hésitant, sans méthode. *Procéder à tâtons dans ses recherches.*

TATOU n. m. ▪ Mammifère édenté d'Amérique du Sud, au corps recouvert d'une carapace. *Des tatous.*

tatou. *Dasypus novemcinctus*, tatou à neuf bandes. *Phot. © Dotson/PHR/Jacana*

TATOUAGE n. m. ▪ **1.** Action de tatouer. *La technique du tatouage.* **2.** Signe, dessin exécuté en tatouant la peau. *Bras couverts de tatouages.*

TATOUER v. tr. [1] ▪ **1.** Marquer, orner (une partie du corps) d'inscriptions ou de dessins indélébiles en introduisant au moyen de piqûres des matières colorantes sous l'épiderme. *Tatouer qqn, sa poitrine. Se faire tatouer.* ♦ au p. p. *Bras tatoués.* - n. *Un dur, un tatoué.* **2.** Exécuter (un dessin) par tatouage (et abusivt par un autre procédé). - au p. p. *Avoir un cœur tatoué sur le bras.*

TATOUEUR, EUSE n. ▪ Personne qui pratique la technique du tatouage.

les TATRAS ▪ Massif montagneux d'Europe orientale, le plus élevé des Carpates, culminant au mont Gerlachovka. (2 655 m).

Art TATUM (1910 - 1956) ▪ Pianiste de jazz américain, soliste virtuose, *"Tiger Rag"* (1933); *"Get Happy"* (1940); *"Tea For Two"* (1952); *"Night And Day"* (1956).

TAUDIS n. m. ▪ **1.** Logement misérable, sans confort ni hygiène. **2.** Logement mal tenu. *Cette chambre est un vrai taudis.*

les TAUERN ▪ Massif des Alpes autrichiennes, culminant à 3 797 m au Grossglockner.

TAULARD, ARDE n. ▪ FAM. Prisonnier.

TAULE ou **TÔLE** n. f. ▪ FAM. **1.** péj. Chambre. ⇒ **piaule. 2.** Prison. *Aller en taule.*

Jean TAULER (v. 1300 - 1361) ▪ Théologien, mystique et prédicateur alsacien.

TAULIER, IÈRE ou **TÔLIER, IÈRE** n. ▪ FAM. et péj. Propriétaire ou gérant d'un hôtel.

le TAUNUS ▪ Partie sud-est du massif schisteux rhénan en Allemagne.

① **TAUPE** n. f. ▪ **1.** Petit mammifère insectivore qui vit sous terre en creusant de longues galeries (⇒ **taupinière**). *La taupe vit dans l'obscurité, mais n'est pas aveugle.* - loc. *Myope comme une taupe*, très myope. ♦ FAM. *Vieille taupe* : vieille femme désagréable. **2.** Fourrure à poil court et soyeux de la taupe. **3.** FAM. Espion infiltré dans le milieu qu'il observe. *Une taupe des services secrets.*

② **TAUPE** n. f. ▪ ARGOT SCOL. Classe de mathématiques* spéciales préparant aux grandes écoles scientifiques.

TAUPÉ n. m. ▪ Chapeau de feutre à poils dépassants (rappelant la fourrure de taupe).

TAUPINIÈRE n. f. ▪ Monticule de terre formé par la taupe lorsqu'elle creuse des galeries.

TAUREAU n. m. ▪ **1.** Mâle de la vache, apte à la reproduction. *Taureau mugissant. Mener une vache au taureau.* - loc. *Un cou de taureau*, épais et puissant. - *Prendre le taureau par les cornes* : attaquer de front une difficulté. ♦ *TAUREAU DE COMBAT* : taureau sélectionné pour les courses de taureaux (⇒ **corrida ; tauromachie**). **2.** Deuxième signe du zodiaque (21 avril-20 mai). - *Être Taureau*, de ce signe.

la TAURIDE ou **CHERSONÈSE TAURIQUE** ▪ Ancien nom de la Crimée.

TAURILLON n. m. ▪ Jeune taureau qui ne s'est pas encore accouplé.

TAURIN, INE adj. ▪ Relatif au taureau, au taureau de combat, aux corridas. *Chronique taurine.* ⇒ **tauromachique.**

TAUROMACHIE n. f. ▪ Art de combattre les taureaux dans l'arène. ⇒ **corrida.** ► adj. TAUROMACHIQUE

le TAURUS ▪ Chaîne de montagnes du sud de la Turquie (Anatolie). Nombreux nomades.

TAUTAVEL ▪ Commune des Pyrénées-Orientales. 738 hab. *(les Tautavellois).* Des restes d'*Homo erectus* ont été découverts dans une grotte (la caune de l'Arago), dont un crâne, dit de Tautavel, mis au jour en 1971 et daté de 450 000 ans.

TAUTO- Élément savant, du grec *tauto* « le même ».

TAUTOLOGIE n. f. ▪ **1.** LOG. Proposition vraie quelle que soit la valeur de vérité de ses composants. **2.** péj. Répétition inutile de la même idée sous une autre forme. ⇒ **pléonasme, redondance, truisme.**

TAUTOLOGIQUE adj. ▪ **1.** LOG. De la tautologie. **2.** péj. Qui n'apporte aucune information. ⇒ **redondant.**

TAUX n. m. ■ **1.** Montant d'une imposition, d'un prix fixé par l'État. *Taux de change*, prix d'une monnaie étrangère. ⇒ **cours, pair.** - Montant de l'intérêt annuel (en pourcentage). *Taux actuariel**. **2.** Proportion dans laquelle intervient un élément variable. *Le taux d'urée sanguin.* - Pourcentage. *Taux de mortalité.*

TAVANT ■ Commune d'Indre-et-Loire. 227 hab. *(les Tavantais).* L'église (XIIe s.) comporte des fresques, chefs-d'œuvre de l'art roman.

TAVELÉ, ÉE adj. ■ Marqué de petites taches. *Visage tavelé. Fruit tavelé.*

TAVELURE n. f. ■ Petite tache (de ce qui est tavelé).

TAVERNE n. f. ■ **1.** anciennt Lieu public où l'on mangeait et l'on buvait en payant. ⇒ **auberge. 2.** Café-restaurant de genre ancien et rustique. ⇒ **hostellerie.**

TAVERNIER, IÈRE n. ■ VX ou plais. Cafetier, restaurateur tenant une taverne.

Bertrand TAVERNIER (né en 1941) ■ Critique et cinéaste français. Ses meilleurs films sont d'une verve chaleureuse et grave, dans la lignée de Jean Renoir. *"L'Horloger de Saint Paul"* (1974); *"Le Juge et l'Assassin"* (1976).

TAVERNY ■ Commune du Val-d'Oise. 25 151 hab. *(les Tabernaciens).* Église gothique. Centre opérationnel de défense aérienne.

les frères TAVIANI ■ Cinéastes italiens : **Vittorio** (né en 1929) et **Paolo** (né en 1931). Ils ont réalisé ensemble, avec une sensibilité parfaitement accordée, une œuvre consacrée aux problèmes sociaux de l'Italie du Sud. *"Allonsanfan"* (1974); *"Padre Padrone"* (1977); *"La Nuit de San Lorenzo"* (1981); *"Good Morning Babylonia"* (1987).

TAXATION n. f. ■ Fait de taxer (I). *La taxation de la viande.*

TAXE n. f. ■ **1.** Prélèvement fiscal, impôt perçu par l'État. *Taxe sur le chiffre d'affaires.* (en France) *Taxe à la valeur ajoutée.* ⇒ **T.V.A.** *Prix HORS TAXES*, sans les taxes. *Produits hors taxes* (⇒ **détaxer**). **2.** Somme que doit payer le bénéficiaire d'une prestation fournie par des services administratifs, des établissements publics, etc. *Taxe postale. Taxe sur les appareils de télévision.* ⇒ **redevance.** ♦ *Taxe d'habitation* (impôts locaux).

TAXER v. tr. [1] ■ **I. 1.** (État, tribunal) Fixer à une somme déterminée. *Taxer le prix des denrées alimentaires.* - au p. p. *Prix taxés.* **2.** Soumettre à une imposition, à une taxe (un service, une transaction...) ; percevoir une taxe sur. ⇒ **imposer.** *Taxer les objets de luxe.* **II.** fig. *TAXER qqn DE*, accuser de. *Taxer qqn de méchanceté.* ♦ Qualifier (qqn, qqch.) de. ⇒ **appeler, considérer** comme. *Une fantaisie que certains taxent de folie.*

TAXI n. m. ■ Voiture automobile munie d'un compteur qui indique le prix de la course (⇒ **taximètre**). *Prendre un taxi. Station de taxis.* - *Les taxis de la Marne* (réquisitionnés en 1914). ♦ FAM. *Il, elle fait le taxi*, il, elle est chauffeur de taxi.

TAXI- Élément, du grec *taxis* « ordre », qui signifie « arrangement, classification ».

TAXIDERMIE n. f. ■ DIDACT. Art de préparer, d'empailler les animaux morts. ⇒ **empaillage.** ► adj. TAXIDERMIQUE ► n. TAXIDERMISTE

TAXIMÈTRE n. m. ■ Compteur de taxi qui enregistre le temps écoulé et la distance, et détermine la somme à payer.

TAXINOMIE n. f. ■ DIDACT. Science des classifications. ⇒ **systématique** (II). ◇ var. TAXONOMIE (anglic.). ► adj. TAXINOMIQUE

TAXIPHONE n. m. ■ VIEILLI Téléphone public à pièces.

TAYAUT ⇒ TAÏAUT

le TAYGÈTE ■ Chaîne montagneuse de Grèce (Péloponnèse) aux confins de la Laconie à l'est et de la Messénie à l'ouest (2 407 m).

Brook TAYLOR (1685 - 1731) ■ Mathématicien anglais. Calcul infinitésimal.

Zachary TAYLOR (1784 - 1850) ■ 12e président des États-Unis, de 1849 à sa mort.

Frederick Winslow TAYLOR (1856 - 1915) ■ Ingénieur et économiste américain. Promoteur de l'organisation scientifique du travail industriel (cf. taylorisme).

Paul TAYLOR (né en 1930) ■ Danseur et chorégraphe américain. Il fit partie de la compagnie de Martha Graham (1955) et fonda sa propre troupe, la Paul Taylor Dance Company, représentative de l'avant-garde chorégraphique américaine. *"Three Epitaphs"* (1960); *"Big Bertha"* (1971).

TAYLORISME [tɛl-] n. m. ■ Méthode d'organisation scientifique du travail industriel, par l'utilisation maximale de l'outillage et la suppression des gestes inutiles.

Haroun TAZIEFF (né en 1914) ■ Volcanologue français, secrétaire d'État de 1984 à 1986.

TBILISSI autrefois *TIFLIS* ■ Capitale et ville industrielle de la Géorgie. Centre historique et culturel. 1 268 000 hab. Cathédrale des VIe-VIIe s.

le TCHAD ■ État (république) d'Afrique centrale. 1 284 000 km². 5 540 000 hab. *(les Tchadiens).* Capitale : N'Djamena. Langues : français (officielle), arabe, sara, peul, haoussa. Monnaie : franc CFA. Zone désertique au nord (Tibesti), sahélienne au centre et tropicale au sud. Pays d'agriculture (coton, arachide) et d'élevage. □ HISTOIRE Né au contact des nomades et des sédentaires au nord du lac Tchad, le Kanem, royaume islamisé, apparut au IXe s. puis fut intégré au royaume de Bornou au XVIe s. En 1910, le Tchad fut incorporé à l'Afrique-Équatoriale française. En 1960, il devint indépendant. Il subit depuis 1968 des soulèvements séparatistes, qui ont entraîné l'intervention militaire française (en faveur du gouvernement officiel d'Hissène Habré) et libyenne (en faveur des opposants). En 1989, un accord a été signé entre le Tchad et la Libye mettant fin à plus de seize ans de conflit au sujet de la bande d'Aozou qui revint finalement au Tchad. En 1990, le gouvernement d'Hissène Habré fut renversé par les forces rebelles dirigées par Idriss Déby.

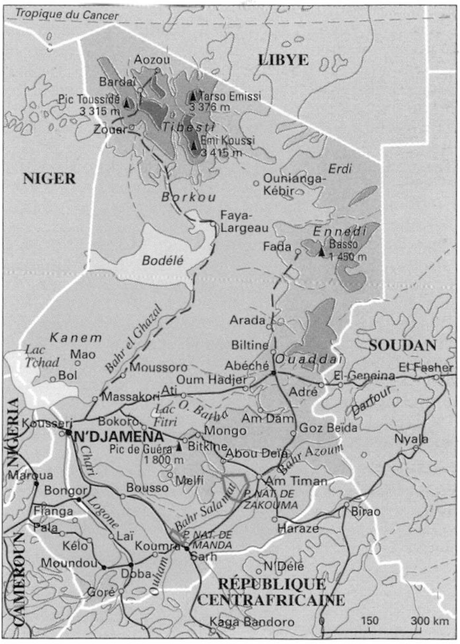

Tchad.

le lac TCHAD ■ Grand lac d'Afrique, au sud du Sahara (de 10 000 à 25 000 km² suivant le régime des pluies).

TCHADIEN, IENNE adj. et n. ■ Du Tchad. - n. *Les Tchadiens.*

TCHADOR n. m. ■ Voile noir porté par les musulmanes chiites, notamment en Iran.

Piotr Ilitch TCHAÏKOVSKI (1840 - 1893) ■ Compositeur russe. Musiques de ballets (*"Le Lac des cygnes"*, *"Casse-Noisette"*), opéras (*"Eugène Onéguine"*, 1879), symphonies et concertos.

Tchaïkovski. Portrait par N. Kouznetsov. Galerie Tretiakov, Moscou. *Phot. © APN*

TCHANG KAÏ-CHEK → Jiang Jieshi

TCHAO [tʃao] **interj.** ⇒ CIAO

TCHEBOKSARY ■ Ville de Russie, capitale de la Tchouvachie. 439 000 hab.

Pafnouti Lvovitch TCHEBYCHEV (1821 - 1894) ■ Mathématicien russe. Ses travaux concernent principalement la théorie des nombres, la théorie des fonctions et les probabilités.

TCHÉCOSLOVAQUE adj. et n. ■ HIST. Relatif à la Tchécoslovaquie (jusqu'en 1993).

la TCHÉCOSLOVAQUIE ■ Ancien État d'Europe centrale formé de trois grandes régions historiques (la Moravie, la Bohême et la Slovaquie) et ayant pour capitale Prague. Langues officielles : tchèque, slovaque. Les Tchèques et les Slovaques s'émancipèrent de l'Empire austro-hongrois pour former un État indépendant en 1918. En 1938, Hitler annexa les régions de Tchécoslovaquie où la population allemande était majoritaire (→ **Sudètes, Munich**); il occupa en 1939 la Bohême-Moravie dont il fit un protectorat tandis que la Slovaquie formait un État indépendant. Après la Libération, les communistes prirent le pouvoir : ce fut le « coup de Prague » de février 1948. En 1968, l'évolution vers un socialisme libéral (le « printemps de Prague ») fut arrêtée par une intervention militaire soviétique. En 1989, la pression populaire et l'opposition (Forum civique) contraignirent le gouvernement à procéder à de profondes réformes. Cette « révolution de velours », qui mit fin au régime communiste, porta au pouvoir les principaux dirigeants de l'opposition (V. Havel). Mais les dissensions entre Tchèques et Slovaques entraînèrent au 1er janvier 1993 la partition du pays en deux États indépendants : la Slovaquie* et la République tchèque*.

Anton TCHEKHOV (1860 - 1904) ■ Écrivain russe. Dans ses pièces de théâtre, il décrit un monde désenchanté avec un grand art de la suggestion et du dépouillement : *"La Mouette"* (1896), *"Oncle Vania"* (1897), *"Les Trois Sœurs"* (1901), *"La Cerisaie"* (1904).

Tchekhov. *Phot. © APN*

TCHELIABINSK ■ Ville de Russie. 1 143 000 hab. Porte d'entrée de la Sibérie, pôle urbain de l'Oural du Sud.

TCHÈQUE adj. ■ De la République tchèque. - **n.** *Les Tchèques et les Slovaques.* ♦ **n. m.** *Le tchèque* (langue slave).

la République TCHÈQUE ■ État d'Europe centrale. 78 864 km^2. 10 328 000 hab. (*les Tchèques*). Capitale : Prague. Langue : tchèque. Climat continental. Agriculture (céréales). Houille. Ancienneté du développement industriel : sidérurgie et industries mécaniques. □ HISTOIRE Réunissant la Bohême, la Moravie et la Silésie, elle forma en 1969 l'un des deux États fédérés de la Tchécoslovaquie, puis devint indépendante en 1993 sous la présidence de V. Havel.

Pavel TCHERENKOV (1904 - 1985) ■ Physicien soviétique. L'*effet Tcherenkov* est utilisé pour la détection des particules de haute énergie. Prix Nobel 1958.

Tcherenkov. *Phot. © APN*

TCHERKASSY ■ Ville d'Ukraine. 297 000 hab. Industries textile et alimentaire.

les TCHERKESSES ou **CIRCASSIENS** ■ Peuple musulman du Caucase du Nord.

Konstantin TCHERNENKO (1911 - 1985) ■ Homme politique soviétique. Il succéda à Andropov à la tête de l'État (1984-1985).

TCHERNIHIV anciennt **TCHERNIGOV** ■ Ville d'Ukraine. 301 000 hab. Monuments religieux (XIe-XIIe s.). Région agricole et forestière.

Saül TCHERNIKHOWSKY (1875 - 1943) ■ Écrivain d'origine russe et de langue hébraïque. Il traduisit en hébreu la littérature russe et occidentale, dont il introduisit des thèmes majeurs et les genres dans la poésie hébraïque.

TCHERNIVTSI ■ Ville d'Ukraine. 257 000 hab. Ville roumaine en 1919-1940 et 1941-1944. Marché agricole.

TCHERNOBYL ■ Ville d'Ukraine. Centrale nucléaire; l'explosion d'un des quatre réacteurs, en avril 1986, provoqua l'irradiation du site et des régions biélorusses et russes plus au nord.

TCHERNOZIOM [tʃɛʀnozjɔm] **n. m.** ■ GÉOGR. Sol très fertile, de couleur noire (Russie méridionale, Ukraine).

Nikolaï Gavrilovitch TCHERNYCHEVSKI (1828 - 1889) ■ Philosophe et critique russe. Représentant du socialisme utopique, il s'opposa aux réformes d'Alexandre II. Il écrivit en prison un roman *"Que faire?"* (1863).

TCHÉTCHÈNE adj. et n. ■ De Tchétchénie. - **n.** *Les Tchétchènes.*

la TCHÉTCHÉNIE ■ République de la Fédération de Russie, dans le Caucase. 19 300 km^2. 1 290 000 hab. (*les Tchétchènes*). Capitale : Groznyï. Céréales. Pétrole et industries dérivées. Population musulmane. En 1995, Moscou a lancé une vaste et très brutale opération militaire contre les nationalistes tchétchènes, qui avaient proclamé l'indépendance de leur république en 1991.

TCHIMKENT → **Chimkent**

TCHIN-TCHIN [tʃintʃin] **interj.** ■ FAM. Interjection pour trinquer. ⇒ **santé.**

TCHITA ■ Ville de Russie. 377 000 hab. Charbon.

le lac TCHOUDSK → lac Peïpous

la TCHOUVACHIE ■ République de la Fédération de Russie, sur la Volga. 18 300 km^2. 1 340 000 hab. (*les Tchouvaches*). Capitale : Tcheboksary. Forêts, agriculture, industries dérivées.

TE pron. pers. ■ Pronom personnel de la deuxième personne du singulier, employé comme complément (⇒ **toi, tu**). ◇ REM. *Te* s'élide en *t'* devant une voyelle ou un *h* muet. ■ **1.** (compl. d'objet direct ou attribut) *Je t'accompagne. Je te quitte. Cela va*

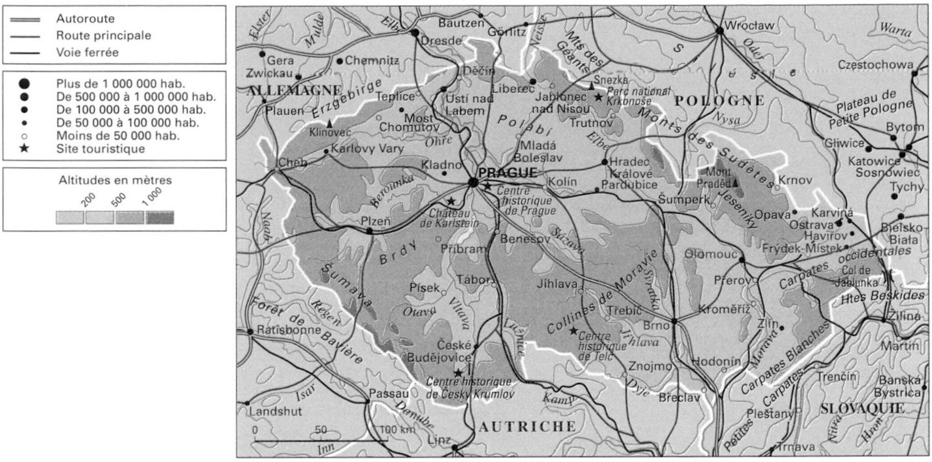

République **tchèque.**

te rendre malade. **2.** (compl. indir.) À toi. *Cela te plaît ? Il t'a répondu.* ‑ (rapport de possession) *Si cela te vient à l'esprit.* ‑ (compl. de l'attribut) *Cela peut t'être utile.* **3.** (dans une forme pronom.) *Tu t'en souviens. Ne te perds pas.*

TÉ **n. m.** ▪ Règle plate, faite de deux branches en équerre. *Des tés.*

TÉBESSA ou **TBESSA** ▪ Ville d'Algérie. 112 000 hab. Ruines romaines (cité de Théveste et arc de Caracalla).

TECHNICIEN, IENNE [tɛk-] ▪ **I. n. 1.** Personne qui possède, connaît une technique particulière. ⇒ **professionnel, spécialiste.** *Une technicienne de la télévision.* **2.** (opposé à *théoricien*) Personne qui connaît et contrôle professionnellement les applications pratiques, économiques d'une science. *Chercheurs et techniciens.* **3.** Agent spécialisé qui travaille sous les ordres directs d'un ingénieur. **II. adj.** Qui fait prévaloir la technique. *Civilisation technicienne.*

TECHNICITÉ [tɛk-] **n. f.** ▪ Caractère technique. *Un exposé d'une haute technicité.*

TECHNICO-COMMERCIAL, IALE, IAUX [tɛk-] **adj.** ▪ Qui relève à la fois de la technique et du commerce. *Cadre, agent technico-commercial.*

TECHNIQUE [tɛknik] ▪ **I. adj. 1.** Qui appartient à un domaine particulier, spécialisé, de l'activité ou de la connaissance. ⇒ **spécial.** *Revue technique. Termes techniques.* **2.** (en art) Qui concerne les procédés de travail plus que l'inspiration. *Les difficultés techniques d'une sonate.* **3.** Qui concerne les applications de la science, de la théorie, dans le domaine de la production et de l'économie. *Progrès techniques et scientifiques. L'enseignement technique* et **n. m.** *le technique.* **4.** Qui concerne les objets, les mécanismes nécessaires à une action. ‑ *INCIDENT TECHNIQUE,* dû à une défaillance du matériel. **II. n. f. 1.** Ensemble de procédés employés pour produire une œuvre ou obtenir un résultat déterminé. ⇒ **art, métier.** *Les techniques audiovisuelles.* ‑ *Musicien qui manque de technique.* **2.** FAM. Manière de faire. *N'avoir pas la (bonne) technique :* ne pas savoir s'y prendre. **3.** Ensemble de procédés méthodiques, fondés sur des connaissances scientifiques, employés à la production. *Les industries et les techniques. Techniques agroalimentaires. Les techniques de pointe* (dites par anglicisme *technologies*).

TECHNIQUEMENT [tɛk-] **adv.** ▪ Selon, d'après la technique. *Un procédé techniquement au point.*

TECHNO- [tɛkno] Élément, du grec *tekhnê* « métier, procédé, technique ».

TECHNOCRATE **n. m.** ▪ Responsable qui tend à faire prévaloir les aspects techniques, au détriment de l'élément humain. ‑ appos. *Un ministre technocrate.*

TECHNOCRATIE **n. f.** ▪ Système politique et économique dans lequel les techniciens et les technocrates ont un pouvoir prédominant. ► **adj.** TECHNOCRATIQUE

TECHNOLOGIE **n. f.** ▪ **1.** Étude des techniques, des outils, des machines, etc. *Un enseignement de technologie.* (en France) *Institut universitaire de technologie* (I. U. T.). **2.** anglic. Technique (II, 3).

TECHNOLOGIQUE **adj.** ▪ Qui appartient à la technologie.

TECHNOPOLE **n. f.** ▪ Zone regroupant des structures de recherche et d'enseignement techniques, ainsi que des industries de pointe.

TECK **n. m.** ▪ **1.** Arbre des zones tropicales. **2.** Bois de cet arbre, brunâtre, dur, très dense et imputrescible.

TECKEL **n. m.** ▪ Basset d'origine allemande, à pattes très courtes.

TECTONIQUE ▪ DIDACT. **1. n. f.** GÉOL. Étude de la structure de l'écorce terrestre et de ses déformations. *La tectonique des plaques.* ♦ Processus étudiés par cette science. **2. adj.** Relatif à la tectonique.

TE DEUM [tedeɔm] **n. m. invar.** ▪ Chant religieux catholique de louange et d'action de grâces.

TEE [ti] **n. m.** ▪ anglic. GOLF Petit socle sur lequel on place une balle de golf avant de la frapper.

TEE-SHIRT [tiʃœʀt] **n. m.** ▪ anglic. Maillot de coton à manches courtes ou longues, en forme de T. *Des tee-shirts bleu marine.* ◇ var. T-SHIRT.

TEGUCIGALPA ▪ Capitale du Honduras, à 975 m d'altitude. 800 000 hab.

TÉGUMENT **n. m.** ▪ **1.** Tissu vivant qui recouvre le corps, avec ses appendices (poils, plumes, écailles, piquants, etc.). ⇒ **peau. 2.** BOT. Enveloppe protectrice. *Le tégument de la graine.* ► **adj.** TÉGUMENTAIRE

TÉHÉRAN ▪ Capitale de l'Iran (ancienne Perse) depuis le XVIIIe s. 6 000 000 hab. Peu d'industries ; secteur tertiaire important. Palais de Golestan. Une conférence, en novembre 1943, y réunit Staline, Churchill et Roosevelt afin de décider d'actions communes contre l'Allemagne (prélude à la conférence de Yalta).

Téhéran. La mosquée de Sépahsālār. *Phot. © Picou*

l'isthme de TEHUANTEPEC ▪ Isthme du Mexique méridional, entre le golfe de Campeche (Atlantique) et le golfe de Tehuantepec (Pacifique), large d'au moins 200 km.

TEIGNE n. f. ▪ **1.** Petit papillon de couleur terne (ex. la mite). *La teigne des jardins.* **2.** COUR. Maladie parasitaire du cuir chevelu entraînant la chute des cheveux. ⇒ **pelade.** ‑ loc. *Il est mauvais comme une teigne,* très méchant, hargneux. ⇒ **gale.** ♦ fig. *Quelle teigne !* ⇒ **peste.**

TEIGNEUX, EUSE adj. ▪ **1.** Qui a la teigne. ‑ n. *Un teigneux.* **2.** FAM. Hargneux, agressif.

Le TEIL ▪ Commune de l'Ardèche. 7 779 hab. *(les Teillois).*

Pierre TEILHARD DE CHARDIN (1881‑1955) ▪ Jésuite français, philosophe et paléontologue. Il a tenté de concilier la conception scientifique de l'Évolution et la foi catholique. *"Le Phénomène humain"* (1955).

Teilhard de Chardin.
Phot. © Harlingue/Viollet

TEINDRE v. tr. [52] ▪ **1.** Imprégner (qqch.) d'une substance colorante par teinture. *Teindre un vêtement.* ‑ pronom. *Se teindre :* teindre ses cheveux. **2.** LITTÉR. Colorer. ⇒ **teinter.** ‑ pronom. (sujet chose) *Les champs se teignent de pourpre.* ► ① **TEINT, TEINTE** adj. Que l'on a teint. *Cheveux teints.*

② **TEINT** n. m. ▪ **I.** VX Action de teindre, teinture. ♦ loc. *Tissu bon teint, grand teint,* dont la teinture résiste au lavage et à la lumière. ‑ fig. et plais. *BON TEINT :* qui ne change pas, solide. *Un catholique bon teint.* **II.** Nuance ou aspect particulier de la couleur du visage. ⇒ **carnation.** *Un teint de blonde. Un teint basané.* ‑ *Fond* de teint.*

TEINTE n. f. ▪ **1.** Couleur, le plus souvent complexe ; nuance. ⇒ **ton.** *Teintes vives, douces* (⇒ **demi‑teinte**). *Une teinte rougeâtre.* **2.** fig. Apparence peu marquée ; petite dose. *Une légère teinte d'ironie.*

TEINTÉ, ÉE adj. ▪ Légèrement coloré. *Lunettes à verres teintés.*

TEINTER v. tr. [1] ▪ **1.** Couvrir uniformément d'une teinte légère, colorer légèrement. *Teinter un papier.* ‑ pronom. *Le ciel se teintait de rouge.* **2.** fig. Marquer d'un caractère peu tranché (surtout pronom. et p. p.). *Souvenirs teintés de nostalgie.*

TEINTURE n. f. ▪ **I.** Action de teindre (qqch.) en fixant une matière colorante. *La teinture du coton.* **II. 1.** Matière colorante pour teindre. *Teinture acajou pour les cheveux.* **2.** Solution dans l'alcool d'un ou plusieurs produits actifs. *Teinture d'iode.* **3.** fig. Connaissance superficielle. ⇒ **vernis.** *Une vague teinture de philosophie.*

TEINTURERIE n. f. ▪ **1.** Industrie de la teinture (I). **2.** Magasin de teinturier (2). ⇒ anglic. **pressing.**

TEINTURIER, IÈRE n. ▪ **1.** Personne qui effectue la teinture. *Teinturier en cuirs et peaux.* **2.** COUR. Personne dont le métier est d'entretenir les vêtements (nettoyage, repassage, teinture). *Porter un costume chez le teinturier.*

TEL, TELLE adj. et pron. ▪ **I.** (Marquant la ressemblance, la similitude) **1.** Semblable, du même genre. ⇒ **même, pareil, semblable.** *Je m'étonne qu'il tienne de tels propos,* ces propos‑là. *S'il n'est pas riche, il passe pour tel.* ‑ (en tête de proposition) *Telle est ma décision.* ♦ *COMME TEL :* en cette qualité, à ce titre. ‑ *EN TANT QUE TEL :* par sa seule nature. *Détester la violence en tant que telle.* ♦ (redoublé et représentant deux personnes ou deux choses) loc. prov. *Tel père, tel fils,* le père et le fils sont semblables. **2.** *TEL QUE :* comme. *Les arbres tels que les pins, les cèdres, etc.* ‑ *Accepter qqn tel qu'il est.* **3.** LITTÉR. Comme. *Il a filé telle une flèche. Tel je l'ai laissé, tel je le retrouve,* je le retrouve sans changement. **4.** *TEL QUEL :* sans arrangement, sans modification. *Laisser les choses telles quelles* (incorrect : *telles que*). *"Tel quel"* (recueil de Valéry ; revue littéraire dirigée par Ph. Sollers). **II. 1.** (Exprimant l'intensité) Si grand, si important. ⇒ **pareil, semblable.** *Je n'ai jamais eu une telle peur.* ‑ *À tel point.* ⇒ **tellement.** ‑ *RIEN DE TEL :* rien de si efficace. **2.** (Introduisant une conséquence) *J'ai eu une peur telle, une telle peur que je me suis enfui.* ‑ (+ subj., avec négation) *Je n'en ai pas un besoin tel que je ne puisse attendre.* **III.** indéfini Un... particulier. **1.** adj. (sans article) *Telle et telle chose sera faite.* ♦ (désignant une chose précise qu'on ne nomme pas) *Telle quantité de.* ⇒ **tant.** *Tel jour, à telle heure.* **2.** pron. LITTÉR. Certain, quelqu'un. « *Tel qui rit vendredi, dimanche pleurera* » (Racine ; proverbe). **3.** *UN TEL,* tenant lieu d'un nom propre. *Monsieur Un tel, Madame Une telle.* ‑ *La famille Un tel* ou *Untel* (en un seul mot).

TEL‑AVIV ▪ Ville d'Israël, fondée en 1909, sur la Méditerranée. 357 000 hab. Elle forme avec ses banlieues (Bat Yam, Bene Braq, Petah Tiqwa) une agglomération de 1 million d'hab. Elle est contiguë à la vieille ville arabe de Jaffa.

TÉLÉ n. f. ▪ FAM. **1.** ⇒ **télévision.** *Regarder la télé.* **2.** ⇒ **téléviseur.** *Une télé couleur.*

TÉLÉ‑ ▪ **1.** Élément savant, du grec *tēle* « loin », signifiant « au loin, à distance » (ex. *télécommunication*). **2.** Élément tiré de *télévision* (ex. *téléfilm*). **3.** Élément tiré de *téléphérique* (ex. *télésiège, téléski*).

TÉLÉCABINE n. f. ▪ Téléphérique à un seul câble et à plusieurs petites cabines. ◇ syn. TÉLÉBENNE.

TÉLÉCARTE n. f. ▪ Carte de téléphone à mémoire.

TÉLÉCHARGEMENT n. m. ▪ INFORM. Transfert de données entre ordinateurs utilisant un réseau téléinformatique.

TÉLÉCOMMANDE n. f. ▪ Commande à distance d'un appareil ; dispositif servant à télécommander. *La télécommande d'un téléviseur.*

TÉLÉCOMMANDER v. tr. [1] ▪ **1.** Commander à distance (une opération). ⇒ **téléguider.** *Télécommander la mise à feu d'une fusée.* **2.** fig. *La rébellion a été télécommandée de l'étranger.*

TÉLÉCOMMUNICATION n. f. ▪ Ensemble des procédés de transmission d'informations à distance (télégraphe, téléphone, télévision...). *Informatique et télécommunications.* ⇒ **télématique.**

TÉLÉCOPIE n. f. ▪ Procédé de télécommunication permettant l'analyse d'un document et la reproduction à distance d'un document géométriquement semblable à l'original. ⇒ anglic. **fax.**

TÉLÉCOPIER v. tr. [7] ▪ Transmettre (un document) par télécopie.

TÉLÉCOPIEUR n. m. ▪ Appareil de télécopie. ⇒ anglic. **fax.**

TÉLÉDÉTECTION n. f. ▪ DIDACT. Science et techniques de la détection à distance.

TÉLÉDIFFUSER v. tr. [1] ▪ Diffuser par télévision. ⇒ **téléviser.** ► n. f. TÉLÉDIFFUSION

TÉLÉDISTRIBUTION n. f. ▪ TECHN. Procédé de diffusion de programmes télévisés par câble ou par relais hertziens.

TÉLÉ‑ENSEIGNEMENT n. m. ▪ Mode d'enseignement à distance (par correspondance, télévision, etc.).

TÉLÉFÉRIQUE ⇒ TÉLÉPHÉRIQUE

TÉLÉFILM [‑film] n. m. ▪ Film réalisé pour la télévision. *Des téléfilms.*

TÉLÉGÉNIQUE adj. ▪ (personnes) Dont l'image télévisée est agréable.

TÉLÉGRAMME n. m. ▪ Communication transmise par télégraphe ou radiotélégraphie ; son support matériel. *Télégramme de presse.* ⇒ **dépêche.**

TÉLÉGRAPHE n. m. ▪ Système de transmission de messages écrits, de signaux par une ligne électrique.

TÉLÉGRAPHIE n. f. ▪ **1.** Technique de la transmission par télégraphe électrique. *Alphabet morse utilisé en télégraphie.* **2.** VX ou ADMIN. *Télégraphie sans fil.* ⇒ **T.S.F.** (vx), **radio.**

TÉLÉGRAPHIER v. tr. [7] ▪ Transmettre par télégraphe. ⇒ **câbler.**

TÉLÉGRAPHIQUE adj. ▪ **1.** Du télégraphe. *Fils télégraphiques.* **2.** Expédié par télégraphe ou télégramme. *Mandat télégraphique.* **3.** *Style télégraphique,* abrégé comme dans les télégrammes. ► adv. TÉLÉGRAPHIQUEMENT

TÉLÉGRAPHISTE n. ▪ **1.** Spécialiste de la transmission et de la réception des messages télégraphiques. **2.** Personne qui délivre les télégrammes et les messages urgents.

TÉLÉGUIDER v. tr. 1 ▪ **1.** Diriger, guider à distance (un véhicule, un engin). *Téléguider une fusée.* – au p. p. *Une petite voiture téléguidée.* **2.** FAM. Inspirer, conduire par une influence lointaine, secrète. ⇒ **télécommander.** ► n. m. TÉLÉGUIDAGE

TÉLÉINFORMATIQUE ▪ **1.** n. f. Informatique faisant appel à des moyens de transmission à distance. **2.** adj. *Réseau téléinformatique.*

Georg Philipp TELEMANN (1681 - 1767) ▪ Compositeur allemand. Auteur de nombreux opéras, cantates et passions.

TÉLÉMAQUE ▪ Fils d'Ulysse et de Pénélope dans l'*"Odyssée"*. Le personnage a inspiré Fénelon.

TÉLÉMATIQUE ▪ **1.** n. f. Ensemble des techniques qui combinent les moyens de l'informatique avec ceux des télécommunications. **2.** adj. *Systèmes télématiques.*

TÉLÉMESURE n. f. ▪ Technique de lecture à distance des données d'un appareil de mesure.

TÉLÉMÈTRE n. m. ▪ Appareil de mesure des distances par un procédé optique.

TÉLÉO-, TÉLO- Éléments savants, du grec *telos* « fin, but » et *tel(e)ios* « complet, achevé ».

TÉLÉOBJECTIF n. m. ▪ Objectif photographique à longue distance focale, servant à photographier des objets éloignés.

TÉLÉOLOGIE n. f. ▪ DIDACT. Étude de la finalité*. – Doctrine qui considère le monde comme un système de rapports entre moyens et fins.

TÉLÉPATHIE n. f. ▪ Sentiment de communication à distance par la pensée ; communication réelle extrasensorielle. ⇒ **transmission** de pensée. ► TÉLÉPATHIQUE adj. *Phénomène télépathique.*

TÉLÉPHAGE n. ▪ FAM. Personne qui fait une grande consommation d'images télévisées. ► n. f. TÉLÉPHAGIE

TÉLÉPHÉRIQUE n. m. ▪ Dispositif de transport par cabine suspendue à un câble, utilisé surtout en montagne (→ télécabine). ◇ var. TÉLÉFÉRIQUE.

TÉLÉPHONE n. m. ▪ **1.** Instrument qui permet de transmettre à distance des sons, par l'intermédiaire d'un circuit électrique. – Procédés, dispositifs permettant la liaison d'un grand nombre de personnes au moyen de cet appareil. *Avoir le téléphone. Liste des abonnés au téléphone.* ⇒ **annuaire.** *Numéro de téléphone. Appeler qqn au téléphone* (⇒ **appel** ; **allô**). *Donner un* COUP DE TÉLÉPHONE (→ coup de fil*). ⇒ **communication.** **2.** Appareil constitué d'un combiné* microphone-récepteur qui repose sur un support. *Téléphone à cadran, à touches. Téléphone sans fil.*

TÉLÉPHONER v. 1 ▪ **1.** v. tr. Communiquer, transmettre par téléphone. *Téléphone-lui la nouvelle.* – au p. p. *Message téléphoné.* **2.** v. tr. ind. (avec *à*) Se mettre, être en communication par téléphone (avec). *Téléphoner à qqn.* ⇒ **appeler.** **3.** v. intr. Se servir du téléphone. *Téléphoner pour donner de ses nouvelles.*

TÉLÉPHONIQUE adj. ▪ Relatif au téléphone ; par téléphone. *Communication, appel téléphonique.*

TÉLÉPHONISTE n. ▪ Personne chargée d'assurer les liaisons téléphoniques. ⇒ **standardiste.**

TÉLESCOPAGE n. m. ▪ Fait de télescoper, de se télescoper.

TÉLESCOPE n. m. ▪ Instrument d'optique à miroir (à la différence de la lunette) destiné à l'observation des objets éloignés, des astres.

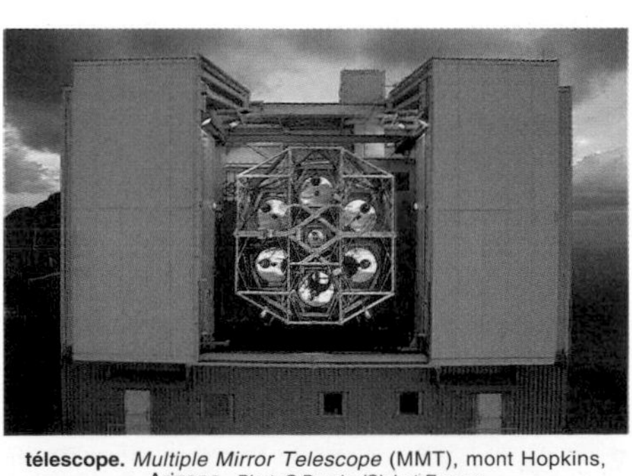

télescope. *Multiple Mirror Telescope* (MMT), mont Hopkins, Arizona. *Phot. © Brunier/Ciel et Espace*

TÉLESCOPER v. tr. 1 ▪ Rentrer dans, enfoncer par un choc violent (un autre véhicule). ⇒ **heurter, tamponner.** ► SE TÉLESCOPER v. pron. **1.** *Les deux voitures se sont télescopées.* **2.** fig. Se chevaucher, se mêler. *Souvenirs qui se télescopent dans la mémoire.*

TÉLESCOPIQUE adj. ▪ **I.** Qui se fait à l'aide du télescope. *Observations télescopiques.* **II.** Dont les éléments s'emboîtent et coulissent les uns dans les autres. *Antenne télescopique.*

TÉLÉSCRIPTEUR n. m. ▪ Appareil télégraphique qui permet d'envoyer directement un texte dactylographié. ⇒ **télex.** ◇ syn. TÉLÉTYPE.

TÉLÉSIÈGE [-s-] n. m. ▪ Téléphérique constitué par une série de sièges suspendus à un câble unique.

TÉLÉSKI n. m. ▪ Remonte-pente pour les skieurs.

TÉLÉSPECTATEUR, TRICE n. ▪ Spectateur et auditeur de la télévision.

TÉLÉTRAITEMENT n. m. ▪ INFORM. Mode de traitement dans lequel les données sont émises ou reçues par des terminaux éloignés de l'ordinateur central.

TÉLÉTYPE n. m. ⇒ TÉLÉSCRIPTEUR

TÉLÉVISER v. tr. 1 ▪ Transmettre (des images, un spectacle) par télévision. – au p. p. *Journal télévisé. Publicité télévisée.*

TÉLÉVISEUR n. m. ▪ Poste récepteur de télévision. ⇒ **télévision** (3). ◇ abrév. FAM. ⇒ **télé.**

TÉLÉVISION n. f. ▪ **1.** Ensemble des procédés et techniques employés pour la transmission des images, après analyse (en points et en lignes) et transformation en ondes hertziennes. *Caméra de télévision.* **2.** Ensemble des activités et des services assurant l'élaboration et la diffusion d'informations et de spectacles par le procédé de la télévision (1) ; ces programmes (→ le petit écran). ⇒ FAM. **télé.** *Émissions, programmes, studios, régie, chaînes de télévision. Télévision privée, à péage. Télévision par câble.* **3.** Poste récepteur de télévision. ⇒ **téléviseur.** *Magnétoscope branché sur la télévision.*

TÉLÉVISUEL, ELLE adj. ▪ De la télévision, en tant que moyen d'expression. *Création télévisuelle.*

TÉLEX [-ɛks] n. m. ▪ Service de dactylographie à distance par téléscripteur. ♦ Message ainsi transmis. ► TÉLEXER v. tr. 1

TELL n. m. ▪ **1.** GÉOGR. au Maghreb (Algérie, Tunisie) Région côtière bien arrosée, fertile. **2.** ARCHÉOL. Colline artificielle, tertre ou tumulus formé par des ruines.

Guillaume TELL → **Guillaume Tell**

TELL EL-AMARNA ou **TALL AL-AMARNA** ▪ Site archéologique d'Égypte. Akhnaton y fonda sa nouvelle capitale en l'honneur du dieu Aton (v. 1362 av. J.-C.). Son style marqua un renouvellement de l'art égyptien traditionnel. Monuments ornés de bas-reliefs et de peintures.

TELLEMENT adv. ▪ **1.** À un degré si élevé. ⇒ **si.** *Un spectacle tellement original.* – FAM. *Pas tellement, plus tellement* : assez peu, modérément. ♦ *TELLEMENT... QUE... Il allait tellement vite qu'il ne nous a pas vus.* ⇒ **si.** – LITTÉR. (+ subj., avec négation) *Il n'est pas tellement vieux qu'il ne puisse travailler.* **2.** FAM. *TELLEMENT DE.* ⇒ **tant.** *J'ai tellement de soucis (que).* **3.** (+ proposition causale) Tant. *Je ne le reconnais plus, tellement il a changé.*

TELLURIQUE adj. ▪ De la Terre (var. TELLURIEN, IENNE) – *Secousse tellurique* : tremblement* de terre. ⇒ **séisme.**

TÉMÉRAIRE adj. ▪ **1.** Hardi à l'excès, avec imprudence. ⇒ **audacieux, aventureux.** *Être téméraire dans ses jugements.* – iron. *Courageux, mais pas téméraire* : pas très courageux. **2.** plus cour. (choses) Qui dénote une hardiesse imprudente. *Une entreprise téméraire.* ⇒ **hasardeux, dangereux.** – *Jugement téméraire,* porté à la légère, sans réflexion.

TÉMÉRITÉ n. f. ▪ LITTÉR. Disposition à oser, à entreprendre sans réflexion ou sans prudence. ⇒ **audace, hardiesse.**

TÉMOIGNAGE n. m. ▪ **1.** Déclaration de ce que l'on a vu, entendu, servant à l'établissement de la vérité. ⇒ **attestation, rapport.** *Invoquer le témoignage de qqn* (pour prouver qqch.). *Un témoignage irrécusable.* ♦ loc. *PORTER TÉMOIGNAGE.* ⇒ **témoigner.** – *RENDRE TÉMOIGNAGE à qqn,* témoigner en sa faveur. **2.** Déclaration d'un témoin en justice. ⇒ **déposition.** *Un témoignage accablant. Faux témoignage* : témoignage inexact et de mauvaise foi. **3.** Fait de donner des marques extérieures ; marque, preuve. ⇒ **démonstration, manifesta-**

tion. *Témoignages d'affection.* - *Recevez ce cadeau, en témoignage de mon amitié.* ⇒ **gage.** ♦ (choses) Ce qui constitue la marque, la preuve (de qqch.). *Acceptez ce modeste témoignage de ma reconnaissance.*

TÉMOIGNER v. [1] ▪ **I.** v. tr. dir. **1.** (compl. à l'inf. ou introduit par *que*) Certifier qu'on a vu ou entendu. ⇒ **attester ; témoignage.** *Il a témoigné qu'il l'a vu, l'avoir vu.* **2.** Exprimer, faire paraître. ⇒ **manifester, montrer.** *Témoigner son amitié, son amour à qqn ; témoigner qu'on l'aime.* **3.** (choses) LITTÉR. (avec *que, combien*) Être l'indice, la preuve, le signe de. ⇒ **attester, montrer, révéler.** *Ce geste témoigne qu'il vous est attaché, combien il vous est attaché.* **II.** intrans. Faire un témoignage. ⇒ **témoin** (I, 2). *Témoigner en justice. Témoigner pour, en faveur de, contre qqn.* **III.** v. tr. ind. *TÉMOIGNER DE.* **1.** (sujet personne) Confirmer la vérité, la valeur de (qqch.), par des paroles, ou simplement par ses actes, son existence même. ⇒ **témoin.** *Il peut témoigner de ma bonne foi ; il en témoignera.* **2.** (sujet chose) Être la marque, le signe de. *Il est courageux, sa conduite en témoigne.*

TÉMOIN n. m. ▪ **I. 1.** Personne qui certifie ou peut certifier qqch., qui peut en témoigner. *Témoin oculaire. Un témoin impartial. Elle est le seul témoin.* - loc. *PRENDRE À TÉMOIN :* invoquer le témoignage de. **2.** DR. Personne en présence de qui s'est accompli un fait et qui est appelé à l'attester en justice. *Comparution, déposition des témoins. Témoin à charge*, à décharge*. Les témoins de l'accusation, de la défense.* - *FAUX TÉMOIN :* personne qui fait un faux témoignage. **3.** Personne qui doit certifier les identités, l'exactitude des déclarations, lorsqu'un acte est dressé. *Les témoins d'un mariage.* **4.** Personne qui assiste involontairement à un événement, un fait. *J'en ai été témoin.* ⇒ **assister** à, **voir.** *Des témoins gênants. Parlons sans témoins.* **II.** (choses, actions) (Ce qui sert de preuve) **1.** LITTÉR. Ce qui, par sa présence, son existence, atteste, permet de constater, de vérifier. *Les derniers témoins d'une civilisation disparue.* - appos. *Butte* témoin.* **2.** appos. Élément de comparaison. *Sujet témoin* (dans une expérience). - Ce qui sert de repère. *Appartement témoin.* ⇒ **modèle.** - Ce qui sert de contrôle. *Lampe témoin.* **3.** SPORTS Bâtonnet que doivent se passer les coureurs de relais. *Le passage du témoin.* **III.** (en tête de phrase) invar. À preuve. *Il est stupide ; témoin son dernier discours.*

les TÉMOINS DE JÉHOVAH ▪ Secte chrétienne fondée à Pittsburgh, aux États-Unis, en 1872. Elle compte 3 788 000 fidèles dans le monde. S'appuyant principalement sur l'Apocalypse et le Livre des Révélations, les Témoins de Jéhovah annoncent le Royaume de Dieu : pour eux, Jésus-Christ est un agent de Dieu dans l'établissement de la théocratie, la vie éternelle n'étant réservée qu'à quelques-uns.

TEMPE n. f. ▪ Côté de la tête, entre le coin de l'œil et le haut de l'oreille. *Un homme aux tempes grisonnantes,* aux cheveux grisonnants sur les tempes.

TEMPÉRAMENT n. m. ▪ **I. 1.** Constitution physiologique de l'individu et traits de caractère résultant de cette constitution. ⇒ **nature ; personnalité.** *Tempérament nerveux ; sanguin ; actif.* - absolt *C'est un tempérament,* une forte personnalité. **2.** *Avoir du tempérament,* des appétits sexuels. ⇒ **sensualité.** **II.** (Équilibre) **1.** *Vente À TEMPÉRAMENT,* où le règlement du prix par l'acheteur est réparti en plusieurs paiements partiels. ⇒ à **crédit. 2.** MUS. Organisation de l'échelle des sons, qui donne une valeur commune au dièse d'une note et au bémol de la note immédiatement supérieure (ex. sol dièse et la bémol). ⇒ **tempéré.**

TEMPÉRANCE n. f. ▪ LITTÉR. Modération dans les plaisirs (⇒ **mesure**), notamment dans la consommation d'alcool et de nourriture (⇒ **frugalité, sobriété**).

TEMPÉRANT, ANTE adj. ▪ LITTÉR. Qui a de la tempérance. ⇒ **frugal, sobre.**

TEMPÉRATURE n. f. ▪ **1.** Degré de chaleur ou de froid de l'atmosphère en un lieu. ⇒ **thermo- ; degré.** *Température en hausse, en baisse. La température ambiante.* ♦ (en physique) Manifestation de l'énergie cinétique d'un système thermodynamique. **2.** Chaleur du corps. *Animaux à température fixe* (à « sang chaud »), *variable* (à « sang froid »). *Prendre sa température avec un thermomètre.* - loc. *Prendre la température de* (qqn, un groupe...), prendre connaissance de son état d'esprit. **3.** Chaleur excessive de l'organisme. *Avoir de la température.* ⇒ **fièvre.**

TEMPÉRÉ, ÉE adj. ▪ **1.** *Climat tempéré,* ni très chaud ni très froid. ⇒ **doux.** - *Zone tempérée,* où règne ce climat. **2.** MUS. Qui est réglé par le tempérament. *"Le Clavier* (ou *Clavecin*) *bien tempéré"* (œuvre de J.-S. Bach).

TEMPÉRER v. tr. [6] ▪ **1.** Adoucir l'intensité (du froid, de la chaleur). **2.** LITTÉR. Adoucir et modérer. ⇒ **atténuer.** *Tempérer l'ardeur de qqn, son agressivité.* ⇒ **assagir, calmer.**

TEMPÊTE n. f. ▪ **1.** Violente perturbation atmosphérique ; vent rapide qui souffle en rafales, souvent accompagné d'orage. ⇒ **bourrasque, cyclone, ouragan, tourmente.** - *Tempête de neige,* chutes de neige avec un vent violent. ♦ spécialt Ce temps sur la mer, provoquant l'agitation des eaux. ♦ appos. *Lampe-tempête, briquet-tempête,* dont la flamme protégée ne s'éteint pas par grand vent. **2.** par métaphore ou fig. Agitation, trouble. *"Une tempête sous un crâne"* (titre d'un chapitre des *"Misérables"* de Hugo). - loc. *Une tempête dans un verre d'eau,* beaucoup d'agitation pour rien. *Déchaîner la tempête, des tempêtes,* provoquer de vives protestations. - prov. *Qui sème le vent, récolte la tempête.* **3.** *Une tempête de,* une explosion subite de. *Une tempête d'applaudissements.*

TEMPÊTER v. intr. [1] ▪ Manifester à grand bruit son mécontentement, sa colère. ⇒ **fulminer.**

TEMPÉTUEUX, EUSE adj. ▪ LITTÉR. Où les tempêtes sont fréquentes. - fig. Plein d'agitation, de trouble.

TEMPLE n. m. ▪ **1.** Édifice public consacré au culte d'une divinité. ⇒ **église, mosquée, pagode, synagogue.** *Les temples grecs. Un temple bouddhiste.* ♦ *Le temple de Jérusalem* et absolt *le Temple,* construit par Salomon sur l'ordre de Iahvé, détruit lors de la prise de Jérusalem (en 70). **2.** Édifice où les protestants célèbrent le culte. *Aller au temple.* **3.** HIST. *Le Temple :* ordre de moines-soldats fondé (en 1119) lors des premières croisades, près de l'emplacement du temple de Jérusalem. ▪ Fondé à l'origine pour protéger les pèlerins en route pour la Terre sainte, l'ordre du Temple s'enrichit, acquit domaines et forteresses, servit de banque aux pèlerins, puis aux rois. Pour s'emparer des richesses des templiers, Philippe le Bel les fit arrêter, torturer, condamner à mort, et obtint la suppression de l'ordre en 1312.

TEMPLIER n. m. ▪ HIST. Chevalier de l'ordre religieux et militaire du Temple (3).

TEMPO [tɛmpo ; tɛ̃po] n. m. ▪ **1.** Notation d'un mouvement musical. *Indication des tempos* (ou, plur. ital., *des tempi*). **2.** Vitesse d'exécution, dans le jazz.

TEMPORAIRE adj. ▪ **1.** Qui ne dure ou ne doit durer qu'un temps limité. ⇒ **momentané, passager, provisoire.** *Nomination à titre temporaire. Mesures temporaires.* - loc. *Travail temporaire.* ⇒ aussi **intérim. 2.** Qui n'exerce ses activités que pour un temps. *Directeur temporaire.*

TEMPORAIREMENT adv. ▪ Pour un temps limité. ⇒ **provisoirement.**

TEMPORAL, ALE, AUX adj. ▪ Qui appartient aux tempes. *Os temporal* ou n. m. *le temporal.*

TEMPORALITÉ n. f. ▪ DIDACT. Caractère de ce qui est dans le temps, qui a une valeur temporelle.

TEMPOREL, ELLE adj. ▪ **1.** RELIG. Qui est du domaine du temps, des choses qui passent (opposé à *éternel*). - Qui est du domaine des choses matérielles (opposé à *spirituel*). ⇒ **séculier, terrestre.** *La puissance temporelle de l'Église.* **2.** GRAMM. Qui concerne, qui marque le temps, les temps. *Subordonnées temporelles,* propositions circonstancielles de temps. **3.** DIDACT. Relatif au temps ; situé dans le temps (surtout opposé à *spatial*). → spatiotemporel.

TEMPORISATEUR, TRICE adj. ▪ Qui temporise. - n. *Un temporisateur.*

TEMPORISATION n. f. ▪ Fait de temporiser. ⇒ **attentisme.**

TEMPORISER v. intr. [1] ▪ Différer d'agir, par calcul, dans l'attente d'un moment plus favorable. ⇒ **attendre.**

TEMPS [tɑ̃] n. m. ▪ **I.** Continuité indéfinie, milieu où se déroule la succession des événements et des phénomènes, les changements, mouvements, et leur représentation dans la conscience. ⇒ **durée.** *Le temps et l'espace.* **1.** (Durée globale) *Avoir du temps libre,* des loisirs. *Perdre, gagner du temps. Rattraper le temps perdu. Le temps presse :* il faut agir rapidement. *Dans, en peu de temps.* - (Grandeur mesurable) *La division du temps en années, mois, semaines, jours, heures, minutes, secondes.* ⇒ **calendrier, chronologie. 2.** Portion limitée de durée. ⇒ **moment, période.** *Emploi du temps. Travailler à plein temps, à temps partiel, à mi-temps.* - loc. *Pendant* *ce temps. Depuis quelque temps. Quelque temps après. Pour un temps. N'avoir qu'un temps :* être éphémère, provisoire. ‑ loc. conj. *Voilà* BEAU TEMPS *que :* il y a longtemps que. ‑ *La plupart du temps :* le plus souvent. *Tout le temps :* continuellement. ‑ LE TEMPS DE (+ inf.), QUE (+ subj.) : le temps nécessaire pour. *Le temps d'y aller, que j'y aille.* ‑ *Vous avez tout le temps. Je n'ai pas le temps.* ♦ MON, TON, SON TEMPS. *Passer son temps à ne rien faire. Vous avez tout votre temps.* LE PLUS CLAIR DE SON TEMPS : la plus grande partie de son temps. *Perdre son temps. Prendre son temps,* ne pas se presser. ‑ *Avoir fait son temps,* avoir terminé sa carrière ; être hors d'usage. **3.** *(Un, des temps)* Chacune des divisions égales de la mesure, en musique. *Une noire, une croche par temps.* ‑ loc. FAM. *En deux temps, trois mouvements,* très rapidement. **4.** Chacune des phases (d'une manœuvre, d'une opération, d'un cycle de fonctionnement). *Moteur à quatre temps.* ‑ loc. AU TEMPS *pour les crosses* (de fusil) : recommencez la manœuvre. *Au temps pour moi :* je me suis trompé (→ autant* pour moi). **5.** Durée chronométrée d'une course. *Réaliser le meilleur temps.* ♦ *Temps mort* (dans un match) ; fig. période sans activité. **II.** (Dans une succession, une chronologie) **1.** Point repérable dans une succession par référence à un « avant » et un « après ». ⇒ **date, époque, instant, moment.** *En ce temps-là. Depuis ce temps-là :* depuis lors. ‑ loc. *Chaque chose* EN SON TEMPS, quand il convient. ♦ GRAMM. *Adverbes, compléments de temps,* marquant le moment. *Subordonnées de temps.* ⇒ **temporel. 2.** Époque. ⇒ **ère, siècle.** *Notre temps,* celui où nous vivons. *Être de son temps,* en avoir les mœurs, les idées. *Le temps passé ; l'ancien temps, le bon vieux temps. "À la recherche du temps perdu"* (œuvre de Proust, qui s'achève par *"Le Temps retrouvé"*). ‑ *Temps de,* occupé, caractérisé par. *Le temps des vendanges, le temps des cerises. En temps de paix, de guerre. En temps normal.* ♦ LES TEMPS (avec une nuance d'indétermination). *Les temps ont changé, sont durs. Les Temps modernes.* ‑ *Je l'ai vu ces derniers temps.* **3.** Époque de la vie humaine. ‑ (avec un adj. poss.) *De mon temps,* quand j'étais jeune. ♦ BON TEMPS : moments agréables, de plaisir. *Se donner, prendre du bon temps,* s'amuser. **4.** *Le temps de* (+ inf.) : le moment où il convient de, le bon moment pour. *Le temps est venu de prendre une décision.* ‑ IL EST TEMPS DE (+ inf.), QUE (+ subj.), le moment est venu. *Il est temps de se décider, que tu te décides.* **5.** loc. adv. À TEMPS : juste assez tôt. ‑ EN MÊME TEMPS : simultanément ; à la fois, aussi bien. ‑ ENTRE TEMPS. ⇒ **entre-temps.** ‑ DE TEMPS EN TEMPS, DE TEMPS À AUTRE : à des intervalles de temps plus ou moins longs et irréguliers. ⇒ **parfois, quelquefois.** ‑ DE TOUT TEMPS : depuis toujours. *De tout temps à jamais.* ‑ EN TOUT TEMPS : toujours. ‑ DANS LE TEMPS : autrefois, jadis. ♦ loc. conj. DU TEMPS QUE (+ indic.) : lorsque. *Du temps que j'étais jeune.* ‑ DANS LE TEMPS, AU TEMPS, DU TEMPS OÙ. ⇒ **quand. 6.** GRAMM. Forme verbale particulière à valeur temporelle. *Temps et modes.* ‑ (en franç.) *Temps simples :* présent, imparfait, passé simple, futur. *Temps composés,* formés avec un auxiliaire : futur antérieur, passé composé, passé antérieur, plus-que-parfait. **III.** LE TEMPS : entité (souvent personnifiée) représentative du changement continuel de l'univers. *La fuite du temps. L'action du temps.* ‑ *Tuer le temps :* échapper à l'ennui, en s'occupant ou en se distrayant. **IV.** État de l'atmosphère à un moment donné, considéré surtout dans son influence sur la vie et l'activité humaines (⇒ **air, ciel, température, vent ; météorologie**). *Un temps chaud, pluvieux. Il fait beau temps. Le mauvais temps.* ⇒ **pluie ; orage.** *Un temps froid, gris. Temps lourd, orageux. Gros temps.* ⇒ **tempête.**

TEMSE ▪ Ville de Belgique (Région flamande, province de Flandre-Orientale), sur l'Escaut. 23 839 hab. Monuments anciens.

TEMUCO ▪ Ville du Chili. 211 000 hab. Centre agricole.

TEMÜJIN ou **TEMUDJIN** → **Gengis Khan**

TENABLE adj. ▪ **1.** Où l'on peut se tenir, demeurer (emploi négatif ou valeur négative). *C'est à peine tenable.* ⇒ **supportable. 2.** fig. *Sa position n'était plus tenable.*

TENACE adj. ▪ **1.** Dont on se débarrasse difficilement. *Des préjugés tenaces.* ⇒ **durable.** ‑ *Odeur tenace.* ⇒ **persistant. 2.** (personnes) Qui respecte et fait respecter ses opinions, ses décisions avec fermeté. ⇒ **entêté, ferme, obstiné, opiniâtre, persévérant.** *Un chercheur tenace.* ‑ (actes) Qui implique la ténacité, l'obstination. ► adv. TENACEMENT

TÉNACITÉ n. f. ▪ **1.** Caractère de ce qui est tenace. **2.** Attachement opiniâtre à une décision, un projet. ⇒ **obstination, persévérance.** *Poursuivre un objectif avec ténacité.*

TENAILLE n. f. ▪ (surtout au plur.) Outil de métal, formé de deux pièces croisées et articulées, terminées par des mâchoires. *Arracher un clou avec des tenailles.*

TENAILLER v. tr. [1] ▪ Faire souffrir moralement ou physiquement. ⇒ **torturer, tourmenter.** *La faim, le remords le tenaille.*

TENANCIER, IÈRE n. ▪ péj. Personne qui dirige, qui gère un établissement soumis à la surveillance des pouvoirs publics. *Le tenancier d'une maison de jeux.*

TENANT, ANTE ▪ **I.** adj. **1.** Qui se poursuit. ♦ loc. SÉANCE* TENANTE. **2.** Qui tient, est attaché. **II.** n. **1.** (rare au fém.) *Le tenant (la tenante) du titre,* la personne qui le détient. **2.** Personne qui soutient. ⇒ **adepte, partisan.** *Les tenants du libéralisme.* **3.** n. m. (choses) D'UN SEUL TENANT : d'une seule pièce. *Deux hectares d'un seul tenant.* **4.** n. m. pl. LES TENANTS ET LES ABOUTISSANTS *d'une affaire.* ⇒ **aboutissants.**

TENDANCE n. f. ▪ **1.** Ce qui porte à être, à agir, à se comporter d'une certaine façon. ⇒ **disposition, inclination, penchant.** *Des tendances altruistes. Tendances refoulées.* ⇒ **pulsion.** ‑ AVOIR TENDANCE À (+ inf.) : être enclin à. *Il a tendance à grossir.* **2.** Orientation commune à une catégorie de personnes. *Quelle est sa tendance politique ?* **3.** Évolution (de qqch.) dans un même sens. ⇒ **direction, orientation.** *Les tendances du cinéma, de la mode.* ‑ AVOIR TENDANCE À : s'orienter sensiblement vers. *Les prix ont tendance à monter.* ⇒ ① **tendre.**

TENDANCIEL, IELLE adj. ▪ Qui marque une tendance (3).

TENDANCIEUX, EUSE adj. ▪ péj. Qui manifeste des préjugés. ⇒ **partial.** *Récit tendancieux,* qui n'est ni neutre ni objectif. ► adv. TENDANCIEUSEMENT

TENDE ▪ Commune des Alpes-Maritimes. 2 089 hab. *(les Tendasques).* Rattachée à la France par référendum en 1947.

TENDER [-ɛʀ] n. m. ▪ VIEILLI Wagon qui suit une locomotive à vapeur et contient le combustible et l'eau nécessaires.

TENDEUR n. m. ▪ **1.** Appareil servant à tendre (une chaîne de bicyclette, des fils, etc.). **2.** Câble élastique servant à fixer (qqch. sur la galerie d'une voiture, etc.).

TENDINEUX, EUSE adj. ▪ Qui contient beaucoup de tendons. *Une viande tendineuse.*

TENDINITE n. f. ▪ MÉD. Inflammation d'un tendon.

TENDON n. m. ▪ Organe conjonctif, fibreux, d'un blanc nacré, par lequel un muscle s'insère sur un os. *Tendon d'Achille,* tendon du talon. ‑ spécialt Cet organe, dans une viande.

① **TENDRE** v. [41] ▪ **I.** v. tr. dir. **1.** Tirer sur (une chose souple ou élastique), de manière à la rendre droite (⇒ **tension ; tendu**). *Tendre une corde. Tendre un arc.* ⇒ **bander.** ‑ *Tendre ses muscles,* les raidir. ⇒ **contracter.** ♦ fig. pronom. *Leurs rapports se tendent, se sont tendus.* ⇒ **tendu** (4). **2.** Déployer en allongeant en tous sens. *Tendre un filet.* ‑ fig. *Tendre un piège*, une embuscade.* **3.** Recouvrir d'une chose tendue (⇒ **tenture**). *Tendre un mur de tissu.* ⇒ **tapisser. 4.** Allonger ou présenter en avançant (une partie du corps). ‑ *Tendre les bras* (pour accueillir, embrasser). ‑ *Tendre la main,* pour prendre ; pour saluer ; pour demander l'aumône ; pour aider, secourir. *Tendre à qqn une main secourable.* ‑ loc. TENDRE L'OREILLE : écouter avec attention. ⇒ **dresser. 5.** Présenter (qqch.) à qqn. ⇒ **donner. II.** v. tr. ind. **1.** TENDRE À, VERS : avoir un but, une fin et s'en rapprocher d'une manière délibérée. ⇒ **viser** à ; **tendance.** *Tendre à la perfection. Tous leurs efforts tendent au même résultat.* ⇒ **concourir, converger. 2.** (choses) TENDRE À (+ inf.) : avoir tendance à, évoluer de façon à. *La situation tend à s'améliorer.* ♦ Conduire, mener à (un résultat), sans réaliser pleinement. *Ceci tend, tendrait à prouver que...* ⇒ **sembler.**

② **TENDRE** adj. ▪ **1.** (choses) Qui se laisse facilement entamer, qui oppose peu de résistance (opposé à *dur*). → mou. *Une viande tendre* (⇒ **tendreté**). ‑ *Roche tendre,* moins dure que d'autres. **2.** Délicat, fragile. *L'âge tendre,* le jeune âge. *Tendre enfance.* **3.** (personnes) Porté à la sensibilité, aux affections. ⇒ **sensible ; attendrir, tendresse.** *Tendre et passionné.* n. *Un, une tendre.* ⇒ **sentimental.** ‑ FAM. *N'être pas tendre pour qqn,* être sévère, impitoyable. ♦ (sentiments) Qui présente un caractère de douceur et de délicatesse. *Une tendre amitié.* ‑ Qui manifeste l'affection. *Un tendre aveu.* ⇒ **amoureux.** *Un regard tendre.* ⇒ **caressant, langoureux. 4.** (couleurs) Doux, atténué. *Un rose tendre.* ⇒ **pâle. 5.** n. m. VX Les sentiments, les émotions tendres. ‑ LITTÉR. *Le royaume de Tendre* (imaginé par Mlle de Scudéry, dans son roman *Clélie*).

TENDREMENT adv. ▪ Avec tendresse. *S'embrasser tendrement.*

TENDRESSE n. f. ▪ Sentiment tendre pour qqn. ⇒ **affection, attachement.** *La tendresse maternelle.*

TENDRETÉ n. f. ▪ Caractère d'une viande tendre.

① **TENDRON** n. m. ▪ Morceau de viande (veau, bœuf) constituant la paroi inférieure du thorax.

② **TENDRON** n. m. ▪ VX Très jeune fille (d'âge tendre).

TENDU, UE adj. ▪ **1.** Rendu droit par traction. *Corde tendue. Les jambes tendues. À bras tendus.* **2.** Tapissé (de). *Mur tendu d'un papier bleu.* **3.** *Esprit tendu, volonté tendue,* qui s'applique avec effort à un objet. ▸ (personnes ; opposé à *détendu*). *Il était très tendu,* soucieux. ⇒ **contracté, préoccupé. 4.** Qui menace de se dégrader, de rompre. ⇒ **difficile.** *Atmosphère tendue. Des rapports tendus.* **5.** Que l'on tend, que l'on avance. *Politique de la main tendue.*

La TÈNE ▪ Site archéologique de Suisse, à l'extrémité nord-est du lac de Neuchâtel. Il a donné son nom à la civilisation celtique du deuxième âge du fer (époque de La Tène, v. 450-50 av. J.-C.).

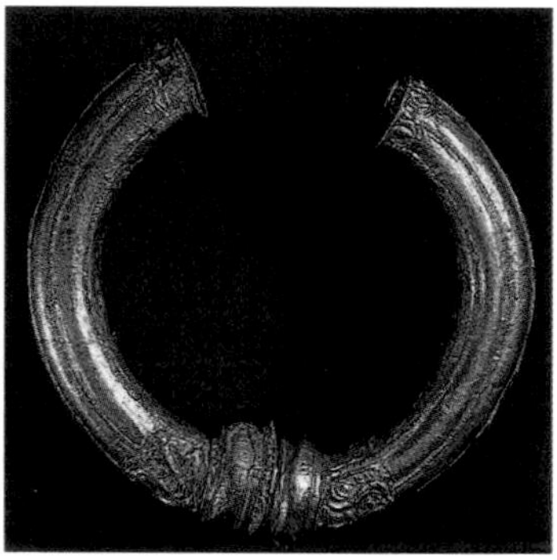

La **Tène.** Torque en or provenant de Mailly-le-Camp, civilisation de La Tène III. Musée des Antiquités nationales, Saint-Germain-en-Laye. *Phot. © Dagli Orti*

TÉNÈBRES n. f. pl. ▪ Obscurité profonde. ⇒ **noir, obscurité.** *Les ténèbres d'un cachot. Une lueur dans les ténèbres.* ▸ fig. LITTÉR. *Les ténèbres de l'inconscient.* ◇ REM. Le sing. *la ténèbre* est archaïque.

TÉNÉBREUX, EUSE adj. ▪ **1.** LITTÉR. Où il y a des ténèbres, une obscurité menaçante. ⇒ **sombre.** *Un bois ténébreux.* **2.** Secret et dangereux. ⇒ **mystérieux.** *"Une ténébreuse affaire"* (roman de Balzac). **3.** (personnes) Sombre et mélancolique. ▸ **n.** *Un beau ténébreux,* un bel homme à l'air sombre et profond.

le TÉNÉRÉ ▪ Cuvette lacustre du Sahara nigérien.

le **Ténéré.** *Phot. © Van der Hilst/Gamma*

TENERIFE ou **TÉNÉRIFFE** ▪ La plus grande île de l'archipel espagnol des Canaries. 2 053 km². 191 974 hab. Culture des fruits, de la vigne et du tabac.

TENEUR n. f. ▪ **1.** Contenu exact (d'un écrit officiel ou important). *La teneur d'un article.* **2.** Quantité (d'un élément) contenu (dans un mélange), en pourcentage. *La teneur en or d'un minerai.*

TÉNIA ou **TÆNIA** n. m. ▪ Ver parasite de l'intestin des mammifères, au corps formé d'un grand nombre d'anneaux plats. ⇒ **ver** solitaire.

Teniers le Jeune. *Opération chirurgicale.* Musée du Prado, Madrid. *Phot. © Carlo Bevilacqua/Ricciarini*

David **TENIERS LE JEUNE** (1610 - 1690) ▪ Peintre flamand. Scènes populaires, au contenu anecdotique, d'une grande virtuosité.

TENIR v. [22] ▪ **I.** v. tr. **1.** Avoir (un objet) avec soi en le serrant afin qu'il ne tombe pas, ne s'échappe pas. *Tenir son chapeau à la main. Elle tient un bébé dans ses bras.* ▸ *Tenir un enfant par la main,* tenir sa main. **2.** (choses) Faire rester (qqch., qqn) en place. ⇒ **retenir.** *La courroie qui tient des livres.* **3.** Faire rester (dans une situation, un état) pendant un certain temps. ⇒ **maintenir.** *Tenir une porte fermée.* ▸ loc. *Tenir qqn en respect, en échec.* ▸ *Cette enfant ne tient pas en place.* ♦ (sujet chose) *Ces travaux me tiennent occupé.* **4.** Saisir (un être qui s'échappe), s'emparer de. *Nous tenons le voleur.* ▸ *Tenir qqn,* être maître de lui, pouvoir le punir, etc. *Si je le tenais !* **5.** Résister à (dans des expr.). *Tenir le vin, l'alcool,* être capable de boire beaucoup sans être ivre. ▸ *Tenir tête** *à.* **6.** Avoir en sa possession (surtout abstrait). ⇒ **détenir.** *Ils croient tenir la solution.* ♦ FAM. Avoir attrapé, pris (un mal). *Je tiens un de ces rhumes !* ▸ *Qu'est-ce qu'il tient !* (il est idiot). ♦ prov. *Mieux vaut tenir que courir,* il vaut mieux avoir effectivement quelque chose qu'entretenir de grands espoirs. ▸ (substantivé) *Un tiens vaut mieux que deux tu l'auras,* mieux vaut avoir effectivement un bien que des promesses. **7.** *TIENS, TENEZ !,* prends, prenez. *Tenez, voilà votre argent.* ▸ (pour présenter qqch.) *Tenez, je l'ai vu hier.* ▸ *TIENS !* (marque l'étonnement). *Tiens, te voilà ? Tiens donc !* (répété) *Tiens, tiens !* **8.** *TENIR EN* (et n. d'attitude psychologique) : avoir en. *Tenir qqn en haute estime.* **9.** *TENIR qqch. DE qqn* : l'avoir par lui. *De qui tenez-vous ce renseignement ?* ♦ Avoir par hérédité. *Il tient cela de son père.* **II.** v. tr. (sens affaibli) **1.** Occuper (un certain espace). *Cela tient trop de place.* ⇒ **prendre. 2.** Occuper (un lieu), sans s'en écarter. *Tenir la route.* ⇒ **tenue** de route. *Tenez votre droite !* **3.** Remplir (une activité). *Tenir son rôle.* ♦ S'occuper de. *Tenir un hôtel.* ⇒ **diriger, gérer.** *Tenir la comptabilité.* ♦ Réunir (une assemblée) ; y prendre part. ♦ *Tenir des propos ; un discours.* ⇒ **dire. 4.** *TENIR... POUR :* considérer comme, croire. *Tenir un fait pour assuré, certain.* ▸ loc. *Tenez-vous-le pour dit,* tenez-en compte (on ne vous le redira pas). **5.** Observer fidèlement (ce que l'on a promis). *Tenir parole, sa parole ; ses promesses.* **III.** v. intr. **1.** Être attaché, fixé, se maintenir dans la même position. *Ce bouton ne tient plus. Je ne tiens plus debout* (de fatigue). ▸ loc. *Cette histoire ne tient pas debout,* est invraisemblable. **2.** Être solide, ne pas céder, ne pas se défaire. *Faites un double nœud, cela tiendra mieux.* ▸ *Il n'y a pas de raison qui tienne,* qui puisse s'opposer à... ♦ Résister à l'épreuve du temps. ⇒ **durer.** *Leur mariage tient toujours.* ▸ FAM. (en parlant d'un projet) *Ça tient toujours pour jeudi ?,* nous sommes toujours d'accord ? **3.** (sujet personne) Résister. *Il faudra tenir.* ▸ loc. *TENIR BON :* ne pas céder. *Ne plus pouvoir tenir :* être au comble de l'impatience. **4.** Être compris, être contenu dans un certain espace. ⇒ **entrer.** *Nous ne tiendrons pas tous dans la voiture.* **IV.** v. tr. ind. **1.** *TENIR À qqn, À qqch.,* y être attaché par un sentiment durable. ♦ Vouloir absolument. *Si vous y tenez...* ▸ (avec une proposition) *J'ai tenu à les inviter.* **2.** (sujet chose) *TENIR À qqch.,* avoir un rapport de dépendance, d'effet à cause. ⇒ **provenir, résulter, venir.** *Leur dynamisme tient à leur jeunesse.* ▸ impers. *NE TENIR QU'À... Il ne tient qu'à vous que l'affaire se termine,* cela ne dépend* que de vous. ▸ *Qu'à cela ne tienne !,* peu importe. **3.** *TENIR DE qqn, DE qqch. Il tient de sa mère.* ⇒ **ressembler** à. *Il a de qui tenir,* ses parents ont bien ce trait qu'il possède. ▸ Participer de la nature de (qqch.). *Cela tient du miracle.* ► **SE TENIR** v. pron. **I. 1.** *SE TENIR À qqch. :* tenir qqch. afin de ne pas tomber, de ne pas changer de position. *Tenez-vous à la rampe.* **2.** Être, demeurer (dans une position). *Se tenir debout. Tiens-toi droit !* ♦ (choses) *Une histoire qui se tient,* cohérente, vraisemblable. **3.** Être (quelque part). *Il se tenait sur le seuil.* ♦ Avoir lieu. *La salle où se tient la réunion.* **4.** Être et rester (d'une certaine manière, dans un certain état) ; se conduire. *Se tenir sur la réserve.* - (et adj.) *Se tenir tranquille,* ne pas bouger ; rester sage. ♦ *Se tenir bien, mal,* se conduire en personne bien, mal élevée. - *Il sait se tenir en société,* bien se tenir. **5.** LITTÉR. *NE POUVOIR SE TENIR DE,* ne pouvoir s'empêcher de (faire telle chose). ⇒ se **retenir.** *Ils ne pouvaient se tenir de rire.* **6.** *S'EN TENIR À* (qqch.), ne pas aller au-delà, ne vouloir rien de plus. ⇒ se **borner.** *Je m'en tiens aux ordres.* - loc. *Savoir à quoi s'en tenir,* être fixé, informé. **II.** (récipr.) Se tenir l'un l'autre. *Se tenir par la main.* ♦ (choses) Être dans une dépendance réciproque. *Dans cette affaire, tout se tient.* ► **TENU, UE 1.** v. passif *ÊTRE TENU À* : être obligé à (une action). *Le médecin est tenu au secret professionnel.* - loc. prov. *À l'impossible nul n'est tenu.* ♦ *ÊTRE TENU DE* (+ inf.) : être obligé de. **2.** adj. *BIEN, MAL TENU,* bien (mal) arrangé, entretenu. *Une maison mal tenue.*

le TENNESSEE ▪ Rivière des États-Unis, affluent de l'Ohio. 1 600 km. ► **la TENNESSEE VALLEY AUTHORITY** *(TVA),* créée en 1933 pour l'aménagement de 21 barrages (électricité, industries), fut une pièce maîtresse du New Deal de F.D. Roosevelt.

le TENNESSEE ▪ État du sud-est des États-Unis. 109 412 km^2. 4 877 000 hab. Capitale : Nashville-Davidson. Élevage, coton.

TENNIS [tenis] n. m. ▪ **1.** Sport dans lequel deux ou quatre joueurs se renvoient alternativement une balle, à l'aide de raquettes, de part et d'autre d'un filet, selon des règles et sur un terrain de dimensions déterminées (⇒ **court**). *Jouer au tennis en simple, en double.* ♦ *Tennis de table.* ⇒ **ping-pong. 2.** Terrain de tennis. *Les tennis d'un club sportif.* **3.** n. m. ou f. Chaussure de sport basse, à semelle de caoutchouc.

lord Alfred TENNYSON (1809-1892) ▪ Poète britannique romantique. *"Enoch Arden"* (1864).

TENOCHTITLÁN ▪ Ancienne capitale des Aztèques, conquise et détruite par Cortés en 1521. C'est sur son emplacement que fut édifiée Mexico.

TENON n. m. ▪ Partie saillante d'un assemblage, qui s'ajuste à une mortaise.

TÉNOR n. m. ▪ **1.** Voix d'homme la plus aiguë après la haute-contre (→ contre-ténor) ; chanteur qui a ce type de voix. *Un ténor de l'opéra.* ♦ adj. Se dit des instruments dont l'étendue correspond à celle de cette voix. *Flûte, saxo ténor.* **2.** fig. Personnage très en vue dans l'activité qu'il exerce. *Les ténors de la politique.*

TENSEUR n. m. ▪ **1.** Muscle qui produit une tension. **2.** MATH. Être mathématique, généralisation de la notion de vecteur. ► TENSORIEL, ELLE adj. *Calcul tensoriel.*

TENSIOMÈTRE n. m. ▪ Appareil servant à mesurer la tension (notamment la tension artérielle).

TENSION n. f. ▪ **I. 1.** État d'une substance souple ou élastique tendue. *La tension d'un élastique, d'une corde de violon. Tension et détente.* **2.** PHYS. Force qui agit de manière à écarter, à séparer les parties constitutives d'un corps. **3.** *Tension (artérielle, veineuse),* pression du sang. *Prendre la tension de qqn.* - absolt Tension excessive. ⇒ **hypertension.** *Avoir de la tension.* **4.** Différence de potentiel électrique entre deux points d'un circuit. *Haute tension,* tension élevée (plusieurs milliers de volts). *Basse tension.* **II. 1.** Effort intellectuel ; application soutenue. ⇒ **concentration ; tendu.** *Tension d'esprit, de l'esprit.* ⇒ **attention. 2.** État de ce qui menace de rompre. *La tension des relations entre deux pays.* **3.** *Tension nerveuse,* énervement.

TENTACULAIRE adj. ▪ Qui se développe dans toutes les directions. *"Les Villes tentaculaires"* (poèmes de Verhaeren).

TENTACULE n. m. ▪ Bras de certains mollusques (poulpes, calmars), organe allongé muni de ventouses.

TENTANT, ANTE adj. ▪ Qui tente, éveille le désir, l'envie. ⇒ **alléchant, séduisant.** *Un menu tentant. Une situation assez tentante.* ⇒ **enviable.**

TENTATEUR, TRICE ▪ **1.** n. m. *Le Tentateur.* ⇒ **démon. 2.** n. Personne qui cherche à tenter, à séduire. - adj. *Une beauté tentatrice.*

TENTATION n. f. ▪ **1.** RELIG. Impulsion qui pousse au péché, au mal. *Succomber à la tentation.* **2.** Ce qui incite à (une action) en éveillant le désir. ⇒ **envie.** *La tentation des voyages ; de partir en voyage.*

TENTATIVE n. f. ▪ Action par laquelle on s'efforce d'obtenir un résultat. ⇒ **essai.** *Réussir à la première tentative. Une tentative de suicide.* - spécialt (le résultat étant douteux ou nul) *Tentative infructueuse.*

TENTE n. f. ▪ Abri fait d'une matière souple tendue sur des supports (mâts, piquets). *Tente de camping. Vivre sous la tente.* - loc. *Se retirer sous sa tente* (comme Achille, dans *l'Iliade*) : bouder.

TENTER v. tr. [1] ▪ **I. 1.** RELIG. Essayer d'entraîner au mal, au péché. ⇒ **tentation. 2.** (sujet chose) Éveiller le désir, l'envie de (qqn). ⇒ **attirer, séduire.** *Cela ne me tente guère.* ⇒ **plaire.** *Se laisser tenter par,* céder à (une envie, un désir). - passif et p. p. *Être tenté, très tenté,* avoir envie (d'une chose) ; avoir envie de, tendance à. *Je suis tenté de penser que...* **II.** Éprouver (les chances de réussite) ; commencer, en vue de réussir. ⇒ **tentative.** *Tenter une démarche. Tenter l'impossible. Tenter de* (+ inf.). ⇒ **chercher** à, **essayer** de. - loc. *Tenter sa chance,* tenter de gagner, de réussir.

TENTURE n. f. ▪ Pièce de tissu, de cuir, de papier (tendu) servant d'élément de décoration murale. ⇒ **tapisserie.** *Des tentures de cretonne.*

TENU, UE ⇒ TENIR

TÉNU, UE adj. ▪ Très mince, très fin. *Un fil ténu.* - abstrait *Une différence ténue.* ⇒ **subtil.**

TENUE n. f. ▪ **I. 1.** Fait, manière de tenir, de gérer (un établissement, etc.). *La tenue d'une maison,* son entretien. **2.** Fait de tenir (une séance, une réunion...). **3.** *TENUE DE ROUTE :* aptitude d'un véhicule à se maintenir dans la direction commandée par le conducteur. **II. 1.** Fait de bien se tenir ; dignité de la conduite, correction des manières. *Manquer de tenue.* **2.** Façon de se tenir (bien ou mal). *Bonne tenue à table.* **3.** Façon de se tenir (2). ⇒ **attitude, maintien. 4.** Manière dont une personne est habillée ; son aspect, sa présentation. ⇒ **mise.** *Une tenue impeccable ; négligée.* ♦ Habillement particulier (à une profession, une circonstance). *Tenue de sport. Tenue de soirée. Tenue militaire.* ⇒ **uniforme.** *Se mettre en tenue.* - FAM. *Être en petite tenue,* peu vêtu. **5.** FIN. Fermeté du cours (d'une valeur), en Bourse.

TÉNUITÉ n. f. ▪ Caractère de ce qui est ténu. ⇒ **finesse.**

TEOTIHUACÁN ▪ Site archéologique du Mexique. Centre d'une importante civilisation précolombienne qui connut son apogée entre 300 et 650. Immenses pyramides du Soleil et de la Lune.

Teotihuacán. La pyramide du Soleil. *Phot. © Dagli Orti*

TEQUILA [tekila] n. f. ▪ Alcool d'agave.

TER [tɛʀ] adv. ▪ **1.** MUS. Indication d'avoir à répéter un passage trois fois. **2.** Indique la répétition, une troisième fois, du numéro (sur une maison, devant un paragraphe...). *Le 12bis et le 12ter de la rue Balzac.*

TÉRATO- Élément savant, du grec *teras, teratos* « monstre » (ex. *tératogène* adj. « qui, par son action sur l'embryon, peut produire un monstre »).

TÉRATOLOGIE n. f. ▪ DIDACT. Étude des anomalies et des monstruosités des êtres vivants.

Gerard TERBORCH, TER BORCH, TERBORG ou **TERBURGH** (1617-1681) ▪ Peintre hollandais. Scènes de la vie bourgeoise et populaire.

Terborch. *Portrait de Catherine Van Lening.* Musée de l'Ermitage, Saint-Pétersbourg. *Phot. © Giraudon*

Hendrik TERBRUGGHEN ou **TER BRUGGHEN** (1588-1629) ▪ Peintre hollandais. Il diffusa l'influence du Caravage en Hollande.

TERCET n. m. ▪ Couplet, strophe de trois vers. *Les deux tercets d'un sonnet.*

TÉRÉBENTHINE n. f. ▪ Résine que l'on recueille par l'incision de certains végétaux (conifères). *Essence de térébenthine.*

TÉRÉBRANT, ANTE adj. ▪ DIDACT. **1.** *Insecte térébrant,* qui perce des trous. **2.** *Douleur térébrante,* qui donne l'impression qu'une pointe s'enfonce dans la partie douloureuse.

TÉRENCE (v. 190-159 av. J.-C.) ▪ Auteur latin de comédies, ancien esclave affranchi. Ses intrigues et ses personnages sont plus nuancés que ceux de Plaute. *"L'Hécyre"; "Héautontimoroumenos".*

mère **Teresa.** *Phot. © Francolon/Gamma*

Agnes Gonxha Bajaxhiu, en religion **mère TERESA** (née en 1910) ▪ Religieuse indienne d'origine yougoslave. Prix Nobel de la paix 1979 pour son action humanitaire, en particulier à Calcutta.

TERESINA ▪ Ville du Brésil, capitale de l'État de Piauí. 598 500 hab.

TERGAL n. m. (n. déposé) ▪ Fibre de polyester. *Pantalon de tergal.*

TERGIVERSATION n. f. ▪ Fait de tergiverser; attitude d'une personne qui tergiverse.

TERGIVERSER v. intr. [1] ▪ LITTÉR. User de détours, de faux-fuyants pour éviter de donner une réponse nette, pour retarder le moment d'une décision. ⇒ **atermoyer, temporiser.**

TERGNIER ▪ Commune de l'Aisne. 11 698 hab. *(les Ternois).*

① **TERME** n. m. ▪ **1.** Limite fixée dans le temps. *Passé ce terme, les billets seront périmés.* ⇒ **délai, échéance.** - *Mettre un terme à qqch.,* faire cesser. ♦ *À TERME :* dont l'exécution correspond à un terme fixé. *Vente, achat à terme* (opposé à *au comptant*). ⇒ à **crédit.** - *À court, à moyen, à long terme,* qui doit se réaliser dans un temps bref, moyen, long. - *Le court terme.* **2.** Époque fixée pour le paiement des loyers. ♦ Somme due au terme. **3.** LITTÉR. Dernier élément, dernier stade (de ce qui a une durée). ⇒ **conclusion, fin.** *Le terme de la vie,* la mort. *Mener qqch. à (son) terme.* ⇒ **terminer.** **4.** *Accouchement À TERME,* dans le temps normal de la grossesse (neuf mois, chez la femme). - *Enfant né avant terme.* ⇒ **prématuré.**

② **TERME** n. m. ▪ **I. 1.** Mot ou expression. *Chercher le terme exact. Terme usuel, rare, savant.* **2.** au plur. Discours, expressions employés pour faire savoir qqch. ; manière de s'exprimer. *Aux termes du contrat.* ⇒ **formule.** *Parler en termes choisis.* - loc. *EN D'AUTRES TERMES :* pour donner une équivalence à l'aide d'autres mots. ⇒ **c'est-à-dire.** **3.** Mot appartenant à un vocabulaire spécial. *Les termes techniques.* ⇒ **terminologie.** *Terme juridique.* **4.** Chacun des éléments simples entre lesquels on établit une relation. *Les termes d'une comparaison. Les termes d'une équation.* ♦ fig. *MOYEN TERME :* solution, situation intermédiaire. **II.** loc. *Être EN BONS, EN MAUVAIS TERMES* avec qqn : entretenir de bonnes ou de mauvaises relations avec qqn.

TERMINAISON n. f. ▪ **1.** Dernier élément d'un mot (sons, lettres, éléments). ⇒ **finale ; désinence.** *Terminaisons des mots en fin de vers.* ⇒ **assonance, consonance, rime.** **2.** Extrémité (d'une chose). - ANAT. *Les terminaisons nerveuses.*

① **TERMINAL, ALE, AUX** adj. ▪ Qui forme le dernier élément, la fin. ⇒ **final.** *Phase terminale d'une maladie.* ♦ (en France) *Les classes terminales des lycées.* - n. f. *Être en terminale.*

② **TERMINAL, AUX** n. m. ▪ anglic. **1.** Installations pour le déchargement de navires de transport (pétroliers, etc.). **2.** Périphérique d'entrée et de sortie d'un ordinateur central. **3.** Point de départ et d'arrivée en ville des passagers d'un aéroport.

TERMINER v. tr. [1] ▪ **1.** Faire cesser (qqch. dans le temps) par une décision. *Terminer une séance.* ⇒ **clore, lever.** **2.** Faire arriver à son terme, mener à terme (ce qui est fait en grande partie). ⇒ **achever, finir.** *Terminer un travail.* - absolt *Ça y est, j'ai terminé ! En avoir terminé avec qqch.,* avoir enfin fini. ♦ Passer la dernière partie de (un temps). *Terminer la soirée devant la télé.* **3.** (choses) Constituer, former le dernier élément de (qqch.). *Formule qui termine une lettre.* - au p. p. *Fête terminée par un feu d'artifice.* ► SE **TERMINER** v. pron. **1.** Prendre fin. ⇒ **finir** (opposé à *commencer, débuter*). - (dans l'espace) *Le chemin se termine à la ferme.* - (dans le temps) *La soirée s'est mal terminée.* **2.** *SE TERMINER PAR :* avoir pour dernier élément, pour conclusion. **3.** *SE TERMINER EN.* - (dans l'espace) Avoir (telle forme) à son extrémité. *Clocher qui se termine en pointe.* - (dans le temps) Prendre (un aspect) à sa fin. *L'histoire se termine en queue de poisson.*

TERMINOLOGIE n. f. ▪ **1.** Ensemble des désignations et des notions appartenant à un domaine spécial (science, technique, etc.). *La terminologie de la médecine.* ♦ Vocabulaire didactique d'un groupe social. **2.** Étude des systèmes de termes et de notions. ► adj. TERMINOLOGIQUE

TERMINOLOGUE n. ▪ Spécialiste de terminologie (2).

TERMINUS [-ys] n. m. ▪ Dernière station (d'une ligne de transports). *Le terminus des cars.* - interj. *Terminus ! tout le monde descend !*

TERMITE n. m. ▪ Insecte qui vit en société et ronge le bois par l'intérieur. ♦ loc. fig. *Travail de termite,* travail de destruction lent et caché.

TERMITIÈRE [-tjɛʀ] n. f. ▪ Nid de termites, butte de terre durcie percée de galeries.

termitière au Sénégal. *Phot. © Hervy/Jacana*

TERNAIRE adj. ▪ Composé de trois éléments, de trois unités. *Système de numération ternaire* (0, 1, 2). ♦ *Mesure, rythme ternaire.*

TERNE adj. ▪ **1.** Qui manque d'éclat, qui reflète peu ou mal la lumière. *Des couleurs ternes.* ⇒ **fade, neutre.** *Œil, regard terne,* sans éclat ni expression. ⇒ **éteint. 2.** Qui n'attire ni ne retient l'intérêt. ⇒ **fade, morne.** *Une conversation terne et insipide.* ➤ (personnes) Falot, insignifiant. *Des gens ternes.*

TERNI ▪ Ville d'Italie (Ombrie). 110 020 hab. Industries chimique, textile, alimentaire.

TERNIR v. tr. [2] ▪ **1.** Rendre (qqch.) terne. ⇒ **décolorer, faner.** ➤ pronom. *L'argenterie se ternit.* ➤ au p. p. *Couleurs ternies.* ⇒ **passé. 2.** Porter atteinte à la valeur morale, intellectuelle de. ⇒ **flétrir.** *Ternir la réputation de qqn.* ⇒ **salir.**

TERPSICHORE ▪ Muse de la Danse et de la Poésie lyrique, dans la mythologie grecque, représentée avec une lyre.

TERRAIN n. m. ▪ **I. 1.** Étendue de terre (considérée dans son relief ou sa situation). ⇒ **sol.** *Le terrain est plat, accidenté. En terrain plat. Un terrain fertile.* ➤ fig. *Un terrain glissant,* une situation dangereuse, hasardeuse. ➤ loc. adj. invar. *Véhicules* TOUT TERRAIN ou TOUT-TERRAIN, capables de rouler hors des routes, sur toutes sortes de terrains. **2.** Portion plus ou moins étendue et épaisse de l'écorce terrestre, considérée quant à sa nature, son âge ou son origine (souvent au plur.). *Terrains glaciaires.* **3.** LE TERRAIN, la zone où se déroulent des opérations militaires. ➤ loc. *Sur le terrain,* en se rendant sur les lieux mêmes du combat ; fig. sur place. *Être sur son terrain,* dans un domaine familier. *Gagner, perdre du terrain,* avancer, reculer (aussi fig.). *Un terrain d'entente :* une base, un sujet sur lequel on s'entende. *Reconnaître, préparer le terrain, tâter le terrain,* la situation, l'état des choses et des esprits, avant d'agir. ♦ spécialt *Le terrain,* le lieu de l'action, de l'observation. *Travail de terrain* (en ethnologie, etc.). *Un homme de terrain,* en contact direct avec les gens, les réalités. **4.** État (d'un organisme, d'un organe, d'un tissu), quant à sa résistance à la maladie. **II. 1.** *(Un, des terrains)* Espace, étendue de terres de forme et de dimensions déterminées. ⇒ **parcelle.** *Acheter un terrain. Un terrain cultivé.* ⇒ **terre.** *Terrains à bâtir.* ➤ *Terrain vague**. **2.** Emplacement aménagé ou disposé pour une activité particulière. *Terrain de camping, de sport.*

TERRASSE n. f. ▪ **1.** Levée de terre formant plate-forme. *Cultures en terrasses.* **2.** Plate-forme en plein air d'un étage de maison (→ balcon). *Appartement avec terrasse.* ➤ Toiture plate (d'une maison). **3.** Partie d'un café qui déborde sur le trottoir (en plein air ou couverte).

TERRASSEMENT n. m. ▪ **1.** Opération par laquelle on creuse et on déplace la terre. *Travaux de terrassement.* **2.** Terres, matériaux déplacés. ⇒ **déblai(s), remblai.**

TERRASSER v. tr. [1] ▪ **1.** Abattre, renverser (qqn), jeter à terre dans une lutte. *Terrasser son adversaire.* **2.** (sujet chose) Abattre, rendre incapable de réagir, de résister. ⇒ **foudroyer.** *Cette nouvelle l'a terrassé.* ➤ *Être terrassé par l'émotion.* ⇒ **accabler, atterrer.**

TERRASSIER n. m. ▪ Ouvrier employé aux travaux de terrassement.

l'abbé Joseph-Marie TERRAY (1715-1778) ▪ Ministre de Louis XV. Il forma avec Maupeou et d'Aiguillon un « triumvirat » qui fut très impopulaire.

TERRE n. f. ▪ **I.** L'élément solide qui supporte les êtres vivants et où poussent les végétaux. **1.** Surface sur laquelle les humains, les animaux se tiennent et marchent. ⇒ **sol.** À TERRE, PAR TERRE : sur le sol. *Tomber par terre.* ➤ *Mettre pied à terre :* descendre de cheval. ♦ loc. fig. *Vouloir rentrer*

la **Terre.** La mer Rouge et le golfe d'Aden vus de *Gemini XI.*
Phot. © USIS-DITE

SOUS TERRE (de honte). - *Avoir les pieds SUR TERRE :* être réaliste. ⇒ **terre à terre. 2.** (concret) Matière qui forme la couche superficielle de la croûte terrestre (lorsqu'elle n'est pas rocheuse). *Un chemin de terre,* non revêtu. *Sol de terre battue. Mottes de terre.* - loc. *Mettre un mort en terre.* ⇒ **enterrer, inhumer.** ♦ au plur. Quantité de terre. *Des terres rapportées.* **3.** L'élément où poussent les végétaux. *Une terre aride, fertile.* ⇒ **terrain.** *Terre végétale.* ⇒ **humus, terreau.** *Cultiver la terre. Les produits de la terre.* - *De terre :* qui pousse dans la terre (⇒ **pomme de terre**). - loc. *EN PLEINE TERRE :* (de végétaux) dans la terre, sans contenant (opposé à *en caisse, en pot,* et aussi à *hors-sol*). ♦ *LES TERRES :* étendue de terrain où poussent les végétaux. *Terres à blé,* propres à cette culture. *Terres cultivées.* ⇒ **champ.** *Défricher les terres vierges.* - par métonymie Les cultures. ♦ loc. *Politique de la terre brûlée,* de destruction des récoltes. **4.** *LA TERRE :* la vie paysanne. ⇒ **glèbe.** - loc. *Le retour à la terre,* aux activités agricoles. **5.** Étendue de surfaces cultivables, considérée comme objet de possession. ⇒ **bien, domaine, propriété, terrain.** *Acquérir une terre, des terres.* - *Acheter de la terre. Lopin de terre.* ♦ au plur. *Se retirer sur ses terres.* **6.** Vaste étendue de la surface solide du globe. ⇒ **territoire, zone.** *Les terres arctiques, australes.* **7.** *LA TERRE, LES TERRES* (opposé à *la mer,* à *l'air*). ⇒ **continent, île.** *La répartition des terres et des mers à la surface du globe. La terre ferme.* - *L'armée de terre* (opposé à *la marine, l'aviation*). - *À l'intérieur des terres, dans les terres :* loin de la mer, des côtes (région maritime). **8.** La croûte terrestre. loc. *Tremblement* de terre.* ⇒ **séisme. 9.** Le sol, considéré comme ayant un potentiel électrique égal à zéro. loc. *Prise de terre.* **II.** Le milieu où vit l'humanité. ⇒ **monde ; terrestre. 1.** (avec une majuscule) Planète appartenant au système solaire, animée d'un mouvement de rotation sur elle-même et de révolution autour du Soleil (et où vit l'humanité). *La Lune, satellite de la Terre. La Terre, Mars et Vénus.* **2.** L'ensemble de tous les lieux de la surface de la planète. *Parcourir la terre entière. Partout sur la terre.* **3.** Cette planète, en tant que milieu où vit l'humanité. *Être seul sur la terre,* au monde. *Être sur terre.* ⇒ **exister, vivre.** - loc. *Remuer ciel et terre* (pour obtenir qqch.), s'adresser à tous ceux que l'on connaît. **III. 1.** Matière pulvérulente contenant généralement de l'argile, et servant à fabriquer des objets. *Terre glaise.* - *TERRE CUITE :* argile ordinaire ferrugineuse durcie par la chaleur. - *Récipient de terre.* ⇒ **terrine. 2.** Couleur minérale brune. *Terre de Sienne,* colorant brun. ⇒ **ocre.** ■ Située à 150 millions de km du Soleil, la Terre tourne autour du Soleil en 365 jours 6 h 9 mn et 9,5 s, et sur elle-même en 23 h 56 min 45 s ; d'où l'alternance du jour et de la nuit. C'est un globe légèrement aplati aux pôles (sphéroïde), de 12 756 km de diamètre. Composée de plusieurs couches (la croûte, le manteau, le noyau et la « graine ») et entourée d'une atmosphère, elle a pour satellite la Lune. Son âge est d'environ 4,6 milliards d'années.

TERRE À TERRE loc. adj. invar. ■ Matériel et peu poétique. *Un esprit terre à terre.* ⇒ **prosaïque.** - *Préoccupations terre à terre.*

TERREAU n. m. ■ Engrais naturel, formé d'un mélange de terre végétale et de produits de décomposition. ⇒ **humus.**

la TERRE DE FEU ■ Archipel situé à l'extrémité sud de l'Amérique et séparé du continent par le détroit de Magellan. Climat froid et brumeux. Montagnes et steppes. Élevage, pêche, pétrole. On réserve parfois le nom de *Terre de Feu* à la principale île de l'archipel, partagée entre l'Argentine et le Chili.

TERRE-NEUVAS n. m. invar. ■ Navire ou marin qui pêche à Terre-Neuve. ◇ syn. VIEILLI TERRE-NEUVIER ; TERRE-NEUVIEN.

TERRE-NEUVE n. m. invar. ■ Gros chien à tête large, à longs poils, dont la race est originaire de Terre-Neuve.

TERRE-NEUVE en anglais ***NEWFOUNDLAND*** ■ Île du Canada (112 299 km^2), dans l'Atlantique. Avec une partie du Labrador, elle forme la *province* (État fédéré) *de Terre-Neuve* depuis 1949 (402 346 km^2. 568 474 hab., *les Terre-Neuviens.* Capitale : Saint John's. Pêche, forêt. Fer.

TERRE-PLEIN n. m. ■ Plate-forme, levée de terre généralement soutenue par une maçonnerie. *Les terre-pleins d'une route.*

SE **TERRER** v. pron. [1] ■ **1.** (animaux) Se cacher dans un terrier ou se blottir contre terre. - au p. p. *Bête terrée dans sa tanière.* **2.** Se mettre à l'abri, se cacher dans un lieu couvert ou souterrain.

TERRESTRE adj. ■ **1.** De la planète Terre. *Le globe terrestre :* la Terre. **2.** Qui vit sur la surface solide de la Terre (opposé à *marin, aquatique*). *Les animaux terrestres.* ♦ Qui est, se déplace sur le sol (opposé à *aérien, maritime*). *Transports terrestres.* **3.** (opposé à *céleste*) Du monde où vit l'homme ; d'ici-bas. *Les choses terrestres,* temporelles, matérielles.

TERREUR n. f. ■ **1.** Peur extrême qui bouleverse, paralyse. ⇒ **effroi, épouvante, frayeur.** *Une terreur panique. Être muet, glacé de terreur. Inspirer de la terreur à qqn.* ⇒ **terrifier, terroriser.** - *La terreur de,* inspirée par. **2.** Peur collective qu'on fait régner dans une population, un groupe pour briser sa résistance ; régime fondé sur l'emploi de l'arbitraire imposé et de la violence. ⇒ **terrorisme** et ci-dessous, HIST. *Gouverner par la terreur.* **3.** (avec un compl.) Être ou chose qui inspire une grande peur. *Ce chien est la terreur des voisins.* ♦ absolt FAM. *Il joue les terreurs.* ⇒ **dur.**

■ **la TERREUR** ■ Ensemble des mesures d'exception décrétées par la Convention en vue d'éliminer les ennemis de la Révolution ; période pendant laquelle ces mesures furent en vigueur (1793-1794). — Série de mesures extraordinaires (Tribunal révolutionnaire, loi des suspects), d'arrestations et d'exécutions (près de 40 000 personnes) décrétées par la Convention après la chute des girondins, en juin 1793, la Terreur finit par atteindre tous les adversaires des montagnards et culmina avec la loi du 22 prairial an II (10 juin 1794) ; cette *Grande Terreur* prit fin le 9 Thermidor (27 juillet) avec la chute de Robespierre.

■ **la TERREUR BLANCHE** ■ La réaction contre-révolutionnaire à la Terreur (1795). — La politique répressive et les mouvements populaires qui suivirent les Cent-Jours (1815).

TERREUX, EUSE adj. ■ **1.** Qui est de la nature, de la couleur de la terre. *Un goût terreux. Un teint terreux,* grisâtre. ⇒ **blafard. 2.** Mêlé, sali de terre. *Des bottes terreuses.* ⇒ **boueux.**

TERRIBLE adj. ■ **1.** (choses) Qui inspire de la terreur (1), qui amène ou peut amener de grands malheurs. ⇒ **effrayant, terrifiant.** *Une terrible catastrophe.* ⇒ **effroyable.** ♦ (personnes) n. *Ivan le Terrible.* **2.** Très pénible, très grave, très fort. *Un froid terrible.* ⇒ **excessif, extrême.** - *C'est terrible de ne pouvoir compter sur lui, qu'on ne puisse pas compter sur lui.* ⇒ **désolant. 3.** (personnes) Agressif, turbulent, très désagréable. *Un enfant terrible.* ⇒ **intenable, insupportable. 4.** FAM. Extraordinaire, grand. ⇒ **formidable.** *Un type terrible.* ⇒ **étonnant.** - *C'est pas terrible,* c'est médiocre, mauvais. ♦ adv. FAM. *Ça marche terrible.*

TERRIBLEMENT adv. ■ **1.** D'une manière très intense. ⇒ **affreusement, horriblement. 2.** Extrêmement. *C'est terriblement cher.*

TERRIEN, IENNE ■ **I.** adj. **1.** Qui possède des terres. *Propriétaire terrien.* ⇒ **foncier. 2.** LITTÉR. Qui concerne la terre, la campagne, qui est propre aux paysans (opposé à *citadin*). *Un atavisme terrien.* ♦ n. *Un terrien :* un homme de la terre, un paysan. **II.** n. Habitant de la planète Terre (opposé aux extra-terrestres imaginés).

TERRIER n. m. ■ **I.** Trou, galerie que certains animaux creusent dans la terre et qui leur sert d'abri. ⇒ **tanière.** *Faire sortir un lapin de son terrier.* **II.** Chien que l'on peut utiliser pour la chasse des animaux à terrier.

TERRIFIANT, ANTE adj. ■ **1.** Qui terrifie. ⇒ **effrayant, terrible.** *Des cris terrifiants.* **2.** *C'est terrifiant comme il a vieilli !* ⇒ **étonnant, effarant.**

TERRIFIER v. tr. [7] ■ **1.** Frapper (qqn) de terreur. ⇒ **effrayer, terroriser.** - au p. p. *Une foule terrifiée.* **2.** Étonner en effrayant. *Le travail à faire me terrifie.*

TERRIL [-i(l)] ou **TERRI** n. m. ■ Grand tas de déblais au voisinage d'une mine. ⇒ **crassier.**

TERRINE n. f. ■ Récipient de terre assez profond où l'on fait cuire et où l'on conserve certains aliments. ♦ Son contenu. ⇒ **pâté.** *Terrine de viande, de poisson.*

terre-neuve. *Phot. © Axel/Jacana*

la **Terreur.** *Une exécution capitale place de la Révolution entre août 1793 et juin 1794,* tableau de Demachy. Musée Carnavalet, Paris.
Phot. © Giraudon

TERRITOIRE n. m. ▪ **1.** Étendue de la surface terrestre sur laquelle vit un groupe humain. *Le territoire national français, belge.* ⇒ **sol.** ▪ *Aménagement du territoire,* politique de répartition des activités économiques, selon un plan régional. **2.** Étendue de pays sur laquelle s'exerce une autorité, une juridiction. *Le territoire de la commune.* ♦ Pays qui jouit d'une personnalité, mais ne constitue pas un État souverain. ▪ (France) *Les départements et territoires d'outre-mer* (abrév. D.O.M.-T.O.M.). **3.** Zone qu'un animal se réserve. ▪ par ext. *Défendre son territoire,* l'espace (physique, moral) que l'on s'est approprié.

le TERRITOIRE-DE-BELFORT → Territoire-de-**Belfort**

les TERRITOIRES DU NORD-OUEST → Territoires du **Nord-Ouest**

TERRITORIAL, ALE, AUX adj. ▪ **1.** Qui consiste en un territoire, le concerne. *Limites territoriales.* ▪ *Les eaux territoriales,* zone de la mer sur laquelle s'exerce la souveraineté d'un État riverain. **2.** VIEILLI Qui concerne la défense du territoire national. *Armée territoriale.*

TERROIR n. m. ▪ **1.** Région rurale, provinciale, considérée comme influant sur ses habitants. *Accent du terroir. Poètes du terroir.* **2.** Ensemble des terres d'une même région fournissant un produit agricole caractéristique. *Goût de terroir,* dû au terrain.

TERRORISER v. tr. [1] ▪ Frapper de terreur, faire vivre dans la terreur. ⇒ **effrayer, terrifier.**

TERRORISME n. m. ▪ **1.** HIST. Gouvernement par la terreur*. **2.** Emploi systématique de la violence pour atteindre un but politique ; les actes de violence (attentats, destructions, prises d'otages). **3.** Attitude d'intolérance, d'intimidation. *Terrorisme intellectuel.*

TERRORISTE ▪ **1.** n. Membre d'une organisation politique qui use du terrorisme. *Un, une terroriste.* **2.** adj. Du terrorisme. *Organisation, attentat terroriste.*

TERTIAIRE adj. ▪ **I.** GÉOL. *Ère tertiaire* ou n. m. *le tertiaire :* ère géologique (environ 70 millions d'années) succédant à l'ère secondaire, marquée par les plissements alpins et la diversification des mammifères. ▪ *Terrains tertiaires.* **II.** ÉCON. (opposé à *primaire, secondaire*) *Secteur tertiaire* ou n. m. *le tertiaire :* secteur comprenant toutes les activités (commerces, administration, services) qui ne produisent pas directement des biens de consommation.

TERTIO adv. ▪ En troisième lieu (après *primo, secundo*). ⇒ **troisièmement.**

TERTRE n. m. ▪ Petite éminence isolée à sommet aplati. ⇒ **butte, monticule.**

TERTULLIEN (v. 155 ▪ v. 225) ▪ Écrivain latin chrétien. *"Apologétique"* (197).

TERVUREN ▪ Commune de Belgique (Région flamande, province du Brabant flamand), sur la Voer. 19 488 hab. Église des XIIIe, XIVe et XVe s. Parc de 235 ha aménagé par Léopold II ; à la lisière, musée royal de l'Afrique centrale.

TES ⇒ ① TON

Nikola TESLA (1856 ▪ 1943) ▪ Ingénieur croate. Il inventa les courants polyphasés et mit au point un alternateur à haute fréquence (1891).

TESSIN L'ANCIEN et **TESSIN LE JEUNE** ▪ Architectes suédois. **Nicodemus** (1615 ▪ 1681) réalisa le palais royal de Drottningholm (1662-1700), et son fils, nommé également **Nicodemus** (1654 ▪ 1728), reconstruisit celui de Stockholm de 1682 à sa mort.

le TESSIN en italien ***TICINO*** ▪ Rivière de la Suisse et de l'Italie, affluent du Pô. 248 km. ▸ **le canton du TESSIN** Canton suisse. 2 812 km^{2}. 281 803 hab. (*les Tessinois,* de langue italienne). Chef-lieu : Bellinzona. Tourisme (lac Majeur). Élevage, agriculture.

TESSITURE n. f. ▪ MUS. Étendue des sons qui peuvent être émis normalement par une voix, un instrument. ⇒ **registre.**

TESSON n. m. ▪ Débris (d'un objet de verre, d'une poterie). *Des tessons de bouteille.*

TEST [tɛst] n. m. ▪ **1.** PSYCH. Épreuve qui permet de déceler les aptitudes d'une personne et fournit des renseignements sur ses connaissances, son caractère, etc. *Faire passer des tests à qqn. Test d'orientation professionnelle.* **2.** Contrôle biologique ou chimique. *Test de grossesse.* **3.** Épreuve ou expérience décisive, opération témoin permettant de juger. ▪ appos. *Élection-test.*

TESTAMENT n. m. ▪ **I.** RELIG. CHRÉT. Nom des deux parties des Écritures (religions judéo-chrétiennes). *L'Ancien, le Nouveau* (⇒ **évangile**) *Testament.* ⇒ **Bible. II. 1.** Acte par lequel une personne dispose des biens qu'elle laissera en mourant (⇒ **héritage**). *Léguer qqch. à qqn par testament. Coucher qqn sur son testament,* l'y inscrire comme légataire. **2.** fig. Dernière œuvre, dernier écrit en tant que suprême expression de la pensée et de l'art de qqn.

TESTAMENTAIRE adj. ▪ Qui se fait par testament, se rapporte à un testament. *Dispositions testamentaires. Exécuteur* testamentaire.*

TESTATEUR, TRICE n. ▪ DR. Auteur d'un testament.

La TESTE ▪ Commune de la Gironde, sur le bassin d'Arcachon. 20 331 hab. (*les Testerins*). Ostréiculture.

① **TESTER** v. tr. [1] ▪ **1.** Soumettre à des tests. *Tester des élèves.* **2.** Contrôler, éprouver. *Tester un produit, un procédé.* ⇒ **essayer, expérimenter.**

② **TESTER** v. intr. [1] ▪ DR. Disposer de ses biens par testament, faire un testament.

TESTICULE n. m. ▪ Glande génitale mâle, productrice des spermatozoïdes. ♦ Ces glandes et leur enveloppe (⇒ ① **bourse, scrotum**) chez l'homme. ⇒ FAM. **couille.**

la TÊT ▪ Fleuve côtier des Pyrénées-Orientales. 120 km.

TÊT (fête du) ou **TÊT NGUYÊN ĐÁN** ▪ Fête du premier jour de l'année lunaire, au Vietnâm (entre le 19 janvier et le 20 février).

TÉTANIE n. f. ▪ MÉD. État pathologique se traduisant par des accès de contractures ou de spasmes musculaires.

TÉTANIQUE adj. ▪ **1.** Du tétanos. ♦ Atteint du tétanos. **2.** Du tétanos musculaire.

TÉTANISER v. tr. [1] ▪ **1.** MÉD. Mettre en état de tétanos musculaire. **2.** fig. Figer, paralyser.

TÉTANOS [-os] n. m. ▪ **1.** Grave maladie infectieuse caractérisée par une contraction douloureuse des muscles du corps, avec des crises convulsives. **2.** *Tétanos musculaire* : contraction prolongée d'un muscle.

TÊTARD n. m. ▪ Larve de batracien, à grosse tête prolongée par un corps effilé, qui respire par des branchies. *Un têtard qui devient grenouille.*

TÊTE n. f. ▪ **I. 1.** Extrémité antérieure des animaux, qui porte la bouche et les principaux organes des sens (lorsque cette partie est distincte et reconnaissable). ⇒ **céphal(o)-**. *La tête d'un oiseau, d'un poisson, d'un serpent. L'aigle* à deux têtes.* - *Tête de veau* (préparée pour la consommation). **2.** Partie supérieure du corps (d'un être humain) contenant le cerveau, qui est de forme arrondie et tient au tronc par le cou. *Squelette de la tête.* ⇒ **crâne.** ♦ loc. *Des pieds* à la tête, de la tête aux pieds.* - *Voix* de tête.* ♦ *Avoir mal à la tête.* ⇒ **céphalée, migraine.** *La tête lui tourne.* ⇒ **étourdissement.** ♦ *La tête haute,* redressée ; fig. avec fierté ou sans avoir rien à se reprocher. *La tête basse ;* fig. ⇒ **confus, honteux.** *Tourner, hocher la tête. Signe de tête.* ♦ (contextes du coup, de la chute) ⇒ FAM. **caboche, cassis, citron, coloquinte, poire, tirelire.** ♦ loc. *Être tombé sur la tête :* être un peu fou, déraisonner. *Ça va pas, la tête ! :* tu es fou ! - *Se taper la tête contre les murs :* désespérer. *Se jeter tête baissée dans qqch. ;* fig. sans tenir compte du danger. - *Ne savoir où donner de la tête :* avoir trop d'occupations. - *En avoir par-dessus la tête,* assez. ♦ *TENIR TÊTE :* résister (à l'adversaire) ; s'opposer avec fermeté (à la volonté de qqn). **3.** Partie de la tête où poussent les cheveux. *Tête chauve.* ⇒ FAM. **caillou.** - *Tête nue,* sans chapeau. **4.** *La tête,* considérée comme la partie vitale. ⇒ **vie.** *Risquer sa tête.* - loc. *Donner sa tête à couper que :* affirmer avec conviction que. *Je le jure sur la tête de mes enfants.* **5.** Le visage, quant aux traits et à l'expression. ⇒ **face, figure ;** FAM. **gueule.** *Une bonne tête.* ⇒ FAM. **bouille.** - *Faire une drôle de tête.* ⇒ FAM. **bobine, tronche.** - *FAIRE LA TÊTE.* ⇒ **bouder.** ♦ Visage (qui rend qqn reconnaissable). *J'ai vu cette tête-là quelque part.* **6.** Représentation de cette partie du corps de l'homme, des animaux supérieurs. *Tête sculptée.* - *TÊTE DE PIPE*.* - *TÊTE DE TURC. Être la tête de Turc, servir de tête de Turc :* être sans cesse en butte aux plaisanteries de qqn. ⇒ **souffre-douleur. 7.** *TÊTE DE MORT :* crâne humain ; sa représentation, emblème de la mort. **8.** Hauteur d'une tête d'homme. *Il a une tête de plus que sa sœur.* ♦ Longueur d'une tête de cheval, dans une course. *Cheval qui gagne d'une courte tête.* **9.** Coup de tête dans la balle, au football. *Joueur qui fait une tête.* **10.** Partie (d'une chose) où l'on peut poser la tête. *La tête du lit.* ⇒ **chevet. II. 1.** Le siège de la pensée, chez l'être humain. ⇒ **cerveau, cervelle, esprit.** *Une tête bien faite. N'avoir rien dans la tête.* - appellatif FAM. *Salut, petite tête !* - loc. *Être tête en l'air :* être étourdi. *Avoir une tête de linotte*. Une grosse tête :* une personne savante, intelligente. péj. *Avoir la grosse tête :* être prétentieux. - absolt *Il n'a pas de tête,* il oublie tout. - *Une femme de tête,* énergique, efficace. - *DE TÊTE :* mentalement. *Calculer de tête.* - *Se creuser* la tête. Il a une idée derrière la tête,* une intention cachée. ♦ *Se mettre dans la tête, en tête de..., que... :* décider ; imaginer, se persuader. FAM. *Prendre la tête :* obséder. - FAM. *Mettez-vous bien ça dans la tête,* tâchez de vous en persuader. ♦ *EN TÊTE. Je n'ai plus son nom en tête :* je ne m'en souviens plus. **2.** Le siège des états psychologiques. - (Caractère) *Avoir la tête froide*. Il a une tête de cochon, une mauvaise tête.* ⇒ **esprit.** - (États passagers) *Perdre la tête :* perdre son sang-froid. ⇒ **boule, boussole.** *Mettre (à qqn) la tête à l'envers.* ⇒ **égarer, griser.** *Avoir la tête à ce qu'on fait,* y appliquer son attention. *Avoir la tête ailleurs :* penser à autre chose (→ être dans la lune). *N'en faire qu'à sa tête :* agir selon sa fantaisie. - *Un COUP DE TÊTE :* une décision, une action inconsidérée, irréfléchie. **3.** Symbole de l'état mental. loc. *Perdre la tête :* devenir fou ou gâteux. *Avoir toute sa tête.* ⇒ **lucidité. III. 1.** (Représentant une personne). *Faute qui retombe sur la tête de qqn.* - *Tête couronnée*. Une tête brûlée*. Une forte tête :* une personne qui s'oppose aux autres et fait ce qu'elle veut. *Une mauvaise tête :* une personne obstinée, querelleuse. **2.** *PAR TÊTE :* par personne, par individu. *Trente francs par tête.* FAM. *Par tête de pipe* (même sens). **3.** Personne qui conçoit et dirige. *Il est, c'est la tête de l'entreprise.* **4.** Animal d'un troupeau. *Cent têtes de bétail.* **IV.** (choses) **1.** Partie supérieure, notamment lorsqu'elle est arrondie. *La tête des arbres.* ⇒ **cime. 2.** Extrémité, partie terminale. *La tête d'un clou. Tête d'ail*.* - *Tête de lecture d'une platine, d'un magnétoscope.* **3.** Partie antérieure (d'une chose qui se déplace). *La tête d'un train, d'un cortège.* - *Fusée à TÊTE CHERCHEUSE,* munie d'un dispositif pouvant modifier sa trajectoire vers l'objectif. **4.** Partie antérieure (d'une chose orientée). *Tête de ligne :* point de départ d'une ligne de transport. - *Tête de liste :* premier nom d'une liste. *Tête d'affiche.* **5.** Place de ce qui est à l'avant ou au début (surtout : *de, en tête*). *Passer en tête.* ⇒ **devant,** le **premier.** - *Wagon de tête.* - *L'article de tête d'un journal. Mot en tête de phrase.* **6.** Place de la personne qui dirige, commande. *Il fut tué à la tête de ses troupes. Prendre la tête du peloton.* - *Se trouver à la tête d'une fortune.*

TÊTE-À-QUEUE n. m. invar. ▪ Volte-face d'un cheval, d'un véhicule. *Faire un tête-à-queue.*

TÊTE-À-TÊTE ou **TÊTE À TÊTE** n. m. invar. ▪ Situation de deux personnes qui se trouvent seules ensemble, et spécialt qui s'isolent ensemble. *Elle essaya de nous ménager un tête-à-tête.* ⇒ **entrevue.** ♦ *EN TÊTE-À-TÊTE* (ou *en tête à tête*) loc. adv. : dans la situation de deux personnes qui se trouvent seules ensemble ou qui s'isolent. *Laissons ces amoureux en tête-à-tête.*

TÊTE-BÊCHE loc. adv. ▪ Dans la position de deux personnes dont l'une a la tête du côté où l'autre a les pieds ; parallèlement et en sens inverse, opposé. *Il fallut coucher les enfants tête-bêche. Bouteilles rangées tête-bêche.*

TÊTE-DE-LOUP n. f. ▪ Brosse ronde à long manche, pour nettoyer les plafonds. *Des têtes-de-loup.*

TÊTE-DE-NÈGRE ▪ **1.** adj. invar. De couleur marron foncé. **2.** n. f. Pâtisserie faite d'une meringue sphérique enrobée de chocolat. *Des têtes-de-nègre.*

TÉTÉE n. f. ▪ Action de téter. - Repas du nourrisson au sein.

TÉTER v. tr. [6] ▪ Boire (le lait) en suçant le mamelon ou une tétine. *Téter le lait.* - absolt *Donner à téter à son enfant.* ⇒ **allaiter, nourrir.** - *Veau qui tète sa mère.*

TÉTHYS ▪ Figure mythique grecque, symbole de la fécondité des eaux, épouse de l'Océan.

TÉTINE n. f. ▪ **1.** Mamelle de certains mammifères. ⇒ **pis. 2.** Embouchure percée et ajustée d'un biberon, que tète le nourrisson. ♦ Embout de caoutchouc qu'on donne à sucer à un bébé pour le calmer. ⇒ **sucette.**

TÉTON n. m. ▪ FAM. VIEILLI Sein de femme.

TÉTOUAN ▪ Ville du Maroc, ancienne capitale de la zone espagnole. 277 000 hab.

TÉTRA- Élément savant, du grec *tetra-* « quatre ».

TÉTRADE n. f. ▪ DIDACT. Groupe de quatre éléments.

TÉTRAÈDRE n. m. ▪ Polyèdre à quatre faces triangulaires. ► adj. TÉTRAÉDRIQUE

TÉTRALOGIE n. f. ▪ Ensemble de quatre œuvres littéraires ou musicales (spécialt : quatre opéras de Wagner).

TÉTRAPLÉGIE n. f. ▪ MÉD. Paralysie des quatre membres. ► adj. et n. TÉTRAPLÉGIQUE

TÉTRAPODE n. m. et adj. ▪ n. m. pl. *Les tétrapodes :* groupe de vertébrés à quatre membres, apparents ou non (batraciens, reptiles, oiseaux, mammifères).

TÉTRARQUE n. m. ▪ ANTIQ. Gouverneur de l'une des quatre régions d'une province. ♦ L'un des quatre empereurs romains sous Dioclétien. ► n. f. TÉTRARCHIE

TÉTRAS [-a(s)] n. m. ▪ Grand oiseau, gallinacé sauvage des régions montagneuses. ⇒ **coq** de bruyère.

tétras. *Tetrao urogallus,* grand tétras, parade nuptiale du mâle.
Phot. © Dragesco/Jacana

TÊTU, UE adj. ▪ Entêté, obstiné. ⇒ **buté.** *Têtu comme une mule.* - *Un front têtu.*

TEUF-TEUF n. m. invar. ▪ **1.** VIEILLI Bruit du moteur à explosion. *Faire teuf-teuf.* **2.** FAM. (aussi n. f.) Automobile vieille et poussive. ⇒ **tacot.**

TEUTON, ONNE adj. et n. ▪ **1.** HIST. Relatif aux anciens Teutons* ou aux anciens peuples de la Germanie. ⇒ **germain. 2.** péj. Allemand, germanique.

TEUTONIQUE adj. ▪ HIST. Qui appartient au pays des anciens Teutons*, à la Germanie. *Ordre des chevaliers Teutoniques,* ordre de chevalerie allemand, fondé en 1128 à Jérusalem. ▪ Recrutés dans la noblesse allemande, les chevaliers Teutoniques conquirent un vaste État en Prusse (capitale : Marienburg). Leur puissance fut brisée par les Polonais en 1410 à Tannenberg. L'ordre, supprimé par Napoléon Ier en 1809, subsiste sous la forme d'une chevalerie ecclésiastique en Autriche.

les TEUTONS ▪ Peuple germanique ou celte qui envahit la Gaule et dont l'armée fut exterminée par Marius à Aix-en-Provence en 102 av. J.-C.

le TEXAS ▪ Le plus grand État des États-Unis après l'Alaska. 692 408 km². 16 987 000 hab. *(les Texans).* Capitale : Austin. Villes principales : Houston, Dallas. Importantes productions agricoles (élevage, coton, riz). Gaz, pétrole et industries dérivées. Aéronautique. Possession espagnole, puis république indépendante (1836) avant d'être annexée par les États-Unis en 1845.

TEXTE n. m. ▪ **1.** Les termes, les phrases qui constituent un écrit ou une œuvre. *Lire, traduire un texte. Lire Platon dans le texte,* dans l'original grec. *Le texte et la musique d'un opéra, d'une chanson.* ⇒ **livret, parole.** - *Texte manuscrit, imprimé. Traitement* de texte.* **2.** La composition, la page imprimée. *Illustration dans le texte* (opposé à *hors-texte*). **3.** Écrit considéré dans sa rédaction originale et authentique. *Le texte d'un testament.* ♦ Œuvre littéraire. *Un texte bien écrit.* **4.** Page, fragment d'une œuvre. *Textes choisis.* ⇒ **morceau.**

TEXTILE adj. et n. m. ▪ **1.** Susceptible d'être tissé, d'être divisé en fils que l'on peut tisser. *Matières textiles végétales, animales, synthétiques.* - n. m. Fibre, matière textile. *Les textiles artificiels.* **2.** Qui concerne les tissus. *Industries textiles.* ⇒ **filature, tissage.** - n. m. *La crise du textile.*

TEXTO adv. ▪ FAM. Textuellement. *C'est ce qu'il m'a dit texto.*

TEXTUEL, ELLE adj. ▪ **1.** Conforme au texte. *Traduction textuelle.* ⇒ **littéral.** - *Textuel !* ce sont ses propres mots. ⇒ **sic,** FAM. **texto. 2.** DIDACT. Du texte.

TEXTUELLEMENT adv. ▪ Conformément au texte. ⇒ FAM. **texto ;** → mot à mot.

TEXTURE n. f. ▪ Arrangement, disposition (des éléments d'une matière, d'un tout). ⇒ **constitution, structure.** *Une roche à texture spongieuse.*

T.G.V. [teʒeve] n. m. (sigle) ▪ Train à grande vitesse.

le mont THABOR ▪ Montagne de Galilée en Israël, où la tradition situe la transfiguration du Christ. 588 m.

William Makepeace THACKERAY (1811 - 1863) ▪ Écrivain britannique. Ses romans sont très critiques vis-à-vis de la société. *"La Foire aux vanités"* (1848); *"Les Mémoires de Barry Lyndon"* (1856).

THADDÉE → saint **Jude**

THAÏ, THAÏE [taj] adj. ▪ Se dit de langues de l'Asie du Sud-Est, parlées notamment par les Thaïlandais, et des populations (Thaïlande, Chine du Sud, Viêtnam, Laos, Birmanie) parlant ces langues. - n. *Les Thaïs.* ♦ n. m. *Le thaï* : les langues du groupe thaï.

THAÏLANDAIS, AISE adj. et n. ▪ De Thaïlande. - n. *Les Thaïlandais.*

le royaume de THAÏLANDE ▪ État d'Asie du Sud-Est situé dans la péninsule indochinoise. 513 115 km². 58 000 000 hab. *(les Thaïlandais).* Capitale : Bangkok. Langue : thaï. Religion : bouddhisme. Monnaie : baht. Climat de mousson. Malgré une économie en expansion (riz, maïs, caoutchouc, pétrole), le pays souffre d'un déficit commercial, comblé en partie par le tourisme (nombreux temples, ruines et sites). ▫ HISTOIRE Ancienne région de l'Empire khmer. Le premier royaume de Siam fut fondé en 1220, après l'arrivée de peuples thaïs venus de Chine. Contrairement aux pays voisins, le royaume échappa à la colonisation européenne. Un coup d'État instaura la monarchie constitutionnelle en 1932. En 1938, le Siam devint la Thaïlande, puis suivit une politique proaméricaine dans le conflit vietnamien. La Thaïlande a accueilli de nombreux réfugiés cambodgiens dans des camps. Depuis 1932, l'armée occupe une place prépondérante dans la vie politique puisqu'elle a été à l'origine de 16 coups d'État.

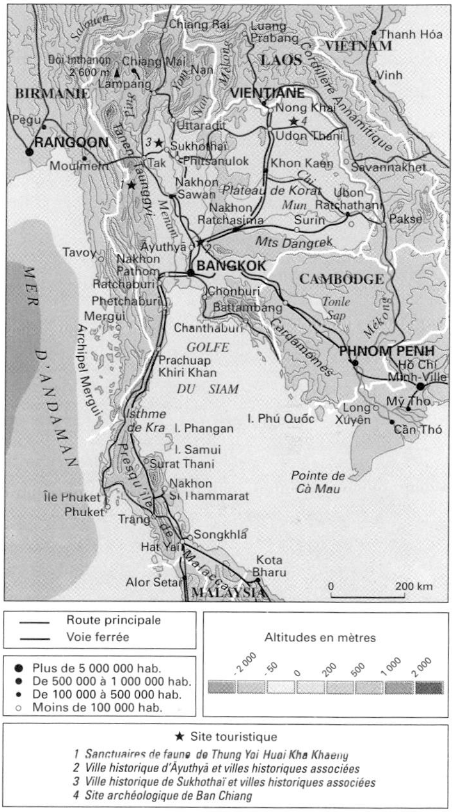

Thaïlande.

THALAMUS [-ys] n. m. ▪ Les deux noyaux de substance grise situés à la base du cerveau et qui constituent un relais pour les voies sensitives. ⇒ aussi **hypothalamus.** ► adj. THALAMIQUE

THALASSO- Élément savant, du grec *thalassa* « mer ».

THALASSOTHÉRAPIE n. f. ▪ Usage thérapeutique de l'eau de mer, du climat marin. ◇ abrév. FAM. THALASSO.

THALÈS DE MILET (v. 625 - v. 546 av. J.-C.) ▪ Penseur, astronome et mathématicien grec. Considéré par Aristote comme le premier philosophe ionien, il aurait rapporté d'Égypte et de Babylone les fondements de la géométrie.

THALIE ▪ Muse de la Comédie, dans la mythologie grecque.

THALLE n. m. ▪ BOT. Appareil végétatif des plantes inférieures sans feuilles, tiges ni racines (algues, champignons, lichens) appelées *thallophytes* n. f. pl.

THALWEG n. m. ⇒ TALWEG

THANATO- Élément savant, du grec *thanatos* « mort » (ex. *thanatologie* n. f. « étude de la mort »).

THANATOS ▪ Dieu de la Mort, dans la mythologie grecque. Souvent opposé à Éros.

THANJAVUR anc. *TANJORE* ▪ Ville de l'Inde méridionale (Tamil Nadu). 200 200 hab. Nombreux monuments, temple de Shiva (xe s.).

THANN ▪ Chef-lieu d'arrondissement du Haut-Rhin. 7 751 hab. *(les Thannois).* Église collégiale Saint-Thiébaut (xive-xvie s.).

THAON-LES-VOSGES ▪ Commune des Vosges. 7 504 hab. *(les Thaonnais).*

THASOS ▪ Île grecque du nord de la mer Égée. 379 km^2. 13 503 hab. Chef-lieu : Thasos. Ruines antiques.

Margaret **THATCHER** (née en 1925) ▪ Femme politique britannique. Premier ministre (conservateur) de 1979 à 1990, elle mit en place une politique d'inspiration libérale et s'opposa à la politique communautaire européenne. Elle fut anoblie.

l'étang de **THAU** ▪ Étang du Languedoc relié à la Méditerranée par le canal de Sète. Ostréiculture. Industries (pétrole, chimie).

THAUMATURGE adj. ▪ DIDACT. ou LITTÉR. Qui fait des miracles. - n. m. Faiseur de miracles.

THÉ n. m. ▪ **1.** Arbre ou arbrisseau d'Extrême-Orient, cultivé pour ses feuilles qui contiennent des alcaloïdes, parmi les quelles la théine. ⇒ **théier.** ♦ Feuilles de thé séchées. *Thés de Chine, de Ceylan. Thé vert (du Japon).* **2.** Boisson préparée avec des feuilles de thé infusées. *Une tasse de thé.* - loc. fig. *Ce n'est pas ma tasse* de thé.* - *Salon de thé.* **3.** Réunion où l'on sert du thé, des gâteaux. *Un thé dansant.* **4.** appos. *Une rose thé* (de la couleur de la boisson). - *Couleur rose thé.*

thé. Cueillette au Viêtnam. *Phot. © Brun/Jacana*

THÉÂTRAL, ALE, AUX adj. ▪ **1.** Qui appartient au théâtre ; de théâtre (II, 1). ⇒ **dramatique.** *Œuvre théâtrale.* - *Chronique théâtrale.* **2.** fig. et péj. Qui a le côté artificiel, excessif du théâtre. *Une attitude théâtrale.*

THÉÂTRALEMENT adv. ▪ **1.** Conformément aux règles du théâtre. **2.** fig. D'une manière théâtrale (2).

THÉÂTRALITÉ n. f. ▪ Caractère théâtral.

THÉÂTRE n. m. ▪ **I. 1.** dans l'Antiquité Construction en plein air, généralement adossée à une colline creusée en hémicycle, réservée aux spectacles. ⇒ **amphithéâtre.** ♦ MOD. Construction ou salle destinée aux spectacles se rattachant à l'art dramatique. - Petite scène où l'on donne un spectacle sans acteurs. *Théâtre de marionnettes.* **2.** Entreprise de spectacles dramatiques (⇒ **compagnie, troupe**). *Le répertoire d'un théâtre.* **3.** *Théâtre de verdure :* aménagement artistique d'un parc. **4.** fig. *Le théâtre de :* le cadre, le lieu où se passe un événement. ⇒ **scène.** *Le théâtre du crime.* - *Le théâtre des opérations* (militaires). **II. 1.** Art visant à représenter devant un public une suite d'événements où des êtres humains agissent et parlent ; genre littéraire, œuvres qui y correspondent. ⇒ **scène, spectacle ; dramatique.** *Personnages, rôles, décors de théâtre. Aimer le théâtre mieux que le cinéma.* - *Aller au théâtre et au concert.* ♦ *PIÈCE (DE THÉÂTRE) :* texte littéraire qui expose une action dramatique, généralement sous forme de dialogue entre des personnages. - *COUP DE THÉÂTRE :* retournement brutal d'une situation. ⇒ **rebondissement. 2.** Genre littéraire ; ensemble d'œuvres dramatiques. ⇒ **comédie, drame, tragédie.** - *Le théâtre d'Eschyle, de Shakespeare, de Racine. Le théâtre élisabéthain.* - *Du théâtre de boulevard.* **3.** Activités de l'acteur ; profession de comédien de théâtre. *Cours de théâtre. Faire du théâtre.* ⇒ **jouer** (→ monter sur les planches*).

THÈBES ▪ Ville de l'Égypte ancienne. Capitale religieuse, administrative et militaire du Nouvel Empire. Surnommée

Thèbes. Ramesseum. *Phot. © Charles Lénars*

« la ville aux cent portes » par les Grecs à cause du nombre de colonnes devant les temples, elle constitue le plus grand site archéologique du pays : temples de Louksor et de Karnak, colosses de Memnon, site de Deir el-Bahari, vallées des Rois et des Reines.

THÈBES ▪ Ville de Grèce (Béotie), célèbre par la légende d'Œdipe. 18 191 hab. *(les Thébains).* Ennemie d'Athènes, puis de Sparte. Détruite par Alexandre le Grand en 336 av. J.-C. Ville moderne reconstruite après les tremblements de terre de 1853 et 1893.

THÉIER n. m. ▪ Arbre à thé.

THÉIÈRE n. f. ▪ Récipient dans lequel on fait infuser le thé.

THÉINE n. f. ▪ DIDACT. Variété de caféine contenue dans les feuilles de thé (alcaloïde).

THÉISME n. m. ▪ DIDACT. Doctrine qui admet l'existence d'un dieu unique (contr. *athéisme*). ⇒ **déisme.**

-THÉISME, -THÉISTE Éléments savants, du grec *theos* « dieu » (ex. *monothéisme, polythéiste*). ⇒ aussi **théo-.**

THÉISTE n. et adj. ▪ DIDACT. (Personne) qui professe le théisme. ⇒ **déiste.**

THÉMATIQUE adj. ▪ **I.** Relatif à un thème. *Catalogue thématique.* **II.** n. f. DIDACT. Ensemble, système organisé de thèmes (conscients et inconscients). *La thématique d'un auteur.*

THÈME n. m. ▪ **1.** Sujet, idée, proposition qu'on développe (dans un discours, un ouvrage) ; ce sur quoi s'exerce la réflexion ou l'activité. ⇒ **objet, sujet.** *Les thèmes d'un écrivain, d'un peintre. Proposer un thème de réflexion.* - *Voyage à thème.* ♦ *Thème astral :* représentation symbolique de l'état du ciel au moment de la naissance de qqn, permettant d'établir son horoscope. **2.** Exercice scolaire, traduction d'un texte de sa langue maternelle dans une langue étrangère. *Thème et version.* - loc. *UN FORT EN THÈME :* un très bon élève ; péj. une personne de culture essentiellement livresque. **3.** MUS. Dessin mélodique qui constitue le sujet d'une composition musicale et qui est l'objet de variations. ⇒ **motif.** *Improviser sur un thème.*

THÉMIS ▪ Déesse grecque de la Justice. Unie à Zeus, elle mit au monde les Moires.

THÉMISTOCLE (v. 525 - v. 460 av. J.-C.) ▪ Général et homme d'État athénien. Il fit de sa cité une grande puissance navale et vainquit les Perses à Salamine lors des guerres médiques.

THÉO- Élément savant, du grec *theos* « dieu ».

THÉOCRATIE n. f. ▪ DIDACT. **1.** Gouvernement par un souverain considéré comme le représentant de Dieu. **2.** Régime où l'Église, les prêtres jouent un rôle politique important. ▶ adj. THÉOCRATIQUE

THÉOCRITE (v. 315 - v. 250 av. J.-C.) ▪ Poète bucolique grec. Ses *"Idylles"* inspirèrent Virgile.

THÉODOLITE n. m. ▪ SC. Instrument de visée muni d'une lunette, servant en géodésie à mesurer les angles, à lever les plans.

THÉODORA (morte en 548) ▪ Impératrice byzantine. Épouse de Justinien Ier, sur qui elle eut une grande influence.

Mikis THEODORAKIS (né en 1925) ▪ Compositeur grec. Musique du film *"Zorba le Grec"*.

Theodorakis. *Phot. © Issaris/Contrast/Gamma*

THÉODORIC LE GRAND (v. 455 - 526) ▪ Roi des Ostrogoths. Il fonda un royaume italien en 488, dont Ravenne était la capitale. Se voulant l'héritier des empereurs romains, il développa l'économie et les arts.

THÉODOSE Ier LE GRAND (v. 346 - 395) ▪ Empereur romain de 379 à sa mort. Il fit du christianisme la religion officielle. Après lui, l'empire fut divisé entre ses deux fils (→ **Rome**).

THÉOGONIE n. f. ▪ dans les religions polythéistes Système, récit qui explique la naissance des dieux. ⇒ **mythologie.**

THÉOLOGAL, ALE, AUX adj. ▪ relig. chrétienne *Vertus théologales,* qui ont Dieu lui-même pour objet (foi, espérance, charité).

THÉOLOGIE n. f. ▪ relig. monothéistes, surtout chrétienne Étude des questions religieuses fondée sur les textes sacrés, les dogmes et la tradition. *Enseignement de la théologie.* ⇒ aussi **scolastique.** ♦ *La théologie juive.*

THÉOLOGIEN, IENNE n. ▪ Spécialiste de théologie.

THÉOLOGIQUE adj. ▪ Relatif à la théologie.

THÉOPHILE DE VIAU → Théophile de **Viau**

THÉOPHRASTE (v. 372 - v. 287 av. J.-C.) ▪ Philosophe et botaniste grec, péripatéticien. Il dirigea le Lycée après Aristote. Ses *"Caractères"* inspirèrent La Bruyère.

THÉORBE n. m. ▪ Luth à sonorité grave.

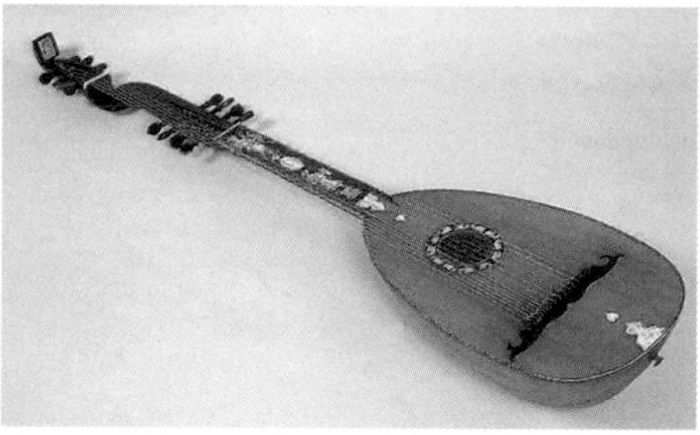

théorbe. Théorbe de Francesco Bedriani. Brescia, 1658. Musée du château Sforza, Milan. *Phot. © Simion/Ricciarini*

THÉORÈME n. m. ▪ Proposition démontrable qui résulte d'autres propositions déjà posées (opposé à *définition, axiome, postulat, principe*). *Démontrer un théorème de géométrie. Le théorème de Pythagore.*

THÉORICIEN, IENNE n. ▪ **1.** Personne qui connaît la théorie d'un art, d'une science. **2.** Personne qui élabore, défend une théorie sur un sujet. *Les théoriciens du socialisme.* **3.** absolt Personne qui, dans un domaine, se préoccupe surtout de connaissance abstraite et non de la pratique, des applications. *Théoriciens et techniciens.*

① **THÉORIE** n. f. ▪ **1.** Ensemble organisé d'idées, de concepts abstraits appliqué à un domaine particulier. ⇒ **conception, doctrine, système, thèse.** *Bâtir une théorie.* ♦ absolt LA THÉORIE (opposée à la pratique). - *EN THÉORIE :* en envisageant la question d'une manière abstraite ; péj. d'une manière irréalisable. **2.** sc. Système formé d'hypothèses, de connaissances vérifiées et de règles logiques. *La théorie des quanta.*

Théodora. *L'impératrice Théodora et sa suite,* mosaïque. Basilique Saint-Vital, Ravenne. *Phot. © Carlo Bevilacqua/Ricciarini*

② **THÉORIE** n. f. ▪ LITTÉR. Groupe de personnes qui s'avancent les unes derrière les autres. ⇒ **cortège, défilé, procession.**

THÉORIQUE adj. ▪ **1.** Qui consiste en connaissance abstraite ; qui élabore des théories. *La recherche théorique.* ⇒ **fondamental, spéculatif.** *Physique théorique et physique appliquée.* **2.** souvent péj. Qui est conçu, étudié d'une manière abstraite et souvent incorrecte (opposé à *expérimental, réel, vécu*). *Une égalité toute théorique.*

THÉORIQUEMENT adv. ▪ **1.** D'une manière théorique (opposé à *pratiquement*). **2.** En principe, normalement.

THÉOSOPHE n. ▪ Adepte de la théosophie.

THÉOSOPHIE n. f. ▪ Doctrine ésotérique du divin, fondée sur la contemplation de l'univers et l'illumination intérieure.

-THÈQUE Élément, du grec *thêkê* « coffre, boîte », qui signifie « endroit où l'on conserve (qqch.) » (ex. *bibliothèque, cinémathèque*).

THÉRA → **Santorin**

THÉRAMÈNE (v. 450 - v. 404 av. J.-C.) ▪ Un des trente tyrans établis par Sparte à Athènes.

THÉRAPEUTE n. ▪ DIDACT. Personne qui soigne des malades. ⇒ **médecin.** - spécialt Psychothérapeute.

THÉRAPEUTIQUE ▪ **1.** adj. Qui concerne le traitement des maladies ; apte à guérir. ⇒ **curatif, médical, médicinal.** *Substances thérapeutiques.* ⇒ **médicament, remède.** - *Acharnement* thérapeutique.* **2.** n. f. DIDACT. *LA THÉRAPEUTIQUE :* partie de la médecine qui s'attache à guérir et à soulager les malades (⇒ **-thérapie**). - *UNE THÉRAPEUTIQUE.* ⇒ **thérapie.** *Une thérapeutique nouvelle.*

THÉRAPIE n. f. ▪ **1.** DIDACT. Ensemble de procédés concernant un traitement déterminé. ⇒ **thérapeutique** (2). **2.** Psychothérapie. *Thérapie familiale.*

-THÉRAPIE Élément, du grec *therapeia* « soin, traitement » (ex. *hydrothérapie, kinésithérapie, psychothérapie, radiothérapie, thalassothérapie*).

Thérèse de Jésus dite **sainte THÉRÈSE D'ÁVILA** (1515 - 1582) ▪ Religieuse espagnole. Par ses écrits mystiques, elle est un des plus grands écrivains de l'Espagne. Elle réforma l'ordre du Carmel*. *"Les Demeures ou le Château intérieur"* (1588).

sainte THÉRÈSE DE L'ENFANT-JÉSUS ET DE LA SAINTE-FACE (1873 - 1897) ▪ Religieuse française. Sa spiritualité est faite de simplicité et d'héroïsme quotidien. *"Histoire d'une âme"* (1897). Pèlerinage sur sa tombe, au carmel de Lisieux.

THERM- ⇒ THERM(O)-

THERMAL, ALE, AUX adj. ▪ **1.** Qui a une température élevée à la source et des propriétés thérapeutiques. *Eaux thermales.* ⇒ aussi **minéral.** - *Source thermale.* **2.** Où l'on utilise les eaux médicinales (eaux minérales chaudes ou non). *Station thermale. Cure thermale.*

THERMALISME n. m. ▪ **1.** DIDACT. Science des eaux thermales. **2.** Aménagement, exploitation des stations thermales.

THERMES n. m. pl. ▪ **1.** Établissement de bains publics de l'Antiquité. **2.** RARE Établissement où l'on soigne par les eaux thermales.

THERMIDOR n. m. ▪ Onzième mois du calendrier républicain (du 19 juillet au 18 août).

▪ **la journée du 9 THERMIDOR AN II** ▪ Journée (27 juillet 1794) qui constitua un tournant dans l'histoire de la Révolution française : arrestation de Robespierre, fin de la Terreur, développement d'une réaction dite « thermidorienne », dirigée contre les forces révolutionnaires.

THERMIDORIEN, IENNE adj. ▪ HIST. Relatif à la coalition qui renversa Robespierre le 9 thermidor. *Le parti thermidorien.*

THERMIE n. f. ▪ Ancienne unité M.T.S. de quantité de chaleur.

THERMIQUE ▪ **1.** adj. Relatif à la chaleur, à la température. *Énergie thermique. Effet thermique.* ⇒ **calorifique.** - *Centrale thermique,* utilisant des moteurs thermiques pour produire l'énergie électrique. **2.** n. f. Partie de la physique qui étudie les phénomènes thermiques.

THERMIQUEMENT adv. ▪ Du point de vue thermique.

THERM(O)- Élément de mots savants, du grec *thermos* « chaud ».

THERMOCAUTÈRE n. m. ▪ MÉD. Instrument (tige maintenue incandescente) pour cautériser par la chaleur intense.

THERMODYNAMIQUE n. f. et adj. ▪ Branche de la physique qui étudie les relations entre phénomènes thermiques et mécaniques. ♦ adj. *Potentiel thermodynamique.*

THERMOÉLECTRICITÉ n. f. ▪ SC. **1.** Étude des relations entre phénomènes thermiques et électriques. **2.** Électricité produite à partir de l'énergie thermique.

THERMOÉLECTRIQUE adj. ▪ SC. Relatif à la thermoélectricité. *Pile thermoélectrique.*

THERMOGÈNE adj. ▪ Qui produit de la chaleur. - *Ouate thermogène,* pour congestionner la peau.

THERMOMÈTRE n. m. ▪ Instrument destiné à la mesure des températures, généralement grâce à la dilatation d'un liquide ou d'un gaz. *Thermomètre à mercure, à hélium.* - *Thermomètre médical,* destiné à indiquer la température interne du corps. - par ext. La colonne de liquide. *Le thermomètre monte, descend :* la température augmente, diminue.

THERMONUCLÉAIRE adj. ▪ PHYS. Relatif à la réaction de fusion de couples de noyaux d'atomes légers portés à très haute température. *Bombe thermonucléaire :* bombe atomique à hydrogène (COUR. : *bombe H*).

les **THERMOPYLES** ▪ Défilé de la Grèce, célèbre par le sacrifice de Léonidas Ier et des Spartiates résistant aux Perses en 480 av. J.-C.

THERMOS [-os] n. m. ou f. (nom déposé) ▪ Récipient isolant qui maintient durant quelques heures la température du liquide qu'il contient. *Un thermos de thé.* - appos. *Une bouteille thermos.*

THERMOSTAT n. m. ▪ Appareil qui permet d'obtenir une température constante dans une enceinte fermée. *Four à thermostat.*

THÉSAURISATION n. f. ▪ DIDACT. Action de thésauriser. ⇒ aussi **épargne.**

THÉSAURISER v. [1] ▪ LITTÉR. **1.** v. intr. Amasser de l'argent pour le garder, sans le faire circuler ni le placer. ⇒ **capitaliser, économiser, épargner. 2.** v. tr. Amasser (de l'argent) de manière à se constituer un trésor. ► n. THÉSAURISEUR, EUSE

THÉSAURUS ou **THESAURUS** [tezorys] n. m ▪ DIDACT. Répertoire structuré de termes (mots-clés) pour l'analyse de contenu et le classement de documents.

Thésée. *Combat de Thésée et du Minotaure,* amphore à figures noires attribuée au peintre de *La Naissance d'Athéna,* deuxième moitié du VIe s. av. J.-C. Musée du Louvre, Paris. *Phot. © Dagli Orti*

9 Thermidor an II. *La Nuit du 9 au 10 thermidor an II, arrestation de Robespierre,* gravure de Tassaert d'après un dessin de F. Harriet. Musée Carnavalet, Paris. *Phot. © Dagli Orti*

THÈSE n. f ▪ **1.** Proposition ou théorie qu'on tient pour vraie et qu'on s'engage à défendre par des arguments. *Avancer, soutenir une thèse.* ⇒ **doctrine, opinion.** - LITTÉR. *Pièce, roman À THÈSE,* qui illustre une thèse (philosophique, morale, politique, etc.). **2.** Ouvrage présenté pour l'obtention du doctorat. *Soutenance de thèse.* **3.** PHILOS. Premier moment de la démarche dialectique auquel s'oppose l'*antithèse,* jusqu'à ce que ces contraires soient conciliés par la *synthèse**.

THÉSÉE ▪ Héros de la mythologie grecque. Roi d'Athènes et époux de Phèdre. Grâce à Ariane, il tue le Minotaure dans le Labyrinthe.

THESPIS (VIe s. av. J.-C.) ▪ Poète tragique grec. Il serait le créateur de la tragédie grecque.

la **THESSALIE** ▪ Région du nord de la Grèce. 14 037 km². 731 230 hab. Plaine céréalière. Olives. Vignobles. Betterave à sucre. Ville principale : Larissa. Elle fut occupée par les Turcs à partir de 1393 avant d'être rendue à la Grèce en 1881.

THESSALONIQUE → **Salonique**

THÉTIS ▪ Divinité marine grecque, épouse de Pélée, mère d'Achille.

THIAIS ▪ Commune du Val-de-Marne. 27 515 hab. *(les Thiaisiens).* Cimetière parisien.

THIBAUD (1201 - 1253) ▪ Comte de Champagne, roi de Navarre, guerrier et trouvère.

Jacques **THIBAUD** (1880 - 1953) ▪ Violoniste français. Il a fondé avec Marguerite Long le concours de musique Long-Thibaud.

THIBAUDE n. f. ▪ Molleton de tissu grossier ou de feutre que l'on met entre le sol et les tapis.

Albert **THIBAUDET** (1874 - 1936) ▪ Critique littéraire français à la *Nouvelle Revue française.* Philosophe formé par Bergson, il consacra des études à Mallarmé, Barrès et Flaubert.

la **THIÉRACHE** ▪ Région du nord de la France entre l'Oise et la Sambre. Élevage (produits laitiers, fromages). Vergers.

THIERRY ▪ NOM DE QUATRE ROIS MÉROVINGIENS ► **THIERRY Ier** (mort en 533) roi d'Austrasie de 511 à sa mort, fils de Clovis. ► **THIERRY II** (mort en 613) roi de Bourgogne (de 596 à sa mort) et d'Austrasie (de 612 à sa mort). ► **THIERRY III** (mort en 691) roi de Neustrie et de Bourgogne de 673 à sa mort. ► **THIERRY IV DE CHELLES** (mort en 737) roi des Francs de 721 à sa mort, dominé par Charles Martel.

Augustin **THIERRY** (1795 - 1856) ▪ Historien français. "*Récits des temps mérovingiens*" (1840).

Adolphe **THIERS** (1797 - 1877) ▪ Homme politique et historien français. Ministre de Louis-Philippe, chef de l'opposition libérale à Napoléon III, il négocia avec Bismarck la capitulation de la France (1870-1871) et forma un gouvernement d'union nationale qui réprima impitoyablement la Commune. Premier président de la IIIe République, il s'opposa de plus en plus à une Assemblée majoritairement monarchique et démissionna en 1873 (→ **Mac-Mahon**). *"Histoire du Consulat et de l'Empire"* (1845-1862).

THIERS ▪ Chef-lieu d'arrondissement du Puy-de-Dôme. 14 832 hab. *(les Thiernois)*. Centre français de la coutellerie.

THIÈS ▪ Ville du Sénégal, à l'est de Dakar. 160 000 hab.

THIO ▪ Commune de Nouvelle-Calédonie. Gisement de nickel.

THIO- Élément savant, du grec *theion* « soufre » (ex. *thioalcool, thiosulfate*).

THIONVILLE ▪ Chef-lieu d'arrondissement de la Moselle. 39 712 hab. *(les Thionvillois)*. Anciennes fortifications (XIVe-XVIIe s.). Métallurgie.

Marcel **THIRY** (1897 - 1977) ▪ Écrivain belge d'expression française. Attirance pour le bizarre. *"Nouvelles du grand possible"* (1958) ; nombreux poèmes.

THISBÉ → **Pyrame**

THOIRY ▪ Commune des Yvelines. 835 hab. *(les Thoirysiens)*. Parc zoologique.

René **THOM** (né en 1923) ▪ Mathématicien et philosophe français. Modèles de morphogenèse (« théorie des catastrophes »).

saint **THOMAS** ▪ Apôtre de Jésus. Dans l'Évangile, il refuse de croire à la résurrection du Christ avant de l'avoir vu et touché.

Ambroise **THOMAS** (1811 - 1896) ▪ Compositeur français. *"Mignon"* (1866), opéra.

Dylan **THOMAS** (1914 - 1953) ▪ Écrivain britannique. Nouvelles (influence de Joyce), théâtre et surtout poèmes. *"Morts et Entrées"* (1946) ; *"Au bois lacté"* (posth. 1954), théâtre.

saint **THOMAS BECKET** (v. 1118 - 1170) ▪ Prélat et homme politique anglais. Nommé par Henri II chancelier du royaume, puis élu sur son ordre archevêque de Canterbury, il s'opposa néanmoins au roi, qui le fit assassiner.

saint **THOMAS D'AQUIN** (1228 - 1274) ▪ Dominicain, théologien et philosophe italien. L'Église catholique, qui le nomme *Docteur angélique*, considère son œuvre, très inspirée d'Aristote, comme la meilleure expression de la « philosophie chrétienne » : accord de la foi et de la raison, de la théologie et de la philosophie. Exposée dans sa « *Somme théologique* », sa doctrine (le thomisme) est indissociable de la scolastique, qui en constitue l'armature.

saint **Thomas d'Aquin.** « Saint Thomas d'Aquin et saint Laurent », détail de *La Sainte Conversation*, fresque de Fra Angelico. Musée San Marco, Florence. *Phot. © Giraudon*

saint **Thomas Becket.** Miniature extraite du *Miroir historial* de Vincent de Beauvais. Manuscrit français du XVe s. Musée Condé, Chantilly. *Phot. © Lauros/Giraudon*

saint **THOMAS MORE** → saint Thomas **More**

THOMISME n. m. ▪ **1.** Système théologique et philosophique de saint Thomas d'Aquin. **2.** Ensemble des doctrines qui s'inspirent de saint Thomas d'Aquin, au Moyen Âge ou à l'époque moderne (appelé aussi *néothomisme*). ▪ Réaffirmant la nature corporelle de l'homme, le thomisme cherche à construire une synthèse entre les dogmes chrétiens et la philosophie d'Aristote, et à faire de la théologie une véritable science. Abondamment commenté au cours des siècles, le thomisme constitue depuis 1879 (encyclique de Léon XIII) le fondement de l'enseignement catholique.

sir William **THOMSON, lord Kelvin** (1824 - 1907) ▪ Physicien britannique. Électrostatique. Contributions fondamentales à la thermodynamique. Il a donné son nom à l'unité de mesure de température absolue (cf. kelvin).

sir Joseph John **THOMSON** (1856 - 1940) ▪ Physicien britannique. Il découvrit l'électron et proposa un modèle de l'atome. Prix Nobel 1906.

THON n. m. ▪ Poisson de grande taille qui vit dans l'Atlantique et la Méditerranée. - *Thon en boîte.*

THONIER n. m. ▪ Navire pour la pêche au thon.

THONON-LES-BAINS ▪ Chef-lieu d'arrondissement de la Haute-Savoie. 29 677 hab. *(les Thononais)*. Station thermale. Château de Sonnaz (XVIIe s.).

THOR ou **TOR** ▪ Dans la mythologie scandinave, dieu guerrier, maître du tonnerre.

THORA n. f. ⇒ TORAH

THORACIQUE adj. ▪ Du thorax. *Cage thoracique.*

THORACO- Élément de mots de médecine, du grec *thôrax, thôrakos* « thorax ».

THORAX [-aks] n. m. ▪ **1.** chez l'homme Cavité limitée par le diaphragme, les côtes et le sternum, renfermant le cœur et les poumons. ⇒ **poitrine, torse. 2.** chez les vertébrés Partie antérieure du tronc. **3.** Partie du corps de l'insecte portant les organes locomoteurs.

Johan Rudolf **THORBECKE** (1798 - 1872) ▪ Homme politique néerlandais. Il prit part à la réforme constitutionnelle de 1848, puis, chef des libéraux, dirigea le gouvernement à plusieurs reprises (1849-1853, 1862-1866, 1871-1872).

Henry David **THOREAU** (1817 - 1862) ▪ Écrivain américain. Proche d'Emerson, il prône une mystique de la nature. *"Walden ou la Vie dans les bois"* (1854) ; *"La Désobéissance civile"* (1849).

Maurice **THOREZ** (1900 - 1964) ▪ Homme politique français. Secrétaire général du parti communiste de 1930 à sa mort, ministre de 1945 à 1947.

THORIGNY-SUR-MARNE ▪ Commune de Seine-et-Marne. 8 326 hab. *(les Thorigniens).*

THORIUM [-jɔm] **n. m.** ▪ CHIM. Métal gris dont un isotope est radioactif.

Le THORONET ▪ Commune du Var. 1 163 hab. *(les Thoronéens).* Abbaye cistercienne du XIIe s.

Bertel THORVALDSEN (v. 1768 - 1844) ▪ Sculpteur danois. Œuvres mythologiques et religieuses inspirées de l'Antiquité.

Thorvaldsen. *Hébé,* marbre.
Musée national, Copenhague.
Phot. © Arch. Smeets

THOT ▪ Divinité égyptienne à tête d'oiseau (ibis) ou de babouin. Dieu du Savoir, de l'Écriture et de la Magie.

THOUARS ▪ Commune des Deux-Sèvres. 10 905 hab. *(les Thouarsais).* Monuments anciens.

le THOUET ▪ Rivière de l'ouest de la France, affluent de la Loire. 140 km.

THOUNE en allemand ***THUN*** ▪ Ville de la Suisse (canton de Berne). 38 124 hab. Bâtiments médiévaux, château (XIIe s.).

la THRACE ▪ Région du sud-est de l'Europe partagée entre la Grèce (*Thrace occidentale.* 8 578 km^2. 337 536 hab.), la Bulgarie (1919; *Thrace septentrionale*) et la Turquie (1923; *Thrace orientale,* la partie européenne de la Turquie).

THRASYBULE (mort en 388 av. J.-C.) ▪ Général athénien. En renversant les Trente, il rétablit la démocratie.

THRILLER [sʀilœʀ] **n. m.** ▪ anglic. Film (policier, fantastique), roman, récit qui provoque des sensations fortes.

THROMB(O)- Élément savant, du grec *thrombos* « caillot ».

THROMBOSE **n. f.** ▪ Formation d'un caillot dans un vaisseau sanguin ou dans le cœur.

THUCYDIDE (v. 470 - v. 395 av. J.-C.) ▪ Historien grec. Son récit de la guerre du Péloponnèse, qu'il vécut, est un modèle d'intelligence critique des événements.

THUIN ▪ Ville de Belgique (Région wallonne, province de Hainaut), sur la Sambre. 14 268 hab. Remparts médiévaux.

THUIR ▪ Commune des Pyrénées-Orientales. 6 638 hab. *(les Thuirinois).* Vins doux naturels.

THULÉ ▪ Terre fabuleuse marquant la limite nord du monde connu dans l'Antiquité.

THULÉ ▪ Comptoir polaire fondé au Groenland par Rasmussen (1910). Base stratégique américaine (1945, 1953).

THUNDER BAY ▪ Ville du Canada (Ontario). 14 000 hab. Région minière.

THUNE **n. f.** ▪ **1.** POP., VIEILLI Pièce de cinq francs. **2.** ARGOT Argent. *T'as pas de la thune, des thunes ?* ◇ var. TUNE.

le canton de THURGOVIE en allemand ***THURGAU*** ▪ Canton suisse bordé par le lac de Constance. 991 km^2. 208 930 hab. Chef-lieu : Frauenfeld. Économie agricole.

THURIFÉRAIRE **n. m.** ▪ **1.** RELIG. Porteur d'encensoir. **2.** fig. LITTÉR. Encenseur, flatteur, laudateur.

la THURINGE en allemand ***THÜRINGEN*** ▪ État (Land) de l'est de l'Allemagne. 16 176 km^2. 2 549 000 hab. Capitale : Erfurt. Forêts. Construction automobile, appareils scientifiques.

THURNE **n. f.** ⇒ TURNE

THUYA [tyja] **n. m.** ▪ Grand conifère proche du cyprès.

thuya. *Thuya plicata,* thuya géant. *Phot. © Durand/Jacana*

THYM **n. m.** ▪ Plante aromatique des régions tempérées, abondante dans les garrigues et les maquis, utilisée en cuisine.

THYMUS [timys] **n. m.** ▪ Glande située à la partie inférieure du cou. *Thymus de veau.* ⇒ **ris** de veau. ▸ **adj.** THYMIQUE

THYROÏDE **adj.** et **n. f.** ▪ *Corps, glande thyroïde* ou **n. f.** *la thyroïde :* glande endocrine située à la partie antérieure et inférieure du cou et dont le rôle physiologique est essentiel. *Action de la thyroïde sur la croissance. Tumeur de la thyroïde.* ⇒ **goitre.**

THYROÏDIEN, IENNE **adj.** ▪ De la thyroïde. *Hormones thyroïdiennes. Insuffisance thyroïdienne.*

THYRSE **n. m.** ▪ **1.** MYTHOL. Bâton entouré de feuilles, attribut du dieu Bacchus. **2.** BOT. Inflorescence en grappe fusiforme. *Les thyrses du marronnier.*

August THYSSEN (1842 - 1926) ▪ Industriel allemand, fondateur d'une importante entreprise sidérurgique.

TIAHUANACO ▪ Site archéologique de Bolivie situé à 3 900 m. d'alt. Célèbre porte du Soleil. Civilisation précolombienne (200 av. J.-C.-1000).

Tiahuanaco. La porte du Soleil en andésite. *Phot. © Dagli Orti*

TIANJIN ou **T'IEN-TSIN** ▪ Ville et 2e port de Chine au confluent de cinq rivières. 5 771 000 hab. Elle constitue une zone municipale (11 305 km^2; 9 280 000 hab.). 2e centre industriel et commercial du pays.

le TIAN SHAN ou **T'IEN-CHAN** ▪ Chaîne montagneuse de Chine, du Kirghizistan et du Kazakhstan, en Asie centrale. 2 500 km de long.

TIARE [tjaʀ] **n. f.** ▪ anciennt Coiffure papale à trois couronnes. *La tiare pontificale.* – fig. Dignité papale.

TIBÈRE (42 av. J.-C. - 37) ▪ Empereur romain de 14 à sa mort, fils adoptif et successeur d'Auguste. Administrateur sévère des régions et des finances, il mena une politique de paix.

le lac de TIBÉRIADE ou **lac de GÉNÉSARETH** ▪ Lac d'Israël relié à la mer Morte par le Jourdain, appelé *mer de Galilée* dans l'Évangile. 200 km^2. Il permet l'irrigation du désert du Néguev.

le TIBESTI ▪ Massif montagneux du Sahara, dans le nord du Tchad.

le TIBET en chinois ***XIZANG*** ▪ Région autonome de la Chine, dans l'Himalaya. On l'appelle « le Toit du monde ». 1 228 400 km^2. 2 320 000 hab. *(les Tibétains).* Capitale : Lhassa. Hautes montagnes, climat froid. Élevage de yacks. Grand foyer du bouddhisme. Le pays fut gouverné par le dalaï-lama, jusqu'à son occupation par les Chinois en 1950, qui doivent, depuis 1959, affronter une vive résistance des Tibétains. Le dalaï-lama actuel, en exil depuis 1959, a reçu en 1989 le prix Nobel de la paix.

TIBÉTAIN, AINE adj. et **n.** ▪ Du Tibet. *Bouddhisme tibétain.* – **n.** *Les Tibétains.* ♦ **n. m.** *Le tibétain* (langue).

TIBIA n. m. ▪ Os du devant de la jambe, en forme de prisme triangulaire. *Tibia et péroné.* – Partie antérieure de la jambe. ► **adj.** TIBIAL, ALE, AUX

le TIBRE ▪ Fleuve d'Italie qui naît en Toscane, traverse Rome et se jette dans la mer Tyrrhénienne. 396 km.

TIBULLE (v. 50 - v. 19 av. J.-C.) ▪ Poète latin. *"Élégies".*

TIC n. m. ▪ **1.** Mouvement convulsif, geste bref automatique, répété involontairement. *Avoir un tic, des tics.* **2.** Geste, attitude habituels, que la répétition rend plus ou moins ridicules. ⇒ **manie.** *C'est devenu un tic.* – *Tic de langage.*

TICKET n. m. ▪ **1.** Rectangle de carton, de papier, donnant droit à un service, à l'entrée dans un lieu, etc. ⇒ **billet.** *Un ticket de métro.* **2.** *TICKET MODÉRATEUR :* quote-part que la Sécurité sociale laisse à la charge de l'assuré. **3.** FAM. *Avoir un ticket avec qqn,* lui plaire manifestement (→ avoir une touche).

TIC-TAC ou **TIC TAC interj.** et **n. m. invar.** ▪ Bruit sec et uniformément répété d'un mécanisme (surtout d'horlogerie). *Le tic-tac d'un réveil. La pendule fait tic-tac.*

TIE-BREAK [tajbʀɛk] **n. m.** ▪ anglic. (au tennis) Jeu supplémentaire permettant d'accorder la victoire du set, quand les joueurs ont chacun six points. ◇ recomm. off. JEU DÉCISIF.

Ludwig TIECK (1773 - 1853) ▪ Écrivain romantique allemand. Contes populaires, romans historiques et réalistes.

TIÉDASSE adj. ▪ D'une tiédeur désagréable. *Une bière tiédasse.*

TIÈDE adj. ▪ **1.** Légèrement chaud, ni chaud ni froid. *De l'eau tiède. Un vent tiède. Il fait tiède.* ⇒ **doux.** – **adv.** *Boire tiède.* **2.** fig. Qui a peu d'ardeur, de zèle ; sans ferveur. ⇒ **indifférent.** *Un militant tiède.* – *Un accueil plutôt tiède.* **3.** LITTÉR. Doux et agréable.

TIÉDEUR n. f. ▪ **1.** État, température de ce qui est tiède. **2.** fig. Défaut d'ardeur, de passion. ⇒ **indifférence. 3.** LITTÉR. Douceur agréable.

TIÉDIR v. [2] ▪ **I. 1. v. intr.** Devenir tiède (1). *Faire tiédir l'eau.* ⇒ **attiédir. 2.** fig. Devenir tiède (2). **II. v. tr.** Rendre tiède (1). *Tiédir l'eau.* ► **n. m.** TIÉDISSEMENT

TIELT ▪ Ville de Belgique (Région flamande, province de Flandre-Occidentale). 19 339 hab. Monuments anciens.

TIEN, TIENNE [tjɛ̃, tjɛn] **adj.** et **pron. poss. de la 2e pers. du sing.** ▪ **I. adj. poss.** LITTÉR. De toi. ⇒ **ton.** *Un tien parent.* – (attribut) *Je suis tien :* je t'appartiens. **II. pron. poss.** *Le tien, la tienne, les tiens, les tiennes,* l'objet ou l'être lié par un rapport à la personne à qui l'on s'adresse et que l'on tutoie. *Ce sont mes clés ; où sont les tiennes ?* – (attribut) *C'est le tien !* – FAM. *À la tienne ! :* à ta santé ! **III. n. 1.** *DU TIEN* (partitif). *Il faut y mettre du tien :* il faut que tu fasses un effort. **2.** *LES TIENS :* tes parents, tes amis ; tes partisans.

TIENEN en français ***TIRLEMONT*** ▪ Ville de Belgique (Région flamande, province du Brabant flamand). 31 567 hab. Églises médiévales.

TIENS [tjɛ̃] ▪ Forme du verbe *tenir.*

Giambattista TIEPOLO (1696 - 1770) ▪ Peintre italien. Grand décorateur, auteur de fresques sur des sujets bibliques, mythologiques et allégoriques. *"Les Quatre Parties du monde"* (1750-1753) à Würzburg. ► **Giandomenico TIEPOLO** (1727 - 1804), son fils et collaborateur, peintre de genre (saltimbanques).

Giandomenico **Tiepolo.** *Les Saltimbanques.* Palais Rezzonico, Venise. *Phot. © Dagli Orti*

TIERCE n. f. ▪ **1.** Intervalle musical de trois degrés (ex. do-mi). *Tierce majeure, mineure.* **2.** Trois cartes de même couleur qui se suivent.

TIERCÉ adj. m. et **n. m.** ▪ *Pari tiercé,* ou **n. m.** *le tiercé :* pari mutuel où l'on parie sur trois chevaux, dans une course en précisant l'ordre d'arrivée. ⇒ **P.M.U.** *Toucher le tiercé dans l'ordre.*

TIERS, TIERCE [tjɛʀ, tjɛʀs] ▪ **I. adj. 1.** VX Troisième. *Le "Tiers Livre" de Rabelais.* – *Le tiers état*.* **2.** MOD. loc. *Une tierce personne :* une troisième personne ; une personne extérieure. – *Le tiers-monde* (voir ce mot). **II. n. m. 1.** *Un tiers :* une troisième personne. – loc. FAM. *Se moquer, se ficher du tiers comme du quart,* des uns comme des autres. ♦ DR. Personne qui n'est et n'a pas été partie à un contrat, à un jugement. ♦ Personne étrangère (à une affaire, à un groupe). *Apprendre qqch. par un tiers.* **2.** Fraction d'un tout divisé en trois parties égales. *Les deux tiers d'un gâteau.* ♦ *TIERS PROVISIONNEL :* acompte sur l'impôt, égal au tiers de l'imposition de l'année précédente. ♦ *TIERS PAYANT,* modalité selon laquelle l'assuré social n'a à sa charge que le « ticket modérateur ».

TIERS-MONDE n. m. ▪ Ensemble des pays pauvres « en voie de développement ».

TIERS-MONDISME n. m. ▪ Attitude de solidarité avec le tiers-monde. ► **adj.** et **n.** TIERS-MONDISTE

TIF n. m. ▪ FAM. Cheveu. *Elle s'est fait couper les tifs.*

TIFLIS → **Tbilissi**

TIGE n. f. ▪ **I.** Partie allongée des plantes, qui naît au-dessus de la racine et porte les feuilles. *Tige ligneuse.* ⇒ **tronc.** *La tige d'une fleur. La tige de la rhubarbe est comestible.* **II.** fig. **1.** Partie (d'une chaussure, d'une botte) qui couvre le dessus du pied et éventuellement la jambe. **2.** Partie, pièce mince et allongée. *La tige d'un parasol. Tige de fer.* ⇒ **barre, tringle. 3.** ARGOT Cigarette.

TIGNASSE n. f. ▪ Chevelure touffue, rebelle, mal peignée.

TIGNES ▪ Commune de la Savoie. 2 005 hab. *(les Tignards).* Station de sports d'hiver (2 100 m). Barrage achevé en 1952.

TIGRANE LE GRAND (v. 140 - v. 55 av. J.-C.) ▪ Roi d'Arménie, de 95 av. J.-C. à sa mort. Sa puissance inquiéta les Romains.

TIGRE, TIGRESSE n. ▪ **1.** Le plus grand des félins, carnassier dangereux, au pelage jaune roux rayé de bandes noires transversales. *Tigre royal* ou *du Bengale.* ♦ *Tigre de papier :* adversaire menaçant, mais inoffensif. **2.** Personne cruelle, dangereuse. ⁃ n. f. *Tigresse :* femme violente, jalouse. ♦ loc. *Jaloux comme un tigre.*

tigre. *Panthera tigris.* *Phot. © McHugh/PHR/Jacana*

le TIGRE ▪ Fleuve de Turquie et d'Irak qui se jette dans le golfe Arabo-Persique en formant, avec l'Euphrate, le Chatt al-Arab. 1 718 km. Barrages. Cultures dans la vallée (dattes).

TIGRÉ, ÉE adj. ▪ **1.** Marqué de taches arrondies. ⇒ **moucheté, tacheté.** *Bananes tigrées.* **2.** Marqué de bandes foncées. ⇒ **rayé, zébré.** *Chat tigré.*

le TIGRÉ ▪ Province du nord de l'Éthiopie. 65 900 km^2. 2 500 000 hab. Chef-lieu : Makalé.

TIGRON n. m. ▪ Félin, hybride d'une lionne et d'un tigre.

TIJUANA ▪ Ville du Mexique. 740 000 hab. Centre touristique pour les habitants des villes proches de la Californie.

TIKAL ▪ Un des sites archéologiques mayas les plus grandioses, au Guatemala, daté du VIIIe s.

TILBURG ▪ Ville des Pays-Bas (Brabant-Septentrional). 160 618 hab.

TILBURY n. m. ▪ anciennt Voiture à cheval, cabriolet léger à deux places. *Des tilburys.*

TILDE [tild(e)] n. m. ▪ **1.** Signe en forme de S couché (˜) qui se met au-dessus du *n,* en espagnol, lorsqu'il se prononce [ɲ] (ex. *España*). **2.** Signe utilisé en transcription phonétique pour indiquer une prononciation nasale (ex. [ɛ̃] notant *ain, in, ein*).

TILLAC n. m. ▪ anciennt Pont supérieur (d'un navire).

TILLEUL n. m. ▪ **1.** Grand arbre à feuilles simples, à fleurs blanches ou jaunâtres très odorantes. **2.** La fleur de cet arbre, séchée pour faire des infusions ; cette infusion. *Une tasse de tilleul.* **3.** Le bois de cet arbre, tendre et léger.

TILL EULENSPIEGEL en français **TILL L'ESPIÈGLE** ▪ Personnage légendaire d'origine germanique, fils de paysan, célèbre par les tours qu'il joue aux nobles, aux artisans et aux clercs. Il inspira C. De Coster.

Paul TILLICH (1886-1965) ▪ Philosophe et théologien allemand. Pasteur luthérien, il prôna dans sa *"Théologie systématique"* (1956-1964) une « théologie de la culture » et une « théologie du dialogue » réconciliant religion et modernité.

Johann t'Serclaes, comte de TILLY (1559-1632) ▪ Général belge au service du Saint Empire. Il prit la tête des forces de la Sainte Ligue contre les protestants et fut, avec Wallenstein, le plus grand général des Impériaux. Il fut défait par le Suédois Gustave II Adolphe, et mortellement blessé.

TILSIT ▪ Ville de Prusse-Orientale (aujourd'hui **Sovietsk**, en Russie. 42 500 hab.) où furent signés en 1807 deux traités d'alliance entre la France (Napoléon Ier) et la Russie (Alexandre Ier).

TILT [tilt] n. m. ▪ anglic. Signal qui interrompt la partie, au billard électrique. ⁃ loc. *FAIRE TILT ;* fig. attirer soudain l'attention ; donner une inspiration subite. *Ça a fait tilt :* j'ai soudain compris.

TIMBALE n. f. ▪ **I.** Instrument à percussion, grand tambour formé d'un bassin hémisphérique couvert d'une peau tendue, utilisé généralement par paires. **II. 1.** Gobelet de métal de forme cylindrique, sans pied. *Timbale en argent.* ⁃ *Décrocher la timbale :* obtenir une chose disputée, un résultat important. **2.** Moule de cuisine de forme circulaire. ♦ Préparation cuite dans ce moule. ⇒ **vol-au-vent.**

TIMBALIER, IÈRE n. ▪ Musicien qui joue des timbales (I).

TIMBRAGE n. m. ▪ Opération qui consiste à timbrer (spécialt, une lettre). *Envoi dispensé de (du) timbrage.*

TIMBRE n. m. ▪ **I. 1.** Calotte de métal, qui frappée par un petit marteau, émet une sonnerie. *Timbre de bicyclette.* ⇒ **sonnette.** *Timbre électrique.* ⇒ **sonnerie.** ⁃ loc. fig. *Avoir le timbre un peu fêlé :* être un peu fou. ⇒ **timbré** (III). **2.** Qualité spécifique des sons, indépendante de leur hauteur, de leur intensité et de leur durée. ⇒ **sonorité.** *Le timbre de la flûte.* ⁃ *Le timbre d'une voix. Une voix sans timbre,* blanche. **II. 1.** Marque, cachet que doivent porter certains documents officiels, et qui donne lieu à la perception d'un droit au profit de l'État ; ce droit. *Timbre fiscal. Droit de timbre sur les pas-*

Tikal. Vue de l'acropole nord depuis le temple I.
Phot. © Dagli Orti

seports. **2.** Marque apposée sur un document pour en garantir l'origine. ⇒ **cachet. 3.** Instrument qui sert à imprimer cette marque. ⇒ **cachet, tampon.** *Timbre dateur.* **4.** *TIMBRE* OU *TIMBRE-POSTE :* petite vignette qui, collée sur un objet confié à la poste, a une valeur d'affranchissement égale au prix marqué sur son recto. *Des timbres, des timbres-poste. Timbre oblitéré. Collection de timbres.* ⇒ **philatélie. 5.** MÉD. Pastille adhésive imprégnée d'une substance, d'un médicament.

TIMBRÉ, ÉE adj. ▪ **I.** Qui a du timbre (I, 2), un beau timbre. *Voix bien timbrée.* **II. 1.** Marqué d'un timbre (II, 1). *Papier timbré,* émis par le gouvernement, et destiné à la rédaction de certains actes. **2.** Qui porte un timbre-poste. *Enveloppe timbrée.* **III.** Un peu fou. ⇒ **cinglé, sonné.**

TIMBRER v. tr. ▫1 ▪ Marquer d'un timbre (II). ⇒ **affranchir ; estampiller.**

TIMGAD ▪ Commune d'Algérie. 8 838 hab. Importants vestiges romains.

TIMIDE adj. ▪ **1.** Qui manque d'audace et de décision. ⇒ **timoré.** ‑ *Protestation timide.* **2.** Qui manque d'aisance et d'assurance dans ses rapports avec autrui. *Un amoureux timide.* ⇒ **transi.** ‑ n. *C'est un grand timide.* ‑ *D'une voix timide.*

TIMIDEMENT adv. ▪ Avec timidité.

TIMIDITÉ n. f. ▪ **1.** Manque d'audace et de vigueur dans l'action ou la pensée. **2.** Manque d'aisance et d'assurance en société ; comportement, caractère d'une personne timide. ⇒ **confusion, embarras, gaucherie, gêne, modestie.** *Surmonter sa timidité.*

TIMIŞOARA ▪ Ville de Roumanie. 334 278 hab. Centre industriel. En décembre 1989, la violente répression des manifestations déclencha l'insurrection qui contribua à la chute de Ceauşescu.

TIMON n. m. ▪ **1.** Longue pièce de bois de chaque côté de laquelle on attelle une bête de trait. **2.** VX Gouvernail (→ timonerie, timonier).

TIMONERIE n. f. ▪ **1.** Service dont sont chargés les timoniers. **2.** Partie du navire qui abrite les appareils de navigation.

TIMONIER n. m. ▪ Personne qui tient le timon (2), la barre du gouvernail, qui s'occupe de la direction du navire. ‑ *Le Grand Timonier,* titre qui fut donné à Mao Zedong.

TIMOR ▪ Île de la Sonde, à l'extrémité de l'archipel indonésien. 33 615 km². Env. 1 900 000 hab. L'île fut l'objet, à partir du XVIIᵉ s., de rivalités entre les Portugais et les Hollandais qui occupèrent la moitié occidentale. Depuis 1976, le *Timor occidental* est une province indonésienne ; la partie orientale, après s'être déclarée, en 1975, *république démocratique du Timor oriental,* a été envahie par les troupes indonésiennes qui l'annexèrent, malgré les protestations internationales, et en firent une province en 1976.

TIMORÉ, ÉE adj. ▪ Qui est trop méfiant, trop attaché à ses habitudes, qui craint le risque, les responsabilités, l'imprévu. ⇒ **craintif, indécis, pusillanime, timide.**

TĪMŪR-I LANG → **Tamerlan**

Jan TINBERGEN (1903 ‑ 1994) ▪ Économiste néerlandais. Économétrie. Prix Nobel (avec Frisch) 1969.

Nikolaas TINBERGEN (1907 ‑ 1988) ▪ Zoologiste néerlandais. Fondateur, avec K. Lorenz, de l'éthologie, il se consacra à l'étude des comportements instinctifs chez les animaux. Prix Nobel de physiologie ou médecine 1973, avec Lorenz et von Frisch.

TINCTORIAL, ALE, AUX adj. ▪ DIDACT. Qui sert à teindre. ‑ Relatif à la teinture.

TINETTE n. f. ▪ Baquet servant au transport des matières fécales. ‑ VIEILLI Lieux d'aisances sommaires.

Jean TINGUELY (1925 ‑ 1991) ▪ Sculpteur suisse. Sculptures mobiles (« machines ») qui mêlent l'humour et la dérision. *"Fontaine Stravinski"* à Paris, avec Niki de Saint*-Phalle.

TINQUEUX ▪ Commune de la Marne. 10 154 hab.

TINTAMARRE n. m. ▪ Grand bruit discordant. ⇒ **boucan, raffut, vacarme.** *Le tintamarre des klaxons.* ► adj. TINTAMARRESQUE

TINTEMENT n. m. ▪ Bruit de ce qui tinte. *Le tintement d'une sonnette.* ♦ *Tintement d'oreilles :* bourdonnement interne analogue à celui d'une cloche qui tinte.

TINTER v. ▫1 ▪ **I.** v. intr. **1.** Produire des sons aigus qui se succèdent lentement (se dit d'une cloche dont le battant ne frappe qu'un côté). ⇒ **résonner, sonner.** *La cloche tinte.* **2.** Produire des sons clairs et aigus. *Trousseau de clés qui tinte.* ‑ loc. *Les oreilles* ont dû vous tinter.* **II.** v. tr. LITTÉR. Faire tinter. ⇒ **sonner.** *Tinter le glas.*

TINTIN n. m. ▪ loc. FAM. *Faire tintin :* se priver (→ mettre la ceinture).

TINTIN ▪ Héros de bandes dessinées, créé par Hergé en 1929. Astucieux et courageux, il affronte, avec son chien Milou, de périlleuses aventures dans le monde entier.

TINTINNABULER v. intr. ▫1 ▪ LITTÉR. Se dit d'une clochette, d'un grelot qui sonne, et par ext. de ce qui tinte.

LE TINTORET (1518 ‑ 1594) ▪ Peintre italien, l'un des rivaux de Titien à Venise. Effets spectaculaires fondés sur les contrastes de lumière, les perspectives plongeantes et les mises en scène tumultueuses. Grandes compositions (fresques de la *Scuola San Rocco*). Portraits.

le **Tintoret.** *Bacchus et Ariane.* Palais ducal, Venise.
Phot. © Nimatallah/Ricciarini

TINTOUIN n. m. ▪ FAM. **1.** Bruit fatigant, vacarme. ⇒ **tintamarre. 2.** Souci, tracas. *Se donner du tintouin,* du mal.

TIOUMEN ▪ Ville de Russie, en Sibérie occidentale. 496 000 hab. Station importante sur le Transsibérien.

TIPASA ou **TIPAZA** ▪ Ville d'Algérie, sur la côte méditerranéenne. 15 756 hab. Ruines romaines. Tourisme.

TIPPERARY ▪ Ville du sud-ouest de la république d'Irlande (conté de Tipperary). 5 000 hab.

sir Michael TIPPETT (né en 1905) ▪ Compositeur britannique. Il a su se forger un langage très personnel par l'utilisation originale d'une écriture polyphonique et polyrythmique. *"A Mask Of Time"* (1984), oratorio.

TIQUE n. f. ▪ Acarien parasite des animaux, se nourrissant de sang, et qui peut aussi piquer l'homme et transmettre des maladies contagieuses.

TIQUER v. intr. ▫1 ▪ Manifester par la physionomie, ou par un mouvement involontaire, son mécontentement, sa désapprobation, son dépit. *Il a tiqué sur le prix.*

TIR n. m. ▪ **I. 1.** Fait de tirer, de lancer un projectile (à l'aide d'une arme). *Tir à l'arc, au fusil.* ‑ *Arme à tir automatique.* ‑ *Ligne* de tir.* ♦ Lancement (d'une fusée, d'un engin). *Base de tir.* **2.** Direction selon laquelle une arme à feu lance ses

Tinguely. *La Fontaine Stravinski,* à Paris, par Niki de Saint-Phalle et Tinguely. *Phot. © Dagli Orti*

projectiles ; leur trajectoire. *Ajuster, régler le tir* (aussi fig.). ⇒ **viser. 3.** Série de projectiles envoyés par une ou plusieurs armes. *Un violent tir d'artillerie.* ⇒ **coup, salve, rafale. 4.** Fait de tirer (IV, 4), au jeu de boules. ♦ *Tir au but* : coup pour envoyer le ballon au but, au football. ⇒ **shoot. II.** Emplacement aménagé pour s'exercer au tir à la cible. ⇒ **stand.** *Tir forain.* – *TIR AU PIGEON* : dispositif pour s'exercer au tir des oiseaux au vol (⇒ aussi **ball-trap**) ; emplacement où l'on s'exerce à ce tir.

TIRADE n. f. ■ Long développement récité sans interruption par un personnage de théâtre. *La tirade du nez, dans le « Cyrano » de Rostand.* – souvent péj. Longue phrase emphatique. *Interrompre qqn au milieu d'une tirade.* ⇒ **discours** ; FAM. **laïus.**

TIRAGE n. m. ■ **I.** Fait de tirer (I) ; son résultat. **1.** Allongement, étirage. *Tirage des métaux.* ⇒ **tréfilage. 2.** *Un cordon de tirage,* qui sert à tirer. **3.** loc. FAM. *Il y a du tirage,* des difficultés, des frictions entre personnes en désaccord. **4.** Circulation de l'air facilitant la combustion. *Régler le tirage d'un poêle.* **II. 1.** Fait d'imprimer, de reproduire par impression. ⇒ **impression. 2.** Ce qui est imprimé. *Tirage sur grand papier.* ♦ Ensemble des exemplaires tirés en une fois. *Tirage de luxe.* ⇒ **édition.** – *Journal à gros tirage.* **3.** Impression définitive (d'une œuvre gravée). *Le tirage d'une estampe.* **4.** Opération par laquelle on obtient une image positive (épreuve) d'un cliché photographique. *Développement et tirage.* – *Le tirage d'un film.* **III. 1.** *TIRAGE AU SORT* : désignation par le sort. – Fait de tirer au hasard un ou plusieurs numéros. *Tirage d'une loterie. Demain le tirage !* **2.** Fait de tirer le vin.

TIRAILLEMENT n. m. ■ **1.** Fait de tirailler (I, 1). **2.** fig. Fait d'être tiraillé entre divers sentiments, désirs, etc. ; difficultés résultant de volontés ou d'intérêts contradictoires. **3.** Sensation douloureuse, crampe. *Des tiraillements d'estomac.*

TIRAILLER v. ⊡ ■ **I.** v. tr. **1.** Tirer (I) à plusieurs reprises, en diverses directions. **2.** fig. Solliciter de façon contradictoire et importune (surtout passif et p. p.). *Être tiraillé par, entre des raisons contraires.* ⇒ **écartelé. II.** v. intr. Tirer (IV) souvent, irrégulièrement, en divers sens ; tirer à volonté (→ tirailleur).

TIRAILLEUR n. m. ■ **1.** Soldat détaché pour tirer à volonté sur l'ennemi. *En tirailleurs,* en lignes espacées, sans profondeur. – fig. Personne qui agit, se bat isolément, en franc-tireur. **2.** anciennt Soldat de certaines troupes d'infanterie coloniale, encadrées par des français. *Tirailleurs algériens, sénégalais.*

TIRANA ou **TIRANË** ■ Capitale de l'Albanie. 238 100 hab. Principal centre administratif, commercial et industriel du pays.

Tirana. La place Skanderberg. *Phot. © Apesteguy/Gamma*

TIRANT n. m. ■ **1.** Ce qui sert à tirer (I). ♦ *Les tirants d'une chaussure,* les parties portant les attaches. **2.** *TIRANT D'EAU* ou *TIRANT* : quantité, volume d'eau que déplace, « tire » un navire ; distance verticale entre la ligne de flottaison et la quille.

① **TIRE** n. f. ■ loc. *VOL À LA TIRE,* en tirant qqch. de la poche, du sac de qqn. *Voleur à la tire* (⇒ **pickpocket**).

② **TIRE** n. f. ■ ARGOT Voiture.

TIRÉ, ÉE adj. ■ **1.** Qui a été tiré, tendu. *Cheveux tirés en arrière.* – loc. *Être tiré à quatre épingles*.* – Allongé, amaigri par la fatigue. *Visage tiré, traits tirés.* **2.** Qui a été tiré, imprimé. *Article tiré à part.* – n. m. *TIRÉ À PART* : extrait d'une revue ou d'un ouvrage relié à part en un petit livret. *Des tirés à part.*

TIRE-AU-CUL [-ky] n. invar. ■ Personne paresseuse. ⇒ **tire-au-flanc.**

TIRE-AU-FLANC [-flɑ̃] n. invar. ■ n. m. Soldat qui cherche à échapper aux corvées. ♦ n. Personne paresseuse. ⇒ **tire-au-cul.**

TIRE-BOTTE n. m. ■ **1.** Crochet qui sert à tirer une botte, pour la mettre. *Des tire-bottes.* **2.** Planchette entaillée où l'on emboîte le talon, pour se débotter.

TIRE-BOUCHON n. m. ■ **1.** Instrument, formé d'une hélice de métal et d'un manche, qu'on enfonce dans le bouchon d'une bouteille pour le retirer. *Des tire-bouchons.* **2.** loc. *En tire-bouchon* : en hélice.

TIRE-BOUCHONNER ou **TIREBOUCHONNER** v. ⊡ ■ **1.** v. tr. RARE Mettre en tire-bouchon, en spirale. – au p. p. *Pantalon tire-bouchonné.* **2.** v. intr. Former un tire-bouchon. *Ses chaussettes tire-bouchonnent.*

À **TIRE-D'AILE** loc. adv. ■ **1.** Avec des coups d'ailes, des battements rapides et ininterrompus. *Oiseaux qui volent à tire-d'aile.* **2.** fig. Très vite, comme un oiseau. *Filer à tire-d'aile.*

TIRÉE n. f. ■ FAM. Longue distance pénible à parcourir. ⇒ **trotte.**

TIRE-FESSES n. m. invar. ■ FAM. Téléski, remonte-pente.

TIRE-FOND n. m. ■ **1.** Longue vis dont la tête est un anneau. *Des tire-fonds* ou *des tire-fond.* **2.** Longue vis à tête carrée.

TIRE-JUS n. m. invar. ■ FAM. Mouchoir.

TIRE-LAINE n. m. ■ VX Voleur.

TIRE-LAIT n. m. ■ Petit appareil permettant d'aspirer le lait du sein. *Des tire-lait* ou *des tire-laits.*

À **TIRE-LARIGOT** loc. adv. ■ Beaucoup, en quantité. *Boire à tire-larigot.* ⇒ à **gogo.**

TIRE-LIGNE n. m. ■ Instrument de métal servant à tracer des lignes de largeur constante. *Des tire-lignes.*

TIRELIRE n. f. ■ **1.** Petit récipient percé d'une fente par où on introduit les pièces de monnaie. ⇒ **cagnotte.** *Casser sa tirelire ;* loc. FAM. dépenser toutes ses économies. **2.** FAM. Tête. *Prendre un coup sur la tirelire.*

TIRER v. ⊡ ■ **I.** v. tr. **1.** Amener vers soi une extrémité, ou éloigner les extrémités de (qqch.), de manière à étendre, à tendre. ⇒ **allonger, étirer.** *Tirer une corde, un élastique.* – loc. fig. *Se faire tirer l'oreille* : se faire prier. – *Tirer les ficelles* : faire agir, manœuvrer. **2.** Faire aller dans une direction, en exerçant une force sur la partie qu'on amène vers soi, tout en restant immobile. *Tirer et pousser (qqch., un tiroir). Tirer l'échelle,* le haut de l'échelle. loc. *Il faut tirer l'échelle*.* – fig. *TIRER qqch. À SOI,* l'accaparer, le prendre. *Tirer un auteur, un texte à soi,* lui faire dire ce qu'on veut. ♦ Faire mouvoir latéralement pour ouvrir ou fermer. *Tirer le verrou.* **3.** Faire avancer ; déplacer derrière soi. ⇒ **traîner ; entraîner.** *Tirer un enfant par la main.* – *Tirer la jambe.* ⇒ **traîner. 4.** v. tr. ind. *TIRER SUR* : exercer une traction, faire effort sur, pour tendre ou pour amener vers soi. *Chien qui tire sur sa laisse.* – loc. FAM. *Tirer sur la ficelle* : exagérer, aller trop loin. ♦ Exercer une forte aspiration sur. ⇒ **aspirer.** *Tirer sur sa pipe.* – intrans. Avoir une bonne circulation d'air. *Poêle qui tire bien* (⇒ **tirage**). **5.** v. intr. Subir une tension, éprouver une sensation de tension. *La peau lui tire.* ♦ loc. *Cela tire en longueur,* dure trop. **II.** (idée d'« aller ») **1.** v. intr. VX Aller dans une direction ou le long de. *Tirer à droite, vers la droite.* – MOD. (loc.) FAM. *Tirer au flanc, au cul* (⇒ **tire-au-flanc, tire-au-cul**). – (dans le temps) *TIRER À SA FIN* : approcher de la mort, de sa fin. ⇒ **toucher.** *L'été tire à sa fin.* – fig. *Cela ne tire pas à conséquence,* n'est pas grave. **2.** *TIRER SUR* : se rapprocher de, évoquer. ⇒ **ressembler** à. *Un bleu tirant sur le vert,* un peu vert. **3.** v. tr. VIEILLI (navire) Déplacer une certaine masse d'eau. ⇒ **tirant** d'eau. **4.** v. tr. FAM. Passer péniblement (une durée). *Il a tiré six mois de prison. Plus qu'une heure à tirer !* **III.** v. tr. **1.** Allonger sur le papier (une figure). ⇒ **tracer.** *Tirer un trait. Tirer un plan ;* fig. l'élaborer. **2.** loc. *Se faire TIRER LE PORTRAIT* : se faire dessiner, peindre, photographier. **3.** Imprimer (⇒ **tirage**). *Tirer un tract.* – trans. ind. *Ce journal tire à trente mille (exemplaires).* – loc. *BON À TIRER* : mention portée sur les épreuves corrigées, bonnes pour l'impression. *Les bons à tirer,* ces épreuves. **IV.** v. tr. **1.** Envoyer au loin (un projectile) au moyen d'une arme. ⇒ **tir.** *Tirer une flèche. Tirer un coup de feu, de revolver.* – absolt *Tirez !* ⇒ **feu.** *Tirer à vue. Tirer au but* : faire mouche. – *Tirer sur qqn,* le viser. *On lui a tiré dessus.* – *Tirer dans le dos,* attaquer par derrière. *Tirer dans le tas.* ♦ intrans. *TIRER À,* avec (une arme). *Tirer à l'arc, au fusil.*

2. Faire partir (une arme à feu), faire exploser. ⇒ **décharger.** *Tirer le canon. Tirer un feu d'artifice.* **3.** Chercher à atteindre (qqn, un animal) par un coup de feu, une flèche, etc. *Tirer un oiseau au vol.* **4.** **intrans.** Lancer sa boule sans la faire rouler. *Je tire ou je pointe ?* ♦ au football ⇒ anglic. **shooter.** **5.** TRÈS FAM. *Tirer son coup :* avoir un rapport sexuel (homme). **V.** **v. tr.** (Faire sortir) **1.** Faire sortir (une chose) d'un contenant. ⇒ **extraire, retirer, sortir.** *Tirer un mouchoir de son sac.* - *Tirer qqn du lit,* le forcer à se lever. - loc. *Tirer la langue,* l'allonger hors de la bouche ; fig. ⇒ **langue.** *Tirer la langue à qqn,* pour se moquer. ♦ *Tirer le vin* (du tonneau). - prov. *Quand le vin est tiré, il faut le boire :* il faut supporter les conséquences de ses actes. **2.** Choisir parmi d'autres, dans un jeu de hasard. *Tirer une carte, un numéro de loterie.* - *Tirer qqch. au sort*.* - *TIRER LES CARTES :* prédire l'avenir à l'aide des cartes, des tarots (⇒ **cartomancie**). - *Tirer la fève ; TIRER LES ROIS*.* **3.** *(Tirer qqn de...)* Faire cesser d'être dans un lieu, une situation où l'on est retenu. ⇒ **délivrer, sortir.** *Tirer un blessé des décombres.* - loc. *TIRER qqn D'AFFAIRE,* le sauver. ♦ fig. Faire cesser d'être dans un état. *Tirer qqn du sommeil,* le réveiller. - *Tirer qqn du doute, de l'erreur.* ⇒ **détromper.** **VI.** **v. tr.** (Obtenir en séparant, en sortant de) **1.** Obtenir (un produit) en utilisant une matière première, une source, une origine. ⇒ **extraire.** *L'opium est tiré d'un pavot.* ⇒ **provenir.** - *Tirer des sons d'un instrument.* **2.** dans des loc. (*tirer* + nom + *de*) Obtenir (qqch.) d'une personne ou d'une chose. *Tirer vanité de :* s'enorgueillir, se prévaloir de. - loc. *TIRER PARTI* DE.* ♦ Obtenir (des paroles, des renseignements, une action) de qqn. *On ne peut rien en tirer,* il reste muet. *Il n'y a pas grand-chose à en tirer.* **3.** Obtenir (de l'argent, un avantage matériel). ⇒ **retirer.** *Tirer de l'argent de qqn.* ⇒ **extorquer, soutirer.** *Tirer un revenu d'un capital.* - *Tirer un chèque sur le compte de qqn, sur qqn,* prélever une somme sur le crédit de ce compte (⇒ **tireur**). **4.** Faire venir (une chose) de. ⇒ **dégager, déduire.** *Il ne faudrait pas en tirer des conclusions hâtives.* **5.** Emprunter (son origine, sa raison d'être) de qqch. *Tirer sa force, son pouvoir de... Tirer son origine de...,* descendre, venir de. ⇒ **provenir.** ♦ Dégager (un élément) pour l'utiliser. - au p. p. *Roman tiré d'un fait divers.* - *Tirer la leçon d'une expérience.* ► **SE TIRER** **v. pron.** **1.** FAM. Partir, s'en aller ; s'enfuir. *Se tirer en douce.* ⇒ se **tailler.** **2.** FAM. S'écouler lentement (durée) ; tirer à sa fin (tâche fastidieuse). *Ouf ! Ça se tire !* **3.** *Se tirer une balle dans la tête.* **4.** *SE TIRER DE :* échapper, sortir de (un lieu où l'on est retenu, une situation fâcheuse). *Se tirer d'affaire.* ⇒ s'en **sortir.** - Venir à bout de (une chose difficile). ⇒ se **dépêtrer,** se **sortir.** ♦ *S'EN TIRER :* en réchapper, en sortir indemne. *Il est très malade, mais il s'en tirera.* - Réussir une chose délicate, difficile. *À l'oral, il s'en est bien tiré.* ⇒ **réussir.** - En être quitte pour. *Il s'en tire avec un mois de prison.*

TIRÉSIAS ▪ Devin aveugle de la mythologie grecque qui intervient dans l'histoire d'Œdipe et d'Ulysse.

TIRET **n. m.** ▪ **1.** Petit trait horizontal que l'on place après un mot interrompu en fin de ligne. **2.** Trait un peu plus long qui fonctionne comme une parenthèse ou qui indique un changement d'interlocuteur dans un dialogue. **3.** abusivt Trait d'union.

TIRETAINE **n. f.** ▪ anciennt Grosse étoffe (de laine, coton).

TIRETTE **n. f.** ▪ **1.** Tige ou pièce métallique que l'on tire pour provoquer un fonctionnement. **2.** Planchette mobile adaptée à certains meubles. *Une table à tirette.* ⇒ **tablette.**

TIREUR, EUSE **n.** ▪ **1.** Personne qui se sert d'une arme à feu. *Tireur d'élite.* **2.** **n. m.** Personne qui tire un chèque. ⇒ **émetteur.** ♦ **n. f.** *TIREUSE DE CARTES :* cartomancienne.

TÎRGU MUREŞ → Târgu Mureş

TIRLEMONT → Tienen

TIROIR **n. m.** ▪ **1.** Compartiment coulissant emboîté dans un emplacement réservé (d'un meuble, etc.). *Ouvrir, tirer ; fermer, pousser un tiroir.* ♦ *FOND DE TIROIR :* ce qu'on oublie au fond des tiroirs ; fig. chose vieille, sans valeur. *Publier les fonds de tiroirs d'un auteur.* - loc. *Racler les fonds de tiroirs :* prendre tout l'argent disponible jusqu'au dernier sou. **2.** *À TIROIRS. Pièce à tiroirs,* spectacle comportant des scènes étrangères à l'action principale, et emboîtées dedans. - *Charade à tiroirs,* basée sur des jeux de mots successifs. - FAM. *Nom à tiroirs.* ⇒ à **rallonge.**

TIROIR-CAISSE **n. m.** ▪ Caisse où l'argent est renfermé dans un tiroir qu'un mécanisme peut ouvrir lorsqu'un crédit est enregistré. *Des tiroirs-caisses.*

TIRSO DE MOLINA (v. 1583 - 1648) ▪ Religieux et auteur dramatique espagnol. Dans *"Le Trompeur de Séville"* (vers 1625) apparaît pour la première fois au théâtre le personnage de Don Juan.

TIRUCHIRAPALLY ou **TRICHY** anc. ***TRICHINOPOLY*** ▪ Ville de l'Inde du Sud (Tamil Nadu). 711 100 hab.

TIRYNTHE ▪ Ancienne ville de Grèce, en Argolide (Péloponnèse). Murailles cyclopéennes (XIIIe s. av. J.-C.).

la TISA ▪ Rivière d'Europe orientale, affluent du Danube. 966 km.

TISANE **n. f.** ▪ Boisson contenant une substance végétale (obtenue par macération, infusion, décoction) à effet médical ou hygiénique. *Tisane de queues de cerises.*

TISANIÈRE **n. f.** ▪ Grande tasse à couvercle pour la tisane.

TISON **n. m.** ▪ Reste d'un morceau de bois, d'une bûche dont une partie a brûlé. prov. *Noël au balcon, Pâques aux tisons.*

TISONNER **v. tr.** [1] ▪ Remuer les tisons, la braise de (un foyer, un feu).

TISONNIER **n. m.** ▪ Longue barre de fer à extrémité un peu relevée pour attiser le feu.

TISSAGE **n. m.** ▪ **1.** Action de tisser ; ensemble d'opérations consistant à entrelacer des fils textiles pour produire des étoffes ou tissus. **2.** Établissement, ateliers où s'exécutent ces opérations.

TISSER **v. tr.** [1] ▪ **1.** Fabriquer (un tissu) par tissage. *Tisser une toile.* ♦ Transformer (un textile) en tissu. *Tisser de la laine.* - absolt *Métier à tisser.* ♦ *L'araignée tisse sa toile.* **2.** LITTÉR. Former, élaborer, disposer les éléments de (qqch.) comme par tissage. ⇒ **ourdir, tramer.** *Tisser une intrigue, une manigance.* - au p. p. (*TISSÉ, ÉE* ou LITTÉR. *TISSU, UE*) *Un livre tissu* (ou *tissé*) *d'aventures compliquées.*

TISSERAND, ANDE **n.** ▪ Ouvrier qui fabrique des tissus sur métier à bras.

TISSEUR, EUSE **n.** ▪ Ouvrier sur métier à tisser. *Tisseur de tapis.*

TISSU **n. m.** ▪ **I.** **1.** Surface souple et résistante constituée par un assemblage régulier de fils entrelacés, tissés ou à mailles. ⇒ **étoffe.** *Un tissu de coton. Robe en tissu imprimé. Tissu-éponge*. Tissus d'ameublement.* **2.** abstrait Suite ininterrompue (de choses regrettables ou désagréables). ⇒ **enchaînement.** *Un tissu de mensonges, d'absurdités.* **II.** **1.** Ensemble de cellules de l'organisme possédant la même organisation et assurant la même fonction (⇒ **histologie**). *Tissu osseux, musculaire, nerveux. Tissus végétaux.* - *Le tissu vivant.* **2.** fig. *Le tissu urbain, industriel.*

TISSULAIRE **adj.** ▪ DIDACT. Relatif aux tissus (II).

TITAN **n. m.** ▪ (du n. mythol.) LITTÉR. Personne ou force surhumaine. - *Un travail de titan.*

TITANE **n. m.** ▪ Métal blanc brillant. *Blanc de titane :* oxyde employé en peinture.

TITANESQUE **adj.** ▪ LITTÉR. Grandiose et difficile. *Une œuvre titanesque.*

le TITANIC ▪ Paquebot britannique qui coula au large de Terre-Neuve, en 1912, après avoir heurté un iceberg.

les TITANS **n. m. pl.** ▪ Fils de la Terre dans la mythologie grecque. Ils s'unirent à leurs sœurs, les *Titanides.* Ils tentèrent d'atteindre le ciel et furent vaincus par Zeus.

TITE-LIVE (v. 59 av. J.-C. - v. 10) ▪ Historien latin. Son *"Histoire de Rome"* fonde le sentiment national sur la vertu romaine traditionnelle.

Jehan TITELOUZE (v. 1563 - 1633) ▪ Organiste et compositeur français. Titulaire des orgues de la cathédrale de Rouen, il écrivit une œuvre pour orgue qui marque la transition entre la structure modale et les débuts de la musique tonale.

TITI **n. m.** ▪ Gamin déluré et malicieux. ⇒ **gavroche.** *Des titis parisiens.*

le lac **Titicaca.** Île du Soleil, le Pilcocayna ou temple consacré au dieu Soleil, civilisation archaïque. *Phot. © Dagli Orti*

le lac TITICACA ■ Lac des Andes à 3 800 m d'altitude, le plus élevé du monde. 8 340 km². Partagé entre la Bolivie et le Pérou.

TITIEN (v. 1490 - 1576) ■ Peintre vénitien. Il domina pendant soixante ans la peinture vénitienne, travaillant pour les grands de son époque (portraits de Charles Quint, de François Ier). Au style équilibré de *"La Vénus d'Urbino"* (1538), qui traduit la profonde influence de Giorgione, succéda une facture plus dramatique, d'influence maniériste.

TITILLER v. tr. 1 ■ **1.** Chatouiller agréablement. **2.** Exciter légèrement (à faire qqch.). ► n. f. TITILLATION

Tito.
Phot. © Coll. Viollet

Josip Broz dit **TITO** (1892 - 1980) ■ Maréchal et homme d'État yougoslave. Communiste, il mena la lutte contre l'occupation allemande (1941-1944), devint président du Conseil en 1945 puis président de la République de 1953 à sa mort. Il élabora un socialisme original (autogestion) et conserva son indépendance à l'égard de l'URSS.

TITOGRAD → Podgorica

TITRAGE n. m. ■ Action de titrer (① et ②).

① **TITRE** n. m. ■ **I. 1.** Désignation honorifique exprimant une distinction de rang, une dignité. *Titres de noblesse. Le titre de maréchal.* **2.** Nom de charge, de fonction, de grade. *Titres universitaires.* - *EN TITRE* : qui a effectivement le titre de la fonction qu'il exerce (opposé à *auxiliaire, suppléant*). *Professeur en titre.* ⇒ **titulaire.** *Le fournisseur en titre d'une maison.* ⇒ **attitré. 3.** Qualité de gagnant, de champion (dans une compétition). *Le tenant* du titre.* **4.** *À TITRE ; À TITRE DE* loc. prép., en tant que, comme. *Être employé à titre de comptable. Argent remis à titre d'indemnité. À titre d'exemple.* - *À CE TITRE* : pour cette raison (le titre donnant un droit). - *AU MÊME TITRE* : de la même manière. (loc. conj.) *J'y ai droit au même titre que lui.* - *À TITRE* (+ adj.). *À titre amical. À titre indicatif. À plus d'un titre, à plusieurs titres,* pour plusieurs raisons. **II.** (Cause qui établit un droit) **1.** Document qui constate et prouve un droit (de propriété, à un service, etc.). ⇒ **certificat, papier, pièce.** *Titres de propriété. Titre de transport* : billet, carte, ticket. - Certificat représentatif d'une valeur de bourse. ⇒ **valeur.** *Vendre des titres.* **2.** loc. *À JUSTE TITRE* : à bon droit, avec fondement, raison. **III.** (Proportion) **1.** Proportion d'or ou d'argent contenue dans un alliage. *Le titre d'une monnaie.* **2.** CHIM. Rapport de la masse d'une substance dissoute à la masse ou au volume de solvant ou de solution. ⇒ **degré.**

② **TITRE** n. m. ■ **1.** Nom donné (à une œuvre, un livre) et qui évoque souvent son contenu. *Le titre d'un roman, d'un recueil de poèmes. Donner un titre à.* ⇒ **intituler.** *Page de titre,* portant le titre, le sous-titre, le nom de l'auteur, etc. *FAUX TITRE* : titre simple sur la page précédant la page de titre. - par ext. *Les meilleurs titres de l'année.* ♦ *Le titre d'une chanson, d'un film, d'un tableau.* **2.** Expression, phrase qui présente un article de journal. ⇒ **rubrique.** *Titre sur cinq colonnes.* ⇒ **manchette.** *La nouvelle fait les gros titres de tous les journaux.* **3.** Subdivision du livre (dans un recueil juridique). *Titres, chapitres, sections d'une Constitution, d'un code.*

① **TITRER** v. tr. 1 ■ **I.** Donner un titre de noblesse à (qqn). - au p. p. *Être titré.* **II. 1.** Déterminer le titre de. *Titrer un alliage, un alcool.* **2.** Avoir (tant de degrés) pour titre. *Les liqueurs doivent titrer 15° minimum.*

② **TITRER** v. tr. 1 ■ Donner un titre à. ⇒ **intituler.**

TITUBANT, ANTE adj. ■ Qui titube. ⇒ **vacillant.** *Une démarche titubante.*

TITUBER v. intr. 1 ■ Vaciller sur ses jambes, aller de droite et de gauche en marchant. ⇒ **chanceler.** *Un malade qui titube.*

TITULAIRE adj. et n. ■ **1.** Qui a une fonction, une charge pour laquelle il a été personnellement nommé (⇒ ① **titre**). *Professeur titulaire.* - n. *Le, la titulaire d'un poste.* **2.** Qui possède juridiquement (un droit). *Être titulaire d'un diplôme.* - n. *Les titulaires du permis de conduire.*

TITULARISER v. tr. 1 ■ Rendre (qqn) titulaire d'une fonction, d'une charge qu'il remplit. *Titulariser un fonctionnaire.* ► n. f. TITULARISATION

TITUS (v. 40 - 81) ■ Empereur romain de 79 à sa mort, successeur de son père Vespasien. Vainqueur de la guerre de Judée (destruction de Jérusalem en 70). Pendant son règne, qui fut libéral, se produisit la catastrophique éruption du Vésuve.

Titien. *L'Amour sacré et l'Amour profane.* Galerie Borghèse, Rome. *Phot. © Arch. Smeets*

TIVOLI autrefois ***TIBUR*** ▪ Ville d'Italie (Latium), près de Rome. 54 352 hab. Villa d'Hadrien ; jardins de la villa d'Este.

TIZI OUZOU ▪ Ville d'Algérie, en Kabylie. 59 101 hab.

TLEMCEN ou **TILIMSEN** ▪ Ville d'Algérie. 111 588 hab. Foyer de culture et de religion islamiques depuis le XIIe s., capitale d'un royaume berbère (XIIIe-XVIe s.). Mosquées.

T. N. T. [teɛnte] **n. m.** ▪ Abréviation de *trinitrotoluène*.

TOAMASINA autrefois ***TAMATAVE*** ▪ Ville et 1er port de Madagascar. 200 000 hab. Pétrole. Café.

TOAST [tost] **n. m.** ▪ **I.** Action (fait de lever son verre) ou discours par quoi l'on propose de boire en l'honneur de qqn ou de qqch., à la santé de qqn, etc. *Porter un toast à qqn. Prononcer un toast.* **II.** Tranche de pain de mie grillée (⇒ **rôtie**). *Des toasts beurrés.*

TOBAGO → **Trinité et Tobago**

Mark TOBEY (1890 - 1976) ▪ Peintre américain. Ses toiles, non figuratives et influencées par l'Orient, sont couvertes d'une multitude de signes. *"White Writing"* (1934-1937).

TOBOGGAN **n. m.** ▪ **1.** Traîneau à longs patins métalliques. *Piste de toboggan.* **2.** Longue rampe inclinée sur laquelle on se laisse glisser. **3.** Appareil de manutention formé d'une glissière. ♦ Voie de circulation automobile qui enjambe un carrefour.

le TOBOL ▪ Rivière de Sibérie occidentale, affluent de l'Irtych. 1 591 km.

TOBROUK ▪ Ville et port de Libye. 28 061 hab. Violents combats entre Alliés et Allemands en 1941-1942.

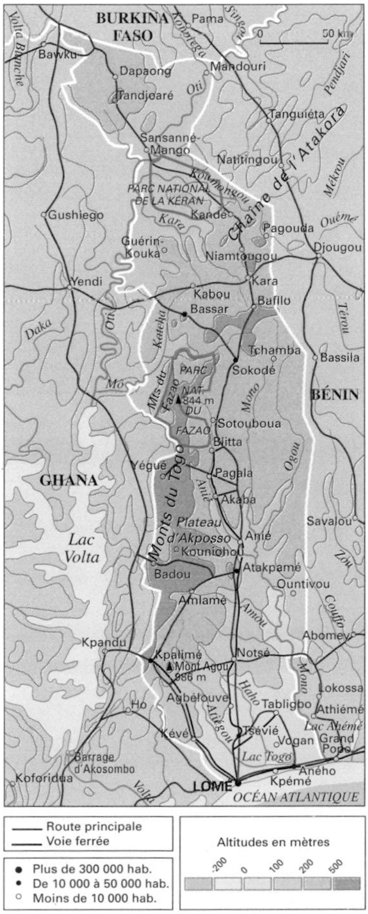

Togo.

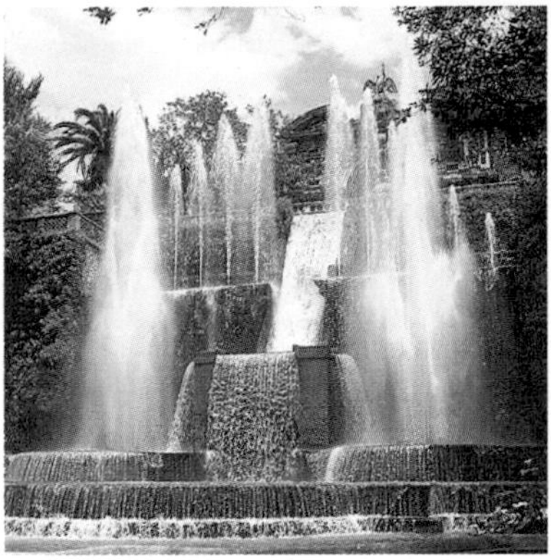

Tivoli. La fontaine de Neptune dans les jardins de la villa d'Este. *Phot. © Dagli Orti*

① **TOC** **interj.** ▪ Onomatopée d'un bruit, d'un heurt (souvent répété). *Toc, toc ! Qui est là ?*

② **TOC** **n. m.** ▪ **1.** Imitation d'une matière précieuse, d'un objet ancien. *C'est du toc.* ⇒ **camelote.** *Bijou en toc.* ⇒ de **pacotille. 2. adj. invar.** FAM. Sans valeur, faux et prétentieux. ⇒ **tocard.** *Un meuble toc. Ça fait toc.*

TOCADE ⇒ TOQUADE

TOCANTE ou **TOQUANTE** **n. f.** ▪ FAM. Montre.

le TOCANTINS ▪ Fleuve du Brésil, qui rejoint l'embouchure de l'Amazone. 2 416 km.

le TOCANTINS ▪ Ancienne partie nord de l'État de Goiás, au Brésil, qui accéda au rang d'État en 1988. 286 796 km^2. 978 000 hab. Capitale : Palmas.

TOCARD, ARDE ou **TOQUARD, ARDE** ▪ **1. adj.** FAM. Ridicule, laid. *Un salon tocard.* ⇒ **moche. 2. n.** FAM. Personne incapable, sans valeur. *Quel tocard !* ⇒ **ringard.** ♦ **n. m.** Mauvais cheval. *Miser sur un tocard.*

TOCCATA **n. f.** ▪ Pièce de musique écrite pour le clavier, à rythme régulier et marqué. *Toccatas et fugues de J. S. Bach.*

Alexis de TOCQUEVILLE (1805 - 1859) ▪ Écrivain et homme politique français. Remarquable analyste : *"De la démocratie en Amérique"* (1835-1840), il a profondément marqué les sciences politiques et l'historiographie de la Révolution française. *"L'Ancien Régime et la Révolution"* (1856).

TOCSIN **n. m.** ▪ Sonnerie de cloche répétée et prolongée, pour donner l'alarme. *Faire sonner le tocsin.*

Rodolphe TŒPFFER (1799 - 1846) ▪ Écrivain et dessinateur suisse. Albums comiques illustrés, ancêtres de la bande dessinée.

Tœpffer. *Militaires en monture sur des coqs.* Coll. part. *Phot. © Édimédia*

TOFU [tɔfu] **n. m.** ▪ Pâté de soja.

TOGE **n. f.** ▪ **1.** Ample pièce d'étoffe sans coutures dans laquelle les Romains se drapaient. **2.** Robe de cérémonie, dans certaines professions. *Toge et épitoge d'avocat, de professeur.*

Palmiro TOGLIATTI (1893 - 1964) ▪ Une des principales figures du communisme italien. Il soutint la déstalinisation.

TOGLIATTI ou **TOLIATTI** ▪ Ville de Russie. 665 000 hab. Industries (automobiles).

le TOGO ▪ État d'Afrique de l'Ouest. 56 785 km^2. 3 400 000 hab. *(les Togolais).* Capitale : Lomé. Langues :

français (officielle), éwé, kabyé, kotokoli, mina, peul. Monnaie : franc CFA. Pays essentiellement agricole. Cultures industrielles (cacao, café, coton, arachide). Élevage. Phosphates, marbre. Décalage entre le sud (forte densité de population, développement économique) et le nord (pauvre et sous-peuplé). □ HISTOIRE Soumis au commerce des esclaves au XVIIIe s., le pays devint un protectorat allemand (1884), partagé entre Français et Anglais en 1922. Le nord de la partie britannique *(Togoland)* fut rattaché au Ghana. Le Togo français devint une république indépendante en 1960. Il est dirigé, depuis 1967, par le général Eyadéma qui fut contraint en 1991 d'accepter le multipartisme.

TOGOLAIS, AISE adj. et n. ▪ Du Togo. ‣ n. *Les Togolais.*

TOHU-BOHU [tɔybɔy] n. m. invar. ▪ **1.** VIEILLI Désordre, confusion de choses mêlées. *Le tohu-bohu des voitures.* **2.** Bruit confus. ⇒ **tintamarre.**

TOI pron. pers. ▪ Pronom personnel (forme tonique) de la 2e personne du singulier et des deux genres, qui représente la personne à qui l'on s'adresse. ⇒ **tu.** ▪ **1.** avec un impératif (sauf devant *en* et *y* ⇒ **te**) *Toi, viens ici !* ‣ (verbes pronominaux) *Dépêche-toi. Mets-toi là.* **2.** (avec un infinitif) *Toi, nous quitter ? Partir, toi ? jamais !* ‣ sujet d'un participe *Toi parti, la maison sera bien triste.* ‣ sujet d'une proposition elliptique *Moi d'abord, toi après.* **3.** coordonné à un nom, un pronom ‣ (sujet) *Paul et toi partirez. Toi ou moi* (nous) *irons.* ‣ (compl.) *Il invitera tes parents et toi.* **4.** (avec une comparaison) *Il est plus gentil que toi.* **5.** (renforçant le pronom *tu*) *Et toi, tu restes. Toi, tu vas aller te coucher.* **6.** *TOI QUI... Toi qui me comprends.* ‣ *TOI QUE. Toi que j'aime.* **7.** *TOI*, attribut. *C'est toi. Si j'étais toi...*, à ta place. ‣ *C'est toi qui l'as voulu.* **8.** (précédé d'une préposition) *Chez toi. Je suis content de toi. Avant, après toi. Sans toi. Je crois en toi.* **9.** (renforcé) *TOI-MÊME. Connais-toi toi-même.* ‣ *Toi seul. Toi aussi. Toi non plus.*

TOILE n. f. ▪ **I.** (sens général) **1.** Tissu d'armure (II) unie, fait de fils de lin, de coton, de chanvre, etc. *Tisser une toile. Toile de jute. Toile à matelas. Une robe de toile.* **2.** *(Une, des toiles)* Pièce de toile. *Une toile de 3 m². Toile de tente.* ‣ *TOILE CIRÉE* : pièce de toile vernie servant de nappe, de revêtement. **3.** FAM. Écran de cinéma ; film. ‣ loc. *Se faire une toile,* aller au cinéma. **II. 1.** Pièce de toile, montée sur un châssis, et servant de support pour une œuvre peinte. *La toile et le châssis d'un tableau.* ♦ Peinture, tableau. *Des toiles de maître.* **2.** loc. *TOILE DE FOND* : fond de décor (toile verticale). ‣ fig. Ce qui sert d'arrière-plan. **III.** Réseau de fils (d'araignée). *Une toile d'araignée. L'araignée tisse sa toile.* ‣ par métaphore ⇒ **piège.**

TOILETTAGE n. m. ▪ Action de toiletter. *Le toilettage d'un chien.*

TOILETTE n. f. ▪ **I. 1.** VX Ustensiles et produits servant à la parure. **2.** Fait de se préparer pour paraître en public ; spécialt, de s'habiller et de se parer. ⇒ **ajustement, habillement.** *Avoir le goût de la toilette* : être coquet. **3.** Manière dont une femme est vêtue et apprêtée. ⇒ **mise, parure, vêtement.** *Être en grande toilette.* ‣ *UNE TOILETTE* : les vêtements que porte une femme. *Une toilette élégante.* **4.** Ensemble des soins de propreté du corps. *Faire sa toilette* : se laver. *Savon, gant de toilette. Produits de toilette. Trousse de toilette. Eau de toilette.* ♦ *CABINET* DE TOILETTE.* **5.** *Toilettes* n. f. pl. Cabinet d'aisances. *Aller aux toilettes.* ⇒ **cabinet, lavabo, W.-C.**

TOILETTER v. tr. [1] ▪ **1.** Faire la toilette (d'un animal de compagnie). ⇒ **toilettage. 2.** fig. Retoucher légèrement.

TOISE n. f. ▪ **1.** anciennt Mesure de longueur valant 6 pieds (presque 2 mètres). **2.** Tige verticale graduée qui sert à mesurer la taille. *Passer des soldats à la toise.*

TOISER v. tr. [1] ▪ Regarder avec dédain, mépris. ⇒ **dévisager, examiner.** *Toiser qqn des pieds à la tête.*

TOISON n. f. ▪ **1.** Pelage laineux des ovidés. *La toison d'un agneau.* **2.** Chevelure très fournie. ⇒ **tignasse.** ‣ Poils abondants de certains animaux (chat, chien). ‣ Poils (humains) abondants. *Poitrine recouverte d'une toison blonde.*

▪ **la TOISON D'OR** ▪ Dans la mythologie grecque, toison d'un bélier ailé. Jason la vola avec l'aide de Médée.

TOIT n. m. ▪ **1.** Surface supérieure (d'un édifice) ; matériaux recouvrant une construction et la protégeant contre les intempéries. ⇒ **couverture, toiture.** *Toit de tuiles, d'ardoises. Les toits de Paris. Toit plat, en terrasse.* ‣ *Habiter sous les toits,* au dernier étage d'un immeuble. ‣ loc. *Crier qqch. sur les toits,* divulguer, répandre. ‣ loc. *Le Toit du monde* : le Tibet. **2.** Maison, abri. ⇒ **domicile, logement.** *Posséder un toit. Être sans toit. Recevoir qqn SOUS SON TOIT,* chez soi. **3.** Paroi supérieure (d'un véhicule). *Voiture à toit ouvrant.*

TOITURE n. f. ▪ Ensemble constitué par la couverture d'un édifice et son armature. *Réparer la toiture d'une maison.*

TŌJŌ Hideki (1884-1948) ▪ Général et homme politique japonais. Il dirigea le Japon de 1941 à 1944. Jugé comme criminel de guerre, il fut condamné et exécuté.

TOKAÏ ou **TOKAY** [tɔkɛ] n. m. ▪ **1.** Vin de liqueur, de la région de Tokaj (Hongrie). **2.** Pinot gris d'Alsace ; vin de ce cépage.

TOKAJ en français ***TOKAY*** ▪ Village de Hongrie. Développement de la vigne dans la région depuis le XIIIe s. Le cépage de tokay a été acclimaté en Alsace.

les TOKUGAWA ▪ Famille noble japonaise qui domina le Japon pendant trois siècles, jusqu'à Meiji. ► **TOKUGAWA Ieyasu** (1542-1616) fut le premier des 15 shoguns de la dynastie. Il fit d'Edo (aujourd'hui Tōkyō) sa capitale.

TŌKYŌ ▪ Capitale du Japon, port dans l'île de Honshū. 11 633 582 hab. Elle forme avec ses banlieues (Yokohama, Kawasaki, Chiba [829 000 hab.], Funabashi [529 402 hab.], Sagamihara [586 601 hab.]) une agglomération de 30 000 000 hab. Centre commercial et administratif du pays. Industries de pointe, pétrole. La ville, immense et formée de quartiers très variés, connaît des problèmes liés au développement : surpopulation, circulation, pollution. Tremblement de terre en 1923.

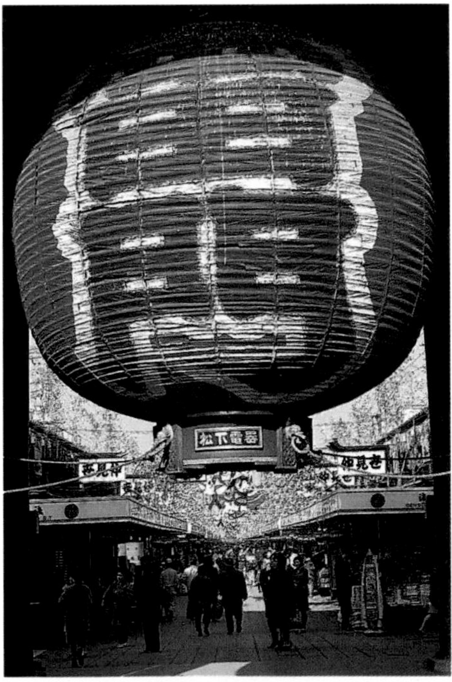

Tōkyō. La porte Kaminari-Mon du temple d'Asakusa Kannon.
Phot. © Charles Lénars

TOLBIAC ▪ Petite ville industrielle d'Allemagne, au sud-ouest de Cologne (aujourd'hui *Zülpich*). Clovis y vainquit les Alamans (496 ou 506).

① **TÔLE** n. f. ▪ **1.** Feuille de fer ou d'acier obtenue par laminage. *La tôle est utilisée en carrosserie automobile.* ‣ loc. *Froisser de la tôle,* endommager la carrosserie. **2.** *TÔLE ONDULÉE* : tôle de fer présentant des plis courbes, alternés, et servant à couvrir des hangars, etc. *Toit en tôle ondulée.*

② **TÔLE** ⇒ TAULE

TOLÈDE en espagnol ***TOLEDO*** ▪ Ville d'Espagne, capitale de la communauté autonome de Castilla-la-Mancha. 63 558 hab.

Armes blanches réputées. Archevêché. Tourisme. Grande cité d'art : monuments mauresques (pont d'Alcántara), cathédrale gothique, Alcazar, maison dite du Greco. Capitale des Wisigoths (VIe-VIIIe s.), siège de l'Église espagnole au VIIe s., occupée du VIIIe au XIe s. par les Arabes, Tolède fut la capitale des rois de Castille jusqu'au XVIe s.

Juan Bautista de TOLEDO (mort en 1567) ▪ Architecte espagnol. Il commença la construction de l'Escurial.

TOLEDO ▪ Ville des États-Unis (Ohio), port sur le lac Érié. 333 000 hab. Charbon.

TOLÉRABLE adj. ▪ **1.** Qu'on peut tolérer, excuser. *Vos négligences ne sont plus tolérables.* ⇒ **admissible, excusable. 2.** Qu'on peut supporter. *Son existence n'est plus tolérable.* ⇒ **supportable.**

TOLÉRANCE n. f. ▪ **I. 1.** Attitude qui consiste à admettre chez autrui une manière de penser ou d'agir différente de celle qu'on adopte soi-même ; fait de respecter la liberté d'autrui en matière d'opinions. *Faire preuve de tolérance envers qqn.* **2.** *Une tolérance* : ce qui est toléré, permis. *Ce n'est pas un droit, c'est une tolérance.* **3.** anciennt *Maison de tolérance,* de prostitution. **II. 1.** Aptitude de l'organisme à supporter qqch. sans symptômes de maladie. *Augmenter la tolérance à un médicament.* **2.** Limite de l'écart admis entre les caractéristiques réelles et les caractéristiques prévues. *Marge de tolérance* (d'un produit).

TOLÉRANT, ANTE adj. ▪ Qui manifeste de la tolérance (I, 1). *Ses parents sont très tolérants.* ⇒ **compréhensif, indulgent.**

TOLÉRER v. tr. 6 ▪ **I. 1.** Laisser se produire ou subsister (une chose qu'on aurait le droit ou la possibilité d'empêcher). ⇒ **permettre.** – au p. p. *Stationnement toléré.* ♦ Considérer avec indulgence (une chose qu'on n'approuve pas). ⇒ **excuser, pardonner.** *Tolérer qqch., tolérer que... Tolérer qqch. de qqn, chez qqn,* (vx) *à qqn.* – *Je ne tolérerai pas cela plus longtemps.* **2.** Supporter avec patience (ce qu'on trouve désagréable, injuste). ⇒ **endurer. 3.** *Tolérer qqn,* admettre sa présence, le supporter malgré ses défauts. **II.** (organisme vivant) Supporter sans réaction fâcheuse. *Tolérer un médicament.* ⇒ **tolérance** (II).

TÔLERIE n. f. ▪ **1.** Fabrication, commerce de la tôle. **2.** Atelier où l'on travaille la tôle. **3.** (collectif) Ensemble des tôles (d'un objet). *La tôlerie d'une automobile.*

① **TÔLIER** n. m. ▪ Celui qui fabrique, travaille ou vend la tôle.

② **TÔLIER** ⇒ TAULIER

John Ronald Reuel TOLKIEN (1892 - 1973) ▪ Écrivain britannique. Œuvre nourrie de connaissances anthropologiques et de mythologie nordique. *"Le Seigneur des anneaux"* (1954-1956).

TOLLÉ n. m. ▪ Clameur collective de protestation indignée. ⇒ **huée.** *Sa déclaration déclencha un tollé général. Des tollés.*

Léon TOLSTOÏ (1828 - 1910) ▪ Écrivain russe. Contestataire, mystique, il fut l'idole de la jeunesse russe. Ses romans *"Guerre et Paix"* (1869) et *"Anna Karénine"* (1873-1877) lui apportèrent une célébrité mondiale.

Alekseï Nikolaïevitch TOLSTOÏ (1883 - 1945) ▪ Écrivain soviétique. *"Le Chemin des tourments"* (1922-1941), romans ; *"Ivan le Terrible"* (1941-1943), drame.

les TOLTÈQUES ▪ Peuple d'Indiens du Mexique. Brillante civilisation du Xe au XIIe s., qui influença les Mayas (site maya-toltèque de Chichén Itzá).

TOLUCA ▪ Ville du Mexique central. 570 000 hab. Région agricole.

TOLUÈNE n. m. ▪ Hydrocarbure benzénique.

T. O. M. ⇒ D. O. M.

TOMAHAWK [tɔmaok] n. m. ▪ Hache de guerre dont se servaient les Indiens d'Amérique du Nord. *Des tomahawks.*

TOMAISON n. f. ▪ Indication du numéro du tome* (d'un ouvrage).

TOMAR ▪ Ville du Portugal (région de Lisbonne-Vallée-du-Tage). 43 000 hab. La ville fut capitale de l'ordre des Templiers de 1160 à 1314. Chapelle des Templiers (XIIe-XIIIe s.) et bâtiments conventuels de style manuélin.

TOMATE n. f. ▪ **1.** Plante potagère annuelle cultivée pour ses fruits. *Plant de tomate.* **2.** Fruit sphérique rouge de cette plante. *Tomates farcies.* – *Sauce tomate,* à la tomate. **3.** FAM. Boisson, mélange de pastis et de grenadine.

Tolède. L'Alcazar. *Phot. © Carlo Bevilacqua/Ricciarini*

TOMBAL, ALE, AUX adj. ▪ **1.** Qui appartient à une tombe. *Pierre tombale* : dalle qui recouvre une tombe. **2.** LITTÉR. Qui évoque la tombe, la mort.

TOMBANT, ANTE adj. ▪ **1.** *À la nuit tombante* : au crépuscule. **2.** Qui s'incline vers le bas, s'affaisse. *Des épaules tombantes.*

TOMBE n. f. ▪ **1.** Lieu où l'on ensevelit un mort, fosse recouverte d'une dalle. ⇒ **sépulture, tombeau.** *Les tombes d'un cimetière. Se recueillir sur la tombe de qqn.* – *Il doit se retourner dans sa tombe,* se dit d'un défunt qu'on imagine indigné par qqch. ♦ loc. *Avoir un pied dans la tombe,* être près de mourir. *Être muet comme une tombe,* observer un mutisme absolu ; garder les secrets. **2.** Pierre tombale, monument funéraire. *Un nom gravé sur une tombe.*

TOMBEAU n. m. ▪ **1.** Monument funéraire servant de sépulture. ⇒ **caveau, mausolée, sépulcre, stèle.** *Un tombeau en marbre.* **2.** LITTÉR. Lieu clos, sombre, d'aspect funèbre. *Cette maison est un vrai tombeau.* **3.** loc. *Rouler* À TOMBEAU OUVERT : à une vitesse telle qu'on risque un accident mortel. **4.** *Le tombeau de...* : composition poétique, œuvre musicale en l'honneur de (un artiste défunt). « *Le Tombeau d'Edgar Poe* », *par Mallarmé.*

TOMBÉE n. f. ▪ LITTÉR. Chute (de la neige, de la pluie...). ♦ loc. *La* TOMBÉE DE LA NUIT, DU JOUR, moment où la nuit tombe, où le jour décline. ⇒ **crépuscule.**

TOMBER v. intr. 1 auxiliaire *être* (sauf V) ▪ **I. 1.** Être entraîné à terre en perdant son équilibre ou son assise. ⇒ **chute.** *Tomber par terre, à terre. Tomber de tout son long.* – loc. *Tomber de fatigue, de sommeil* : être épuisé. – spécialt *Tomber mort.* ♦ Être tué. *Tomber au champ d'honneur.* ♦ (Sans aller à terre) Se laisser aller, choir. *Se laisser tomber dans un fauteuil. Tomber dans les bras de qqn.* ♦ (choses) S'écrouler. *Ce pan de mur menace de tomber.* ⇒ **s'effondrer.** – loc. *Tomber en ruine, en poussière, en morceaux.* – fig. *Faire tomber les barrières, les cloisons.* **2.** (personnes) Cesser de régner, être déchu, renversé. *Le gouvernement est tombé.* **3.** (abstrait) Être détruit ou disparaître. *La difficulté tombe.* **4.** Perdre de sa force, ne pas se soutenir. ⇒ **diminuer.** *Le jour tombe.* ⇒ **décliner ; tombée.** *Sa colère était tombée.* **II. 1.** Être entraîné vers le sol, d'un lieu élevé à un lieu bas ou profond. ⇒ **dégringoler.** *Il est tombé dans le trou. Tomber dans le vide. L'oiseau est tombé du nid. La pluie tombe.* impers. *Il tombe de la neige.* au p. p. *Des fruits tombés.* – *Laisser tomber un paquet. Attention ! ça va tomber. Ce livre me tombe des mains* (d'ennui, de fatigue). ♦ loc. LAISSER TOMBER : ne plus s'occuper de. *Elle laisse tomber la danse.* ⇒ **abandonner.** *Laisser tomber qqn,* ne plus s'intéresser à lui. – FAM. *Laisse tomber,* abandonne (un projet, une attitude). **2.** (lumière, obscurité, son, paroles, etc.) Arriver, parvenir du haut. ⇒ **frapper.** *La nuit ; la fraîcheur tombe. Ce n'est pas tombé dans l'oreille* d'un sourd.* **3.** Être en décadence. *Il est tombé bien bas.* **4.** (choses) S'abaisser en certaines parties, tout en restant suspendu ou soutenu. *Ses cheveux tombaient en boucles sur ses épaules. Une robe qui tombe bien,* en s'adaptant aux lignes du corps. ♦ S'affaisser. *Des épaules qui tombent.* ⇒ **tombant.** – loc. fig. *Les bras* m'en tombent.* **III. 1.** TOMBER SUR : s'élancer de toute sa force et par surprise sur. ⇒ **attaquer, charger, foncer.** *Tomber sur qqn, lui tomber dessus,* l'accuser ou le critiquer sans ménagement, l'accabler. – (choses) *Tous les malheurs tombaient sur lui.* **2.** TOMBER DANS : se trouver entraîné dans (un état critique, une situation fâcheuse). *Tomber dans l'oubli. Tomber dans le désespoir. Il tombe d'un excès dans un autre.* ⇒ **passer.** - *TOMBER EN. Tomber en disgrâce. La voiture est tombée en panne.* **3.** en fonction de v. d'état, suivi d'un attribut (avec un adj.) Être, devenir (après une évolution rapide). *Tomber malade. Tomber amoureux.* - *Tomber d'accord,* s'accorder. **IV. 1.** Arriver ou se présenter inopinément. ⇒ **survenir.** *Il est tombé en pleine réunion.* - *TOMBER SUR* (qqn, qqch.) : rencontrer ou toucher par hasard. *Tu ne devineras jamais sur qui je suis tombé ! En rangeant, je suis tombé sur une vieille photo.* - *TOMBER SOUS* : se présenter à portée de (la main...). *Il attrape tout ce qui lui tombe sous la main.* loc. *Tomber sous le sens* : être évident. *Tomber sous le coup de la loi* : être passible d'une peine. ♦ *TOMBER BIEN, MAL,* etc. (choses, personnes) : arriver à propos ou non. *Tiens ! tu tombes bien.* - (même sens) *Ça tombe à pic.* **2.** Arriver, par une coïncidence. *Noël tombe un dimanche.* **V.** v. tr. (auxiliaire *avoir*) (Faire tomber) **1.** Vaincre (en plaquant au sol). **2.** FAM. Séduire. *Elle les tombe tous.* **3.** loc. *Tomber la veste,* l'enlever.

TOMBEREAU n. m. ▪ Grosse voiture à cheval faite d'une caisse montée sur deux roues, susceptible d'être déchargée en basculant à l'arrière. ♦ Son contenu. *Des tombereaux de sable.* - fig. Quantité importante (de qqch.). *Des tombereaux d'injures.*

TOMBEUR n. m. ▪ FAM. Homme qui tombe les femmes. *C'est un vrai tombeur.* ⇒ **don Juan, séducteur.**

TOMBLAINE ▪ Commune de Meurthe-et-Moselle. 7 956 hab. *(les Tomblainois).*

TOMBOLA n. f. ▪ Loterie où chaque gagnant reçoit un lot en nature. *Billet de tombola.*

TOMBOUCTOU ▪ Ville du Mali, près du fleuve Niger. 35 000 hab. Point de départ des caravanes vers le Sahara.

Tombouctou. La mosquée de Djinguereber. *Phot. © Charles Lénars*

TOME n. m. ▪ **1.** Division principale (d'un ouvrage). *Un livre divisé en quatre tomes et publié en deux volumes.* **2.** Volume (d'un ouvrage en plusieurs volumes). *Dictionnaire en neuf tomes.*

-TOME, -TOMIE Éléments savants, du grec *temnein* « couper » (ex. *dichotomie ; atome*).

TOMETTE n. f. ▪ Petite brique de carrelage, de forme hexagonale, de couleur rouge. *Des tomettes provençales.*

TOMME n. f. ▪ Fromage de Savoie, fermenté, à pâte pressée. *Tomme de Savoie.*

TOMO- Élément savant, du grec *tomê* « coupure ».

TOMODENSITOMÈTRE ; TOMODENSITOMÉTRIE ⇒ ① SCANNER ; SCANOGRAPHIE

TOMOGRAPHIE n. f. ▪ MÉD. Procédé d'imagerie médicale (radiographie) permettant d'obtenir des images en coupe (⇒ **scanographie ; stratigraphie**).

TOM-POUCE [tɔm-] n. m. invar. ▪ **1.** FAM. Homme de très petite taille, nain. **2.** Petit parapluie à manche court. **3.** Dictionnaire minuscule.

TOMSK ▪ Ville de Russie. 506 000 hab. Centre de recherches du Kouzbass.

① **TON, TA, TES** adj. poss. ▪ **I.** (sens subjectif) **1.** Qui est à toi, t'appartient (⇒ **toi, tien, tu**). *C'est ta veste, ton manteau. Occupe-toi de ton avenir.* **2.** (devant un n. de personne) Exprime des rapports de parenté, d'amitié, de vie sociale. *Ton père, ta mère. Ta famille et tes amis.* **II.** (sens objectif) *Ton juge,* celui qui te juge. *À ta vue,* en te voyant.

② **TON** n. m. ▪ **I. 1.** Hauteur de la voix. *Le ton aigu, grave d'une voix. Changement de ton,* inflexion. **2.** Qualité de la voix humaine, en hauteur (*ton* proprement dit), en timbre et en intensité, qui dépend du contenu du discours, de ce qui est exprimé. ⇒ **accent, expression, intonation.** *Un ton suppliant, moqueur. Un ton de supériorité. Avoir un ton détaché, sec. Dire qqch. sur le ton de la plaisanterie. Hausser, baisser le ton* : se montrer plus, moins arrogant. - *Ne le prenez pas SUR CE TON* : de si haut. *Dire, répéter qqch. SUR TOUS LES TONS* : de toutes les manières. **3.** Manière de s'exprimer. *Le ton amical d'une lettre.* **4.** loc. *DE BON TON* : de bon goût. *Une élégance, une réserve de bon ton.* **II. 1.** LING. Hauteur du son de la voix ; accent de hauteur. ♦ Hauteur, ton obligé d'un son (dans les *langues à tons* : chinois, langues africaines, suédois...). **2.** MUS. Intervalle qui sépare deux notes consécutives de la gamme (dans une tonalité*). *Il y a un ton majeur entre do et ré, un demi-ton entre mi et fa.* **3.** MUS. Hauteur absolue d'une échelle de sons musicaux (réglée par le diapason) ; échelle musicale d'une hauteur déterminée (désignée par le nom de sa tonique). *Le ton de si bémol majeur, mineur. La mélodie était dans un autre ton, mais elle est transposée.* **4.** Hauteur des sons émis par la voix dans le chant ou par un instrument, définie par un repère. *Donner le ton. Sortir du ton* : détonner. *Se mettre DANS LE TON* : s'accorder. **III.** Couleur, considérée dans sa force, son intensité. ⇒ **teinte, nuance.** *Une robe aux tons criards.* - loc. *TON SUR TON* : dans une même couleur nuancée, claire et foncée. ⇒ **camaïeu.**

TONAL, ALE, ALS adj. ▪ **1.** Qui concerne ou définit un ton (II), une hauteur caractéristique. *Hauteur tonale des sons musicaux.* **2.** Qui concerne la tonalité (I). *Musique tonale et musique modale.*

TONALITÉ n. f. ▪ **I. 1.** Système musical fondé sur la disposition des tons et demi-tons dans la gamme. **2.** emploi critiqué Ton (II, 3). *La clef donne la tonalité principale du morceau.* **3.** Ensemble des caractères, hauteur, timbre (d'un ensemble de sons, d'une voix). **4.** Son que l'on entend au téléphone quand on décroche le combiné. **II.** Ensemble de tons, de nuances de couleur ; impression que ces nuances produisent. *Ce tableau est dans une tonalité verte.*

TONDEUSE n. f. ▪ **1.** Instrument destiné à tondre le poil des animaux, les cheveux de l'homme. **2.** *Tondeuse à gazon* : petite faucheuse rotative.

TONDRE v. tr. [41] ▪ **1.** Couper à ras (les poils, la laine). *Tondre le poil d'un chien.* **2.** Dépouiller (un animal) de ses poils, (une personne) de ses cheveux en les coupant ras. *Tondre un mouton* (⇒ **tonte**). - *Se faire tondre.* ⇒ **raser.** ♦ fig. *Tondre qqn,* le dépouiller de son argent. **3.** Couper à ras ; égaliser en coupant. *Tondre le gazon. Tondre une haie.*

TONDU, UE adj. ▪ Coupé à ras. *Des cheveux tondus.* ⇒ **ras.** - n. loc. *Quatre pelés et un tondu.* ⇒ **pelé.**

TONGA ▪ Archipel et État (monarchie constitutionnelle) de Polynésie. 675 km^2. 103 000 hab. *(les Tonguiens).* Capitale : Nuku'alofa. Langues : anglais (officielle), tonguien. Monnaie : pa'anga. Coprah, canne à sucre. Pêche. État indépendant au sein du Commonwealth depuis 1970.

TONGRES en néerlandais ***TONGEREN*** ▪ Ville de Belgique (Région flamande, province de Limbourg). 29 451 hab. Nombreux monuments anciens. Industries alimentaires.

TONICITÉ n. f. ▪ DIDACT. Caractère de ce qui est tonique.

TONIFIANT, ANTE adj. ▪ Qui tonifie. ⇒ **vivifiant.** *Lotion tonifiante. Promenade tonifiante.*

TONIFIER v. tr. [7] ▪ Avoir un effet tonique sur. ⇒ **vivifier.** *Bain de mer qui tonifie la peau. Une bonne lecture tonifie l'esprit.*

① **TONIQUE** adj. ▪ **I. 1.** Qui fortifie, reconstitue les forces. *Médicament tonique,* ou n. m. *un tonique.* ⇒ **fortifiant, remontant.** **2.** Qui raffermit la peau. *Lotion tonique.* ⇒ **tonifiant.** **3.** fig. Qui stimule, rend plus vif. *Un froid sec et tonique.* - *Une idée tonique, réconfortante.* ⇒ **tonifiant.** **II. 1.** Qui porte le ton (②, II). *Voyelle, syllabe tonique.* - *Formes toniques et atones des pronoms.* **2.** Qui marque le ton. *Accent tonique* (intensité et hauteur).

② **TONIQUE** n. f. ▪ Première note de la gamme (d'un ton donné), celle qui commence un morceau de musique et lui donne son nom (ex. do majeur). ⇒ ② **ton** (II, 3) ; **tonalité** (I).

TONITRUANT, ANTE adj. ▪ FAM. Qui fait un bruit de tonnerre, un bruit énorme. *Une voix tonitruante.* ⇒ **tonnant.**

le **TONKIN** ▪ Région du nord du Viêtnam, sur la mer de Chine méridionale, habitée par les *Tonkinois.* Ville principale : Hanoi. Ancienne colonie française (→ **Indochine**).

le TONLE SAP ▪ Lac du Cambodge, déversoir naturel du trop-plein des eaux du Mékong (de 3 000 à 10 000 km^2 selon la saison) et constituant la plus riche réserve de poissons du monde.

TONNAGE n. m. ▪ **1.** Capacité de transport (d'un navire de commerce), évaluée en tonneaux. ⇒ **jauge.** *Un bâtiment d'un fort tonnage.* **2.** Capacité totale des navires marchands (d'un port ou d'un pays).

TONNANT, ANTE adj. ▪ Qui fait un bruit de tonnerre. ▪ **1.** DIDACT. Qui tonne. *Jupiter tonnant.* **2.** *Une voix tonnante.* ⇒ **tonitruant.**

TONNAY-CHARENTE ▪ Commune de Charente-Maritime. 6 814 hab. *(les Tonnacquois).* Port sur la Charente.

TONNE n. f. ▪ **I. 1.** Unité de masse, mesure valant 1 000 kilogrammes (symb. t). **2.** Unité de poids de 1 000 kilogrammes servant à évaluer le déplacement ou le port en lourd d'un navire. *Un paquebot de 16 000 tonnes.* → tonneau (II). **3.** Mesure du poids (des véhicules, des poids lourds). *Un camion de 7 tonnes,* et ellipt, *un 7 tonnes.* **4.** Énorme quantité (de choses). *Éplucher des tonnes de légumes.* **II.** TECHN. Grand récipient plus large que le tonneau. *Une énorme tonne de vin.* ⇒ **foudre** (n. m.).

① **TONNEAU** n. m. ▪ **I.** Grand récipient cylindrique en bois, renflé au milieu. ⇒ **barrique.** *Mettre le vin en tonneau.* ‑ absolt Tonneau de vin. *Fond de tonneau,* ce qui reste au fond du tonneau, où il y a de la lie ; mauvais vin ; fig. résidu. **II.** Unité internationale de volume employée pour déterminer la capacité des navires (⇒ **jauge, tonnage**) et valant 2,83 mètres cubes.

② **TONNEAU** n. m. ▪ **1.** Tour complet (d'un avion) autour de son axe longitudinal. *Loopings et tonneaux.* **2.** Accident par lequel une automobile fait un tour complet sur le côté. *La voiture a fait plusieurs tonneaux.*

TONNEINS ▪ Commune du Lot-et-Garonne. 9 334 hab. *(les Tonneinquais).*

TONNELET n. m. ▪ Petit tonneau, petit fût. ⇒ **baril.**

TONNELIER n. m. ▪ Artisan, ouvrier qui fabrique et répare les tonneaux et autres récipients en bois.

TONNELLE n. f. ▪ Petit abri circulaire à sommet arrondi, fait de lattes en treillis sur lequel on fait grimper des plantes. ⇒ **charmille.** *Déjeuner sous une tonnelle.*

TONNER v. intr. [1] ▪ **1.** impers. (tonnerre) Éclater. *Il commence à tonner.* **2.** Faire un bruit de tonnerre. *Le canon tonne au loin.* ⇒ **gronder. 3.** Exprimer violemment sa colère en parlant très fort. ⇒ **crier, fulminer.** *Tonner contre l'injustice.*

TONNERRE n. m. ▪ **1.** Bruit de la foudre, accompagnant l'éclair (perçu plus ou moins longtemps après lui). **2.** fig. *COUP DE TONNERRE :* événement brutal et imprévu. **3.** Bruit très fort. *Un tonnerre, des tonnerres d'applaudissements.* ‑ *Une voix de tonnerre.* ⇒ **tonitruant. 4.** FAM. *DU TONNERRE,* superlatif exprimant l'admiration. ⇒ **formidable, terrible.** *Une fille du tonnerre.* **5.** interj. (violence, menace) *Tonnerre de Dieu ! Tonnerre !*

TONNERRE ▪ Commune de l'Yonne. 6 008 hab. *(les Tonnerrois).* Ancien hôpital (XIIIe s.). Source de la Fosse Dionne. Vins.

Ferdinand TÖNNIES (1855 ‑ 1936) ▪ Sociologue allemand. *"Communauté et Société"* (1887).

TONSURE n. f. ▪ **1.** Petit cercle rasé au sommet de la tête des ecclésiastiques. *Porter la tonsure.* **2.** FAM. Calvitie circulaire au sommet de la tête.

TONSURER v. tr. [1] ▪ Raser le sommet de la tête de (qqn). ‑ au p. p. *Clerc tonsuré.*

TONTE n. f. ▪ **1.** Action de tondre. *La tonte des moutons. L'époque de la tonte.* ‑ *La tonte des gazons.* **2.** Laine obtenue en tondant les moutons.

TONTINE n. f. ▪ Association de personnes qui mettent de l'argent en commun.

TONTON n. m. ▪ lang. enfantin Oncle. *Tonton Pierre.* ‑ *Oui, tonton !*

TONUS [-ys] n. m. ▪ **1.** *Tonus musculaire,* légère contraction permanente du muscle vivant. **2.** Énergie, dynamisme. ⇒ **vitalité.**

① **TOP** [tɔp] n. m. ▪ Signal sonore qu'on donne pour déterminer un moment avec précision.

② **TOP** [tɔp] anglic. Élément de composés, de l'angl. *top* « sommet », qui donne au second élément (anglais ou français) un sens superlatif (ex. *top niveau, top secret, top model*).

TOPAZE n. f. ▪ Pierre fine (silicate), pâle ou jaune, transparente.

TOPE interj. ▪ Exclamation signifiant « j'accepte », « nous acceptons ». ⇒ **toper.**

TOPEKA ▪ Ville des États-Unis, capitale du Kansas, connue pour son urbanisme. 120 000 hab.

TOPER v. intr. [1] ▪ surtout à l'impér. Accepter un défi, un enjeu ; taper dans la main (du partenaire) pour signifier qu'on accepte, qu'on conclut le marché. *Topez là, affaire conclue !*

TOPINAMBOUR n. m. ▪ Tubercule utilisé surtout pour la nourriture du bétail.

topinambour.
Phot. © Dulhoste/Jacana

TOPIQUE adj. ▪ DIDACT. **1.** Relatif à un lieu, à un endroit précis. ‑ MÉD. *Médicament topique* et n. m. *un topique :* médicament qui agit sur un point précis du corps. **2.** Relatif à un lieu du discours, à un sujet précis. ♦ n. f. Théorie des catégories générales, en logique.

TOPO n. m. ▪ FAM. Discours, exposé. ⇒ **laïus.** *Faire un petit topo sur une question.* ‑ *C'est toujours le même topo :* la même histoire.

TOPO- Élément savant, du grec *topos* « lieu ».

TOPOGRAPHE n. ▪ Spécialiste de la topographie.

TOPOGRAPHIE n. f. ▪ **1.** Technique du levé des cartes et des plans de terrains. ⇒ **cartographie. 2.** Configuration, relief (d'un lieu, terrain ou pays). *Étudier la topographie d'un lieu.* ▸ adj. TOPOGRAPHIQUE

TOPOLOGIE n. f. ▪ Géométrie qui étudie les positions indépendamment des formes et des grandeurs (géométrie de situation). ▸ adj. TOPOLOGIQUE

TOPONYME n. m. ▪ LING. Nom de lieu.

TOPONYMIE n. f. ▪ LING. Étude des noms de lieux, de leur étymologie. ▸ adj. TOPONYMIQUE

Roland TOPOR (né en 1938) ▪ Dessinateur et écrivain français. Humour noir. *"La Planète sauvage"* (1973), dessin animé.

TOQUADE n. f. ▪ FAM. Goût très vif, généralement passager, souvent bizarre et déraisonnable, pour qqch. ou qqn. ⇒ **caprice, lubie.** *C'est sa dernière toquade.* ⇒ **manie.** ◇ var. TOCADE.

TOQUANTE ⇒ TOCANTE

TOQUARD, ARDE ⇒ TOCARD

TOQUE n. f. ▪ **1.** Coiffure cylindrique sans bords. *Une toque de fourrure. La toque blanche d'un cuisinier.* **2.** Casquette hémisphérique (de jockey).

TOQUÉ, ÉE adj. ▪ FAM. **1.** Un peu fou, bizarre. ⇒ **cinglé, sonné, timbré.** ‑ n. *Un vieux toqué.* **2.** *Toqué de :* épris de (qqn, qqch.).

① **TOQUER** v. intr. [1] ▪ FAM. Frapper légèrement, discrètement. ⇒ ① **toc.** *On toque à la porte.*

② SE **TOQUER** v. pron. [1] ▪ FAM. *Se toquer de,* avoir une toquade pour (qqn). ⇒ s'**amouracher.** *Elle s'est toquée d'un chanteur de rock.*

TOR → Thor

TORAH ou **THORA** n. f. ▪ Les cinq premiers livres de la Bible (ou Pentateuque), dans la tradition juive. ▪ La Torah comprend notamment les textes de la Loi, révélés à Moïse par Yahvé sur le Sinaï. C'est la partie la plus importante de la Bible dans le judaïsme.

TORCELLO ▪ Île de la lagune de Venise. Cathédrale vénéto-byzantine (IXe-XIe s., mosaïques).

TORCHE n. f. ▪ **1.** Flambeau grossier (bâton de bois résineux). *Des porteurs de torches.* **2.** *Torche électrique :* lampe électrique de poche, de forme cylindrique.

TORCHÉ, ÉE adj. ▪ FAM. **1.** Réussi, bien fait. *Ça, c'est torché !* **2.** Bâclé, fait trop vite. *C'est du travail torché.*

TORCHE-CUL [-ky] n. m. ▪ FAM. **1.** Papier, etc., avec lequel on s'essuie après être allé à la selle. *Le chapitre des torchecul̃s, dans le "Gargantua" de Rabelais* (chapitre XIII). **2.** Écrit, journal méprisable. ⇒ **torchon.**

TORCHER v. tr. [1] ▪ **I.** FAM. Essuyer pour nettoyer. *Torcher un plat.* - spécialt *Torcher le derrière d'un enfant. Torcher un enfant.* **II.** Bâcler, faire vite et mal. *Torcher son travail.* ⇒ **torchonner.** ► SE **TORCHER** v. pron. loc. FAM. *Je m'en torche :* je m'en fiche totalement.

TORCHÈRE n. f. ▪ **1.** Candélabre monumental ; applique qui porte plusieurs sources lumineuses. **2.** Tuyauterie élevée qui permet de dégager et de brûler les gaz excédentaires d'hydrocarbures. *Les torchères d'une raffinerie de pétrole.*

TORCHIS n. m. ▪ Terre argileuse malaxée avec de la paille hachée et utilisée pour construire. *Des murs de torchis* (⇒ **pisé**).

TORCHON n. m. ▪ **1.** Morceau de toile qui sert à essuyer la vaisselle, les meubles. ♦ loc. FAM. *Ne pas mélanger les torchons et les serviettes,* traiter différemment les gens selon leur condition sociale, les choses selon leur valeur. - *Le torchon brûle,* il y a une querelle entre les personnes dont on parle. - *Coup de torchon :* altercation, bagarre ; action brutale de nettoyage (→ coup de balai). **2.** FAM. Écrit sale, mal présenté ou sans valeur. ⇒ **torche-cul.** *Ce journal est un vrai torchon.*

TORCHONNER v. tr. [1] ▪ FAM. ⇒ **bâcler, torcher.** - au p. p. *Du travail torchonné.*

TORCY ▪ Commune de Seine-et-Marne. 18 681 hab.

TORDANT, ANTE adj. ▪ FAM. Très drôle, très amusant. ⇒ **marrant.**

TORD-BOYAUX n. m. invar. ▪ FAM. Eau-de-vie très forte, de mauvaise qualité.

TORDESILLAS ▪ Ville d'Espagne (Castilla-León). Monastère du XIVe s. 7 632 hab. ► **le traité de TORDESILLAS**, en 1494, fixait la ligne de partage des colonies entre l'Espagne et le Portugal.

TORDRE v. tr. [41] ▪ **1.** Déformer par torsion, enrouler en hélice, en torsade. *Tordre ses cheveux. Tordre du linge mouillé avant de le faire sécher* (→ essorer). **2.** Soumettre (un membre, une partie du corps) à une torsion. *Il m'a tordu le bras. Tordre le cou à qqn,* l'étrangler. - *L'angoisse lui tord l'estomac.* ⇒ **serrer.** **3.** Déformer par flexion ; plier. *Tordre une barre de fer. Le vent tordait les branches.* **4.** Plier brutalement (une articulation, en la forçant). *Se tordre le pied, la cheville.* **5.** Tourner de travers en déformant. *Tordre la bouche de douleur.* ► SE **TORDRE** v. pron. Se plier en deux (sous l'effet de la douleur, d'une émotion vive). *Se tordre de douleur.* - *C'est à se tordre (de rire).* ⇒ **tordant.**

TORDU, UE adj. ▪ **1.** Dévié, tourné de travers ; qui n'est pas droit. *Ta règle est tordue. Des jambes tordues.* ⇒ **cagneux, tors.** **2.** fig. *Avoir l'esprit tordu,* bizarre, mal tourné. ♦ FAM. *Il est complètement tordu,* fou. - n. *Quel tordu !*

TORE n. m. ▪ **1.** Moulure en demi-cylindre. **2.** GÉOM. Surface de révolution engendrée par un cercle qui tourne autour d'un axe situé dans son plan et ne passant pas par son centre (syn. *anneau*). **3.** Anneau doué de propriétés magnétiques. ► adj. TORIQUE

TORÉADOR n. m. ▪ VX Torero.

TORÉER v. intr. [1] ▪ Combattre le taureau selon les règles de la tauromachie.

Giuseppe **TORELLI** (1658 - 1709) ▪ Violoniste et compositeur italien. Un des créateurs du genre concerto.

TORERO [tɔʀeʀo] n. m. ▪ Homme qui combat et doit tuer le taureau, dans une corrida. ⇒ **matador.** *Des toreros.*

TORGAU ▪ Ville d'Allemagne (Saxe). 22 300 hab. Luther et ses compagnons y rédigèrent, en 1530, les *Articles de Torgau,* base de la Confession d'Augsbourg. En 1945, point de jonction entre les troupes soviétiques et américaines.

TORGNOLE n. f. ▪ Coup, série de coups. *Flanquer une torgnole à qqn.* ⇒ **raclée.**

TORIL [-il] n. m. ▪ Enceinte où l'on tient enfermés les taureaux, avant une corrida.

TORNADE n. f. ▪ Mouvement tournant de l'atmosphère, effet violent de certaines perturbations tropicales. ⇒ **bourrasque, cyclone, ouragan.** - *Il est entré comme une tornade,* brusquement (→ en coup de vent).

TORON n. m. ▪ Fils tordus ensemble, pour fabriquer les câbles, etc.

TORONTO ▪ Ville et port du Canada, capitale de l'Ontario, sur la rive nord du lac Ontario. 635 395 hab. *(les Torontois).* La plus importante agglomération du pays (3 893 046 hab.). Elle rivalise avec Montréal comme métropole économique et culturelle (université). Ancienne capitale du Haut-Canada (Canada anglais).

Toronto. L'hôtel de ville. *Phot. © Nino Cirani/Ricciarini*

TORPEUR n. f. ▪ Diminution de la sensibilité, de l'activité, sans perte de conscience. *Une sorte de torpeur l'envahit.* ⇒ **somnolence.** *Tirer qqn de sa torpeur.*

TORPILLAGE n. m. ▪ Action de torpiller ; son résultat.

TORPILLE n. f. ▪ **1.** Poisson capable de produire une décharge électrique (qui peut engourdir). **2.** Engin de guerre chargé d'explosifs et se dirigeant de lui-même sous l'eau vers les objectifs à atteindre (navires, etc.). ⇒ **lance-torpilles.**

TORPILLER v. tr. [1] ▪ **1.** Attaquer, faire sauter à l'aide de torpilles. *Sous-marin qui torpille un navire.* **2.** fig. Attaquer sournoisement. *Torpiller un projet.*

TORPILLEUR n. m. ▪ Bateau de guerre léger et rapide, destiné à lancer des torpilles (⇒ aussi **contre-torpilleur**).

TORQUAY ▪ Ville d'Angleterre (dans l'agglomération de Torbay ; 100 000 hab.), dans le Devon. Station balnéaire sur la Manche.

TORQUE ▪ **1.** n. f. Torsade. **2.** n. m. Collier métallique rigide.

Tomás de **TORQUEMADA** (1420 - 1498) ▪ Dominicain espagnol, chef de l'Inquisition pour la péninsule Ibérique. Symbole du fanatisme religieux.

TORRE DEL GRECO ▪ Ville d'Italie méridionale (Campanie), près de Naples, au pied du Vésuve. 103 577 hab. Travail du corail.

TORRÉFACTEUR n. m. ▪ **1.** Appareil servant à torréfier. *Un torréfacteur à café.* **2.** Commerçant qui vend le café qu'il torréfie lui-même.

TORRÉFACTION n. f. ▪ Début de calcination à feu nu, que l'on fait subir à certaines matières organiques. *La torréfaction du café.*

TORRÉFIER v. tr. [7] ▪ Calciner superficiellement à feu nu (le tabac, le café). *Torréfier du café.*

TORRENT n. m. ▪ **1.** Cours d'eau à forte pente, à rives encaissées, à débit rapide et irrégulier. *Les torrents des Pyrénées.* ⇒ **gave.** **2.** Écoulement rapide et brutal. *Des torrents de boue. Un torrent de lave.* - loc. *Il pleut À TORRENTS :* très abondamment. ⇒ **à verse ; torrentiel.** **3.** Grande abondance (de ce qui afflue violemment). *Des torrents de larmes.* ⇒ **déluge, flot.** - *Un torrent d'injures.*

TORRENTIEL, IELLE adj. ▪ Qui coule comme un torrent. *Une pluie torrentielle.* ⇒ **diluvien.**

TORREÓN ▪ Ville du Mexique septentrional. 800 000 hab. Textile.

le détroit de TORRES ▪ Bras de mer séparant l'Australie de la Nouvelle-Guinée et reliant l'océan Indien à l'océan Pacifique.

Evangelista TORRICELLI (1608-1647) ▪ Physicien et mathématicien italien. Par la célèbre expérience (1643) dont dérive le thermomètre à mercure, il mit en évidence l'existence de la pression atmosphérique.

TORRIDE adj. ▪ Où la chaleur est extrême. ⇒ **brûlant, chaud.** *Un climat torride. Une chaleur torride,* extrême.

Iacopo TORRITI (fin du XIIIe s.) ▪ Peintre et mosaïste italien. Précurseur de Giotto.

TORS, TORSE adj. ▪ **1.** *Colonne torse,* à fût contourné en spirale. **2.** *Jambes torses,* tordues, arquées.

TORSADE n. f. ▪ **1.** Rouleau de fils, cordons tordus ensemble en hélice pour servir d'ornement. *Torsade retenant un rideau.* - *Des torsades de cheveux.* **2.** Motif ornemental en hélice. *Colonne à torsades.*

TORSADER v. tr. [1] ▪ Mettre en torsade. *Torsader des cheveux.* - au p. p. *Colonnes torsadées.*

TORSE n. m. ▪ Buste, poitrine. *Se mettre torse nu.* - loc. *Bomber* le torse.* - Sculpture représentant un tronc sans tête ni membres. *Un torse d'Aphrodite.*

TORSION n. f. ▪ **1.** Action de tordre. *Un mouvement de torsion.* **2.** État, position de ce qui est tordu. *La torsion des fils d'une torsade.*

TORT n. m. ▪ **I.** (employé sans article) **1.** *AVOIR TORT :* ne pas avoir le droit, la raison de son côté (opposé à *avoir raison*). ⇒ **se tromper.** - *AVOIR TORT DE* (+ inf.). *Avoir grand tort.* - *DONNER TORT À :* accuser, désapprouver. *Les faits vous ont donné tort,* ont montré que vous aviez tort. **2.** *À TORT :* pour de mauvaises, de fausses raisons ; injustement. *Accuser qqn à tort* (opposé à *avec raison, à bon droit*). - *À TORT OU À RAISON :* quelle que soit la réalité. - *À TORT ET À TRAVERS :* sans raison ni justesse. ⇒ **inconsidérément.** *Parler, agir à tort et à travers.* **3.** *DANS SON TORT :* dans la situation d'une personne qui a tort (relativement à la loi, à une autre) ; opposé à *dans son (bon) droit. Il s'est mis dans son tort en agissant ainsi. Se sentir dans son tort.* ⇒ **coupable.** - *EN TORT. Vous êtes en tort et passible d'amende.* **II.** *(Un, des torts ; le tort de...)* **1.** Action, attitude blâmable (envers qqn). *Avoir des torts envers qqn. Reconnaître ses torts.* **2.** Action, attitude qui constitue une erreur, une faute. *Il a le tort de trop parler.* ⇒ **défaut.** *C'est un tort.* ⇒ **erreur. 3.** Fait d'agir injustement contre qqn, de léser qqn. *Causer des torts à qqn.* ⇒ **préjudice.** *Demander réparation d'un tort.* ♦ *FAIRE (DU) TORT À qqn. Ça ne fait de tort, ça ne fait tort à personne.*

TORTICOLIS n. m. ▪ Torsion du cou avec inclinaison de la tête accompagnée de sensations douloureuses dans les muscles.

TORTILLA n. f. ▪ Galette de maïs, plat populaire au Mexique.

TORTILLARD n. m. ▪ Train d'intérêt local sur une voie de chemin de fer qui fait de nombreux détours.

TORTILLER v. [1] ▪ **I.** v. tr. Tordre à plusieurs tours (une chose souple). *Tortiller une bande de papier.* **II.** v. intr. **1.** Se remuer en ondulant, se tourner de côté et d'autre. *Danser en tortillant des fesses.* ⇒ **balancer. 2.** loc. FAM. *IL N'Y A PAS À TORTILLER :* à hésiter. ⇒ **tergiverser.** ► **SE TORTILLER** v. pron. Se tourner de côté et d'autre sur soi-même. *Se tortiller comme un ver.* ► n. m. TORTILLEMENT

TORTILLON n. m. ▪ Chose tortillée. *Un tortillon de tissu, de papier.*

TORTIONNAIRE n. ▪ Personne qui fait subir des tortures. ⇒ **bourreau.** - adj. *Militaires tortionnaires.*

TORTU, UE adj. ▪ VX Tordu.

TORTUE n. f. ▪ Reptile à quatre pattes courtes, à corps enfermé dans une carapace, à tête munie d'un bec corné, à marche lente. *Tortue marine. "Le Lièvre et la Tortue"* (fable de La Fontaine). - *Quelle tortue, c'est une vraie tortue !,* se dit d'une personne très lente.

tortue. *Testudo graeca,* tortue grecque.
Phot. © Ferrero/Jacana

tortue. *Chelonia mydas,* tortue verte.
Phot. © Gohier/Jacana

l'île de la TORTUE ▪ Petite île de l'Atlantique, au nord d'Haïti. Repaire de pirates au XVIIe s. 50 000 hab.

TORTUEUX, EUSE adj. ▪ **1.** Qui fait des détours, présente des courbes irrégulières. ⇒ **sinueux.** *Des rues tortueuses.* **2.** fig. Plein de détours, qui ne se manifeste pas franchement. *Des manœuvres tortueuses. Un esprit tortueux.* ⇒ **retors.** ► adv. TORTUEUSEMENT

TORTURANT, ANTE adj. ▪ Qui torture (2). *Des remords, des scrupules torturants.*

TORTURE n. f. ▪ **1.** Souffrances physiques infligées à qqn notamment pour lui faire avouer ce qu'il refuse de révéler. ⇒ anciennt **question.** *Parler sous la torture.* **2.** Souffrance infligée. - plais. *Instrument de torture,* se dit d'objets qui font souffrir. ♦ *Mettre qqn À LA TORTURE,* l'embarrasser ou le laisser dans l'incertitude. **3.** Souffrance physique ou morale intolérable. ⇒ **martyre, tourment.** *La torture de la soif. Les tortures de la jalousie.*

TORTURER v. tr. [1] ▪ **1.** Infliger la torture (1), faire subir des tortures à (qqn). *Torturer un prisonnier.* ⇒ **supplicier ; tortionnaire. 2.** Faire beaucoup souffrir. ⇒ **martyriser.** *Ne le torturez pas avec vos questions. Se torturer l'esprit :* faire des efforts intellectuels pénibles. - (sujet chose) *La faim, la jalousie le torture.* ⇒ **tourmenter. 3.** Transformer par force. *Torturer un texte,* l'altérer en le transformant. - au p. p. *Un visage torturé,* déformé (par l'angoisse, un sentiment violent).

TORUŃ en allemand ***THORN*** ▪ Ville de Pologne, port fluvial sur la Vistule. 201 000 hab. Monuments médiévaux. Elle fit partie de la Hanse. Foyer de la Réforme. Ville prussienne au XIXe s.

TORVE adj. ▪ *Œil torve, regard torve,* oblique et menaçant.

TORY n. m. ▪ en Angleterre **1.** HIST. Membre du parti conservateur opposé aux whigs (XVIIIe-XIXe s.). - adj. *Le parti tory.* **2.** MOD. Membre du parti conservateur. *Les tories s'opposent aux travaillistes.*

l'école **Tosa.** Tosa Nagataka, *Orchestre japonais,* estampe. Musée Guimet, Paris.
Phot. © Lauros/Giraudon

l'école TOSA ▪ Famille de peintres japonais qui forma une école traditionnelle de peinture spécialisée dans la représentation de scènes historiques ou traditionnelles (XIVe-XVIIe s.).

TOSCAN, ANE adj. ▪ De la Toscane. - n. m. *Le toscan :* ensemble de dialectes devenu la base de l'italien. ⇒ **florentin.**

la TOSCANE en italien ***TOSCANA*** ▪ Région du centre de la péninsule italienne. 22 992 km². 3 565 280 hab. *(les Toscans).* Chef-lieu : Florence. Zone de transition entre le nord et le sud du pays. Région vallonnée, à l'agriculture méditerranéenne : céréales, olives, vignes (chianti). Ressources minières : fer, mercure, marbre (Carrare). Industrie lourde. Tourisme important. Foyer de la Renaissance.

Arturo TOSCANINI (1867-1957) ▪ Chef d'orchestre italien. Réputé pour sa fougue et son lyrisme.

TÔT adv. ▪ **1.** Au bout de peu de temps et sensiblement avant le moment habituel ou normal (opposé à *tard*). *Les arbres ont fleuri tôt cette année. Vous êtes arrivés trop tôt.* - *Tôt ou tard* (→ un jour* ou l'autre). - *PLUS TÔT.* ⇒ **auparavant.** *Il est arrivé plus tôt que moi.* - *Nous n'étions pas plus tôt rentrés qu'il fallut repartir,* il fallut repartir immédiatement après. - *LE PLUS TÔT, AU PLUS TÔT. Le plus tôt que vous pourrez,* dès que vous pourrez. *Le plus tôt sera le mieux. Dans quinze jours au plus tôt,* pas avant. - *Il ne viendra pas DE SI TÔT,* pas dans un proche avenir et peut-être jamais (→ pas de sitôt). **2.** Au commencement d'une portion déterminée de temps. *Se lever tôt,* de bonne heure. **3.** loc. *Avoir tôt fait de.* ⇒ **vite** fait de.

TOTAL, ALE, AUX ▪ **1.** adj. Qui affecte toutes les parties, tous les éléments. ⇒ **absolu, complet, général.** *Destruction totale. Confiance totale ; totale confiance.* ⇒ **entier, parfait.** ♦ Pris dans son entier, dans la somme de toutes ses parties. *La somme totale* (⇒ **global**). **2.** n. m. Quantité totale. ⇒ **montant, somme.** *Le total de la population. Faire le total :* additionner le tout. - *AU TOTAL :* en comptant tous les éléments ; fig. tout compte fait, tout bien considéré. ⇒ en **somme.** *Au total, il vaut mieux attendre.* - **adv.** FAM. En conclusion, finalement. *Total, on s'est encore fait voler.* **3.** n. f. POP. Hystérectomie. ♦ fig. FAM. *C'est LA TOTALE !,* le comble, le summum.

TOTALEMENT adv. ▪ Complètement, entièrement.

TOTALISATEUR, TRICE adj. ▪ (appareil) Qui totalise. *Machine totalisatrice.* - n. m. *Un totalisateur.*

TOTALISATION n. f. ▪ Opération consistant à totaliser.

TOTALISER v. tr. [1] ▪ **1.** Additionner. *Totaliser les points avec une calculette.* **2.** Compter au total. *L'équipe qui totalise le plus grand nombre de points.*

TOTALITAIRE adj. ▪ **1.** *Régime totalitaire :* régime à parti unique, n'admettant aucune opposition organisée. ⇒ **dictatorial.** *États, dictatures totalitaires.* **2.** DIDACT. Qui englobe la totalité des éléments (d'un ensemble). *Une conception totalitaire du monde.*

TOTALITARISME n. m. ▪ Système politique des régimes totalitaires. ⇒ **dictature.**

TOTALITÉ n. f. ▪ Réunion totale des parties ou éléments constitutifs (d'un ensemble, d'un tout). ⇒ **intégralité, total.** *La totalité de ses biens. La totalité du personnel.* ⇒ **ensemble.** *Lire un texte dans sa totalité.* ⇒ en **entier.** - *EN TOTALITÉ.* ⇒ en **bloc, intégralement, totalement.**

TOTEM [tɔtɛm] n. m. ▪ Animal (ou végétal) considéré comme l'ancêtre et le protecteur d'un clan, objet de tabous et de devoirs particuliers. - Représentation du totem (mât sculpté, souvent).

TOTÉMIQUE adj. ▪ Du totem. *Clan totémique.*

totem. Tsoona, l'oiseau-tonnerre et un ours grizzli, totem kwakiutl (nord-ouest du Canada). *Phot. © Charles Lénars*

TOTÉMISME n. m. ▪ Organisation sociale, familiale fondée sur les totems et leur culte.

TOTON n. m. ▪ LITTÉR. Petite toupie. *Tourner comme un toton.*

les TOTONAQUES ▪ Peuple indien du Mexique (État de Veracruz), soumis aux Aztèques avant l'arrivée des Espagnols, dont ils furent les premiers alliés.

TOUAGE n. m. ▪ Remorquage.

TOUAREG [twaʀɛg] adj. ▪ Des Touaregs*. *Des guerriers touaregs* (ou *touareg*). *La langue touareg.* ◇ REM. Le mot est un pluriel ; le singulier est *targui.*

les TOUAREGS ▪ Population nomade du Sahara, d'origine berbère. Les difficultés à s'intégrer dans les structures des États modernes de l'Afrique, notamment en Algérie, au Mali et au Niger, les conduisent à de fréquentes rébellions.

TOUBIB [tubib] n. m. ▪ FAM. Médecin.

les TOUBOUS ▪ Population nomade noire du Sahara (Tibesti).

TOUCAN n. m. ▪ Oiseau grimpeur d'Amérique du Sud, au plumage éclatant et à bec gros et long.

toucan. *Ramphastos sulfuratus,* toucan à poitrine jaune. *Phot. © Varin/Visage/Jacana*

① **TOUCHANT** prép. ▪ LITTÉR. Au sujet de. ⇒ **concernant, sur.** *Je ne sais rien touchant cette affaire.*

② **TOUCHANT, ANTE** adj. ▪ **1.** LITTÉR. Qui fait naître de la pitié, de la compassion. *Un récit touchant.* ⇒ **attendrissant, émouvant.** **2.** Qui émeut, attendrit d'une manière douce et agréable. *Des adieux touchants.* - (personnes) Attendrissant (iron.). *Il est touchant de maladresse.*

TOUCHE n. f. ▪ **I.** Action de toucher ; son résultat. **1.** Action, manière de poser la couleur, les tons sur la toile. *Peindre à larges touches.* - Couleur posée d'un coup de pinceau. *Une touche de rouge.* ♦ loc. *Mettre une touche de gaieté, une touche exotique* (dans un décor, une toilette, une description, etc.). **2.** (Action de toucher, éprouver l'or) *Pierre de touche.* **3.** au rugby, au football *Ligne de touche* ou *la touche :* chacune des limites latérales du champ de jeu, perpendiculaire aux lignes de but. *En touche, sur la touche.* ♦ loc. *Rester, être mis SUR LA TOUCHE,* dans une position de non-activité, de non-intervention. **4.** Action du poisson qui mord à l'hameçon. *Pas la moindre touche aujourd'hui, je n'ai rien pris.* **5.** Action, fait de toucher (escrime, billard). ♦ fig. FAM. *Faire une touche :* rencontrer qqn à qui l'on plaît. *Avoir une touche avec qqn :* plaire manifestement à qqn. ⇒ **ticket** (3). **II.** Ce qui sert à toucher (bâton, etc.) ; spécialt chacun des petits leviers que l'on frappe des doigts, qui constituent un clavier. *Les touches d'un piano.* - *Les touches d'un clavier d'ordinateur.* **III.** FAM. Aspect, allure d'ensemble. ⇒ **tournure.** *Il a une drôle de touche.*

TOUCHE-À-TOUT n. m. invar. ▪ **1.** Personne, enfant qui touche à tout. **2.** Personne qui se disperse en activités multiples.

① **TOUCHER** v. tr. [1] ▪ **I.** (avec mouvement) **1.** (êtres vivants) Entrer en contact avec (qqn, qqch.) en éprouvant les sensations du toucher. ⇒ **palper.** *Toucher un objet ; qqn, sa main.* absolt *Touche comme c'est doux !* - *Je n'ai jamais touché une carte,* jamais joué. - *Lutteur qui touche le sol des deux épaules. Toucher le fond* (de l'eau), avoir pied. **2.** Atteindre (l'adversaire), notamment à l'escrime. - (sans contact direct) *Il tira et toucha son adversaire à l'épaule.* ⇒ **blesser.** ♦ *Toucher le sol de sa canne.* **3.** (compl. n. de personne) Joindre, arriver à rencontrer (qqn), par un intermédiaire (lettre, téléphone). ⇒ **atteindre, contacter.** *Où peut-on vous toucher ?* **4.** (sujet chose) Entrer en contact avec (qqn, qqch.) au terme d'un mouvement. ⇒ **atteindre.** *Être touché par une balle,* blessé. - *Le bateau a touché le port, a touché terre.* **5.** Entrer en possession de, percevoir. ⇒ **recevoir.** *Toucher de l'argent. Toucher un traitement.* ⇒ **gagner. 6.** abstrait Procurer une émotion à (qqn), faire réagir en suscitant l'intérêt affectif. ⇒ **intéresser.** *Ce reproche l'a touché.* ⇒ **blesser.** - plus cour. Émouvoir en excitant la compassion, la sympathie et une certaine tendresse. ⇒ **attendrir ;** ② **touchant.** *Ses larmes m'ont touché.* **7.** loc. *TOUCHER UN MOT de qqch. à qqn :* dire un mot à qqn concernant qqch. **II.** (sans mouvement) **1.** Se trouver en contact avec ; être tout proche de. *Sa maison touche l'église.* ⇒ **jouxter** (cf. ci-dessous *toucher à*). **2.** Concerner, avoir un rapport avec. ⇒ **regarder.** *C'est un problème qui les touche de près. Elle connaît tout ce qui touche à l'informatique.* ⇒ ① **touchant.** - pronom. (récipr.) Être en rapport étroit. *Les extrêmes se touchent.* **III.** v. tr. ind. *TOUCHER À.* **1.** Porter la main sur, pour prendre, utiliser. *Ne touche pas à ce vase, n'y touche pas !* FAM. *Pas touche !* - (négatif) *Ne pas toucher à :* ne pas utiliser, consommer. *Il n'a pas touché à son repas. Il n'a jamais touché à un volant,* il n'a jamais conduit. **2.** abstrait Se mêler, s'occuper de (qqch.). *Il vaut mieux ne pas toucher à ce sujet.* ⇒ **aborder.** ♦ S'en prendre (à qqch.), pour modifier, corriger. *Ils n'osent pas toucher aux traditions.* - *Un air de ne pas y toucher,* faussement innocent (⇒ **sainte nitouche**). **3.** LITTÉR. Atteindre, arriver à (un point qu'on touche ou dont on approche). *Toucher au port* (navire). - *Nous touchons au but.* - (dans le temps) *TOUCHER À SA FIN. L'été touche à sa fin.* **4.** Être en contact avec. *Un immeuble qui touche à la mairie* (cf. ci-dessus II, 1). **5.** Avoir presque le caractère de. ⇒ **confiner.** *Sa minutie touche à la névrose.*

② **TOUCHER** n. m. ▪ **1.** Un des cinq sens correspondant aux sensibilités qui interviennent dans l'exploration des objets par palpation. ⇒ **tact. 2.** Action ou manière de toucher. ⇒ **attouchement, contact.** *Le velours est doux au toucher.* **3.** Manière de jouer d'un instrument à touches. *Pianiste qui a un beau toucher.* **4.** MÉD. Exploration d'une cavité naturelle du corps à la main. ⇒ **palpation.** *Toucher vaginal, rectal.*

les TOUCOULEURS ▪ Peuple du Sénégal et de Guinée, de religion musulmane.

TOUER v. tr. 1 ▪ Faire avancer en tirant, en remorquant ; spécialt (navire, barque) en tirant à bord sur une amarre (⇒ **touage**).

TOUFFE n. f. ▪ Assemblage naturel de plantes, de poils, de brins..., rapprochés par la base. ⇒ **bouquet.** *Une touffe d'herbe. Une touffe de poils, de cheveux.* ⇒ **épi, mèche.**

TOUFFEUR n. f. ▪ LITTÉR. Atmosphère chaude et étouffante.

TOUFFU, UE adj. ▪ **1.** Qui est en touffes ; épais et dense. *Un bois touffu. Une barbe touffue.* ⇒ **dru, fourni. 2.** Qui présente en peu d'espace trop d'éléments abondants et complexes. *Un livre touffu.*

TOU FOU → Du Fu

TOUGGOURT ▪ Oasis du Sahara algérien. 23 978 hab.

TOUILLER v. tr. 1 ▪ FAM. et RÉGIONAL Remuer, agiter, mêler. *Touiller la salade.*

TOUJOURS adv. de temps ▪ **1.** Dans la totalité du temps considéré (la vie, le souvenir, etc.). ⇒ **constamment, continuellement.** *Je l'ai toujours su. Ça ne durera pas toujours.* ⇒ **éternellement.** ♦ À chaque instant, sans exception. *Il est toujours à l'heure. Il ne réagit pas toujours ainsi, mais d'habitude, oui.* ♦ loc. *Toujours plus, toujours moins* (+ adj.), de plus en plus, de moins en moins. - *COMME TOUJOURS :* de même que dans tous les autres cas. - *PRESQUE TOUJOURS :* très souvent. ⇒ **généralement, ordinairement ;** → d'habitude. - *DE TOUJOURS :* qui est toujours le même. *Ce sont des amis de toujours.* - *DEPUIS TOUJOURS* (→ de tout temps). - *POUR TOUJOURS. Il est parti pour toujours.* ⇒ **définitivement. 2.** Encore maintenant, encore au moment considéré. *Je l'aime toujours. Il court toujours.* - *Il n'est toujours pas parti* (→ pas encore). **3.** Dans toute circonstance (→ en tout cas, de toute façon). *Il arrive toujours un moment où...* - FAM. *Il peut toujours courir*. Cause toujours !* - interj. (à la fin d'une phrase négative) « *Qui a dit ça ? — Ce n'est pas moi, toujours !* » ♦ loc. *TOUJOURS EST-IL (QUE),* sert à introduire un fait ou un jugement en opposition avec d'autres qui viennent d'être présentés. *Personne ne voulait y croire, toujours est-il que c'est arrivé.*

Mikhaïl TOUKHATCHEVSKI (1893 - 1937) ▪ Maréchal soviétique. Victime des purges de Staline. Réhabilité en 1961.

TOUL ▪ Chef-lieu d'arrondissement de Meurthe-et-Moselle. 17 281 hab. *(les Toulois).* Cathédrale gothique (XIIIe-XVe s.). Toul, avec Metz et Verdun, fit partie des Trois-Évêchés. Constructions mécaniques, confection.

TOULA ▪ Ville de Russie. 541 000 hab. Centre houiller proche de Moscou. Samovars.

Paul-Jean TOULET (1867 - 1920) ▪ Écrivain français. *"Les Contrerimes"* (1921), poèmes.

TOULON ▪ Chef-lieu du Var, important port militaire sur la Méditerranée (rade de Toulon). 167 619 hab. *(les Toulonnais).* Arsenal. Chantiers navals.

Toulouse. La basilique Saint-Sernin.
Phot. © Dupond/Explorer

TOULOUSE ▪ Chef-lieu de la Haute-Garonne et de la région Midi-Pyrénées. 358 688 hab. *(les Toulousains).* Nombreux monuments : basilique romane Saint-Sernin, cathédrale (XIIe-XIIIe s.), église des Jacobins (XIIIe-XIVe s.), hôtels anciens, Capitole (XVIIIe s.). Musées. Université ; École nationale supérieure de l'aéronautique et de l'espace. Industries aéronautique et chimique. Ancienne capitale du royaume d'Aquitaine puis du *comté de Toulouse,* rattachée à la France après la croisade contre les albigeois, en 1271.

Henri de TOULOUSE-LAUTREC (1864 - 1901) ▪ Peintre et lithographe français. Affiches *("Le Bal du Moulin-Rouge" ; "Aristide Bruant").* Scènes de maisons closes *("Le Salon de la rue des Moulins"),* d'un dessin aigu et d'une humanité sans complaisance.

Toulouse-Lautrec. Étude pour *Femme qui tire son bas.*
Musée Toulouse-Lautrec, Albi. *Phot. © Nimatallah/Ricciarini*

TOUNDRA [tun-] n. f. ▪ Steppe de la zone arctique, caractérisée par des associations végétales de mousses et de lichens, des bruyères. *La toundra sibérienne.*

toundra près de Paxson, centre de l'Alaska.
Phot. © Cordier/Explorer

la TOUNGOUSKA ▪ Nom de trois rivières de Sibérie, affluents de l'Ienisseï.

TOUNGOUZE [tun-] adj. ▪ Relatif aux Toungouzes*. ♦ n. m. Groupe de langues de l'Eurasie et de l'Asie septentrionale (comprenant le mandchou).

les TOUNGOUZES ou **TUNGUZ** ▪ Groupe de tribus de Sibérie orientale.

TOUPET n. m. ▪ I. Touffe de cheveux bouffant au-dessus du front. II. fig. FAM. Hardiesse, assurance effrontée. ⇒ **aplomb, audace, culot.** *Quel toupet !*

TOUPIE n. f. ▪ 1. Petit objet conique ou sphérique, muni d'une pointe sur laquelle il peut se maintenir en équilibre en tournant. ⇒ **toton.** – *Tourner comme une toupie* (sur soi-même). 2. injure *(Vieille) toupie,* femme désagréable.

la TOUQUES ▪ Fleuve de Normandie, qui se jette dans la Manche. 108 km.

Le TOUQUET-PARIS-PLAGE ▪ Commune du Pas-de-Calais, station balnéaire sur la Manche. 5 596 hab. *(les Touquettois).*

① **TOUR** n. f. ▪ 1. Bâtiment (souvent cylindrique) construit en hauteur, dominant un édifice ou un ensemble architectural. *Tour d'un château.* ⇒ **donjon, tourelle.** *Tour de guet.* ⇒ **beffroi.** – Clocher à sommet plat. *Les tours de Notre-Dame de Paris.* – Immeuble à nombreux étages (en France, tend à remplacer *building, gratte-ciel*). 2. Construction en hauteur. *Tour métallique. La tour Eiffel.* ♦ *TOUR DE CONTRÔLE :* local surélevé d'où s'effectue le contrôle des activités d'un aérodrome. 3. aux échecs Pièce en forme de tour crénelée, qui avance en ligne. 4. loc. *TOUR D'IVOIRE :* retraite d'un penseur, d'un écrivain, etc., qui se tient à l'écart de la vie sociale, refuse de se compromettre. 5. loc. *TOUR DE BABEL* : lieu où l'on parle toutes les langues.

▪ **la TOUR DE LONDRES** ▪ Forteresse construite à Londres par Guillaume le Conquérant au XIe s. Elle servit de prison d'État : exécutions d'Henri VI, Anne Boleyn, Thomas More. Actuellement, la Tour abrite un musée d'armes.

② **TOUR** n. m. ▪ I. 1. Limite circulaire. ⇒ **circonférence.** *Le tour d'un arbre, d'un tronc. Avoir soixante centimètres de tour de taille.* 2. Chose qui en recouvre une autre en l'entourant (vêtements, garnitures). *Un tour de cou* (fourrure, foulard). 3. *FAIRE LE TOUR de qqch. :* aller autour (d'un lieu, d'un espace). *Faites le tour du pâté de maisons.* – fig. Passer en revue. *Faire le tour de la situation.* 4. *FAIRE UN TOUR,* une petite sortie. ⇒ **promenade.** *Faire un (petit) tour en ville.* 5. *TOUR DE... :* parcours, voyage où l'on revient au point de départ. ⇒ **circuit, périple ; tournée.** *"Le Tour du monde en quatre-vingts jours"* (de Jules Verne). – *Le Tour de France,* course cycliste disputée chaque année sur un long circuit de routes, principalement en France. *Le Tour d'Italie.* II. 1. Mouvement giratoire. ⇒ **révolution, rotation.** *Un tour de manivelle.* – loc. *Partir AU QUART DE TOUR,* immédiatement et sans difficulté. *Fermer la porte À DOUBLE TOUR,* en donnant deux tours de clé. 2. loc. *À TOUR DE BRAS :* de toute la force du bras ; fig. avec violence. *Il le frappe à tour de bras.* 3. *EN UN TOUR DE MAIN :* très vite. ⇒ en un **tournemain.** – *Tour de main,* mouvement adroit qu'accomplit la main. *Le tour de main d'un artisan.* ⇒ **adresse, habileté.** 4. *TOUR DE REINS :* torsion, faux mouvement douloureux dans la région des lombes. III. 1. Mouvement, exercice difficile à exécuter. *Tours de magie, de passe-passe. TOUR DE CARTES :* tour d'adresse effectué avec des cartes. – *TOUR DE FORCE :* action qui exige de la force ou de l'habileté. *Un véritable tour de force.* ⇒ **exploit.** 2. Action ou moyen d'action qui suppose de l'adresse, de l'habileté, de la ruse. *Avoir plus d'un tour dans son sac.* – *JOUER (un) TOUR à qqn,* agir à son détriment. *Il m'a joué un mauvais tour. Jouer un bon tour à qqn,* lui faire une plaisanterie. *Méfiez-vous, cela vous jouera des tours,* cela vous nuira. – *Le tour est joué,* c'est accompli, terminé (→ l'affaire est dans le sac). IV. (⇒ **tournure**) 1. Aspect que présente une chose selon la façon dont elle est faite, la manière dont elle évolue. *Observer le tour des événements.* 2. *TOUR (DE PHRASE) :* manière d'exprimer qqch. selon l'agencement des mots. 3. *TOUR D'ESPRIT :* manière d'être caractéristique d'un certain esprit. V. 1. loc. *À MON (SON,...) TOUR.* Moment auquel (ou durant lequel) une personne se présente, accomplit qqch. dans un ordre, une succession d'actions du même genre. *À moi, c'est mon tour. Chacun parlera à son tour.* – *CHACUN SON TOUR,* à son tour. 2. loc. *TOUR À TOUR :* l'un, puis l'autre (l'un après l'autre). – (états, actions) ⇒ **alternativement, successivement.** *Je riais et pleurais tour à tour.* ♦ *À TOUR DE RÔLE.* ⇒ **rôle.** 3. *Tour de chant :* série de morceaux interprétés par un chanteur, une chanteuse. 4. *Tour de scrutin :* vote (d'une élection qui en compte plusieurs). *Candidat élu au second tour.*

③ **TOUR** n. m. ▪ 1. Dispositif qui sert à façonner des pièces par rotation, à les tourner (II, 1). *Travailler au tour* (⇒ **tourner** (II) ; **tourneur**). *Tour de potier. Tour à main.* – *Tour automatique* (machine-outil). 2. Armoire cylindrique tournant sur pivot.

la TOURAINE ▪ Région du sud-ouest du Bassin parisien. Ses habitants sont les *Tourangeaux.* Ville principale : Tours. L'organisation politique de la France du XIVe au XVIe s. a entraîné la construction de châteaux dans la vallée de la Loire. La douceur du climat a favorisé le développement agricole et la culture de la vigne.

① **TOURBE** n. f. ▪ Matière combustible spongieuse et légère, qui résulte de la décomposition de végétaux à l'abri de l'air. *Un feu de tourbe.*

② **TOURBE** n. f. ▪ péj. VX Foule ; ramassis de personnes méprisables. ⇒ **canaille.**

TOURBIÈRE n. f. ▪ Gisement de tourbe en quantité exploitable. *Les tourbières d'Irlande.*

TOURBILLON n. m. ▪ 1. Masse d'air qui tournoie rapidement. ⇒ **cyclone.** *Un tourbillon de vent.* 2. Mouvement tournant et rapide (en hélice) d'un fluide, ou de particules entraînées par l'air. *Un tourbillon de poussière. Les tourbillons d'une rivière.* ♦ Tournoiement rapide. *Le tourbillon d'une danse.* 3. LITTÉR. Ce qui emporte, entraîne dans un mouvement rapide, irrésistible. *Un tourbillon de plaisirs.*

TOURBILLONNANT, ANTE adj. ▪ Tournoyant. *Les jupes tourbillonnantes d'une danseuse.*

TOURBILLONNEMENT n. m. ▪ Mouvement en tourbillon.

TOURBILLONNER v. intr. [1] ▪ 1. Former un tourbillon ; être emporté en un tournoiement rapide. *La neige qui tourbillonnait.* 2. Être agité par un mouvement rapide, irrésistible. *Des souvenirs qui tourbillonnent dans la tête.*

TOURCOING ▪ Commune du Nord qui forme avec Lille et Roubaix une conurbation. 93 765 hab. *(les Tourquennois).* Industrie textile.

La TOUR-DU-PIN ▪ Chef-lieu d'arrondissement de l'Isère. 6 770 hab. *(les Turripinois).*

Samory TOURÉ (v.1837 - 1900) ▪ Chef soudanais. Il forma à partir de 1868 un empire qui s'étendait sur la partie orientale de la Guinée actuelle. Il se heurta à l'expansion française et fut capturé en 1898.

Sékou TOURÉ (1922 - 1984) ▪ Homme d'État guinéen. Marxiste, il obtint l'indépendance de la Guinée dès 1958 et en fut le président jusqu'à sa mort. Son pouvoir devint dictatorial.

TOURELLE n. f. ▪ 1. Petite tour. *Les tourelles du château.* 2. Abri blindé, fixe ou mobile contenant des pièces d'artillerie. *La tourelle d'un char d'assaut.*

Ivan TOURGUENIEV (1818 - 1883) ▪ Écrivain russe. Proche des écrivains français de son temps. Romans, nouvelles. *"Récits d'un chasseur"* (1852); *"Premier amour"* (1860).

TOURISME n. m. ▪ **1.** Le fait de voyager, de parcourir pour son plaisir un lieu autre que celui où l'on vit habituellement. *Faire du tourisme. Guide de tourisme. Avion, voiture* DE TOURISME, destinés aux déplacements privés et non utilitaires. **2.** Ensemble des activités liées aux déplacements des touristes.

TOURISTE n. ▪ **1.** Personne qui fait du tourisme. *"Les Mémoires d'un touriste"* (de Stendhal). **2.** *Classe touriste :* classe inférieure à la première classe (bateau, avion).

TOURISTIQUE adj. ▪ **1.** Relatif au tourisme. *Guide touristique. Activités touristiques* (hôtellerie, agences de voyage, etc.). *Menu touristique,* destiné en principe aux touristes. **2.** Qui attire les touristes. *Ville touristique.*

TOURLAVILLE ▪ Commune de la Manche, dans la banlieue de Cherbourg. 17 510 hab. *(les Tourlavillais).*

le col du TOURMALET ▪ Le plus haut col routier des Pyrénées françaises, dans les Hautes-Pyrénées (2 115 m).

TOURMALINE n. f. ▪ Pierre fine aux tons divers.

TOURMENT n. m. ▪ **1.** LITTÉR. Très grande souffrance physique ou morale. ⇒ **peine, supplice, torture. 2.** Grave souci. *Cette affaire m'a donné bien du tourment.*

TOURMENTE n. f. ▪ **1.** LITTÉR. Tempête soudaine et violente. ⇒ **bourrasque, orage, ouragan.** *Une tourmente de neige. Pris dans la tourmente.* **2.** Troubles (politiques ou sociaux) violents et profonds. *La tourmente révolutionnaire.*

TOURMENTÉ, ÉE adj. ▪ **1.** En proie aux tourments, aux soucis. ⇒ **anxieux, inquiet.** *Un être tourmenté. Un visage tourmenté.* **2.** LITTÉR. Qui s'accomplit dans l'agitation, le tumulte. *Une période, une vie très tourmentée.* ⇒ **agité. 3.** De forme très irrégulière. *Un relief tourmenté.* ⇒ **accidenté. 4.** Trop chargé d'ornements. ⇒ **tarabiscoté.** *Un style tourmenté.*

TOURMENTER v. tr. [1] ▪ **1.** Affliger de souffrances physiques ou morales ; faire vivre dans l'angoisse. *Il tourmente toute sa famille.* **2.** (sujet chose) Faire souffrir ; préoccuper en angoissant. *Les préoccupations qui le tourmentaient.* ⇒ **obséder.** *Les remords qui le tourmentent.* ⇒ **torturer.** ► SE **TOURMENTER** v. pron. réfl. Se faire des soucis, éprouver de l'inquiétude, de l'angoisse. ⇒ s'**inquiéter,** se **tracasser.**

TOURNAGE n. m. ▪ Action de tourner (I, 8), de faire un film. ⇒ **réalisation.** *Pendant le tournage (du film).*

TOURNAI en néerlandais ***DOORNIK*** ▪ Ville de Belgique (Région wallonne, province de Hainaut), sur l'Escaut. 67 732 hab. *(les Tournaisiens).* Cathédrale (XIIe-XIIIe s.). Églises et maisons médiévales. Prise par Louis XIV (fortifiée par Vauban). Célèbre pour ses tapisseries (XVe-XVIIIe s.) et ses porcelaines (XVIIIe s.).

① **TOURNANT, ANTE** adj. ▪ **1.** Qui tourne (III), pivote sur soi-même. *Plaque* tournante. Des ponts tournants. Le feu tournant d'un phare* (⇒ **gyrophare**). **2.** Qui contourne, prend à revers. *Mouvement tournant,* pour cerner l'ennemi. **3.** Qui fait des détours, présente des courbes. ⇒ **sinueux.** *Un chemin tournant. Un escalier tournant,* en colimaçon. **4.** GRÈVE TOURNANTE, qui affecte successivement différents secteurs.

② **TOURNANT** n. m. ▪ **1.** Endroit où une voie tourne ; courbe (d'une rue, d'une route). ⇒ **coude.** *Tournant en épingle à cheveux.* ⇒ **virage. 2.** loc. FAM. *Avoir qqn* AU TOURNANT : se venger dès que l'occasion s'en présente. *Je t'attends au tournant.* **3.** fig. Moment où ce qui évolue change de direction, devient autre. *Il est à un tournant de sa vie. Il a su prendre le tournant,* s'adapter avec opportunisme.

TOURNEBOULER v. tr. [1] ▪ FAM. Mettre l'esprit à l'envers. ⇒ **bouleverser.** *Cette nouvelle l'a tourneboulé.* - au p. p. *Il était tout tourneboulé.* ⇒ **retourner.**

TOURNEBROCHE n. m. ▪ Mécanisme servant à faire tourner une broche. ⇒ **rôtissoire.**

TOURNE-DISQUE n. m. ▪ Appareil électrique composé d'un plateau tournant, d'une tête de lecture et qui sert à écouter des disques. ⇒ **platine.** *Des tourne-disques.*

TOURNEDOS n. m. ▪ Tranche de filet de bœuf à griller. ⇒ **filet, steak ; chateaubriand.**

TOURNÉE n. f. ▪ **1.** Voyage à itinéraire fixé, comportant des arrêts, des visites déterminés. *Tournée de prospection, d'inspection. La tournée du facteur. Voyageur de commerce en tournée.* - *Tournée théâtrale,* voyage d'une compagnie qui donne des représentations dans plusieurs endroits. **2.** Tour dans lequel on visite des endroits de même sorte. ⇒ **virée.** *Faire la tournée des boîtes de nuit.* - loc. *La tournée des grands-ducs*.* **3.** FAM. Ensemble des consommations offertes par qqn, au café. *C'est ma tournée.* **4.** FAM. Volée de coups, raclée. *Recevoir une tournée.*

TOURNEFEUILLE ▪ Commune de la Haute-Garonne. 16 669 hab.

Joseph Pitton de TOURNEFORT (1656 - 1708) ▪ Botaniste français. Grand voyageur. Sa classification des plantes fait de lui un précurseur de Linné.

EN UN **TOURNEMAIN** loc. adv. ▪ En un instant. *Il a sauvé la situation en un tournemain.* ⇒ **tour** de main.

Charles TOURNEMIRE (1870 - 1939) ▪ Organiste et compositeur français. Il composa notamment de la musique d'église sur des textes liturgiques et des chants grégoriens (*"Orgue mystique"*, 255 pièces).

TOURNER v. [1] ▪ **I.** v. tr. **1.** Faire mouvoir autour d'un axe, d'un centre, selon une courbe fermée (⇒ **rotation**). *Tourner une manivelle. Tourner la poignée.* - *Tourner et retourner qqch.,* manier en tous sens ; fig. *Ce problème qu'il tournait et retournait dans sa tête.* **2.** Remuer circulairement. *Tourner une sauce.* **3.** loc. TOURNER LA TÊTE *à, de qqn.,* étourdir. - *Cette fille lui a tourné la tête,* l'a rendu fou d'amour. **4.** *Tourner les pages d'un livre,* les faire passer du recto au verso, en feuilletant. **5.** Mettre, présenter (qqch.) en sens inverse, sur une face opposée. - loc. *Tourner le dos à qqn, à qqch.* ⇒ **dos. 6.** Diriger par un mouvement courbe. *Tournez la tête de ce côté. Tourner les yeux, son regard vers, sur qqn.* - abstrait *Tourner toutes ses pensées vers...* ⇒ **appliquer, orienter.** - loc. (au p. p.) *Avoir l'esprit* MAL TOURNÉ, disposé à tout interpréter de façon scabreuse. **7.** Suivre, longer en changeant de direction. *Tourner le coin de la rue.* **8.** (par allusion à la manivelle des premières caméras) *Tourner un film :* faire un film (⇒ **tournage**). - absolt *Silence, on tourne !* **II.** v. tr. **1.** Façonner, faire (un objet) au tour (③). *Tourner une poterie.* **2.** Arranger (les mots) d'une certaine manière, selon un certain style. *Tourner un compliment.* - au p. p. *Une lettre bien tournée.* **3.** TOURNER EN, À, transformer (qqn ou qqch.) en donnant un aspect, un caractère différent. *Tourner qqn en dérision. Tourner les choses à son avantage.* **III.** v. intr. **1.** Se mouvoir circulairement ou décrire une ligne courbe (autour de qqch.). *La Terre tourne autour du Soleil.* - *Voir tout tourner :* avoir le vertige. - (personnes) *Enfants qui tournent sur un manège.* - loc. *Tourner en rond*:* être désœuvré. *Tourner comme un ours en cage.* **2.** TOURNER AUTOUR, évoluer sans s'éloigner. *Arrêtez de tourner autour de nous !* - *Tourner autour de qqn,* lui faire la cour. ♦ (choses) Avoir pour centre d'intérêt. *La conversation tournait autour de l'éducation des enfants.* **3.** Avoir un mouvement circulaire (sans que l'ensemble de l'objet se déplace). *Tourner sur soi-même comme une toupie.* ♦ Se mouvoir autour d'un axe fixe. ⇒ **pivoter.** *La porte tourne sur ses gonds. Les aiguilles* (de montre) *tournent.* - loc. *L'heure tourne :* le temps passe. **4.** Fonctionner (en parlant de mécanismes dont les pièces ont un mouvement de rotation). *Le moteur tourne, tourne rond. Tourner à vide.* ♦ Fonctionner, marcher. *Faire tourner une entreprise.* **5.** loc. *La tête lui tourne,* il est étourdi, perd le sens de l'équilibre. *Ça me fait tourner la tête,* ça m'étourdit. **6.** Changer de direction. *Tournez à gauche !* - *La chance a tourné,* changé. **7.** TOURNER À..., EN... : changer d'aspect, d'état, pour aboutir à (un résultat). ⇒ se **transformer.** *Le temps tourne au froid.* - *La discussion tourne à l'aigre*, au vinaigre*.* **8.** TOURNER BIEN, MAL : évoluer bien, mal. *Ça va mal tourner.* ⇒ se **gâter.** - (personnes) *Elle a mal tourné.* **9.** Devenir aigre. *Le lait a tourné.* ► SE **TOURNER** v. pron. réfl. **1.** Aller, se mettre en sens inverse ou dans une certaine direction. ⇒ se **retourner.** *Se tourner vers qqn. Se tourner d'un autre côté.* ⇒ se **détourner.** *Il se tourne et se retourne dans son lit.* **2.** Se diriger. *Elle s'était tournée vers les études.* ⇒ s'**orienter.**

TOURNESOL [-s-] n. m. ▪ **I.** Plante à grande fleur jaune (⇒ **hélianthe, soleil**), cultivée pour ses graines oléagineuses.

Graines de tournesol. Huile de tournesol. **II.** CHIM. Substance d'un bleu-violet, qui tourne au rouge sous l'action d'un acide, au bleu sous l'action des bases.

tournesol. *Helianthus annuus.*
Phot. © Labat/Jacana

TOURNEUR n. m. ▪ **I.** Artisan, ouvrier qui travaille au tour (à main ou automatique). *Il est tourneur sur métaux.* **II.** appos. *Derviche* tourneur.*

Cyril **TOURNEUR** (v. 1575 - 1626) ▪ Auteur dramatique anglais de l'époque élisabéthaine. *"La Tragédie du vengeur"* (imprimée en 1607).

TOURNEVIS [-vis] n. m. ▪ Outil pour tourner les vis, tige d'acier emmanchée, aplatie ou cruciforme à son extrémité.

TOURNICOTER v. intr. [1] ▪ FAM. Tourniquer. *Il ne cesse de tournicoter dans toute la maison.*

Michel **TOURNIER** (né en 1924) ▪ Écrivain français. Le recours à de grands mythes donne à ses romans une portée philosophique. *"Vendredi ou les Limbes du Pacifique"* (1967); *"Le Roi des aulnes"* (1970); *"Les Météores"* (1975); *"La Goutte d'or"* (1985).

Tournier. *Phot. © Ulf Andersen/Gamma*

TOURNIQUER v. intr. [1] ▪ Tourner, aller et venir sur place, sans but.

TOURNIQUET n. m. ▪ **1.** Appareil formé d'une croix horizontale tournant autour d'un pivot vertical, pouvant livrer passage aux personnes, chacune à son tour. - Porte à tambour. **2.** Plate-forme horizontale tournant sur un pivot, servant de jeu pour les enfants. ♦ Présentoir tournant. **3.** Arroseur qui tourne sous la force de l'eau.

TOURNIS n. m. ▪ **1.** Maladie des bêtes à cornes qui se manifeste par le tournoiement de la bête atteinte. **2.** FAM. Vertige. *Vous me donnez le tournis.*

TOURNOI n. m. ▪ **1.** au Moyen Âge Combat courtois entre chevaliers. **2.** LITTÉR. Lutte d'émulation. ⇒ **concours.** *Un tournoi d'éloquence.* **3.** Compétition, concours à plusieurs séries d'épreuves ou de manches. *Tournoi de tennis. Le Tournoi des Cinq Nations* (rugby).

TOURNOIEMENT n. m. ▪ Le fait de tournoyer. *Un tournoiement de feuilles mortes.*

TOURNON-SUR-RHÔNE ▪ Chef-lieu d'arrondissement de l'Ardèche. 9 546 hab. *(les Tournonais).* Château (XVe-XVIe s.).

TOURNOYANT, ANTE adj. ▪ Qui tournoie. *Danses tournoyantes.*

TOURNOYER v. intr. [8] ▪ **1.** Décrire des courbes, des cercles inégaux sans s'éloigner. *Les oiseaux tournoient, tournoyaient dans le ciel.* **2.** Tourner sur soi (⇒ **pivoter**) ou tourner en hélice (⇒ **tourbillonner**). *Vent qui fait tournoyer les feuilles.*

TOURNURE n. f. ▪ **I. 1.** Forme particulière donnée à l'expression, à la phrase. *Une tournure impersonnelle, négative.* ⇒ ② **tour** (IV, 3). *Tournures affectées, régionales, dialectales.* **2.** Air, apparence (d'une chose). ⇒ **allure.** *Avoir (une) meilleure tournure.* - Aspect général (des événements). *Je n'aime pas la tournure que prend cette affaire.* ⇒ **cours.** - *Ça commence à* PRENDRE TOURNURE, à s'organiser. **3.** *TOURNURE D'ESPRIT* : manière d'envisager, de juger les choses. **II.** anciennt Rembourrage sous la robe, au bas du dos (→ faux cul).

TOURNUS ▪ Commune de Saône-et-Loire. 6 568 hab. *(les Tournusiens).* Magnifique église romane (X^{e}-XIe s.).

TOURS ▪ Chef-lieu d'Indre-et-Loire, sur la Loire. 129 509 hab. *(les Tourangeaux).* Saint Martin en fit un des foyers religieux du IVe s. Cathédrale Saint-Gatien (XIIe-XVe s.). Maisons et hôtels anciens. Industries mécanique et chimique. Commerce du vin.

TOURTE n. f. ▪ **1.** Pâtisserie ronde garnie de produits salés. **2.** FAM. Imbécile, idiot. *Quelle tourte !*

① **TOURTEAU** n. m. ▪ Résidu de graines, de fruits oléagineux, servant d'aliment pour le bétail ou d'engrais.

② **TOURTEAU** n. m. ▪ Gros crabe de l'Atlantique, de la Manche, à chair estimée (appelé aussi *dormeur*).

TOURTEREAU n. m. ▪ **1.** Jeune tourterelle. **2.** fig. *Des tourtereaux* : de jeunes amoureux.

TOURTERELLE n. f. ▪ Oiseau voisin du pigeon, mais plus petit. *La tourterelle roucoule.* - appos. *Gris tourterelle,* très doux.

TOURTIÈRE [-tjɛʀ] n. f. ▪ **1.** Ustensile de cuisine pour faire des tourtes. **2.** Tourte.

TOUSSAINT n. f. ▪ Fête catholique en l'honneur de tous les saints, le 1er novembre (confondue avec la fête des morts [2 novembre]). - *Un temps de Toussaint,* gris et froid, triste.

TOUSSAINT-LOUVERTURE (1743 - 1803) ▪ Homme politique haïtien. Ancien esclave, héros de l'indépendance d'Haïti (1801). Il tenta de créer une république noire.

TOUSSER v. intr. [1] ▪ **1.** Avoir un accès de toux. ♦ par analogie *Moteur qui tousse,* qui a des ratés. **2.** Se racler la gorge, volontairement, pour éclaircir sa voix ou faire signe à qqn, l'avertir.

TOUSSOTER v. intr. [1] ▪ Tousser d'une petite toux peu bruyante. ► n. m. TOUSSOTEMENT

① **TOUT** [tu] ; **TOUTE** ; **TOUS** [tu ; tus] ; **TOUTES** adj., pron. et adv. ▪ **I.** *TOUT, TOUTE* (pas de pluriel) adj. qualificatif Complet, entier (⇒ **totalité**). **1.** (devant un nom précédé d'un article, d'un possessif, d'un démonstratif) *TOUT LE, TOUTE LA* (+ nom). *Tout le jour, toute la nuit, tout le temps.* - *TOUT LE MONDE* : l'ensemble des gens (selon le contexte) ; chacun d'eux. *Tout le reste* : l'ensemble des choses qui restent à mentionner. - *TOUT UN, TOUTE UNE. Pendant tout un hiver. C'est toute une affaire, toute une histoire,* une véritable, une grave affaire. - *Lire toute l'œuvre d'un auteur.* (devant un titre) *J'ai lu tout* (ou *toute*) *"la Chartreuse de Parme", tout "les Misérables".* - (devant un possessif) *Toute sa famille.* - (devant un démonstratif) *Toute cette nuit, il a plu.* - *TOUT CE QU'IL Y A DE* (+ nom pluriel). *Tout ce qu'il y avait de professeurs était venu* ou *étaient venus.* - FAM. *Tout ce qu'il y a de plus* (avec un adj. ou un nom employé comme adj.) : très. *Des gens tout ce qu'il y a de plus cultivé* (ou *cultivés*). **2.** (dans des loc.) devant un nom sans article *Avoir tout intérêt à,* un intérêt évident et grand à. *À toute vitesse*.* - *De toute beauté*. En toute simplicité*. Selon toute apparence*.* - *POUR TOUT* (+ nom sans article) : en fait de..., sans qu'il y ait rien d'autre. *Il n'eut qu'un sourire pour toute récompense.* ⇒ **seul, unique.** - (devant un nom d'auteur) *Lire tout Racine.* - (devant un nom de ville ; invar.) *Tout Marseille était en émoi.* - *LE TOUT-PARIS* (ou nom de grande ville) : les personnes les plus notables, tout ce qui compte socialement (dans une grande ville). **3.** *TOUT, TOUTE À* : entièrement à. *Elle était toute à son travail.* - *TOUT, TOUTE EN, DE* : entièrement fait (e) de. *Une robe toute en soie. Habillée toute en noir. Elles sont tout de bleu vêtues.* **II.** adj. indéf. **1.** *TOUS, TOUTES* (toujours plur.) : l'ensemble, la totalité de, sans excepter une unité ; le plus grand nombre de. *Tous les hommes. Tous les moyens*

Toutankhamon. Masque funéraire, or incrusté d'émail et de pierres semi-précieuses. Musée du Caire. *Phot. © Nino Cirani/Ricciarini*

sont bons. Nous partons tous les deux. – (devant un nom sans article) *Toutes sortes de choses. Tous deux, tous trois ont tort* (REM. La série ne va pas au-delà de *tous quatre*). – *C'EST TOUT UN,* la même chose. – *Tous, toutes* (+ nom sans article et participe ou adj.). *Tous feux éteints. Toutes proportions gardées.* – (précédé d'une prép.) *En tous lieux. En toutes lettres.* **2.** *TOUS, TOUTES* (plur. de *chaque*), marque la périodicité, l'intervalle. *Tous les ans, je voyage. Toutes les dix minutes,* à chaque instant. **3.** *TOUT, TOUTE* (singulier ; + nom sans article) : un quelconque, n'importe lequel ; un individu pris au hasard. *Toute personne.* ⇒ **quiconque.** prov. *Toute peine mérite salaire.* – (avec prép.) *À tout âge. À toute heure. De toute façon. En tout cas. Avant toute chose :* avant tout, plus que tout. – loc. *Tout un chacun :* tout le monde. – *TOUT(E) AUTRE... Toute autre qu'elle aurait refusé.* **III. pron.** *TOUT ; TOUS, TOUTES.* **1.** *TOUS, TOUTES* (plur.), représentant un ou plusieurs noms, pronoms, exprimés avant. *La première de toutes. Tous ensemble. Tous autant que nous sommes :* nous, sans exception. **2.** *TOUS, TOUTES* (en emploi nominal) : tous les hommes, tout le monde ; une collectivité entière. *Tous sont venus. Il les aime toutes. Nous avons tous nos défauts.* – *Eux tous, nous tous.* **3.** *TOUT* (masc. sing.) pronom ou nominal : l'ensemble des choses dont il est question (contr. *rien*). *Le temps efface tout. Il sait tout. Tout va bien.* prov. *Tout est bien* qui finit bien.* – *Tout est là :* là réside le problème. – *À tout prendre :* tout bien considéré. – *Pour tout dire :* en somme. – (résumant une série de termes) *Ses amis, ses enfants, son travail, tout l'exaspère.* – (attribut) *Elle est tout pour lui,* elle a une extrême importance. – *C'EST TOUT,* marque la fin d'une énumération ou d'une déclaration. *Un point, c'est tout. Ce sera tout pour aujourd'hui.* – *Ce n'est pas tout :* il reste encore qqch. – *Ce n'est pas tout de..., que de... :* ce n'est pas assez. FAM. *C'est pas tout ça :* il y a autre chose à faire. – *VOILÀ TOUT,* pour marquer ce qui est fini, borné, n'était pas très important. *Il a trop bu, voilà tout.* – *Avant tout. Par-dessus tout* (⇒ **surtout**). – *COMME TOUT :* extrêmement. *Elle est jolie comme tout.* ♦ *EN TOUT :* complètement. *Un récit conforme en tout à la réalité.* – Au total. *Mille francs en tout. Il y avait en tout et pour tout trois personnes.* ♦ *TOUT DE... Il ignore tout de cette affaire, de vous.* – FAM. *Avoir tout de,* avoir toutes les qualités, les caractéristiques de. *Elle a tout d'une mère.* ♦ nominal L'ensemble des choses. ⇒ ② **tout.** « *Tout est dans tout* » (maxime des philosophes présocratiques). **IV. adv.** *TOUT* (parfois *TOUTE, TOUTES*) : entièrement, complètement ; d'une manière absolue (⇒ **absolument, bien, exactement, extrêmement**). **1.** devant quelques adjectifs, des participes présents et passés ◇ Invariable au masc., et devant les adj. fém. commençant par une voyelle ou un h muet. *Ils sont tout jeunes. Tout ému, tout émue. Tout entière. Il était tout gosse.* — Variable en genre et en nombre devant les adj. fém. commençant par une consonne ou par un h aspiré. *Toute belle. Portes ouvertes toutes grandes. Elle est toute honteuse.* ♦ *TOUT AUTRE :* complètement différent. *C'est une tout autre affaire.* – *Le tout premier, la toute première.* ♦ *TOUT... QUE...,* exprime la concession. *Tout riches qu'ils sont, toutes riches qu'elles sont,* bien que riches. – (+ subj.) *Tout intelligente qu'elle soit, elle s'est trompée.* **2.** *TOUT,* invar., devant une préposition, un adverbe. *Elle est habillée tout en noir. Elle était tout en larmes.* – *Parlez tout bas. J'habite tout près. Tout récemment.* – *Tout à coup*. Tout à l'heure*. Tout au plus :* au plus, au maximum. – *Tout d'abord.* **3.** *TOUT À FAIT.* ⇒ **entièrement, totalement.** *Ce n'est pas tout à fait pareil.* ♦ en réponse Exactement. – abusif Oui. **4.** *TOUT EN...* (+ p. prés.), marque la simultanéité. *Il chante tout en travaillant.* **5.** *TOUT,* invar., pour renforcer un nom épithète ou attribut. *Je suis tout ouïe*. Elle est tout yeux tout oreilles.*

② **TOUT,** plur. **TOUTS n. m.** ■ **I. 1.** *LE TOUT :* l'ensemble dont les éléments viennent d'être désignés. ⇒ **totalité.** *Vendez le tout.* loc. *Risquer* le tout pour le tout.* – *Un tout indivisible. Les touts et leurs parties.* **2.** *UN, LE TOUT :* l'ensemble des choses dont on parle ; l'unité qu'elles forment. *Former un tout.* ♦ Le mot à trouver dans une charade. *Mon premier, mon second... ; mon tout.* **3.** L'ensemble de toutes choses. *Le tout, le grand tout.* ⇒ **univers. 4.** *LE TOUT :* ce qu'il y a de plus important. *Le tout est d'être attentif.* – FAM. *C'est pas le tout de rigoler,* ça ne suffit pas. **II.** loc. adv. **1.** *DU TOUT AU TOUT :* complètement, en parlant d'un changement. *Il a changé du tout au tout.* **2.** *PAS DU TOUT :* absolument pas. *Il ne fait pas froid du tout. Plus du tout. Rien du tout :* absolument rien. – ellipt *Du tout :* pas du tout.

TOUT-À-L'ÉGOUT [tut-] **n. m. invar.** ■ Système de vidange qui consiste à envoyer directement à l'égout les eaux usées, les matières fécales.

TOUTANKHAMON ■ Pharaon du Nouvel Empire de v. 1354 à 1343 av. J.-C. Le trésor découvert dans sa tombe en 1922 était exceptionnellement préservé (musée du Caire).

TOUT À TRAC [tutatʀak] **loc. adv.** ■ En s'exprimant soudainement et sans préparation. « *Partons* », *lui dit-il tout à trac.*

TOUTEFOIS adv. ■ En considérant toutes les raisons, toutes les circonstances (qui pourraient s'opposer), et malgré elles. ⇒ **cependant, néanmoins, pourtant.** *Si toutefois vous n'y voyez pas d'inconvénient.*

TOUTE-PUISSANCE n. f. ■ Puissance, autorité absolue. ⇒ **omnipotence.**

TOUT-FOU adj. m. et n. m. ■ FAM. Très excité, un peu fou. *Ils sont tout-fous.*

TOUTHMÔSIS ■ Nom de quatre pharaons égyptiens de la XVIIIe dynastie (Nouvel Empire). ► **TOUTHMÔSIS III** (v. 1504 - 1450 av. J.-C.). Grand conquérant, il porta l'empire à son apogée.

Touthmôsis. Statue de Touthmôsis III, granit, XVIIIe dynastie. Musée égyptien, Le Caire. *Phot. © Dagli Orti*

TOUTOU n. m. ■ affectif Chien, spécialt bon chien, chien fidèle. *Des petits toutous.*

TOUT-PETIT n. m. ■ Très jeune enfant ; bébé. *Les tout-petits.*

TOUT-PUISSANT, TOUTE-PUISSANTE adj. ■ Qui peut tout, dont la puissance est absolue, illimitée. ⇒ **omnipotent.** – **n. m.** RELIG. *Le Tout-Puissant :* Dieu. ♦ Qui a un très grand pouvoir. *Des dictateurs tout-puissants. Assemblées toutes-puissantes.*

TOUT-TERRAIN adj. ■ (véhicule) Capable de rouler hors des routes, sur toutes sortes de terrains. *Voiture tout-terrain.* – **n.** *Des tout-terrains* (⇒ **jeep, quatre-quatre**). – *Vélo tout-terrain.* ⇒ V.T.T.

À **TOUT-VA** ou À **TOUT VA loc. adv.** ■ Sans limite, sans retenue.

TOUT-VENANT n. m. invar. ■ (choses, personnes) Tout ce qui se présente (sans triage, sans classement préalable). *Le tout-venant.*

la république de TOUVA ▪ République de la Fédération de Russie, à la frontière de la Mongolie. 170 500 km². 314 000 hab. *(les Touvas).* Capitale : Kyzyl (90 000 hab.). Région agricole.

TOUX n. f. ▪ Expulsion forcée et bruyante d'air à travers la glotte rétrécie, due en général à une irritation des muqueuses des voies respiratoires (⇒ **tousser**). *Accès, quinte de toux. Une toux grasse, sèche,* avec, sans expectoration.

TOXÉMIE n. f. ▪ MÉD. Présence de toxines dans le sang.

TOXICITÉ n. f. ▪ Caractère toxique.

TOXICO- Élément savant, du latin *toxicum* « poison ».

TOXICOLOGIE n. f. ▪ Étude scientifique des poisons. ► adj. TOXICOLOGIQUE

TOXICOLOGUE n. ▪ Spécialiste en toxicologie.

TOXICOMANE adj. ▪ Qui souffre de toxicomanie. ⇒ **drogué, intoxiqué.** – n. *Un, une toxicomane.* ◇ abrév. FAM. TOXICO.

TOXICOMANIE n. f. ▪ État d'intoxication engendré par la prise répétée de substances toxiques (drogues, stupéfiants), créant un état de dépendance psychique et physique (⇒ **accoutumance, intoxication**).

TOXINE n. f. ▪ MÉD. Substance toxique élaborée par un organisme vivant auquel elle confère son pouvoir pathogène. *Rôle du foie dans l'élimination des toxines.*

TOXIQUE ▪ **1.** n. m. DIDACT. Poison. **2.** adj. Qui agit comme un poison. *Gaz toxiques.* ⇒ **délétère.** ♦ fig. Nuisible (de manière sournoise).

TOXOPLASMOSE n. f. ▪ MÉD. Maladie causée par un protozoaire parasite (le *toxoplasme* n. m.), dangereuse pour le fœtus humain.

Arnold TOYNBEE (1889-1975) ▪ Historien britannique. Il étudia la naissance, la vie et la mort des civilisations. *"Étude de l'histoire"* (1934-1961).

TRABOULER v. intr. 1 ▪ (À Lyon) Se dit d'un passage (*traboule* n. f.) qui traverse un pâté de maisons.

TRABZON anciennt ***TRÉBIZONDE*** ▪ Ville et port de Turquie sur la mer Noire. 143 941 hab. Capitale d'un Empire grec du XIIIe au XVe s. Églises byzantines (XIIIe s.) et mosquées (XVIe s.).

TRAC n. m. ▪ **1.** Peur ou angoisse que l'on ressent avant d'affronter le public, de subir une épreuve, d'exécuter une résolution. *Comédien qui a le trac.* **2.** ⇒ **tout à trac.**

TRAÇANT, ANTE adj. ▪ **1.** BOT. *Racine traçante,* horizontale. **2.** *Balle traçante,* qui laisse derrière elle une trace lumineuse.

TRACAS n. m. ▪ **1.** VIEILLI Embarras, peine, effort. *Se donner bien du tracas.* **2.** Souci ou dérangement causé par des préoccupations d'ordre matériel. ⇒ **difficulté, ennui.** *Tracas domestiques.*

TRACASSER v. tr. 1 ▪ Tourmenter avec insistance, physiquement ou moralement, de façon agaçante. ⇒ **obséder, travailler.** *Ses ennuis d'argent le tracassent.* ► SE TRACASSER v. pron. S'inquiéter. *Ne vous tracassez pas.*

TRACASSERIE n. f. ▪ Difficulté ou ennui qu'on suscite à qqn en le tracassant. *Les tracasseries administratives.*

TRACASSIER, IÈRE adj. ▪ Qui se plaît à tracasser les gens. *Un directeur tracassier.*

TRACE n. f. ▪ **1.** Empreinte ou suite d'empreintes, de marques, que laisse le passage d'un être ou d'un objet. *Des traces de pas sur la neige. Suivre, perdre la trace d'un fugitif.* ⇒ **piste.** – *Suivre qqn, un animal* À LA TRACE. ♦ loc. fig. *Suivre les traces, marcher sur les traces de qqn,* suivre son exemple. **2.** Marque. *Traces de fatigue sur un visage. Des traces de sang, d'encre.* ⇒ **tache.** ♦ Ce qui subsiste d'une chose passée. ⇒ **reste, vestige.** *Retrouver les traces d'une civilisation disparue.* **3.** Très petite quantité perceptible. *L'autopsie a révélé des traces de poison.*

TRACÉ n. m. ▪ **1.** Ensemble des lignes constituant le plan d'un ouvrage à exécuter. ⇒ **graphique, plan.** *Le tracé d'une route.* **2.** Ligne continue, dans la nature. *Le tracé sinueux d'une rivière.* **3.** Contours d'un dessin au trait, d'une écriture. ⇒ **graphisme.** *Un tracé rigoureux.*

TRACER v. tr. 3 ▪ **1.** Indiquer et ouvrir plus ou moins (un chemin) en faisant une trace. ⇒ **frayer.** – au p. p. *Sentier à peine tracé.* – fig. *Tracer le chemin, la voie :* indiquer la route à suivre, donner l'exemple. **2.** Mener (une ligne) dans une direction. *Tracer un trait.* ♦ Former, en faisant plusieurs traits. *Tracer un triangle, le plan d'une ville.* – fig. *Le portrait qu'en trace l'écrivain.* ♦ Écrire. *Tracer quelques lignes.*

TRACEUR, EUSE ▪ **1.** n. Personne qui trace (qqch.), établit un tracé. **2.** n. m. SC. Isotope radioactif que l'on peut suivre « à la trace ».

TRACHÉE n. f. ▪ Portion du conduit respiratoire comprise entre l'extrémité inférieure du larynx et l'origine des bronches. ► adj. TRACHÉAL, ALE, AUX [tʀak-].

TRACHÉE-ARTÈRE n. f. ▪ VIEILLI Trachée.

TRACHÉITE [tʀak-] n. f. ▪ Inflammation de la trachée.

TRACHÉOTOMIE [-ke-] n. f. ▪ Incision chirurgicale de la trachée, destinée à rétablir le passage de l'air et permettant une intubation.

TRACHOME [tʀakom] n. m. ▪ MÉD. Conjonctivite contagieuse pouvant entraîner la cécité.

TRACT [tʀakt] n. m. ▪ Petite feuille ou brochure gratuite de propagande. *Distribuer des tracts.*

TRACTATION n. f. ▪ péj. surtout au plur. Négociation clandestine, où interviennent des manœuvres ou des marchandages. *Tractations entre la police et les preneurs d'otages.*

TRACTER v. tr. 1 ▪ Tirer au moyen d'un tracteur, d'un véhicule à moteur. ⇒ **remorquer.** ► TRACTÉ, ÉE adj. *Engins tractés.*

TRACTEUR n. m. ▪ Véhicule automobile destiné à tirer un ou des véhicules, en particulier des instruments et machines agricoles.

TRACTION n. f. ▪ **1.** TECHN. Action de tirer en tendant, en étendant ; la force qui en résulte. *Résistance des matériaux à la traction.* **2.** Mouvement de gymnastique consistant à tirer le corps (suspendu), en amenant les épaules à la hauteur des mains, ou à relever le corps (étendu à plat ventre) en tendant et raidissant les bras (⇒ FAM. **pompe**). **3.** Action de traîner, d'entraîner. ⇒ **remorquage.** *Véhicules à traction animale. Traction électrique.* ⇒ **locomotion.** – *TRACTION AVANT :* dispositif dans lequel les roues avant sont motrices ; voiture équipée de ce dispositif. *Des tractions avant.*

TRADE-UNION [tʀɛdynjɔ̃ ; tʀɛdjunjɔn] n. f. ▪ anglic. Syndicat ouvrier corporatiste, en Grande-Bretagne. *Des trade-unions.*

TRADITION n. f. ▪ **1.** Doctrine, pratique transmise de siècle en siècle, originellement par la parole ou l'exemple. *La tradition juive, chrétienne, islamique.* **2.** Ensemble de notions relatives au passé, transmises de génération en génération. ⇒ **folklore, légende, mythe.** *Tradition orale.* **3.** Manière de penser, de faire ou d'agir, qui est un héritage du passé. ⇒ **coutume, habitude.** *Il reste attaché aux traditions de sa famille.* – loc. adv. *Par tradition.* – *De tradition* loc. adj. : traditionnel.

TRADITIONALISME n. m. ▪ Attachement aux notions, aux coutumes, aux techniques traditionnelles. ⇒ **conformisme, conservatisme.** ♦ spécialt Intégrisme religieux.

TRADITIONALISTE adj. ▪ Propre au traditionalisme. ♦ adj. et n. Partisan du traditionalisme. ⇒ **conformiste, conservateur.** – spécialt Intégriste.

TRADITIONNEL, ELLE adj. ▪ **1.** Qui est fondé sur la tradition, correspond à une tradition (religieuse, politique, etc.). ⇒ **orthodoxe.** *Grammaire traditionnelle.* ⇒ **classique.** *Costume traditionnel.* ⇒ **folklorique. 2.** (avant le n.) D'un usage ancien et familier, consacré par la tradition. ⇒ **habituel.** *La traditionnelle fête de famille.* ► adv. TRADITIONNELLEMENT

TRADUCTEUR, TRICE n. ▪ Auteur d'une traduction. *A. Vialatte fut le traducteur en français de Kafka.* – *Traducteur-interprète :* professionnel chargé de traduire des textes oralement et par écrit. ♦ n. m. ou f. Appareil électronique fournissant des éléments de traduction. *Traducteur, traductrice de poche.*

TRADUCTION n. f. ▪ **1.** Action, manière de traduire. *Traduction fidèle ; traduction littérale. Traduction libre.* ⇒ **adaptation.** *Traduction orale, simultanée.* ⇒ **interprétation.** – *Traduction automatique ; traduction assistée par ordinateur.* **2.** Texte ou ouvrage traduit. **3.** fig. Expression, transposition.

TRADUIRE v. tr. 38 p. p. *traduit, e* ▪ **I.** DR. Citer, déférer. ⇒ faire **passer.** *Traduire qqn en justice, devant le tribunal.* **II. 1.** Faire passer d'une langue dans une autre, en tendant à l'équivalence de sens et de valeur des deux énoncés. *Traduire un texte russe en français.* – au p. p. *Un roman, un auteur tra-*

duit de l'italien. **2.** Exprimer, de façon plus ou moins directe, en utilisant les moyens du langage ou d'un art. *Traduire ses émotions en paroles.* - *Les mots qui traduisent notre pensée.* **3.** Manifester aux yeux d'un observateur (un enchaînement, un rapport). *La fièvre traduit les réactions de défense de l'organisme.* - pronom. *Sa politique s'est traduite par un échec.* ⇒ se **solder.**

TRADUISIBLE adj. ▪ Qui peut être traduit. *Ce jeu de mots n'est guère traduisible.*

Tommaso **TRAETTA** (1727 - 1779) ▪ Compositeur italien d'opéras. Synthèse des styles italien et français.

le cap **TRAFALGAR** ▪ Cap d'Espagne au nord-ouest de Gibraltar où l'amiral anglais Nelson vainquit la flotte franco-espagnole en 1805.

le cap **Trafalgar.** *Octobre 1805. Le « Redoutable » à la bataille de Trafalgar.* Musée de la Marine, Paris. *Phot. © Dagli Orti*

TRAFIC n. m. ▪ **I.** péj. Commerce plus ou moins clandestin, immoral ou illicite. *Trafic d'esclaves* (⇒ **traite**). *Faire du trafic d'armes, de drogue.* - *Trafic d'influence* : fait de recevoir des présents pour faire obtenir de l'autorité publique un avantage quelconque. ⇒ **corruption ; pot-de-vin. II.** Mouvement général des trains. - par ext. *Trafic maritime, routier, aérien.* ♦ Circulation routière. *Trafic dense sur l'autoroute.*

TRAFICOTER v. intr. [1] ▪ FAM. Trafiquer. ► n. m. TRAFICOTAGE

TRAFIQUANT, ANTE n. ▪ péj. Personne qui trafique. *Un trafiquant de drogue* (⇒ **dealer**).

TRAFIQUER v. tr. [1] ▪ **1.** Faire trafic de, acheter et vendre en réalisant des profits illicites. *Trafiquer l'ivoire.* **2.** FAM. Modifier (un objet, un produit) en vue de tromper sur la marchandise. ⇒ **falsifier.** *Trafiquer un vin.* ⇒ **frelater.** *Trafiquer un moteur de voiture.* - au p. p. *Moteur trafiqué.* **3.** FAM. Faire (qqch de mystérieux). *Qu'est-ce que tu trafiques ici ?* ⇒ **fabriquer.**

TRAGÉDIE n. f. ▪ **1.** Œuvre dramatique (surtout en vers), représentant des personnages illustres aux prises avec des conflits intérieurs et un destin exceptionnel et malheureux ; genre de ce type de pièces. *Les tragédies grecques. Les tragédies de Corneille, de Racine.* **2.** fig. *Cet accident est une tragédie.* ⇒ **drame.**

TRAGÉDIEN, IENNE n. ▪ Acteur, actrice qui joue spécialement les rôles tragiques (tragédie ou drame).

TRAGICOMÉDIE n. f. ▪ **1.** DIDACT. Tragédie dont l'action est romanesque et le dénouement heureux (ex. *"Le Cid"*). **2.** fig. Événement, situation où le comique se mêle au tragique.

TRAGICOMIQUE adj. ▪ **1.** DIDACT. Qui appartient à la tragicomédie. **2.** fig. Où le tragique et le comique se mêlent. *Une aventure tragicomique.*

TRAGIQUE adj. ▪ **1.** De la tragédie (1) ; qui évoque une situation où l'homme prend douloureusement conscience d'un destin ou d'une fatalité. *Auteur tragique.* n. m. *Les tragiques grecs* (Eschyle, Sophocle, Euripide...). - par ext. *Le destin, la fatalité tragique.* - n. m. *Le tragique et le comique.* **2.** Qui inspire une émotion intense, par un caractère effrayant ou funeste. ⇒ **dramatique, émouvant, terrible.** *Il a eu une fin tragique. Une tragique méprise.* - FAM. *Ce n'est pas tragique* : ce n'est pas bien grave. ♦ n. m. *Prendre qqch. au tragique,* s'en alarmer à l'excès. - *La situation tourne au tragique.*

TRAGIQUEMENT adv. ▪ D'une manière tragique (2). *Il est mort tragiquement.*

TRAHIR v. tr. [2] ▪ **1.** Livrer ou abandonner (qqn à qui l'on doit fidélité). ⇒ **dénoncer, vendre.** *Judas trahit Jésus.* - Passer à l'ennemi. *Trahir son pays.* **2.** Cesser d'être fidèle à (qqn). *Trahir un ami.* - *Trahir la confiance de qqn.* ♦ Desservir par son caractère révélateur. *Son lapsus l'a trahi.* **3.** Lâcher, cesser de seconder. *Ses forces le trahissent.* - Exprimer infidèlement. *Les mots trahissent parfois la pensée.* **4.** Livrer (un secret). ⇒ **divulguer, révéler.** *Trahir un secret.* ♦ Être le signe, l'indice de (une chose peu évidente ou dissimulée). ⇒ **révéler.** *Voix qui ne trahit aucune émotion.* ► SE **TRAHIR** v. pron. Laisser apparaître, laisser échapper ce qu'on voulait cacher. *Le menteur finit par se trahir.* ⇒ se **couper.** - *Son trouble s'est trahi par une rougeur.*

TRAHISON n. f. ▪ **1.** Crime d'une personne qui trahit, qui passe à l'ennemi. ⇒ **défection, désertion ; traître.** - *Haute trahison* : intelligence avec une puissance étrangère ou ennemie, dans le contexte d'une guerre. **2.** Action de trahir (2), manquer au devoir de fidélité. ⇒ **traîtrise.**

TRAIN n. m. ▪ **I. 1.** VX Convoi, caravane accompagnant un grand personnage. ♦ File de choses traînées ou entraînées. *Un train de péniches.* **2.** TECHN. Suite ou ensemble de choses semblables qui fonctionnent en même temps. *Train de pneus.* - fig. Série, ensemble. *Un train de réformes, de mesures.* **3.** MILIT. *Train des équipages**. **4.** dans des loc. *Train de maison* : domesticité, dépenses d'une maison. - *Mener* GRAND TRAIN : vivre dans le luxe. **II.** La locomotive et l'ensemble des voitures (wagons) qu'elle entraîne. ⇒ **convoi, rame.** *Le train de Lyon,* qui va à Lyon, ou qui vient de Lyon. *Train à grande vitesse* (→ T.G.V.). *Train de marchandises. Prendre le train. Avoir, manquer son train.* - loc. fig. *Prendre le train en marche* : s'associer à une action déjà en cours. - *Un train peut en cacher un autre* ; fig. une chose, une personne très visible peut en cacher une analogue (et plus dangereuse). ♦ Moyen de transport ferroviaire. ⇒ **chemin de fer, rail.** *Voyager par le train.* ♦ *Train miniature* (jouet). *Jouer au train électrique.* **III.** (Partie qui traîne) **1.** Partie qui porte le corps d'une voiture et à laquelle sont attachées les roues. *Le train avant, arrière d'une automobile.* - TRAIN D'ATTERRISSAGE : parties (d'un avion) destinées à être en contact avec le sol. **2.** TRAIN DE DEVANT, DE DERRIÈRE : partie de devant (⇒ **avant-train**), de derrière (⇒ **arrière-train**) des animaux de trait, des quadrupèdes. **3.** POP. Derrière. *Je vais te botter le train ! Se manier le train.* - *Filer le train à qqn,* le suivre de près. **IV.** fig. (Allure, marche) **1.** dans des loc. *Du train où vont les choses* : si les choses continuent comme cela. *Aller son train* : suivre son cours. ♦ TRAIN DE VIE : manière de vivre, relativement aux dépenses de la vie courante que permet la situation des gens. **2.** Allure (du cheval, d'une monture, d'un véhicule ou d'un coureur, d'un marcheur). *Accélérer le train.* - loc. *Aller* À FOND DE TRAIN, très vite. **3.** EN TRAIN loc. adv. : en mouvement, en action, ou en humeur d'agir. *Se mettre en train. Je ne suis pas en train* : je ne me sens pas bien disposé. - *Mettre un travail en train.* ⇒ en **chantier.** MISE EN TRAIN : début d'exécution, travaux préparatoires. **4.** EN TRAIN DE loc. prép., marque l'action en cours. *Il est en train de travailler.* - *Le gâteau est en train de cuire.*

TRAÎNAILLER v. intr. [1] ▪ Traîner, être trop long (à faire qqch.). ⇒ **lambiner.** - Errer inoccupé. *Traînailler dans les cafés.* ◇ syn. TRAÎNASSER.

TRAÎNANT, ANTE adj. ▪ **1.** Qui traîne par terre ; qui pend. *Une robe traînante.* - *D'un pas traînant.* **2.** (sons) Monotone et lent. *Une voix traînante.*

TRAÎNARD, ARDE n. ▪ **1.** Personne qui traîne, reste en arrière d'un groupe en marche. **2.** Personne trop lente dans son travail. ⇒ **lambin. 3.** adj. Qui traîne. *Un accent traînard.*

TRAÎNE n. f. ▪ **1.** À LA TRAÎNE loc. adv. : en arrière d'un groupe de personnes qui avance. *Il est toujours à la traîne.* - À l'abandon, en désordre. *Des cravates à la traîne sur un lit.* ♦ *Ciel de traîne* (fin de perturbation). **2.** Bas d'un vêtement qui traîne à terre derrière une personne qui marche. *Robe de mariée à traîne.*

TRAÎNEAU n. m. ▪ Voiture à patins que l'on traîne (ou pousse) sur la neige. ⇒ **luge, troïka.** *Chien de traîneau.* ⇒ **husky.**

TRAÎNÉE n. f. ▪ **I. 1.** Longue trace laissée sur une surface par une substance répandue. - *Traînée de poudre* : poudre répandue sur une ligne pour communiquer le feu à l'amorce. - fig. *Se répandre comme une* TRAÎNÉE DE POUDRE :

très rapidement, de proche en proche. **2.** Ce qui suit un corps en mouvement et semble émaner de lui. *La traînée lumineuse d'une comète.* ♦ Bande allongée. *Des traînées rouges dans le ciel.* **II.** FAM. Femme de mauvaise vie, prostituée.

TRAÎNER v. 1 ▪ **I.** v. tr. **1.** Tirer après soi (⇒ **traction**) ; déplacer en tirant derrière soi sans soulever. *Traîner un fardeau. Le corps de la victime a été traîné sur plusieurs mètres.* ♦ *Traîner la jambe, la patte :* avoir de la difficulté à marcher. – *Traîner les pieds :* marcher sans soulever les pieds du sol ; fig. obéir sans empressement. **2.** Forcer (qqn) à aller (quelque part). *Traîner qqn à une soirée.* **3.** Amener, avoir partout avec soi par nécessité (les gens ou les choses dont on voudrait pouvoir se libérer). ⇒ FAM. **trimballer.** *Elle est obligée de traîner partout ses enfants.* – Supporter (une chose pénible qui se prolonge). *Il traîne cette maladie depuis des années.* **II.** v. intr. **1.** Pendre à terre en balayant le sol. *Vos lacets traînent par terre.* **2.** Être étendu ; s'étendre. *Le ciel où traînent des nuages.* **3.** Être posé ou laissé sans être rangé. *Ramasser, ranger ce qui traîne.* ♦ fig. *Ça traîne partout :* c'est usé, rebattu. **4.** Durer trop longtemps, ne pas finir. ⇒ s'**éterniser.** *La réunion traîne en longueur. Ça n'a pas traîné !,* cela a été vite fait. ⇒ **tarder.** ♦ *Sa voix traîne sur certaines syllabes* (⇒ **traînant**). **5.** Rester en arrière d'un groupe qui avance. – Aller trop lentement, s'attarder (⇒ **traînard**). *Ne traîne pas en rentrant de l'école.* ♦ Agir trop lentement. ⇒ **lambiner.** *Dépêchez-vous, vous traînez !* **6.** péj. Aller sans but ou rester longtemps (en un lieu peu recommandable ou peu intéressant). ⇒ **errer, vagabonder.** *Traîner dans les rues.* ► SE **TRAÎNER** v. pron. **1.** Avancer, marcher avec peine (par infirmité, maladie, fatigue). *Il ne peut plus se traîner.* **2.** Aller à contrecœur. *Se traîner à une réunion.* **3.** Avancer à plat ventre ou à genoux. – fig. *Se traîner aux pieds de qqn,* le supplier, s'abaisser. **4.** Durer trop. *La conversation se traîne.* ⇒ s'**éterniser.**

TRAÎNEUR, EUSE n. ▪ **1.** Personne qui traîne (qqch.) [surtout, *traîneur de sabre*]. **2.** Personne qui traîne. ⇒ **traînard.**

TRAINING n. m. ▪ anglic. **1.** Entraînement (sportif). **2.** PSYCH. Méthode de relaxation par autosuggestion.

TRAIN-TRAIN n. m. invar. ▪ Marche régulière sans imprévu. ⇒ **routine.** *Le train-train quotidien.*

TRAIRE v. tr. 50 ▪ **I.** VX Tirer. **II.** Tirer le lait de (la femelle de certains animaux domestiques) en pressant le pis, ou mécaniquement (⇒ **traite ; trayeuse**). *Traire une vache.* – *Traire le lait.*

TRAIT n. m. ▪ **I. 1.** dans des loc. Fait de tirer. ⇒ **traction.** *Bête, animal* DE TRAIT, destiné à tirer des voitures. ♦ Corde servant à tirer les voitures. *Les traits d'un attelage.* **2.** Projectile lancé à la main (javelot, lance) ou à l'aide d'une arme (flèche). *Décocher un trait.* **3.** dans des loc. Fait de boire en une seule fois (⇒ **gorgée**). *Boire à longs, à grands traits.* ♦ D'UN TRAIT. *Il a bu son verre d'un trait.* – *Dormir d'un trait,* d'une seule traite. **4.** Le fait de dessiner une ou des lignes. *Dessin* AU TRAIT, sans ombres ni modelé, fait seulement de lignes. – *Esquisser à grands traits,* en traçant rapidement les linéaments ; fig. sans entrer dans le détail. ♦ Ligne (spécialt ligne droite), surtout quand on la forme sans lever l'instrument. *Faire, tirer, tracer un trait* (⇒ aussi *trait d'union*). *Rayer d'un trait ;* fig. supprimer brutalement. *Copier trait pour trait,* avec une parfaite exactitude. **5.** au plur. Les lignes caractéristiques du visage. ⇒ **physionomie.** *Traits fins, réguliers.* **II.** fig. **1.** TRAIT DE, acte, fait qui constitue une marque, un signe (d'une qualité, d'une capacité). *Un trait de bravoure. Un trait d'esprit,* une parole, une remarque vive et spirituelle. *Trait de génie :* idée remarquable et soudaine. **2.** loc. AVOIR TRAIT À : se rapporter à, concerner. *Ce qui a trait à son métier.* **3.** Élément caractéristique qui permet d'identifier, de reconnaître. ⇒ **caractère, caractéristique. 4.** Parole qui manifeste un esprit médisant ou piquant. ⇒ **sarcasme.** *Décocher un trait à qqn.* – Bon mot, mot d'esprit.

TRAITABLE adj. ▪ LITTÉR. Accommodant. *Un créancier peu traitable.*

TRAITANT, ANTE adj. ▪ **1.** (médecin) Qui traite les malades d'une manière suivie. *Médecin traitant et médecin consultant.* **2.** Qui traite. *Shampooing traitant.*

TRAIT D'UNION n. m. ▪ **1.** Signe en forme de petit trait horizontal, reliant les éléments de certains composés (ex. arc-en-ciel) ou le verbe et le pronom postposé (ex. crois-tu ?, prends-le). *Des traits d'union.* **2.** fig. Personne, chose qui sert d'intermédiaire.

TRAITE n. f. ▪ **I. 1.** anciennt *La traite des esclaves, des Noirs :* le commerce et le transport des esclaves noirs. – *Traite des Blanches :* entraînement ou détournement de femmes blanches en vue de la prostitution. **2.** VX Action de retirer (de l'argent). – MOD. Lettre de change ; billet, effet de commerce. *Tirer, escompter, payer une traite.* **II.** VIEILLI Trajet effectué sans s'arrêter. ⇒ **chemin, parcours.** *Une longue traite.* – MOD. *D'UNE (seule) TRAITE* loc. adv. : sans interruption. ⇒ d'un **trait. III.** Action de traire (les vaches, les femelles d'animaux domestiques).

traite. *La Traite des Nègres,* gravure fin XVIIIe s. d'après un dessin de Morland. Musées des Arts africains et océaniens, Paris. *Phot. © Dagli Orti*

TRAITÉ n. m. ▪ **1.** Ouvrage didactique, où un sujet est exposé d'une manière systématique. ⇒ **cours, manuel.** *"Traité de la peinture"* (de Léonard de Vinci). **2.** Acte juridique par lequel des États établissent des règles et des décisions communes. ⇒ **pacte.** *Conclure, ratifier un traité de paix. Le traité de Maastricht.*

TRAITEMENT n. m. ▪ **1.** Comportement à l'égard de qqn ; actes traduisant ce comportement. *Un traitement de faveur. Mauvais traitements :* coups, sévices. **2.** Manière de soigner (un malade, une maladie) ; ensemble des moyens employés pour guérir. ⇒ **médication, thérapeutique.** *Suivre un traitement ; être en traitement. Prescrire un traitement.* **3.** Rémunération (d'un fonctionnaire) ; gain attaché à un emploi régulier d'une certaine importance sociale. ⇒ **émoluments, salaire. 4.** Manière de traiter (une substance). *Traitement de l'eau.* ♦ *Traitement de l'information,* effectué par un ordinateur. – TRAITEMENT DE TEXTE, méthode informatique, progiciel pour composer, corriger, éditer des textes. **5.** Manière de traiter (un sujet, un problème).

TRAITER v. 1 ▪ **I.** v. tr. (compl. personne) **1.** Agir, se conduire envers (qqn) de telle ou telle manière. *Traiter qqn très mal, comme un chien.* ⇒ **maltraiter.** *Il la traite en gamine.* **2.** LITTÉR. Convier ou recevoir à sa table. *Traiter qqn en lui offrant un bon repas.* **3.** Soumettre à un traitement médical. ⇒ **soigner ; traitant. 4.** TRAITER DE... : qualifier, appeler de tel ou tel nom. – péj. loc. *Traiter qqn de tous les noms* (injurieux). – pronom. *Ils se sont traités d'idiots.* **II.** v. tr. (compl. chose) **1.** Régler (une affaire) en discutant, en négociant. *Traiter une affaire avec qqn.* **2.** Soumettre (une substance) à diverses opérations de manière à la modifier. *Traiter un minerai* (pour obtenir le métal qu'il contient). ♦ Soumettre (des cultures) à l'action de produits chimiques. – au p. p. *Citrons non traités.* **3.** Soumettre (un objet) à la pensée en vue d'étudier, d'exposer. ⇒ **aborder, examiner.** *L'élève n'a pas traité le sujet.* ♦ ARTS Mettre en œuvre de telle ou telle manière. *La scène traitée par le peintre.* **4.** INFORM. Soumettre (une information) à un programme. *Traiter les résultats d'un sondage.* **III.** v. tr. ind. **1.** TRAITER DE : avoir pour objet. *Un livre qui traite d'économie.* ⇒ **parler. 2.** absolt Entrer en pourparlers, pour régler une affaire, conclure un marché. ⇒ **négocier, parlementer.** *Je ne peux pas traiter avec vous sur cette base-là.*

TRAITEUR n. m. ▪ Personne, entreprise qui prépare des repas, des plats à emporter et à consommer chez soi. – appos. *Charcutier(-)traiteur.*

TRAÎTRE, TRAÎTRESSE ▪ **I.** n. **1.** Personne qui trahit, se rend coupable d'une trahison. ⇒ **délateur, parjure, renégat.** ♦ loc. *Prendre qqn* EN TRAÎTRE, agir avec lui de façon perfide, sournoise. **2.** langage classique ou par plais. Perfide, scélérat. *Tu m'as menti, traîtresse !* **II.** adj. **1.** Qui trahit ou est capable de trahir. ⇒ **déloyal, félon, infidèle.** *On l'accusa d'être traître à sa patrie.* **2.** (choses) Qui est nuisible sans le paraître, sans que l'on s'en doute. *Ce vin est traître.* ♦ loc. FAM. *Ne pas dire* UN TRAÎTRE MOT, pas un seul mot.

TRAÎTREUSEMENT adv. ▪ LITTÉR. Par traîtrise. ⇒ **perfidement, sournoisement.**

TRAÎTRISE n. f. ▪ **1.** Caractère, comportement de traître. ⇒ **déloyauté, fourberie.** ♦ Acte de traître. **2.** Danger que présente ce qui est traître (II, 2).

TRAJAN (53-117) ▪ Empereur romain de 98 à sa mort. Grand conquérant, remarquable administrateur, il porta l'empire à son extension extrême. Il entreprit de grands travaux. Hadrien lui succéda.

TRAJECTOIRE n. f. ▪ Courbe décrite par le centre de gravité (d'un mobile, d'un projectile). *La trajectoire d'une planète.* ⇒ **orbite.** *La trajectoire d'un obus.*

TRAJET n. m. ▪ Le fait de parcourir un certain espace, pour aller d'un lieu à un autre ; le chemin ainsi parcouru. ⇒ **parcours.** *Il y a une heure de trajet. Nous avons fait le trajet à pied.* - ANAT. *Le trajet d'un nerf.*

Georg TRAKL (1887-1914) ▪ Poète autrichien. Hanté par la mort et le désir d'innocence.

TRALALA n. m. ▪ **1.** FAM. dans des loc. Luxe recherché et voyant. ⇒ **fla-fla.** *Recevoir à dîner en grand tralala.* - *Et tout le tralala* : et tout ce qui s'ensuit. **2.** interj. *Tralala !*, exprime la joie ou l'ironie.

TRAM [tʀam] n. m. ▪ Tramway. *Des trams.*

TRAME n. f. ▪ **1.** Ensemble des fils qui se croisent avec les fils de chaîne*, dans le sens de la largeur, pour constituer un tissu. *Un tapis usé jusqu'à la trame.* ⇒ **corde.** ♦ TECHN. Film finement quadrillé utilisé en photogravure. - Ensemble des lignes horizontales constituant une image de télévision. **2.** fig. Ce qui constitue le fond et la liaison (d'une chose organisée). ⇒ **texture.** *La trame d'un récit.*

TRAMER v. tr. [1] ▪ **1.** TECHN. Tisser. ♦ Tirer ou agrandir (un cliché) avec une trame. **2.** fig. Élaborer par des manœuvres cachées. ⇒ **combiner, machiner, ourdir.** *Tramer une conspiration.* (passif) *C'est là que s'est tramé le complot.* - pronom. (impers.) *Il se trame quelque chose.* ► **TRAMÉ, ÉE** adj. *Étoffe tramée (de) coton.* - *Cliché tramé.*

TRAMINOT n. m. ▪ Employé de tramway.

TRAMONTANE n. f. ▪ Vent venant du nord-ouest qui souffle sur la côte méditerranéenne.

TRAMPOLINE n. m. ▪ Surface souple, tendue à une certaine hauteur, sur laquelle on effectue des sauts.

TRAMWAY [tʀamwɛ] n. m. ▪ Voiture publique qui circule sur des rails plats dans les rues des villes. ⇒ **tram ; traminot.** *Tramways électriques à trolley.* "Un tramway nommé Désir (quartier de la Nouvelle-Orléans : Desire)", roman de T. Williams.

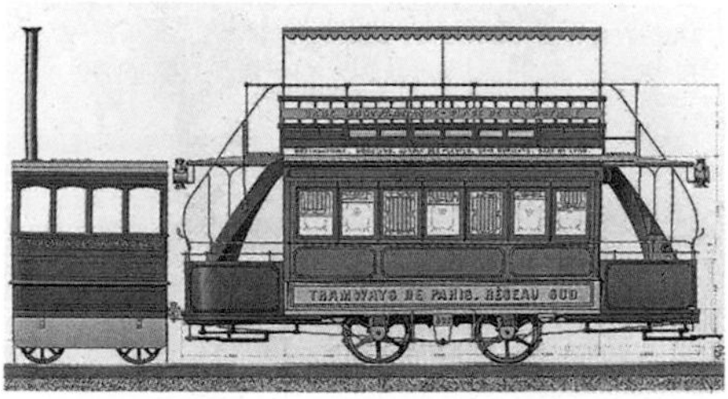

tramway. *Tramway à vapeur de Paris, 1876-1878.* Musée Carnavalet, Paris. *Phot. © Lauros/Giraudon*

TRANCHANT, ANTE ▪ **I.** adj. **1.** Qui est dur et effilé, peut diviser, couper. ⇒ **coupant.** *Instruments tranchants* (ciseaux, couteau... ; ⇒ **tranchet**). **2.** (réalités humaines) Qui tranche, décide d'une manière péremptoire. ⇒ **cassant, impérieux.** - *D'un ton tranchant.* **II.** n. m. Côté mince, destiné à couper, d'un instrument tranchant. *Un couteau à deux tranchants, à double tranchant.* - loc. fig. *À DOUBLE TRANCHANT,* se dit d'un argument, d'un procédé qui peut avoir des effets opposés (et se retourner contre celui qui les emploie). - *Le tranchant de la main* : le côté mince de la main, à l'opposé du pouce.

Trajan. Buste en pierre, art romain, Haut-Empire. Musée capitolin, Rome. *Phot. © Giraudon*

TRANCHE n. f. ▪ **I.** concret **1.** Morceau (d'une chose comestible) coupé assez mince, sur toute la largeur. *Tranche de jambon.* - *Une tranche de gâteau.* ⇒ **part, portion.** ♦ *Tranche napolitaine* : glace à plusieurs parfums, en forme de tranche de gâteau. **2.** Partie moyenne de la cuisse de bœuf. *Bifteck dans la tranche.* **3.** Partie des feuillets d'un livre qui est rognée pour présenter une surface unie. *Livre doré sur tranche(s).* **4.** Bord mince. *La tranche d'une pièce de monnaie.* **II.** abstrait **1.** Série de chiffres. *Nombre divisé en tranches de trois chiffres.* **2.** Partie séparée arbitrairement (dans le temps) d'une opération de longue haleine. *Paiement en plusieurs tranches.* - *Une tranche de vie* : scène, récit réaliste. ♦ loc. FAM. *S'en payer une tranche* (de bon temps) : s'amuser beaucoup. ♦ *Tranche d'âge* : âge compris entre deux limites. ♦ *Tranches d'imposition sur le revenu.*

TRANCHÉE n. f. ▪ **1.** Excavation pratiquée en longueur dans le sol. ⇒ **cavité, fossé.** *Creuser, ouvrir une tranchée.* **2.** Fossé allongé, creusé à proximité des lignes ennemies, et où les soldats demeurent à couvert. *Guerre de tranchées* (opposé à *guerre de mouvement*).

TRANCHEFILE n. f. ▪ Bourrelet entouré de fils qui renforce le haut et le bas d'un dos de reliure.

TRANCHER v. [1] ▪ **I.** v. tr. **1.** Diviser, séparer d'une manière nette, au moyen d'un instrument dur et fin (instrument tranchant*). ⇒ **couper.** *Trancher une corde.* - *Trancher la tête de qqn,* le décapiter. *Trancher la gorge* : égorger. ♦ Couper en tranches. *Trancher du jambon.* **2.** fig. Couper court à. - absolt *Tranchons là.* ⇒ **briser.** ♦ Terminer par une décision, un choix ; résoudre en terminant (une affaire, une question). *Trancher un différend.* **II.** v. intr. **1.** loc. fig. *Trancher dans le vif* : employer les grands moyens, agir de façon énergique. **2.** Décider d'une manière franche, catégorique. *Il faut trancher sans plus hésiter.* **3.** TRANCHER SUR, AVEC : se distinguer avec netteté ; former un contraste, une opposition. ⇒ **contraster,** se **détacher, ressortir.** ► **TRANCHÉ, ÉE** adj. **1.** Coupé en tranches. *Saumon tranché.* **2.** fig. Qui se distingue nettement. *Couleurs tranchées.* ⇒ **net, franc.** - *Opinion tranchée,* nette, affirmée catégoriquement.

La TRANCHE-SUR-MER ▪ Commune de Vendée. 2 065 hab. *(les Tranchais).* Station balnéaire sur le Pertuis breton. Cultures des aulx et des oignons. Tulipes et glaïeuls.

TRANCHET n. m. ▪ TECHN. Outil tranchant, formé d'une lame plate, sans manche.

TRANCHOIR n. m. ▪ **I.** Support sur lequel on tranche (la viande, etc.). **II.** Grande lame pour trancher (→ hachoir).

TRANQUILLE [-kil] adj. ▪ **I. 1.** Où se manifestent un ordre et un équilibre qui ne sont affectés par aucun changement soudain ou radical (mouvement, bruit...). ⇒ **calme, immobile, silencieux.** *Mer tranquille. Une nuit tranquille. Un quartier tranquille.* ♦ Calme et régulier. *Un sommeil tranquille. Un pas tranquille.* **2.** (êtres vivants) Qui est, par nature, peu remuant, n'éprouve pas le besoin de mouvement, de bruit.

⇒ **paisible.** *Des voisins tranquilles.* – loc. FAM. *Un père* tranquille.* **3.** Qui est momentanément en repos, qui ne bouge pas. *Les enfants, restez tranquilles !* ⇒ **sage. II. 1.** Qui éprouve un sentiment de sécurité, de paix. *Soyez tranquille :* ne vous inquiétez pas. – loc. *Tranquille comme Baptiste :* très tranquille. **2.** LAISSER *qqn* TRANQUILLE, s'abstenir ou cesser de l'inquiéter, de le tourmenter. *Laisse-moi tranquille.* – *Avoir l'esprit, la conscience tranquille :* n'avoir rien à se reprocher. **3.** FAM. Qui est certain de la réalité de qqch., qui est sûr de ce qu'il avance. *Il n'ira pas, je suis tranquille.* ⇒ **sûr.** *Tu peux être tranquille qu'il ne sait rien.*

TRANQUILLEMENT [-kil-] adv. ▪ **1.** D'une manière tranquille. ⇒ **paisiblement. 2.** Sans émotion ni inquiétude. ⇒ **calmement.**

TRANQUILLISANT, ANTE [-kil-] ▪ **1.** adj. Qui tranquillise. ⇒ **rassurant.** *Une nouvelle tranquillisante.* **2.** n. m. Médicament qui agit comme calmant global ou en faisant disparaître l'angoisse. ⇒ **anxiolytique, neuroleptique.**

TRANQUILLISER [-kil-] v. tr. 1 ▪ Rendre tranquille ; délivrer de l'inquiétude. ⇒ **calmer, rassurer.** *Cette idée me tranquillise.* – pronom. *Tranquillisez-vous.*

TRANQUILLITÉ [-kil-] n. f. ▪ **1.** État stable, constant, ou modifié régulièrement et lentement. *La tranquillité de la nuit.* ⇒ **calme.** – *En toute tranquillité* loc. adv. : sans être dérangé. ⇒ en toute **quiétude.** *Vous pouvez partir en toute tranquillité.* **2.** Stabilité morale ; état tranquille. ⇒ **calme, paix, quiétude, sérénité.** *Il tient à sa tranquillité. Tranquillité d'esprit.*

TRANS- Élément, du latin *trans*, qui signifie « au-delà de » (ex. *transalpin*), « à travers » (ex. *transpercer*), et qui marque le passage ou le changement (ex. *translittération*).

TRANSACTION [tʀɑ̃z-] n. f. ▪ **1.** DR. Contrat où chacun renonce à une partie de ses prétentions. – COUR. Arrangement, compromis. **2.** ÉCON. Contrat entre un acheteur et un vendeur. – Opération effectuée dans les marchés commerciaux, financiers.

TRANSACTIONNEL, ELLE [tʀɑ̃z-] adj. ▪ **1.** DR. Qui concerne une transaction, a le caractère d'une transaction. **2.** (anglic.) PSYCH. *Analyse transactionnelle :* thérapie de groupe visant à améliorer les relations entre personnes.

TRANSALPIN, INE [tʀɑ̃z-] adj. ▪ Qui est au-delà des Alpes.

TRANSAT [tʀɑ̃zat] ▪ **1.** n. m. Chaise longue pliante en toile. *Des transats.* **2.** n. f. Course transatlantique de voiliers. *La transat en solitaire.*

TRANSATLANTIQUE [tʀɑ̃z-] adj. et n. m. ▪ **1.** Qui traverse l'Atlantique. *Paquebot transatlantique.* – n. m. *Un transatlantique.* ♦ *Course transatlantique.* ⇒ **transat** (2). **2.** n. m. Chaise longue. ⇒ **transat** (1).

TRANSBAHUTER v. tr. 1 ▪ FAM. Transporter, déménager. *Transbahuter un lit.* – pronom. FAM. *Se transbahuter :* se déplacer.

TRANSBORDER v. tr. 1 ▪ Faire passer d'un bord, d'un navire à un autre, d'un train, d'un wagon à un autre. ► n. m. TRANSBORDEMENT

TRANSBORDEUR n. m. ▪ *Transbordeur* ou *pont transbordeur :* pont mobile, plate-forme qui glisse le long d'un tablier. ♦ *Transbordeur* ou *navire transbordeur :* recomm. off. pour *ferry-boat.*

TRANSCENDANCE n. f. ▪ PHILOS. **1.** Caractère de ce qui est transcendant ; existence de réalités transcendantes. **2.** Action de transcender ou de se transcender.

TRANSCENDANT, ANTE adj. ▪ **1.** Qui s'élève au-dessus du niveau moyen. ⇒ **sublime, supérieur.** *Un esprit, un génie transcendant.* **2.** PHILOS. Qui suppose un ordre de réalités supérieur, un principe extérieur et supérieur (opposé à *immanent*). – *Transcendant à... Le monde est transcendant à la conscience.*

TRANSCENDANTAL, ALE, AUX adj. ▪ PHILOS. **1.** VX Transcendant. ♦ chez Kant Qui constitue une condition a priori de l'expérience. *Idéalisme transcendantal.* – *Sujet transcendantal :* la conscience pure. **2.** anglic. *Méditation transcendantale :* effort de l'esprit pour s'abstraire des réalités sensorielles.

TRANSCENDER v. tr. 1 ▪ Dépasser en étant supérieur ou d'un autre ordre, se situer au-delà de. *Peut-être l'art transcende-t-il la réalité.* – pronom. *Se transcender :* se dépasser.

TRANSCODAGE n. m. ▪ Traduction d'une information dans un code différent. – INFORM. Transcription des instructions d'un programme dans un code interne.

TRANSCODER v. tr. 1 ▪ Traduire dans un code différent.

TRANSCONTINENTAL, ALE, AUX adj. ▪ Qui traverse un continent d'un bout à l'autre. *Chemin de fer transcontinental.*

TRANSCRIPTION n. f. ▪ **1.** Action de transcrire (1) ; son résultat. ⇒ **copie, enregistrement. 2.** Action de transcrire (2). ⇒ **translittération.** – *Transcription phonétique*, permettant de noter la prononciation. **3.** Action de transcrire une œuvre musicale. ⇒ **arrangement. 4.** BIOL. *Transcription génétique :* transfert de l'information génétique des chromosomes de la cellule sur l'A.R.N.

TRANSCRIRE v. tr. 39 ▪ **1.** Copier très exactement, en reportant. ⇒ **copier, enregistrer.** *Transcrire un texte. Transcrire des noms sur un registre.* **2.** Noter (les mots d'une langue) dans un autre alphabet. *Transcrire un texte grec en caractères latins.* ⇒ **translittérer. 3.** Adapter (une œuvre musicale) pour d'autres instruments que ceux pour lesquels elle a été écrite.

TRANSE n. f. ▪ **1.** au plur. Inquiétude ou appréhension extrêmement vive. ⇒ **affres.** *Être dans les transes.* **2.** État du médium dépersonnalisé comme si l'esprit étranger s'était substitué à lui. *Médium qui entre en transe.* – par ext. *Être, entrer en transe :* être hors de soi.

TRANSEPT [tʀɑ̃sɛpt] n. m. ▪ Nef transversale qui coupe la nef principale d'une église, formant ainsi une croix. *La croisée du transept.*

TRANSFÈREMENT n. m. ▪ Action de transférer (un prisonnier ou une personne assimilée).

TRANSFÉRENTIEL, IELLE adj. ▪ PSYCH. Relatif au transfert (3).

TRANSFÉRER v. tr. 6 ▪ **1.** Transporter en observant les formalités prescrites. *Transférer un prisonnier. Le siège social sera transféré à Lyon.* ♦ *Transférer des titres de propriété* (d'une personne à une autre). **2.** PSYCH. Étendre (un sentiment) à un autre objet, par un transfert (3).

TRANSFERT n. m. ▪ **1.** DR. Déplacement d'une personne à une autre. **2.** Déplacement d'un lieu à un autre. ⇒ **transport.** *Le transfert des cendres de Napoléon.* – *Transfert de fonds.* – TECHN. appos. *Machine*-transfert.* – SC. *Le transfert de l'information génétique* (⇒ **transcription**). **3.** PSYCH. Phénomène par lequel un sentiment éprouvé pour un objet est étendu à un objet différent. ⇒ **identification, projection.** – Fait, pour le patient en analyse, de revivre une situation affective de son enfance dans sa relation avec l'analyste. *Transfert et contre-transfert.*

TRANSFIGURATION n. f. ▪ **1.** RELIG. CHRÉT. Changement glorieux survenu chez le Christ. – *La "Transfiguration" de Raphaël* (tableau). **2.** Action de transfigurer, état de ce qui est transfiguré.

TRANSFIGURER v. tr. 1 ▪ **1.** RELIG. CHRÉT. Transformer en revêtant d'un aspect éclatant et glorieux. *Jésus fut transfiguré sur le mont Thabor.* **2.** Transformer en donnant une beauté et un éclat inhabituels. ⇒ **embellir.** *Le bonheur l'a transfiguré.* ⇒ **métamorphoser.**

TRANSFORMABLE adj. ▪ Qui peut être transformé. *Canapé transformable* (en lit). ⇒ **convertible.**

TRANSFORMATEUR, TRICE ▪ **1.** adj. Qui transforme. **2.** n. m. Appareil servant à modifier la tension d'un courant électrique alternatif. ◇ abrév. FAM. TRANSFO.

TRANSFORMATION n. f. ▪ **1.** Action de transformer, opération par laquelle on transforme. ⇒ **conversion.** *Industrie de transformation,* qui transforme les matières brutes en produits finis ou semi-finis. – *Faire des transformations dans une maison.* ⇒ **amélioration, rénovation.** ♦ au rugby Action de transformer un essai. **2.** Le fait de se transformer ; modification qui en résulte. ⇒ **changement.** *Transformation lente* (⇒ **évolution**), brutale (⇒ **mutation, révolution**). – *Transformation de mouvement en chaleur.*

TRANSFORMER v. tr. 1 ▪ **1.** Faire passer d'une forme à une autre, donner un autre aspect à. ⇒ **changer, modifier, renouveler.** *Transformer une maison.* – *Les progrès qui transforment une société.* – *Son séjour à la mer l'a transformé.* ♦ au rugby *Transformer un essai :* envoyer le ballon, qu'on a posé au sol, entre les poteaux du but adverse. **2.** TRANSFORMER EN : faire prendre la forme, l'aspect, la nature de. ⇒ **convertir.** *Transformer un grenier en bureau.* ► SE TRANSFORMER v. pron. **1.** Prendre une autre forme, un autre aspect. ⇒ **changer, évoluer.** *Le quartier s'est complètement transformé.* – *Ses* *goûts se sont transformés.* **2.** *SE TRANSFORMER EN :* devenir différent ou autre en prenant la forme, l'aspect, la nature de. *La chenille se transforme en papillon.* - *Leur amitié s'est transformée en amour.*

TRANSFORMISME n. m. ▪ SC. Théorie de l'évolution par transformations successives (⇒ **évolutionnisme**). *Le transformisme de Darwin, de Lamarck* (darwinisme, lamarckisme). ► adj. et n. TRANSFORMISTE

TRANSFUGE ▪ **1.** n. m. MILIT. Déserteur qui passe à l'ennemi. ⇒ **traître. 2.** n. Personne qui abandonne son parti pour rallier le parti adverse ; personne qui trahit une cause. ⇒ **dissident.** *Une transfuge.*

TRANSFUSER v. tr. [1] ▪ Faire passer (le sang d'un organisme [humain]) dans un autre. ► **TRANSFUSÉ, ÉE** adj. *Sang transfusé.* ♦ *Malade transfusé,* qui reçoit une transfusion. - n. *Les transfusés* (opposé à *donneur*).

TRANSFUSION n. f. ▪ *Transfusion (sanguine),* injection de sang humain dans la veine d'un malade, d'un accidenté.

TRANSGRESSER v. tr. [1] ▪ Passer par-dessus (un ordre, une obligation, une loi). ⇒ **contrevenir** à, **désobéir** à, **violer.** *Transgresser une règle, des ordres.* ► n. m. TRANSGRESSEUR ► adj. TRANSGRESSIF, IVE

TRANSGRESSION n. f. ▪ **1.** Action de transgresser. ⇒ **désobéissance, violation.** *La transgression d'une interdiction.* **2.** SC. Mouvement de la mer.

TRANSHUMANCE [tʀɑ̃z-] n. f. ▪ Migration périodique du bétail de la plaine, qui s'établit en montagne pendant l'été.

TRANSHUMANT, ANTE [tʀɑ̃z-] adj. ▪ Qui transhume. *Troupeaux transhumants.*

TRANSHUMER [tʀɑ̃z-] v. intr. [1] ▪ (troupeaux) Aller paître en montagne pendant l'été.

TRANSI, IE [tʀɑ̃zi] adj. ▪ Pénétré, engourdi (de froid ou d'un sentiment qui paralyse). *Être transi de froid, de peur.* - iron. *Un amoureux transi,* timide.

TRANSIGER [tʀɑ̃z-] v. intr. [3] ▪ **1.** Faire des concessions réciproques, de manière à régler, à terminer un différend. ⇒ s'**arranger, composer ; transaction. 2.** *TRANSIGER SUR, AVEC qqch. :* céder ou faire des concessions, par faiblesse. ⇒ **pactiser.** *Transiger avec sa conscience. Je ne transige pas là-dessus* (⇒ **intransigeant**).

TRANSIR [tʀɑ̃ziʀ] v. tr. [2] seulement prés. de l'indic., temps composés et inf. ▪ LITTÉR. (froid, sentiment) Pénétrer en engourdissant, transpercer. ⇒ **glacer, saisir.** *Un vent froid nous transit.*

TRANSISTOR [tʀɑ̃zistɔʀ] n. m. ▪ **1.** ÉLECTRON. Dispositif électronique utilisé pour redresser, moduler ou amplifier les courants électriques. *Poste de radio à transistors.* **2.** Poste récepteur portatif de radio.

TRANSISTORISER [tʀɑ̃z-] v. tr. [1] ▪ Équiper de transistors. - au p. p. *Téléviseur portatif transistorisé.*

TRANSIT [tʀɑ̃zit] n. m. ▪ **1.** Situation d'une marchandise qui ne fait que traverser un lieu et ne paye pas de droits de douane ; passage en franchise (surtout dans *en, de transit*). *Marchandises en transit. Port de transit.* **2.** *Voyageurs, passagers en transit,* qui ne doivent pas franchir les contrôles de police, de douane lors d'une escale. **3.** PHYSIOL. Passage des aliments à travers les voies digestives. *Transit intestinal.*

TRANSITAIRE [-z-] ▪ **1.** adj. De transit. - *Pays transitaire,* traversé en transit. **2.** n. Mandataire qui s'occupe des transits (1).

TRANSITER [-z-] v. [1] ▪ **1.** v. tr. Faire passer (des marchandises, etc.) en transit. **2.** v. intr. Passer, voyager en transit. *Marchandises qui transitent par la Belgique.*

TRANSITIF, IVE [-z-] adj. ▪ (verbe) Qui peut avoir un complément d'objet (opposé à *intransitif*). *Verbes transitifs directs* (ex. *il travaille la terre*). *Verbes transitifs indirects,* dont le complément est construit avec une préposition *(à, de)* (ex. il travaille à son devoir). *Emploi absolu* (sans complément) *des verbes transitifs* (ex. je mange).

TRANSITION [-z-] n. f. ▪ **1.** Manière de passer de l'expression d'une idée à une autre en les reliant dans le discours. **2.** Passage d'un état à un autre, en général lent et graduel ; état intermédiaire. ⇒ **changement, évolution.** *La transition entre le froid et la chaleur.* - *Il passe SANS TRANSITION du désespoir à l'exaltation,* brusquement. - *DE TRANSITION :* qui constitue un intermédiaire. ⇒ **transitoire.** *Période de transition entre deux styles.*

TRANSITIVEMENT [-z-] adv. ▪ Avec la construction d'un verbe transitif direct.

TRANSITOIRE [-z-] adj. ▪ Qui constitue une transition. *Un régime transitoire.* ⇒ **provisoire.**

la TRANSJORDANIE ▪ Ancien État du Proche-Orient devenu, en 1949, la Jordanie. Sous mandat britannique de 1921 à 1946.

le TRANSKEI ▪ Ancien *homeland* d'Afrique du Sud, sur l'océan Indien, englobé depuis 1994 dans la province du Cap-Oriental.

TRANSLATION n. f. ▪ **1.** Transport, déplacement. **2.** SC. Déplacement, mouvement (PHYS. d'un corps, GÉOM. d'une figure) pendant lequel les positions d'une même droite (de la figure ou liée à elle) restent parallèles. *Translation et rotation.*

TRANSLITTÉRATION n. f. ▪ LING. Transcription lettre par lettre, dans laquelle on fait correspondre à chaque signe d'un système d'écriture un signe dans un autre système. *Translittération du russe en caractères latins.* ► v. tr. TRANSLITTÉRER [6]

TRANSLUCIDE adj. ▪ Qui laisse passer la lumière, mais n'est pas transparent. ⇒ **diaphane.** *Une porcelaine translucide.* ► n. f. TRANSLUCIDITÉ DIDACT.

TRANSMETTEUR n. m. et adj. ▪ Appareil qui sert à transmettre les signaux.

TRANSMETTRE v. tr. [56] ▪ **1.** Faire passer d'une personne à une autre (un bien, matériel ou moral). *Transmettre un héritage.* ⇒ **léguer.** *Transmettre son pouvoir à qqn.* ⇒ **déléguer.** ♦ *Transmettre des traditions à ses enfants.* - au p. p. *Secret de fabrication transmis de père en fils.* **2.** Faire passer d'une personne à une autre (un écrit, des paroles, etc.) ; faire changer de lieu, en vue d'une utilisation. *Transmettre un message à qqn.* ⇒ faire **parvenir.** *Transmettre une information, un ordre.* ⇒ **communiquer ; transmission.** - (formule de politesse) *Transmettez-lui mes amitiés.* **3.** Faire parvenir (un phénomène physique) d'un lieu à un autre. ⇒ **conduire.** *Transmettre un mouvement, une impulsion. Certains corps transmettent l'électricité.* **4.** Faire passer (un germe, une maladie) d'un organisme à un autre (⇒ **contaminer**). - pronom. (passif) *Caractère qui se transmet par hérédité* (⇒ **héréditaire, transmissible**).

TRANSMIGRATION n. f. ▪ RELIG. Passage (d'une âme) d'un corps dans un autre. ⇒ **métempsychose.** *Cycle de transmigrations.*

TRANSMISSIBLE adj. ▪ Qui peut être transmis. *Patrimoine transmissible.* ♦ MÉD. ⇒ **contagieux, infectieux.** *Maladies sexuellement transmissibles.* → **M.S.T.**

TRANSMISSION n. f. ▪ **I. 1.** Action, fait de transmettre (1). *La transmission d'un bien.* ⇒ **cession.** *Transmission des pouvoirs.* ⇒ **passation.** - *Transmission héréditaire de la propriété* (⇒ **héritage**). - BIOL. *Transmission des caractères.* ⇒ **hérédité. 2.** Le fait de transmettre (une maladie). ⇒ **contagion. 3.** Action de faire connaître. *La transmission d'un message, d'un ordre.* ⇒ **communication.** ♦ *TRANSMISSION DE PENSÉE :* coïncidence entre les pensées de deux personnes. ⇒ **télépathie. 4.** Déplacement (d'un phénomène physique) lorsque ce déplacement implique un ou plusieurs facteurs intermédiaires. *La transmission de la lumière dans l'espace.* ⇒ **propagation.** *Transmission des sons.* ⇒ **diffusion, émission.** *La transmission d'informations* (⇒ **télécommunication**). *Les organes de transmission d'une machine.* ♦ Système qui transmet le mouvement. *Réparer la transmission.* **II.** *LES TRANSMISSIONS :* ensemble des moyens destinés à transmettre les informations (renseignements, troupes). ⇒ **communication, radio.** *Service des transmissions.* ♦ Troupes spécialisées qui mettent en œuvre ces moyens.

TRANSMUER v. tr. [1] ▪ LITTÉR. Transformer (qqch.) en altérant profondément sa nature ; changer en une autre chose. ⇒ **transmuter.**

TRANSMUTATION n. f. ▪ **1.** Changement d'une substance en une autre. *La transmutation des métaux en or, rêvée par les alchimistes.* ♦ PHYS. Transformation d'un élément chimique en un autre par modification du noyau atomique, souvent accompagnée de phénomènes radioactifs. **2.** LITTÉR. Changement de nature, transformation totale.

TRANSMUTER v. tr. [1] ▪ Transmuer.

TRANSPARAÎTRE v. intr. [57] ▪ Se montrer au travers de qqch. ⇒ **apparaître.** ♦ fig. *L'angoisse transparaît sur son visage. Rien ne transparaît de ses intentions.*

TRANSPARENCE n. f. ▪ **1.** Qualité d'un corps transparent ; phénomène par lequel les rayons lumineux visibles sont perçus à travers certaines substances. *La transparence de l'eau.* ⇒ **limpidité.** ‑ loc. *PAR TRANSPARENCE :* à travers un milieu transparent ou translucide. **2.** *La transparence du teint,* sa clarté, sa finesse. **3.** LITTÉR. Qualité de ce qui est transparent (3). ⇒ **limpidité.** *La transparence de ses intentions.* ♦ Caractère de ce qui est visible par tous (en matière économique, politique...). *La transparence du financement des partis.*

TRANSPARENT, ENTE ▪ **I.** adj. **1.** Qui laisse passer la lumière et paraître avec netteté les objets qui se trouvent derrière (différent de *translucide*). *Le verre est transparent. Une eau transparente.* ⇒ **cristallin, limpide.** ‑ *Papier transparent.* **2.** Translucide, diaphane. *Avoir un teint transparent,* clair et délicat. **3.** Qui laisse voir clairement la réalité, le sens. *Une allusion transparente.* ⇒ **clair, évident. II.** n. m. Panneau, tableau éclairé par derrière.

TRANSPERCER v. tr. 3 ▪ **1.** Percer de part en part. *La balle a transpercé l'intestin.* ⇒ **perforer. 2.** LITTÉR. Atteindre profondément, en faisant souffrir. ⇒ **percer.** *La douleur transperça son cœur.* ⇒ **fendre. 3.** Pénétrer ; passer au travers. ⇒ **traverser.**

TRANSPIRATION n. f. ▪ **1.** Sécrétion de la sueur par les pores de la peau. ⇒ **sudation.** *Transpiration provoquée par la chaleur. Être EN TRANSPIRATION,* couvert de sueur. **2.** Sueur. *Chemise humide de transpiration.*

TRANSPIRER v. intr. 1 ▪ **1.** Sécréter de la sueur par les pores de la peau. ⇒ **suer.** *Il transpirait à grosses gouttes* (→ être en nage, en eau). **2.** LITTÉR. (d'une information tenue cachée) Finir par être connu. *La nouvelle a transpiré.*

TRANSPLANT n. m. ▪ Organe, tissu transplanté (→ greffe).

TRANSPLANTATION n. f. ▪ **1.** Action de transplanter (une plante, un arbre). **2.** BIOL. Greffe d'un organe entier dans un autre organisme. *Transplantation cardiaque.* ♦ Implantation d'un embryon dans un utérus pour qu'il s'y développe. **3.** fig. Déplacement (de personnes, d'animaux) de leur lieu d'origine dans un autre lieu.

TRANSPLANTER v. tr. 1 ▪ **1.** Sortir (un végétal) de la terre pour replanter ailleurs. *Transplanter un jeune arbre.* ⇒ **repiquer. 2.** BIOL. Opérer la transplantation de (un organe ; un embryon). *Transplanter un rein.* ‑ au p. p. *Cœur transplanté.* **3.** fig. Transporter d'un pays dans un autre, d'un milieu dans un autre. *Transplanter des populations.* ‑ pronom. (réfl.) *Famille qui s'est transplantée en Argentine.* ‑ au p. p. *Coutume transplantée.*

TRANSPORT n. m. ▪ **I. 1.** Manière de déplacer ou de faire parvenir par un procédé particulier et sur une distance assez longue. *Transport de marchandises par la route* (camionnage, routage), *par chemin de fer* (*ferroutage* n. m.), par voie fluviale. ‑ *Avions de transport. Moyen de transport,* utilisé pour transporter les marchandises ou les personnes (véhicules, avions, navires). **2.** au plur. Moyens d'acheminement des personnes et des marchandises. *Transports aériens* (⇒ **messagerie**). ‑ *Transports en commun :* transport des voyageurs dans des véhicules publics. **3.** *TRANSPORT AU CERVEAU :* hémorragie cérébrale. **II.** LITTÉR. Vive émotion, sentiment passionné qui émeut, entraîne ; état de la personne qui l'éprouve. ⇒ **enthousiasme, exaltation, ivresse.** ‑ *Des transports de colère, de joie.* ⇒ **élan, emportement.**

TRANSPORTABLE adj. ▪ Qui peut être transporté (dans certaines conditions). *Marchandise transportable par avion.* ‑ *Malade transportable,* qui peut supporter sans danger un transport.

TRANSPORTER v. tr. 1 ▪ **I. 1.** Déplacer (qqn, qqch.) d'un lieu à un autre en portant. *Transporter un colis chez qqn. Train qui transporte des voyageurs.* ♦ au p. p. *Les marchandises transportées.* ♦ pronom. (personnes) *Nous nous sommes transportés sur les lieux.* ⇒ se **rendre.** *Transportez-vous par la pensée à Pékin.* **2.** Faire passer d'un point à un autre. ⇒ **transmettre.** *Les ondes transportent l'énergie à distance.* **3.** Faire passer dans un autre contexte. *Transporter un thème dans une œuvre.* ⇒ **introduire. II.** (sujet chose) Agiter (qqn) par un sentiment violent, un transport (II) ; mettre hors de soi. ⇒ **enivrer, exalter.** *Ce spectacle l'a transporté.* ⇒ **enthousiasmer.** ‑ au passif et p. p. *(Être) transporté de joie.*

TRANSPORTEUR n. m. ▪ **1.** Personne qui se charge de transporter (des marchandises ou des personnes) ; entrepreneur de transports. *Elle est transporteur aérien.* **2.** Appareil, dispositif (comportant des éléments mobiles) servant à transporter des marchandises.

TRANSPOSER v. tr. 1 ▪ **I. 1.** (avec un compl. plur. ou collectif) Placer en intervertissant l'ordre. ⇒ **intervertir.** *Transposer les mots d'une phrase.* **2.** Faire changer de forme ou de contenu en faisant passer dans un autre domaine. ⇒ **adapter.** *Transposer au XXe siècle l'histoire de Tristan et Iseult.* **II.** Faire passer (une structure musicale) dans un autre ton sans l'altérer. ► adj. TRANSPOSABLE

TRANSPOSITION n. f. ▪ **1.** Déplacement ou interversion dans l'ordre des éléments de la langue. *La transposition des lettres d'un mot.* ⇒ **anagramme. 2.** Le fait de faire passer dans un autre domaine. *La transposition de la réalité dans un livre.* **3.** Le fait de transposer un morceau de musique. ♦ Morceau transposé.

TRANSSAHARIEN, IENNE adj. ▪ Qui traverse le Sahara.

TRANSSEXUEL, ELLE ▪ **1.** adj. Qui a le sentiment d'appartenir au sexe opposé (à son sexe biologique) et se conduit en conséquence. **2.** n. Personne qui a changé de sexe.

TRANSSIBÉRIEN, IENNE adj. ▪ Qui traverse la Sibérie. *Chemin de fer transsibérien* et n. m. *le Transsibérien. "La Prose du transsibérien"* (de Cendrars). ■ Construit de 1891 à 1916, le Transsibérien est la plus longue voie ferrée du monde, et relie Tcheliabinsk à Vladivostok.

TRANSSUBSTANTIATION n. f. ▪ RELIG. CATHOL. Changement du pain et du vin en la substance du corps de Jésus-Christ.

TRANSSUDER v. intr. 1 ▪ DIDACT. Passer au travers des pores d'un corps en fines gouttelettes. ⇒ **filtrer, suinter.** ► n. f. TRANSSUDATION

TRANSURANIEN, IENNE [trɑ̃z-] adj. ▪ CHIM. Dont le nombre atomique est supérieur à celui de l'uranium. *Éléments radioactifs transuraniens.*

le TRANSVAAL ▪ Région du nord-est de l'Afrique du Sud partagée depuis 1994 entre les provinces du Transvaal-Nord, du Transvaal-Oriental, du Nord-Ouest et de Gauteng. Grande région minière (or, diamant, fer) qui fut l'enjeu de guerres entre Anglais et Boers. Intégrée à l'Union sud-africaine en 1910.

TRANSVASER v. tr. 1 ▪ Verser, faire couler d'un récipient dans un autre. *Transvaser du vin.* ► n. m. TRANSVASEMENT

TRANSVERSAL, ALE, AUX ▪ **I.** adj. **1.** Qui traverse une chose en la coupant perpendiculairement à sa plus grande dimension (longueur ou hauteur). *Coupe transversale* (opposé à *longitudinal*). **2.** Qui traverse, est en travers. *Barre transversale. L'avenue et les rues transversales.* ♦ fig. *Disciplines, recherches transversales.* **II.** n. f. Voie transversale (par rapport à un axe principal). *Une transversale.*

TRANSVERSALEMENT adv. ▪ Dans une position transversale.

TRANSVERSE adj. ▪ ANAT. Se dit d'un organe qui est en travers. *Côlon transverse.*

la TRANSYLVANIE ▪ Région de Roumanie. Minorités hongroise et allemande. Ville principale : Cluj-Napoca. Paysage de collines entourées par les Carpates. Élevage.

TRAPÈZE n. m. ▪ **I.** Quadrilatère dont deux côtés sont parallèles (surtout lorsqu'ils sont inégaux). *Les bases d'un trapèze,* les côtés parallèles. **II.** Appareil de gymnastique, d'acrobatie ; barre horizontale suspendue par les extrémités à deux cordes. *Faire du trapèze.* ‑ *TRAPÈZE VOLANT.*

TRAPÉZISTE n. ▪ Acrobate spécialisé dans les exercices du trapèze.

TRAPÉZOÏDAL, ALE, AUX adj. ▪ DIDACT. En forme de trapèze.

TRAPPE n. f. ▪ **1.** Ouverture pratiquée dans un plancher ou un plafond et munie d'une fermeture qui se rabat. **2.** Piège formé d'une fosse recouverte de branchages ou d'une bascule. ⇒ **chausse-trape.**

la TRAPPE ▪ Ordre de moines cisterciens (trappistes), réformé par Rancé au XVIIe s. Abbaye mère de l'ordre à Soligny, dans l'Orne.

TRAPPES ▪ Commune des Yvelines. 30 878 hab. *(les Trappistes).* Gare de triage.

TRAPPEUR n. m. ▪ Chasseur professionnel qui fait commerce de fourrures notamment en Amérique du Nord.

TRAPPISTE n. m. ▪ Moine, religieux qui observe la règle réformée de la Trappe.

TRAPU, UE adj. ▪ **1.** (personnes) Qui est court et large (souvent avec l'idée de robustesse, de force). *Un homme petit et trapu.* ♦ (choses) Ramassé, massif. *Une construction trapue.* **2.** FAM. Fort. *Il est trapu en maths.* ♦ Difficile. *Un problème trapu.*

TRAQUE n. f. ▪ Action de traquer (un animal ou une personne).

TRAQUENARD n. m. ▪ Piège. *Être pris dans un traquenard.* ⇒ **souricière.** ‑ fig. *Des questions pleines de traquenards.* ⇒ **embûche.**

TRAQUER v. tr. [1] ▪ **1.** Poursuivre (le gibier) en resserrant toujours le cercle qu'on fait autour de lui. ⇒ **forcer.** ‑ au p. p. *Un air de bête traquée.* **2.** Poursuivre (qqn), le forcer dans sa retraite. ‑ au p. p. *Un homme traqué par la police.*

TRASIMÈNE ▪ Lac d'Italie (Ombrie). 124 km². Victoire d'Hannibal sur les Romains en 217 av. J.-C.

TRAUMATIQUE adj. ▪ DIDACT. Qui a rapport aux plaies, aux blessures. *Choc traumatique,* après une blessure grave, une opération.

TRAUMATISER v. tr. [1] ▪ Provoquer un traumatisme psychologique. ▸ adj. TRAUMATISANT, ANTE

TRAUMATISME n. m. ▪ **1.** Ensemble des troubles provoqués dans l'organisme par une lésion, une blessure grave. *Traumatisme crânien.* **2.** Choc émotionnel très violent.

TRAUMATOLOGIE n. f. ▪ DIDACT. Partie de la médecine, de la chirurgie consacrée à soigner les blessures, les suites d'accidents. ▸ adj. TRAUMATOLOGIQUE

Alexandre TRAUNER (1906‑1993) ▪ Décorateur de films, artiste français d'origine hongroise. *"Le jour se lève"; "Les Enfants du paradis"; "Subway".*

TRAVAIL, AUX n. m ▪ **I.** Période de l'accouchement pendant laquelle se produisent les contractions. *Femme en travail. Salle de travail.* **II. 1.** *(Le travail)* Ensemble des activités humaines organisées, coordonnées en vue de produire ce qui est utile ; activité productive d'une personne. ⇒ **action, activité, labeur ; travailler.** *Travail manuel, intellectuel. L'organisation du travail. Avoir du travail. Être surchargé de travail.* ‑ *Se mettre, être au travail.* **2.** Action ou façon de travailler (I) une matière *(le travail du bois)* ; de manier un instrument. **3.** *(Un travail ; le travail de qqn)* Ensemble des activités manuelles ou intellectuelles exercées pour parvenir à un résultat utile déterminé. ⇒ **besogne, tâche ; boulot.** *Entreprendre, accomplir, faire un travail.* ‑ loc. *Un travail de Romain*, de bénédictin*.* **4.** Manière dont un ouvrage, une chose ont été exécutés. *Travail soigné.* ‑ iron. *C'est du beau travail !* **III.** *LES TRAVAUX.* **1.** Suite d'entreprises, d'opérations exigeant une activité physique suivie et l'emploi de moyens techniques. *Les travaux des champs,* l'agriculture. *Les travaux ménagers. Gros travaux,* pénibles et n'exigeant pas une habileté particulière. *Travaux de réfection des routes.* ⇒ **réparation.** *Ralentir, travaux !* ‑ loc. plais. *Inspecteur des travaux finis :* paresseux qui regarde les autres travailler, ou arrive quand le travail est terminé. **2.** *TRAVAUX PUBLICS :* travaux de construction, de réparation, ou d'entretien d'utilité générale faits pour le compte d'une administration (ex. routes, ponts, etc.). *Ingénieur des Travaux publics.* **3.** anciennt *TRAVAUX FORCÉS :* peine de droit commun qui s'exécutait dans les bagnes. **4.** Recherches dans un domaine intellectuel, scientifique. *Travaux scientifiques. Travaux pratiques :* séance d'exercices en application d'un cours théorique. ⇒ **T.P. 5.** Délibérations (d'une assemblée) devant aboutir à une décision. **IV. 1.** Activité laborieuse, rétribuée, dans une profession. ⇒ **emploi, fonction, gagne-pain, métier, profession, spécialité ;** FAM. **boulot, job, turbin.** *Travail à mi-temps, à plein temps. Travail temporaire* (⇒ **intérim**). *Arrêt de travail :* grève momentanée ; interruption de travail (spécialt, pour une maladie). *Être sans travail* (⇒ **chômeur**). *Travail payé à l'heure, aux pièces.* ♦ *Travail à la chaîne*. Travail à domicile* (exécuté chez soi). *Travail à temps partiel.* ♦ *Carte de travail* (pour les travailleurs étrangers, immigrés...). ‑ *Contrat de travail.* ‑ *Travail au noir,* exercé dans des conditions illégales. **2.** L'ensemble des travailleurs, surtout agricoles et industriels. ⇒ **ouvrier, paysan, prolétariat, travailleur(s) ; main-d'œuvre.** *Le monde du travail. Le ministère du Travail.* **V.** SC. **1.** Action continue, progressive (d'une cause naturelle) ; son effet. *Le travail d'érosion des eaux.* ♦ (abstrait) *Le travail du temps.* **2.** Le fait de produire un effet utile, par son activité. ⇒ **fonctionnement, force.** *Travail musculaire :* quantité d'énergie fournie par l'ensemble des muscles d'un organisme. **3.** PHYS. Produit d'une force par le déplacement de son point d'application (estimé suivant la direction de la force). *Quantité de travail que peut fournir une machine par unité de temps.* ⇒ **puissance.**

TRAVAILLER v. [1] ▪ **I.** v. tr. **1.** (sujet chose) VX Faire souffrir. ♦ MOD. Inquiéter, préoccuper. *Cette affaire le travaille.* ⇒ **tracasser. 2.** Modifier par le travail. Soumettre à une action suivie, pour donner forme (ou changer de forme), rendre plus utile ou utilisable. *Travailler une matière première.* ⇒ **élaborer, façonner.** *Travailler l'ivoire. Travailler la terre.* ⇒ **cultiver.** *Travailler une pâte.* ♦ Soumettre à un travail intellectuel, pour améliorer. *Travailler son style.* ⇒ **perfectionner.** ‑ au p. p. *Style travaillé.* **3.** Chercher à acquérir ou perfectionner (une science, une technique, une activité, un art) par l'exercice, l'étude ou la pratique. *Travailler la philosophie.* ⇒ **étudier ;** FAM. **bûcher, potasser.** *Travailler un morceau de piano.* **4.** Soumettre à des influences volontaires de manière à faire agir de telle ou telle façon. *Travailler l'opinion. Travailler les esprits,* les pousser au mécontentement, à la révolte. ⇒ **exciter. 5.** *TRAVAILLER À... :* faire tous ses efforts pour obtenir (un résultat), en vue de... *Travailler à la perte de qqn.* ♦ Consacrer son activité à (un ouvrage). *Il travaille à un exposé.* ⇒ **préparer. II.** v. intr. **1.** Agir d'une manière suivie, avec plus ou moins d'effort, pour obtenir un résultat utile. ⇒ **besogner, œuvrer ;** FAM. **bosser, boulonner, bûcher.** *Travailler dur, d'arrache-pied.* ⇒ **trimer.** ‑ FAM. *Faire travailler sa matière grise :* réfléchir. ♦ spécialt Étudier. *Elle travaille bien en classe.* **2.** Exercer une activité professionnelle, un métier. *Travailler en usine, dans un bureau.* **3.** S'exercer, effectuer un exercice. *Acrobate qui travaille sans filet.* **4.** (sujet chose : temps, force...) Agir. *Le temps travaille pour nous.* **5.** Fonctionner pour la production. *Industrie qui travaille pour l'exportation.* **6.** loc. FAM. *TRAVAILLER DU CHAPEAU :* être fou. **III.** v. intr. (choses) **1.** Subir une force, une action. *Le bois a travaillé.* ⇒ se **déformer,** se **gondoler. 2.** Fermenter, subir une action interne. *Le vin travaille.* **3.** Être agité. *Son imagination travaille.*

TRAVAILLEUR, EUSE ▪ **I.** n. **1.** Personne qui travaille physiquement ou intellectuellement. *C'est un grand travailleur.* **2.** Personne qui exerce une profession, un métier. *Travailleurs manuels* (⇒ **ouvrier, paysan**), intellectuels. ‑ *Les travailleurs,* les salariés, surtout les ouvriers de l'industrie. ⇒ **prolétaire ; travail** (IV, 2). **II.** adj. **1.** Qui aime le travail. ⇒ **laborieux. 2.** Des travailleurs. *Les masses travailleuses,* laborieuses.

TRAVAILLISTE n. et adj. ▪ Membre du parti travailliste, en Grande-Bretagne. ⇒ **socialiste.** *Les conservateurs et les travaillistes.* ‑ adj. *Député travailliste.*

▪ **le parti TRAVAILLISTE** en anglais ***LABOUR PARTY*** ▪ Parti politique anglais, issu des syndicats, fondé en 1893 (officiellement en 1906).

TRAVAILLOTER v. intr. [1] ▪ Travailler peu.

TRAVÉE n. f. ▪ **1.** Portion (de voûte, de comble, de pont...) comprise entre deux points d'appui (colonnes, piles, piliers, etc.). *Nef à cinq travées.* **2.** Rangée de tables, de sièges placés les uns derrière les autres. *Les travées d'un amphithéâtre.*

TRAVELLER'S CHECK ou **TRAVELLER'S CHÈQUE** [travlœr(s)ʃɛk] n. m. ▪ anglic. ⇒ **chèque** de voyage. ◇ abrév. TRAVELLER.

TRAVELLING [travliŋ] n. m. ▪ anglic. Mouvement de la caméra placée sur un chariot, qui glisse sur des rails. *Travelling avant, arrière.*

TRAVELO n. m. ▪ FAM. Travesti, homme qui s'habille en femme. *Des travelos.*

TRAVERS n. m. ▪ **I.** (en loc.) **1.** *EN TRAVERS :* dans une position transversale par rapport à un axe. ⇒ **transversalement.** *Il dort en travers du lit.* ‑ fig. LITTÉR. *Se mettre, se jeter en travers de...,* s'opposer, faire obstacle à. **2.** *À TRAVERS :* par un mouvement transversal d'un bout à l'autre d'une surface ou d'un milieu qui constitue un obstacle. *Passer à travers champs, à travers la foule.* ⇒ au **milieu, parmi ; traverser.** *Objets vus à travers une vitre.* ‑ fig. *À travers les âges.* ♦ *AU TRAVERS :* en passant d'un bout à l'autre ; de part en part. ‑ loc. *Passer au travers,* échapper à un danger, à une punition. ♦ *PAR LE TRAVERS :* sur le côté. **3.** *DE TRAVERS :* dans une direction, une position oblique par rapport à la normale ; qui n'est pas droit. ⇒ FAM. de **traviole.** *Avoir le nez de travers.* ‑ loc. *Regarder qqn de travers,* avec animosité, suspicion. ‑ ⇒ **mal.** *Raisonner de travers. Il comprend tout de travers.* ‑ *Tout va de travers.* **4.** *À TORT ET À TRAVERS.* ⇒ **tort. II.** Léger défaut (d'une personne). ⇒ **imperfection.** *Se moquer des travers de qqn.*

TRAVERSABLE adj. ▪ Qui peut être traversé.

TRAVERSE n. f. ▪ **I. 1.** Barre de bois, de métal, etc., disposée en travers, servant à assembler, à consolider des montants, des barreaux. *Les traverses d'une fenêtre.* **2.** Pièce (de bois, de métal, de béton) placée en travers de la voie pour maintenir l'écartement des rails. **II.** LITTÉR. Difficulté, obstacle. **III.** loc. adj. *Chemin* DE TRAVERSE, qui coupe. ⇒ **raccourci.**

TRAVERSÉE n. f. ▪ **1.** Action de traverser la mer, une grande étendue d'eau (surtout en bateau). **2.** Action de traverser (un espace) d'un bout à l'autre. ⇒ **passage.** *La traversée d'une ville en voiture.* ◇ fig. *La traversée du désert,* disparition de la vie publique.

TRAVERSER v. tr. 1 ▪ **I. 1.** Passer, pénétrer de part en part, à travers (un corps, un milieu interposé). ⇒ **percer, transpercer.** *Traverser un mur à coups de pioche. L'eau traverse la toile.* ⇒ **filtrer. 2.** Se frayer un passage à travers (des personnes rassemblées). *Traverser la foule.* **II. 1.** Parcourir (un espace) d'une extrémité, d'un bord à l'autre. ⇒ **franchir, parcourir.** *Traverser une ville. Traverser l'Atlantique à la voile.* ▸ Couper (une voie de communication), aller d'un bord à l'autre. *Traverser la rue, la rivière.* ▸ sans compl. *Piétons qui traversent.* **2.** (choses ; sans mouvement) Être, s'étendre, s'allonger au travers de... *La route traverse la voie ferrée.* ⇒ **croiser. 3.** Aller d'un bout à l'autre de (un espace de temps), dépasser (un état durable). *Traverser une période difficile.* **4.** Passer par (l'esprit, l'imagination). *Idée qui traverse l'esprit.* ⇒ se **présenter.** ▸ au p. p. *Un sommeil agité, traversé de cauchemars.*

TRAVERSIER, IÈRE ▪ **I.** adj. VX Qui est en travers. *Rue traversière.* loc. *Flûte traversière,* qui se tient horizontalement. **II.** n. m. Au Québec Bac (pour remplacer l'anglic. *ferry-boat*).

TRAVERSIN n. m. ▪ Long coussin cylindrique, placé en travers, à la tête du lit. ⇒ **polochon.**

TRAVERTIN n. m. ▪ Roche calcaire présentant de petites cavités, utilisée en construction.

TRAVESTI, IE ▪ **I. 1.** adj. Revêtu d'un déguisement. ⇒ **costumé, déguisé.** *Un acteur travesti* ou n. m. *un travesti,* un acteur qui se travestit, qui joue un rôle féminin. ♦ fig. *"Le Virgile travesti"* (parodie de Scarron). **2.** n. m. Homme (souvent, homosexuel) habillé et maquillé comme une femme. ⇒ FAM. **travelo. II.** n. m. VIEILLI Déguisement.

TRAVESTIR v. 2 ▪ **1.** v. pron. réfl. SE TRAVESTIR : se déguiser pour un bal, un rôle de théâtre. **2.** v. tr. Transformer en revêtant un aspect mensonger qui défigure, dénature. ⇒ **déformer, fausser.** *Travestir la vérité, la pensée de qqn.* ⇒ **falsifier.**

TRAVESTISSEMENT n. m. ▪ **1.** Action ou manière de travestir, de se travestir. ⇒ **déguisement. 2.** Déformation, parodie. *Le travestissement de la vérité.*

DE **TRAVIOLE** loc. adv. ▪ FAM. De travers. *Un béret tout de traviole.*

TRAYEUSE n. f. ▪ Machine à traire les vaches.

TRAYON n. m. ▪ L'une des tétines du pis (d'une vache).

TRÉBEURDEN ▪ Commune des Côtes-d'Armor, sur la côte du Trégorrois. 3 094 hab. *(les Trébeurdinais).* Station balnéaire.

TRÉBIZONDE → Trabzon

TRÉBUCHANT, ANTE adj. ▪ **1.** Qui trébuche. *Une démarche trébuchante.* **2.** Qui hésite à chaque difficulté. *Une diction trébuchante.* **3.** VX (pièce de monnaie) Qui pèse le poids requis (→ trébuchet). ♦ MOD. loc. *Espèces* SONNANTES* ET TRÉBUCHANTES.

TRÉBUCHER v. intr. 1 ▪ **1.** Perdre soudain l'équilibre, faire un faux pas. ⇒ **chanceler.** *Trébucher contre, sur une pierre.* ⇒ **buter. 2.** Être arrêté par une difficulté, une erreur. *Il trébuche sur les mots difficiles.*

TRÉBUCHET n. m. ▪ **1.** Piège à oiseaux, muni d'une bascule. **2.** Petite balance pour les pesées délicates.

TRÉFILAGE n. m. ▪ TECHN. Opération par laquelle on tréfile (un métal).

TRÉFILER v. tr. 1 ▪ TECHN. Étirer (un métal) en le faisant passer au travers des trous d'une filière.

TRÉFILERIE n. f. ▪ TECHN. Atelier, usine où l'on tréfile des métaux.

TRÈFLE n. m. ▪ **1.** Plante, herbe aux feuilles composées de trois folioles, qui pousse dans les prairies des régions tempérées. *Un champ de trèfle.* ▸ *Trèfle à quatre feuilles,* considéré comme porte-bonheur. ♦ (autres plantes) *Trèfle d'eau. Trèfle cornu.* **2.** Motif décoratif évoquant la feuille de trèfle. ▸ aux cartes Ce motif, de couleur noire. *Roi de trèfle.* **3.** *Croisement en trèfle* ou n. m. *trèfle :* croisement de routes à niveaux séparés, à raccords courbes. ⇒ **échangeur.**

trèfle.
Phot. © Nief/Jacana

TRÉFONDS n. m. ▪ LITTÉR. Ce qu'il y a de plus profond, de plus secret. ⇒ **fond.** *Le tréfonds de son cœur.*

Jacques **TRÉFOUËL** (1897-1977) ▪ Chimiste français. Il fut directeur de l'Institut Pasteur de 1940 à 1964. Auteur de travaux sur la chimiothérapie, il étudia les sulfamides et fut à l'origine de la découverte de nombreux corps bactériostatiques.

TRÉGASTEL ▪ Commune des Côtes-d'Armor, dans le Trégorrois. 2 201 hab. *(les Trégastellois).* Église des XIIe-XIIIe s. ; ossuaire du XVIIe s. Côte de granit rose. Station balnéaire à Trégastel-Plage.

le **TRÉGORROIS** ou **TRÉGOR** ▪ Région de Bretagne entre Saint-Brieuc et Morlaix.

TRÉGUIER ▪ Commune des Côtes-d'Armor. 2 799 hab. *(les Trégorrois* ou *Trécorrois).* Cathédrale gothique (XIVe-XVe s.).

TREILLAGE n. m. ▪ Assemblage de lattes, d'échalas posés parallèlement ou croisés dans un plan vertical. ♦ Clôture à claire-voie. ⇒ **treillis.**

TREILLE n. f. ▪ Vigne qui pousse en berceau, en voûte ou contre un support (treillage, mur, espalier...) ; tonnelle où grimpe la vigne. ♦ loc. *Le jus de la treille,* le vin.

① **TREILLIS** n. m. ▪ Entrecroisement de lattes, de fils métalliques formant claire-voie.

② **TREILLIS** n. m. ▪ **1.** Toile de chanvre très résistante. *Pantalon de treillis.* **2.** Tenue militaire d'exercice ou de combat. *Des soldats en treillis.*

TREIZE ▪ **1.** adj. numéral cardinal invar. (13 ou XIII) Dix plus trois. *Treize ans. Treize cents* ou *mille trois cents (1 300). Rugby à treize.* ▸ loc. *Treize à la douzaine,* treize choses pour le prix de douze. **2.** adj. numéral ordinal invar. Treizième. *Louis XIII (treize). Treize heures.* **3.** n. m. invar. Le nombre, le numéro treize.

TREIZIÈME adj. numéral ordinal ▪ **1.** Qui suit le douzième (13e ; XIIIe). ▸ n. *Le, la treizième.* **2.** *La treizième partie* ou n. m. *le treizième* (1/13), fraction d'un tout également partagé en treize. ▸ adv. TREIZIÈMEMENT

TREKKING n. m. ▪ anglic. Randonnée pédestre dans des régions montagneuses difficilement accessibles.

TRÉLAZÉ ▪ Commune du Maine-et-Loire. 10 539 hab. *(les Trélazéens).* Ardoisières les plus importantes de France.

TRÉMA n. m. ▪ Signe formé de deux points juxtaposés que l'on met sur les voyelles *e, i, u,* pour indiquer que la voyelle qui précède doit être prononcée séparément. « *Astéroïde* » *s'écrit avec un i tréma.*

La **TREMBLADE** ▪ Commune de Charente-Maritime. 4 623 hab. *(les Trembladais).* Centre ostréicole. Marais salants.

TREMBLANT, ANTE adj. ▪ **1.** Qui tremble. *Tremblant de froid.* ⇒ **grelottant.** *Lueur tremblante.* ⇒ **vacillant.** *Voix tremblante.* ⇒ **chevrotant. 2.** Qui tremble, craint, qui a peur. ⇒ **craintif.** *Effrayée et tremblante, elle se taisait.*

Michel TREMBLAY (né en 1942) ▪ Écrivain canadien d'expression française. Auteur dramatique, il s'est imposé en 1968 avec *"Belles-Sœurs"*. Il poursuit depuis une œuvre contestataire qui a renouvelé le théâtre québécois, faisant notamment appel au « joual » (parler populaire montréalais).

TREMBLAY-EN-FRANCE avant 1989 ***TREMBLAY-LÈS-GONESSE*** ▪ Commune de la Seine-Saint-Denis. 31 385 hab. *(les Tremblaysiens).*

TREMBLE n. m. ▪ Peuplier à écorce lisse, à tige droite, dont les feuilles frissonnent au moindre vent.

TREMBLÉ, ÉE adj. ▪ **1.** Tracé d'une main tremblante. *Écriture tremblée.* **2.** (son, voix) Qui tremble.

TREMBLEMENT n. m. ▪ **1.** Secousses répétées qui agitent une chose. ⇒ **ébranlement.** - *TREMBLEMENT DE TERRE :* secousses en relation avec la déformation de l'écorce terrestre en un lieu. ⇒ **séisme** ; secousse **sismique, tellurique. 2.** Léger mouvement de ce qui tremble. *Avoir un tremblement dans la voix. Le tremblement des vitres.* ⇒ **trépidation, vibration. 3.** Agitation du corps ou d'une partie du corps par petites oscillations involontaires. ⇒ **frémissement, frisson.** *Un, des tremblements de froid, de peur.* **4.** loc. FAM. *ET TOUT LE TREMBLEMENT :* et tout le reste. ⇒ **tralala.**

TREMBLER v. intr. [1] ▪ **1.** Être agité de petits mouvements répétés autour d'une position d'équilibre. *Le choc fit trembler les vitres.* ⇒ **remuer, trépider, vibrer.** *Le feuillage tremble sous la brise.* ⇒ **frémir, osciller.** - Être ébranlé. *La terre tremble.* ⇒ **tremblement** de terre. - (lumière) Produire une image vacillante. - (voix, son) Ne pas conserver la même intensité ; varier rapidement (en intensité, hauteur). ⇒ **tremblé ; trémolo. 2.** (personnes) Être agité par une suite de petites contractions involontaires des muscles. ⇒ **frissonner.** *Trembler de froid* (⇒ **grelotter**) ; de peur. loc. *Trembler comme une feuille,* beaucoup. **3.** fig. Éprouver une violente émotion, sous l'effet de la peur. *Tout le monde tremble devant lui. Je tremble qu'on ne l'ait vu.* ⇒ **craindre.** *Trembler pour qqn,* craindre un danger, un malheur pour lui. *Il tremble de la perdre.*

TREMBLEUR, EUSE ▪ **I.** adj. Tremblant. **II.** n. **1.** Personne qui tremble. **2.** n. m. Vibreur.

TREMBLOTE n. f. ▪ FAM. Tremblement. *Avoir la tremblote.*

TREMBLOTER v. intr. [1] ▪ Trembler (1, 2) légèrement. ► n. m. TREMBLOTEMENT

TRÉMIE n. f. ▪ Entonnoir en forme de pyramide renversée qui permet de déverser une substance à traiter.

TRÉMIÈRE adj. f. ▪ *Rose trémière,* plante décorative (guimauve) à fleurs semblables à de petites roses ; cette fleur (syn. *passerose*).

TRÉMOLO n. m. ▪ **1.** Effet musical obtenu par la répétition très rapide d'un son, d'un accord. **2.** Tremblement d'émotion (souvent affecté) dans la voix. *Avoir des trémolos dans la voix.*

SE **TRÉMOUSSER** v. pron. [1] ▪ S'agiter avec de petits mouvements vifs et irréguliers. ⇒ **frétiller,** se **tortiller.** *Se trémousser d'énervement, d'impatience.* ► n. m. TRÉMOUSSEMENT

TREMPAGE n. m. ▪ Action de tremper. *Le trempage du linge.*

TREMPE n. f. ▪ **I. 1.** Immersion dans un bain froid (d'un métal, d'un alliage chauffé à haute température). *La trempe de l'acier.* **2.** Qualité qu'un métal acquiert par cette opération. ♦ loc. fig. *DE... TREMPE :* de... caractère, énergie, qualité. *Un homme de sa trempe ne se laisse pas abattre.* **II.** FAM. Volée de coups. ⇒ **raclée.**

TREMPER v. [1] ▪ **I.** v. tr. **1.** (liquide) Mouiller fortement, imbiber. *La pluie a trempé sa chemise.* - passif et p. p. *Vêtements trempés par l'orage. Être trempé jusqu'aux os.* **2.** Plonger (un solide) dans un liquide pour imbiber, enduire. ♦ Immerger, baigner. *Tremper son bras dans le lavabo.* - pronom. (réfl.) *Se tremper :* prendre un bain rapide. **3.** Plonger (l'acier) dans un bain froid (⇒ **trempe**). - au p. p. *Acier TREMPÉ,* durci par la trempe. **4.** fig. et LITTÉR. Aguerrir, fortifier. - au p. p. *Caractère bien trempé,* énergique. **II.** v. intr. **1.** Rester plongé dans un liquide. *Faire tremper le linge* (avant le lavage). - *Faire tremper des légumes secs* (dans l'eau). **2.** loc. (sujet personne) *TREMPER DANS* (une affaire malhonnête) : y participer, en être complice. *On dit qu'il a trempé dans une escroquerie.*

TREMPETTE n. f. ▪ *FAIRE TREMPETTE :* prendre un bain hâtif sans entrer complètement dans l'eau.

tremble. *Populus tremula.* Phot. © Gohier/Jacana

TREMPLIN n. m. ▪ **1.** Planche élastique sur laquelle on prend élan pour sauter. *Plonger du haut d'un tremplin.* **2.** fig. Ce qui lance qqn, lui permet de parvenir à un but.

TRENCH-COAT [tʀɛnʃkot] n. m. ▪ anglic. Imperméable à ceinture (abrév. TRENCH). *Des trench-coats ; des trenchs.*

Charles TRENET (né en 1913) ▪ Auteur, compositeur et chanteur français. Ses chansons, toutes de fantaisie et d'invention poétique, expriment la joie de vivre.

TRENTAINE n. f. ▪ Nombre de trente, d'environ trente. *Une trentaine de personnes.* ♦ Âge d'environ trente ans.

TRENTE ▪ **1.** adj. numéral cardinal invar. Trois fois dix (30). *"La Femme de trente ans"* (roman de Balzac). *Octobre a trente et un jours.* ♦ *TRENTE-SIX :* FAM. un grand nombre indéterminé. → cent. *Il n'y a pas trente-six façons de le dire.* - loc. *Tous les trente-six du mois,* quasiment jamais. **2.** adj. numéral ordinal invar. Qui suit le vingt-neuvième. ⇒ **trentième.** *Numéro trente, page trente.* - *Les années trente,* de 1930 à 1939. **3.** n. m. invar. Nombre, numéro trente. *Il habite au trente.* ♦ loc. *Se mettre SUR SON TRENTE ET UN :* mettre ses plus beaux habits.

▪ **les TRENTE** ou **les TRENTE TYRANS** ▪ Nom donné aux magistrats que Sparte imposa à Athènes après sa victoire dans la guerre du Péloponnèse (404 av. J.-C.). Ils furent chassés par Thrasybule.

▪ **la guerre de TRENTE ANS** ▪ Conflit né en 1618 de l'opposition entre les catholiques et les protestants dans le Saint Empire romain germanique. La France, pour s'opposer à la puissance des Habsbourg, intervint aux côtés de la Suède, protestante, contre l'empereur Ferdinand II et son alliée l'Espagne. Les traités de Westphalie (1648) marquèrent le retrait du pouvoir impérial en Allemagne, son repli sur l'Autriche et la Bohême; la lutte entre la France et l'Espagne continua jusqu'en 1659 (traité des Pyrénées).

TRENTE en italien ***TRENTO*** ▪ Ville d'Italie. 101 416 hab. *(les Trentins* ou *Tridentins).* Capitale de la région autonome du Trentin-Haut-Adige. ► **le concile de TRENTE,** convoqué par le pape Paul III et Charles Quint, se tint en trois périodes de 1545 à 1563 et définit la politique de l'Église catholique contre la Réforme. → **Contre-Réforme.**

TRENTIÈME [-tjɛm] adj. numéral ordinal ▪ **1.** Qui vient après le vingt-neuvième. **2.** *La trentième partie* ou n. m. *le trentième,* partie d'un tout également divisé en trente.

le TRENTIN-HAUT-ADIGE en italien ***TRENTINO-ALTO ADIGE*** ▪ Région de l'Italie septentrionale. 13 613 km^2. 884 039 hab. Chef-lieu : Trente. La région, qui a été rattachée à l'Italie en 1919, comprend, au nord, une forte communauté germanophone (Tyroliens du Sud) qui revendique l'autonomie.

TRENTON ▪ Ville des États-Unis, capitale du New Jersey. 89 000 hab.

TRÉPAN n. m. ▪ **1.** Instrument de chirurgie destiné à percer les os du crâne. **2.** Vilebrequin pour forer. ⇒ **foreuse.** *Trépan de sonde.*

TRÉPANATION n. f. ▪ CHIR. Opération par laquelle on trépane.

TRÉPANER v. tr. [1] ▪ CHIR. Pratiquer un trou dans la boîte crânienne à l'aide d'un trépan. - au p. p. *Crâne, malade trépané.* - n. *Les trépanés.*

TRÉPAS n. m. ▪ VX ou LITTÉR. Mort (d'une personne). loc. *Passer de vie à trépas :* mourir.

TRÉPASSER v. intr. [1] ▪ LITTÉR. ⇒ **mourir.** ♦ au p. p. (n.) *Les trépassés,* les morts. *La baie des Trépassés* (dans le Finistère).

TRÉPIDANT, ANTE adj. ▪ **1.** Agité de petites secousses. **2.** Très rapide et agité. *Un rythme trépidant.*

TRÉPIDATION n. f. ▪ Agitation de ce qui trépide. *La trépidation du moteur.*

TRÉPIDER v. intr. [1] ▪ Être agité de petites secousses fréquentes, d'oscillations rapides. ⇒ **trembler, vibrer.** *Le plancher du wagon trépidait.*

TRÉPIED n. m. ▪ Meuble ou support à trois pieds.

TRÉPIGNER v. intr. [1] ▪ Piétiner ou frapper des pieds contre terre à plusieurs reprises, sous le coup d'une émotion. *Trépigner d'enthousiasme, d'impatience, de colère.* ► n. m. TRÉPIGNEMENT

TRÉPONÈME n. m. ▪ Micro-organisme dont une espèce est responsable de la syphilis.

Le TRÉPORT ▪ Commune de la Seine-Maritime. 6 227 hab. *(les Tréportais).* Port de pêche et station balnéaire.

TRÈS adv. se prononce [tʀɛ] devant une consonne, [tʀɛz] devant une voyelle ou un *h* muet ▪ Marque le superlatif absolu. ⇒ **bien, fort. 1.** (devant un adj.) *Il est très gentil. Très drôle.* ⇒ **extrêmement.** *Un hiver très froid. C'est très clair.* ⇒ **parfaitement.** *Une question très embarrassante.* ⇒ **terriblement.** *Très connu.* – *Pas très,* moyennement, un peu ; (euphémisme) pas du tout, peu. – (+ terme, expr. à valeur d'adj.) *Être très en retard. Elle est déjà très femme.* **2.** (devant un adv.) *Il se porte très bien. Aller très vite.* **3.** (dans des locutions verbales d'état ; devant un nom) – (adj. substantivé) *Il fait très chaud. Se faire très mal.* – emploi critiqué *J'ai très faim.* ⇒ **grand.** *Faites très attention.*

TRÉSOR n. m. ▪ **I. 1.** Ensemble de choses précieuses amassées et cachées. *Découvrir un trésor. "L'Île au trésor"* (roman de Stevenson). *Trésor de guerre ;* fig. économies. – *Amasser un trésor.* ⇒ **thésauriser. 2.** *DES TRÉSORS :* grandes richesses concrètes, objets de grand prix. *Les trésors artistiques des musées.* – *LE TRÉSOR d'une église :* l'ensemble de ses objets précieux, réunis. **3.** *LE TRÉSOR (PUBLIC) :* ensemble des moyens financiers dont dispose un État. – en France Service financier chargé d'encaisser les recettes fiscales et de payer les dépenses du budget de l'État. *Direction du Trésor* (au ministère des Finances). *Des bons du Trésor.* **II.** fig. **1.** *Un, des trésor(s) de :* une abondance précieuse de (choses utiles, belles). *Des trésors de patience.* **2.** Titre d'ouvrages encyclopédiques, de dictionnaires. *Le Trésor de la langue française,* de Jean Nicot. **3.** *Mon trésor,* terme d'affection.

TRÉSORERIE n. f. ▪ **1.** Administration du Trésor public. – Services financiers (de l'armée, d'une association...). **2.** État et gestion des fonds, des ressources. ⇒ **finance.** *Difficultés de trésorerie :* insuffisance de ressources pour faire face aux dépenses.

TRÉSORIER, IÈRE n. ▪ Personne chargée de l'administration des finances (d'une organisation publique ou privée). *Le trésorier d'un parti.* – *Trésorier-payeur général,* chargé de gérer le Trésor public dans un département.

TRESSAGE n. m. ▪ Action de tresser. **1.** *Le tressage de l'osier.* **2.** *Le tressage d'une corbeille.*

TRESSAILLEMENT n. m. ▪ Ensemble de secousses musculaires qui agitent brusquement le corps, sous l'effet d'une émotion vive ou d'une sensation inattendue. ⇒ **frémissement, sursaut.** *Un léger tressaillement parcourut sa nuque.*

TRESSAILLIR v. intr. [13] ▪ Éprouver un tressaillement. ⇒ **sursauter, tressauter.** *Il tressaillait au moindre bruit. Tressaillir de peur, de joie.* ⇒ **frémir, trembler.**

TRESSAUTER v. intr. [1] ▪ **1.** Tressaillir. **2.** (choses) Être agité de façon désordonnée. *La guimbarde tressautait sur le chemin défoncé.* ⇒ **cahoter.** ► n. m. TRESSAUTEMENT

TRESSE n. f. ▪ **1.** Assemblage de trois longues mèches de cheveux entrecroisées à plat et retenues par une attache. ⇒ **natte. 2.** Cordon plat fait de fils entrelacés ; galon fait de plusieurs cordons.

TRESSER v. tr. [1] ▪ **1.** Entrelacer (des brins de paille, de jonc, etc.). *Tresser de l'osier.* – au p. p. *Cuir tressé.* ♦ Faire une tresse (de cheveux). ⇒ **natter. 2.** Faire (un objet) en entrelaçant des fils, des brins. *Tresser des paniers.* ♦ loc. *Tresser des couronnes à qqn,* le louer, le glorifier.

TRÉTEAU n. m. ▪ **1.** Longue pièce de bois sur quatre pieds, servant de support (à une estrade, un étalage, etc.). *Table à tréteaux.* **2.** LITTÉR. *LES TRÉTEAUX :* scène sommairement installée. ⇒ **planche(s).**

TRETS ▪ Commune des Bouches-du-Rhône. 7 900 hab.

TREUIL n. m. ▪ Appareil de levage composé d'un cylindre que l'on fait tourner sur son axe *(le tambour)* et autour duquel s'enroule une corde, un câble. ⇒ **cabestan, winch.**

TREUILLER v. tr. [1] ▪ Manipuler au moyen d'un treuil. ► n. m. TREUILLAGE

TRÊVE n. f. ▪ **1.** Cessation provisoire des combats, par convention des belligérants. ⇒ **cessez-le-feu. 2.** fig. Interruption dans une lutte. *Une trêve politique. Faisons trêve à nos querelles.* **3.** *SANS TRÊVE :* sans arrêt, sans relâche. *Il a plu sans trêve pendant une semaine,* sans cesse, sans répit. – exclam. *TRÊVE DE... :* assez de. *Trêve de plaisanterie !*

TRÈVES en allemand ***TRIER*** ▪ Ville d'Allemagne (Rhénanie-Palatinat). 97 200 hab. Elle fut une des résidences des empereurs romains : nombreux vestiges (*Porta nigra,* amphithéâtre, basilique). Cathédrale (IVe-XIIIe s.).

Trèves. L'intérieur de la basilique impériale (IVe s.).
Phot. © Lauros/Giraudon

TRÉVISE en italien ***TREVISO*** ▪ Ville d'Italie, en Vénétie. 84 066 hab. Monuments médiévaux.

TRÉVOUX ▪ Commune de l'Ain. 6 092 hab. *(les Trévoltiens).* Célèbre imprimerie des jésuites au XVIIIe s., produisant le *Journal* (scientifique) et le *Dictionnaire* dits *de Trévoux.*

TRI n. m. ▪ Action de trier. ⇒ **triage.** *Le tri des lettres.*

TRI- Élément, du latin et grec *tri-* « trois » (ex. *tricycle, trident, trilogie*).

TRIADE n. f. ▪ DIDACT. Groupe de trois personnes ou de trois unités.

TRIAGE n. m. ▪ **1.** Fait de trier dans un ensemble ou de répartir ; son résultat. ⇒ **tri, choix. 2.** Séparation et regroupement des wagons pour former des convois. *Gare de triage.*

TRIAL ▪ anglic. **1.** n. m. Course motocycliste d'obstacles sur terrain accidenté. **2.** n. m. ou f. Moto conçue pour ce type de course. *Des trials.*

TRIANGLE n. m. ▪ **1.** Figure géométrique, polygone à trois côtés (⇒ **trigonométrie**). *Triangle isocèle, équilatéral, rectangle.* **2.** Objet de cette forme. *Triangles de signalisation routière.* ♦ Instrument de musique à percussion, fait d'une tige d'acier repliée, sur laquelle on frappe avec une baguette.

▪ **le TRIANGLE D'OR** ▪ Zone de forme triangulaire qui s'étend sur une partie de la Birmanie, de la Thaïlande et du Laos. Lieu privilégié de la production et du trafic de l'opium.

TRIANGULAIRE adj. ▪ **1.** En forme de triangle. *Voile triangulaire.* **2.** fig. Qui met en jeu trois éléments. *Élection triangulaire,* à trois candidats. *Commerce triangulaire ;* spécialt commerce d'esclaves pratiqué entre les côtes françaises et anglaises, la Guinée et les Antilles, aux XVIIe et XVIIIe siècles.

TRIANGULATION n. f. ▪ Division (d'un terrain) en triangles pour le mesurer.

TRIANON ▪ Nom de deux châteaux construits dans le parc du château de Versailles, le Trianon de marbre (Mansart, 1687) et le Petit Trianon (Gabriel, 1762-1768).

TRIAS [-ɑs] **n. m.** ▪ GÉOL. Terrain du secondaire ancien dont les dépôts contiennent trois parties (grès, calcaire coquillier, marnes). - Période la plus reculée de l'ère secondaire. ► **adj.** TRIASIQUE

TRIATHLON **n. m.** ▪ SPORT Épreuve d'athlétisme comportant trois disciplines (natation, course cycliste et course à pied).

TRIBAL, ALE, AUX **adj.** ▪ DIDACT. De la tribu. *Guerres tribales,* entre tribus.

TRIBO-ÉLECTRICITÉ **n. f.** ▪ PHYS. Électricité statique produite par frottement. ► **adj.** TRIBO-ÉLECTRIQUE

TRIBORD **n. m.** ▪ Côté droit d'un navire quand on regarde vers la proue, l'avant (opposé à *bâbord*).

TRIBU **n. f.** ▪ **1.** ANTIQ. Division du peuple (juif, grec, romain). *Les douze tribus d'Israël,* issues d'un des douze fils de Jacob. **2.** Groupe social et politique fondé sur une parenté ethnique réelle ou supposée, dans les sociétés pré-industrielles. **3.** fig. et iron. Groupe nombreux ; famille nombreuse. *Elle part en vacances avec toute sa tribu.*

TRIBULATIONS **n. f. pl.** ▪ Aventures plus ou moins désagréables. ⇒ **épreuve, mésaventure.**

TRIBUN **n. m.** ▪ **1.** ANTIQ. Nom d'officiers *(tribuns militaires)* ou de magistrats *(tribuns de la plèbe)* romains. **2.** LITTÉR. Défenseur éloquent (d'une cause, d'une idée), orateur qui remue les foules.

TRIBUNAL, AUX **n. m.** ▪ **1.** Lieu où l'on rend la justice. ⇒ **palais** de justice. **2.** Magistrats exerçant une juridiction. ⇒ **chambre, cour.** *Tribunaux administratifs, judiciaires. Tribunal de commerce. Porter une affaire devant les tribunaux.* **3.** Justice de Dieu ; jugement de la postérité. *Le tribunal de l'histoire.*

▪ **le TRIBUNAL RÉVOLUTIONNAIRE DE PARIS** ▪ Pendant la Révolution française, tribunal d'exception créé par la Convention le 10 mars 1793. Composé de douze jurés, cinq juges et un accusateur public. Instrument de la Terreur, il fut supprimé le 31 mai 1795.

TRIBUNAT **n. m.** ▪ **1.** DIDACT. Charge de tribun, dans la Rome antique ; la durée de son exercice. - Institution par laquelle les tribuns exerçaient leur pouvoir. *Le tribunat de la plèbe.* **2.** HIST. *Le Tribunat,* assemblée législative instituée sous le Consulat (1800) et supprimée sous le Premier Empire (1807).

TRIBUNE **n. f.** ▪ **1.** Emplacement élevé où sont réservées des places (dans une église, une salle publique). *Tribune de presse.* ♦ Emplacement en gradins (dans un champ de courses, un stade). **2.** Emplacement élevé, estrade d'où l'orateur s'adresse à une assemblée. ♦ L'éloquence parlementaire, politique (⇒ **tribun**). **3.** fig. Lieu où l'on s'exprime par le discours ou l'écriture. *La* TRIBUNE LIBRE *d'un journal :* rubrique offerte au public pour s'exprimer.

TRIBUT **n. m.** ▪ **1.** Contribution forcée, imposée par un État à un autre. **2.** LITTÉR. Contribution payée à une autorité, un pouvoir. *Lever un tribut sur la population.* **3.** fig. et LITTÉR. Ce qu'on est obligé de supporter ou d'accorder. *Payer un lourd tribut à la maladie.*

TRIBUTAIRE **adj.** ▪ **1.** Qui paye tribut, est soumis à une autorité. **2.** Qui dépend (d'un autre pays). **3.** (cours d'eau) Affluent.

TRICASTIN ▪ Ancien pays du Dauphiné, dans la vallée du Rhône. Site du complexe nucléaire, situé à proximité de Pierrelatte, qui regroupe les centres de recherche du CEA et de la Cogema.

TRICEPS **adj. et n. m.** ▪ Se dit d'un muscle dont l'une des extrémités s'insère à trois points osseux différents. *Le triceps brachial.*

le **Trianon** de marbre. *Phot. © Bohin/Explorer*

le **tribunal révolutionnaire de Paris.** *Le Jugement de Marie-Antoinette le 14 octobre 1793.* Cabinet des Estampes, musée Carnavalet, Paris. *Phot. © Dagli Orti*

TRICÉRATOPS [-ɔps] **n. m.** ▪ DIDACT. Grand reptile fossile (dinosaurien) à trois cornes.

TRICHE **n. f.** ▪ FAM. Tricherie. *C'est de la triche !*

TRICHER **v. intr.** 1 ▪ **1.** Enfreindre les règles d'un jeu en vue de gagner. *Tricher aux cartes. Vous avez triché !* **2.** Enfreindre une règle, un usage en affectant de les respecter. *Tricher à un examen. Tricher sur la qualité.* ⇒ **frauder.** **3.** Dissimuler un défaut par un artifice.

TRICHERIE **n. f.** ▪ Action de tricher. ⇒ **triche.**

TRICHEUR, EUSE **n.** ▪ **1.** Personne qui triche au jeu. **2.** Personne qui enfreint secrètement les règles, est de mauvaise foi. *"Le Roman d'un tricheur"* (de Sacha Guitry).

TRICHINE [-k-] **n. f.** ▪ Petit ver parasite vivant dans l'intestin de certains animaux et de l'homme, et à l'état de larve dans leurs muscles, provoquant une maladie (la *trichinose*).

TRICHINOPOLY ou **TRICHY** → **Tiruchirapally**

TRICHLORÉTHYLÈNE [-kl-] **n. m.** ▪ CHIM. Dérivé chloré de l'éthylène, utilisé comme solvant des corps gras (pour nettoyer les tissus). ◇ abrév. TRICHLO.

TRICHROMIE [-kʀ-] **n. f.** ▪ TECHN. Procédé photographique basé sur la séparation des trois couleurs fondamentales : bleu, rouge, jaune.

TRICOLORE **adj.** ▪ **1.** Qui est de trois couleurs. *Feux tricolores à un carrefour. Le drapeau italien est tricolore.* **2.** Des trois couleurs du drapeau français : bleu, blanc et rouge. *Cocarde tricolore.* ♦ *L'équipe tricolore,* française. - **n.** *Les tricolores.*

TRICORNE **n. m.** ▪ Chapeau à trois cornes formées par ses bords relevés.

TRICOT **n. m.** ▪ **1.** Tissu formé d'une matière textile disposée en mailles et confectionné avec des aiguilles (⇒ **bonneterie**). *Un gilet de tricot.* **2.** Action de tricoter. *Faire du tricot.* **3.** Vêtement tricoté. ⇒ **chandail, pull-over.** - *Tricot de corps, de peau.* ⇒ **maillot.**

TRICOTAGE **n. m.** ▪ Action, manière de tricoter.

TRICOTER **v.** 1 ▪ **I. v. intr.** VX Agiter. ♦ loc. *Tricoter (des jambes) :* courir vite, fuir. **II. v. tr.** Exécuter au tricot. *Tricoter des chaussettes.* - absolt *Aiguilles, machine à tricoter.* - au p. p. *Tissu tricoté.* ⇒ **jersey.**

TRICOTEUR, EUSE ▪ **1. n.** Personne qui tricote. ♦ **n. f.** HIST. Femme du peuple révolutionnaire, pendant la Révolution française. **2. n. f.** Machine à tricoter.

TRICTRAC **n. m.** ▪ Jeu de dés, où l'on fait avancer des pions sur une surface à deux compartiments comportant chacun six cases triangulaires. ⇒ **jacquet.**

TRICYCLE **n. m.** ▪ Cycle à trois roues dont deux parallèles. *Tricycle de livreur.* ⇒ **triporteur.**

TRIDACNE **n. m.** ▪ ZOOL. Grand mollusque des mers chaudes, à deux valves ondulées, appelé aussi *bénitier.*

TRIDENT **n. m.** ▪ **1.** Fourche à trois pointes. - Emblème de Neptune, dieu des mers. **2.** Engin de pêche, harpon à trois pointes.

TRIDIMENSIONNEL, ELLE **adj.** ▪ DIDACT. Qui a trois dimensions ; qui se développe dans un espace à trois dimensions.

TRIÈDRE n. m. ▪ GÉOM. Figure (dans l'espace) formée par trois plans qui se coupent deux à deux.

TRIEL-SUR-SEINE ▪ Commune des Yvelines. 9 615 hab. *(les Triellois).*

TRIENNAL, ALE, AUX adj. ▪ Qui a lieu tous les trois ans ou dure trois ans. *Assolement triennal :* alternance de trois cultures sur un même terrain.

TRIER v. tr. 7 ▪ **1.** Choisir parmi d'autres ; extraire d'un plus grand nombre (⇒ **tri, triage**). *Trier des semences.* ‑ loc. *TRIER SUR LE VOLET :* sélectionner avec le plus grand soin. **2.** Traiter de manière à ôter ce qui est mauvais. *Trier des lentilles.* **3.** Répartir en plusieurs groupes sans rien éliminer. ⇒ **classer.** *Il était occupé à trier ses papiers.* ‑ INFORM. *Trier des données en fichiers.*

TRIÈRE n. f. ▪ ANTIQ. GRECQUE Bateau à trois rangs de rames. ⇒ **trirème.**

TRIESTE ▪ Ville d'Italie du Nord, capitale de la région autonome de Frioul-Vénétie-Julienne, qui a été rattachée tour à tour à l'Autriche, à la Yougoslavie et à l'Italie. 233 047 hab. *(les Triestins).* Maisons anciennes. Port sur l'Adriatique. Chantiers navals. Industrie chimique.

Trieste. Le canal. *Phot. © Diamante-Ostuni/Ricciarini*

TRIEUR, TRIEUSE n. ▪ **1.** Personne chargée de trier qqch. *Trieur de minerai.* **2.** n. m. Appareil servant au triage. **3.** *TRIEUSE* n. f. Machine à trier, à classer des fiches, etc.

TRIFORIUM [-jɔm] n. m. ▪ ARCHIT. Galerie étroite à ouvertures (églises gothiques).

TRIFOUILLER v. 1 ▪ FAM. **1.** v. tr. Mettre en désordre, en remuant. *On a trifouillé mes papiers.* **2.** v. intr. Fouiller (dans). ⇒ **farfouiller.** *Ne viens pas trifouiller dans mes affaires.*

TRIGLYPHE n. m. ▪ ARCHIT. Ornement de la frise dorique, à trois ciselures. *Triglyphes et métopes.*

TRIGONOMÉTRIE n. f. ▪ MATH. Application du calcul à la détermination des éléments des triangles.

TRIGONOMÉTRIQUE adj. ▪ Qui concerne la trigonométrie ; utilisé en trigonométrie. *Calculs, tables trigonométriques. Lignes trigonométriques.* ⇒ **cosinus, sinus, tangente.** ‑ *Sens* trigonométrique.*

TRIJUMEAU adj. et n. m. ▪ *(Nerf) trijumeau,* cinquième nerf crânien, qui se divise en trois : nerf ophtalmique, deux nerfs maxillaires.

TRILINGUE adj. ▪ DIDACT. **1.** Qui est en trois langues. *Inscription trilingue.* **2.** Qui connaît trois langues. *Secrétaire trilingue.*

TRILLE n. m. ▪ MUS. Battement rapide et ininterrompu sur deux notes voisines. *Exécuter un trille sur la flûte.*

TRILLION [tʀiljɔ̃] n. m. ▪ Un milliard de milliards (soit 10^{18}).

TRILOBÉ, ÉE adj. ▪ BOT. Qui a trois lobes. *Feuille de trèfle trilobée.* ♦ ARCHIT. *Ogives trilobées.*

TRILOGIE n. f. ▪ **1.** Ensemble de trois tragédies grecques sur un même thème. **2.** Groupe de trois pièces de théâtre, de trois œuvres dont les sujets se font suite.

TRIMARAN n. m. ▪ Voilier (multicoque) formé d'une coque centrale flanquée de deux petites coques parallèles réunies transversalement par une armature rigide.

TRIMARD n. m. ▪ POP. **1.** VX Route. **2.** Vagabondage. **3.** Travail pénible.

TRIMBALLAGE n. m. ▪ FAM. Fait de trimballer (qqch. ou qqn).

TRIMBALLER v. tr. 1 ▪ FAM. Mener, porter partout avec soi (souvent avec l'idée de difficulté). ⇒ **traîner, transporter.** *Trimballer une valise dans le métro.* ♦ FAM. ‑ *Qu'est-ce qu'il trimballe !,* comme il est bête !

TRIMER v. intr. 1 ▪ Travailler avec effort, à une besogne pénible. *Trimer du matin au soir.* ⇒ **peiner.**

TRIMESTRE n. m. ▪ **1.** Durée de trois mois. ‑ Division de l'année scolaire (en France). **2.** Somme payée ou allouée tous les trois mois. *Toucher son trimestre.*

TRIMESTRIEL, IELLE adj. ▪ **1.** Qui dure trois mois. **2.** Qui a lieu, qui paraît tous les trois mois. *Revue trimestrielle.* ► adv. TRIMESTRIELLEMENT

TRIMOTEUR n. m. ▪ Avion qui a trois moteurs. ⇒ **triréacteur.**

TRIMŪRTI ▪ Trinité hindoue, composée des trois grandes divinités du panthéon brahmanique, Brahmā le Créateur, Shiva le Destructeur et Vishnou le Conservateur.

TRINGLE n. f. ▪ Tige métallique ou en bois servant de support. *Tringle à rideaux. Tringle d'une penderie.*

TRINITÉ n. f. ▪ **1.** RELIG. CHRÉT. *La Trinité :* Dieu unique en trois personnes. ♦ Fête religieuse (après la Pentecôte). loc. *À Pâques ou à la Trinité :* jamais. **2.** Groupe de trois dieux (⇒ **triade**), ou de trois principes, de trois objets considérés comme sacrés.

La **TRINITÉ** ▪ Commune des Alpes-Maritimes. 10 197 hab. *(les Trinitaires).*

La **TRINITÉ** ▪ Commune de la Martinique. 11 392 hab.

TRINITÉ-ET-TOBAGO ▪ État (république) des Antilles formé par les îles de la Trinité (ou Trinidad ; 4 828 km²) et de Tobago (300 km²), près des côtes du Venezuela. 1 210 000 hab. *(les Trinidadiens).* Capitale : Port of Spain. Langue : anglais. Monnaie : dollar de Trinité-et-Tobago. Pétrole, gaz naturel. État membre du Commonwealth, indépendant depuis 1962.

La **TRINITÉ-SUR-MER** ▪ Commune du Morbihan, sur la baie de Quiberon. 1 433 hab. *(les Trinitains).* Port de pêche et de plaisance, station balnéaire. Ostréiculture.

TRINITROTOLUÈNE n. m. ▪ CHIM. Explosif puissant, dérivé du toluène. ◇ abrév. COUR. T. N. T.

TRINÔME n. m ▪ Polynôme à trois termes.

TRINQUER v. intr. 1 ▪ **1.** Choquer son verre contre celui d'un autre et boire à sa santé. ♦ Boire en même temps que d'autres convives. *Trinquer avec des amis.* **2.** FAM. Subir des désagréments, des pertes. ⇒ **écoper.** *Ce sont toujours les mêmes qui trinquent !*

TRINQUETTE n. f. ▪ MAR. Voile d'avant triangulaire, en arrière du foc.

TRIO n. m. ▪ **1.** MUS. Morceau pour trois instruments ou trois voix. ‑ Groupe de trois musiciens. *Des trios à cordes.* — Seconde partie du menuet*, dans la sonate. **2.** Groupe de trois personnes (souvent plais. ou péj.).

TRIODE n. f. ▪ PHYS. Tube électronique à trois électrodes.

TRIOLET n. m. ▪ MUS. Groupe de trois notes de valeur égale qui se jouent dans le temps de deux.

Elsa **TRIOLET** (1896 ‑ 1970) ▪ Romancière française d'origine russe. *"Le Cheval blanc"* (1943) ; *"Le Grand Jamais"* (1965). Épouse et inspiratrice d'Aragon.

TRIOMPHAL, ALE, AUX adj. ▪ **1.** Qui a les caractères d'un triomphe, qui est accompagné d'honneurs. *Un accueil triomphal.* **2.** Qui constitue une grande réussite. *Une élection triomphale.*

TRIOMPHALEMENT adv. ▪ D'une manière triomphale ; en triomphe. *Être reçu triomphalement.*

TRIOMPHALISME n. m. ▪ Croyance affichée au succès. ► adj. et n. TRIOMPHALISTE

TRIOMPHANT, ANTE adj. ▪ **1.** Qui triomphe, qui a remporté une éclatante victoire. ⇒ **victorieux.** *Sortir triomphant d'une épreuve, d'une compétition.* ⇒ **vainqueur.** **2.** Qui exprime le triomphe, est plein d'une joie éclatante. ⇒ **heureux, radieux.** *Sourire triomphant.*

TRIOMPHATEUR, TRICE n. ▪ **1.** Personne qui remporte une éclatante victoire. ⇒ **vainqueur.** **2.** ANTIQ. Général romain à qui l'on faisait les honneurs du triomphe.

TRIOMPHE n. m. ▪ **1.** Victoire éclatante à l'issue d'une lutte, d'une rivalité. - (choses) *Le triomphe d'une cause.* **2.** ANTIQ. Honneur décerné à un général romain qui avait remporté une grande victoire. ♦ loc. *ARC DE TRIOMPHE,* élevé pour un triomphe. **3.** loc. *PORTER qqn EN TRIOMPHE :* le hisser au-dessus de la foule pour le faire acclamer. **4.** Grande satisfaction (après un succès). *Un cri de triomphe.* **5.** Approbation enthousiaste du public. ♦ Action, objet, représentation qui déchaîne l'enthousiasme du public.

TRIOMPHER v. 1 ▪ **I.** v. tr. ind. *TRIOMPHER DE... :* vaincre (qqn) avec éclat à l'issue d'une lutte. *Il a triomphé de tous ses adversaires.* - Venir à bout de (qqch.). *Nous avons triomphé des difficultés.* **II.** v. intr. **1.** Remporter une victoire absolue. - (choses) S'imposer, s'établir de façon éclatante. *Leurs thèses ont triomphé.* **2.** Éprouver un sentiment de triomphe. *Il aurait tort de triompher* (→ crier victoire*). **3.** Réussir brillamment. ⇒ **exceller.** ♦ Être l'objet de l'enthousiasme du public. *La pièce a triomphé.*

TRIPARTI, IE ou **TRIPARTITE** adj. ▪ POLIT. Qui réunit trois partis ou trois parties qui négocient. *Pacte tripartite.*

TRIPATOUILLAGE n. m. ▪ FAM. **1.** Action de tripatouiller. **2.** Modification malhonnête. *Des tripatouillages électoraux.* ⇒ **magouille, tripotage.**

TRIPATOUILLER v. tr. 1 ▪ **1.** FAM. Altérer (un texte original) en ajoutant, retranchant. *Tripatouiller la comptabilité d'une entreprise.* ⇒ **truquer.** **2.** concret Tripoter. ► n. TRIPATOUILLEUR, EUSE

TRIPE n. f. ▪ **1.** *Des tripes,* plat fait de boyaux de ruminants préparés. *Tripes à la mode de Caen.* **2.** FAM. Intestin de l'homme ; ventre. ♦ loc. *Rendre TRIPES ET BOYAUX :* vomir. **3.** fig. et FAM. Entrailles. *Une musique qui prend aux tripes,* qui bouleverse. - loc. *Avoir LA TRIPE républicaine :* être viscéralement républicain.

TRIPERIE n. f. ▪ Commerce du tripier.

TRIPETTE n. f. ▪ loc. *Ça ne VAUT PAS TRIPETTE :* cela ne vaut rien.

TRIPHASÉ, ÉE adj. ▪ ÉLECTR. *Courant triphasé,* à trois phases.

TRIPIER, IÈRE n. ▪ Commerçant qui vend des abats (tripes, etc.).

TRIPLE adj. ▪ **1.** Qui équivaut à trois, se présente comme trois. *Un triple rang de perles. Triple menton,* qui fait trois plis. - Qui concerne trois éléments. *Triple entente,* entre trois puissances. ♦ FAM. (sert de superlatif) *Au triple galop,* très vite. - *Triple idiot !* **2.** Trois fois plus grand. *Prendre une triple dose.* - n. m. *Le triple :* une quantité trois fois plus grande.

TRIPLÉ ▪ **I.** n. m. SPORTS Triple succès d'un athlète, d'une équipe. **II.** au plur. *TRIPLÉS, ÉES :* groupe de trois enfants nés d'une même grossesse. ⇒ **jumeau.**

TRIPLER v. 1 ▪ **1.** v. tr. Rendre triple, multiplier par trois. **2.** v. intr. Devenir triple. *Ce terrain a triplé de valeur.* ► n. m. TRIPLEMENT

TRIPLET n. m. ▪ SC. Association de trois éléments.

TRIPOLI ▪ Ville et port du Liban, sur la Méditerranée. 350 000 hab. *(les Tripolitains).*

Flora **Tristan.** Portrait anonyme. Cabinet des Estampes, Bibliothèque nationale de France, Paris. *Phot. © Lauros/Giraudon*

Tripoli (Libye). L'arc de triomphe de Marc Aurèle.
Phot. © Nino Cirani/Ricciarini

TRIPOLI ▪ Capitale et port de la Libye. 1 500 000 hab. *(les Tripolitains).* Colonie phénicienne puis romaine, base des corsaires turcs au XVIe s.

la **TRIPOLITAINE** ▪ Province dont Tripoli est la capitale et qui, réunie à la Cyrénaïque, a formé la Libye.

TRIPORTEUR n. m. ▪ Tricycle muni d'une caisse pour le transport des marchandises légères.

TRIPOT n. m. ▪ péj. Maison de jeu, café où l'on joue.

TRIPOTAGE n. m. ▪ Action de tripoter (2) ; arrangement, combinaison louche. ⇒ **trafic, tripatouillage.**

TRIPOTÉE n. f. ▪ FAM. **1.** Raclée, volée. **2.** Grand nombre. *Une tripotée d'enfants.*

TRIPOTER v. 1 ▪ **1.** v. tr. Manier, tâter sans délicatesse. - Toucher de manière répétée, machinalement. ⇒ **tripatouiller, triturer.** *Tripoter ses cheveux.* **2.** v. intr. Se livrer à des opérations et combinaisons malhonnêtes. ⇒ **magouiller ; trafiquer.** *Il a tripoté dans des affaires louches.*

TRIPOTEUR, EUSE n. ▪ Personne qui se livre à des tripotages. ⇒ **magouilleur.**

TRIPOUS ou **TRIPOUX** n. m. pl. ▪ Tripes et abats (pieds de mouton, etc.) à la mode auvergnate.

TRIPTYQUE n. m. ▪ **1.** Peinture, sculpture composée d'un panneau central et de deux volets mobiles pouvant se rabattre. - Œuvre littéraire en trois tableaux ou récits. **2.** Document douanier en trois feuillets.

le **TRIPURA** ▪ État de l'Union indienne, à la frontière orientale du Bangladesh. 10 477 km². 2 700 000 hab. Capitale : Agartala (157 636 hab.). Langues : bengali, tripuri, manipuri. Productions agricoles. Forêt.

TRIQUE n. f. ▪ Gros bâton utilisé pour frapper. *Mener les hommes à la trique,* par la brutalité. - loc. *Sec comme un coup de trique :* très maigre.

TRIRÉACTEUR n. m. ▪ Avion à trois réacteurs.

TRIRÈME n. f. ▪ ANTIQ. Navire de guerre des Romains, des Carthaginois, etc., à trois rangées de rames superposées. ⇒ **trière.**

TRISAÏEUL, EULE n. ▪ Père, mère du bisaïeul ou de la bisaïeule. *Mes trisaïeuls.*

TRISOMIE n. f. ▪ MÉD. Présence anormale d'un chromosome supplémentaire dans une paire. *Trisomie 21 :* mongolisme. ► adj. et n. TRISOMIQUE

Flora **TRISTAN** (1803-1844) ▪ Une des initiatrices françaises du féminisme, influencée par le socialisme utopique.

TRISTAN DA CUNHA ▪ Archipel britannique du sud de l'Atlantique, découvert en 1506, dépendant de la colonie britannique de Sainte-Hélène. (200 km². 300 hab.). Un massif volcanique culmine à 2 060 m dans l'île principale.

Tristan et Iseult. En haut : *Tristan et Iseult.* En bas : *Le roi Marc surprend Tristan et Iseult,* miniatures du *Roman de la poire,* manuscrit du XIIIe s. Bibliothèque nationale de France, Paris. *Phot. © Cauboue*

TRISTAN ET ISEULT ▪ Légende du Moyen Âge. Victimes d'un philtre magique et unis par une passion fatale, Tristan et Iseult deviennent coupables devant leurs conjoints respectifs. Seule la mort réunira les amants.

François dit **TRISTAN L'HERMITE** (v. 1601 - 1655) ▪ Poète lyrique français. *"Les Amours de Tristan"* (1638); *"Le Page disgracié"*, roman (1643).

TRISTE adj. ▪ **I. 1.** Qui éprouve un malaise douloureux, de la tristesse. ⇒ **affligé.** *Être triste de partir, de l'absence de qqn.* ⇒ **abattu.** - loc. *Triste comme un bonnet de nuit :* ennuyeux. *Triste à mourir,* très triste. ♦ Habituellement sans gaieté. ⇒ **mélancolique, morose. 2.** Qui exprime la tristesse, est empreint de tristesse. ⇒ **malheureux, sombre.** *Un visage triste. Le Chevalier à la triste figure :* don Quichotte. *De tristes pensées.* **3.** (choses) Qui répand la tristesse. ⇒ **morne, sinistre.** *Le ciel est triste.* **II.** (choses) **1.** Qui fait souffrir, fait de la peine. ⇒ **affligeant, attristant, douloureux, malheureux, pénible.** *Une triste nouvelle.* - Qui raconte ou montre des choses pénibles. **2.** Qui suscite des jugements pénibles. ⇒ **déplorable.** *Ce malade est dans un triste état. C'est bien triste.* ⇒ **malheureux, regrettable. 3.** péj. toujours devant le nom Dont le caractère médiocre ou odieux afflige. ⇒ **lamentable.** *Quelle triste époque ! Un triste sire.*

TRISTEMENT adv. ▪ **1.** En étant triste, d'un air triste. **2.** D'une manière pénible, affligeante. *Il est tristement célèbre* (à cause de ses méfaits).

TRISTESSE n. f. ▪ **1.** État affectif pénible et durable ; envahissement de la conscience par une douleur morale qui empêche de se réjouir du reste. ⇒ **ennui, mélancolie, peine.** *Sourire avec tristesse.* **2.** *(Une, des tristesses)* Moment où l'on est dans cet état ; ce qui le fait naître. *Les tristesses de la vie.* ⇒ **chagrin. 3.** Caractère de ce qui exprime ou suscite cet état. *La tristesse de ces ruines.*

TRITHÉRAPIE n. f. ▪ MÉD. Traitement associant trois médicaments (particulièrement dans les maladies virales).

TRITON n. m. ▪ **I.** MYTHOL. Divinité marine à figure humaine et à queue de poisson (fils de Poséidon). **II.** ZOOL. **1.** Grand mollusque marin à coquille en spirale. **2.** Batracien aquatique, proche de la salamandre, à queue aplatie.

TRITURER v. tr. [1] ▪ **1.** Réduire en poudre ou en pâte en écrasant par pression et frottement. ⇒ **broyer. 2.** Manier à fond. ⇒ **pétrir.** - FAM. *Se triturer les méninges, la cervelle :* se fatiguer l'esprit. **3.** Manier avec insistance, machinalement. ⇒ **tripoter.** *Il triturait sa casquette.* ► n. f. TRITURATION

TRIUMVIR [tʀijɔmviʀ] n. m. ▪ ANTIQ. Magistrat romain chargé, avec deux collègues, d'une mission administrative ou du gouvernement. *Les trois triumvirs.*

TRIUMVIRAT [tʀijɔm-] n. m. ▪ **1.** ANTIQ. Fonction de triumvir. **2.** LITTÉR. Association de trois personnes qui exercent un pouvoir, une influence.

TRIVALENT, ENTE adj. ▪ CHIM. Qui possède la triple valence.

TRIVANDRUM ou **TIRUVANANDAPURAM** ▪ Ville du sud-ouest de l'Inde, capitale de l'État du Kerala. 825 682 hab.

TRIVIAL, ALE, AUX adj. ▪ **1.** Vulgaire, contraire aux bons usages. *Langage trivial.* ⇒ **grossier, obscène. 2.** SC. anglic. Banal, non scientifique. ► adv. TRIVIALEMENT

TRIVIALITÉ n. f. ▪ Caractère de ce qui est grossier, vulgaire. *La trivialité de ses propos.*

Jiří TRNKA (1912 - 1969) ▪ Cinéaste d'animation tchèque. Films avec des poupées. *"La Main"* (1965).

TROC n. m. ▪ Échange direct d'un bien contre un autre. *Faire du troc.* ⇒ **troquer.** - Système économique primitif, excluant l'emploi de monnaie. *Économie de troc.*

TROCADERO ▪ Localité d'Espagne, proche de Cadix, que l'armée française prit d'assaut en 1823 pour déloger les insurgés.

Louis TROCHU (1815 - 1896) ▪ Général français. Gouverneur de Paris et chef du gouvernement de Défense nationale en 1870.

TROÈNE n. m. ▪ Arbuste à feuilles presque persistantes, à petites fleurs blanches très odorantes. *Une haie de troènes.*

troène. *Ligustrum vulgare,* troène d'Europe. *Phot. © Le Roy/Jacana*

TROGLODYTE n. m. ▪ Habitant d'une caverne, d'une grotte, ou d'une demeure aménagée dans le roc. ► adj. TROGLODYTIQUE

TROGNE n. f. ▪ FAM. Visage grotesque ou plaisant. ⇒ **trombine, tronche.**

TROGNON n. m. ▪ **1.** Ce qui reste quand on a enlevé la partie comestible (d'un fruit, d'un légume). *Un trognon de pomme.* ♦ loc. FAM. *JUSQU'AU TROGNON :* jusqu'au bout, complètement. *Se faire avoir jusqu'au trognon !* **2.** FAM. Terme d'affection désignant un enfant. *Quel petit trognon !* - adj. Mignon. *Elles sont trognons.*

TROIE en grec ***ILION*** ▪ Ancienne ville d'Asie Mineure immortalisée par Homère dans l'*"Iliade"*. Elle a été identifiée au site d'Hissarlik, en Turquie, par Schliemann. ► **la guerre de TROIE,** déclenchée par l'enlèvement d'Hélène, opposa Grecs et *Troyens.* Après un siège de dix ans, les Grecs prirent la ville grâce à Ulysse qui conçut la ruse du *cheval de Troie.*

TROÏKA n. f. ▪ **1.** Grand traîneau russe, attelé à trois chevaux de front. **2.** Groupe de trois dirigeants politiques, de trois entreprises, etc.

TROIS ▪ **1.** adj. numéral cardinal Deux plus un (3 ou III). *Les trois dimensions. J'ai trois rois* ⇒ **brelan.** *Trois cents, trois mille.* loc. *Règle de trois,* par laquelle on cherche le quatrième terme d'une proportion, quand les trois autres sont connus. - *Deux ou trois, trois ou quatre,* un très petit nombre. **2.** adj. numéral ordinal Troisième. *Page trois.* **3.** n. m. *Un, deux, trois,partez !* - Le chiffre, le numéro trois. - Ce qui est marqué d'un trois, de trois signes (carte, domino...). *Le trois de carreau.* - Troisième jour du mois.

▪ les **TROIS-ÉVÊCHÉS** ▪ Metz, Toul et Verdun, villes occupées par Henri II en 1552, officiellement françaises à partir de 1648, et formant une enclave dans le duché de Lorraine (lequel fut annexé seulement en 1766).

TROIS-HUIT [tʀwɥit] **n. m. pl.** ▪ *Les trois-huit :* système de travail continu qui nécessite la succession de trois équipes travaillant chacune huit heures.

TROISIÈME ▪ **1. adj.** Qui vient après le deuxième. ♦ **n. m.** *Habiter au troisième* (étage). ♦ **n. f.** *Passer en troisième* (vitesse). *Entrer en troisième* (classe). **2. adj.** Qui s'obtient en divisant par trois. *La troisième partie d'un tout.* ⇒ **tiers.**

TROISIÈMEMENT adv. ▪ En troisième lieu. ⇒ **tertio.**

TROIS-MÂTS n. m. ▪ Navire à voiles à trois mâts.

TROIS-POINTS adj. ▪ FAM. *Les frères trois-points,* les francs-maçons.

TROIS-QUARTS n. m. ▪ **1.** Vêtement de longueur intermédiaire entre la veste et le manteau. **2.** au rugby Joueur de la ligne offensive placée entre les demis et l'arrière.

TROIS-RIVIÈRES ▪ Ville du Canada (Québec), sur le Saint-Laurent, entre Montréal et Québec. 136 303 hab. Port actif. Papeteries.

TROIS-RIVIÈRES ▪ Commune de la Guadeloupe. 8 574 hab.

TROLL n. m. ▪ Lutin des légendes scandinaves.

TROLLEY n. m. ▪ Dispositif mobile servant à transmettre le courant d'un câble conducteur au moteur d'un véhicule. *Trams à trolleys.*

TROLLEYBUS [-ys] **n. m.** ▪ Autobus à trolley.

TROMBE n. f. ▪ **1.** Cyclone tropical déterminant la formation d'une colonne tourbillonnante qui soulève la surface des eaux. ⇒ **tornade. 2.** *Trombe d'eau :* pluie torrentielle. **3.** loc. *EN TROMBE, comme une trombe :* avec un mouvement rapide et violent. *Démarrer en trombe.*

TROMBIDION n. m. ▪ ZOOL. ⇒ **aoûtat.**

TROMBINE n. f. ▪ FAM. Tête, visage.

TROMBLON n. m. ▪ anciennt Arme à feu individuelle au canon évasé en entonnoir.

TROMBONE n. m. ▪ **I.** Instrument à vent, cuivre de grande dimension, à embouchure. *Trombone à pistons.* – spécialt *Trombone à coulisse,* dont le tube s'allonge et se raccourcit pour produire des sons différents. – Son grave, cuivré, du trombone (et sons analogues : sirène de bateau, etc.). ♦ Joueur de trombone. **II.** Petite agrafe de fil de fer repliée en deux boucles.

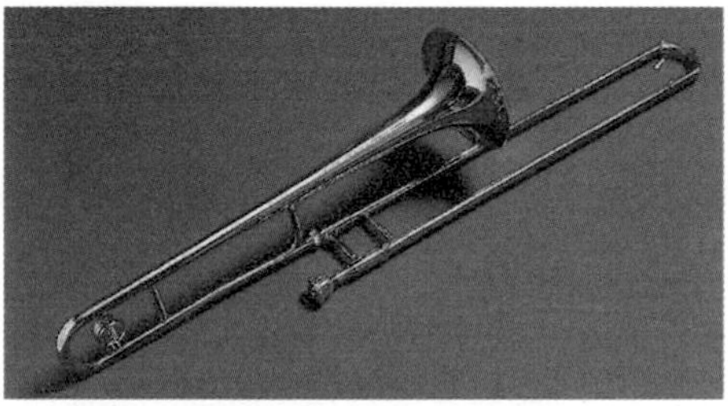

trombone. Trombone à coulisse. *Phot. © Simion/Ricciarini*

TROMPE n. f. ▪ **I.** Instrument à vent à embouchure, formé d'un simple tube évasé en pavillon. *Trompe de chasse :* cor. – loc. *Annoncer qqch. À SON DE TROMPE,* avec bruit et publicité. **II. 1.** Prolongement de l'appendice nasal de l'éléphant, organe tactile, qui lui sert à saisir, à aspirer, pomper les liquides. **2.** Organe buccal (de certains insectes). *La trompe des papillons.* **3.** ANAT. *TROMPE DE FALLOPE :* chez la femme, conduit par lequel l'ovule quitte l'ovaire. ♦ *TROMPE D'EUSTACHE :* canal qui relie la caisse du tympan au rhinopharynx. **III.** ARCHIT. Section de voûte qui fait saillie et supporte une construction qui dépasse (encorbellement). *Coupole sur trompes* (opposé à *pendentif*).

TROMPE-L'ŒIL [-œj] **n. m. invar.** ▪ **1.** Peinture décorative visant à créer l'illusion d'objets réels en relief, par la perspective. *Décor en trompe-l'œil.* **2.** fig. Apparence trompeuse, qui fait illusion. *Son amabilité n'est que du trompe-l'œil.*

TROMPER v. tr. [1] ▪ **1.** Induire (qqn) en erreur par mensonge, dissimulation, ruse. ⇒ **berner, duper, leurrer, mystifier, rouler. 2.** (dans la vie amoureuse) Être infidèle à... *Il l'a souvent trompée.* – au p. p. *Mari trompé.* ⇒ FAM. **cocu. 3.** Échapper à. ⇒ **déjouer.** *Tromper la surveillance de ses gardiens.* **4.** (sujet chose) Faire tomber (qqn) dans l'erreur. *La ressemblance vous trompe.* ⇒ **trompeur.** – absolt *Ça ne trompe pas :* c'est un indice sûr. **5.** LITTÉR. Être inférieur à (ce qu'on attend, ce qu'on souhaite). ⇒ **décevoir.** *L'événement a trompé notre attente.* – au p. p. *Un espoir toujours trompé.* **6.** Donner une satisfaction illusoire ou momentanée à (un besoin, un désir). *Pastilles qui trompent la soif.* ► SE **TROMPER v. pron. réfl.** (sujet personne) Commettre une erreur. ⇒ s'**illusionner,** se **méprendre,** avoir **tort.** *Tout le monde peut se tromper. Se tromper sur qqn, à son propos. Se tromper de cent francs.* ♦ *Se tromper de...* (+ nom sans article), faire une confusion de... *Se tromper de route.* ♦ *Si je ne me trompe :* sauf erreur.

TROMPERIE n. f. ▪ Fait de tromper, d'induire volontairement en erreur. ⇒ **imposture, mensonge.**

TROMPETTE ▪ **I. n. f. 1.** Instrument à vent à embouchure, qui fait partie des cuivres. *Sonnerie de trompettes. Trompette bouchée,* dont l'embouchure a été munie d'une sourdine. **2.** loc. *EN TROMPETTE :* relevé du bout. *Nez en trompette,* retroussé. **3.** Nom de coquillages ; de champignons. – *TROMPETTE-DE-LA-MORT :* champignon noir comestible (craterelle). **II. n. m.** Musicien qui joue de la trompette dans une musique militaire. *Un trompette.* ⇒ **trompettiste.**

TROMPETTISTE n. ▪ Instrumentiste qui joue de la trompette. *Une trompettiste classique, de jazz.*

TROMPEUR, EUSE adj. ▪ **1.** (personnes) Qui trompe, est capable de tromper par mensonge, dissimulation. ⇒ **déloyal, fourbe, hypocrite, perfide.** – **n.** prov. *À trompeur, trompeur et demi,* un trompeur en trouve toujours un autre pour le tromper. **2.** (choses) Qui induit en erreur. *Apparences trompeuses.* ► **adv.** TROMPEUSEMENT

TRONC [tʀɔ̃] **n. m.** ▪ **I. 1.** Partie inférieure et dénudée de la tige (d'un arbre), entre les racines et les branches maîtresses. ♦ fig. *TRONC COMMUN :* partie commune appelée à se diviser, à se différencier. **2.** Boîte percée d'une fente, où l'on dépose des offrandes. **3.** Partie principale (d'un nerf, d'un vaisseau). **4.** Partie comprise entre la base et une section plane parallèle (d'une figure solide). *Tronc de cône.* ⇒ **tronconique. II.** Partie du corps humain où sont fixés la tête et les membres. ⇒ **torse.** – appos. *Homme-tronc, femme-tronc,* sans bras ni jambes.

TRONCATION n. f. ▪ DIDACT. Procédé d'abrègement d'un mot par suppression d'une ou plusieurs syllabes. Vélo *est la troncation de* vélocipède.

TRONCHE n. f. ▪ FAM. Tête. *Avoir, faire une drôle de tronche.* ⇒ **gueule.**

François **TRONCHET** (1726-1806) ▪ Juriste français, un des défenseurs de Louis XVI. Il collabora à la rédaction du Code civil.

TRONÇON n. m. ▪ **1.** Partie coupée (d'un objet plus long que large). – Morceau coupé (de certains animaux à corps cylindrique). *Tronçon d'anguille.* **2.** Partie (d'une voie, d'une distance). *Un tronçon d'autoroute.*

TRONCONIQUE adj. ▪ Qui constitue un tronc (I, 4) de cône.

TRONÇONNER v. tr. [1] ▪ Couper, diviser en tronçons. *Tronçonner un arbre.* ► **n. m.** TRONÇONNAGE

TRONÇONNEUSE n. f. ▪ Machine-outil, scie à chaîne servant à découper en tronçons, du bois, du métal, etc.

TRONDHEIM ▪ Ville et port de Norvège. 131 949 hab. Cathédrale. Forteresse (XVIIe s.). Pêche, métallurgie.

TRÔNE n. m. ▪ **1.** Siège élevé sur lequel prend place un souverain dans des circonstances solennelles. *La salle du trône.* – FAM. et iron. Siège des cabinets d'aisances. **2.** fig. Puissance d'un souverain. ⇒ **souveraineté.** *Les prétendants au trône.* – *Asseoir un prince sur le trône.* ⇒ **introniser.**

TRÔNER v. intr. [1] ▪ **1.** Siéger sur un trône. **2.** Être comme sur un trône, occuper la place d'honneur. – par ext. (choses) Être bien en évidence.

TRONQUER v. tr. [1] ▪ **1.** Couper en retranchant une partie importante. **2.** fig. et péj. Retrancher qqch. de (une chose abstraite). *Tronquer un texte.* ► **TRONQUÉ, ÉE adj.** Dont on a retranché une partie. *Colonne tronquée.* – *Citation tronquée.*

TROP ▪ **I.** adv. **1.** D'une manière excessive, abusive ; plus qu'il ne faudrait. ⇒ **excessivement.** (modifiant un adj.) *C'est trop cher.* – (un adv.) *Trop tard. Trop peu :* pas assez. *Ni trop, ni trop peu.* – (un verbe) *Il a trop bu.* – *TROP... POUR :* s'emploie pour exclure une conséquence. *C'est trop beau pour être vrai :* on n'ose y croire. *Trop poli pour être honnête.* – (modifié par un adv.) *Un peu trop. Beaucoup trop.* – (avec négation) *PAS TROP :* un peu, suffisamment. *Pas trop de sel.* **2.** Très suffisamment. ⇒ **beaucoup, très.** *Vous êtes trop aimable.* – *Ne... que trop. Cela n'a que trop duré.* – (avec négation) *Je ne sais pas trop,* pas bien. *Sans trop comprendre. Pas trop mal,* plutôt bien. **3.** FAM. adjectivt Excessif, incroyable (cf. angl. *too much*). *Il, elle est trop !* **II. 1.** nominal Une quantité excessive. *C'est trop !* (en remerciement pour un cadeau). – loc. *Trop c'est trop.* – *DE TROP ; EN TROP :* en plus, au-delà de ce qu'il fallait. *Boire un coup de trop. J'ai de l'argent en trop.* ♦ *DE TROP* (attribut) : superflu. *Huit jours de travail ne seront pas de trop.* – *Être de trop, en trop :* gêner, être indésirable, importun. – *TROP DE* (+ n.) : une quantité excessive de. *Il y a trop de bruit. Je n'ai montré que trop de patience. C'en est trop :* ce n'est plus supportable. **2.** (sujet) employé comme nom Excès. *Aveuglé par le trop de lumière.*

TROPE n. m. ▪ DIDACT. Figure de rhétorique par laquelle un mot ou une expression sont détournés de leur sens propre. *La métaphore, la métonymie sont des tropes.*

-TROPE, -TROPIE, -TROPISME Éléments, du grec *-tropos* « tourné vers » (ex. *héliotrope*).

TROPHÉE n. m. ▪ **1.** Dans l'Antiquité, Dépouille d'un ennemi vaincu. **2.** Objet attestant une victoire, un succès. ♦ *Trophée de chasse :* tête empaillée de l'animal abattu. – *Trophée sportif* (coupe, médaille). **3.** Motif décoratif formé d'armes (⇒ **panoplie**), d'emblèmes ou d'attributs.

TROPHO-, -TROPHE Éléments savants, du grec *trophê* « nourriture ».

TROPICAL, ALE, AUX adj. ▪ **1.** Qui concerne les tropiques, les régions situées autour de chaque tropique. ⇒ **équatorial.** *Climat tropical :* type de climat chaud à forte variation du régime des pluies, qui règne de part et d'autre de chaque tropique. ♦ *Médecine tropicale.* **2.** *Chaleur, température tropicale,* très forte, très élevée. ⇒ **caniculaire, torride.**

TROPIQUE n. m. ▪ **1.** Chacun des deux parallèles de la sphère terrestre, distants de l'équateur de 23° 27', délimitant la zone où le Soleil passe au zénith, à chacun des solstices. *Tropique du Cancer* (hémisphère Nord), *du Capricorne* (Sud). **2.** *Les tropiques,* la région intertropicale. *Sous les tropiques. "Tristes tropiques"* (œuvre de Lévi-Strauss).

TROPISME n. m. ▪ **1.** BIOL. Réaction d'orientation ou de locomotion orientée, causée par des agents physiques ou chimiques. **2.** fig. et LITTÉR. Réaction élémentaire ; acte réflexe très simple. *"Tropismes"* (roman de N. Sarraute).

TROPOSPHÈRE n. f. ▪ SC. Partie de l'atmosphère située entre le sol et la stratosphère.

TROP-PERÇU n. m. ▪ Ce qui a été perçu en sus de ce qui était dû. *Des trop-perçus.*

TROP-PLEIN n. m. ▪ **1.** abstrait Ce qui est en trop, ce qui excède la capacité. *Épancher le trop-plein de son cœur,* exprimer les sentiments que l'on ne peut garder en soi. *Un trop-plein de vie, d'énergie.* ⇒ **surabondance. 2.** Ce qui excède la capacité d'un récipient, ce qui déborde. **3.** Réservoir destiné à recevoir un liquide en excès. ⇒ **déversoir.** *Des trop-pleins.*

TROQUER v. tr. ⊡ ▪ **1.** Donner en troc. ⇒ **échanger. 2.** (sans idée de transaction commerciale) Changer, faire succéder à. *Il a troqué son jean contre un costume trois-pièces.*

TROQUET n. m. ▪ FAM. Café. ⇒ **bistro.**

TROT n. m. ▪ **1.** Allure naturelle du cheval et de quelques quadrupèdes, intermédiaire entre le pas et le galop. *Le cheval a pris le trot, est parti au trot, au petit, au grand trot. Courses de trot (trot attelé ; trot monté).* **2.** FAM. *AU TROT :* en marchant rapidement, sans traîner. *En route, et au trot !*

Léon TROTSKI (1879 - 1940) ▪ Homme politique et révolutionnaire russe. Chef de l'Armée rouge de 1918 à 1920, théoricien de la « révolution permanente » et de l'internationalisme (fondateur de la IVe Internationale en 1938), expulsé d'URSS par Staline en 1929 et assassiné au Mexique.

TROTSKISTE ou **TROTSKYSTE** n. ▪ Partisan de Trotski et de ses doctrines (le *trotskisme* ou *trotskysme*). – adj. *Groupe trotskiste.*

TROTTE n. f. ▪ FAM. Chemin assez long à parcourir à pied. *Ça fait une trotte !*

TROTTE-MENU adj. invar. ▪ VX Qui trotte à petits pas. « *La gent trotte-menu* » (La Fontaine) : les souris.

TROTTER v. intr. ⊡ ▪ **1.** Aller au trot. **2.** (de l'homme et de quelques animaux) Marcher rapidement à petits pas. ⇒ **trottiner. 3.** fig. (choses) Passer rapidement, courir. – loc. *Une idée, un air qui vous trotte par la tête.* ⇒ **poursuivre, préoccuper.** ► **SE TROTTER** v. pron. FAM. Se sauver, partir. ⇒ se **tirer.** *Allez, je me trotte.*

TROTTEUR n. m. ▪ **1.** Cheval dressé à trotter. **2.** Chaussure de ville à talon large et assez bas.

TROTTEUSE n. f. ▪ Aiguille des secondes (d'une montre, d'un chronomètre).

TROTTINER v. intr. ⊡ ▪ **1.** Avoir un trot très court. *Ânes qui trottinent.* **2.** Marcher à petits pas courts et pressés.

TROTTINETTE n. f. ▪ **1.** Jouet d'enfant, planchette montée sur deux roues et munie d'une tige de direction. ⇒ **patinette. 2.** FAM. Petite automobile.

TROTTOIR n. m. ▪ **1.** Chemin surélevé réservé à la circulation des piétons, sur les côtés d'une rue. ♦ loc. *Faire le trottoir :* se prostituer, racoler les passants. **2.** *Trottoir roulant :* plateforme roulante qui sert à faire avancer des personnes ou des marchandises.

TROU n. m. ▪ **I. 1.** Abaissement ou enfoncement naturel ou artificiel de la surface extérieure (de qqch.). ⇒ **cavité, creux, excavation ; fosse.** *Un trou du mur, dans le mur. Tomber dans un trou. Boucher un trou.* – *Trou d'air :* courant atmosphérique descendant qui fait que l'avion descend brusquement. **2.** Abri naturel ou creusé. *Animal qui se réfugie dans son trou.* ⇒ **tanière, terrier.** – loc. *Faire son trou :* se faire une place, réussir. – *Trou du souffleur :* loge dissimulée sous le devant de la scène, où se tenait le souffleur. **3.** loc. fig. *Boucher un trou :* remplir une place vide, combler un manque. – *Avoir un TROU DE MÉMOIRE,* un oubli momentané. *Il y a un trou dans son emploi du temps.* – *Faire le TROU NORMAND :* boire un verre d'alcool entre deux plats pour activer la digestion. **4.** FAM. Petit village perdu, retiré. ⇒ FAM. **bled.** *Un petit trou pas cher* (pour passer des vacances). **5.** FAM. Prison. *Être au trou, aller au trou.* **II. 1.** Ouverture pratiquée de part en part dans une surface ou un corps solide. *Trou d'aération. Le trou d'une aiguille.* ⇒ **chas.** *Le trou de la serrure :* l'orifice par lequel on introduit la clé. **2.** Endroit percé involontairement (par l'usure, etc.). *Trous dans un vêtement.* ⇒ **accroc. 3.** FAM. Orifice, cavité anatomique. *Trous de nez.* ⇒ **narine.** – vulg. *Trou du cul :* anus. **III.** ASTRON. *Trou noir :* région de l'espace tellement dense qu'aucun rayonnement n'en sort.

TROUBADOUR n. m. ▪ Poète lyrique courtois de langue d'oc, aux XIIe et XIIIe siècles. ⇒ **ménestrel.** *Troubadours et trouvères.*

Nikolaï TROUBETSKOÏ (1890 - 1938) ▪ Linguiste russe. Il est avec Jakobson le créateur de la phonologie.

TROUBLANT, ANTE adj. ▪ **1.** Qui rend perplexe en inquiétant. ⇒ **déconcertant.** *Coïncidence, ressemblance troublante.* **2.** Qui éveille le désir. *Un regard troublant.*

Trotski.
Phot. © PSZ/Ricciarini

① **TROUBLE** adj. ▪ **1.** (liquide) Qui n'est pas limpide, qui contient des particules en suspension. *Eau trouble.* ▸ Qui n'est pas net. *Image trouble.* ⇒ **flou.** ▸ *Avoir la vue trouble, voir trouble.* **2.** fig. Qui contient des éléments obscurs, équivoques. *Conscience trouble. Une affaire trouble.* ⇒ **louche.**

② **TROUBLE** n. m. ▪ **1.** LITTÉR. État de ce qui cesse d'être en ordre. ⇒ **confusion, désordre.** *Jeter, porter, semer le trouble dans une famille.* ▸ COUR., au plur. Ensemble d'événements caractérisés par l'agitation, le désordre à l'intérieur d'une société. ⇒ **désordre, émeute, insurrection, soulèvement.** *Troubles sociaux. Fauteur de troubles.* ⇒ **agitateur, trublion.** **2.** LITTÉR. Perte de la lucidité ; état anormal et pénible d'agitation, d'angoisse. ⇒ **agitation, émotion.** ▸ État, attitude d'une personne qui manifeste son trouble (rougeur, voix altérée, etc.). **3.** souvent au plur. Modification pathologique des activités de l'organisme ou du comportement de l'être vivant. ⇒ **dérèglement, perturbation.** *Troubles de la vue.* ▸ *Troubles mentaux.*

TROUBLE-FÊTE n. m. ▪ Personne qui trouble une situation agréable, des réjouissances. *Jouer les trouble-fêtes.*

TROUBLER v. tr. [1] ▪ **1.** Altérer la clarté, la transparence. *Troubler l'eau.* ▸ Rendre moins net. *La fatigue lui trouble la vue.* **2.** Modifier en empêchant que se maintienne (un état d'équilibre ou de paix). ⇒ **bouleverser, déranger, perturber.** *Troubler l'ordre public. Troubler le silence.* **3.** Interrompre ou gêner le cours normal de (qqch.). ⇒ **déranger, perturber.** *Troubler les plans de qqn.* ⇒ **contrecarrer.** ▸ *Troubler la digestion.* **4.** Priver (qqn) de lucidité. ⇒ **égarer.** *Passion qui trouble la raison.* **5.** *Troubler qqn,* susciter chez lui un état émotif qui compromet le contrôle de soi. ⇒ **impressionner, inquiéter.** *Rien ne trouble le sage.* ⇒ **atteindre.** ▸ Rendre perplexe. ⇒ **embarrasser, gêner.** *Il y a un détail qui me trouble.* ⇒ **intriguer, tracasser.** ♦ Émouvoir en suscitant le désir. ► **SE TROUBLER** v. pron. **1.** Devenir trouble. **2.** Perdre sa lucidité. **3.** Éprouver un trouble ; perdre son sang-froid. ⇒ s'**affoler ;** FAM. **paniquer.** ► **TROUBLÉ, ÉE** adj. **1.** Rendu trouble. **2.** Bouleversé, rendu confus. *Une période troublée de l'histoire,* agitée de troubles. **3.** Qui a perdu sa lucidité. **4.** Ému, perturbé.

TROUÉE n. f. ▪ **1.** Large ouverture qui permet le passage, ou qui laisse voir. **2.** Ouverture faite dans les rangs de l'armée ennemie. ⇒ **percée.** **3.** Large passage naturel dans une zone de montagnes. *La trouée de Belfort.*

TROUER v. tr. [1] ▪ **1.** Faire un trou, des trous dans. ⇒ **percer, perforer.** ▸ loc. FAM. *Se faire trouer la peau :* se faire tuer par balles. **2.** Faire une trouée dans. *Lumière qui troue les ténèbres.* ► **TROUÉ, ÉE** adj. *Chaussettes trouées.*

TROUFION n. m. ▪ FAM. Simple soldat. ⇒ **pioupiou.**

TROUILLARD, ARDE adj. et n. ▪ FAM. Peureux, poltron. ⇒ **froussard.**

TROUILLE n. f. ▪ FAM. Peur. *Avoir la trouille.* ⇒ **frousse.**

TROUILLOMÈTRE n. m. ▪ loc. FAM. *Avoir le trouillomètre à zéro :* avoir très peur.

TROUPE n. f. ▪ **1.** Réunion de gens qui vont ensemble. ⇒ **bande, groupe.** *Une troupe d'amis.* ▸ *En troupe :* à plusieurs, tous ensemble. ▸ Groupe d'animaux de même espèce vivant naturellement ensemble. *Une troupe de singes.* **2.** Groupe régulier et organisé de soldats. *Rejoindre la troupe, le gros de la troupe.* ▸ *LES TROUPES :* la force armée. ♦ *LA TROUPE :* la force armée, la force publique. *La troupe dut intervenir.* ▸ L'ensemble des soldats (opposé à *officiers*). *Homme de troupe.* ⇒ **troupier.** *Le moral de la troupe.* **3.** Groupe de comédiens, d'artistes qui jouent ensemble. ⇒ **compagnie.** *Troupe en tournée.*

TROUPEAU n. m. ▪ **1.** Réunion d'animaux domestiques qu'on élève ensemble. *Un troupeau de vaches, de moutons, d'oies, de dindes. Gardeur, gardien de troupeau* (⇒ **berger, cow-boy, gardian, gaucho, vacher**). *Troupeau en transhumance.* ▸ (bêtes sauvages) *Un troupeau d'éléphants.* **2.** péj. Troupe nombreuse et passive (de personnes).

TROUPIER n. m. ▪ VIEILLI Simple soldat. ⇒ FAM. **bidasse, troufion.** ♦ adj. m. *Comique troupier :* genre comique grossier, à base d'histoires de soldats, à la mode vers 1900.

TROUSSE n. f. ▪ **I.** anciennt Haut-de-chausses court et relevé. ♦ loc. *AUX TROUSSES* (de qqn), à sa poursuite. *Avoir la police aux trousses, à ses trousses.* ▸ *Avoir le feu aux trousses :* être très pressé. **II.** Poche, étui à compartiments pour ranger un ensemble d'objets. *Trousse de médecin. Trousse de toilette. Trousse à outils. Trousse à pharmacie.*

TROUSSEAU n. m. ▪ **I.** *Trousseau de clés :* ensemble de clés réunies par un anneau, un porte-clés. **II.** Vêtements, linge, etc. qu'emporte une jeune fille qui se marie, un enfant qui va en pension.

TROUSSER v. tr. [1] ▪ **1.** *Trousser une volaille,* replier ses membres et les lier au corps avant de la faire cuire. **2.** VIEILLI Retrousser (un vêtement). *Trousser ses jupes.* ▸ FAM. *Trousser une femme,* la posséder sexuellement. **3.** VIEILLI ou LITTÉR. Faire rapidement et habilement. *Trousser un sonnet.* ▸ au p. p. *Un compliment bien troussé.* ⇒ **tourné.**

TROUSSEUR n. m. ▪ loc. FAM. VIEILLI *Un trousseur de jupons :* un coureur, un débauché.

TROUVABLE adj. ▪ Qu'on peut trouver, découvrir (s'oppose à *introuvable*).

TROUVAILLE n. f. ▪ **1.** Fait de trouver avec bonheur ; chose ainsi trouvée. *Faire une trouvaille aux puces.* **2.** Fait de découvrir (une idée, une image, etc.) d'une manière heureuse ; idée, expression originale. ⇒ **création, invention.** *Les trouvailles d'un écrivain.*

TROUVER v. tr. [1] ▪ **I.** **1.** Apercevoir, rencontrer (ce que l'on cherchait ou ce que l'on souhaitait avoir). ⇒ **découvrir ;** FAM. **dégoter, dénicher.** *Trouver une place pour se garer. Trouver du pétrole.* **2.** Se procurer, parvenir à avoir. *Trouver un logement, un emploi.* **3.** Parvenir à rencontrer, à être avec (qqn). *Où peut-on vous trouver ?* ⇒ **atteindre, contacter, joindre.** ▸ *Aller trouver qqn,* aller le voir, lui parler. **II.** Découvrir, rencontrer (qqn, qqch.) sans avoir cherché. *J'ai trouvé un parapluie dans le taxi.* ▸ *Trouver la mort dans un accident.* ▸ FAM. *Si tu me cherches, tu vas me trouver,* je riposterai. ♦ *Trouver qqn, qqch.* (+ adj.) : trouver dans tel état. **III.** **1.** Découvrir par un effort de l'esprit, de l'imagination. ⇒ **imaginer, inventer.** *Trouver (le) moyen de. Trouver la solution d'une énigme.* ⇒ **deviner.** ▸ FAM. *Où avez-vous trouvé cela ?,* qu'est-ce qui vous fait croire cela ? ⇒ **prendre.** ♦ absolt *Eurêka, j'ai trouvé !* **2.** Pouvoir disposer de (temps, occasion, etc.). *Trouver le temps, la force de* (+ inf.). ▸ LITTÉR. *TROUVER À* (+ inf.) : trouver le moyen de. *Nous allons bien trouver à sortir de ces difficultés. TROUVER qqch. À* (+ inf.) : avoir à. *Je n'ai rien trouvé à répondre.* **3.** *TROUVER (tel sentiment, tel état d'âme) DANS, À :* éprouver. *Trouver un malin plaisir à taquiner qqn.* **IV.** Voir (qqn, qqch.) se présenter d'une certaine manière. **1.** (avec un compl. et un attribut) *J'ai trouvé porte close.* ▸ *On l'a trouvé évanoui.* **2.** *TROUVER (un caractère, une qualité) À* (qqn, qqch.), lui reconnaître. *Je lui trouve mauvaise mine ; bien du mérite.* **3.** *TROUVER qqn, qqch.* (+ attribut) : estimer, juger que (qqn, qqch.) est... ⇒ **regarder** comme, **tenir** pour. *Je le trouve sympathique.* ▸ *Trouver le temps long. Je trouve ça bon.* ▸ loc. FAM. *La trouver mauvaise*.* ▸ *TROUVER BON, MAUVAIS QUE* (+ subj.). ⇒ **approuver, désapprouver.** **4.** *TROUVER QUE,* juger, estimer que. *Je trouve que c'est bon. Je ne trouve pas que ça lui aille.* ▸ absolt *Il est joli garçon, tu ne trouves pas ?* ► **SE TROUVER** v. pron. **1.** Découvrir sa véritable personnalité. **2.** Être (en un endroit, en une circonstance, en présence de). *Il ne fait pas bon se trouver sur son chemin.* ▸ *Le dossier se trouvait dans un tiroir.* **3.** Être (dans un état, une situation). *Se trouver dans une impasse* (fig.). *Je me trouve dans l'impossibilité de vous aider.* **4.** *SE TROUVER* (+ inf.) : être, avoir... par hasard. *Il se trouvait habiter tout près de chez moi. Elle se trouve être la sœur de mon ami.* **5.** impers. *IL SE TROUVE :* il existe, il y a. *Il se trouve toujours des gens qui disent, pour dire...* ▸ *IL SE TROUVE QUE :* il se fait que. *Il se trouve que j'ai raison.* ▸ FAM. *SI ÇA SE TROUVE,* se dit pour présenter une éventualité. *Si ça se trouve, on nous a oubliés.* ⇒ **peut-être.** **6.** (avec un attribut) Se sentir (dans un état). *Je me trouvais dépaysé. Comment vous trouvez-vous ce matin ?* ⇒ **aller.** ▸ loc. *SE TROUVER MAL :* s'évanouir. ▸ *SE TROUVER BIEN, MAL DE qqch.,* en tirer un avantage, en éprouver un désagrément. *Un remède dont il s'est bien trouvé.* ▸ Se croire. *Se trouver trop gros.*

TROUVÈRE n. m. ▪ au Moyen Âge Poète et jongleur de la France du Nord, s'exprimant en langue d'oïl. ⇒ **ménestrel.** *Trouvères et troubadours*.*

TROUVILLE-SUR-MER ▪ Commune du Calvados, sur la Manche. 5 607 hab. *(les Trouvillais).* Station balnéaire proche de Deauville.

Lev Tarassov dit **Henri TROYAT** (né en 1911) ▪ Écrivain français d'origine russe. Réalisme. *"La Lumière des justes"* (1959-1963), cycle romanesque. Biographies.

TROYES ▪ Chef-lieu de l'Aube. 59 255 hab. *(les Troyens).* Industries textile (bonneterie) et mécanique. Foire de Champagne au Moyen Âge. Cathédrale et églises gothiques (XIIIe-XVIe s.).

Troyes. Vitraux du chœur de la cathédrale. *Phot. © Labat/Explorer*

TRUAND, ANDE ▪ **1.** n. VX Mendiant professionnel. **2.** n. m. MOD. Malfaiteur qui fait partie du milieu.

TRUANDER v. tr. [1] ▪ FAM. Voler, escroquer.

TRUBLION n. m. ▪ Fauteur de troubles, agitateur.

TRUC n. m. ▪ **1.** FAM. Façon d'agir qui requiert de l'habileté, de l'adresse. ⇒ **combine, moyen.** *Un bon truc.* ‑ Procédé habile pour obtenir un effet particulier. *Les trucs d'un prestidigitateur.* **2.** Machine ou dispositif scénique destiné à créer une illusion. ⇒ **trucage. 3.** FAM. Chose quelconque. ⇒ **machin.** *C'est quoi ce truc ?* ◇ syn. TRUCMUCHE n. m. **4.** FAM. Domaine, spécialité. ‑ *Ce n'est pas mon truc :* ce n'est pas dans mes goûts.

TRUCAGE ou **TRUQUAGE** n. m. ▪ **1.** Fait de truquer, de falsifier. **2.** Procédé employé au cinéma, pour produire une illusion (→ effet spécial).

TRUCHEMENT n. m. ▪ LITTÉR. **1.** Personne qui parle à la place d'une autre, exprime sa pensée. ⇒ **porte-parole. 2.** loc. *Par le truchement de qqn,* par son intermédiaire.

TRUCIDER v. tr. [1] ▪ FAM. Tuer.

TRUCULENCE n. f. ▪ Caractère de ce qui est truculent.

TRUCULENT, ENTE adj. ▪ **1.** VX Qui a une apparence farouche, terrible. **2.** MOD. Haut en couleur, qui étonne et réjouit par ses excès. *Un personnage truculent.* ⇒ **pittoresque.** *Une prose truculente.* ⇒ **savoureux.**

Pierre Elliott **TRUDEAU** (né en 1919) ▪ Homme politique canadien. Partisan du bilinguisme et du fédéralisme, Premier ministre (libéral) de 1968 à 1979 et de 1980 à 1984.

TRUELLE n. f. ▪ Outil de maçon, à manche coudé, servant à étendre le mortier, l'enduit.

François **TRUFFAUT** (1932 ‑ 1984) ▪ Cinéaste français. Un des principaux représentants de la Nouvelle Vague. *"Les Quatre Cents Coups"* (1959); *"Jules et Jim"* (1962); *"Le Dernier Métro"* (1980).

TRUFFE n. f. ▪ **1.** Tubercule souterrain de la famille des champignons, qui constitue une garniture très recherchée. *Truffe noire, blanche. Foie gras aux truffes.* ♦ *Truffes en chocolat* (friandise). **2.** Extrémité du museau du chien.

TRUFFER v. tr. [1] ▪ **1.** Garnir de truffes. **2.** fig. Remplir, de choses disséminées en abondance. *Truffer un discours de citations.* ► **TRUFFÉ, ÉE** adj. **1.** Garni de truffes. *Dinde truffée.* **2.** fig. *Un devoir truffé de fautes.*

TRUFFIER, IÈRE adj. ▪ Où poussent les truffes. *Terrain truffier* (ou *truffière* n. f.). ‑ Dressé à la recherche des truffes. *Chien truffier.*

TRUIE n. f. ▪ Femelle du porc, du verrat. *Une truie et ses porcelets.*

TRUISME n. m. ▪ LITTÉR. Vérité d'évidence. ⇒ **banalité, lapalissade, lieu** commun.

TRUITE n. f. ▪ Poisson à chair estimée qui vit surtout dans les eaux pures et vives. *Truite saumonée.* ‑ *Truite au bleu.* ♦ *Truite de mer.*

TRUJILLO ▪ Ville du Pérou, port sur le Pacifique. 400 000 hab. Industrie sucrière.

Rafael **TRUJILLO Y MOLINA** (1891 ‑ 1961) ▪ Homme politique dominicain. Dictateur de 1930 à son assassinat.

Harry S. **TRUMAN** (1884 ‑ 1972) ▪ 33e président (démocrate) des États-Unis, de 1945 à 1953. Il prit la décision de lancer la bombe atomique sur Hiroshima; responsable du plan Marshall et de la politique de guerre froide.

TRUMEAU n. m. ▪ Panneau, revêtement (de menuiserie, de glace) qui occupe l'espace entre deux fenêtres. ♦ Panneau de glace au-dessus d'une cheminée.

TRUQUAGE ⇒ TRUCAGE

TRUQUER v. tr. [1] ▪ Changer pour tromper, donner une fausse apparence. ⇒ **falsifier, maquiller.** *Truquer des dés.* ⇒ **piper.** ‑ *Truquer un combat de boxe,* le fausser pour obtenir le résultat souhaité. ‑ au p. p. *Élections truquées.*

TRUQUEUR, EUSE n. ▪ **1.** Personne qui truque, triche. **2.** Technicien du trucage cinématographique.

TRUST [tʀœst] n. m. ▪ anglic. **1.** ÉCON. Concentration financière réunissant plusieurs entreprises sous une direction unique. *Un trust international.* ⇒ **multinationale. 2.** Entreprise assez puissante pour dominer un marché. *Trust du pétrole.*

TRUSTER [tʀœste] v. tr. [1] ▪ anglic. Accaparer, monopoliser, comme le font les trusts.

la **TRUYÈRE** ▪ Rivière du Massif central, affluent du Lot. 160 km.

TRYPANOSOMIASE n. f. ▪ MÉD. Maladie causée par des protozoaires parasites (les *trypanosomes* n. m.). *Trypanosomiase africaine :* maladie du sommeil.

TS'AO TS'AO → Cao Cao

TSAR [dzaʀ ; tsaʀ] n. m. ▪ HIST. Titre porté par les empereurs de Russie, les souverains serbes et bulgares.

TSARÉVITCH [dza- ; tsa-] n. m. ▪ HIST. Titre porté par le fils aîné du tsar de Russie.

TSARINE [dza- ; tsa-] n. f. ▪ HIST. Femme du tsar. Impératrice de Russie.

TSARISME [dza- ; tsa-] n. m. ▪ HIST. Régime autocratique des tsars ; période de l'histoire russe où ont régné les tsars. ► adj. TSARISTE [dza- ; tsa-]

TSARSKOÏE SELO → Pouchkine

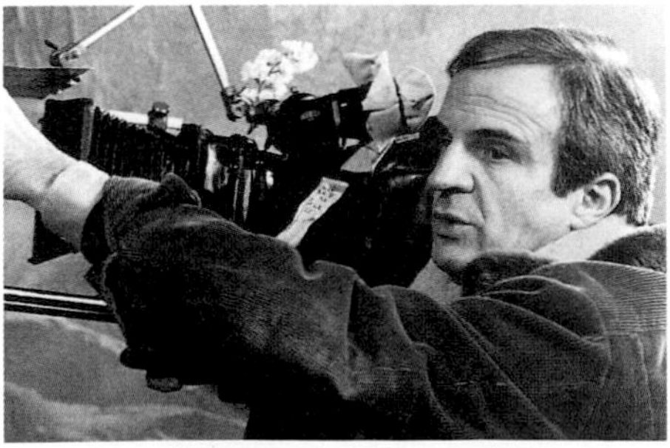

Truffaut. *Phot. © Coll. Christophe L.*

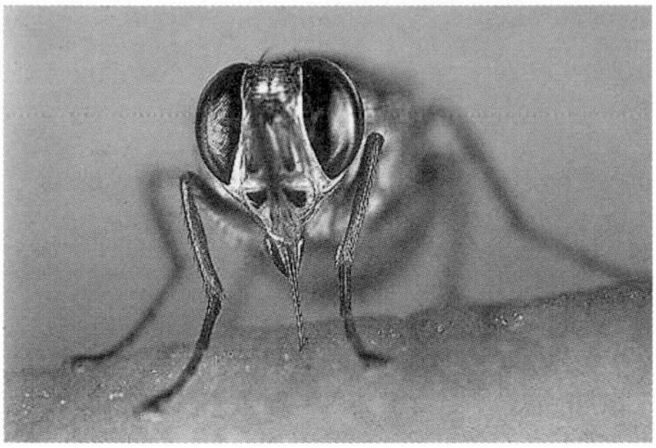

tsé-tsé. *Glossina palpalis.*
Phot. © Hervy/Jacana

TSÉ-TSÉ n. f. invar. ▪ Mouche d'Afrique qui peut transmettre des trypanosomiases*. - appos. *Des mouches tsé-tsé.*

TS'EU-HI → Cixi

T. S. F. [tɛɛsɛf] n. f. (sigle de *télégraphie sans fil*) ▪ VX **1.** Émission, par procédés radioélectriques, de signaux en morse. ⇒ **radiotélégraphie. 2.** Radiodiffusion ; poste récepteur. ⇒ **radio.**

T-SHIRT ⇒ TEE-SHIRT

TSIGANE (DIDACT.) ou **TZIGANE** (COUR.) [dzi- ; tsi-] adj. ▪ Des Tsiganes*. ⇒ **bohémien, gitan.** - *Musique tsigane,* musique populaire de Bohême et de Hongrie, adaptée par les musiciens tsiganes. ♦ n. m. *Le tsigane* (langue indo-européenne).

les TSIGANES ou **TZIGANES** ▪ Nomades originaires de l'Inde, aujourd'hui dispersés à travers l'Europe. On distingue traditionnellement les Manouches (Italie), les Gitans (Espagne) et les Roms (Europe centrale : Hongrie, Roumanie...).

TSIN CHE HOUANG-TI → Shi Huangdi

Konstantin TSIOLKOVSKI (1857 - 1935) ▪ Savant et inventeur russe, pionnier de l'astronautique (fusée).

Philibert TSIRANANA (1912 - 1978) ▪ Premier président de la République de Madagascar, de 1959 à 1972.

TSITSIHAR → Qiqihar

TSUBOUCHI Shōyō (1859 - 1935) ▪ Écrivain japonais. Un des fondateurs de la littérature et du théâtre japonais modernes. Traducteur de Shakespeare.

le détroit de TSUGARU ▪ Bras de mer qui sépare les îles japonaises de Honshū et de Hokkaidō.

TSUSHIMA ▪ Îles du nord de Kyūshū (Japon), dans le détroit de Corée. 45 314 hab. Défaite navale des Russes venus au secours de Port-Arthur (27 et 28 mai 1905).

Marina TSVETAÏEVA (1892 - 1941) ▪ Poétesse russe. Poésie puissante et recherchée. Elle se suicida.

① **TU** pron. ▪ Pronom personnel sujet de la deuxième personne du singulier et des deux genres. **1.** *Tu as tort.* - FAM. (élidé en *t'* devant voyelle ou *h* muet) *T'as tort.* - (en inversion) *As-tu bien dormi ?* - FAM. *Tu viens ?* **2.** (nominal) *On se dit tu depuis hier.* ⇒ **tutoyer.** - loc. *Être à tu et à toi avec qqn,* être très lié, intime avec lui.

② **TU, TUE** ▪ Participe passé du verbe *taire.*

les îles TUAMOTU ▪ Archipel et circonscription de la Polynésie-Française. 860 km². 12 374 hab. (*les Paumotus* ou *Pomotus*). Bases d'expérimentation nucléaire dans les atolls de Mururoa et Fangataufa.

TUANT, ANTE adj. ▪ **1.** FAM. Épuisant, éreintant. *Un travail tuant.* ⇒ **crevant. 2.** Énervant, assommant. *Ce gosse est tuant !*

TUB [tœb] n. m. ▪ Large cuvette où l'on peut prendre un bain sommaire ; ce bain. *Prendre un tub.*

tuba. Tuba contrebasse.
Phot. © Simion/Ricciarini

TUBA n. m. ▪ **I.** Instrument à vent à trois pistons et embouchure. **II.** Tube respiratoire pour nager la tête sous l'eau.

TUBAGE n. m. ▪ MÉD. Introduction d'un tube dans un organe. *Tubage gastrique.*

TUBARD, ARDE adj. et n. ▪ FAM. Tuberculeux.

TUBE n. m. ▪ **1.** Conduit à section circulaire, généralement rigide, ouvert à une extrémité ou aux deux. *Un tube de verre.* - *TUBE À ESSAI :* tube de verre cylindrique et fermé à un bout. ⇒ **éprouvette.** ♦ Tuyau de métal. *Les tubes d'une chaudière* (⇒ **tubulure**). ♦ loc. *À PLEIN(S) TUBE(S) :* à pleine puissance. - fig. FAM. *Déconner à pleins tubes.* ♦ *Tube de* (ou *au*) *néon* (pour l'éclairage). **2.** ARGOT MUS. Chanson, disque à succès. **3.** Organe creux et allongé. *TUBE DIGESTIF :* ensemble des conduits de l'appareil digestif, par lesquels passent et sont assimilés les aliments. **4.** Conditionnement cylindrique fermé par un bouchon. *Un tube d'aspirine.* - *Tube de dentifrice, de gouache.*

TUBERCULE n. m. ▪ **1.** ANAT. Petite protubérance arrondie à la surface d'un os ou d'un organe. *Les tubercules des molaires.* **2.** MÉD. Petite masse solide arrondie (dans certaines maladies) ; spécialt, petite nodosité au centre nécrosé, caractéristique de la tuberculose. **3.** Excroissance arrondie d'une racine, qui est une réserve nutritive de la plante. *Tubercules comestibles* (ex. la pomme de terre).

TUBERCULEUX, EUSE adj. et n. ▪ **1.** Qui s'accompagne de tubercules (2) pathologiques. **2.** Relatif à la tuberculose. ♦ Atteint de tuberculose. - n. *Un tuberculeux, une tuberculeuse.* ⇒ VX **phtisique, poitrinaire** ; FAM. **tubard.**

TUBERCULINE n. f. ▪ Extrait d'une culture de bacilles de Koch utilisé pour diagnostiquer la tuberculose. ⇒ **cuti-réaction.**

TUBERCULOSE n. f. ▪ Maladie infectieuse et contagieuse, causée par le bacille de Koch, et qui affecte le plus souvent le poumon. *Tuberculose pulmonaire* (⇒ VX *phtisie*), osseuse, rénale. - absolt Tuberculose pulmonaire. *Première lésion de la tuberculose.* ⇒ **primo-infection.**

TUBÉREUSE n. f. ▪ Plante à bulbe, à hautes tiges portant des grappes de fleurs blanches très parfumées.

tubéreuse.
Polianthes tuberosa.
Phot. © Viard/Jacana

TÜBINGEN ▪ Ville d'Allemagne (Bade-Wurtemberg). 79 400 hab. Université créée en 1477.

l'archipel des TUBUAÏ ▪ Archipel de la Polynésie-Française. 174 km². 6 509 hab. Appelé parfois *îles Australes.*

TUBULAIRE adj. ▪ **1.** Qui a la forme d'un tube. **2.** Qui est fait de tubes métalliques. *Chaise tubulaire.*

TUBULURE n. f. ▪ Ensemble de tubes, de tuyaux d'une installation. ⇒ **tuyauterie.**

le TUC-D'AUDOUBERT ▪ Site préhistorique de l'Ariège (commune de Montesquieu-Avantès). Gravures, sculptures (bisons modelés dans l'argile crue), datant du magdalénien (15 000-8 000 av. J.-C.).

le **Tuc-d'Audoubert.** Les bisons d'argile. *Phot. © Robert Bégouën*

TUCSON ▪ Ville des États-Unis (Arizona). 405 000 hab. Marché agricole. Université.

TUCUMÁN ou **SAN MIGUEL DE TUCUMÁN** ▪ Ville du nord-ouest de l'Argentine. 622 000 hab. Centre commercial.

TUDESQUE adj. et n. ▪ VX Allemand, allemande.

Franjo TUDJMAN (né en 1921) ▪ Homme d'État croate. Dirigeant nationaliste à la tête du pays depuis 1990, il a été élu président de la Croatie indépendante en 1992.

les TUDORS ▪ Famille qui régna sur l'Angleterre de 1485 (fin de la guerre des Deux-Roses) à 1603 (avènement des Stuarts) : Henri VII, Henri VIII, Édouard VI, Marie Ire et Élisabeth Ire. Ils succédèrent aux Plantagenêts.

TỤ ĐỨC (1829-1883) ▪ Empereur d'Annam de 1848 à sa mort. Il céda la Cochinchine à la France.

TUE-MOUCHE ▪ **1. n. m.** *Tue-mouche* ou appos. *amanite tue-mouche :* fausse oronge, champignon vénéneux. *Des tue-mouches.* **2. adj.** *Papier tue-mouche(s),* imprégné d'une substance empoisonnée pour engluer et tuer les mouches.

TUER v. tr. 1 ▪ **1.** Faire mourir (qqn) de mort violente. ⇒ **assassiner, éliminer,** VX **occire ;** FAM. **descendre, liquider, trucider, zigouiller ; -cide.** *Tuer qqn avec une arme à feu.* ⇒ FAM. **flinguer.** ♦ spécialt Faire mourir à la guerre. *Des milliers de soldats ont été tués.* ♦ Donner involontairement la mort à (qqn). **2.** Faire mourir volontairement (un animal). *Tuer un lièvre à la chasse.* ⇒ **abattre. 3.** (sujet chose) Causer la mort de. *La balle qui l'a tué.* **4.** fig. Causer la disparition de, faire cesser. ⇒ **ruiner, supprimer.** *La bureaucratie tue l'initiative.* ♦ loc. *Tuer qqch. dans l'œuf,* l'étouffer avant tout développement. - *Tuer le temps :* essayer de l'occuper pour tromper l'ennui. **5.** (sujet chose) Épuiser (qqn) en brisant la résistance. *Ces escaliers me tuent.* ⇒ **éreinter, user ; tuant.** - Plonger dans un désarroi ou une détresse extrême. ⇒ **désespérer.** *Sa duplicité me tue.* ► **SE TUER v. pron. 1.** Se suicider. - Être cause de sa propre mort par accident. *Elle s'est tuée au volant de sa voiture.* **2.** fig. User ses forces, compromettre sa santé. *Se tuer au travail, à la peine.* - *SE TUER À* (+ inf.) : se donner beaucoup de mal. *Je me tue à vous le répéter.* ⇒ s'**évertuer.** ► **TUÉ, ÉE adj.** *Soldats tués à la guerre.* - **n.** *Il y a eu des tués.* ⇒ **mort.**

TUERIE n. f. ▪ Action de tuer en masse, sauvagement. ⇒ **boucherie, carnage, massacre.**

À **TUE-TÊTE loc. adv.** ▪ D'une voix si forte qu'on casse (« tue ») la tête, qu'on étourdit. *Chanter à tue-tête.*

TUEUR, EUSE n. ▪ **1.** Personne qui tue. ⇒ **assassin, meurtrier.** *Un tueur à gages*.* **2.** TECHN. Professionnel qui tue les bêtes dans un abattoir.

TUF n. m. ▪ Roche poreuse de faible densité, souvent pulvérulente. *Tuf calcaire. Tuf volcanique.*

TUILE n. f. ▪ **I. 1.** Plaque de terre cuite servant à couvrir un édifice. *Un toit de tuiles.* **2.** Petit gâteau sec moulé sur un rouleau. **II.** fig. et FAM. Désagrément inattendu. ⇒ **guigne, malchance.** *Quelle tuile !*

TUILERIE n. f. ▪ Fabrique de tuiles ; four où elles sont cuites.

le palais des TUILERIES ▪ Ancienne résidence des rois de France, à Paris, commencée en 1564. Siège de la Convention pendant la Révolution. Il fut incendié lors de la Commune (1871) puis détruit en 1882. Seuls subsistent les jardins (Le Nôtre).

TULA ▪ Localité du Mexique. Ancienne capitale des Toltèques. Vestiges importants.

TULIPE n. f. ▪ **1.** Plante à bulbe dont la fleur renflée à la base est évasée à l'extrémité. - par ext. Fleur de tulipe. **2.** Objet (verre, globe, lampe...) dont la forme rappelle celle de la tulipe.

TULIPIER n. m. ▪ Arbre de la famille du magnolia, dont la fleur ressemble à une tulipe. *Tulipier de Virginie.*

TULLE n. m. ▪ Tissu léger, formé d'un réseau de mailles rondes ou polygonales. *Voile de tulle.*

TULLE ▪ Chef-lieu de la Corrèze. 17 164 hab. *(les Tullistes).* Cathédrale (XIIe-XIVe s.), maisons Renaissance.

TULLUS HOSTILIUS ▪ Troisième roi semi-légendaire de Rome. Il régna de 672 à 640 av. J.-C. Belliqueux, il mena deux guerres contre Albe (épisode des Horaces et des Curiaces).

TULSA ▪ Ville des États-Unis (Oklahoma). 367 000 hab. Grand centre pétrolier.

TUMÉFACTION n. f. ▪ **1.** Fait de se tuméfier, d'être tuméfié. ⇒ **enflure. 2.** Partie tuméfiée.

TUMÉFIER v. tr. 7 ▪ Causer une augmentation de volume anormale à (une partie du corps). ⇒ **enfler, gonfler.** - pronom. *Son nez se tuméfie.* ► **TUMÉFIÉ, ÉE adj.** *Boxeur au visage tuméfié.*

TUMESCENCE n. f. ▪ DIDACT. Gonflement des tissus ; spécialt turgescence d'un organe érectile (pénis, clitoris). ⇒ **érection.**

TUMESCENT, ENTE adj. ▪ DIDACT. (tissus vivants) Qui s'enfle, se gonfle, grossit.

TUMEUR n. f. ▪ **1.** Gonflement pathologique formant une saillie anormale. **2.** MÉD. Amas de cellules qui se forme par multiplication anarchique. *Tumeur bénigne. Tumeur maligne,* se disséminant à distance et ayant tendance à récidiver. ⇒ **cancer, sarcome.**

TUMORAL, ALE, AUX adj. ▪ DIDACT. Relatif à une tumeur.

TUMULTE n. m. ▪ Désordre bruyant ; bruit confus que produisent des personnes assemblées. ⇒ **brouhaha, chahut, vacarme.** *Un tumulte s'éleva.* - Agitation bruyante et incessante. *Le tumulte de la rue.* ♦ fig. LITTÉR. *Le tumulte des passions.*

TUMULTUEUX, EUSE adj. ▪ LITTÉR. **1.** Agité et bruyant. *Séance tumultueuse.* ⇒ **houleux, orageux. 2.** Agité, violent. *Les flots tumultueux.* **3.** Plein d'agitation, de trouble. *Vie tumultueuse.* ► **adv.** TUMULTUEUSEMENT

TUMULUS [-ys] **n. m.** ▪ ARCHÉOL. Tertre artificiel élevé au-dessus d'une tombe.

TUNE ⇒ THUNE

TUNER [tynɛʀ ; tynœʀ] **n. m.** ▪ anglic. Récepteur de modulation de fréquence (radio). ◇ recomm. off. *syntoniseur* **n. m.**

TUNGSTÈNE n. m. ▪ Métal gris, très dense et très réfractaire. *Filaments de lampe en tungstène. Carbure de tungstène.*

TUNIQUE n. f. ▪ **I. 1.** Dans l'Antiquité, Vêtement de dessous, chemise longue avec ou sans manches. *La tunique et la toge.* **2.** anciennt *Tunique d'armes :* veste d'armure en mailles d'acier. - Veste ou redingote d'uniforme. **3.** Chemisier ou veste légère descendant jusqu'à mi-cuisses. **II.** ANAT. Membrane qui enveloppe, protège (un organe). *Tunique de l'œil. Tunique vaginale :* enveloppe séreuse la plus interne du testicule.

Tunis. La Grande Mosquée.
Phot. © Mattes/Exploror

TUNIS ▪ Capitale de la Tunisie, port sur la Méditerranée (La Goulette). 1 400 000 hab. *(les Tunisois).* Université musulmane al-Zaytuna (IXe s.). Musée du Bardo. Centre industriel (sidérurgie) et commercial.

la TUNISIE ▪ État d'Afrique du Nord. 163 610 km². 8 400 000 hab. *(les Tunisiens).* Capitale : Tunis. Langues : arabe (officielle), français. Religion officielle : islam. Monnaie : dinar tunisien. Pays de plaines et de plateaux, à l'exception de la partie septentrionale formée par le Tell et l'Atlas entre lesquels s'insèrent les plaines de la Medjerda. En voie de développement, l'économie est surtout agricole (blé, olives, agrumes, dattes, élevage). Tourisme. Pétrole, gaz naturel et phosphates. □ HISTOIRE Les Phéniciens y établirent des colonies autour du IXe s. av. J.-C. La plus puissante, Carthage*, devint une rivale de Rome (→ guerres **puniques**). Rasée en 146 av. J.-C., la ville, reconstruite, fut la métropole de la province romaine d'Afrique. La résistance de la Numidie* une fois réduite, la région, prospère, fortement urbanisée et romanisée, devint l'un des plus importants foyers des lettres (Apulée) et du christianisme (Tertullien, saint Cyprien) latins. Au Ve s., les Vandales y fondèrent un royaume ; ils furent vaincus par Byzance en 534. Mais des tribus berbères contrôlaient l'intérieur du pays. L'expansion de l'islam au VIIe s. aboutit à la chute définitive de Carthage et à la fondation de Kairouan (670). *L'Ifrīqiya* se trouva dès lors englobée dans des empires musulmans, d'ailleurs convoités par les croisés (Saint Louis mourut à Tunis), mais elle gagna plusieurs fois son autonomie : la dynastie ziride s'affranchit des Fatimides d'Égypte (XIe s.), la dynastie hafside s'affranchit des Almohades du Maroc (XIIIe s.) et régna jusqu'au XVIe s. Alors objet de conflits entre l'Espagne de Charles Quint et l'Empire ottoman, la Tunisie devint, comme l'Algérie, une régence aux mains de corsaires vassaux de Constantinople. Au cours du XVIIe s. se mit en place un régime monarchique. La dynastie husseinite régna de 1705 à 1957. Affaiblie par des luttes internes et par l'expansionnisme européen, elle dut admettre progressivement l'ingérence de la France, présente en Algérie dès 1830. Muḥammad al-Sadūq, bey de Tunis de 1852 à 1882, mena une politique ambitieuse de réformes qui l'endetta auprès de l'Angleterre, de la France et de l'Italie. Il dut accepter le protectorat français en 1881 (traité du Bardo). Les premières décennies de la colonisation furent heureuses. Le mouvement nationaliste (création du Néo-Destour par Bourguiba* en 1934) ne prit tout son essor qu'avec la Deuxième Guerre mondiale. Après la perte du Viêtnam, Pierre Mendès France accorda l'autonomie en 1954, et l'indépendance fut obtenue en 1956. Le bey fut renversé et la république proclamée en 1957 par Bourguiba, chef du parti unique, élu président à vie en 1975. D'abord aidé par la France et les États-Unis, le pays s'engagea dans une politique collectiviste (1965-1970) puis revint à une libéralisation (1983, instauration officielle du multipartisme). Confronté à des difficultés économiques (« émeutes du pain », 1984), politiques et religieuses (intégrisme chiite), le gouvernement écarta Bourguiba, trop âgé, en 1987, lequel fut remplacé par Ben Ali, qui a mené depuis lors une sévère répression envers les islamistes.

TUNISIEN, ENNE adj. et n. ▪ De Tunisie. - n. *Les Tunisiens.*

TUNNEL n. m. ▪ **1.** Galerie souterraine destinée au passage d'une voie de communication. *Le tunnel sous la Manche.* - par ext. *Les tunnels d'une fourmilière.* **2.** loc. *Voir le bout du tunnel, sortir du tunnel :* sortir d'une période difficile, pénible.

TUPI adj. et n. ▪ D'un groupe ethnique (amérindien) du Brésil et du Paraguay. - n. *Les Tupis.* ♦ n. m. *Le tupi,* langue apparentée au guarani. - *Le tupi-guarani* (ensemble linguistique).

Andreï **TUPOLEV** (1888-1972) ▪ Ingénieur soviétique. Aéronautique et aérodynamique. Son nom a été donné à des avions.

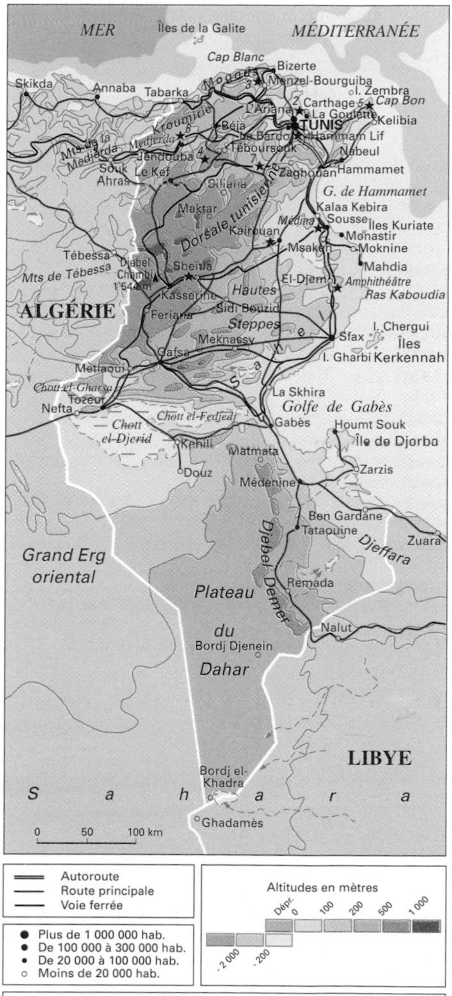

Tunisie.

Tura. *Erato.* Pinacothèque nationale, Ferrare. *Phot. © Alinari/Giraudon*

Cosmè TURA (v. 1430 - 1495) ▪ Peintre italien. Un des maîtres de la Renaissance à Ferrare.

TURBAN n. m. ▪ **1.** Coiffure d'homme faite d'une longue bande d'étoffe enroulée autour de la tête. **2.** Coiffure de femme évoquant cette coiffure.

TURBIN n. m. ▪ FAM. VIEILLI Travail, métier. ⇒ **boulot.**

TURBINE n. f. ▪ Dispositif rotatif, destiné à utiliser la force d'un fluide et à transmettre le mouvement au moyen d'un arbre (⇒ **turbo-**). *Turbine hydraulique. Turbine à gaz.*

TURBINER v. intr. 1 ▪ FAM. VIEILLI Travailler dur, trimer.

TURBO n. m. ▪ Turbocompresseur de suralimentation. - appos. *Moteur turbo.*

TURBO- Élément de mots techniques signifiant « turbine ».

TURBOCOMPRESSEUR n. m. ▪ TECHN. Turbomachine destinée à augmenter la pression ou le débit d'un gaz. *Turbocompresseur de suralimentation.* ⇒ **turbo.**

TURBOMACHINE n. f. ▪ TECHN. Appareil agissant sur un fluide au moyen d'un système rotatif à pales.

TURBOMOTEUR n. m. ▪ TECHN. Moteur dont l'élément principal est une turbine à gaz.

TURBOPROPULSEUR n. m. ▪ TECHN. Moteur d'avion dans lequel une turbine à gaz entraîne une ou plusieurs hélices.

TURBORÉACTEUR n. m. ▪ TECHN. Moteur à réaction dans lequel une turbine à gaz alimente les compresseurs.

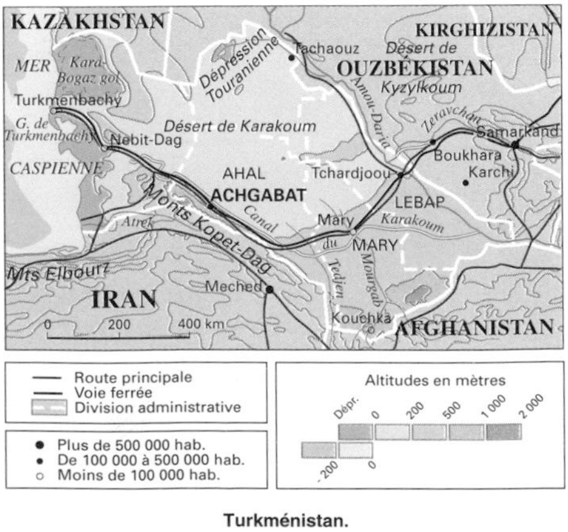

Turkménistan.

TURBOT n. m. ▪ Poisson de mer plat à chair très estimée.

TURBOTRAIN n. m. ▪ Train mû par des turbines à gaz.

TURBULENCE n. f. ▪ **1.** Agitation désordonnée, bruyante. - Caractère d'une personne turbulente. ⇒ **dissipation, pétulance. 2.** PHYS. Formation de tourbillons, dans un fluide. *L'avion entre dans une zone de turbulences.*

TURBULENT, ENTE adj. ▪ **1.** Qui est porté à s'agiter physiquement, qui est souvent dans un état d'excitation bruyante. ⇒ **agité, bruyant, remuant.** *Enfant turbulent.* - *Foule turbulente.* **2.** PHYS. *Régime turbulent :* écoulement irrégulier des fluides, entraînant la formation de tourbillons.

TURC, TURQUE ▪ **1.** adj. De la Turquie (ottomane ou moderne). *Café turc,* noir et fort, servi avec le marc dans une très petite tasse. *Bain turc :* bain de vapeur suivi de massages. ⇒ **hammam.** ♦ *Être assis* À LA TURQUE, en tailleur. *Cabinets à la turque,* sans siège. **2.** n. *Les Turcs.* - *Les* JEUNES TURCS *:* les révolutionnaires turcs qui prirent le pouvoir en 1908 ; fig., VIEILLI dans un parti, les éléments jeunes qui souhaitent une évolution. ♦ loc. *Fort comme un Turc :* très fort. - *Tête* de Turc.* **3.** n. m. *Le turc :* langue parlée entre autres en Asie centrale et en Turquie.

Henri de La Tour d'Auvergne, vicomte de TURENNE (1611 - 1675) ▪ Maréchal de France. Le plus illustre chef de guerre des débuts du règne de Louis XIV, avec Condé qu'il vainquit pendant la Fronde.

TURF [tyʀf ; tœʀf] n. m. ▪ Ce qui concerne les courses de chevaux. ⇒ **hippisme.**

TURFISTE [tyʀ- ; tœʀ-] n. ▪ Personne qui fréquente les courses de chevaux, qui parie. ⇒ **parieur.**

TURGESCENCE n. f. ▪ PHYSIOL. Augmentation de volume par rétention de sang veineux. ⇒ **tumescence.** *Turgescence du pénis.* ⇒ **érection.**

TURGESCENT, ENTE adj. ▪ PHYSIOL. Qui enfle par turgescence.

Anne Robert Jacques TURGOT (1727 - 1781) ▪ Ministre de Louis XVI. Ses réformes économiques (liberté du commerce et du travail) heurtèrent les privilèges et provoquèrent sa disgrâce en 1776. Écrits économiques, politiques et littéraires.

TURIN en italien ***TORINO*** ▪ Ville d'Italie du Nord, capitale du Piémont, sur le Pô. 1 012 180 hab. *(les Turinois).* Grand centre industriel : constructions automobiles, aéronautique, chimie. Nœud de communication. Saint suaire (considéré naguère comme celui du Christ) dans la cathédrale. Architecture baroque par Guarini et Juvara.

Alan TURING (1912 - 1954) ▪ Mathématicien et logicien britannique. Il imagina en 1936 une « machine universelle », capable en théorie d'effectuer tous les calculs, ancêtre du programme informatique.

le lac TURKANA autrefois *lac* ***RODOLPHE*** ▪ Lac du nord du Kenya. 8 600 km^2.

le TURKESTAN ▪ Région de l'Asie centrale comprise entre la Sibérie et le Tibet, cœur de l'ancien empire de Tamerlan. Divisée entre les influences russe et chinoise.

TURKMÈNE adj. et n. ▪ Du Turkménistan. - n. *Les Turkmènes.* ♦ n. m. *Le turkmène,* langue du groupe turc.

le TURKMÉNISTAN ou **la TURKMÉNIE** ▪ État (république) d'Asie centrale, sur la mer Caspienne. 488 100 km^2. 3 859 000 hab. *(les Turkmènes).* Capitale : Achgabat. Langue : turkmène. Monnaie : rouble. La majeure partie du pays est occupée par le désert de Karakum. Coton, moutons (caraculs). Pétrole. République socialiste soviétique fédérée d'URSS en 1924, le Turkménistan devint indépendant en 1991. Membre de la C.É.I.

les îles TURKS ET CAICOS ▪ Archipel britannique des Antilles, au sud des Bahamas. 417 km^2. 14 200 hab. Chef-lieu : Cockburn Town.

TURKU ▪ La plus ancienne ville de Finlande, port sur la Baltique. 205 953 hab. Cathédrale (XIIIe s.).

Henri Le Grand dit **TURLUPIN** (mort en 1637) ▪ Comédien de la farce française.

TURLUPINER v. tr. 1 ▪ FAM. Tourmenter, tracasser. *Ça me turlupine.*

TURLUTUTU interj. ▪ Exclamation moqueuse. *Turlututu chapeau pointu !*

TURNE n. f. ▪ FAM. Chambre ou maison sale et sans confort. ⇒ **taudis.** - ARGOT SCOL. *TURNE* ou *THURNE :* chambre. ⇒ **piaule.**

Turner. *Le Téméraire.*
The Tate Gallery, Londres.
Phot. © Arch. Smeets

William TURNER (1775 - 1851) ▪ Peintre anglais. Dans ses paysages, la lumière, la couleur et le mouvement finissent par absorber les formes et le dessin; c'est un grand précurseur de l'impressionnisme. *"Pluie, vapeur et vitesse"*, 1844.

TURNHOUT ▪ Ville de Belgique (Région flamande, province d'Anvers). 37 874 hab.

TURPITUDE n. f. ▪ LITTÉR. ou iron. Caractère de bassesse, d'indignité. ⇒ **ignominie, infamie.** ♦ Action, parole... basse, honteuse. ⇒ **indignité.**

TURQUERIE n. f. ▪ Objet, composition artistique ou littéraire de goût ou d'inspiration turcs, orientaux.

la TURQUIE ▪ État du Proche-Orient. 779 452 km². Le pays est partagé entre l'Europe (Thrace orientale; 23 764 km²) et l'Asie (755 688 km²) par la région des détroits (Bosphore, Dardanelles), ce qui lui donna dans l'histoire une position stratégique. 56 473 035 hab. *(les Turcs)*. Capitale : Ankara. Langue officielle : turc. Monnaie : livre turque. Villes principales : İstanbul, İzmir (Smyrne). Pays de hautes terres (plateau anatolien), traversé par le Taurus et la chaîne Pontique. Climat méditerranéen sur le littoral, continental à l'intérieur. Économie surtout agricole : élevage (chèvres, moutons), céréales, coton. Nombreux gisements miniers. Tourisme. □ **HISTOIRE** Le pays connut un riche passé : Byzance*, l'Empire ottoman*. Après la défaite de la Première Guerre mondiale, l'Empire ottoman fut démantelé par le traité de Sèvres (1920). Mustafa* Kemal refusa le traité; il abolit le sultanat, devint président de la République et créa (1923) la Turquie moderne, faisant de nombreuses réformes (laïcisation, instruction obligatoire). La Turquie est membre de l'O.T.A.N. depuis 1952. Les difficultés économiques chroniques, malgré de réels progrès, l'agitation des Kurdes séparatistes à l'est et la crainte du communisme ont donné à l'armée un rôle primordial; elle prit le pouvoir de 1960 à 1966 puis de 1980 à 1983. Cette année-là, un gouvernement civil fut instauré. Depuis, le pays a dû faire face à une recrudescence de la guérilla kurde et à une montée des islamistes qui ont formé en

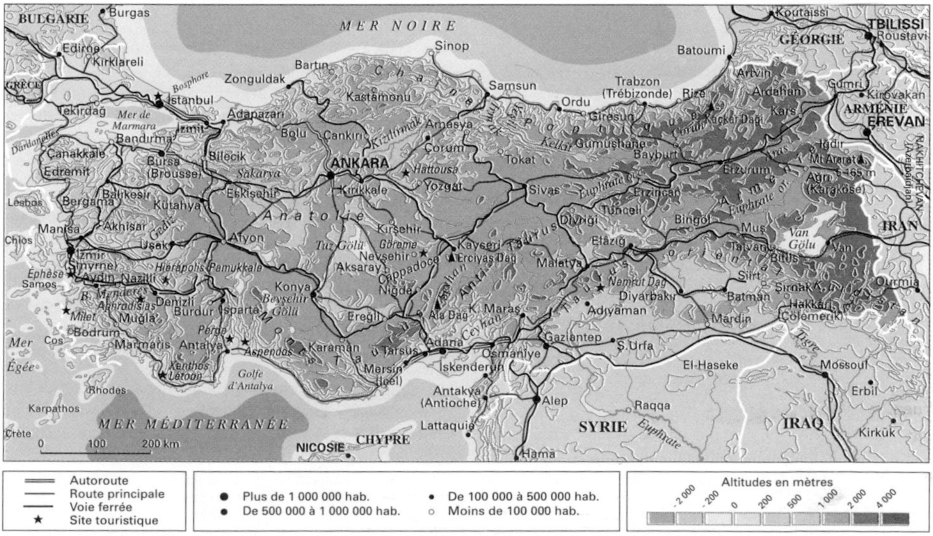

Turquie.

1996 un gouvernement de coalition avec le Parti de la Juste Voie (centre-droit), tout en essayant de développer son rôle international (accord douanier avec l'Union européenne en 1996) et régional auprès des républiques turques ex-soviétiques.

TURQUOISE ▪ **1.** n. f. Pierre fine opaque d'un bleu tirant sur le vert. - Bijou fait de cette pierre. **2.** adj. invar. De couleur turquoise. *Roses bleu turquoise.* - n. m. *Le turquoise.*

TUSSILAGE n. m. ▪ Plante herbacée, vivace, dont les fleurs jaunes ont des propriétés pectorales.

TUTÉLAIRE adj. ▪ **1.** LITTÉR. (divinité) Qui assure une protection. *Ange tutélaire* (VIEILLI) : ange gardien. **2.** DR. Qui concerne la tutelle.

TUTELLE n. f. ▪ **1.** DR. Institution conférant à un tuteur le pouvoir de prendre soin de la personne et des biens d'un mineur ou d'un incapable majeur. *Gestion d'une tutelle* (⇒ **tutélaire**). ♦ *Régime de tutelle,* prévu par la Charte des Nations unies pour des territoires dits sous tutelle. **2.** État de dépendance. *Se libérer de la tutelle de sa famille.* **3.** Protection vigilante. *Être sous la tutelle des lois.* ⇒ **sauvegarde.**

TUTEUR, TRICE ▪ **I.** n. Personne chargée de veiller sur un mineur ou un incapable majeur, de gérer ses biens, et de le représenter dans les actes juridiques. *Le tuteur et son pupille.* **II.** n. m. Tige, armature fixée dans le sol pour soutenir ou redresser des plantes. ⇒ **perche,** ② **rame.**

TUTOIEMENT n. m. ▪ Action de tutoyer.

TUTOYER v. tr. [8] ▪ S'adresser à (qqn) en employant la deuxième personne du singulier. - pronom. *Ils se tutoient depuis l'enfance.*

les **TUTSIS** ▪ Catégorie ethnosociologique du Burundi et du Rwanda, représentant environ 15 % de la population de ces deux pays.

TUTTI QUANTI [tutikwɑ̃ti] loc. nominale ▪ souvent péj. (après plusieurs noms de personnes) *Et tutti quanti :* et tous les gens de cette espèce.

TUTU n. m. ▪ Jupe de gaze évasée, portée par les danseuses de ballet classique. *Des tutus.*

Desmond **TUTU** (né en 1931) ▪ Évêque noir sud-africain. Il soutint la lutte non violente contre l'apartheid. Prix Nobel de la paix 1984.

Desmond **Tutu.**
Phot. © Ponopress/ Gamma

les **TUVALU** autrefois *îles* **ELLICE** ▪ Archipel indépendant et État de la Micronésie. 26 km². 8 229 hab. Capitale : Funafuti. Langues : anglais (officielle), tuvaluan. Monnaie : dollar tuvaluan et australien. Ancienne colonie britannique, indépendante en 1978. Membre du Commonwealth.

TUYAU n. m. ▪ **I. 1.** Conduit à section circulaire destiné à faire passer un liquide, un gaz. ⇒ **canalisation, conduite, tube ; tuyère.** *Tuyau d'arrosage, d'incendie. Tuyau d'échappement d'une automobile.* ⇒ **pot.** *Tuyau de cheminée,* partie du conduit qui évacue la fumée. *Tuyau de poêle,* qui relie un poêle à une cheminée. **2.** Cylindre creux. *Le tuyau d'une plume.* - loc. *Le tuyau de l'oreille :* confier tout bas (→ le creux de l'oreille*). **3.** Pli ornemental en forme de tube. *Tissu plissé à gros tuyaux.* **II.** FAM. Information, indication confidentielle pour le succès d'une opération. ⇒ **renseignement.** *Avoir un bon tuyau aux courses.*

TUYAUTÉ, ÉE adj. ▪ Orné de tuyaux (I, 3). *Bonnet tuyauté.* - n. m. *Un tuyauté :* un ensemble de plis, de tuyaux juxtaposés.

TUYAUTER v. tr. [1] ▪ **I.** Orner de tuyaux (I, 3). **II.** Donner un, des tuyaux (II) à (qqn).

TUYAUTERIE n. f. ▪ Ensemble des tuyaux d'une installation. ⇒ **canalisation, tubulure.**

TUYÈRE [tyjɛʀ ; tɥijɛʀ] n. f. ▪ Large tuyau d'admission ou de refoulement des gaz. *Les tuyères d'une fusée.*

T. V. A. [teveɑ] n. f. (sigle de *taxe à la valeur ajoutée*) ▪ Taxe perçue à chaque stade du circuit économique.

Aleksandr **TVARDOVSKI** (1910 - 1971) ▪ Poète soviétique. *"Le Pays de Mouravia"* (1936). Il prit la défense de Soljenitsyne.

TVER, de 1931 à 1990 **KALININE** ▪ Ville de Russie, port sur la Volga. 454 000 hab.

Mark **TWAIN** (1835 - 1910) ▪ Écrivain américain. Son œuvre est une satire pleine d'humour de la société américaine. *"Les Aventures de Tom Sawyer"* (1876); *"Les Aventures de Huckleberry Finn"* (1884).

Twain.
Phot. © Harlingue/Viollet

TWEED [twid] n. m. ▪ anglic. Tissu de laine cardée, à l'origine fabriqué en Écosse. *Des tweeds.*

la **TWEED** ▪ Rivière d'Écosse, qui se jette dans la mer du Nord. 156 km. Célèbres tissages de laine, dits *tweeds,* dans sa vallée.

TWICKENHAM ▪ Banlieue du sud-ouest de Londres. Stade de rugby.

TWIST [twist] n. m. ▪ Danse caractérisée par un mouvement rapide de rotation des jambes et du bassin.

Pontus de **TYARD** ou **THIARD** (1521 - 1605) ▪ Poète français. Membre de la Pléiade. À la fin de sa vie, il écrivit des ouvrages philosophiques et religieux.

John **TYLER** (1790 - 1862) ▪ 10e président des États-Unis, de 1841 à 1845. Sous sa présidence, le Texas fut annexé.

sir Edward Burnett **TYLOR** (1832 - 1917) ▪ Ethnologue britannique. Il fut le premier à tenter de quantifier les données ethnographiques.

TYMPAN n. m. ▪ **I.** Dans les églises romanes ou gothiques, espace compris entre le linteau et les voussures d'un portail. *Tympan roman sculpté.* **II.** Membrane fibreuse translucide qui sépare le conduit auditif externe de l'oreille moyenne. - loc. *Crever, déchirer le tympan :* assourdir (d'un bruit).

TYMPANON n. m. ▪ Instrument de musique fait de cordes tendues sur une caisse trapézoïdale et que l'on frappe avec deux petits maillets.

John **TYNDALL** (1820 - 1893) ▪ Physicien irlandais. Il découvrit le phénomène de regel de la glace (1871) et interpréta la marche des glaciers. Il découvrit aussi l'effet (qui porte son nom) qui s'observe au passage des rayons lumineux dans les suspensions colloïdales.

TYNE AND WEAR ▪ Comté du nord de l'Angleterre. 540 km². 1 140 000 hab. Chef-lieu : Newcastle upon Tyne.

TYPE n. m. ▪ **1.** Ensemble des traits caractéristiques d'une catégorie de personnes ou de choses, en tant que modèle. ⇒ **canon, idéal.** *Un type de beauté éternelle.* - *Le type de l'avare dans la littérature.* **2.** SC. Ensemble des caractères qui permettent de distinguer des catégories d'objets et de faits, d'individus. *Sans type déterminé.* ⇒ **atypique.** **3.** Schéma ou modèle de structure. ⇒ **typologie.** - *Types humains,* considérés du point de vue ethnique, esthétique, etc. *Elle a le type nordique.* - FAM. *Elle n'est pas son type,* le type de femme qui l'attire. ⇒ **genre.** **4.** Ensemble des caractères d'une série d'objets fabriqués. ⇒ **modèle, norme, standard.** **5.** Personne ou chose qui réunit les principaux éléments d'un modèle abstrait et qui peut être donné en exemple. ⇒ **personnification, représentant.** - appos. *C'est la sportive type.* **6.** FAM. Homme en général, individu. ⇒ **gars, mec.** *Un brave type.*

-TYPE, -TYPIE Éléments, du grec *tupos* « empreinte ; modèle » (ex. *prototype ; linotypie*).

TYPÉ, ÉE adj. ▪ Qui présente nettement les caractères d'un type. *Un personnage bien typé.*

TYPER v. tr. [1] ▪ Donner à (une création) les caractères apparents d'un type.

TYPHIQUE adj. ▪ Du typhus ou de la typhoïde. ♦ Qui en est atteint. - n. *Un, une typhique.*

TYPHOÏDE adj. et n. f. ▪ *Fièvre typhoïde,* ou n. f. *la typhoïde :* maladie infectieuse, contagieuse, caractérisée par une fièvre élevée, un état de stupeur et des troubles digestifs graves.

TYPHON n. m. ▪ (du n. mythol.) Cyclone des mers de Chine et de l'océan Indien.

TYPHON ▪ Monstre de la mythologie grecque, fils de la Terre, vaincu par Zeus.

TYPHUS [-ys] n. m. ▪ Maladie infectieuse, épidémique, caractérisée par une fièvre intense et brutale, des rougeurs généralisées et un état de stupeur pouvant aller jusqu'au coma.

TYPIQUE adj. ▪ **1.** Qui constitue un type, un exemple caractéristique. ⇒ **caractéristique, distinctif.** *Un cas typique.* **2.** Qui présente suffisamment les caractères d'un type pour servir d'exemple, de repère (dans une classification). ⇒ **spécifique.**

TYPIQUEMENT adv. ▪ D'une manière typique. ⇒ **spécifiquement.** *Une attitude, une réaction typiquement française.*

TYPO- Élément, du grec *tupos* « marque, caractère ». ⇒ **-type.**

TYPOGRAPHE n. ▪ Professionnel de la typographie ; spécialt compositeur à la main. ◇ abrév. FAM. TYPO (fém. *typote,* en argot de métier). *Les typos.*

TYPOGRAPHIE n. f. ▪ **1.** Ensemble des techniques permettant de reproduire des textes par l'impression d'un assemblage de caractères en relief (par opposition aux procédés par report : offset, etc.) ; spécialt les opérations de composition. **2.** Manière dont un texte est imprimé (quant au type des caractères, à la mise en pages, etc.). ◇ abrév. TYPO n. f.

TYPOGRAPHIQUE adj. ▪ Qui concerne la typographie.

TYPOLOGIE n. f. ▪ DIDACT. **1.** Science de l'élaboration des types, facilitant l'analyse d'une réalité complexe et la classification. **2.** Système de types. ⇒ **classification.** *Une typologie des langues africaines.* ▸ adj. TYPOLOGIQUE

TYR ▪ Ancienne cité phénicienne. Un des principaux ports de la Méditerranée dans l'Antiquité. Très florissante, elle fut détruite par Alexandre le Grand en 332 av. J.-C.

TYRAN n. m. ▪ **1.** HIST. Chez les Grecs, celui qui s'emparait du pouvoir par la force. **2.** Personne qui, ayant le pouvoir suprême, l'exerce de manière absolue, oppressive. ⇒ **autocrate, despote, dictateur.** **3.** fig. *Son père est un vrai tyran.*

TYRANNEAU n. m. ▪ LITTÉR. Petit tyran, tyran subalterne.

TYRANNIE n. f. ▪ **1.** HIST. ANTIQ. Usurpation et exercice du pouvoir par un tyran (1). **2.** Gouvernement absolu, oppressif et arbitraire. ⇒ **despotisme, dictature.** **3.** LITTÉR. Abus de pouvoir. *Se libérer de la tyrannie d'un père.* ♦ Contrainte impérieuse. *La tyrannie de la mode.*

TYRANNIQUE adj. ▪ Qui exerce une tyrannie. *Régime tyrannique.* - *Coutume tyrannique.*

TYRANNISER v. tr. [1] ▪ Traiter (qqn) avec tyrannie, en abusant de son pouvoir ou de son autorité. ⇒ **opprimer, persécuter.**

TYRANNOSAURE n. m. ▪ Grand reptile fossile du secondaire (dinosaure), carnivore.

le **TYROL** ▪ État (Land) d'Autriche. 12 648 km². 630 400 hab. *(les Tyroliens).* Capitale : Innsbruck. Pays de hautes montagnes (les Alpes). Élevage, artisanat et tourisme.

TYROLIEN, IENNE ▪ **1.** adj. Du Tyrol. - *Chapeau tyrolien :* feutre à plume passée dans le ruban. - n. *Les Tyroliens.* **2.** n. f. Chant montagnard à trois temps originaire du Tyrol, caractérisé par le passage rapide de la voix de poitrine à la voix de tête (⇒ **iodler**).

la mer **TYRRHÉNIENNE** ▪ Partie de la Méditerranée comprise entre l'Italie, la Sicile, la Sardaigne et la Corse.

TYRTÉE (VIIe s. av. J.-C.) ▪ Poète grec. Selon la légende, maître d'école boiteux et difforme, il fut envoyé par les Athéniens à Sparte, où il composa des marches et des chants guerriers *("Embatêria").*

Tristan **TZARA** (1896 - 1963) ▪ Écrivain français d'origine roumaine. Un des fondateurs du mouvement Dada. *"L'Homme approximatif"* (1931).

TZIGANE ⇒ TSIGANE

Tzara.
Phot. © Roger-Viollet

U

U [y] **n. m. invar.** ▪ Vingt et unième lettre de l'alphabet, cinquième voyelle. *U tréma* ou *ü*. – *En U* : en forme de U. *Tube en U.*

UBAC **n. m.** ▪ Versant d'une montagne exposé au nord (opposé à *adret*).

UBAYE ▪ Rivière des Alpes, affluent de la Durance (retenue d'eau du barrage de Serre-Ponçon), prenant sa source au mont Viso. 80 km.

UBIQUITÉ [-kɥi-] **n. f.** ▪ Possibilité d'être présent en plusieurs lieux à la fois. *Je n'ai pas le don d'ubiquité* : je ne peux pas être partout à la fois.

le père UBU ▪ Personnage d'Alfred Jarry, apparaissant dans plusieurs de ses pièces dont *"Ubu roi"* et *"Ubu enchaîné"*. Méchant et lâche, avide et imbécile, il représente « tout le grotesque qui [est] au monde ».

UBUESQUE **adj.** ▪ Qui rappelle le personnage d'Ubu, par un caractère comiquement cruel et couard.

l'UCAYALI **n. m.** ▪ Rivière du Pérou oriental, branche mère de l'Amazone. 1 600 km.

Paolo UCCELLO (1397 - 1475) ▪ Peintre et mosaïste italien. Les jeux savants de la perspective associés à une stylisation des formes donnent à son œuvre un caractère fantastique. *"Bataille de San Romano"* (1456-1460).

UCCLE en néerlandais ***UKKEL*** ▪ Commune de Belgique (Région de Bruxelles-Capitale). 73 721 hab. Observatoire royal.

UCKANGE ▪ Commune de la Moselle. 9 189 hab. *(les Uckangeois).*

UDAIPUR ▪ Ville de l'Inde (Rajasthan). 307 480 hab. Palais (XVIe-XVIIIe s.) au milieu du lac Pichola.

Udaipur. Le palais royal. *Phot. © Giraudou/Explorer*

UDINE ▪ Ville de l'Italie du Nord, dans le Frioul-Vénétie Julienne. 98 872 hab.

UEDA Akinari (1734 - 1809) ▪ Écrivain japonais. *"Contes de pluie et de lune"* (1776).

UGINE ▪ Commune de la Savoie. 7 428 hab. *(les Uginois).* Électrométallurgie.

UHLAN **n. m.** ▪ HIST. Cavalier mercenaire des armées de Pologne, de Prusse et d'Allemagne.

U. H. T. [yaʃte] **n. f.** (sigle de *ultra-haute température*) ▪ Stérilisation par élévation à haute température pendant un temps très court. – appos. *Lait U. H. T.*

le pic UHURU ▪ Nom actuel du Kilimandjaro.

Uccello. *La Légende de la profanation de l'hostie,* détail. Galerie nationale des Marches, Urbino. *Phot. © Arch. Smeets*

Uji. Le Byōdōin. *Phot. © Baumgartner/Explorer*

UJI ▪ Ville japonaise (Honshū). 177 274 hab. Sanctuaire bouddhique Byōdōin : temple-palais en forme d'oiseau intégré au paysage.

UJJAIN ▪ La plus ancienne cité sacrée de l'Inde (Madhya Pradesh). 367 200 hab. Observatoire (XVIIIe s.).

UJUNGPANDANG anc. ***MAKASSAR*** ▪ Ville et port d'Indonésie, au sud de l'île de Célèbes. 912 883 hab. Centre commercial.

UKASE ⇒ OUKASE

l'UKRAINE **n. f.** ▪ État d'Europe orientale, bordé au sud par la mer Noire. 603 700 km^{2}. 52 135 000 hab. *(les Ukrainiens).* Capitale : Kiev. Langues : ukrainien, russe. Monnaie : grivna. Importantes ressources minières : houille (→ **Donbass**), fer. Production agricole. Le pays traverse depuis son indépendance une grave crise de transition vers l'économie de marché. Kiev fut à la tête d'un État avant Moscou (→ **Russie**), dès le IXe s., mais l'Ukraine et Kiev furent cédées à la Russie en 1667. Le nationalisme ukrainien resta très vif (tentative d'indépendance entre 1917 et 1921). L'Ukraine, république de l'URSS (1922), acquit son indépendance en 1991 et devint membre de la C.É.I. Depuis lors, la vie politique a été dominée par le problème des relations avec la Russie (statut de la Crimée*) et la question du démantèlement de son arsenal nucléaire.

UKRAINIEN, IENNE **adj.** ▪ De l'Ukraine. ➝ **n.** *Les Ukrainiens.* ♦ **n. m.** *L'ukrainien* (langue slave).

Walter ULBRICHT (1893-1973) ▪ Homme d'État allemand. L'un des fondateurs du parti communiste allemand (1918). Chef d'État de la RDA de 1960 à 1973.

ULCÉRATION **n. f.** ▪ DIDACT. **1.** Formation d'un ulcère. **2.** Ulcère. *Ulcérations cancéreuses.*

ULCÈRE **n. m.** ▪ Perte de substance de la peau ou d'une muqueuse sous forme de plaie qui ne cicatrise pas. *Ulcère à (ou de) l'estomac.*

ULCÉRER **v. tr.** [6] ▪ **I.** MÉD. Produire un ulcère sur. **II.** fig. Blesser (qqn) profondément, en l'irritant. ⇒ **froisser.** *Ce manque de confiance l'a ulcéré.* ► **ULCÉRÉ, ÉE adj. 1.** MÉD. *Lésion ulcérée de la peau.* **2.** fig. ⇒ **blessé.** *Sensibilité ulcérée.*

ULCÉREUX, EUSE **adj.** ▪ MÉD. **1.** Qui a la nature de l'ulcère ou de l'ulcération. *Plaie ulcéreuse.* **2. adj.** et **n.** Atteint d'un ulcère de l'estomac ou du duodénum.

ULÉMA [ylema ; u-] **n. m.** ▪ Théologien musulman. *Des ulémas.* ◇ var. OULÉMA.

ULHASNAGAR ▪ Ville de l'Inde, intégrée à l'agglomération de Bombay. 369 000 hab.

LES ULIS ▪ Commune de l'Essonne, ville nouvelle créée en 1977. 27 164 hab. *(les Ulissiens).*

U.L.M. [ylɛm] **n. m. invar.** (sigle de *ultra-léger motorisé*) ▪ Petit avion monoplace ou biplace, de conception simplifiée.

ULM ▪ Ville d'Allemagne (Bade-Wurtemberg). 109 900 hab. Cathédrale gothique (XIVe-XIXe s.). Victoire de l'armée française sur l'armée autrichienne en octobre 1805.

Ulm. *Reddition d'Ulm. 20 octobre 1805*, tableau de Thévenin. Musée national du Château, Versailles. *Phot. © Hubert Josse*

ULSAN ▪ Ville et port de Corée-du-Sud. 683 000 hab. Centre industriel.

l'ULSTER **n. m.** ▪ Province d'Irlande partagée depuis 1922 entre la république d'Irlande et le Royaume-Uni. → **Irlande du Nord.**

ULTÉRIEUR, EURE **adj.** ▪ Qui sera, arrivera plus tard. ⇒ **futur, postérieur.** *Réunion reportée à une date ultérieure.*

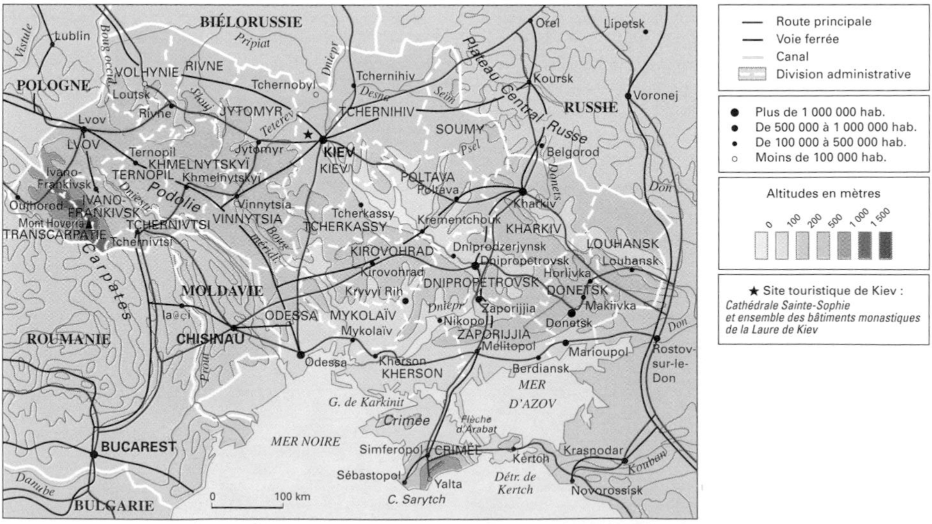

Ukraine.

ULTÉRIEUREMENT adv. ▪ Plus tard. ⇒ **après, ensuite.**

ULTIMATUM [-ɔm] n. m. ▪ Les dernières conditions présentées par un État à un autre et comportant une sommation. *Envoyer, lancer un ultimatum. Des ultimatums.* ➝ par ext. *Les grévistes ont adressé un ultimatum à la direction.*

ULTIME adj. ▪ Dernier, final (dans le temps). *Une ultime tentative.*

ULTRA n. ▪ Réactionnaire extrémiste. *Des ultras* ou RARE *des ultra.* ➝ adj. invar. *Elles sont ultra.* ♦ HIST. Partisan inconditionnel (ultraroyaliste) de l'Ancien Régime, sous la Restauration.

ULTRA- Élément, du latin *ultra* « au-delà », qui exprime l'excès, l'exagération (ex. adj. *ultrachic ; ultrasecret, ète*).

ULTRAMODERNE adj. ▪ Très moderne. *Du matériel ultramoderne.*

ULTRAMONTAIN, AINE adj. et n. ▪ Qui soutient la position traditionnelle de l'Église italienne (pouvoir absolu du pape), par opposition à *gallican.*

ULTRASENSIBLE [-s-] adj. ▪ Sensible à l'extrême. *Pellicule ultrasensible.*

ULTRASON [-sɔ̃] n. m. ▪ Vibration sonore de fréquence très élevée, non perceptible par l'oreille humaine.

ULTRAVIOLET, ETTE adj. ▪ (radiations électromagnétiques) Dont la longueur d'onde se situe entre celle de la lumière visible (extrémité violette du spectre) et celle des rayons X. *Rayons ultraviolets ;* n. m. *les ultraviolets.* ⇒ **U.V.**

ULULEMENT ; ULULER ⇒ HULULEMENT ; HULULER

ULYSSE en grec **ODUSSEUS** ▪ Héros grec, roi légendaire d'Ithaque, époux de Pénélope et père de Télémaque. Homère raconte comment, grâce à sa ruse, il permit aux Grecs de s'emparer de Troie (l'*"Iliade"*). L'*"Odyssée"* raconte son retour à Ithaque.

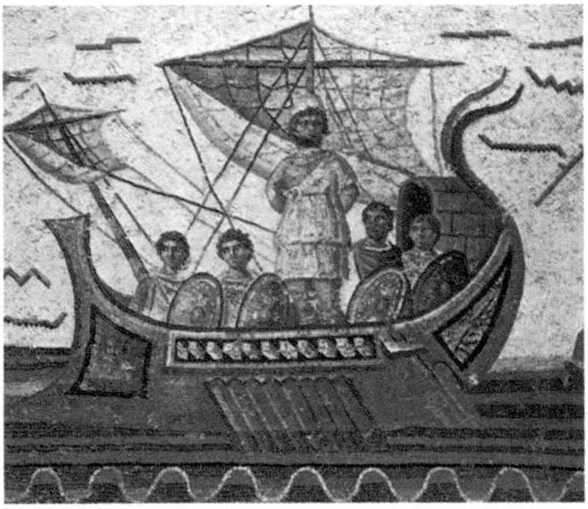

Ulysse. *Ulysse et les Sirènes,* mosaïque provenant de Dougga. Musée du Bardo, Tunis. *Phot. © Boudot-Lamotte*

'UMAR Ier → Omar Ier

les UMAYYADES → les Omeyades

UN, UNE ▪ **I.** numéral Expression de l'unité. ⇒ **mon(o)-, uni-. 1.** adj. cardinal invar. en nombre *Une ou deux fois. Sans un sou ;* FAM. *sans un.* ➝ *Deux heures un quart. Six heures une* (minute). ➝ loc. *Il était moins une :* il s'en fallait de très peu (de temps). ➝ (avec *de* + adj.) *Il n'y en a pas une de libre.* ➝ *PAS UN..., PAS UNE... :* aucun(e), nul(le). *Pas un navire à l'horizon.* **2.** pron. *Se battre à deux contre un.* ➝ *UN À UN, UNE À UNE ; UN PAR UN, UNE PAR UNE :* à tour de rôle et un(e) seul(e) à la fois. **3.** n. m. invar. *Un et un (font) deux.* ➝ loc. *NE FAIRE QU'UN AVEC :* se confondre avec. *Lui et son frère ne font qu'un.* ➝ *C'EST TOUT UN :* c'est la même chose. **4.** ordinal Premier. *La page un.* ⇒ **une.** *Vers les une heure.* ♦ n. m. *Il habite au un de la rue.* ➝ (dans un commandement) *Une !... deux !...* FAM. *À la une, à la deux...* ➝ FAM. *NE FAIRE NI UNE NI DEUX :* agir sans hésitation. **II.** adj. qualificatif (après le nom ou attribut) Qui n'a pas de parties et ne peut être divisé. *La République une et indivisible.* **III.** art. indéf. (plur. *des*) **1.** Désigne un individu, un élément distinct mais indéterminé. *Un homme est venu. J'ai reçu une lettre.* ➝ (valeur générale) *Un triangle est une figure à trois côtés.* ➝ loc. *Un jour. Une fois. Un peu. Un autre..., un certain...* **2.** (avec le pron. *en*) *Je vais vous en raconter une bien bonne* (histoire). *En voilà un, une qui ne s'en fait pas.* **3.** (en phrase exclamative ; emphatique) *Il fait une chaleur ! Cette rue est d'un sale !* ➝ FAM. *J'ai une de ces faims !* **4.** (devant un n. pr.) Une personne telle que... ; une personne comparable à... *C'est un Machiavel, un don Juan.* ➝ Une personne de telle famille. *C'est une Bonaparte.* **IV.** pron. indéf. **1.** *UN, UNE. Un de mes camarades. Un de ces jours.* ➝ *Un, une des... qui ; un, une des... que* (+ verbe au plur.). *Une des personnes qui se trouvaient là.* ➝ *L'UN, L'UNE ; LES UNS, LES UNES. L'un d'eux est venu. Ni l'un ni l'autre*.* **2.** nominal Un homme, une femme ; quelqu'un. *"Un de Baumugnes"* (roman de Giono).

Miguel de UNAMUNO (1864-1936) ▪ Écrivain espagnol. Essais philosophiques, romans, théâtre. *"Le Sentiment tragique de la vie"* (1912).

Unamuno.
Phot. © Harlingue/Viollet

UNANIME adj. ▪ **1.** au plur. Qui ont tous la même opinion, le même avis (⇒ **d'accord**). *Ils sont unanimes à penser, pour penser que...* **2.** Qui exprime un avis commun à plusieurs. ⇒ **général.** *Accord unanime.* **3.** Qui est fait par tous, en même temps. *Un éclat de rire unanime.*

UNANIMEMENT adv. ▪ Par tous ; d'un commun accord.

UNANIMITÉ n. f. ▪ **1.** Conformité d'opinion ou d'intention entre tous les membres d'un groupe. ⇒ **accord, consensus.** *Il y a unanimité dans l'assemblée. Il a fait l'unanimité contre lui.* **2.** Expression de la totalité des opinions dans le même sens. *Décision prise à l'unanimité.*

UNDERGROUND [œndœʀgʀaund ; œdɛʀgʀ(a)und] adj. invar. et n. m. ▪ anglic. Se dit d'un mouvement artistique d'avant-garde indépendant des circuits traditionnels commerciaux.

Sigrid UNDSET (1882-1949) ▪ Romancière norvégienne. Romans historiques et récits d'inspiration religieuse. *"Le Buisson ardent"* (1930). Prix Nobel 1928.

UNE n. f. ▪ La première page d'un journal. *Cinq colonnes à la une. Faire la une. Son procès a fait la une pendant trois jours.*

l'UNESCO, United Nations Educational, Scientific and Cultural Organization ▪ Institution spécialisée de l'ONU, fondée en 1946, pour resserrer la collaboration entre les peuples par l'éducation, la science et la culture. Elle s'occupe notamment à l'alphabétisation, à la lutte contre le racisme, à la défense des droits de l'homme ainsi qu'à la sauvegarde du patrimoine culturel mondial. Siège à Paris.

Giuseppe UNGARETTI (1888-1970) ▪ Poète italien. Sa poésie recherche la densité de l'expression. *"Vie d'un homme"* (1969).

Ungaretti.
Phot. © Keystone

UNGAVA ▪ Partie nord-ouest du Labrador (péninsule d'Ungava), entre la baie d'Hudson et la baie d'Ungava, qui la sépare des monts Torngat. L'ancien *district d'Ungava* des Territoires du Nord-Ouest a été cédé au Québec en 1912 (Nouveau-Québec).

UNGUI- [ɔ̃gɥi] Élément savant, du latin *unguis* « ongle ».

UNI, UNIE adj. ▪ **I. 1.** Qui est avec *(uni à, avec)* ou qui sont ensemble *(unis)* de manière à former un tout ou à être en union. *Cœurs unis* (par le sentiment, l'amour). *Ils sont unis par les liens du mariage.* ‑ *Les États-Unis (d'Amérique). Les Nations unies.* **2.** Joint, réuni. *Rester debout, les talons unis.* ‑ *Deux noms souvent unis.* **3.** Qui est formé d'éléments liés ; qui constitue une unité. *Le Royaume-Uni.* **4.** En bonne entente (opposé à *désuni*). *Une famille unie.* **II.** Dont les éléments sont semblables ; qui ne présente pas d'inégalité, de variation apparente. ⇒ **cohérent, homogène. 1.** (surface) Sans aspérités. ⇒ **égal, lisse.** *Mer unie.* ♦ De couleur, d'aspect uniforme. *Couleur unie. Tissu uni,* d'une seule couleur et sans motifs. ‑ *Une robe unie.* **2.** VX ou LITTÉR. Qui s'écoule sans changement notable. ⇒ **calme, monotone, tranquille.**

UNI- Élément savant, du latin *unus* « un » (ex. *unidimensionnel, elle* adj. ; *unidirectionnel, elle* adj.). ⇒ **mon(o)-.** ◇ contr. *multi-, poly-.*

UNIATE adj. et n. ▪ Se dit des Églises chrétiennes orientales qui acceptent les dogmes du catholicisme tout en conservant leur liturgie et leur organisation.

l'UNICEF, United Nations International Children's Emergency Fund ▪ Organe de l'ONU, créé en 1946, spécialisé dans l'aide à l'enfance dans les pays en voie de développement. Bien que le sigle soit resté le même, le nom est, depuis 1950, *United Nations Children's Fund.* Prix Nobel de la paix 1965.

UNICELLULAIRE adj. ▪ BIOL. Formé d'une seule cellule. *Organismes unicellulaires.* ‑ n. m. *Les unicellulaires.* ⇒ **protiste.**

UNICITÉ n. f. ▪ LITTÉR. Caractère de ce qui est unique. *L'unicité d'un cas.*

UNICORNE ▪ **I.** adj. Qui n'a qu'une corne. **II.** n. m. VX ⇒ **licorne.**

UNIÈME adj. numéral ordinal ▪ (après un numéral) Qui vient en premier, immédiatement après une dizaine (sauf soixante-dix, quatre-vingt-dix), une centaine, un millier. *Vingt et unième. Cent unième.* ► adv. UNIÈMEMENT

UNIEUX ▪ Commune de la Loire. 8 064 hab.

UNIFICATEUR, TRICE adj. ▪ Qui unifie, qui contribue à unifier.

UNIFICATION n. f. ▪ Fait d'unifier (plusieurs éléments), de rendre unique ou uniforme ; fait de s'unifier. ⇒ **intégration.** *L'unification de l'Allemagne.*

UNIFIER v. tr. [7] ▪ **1.** Faire de (plusieurs éléments) une seule et même chose. *Unifier deux régions.* Rendre unique, faire l'unité de. ⇒ **unir.** *Unifier un pays.* **2.** Rendre semblables (divers éléments rassemblés). ⇒ **normaliser, uniformiser.** *Unifier des programmes scolaires.* **3.** Rendre homogène. *Unifier un parti.* ► **S'UNIFIER** v. pron. Se fondre en un tout (en parlant de plusieurs éléments).

UNIFORME ▪ **I.** adj. **1.** Qui présente des éléments tous semblables ; dont toutes les parties sont ou paraissent identiques. ⇒ **régulier.** *Mouvement uniforme.* **2.** Qui ne varie pas ou peu ; dont l'aspect reste le même. *Un ciel uniforme et gris.* **3.** Qui ressemble beaucoup aux autres. ⇒ **même, pareil.** *Un alignement de maisons uniformes.* **II.** n. m. **1.** Costume militaire dont la forme, le tissu, la couleur sont définis par un règlement. *En uniforme ou en civil. En grand uniforme :* en uniforme de cérémonie. ‑ loc. *Le prestige de l'uniforme.* **2.** Vêtement déterminé, obligatoire pour un groupe. *Uniforme d'hôtesse de l'air.*

UNIFORMÉMENT adv. ▪ **1.** D'une manière uniforme, par un mouvement régulier. *Mouvement uniformément accéléré.* **2.** De la même façon dans toute sa durée ou son étendue. *Sa vie s'écoule uniformément.* **3.** Comme tous (toutes) les autres ; tous de la même façon. *Des écoliers vêtus uniformément.*

UNIFORMISER v. tr. [1] ▪ **1.** Rendre uniforme. *Uniformiser une teinte.* **2.** Rendre semblables ou moins différents. *Uniformiser les programmes.* ⇒ **standardiser, unifier.** ► n. f. UNIFORMISATION

UNIFORMITÉ n. f. ▪ **1.** Caractère de ce qui est uniforme. **2.** Absence de changement, de variété.

UNIJAMBISTE adj. et n. ▪ Qui a été amputé d'une jambe. ‑ n. *Un, une unijambiste.*

UNILATÉRAL, ALE, AUX adj. ▪ **1.** Qui ne se fait que d'un côté. ‑ *Stationnement unilatéral,* autorisé d'un seul côté d'une voie. ‑ *Strabisme unilatéral.* **2.** DR. Qui n'engage qu'une seule partie. *Contrat unilatéral.* **3.** Qui provient d'un seul, n'intéresse qu'un seul (lorsque deux personnes, deux éléments sont concernés). *Décision unilatérale.* ► adv. UNILATÉRALEMENT

UNILINGUE adj. ▪ DIDACT. Qui est en une seule langue. ♦ Qui parle, écrit une seule langue (opposé à *bilingue, multilingue*). ⇒ **monolingue.**

UNIMENT adv. ▪ D'une manière unie. **1.** LITTÉR. Avec régularité. ⇒ **également, régulièrement.** *Rouler uniment.* **2.** *TOUT UNIMENT :* avec simplicité, sans détour. ⇒ **franchement, simplement.** *Il a répondu tout uniment.*

UNINOMINAL, ALE, AUX adj. ▪ ADMIN. Qui porte sur un seul nom. *Scrutin, vote uninominal* (opposé à *de liste*).

UNION n. f. ▪ **I. 1.** Relation qui existe entre deux ou plusieurs personnes ou choses considérées comme formant un ensemble. ⇒ **assemblage, association, réunion.** *Union étroite, solide. L'union produit l'unité*.* ‑ RELIG. *Union mystique,* de l'âme à Dieu. **2.** Relation réciproque qui existe entre deux ou plusieurs personnes ; vie en commun. ⇒ **accord, attachement.** *L'union des cœurs.* ‑ *Union conjugale :* mariage. *UNION LIBRE.* ⇒ **concubinage. 3.** État dans lequel se trouvent des personnes, des groupes liés. ‑ (Entre États) *Union douanière. Union économique et monétaire. L'Union européenne.* **4.** Entente (entre plusieurs personnes, plusieurs groupes). ⇒ **concorde, entente, harmonie.** ‑ prov. *L'union fait la force.* **II.** Ensemble de personnes unies. ⇒ **association, groupement, entente, ligue.** *Union ouvrière.* ‑ *Union d'États.* ⇒ **confédération, fédération. III.** Réunion. *L'union de deux terres, de deux domaines.*

▪ **l'UNION EUROPÉENNE** ▪ Union politique, économique et monétaire prévue par le traité de Maastricht*. Elle a succédé à la CEE* le 1er novembre 1993. Les États membres sont les *Douze,* qui constituaient la CEE (Allemagne, France, Italie, Belgique, Pays-Bas, Luxembourg, Danemark, Royaume-Uni, Irlande, Grèce, Portugal, Espagne), plus les trois qui ont adhéré à l'Union au 1er janvier 1995 (Suède, Finlande, Autriche). Principales institutions : l'*Assemblée européenne* (siège : Strasbourg) propose des projets et contrôle ceux qu'élabore la *Commission* (siège : Bruxelles), lesquels sont soumis à la décision du *Conseil* de l'Union (ministres ou chefs de gouvernement). La Commission veille à l'exécution des projets acceptés. Les litiges sont tranchés par la *Cour européenne de justice* (siège : Luxembourg). Monnaie : ECU (*European Currency Unit*) destiné à être remplacé, lors de l'unification monétaire, par l'*euro.* → **Europe** (texte et carte).

▪ **l'UNION FRANÇAISE** n. f. ▪ De 1946 à 1958, ensemble formé par la France et les pays d'outre-mer.

L'UNION ▪ Commune de la Haute-Garonne. 11 751 hab.

l'UNION JACK n. m. ▪ Drapeau du Royaume-Uni de Grande-Bretagne, créé en 1606 par Jacques Ier.

UNIQUE adj. ▪ **I.** (quantitatif) **1.** Qui est un seul, n'est pas accompagné par d'autres du même genre. *Son unique fils. Il est fils unique.* ‑ *Rue à sens unique. Un cas unique.* ⇒ **isolé.** *Salaire unique,* quand une seule personne est salariée dans un couple. ‑ *C'est son unique souci.* ⇒ **exclusif.** ‑ *Une seule et unique occasion.* **2.** (généralt après le nom) Qui est un seul, qui répond seul à sa désignation et forme une unité. *Dieu unique en trois personnes* (Trinité des catholiques). ♦ Qui est le même pour plusieurs choses, plusieurs cas. *Prix unique.* ‑ *Marché unique,* sans frontières intérieures. **II.** (qualitatif ; le comparatif et le superlatif sont alors possibles) **1.** (généralt après le nom) Qui est le seul de son espèce ; qui n'a pas son semblable. *Trouver le mot juste, le mot unique.* **2.** (après le nom) Qui est ou qui paraît foncièrement différent des autres. ⇒ **irremplaçable ; exceptionnel.** *C'est un artiste unique. Unique en son genre.* ⇒ **incomparable.** ♦ FAM. Qui étonne beaucoup (en bien ou en mal). ⇒ **curieux, extravagant, inouï.** *Il est vraiment unique !*

UNIQUEMENT adv. ▪ **1.** VX À l'exclusion des autres. ⇒ **exclusivement. 2.** Seulement. *C'est uniquement pour les faire enrager.* ⇒ **rien** que, **simplement.** *Pas uniquement :* pas seulement.

UNIR v. tr. [2] ▪ **1.** Mettre ensemble (les éléments d'un tout). ⇒ **assembler, confondre, réunir.** *Unir deux provinces, une pro-*

vince à un pays. ⇒ **annexer.** **2.** Faire exister, faire vivre ensemble (des personnes). *Le prêtre qui les a unis.* ⇒ **marier.** ♦ Constituer l'élément commun, la cause de l'union entre (des personnes). ⇒ **lier, rapprocher, réunir.** *L'amitié, l'intérêt qui les unit.* **3.** Associer par un lien politique, économique. *Unir deux pays.* ⇒ **allier ; union.** **4.** Avoir, posséder à la fois (des caractères différents et souvent en opposition). ⇒ **allier, associer, joindre.** *Unir la force à la douceur.* ► **S'UNIR v. pron. 1.** récipr. Ne plus former qu'un tout. ⇒ **fusionner,** se **mêler.** *Rivières qui s'unissent en mêlant leurs eaux.* ♦ Former une union ; spécialt, conjugale, sexuelle. ♦ Faire cause commune. ⇒ s'**associer,** se **liguer,** se **solidariser.** *S'unir contre l'envahisseur.* ♦ S'associer politiquement, économiquement. **2.** passif Se trouver ensemble, de manière à former un tout. ⇒ s'**associer,** se **joindre.** *Leurs idées s'unissent sans peine.* **3.** réfl. *S'unir à, avec qqn* (spécialt par des liens affectifs, par le mariage). ♦ Se trouver avec, en même temps que. ⇒ s'**allier.**

UNISEXE [-s-] **adj.** ▪ (habillement, coiffure) Destiné indifféremment aux hommes et aux femmes. *Mode unisexe. Pantalons unisexes.*

UNISEXUÉ, ÉE [-s-] **adj.** ▪ DIDACT. (fleurs, animaux) Qui n'a qu'un seul sexe (opposé à *bisexué, hermaphrodite*).

UNISSON n. m. ▪ Son unique produit par plusieurs voix ou instruments. ⇒ **consonance.** *Un bel unisson.* ♦ loc. adv. À L'UNISSON. *Chanter, jouer à l'unisson.* ‑ fig. *Leurs cœurs sont à l'unisson.*

UNITAIRE adj. ▪ **1.** Qui forme une unité politique. *Manifestation unitaire.* **2.** Relatif à l'unité, à un seul objet. *Prix unitaire.*

UNITÉ n. f. ▪ **I. 1.** Caractère de ce qui est unique. *Unité et pluralité.* ‑ UNITÉ DE... : caractère unique. *Unité de vues, unité d'action.* ⇒ **conformité, identité.** ‑ *La règle des trois unités* (temps, lieu, action) *du théâtre classique.* **2.** Caractère de ce qui n'a pas de parties, ne peut être divisé. *L'unité d'une espèce.* ♦ État de ce qui forme un tout organique, fonctionnel. *Faire, maintenir ; briser, rompre l'unité. Unité nationale.* **3.** Cohérence interne. ⇒ **cohésion, homogénéité.** *Ce texte manque d'unité.* **II.** Chose qui est une. **1.** Élément simple ou structure organisée faisant partie d'un ensemble. *Le département, unité administrative.* ‑ *Les unités de production d'une usine.* **2.** Formation militaire ayant une composition, un armement, des fonctions déterminées et spécifiques. *Rejoindre son unité.* **3.** Objet fabriqué (identique à d'autres). ⇒ **pièce.** *Prix à l'unité.* **4.** Élément arithmétique qui forme les nombres. ‑ spécialt Dans les nombres de deux chiffres et plus, le chiffre placé à droite de celui des dizaines. *Dans 1215, le chiffre 5 est celui des unités.* **5.** Grandeur finie servant de base à la mesure des autres grandeurs de même espèce. ⇒ **étalon.** *Unités de mesure. Le système international d'unités physiques* (sigle *S.I.*). ‑ *Unité monétaire.* ⇒ **monnaie.**

UNIVALVE adj. ▪ DIDACT. Dont la coquille n'est formée que d'une pièce. *Mollusque univalve.*

UNIVERS n. m. ▪ **1.** Ensemble des groupes humains sur la Terre. *Citoyen de l'univers.* ⇒ **monde.** **2.** L'ensemble de tout ce qui existe. ⇒ **monde, nature.** *Les lois de l'univers.* ‑ SC. Ensemble de la matière distribuée dans l'espace et dans le temps. *Étude de la structure de l'univers par l'astronomie. Théories de l'univers en expansion.* **3.** fig. Milieu matériel ou moral dans lequel on évolue. *Univers mental. L'univers de l'enfance. Son univers se borne à ses livres.*

UNIVERSALISER v. tr. [1] ▪ Rendre universel ; répandre largement. ⇒ **diffuser, généraliser.** ‑ pronom. *Une pratique qui s'universalise.* ► **n. f.** UNIVERSALISATION

UNIVERSALITÉ n. f. ▪ **1.** DIDACT. Caractère de ce qui est universel ou considéré sous son aspect de plus grande généralité. *L'universalité d'une théorie.* **2.** Caractère d'un esprit universel. *L'universalité de Voltaire.* **3.** Caractère de ce qui concerne la totalité des hommes. *L'universalité de certains mythes.*

UNIVERSEL, ELLE adj. ▪ **1.** Qui s'étend, s'applique à la totalité des objets (personnes ou choses) qui existent. ⇒ **général.** *Jugement universel,* qui s'applique à tous les cas, est vrai partout et toujours. ‑ *Un remède universel* (⇒ **panacée**). ‑ TECHN. *Clé universelle,* qui s'adapte à différents types de boulons, d'écrous. ♦ **n. m.** DIDACT. Ce qui s'étend à tous les individus d'une classe. *L'universel et le particulier.* **2.** Dont les connaissances, les aptitudes s'appliquent à tous les sujets. ⇒ **complet, omniscient.** *Un esprit universel.* **3.** DR. À qui échoit la totalité d'un patrimoine. *Légataire universel.* **4.** Qui concerne la totalité des hommes. *Histoire universelle.* ‑ *Guerre, paix universelle.* ⇒ **mondial.** ♦ *Suffrage universel,* étendu à tous les individus (sauf les exceptions prévues par la loi). ♦ Commun à tous ou à un groupe donné ; qui peut s'appliquer à tous. *La science est universelle.* **5.** Qui concerne l'univers entier. ⇒ **cosmique.** *Gravitation universelle.*

UNIVERSELLEMENT adv. ▪ Par tous les hommes, sur toute la terre. ⇒ **mondialement.**

UNIVERSITAIRE adj. ▪ **1.** Relatif à l'Université (I). *Le corps universitaire.* ‑ **n.** Membre de l'Université (enseignant(e) ou chercheur). **2.** Relatif aux universités, à l'enseignement supérieur. *Diplômes universitaires. Restaurant universitaire* (abrév. FAM. RESTO U, RESTAU U, R. U.).

UNIVERSITÉ n. f. ▪ **1.** *L'Université :* le corps des maîtres de l'enseignement public des divers degrés. **2.** *Une université :* établissement public d'enseignement supérieur dépendant d'une académie. ⇒ **faculté.**

UNIVOCITÉ n. f. ▪ DIDACT. Caractère univoque.

UNIVOQUE adj. ▪ DIDACT. Se dit de ce qui garde toujours le même sens (opposé à *ambigu, équivoque*). *Mot, signe, relation univoque.*

UNKEI (mort en 1223) ▪ Sculpteur japonais. Il fut le plus remarquable sculpteur de statues bouddhiques. Il dirigea notamment la reconstruction des temples de Nara et restaura le Grand Bouddha du Tōdaiji.

UNTERWALD en allemand ***UNTERWALDEN*** ▪ Canton de Suisse formé de deux demi-cantons : **Nidwald** (276 km^2 ; 32 980 hab. ; chef-lieu : Stans) et **Obwald** (491 km^2 ; 28 891 hab. ; chef-lieu : Sarnen). Le canton forma avec les cantons d'Uri et de Schwyz le noyau de la Confédération helvétique (→ **Suisse**).

John **UPDIKE** (né en 1932) ▪ Écrivain américain. Peinture des mythes de la société américaine. *"Couples"* (1968) ; *"Rabbit est riche"* (1981).

UPPERCUT [ypɛʀkyt] **n. m.** ▪ anglic. BOXE Coup porté de bas en haut. ⇒ **crochet.** *Des uppercuts.*

UPPSALA ▪ Ville de Suède. 109 497 hab. La plus ancienne ville religieuse et universitaire du pays. Cathédrale gothique (XIIIe s.).

UR ou **OUR** ▪ Ancienne cité de Mésopotamie, fondée au IIIe millénaire av. J.-C. Sa prospérité et son prestige apparaissent dans les ruines mises au jour par L. Woolley (1922-1934).

Ur. Tête de taureau ornant une harpe ayant appartenu à la princesse Shub-ad. Musée de Bagdad. *Phot. © Dagli Orti*

URANIE ▪ Muse de l'Astronomie, dans la mythologie grecque.

URANIUM [-jɔm] **n. m.** ▪ Élément radioactif naturel, métal gris, dur, présent dans plusieurs minerais (mélange d'isotopes accompagné de radium).

URANUS ▪ Planète du système solaire, à 2 880 millions de km du Soleil. 51 120 km de diamètre. Sa révolution autour du Soleil dure 84 ans. Elle tourne sur elle-même en 17 heures.

URARTU ou **OURARTOU** ▪ Nom assyrien du pays situé autour du lac de Van, devenu plus tard l'Arménie, et occupé par un puissant royaume du IXe à la seconde moitié du VIIe s. av. J.-C.

URBAIN, AINE adj. ▪ **I.** Qui est de la ville, des villes (opposé à *rural*). *Habitat, paysage urbain. Transports urbains. Éclairage, mobilier urbain. Populations urbaines.* **II.** LITTÉR. Qui témoigne, fait preuve d'urbanité.

URBAIN ▪ nom de huit papes ► **URBAIN II** (v. 1042 - 1099), élu en 1088. À l'issue du concile de Clermont (1095), il annonça la première croisade. ► **URBAIN VIII** (1568 - 1644), élu en 1623. Ami de Galilée, il dut pourtant le condamner. Adversaire du jansénisme.

URBANISATION n. f. ▪ Concentration de la population dans les agglomérations urbaines.

URBANISER v. tr. 1 ▪ Donner le caractère urbain, citadin à (un lieu) ; transformer en ville. - (en France) *Zone à urbaniser en priorité* (Z. U. P.).

URBANISME n. m. ▪ Étude des méthodes permettant d'adapter l'habitat urbain aux besoins des hommes. *Architecture et urbanisme.*

URBANISTE n. ▪ Spécialiste de l'aménagement des villes.

URBANITÉ n. f. ▪ LITTÉR. Politesse où entrent affabilité naturelle et usage du monde.

URBI ET ORBI [yʀbiɛtɔʀbi] loc. adv. ▪ RELIG. Se dit de la bénédiction que le pape donne à Rome et au monde entier. - fig. *Publier, proclamer qqch. urbi et orbi,* partout.

URBINO ▪ Ville d'Italie, dans les Marches. 15 484 hab. Brillant foyer artistique au XVe s. Palais ducal (XVe s., riche musée). Université.

URÉE n. f. ▪ Substance cristalline que l'on rencontre dans le sang et l'urine des carnivores. *L'urée est éliminée par le rein. Excès d'urée.* ⇒ **urémie.**

URÉMIE n. f. ▪ MÉD. Intoxication due à une accumulation d'urée dans le sang. *Une crise d'urémie.*

URETÈRE n. m. ▪ Canal qui conduit l'urine du rein à la vessie.

URÈTRE n. m. ▪ Canal excréteur de l'urine qui part de la vessie et aboutit à l'extérieur (⇒ **méat** urinaire).

Harold Clayton UREY (1893 - 1981) ▪ Chimiste américain. Découverte de l'eau lourde (1932). Prix Nobel 1934.

URFA autrefois ***ÉDESSE*** ▪ Ville de Turquie, près de la frontière syrienne. 276 528 hab.

Urbain VIII. Portrait par Pierre de Cortone.
Musée national romain, Rome.
Phot. © Arch. Smeets

Honoré d'URFÉ (1567 - 1625) ▪ Écrivain français. Le premier des romanciers français classiques. Dans son roman pastoral *"L'Astrée"* (1607-1619), il fixa un code de l'amour mondain dont tout le XVIIe s. se réclama.

URGENCE n. f. ▪ **1.** Caractère de ce qui est urgent. *L'urgence d'un travail.* **2.** Nécessité d'agir vite. *Il y a urgence. Dans l'urgence, en urgence. En cas d'urgence.* - *Une urgence :* un malade à opérer, à soigner sans délai. *Le service des urgences d'un hôpital.* **3.** D'URGENCE loc. adv. : sans délai, en toute hâte. *Venez d'urgence, de toute urgence.*

URGENT, ENTE adj. ▪ Dont on doit s'occuper sans retard. *Des affaires urgentes.* ⇒ **pressé.** *Un besoin urgent.* ⇒ **pressant.**

URGER v. intr. 3 seulement 3e pers. sing. ▪ FAM. Être urgent. ⇒ **presser.** *Ça urge !*

URI ▪ Canton de Suisse. 1 077 km². 34 176 hab. Chef-lieu : Altdorf. Il forma avec les cantons d'Unterwald et de Schwyz le noyau de la Confédération helvétique (→ **Suisse**)

URIAGE ▪ Station thermale de l'Isère (commune de Saint-Martin-d'Uriage), à 416 m d'altitude.

URINAIRE adj. ▪ Qui a rapport à l'urine. *Appareil urinaire :* rein, uretère, urètre, vessie. ⇒ **urogénital.** *Voies urinaires.*

Urbino. Le « studiolo » du duc Federico da Montefeltro. Galerie nationale des Marches.
Phot. © Lessing/Magnum

URINAL, AUX n. m. ▪ Récipient à col incliné où un homme peut uriner allongé.

URINE n. f. ▪ Liquide organique clair et ambré, odorant, qui se forme dans le rein, passe dans les uretères, séjourne dans la vessie et est évacué (⇒ **miction**) par l'urètre. ⇒ FAM. **pipi**, vulg. **pisse**. *Les urines*, l'urine évacuée. *Analyse d'urines*.

URINER v. intr. [1] ▪ Évacuer l'urine. ⇒ FAM. faire **pipi, pisser**. *Qui fait uriner*. ⇒ **diurétique**.

URINOIR n. m. ▪ Petit édifice où les hommes vont uriner. ⇒ **vespasienne** ; FAM. **pissotière**.

URIQUE adj. ▪ *Acide urique* : substance azotée à propriétés acides, éliminée par les urines.

URNE n. f. ▪ **1.** Vase qui sert à renfermer les cendres d'un mort. *Urne funéraire, cinéraire*. **2.** Vase antique à flancs arrondis. *Urnes et amphores*. **3.** Boîte dont le couvercle est muni d'une fente, où l'on dépose des bulletins de vote. *Aller aux urnes* : aller voter.

URO- Élément de mots de médecine (tiré de *urine*) qui signifie « urine ».

UROGÉNITAL, ALE, AUX adj. ▪ DIDACT. Qui a rapport aux appareils urinaire et génital.

UROGRAPHIE n. f. ▪ MÉD. Radiographie de l'appareil urinaire.

UROLOGIE n. f. ▪ MÉD. Partie de la médecine qui s'occupe de l'appareil urinaire.

UROLOGUE n. ▪ MÉD. Spécialiste d'urologie.

Marie-Anne de La Trémoille, princesse des URSINS (1642 - 1722) ▪ Dame française, intrigante à la cour d'Espagne. Elle joua un rôle politique important auprès de Philippe V.

l'U.R.S.S. ou **URSS, Union des républiques socialistes soviétiques** (en russe SSSR, qui s'écrit CCCP en cyrillique) ▪ Ancien État situé en Asie et en Europe orientale, créé en 1922 et disparu en 1991. Il était formé de 15 républiques socialistes soviétiques fédérées représentant les principales des 126 nationalités officiellement recensées et composant le pays : Arménie, Azerbaïdjan, Biélorussie, Estonie, Géorgie, Kazakhstan, Kirghizstan, Lettonie, Lituanie, Moldavie, Ouzbékistan, Russie, Tadjikistan, Turkménistan, Ukraine. 22 403 000 km^2. Capitale : Moscou. L'organisation socialiste de l'économie (propriété collective des moyens de production, planification de la production) donnait la priorité à l'équipement sur la consommation, au détriment du niveau de vie des Soviétiques, inférieur à celui des pays occidentaux. L'URSS, 2e puissance mondiale aux importantes richesses minières et énergétiques (pétrole, charbon, gaz, fer, cuivre, plomb, or...), exploitées selon des procédés désastreux pour l'environnement, était d'abord un pays industriel, dont les usines finançaient un énorme effort militaire et technique (espace). Mais les méfaits de la bureaucratisation se traduisaient par de grandes insuffisances dans l'entretien et la modernisation des équipements. Quant à l'agriculture, elle connaissait une crise quasi-permanente (faiblesse de la productivité, gaspillage, manque de moyens de stockage et de transport). □ **HISTOIRE** Proclamée en 1922, l'URSS, héritière de l'Empire tsariste, prit en fait naissance avec la révolution d'octobre 1917, qui instaura en pleine guerre le communisme en Russie, passant en quelques décennies d'une agriculture arriérée à l'industrie lourde. La paix fut rapidement signée avec l'Allemagne (traité de Brest-Litovsk), permettant à l'Armée rouge de liquider la contre-révolution (Denikine, Koltchak, Wrangel, etc.). Peu après, le tsar Nicolas II et sa famille étaient exécutés (juil. 1918). En 1921, Lénine* inaugura la nouvelle politique économique (NEP). Les plans quinquennaux de 1928 à 1939 donnèrent la priorité à l'industrie, complètement étatisée. Progressivement accepté à l'extérieur, le régime devint, sous l'impulsion de Staline*, totalitaire à l'intérieur : « purges » et procès de Moscou visant à éliminer les opposants (Trotski, Zinoviev, Kamenev, Boukharine); massacre de plusieurs millions de paysans propriétaires, les koulaks; extension du système concentrationnaire (le Goulag). L'impérialisme russe trouva à s'exprimer en 1939, quand Staline, ayant signé le pacte germano-soviétique secret avec Hitler, envahit la Pologne, la Finlande et annexa les pays baltes. Mais en 1941 l'armée allemande pénétrait en URSS. La bataille de Stalingrad (1942-1943) marqua un tournant dans la Deuxième Guerre mondiale. Au lendemain de la guerre, l'URSS ayant subi des pertes considérables, tant démographiques (26 millions de morts) qu'économiques, le gouvernement dut reconstruire le pays tandis que sur le plan extérieur, après la conférence de Yalta* (1945) qui se réunit pour décider du sort de l'Europe, la double hégémonie de l'URSS et des États-Unis allait évoluer vers la guerre froide : refus du plan Marshall et création du CAEM ou Comecon, formation des deux Allemagnes, constitution de l'OTAN à l'ouest et signature du pacte de Varsovie à l'est. Khrouchtchev*, successeur de Staline, prôna la détente, amorça la destalinisation du régime, mais laissa la situation économique se dégrader et fut évincé par Brejnev* (1964). Le vieillissement des dirigeants, la sclérose de la vie politique, la révélation des conditions faites aux dissidents, la rupture avec la Chine communiste, les interventions militaires dans des pays « frères » et en Afghanistan, provoquèrent, dans l'opinion occidentale, le discrédit de l'idéologie soviétique et contribuèrent à faire des droits de l'homme un enjeu diplomatique important. Les thèmes de la modernisation et de la libéralisation du régime hantèrent la succession de Brejnev (1982), avec Andropov puis surtout (après une interruption sous Tchernenko) avec Gorbatchev*. Ce dernier lança diverses réformes et mena sur le plan international une action diplomatique en faveur du désarmement. Son action interne visait à atteindre plusieurs objectifs : reconstruction *(perestroïka)* de l'économie du pays par la décentralisation des responsabilités et par l'introduction de mécanismes de l'économie de marché; démocratisation du régime par la transparence *(glasnost)* de l'information et le renouvellement des cadres (élections ouvertes aux candidats non communistes). Si sa politique extérieure fut un succès (accord de désarmement avec les États-Unis, retrait d'Afghanistan, soutien de la démocratisation des pays de l'Europe orientale), en revanche les difficultés internes s'accroissaient : pénurie et aggravation de la situation économique, et surtout exacerbation des revendications nationalistes (pays baltes, Arménie, Azerbaïdjan, Nakhitchevan). Jusqu'en 1988, le Secrétaire général du parti communiste détenait l'essentiel du pouvoir, mais une réforme constitutionnelle transféra le pouvoir effectif vers le chef de l'État (élection de Gorbatchev à bulletins secrets). En 1990, des amendements constitutionnels instaurèrent un régime présidentiel, la pluralité des partis et la propriété privée. Les revendications nationales gagnèrent le pays entier et, après qu'un putsch conservateur eut échoué grâce à l'action de B. Eltsine en août 1991, le pouvoir central reconnut l'indépendance des trois républiques baltes. Les autres républiques ayant alors toutes proclamé leur indépendance, l'URSS cessa d'exister en décembre 1991. Gorbatchev dut démissionner, tandis que se créait la Communauté des États indépendants (→ **CÉI**), réunissant toutes les républiques sauf les pays baltes et la Géorgie (qui y adhéra en 1993), et que la Russie obtenait le siège de membre permanent, jusqu'alors occupé par l'URSS, à l'ONU.

sainte URSULE ▪ Selon la légende, princesse originaire d'Angleterre, martyrisée par les Huns avec onze mille autres vierges près de Cologne. Elle inspira un célèbre ensemble de peintures à Carpaccio.

URSULINE n. f. ▪ Religieuse d'un ordre fondé en 1535 par sainte Angèle Merici.

URTICAIRE n. f. ▪ Éruption passagère semblable à des piqûres d'ortie, accompagnée de démangeaisons et d'une sensation de brûlure.

URTICANT, ANTE adj. ▪ DIDACT. Dont la piqûre ou le contact produit une urtication.

URTICATION n. f. ▪ DIDACT. Sensation de piqûre d'ortie qui accompagne l'urticaire.

URUBU n. m. ▪ ZOOL. Petit vautour répandu dans l'Amérique tropicale.

l'URUGUAY n. m. ▪ État (république) d'Amérique du Sud. 186 926 km^2. 3 100 000 hab. *(les Uruguayens)*. Capitale : Montevideo. Langue officielle : espagnol. Religion : catholique. Monnaie : peso uruguayen. L'économie est essentiellement agricole (élevage, céréales). □ **HISTOIRE** Colonisé par les Espagnols au XVIIIe s., il fut indépendant en 1828. Il connut alors une grande instabilité politique. Guerres civiles, dictatures, mis à part l'intermède démocratique du président Batlle y Ordoñez (de 1903 à 1907 puis de 1911 à 1915). En 1973, les militaires prirent le pouvoir pour mettre fin aux guérillas notamment celle des Tupamaros, mais leur dictature ruina le pays. La démocratie fut rétablie en 1985. Depuis l'indépendance, les partis Blanco et Colorado dirigent le pays en alternance.

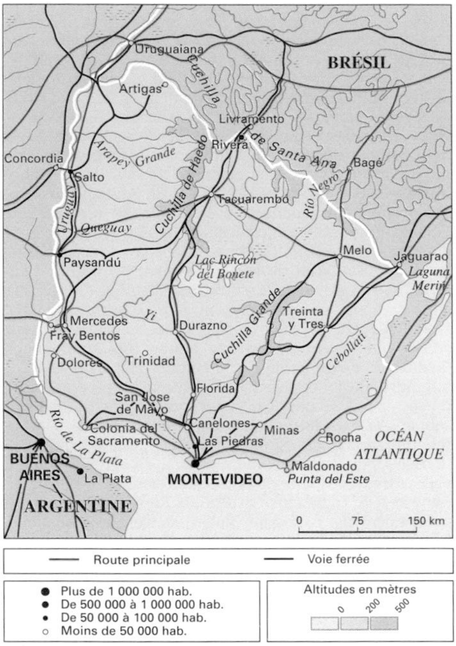

Uruguay.

le río URUGUAY ▪ Fleuve qui sépare le Brésil et l'Uruguay de l'Argentine.

URUK ou **OUROUK** aujourd'hui ***WARKA*** ▪ Ancienne ville de Mésopotamie (Sumer), sur l'Euphrate. Patrie du héros Gilgamesh. La civilisation d'Uruk (environ 3 000 ans av. J.-C.) vit la naissance de l'écriture.

URUMQUI ou **OUROUMTSI** en chinois ***DIHUA*** ou ***TI-HUA*** ▪ Ville de Chine. Capitale du Xinjiang, au pied des monts Tian shan. 1 156 900 hab.

US [ys] **n. m. pl.** ▪ loc. *Les* US ET COUTUMES *:* les habitudes, les mœurs, les usages traditionnels.

USA, United States of America → **États-Unis d'Amérique**

USAGE **n. m.** ▪ **I. 1.** Action d'user, de se servir de qqch. ⇒ **emploi, utilisation.** *L'usage d'un outil, d'un instrument.* ‑ *L'usage de la force.* **2.** Mise en activité effective (d'une faculté). ⇒ **exercice, fonctionnement.** *L'usage des sens :* le fait de sentir, de percevoir. *Il a perdu l'usage de la parole.* **3.** loc. ‑ *FAIRE USAGE DE :* se servir de. ⇒ **utiliser ; employer.** *Faire usage de stratagèmes. Faire bon, mauvais usage de qqch.* (⇒ **mésuser**). ♦ *À L'USAGE :* lorsqu'on s'en sert. *À l'usage, sa découverte s'est révélée utile.* ♦ *HORS D'USAGE :* qui ne peut plus servir et, spécialt, fonctionner. ♦ FAM. *Faire de l'usage :* pouvoir être utilisé longtemps sans se détériorer. ⇒ **durer. 4.** Fait de pouvoir produire un effet particulier et voulu. ⇒ **fonction, utilité.** *Un canif à multiples usages.* ♦ *À USAGE :* destiné à être utilisé (de telle ou telle façon). *Médicament à usage externe, interne.* ♦ *À L'USAGE DE :* destiné à être utilisé par. ⇒ **pour.** *Manuels à l'usage des écoles. À son usage personnel :* pour soi. ‑ LITTÉR. *Je n'en ai pas l'usage :* cela ne m'est pas utile. **5.** Fait d'employer les éléments du langage dans le discours, la parole ; manière dont ils sont employés. *L'usage oral, écrit, courant, populaire. Mot en usage* (⇒ **usité**). ‑ *Le bon usage* (considéré comme seul correct). **II. 1.** Pratique que l'ancienneté ou la fréquence rend normale, dans une société. ⇒ **coutume, habitude, mœurs, us.** *Un usage reçu.* ‑ *Les usages,* les comportements considérés comme les meilleurs, ou les seuls normaux. *Se conformer aux usages.* **2.** *L'USAGE :* ensemble des pratiques sociales. ⇒ **coutume, habitude.** *C'est l'usage :* c'est ce qu'il convient de faire, de dire. ‑ *Consacré par l'usage.* ‑ *D'USAGE :* habituel, normal. *La formule d'usage. Il est d'usage de...* **3.** LITTÉR. Les bonnes manières. ⇒ **civilité, politesse.** *Manquer d'usage.* **III.** DR. Droit réel qui permet à son titulaire (l'usager) de se servir d'une chose appartenant à autrui. ⇒ **usufruit.** *Avoir l'usage d'un bien.* ⇒ **jouissance.**

USAGÉ, ÉE **adj.** ▪ Qui a beaucoup servi (sans être forcément détérioré, à la différence de *usé*). *Vêtements usagés.*

USAGER **n. m.** ▪ **1.** DR. Personne qui a un droit réel d'usage (III). *L'usager et le propriétaire.* **2.** Personne qui utilise (qqch.). ⇒ **utilisateur.** ♦ Personne qui utilise (un service public, le domaine public). *Les usagers de la route.*

USANT, ANTE **adj.** ▪ Qui use la santé, les forces. ⇒ **épuisant, fatigant, tuant.** *Un travail usant.*

USÉ, ÉE **adj.** ▪ **1.** Altéré par un usage prolongé, par des actions physiques. ⇒ **détérioré, vieux.** *Souliers usés.* ⇒ **défraîchi, râpé.** ‑ loc. *Usé jusqu'à la corde*.* ‑ *Eaux usées,* salies. **2.** Diminué, affaibli, par une action progressive. ⇒ **émoussé, éteint.** *Théorie usée.* ⇒ **démodé. 3.** Dont les forces, la santé sont diminuées. *À quarante ans, c'était déjà un homme usé.* **4.** Qui a perdu son pouvoir d'expression, d'évocation par l'usage courant, la répétition. ⇒ **rebattu.** *Calembour usé.* ⇒ **éculé.**

USER **v.** [1] ▪ **I. v. tr. ind.** *USER DE.* **1.** (compl. chose abstraite) Avoir recours à (qqch.), mettre en œuvre. ⇒ se **servir, utiliser ; usage.** *User d'un droit, d'un privilège, d'un stratagème. User et abuser de qqch.* **2.** VX ou LITTÉR. *EN USER avec qqn :* agir, se conduire d'une certaine manière. ⇒ se **comporter.** *Elle en use avec lui de façon désinvolte.* **II. v. tr. dir. 1.** Modifier (qqch.) progressivement en enlevant certaines de ses parties, en altérant son aspect, par un usage prolongé. ⇒ **abîmer, élimer ; usure.** *User sa semelle. User ses vêtements jusqu'à la corde*.* ‑ loc. *User ses fonds de culottes sur les bancs de l'école :* aller à l'école. ♦ Altérer ou entamer (qqch.). ‑ au p. p. *Terrains usés par l'érosion.* **2.** Diminuer, affaiblir (une sensation, la force de qqn) par une action lente, progressive. *User ses forces, sa santé. S'user les yeux, la vue.* ⇒ **abîmer. 3.** (sujet chose) Diminuer ou supprimer les forces de (qqn). ⇒ **épuiser.** *Le travail l'a usé.* ► **S'USER v. pron. 1.** Se détériorer à l'usage. *Tissu qui s'use vite.* **2.** fig. S'affaiblir, être diminué avec le temps. ⇒ s'**émousser.** *La patience finit par s'user.* **3.** (personnes) Perdre sa force, sa santé. *Elle s'est usée au travail.* ⇒ se **fatiguer,** s'**épuiser,** se **tuer.**

USHUAIA ▪ Ville d'Argentine, capitale de la province de Terre-de-Feu. 5 400 hab. C'est la ville la plus australe du monde.

USINAGE **n. m.** ▪ Action d'usiner. *Usinage à chaud.*

USINE **n. f.** ▪ **1.** Établissement de la grande industrie destiné à la fabrication d'objets ou de produits, à la transformation de matières premières, à la production d'énergie. ⇒ **fabrique, manufacture.** *Travailler dans une usine, en usine. Usine de métallurgie. Usine textile.* ‑ *Usine à gaz*.* **2.** *L'usine :* la grande industrie. *L'ouvrier d'usine.* **3.** FAM. Local qui, par son nombreux personnel et l'importance de son rendement, évoque une usine. *Ce restaurant est une véritable usine.*

USINER **v. tr.** [1] ▪ **1.** Façonner (une pièce) avec une machine-outil. **2.** Fabriquer dans une usine. *Usiner des produits finis.* ‑ au p. p. *Produits usinés.*

USITÉ, ÉE **adj.** ▪ Qui est employé, en usage. *Un mot usité.* ⇒ **courant, usuel.** *Peu usité :* rare.

USNÉE **n. f.** ▪ BOT. Lichen de couleur grisâtre, à longs cils.

USSEL ▪ Chef-lieu d'arrondissement de la Corrèze. 11 448 hab. *(les Ussellois).*

USTENSILE **n. m.** ▪ Objet ou accessoire d'usage domestique, sans mécanisme ou muni d'un mécanisme simple. *Ustensiles de cuisine, de jardinage, de toilette.* ‑ FAM. *Qu'est-ce que c'est que cet ustensile ?* ⇒ **engin, outil.**

USUEL, ELLE ▪ **1. adj.** Qui est utilisé habituellement, qui est dans l'usage courant. *Un objet usuel.* ⇒ **commun, familier, ordinaire.** *Expression usuelle.* ⇒ **usité. 2. n. m.** Ouvrage de référence, de consultation (notamment, dans une bibliothèque).

USUELLEMENT **adv.** ▪ Communément. ⇒ **habituellement.**

USUFRUIT **n. m.** ▪ DR. Jouissance légale d'un bien dont on n'a pas la propriété. *Avoir l'usufruit d'une maison, une maison en usufruit.*

Utah. L'arc de l'Ange, Canyonlands National Park. *Phot. © Nino Cirani/Ricciarini*

USUFRUITIER, IÈRE n. ▪ DR. Personne qui détient un usufruit.

USURAIRE adj. ▪ Qui a le caractère de l'usure (②). *Intérêt, taux usuraire.*

① **USURE** n. f. ▪ **1.** Détérioration par un usage prolongé. ⇒ **dégradation.** *Résister à l'usure.* - *L'usure du temps.* ♦ Le fait d'user les forces de qqn. *Guerre d'usure.* **2.** Diminution ou altération (d'une qualité, de la santé). *L'usure des forces, de l'énergie.* - FAM. *Avoir qqn à l'usure,* prendre l'avantage sur lui en le fatiguant peu à peu. **3.** État de ce qui est détérioré par l'usage (⇒ **usé**). *L'usure des marches les rendait glissantes.*

② **USURE** n. f. ▪ Intérêt de taux excessif ; fait de prendre un tel intérêt. *Pratiquer l'usure. Prêter à usure.* - LITTÉR. *AVEC USURE :* au-delà de ce que l'on a reçu. *Rendre un mauvais tour avec usure.*

USURIER, IÈRE n. ▪ Personne qui prête à usure (②).

USURPATEUR, TRICE n. ▪ Personne qui usurpe (un pouvoir, un droit ; spécialt, la souveraineté). ⇒ **imposteur.**

USURPATION n. f. ▪ Action d'usurper ; son résultat. ⇒ **appropriation.** - DR. *Usurpation de pouvoir,* commise par un agent administratif qui empiète sur le domaine réservé aux autorités judiciaires.

USURPER v. tr. ① ▪ S'approprier sans droit, par la violence ou la fraude (un pouvoir, une dignité, un bien). ⇒ s'**arroger,** s'**emparer.** *Usurper un titre, des honneurs.* ♦ Obtenir de façon illégitime. - au p. p. *Une réputation usurpée,* imméritée.

UT [yt] n. m. invar. ▪ **1.** Do (note). *Ut de poitrine.* ⇒ **contre-ut.** **2.** Ton de do. *La Cinquième Symphonie de Beethoven, en ut mineur. Clé d'ut.*

l'UTAH n. m. ▪ État de l'ouest des États-Unis. 219 932 km². 1 723 000 hab. Capitale : Salt Lake City. Élevage, ressources minières. La religion des mormons s'y développa.

UTAMARO ou **OUTAMARO** (1753-1806) ▪ Peintre japonais. Auteur d'estampes (femmes, paysages) qui, diffusées en Occident, influencèrent les impressionnistes et les nabis.

UTÉRIN, INE adj. ▪ **1.** DR. Se dit des frères et sœurs ayant la même mère, mais un père différent. *Frère utérin.* ⇒ **demi-frère.** **2.** ANAT. Relatif à l'utérus. *Grossesse utérine* (normale).

UTÉRUS [-ys] n. m. ▪ (chez la femme) Organe situé entre la vessie et le rectum, destiné à contenir l'œuf, l'embryon jusqu'à son complet développement. ⇒ **matrice.** *Col de l'utérus.* - (chez les animaux vivipares) Organe de la gestation chez la femelle.

UTILE adj. ▪ **1.** Dont l'usage, l'emploi est ou peut être avantageux, satisfait un besoin. ⇒ **bon, profitable, salutaire ; indispensable, nécessaire;** opposé à *inutile.* UTILE À... *Achetez ce livre, il vous sera utile. Des conseils utiles.* - *Il est utile de* (+ inf.). - *Il est utile que* (+ subj.). *Il serait utile que tu sois là.* - UTILE À (+ inf.) : qu'il est utile de. *Ouvrages utiles à consulter.* - *Charge utile,* que peut transporter un véhicule. ♦ n. m. *L'UTILE.* ⇒ **bien, utilité.** - loc. *Joindre l'utile à l'agréable.* **2.** (personnes) Dont l'activité est ou peut être avantageusement mise au service d'autrui. ⇒ **précieux.** *Chercher à se rendre utile. En quoi puis-je vous être utile ?* - *Animaux utiles* (opposé à *nuisibles*). **3.** *En temps utile :* au moment opportun. *Nous aviserons en temps utile.*

UTILEMENT adv. ▪ D'une manière utile.

Utique. Ruines. *Phot. © Yves Lanceau/Atlas Photo*

UTILISABLE adj. ▪ Qui peut être utilisé. *Énergie directement utilisable.*

UTILISATEUR, TRICE n. ▪ Personne qui utilise (qqch.). ⇒ **usager.**

UTILISATION n. f. ▪ Action, manière d'utiliser. ⇒ **emploi.** *Notice d'utilisation d'un appareil.*

UTILISER v. tr. ① ▪ **1.** Rendre utile, faire servir à une fin précise. ⇒ **employer,** se **servir** de. *Utiliser une ficelle pour lacer sa chaussure. L'art d'utiliser les restes.* ⇒ **accommoder.** **2.** Employer. ⇒ **pratiquer,** se **servir** de, **user** de. *Utiliser un procédé, un instrument.*

UTILITAIRE adj. ▪ **1.** Qui vise essentiellement à l'utile. *Véhicules utilitaires :* camions, autocars, etc. (opposé à *véhicules de tourisme*). **2.** péj. Préoccupé des seuls intérêts matériels. ⇒ **intéressé.** - *Époque utilitaire.* ⇒ **matérialiste.**

UTILITÉ n. f. ▪ **1.** Caractère de ce qui est utile. *Avoir son utilité.* ⇒ **fonction.** **2.** Le bien ou l'intérêt (de qqn). *Pour mon utilité personnelle.* ⇒ **convenance.** - *Association reconnue d'utilité publique.* **3.** Emploi subalterne d'acteur. loc. *Jouer les utilités.*

UTIQUE ▪ Ancienne ville d'Afrique, au nord-ouest de Carthage. Capitale de la province romaine d'Afrique, elle disparut après la conquête arabe (VIIe s.).

Utamaro. *Yamauba et Kintoki,* estampe. Galerie Janette Ostier, Paris. *Phot. © Giraudon*

Utrillo. *Église Saint-Pierre de Montmartre,* vers 1914. Musée de l'Orangerie, Paris. *Phot. © Lauros/Giraudon*

UTOPIE n. f. ▪ Idéal, vue politique ou sociale qui ne tient pas compte de la réalité. ♦ Conception ou projet qui paraît irréalisable. ⇒ **chimère, illusion, mirage, rêve.**

UTOPIQUE adj. ▪ Qui constitue une utopie, tient de l'utopie. ⇒ **chimérique, imaginaire, irréalisable.** *Projet utopique. Socialisme utopique.*

UTOPISTE n. ▪ Auteur de systèmes utopiques, esprit attaché à des vues utopiques. ⇒ **rêveur.**

UTRECHT ▪ Ville des Pays-Bas, chef-lieu de la *province d'Utrecht* (1 331 km²; 1 037 294 hab.). 232 705 hab. Métropole religieuse, intellectuelle et commerciale. Cathédrale gothique (1254-1517) et riches musées. Industries textile (célèbre pour le velours depuis le XVIIᵉ s.) et alimentaire. Principal carrefour ferroviaire des Pays-Bas. Les *traités d'Utrecht* (1713-1715) mirent fin à la guerre de Succession d'Espagne. ► **l'Union d'UTRECHT**, union des sept provinces protestantes des Pays-Bas (1579) qui ripostèrent ainsi à l'union d'Arras formée entre les provinces catholiques restées fidèles à l'Espagne. Elle fut le noyau central des Provinces-Unies.

Maurice UTRILLO (1883-1955) ▪ Peintre français. Fils de Suzanne Valadon. Vues de Montmartre et paysages de la banlieue parisienne.

l'UTTAR PRADESH n. m. ▪ État le plus peuplé de l'Inde. 294 411 km². 140 000 000 hab. Capitale : Lucknow.

U.V. [yve] n. m. pl. (sigle) ▪ Rayons ultraviolets. *Se protéger contre les U.V.*

UVAL, ALE, AUX adj. ▪ DIDACT. Qui a rapport au raisin.

UVÉE n. f. ▪ ANAT. Tunique moyenne de l'œil, comprenant une membrane interne (choroïde) et l'iris.

UXMAL ▪ Site archéologique maya du Mexique, dans le nord du Yucatán, caractérisé par la présence de façades de mosaïques et de nombreux édifices ornés de motifs religieux.

UZÈS ▪ Commune du Gard. 7 649 hab. *(les Uzétiens).* Évêché depuis le Vᵉ s. Château des ducs d'Uzès (XIᵉ-XVIᵉ s.).

V

V [ve] **n. m. invar.** ▪ **1.** Vingt-deuxième lettre de l'alphabet, dix-septième consonne. ◆ *En V :* en forme de V majuscule. *Décolleté en V,* en pointe. **2.** *V,* cinq (en chiffres romains).

VA ▪ **1.** ⇒ **aller.** ♦ FAM. *Va pour :* je suis d'accord pour. **2.** interj. *Va !,* s'emploie pour encourager ou menacer. *Va donc !,* s'emploie devant une injure. *Va donc, eh crétin !* **3.** loc. *À la va-vite :* rapidement et sans soin.

le VAAL ▪ Rivière d'Afrique du Sud, affluent de l'Orange. 1 200 km. Son cours délimite la région du Transvaal.

VACANCE **n. f.** ▪ **I. 1.** Période où les tribunaux interrompent leur activité. **2.** État d'une charge, d'un poste vacant ou sans titulaire. **II.** au plur. **1.** Période pendant laquelle les écoles, les universités ne sont pas en activité. *Vacances scolaires. Les grandes vacances :* les deux ou trois mois d'été. ◆ *Colonie de vacances.* **2.** Repos, cessation du travail, des occupations ordinaires. *Avoir besoin de vacances.* ♦ Temps de repos accordé aux employés. ⇒ **congé.** ◆ *Maison de vacances. Partir en vacances.*

VACANCIER, IÈRE **n.** ▪ Personne en vacances. ⇒ **estivant.**

VACANT, ANTE **adj.** ▪ **1.** Qui n'a pas de titulaire. *Poste vacant.* **2.** Qui n'est pas rempli, qui est libre. ⇒ **libre ; inoccupé.** *Siège vacant.*

VACARME **n. m.** ▪ **1.** Grand bruit de gens qui crient, se querellent, s'amusent. ⇒ **chahut, tapage, tumulte.** **2.** Bruit assourdissant.

VACATAIRE **n.** ▪ Personne affectée à une fonction précise pendant un temps déterminé.

VACATION **n. f.** ▪ Temps consacré à l'accomplissement d'une fonction par la personne qui en a été chargée. *Médecin payé à la vacation.* ⇒ **vacataire.** ◆ Travail fait pendant ce temps.

l'étang de VACCARÈS ▪ Le plus grand étang de la Camargue, séparé de la Méditerranée par une digue. 6 000 ha et 50 cm seulement de profondeur. Réserve naturelle.

VACCIN **n. m.** ▪ **1.** Substance pathogène qui, inoculée à un individu, lui confère l'immunité contre une maladie. *Sérum et vaccin. L'injection, l'inoculation d'un vaccin. Vaccin antivariolique.* **2.** Vaccination. *Faire un vaccin à qqn.*

l'étang de **Vaccarès.** *Phot. © Lefevre/Galliphot*

VACCINATION **n. f.** ▪ Inoculation d'un vaccin.

VACCINE **n. f.** ▪ VIEILLI Maladie infectieuse des bovins, inoculée pour immuniser contre la variole.

VACCINER **v. tr.** [1] ▪ Immuniser par un vaccin. *Vacciner qqn contre la fièvre typhoïde.* ► **VACCINÉ, ÉE** **p. p.** **1.** *Les enfants vaccinés.* ◆ **n.** *Les vaccinés.* **2.** FAM. *Être vacciné contre qqch. :* être préservé par l'expérience d'une chose désagréable, dangereuse.

VACHE **n. f.** ▪ **I. 1.** Femelle du taureau (en boucherie, on dit *du bœuf*). *Jeune vache.* ⇒ **génisse.** *La vache meugle, beugle. Les vaches paissent, ruminent. Bouse de vache. Vache laitière. La vache et ses veaux. La vache vient de vêler*.* ♦ anglic. *Maladie de la vache folle :* encéphalopathie* spongiforme bovine. ◆ FAM. *La vache folle,* phénomènes économiques, sociaux... liés à cette épizootie (apparus en 1996). **2.** loc. *Vache à lait :* personne, chose qu'on exploite. ◆ *Gros comme une vache :* très gros. *Il pleut comme vache qui pisse,* très fort. ◆ *Manger de la vache enragée :* en être réduit à de dures privations. ◆ *Parler français comme une vache espagnole :* parler mal le français. **3.** Peau de la vache apprêtée en fourrure, en cuir (⇒ **vachette**). *Sac en vache.* **4.** fig. et VX Personne molle. ◆ **adj.** ⇒ **avachi.** **II.** FAM. **1.** **n. f.** Personne méchante, qui se venge ou punit sans pitié. *C'est une vieille vache, une belle vache.* ◆ *Peau de vache.* ◆ *Un coup en vache,* nuisible et hypocrite. ◆ (en parlant d'une personne dont on a à se plaindre) *Ah ! les vaches, ils m'ont oublié !* ♦ spécialt VX Gendarme, agent de police. *Mort aux vaches !* **2.** **n. f.** *La vache !,* exclamation exprimant l'étonnement, l'admiration (⇒ **vachement**) ou l'indignation. **3.** **adj.** Méchant ou sévère, injuste. *Il a été vache avec moi. Une réponse assez vache.*

VACHEMENT **adv.** ▪ FAM. **1.** Méchamment. **2.** (intensif, admiratif) Beaucoup ; très. ⇒ **drôlement, rudement.** *C'est vachement bien.*

VACHER, ÈRE **n.** ▪ Personne qui mène paître les vaches et les soigne.

VACHERIE **n. f.** ▪ FAM. **1.** Parole, action méchante. ⇒ **méchanceté.** *Dire, faire des vacheries.* **2.** Caractère vache (3), méchant. ⇒ **méchanceté.**

VACHERIN **n. m.** ▪ **I.** Fromage de vache de Franche-Comté. **II.** (analogie d'aspect) Meringue à la crème fraîche, souvent servie glacée.

VACHETTE **n. f.** ▪ **1.** Jeune vache. **2.** Cuir de génisse.

VACILLANT, ANTE [-ijɑ̃ ; -ilɑ̃] **adj.** ▪ **1.** Qui vacille. *Démarche vacillante.* ⇒ **chancelant, tremblant.** ◆ *Flamme, lumière vacillante.* **2.** Faible, hésitant. *Une conviction vacillante.*

VACILLATION [-ij- ; -il] **n. f.** ▪ **1.** Mouvement, état de ce qui vacille. *Vacillation d'une flamme.* **2.** fig. *Les vacillations de ses opinions politiques.* ◇ syn. VACILLEMENT **n. m.**

VACILLER [-ije ; -ile] **v. intr.** 1 ▪ **1.** Être animé de mouvements répétés, alternatifs ; être en équilibre instable. ⇒ **chanceler.** *Vaciller sur ses jambes.* **2.** Trembler, être sur le point de s'éteindre ; scintiller faiblement. ⇒ **trembloter.** *Bougie, flamme, lumière qui vacille.* **3.** Devenir faible, incertain ; manquer de solidité. *Mémoire, intelligence qui vacille.* ⇒ **s'affaiblir.**

VACUITÉ **n. f.** ▪ **1.** DIDACT. État de ce qui est vide. **2.** Vide moral, intellectuel. *La vacuité de ses propos.*

VACUOLE **n. f.** ▪ DIDACT. Petite cavité. ▸ **adj.** VACUOLAIRE

VADE-MECUM [vademekɔm] **n. m. invar.** ▪ LITTÉR. Livre (manuel, guide, aide-mémoire) que l'on garde sur soi pour le consulter.

VADODARA ▪ Ville du nord-ouest de l'Inde (Gujarat). 1 115 000 hab.

VADROUILLE **n. f.** ▪ **I. 1.** Tampon fixé au bout d'un manche pour nettoyer le pont d'un navire. **2.** fig. VX Femme de mauvaise vie. **II.** FAM. Action de vadrouiller. ⇒ **balade.** *Être en vadrouille.*

VADROUILLER **v. intr.** 1 ▪ FAM. Se promener sans but précis. ⇒ **traîner.**

VADUZ ▪ Capitale du Liechtenstein. 5 000 hab. Château de la famille princière (XIIe s.).

VA-ET-VIENT **n. m. invar.** ▪ **1.** Dispositif servant à établir une communication en un sens et dans le sens inverse. spécialt Dispositif électrique permettant d'allumer et d'éteindre de plusieurs endroits. **2.** Mouvement alternatif. *Les va-et-vient d'une balançoire.* ⇒ **balancement.** **3.** Allées et venues de personnes. *Le va-et-vient perpétuel d'un café.*

VAGABOND, ONDE ▪ **I. adj. 1.** LITTÉR. Qui mène une vie errante. ⇒ **nomade.** **2.** Qui change sans cesse, n'est retenu par rien. *Humeur, imagination vagabonde.* **II. n. 1.** Personne qui se déplace sans cesse. ⇒ **aventurier, voyageur.** **2.** Personne sans domicile fixe et sans ressources. ⇒ **chemineau, clochard, S.D.F.**

VAGABONDAGE **n. m.** ▪ **1.** Le fait ou l'habitude d'errer, d'être vagabond. **2.** État de l'imagination vagabonde.

VAGABONDER **v. intr.** 1 ▪ **1.** Circuler sans but, sans avoir de lieu de repos, de domicile. ⇒ **errer.** *Vagabonder sur les chemins.* **2.** fig. Passer sans s'arrêter d'un sujet à l'autre. *Son imagination vagabondait.*

VAGIN **n. m.** ▪ Organe sexuel féminin, conduit qui s'étend de l'utérus à la vulve.

VAGINAL, ALE, AUX **adj.** ▪ Du vagin. *La muqueuse vaginale.*

VAGIR **v. intr.** 2 ▪ Pousser de faibles cris.

VAGISSEMENT **n. m.** ▪ **1.** Cri de l'enfant nouveau-né. **2.** Cri plaintif et faible (de quelques animaux).

① **VAGUE** **n. f.** ▪ **1.** Inégalité de la surface d'une étendue liquide (mer, lac...) due aux courants, au vent ; masse d'eau qui se soulève et s'abaisse. ⇒ **flot, houle, lame.** *Le bruit des vagues. Une grosse vague.* **2.** Mouvement (comparé à celui des flots). *Une vague d'enthousiasme.* ⇒ **courant, mouvement.** *Des vagues de protestation.* ♦ loc. fig. *Faire des vagues,* des remous, de l'agitation. ‑ *La* NOUVELLE VAGUE : la dernière génération ou tendance. spécialt *Les cinéastes de la Nouvelle* Vague.* ♦ *Vague de chaleur, de froid :* afflux de masses d'air chaud, froid. **3.** Masse (d'hommes, de choses) qui se répand brusquement. *Des vagues successives d'immigrants.* **4.** Surface ondulée. *Les vagues de sa chevelure.*

② **VAGUE** **adj.** ▪ *Terrain vague,* vide de cultures et de constructions, dans une ville.

③ **VAGUE** **adj.** et **n. m.** ▪ **I. adj. 1.** Que l'esprit a du mal à saisir, mouvant, mal défini, mal établi. ⇒ **confus, imprécis, incertain ; flou, indéfini.** *Il m'a donné des indications vagues.* ‑ *Il est resté vague.* ⇒ **évasif.** ‑ (avant le n.) Insuffisant, faible. *Elle n'a qu'une vague idée de ce qui se passe. De vagues connaissances d'anglais.* **2.** *Regard vague,* qui exprime des pensées ou des sentiments indécis. ⇒ **distrait.** **3.** Perçu d'une manière imparfaite. ⇒ **indéfinissable.** *On apercevait une silhouette vague, une vague silhouette* (opposé à *distinct, net*). **4.** Qui n'est pas ajusté, serré. *Manteau vague.* **5.** (avant le n.) Dont l'identité précise importe peu ; quelconque, insignifiant. *Il travaille dans un vague bureau. Un vague cousin.* **II. n. m. 1.** Ce qui n'est pas défini, fixé (espace, domaine intellectuel, affectif). *Regarder dans le vague. Rester dans le vague :* ne pas préciser sa pensée. **2.** loc. *Vague à l'âme :* état mélancolique. **III. adj.** *Le nerf vague :* le nerf pneumogastrique (à cause de ses ramifications en tous sens).

VAGUELETTE **n. f.** ▪ Petite vague ; ride à la surface de l'eau.

VAGUEMENT **adv.** ▪ **1.** D'une manière vague, en termes imprécis. *Il m'a vaguement dit de quoi il s'agit.* **2.** D'une manière incertaine ou douteuse. *Un geste vaguement désapprobateur.*

VAGUEMESTRE **n. m.** ▪ Sous-officier chargé du service de la poste dans l'armée, sur un navire.

VAHINÉ **n. f.** ▪ Femme de Tahiti. *Des vahinés.*

VAILLAMMENT **adv.** ▪ Avec vaillance. ⇒ **bravement, courageusement.**

VAILLANCE **n. f.** ▪ **1.** LITTÉR. Valeur guerrière, bravoure. **2.** Courage d'une personne que la souffrance, les difficultés, le travail n'effraient pas.

Roger VAILLAND (1907 ‑ 1965) ▪ Écrivain français. Romancier engagé et figure du libertin moderne. *"Drôle de jeu"* (1945) ; *"La Loi"* (1957).

VAILLANT, ANTE **adj.** ▪ **1.** LITTÉR. Plein de bravoure, de courage, de valeur pour se battre, pour le travail, etc. ⇒ **brave, courageux.** **2.** RÉGIONAL Vigoureux. *Il est guéri, mais pas encore bien vaillant.* **3.** VX Qui vaut qqch. ‑ loc. *N'avoir pas un sou vaillant :* être pauvre, démuni.

Édouard VAILLANT (1840 ‑ 1915) ▪ Socialiste français. Membre de la Ire Internationale et de la Commune de Paris, il fut l'un des dirigeants de la IIe Internationale et passa du blanquisme au marxisme, puis au socialisme réformiste.

Paul VAILLANT-COUTURIER (1892 ‑ 1937) ▪ Homme politique et journaliste français. Communiste, il fut député et rédacteur en chef de *L'Humanité.*

VAIN, VAINE **adj.** ▪ **I.** (choses) **1.** LITTÉR. Dépourvu de valeur, de sens. ⇒ **dérisoire, insignifiant.** *Un vain mot.* ⇒ **creux.** ‑ Qui n'a pas de base sérieuse. ⇒ **chimérique, illusoire.** *Un vain espoir.* **2.** Sans efficacité. ⇒ **inefficace, inutile.** *Faire de vains efforts.* ‑ impers. *Il est vain de songer à cela.* **II.** (personnes) LITTÉR. Fier de soi sans avoir de bonnes raisons de l'être. ⇒ **glorieux, vaniteux ; vanité.** *Un homme superficiel et vain.* **III.** *EN VAIN* loc. adv. : sans obtenir de résultat, sans que la chose en vaille la peine. ⇒ **inutilement, vainement.** *J'ai protesté en vain,* en pure perte. *C'est en vain qu'elle lui a écrit.*

VAINCRE **v. tr.** 42 ▪ **1.** L'emporter par les armes sur (un ennemi). ⇒ **battre.** *Nous vaincrons l'ennemi.* ‑ absolt *Vaincre ou mourir.* ♦ Dominer et réduire à sa merci. **2.** L'emporter sur (un adversaire, un concurrent) dans une compétition. ⇒ **battre.** *Personne ne peut le vaincre* (⇒ **invincible**). ‑ absolt ⇒ **gagner.** **3.** Être plus fort que (une force naturelle), faire reculer ou disparaître. ⇒ **dominer, surmonter.** *Vaincre sa timidité, sa paresse.* ‑ *Vaincre la maladie, les difficultés.*

VAINCU, UE **adj.** ▪ (opposé à *vainqueur*) Qui a subi une défaite (de la part d'un ennemi, d'un rival, d'une force). *S'avouer vaincu :* reconnaître sa défaite. *Il était vaincu d'avance :* sa défaite était inévitable. ‑ **n.** *Malheur aux vaincus !* (cf. latin *vae victis !*).

VAINEMENT **adv.** ▪ En vain, inutilement.

VAINQUEUR **n. m.** ▪ **1.** Personne (homme, femme) qui a gagné une bataille, une guerre. ‑ **adj.** Victorieux. *Sortir vainqueur d'un combat. Avoir un air vainqueur.* ⇒ **triomphant.** **2.** Gagnant. ⇒ **champion, lauréat.** **3.** Personne qui a triomphé (d'une force, d'une difficulté naturelle). *Le vainqueur de l'Everest.*

VAIR **n. m.** ▪ Fourrure de petit-gris.

VAIRES-SUR-MARNE ▪ Commune de Seine-et-Marne. 11 194 hab. *(les Vairois).* Centrale thermique.

VAIRON **n. m.** ▪ **I.** Petit poisson des eaux courantes, au corps cylindrique. **II.** Se dit des yeux à l'iris cerclé d'une teinte blanchâtre, ou qui ont des couleurs différentes.

VAISON-LA-ROMAINE ▪ Commune du Vaucluse. 5 663 hab. *(les Vaisonnais).* Centre commercial et touristique : ruines romaines, basilique romane. Elle subit de graves dommages lors d'une crue catastrophique de l'Ouvèze en septembre 1992.

Valdés Leal. *Allégorie de la Mort.* Hôpital de la Charité, Séville. *Phot. © Giraudon*

VAISSEAU n. m. ▪ **I.** VX Récipient. **II. 1.** VIEILLI, sauf dans certaines locutions Bateau d'une certaine importance. ⇒ **navire ; bâtiment.** *Capitaine, enseigne de vaisseau.* **2.** *Vaisseau spatial, cosmique :* véhicule des astronautes. ⇒ **astronef. III.** Espace allongé que forme l'intérieur d'un grand bâtiment, d'un bâtiment voûté. ⇒ **nef.** *Le vaisseau d'une église.* **IV.** Organe tubulaire permettant la circulation des liquides organiques, et spécialt du sang (⇒ **artère, veine ; vasculaire**). *Les vaisseaux lymphatiques.*

VAISSELIER n. m. ▪ Meuble rustique, où la vaisselle est exposée à la vue. ⇒ **buffet.**

VAISSELLE n. f. ▪ **1.** Ensemble des récipients qui servent à manger, à présenter la nourriture. **2.** Ensemble des plats, assiettes, ustensiles de table qu'il faut laver. *Faire, laver, essuyer la vaisselle. Machine à laver la vaisselle.* ⇒ **lave-vaisselle.** - *Elle n'a pas fini sa vaisselle,* le lavage de sa vaisselle.

VAL, plur. **VAUX** ou **VALS** n. m. ▪ **1.** (dans des noms de lieux) Vallée. *Le Val de Loire. Les Vaux-de-Cernay.* **2.** loc. *À VAL :* en suivant la pente de la vallée. ⇒ en **aval.** - *Par monts et par vaux.* ⇒ **mont.** - loc. *À vau* l'eau.*

VALABLE adj. ▪ **1.** Qui remplit les conditions requises (pour être reçu en justice, accepté par une autorité, etc.). ⇒ **valide.** *Acte, contrat valable.* **2.** Qui a une valeur, un fondement reconnu. ⇒ **acceptable, sérieux.** *Il n'a donné aucun motif valable.* **3.** (emploi critiqué) Qui a des qualités estimables. *Une solution valable.* ⇒ **bon.** *Interlocuteur valable,* qualifié, autorisé.

VALABLEMENT adv. ▪ **1.** De manière à produire ses effets juridiques. *Valablement autorisé.* **2.** À bon droit. **3.** D'une manière efficace, appréciable.

la **VALACHIE** ▪ Ancienne principauté située au sud des Carpates, unie à la Moldavie en 1859 pour former la Roumanie.

Suzanne **VALADON** (1867 - 1938) ▪ Peintre français. Nus féminins aux contours accentués. Mère de Maurice Utrillo.

le **VALAIS** ▪ Canton de la Suisse. 5 224 km². 247 552 hab. *(les Valaisans).* Chef-lieu : Sion. Hydroélectricité.

col de **VALBERG** ▪ Col des Alpes-Maritimes (commune de Péone), à 1 669 m d'alt. Station de sports d'hiver (1 500 à 2 000 m).

VALBONNE ▪ Commune des Alpes-Maritimes. 9 514 hab.

VAL-CENIS ▪ Station d'été et de sports d'hiver de Savoie (commune de Lanslebourg-Mont-Cenis), dans la haute Maurienne (1 500 à 2 800 m d'alt.).

Le **VAL-D'AJOL** ▪ Commune des Vosges. 4 877 hab. *(les Ajolais).*

le **VAL-D'AOSTE** en italien ***VALLE D'AOSTA*** ▪ Région autonome de l'Italie, dans les Alpes, à la frontière de la Suisse et de la France. 3 262 km². 115 270 hab. Chef-lieu : Aoste. Population en partie francophone. Hydroélectricité. Axe routier. Tourisme.

le **VAL DE LOIRE** ▪ Partie de la vallée de la Loire située entre le confluent de l'Allier et celui de la Vienne (Chinon). Riche région agricole (Nevers).

le **VAL-DE-MARNE** [94] ▪ Département français de la région Île-de-France. 244 km². 1 215 538 hab. Chef-lieu : Créteil. Chefs-lieux d'arrondissement : L'Haÿ-les-Roses, Nogent-sur-Marne.

VAL-DE-REUIL ▪ Commune de l'Eure. 11 373 hab.

Juan de **VALDÉS LEAL** (1622 - 1690) ▪ Peintre espagnol. Un des maîtres baroques du « siècle d'or ». Sujets religieux, « vanités ».

VALDINGUER v. intr. [1] ▪ FAM. Tomber, dégringoler. *Il l'a envoyé valdinguer.* ⇒ FAM. **dinguer.**

VAL-D'ISÈRE ▪ Commune de la Savoie. 1 701 hab. *(les Avalins).* Station d'été et de sports d'hiver (1 850-3 650 m).

Pedro de **VALDIVIA** (v. 1500 - 1553) ▪ Conquistador espagnol, compagnon de Pizarro, il acheva la conquête du Chili.

VALDIVIA ▪ Ville du centre du Chili. 113 000 hab.

Pierre **VALDO** ou **VALDÈS** (v. 1140 - apr. 1206) ▪ Marchand lyonnais. Fondateur de la secte des vaudois.

le **VAL-D'OISE** [95] ▪ Département français de la région Île-de-France. 1 252 km². 1 049 598 hab. Chef-lieu : Cergy. Chefs-lieux d'arrondissement : Argenteuil, Montmorency, Pontoise.

VALENÇAY ▪ Commune de l'Indre. 2 912 hab. *(les Valencéens).* Le château (XVIe-XVIIe s.) fut notamment la propriété de Law et de Talleyrand.

VALENCE n. f. ▪ Nombre de liaisons chimiques qu'un atome peut avoir avec les atomes d'autres substances, dans une combinaison.

VALENCE en espagnol ***VALENCIA*** ▪ Ville d'Espagne, capitale de la communauté autonome de Valence (23 305 km² ; 3 897 881 hab.). 777 427 hab. Université. Cathédrale (XIIIe-XIVe s.) et Lonja de la Seda (halle de la soie, XVe s.) gothiques. Nombreuses églises et monuments baroques. Centre commercial très actif au cœur d'une riche *huerta* (primeurs). Industries. Capitale d'un royaume maure au XIe s.

VALENCE ▪ Chef-lieu de la Drôme, sur le Rhône. 63 437 hab. *(les Valentinois).* Cathédrale romane (XIe-XIIe, puis XVIIe s.). Marché agricole important. Située au centre d'un réseau de communication. Industries.

Valadon. *Nu à la couverture rayée.* Musée d'Art moderne, Paris. *Phot. © Giraudon*

Pierre Henri de **Valenciennes.** *Cicéron découvrant le tombeau d'Archimède,* 1787. Musée des Augustins, Toulouse. *Phot. © Giraudon*

VALENCIA ▪ Ville du Venezuela. 1 250 000 hab. Centre commercial d'une riche région agricole. Industries textile et alimentaire.

Pierre Henri de VALENCIENNES (1750 - 1819) ▪ Peintre français. Paysages historiques dans la tradition de Poussin.

VALENCIENNES ▪ Chef-lieu d'arrondissement du Nord, sur l'Escaut. 38 441 hab. *(les Valenciennois).* La ville forme avec Denain un centre industriel. Place fortifiée par Vauban au XVIIe s.

VALENSOLE ▪ Commune des Alpes-de-Haute-Provence, sur le plateau de Valensole. 2 202 hab. *(les Valensolais).* Cultures de lavande. Tourisme.

VALENTIGNEY ▪ Commune du Doubs, sur le Doubs, dans l'agglomération de Montbéliard. 13 133 hab. *(les Boroillots).* Cycles.

saint VALENTIN (IIIe s.) ▪ Prêtre martyr. Pour des raisons obscures, patron des amoureux depuis le XVe s.

VALENTIN DE BOULOGNE ou **DE BOULONGNE** (1594 - 1632) ▪ Peintre français, installé à Rome. Disciple du Caravage.

Rudolph VALENTINO (1895 - 1926) ▪ Acteur américain d'origine italienne, idole du cinéma des années 1920.

VALENTON ▪ Commune du Val-de-Marne. 11 110 hab. *(les Valentonnais).* Industrie aéronautique.

VALÉRIANE n. f. ▪ Plante à fleurs roses ou blanches, à la racine très ramifiée. *Valériane officinale* (aussi appelée *herbe-aux-chats*).

VALÉRIEN (mort en 260) ▪ Empereur romain de 253 à sa mort. Il persécuta les chrétiens et associa à l'empire son fils Gallien à qui il confia la défense de l'Occident. Fait prisonnier par Chahpūr Ier, roi des Perses (bataille d'Édesse), il mourut en captivité.

le mont VALÉRIEN ▪ Colline dans la banlieue ouest de Paris (Suresnes). Entre 1941 et 1944, plus d'un millier de Français y furent fusillés. Mémorial national de la Résistance.

Paul VALÉRY (1871 - 1945) ▪ Écrivain français. Il a marqué la littérature contemporaine par un scepticisme aigu, l'intérêt pour les problèmes formels de l'écriture, les qualités d'une prose abstraite et intellectuelle. *"La Soirée avec Monsieur Teste"* (1896); *"Variétés"; "Tel quel"* (1941); *"Cahiers"*. C'est aussi le poète sensible de *"La Jeune Parque"* (1917) et du *"Cimetière marin"* (1920), repris dans le recueil *"Charmes"*, 1922.

VALET n. m. ▪ **I. 1.** Domestique. ⇒ **laquais.** - anciennt VALET DE PIED : domestique de grande maison, en livrée. *Des valets à la française.* - VALET DE CHAMBRE : domestique masculin servant dans une maison ou un hôtel. **2.** Salarié chargé de travaux manuels, à la campagne. *Valet de ferme :* ouvrier agricole. *Valet d'écurie.* **II.** Carte sur laquelle est représenté un jeune écuyer, et qui vient en général après le roi et la dame. *Un, le valet de pique.*

Valéry. *Autoportrait.* Musée Paul-Valéry, Sète. *Phot. © Lauros/Giraudon*

VALETAILLE n. f. ▪ VX péj. Ensemble des valets d'une maison. ♦ fig. Ensemble de personnes serviles.

La VALETTE en anglais ***VALLETTA*** ▪ Capitale de la république de Malte, fondée en 1565. 16 000 hab. Cathédrale (XVIe s.). Base navale et militaire.

La **Valette.** La ville fortifiée de Senglea dans le grand port de La Valette. *Phot. © Charles Lénars*

La VALETTE-DU-VAR ▪ Commune du Var. 20 687 hab.

VALÉTUDINAIRE adj. et n. ▪ LITTÉR. Maladif. *Vieillard valétudinaire.*

VALEUR n. f. ▪ **I. 1.** Ce en quoi une personne est digne d'estime. ⇒ **mérite.** *C'est un homme de grande valeur. Estimer qqn à sa juste valeur.* **2.** LITTÉR. Courage, bravoure. ⇒ **vaillance. II. 1.** Caractère mesurable (d'un objet) en tant que susceptible d'être échangé, d'être désiré. ⇒ **prix.** *Avoir la valeur de...* ⇒ **valoir.** - loc. *METTRE EN VALEUR :* faire valoir, faire produire (un bien matériel, un capital) ; fig. faire valoir (une personne, une chose) en la montrant à son avantage. *Mot mis en valeur dans la phrase.* - *ÊTRE EN VALEUR :* être à son avantage. **2.** Qualité estimée, en économie. *Valeur d'échange* (⇒ **prix**), d'usage. **3.** *Valeurs (mobilières) :* titres. *Valeurs cotées (en Bourse).* ⇒ **action, billet, effet, obligation, titre.** - *Taxe à la valeur ajoutée.* ⇒ **T.V.A. III. 1.** Caractère de ce qui répond aux normes idéales de son type. *Des œuvres de valeur inégale.* **2.** Qualité estimée par un jugement. - loc. *JUGEMENT DE VALEUR,* par lequel on affirme qu'un objet est plus ou moins digne d'estime. **3.** Qualité de ce qui produit l'effet souhaité. ⇒ **efficacité, portée, utilité.** *La valeur d'une méthode.* **4.** *UNE VALEUR :* ce qui est vrai, beau, bien dans une société, à une époque. *Les valeurs morales, sociales, esthétiques. Échelle des valeurs.* - *Valeur logique. Valeurs de vérité.* **IV. 1.** Mesure (d'une grandeur ou d'une quantité variable). - Quantité approximative. *Ajoutez la valeur d'un litre d'eau.* **2.** Mesure conventionnelle attachée à un signe. *La valeur des cartes change selon les jeux.* ♦ MUS. Durée relative (d'une note, d'un silence), indiquée par sa figure, et pouvant être modifiée par certains signes. **3.** DIDACT. Sens, dans un système d'oppositions, dans un contexte.

VALEUREUX, EUSE adj. ▪ LITTÉR. Brave, courageux. ⇒ **vaillant.** *De valeureux soldats.*

VALIDATION n. f. ▪ Action de valider ; son résultat.

VALIDE adj. ▪ **1.** Qui est en bonne santé, capable de travail, d'exercice. **2.** Qui présente les conditions requises pour produire son effet. ⇒ **valable.** *Passeport valide.*

VALIDER v. tr. [1] ▪ Rendre ou déclarer valide (2). ⇒ **entériner, homologuer, ratifier.** *Faire valider un certificat.*

VALIDITÉ n. f. ▪ Caractère de ce qui est valide (2). *Durée de validité d'un billet.*

VALISE n. f. ▪ **1.** Bagage de forme rectangulaire, relativement plat et pouvant être porté à la main. ⇒ FAM. **valoche.** *Petite valise.* ⇒ **mallette.** *Faire sa valise, ses valises,* y disposer ce qu'on emporte ; s'apprêter à partir. ⇒ **malle. 2.** *VALISE DIPLOMATIQUE :* correspondance, objets transportés, couverts par l'immunité diplomatique. **3.** fig. FAM. Poche sous les yeux.

Lorenzo VALLA ou **DELLA VALLE** (1407-1457) ▪ Philosophe italien, un des premiers humanistes. Il contribua à la redécouverte des œuvres latines et grecques.

VALLADOLID ▪ Ville d'Espagne, capitale de la communauté autonome de Castilla-León. 345 259 hab. Université. Monuments des XVe et XVIe s. Essor industriel.

VALLAURIS ▪ Commune des Alpes-Maritimes. 24 325 hab. *(les Vallauriens).* Céramique.

VALLÉE n. f. ▪ **1.** Espace allongé entre deux zones plus élevées (pli concave) ou espace situé de part et d'autre du lit d'un cours d'eau. ⇒ **val, vallon ; gorge, ravin.** *Les pentes, le fond d'une vallée.* ♦ RELIG. *Vallée de larmes, de misère :* la vie terrestre. **2.** Région qu'arrose un cours d'eau. ⇒ **bassin.** *La vallée de la Loire, du Nil.* **3.** en montagne Se dit des régions moins hautes (vallées proprement dites et pentes).

la VALLÉE DES ROIS ▪ Site archéologique d'Égypte, près de l'ancienne Thèbes, où furent découvertes de nombreuses nécropoles (Toutankhamon, Sethi Ier). ► **la VALLÉE DES REINES**, site voisin. Nécropole réservée aux reines et à quelques princes royaux.

Ramón del VALLE-INCLÁN (1869-1936) ▪ Écrivain espagnol. Auteur d'œuvres réalistes où se mêlent le macabre et le comique. *"Comédies barbares"* (1906).

César VALLEJO (1892-1938) ▪ Poète péruvien. Lyrisme intime et angoissé. *"Poèmes humains"* (posth. 1939).

Jules VALLÈS (1832-1885) ▪ Écrivain et journaliste français. Révolté contre l'injustice sociale et l'autorité, il fut membre de la Commune. *"L'Enfant"* (1879); *"Le Bachelier"* (1881); *"L'Insurgé"* (posth. 1886).

Vallès. Portrait par Courbet. Musée Carnavalet, Paris. *Phot. © Giraudon*

VALLESPIR ▪ Région des Pyrénées-Orientales correspondant à la haute vallée du Tech. Zone pastorale et montagnarde : vergers et cultures dans la vallée, forêts et pâturages.

VALLOIRE ▪ Commune de Savoie, en Maurienne. 1 012 hab. *(les Valloirins).* Église du XVIIe s. Station d'été et de sports d'hiver (1 430 à 2 430 m).

VALLON n. m. ▪ Petite dépression allongée entre deux collines, deux coteaux. ⇒ **vallée.**

VALLONNÉ, ÉE adj. ▪ Parcouru de vallons. *Région vallonnée.*

VALLONNEMENT n. m. ▪ Relief d'un terrain où il y a des vallons et des collines.

VALLON-PONT-D'ARC ▪ Commune de l'Ardèche, près de l'Ardèche. 1 914 hab. *(les Vallonnais).* Grotte ornée de peintures préhistoriques datées d'env. 30 000 av. J.-C.

Vallotton. *Portrait de Mme Vallotton.* MNAMGP, Paris.
Phot. © Arch. Smeets

Félix VALLOTTON (1865-1925) ▪ Peintre et graveur français d'origine suisse. Proche des nabis.

VALMY ▪ Commune de la Marne. 290 hab. *(les Valmeysiens).* Victoire des Français sur les Prussiens (20 septembre 1792).

VALOCHE n. f. ▪ FAM. Valise (1 et 3).

VALOGNES ▪ Commune de la Manche. 7 412 hab. *(les Valognais).*

VALOIR v. [29] ▪ **I.** v. intr. **1.** Correspondre à (une valeur) ; avoir un rapport d'égalité avec (autre chose) selon une estimation. ⇒ **coûter, faire.** *Valoir peu, beaucoup. Cela ne vaut pas cher, pas grand-chose.* - loc. *Cela vaut son pesant d'or !* (d'une chose étonnante, ridicule). *Il ne vaut plus les mille francs qu'il a valu* (p.p. invar.). **2.** Correspondre, dans le jugement des hommes, à (une qualité, une utilité). *Prendre une chose pour ce qu'elle vaut.* - (négatif) *Ne rien valoir :* être sans valeur, médiocre. - *Cela ne lui vaut rien,* ne lui réussit pas. **3.** sans compl. Avoir de la valeur, de l'intérêt, de l'utilité ; agir, s'appliquer. *Cette loi vaut pour tout le monde.* - loc. *Rien qui vaille :* rien de bon, rien d'important. *Cela ne me dit rien qui vaille :* cela m'inquiète. - *Vaille que vaille :* tant bien que mal. - *À valoir :* en constituant une somme dont la valeur est à déduire d'un tout. ♦ *FAIRE VALOIR :* faire apprécier (⇒ **faire-valoir**) ; rendre plus actif, plus efficace. *Faire valoir ses droits,* les exercer, les défendre. - *Se faire valoir :* se montrer à son avantage. - Rendre productif (un bien). ⇒ **exploiter. 4.** Être égal en valeur, en utilité à (autre chose). *Cette façon de faire en vaut bien une autre,* n'est pas inférieure. ♦ (personnes) Avoir les mêmes qualités, le même mérite que (qqn). *Tu le vaux bien.* - *SE VALOIR* **v. pron.** : avoir même valeur, être équivalent. **5.** *VALOIR MIEUX QUE* (+ nom) : avoir plus de valeur, être plus utile. *Une métaphore vaut souvent mieux qu'une longue explication.* ♦ impers. *Il vaut mieux, mieux vaut :* il est préférable, meilleur de. - (avec *que* + subj.) *Il vaut mieux qu'il se taise plutôt que de dire des bêtises.* - (+ inf.) *Il vaut mieux perdre de l'argent que la santé.* - FAM. *Ça vaut mieux (que...) :* c'est préférable. **6.** Être comparable en intérêt à (autre chose), mériter (un effort, un sacrifice). *Cela vaut le dérangement.* - loc. *VALOIR LA PEINE,* FAM. *LE COUP :* mériter qu'on prenne la peine de... ; fig. être bon, excellent. *Ça ne vaut pas la peine d'en parler, que nous en parlions :* c'est insignifiant. **II.** v. tr. Faire obtenir, avoir pour conséquence. ⇒ **procurer.** *Qu'est-ce qui nous vaut cet honneur ?*

la maison de VALOIS ▪ Famille de seigneurs du *Valois* (aux confins des départements actuels de l'Oise et de l'Aisne), branche cadette des Capétiens. Elle régna sur la France de l'avènement de Philippe VI (1328) à celui du Bourbon Henri IV (1589). Elle est elle-même divisée en deux branches, les petits-fils de Charles V ayant reçu le duché d'Orléans et le comté d'Angoulême. ► **les VALOIS-ORLÉANS** ont donné un seul roi, Louis XII. ► **les VALOIS-ANGOULÊME** ont donné François Ier et ses successeurs jusqu'au dernier Valois, Henri III.

VALORISANT, ANTE adj. ▪ Qui valorise. *Un métier valorisant.*

VALORISATION n. f. ▪ Action de valoriser. *La valorisation de ses efforts.*

VALORISER v. tr. [1] ▪ **1.** Faire prendre de la valeur à (qqch., un bien), augmenter la valeur que l'on attribue à qqch. ⇒ **revaloriser. 2.** Augmenter la valeur reconnue de (qqn). - pronom. *Il cherche à se valoriser.*

VALPARAÍSO ▪ Ville et 1er port du Chili. 276 000 hab. Industries alimentaire, mécanique, pétrolière. Cuir, pêcheries, tabac.

VALRÉAS ▪ Commune du Vaucluse. 9 069 hab. *(les Valréassiens).* Église romane.

VALROMEY ▪ Pays de l'ancienne France, dans le Jura. La maison de Savoie le céda à la France sous Henri IV.

VALSE n. f. ▪ **1.** Danse à trois temps, où chaque couple tourne sur lui-même tout en se déplaçant. *Valse viennoise, valse lente. Valse musette.* - Musique au rythme de cette danse. *Les valses de Chopin.* **2.** FAM. Mouvement fréquent de personnel. *La valse des ministres.* - Changements répétés. *La valse des étiquettes* (de prix). - loc. *Valse-hésitation :* actes, décisions contradictoires.

VALSER v. intr. [1] ▪ **1.** Danser la valse, une valse. **2.** FAM. Être projeté. *Il est allé valser sur le trottoir.* ⇒ FAM. **valdinguer.** - *Faire valser des employés,* les déplacer. *Envoyer valser qqn,* le rembarrer.

VALSEUR, EUSE n. ▪ Personne qui valse, qui sait valser.

VALSEUSES n. f. pl. ▪ ARGOT Testicules.

VALS-LES-BAINS ▪ Commune de l'Ardèche, sur la Volane. 3 661 hab. *(les Valsois).* Station thermale (eaux gazeuses).

VALTELINE ▪ Vallée glaciaire des Alpes italiennes (comprise entre les Alpes des Grisons, les Alpes rhétiques et les Alpes bergamasques), correspondant à la haute vallée de l'Adda.

VAL-THORENS ▪ Station de sports d'hiver de Savoie (commune de Saint-Martin-de-Belleville), dans la Vanoise (2 300 à 3 400 m d'alt.).

VALVE n. f. ▪ **1.** Chacune des deux parties de la coquille (bivalve*) de certains mollusques et crustacés. *Les valves d'une moule.* **2.** Système de régulation d'un courant de fluide (assurant souvent le passage du courant dans un seul sens). - Soupape à clapet. *Valve de chambre à air.* **3.** Appareil laissant passer le courant électrique dans un sens.

VALVULE n. f. ▪ ANAT. Repli muqueux ou membraneux qui règle le cours de matières circulant dans les vaisseaux. *Les valvules du cœur.*

VAMP [vɑ̃p] n. f. ▪ anglic. Femme fatale et irrésistible.

VAMPER v. tr. [1] ▪ FAM. Séduire par des allures de vamp.

VAMPIRE n. m. ▪ **I. 1.** Fantôme sortant la nuit de son tombeau pour aller sucer le sang des vivants. *Un film de vampires.*

Valparaíso. Le port. *Phot. © Romer/Explorer*

2. Homme avide d'argent. – Meurtrier cruel. **II.** Grande chauve-souris insectivore de l'Amérique du Sud, qui suce parfois le sang des animaux pendant leur sommeil.

① **VAN** n. m. ▪ Panier à fond plat, large, muni de deux anses, qui sert à vanner les grains.

② **VAN** n. m. ▪ anglic. Voiture, fourgon servant au transport des chevaux de course. *Des vans.*

le lac de VAN ▪ Lac de Turquie orientale, près de la frontière arménienne. 3 740 km^2.

Achille VAN ACKER (1898 - 1975) ▪ Homme politique belge. Socialiste, Premier ministre en 1945-1946 et de 1954 à 1958.

VANADIUM [-jɔm] n. m. ▪ CHIM. Métal blanc (symb. V), peu fusible, assez rare. *Aciers au vanadium.*

James Alfred VAN ALLEN (né en 1914) ▪ Physicien américain. Il découvrit les zones de rayonnement autour de la Terre (1958), appelées *ceintures de Van Allen,* dues à la capture de particules chargées par le champ magnétique terrestre.

VAN ARTEVELDE ▪ HOMMES POLITIQUES FLAMANDS ► **Jacob VAN ARTEVELDE** (v. 1290 - 1345) prit la tête de l'opposition qui chassa le comte de Flandre, Louis de Nevers (1337). Il exerça une dictature à Gand et soutint les prétentions d'Édouard III au trône de France. ► **Philip VAN ARTEVELDE** (1340 - 1382), son fils, prit la tête de la révolte de Gand contre le comte de Flandre Louis II de Male (1381). Il fut vaincu et tué à Rozebeke.

Martin VAN BUREN (1782 - 1862) ▪ 8e président des États-Unis, de 1837 à 1841.

George VANCOUVER (1757 - 1798) ▪ Navigateur britannique. Il établit une carte précise du littoral nord-ouest du Canada et en particulier de l'île qui porte son nom.

VANCOUVER ▪ Ville du Canada (Colombie-Britannique). 1 500 000 hab. dans l'agglomération. Métropole économique et culturelle de l'ouest du pays. Port sur le Pacifique, face à l'*île de Vancouver* (32 137 km^2).

VANDALE ▪ **1.** adj. Des Vandales*. *Les armées vandales.* **2.** n. (fig.) Destructeur brutal, ignorant. *Le musée a été saccagé par des vandales.*

les VANDALES ▪ Ancien peuple germanique. Au Ve s., ils envahirent la Gaule, l'Espagne et fondèrent en Afrique romaine un royaume (Tunisie actuelle) qui s'étendait à la Sicile et qui disparut lors de la conquête de l'Afrique par Byzance en 534.

VANDALISME n. m. ▪ Destruction ou détérioration des œuvres d'art, des équipements publics. *Des actes de vandalisme.*

Robert Jemison VAN DE GRAAFF (1901 - 1967) ▪ Physicien américain. Concepteur de l'accélérateur de particules.

Frits VAN DEN BERGHE (1883 - 1939) ▪ Peintre belge. L'un des créateurs de l'expressionnisme belge, il s'orienta ensuite vers le fantastique et le surréalisme.

Joost VAN DEN VONDEL (1587 - 1679) ▪ Poète dramatique hollandais d'inspiration religieuse.

Hugo VAN DER GOES (v. 1440 - 1482) ▪ Peintre et miniaturiste flamand. Ses personnages religieux expriment des sentiments intenses et graves. *"L'Adoration des bergers"* (v. 1476).

Bartholomeus VAN DER HELST (1613 - 1670) ▪ Peintre hollandais. Auteur de nombreux portraits collectifs.

Adam Frans VAN DER MEULEN (1632 - 1690) ▪ Peintre, dessinateur et graveur d'origine flamande, naturalisé français. Il représenta les faits et gestes de Louis XIV; il fut aussi un paysagiste sensible. *"Vue de Liège assiégée".*

Johannes Diderik VAN DER WAALS (1837 - 1923) ▪ Physicien hollandais. *Liaison de Van der Waals :* force d'attraction entre molécules. Prix Nobel 1910.

Rogier VAN DER WEYDEN ou **Roger de LA PASTURE** (v. 1399 - 1464) ▪ Peintre flamand. Le maître de l'école flamande avec Van Eyck. Retables (*"Le Jugement dernier"*, v. 1445, à Beaune).

Van der Weyden. *Le Christ en croix,* panneau central du *Triptyque des sept sacrements.* Musée royal des Beaux-Arts, Anvers. *Phot. © Giraudon*

les VAN DE VELDE ▪ FAMILLE DE PEINTRES HOLLANDAIS DU XVIIe S. ► **Esaias VAN DE VELDE** (v. 1591 - 1630) Peintre hollandais, paysagiste.

Henry VAN DE VELDE (1863 - 1957) ▪ Architecte, peintre et théoricien belge. L'un des créateurs de l'Art nouveau, il évolua vers un style géométrique et dépouillé.

Karel VAN DE WOESTIJNE (1878 - 1929) ▪ Écrivain belge d'expression flamande. Poèmes et récits d'inspiration mystique.

Christian Emil Marie Küpper dit **Theo VAN DOESBURG** (1883 - 1931) ▪ Architecte, peintre et théoricien néerlandais. Il fut le principal théoricien du groupe et de la revue *De Stijl* qu'il créa en 1917 avec Mondrian, et le signataire du *"Premier manifeste du mouvement néoplasticiste"* (1918).

VANDŒUVRE-LÈS-NANCY ▪ Commune de la Meurthe-et-Moselle. 34 105 hab. *(les Vandopériens).*

VANDOISE n. f. ▪ Poisson d'eau douce, aussi appelé *chevesne, meunier.*

Kees VAN DONGEN (1877 - 1968) ▪ Peintre néerlandais naturalisé français. La rapidité de son trait, les couleurs violentes de ses débuts rappellent les expressionnistes allemands. Portraits mondains.

Van Dongen. *Mika, nue sur un sofa.* Coll. part. *Phot. © Arch. Smeets*

Antony VAN DYCK (1599 - 1641) ▪ Peintre flamand. Élève de Rubens. Portraitiste à la cour de Charles Ier, il marqua profondément la peinture anglaise.

Charles VANEL (1892 - 1989) ▪ Acteur français. Il a connu une très longue carrière au cinéma. *"Le Salaire de la peur"* (1953); *"L'Aîné des Ferchaux"* (1963).

le lac VÄNERN ▪ Le plus grand lac de Suède. 5 546 km^2.

Van Dyck. *Portrait d'une dame de qualité et de sa fille.* Musée du Louvre, Paris. *Phot. © Nimatallah/Ricciarini*

Van Eyck. *Les Époux Arnolfini.* National Gallery, Londres. *Phot. © Arch. Smeets*

Jan VAN EYCK (v. 1390 - 1441) ▪ Peintre flamand. Le fondateur, avec Van der Weyden, de l'école flamande. Il perfectionna de façon décisive la technique de la peinture à l'huile, et créa un style d'un réalisme novateur et profondément humain. Portraits (*"Les Époux Arnolfini"*, 1434) et scènes religieuses (*"L'Adoration de l'Agneau mystique"*, 1426-1432).

Arnold VAN GENNEP (1873 - 1957) ▪ Ethnologue et folkloriste français. *"Manuel du folklore français contemporain"* (1943-1958).

Vincent VAN GOGH (1853 - 1890) ▪ Peintre hollandais. Par son utilisation de la couleur et son geste mouvementé, il donna à ses portraits, à ses natures mortes et à ses paysages une intensité qui annonce les fauves et les expressionnistes. *"Les Mangeurs de pommes de terre"* (1885), autoportraits; *"Les Tournesols"* (1887); *"La Nuit étoilée"*; *"L'Église d'Auvers"* (1890).

Jan VAN GOYEN (1596 - 1656) ▪ Peintre hollandais. Paysages.

Jan Baptist VAN HELMONT (1577 - 1644) ▪ Médecin, physiologiste et chimiste flamand. Précurseur de l'analyse des gaz.

VANILLE n. f. ▪ **1.** Gousse allongée du vanillier, qui, séchée, devient noire et aromatique. **2.** Substance aromatique contenue dans cette gousse ou artificielle. *Crème, glace à la vanille* (souvent faite avec un extrait chimique, la VANILLINE [-ili-]).

VANILLÉ, ÉE adj. ▪ Aromatisé avec de la vanille. *Sucre, chocolat vanillé.*

VANILLIER n. m. ▪ Plante des régions tropicales à tige grimpante, dont le fruit est la vanille.

VANITÉ n. f. ▪ **I. 1.** Caractère de ce qui est frivole, insignifiant ; chose futile, illusoire. **2.** Caractère de ce qui est vain (I, 2), inefficace. *La vanité de leurs efforts.* **3.** Défaut d'une personne vaine*, satisfaite d'elle-même et étalant cette satisfaction. ⇒ **fatuité, orgueil, prétention, suffisance.** *Flatter, ménager la vanité de qqn.* **II.** DIDACT. Image, tableau évoquant la vanité (I, 1) des choses humaines et la mort.

VANITEUX, EUSE adj. ▪ Plein de vanité (I, 3). ⇒ **orgueilleux, prétentieux, suffisant.** *Il est vaniteux comme un paon. Un air vaniteux.* - n. *C'est un vaniteux* (s'oppose à *modeste*).

Pieter VAN LAAR ou **VAN LAER** dit ***IL BAMBOCCIO*** (v. 1592 - v. 1642) ▪ Peintre hollandais. Scènes de la vie populaire appelées, d'après son surnom italien, « bambochades ».

Antonie VAN LEEUWENHOEK (1632 - 1723) ▪ Naturaliste hollandais. Il perfectionna le microscope, grâce auquel il découvrit les spermatozoïdes.

Carle VAN LOO (1705 - 1765) ▪ Peintre et décorateur français. Artiste officiel de Louis XV, représentant du « grand style » (sujets d'histoire, effets déclamatoires). *"L'Adoration des bergers"* à l'église Saint-Sulpice (Paris).

VANNAGE n. m. ▪ Action de vanner (les grains).

① **VANNE** n. f. ▪ Panneau vertical mobile disposé dans une canalisation pour en régler le débit. *Les vannes d'une écluse, d'un moulin.*

② **VANNE** n. f. ▪ FAM. Remarque ou allusion désobligeante à l'adresse de qqn.

VANNÉ, ÉE adj. ▪ FAM. Très fatigué. ⇒ FAM. **crevé, fourbu.**

VANNEAU n. m. ▪ Oiseau échassier de la taille du pigeon, à huppe noire. *Des vanneaux.*

VANNER v. tr. [1] ▪ **I.** Secouer dans un van (les grains), de façon à les nettoyer en les séparant de la paille, des poussières et des déchets. *Vanner du blé.* **II.** FAM. Accabler de fatigue. *Cette course à pied m'a vanné.* ⇒ FAM. **crever.**

VANNERIE n. f. ▪ **1.** Fabrication des objets tressés avec des fibres végétales, des tiges. **2.** Objets ainsi fabriqués.

VANNES ▪ Chef-lieu du Morbihan. 45 644 hab. *(les Vannetais).* Remparts (XIIIe-XVIIe s.), cathédrale (XIIIe-XIXe s.).

VANNEUR, EUSE n. ▪ Personne qui vanne les grains.

VANNIER n. m. ▪ Ouvrier qui travaille, tresse l'osier, le rotin, pour en faire des objets de vannerie.

le massif de la VANOISE ▪ Massif des Alpes de Savoie, entre la Maurienne et la Tarentaise. Parc national (53 000 ha) créé en 1963.

Bernard VAN ORLEY (1488 - 1541) ▪ Peintre flamand, connu surtout pour ses cartons de vitraux et de tapisseries.

Van Gogh. *Autoportrait,* 1890. Musée d'Orsay, Paris.
Phot. © Giraudon

Adriaen VAN OSTADE (1610 - 1685) ▪ Peintre hollandais. Scènes d'intérieur pittoresques.

Théodore dit **Théo VAN RYSSELBERGHE** (1862 - 1926) ▪ Peintre, dessinateur, affichiste et décorateur belge. Il peignit d'abord des toiles pointillistes, puis s'intéressa à l'art décoratif et créa affiches, meubles et bijoux.

Jan VAN SCOREL (1495 - 1562) ▪ Peintre hollandais. Influencé par la peinture romaine et vénitienne, qu'il contribua à introduire aux Pays-Bas. Ses œuvres restent cependant marquées par un maniérisme proprement néerlandais *("Polyptyque de saint Étienne").*

VANTAIL, AUX n. m. ▪ Panneau mobile. ⇒ **battant.** *Les vantaux d'une fenêtre.*

VANTARD, ARDE adj. ▪ Qui a l'habitude de se vanter. ⇒ **bluffeur, fanfaron, hâbleur.** - n. *Quel vantard !*

VANTARDISE n. f. ▪ Caractère ou propos de vantard. ⇒ **bluff, fanfaronnade.**

VANTER v. [1] ▪ v. tr. LITTÉR. Parler très favorablement de (qqn ou qqch.), en louant publiquement et avec excès. ⇒ **célébrer, exalter.** *Vanter ses enfants.* - *Vanter les mérites de qqn.* ► **SE VANTER** v. pron. **1.** Exagérer ses mérites ou déformer la vérité par vanité. - *Sans me vanter :* soit dit sans vanité. **2.** *SE VANTER DE :* tirer vanité de, prétendre avoir fait. *Se vanter d'un succès, d'avoir réussi.* FAM. *Elle ne s'en est pas vantée,* elle l'a caché. *Il n'y a pas de quoi se vanter :* il n'y a pas de quoi être fier. ♦ Prétendre être capable de faire qqch. ⇒ se **flatter,** se **targuer.** *Il se vante de réussir sans travailler.*

Jacobus Henricus VAN'T HOFF (1852 - 1911) ▪ Chimiste néerlandais. Premier prix Nobel de chimie (1901), créateur avec Le Bel de la stéréochimie. Théorie des solutions. Thermochimie.

VANUATU autrefois *les* ***NOUVELLES-HÉBRIDES*** ▪ Archipel et État de Mélanésie. 14 763 km². 142 630 hab. *(les Vanuatuans).* Capitale : Port-Vila. Langues : français, anglais, bichlamar. Monnaie : vatu. Cacao, coprah. □ **HISTOIRE** Découvertes par les Portugais en 1606, les Nouvelles-Hébrides, qui doivent leur nom à Cook, ne furent colonisées qu'au XIXe s. Condominium franco-britannique en 1906, elles devinrent indépendantes en 1980 et prirent le nom de république de Vanuatu.

VA-NU-PIEDS n. invar. ▪ Misérable qui vit en vagabond. ⇒ **gueux.**

Abraham dit **Bram VAN VELDE** (1895 - 1981) ▪ Peintre néerlandais. Proche de l'expressionnisme, il réalisa une œuvre abstraite d'un lyrisme violent.

VANVES ▪ Commune des Hauts-de-Seine. 25 967 hab. *(les Vanvéens).*

Alfred VAN VOGT (né en 1912) ▪ Romancier américain d'origine canadienne. Ses romans sont des classiques de la science-fiction *("Le Monde des Ā",* 1953; *"Les Joueurs du Ā").*

VAPE n. f. ▪ loc. *Être dans la vape, dans les vapes,* dans l'hébétude, la somnolence.

VAPEUR ▪ **I.** n. f. **1.** Amas visible, en masses ou traînées blanchâtres, de très fines et légères gouttelettes d'eau suspendues dans l'air. ⇒ **brouillard, brume, nuage. 2.** *Vapeur d'eau,* ou *vapeur :* eau à l'état gazeux, état normal de l'eau au-dessus de son point d'ébullition. *Machine À VAPEUR. Locomotive, bateau à vapeur.* - loc. *Renverser la vapeur,* la faire agir sur l'autre face du piston ; fig. agir en sens contraire. - *À toute vapeur :* en utilisant toute la vapeur possible ; à toute vitesse. - *Bain de vapeur.* ⇒ **étuve.** - *Pommes de terre cuites à la vapeur (pommes vapeur). Repassage à la vapeur.* **3.** SC. Substance à l'état gazeux au-dessous de sa température critique. *Vapeur d'essence. Condensation de la vapeur.* **4.** Troubles, malaises attribués à des exhalaisons montant au cerveau. *Les vapeurs de l'ivresse.* - iron. *Avoir ses vapeurs.* **II.** n. m. Bateau à vapeur.

VAPOREUX, EUSE adj. ▪ **1.** LITTÉR. Où la présence de la vapeur est sensible ; voilé par des vapeurs. ⇒ **nébuleux.** - *Des lointains vaporeux,* aux contours incertains. ⇒ **flou, fondu. 2.** Léger, fin et transparent. *Une robe de tulle vaporeux.*

VAPORISATEUR n. m. ▪ Petit pulvérisateur. ⇒ **atomiseur.** *Vaporisateur à parfum.*

VAPORISATION n. f. ▪ Action de vaporiser. ⇒ **pulvérisation.**

VAPORISER v. tr. [1] ▪ **1.** Disperser et projeter en fines gouttelettes. ⇒ **pulvériser.** *Vaporiser un insecticide.* **2.** DIDACT. Transformer en vapeur. ♦ pronom. *SE VAPORISER.*

VAQUER v. tr. ind. [1] ▪ *VAQUER À.* S'occuper de, s'appliquer à. *Vaquer à ses occupations.*

le VAR ▪ Fleuve du sud de la France qui se jette dans la Méditerranée. 120 km.

le VAR [83] ▪ Département français de la région Provence-Alpes-Côte d'Azur. 5 995 km². 815 449 hab. Chef-lieu : Toulon. Chefs-lieux d'arrondissement : Brignoles, Draguignan.

VARAN n. m. ▪ ZOOL. Reptile saurien, grand lézard.

VARANASI → **Bénarès**

VARANGUE n. f. ▪ MAR. Pièce courbe ou fourchue, placée sur la quille, perpendiculaire à l'axe du navire.

VARAPPE n. f. ▪ Ascension d'un couloir rocheux, d'une paroi abrupte, en montagne. *Faire de la varappe.*

Agnès VARDA (née en 1928) ▪ Cinéaste française. *"La Pointe courte"* (1956, film précurseur de la Nouvelle Vague); *"Cléo de cinq à sept"* (1961); *"Sans toit ni loi"* (1985).

VARDAR ▪ Fleuve des Balkans, qui arrose Skopje, traverse la Macédoine avant de se jeter dans le golfe de Salonique. 388 km.

VARECH [-ɛk] n. m. ▪ Ensemble des algues, des goémons rejetés par la mer et qu'on récolte sur le rivage.

les VARÈGUES ▪ Vikings de Scandinavie qui pénétrèrent en Russie au IXe s., où ils fondèrent les principautés de Novgorod et de Kiev.

VARENNES-EN-ARGONNE ▪ Commune de la Meuse. 679 hab. *(les Varennois).* Louis XVI y fut arrêté lors de sa fuite vers l'étranger (21 juin 1791), dite *fuite de Varennes.*

VARENNES-VAUZELLES ▪ Commune de la Nièvre. 10 602 hab. *(les Vauzelliens).*

Edgar VARESE (1883 - 1965) ▪ Compositeur français naturalisé américain. Sa musique électroacoustique provoqua le scandale. *"Déserts"* (1954); *"Poème électronique"* (1958).

VARÈSE ▪ Ville d'Italie, en Lombardie, près du lac de Varèse, entre le lac Majeur et le lac de Côme. 88 018 hab. Palais d'Este (XVIIIe s.). Centre touristique.

VAREUSE n. f. ▪ **1.** Blouse courte en grosse toile. *Vareuse de marin.* **2.** Veste de certains uniformes. - Veste assez ample (d'intérieur, de sport).

Getúlio VARGAS (1883 - 1954) ▪ Homme d'État brésilien. Président de la République de 1934 à 1945 et de 1950 à son suicide, il instaura un régime autoritaire et populiste.

Varsovie. Colonne du roi Sigismond III Vasa et château royal transformé en musée, place Zamkovy. *Phot. © Wysocki/Explorer*

Mario **VARGAS LLOSA** (né en 1936) ▪ Écrivain espagnol d'origine péruvienne. Ses romans donnent une vision ironique de la société péruvienne. *"La Ville et les Chiens"* (1962).

VARIABILITÉ n. f. ▪ Caractère de ce qui est variable. *La variabilité du temps, des goûts.*

VARIABLE adj. ▪ **1.** Qui est susceptible de se modifier, de changer souvent (opposé à *invariable*). ⇒ **changeant, incertain, instable.** *Temps variable.* ‑ *Vent variable,* qui change souvent de direction ou d'intensité. ♦ SC. Qui prend, peut prendre plusieurs valeurs distinctes. *Grandeur, quantité variable.* ‑ n. f. UNE VARIABLE : symbole ou terme auquel on peut attribuer plusieurs valeurs numériques différentes. ♦ GRAMM. *Mot variable,* dont la forme est susceptible de se modifier suivant le contexte. **2.** Qui prend plusieurs valeurs, plusieurs aspects (selon les cas individuels, les circonstances). *Lois, règlements variables selon les pays.* ♦ Qui peut se réaliser diversement. *Les formes variables de l'art.* **3.** Conçu, fabriqué pour subir des variations. *Lentilles à foyer variable.*

VARIANTE n. f. ▪ **1.** Élément d'un texte qui présente des différences par rapport à la version éditée ; différence selon les versions. *Édition critique accompagnée de variantes.* **2.** Forme ou solution légèrement différente. **3.** Moyen d'expression qui s'écarte d'une référence, d'un type. *Variantes graphiques.*

VARIATION n. f. ▪ **1.** Passage d'un état à un autre ; différence entre deux états successifs. ⇒ **modification. 2.** Écart entre deux valeurs numériques (d'une quantité variable) ; modification de la valeur (d'une quantité, d'une grandeur). *Variations de la température. Variations d'intensité* (d'un courant, etc.). **3.** Changement psychologique ou de comportement. *Supporter les variations d'humeur de qqn.* **4.** Modification d'un thème musical. ‑ Composition formée d'un thème et de ses modifications. *Variations pour piano.*

VARICE n. f. ▪ Dilatation permanente d'un vaisseau, d'une veine (surtout aux jambes).

VARICELLE n. f. ▪ Maladie infectieuse, contagieuse, généralement bénigne, caractérisée par des éruptions.

VARIÉ, ÉE adj. ▪ **1.** Qui présente des aspects ou des éléments distincts. ⇒ **divers.** *Un répertoire, un programme varié.* ‑ *Terrain varié,* accidenté. **2.** au plur. Qui sont nettement distincts, donnent une impression de diversité. *Des arguments variés. Hors-d'œuvre variés.*

VARIER v. 7 ▪ **I.** v. tr. **1.** Donner à (une seule chose) plusieurs aspects distincts ; rendre divers. *Varier son alimentation.* **2.** Rendre (plusieurs choses) nettement distinctes, diverses. *Varier ses lectures, ses distractions.* ⇒ **changer. II.** v. intr. **1.** Présenter au cours d'une durée plusieurs modifications ; changer souvent. ⇒ se **modifier ; variation.** ‑ (personnes) Ne pas conserver la même attitude, les mêmes opinions. *Il n'a jamais varié sur ce point.* prov. *Souvent femme varie...* **2.** Se réaliser sous des formes différentes, diverses. *Les coutumes varient selon les lieux.* ⇒ **différer.**

VARIÉTÉ n. f. ▪ **1.** VX Changement. ⇒ **variation. 2.** Caractère d'un ensemble formé d'éléments variés, donnant une impression de changement ; différences qui existent entre ces éléments. ⇒ **diversité.** *Œuvre qui présente une grande variété de thèmes, de tons.* **3.** Subdivision de l'espèce, délimitée par la variation de caractères individuels. ⇒ **type.** *Créer une nouvelle variété de pomme.* **4.** au plur. Titre de recueils contenant des morceaux sur des sujets variés. ⇒ **mélange(s).** *"Variétés"* (de Valéry). ‑ *Spectacle, émission de variétés,* comprenant des attractions variées.

VARIOLE n. f. ▪ Maladie infectieuse, épidémique et contagieuse, caractérisée par une éruption de boutons. ⇒ petite **vérole.**

VARIOLEUX, EUSE adj. et n. ▪ (Personne) qui a la variole.

VARIOLIQUE adj. ▪ MÉD. De la variole. *Une éruption variolique.*

VARIQUEUX, EUSE adj. ▪ Accompagné de varices. *Ulcère variqueux.*

VARLOPE n. f. ▪ Grand rabot à poignée, qui se manie à deux mains.

VARNA de 1949 à 1956 ***STALIN*** ▪ Ville et port de Bulgarie, sur la mer Noire. 311 123 hab. Université. Industries (chantiers navals). Principal centre touristique du pays.

VARRON (116 ‑ 27 av. J.-C.) ▪ Érudit latin. Auteur d'une œuvre encyclopédique, comprenant notamment *"La Langue latine"*.

VARSOVIE en polonais ***WARSZAWA*** ▪ Capitale de la Pologne, sur la Vistule. 1 655 000 hab. Université. Centre culturel, scientifique, commercial et industriel (métallurgie, textile). Important nœud de communication. □ HISTOIRE Capitale du pays en 1596, puis du *grand-duché de Varsovie* (→ **Pologne**) en 1807, enfin du royaume de Pologne rattaché à la Russie, en 1815. Elle se souleva en vain contre le tsar en 1830. Capitale de la Pologne libérée en 1918. Pratiquement détruite par les Allemands durant la Deuxième Guerre mondiale (sièges de 1939 et 1944, extermination des juifs du ghetto en 1943), elle fut reconstruite entre 1945 et 1949. ► **le pacte de VARSOVIE** Pacte de défense réciproque signé en 1955 entre l'URSS, l'Albanie, la Bulgarie, la Hongrie, la Pologne, la RDA, la Roumanie et la Tchécoslovaquie. L'Albanie s'en retira en 1968. En 1991, les pays membres décidèrent de la dissolution des structures militaires du pacte, puis du pacte lui-même.

VAS- ⇒ VAS(O)-

VASA → Gustave Ier Vasa

Victor **VASARELY** (né en 1908) ▪ Peintre français d'origine hongroise. Il crée l'illusion du mouvement par des procédés optiques sur des formes abstraites simples et répétitives (*op art*).

Vasarely. *Kerest.* Galerie Denise René, Paris. *Phot. © Galerie Denise René*

Giorgio **VASARI** (1511 ‑ 1574) ▪ Historien d'art, peintre et architecte italien. Auteur d'un précieux recueil de biographies sur les artistes italiens de la Renaissance.

VASCULAIRE adj. ▪ DIDACT. Qui appartient aux vaisseaux (IV), contient des vaisseaux. *Le système vasculaire :* ensemble des vaisseaux de l'organisme. ♦ BOT. *Plantes vasculaires :* végétaux supérieurs à tige, racine(s) et feuilles.

VASCULARISER v. tr. 1 ▪ DIDACT. Pourvoir de vaisseaux (surtout pronom. et p. p.). *Tissus vascularisés.* ► n. f. VASCULARISATION

① **VASE** n. m. ▪ **1.** VX Récipient pour les liquides. **2.** MOD. Récipient servant à des usages nobles ou ayant une valeur historique, artistique. *Vases grecs.* ➝ allus. *Le vase de Soissons :* vase liturgique que Clovis désirait restituer à l'évêque de Reims, mais qu'un de ses guerriers brisa en signe de désapprobation. ▪ En rejetant la loi des Francs qui exigeait que le butin fût partagé équitablement entre les vainqueurs, Clovis manifestait son ralliement à l'Église catholique. **3.** Récipient destiné à recevoir des fleurs coupées. *Un grand vase en cristal.* **4.** *Vases sacrés,* destinés à la célébration de la messe. ⇒ **burette, calice, ciboire, patène.** ♦ Récipient utilisé en chimie. ➝ loc. *Le principe des* VASES COMMUNICANTS. ♦ loc. *EN VASE CLOS :* sans communication avec l'extérieur.

② **VASE** n. f. ▪ Dépôt de terre et de particules organiques en décomposition, qui se forme au fond des eaux stagnantes ou à cours lent. ⇒ **boue, limon.** *Un chalutier échoué dans la vase.*

VASECTOMIE n. f. ▪ MÉD. Opération qui consiste à couper les canaux déférents des testicules (pour entraîner la stérilité chez l'homme).

VASELINE n. f. ▪ Substance molle, grasse obtenue à partir des pétroles de la série des paraffines, utilisée en pharmacie.

VASEUX, EUSE adj. ▪ **I.** Qui contient de la vase, est formé de vase. *Fonds vaseux.* **II.** FAM. **1.** (personnes) Qui se trouve dans un état de malaise, de faiblesse. ⇒ **fatigué.** *Je me sens vaseux ce matin.* **2.** Trouble, embarrassé, obscur. *Un raisonnement vaseux.* ⇒ FAM. **vasouillard.**

VASISTAS [-ɑs] n. m. ▪ Petit vantail pouvant s'ouvrir dans une porte ou une fenêtre.

VAS(O)- Élément savant, du latin *vas* « récipient », qui signifie « vaisseau, canal ».

VASOCONSTRICTEUR adj. m. ▪ (nerfs) Qui commande la diminution du calibre d'un vaisseau par contraction de ses fibres musculaires (*vasoconstriction* n. f.).

VASODILATATEUR adj. m. ▪ (nerfs) Qui commande la dilatation des vaisseaux (*vasodilatation* n. f.).

VASOMOTEUR, TRICE adj. ▪ Relatif à la dilatation et à la contraction des vaisseaux.

VASOUILLARD, ARDE adj. ▪ FAM. Qui vasouille, est vaseux (II). *Une explication vasouillarde.* ◇ syn. VASOUILLEUX, EUSE.

VASOUILLER v. intr. [1] ▪ FAM. Être hésitant, peu sûr de soi, maladroit (dans une réponse, etc.). ⇒ FAM. **cafouiller,** s'**embrouiller, nager, patauger.** *Il vasouille à tous ses oraux.*

VASQUE n. f. ▪ **1.** Bassin ornemental peu profond qui peut être aménagé en fontaine. *Vasque de marbre.* **2.** Large coupe (pour décorer une table, etc.).

VASSAL, ALE, AUX n. ▪ **1.** HIST. Sous le système féodal, Homme lié personnellement à un seigneur, un suzerain qui lui concédait la possession effective d'un fief. **2.** Personne, groupe dépendant d'un autre et considéré comme un inférieur. ➝ appos. *Pays vassaux.* ⇒ **satellite.**

VASSALISER v. tr. [1] ▪ HIST., LITTÉR. Asservir, rendre semblable à un vassal. ► n. f. VASSALISATION

VASSALITÉ n. f. ▪ **1.** HIST. Dépendance de vassal à suzerain. ◇ syn. VX VASSELAGE n. m. **2.** fig. LITTÉR. Assujettissement, soumission.

VASSIEUX-EN-VERCORS ▪ Commune de la Drôme. 283 hab. *(les Vassivains* ou *Vertacomicoriens).* Incendié par les Allemands en juillet 1944, le village a été reconstruit ; un monument à la mémoire des 76 habitants qui furent alors massacrés y a été édifié.

le lac de VASSIVIÈRE ▪ Lac artificiel dans la Haute-Vienne (1 000 ha), créé par un barrage établi sur la Maulde. Site touristique.

VASTE adj. ▪ **1.** (surface) Très grand, immense. *Une vaste forêt.* **2.** Très grand ; ample. *C'est une église très vaste.* **3.** Important en quantité, en nombre. **4.** Étendu dans sa portée ou son action. *Il possède une vaste culture.* ➝ FAM. *C'est une vaste blague.*

VÄSTERÅS ▪ Ville de Suède, sur le lac Mälar, à l'ouest de Stockholm. 119 815 hab. Cathédrale gothique du XIIIᵉ s. Château du XIIIᵉ s. Centre industriel.

le VATICAN ▪ Résidence des papes, siège des services pontificaux, à Rome. Après le retour de la papauté d'Avignon à Rome (1377), il remplaça progressivement le Latran. Important musée. Bibliothèque. Chapelle Sixtine (Michel-Ange) ; loges peintes par Raphaël. ► **l'État de la Cité du VATICAN** s'étend autour de cette résidence (44 ha ; environ 1 000 hab.). Créé par les accords du Latran*, conclus entre Mussolini et la papauté en 1929, c'est le plus petit État du monde ; le pape en est le souverain. Célèbre basilique Saint-Pierre où eurent lieu deux conciles.

le Vatican. La basilique Saint-Pierre. *Phot. © Romer/Explorer*

VATICAN I ▪ Concile, réuni en 1869 par Pie IX et qui affirma le dogme de l'infaillibilité pontificale. ► **VATICAN II**, réuni par Jean XXIII et Paul VI de 1962 à 1965 pour moderniser l'Église.

VATICINATION n. f. ▪ LITTÉR. Prédiction de l'avenir. ⇒ **oracle, prophétie.**

VATICINER v. intr. [1] ▪ LITTÉR. Prédire l'avenir (en parlant comme un oracle), prophétiser.

VA-TOUT n. m. invar. ▪ aux cartes Coup où l'on risque tout son argent. ➝ loc. fig. *JOUER SON VA-TOUT :* risquer le tout pour le tout.

Sébastien Le Prestre de VAUBAN (1633 - 1707) ▪ Ingénieur militaire, maréchal de France. Responsable des fortifications sous le règne de Louis XIV. Son *"Projet d'une dîme royale",* critique franche de la fiscalité royale, fut interdit en 1707.

Jacques de VAUCANSON (1709 - 1782) ▪ Ingénieur français. Célèbres automates. Il inventa le premier métier à tisser automatique.

le VAUCLUSE [84] ▪ Département français de la région Provence-Alpes-Côte-d'Azur. 3 742 km². 467 075 hab. Chef-lieu : Avignon. Chefs-lieux d'arrondissement : Apt, Carpentras.

VAUCRESSON ▪ Commune des Hauts-de-Seine. 8 118 hab. *(les Vaucressonnais).*

le canton de VAUD en allemand ***WAADT*** ▪ Canton francophone de Suisse. 3 211 km². 599 798 hab. *(les Vaudois).* Chef-lieu : Lausanne. Tourisme (stations de sports d'hiver).

VAUDEVILLE [-vil] n. m. ▪ **1.** VX Chanson populaire à thème satirique. **2.** MOD. Comédie légère, divertissante, fertile en intrigues et rebondissements. **3.** Situation comique et compliquée.

VAUDEVILLESQUE [-vil-] adj. ▪ Qui a le caractère léger ou burlesque du vaudeville. *Une situation vaudevillesque.*

VAUDEVILLISTE [-vil-] n. ▪ Auteur de vaudevilles.

① **VAUDOIS, OISE** n. ▪ Membre d'une secte chrétienne intégriste fondée par Pierre Valdo* (fin XIIᵉ s.). ➝ adj. *L'hérésie vaudoise.* ▪ Prônant la pauvreté et contestant la hiérarchie ecclésiastique, les vaudois furent persécutés par Innocent III et l'Inquisition, puis décimés par les guerres de Religion.

② **VAUDOIS, OISE** adj. et n. ▪ Du pays de Vaud (en Suisse romande).

VAUDOU n. m. ▪ Culte religieux des Antilles, d'Haïti, mélange de pratiques magiques, de sorcellerie et d'éléments chrétiens. ➝ adj. invar. *Des cérémonies vaudou.*

Claude Favre, seigneur de VAUGELAS (1585 - 1650) ▪ Grammairien français. Il régla la langue d'après le « bon usage » de la Cour. *"Remarques sur la langue française"* (1647).

Sarah **Vaughan.** *Phot. © Artault/Gamma*

Sarah VAUGHAN (1924 - 1990) ▪ Chanteuse américaine de jazz.

Ralph VAUGHAN WILLIAMS (1872 - 1958) ▪ Compositeur britannique. Il puisa son inspiration dans le folklore national. Symphonies, œuvres chorales.

À VAU-L'EAU loc. adv. ▪ VIEILLI Au fil de l'eau. - fig. *Aller à vau-l'eau :* péricliter par une évolution naturelle, par inaction, passivité. *"À vau-l'eau"* (roman de Huysmans).

VAULX-EN-VELIN ▪ Commune du Rhône, dans la banlieue de Lyon. 44 174 hab. *(les Vaudais).*

Nicolas Louis VAUQUELIN (1763 - 1829) ▪ Chimiste français. Il découvrit le chrome (1797), et reconnut notamment la composition chimique de l'aragonite et de la calcite (1804).

VAURÉAL ▪ Commune du Val-d'Oise. 11 717 hab.

VAURIEN, ENNE n. ▪ **1.** VX Bandit, brigand. **2.** Jeune voyou. ⇒ **chenapan, galopin, garnement.**

VAUTOUR n. m. ▪ **1.** Oiseau rapace de grande taille, au bec crochu, à la tête et au cou dénudés, qui se nourrit de charognes et de détritus. **2.** Personne dure et rapace. ⇒ **requin.**

SE **VAUTRER** v. pron. réfl. [1] ▪ **1.** Se coucher, s'étendre (sur, dans qqch.) en prenant une position abandonnée (II, 2). *L'enfant se vautrait par terre.* - au p. p. *Il reste des heures vautré sur son lit.* **2.** Se complaire. *Ils se vautraient dans la paresse.*

Luc de Clapiers, marquis de VAUVENARGUES (1715 - 1747) ▪ Moraliste français. Il critiqua l'esprit de salon et alla à l'encontre du pessimisme de Pascal et de La Rochefoucauld. *"Maximes et réflexions"* (1746).

VAUVERT ▪ Commune du Gard. 10 296 hab. *(les Vauverdois).*

VAUX-LE-PÉNIL ▪ Commune de Seine-et-Marne. 8 143 hab. Musée du surréalisme.

VAUX-LE-VICOMTE ▪ Château situé près de Melun, construit de 1657 à 1661 par Le Vau pour Fouquet. Décoration de Le Brun, jardins de Le Nôtre.

Ivan VAZOV (1850 - 1921) ▪ Écrivain bulgare. *"Sous le joug"* (1890).

Vaux-le-Vicomte. Le château. *Phot. © de Selva/Tapabor*

VEAU n. m. ▪ **I. 1.** Petit de la vache, mâle ou femelle, pendant sa première année. - loc. *Pleurer comme un veau,* bruyamment. ♦ (allus. bibliques) *Tuer le* VEAU GRAS *:* faire un festin à l'occasion de réjouissances familiales (dans la Bible, pour le retour de l'enfant prodigue). - *Adorer le Veau d'or :* avoir le culte de l'argent. ■ Dans la Bible, le Veau d'or est une idole adorée par les Hébreux et détruite par Moïse à son retour du mont Sinaï. **2.** Viande de cet animal (viande blanche). *Escalope, tête de veau. Blanquette de veau.* **3.** Peau de veau ou de génisse, tannée et apprêtée. ⇒ ② **box, vélin.** *Reliure en veau.* **II.** FAM. **1.** (personnes) Nigaud, paresseux. *Vous n'êtes tous que des veaux !,* vous êtes tous veules. **2.** Mauvais cheval de course. - Automobile peu nerveuse. *Cette voiture est un vrai veau.*

Thorstein VEBLEN (1857 - 1929) ▪ Économiste américain. Son œuvre critique la société américaine.

VECTEUR n. m. ▪ **1.** MATH. Segment de droite orienté, formant un être mathématique sur lequel on peut effectuer des opérations. *Grandeur, direction, sens d'un vecteur.* **2.** BIOL. Animal transmettant un agent infectieux d'un sujet à un autre. **3.** Chose ou personne qui sert d'intermédiaire. **4.** MILIT. Véhicule capable de transporter une charge nucléaire.

VECTORIEL, IELLE adj. ▪ MATH. Relatif aux vecteurs. *Calcul vectoriel :* étude des opérations que l'on peut effectuer sur les vecteurs.

VÉCU, UE adj. ▪ adj. Qui appartient à l'expérience de la vie. ⇒ **réel.** *Histoire vécue.* ⇒ **vrai.** *Expérience vécue.* - n. m. *Le vécu.*

VÉDA n. m. ▪ DIDACT. Ensemble de textes religieux et poétiques formant les premiers documents littéraires de l'Inde ; chacun des recueils qui le composent. ⇒ **védique.** ■ Les quatre Védas (Rigveda, Samaveda, Yajurveda, Atharvaveda) sont considérés comme les textes fondamentaux de l'hindouisme.

VEDETTARIAT n. m. ▪ **1.** Condition sociale des vedettes. *Les contraintes du vedettariat.* **2.** Phénomènes liés à l'existence des vedettes.

VEDETTE n. f. ▪ **I. 1.** VX *Être en vedette :* en sentinelle. **2.** *Mettre* EN VEDETTE *:* mettre en évidence, en valeur. **3.** Fait d'avoir son nom imprimé en gros caractères. *Avoir, partager la vedette.* - *Avoir, tenir la vedette :* être au premier plan. **4.** Artiste qui a la vedette, personne qui jouit d'une grande renommée. *Les vedettes du cinéma.* ⇒ ② **étoile, star.** *C'est une des vedettes de l'actualité.* **II.** Petit navire de guerre chargé d'observations. - Canot rapide. *Les vedettes de la douane.*

VÉDIQUE adj. ▪ DIDACT. Relatif aux védas. *Hymnes védiques.*

Lope de VEGA → Lope de Vega

VÉGÉTAL, ALE, AUX n. m. et adj. ▪ **I.** n. m. Être vivant caractérisé, par rapport aux animaux, par des mouvements et une sensibilité plus faibles, une composition chimique particulière, une nutrition à partir d'éléments simples. ⇒ ① **plante, végétation.** *Étude des végétaux.* ⇒ **botanique. II.** adj. **1.** Relatif aux plantes. *Règne végétal* (opposé à *animal, minéral*). **2.** Qui provient d'organismes de végétaux. *Huiles végétales. Crin végétal.*

VÉGÉTARIEN, ENNE adj. et n. ▪ *Régime végétarien,* d'où sont exclus la viande, le poisson. - n. Personne qui suit ce régime.

VÉGÉTATIF, IVE adj. ▪ **1.** Qui concerne les fonctions physiologiques contrôlées par le système neurovégétatif. - Relatif à la partie du système nerveux qui innerve les viscères. ⇒ **sympathique** (I, 2). *Système végétatif centrifuge.* **2.** Qui évoque la vie des végétaux, par son inaction. ⇒ **inactif ; végéter.**

VÉGÉTATION n. f. ▪ **I. 1.** RARE Vie des végétaux ; pousse. **2.** COUR. Ensemble des végétaux, des plantes qui poussent en un lieu. ⇒ **flore.** *Zones de végétation* (glaciale, tempérée, tropicale...). *Une végétation luxuriante.* **II.** au plur. Hypertrophie des replis de la peau ou des muqueuses, notamment des amygdales *(végétations adénoïdes).*

VÉGÉTER v. intr. [6] ▪ **I.** VX Se développer (surtout des plantes). **II.** MOD. (compar. des plantes avec les animaux) **1.** péj. (plantes) Mal pousser, croître avec difficulté. **2.** (personnes) Avoir une activité réduite ; vivre dans une morne inaction ou rester dans une situation médiocre. ⇒ **vivoter.** ♦ (choses) *Son entreprise végète.*

VÉHÉMENCE n. f. ▪ LITTÉR. Force impétueuse (des sentiments ou de leur expression). ⇒ **ardeur, emportement, fougue, impétuosité.** *Il protesta avec véhémence.*

VÉHÉMENT, ENTE adj. ▪ LITTÉR. Qui a une grande force expressive, qui entraîne ou émeut. ⇒ **entraînant, fougueux.** *Un discours véhément. Un orateur véhément.*

VÉHICULAIRE adj. ▪ DIDACT. *Langue véhiculaire,* qui sert aux communications entre des peuples de langue maternelle différente (opposé à *vernaculaire*).

VÉHICULE n. m. ▪ **I.** DIDACT. Ce qui sert à transmettre, à faire passer d'un lieu à un autre, à communiquer. *Le langage, véhicule de la pensée.* ➛ RELIG. Voie du salut, dans le bouddhisme. *Le grand, le petit véhicule* (formes de bouddhisme). **II.** COUR. Engin de transport muni de roues. *Véhicule automobile.* ⇒ **voiture.** *Véhicule prioritaire.*

VÉHICULER v. tr. [1] ▪ **1.** Transporter (qqn) avec un véhicule (II). *Il les a véhiculées jusqu'à l'école.* ⇒ **conduire. 2.** Constituer un véhicule (I) pour (qqch.).

Véies. Tête de l'*Apollon de Véies.*
Musée étrusque de la Villa Giulia, Rome.
Phot. © G. de Brouhns

VÉIES ▪ Cité étrusque qui fut longtemps en lutte contre Rome avant de capituler en 396 av. J.-C.

Simone VEIL (née en 1927) ▪ Femme politique française. Ministre de la Santé (1974-1979), elle élabora la loi autorisant l'interruption volontaire de grossesse (I.V.G.). Présidente de l'Assemblée européenne de 1979 à 1982. Elle fut de 1993 à 1995 ministre d'État, ministre des Affaires sociales, de la Santé et de la Ville.

VEILLE n. f. ▪ **I. 1.** Action de veiller (I, 1) ; moment sans sommeil pendant le temps normalement destiné à dormir. *Les longues veilles passées à travailler.* **2.** Garde de nuit. *Elle a pris la veille cette nuit-là.* **3.** État d'une personne qui ne dort pas (opposé à *sommeil*). **II.** Jour qui en précède un autre, qui précède celui dont il est question. *La veille et l'avant-veille. La veille au soir.* ➛ loc. FAM. *Ce n'est pas demain la veille :* ce n'est pas pour bientôt. ➛ *À LA VEILLE DE* (un événement), dans la période qui le précède immédiatement. (+ inf.) *Être à la veille de faire qqch.,* sur le point de.

VEILLÉE n. f. ▪ **1.** Temps qui s'écoule entre le moment du repas du soir et celui du coucher, qui était consacré à des réunions familiales ou de voisinage. ⇒ **soirée.** *À la veillée.* **2.** loc. *VEILLÉE D'ARMES :* préparation morale à une épreuve, une action difficile. **3.** Action de veiller un malade, un mort ; nuit passée à le veiller. *Veillée funèbre.*

VEILLER v. [1] ▪ **I.** v. intr. **1.** Rester volontairement éveillé pendant le temps habituellement consacré au sommeil. ⇒ **veille** (I). **2.** Être de garde. *Veiller auprès d'un malade.* ➛ Être en éveil, vigilant. **II.** v. tr. **1.** v. tr. dir. Rester la nuit auprès de (un malade pour s'occuper de lui ; un mort). **2.** v. tr. ind. *VEILLER À qqch.,* y faire grande attention, s'en occuper activement. *Il veille au bon déroulement des opérations.* loc. *Veiller au grain.* (+ inf.) *Il faudra veiller à ranger tes affaires.* ➛ *VEILLER SUR qqn.*

VEILLEUR n. m. ▪ **1.** Soldat de garde. **2.** *VEILLEUR DE NUIT :* gardien (d'un magasin, d'une banque, d'un hôtel), qui est de service de nuit.

VEILLEUSE n. f. ▪ **1.** Petite lampe qu'on laisse allumée pendant la nuit ou en permanence dans un lieu sombre. ➛ Lanterne d'automobile. *Éteignez vos veilleuses.* ➛ *Mettre une lampe EN VEILLEUSE :* réduire la flamme. *Mettre, se mettre en veilleuse :* réduire l'activité. **2.** Petite flamme (d'un chauffe-eau à gaz, d'un réchaud).

VEINARD, ARDE adj. et n. ▪ FAM. Qui a de la veine (IV). ⇒ **chanceux, verni.** ➛ n. *Quelle veinarde !*

VEINE n. f. ▪ **I. 1.** Vaisseau à ramifications convergentes, qui ramène le sang des capillaires au cœur. *Les veines et les artères*.* **2.** Les vaisseaux sanguins, symboles de la vie (dans des loc.). *Ne pas avoir de sang dans les veines :* être lâche. **II. 1.** Filon mince (d'un minéral). *Exploiter une veine dans une mine.* **2.** Dessin coloré, mince et sinueux (dans le bois, les pierres dures). *Les veines du marbre.* **III. 1.** Inspiration de l'artiste. *La veine poétique, dramatique.* **2.** *EN VEINE DE... :* disposé à. *Être en veine de confidence.* **IV.** FAM. Chance (opposé à *déveine*). ⇒ FAM. **bol, pot.** *Avoir de la veine. C'est un coup de veine.*

VEINÉ, ÉE adj. ▪ **I.** Qui présente des veines apparentes sous la peau. **II.** Qui présente des veines, des filons.

VEINEUX, EUSE adj. ▪ Qui a rapport aux veines (I). *Système veineux. Circulation veineuse et artérielle.*

VEINULE n. f. ▪ **1.** Petit vaisseau qui, convergeant avec d'autres, forme les veines. **2.** Ramification extrême des nervures des feuilles.

VÉL-, VÉLI- Élément, du latin *velum* « voile (de bateau) ».

VÊLAGE n. m. ▪ **1.** Fait de vêler (vaches). **2.** GÉOGR. Désagrégation (de la banquise).

VÉLAIRE adj. ▪ PHONÉT. Qui est articulé près du voile du palais. [k] *est une consonne vélaire.* ➛ n. f. *Une vélaire.*

VÉLASQUEZ en espagnol ***DIEGO DE SILVA VELÁZQUEZ*** (1599-1660) ▪ Peintre espagnol. Peintre de Philippe IV (1623), il fit des portraits du roi, de sa famille et des gens de la Cour, bouffons et nains. Inversant la hiérarchie des valeurs espagnoles, il préféra les thèmes profanes aux sujets sacrés. Il suggéra admirablement la matière, la lumière et élabora de prodigieuses inventions de composition (*"Les Ménines", 1656*).

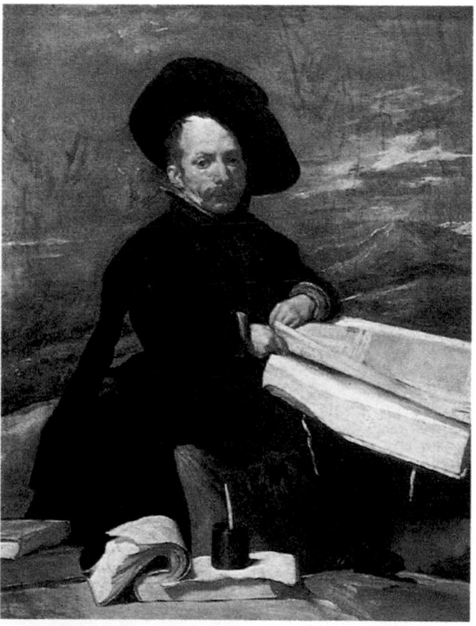

Vélasquez. *Le Bouffon « El Primo ».* Musée du Prado, Madrid.
Phot. © Nimatallah/Ricciarini

VELAY ▪ Région volcanique du Massif central, comprise entre l'Allier et le Vivarais et traversée par la Loire. Les *Monts du Velay* dominent le bassin du Puy.

VELCRO n. m. invar. (marque déposée) ▪ Ensemble de deux rubans qui s'agrippent par contact.

VÊLER v. intr. [1] ▪ (vache) Mettre bas, avoir son veau.

VÉLIN n. m. ▪ **1.** Peau de veau mort-né, plus fine que le parchemin ordinaire. *Manuscrit, ornements sur vélin.* ➛ Cuir de veau. *Reliure de vélin.* **2.** Papier très blanc et de pâte très fine. *Exemplaire sur vélin.*

Vence. La chapelle du Rosaire décorée par Matisse.
Phot. © de Guise/Explorer

VÉLIPLANCHISTE n. ▪ Personne qui pratique la planche à voile.

VÉLIQUE adj. ▪ DIDACT. Des voiles. *Point vélique :* centre de voilure.

VÉLITE n. m. ▪ HIST. Soldat d'infanterie légère.

VÉLIZY-VILLACOUBLAY ▪ Commune des Yvelines. 20 725 hab. *(les Véliziens).* Constructions aéronautique et automobile. Base aérienne militaire.

VELLÉITAIRE adj. et n. ▪ Qui n'a que des intentions faibles, ne se décide pas à agir. - n. *Un, une velléitaire.*

VELLÉITÉ n. f. ▪ Intention *(vouloir)* qui n'aboutit pas à une décision. *Il a eu des velléités de résister, de résistance.*

VÉLO n. m. ▪ **1.** Bicyclette. *Elle est à vélo, en vélo. Vélo tout-terrain* (V.T.T.). **2.** Fait de monter, de rouler à bicyclette. *Faire du vélo, aimer le vélo.* ⇒ **cyclisme.**

VÉLOCE adj. ▪ LITTÉR. Agile, rapide.

VÉLOCIPÈDE n. m. ▪ anciennt Appareil de locomotion, ancêtre de la bicyclette. ► adj. VÉLOCIPÉDIQUE

VÉLOCITÉ n. f. ▪ **1.** RARE Mouvement rapide. ⇒ **vitesse.** *Se déplacer avec une grande vélocité.* ⇒ **rapidité. 2.** Agilité, vitesse dans le jeu d'un instrument de musique. *Exercice de vélocité au piano.* ⇒ **virtuosité.**

VÉLODROME n. m. ▪ Piste entourée de gradins, aménagée pour les courses de bicyclettes. anciennt *Le Vélodrome d'hiver* (abrév. *Vel' d'hiv'*), à Paris.

VÉLOMOTEUR n. m. ▪ Vélo à moteur de petite cylindrée, entre 50 et 125 cm^3. ⇒ **cyclomoteur.**

VELOURS n. m. ▪ **1.** Tissu à deux chaînes superposées dont l'endroit est formé de poils très serrés et dressés. *Velours uni, côtelé. Pantalon de velours.* ♦ loc. fig. *Jouer sur le (du) velours :* agir sans risques. - *Faire patte de velours :* dissimuler un dessein de nuire sous une douceur affectée (comme le chat qui rentre les griffes). **2.** Ce qui donne une impression de douceur au toucher, à la vue, au goût. ⇒ **velouté.** *C'est du velours,* une boisson, une nourriture délectable. - plais. *Faire des yeux de velours,* des yeux doux.

VELOUTÉ, ÉE adj. et n. m. ▪ **1.** Qui a la douceur du velours. *Pêche veloutée.* ♦ fig. *Un regard velouté.* **2.** Doux et onctueux (au goût). *Potage velouté.* - n. m. *Un velouté d'asperges.* **3.** n. m. Douceur de ce qui est velouté au toucher ou à l'aspect. *Le velouté de la peau.*

VELOUTER v. tr. [1] ▪ Donner l'apparence, la douceur du velours à (qqch.).

VELU, UE adj. ▪ Qui a les poils très abondants. ⇒ **poilu.** *Mains velues.*

VÉLUM ou **VELUM** [velɔm] n. m. ▪ **1.** Grande pièce d'étoffe servant à tamiser la lumière ou à couvrir un espace sans toiture. **2.** ZOOL. Membrane (de méduses) servant à la locomotion.

VELUWE ▪ Région des Pays-Bas située entre la vallée du Rhin et l'IJsselmeer. Réserve biologique naturelle (parc national de la Haute-Veluwe, 5 400 ha).

VENAISON n. f. ▪ Chair de grand gibier (cerf, chevreuil, daim, sanglier).

le Comtat VENAISSIN → **Comtat venaissin**

VÉNAL, ALE, AUX adj. ▪ **1.** Qui se laisse acheter au mépris de la morale. ⇒ **cupide.** *Un politicien vénal.* ⇒ **corrompu.** - (choses) *Amour vénal.* **2.** ÉCON. Estimé en argent. *La valeur vénale d'un bien.*

VÉNALITÉ n. f. ▪ **1.** Fait d'être cédé pour de l'argent au mépris des valeurs morales. **2.** Caractère ou comportement d'une personne vénale. ⇒ **bassesse, corruption. 3.** HIST. *La vénalité des charges, des offices,* le fait qu'ils s'achetaient et se vendaient.

À TOUT **VENANT** loc. ▪ À chacun, à tout le monde. *Se confier à tout venant.* ⇒ **tout-venant.**

VENCE ▪ Commune des Alpes-Maritimes. 15 330 hab. *(les Vençois).* Ancienne cathédrale (XIe et XVIIe-XVIIIe s.). Chapelle décorée par Matisse. Centre commercial, touristique et artisanal.

VENCESLAS → **Wenceslas**

VENDABLE adj. ▪ Qui peut être vendu (opposé à *invendable*).

VENDANGE n. f. ▪ **1.** Fait de recueillir les raisins mûrs pour la fabrication du vin. *Faire la vendange, les vendanges.* ⇒ **vendanger. 2.** au plur. Époque des vendanges, en automne. **3.** Raisin récolté pour faire le vin. *La vendange est abondante.*

VENDANGER v. [3] ▪ **1.** v. tr. Récolter les raisins pour faire le vin. **2.** v. intr. Cueillir les raisins et les transporter.

VENDANGEUR, EUSE n. ▪ Personne qui fait les vendanges.

la VENDÉE ▪ Rivière de l'Ouest de la France, affluent de la Sèvre Niortaise. 70 km.

la VENDÉE [85] ▪ Département français de la région Pays de la Loire. 6 719 km^2. 483 027 hab. Chef-lieu : La Roche-sur-Yon. Chefs-lieux d'arrondissement : Fontenay-le-Comte, Les Sables-d'Olonne.

la guerre de VENDÉE ▪ Insurrection contre-révolutionnaire de Vendée et d'Anjou. Comme les chouans, les Vendéens catholiques refusèrent la Constitution civile du clergé votée par l'Assemblée constituante. Le peuple, dirigé par Cathelineau, se souleva contre le décret ordonnant le recrutement de 300 000 hommes par l'armée de la Convention (1793). Les nobles royalistes fournirent des généraux : Charette, Elbée, La Rochejaquelein, Stofflet mais les Vendéens furent vaincus par les républicains (Kléber, Marceau) en 1793 et en 1795-1796 (Hoche), dans un conflit impitoyable. Les Vendéens se soulevèrent encore durant les Cent-Jours (1815).

VENDÉMIAIRE n. m. ▪ HIST. Premier mois du calendrier révolutionnaire (22-23 septembre).

VENDETTA [vɑ̃deta ; -ɛtta] n. f. ▪ Coutume corse, par laquelle les membres de deux familles ennemies poursuivent une vengeance réciproque jusqu'au crime.

VENDEUR, EUSE ▪ **I.** n. **1.** Personne qui vend ou a vendu qqch. (s'oppose à *acheteur, client*). **2.** Personne dont la profession est de vendre (en général, sans commerce fixe). ⇒ **marchand.** *Vendeur ambulant.* ⇒ **colporteur. 3.** Employé chargé d'assurer la vente. *Vendeuse de grand magasin.* **4.** Personne qui connaît et applique les procédés de vente. *Ce directeur commercial est un excellent vendeur.* **II.** adj. **1.** Disposé à vendre. *Il n'est pas vendeur à ce prix.* **2.** Qui fait vendre. *Une présentation très vendeuse.*

VENDÔME ▪ Chef-lieu d'arrondissement du Loir-et-Cher. 17 525 hab. *(les Vendômois).* Église abbatiale de la Trinité (XIe-XVIe s.).

le duc de VENDÔME ▪ Titre donné au fils naturel d'Henri IV, César (1594 - 1665), et aux aînés de sa descendance. ► **Louis-Joseph de VENDÔME** (1654 - 1712), illustre général au service de Philippe V d'Espagne.

VENDRE v. tr. [41] ▪ **1.** Céder (qqch.) à qqn en échange d'une somme d'argent (s'oppose à *acheter*). ⇒ **vente.** *Il a vendu ses livres. Vendre qqch. (à) tel prix, tant. Vendre à perte.* - *À vendre :* offert pour la vente. ♦ Faire commerce de (ce que l'on a fabriqué ou acheté). *Vendre qqch. au détail. Vendre en solde.* ⇒ **brader, liquider, solder.** ♦ Organiser, faire la vente de. *Pays qui vend des produits finis.* ⇒ **exporter.** **2.** souvent péj. Accorder ou céder (un avantage, un service) en faisant payer, ou contre un avantage matériel. *Vendre ses charmes.* **3.** Exiger qqch. en échange de. *Vendre chèrement sa vie :* se défendre avec vaillance jusqu'à la mort. **4.** Trahir, dénoncer (qqn). *Il a vendu ses complices.* ⇒ **donner, livrer.** ► SE **VENDRE** **v. pron. 1.** (passif) Être vendu. *Ce modèle se vend bien.* **2.** (réfl.) Se mettre au service de qqn par intérêt matériel (⇒ **vénal, vendu**). *Se vendre à un parti.*

VENDREDI **n. m.** ▪ Cinquième jour de la semaine*, qui succède au jeudi. *Vendredi prochain. Le vendredi saint :* anniversaire de la Crucifixion, précédant le dimanche de Pâques. - prov. *Tel qui rit vendredi dimanche pleurera.*

VENDU, UE **adj.** ▪ **1.** (choses) Cédé pour de l'argent. *Adjugé, vendu !* (aux enchères). **2.** (personnes) Qui a aliéné sa liberté, promis ses services pour de l'argent. *Juge vendu.* ⇒ **corrompu, vénal.** **3. n.** Personne qui a trahi pour de l'argent. ⇒ **traître.** - Crapule, homme sans honneur (injure). *Tas de vendus !*

VENELLE **n. f.** ▪ Petite rue étroite. ⇒ **ruelle.**

VÉNÉNEUX, EUSE **adj.** ▪ (végétaux) Qui contient un poison, qui peut empoisonner. ⇒ **toxique.** *Champignons vénéneux.*

VÉNÉRABLE **adj.** ▪ **1.** LITTÉR. ou plais. Digne de vénération. *Un personnage vénérable.* - *D'un âge vénérable :* très vieux. ⇒ **respectable.** *Cette vénérable institution.* **2. n. m.** RELIG. Celui qui a obtenu le premier degré de la canonisation (avant *bienheureux* et *saint*). *Bède le Vénérable.* ♦ Président d'une loge maçonnique.

VÉNÉRATION **n. f.** ▪ **1.** Respect religieux. **2.** Grand respect fait d'admiration et d'affection. ⇒ **adoration, culte, dévotion.** *Il a pour son père une véritable vénération.*

VÉNÉRER **v. tr.** [6] ▪ **1.** Considérer avec le respect dû aux choses sacrées. ⇒ **adorer, révérer.** *Vénérer un saint.* **2.** LITTÉR. Avoir un grand respect, empreint d'affection pour (qqn, qqch.). ⇒ **adorer.**

VÉNERIE **n. f.** ▪ **1.** Art de la chasse à courre. *Petite, grande vénerie.* **2.** Administration des officiers des chasses (⇒ **veneur**).

VÉNÉRIEN, ENNE **adj.** ▪ *Maladies vénériennes :* maladies contagieuses qui se communiquent par les rapports sexuels (blennorragie, syphilis...). ⇒ **M.S.T.**

VÉNÉROLOGIE **n. f.** ▪ MÉD. Médecine des maladies vénériennes. ► **n.** VÉNÉROLOGUE

les VÉNÈTES ▪ Peuple indo-européen de l'Antiquité qui s'établit principalement en Armorique et sur l'Adriatique, au Ier millénaire av. J.-C.

la VÉNÉTIE ▪ Région du nord-est de l'Italie, ancien territoire de la république de Venise cédé à l'Autriche en 1797 par le traité de Campo Formio et rattaché à l'Italie en 1866. On distingue la *Vénétie julienne,* formant avec le Frioul une région administrative, la *Vénétie tridentine* intégrée au Trentin-Haut-Adige, et la *Vénétie euganéenne* ou *Vénétie* proprement dite. ► **la VÉNÉTIE** en italien ***VENETO*** Région administrative de l'Italie. 18 364 km². 4 380 587 hab. Chef-lieu : Venise. Productions agricoles. Industries dans la zone portuaire de Venise.

VENEUR **n. m.** ▪ Celui qui organise les chasses à courre. - *Grand veneur :* chef d'une vénerie.

le VENEZUELA ▪ État du nord de l'Amérique du Sud, sur la mer des Antilles. 912 050 km². 20 000 000 hab. *(les Vénézuéliens).* Capitale : Caracas. Langue officielle : espagnol. Monnaie : bolívar. Quatre régions géographiques : le littoral, la région montagneuse au nord (Andes), les plaines au centre et le plateau de la Guyane au sud-est. Pays à économie faiblement industrialisée mais grand exportateur de pétrole (Maracaibo). Le Venezuela est membre de l'O.P.E.P. □ **HISTOIRE** Découvert par Christophe Colomb en 1498, le pays fut colonisé par les Espagnols entre le XVIe et le XVIIIe s. La lutte pour l'indépendance, commencée par Miranda* en 1810, se poursuivit avec Bolívar* et aboutit à l'expulsion des Espagnols en 1821. Jusqu'en 1830, il fut intégré à la fédération de Grande-Colombie. Le XIXe s. fut une période de dictatures successives. À partir de 1920, l'essor pétrolier transforma le pays tandis que les États-Unis jouaient un rôle politique croissant. En 1958, l'élection du président démocrate Rómulo Betancourt mit fin aux dictatures et ouvrit une période de réformes. Le développement économique, dû au pétrole, reste depuis 1984 fragile et mal réparti dans la population (émeute de la faim en 1989).

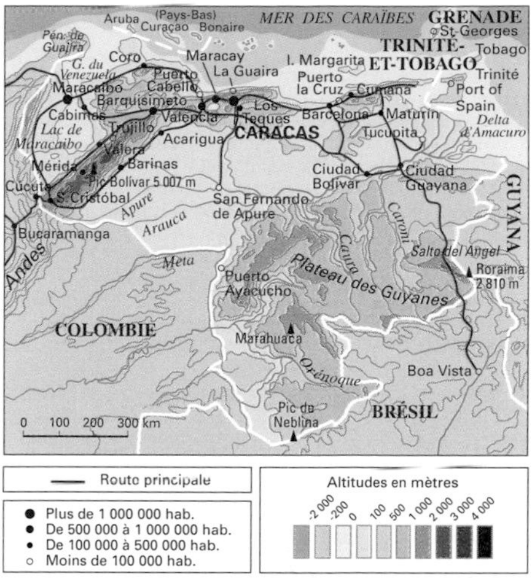

Venezuela.

VÉNÉZUÉLIEN, IENNE **adj.** et **n.** ▪ Du Venezuela. - **n.** *Les Vénézuéliens.*

VENGEANCE **n. f.** ▪ Action de se venger ; dédommagement moral de l'offensé par punition de l'offenseur. ⇒ **vendetta.** *Tirer vengeance d'un affront. Soif, désir de vengeance.* - loc. prov. *La vengeance est un plat qui se mange froid :* il faut savoir attendre pour se venger.

VENGER **v. tr.** [3] ▪ **1.** Dédommager moralement (qqn) en punissant son offenseur. *Venger qqn d'un affront. Venger la mémoire d'un ami.* - (sujet chose) Constituer une vengeance ou une compensation pour (qqn). *Son échec me venge.* **2.** LITTÉR. Réparer (une offense) en punissant l'offenseur. *Venger une injure, un affront.* ► SE **VENGER** **v. pron. 1.** Rendre une offense (à qqn) pour se dédommager moralement. *Elle s'est vengée de lui. Je me vengerai.* **2.** Se dédommager (d'une offense) en punissant son auteur. *Se venger d'une insulte, d'une injure.*

VENGEUR, VENGERESSE ▪ **1. adj.** Qui venge (une personne, sa mémoire, ses intérêts). - LITTÉR. *Un bras vengeur,* animé par la vengeance. **2. n.** Personne qui venge, punit (rare au fém.). *Le vengeur de qqn ; d'une offense.*

VÉNIEL, ELLE **adj.** ▪ *Péché véniel :* faute digne de pardon (opposé à *péché mortel*).

VENIMEUX, EUSE **adj.** ▪ **1.** (animaux) Qui a du venin. *Serpents venimeux.* **2.** fig. Haineux, perfide. *Des remarques, des allusions venimeuses.*

VENIN **n. m.** ▪ **1.** Substance toxique sécrétée par certains animaux, et qu'ils injectent par piqûre ou morsure. *Crochets à venin d'un serpent.* - Substance végétale toxique. **2.** fig. Haine, méchanceté perfide. *Répandre son venin contre qqn.* loc. *Cracher son venin :* dire des méchancetés dans un accès de colère.

VENIR **v. intr.** [22] ▪ **I.** (sens spatial) Se déplacer de manière à aboutir dans un lieu. ⇒ **aller,** se **déplacer,** se **rendre.** **1.** (sans compl. de lieu) *Venez avec moi :* accompagnez-moi. *Aller et venir.* - *Faire venir qqn, qqch.* - VOIR VENIR. *Je te vois venir :* je devine tes intentions. *Voir venir* (les événements) : attendre prudemment. **2.** (avec un compl. marquant le terme du mouvement) VENIR À, CHEZ, DANS... *Venez ici. Il vient vers nous, jusqu'à nous.* - VENIR À *qqn,* aller le trouver*. ♦ (choses) *Idée qui vient à l'esprit.* - impers. *Jamais il ne m'est venu à l'esprit de* (+ inf.). **3.** Parvenir (à un but, une étape). *Venir à bout de qqch.* - *Il faudra bien qu'il y vienne,* qu'il accepte. - VENIR À (un sujet, une question). ⇒ **aborder.** EN VENIR À : finir par faire, par employer, après une évolution. *En venir aux mains, aux coups. Où veut-il en venir ?* **4.** VENIR DE (avec un compl. marquant le point de départ, l'origine). *D'où venaient-ils ? Les nuages* *viennent de l'ouest.* ‑ *Des biens qui lui venaient de son grand-père* (par héritage). **5.** Provenir, sortir de. *La plupart des mots français viennent du latin.* ⇒ **dériver. 6.** Avoir pour cause ; être l'effet de. ⇒ **découler.** *Son malheur vient de son imprévoyance. Cela vient de ce que* (+ indic.). ‑ impers. *De là vient que..., d'où vient que... :* c'est pourquoi. **II.** (semi-auxiliaire ; + inf.) **1.** Se déplacer (pour faire). *J'irai la voir et ensuite je viendrai vous chercher.* **2.** *VENIR À* (+ inf. ; surtout à la 3e pers.) : se trouver en train de faire, de subir qqch. *S'il venait à mourir.* ‑ impers. *S'il venait à passer quelqu'un.* **3.** *VENIR DE* (+ inf.) : avoir (fait) très récemment, avoir juste fini de. *Elle vient de sortir. Elle venait d'être malade.* **III.** Arriver, se produire, survenir. **1.** (personnes) Arriver (dans la vie). *Ceux qui viendront après nous.* ⇒ **succéder.** ‑ (événements) Se produire. ⇒ **survenir.** *Prendre les choses comme elles viennent.* ‑ (temps) *L'heure est venue de réfléchir. Le jour viendra où nous pourrons réussir.* ‑ au p. p. *La nuit venue,* tombée. ♦ loc. adv. *À VENIR.* ⇒ **avenir.** *Les générations à venir.* **2.** (végétaux, tissus vivants) Naître et se développer. ⇒ **pousser.** *Un sol où le blé vient bien.* **3.** (idées, créations) *Les idées ne viennent pas. Alors, ça vient ? :* allez-vous répondre ? *L'idée lui est venue subitement.* ► **S'EN VENIR v. pron.** RÉGIONAL Venir, arriver.

VENISE en italien ***VENEZIA*** ▪ Ville d'Italie, chef-lieu de la Vénétie, bâtie sur un groupe d'îlots dans la lagune de Venise sur l'Adriatique. 324 294 hab. *(les Vénitiens).* Un des plus grands centres touristiques au monde en raison de son site exceptionnel (env. 200 canaux dont le *Grand Canal,* plus de 400 ponts dont le *Rialto*) et de son passé artistique très riche : palais des Doges, place et basilique Saint-Marc, nombreuses églises du Moyen Âge et de la Renaissance, peintures (musées de l'Académie, Scuola [« école »] di San Rocco, etc.). Industries de luxe, festival de cinéma, biennale. Station balnéaire au Lido de Venise. Industrie en plein essor (métallurgie, chimie) sur la terre ferme (Mestre). 3e port d'Italie (Porto Marghera-Mestre). La ville est menacée par l'eau et la pollution. □ **HISTOIRE** Fondée au VIe s. et dirigée par un chef élu, le doge, la *république de Venise* se plaça sous la protection de l'Empire byzantin au IXe s. Du Xe au XIIe s., elle fonda sa puissance sur les échanges commerciaux maritimes, notamment entre l'Orient et l'Occident (Byzance lui octroya des privilèges commerciaux considérables). De 1204 (prise de Constantinople par les croisés) jusqu'au conflit avec les Ottomans (XVe s.), elle connut son apogée : Venise fut la maîtresse des mers et bâtit un véritable empire colonial. Une période de décadence économique s'ensuivit. Du XIVe s. à la fin du XVIIIe s., l'art fut florissant : architecture, puis peinture (école vénitienne : Bellini, Giorgione, Titien, Tintoret, Véronèse, Tiepolo), musique (Monteverdi, Vivaldi). En 1797, Bonaparte abolit l'État vénitien et le céda à l'Autriche. → **Vénétie.**

Venise. La pointe de la Douane et l'église Santa Maria della Salute (au premier plan, le quartier de l'Arsenal). *Phot. © Pix*

VÉNISSIEUX ▪ Commune du Rhône, dans la banlieue de Lyon. 60 444 hab. *(les Vénissians).* Centre industriel et résidentiel.

VÉNITIEN, IENNE adj. et **n.** ▪ De la ville de Venise. ‑ *Blond vénitien :* blond tirant sur le roux. ‑ **n.** *Les Vénitiens, les Vénitiennes.*

Éleuthérios VENIZÉLOS (1864 ‑ 1936) ▪ Homme politique grec. Plusieurs fois Premier ministre, il est l'artisan de la Grèce moderne.

VENT n. m. ▪ **I.** Déplacement naturel de l'atmosphère. **1.** Mouvement de l'atmosphère ressenti au voisinage du sol ; déplacement d'air. *Vent modéré* (⇒ **brise**), violent, glacial (⇒ **bise**). *Le vent du nord,* qui vient du nord. *Le vent souffle, se lève, tombe. Il y a du vent, il fait du vent. Coup, rafale de vent.* ‑ loc. *Passer en COUP DE VENT :* rapidement. ‑ loc. *Au vent* (dans la direction du vent) ; *sous le vent* (dans la direction opposée). *Les îles sous le vent.* ♦ *À VENT :* mû par l'air. *Moulin à vent.* ♦ *Les quatre vents :* les quatre points cardinaux (directions des vents). *Aux quatre vents ; à tous les vents :* partout, en tous sens. **2.** L'atmosphère, l'air (généralement agité par des courants). *Flotter, voler au vent. Exposé au vent* (⇒ **éventé**). *En plein vent :* en plein air. *Le nez au vent :* le nez en l'air, d'un air étourdi. ‑ loc. *Autant en emporte* le vent.* **3.** loc. (Symbole des impulsions, des influences) *Contre vents et marées :* envers et contre tout. *Avoir le vent en poupe*. Être dans le vent,* à la mode. ‑ *Quel bon vent vous amène ? :* quelle est la cause de votre venue ? (formule d'accueil). iron. *Bon vent ! :* bon débarras. ‑ *Le vent tourne :* les événements vont changer. *Le vent était à l'optimisme.* ‑ (Symbole de vitesse) *Aller comme le vent, plus vite que le vent.* **4.** *Du vent :* des choses vaines, vides. **5.** *AVOIR VENT DE :* avoir connaissance de. **II. 1.** Déplacement d'air, de gaz. *Sentir le vent du boulet,* un danger proche. ‑ *Personne qui fait du vent,* fait l'importante. **2.** *Instrument* (de musique) *à vent,* dans lequel on souffle. **3.** au plur. Gaz intestinaux. ⇒ **pet.**

les îles du VENT ▪ Partie orientale des Petites Antilles, comprenant les îles françaises de la Guadeloupe, de Saint-Martin et de la Martinique, ainsi que les îles Dominique, Sainte-Lucie, Saint-Vincent et les Grenadines, Grenade, Barbade, Trinité-et-Tobago.

LA VENTA ▪ Site archéologique olmèque (entre 1000 et 600 av. J.-C.) du Mexique (État de Tabasco), sur la côte du golfe du Mexique.

VENTE n. f. ▪ **1.** Échange d'un bien contre de l'argent (⇒ **vendre**). *Procéder à la vente d'un bien.* ‑ loc. *En vente :* pour être vendu, ou disponible dans le commerce. ‑ *Magasin, lieu, point de vente.* ‑ *Vente au comptant, à crédit, à tempérament. Prix de vente. Vente en gros, au détail. Vente par correspondance* (abrév. V.P.C.). **2.** Réunion des vendeurs et des acquéreurs éventuels, au cours de laquelle on vend publiquement. *Vente aux enchères.* ⇒ **adjudication.** *Salle des ventes.* ‑ *Vente de charité,* au cours de laquelle on vend au bénéfice d'une œuvre des objets généralement donnés.

VENTÉ, ÉE adj. ▪ Soumis au vent. ⇒ **éventé, venteux.** *Une plage ventée.*

VENTER v. impers. [1] ▪ (vent) Souffler. *Il vente :* il fait du vent. ‑ loc. *Qu'il pleuve ou qu'il vente :* par tous les temps.

VENTEUX, EUSE adj. ▪ Où il y a beaucoup de vent. ⇒ **éventé, venté.** *Plaine venteuse.*

VENTILATEUR n. m. ▪ Appareil servant à brasser de l'air. spécialt Mécanisme utilisé dans le refroidissement du moteur d'une automobile. *Courroie de ventilateur.* ◇ abrév. FAM. VENTILO.

VENTILATION n. f. ▪ **I.** Opération par laquelle l'air est brassé, renouvelé ou soufflé. ⇒ **aération.** *La ventilation de cette salle est insuffisante.* **II.** Répartition entre divers comptes. *Ventilation des frais généraux.*

VENTILER v. tr. [1] ▪ **I.** Produire un courant d'air dans, sur. ⇒ **aérer.** ‑ au p. p. *Une cave mal ventilée.* **II.** Répartir (une somme totale) entre plusieurs comptes. *Ventiler les dépenses.* ‑ Répartir en plusieurs groupes (des choses, des personnes).

VENTÔSE n. m. ▪ HIST. Sixième mois du calendrier révolutionnaire commençant le 19, 20 ou 21 février.

VENTOUSE n. f. ▪ **1.** Petite cloche de verre appliquée sur la peau après qu'on y a raréfié l'air, pour provoquer une révulsion. **2.** Organe où un vide partiel se fait, et qui sert à sucer, aspirer. ‑ *Faire ventouse :* adhérer. ‑ fig. *Voiture ventouse,* en stationnement permanent. **3.** Dispositif (rondelle de caoutchouc, etc.) qui se fixe par vide partiel sur une surface plane.

le mont VENTOUX ▪ Montagne des Préalpes du Sud. 1 909 m. Observatoire météorologique.

VENTRAL, ALE, AUX adj. ▪ **1.** Du ventre, de l'abdomen. ⇒ **abdominal.** *Nageoires ventrales.* **2.** Qui se porte sur le ventre. *Parachute ventral.*

VENTRE n. m. ▪ **I.** (chez l'être humain) **1.** Partie antérieure de la cavité qui contient l'intestin (⇒ **abdomen**) ; paroi antérieure du bassin, au-dessous de la taille. *Le dos et le ventre. Être allongé, couché sur le ventre.* ➝ loc. *À plat ventre.* fig. *Se mettre à plat ventre devant qqn* : s'humilier par intérêt. ➝ *Marcher, passer sur le ventre (de, à qqn)*, l'éliminer dans son intérêt. ➝ *BAS-VENTRE.* ⇒ **bas-ventre.** ♦ *Danse du ventre* : danse orientale où la danseuse remue les hanches et le bassin. **2.** (animaux) Paroi inférieure du corps (opposé à *dos*). *Le ventre argenté d'un poisson.* ➝ loc. (cheval) *Courir VENTRE À TERRE*, très vite. **3.** Proéminence que forme la paroi antérieure de l'abdomen, de la taille au bas-ventre. ⇒ FAM. **bedaine, bedon, bide, brioche, panse.** *Rentrer le ventre. Avoir, prendre du ventre.* ♦ loc. *Le ventre mou* (de qqn, qqch.) : la partie faible, peu résistante. **4.** L'abdomen en tant que siège de la digestion (estomac et intestins). *Se remplir le ventre. Avoir mal au ventre*, aux intestins. ➝ loc. *Avoir le ventre creux*, l'estomac vide. *Avoir les yeux plus grands que le ventre* : vouloir manger plus qu'on ne peut. **5.** L'abdomen féminin en tant que siège de la gestation et des organes génitaux internes. ⇒ **sein** (3), **utérus. 6.** Intérieur du corps ; siège de la vie, de l'énergie. loc. *Avoir, mettre du cœur au ventre*, de l'énergie, du courage. *Il n'a rien dans le ventre* : il est lâche. ➝ *Chercher à savoir ce que qqn a dans le ventre*, quels sont ses projets, ses intentions secrètes. **II.** Partie creuse, lorsqu'elle présente à l'extérieur un renflement. *Le ventre d'une cruche.* ➝ Partie bombée de la coque d'un bateau.

VENTRÉE n. f. ▪ FAM. Nourriture qui remplit bien le ventre. *Une bonne ventrée de soupe.*

VENTRICULAIRE adj. ▪ ANAT. D'un ventricule, des ventricules.

VENTRICULE n. m. ▪ ANAT. **1.** Chacun des deux compartiments inférieurs (du cœur), séparés par une cloison. **2.** Cavité importante de l'encéphale. *Ventricules latéraux, ventricule moyen.*

VENTRILOQUE n. et adj. ▪ n. Personne qui peut articuler sans remuer les lèvres, d'une voix étouffée qui semble venir du ventre. ➝ adj. *Il est ventriloque.*

VENTRIPOTENT, ENTE adj. ▪ LITTÉR. Qui a un gros ventre. ⇒ **gros, ventru.**

VENTRU, UE adj. ▪ **1.** Qui a un gros ventre. ⇒ **gros, pansu, ventripotent. 2.** (choses) Renflé, bombé.

VENU, UE adj. et n. ▪ **1.** LITTÉR. *Être BIEN, MAL VENU* : arriver à propos (ou non) ; être bien (ou mal) accueilli. ➝ *Être mal venu de* (+ inf.) : n'être pas fondé à. *Vous seriez mal venu d'insister.* **2.** *BIEN, MAL VENU* : qui s'est développé (bien, mal). *Un enfant mal venu*, chétif. **3.** n. *Le PREMIER VENU* : n'importe qui. *Ce n'est pas la première venue.* ➝ *Les nouveaux, les derniers venus.*

VENUE n. f. ▪ **1.** Action, fait de venir (I). ⇒ **arrivée.** *Des allées* et venues.* **2.** LITTÉR. Action, fait de venir (III), **de se produire, d'arriver.** *La venue du beau temps.* **3.** loc. *D'une seule venue, tout d'une venue* : d'un seul jet (en parlant des plantes, des arbres).

VÉNUS [-ys] n. f. ▪ **I.** Très belle femme. **II.** ZOOL. Mollusque bivalve. ⇒ **praire.**

VÉNUS ▪ Déesse de la Beauté et de l'Amour, dans la mythologie romaine, identifiée à l'Aphrodite grecque.

VÉNUS ▪ Planète du système solaire, très brillante, appelée aussi « étoile du Berger ». Diamètre : 12 104 km. Elle décrit une orbite autour du Soleil en 224 jours, 16 h et 48 mn et tourne sur elle-même en 243 jours environ.

Vénus. Vue globale de la surface photographiée par la sonde orbitale russe *Venera* 13 et 14.
Phot. © 1991 Owen (D.B.) Black Star/Rapho

VÊPRES n. f. pl. ▪ **I.** Cérémonie religieuse (catholique) qui se fait l'après-midi. **II.** HIST. *Les Vêpres siciliennes* : massacre des Français en Sicile (le lundi de Pâques 1282, à l'heure des vêpres).

VER [vɛʀ] n. m. ▪ **I.** COUR. **1.** Petit animal au corps mou (insecte, larve) sans pattes. *Il y a des vers dans ce fruit. Se tortiller comme un ver.* ♦ (expressions) *VER DE TERRE* : lombric terrestre, annelé et rougeâtre. ➝ *Ver solitaire* : le ténia. ➝ *Ver blanc* : larve de hanneton ; asticot. ➝ *Ver luisant* : femelle d'un coléoptère (le lampyre) qui brille la nuit ; luciole. ➝ *Ver à soie* : chenille du bombyx du mûrier, qui s'enferme dans un cocon fait d'un enroulement de fils de soie. **2.** loc. *Être nu comme un ver*, tout nu. ➝ *Tirer les vers du nez de qqn*, le faire parler, avouer. **3.** Vermine qui, selon la croyance populaire, ronge la chair des morts. **II.** ZOOL. *Les vers.* **1.** VX Invertébrés, à l'exception des insectes. **2.** MOD. Métazoaires à mésoderme, sans cavité centrale *(vers plats)* ou avec cette cavité (annélides, etc.).

VÉRACITÉ n. f. ▪ **1.** LITTÉR. Qualité d'une personne qui dit la vérité. *Décrire, raconter avec véracité.* ⇒ **exactitude, fidélité. 2.** Qualité de ce qui est rapporté avec véracité (1). *La véracité de son témoignage.* ⇒ **authenticité, sincérité.**

VERACRUZ ▪ Ville, port et station balnéaire du Mexique, sur le golfe du Mexique. 470 000 hab. Centre industriel. Monuments de l'époque coloniale.

VÉRANDA n. f. ▪ Galerie vitrée contre une maison, servant généralement de petit salon.

VERBAL, ALE, AUX adj. ▪ **I.** Du verbe (II) ; relatif au verbe. *Désinences verbales. Adjectif verbal* : participe présent du verbe, adjectivé (ex. *partant*). *Locution verbale* : groupe de mots formé d'un verbe et d'un complément (ex. *prendre froid*). **II. 1.** Qui se fait de vive voix (opposé à *écrit*). ⇒ **oral.** *Promesse verbale.* **2.** Qui se fait, s'exprime par des mots et non par d'autres signes. *Violence verbale.* **3.** Qui concerne les mots plutôt que la chose ou l'idée. *Une explication purement verbale.* ⇒ **formel.**

VERBALEMENT adv. ▪ **1.** De vive voix et non par écrit. ⇒ **oralement. 2.** Par des mots. *S'exprimer verbalement.*

VERBALISER v. 1 ▪ **I.** v. intr. Dresser un procès-verbal (1). **II.** v. tr. Exprimer (qqch.) par le langage. ► n. f. VERBALISATION

VERBALISME n. m. ▪ péj. Utilisation des mots pour eux-mêmes au détriment de l'idée (et sans intention esthétique). ⇒ **verbiage.**

VERBE n. m. ▪ **I. 1.** (avec une majuscule) RELIG. CHRÉT. Parole (de Dieu) adressée aux hommes. *Le Verbe de Dieu.* **2.** LITTÉR. Expression de la pensée (oralement ou par écrit) au moyen du langage. ⇒ **langage, langue.** *La magie du verbe.* **3.** Ton de voix. loc. *Avoir le verbe haut* : parler très fort ; parler, décider avec hauteur. **II.** Mot qui exprime une action, un état, un devenir, et qui présente un système complexe de formes (⇒ **conjugaison**). *Formes, temps, modes, personnes du verbe. Verbe transitif, intransitif, pronominal.*

VERBEUX, EUSE adj. ▪ Qui dit les choses en trop de paroles, trop de mots. *Un orateur verbeux.* ⇒ **bavard, prolixe.** *Commentaire verbeux.* ► adv. VERBEUSEMENT

VERBIAGE n. m. ▪ Abondance de paroles, de mots vides de sens ou qui disent peu de chose. ⇒ **bavardage.**

VERBOSITÉ n. f. ▪ LITTÉR. Caractère verbeux.

VERCEIL en italien ***VERCELLI*** ▪ Ville d'Italie (Piémont). 50 813 hab. Nombreux monuments.

VERCINGÉTORIX (v. 72 - 46 av. J.-C.) ▪ Chef gaulois des Arvernes. Il mena une coalition des peuples gaulois contre César, en 52 av. J.-C. : après avoir battu les Romains devant Gergovie, il fut encerclé dans Alésia, dut se rendre et fut exécuté à Rome.

Jean Bruller dit **VERCORS** (1902 - 1991) ▪ Écrivain français. *"Le Silence de la mer"*, roman publié clandestinement pendant la Résistance (1942), montra l'impossibilité de fraterniser avec un ennemi pourtant proche culturellement.

le VERCORS ▪ Massif des Préalpes françaises. Point culminant : Grand Veymont (2 341 m). Parc naturel régional (135 000 ha), créé en 1970. Pendant l'été 1944, 3 500 maquisards luttèrent héroïquement contre les Allemands, qui se livrèrent à de terribles représailles.

VERDÂTRE adj. ▪ Qui tire sur le vert, est d'un vert un peu sale et trouble. *Teinte verdâtre.*

VERDEUR n. f. ▪ **1.** Vigueur de la jeunesse (chez qqn qui n'est plus jeune). **2.** Acidité (d'un fruit vert, d'un vin trop vert). **3.** Liberté, spontanéité savoureuse dans le langage.

Giuseppe VERDI (1813 - 1901) ▪ Un des plus célèbres compositeurs italiens, en même temps qu'un héros national. Dans ses opéras, la musique est au service d'une action dramatique intense : *"Rigoletto"* (1851); *"La Traviata"* (1853); *"Le Trouvère"* (1853).

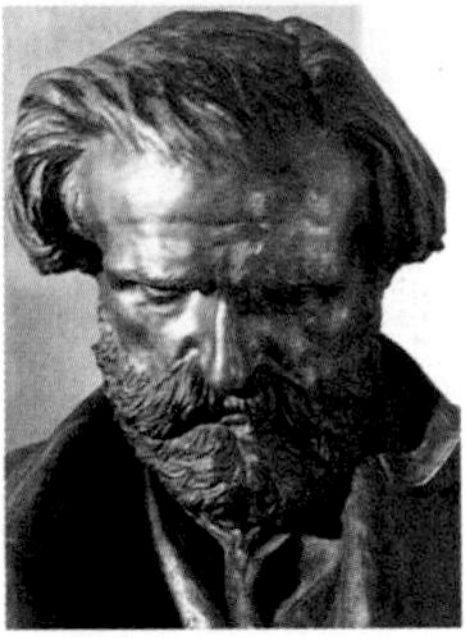

Verdi. Buste par Germito. Galerie d'Art moderne, Florence. *Phot. © Giraudon*

VERDICT [-ik(t)] n. m. ▪ **1.** Déclaration par laquelle le jury répond, après délibération, aux questions posées par le tribunal. ⇒ **sentence.** *Verdict d'acquittement. Prononcer, rendre un verdict.* **2.** Jugement rendu par une autorité. ⇒ **décision.**

VERDIER n. m. ▪ Oiseau passereau, de la taille du moineau, à plumage verdâtre.

VERDIR v. intr. [2] ▪ **1.** Devenir vert. - (végétaux) Pousser, se couvrir de feuilles. **2.** Devenir vert de peur. ⇒ **blêmir.** *Il a verdi en le voyant.*

VERDISSANT, ANTE adj. ▪ Qui verdit, est en train de verdir.

VERDOIEMENT n. m. ▪ LITTÉR. Fait de verdoyer. *Le verdoiement des prés.*

le VERDON ▪ Rivière des Alpes, affluent de la Durance. 200 km. Gorges profondes très touristiques.

le **Verdon.** Les gorges. *Phot. © Charles Lénars*

VERDOYANT, ANTE adj. ▪ Qui verdoie ; où la végétation est vivace. *Une vallée verdoyante.*

VERDOYER v. intr. [8] ▪ RARE Se dit des végétaux, de la campagne qui donnent une sensation dominante de vert.

VERDUN ▪ Ville du Canada (Québec). 86 405 hab. Banlieue sud-est de Montréal.

VERDUN ▪ Chef-lieu d'arrondissement de la Meuse, sur la Meuse. 20 753 hab. *(les Verdunois).* ► **le traité de VERDUN** (843), partage de l'Empire carolingien. ► **la bataille de VERDUN**, la bataille la plus meurtrière de la Première Guerre mondiale, résistance victorieuse des Français, commandés par Pétain, à l'offensive allemande (1916).

VERDURE n. f. ▪ **1.** Couleur verte de la végétation. **2.** Arbres, plantes, herbes, feuilles. ⇒ **végétation.** *Un rideau, un tapis de verdure.* ♦ *Tapisserie de verdure ; verdure :* tapisserie médiévale représentant des végétaux et non des personnages. **3.** Plante potagère que l'on mange crue, en salade.

VEREENIGING ▪ Ville d'Afrique du Sud (Gauteng). 540 142 hab. Métallurgie.

VÉREUX, EUSE adj. ▪ **1.** Qui contient un ver, est gâté par des vers. *Fruits véreux.* **2.** Foncièrement malhonnête. *Agent, financier véreux.* - *Affaire véreuse.* ⇒ **louche, suspect.**

Giovanni VERGA (1840 - 1922) ▪ Romancier italien. Principal représentant du vérisme en Italie. *"Les Malavoglia"* (1881); *"Maître Don Gesualdo"* (1889); *"Cavalleria rusticana"* (drame, 1884, mis en musique par Mascagni en 1890).

VERGE n. f. ▪ **I.** LITTÉR. Baguette (pour frapper, battre). **II.** Organe de la copulation (chez l'homme et les mammifères). ⇒ **pénis, phallus.**

Charles Gravier, comte de VERGENNES (1719 - 1787) ▪ Diplomate français. Ministre des Affaires étrangères de Louis XVI.

VERGER n. m. ▪ Terrain planté d'arbres fruitiers.

VERGETÉ, ÉE adj. ▪ Marqué de vergetures, de petites raies.

VERGETURE n. f. ▪ surtout au plur. Petites marques qui sillonnent la peau aux endroits qui ont été distendus.

VERGLACÉ, ÉE adj. ▪ Couvert de verglas. *Route verglacée, dangereuse.*

VERGLAS n. m. ▪ Couche de glace naturelle très mince qui se forme sur le sol. *Une plaque de verglas.*

Pierre Victurnien VERGNIAUD (1753 - 1793) ▪ Révolutionnaire français. Orateur girondin, il fut guillotiné.

VERGOBRET n. m. ▪ HIST. Chef et juge suprême de certaines confédérations gauloises.

VERGOGNE n. f. ▪ **1.** VX Sentiment de honte. **2.** *SANS VERGOGNE* loc. adv. Sans honte, sans scrupule. *Il nous a menti sans vergogne.* ⇒ **impudemment.**

VERGUE n. f. ▪ Longue pièce de bois disposée sur un mât pour soutenir une voile.

Émile VERHAEREN (1855 - 1916) ▪ Poète belge d'expression française. Il s'inspire des nouveaux paysages industriels et de son pays natal. *"Les Villes tentaculaires"* (1895); *"Toute la Flandre"* (1904-1911).

VÉRIDIQUE adj. ▪ **1.** LITTÉR. Qui dit la vérité, qui rapporte qqch. avec exactitude (⇒ **véracité**). *Témoin véridique.* **2.** COUR. Conforme à la vérité, à ce qui a été éprouvé, constaté. ⇒ **authentique, exact.** *Témoignage, récit véridique.*

VÉRIDIQUEMENT adv. ▪ D'une manière véridique, exacte.

VÉRIFIABLE adj. ▪ Qui peut être vérifié ; dont on peut prouver la vérité (s'oppose à *invérifiable*).

VÉRIFICATEUR, TRICE n. ▪ Professionnel chargé de vérifier (1) des comptes, des déclarations. ⇒ **contrôleur.**

VÉRIFICATION n. f. ▪ **1.** Fait de vérifier. ⇒ **contrôle, épreuve.** *Faire des vérifications.* **2.** Fait d'être vérifié (3), **d'être reconnu exact.** ⇒ **confirmation.** *Son attitude n'est que la vérification de ses affirmations.*

VÉRIFIER v. tr. [7] ▪ **1.** Examiner la valeur de (qqch.), par une confrontation avec les faits ou par un contrôle de la cohérence interne. *Vérifier une nouvelle. Vérifier un compte. Vérifier l'exactitude, l'authenticité d'une assertion.* - *Vérifier si* (+ indic.) : examiner de manière à constater que. ⇒ s'**assurer.** *Vérifier que* (+ indic.). **2.** Examiner (une chose) de manière à pouvoir établir si elle est conforme à ce qu'elle doit être, si elle fonctionne correctement. *Vérifier ses freins.* **3.** Reconnaître ou faire reconnaître (une chose) pour vraie. ⇒ **prouver.** *Vérifier une hypothèse.* - (sujet chose) Constituer le signe non récusable de la vérité de (qqch.). *Les faits ont vérifié nos soupçons.* ⇒ **confirmer, justifier.** - pronom. *SE VÉRIFIER :* se révéler exact, juste. *Les présomptions se sont vérifiées.*

VÉRIN n. m. ▪ TECHN. Appareil de levage à vis. ⇒ **cric.**

VÉRISME n. m. ▪ DIDACT. Mouvement littéraire italien de la fin du XIXe siècle, inspiré par le naturalisme. ► **adj.** et **n.** VÉRISTE

■ Le vérisme privilégia, avec Verga, le thème de la détresse sociale en dehors du contexte urbain et fut marqué par une forte dimension régionaliste. Le vérisme s'exprima également dans des œuvres théâtrales et musicales (*"Cavalleria rusticana"*, opéra de Mascagni).

VÉRITABLE adj. ■ **1.** (personnes) VX Sincère, qui ne trompe pas. **2.** VX Conforme à la vérité. ⇒ **réel, vrai** (opposé à *inventé*). *Toute cette histoire est véritable.* **3.** Conforme à l'apparence, qui n'est pas imité. *De l'or, des perles véritables.* **4.** Qui est réel, non pas seulement apparent. *On ignore sa véritable identité, son véritable nom.* **5.** Conforme à l'idée qu'on s'en fait, qui mérite son nom. *Le véritable amour. C'est une véritable canaille.* ♦ (pour justifier une métaphore, un emploi figuré) *C'est un véritable capharnaüm !*

VÉRITABLEMENT adv. ■ **1.** VIEILLI Réellement. **2.** Conformément à l'apparence, au mot qui désigne. ⇒ **absolument, proprement, vraiment.** *C'est véritablement génial.*

VÉRITÉ n. f. ■ **1.** Ce à quoi l'esprit peut et doit donner son assentiment (par suite d'un rapport de conformité avec l'objet de pensée, d'une cohérence interne de la pensée) [opposé à *erreur, illusion*]. *Chercher, prétendre posséder la vérité.* ♦ *La vérité,* personnifiée. *La vérité* (ou *la Vérité*) *sortant d'un puits.* **2.** Connaissance conforme au réel ; son expression (opposé à *erreur, ignorance* ou à *mensonge*). *Connaître, dire la vérité sur qqch. C'est l'entière, la pure vérité ;* FAM. *la vérité vraie.* - *Dire la vérité, toute la vérité.* - prov. *La vérité sort de la bouche des enfants. Il n'y a que la vérité qui blesse.* - *EN VÉRITÉ* loc. adv., sert à renforcer une affirmation, une assertion. ⇒ **assurément, certainement, vraiment.** - *À LA VÉRITÉ* loc. adv. : pour être exact. *Il est intelligent, mais à la vérité plutôt paresseux.* - loc. *Minute, heure... DE VÉRITÉ :* moment décisif où il faut affronter la réalité, montrer sa vraie valeur. **3.** Conformité au sentiment de la réalité. *La vérité d'un portrait* (⇒ **ressemblance**), d'un personnage (⇒ **vraisemblance**). - loc. *Cinéma-vérité.* **4.** Idée ou proposition qui mérite ou emporte un assentiment entier. ⇒ **conviction, évidence.** *Vérités éternelles.* - loc. *Vérités premières,* évidentes mais indémontrables. *Des vérités de Lapalisse :* des évidences. ⇒ **lapalissade, truisme.** - *Dire ses quatre vérités à qqn,* lui dire sur son compte des choses désobligeantes. prov. *Toute vérité n'est pas bonne à dire.* **5.** Le réel. ⇒ **réalité.** *Au-dessous de la vérité.* **6.** Expression sincère, vraie. *Un accent, un air de vérité,* de sincérité.

VERJUS n. m. ■ Suc acide de raisin cueilli vert.

VERKHOÏANSK ■ Bourg de la république de Sakha, en Sibérie extrême-orientale. 1 900 hab. Une des régions les plus froides du globe (jusqu'à –70 °C).

Paul **VERLAINE** (1844 - 1896) ■ Poète français. Il a lui-même défini son art comme « de la musique avant toute chose », apte à suivre d'infimes émotions, avec un accent de mélancolie et d'échec. Il conjugue l'érotisme, le sens du péché et la foi chrétienne. Il fut très lié avec Rimbaud. *"Poèmes saturniens"* (1866) ; *"Fêtes galantes"* (1869) ; *"Sagesse"* (1880).

Verlaine. *Verlaine au café en 1891,* photographie de Carjat. *Phot. © Coll. de Selva/Tapabor*

VERLAN n. m. ■ Procédé argotique consistant à inverser les syllabes de certains mots, parfois en modifiant les voyelles (ex. *arabe,* d'où *beur,* d'où *rebeu ; mec,* d'où *keum*).

VERMANDOIS ■ Région du nord du Bassin parisien (Aisne), située entre le Ponthieu et la Thiérache. Plateau limoneux propice aux cultures extensives (blé, betterave).

Jan **VERMEER** dit **VERMEER DE DELFT** (1632 - 1675) ■ Peintre hollandais. Il est l'auteur de paysages et de scènes d'intérieur où il rendit avec raffinement et profondeur les jeux de lumière et les matières. *"Vue de Delft"* (v. 1658-1660) ; *"La Laitière"* (v. 1658-1660) ; *"La Dentellière"* (1665).

Vermeer. *La Dentellière.* Musée du Louvre, Paris. *Phot. © Lauros/Giraudon*

① **VERMEIL, EILLE** adj. ■ (teint, peau) D'un rouge vif et léger. *Teint vermeil.*

② **VERMEIL** n. m. ■ **1.** Argent recouvert d'une dorure d'un ton chaud tirant sur le rouge. *Plats en vermeil.* **2.** (en France) *Carte vermeil,* réservée aux personnes âgées, donnant droit à des réductions.

VERMICELLE n. m. ■ Pâtes à potage en forme de fils très minces. *Soupe au vermicelle.*

VERMICULAIRE adj. ■ Qui a la forme, l'aspect d'un petit ver. *Appendice vermiculaire,* ou COUR. *appendice :* prolongement du cæcum.

VERMICULÉ, ÉE adj. ■ Orné de petites stries sinueuses.

VERMIFUGE adj. ■ Propre à provoquer l'expulsion des vers intestinaux. - n. m. *Prendre un vermifuge.*

VERMILLON n. m. ■ Substance colorante ou couleur d'un rouge vif tirant sur le jaune. - adj. invar. *Des robes vermillon.*

VERMINE n. f. ■ **1.** (collectif) Insectes parasites. **2.** fig. LITTÉR. Ensemble nombreux d'individus méprisables. ⇒ **canaille, racaille. 3.** Personne méprisable, vaurien. ⇒ **peste.**

VERMISSEAU n. m. ■ Petit ver, petite larve.

le **VERMONT** ■ État du nord-est des États-Unis (Nouvelle-Angleterre). 24 887 km^2. 563 000 hab. Capitale : Montpelier. Élevage, forêts.

VERMOULU, UE adj. ■ Rongé, mangé par les vers (objets en bois). ⇒ **piqué.**

VERMOUT ou **VERMOUTH** [-ut] n. m. ■ Apéritif à base de vin aromatisé de plantes amères et toniques.

VERNACULAIRE adj. ■ DIDACT. Du pays, propre au pays. *Langue vernaculaire :* dialecte (opposé à *véhiculaire*).

VERNAL, ALE, AUX adj. ■ DIDACT. Du printemps. - *Point vernal :* intersection de l'équateur et de l'écliptique à l'équinoxe de printemps.

Jules **VERNE** (1828 - 1905) ■ Écrivain français. Ses *"Voyages extraordinaires"*, à mi-chemin de l'imaginaire et de la pédagogie, l'amènent à explorer le temps, les espaces, les océans, avec une vision à la fois optimiste et angoissée du progrès scientifique. *"Voyage au centre de la Terre"* (1864) ; *"Vingt mille lieues sous les mers"* (1870) ; *"Le Tour du monde en quatre-vingts jours"* (1873).

Joseph **VERNET** (1714 - 1789) ■ Peintre et dessinateur français. Série des ports de France. ► Carle **VERNET** (1758 - 1836), fils du précédent. Scènes de chasse. ► **Horace VERNET** (1789 - 1863), fils du précédent. Scènes de batailles.

VERNET-LES-BAINS ▪ Commune des Pyrénées-Orientales, au pied du Canigou. 1 489 hab. *(les Vernetois)*. Station thermale et climatique.

VERNEUIL-SUR-AVRE ▪ Commune de l'Eure. 6 446 hab. *(les Vernoliens)*. Monuments des XIIe-XVIe s.

VERNEUIL-SUR-SEINE ▪ Commune des Yvelines. 12 499 hab. *(les Vernoliens)*.

VERNI, IE adj. ▪ FAM. (personnes) Qui a de la chance. ⇒ **veinard.** *Elle n'est pas vernie.*

VERNIR v. tr. [2] ▪ Enduire de vernis. *Vernir un tableau.* - au p. p. *Souliers vernis.*

VERNIS n. m. ▪ **1.** Solution résineuse qui laisse une pellicule brillante et qui sert à décorer ou à protéger. ⇒ **enduit, laque.** *Le vernis d'un tableau. Vernis à ongles.* **2.** fig. Apparence séduisante et superficielle. *Il a un vernis de culture.*

VERNISSAGE n. m. ▪ **1.** Action de vernir (un tableau, etc.), de vernisser (une poterie). **2.** Jour d'ouverture d'une exposition de peinture.

VERNISSER v. tr. [1] ▪ Enduire de vernis (une poterie, une faïence). - au p. p. *Tuiles vernissées.*

VERNON ▪ Commune de l'Eure, sur la Seine. 23 659 hab. *(les Vernonnais)*. Monuments du XIIe s.

VERNOUILLET ▪ Commune de l'Eure-et-Loir. 11 680 hab.

VERNOUILLET ▪ Commune des Yvelines. 8 676 hab. *(les Vernolitains)*. Église des XIIe-XIIIe s.

VÉROLE n. f. ▪ **1.** PETITE VÉROLE : variole. **2.** VX Maladie vénérienne. - FAM. Syphilis. **3.** FAM. Chose très désagréable.

VÉROLÉ, ÉE adj. ▪ **1.** Qui a la peau marquée de petits trous comme ceux laissés par la variole. **2.** FAM. Qui a la syphilis.

VÉRONAL, ALS n. m. ▪ Barbiturique employé comme somnifère.

VÉRONE en italien ***VERONA*** ▪ Ville d'Italie, en Vénétie. 258 476 hab. Arènes romaines. Marché agricole, tourisme (nombreux monuments du Moyen Âge et de la Renaissance). République indépendante aux XIIIe et XIVe s., elle fut gouvernée par Venise de 1405 à 1797. Réunie à l'Italie en 1866.

VÉRONÈSE (1528 - 1588) ▪ Peintre italien de l'école vénitienne. Célèbre pour la richesse de ses coloris et ses grandes compositions : *"Les Noces de Cana"* (1562-1563); *"Le Repas chez Lévi"* (1573).

VÉRONIQUE n. f. ▪ Plante herbacée à fleurs bleues.

sainte VÉRONIQUE ▪ Sainte femme qui, selon la tradition chrétienne, aurait essuyé le visage du Christ, lorsqu'il monta au calvaire, avec un linge qui en conserva les traits.

VERRAT n. m. ▪ Porc mâle employé comme reproducteur.

Verrocchio. *Buste de Laurent de Médicis.* Musée du Bargello, Florence.
Phot. © Dagli Orti

Jean de VERRAZANE en italien ***GIOVANNI DA VERRAZANO*** ou ***VERRAZZANO*** (v. 1481 - 1528) ▪ Explorateur d'origine italienne. Il reconnut la côte atlantique d'Amérique du Nord (des Carolines au Maine).

VERRE n. m. ▪ **I.** Substance fabriquée, dure, cassante et transparente, formée de silicates alcalins. *Souffleur* de verre. Bouteille en verre. Panneau de verre d'une fenêtre.* ⇒ **carreau, glace, vitre.** *Verre dépoli.* - loc. *Se briser, se casser comme (du) verre,* très facilement. ♦ *Laine de verre,* matériau composé de fils de verre, utilisé comme filtrant ou isolant. - *Papier de verre,* où des débris de verre sont fixés au papier, à la toile (abrasif). - *Verre blanc ; verre au plomb* (⇒ **cristal**). **II.** *(Un, des verres)* **1.** Plaque, lame, morceau ou objet de verre. *Verre de montre,* qui protège le cadran. - *Verres optiques.* ⇒ **lunettes.** *Verres grossissants.* - *Verres de contact.* ⇒ **lentille. 2.** Récipient à boire (en verre, cristal, matière plastique). *Verre à pied. Verre ballon. Verre à vin, à liqueur. Lever son verre* (pour trinquer). - *Verre à dents.* - *Verre à moutarde* (verre servant de pot à moutarde). **3.** Contenu d'un verre. *Boire un verre d'eau.* - loc. *Se noyer dans un verre d'eau,* être incapable de surmonter les moindres difficultés. - Boisson alcoolisée (hors des repas, au café). *Payer un verre à qqn.* ⇒ FAM. **pot.** *Boire, prendre un verre. Un petit verre,* un verre d'alcool, de liqueur. - loc. FAM. *Avoir un verre dans le nez,* être ivre.

VERRERIE n. f. ▪ **1.** Fabrique, usine où l'on fait et où l'on travaille le verre ; fabrication du verre. ⇒ **cristallerie, miroiterie, optique, vitrerie. 2.** Commerce du verre, des objets en verre ; ces objets. *Le rayon de verrerie d'un grand magasin.*

VERRÈS (v. 119 - 43 av. J.-C.) ▪ Homme politique romain. Il fut accusé de corruption et Cicéron plaida vigoureusement contre lui (les *"Verrines"*).

Joseph **Vernet.** *Vue du golfe de Naples,* 1748. Musée du Louvre, Paris. *Phot. © Giraudon*

Véronèse. *Les Noces de Cana.* Musée du Louvre, Paris. *Phot. © RMN*

VERRIER n. m. ▪ **1.** Personne qui fabrique le verre, des objets en verre. **2.** Artiste qui fait des vitraux ; peintre sur verre.

VERRIÈRE n. f. ▪ **1.** Grande ouverture ornée de vitraux. **2.** Grand vitrage ; toit vitré (d'une véranda, etc.).

VERRIÈRES-LE-BUISSON ▪ Commune de l'Essonne. 15 710 hab. (*les Verriérois* ou *Védrariens*). Horticulture.

VERROCCHIO (1435 - 1488) ▪ Sculpteur, peintre et orfèvre italien. Célèbre statue du condottiere de Bergame, *le Colleone*, à Venise. Il fut le maître de Léonard de Vinci.

VERROTERIE n. f. ▪ Verre coloré et travaillé, dont on fait des bijoux et des ornements. *De la verroterie. Bijoux en verroterie.*

VERROU n. m. ▪ **1.** Système de fermeture constitué par une pièce de métal allongée qui coulisse horizontalement. ⇒ **targette.** *Pousser, tirer le verrou* (pour fermer et ouvrir). - loc. *Mettre qqn SOUS LES VERROUS*, l'enfermer, l'emprisonner. *Être sous les verrous*, en prison. **2.** GÉOL. Barre rocheuse fermant une vallée glaciaire. **3.** fig. Ce qui bloque, ferme.

VERROUILLAGE n. m. ▪ Fait de verrouiller ; manière dont une ouverture est verrouillée.

VERROUILLER v. tr. [1] ▪ **1.** Fermer à l'aide d'un verrou (s'oppose à *déverrouiller*). *Verrouiller une porte, une fenêtre.* **2.** Bloquer, fermer ; immobiliser.

VERRUE n. f. ▪ **1.** Petite excroissance cornée de la peau (mains, pieds, face). **2.** LITTÉR. Ce qui défigure, enlaidit.

VERRUQUEUX, EUSE adj. ▪ En forme de verrue ; qui a des verrues (1).

① **VERS** prép. ▪ **1.** En direction de. ⇒ **à, sur.** *Courir vers la sortie.* - *Tourner la tête vers qqn.* **2.** fig. (pour marquer le terme d'une évolution ou d'une tendance) *C'est un pas vers la découverte de la vérité.* - ellipt (dans les titres de journaux) *Vers la résolution du conflit.* **3.** Du côté de (sans mouvement). *Vers le nord, il y a un village.* - Aux environs de. *Nous nous sommes arrêtés vers Fontainebleau.* **4.** À peu près (à telle époque). ⇒ **environ, sur.** *Vers (les) cinq heures.*

② **VERS** n. m. ▪ **1.** *Un vers*, fragment d'énoncé formant une unité rythmique définie par des règles concernant la longueur, l'accentuation, ou le nombre des syllabes. *L'alexandrin, vers de douze syllabes. Vers réguliers*, conformes aux règles de la versification traditionnelle. *Vers libres*, non rimés et irréguliers. - *Suite de vers.* ⇒ **quatrain, strophe, tercet ; poème.** **2.** *Les vers*, l'écriture en vers. *Composer, écrire, faire des vers*, de la poésie versifiée.

VERSAILLAIS, AISE adj. et n. ▪ **1.** De Versailles. - n. *Les Versaillais.* **2.** HIST. Fidèle à l'Assemblée nationale qui siégeait à Versailles et combattit la Commune. - n. *Les versaillais et les communards.*

VERSAILLES ▪ Chef-lieu des Yvelines. 87 789 hab. (*les Versaillais*). Centre administratif, militaire et touristique. Nombreux édifices classiques. Les rois de France y résidèrent de 1682 à la Révolution, lui donnant un rôle de capitale qu'elle conserva parfois symboliquement (réunion des états généraux en 1789, occupation par les Prussiens en 1870, élections présidentielles jusqu'en 1953). La ville doit sa création à la construction d'un château royal, sur ordre de Louis XIV, à partir d'un pavillon de chasse bâti par Louis XIII. ► **le château de VERSAILLES** Les travaux commencèrent en 1661 et se firent en trois étapes, sous la direction de Le Vau puis d'Hardouin-Mansart pour l'architecture, de Le Brun pour la décoration intérieure, et de Le Nôtre pour les jardins. Avec sa cour de Marbre, ses Trianons, sa galerie des Glaces, son opéra (par Gabriel) et ses jardins « à la française », c'est le modèle de l'art classique français. ► **le traité de VERSAILLES** (1919) mit fin à la Première Guerre mondiale et comportait les clauses territoriales, militaires et financières imposées à l'Allemagne vaincue par la France (Clemenceau) et ses alliés : États-Unis (Wilson), Italie (Orlando), Royaume-Uni (Lloyd George).

le château de **Versailles.** La galerie des Glaces.
Phot. © Nimatallah/Ricciarini

VERSANT n. m. ■ Chacune des deux pentes d'une montagne ou d'une vallée.

VERSATILE adj. ■ Qui change facilement de parti, d'opinion. ⇒ **changeant, inconstant.** *Une opinion publique versatile.*

VERSATILITÉ n. f. ■ Caractère versatile.

VERSE n. f. ■ **I.** *À VERSE* loc. adv., se dit de la pluie qui tombe en abondance. *Il pleuvait à verse* (→ averse). **II. 1.** État des végétaux versés sur le sol (par les pluies, la maladie). **2.** Le fait de verser le café du percolateur. *La verse !*

VERSÉ, ÉE adj. ■ LITTÉR. *Versé dans,* expérimenté et savant (en une matière), qui en a une longue expérience.

VERSEAU n. m. ■ Onzième signe du zodiaque (20 janvier-18 février). - *Être Verseau,* de ce signe.

VERSEMENT n. m. ■ Action de verser de l'argent. ⇒ **paiement.** *S'acquitter en plusieurs versements. Versements mensuels.* ⇒ **mensualité.**

VERSER v. [1] ■ **I.** v. tr. **1.** Faire tomber, faire couler (un liquide) d'un récipient qu'on incline. *Verser du vin dans un verre.* - Servir une boisson. *Verser le café. Verse-nous à boire.* **2.** Répandre. *Verser des larmes, des pleurs,* pleurer. - *Verser le sang,* le faire couler en blessant, en tuant. *Verser son sang,* être blessé, ou mourir. **3.** Donner en répandant. ⇒ **prodiguer.** *Verser l'or à pleines mains.* **4.** Apporter (de l'argent) à titre de paiement, de dépôt, de mise de fonds. ⇒ **payer.** *Les sommes à verser. Verser des intérêts (à qqn).* ♦ Déposer, annexer (des documents). *Verser une pièce au dossier.* **5.** Affecter (qqn) à une arme, à un corps. ⇒ **incorporer.** *On l'a versé, il a été versé dans l'infanterie.* **II.** v. intr. **1.** Basculer et tomber sur le côté. ⇒ **culbuter,** se **renverser.** *Sa voiture a versé dans le fossé.* - Coucher (des végétaux) sur le côté (⇒ **verse**). **2.** fig. *VERSER DANS... :* tomber.

VERSET n. m. ■ **1.** Paragraphe (d'un texte sacré). *Versets de la Bible, d'un psaume ; du Coran* (⇒ **sourate**). **2.** LITURGIE Brève formule ou maxime, récitée ou chantée à l'office. **3.** Phrase ou suite de phrases rythmées d'une seule respiration, dans un texte poétique. *Les versets de Claudel.*

VERSEUR n. m. ■ Appareil servant à verser (1). ♦ adj. *Bec verseur, bouchon verseur.*

VERSEUSE n. f. ■ Cafetière en métal à poignée droite.

VERSICOLORE adj. ■ DIDACT. Aux couleurs changeantes ou variées.

VERSIFICATEUR, TRICE n. ■ péj. Faiseur, faiseuse de vers.

VERSIFICATION n. f. ■ **1.** Technique du vers régulier (⇒ **poésie**). *Les règles de la versification.* ⇒ **métrique, prosodie. 2.** Technique du vers propre à un poète. *La versification de Verlaine.*

VERSIFIER v. tr. [7] ■ Mettre en vers. - au p. p. *Un récit versifié.*

VERSION n. f. ■ **1.** Traduction (d'un texte en langue étrangère) dans une langue maternelle (opposé au *thème*). *Version latine* (en français). **2.** Chacun des états d'un texte qui a subi des modifications. *Les différentes versions de la Chanson de Roland.* ♦ *Film en version originale* (abrév. *V. O.*), avec la bande sonore originale. **3.** Manière de rapporter, de présenter, d'interpréter un fait, une série de faits. ⇒ **interprétation.** *Selon la version du témoin.*

VERSO n. m. ■ Envers d'un feuillet (opposé à *recto*). *Au verso.* ⇒ **dos.**

VERSOIR n. m. ■ Pièce de la charrue qui rabat sur le côté la terre détachée par le soc.

VERSTE n. f. ■ Ancienne unité de distance (1 067 m), en Russie.

VERT, VERTE ■ **I.** adj. **1.** Intermédiaire entre le bleu et le jaune ; qui a la couleur dominante de la végétation. *Couleur verte des plantes à chlorophylle* (⇒ **verdure**). *Chêne vert,* à feuilles persistantes. *Lézard vert.* - *Feu vert,* indiquant que la voie est libre. loc. *Donner le FEU VERT à... :* permettre d'entrer en action, d'agir. - par exagér. *Le teint vert d'un malade. Être vert de peur.* ⇒ **blême.** - *Bleu-vert, gris-vert,* tirant sur le vert. **2.** Qui n'est pas mûr ; qui a encore de la sève. *Blé vert. Bois vert. Légumes verts* (consommés non séchés). - *En voir, en dire des vertes et des pas mûres,* voir, dire des choses scandaleuses, choquantes. **3.** (personnes) Qui a de la vigueur, de la verdeur. *Un vieillard encore vert.* ⇒ **gaillard, vaillant. 4.** *Langue verte.* ⇒ **argot. 5.** Qui concerne la végétation. *Des espaces verts.* - loc. *Avoir la main verte, les doigts verts :* être doué pour s'occuper des plantes, les soigner. ♦ Relatif à la nature, à la campagne, à l'environnement. *L'Europe verte,* la Communauté européenne agricole. *Moto verte,* pratiquée à la campagne, hors des grandes routes. - *Un candidat vert,* écologiste. n. m. *Les Verts.* **II.** n. m. **1.** Couleur verte. *Le vert est complémentaire du rouge. Vert foncé ; clair. Vert amande, vert pomme. Vert d'eau.* **2.** Feuilles vertes, verdure ; fourrage frais. *Mettre un cheval au vert,* au pré. - fig. *Se mettre au vert :* aller se reposer à la campagne. - loc. VIEILLI *Prendre (qqn) sans vert,* au dépourvu.

le cap VERT ■ Promontoire le plus occidental d'Afrique, sur l'Atlantique (Sénégal). ► **les îles du Cap-VERT** → îles du Cap-Vert.

VERT-DE-GRIS ■ **1.** n. m. invar. Dépôt verdâtre qui se forme à l'air humide sur le cuivre, le bronze. **2.** adj. invar. D'un vert grisâtre.

VERT-DE-GRISÉ, ÉE adj. ■ Couvert de vert-de-gris. *Une statue vert-de-grisée.*

VERTÉBRAL, ALE, AUX adj. ■ Des vertèbres. *Colonne vertébrale.*

VERTÈBRE n. f. ■ Chacun des os qui forment la colonne vertébrale. *Se déplacer une vertèbre.*

VERTÉBRÉ, ÉE ■ **1.** adj. Qui a des vertèbres, un squelette. *Animaux vertébrés et invertébrés.* **2.** n. m. pl. *LES VERTÉBRÉS :* embranchement du règne animal formé des animaux qui possèdent une colonne vertébrale (poissons, batraciens, reptiles, oiseaux, mammifères).

VERTEMENT adv. ■ Avec vivacité, rudesse. *Répliquer vertement.*

VERTICAL, ALE, AUX adj. et n. ■ **1.** adj. Qui suit la direction de la pesanteur, du fil à plomb en un lieu ; perpendiculaire à l'horizontale. *Ligne verticale. Station verticale de l'homme.* ⇒ **debout ;** s'oppose à *horizontal.* **2.** n. f. Ligne, position verticale. *Une verticale.* - *À LA VERTICALE* loc. adv. : dans la direction de la verticale.

VERTICALEMENT adv. ■ En suivant une ligne verticale. ⇒ **à plomb.** *La pluie tombe verticalement.*

VERTICALITÉ n. f. ■ Caractère, position de ce qui est vertical. *Vérifier la verticalité d'un mur.* ⇒ **aplomb.**

VERTIGE n. m. ■ **1.** Impression par laquelle une personne croit que les objets environnants et elle-même sont animés d'un mouvement circulaire ou d'oscillations. ⇒ **éblouissement, étourdissement.** *Un vertige, des vertiges.* **2.** Peur pathologique de tomber dans le vide. *À donner le vertige,* très haut, très impressionnant. **3.** État, trouble d'une personne égarée. *Le vertige du succès.*

VERTIGINEUX, EUSE adj. ■ Très haut, très grand (en parlant de ce qui pourrait donner le vertige (2)). *Des hauteurs, des vitesses vertigineuses.* ♦ fig. Très grand. *Augmentation, hausse vertigineuse des prix.* ⇒ **fantastique, terrible.** ► adv. VERTIGINEUSEMENT

VERTOU ■ Commune de la Loire-Atlantique. 18 235 hab. *(les Vertaviens).* Vignobles, industries chimiques.

Dziga VERTOV (1896 - 1954) ■ Cinéaste soviétique. Il voulut saisir la vie, fixée à l'improviste par la caméra. *"L'Homme à la caméra"* (1929).

VERTU n. f. ■ **I. 1.** VIEILLI ou LITTÉR. Force morale avec laquelle l'être humain tend au bien, s'applique à suivre la règle, la loi morale (opposé à *vice*). - loc. FAM. *Il a de la vertu,* il a du mérite (à faire cela). ♦ La loi morale. **2.** LITTÉR. Conduite, vie vertueuse. **3.** VX Chasteté ; fidélité conjugale (d'une femme). loc. *Femme de petite vertu,* de mœurs légères. **4.** Disposition à accomplir des actes moraux par un effort de volonté. *Parer qqn de toutes les vertus.* RELIG. CATHOL. *Les quatre vertus cardinales,* courage, justice, prudence, tempérance. *Les trois vertus théologales,* charité, espérance, foi. **II. 1.** LITTÉR. Principe actif. ⇒ **pouvoir, propriété.** *La vertu médicale, curative des plantes.* - *La vertu réparatrice du temps.* **2.** *EN VERTU DE* loc. prép. : par le pouvoir de, au nom de. *En vertu de la loi, des pouvoirs qui me sont conférés.*

VERTUEUSEMENT adv. ■ Avec vertu.

VERTUEUX, EUSE adj. ■ **1.** VIEILLI (personnes) Qui a des vertus, des qualités morales. ⇒ **honnête, moral. 2.** VIEILLI (femme) Chaste ou fidèle. **3.** LITTÉR. (choses) Qui a le caractère de la vertu. *Action, conduite vertueuse.*

VERTUGADIN n. m. ■ anciennt Armature portée par les femmes pour faire bouffer la jupe autour des hanches. ⇒ **panier.**

VERVE n. f. ▪ Imagination et fantaisie dans la parole. ⇒ **brio.** *La verve d'un orateur.* ‑ *Être* EN VERVE : être plus brillant qu'à l'ordinaire.

VERVEINE n. f. ▪ **1.** Plante dont une espèce a des vertus calmantes. *Verveine odorante,* cultivée pour son parfum (citronnelle). **2.** Infusion de verveine officinale. *Boire une tasse de verveine.* **3.** Liqueur de verveine.

① **VERVEUX** n. m. ▪ TECHN. Filet de pêche conique monté sur des cercles.

② **VERVEUX, EUSE** adj. ▪ RARE Qui a de la verve.

VERVIERS ▪ Ville de Belgique (Région wallonne, province de Liège). 53 482 hab. *(les Verviétois).* Monuments anciens. Ancien centre textile.

VERVINS ▪ Commune de l'Aisne. 2 663 hab. *(les Vervinois).* Église des XIIIe et XVIe s. Traité de paix entre Henri IV et Philippe II d'Espagne (1598).

Tarjei VESAAS (1897 ‑ 1970) ▪ Écrivain norvégien. Se faisant d'abord le chantre du terroir et du milieu paysan (*"Le Grand Jeu"*, 1934), il écrivit ensuite des romans allégoriques et des ouvrages lyriques.

André VÉSALE (1514 ‑ 1564) ▪ Anatomiste flamand. Il a publié le premier traité de l'anatomie moderne, fondée sur l'observation et la dissection du corps humain.

VÉSANIE n. f. ▪ VX Folie.

VESCE n. f. ▪ Plante herbacée à vrilles fleuries, ressemblant aux pois de senteur.

VÉSICAL, ALE, AUX adj. ▪ ANAT. De la vessie.

VÉSICANT, ANTE adj. ▪ MÉD. Qui détermine des ampoules sur la peau.

VÉSICATOIRE n. m. ▪ MÉD. Remède pour provoquer une révulsion locale et le soulèvement de l'épiderme.

VÉSICULE n. f. ▪ Cavité, petit sac membraneux (comparés à de petites vessies). ‑ *Vésicule (biliaire),* réservoir membraneux situé à la face inférieure du foie et qui emmagasine la bile.

LE VÉSINET ▪ Commune des Yvelines. 15 945 hab. *(les Vésigondins).*

la VESLE ▪ Rivière du Bassin parisien, affluent de l'Aisne. 140 km.

VESOUL ▪ Chef-lieu de la Haute-Saône. 17 614 hab. *(les Vésuliens).* Centre administratif et commercial. Métallurgie.

VESPASIEN (9 ‑ 79) ▪ Empereur romain de 69 à sa mort. Il restaura l'ordre après les guerres civiles, entreprit de grands travaux (Capitole, Colisée) et assainit les finances. Son avarice restée légendaire lui fit multiplier les taxes nouvelles, dont la plus inattendue fut un impôt sur la collecte d'urine (cf. vespasienne). Il institua la succession dynastique héréditaire.

VESPASIENNE n. f. ▪ Urinoir public pour hommes. ⇒ FAM. **pissotière.**

VESPÉRAL, ALE, AUX adj. ▪ LITTÉR. Du soir, du couchant.

Amerigo VESPUCCI (1454 ‑ 1512) ▪ Navigateur italien. Le Nouveau Monde fut baptisé *Amérique* en son honneur (1507), bien que Christophe Colomb y eût abordé avant lui.

VESSE n. f. ▪ Gaz intestinal silencieux et malodorant. ⇒ **pet.**

VESSE-DE-LOUP n. f. ▪ Champignon à spores grisâtres.

VESSIE n. f. ▪ **1.** Organe creux dans lequel s'accumule l'urine. *Inflammation de la vessie,* cystite (⇒ **vésical**). **2.** Vessie desséchée d'un animal, formant sac. ‑ loc. *Prendre des vessies pour des lanternes,* se tromper grossièrement. **3.** (chez certains poissons) *Vessie natatoire,* sac membraneux relié à l'œsophage, qui, en se remplissant plus ou moins de gaz, règle l'équilibre de l'animal dans l'eau.

VESTA ▪ Divinité italique et romaine, gardienne du feu et du foyer domestique.

VESTALE n. f. ▪ **1.** dans l'Antiquité romaine Prêtresse de Vesta, vouée à la chasteté et chargée d'entretenir le feu sacré. **2.** fig. LITTÉR. Femme d'une parfaite chasteté.

Simon VESTDIJK (1898 ‑ 1971) ▪ Écrivain néerlandais. *"Le Cinquième Sceau"* (1937).

VESTE n. f. ▪ **1.** Vêtement de dessus court (à la taille ou aux hanches), avec manches, ouvert devant. *Veste droite, croisée.* ⇒ **veston.** *Veste et jupe de tailleur* (femmes). *Veste de sport.* ⇒ **blazer.** FAM. *Tomber la veste.* ‑ *Veste de pyjama.* **2.** loc. FAM. *Ramasser, prendre une veste,* subir un échec. ‑ FAM. *Retourner sa veste,* changer brusquement d'opinion, de parti.

VESTIAIRE [-tjɛʀ] n. m. ▪ **1.** Lieu où l'on dépose momentanément les vêtements d'extérieur (manteaux), les parapluies, cannes, etc., dans certains établissements publics. *Le vestiaire d'un théâtre. La dame du vestiaire.* **2.** Lieu où l'on revêt la tenue propre à une activité sportive ou professionnelle. *Le vestiaire d'une piscine, d'un stade, d'une usine.* **3.** Ensemble de vêtements d'une garde-robe. *Renouveler son vestiaire.*

VESTIBULE n. m. ▪ Pièce d'entrée (d'un édifice, d'une maison, d'un appartement). ⇒ **antichambre, entrée.**

VESTIGE n. m. ▪ surtout plur. **1.** Ce qui demeure (d'une chose détruite, disparue, d'un groupe d'hommes, d'une société). *Les vestiges d'un temple.* **2.** Ce qui reste (d'une chose abstraite : idée, sentiment ; d'un caractère). *Des vestiges de grandeur.* ⇒ **marque, reste, trace.**

VESTIMENTAIRE adj. ▪ Qui a rapport aux vêtements.

VESTON n. m. ▪ Veste d'un complet d'homme. *Être en veston.* ‑ *Des complets-veston.* ⇒ **complet, costume.**

les VESTRIS ▪ famille de danseurs italiens ▸ **Gaétan VESTRIS** (1729 ‑ 1808) , fut considéré comme le plus doué des danseurs de son temps. ▸ **Auguste VESTRIS** (1760 ‑ 1842) , son fils. Il imposa un style de danse qui annonçait l'école romantique.

la VÉSUBIE ▪ Rivière des Alpes-Maritimes, affluent du Var. 48 km. Gorges. Tourisme.

le VÉSUVE ▪ Volcan actif du sud de l'Italie, en Campanie. En 79, une éruption ensevelit Herculanum et Pompéi. La dernière éruption date de 1944.

VÊTEMENT n. m. ▪ **1.** plur. Habillement (comprenant le linge mais non les chaussures) ; spécialt vêtements de dessus (opposé à *sous-vêtements*). ⇒ **habillement, habits ; vestimentaire ;** FAM. **fringues, frusques.** *Vêtements de travail. Vêtements de ville, de sport. Mettre ses vêtements.* ⇒ s'**habiller,** se **vêtir.** ♦ (sing. collectif) *Industrie, commerce du vêtement.* **2.** UN VÊTEMENT : une pièce de l'habillement de dessus (notamment manteau, veste).

VÉTÉRAN n. m. ▪ **1.** Ancien combattant. **2.** Personne pleine d'expérience (dans un domaine). *Un vétéran de l'enseignement.* ⇒ **ancien. 3.** Sportif de la catégorie des plus âgés.

VÉTÉRINAIRE ▪ **1.** adj. Qui a rapport au soin des bêtes (animaux domestiques, bétail). *Médecine vétérinaire.* **2.** n. *Un, une vétérinaire,* médecin vétérinaire, qui soigne les animaux. ◇ abrév. FAM. VÉTO.

VÉTÉTISTE n. ▪ Personne qui pratique le V.T.T.

VÉTILLE n. f. ▪ Chose insignifiante. ⇒ **bagatelle, broutille, détail, rien.** *Ergoter sur des vétilles.*

VÉTILLEUX, EUSE adj. ▪ LITTÉR. Qui s'attache à des détails, à des vétilles.

VÊTIR v. tr. [20] ▪ LITTÉR. Couvrir (qqn) de vêtements ; mettre un vêtement à (qqn). *Vêtir un enfant.* ⇒ **habiller.** ▸ SE **VÊTIR** v. pron. LITTÉR. S'habiller. ▸ **VÊTU, UE** adj. Qui porte un vêtement (contr. NU). ⇒ **habillé.** *Être bien vêtu, mal vêtu, à demi-vêtu. Chaudement vêtu.*

VÉTIVER [-ɛʀ] n. m. ▪ **1.** Plante tropicale dont l'odeur éloigne les insectes et dont la racine est utilisée en parfumerie. **2.** Parfum de la racine de cette plante.

VETO [veto] n. m. invar. ▪ Opposition à une décision. *Droit de veto. Mettre son veto à une décision. Des veto.* ‑ allus. hist. *Monsieur Veto :* Louis XVI .

VÊTURE n. f. ▪ **I.** relig. Cérémonie de prise d'habit ou de voile. **II.** LITTÉR. Vêtement, ensemble des vêtements (de qqn).

VÉTUSTE adj. ▪ Qui est vieux, n'est plus en bon état (choses, bâtiments et installations). *Maison vétuste.* ⇒ **délabré.**

VÉTUSTÉ n. f. ▪ LITTÉR. État de ce qui est vétuste, abîmé par le temps. ⇒ **délabrement.**

VEUF, VEUVE ▪ **1.** adj. Dont le conjoint est mort. **2.** n. Personne veuve. *Épouser un veuf. "La Veuve joyeuse"* (opérette de Franz Lehar). ‑ loc. iron. *Défenseur de la veuve et de l'orphelin,* des personnes sans appui ; spécialt avocat. **3.** n. f. Passereau d'Afrique au plumage noir et blanc. ♦ loc. VEUVE NOIRE : grosse araignée venimeuse.

VEULE adj. ▪ Qui n'a aucune énergie, aucune volonté. ⇒ **avachi, faible, lâche, mou.** *Rendre veule.* ⇒ **aveulir.** ‑ *Un air veule.*

VEULERIE n. f. ▪ Caractère, état d'une personne veule. ⇒ **apathie, faiblesse, lâcheté.**

VEURNE en français ***FURNES*** ▪ Ville de Belgique (Région flamande, province de Flandre-Occidentale). 11 175 hab. Édifices civils et religieux médiévaux.

VEUVAGE n. m. ▪ Situation, état d'une personne veuve et non remariée. *Elle s'est remariée après une année de veuvage.*

VEVEY ▪ Ville de Suisse (canton de Vaud). 15 743 hab. *(les Veveysans).* Temple Saint-Martin (XIIe s.). Centre touristique et industriel.

VEXANT, ANTE adj. ▪ **1.** Qui contrarie, peine. ⇒ **contrariant, irritant. 2.** Qui blesse l'amour-propre. *Une remarque vexante ; un refus vexant.* ⇒ **blessant.** ▸ (personnes) *Il est vexant.*

VEXATION n. f. ▪ **1.** LITTÉR. Action de maltraiter ; son résultat. ⇒ **brimade, persécution. 2.** Blessure, froissement d'amour-propre. ⇒ **humiliation, mortification.** *Essuyer des vexations.*

VEXATOIRE adj. ▪ Qui a le caractère d'une vexation (1). *Mesure vexatoire.*

VEXER v. tr. [1] ▪ Blesser (qqn) dans son amour-propre. ⇒ **désobliger, froisser, humilier, offenser.** *Vexer qqn par une remarque.* ► SE **VEXER** v. pron. Être vexé, se piquer. *Il se vexe d'un rien.* ⇒ se **fâcher,** se **formaliser,** se **froisser.** ► **VEXÉ, ÉE** adj. *Il est vexé d'avoir raté son examen.* (avec *que* + subj.) *Elle est vexée que tu ne viennes pas. Facilement vexé.* ⇒ **susceptible.**

le VEXIN ▪ Région française aux confins de la Normandie et de l'Île-de-France.

VÉZELAY ▪ Commune de l'Yonne. 571 hab. *(les Vézéliens).* Basilique romane du XIIe s. restaurée par Viollet-le-Duc. Sculptures. La ville a pour origine un monastère bénédictin fondé au IXe s. Elle devint au XIe s. un haut lieu de pèlerinage. Saint Bernard y prêcha la deuxième croisade en 1146.

Vézelay. La basilique Sainte-Marie-Madeleine. *Phot. © Giraudon*

la VÉZÈRE ▪ Rivière du Limousin et du Périgord, affluent de la Dordogne. 192 km.

VIA prép. ▪ Par la voie de, en passant par. ⇒ **par.** *Aller de Paris à Alger via Marseille.*

VIABILISER v. tr. [1] ▪ Rendre apte à la construction en effectuant des travaux de viabilité. ▸ au p. p. *Terrains viabilisés.*

① **VIABILITÉ** n. f. ▪ **1.** État d'un chemin, d'une route où l'on peut circuler. **2.** ADMIN. Ensemble des travaux d'aménagement (voirie, égouts, adductions) à exécuter avant de construire sur un terrain.

② **VIABILITÉ** n. f. ▪ **1.** État d'un organisme (et notamment d'un embryon) viable. **2.** État de ce qui peut se développer. *La viabilité d'un projet, d'une entreprise.*

VIABLE adj. ▪ **1.** Apte à vivre ; qui peut avoir une certaine durée de vie. *Cet enfant n'est pas viable.* **2.** Qui présente les conditions nécessaires pour durer, se développer. ⇒ **durable.** *Affaire viable.*

VIADUC n. m. ▪ Pont de grande longueur servant au passage d'une voie ferrée, d'une route.

VIAGER, ÈRE ▪ adj. Qui doit durer pendant la vie d'une personne et pas au-delà. *Rente viagère.* ▸ n. m. *Le viager :* la rente viagère. *Vendre une maison* EN VIAGER : moyennant une rente viagère.

Boris VIAN (1920 - 1959) ▪ Écrivain français. Son œuvre variée est une critique parodique et inquiète de la société. *"L'Écume des jours"* (1947) ; *"L'Arrache-Cœur"* (1953) ; sous le pseudonyme de Vernon Sullivan, il pasticha le roman noir américain dans *"J'irai cracher sur vos tombes"* (1946).

Vian. *Phot. © Bernand*

VIANDE n. f. ▪ **1.** VX Aliments, nourriture. ▸ loc. *Viande creuse :* nourriture insuffisante. **2.** Chair des mammifères et des oiseaux servant pour la nourriture (surtout animaux de boucherie). *Viande rouge,* le bœuf, le cheval, le mouton. *Viande blanche,* la volaille, le veau, le porc. *Viande froide ;* fig. FAM. cadavre. *Viande bien cuite, à point ; viande saignante, bleue.* **3.** FAM. Chair de l'homme, corps. *Amène ta viande ! :* viens ! *Étaler sa viande,* se dénuder.

saint Jean-Baptiste Marie VIANNEY → saint Jean-Baptiste Marie Vianney

Pauline VIARDOT-GARCÍA (1821 - 1910) ▪ Cantatrice française. Sœur de la Malibran. Célèbre voix de contralto.

VIATIQUE n. m. ▪ **1.** RELIG. CATHOL. Communion portée à un mourant. *Recevoir le viatique.* **2.** LITTÉR. Soutien, secours indispensable.

VIATKA → Kirov

Théophile de VIAU (1590 - 1626) ▪ Poète français. S'opposant au classicisme de Malherbe, il exalte l'amour de la nature. Libertin, il fut le poète le plus moderne de cette période. *"Pyrame et Thisbé"*, tragédie.

VIAUR ▪ Rivière du Massif central qui se jette dans l'Aveyron à Laguépie. 155 km. Le *viaduc du Viaur* (pont métallique de 120 m de hauteur) l'enjambe entre Albi et Rodez.

VIBRANT, ANTE adj. ▪ **1.** Qui est en vibration. ▸ PHONÉT. *Consonne vibrante* et **n. f.** *une vibrante,* produite par la vibration de la langue ou du gosier. ♦ *Une voix vibrante.* **2.** Qui exprime ou trahit une forte émotion. *Un discours vibrant, pathétique.*

VIBRAPHONE n. m. ▪ Instrument de musique formé de plaques métalliques vibrantes, que l'on frappe à l'aide de marteaux. ≠ *xylophone.* ► n. VIBRAPHONISTE

VIBRATILE adj. ▪ BIOL. Animé de mouvements rapides de flexion et d'extension. *Cils vibratiles.*

VIBRATION n. f. ▪ **1.** Mouvement, état de ce qui vibre ; effet qui en résulte (son et ébranlement). *Vibration de moteur.* **2.** PHYS. Oscillation de fréquence élevée. *Vibrations lumineuses, sonores, électromagnétiques.* **3.** Tremblement. *La vibration d'une voix.* ▸ *Vibration de l'air, de la lumière,* impression de tremblotement que donne l'air chaud. ♦ fig. anglic. Ondes supposées agir sur le psychisme.

VIBRATO n. m. ▪ MUS. Tremblement rapide d'un son, utilisé dans la musique vocale ou par les instruments. ⇒ **trémolo.**

VIBRATOIRE adj. ▪ **1.** DIDACT. Formé par une série de vibrations. *Phénomène vibratoire.* **2.** Qui s'effectue en vibrant, en faisant vibrer.

VIBRER v. intr. [1] ▪ **1.** Se mouvoir périodiquement autour de sa position d'équilibre avec une très faible amplitude et une très grande rapidité ; être en vibration. *Faire vibrer un dia-*

pason, une cloche. **2.** (voix) Avoir une sonorité tremblée qui dénote une émotion intense. *Sa voix vibrait d'émotion.* **3.** Être vivement ému, exalté. *Faire vibrer son auditoire.*

VIBREUR n. m. ▪ **1.** TECHN. Élément qui produit, transmet une vibration. **2.** Sonnerie sans timbre. *Le vibreur d'un téléphone.*

VIBRION n. m. ▪ **I.** SC. Bactérie de forme incurvée. **II.** FAM. Personne agitée.

VIBRIONNER v. intr. [1] ▪ FAM. S'agiter sans cesse. *Arrête de vibrionner autour de nous !*

VIBRISSE n. f. ▪ SC. Poil tactile. *Les vibrisses du chat*, ses moustaches.

VIBROMASSEUR n. m. ▪ Appareil électrique qui produit des massages par vibration.

VICAIRE n. m. ▪ **1.** Celui qui exerce en second les fonctions attachées à un office ecclésiastique. ➝ Prêtre qui aide le curé. *"La Profession de foi du vicaire savoyard"* (de Rousseau). **2.** *Le vicaire de Dieu :* le pape.

VICARIAT n. m. ▪ Fonction, dignité de vicaire, durée de cette fonction.

VICE n. m. ▪ **I. 1.** *LE VICE :* disposition habituelle au mal ; conduite qui en résulte. ⇒ **immoralité, mal, péché** (opposé à *vertu*). **2.** *UN VICE :* mauvais penchant, défaut grave que réprouve la morale sociale. *Il a tous les vices !* prov. *L'oisiveté (la paresse) est mère de tous les vices.* ♦ spécialt Perversion sexuelle. **3.** Mauvaise habitude. *Le bavardage est notre vice familial.* ⇒ **faiblesse, travers. II.** Imperfection grave qui rend une chose plus ou moins impropre à sa destination. ⇒ **défaut, défectuosité.** *Vice de construction d'un bâtiment.* ➝ DR. *Vice de forme :* absence d'une formalité obligatoire qui rend nul un acte juridique.

VICE- Particule invariable, du latin *vice* « à la place de » (noms de grades, de fonctions immédiatement inférieurs ; ex. *vice-amiral, vice-consul, vice-légat*, etc.).

VICELARD, ARDE adj. ▪ FAM. **1.** Un peu vicieux. *Un air vicelard.* ➝ n. *Un, une vicelarde.* **2.** Malin, rusé et pas très honnête.

VICENCE en italien ***VICENZA*** ▪ Ville d'Italie, en Vénétie. 109 109 hab. Théâtre et palais de Palladio.

Gil VICENTE (v. 1470 - v. 1537) ▪ Auteur dramatique portugais. Il opéra une synthèse du Moyen Âge et de la Renaissance. Œuvre tantôt religieuse, tantôt profane. *"La Trilogie des barques"*.

VICE-PRÉSIDENCE n. f. ▪ Fonction de vice-président.

VICE-PRÉSIDENT, ENTE n. ▪ Personne qui seconde ou supplée le président, la présidente. *La vice-présidente d'une société.*

VICE-ROI n. m. ▪ Celui à qui un roi, un empereur a délégué son autorité pour gouverner un royaume, ou une province ayant eu titre de royaume. *Des vice-rois.*

VICE VERSA [viseversa ; visversa] loc. adv. ▪ Réciproquement, inversement. ◇ var. VICE-VERSA.

VICHY n. m. ▪ **1.** Toile de coton à carreaux ou rayée. *Tablier de vichy bleu et blanc.* **2.** Eau minérale de Vichy. *Un vichy fraise* (au sirop de fraise).

VICHY ▪ Chef-lieu d'arrondissement de l'Allier, sur l'Allier. 27 714 hab. *(les Vichyssois).* Station thermale.

le gouvernement de VICHY ▪ Gouvernement de la France de 1940 à 1944 (entre l'armistice et la Libération), établi à Vichy. Le maréchal Pétain, chef de l'État investi des pleins pouvoirs le 10 juillet 1940, mettant fin à la IIIe République, voulut une « révolution nationale », dont la devise était « Travail, Famille, Patrie ». Au nationalisme, à l'antiparlementarisme et à l'idéologie réactionnaire de l'Action française s'ajoutèrent l'antisémitisme virulent (« statut des juifs » promulgué en octobre 1940, rafle du Vel' d'hiv' en 1942) et l'anticommunisme qui rapprochèrent le régime du fascisme italien et du nazisme. Laval organisa la *collaboration**, mais fut écarté en décembre 1940. Darlan mena une politique plus ambiguë (1941-1942), mais l'Allemagne obtint le retour de Laval puis envahit en novembre 1942 la zone dite libre (qui comprenait Vichy). Le gouvernement de Vichy, qui, en créant la Milice en 1943, prit part à la lutte contre les résistants, fut amené de force en Allemagne en 1944. La Résistance lui substitua le Gouvernement provisoire de la République française (GPRF), dirigé par de Gaulle.

VICIER v. tr. [7] ▪ **1.** DR. Rendre défectueux. **2.** LITTÉR. Corrompre. ⇒ **polluer.** *Des fumées d'usine vicient l'air.* ► **VICIÉ, ÉE** adj. Impur, pollué. *Air vicié.*

VICIEUX, EUSE adj. ▪ **I. 1.** LITTÉR. Qui a des vices, de mauvais penchants. ⇒ **corrompu, dépravé.** ♦ Se dit d'une bête ombrageuse et rétive (surtout d'un cheval). **2.** Qui a des mœurs ou des tendances sexuelles que la société réprouve. ⇒ **pervers ;** FAM. **vicelard.** ➝ n. *Un vieux vicieux.* ⇒ **satyre. 3.** FAM. Qui a des goûts dépravés, bizarres. *Il faut être vicieux pour aimer ça.* **II.** (choses) **1.** Défectueux, mauvais, entaché de vices (II). *Expression vicieuse.* ⇒ **fautif, incorrect. 2.** *Cercle* vicieux.*

VICINAL, ALE, AUX adj. ▪ *Chemin vicinal,* voie qui met en communication des villages.

VICISSITUDES n. f. plur. ▪ LITTÉR. Choses bonnes et mauvaises, événements heureux et surtout malheureux qui se succèdent dans la vie. Les vicissitudes de l'existence. ⇒ **tribulations.**

Vicence. Le théâtre Olympique dessiné par Palladio en 1580.
Phot. © Erich Lessing/Magnum

Giambattista VICO (1668 - 1744) ▪ Écrivain, historien et philosophe italien. Sa *Scienza nuova* (« science nouvelle ») en fait le précurseur de la philosophie de l'histoire.

VICOMTE n. m. ▪ Personne possédant le titre de noblesse audessous du comte.

VICOMTÉ n. m. ▪ Titre, terre d'un vicomte, d'une vicomtesse.

VICOMTESSE n. f. ▪ **1.** Femme dont le titre est au-dessous de celui de comtesse. **2.** Femme du vicomte.

VICTIME n. f. ▪ **1.** Créature vivante offerte en sacrifice aux dieux. *Immoler, égorger une victime.* **2.** Personne qui subit les injustices de qqn, ou qui souffre (d'un état de choses). *Se prendre pour une victime. Il est victime de son dévouement.* **3.** Personne tuée ou blessée. *La catastrophe a fait plus de cent victimes.* ⇒ **mort.** *Le corps de la victime* (d'un meurtre). ♦ Personne arbitrairement tuée, condamnée à mort. *Les victimes du nazisme, de l'holocauste.*

VICTOIRE n. f. ▪ **1.** Succès obtenu dans un combat, une bataille, une guerre (s'oppose à *défaite*). *Remporter une victoire. La fête nationale* (française) *de la Victoire* (de 1918), le 11 novembre. - loc. *Une victoire à la Pyrrhus,* trop chèrement acquise (aussi fig.). **2.** Heureuse issue d'une lutte, d'une opposition, d'une compétition, pour la personne qui a eu l'avantage (s'oppose à *échec*). ⇒ **triomphe.** *Une victoire facile. Crier, chanter victoire,* se glorifier d'une réussite. - (SPORTS, JEUX) Situation de la personne, du groupe qui gagne contre qqn. *La victoire d'une équipe sportive.*

Paul-Émile VICTOR (1907 - 1995) ▪ Explorateur et ethnologue français. Il parcourut et décrivit les régions polaires. Auteur de nombreux ouvrages.

VICTOR-EMMANUEL II (1820 - 1878) ▪ Roi de Sardaigne, proclamé roi d'Italie en 1861. Un des artisans de l'unité italienne avec son ministre Cavour. Il annexa la Vénétie en 1866 et obtint la possession de Rome en 1870.

VICTOR-EMMANUEL III (1869 - 1947) ▪ Roi d'Italie de 1900 à 1946, empereur d'Éthiopie et roi d'Albanie. Entre 1922 et 1943 il laissa le pouvoir réel à Mussolini, qui développa le fascisme en Italie. En 1943, il fit arrêter Mussolini mais, déconsidéré, dut abdiquer.

VICTORIA n. f. ▪ anciennt Voiture à cheval découverte, à quatre roues.

Tomás Luis de VICTORIA (v. 1549 - 1611) ▪ Compositeur espagnol. Œuvre uniquement religieuse, au lyrisme grave.

VICTORIA (1819 - 1901) ▪ Reine du Royaume-Uni de Grande-Bretagne et d'Irlande de 1837 à sa mort. Assistée par ses Premiers ministres (Melbourne, Peel, Palmerston, Disraeli, Gladstone), elle gouverna avec énergie et autorité. Son règne, l'*ère victorienne,* marque l'apogée de la puissance impérialiste anglaise. Victoria fut couronnée impératrice des Indes en 1876.

VICTORIA ▪ Capitale de la colonie anglaise de Hong-Kong. 502 000 hab. Port important.

VICTORIA ▪ Ville et port du Canada, capitale de la Colombie-Britannique, sur l'île de Vancouver. 101 012 hab. Ville administrative et résidentielle.

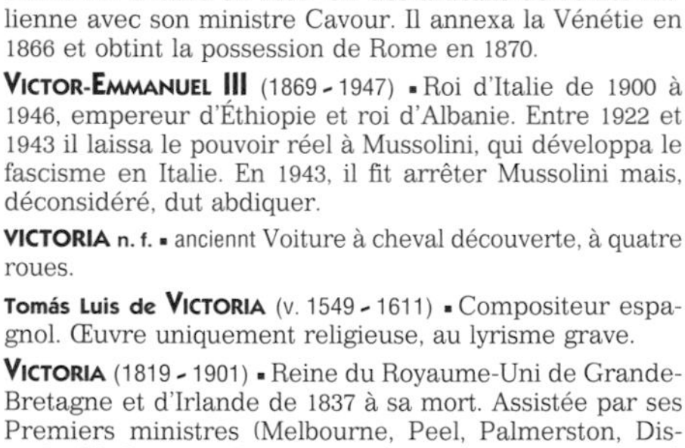

Victoria. Le Provincial museum. *Phot. © Lénars/Explorer*

le VICTORIA ▪ État du sud-est de l'Australie. 227 618 km². 4 739 800 hab. Capitale : Melbourne. Productions agricoles. Élevage important. Charbon.

la terre VICTORIA ▪ Île du Canada (Territoires du Nord-Ouest), dans l'océan Arctique. 217 291 km².

le lac VICTORIA ▪ Le plus important lac d'Afrique, en amont duquel le Nil prend sa source. 68 100 km².

les chutes VICTORIA ▪ Chutes spectaculaires du Zambèze, sur la frontière de la Zambie et du Zimbabwe.

les chutes **Victoria.** *Phot. © Charles Lénars*

VICTORIAVILLE ▪ Ville du Canada (Québec), en Estrie. 101 513 hab.

VICTORIEUX, EUSE adj. ▪ **1.** Qui a remporté une victoire (1). ⇒ **vainqueur.** *Armée, troupes victorieuses.* ♦ *Sortir victorieux d'une dispute.* - *L'équipe victorieuse.* **2.** Qui exprime, évoque une victoire, un succès. ⇒ **triomphant.** ▸ adv. VICTORIEUSEMENT

VICTUAILLES n. f. plur. ▪ Provisions de bouche. ⇒ **vivres.**

VIDAGE n. m. ▪ Action de vider (II, 2).

Paul VIDAL DE LA BLACHE (1845 - 1918) ▪ Géographe français. Principes de géographie humaine. Fondateur de l'école française de géographie. *"Géographie universelle"* (1927-1948).

VIDANGE n. f. ▪ **1.** Action de vider de matières sales. *Faire la vidange d'un fossé, du réservoir d'huile d'une voiture.* **2.** Ce qui est enlevé, vidé. *Évacuation des vidanges.* **3.** Mécanisme qui sert à vider, à évacuer l'eau. *La vidange d'un lavabo.*

VIDANGER v. tr. [3] ▪ **1.** Faire la vidange de (une fosse, un réservoir). **2.** Évacuer par une vidange. *Vidanger l'huile d'un moteur.*

VIDANGEUR, EUSE n. ▪ Personne qui fait la vidange des fosses d'aisances.

VIDE ▪ **I.** adj. (opposé à *plein*) **1.** Qui ne contient rien de perceptible ; où il n'y a ni solide ni liquide. *Espace vide entre deux choses.* - MATH. *Ensemble vide,* qui n'a aucun élément. **2.** Dépourvu de son contenu normal. *Bouteille, verre vide.* - loc. *Avoir l'estomac, le ventre vide.* ⇒ **creux.** *Rentrer les mains vides,* sans rapporter ce que l'on allait chercher. ♦ (local, lieu) Inoccupé. ⇒ **désert. 3.** (durée) Qui n'est pas employé, occupé comme il pourrait l'être ; sans occupation. *Des journées vides et ennuyeuses.* **4.** loc. *Avoir la tête, l'esprit vide,* ne plus avoir momentanément sa présence d'esprit, ses connaissances, ses souvenirs. **5.** Qui manque d'intérêt, de substance. ⇒ **creux, vain.** *Des propos vides.* ⇒ **insignifiant ; vacuité.** - *Des mots vides de sens.* **6.** (surface) Qui n'est pas couvert, recouvert. ⇒ **nu.** *Murs vides.* **II.** n. m. **1.** Espace qui n'est pas occupé par de la matière. - Abaissement important de la pression d'un gaz. *Faire le vide en aspirant l'air. Nettoyage par le vide.* **2.** Espace non occupé par des choses ou des personnes. *Faire le vide autour de qqn, de soi.* **3.** Espace où il n'y a aucun corps solide susceptible de servir d'appui. *Nous étions au-dessus du vide.* - *Regarder dans le vide,* dans le vague. **4.** *UN VIDE :* espace vide ou solution de continuité. ⇒ **espace, fente, ouverture.** *Boucher un vide.* - Ce qui est ressenti comme un manque. *Son départ laisse un grand vide.* **5.** Caractère de ce qui manque de réalité, d'intérêt. *Le vide de son existence.* ⇒ **néant, vacuité. 6.** *À VIDE* loc. adv. Sans rien contenir. ♦ Sans avoir l'effet matériel normalement attendu. *Rouage qui tourne à vide.* - fig. *Il raisonne à vide.* ♦ loc. *PASSAGE À VIDE :* moment où un mécanisme tourne à vide, où une activité s'exerce sans effet utile.

VIDÉASTE n. ▪ Personne qui réalise des films vidéo, exerce une activité créatrice ayant rapport à la vidéo.

VIDÉO ▪ **I.** adj. invar. Qui concerne l'enregistrement et la transmission des images et des sons. *Signal vidéo.* **II.** n. f. Technique audiovisuelle permettant d'enregistrer sur un support magnétique l'image et le son, et de reproduire cet enregistrement sur écran. ♦ appos. *Bande, cassettes vidéo. Caméra vidéo.* ⇒ **caméscope.** *Disque vidéo* (⇒ **vidéodisque**). - *Jeux vidéo,* jeux qui utilisent un écran de visualisation et dans lesquels les mouvements sont commandés électroniquement.

VIDÉO- Élément (du latin *video* « je vois ») qui signifie « de la transmission des images, des techniques audiovisuelles ».

VIDÉOCASSETTE n. f. ▪ Cassette contenant une bande vidéo où sont enregistrés l'image et le son d'un programme télévisé.

VIDÉOCLIP ⇒ ② CLIP

VIDÉODISQUE n. m. ▪ Disque optique permettant de restituer images et sons au moyen d'un téléviseur.

VIDE-ORDURES n. m. invar. ▪ Conduit vertical dans lequel on peut jeter les ordures par une trappe ménagée à chaque étage.

VIDÉOSURVEILLANCE n. f. ▪ Surveillance (notamment des lieux publics) par caméras vidéo.

VIDÉOTHÈQUE n. f. ▪ Collection de documents vidéo. - Lieu où on les entrepose.

VIDE-POCHES n. m. invar. ▪ Petit meuble ou récipient où l'on peut déposer de petits objets (qui étaient dans les poches).

VIDER v. tr. [1] ▪ **I. 1.** Rendre vide (un contenant) en ôtant ce qui était dedans (opposé à *remplir*). *Vider un seau, un sac, ses poches, un meuble. Vider une bouteille, un verre* (en buvant). - (En emportant, volant, dépensant) *Les cambrioleurs ont vidé les tiroirs.* - VIDER... DANS, SUR : répandre tout le contenu de... quelque part. ⇒ **verser. 2.** Ôter les entrailles de (un poisson, une volaille) pour le faire cuire. - au p. p. *Un poulet vidé.* ♦ fig. *Vider son cœur :* s'épancher. **3.** VIDER... DE : débarrasser de. *Vider une maison de ses meubles.* **4.** Rendre vide en s'en allant. loc. *Vider les lieux,* partir. **5.** FAM. Épuiser les forces de (qqn). ⇒ **crever, éreinter ; vidé** (2). *Ce travail l'a vidé.* **6.** Faire en sorte qu'une question soit épuisée, réglée. ⇒ **résoudre, terminer.** *Vider une affaire, une querelle.* **II.** Enlever d'un lieu. **1.** Ôter (le contenu d'un contenant). ⇒ **évacuer, retirer.** *Aller vider les ordures.* ⇒ **jeter.** *Vider l'eau d'un vase.* **2.** FAM. Faire sortir brutalement (qqn) d'un lieu, d'un emploi, d'une situation. ⇒ **chasser, renvoyer ;** FAM. **virer.** *Elle s'est fait vider.* ► **SE VIDER** v. pron. *Le seau s'est vidé. La ville se vide de ses habitants.* ► **VIDÉ, ÉE** adj. (personnes) Épuisé, sans forces. ♦ Sans ressources morales. ⇒ **fini.**

VIDEUR, EUSE n. ▪ **1.** RARE Personne qui vide, est chargée de vider. **2.** Personne qui est chargée de vider (II, 2) les indésirables.

François **VIDOCQ** (1775 - 1857) ▪ Aventurier français. Il fut forçat, puis policier. Balzac s'en est inspiré pour créer son personnage de Vautrin dans *"Splendeurs et misères des courtisanes".*

King **VIDOR** (1894 - 1982) ▪ Cinéaste américain. Œuvre marquée par le lyrisme. *"La Grande Parade"* (1925); *"Hallelujah"* (1929).

King **Vidor.** *Hallelujah. Phot. © Coll. Rui Nogueira*

le **VIDOURLE** ▪ Fleuve côtier du Languedoc. 85 km.

VIDUITÉ n. f. ▪ LITTÉR. **1.** État de veuf, de veuve. **2.** Abandon, solitude.

VIE n. f. ▪ **I. 1.** Fait de vivre*, propriété essentielle des êtres organisés qui évoluent de la naissance à la mort. ⇒ **existence.** *Être en vie,* vivant. *Sans vie,* mort ou évanoui. *Revenir à la vie. Être entre la vie et la mort. Donner la vie à un enfant,* enfanter. *Sauver la vie de qqn. Donner, risquer sa vie pour qqn, qqch. Lutte pour la vie. C'est une question de vie ou de mort. Assurance sur la vie.* ♦ Vigueur, vivacité. *Un enfant plein de vie.* **2.** Animation que l'artiste donne à son œuvre. *Un portrait plein de vie.* **3.** LA VIE : ensemble des phénomènes (croissance, métabolisme, reproduction) que présentent tous les organismes, animaux ou végétaux, de la naissance à la mort. *Science de la vie.* ⇒ **biologie.** - La matière vivante. *Vie animale, végétale.* **4.** Espace de temps compris entre la naissance et la mort d'un individu. *Espérance* de vie. Durée moyenne de vie.* - loc. *Jamais* de la vie. De ma vie, je n'ai vu chose pareille !,* jamais. - RELIG. *Cette vie, la vie terrestre* (opposée à *l'autre vie, la vie future, éternelle*). ♦ Temps qui reste à vivre à un individu. *Amis pour la vie.* loc. *Nous sommes amis à la vie à la mort.* - À VIE : pour tout le temps qui reste à vivre. *Il a été élu membre à vie. Prison à vie.* ⇒ **perpétuité. 5.** Ensemble des activités et des événements qui remplissent pour chaque être cet espace de temps. ⇒ **destin, destinée.** *Écrire la vie de qqn.* ⇒ **biographie.** - *"La vie est un songe"* (pièce de Calderón). - Manière de vivre (d'un individu, d'un groupe). ⇒ **mœurs.** *La vie rude des pêcheurs. Mode, train, style de vie. Une vie simple, rangée.* ♦ loc. *Mener, faire la vie dure à qqn,* le tourmenter. *Ce n'est pas une vie !,* c'est insupportable. *Mener joyeuse vie.* - *Vivre sa vie,* la vie pour laquelle on s'estime fait. - VIEILLI *Femme de mauvaise vie,* prostituée. **6.** (suivi d'une épithète, d'un compl.) Part de l'activité humaine, type d'activité. *La vie privée et la vie professionnelle. La vie politique.* ♦ Le monde, l'univers où s'exerce une activité psychique. *La vie intérieure, spirituelle.* **7.** Moyens matériels (nourriture, argent) d'assurer la subsistance d'un être vivant. *Gagner (bien, mal) sa vie. Niveau de vie.* - *Lutte contre la vie chère,* contre les prix élevés. **8.** absolt Le monde humain, le cours des choses humaines. *Regarder la vie en face. C'est la vie ! :* il faut accepter le sort humain. **II.** Existence dont le caractère temporel et dynamique évoque la vie. **1.** (dans le monde humain) *La vie des sociétés. La vie du pays.* **2.** (dans le monde matériel, inorganique) *La vie des étoiles.* **3.** AVOIR LA VIE DURE : résister contre toute cause de mort ou de disparition. *Une idée, une erreur qui a la vie dure.*

VIEIL, VIEILLE ⇒ VIEUX

VIEILLARD n. m. ▪ **1.** Homme d'un grand âge. **2.** (au plur. ou sing. indéterminé) Personne (homme ou femme) d'un grand âge. ⇒ **âgé, vieux ; géront(o)-.**

Paul **VIEILLE** (1854 - 1934) ▪ Ingénieur français. Inventeur de la poudre B (poudre sans fumée).

VIEILLERIE n. f. ▪ **1.** Objet vieux, démodé, usé. **2.** Idée, conception rebattue, usée ; œuvre démodée.

VIEILLESSE n. f. ▪ (s'oppose à *jeunesse*) **1.** Dernière période de la vie humaine, temps de la vie caractérisé par le ralentissement des activités biologiques (sénescence). ⇒ **âge.** *Avoir une vieillesse triste, heureuse, une longue vieillesse.* **2.** Fait, pour un être humain, d'être vieux. *Respecter la vieillesse de qqn. Mourir de vieillesse.* **3.** (Considérée comme une puissance active parfois personnifiée). *La vieillesse arrive à grands pas.* **4.** Les personnes âgées, les vieillards (→ troisième âge). *Aide à la vieillesse.*

VIEILLIR v. [2] ▪ **I.** v. intr. **1.** Prendre de l'âge ; continuer à vivre alors qu'on est vieux. *Vieillir bien, vieillir mal,* être peu, beaucoup éprouvé par les effets de l'âge. - Demeurer longuement (dans un état, une situation). **2.** Acquérir les caractères de la vieillesse ; changer par l'effet du vieillissement. ⇒ **décliner.** *Il a beaucoup vieilli depuis sa maladie.* - au p. p. *Je l'ai trouvé vieilli. Visage vieilli.* **3.** (choses) Perdre de sa force, de son intérêt, avec le temps. *Ce film a vieilli.* - Être en voie de disparition. *Mot, expression qui vieillit.* - au p. p. *Mot vieilli :* encore en usage (≠ *vieux*) mais archaïque ou employé plus rarement. **4.** (produits) Acquérir certaines qualités par le temps. ⇒ **vieux** (II, 1). *Faire vieillir du vin.* **II.** v. tr. **1.** Faire paraître plus vieux ; donner les caractères (physiques, moraux) de la vieillesse (opposé à *rajeunir*). *Ce vêtement la vieillit.* - pronom. *Jeune homme qui cherche à se vieillir.*

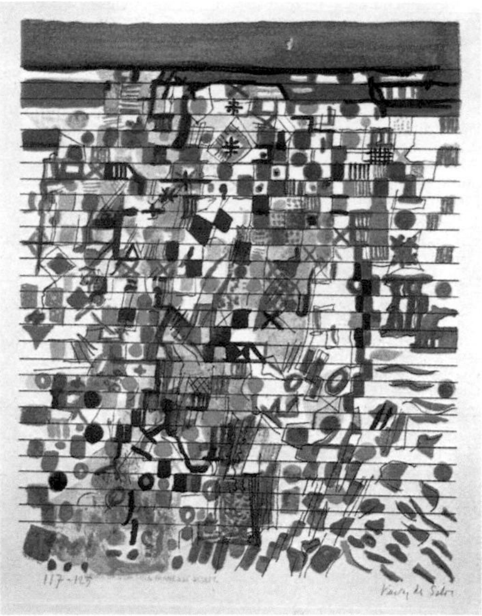

Vieira da Silva. *Composition.* Coll. part., Paris. Phot. © C. Schaeffner

2. Attribuer à (qqn) un âge supérieur à son âge réel. *Vous me vieillissez d'un an !*

VIEILLISSANT, ANTE adj. ▪ Qui vieillit, est en train de vieillir.

VIEILLISSEMENT n. m. ▪ **1.** Le fait de devenir vieux, ou de s'affaiblir par l'effet de l'âge. *Lutter contre le vieillissement.* - Augmentation de la proportion de vieillards. **2.** Fait de se démoder. **3.** Processus par lequel les vins se modifient, acquièrent leur bouquet.

VIEILLOT, OTTE adj. ▪ Qui a un caractère vieilli et un peu ridicule. ⇒ **désuet, suranné.**

Maria Elena VIEIRA DA SILVA (1908 - 1992) ▪ Peintre portugais. Naturalisée française. Style raffiné, proche de l'abstraction.

VIELLE n. f. ▪ Instrument de musique à touches et à cordes, frottées par une roue à manivelle.

vielle du XVIIIe s. Musée Bardini, Florence.
Phot. © Nimatallah/Ricciarini

Joseph Marie VIEN (1716 - 1809), ▪ Peintre français. Chef de file du néoclassicisme et maître de David.

VIENNE ▪ Chef-lieu d'arrondissement de l'Isère, sur le Rhône. 29 449 hab. *(les Viennois).* Vestiges gallo-romains, églises médiévales. Capitale de la province romaine de la *Viennoise,* elle fut l'un des premiers foyers du christianisme en Gaule (évêché au IIIe s.).

la VIENNE ▪ Rivière du centre-ouest de la France, affluent de la Loire. 372 km.

la VIENNE [86] ▪ Département français de la région Poitou-Charentes. 7 044 km². 379 977 hab. Chef-lieu : Poitiers. Chefs-lieux d'arrondissement : Châtellerault, Montmorillon.

VIENNE en allemand ***WIEN*** ▪ Capitale de l'Autriche formant également un État (Land) fédéré (415 km²). 1 533 200 hab. *(les Viennois).* Important centre culturel. Musées (Albertina, Kunsthistorisches Museum). Célèbre opéra. □ HISTOIRE Capitale des Habsbourg, embellie au XVIIIe s. (Hofburg, château de Schönbrunn, palais du Belvédère), elle devint le foyer européen du théâtre et de la musique sous les règnes de Marie-Thérèse et Joseph II. Elle fut agrandie et transformée au XIXe s. sous François-Joseph (aménagement du « Ring »). Elle connut alors une activité artistique et intellectuelle exceptionnelle : école viennoise en musique (Schönberg, Berg, Webern), en peinture (Klimt, Schiele), en architecture (Wagner), naissance de la psychanalyse (Freud). ► **le congrès de VIENNE** (1814-1815) Sommet diplomatique réuni par Metternich après la défaite de Napoléon, pour redéfinir les frontières européennes au bénéfice des vainqueurs (Autriche, Prusse, Royaume-Uni, Russie). Talleyrand y représenta avec habileté la France de la Restauration.

Vienne. Le Burgtheater, construit de 1874 à 1888.
Phot. © Jogschies/Schuster/ Explorer

le cercle de VIENNE ▪ Groupe de savants, de philosophes, de logiciens qui, rassemblés à Vienne de 1922 à 1938, se proposaient d'offrir une nouvelle « conception scientifique du monde » (*néopositivisme*). Marqué par les travaux de Frege, B. Russell et Wittgenstein ainsi que par les développements de la physique moderne (Einstein, Planck), le cercle de Vienne fut fondé par Moritz Schlick et réunissait notamment Carnap, Reichenbach et Neurath.

VIENNOIS, OISE adj. et n. ▪ **1.** De Vienne (en Autriche ; en France). - n. *Les Viennois.* **2.** (à l'origine, « de Vienne [Autriche] ») *Baguette viennoise. Pâtisserie viennoise. Café, chocolat viennois,* avec de la crème Chantilly.

VIENNOISERIE n. f. ▪ Boulangerie fine.

VIENTIANE ▪ Capitale du Laos, port fluvial sur le Mékong. 125 000 hab. *(les Vientianais).*

VIERGE n. f. et adj. ▪ **I.** n. f. **1.** Fille qui n'a jamais eu de rapports sexuels. ⇒ **pucelle ; virginal. 2.** *La Vierge, la Sainte Vierge,* Marie, mère de Jésus. - Représentation de la Sainte Vierge (tableau, statue). ⇒ **madone.** *Une vierge romane, gothique.* **3.** Sixième signe du zodiaque (23 août-22 septembre). - *Être Vierge,* de ce signe. **II.** adj. **1.** Qui n'a jamais eu de relations sexuelles. *Il est vierge.* ⇒ **puceau. 2.** Qui n'a jamais été touché, sali ou utilisé. ⇒ **blanc, net, pur.** *Cahier, feuille vierge,* sur quoi on n'a pas écrit. *Film, pellicule vierge,* non impressionnés. *Casier judiciaire vierge.* - VIERGE DE. *Être vierge de toute accusation.* **3.** Qui n'est mélangé à rien d'autre. *Pure laine vierge.* **4.** Inculte, inexploité. *Sol, terre vierge.* - *FORÊT VIERGE :* forêt tropicale, impénétrable. **5.** *Vigne** (3) *vierge.*

les îles VIERGES ▪ Archipel des Petites Antilles. Une partie est britannique (151 km² ; 12 600 hab. ; chef-lieu : Road Town dans l'île de Tortola), l'autre américaine (355 km² ; 106 000 hab. ; chef-lieu : Charlotte Amalie, dans l'île de Saint Thomas). Tourisme.

VIERZON ▪ Commune du Cher, sur le Cher. 32 235 hab. *(les Vierzonnais).* Centre industriel et nœud de communications.

François VIÈTE (1540-1603) ▪ Mathématicien français. Conseiller au Parlement de Paris sous Henri IV. Créateur de l'algèbre moderne.

le VIÊT-MINH ▪ Organisation politique vietnamienne (communiste et nationaliste), créée en 1941 par Hồ Chí Minh pour libérer le pays des Japonais et des Français. Cette organisation constitua le premier gouvernement vietnamien indépendant de Hanoi en 1945 et entra en guerre contre les Français, remportant une victoire définitive à Điện Biên Phủ en 1954.

le VIÊTNAM ou **VIỆT NAM** ▪ État d'Asie du Sud-Est, dans la péninsule indochinoise. 329 566 km². 72 000 000 hab. *(les Vietnamiens).* Capitale : Hanoi. Villes principales : Hồ Chí Minh-Ville (ancienne Saïgon), Haiphong. Langue officielle : vietnamien. Monnaie : dong. Pays de plateaux et de montagnes, entrecoupé par les deltas du Tonkin et du Mékong où se concentre l'essentiel de la population. Économie surtout agricole (riz, pêche, exploitation forestière), peu d'industries. □ HISTOIRE Le pays fut sous domination chinoise jusqu'au XIe s. Indépendant, il connut la lutte de dynasties rivales. Il fut intégré à l'Indochine française à la fin du XIXe s. : les provinces de l'Annam et du Tonkin devinrent en 1883 des protectorats français, auxquels fut réunie la Cochinchine en 1887. La guerre d'indépendance, menée par Hồ* Chí Minh de 1946 à 1954, se solda par une défaite française (→ Điện Biên Phủ). Les accords de Genève (juillet 1954) instituèrent une division temporaire du Viêtnam en une partie nord et une partie sud jusqu'à des élections qui n'eurent pas lieu et qui devaient précéder une réunification du pays. Le conflit, latent jusqu'en 1962, se transforma en guerre ouverte entre le Sud (soutenu par les Américains) et le Nord (dirigé par Hồ Chí Minh). Résistant aux troupes et aux bombardements américains, les armées communistes du Nord soumirent le Sud en avril 1975. Le pays fut alors réunifié (juillet 1976) et devint une république socialiste. Les guerres (1978, invasion du Cambodge ; 1979, conflit avec la Chine) ont ruiné l'économie ; les conditions de vie et la politique du régime ont entraîné l'exode clandestin de nombreux habitants (« boat people »). Cependant, la levée de l'embargo américain (1994) devrait favoriser le développement économique.

VIETNAMIEN, IENNE adj. et n. ▪ Du Viêtnam. ‑ n. *Les Vietnamiens.* ♦ n. m. Langue parlée au Viêtnam.

VIEUX ou **VIEIL** (plur. **VIEUX**), **VIEILLE** ▪ REM. au masc. sing. on emploie *vieil* devant un nom commençant par une voyelle ou un *h* muet : *un vieil homme, un vieil arbre* (mais *un homme vieux et malade*). **I.** adj. (êtres vivants) opposé à *jeune* **1.** Qui a vécu longtemps ; qui est dans la vieillesse. ⇒ **âgé.** *Les vieilles gens. Être, devenir vieux, vieille. Vivre vieux. Se faire vieux,* vieillir. ‑ *Un vieux chien.* ‑ (dans des loc., avec des termes péj. ou des injures) *C'est un vieux schnock, une vieille bique.* **2.** Qui a les caractères physiques ou moraux d'une personne âgée. ⇒ **décrépit, sénile.** *Vieux avant l'âge.* **3.** loc. *Sur ses vieux jours,* dans sa vieillesse. **4.** Qui est depuis longtemps dans l'état indiqué. *Vieux copain. Vieux garçon, vieille fille,* célibataire d'un certain âge. **5.** (avec *assez, trop, plus, moins*) Âgé. *Elle est plus vieille que moi.* ⇒ **aîné. II.** adj. (choses) opposé à *neuf, nouveau* **1.** Qui existe depuis longtemps, remonte à une date éloignée. *Un vieux mur, les vieilles pierres. Une vieille voiture.*

Vientiane. Le That Lwong. *Phot. © Gontier/Explorer*

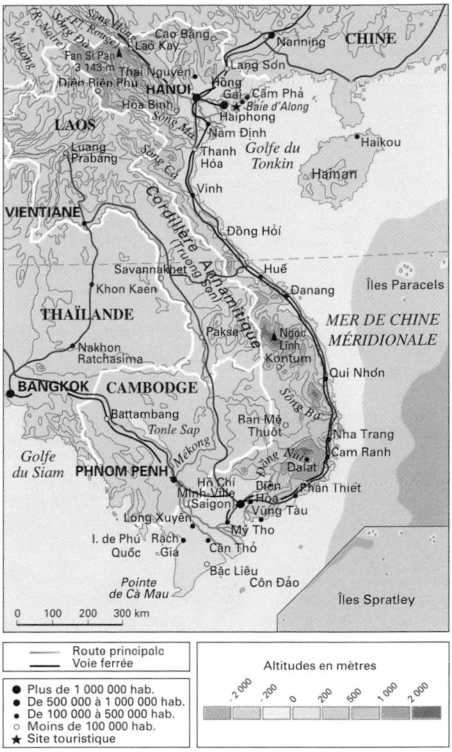

Viêtnam.

‑ (en insistant sur l'ancienneté, la valeur, le charme) *Une vieille demeure.* ⇒ **ancien.** *De vieux meubles.* ♦ Se dit de couleurs adoucies, rendues moins vives. *Vieil or. Vieux rose.* ♦ (de boissons) Amélioré par le temps. *Vin vieux.* **2.** Hors d'usage, inutilisable. **3.** Dont l'origine, le début est ancien. *Vieille habitude.* ⇒ **invétéré.** loc. *Le Vieux Monde,* l'Europe. ‑ *VIEUX DE* (+ numéral) : qui date de. *Une histoire vieille de vingt ans.* ♦ péj. Qui a perdu son intérêt, ses qualités, avec la nouveauté. ⇒ **démodé, vieillot.** ‑ *VIEUX JEU* adj. invar. : démodé. *Des idées vieux jeu.* **4.** Qui a existé autrefois, il y a longtemps. ⇒ **éloigné, lointain, révolu.** *Le bon vieux temps.* **III.** n. **1.** *UN VIEUX, UNE VIEILLE :* un vieil homme, une vieille femme. ⇒ **vieillard.** FAM. *Un petit vieux.* ‑ loc. *Un vieux de la vieille* (de la *vieille garde*), un vieux soldat (sous le Premier Empire) ; un vieux travailleur. **2.** Les gens plus âgés ou trop âgés. *Les vieux du village.* **3.** FAM. (le plus souvent avec le possessif) Père, mère ; parents. *Ses vieux sont morts.* **4.** FAM. Terme d'amitié (même entre personnes jeunes). *Mon (petit) vieux, ma vieille* (aussi à un homme). **5.** FAM. *COUP DE VIEUX :* vieillissement subit. *Prendre un coup de vieux.*

VIEUX-CONDÉ ▪ Commune du Nord. 10 859 hab. *(les Vieux-Condéens).*

VIEUX-HABITANTS ▪ Commune de la Guadeloupe. 7 455 hab.

VIF, VIVE adj. ▪ **I.** VX Vivant, vivante. *Être enterré (tout) vif. Jeanne d'Arc a été brûlée vive.* ‑ loc. *Être plus mort que vif,* paralysé de peur, d'émotion. **II. 1.** Dont la vitalité se manifeste par la rapidité, la vivacité* des mouvements et des réactions. ⇒ **agile, alerte, éveillé.** *Un enfant vif et intelligent. Œil, regard vif. Mouvements, gestes vifs.* ⇒ **rapide. 2.** Qui est d'une ardeur excessive, qui s'emporte facilement. ⇒ **brusque, emporté, violent.** *Il a été un peu vif dans la discussion.* ‑ *Échanger des propos très vifs.* **3.** Prompt dans ses opérations. *Intelligence vive.* **III.** (choses) **1.** Mis à nu. *Pierre coupée à vive arête,* en formant une arête bien nette, aiguë. *Angles vifs, arêtes vives.* **2.** *Eau vive,* eau pure qui coule. *Source vive.* ‑ *Air vif,* frais et pur. **3.** Très intense. *Lumière vive. Couleurs vives. Jaune vif. Il faisait un froid très vif.* ‑ (sensations, émotions) ⇒ **fort.** *Une vive douleur.* ⇒ **aigu.** *À* *mon vif regret. Éprouver une vive satisfaction.* **IV.** n. m. **1.** DR. Personne vivante. *Donation entre vifs.* **2.** loc. *SUR LE VIF :* d'après nature. *Peindre, raconter qqch. sur le vif.* **3.** *Tailler, couper* *DANS LE VIF,* dans la chair vivante. fig. *Entrer dans le vif du sujet, du débat,* toucher à l'essentiel. ⇒ **cœur.** ♦ *À VIF :* avec la chair vive à nu. *Plaie, moignon à vif.* - *Avoir les nerfs, la sensibilité à vif,* être irrité, sensible à tout. **4.** *Être atteint, touché, blessé, piqué AU VIF :* au point le plus sensible.

VIF-ARGENT n. m. ▪ **1.** VX Mercure (métal). **2.** fig. *C'est du vif-argent,* se dit d'une personne très vive.

LE VIGAN ▪ Chef-lieu d'arrondissement du Gard, sur l'Arre. 4 523 hab. *(les Viganais).* Pont du XIIIe s. Musée cévenol. Centre d'excursions. Bonneterie. Filature de la soie.

Élisabeth **VIGÉE-LEBRUN** (1755 - 1842) ▪ Peintre français. Portraits : *"La Reine et ses enfants"* (1787), *"Mme Vigée-Lebrun et sa fille"* (1789).

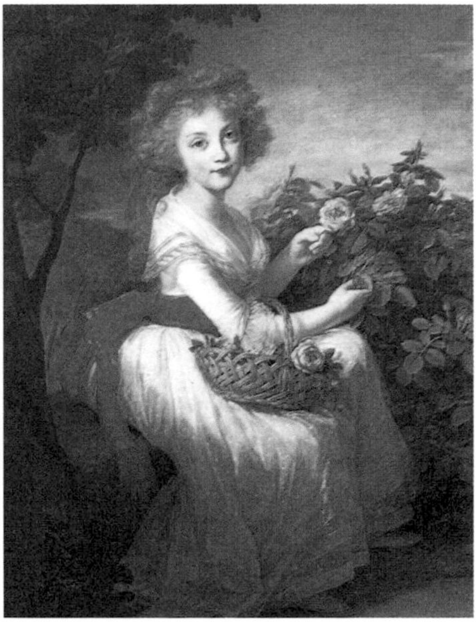

Vigée-Lebrun. *Marie-Christine de Bourbon-Naples.* Musée de Capodimonte, Naples. *Phot. © Giraudon*

VIGIE n. f. ▪ **1.** Matelot placé en observation dans la mâture ou à la proue d'un navire. **2.** Son poste d'observation.

VIGILANCE n. f. ▪ Surveillance attentive, sans défaillance. *Tromper la vigilance de qqn. Redoubler de vigilance.*

VIGILANT, ANTE adj. ▪ **1.** Qui surveille avec une attention soutenue. ⇒ **attentif.** *Un observateur vigilant.* - *Attention vigilante. Soins vigilants.* **2.** PHYSIOL. État de l'organisme qui conditionne la capacité de réaction. *Suspension de la vigilance.*

① **VIGILE** n. f. ▪ RELIG. CATHOL. Veille d'une fête importante. *La vigile de Noël.*

② **VIGILE** n. m. ▪ Personne exerçant une fonction de surveillance dans une police privée, un organisme de défense.

VIGNE n. f. ▪ **1.** Arbrisseau sarmenteux, grimpant, à fruits en grappes (⇒ **raisin**), cultivé pour ce fruit et pour la production du vin. *Pied de vigne.* ⇒ **cep.** *Plant de vigne. Feuille de vigne. Culture de la vigne.* ⇒ **viticulture.** - loc. *Être dans les vignes du Seigneur,* être ivre. **2.** Plantation de vignes. ⇒ **vignoble.** *Le cépage d'une vigne. Cette vigne produit un bon cru.* **3.** *VIGNE VIERGE :* plante décorative grimpante. *Façade couverte de vigne vierge.*

Gilles **VIGNEAULT** (né en 1928) ▪ Chanteur et compositeur québécois. Chantre des grands espaces et de l'hiver neigeux de son pays.

le **VIGNEMALE** ▪ Point culminant des Pyrénées françaises, dans les Hautes-Pyrénées. 3 298 m.

VIGNERON, ONNE n. ▪ Personne qui cultive la vigne, fait le vin. *Les vignerons de Bourgogne, du Bordelais.* ⇒ **viticulteur.**

VIGNETTE n. f. ▪ **1.** Motif ornemental d'un livre à la première page ou à la fin des chapitres. ♦ Illustration dans un texte. **2.** Petit carré de papier, étiquette ou timbre. - en France *Vignette de la Sécurité sociale,* portant le prix du médicament. *Vignette auto* (impôt annuel sur les automobiles).

VIGNEUX-SUR-SEINE ▪ Commune de l'Essonne. 25 203 hab. *(les Vigneusiens).*

VIGNOBLE n. m. ▪ Plantation de vignes. - Ensemble de vignes (d'une région, d'un pays). *Le vignoble français, italien.*

VIGNOLE (1507 - 1573) ▪ Architecte italien. Son plan de l'église du Gesù à Rome (église mère de l'ordre des Jésuites) servit de modèle à l'architecture de la Contre-Réforme.

Claude **VIGNON** (1593 - 1670) ▪ Peintre et graveur français. Influencé par les maniéristes et par le Caravage. Travaux de décoration et tableaux religieux.

Alfred de **VIGNY** (1797 - 1863) ▪ Écrivain romantique français. Il évoqua l'humiliation de la noblesse (*"Cinq-Mars"*, 1826), la solitude du créateur (*"Chatterton"*, 1835) et le drame moral du soldat (*"Servitude et Grandeur militaires"*, 1835). Ses poèmes, d'une grande élévation morale, sont réunis dans les *"Poèmes antiques et modernes"* (1826, comportant notamment « Moïse » et « Le Cor ») et *"Les Destinées"* (posth. 1864, comportant notamment « La Mort du loup » et « La Maison du berger »).

Jean **VIGO** (1905 - 1934) ▪ Cinéaste français. Il dénonça la comédie sociale. *"Zéro de conduite"* (1933); *"l'Atalante"* (1934).

VIGO ▪ Ville et port d'Espagne (Galice), sur l'Atlantique. 276 573 hab.

VIGOGNE n. f. ▪ **1.** Animal ruminant du genre lama, à pelage fin, d'un jaune rougeâtre. **2.** Laine de vigogne. *Un manteau de vigogne.*

VIGOUREUSEMENT adv. ▪ **1.** Avec vigueur, force. *Frotter, frapper vigoureusement.* - *Elle nie vigoureusement.* ⇒ **énergiquement.** **2.** Avec de la vigueur (2 et 3). *Écrire, dessiner vigoureusement.*

VIGOUREUX, EUSE adj. ▪ **1.** Qui a de la vigueur. *Un homme, un cheval vigoureux.* ⇒ **énergique, fort, robuste, solide.** *Des bras vigoureux.* - *Plante, végétation vigoureuse.* **2.** Qui s'exprime, agit sans contrainte, avec efficacité. *Style vigoureux. Dessin vigoureux,* tracé avec vigueur.

VIGUEUR n. f. ▪ **1.** Force, énergie d'un être en pleine santé et dans la plénitude de son développement. ⇒ **énergie, puissance, robustesse.** *Appuyer, serrer avec vigueur.* **2.** Activité intellectuelle libre et efficace. *La vigueur de l'esprit, de la pensée. Vigueur du style, de l'expression.* ⇒ **fermeté, véhémence.** **3.** Qualité de ce qui est dessiné, peint avec une netteté pleine de force. ⇒ **fermeté.** *Vigueur du coloris, de la touche.* **4.** *EN VIGUEUR :* en application actuellement. *Loi en vigueur. Entrer en vigueur,* en usage.

V. I. H. [veiaʃ] n. m. (sigle de *virus de l'immunodéficience humaine*) ▪ Virus responsable du sida. ⇒ anglic. **H. I. V.**

VIJAYAVADA ou **BEZWADA** ▪ Ville de l'Inde (Andhra Pradesh). 845 300 hab.

VIKING adj. ▪ Relatif aux Vikings*, à leur civilisation. *L'art viking.*

les **VIKINGS** ▪ Peuples scandinaves qui connurent, du VIIIe au XIe s., une grande expansion maritime. Vers l'ouest (où on les appelle plutôt *Varègues**), les Suédois envahirent le monde slave et menacèrent même Constantinople. Vers le sud, les Danois s'implantèrent en Angleterre et dans la future Normandie (cédée par Charles le Simple en 911),

Vigo. Une scène du film *L'Atalante,* avec Michel Simon. *Phot. © Coll. Christophe L.*

ainsi nommée d'après *Normand*, « homme du nord », nom des Vikings en France. Les Norvégiens descendirent jusqu'en Méditerranée (Italie du Sud, Sicile). Au nord, ils atteignirent l'Islande, le Groenland et probablement l'Amérique (Vinland). On en a gardé l'image de guerriers sanguinaires, conquérants, pillards, mais ils implantèrent des gouvernements durables (Ukraine, Normandie) et laissèrent les traces d'un art raffiné, surtout décoratif.

les **Vikings.** Tête en bois sculpté provenant d'Oseberg, IXe s. *Phot. © Knudsens Fotosenter/Giraudon*

VIL, VILE adj. ▪ **1.** LITTÉR. Qui inspire le mépris, qui est sans dignité, sans courage ou sans loyauté. ⇒ **indigne, lâche, méprisable.** *Vil courtisan, vil flatteur.* - *Action vile.* ⇒ **vilenie. 2.** *À VIL PRIX :* à très bas prix.

VILAIN, AINE adj. et n. ▪ **I.** Au Moyen Âge, Paysan libre (qui n'était pas serf). ⇒ **manant.** - prov. *Jeux de main, jeux de vilain,* se dit pour arrêter un jeu qui risque de dégénérer. **II. 1.** VX Vil, méprisable. - spécialt Impudique. *Avoir de vilaines pensées.* ♦ (surtout en parlant aux enfants) Qui ne se conduit pas bien, qui n'est pas « gentil ». ⇒ **méchant.** *Qu'il est vilain !* - n. *Le vilain, la petite vilaine !* **2.** Désagréable à voir ⇒ **laid.** *Elle n'est pas vilaine,* elle est assez jolie. - *Il a une vilaine peau.* **3.** (temps) Mauvais, laid. ⇒ **sale. 4.** Dont l'apparence est inquiétante. *Une vilaine blessure.* - (au moral) *Une vilaine affaire. Il lui a joué un vilain tour.* ⇒ **sale.** - n. m. *Il va y avoir du vilain,* un éclat, une dispute. → **grabuge.**

la VILAINE ▪ Fleuve de l'est de la Bretagne qui passe à Rennes, où il reçoit l'Ille, et se jette dans l'Atlantique. 225 km.

VILAINEMENT adv. ▪ D'une manière laide, vilaine.

Jean VILAR (1912 - 1971) ▪ Homme de théâtre français. Créateur du Théâtre national populaire (TNP) et du festival d'Avignon.

VILEBREQUIN n. m. ▪ **1.** Outil formé d'une mèche que l'on fait tourner à l'aide d'une manivelle coudée, et qui sert à percer des trous. **2.** TECHN. Arbre articulé avec des bielles, permettant de transformer le mouvement rectiligne des pistons en mouvement de rotation.

VILENIE [vil(ə)ni ; vileni] n. f. ▪ LITTÉR. **1.** Action vile et basse. *C'est une vilenie.* ⇒ **infamie, saleté. 2.** Caractère vil.

VILIPENDER v. tr. [1] ▪ LITTÉR. Dénoncer comme vil, méprisable. ⇒ **bafouer, honnir.**

VILLA [villa] n. f. ▪ **1.** Maison de plaisance ou d'habitation avec un jardin. **2.** Voie calme, impasse bordée de belles maisons.

Doroteo Arango dit **Pancho VILLA** (1878 - 1923) ▪ Révolutionnaire mexicain. Avec Zapata, il joua un rôle très important lors de la révolution mexicaine (1910-1920). Il mourut assassiné.

VILLACOUBLAY → **Vélizy-Villacoublay**

VILLAGE [vil-] n. m. ▪ **1.** Agglomération rurale ; groupe d'habitations assez important pour avoir une vie propre (à la différence des *hameaux*). *Un petit village isolé.* ⇒ **trou.** *Gros village.* ⇒ **bourg, bourgade.** *L'école, l'église du village. "Le Curé de village"* (roman de Balzac). *Village de toile,* agglomération de tentes, munie de services communs organisés. ⇒ anglic. **camping.** *Village de vacances.* **2.** Les habitants d'un village. *Tout le village était rassemblé sur la place.*

VILLAGEOIS, OISE [vil-] adj. ▪ **1.** adj. D'un village, de ses habitants. ⇒ **campagnard, rural.** *Coutumes, danses, fêtes villageoises.* **2.** n. Habitant d'un village. *Une jeune villageoise.* ⇒ **paysan.**

VILLAHERMOSA ▪ Ville du Mexique. 390 000 hab. Centre d'une région pétrolière.

Heitor VILLA-LOBOS (1887 - 1959) ▪ Compositeur brésilien. Autodidacte, il s'inspira de la musique folklorique de son pays. Opéras, ballets, pièces pour guitare, symphonies. *"Bachianas brasileiras".*

VILLANDRY ▪ Commune d'Indre-et-Loire, sur le Cher. 776 hab. *(les Colombiens).* Château (XVIe s.). Jardins à la française (dessinés au XVIe s.).

VILLARD DE HONNECOURT (XIIIe s.) ▪ Architecte français. Célèbre carnet de croquis, précieux pour la connaissance de l'art gothique.

VILLARD-DE-LANS ▪ Commune de l'Isère, dans le Vercors. 3 346 hab. *(les Villardiens).* Station climatique et de sports d'hiver (1 050 à 2 170 m).

Claude Louis Hector, duc de VILLARS (1653 - 1734) ▪ Maréchal de France. On lui doit les dernières victoires du règne de Louis XIV.

VILLARS ▪ Commune de la Loire. 8 189 hab.

VILLE [vil] n. f. ▪ **1.** Milieu géographique et social formé par une réunion importante de constructions abritant des habitants qui travaillent, pour la plupart, à l'intérieur de l'agglomération. ⇒ **capitale, cité, métropole.** *"Les Villes tentaculaires"* (poèmes de Verhaeren). *Les grandes villes et leurs banlieues. Les villes et les bourgs, les villages d'un pays.* ⇒ **commune, localité.** - *La ville de New York.* - loc. *La Ville lumière,* Paris. *La Ville éternelle,* Rome. - *Ville d'eaux,* station thermale. - *Ville industrielle, universitaire.* - *Au centre de la ville, au centre-ville.* ♦ Partie d'une ville. *La vieille ville et les nouveaux quartiers.* - *EN VILLE, À LA VILLE :* dans la ville. *Aller en ville. En ville,* hors de chez soi, en étant invité. ♦ HIST. (XVIIe-XVIIIe siècles) *La Ville et la Cour :* Paris et Versailles (en tant que milieux sociaux, forces politiques). **2.** L'administration, la personne morale de la ville. ⇒ **municipalité.** *Travaux financés par la ville.* **3.** La vie, les habitudes sociales dans une grande ville (opposé à *la campagne, la terre*). ⇒ **urbain.** *Les lumières, le bruit de la ville.* - *Les gens de la ville* ⇒ **citadin. 4.** Les habitants de la ville. *Toute la ville en parle.*

VILLEBON-SUR-YVETTE ▪ Commune de l'Essonne. 9 080 hab.

VILLECRESNES ▪ Commune du Val-de-Marne. 7 291 hab. *(les Villecresnois).*

VILLE-D'AVRAY ▪ Commune des Hauts-de-Seine. 11 616 hab. *(les Dagovéraniens).* Cité résidentielle. Église Saint-Nicolas (XVIIe s.) avec fresques de Corot.

VILLEFONTAINE ▪ Commune de l'Isère. 16 171 hab.

VILLEFRANCHE-DE-ROUERGUE ▪ Chef-lieu d'arrondissement de l'Aveyron. 12 291 hab. *(les Villefranchois).* Chartreuse (XVe s.).

Vilar (à droite) avec Daniel Sorano dans une scène de *Dom Juan* au Théâtre national populaire. *Phot. © Bernand*

VILLEFRANCHE-SUR-MER ▪ Commune des Alpes-Maritimes. 8 080 hab. *(les Villefranchois).* Port de pêche. Ancien quartier (XVIe-XVIIe s.). Station balnéaire.

VILLEFRANCHE-SUR-SAÔNE ▪ Chef-lieu d'arrondissement du Rhône. 29 542 hab. *(les Caladois).* Église et maisons anciennes (XIIIe-XVIe s.). Métallurgie, textile.

VILLÉGIATURE [vi(l)le-] n. f. ▪ Séjour de repos, à la campagne ou dans un lieu de plaisance (ville d'eaux, plage...). *Il est allé en villégiature dans sa maison de campagne.* ► VILLÉGIATURER v. intr. [1]

Geoffroi de **VILLEHARDOUIN** (v. 1150 - v. 1213) ▪ Chroniqueur français. *"La Conquête de Constantinople"* (v. 1207).

VILLEJUIF ▪ Commune du Val-de-Marne. 48 405 hab. *(les Villejuifois).* Centre médical cancérologique.

Jean-Baptiste de **VILLÈLE** (1773 - 1854) ▪ Homme politique français. Président du Conseil (ultra) de 1822 à 1828.

VILLEMOMBLE ▪ Commune de la Seine-Saint-Denis. 26 863 hab. *(les Villemomblois).*

VILLENAVE-D'ORNON ▪ Commune de la Gironde, proche de Bordeaux. 25 609 hab. *(les Villenavais).*

Pierre Charles de **VILLENEUVE** (1763 - 1806) ▪ Amiral français. Il fut vaincu par Nelson à Trafalgar.

VILLENEUVE-D'ASCQ ▪ Commune du Nord, dans la banlieue de Lille, formée en 1970 par la fusion de trois communes. 65 320 hab. *(les Villeneuvois).* Musée d'art moderne.

VILLENEUVE-LA-GARENNE ▪ Commune des Hauts-de-Seine. 23 824 hab. *(les Villenogarennois).* Port fluvial.

VILLENEUVE-LE-ROI ▪ Commune du Val-de-Marne. 20 325 hab. *(les Villeneuvois).*

VILLENEUVE-LÈS-AVIGNON ▪ Commune du Gard, face à Avignon. 10 730 hab. *(les Villeneuvois).* Résidence d'été de nombreux cardinaux d'Avignon au XIVe s. Ancienne chartreuse (XIVe s., centre culturel). Église gothique (XIVe s.).

VILLENEUVE-LOUBET ▪ Commune des Alpes-Maritimes. 11 539 hab. Château médiéval.

VILLENEUVE-SAINT-GEORGES ▪ Commune du Val-de-Marne, sur la Seine. 26 952 hab. *(les Villeneuvois).* Gare de triage.

VILLENEUVE-SUR-LOT ▪ Chef-lieu d'arrondissement du Lot-et-Garonne. 22 782 hab. *(les Villeneuvois).* Marché agricole.

VILLENEUVE-SUR-YONNE ▪ Commune de l'Yonne. 5 054 hab. *(les Villeneuviens).* Monuments du XIIIe s.

Jacques **Villon.** *Vers la chimère,* lithographie d'après le tableau. Coll. part., Paris.
Phot. © C. Schaeffner

VILLENEUVE-TOLOSANE ▪ Commune de la Haute-Garonne. 7 559 hab.

VILLEPARISIS ▪ Commune de Seine-et-Marne. 18 790 hab. *(les Villeparisiens).*

VILLEPINTE ▪ Commune de la Seine-Saint-Denis. 30 303 hab. *(les Villepintois).* Parc d'expositions.

VILLEPREUX ▪ Commune des Yvelines. 8 776 hab. *(les Villepreusiens).*

VILLERS-COTTERÊTS ▪ Commune de l'Aisne. 8 867 hab. *(les Cotteréziens).* ► **l'ordonnance de VILLERS-COTTERÊTS**, édit de François Ier imposant le français au lieu du latin pour les textes officiels et juridiques (1539).

VILLERS-LÈS-NANCY ▪ Commune de Meurthe-et-Moselle, près de Nancy. 16 515 hab. *(les Villarois).*

VILLERUPT ▪ Commune de Meurthe-et-Moselle. 10 070 hab. *(les Villeruptiens).*

VILLETANEUSE ▪ Commune de la Seine-Saint-Denis. 11 177 hab. *(les Villetaneusiens).* Université de Paris-XIII.

LA VILLETTE ▪ Ancienne commune de la banlieue de Paris, incluse aujourd'hui dans le XIXe arrondissement. Sur le site des anciens abattoirs ont été construites la Cité des Sciences et de l'Industrie, la Géode et la Cité de la Musique. Un parc de 55 ha y a été aménagé.

la **Villette.** La Cité des Sciences et de l'Industrie et la Géode.
Phot. © Dagli Orti

VILLEURBANNE ▪ Commune du Rhône, dans la banlieue de Lyon. 116 872 hab. *(les Villeurbannais).* Centre industriel important. Théâtre national populaire.

Auguste, comte de **VILLIERS DE L'ISLE-ADAM** (1838 - 1889) ▪ Écrivain français. Idéaliste mystique, avide d'absolu, répugnant à la vulgarité des mœurs contemporaines, il a écrit des romans philosophiques (*"L'Ève future"*, 1886), les *"Contes cruels"* (1883) et un roman satirique, *"Tribulat Bonhomet"* (1887). Son drame, *"Axël"* (posth. 1890), en fait un précurseur du symbolisme.

VILLIERS-LE-BEL ▪ Commune du Val-d'Oise. 26 110 hab. *(les Beauvillesois).*

VILLIERS-SUR-MARNE ▪ Commune du Val-de-Marne. 22 740 hab. *(les Villiérains).*

François **VILLON** (v. 1431 - apr. 1463) ▪ Poète français. Sa vie aventureuse (il risqua la potence) en a fait une figure mythique. Sa poésie, qui mêle une langue très pure et des expressions triviales, exprime un lyrisme rare à l'époque, mais recouvre une grande science rhétorique. *"Les Lais"* (écrit en 1456); *"Le Testament"* (écrit en 1461).

Gaston Duchamp dit Jacques **VILLON** (1875 - 1963) ▪ Peintre et graveur français. Frère de Raymond Duchamp-Villon et de Marcel Duchamp. Son œuvre, marquée par le cubisme, aboutit à l'art abstrait.

VILLOSITÉ [vil-] n. f. ▪ ANAT. Saillie filiforme qui donne un aspect velu à une surface. *Les villosités intestinales.*

VILNIUS autrefois ***VILNA*** ▪ Capitale de la Lituanie. 593 000 hab. Monuments anciens. Centre culturel et économique. Vilnius fut à plusieurs reprises annexée par la Pologne, notamment de 1920 à 1939.

Vilnius. L'église Sainte-Anne. *Phot. © Wysocki/Explorer*

VILVOORDE en français ***VILVORDE*** ▪ Ville de Belgique (Région flamande, province du Brabant flamand). 32 894 hab. Centre industriel.

VIMEU ▪ Région de Picardie, située entre la Somme et la Bresle. Pommiers à cidre. Élevage de bovins et de chevaux.

VIMY ▪ Commune du Pas-de-Calais, en Artois. 4 581 hab. *(les Vimynois).* La crête de Vimy fut le théâtre de combats sanglants pendant la Première Guerre mondiale.

VIN n. m. ▪ **1.** Boisson alcoolisée provenant de la fermentation du raisin. ⇒ FAM. **pinard.** *Fabrication, production du vin* (⇒ **vinicole, vinification**). *Mettre le vin en tonneaux. Tirer le vin.* prov. *Quand le vin est tiré, il faut le boire. Vin nouveau,* consommé dès la fin de la fermentation. *Vin rouge, blanc, rosé. Vin de pays,* provenant d'un terroir non délimité. *Vins vieux. Vins fins. Mauvais vin rouge.* ⇒ FAM. **picrate, vinasse** ; → gros rouge. - *Bouteille, verre de vin. Sauce au vin, coq au vin.* - *Vins doux, vins de liqueur,* vins chargés en sucre, auxquels on ajoute de l'alcool de raisin en cours de fermentation (banyuls, malaga, porto, sherry...). ♦ *Le vin,* symbole de l'ivresse (⇒ **aviné**). *Cuver son vin.* loc. *Être entre deux vins,* un peu gris. - *Avoir le vin gai, triste,* l'ivresse gaie, triste. **2.** loc. *Vin d'honneur,* offert et bu en commun en l'honneur de qqn. **3.** RELIG. CATHOL. L'une des deux espèces sous lesquelles se fait la consécration. ⇒ **eucharistie.** *Consacrer le pain et le vin.* - *Vin de messe.* **4.** Liqueur alcoolisée obtenue par fermentation d'un produit végétal. *Vin de palme, de canne.*

VIÑA DEL MAR ▪ Ville du Chili, faubourg de Valparaíso. 281 000 hab. Station balnéaire.

VINAIGRE n. m. ▪ Liquide provenant du vin ou d'une solution alcoolisée, utilisé comme assaisonnement, comme condiment. *Vinaigre de vin, d'alcool.* - loc. *Tourner au vinaigre,* tourner mal, empirer (comme le vin qui s'aigrit). *On ne prend pas les mouches avec du vinaigre,* on ne réussit pas par la dureté. - loc. FAM. *Faire vinaigre,* se dépêcher. *Ils ont fait vinaigre pour venir.*

VINAIGRER v. tr. 1 ▪ Assaisonner avec du vinaigre. - au p.p. *Une mayonnaise trop vinaigrée.*

VINAIGRETTE n. f. ▪ Sauce faite d'huile et de vinaigre, qui sert à assaisonner la salade, les crudités. *Poireaux vinaigrette, en vinaigrette.*

VINAIGRIER n. m. ▪ **1.** Personne qui fait, qui vend du vinaigre. *Un vinaigrier en gros.* **2.** Flacon pour mettre le vinaigre. *L'huilier et le vinaigrier.*

VINASSE n. f. ▪ FAM. Mauvais vin rouge. *Cette sauce sent la vinasse.*

VINCENNES ▪ Commune du Val-de-Marne, au nord du *bois de Vincennes.* 42 267 hab. *(les Vincennois).* Château : donjon du XIVe s., Sainte-Chapelle gothique. Le duc d'Enghien fut exécuté par ordre de Napoléon dans les fossés du château en 1804.

saint **VINCENT DE PAUL** (1581 - 1660) ▪ Prêtre français. Il se mit au service des pauvres (galériens, enfants trouvés) et fonda plusieurs congrégations de charité, dont les Filles de la Charité avec Louise de Marillac.

Léonard de **VINCI** → Léonard de Vinci

VINDICATIF, IVE adj. ▪ Porté à la vengeance. ⇒ **rancunier.** *Un rival vindicatif.*

VINDICTE n. f. ▪ loc. DR. *Vindicte publique :* poursuite et punition des crimes au nom de la société. LITTÉR. *Désigner qqn à la vindicte publique.*

VINEUX, EUSE adj. ▪ Qui a la couleur du vin rouge. *Teint vineux.* - Qui a l'odeur du vin.

VINGT [vɛ̃ ; vɛ̃t] adj. numéral ▪ REM. *vingt* se prononce [vɛ̃] isolé ou devant consonne (ex. *vingt jours*), sauf dans les nombres de *vingt-deux* à *vingt-neuf,* en liaison (ex. *vingt ans, vingt et un*) **1.** numéral cardinal Deux fois dix (20 ; XX). *Vingt francs. Cinq heures moins vingt* (minutes). *Vingt ans,* âge représentatif de la jeunesse. - *Je vous l'ai répété vingt fois,* de nombreuses fois. **2.** ordinal Vingtième. *Page, chapitre vingt. Les années vingt,* entre 1920 et 1930. **3.** n. m. Le nombre, le numéro vingt. *Vingt pour cent. Miser sur le vingt.* - *Le vingt du mois.* - *Noter* (un devoir) *sur vingt.* - FAM. *Vingt-deux !,* attention ! *Vingt-deux (voilà) les flics !*

VINGTAINE [vɛ̃t-] n. f. ▪ Nombre approximatif de vingt. *Une vingtaine de mille francs.*

VINGTIÈME [vɛ̃tjɛm] adj. ▪ **1.** (ordinal de *vingt*) Dont le numéro, le rang est vingt. *Le vingtième siècle.* **2.** Contenu vingt fois dans le tout. *La vingtième partie.* - n. m. *Le vingtième.*

VINGTIÈMEMENT [vɛ̃tjɛmmɑ̃] adv. ▪ En vingtième lieu.

VINICOLE adj. ▪ Relatif à la production du vin (culture de la vigne et fabrication du vin). *Industrie vinicole.*

VINIFICATION n. f. ▪ **1.** Procédé par lequel le jus de raisin (moût) est transformé en vin. **2.** Fermentation alcoolique, transformation des glucides (sucres) en alcool par des levures.

VINIFIER v. tr. 7 ▪ Traiter (les moûts) pour faire le vin.

le **VINLAND** ▪ Pays découvert, en Amérique du Nord, par les Vikings vers l'an mille.

VINNYTSIA ▪ Ville d'Ukraine. 379 000 hab. Industries (sucre, mécanique).

Ivan **VINOGRADOV** (1891 - 1983) ▪ Mathématicien soviétique. Chef de file de l'école soviétique étudiant la théorie des nombres.

le mont **VINSON** ▪ Point culminant de l'Antarctique. 5 140 m.

VINTIMILLE en italien ***VENTIMIGLIA*** ▪ Ville d'Italie (Ligurie). 25 649 hab. Important nœud ferroviaire entre la France et l'Italie.

VINYLE n. m. ▪ Radical chimique qui entre dans la composition des matières plastiques, etc.

VIOC ou **VIOQUE** adj. et n. ▪ FAM. péj. Vieux.

VIOL n. m. ▪ **1.** Acte par lequel une personne en force une autre à avoir des relations sexuelles avec elle, par violence. *Il a été condamné pour viol.* **2.** Fait de violer (2). *Le viol d'un sanctuaire.*

VIOLACÉ, ÉE adj. ▪ Qui tire sur le violet. *Rouge violacé. Nez, teint violacé* (à cause du froid, de la boisson).

VIOLATEUR, TRICE n. ▪ LITTÉR. Personne qui profane ce qui doit être respecté. ⇒ **profanateur.**

VIOLATION n. f. ▪ Action de violer (un engagement, un droit), de profaner une chose sacrée ou protégée par la loi. ⇒ **outrage.** *Violation de la loi.* ⇒ **infraction.** *Violation du secret professionnel.* - *Violation de domicile ; de sépulture.*

VIOLE n. f. ▪ Instrument de musique à cordes et à archet. *Viole d'amour.* ♦ *VIOLE DE GAMBE* : viole à six cordes, placée entre les jambes, jouée du XVIe au XVIIIe siècle (reprise pour la musique baroque), instrument précurseur du violoncelle.

VIOLEMMENT [-amɑ̃] adv. ▪ **1.** Avec une force brutale. ⇒ **brutalement.** *Heurter violemment un obstacle.* **2.** Âprement, vivement. *Réagir, s'insurger violemment contre une injustice.*

VIOLENCE n. f. ▪ **1.** Abus de la force. loc. *FAIRE VIOLENCE à qqn :* agir sur qqn ou le faire agir contre sa volonté, en employant la force ou l'intimidation. ⇒ **forcer.** *Se faire violence,* se contraindre, s'imposer une attitude contraire à celle qu'on aurait spontanément. - *LA VIOLENCE :* force brutale pour soumettre qqn. ⇒ **brutalité.** *Acte, mouvement de violence.* loc. prov. *La violence engendre la violence* (d'après Eschyle). - Manifestations sociales de cette force brutale. *Escalade de la violence.* **2.** Acte violent. *Il a subi des violences.* ⇒ **sévices.** - loc. *Se faire une DOUCE VIOLENCE :* accepter avec plaisir après une résistance affectée. **3.** Disposition naturelle à l'expression brutale des sentiments. ⇒ **brutalité.** *Parler avec violence.* **4.** Force brutale (d'une chose, d'un phénomène). *La violence de la tempête, du vent.* ⇒ **fureur.** - Caractère de ce qui produit des effets brutaux. *La violence d'un sentiment, d'une passion.* ⇒ **intensité, vivacité.** *La violence des désirs.* ⇒ **ardeur.**

VIOLENT, ENTE adj. ▪ **1.** Qui agit ou s'exprime sans aucune retenue. *Un homme sans méchanceté, mais assez violent.* ⇒ **brutal, coléreux.** - n. *C'est un violent.* ♦ *Une violente colère. Des propos violents.* ⇒ **virulent.** *Révolution violente* (opposé à *pacifique*). **2.** Qui a un intense pouvoir d'action ou d'expression. *Un violent orage a éclaté. Le choc a été violent.* ⇒ **fort, terrible.** ♦ Qui a un effet intense sur les sens. *Impression violente.* **3.** Qui exige de la force, de l'énergie. *Faire de violents efforts.* - *Mort violente,* par accident, meurtre. **4.** FAM. Excessif. *C'est un peu violent !*

VIOLENTER v. tr. [1] ▪ **1.** *Violenter une femme,* la violer. **2.** Dénaturer, altérer. *Violenter un texte.*

VIOLER v. tr. [1] ▪ **I.** (compl. chose) **1.** Agir contre, porter atteinte à (ce qu'on doit respecter), faire violence à... *Violer les lois, la constitution.* ⇒ **enfreindre, transgresser.** *Violer un traité.* **2.** Ouvrir, pénétrer dans (un lieu sacré ou protégé par la loi). *Violer une sépulture.* ⇒ **profaner.** - *Violer les consciences.* **II.** *Violer qqn,* posséder sexuellement (une personne) contre sa volonté. ⇒ **violenter** (1) ; **viol.**

VIOLET, ETTE ▪ **1.** adj. D'une couleur qui s'obtient par le mélange du bleu et du rouge. *Iris violet.* - *Mains violettes de froid.* ⇒ **violacé.** **2.** n. m. Couleur violette. *Violet pâle* (⇒ **lilas, mauve**), foncé (⇒ **violine**).

VIOLETTE n. f. ▪ **1.** Petite plante à fleurs souvent violettes solitaires, à cinq pétales ; sa fleur. *Violette odorante, violette de Parme* (inodore). *Un bouquet de violettes.* - loc. *L'humble violette* (symbole de modestie). **2.** Essence de cette fleur. *Elle se parfume à la violette.*

VIOLEUR n. m. ▪ Celui qui a commis un viol, des viols.

VIOLINE adj. ▪ Violet pourpre, foncé. ⇒ **lie-de-vin.**

Eugène **VIOLLET-LE-DUC** (1814 - 1879) ▪ Architecte français. Il restaura plusieurs monuments du Moyen Âge (Vézelay, Notre-Dame de Paris, Pierrefonds, les remparts de Carcassonne) et laissa une œuvre théorique extrêmement moderne.

VIOLON n. m. ▪ **I. 1.** Instrument de musique à quatre cordes que l'on frotte avec un archet, et qui se tient entre l'épaule et le menton. *Jouer du violon. Sonate pour piano et violon.* - *La famille des violons* (altos, violoncelles, contrebasses). - loc. *Accordez vos violons !,* mettez-vous d'accord dans ce que vous dites. - *VIOLON D'INGRES :* activité exercée en dehors d'une profession (le peintre Ingres jouait du violon). **2.** Violoniste. *Le premier violon d'un orchestre,* celui qui dirige les violons. - loc. *Aller plus vite que les violons :* aller trop vite, précipiter les choses. **II.** FAM. Prison d'un poste de police. *Passer la nuit au violon.*

VIOLONCELLE n. m. ▪ **1.** Instrument de musique à quatre cordes et à archet, de la famille des violons, de plus grande taille, dont on joue assis en le tenant entre les jambes. ⇒ **viole** de gambe. **2.** Violoncelliste.

VIOLONCELLISTE n. ▪ Musicien(ienne) qui joue du violoncelle.

VIOLONEUX n. m. ▪ anciennt Violoniste de village.

viole. Viole d'amour de Gasparo da Salò, XVIe s. Musée du château Sforza, Milan. *Phot. © Simion/Ricciarini*

VIOLONISTE n. ▪ Musicien(ienne) qui joue du violon. *Une grande violoniste.*

VIOQUE n. ⇒ VIOC

VIORNE n. f. ▪ Arbrisseau à fleurs blanches. - Clématite.

Giovanni Battista **VIOTTI** (1755 - 1824) ▪ Violoniste et compositeur italien.

VIPÈRE n. f. ▪ **1.** Serpent à tête triangulaire aplatie, à deux dents ou crochets à venin, qui vit dans les terrains broussailleux et ensoleillés. ⇒ **aspic.** *Nœud* de vipères.* - loc. *Une langue de vipère,* une personne méchante et médisante. **2.** Personne méchante, malfaisante en paroles.

VIRAGE n. m. ▪ **I. 1.** Mouvement d'un véhicule qui tourne, change de direction. *Amorcer, prendre un virage. Virage sur l'aile* (d'un avion). **2.** Courbure du tracé d'une route, d'une piste. ⇒ **coude, tournant.** *Virage dangereux. Négocier un virage.* **3.** fig. Changement radical d'orientation, d'attitude. **II.** Action de virer (II). **1.** Transformation chimique que subit l'image photographique. ♦ CHIM. Changement de couleur (d'un indicateur), marquant la fin d'une réaction. *Virage au bleu du papier de tournesol.* **2.** Fait de devenir positive, pour une cuti-réaction.

violon. Violon de Stradivarius, 1671. Musée du château Sforza, Milan. *Phot. © Simion/Ricciarini*

violoncelle. Violoncelle de Nicola Amati fait à Crémone en 1660. Conservatoire de musique, Florence. *Phot. © Nimatallah/Ricciarini*

VIRAGO n. f. ▪ Femme d'allure masculine, aux manières rudes et autoritaires.

VIRAL, ALE, AUX adj. ▪ **1.** Qui se rapporte à un virus. **2.** Provoqué par un virus. *Infections virales. Hépatite virale.*

la VIRE ▪ Fleuve de Normandie, qui se jette dans la Manche. 118 km.

VIRE ▪ Chef-lieu d'arrondissement du Calvados. 12 895 hab. *(les Virois).* Industrie alimentaire (andouilles).

VIRÉE n. f. ▪ FAM. Promenade, voyage rapide. *Faire une petite virée.* ⇒ **balade, tour.**

VIRELAI n. m. ▪ DIDACT. Poème du Moyen Âge, petite pièce sur deux rimes avec refrain.

VIREMENT n. m. ▪ Transfert de fonds d'un compte à un autre. *Virement bancaire.*

VIRER v. [1] ▪ **I. 1.** v. tr. MAR. Faire tourner. **2.** v. intr. Tourner sur soi, tourner en rond. *Virer comme une toupie.* **3.** Changer de direction. *Virer de bord.* - Aller en tournant. *Braquer pour virer.* **II.** v. tr. **1.** Transporter (une somme) d'un compte à un autre : effectuer le virement* de. *Virez la somme à mon compte.* ⇒ **transférer.** - (au passif) *Être viré,* être payé sur un compte. **2.** FAM. *Virer qqn,* le renvoyer. ⇒ **vider.** *Il s'est fait virer.* **III.** v. intr. **1.** Changer d'aspect, de caractère, spécialt de couleur. *Épreuves qui virent bien.* **2.** *Cuti-réaction qui vire,* qui devient positive. - trans. *Virer sa cuti*.* **3.** VIRER À : devenir. *Virer à l'aigre, au rouge.*

VIREVOLTANT, ANTE adj. ▪ Qui virevolte, tourne sur soi.

VIREVOLTE n. f. ▪ **1.** Mouvement de ce qui fait un demi-tour. **2.** Changement complet. ⇒ **volte-face.** - Changement d'avis, d'opinion. ⇒ **revirement.**

VIREVOLTER v. intr. [1] ▪ Tourner rapidement sur soi. - Aller en tous sens sans nécessité. ⇒ **papillonner.**

VIRGILE (70 - 19 av. J.-C.) ▪ Poète latin. Admiré par Auguste de son vivant, il est considéré comme le plus grand poète romain. Il a donné, dans *"L'Énéide"*, le récit mythique des origines de Rome. Il a évoqué la nature dans les *"Bucoliques"* et décrit les activités agricoles dans les *"Géorgiques"*.

① **VIRGINAL, ALE, AUX** adj. ▪ D'une vierge ; propre à une vierge. *Pudeur, fraîcheur virginale.*

② **VIRGINAL** n. m. ▪ MUS. Épinette en usage en Angleterre (XVIe-XVIIe siècles).

la VIRGINIE ▪ État de l'est des États-Unis, sur l'Atlantique. 107 711 km². 6 187 000 hab. Capitale : Richmond. Tabac. Ce fut la première colonie anglaise et le centre des États sudistes durant la guerre de Sécession. ► **la VIRGINIE-OCCIDENTALE** État voisin du précédent. 62 600 km². 1 793 000 hab. Capitale : Charleston. Antiesclavagiste, elle se sépara de la Virginie au moment de la guerre de Sécession. Richesses minérales.

VIRGINITÉ n. f. ▪ État d'une personne vierge. *Perdre sa virginité.* ⇒ **pucelage.** loc. fig. *Se refaire une virginité.*

VIRGULE n. f. ▪ Signe de ponctuation (,) marquant une pause de peu de durée, qui s'emploie à l'intérieur de la phrase pour isoler des propositions ou des éléments de propositions. - *POINT-VIRGULE* (;) : séparant des phrases sans les isoler. ♦ Signe (,) qui précède la décimale dans un nombre décimal.

VIRIL, ILE adj. ▪ **1.** Propre à l'homme adulte. ⇒ **mâle, masculin.** *Force virile.* **2.** Qui a l'appétit sexuel d'un homme normal, qui a l'air mâle. *Il n'est pas très viril.* **3.** Qui a les caractères moraux qu'on attribue plus spécialement à l'homme (actif, énergique, courageux). ► adv. **VIRILEMENT**

VIRILITÉ n. f. ▪ **1.** Ensemble des attributs et caractères physiques, mentaux et sexuels de l'homme. **2.** Puissance sexuelle chez l'homme. **3.** Caractère viril (3).

VIROFLAY ▪ Commune des Yvelines. 14 689 hab. *(les Viroflaysiens).*

VIROLE n. f. ▪ Petite bague de métal dont on garnit l'extrémité d'un manche pour assujettir ce qui y est fixé. *La virole d'un couteau.*

VIROLOGIE n. f. ▪ SC. Étude des virus.

VIRTON ▪ Ville de Belgique (Région wallonne, province de Luxembourg), à la frontière française. 10 720 hab.

VIRTUALITÉ n. f. ▪ LITTÉR. Caractère de ce qui est virtuel. ⇒ **potentialité.**

VIRTUEL, ELLE adj. ▪ **1.** Qui est à l'état de simple possibilité ; qui a en soi toutes les conditions essentielles à sa réalisation. ⇒ **possible, potentiel** ; s'oppose à *réel. Réussite virtuelle. Le marché virtuel d'un produit.* **2.** PHYS. *Image virtuelle,* qui se forme dans le prolongement des rayons lumineux. **3.** TECHN. Obtenu par simulation informatique, en temps réel et de manière interactive. - *Réalité virtuelle,* basée sur la simulation d'informations sensorielles (vision, audition, toucher...).

VIRTUELLEMENT adv. ▪ **1.** DIDACT. D'une manière virtuelle, en puissance. ⇒ **potentiellement. 2.** Selon toute probabilité. *Vous êtes virtuellement admis.* ⇒ **pratiquement,** en **principe.**

VIRTUOSE n. ▪ **1.** Musicien, musicienne, exécutant(e) doué(e) d'une technique brillante. *Une virtuose du piano.* **2.** Personne, artiste extrêmement habile. *Une virtuose du pinceau.*

VIRTUOSITÉ n. f. ▪ **1.** Talent, technique de virtuose. ⇒ **brio, maestria. 2.** Technique brillante (d'un artiste, d'un écrivain, d'un artisan, etc.). ⇒ **maîtrise.**

VIRULENCE n. f. ▪ **1.** Âpreté, violence. *La virulence d'une critique.* **2.** Aptitude des germes pathogènes à se développer et à sécréter des toxines dans un organisme. - Caractère nocif, dangereux. *La virulence d'un poison.*

VIRULENT, ENTE adj. ▪ **1.** Plein d'âpreté, de violence. ⇒ **venimeux.** *Satire, critique virulente.* - (personnes) *Il est très virulent contre le gouvernement.* **2.** (agent pathogène, poison) Dangereux, actif.

VIRUS [-ys] n. m. ▪ **1.** Germe pathogène. - Micro-organisme capable de former sa propre substance par synthèse (sans échanges). *Bactéries, microbes et virus. Le virus de la poliomyélite.* **2.** Principe moral de contagion. *Le virus du racisme.* - Goût excessif. *Il a le virus du cinéma.* **3.** INFORM. Instruction de nature à empêcher le fonctionnement normal d'un système informatique.

VIRY-CHÂTILLON ▪ Commune de l'Essonne. 30 580 hab. *(les Castelvirois).*

VIS [vis] n. f. ▪ **1.** Tige de métal, de bois, présentant une partie saillant en hélice (filet), et que l'on fait pénétrer dans une pièce en la faisant tourner sur elle-même. *Tête d'une vis. Serrer, desserrer une vis avec un tournevis.* - loc. *Serrer la vis à qqn,* le traiter avec une grande sévérité. *Tour de vis.* **2.** *Escalier à vis, vis :* escalier en forme d'hélice. **3.** loc. SC. *Vis d'Archimède, vis sans fin :* dispositif hélicoïdal transformant un mouvement circulaire en mouvement rectiligne. **4.** *Vis platinée.* ⇒ **platiné.**

VISA n. m. ▪ Formule ou sceau accompagné d'une signature, qu'on appose sur un acte pour le valider. *Visa de censure* (d'un film). *Donner un visa* (⇒ ② **viser**). *Des visas.* - Formule exigée, en plus du passeport, pour entrer dans certains pays.

VISAGE n. m. ▪ **1.** Partie antérieure de la tête de l'homme. ⇒ **face, figure, tête** ; FAM. **bouille, gueule, tronche.** *Visage allongé ; rond, joufflu. Un beau visage aux traits réguliers. Visage expressif, ouvert ; triste, maussade. La peur, la colère se lisait sur son visage. Soins du visage,* soins de beauté. - loc. *À visage découvert,* sans se cacher. - *Système politique À VISAGE HUMAIN :* qui tient compte de l'individu, qui respecte les droits de l'homme. **2.** Expression du visage. *Faire bon visage à qqn,* être aimable avec lui (notamment lorsqu'on lui est hostile). **3.** La personne (considérée dans son visage). *Un visage inconnu, connu. Mettre un nom sur un visage.* - loc. *Les Visages pâles,* les Blancs (pour les Indiens d'Amérique). **4.** Aspect particulier et reconnaissable (de qqch.). ⇒ **forme, image.** *Le vrai visage des États-Unis.*

VISAGISTE n. ▪ Esthéticien(enne) spécialisé(e) dans les soins de beauté du visage.

VISAKHAPATNAM ou **VIZAGAPATNAM** ▪ Ville de l'Inde (Andhra Pradesh). 1 051 900 hab. Chantiers navals.

VIS-À-VIS [vizavi] ▪ **I.** loc. prép. *VIS-À-VIS DE* **1.** En face de. *Se placer vis-à-vis l'un de l'autre.* **2.** fig. En face de, en présence de, devant (de manière à confronter). *J'ai honte vis-à-vis de lui.* - En regard, en comparaison de. **3.** Envers (qqn). ⇒ **avec.** *Il s'est engagé vis-à-vis d'elle.* **II.** n. m. **1.** Position de deux personnes, de deux choses qui se font face. *Un long et pénible vis-à-vis.* ⇒ **tête-à-tête. 2.** Personne placée en face d'une autre (à table, en train, etc.). - Ce qui est situé en face. *Nous avons le bois pour vis-à-vis.*

VISCÉRAL, ALE, AUX adj. ▪ **1.** Relatif aux viscères. *Cavités viscérales.* **2.** (sentiment) Profond et irraisonné. *Une haine, une peur viscérale.*

Ludovico **Visconti.** Le tombeau de Napoléon aux Invalides à Paris. *Phot. © Dagli Orti*

VISCÉRALEMENT adv. ▪ Profondément, du fond de son être. *Elle est viscéralement jalouse.*

VISCÈRE n. m. ▪ ANAT. Organe contenu dans une cavité du corps (cerveau, cœur, estomac, foie, intestin, poumon, rate, rein, utérus). ♦ COUR. *Les viscères,* ceux de l'abdomen. ⇒ **boyau(x), entrailles.**

VISCHER ▪ FAMILLE DE SCULPTEURS ET BRONZIERS ORIGINAIRES DE NUREMBERG (XVe et XVIe s.). ► **Hermann VISCHER L'ANCIEN** (mort en 1488) réalisa notamment les fonts baptismaux de Wittenberg. ► **Peter VISCHER L'ANCIEN** (v. 1460 - 1529), son fils, est l'auteur de la châsse de l'église Saint-Sébald de Nuremberg. Ses trois fils collaborèrent à cette œuvre : Hermann Vischer le Jeune (v. 1486 - 1517), Peter Vischer le Jeune (1487 - 1528) et Hans Vischer (v. 1489 - 1550).

les VISCONTI ▪ Famille italienne qui régna à Milan de 1287 à 1447.

Ludovico Tullius Joachim VISCONTI (1791 - 1853) ▪ Architecte français d'origine italienne. Tombeau de Napoléon aux Invalides. Fontaines (à Paris). Représentant de l'architecture éclectique, caractéristique de l'art officiel du Second Empire.

Luchino VISCONTI (1906 - 1976) ▪ Cinéaste italien. À côté d'œuvres socialement engagées (*"La terre tremble"*, 1948 ; *"Rocco et ses frères"*, 1960), il filma l'Italie du XIXe s. avec le regard d'un philosophe et d'un poète (*"Senso"*, 1954 ; *"Le Guépard"*, 1963 ; *"Mort à Venise"*, 1971).

VISCOSE n. f. ▪ TECHN. Solution colloïdale de cellulose et de soude, fournissant des fibres textiles artificielles (rayonne, etc.).

VISCOSITÉ n. f. ▪ **1.** État de ce qui est visqueux (1). **2.** État d'un corps dont la surface est visqueuse, gluante. *La viscosité d'un poisson.*

VISÉ ▪ Ville de Belgique (Région wallonne, province de Liège), sur la Meuse et le canal Albert. 17 019 hab. Châsse du XIe s. dans la collégiale Saint-Martin.

VISÉE n. f. ▪ **1.** Action de diriger la vue, le regard (ou une arme, un instrument d'optique) vers un but, un objectif. *Ligne de visée.* **2.** surtout plur. Direction de l'esprit, vers un but, un objectif qu'il se propose. ⇒ **ambition, intention.** *Avoir des visées ambitieuses, des visées sur qqn.* ⇒ **vue.**

① **VISER** v. [1] ▪ **I.** v. intr. **1.** Diriger attentivement son regard, un objet, une arme vers le but, la cible à atteindre. **2.** *Viser haut,* avoir de grandes ambitions. **II.** v. tr. ind. *VISER À.* **1.** Diriger un objet, une arme sur (qqch.). *Il a visé à la tête.* **2.** Avoir en vue (une fin), tendre à. *C'est le but auquel cet examen vise.* - (+ inf.) *Ses manœuvres visent à nous tromper.* **III.** v. tr. dir. **1.** Regarder attentivement (un but, une cible) afin de l'atteindre. *Viser l'objectif.* **2.** Avoir en vue, s'efforcer d'atteindre (un résultat). *Il visait ce poste depuis longtemps.* ⇒ **briguer. 3.** (sujet chose) S'appliquer à. *Cette remarque vise tout le monde.* ⇒ **concerner.** - passif et p. p. *Être, se sentir visé,* être l'objet d'une allusion, d'une critique. **4.** FAM. Regarder. *Vise un peu la tête qu'il fait !*

② **VISER** v. tr. [1] ▪ Voir, examiner (un acte) et le revêtir d'un visa*. *Faire viser son passeport.*

VISEUR n. m. ▪ Instrument, dispositif optique servant à effectuer une visée. *Le viseur d'une arme à feu.* ♦ Dispositif permettant de délimiter le champ (photo, cinéma, télévision). *Le viseur de la caméra.*

VISHNOU, VISHNU ou **VIṢṆU** ▪ Une des plus grandes divinités de l'hindouisme. Il constitue, avec Brahmā et Shiva, une triade (→ **Trimūrti**). On le vénère sous de nombreuses formes ou avatāra (par exemple, Krishna).

VISIBILITÉ n. f. ▪ **1.** Caractère de ce qui est perceptible par la vue, sensible à l'œil humain. **2.** Qualité de l'atmosphère, permettant de voir à une plus ou moins grande distance. *Bonne, mauvaise visibilité.* **3.** Possibilité, en un point donné, de voir les abords. *Virage sans visibilité.*

VISIBLE adj. ▪ **1.** Qui peut être vu (s'oppose à *invisible*). *Visible à l'œil nu, visible au microscope.* **2.** Sensible à la vue (opposé à *caché, invisible*). ⇒ **apparent, manifeste.** *Le monde, la nature visible.* - n. m. *Le visible et l'invisible.* **3.** Qui se manifeste, peut être constaté par les sens. ⇒ **évident, flagrant, manifeste.** *Un embarras, un plaisir visible.* - impers. *Il est visible que* (+ indic.), clair, évident. **4.** (personnes) En état de recevoir une visite. *Il n'est pas visible à cette heure-ci.* - FAM. En état d'être vu (habillé, apprêté). ⇒ **présentable.**

VISIBLEMENT adv. ▪ **1.** De manière à être vu ; en se manifestant à la vue. ⇒ **ostensiblement. 2.** D'une manière évidente, claire. ⇒ **manifestement.** *Il était visiblement préoccupé.*

VISIÈRE n. f. ▪ **1.** Partie d'une casquette, d'un képi qui abrite les yeux. **2.** Pièce rigide qui protège les yeux et qui s'attache autour de la tête. - *Mettre sa main en visière devant ses yeux.*

Luchino **Visconti.** *Mort à Venise* avec D. Bogarde et B. Andresen. *Phot. © Coll. Rui Nogueira*

Vishnou. Bronze doré du xve s. Prince of Wales Museum of Western India, Bombay.
Phot. © Arch. Smeets

VISION n. f. ▪ **I. 1.** Perception du monde extérieur par la vue ; mécanisme physiologique par lequel les radiations lumineuses donnent naissance à des sensations visuelles. *Vision nette, indistincte. Champ de vision.* **2.** fig. Action de voir, de se représenter en esprit. ⇒ **représentation.** *Avoir une vision confuse de l'avenir. Une vision réaliste, poétique de la réalité.* ⇒ **conception. II.** *(Une, des visions)* **1.** Chose surnaturelle qui apparaît aux yeux ou à l'esprit. ⇒ **apparition, révélation.** *Les visions des mystiques ; d'une voyante.* **2.** Représentation imaginaire. ⇒ **hallucination, rêve.** ‑ FAM. *Avoir des visions,* voir ce qui n'existe pas. *Tu as des visions !* **3.** Image mentale. ⇒ **idée.**

VISIONNAIRE ▪ **1.** n. Personne qui a ou croit avoir des visions. ⇒ **halluciné, illuminé.** ‑ Personne qui a la vision de l'avenir ou de ce qui est caché. ⇒ **voyant. 2.** adj. Capable d'anticiper, qui a une vision de l'avenir. *Un art visionnaire.*

VISIONNER v. tr. ① ▪ **1.** Examiner (un film) d'un point de vue technique. *Visionner une séquence.* **2.** Faire apparaître sur un écran de visualisation.

VISIONNEUSE n. f. ▪ Appareil formé d'un dispositif optique grossissant, pour examiner un film, des diapositives.

VISIOPHONE n. m. ▪ Téléphone où chaque correspondant a une image de l'autre.

VISITATION n. f. ▪ RELIG. CATHOL. Visite que fit la Sainte Vierge à sainte Élisabeth, alors enceinte de Jean-Baptiste ; fête commémorant cet événement.

VISITE n. f. ▪ **I. 1.** Fait d'aller voir (qqn) et de rester avec lui un certain temps ; le fait de recevoir un visiteur. ⇒ **entrevue, rencontre.** *L'objet, le but d'une visite. Une petite, une longue visite. L'heure des visites* (dans une pension, un hôpital, une prison, etc.). ‑ *RENDRE VISITE à qqn.* ⇒ **visiter** (I, 1). ‑ Rencontre mondaine de personnes qui se reçoivent. **2.** La personne qui se rend chez une autre. ⇒ **visiteur.** *Tu as une visite.* FAM. *De la visite,* des visiteurs. **3.** (contexte professionnel ou institutionnel) Fait de se rendre auprès d'un malade, pour un médecin. *Visites à domicile.* ‑ DR. *Droit de visite,* du parent divorcé qui n'a pas la garde d'enfants, à ces enfants. ‑ Action de visiter (un client). *Les visites d'un représentant.* **II. 1.** Le fait de se rendre (dans un lieu) pour voir, pour parcourir, visiter. *Visite touristique d'une ville.* **2.** Le fait de se rendre dans un lieu, pour procéder à un examen, une inspection. *Visite d'expert.* ‑ *Visite de douane,* examen des marchandises, des bagages. ⇒ **fouille. 3.** Examen de patients, de malades par un médecin à l'hôpital, en clinique, etc. *L'heure de la visite. Aller à la visite (médicale).*

VISITER v. tr. ① ▪ **I.** Aller voir (qqn). **1.** RARE Faire une visite à (qqn). **2.** Se rendre auprès de (qqn) pour l'assister, le soigner. *Visiter les prisonniers, un malade.* **3.** (en parlant de Dieu) Agir sur, se manifester auprès de (l'homme). *Dieu l'a visité.* **II. 1.** Aller voir (qqch.), parcourir (un lieu) en examinant. ⇒ **voir.** *J'ai visité la Hollande l'été dernier. Visiter un musée.* **2.** Examiner, inspecter. ⇒ **fouiller.**

VISITEUR, EUSE n. ▪ **I. 1.** Personne qui va voir qqn chez lui, lui fait une visite. *Accompagner, reconduire un visiteur.* **2.** Personne qui visite (un pensionnaire, un malade, un prisonnier). **II. 1.** Personne qui visite, inspecte, examine. *Visiteur, visiteuse des douanes.* **2.** Personne qui visite un lieu. *Les visiteurs sont priés de s'adresser au guide.* ⇒ **touriste. 3.** SPORTS Membre d'une équipe qui se déplace et joue sur le terrain de l'adversaire. *Les visiteurs ont gagné par trois buts à deux.*

le mont VISO ▪ Montagne des Alpes piémontaises (3 481 m), à la frontière italienne, surplombant la source du Pô.

VISON n. m. ▪ **1.** Mammifère voisin du putois, dont la variété d'Amérique du Nord est chassée et élevée pour sa fourrure très estimée. **2.** Fourrure de cet animal. *Manteau, étole de vison.*

VISQUEUX, EUSE adj. ▪ **1.** (liquide) Qui est épais et s'écoule avec difficulté. *L'écoulement des liquides visqueux.* ⇒ **viscosité. 2.** péj. Dont la surface est couverte d'un liquide visqueux, d'une couche gluante. *La peau visqueuse d'un crapaud.* **3.** fig. Répugnant par un caractère de bassesse, de traîtrise.

VISSAGE n. m. ▪ Action de visser.

VISSER v. tr. ① ▪ **1.** Fixer, faire tenir avec une vis, des vis. ‑ loc. au p. p. *Il reste des heures vissé sur sa chaise,* sans se lever. **2.** Serrer en tournant sur un pas de vis (opposé à *dévisser*). *Visser un couvercle.* ‑ pronom. *Ce bouchon se visse.* **3.** Traiter sévèrement (qqn), contraindre. → serrer la vis.

la VISTULE ▪ Fleuve de Pologne, navigable sur presque toute sa longueur. 1 092 km. Il se jette dans la Baltique par un vaste delta.

VISUALISATION n. f. ▪ **1.** Action de rendre visible (qqch.). **2.** INFORM. Présentation d'informations sur un écran. ⇒ **affichage.** *Écran de visualisation.*

VISUALISER v. tr. ① ▪ **1.** Rendre visible (un phénomène qui ne l'est pas). **2.** INFORM. Faire apparaître sur un écran, sous forme graphique, les résultats d'un traitement d'information. ⇒ **afficher.**

VISUEL, ELLE ▪ **1.** adj. Relatif à la vue. *Champ visuel. Images, sensations visuelles. Mémoire visuelle,* des choses vues. **2.** n. Personne chez qui les sensations visuelles prédominent. *Les visuels et les auditifs.* **3.** adj. Qui fait appel au sens de la vue. *Méthodes visuelles,* dans l'enseignement (⇒ **audiovisuel**).

VISUELLEMENT adv. ▪ Par le sens de la vue. *Constater visuellement.* ⇒ **de visu.**

VIT n. m. ▪ VX Sexe de l'homme. ⇒ **pénis, verge.**

VITAL, ALE, AUX adj. ▪ **1.** Qui concerne, constitue la vie. *Propriétés, fonctions vitales.* ‑ *Principe vital, force vitale,* énergie propre à la vie. **2.** Essentiel à la vie d'un individu, d'une collectivité. ⇒ **indispensable.** ‑ *Espace* vital. C'est un problème vital, une question vitale pour nous,* d'une importance extrême.

VITALISME n. m. ▪ DIDACT. Théorie du principe vital. ‑ Doctrine d'après laquelle les phénomènes vitaux sont irréductibles. ► adj. et n. VITALISTE

VITALITÉ n. f. ▪ Caractère de ce qui manifeste une santé, une activité remarquables. ⇒ **dynamisme, énergie, vigueur.** *La vitalité d'une personne, d'une plante.*

VITAMINE n. f. ▪ Substance organique, sans valeur énergétique, mais indispensable à l'organisme, apportée en petite quantité par l'alimentation. *Vitamine A* (de croissance), *C* (antiscorbutique), *D* (antirachitique). *Carence en vitamines.* ⇒ **avitaminose.**

VITAMINÉ, ÉE adj. ▪ Où l'on incorpore une ou plusieurs vitamines. *Lait vitaminé.*

VITE ▪ **I.** adv. **1.** En parcourant un grand espace en peu de temps (opposé à *lentement*). *Aller vite.* ⇒ **filer, foncer.** *Marcher, courir vite, passer très vite* (→ comme un éclair, une flèche). ‑ *À un rythme rapide. Son cœur bat plus vite.* **2.** En peu de temps. ⇒ **promptement, rapidement.** *Faire vite,* se dépêcher. *Vous parlez trop vite.* ⇒ **précipitamment.** ‑ *Un peu vite,* à la légère. ‑ loc. *Plus vite que le vent,* extrêmement vite. ‑ (avec un impér.) Sans plus attendre, immédiatement. *Partez vite. Allons vite, dépêchez-vous !* **3.** Au bout d'une courte durée. ⇒ **bientôt.** *On sera plus vite arrivé.* ‑ *Au plus vite,* dans le plus court délai. ‑ *Il a eu vite fait de, il aura vite fait de* (+ inf.), il n'a pas tardé, il ne tardera pas à. ‑ FAM. *VITE FAIT* loc. adv. : rapidement. *Vite fait bien fait.* **II.** adj. VX (langue classique) ou LITTÉR. Rapide. ♦ MOD., SPORTS (repris à l'anglais) *Le coureur le plus vite.*

VITEBSK ▪ Ville de la Biélorussie, sur la Dvina Occidentale. 356 000 hab. Industries mécanique, textile.

VITELLIN, INE adj. ▪ BIOL. Du vitellus.

VITELLUS [-ys] n. m. ▪ BIOL. Substance qui constitue les réserves de l'œuf, de l'embryon.

VITERBE ▪ Ville d'Italie, dans le Latium. 59 798 hab. La ville a gardé son caractère médiéval : remparts, quartier San Pellegrino, églises romanes et gothiques, palais des Papes (XIIIe s.).

VITESSE n. f. ▪ **I.** (sens absolu) **1.** Fait ou pouvoir de parcourir un grand espace en peu de temps. ⇒ **célérité, rapidité, vélocité.** *Course de vitesse. L'avion prend de la vitesse. Excès de vitesse* (en voiture). **2.** Fait d'accomplir une action en peu de temps. ⇒ **hâte, promptitude.** ‑ loc. *Prendre qqn de vitesse,* faire (qqch.) plus vite que lui. ⇒ **devancer.** ‑ loc. FAM. *EN VITESSE :* au plus vite. *Tirez-vous en vitesse !* **3.** (sens 1 et 2 mêlés) *Le mythe de la vitesse.* **II.** (sens relatif) **1.** Le fait d'aller plus ou moins vite. ⇒ **allure.** *Vitesse d'une automobile,* appréciée en kilomètres à l'heure. *Compteur, indicateur de vitesse.* ‑ loc. *À TOUTE VITESSE :* le plus vite possible, très vite. *Vitesse de croisière*.* ‑ loc. *PERTE DE VITESSE :* diminution de la vitesse d'un avion, qui devient inférieure à la vitesse minimale nécessaire au vol. fig. *En perte de vitesse,* qui ne se développe plus, perd son dynamisme. ‑ fig. *À deux vitesses. Une économie, un système social à deux vitesses.* ‑ *Passer à la vitesse supérieure.* **2.** Rapport entre la vitesse de rotation de l'arbre moteur et celle des roues, assuré par la transmission. *Changement de vitesse,* dispositif permettant de changer ce rapport. *En troisième vitesse* (ellipt *en troisième*). ‑ loc. FAM. *En quatrième vitesse,* très vite. ‑ *Boîte de vitesses,* carter du changement de vitesse. **3.** SC. Quantité exprimée par le rapport d'une distance au temps mis à la parcourir. *Vitesse de propagation des ondes.* ‑ Le fait de s'accomplir en un temps donné. *Vitesse de sédimentation.*

Antoine VITEZ (1930 ‑ 1990) ▪ Acteur et metteur en scène français. Il fonda le Studio-Théâtre d'Ivry (1972-1981), prit la tête du Théâtre national de Chaillot (1981-1988) et fut nommé administrateur général de la Comédie-Française en 1988.

Vitez dans *Faust,* Théâtre national de Chaillot. *Phot. © Bernand*

VITI- Élément, du latin *vitis* « vigne ».

VITICOLE adj. ▪ **1.** Relatif à la culture de la vigne et à la production du vin. ⇒ **vinicole.** *Industrie, culture viticole.* **2.** Qui produit de la vigne. *Région viticole.*

VITICULTEUR, TRICE n. ▪ Personne qui cultive de la vigne, pour la production du vin. ⇒ **vigneron.**

VITICULTURE n. f. ▪ Culture de la vigne.

VITORIA ▪ Ville d'Espagne, capitale de la province basque d'Álava et du Pays basque espagnol. 208 569 hab. Essor industriel.

VITÓRIA ▪ Ville et port du Brésil, capitale de l'État d'Espírito Santo. 253 000 hab. Métallurgie.

Roger VITRAC (1899 ‑ 1952) ▪ Poète et auteur dramatique français. Précurseur du théâtre de l'absurde. *"Victor ou les Enfants au pouvoir"* (1928).

VITRAGE n. m. ▪ **1.** Ensemble de vitres (d'une baie, d'une fenêtre, d'une marquise, d'une serre). *Fenêtre à double vitrage.* **2.** Châssis garni de vitres, servant de paroi. *Le vitrage d'une véranda.* ⇒ **verrière.** **3.** Fait de poser des vitres, de garnir de vitres.

VITRAIL, AUX n. m. ▪ Panneau constitué de morceaux de verre, généralement colorés, assemblés pour former une décoration. ⇒ **rosace, verrière.** ‑ *Le vitrail,* la technique de la fabrication des vitraux ; l'art de faire des vitraux, analogue à la peinture (formes, couleurs).

VITRE n. f. ▪ **1.** Panneau de verre garnissant une ouverture (fenêtre, porte, etc.). ⇒ **carreau ; vitrage.** *Nettoyer, laver, faire les vitres. Casser une vitre.* **2.** Panneau de verre permettant de voir à l'extérieur lorsqu'on est dans un véhicule. ⇒ **glace.** *Baisser, remonter la vitre.*

VITRÉ, ÉE adj. ▪ ANAT. *Corps vitré* ou n. m. *le vitré :* masse transparente entre la rétine et la face postérieure du cristallin. ‑ *Humeur vitrée de l'œil,* substance gélatineuse qui remplit le corps vitré. ⇒ **vitreux.**

VITRÉ ▪ Commune d'Ille-et-Vilaine. 14 486 hab. *(les Vitréens).* Église gothique (XVe-XVIe s.). Important château des XIe-XIVe-XVe s.

VITRER v. tr. [1] ▪ Garnir de vitres. *Vitrer une porte, un panneau.* ► **VITRÉ, ÉE** adj. *Porte vitrée. Baie vitrée.*

VITRERIE n. f. ▪ Industrie des vitres (fabrication, pose, façonnage, etc.).

VITREUX, EUSE adj. ▪ **1.** Qui ressemble au verre fondu, à la pâte de verre. *Humeur vitreuse* (de l'œil). ⇒ **vitré.** **2.** Dont l'éclat est terni. *Œil, regard vitreux.*

VITRIER n. m. ▪ Personne qui vend, coupe et pose les vitres, les pièces de verre.

VITRIFICATION n. f. ▪ **1.** Transformation en verre ; acquisition de la structure vitreuse. *Vitrification de l'émail par fusion.* **2.** Action de vitrifier (un parquet).

VITRIFIER v. tr. [7] ▪ **1.** Transformer en verre par fusion ou donner la consistance du verre à (une matière). **2.** Recouvrir d'une matière plastique transparente. ‑ au p. p. *Parquet vitrifié.*

VITRINE n. f. ▪ **1.** Devanture vitrée d'un local commercial ; espace ménagé derrière cette vitre, où l'on expose des objets à vendre. ⇒ **étalage.** *Article exposé en vitrine. Regarder, lécher les vitrines.* ⇒ **lèche-vitrine.** ‑ L'aménagement, le contenu d'une vitrine. *Les commerçants refont leurs vitrines pour Noël.* **2.** Petite armoire vitrée où l'on expose des objets de collection.

VITRIOL n. m. ▪ **1.** Acide sulfurique concentré, très corrosif. **2.** fig. *Portrait au vitriol,* description très corrosive, mordante.

VITRIOLER v. tr. [1] ▪ Lancer du vitriol sur (qqn) pour le défigurer.

VITROLLES ▪ Commune des Bouches-du-Rhône, près de l'étang de Berre. 35 397 hab. *(les Vitrollais).* Zone industrielle et commerciale.

VITRUVE (Ier s. av. J.-C.) ▪ Architecte romain. Auteur d'un traité d'architecture qui servit de référence aux artistes de la Renaissance.

VITRY-LE-FRANÇOIS ▪ Chef-lieu d'arrondissement de la Marne. 17 033 hab. *(les Vitryats).* Port fluvial.

VITRY-SUR-SEINE ▪ Commune du Val-de-Marne. 82 400 hab. *(les Vitriots).* Centrales thermiques.

VITTEL ▪ Commune des Vosges. 6 296 hab. *(les Vittellois).* Station thermale depuis le XIXe s. Eaux minérales.

Elio VITTORINI (1908 ‑ 1966) ▪ Écrivain italien. Ses romans mêlent la réalité et le rêve, l'engagement politique et le lyrisme. *"Conversation en Sicile"* (1941).

VITUPÉRATION n. f. ▪ LITTÉR. Action de vitupérer. ‑ *(Une, des vitupérations)* Blâme ou reproche violent.

VITUPÉRER v. [6] ▪ **1.** v. tr. LITTÉR. Blâmer vivement. **2.** v. intr. *Vitupérer contre qqn, qqch.,* élever de violentes protestations contre (qqn, qqch.). ⇒ **pester, protester.**

VIVABLE adj. ▪ **1.** Où l'on peut vivre. ⇒ **supportable.** *Cette pièce n'est pas vivable.* **2.** Que l'on peut supporter (s'oppose à *invivable*).

① **VIVACE** adj. ▪ **1.** (plantes, petits animaux) Constitué de façon à résister longtemps à ce qui peut compromettre la santé ou la vie. ⇒ **résistant, robuste.** **2.** *Plante vivace,* qui vit plus de deux années (opposé à *plante annuelle*). **3.** Qui se maintient sans défaillance, qu'il est difficile de détruire. ⇒ **durable, persistant, tenace.** *Souvenir vivace.*

② **VIVACE** [vivatʃe] **adj. invar.** et **adv.** ▪ MUS. D'un mouvement rapide (plus que l'allégro). ➝ **n. m. invar.** *Des vivace.*

VIVACITÉ n. f. ▪ **1.** Caractère de ce qui a de la vie, est vif. ⇒ **activité, entrain.** *La vivacité d'un enfant. Vivacité d'esprit,* rapidité à comprendre, à raisonner. **2.** Caractère de ce qui est vif, a de l'intensité. *La vivacité du coloris, du teint.* ⇒ **éclat. 3.** Caractère de l'air frais, vif. **4.** Caractère vif (II, 2), emporté ou agressif. *Il a répondu avec vivacité.*

Antonio VIVALDI (1678 - 1741) ▪ Compositeur vénitien. Violoniste virtuose, auteur de musique sacrée et d'opéras, il eut un rôle considérable dans l'histoire de la musique instrumentale (notamment dans le domaine du concerto). 768 œuvres dont les célèbres *"Quatre Saisons"* (1725).

VIVANDIÈRE n. f. ▪ Femme qui suivait les troupes pour vendre aux soldats des vivres, des boissons. ⇒ **cantinière.**

VIVANT, ANTE adj. ▪ **I. 1.** Qui vit, est en vie (opposé à *mort*). *Il est encore vivant. Attrapez-le vivant !* ➝ **n.** *Les vivants et les morts.* **2.** Plein de vie. ⇒ **vif.** *Un enfant très vivant.* ➝ (œuvres) Qui a l'expression, les qualités de ce qui vit. *Les personnages de Molière sont vivants.* **3.** Doué de vie. ⇒ **animé, organisé.** *Cellule vivante,* possédant les caractères de la vie. *L'être vivant, les êtres vivants.* **4.** Constitué par un ou plusieurs êtres vivants. *Tableaux vivants.* ➝ *C'est le vivant portrait, le portrait vivant de sa mère.* ⇒ **ressemblant ;** FAM. **craché. 5.** (lieu) Plein de vie, d'animation. *Des rues vivantes.* ⇒ **animé. 6.** (choses) Animé d'une sorte de vie (II) ; **actif, actuel.** *Langues vivantes* (opposé à *langues mortes*). *Un mot très vivant,* en usage. ➝ *Son souvenir est toujours vivant.* ⇒ **durable. II. n. m.** *DU VIVANT DE..., DE SON VIVANT :* pendant la vie de (qqn), sa vie.

le VIVARAIS ▪ Région du sud-est de la France, en bordure du Massif central. Le protestantisme s'y implanta fortement au XVIe s.

VIVARIUM [-jɔm] **n. m.** ▪ DIDACT. Espace aménagé pour conserver et montrer de petits animaux vivants (insectes, reptiles, etc.).

VIVAT n. m. ▪ Acclamation. *Il y a eu des vivats en son honneur.*

① **VIVE n. f.** ▪ Poisson aux nageoires épineuses, vivant surtout dans le sable des côtes.

Vivaldi. Portrait anonyme. Civico museo bibliografico musicale, Bologne.
Phot. © Alinari/Giraudon

② **VIVE exclam.** ▪ Acclamation envers qqn, qqch. à qui l'on souhaite de vivre, de durer longtemps. ⇒ **vivat.** *Vive la France, la République* (opposé à *à bas, à mort*). ➝ (avec un nom au plur.) *Vive les vacances !* ♦ VX (accordé) *Vivent les mariés !* ⇒ **vivre.**

VIVEMENT adv. ▪ **1.** D'une manière vive ; avec vivacité, ardeur. ⇒ **promptement, rapidement.** *Mener vivement une affaire.* **2.** exclam. Exprime l'accomplissement rapide d'un souhait. *Vivement les vacances !* ➝ (avec *que* + subj.) *Vivement qu'on s'en aille !* **3.** D'un ton vif, avec un peu de colère. *Il répliqua vivement.* **4.** Avec force, intensité. ⇒ **beaucoup, intensément, profondément.** *J'ai été vivement affecté par sa mort. Nous regrettons vivement que* (+ subj.).

Juan Luis VIVES (1492 - 1540) ▪ Humaniste espagnol. Opposant à la scolastique, ami d'Érasme et précepteur de Marie Tudor.

Reims, rosace de la façade occidentale de la cathédrale Notre-Dame. *Phot. © Dagli Orti*

Abbeville, vitraux d'Alfred Manessier pour l'église du Saint-Sépulcre.
Phot. © Dagli Orti

Bourges, *Ange musicien,* vitrail gothique, XVe s.,
Phot. © Lauros/Giraudon

vitrail.

Vladimir. L'église Saint-Dimitri, XIIe s.
Phot. © Nekrasov/Giraudon

VIVEUR n. m. ▪ VIEILLI Fêtard, jouisseur.

VIVI- Élément, du latin *vivus* « vivant » (ex. *vivipare*).

VIVIER n. m. ▪ Étang, bassin d'eau aménagé pour la conservation et l'élevage du poisson, des crustacés. *Truites en vivier.* ♦ par métaphore *Cette école est un vivier de talents.*

Robert VIVIER (1894-1989) ▪ Écrivain belge d'expression française. Romancier d'inspiration populiste, poète proche du symbolisme et essayiste.

VIVIFIANT, ANTE adj. ▪ Qui vivifie. *Air vivifiant.* ⇒ **stimulant.** - *Un débat vivifiant.*

VIVIFIER v. tr. 7 ▪ Donner de la vitalité à (qqn). *Ce climat me vivifie.* ⇒ **stimuler, tonifier.**

VIVIPARE adj. ▪ Se dit d'un animal dont l'œuf se développe complètement à l'intérieur de l'utérus maternel, de sorte qu'à la naissance le petit apparaît formé. *Les mammifères sont vivipares.* - n. *Les vivipares et les ovovivipares.*

VIVISECTION [-s-] n. f. ▪ Opération pratiquée à titre d'expérience sur les animaux vivants. ⇒ **dissection.** *Militer contre la vivisection.* ► n. VIVISECTEUR, TRICE

VIVOTER v. intr. 1 ▪ **1.** Vivre au ralenti, avec de petits moyens. ⇒ **végéter. 2.** (choses) Subsister ; avoir une activité faible, médiocre. *Son affaire vivote tant bien que mal.*

VIVRE v. 46 ▪ **I.** v. intr. (sujet personne, être vivant) **1.** Être en vie ; exister. *La joie, le plaisir de vivre. Ne vivre que pour..., se* consacrer entièrement à... *Se laisser vivre,* vivre sans faire d'effort. **2.** (avec un compl. de durée) Avoir une vie d'une certaine durée. *Vivre longtemps. Les années qu'il a vécu,* pendant lesquelles il a vécu (le participe ne s'accorde pas). - *Qu'il vive longtemps !* ⇒ ② **vive. 3.** Passer sa vie, une partie de sa vie en résidant habituellement (dans un lieu). ⇒ **habiter.** *Vivre à la campagne. Il vit chez ses parents, à l'hôtel.* **4.** Mener une certaine vie. *Vivre seul, libre.* - *Vivre dangereusement. Vivre avec qqn* (dans le mariage, ou maritalement). ⇒ **cohabiter.** *Est-ce qu'ils vivent ensemble ?* ♦ absolt *Un homme qui sait vivre.* ⇒ **savoir-vivre.** - *Art de vivre,* de se conduire d'une certaine façon. - loc. *Être facile, difficile à vivre,* d'un caractère accommodant ou non (⇒ **vivable** ; **invivable**). **5.** Disposer des moyens matériels qui permettent de subsister. *Travailler pour vivre.* - *Vivre pauvrement, petitement* (⇒ **végéter, vivoter**), largement. - spécialt *Vivre de lait, de fruits.* ⇒ se **nourrir.** *Vivre de son travail. Avoir de quoi vivre,* assez de ressources pour subsister. **6.** Réaliser toutes les possibilités de la vie. *Vivre et non survivre.* - *Un homme qui a vécu, beaucoup vécu,* qui a eu une vie riche d'expériences. **7.** (choses) Exister parmi les hommes. *Cette croyance vit encore dans les campagnes.* **II.** v. tr. (sujet personne) **1.** Avoir, mener (telle ou telle vie). *Ils ont vécu une existence difficile.* - Passer, traverser (un espace de temps). *Vivre des jours heureux.* ⇒ **couler.** *Les jours difficiles qu'il a vécus.* **2.** Éprouver intimement, réellement par l'expérience de la vie. *Vivre un sentiment, un grand amour.* ♦ Traduire en actes réels. *Vivre sa foi, son art.*

Vlaminck. *Les Arbres rouges.* MNAMGP, Paris.
Phot. © Nimatallah/Ricciarini

VIVRES n. m. pl. ▪ Ce qui sert à l'alimentation des humains. ⇒ **aliment, nourriture** ; **viande** (1). *Les vivres et les munitions d'une armée.* - loc. *Couper les vivres à qqn,* le priver de moyens de subsistance, d'argent.

VIX ▪ Commune de la Côte-d'Or (95 hab. *[les Vixois]*) où fut découvert en 1953 un trésor datant du VIe s. av. J.-C. (avec le *cratère de Vix,* le plus grand vase antique de bronze connu).

Vix. Cratère en bronze de Vix, art grec, VIe s. av. J.-C. Musée de Châtillon-sur-Seine.
Phot. © Dagli Orti

VIZILLE ▪ Commune de l'Isère. 7 094 hab. *(les Vizillois).* Château de Lesdiguières (états du Dauphiné, 1788, prélude aux états généraux).

VIZIR n. m. ▪ Ministre, sous l'empire ottoman. *Grand vizir,* Premier ministre.

VLADIKAVKAZ ou **VLADICAUCASE**, de 1954 à 1990 **ORDJONIKIDZE** ▪ Ville de la Russie, capitale de l'Ossétie-du-Nord. 324 000 hab.

VLADIMIR Ier le Saint ou **le Grand** (v. 956-1015) ▪ Prince de Novgorod, grand-prince de Kiev de 980 à sa mort. Il imposa le christianisme de rite byzantin à son peuple.

VLADIMIR II MONOMAQUE (1053-1125) ▪ Grand-prince de Kiev, de 1113 à sa mort, et écrivain russe.

VLADIMIR ▪ Ville de la Russie à partir du XIIe s., au nord-est de Moscou. 356 000 hab. Capitale de la principauté de Vladimir-Souzdal et métropole religieuse (nombreux monuments), absorbée par la Moscovie au XIVe s.

VLADIVOSTOK ▪ Ville de la Russie en Sibérie extrême-orientale, sur la mer du Japon. 647 000 hab. Port d'attache de la flotte russe d'Extrême-Orient. Point terminus du Transsibérien.

Maurice de VLAMINCK (1876-1958) ▪ Peintre français, un des créateurs du fauvisme. D'abord construits par la couleur, ses tableaux devinrent plus sombres et plus traditionnels.

VLAN ou **V'LAN** interj. ▪ Onomatopée imitant un bruit fort et sec. *Et vlan, encore une porte qui claque !*

VLORË ou **VLORA** ▪ Ville portuaire d'Albanie. 71 700 hab.

la VLTAVA en allemand ***MOLDAU*** ▪ Rivière de la République tchèque, affluent de l'Elbe. 430 km. Elle arrose Prague.

V.O. [veo] n. f. (sigle) ▪ Version originale. *Film en V.O.*

VOCABLE n. m. ▪ Mot d'une langue, considéré dans sa signification, sa valeur expressive.

VOCABULAIRE n. m. ▪ **1.** Dictionnaire succinct ou spécialisé. *Vocabulaire français-anglais.* **2.** Ensemble de mots (d'un texte ; disponibles). *Avoir un vocabulaire pauvre, réduit. Enrichir son vocabulaire.* ⇒ **lexique.** **3.** Termes spécialisés (d'une science, d'un art, ou qui caractérisent une forme d'esprit). ⇒ **terminologie.** *Vocabulaire juridique, technique.*

VOCAL, ALE, AUX adj. ▪ **1.** Qui produit la voix. *Organes vocaux. Cordes vocales.* **2.** De la voix. *Technique vocale,* du chant. ▪ Écrit pour le chant, chanté. *Musique vocale* (opposé à *instrumental*).

VOCALIQUE adj. ▪ Qui a rapport aux voyelles. *Le système vocalique d'une langue.*

VOCALISE n. f. ▪ Suite de sons produite par un chanteur qui vocalise. *Faire des vocalises.*

VOCALISER v. intr. [1] ▪ Chanter, en parcourant une échelle de sons et sur une seule syllabe.

VOCALISME n. m. ▪ PHONÉT. Système des voyelles (d'une langue, d'un discours).

VOCATIF n. m. ▪ Dans les langues à déclinaisons, Cas employé pour s'adresser directement à qqn, à qqch. ♦ Construction, phrase exclamative par laquelle on s'adresse directement à qqn, à qqch. *Le « ô » vocatif.*

VOCATION n. f. ▪ **1.** Mouvement intérieur par lequel on se sent appelé par Dieu. *Avoir, ne pas avoir la vocation.* **2.** Inclination, penchant (pour une profession, un état). ⇒ **attirance, disposition, goût.** *Suivre sa vocation. Vocation artistique, pour la musique.* **3.** Destination (d'une personne, d'un peuple, d'un pays). ⇒ **mission.** *La vocation industrielle, artistique d'un pays.*

VOCIFÉRATION n. f. ▪ Parole bruyante, prononcée dans la colère. *Pousser des vociférations.* ⇒ **cri, hurlement.**

VOCIFÉRER v. intr. [6] ▪ Parler en criant et avec colère. ⇒ **hurler.** *Vociférer contre qqn.* ▪ trans. *Vociférer des injures.*

VODKA n. f. ▪ Eau-de-vie de grain (seigle, orge) en général blanche.

VŒU n. m. ▪ **1.** Promesse faite à Dieu ; engagement religieux (⇒ **votif ; vouer**). *Les trois vœux* (pauvreté, chasteté, obéissance), prononcés en entrant en religion. *Faire vœu de pauvreté.* **2.** Engagement pris envers soi-même. ⇒ **résolution.** *Faire le vœu de ne plus fumer.* **3.** Souhait que s'accomplisse qqch. *Mon vœu a été exaucé.* ▪ au plur. Souhaits. *Vœux de bonne année. Envoyer ses vœux.* **4.** Demande, requête. *Les assemblées consultatives n'émettent que des vœux.* ⇒ **résolution.**

① **VOGUE** n. f. ▪ État de ce qui est apprécié momentanément du public. *Ce chanteur connaît une vogue extraordinaire.* ⇒ **succès.** ▪ *EN VOGUE :* actuellement très apprécié. ⇒ **mode.** *Il n'est plus en vogue.* ⇒ **démodé.**

② **VOGUE** n. f. ▪ RÉGIONAL Fête, foire annuelle.

VOGUER v. intr. [1] ▪ LITTÉR. Avancer avec des rames (⇒ **nager, ramer**). ▪ Avancer sur l'eau. ⇒ **naviguer.** ♦ loc. *Vogue la galère ! :* advienne que pourra !

VOICI prép. ▪ **1.** Désigne une chose ou une personne relativement proche (alors opposé à *voilà*). *Voici mon père, le voici qui arrive.* ▪ LITTÉR. *Voici venir... :* voici... qui vient. **2.** Désigne ce qui arrive, approche, commence à se produire. *Voici la pluie.* ♦ Désignant ce dont il va être question. *Voici ce dont je veux te parler.* **3.** (présentant un nom, un pronom caractérisé) ⇒ **voilà.** *Te voici tranquille. Voici nos amis enfin arrivés.* ▪ LITTÉR. (suivi d'une complétive) *Voici que la nuit tombe. Voici comment il faut faire.*

VOIE n. f. ▪ **I.** concret **1.** Espace à parcourir pour aller dans un lieu, à une destination. ⇒ **chemin, passage.** *Trouver, suivre ; perdre, quitter une voie, la bonne voie.* ▪ loc. *Être par voies et par chemins,* sans cesse en déplacement, en voyage. ♦ fig. *La VOIE LACTÉE** (ou *chemin de Saint-Jacques*). **2.** Cet espace, lorsqu'il est tracé et aménagé. ⇒ **artère, chemin, route, rue.** *Les grandes voies de communication d'un pays* (y compris les *voies ferrées* et *voies navigables,* ci-dessous, 4 et 5). ▪ (collectif) *La voie publique* (faisant partie du domaine public), destinée à la circulation. ♦ Route ou rue. *Voie étroite, prioritaire, à sens unique. Voie express :* route à circulation rapide. ⇒ **autoroute.** ▪ Partie d'une route de la largeur d'un véhicule. *Route à trois, à quatre voies.* **3.** Grande route pavée de l'Antiquité. *Les voies romaines.* ▪ loc. *Voie sacrée,* commémorant un itinéraire (religieux, militaire). **4.** *VOIE FERRÉE ; VOIE :* ensemble des rails mis bout à bout. → chemin de fer. *Ligne à voie unique. Cette porte donne sur la voie.* ▪ *Voie de garage**. **5.** *Voies navigables :* les fleuves et canaux. **6.** (collectif) *La voie maritime, aérienne :* les déplacements, transports par mer, air. **II.** par ext. **1.** CHASSE Lieux par lesquels est passée la bête. *Les chiens suivent la voie. Sortir de la voie :* se fourvoyer*. ▪ loc. fig. *Mettre qqn sur la voie,* l'aider à trouver. ♦ Trace laissée par une voiture. ▪ TECHN. Écartement des roues. **2.** Passage. ▪ loc. *VOIE D'EAU :* ouverture accidentelle par laquelle l'eau peut pénétrer dans un navire. *Calfater une voie d'eau.* ▪ ⇒ **claire-voie.** ♦ Passage, conduit anatomique. *Les voies digestives, respiratoires, circulatoires.* ▪ *Par voie buccale, intraveineuse.* ♦ ANAT. Ensemble de structures nerveuses (d'une fonction sensorielle ou de la fonction motrice). *La voie olfactive, optique.* **III.** abstrait **1.** Conduite, suite d'actes orientés vers une fin et considérée comme un chemin que l'on peut suivre. ⇒ **chemin, ligne, route.** *Préparer la voie :* faciliter les choses à faire en réduisant les obstacles. *Ouvrir la voie.* ⇒ **passage.** *Être dans la bonne voie,* en passe de réussir. *Trouver sa voie,* la situation qui convient. ♦ *Les voies de Dieu, de la Providence,* ses desseins, ses intentions. **2.** Conduite suivie ou à suivre ; façon de procéder. ⇒ **moyen.** *Opérer par la voie la plus simple, par une voie détournée.* ▪ loc. *VOIE DE FAIT :* violence ou acte matériel insultant. **3.** Intermédiaire qui permet d'obtenir ou de faire qqch. *Réclamer par la voie hiérarchique.* ▪ loc. *Par voie de conséquence :* en conséquence. **4.** *EN VOIE DE,* se dit de ce qui se modifie dans un sens déterminé. *Pays en voie de développement.* **IV.** VX Quantité (de bois, de charbon, d'eau...) portée en un seul voyage.

VOILÀ prép. ▪ **1.** Désigne une personne ou une chose, quand elle est relativement éloignée (alors opposé à *voici*) ; par ext. une personne, une chose (en général ⇒ **voici**). *Le voilà, c'est lui. Voilà notre ami qui vient.* ♦ *EN VOILÀ* loc. adv. : voilà de ceci. *En veux-tu en voilà :* beaucoup, tant qu'on en veut. ▪ Exclamatif pour mettre en relief. *En voilà des manières !* ♦ *Voilà !,* interjection qui répond à un appel, à une demande. *Voilà, voilà, j'arrive ! :* attendez, j'arrive. **2.** Désignant les choses dont il vient d'être question dans le discours (opposé à *voici*). *Voilà tout.* ▪ *En voilà assez :* cela suffit, je n'en supporterai pas davantage. ▪ construit avec *qui,* en valeur neutre *Voilà qui est bien :* c'est bien. ▪ (avec une valeur exclamative) *C'est (ce sont) bien...,* c'est vraiment. *Voilà bien les hommes. Ah ! voilà ! :* c'était donc ça. **3.** présentant un nom, un pronom (caractérisé) *Nous voilà arrivées. Nous voilà bien ! Nous voilà frais... !* ▪ (avec un compl. de lieu) *Nous voilà à la maison.* ▪ loc. fig. *Nous y voilà :* nous abordons enfin le problème, la question. ▪ (suivi d'une complétive) *Soudain, voilà que l'orage éclate. Voilà comment, pourquoi...* ♦ VX *(Ne) voilà pas :* voilà donc, bien qu'on ne s'y attendait pas. ▪ VIEILLI *Ne voilà-t-il pas.* MOD. *Voilà-t-il* [ti] *pas. Voilà-t-il pas que le restaurant est fermé !* **4.** présentant ou soulignant un argument, une objection *C'était simple, seulement voilà, personne n'y avait pensé.* **5.** Il y a (telle durée). *Voilà quinze jours que je suis partie.*

VOILAGE n. m. ▪ Grand rideau de voile.

① **VOILE** n. m. ▪ **I.** Morceau d'étoffe destiné à cacher. **1.** Étoffe qui cache une ouverture ou dont on couvre un monument, une plaque. **2.** Morceau d'étoffe destiné à cacher le visage, ou le front et les cheveux (pour des motifs religieux, esthétiques, hygiéniques). *Voile des musulmanes.* ⇒ **tchador.** *Porter le voile. Voile de religieuse.* loc. *Prendre le voile :* se faire religieuse. ▪ *Voile blanc de mariée, de communiante.* **3.** Tissu léger et fin. *Voile de coton, de soie, de laine. Voile pour faire des rideaux.* ⇒ **voilage.** **II.** fig. **1.** Ce qui cache qqch. *Étendre, jeter un voile sur qqch. :* cacher ou condamner à l'oubli. *Lever le voile :* révéler qqch. ⇒ **dévoiler.** **2.** Ce qui rend moins net, ou obscurcit. *Un léger voile de brume.* ▪ Partie anormalement obscure ou floue d'une épreuve photographique surexposée. ▪ MÉD. *Voile au poumon :* diminution de la transparence d'une partie du poumon, visible à la radiographie. **III.** *VOILE DU PALAIS :* cloison musculaire et membraneuse, à bord inférieur libre et flottant, qui sépare la bouche du pharynx. *Son articulé près du voile du palais.* ⇒ **vélaire.**

② **VOILE** n. f. ▪ **1.** Morceau de forte toile ou de textile synthétique, destiné à recevoir l'action du vent pour faire avancer un bateau. *Bateau à voiles.* ⇒ **voilier.** *Naviguer à la voile. Hisser, larguer, mettre les voiles,* pour faire avancer le bateau. ‣ loc. *Avoir le vent dans les voiles :* être en train de réussir (→ avoir le vent en poupe). ‣ loc. FAM. *Avoir du vent dans les voiles :* se dit d'une personne ivre qui ne marche pas droit. ‣ *Mettre toutes les voiles dehors :* fig. déployer tous les moyens. ‣ FAM. *Mettre les voiles :* s'en aller, partir. **2.** *La voile,* navigation à voile. ‣ Sport nautique sur voilier. ⇒ **plaisance.** *Faire de la voile.* **3.** *VOL À VOILE :* pilotage des planeurs. **4.** *Planche* à voile* (⇒ **véliplanchiste**). *Char à voile.*

① **VOILER** v. tr. [1] ▪ **1.** Couvrir, cacher d'un voile ; étendre un voile sur. *Voiler une statue. Se voiler le visage :* porter le voile. ‣ loc. (allus. biblique) *SE VOILER LA FACE :* refuser de voir ce qui indigne. *Elle s'est voilé la face.* **2.** LITTÉR. Dissimuler. ⇒ **estomper, masquer.** *Il tente de voiler la vérité.* **3.** Rendre moins visible, moins net. ⇒ **obscurcir.** ► SE **VOILER** v. pron. **1.** Porter le voile. **2.** Perdre son éclat, se ternir. *Regard qui se voile. Le ciel se voile,* se couvre. **3.** (voix) Perdre sa netteté, sa sonorité. ► **VOILÉ, ÉE** adj. **1.** Couvert d'un voile. *Femmes voilées.* ‣ fig. *Un ciel voilé.* **2.** Rendu obscur. *En termes voilés. Des reproches voilés.* **3.** Qui a peu d'éclat, de netteté. *Regard voilé.* ⇒ **terne.** ‣ Qui présente un voile. *La photo est voilée.* **4.** Qui émet des sons sans clarté.

② SE **VOILER** v. pron. [1] ▪ Se déformer, ne plus être plan. ‣ au p. p. *Sa bicyclette a une roue voilée.*

VOILETTE n. f. ▪ Petit voile transparent sur un chapeau de femme, et qui peut couvrir le visage.

VOILIER n. m. ▪ **I.** Bateau à voiles. *Les grands voiliers d'autrefois.* ♦ Bateau de sport ou de plaisance, qui avance à la voile. *Faire du voilier. Course de voiliers.* ⇒ **régate. II.** Professionnel qui fait ou répare les voiles. *Un maître voilier.* **III.** Oiseau à longues ailes, capable d'utiliser les courants aériens.

VOILURE n. f. ▪ **1.** Ensemble des voiles d'un bâtiment. *Le centre de voilure* ou *point vélique*.* **2.** Ensemble des surfaces portantes d'un avion. ‣ Toile d'un parachute.

VOIR v. [30] ▪ **I.** v. intr. Percevoir les images des objets par le sens de la vue*. *Les aveugles ne voient pas* (⇒ **non-voyant**). *Ne voir que d'un œil* (⇒ **borgne**). *Voir trouble. Je ne vois pas clair.* ‣ loc. *Voir loin :* prévoir. **II.** v. tr. dir. **1.** Percevoir (qqch.) par les yeux. *Voir qqch. de ses yeux, de ses propres yeux. Je l'ai à peine vu.* ⇒ **apercevoir, entrevoir.** *Cela fait plaisir à voir. C'est à voir :* cela mérite d'être vu. *J'ai vu cela dans le journal.* ⇒ **lire.** ♦ loc. *Voir le jour :* naître ; (choses) paraître. ♦ *FAIRE VOIR :* montrer. *Faites-moi voir ce livre.* ‣ (personnes) *Se faire voir :* se montrer. *Les salons où l'on se fait voir.* ‣ loc. FAM. *Va te faire voir ! :* va au diable. ♦ *LAISSER VOIR :* permettre qu'on voie ; ne pas cacher. *Ne pas laisser voir son trouble.* ♦ Avoir l'image de (qqn, qqch.) dans l'esprit. ⇒ se **représenter.** *Ma future maison, je la vois en Bretagne.* ‣ loc. FAM. *Tu vois ça d'ici ! :* tu imagines. ♦ *VOIR...* (+ inf.). *Je vois tout tourner.* ‣ loc. *On vous voit venir :* vos intentions sont connues. *Il faut voir venir,* attendre. ‣ (sujet chose) *Le pays qui l'a vue naître,* où elle est née. *Ce journal a vu son tirage augmenter.* ♦ *VOIR...* (+ attribut). *Je voudrais la voir heureuse. Vous m'en voyez ravi, navré.* ‣ loc. FAM. *Je voudrais vous y voir !* (dans cet état, cette situation) : à ma place vous ne feriez pas mieux. **2.** Être spectateur, témoin de (qqch.). *Voir une pièce de théâtre.* ⇒ **assister** à. ‣ *Voir une ville, un pays,* y aller, visiter. loc. *Voir Naples et mourir.* ‣ *Voir du pays :* voyager. ‣ loc. FAM. *On aura tout vu :* c'est le comble. *J'en ai vu (bien) d'autres ! :* j'ai vu pire. *En faire voir (de toutes les couleurs) à qqn,* le tourmenter. **3.** Être, se trouver en présence de (qqn). *Je l'ai déjà vu.* ⇒ **rencontrer.** *Il ne veut voir personne.* ⇒ **recevoir ; fréquenter.** *Aller voir qqn,* lui rendre visite. ‣ FAM. *Je l'ai assez vu,* j'en suis las. *Je ne peux pas le voir, pas le voir en peinture :* je le déteste. ⇒ **sentir. 4.** Regarder attentivement, avec intérêt. ⇒ **examiner.** *Il faut voir cela de plus près. Voyez ci-dessous.* ‣ *Voir un malade,* l'examiner. ♦ absolt *Il ne sait pas voir :* il est mauvais observateur. **5.** fig. Se faire une opinion sur (qqch.). ‣ absolt *Nous allons voir,* réfléchir (avant un choix). *On verra :* on avisera plus tard. *C'est tout vu :* c'est tout décidé. ‣ prov. *Qui vivra verra :* l'avenir seul permettra de juger. ‣ *On verra bien ! :* attendons la suite des événements. ♦ *POUR VOIR :* pour se faire une opinion. ‣ en menace *Essaie un peu, pour voir !* ♦ *VOIR QUE, COMME, COMBIEN...* ⇒ **constater.** *Voyez comme le hasard fait bien les choses !* ♦ *VOIR SI... Voyez si elle accepte,* informez-vous-en. ♦ (en incise) *Vois-tu, voyez-vous,* appuie une opinion en invitant à la réflexion. ♦ *VOIR,* après un v. sans compl. : pour voir. FAM. *Voyons voir ! Écoutez voir !* ♦ *VOYONS !,* s'emploie pour rappeler à la raison, à l'ordre. *Un peu de bon sens, voyons !* **6.** Se représenter par la pensée. ⇒ **concevoir, imaginer.** *Voir la réalité telle qu'elle est. Vous voyez, tu vois ce que je veux dire. Je vois :* je comprends bien. ♦ *Voir grand :* avoir de grands projets. ‣ *Elle voyait en lui un ami,* elle le considérait comme... **7.** *AVOIR qqch. À VOIR (avec, dans) :* avoir une relation, un rapport avec (seulement avec *pas, rien, peu*). *Je n'ai rien à voir dans cette affaire :* je n'y suis pour rien. ‣ absolt *Cela n'a rien à voir ! :* c'est tout différent. **III.** v. tr. ind. *VOIR À* (+ inf.) : songer, veiller à. *Nous verrons à vous récompenser plus tard.* ‣ FAM. *Il faudrait voir à voir !* (menace, avertissement). ► SE **VOIR** v. pron. **1.** (réfl.) Voir sa propre image. *Se voir dans la glace.* ‣ (avec un attribut d'objet, un compl.) *Elle ne s'est pas vue mourir.* ⇒ **sentir.** ‣ (semi-auxiliaire) *Elle s'est vue contrainte de renoncer :* elle fut, elle se trouva contrainte... *Elle s'est vu refuser l'entrée,* on lui a refusé... ‣ S'imaginer. *Ils se voyaient déjà gagnants, au bout de leurs peines.* **2.** (récipr.) Se rencontrer, se trouver ensemble. *Ils ne se voient plus.* ⇒ se **fréquenter.** ‣ loc. fig. *Ils ne peuvent pas se voir :* ils se détestent. ⇒ se **sentir. 3.** (passif) Être, pouvoir être vu. ‣ Être remarqué, visible. *La retouche ne se voit pas.* ‣ Se rencontrer, se trouver. *Cela se voit tous les jours :* c'est fréquent. *Cela ne s'est jamais vu :* c'est impossible.

VOIRE adv. ▪ **1.** VX Vraiment. **2.** VX ou plais. *Voire !,* marque le doute. **3.** (employé pour renforcer une assertion, une idée) Et même. *Plusieurs mois, voire un an.*

VOIRIE n. f. ▪ Aménagement et entretien des voies, des chemins ; administration publique qui s'occupe de l'ensemble des voies de communication. ♦ plus cour. Enlèvement quotidien des ordures dans les villes. *Service de voirie.*

VOIRON ▪ Commune de l'Isère. 18 686 hab. *(les Voironnais).* Textile. Papeterie.

VOISIN, INE ▪ **I.** adj. **1.** Qui est à une distance relativement petite. ⇒ **proche, rapproché ; avoisiner.** ‣ Qui touche, est à côté. *La pièce voisine.* ⇒ **attenant, contigu.** *Les pays voisins.* ⇒ **limitrophe.** ‣ Proche dans le temps. *Les années voisines de 1789.* **2.** Qui présente un trait de ressemblance, une analogie. *Espèces voisines.* ‣ *Voisin de... :* qui se rapproche de. *Un état voisin du coma.* **II.** n. **1.** Personne qui vit, habite le plus près. *Mes voisins de palier.* ‣ Personne qui occupe la place la plus proche. *Mon voisin de table. Ma voisine de droite.* **2.** Autrui. *Envier le sort du voisin.* ⇒ **prochain.**

femme Monvoisin dite **la VOISIN** (v. 1640 ‣ 1680) ▪ Aventurière française. Accusée lors de l'affaire des Poisons* d'avoir fourni du poison et pratiqué la sorcellerie, elle fut condamnée à mort et brûlée en place de Grève.

VOISINAGE n. m. ▪ **1.** Ensemble des voisins. ⇒ **entourage.** *Tout le voisinage est venu.* **2.** Relations entre voisins. *Vivre en bon voisinage avec qqn. Relations de bon voisinage.* **3.** Proximité. *Le voisinage de la mer.* **4.** Espace qui se trouve à proximité, à faible distance. *Les maisons du voisinage, qui sont dans le voisinage.* ⇒ **environs, parages.**

VOISINER v. intr. [1] ▪ **1.** VX ou LITTÉR. Visiter, fréquenter ses voisins. **2.** *Voisiner avec :* être placé près de. ⇒ **avoisiner.**

VOISINS-LE-BRETONNEUX ▪ Commune des Yvelines. 11 220 hab.

VOITURE n. f. ▪ **1.** Véhicule monté sur roues, tiré ou poussé par un animal, un homme. *Voiture attelée.* ‣ VX *Voiture de place,* de location. *Voiture à bras,* poussée ou tirée par des personnes. ‣ *Voiture d'enfant,* dans laquelle on promène les bébés. ⇒ **landau, poussette.** ‣ FAM. *Quand je serai dans une petite voiture,* vieux et infirme. **2.** Véhicule automobile. ⇒ **auto, automobile ;** FAM. **bagnole, caisse, tire.** *Voiture de course, de sport, de tourisme.* ‣ *Voiture neuve, d'occasion.* ‣ *Accident de voiture.* ‣ *Conduire, garer sa voiture. Voitures en stationnement.* ‣ *VOITURE-BALAI,* qui recueille les coureurs cyclistes qui abandonnent. **3.** chemins de fer Grand véhicule, roulant sur des rails, destiné aux voyageurs (opposé à *wagon* [de marchandise]). *Voiture de tête, de queue ; de première, de seconde. Voiture-lit.* ⇒ **wagon-lit.** ‣ loc. *En voiture ! :* montez dans le train ; le train va partir.

VOITURE-BAR n. f. ▪ Voiture d'un train aménagée en bar. *Des voitures-bars.*

VOITURER v. tr. [1] ▪ **1.** VX Transporter, apporter. **2.** Transporter en voiture. ⇒ **véhiculer.**

VOITURETTE n. f. ▪ Petite voiture. *Une voiturette électrique.*

VOITURIER n. m. ▪ Employé chargé de garer les voitures des clients.

VOÏVODE n. m. ▪ HIST. Gouverneur militaire (Europe orientale). - Titre de prince (Roumanie, Bulgarie).

la VOÏVODINE ou **VOJVODINE** ▪ Province de Serbie. 21 506 km². 2 013 889 hab. Capitale : Novi Sad. Première région agricole du pays.

VOIX n. f. ▪ **I. 1.** Ensemble des sons produits par les vibrations des cordes vocales (⇒ **vocal** ; **phon-**). *Rester sans voix* (⇒ **muet**). *Perdre la voix* (⇒ **aphone**). *Une voix forte, puissante, bien timbrée ; une grosse voix. Voix faible, cassée, chevrotante. Voix aiguë, perçante. Voix de crécelle, de fausset. Voix grave, basse.* - *Éclats de voix.* - *Avoir de la voix :* une voix appropriée au chant. *Forcer sa voix. Une belle voix.* ♦ *LA VOIX,* organe de la parole. loc. *De vive voix :* en parlant ; oralement. - *Parler à voix basse, à mi-voix*, à voix haute. Élever, baisser la voix. Couvrir la voix de qqn,* parler plus fort que lui. - *Être, demeurer sans voix,* muet. **2.** Parole. *Obéir à la voix d'un chef.* - loc. *De la voix et du geste.* - *Entendre des voix.* **3.** La personne qui parle (avec *dire, crier, faire...*). *Une voix lui cria d'entrer.* **4.** Cri (d'un animal). *Chien qui donne de la voix.* ♦ Bruit, son (d'instruments de musique, de phénomènes de la nature, de certains objets). *La voix chaude et vibrante du violoncelle.* **II.** fig. **1.** Ce que l'être humain ressent en lui-même, qui l'avertit, l'inspire. *La voix de la conscience, de la raison.* **2.** Expression de l'opinion. ⇒ **avis, jugement.** *La voix du peuple.* ♦ Droit de donner son opinion dans une assemblée, une élection. ⇒ **suffrage, vote.** *Avoir voix consultative.* - *Donner sa voix à un candidat,* voter pour lui. ♦ Suffrage exprimé. *Gagner des voix.* **III.** GRAMM. Aspect de l'action verbale, suivant que l'action est considérée comme accomplie par le sujet *(voix active),* ou subie par lui *(voix passive).*

① **VOL** n. m. ▪ **1.** Action de voler (①), ensemble des mouvements coordonnés faits par les animaux capables de se maintenir et de se déplacer en l'air. *Le vol des oiseaux, des insectes. Prendre son vol :* s'envoler ; fig. améliorer sa position, sa situation. - *AU VOL :* rapidement au passage. *Attraper une balle au vol. Cueillir une impression au vol.* - *Dix kilomètres à vol d'oiseau*.* - *DE HAUT VOL :* de grande envergure. *Un escroc de haut vol.* ⇒ **volée. 2.** Fait, pour un engin, de se soutenir et de se déplacer dans l'air. *Altitude, vitesse de vol d'un avion. Vol au-dessus d'un lieu.* ⇒ **survol.** *Durée de vol, décollage et atterrissage compris. Vol plané. "Vol de nuit"* (œuvre de Saint-Exupéry). - *En vol, en plein vol :* pendant le vol (se dit de l'engin, de son pilote, des passagers). - *Un vol,* déplacement en vol. *Le vol pour Moscou est retardé.* ♦ *VOL À VOILE :* manœuvre des planeurs. - *VOL LIBRE,* au moyen d'un deltaplane. **3.** Distance parcourue en volant (par un oiseau, un insecte) ; fait de voler d'un lieu à un autre. *Les vols migrateurs.* **4.** La quantité (d'oiseaux, d'insectes) qui se déplacent ensemble dans l'air. ⇒ **volée.** *Un vol de grues. Un vol de sauterelles.* ⇒ **nuage, nuée.**

② **VOL** n. m. ▪ **1.** Fait de s'emparer du bien d'autrui (⇒ ② **voler**), par la force ou à son insu. *Commettre un vol. Vol avec effraction ; à main armée.* ⇒ **attaque, hold-up.** - *Le vol.* **2.** Fait de faire payer à autrui plus qu'il ne doit, ou de ne pas donner ce que l'on doit. *C'est du vol, du vol qualifié :* c'est beaucoup trop cher. ⇒ **escroquerie, fraude.**

VOLAGE adj. ▪ Qui change souvent et facilement de sentiments ; qui se détache facilement. - spécialt (dans les relations amoureuses) ⇒ **frivole, inconstant, léger.** *Mari volage.* - *Être d'humeur volage.*

VOLAILLE n. f. ▪ **1.** Ensemble des oiseaux qu'on élève (⇒ **aviculture**) pour leurs œufs ou leur chair. **2.** Viande de volaille. *Quenelles de volaille.* **3.** *Une volaille :* oiseau de basse-cour. ⇒ **volatile.**

VOLAILLER, ÈRE n. ▪ Marchand(e) de volailles.

① **VOLANT, ANTE** adj. ▪ **1.** Capable de s'élever, de se déplacer dans les airs (pour un être ou un objet qui n'en est pas capable, en règle générale). *Poisson volant. Soucoupe volante. Objet volant non identifié.* ⇒ **ovni.** - *Personnel volant* (opposé à *rampant*). ⇒ **navigant. 2.** Qui n'est pas à un poste fixe, intervient en fonction des besoins. *Brigade volante.* **3.** Qui peut être déplacé facilement. *Pont volant.* ⇒ **mobile.** ♦ *Feuille* (de papier) *volante,* détachée.

② **VOLANT** n. m. ▪ **I.** Petit morceau de liège, de bois léger, muni de plumes en couronne, destiné à être lancé et renvoyé à l'aide d'une raquette. - *Jouer au volant.* **II.** Bande de tissu, souvent froncé, libre à un bord et formant une garniture rapportée. *Une robe à volants.* **III.** Dispositif circulaire avec lequel le conducteur oriente les roues directrices d'un véhicule automobile. *Tenir le volant, être, se mettre au volant,* conduire.

VOLAPÜK [-pyk] n. m. ▪ Langue artificielle forgée sur l'anglais simplifié.

VOLATIL, ILE adj. ▪ Qui passe facilement à l'état de vapeur. *L'éther est volatil. Alcali volatil.* ► n. f. VOLATILITÉ

VOLATILE n. m. ▪ **1.** VX Oiseau. **2.** MOD. Oiseau domestique, de basse-cour. ⇒ **volaille.**

VOLATILISER v. tr. ① ▪ Faire passer à l'état gazeux. ⇒ **vaporiser.** ► SE **VOLATILISER** v. pron. **1.** Passer à l'état de vapeur. ⇒ se **vaporiser. 2.** fig. (choses, personnes) Disparaître, s'éclipser. ► n. f. VOLATILISATION

VOL-AU-VENT n. m. invar. ▪ Entrée faite d'un moule de pâte feuilletée garni d'une préparation de viande ou de poisson en sauce. ⇒ **timbale.** *Petit vol-au-vent* (→ bouchée* à la reine).

VOLCAN n. m. ▪ **1.** Montagne qui émet ou a émis des matières en fusion. *L'éruption d'un volcan. Lave émise par un volcan. Cheminée, cratère d'un volcan. Volcan en activité.* **2.** fig. Violence manifeste ou cachée ; danger imminent. *Nous sommes, nous marchons sur un volcan.*

VOLCANIQUE adj. ▪ **1.** Relatif aux volcans et à leur activité. *Activité, éruption volcanique. Matières volcaniques* (cendres, lave...). - *Région volcanique.* **2.** fig. Ardent, impétueux. ⇒ **explosif.** *Tempérament volcanique.*

VOLCANISME n. m. ▪ DIDACT. Ensemble des manifestations volcaniques.

VOLCANOLOGIE n. f. ▪ DIDACT. Science qui étudie les phénomènes volcaniques. ◇ var. VIEILLI VULCANOLOGIE ► n. VOLCANOLOGUE

VOLÉE n. f. ▪ **I. 1.** Envol, essor. *Prendre sa volée ;* fig. s'affranchir, s'émanciper. **2.** Groupe d'oiseaux qui volent ou s'envolent ensemble. ⇒ **vol.** *Une volée de moineaux.* **3.** *DE HAUTE VOLÉE :* de haut rang ; de grande envergure (→ de haut vol*). **II. 1.** Mouvement rapide ou violent (de ce qui est lancé, jeté ou balancé : projectiles, cloches). *Une volée de flèches.* - *À LA VOLÉE ; À TOUTE VOLÉE :* en faisant un mouvement ample, avec force. *Lancer qqch. à toute volée. Refermer une porte à la volée.* **2.** Mouvement de ce qui a été lancé et n'a pas encore touché le sol. *Attraper qqch. à la volée. Reprendre la balle de volée,* en l'air, au vol. - *Une volée :* renvoi d'une balle avant qu'elle n'ait touché le sol. *Volée de revers* (au tennis). **3.** Suite de coups rapprochés. *Une volée de coups de bâton. Recevoir la volée.*

① **VOLER** v. intr. ① ▪ **1.** Se soutenir et se déplacer dans l'air au moyen d'ailes. *La plupart des oiseaux, de nombreux insectes volent.* ⇒ aussi **voleter, voltiger.** - loc. *On entendrait voler une mouche*.* - pronom. loc. FAM. *Se voler dans les plumes :* se battre (comme des oiseaux qui s'attaquent). *Il lui a volé dans les plumes.* ♦ (ballons, engins) Se soutenir et se déplacer au-dessus du sol. *Voler au-dessus de...* ⇒ **survoler.** - Se trouver dans un appareil en vol ; effectuer des vols. **2.** Être projeté dans l'air. *Pierre, flèche qui vole.* - loc. *VOLER EN ÉCLATS :* éclater, se briser de manière que les éclats volent au loin. ♦ Flotter. *Voile qui vole au vent.* **3.** Aller très vite, s'élancer. *Voler vers qqn, dans ses bras. Voler au secours de qqn.*

② **VOLER** v. tr. ① ▪ **I.** (compl. chose) **1.** Prendre (ce qui appartient à qqn) contre son gré ou à son insu. ⇒ **dérober,** s'**emparer** de ; FAM. **barboter, chaparder, chiper, faucher, piquer, rafler** ; ② **vol, voleur.** *Voler de l'argent, mille francs. Il s'est fait voler son portefeuille, sa voiture.* - prov. *Qui vole un œuf vole un bœuf :* la personne qui commet un petit larcin finira par en commettre de grands. - absolt Commettre un vol. *Impulsion à voler.* ⇒ **kleptomanie. 2.** S'approprier (ce à quoi on n'a pas droit). ⇒ **usurper.** *Voler un titre, une réputation.* - loc. FAM. *Il ne l'a pas volé :* il l'a bien mérité. **3.** Donner comme sien (ce qu'on a emprunté). ⇒ s'**attribuer. II.** (compl. personne) **1.** Dépouiller (qqn) de son bien, de sa propriété, par force ou par ruse. ⇒ **cambrioler, détrousser, dévaliser, escroquer.** *On l'a volé ; il s'est fait voler.* **2.** Ne pas donner ce que l'on doit ou prendre plus qu'il n'est dû à (qqn). *Voler le client.* ⇒ **rouler.** - loc. *Il nous a volés comme dans un bois,* sans que nous puissions nous défendre. ► **VOLÉ, ÉE** adj. **1.** Pris par un vol. *Voiture volée.* **2.** Dépouillé par un vol. - n. *Le voleur et le volé.*

VOLET n. m. ▪ **1.** Panneau (de menuiserie ou de métal) ou battant qui protège une baie (à l'extérieur ou à l'intérieur). ⇒

contrevent, jalousie, persienne. *Ouvrir, fermer les volets.* **2.** Vantail, aile, partie (d'un objet qui se replie). *Le panneau central et les deux volets d'un triptyque.* ‑ *Permis de conduire en trois volets.* ‑ fig. *Projet en plusieurs volets.* ⇒ **partie. 3.** VX Tablette pour trier de petits objets. ‑ loc. MOD. *TRIER SUR LE VOLET :* choisir avec le plus grand soin. *Collaborateurs triés sur le volet.*

VOLETER v. intr. [4] ▪ Voler à petits coups d'aile, en se posant souvent, en changeant fréquemment de direction. ⇒ **voltiger.** *Des papillons volettent autour de la lampe.*

VOLEUR, EUSE ▪ **I.** n. **1.** Personne qui vole (②) ou a volé le bien d'autrui ; personne qui tire ses ressources de délits de vol. *Voleur de grand chemin,* qui opérait sur les grandes routes. ⇒ **brigand, malandrin.** *Voleur par effraction* (⇒ **cambrioleur**), à la tire (⇒ **pickpocket**). *Voleurs organisés en bande.* ⇒ **bandit, gangster.** ‑ *Un voleur d'enfants.* ⇒ **kidnappeur, ravisseur.** ‑ *Jouer au gendarme et au voleur* (jeu de poursuite). ‑ *Crier : au voleur !* **2.** Personne qui détourne à son profit l'argent d'autrui (sans prendre d'objet matériel), ou ne donne pas ce qu'elle doit. ⇒ **escroc.** *Ce commerçant est un voleur.* **II.** adj. Qui a l'habitude de voler, a tendance à voler.

la VOLGA ▪ Fleuve de Russie, le plus long d'Europe. 3 530 km. Il prend sa source au nord-ouest de Moscou et se jette dans la mer Caspienne. Rôle économique important (cours navigable, barrages, canal Volga-Baltique et Volga-Don, usines dans la vallée).

la RÉPUBLIQUE DES ALLEMANDS DE LA VOLGA ▪ Ancienne république autonome de Russie (URSS) entre 1924 et 1941. La région avait été peuplée par des colons allemands sous le règne de Catherine II. Ses habitants furent persécutés pendant la Première Guerre mondiale puis déportés en Sibérie, sur ordre de Staline, pendant la Deuxième Guerre mondiale.

VOLGOGRAD ▪ Ville de la Russie, sur la Volga. 1 006 000 hab. Centre industriel (métallurgie, construction mécanique, raffinerie). Port fluvial actif. Centrale hydroélectrique. La ville s'appela *Stalingrad* de 1925 à 1961. → **Stalingrad.**

la VOLHYNIE ▪ Région située au nord de l'Ukraine et de la Podolie avec laquelle elle forme le piémont des Carpates ukrainiennes (point culminant 477 m), entre le Dniestr et le Dniepr.

VOLIÈRE n. f. ▪ Enclos grillagé assez vaste pour que les oiseaux enfermés puissent y voler.

VOLIGE n. f. ▪ Latte sur laquelle sont fixées les ardoises, les tuiles d'un toit.

Vsevolod Eichenbaum dit **VOLINE** (1882 ‑ 1945) ▪ Anarchiste russe. Il lutta aux côtés de N. Makhno.

VOLITIF, IVE adj. ▪ DIDACT. Relatif à la volonté.

VOLITION n. f. ▪ DIDACT. Acte de volonté.

Ambroise VOLLARD (1868 ‑ 1939) ▪ Marchand de tableaux et éditeur d'art français. Il fit connaître les principaux artistes du début du XXe s. (Picasso, Matisse).

VOLLEY-BALL [vɔlɛbol] n. m. ▪ anglic. Sport opposant deux équipes de six joueurs, séparées par un filet, au-dessus duquel chaque camp doit renvoyer le ballon à la main et de volée. ◇ abrév. VOLLEY.

VOLLEYER v. intr. [1] ▪ anglic. Pratiquer le jeu de volée, au tennis.

VOLLEYEUR, EUSE n. ▪ anglic. **I.** Joueur, joueuse de volley-ball. **II.** Joueur qui emploie souvent le jeu de volée (au tennis).

Constantin François de VOLNEY (1757 ‑ 1820) ▪ Philosophe français. Moraliste et sociologue du groupe des idéologues*.

VOLOGDA ▪ Ville de la Russie. 290 000 hab. Centre agricole (lait). Port fluvial.

VOLONTAIRE adj. ▪ **1.** Qui résulte d'un acte de volonté (et non de l'automatisme, des réflexes ou des impulsions). ⇒ **délibéré, intentionnel, voulu** (s'oppose à *involontaire*). *Acte volontaire.* ♦ Qui n'est pas forcé, obligatoire. *Contribution volontaire.* **2.** Qui a, ou marque de la volonté, une volonté ferme. ⇒ **décidé, opiniâtre.** *Un enfant têtu et volontaire.* ‑ *Un visage, un menton volontaire.* **3.** Qui agit librement, sans contrainte extérieure. ‑ *ENGAGÉ VOLONTAIRE :* soldat qui s'engage dans une armée sans y être obligé par la loi. ‑ n. m. *Les volontaires et les appelés.* ♦ n. Personne bénévole qui offre ses services par simple dévouement. *On demande un, une volontaire.*

VOLONTAIREMENT adv. ▪ Par un acte volontaire, délibéré. ⇒ **délibérément, exprès, intentionnellement.**

VOLONTARIAT n. m. ▪ État de l'engagé volontaire, de toute personne qui offre ses services par simple dévouement.

VOLONTARISTE n. ▪ Personne qui croit pouvoir soumettre le réel à ses volontés. ‑ adj. *Attitude volontariste.* ► n. m. VOLONTARISME

VOLONTÉ n. f. ▪ **I. 1.** Ce que veut qqn et qui tend à se manifester par une décision effective conforme à une intention. ⇒ **dessein, détermination, intention, résolution,** ② **vouloir.** *Imposer sa volonté à qqn. Respecter les volontés de qqn.* ‑ FAM. *Faire les QUATRE VOLONTÉS de qqn,* tout ce qu'il veut. ‑ loc. *À VOLONTÉ :* de la manière qu'on veut et autant qu'on veut. ⇒ **à discrétion.** *Vin à volonté.* ‑ loc. *Les dernières volontés de qqn,* celles qu'il manifeste avant de mourir pour qu'on les exécute après sa mort. ♦ *Il nous a dit sa volonté de se marier.* ♦ *La volonté du peuple, de la nation.* **2.** *BONNE VOLONTÉ :* disposition à bien faire, à faire volontairement et avec plaisir (⇒ **volontiers**). *"Les Hommes de bonne volonté"* (série de romans de Jules Romains). *Avec la meilleure volonté du monde, c'est impossible.* ‑ par métonymie *Les bonnes volontés :* les gens de bonne volonté. ‑ *MAUVAISE VOLONTÉ :* disposition à se dérober (aux ordres, aux devoirs) ou à faire ce qu'on doit de mauvaise grâce. *Y mettre de la mauvaise volonté.* **II.** *La volonté,* faculté de vouloir, de se déterminer librement à agir ou à s'abstenir. *Effort de volonté.* ‑ ⇒ **caractère ; énergie, fermeté, résolution.** *Il a de la volonté, une volonté de fer.*

VOLONTIERS [-tje] adv. ▪ **1.** Par inclination et avec plaisir, ou du moins sans répugnance. ⇒ de bonne **grâce,** de bon **gré.** *J'irai volontiers vous voir.* ‑ (en réponse) ⇒ **oui.** *Voulez-vous du café ? — Volontiers.* **2.** Par une tendance naturelle ou ordinaire. *Il reste volontiers des heures sans parler.* ⇒ **habituellement, ordinairement, souvent.**

VOLT [vɔlt] n. m. ▪ Unité de force électromotrice et de différence de potentiel (symb. V). *Courant de 220 volts.*

Alessandro VOLTA (1745 ‑ 1827) ▪ Physicien italien. Son invention de la pile électrique (dite *voltaïque*) révolutionna l'étude de l'électricité (1800).

la VOLTA ▪ Fleuve du Ghana qui se jette dans le golfe de Guinée. ► **le lac VOLTA** Il fut formé par un barrage (→ **Akosombo**) sur la Volta. 8 500 km². ► **la HAUTE-VOLTA** → **Burkina Faso.**

VOLTAGE n. m. ▪ Force électromotrice ou différence de potentiel mesurée en volts. ⇒ **tension.** ‑ Nombre de volts pour lequel un appareil électrique fonctionne normalement.

VOLTAIRE n. m. ▪ *Voltaire* ou *fauteuil voltaire :* fauteuil à siège bas, à dossier élevé et légèrement renversé en arrière, créé sous la Restauration. *Des voltaires.*

François Marie Arouet dit **VOLTAIRE** (1694 ‑ 1778) ▪ Écrivain français des Lumières. Polémiste vigoureux, il dénonça les institutions politiques et sociales (intervenant dans

Voltaire. Marbre de Houdon. Musée Fabre, Montpellier. *Phot. © Arch. Smeets*

l'affaire Calas*) et le fanatisme religieux. La bourgeoisie libérale anticléricale du XIXe s. se reconnut dans son nouvel humanisme (c'est l'esprit *voltairien*). Son œuvre est multiple : poèmes, pamphlets, contes (*"Zadig"*, 1747 ; *"Candide"*, 1759), essais historiques (*"Le Siècle de Louis XIV"*, 1756), textes philosophiques : *"Lettres philosophiques"* (1734) ; *"Traité sur la tolérance"* (1763) ; *"Dictionnaire philosophique portatif"* (1764). Il fut l'écrivain le plus célèbre de son temps.

VOLTAIRIEN, IENNE adj. et n. ▪ Qui adopte ou exprime l'incrédulité, le scepticisme railleur de Voltaire. *Esprit voltairien.*

VOLTA REDONDA ▪ Ville du Brésil (État de Rio de Janeiro). 220 000 hab. Centre sidérurgique.

VOLTE n. f. ▪ (cheval) Tour complet sur soi-même.

VOLTE-FACE n. f. invar. ▪ **1.** Action de se retourner pour faire face. *Faire volte-face.* ⇒ **demi-tour.** **2.** fig. Changement brusque et total d'opinion, d'attitude (notamment en politique). ⇒ **revirement.** *Les volte-face de l'opposition.*

VOLTIGE n. f. ▪ **1.** Exercice d'acrobatie au trapèze volant. ⇒ **saut.** *Haute voltige.* **2.** Ensemble des exercices acrobatiques exécutés à cheval (en particulier dans les cirques).

VOLTIGEMENT n. m. ▪ Mouvement de ce qui voltige (2, 3).

VOLTIGER v. intr. [3] ▪ **1.** Faire de la voltige. **2.** (insectes, petits oiseaux) Voleter. *Une nuée d'oiseaux voltigeait dans le jardin.* **3.** (choses légères) Voler, flotter çà et là.

VOLTIGEUR n. m. ▪ **1.** Acrobate qui fait de la voltige. **2.** anciennt Fantassin très mobile. - Élément motorisé d'une unité mobile.

VOLTMÈTRE n. m. ▪ TECHN. Appareil mesurant les différences de potentiel.

VOLUBILE adj. ▪ Qui parle avec abondance, rapidité. ⇒ **bavard, loquace.** - *Une explication volubile.*

VOLUBILIS [-is] n. m. ▪ Plante ornementale, à grandes fleurs en entonnoir, qu'on fait grimper sur les clôtures. ⇒ **liseron.**

VOLUBILIS ▪ Site archéologique du Maroc, près de Meknès. Site romain.

VOLUBILITÉ n. f. ▪ Abondance, rapidité et facilité de parole. ⇒ **loquacité.**

VOLUCOMPTEUR [-kɔ̃tœʀ] n. m. ▪ TECHN. Compteur d'un distributeur d'essence.

VOLUMATEUR, TRICE adj. ▪ (produit) Élaboré pour donner du volume aux cheveux, à la coiffure. *Shampooing volumateur.*

VOLUME n. m. ▪ **I. 1.** Réunion de cahiers (notamment imprimés) brochés ou reliés ensemble. ⇒ **livre.** *Les volumes reliés d'une bibliothèque.* **2.** Chacune des parties, brochées ou reliées à part, d'un ouvrage. ⇒ **tome.** *Dictionnaire en deux volumes.* **II. 1.** Partie de l'espace qu'occupe un corps ; quantité qui la mesure. *Le volume d'un solide. Volume d'un récipient,* mesure de ce qu'il peut contenir. ⇒ **capacité, contenance.** - *Eau oxygénée à vingt volumes,* susceptible de dégager vingt fois son propre volume en oxygène. **2.** GÉOM. Figure à trois dimensions, limitée par des surfaces. ⇒ **solide.** **3.** Encombrement (d'un corps). - loc. fig. *Faire du volume :* chercher à prendre de la place, de l'importance. ♦ Quantité globale, masse. *Le volume de la production.* **4.** Intensité (de la voix). ⇒ **ampleur.** *Sa voix manque de volume.* ♦ *Volume sonore,* intensité des sons. *Hausser, baisser le volume.*

VOLUMÉTRIQUE adj. ▪ PHYS. Qui a rapport à la détermination des volumes (ou *volumétrie* n. f.).

VOLUMINEUX, EUSE adj. ▪ Qui a un grand volume, occupe une grande place. ⇒ **gros.** *Paquet volumineux.* ⇒ **embarrassant, encombrant.**

VOLUMIQUE adj. ▪ PHYS. Relatif à l'unité de volume. *Masse volumique.*

VOLUPTÉ n. f. ▪ LITTÉR. **1.** Vif plaisir des sens (surtout plaisir sexuel) ; jouissance pleinement goûtée. **2.** Plaisir moral ou esthétique très vif. ⇒ **délectation.**

VOLUPTUEUX, EUSE adj. ▪ **1.** Qui aime, recherche la jouissance, les plaisirs raffinés. ⇒ **sensuel.** - n. ⇒ **épicurien, sybarite.** ♦ Qui est porté aux plaisirs de l'amour et à leurs raffinements. ⇒ **lascif, sensuel.** **2.** Qui exprime ou inspire la volupté, les plaisirs amoureux. *Pose voluptueuse.* ► adv. VOLUPTUEUSEMENT

VOLUTE n. f. ▪ **1.** ARCHIT. Ornement sculpté en spirale. - *Les volutes de fer forgé d'un balcon.* **2.** Forme enroulée en spirale, en hélice. ⇒ **enroulement.** *Des volutes de fumée.*

VOLVE n. f. ▪ BOT. Membrane qui enveloppe le pied et le chapeau de certains champignons jeunes.

VOMER [-ɛʀ] n. m. ▪ ANAT. Os du nez, partie supérieure de la cloison des fosses nasales.

VOMI n. m. ▪ FAM. Vomissure. *Ça sent le vomi.*

VOMIQUE adj. ▪ *Noix vomique :* fruit d'un arbre de l'Inde, qui a des propriétés vomitives et contient de la strychnine.

VOMIR v. tr. [2] ▪ **1.** Rejeter par la bouche de manière spasmodique. ⇒ **régurgiter, rendre.** *Vomir son repas.* - *Vomir du sang.* ♦ absolt ⇒ FAM. **dégobiller, dégueuler, gerber.** *Avoir envie de vomir :* avoir des nausées. - loc. *C'est à vomir ;* fig. c'est ignoble. **2.** fig. Rejeter, critiquer avec répugnance. ⇒ **exécrer.** **3.** LITTÉR. Laisser sortir, projeter au dehors. - au p. p. *Laves vomies par un volcan.* ♦ fig. Proférer avec violence (des injures, des blasphèmes).

VOMISSEMENT n. m. ▪ **1.** Fait de vomir. **2.** Matière vomie. ⇒ **vomi, vomissure.**

VOMISSURE n. f. ▪ Matière vomie. ⇒ FAM. **vomi.**

VOMITIF, IVE adj. ▪ **1.** Qui provoque le vomissement. ⇒ **émétique.** - n. m. *Un vomitif puissant.* **2.** fig. FAM. Qui est à faire vomir ; répugnant.

VÕ NGUYÊN GIÁP (né en 1912) ▪ Général vietnamien, théoricien de la guerre révolutionnaire. Il battit les troupes françaises à Điện Biên Phủ en 1954.

VORACE adj. ▪ **1.** Qui dévore, mange avec avidité. - *Un appétit vorace.* **2.** fig. Avide, insatiable. *Une curiosité vorace.*

VORACEMENT adv. ▪ Avec voracité.

VORACITÉ n. f. ▪ **1.** Avidité à manger, à dévorer. ⇒ **gloutonnerie, goinfrerie.** **2.** fig. Avidité à satisfaire un désir. - Âpreté au gain.

le VORARLBERG ▪ État (Land) d'Autriche. 2 601 km². 333 100 hab. Capitale : Bregenz. Industries. Tourisme.

-VORE Élément savant (du latin *vorare* « manger ») qui signifie « qui mange... » (ex. *carnivore*). ⇒ **-phage.**

VOREPPE ▪ Commune de l'Isère. 8 446 hab.

VOROCHILOVGRAD → **Louhansk**

VORONEJ ▪ Ville de la Russie. 902 000 hab. Centre culturel. Centrale nucléaire.

Mihály VÖRÖSMARTY (1800 - 1855) ▪ Poète hongrois. Poèmes épiques. *"La Fuite de Zalán"* (1825).

VORTEX [-ɛks] n. m. ▪ DIDACT. Tourbillon.

les VOSGES ▪ Massif montagneux du nord-est de la France, le versant occidental s'incline vers la Lorraine et le versant oriental tombe abruptement sur la plaine d'Alsace, qui le sépare de la Forêt-Noire. Les Vosges cristallines (sud) s'opposent aux Vosges gréseuses (nord). La population se concentre dans les vallées (Saint-Dié, Remiremont). Les principales ressources de la région sont la forêt (scierie, papeterie) et le tourisme. ► **les VOSGES** [88] Département français de la région Lorraine. 5 903 km². 386 258 hab. Chef-lieu : Épinal. Chefs-lieux d'arrondissement : Neufchâteau, Saint-Dié.

les **Vosges.** La vallée des Lacs, vue sur le lac de Longemer.
Phot. © Cuny/Explorer

VOTANT, ANTE n. ▪ Personne qui a le droit de voter, qui participe à un vote.

VOTATION n. f. ▪ en Suisse Vote ; élections.

VOTE n. m. ▪ **1.** Opinion exprimée, dans une assemblée délibérante, un corps politique. ⇒ **suffrage, voix.** *Compter les votes favorables.* ♦ Fait d'exprimer ou de pouvoir exprimer une telle opinion. *Droit de vote.* - Mode de scrutin. *Vote à main levée.* **2.** Opération par laquelle les membres d'un corps politique donnent leur avis. ⇒ **consultation, élection.** *Bulletin, bureau, urne de vote.* - Décision positive ainsi obtenue. *Vote d'une loi.* ⇒ **adoption.**

VOTER v. [1] ▪ **1.** v. intr. Exprimer son opinion par son vote, son suffrage. *Voter à droite, à gauche. Voter pour un parti.* - ellipt *Voter vert.* **2.** v. tr. Contribuer à faire adopter par son vote ; décider par un vote majoritaire. *Voter une loi.* - *Voter des crédits.*

VOTIF, IVE adj. ▪ Qui commémore l'accomplissement d'un vœu, est offert comme gage d'un vœu. *Inscription votive.* ⇒ **ex-voto.** ♦ *Fête votive :* fête du saint auquel est vouée une paroisse.

VOTRE, plur. **VOS** ▪ Adjectif possessif de la deuxième personne du pluriel et des deux genres, correspondant au pronom personnel *vous.* ▪ **I.** Qui vous appartient, a rapport à vous. **1.** (représentant un groupe dont le locuteur est exclu) *Vos conflits ne m'intéressent pas.* **2.** (représentant une seule personne à laquelle on s'adresse au pluriel de politesse ; correspond à *ton, ta, tes*) *Donnez-moi votre adresse, Monsieur.* - *Votre Excellence.* **3.** (emploi stylistique) *Votre Monsieur X est un escroc,* celui dont vous parlez. **II.** (sens objectif) De vous, de votre personne. *Pour votre bien.*

VÔTRE, plur. **VÔTRES** ▪ **I.** adj. poss. (attribut) LITTÉR. À vous. *Amicalement vôtre* (formule de politesse). **II.** pron. poss. (avec l'article) *LE VÔTRE, LA VÔTRE, LES VÔTRES,* désigne ce qui appartient, a rapport à un groupe de personnes auquel le locuteur n'appartient pas ; ou à une personne à laquelle on s'adresse au pluriel de politesse (correspond alors à *tien*). *J'ai mon opinion, vous avez la vôtre.* ♦ *À la (bonne) vôtre :* à votre santé (→ à la tienne). **III.** n. **1.** loc. *Il faut que vous y mettiez* du vôtre.* **2.** *LES VÔTRES :* vos parents, vos amis, vos partisans. *Je ne pourrai être des vôtres,* être parmi vous.

VOUER v. tr. [1] ▪ **1.** RELIG. Consacrer à Dieu, à un saint, par un vœu. **2.** LITTÉR. Promettre, engager d'une manière solennelle. *Vouer à qqn une haine implacable.* **3.** Employer avec un zèle soutenu. ⇒ **consacrer.** *Vouer son temps à une cause.* **4.** Destiner irrévocablement à un état, une activité. ⇒ **condamner.** *Cette erreur le voue à la ruine.* ► SE **VOUER** v. pron. **1.** loc. *Ne plus savoir à quel saint se vouer,* à qui recourir. **2.** *Se vouer à l'étude.* ► **VOUÉ, ÉE** adj. *Voué sans réserve à une idée.* - *Quartier voué à la démolition.*

Simon VOUET (1590-1649) ▪ Peintre français. Premier peintre de Louis XIII. Ses compositions théâtrales, influencées par le baroque italien, ont marqué la « grande peinture », allégorique, mythologique ou religieuse.

Vouet. *La Présentation au Temple.* Musée du Louvre, Paris. *Phot. © Nimatallah/Ricciarini*

VOUGEOT ▪ Commune de Côte-d'Or, arr. de Beaune. 176 hab. *(les Vougeotins).* Château (XVIe s.). Vins rouges (clos-de-Vougeot).

VOUIVRE n. f. ▪ RÉGIONAL Serpent fabuleux. *"La Vouivre"* (roman de M. Aymé).

① **VOULOIR** v. tr. [31] ▪ **I. 1.** Avoir la volonté*, le désir de. ⇒ **désirer, souhaiter.** ♦ (+ inf.) *Je veux y aller.* - *Je voudrais le voir. Je voudrais bien la connaître.* - (atténuation polie de *je veux*) *Je voudrais vous voir seul.* - (impér. de politesse) *Veuillez m'excuser.* - FAM. (choses) *Le feu ne veut pas prendre.* ♦ *Vouloir dire*.* **2.** *VOULOIR QUE* (suivi d'une complétive au subj., dont le sujet ne peut être celui de *vouloir*) *Il veut que je lui fasse la lecture.* - FAM. *Qu'est-ce que vous voulez que j'y fasse ? Que voulez-vous que je dise ?,* je n'y peux rien, c'est comme ça. - ellipt *Que veux-tu ? Que voulez-vous ?* (marque l'embarras ou la résignation). ♦ loc. (avec un pronom compl. neutre) *Que tu le veuilles ou non. Sans le vouloir :* involontairement. - *Si tu veux, si vous voulez, si on veut,* sert à introduire une expression qu'on suppose préférée par l'interlocuteur. **3.** (avec un nom, un pronom compl.) Prétendre obtenir, ou souhaiter que se produise... ⇒ **demander, désirer.** *Il veut sa tranquillité. Voulez-vous du vin ? J'en veux encore.* ♦ *Vouloir qqn :* désirer, accepter pour partenaire. ♦ *En vouloir pour son argent.* - absolt *EN VOULOIR :* être ambitieux, volontaire. ♦ *Vouloir qqch. à qqn,* souhaiter que qqch. arrive à qqn. *Je ne lui veux aucun mal.* - *Vouloir qqch. de qqn,* vouloir obtenir de lui. ⇒ **attendre.** *Que voulez-vous de moi ?* ♦ absolt POP. *Je veux ! :* oui (affirmation énergique). **4.** *EN VOULOIR À :* s'en prendre à. *En vouloir à la vie de qqn.* - Garder du ressentiment, de la rancune contre (qqn). *Il m'en veut. Je lui en veux d'avoir menti. Ne m'en veuillez plus.* - pronom. Se reprocher de. ⇒ se **repentir.** *Je m'en veux d'avoir accepté.* **5.** (avec un attribut du compl.) Souhaiter avoir (une chose qui présente un certain caractère). *Comment voulez-vous votre viande ? Je la veux saignante.* **6.** *VOULOIR DE qqch., qqn :* être disposé à s'intéresser ou à se satisfaire de, à accepter. *Personne ne voulait d'elle.* **7.** absolt Faire preuve de volonté. *Vouloir, c'est pouvoir.* **II.** (avec un sujet de chose, auquel on prête une sorte de volonté) *Le hasard voulut qu'ils soient réunis.* ♦ Donner pour vrai, affirmer. *La légende veut que* (+ subj.). **III.** Consentir, accepter. *Si vous voulez me suivre.* - (pour exprimer une prière polie) *Veuillez avoir l'obligeance de signer ici.* - (pour marquer un ordre) *Veux-tu te taire !* ♦ *VOULOIR BIEN :* accepter ; être d'accord pour. *Elle veut bien venir. Si vous le voulez bien.*

② **VOULOIR** n. m. ▪ **1.** LITTÉR. Faculté de vouloir. ⇒ **volonté.** **2.** *BON, MAUVAIS VOULOIR :* bonne, mauvaise volonté.

VOULU, UE adj. ▪ **1.** Exigé, requis par les circonstances. *La quantité voulue.* **2.** Délibéré, volontaire. - FAM. *C'est voulu.* ⇒ **intentionnel.**

VOUS pron. ▪ **I.** Pronom personnel de la deuxième personne du pluriel (réel ou de politesse) **1.** pluriel *Vous pouvez venir tous les trois.* **2.** singulier (remplaçant *tu, toi,* dans le vouvoiement) *Que voulez-vous ?* **3.** (renforcé) *Vous devriez lui en parler vous-même.* - *À vous deux, vous y arriverez bien.* - *Vous autres.* **II.** indéfini (remplace *on* en fonction de complément) *La pluie vous transperçait jusqu'aux os.* **III.** nominal *Dire vous à qqn.* ⇒ **vouvoyer.** *Un vous cérémonieux.*

VOUSSURE n. f. ▪ Courbure (d'une voûte, d'un arc).

VOÛTE n. f. ▪ **1.** Ouvrage de maçonnerie cintré, fait de pierres spécialement taillées, et s'appuyant sur des murs, des piliers, des colonnes, et servant de couverture. *Clef* de voûte. Voûte en plein cintre, en arc brisé.* **2.** Paroi, région supérieure présentant une courbure analogue. - *La voûte céleste.* - *Voûte plantaire :* courbure de la partie inférieure du pied.

VOÛTER v. tr. [1] ▪ **1.** Fermer (le haut d'une construction) par une voûte. **2.** Rendre voûté (qqn). - pronom. *Il commence à se voûter.* ► **VOÛTÉ, ÉE** adj. **1.** Couvert d'une voûte ; en forme de voûte. *Cave voûtée.* **2.** Dont le dos est courbé et ne peut plus se redresser. ⇒ **cassé.** *Un vieillard voûté.* - *Dos voûté.*

VOUVOIEMENT n. m. ▪ Le fait de (se) vouvoyer.

VOUVOYER v. tr. [8] ▪ S'adresser à (qqn) en employant la deuxième personne du pluriel.

VOUVRAY ▪ Commune d'Indre-et-Loire, sur la Loire. 2 933 hab. *(les Vouvrillons).* Vins blancs réputés (vouvray).

VOUZIERS ▪ Chef-lieu d'arrondissement des Ardennes. 4 807 hab. *(les Vouzinois).*

VOX POPULI [vɔks-] n. f. invar. ▪ LITTÉR. L'opinion du plus grand nombre, des masses.

VOYAGE n. m. ▪ **1.** Déplacement d'une personne qui se rend en un lieu assez éloigné. *Voyage d'agrément, d'affaires. Voyage de noces. Voyage organisé,* par une agence de voyage (⇒ **voyagiste**). ➜ *Souhaiter (un) bon voyage à qqn. Bon voyage ! Pendant le voyage.* ⇒ **route, trajet.** ➜ *Chèque de voyage.* ⇒ anglic. **traveller's check.** ➜ collectif *Les gens du voyage,* les comédiens ambulants, les forains. ♦ loc. *Le grand, le dernier voyage,* la mort. **2.** Course que fait un chauffeur, un porteur pour transporter qqn ou qqch. *Un voyage suffira.*

VOYAGER v. intr. [3] ▪ **1.** Faire un voyage. *Voyager en train.* ➜ Faire des voyages, aller en différents lieux pour voir du pays. *Il a beaucoup voyagé.* **2.** (représentants, voyageurs de commerce) Faire des tournées. **3.** Être transporté. *Denrées qui voyagent bien, mal,* qui supportent bien ou mal le voyage.

VOYAGEUR, EUSE n. ▪ **1.** Personne qui est en voyage. ➜ Usager d'un transport public. ⇒ **passager. 2.** Personne qui voyage pour voir de nouveaux pays (dans un but de découverte, d'étude). ⇒ **explorateur.** *Les récits des grands voyageurs.* ➜ Touriste. **3.** *Voyageur (de commerce) :* représentant de commerce qui voyage pour visiter la clientèle. ⇒ **V.R.P.**

VOYAGISTE n. ▪ Personne, organisme qui commercialise des voyages.

VOYANCE n. f. ▪ Don de double vue.

① **VOYANT, ANTE** ▪ **I.** n. **1.** Personne réputée avoir un don de seconde vue. ⇒ **devin, extralucide, spirite.** ➜ Personne qui fait métier de lire le passé et prédire l'avenir. *Une voyante extralucide.* ♦ Visionnaire. *Rimbaud le voyant.* **2.** Personne qui voit. *Les voyants et les aveugles* (ou *non-voyants*). **II.** n. m. Signal lumineux destiné à attirer l'attention. *Voyant d'essence, d'huile,* avertissant l'automobiliste que l'essence, l'huile sont presque épuisées.

② **VOYANT, ANTE** adj. ▪ Qui attire la vue, qui se voit de loin. *Des couleurs voyantes.* ⇒ **criard, éclatant.** *Une toilette trop voyante.* ⇒ **tapageur.**

VOYELLE n. f. ▪ Phonème caractérisé par une résonance de la cavité buccale *(voyelle orale),* parfois en communication avec la cavité nasale *(voyelle nasale).* ⇒ **vocalique.** ♦ Lettre qui sert à noter ce son *(a, e, i, o, u, y).*

VOYER n. m. ▪ ADMIN. *Agent voyer :* personne chargée de surveiller l'état des voies de communication des villes.

VOYEUR, EUSE n. ▪ Personne qui assiste pour sa satisfaction et sans être vue à une scène érotique. ➜ adj. *Être un peu voyeur.*

VOYEURISME n. m. ▪ Comportement du voyeur.

VOYOU n. m. ▪ **1.** Homme du peuple ayant des activités délictueuses. ⇒ **chenapan, vaurien.** *Une bande de voyous.* **2.** Mauvais sujet, aux moyens d'existence peu recommandables. ⇒ **crapule. 3.** adj. *Un air voyou.*

EN **VRAC** loc. adv. ▪ **1.** Pêle-mêle, sans être arrimé et sans emballage. *Marchandises expédiées en vrac.* **2.** En désordre. *Poser ses affaires en vrac sur une chaise.* **3.** Au poids (opposé à *en paquet*). *Acheter du riz en vrac.*

VRAI, VRAIE ▪ **I.** adj. **1.** Qui présente un caractère de vérité* ; à quoi on peut et doit donner son assentiment (opposé à *faux, illusoire,* ou à *mensonger*). ⇒ **certain, exact, incontestable, sûr, véritable.** *Une histoire vraie.* ➜ FAM. *C'est la vérité vraie.* ⇒ **strict.** ♦ *Il est vrai que, cela est si vrai que* (+ indic.), sert à introduire une preuve. *Il n'en est pas moins vrai que,* sert à maintenir une affirmation. *C'est pourtant vrai. (N'est-il) pas vrai ?,* n'est-ce pas ? ➜ *Il est vrai que* (+ indic.), s'emploie pour introduire une concession, une restriction. ⇒ sans **doute.** ➜ *Il est vrai, c'est vrai* (en incise). **2.** Réel, effectif (opposé à *imaginaire*). *Ce n'était pas un mirage, c'était un vrai lac.* **3.** (avant le nom) Conforme à son apparence ou à sa désignation. ⇒ **véritable.** *De vraies perles* (opposé à *faux*). *Un vrai Renoir.* ⇒ **authentique.** ➜ (intensif) *C'est un vrai salaud.* ⇒ **véritable.** ♦ loc. FAM. *VRAI DE VRAI :* absolument vrai, authentique, véritable. *C'est un héros, un vrai de vrai.* **4.** Qui, dans l'art, s'accorde avec le sentiment de la réalité (en général par la sincérité et le naturel). ⇒ **naturel, senti, vécu.** *Des personnages vrais. Plus vrai que nature.* **5.** LITTÉR. (personnes) Sincère, véridique. **II.** n. m. *LE VRAI* **1.** La vérité. *Reconnaître le vrai du faux.* **2.** La réalité. *Vous êtes dans le vrai :* vous avez raison. **3.** loc. *À dire vrai ; à vrai dire,* s'emploient pour introduire une restriction. *À vrai dire, je le connais peu.* ➜ FAM. (lang. enfantin) *Pour de vrai :* vraiment. **III.** adv. Conformément à la vérité, à notre sentiment de la réalité. *Faire vrai.* ➜ FAM. (détaché en tête ou en incise) Vraiment. *Eh bien vrai, je n'aurais pas cru !*

VRAIMENT adv. ▪ **1.** D'une façon indiscutable et que la réalité ne dément pas. ⇒ **effectivement, véritablement.** *Il a vraiment réussi.* **2.** S'emploie pour souligner une affirmation. ⇒ **franchement.** *Vraiment, il exagère !* ➜ *Vraiment ?* est-ce vrai ? **3.** *PAS VRAIMENT :* pas complètement, fort peu. « *Tu as aimé ce film ? — Pas vraiment.* »

VRAISEMBLABLE [-s-] adj. ▪ Qui peut être considéré comme vrai ; qui semble vrai. *Hypothèse vraisemblable.* ⇒ **plausible ;** s'oppose à *invraisemblable.* ➜ (événements futurs) *Il est vraisemblable qu'il réussira. Son succès est vraisemblable.* ⇒ **possible, probable.**

VRAISEMBLABLEMENT [-s-] adv. ▪ Selon la vraisemblance, les probabilités. ⇒ **apparemment, probablement.** *Elle arrivera vraisemblablement demain.*

VRAISEMBLANCE [-s-] n. f. ▪ Caractère vraisemblable ; apparence de vérité. ⇒ **crédibilité.** *Selon toute vraisemblance :* sans doute.

VRILLE n. f. ▪ **1.** Organe de fixation de certaines plantes grimpantes, qui s'enroule en hélice. *Les vrilles d'une vigne.* **2.** Outil formé d'une tige que termine une vis. ⇒ **foret, tarière.** *Percer avec une vrille.* **3.** Hélice. *Escalier en vrille.* ➜ *Avion qui descend en vrille,* en tournant sur lui-même.

VRILLER v. [1] ▪ **1.** v. intr. S'enrouler sur soi-même. **2.** v. tr. Percer avec une vrille. ⇒ **tarauder.** ➜ fig. *Ces hurlements lui vrillaient les tympans.*

VROMBIR v. intr. [2] ▪ Produire un son vibré par un mouvement périodique rapide. ⇒ **bourdonner.** *Le frelon vrombit. Moteur qui vrombit.*

VROMBISSANT, ANTE adj. ▪ Qui vrombit. *Un moteur vrombissant.*

VROMBISSEMENT n. m. ▪ Bruit de ce qui vrombit. ⇒ **bourdonnement ; ronflement.**

VROUM [vʀum] interj. ▪ Onomatopée imitant un bruit de moteur.

V.R.P. [veɛʀpe] n. m. (sigle) ▪ Voyageur représentant placier.

V.T.T. [vetete] n. m. (sigle) ▪ Vélo tout-terrain. ⇒ **vététiste.**

VU, VUE ▪ **I.** adj. **1.** Perçu par le regard. ➜ loc. *Ni vu ni connu :* sans que personne en sache rien. ♦ n. m. *Au vu et au su de tout le monde :* au grand jour. ⇒ **ouvertement.** ➜ *C'est du déjà vu !,* ce n'est pas une nouveauté. **2.** Compris. *C'est bien vu ?* ellipt *Vu ?* ➜ FAM. *C'est tout vu !,* il n'y a pas à revenir là-dessus. **3.** *Être bien, mal vu,* bien ou mal considéré. ⇒ **apprécié. II.** *VU* prép. **1.** En considérant, eu égard à. *Vu la qualité, c'est cher.* **2.** *VU QUE* loc. conj. Étant donné que. ⇒ **attendu** que.

VUE n. f. ▪ **I.** Action, fait de voir. **1.** Sens par lequel les stimulations lumineuses donnent naissance à des sensations de lumière, de couleur, de forme organisées en une représentation de l'espace. *Perdre la vue,* devenir aveugle, non-voyant, être frappé de cécité. *L'œil, organe de la vue.* **2.** Manière de percevoir les sensations visuelles. ⇒ **vision.** *Troubles de la vue.* ➜ *Avoir une bonne vue. Vue basse, courte* (⇒ **myopie**). *Sa vue baisse. Vue perçante.* **3.** (dans des loc.) Fait de regarder. ⇒ **regard.** *Jeter, porter la vue sur :* diriger ses regards vers. ➜ *À la vue de tous :* en public. ➜ *À PREMIÈRE VUE :* au premier regard, au premier coup d'œil. ➜ *Connaître qqn DE VUE,* l'avoir déjà vu, sans avoir d'autres relations avec lui. ➜ *À VUE :* en regardant, sans quitter des yeux. *Changement à vue,* au théâtre, changement de décor qui se fait devant le spectateur ; fig. changement soudain et total. ♦ *À VUE D'ŒIL :* d'une manière constatable par les yeux. *Se transformer à vue d'œil,* très vite. ➜ FAM. *À vue de nez*.* **4.** Les yeux, les organes qui permettent de voir. *S'abîmer la vue.* ➜ loc. FAM. *En mettre plein la vue à qqn,* l'éblouir. **II.** Ce qui est vu. **1.** Étendue de ce qu'on peut voir d'un lieu. ⇒ **panorama.** *D'ici, on a une très belle vue.* ➜ *Point* de vue.* **2.** Aspect sous lequel se présente (un objet). *Vue de face, de côté.* ➜ *EN VUE :* aisément visible. *Être bien en vue.* ⇒ en **évidence.** ➜ fig. *Un personnage en vue,* marquant. **3.** *La vue de...* ⇒ **image, spectacle, vision.** *La vue du sang le rend malade.* ➜ *À la vue de qqn, de qqch.,* en le voyant. **4.** Ce qui représente (un lieu) ; image, photo. *J'ai reçu une vue de Madrid.* **5.** Orientation permettant de voir. *Chambre ayant vue sur la mer.* **III.** fig. **1.** Faculté de former des images mentales, de se représenter ; exercice de cette faculté. ➜ *Seconde vue, double vue :* faculté de voir par l'esprit des objets réels, des faits qui sont hors de portée des yeux. ⇒ **voyance.** **2.** Image, idée ; façon de se représenter qqch. *Profondeur de vue(s). Vues étroites.* - loc. *ÉCHANGE DE VUES :* entretien où l'on expose ses conceptions respectives. - loc. *C'est une vue de l'esprit,* une vue théorique, qui a peu de rapport avec la réalité. **3.** *EN VUE. Avoir qqch. en vue,* y songer, l'envisager. - *Avoir qqn en vue pour un poste.* ♦ *EN VUE DE* loc. prép. : de manière à permettre, à préparer (une fin, un but). ⇒ **pour.** *Il a travaillé en vue de réussir son examen, en vue de sa réussite.* **4.** au plur. Dessein, projet. *Selon ses vues.* - *Avoir des vues sur qqn,* penser à lui pour tel ou tel projet (spécialt séduction, mariage). - *Avoir des vues sur un héritage.*

Édouard Jean VUILLARD (1868 - 1940) ▪ Peintre français. Il fut membre du groupe des nabis. Grand coloriste : scènes intimistes, panneaux décoratifs, portraits. Lithographies.

Vuillard. *Femme au corsage bleu.* Musée de peinture et de sculpture, Grenoble. *Phot. © Arch. Smeets*

VULCAIN n. m. ▪ Papillon rouge et noir, au vol rapide.

VULCAIN ▪ Dieu du Feu et des Forgerons, dans la mythologie romaine, identifié à l'Héphaïstos des Grecs.

VULCANISATION n. f. ▪ Opération par laquelle on incorpore du soufre au caoutchouc pour améliorer sa résistance.

VULCANISER v. tr. [1] ▪ Traiter (le caoutchouc) par vulcanisation.

VULCANOLOGIE ⇒ VOLCANOLOGIE

VULGAIRE ▪ **I.** adj. **1.** VX Très répandu. ♦ DIDACT. Se dit de la forme de langue connue de tous (opposé à *littéraire*). *Latin vulgaire :* latin populaire qui était parlé dans les pays romans. - (opposé à *scientifique, technique*) *Le nom vulgaire d'une plante.* ⇒ **courant, usuel.** **2.** (avant le nom) Quelconque, qui n'est que cela. *Un vulgaire passant.* - péj. *Un vulgaire menteur.* **3.** péj. Qui manque d'élévation ou de distinction. ⇒ **bas, commun, grossier, trivial.** *Un esprit vulgaire.* - *Avoir des goûts vulgaires.* ♦ spécialt Qui choque la bienséance. *Langage, mot vulgaire.* ⇒ **trivial.** **II.** n. m. **1.** VX ou LITTÉR. *Le vulgaire :* le commun des hommes, la majorité (souvent péj.). ⇒ **foule, masse.** **2.** Ce qui est vulgaire (I, 3). *Tomber dans le vulgaire.* ⇒ **vulgarité.**

VULGAIREMENT adv. ▪ **1.** DIDACT. *Appelé vulgairement,* dans le langage courant (opposé à *scientifiquement*). **2.** péj. Avec vulgarité.

VULGARISATEUR, TRICE n. ▪ Spécialiste de la vulgarisation.

VULGARISATION n. f. ▪ Fait d'adapter des connaissances techniques, scientifiques, pour les rendre accessibles à un lecteur non spécialiste. *Ouvrage de vulgarisation scientifique. Une revue de haute vulgarisation.*

VULGARISER v. tr. [1] ▪ **1.** Répandre (des connaissances) en mettant à la portée du grand public. ⇒ **propager.** **2.** péj. Rendre ou faire paraître vulgaire.

VULGARITÉ n. f. ▪ **1.** Caractère vulgaire (I, 3), absence totale de distinction et de délicatesse. ⇒ **bassesse, trivialité.** **2.** *Une, des vulgarités.* Manière vulgaire d'agir, de parler.

VULGATE n. f. ▪ DIDACT. Version latine de la Bible, traduite de l'hébreu par saint Jérôme (ve s.). *La vulgate fut adoptée comme version officielle de la Bible au concile de Trente (1546).*

VULGUM PECUS [vylgɔmpekys] n. m. sing. ▪ FAM. Le commun des mortels, les ignorants.

VULNÉRABILITÉ n. f. ▪ LITTÉR. Caractère vulnérable. ⇒ **fragilité.**

VULNÉRABLE adj. ▪ **1.** Qui peut être blessé, frappé par un mal physique. *Organisme plus ou moins vulnérable.* **2.** fig. Qui peut être facilement atteint. *Son inexpérience le rend vulnérable.*

VULNÉRAIRE ▪ **1.** n. m. VX Remède qu'on appliquait sur les plaies. **2.** n. f. Plante dicotylédone utilisée en médecine populaire.

VULVAIRE adj. ▪ DIDACT. De la vulve.

VULVE n. f. ▪ Ensemble des organes génitaux externes de la femme (et des femelles de mammifères). - spécialt Orifice extérieur du vagin.

VULVITE n. f. ▪ MÉD. Inflammation de la vulve.

W - Z

W [dubləve] n. m. invar. ▪ **1.** Vingt-troisième lettre, dix-huitième consonne de l'alphabet, servant à noter le son [v] (ex. *wagon*) ou le son [w] (ex. *watt*). **2.** *W*, symbole du watt.

Richard WAGNER (1813 - 1883) ▪ Compositeur allemand. Auteur de la musique, des livrets et de la mise en scène de ses opéras, il a cherché l'œuvre d'art totale. Dans le domaine technique, Wagner fut l'un des plus grands réformateurs de l'histoire de la musique et l'influence de son œuvre sur les autres arts fut immense. Il s'inspire des légendes germaniques. *"Le Vaisseau fantôme"* (1843); *"Tannhäuser"* (1845); *"Lohengrin"* (1850); *"La Tétralogie"*, comprenant *"L'Or du Rhin"* (1854), *"La Walkyrie"* (1856), *"Siegfried"* (1869), *"Le Crépuscule des dieux"* (1874); *"Tristan et Isolde"* (1865); *"Parsifal"* (1882). ► **Siegfried WAGNER** (1869 - 1930), son fils, compositeur et chef d'orchestre allemand, anima le festival de Bayreuth consacré à son père. ► **Wieland WAGNER** (1917 - 1966), fils du précédent, mit en scène les œuvres de Wagner.

Richard **Wagner.** Portrait par Willich.
Musée municipal, Leipzig.
Phot. © Gloria Lunel/Ricciarini

Otto WAGNER (1841 - 1918) ▪ Architecte et théoricien autrichien. D'abord inspiré par l'Art nouveau, il devint, par ses innovations, l'un des pionniers à Vienne de l'architecture moderne.

WAGON n. m. ▪ Véhicule sur rails, tiré par une locomotive. *Wagon de marchandises; wagon à bestiaux.* ⇒ **fourgon.** ♦ COUR. abusivt Voiture destinée aux voyageurs.

WAGON-CITERNE n. m. ▪ Wagon-réservoir, aménagé pour le transport des liquides. *Des wagons-citernes.*

WAGON-LIT n. m. ▪ Voiture d'un train formée de compartiments équipés de lits et de cabinets de toilette. *Des wagons-lits.* ◇ syn. *voiture-lit.*

WAGONNET n. m. ▪ Petit chariot sur rails, destiné au transport de matériaux en vrac dans les mines.

WAGON-RESTAURANT n. m. ▪ Voiture d'un train aménagée en restaurant. *Des wagons-restaurants.*

WAGRAM ▪ Village d'Autriche, au nord-est de Vienne, où Napoléon remporta une victoire sur les Autrichiens, en 1809.

WAHHABISME n. m. ▪ Doctrine puritaine islamique, qui condamne toute innovation au nom d'une interprétation littérale du Coran. ► adj. et n. WAHHABITE. ▪ Fondé par Muhammad ibn 'Abd al-Wahhāb (1703-1792), le wahhabisme devint doctrine d'État en Arabie Saoudite (1932).

Andrzej WAJDA (né en 1926) ▪ Cinéaste polonais. Son style se caractérise par un lyrisme exacerbé et une conscience politique aiguë. *"Cendres et diamant"* (1958); *"L'Homme de marbre"* (1977).

Selman WAKSMAN (1888 - 1973) ▪ Microbiologiste américain d'origine russe. Prix Nobel de physiologie ou médecine en 1952 pour sa découverte de la streptomycine (1943). Il inventa le terme « antibiotique ».

Derek WALCOTT (né en 1930) ▪ Écrivain antillais d'expression anglaise. *"Le Royaume du fruit-étoile"* (1982), poèmes. Prix Nobel 1992.

Pierre WALDECK-ROUSSEAU (1846 - 1904) ▪ Homme politique français. Président du Conseil de 1899 à 1902 (loi de 1901 sur les associations; révision du procès de Dreyfus).

Lech WAŁĘSA (né en 1943) ▪ Syndicaliste polonais. Leader du mouvement de grève de Gdańsk en 1980, président en 1981 du syndicat indépendant Solidarność, opposant au pouvoir communiste, il fut président de la République de 1990 à 1995. Prix Nobel de la paix 1983.

WALKMAN [wɔ(l)kman] n. m. (nom déposé) ▪ anglic. ⇒ **baladeur.**

WALKYRIE n. f. ▪ Déesse guerrière des mythologies germaniques, décidant du sort des combats et de la mort des guerriers. *Les trois walkyries. "La Walkyrie"* (opéra de Wagner).

sir Richard WALLACE (1818 - 1890) ▪ Philanthrope britannique. Il subventionna les ambulances militaires en 1870 et fit installer à Paris les *fontaines Wallace.*

Albrecht von WALLENSTEIN (1583 - 1634) ▪ Homme de guerre allemand d'origine tchèque. Un des généraux de Ferdinand II dans la guerre de Trente Ans. Suspect de trahison, il fut assassiné.

Thomas dit **Fats WALLER** (1904 - 1943) ▪ Musicien de jazz américain. Pianiste et organiste très doué, chanteur plein de swing et d'humour (*"Handful of Keys"*, 1929; *"Saint Louis Blues"*, 1926), il fut aussi un remarquable compositeur (*"Honeysuckle Rose"*; *"Black and Blue"*).

John WALLIS (1616 - 1703) ▪ Mathématicien britannique. Son *"Arithmetica infinitorum"* (1656), fait le lien entre Cavalieri et Newton.

WALLIS-ET-FUTUNA ▪ Territoire français d'outre-mer (TOM) depuis 1959, formé de deux archipels de la Polynésie : les

Warhol. *Le Président Mao. Phot. © Documentation du MNAMGP, Paris/K. Ignatiadis*

îles de Horn, dont les îles principales sont *Futuna* et *Alofi*, et l'archipel *Wallis*. 274 km². 12 408 hab. Chef-lieu : Mata Utu, sur l'île d'Uvéa (Wallis).

WALLON, ONNE [walɔ̃, ɔn] **adj.** et **n.** ▪ Habitant de la Wallonie ; relatif à cette région francophone de la Belgique. – **n.** *Les Wallons.* ♦ **n. m.** Dialecte français d'oïl, parlé en Belgique.

Henri WALLON (1879 - 1962) ▪ Psychologue, pédagogue et homme politique français. Son œuvre, influencée par le marxisme, est un classique de la psychologie de l'enfant.

la WALLONIE ▪ Région linguistique de Belgique, située au sud du pays. On y parle le français et des dialectes romans, dont le wallon. Ville principale : Liège. Entité morale et culturelle récente, la Wallonie a donné naissance, au lendemain d'une réforme constitutionnelle (1967-1971) à la Région wallone.

la Région WALLONNE ▪ Région administrative du sud de la Belgique, groupant les provinces du Brabant wallon, de Hainaut, de Liège, de Luxembourg et de Namur. 16 844 km². 3 255 711 hab. Capitale : Namur. Elle englobe, dans sa partie extrême-orientale, la Communauté germanophone (853 km², 67 618 hab.).

WALL STREET ▪ Rue de Manhattan où est située la Bourse de New York.

Robert WALPOLE (1676 - 1745) ▪ Homme politique britannique. Député whig, il contribua à la création du régime parlementaire britannique. ► **Horace WALPOLE**, (1717 - 1797), fils du précédent. fut l'un des créateurs du « roman noir ». *"Le Château d'Otrante"* (1764).

Léon WALRAS (1834 - 1910) ▪ Économiste français enseignant à Lausanne. Un des fondateurs, avec Cournot, de l'économie mathématique.

WALSALL ▪ Ville industrielle d'Angleterre (West Midlands). 265 000 hab. Métallurgie.

Robert WALSER (1878 - 1956) ▪ Écrivain suisse d'expression allemande. Il écrivit sur des événements ténus et des personnages modestes. Atteint de schizophrénie, il cessa toute activité littéraire à partir de 1933. *"Le Commis"* (1908); *"L'Institut Benjamenta"* (1909); *"Jakob von Gunten"* (1909).

Raoul WALSH (1892 - 1980) ▪ Cinéaste américain. Pur produit de l'esthétique hollywoodienne, il a excellé dans les genres typiques du western, du film policier, historique, biblique, ou de guerre. *"Le Voleur de Bagdad"* (1924); *"Gentleman Jim"* (1942).

Bruno Walter Schlesinger dit **Bruno WALTER** (1876 - 1962) ▪ Chef d'orchestre américain d'origine allemande. Il fit connaître Mahler et Bruckner.

Ernest Thomas WALTON (1903 - 1995) ▪ Physicien irlandais. Prix Nobel 1951. → **Cockcroft.**

WANG Meng ou **WANG Mong** (v. 1308 - 1385) ▪ Peintre, poète, prosateur et calligraphe chinois. Paysagiste, il fut l'un des quatre grands maîtres de la fin de la dynastie Yuan.

WANG Wei (v. 699 - v. 759) ▪ Peintre et poète chinois.

WAPITI [wapiti] **n. m.** ▪ Cerf d'Amérique du Nord, de plus grande taille que le cerf commun. *Des wapitis.*

WARANGAL ▪ Ville de l'Inde (Andhra Pradesh). 466 800 hab.

WAREGEM ▪ Ville de Belgique (Région flamande, province de Flandre-Occidentale). 34 902 hab. Hippodrome.

WAREMME ▪ Ville de Belgique (Région wallonne, province de Liège). 12 640 hab.

Andy WARHOL (1930 - 1987) ▪ Peintre et cinéaste américain, principal représentant du pop' art. Portraits de Marilyn Monroe (1962), d'Elvis Presley (1965), de Mao (1973).

George WASHINGTON (1732 - 1799) ▪ Homme d'État américain. Il fut le héros de la guerre d'Indépendance, puis le premier président des États-Unis, de 1789 à 1797. En son honneur, on a donné son nom à la capitale du pays.

l'État de WASHINGTON **n. m.** ▪ État du nord-ouest des États-Unis, bordé par le Pacifique et le Canada. 176 617 km². 4 867 000 hab. Capitale : Olympia. 1er centre urbain : Seattle. Agriculture. Industries du bois. Productions minière et hydroélectrique.

WASHINGTON ▪ Capitale fédérale des États-Unis, située sur la côte est. Elle occupe le district fédéral de Columbia (D.C.). 607 000 hab. (zone urbaine : 3 923 000). Ville essentiellement administrative abritant la résidence du président des États-Unis (Maison Blanche) et le siège du Congrès américain (Capitole). Centre culturel et scientifique (musées, universités, recherche).

WASQUEHAL ▪ Commune du Nord, près de Lille. 17 986 hab. *(les Wasquehaliens).*

WASSINGUE **n. f.** ▪ RÉGIONAL (Belgique, Nord de la France) Serpillière.

WATER-BALLAST [watɛrbalast] **n. m.** ▪ anglic. Réservoir d'eau, sur un navire. – Réservoir de plongée d'un sous-marin. *Des water-ballasts.*

WATER-CLOSET ⇒ WATERS, W.-C.

le WATERGATE ▪ Nom d'un immeuble de Washington utilisé par le parti démocrate en 1972. Il fut cambriolé au profit des républicains; le scandale accula le président (républicain) Nixon à la démission (1974).

WATERLOO ▪ Commune de Belgique (Région wallonne, province du Brabant wallon), au sud de Bruxelles. 27 860 hab. La défaite de Napoléon Ier devant les Anglais et les Prussiens, le 18 juin 1815, mit fin aux Cent-Jours et provoqua la chute définitive de l'Empire (→ **Grouchy, Wellington, Blücher**).

WATER-POLO [watɛr-] **n. m.** ▪ anglic. Jeu de ballon qui se pratique dans l'eau, et où s'opposent deux équipes de sept nageurs.

WATERPROOF [watɛrpruf] ▪ anglic. **I. n. m.** VX Imperméable. **II. adj. invar.** À l'épreuve de l'eau. *Des montres waterproof.*

WATERS [watɛr] **n. m. pl.** ▪ faux anglic. Lieux d'aisance. ⇒ **cabinet, W.-C.** *Aller aux waters.* – Cuvette des lieux d'aisances. ◇ syn. VIEILLI WATER-CLOSET(S).

WATERZOI [-ɔj] **n. m.** ▪ (Belgique) Ragoût de viande blanche ou de poisson aux légumes. *Un waterzoi de poulet.*

John Broadus WATSON (1878 - 1958) ▪ Psychologue américain. Initiateur de la psychologie du comportement *(behaviorisme).*

James Dewey WATSON (1928 - 1995) ▪ Biologiste américain. Prix Nobel de physiologie ou médecine en 1962 avec Crick et Wilkins pour la découverte de la structure en double hélice de l'ADN.

sir Robert Alexander WATSON-WATT (1892 - 1973) ▪ Physicien britannique. Il est à l'origine de l'invention du radar (1935).

WATT [wat] **n. m.** ▪ Unité de mesure de puissance (symb. W) équivalant à un travail de un joule par seconde. *Mille watts.* ⇒ **kilowatt.**

James WATT (1736 - 1819) ▪ Ingénieur et mécanicien britannique. Créateur des premières machines à vapeur fabriquées industriellement.

Antoine WATTEAU (1684 - 1721) ▪ Peintre et dessinateur français. Il a représenté des fêtes galantes, des comédiens

Watteau. *Pierrot* ou *Gilles*. Musée du Louvre, Paris.
Phot. © Giraudon

et des musiciens, avec un art fait de grâce, de virtuosité dans les coloris et le dessin, et de sensibilité poétique. *"L'Embarquement pour Cythère"* (1717); *"L'Enseigne de Gersaint"* (1720); *"Pierrot"*.

WATTIGNIES ▪ Commune du Nord, près de Lille. 14 533 hab. *(les Wattignisiens)*.

WATTRELOS ▪ Commune du Nord, à la frontière belge. 43 675 hab. *(les Wattrelosiens)*. Important centre industriel.

Evelyn WAUGH (1903-1966) ▪ Romancier britannique. Auteur de satires de la société contemporaine. *"Retour à Brideshead"* (1945); *"Le Cher disparu"* (1948).

WAVRE ▪ Ville de Belgique (Région wallonne, chef-lieu de la province du Brabant wallon). 28 565 hab.

WAVRIN ▪ Commune du Nord. 7 477 hab. *(les Wavrinnois)*.

Marion Michael Morrison dit **John WAYNE** (1907-1979) ▪ Acteur américain. Il fut le plus populaire des acteurs de western et mena une carrière exceptionnelle. *"La Chevauchée fantastique"* (1939); *"Rio Bravo"* (1959).

WAZIERS ▪ Commune du Nord, dans la banlieue de Douai. 8 824 hab. *(les Waziérois)*.

W.-C. [dubləvese ; vese] **n. m. pl.** ▪ Abréviation de *water-closet(s)*. ⇒ **waters.** ◇ var. POP. VÉCÉS.

Carl Maria von WEBER (1786-1826) ▪ Compositeur romantique allemand. Un des créateurs de l'opéra national allemand. *"Der Freischütz"* (1821); *"Oberon"* (1826).

Max WEBER (1864-1920) ▪ Sociologue allemand. Sa réflexion sur les valeurs, le « désenchantement du monde » et la place du religieux dans l'histoire, sa distinction entre comprendre et expliquer, sa notion de « type idéal » ont marqué les sciences humaines. *"L'Éthique protestante et l'esprit du capitalisme"* (traduction en fr. 1964).

Anton von WEBERN (1883-1945) ▪ Compositeur autrichien. Un des pionniers de la musique sérielle, élève de Schönberg, il composa des pièces brèves. *"Variations pour piano"* (1936); *"Première Cantate"* (1939).

David WECHSLER (1896-1981) ▪ Psychologue américain. Il mit au point des tests de mesure de l'intelligence.

Frank WEDEKIND (1864-1918) ▪ Auteur dramatique allemand. Chef de file de l'expressionnisme, auteur d'un théâtre de contestation, il créa le personnage de Lulu adapté au cinéma (Pabst) et à l'opéra (Berg).

Josiah WEDGWOOD (1730-1795) ▪ Céramiste et industriel britannique. Créateur de la faïence fine.

WEEK-END [wikɛnd] **n. m.** ▪ anglic. Congé de fin de semaine, comprenant le samedi et le dimanche. ◇ francisation : *fin de semaine*.

Alfred Lothar WEGENER (1880-1930) ▪ Géophysicien et météorologue allemand. Il participa à plusieurs expéditions scientifiques au Groenland et publia une théorie de la dérive des continents (1915), qui fut confirmée, 50 ans plus tard, par la découverte de la tectonique des plaques.

la WEHRMACHT ▪ Ensemble des forces armées de l'Allemagne de 1935 à 1945.

Karl WEIERSTRASS (1815-1897) ▪ Mathématicien allemand. Analyse (théorie des fonctions, calcul des variations).

Simone WEIL (1909-1943) ▪ Philosophe française. Son œuvre traduit une quête mystique et le souci de justice sociale. *"La Pesanteur et la Grâce"* (1947).

Kurt WEILL (1900-1950) ▪ Compositeur allemand, naturalisé américain. Il collabora avec Brecht, notamment pour *"L'Opéra de quat'sous"* (1928).

WEIMAR ▪ Ville d'Allemagne (Thuringe). 60 500 hab. Centre culturel, universitaire et touristique. Foyer intellectuel et artistique aux XVIIIe et XIXe s. grâce à l'action de Goethe auprès du grand-duc Charles-Auguste. ► **la république de WEIMAR** (1919-1933). → **Allemagne.**

August WEISMANN (1834-1914) ▪ Biologiste allemand. Initiateur du néo-darwinisme.

Peter WEISS (1916-1982) ▪ Écrivain suédois d'origine et de langue allemandes. Exilé en Suède (1939), il écrivit des récits autobiographiques, puis se consacra au théâtre, dans des pièces influencées par l'esthétique de Brecht. *"Marat-Sade"* (1964); *"Hölderlin"* (1971).

Orson WELLES (1915-1985) ▪ Cinéaste et acteur américain. Personnalité puissante et singulière, il passe de la description de personnages corrompus ou hors du commun (*"Citizen Kane"*, 1941 ; *"La Dame de Shanghai"*, 1948) à l'adaptation de pièces de Shakespeare (*"Macbeth"*, 1948 ; *"Othello"*, 1952 ; *"Falstaff"*, 1966).

Welles dans le rôle de Falstaff.
Phot. © Coll. Rui Nogueira

le duc de WELLINGTON (1769-1852) ▪ Général britannique et homme politique. Il s'illustra en Espagne et au Portugal avant d'être le vainqueur de Napoléon Ier à Waterloo.

WELLINGTON ▪ Capitale de la Nouvelle-Zélande. 324 792 hab. Port.

Herbert George WELLS (1866-1946) ▪ Écrivain britannique. Un des créateurs de la science-fiction moderne. *"La Machine à explorer le temps"* (1895); *"L'Homme invisible"* (1897); *"La Guerre des mondes"* (1898).

WELS ▪ Ville d'Autriche (Haute-Autriche). 53 000 hab. Monuments anciens.

WELTER [wɛltɛʀ ; vɛltɛʀ] **n. m.** ▪ anglic. BOXE Poids mi-moyen.

WEMBLEY ▪ Faubourg résidentiel au nord-ouest de Londres. Stade de football.

WENCESLAS ou **WENZEL** (1361-1419) ▪ Roi de Bohême sous le nom de Wenceslas IV et empereur germanique. Il dut combattre Jan Hus.

les de WENDEL ▪ Famille d'industriels français, maîtres de forges en Lorraine depuis le XVIIIe s.

Wim WENDERS (né en 1945) ▪ Cinéaste allemand. *"Paris, Texas"* (1984); *"Les Ailes du désir"* (1987). Thèmes de l'errance et de la quête de l'identité.

WENGEN ▪ Localité de Suisse, dans l'Oberland bernois, au pied de la Jungfrau. 1 200 hab. Station d'été et de sports d'hiver. (1 300-3 454 m).

Franz WERFEL (1890-1945) ▪ Poète lyrique, auteur dramatique et romancier autrichien. Il écrivit des recueils poétiques, des drames, des biographies romancées et des romans expressionnistes.

Henrik Arnold WERGELAND (1808-1845) ▪ Poète norvégien. Considéré comme le « père » du romantisme norvégien, il défendit la culture et la langue de son pays dans une œuvre animée d'un esprit visionnaire. *"La Création, l'Homme et le Messie"* (1830).

Abraham Gottlob WERNER (1750-1817) ▪ Géologue et minéralogiste allemand.

Max WERTHEIMER (1880-1943) ▪ Psychologue allemand naturalisé américain. Un des fondateurs, avec Köhler et Koffka, de la Gestalttheorie.

la WESER ▪ Fleuve d'Allemagne centrale, qui arrose Brême avant de se jeter dans la mer du Nord. 440 km.

John WESLEY (1703-1791) ▪ Réformateur religieux britannique. En réaction contre les compromissions de l'Église anglicane, il fonda le *méthodisme*, retour aux sources de la Réforme.

le WESSEX ▪ Ancien royaume saxon fondé au ve s. au sud de l'Angleterre.

Benjamin WEST (1738-1820) ▪ Peintre américain. Il fit une carrière officielle à Londres. Portraits, scènes historiques, scènes religieuses.

WEST BROMWICH ▪ Ville industrielle d'Angleterre (West Midlands), près de Birmingham. 150 000 hab.

le WEST END ▪ Quartiers résidentiels de la partie ouest de Londres.

WESTERN [wɛstɛʀn] **n. m.** ▪ anglic. Film sur la conquête de l'ouest des États-Unis. ➝ Genre cinématographique que constituent ces films.

George WESTINGHOUSE (1846-1914) ▪ Inventeur et industriel américain. Inventeur du frein à air comprimé (1869). Chemins de fer. Électricité.

WESTMINSTER ▪ Quartier du centre de Londres et bourg du Grand Londres, sur la Tamise. 182 000 hab. Le palais du Parlement (Chambre des lords et Chambre des communes) fut détruit par un incendie en 1512 et reconstruit en style néogothique au XIXe s., avec son célèbre carillon, Big Ben. ► **WESTMINSTER ABBEY**, abbaye de Westminster (XIe-XVIe s), où sont couronnés les rois d'Angleterre depuis Édouard le Confesseur.

Edward WESTON (1886-1958) ▪ Photographe américain. Membre fondateur du groupe f/64 en 1932, il fut un adepte de la photographie directe et conjuga réalisme pur et abstraction.

la WESTPHALIE en allemand ***WESTFALEN*** ▪ Ancienne région d'Allemagne, comprise dans l'État fédéré de Rhénanie-du-Nord-Westphalie depuis 1946. Duché (1180), royaume de 1807 à 1813, elle devint province prussienne en 1815. Les *traités de Westphalie* mirent fin à la guerre de Trente* Ans (1648).

WEST POINT ▪ Siège d'une académie militaire américaine fondée en 1802 (État de New York).

WEVELGEM ▪ Ville de Belgique (Région flamande, province de Flandre-Occidentale), sur la Lys. 30 566 hab.

Maxime WEYGAND (1867-1965) ▪ Général français. Adjoint de Foch en 1914, généralissime en 1940, il se montra favorable à l'armistice, mais fut interné en Allemagne de 1942 à 1945.

Hermann WEYL (1885-1955) ▪ Mathématicien allemand. Son œuvre, très variée, aborde notamment les groupes de Lie.

WHARF [waʀf] **n. m.** ▪ anglic. Appontement formant jetée. *Des wharfs.*

Edith WHARTON (1862-1937) ▪ Romancière américaine. Elle décrivit les mœurs de la haute société new-yorkaise. *"Le Temps de l'innocence"* (1920).

WHIG [wig] **n. m.** ▪ HIST. Membre du parti libéral anglais, opposé aux tories (XVIIe-XIXe s.). ➝ **adj.** *Le parti whig.*

WHISKY [wiski] **n. m.** ▪ Eau-de-vie de grain (seigle, orge, maïs). *Whisky écossais* (scotch), *irlandais* (whiskey), *canadien* (rye), *des États-Unis* (bourbon). *Des whiskies* ou *des whiskys.* ➝ spécialt Le whisky écossais. *Whisky pur malt ; mélangé* (cf. angl. *blended*). « *Les ales d'or et le whisky, couleur topaze* » (Verhaeren). ♦ Verre de cette eau-de-vie.

WHIST [wist] **n. m.** ▪ anglic. Jeu de cartes répandu en France au XIXe siècle, ancêtre du bridge.

James Abbott McNeill WHISTLER (1834-1903) ▪ Peintre et graveur américain. Proche des artistes français de son époque, admirateur, comme son ami Rossetti, de l'art japonais. *"La Jeune Fille en blanc"* (1863).

Patrick WHITE (1912-1990) ▪ Écrivain australien. Épiques, ses romans recourent à une écriture baroque. *"Voss"* (1957). Prix Nobel 1973.

Alfred North WHITEHEAD (1861-1947) ▪ Philosophe, mathématicien et logicien britannique. Il établit les bases de la logique mathématique moderne. *"Principia mathematica"* (1910-1913), en collaboration avec B. Russell.

WHITEHORSE ▪ Ville du nord-ouest du Canada, capitale du Yukon. 17 925 hab.

WHITE SPIRIT [wajtspiʀit] **n. m.** ▪ anglic. Produit de la distillation du pétrole utilisé comme solvant. ◇ var. WHITE-SPIRIT.

Walt WHITMAN (1819-1892) ▪ Un des plus grands poètes américains. Auteur d'un unique recueil, *"Feuilles d'herbe"* (1855-1892), auquel il travailla toute sa vie, et qui a profondément marqué le lyrisme moderne.

William Dwight WHITNEY (1827-1894) ▪ Linguiste américain. Il eut une influence sur F. de Saussure.

le mont WHITNEY ▪ Montagne des États-Unis (Californie). 4 418 m.

sir Frank WHITTLE (né en 1907) ▪ Ingénieur britannique, inventeur du premier turboréacteur (1930).

Edward WHYMPER (1840-1911) ▪ Alpiniste britannique. Il gravit nombre de sommets des Alpes (première ascension du Cervin, 1865).

WICHITA ▪ Ville des États-Unis (Kansas). 304 000 hab. Région agricole. Université.

Knut WICKSELL (1859-1926) ▪ Économiste suédois. Théorie de l'intérêt.

Charles WIDOR (1844-1937) ▪ Organiste et compositeur français. Symphonies pour orgue.

Christoph Martin WIELAND (1733-1813) ▪ Écrivain allemand. Il eut une grande influence sur Goethe et les écrivains allemands. On le surnomma le « Voltaire de l'Allemagne ». *"Oberon"* (1780), poème.

Wilhelm WIEN (1864-1928) ▪ Physicien allemand. Lois du rayonnement. Prix Nobel 1911.

Robert WIENE (1881-1938) ▪ Cinéaste allemand. Son œuvre la plus célèbre, *"Le Cabinet du docteur Caligari"* (1920), est une réussite saisissante du cinéma expressionniste.

Norbert WIENER (1894-1964) ▪ Mathématicien américain. Père de la cybernétique.

WIESBADEN ▪ Ville d'Allemagne, capitale de la Hesse. 258 500 hab. Station thermale. Chimie et textile.

Elie WIESEL (né en 1928) ▪ Écrivain américain d'origine hongroise et d'expression française. Il a célébré la mémoire collective juive dans ses romans (*"Le Testament du poète juif assassiné"*, 1980), ses témoignages et ses essais. Prix Nobel de la paix 1986.

l'île de WIGHT ▪ Île britannique de la Manche, formant un comté de l'Angleterre. 381 km^2. 125 000 hab. Chef-lieu : Newport (20 000 hab.).

WIGWAM [wigwam] **n. m.** ▪ Habitation traditionnelle (tente, hutte) des Amérindiens (États-Unis, Canada).

WILAYA [vilaja] **n. f.** ▪ ADMIN. Division territoriale de l'Algérie.

Oscar WILDE (1854-1900) ▪ Écrivain britannique. Dandy, il fut adulé pour son esthétisme raffiné, mais condamné aux travaux forcés pour ses mœurs homosexuelles. *"Le Portrait de Dorian Gray"*, 1891, roman; *"De l'importance d'être* *constant"* (1895), théâtre; *"Ballade de la geôle de Reading"* (1898).

Billy **WILDER** (né en 1906) ▪ Cinéaste américain d'origine autrichienne. Influencé par l'expressionnisme allemand. *"Boulevard du Crépuscule"* (1950); *"Certains l'aiment chaud"* (1959).

WILHELMSHAVEN ▪ Ville d'Allemagne (Basse-Saxe). 90 200 hab. Port pétrolier.

WILHEMINE (1880 - 1962) ▪ Reine des Pays-Bas. Fille du roi Guillaume III, elle lui succéda en 1890, sa mère assurant la régence. Elle gagna Londres en 1940 avec son gouvernement. De retour en 1945, elle abdiqua en 1948 en faveur de sa fille Juliana.

Charles **WILKES** (1798 - 1877) ▪ Explorateur américain des régions antarctiques.

Maurice **WILKINS** (né en 1916) ▪ Biophysicien britannique. Il obtint les figures de diffraction des rayons X par les cristaux d'ADN, qui sont à la base de la découverte de sa structure. → J. D. **Watson.**

Adriaan **WILLAERT** (1480 ou 1490 - 1562) ▪ Compositeur flamand. Maître de chapelle à Saint-Marc de Venise. Ses compositions sont une synthèse originale d'éléments néerlandais (motets, madrigaux), français (chansons) et italiens.

WILLEMSTAD ▪ Capitale des Antilles néerlandaises, sur l'île de Curaçao. 50 000 hab.

Tennessee **WILLIAMS** (1911 - 1983) ▪ Auteur dramatique du sud des États-Unis. Les héros de ses pièces sont les victimes d'une société qui les pousse à la destruction des autres et d'eux-mêmes. *"Un tramway nommé Désir"* (1947); *"La Chatte sur un toit brûlant"* (1955).

Thomas Woodrow **WILSON** (1856 - 1924) ▪ 28e président (démocrate) des États-Unis, de 1913 à 1921. Il mena une politique sociale et engagea son pays dans la Première Guerre mondiale. Père de la Société des Nations, prix Nobel de la paix en 1919.

sir Harold **WILSON** (1916 - 1995) ▪ Homme politique britannique. Premier ministre (travailliste) de 1964 à 1970 puis de nouveau en 1974. Il démissionna en 1976 et fut remplacé par J. Callaghan.

Robert dit Bob **WILSON** (né en 1944) ▪ Metteur en scène de théâtre américain. Il a conçu des spectacles qui privilégient le corps par rapport à la parole, mettant en évidence tout ce qui échappe au langage (*"Le Regard du sourd"*, 1970).

le **WILTSHIRE** ▪ Comté du sud de l'Angleterre. 3 481 km². 560 000 hab. Chef-lieu : Trowbridge.

WIMBLEDON ▪ Banlieue résidentielle de Londres. Championnats internationaux de tennis.

WIMEREUX ▪ Commune du Pas-de-Calais. 7 109 hab. *(les Wimereusiens).* Station balnéaire.

WINCH [win(t)ʃ] **n. m.** ▪ anglic. Petit treuil à main, utilisé sur les navires de plaisance. ⇒ **cabestan.**

WINCHESTER ▪ Ville de l'Angleterre méridionale, chef-lieu du Hampshire. 95 000 hab. Cathédrale (XIIe-XIVe s.) ornée de fresques. Collège.

Johann **WINCKELMANN** (1717 - 1768) ▪ Historien allemand de l'art. Ses écrits contribuèrent à l'émergence du néoclassicisme. Un des pionniers de l'archéologie et de l'histoire de l'art.

WINDHOEK ▪ Capitale de la Namibie. 120 000 hab. Centre commercial et administratif.

WINDSOR ▪ Ville de l'Angleterre centrale (Berkshire). 28 300 hab. Château (XIIIe-XIXe s.), résidence royale. La dynastie régnante a pris le nom de *Windsor* de 1917 à 1960 (modifié à cette date en Mountbatten-Windsor).

WINDSOR ▪ Ville du Canada (Ontario). 191 500 hab. Port fluvial. Industrie automobile.

WINGLES ▪ Commune du Pas-de-Calais. 8 742 hab.

Donald Woods **WINNICOTT** (1896 - 1971) ▪ Pédiatre et psychanalyste britannique. Son nom reste attaché aux notions d'« objet transitionnel » et d'« espace transitionnel ».

WINNIPEG ▪ Ville du Canada, capitale du Manitoba, sur les rives du *lac Winnipeg* (24 650 km²). 610 773 hab. *(les Winnipeguois).* Métropole du centre du pays.

WINSTON-SALEM ▪ Ville des États-Unis (Caroline-du-Nord). 143 000 hab. Tabac.

Franz Xaver **WINTERHALTER** (1805 - 1873) ▪ Peintre allemand. Portraitiste mondain apprécié en France sous le Second Empire.

WINTERTHUR ▪ Ville de Suisse (canton de Zurich). 86 143 hab. Centre industriel. Musées d'art.

le **WISCONSIN** ▪ État du nord des États-Unis. 145 439 km². 4 892 000 hab. Capitale : Madison. Agriculture (élevage laitier), industries du bois.

WISIGOTH, OTHE adj. ▪ Des Wisigoths*. *L'art wisigoth d'Espagne.*

les **WISIGOTHS** ▪ Ancien peuple germanique, l'une des deux branches des Goths au IVe s. Conduits par Alaric Ier, ils envahirent l'Italie (pillage de Rome en 410), puis la Gaule. Ils fondèrent un royaume en Espagne, qui fut anéanti par les Arabes en 711.

les **Wisigoths.** Couronne votive d'un roi wisigoth, trésor de Guarrazar. Musée archéologique, Madrid. *Phot. © Lauros/Giraudon*

WISSEMBOURG ▪ Chef-lieu d'arrondissement du Bas-Rhin. 7 443 hab. *(les Wissembourgeois).* Victoire des Prussiens pendant la guerre franco-allemande (1870).

Stanisław **WITKIEWICZ** (1885 - 1939) ▪ Peintre, théoricien de l'art et écrivain polonais, principal représentant du mouvement *catastrophiste.* Auteur de pièces annonçant le théâtre de l'absurde (*"La Poule d'eau"*, 1921; *"La Mère"*, 1924) et de romans philosophiques (*"L'Inassouvissement"*, 1930).

Johan ou Jan de **WITT** (1625 - 1672) ▪ Homme politique hollandais. Opposé à la maison d'Orange, il fut le symbole de la lutte contre le despotisme. Massacré dans une émeute avec son frère Cornelis (1623 - 1672).

Winchester. La cathédrale. *Phot. © Dagli Orti*

les WITTELSBACH ▪ Famille qui régna sur le duché de Bavière de 1180 à 1918.

WITTELSHEIM ▪ Commune du Haut-Rhin. 10 452 hab. *(les Wittelsheimois)*. Potasse.

WITTEN ▪ Ville d'Allemagne (Rhénanie-du-Nord-Westphalie), dans la Ruhr. 105 100 hab.

WITTENBERG ▪ Ville d'Allemagne (Saxe-Anhalt). 50 100 hab. La ville fut le berceau de la Réforme luthérienne.

WITTENHEIM ▪ Commune du Haut-Rhin. 14 324 hab. *(les Wittenheimois)*.

Ludwig WITTGENSTEIN (1889 - 1951) ▪ Philosophe et logicien autrichien naturalisé britannique. Convaincu de l'importance du langage pour l'activité de la pensée, il étudia les rapports entre langue et logique (*"Tractatus logico-philosophicus"*, 1921) puis les langues naturelles (thèse des « jeux de langage »).

Konrad WITZ (v. 1400 - v. 1445) ▪ Peintre allemand installé à Bâle. *"La Pêche miraculeuse"*.

la WOËVRE ▪ Plaine fertile de l'est de la France (Meuse et Meurthe-et-Moselle).

WOIPPY ▪ Commune de Moselle. 14 325 hab. *(les Woippyciens)*. Château (XIIIe-XVIe s.), maisons anciennes.

Hugo WOLF (1860 - 1903) ▪ Compositeur autrichien. Grand admirateur de Wagner. Il composa près de 300 lieder (sur des textes de Goethe, Eichendorff, G. Keller...).

Thomas Clayton WOLFE (1900 - 1938) ▪ Romancier américain. Son œuvre est une épopée sociale, ample réflexion lyrique sur le temps et sur la vie. *"Que l'ange regarde de ce côté"*, 1929.

Heinrich WÖLFFLIN (1864 - 1945) ▪ Historien et critique d'art suisse de langue allemande. Il réhabilita le baroque. *"Renaissance et Baroque"* (1888).

WOLFRAM [vɔlfʀam] **n. m.** ▪ VX Tungstène ; son minerai.

WOLFSBURG ▪ Ville d'Allemagne (Basse-Saxe). 127 600 hab. Industrie automobile.

WOLLONGONG ou **GREATER WOLLONGONG** ▪ Ville d'Australie (Nouvelle-Galles-du-Sud). Centre industriel. 250 000 hab. Sidérurgie.

Mary WOLLSTONECRAFT, Mrs Godwin (1759 - 1797) ▪ Femme de lettres britannique. Pionnière du féminisme, auteur des célèbres *"Revendications des droits de la femme"* (1792). Mère de Mary Shelley.

WOLOF ou **OUOLOF** [wɔlɔf] ▪ **1. adj.** Relatif aux Wolofs*. **2. n. m.** Langue nigéro-congolaise, la plus parlée au Sénégal. - **adj.** *La grammaire wolof, ouolof.*

les WOLOFS ou **OUOLOFS** ▪ Peuple noir, musulman, établi principalement au Sénégal et composé en majorité d'agriculteurs.

Wolfgang Schulze dit **WOLS** (1913 - 1951) ▪ Peintre allemand, en France à partir de 1932. Son œuvre, composée surtout de dessins et d'aquarelles, fait de lui un précurseur de l'art informel et du tachisme.

Thomas WOLSEY (v. 1473 - 1530) ▪ Prélat et homme d'État anglais. Cardinal et lord-chancelier d'Henri VIII, de 1515 à 1529.

WOLUWE-SAINT-LAMBERT en néerlandais ***SINT-LAMBRECHTS-WOLUWE*** ▪ Ville de Belgique (Région de Bruxelles-Capitale). 47 963 hab. Université catholique.

WOLUWE-SAINT-PIERRE en néerlandais ***SINT-PIETERS-WOLUWE*** ▪ Ville de Belgique (Région de Bruxelles-Capitale). 38 160 hab. Parc.

WOLVERHAMPTON ▪ Ville industrielle d'Angleterre (West Midlands). 250 000 hab.

WŎNSAN ou **WEONSAN** ▪ Ville et port de la Corée-du-Nord, sur la mer du Japon. 215 000 hab.

WOODSTOCK ▪ Localité des États-Unis (État de New York) où se tint, en 1969, le premier grand rassemblement de la pop music (400 000 personnes).

Virginia WOOLF (1882 - 1941) ▪ Écrivain britannique. Influencée par Proust et par Joyce, elle brisa les conventions du roman traditionnel et explora la conscience et ses transformations par des monologues intérieurs et des pensées intimes. Elle soutint l'émancipation de la femme. *"Mrs. Dalloway"* (1925); *"La Promenade au phare"* (1927); *"Les Vagues"* (1931).

WORCESTER ▪ Ville d'Angleterre, chef-lieu du Hereford and Worcester. 75 000 hab. Cathédrale gothique (XIIIe s.). Maisons anciennes (XVe-XVIe s.).

WORCESTER ▪ Ville des États-Unis (Massachusetts). 170 000 hab.

William WORDSWORTH (1770 - 1850) ▪ Poète romantique britannique. Il participa à Paris à la Révolution française, puis écrivit en collaboration avec Coleridge les *"Ballades lyriques"* (1798). Ses *"Poèmes"* (1807) sont empreints du sentiment de la nature qui caractérisa les poètes « lakistes » (de la région des lacs du nord de l'Angleterre), dont il fut le chef de file.

WORMS ▪ Ville d'Allemagne (Rhénanie-Palatinat). 75 900 hab. Cathédrale de style roman rhénan (XIIe-XIIIe s.). Synagogue la plus ancienne d'Europe (1034). ► **le concordat de WORMS** (1122) mit fin à la querelle des Investitures. ► **la diète de WORMS**, tenue par Charles Quint en 1521, prononça la condamnation de Luther (bannissement) et de ses thèses.

Charles Frédéric WORTH (1825 - 1895) ▪ Couturier français d'origine britannique. Il lança en 1858 rue de la Paix une maison de couture qui acquit une réputation mondiale.

WOTAN ou **WODAN** → **Odin**

Rik WOUTERS (1882 - 1916) ▪ Peintre et sculpteur belge. Grand coloriste, il évolua de l'impressionnisme au fauvisme et à une certaine forme d'expressionnisme.

Petr WRANGEL (1878 - 1928) ▪ Général russe. Dernier chef de l'armée contre-révolutionnaire (1920).

sir Christopher WREN (1632 - 1723) ▪ Architecte anglais. Il combina les styles néoclassique et baroque. *Cathédrale Saint-Paul* à Londres (à partir de 1675).

WREXHAM en gallois ***WRECSAM*** ▪ Ville du nord-ouest du pays de Galles (Clwyd). 115 000 hab.

Frank Lloyd WRIGHT (1867 ou 1869 - 1959) ▪ Architecte et théoricien américain. Il définit une architecture organique. Musée Guggenheim à New York (1956-1959).

Frank Lloyd **Wright.** Robie House à Chicago.
Phot. © Charles Lénars

les frères WRIGHT, Wilbur (1867 - 1912) et **Orville** (1871 - 1948) ▪ Pionniers américains de l'aviation.

Richard WRIGHT (1908 - 1960) ▪ Écrivain noir américain. Il dénonce la condition des Noirs aux États-Unis. *"Les Enfants de l'oncle Tom"* (1938); *"Black Boy"* (1945).

WROCŁAW en allemand ***BRESLAU*** ▪ Ville de Pologne, en basse Silésie. 642 000 hab.

WUHAN ou **WOU-HAN** ▪ Conurbation de la Chine centrale, capitale du Hubei. 3 750 500 hab. Cité historique. Complexe sidérurgique.

Wilhelm WUNDT (1832 - 1920) ▪ Psychologue allemand. Physiologiste de formation, il créa le premier laboratoire de la psychologie expérimentale.

WUPPERTAL ▪ Ville d'Allemagne (Rhénanie-du-Nord-Westphalie), dans la Ruhr. 381 100 hab. Industries textile et mécanique.

WURTEMBERG ▪ Ancien État de l'Allemagne du Sud-Ouest. Issu du duché de Souabe, le Wurtemberg devint duché en

1495, et royaume en 1806. Il fit partie de l'Empire allemand de 1871 à 1918, puis devint un État libre parlementaire en 1919. Il est aujourd'hui réuni au Land de Bade-Wurtemberg.

WÜRZBURG ▪ Ville d'Allemagne (Bavière) et port sur le Main. 126 700 hab. Résidence des ducs-évêques de style baroque (XVIIIe s.), musée. Industrie alimentaire.

WUXI ou **WOU-SI** ▪ Ville de Chine (Jiangsu). 928 000 hab. Commerce (riz, soie).

John **WYCLIF** ou **WYCLIFFE** (1320 - 1384) ▪ Théologien anglais. Il prêcha une réforme de l'Église en envoyant ses disciples, les lollards, à travers le pays. Par sa démarche, il se rapproche des vaudois et fait figure de précurseur de la Réforme.

William **WYLER** (1902 - 1981) ▪ Cinéaste américain d'origine suisse. Certains de ses films composent un portrait pénétrant de la société américaine (*"Rue sans issue"*, 1937, avec Bogart; *"Les Plus Belles Années de notre vie"*, 1946). Il tourna aussi des films à grand spectacle comme *"Ben Hur"* (1959).

le **WYOMING** ▪ État de l'ouest des États-Unis. 253 597 km^2. 453 000 hab. Capitale : Cheyenne. Élevage extensif, forêts. Pétrole.

Stanisław **WYSPIAŃSKI** (1869 - 1907) ▪ Auteur dramatique et peintre polonais. Il oscilla entre réalisme et symbolisme. *"Les Noces"* (1901).

Johann David **WYSS** (1743 - 1818) ▪ Pasteur et écrivain suisse de langue allemande. *"Le Robinson suisse"* (1812), roman inspiré par le *"Robinson Crusoé"* de De Foe.

X

X [iks] **n. m. invar.** ▪ **I. 1.** Vingt-quatrième lettre, dix-neuvième consonne de l'alphabet. **2.** Forme de cette lettre. *Tréteaux en X.* **3.** En algèbre, Symbole désignant une inconnue. *Les x et les y.* - Chose, personne inconnue. *X années,* un temps non spécifié. ♦ *Rayons** X. **4.** Classé comme pornographique. *Un film X.* **5.** FAM. *L'X* : l'École polytechnique. - *Un, une X* : un, une polytechnicien(ne). **II.** *X* : dix (en chiffres romains).

XANTH(O)- Élément savant, du grec *xanthos* « jaune ».

XANTHOS ▪ Ancienne ville de l'Asie Mineure. Nombreux vestiges antiques et byzantins.

Yannis **XENAKIS** (né en 1922) ▪ Compositeur grec naturalisé français. Un des premiers à utiliser l'ordinateur dans la composition. *"Métastasis"* (1954), œuvre pour 61 instruments.

XÉN(O)- [gzeno] Élément savant, du grec *xenos* « étranger ».

XÉNOPHOBE adj. et n. ▪ Hostile par principe aux étrangers, à ce qui vient de l'étranger. ⇒ **chauvin.** *Il est xénophobe et raciste.*

XÉNOPHOBIE n. f. ▪ Hostilité à ce qui est étranger.

XÉNOPHON (v. 430/425 - v. 355/352 av. J.-C.) ▪ Écrivain et chef militaire grec. Auteur de traités relatifs à Socrate dont il fut l'élève *("Mémorables")*, de récits historiques *("L'Anabase")*, d'ouvrages de philosophie politique et morale.

XÉRÈS [gzeʀɛs ; keʀɛs ; kseʀɛs] **n. m.** ▪ Vin blanc, apéritif de la région de Jerez. ⇒ anglic. **sherry.**

XÉR(O)- [gzeʀo ; kseʀo] Élément savant, du grec *xêros* « sec » (ex. *xérographie* **n. f.** [procédé de reproduction de documents]).

XERXÈS Ier (mort en 465 av. J.-C.) ▪ Roi de Perse de 486 av. J.-C. à sa mort, fils de Darius le Grand. Il battit les Spartiates de Léonidas aux Thermopyles en 480 av. J.-C., mais fut vaincu à Salamine. → guerres **médiques**

XIAMEN, HIA-MEN ou **AMOY** ▪ Petite île et port de Chine, en face de Taiwan. 603 100 hab. Zone économique spéciale.

XIAN ou **SI-NGAN** ▪ Ville de Chine, capitale du Shaanxi. 2 756 700 hab. Ancienne Changan, capitale impériale, notamment sous les dynasties des Han et des Tang. Centre d'industries textile et chimique. Importants sites

Xian. Armée en terre cuite provenant de la tombe de Shi Huangdi, découverte en 1974.
Phot. © Erich Lessing/Magnum

archéologiques : nécropole impériale à *Xianyang* (ou *Hien-yang* ; 744 400 hab.) ; armée en terre cuite de Shi Huangdi à Lintong.

XIANGTAN, **HIANG-T'AN** ou **SIANG-T'AN** ▪ Ville de Chine (Hunan). 570 900 hab. Port fluvial important.

XI JIANG, **HSI-KIANG** ou **SI-KIANG** ▪ Fleuve de Chine du Sud. 2 100 km.

le **XINGU** ▪ Fleuve du Brésil, affluent de l'Amazone. 2 266 km.

XINING ou **SI-NING** ▪ Ville de Chine, capitale du Qinghai. 650 100 hab.

le **XINJIANG** ou **SIN-KIANG** ▪ Région autonome ouïgoure de l'ouest de la Chine, riche en pétrole. 1 653 000 km². 16 050 000 hab. Capitale : Urumqi.

XYLÈNE [gzi- ; ksi-] n. m. ▪ CHIM. Hydrocarbure liquide extrait du benzol.

XYLO- [gzilo ; ksilo] Élément savant, du grec *xulon* « bois ».

XYLOGRAPHIE n. f. ▪ DIDACT. Gravure sur bois ; estampe réalisée par cette technique. *Les xylographies de Dürer.* ► adj. XYLOGRAPHIQUE

XYLOPHAGE adj. ▪ ZOOL. Qui ronge le bois. *Insectes, larves xylophages.*

XYLOPHONE n. m. ▪ Instrument de musique à percussion, formé de lames de bois de longueur inégale, sur lesquelles on frappe avec deux petits maillets. *Le balafon est un xylophone.* ♦ (abusif) Vibraphone (lames de métal).

XYLOPHONISTE n. ▪ Instrumentiste qui joue du xylophone.

Y

Yamoussoukro. La basilique Notre-Dame-de-la-Paix.
Phot. © Arthus Bertrand/Explorer

① **Y** [igʀɛk] n. m invar. ▪ **1.** Vingt-cinquième lettre, sixième voyelle de l'alphabet, servant à noter les sons [i] et [j]. **2.** MATH. Lettre désignant une seconde inconnue (après *x*), ou une fonction de la variable *x*. - *L'axe des ordonnées est l'axe des y.* **3.** Forme de cette lettre.

② **Y** pron. et adv. ▪ Représente une chose ou un énoncé. ▪ **1.** Dans ce lieu, dans cela. *J'y vais* (dans un endroit, chez quelqu'un, etc.). *Allons-y.* - *Ah ! j'y suis,* je comprends. **2.** (représentant un compl. précédé de *à*) À ce..., à cette..., à ces... ; à cela. *J'y renonce.* - (représentant un compl. précédé d'une autre prép.) *N'y comptez pas.* **3.** loc. *Il y a* (⇒ **avoir**). - *Vas-y !,* décide-toi (⇒ **aller**). *Ça y est !,* c'est arrivé (enfin).

③ **Y** ▪ S'emploie pour transcrire *il* ou *lui* dans la prononciation négligée. *Y en a pas (il n'y en a pas). Y a (il y a). J'y ai dit (je lui ai dit).*

***YACHT** [jɔt] n. m. ▪ Grand navire de plaisance à voiles ou à moteur. *Yachts de croisière.*

***YACHTING** [jɔtiŋ] n. m. ▪ Pratique de la navigation de plaisance de luxe.

Kateb **YACINE** → Kateb Yacine

***YACK** ou **YAK** n. m. ▪ Ruminant semblable au bœuf, à longue toison soyeuse, domestiqué au Tibet. *Des yacks.*

YAHVÉ → Iahvé

YALE ▪ L'une des plus célèbres et anciennes (1701) universités américaines, à New Haven (Connecticut).

YALTA ou **IALTA** ▪ Ville de l'Ukraine, en Crimée. Station balnéaire. 89 000 hab. ► **la conférence de YALTA** réunit Roosevelt, Churchill et Staline du 4 au 11 février 1945 pour établir les nouvelles frontières politiques de l'Europe : occupation de l'Allemagne vaincue en quatre zones (soviétique, américaine, britannique et française), fixation des frontières occidentales de l'URSS (au détriment de la Pologne), promesse de l'URSS d'entrer en guerre contre le Japon, projet de création de l'ONU.

le **YALU** ou **YA-LOU** ▪ Fleuve de Chine, prov. du Liaoning et du Jilin, formant frontière avec la Corée. 795 km.

YAMOUSSOUKRO ▪ Capitale de la Côte-d'Ivoire depuis 1983, au centre du pays. 150 000 hab. Basilique Notre-Dame-de-la-Paix, inaugurée en 1990, réplique en béton de Saint-Pierre de Rome.

la **YAMUNA** ou **JAMNA** ▪ Rivière de l'Inde, affluent du Gange. 1 370 km. Un des sept fleuves sacrés des hindous.

YANAM en français ***YANAON*** ▪ Ville de l'Inde. 20 300 hab. Ancien établissement français de l'Inde, sur la côte sud-est du pays.

***YANG** [jɑ̃g ; jɑ̃ŋ] ⇒ YIN

YANGZHOU ou **YANG-TCHEOU** ▪ Ville de Chine (Jiangsu). 434 400 hab. Textile. Jardins de style chinois traditionnel.

le **YANGZI JIANG** ou **YANG-TSEU KIANG** en français ***LE FLEUVE BLEU*** → Chang jiang

***YANKEE** [jɑ̃ki] n. ▪ **1.** HIST. Habitant du nord-est des États-Unis. *Les Yankees ont gagné la guerre de Sécession* (opposé à *sudiste*). **2.** Habitant des États-Unis. ⇒ **américain.** - adj. *Les capitaux yankees.*

YAOUNDÉ ▪ Capitale fédérale du Cameroun. 775 729 hab. Industries alimentaires.

***YAOURT** [jauʀt] n. m. ▪ Lait caillé et fermenté. - Préparation industrielle analogue. *Des yaourts aux fruits. Yaourt nature.* ◇ var. YOGHOURT.

***YARD** [jaʀd] n. m. ▪ Mesure de longueur anglo-saxonne valant 0,914 mètre.

***YATAGAN** n. m. ▪ Sabre turc, à lame recourbée vers la pointe. ⇒ **cimeterre.**

yack. *Phot. © Lovat/Rapho*

***YEARLING** [jœʀliŋ] **n. m.** ▪ anglic. Cheval pur-sang âgé d'un an.

William Butler YEATS (1865 - 1939) ▪ Écrivain irlandais. Artisan du renouveau littéraire de son pays, fondateur en 1904 de l'*Abbey Theatre* avec lady Gregory. Poèmes et pièces de théâtre d'inspiration mystique et folklorique. *"Vision"* (1925-1935). Prix Nobel 1923.

YELLOWKNIFE ▪ Ville du Canada, capitale des Territoires du Nord-Ouest. 15 179 hab.

YELLOWSTONE ▪ Le premier parc national américain (fondé en 1872), au nord-ouest du Wyoming. En 1988, la moitié de la forêt a été détruite par un incendie. Le parc est traversé par la rivière *Yellowstone,* affluent du Missouri. 1 600 km.

le YÉMEN ▪ État (république) du sud-ouest de la péninsule Arabique, bordé par la mer Rouge et le golfe d'Aden. 536 869 km². 11 282 000 hab. *(les Yéménites).* Capitale : Sanaa. Langue : arabe. Religion officielle : islam. Monnaie : riyal yéménite. Café (base des exportations), qat (stupéfiant), élevage ovin. □ **HISTOIRE** Désigné par la Bible comme l'« Arabie opulente » et la « Terre sainte », devenu l'« Arabie heureuse » pour les Romains, le Yémen connut une brillante civilisation sous l'Antiquité. Islamisé au VIIIe s., il fut dirigé par une dynastie chiite de 893 à 1962. Il fut occupé par les Ottomans au nord et les Anglais au sud. Le nord, devenu indépendant en 1918, fut érigé en royaume dirigé par un imam puis devint une république (*république arabe du Yémen*) en 1962. En 1967, les possessions britanniques d'Aden et de l'Arabie du Sud accédèrent à l'indépendance (*république démocratique et populaire du Yémen-du-Sud;* capitale : Aden). Une guerre éclata entre les deux pays en 1969. Après des années de négociations, les deux Yémens créèrent un État unique en 1990. Cependant, les relations entre nordistes et sudistes se détériorèrent et une guerre éclata en mai 1994. Les sudistes firent sécession mais les nordistes l'emportèrent militairement.

YÉMÉNITE adj. et **n.** ▪ Du Yémen. - **n.** *Les Yéménites.*

***YEN** [jɛn] **n. m.** ▪ Unité monétaire du Japon.

YERRES ▪ Commune de l'Essonne. 27 136 hab. *(les Yerrois).*

Alexandre YERSIN (1863 - 1943) ▪ Microbiologiste français d'origine suisse. Il découvrit le bacille de la peste (1894).

***YÉTI n. m.** ▪ Monstre de légende, humanoïde de l'Himalaya (syn. *l'abominable homme des neiges*).

l'île d'YEU ▪ Île française de l'océan Atlantique, au large de la Vendée. 23 km². → **l'Île-d'Yeu.**

YEUSE n. f. ▪ Autre nom du chêne vert. *L'yeuse.*

YEUX ⇒ ŒIL

***YÉ-YÉ n.** et **adj. invar.** ▪ Qui concerne les jeunes ayant des goûts (musicaux, etc.) à la mode dans les années 1960.

YEZD ou **YAZD** ▪ Ville d'Iran. 230 483 hab. Grande mosquée du XIVe s.

***YIDDISH** [jidiʃ] **adj. invar.** ▪ Qui concerne les parlers allemands des communautés juives d'Europe orientale, autrefois d'Allemagne. *La littérature yiddish.* - **n. m.** *Le yiddish :* ces parlers.

***YIN** [jin] **n. m.** ▪ Principe de la philosophie chinoise (confucianisme, taoïsme), formant couple avec le *yang,* et correspondant (le *yang*) à l'activité (le chaud, le feu) et (le *yin*) à la neutralité (le froid, la terre).

YINCHUAN ou **YIN-TCH'OUAN** ▪ Ville de Chine, capitale du Ningxia. 480 200 hab.

YLANG-YLANG ⇒ ILANG-ILANG

-YLE Élément (du grec *hulê* « matière ; principe ») utilisé en chimie dans la formation de noms de composés organiques.

***YOD** [jɔd] **n. m.** ▪ PHONÉT. Semi-consonne, transcrite en français par *-i- (pied), -y- (ayant), -il (soleil), -ille (maille).*

***YOGA n. m.** ▪ Doctrine et exercices traditionnels hindous, cherchant à réunir l'individu avec le principe de toute existence. ♦ Ces exercices, pratiqués comme une gymnastique. *Faire du yoga.*

***YOGHOURT** [jɔguʀt] ⇒ YAOURT

***YOGI** [jɔgi] **n. m.** ▪ Ascète hindou qui pratique le yoga.

YOGYAKARTA ▪ Ville d'Indonésie, au centre de Java. 412 059 hab. Centre intellectuel, artistique et artisanal javanais.

YOKOHAMA ▪ Ville du Japon (Honshū), près de Tōkyō. 3 233 127 hab. Port de première importance. Chantiers navals. Nombreux échanges avec les États-Unis : importation de pétrole, exportation de produits manufacturés.

YOKOSUKA ▪ Ville et port du Japon (Honshū), au sud de Tōkyō. Chantiers navals. 437 690 hab.

***YOLE n. f.** ▪ Bateau non ponté, étroit et allongé, propulsé à l'aviron.

YONKERS ▪ Ville des États-Unis, faubourg de New York (État de New York). 188 000 hab.

l'YONNE ▪ Rivière du Bassin parisien, affluent de la Seine. 293 km.

l'YONNE n. f. [89] ▪ Département français de la région Bourgogne. 7 424 km². 323 096 hab. Chef-lieu : Auxerre. Chefs-lieux d'arrondissement : Avallon, Sens.

la maison d'YORK ▪ Famille noble anglaise fondée au XIVe s. ► **Richard D'YORK** (1411 - 1460), prétendant au trône, provoqua la guerre des Deux-Roses.

YORK ▪ Ville d'Angleterre (North Yorkshire) au passé très riche. 103 000 hab. Ancienne colonie romaine. Centre culturel important : son archevêché rivalisa avec celui de Canterbury. Au Moyen Âge, c'était la 2e ville du royaume après Londres. Cathédrale remarquable (XIIIe-XVe s.). ► **le YORKSHIRE** Ancien comté anglais divisé depuis 1974 en trois entités : **North Yorkshire,** 8 317 km², 725 000 hab. Chef-lieu : Northallerton. Élevage du mouton ; industrie de la laine. **South Yorkshire,** 1 560 km², 1 280 000 hab. Chef-lieu : Barnsley. **West Yorkshire,** 2 039 km², 2 070 000 hab. Chef-lieu : Wakefield. Ces deux dernières régions sont surtout industrielles (textile autour de Leeds ; coutellerie et aciers spéciaux autour de Sheffield).

York. Vue de la cathédrale, de l'église Saint-Wilfried et du pont Lendal. *Phot. © Boutin/Explorer*

YORKTOWN ▪ Localité des États-Unis (Virginie). Le siège victorieux de la place (tenue par les Anglais) par Washington et ses alliés français mit fin à la guerre d'Indépendance américaine (1781).

les YOROUBAS ou **YORUBAS** ▪ Peuple d'Afrique de l'Ouest, dont l'art et la civilisation dominèrent le Nigeria, le Bénin et le Togo actuels.

YOUGOSLAVE adj. et **n.** ▪ De Yougoslavie. - **n.** *Les Yougoslaves.*

la YOUGOSLAVIE ▪ Ancien État des Balkans, formé par six républiques fédérées : la Bosnie-Herzégovine, la Croatie, la Macédoine, le Monténégro, la Serbie, la Slovénie. 255 804 km². 23 544 000 hab. (*les Yougoslaves,* dont 36 % de Serbes et 20 % de Croates) en 1990. Capitale : Belgrade. □ **HISTOIRE** Le royaume de Serbie, agrandi de certains territoires de l'ancien Empire austro-hongrois, devint en 1918 le royaume des Serbes, Croates et Slovènes, qui prit le nom de Yougoslavie en 1929. La coexistence des nationalités fut difficile. Alexandre Ier instaura une dictature favorable aux Serbes. Les Croates formèrent de 1941 à 1945 un État indépendant, proche de l'Allemagne nazie. Le communiste Tito* dirigea la résistance dans le reste du pays, envahi par Hitler en 1941. La république fut créée en 1945 et Tito développa un socialisme original, autogestionnaire, indépendant de l'URSS. Il favorisa un essor rapide de l'industrie qui fut collectivisée ainsi que les banques et les transports tandis que l'agriculture appartenait encore largement au secteur privé. À sa mort (1980), le pouvoir appartint à une présidence collégiale qui dut faire face à une détérioration de la situation économique, sociale et politique du pays et à une résurgence des conflits interethniques (Kosovo). Les tensions entre les républiques et le pouvoir central aboutirent en 1991 et 1992 à la proclamation d'indépendance de la Croatie et de la Slovénie, puis de la Macédoine et de la Bosnie-Herzégovine, tandis que la Serbie et le Monténégro décidaient de former une nouvelle République fédérale de Yougoslavie. Le démantèlement du pays entraîna, à partir de 1991, des guerres civiles en Croatie et en Bosnie-Herzégovine, provoquant le déplacement de plus de deux millions de personnes. Malgré les accords de Dayton (1995) qui ouvrent la voie à une solution politique en Bosnie, plusieurs problèmes demeurent non résolus en ex-Yougoslavie (question nationale albanaise au Kosovo et en Macédoine, sort de la Slavonie orientale aux mains des Serbes et devant revenir sous autorité croate...).

la République fédérale de YOUGOSLAVIE ▪ État des Balkans. 102 173 km². 10 338 000 hab. *(les Yougoslaves)*. Capitale : Belgrade. Langue : serbe. Monnaie : dinar. La République fédérale de Yougoslavie est formée de deux républiques fédérées, le Monténégro et la Serbie. Celle-ci comprend deux provinces autonomes (Kosovo-Metohija, Voïvodine). Nombreuses minorités (Albanais, Hongrois, Musulmans...). Agriculture. Industries autour de Belgrade. □ HISTOIRE Constituée en avril 1992, lors du démantèlement de la Yougoslavie, des anciennes républiques fédérées de Serbie et du Monténégro, la nouvelle république, tenue pour largement responsable de la guerre civile en Bosnie, n'a pas été reconnue par l'ONU qui a décrété un embargo commercial à son encontre (1992). Les accords de paix de Dayton (1995) prévoient la levée de l'embargo ainsi que la reconnaissance de cet État.

Edward YOUNG (1683 - 1765) ▪ Poète britannique. Romantique avant la lettre. *"Les Nuits"* (1742).

Arthur YOUNG (1741 - 1820) ▪ Économiste et agronome britannique, influencé par W. Petty. Son *"Voyage en France"* (1791) est un témoignage précieux sur la France avant et au début de la Révolution.

Brigham YOUNG (1801 - 1877) ▪ Religieux américain, chef des mormons après la mort de Smith. Il fonda Salt Lake City (1847).

Lester YOUNG (1909 - 1959) ▪ Saxophoniste ténor de jazz américain. Vedette de l'orchestre de Count Basie, il eut une influence considérable sur les saxophonistes, de Charlie Parker à Stan Getz. *"Lady Be Good"* (1936) ; *"Lester Leaps in"* (1939) ; *"The Man I Love"* (1939, avec Billie Holiday).

le plan YOUNG ▪ Plan concernant le paiement par l'Allemagne des réparations exigées par le traité de Versailles. Il remplaça le plan Dawes, en 1930, mais ne fut jamais totalement appliqué.

***YOUPI** interj. ▪ Cri d'enthousiasme, souvent accompagné d'un geste exubérant. *On a gagné, youpi !*

Marguerite YOURCENAR (1903 - 1987) ▪ Écrivain français. Dans un style pur et dense, elle mêle une exploration érudite de l'histoire et de la culture. *"Mémoires d'Hadrien"* (1951) ; *"L'Œuvre au noir"* (1968). Première femme à entrer à l'Académie française (1980).

Yourcenar.
Phot. © Aventurier/ Gamma

***YOURTE** n. f. ▪ Tente de peau des nomades de l'Asie centrale.

***YOUYOU** [juju] n. m. ▪ Petit canot, utilisé pour les transports d'un navire à la terre.

***YO-YO** n. m. invar. ▪ Jeu formé de deux disques reliés par un axe, qu'on fait descendre et monter le long d'un fil. ♦ fig. Mouvement alternatif de hausse et de baisse.

YPÉRITE n. f. ▪ Gaz asphyxiant utilisé comme gaz de combat (d'abord employé par l'armée allemande à Ypres, en 1917).

YPRES en néerlandais ***IEPER*** ▪ Ville de Belgique (Région flamande, province de Flandre-Occidentale). 35 235 hab. *(les Yprois)*. Monuments gothiques reconstruits. Métropole des Flandres au Moyen Âge, grâce à l'importance de son industrie drapière. Sa situation stratégique lui valut de nombreux sièges et batailles, notamment en 1914-1918 (première utilisation des gaz de combat par les Allemands ; cf. ypérite).

YS ▪ Cité légendaire bretonne qui aurait été submergée par les flots (au IVe ou Ve s.).

Eugène Auguste YSAYE (1858 - 1931) ▪ Violoniste, chef d'orchestre et compositeur belge. L'un des plus grands virtuoses de son temps. Il fut lié avec les plus grands compositeurs de son temps (Franck, Fauré, Debussy, d'Indy, Saint-Saëns).

l'YSER n. m. ▪ Fleuve côtier de Belgique qui se jette dans la mer du Nord. 78 km. La *bataille de l'Yser* eut lieu en octobre 1914.

YSOPET n. m. ▪ HIST. LITTÉR. Recueil de fables du Moyen Âge. *Les ysopets de Marie de France.* ◇ var. ISOPET.

YSSINGEAUX ▪ Chef-lieu d'arrondissement de la Haute-Loire. 6 118 hab. *(les Yssingelais)*. Carrefour routier.

YUAN [jyan] n. m. ▪ Unité monétaire chinoise.

les YUAN ▪ Dynastie mongole qui régna sur la Chine de 1280 à 1368.

YUAN SHIKAI ou **YUAN CHE-K'AI** (1859 - 1916) ▪ Homme d'État chinois. Il obtint de Sun Yat-sen la présidence de la République (1912). Sa tentative de restaurer l'empire à son profit (1915) échoua.

le YUCATÁN ▪ Presqu'île du Mexique, entre le golfe du Mexique et la mer des Antilles. Ancien centre de la civilisation maya*. Nombreux vestiges : Chichén Itzá, Uxmal, etc.

***YUCCA** [juka] n. m. ▪ Plante originaire d'Amérique, arborescente, à feuillage abondant.

le YUKON ▪ Fleuve du nord-ouest de l'Amérique du Nord. 3 185 km.

le YUKON ▪ Territoire du Canada, entre les Territoires du Nord-Ouest et l'Alaska. 530 000 km². 27 797 hab. Capitale : Whitehorse. Climat très rigoureux. Ruée vers l'or en 1897.

le YUNNAN ▪ Province du sud de la Chine. 394 000 km². 38 850 000 hab. Capitale : Kunming. Région montagneuse arrosée de nombreux fleuves (Mékong, Salouen), c'est le « château d'eau » de l'Asie du Sud-Est. Céréales et oléagineux en font le « grenier à grains » de la Chine.

YUTZ ▪ Commune de la Moselle. 13 920 hab. *(les Yussois)*.

les YVELINES n. f. pl. [78] ▪ Département français de la région Île-de-France, créé en 1964. 2 284 km². 1 307 050 hab. Chef-lieu : Versailles. Chefs-lieux d'arrondissement : Mantes-la-Jolie, Rambouillet, Saint-Germain-en-Laye.

YVETOT ▪ Commune de la Seine-Maritime. 10 807 hab. *(les Yvetotais)*. Église circulaire moderne dont les murs sont une verrière.

YZEURE ▪ Commune de l'Allier. 13 461 hab. *(les Yzeuriens)*.

Z

Z [zɛd] **n. m. invar.** ▪ Vingt-sixième et dernière lettre, vingtième consonne de l'alphabet. ➝ **loc.** *De A à Z, depuis A jusqu'à Z,* d'un bout à l'autre, entièrement.

ZAANSTAD ▪ Ville des Pays-Bas (Hollande-Septentrionale). 131 273 hab.

ZABRZE ▪ Ville de Pologne, en haute Silésie. 203 000 hab. Important centre industriel et minier.

Z. A. C. [zak] ▪ Sigle de *zone d'aménagement concerté.*

ZACHARIE (fin du VIe s. av. J.-C.) ▪ Prêtre et prophète juif, associé à Aggée dans l'œuvre de restauration menée après l'exil à Babylone.

ZACHÉE ▪ Dans l'Évangile de saint Luc, percepteur de Jéricho qui donne ses biens et accueille Jésus.

ZADAR ▪ Ville de Croatie, sur la côte adriatique. 76 343 hab. Vestiges romains. Plusieurs églises romanes. Musée archéologique. Port de pêche et de commerce.

Ossip ZADKINE (1890 - 1967) ▪ Sculpteur russe naturalisé français. Il a su concilier la rigueur du cubisme avec un lyrisme très personnel.

ZAGAZIG ▪ Ville d'Égypte, sur le delta du Nil. 255 000 hab.

ZAGORSK → **Serguev-Possad**

ZAGREB ▪ Capitale de la Croatie. 706 770 hab. *(les Zagrebois).* Cathédrale gothique. Important centre administratif, culturel, commercial et industriel.

ZAGROS ▪ Chaîne de montagnes d'Iran, s'étendant de la frontière turque au détroit d'Ormuz et culminant à 4 500 m.

ZAHLÉ ▪ Ville du Liban, dans la plaine de la Bekaa. 150 000 hab.

le ZAÏRE ou **CONGO** ▪ Fleuve d'Afrique équatoriale de 4 350 km de long. Énorme potentiel électrique. Pêche.

le ZAÏRE ancien ***CONGO BELGE*** puis ***CONGO-KINSHASA*** ▪ État de l'Afrique équatoriale, en bordure de l'Atlantique, englobant le bassin du Zaïre. 2 345 000 km². 36 700 000 hab. *(les Zaïrois).* Capitale : Kinshasa. Langues : français (officielle), souahéli, tchilouba, kikongo, lingala. Monnaie : zaïre. Cultures d'exportation dans les plantations (palmier à huile, café, thé) et agriculture traditionnelle (manioc, riz). Le sous-sol, riche en minerais (cuivre, zinc, or, diamants) a fait naître une industrie de transformation. Mais le pays traverse depuis plusieurs années une crise économique aiguë (chute des cours du cuivre, inflation). □ **HISTOIRE** Occupé par les Pygmées et les Bantous, propriété personnelle de Léopold II de Belgique (1885), le pays devint *colonie du Congo belge* en 1908. Il obtint l'indépendance en 1960. La même année, le Katanga (→ **Shaba**) tenta de faire sécession mais échoua (1963). Avec le président Mobutu, au pouvoir depuis 1965, le pays prit le nom de *Zaïre* en 1971. Les troubles séparatistes reprirent en 1977 dans le Shaba (intervention militaire franco-belge, en 1978, à Kolwezi). En 1990, le gouvernement instaura un multipartisme limité. Depuis lors, le régime de Mobutu a dû faire face à une vive contestation et la situation politique est demeurée très tendue.

ZAÏROIS, OISE adj. et n. ▪ Du Zaïre (pays). ➝ **n.** *Les Zaïrois.*

ZAKOUSKI n. m. pl. ▪ Hors-d'œuvre variés russes (légumes, poissons, etc.).

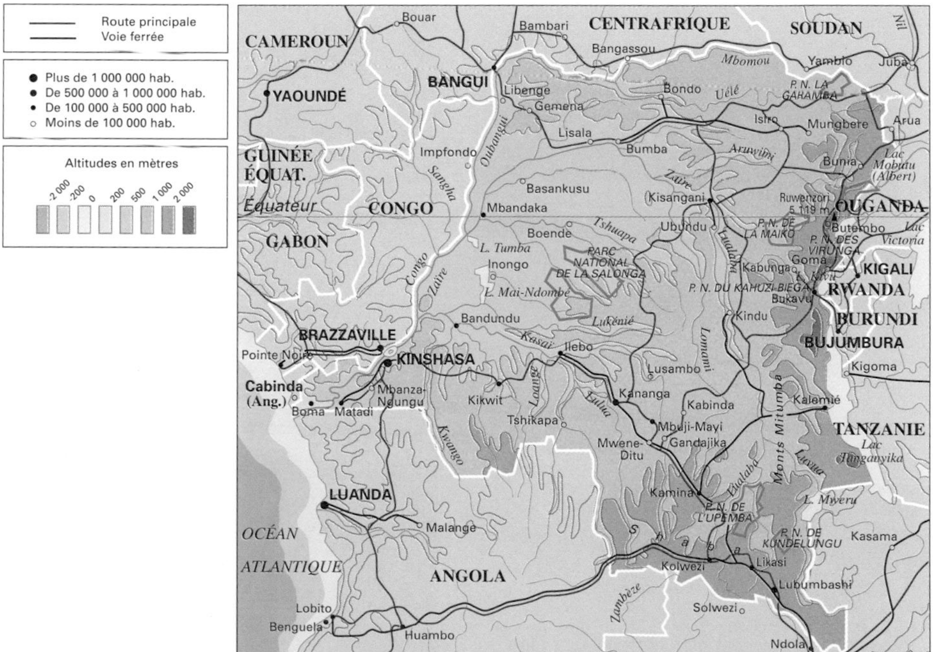

Zaïre.

le ZAMBÈZE ▪ Fleuve du sud de l'Afrique. 2 740 km. Chutes spectaculaires (Victoria). Barrages.

la ZAMBIE ▪ État du sud de l'Afrique. 752 614 km². 8 500 000 hab. *(les Zambiens)*. Capitale : Lusaka. Langues : anglais (officielle), souahéli, tonga, nyanga, bemba. Monnaie : kwacha. Le cuivre est la principale richesse, mais la fluctuation des cours déséquilibre l'économie. □ HISTOIRE Après avoir été une colonie britannique (sous le nom de *Rhodésie-du-Nord*), le pays devint indépendant et membre du Commonwealth en 1964, prenant le nom de *Zambie*. En 1990, sous la pression populaire, le président Kenneth Kaunda, au pouvoir depuis l'indépendance, instaura le multipartisme et Frederik Chiluba, chef de l'opposition, lui succéda démocratiquement en 1991.

ZAMBOANGA CITY ▪ Ville et port des Philippines (Mindanao). 442 345 hab.

Ievgueni Ivanovitch ZAMIATINE (1884 - 1937) ▪ Conteur et romancier russe. Il écrivit des nouvelles où il défend la liberté de l'homme et de l'artiste, et un roman célèbre, *"Nous autres"* (1920), description du régime totalitaire, qui ne fut publié en URSS qu'en 1988.

ZANTE ▪ Île grecque, la plus méridionale des îles Ioniennes, formant le nome de Zante. 32 746 hab. Chef-lieu : Zante (10 205 hab.).

ZANZIBAR ▪ Île de Tanzanie, dans l'océan Indien. 1 660 km². 400 000 hab. Ville principale : Zanzibar (157 634 hab.). Girofliers. Tourisme. Sultanat arabe au XVIIe s., protectorat britannique de 1890 à 1963, l'île s'associa au Tanganyika et à l'île de Pemba pour former la république unie de Tanzanie en 1964.

ZARATHOUSTRA ancienn*t* ***ZOROASTRE*** (VIe s. av. J.-C.) ▪ Prophète et réformateur religieux de Perse, fondateur du zoroastrisme.

ZARIA ▪ Ville du Nigeria. 277 187 hab. Ancienne capitale haoussa.

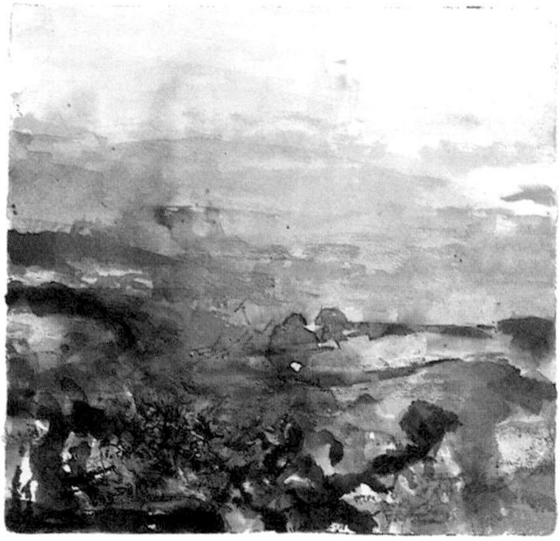

Zao Wou-ki. Aquarelle, 1985.
Phot. © ADAGP, Paris, 1996

ZAO WOU-KI (né en 1921) ▪ Peintre français d'origine chinoise. En France depuis 1948, il élabora une peinture abstraite raffinée, aux lavis subtils, synthèse des traditions chinoises et d'influences occidentales.

Emiliano ZAPATA (1879 - 1919) ▪ Révolutionnaire mexicain. À la tête des paysans, il voulut imposer une réforme agraire, mais fut assassiné sur ordre de Carranza.

ZAPORIJJIA ▪ Ville de l'Ukraine. 891 000 hab. Métallurgie.

les ZAPOROGUES ▪ Cosaques qui vivaient (du XVIe au XVIIIe s.) sur le Dniepr.

les ZAPOTÈQUES ▪ Ancien peuple indien du Mexique (vallée d'Oaxaca) dont la culture atteignit son apogée entre le Ier et le VIIe s. Il fut soumis par les Aztèques. Les principaux vestiges de sa civilisation sont à Monte Albán.

ZAPPER v. intr. 1 ▪ Passer fréquemment d'un programme de télévision à un autre. ♦ fig. Papillonner, consulter en désordre. ► n. m. ZAPPAGE ► n. ZAPPEUR, EUSE

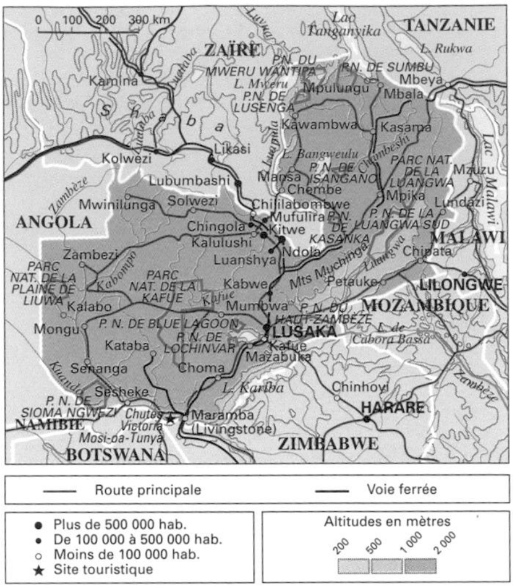

Zambie.

ZARQA ▪ Ville de Jordanie. 514 980 hab.

al-ZARQĀLĪ (v. 1029 - 1087) ▪ Astronome et mathématicien arabe. Il fut le principal auteur des tables astronomiques dites « tables Tolédanes » (1080).

Emil ZÁTOPEK (né en 1922) ▪ Athlète tchécoslovaque. Champion olympique du 10 000 m (1948, à Londres), il remporta trois médailles d'or aux jeux Olympiques d'Helsinki (1952), dans les épreuves du marathon, du 10 000 et du 5 000 m. Il établit également un record de l'heure en 1951, dépassant pour la première fois les 20 km (20,052).

ZAZOU n. ▪ HIST. (1941-1950 environ) Jeune qui se signalait par sa passion pour le jazz et son élégance tapageuse. - **adj.** *Des tenues zazoues.*

ZEAMI MOTOKIYO (1363 - 1443), ▪ Prêtre shinto japonais. créateur du théâtre nô dans sa forme actuelle.

ZÈBRE n. m. ▪ **1.** Équidé d'Afrique, voisin de l'âne, à la robe rayée de bandes noires ou brunes, au galop très rapide. - loc. *Courir, filer comme un zèbre*, très vite. **2.** FAM. Individu bizarre. *Un drôle de zèbre.*

ZÉBRER v. tr. 6 ▪ Marquer de raies qui rappellent celles de la robe du zèbre. ⇒ **rayer.** - au p. p. *Une robe zébrée. Une main zébrée d'égratignures.*

ZÉBRURE n. f. ▪ **1.** Rayure sur le pelage d'un animal. **2.** Marque de coup de forme allongée.

ZÉBU n. m. ▪ Grand bœuf domestique, caractérisé par une bosse graisseuse sur le garrot.

zébu. *Phot. © Cordier/Jacana*

ZEEBRUGGE ▪ Port de Belgique (Région flamande, province de Flandre-Occidentale), relié à Bruges par un canal. Pêche. Port pétrolier et méthanier.

Pieter **ZEEMAN** (1865-1943) ▪ Physicien néerlandais. Il découvrit, en 1896, le phénomène de perturbation des niveaux d'énergie de l'électron sous l'effet d'un champ magnétique (*effet Zeeman*). Prix Nobel 1902.

Bernard **ZEHRFUSS** (né en 1911) ▪ Architecte français. Palais de l'Unesco (1953-1958).

la **ZÉLANDE** en néerlandais ***ZEELAND*** ▪ Province des Pays-Bas. 1 791 km^2. 359 205 hab. *(les Zélandais).* Chef-lieu : Middelburg (39 828 hab.). Nombreuses îles.

ZÉLATEUR, TRICE n. ▪ LITTÉR. Partisan ou défenseur zélé (d'une cause, d'une personne). ⇒ **adepte.**

ZÈLE n. m. ▪ **1.** VX Ferveur religieuse active. **2.** Ardeur à servir une personne ou une cause à laquelle on est dévoué. ⇒ **dévouement, empressement.** *Travailler avec zèle.* - loc. *FAIRE DU ZÈLE :* montrer un zèle inhabituel ou hypocrite, exagéré. **3.** *GRÈVE DU ZÈLE :* application méticuleuse de toutes les consignes de travail, en vue de bloquer l'activité.

ZÉLÉ, ÉE adj. ▪ VIEILLI Plein de zèle. *Un secrétaire zélé.* ⇒ **dévoué.**

ZÉLOTE n. m. ▪ LITTÉR. Personne animée d'un zèle fanatique.

Karel **ZEMAN** (1910-1989) ▪ Cinéaste d'animation tchèque. Combinant marionnettes, figurines de verre, gravures au trait et, parfois, acteurs vivants, il a réalisé des films pleins d'humour et de poésie. *"Aventures fantastiques"* (1958, d'après J. Verne). *"Le Baron de Crac"* (1961).

ZEN [zɛn] n. m. ▪ Secte bouddhique du Japon (venue de Chine au XIIe s.), où la méditation prend la première place. - Courant esthétique qui en est issu, caractérisé par le dépouillement. - adj. invar. *Le bouddhisme zen. Des jardins zen.*

ZÉNITH n. m. ▪ **1.** Point du ciel situé à la verticale de l'observateur (opposé à *nadir*). *Regarder au zénith.* **2.** LITTÉR. Point culminant. ⇒ **apogée, sommet.** *Être à son zénith. Le zénith de la réussite.* ▶ adj. ZÉNITHAL, ALE, AUX

ZÉNOBIE (morte v. 272) ▪ Reine de Palmyre de 266 env. à sa mort. Elle conduisit Palmyre à son apogée, conquit l'Égypte et l'Asie Mineure, inquiétant Rome qui la vainquit.

ZÉNON DE CITIUM ou **CITION** (v. 335-v. 264 av. J.-C.) ▪ Philosophe grec, fondateur du stoïcisme.

ZÉNON D'ÉLÉE (Ve s. av. J.-C) ▪ Philosophe grec, disciple de Parménide. Il est l'auteur de paradoxes sur la notion de mouvement (Achille ne rejoindra jamais la tortue car, dans le temps qu'il mettra pour atteindre sa position, celle-ci aura avancé, et ainsi de suite).

ZÉPHYR n. m. ▪ **I.** POÉT. Vent doux et agréable, brise légère. **II.** Toile de coton fine et souple.

ZÉPHYR ▪ Personnification du vent d'ouest dans la légende grecque.

ZEPPELIN n. m. ▪ HIST. Grand dirigeable rigide à carcasse métallique, construit en Allemagne de 1900 à 1937. *Des zeppelins.*

Ferdinand von **ZEPPELIN** (1838-1917) ▪ Industriel allemand. Il travailla à la construction de dirigeables rigides (cf. zeppelin).

ZERMATT ▪ Commune de Suisse (Valais). Station de sports d'hiver (1 620-3 407 m), au pied du Cervin. 5 387 hab.

Ernst **ZERMELO** (1871-1953) ▪ Mathématicien allemand, auteur de l'axiomatique de la théorie des ensembles.

ZÉRO n. m. ▪ **1.** Chiffre arabe (0) notant les ordres d'unités absentes. **2.** Nombre associé à un ensemble vide ; grandeur, valeur nulle. *Tendre vers zéro.* **3.** FAM. Néant, rien. *Réduire qqch. à zéro.* - loc. *Avoir le moral à zéro,* être déprimé. *Repartir de zéro, à zéro,* recommencer après avoir échoué. ♦ Chose ou personne insignifiante, nulle. *Un zéro,* un homme sans valeur. ⇒ **nullité. 4.** Aucun. *Il a fait zéro faute à sa dictée.* **5.** Point de départ d'une mesure ou d'une évaluation. *Zéro degré. Dix degrés au-dessus, au-dessous de zéro. Le zéro absolu. Zéro heure :* minuit. **6.** Note la plus basse. *Zéro de conduite.* **7.** appos. *Le point zéro. "Le Degré zéro de l'écriture"* (de Barthes). - *Croissance zéro.*

ZESTE n. m. ▪ **1.** Petit morceau d'écorce fraîche (de citron, d'orange). *Un zeste de citron.* **2.** fig. Petite quantité.

ZEUS ▪ Dieu le plus important du Panthéon grec. Dieu de la Lumière et de la Foudre, il maintient l'ordre et la justice dans le monde. À Rome, il fut identifié à Jupiter.

Zeus. Tête de Zeus. Musée national, Athènes. *Phot. © Nimatallah/Ricciarini*

ZÉZAIEMENT n. m. ▪ Défaut de prononciation d'une personne qui zézaie.

ZÉZAYER v. intr. [8] ▪ Prononcer z à la place de *j* (*ze veux* pour *je veux*) ou *s* à la place de *ch.* ⇒ FAM. **zozoter.**

ZHANGJIAKOU ou **TCHANG-KIA-K'EOU** en mongol ***KALGAN*** ▪ Ville de Chine (Hebei). 674 800 hab.

ZHAO Ziyang ou **TCHAO Tseu-yang** (né en 1919) ▪ Homme politique chinois. Premier ministre de 1980 à 1987, puis secrétaire général du parti communiste en 1987 ; de tendance libérale, il fut jugé responsable de la révolte étudiante de mai 1989 et démis de ses fonctions.

le **ZHEJIANG** ou **TCHÖ-KIANG** ▪ Province côtière de l'est de la Chine. 101 800 km^2. 42 660 000 hab. Capitale : Hangzhou. Agriculture (riz, blé). Production de soie.

ZHENGZHOU ou **TCHEN-TCHEOU** ▪ Ville de Chine, capitale du Henan. 1 705 600 hab. Cultures céréalières. Filatures de coton.

ZHOU Enlai, TCHEOU Ngen-lai ou **CHOU En-lai** (1898-1976) ▪ Compagnon de Mao Zedong, Premier ministre de la République populaire de Chine de 1949 à sa mort.

les **ZHOU** ou **TCHEOU** ▪ Dynastie chinoise qui régna de 1050 à 221 av. J.-C. et organisa un royaume féodal.

ZHU de ou **TCHOU-TÖ** (1886-1976) ▪ Homme politique et maréchal chinois. Il fut l'un des principaux compagnons de Mao Zedong.

ZIBELINE n. f. ▪ Petit mammifère de la Sibérie et du Japon, du genre martre, dont la fourrure est très précieuse. ♦ Fourrure de cet animal.

ZIBO ou **TSEU-PO** ▪ Ville de Chine (Shandong). 2 457 500 hab. Grand centre houiller.

ZIEUTER ou **ZYEUTER** v. tr. [1] ▪ FAM. Jeter un coup d'œil pour observer, regarder (qqch., qqn). ⇒ **reluquer.**

ZIG ou **ZIGUE** n. m. ▪ FAM. Individu, type. ⇒ **zigoto.** *Un drôle de zig.*

ziggourat. Ziggourat consacrée au dieu sumérien Nanna à Ur.
Phot. © Charles Lénars

ZIGGOURAT [-at] n. f. ▪ DIDACT. Temple babylonien, en forme de pyramide à étages.

ZIGOTO n. m. ▪ Zig.

ZIGOUILLER v. tr. [1] ▪ FAM. Tuer.

ZIGUINCHOR ▪ Ville portuaire du Sénégal, en basse Casamance. 85 000 hab. Tourisme.

ZIGZAG [zigzag] n. m. ▪ Ligne brisée. *Route en zigzag.* ⇒ **lacet.** *Marcher en zigzag.*

ZIGZAGUER v. intr. [1] ▪ Faire des zigzags, aller de travers.

ZIMBABWE ▪ Ancienne ville d'Afrique australe (État du Zimbabwe), fondée vers le ve s., développée après le xe s., devenue la capitale d'un État (XIIIe-XVe s.) connu ensuite en Europe sous le nom de Monomotapa (mines d'or). Site archéologique.

Zimbabwe.

le **ZIMBABWE** ▪ État d'Afrique australe. 390 308 km². 9 600 000 hab. *(les Zimbabwéens).* Capitale : Harare. Langues : anglais (officielle), shona, ndébélé. Monnaie : dollar zimbabwéen. Agriculture diversifiée, ressources minières (chrome, amiante, cuivre, or) et énergétiques (barrage de Kariba). □ HISTOIRE Le Zimbabwe est issu de l'ancienne colonie anglaise de la Rhodésie (→ Cecil **Rhodes**), qui s'était scindée en Rhodésie-du-Nord et Rhodésie-du-Sud. Après que la Rhodésie-du-Nord fut devenue la Zambie, la Rhodésie-du-Sud, aux mains d'une minorité blanche, proclama son indépendance (1965). Quand les Noirs obtinrent le pouvoir (1980), la république de Rhodésie disparut et l'indépendance du Zimbabwe, dirigé par R. Mugabe, fut proclamée.

Dominikus **ZIMMERMANN** (1685 - 1766) ▪ Architecte, décorateur et stucateur allemand. L'un des principaux architectes du baroque bavarois, maître du décor rococo, il édifia surtout des églises et des abbayes : églises de Steinhausen (1723-1733) et de Wies (v. 1750). Il fut aidé par son frère Johann Baptist Zimmermann (1680 - 1758), qui participa à la décoration de la Résidence de Munich (1728-1730).

Bernd Alois **ZIMMERMANN** (1918 - 1970) ▪ Compositeur allemand. Son œuvre mêle le désespoir et le calme mystique. *"Die Soldaten"* (1958-1960), opéra. Nombreuses compositions pour violoncelle.

ZINC [zɛ̃g] n. m. ▪ **1.** Corps simple (symb. Zn), métal dur d'un blanc bleuâtre, utilisé pour sa bonne résistance à la corrosion par l'eau. *Toits en zinc.* **2.** FAM. Comptoir (d'un débit de boissons). *Boire un verre sur le zinc.* **3.** FAM. Avion. *Un vieux zinc.*

ZINDER ▪ Ville du Niger. 130 000 hab. Capitale du Niger jusqu'en 1926.

ZINGUEUR n. m. ▪ Ouvrier spécialisé dans les revêtements en zinc. - appos. *Plombier zingueur.*

ZINNIA n. m. ▪ Plante d'origine exotique, ornementale, aux nombreuses variétés.

Grigori Radomyslski dit **ZINOVIEV** (1883 - 1936) ▪ Homme politique russe. Compagnon de Lénine, il fut jugé puis exécuté (avec Kamenev) sous Staline. Réhabilité en 1988.

ZINZIN adj. invar. ▪ FAM. Un peu fou. ⇒ **cinglé, toqué ; zozo.** *Elles sont complètement zinzin.*

ZINZOLIN n. m. ▪ Violet rougeâtre.

ZIRCON n. m. ▪ Pierre semi-précieuse utilisée en bijouterie.

ZIZANIE n. f. ▪ LITTÉR. Discorde. *Semer la zizanie (entre* des personnes, *dans* un groupe*),* faire naître la discorde, les disputes.

ZIZI n. m. ▪ FAM. Parties sexuelles.

Jan **ŽIŽKA** (1375 - 1424) ▪ Patriote tchèque. L'un des chefs des hussites après la mort de J. Hus, il fut l'instigateur de la révolte de Prague en 1419, et remporta sur l'empereur Sigismond plusieurs victoires.

ZLOTY n. m. ▪ Unité monétaire de la Pologne. *Des zlotys.*

-ZOAIRE Élément savant (de *zoo-* et suffixe *-aire*) signifiant « animal » (ex. *protozoaire*). ⇒ **zoo-.**

ZOB [zɔb] n. m. ▪ FAM. et vulg. **1.** Membre viril. ⇒ **pénis. 2.** interj. Pas question !, non, impossible ! ◇ var. ZEB, ZOBI.

Mikhaïl **ZOCHTCHENKO** (1895 - 1958) ▪ Écrivain soviétique. Il est l'auteur de courts récits satiriques dénonçant les imperfections des institutions soviétiques.

ZODIACAL, ALE, AUX adj. ▪ Du zodiaque.

ZODIAQUE n. m. ▪ **1.** Zone circulaire du ciel à l'horizon, dans laquelle le Soleil et les constellations se lèvent au cours de l'année. **2.** *Signes du zodiaque,* les douze figures (Bélier, Taureau, Gémeaux, Cancer, Lion, Vierge, Balance, Scorpion, Sagittaire, Capricorne, Verseau, Poissons) qu'évoque la configuration des étoiles dans cette zone, et qui président, en astrologie, à la destinée de chacun.

le **ZOHAR** ou **SEFER HA-ZOHAR** ▪ Traité ésotérique juif du XIIIe s., interprétation mystique du Pentateuque, ouvrage fondamental de la Kabbale.

Émile **ZOLA** (1840 - 1902) ▪ Écrivain français. Journaliste et romancier, il soutint les impressionnistes (Manet) et prit courageusement la défense de Dreyfus dans son article *"J'accuse"* (1898). Chef de file du naturalisme, auteur de la fresque romanesque *"Les Rougon-Macquart, Histoire naturelle et sociale d'une famille sous le Second Empire"* (*"L'Assommoir"*, 1877; *"Germinal"*, 1885), il fut violemment attaqué pour son réalisme sans compromis.

Deutscher **ZOLLVEREIN** ▪ Association douanière des États allemands sous la conduite de la Prusse, qui fut à l'origine de l'unité politique allemande (commencée en 1828, elle fut achevée en 1888).

ZOMBI n. m. ▪ **1.** Esprit d'un mort qu'un sorcier met à son service (croyances vaudou). **2.** Personne qui paraît vidée de sa substance, sans volonté. ◇ var. ZOMBIE.

ZONA n. m. ▪ MÉD. Maladie virale caractérisée par une éruption de vésicules disposées sur le trajet des nerfs sensitifs (souvent autour de la ceinture).

ZONARD, ARDE n. ▪ FAM. Personne qui vit dans une zone, une banlieue défavorisée.

① **ZONE** n. f. ▪ **1.** GÉOM., SC. Partie d'une surface sphérique comprise entre deux plans parallèles. *La zone équatoriale.* **2.** Partie importante (d'une surface). ⇒ **région, secteur.** *La zone médiane du cerveau. Zone sismique.* **3.** Portion (de territoire). *Zone urbaine,* espace urbanisé autour d'une ville. *Zone franche,* soumise à la franchise douanière. *Zone libre, zone occupée* (en France, 1940-1942). - *Zone industrielle. Zone à urbaniser.* ⇒ Z.A.C, Z.U.P. ♦ absolt Faubourg misérable. - Banlieue défavorisée. *Habiter la zone.* **4.** loc. *De seconde zone,* de second ordre, en valeur. ⇒ **choix.**

② **ZONE** n. f. ▪ FAM. Action de zoner.

ZONER v. intr. 1 ▪ **1.** FAM. Mener une existence précaire (⇒ **zonard**). **2.** Flâner, traîner sans but précis.

ZOO [z(o)o] n. m. ▪ Parc zoologique.

ZOO- [zoo] Élément savant, du grec *zôon* « être vivant, animal ». ⇒ **-zoaire.**

ZOOLOGIE n. f. ▪ Partie des sciences naturelles qui étudie les animaux.

ZOOLOGIQUE adj. ▪ Qui concerne la zoologie, les animaux. *Classification zoologique.* - *Jardin zoologique,* parc où des animaux sont présentés dans des conditions rappelant leur vie en liberté. ⇒ **zoo.**

ZOOLOGISTE n. ▪ Spécialiste de la zoologie.

ZOOM [zum] n. m. ▪ anglic. **1.** Objectif d'appareil photo ou de caméra, à focale variable. **2.** Cadrage réalisé grâce à cet objectif.

ZOOMER [zume] v. intr. 1 ▪ anglic. Cadrer, spécialt rapprocher grâce au zoom.

ZOOMORPHE adj. ▪ DIDACT., ARTS Qui représente des animaux. *Décoration zoomorphe.*

ZOOMORPHISME n. m. ▪ DIDACT. Métamorphose en animal.

ZOROASTRE → Zarathoustra

ZOROASTRIEN, IENNE adj. ▪ Propre à Zarathoustra, à sa religion.

ZOROASTRISME n. m. ▪ Religion dualiste fondée par Zarathoustra. ⇒ **manichéisme.**

ZORRO ▪ Archétype du vengeur masqué vêtu de noir, créé en 1919 par le romancier J. Mc Culley et popularisé par de nombreux films.

ZOU interj. ▪ RÉGIONAL (Provence) Allons !, vite !

ZOUAVE n. m. ▪ **1.** HIST. Soldat algérien d'un corps d'infanterie coloniale créé en 1830. - Fantassin français d'un corps distinct des tirailleurs indigènes. **2.** fig. *Faire le zouave,* faire le malin, faire le pitre.

ZOUG en allemand *ZUG* ▪ Ville de Suisse. 21 694 hab. ► **le canton de ZOUG** 239 km². 85 386 hab. Chef-lieu : Zoug.

ZOULOU, E adj. ▪ Des Zoulous*. *Musique zouloue.* ♦ n. m. *Le zoulou* (langue bantoue).

les ZOULOUS ▪ Peuple de l'Afrique australe, d'origine bantoue. Leur organisation politico-militaire aboutit à une confédération (1816) qui résista jusqu'en 1879 à la colonisation anglaise.

ZOZO n. m. ▪ Naïf, niais.

ZOZOTER v. intr. 1 ▪ FAM. Zézayer.

le ZUIDERZEE ▪ Mer intérieure des Pays-Bas (3 500 km²), endiguée en 1932.

les ZUÑIS ▪ Groupe des Indiens Pueblos.

Z.U.P. [zyp] ▪ Sigle de *zone à urbaniser en priorité.*

Francisco de ZURBARÁN (1598 - 1664) ▪ Peintre espagnol. Subtil coloriste, il traita des sujets religieux de manière réaliste et émouvante, et fut apprécié par les romantiques et les cubistes.

ZURICH en allemand *ZÜRICH* ▪ Ville de Suisse. 345 215 hab. *(les Zurichois).* Située sur le *lac de Zurich* (89 km²). Principal centre industriel et financier du pays. ► **le canton de ZURICH** 1 729 km². 1 172 115 hab. Chef-lieu : Zurich.

ZUT [zyt] interj. ▪ FAM. Exclamation de dépit. ⇒ **flûte** (II). ► ZUTIQUE adj. HIST. LITTÉR. « *L'Album zutique* », du cercle des poètes dits *zutistes* (Charles Cros, Verlaine, Rimbaud).

Stefan ZWEIG (1881 - 1942) ▪ Écrivain autrichien. L'analyse psychologique, l'étude des motivations humaines sont au cœur de son œuvre. Nouvelles (*"Amok"*, 1922; *"La Confusion des sentiments"*, 1926), biographies romancées (*"Marie-Antoinette"*). Marqué par le nazisme, il se donna la mort.

ZWICKAU ▪ Ville d'Allemagne (Saxe). 115 700 hab.

Ulrich ZWINGLI (1484 - 1531) ▪ Réformateur religieux suisse. Ses idées ont influencé Calvin.

ZWOLLE ▪ Ville des Pays-Bas, chef-lieu de l'Overijssel. 97 131 hab.

Vladimir Kosma ZWORYKIN (1889 - 1982) ▪ Ingénieur américain d'origine russe. il élabora un dispositif de télévision entièrement électronique et mit au point l'iconoscope (1933), permettant les progrès importants de la télévision cathodique. Il se consacra ensuite à l'électronique médicale.

ZYGOMA n. m. ▪ ANAT. Apophyse de la pommette.

ZYGOMATIQUE adj. ▪ ANAT. De la joue. *Les muscles zygomatiques* (rire, sourire).

ZYM(O)- Élément savant (du grec *zumê* « levain ») signifiant « ferment, enzyme ».

ZYTHUM [zitɔm] n. m. ▪ DIDACT. Boisson fermentée, analogue à la bière, dans l'Égypte antique.

ZZZ... [zzz] interj. ▪ Bruit, sifflement léger et continu (bourdonnement d'insecte, bruit d'un coup de fouet, etc.).

Zurbarán. *Sainte Casilde.* Musée du Prado, Madrid. *Phot. © Giraudon*

ANNEXES

Les conjugaisons

VERBES RÉGULIERS :
conjugaison 1 *aimer ; arriver ;*
forme pronominale *se reposer*
conjugaison 2 *finir*

VERBES IRRÉGULIERS :
conjugaisons 3 à 9 : verbes irréguliers en *-er*
conjugaisons 10 à 22 : verbes irréguliers en *-ir*
conjugaisons 23 à 34 : verbes irréguliers en *-oir*
(conjugaison 34 verbe *avoir*)
conjugaisons 35 à 61 : verbes irréguliers en *-re*
(conjugaison 61 verbe *être*)

Petit dictionnaire des suffixes

Liste des noms propres de lieux et gentilés correspondants

INDICATIF

PRÉSENT	PASSÉ COMPOSÉ
j'aime	j'ai aimé
tu aimes	tu as aimé
il/elle aime	il/elle a aimé
nous aimons	nous avons aimé
vous aimez	vous avez aimé
ils/elles aiment	ils/elles ont aimé
IMPARFAIT	**PLUS-QUE-PARFAIT**
j'aimais	j'avais aimé
tu aimais	tu avais aimé
il/elle aimait	il/elle avait aimé
nous aimions	nous avions aimé
vous aimiez	vous aviez aimé
ils/elles aimaient	ils/elles avaient aimé
PASSÉ SIMPLE	**PASSÉ ANTÉRIEUR**
j'aimai	j'eus aimé
tu aimas	tu eus aimé
il/elle aima	il/elle eut aimé
nous aimâmes	nous eûmes aimé
vous aimâtes	vous eûtes aimé
ils/elles aimèrent	ils/elles eurent aimé
FUTUR SIMPLE	**FUTUR ANTÉRIEUR**
j'aimerai [ɛm(ə)ʀɛ]	j'aurai aimé
tu aimeras	tu auras aimé
il/elle aimera	il/elle aura aimé
nous aimerons [ɛm(ə)ʀɔ̃]	nous aurons aimé
vous aimerez	vous aurez aimé
ils/elles aimeront	ils/elles auront aimé

SUBJONCTIF

PRÉSENT

que j'aime
que tu aimes
qu'il/elle aime
que nous aimions
que vous aimiez
qu'ils/elles aiment

IMPARFAIT

que j'aimasse
que tu aimasses
qu'il/elle aimât
que nous aimassions
que vous aimassiez
qu'ils/elles aimassent

PASSÉ

que j'aie aimé
que tu aies aimé
qu'il/elle ait aimé
que nous ayons aimé
que vous ayez aimé
qu'ils/elles aient aimé

PLUS-QUE-PARFAIT

que j'eusse aimé
que tu eusses aimé
qu'il/elle eût aimé
que nous eussions aimé
que vous eussiez aimé
qu'ils/elles eussent aimé

CONDITIONNEL

PRÉSENT

j'aimerais
tu aimerais
il/elle aimerait
nous aimerions
vous aimeriez
ils/elles aimeraient

PASSÉ 1re FORME

j'aurais aimé
tu aurais aimé
il/elle aurait aimé
nous aurions aimé
vous auriez aimé
ils/elles auraient aimé

PASSÉ 2e FORME

j'eusse aimé
tu eusses aimé
il/elle eût aimé
nous eussions aimé
vous eussiez aimé
ils/elles eussent aimé

	PRÉSENT	PASSÉ
IMPÉRATIF	aime aimons aimez	aie aimé ayons aimé ayez aimé
PARTICIPE	aimant	aimé, ée ayant aimé
INFINITIF	aimer	avoir aimé

INDICATIF

PRÉSENT

j'arrive
tu arrives
il/elle arrive
nous arrivons
vous arrivez
ils/elles arrivent

PASSÉ COMPOSÉ

je suis arrivé, ée
tu es arrivé, ée
il/elle est arrivé, ée
nous sommes arrivés, ées
vous êtes arrivés, ées
ils/elles sont arrivés, ées

IMPARFAIT

j'arrivais
tu arrivais
il/elle arrivait
nous arrivions
vous arriviez
ils/elles arrivaient

PLUS-QUE-PARFAIT

j'étais arrivé, ée
tu étais arrivé, ée
il/elle était arrivé, ée
nous étions arrivés, ées
vous étiez arrivés, ées
ils/elles étaient arrivés, ées

PASSÉ SIMPLE

j'arrivai
tu arrivas
il/elle arriva
nous arrivâmes
vous arrivâtes
ils/elles arrivèrent

PASSÉ ANTÉRIEUR

je fus arrivé, ée
tu fus arrivé, ée
il/elle fut arrivé, ée
nous fûmes arrivés, ées
vous fûtes arrivés, ées
ils/elles furent arrivés, ées

FUTUR SIMPLE

j'arriverai [aʀiv(ə)ʀɛ]
tu arriveras
il/elle arrivera
nous arriverons [aʀiv(ə)ʀɔ̃]
vous arriverez
ils/elles arriveront

FUTUR ANTÉRIEUR

je serai arrivé, ée
tu seras arrivé, ée
il/elle sera arrivé, ée
nous serons arrivés, ées
vous serez arrivés, ées
ils/elles seront arrivés, ées

SUBJONCTIF

PRÉSENT

que j'arrive
que tu arrives
qu'il/elle arrive
que nous arrivions
que vous arriviez
qu'ils/elles arrivent

IMPARFAIT

que j'arrivasse
que tu arrivasses
qu'il/elle arrivât
que nous arrivassions
que vous arrivassiez
qu'ils/elles arrivassent

PASSÉ

que je sois arrivé, ée
que tu sois arrivé, ée
qu'il/elle soit arrivé, ée
que nous soyons arrivés, ées
que vous soyez arrivés, ées
qu'ils/elles soient arrivés, ées

PLUS-QUE-PARFAIT

que je fusse arrivé, ée
que tu fusses arrivé, ée
qu'il/elle fût arrivé, ée
que nous fussions arrivés, ées
que vous fussiez arrivés, ées
qu'ils/elles fussent arrivés, ées

CONDITIONNEL

PRÉSENT

j'arriverais [aʀivʀɛ]
tu arriverais
il/elle arriverait
nous arriverions [aʀiv(ə)ʀjɔ̃]
vous arriveriez
ils/elles arriveraient

PASSÉ 1re FORME

je serais arrivé, ée
tu serais arrivé, ée
il/elle serait arrivé, ée
... ées
... s
... és, ées

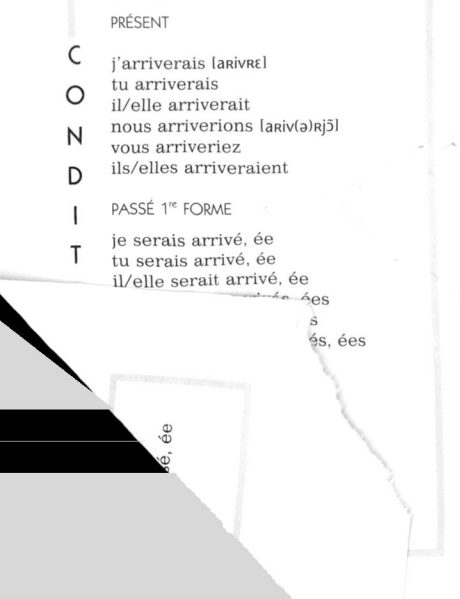

... é, ée

IMPÉRATIF

PRÉSENT

arrive
arrivons
arrivez

PASSÉ

sois arrivé, ée
soyons arrivés, ées
soyez arrivés, ées

PARTICIPE

PRÉSENT

arrivant

PASSÉ

arrivé, ée
étant a...

INFINITIF

PRÉSENT

arriver

INDICATIF

PRÉSENT

je me repose
tu te reposes
il/elle se repose
nous nous reposons
vous vous reposez
ils/elles se reposent

PASSÉ COMPOSÉ

je me suis reposé, ée
tu t'es reposé, ée
il/elle s'est reposé, ée
nous nous sommes reposés, ées
vous vous êtes reposés, ées
ils/elles se sont reposés, ées

IMPARFAIT

je me reposais
tu te reposais
il/elle se reposait
nous nous reposions
vous vous reposiez
ils/elles se reposaient

PLUS-QUE-PARFAIT

je m'étais reposé, ée
tu t'étais reposé, ée
il/elle s'était reposé, ée
nous nous étions reposés, ées
vous vous étiez reposés, ées
ils/elles s'étaient reposés, ées

PASSÉ SIMPLE

je me reposai
tu te reposas
il/elle se reposa
nous nous reposâmes
vous vous reposâtes
ils/elles se reposèrent

PASSÉ ANTÉRIEUR

je me fus reposé, ée
tu te fus reposé, ée
il/elle se fut reposé, ée
nous nous fûmes reposés, ées
vous vous fûtes reposés, ées
ils/elles se furent reposés, ées

FUTUR SIMPLE

je me reposerai
tu te reposeras
il/elle se reposera
nous nous reposerons
vous vous reposerez
ils/elles se reposeront

FUTUR ANTÉRIEUR

je me serai reposé, ée
tu te seras reposé, ée
il/elle se sera reposé, ée
nous nous serons reposés, ées
vous vous serez reposés, ées
ils/elles se seront reposés, ées

SUBJONCTIF

PRÉSENT

que je me repose
que tu te reposes
qu'il/elle se repose
que nous nous reposions
que vous vous reposiez
qu'ils/elles se reposent

IMPARFAIT

que je me reposasse
que tu te reposasses
qu'il/elle se reposât
que nous nous reposassions
que vous vous reposassiez
qu'ils/elles se reposassent

PASSÉ

que je me sois reposé, ée
que tu te sois reposé, ée
qu'il/elle se soit reposé, ée
que nous nous soyons reposés, ées
que vous vous soyez reposés, ées
qu'ils/elles se soient reposés, ées

PLUS-QUE-PARFAIT

que je me fusse reposé, ée
que tu te fusses reposé, ée
qu'il/elle se fût reposé, ée
que nous nous fussions reposés, ées
que vous vous fussiez reposés, ées
qu'ils/elles se fussent reposés, ées

CON

PRÉSENT

je me reposerais
tu te reposerais
il/elle se reposerait
nous nous reposerions
vous vous reposeriez
ils/elles se reposeraient

ASSÉ 1re FORME

e serais reposé, ée
erais reposé, ée
serait reposé, ée
serions reposés, ées
riez reposés, ées
aient reposés, ées

ée

, ées
es
s

IMPÉRATIF

PRÉSENT

repose-toi
reposons-nous
reposez-vous

PASSÉ

inusité

PARTICIPE

PRÉSENT

se reposant

PASSÉ

s'étant reposé, ée

INFINITIF

PRÉSENT

se reposer

PASSÉ

s'être repo

INDICATIF

PRÉSENT	PASSÉ COMPOSÉ
je finis	j'ai fini
tu finis	tu as fini
il/elle finit	il/elle a fini
nous finissons	nous avons fini
vous finissez	vous avez fini
ils/elles finissent	ils/elles ont fini
IMPARFAIT	**PLUS-QUE-PARFAIT**
je finissais	j'avais fini
tu finissais	tu avais fini
il/elle finissait	il/elle avait fini
nous finissions	nous avions fini
vous finissiez	vous aviez fini
ils/elles finissaient	ils/elles avaient fini
PASSÉ SIMPLE	**PASSÉ ANTÉRIEUR**
je finis	j'eus fini
tu finis	tu eus fini
il/elle finit	il/elle eut fini
nous finîmes	nous eûmes fini
vous finîtes	vous eûtes fini
ils/elles finirent	ils/elles eurent fini
FUTUR SIMPLE	**FUTUR ANTÉRIEUR**
je finirai	j'aurai fini
tu finiras	tu auras fini
il/elle finira	il/elle aura fini
nous finirons	nous aurons fini
vous finirez	vous aurez fini
ils/elles finiront	ils/elles auront fini

SUBJONCTIF

PRÉSENT

que je finisse
que tu finisses
qu'il/elle finisse
que nous finissions
que vous finissiez
qu'ils/elles finissent

IMPARFAIT

que je finisse
que tu finisses
qu'il/elle finît
que nous finissions
que vous finissiez
qu'ils/elles finissent

PASSÉ

que j'aie fini
que tu aies fini
qu'il/elle ait fini
que nous ayons fini
que vous ayez fini
qu'ils/elles aient fini

PLUS-QUE-PARFAIT

que j'eusse fini
que tu eusses fini
qu'il/elle eût fini
que nous eussions fini
que vous eussiez fini
qu'ils/elles eussent fini

CONDITIONNEL

PRÉSENT

je finirais
tu finirais
il/elle finirait
nous finirions
vous finiriez
ils/elles finiraient

PASSÉ 1re FORME

j'aurais fini
tu aurais fini
il/elle aurait fini
nous aurions fini
vous auriez fini
ils/elles auraient fini

PASSÉ 2e FORME

j'eusse fini
tu eusses fini
il/elle eût fini
nous eussions fini
vous eussiez fini
ils/elles eussent fini

	PRÉSENT	PASSÉ
IMPÉRATIF	finis finissons finissez	aie fini ayons fini ayez fini
PARTICIPE	finissant	fini, ie ayant fini
INFINITIF	finir	avoir fini

		INDICATIF			
		présent 1res personnes	présent 3es personnes	imparfait	passé simple
3	**placer**	je place [plas] nous plaçons [plasɔ̃]	il/elle place ils/elles placent	je plaçais	je plaçai

REM. Les verbes en ***-ecer*** (ex. *dépecer*) se conjuguent comme ***placer*** et ***geler***. Les verbes en ***-écer*** (ex. *rapiécer*) se conjuguent comme ***céder*** et ***placer***.

	bouger	je bouge [buʒ] nous bougeons [buʒɔ̃]	il/elle bouge ils/elles bougent	je bougeais nous bougions	je bougeai

REM. Les verbes en ***-éger*** (ex. *protéger*) se conjuguent comme ***bouger*** et ***céder***.

4	**appeler**	j'appelle [apɛl] nous appelons [ap(ə)lɔ̃]	il/elle appelle ils/elles appellent	j'appelais	j'appelai
	jeter	je jette [ʒɛt] nous jetons [ʒ(ə)tɔ̃]	il/elle jette ils/elles jettent	je jetais	je jetai
5	**geler**	je gèle [ʒɛl] nous gelons [ʒ(ə)lɔ̃]	il/elle gèle ils/elles gèlent	je gelais nous gelions [ʒəljɔ̃]	je gelai
	acheter	j'achète [aʃɛt] nous achetons [aʃ(ə)tɔ̃]	il/elle achète ils/elles achètent	j'achetais [aʃtɛ] nous achetions	j'achetai

et les verbes en ***-emer*** (ex. *semer*), ***-ener*** (ex. *mener*), ***-eser*** (ex. *peser*), ***-ever*** (ex. *lever*), etc.

REM. Les verbes en ***-ecer*** (ex. *dépecer*) se conjuguent comme ***geler*** et ***placer***.

6	**céder**	je cède [sɛd] nous cédons [sedɔ̃]	il/elle cède ils/elles cèdent	je cédais nous cédions	je cédai

et les verbes en ***-é*** + consonne(s) + ***-er*** (ex. *célébrer, lécher, déléguer, préférer*, etc.).

REM. 1. Les verbes en ***-éger*** (ex. *protéger*) se conjuguent comme ***céder*** et ***bouger***. Les verbes en ***-écer*** (ex. *rapiécer*) se conjuguent comme ***céder*** et ***placer***.

7	**épier**	j'épie [epi] nous épions [epjɔ̃]	il/elle épie ils/elles épient	j'épiais nous épiions [epijɔ̃]	j'épiai
	prier	je prie [pʀi] nous prions [pʀijɔ̃]	il/elle prie ils/elles prient	je priais nous priions [pʀijjɔ̃]	je priai
8	**noyer**	je noie [nwa] nous noyons [nwajɔ̃]	il/elle noie ils/elles noient	je noyais nous noyions [nwajjɔ̃]	je noyai

et les verbes en ***-uyer*** (ex. *appuyer*).

REM. ***Envoyer*** fait au futur : *j'enverrai*, et au conditionnel : *j'enverrais*.

	payer	je paie [pɛ] ou je paye [pɛj] nous payons [pɛjɔ̃]	il/elle paie ou il/elle paye ils/elles paient ou ils/elles payent	je payais nous payions [pɛjjɔ̃]	je payai

et tous les verbes en ***-ayer***.

futur	CONDITIONNEL présent	SUBJONCTIF présent	IMPÉRATIF présent	PARTICIPES présent passé
je placerai [plasʀɛ]	je placerais	que je place que nous placions	place plaçons	plaçant placé, ée
je bougerai [buʒʀɛ]	je bougerais	que je bouge que nous bougions	bouge bougeons	bougeant bougé, ée
j'appellerai [apɛlʀɛ]	j'appellerais	que j'appelle que nous appelions	appelle appelons	appelant appelé, ée
je jetterai [ʒɛtʀɛ]	je jetterais	que je jette que nous jetions	jette jetons	jetant jeté, ée
je gèlerai [ʒɛlʀɛ]	je gèlerais	que je gèle que nous gelions	gèle gelons	gelant gelé, ée
j'achèterai [aʃɛtʀɛ]	j'achèterais	que j'achète que nous achetions	achète achetons	achetant acheté, ée
je céderai [sɛdʀɛ ; sedʀɛ][(2)]	je céderais[(2)]	que je cède que nous cédions	cède cédons	cédant cédé, ée

REM. 2. La prononciation actuelle appellerait plutôt l'accent grave au futur et au conditionnel *(je cèderai ; je cèderais).*

futur	CONDITIONNEL présent	SUBJONCTIF présent	IMPÉRATIF présent	PARTICIPES présent passé
j'épierai [epiʀɛ]	j'épierais	que j'épie	épie épions	épiant épié, ée
je prierai [pʀiʀɛ]	je prierais	que je prie	prie prions	priant prié, priée
je noierai [nwaʀɛ]	je noierais	que je noie	noie noyons	noyant noyé, noyée
je paierai [pɛʀɛ] ou je payerai [pɛjʀɛ] nous paierons ou nous payerons	je paierais ou je payerais	que je paie ou que je paye	paie ou paye payons	payant payé, payée

INDICATIF

PRÉSENT	PASSÉ COMPOSÉ
je vais [vɛ]	je suis allé, ée
tu vas	tu es allé, ée
il/elle va	il/elle est allé, ée
nous allons [alɔ̃]	nous sommes allés, ées
vous allez	vous êtes allés, ées
ils/elles vont [vɔ̃]	ils/elles sont allés, ées

IMPARFAIT	PLUS-QUE-PARFAIT
j'allais [alɛ]	j'étais allé, ée
tu allais	tu étais allé, ée
il/elle allait	il/elle était allé, ée
nous allions [aljɔ̃]	nous étions allés, ées
vous alliez	vous étiez allés, ées
ils/elles allaient	ils/elles étaient allés, ées

PASSÉ SIMPLE	PASSÉ ANTÉRIEUR
j'allai	je fus allé, ée
tu allas	tu fus allé, ée
il/elle alla	il/elle fut allé, ée
nous allâmes	nous fûmes allés, ées
vous allâtes	vous fûtes allés, ées
ils/elles allèrent	ils/elles furent allés, ées

FUTUR SIMPLE	FUTUR ANTÉRIEUR
j'irai [iʀɛ]	je serai allé, ée
tu iras	tu seras allé, ée
il/elle ira	il/elle sera allé, ée
nous irons	nous serons allés, ées
vous irez	vous serez allés, ées
ils/elles iront	ils/elles seront allés, ées

SUBJONCTIF

PRÉSENT

que j'aille [aj]
que tu ailles
qu'il/elle aille
que nous allions
que vous alliez
qu'ils/elles aillent

IMPARFAIT

que j'allasse [alas]
que tu allasses
qu'il/elle allât
que nous allassions
que vous allassiez
qu'ils/elles allassent

PASSÉ

que je sois allé, ée
que tu sois allé, ée
qu'il/elle soit allé, ée
que nous soyons allés, ées
que vous soyez allés, ées
qu'ils/elles soient allés, ées

PLUS-QUE-PARFAIT

que je fusse allé, ée
que tu fusses allé, ée
qu'il/elle fût allé, ée
que nous fussions allés, ées
que vous fussiez allés, ées
qu'ils/elles fussent allés, ées

CONDITIONNEL

PRÉSENT

j'irais
tu irais
il/elle irait
nous irions
vous iriez
ils/elles iraient

PASSÉ 1re FORME

je serais allé, ée
tu serais allé, ée
il/elle serait allé, ée
nous serions allés, ées
vous seriez allés, ées
ils/elles seraient allés, ées

PASSÉ 2e FORME

je fusse allé, ée
tu fusses allé, ée
il/elle fût allé, ée
nous fussions allés, ées
vous fussiez allés, ées
ils/elles fussent allés, ées

	PRÉSENT	PASSÉ
IMPÉRATIF	va allons allez	sois allé, ée soyons allés, ées soyez allés, ées

	PRÉSENT	PASSÉ
PARTICIPE	allant	allé, ée étant allé, ée

	PRÉSENT	PASSÉ
INFINITIF	aller	être allé, ée

		INDICATIF			
		présent		imparfait	passé simple
		1res personnes	3es personnes		
10	**haïr**	je hais ['ɛ] nous haïssons ['aisɔ̃]	il/elle hait ['ɛ] ils/elles haïssent ['ais]	je haïssais nous haïssions	je haïs ['ai] nous haïmes
11	**courir**	je cours [kuʀ] nous courons [kuʀɔ̃]	il/elle court ils/elles courent	je courais [kuʀɛ] nous courions	je courus
12	**cueillir**	je cueille [kœj] nous cueillons [kœjɔ̃]	il/elle cueille ils/elles cueillent	je cueillais nous cueillions [kœjjɔ̃]	je cueillis
13	**assaillir**	j'assaille nous assaillons [asajɔ̃]	il/elle assaille ils/elles assaillent	j'assaillais nous assaillions [asajjɔ̃]	j'assaillis
14	**servir**	je sers [sɛʀ] nous servons [sɛʀvɔ̃]	il/elle sert ils/elles servent [sɛʀv]	je servais nous servions	je servis
15	**bouillir**	je bous [bu] nous bouillons [bujɔ̃]	il/elle bout ils/elles bouillent [buj]	je bouillais nous bouillions [bujjɔ̃]	je bouillis
16	**partir**	je pars [paʀ] nous partons [paʀtɔ̃]	il/elle part ils/elles partent [paʀt]	je partais nous partions	je partis
	sentir	je sens [sɑ̃] nous sentons [sɑ̃tɔ̃]	il/elle sent ils/elles sentent [sɑ̃t]	je sentais nous sentions	je sentis
17	**fuir**	je fuis [fɥi] nous fuyons [fɥijɔ̃]	il/elle fuit ils/elles fuient	je fuyais nous fuyions [fɥijjɔ̃]	je fuis nous fuîmes
18	**couvrir**	je couvre nous couvrons	il/elle couvre ils/elles couvrent	je couvrais nous couvrions	je couvris
19	**mourir**	je meurs [mœʀ] nous mourons [muʀɔ̃]	il/elle meurt ils/elles meurent	je mourais [muʀɛ] nous mourions	je mourus
20	**vêtir**	je vêts [vɛ] nous vêtons [vɛtɔ̃]	il/elle vêt ils/elles vêtent [vɛt]	je vêtais nous vêtions	je vêtis [veti] nous vêtîmes
21	**acquérir**	j'acquiers [akjɛʀ] nous acquérons [akeʀɔ̃]	il/elle acquiert ils/elles acquièrent	j'acquérais [akeʀɛ] nous acquérions	j'acquis
22	**venir**	je viens [vjɛ̃] nous venons [v(ə)nɔ̃]	il/elle vient ils/elles viennent [vjɛn]	je venais nous venions	je vins [vɛ̃] nous vînmes [vɛ̃m]

futur	CONDITIONNEL présent	SUBJONCTIF présent	IMPÉRATIF présent	PARTICIPES présent passé
je haïrai ['airɛ]	je haïrais	que je haïsse	hais haïssons	haïssant haï, haïe ['ai]
je courrai [kurrɛ]	je courrais	que je coure	cours courons	courant couru, ue
je cueillerai	je cueillerais	que je cueille	cueille cueillons	cueillant cueilli, ie
j'assaillirai	j'assaillirais	que j'assaille	assaille assaillons	assaillant assailli, ie
je servirai	je servirais	que je serve	sers servons	servant servi, ie
je bouillirai	je bouillirais	que je bouille	bous bouillons	bouillant bouilli, ie
je partirai	je partirais	que je parte	pars partons	partant parti, ie
je sentirai	je sentirais	que je sente	sens sentons	sentant senti, ie
je fuirai	je fuirais	que je fuie	fuis fuyons	fuyant fui, fuie
je couvrirai	je couvrirais	que je couvre	couvre couvrons	couvrant couvert, erte [kuvɛr, ɛrt]
je mourrai [murrɛ]	je mourrais	que je meure	meurs mourons	mourant mort, morte [mɔr, mɔrt]
je vêtirai	je vêtirais	que je vête	vêts vêtons	vêtant vêtu, ue [vety]
j'acquerrai	j'acquerrais	que j'acquière	acquiers acquérons	acquérant acquis, ise [aki, iz]
je viendrai [vjɛ̃drɛ]	je viendrais	que je vienne	viens venons	venant venu, ue

		INDICATIF			
		présent 1res personnes	 3es personnes	imparfait	passé simple
23	**pleuvoir**		il pleut [plø]	il pleuvait	il plut
24	**prévoir**	je prévois [pʀevwa] nous prévoyons [pʀevwajɔ̃]	il/elle prévoit ils/elles prévoient	je prévoyais nous prévoyions [pʀevwajjɔ̃]	je prévis
25	**pourvoir**	je pourvois nous pourvoyons	il/elle pourvoit ils/elles pourvoient	je pourvoyais nous pourvoyions	je pourvus
26	**asseoir**	j'assieds [asjɛ] nous asseyons [asɛjɔ̃] ou j'assois nous assoyons	il/elle assied ils/elles asseyent [asɛj] ou il/elle assoit ils/elles assoient	j'asseyais nous asseyions ou j'assoyais nous assoyions	j'assis
27	**mouvoir**	je meus [mø] nous mouvons [muvɔ̃]	il/elle meut ils/elles meuvent [mœv]	je mouvais nous mouvions	je mus [my] nous mûmes
28	**recevoir**	je reçois [ʀ(ə)swa] nous recevons [ʀ(ə)səvɔ̃]	il/elle reçoit ils/elles reçoivent [ʀəswav]	je recevais nous recevions	je reçus [ʀ(ə)sy]

REM. ***Devoir*** fait au **p. p.** *dû, due.*

29	**valoir**	je vaux [vo] nous valons [valɔ̃]	il/elle vaut ils/elles valent [val]	je valais nous valions	je valus

REM. ***Équivaloir*** fait au **p. p.** *équivalu* (inv.). ***Prévaloir*** fait au subj. prés. *que je prévale.*

	falloir		il faut [fo]	il fallait [falɛ]	il fallut
30	**voir**	je vois [vwa] nous voyons [vwajɔ̃]	il/elle voit ils/elles voient	je voyais nous voyions [vwajjɔ̃]	je vis
31	**vouloir**	je veux [vø] nous voulons [vulɔ̃]	il/elle veut ils/elles veulent [vœl]	je voulais nous voulions	je voulus
32	**savoir**	je sais [sɛ] nous savons [savɔ̃]	il/elle sait ils/elles savent [sav]	je savais nous savions	je sus
33	**pouvoir**	je peux [pø] ou je puis nous pouvons [puvɔ̃]	il/elle peut ils/elles peuvent [pœv]	je pouvais nous pouvions	je pus

futur	CONDITIONNEL présent	SUBJONCTIF présent	IMPÉRATIF présent	PARTICIPES présent passé
il pleuvra	il pleuvrait	qu'il pleuve [plœv]	n'existe pas	pleuvant plu
je prévoirai	je prévoirais	que je prévoie [pʀevwa]	prévois prévoyons	prévoyant prévu, ue
je pourvoirai	je pourvoirais	que je pourvoie	pourvois pourvoyons	pourvoyant pourvu, ue
j'assiérai [asjeʀɛ] ou j'asseyerai [asɛjʀɛ]	j'assiérais	que j'asseye	assieds asseyons	asseyant assis, ise
ou	ou	ou	ou	ou
j'assoirai	j'assoirais	que j'assoie	assois assoyons	assoyant assis, ise
REM. La forme *j'asseyerai* (fut.) est vieillie.				
je mouvrai [muvʀɛ]	je mouvrais	que je meuve que nous mouvions	meus mouvons	mouvant mû, mue [my]
je recevrai	je recevrais	que je reçoive que nous recevions	reçois recevons	recevant reçu, ue
je vaudrai [vodʀɛ]	je vaudrais	que je vaille [vaj] que nous valions [valjɔ̃]	vaux valons	valant valu, ue
il faudra [fodʀa]	il faudrait	qu'il faille [faj]	n'existe pas	n'existe pas fallu
je verrai [vɛʀɛ]	je verrais	que je voie [vwa] que nous voyions [vwajjɔ̃]	vois voyons	voyant vu, vue
je voudrai [vudʀɛ]	je voudrais	que je veuille [vœj] que nous voulions [vuljɔ̃]	veux ou veuille voulons	voulant voulu, ue
je saurai [soʀɛ]	je saurais	que je sache [saʃ] que nous sachions	sache sachons	sachant su, sue
je pourrai [puʀɛ]	je pourrais	que je puisse [pɥis] que nous puissions	inusité	pouvant pu

INDICATIF

PRÉSENT	PASSÉ COMPOSÉ
j'ai [e ; ɛ]	j'ai eu
tu as [a]	tu as eu
il/elle a [a]	il/elle a eu
nous avons [avɔ̃]	nous avons eu
vous avez [ave]	vous avez eu
ils/elles ont [ɔ̃]	ils/elles ont eu
IMPARFAIT	**PLUS-QUE-PARFAIT**
j'avais	j'avais eu
tu avais	tu avais eu
il/elle avait	il/elle avait eu
nous avions	nous avions eu
vous aviez	vous aviez eu
ils/elles avaient	ils/elles avaient eu
PASSÉ SIMPLE	**PASSÉ ANTÉRIEUR**
j'eus [y]	j'eus eu
tu eus	tu eus eu
il/elle eut	il/elle eut eu
nous eûmes [ym]	nous eûmes eu
vous eûtes [yt]	vous eûtes eu
ils/elles eurent [yʀ]	ils/elles eurent eu
FUTUR SIMPLE	**FUTUR ANTÉRIEUR**
j'aurai [ɔʀɛ]	j'aurai eu
tu auras	tu auras eu
il/elle aura	il/elle aura eu
nous aurons	nous aurons eu
vous aurez	vous aurez eu
ils/elles auront	ils/elles auront eu

SUBJONCTIF

PRÉSENT

que j'aie [ɛ]
que tu aies
qu'il/elle ait
que nous ayons [ɛjɔ̃]
que vous ayez
qu'ils/elles aient

IMPARFAIT

que j'eusse [ys]
que tu eusses
qu'il/elle eût [y]
que nous eussions [ysjɔ̃]
que vous eussiez
qu'ils/elles eussent

PASSÉ

que j'aie eu
que tu aies eu
qu'il/elle ait eu
que nous ayons eu
que vous ayez eu
qu'ils/elles aient eu

PLUS-QUE-PARFAIT

que j'eusse eu
que tu eusses eu
qu'il/elle eût eu
que nous eussions eu
que vous eussiez eu
qu'ils/elles eussent eu

verbes irréguliers

		INDICATIF			
		présent — 1res personnes	présent — 3es personnes	imparfait	passé simple
35	**conclure**	je conclus [kɔ̃kly] nous concluons [kɔ̃klyɔ̃]	il/elle conclut ils/elles concluent	je concluais nous concluions	je conclus

REM. ***Exclure*** se conjugue comme ***conclure*** : p. p. *exclu, ue ;* ***inclure*** se conjugue comme ***conclure*** sauf au p. p. : *inclus, use.*

		présent — 1res personnes	présent — 3es personnes	imparfait	passé simple
36	**rire**	je ris [ʀi] nous rions [ʀijɔ̃]	il/elle rit ils/elles rient	je riais nous riions [ʀijjɔ̃]	je ris
37	**dire**	je dis [di] nous disons [dizɔ̃]	il/elle dit et vous dites [dit] ils/elles disent [diz]	je disais nous disions	je dis

REM. ***Médire, contredire, dédire, interdire, prédire,*** se conjuguent comme ***dire*** sauf au présent à la deuxième personne du pluriel : *médisez, contredisez, dédisez, interdisez, prédisez.*

		présent — 1res personnes	présent — 3es personnes	imparfait	passé simple
	suffire	je suffis [syfi] nous suffisons [syfizɔ̃]	il/elle suffit ils/elles suffisent [syfiz]	je suffisais nous suffisions	je suffis

REM. ***Confire*** se conjugue comme ***suffire*** sauf au p. p. : *confit, ite.*

CONDITIONNEL

PRÉSENT

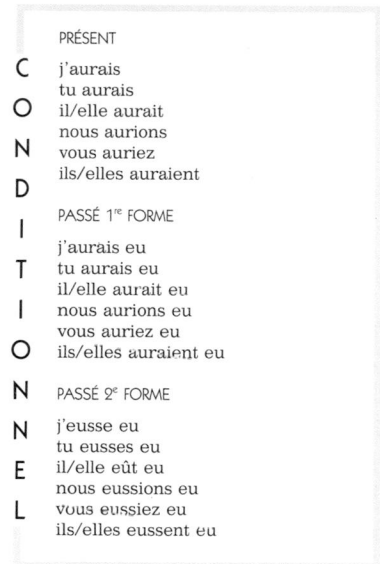

j'aurais
tu aurais
il/elle aurait
nous aurions
vous auriez
ils/elles auraient

PASSÉ 1re FORME

j'aurais eu
tu aurais eu
il/elle aurait eu
nous aurions eu
vous auriez eu
ils/elles auraient eu

PASSÉ 2e FORME

j'eusse eu
tu eusses eu
il/elle eût eu
nous eussions eu
vous eussiez eu
ils/elles eussent eu

	PRÉSENT	PASSÉ
IMPÉRATIF	aie [ɛ] ayons [ɛjɔ̃] ayez [eje]	aie eu ayons eu ayez eu

	PRÉSENT	PASSÉ
PARTICIPE	ayant	eu, eue [y] ayant eu

	PRÉSENT	PASSÉ
INFINITIF	avoir	avoir eu

en **-re** (conjugaisons 35 à 61)

futur	CONDITIONNEL présent	SUBJONCTIF présent	IMPÉRATIF présent	PARTICIPES présent passé
je conclurai	je conclurais	que je conclue	conclus concluons	concluant conclu, ue
je rirai	je rirais	que je rie	ris rions	riant ri
je dirai	je dirais	que je dise	dis disons dites	disant dit, dite
je suffirai	je suffirais	que je suffise	suffis suffisons	suffisant suffi

		INDICATIF présent 1res personnes	présent 3es personnes	imparfait	passé simple
38	**nuire**	je nuis [nɥi] nous nuisons [nɥizɔ̃]	il/elle nuit ils/elles nuisent [nɥiz]	je nuisais nous nuisions	je nuisis
	conduire	je conduis nous conduisons	il/elle conduit ils/elles conduisent	je conduisais nous conduisions	je conduisis

et les verbes : ***construire, cuire, déduire, détruire, enduire, instruire, introduire, produire, réduire, séduire, traduire.***

		présent 1res personnes	présent 3es personnes	imparfait	passé simple
39	**écrire**	j'écris [ekʀi] nous écrivons [ekʀivɔ̃]	il/elle écrit ils/elles écrivent [ekʀiv]	j'écrivais nous écrivions	j'écrivis
40	**suivre**	je suis [sɥi] nous suivons [sɥivɔ̃]	il/elle suit ils/elles suivent [sɥiv]	je suivais nous suivions	je suivis
41	**rendre**	je rends [ʀɑ̃] nous rendons [ʀɑ̃dɔ̃]	il/elle rend ils/elles rendent [ʀɑ̃d]	je rendais nous rendions	je rendis

et les verbes en ***-andre*** (ex. *répandre*), ***-erdre*** (ex. *perdre*), ***-ondre*** (ex. *répondre*), ***-ordre*** (ex. *mordre*).

		présent 1res personnes	présent 3es personnes	imparfait	passé simple
	rompre	je romps [ʀɔ̃] nous rompons [ʀɔ̃pɔ̃]	il/elle rompt ils/elles rompent [ʀɔ̃p]	je rompais nous rompions	je rompis

et les verbes : ***corrompre*** et ***interrompre***.

		présent 1res personnes	présent 3es personnes	imparfait	passé simple
	battre	je bats [ba] nous battons [batɔ̃]	il/elle bat ils/elles battent [bat]	je battais nous battions	je battis
42	**vaincre**	je vaincs [vɛ̃] nous vainquons [vɛ̃kɔ̃]	il/elle vainc ils/elles vainquent [vɛ̃k]	je vainquais nous vainquions	je vainquis
43	**lire**	je lis [li] nous lisons [lizɔ̃]	il/elle lit ils/elles lisent [liz]	je lisais nous lisions	je lus
44	**croire**	je crois [kʀwa] nous croyons [kʀwajɔ̃]	il/elle croit ils/elles croient	je croyais nous croyions [kʀwajjɔ̃]	je crus nous crûmes
45	**clore**	je clos [klo]	il/elle clôt ils/elles closent [kloz] (rare)	je closais (rare)	n'existe pas
46	**vivre**	je vis [vi] nous vivons [vivɔ̃]	il/elle vit ils/elles vivent [viv]	je vivais nous vivions	je vécus [veky]
47	**moudre**	je mouds [mu] nous moulons [mulɔ̃]	il/elle moud ils/elles moulent [mul]	je moulais nous moulions	je moulus

REM. Formes rares sauf *moudre, moudrai(s), moulu, ue.*

futur	CONDITIONNEL présent	SUBJONCTIF présent	IMPÉRATIF présent	PARTICIPES présent passé
je nuirai	je nuirais	que je nuise	nuis nuisons	nuisant nui
je conduirai	je conduirais	que je conduise	conduis conduisons	conduisant conduit, ite
j'écrirai	j'écrirais	que j'écrive	écris écrivons	écrivant écrit, ite
je suivrai	je suivrais	que je suive	suis suivons	suivant suivi, ie
je rendrai	je rendrais	que je rende	rends rendons	rendant rendu, ue
je romprai	je romprais	que je rompe	romps rompons	rompant rompu, ue
je battrai	je battrais	que je batte	bats battons	battant battu, ue
je vaincrai	je vaincrais	que je vainque	vaincs vainquons	vainquant vaincu, ue
je lirai	je lirais	que je lise	lis lisons	lisant lu, lue
je croirai	je croirais	que je croie	crois croyons	croyant cru, crue
je clorai (rare)	je clorais	que je close	clos	closant (rare) clos, close
je vivrai	je vivrais	que je vive	vis vivons	vivant vécu, ue
je moudrai	je moudrais	que je moule	mouds moulons	moulant moulu, ue

		INDICATIF			
		présent 1res personnes	présent 3es personnes	imparfait	passé simple
48	**coudre**	je couds [ku] nous cousons [kuzɔ̃]	il/elle coud ils/elles cousent [kuz]	je cousais nous cousions	je cousis [kuzi]
49	**joindre**	je joins [ʒwɛ̃] nous joignons [ʒwaɲɔ̃]	il/elle joint ils/elles joignent [ʒwaɲ]	je joignais nous joignions [ʒwaɲjɔ̃]	je joignis
50	**traire**	je trais [tʀɛ] nous trayons [tʀɛjɔ̃]	il/elle trait ils/elles traient	je trayais nous trayions [tʀɛjjɔ̃]	n'existe pas
51	**absoudre**	j'absous [apsu] nous absolvons [apsɔlvɔ̃]	il/elle absout ils/elles absolvent [apsɔlv]	j'absolvais nous absolvions	j'absolus [apsɔly] (rare)

REM. 1. ***Dissoudre*** se conjugue comme ***absoudre***; ***résoudre*** se conjugue comme ***absoudre,*** mais le passé simple *je résolus* est courant. Il a deux participes passés : *résolu, ue (problème résolu)* et *résous, oute (brouillard résous en pluie).*

		présent 1res personnes	présent 3es personnes	imparfait	passé simple
52	**craindre**	je crains [kʀɛ̃] nous craignons [kʀɛɲɔ̃]	il/elle craint ils/elles craignent [kʀɛɲ]	je craignais nous craignions [kʀɛɲjɔ̃]	je craignis
	peindre	je peins [pɛ̃] nous peignons [pɛɲɔ̃]	il/elle peint ils/elles peignent [pɛɲ]	je peignais nous peignions [pɛɲjɔ̃]	je peignis
53	**boire**	je bois [bwa] nous buvons [byvɔ̃]	il/elle boit ils/elles boivent [bwav]	je buvais nous buvions	je bus
54	**plaire**	je plais [plɛ] nous plaisons [plɛzɔ̃]	il/elle plaît ils/elles plaisent [plɛz]	je plaisais nous plaisions	je plus
	taire	je tais nous taisons	il/elle tait ils/elles taisent	je taisais nous taisions	je tus
55	**croître**	je croîs [kʀwa] nous croissons [kʀwasɔ̃]	il/elle croît ils/elles croissent [kʀwas]	je croissais nous croissions	je crûs nous crûmes
	accroître	j'accrois nous accroissons	il/elle accroît ils/elles accroissent	j'accroissais nous accroissions	j'accrus nous accrûmes
56	**mettre**	je mets [mɛ] nous mettons [mɛtɔ̃]	il/elle met ils/elles mettent [mɛt]	je mettais nous mettions	je mis
57	**connaître**	je connais [kɔnɛ] nous connaissons [kɔnɛsɔ̃]	il/elle connaît ils/elles connaissent [kɔnɛs]	je connaissais nous connaissions	je connus
58	**prendre**	je prends [pʀɑ̃] nous prenons [pʀənɔ̃]	il/elle prend ils/elles prennent [pʀɛn]	je prenais nous prenions	je pris
59	**naître**	je nais [nɛ] nous naissons [nɛsɔ̃]	il/elle naît ils/elles naissent [nɛs]	je naissais nous naissions	je naquis [naki]

REM. ***Renaître*** n'a pas de p. p.

futur	CONDITIONNEL présent	SUBJONCTIF présent	IMPÉRATIF présent	PARTICIPES présent passé
je coudrai	je coudrais	que je couse	couds cousons	cousant cousu, ue
je joindrai	je joindrais	que je joigne	joins joignons	joignant joint, jointe
je trairai	je trairais	que je traie	trais trayons	trayant trait, traite
j'absoudrai	j'absoudrais	que j'absolve	absous absolvons	absolvant absous, oute [apsu, ut]

REM. 2. Au p. p., on écrirait mieux ***absout, dissout*** avec un ***t*** final, sur le modèle des féminins ***absoute, dissoute***.

je craindrai	je craindrais	que je craigne	crains craignons	craignant craint, crainte
je peindrai	je peindrais	que je peigne	peins peignons	peignant peint, peinte
je boirai	je boirais	que je boive que nous buvions	bois buvons	buvant bu, bue
je plairai	je plairais	que je plaise	plais plaisons	plaisant plu
je tairai	je tairais	que je taise	tais taisons	taisant tu, tue
je croîtrai	je croîtrais	que je croisse	croîs croissons	croissant crû
j'accroîtrai	j'accroîtrais	que j'accroisse	accrois accroissons	accroissant accru, ue
je mettrai	je mettrais	que je mette	mets mettons	mettant mis, mise
je connaîtrai	je connaîtrais	que je connaisse	connais connaissons	connaissant connu, ue
je prendrai	je prendrais	que je prenne que nous prenions	prends prenons	prenant pris, prise
je naîtrai	je naîtrais	que je naisse	nais naissons	naissant né, née

INDICATIF

PRÉSENT	PASSÉ COMPOSÉ
je fais [fɛ]	j'ai fait
tu fais	tu as fait
il/elle fait	il/elle a fait
nous faisons [f(ə)zɔ̃]	nous avons fait
vous faites [fɛt]	vous avez fait
ils/elles font [fɔ̃]	ils/elles ont fait

IMPARFAIT	PLUS-QUE-PARFAIT
je faisais [f(ə)zɛ]	j'avais fait
tu faisais	tu avais fait
il/elle faisait	il/elle avait fait
nous faisions [f(ə)zjɔ̃]	nous avions fait
vous faisiez [f(ə)zje]	vous aviez fait
ils/elles faisaient	ils/elles avaient fait

PASSÉ SIMPLE	PASSÉ ANTÉRIEUR
je fis	j'eus fait
tu fis	tu eus fait
il/elle fit	il/elle eut fait
nous fîmes	nous eûmes fait
vous fîtes	vous eûtes fait
ils/elles firent	ils/elles eurent fait

FUTUR SIMPLE	FUTUR ANTÉRIEUR
je ferai [f(ə)ʀɛ]	j'aurai fait
tu feras	tu auras fait
il/elle fera	il/elle aura fait
nous ferons [f(ə)ʀɔ̃]	nous aurons fait
vous ferez	vous aurez fait
ils/elles feront	ils/elles auront fait

SUBJONCTIF

PRÉSENT

que je fasse [fas]
que tu fasses
qu'il/elle fasse
que nous fassions
que vous fassiez
qu'ils/elles fassent

IMPARFAIT

que je fisse [fis]
que tu fisses
qu'il/elle fît
que nous fissions
que vous fissiez
qu'ils/elles fissent

PASSÉ

que j'aie fait
que tu aies fait
qu'il/elle ait fait
que nous ayons fait
que vous ayez fait
qu'ils/elles aient fait

PLUS-QUE-PARFAIT

que j'eusse fait
que tu eusses fait
qu'il/elle eût fait
que nous eussions fait
que vous eussiez fait
qu'ils/elles eussent fait

CONDITIONNEL

PRÉSENT

je ferais [f(ə)ʀɛ]
tu ferais
il/elle ferait
nous ferions [fəʀjɔ̃]
vous feriez
ils/elles feraient

PASSÉ 1re FORME

j'aurais fait
tu aurais fait
il/elle aurait fait
nous aurions fait
vous auriez fait
ils/elles auraient fait

PASSÉ 2e FORME

j'eusse fait
tu eusses fait
il/elle eût fait
nous eussions fait
vous eussiez fait
ils/elles eussent fait

	PRÉSENT	PASSÉ
IMPÉRATIF	fais faisons faites	aie fait ayons fait ayez fait

	PRÉSENT	PASSÉ
PARTICIPE	faisant [f(ə)zɑ̃]	fait, faite ayant fait

	PRÉSENT	PASSÉ
INFINITIF	faire	avoir fait

INDICATIF

PRÉSENT	PASSÉ COMPOSÉ
je suis [sɥi]	j'ai été
tu es [ɛ]	tu as été
il/elle est [ɛ]	il/elle a été
nous sommes [sɔm]	nous avons été
vous êtes [ɛt]	vous avez été
ils/elles sont [sɔ̃]	ils/elles ont été

IMPARFAIT	PLUS-QUE-PARFAIT
j'étais [etɛ]	j'avais été
tu étais	tu avais été
il/elle était	il/elle avait été
nous étions [etjɔ̃]	nous avions été
vous étiez	vous aviez été
ils/elles étaient	ils/elles avaient été

PASSÉ SIMPLE	PASSÉ ANTÉRIEUR
je fus [fy]	j'eus été
tu fus	tu eus été
il/elle fut	il/elle eut été
nous fûmes	nous eûmes été
vous fûtes	vous eûtes été
ils/elles furent	ils/elles eurent été

FUTUR SIMPLE	FUTUR ANTÉRIEUR
je serai [s(ə)ʀɛ]	j'aurai été
tu seras	tu auras été
il/elle sera	il/elle aura été
nous serons [s(ə)ʀɔ̃]	nous aurons été
vous serez	vous aurez été
ils/elles seront	ils/elles auront été

SUBJONCTIF

PRÉSENT

que je sois [swa]
que tu sois
qu'il/elle soit
que nous soyons [swajɔ̃]
que vous soyez
qu'ils/elles soient

IMPARFAIT

que je fusse
que tu fusses
qu'il/elle fût
que nous fussions
que vous fussiez
qu'ils/elles fussent

PASSÉ

que j'aie été
que tu aies été
qu'il/elle ait été
que nous ayons été
que vous ayez été
qu'ils/elles aient été

PLUS-QUE-PARFAIT

que j'eusse été
que tu eusses été
qu'il/elle eût été
que nous eussions été
que vous eussiez été
qu'ils/elles eussent été

CONDITIONNEL

PRÉSENT

je serais [s(ə)ʀɛ]
tu serais
il/elle serait
nous serions [səʀjɔ̃]
vous seriez
ils/elles seraient

PASSÉ 1re FORME

j'aurais été
tu aurais été
il/elle aurait été
nous aurions été
vous auriez été
ils/elles auraient été

PASSÉ 2e FORME

j'eusse été
tu eusses été
il/elle eût été
nous eussions été
vous eussiez été
ils/elles eussent été

IMPÉRATIF

PRÉSENT	PASSÉ
sois [swa]	aie été
soyons [swajɔ̃]	ayons été
soyez [swaje]	ayez été

PARTICIPE

PRÉSENT	PASSÉ
étant	été [ete]
	ayant été

INFINITIF

PRÉSENT	PASSÉ
être	avoir été

PETIT DICTIONNAIRE DES SUFFIXES

Cette liste alphabétique est destinée à guider le lecteur dans la compréhension de la morphologie suffixale du français. Elle a été conçue comme un complément pédagogique et pratique à la présentation des mots suffixés, telle qu'elle est faite dans le corps du dictionnaire. Les séries d'exemples ont été établies pour manifester les processus de formation lexicale ; on ne s'étonnera donc pas d'y trouver des mots qui ne figurent pas à la nomenclature du dictionnaire : ils ont été choisis en tant qu'exemples pour illustrer les processus mis en évidence.

Guide de lecture

Ce petit dictionnaire complète le *Robert illustré d'aujourd'hui* en traitant un aspect de la formation des mots (ou *morphologie*) qui ne peut être montré clairement dans un dictionnaire ordinaire ; il manifeste comment, en français, on a formé et on peut former des mots (des *dérivés*) en ajoutant à une base (un mot ou un radical) un élément de formation placé après cette base (un *suffixe*). En effet, si les mots formés à l'aide d'un élément placé devant la base (un *préfixe*), par exemple les mots en *re-*, en *in-*, se trouvent rapprochés par l'ordre alphabétique, ceux qui sont formés à l'aide d'un élément placé après la base, tels les mots en *-age*, se trouvent dispersés dans le dictionnaire de manière imprévisible. Pour présenter de façon plus complète non seulement le résultat, mais les processus essentiels de la formation des mots en français, il était nécessaire de regrouper les suffixes dans une liste alphabétique unique. On ne trouvera dans cette liste ni les morphèmes qui expriment les rapports grammaticaux (le *-e* du féminin, le *-s* du pluriel, les désinences des conjugaisons des verbes, etc.), ni les éléments représentés seulement dans des mots empruntés à des langues étrangères. On n'y trouvera pas non plus les radicaux comme *-graphe*, *-phobe*, etc. : la plupart d'entre eux sont traités à la nomenclature du dictionnaire, au même titre que les préfixes ; ces radicaux, qu'ils soient préfixés ou suffixés, véhiculent un contenu de sens plus précis et se combinent entre eux pour former des mots (ex. *xénophobe*), notamment dans les terminologies scientifiques et techniques. Au contraire, les suffixes énumérés ici s'appliquent à l'usage général ; en outre, ils déterminent la catégorie grammaticale du mot produit : on peut former des noms avec des verbes, des adverbes avec des adjectifs, etc. Par ailleurs, la production des dérivés (« transformation » morphologique) intervient dans les transformations syntaxiques (le morphème suffixal *-eur, -euse* permet de passer de : celui, celle qui *chante* l'opéra à : un *chanteur*, une *chanteuse* d'opéra). On s'est d'autre part appliqué à choisir des exemples de mots formés en français, et non pas empruntés, pour montrer la productivité des suffixes décrits.

Description des articles

Ce dictionnaire se consulte comme le corps du dictionnaire lui-même. Chaque suffixe retenu fait l'objet d'un article avec une entrée, une analyse en numéros (**I.**, **1.**, etc.) et des exemples (qui sont ici des mots complexes, et non plus des phrases) ; on a fait figurer aussi, à la fin des articles, l'étymologie des suffixes. Quand deux suffixes différents (par l'origine ou le sens) ont la même forme, ils sont numérotés, comme les homonymes dans le dictionnaire ; dans ce cas, des indications sur la valeur sémantique de ces suffixes sont données, pour aider à les différencier.
Les suffixes et leurs variantes, qui sont mentionnées après l'entrée ou à l'intérieur des articles, selon les cas, sont soigneusement distingués des finales, qui sont des terminaisons quelconques. Les finales ou modifications de finales les plus courantes ont été signalées, notamment celles qui peuvent donner lieu à des confusions avec de véritables suffixes : précisons ici que, parmi ces terminaisons, seuls les suffixes ont une forme stable et un sens constant (ce sont des morphèmes) ; il arrive cependant parfois que des finales deviennent par mauvaise coupe des suffixes « stabilisés » et productifs (ex. *-tique* dans *bureautique*).

Les articles du dictionnaire sont rédigés de manière homogène : on présente d'abord la catégorie grammaticale des mots produits (par exemple : « pour former des noms »), puis la nature de la base qui sert à les produire (par exemple : « la base est un verbe »). À l'intérieur de chacune de ces distinctions, on a toujours suivi le même ordre : nom, adjectif, verbe, etc. Quand la base est un verbe, et que la formation des mots suffixés met en œuvre plusieurs radicaux différents, on a indiqué ceux qui fournissent la base. La forme de la base s'obtient le plus souvent à partir de celle de la 1re personne du pluriel du présent de l'indicatif ; le radical étant (sauf pour *être*) le même que celui de l'imparfait, on a, pour simplifier, mentionné « forme de l'imparfait ». Lorsqu'il s'agissait de la forme de la première personne du singulier du présent de l'indicatif, on a mentionné « forme de la 1re personne du présent » (par opposition à « forme de l'imparfait »). Viennent ensuite les exemples qui sont regroupés selon la valeur du suffixe, selon le sens (classes sémantiques : personnes, choses, etc.), ou selon le niveau de langue (familier, etc.). Les exemples contenant une variante suffixale sont précédés par un tiret. On trouvera dans ces séries d'exemples des mots courants, mais aussi des mots rares ou archaïques et des mots argotiques ; tous ont été choisis pour illustrer le plus clairement possible le processus de formation base + suffixe. Parmi ces exemples figurent de nombreux noms de personnes, cités au masculin ou au féminin : ils sont précédés de l'article indéfini *un, une,* pour souligner qu'ils peuvent généralement être employés aux deux genres ; les noms de choses, en revanche, sont en général présentés sans article.

Dans le texte des articles, les renvois à d'autres suffixes sont présentés par une flèche double (comme les renvois à des mots dans le dictionnaire). Dans les étymologies, les renvois, qui sont précédés par une flèche simple, se rapportent à l'étymologie des autres suffixes.

D'une manière générale, on a utilisé des formules simples, et explicité le plus clairement possible les processus de formation. Cependant, pour préciser la nature de certains suffixes, quant au sens, on a dû recourir à quelques notions techniques, correspondant à des termes spécialisés. Il s'agit essentiellement de :

— *augmentatif*, qui se dit des éléments (suffixes ou préfixes) servant à renforcer le sens de la base, par un effet inverse de celui des *diminutifs* ;
— *fréquentatif*, qui indique, pour un verbe, la répétition de l'action exprimée par la base ; ex. *mordiller* par rapport à *mordre* (de nombreux suffixes verbaux sont à la fois diminutifs et fréquentatifs, ou fréquentatifs et péjoratifs) ;
— *partitif*, qui se dit d'un élément (ou d'un cas, dans les langues à déclinaisons) exprimant la partie, par opposition à *collectif* (ex. *chainon* par rapport à *chaîne*).

D. M.

-ABLE ▪ Pour former des adjectifs. **1.** La base est un nom. *Charitable, corvéable, effroyable, rentable, viable.* ◇ ⇒ **-ible** (I). **2.** La base est un verbe (la base est celle de la forme de la 1re personne du présent, ou de la forme de l'imparfait). *Abordable, buvable, critiquable, faisable, habitable, périssable.* [Avec le préfixe **in-**] *imbattable, imprenable, insoutenable, intarissable, irréprochable.* ◇ ⇒ **-ible** (2). ◇ La terminaison de noms correspondante est *-abilité* ⇒ **-ité.** ‹ latin *-abilem,* accusatif de *-abilis* ›

-ACÉ, -ACÉE ▪ Pour former des adjectifs. ▫ La base est un nom. *Micacé, rosacé, scoriacé.* ‹ latin *-aceum, -aceam* ›

-ADE ▪ Pour former des noms féminins. **1.** La base est un nom. *Citronnade, colonnade, cotonnade, œillade.* **2.** La base est un verbe. *Baignade, glissade, rigolade.* ‹ latin *-atam* par le provençal *-ada,* l'italien *-ata,* l'espagnol *-ada,* et devenu suffixe de noms en français. → aussi ① -ée, ② -ée ›

-AGE ▪ Pour former des noms masculins. **1.** La base est un nom. *Branchage, outillage. Esclavage. Laitage. Métrage. Ermitage.* **2.** La base est un verbe (la base est celle de la forme de la 1re personne du présent, ou de la forme de l'imparfait). *Blanchissage, caviardage, dressage, noyautage, pilotage, remplissage, vernissage.* ‹ latin *-aticum* (accusatif de *-aticus,* de *-ticus,* du grec *-tikos*), suffixe d'adjectifs, devenu suffixe de noms en français ›

-AIE variante **-ERAIE** ▪ Pour former des noms féminins. ▫ La base est un nom. *Cerisaie, chênaie, olivaie, ormaie, saulaie.* [Base en **-ier** ; finale en -ERAIE] *châtaigneraie, fraiseraie, oliveraie, palmeraie, peupleraie, roseraie. — Pineraie, ronceraie.* ‹ latin *-eta,* pluriel (neutre) de *-etum,* dans des mots désignant une collection de végétaux, une plantation ›

① **-AIL** ou **-AILLE** ▪ Pour former des noms (valeur : dans des noms d'instruments). ▫ La base est un verbe (la base est celle de la forme de la 1re personne du présent, ou de la forme de l'imparfait). *Épouvantail, éventail, tenaille.* ‹ latin *-aculum, -aculam* ›

② **-AIL** ou **-AILLE** ▪ Pour former des noms (valeur : collectif ; « action de »). **1.** La base est un nom. *Bétail, muraille, vitrail.* péj. *cochonnaille, ferraille, pierraille, valetaille.* **2.** La base est un verbe. *Fiançailles, semailles, sonnaille, trouvaille.* péj. *mangeaille.* ‹ ancien français *-al,* du latin *-ale,* refait, par analogie, en *-ail* ; latin *-alia,* pluriel neutre de *-alis,* parfois par l'italien *-aglia,* puis *-aille* est devenu suffixe de noms en français ›

-AILLER ▪ Pour former des verbes. ▫ La base est un verbe (la base est celle de la forme de la 1re personne du présent, ou de la forme de l'imparfait). dimin. ou péj. *criailler, écrivailler, tirailler, traînailler.* fréquentatif *discutailler.* ◇ ⇒ **-asser, -iller, -ouiller.** ‹ latin *-aculare ;* français *-aille* (→ ② -ail ou -aille) + ① *-er,* puis *-ailler* est devenu suffixe de verbes en français ›

① **-AIN, -AINE** ▪ (valeur : indique l'appartenance) **I.** Pour former des noms. **1.** La base est un nom commun. *Un mondain, une républicaine.* **2.** La base est un nom propre. *Une Africaine, un Marocain.* **II.** Pour former des adjectifs. **1.** La base est un nom commun. *Mondain, républicain.* **2.** La base est un nom propre. *Cubain, marocain, tibétain.* **3.** La base est un adjectif. *Hautain.* ‹ latin *-anum, -anam* ›

② **-AIN** ou **-AINE** ▪ Pour former des noms (valeur : « groupe de »). ▫ La base est un nom de nombre. *Centaine, dizain, dizaine, quatrain, quinzaine.* ‹ latin *-enum,* puis *-ain* (ou *-aine*) est devenu un suffixe en français ›

③ **-AIN** ▪ Pour former des noms masculins. ▫ La base est un verbe (la base est celle de la forme de la 1re personne du présent, ou de la forme de l'imparfait). *Couvain, naissain.* ‹ latin *-amen,* ou latin *-imen,* donnant une finale *-in,* remplacée par *-ain* ›

① **-AIRE** variante **-IAIRE** ▪ Pour former des noms (valeur : « qui a, dispose de ; qui renferme »). ▫ La base est un nom. *Un actionnaire, une disquaire, un fonctionnaire, une milliardaire. Abécédaire, questionnaire. — Une stagiaire.* ◇ ⇒ **-ataire** (I). ‹ latin *-arium* → aussi ① -ier, -ière ›

② **-AIRE** ▪ (valeur : « relatif à ») **I.** Pour former des noms. La base est un nom. *Moustiquaire.* **II.** Pour former des adjectifs. Variante **-IAIRE.** La base est un nom. *Bancaire, élitaire, grabataire, herniaire, planétaire, résiduaire, universitaire. — Biliaire, conciliaire, domiciliaire, pénitentiaire.* ◇ ⇒ **-ataire** (II). ‹ latin *-arius* et latin *-aris* (issu de *-alis* [→ -al, -ale] après un radical en *l*) → aussi ① -ier, -ière ›

-AIS, -AISE ▪ **I.** Pour former des noms. La base est un nom propre. *Un Japonais, une Lyonnaise.* ◇ ⇒ **-ois, -oise** (I). **II.** Pour former des adjectifs. La base est un nom propre. *Français, japonais, montréalais, new-yorkais.* ◇ ⇒ **-ois, -oise** (II). ‹ latin *-ensem* et latin médiéval *-iscum,* du germanique *-isk* → aussi -ois, -oise ›

-AISON ▪ Pour former des noms féminins. **1.** La base est un nom. *Lunaison, olivaison, siglaison, tomaison.* **2.** La base est un verbe. *Comparaison, cueillaison, déclinaison, démangeaison, livraison, salaison.* ◇ ⇒ ① **-son.** ‹ latin *-ationem,* accusatif de *-atio* ›

-AL, -ALE, -AUX, -ALES variante **-IAL, -IALE, -IAUX, -IALES** ▪ Pour former des adjectifs. ▫ La base est un nom. *Génial, matinal, musical, régional, théâtral. — Collégial, mondial, racial.* [Pluriel en -ALS, -ALES : *causals, finals,* etc.] ‹ latin *-alis* (pluriel *-ales*), par emprunt, puis *-al, -ale* est devenu un suffixe en français. → aussi -el, -elle ›

-AMMENT ▪ Pour former des adverbes. ▫ La base est un adjectif en **-ant, -ante.** *Couramment, galamment, indépendamment, puissamment, savamment.* ◇ ⇒ **-emment.** ◇ Exceptions **1.** La base est un participe présent (base verbale) : *notamment, précipitamment.* **2.** La base est un nom (par analogie) : *nuitamment.* ‹ origine : français *-ant* (→ -ant, -ante) avec chute du *t* final et passage de *n* à *m* + français *-ment* (→ ② -ment) ›

-AN, -ANE ▪ **I.** Pour former des noms. **1.** La base est un nom commun. *Paysan.* **2.** La base est un nom propre. *Un Castillan, une Persane.* **II.** Pour former des adjectifs. La base est un nom propre. *Bressan, mahométan, mosellan, persan.* ‹ latin *-anum, -anam* ›

-ANCE ▪ Pour former des noms féminins. **1.** La base est un adjectif en **-ant, -ante.** *Arrogance, constance, reconnaissance, vaillance.* **2.** La base est un verbe (la base est celle de la forme de la 1re personne du présent, ou de la forme de l'imparfait). *Alliance, appartenance, croissance, croyance, descendance, espérance, jouissance, méfiance, mouvance, naissance, nuisance, partance, suppléance, vengeance.* ◇ ⇒ **-ence.** ◇ Exception. La base est un participe présent : *échéance.* ‹ latin *-antia : -ans* (→ -ant, -ante) + *ia* ›

-ANT, -ANTE ▪ **I.** Pour former des noms. La base est un verbe (la base est celle de la forme de la 1re personne du présent, ou de la forme de l'imparfait). *Un assistant, une habitante, un militant, un poursuivant. Imprimante.* **II.** Pour former des adjectifs. La base est un verbe (la base est celle de la forme de la 1re personne du présent, ou de la forme de l'imparfait). *Apaisant, brillant, charmant, descendant, finissant, irritant, méprisant.* ◇ ⇒ **-ent, -ente.** ◇ Le suffixe de noms correspondant est **-ance,** et le suffixe d'adverbes est **-amment.** ‹ latin *-antem,* accusatif du suffixe de participe présent *-ans.* REM. La terminaison *-ant* est aussi celle du participe présent des verbes ›

-ARD, -ARDE ▪ **I.** Pour former des noms. **1.** La base est un nom. *Un Briard, une montagnarde. Cuissard, cuissardes. Un soiffard.* péj. *un froussard, un politicard.* augmentatif *une veinarde.* **2.** La base est un adjectif. augmentatif *un richard.* péj. *une soûlarde.* **3.** La base est un verbe (la base est celle de la forme de la 1re personne du présent, ou de la forme de l'imparfait). *Buvard, reniflard, tortillard. Un grognard.* péj. *une braillarde, une geignarde, une traînarde, un vantard.* **II.** Pour former des adjectifs. **1.** La base est un nom. *Campagnard, savoyard.* péj. *flemmard, pantouflard, soixante-huitard.* augmentatif *chançard, veinard.* **2.** La base est un adjectif. *Bonard, faiblard, vachard.* [Avec **-ouill-**] *rondouillard.* **3.** La base est un verbe (la base est celle de la forme de la 1re personne du présent, ou de la forme de l'imparfait). *Débrouillard.* péj. *geignard, nasillard, vantard.* ‹ germanique *-hart,* de l'adjectif *hart* « dur, fort », entré en composition dans des noms propres ; en français, *-ard* s'est étendu à la formation de noms communs, peut-être par l'intermédiaire de noms propres et de surnoms devenus noms communs ›

-ARIAT ⇒ ① -AT

-ASSE ▪ **I.** Pour former des noms féminins. Variante **-IASSE. 1.** La base est un nom. *Paillasse.* péj. *caillasse, conasse, paperasse* [base en **-ier**], *vinasse. — Pouffiasse.* **2.** La base est un verbe. péj. *chiasse, lavasse, traînasse.* **II.** Pour former des adjectifs. **1.** La base est un nom. péj. *hommasse.* **2.** La base est un adjectif. péj. *blondasse, bonasse, fadasse, mollasse.* ‹ latin *-aceam,* ou latin *-ax* (génitif *-acis*), puis *-asse* est devenu un suffixe en français ›

-ASSER ▪ Pour former des verbes. ▫ La base est un verbe (la base est celle de la forme de la 1re personne du présent, ou de la forme de l'imparfait). péj. et fréquentatif *écrivasser, pleuvas-*

ser, rêvasser, traînasser. ◇ ⇒ **-ailler, -iller, -ouiller.** ‹ origine → -asse, et ① -er ›

① **-AT** et **-ARIAT, -ORAT** ▪ Pour former des noms masculins (valeur : indique un état, une fonction, une dignité...). **1.** La base est un nom. *Mandarinat, patronat.* — [Base en **-aire** ; finale en -ARIAT] *commissariat, notariat, secrétariat.* [par analogie] *interprétariat, vedettariat.* — [Base en **-eur** ; finale en -ORAT]. *Doctorat, professorat.* **2.** La base est un adjectif. *Anonymat, bénévolat.* ‹ latin *-atum,* neutre de participes passés substantivés ›

② **-AT** ▪ Pour former des noms masculins (valeur : « chose produite »). ▫ La base est un verbe (la base est celle de la forme de la 1re personne du présent, ou de la forme de l'imparfait). *Aggloméra t, résultat.* ‹ latin *-atum* ›

③ **-AT, -ATE** ▪ (valeur : indique l'origine, la provenance) **I.** Pour former des noms. La base est un nom propre. *Un Auvergnat, une Rouergate.* **II.** Pour former des adjectifs. La base est un nom propre. *Auvergnat, rouergat, sauveterrat, vitryat.* ‹ latin tardif *-attum, -attam,* var. de *-ittum, -ittam* (→ -et, -ette) ›

-ATAIRE ▪ **I.** Pour former des noms. La base est un verbe. *Une protestataire, un signataire, un retardataire.* ◇ ⇒ ① **-aire. II.** Pour former des adjectifs. La base est un verbe. *Contestataire, protestataire.* ◇ ⇒ ② **-aire** (II). ‹ latin *-atum* + *-arium* ; latin *-atio* + *-arium* ; français *-ation* + *-aire* ›

-ATEUR, -ATRICE ▪ **I.** Pour former des noms. La base est un verbe. *Perforatrice, programmateur, ventilateur. Une animatrice, un vérificateur.* ◇ ⇒ ② **-eur, -euse** (I). **II.** Pour former des adjectifs. La base est un verbe. *Congratulateur, éliminateur, retardateur.* ◇ ⇒ ② **-eur, -euse** (II). ‹ latin *-atorem ;* pour le féminin, latin *-atrix* ›

-ATEUX, -ATEUSE ▪ **I.** Pour former des noms (adjectifs substantivés). La base est un nom. *Un eczémateux, un exanthémateux, une œdémateuse.* ◇ ⇒ ① **-eux, -euse** (I). **II.** Pour former des adjectifs. La base est un nom. *Eczémateux, emphysémateux, érythémateux, exanthémateux, fibromateux, œdémateux, sarcomateux.* ◇ ⇒ ① **-eux, euse** (II). ‹ grec *-(m)at-* + latin *-osum, -osam* (→ ① -eux, -euse) ›

-ATIF, -ATIVE ▪ **I. -ATIF** ou **-ATIVE** Pour former des noms. La base est un verbe. *Alternative, rectificatif, tentative.* ◇ ⇒ **-if, -ive** (I). **II. -ATIF, -ATIVE** Pour former des adjectifs. **1.** La base est un nom. *Facultatif, qualitatif.* **2.** La base est un verbe. *Décoratif, éducatif, imitatif, portatif.* ◇ ⇒ **-if, -ive** (II). ‹ latin *-ativum : -atum* + *-ivum* ›

-ATION ▪ Pour former des noms féminins. ▫ La base est un verbe (la base est celle de la forme de la 1re personne du présent, ou de la forme de l'imparfait). *Agitation, constatation, datation, miniaturisation, modernisation, résiliation, stabilisation.* ◇ ⇒ **-tion.** ‹ latin *-ationem* ›

-ATIQUE ▪ Pour former des adjectifs. ▫ La base est un nom. *Drolatique, enzymatique, fantasmatique, fantomatique, idiomatique, prismatique.* ◇ ⇒ ① **-ique, -tique.** ‹ latin *-aticum,* du grec *-(m)at* + *ikos* (→ -ique) ›

-ATOIRE ▪ **I.** Pour former des noms. La base est un verbe. *Dépilatoire, échappatoire. Observatoire.* ◇ ⇒ **-oir, -oire** (I). **II.** Pour former des adjectifs. La base est un verbe. *Déclamatoire, dînatoire, masticatoire, ondulatoire, préparatoire.* ◇ ⇒ **-oir, -oire** (II). ‹ latin *-atorium* ›

-ÂTRE ▪ **I.** Pour former des noms. La base est un adjectif. péj. *un bellâtre.* **II.** Pour former des adjectifs. La base est un adjectif. péj. *douceâtre, folâtre, jaunâtre, rougeâtre.* ‹ latin tardif *-astrum* (donnant *-astre,* puis *-âtre*), puis *-âtre* est devenu un suffixe en français ›

-ATURE ⇒ -URE

-AUD, -AUDE ▪ **I.** Pour former des noms (adjectifs substantivés). **1.** La base est un nom. péj. *un pataud.* **2.** La base est un adjectif. péj. *un lourdaud, un salaud.* **II.** Pour former des adjectifs. **1.** La base est un nom. *Pataud.* **2.** La base est un adjectif. *Finaud.* péj. *courtaud, lourdaud, rougeaud.* ‹ germanique *-ald* (du francique *-wald,* de *walden* « gouverner »), finale de noms propres ; *-aud* a servi en français à former des noms propres, puis des noms communs, et est devenu péjoratif ›

-AUTÉ ▪ Pour former des noms féminins. **1.** La base est un nom. *Papauté.* **2.** La base est un adjectif. *Communauté.* [D'après *royauté*] *privauté.* ◇ Ne pas confondre avec la terminaison *-auté* des noms formés sur une base en *-al, -ale* ⇒ **-té.** ‹ français *-al, -ale* + *-té,* par analogie avec les mots en *-auté* (comme *royauté*) → -té ›

-AYER ▪ Pour former des verbes. **1.** La base est un nom. *Bégayer.* **2.** La base est une onomatopée. *Zézayer.* ◇ ⇒ **-eyer, -oyer.** ◇ Ne pas confondre avec la terminaison *-ayer* des verbes formés sur une base en *-ai* ou en *-aie* ⇒ ① **-er.** ◇ Les noms correspondants sont des noms masculins en *-aiement* (ou *-ayement*) ⇒ **-ement.** ‹ ancien français *-oyer* (→ -oyer), devenu *-ayer* ›

-CEAU ou **-CELLE** ▪ Pour former des noms. ▫ La base est un nom. dimin. *lionceau, souriceau. Rubicelle.* [Sur un radical latin, d'après des finales en **-cule**] *radicelle, lenticelle.* ◇ ⇒ **-eau** ou ⇒ **-elle.** ‹ latin *-cellum, -cellam* pour *-culum, -culam* (→ -cule à -ule) ›

-CULE ⇒ -ULE

① **-É, -ÉE** ▪ Pour former des adjectifs (valeur : « pourvu de ; qui a l'aspect, la nature de »). ▫ La base est un nom. *Ailé, azuré, corseté, feuillé, membré, zélé.* [Avec une consonne de liaison] *chapeauté.* [Avec un préfixe] *déboussolé, dépoitraillé, éhonté, ensoleillé, ensommeillé.* [Base en **-eau** ou **-elle ;** finale en -ELÉ, -ELÉE] *burelé, cannelé, fuselé, mantelé, tavelé ;* [avec un préfixe] *écervelé.* ‹ latin *-atum, -atam* ›

② **-É** ▪ Pour former des noms (valeur : dans des noms de juridictions). ▫ La base est un nom. *Doyenné, prieuré, vicomté.* ‹ latin *-atum* ›

◇ REM. La terminaison *-é, -ée* est aussi celle du participe passé des verbes en *-er* (ainsi que de *naître* [*né, née*] et *être* [*été*]).

-EAU ou **-ELLE** variante **-EREAU** ou **-ERELLE** ▪ Pour former des noms. **1.** La base est un nom. *Éléphanteau, pigeonneau, ramereau* [base en **-ier**], *renardeau, vipéreau. Citronnelle, pruneau. Gouttereau* [base en **-ière**], *paumelle, plumeau, tombeau, tuileau. Un chemineau.* dimin. *jambonneau, poutrelle, prunelle, ruelle, tombelle, tourelle ; un tyranneau.* — *Bordereau, coquerelle, hachereau. Un poétereau.* ◇ ⇒ **-ceau** ou **-celle. 2.** La base est un verbe. *Balancelle, traîneau, videlle.* — *Chanterelle, passerelle, sauterelle, téterelle, tombereau.* ‹ latin *-ellus, -ella ;* souvent en ancien français sous la forme *-el, -elle,* refaite en *-eau, -elle* ›

① **-ÉE** ▪ Pour former des noms féminins (valeur : « action, fait de »). ▫ La base est un verbe. *Criée, dégelée, envolée, traversée, veillée.* ‹ latin *-ata* → aussi -ade ›

② **-ÉE** ▪ Pour former des noms féminins (valeur : « ensemble, quantité »). **1.** La base est un nom. *Batelée* [base en **-eau**], *bouchée, coudée, cuillerée, matinée, panerée* [base en **-ier**], *poêlée.* **2.** La base est un verbe (la base est celle de la forme de la 1re personne du présent, ou de la forme de l'imparfait). *Buvée, enjambée, pincée.* ‹ latin *-ata* → aussi -ade ›

③ **-ÉE** ▪ Pour former des noms féminins. ▫ La base est un nom. *Onglée.* ‹ latin *-aea,* du grec *-aia* ›

◇ REM. La terminaison *-ée* est aussi celle du féminin du participe passé des verbes en *-er* (ainsi que de *naître*).

-ÉEN, -ÉENNE variante **-EN, -ENNE** ▪ **I.** Pour former des noms. **1.** La base est un nom commun. *Une lycéenne.* **2.** La base est un nom propre. *Un Européen.* — *Un Coréen, une Vendéenne.* ◇ ⇒ ② **-ien, -ienne** (I). **II.** Pour former des adjectifs. **1.** La base est un nom commun. *Paludéen.* — *Céruléen.* **2.** La base est un nom propre. *Européen, herculéen, panaméen.* — *Vendéen.* ◇ ⇒ ② **-ien, -ienne** (II). ‹ latin *-aeum* ou *-eum* ›

-EL, -ELLE variante **-IEL, -IELLE** ▪ Pour former des adjectifs. **1.** La base est un nom. *Accidentel, constitutionnel, émotionnel, idéel, résiduel, sensationnel.* — *Lessiviel, présidentiel, torrentiel, trimestriel.* **2.** La base est un adjectif. *Continuel.* ‹ latin *-alis* → aussi -al, -ale ›

-ELÉ, -ELÉE ▪ Pour former des adjectifs. **1.** La base est un nom. *Côtelé, pommelé.* **2.** La base est un verbe. *Crêpelé.* ◇ Ne pas confondre avec la terminaison *-elé, -elée* des adjectifs formés sur une base en *-eau* ou *-elle* ⇒ ① **-é, -ée.** ‹ ancien français *-el* (→ -eau ou -elle) + français *-é, -ée* → ① -é, -ée ›

-ELER ▪ Pour former des verbes. **1.** La base est un nom. *Bosseler, griveler, pommeler.* [Avec un préfixe] *épinceler.* **2.** La base est un verbe. *Craqueler.* ◇ Ne pas confondre avec la terminaison *-eler* des verbes formés sur une base en *-eau* ou *-elle* ⇒ ① **-er.** ‹ latin *-illare,* ou ancien français *-el* (→ -eau ou -elle) + français ① *-er* ›

-ELET, -ELETTE ▪ **I. -ELET** ou **-ELETTE** Pour former des noms. La base est un nom. dimin. *coquelet, côtelette, osselet, tartelette.* [Avec une consonne de liaison] *roitelet.* **II. -ELET, -ELETTE** Pour former des adjectifs. La base est un adjectif. dimin. *aigrelet, maigrelet, rondelet.* ◇ Ne pas confondre avec la terminaison *-elet* ou *-elette* des noms formés sur une base en *-eau* ou *-elle* ⇒ **-et, -ette** (I). ‹ ancien français *-el* (→ -eau ou -elle) + français *-et, -ette* ›

-ELLE ⇒ -EAU ou -ELLE

-EMENT ▪ Pour former des noms masculins. **1.** La base est un nom. *Piètement, vallonnement.* [Avec un préfixe] *empiècement, entablement, remembrement.* **2.** La base est un adjectif. *Aveuglement.* **3.** La base est un verbe (la base est celle de la forme de la 1re personne du présent, ou de la forme de l'imparfait). *Agrandissement, amoncellement, blanchissement, consentement, craquement, développement, engourdissement, éternuement, groupement, picotement, remerciement, renouvellement, vieillissement.* [Pour *agréement, châtiement*] *agrément, châtiment.* [Base en **-ayer** ; finale en -AIEMENT (ou -AYEMENT)] *bégaiement* (ou *bégayement*), *paiement* (ou *payement*). [Base en **-oyer** ; finale en -OIEMENT] *aboiement, verdoiement.* ◇ ⇒ ① **-ment.** ‹ latin *-amentum,* pour *-mentum* → ① -ment ›

-EMENT, -ÉMENT (terminaisons d'adverbes) ⇒ ② -MENT

-EMMENT ▪ Pour former des adverbes. ▫ La base est un adjectif en **-ent, -ente.** *Ardemment, décemment, prudemment.* ◇ ⇒ **-ammant.** ◇ REM. Trois adjectifs en *-ent, -ente* donnent des adverbes en *-ment* ⇒ ② **-ment.** ‹ origine : français *-ent* (→ -ent, -ente), avec chute du *t* final et passage de *n* à *m* + français *-ment* (→ ② -ment) ›

① **-EN, -ENNE** ⇒ -ÉEN, -ÉENNE

② **-EN, -ENNE** ⇒ ① -IEN, -IENNE

③ **-EN, -ENNE** ⇒ ② -IEN, -IENNE

-ENCE ▪ Pour former des noms féminins. **1.** La base est un nom. [Avec **-esc-**] *fluorescence, phosphorescence.* [La base est un nom en **-ent, -ente**] *présidence.* **2.** La base est un adjectif en **-ent, -ente** (ou en **-escent, -escente**). *Concurrence, immanence, opalescence.* **3.** La base est un verbe (la base est celle de la forme de la 1re personne du présent, ou de la forme de l'imparfait). *Exigence, ingérence, préférence.* [Avec **-esc-**] *dégénérescence.* ◇ ⇒ **-ance.** ◇ Le suffixe d'adjectifs correspondant est **-ent, -ente.** ‹ latin *-entia : -ens* (→ -ent, -ente) + *-ia.* ◇ REM. La plupart des noms français en *-ence* (comme *adolescence, affluence, exigence, résidence*) sont directement empruntés aux mots latins correspondants (en *-entia*) ›

-ENT, -ENTE ▪ Pour former des adjectifs. ▫ La base est un nom. [Avec **-esc-**] *fluorescent, opalescent.* [La base est un nom en **-ence** (ou en **-escence**)] *ambivalent, dégénérescent, grandiloquent, luminescent, omniscient, phosphorescent, réticent.* ⇒ **-ant, -ante** (II). ◇ Le suffixe de noms correspondant est **-ence,** et le suffixe d'adverbes est **-emment.** ‹ latin *-entem,* accusatif du suffixe de participe présent *-ens.* ◇ REM. La plupart des noms et adjectifs français en *-ent, -ente* (comme *un président, une adolescente ; différent, excellent, précédent*) sont directement empruntés aux mots latins correspondants (en *-ens,* génitif *-entis*) ›

① **-ER** variante **-IER** ▪ Pour former des verbes. **1.** La base est un nom. *Arbitrer, clouer, commérer, corseter, feuilleter, goudronner, papillonner, plumer, rayonner.* [Avec une consonne de liaison] *abriter, cauchemarder, caviarder, chapeauter, coincer, faisander, noyauter.* [Avec un préfixe] *dégoûter, dépoussiérer, désherber, dévaliser, égoutter, embarquer, embrasser, émerveiller, épincer.* — [La dernière consonne de la base est **c, d** ou **g**] *gracier, étudier, privilégier.* [Base en **-ai** ou en **-aie** ; finale en -AYER] *balayer, pagayer.* [Base en **-eau** ou **-elle** ; finale en -ELER] *agneler, carreler, étinceler, javeler, jumeler, morceler, niveler, ruisseler ;* [avec un préfixe] *amonceler, dépuceler, engrumeler, épanneler, ressemeler.* [Base en **-ier** ou **-ière** ; finale en -ERER (ou -ÉRER)] *acérer, liserer* (ou *lisérer*). **2.** La base est un adjectif. *Bavarder, calmer, griser, innocenter.* [Avec un préfixe] *affoler, apurer, déniaiser, ébouillanter, épurer.* ◇ ⇒ aussi **-ayer, -eler, -eyer, -oyer.** ‹ latin *-are ; -ier* ou *-yer* lorsque la consonne latine précédente était [k] ou [g] ›

② **-ER, -ÈRE** ▪ **I.** Pour former des noms. La base est un nom. *Un horloger, un volailler, une usagère. Étagère, oreiller. Oranger, pêcher.* ◇ ⇒ ① **-ier, -ière** (I). **II.** Pour former des adjectifs. Variante de -ier, -ière ⇒ ① **-ier, -ière** (II). ‹ origine : suffixe *-ier, -ière,* souvent réduit à *-er, -ère* lorsque le radical se termine par *ch* [ʃ], *g* [ʒ], *l* et *n* mouillés ›

-ERAIE ⇒ -AIE

-EREAU ou **-ERELLE** ⇒ -EAU ou -ELLE

-ERESSE ⇒ ③ -EUR, -ERESSE

-ERET ou **-ERETTE** ⇒ -ET, -ETTE (I)

-ERIE ▪ Pour former des noms féminins. **1.** La base est un nom. *Ânerie, clownerie, gaminerie, pitrerie. Hôtellerie, lunetterie, oisellerie* [base en **-eau**]. *Crêperie, laiterie, parfumerie, rhumerie. Conciergerie. Argenterie, paysannerie.* ◇ Ne pas confondre avec la terminaison *-erie* des noms formés sur une base en *-er, -ère* ou en *-ier, -ière* ⇒ **-ie** (1). **2.** La base est un adjectif. *Brusquerie, étourderie, mièvrerie, niaiserie.* ⇒ **-ie** (2). **3.** La base est un verbe (la base est celle de la forme de la 1re personne du présent, ou de la forme de l'imparfait). *Boiterie, fâcherie, flânerie, grivèlerie, moquerie, pleurnicherie, rêvasserie, tracasserie, tricherie. Brasserie, rôtisserie.* ‹ français *-(i)er* + *-ie* (exemple : *chevalier* donne *chevalerie*), puis devenu un suffixe indépendant ›

-EROLE et **-EROLLE** ⇒ -OL, -OLE (I)

① **-ERON, -ERONNE** ▪ (valeur : « qui s'occupe de ; originaire de ») **I.** Pour former des noms. **1.** La base est un nom. *Un bûcheron, un vigneron.* [Nom propre] *un Beauceron, une Percheronne.* **2.** La base est un verbe. *Un forgeron.* **II.** Pour former des adjectifs. La base est un nom propre. *Beauceron, percheron.* ‹ origine : → -eron ›

② **-ERON** ▪ Pour former des noms masculins (valeur : « sorte de ; qui fait »). **1.** La base est un nom. *Liseron.* dimin. *moucheron, puceron.* **2.** La base est un adjectif. *Un laideron.* **3.** La base est un verbe. *Fumeron.* ◇ Ne pas confondre avec la terminaison *-eron* des noms formés sur une base en *-ier* ou *-ière* ⇒ **-on, -onne** (I). ‹ français *-(i)er* + *-on,* puis devenu un suffixe indépendant sous la forme *-eron* ›

-ESCENCE ⇒ -ENCE

-ESCENT, -ESCENTE ⇒ -ENT, -ENTE

-ESCIBLE ⇒ -IBLE

-ESQUE ▪ Pour former des adjectifs. ▫ La base est un nom. *Charlatanesque, clownesque, éléphantesque, funambulesque, jargonnesque ;* [avec une consonne de liaison] *cauchemardesque.* [Nom propre] *chaplinesque, moliéresque, rocambolesque, ubuesque.* péj. *livresque.* ‹ italien *-esco,* ou, plus rarement, espagnol *-esco,* du latin *-iscum* ›

① **-ESSE** ▪ Pour former des noms féminins (valeur : dans des noms de femmes, de femelles). ▫ La base est un nom masculin. *Une hôtesse, une maîtresse, une princesse, une traîtresse. Ânesse, tigresse.* ◇ ⇒ **-eresse** à ③ **-eur, -eresse.** ‹ latin *-issa,* du grec ›

② **-ESSE** ▪ Pour former des noms féminins (valeur : indique la qualité liée à la base). ▫ La base est un adjectif. *Étroitesse, gentillesse, hardiesse, jeunesse, joliesse, mollesse, petitesse, robustesse, sagesse, tendresse.* ◇ ⇒ ① **-eur.** ‹ latin *-itia* → aussi -is ou -isse, et -ise ›

-ET, -ETTE ▪ **I. -ET** ou **-ETTE** variante **-ERET** ou **-ERETTE** Pour former des noms. **1.** La base est un nom. dimin. *amourette, coffret, jardinet, pincette. Une fillette, une suffragette.* — *Ableret, chardonneret, gorgerette, vergerette.* [Base en **-eau** ou **-elle** ; finale en -ELET ou -ELETTE] *agnelet, carrelet, cervelet, cordelette, mantelet, nivelette ;* dimin. *oiselet, ruisselet, tonnelet.* [Base en **-ier** ou **-ière** ; finale en -ERET ou -ERETTE] *banneret, collerette, dosseret.* **2.** La base est un adjectif. *Basset, belette* (base en **-eau, -elle**), *fauvette.* **3.** La base est un verbe (la base est celle de la forme de la 1re personne du présent, ou de la forme de l'imparfait). *Buvette, jouet, sifflet, sonnette, sucette.* — *Chaufferette, couperet, percerette, traceret.* ◇ ⇒ **-elet, -elette** (I) ; **-eton. II. -ET, -ETTE** Pour former des adjectifs. La base est un adjectif. dimin. *clairet, gentillet, jeunet, longuet.* [Avec **-ouill-**] *grassouillet.* ◇ ⇒ **-elet, -elette** (II). ‹ latin tardif *-ittum, -ittam* (attesté dans des noms propres et des inscriptions), peut-être d'origine celtique → aussi -ot, -otte ›

-ETÉ, -ETÉE ▪ Pour former des adjectifs. ▫ La base est un nom. *Moucheté, tacheté.* ‹ origine : → -et, -ette, et ① -é, -ée ›

-ETER ▪ Pour former des verbes. **1.** La base est un nom. *Louveter.* dimin. et fréquentatif *becqueter, moucheter, pelleter.* **2.** La base est un verbe. *Caleter.* dimin. et fréquentatif *claqueter, craqueter, voleter.* ‹ origine : → -et, -ette, et ① -er ›

-ETIER, -ETIÈRE ⇒ ① -IER, -IÈRE (I)

-ETON ▪ Pour former des noms masculins. **1.** La base est un nom. *Caneton. Banneton, œilleton. Un cureton.* **2.** La base est un verbe. *Vireton.* ◇ ⇒ **-et, -ette** (I) ; **-on, -onne** (I). ‹ origine : → -et, -ette, et -on, -onne ›

-ETONS ⇒ -ONS

① **-EUR** ▪ Pour former des noms féminins (valeur : indique une qualité). ▫ La base est un adjectif. *Blancheur, douceur, grandeur, moiteur, pâleur.* [D'après *noircir*] *noirceur.* ◇ ⇒ ② **-esse.** ‹ latin *-orem,* accusatif de *-or* (génitif *-oris*) ›

② **-EUR, -EUSE** ▪ (valeur : « qui fait l'action de ; qui s'occupe de » ; dans des noms de machines ou d'appareils) **I.** Pour former des noms. **1.** La base est un nom. *Un camionneur, un farceur, une parfumeuse.* **2.** La base est un verbe (la base est celle de la forme de la 1re personne du présent, ou de la forme de l'imparfait). *Un bâtisseur, un buveur, un chanteur, une coiffeuse, un dormeur, une fumeuse, un menteur. Agrandisseur, couveuse, démarreur, friteuse, planeur, suceuse.* ◇ ⇒ **-ateur, -atrice** (I) ; ⇒ ③ **-eur, -eresse** (I). **II.** Pour former des adjectifs. La base est un verbe (la base est celle de la forme de la 1re personne du présent, ou de la forme de l'imparfait). *Crâneur, encreur, refroidisseur, trompeur.* ◇ ⇒ **-ateur, -atrice** (II) ; ⇒ ③ **-eur, -eresse** (II). ‹ latin *-orem ;* le féminin *-euse* a pour origine le féminin du suffixe *-eux* (→ ① -eux, -euse) — avec lequel *-eur* a été confondu (→ ② -eux, -euse) —, qui a éliminé *-eresse* (→ ③ -eur, -eresse) ›

③ **-EUR, -ERESSE** ▪ (valeur : « qui fait l'action de ») **I.** Pour former des noms. La base est un verbe. *Le bailleur, la bailleresse ; un chasseur, une chasseresse ; le demandeur, la demanderesse ; un enchanteur, une enchanteresse.* [Exception : *doctoresse,* formé sur *docteur.*] ◇ ⇒ ① **-esse** ; ⇒ ② **-eur, -euse** (I). **II.** Pour former des adjectifs. La base est un verbe. *Enchanteur, -eresse.* ◇ ⇒ ② **-eur, -euse** (II). ‹ origine : → ② -eur, -euse ; pour *-eresse : -eur* (→ ② -eur, -euse) + ① *-esse* ›

① **-EUX, -EUSE** ▪ (valeur : indique une qualité ou une propriété) **I.** Pour former des noms (adjectifs substantivés). Variante **-IEUX, -IEUSE** **1.** La base est un nom. *Un coléreux, une morveuse, un paresseux, une peureuse.* — [La dernière consonne de la base est **c**] *une audacieuse, un avaricieux.* **2.** La base est un verbe. *Une boiteuse.* ◇ ⇒ **-ateux, -ateuse** (I). **II.** Pour former des adjectifs. Variantes **-IEUX, -IEUSE** et **-UEUX, -UEUSE** **1.** La base est un nom. *Aventureux, paresseux, poissonneux. Ferreux.* — [La dernière consonne de la base est **c**, **d** ou **g**] *audacieux, avaricieux, consciencieux, élogieux, miséricordieux, tendancieux.* — *Difficultueux, luxueux, majestueux, respectueux, talentueux, torrentueux.* **2.** La base est un verbe *Boiteux, chatouilleux, oublieux.* ◇ ⇒ **-ateux, -ateuse** (II). ‹ latin *-osum, -osam ;* pour *-ieux, -ieuse,* latin *-iosum, -iosam ;* pour *-ueux, -ueuse,* latin *-uosum, -uosam* ›

② **-EUX, -EUSE** ▪ (valeur : « qui fait l'action de ; qui s'occupe de »). Pour former des noms. **1.** La base est un nom. *Un violoneux. Une matheuse.* **2.** La base est un verbe. *Une partageuse, un rebouteux.* ◇ ⇒ ② **-eur, -euse** (I). ‹ français ② *-eur, -euse,* dont le *r* n'était pas prononcé (à partir de la moitié du XIIe siècle), confondu avec ① *-eux, -euse* ›

-EYER ▪ Pour former des verbes. **1.** La base est un nom. *Capeyer, langueyer.* **2.** La base est un adjectif. *Grasseyer.* ◇ ⇒ **-ayer, -oyer,** et aussi ① **-er.** ‹ latin tardif *-idiare,* de *-izare.* → -iser ›

-FIER variante **-IFIER** ▪ Pour former des verbes. **1.** La base est un nom. *Cocufier, cokéfier, momifier.* — *Codifier, dragéifier, ossifier, personnifier.* [Finale -ÉIFIER] *gazéifier.* **2.** La base est un adjectif. *Raréfier.* — *Acidifier, humidifier, rigidifier, simplifier, solidifier.* [Base en **-ique**] *électrifier, plastifier, tonifier.* [Finale -ÉIFIER] *homogénéifier.* ◇ ⇒ **-iser.** ◇ Ne pas confondre avec les mots formés sur le verbe *fier* (comme *défier, méfier*). ‹ latin *-ificare,* pour *-ficare,* de *facere* « faire », en composition ›

① **-IAIRE** ⇒ ① -AIRE

② **-IAIRE** ⇒ ② -AIRE

-IAL, -IALE, -IAUX, -IALES ⇒ -AL, -ALE, -AUX, -ALES

-IASSE ⇒ -ASSE (I)

-IBLE ▪ Pour former des adjectifs. **1.** La base est un nom. *Paisible, pénible.* [Base en **-ion**] *extensible, fissible, prescriptible, prévisible.* ◇ ⇒ **-able** (I). **2.** La base est un verbe (la base est celle de la forme de la 1re personne du présent, ou de la forme de l'imparfait). *Convertible, lisible.* [Avec le préfixe **in-**] *incorrigible, illisible, irrésistible.* [Avec **-esc-**] *fermentescible.* ◇ ⇒ **-able** (2). ◇ La terminaison de noms correspondante est *-ibilité* ⇒ **-ité.** ‹ latin *-ibilis* ›

① **-ICHE** ▪ Pour former des noms (valeur : « sorte de »). ▫ La base est un nom. *Barbiche, potiche.* ‹ italien *-iccio* ou *-ice* ›

② **-ICHE** ▪ **I.** Pour former des noms. La base est un nom. péj. *une boniche.* **II.** Pour former des adjectifs. La base est un adjectif. augmentatif et fam. *fortiche.* ‹ origine : ① *-iche* ›

-ICHON, -ICHONNE ▪ **I.** **-ICHON** variante **-UCHON** Pour former des noms masculins. La base est un nom. *Cornichon. Un ratichon.* — *Balluchon.* ◇ ⇒ **-on, -onne** (I). **II.** **-ICHON, -ICHONNE** Pour former des adjectifs. La base est un adjectif. *Folichon, maigrichon, pâlichon.* ◇ ⇒ **-on, -onne** (II). ‹ origine : → ② -iche, et -on, -onne ; pour *-uchon : -uche* (comme dans *nunuche, paluche, Pantruche*), d'origine argotique inconnue + *-on, -onne* ›

-ICULE ⇒ -ULE

-IE ▪ Pour former des noms féminins. **1.** La base est un nom. *Acrobatie, pairie, seigneurie. Agronomie. Boulangerie, boucherie, horlogerie. Bergerie, mairie. Aciérie. Bourgeoisie, confrérie.* [Base en **-ier**, **-ière** ; finale en -ERIE] *cordonnerie, épicerie, mercerie, pelleterie, tonnellerie ; chancellerie ; cavalerie, chevalerie.* ◇ ⇒ aussi **-erie** (1). **2.** La base est un adjectif. *Courtoisie, économie, folie, jalousie, maladie.* ◇ ⇒ aussi **-erie** (2). ‹ latin et grec *-ia.* ◇ REM. La terminaison *-ie* est aussi celle de participes passés féminins de verbes en *-ir,* notamment de participes substantivés (comme *éclaircie, embellie, saisie, sortie*) ›

-IEL, -IELLE ⇒ -EL, -ELLE

-IÈME ▪ **I.** Pour former des noms. La base est un nom de nombre. *La cinquième, le nième. Un dix-millième.* **II.** Pour former des adjectifs. La base est un nom de nombre. *Dixième, vingt-deuxième.* ‹ latin *-esimum, -esimam,* suffixe d'adjectifs numéraux ordinaux en *-esimus,* et de noms féminins en *-esima* désignant une fraction ›

① **-IEN, -IENNE** variante **-EN, -ENNE** ▪ Pour former des noms (valeur : « spécialiste de, qui s'occupe de »). ▫ La base est un nom. *Un grammairien, une historienne.* [Base en **-ique**] *une informaticienne, un mécanicien, un physicien.* — *Une chirurgienne, un comédien.* ‹ latin *-ianum, -ianam* ›

② **-IEN, -IENNE** variante **-EN, -ENNE** ▪ (valeur : « membre de, qui fait partie de ; relatif à, propre à ; habitant de ») **I.** Pour former des noms. **1.** La base est un nom commun. *Une collégienne, un milicien, un paroissien.* **2.** La base est un nom propre. *Les Capétiens, un épicurien, un Parisien.* — *Une Australienne.* ◇ ⇒ **-éen, -éenne** (I). **II.** Pour former des adjectifs. **1.** La base est un nom commun. *Crânien, microbien.* [Base en **-ique**] *musicien.* **2.** La base est un nom propre. *Canadien, cornélien, freudien, ivoirien, rabelaisien, sartrien, wagnérien.* — *Italien, libyen.* ◇ ⇒ **-éen, -éenne** (II). ‹ latin *-anum, -anam* lorsque la consonne latine précédente était [k] ou [g], ou lorsque la voyelle précédente était *i* ›

① **-IER, -IÈRE** ▪ **I.** Pour former des noms. Variante **-ETIER, -ETIÈRE** **1.** La base est un nom (la base est parfois suivie d'une consonne de liaison). *Une banquière, une bouquetière, un boyaudier, un cuisinier, une échotière. Abricotier, amadouvier, cacaotier* (ou *cacaoyer*), *fruitier, pommier. Gaufrier, yaourtière. Une rentière. Échassier. Bêtisier, dentier, merdier, verrière. Cendrier, salière, saucière, sucrier. Cacaotière* (ou *cacaoyère*), *escargotière, pigeonnier, rizière. Un écolier, une postière. Boîtier, litière, sentier. Collier, gouttière, jambière, plafonnier.* — *Un cafetier, un grainetier. Cafetière, coquetier.* [Base en **-eau** ou **-elle ;** finale en -ELIER, -ELIÈRE] *une batelière, un chamelier, un chapelier, une coutelière, un oiselier, un tonnelier ; chandelier, muselière, râtelier, vaisselier.* **2.** La base est un adjectif. *Verdier. Clairière.* **3.** La base est un verbe. *Un héritier, un roulier. Balancier, glissière, levier.* ◇ ⇒ ② **-er, -ère** (I). **II.** Pour former des adjectifs. Variante **-ER, -ÈRE** **1.** La base est un nom (la base est parfois suivie d'une consonne de liaison). *Betteravier, dépensier, morutier, ordurier, peaucier, policier, princier, rancunier.* — *Houiller, mensonger.* **2.** La base est un adjectif. *Grossier. Droitier.* — *Étranger. Gaucher.* **3.** La base est un verbe. *Tracassier.* ‹ latin *-arium, -ariam ;* latin *-arem,* avec substitution de suffixe en ancien français (*-er, -ère* donnant *-ier, -ière,* réduit de nouveau à *-er, -ère* dans certains cas → ② -er, -ère) → aussi ① -aire et ② -aire ›

② **-IER** ⇒ ① -ER

-IEUX, -IEUSE ⇒ ① -EUX, -EUSE

-IF, -IVE ▪ **I.** Pour former des noms (adjectifs substantivés). La base est un nom. *Un sportif, une instinctive.* [Base en **-ion**] *un explosif, l'exécutif ; une intuitive.* ◇ ⇒ **-atif, -ative** (I). **II.** Pour former des adjectifs. **1.** La base est un nom. *Arbustif, hâtif, fautif, plaintif, sportif.* [Base en **-ion**] *allusif, dépressif, émotif, évolutif, intuitif, volitif.* **2.** La base est un adjectif. *Distinctif, intensif, maladif.* **3.** La base est un verbe (la base est celle de la forme de la 1re personne du présent, ou de la forme de l'imparfait). *Combatif, inventif, jouissif, pensif, poussif.* **4.** La base est un adverbe. *Tardif.* ◇ ⇒ **-atif, -ative** (II). ◇ La terminaison de noms correspondante est *-ivité* ⇒ **-ité.** ‹ latin *-ivum, -ivam* ›

-IFIER ⇒ -FIER

-ILLE ▪ Pour former des noms féminins. ▫ La base est un nom. dimin. *brindille, charmille, faucille.* ‹ latin *-icula,* d'abord par emprunt aux langues romanes ›

-ILLER ▪ Pour former des verbes. **1.** La base est un nom. *Gambiller, pétiller, pointiller.* dimin. et fréquentatif *grappiller.* **2.** La base est un verbe (la base est celle de la forme de la 1re personne du présent, ou de la forme de l'imparfait). dimin. et fréquentatif *fendiller, mordiller, pendiller, sautiller.* ◇ ⇒ **-ailler, -ouiller.** ‹ latin *-iculare,* ou français *-ille* + ① *-er* ›

-ILLON ▪ Pour former des noms masculins. **1.** La base est un nom. dimin. *bottillon, croisillon, oisillon, portillon. Un moinillon, un négrillon.* **2.** La base est un adjectif. *Durillon, raidillon.* ◇ ⇒ **-on, -onne** (I). ‹ origine : → -ille, et -on ›

-IN, -INE ▪ **I.** Pour former des noms. **1.** La base est un nom. dimin. *bottine, langoustine ;* [avec une consonne de liaison] *tableautin. Chaumine, serpentin, vitrine. Un calotin.* [Allongement **-erin**] *vacherin.* [Nom propre] *un Andin, une Girondine, un Levantin.* **2.** La base est un adjectif. *Un blondin, un plaisantin, une rouquine. Rondin.* **3.** La base est un verbe. *Balancine, comptine, grondin, saisine, tapin, tracassin. Un galopin, un trottin.* [Allongement **-erin**] *tisserin.* **II.** Pour former des adjectifs. La base est un nom. *Enfantin, ivoirin, porcin, sanguin, vipérin.* [Nom propre] *alpin, andin, girondin, levantin.* ‹ latin *-inum, -inam ;* italien *-ino, -ina* ›

-INER ▪ Pour former des verbes (ces verbes sont diminutifs et fréquentatifs). **1.** La base est un nom. *Tambouriner.* **2.** La base est une onomatopée. *Dodiner.* [Avec un préfixe] *enquiquiner.* **3.** La base est un verbe (la base est celle de la forme de la 1re personne du présent, ou de la forme de l'imparfait). *Pleuviner, trottiner.* ‹ latin *-inare* ›

-ING ▪ Pour former des noms masculins (la base peut être un verbe ou, plus rarement, un nom). ◇ La plupart des mots en *-ing* sont empruntés à l'anglais, soit sous la forme et avec le sens de l'anglais (dans des mots comme *karting, jogging*), soit avec une altération de la forme ou du sens ; l'abondance de ces mots fait de **-ing** un pseudo-suffixe, sans productivité réelle en français. ‹ anglais *-ing,* servant à former le participe présent des verbes ; ces participes présents sont souvent substantivés ›

-INGUE ▪ Pour former des adjectifs. ▫ La base est un adjectif. fam. et péj. *lourdingue, salingue, sourdingue* (et aussi, nom, *un lourdingue, une sourdingue*). ‹ suffixe français d'origine argotique inconnue ›

-IOLE ⇒ -OL, -OLE (I)

-ION ⇒ -ON, -ONNE (I)

-IOT, -IOTTE ⇒ -OT, -OTTE

① **-IQUE** ▪ Pour former des adjectifs. **1.** La base est un nom commun. *Alcoolique, anesthésique, atomique, lamaïque, merdique, volcanique. Ferrique, tartrique.* **2.** La base est un nom propre. *Bouddhique, marotique, satanique.* **3.** La base est une interjection. *Zutique.* ◇ ⇒ **-atique,** et aussi **-tique.** ◇ Terminaisons de noms correspondantes : **-icité** (⇒ **-ité**), et le suffixe **-isme.** ‹ latin *-icus,* grec *-ikos ;* l'anglais *-ic* et l'allemand *-isch* ont la même origine. ◇ REM. Une grande partie des mots français en *-ique,* notamment les noms féminins de sciences (comme *mathématique, physique, technique*), sont directement empruntés aux mots latins correspondants, eux-mêmes généralement empruntés au grec ›

② **-IQUE** ⇒ -TIQUE

-IR ▪ Pour former des verbes. **1.** La base est un nom. *Finir, fleurir.* [Avec un préfixe] *anéantir, atterrir.* **2.** La base est un adjectif. *Blanchir, bleuir, faiblir, grossir, mûrir, verdir.* [Avec un préfixe] *agrandir, amoindrir, élargir.* [Base adjectif en [R] ; parfois finale en -CIR] *durcir, forcir, obscurcir ;* [avec un préfixe] *accourcir, endurcir.* ‹ latin *-ire ;* latin *-ere,* refait en *-ire* ›

-IS ou **-ISSE** ▪ Pour former des noms. **1.** La base est un nom. *Châssis, treillis.* **2.** La base est un adjectif. *Jaunisse.* **3.** La base est un verbe (la base est celle de la forme de la 1re personne du présent, ou de la forme de l'imparfait). *Bâtisse, fouillis, hachis, logis, ramassis, roulis, semis.* ‹ latin *-icium ;* latin *-aticium.* → aussi ② -esse et -ise. ◇ REM. La terminaison *-is* est aussi celle de certains participes passés masculins (comme *assis, conquis, mis, pris*), notamment des participes substantivés (comme *acquis, sursis*) ›

-ISANT, -ISANTE ▪ **I.** Pour former des noms (adjectifs substantivés). La base est un nom. *Une arabisante, un celtisant.* [Base en **-isme**] *un rhumatisant.* [Base en **-iste**] *un communisant.* **II.** Pour former des adjectifs. La base est un nom. *Arabisant, celtisant.* [Base en **-isme**] *archaïsant, rhumatisant.* [Base en **-iste**] *communisant, fascisant.* ‹ français *-iser* + *-ant, -ante* ›

-ISE ▪ Pour former des noms féminins. ▫ **1.** La base est un nom. *Expertise, maîtrise, traîtrise. Prêtrise.* **2.** La base est un adjectif. *Bêtise, débrouillardise, franchise, sottise, paillardise, vantardise.* **3.** La base est un verbe. *Convoitise, hantise.* ‹ latin *-itia,* puis *-ise* est devenu un suffixe en français → aussi ② -esse, et -is ou -isse. ◇ REM. La terminaison *-ise* est aussi celle de certains participes passés féminins (comme *acquise, conquise*), notamment des participes substantivés (comme *mise, surprise*) ›

-ISER ▪ Pour former des verbes. **1.** La base est un nom. *Alcooliser, alphabétiser, bémoliser, caraméliser, champagniser, étatiser, laïciser, scandaliser.* [Avec un préfixe] *démoraliser. Prolétariser, fonctionnariser. Terroriser.* [Base en **-ique**] *informatiser.* **2.** La base est un adjectif. *Fertiliser, immobiliser, moderniser, ridiculiser. Américaniser, humaniser, italianiser. Populariser, scolariser. Extérioriser. Centraliser, égaliser, régionaliser.* [Base en **-el, -elle** ; finale en -ALISER] *constitutionnaliser, industrialiser, intellectualiser, officialiser, personnaliser.* [Base en **-able ;** finale en -ABILISER] *comptabiliser, imperméabiliser, responsabiliser.* [Base en **-ible** ; finale en -IBILISER] [Par analogie] *solubiliser.* [Base en **-ique**] *électriser, érotiser, hébraïser, mécaniser, politiser, systématiser.* [Base en **-ique ;** finale en -ICISER] *techniciser.* [Base en **-if, -ive** ; finale en -IVISER] *collectiviser, relativiser.* [Finale -ÉISER] *homogénéiser.* ◇ ⇒ **-fier.** ‹ latin tardif *-izare,* du grec *-izein* → aussi -oyer ›

-ISME ▪ Pour former des noms masculins. **1.** La base est un nom. *Défaitisme, impressionnisme, progressisme, racisme, snobisme. Organisme. Alcoolisme. Capitalisme. Argotisme.* [Nom propre] *bouddhisme, hitlérisme, marxisme.* **2.** La base est un adjectif. *Parallélisme. Amoralisme, communisme, modernisme, socialisme. Américanisme, régionalisme.* [Base en **-ique**] *illogisme, romantisme.* **3.** La base est un verbe. *Arrivisme, dirigisme, transformisme.* **4.** La base est un groupe de mots, une phrase. *Aquoibonisme, je-m'en-fichisme, je-m'en-foutisme.* ◇ ⇒ aussi **-iste.** ‹ latin *-ismus,* du grec *-ismos ;* l'anglais *-ism* a la même origine ›

-ISSE ⇒ -IS ou -ISSE

-ISSIME ▪ **I.** Pour former des noms. La base est un nom. *Le généralissime.* **II.** Pour former des adjectifs. La base est un adjectif. *Illustrissime, rarissime, richissime.* ‹ italien *-issimo,* du latin *-issimus* (suffixes de superlatifs) ›

-ISTE ▪ **I.** Pour former des noms (noms de personnes). **1.** La base est un nom. *Un bouquiniste, une chimiste, un dentiste, un latiniste, un pianiste, une violoncelliste. Une congressiste. Un défaitiste, un féministe, une progressiste. Un capitaliste.* [Nom propre] *un gaulliste, une maoïste.* **2.** La base est un adjectif. *Un puriste, un spécialiste. Un communiste, un socialiste.* **3.** La base est un verbe. *Un arriviste, une transformiste.* **4.** La base est un groupe de mots, une phrase. *Un je-m'en-fichiste, une jusqu'au-boutiste.* ◇ ⇒ aussi **-isme. II.** Pour former des adjectifs. **1.** La base est un nom. *Alarmiste, fétichiste.* [Nom propre] *bouddhiste, darwiniste, maoïste.* **2.** La base est un adjectif. *Fataliste, intimiste, royaliste.* **3.** La base est un verbe. *Arriviste, transformiste.* **4.** La base est un groupe de mots, une phrase. *Je-m'en-fichiste, jusqu'au-boutiste.* ◇ Le suffixe de noms correspondant est **-isme.** ‹ latin *-ista,* du grec *-istês ;* l'italien *-ista* et l'anglais *-ist* ont la même origine ›

-ITE ▪ **I.** Pour former des noms. La base est un nom. *Météorite. Appendicite, bronchite. Espionite.* [Nom propre] *un Annamite ; une Israélite, un jésuite.* **II.** Pour former des adjectifs. La base est un nom propre. *Adamite, israélite, jésuite.* ‹ grec *-itês ;* latin ecclésiastique d'origine grecque *-ita ;* grec *-itis.* ◇ REM. La terminaison *-ite* est aussi celle de certains participes passés féminins ›

-ITÉ ▪ Pour former des noms féminins. ▫ La base est un adjectif. *Absoluité, continuité, exquisité, grécité, matité, spontanéité. Acidité, efficacité, fixité, frivolité, intimité, viviparité. Mondanité. Solidarité. Intériorité. Motricité. Préciosité. Fisca-*

lité, internationalité, natalité. [Base en **-el, -elle ;** finale en -ALITÉ] *actualité, constitutionnalité, intellectualité, matérialité, virtualité.* [Base en **-able ;** finale en -ABILITÉ] *comptabilité, impénétrabilité, maniabilité.* [Base en **-ible ;** finale en -IBILITÉ] *divisibilité, lisibilité, susceptibilité.* [Par analogie] *solubilité.* [Base en **-ique ;** finale en -ICITÉ] *analyticité, atomicité, authenticité, périodicité.* [Base en **-if, -ive ;** finale en -IVITÉ] *captivité, émotivité, nocivité, productivité, sportivité.* [Finale -ÉITÉ] *diaphanéité, étanchéité, homogénéité, planéité.* ⇒ **-té.** ‹ latin *-itatem,* accusatif de *-itas* ›

-ITEUR, -ITRICE ▪ Pour former des noms. □ La base est un verbe. *Un expéditeur, une compositrice.* ‹ latin *-it-* (dans des radicaux de supin) + *-or* (finale de noms d'agents) ›

-ITUDE ▪ Pour former des noms féminins. **1.** La base est un nom. *Négritude, punkitude.* **2.** La base est un adjectif. *Exactitude, platitude.* ⇒ **-ude.** ‹ latin *-(i)tudo,* suffixe de noms abstraits. REM. La plupart des noms français en *-itude* (comme *lassitude, solitude*) sont directement empruntés aux mots latins correspondants (en *-itudo*) ›

① **-MENT** ▪ Pour former des noms masculins. □ La base est un verbe (la base est celle de la forme du participe passé). *Assortiment, bâtiment, blanchiment, sentiment.* ⇒ **-ement.** REM. Pour *agrément* et *châtiment,* voir à **-ement.** ‹ latin *-mentum* ›

② **-MENT** ▪ Pour former des adverbes. **1.** La base est un adjectif masculin. *Éperdument, goulûment, instantanément, joliment, vraiment.* **2.** La base est un participe passé masculin. *Dûment, foutument, modérément, posément.* **3.** La base est un nom ou une interjection. *Bigrement, diablement, foutrement.* **4.** La base est un adverbe. *Quasiment.* **5.** La base est un adjectif féminin. [Finale -EMENT] *aucunement, doucement, follement, grandement, nettement, normalement, nouvellement ;* [base adjectif en **-ent, -ente** (exceptions : au lieu de *-emment*)] *lentement, présentement, véhémentement.* [Finale -ÉMENT] *commodément, communément, énormément, exquisément, précisément.* ⇒ **-amment** (pour les adjectifs en **-ant, -ante**), **-emment** (pour les adjectifs en **-ent, -ente**). ‹ latin *mente,* ablatif de *mens,* n. f. « esprit, disposition d'esprit », dans des groupes adjectif + *mente* (comme *bona mente* « bonnement »), où le substantif prit peu à peu le sens de « manière d'être » et fut senti comme un suffixe d'adverbes ›

① **-O** ▪ **I.** Pour former des noms (ces noms sont tous familiers). **1.** La base est un nom (la base est abrégée). *Dico. Un mécano, un métallo, un prolo, une proprio.* **2.** La base est un adjectif. *Une dingo, un facho.* **II.** Pour former des adjectifs (ces adjectifs sont tous familiers). La base est un adjectif (la base est souvent abrégée). *Alcoolo, dingo, ramollo, réglo.* Ne pas confondre avec la terminaison -o des abréviations familières s'achevant par un *o* qui figure dans la base (comme *métro, vélo*). ‹ suffixe devenu autonome par confusion avec la finale *-o* de mots tronqués comme *aristo (aristocrate)* ›

② **-O** ▪ Pour former des adverbes. □ La base est un adjectif. [D'après *primo, secundo...*] fam. *deuzio, directo, rapido, texto.* ⇒ aussi **-os** (III). ‹ latin *-o,* finale d'adverbes, issue de l'ablatif en *-o* d'adjectifs en *-us ;* italien *-o,* finale d'adverbes ›

-OCHE ▪ Pour former des noms. **1.** La base est un nom. *Épinoche, filoche, mailloche, mioche, pioche.* [La base est abrégée] fam. ou pop. *bidoche, cinoche, valoche.* **2.** La base est un verbe. fam. ou pop. *pétoche, taloche.* ‹ latin tardif *-occa* (non attesté) et italien *-occia ;* suffixe argotique, probablement d'origine dialectale ›

-OCHER ▪ Pour former des verbes. **1.** La base est un nom. *Boulocher.* **2.** La base est un verbe. fréquentatif et péj. *bavocher, filocher, flânocher.* ‹ origine → -oche et ① -er ›

-OIR, -OIRE ▪ **I.** **-OIR** ou **-OIRE** Pour former des noms. La base est un verbe (la base est celle de la forme de la 1re personne du présent, ou de la forme de l'imparfait). *Arrosoir, baignoire, balançoire, bouilloire, écumoire, laminoir, rôtissoire. Mâchoire, nageoire. Boudoir, fumoir, patinoire.* ⇒ **-atoire** (I). **II.** **-OIRE** Pour former des adjectifs. La base est un nom. *Attentatoire, compromissoire, méritoire.* [Base en **-ion**] *classificatoire, collusoire, divinatoire, excrétoire, incantatoire, sécrétoire.* ⇒ **-atoire** (II). ‹ latin *-orium* ›

-OIS, -OISE ▪ **I.** Pour former des noms. **1.** La base est un nom commun. *Un bourgeois. Minois.* **2.** La base est un nom propre. *Un Gaulois, une Suédoise.* ⇒ **-ais, -aise** (I). **II.** Pour former des adjectifs. **1.** La base est un nom commun. *Bourgeois, villageois.* **2.** La base est un nom propre. *Bruxellois, chinois, niçois, québécois, suédois.* ⇒ **-ais, -aise** (II). ‹ latin *-ensem,* accusatif de *-ensis* → -ais, -aise ›

-OL, -OLE ▪ **I.** Pour former des noms. Variantes **-IOLE, -EROLE, -EROLLE** **1.** La base est un nom. *Campagnol.* [Nom propre] *un Cévenol, une Espagnole.* — dimin. *artériole, bronchiole.* — *Casserole, flammerole, profiterole.* — *Moucherolle.* dimin. *lignerolle.* **2.** La base est un adjectif. *Rougeole.* **3.** La base est un verbe. *Bouterolle.* **II.** Pour former des adjectifs. La base est un nom propre. *Cévenol, espagnol.* ‹ latin *-olus, -ola, -olum,* parfois par les langues romanes ›

-ON, -ONNE ▪ **I.** Pour former des noms. Variante **-ION** **1.** La base est un nom. *Ballon, ceinturon, croûton, jupon, manchon, médaillon, poêlon.* dimin. *aiglon, autruchon, chaton, glaçon ; un marmiton.* partitif *chaînon, échelon, maillon.* fam. *un couillon.* — *Croupion, pyramidion, virion.* [Base en **-eau** ou **-elle ;** finale en -ELON] *chamelon, échelon, mamelon.* [Base en **-ier** ou **-ière ;** finale en -ERON] *saleron, quarteron.* **2.** La base est un adjectif. *Molleton.* dimin. *une sauvageonne.* **3.** La base est un verbe (la base est celle de la forme de la 1re personne du présent, ou de la forme de l'imparfait). *Jeton, guidon, lorgnon, nichon, pilon, torchon. Hérisson. Brouillon, pinçon, plongeon.* péj. *un avorton, une souillon.* ⇒ ② **-eron ; -eton ; -ichon ; -ichonne** (I) ; **-illon ; -ton.** **II.** Pour former des adjectifs. La base est un verbe. *Brouillon, grognon.* ⇒ **-ichon, -ichonne** (II). ‹ latin *-onem* (accusatif de noms féminins en *-o*), quelquefois par l'intermédiaire des langues romanes ›

-ONNER ▪ Pour former des verbes. □ La base est un verbe. dimin. et fréquentatif *chantonner, griffonner, mâchonner, tâtonner.* ⇒ aussi ① **-er.** ‹ moyen français *-on-,* ajouté au suffixe verbal ① *-er* ›

-ONS variante **-ETONS** ▪ Pour former des locutions adverbiales. Avec la préposition À. **1.** La base est un verbe. *À reculons, à tâtons.* **2.** La base est un nom. *À croupetons.* ‹ suffixe à valeur expressive, probablement issu de *-on, -onne* ›

-ORAT ⇒ ① -AT

-OS ▪ **I.** Pour former des noms. La base est un nom. [La base est abrégée] Familier *matos* (de *matériel*). **II.** Pour former des adjectifs. **1.** La base est un adjectif. Familier *chicos, chouettos, débilos.* **2.** La base est un verbe (la base est celle de la forme de l'imparfait). Familier *craignos.* **III.** Pour former des adverbes. La base est un adjectif. Familier *rapidos, tranquillos.* ⇒ aussi ② **-o.** ‹ suffixe français d'origine inconnue ; comparer les mots d'argot comme *campos* (argot scolaire ancien), *bitos, calendos, doulos,* parfois écrits également *-o* (ou *-au*), ou *-osse* ›

-OSE ▪ Pour former des noms féminins. **1.** La base est un nom. *Bacillose, parasitose, phagocytose, tuberculose.* **2.** La base est un adjectif. *Sinistrose.* **3.** La base est un verbe. *Hallucinose.* ‹ grec *-ôsis* ›

-OT, -OTTE ▪ **I.** **OT, -OTTE** (ou **-OTE**) Pour former des noms. Variante **-IOT, -IOTTE** (ou **-IOTE**) **1.** La base est un nom. *Ballot, billot, cageot, cheminot, culot, culotte.* fam. ou dimin. *bécot, Charlotte, cocotte, frérot, îlot, Pierrot.* — *Une loupiotte, un pégriot, un salopiot ; loupiote.* **2.** La base est un verbe (la base est celle de la forme de la 1re personne du présent, ou de la forme de l'imparfait). *Caillot. Bougeotte, jugeote, tremblote. Bouillotte, chiottes, roulotte.* **3.** La base est une onomatopée. *Fafiot.* **II** **-OT, -OTTE** Pour former des adjectifs. Variante **-IOT, -IOTTE.** La base est un adjectif. *Chérot, fiérot, pâlot, petiot, vieillot.* — *Maigriot.* ‹ latin tardif *-ottum, -ottam,* var. de *-ittum, -ittam* → -et, -ette. ›

-OTER (ou **-OTTER**) ▪ Pour former des verbes. **1.** La base est un verbe (la base est celle de la forme de la 1re personne du présent, ou de la forme de l'imparfait). dimin. et fréquentat *buvoter, clignoter, pleuvoter, siffloter, tapoter, tremblot vivoter.* — *Frisotter.* **2.** La base est une onomatopée. *Ch choter, papoter.* ‹ origine : → -ot, -otte, et ① -er ›

-OUILLER ▪ Pour former des verbes. **1.** La base est un nom. fréquentatif *patouiller*. **2.** La base est une onomatopée. *Gazouiller*. **3.** La base est un verbe (la base est celle de la forme de la 1re personne du présent, ou de la forme de l'imparfait). fréquentatif *crachouiller, gratouiller, mâchouiller, pendouiller*. ⇔ ⇒ **-ailler, -iller**. ‹ latin *-uculare* (non attesté) ›

-OUSE (ou **-OUZE**) ▪ Pour former des noms féminins. □ La base est un nom. fam. ou pop. *bagouse* (ou *bagouze*), *partouse* (ou *partouze*), *perlouse* (ou *perlouze*), *tantouse* (ou *tantouze*). ‹ suffixe français d'origine argotique inconnue ; peut-être forme ancienne de *-euse* (→ ② -eur, -euse), conservée dans des patois ›

-OYER ▪ Pour former des verbes. **1.** La base est un nom. *Chatoyer, côtoyer, coudoyer, foudroyer, guerroyer, larmoyer, merdoyer, ondoyer*. **2.** La base est un adjectif. *Nettoyer, rougeoyer, rudoyer, verdoyer*. **3.** La base est un verbe. *Tournoyer*. ⇔ ⇒ **-ayer, -eyer,** et aussi ① **-er**. ⇔ Les noms correspondants sont des noms masculins en *-oiement* ⇒ **-ement**. ‹ latin tardif *-izare*, du grec *-izein* → -iser, et aussi -ayer ›

① **-SON** ▪ Pour former des noms féminins. □ La base est un verbe (la base est celle de la forme du participe passé). *Garnison, guérison, trahison*. ⇔ ⇒ **-aison**. ‹ latin *-tionem*. ⇔ REM. La plupart des noms français en *-son* (comme *boisson ; un nourrisson*) sont directement empruntés aux mots latins correspondants (en *-tio*, génitif *-tionis*) ›

② **-SON** ▪ Pour former des noms masculins. □ La base est un nom (base tronquée). fam. ou pop. *pacson, tickson*. ‹ suffixe français d'origine argotique inconnue ›

-TÉ ▪ Pour former des noms féminins. □ La base est un adjectif. *Étrangeté, lâcheté, mocheté, propreté*. [Adjectif masculin] *beauté, chrétienté*. [Adjectif féminin] *ancienneté, grossièreté, joyeuseté, netteté, oisiveté*. [Base adjectif en **-al, -ale** ; finale en -AUTÉ] *loyauté, royauté*. ⇔ ⇒ aussi **-auté, -ité**. ‹ latin *-itatem* ›

-TION ▪ Pour former des noms féminins. □ La base est un verbe (la base est celle de la forme du participe passé). *Comparution, parution*. ⇔ ⇒ **-ation**. ‹ latin *-ionem*, précédé d'un radical de supin en *t*. ⇔ REM. La plupart des noms français en *-tion* (comme *finition, résolution*) sont directement empruntés aux mots latins correspondants (en *-tio*, génitif *-tionis*), de même que les noms français à finale *-ion* (comme *action, torsion*) ›

-TIQUE (ou **-IQUE** devant *t*) ▪ **I.** Pour former des noms féminins. **1.** La base est un nom (parfois tronqué). *Bureautique, créatique, consommatique, monétique, productique, robotique*. **2.** La base est un adjectif. *Privatique* (de *privé*). **II.** Pour former des adjectifs. La base est un nom. *Médiatique*. ‹ origine : de la finale de *informatique*, lui-même de *information*, avec la finale des noms de sciences en *-ique*. ⇔ REM. Il existe aussi des mots à finale *-matique* (comme *télématique, micromatique*), tirée également de *informatique* ›

-TON ▪ Pour former des noms masculins. □ La base est un nom. dimin. ou fam. *un fiston, gueuleton, un mecton*. [Base abrégée] *fronton*. ⇔ ⇒ **-on, -onne** (I). ‹ suffixe français d'origine argotique inconnue ›

-TURE ⇒ -URE

-U, -UE ▪ **I.** Pour former des noms (adjectifs substantivés). La base est un nom. *Un barbu, une bossue*. **II.** Pour former des adjectifs. La base est un nom. *Bossu, feuillu, membru, moussu, poilu, têtu, ventru*. ‹ latin *-utum, -utam*. ⇔ REM. La terminaison *-u, -ue* est aussi celle de certains participes passés (comme *prévu ; conclu, vaincu ; couru, tenu*), notamment des participes substantivés (comme *battue, revue, vue ; un mordu*) ›

-UCHON ⇒ -ICHON, -ICHONNE (I)

-UDE ▪ Pour former des noms féminins. □ La base est un adjectif. *Décrépitude, incomplétude*. ⇔ ⇒ **-itude**. ‹ latin *-udo*. ⇔ REM. La plupart des noms français en *-ude* (comme *désuétude*) sont directement empruntés aux mots latins correspondants (en *-udo*, génitif *-udinis*) ›

-UEUX, -UEUSE ⇒ ① -EUX, -EUSE (II)

-ULE variantes **-CULE** et **-ICULE** ▪ Pour former des noms (ces noms sont tous des diminutifs). □ La base est un nom. *Barbule, lobule, lunule, plumule, ridule, veinule*. — *Animalcule*. [Par analogie] *groupuscule*. — *Canalicule*. ‹ latin *-ulum, -ulam*, à valeur diminutive ›

-URE ▪ Pour former des noms féminins. **1.** La base est un nom. Variante **-ATURE**. *Carrure, chevelure, toiture, voilure*. — *Ossature*. **2.** La base est un adjectif. *Droiture, froidure*. **3.** La base est un verbe (les bases sont celles des formes de la 1re personne du présent, de l'imparfait ou du participe passé). Variantes **-ATURE** et **-TURE**. [Présent] *brûlure, dorure, gageure, gravure*. [Imparfait] *allure, flétrissure, moisissure, meurtrissure, rayure*. [Participe passé] *ouverture* ; [par analogie ; finale -ETURE] *fermeture*. — [Présent] *filature*. — [Participe passé] *fourniture, garniture, pourriture*. ‹ latin *-ura* ; pour *-ature*, latin *-atura* ; pour *-ture*, latin *-ura*, précédé d'un radical de supin en *t* ›

LISTE DES NOMS PROPRES DE LIEUX ET GENTILÉS CORRESPONDANTS

Cette liste donne, pour chaque nom de lieu (imprimé en capitales) l'adjectif et nom qui lui correspond, le signe [*] signalant qu'il s'agit d'un terme officiel. On y joint les formes qui ne suivent pas les règles normales de formation (tels Angelinos, qui renvoie à LOS ANGELES, Archepontain à PONT-DE-L'ARCHE, Briochin à SAINT-BRIEUC ou Briotin à BRIEY).

Ces adjectifs et noms d'habitants se nomment d'après le latin, des *gentilés* : leur valeur étant absolument régulière, ils peuvent ne pas mériter de définition propre dans le corps du dictionnaire, mais leur forme exacte mérite d'être répertoriée.

ABBEVILLE (Somme) Abbevillois, oise
ABIDJAN (Côte-d'Ivoire) Abidjanais, aise [*]
ABLON-SUR-SEINE (Val-de-Marne) Ablonais, aise
ABYSSINIE (Afrique) Abyssin, ine ou Abyssinien, ienne → Éthiopie
ACADIE (Canada) Acadien, ienne
ACCRA (Ghana) Accréen, éenne [*]
AÇORES (océan Atlantique) Açoréen, éenne
Acquae-Sextien, ienne ou Acquae-Sextian, iane ⇒ AIX-EN-PROVENCE
Adamois, oise ⇒ L'ISLE-ADAM
AFGHĀNISTĀN (Asie) Afghan, ane [*]
AFRIQUE Africain, aine
AFRIQUE DU NORD Nord-Africain, aine
AFRIQUE DU SUD Sud-Africain, aine [*]
AIGREFEUILLE-D'AU... (...time) Aigrefeuillais, aise
...thois, oise
AIGUEBELLE (Savoie) Aiguebellin, Aiguebel...
AIGUEPERSE (Puy-de-Dôme) Aiguepersois, oise
AIGUES-MORTES (Gard) Aigues-Mortais, aise
AIGUILLES-EN-QUEYRAS (Hautes-Alpes) Aiguillon, onne
AIGUILLON (Lot-et-Garonne) Aiguillonnais, aise
Aiguillon, onne ⇒ AIGUILLES-EN-QUEYRAS
Aiguillonnais, aise ⇒ AIGUILLON
AIGURANDE (Indre) Aigurandais, aise
AIRE-SUR-L'ADOUR (Landes) Aturin, ine
AIRE-SUR-LA-LYS (Pas-de-Calais) Airois, oise
AIRVAULT (Deux-Sèvres) Airvaudais, aise
AISNE (France) Axonais, aise
AIX-EN-OTHE (Aube) Aixois, oise
AIX-EN-PROVENCE (Bouches-du-Rhône) Aixois, oise ; Acquae-Sextien, ienne ou Acquae-Sextian, iane
AIXE-SUR-VIENNE (Haute-Vienne) Aixois, oise
AIX-LES-BAINS (Savoie) Aixois, oise
AJACCIO (Corse-du-Sud) Ajaccien, ienne
AKKAD (Mésopotamie) Akkadien, ienne
ALBANIE (Europe) Albanais, aise [*]
Albenassien, ienne ⇒ AUBENAS
ALBERT (Somme) Albertin, ine
ALBERTA (Canada) Albertain, aine
Albertin, ine ⇒ ALBERT
Albertivillarien, ienne ⇒ AUBERVILLIERS
ALBERTVILLE (Savoie) Albertvillois, oise
ALBI (Tarn) Albigeois, oise
Albinien, ienne ⇒ AUBIGNY-SUR-NÈRE
ALENÇON (Orne) Alençonnais, aise
îles ALÉOUTIENNES (États-Unis) Aléoute
ALEP (Syrie) Aleppin, ine
ALÈS (Gard) Alésien, ienne
ALEXANDRIE (Égypte) Alexandrin, ine
ALFORTVILLE (Val-de-Marne) Alfortvillais, aise
ALGER (Algérie) Algérois, oise [*]
ALGÉRIE (Afrique) Algérien, ienne [*]

Algérois, oise ⇒ ALGER
ALLAUCH (Bouches-du-Rhône) Allaudien, ienne
ALLEMAGNE (Europe) Allemand, ande [*]
ALLOS (Alpes-de-Haute-Provence) Allossard, arde
Alnélois, oise ⇒ AUNEAU
ALPES (Europe) Alpin, ine
ALPES-DE-HAUTE-PROVENCE (France) Bas-Alpin, ine
Alpin, ine ⇒ ALPES
Alréen, éenne ⇒ AURAY
ALSACE (France) Alsacien, ienne
ALTAÏ (Asie) Altaïque
Altiligérien, ienne ⇒ HAUTE-LOIRE
ALTKIRCH (Bas-Rhin) Altkirchois, oise
Altoséquanais, aise ⇒ HAUTS-DE-SEINE
Amandin, ine ⇒ SAINT-AMAND-MONTROND
Amandinois, oise ⇒ SAINT-AMAND-EN-PUISAYE, SAINT-AMAND-LES-EAUX
Amandois, oise ⇒ SAINT-AMAND-EN-PUISAYE
AMAZONIE (Amérique du Sud) Amazonien, ienne
AMBÉRIEU-EN-BUGEY (Ain) Ambarrois, oise
AMBERT (Puy-de-Dôme) Ambertois, oise
AMBOISE (Indre-et-Loire) Amboisien, ienne
AMÉLIE-LES-BAINS-PALALDA (Pyrénées-Orientales) Amélien, ienne ou Palaldéen, éenne
Américain, aine ⇒ AMÉRIQUE, ÉTATS-UNIS D'AMÉRIQUE
AMÉRIQUE Américain, aine
AMÉRIQUE DU NORD Nord-Américain, aine
AMÉRIQUE DU SUD Sud-Américain, aine
AMÉRIQUE LATINE Latino-Américain, aine
AMIENS (Somme) Amiénois, oise
AMOU (Landes) Amollois, oise
AMSTERDAM (Pays-Bas) Amstellodamien, ienne [*] ou Amstellodamois, oise
ANCENIS (Loire-Atlantique) Ancenien, ienne
ANCÔNE (Italie) Anconitain, aine
ANDALOUSIE (Espagne) Andalou, ouse
LES ANDELYS (Eure) Andelisien, ienne
ANDERNOS-LES-BAINS (Gironde) Andernosien, ienne
ANDES (Amérique du Sud) Andin, ine
principauté d'ANDORRE (Europe) Andorran, ane [*]
ANDORRE-LA-VIEILLE (principauté d'Andorre) Andorran, ane [*]
Andrésien, ienne ⇒ SAINT-ANDRÉ-DE-L'EURE
Angelinos [plur.] ⇒ LOS ANGELES
Angérien, ienne ⇒ SAINT-JEAN-D'ANGÉLY
ANGERS (Maine-et-Loire) Angevin, ine
Angevin, ine ⇒ ANGERS, ANJOU, MAINE-ET-LOIRE
ANGKOR (Cambodge) Angkorien, ienne
Anglais, aise ⇒ ANGLETERRE
ANGLET (Pyrénées-Atlantiques) Angloy, oye
ANGLETERRE (Grande-Bretagne, Europe) Anglais, aise
Angloy, oye ⇒ ANGLET
ANGOLA (Afrique) Angolais, aise [*]
ANGOULÊME (Charente) Angoumoisin, ine
ANIANE (Hérault) Anianais, aise
ANJOU (France) Angevin, ine

ANKARA (Turquie) Ankarien, ienne [*]
ANNAM (Viêt-nam) Annamite
ANNECY (Haute-Savoie) Annécien, ienne
ANNEMASSE (Haute-Savoie) Annemassien, ienne
ANNONAY (Ardèche) Annonéen, éenne
ANNOT (Alpes-de-Haute-Provence) Annotain, aine
ANTANANARIVO ou TANANARIVE (Madagascar) Tananarivien, ienne [*]
ANTIBES (Alpes-Maritimes) Antibois, oise
ANTIGUA-ET-BARBUDA (Petites Antilles) Antiguais et Barbudien [masc.], Antiguaise et Barbudienne [fém.] [*]
ANTILLES (Amérique centrale) Antillais, aise
ANTONY (Hauts-de-Seine) Antonien, ienne
ANTRAIGUES-SUR-VOLANE (Ardèche) Antraiguain, aine
ANTRAIN (Ille-et-Vilaine) Antrainais, aise
ANVERS (Belgique) Anversois, oise
ANZIN (Nord) Anzinois, oise
val d' AOSTE (Italie) Valdôtain, aine
APPALACHES (États-Unis) Appalachien, ienne
Appaméen, éenne ⇒ PAMIERS
APT (Vaucluse) Aptésien, ienne
AQUITAINE (France) Aquitain, aine
ARABIE (Asie) Arabe
ARABIE SAOUDITE (Proche-Orient) Saoudien, ienne [*]
ARAGON (Espagne) Aragonais, aise
ARAMON (Gard) Aramonais, aise
ARBOIS (Jura) Arboisien, ienne
ARCACHON (Gironde) Arcachonnais, aise
ARCADIE (Grèce) Arcadien, ienne
Archepontain, aine ⇒ PONT-DE-L'ARCHE
ARCIS-SUR-AUBE (Aube) Arcisien, ienne
ARDÈCHE (France) Ardéchois, oise
ARDENNE (Belgique, France) Ardennais, aise
ARDENNES [dép.] (France) Ardennais, aise
Arédien, ienne ⇒ SAINT-YRIEIX-LA-PERCHE
AREZZO (Italie) Arétin, ine
ARGELÈS-GAZOST (Hautes-Pyrénées) Argelésien, ienne
ARGELÈS-SUR-MER (Pyrénées-Orientales) Argelésien, ienne
Argentacois, oise ⇒ ARGENTAT
Argentais, aise ⇒ ARGENT-SUR-SAULDRE
ARGENTAN (Orne) Argentanais, aise
ARGENTAT (Corrèze) Argentacois, oise
ARGENTEUIL (Val-d'Oise) Argenteuillais, aise
L'ARGENTIÈRE-LA-BESSÉE (Hautes-Alpes) Argentiérois, oise
ARGENTINE (Amérique du Sud) Argentin, ine [*]
ARGENTON-CHÂTEAU (Deux-Sèvres) Argentonnais, aise
ARGENTON-SUR-CREUSE (Indre) Argentonnais, aise
ARGENTRÉ-DU-PLESSIS (Ille-et-Vilaine) Argentréen, éenne [*]
ARGENT-SUR-SAULDRE (Cher) Argentais, aise
ARIÈGE (France) Ariégeois, oise
ARLES (Bouches-du-Rhône) Arlésien, ienne
ARLEUX (Nord) Arleusien, ienne
ARMÉNIE (Asie) Arménien, ienne [*]
ARMENTIÈRES (Nord) Armentiérois, oise
ARMORIQUE (France) Armoricain, aine
ARNAY-LE-DUC (Côte-d'Or) Arnétois, oise
ARRAS (Pas-de-Calais) Arrageois, oise
ARS-EN-RÉ (Charente-Maritime) Arsais, aise
ARTOIS (France) Artésien, ienne
ASCQ (Nord) Ascquois, oise
ASIE Asiate ou Asiatique
ASNIÈRES-SUR-SEINE (Hauts-de-Seine) Asniérois, oise
ASSYRIE (Asie) Assyrien, ienne
ASTURIES (Espagne) Asturien, ienne
Athégien, ienne ⇒ ATHIS-MONS
ATHÈNES (Grèce) Athénien, ienne
ATHIS-DE-L'ORNE (Orne) Athisien, ienne
ATHIS-MONS (Essonne) Athégien, ienne

Aturin, ine ⇒ AIRE-SUR-L'ADOUR
AUBE (France) Aubois, oise
AUBENAS (Ardèche) Albenassien, ienne
AUBERVILLIERS (Seine-Saint-Denis) Albertivillarien, ienne
AUBETERRE-SUR-DRONNE (Charente) Aubeterrien, ienne
AUBIGNY-SUR-NÈRE (Cher) Albinien, ienne
Aubois, oise ⇒ AUBE
AUBUSSON (Creuse) Aubussonnais, aise
AUCH (Gers) Auscitain, aine
AUCHEL (Pas-de-Calais) Auchellois, oise
AUDE (France) Audois, oise
AUDIERNE (Finistère) Audiernais, aise
AUDINCOURT (Doubs) Audincourtois, oise
Audois, oise ⇒ AUDE
Audomarois, oise ⇒ SAINT-OMER
Audonien, ienne ⇒ SAINT-OUEN
AUDRUICQ (Pas-de-Calais) Audruicquois, oise
AUDUN-LE-ROMAN (Meurthe-et-Moselle) Audunois, oise
pays d' AUGE (France) Augeron, onne
AULNAY-SOUS-BOIS (Seine-Saint-Denis) Aulnaisien, ienne
AULNOYE-AYMERIES (Nord) Aulnésien, ienne
AULT (Somme) Aultois, oise
AUMALE (Seine-Maritime) Aumalois, oise
AUNAY-SUR-ODON (Calvados) Aunais, aise
AUNEAU (Eure-et-Loir) Alnélois, oise
AUNIS (France) Aunisien, ienne
AUPS (Var) Aupsois, oise
AURAY (Morbihan) Alréen, éenne
AURIGNAC (Haute-Garonne) Aurignacais, aise
AURILLAC (Cantal) Aurillacois, oise
Auscitain, aine ⇒ [illegible]
AUSTRALIE Aus[illegible]en, ie[illegible]
AUTRICHE [illegible]
AUTU[illegible] (Saône-et-Loire) Autunois, oise
AUVERGNE (France) Auvergnat, ate
AUXERRE ([illegible]onne) Auxerrois, oise
[illegible]ALLON (Yonne) Avallonnais, aise
AVESNES-SUR-HELPE (Nord) Avesnois, oise
AVEYRON (France) Aveyronnais, aise
AVIGNON (Vaucluse) Avignonnais, aise
AVRANCHES (Manche) Avranchinais, aise
Axonais, aise ⇒ AISNE
AY ou AŸ (Marne) Agéen, éenne
AZERBAÏDJAN (Caucase) Azéri, ie ou Azerbaïdjanais, aise [*]
BABYLONE (Mésopotamie) Babylonien, ienne
BACCARAT (Meurthe-et-Moselle) Bachamois, oise
BADE (Allemagne) Badois, oise
BADONVILLER (Meurthe-et-Moselle) Badonvillois, oise
BAGDAD (Irak) Bagdadien, ienne [*]
BAGNÈRES-DE-BIGORRE (Hautes-Pyrénées) Bagnérais, aise
BAGNÈRES-DE-LUCHON (Haute-Garonne) Luchonnais, aise
îles BAHAMAS (océan Atlantique) Bahamien, ienne [*]
BAHREÏN (Proche-Orient) Bahreïni [invar. en genre] ou Bahreïnien, ienne [*]
BAIXAS (Pyrénées-Orientales) Baixanenc, Baixanenque
Bajocasse ⇒ BAYEUX
Balbynien, ienne ⇒ BOBIGNY
BÂLE (Suisse) Bâlois, oise
BALÉARES (Espagne) Baléare
BALI (Asie) Balinais, aise
BALKANS (Europe) Balkanique
Bâlois, oise ⇒ BÂLE
BALTIQUE (Europe) Balte
BAMAKO (Mali) Bamakois, oise [*]
BANGKOK (Thaïlande) Bangkokien, ienne [*]
BANGLADESH (Asie) Bangladais, aise [*]
BANGUI (République centrafricaine) Banguissois, oise [*]
BANJUL (Gambie) Banjulais, aise [*]
BANYULS-SUR-MER (Pyrénées-Orientales) Banyulenc, Banyulencque

BAPAUME (Pas-de-Calais) Bapalmois, oise
Baralbin, ine ⇒ BAR-SUR-AUBE
LA BARBADE (Petites Antilles) Barbadien, ienne [*]
BARCELONE (Espagne) Barcelonais, aise
BARCELONNETTE (Alpes-de-Haute-Provence) Barcelonnette
BAR-LE-DUC (Meuse) Barisien, ienne
Barois, oise ⇒ LE BAR-SUR-LOUP
Barséquanais, aise ⇒ BAR-SUR-SEINE
BAR-SUR-AUBE (Aube) Baralbin, ine ou Barsuraubois, oise
LE BAR-SUR-LOUP (Alpes-Maritimes) Barois, oise
BAR-SUR-SEINE (Aube) Barséquanais, aise
Bas-Alpin, ine ⇒ ALPES-DE-HAUTE-PROVENCE
Pays Basque (Espagne, France) Basque, Basquaise ou Euskarien, ienne ou Euscarien, ienne
BAS-RHIN (France) Bas-Rhinois, oise
BASSES-ALPES (France) ⇒ ALPES-DE-HAUTE-PROVENCE
BASSE-TERRE (Guadeloupe) Basse-Terrien, ienne
BASTIA (Haute-Corse) Bastiais, iaise
République BATAVE (Europe) Batave ⇒ PAYS-BAS
île de BATZ (Finistère) Batzien, ienne
BAVIÈRE (Allemagne) Bavarois, oise
BAYEUX (Calvados) Bayeusain, aine ou Bajocasse
BAYONNE (Pyrénées-Atlantiques) Bayonnais, aise
BÉARN (France) Béarnais, aise
BEAUCE (France) Beauceron, onne
BEAUNE (Côte-d'Or) Beaunois, oise
BEAUVAIS (Oise) Beauvaisien, ienne ou Beauvaisin, ine
BELFORT [Territoire de et ville] (France) Belfortain, aine
BELGIQUE (Europe) Belge [*]
BELGRADE (Serbie) Belgradois, oise [*]
BÉLIZE ou BELIZE [*] (Amérique centrale) Bélizais, aise ou Bélizien, ienne [*]
BELLAC (Haute-Vienne) Bellachon, onne
BELLE-ÎLE (Morbihan) Bellilois, oise
BELLEY (Ain) Belleysan, ane
Bellifontain, aine ⇒ FONTAINEBLEAU
Bellilois, oise ⇒ BELLE-ÎLE
Bénédictin, ine ⇒ SAINT-BENOÎT-DU-SAULT
BENGALE (Inde) Bengali, ie ou Bengalais, aise
BÉNIN (Afrique) Béninois, oise [*]
BÉOTIE (Grèce) Béotien, ienne
BERGAME (Italie) Bergamasque
BERGERAC (Dordogne) Bergeracois, oise
BERLIN (Allemagne) Berlinois, oise [*]
îles BERMUDES (océan Atlantique) Bermudien, ienne
BERNAY (Eure) Bernayen, enne
BERNE (Suisse) Bernois, oise [*]
Berrichon, onne ⇒ BERRY
Berruyer, ère ⇒ BOURGES
BERRY (France) Berrichon, onne
BESANÇON (Doubs) Bisontin, ine
BÉTHUNE (Pas-de-Calais) Béthunois, oise
BEYROUTH (Liban) Beyrouthin, ine [*]
BÉZIERS (Hérault) Biterrois, oise
BHOUTAN (Asie) Bhoutanais, aise [*]
BIAFRA (Afrique) Biafrais, aise
BIARRITZ (Pyrénées-Atlantiques) Biarrot, ote
BIDART (Pyrénées-Atlantiques) Bidartars [plur.]
BIÉLORUSSIE (Europe) Biélorusse [*]
BIGORRE (France) Bigourdan, ane
BINCHE (Belgique) Binchois, oise
BIRMANIE (Asie) Birman, ane [*]
BISCAYE (Espagne) Biscaïen, ïenne
Bisontin, ine ⇒ BESANÇON
BISSAU ou BISSAO [*] (Guinée-Bissau) Bissalien, ienne [*]
Bissau-Guinéen, éenne ou Bissao-Guinéen, éenne ⇒ GUINÉE-BISSAU
Biterrois, oise ⇒ BÉZIERS
BIZERTE (Tunisie) Bizertin, ine
LE BLANC (Indre) Blancois, oise
BLANGY-SUR-BRESLE (Seine-Maritime) Blangeois, oise
BLAYE (Gironde) Blayais, aise
BLOIS (Loir-et-Cher) Blésois, oise
BOBIGNY (Seine-Saint-Denis) Balbynien, ienne
BOHÊME (République tchèque) Bohémien, ienne
BOLIVIE (Amérique du Sud) Bolivien, ienne [*]
BOLOGNE (Italie) Bolonais, aise
BÔNE (Algérie) Bônois, oise
BONIFACIO (Corse-du-Sud) Bonifacien, ienne
BONN (Allemagne) Bonnois, oise [*]
BONNEVILLE (Haute-Savoie) Bonnevillois, oise
Bonnois, oise ⇒ BONN
Bônois, oise ⇒ BÔNE
Borain, aine ⇒ BORINAGE, BOURG-SAINT-MAURICE
BORDEAUX (Gironde) Bordelais, aise
BORINAGE (Belgique) Borain, aine
BOSNIE-HERZÉGOVINE (Europe) Bosniaque [*] ou Bosnien, ienne
BOSTON (États-Unis) Bostonien, ienne
BOTSWANA (Afrique) Botswanais, aise ou Botswanéen, éenne [*]
LE BOUCAU (Pyrénées-Atlantiques) Boucalais, aise
BOUCHES-DU-RHÔNE (France) Buccorhodanien, ienne
BOUGIVAL (Yvelines) Bougivalais, aise
BOULAY-MOSELLE (Moselle) Boulageois, oise
BOULOGNE-BILLANCOURT (Hauts-de-Seine) Boulonnais, aise
BOULOGNE-SUR-MER (Pas-de-Calais) Boulonnais, aise
BOURBONNAIS (France) Bourbonnais, aise
BOURBOURG (Nord) Bourbourgeois, oise
Bourcain, aine ⇒ BOURG-LÈS-VALENCE
Bourcat, ate ⇒ BOURG-D'OISANS
BOURG-ARGENTAL (Loire) Bourguisan, ane
BOURG-DE-PÉAGE (Drôme) Péageois, oise
BOURG-D'OISANS (Isère) Bourcat, ate
BOURG-EN-BRESSE (Ain) Burgien, ienne
BOURGES (Cher) Berruyer, ère
LE BOURGET (Seine-Saint-Denis) Bourgetin, ine
BOURG-LA-REINE (Hauts-de-Seine) Réginaburgien, ienne ou Réginaborgien, ienne
BOURG-LÈS-VALENCE (Drôme) Bourcain, aine
BOURG-MADAME (Pyrénées-Orientales) Guingettois, oise
BOURGOGNE (France) Bourguignon, onne
BOURG-SAINT-ANDÉOL (Ardèche) Bourguésan, ane
BOURG-SAINT-MAURICE (Savoie) Borain, aine
Bourguésan, ane ⇒ BOURG-SAINT-ANDÉOL
Bourguignon, onne ⇒ BOURGOGNE
Bourguisan, ane ⇒ BOURG-ARGENTAL
BRABANT (Belgique) Brabançon, onne
Bragard, arde ⇒ SAINT-DIZIER
BRANDEBOURG (Allemagne) Brandebourgeois, oise
BRASILIA (Brésil) Brasilien, ienne [*]
BRAZZAVILLE (Congo) Brazzavillois, oise [*]
île de BRÉHAT (Côtes-d'Armor) Bréhatin, ine
BRÉSIL (Amérique du Sud) Brésilien, ienne
Bressan, ane ⇒ BRESSE
Bressaud, aude ⇒ LA BRESSE
BRESSE (France) Bressan, ane
LA BRESSE (Vosges) Bressaud, aude
BRESSUIRE (Deux-Sèvres) Bressuirais, aise
BREST (Finistère) Brestois, oise
BRETAGNE (France) Breton, onne
BRIANÇON (Hautes-Alpes) Briançonnais, aise
BRIE (France) Briard, arde
BRIÈRE (France) Briéron, onne
BRIEY (Meurthe-et-Moselle) Briotin, ine
BRIGNOLES (Var) Brignolais, aise

Briochin, ine ⇒ SAINT-BRIEUC
Briotin, ine ⇒ BRIEY
BRIOUDE (Haute-Loire) Brivadois, oise
Britannique ⇒ GRANDE-BRETAGNE
Britanno-Colombien, ienne ⇒ COLOMBIE-BRITANNIQUE
Brivadois, oise ⇒ BRIOUDE
BRIVE-LA-GAILLARDE (Corrèze) Briviste
BROU (Eure-et-Loir) Broutain, aine
BRUAY-LA-BUISSIÈRE (Pas-de-Calais) Bruaysien, ienne
BRUGES (Belgique) Brugeois, oise
BRUNEI (Asie) Brunéien, ienne [*]
BRUXELLES (Belgique) Bruxellois, oise [*]
BUCAREST (Roumanie) Bucarestois, oise [*]
Buccorhodanien, ienne ⇒ BOUCHES-DU-RHÔNE
BUDAPEST (Hongrie) Budapestois, oise [*]
BUENOS AIRES (Argentine) Buenos-Airien, ienne [*]
BUJUMBURA (Burundi) Bujumburien, ienne [*] ou Bujumburais, aise
BULGARIE (Europe) Bulgare
Burgien, ienne ⇒ BOURG-EN-BRESSE
BURKINA-FASO ou BURKINA FASO [*] ou BURKINA (Afrique) Burkinabé [invar. en genre] ou Burkinabè [*] [invar.] ou Burkinais, aise
BURUNDI (Afrique) Burundais, aise [*]
BYZANCE (Europe) Byzantin, ine → Istanbul
CADIX (Espagne) Gaditan, ane
Carducien, ienne ⇒ CAHORS
CAEN (Calvados) Caennais, aise
CAHORS (Lot) Cadurcien, ienne ou Cahorsin, ine ou Cahorsien, ienne
LE CAIRE (Égypte) Cairote
CALABRE (Italie) Calabrais, aise
Caladois, oise ⇒ VILLEFRANCHE-SUR-SAÔNE
CALAIS (Pas-de-Calais) Calaisien, ienne
Calaisien, ienne ⇒ CALAIS, SAINT-CALAIS
CALGARY (Alberta) Calgarien, ienne
CALIFORNIE (États-Unis) Californien, ienne
CALVADOS (France) Calvadossien, ienne
CALVI (Haute-Corse) Calvais, aise
CAMARGUE (France) Camarguais, aise ou Camarguin, ine ou Camarguen, enne
CAMBODGE (Asie) Cambodgien, ienne [*]
CAMBRAI (Nord) Cambrésien, ienne
CAMEROUN (Afrique) Camerounais, aise [*]
pays de CANAAN Cananéen, éenne
CANADA (Amérique du Nord) Canadien, ienne [*]
Cananéen, éenne ⇒ pays de CANAAN
îles CANARIES (Espagne) Canarien, ienne
Candiote ⇒ CRÈTE
CANNES (Alpes-Maritimes) Cannois, oise
CANTAL (France) Cantalien, ienne
Cantilien, ienne ⇒ CHANTILLY
CANTON (Chine) Cantonais, aise
îles du CAP-VERT (océan Atlantique) Cap-Verdien, ienne [*]
CAPOUE (Italie) Capouan, ane
CARAÏBES (Amérique centrale) Caraïbe ou Caribéen, éenne
CARACAS (Venezuela) Caracassien, ienne [*]
CARCASSONNE (Aude) Carcassonnais, aise
Caribéen, éenne ⇒ CARAÏBES
Carioca ⇒ RIO DE JANEIRO
Carolomacérien, ienne ⇒ CHARLEVILLE-MÉZIÈRES
Carolorégien, ienne ⇒ CHARLEROI
CARPENTRAS (Vaucluse) Carpentrassien, ienne
CARQUEFOU (Loire-Atlantique) Carquefolien, ienne
CARRIÈRES-SUR-SEINE (Yvelines) Carrillon, onne ou Carriérois, oise
CARTHAGE (Tunisie) Carthaginois, oise
CASABLANCA (Maroc) Casablancais, aise
CASSIS (Bouches-du-Rhône) Cassidain, aine
Castel-Papaux ⇒ CHÂTEAUNEUF-DU-PAPE
Castelbriantais, aise ⇒ CHÂTEAUBRIANT
CASTELLANE (Alpes-de-Haute-Provence) Castellanais, aise
CASTELNAUDARY (Aude) Chaurien, ienne ou Castelnaudarien, ienne
Castelneuvien, ienne ⇒ CHÂTEAUNEUF-LA-FORÊT
Castelnovien, ienne ⇒ CHÂTEAUNEUF-SUR-CHARENTE
Castélorien, ienne ⇒ CHÂTEAU-DU-LOIR
Castelroussin, ine ⇒ CHÂTEAUROUX
Castelsalinois, oise ⇒ CHÂTEAU-SALINS
CASTELSARRASIN (Tarn-et-Garonne) Castelsarrasinois, oise
CASTILLE (Espagne) Castillan, ane
Castrais, aise ⇒ CASTRES LA CHÂTRE
CASTRES (Tarn) Castrais, aise
Castrogontérien, ienne ⇒ CHÂTEAU-GONTIER
Castrothéodoricien, ienne ⇒ CHÂTEAU-THIERRY
CATALOGNE (Espagne, France) Catalan, ane
CAUCASE Caucasien, ienne
Cauchois, oise ⇒ pays de CAUX
CAUSSES (France) Caussenard, arde
pays de CAUX (France) Cauchois, oise
CAYENNE (Guyane) Cayennais, aise
République CENTRAFRICAINE (Afrique) Centrafricain, aine [*]
CERDAGNE (Espagne, France) Cerdan, ane ou Cerdagnol, ole
CÉRET (Pyrénées-Orientales) Céretan, ane
CÉVENNES (France) Cévenol, ole
île de CEYLAN (Asie) Ceylanais, aise ou Cingalais, aise ou Cinghalais, aise → Sri Lanka
CHALDÉE (Mésopotamie) Chaldéen, éenne
CHÂLONS-SUR-MARNE (Marne) Châlonnais, aise
CHALON-SUR-SAÔNE (Saône-et-Loire) Chalonnais, aise
CHAMBÉRY (Savoie) Chambérien, ienne
CHAMONIX (Haute-Savoie) Chamoniard, iarde
CHAMPAGNE (France) Champenois, oise
CHANTILLY (Oise) Cantilien, ienne
Charentais, aise ⇒ CHARENTE
Charentais, aise maritime ⇒ CHARENTE-MARITIME
CHARENTE (France) Charentais, aise
CHARENTE-MARITIME (France) Charentais, aise maritime
CHARLEROI (Belgique) Carolorégien, ienne
CHARLEVILLE-MÉZIÈRES (Ardennes) Carolomacérien, ienne
CHAROLLES (Saône-et-Loire) Charollais, aise
CHARTRES (Eure-et-Loir) Chartrain, aine
CHÂTEAU-ARNOUX (Alpes-de-Haute-Provence) Jarlandin, ine
CHÂTEAUBRIANT (Loire-Atlantique) Castelbriantais, aise
CHÂTEAU-CHINON (Nièvre) Château-Chinonais, aise
CHÂTEAU-D'OLÉRON (Charente-Maritime) Châtelain, aine
CHÂTEAU-DU-LOIR (Sarthe) Castélorien, ienne
CHÂTEAUDUN (Eure-et-Loir) Dunois, oise
CHÂTEAU-GONTIER (Mayenne) Castrogontérien, ienne
CHÂTEAULIN (Finistère) Châteaulinois, oise
CHÂTEAUNEUF-DU-PAPE (Vaucluse) Châteauneuvois, oise ou Castel-Papaux [plur.]
CHÂTEAUNEUF-LA-FORÊT (Haute-Vienne) Castelneuvien, ienne
CHÂTEAUNEUF-SUR-CHARENTE (Charente) Castelnovien, ienne
Châteauneuvois, oise ⇒ CHÂTEAUNEUF-DU-PAPE
CHÂTEAUROUX (Indre) Castelroussin, ine
CHÂTEAU-SALINS (Moselle) Castelsalinois, oise
CHÂTEAU-THIERRY (Aisne) Castrothéodoricien, ienne
Châtelain, aine ⇒ CHÂTEAU-D'OLÉRON
CHÂTELLERAULT (Vienne) Châtelleraudais, aise
LA CHÂTRE (Indre) Castrais, aise
CHAUMONT (Haute-Marne) Chaumontais, aise
Chaurien, ienne ⇒ CASTELNAUDARY
CHERBOURG (Manche) Cherbourgeois, oise
CHICOUTIMI (Québec) Chicoutimien, ienne
CHILI (Amérique du Sud) Chilien, ienne [*]

CHINE (Asie) Chinois, oise [*]
CHINON (Indre-et-Loire) Chinonais, aise
CHOLET (Maine-et-Loire) Choletais, aise
CHYPRE (Méditerranée) Chypriote ou Cypriote
Cingalais, aise ou Cinghalais, aise ⇒ CEYLAN
LA CIOTAT (Bouches-du-Rhône) Ciotaden, enne
CIREY-SUR-VEZOUVE (Meurthe-et-Moselle) Ciréen, éenne
CISJORDANIE (Proche-Orient) Cisjordanien, ienne
CIVRAY (Vienne) Civraisien, ienne
CLAMART (Hauts-de-Seine) Clamartois, oise
CLAMECY (Nièvre) Clamecycois, oise
CLERMONT (Oise) Clermontois, oise
CLERMONT-FERRAND (Puy-de-Dôme) Clermontois, oise
Clodoaldien, ienne ⇒ SAINT-CLOUD
CLUSES (Haute-Savoie) Clusien, ienne
COCHINCHINE (Viêt-nam) Cochinchinois, oise
COGNAC (Charente) Cognaçais, aise
COLMAR (Haut-Rhin) Colmarien, ienne
COLOMBIE (Amérique du Sud) Colombien, ienne [*]
COLOMBIE-BRITANNIQUE (Canada) Britanno-Colombien, ienne
Colombien, ienne ⇒ COLOMBIE
COMMERCY (Meuse) Commercien, ienne
COMORES (océan Indien) Comorien, ienne [*]
COMPIÈGNE (Oise) Compiégnois, oise
Comtois, oise ⇒ FRANCHE-COMTÉ
CONCARNEAU (Finistère) Concarnois, oise
CONDOM (Gers) Condomois, oise
CONFOLENS (Charente) Confolentais, aise
CONGO (Afrique) Congolais, aise [*]
CONSTANTINE (Algérie) Constantinois, oise
COPENHAGUE (Danemark) Copenhaguois, oise [*]
CORBEIL-ESSONNES (Essonne) Corbeil-Essonnois, oise
CORDOUE (Espagne) Cordouan, ane
CORÉE (Asie) Coréen, éenne
CORÉE DU NORD Nord-Coréen, éenne
CORÉE DU SUD Sud-Coréen, éenne
Coréen, éenne ⇒ CORÉE
CORFOU (Grèce) Corfiote
Corpopétrussien, ienne ⇒ SAINT-PIERRE-DES-CORPS
CORRÈZE (France) Corrézien, ienne
CORSE (France) Corse
CORTE (Haute Corse) Cortenais, aise
COSNE-COURS-SUR-LOIRE (Nièvre) Cosnois, oise
COSTA RICA (Amérique centrale) Costaricain, aine [*] ou Costaricien, ienne
Costarmoricain, aine ⇒ CÔTES-D'ARMOR
CÔTE-D'IVOIRE (Afrique) Ivoirien, ienne [*]
CÔTE-D'OR (France) Côte d'Orien, ienne
LA CÔTE-SAINT-ANDRÉ (Isère) Côtois, oise
CÔTES-D'ARMOR (France) Costarmoricain, aine
Côtois, oise ⇒ LA CÔTE-SAINT-ANDRÉ
COTONOU (Bénin) Cotonois, oise [*]
Cotterézien, ienne ⇒ VILLERS-COTTERÊTS
COULOMMIERS (Seine-et-Marne) Coulumérien, ienne
COURTRAI (Belgique) Courtraisien, ienne
COUTANCES (Manche) Coutançais, aise
CREIL (Oise) Creillois, oise
île de CRÈTE (Grèce) Crétois, oise ou Candiote
CRÉTEIL (Val-de-Marne) Cristolien, ienne
Crétois, oise ⇒ île de CRÈTE
CREUSE (France) Creusois, oise
Cristolien, ienne ⇒ CRÉTEIL
CROATIE (Europe) Croate [*]
LE CROISIC (Loire-Atlantique) Croisicais, aise
CUBA (Amérique centrale) Cubain, aine [*]
Cubzaguais, aise ⇒ SAINT-ANDRÉ-DE-CUBZAC
Cypriote ⇒ CHYPRE
Dacquois, oise ⇒ DAX
DAHOMEY (Afrique) Dahoméen, éenne → Bénin
DAKAR (Sénégal) Dakarois, oise [*]
DALMATIE (Croatie) Dalmate
DAMAS (Syrie) Damascène [*] ou Domasquin, ine
DANEMARK (Europe) Danois, oise [*]
DANUBE (Europe centrale) Danubien, ienne
DAUPHINÉ (France) Dauphinois, oise
DAX (Landes) Dacquois, oise
DÉLOS (Grèce) Délien, ienne ou Déliaque
DENAIN (Nord) Denaisien, ienne
Déodatien, ienne ⇒ SAINT-DIÉ-DES-VOSGES
DEUX-SÈVRES (France) Deux-Sévrien, ienne
DIE (Drôme) Diois, Dioise
DIEPPE (Seine-Maritime) Dieppois, oise
DIGNE (Alpes-de-Haute-Provence) Dignois, oise
DIJON (Côte-d'Or) Dijonnais, aise
DINAN (Côtes-d'Armor) Dinannais, aise
Diois, Dioise ⇒ DIE
Dionysien, ienne ⇒ SAINT-DENIS (Réunion) ; (Seine-Saint-Denis)
DJERBA (Tunisie) Djerbien, ienne
DJIBOUTI [République de et ville] (Afrique) Djiboutien, ienne [*]
DODOMA (Tanzanie) Dodomais, aise [*]
DOLE (Jura) Dolois, oise
Dominguois, oise ⇒ SAINT-DOMINGUE [ville]
République DOMINICAINE (Antilles) Dominicain, aine [*]
République de DOMINIQUE (Petites Antilles) Dominiquais, aise [*]
DORDOGNE (France) Dordognais, aise
DOUAI (Nord) Douaisien, ienne
DOUARNENEZ (Finistère) Douarneniste
DOUBS (France) Doubiste ou Doubien, ienne
DOUCHANBÉ (Tadjikistan) Douchanbéen, éenne
DRAGUIGNAN (Var) Dracénois, oise
DREUX (Eure-et-Loir) Drouais, aise
DRÔME (France) Drômois, oise
Drouais, aise ⇒ DREUX
Dryat, Dryate ⇒ SAINT-ANDRÉ-LES-VERGERS
DUBLIN (Irlande) Dublinois, oise [*]
DUNKERQUE (Nord) Dunkerquois, oise
Dunois, oise ⇒ CHÂTEAUDUN
Ébroïcien, ienne ⇒ ÉVREUX
ÉCOSSE (Grande-Bretagne) Écossais, aise
ÉDIMBOURG (Écosse) Édimbourgeois, oise
mer ÉGÉE Égéen, éenne
ÉGYPTE (Proche-Orient) Égyptien, ienne [*]
île d'ELBE (Italie) Elbois, oise
ELBEUF (Seine-Maritime) Elbeuvien, ienne
Elbois, oise ⇒ île d'ELBE
ÉMIRATS ARABES UNIS (Arabie) Émirien, ienne [*]
ÉOLIDE (Asie Mineure) Éolien, ienne
ÉPERNAY (Marne) Sparnacien, ienne
ÉPINAL (Vosges) Spinalien, ienne
ÉQUATEUR (Amérique du Sud) Équatorien, ienne [*]
Équato-Guinéen, éenne ⇒ GUINÉE ÉQUATORIALE
Équatorien, ienne ⇒ ÉQUATEUR
EREVAN (Arménie) Erévanais, aise [*]
ÉRYTHRÉE (Afrique) Érythréen, éenne [*]
Esfahâni ⇒ ISPAHAN
ESPAGNE (Europe) Espagnol, ole [*]
ESSONNE (France) Essonnien, ienne
ESTONIE (Europe) Estonien, ienne [*] ou Este
ÉTAMPES (Essonne) Étampois, oise
ÉTATS-UNIS D'AMÉRIQUE États-Unien, ienne ou Américain, aine [*]
ÉTHIOPIE (Afrique) Éthiopien, ienne [*]
ÉTOLIE (Grèce) Étolien, ienne
ÉTRURIE (Italie) Étrusque

EURASIE Eurasien, ienne
EUROPE Européen, éenne
Euskarien, ienne ou Euscarien, ienne ⇒ Pays BASQUE
ÉVAUX-LES-BAINS (Creuse) Évahonien, ienne
ÉVIAN-LES-BAINS (Haute-Savoie) Évianais, aise
ÉVREUX (Eure) Ébroïcien, ienne
ÉVRY (Essonne) Évryen, enne
ÈZE (Alpes-Maritimes) Ézasque
LE FAOUËT (Morbihan) Faouëtais, aise
Fassi, ie ⇒ FEZ
FÉCAMP (Seine-Maritime) Fécampois, oise
FÈRE-CHAMPENOISE (Marne) Ferton, onne
îles FÉROÉ (océan Atlantique) Féroïen, ïenne
FERRARE (Italie) Ferrarais, aise
Ferton, onne ⇒ FÈRE-CHAMPENOISE
FEZ (Maroc) Fassi, ie
Fidésien, ienne ⇒ SAINTE-FOY-LÈS-LYON
îles FIDJI [*] ou FIJI (Océanie) Fidjien, ienne [*]
FIGEAC (Lot) Figeacois, oise
FINISTÈRE (France) Finistérien, ienne
FINLANDE (Europe) Finlandais, aise [*] ou Finnois, oise
FLANDRE ou FLANDRES (Europe) Flamand, ande ou Flandrien, ienne
LA FLÈCHE (Sarthe) Fléchois, oise
FLERS-DE-L'ORNE (Orne) Flérien, ienne
FLEURANCE (Gers) Fleurantin, ine
FLORAC (Lozère) Floracois, oise
FLORENCE (Italie) Florentin, ine
Florentinois, oise ⇒ SAINT-FLORENTIN
FLORIDE (États-Unis) Floridien, ienne
FOIX (Ariège) Fuxéen, éenne
FONTAINEBLEAU (Seine-et-Marne) Bellifontain, aine
FONTENAY-LE-COMTE (Vendée) Fontenaisien, ienne
FORBACH (Moselle) Forbachois, oise
FORCALQUIER (Alpes-de-Haute-Provence) Forcalquiéren, enne
FORGES-LES-EAUX (Seine-Maritime) Forgion, ionne
FORMOSE (Asie) Formosan, ane → Taïwan
FORT-DE-FRANCE (Martinique) Foyalais, aise
FOUESNANT (Finistère) Fouesnantais, aise
FOUGÈRES (Ille-et-Vilaine) Fougerais, aise
FOURAS (Charente-Maritime) Fourasin, ine
FOURCHAMBAULT (Nièvre) Fourchambaultais, aise
FOURMIES (Nord) Fourmisien, ienne
Foyalais, aise ⇒ FORT-DE-FRANCE
Foyen, enne ⇒ SAINTE-FOY-LA-GRANDE
Français, aise ⇒ FRANCE
Franc-Comtois, oise ⇒ FRANCHE-COMTÉ
FRANCE (Europe) Français, aise [*]
FRANCFORT-SUR-LE-MAIN (Allemagne) Francfortois, oise
FRANCHE-COMTÉ (France) Franc-Comtois, oise ou Comtois, oise
Francilien, ienne ⇒ ÎLE-DE-FRANCE
FREDERICTON (Nouveau-Brunswick) Frédérictonnais, aise
FRÉJUS (Var) Fréjusien, ienne
FRIBOURG (Suisse) Fribourgeois, oise
FRISE (Pays-Bas) Frison, onne
Fuégien, ienne ⇒ TERRE DE FEU
Futunien, ienne ⇒ WALLIS-ET-FUTUNA
Fuxéen, éenne ⇒ FOIX
Gabalitain, aine ⇒ GÉVAUDAN
GABON (Afrique) Gabonais, aise [*]
GABORONE (Botswana) Gaboronais, aise [*]
Gaditan, ane ⇒ CADIX
GALICE (Espagne) Galicien, ienne
GALILÉE (Israël) Galiléen, éenne
pays de GALLES (Grande-Bretagne) Gallois, oise
GAMBIE (Afrique) Gambien, ienne [*]
GAND (Belgique) Gantois, oise
GAP (Hautes-Alpes) Gapençais, aise
GARD (France) Gardois, oise
GASCOGNE (France) Gascon, onne
péninsule de GASPÉ ou GASPÉSIE (Québec) Gaspésien, ienne
GAULE Gaulois, oise → France
GÊNES (Italie) Génois, oise
GENÈVE (Suisse) Genevois, oise
Génois, oise ⇒ GÊNES
GÉORGIE (Caucase) Géorgien, ienne [*]
GÉORGIE (États-Unis) Géorgien, ienne
GÉRARDMER (Vosges) Géromois, oise
Gergolien, ienne ⇒ JARGEAU
GERMANIE Germain, aine → Allemagne
Germanois, oise ⇒ SAINT-GERMAIN-LAVAL
Germanopratin, ine ⇒ SAINT-GERMAIN-DES-PRÉS
Géromois, oise ⇒ GÉRARDMER
GERS (France) Gersois, oise
Gessien, ienne ⇒ GEX
GÉVAUDAN (Lozère) Gabalitain, aine
GEX (Ain) Gessien, ienne ou Gexois, oise
GHANA (Afrique) Ghanéen, éenne [*]
GIBRALTAR (Europe) Gibraltarien, ienne
GIEN (Loiret) Giennois, oise
Gillocrucien, ienne ⇒ SAINT-GILLES-CROIX-DE-VIE
GIRONDE (France) Girondin, ine
GISORS (Eure) Gisorsien, ienne
GOURDON (Lot) Gourdonnais, aise
GRANDE-BRETAGNE (Europe) Britannique
Grandvallier, ière ⇒ SAINT-LAURENT-EN-GRANDVAUX
GRASSE (Alpes-Maritimes) Grassois, oise
GRÈCE (Europe) Grec, Grecque [*]
GRENADE (Espagne) Grenadin, ine
La GRENADE (océan Atlantique) Grenadien, ienne [*]
Grenadin, ine ⇒ GRENADE
GRENOBLE (Isère) Grenoblois, oise
Grésillon, onne ⇒ île de GROIX
canton des GRISONS (Suisse) Grison, onne
GROENLAND (Amérique du Nord) Groenlandais, aise
île de GROIX (Morbihan) Groisillon, onne ou Grésillon, onne
GUADELOUPE (Antilles) Guadeloupéen, éenne
GUATEMALA [État] (Amérique centrale) Guatémaltèque
GUATEMALA [ville] (Guatemala) Guatémalien, ienne [*]
Guatémaltèque ⇒ GUATEMALA [État]
GUEBWILLER (Haut-Rhin) Guebwillerois, oise
GUÉRANDE (Loire-Atlantique) Guérandais, aise
GUÉRET (Creuse) Guérétois, oise
île de GUERNESEY (Grande-Bretagne) Guernesiais, iaise
GUINÉE (Afrique) Guinéen, éenne [*]
GUINÉE-BISSAU ou GUINÉE-BISSAO [*] (Afrique) Bissau-Guinéen, éenne ; Bissao-Guinéen, éenne [*]
GUINÉE ÉQUATORIALE (Afrique) Équato-Guinéen, éenne [*]
Guinéen, éenne ⇒ GUINÉE
GUINGAMP (Côtes-d'Armor) Guingampais, aise
Guingettois, oise ⇒ BOURG-MADAME
GUYANA (Amérique du Sud) Guyanien, ienne [*]
GUYANE (Amérique du Sud) Guyanais, aise
Guyanien, ienne ⇒ GUYANA
HAGETMAU (Landes) Hagetmautien, ienne
HAGUENAU (Bas-Rhin) Haguenovien, ienne
Haguenois, oise ⇒ LA HAYE
Haguenovien, ienne ⇒ HAGUENAU
HAILLICOURT (Pas-de-Calais) Haillicourtois, oise
HAINAUT (Belgique) Hainuyer, ère ou Hannuyer, ère ou Hennuyer, ère
HAÏTI (Amérique centrale) Haïtien, ienne [*]
HALIFAX (Nouvelle-Écosse) Haligonien, ienne
HAM (Somme) Hamois, oise
HAMBOURG (Allemagne) Hambourgeois, oise
Hamois, oise ⇒ HAM

LISTE DES NOMS PROPRES DE LIEUX ET GENTILÉS CORRESPONDANTS

Cette liste donne, pour chaque nom de lieu (imprimé en capitales) l'adjectif et nom qui lui correspond, le signe [*] signalant qu'il s'agit d'un terme officiel. On y joint les formes qui ne suivent pas les règles normales de formation (tels Angelinos, qui renvoie à LOS ANGELES, Archepontain à PONT-DE-L'ARCHE, Briochin à SAINT-BRIEUC ou Briotin à BRIEY).

Ces adjectifs et noms d'habitants se nomment d'après le latin, des *gentilés :* leur valeur étant absolument régulière, ils peuvent ne pas mériter de définition propre dans le corps du dictionnaire, mais leur forme exacte mérite d'être répertoriée.

ABBEVILLE (Somme) Abbevillois, oise
ABIDJAN (Côte-d'Ivoire) Abidjanais, aise [*]
ABLON-SUR-SEINE (Val-de-Marne) Ablonais, aise
ABYSSINIE (Afrique) Abyssin, ine ou Abyssinien, ienne → Éthiopie
ACADIE (Canada) Acadien, ienne
ACCRA (Ghana) Accréen, éenne [*]
AÇORES (océan Atlantique) Açoréen, éenne
Acquae-Sextien, ienne ou Acquae-Sextian, iane ⇒ AIX-EN-PROVENCE
Adamois, oise ⇒ L'ISLE-ADAM
AFGHĀNISTĀN (Asie) Afghan, ane [*]
AFRIQUE Africain, aine
AFRIQUE DU NORD Nord-Africain, aine
AFRIQUE DU SUD Sud-Africain, aine [*]
AGDE (Hérault) Agathois, oise
Agéen, éenne ⇒ AY
AGEN (Lot-et-Garonne) Agenais, aise
AIGREFEUILLE-D'AUNIS (Charente-Maritime) Aigrefeuillais, aise
AIGUEBELLE (Savoie) Aiguebellin, Aiguebellinche
AIGUEPERSE (Puy-de-Dôme) Aiguepersois, oise
AIGUES-MORTES (Gard) Aigues-Mortais, aise
AIGUILLES-EN-QUEYRAS (Hautes-Alpes) Aiguillon, onne
AIGUILLON (Lot-et-Garonne) Aiguillonnais, aise
Aiguillon, onne ⇒ AIGUILLES-EN-QUEYRAS
Aiguillonnais, aise ⇒ AIGUILLON
AIGURANDE (Indre) Aigurandais, aise
AIRE-SUR-L'ADOUR (Landes) Aturin, ine
AIRE-SUR-LA-LYS (Pas-de-Calais) Airois, oise
AIRVAULT (Deux-Sèvres) Airvaudais, aise
AISNE (France) Axonais, aise
AIX-EN-OTHE (Aube) Aixois, oise
AIX-EN-PROVENCE (Bouches-du-Rhône) Aixois, oise ; Acquae-Sextien, ienne ou Acquae-Sextian, iane
AIXE-SUR-VIENNE (Haute-Vienne) Aixois, oise
AIX-LES-BAINS (Savoie) Aixois, oise
AJACCIO (Corse-du-Sud) Ajaccien, ienne
AKKAD (Mésopotamie) Akkadien, ienne
ALBANIE (Europe) Albanais, aise [*]
Albenassien, ienne ⇒ AUBENAS
ALBERT (Somme) Albertin, ine
ALBERTA (Canada) Albertain, aine
Albertin, ine ⇒ ALBERT
Albertivillarien, ienne ⇒ AUBERVILLIERS
ALBERTVILLE (Savoie) Albertvillois, oise
ALBI (Tarn) Albigeois, oise
Albinien, ienne ⇒ AUBIGNY-SUR-NÈRE
ALENÇON (Orne) Alençonnais, aise
îles ALÉOUTIENNES (États-Unis) Aléoute
ALEP (Syrie) Aleppin, ine
ALÈS (Gard) Alésien, ienne
ALEXANDRIE (Égypte) Alexandrin, ine
ALFORTVILLE (Val-de-Marne) Alfortvillais, aise
ALGER (Algérie) Algérois, oise [*]
ALGÉRIE (Afrique) Algérien, ienne [*]
Algérois, oise ⇒ ALGER
ALLAUCH (Bouches-du-Rhône) Allaudien, ienne
ALLEMAGNE (Europe) Allemand, ande [*]
ALLOS (Alpes-de-Haute-Provence) Allossard, arde
Alnélois, oise ⇒ AUNEAU
ALPES (Europe) Alpin, ine
ALPES-DE-HAUTE-PROVENCE (France) Bas-Alpin, ine
Alpin, ine ⇒ ALPES
Alréen, éenne ⇒ AURAY
ALSACE (France) Alsacien, ienne
ALTAÏ (Asie) Altaïque
Altiligérien, ienne ⇒ HAUTE-LOIRE
ALTKIRCH (Bas-Rhin) Altkirchois, oise
Altoséquanais, aise ⇒ HAUTS-DE-SEINE
Amandin, ine ⇒ SAINT-AMAND-MONTROND
Amandinois, oise ⇒ SAINT-AMAND-EN-PUISAYE, SAINT-AMAND-LES-EAUX
Amandois, oise ⇒ SAINT-AMAND-EN-PUISAYE
AMAZONIE (Amérique du Sud) Amazonien, ienne
AMBÉRIEU-EN-BUGEY (Ain) Ambarrois, oise
AMBERT (Puy-de-Dôme) Ambertois, oise
AMBOISE (Indre-et-Loire) Amboisien, ienne
AMÉLIE-LES-BAINS-PALALDA (Pyrénées-Orientales) Amélien, ienne ou Palaldéen, éenne
Américain, aine ⇒ AMÉRIQUE, ÉTATS-UNIS D'AMÉRIQUE
AMÉRIQUE Américain, aine
AMÉRIQUE DU NORD Nord-Américain, aine
AMÉRIQUE DU SUD Sud-Américain, aine
AMÉRIQUE LATINE Latino-Américain, aine
AMIENS (Somme) Amiénois, oise
AMOU (Landes) Amollois, oise
AMSTERDAM (Pays-Bas) Amstellodamien, ienne [*] ou Amstellodamois, oise
ANCENIS (Loire-Atlantique) Ancenien, ienne
ANCÔNE (Italie) Anconitain, aine
ANDALOUSIE (Espagne) Andalou, ouse
LES ANDELYS (Eure) Andelisien, ienne
ANDERNOS-LES-BAINS (Gironde) Andernosien, ienne
ANDES (Amérique du Sud) Andin, ine
principauté d' ANDORRE (Europe) Andorran, ane [*]
ANDORRE-LA-VIEILLE (principauté d'Andorre) Andorran, ane [*]
Andrésien, ienne ⇒ SAINT-ANDRÉ-DE-L'EURE
Angelinos [plur.] ⇒ LOS ANGELES
Angérien, ienne ⇒ SAINT-JEAN-D'ANGÉLY
ANGERS (Maine-et-Loire) Angevin, ine
Angevin, ine ⇒ ANGERS, ANJOU, MAINE-ET-LOIRE
ANGKOR (Cambodge) Angkorien, ienne
Anglais, aise ⇒ ANGLETERRE
ANGLET (Pyrénées-Atlantiques) Angloy, oye
ANGLETERRE (Grande-Bretagne, Europe) Anglais, aise
Angloy, oye ⇒ ANGLET
ANGOLA (Afrique) Angolais, aise [*]
ANGOULÊME (Charente) Angoumoisin, ine
ANIANE (Hérault) Anianais, aise
ANJOU (France) Angevin, ine

ANKARA (Turquie) Ankarien, ienne [*]
ANNAM (Viêt-nam) Annamite
ANNECY (Haute-Savoie) Annécien, ienne
ANNEMASSE (Haute-Savoie) Annemassien, ienne
ANNONAY (Ardèche) Annonéen, éenne
ANNOT (Alpes-de-Haute-Provence) Annotain, aine
ANTANANARIVO ou TANANARIVE (Madagascar) Tananarivien, ienne [*]
ANTIBES (Alpes-Maritimes) Antibois, oise
ANTIGUA-ET-BARBUDA (Petites Antilles) Antiguais et Barbudien [masc.], Antiguaise et Barbudienne [fém.] [*]
ANTILLES (Amérique centrale) Antillais, aise
ANTONY (Hauts-de-Seine) Antonien, ienne
ANTRAIGUES-SUR-VOLANE (Ardèche) Antraiguain, aine
ANTRAIN (Ille-et-Vilaine) Antrainais, aise
ANVERS (Belgique) Anversois, oise
ANZIN (Nord) Anzinois, oise
val d' AOSTE (Italie) Valdôtain, aine
APPALACHES (États-Unis) Appalachien, ienne
Appaméen, éenne ⇒ PAMIERS
APT (Vaucluse) Aptésien, ienne
AQUITAINE (France) Aquitain, aine
ARABIE (Asie) Arabe
ARABIE SAOUDITE (Proche-Orient) Saoudien, ienne [*]
ARAGON (Espagne) Aragonais, aise
ARAMON (Gard) Aramonais, aise
ARBOIS (Jura) Arboisien, ienne
ARCACHON (Gironde) Arcachonnais, aise
ARCADIE (Grèce) Arcadien, ienne
Archepontain, aine ⇒ PONT-DE-L'ARCHE
ARCIS-SUR-AUBE (Aube) Arcisien, ienne
ARDÈCHE (France) Ardéchois, oise
ARDENNE (Belgique, France) Ardennais, aise
ARDENNES [dép.] (France) Ardennais, aise
Arédien, ienne ⇒ SAINT-YRIEIX-LA-PERCHE
AREZZO (Italie) Arétin, ine
ARGELÈS-GAZOST (Hautes-Pyrénées) Argelésien, ienne
ARGELÈS-SUR-MER (Pyrénées-Orientales) Argelésien, ienne
Argentacois, oise ⇒ ARGENTAT
Argentais, aise ⇒ ARGENT-SUR-SAULDRE
ARGENTAN (Orne) Argentanais, aise
ARGENTAT (Corrèze) Argentacois, oise
ARGENTEUIL (Val-d'Oise) Argenteuillais, aise
L'ARGENTIÈRE-LA-BESSÉE (Hautes-Alpes) Argentiérois, oise
ARGENTINE (Amérique du Sud) Argentin, ine [*]
ARGENTON-CHÂTEAU (Deux-Sèvres) Argentonnais, aise
ARGENTON-SUR-CREUSE (Indre) Argentonnais, aise
ARGENTRÉ-DU-PLESSIS (Ille-et-Vilaine) Argentréen, éenne [*]
ARGENT-SUR-SAULDRE (Cher) Argentais, aise
ARIÈGE (France) Ariégeois, oise
ARLES (Bouches-du-Rhône) Arlésien, ienne
ARLEUX (Nord) Arleusien, ienne
ARMÉNIE (Asie) Arménien, ienne [*]
ARMENTIÈRES (Nord) Armentiérois, oise
ARMORIQUE (France) Armoricain, aine
ARNAY-LE-DUC (Côte-d'Or) Arnétois, oise
ARRAS (Pas-de-Calais) Arrageois, oise
ARS-EN-RÉ (Charente-Maritime) Arsais, aise
ARTOIS (France) Artésien, ienne
ASCQ (Nord) Ascquois, oise
ASIE Asiate ou Asiatique
ASNIÈRES-SUR-SEINE (Hauts-de-Seine) Asniérois, oise
ASSYRIE (Asie) Assyrien, ienne
ASTURIES (Espagne) Asturien, ienne
Athégien, ienne ⇒ ATHIS-MONS
ATHÈNES (Grèce) Athénien, ienne
ATHIS-DE-L'ORNE (Orne) Athisien, ienne
ATHIS-MONS (Essonne) Athégien, ienne
Aturin, ine ⇒ AIRE-SUR-L'ADOUR
AUBE (France) Aubois, oise
AUBENAS (Ardèche) Albenassien, ienne
AUBERVILLIERS (Seine-Saint-Denis) Albertivillarien, ienne
AUBETERRE-SUR-DRONNE (Charente) Aubeterrien, ienne
AUBIGNY-SUR-NÈRE (Cher) Albinien, ienne
Aubois, oise ⇒ AUBE
AUBUSSON (Creuse) Aubussonnais, aise
AUCH (Gers) Auscitain, aine
AUCHEL (Pas-de-Calais) Auchellois, oise
AUDE (France) Audois, oise
AUDIERNE (Finistère) Audiernais, aise
AUDINCOURT (Doubs) Audincourtois, oise
Audois, oise ⇒ AUDE
Audomarois, oise ⇒ SAINT-OMER
Audonien, ienne ⇒ SAINT-OUEN
AUDRUICQ (Pas-de-Calais) Audruicquois, oise
AUDUN-LE-ROMAN (Meurthe-et-Moselle) Audunois, oise
pays d' AUGE (France) Augeron, onne
AULNAY-SOUS-BOIS (Seine-Saint-Denis) Aulnaisien, ienne
AULNOYE-AYMERIES (Nord) Aulnésien, ienne
AULT (Somme) Aultois, oise
AUMALE (Seine-Maritime) Aumalois, oise
AUNAY-SUR-ODON (Calvados) Aunais, aise
AUNEAU (Eure-et-Loir) Alnélois, oise
AUNIS (France) Aunisien, ienne
AUPS (Var) Aupsois, oise
AURAY (Morbihan) Alréen, éenne
AURIGNAC (Haute-Garonne) Aurignacais, aise
AURILLAC (Cantal) Aurillacois, oise
Auscitain, aine ⇒ AUCH
AUSTRALIE Australien, ienne [*]
AUTRICHE (Europe) Autrichien, ienne [*]
AUTUN (Saône-et-Loire) Autunois, oise
AUVERGNE (France) Auvergnat, ate
AUXERRE (Yonne) Auxerrois, oise
AVALLON (Yonne) Avallonnais, aise
AVESNES-SUR-HELPE (Nord) Avesnois, oise
AVEYRON (France) Aveyronnais, aise
AVIGNON (Vaucluse) Avignonnais, aise
AVRANCHES (Manche) Avranchinais, aise
Axonais, aise ⇒ AISNE
AY ou AŸ (Marne) Agéen, éenne
AZERBAÏDJAN (Caucase) Azéri, ie ou Azerbaïdjanais, aise [*]
BABYLONE (Mésopotamie) Babylonien, ienne
BACCARAT (Meurthe-et-Moselle) Bachamois, oise
BADE (Allemagne) Badois, oise
BADONVILLER (Meurthe-et-Moselle) Badonvillois, oise
BAGDAD (Irak) Bagdadien, ienne [*]
BAGNÈRES-DE-BIGORRE (Hautes-Pyrénées) Bagnérais, aise
BAGNÈRES-DE-LUCHON (Haute-Garonne) Luchonnais, aise
îles BAHAMAS (océan Atlantique) Bahamien, ienne [*]
BAHREÏN (Proche-Orient) Bahreïni [invar. en genre] ou Bahreïnien, ienne [*]
BAIXAS (Pyrénées-Orientales) Baixanenc, Baixanenque
Bajocasse ⇒ BAYEUX
Balbynien, ienne ⇒ BOBIGNY
BÂLE (Suisse) Bâlois, oise
BALÉARES (Espagne) Baléare
BALI (Asie) Balinais, aise
BALKANS (Europe) Balkanique
Bâlois, oise ⇒ BÂLE
BALTIQUE (Europe) Balte
BAMAKO (Mali) Bamakois, oise [*]
BANGKOK (Thaïlande) Bangkokien, ienne [*]
BANGLADESH (Asie) Bangladais, aise [*]
BANGUI (République centrafricaine) Banguissois, oise [*]
BANJUL (Gambie) Banjulais, aise [*]
BANYULS-SUR-MER (Pyrénées-Orientales) Banyulenc, Banyulencque

Hannuyer, ère ⇒ HAINAUT
HANOÏ (Viêt-nam) Hanoïen, ïenne [*]
HANOVRE (Allemagne) Hanovrien, ienne
HARARE (Zimbabwe) Hararais, aise [*]
Haut-Alpin, ine ⇒ HAUTES-ALPES
HAUTE-GARONNE (France) Haut-Garonnais, aise
HAUTE-LOIRE (France) Altiligérien, ienne
HAUTE-MARNE (France) Haut-Marnais, aise
HAUTES-ALPES (France) Haut-Alpin, ine
HAUTE-SAÔNE (France) Haut-Saônois, oise
HAUTES-PYRÉNÉES (France) Haut-Pyrénéen, Haute-Pyrénéenne
HAUTE-VIENNE (France) Haut-Viennois, oise
HAUTE-VOLTA (Afrique) Voltaïque → Burkina-Faso
Haut-Garonnais, aise ⇒ HAUTE-GARONNE
Haut-Marnais, aise ⇒ HAUTE-MARNE
Haut-Pyrénéen, Haute-Pyrénéenne ⇒ HAUTES-PYRÉNÉES
HAUT-RHIN (France) Haut-Rhinois, oise
Haut-Saônois, oise ⇒ HAUTE-SAÔNE
HAUTS-DE-SEINE (France) Altoséquanais, aise
Haut-Viennois, oise ⇒ HAUTE-VIENNE
LA HAVANE (Cuba) Havanais, aise [*]
LE HAVRE (Seine-Maritime) Havrais, aise
îles HAWAÏ (Polynésie) Hawaïen, ïenne
LA HAYE (Pays-Bas) Haguenois, oise [*]
LA HAYE-DU-PUITS (Manche) Haytillon, onne
L'HAŸ-LES-ROSES (Val-de-Marne) L'Haÿssien, ienne
Haytillon, onne ⇒ LA HAYE-DU-PUITS
HÉDÉ (Ille-et-Vilaine) Hédéen, éenne
HELLADE Hellène → Grèce
HELSINKI (Finlande) Helsinkien, ienne [*]
HELVÉTIE Helvète → Suisse
HENDAYE (Pyrénées-Atlantiques) Hendayais, aise
HENNEBONT (Morbihan) Hennebontais, aise
Hennuyer, ère ⇒ HAINAUT
HÉRAULT (France) Héraultais, aise
HESSE (Allemagne) Hessois, oise
Hiérosolymite ou Hiérosolymitain, aine ⇒ JÉRUSALEM
HIMALAYA (Asie) Himalayen, enne
HIRSON (Aisne) Hirsonnais, aise
HOLLANDE (Europe) Hollandais, aise ou Néerlandais, aise ⇒ aussi PAYS-BAS
HOLLYWOOD (États-Unis) Hollywoodien, ienne
HONDURAS (Amérique centrale) Hondurien, ienne [*]
HONFLEUR (Calvados) Honfleurais, aise
HONG-KONG (Asie) Hongkongais, aise
HONGRIE (Europe) Hongrois, oise [*] ou Magyar, e
HULL (Québec) Hullois, oise
HYÈRES (Var) Hyèrois, oise
IBÉRIE Ibère → Espagne
Icaunais, aise ⇒ YONNE
ÎLE-DE-FRANCE (France) Francilien, ienne
ÎLE-DU-PRINCE-ÉDOUARD (Canada) Prince-Édouardien, ienne
ÎLE-D'YEU (Vendée) Ogien, ienne
ILLYRIE (Europe) Illyrien, ienne
INDE (Asie) Indien, ienne [*]
INDOCHINE (Asie) Indochinois, oise
INDONÉSIE (Asie) Indonésien, ienne [*]
INDRE (France) Indrien, ienne
IONIE Ionien, ienne
IRAK ou IRAQ (Proche-Orient) Irakien, ienne ; Iraqien, ienne ou Iraquien, ienne [*]
IRAN (Proche-Orient) Iranien, ienne
Iraqien, ienne ou Iraquien, ienne ⇒ IRAK
IRLANDE (Europe) Irlandais, aise [*]
ISÈRE (France) Isérois, oise ou Iseran, ane
ISIGNY-SUR-MER (Calvados) Isignais, aise
ISLANDE (Europe) Islandais, aise [*]
L'ISLE-ADAM (Val-d'Oise) Adamois, oise
L'ISLE-D'ABEAU (Isère) Lillot, ote
L'ISLE-JOURDAIN (Gers) Lislois, oise
L'ISLE-SUR-LA-SORGUE (Vaucluse) Islois, oise
ISPAHAN (Iran) Esfahâni [invar. en genre]
ISRAËL (Proche-Orient) Israélien, ienne [*]
Isséen, éenne ⇒ ISSY-LES-MOULINEAUX
ISSOIRE (Puy-de-Dôme) Issoirien, ienne
ISSOUDUN (Indre) Issoldunois, oise
ISSY-LES-MOULINEAUX (Hauts-de-Seine) Isséen, éenne
ISTANBUL (Turquie) Istanbuliote
ISTRES (Bouches-du-Rhône) Istréen, éenne
ITALIE (Europe) Italien, ienne [*]
Ivoirien, ienne ⇒ CÔTE-D'IVOIRE
IVRY-SUR-SEINE (Val-de-Marne) Ivryen, yenne
JAKARTA (Indonésie) Jakartanais, aise [*]
JAMAÏQUE (Antilles) Jamaïcain, aine ou Jamaïquain, aine [*]
JAPON (Asie) Japonais, aise [*] ou Nippon, onne
JARGEAU (Loiret) Gergolien, ienne
Jarlandin, ine ⇒ CHÂTEAU-ARNOUX
JAVA (Indonésie) Javanais, aise
île de JERSEY (Grande-Bretagne) Jersiais, iaise
JÉRUSALEM (Israël) Hiérosolymite ou Hiérosolymitain, aine
Jocondien, ienne ⇒ JOUÉ-LÈS-TOURS
JOINVILLE (Haute-Marne) Joinvillois, oise
JONZAC (Charente-Maritime) Jonzacais, aise
JORDANIE (Proche-Orient) Jordanien, ienne [*]
JOUÉ-LÈS-TOURS (Indre-et-Loire) Jocondien, ienne
JURA (France) Jurassien, ienne
KABOUL (Afghanistan) Kaboulien, ienne [*]
KABYLIE (Algérie) Kabyle
KALMOUKIE (Russie) Kalmouk, e
KAMPALA (Ouganda) Kampalais, aise [*]
KAZAKHSTAN (Asie) Kazakh, e [*]
KENYA (Afrique) Kenyan, ane ou Kényan, ane [*]
KHARTOUM (Soudan) Khartoumais, aise [*]
KIEV (Ukraine) Kiévien, ienne [*]
KIGALI (Rwanda) Kigalois, oise [*] ou Kigalien, ienne
KINSHASA (Zaïre) Kinois, oise [*]
KIRGHIZISTAN (Asie) Kirghiz, e [*]
République de KIRIBATI (océan Pacifique) Kiribatien, ienne [*]
Kitticien et Névicien, Kittitienne et Névicienne ⇒ SAINT-CHRISTOPHE-ET-NIÉVÈS
KOWEÏT [État et ville] (Arabie) Koweïtien, ienne [*]
LABRADOR (Québec, Terre-Neuve) Labradorien, ienne
LACAUNE (Tarn) Lacaunais, aise
LACÉDÉMONE ⇒ SPARTE
LACHINE (Québec) Lachinois, oise
LAGNIEU (Ain) Lagnolan, ane
LAGOS (Nigeria) Lagotien, ienne [*]
Landais, aise ⇒ LANDES
LANDERNEAU (Finistère) Landernéen, éenne
LANDES (France) Landais, aise
LANDIVISIAU (Finistère) Landivisien, ienne
LANDRECIES (Nord) Landrecien, ienne
LANGOGNE (Lozère) Langonais, aise
LANGON (Gironde) Langonnais, aise
Langonais, aise ⇒ LANGOGNE
Langonnais, aise ⇒ LANGON
LANGRES (Haute-Marne) Langrois, oise
LANGUEDOC (France) Languedocien, ienne
LANMEUR (Finistère) Lanmeurien, ienne
LANNION (Côtes-d'Armor) Lannionnais, aise
LAON (Aisne) Laonnois, oise
LAOS (Asie) Laotien, ienne [*]
LAPALISSE (Allier) Lapalissois, oise
LAPONIE (Europe) Lapon, one
LARGENTIÈRE (Ardèche) Largentièrois, oise
Lasallois, oise ⇒ LA SALLE

Latino-Américain, aine ⇒ AMÉRIQUE LATINE
Latvien, ienne ⇒ LETTONIE
Laudinien, ienne ⇒ SAINT-LÔ
Laurentien, ienne ⇒ SAINT-LAURENT
Laurentin, ine ⇒ SAINT-LAURENT-DE-CERDANS
Laurentinois, oise ⇒ SAINT-LAURENT-DU-PONT
LAUSANNE (Suisse) Lausannois, oise
LAVAL (Mayenne) Lavallois, oise
LAVAL (Québec) Lavallois, oise
Lédonien, ienne ⇒ LONS-LE-SAUNIER
LEIPZIG (Allemagne) Leipzigois, oise
LENS (Pas-de-Calais) Lensois, oise
pays de LÉON (Bretagne) Léonais, aise ou Léonard, arde
LESBOS [auj. MYTILÈNE] (Grèce) Lesbien, ienne
LESCAR (Pyrénées-Atlantiques) Lescarien, ienne
LESOTHO (Afrique) Lesothan, ane [*]
LESPARRE-MÉDOC (Gironde) Lesparrain, aine
LETTONIE (Europe) Letton, one [*] ou Letton, onne ou Latvien, ienne
LEVANT Levantin, ine
L'Haÿssien, ienne ⇒ L'HAŸ-LES-ROSES
LIBAN (Proche-Orient) Libanais, aise [*]
LIBERIA (Afrique) Libérien, ienne [*]
LIBOURNE (Gironde) Libournais, aise
LIBREVILLE (Gabon) Librevillois, oise [*]
LIBYE (Afrique) Libyen, enne [*]
LIECHTENSTEIN (Europe) Liechtensteinois, oise [*]
LIÈGE (Belgique) Liégeois, oise
Ligérien, ienne ⇒ LOIRE
LIGURIE (Italie) Ligurien, ienne
LILLE (Nord) Lillois, oise
Lillot, ote ⇒ L'ISLE-D'ABEAU
LILONGWE (Malawi) Lilongwais, aise [*]
LIMA (Pérou) Liménien, ienne [*]
LIMOGES (Haute-Vienne) Limougeaud, aude
LIMOUSIN (France) Limousin, ine
LIMOUX (Aude) Limouxin, ine
LISBONNE (Portugal) Lisbonnin, ine [*]
LISIEUX (Calvados) Lexovien, ienne
Lislois, oise ⇒ L'ISLE-JOURDAIN
LITUANIE (Europe) Lituanien, ienne [*] ou Lithuanien, ienne
LIVOURNE (Italie) Livournais, aise
LOCHES (Indre-et-Loire) Lochois, oise
LOCTUDY (Finistère) Loctudiste
LODÈVE (Hérault) Lodévois, oise
LOIRE (France) Ligérien, ienne
LOIR-ET-CHER (France) Loir-et-Chérien, ienne
LOMBARDIE (Italie) Lombard, arde
LOMÉ (Togo) Loméen, éenne [*]
LOMME (Nord) Lommois, oise
LONDRES (Angleterre) Londonien, ienne [*]
LONGJUMEAU (Essonne) Longjumellois, oise
LONGNY-AU-PERCHE (Orne) Longnycien, ienne
LONGWY (Meurthe-et-Moselle) Longovicien, ienne
LONS-LE-SAUNIER (Jura) Lédonien, ienne
LOOS (Nord) Loossois, oise
LORIENT (Morbihan) Lorientais, aise
LORRAINE (France) Lorrain, aine
LOS ANGELES (États-Unis) Angelinos [plur.]
LOT (France) Lotois, oise
LOT-ET-GARONNE (France) Lot-et-Garonnais, aise
Lotois, oise ⇒ LOT
LOUDÉAC (Côtes-d'Armor) Loudéacien, ienne
LOUDUN (Vienne) Loudunais, aise
LOUHANS (Saône-et-Loire) Louhannais, aise
LOUISIANE (États-Unis) Louisianais, aise
LOURDES (Hautes-Pyrénées) Lourdais, aise
LOUVAIN (Belgique) Louvaniste
LOUVECIENNES (Yvelines) Louveciennois, oise
LOUVIERS (Eure) Lovérien, ienne
LOZÈRE (France) Lozérien, ienne
LUANDA (Angola) Luandais, aise [*]
LUCANIE (Italie) Lucanien, ienne
Luchonnais, aise ⇒ BAGNÈRES-DE-LUCHON
LUCQUES (Italie) Lucquois, oise
LUNÉVILLE (Meurthe-et-Moselle) Lunévillois, oise
LURCY-LÉVIS (Allier) Lurcyquois, oise
LURE (Haute-Saône) Luron, onne
LUSAKA (Zambie) Lusakois, oise [*]
LUSITANIE Lusitanien, ienne ou Lusitain, aine → Portugal
LUSSAC (Gironde) Lussacais, aise
LUXEMBOURG [État et ville] (Europe) Luxembourgeois, oise [*]
LUXEUIL-LES-BAINS (Haute-Saône) Luxovien, ienne
LUZARCHES (Val-d'Oise) Luzarchois, oise
Luzien, ienne ⇒ SAINT-JEAN-DE-LUZ
LYDIE (Asie Mineure) Lydien, ienne
LYON (Rhône) Lyonnais, aise
LYONS-LA-FORÊT (Eure) Lyonsais, aise
MACAO (Asie) Macanéen, éenne
MACÉDOINE (Grèce ; Europe) Macédonien, ienne
MACHECOUL (Loire-Atlantique) Machecoulais, aise
MÂCON (Saône-et-Loire) Mâconnais, aise
MADAGASCAR (océan Indien) Malgache [*]
îles de la MADELEINE (Canada) Madelinot [masc.], Madelinienne [fém.]
MADÈRE (Portugal) Madérien, ienne ou Madérois, oise
MADRID (Espagne) Madrilène [*]
MAGHREB (Afrique) Maghrébin, ine
Magyar, e ⇒ HONGRIE
Mahorais, aise ⇒ MAYOTTE
MAINE (France) Manceau, Mancelle
MAINE-ET-LOIRE (France) Angevin, ine
MAINTENON (Eure-et-Loir) Maintenonnais, aise
MAJORQUE (Espagne) Majorquin, ine
MALABAR (Inde) Malabare
MALABO (Guinée équatoriale) Malabéen, éenne [*]
MALAISIE [*] ou MALAYSIA (Asie) Malais, aise ou Malaisien, ienne [*] ; Malaysien, ienne
MALAWI (Afrique) Malawien, ienne [*]
MALAYSIA ⇒ MALAISIE
îles MALDIVES (océan Indien) Maldivien, ienne [*]
Malgache ⇒ MADAGASCAR
MALI (Afrique) Malien, ienne [*]
MALINES (Belgique) Malinois, oise
Malouin, ine ⇒ SAINT-MALO
MALTE (Europe) Maltais, aise [*]
MAMERS (Sarthe) Mamertin, ine
île de MAN (Grande-Bretagne) Mannois, oise
MANAGUA (Nicaragua) Managuayen, yenne [*]
MANAMA (Bahreïn) Manaméen, éenne [*]
Manceau, Mancelle ⇒ MAINE, ⇒ LE MANS
MANCHE (France) Manchois, oise
MANDCHOURIE ou MANCHOURIE (Chine) Mandchou, e ; Manchou, e
MANILLE (Philippines) Manillais, aise [*]
MANITOBA (Canada) Manitobain, aine
Mannois, oise ⇒ île de MAN
MANOSQUE (Alpes-de-Haute-Provence) Manosquin, ine
LE MANS (Sarthe) Manceau, Mancelle
MANTES-LA-JOLIE (Yvelines) Mantais, aise
MANTES-LA-VILLE (Yvelines) Mantevillois, oise
MANTOUE (Italie) Mantouan, ane
MAPUTO (Mozambique) Maputais, aise [*]
MARANS (Charente-Maritime) Marandais, aise
MARCQ-EN-BARŒUL (Nord) Marcquois, oise
MARENNES (Charente-Maritime) Marennais, aise
MARIGNANE (Bouches-du-Rhône) Marignanais, aise

MARINGUES (Puy-de-Dôme) Maringois, oise
MARLE (Aisne) Marlois, oise
MARLY-LE-ROI (Yvelines) Marlychois, oise
MARMANDE (Lot-et-Garonne) Marmandais, aise
MARNE (France) Marnais, aise
MAROC (Afrique) Marocain, aine [*]
MAROMME (Seine-Maritime) Marommais, aise
îles MARQUISES (Polynésie) Marquésan, ane ou Marquisien, ienne
MARS (planète) Martien, ienne
îles MARSHALL (Micronésie) Marshallais, aise [*]
MARSEILLE (Bouches-du-Rhône) Marseillais, aise
Martégaux [plur.] ⇒ MARTIGUES
Martien, ienne ⇒ MARS
MARTIGUES (Bouches-du-Rhône) Martégaux [plur.]
Martinais, aise ⇒ SAINT-MARTIN-DE-RÉ
Martinérois, oise ⇒ SAINT-MARTIN-D'HÈRES
MARTINIQUE (Antilles) Martiniquais, aise
MARVEJOLS (Lozère) Marvejolais, aise
MASCATE (Oman) Mascatais, aise [*]
MASERU (Lesotho) Masérois, oise [*]
MASEVAUX (Haut-Rhin) Masopolitain, aine
Maskoutain, aine ⇒ SAINT-HYACINTHE
Masopolitain, aine ⇒ MASEVAUX
MATHA (Charente-Maritime) Mathalien, ienne
MAUBEUGE (Nord) Maubeugeois, oise
MAUBOURGUET (Hautes-Pyrénées) Maubourguetois, oise
Maure ou More ⇒ MAURITANIE
MAURIAC (Cantal) Mauriacois, oise
île MAURICE (océan Indien) Mauricien, ienne [*]
MAURITANIE (Afrique) Mauritanien, ienne [*] ; [hist.] Maure ou More
Maxipontain, aine ⇒ PONT-SAINTE-MAXENCE
MAYENCE (Allemagne) Mayençais, aise
MAYENNE [dép. et ville] (France) Mayennais, aise
MAYOTTE (océan Indien) Mahorais, aise
MAZAMET (Tarn) Mazamétain, aine
MBABANE (Swaziland) Mbabanais, aise [*]
MEAUX (Seine-et-Marne) Meldois, oise
MÉDIE Mède
MÉDITERRANÉE Méditerranéen, éenne
MÉLANÉSIE (Océanie) Mélanésien, ienne
Meldois, oise ⇒ MEAUX
MELUN (Seine-et-Marne) Melunais, aise
MENDE (Lozère) Mendois, oise
Ménéhildien, ienne ⇒ SAINTE-MENEHOULD
MENNETOU-SUR-CHER (Loir et Cher) Monestois, oise
MENTON (Alpes-Maritimes) Mentonnais, aise
MERDRIGNAC (Côtes-d'Armor) Merdrignacien, ienne
MERS-LES-BAINS (Somme) Mersois, oise
MERVILLE (Nord) Mervillois, oise
LE MESNIL-LE-ROI (Yvelines) Mesnilois, oise
MÉSOPOTAMIE (Asie) Mésopotamien, ienne
METZ (Moselle) Messin, ine
MEUDON-LA-FORÊT (Hauts-de-Seine) Meudonnais, aise
MEULAN (Yvelines) Meulanais, aise
MEURSAULT (Côte-d'Or) Murisaltien, ienne
MEUSE (France) Meusien, ienne
MEXIQUE (Amérique centrale) Mexicain, aine [*]
MEYRUEIS (Lozère) Meyrueisien, ienne
MICRONÉSIE (Océanie) Micronésien, ienne [*]
MILAN (Italie) Milanais, aise
MILLAU (Aveyron) Millavois, oise
MILLY-LA-FORÊT (Essonne) Milliacois, oise
MIMIZAN (Landes) Mimizanais, aise
MINHO (Portugal) Minhote
MINORQUE (Espagne) Minorquin, ine
Miquelonnais, aise ⇒ SAINT-PIERRE-ET-MIQUELON
MIRAMAS (Bouches-du-Rhône) Miramasséen, éenne
MIRANDE (Gers) Mirandais, aise
Mirapicien, ienne ⇒ MIREPOIX
MIREBEAU (Vienne) Mirebalais, aise
MIREPOIX (Ariège) Mirapicien, ienne
MIRIBEL (Ain) Miribelan, ane
MODANE (Savoie) Modanais, aise
MODÈNE (Italie) Modénais, aise
MOIRANS-EN-MONTAGNE (Jura) Moirantin, ine
MOISSAC (Tarn-et-Garonne) Moissagais, aise
MOLDAVIE (Roumanie ; Europe) Moldave ; Moldave [*]
MOLSHEIM (Bas-Rhin) Molsheimien, ienne ou Molsheimois, oise
MONACO [principauté de et ville] (Europe) Monégasque [*]
MONCOUTANT (Deux-Sèvres) Moncoutantais, aise
Monégasque ⇒ MONACO
Monestois, oise ⇒ MENNETOU-SUR-CHER
MONGOLIE (Asie) Mongol, ole [*]
MONISTROL-SUR-LOIRE (Haute-Loire) Monistrolien, ienne
MONPAZIER (Dordogne) Monpaziérois, oise
MONROVIA (Liberia) Monrovien, ienne [*]
MONSÉGUR (Gironde) Monségurais, aise
MONS-EN-BARŒUL (Nord) Monsois, oise
MONTAIGU (Vendée) Montacutain, aine ou Montaigusien, ienne
Montalbanais, aise ⇒ MONTAUBAN
MONTARGIS (Loiret) Montargois, oise
MONTAUBAN (Tarn-et-Garonne) Montalbanais, aise
MONTBARD (Côte-d'Or) Montbardois, oise
MONTBÉLIARD (Doubs) Montbéliardais, aise
MONTBRISON (Loire) Montbrisonnais, aise
MONTBRON (Charente) Montbronnais, aise
MONTCEAU-LES-MINES (Saône-et-Loire) Montcellien, ienne
MONTCENIS (Saône-et-Loire) Monticinois, oise
MONTCHANIN (Saône-et-Loire) Montchaninois, oise
MONTCUQ (Lot) Montcuquois, oise
MONT-DE-MARSAN (Landes) Montois, oise
MONTDIDIER (Somme) Montdidérien, ienne
LE MONT-DORE (Puy-de-Dôme) Mont-Dorien, ienne
MONTÉLIMAR (Drôme) Montilien, ienne
MONTÉNÉGRO (Yougoslavie) Monténégrin, ine
MONTEVIDEO (Uruguay) Montévidéen, éenne [*]
Monticinois, oise ⇒ MONTCENIS
Montilien, ienne ⇒ MONTÉLIMAR
MONTLUÇON (Allier) Montluçonnais, aise
MONTMARTRE (Paris) Montmartrois, oise
MONTMORENCY (Val-d'Oise) Montmorencéen, éenne
MONTMORILLON (Vienne) Montmorillonnais, aise
Montois, oise ⇒ MONT-DE-MARSAN
MONTPELLIER (Hérault) Montpelliérain, aine
MONTPON-MÉNESTÉROL (Dordogne) Montponnais, aise
MONTRÉAL (Québec) Montréalais, aise
MONTRÉJEAU (Haute-Garonne) Montréjeaulais, aise
MONTREUIL (Pas-de-Calais) Montreuillois, oise
MONTREUIL-SOUS-BOIS (Seine-Saint-Denis) Montreuillois, oise
MONTRICHARD (Loir-et-Cher) Montrichardais, aise
MONTROUGE (Hauts-de-Seine) Montrougien, ienne
MORAVIE (République tchèque) Morave
MORBIHAN (France) Morbihannais, aise
MORCENX (Landes) Morcenais, aise
MORET-SUR-LOING (Seine-et-Marne) Morétain, aine
MORLAAS (Pyrénées-Atlantiques) Morlan, ane
MORLAIX (Finistère) Morlaisien, ienne
Morlan, ane ⇒ MORLAAS
MORONI (Comores) Moronais, aise [*]
MORTAGNE-AU-PERCHE (Orne) Mortagnais, aise
MORTAIN (Manche) Mortainais, aise
MORTEAU (Doubs) Mortuacien, ienne
MORVAN (France) Morvandiau [masc.], Morvandelle [fém.]

MORZINE (Haute-Savoie) Morzinois, oise
MOSCOU (Russie) Moscovite
MOSELLE (France) Mosellan, ane
MOULINS (Allier) Moulinois, oise
MOUY (Oise) Mouysard, arde
MOUZON (Ardennes) Mouzonnais, aise
MOZAMBIQUE (Afrique) Mozambicain, aine [*]
MULHOUSE (Haut-Rhin) Mulhousien, ienne
MUNICH (Allemagne) Munichois, oise
MURAT (Cantal) Muratais, aise
LA MURE (Isère) Murois, oise
MURET (Haute-Garonne) Muretain, aine
Murisaltien, ienne ⇒ MEURSAULT
Murois, oise ⇒ LA MURE
MURVIEL-LÈS-BÉZIERS (Hérault) Murviellois, oise
Mussipontain, aine ⇒ PONT-À-MOUSSON
MYCÈNES Mycénien, ienne
MYTILÈNE ⇒ LESBOS
NAIROBI (Kenya) Nairobien, ienne [*]
NAMIBIE (Afrique) Namibien, ienne [*]
NAMUR (Belgique) Namurois, oise
NANCY (Meurthe-et-Moselle) Nancéien, ienne
Nantais, aise ⇒ NANTES
NANTERRE (Hauts-de-Seine) Nanterrien, ienne
NANTES (Loire-Atlantique) Nantais, aise
NANTUA (Ain) Nantuatien, ienne
NAPLES (Italie) Napolitain, aine
NARBONNE (Aude) Narbonnais, aise
NAURU (Micronésie) Nauruan, ane [*]
NAVARRE (Espagne) Navarrais, aise ou vx Navarrin, ine
Nazairien, ienne ⇒ SAINT-NAZAIRE
NAZARETH (Galilée) Nazaréen, éenne
NDJAMENA (Tchad) Ndjaménais, aise [*] ou Ndjaménois, oise
Néerlandais, aise ⇒ PAYS-BAS
NEMOURS (Seine-et-Marne) Nemourien, ienne
Néo-Brisacien, ienne ⇒ NEUF-BRISACH
Néo-Brunswickois, oise ⇒ NOUVEAU-BRUNSWICK
Néo-Calédonien, ienne ⇒ NOUVELLE-CALÉDONIE
Néocastrien, ienne ⇒ NEUFCHÂTEAU
Néodomien, ienne ⇒ NEUVES-MAISONS
Néo-Écossais, aise ⇒ NOUVELLE-ÉCOSSE
Néo-Guinéen, éenne ⇒ NOUVELLE-GUINÉE
Néo-Hébridais, aise ⇒ NOUVELLES-HÉBRIDES
Néo-Orléanais, aise ⇒ LA NOUVELLE-ORLÉANS
Néo-Zélandais, aise ⇒ NOUVELLE-ZÉLANDE
NÉPAL (Asie) Népalais, aise [*]
NÉRAC (Lot-et-Garonne) Néracais, aise
NEUCHÂTEL (Suisse) Neuchâtelois, oise
NEUF-BRISACH (Haut-Rhin) Néo-Brisacien, ienne
NEUFCHÂTEAU (Vosges) Néocastrien, ienne
NEUFCHÂTEL-EN-BRAY (Seine-Maritime) Neufchâtelois, oise
NEUILLY-PLAISANCE (Seine-Saint-Denis) Nocéen, éenne
NEUILLY-SUR-SEINE (Hauts-de-Seine) Neuilléen, éenne
NEUSTRIE (Gaule) Neustrien, ienne
NEUVES-MAISONS (Meurthe-et-Moselle) Néodomien, ienne
NEUVIC (Corrèze) Neuvicois, oise
NEUVILLE-DE-POITOU (Vienne) Neuvillois, oise
NEVERS (Nièvre) Neversois, oise ou Nivernais, aise
NEW YORK (États-Unis) New-Yorkais, aise
NIAMEY (Niger) Niaméyen, Niaméyenne [*]
NICARAGUA (Amérique centrale) Nicaraguayen, yenne [*]
NICE (Alpes-Maritimes) Niçois, oise
NICOSIE (Chypre) Nicosien, ienne [*]
NIÈVRE (France) Nivernais, aise
NIGER (Afrique) Nigérien, ienne [*]
NIGERIA (Afrique) Nigérian, iane [*]
Nigérien, ienne ⇒ NIGER
NÎMES (Gard) Nîmois, oise
NIORT (Deux-Sèvres) Niortais, aise
Nippon, onne ⇒ JAPON
NIVELLES (Belgique) Nivellois, oise
Nivernais, aise ⇒ NEVERS, NIÈVRE
Nocéen, éenne ⇒ NEUILLY-PLAISANCE
NOGARO (Gers) Nogarolien, ienne
NOGENT (Haute-Marne) Nogentais, aise
NOGENT-LE-ROTROU (Eure-et-Loir) Nogentais, aise
NOGENT-SUR-MARNE (Val-de-Marne) Nogentais, aise
NOGENT-SUR-OISE (Oise) Nogentais, aise
NOIRMOUTIER-EN-L'ÎLE (Vendée) Noirmoutrin, ine
NOLAY (Côte-d'Or) Nolaytois, oise
NONANCOURT (Eure) Nonancourtois, oise
NONTRON (Dordogne) Nontronnais, aise
NORD (France) Nordiste
Nord-Africain, aine ⇒ AFRIQUE DU NORD
Nord-Américain, aine ⇒ AMÉRIQUE DU NORD
Nord-Coréen, éenne ⇒ CORÉE DU NORD
Nordiste ⇒ NORD
NORD-VIÊT-NAM (Asie) Nord-Vietnamien, ienne
NORMANDIE (France) Normand, ande
NORVÈGE (Europe) Norvégien, ienne [*]
NOUAKCHOTT (Mauritanie) Nouakchottois, oise [*]
NOUVEAU-BRUNSWICK (Canada) Néo-Brunswickois, oise
NOUVELLE-CALÉDONIE (Océanie) Néo-Calédonien, ienne
NOUVELLE-ÉCOSSE (Canada) Néo-Écossais, aise
NOUVELLE-GUINÉE (Mélanésie) Néo-Guinéen, éenne
LA NOUVELLE-ORLÉANS (États-Unis) Néo-Orléanais, aise
NOUVELLES-HÉBRIDES (Mélanésie) Néo-Hébridais, aise → Vanuatu
NOUVELLE-ZÉLANDE (Océanie) Néo-Zélandais, aise [*]
LE NOUVION-EN-THIÉRACHE (Aisne) Nouvionnais, aise
NUBIE (Afrique) Nubien, ienne
NUITS-SAINT-GEORGES (Côte-d'Or) Nuiton, onne
NUMIDIE (Afrique) Numide
NYONS (Drôme) Nyonsais, aise
OCCITANIE (France) Occitan, ane
OCÉANIE Océanien, ienne
Ogien, ienne ⇒ ÎLE-D'YEU
OISE (France) Oisien, ienne
île d'OLÉRON (Charente-Maritime) Oléronais, aise
OLLIERGUES (Puy-de-Dôme) Ollierguois, oise
OLORON-SAINTE-MARIE (Pyrénées-Atlantiques) Oloronais, aise
OMAN (Arabie) Omanais, aise [*]
OMBRIE (Italie) Ombrien, ienne
ONTARIO (Canada) Ontarien, ienne
ORADOUR-SUR-GLANE (Haute-Vienne) Radounaud, aude
ORAN [auj. OUAHRAN] (Algérie) Oranais, aise
ORANGE (Vaucluse) Orangeois, oise
ORLÉANS (Loiret) Orléanais, aise
ORLY (Val-de-Marne) Orlysien, ienne
ORMESSON-SUR-MARNE (Val-de-Marne) Ormessonnais, aise
Ornais, aise ⇒ ORNE
ORNANS (Doubs) Ornanais, aise
ORNE (France) Ornais, aise
OSTENDE (Belgique) Ostendais, aise
OTTAWA (Canada) Ouataouais, aise [*]
Empire OTTOMAN (Proche-Orient, Europe) Ottoman, ane → Turquie
OUAGADOUGOU (Burkina-Faso) Ouagalais, aise [*]
île d'OUESSANT (Finistère) Ouessantin, ine
OUGANDA (Afrique) Ougandais, aise [*]
Outaouais, aise ⇒ OTTAWA
OUTREMONT (Québec) Outremontais, aise
OUZBÉKISTAN (Asie) Ouzbek, e ou Ouzbek, Ouzbèke [*]
OXFORD (Angleterre) Oxonien, ienne ou Oxfordien, ienne
OYONNAX (Ain) Oyonnaxien, ienne

Pacéen, éenne ⇒ PACY-SUR-EURE
Pacénien, ienne ⇒ LA PAZ
PACY-SUR-EURE (Eure) Pacéen, éenne
PADOUE (Italie) Padouan, ane
PAIMBŒUF (Loire-Atlantique) Paimblotin, ine
PAIMPOL (Côtes-d'Armor) Paimpolais, aise
PAKISTAN (Asie) Pakistanais, aise [*]
LE PALAIS (Morbihan) Palantin, ine
PALAISEAU (Essonne) Palaisien, ienne
LE PALAIS-SUR-VIENNE (Haute-Vienne) Palaisien, ienne
Palaldéen, éenne ⇒ AMÉLIE-LES-BAINS-PALALDA
Palantin, ine ⇒ LE PALAIS
PALERME (Italie) Palermitain, aine ou Panormitain, aine
PALESTINE (Proche-Orient) Palestinien, ienne
Palois, oise ⇒ PAU
PAMIERS (Ariège) Appaméen, éenne
PANAMÁ ou PANAMA [*] (Amérique centrale) Panaméen, éenne [*] ou Panamien, ienne
Panormitain, aine ⇒ PALERME
PANTIN (Seine-Saint-Denis) Pantinois, oise
île de PÂQUES (Polynésie) Pascuan, ane
PAPOUASIE (Mélanésie) Papou, e ou Papoua [plur.] ou Papouan, ane [*]
PARAGUAY (Amérique du Sud) Paraguayen, yenne [*]
PARAY-LE-MONIAL (Saône-et-Loire) Parodien, ienne
PARIS (Seine) Parisien, ienne [*]
PARME (Italie) Parmesan, ane
Parodien, ienne ⇒ PARAY-LE-MONIAL
PARTHENAY (Deux-Sèvres) Parthenaisien, ienne
Pascuan, ane ⇒ île de PÂQUES
PATAGONIE (Argentine) Patagon, onne
PAU (Pyrénées-Atlantiques) Palois, oise
PAUILLAC (Gironde) Pauillacais, aise
Pauliste ⇒ SÃO PAULO
PAVIE (Italie) Pavesan, ane
PAYS-BAS (Europe) Néerlandais, aise [*] ⇒ aussi HOLLANDE
LA PAZ (Bolivie) Pacénien, ienne [*]
Péageois, oise ⇒ BOURG-DE-PÉAGE
PÉKIN (Chine) Pékinois, oise [*]
PÉLOPONNÈSE (Grèce) Péloponnésien, ienne
PENNSYLVANIE (États-Unis) Pennsylvanien, ienne
PERCHE (France) Percheron, onne
PERCY (Manche) Percyais, aise
PÉRIGORD (France) Périgourdin, ine
PÉRIGUEUX (Dordogne) Périgourdin, ine
PERNES-LES-FONTAINES (Vaucluse) Pernois, oise
PÉRONNE (Somme) Péronnais, aise
PÉROU (Amérique du Sud) Péruvien, ienne [*]
PÉROUGES (Ain) Pérougien, ienne
PÉROUSE (Italie) Pérugin, ine
PERPIGNAN (Pyrénées-Orientales) Perpignanais, aise
PERSAN (Val-d'Oise) Persanais, aise
Persan, ane ⇒ PERSE
Persanais, aise ⇒ PERSAN
PERSE (Proche-Orient) Persan, ane → Iran
Pérugin, ine ⇒ PÉROUSE
Péruvien, ienne ⇒ PÉROU
Pétrifontain, aine ⇒ PIERREFONDS
Pétruvien, ienne ⇒ SAINT-PIERRE-SUR-DIVES
PÉZENAS (Hérault) Piscénois, oise
PHALSBOURG (Moselle) Phalsbourgeois, oise
PHÉNICIE (Asie) Phénicien, ienne
PHILADELPHIE (États-Unis) Philadelphien, ienne
PHILIPPINES (Océanie) Philippin, ine [*]
PHNOM-PENH (Cambodge) Phnompenhois, oise [*]
PHOCIDE (Grèce) Phocidien, ienne ou Phocéen, éenne
PHRYGIE (Asie Mineure) Phrygien, ienne
PICARDIE (France) Picard, arde
Pictavien, ienne ⇒ POITIERS
Picto-Charentais, aise ⇒ POITOU-CHARENTES
PIÉMONT (Italie) Piémontais, aise
PIERREFITTE (Seine-Saint-Denis) Pierrefittois, oise
PIERREFONDS (Oise) Pétrifontain, aine
PIERRELATTE (Drôme) Pierrelattin, ine
Pierrotin, ine ⇒ SAINT-PIERRE
Pisan, ane ⇒ PISE
Piscénois, oise ⇒ PÉZENAS
Pisciacais, aise ⇒ POISSY
PISE (Italie) Pisan, ane
PITHIVIERS (Loiret) Pithivérien, ienne
PLAISANCE (Italie) Placentin, ine
PLOUESCAT (Finistère) Plouescatais, aise
PLOUHA (Côtes-d'Armor) Plouhatin, ine
POINTE-À-PITRE (Guadeloupe) Pointois, oise
POISSY (Yvelines) Pisciacais, aise
Poitevin, ine ⇒ POITOU
POITIERS (Vienne) Pictavien, ienne
POITOU (France) Poitevin, ine
POITOU-CHARENTES (France) Picto-Charentais, aise
POIX-DE-PICARDIE (Somme) Poyais, aise
POLIGNY (Jura) Polinois, oise
POLOGNE (Europe) Polonais, aise [*]
POLYNÉSIE (Océanie) Polynésien, ienne
POMPÉI (Italie) Pompéien, ienne
PONCIN (Ain) Poncinois, oise
Pondinois, oise ⇒ PONT-D'AIN
Ponot, ote ⇒ LE PUY-EN-VELAY
PONS (Charente-Maritime) Pontois, oise
PONT-À-MOUSSON (Meurthe-et-Moselle) Mussipontain, aine
PONTARLIER (Doubs) Pontissalien, ienne
PONT-AUDEMER (Eure) Pont-Audemérien, ienne
PONTAULT-COMBAULT (Seine-et-Marne) Pontellois-Combalusien, Pontelloise-Combalusienne
PONT-AVEN (Finistère) Pontaveniste
PONT-D'AIN (Ain) Pondinois, oise
PONT-DE-CHÉRUY (Isère) Pontois, oise
PONT-DE-L'ARCHE (Eure) Archepontain, aine
PONT-EN-ROYANS (Isère) Pontois, oise
Pontépiscopien, ienne ⇒ PONT-L'ÉVÊQUE
Pontissalien, ienne ⇒ PONTARLIER
PONTIVY (Morbihan) Pontivyen, yenne
PONT-L'ABBÉ (Finistère) Pont-l'Abbiste
PONT-L'ÉVÊQUE (Calvados) Pontépiscopien, ienne
Pontois, oise ⇒ PONS, PONT-DE-CHÉRUY, PONT-EN-ROYANS, PONT-SAINTE-MAXENCE, PONT-SUR-YONNE
PONTOISE (Val-d'Oise) Pontoisien, ienne
PONTORSON (Manche) Pontorsonnais, aise
Pontrambertois, oise ⇒ SAINT-JUST-SAINT-RAMBERT
PONTRIEUX (Côtes-d'Armor) Pontrivien, ienne
PONT-SAINTE-MAXENCE (Oise) Maxipontain, aine ou Pontois, oise
PONT-SUR-YONNE (Yonne) Pontois, oise
PORNIC (Loire-Atlantique) Pornicais, aise
PORNICHET (Loire-Atlantique) Pornichetain, aine
Portais, aise ⇒ PORT-SAINTE-MARIE
PORT-AU-PRINCE (Haïti) Port-au-Princien, ienne [*]
PORT-LOUIS (île Maurice) Port-Louisien, ienne [*]
PORTO-NOVO (Bénin) Porto-Novien, ienne [*]
PORTO RICO (Amérique centrale) Portoricain, aine
PORT-SAINTE-MARIE (Lot-et-Garonne) Portais, aise
PORT-SAINT-LOUIS-DU-RHÔNE (Bouches-du-Rhône) Saint-Louisien, ienne
PORT-SUR-SAÔNE (Haute-Saône) Portusien, ienne
PORTUGAL (Europe) Portugais, aise [*]
Portusien, ienne ⇒ PORT-SUR-SAÔNE
PORT-VENDRES (Pyrénées-Orientales) Port-Vendrais, aise
PORT-VILA (Vanuatu) Port-Vilais, aise [*]

POUILLON (Landes) Pouillonnais, aise
Poyais, aise ⇒ POIX-DE-PICARDIE
PRADES (Pyrénées-Orientales) Pradéen, éenne
PRAGUE (République tchèque) Pragois, oise ou Praguois, oise [*]
PRAIA (îles du Cap-Vert) Praïen, ïenne [*]
PRÉMERY (Nièvre) Prémerycois, oise
PRIVAS (Ardèche) Privadois, oise
PROVENCE (France) Provençal, ale, aux
PROVINS (Seine-et-Marne) Provinois, oise
PRUSSE Prussien, ienne
PUGET-THÉNIERS (Alpes-Maritimes) Pugétais, aise
PUISEAUX (Loiret) Puiseautin, ine
LE PUY-EN-VELAY (Haute-Loire) Ponot, ote
PYRÉNÉES (France) Pyrénéen, éenne
PYRÉNÉES-ATLANTIQUES (France) Pyrénéen-Atlantique, Pyrénéenne-Atlantique
QATAR [*] ou KATAR (Proche-Orient) Qatari [plur.] ou Qatarien, ienne [*]
QUÉBEC [province et ville] (Canada) Québécois, oise
Quercinois, oise ⇒ QUERCY
Quercitain, aine ⇒ LE QUESNOY
QUERCY (France) Quercinois, oise
LE QUESNOY (Nord) Quercitain, aine
QUESNOY-SUR-DEÛLE (Nord) Quesnoysien, ienne
QUIBERON (Morbihan) Quiberonnais, aise
QUILLAN (Aude) Quillanais, aise
QUILLEBEUF-SUR-SEINE (Eure) Quillebois, oise
QUIMPER (Finistère) Quimpérois, oise
QUIMPERLÉ (Finistère) Quimperlois, oise
Quimpérois, oise ⇒ QUIMPER
QUITO (Équateur) Quiténien, ienne [*]
RABASTENS (Tarn) Rabastinois, oise
RABAT (Maroc) Rabati [*] [invar.]
Radounaud, aude ⇒ ORADOUR-SUR-GLANE
LE RAINCY (Seine-Saint-Denis) Raincéen, éenne
RAISMES (Nord) Raismois, oise
Rambertois, oise ⇒ SAINT-RAMBERT-D'ALBON
RAMBERVILLERS (Vosges) Rambuvetais, aise
RAMBOUILLET (Yvelines) Rambolitain, aine
Rambuvetais, aise ⇒ RAMBERVILLERS
RAVENNE (Italie) Ravennate
île de RÉ (Charente-Maritime) Rétais, aise
REDON (Ille-et-Vilaine) Redonnais, aise
Réginaburgien, ienne ou Réginaborgien, ienne ⇒ BOURG-LA-REINE
REIMS (Marne) Rémois, oise
REMIREMONT (Vosges) Romarimontain, aine
Rémois, oise ⇒ REIMS
RENAZÉ (Mayenne) Renazéen, éenne
RENNES (Ille-et-Vilaine) Rennais, aise
LA RÉOLE (Gironde) Réolais, aise
Restérien, ienne ⇒ RETIERS
Rétais, aise ⇒ île de RÉ
RETHEL (Ardennes) Rethélois, oise
RETIERS (Ille-et-Vilaine) Restérien, ienne
île de la RÉUNION (océan Indien) Réunionnais, aise
RHÉNANIE (Allemagne) Rhénan, ane
RHIN Rhénan, ane
Rhodanien, ienne ⇒ RHÔNE
île de RHODES (Grèce) Rhodien, ienne
RHÔNE (France) Rhodanien, ienne
RHÔNE-ALPES (France) Rhône-Alpin, ine
RIBEAUVILLÉ (Haut-Rhin) Ribeauvillois, oise
LES RICEYS (Aube) Riceton, one
RIEZ (Alpes-de-Haute-Provence) Riézois, oise
RIF (Maroc) Rifain, aine
RIO DE JANEIRO (Brésil) Carioca [invar. en genre]
RIOM (Puy-de-Dôme) Riomois, oise
RIVE-DE-GIER (Loire) Ripagérien, ienne
RIVES (Isère) Rivois, oise
RIVESALTES (Pyrénées-Orientales) Rivesaltais, aise
Rivois, oise ⇒ RIVES
RIYAD (Arabie saoudite) Riyadien, ienne [*]
ROANNE (Loire) Roannais, aise
LE ROBERT (Martinique) Robertin, ine
LA ROCHE-BERNARD (Morbihan) Rochois, oise
ROCHECHOUART (Haute-Vienne) Rochechouartais, aise
ROCHEFORT (Charente-Maritime) Rochefortais, aise
Rochelais, aise ⇒ LA ROCHELLE, ⇒ LA ROCHE-POSAY
ROCHE-LA-MOLIÈRE (Loire) Rouchon, onne
LA ROCHELLE (Charente-Maritime) Rochelais, aise
LA ROCHE-POSAY (Vienne) Rochelais, aise
LA ROCHE-SUR-YON (Vendée) Yonnais, aise
Rochois, oise ⇒ LA ROCHE-BERNARD
RODEZ (Aveyron) Ruthénois, oise
ROISSY-EN-FRANCE (Val-d'Oise) Roisséen, éenne
Romain, aine ⇒ ROME
Romarimontain, aine ⇒ REMIREMONT
ROME (Italie) Romain, aine [*]
ROMORANTIN (Loir-et-Cher) Romorantinais, aise
ROTTERDAM (Pays-Bas) Rotterdamois, oise
ROUBAIX (Nord) Roubaisien, ienne
Rouchon, onne ⇒ ROCHE-LA-MOLIÈRE
ROUEN (Seine-Maritime) Rouennais, aise
ROUERGUE (France) Rouergat, ate
ROUGÉ (Loire-Atlantique) Rougéen, éenne
ROUMANIE (Europe) Roumain, aine [*]
ROUSSILLON (Isère) Roussillonnais, aise
ROUSSILLON (France) Roussillonnais, aise
ROYAN (Charente-Maritime) Royannais, aise
ROYAUME UNI ⇒ GRANDE-BRETAGNE
ROYBON (Isère) Roybonnais, aise
ROYE (Somme) Royen, enne
ROYÈRE (Creuse) Royéraud, aude
RUEIL-MALMAISON (Hauts-de-Seine) Rueillois, oise
RUFFEC (Charente) Ruffécois, oise
RUMILLY (Haute-Savoie) Rumillien, ienne
RUSSIE (Europe) Russe [*]
RUTHÉNIE (Ukraine) Ruthénien, ienne ou Ruthène
Ruthénois, oise ⇒ RODEZ
RWANDA (Afrique) Rwandais, aise [*]
SABA Sabéen, éenne
LES SABLES-D'OLONNE (Vendée) Sablais, aise
SABLÉ-SUR-SARTHE (Sarthe) Sabolien, ienne
SABRES (Landes) Sabrais, aise
Sagranier, ière ⇒ SALERS
SAHARA (Afrique) Saharien, ienne
SAINT-AFFRIQUE (Aveyron) Saint-Affricain, aine
SAINT-AGRÈVE (Ardèche) Saint-Agrèvois, oise
SAINT-AIGNAN-SUR-CHER (Loir-et-Cher) Saint-Aignanais, aise
Saintais, aise ⇒ SAINTES
SAINT-ALVÈRE (Dordogne) Saint-Alvérois, oise
SAINT-AMAND-EN-PUISAYE (Nièvre) Amandinois, oise ou Amandois, oise
SAINT-AMAND-LES-EAUX (Nord) Amandinois, oise
SAINT-AMAND-MONTROND (Cher) Saint-Amandois, oise ou Amandin, ine
SAINT-ANDRÉ-DE-CUBZAC (Gironde) Cubzaguais, aise
SAINT-ANDRÉ-DE-L'EURE (Eure) Andrésien, ienne
SAINT-ANDRÉ-LES-ALPES (Alpes-de-Haute-Provence) Saint-Andréen, éenne
SAINT-ANDRÉ-LES-VERGERS (Aube) Dryat, Dryate
Saint-Andréen, éenne ⇒ SAINT-ANDRÉ-LES-ALPES
SAINT-AUBIN-SUR-MER (Calvados) Saint-Aubinais, aise
SAINT-BÉAT (Haute-Garonne) Saint-Béatais, aise
SAINT-BENOÎT-DU-SAULT (Indre) Bénédictin, ine

SAINT-BRIEUC (Côtes-d'Armor) Briochin, ine
SAINT-CALAIS (Sarthe) Calaisien, ienne
SAINT-CÉRÉ (Lot) Saint-Céréen, éenne
SAINT-CHAMOND (Loire) Saint-Chamonais, aise
SAINT-CHINIAN (Hérault) Saint-Chinianais, aise
SAINT-CHRISTOPHE-ET-NIÉVÈS (Petites Antilles) Kitticien et Névicien, Kittitienne et Névicienne [*]
SAINT-CLAUDE (Jura) San-Claudien, ienne ou Sanclaudien, ienne
SAINT-CLOUD (Hauts-de-Seine) Clodoaldien, ienne
SAINT-CYR-L'ÉCOLE (Yvelines) Saint-Cyrien, ienne
SAINT-DENIS (Réunion) Dionysien, ienne
SAINT-DENIS (Seine-Saint-Denis) Dionysien, ienne
SAINT-DIÉ-DES-VOSGES (Vosges) Déodatien, ienne
SAINT-DIZIER (Haute-Marne) Bragard, arde
SAINT-DOMINGUE (État) → [République] dominicaine
SAINT-DOMINGUE [ville] (République dominicaine) Dominguois, oise [*]
SAINTE-CROIX (Suisse) Sainte-Crix [invar.]
SAINTE-FOY (Québec) Saint-Fidéen, éenne
SAINTE-FOY-LA-GRANDE (Gironde) Foyen, yenne
SAINTE-FOY-LÈS-LYON (Rhône) Fidésien, ienne
SAINTE-LUCIE (Petites Antilles) Saint-Lucien, ienne [*]
SAINTE-MENEHOULD (Marne) Ménéhildien, ienne
SAINTES (Charente-Maritime) Saintais, aise
SAINTES-MARIES-DE-LA-MER (Bouches-du-Rhône) Saintois, oise
Saint-Estevard, arde ⇒ SAINT-ÉTIENNE-EN-DÉVOLUY
SAINT-ÉTIENNE (Loire) Stéphanois, oise
SAINT-ÉTIENNE-DU-ROUVRAY (Seine-Maritime) Stéphanais, aise
SAINT-ÉTIENNE-EN-DÉVOLUY (Hautes-Alpes) Saint-Estevard, arde
Saint-Fidéen, éenne ⇒ SAINTE-FOY
SAINT-FLORENTIN (Yonne) Florentinois, oise
SAINT-FLOUR (Cantal) Sanflorain, aine
SAINT-FONS (Rhône) Saint-Foniard, iarde
SAINT-FULGENT (Vendée) Saint-Fulgentais, aise
SAINT-GALL (Suisse) Saint-Gallois, oise
SAINT-GAUDENS (Haute-Garonne) Saint-Gaudinois, oise
SAINT-GERMAIN-DES-PRÉS (Paris) Germanopratin, ine
SAINT-GERMAIN-EN-LAYE (Yvelines) Saint-Germanois, oise
SAINT-GERMAIN-LAVAL (Loire) Germanois, oise
Saint-Germanois, oise ⇒ SAINT-GERMAIN-EN-LAYE
SAINT-GILLES (Gard) Saint-Gillois, oise
SAINT-GILLES-CROIX-DE-VIE (Vendée) Gillocrucien, ienne
Saint-Gillois, oise ⇒ SAINT-GILLES
SAINT-GIRONS (Ariège) Saint-Gironnais, aise
SAINT-HYACINTHE (Québec) Maskoutain, aine
SAINT-JEAN-CAP-FERRAT (Alpes-Maritimes) Saint-Jeannois, oise
SAINT-JEAN-D'ANGÉLY (Charente-Maritime) Angérien, ienne
SAINT-JEAN-DE-LA-RUELLE (Loiret) Stéoruellan, ane
SAINT-JEAN-DE-LOSNE (Côte-d'Or) Saint-Jean-de-Losnais, aise
SAINT-JEAN-DE-LUZ (Pyrénées-Atlantiques) Luzien, ienne
SAINT-JEAN-DE-MAURIENNE (Savoie) Saint-Jeannais, aise
Saint-Jeannais, aise ⇒ SAINT-JEAN-DE-MAURIENNE, SAINT-JEAN-PIED-DE-PORT
Saint-Jeannois, oise ⇒ SAINT-JEAN-CAP-FERRAT
SAINT-JEAN-PIED-DE-PORT (Pyrénées-Atlantiques) Saint-Jeannais, aise
SAINT-JULIEN-CHAPTEUIL (Haute-Loire) Saint-Julien, ienne
SAINT-JULIEN-DU-SAUT (Yonne) Saltusien, ienne
SAINT-JULIEN-EN-GENEVOIS (Haute-Savoie) Saint-Juliennois, oise
SAINT-JUNIEN (Haute-Vienne) Saint-Juniaud, iaude
Saint-Juraud, aude ⇒ SAINT-JUST-EN-CHEVALET
SAINT-JUST-EN-CHAUSSÉE (Oise) Saint-Justois, oise
SAINT-JUST-EN-CHEVALET (Loire) Saint-Juraud, aude
Saint-Justois, oise ⇒ SAINT-JUST-EN-CHAUSSÉE
SAINT-JUST-SAINT-RAMBERT (Loire) Pontrambertois, oise
SAINT-LAURENT (Québec) Laurentien, ienne
SAINT-LAURENT-DE-CERDANS (Pyrénées-Orientales) Laurentin, ine
SAINT-LAURENT-DE-NESTE (Hautes-Pyrénées) Saint-Laurentin, ine
SAINT-LAURENT-DU-PONT (Isère) Laurentinois, oise
SAINT-LAURENT-EN-GRANDVAUX (Jura) Grandvallier, ière
Saint-Laurentin, ine ⇒ SAINT-LAURENT-DE-NESTE
SAINT-LÔ (Manche) Saint-Lois, Saint-Loise ou Laudinien, ienne
Saint-Louisien, ienne ⇒ PORT-SAINT-LOUIS-DU-RHÔNE
SAINT-MAIXENT-L'ÉCOLE (Deux-Sèvres) Saint-Maixentais, aise
SAINT-MALO (Ille-et-Vilaine) Malouin, ine
SAINT-MARCELLIN (Isère) Saint-Marcellinois, oise
SAINT-MARIN [État et ville] (Europe) San-Marinais, aise ou Saint-Marinais, aise [*]
SAINT-MARTIN-D'HÈRES (Isère) Martinérois, oise
SAINT-MARTIN-DE-RÉ (Charente-Maritime) Martinais, aise
SAINT-MARTIN-VÉSUBIE (Alpes-Maritimes) Saint-Martinois, oise
SAINT-MIHIEL (Meuse) Saint-Mihielois, oise ou Sammiellois, oise
SAINT-NAZAIRE (Loire-Atlantique) Nazairien, ienne
Saintois, oise ⇒ SAINTES-MARIES-DE-LA-MER
SAINT-OMER (Pas-de-Calais) Audomarois, oise
SAINTONGE (France) Saintongeais, aise
SAINT-OUEN (Seine-Saint-Denis) Audonien, ienne
SAINT-OUEN-L'AUMÔNE (Val-d'Oise) Saint-Ouennais, aise
SAINT-PAUL-DE-FENOUILLET (Pyrénées-Orientales) Saint-Paulais, aise
SAINT-PAUL-DE-VENCE (Alpes-Maritimes) Saint-Paulois, oise
SAINT-PAUL-TROIS-CHÂTEAUX (Drôme) Tricastin, ine
SAINT-PÉRAY (Ardèche) Saint-Pérollais, aise
Saint-Pierrais, aise ⇒ SAINT-PIERRE-ET-MIQUELON
SAINT-PIERRE (Martinique) Pierrotin, ine
SAINT-PIERRE-DES-CORPS (Indre-et-Loire) Corpopétrussien, ienne
SAINT-PIERRE-ET-MIQUELON (océan Atlantique) Saint-Pierrais, aise et Miquelonnais, aise
SAINT-PIERRE-LE-MOÛTIER (Nièvre) Saint-Pierrois, oise
SAINT-PIERRE-SUR-DIVES (Calvados) Pétruvien, ienne
Saint-Pierrois, oise ⇒ SAINT-PIERRE-LE-MOÛTIER
SAINT-POL-DE-LÉON (Finistère) Saint-Politain, aine
SAINT-POL-SUR-TERNOISE (Pas-de-Calais) Saint-Polois, oise
SAINT-PONS-DE-THOMIÈRES (Hérault) Saint-Ponais, aise
SAINT-POURÇAIN-SUR-SIOULE (Allier) Saint-Pourcinois, oise
SAINT-QUENTIN (Aisne) Saint-Quentinois, oise
SAINT-RAMBERT-D'ALBON (Drôme) Rambertois, oise
SAINT-RÉMY-SUR-DUROLLE (Puy-de-Dôme) Saint-Rémois, oise
SAINT-SERVAN-SUR-MER (Ille-et-Vilaine) Saint-Servantin, ine ou Servannais, aise
SAINT-SEVER (Landes) Saint-Severin, ine
SAINT-TROPEZ (Var) Tropézien, ienne
SAINT-VALÉRY-EN-CAUX (Seine-Maritime) Valériquais, aise
SAINT-VALÉRY-SUR-SOMME (Somme) Valéricain, aine
SAINT-VALLIER-SUR-RHÔNE (Drôme) Saint-Valliérois, oise
SAINT-VINCENT-ET-LES-GRENADINES ou SAINT-VINCENT (Petites Antilles) Saint-Vincentais et Grenadin, Saint-Vincentaise et Grenadine [*] ; Saint-Vincentais, aise
SAINT-YRIEIX-LA-PERCHE (Haute-Vienne) Arédien, ienne
SALERS (Cantal) Sagranier, ière
SALIES-DE-BÉARN (Pyrénées-Atlantiques) Salisien, ienne
SALINS-LES-BAINS (Jura) Salinois, oise
Salisien, ienne ⇒ SALIES-DE-BÉARN
SALLANCHES (Haute-Savoie) Sallanchard, arde
LA SALLE (Québec) Lasallois, oise
îles SALOMON (Mélanésie) Salomonais, aise [*] ou Salomonien, ienne

SALONIQUE (Grèce) Salonicien, ienne
Saltusien, ienne ⇒ SAINT-JULIEN-DU-SAUT
SALVADOR (Amérique centrale) Salvadorien, ienne [*]
SAMARIE (Palestine) Samaritain, aine
Samien, ienne ou Samiote ⇒ SAMOS
Sammiellois, oise ⇒ SAINT-MIHIEL
îles SAMOA (Polynésie) Samoan, ane [*]
SAMOËNS (Haute-Savoie) Septimontain, aine
SAMOS (Grèce) Samien, ienne ou Samiote
SANCERRE (Cher) Sancerrois, oise
San-Claudien, ienne ou Sanclaudien, ienne ⇒ SAINT-CLAUDE
Sanflorain, aine ⇒ SAINT-FLOUR
San-Marinais, aise ⇒ SAINT-MARIN
Santoméen, éenne ⇒ SAO TOMÉ-ET-PRINCIPE
SAÔNE-ET-LOIRE (France) Saône-et-Loirien, ienne
SÃO PAULO (Brésil) Pauliste
SAO TOMÉ-ET-PRINCIPE (océan Atlantique) Santoméen, éenne [*]
Saoudien, ienne ⇒ ARABIE SAOUDITE
SARAJEVO (Bosnie-Herzégovine) Sarajévien, ienne [*]
SARDAIGNE (Italie) Sarde
SARLAT-LA-CANÉDA (Dordogne) Sarladais, aise
SARRE (Allemagne) Sarrois, oise
SARREBOURG (Moselle) Sarrebourgeois, oise
SARREBRUCK (Allemagne) Sarrebruckois, oise
SARREGUEMINES (Moselle) Sarregueminois, oise
Sarrois, oise ⇒ SARRE
SARTÈNE (Corse-du-Sud) Sartenais, aise
SARTHE (France) Sarthois, oise
SASKATCHEWAN (Canada) Saskatchewanais, aise
SAULIEU (Côte-d'Or) Sédélocien, ienne
SAULXURES-SUR-MOSELOTTE (Vosges) Saulxuron, onne
SAUMUR (Maine-et-Loire) Saumurois, oise
Sauveterrat, ate ⇒ SAUVETERRE-DE-ROUERGUE
SAUVETERRE-DE-BÉARN (Pyrénées-Atlantiques) Sauveterrien, ienne
SAUVETERRE-DE-ROUERGUE (Aveyron) Sauveterrat, ate
Sauveterrien, ienne ⇒ SAUVETERRE-DE-BÉARN
SAVENAY (Loire-Atlantique) Savenaisien, ienne
SAVERNE (Bas-Rhin) Savernois, oise
SAVIGNY-SUR-ORGE (Essonne) Savinien, ienne
SAVOIE (France) Savoyard, arde ou Savoisien, ienne
SAXE (Allemagne) Saxon, onne
SCANDINAVIE (Europe) Scandinave
SCEAUX (Hauts-de-Seine) Scéen, éenne
SECLIN (Nord) Seclinois, oise
SEDAN (Ardennes) Sedanais, aise
Sédélocien, ienne ⇒ SAULIEU
SÉGOVIE (Espagne) Ségovien, ienne
SEGRÉ (Maine-et-Loire) Segréen, éenne
île de SEIN (Finistère) Sénan, ane
SEINE-ET-MARNE (France) Seine-et-Marnais, aise
SEINE-SAINT-DENIS (France) Séquano-Dyonisien, ienne
SÉLESTAT (Bas-Rhin) Sélestadien, ienne
SEMUR-EN-AUXOIS (Côte-d'Or) Semurois, oise
Sénan, ane ⇒ île de SEIN
Sénéçois, oise ou Sénécien, ienne ⇒ SENEZ
SÉNÉGAL (Afrique) Sénégalais, aise [*]
SÉNÉGAMBIE (Afrique) Sénégambien, ienne
SENEZ (Alpes-de-Haute-Provence) Sénéçois, oise ou Sénécien, ienne
SENLIS (Oise) Senlisien, ienne
SENS (Yonne) Sénonais, aise
SÉOUL (Corée du Sud) Séoulien, ienne [*]
Septimontain, aine ⇒ SAMOËNS
Séquano-Dyonisien, ienne ⇒ SEINE-SAINT-DENIS
SERBIE (Yougoslavie) Serbe
Servannais, aise ⇒ SAINT-SERVAN-SUR-MER
SÈTE (Hérault) Sétois, oise
SEURRE (Côte-d'Or) Seurrois, oise
SÉVERAC-LE-CHÂTEAU (Aveyron) Séveragais, aise
SÉVILLE (Espagne) Sévillan, ane
SEVRAN (Seine-Saint-Denis) Sevranais, aise
SÈVRES (Hauts-de-Seine) Sévrien, ienne
SEYCHELLES (océan Indien) Seychellois, oise [*]
SHERBROOKE (Québec) Sherbrookois, oise
SIAM (Asie) Siamois, oise → Thaïlande
SIBÉRIE (Russie) Sibérien, ienne
SICILE (Italie) Sicilien, ienne
SIENNE (Italie) Siennois, oise
SIERRA LEONE (Afrique) Sierra-Léonais, aise [*] ou Sierra-Léonien, ienne
SILÉSIE (Pologne) Silésien, ienne
SINGAPOUR [État et ville] (Asie) Singapourien, ienne [*]
SISSONNE (Aisne) Sissonnais, aise
SISTERON (Alpes-de-Haute-Provence) Sisteronais, aise
SLOVAQUIE (Europe) Slovaque [*]
SLOVÉNIE (Europe) Slovène [*]
SMYRNE [auj. IZMIR] (Turquie) Smyrniote
SOCHAUX (Doubs) Sochalien, ienne
SOFIA (Bulgarie) Sofiote [*]
SOIGNIES (Belgique) Sonégien, ienne
Soiséen, éenne ⇒ SOISY-SOUS-MONTMORENCY
SOISSONS (Aisne) Soissonnais, aise
SOISY-SOUS-MONTMORENCY (Val-d'Oise) Soiséen, éenne
SOLESMES (Nord) Solesmois, oise
SOLESMES (Sarthe) Solesmien, ienne
Solesmois, oise ⇒ SOLESMES (Nord)
SOLEURE (Suisse) Soleurois, oise
SOLLIÈS-PONT (Var) Solliès-Pontois, oise
SOLOGNE (France) Solognot, ote
SOLRE-LE-CHÂTEAU (Nord) Solrézien, ienne
SOMALIE (Afrique) Somalien, ienne [*]
SOMMIÈRES (Gard) Sommièrois, oise
Sonégien, ienne ⇒ SOIGNIES
SORE (Landes) Sorien, ienne
SOSPEL (Alpes-Maritimes) Sospellois, oise
Sostranien, ienne ⇒ LA SOUTERRAINE
SOUDAN (Afrique) Soudanais, aise [*]
SOUILLAC (Lot) Souillagais, aise
SOURDEVAL (Manche) Sourdevalais, aise
SOUSSE (Tunisie) Soussien, ienne
LA SOUTERRAINE (Creuse) Sostranien, ienne
Soviétique ⇒ UNION SOVIÉTIQUE
SPA (Belgique) Spadois, oise
Sparnacien, ienne ⇒ ÉPERNAY
SPARTE ou LACÉDÉMONE (Grèce) Spartiate ; Lacédémonien, ienne
Spinalien, ienne ⇒ ÉPINAL
Spiripontain, aine ⇒ PONT-SAINT-ESPRIT
SRI LANKA (Asie) Sri Lankais, aise ou Sri-Lankais, aise [*]
STAINS (Seine-Saint-Denis) Stanois, oise
Stéoruellan, ane ⇒ SAINT-JEAN-DE-LA-RUELLE
Stéphanais, aise ⇒ SAINT-ÉTIENNE-DU-ROUVRAY
Stéphanois, oise ⇒ SAINT-ÉTIENNE
STOCKHOLM (Suède) Stockholmois, oise [*]
STRASBOURG (Bas-Rhin) Strasbourgeois, oise
Sud-Africain, aine ⇒ AFRIQUE DU SUD
Sud-Américain, aine ⇒ AMÉRIQUE DU SUD
Sud-Coréen, éenne ⇒ CORÉE DU SUD
SUD-VIÊT-NAM (Asie) Sud-Vietnamien, ienne
SUÈDE (Europe) Suédois, oise [*]
SUISSE (Europe) Suisse, Suissesse [*]
SULLY-SUR-LOIRE (Loiret) Sullylois, oise
SUMÈNE (Gard) Suménois, oise
SUMER (Mésopotamie) Sumérien, ienne
SURINAM ou SURINAME (Amérique du Sud) Surinamien, ienne ou Surinamais, aise [*]

SWAZILAND (Afrique) Swazi, ie [*]
SYDNEY (Australie) Sydnéen, éenne
SYRACUSE (Sicile) Syracusain, aine
SYRIE (Proche-Orient) Syrien, ienne [*]
TADJIKISTAN (Asie) Tadjik, e [*]
TAHITI (Polynésie) Tahitien, ienne
TAÏWAN (Asie) Taïwanais, aise
TALMONT-SAINT-HILAIRE (Vendée) Talmondais, aise
TANANARIVE ⇒ ANTANANARIVO
TANZANIE (Afrique) Tanzanien, ienne [*]
TARARE (Rhône) Tararien, ienne
TARASCON (Bouches-du-Rhône) Tarasconnais, aise
TARBES (Hautes-Pyrénées) Tarbais, aise
TARENTE (Italie) Tarentin, ine
TARN (France) Tarnais, aise
TARTAS (Landes) Tarusate
TASMANIE (Australie) Tasmanien, ienne
TAULÉ (Finistère) Taulésien, ienne
TCHAD (Afrique) Tchadien, ienne [*]
TCHÉCOSLOVAQUIE (Europe) Tchécoslovaque ou Tchèque → [République] tchèque, Slovaquie
République TCHÈQUE (Europe) Tchèque [*]
Tchèque ⇒ République TCHÈQUE, TCHÉCOSLOVAQUIE
TÉHÉRAN (Iran) Téhéranais, aise [*]
TEL-AVIV (Israël) Telavivien, ienne [*]
TENCE (Haute-Loire) Tençois, oise
TENDE (Alpes-Maritimes) Tendasque
TERGNIER (Aisne) Ternois, oise
TERRASSON-LA-VILLEDIEU (Dordogne) Terrassonnais, aise
TERRE DE FEU (Amérique du Sud) Fuégien, ienne
TERRE-NEUVE (Canada) Terre-Neuvien, ienne
LA TESTE (Gironde) Testerin, ine
TEXAS (États-Unis) Texan, ane
THAÏLANDE (Asie) Thaïlandais, aise [*]
THANN (Haut-Rhin) Thannois, oise
THÈBES (Grèce) Thébain, aine
THÉOULE-SUR-MER (Alpes-Maritimes) Théoulien, ienne
THESSALIE (Grèce) Thessalien, ienne
THEUX (Belgique) Theutois, oise
THIAIS (Val-de-Marne) Thiaisien, ienne
THIERS (Puy-de-Dôme) Thiernois, oise ou Bitord, e
LE THILLOT (Vosges) Thillotin, ine
THIONVILLE (Moselle) Thionvillois, oise
THIRON-GARDAIS (Eure-et-Loir) Thironnais, aise
THONON-LES-BAINS (Haute-Savoie) Thononais, aise
THOUARS (Deux-Sèvres) Thouarsais, aise
THRACE (Europe) Thrace
THUIR (Pyrénées-Orientales) Thuirinois, oise
TIBET (Asie) Tibétain, aine
TIRANA (Albanie) Tiranais, aise [*]
TOGO (Afrique) Togolais, aise [*]
TOKYO (Japon) Tokyote [*] ou Tokyoïte
îles TONGA (Océanie) Tonguien, ienne [*] ou Tongan, ane
TONKIN (Viêt-nam) Tonkinois, oise
TONNEINS (Lot-et-Garonne) Tonneinquais, aise
TONNERRE (Yonne) Tonnerrois, oise
TORONTO (Ontario) Torontois, oise
TOSCANE (Italie) Toscan, ane
TOUL (Meurthe-et-Moselle) Toulois, oise
TOULON (Var) Toulonnais, aise
TOULOUSE (Haute-Garonne) Toulousain, aine
LE TOUQUET-PARIS-PLAGE (Pas-de-Calais) Touquettois, oise
LA TOUR-DU-PIN (Isère) Turripinois, oise
TOURAINE (France) Tourangeau, Tourangelle
TOURCOING (Nord) Tourquennois, oise
TOURNAI (Belgique) Tournaisien, ienne
TOURNON-SUR-RHÔNE (Ardèche) Tournonais, aise
TOURNUS (Saône-et-Loire) Tournusien, ienne
TOUROUVRE (Orne) Tourouvrain, aine
Tourquennois, oise ⇒ TOURCOING
TOURS (Indre-et-Loire) Tourangeau, Tourangelle
LE TRAIT (Seine-Maritime) Traiton, onne
TRANSYLVANIE (Roumanie) Transylvain, aine ou Transylvanien, ienne
TRAPPES (Yvelines) Trappiste
Trécorrois, oise ⇒ TRÉGUIER
TRÉGASTEL (Côtes-d'Armor) Trégastellois, oise
TRÉGUIER (Côtes-d'Armor) Trégorrois, oise ou Trécorrois, oise
TREIGNAC (Corrèze) Treignacois, oise
TRÉLON (Nord) Trélonais, aise
LA TREMBLADE (Charente-Maritime) Trembladais, aise
TRÈVES (Allemagne) Trévire ou Trévère
TRÉVISE (Italie) Trévisan, ane
TRÉVOUX (Ain) Trévoltien, ienne
Tricastin, ine ⇒ SAINT-PAUL-TROIS-CHÂTEAUX
TRIESTE (Italie) Triestin, ine
Trifluvien, ienne ⇒ TROIS-RIVIÈRES
TRINITÉ-ET-TOBAGO (Petites Antilles) Trinidadien, ienne [*]
TRIPOLI (Libye) Tripolitain, aine [*]
TROIE (Asie Mineure) Troyen, yenne
TROIS-RIVIÈRES (Québec) Trifluvien, ienne
Tropézien, ienne ⇒ SAINT-TROPEZ
TROUVILLE-SUR-MER (Calvados) Trouvillais, aise
Troyen, yenne ⇒ TROIE, TROYES
TROYES (Aube) Troyen, yenne
TULLE (Corrèze) Tulliste
TUNIS (Tunisie) Tunisois, oise [*]
TUNISIE (Afrique) Tunisien, ienne [*]
Tunisois, oise ⇒ TUNIS
Turc, Turque ⇒ TURQUIE
TURIN (Italie) Turinois, oise
TURKMÉNISTAN (Asie) Turkmène [*]
TURQUIE (Proche-Orient) Turc, Turque [*]
Turripinois, oise ⇒ LA TOUR-DU-PIN
TUVALU (océan Pacifique) Tuvaluan, ane [*]
TYR (Phénicie) Tyrien, ienne
TYROL (Autriche) Tyrolien, ienne
UGINE (Savoie) Uginois, oise
UKRAINE (Europe) Ukrainien, ienne [*]
UNION SOVIÉTIQUE ou URSS Soviétique
URUGUAY (Amérique du Sud) Uruguayen, yenne [*]
USSEL (Corrèze) Ussellois, oise
USTARITZ (Pyrénées-Atlantiques) Uztaritztarrak [invar. en genre]
UTELLE (Alpes-Maritimes) Utellien, ienne
UZEL (Côtes-d'Armor) Uzellois, oise
UZERCHE (Corrèze) Uzerchois, oise
UZÈS (Gard) Uzétien, ienne
Uztaritztarrak ⇒ USTARITZ
VAILLY-SUR-AISNE (Aisne) Vaillicien, ienne
VAISON-LA-ROMAINE (Vaucluse) Vaisonnais, aise
VALACHIE (Roumanie) Valache
VALAIS (Suisse) Valaisan, ane ou anne
VAL-DE-MARNE (France) Val-de-Marnais, aise
VAL-D'OISE (France) Val-d'Oisien, ienne
Valdôtain, aine ⇒ val d'AOSTE
VALENÇAY (Indre) Valencéen, éenne
VALENCE (Drôme) Valentinois, oise
Valencéen, éenne ⇒ VALENÇAY
VALENCIENNES (Nord) Valenciennois, oise
Valentinois, oise ⇒ VALENCE
Valéricain, aine ⇒ SAINT-VALÉRY-SUR-SOMME
Valériquais, aise ⇒ SAINT-VALÉRY-EN-CAUX
VALLAURIS (Alpes-Maritimes) Vallaurien, ienne
VALMONT (Seine-Maritime) Valmontais, aise
VALOGNES (Manche) Valognais, aise

VALRÉAS (Vaucluse) Valréassien, ienne
VANCOUVER (Colombie-Britannique) Vancouvérois, oise
VANNES (Morbihan) Vannetais, aise
VANUATU (Mélanésie) Vanuatuan, ane [*]
VAR (France) Varois, oise
VARENNES-SUR-ALLIER (Allier) Varennois, oise
Varois, oise ⇒ VAR
VARSOVIE (Pologne) Varsovien, ienne [*]
VAUCLUSE (France) Vauclusien, ienne
canton de VAUD (Suisse) Vaudois, oise
VAUVERT (Gard) Vauverdois, oise
Védrarien, ienne ⇒ VERRIÈRES-LE-BUISSON
VELAY (France) Vellave
VENCE (Alpes-Maritimes) Vençois, oise
VENDÉE (France) Vendéen, éenne
VENDÔME (Loir-et-Cher) Vendômois, oise
VENEZUELA (Amérique du Sud) Vénézuélien, ienne [*] ou Vénézolan, ane
VENISE (Italie) Vénitien, ienne
VERDUN (Meuse) Verdunois, oise
VERDUN-SUR-LE-DOUBS (Saône-et-Loire) Verdunois, oise
VERGT (Dordogne) Vernois, oise
VERMAND (Aisne) Vermandois, oise
VERMONT (États-Unis) Vermontois, oise
VERNEUIL-SUR-AVRE (Eure) Vernolien, ienne
Vernois, oise ⇒ VERGT
Vernolien, ienne ⇒ VERNEUIL-SUR-AVRE
VERNON (Eure) Vernonnais, aise
VERNOUX-EN-VIVARAIS (Ardèche) Vernousain, aine
VÉRONE (Italie) Véronais, aise
VERRIÈRES-LE-BUISSON (Essonne) Verriérois, oise ou Védrarien, ienne
VERSAILLES (Yvelines) Versaillais, aise
VERTOU (Loire-Atlantique) Vertavien, ienne
VERVINS (Aisne) Vervinois, oise
LE VÉSINET (Yvelines) Vésigondin, ine
VESOUL (Haute-Saône) Vésulien, ienne
VEVEY (Suisse) Veveysan, ane
VÉZELAY (Yonne) Vézélien, ienne
VIBRAYE (Sarthe) Vibraysien, ienne
VIC-EN-BIGORRE (Hautes-Pyrénées) Vicquois, oise
VICENCE (Italie) Vicentin, ine
VIC-FEZENSAC (Gers) Vicois, oise
VICHY (Allier) Vichyssois, oise
VIC-LE-COMTE (Puy-de-Dôme) Vicomtois, oise
VICO (Corse-du-Sud) Vicolais, aise
Vicois, oise ⇒ VIC-FEZENSAC, VIC-SUR-CÈRE
Vicolais, aise ⇒ VICO
Vicomtois, oise ⇒ VIC-LE-COMTE
Vicquois, oise ⇒ VIC-EN-BIGORRE
VIC-SUR-CÈRE (Cantal) Vicois, oise
VIENNE (Autriche) Viennois, oise [*]
VIENNE (Isère) Viennois, oise
VIENTIANE (Laos) Vientianais, aise [*]
VIERZON (Cher) Vierzonnais, aise
VIÊT-NAM ou VIÊT NAM [*] (Asie) Vietnamien, ienne [*]
LE VIGAN (Gard) Viganais, aise
VIGEOIS (Haute-Vienne) Vigeoyeux, euse
VIGNEUX-SUR-SEINE (Essonne) Vigneusien, ienne
VILLANDRAUT (Gironde) Villandrautais, aise
VILLARD-DE LANS (Isère) Villardien, ienne
Villarois, oise ⇒ VILLERS-LÈS-NANCY
VILLEFORT (Lozère) Villefortais, aise
VILLEFRANCHE-DE-LAURAGAIS (Haute-Garonne) Villefranchois, oise
VILLEFRANCHE-DE-ROUERGUE (Aveyron) Villefranchois, oise
VILLEFRANCHE-SUR-SAÔNE (Rhône) Caladois, oise
Villefranchois, oise ⇒ VILLEFRANCHE-DE-LAURAGAIS, VILLEFRANCHE-DE-ROUERGUE
VILLEJUIF (Val-de-Marne) Villejuifois, oise
VILLEMOMBLE (Seine-Saint-Denis) Villemomblois, oise
VILLEMUR (Haute-Garonne) Villemurien, ienne
VILLENEUVE-LA-GARENNE (Hauts-de-Seine) Villenogarennois, oise
VILLENEUVE-SUR-LOT (Lot-et-Garonne) Villeneuvois, oise
VILLENEUVE-SUR-YONNE (Yonne) Villeneuvien, ienne
Villeneuvois, oise ⇒ VILLENEUVE-SUR-LOT
Villenogarennois, oise ⇒ VILLENEUVE-LA-GARENNE
VILLEPINTE (Seine-Saint-Denis) Villepintois, oise
Villérier, ière ⇒ VILLERS-LE-LAC
VILLERS-COTTERÊTS (Aisne) Cotterézien, ienne
VILLERS-LE-LAC (Doubs) Villérier, ière
VILLERS-LÈS-NANCY (Meurthe-et-Moselle) Villarois, oise
VILLERS-SAINT-PAUL (Oise) Villersois, oise
VILLERUPT (Meurthe-et-Moselle) Villeruptien, ienne
VILLEURBANNE (Rhône) Villeurbannais, aise
VIMOUTIERS (Orne) Vimonastérien, ienne
VIMY (Pas-de-Calais) Vimynois, oise
VINÇA (Pyrénées-Orientales) Vinçanais, aise
VINCENNES (Val-de-Marne) Vincennois, oise
VIRE (Calvados) Virois, oise
VIROFLAY (Yvelines) Viroflaysien, ienne
Virois, oise ⇒ VIRE
VITRÉ (Ille-et-Vilaine) Vitréen, éenne
Vitriot, iote ⇒ VITRY-SUR-SEINE
VITRY-LE-FRANÇOIS (Marne) Vitryat, ate
VITRY-SUR-SEINE (Val-de-Marne) Vitriot, iote
VIVIERS (Ardèche) Vivarois, oise
VIZILLE (Isère) Vizillois, oise
Vogladien, ienne ⇒ VOUILLÉ
VOIRON (Isère) Voironnais, aise
Voltaïque ⇒ HAUTE-VOLTA
VOLVIC (Puy-de-Dôme) Volvicois, oise
VOSGES (France) Vosgien, ienne
VOUILLÉ (Vienne) Vouglaisien, ienne ou Vogladien, ienne
VOUVRAY (Indre-et-Loire) Vouvrillon, onne
VOUZIERS (Ardennes) Vouzinois, oise
îles WALLIS-ET-FUTUNA (Polynésie) Wallisien, ienne et Futunien, ienne
WALLONIE (Belgique) Wallon, onne
WASHINGTON (États-Unis) Washingtonien, ienne [*]
WASSELONNE (Bas-Rhin) Wasselonnais, aise
WASSY (Haute-Marne) Wasseyen, yenne
WATTIGNIES (Nord) Wattignisien, ienne
WATTRELOS (Nord) Wattrelosien, ienne
WINNIPEG (Canada) Winnipeguois, oise
WISSEMBOURG (Bas-Rhin) Wissembourgeois, oise
WURTEMBERG (Allemagne) Wurtembergeois, oise
YAMOUSSOUKRO (Côte-d'Ivoire) Yamoussoukrois, oise [*]
YAOUNDÉ (Cameroun) Yaoundéen, éenne [*]
YÉMEN (Arabie) Yéménite
YENNE (Savoie) Yennois, oise
YERRES (Essonne) Yerrois, oise
Yonnais, aise ⇒ LA ROCHE-SUR-YON
YONNE (France) Icaunais, aise
YOUGOSLAVIE (Europe) Yougoslave [*]
YSSINGEAUX (Haute-Loire) Yssingelais, aise
YVELINES (France) Yvelinois, oise
YVETOT (Seine-Maritime) Yvetotais, aise
YZEURE (Allier) Yzeurien, ienne
ZAGREB (Croatie) Zagrébois, oise [*]
ZAÏRE (Afrique) Zaïrois, oise [*]
ZAMBIE (Afrique) Zambien, ienne [*]
ZÉLANDE (Pays-Bas) Zélandais, aise
ZICAVO (Corse-du-Sud) Zicavais, aise
ZIMBABWE (Afrique) Zimbabwéen, éenne [*]
ZURICH (Suisse) Zurichois, oise

TABLE DES MATIÈRES

Avant-propos VII

Tableau des signes conventionnels et abréviations IX

Alphabet phonétique et valeur des signes XII

DICTIONNAIRE 1

Annexes
- Conjugaisons 1539
- Petit dictionnaire des suffixes 1561
- Liste des noms propres de lieux et gentilés correspondants 1569